Beck'sches Prozessformularbuch

Vorwort zur 11. Auflage

Die Vorauflage erschien 2006. Herausgeber und Verlag haben sich entschlossen, eine Neuauflage vorzulegen, die sämtliche Gesetzgebungsvorhaben der abgelaufenen Legislaturperiode berücksichtigt. Eine vollständige Aufzählung ist wegen der Vielzahl neuer Gesetze und Gesetzesänderungen nicht möglich. Als einige Beispiele werden aufgeführt:

- Gesetz zur Reform des Verfahrens in Familiensachen und in den Angelegenheiten der Freiwilligen Gerichtsbarkeit (FGG-Reformgesetz) vom 17. Dezember 2008 mit Wirkung zum 1. September 2009;
- Gesetz zur Änderung des Zugewinnausgleichs und des Vormundschaftsrechts vom 6. Juli 2009 mit Wirkung zum 1. September 2009;
- Gesetz zur Strukturenform des Versorgungsausgleichs (VaStrRefG) vom 3. April 2009 mit Wirkung zum 1. September 2009;
- Gesetz zur Klärung der Vaterschaft unabhängig vom Anfechtungsverfahren (VaKlärgG) vom 26. März 2008 mit Wirkung zum 1. April 2008;
- Gesetz zur Reform des Verjährungs- und Pflichtteilrechts vom 2. Juli 2009 mit Wirkung zum 1. Januar 2010;
- Gesetz zur Modernisierung des GmbH-Rechts und zur Bekämpfung von Missbräuchen (MoMiG) vom 23. Oktober 2008 mit Wirkung zum 1. November 2008;
- Gesetz zur Änderung des Wohnungseigentumsgesetzes und anderer Gesetze vom 26. März 2007 mit Wirkung zum 1. Juli 2008;
- Gesetz zur Verbesserung der Durchsetzung von Rechten des geistigen Eigentums vom 7. Juli 2008 mit Wirkung zum 1. September 2008;
- Erstes Gesetz zur Änderung des Gesetzes gegen unlauteren Wettbewerb vom 22. Dezember 2008 mit Wirkung zum 1. Dezember 2008;
- Gesetz zur Vereinfachung und Modernisierung des Patentrechts vom 31. Juli 2009 mit Wirkung zum 1. Oktober 2009;
- Gesetz zur Verbesserung der grenzüberschreitenden Forderungsdurchsetzung und Zustellung vom 19. Juni 2008 mit Wirkung zum 12. Dezember 2008.

Ebenso berücksichtigt wurden die Vorschriften der Verordnung (EG) Nr. 1896/2006 des Europäischen Parlaments und des Rates vom 12. Dezember 2006 zur Einführung eines Europäischen Mahnverfahrens, die in der Bundesrepublik Deutschland mit Wirkung zum 12. Dezember 2008 gelten.

Die Neuauflage trägt der Neuentwicklung sämtlicher in ihr behandelter Rechtsgebiete Rechnung. Die in der Form von Textbeispielen vorgeschlagenen Formulare sowie die Anmerkungen dazu wurden grundlegend überarbeitet. Der Bearbeitungsstand entspricht in etwa dem Zeitraum August/September 2009.

Seit der Vorauflage haben sich einige Änderungen im Team der Herausgeber und der Autoren ergeben.

Herr Prof. Dr. Locher, der die 1. bis 10. Auflage mit betreut hat, ist ausgeschieden. Die Verantwortung als Herausgeber für die 11. Auflage liegt nunmehr bei Prof. Dr. Peter Mes. Mit dem Ausscheiden als Herausgeber hat zugleich auch die Autorenschaft des Herrn Prof. Dr. Locher für den Teil I.S (Schiedsgerichtsbarkeit) geendet. Dieser Teil ist nunmehr von Herrn Prof. Dr. Rolf A. Schütz neu gestaltet worden, der nach wie vor auch für den Teil I.T (Internationales Zivilprozessrecht) verantwortlich zeichnet. Ausgeschieden sind die bisherigen Autoren Dr. Wolfgang Koeble und Dr. Ulrich Locher. Die Bearbeitungsgebiete dieser Autoren werden nunmehr von Herrn Rechtsanwalt Dr. Alexander Zahn verantwortlich betreut. Es handelt sich um die Kapitel Kaufrecht (II.A), Unerlaubte Handlung (II.E), Besonderes Schuldrecht (II.F) und Sachenrecht (II.G).

Vorwort

Herr Rechtsanwalt Dr. Frank Baumann ist neu in das Autorenteam eingetreten. Er bearbeitet verantwortlich den neu in das Formularbuch aufgenommenen Teil „Versicherungsrecht" (II.E). Die Textbeispiele zum Wohnungseigentumsrecht (II.H), für die bisher Herr Wilfried Antusch verantwortlich war, werden nunmehr gemeinsam von ihm und Herrn Richter am Kammergericht Dr. Oliver Elzer betreut. Ausgeschieden ist des Weiteren Herr Rechtsanwalt Dr. Hans Gottfried Strohm (II.I, Familienrecht). Dieses Kapitel wird nunmehr allein von Herrn Rechtsanwalt Dr. Mathias Grandel bearbeitet. Der Beitrag „Kartellrecht" (II.L) wird von Herrn Rechtsanwalt Dr. Mathias Karl allein verantwortlich weitergeführt; der bisherige Mitautor Rechtsanwalt Dr. Daniel Reichelt ist ausgeschieden. Das Gebiet „Zwangsvollstreckung" (III.A bis E) wurde bisher von den Rechtsanwälten Dr. Joachim Mewing und Dr. Michael Nickel gestaltet. Herr Dr. Mewing ist als Autor ausgeschieden und Herr Dr. Nickel übernimmt nunmehr allein verantwortlich diesen Teil. Herr Rechtsanwalt Friedrich Irschlinger hatte bis zur Vorauflage Textbeispiele zum Insolvenzrecht gestaltet (III.F.10 ff.). Dieser Bereich wird nunmehr eigenverantwortlich von Herrn Rechtsanwalt Dr. Ralf Sinz übernommen. Das Arbeitsrecht wurde bisher von Herrn Dr. Günter Schaub – Vorsitzender Richter am Bundesarbeitsgericht a. D. – bearbeitet. An seine Seite tritt nunmehr als Mitautorin Frau Rechtsanwältin Dr. Nicola Gragert.

Herausgeber und Verlag danken dem ausgeschiedenen Mitherausgeber Prof. Dr. Locher und den ausgeschiedenen Autoren für ihre bisherige Tätigkeit. Ohne ihre Mithilfe hätten die Vorauflagen nicht erscheinen können. Den neuen Autoren gebührt ebenfalls herzlicher Dank. Sie setzen das erfolgreiche Werk – teilweise mit völlig neu gestalteten Textbeispielen und zugehörigen Anmerkungen – im Sinne der bisherigen Gesamtkonzeption fort.

Auch für diese Auflage gilt, dass in ihr Verbesserungsvorschläge und Anregungen berücksichtigt sind, die der Herausgeber und die Autoren aus den Kreisen der Benutzer erhalten haben. Dafür sind sie dankbar und hoffen ein weiteres Mal auf ein wohlwollendes wie auch kritisches Interesse.

Düsseldorf, im Oktober 2009 *Peter Mes*

Beck'sches Prozessformularbuch

Herausgegeben von

Prof. Dr. Peter Mes
Rechtsanwalt in Düsseldorf

Bearbeitet von

Wilfrid Antusch, Richter am Oberlandesgericht a.D., München; *Dr. Frank Baumann LL.M.,* Rechtsanwalt und Fachanwalt für Versicherungsrecht in Hamm; *Dr. Helmut Büchel,* Vorsitzender Richter am Hanseatischen Oberlandesgericht a.D.; *Dr. Oliver Elzer,* Richter am Kammergericht, Berlin; *Dr. Hans Goll,* Rechtsanwalt in Karlsruhe; *Dr. Nicola Gragert,* Rechtanwältin und Fachanwältin für Arbeitsrecht in Hamburg; *Dr. Mathias Grandel,* Rechtsanwalt und Fachanwalt für Familienrecht in Augsburg; *Dr. Annegret Harz,* Rechtsanwältin und Fachanwältin für Miet- und Wohnungseigentumsrecht in München; *Dr. Friedrich Ludwig Hausmann,* Rechtsanwalt in Berlin; *Edgar Isermann,* Präsident des Oberlandesgerichts Braunschweig a.D.; *Prof. Dr. Heribert Johlen,* Rechtsanwalt und Fachanwalt für Verwaltungsrecht in Köln; *Dr. Matthias Karl, LL.M.,* Rechtsanwalt in Stuttgart; *Bernhard F. Klinger,* Rechtsanwalt und Fachanwalt für Erbrecht in München; *Dr. Thomas Lübbig,* Rechtsanwalt in Berlin; *Prof. Dr. Peter Mes,* Rechtsanwalt in Düsseldorf; *Michael Nickel,* Rechtsanwalt und Fachanwalt für Insolvenzrecht in Hamburg; *Dr. Klaus Nöll,* Rechtsanwalt in Mannheim; *Dr. Hans-Joachim Prieß, LL.M.,* Rechtsanwalt in Berlin; *Prof. Dr. Ekkehart Reinelt,* Rechtsanwalt beim BGH in Karlsruhe; *Dr. Heino Rück,* Rechtsanwalt in Mannheim, *Dr. h.c. Günter Schaub,* Vorsitzender Richter am Bundesarbeitsgericht a.D.; *Karl Schulte,* Richter am Landessozialgericht Niedersachsen-Bremen; *Prof. Dr. Rolf A. Schütze,* Rechtsanwalt in Stuttgart; *Klaus Sedelmeier,* Rechtsanwalt in Lindau; *Prof. Dr. Siegbert F. Seeger,* Präsident des Niedersächsischen Finanzgerichts a.D.; *Dr. Ralf Sinz,* Dipl.-Kfm., Rechtsanwalt und Fachanwalt für Insolvenzrecht in Köln; *Christiane Strahl,* Rechtsanwältin in München; *Dr. Klaus* Wilde, Vizepräsident des Landessozialgerichts Niedersachsen-Bremen a. D.; *Dr. Alexander Zahn,* Rechtsanwalt in Reutlingen; *Prof. Dr. Holger Zuck,* Rechtsanwalt in Stuttgart

11., neu bearbeitete und erweiterte Auflage

Verlag C.H. Beck, München 2010

Verlag C. H. Beck im Internet:
beck.de

ISBN 978 3 406 59139 6

Wilhelmstraße 9, 80 801 München
Satz und Druck: Druckerei C. H. Beck, Nördlingen
(Adresse wie Verlag)

Gedruckt auf säurefreiem, alterungsbeständigem Papier
(hergestellt aus chlorfrei gebleichtem Zellstoff)

Vorwort zur 1. Auflage

Prozess und Prozessrecht dienen der Verwirklichung des materiellen Rechts. Die zunehmende Spezialisierung des materiellen und des Prozessrechts sowie die Ausformung bestimmter spezifischer prozessualer Gestaltungsformen für Sondermaterien des Rechts erschweren einen zuverlässigen Überblick über die materiellen und prozessualen Besonderheiten der einzelnen Rechtsgebiete und eine sichere Geltendmachung der jeweiligen Ansprüche. Vielfach treten daher Hemmungen und Verzögerungen der Rechtsverwirklichung nur deshalb ein, weil es dem Rechtsuchenden, insbesondere auch seinem anwaltlichen Vertreter Schwierigkeiten bereitet, Klagen, Anträge und Rechtsbehelfe entsprechend den materiell- und prozessrechtlichen Notwendigkeiten zu gestalten und zu formulieren. Hier unternehmen Verlag, Verfasser und Herausgeber mit Vorlage dieses Prozessformularbuchs den Versuch, dem Prozesspraktiker Hilfestellung zu leisten. Um es dem Benutzer zu ermöglichen, auch Prozesse in nicht vertrauten Rechtsmaterien sachgerecht zu führen, stellen Richter und Anwälte ihr Erfahrungswissen zur Verfügung. In dem hier vorgelegten Prozessformularbuch sind Vorschläge zur Formulierung und Gestaltung von Klagen, Anträgen und Rechtsbehelfen für den Zivil-, den Arbeitsgerichts-, den Verwaltungsgerichts-, den Sozialgerichts- und den Finanzgerichtsprozess enthalten. Des Weiteren sind Anträge und Rechtsbehelfe zum Verfassungsrecht behandelt. Da nicht nur der Feststellung des materiellen Rechts im Prozess Bedeutung zukommt, sondern in gleichem Maße die Fragen der Vermeidung eines Prozesses und die der Durchsetzung von gerichtlichen Entscheidungen in der Praxis hohen Rang haben, sind – soweit möglich – insbesondere auch Formularvorschläge für die vorprozessuale und außergerichtliche Behandlung eines Streitfalles und Anträge und Rechtsbehelfe des Zwangsvollstreckungs- sowie des gesamten Insolvenzrechts aufgenommen. Die Formularvorschläge enthalten, soweit erforderlich, auch den dazugehörigen Tatsachenvortrag und die rechtliche Begründung. Die den Formularen beigefügten Anmerkungen sollen die zum Verständnis notwendigen prozessualen und materiellen Gesichtspunkte darlegen und alternative Gestaltungsformen aufweisen, darüber hinaus aber auch weiterführende Literatur vermitteln. Es versteht sich von selbst, dass die Fülle der in der Prozesspraxis zu meisternden Tatbestände in einem Prozessformularbuch auch nicht annähernd erschöpfend behandelt werden kann. Der Benutzer ist deshalb gehalten, anhand der in diesem Buch niedergelegten Gestaltungsvorschläge in eigener Verantwortung die angemessene Formulierung zu finden.

Das vorliegende Prozessformularbuch stellt ein Pendant zum „Beck'schen Formularbuch zum Bürgerlichen, Handels- und Wirtschaftsrecht" dar. Die Herausgeber danken allen Autoren für ihre Mitarbeit und dem Verlag für die Betreuung bei der Herstellung des Werkes. Für Anregungen und Verbesserungsvorschläge sind Herausgeber, Verfasser und Verlag dankbar.

Im August 1980 *Horst Locher* *Peter Mes*

Inhaltsverzeichnis

I. Das allgemeine Zivilprozessverfahren

A. Mandatsverhältnis

B. Mahnverfahren

C. Prozesskostenhilfe

D. Klageerhebung

E. Klageerwiderung

F. Zustellungen, Fristen und Termine

G. Versäumnisverfahren/Entscheidung nach Lage der Akten

H. Beweisverfahren

I. Besonderheiten bezüglich des Gerichts

J. Besonderheiten bezüglich der Parteien

K. Besonderheiten bezüglich des Streitgegenstandes

L. Anträge und Erklärungen im Prozessverlauf

M. Beendigung des Prozesses durch Parteiprozesshandlungen

S. Schiedsverfahren

T. Internationales Zivilprozessrecht

II. Klagen und Anträge im Zivilprozess zu ausgewählten Gebieten des materiellen Rechts

A. Kaufrecht

B. Mietrecht

C. Werkvertragsrecht

D. Reisevertragsrecht

E. Unerlaubte Handlung, Gefährdungshaftung, Verkehrsunfälle, Versicherungsrecht

Unerlaubte Handlung und Gefährdungshaftung

Verkehrsunfälle

Versicherungsrecht

F. Besonderes Schuldrecht

G. Sachenrecht

H. Wohnungseigentumsrecht

I. Familiensachen; Lebenspartnerschaftssachen

Abstammungssachen und Verfahren auf Kindesunterhalt

Ehesachen, insbesondere Scheidung

Andere Familiensachen

III. Zwangsvollstreckung, Anfechtungsgesetz, Insolvenzordnung

A. Allgemeines Vollstreckungsrecht

Allgemeine Vollstreckungsvoraussetzungen

Rechtsbehelfe in der Zwangsvollstreckung

Sonstiges

B. Zwangsvollstreckung wegen Geldforderungen

Zwangsvollstreckung in bewegliche Sachen

Zwangsvollstreckung in Geldforderungen

D. Das Verfahren zur Abgabe der eidesstattlichen Versicherung

E. Besonderheiten der Arrest- und Verfügungsvollstreckung

F. Anfechtungsgesetz

G. Insolvenzrecht

IV. Der Arbeitsgerichtsprozess

A. Leistungsklagen der Arbeitnehmer mit den häufigsten Beklagtenformen im Rubrum

B. Klagen des Arbeitnehmers und Klageentgegnungen im Zusammenhang mit Beendigung des Arbeitsverhältnisses

C. Anträge und Klagen des Arbeitgebers

D. Rechtsbehelfe und Rechtsmittel im Arbeitsgerichtsverfahren

VII. Der Finanzgerichtsprozess einschließlich des außergerichtlichen Vorverfahrens

Einspruch

Klage

Beschwerde im finanzgerichtlichen Verfahren

Revision

Bearbeiter der 11. Auflage

Wilfrid Antusch	II. H.	Wohnungseigentumsrecht (zusammen mit Dr. Oliver Elzer)
Dr. Frank Baumann	II. E.	Versicherungsrecht
Dr. Helmut Büchel	I. B.	Mahnverfahren
	I. C.	Prozesskostenhilfe
	I. D.	Klageerhebung
	I. E.	Klageerwiderung
	I. F.	Zustellungen, Fristen und Termine
	I. G.	Versäumnisverfahren / Entscheidung nach Lage der Akten
	I. H.	Beweisverfahren
	I. I.	Besonderheiten bezüglich des Gerichts
	I. J.	Besonderheiten bezüglich der Parteien
	I. K.	Besonderheiten bezüglich des Streitgegenstandes
	I. L.	Anträge und Erklärungen im Prozessverlauf
	I. M.	Beendigung des Prozesses durch Parteiprozesshandlungen
	I. N.	Anträge zum Urteil
	I. Q.	Urkunden-, Wechsel- und Scheckprozess
Dr. Oliver Elzer	II. H.	Wohnungseigentumsrecht (zusammen mit Wilfrid Antusch)
Dr. Hans Goll	I. O.	Rechtsmittel und Rechtsbehelfe
	I. P.	Klagen betreffend die Urteilswirkung
Dr. Nicola Gragert	IV.	Der Arbeitsgerichtsprozess (zusammen mit Dr. Günther Schaub)
Dr. Mathias Grandel	II. I.	Familiensachen, Lebenspartnerschaftssachen
Dr. Annegret Harz	II. B.	Mietrecht
Dr. Friedrich Ludwig Hausmann	II. M.	Vergaberecht (zusammen mit Dr. Hans-Joachim Prieß)
Edgar Isermann	II. D.	Reiserecht
Prof. Dr. Heribert Johlen	V.	Das Verwaltungsstreitverfahren
Dr. Matthias Karl	II. L.	Kartellrecht
Bernhard F. Klinger	II. J.	Erbrecht
Dr. Thomas Lübbig	IX.	Rechtsschutz vor den Gerichten der Europäischen Union (zusammen mit Dr. Hans-Joachim Prieß)
Prof. Dr. Peter Mes	II. N.	Gesetz gegen den unlauteren Wettbewerb
	II. O.	Patent-, Gebrauchsmuster-, Geschmacksmuster-, Kennzeichen- und Urheberrecht
Michael Nickel	III. A.–E.	Zwangsvollstreckung
Dr. Klaus Nöll	III. F.	Anfechtungsgesetz

Bearbeiter

Dr. Hans-Joachim Prieß	II. M.	Vergaberecht (zusammen mit Dr. Friedrich Ludwig Hausmann)
	IX.	Rechtsschutz vor den Gerichten der Europäischen Union (zusammen mit Dr. Thomas Lübbig)
Prof. Dr. Ekkehart Reinelt ...	I. A.	Mandatsverhältnis
	I. R.	Einstweilige Verfügung und Arrest (jeweils zusammen mit Christiane Strahl)
Dr. Heino Rück	II. K.	Gesellschaftsrecht
Dr. h. c. Günter Schaub	IV.	Der Arbeitsgerichtsprozess (zusammen mit Dr. Nicola Gragert)
Karl Schulte	VIII.	Der Sozialgerichtsprozess (zusammen mit Dr. Klaus Wilde)
Prof. Dr. Rolf A. Schütze	I. T.	Internationales Zivilprozessrecht
	I. S.	Schiedsverfahrensrecht
Klaus Sedelmeier	II. P.	Presserecht
Prof. Dr. Siegbert Seeger	VII.	Der Finanzgerichtsprozess einschließlich des außergerichtlichen Vorverfahrens
Dr. Ralf Sinz	III. G.	Insolvenzrecht
Christiane Strahl	I. A.	Mandatsverhältnis
	I. R.	Arrest und einstweilige Verfügung (jeweils zusammen mit Prof. Dr. Ekkehart Reinelt)
Dr. Klaus Wilde	VIII.	Der Sozialgerichtsprozess (zusammen mit Karl Schulte)
Dr. Alexander Zahn	II. A.	Kaufrecht
	II. E.	Unerlaubte Handlung, Gefährdungshaftung, Verkehrsunfälle
	II. F.	Besonderes Schuldrecht
	II. G.	Sachenrecht
Prof. Dr. Holger Zuck	VI.	Verfassungsrecht

Abkürzungsverzeichnis

a.	auch
aA.	andere Ansicht
aaO.	am angegebenen Ort
abgedr.	abgedruckt
abl.	ablehnend
ABl.	Amtsblatt
Abs.	Absatz
Abschn.	Abschnitt
Abt.	Abteilung
abw.	abweichend
AcP	Archiv für die civilistische Praxis (Band u. Seite)
Adler/Düring/Schmaltz	Adler/Düring/Schmaltz ua., Rechnungslegung und Prüfung der Unternehmen, Loseblatt (§§, Tz.)
ADSp	Allgemeine Deutsche Spediteurbedingungen
AdV.	Aussetzung der Vollziehung
aE.	am Ende
Änd.	Änderung
ÄndG	Gesetz zur Änderung
aF.	alte Fassung
AfA	Absetzung für Abnutzung
AFG	Arbeitsförderungsgesetz
AfP	Archiv für Presserecht
AG	Aktiengesellschaft; Die Aktiengesellschaft (Jahr u. Seite); Amtsgericht; Ausführungsgesetz
AGB	Allgemeine Geschäftsbedingungen
AgrarR	Zeitschrift für das gesamte Recht der Landwirtschaft, der Agrarmärkte und des ländlichen Raumes (Jahr u. Seite)
AktG	Aktiengesetz
AktO	Aktenordnung
allg.	allgemein
allgM.	allgemeine Meinung
Alt.	Alternative
aM.	anderer Meinung
amtl.	amtlich
ANBA	Amtliche Nachrichten der Bundesanstalt für Arbeit
AnfG	Anfechtungsgesetz
Anh.	Anhang
AngKG	Gesetz über die Fristen für die Kündigung von Angestellten
Anm.	Anmerkungen
AnwBl.	Anwaltsblatt (Jahr u. Seite)
Anz.	Anzeiger
AO	Anordnung
AO 1977	Abgabenordnung vom 16. März 1976 (BGBl. I 1976, 613)
AOAnpG	Gesetz zur Anpassung von Gesetzen an die Abgabenordnung
AP	Arbeitsrechtliche Praxis, Nachschlagewerk des Bundesarbeitsgerichts (Jahrgang u. Seite; seit 1954 Gesetzesstelle u. Entscheidungsnr.)
ArbG	Arbeitgeber; Arbeitsgericht
ArbGG	Arbeitsgerichtsgesetz
ArbN	Arbeitnehmer
ArbPlSchG	Arbeitsplatzschutzgesetz
ArbRSammL.	Arbeitsrechtssammlung mit Entscheidung des Reichsarbeitsgerichts, der Landesarbeitsgerichte und Arbeitsgerichte (Band u. Seite)
ArbuR	Arbeit und Recht
ArchPR	Archiv presserechtlicher Entscheidungen
arg.	argumentum (siehe zum Beweis)
Art.	Artikel
AsylVfG	Asylverfahrensgesetz

Abkürzungen

ATV	Allgemeine technische Vorschriften für Bauleistungen
AÜG	Gesetz zur Regelung der gewerbsmäßigen Arbeitnehmerüberlassung
Aufl.	Auflage
AusfG	Ausführungsgesetz
AuslG	Ausländergesetz
AVG	Angestelltenversicherungsgesetz
AVO	Ausführungsverordnung
AVO (RHeimStG)	Ausführungsverordnung zum Reichsheimstättengesetz
AWD	Außenwirtschaftsdienst des Betriebs-Beraters
Az.	Aktenzeichen
AZO	Arbeitszeitordnung
B	Bundes-
Bärmann Praxis	Bärmann/Seuß, Praxis des Wohnungseigentums, 4. Aufl. 1997
Bärmann/Bearbeiter	Bärmann, Wohnungseigentumsgesetz, Kommentar, 10. Aufl. 2008
Bad.-Württ.	Baden-Württemberg
BAG	Bundesarbeitsgericht, auch Entscheidungen des Bundesarbeitsgerichts
BAGGS	Bundesarbeitsgericht Großer Senat
BAnstArb.	Bundesanstalt für Arbeit
BAnz.	Bundesanzeiger
Bassenge/Herbst	Bassenge/Herbst/Roth, FGG/RpflG, 11. Aufl. 2007
BauGB	Baugesetzbuch
Baumbach/Hopt	Baumbach/Hopt, Handelsgesetzbuch, 33. Aufl. 2007
Baumbach/Hefermehl	Baumbach/Hefermehl, Wechselgesetz und Scheckgesetz, 23. Aufl. 2007; in Teil II. O.: Warenzeichenrecht und Internationales Wettbewerbs- und Zeichenrecht, 12. Aufl. 1985
Baumbach/Hueck GmbHG	Baumbach/Hueck, GmbH-Gesetz, 18. Aufl. 2005 (§§, Anm.)
Baumbach/Hueck AktG	Baumbach/Hueck, Aktiengesetz, 13. Aufl. 2000 (§§, Rdn.)
Baumbach/Lauterbach/Albers/Hartmann	Baumbach/Lauterbach/Albers/Hartmann, Zivilprozessordnung, 67. Aufl. 2009
baupol.	baupolizeilich
Baur/Stürner	Baur/Stürner, Lehrbuch des Sachenrechts, 18. Aufl. 2009
BauR	Baurecht (Jahr u. Seite)
BaWüAGBGB	baden-württembergisches Ausführungsgesetz zum BGB
Bay	bayerisch, Bayern
BayObLG	Bayerisches Oberstes Landesgericht, auch Entscheidungssammlungen in Zivilsachen
BayVBl.	Bayerisches Verwaltungsblatt
BB	Betriebs-Berater (Jahr u. Seite)
BBG	Bundesbeamtengesetz
BBiG	Berufsbildungsgesetz
Bd.	Band
BeamtVG	Beamtenversorgungsgesetz
BEG	Bundesentschädigungsgesetz
begl.	beglaubigt
Begr.	Begriff, Begründung
Beil.	Beilage
BekM.	Bekanntmachung
Benkard/Bearbeiter	Benkard, Patentgesetz, Gebrauchsmustergesetz, 10. Aufl. 2006
Ber.	Berufung
Bergerfurth	Bergerfurth/Rogner, Der Ehescheidungsprozess und die anderen Eheverfahren, 15. Aufl. 2006
bes.	besonders
Beschl.	Beschluss
Beschw.	Beschwerde
bestr.	bestritten
BestVerz.	Bestandsverzeichnis
Betr.	Der Betrieb (Jahr u. Seite)
BetrAVG	Gesetz zur Verbesserung der betrieblichen Altersversorgung
BetrVG	Betriebsverfassungsgesetz
BeurkG	Beurkundungsgesetz
BeurkÄndG	Beurkundungsänderungsgesetz
BewG	Bewertungsgesetz

BFH	Bundesfinanzhof, auch Sammlung der Entscheidungen und Gutachten des Bundesfinanzhofs (Band u. Seite)
BFH – EntlastG	Gesetz zur Entlastung des Bundesfinanzhofs vom 8. Juli 1975 (BGBl. I 1975, 1861)
BG	Beamtengesetz (der Länder)
BGB	Bürgerliches Gesetzbuch
BGBl.	Bundesgesetzblatt
BGH	Bundesgerichtshof, auch Entscheidungen in Zivilsachen
BGHZ	Entscheidungen des Bundesgerichtshofs in Zivilsachen
BImSchG	Bundesimmissionsschutzgesetz
BinnSchG	Binnenschifffahrtsgesetz
Binz	Binz, Die GmbH & Co, 10. Aufl. 2005
BiRiLiG	Bilanzrichtliniengesetz
BKartA	Bundeskartellamt
BKGG	Bundeskindergeldgesetz
Bl.	Blatt
BlGBW	Blätter für Grundstücks-, Bau- und Wohnrecht (Jahr u. Seite)
BMF	Bundesminister(ium) der Finanzen
BMinG	Bundesministergesetz
BMinJ	Bundesministerium der Justiz
BMT-G	Bundesmanteltarifvertrag gemeindlicher Verwaltungen und Betriebe
BMWi	Bundesminister(ium) für Wirtschaft
BNotK	Bundesnotarkammer
BNotO	Bundesnotarordnung
Böttcher/Zartmann/Faut	Böttcher/Zartmann/Faut, Stille Gesellschaft und Unterbeteiligung, 4. Aufl. 1985
Borgmann	Borgmann/Jungk/Grams, Anwaltshaftung, 4. Aufl. 2005
Boruttau/Fischer/Sack/ Viskorf GrEStG	Boruttau/Fischer/Sack/Viskorf, Grunderwerbsteuergesetz, 16. Aufl. 2006 (§§, Rdn.)
BPersVG	Bundespersonalvertretungsgesetz
BPflVO	Bundespflegesatzverordnung
BRAO	Bundesrechtsanwaltsordnung
BRAGO	Bundesrechtsanwaltsgebührenordnung
BR-Drucks.	Bundesrat-Drucksache
Breithaupt	Breithaupt, Sammlung von Entscheidungen aus dem Sozialrecht
BremGBl.	Gesetzblatt (Bremen)
BRRG	Beamtenrechtsrahmengesetz
BRS	Baurechtsammlung
BSG	Bundessozialgericht, auch Sammlung der Entscheidungen (Band u. Seite)
BSHG	Bundessozialhilfegesetz
Bsp.	Beispiel(e)
BStBl.	Bundessteuerblatt (II/III)
BT	Bundestag
BT-Drucks.	Bundestag-Drucksache
Buchst.	Buchstabe
Büro	Das Juristische Büro (Jahr u. Seite)
BUrlG	Bundesurlaubsgesetz
II. BV	VO über wohnungswirtschaftliche Berechnungen (zweite Berechnungsverordnung)
BayVBl.	Bayerische Verwaltungsblätter (Jahr u. Seite)
BVerfG	Bundesverfassungsgericht
BVerfGE	Entscheidungen des Bundesverfassungsgerichts
BVerfGG	Bundesverfassungsgerichtsgesetz
BVerwG	Bundesverwaltungsgericht
BVerwGE	Bundesverwaltungsgerichtsentscheidungen
BVFG	Bundesvertriebenengesetz
BVG	Bundesversorgungsgesetz
BVSG-Saarland	Gesetz Nr. 768 über einen Bergmannsversorgungsschein im Saarland
BVSG-Niedersachsen	Gesetz über einen Bergmannsversorgungsschein im Lande Niedersachsen
BVSG-NRW	Gesetz über einen Bergmannsversorgungsschein in NRW
BWNotZ	Mitteilungen aus der Praxis. Zeitschrift für das Notariat in Baden-Württemberg (Jahr u. Seite)

Abkürzungen

bzgl.	bezüglich
BZRG	Bundeszentralregister
bzw.	beziehungsweise
ca.	circa
Co.	Companie
DAG	Deutsche Angestelltengewerkschaft
DAngVers	Die Angestelltenversicherung. Zeitschrift der Bundesversicherungsanstalt für Angestellte
DAVorm.	Der Amtsvormund (Jahr u. Seite)
DB	Der Betrieb (Jahr u. Seite)
DDR	Deutsche Demokratische Republik
DE-AS	Deutsche Auslegeschrift
DE-BP	Deutsches Bundespatent
DE-GM	Deutsches Bundesgebrauchsmuster
DE-OS	Deutsche Offenlegungsschrift
Demharter	Demharter, Grundbuchordnung, 27. Aufl. 2009
DE-PS	Deutsche Patentschrift
dergl.	dergleichen
ders.	derselbe
DGB	Deutscher Gewerkschaftsbund
DGVZ	Deutsche Gerichtsvollzieherzeitung (Jahr u. Seite)
dh.	das heißt
DIN	Deutsche Industrienorm
dingl.	dinglich
Dipl.-Ing.	Diplom-Ingenieur
DJ	Deutsche Justiz (Jahr u. Seite)
DM	Deutsche Mark
DNotZ	Deutsche Notar-Zeitschrift (Jahr u. Seite)
DNotZBayB	Bayerische Beilage zur Deutschen Notarzeitschrift
DÖV	Die Öffentliche Verwaltung
DONot	Dienstordnung für Notare
DR	Deutsches Recht (Jahr u. Seite)
DRiG	Deutsches Richtergesetz
DRiZ	Deutsche Richterzeitung (Jahr u. Seite)
DRZ	Deutsche Rechtszeitschrift (Jahr u. Seite)
DVBl.	Deutsches Verwaltungsblatt
DVO	Durchführungsverordnung
DWW	Deutsche Wohnungswirtschaft (Jahr u. Seite)
e.	eines
EA und eAO	Einstweilige Anordnung
Ebenroth/Boujong/Joost	Ebenroth/Boujong/Joost, Handelsgesetzbuch, 2. Aufl. 2007
ebd.	ebenda
EDV	Elektronische Datenverarbeitung
EFG	Entscheidungen der Finanzgerichte
EG	Einführungsgesetz; Europäische Gemeinschaft, Vertrag zur Gründung der Europäischen Gemeinschaft
EGAO	Einführungsgesetz zur Abgabenordnung
EGBGB	Einführungsgesetz zum Bürgerlichen Gesetzbuch
EGGVG	Einführungsgesetz zum Gerichtsverfassungsgesetz
eGmbH	Eingetragene Genossenschaft mit beschränkter Haftung
EGZVG	Einführungsgesetz zum Zwangsversteigerungsgesetz
EheG	Ehegesetz
EheRG	Gesetz zur Reform des Ehe- und Familienrechts
Einf.	Einführung
Einl.	Einleitung
einschl.	einschließlich
einstw.	einstweilig
elterl.	elterliche
EntlG	Entlastungsgesetz
entspr.	entsprechend, entspricht
EP	Europäisches Patent
E-PS	Europäische Patentschrift
EPÜ	Europäisches Patentübereinkommen

ER	Einzelrichter
ErbStDVO	Erbschaftsteuerdurchführungsverordnung
ErbStG	Erbschaftsteuer- und Schenkungsteuergesetz
Erman/Bearbeiter	Erman, Handkommentar zum Bürgerlichen Gesetzbuch, 11. Aufl. 2004 (§§, Rdn.)
EStDV	Einkommensteuerdurchführungsverordnung
EStG	Einkommensteuergesetz
EStR	Einkommensteuerrichtlinien
etc.	et cetera
EuGH	Gerichtshof der Europäischen Gemeinschaften
EuGÜbk	Übereinkommen der Europäischen Gemeinschaft über die gerichtliche Zuständigkeit und die Vollstreckung gerichtlicher Entscheidungen in Zivil- und Handelssachen (BGBl. 1972 II S. 774)
EuZVO	Verordnung (EG) Nr. 1348/2000 über die Zustellung gerichtlicher und außergerichtlicher Schriftstücke im Ausland in Zivil- und Handelssachen in den Mitgliedstaaten (Abl. Nr. 324/79)
eV.	eingetragener Verein
EV	Einigungsvertrag vom 31. 8. 1990 (BGBl. II S. 889); Eigentumsvorbehalt
evtl.	eventuell
EWG	Europäische Wirtschaftsgemeinschaft
Eyermann	Eyermann, Verwaltungsgerichtsordnung, 12. Aufl. 2006 (§§, Rdn.)
EzA	Stahlhacke, Entscheidungen zum Arbeitsrecht
f.	folgend
Fa.	Firma
FA	Finanzamt
FamFG	Gesetz über das Verfahren in Familiesachen und in den Angelegenheiten der freiwilligen Gerichtsbarkeit (BGBl. 2008 II S. 2586)
FamRÄndG	Familienrechtsänderungsgesetz
FamRZ	Zeitschrift für das gesamte Familienrecht (Jahr u. Seite)
ff.	folgende
FG	Finanzgericht
FGG	Gesetz über die Angelegenheiten der freiwilligen Gerichtsbarkeit
FGO	Finanzgerichtsordnung
Finkelnburg/Dombert/ Külpmann	Finkelnburg/Dombert/Külpmann, Vorläufiger Rechtsschutz im Verwaltungsverfahren, 5. Aufl. 2008
Fitting BetrVG	Fitting/Engels/Schmidt/Trebinger/Linsenmaier, Betriebsverfassungsgesetz mit Wahlordnung, 24. Aufl. 2008 (§§, Rdn.)
FlNr.	Flurnummer
Flume	Flume, Allgemeiner Teil des bürgerlichen Rechts, Bd. I, 1. Teil, Die Personengesellschaft, 1977
FlSt.	Flurstück
FlStNr.	Flurstücknummer
Fn.	Fußnote
fob	free on board (frei an Bord)
FRG	Fremdrentengesetz
FR-PS	Französische Patentschrift
Form.	Formular
Fußn.	Fußnote
von Gamm	von Gamm, Gesetz gegen den unlauteren Wettbewerb, 3. Aufl. 1993; Geschmacksmustergesetz, 2. Aufl. 1989
GAnwZ	Bayerische Geschäftsanweisung für Zivilsachen
GB	Grundbuch
GBO	Grundbuchordnung
GB-PS	Britische Patentschrift
GBVfg	Allgemeine Verfügung über die Einrichtung und Führung des Grundbuchs
geb.	geboren
GebrMG	Gebrauchsmustergesetz
Geimer/Schütze	Geimer/Schütze, Der Internationale Rechtsverkehr in Zivil- und Handelssachen, 3. Aufl. (Stand: 2005)

gem.	gemäß
GemSOGB	Gemeinsamer Senat der Obersten Gerichtshöfe des Bundes
GenG	Genossenschaftsgesetz
GerNov	Gerichtsstandnovelle
Gerold/Schmidt RVG	Gerold/Schmidt, RVG, Kommentar, 18. Aufl. 2008
GerVollz.	Gerichtsvollzieher oder Der Gerichtsvollzieher (Jahrgang u. Seite)
Ges.	Gesetz
GesBl.	Gesetzblatt
Geßler/Hefermehl	Geßler/Hefermehl/Eckardt/Kropff, Aktiengesetz, 1974 ff. 2. Aufl.
GeschmMG	Geschmacksmustergesetz
GewA	Gewerbearchiv (Jahr u. Seite)
GewO	Gewerbeordnung
GewStG	Gewerbesteuergesetz
gez.	gezeichnet
GG	Grundgesetz
ggf.	gegebenenfalls
GKG	Gerichtskostengesetz
GK-MitbestG/Bearbeiter	Gemeinschaftskommentar zum Mitbestimmungsgesetz, herausgegeben von Fabricius u. a., Loseblatt, Stand 2009 (§§, Rdn.)
GleichberG	Gleichberechtigungsgesetz
GmbH	Gesellschaft mit beschränkter Haftung
GmbHG	Gesetz betr. die Gesellschaften mit beschränkter Haftung
GmbHRdsch.	Rundschau für GmbH (Jahr u. Seite)
GO	Geschäftsordnung, Gemeindeordnung
GOA	Gebührenordnung für Architekten
Göppinger	Göppinger/Börger, Vereinbarungen anlässlich der Ehescheidung, 8. Aufl. 2005
GrdstVG	Grundstückverkehrsgesetz
Grdz.	Grundzüge
GrESt	Grunderwerbsteuer
GrEStDV	Durchführungsverordnung zum Grunderwerbsteuergesetz
GrEStEigWoG	Gesetz zur Grunderwerbsteuerbefreiung beim Erwerb von Einfamilienhäusern, Zweifamilienhäusern und Eigentumswohnungen v. 11. 7. 77, BGBl. I 1218
GrEStG	Grunderwerbsteuergesetz
Großkomm. AktG/ Bearbeiter	Gadow/Heinichen, Aktiengesetz, Großkomm., 3. Aufl. 1970/1975 (§§, Anm.)
Großkomm. HGB/Bearbeiter	Staub, Handelsgesetzbuch, Großkommentar, 4. Aufl. 1983 ff. (§§, Anm.)
Grunsky	Grunsky, Arbeitsgerichtsgesetz, 7. Aufl. 1995
GRUR (Int.)	Gewerblicher Rechtsschutz und Urheberrecht (Jahr u. Seite) – (Internationale Ausgabe)
GRUR-RR	Gewerblicher Rechtsschutz und Urheberrecht/Rechtsprechungs-Report (Jahr u. Seite)
GrZS	Großer Senat in Zivilsachen
GS	Großer Senat
GStW	Gebührenstreitwert
GVBl.	Gesetz- und Verordnungsblatt
GVG	Gerichtsverfassungsgesetz
GVGA	Geschäftsanweisung für Gerichtsvollzieher
GVKostG	Gerichtsvollzieherkostengesetz
GV NW	Gesetz- und Verordnungsblatt für das Land Nordrhein-Westfalen
GVO	Gerichtsvollzieherordnung, Gruppenfreistellungsverordnung
GWB	Gesetz gegen Wettbewerbsbeschränkungen
hA.	herrschende Auffassung
Hachenburg/Bearbeiter	Hachenburg, Kommentar zum Gesetz betreffend die Gesellschaften mit beschränkter Haftung, 8. Aufl. 1992/1997 (§§, Rdn.)
HaftPflG	Haftpflichtgesetz
Halbs.	Halbsatz
HandwO	Handwerksordnung
Hartmann	Hartmann, Kostengesetze, KurzKomm., 39. Aufl. 2009
HausratsVO	Hausratsverordnung
Hdb.	Handbuch

Hdb. AG/Bearbeiter	Nirk/Ziemons/Binnewies, Handbuch der Aktiengesellschaft, Loseblatt, Stand 2009 (Rdz., röm. Ziff., arab. Ziff.)
Hdb. GmbH/Bearbeiter	Eder/Tillmann, Handbuch der GmbH, Loseblatt (Stand 2001) (Rdz., röm. Ziff., arab. Ziff.)
Hdb. PersGes./Bearbeiter	Westermann/Scherpf/Sigloch ua., Handbuch der Personengesellschaften, Loseblatt, Stand 1994 (Rdz., röm. Ziff., arab. Ziff.)
Herrmann/Heuer/Raupach	Herrmann/Heuer/Raupach, Einkommensteuer- und Körperschaftsteuergesetz, Loseblatt, Stand 2009 (§§ EStG, KStG u. Nebengesetze, Rdn.)
Hesselmann GmbH & Co.	Hesselmann/Tillmann, Handbuch der GmbH & Co., 19. Aufl. 2005 (Rdz.)
Heymann/Kötter HGB	Heymann/Kötter, Handelsgesetzbuch, 4. (21. Gesamt-)Aufl. 1971 (§§, Anm.)
HFR	Höchstrichterliche Finanzrechtsprechung
HGB	Handelsgesetzbuch
Hillach/Rohs	Hillach/Rohs, Handbuch des Streitwertes in Zivilsachen, 9. Aufl. 1995
hins.	hinsichtlich
hL.	herrschende Lehre
hM.	herrschende Meinung
HOAI	Verordnung über die Honorare für Leistungen der Architekten und Ingenieure (Honorarordnung für Architekten und Ingenieure) vom 4. 3. 1991 (BGBl. I 533)
HöfeO	Höfeordnung
HöfeVfO	Verfahrensordnung für Höfesachen
HReg.	Handelsregister
HRR	Höchstrichterliche Rechtsprechung (Jahr u. Nr.)
hrsg.	herausgegeben
HRV	Handelsregisterverfügung
Hueck Gesellschaftsrecht	Hueck/Windbichler, Gesellschaftsrecht, 21. Aufl. 2008
Hueck KSchG	Hueck, Kündigungsschutzgesetz, 13. Aufl. 2002
Hüffer	Hüffer, Aktiengesetz, 8. Aufl. 2008
HUÜ	Haager Übereinkommen über das auf Unterhaltsverpflichtungen gegenüber Kindern anzuwendende Recht (1956); Haager Übereinkommen über das auf Unterhaltspflichten anzuwendende Recht (1973)
HZPA (HZPrAbk)	Haager Zivilprozessabkommen (1905)
HZPÜ	Haager Übereinkommen über den Zivilprozess (1954)
IAO	Internationale Arbeitsorganisation
idÄnd.	in der Änderung
iE.	im Einzelnen
idF.	in der Fassung
idR.	in der Regel
IG	Industrie-Gewerkschaft
IHK	Industrie- und Handelskammer
iL.	in Liquidation
InfAuslR	Informationsbrief Ausländerrecht (Jahr u. Seite)
info also	Informationen zum Arbeitslosenrecht (Jahr u. Seite)
insbes.	insbesondere
IPrax	Praxis des Internationalen Privat- und Verfahrensrechts (Jahr u. Seite)
iRd.	im Rahmen des
iS.	im Sinne
iSd.	im Sinne des, der
iSv.	im Sinne von
iÜ.	im Übrigen
iVm.	in Verbindung mit
iW.	in Worten
iwS.	im weiteren Sinn
JArbSchG	Gesetz zum Schutze der arbeitenden Jugend (Jugendarbeitsschutzgesetz)
Jauernig	Jauernig, Zivilprozessrecht, 29. Aufl. 2007; Zwangsvollstreckungsrecht, 22. Aufl. 2006
JBeitrO	Justizbeitreibungsordnung

Jennißen/Bearbeiter	Jennißen, Wohnungseigentumsgestz, 1. aufl. 2008
jew.	jeweils
JFG	Jahrbuch für Entscheidungen in Angelegenheiten der Freiwilligen Gerichtsbarkeit und des Grundbuchrechts
JMBl.	Justizministerialblatt
JR	Juristische Rundschau (Jahr u. Seite)
jur.	juristisch
JurA	Juristische Analysen (Jahr u. Seite)
JuS	Juristische Schulung (Jahr u. Seite)
Justiz	Die Justiz (Jahr u. Seite)
JVBl.	Justizverwaltungsblatt (Jahr u. Seite)
JVEG	Justizvergütungs- und Entschädigungsgesetz
JW	Juristische Wochenschrift (Jahr u. Seite)
JZ	Juristen-Zeitung (Jahr u. Seite)
KAG	Kommunalabgabengesetz
Kallmeyer/Bearbeiter	Kallmeyer, Umwandlungsgesetz, 4. Aufl. 2009
Kap.	Kapitel
KapErhG	Gesetz über steuerrechtliche Maßnahmen bei Erhöhung des Nennkapitals aus Gesellschaftsmitteln und bei Überlassung von eigenen Aktien an Arbeitnehmer
Kapp/Ebeling ErbStG	Kapp/Ebeling, Kommentar zum Erbschaftsteuer- und Schenkungsteuergesetz (Loseblattsammlung), Stand 2009
KassKomm.	Kasseler Kommentar Sozialversicherungsrecht (Stand 2009)
kath.	katholisch
Keidel/Kuntze/Winkler	Keidel/Kuntze/Winkler, Freiwillige Gerichtsbarkeit. Kommentar, 15. Aufl. 2003 (§§ FGG bzw. BeurkG)
Keidel/Willer	Keidel/Willer, Registerrecht, 7. Aufl. 2007
Kfb	Kostenfestsetzungsbeschluss
KfH	Kammer für Handelssachen
Kfv	Kostenfestsetzungsverfahren
Kfz	Kraftfahrzeug
KG	Kammergericht; Kommanditgesellschaft
KGaA	Kommanditgesellschaft auf Aktien
KGJ	Jahrbuch für Entscheidungen des Kammergerichts
KHG	Krankenhausfinanzierungsgesetz
KJHG	Kinder- und Jugendhilfegesetz
kläger.	klägerisch(es)
KMK-HSchR-NF	Kultusministerkonferenz, Sammlung hochschulrechtlicher Entscheidungen, neue Fassung
KnAT	Knappschafts-Angestelltentarifvertrag
Knobbe-Keuk	Knobbe-Keuk, Bilanz und Unternehmenssteuerrecht, 9. Aufl. 1993
KO	Konkursordnung
Kölner Komm. AktG/ Bearbeiter	Kölner Kommentar zum Aktiengesetz, herausgegeben von Zöllner/ Noack, 3. Aufl. 2004 ff. (§§, Rdn.)
Komm.	Kommentar
KonsG	Konsulargesetz
Kopp/Ramsauer	Kopp/Ramsauer, Verwaltungsverfahrensgesetz, 10. Aufl. 2007 (§§, Rdn.)
Kopp/Schenke	Kopp/Schenke, Verwaltungsgerichtsordnung, 15. Aufl. 2007 (§§, Rdn.)
Korintenberg/Lappe/Bengel/ Reimann KostO	Korintenberg/Lappe/Bengel/Reimann, Kostenordnung, Kommentar, 17. Aufl. 2008
KostO	Kostenordnung
KOV	Die Kriegsopferversorgung (Jahr u. Seite)
Krasney/Udsching	Krasney/Udsching, Handbuch des sozialgerichtlichen Verfahrens, 5. Aufl. 2008
KR-Bearb.	Becker/Etzel/Fischermeier/Friedrich/Bader, Gemeinschaftskommentar zum Kündigungsschutzgesetz und sonstigen kündigungsschutzrechtlichen Vorschriften, 9. Aufl. 2009
KRG	Kontrollratsgesetz
KRsp.	Rechtsprechung zum Kostenrecht, Entscheidungssammlung
KSchG	Kündigungsschutzgesetz
KStG	Körperschaftsteuergesetz

KStZ	Kommunale Steuer-Zeitschrift (Jahr u. Seite)
KTS	Konkurs-, Treuhand- und Schiedsgerichtswesen (Jahr u. Seite)
Küppersbusch	Küppersbusch, Ersatzansprüche bei Personenschäden, 9. Aufl. 2006
Kummer	Kummer, Das sozialgerichtliche Verfahren, 2. Aufl. 2004
KV	Kostenverzeichnis (Anlage zum GKG)
KVStDV	Kapitalverkehrsteuer-Durchführungsverordnung
KVStG	Kapitalverkehrsteuergesetz
LAG	Landesarbeitsgericht; Lastenausgleichsgesetz
Lange/Wulff/Lüdtke-Handjery	Lange/Wulff/Lüdtke-Handjery, Höfeordnung, 10. Aufl. 2001
lfd.	laufend
LG	Landgericht
Lgb.	Lagebuchnummer
lit.	litera (= Buchstabe)
Lit.	Literatur
LJM	Landesjustizministerium
LJV	Landesjustizverwaltung
LKartB	Landeskartellbehörde
LKV	Landes- und Kommunalverwaltung (Jahr u. Seite)
LM	Das Nachschlagewerk des Bundesgerichtshofs in Zivilsachen, herausgegeben von Lindenmaier und Möhring (Gesetzesstelle u. Entscheidungsnr.)
LohnFzG	Lohnfortzahlungsgesetz
LPachtG	Landpachtgesetz
LPG	Landespressegesetz
LSG	Landessozialgericht
LStDVO	Lohnsteuerdurchführungsverordnung
LStR	Lohnsteuerrichtlinien
LuftfzRG	Gesetz über Rechte an Luftfahrzeugen
LuftVG	Luftverkehrsgesetz
Lutter	Lutter, Umwandlungsgesetz, 3. Aufl. 2004
Lutter/Hommelhoff	Lutter/Hommelhoff, GmbH-Gesetz, 17. Aufl. 2009
LVwVfG	Landesverwaltungsverfahrensgesetz
LwErbR	Landwirtschaftserbrecht
LwVG	Gesetz über das Verfahren in Landwirtschaftssachen
m.	mit
MaBV	Makler- und BauträgerVO
Madert/von Seltmann	Der Gegenstandswert in bürgerlichen Rechtsangelegenheiten, 5. Aufl. 2008
MB	Mahnbescheid
MDE	Minderung der Erwerbsfähigkeit
MDR	Monatsschrift für Deutsches Recht (Jahr u. Seite)
ME	Miteigentum
MedR	Medizinrecht (Jahr u. Seite)
Mes	Mes, PatG, 2. Aufl. 2005
Meyer-Ladewig SGG	Meyer-Ladewig/Keller/Leitherer, Sozialgerichtsgesetz, Kommentar, 9. Aufl. 2008
MHRG	Gesetz zur Regelung der Miethöhe
MietRÄndG	Mietrechtsänderungsgesetz
Min.	Ministerium
Mio.	Millionen
MitbestG	Gesetz über die Mitbestimmung der Arbeitnehmer
Mitt	Mitteilungen der deutschen Patentanwälte (Jahr u. Seite)
MittBayNot	Mitteilungen des Bayerischen Notarvereins, der Notarkasse und der Landesnotarkammer Bayern (Jahr u. Seite)
MittRhNotK	Mitteilungen der Rheinischen Notarkammer
MMV	Mustermietvertrag
MTV	Manteltarifvertrag
MünchKommBGB/Bearbeiter	Münchener Kommentar zum Bürgerlichen Gesetzbuch, 5. Aufl. 2006 ff. (§§, Rdn.)
MuSchG	Gesetz zum Schutz der erwerbstätigen Mutter
mwN.	mit weiteren Nachweisen
MWSt	Mehrwertsteuer

Nachf.	Nachfolger
Nachw.	Nachweise
NÄG	Namensänderungsgesetz
NBildUG	Niedersächsisches Gesetz über den Bildungsurlaub für den Arbeitnehmer
NdsRpfl.	Niedersächsische Rechtspflege (Jahr u. Seite)
nF.	neue Fassung
Niesel	Niesel/Herold-Tews, Der Sozialgerichtsprozess, Einführung mit Schriftsatzmustern, 5. Aufl. 2009
NJW	Neue Juristische Wochenschrift
NJW-RR	Neue Juristische Wochenschrift – Rechtsprechungs-Report Zivilrecht (Jahr u. Seite)
NJW-spezial	Neue Juristische Wochenschrift – spezial (Jahr u. Seite)
NMV	Neubaumietenverordnung
Nr.	Nummer
NRW	Nordrhein-Westfalen
NStZ	Neue Zeitschrift für Strafrecht (Jahr u. Seite)
NTS	Nato-Truppenstatut
NVwZ	Neue Zeitschrift für Verwaltungsrecht (Jahr u. Seite)
NVwZ-RR	Neue Zeitschrift für Verwaltungsrecht Rechtsprechungs-Report Verwaltungsrecht (Jahr u. Seite)
NWB	Neue Wirtschaftsbriefe
NWVBl.	Nordrhein-Westfälische Verwaltungsblätter (Jahr u. Seite)
NZA	Neue Zeitschrift für Arbeits- und Sozialrecht (Jahr u. Seite)
NZB	Nichtzulassungsbeschwerde
NZS	Neue Zeitschrift für Sozialrecht (Jahr u. Seite)
o.	oben; oder
oa.	oben angegeben(en)
oä.	oder ähnlich
ÖTV	Gewerkschaft Öffentliche Dienste, Transport u. Verkehr
OFD	Oberfinanzdirektion
OGHbrZ	Oberster Gerichtshof für die britische Zone
OHG	offene Handelsgesellschaft
OLG	Oberlandesgericht
OLGZ	Entscheidungen der Oberlandesgerichte in Zivilsachen
OVG	Oberverwaltungsgericht
p. a.	pro anno
Palandt/Bearbeiter	Palandt, Bürgerliches Gesetzbuch, 68. Aufl. 2009 (§§, Anm.)
PatAnwO	Patentanwaltsordnung
PatG	Patentgesetz
Paulick	Paulick, Handbuch der stillen Gesellschaft, 5. Aufl. 1997
PersGes.	Personengesellschaft
PflVersG	Pflichtversicherungsgesetz
phG	persönlich haftender Gesellschafter
PMZ	Blatt für Patent-, Muster- und Zeichenwesen (Jahr u. Seite)
pol.	polizeilich
Pos.	Position
ppa.	per procura
ProzBev.	Prozessbevollmächtigte(r)
PStG	Personenstandsgesetz
RA	Rechtsanwalt
RabelsZ	Rabels Zeitschrift für ausländisches und internationales Privatrecht
RAL	Reichsausschuss für Lieferbedingungen
RBerG	Rechtsberatungsgesetz
RdA	Recht der Arbeit (Jahr u. Seite)
RDG	Rechtsdienstleistungsgesetz
Rd L	Recht der Landwirtschaft (Jahr u. Seite)
Rdn.	Randnummer
Rdz.	Randziffer
Redeker/von Oertzen	Redeker/von Oertzen, Verwaltungsgerichtsordnung, 14. Aufl. 2005 (§§, Rdn.)
RegEntw.	Regierungsentwurf
RegNr.	Registernummer

Reichert	Reichert, Handbuch des Vereins- und Verbandsrechts, 11. Aufl. 2007 (Rdz.)
Rev.	Revision
RG	Reichsgericht
RGBl.	Reichsgesetzblatt
RGRK/Bearbeiter	BGB-Kommentar, herausgegeben von Reichsgerichtsräten und Bundesrichtern, 12. Aufl. 1974 ff. (§§, Rdz.)
RGZ	Entscheidungen des Reichsgerichts in Zivilsachen
RHeimStG	Reichsheimstättengesetz
Richardi BetrVG	Richardi, Betriebsverfassungsgesetz, 11. Aufl. 2008 (§§, Rdn.)
Riedel/Sußbauer RVG	Riedel/Sußbauer, Rechtsanwaltsvergütungsgesetz, 9. Aufl. 2005
RIW/AWD	Recht der internationalen Wirtschaft, Außenwirtschaftsdienst des „Betriebs-Berater" (Jahr u. Seite)
RMBeschrG	Rechtsmittelbeschränkungsgesetz
Rohs/Wedewer KostO	Rohs/Wedewer, Kostenordnung, Loseblatt-Kommentar, Stand 2009
Rosenberg	Rosenberg, Lehrbuch des deutschen Zivilprozessrechts, 9. Aufl. 1961
Rosenberg/Schwab/Gottwald	Rosenberg/Schwab/Gottwald, Zivilprozessrecht, 16. Aufl. 2004
Rosenberg/Gaul/Schilken	Rosenberg/Gaul/Schilken, Zwangsvollstreckungsrecht, 11. Aufl. 1997
Roth/Altmeppen	Roth/Altmeppen, GmbH-Gesetz, Kommentar, 6. Aufl. 2009 (§§, Anm.)
Rpfleger	Der Deutsche Rechtspfleger (Jahr u. Seite)
RPflG	Rechtspflegergesetz
RRA	Reiserecht aktuell (Jahr u. Seite)
RRG	Rentenreformgesetz
Rspr.	Rechtsprechung
RU	Regelunterhalt
RuStAG	Reichs- und Staatsangehörigkeitsgesetz
RVG	Rechtsanwaltsvergütungsgesetz
RVO	Reichsversicherungsordnung
S.	Satz; Seite
s.	siehe
SAE	Sammlung arbeitsrechtlicher Entscheidungen (Jahr u. Seite)
Sauter/Schweyer/Waldner	Sauter/Schweyer/Waldner, Der eingetragene Verein, 18. Aufl. 2005
SchadErsAnspr.	Schadensersatzanspruch
Schaub ArbR-Formb.	Schaub/Neef/Schrader, Arbeitsrechtliches Formular- und Verfahrenshandbuch, 9. Aufl. 2008
Schaub ArbR-Hdb.	Schaub, Arbeitsrechts-Handbuch, 13. Aufl. 2009
ScheckG	Scheckgesetz
SchiffsR	Schiffsrecht
SchiffsRegR	Schiffsregisterrecht
SchiffsRegO	Schiffsregisterordnung
Schlegelberger/Bearbeiter	Schlegelberger, Handelsgesetzbuch Kommentar, bearb. v. Geßler, Hefermehl, Hildebrand, Schröder, 5. Aufl. 1973 ff. (§§, Rdn.)
Schmidt-Futterer	Schmidt-Futterer, Mietrecht Großkommentar, 8. Aufl. 2003
Schneider/Herget	Schneider/Herget, Streitwert-Kommentar, 12. Aufl. 2007
Schoch/Schmidt-Aßmann/Pietzner	Schoch/Schmidt-Aßmann/Pietzner, VwGO-Kommentar (Stand 2008)
Scholz/Bearbeiter	Scholz/Emmerich, Kommentar zum GmbH-Gesetz, 9. Aufl. 2000/2002
Scholz/Fischer GmbHG	Scholz/Fischer, Klein-Kommentar zum GmbH-Gesetz, 8. Aufl. 1977 (§§, Anm.)
Schwab	Schwab/Walter, Schiedsgerichtsbarkeit, 7. Aufl. 2005
SchwBG	Schwerbehindertengesetz
SE	Sondereigentum
SeemG	Seemannsgesetz
SG	Sozialgericht
SGb	Die Sozialgerichtsbarkeit (Jahr u. Seite)
SGB	Sozialgesetzbuch
SGG	Sozialgerichtsgesetz
SGV NW	Sammlung des bereinigten Gesetz- und Verordnungsblattes für das Land Nordrhein-Westfalen

SJZ	Süddeutsche Juristenzeitung (Jahr u. Seite)
so.	siehe oben
Soergel/Bearbeiter	Soergel/Siebert, Kommentar zum Bürgerlichen Gesetzbuch, 13. Aufl. 1999 ff.
sog.	so genannt
SozR	Sozialrecht, Rspr. u. Schrifttum, bearbeitet v. den Richtern des BSG; Zitierweise der vorliegenden vier Ausgaben: a) 1955 bis 1973: zB. BSG SozR Nr. 2 zu § 160 SGG b) 1974 bis 1989: zB. BSG SozR 1500 § 160 Nr. 2 c) 1990 bis 2002: zB. BSG SozR 3–1500 § 160 Nr. 2 ab 2003: zB. BSG SozR 4-1500 § 160 Nr. 2
SozSich	Soziale Sicherheit. Zeitschrift für Arbeit und Soziales, hrsg. v. DGB
Sp.	Spalte
Spellbrink/Eicher	Spellbrink/Eicher, Kasseler Handbuch des Arbeitsförderungsrechts, Das SGB III in Recht u. Praxis, 2003
spät.	spätestens
städt.	städtisch(e)
Stahlhacke	Stahlhacke/Preis/Vossen, Kündigung und Kündigungsschutz im Arbeitsverhältnis, 9. Aufl. 2005
Standesamt	Das Standesamt (Jahr u. Seite)
Staudinger/Bearbeiter	Staudinger, Kommentar zum Bürgerlichen Gesetzbuch, 13. Aufl. 1993 ff. (§§, Rdn.)
Steinert/Theede	Steinert/Theede, Zwangsvollstreckung in das bewegliche Vermögen, 8. Aufl. 2006
Stöber	Stöber, Forderungspfändung, 14. Aufl. 2005
Stöber	Stöber, Zwangsvollstreckung in das unbewegliche Vermögen, 8. Aufl. 2007
Stöber	Stöber, Zwangsversteigerungsgesetz, 19. Aufl. 2009
Stein/Jonas/Bearbeiter	Stein/Jonas, bearbeitet von Pohle, Grunsky, Leipold, Münzberg, Schlosser und Schumann, Kommentar zur ZPO, 22. Aufl. 2002 ff.
StPO	Strafprozessordnung
streitgen.	streitgenössisch
str.	strittig
stRspr.	ständige Rechtsprechung
StrVollzG	Strafvollzugsgesetz
StVG	Straßenverkehrsgesetz
StVO	Straßenverkehrsordnung
StVZO	Straßenverkehrs-Zulassungs-Ordnung
su.	siehe unten
Sudhoff GmbH	Sudhoff, Der Gesellschaftsvertrag der GmbH, 8. Aufl. 1992
Sudhoff GmbH & Co.	Sudhoff, Der Gesellschaftsvertrag der GmbH & Co., 6. Aufl. 2005
Sudhoff Personengesellschaften	Sudhoff, Personengesellschaften, 8. Aufl. 2005
SVG	Soldatenversorgungsgesetz
teilw.	teilweise
Thomas/Putzo	Thomas/Putzo, Zivilprozessordnung, 30. Aufl. 2009 (§§, Anm.)
TÜV	Technischer Überwachungsverein
TVG	Tarifvertragsgesetz
TVöD	Tarifvertrag öffentlicher Dienst
Tz.	Textziffer
u.	unten; und
ua.	unter anderem
uä.	und ähnliche
UÄndG	Unterhaltsänderungsgesetz
UB	Unbedenklichkeitsbescheinigung
Überbl.	Überblick
Übers.	Übersicht
Ulmer/Brandner/Hensen AGBG	Ulmer/Brandner/Hensen, Kommentar zum AGBG, 10. Aufl. 2006
UmstG	Umstellungsgesetz
UmwG	Umwandlungsgesetz
UmwStG	Umwandlungssteuergesetz
unstr.	unstreitig
UnterhRAbändG	Gesetz zur vereinfachten Abänderung von Unterhaltsrenten

UPR .... Umwelt- und Planungsrecht (Jahr u. Seite)
UrhG .... Urheberrechtsgesetz
UR .... Urkundenrolle
URNr. .... Urkundenrollennummer
Urt. .... Urteil
UStG .... Umsatzsteuergesetz
usw. .... und so weiter
uU. .... unter Umständen
UWG .... Gesetz gegen den unlauteren Wettbewerb

v. .... von
VAHRG .... Gesetz zur Regelung von Härten im Versorgungsausgleich
VB .... Vollstreckungsbescheid
VerBAV .... Veröffentlichungen des Bundesaufsichtsamtes für das Versicherungswesen
VereinfNov .... Gesetz zur Vereinfachung und Beschleunigung gerichtlicher Verfahren (Vereinfachungsnovelle)
VerfGH .... Verfassungsgerichtshof
VerglO .... Vergleichsordnung
VerlG .... Verlagsgesetz
VermBildG .... Vermögensbildungsgesetz
VersAufsG .... Versicherungsaufsichtsgesetz
VerschG .... Verschollenheitsgesetz
VersR .... Versicherungsrecht (Jahr u. Seite)
VersU .... Versäumnisurteil
VG .... Verwaltungsgericht
VGFGEntlastG .... Gesetz zur Entlastung der Gerichte in der Verwaltungs- und Finanzgerichtsbarkeit vom 31. März 1978 (BGBl. I 1978, 446)
VGH .... Verwaltungsgerichtshof
vgl. .... vergleiche
VgV .... Verordnung über die Vergabe öffentlicher Aufträge
vH. .... vom Hundert
VO .... Verordnung
VOB .... Verdingungsordnung für Bauleistungen
VOL .... Verdingungsordnung für Leistungen – ausgenommen Bauleistungen
vollst. .... vollständig
Vorbem. .... Vorbemerkung
VR .... Vereinsregister
VRS .... Verkehrsrechtliche Sammlung
VU .... Versäumnisurteil
vT. .... von Tausend
VV .... Vergütungsverzeichnis (Anlage 1 zum RVG)
VVaG .... Versicherungsverein auf Gegenseitigkeit
VVG .... Gesetz über den Versicherungsvertrag
VW .... Versicherungswirtschaft
VwGO .... Verwaltungsgerichtsordnung
VwVfG .... Verwaltungsverfahrensgesetz
VwVG .... Verwaltungsvollstreckungsgesetz
VwZG .... Verwaltungszustellungsgesetz
VZS .... Vereinigte Zivilsenate

WährG .... Währungsgesetz
WDR .... Westdeutscher Rundfunk
WE .... Wohnungseigentum
WeinWiG .... Weinwirtschaftsgesetz
WEG .... Wohnungseigentumsgesetz
WG .... Wechselgesetz
WGB .... Wohnungsgrundbuch
WKSchG .... Wohnraumkündigungsschutzgesetz
Wlotzke/Wißmann MitbestG .... Wlotzke/Wißmann, Mitbestimmungsgesetz, 3. Aufl. 2008 (§§, Rdn.)
WM .... Wohnungswirtschaft und Mietrecht (Jahr u. Seite)
WoBindG .... Wohnungsbindungsgesetz
WohnbauG .... Wohnungsbaugesetz
WoModG .... Wohnungsmodernisierungsgesetz

WPflG	Wehrpflichtgesetz
WPM	Wertpapier-Mitteilungen (Jahr u. Seite)
WRP	Wettbewerb in Recht und Praxis (Jahr u. Seite)
von Wulffen SGB X	von Wulffen, SGB X, Kommentar, 6. Aufl. 2008
WuW/E	Wirtschaft und Wettbewerb. Entscheidungssammlung zum Kartellrecht
WZG	Warenzeichenrecht
ZAbkNTS	Zusatzabkommen zum Nato-Truppenstatut
zB.	zum Beispiel
ZBR	Zeitschrift für Beamtenrecht (Jahr u. Seite)
ZbR	Zurückbehaltungsrecht
ZfA	Zeitschrift für Arbeitsrecht (Jahr u. Seite)
ZfBR	Zeitschrift für deutsches und internationales Baurecht (Jahr u. Seite)
ZFSH/SGB	Sozialrecht in Deutschland und Europa, früher: Zeitschrift für Sozialhilfe und Sozialgesetzbuch (Jahr u. Seite)
ZGR	Zeitschrift für Unternehmens- und Gesellschaftsrecht (Jahr u. Seite)
z. Hd.	zu Händen
ZHR	Zentralblatt für Handelsrecht (Jahr u. Seite)
Ziff.	Ziffer
ZIP	Zeitschrift für die gesamte Insolvenzpraxis
ZMR	Zeitschrift für Miet- und Raumrecht (Jahr u. Seite)
Zöller/Bearbeiter	Zöller, Kommentar zur ZPO, 27. Aufl. 2009
ZPO	Zivilprozessordnung
ZRHO	Rechtshilfeordnung in Zivilsachen
ZSEG	Gesetz über die Entschädigung von Zeugen und Sachverständigen
zT.	zum Teil
zus.	zusammen
ZSEG	Zeugen- und Sachverständigen-Entschädigungs-Gesetz
ZVG	Zwangsversteigerungsgesetz
ZZP	Zeitschrift für Zivilprozess (Band u. Seite)
zZt.	zur Zeit

I. Das allgemeine Zivilprozessverfahren

A. Mandatsverhältnis

1. Allgemeine Mandatsbedingungen[1]

der Kanzlei

……

(im Weiteren: „Rechtsanwälte")

Für die Bearbeitung von Aufträgen, die den Rechtsanwälten erteilt wurden, gelten folgende allgemeine Mandatsbedingungen:

1. Gebührenhinweis; Gegenstand der Rechtsberatung[2]

Die für die anwaltliche Tätigkeit zu erhebenden Gebühren richten sich nach dem Gegenstandswert, es sei denn, es wurde eine hiervon abweichende Vergütungsvereinbarung getroffen.

Die Rechtsberatung der Rechtsanwälte bezieht sich ausschließlich auf das Recht der Bundesrepublik Deutschland. Die rechtliche Beratung umfasst keine steuerliche Beratung. Sofern die Rechtssache ausländisches Recht berührt, weisen die Rechtsanwälte hierauf rechtzeitig hin. Eine etwaige steuerliche Auswirkung einer zivilrechtlichen Gestaltung hat der Mandant durch fachkundige Dritte (zB. Fachanwalt für Steuerrecht, Steuerberater, Wirtschaftsprüfer) auf eigene Veranlassung zu prüfen.

Die Rechtsanwälte sind berechtigt, zur Bearbeitung des Mandats Mitarbeiter, andere Rechtsanwältinnen oder Rechtsanwälte und sonstige fachkundige Dritte heranzuziehen. Sofern dadurch zusätzliche Kosten entstehen, verpflichten sich die Rechtsanwälte, zuvor die Zustimmung des Mandanten einzuholen.

2. Pflichten der Rechtsanwälte[3]

a) Rechtliche Prüfung

Die Rechtsanwälte werden die Rechtssache des Mandanten sorgfältig prüfen, ihn über das Ergebnis der Prüfung unterrichten und gegenüber Dritten die Interessen des Mandanten im jeweils beauftragten Umfang rechtlich vertreten.

b) Verschwiegenheit

Die Rechtsanwälte sind berufsrechtlich zur Verschwiegenheit verpflichtet. Diese Pflicht bezieht sich auf alles, was den Rechtsanwälten im Rahmen des Mandats durch den Mandanten anvertraut oder sonst bekannt wird. Insoweit steht den Rechtsanwälten grundsätzlich ein Zeugnisverweigerungsrecht zu. Über das Bestehen eines Mandats und Informationen im Zusammenhang mit dem Mandat dürfen sich die Rechtsanwälte gegenüber Dritten, insbesondere Behörden, grundsätzlich nur äußern, wenn der Mandant die Rechtsanwälte vorher von ihrer Schweigepflicht entbunden hat.

c) Verwahrung von Geldern

Für den Mandanten eingehende Gelder werden die Rechtsanwälte treuhänderisch verwahren und – vorbehaltlich Ziff. 7 – unverzüglich auf schriftliche Anforderung des Mandanten an die von ihm benannte Stelle ausbezahlen.

d) Datenschutz

Die Rechtsanwälte werden alle verhältnismäßigen und zumutbaren Vorkehrungen gegen Verlust und Zugriffe unbefugter Dritter auf Daten des Mandanten treffen und laufend dem jeweils bewährten Stand der Technik anpassen.

3. Obliegenheiten des Mandanten[4]

Eine erfolgreiche Mandatsbearbeitung ist nur bei Beachtung der folgenden Obliegenheiten gewährleistet:

a) Umfassende Information
Der Mandant wird die Rechtsanwälte über alle mit dem Auftrag zusammenhängenden Tatsachen umfassend und wahrheitsgemäß informieren und ihnen sämtliche mit dem Auftrag zusammenhängenden Unterlagen und Daten in geordneter Form übermitteln. Der Mandant wird während der Dauer des Mandats nur in Abstimmung mit den Rechtsanwälten mit Gerichten, Behörden, der Gegenseite oder sonstigen Beteiligten Kontakt aufnehmen.

b) Vorsorge bei Abwesenheit und Adressänderung
Der Mandant wird die Rechtsanwälte unterrichten, wenn er seine Anschrift, Telefon- und Faxnummer, E-Mail-Adresse etc. wechselt oder über längere Zeit wegen Urlaubs oder aus anderen Gründen nicht erreichbar ist.

c) Sorgfältige Prüfung von Schreiben der Rechtsanwälte
Der Mandant wird die ihm von den Rechtsanwälten übermittelten Schreiben und Schriftsätze der Rechtsanwälte sorgfältig daraufhin überprüfen, ob die darin enthaltenen Sachverhaltsangaben wahrheitsgemäß und vollständig sind.

d) Rechtsschutzversicherung
Soweit die Rechtsanwälte auch beauftragt sind, den Schriftwechsel mit der Rechtsschutzversicherung zu führen, werden diese von der Verschwiegenheitsverpflichtung im Verhältnis zur Rechtsschutzversicherung ausdrücklich befreit. In diesem Fall versichert der Mandant, dass der Versicherungsvertrag mit der Rechtsschutzversicherung weiterhin besteht, keine Beitragsrückstände bestehen und in gleicher Angelegenheit keine anderen Rechtsanwältinnen oder Rechtsanwälte beauftragt sind.

4. Speicherung und Verarbeitung von Daten des Mandanten[5]

Die Rechtsanwälte sind berechtigt, ihnen anvertraute Daten des Mandanten im Rahmen des Mandats mit Datenverarbeitungsanlagen zu erfassen, zu speichern und zu verarbeiten.

5. Unterrichtung des Mandanten per Fax[6]

Soweit der Mandant den Rechtsanwälten einen Faxanschluss mitteilt, erklärt er sich damit bis auf Widerruf oder ausdrückliche anderweitige Weisung einverstanden, dass die Rechtsanwälte ihm ohne Einschränkungen über dieses Fax mandatsbezogene Informationen zusenden. Der Mandant sichert zu, dass nur er oder von ihm beauftragte Personen Zugriff auf das Faxgerät haben und dass er Faxeingänge regelmäßig überprüft. Der Mandant ist verpflichtet, die Rechtsanwälte darauf hinzuweisen, wenn Einschränkungen bestehen, etwa das Faxgerät nur unregelmäßig auf Faxeingänge überprüft wird oder Faxeinsendungen nur nach vorheriger Ankündigung gewünscht werden.

6. Unterrichtung des Mandanten per E-Mail

Soweit der Mandant den Rechtsanwälten eine E-Mail-Adresse mitteilt, willigt er jederzeit widerruflich ein, dass die Rechtsanwälte ihm ohne Einschränkungen per E-Mail mandatsbezogene Informationen zusenden. Im Übrigen gilt Ziff. 5 entsprechend. Dem Mandanten ist bekannt, dass bei unverschlüsselten E-Mails nur eingeschränkte Vertraulichkeit gewährleistet ist. Soweit der Mandant zum Einsatz von Signaturverfahren und Verschlüsselungsverfahren die technischen Voraussetzungen besitzt und deren Einsatz wünscht, teilt er dies den Rechtsanwälten mit.

7. Zahlungspflicht des Mandanten; Abtretung; Kostenerstattung[7]

Der Mandant ist verpflichtet, auf Anforderung der Rechtsanwälte einen angemessenen Vorschuss und nach Beendigung des Mandats die vollständige Vergütung der Rechtsanwälte zu bezahlen. Dies gilt auch, wenn Kostenerstattungsansprüche gegen Rechtsschutzversicherung, Gegenseite oder Dritte bestehen. Der Mandant tritt sämtliche Ansprüche auf Kostenerstattung durch die Gegenseite, Rechtsschutzversicherung oder sonstige Dritte in Höhe der Honorarforderung der Rechtsanwälte hiermit an diese ab. Diese nehmen die Abtretung an. Die Rechtsanwälte dürfen eingehende Zahlungen auf offene Honorarforderungen, auch aus anderen Angelegenheiten, verrechnen.

Der Mandant wird darauf hingewiesen, dass in arbeitsgerichtlichen Streitigkeiten außergerichtlich sowie in der ersten Instanz kein Anspruch auf Erstattung der Anwaltsgebühren oder sonstiger Kosten besteht. In solchen Verfahren trägt unabhängig vom Ausgang jede Partei ihre Kosten selbst. Dies gilt grundsätzlich auch für Kosten in Verfahren der freiwilligen Gerichtsbarkeit.

8. Aktenaufbewahrung und Vernichtung

Der Mandant wird darauf hingewiesen, dass Handakten des Rechtsanwalts bis auf die Kostenakte und etwaige Titel nach Ablauf von fünf Jahren nach Beendigung des Mandats (§ 50 Abs. 2 S. 1 BRAO) vernichtet werden, sofern der Mandant diese Akten nicht in der Kanzlei der Rechtsanwälte vorher abholt. Im Übrigen gilt § 50 Abs. 2 S. 2 BRAO.

9. Geltung dieser Vereinbarung für künftige Mandate[9]

Die vorstehenden Mandatsbedingungen gelten auch für künftige Mandate, soweit nichts Entgegenstehendes schriftlich vereinbart wird.

10. Schlussbestimmungen

Die Rechtsunwirksamkeit einer Bestimmung berührt die Rechtswirksamkeit der anderen Vertragsteile nicht. Die Vertragspartner verpflichten sich, eine unwirksame Bestimmung durch eine wirksame Regelung zu ersetzen, die ihr im wirtschaftlichen Ergebnis am nächsten kommt und dem Vertragszweck am besten entspricht.

Mit den vorstehenden Allgemeinen Mandatsbedingungen bin ich (sind wir) einverstanden.

Ort, Datum

. . . . . .

Mandant(en)

Der Erfassung, Speicherung und Verarbeitung meiner Daten im Rahmen der Mandatsbearbeitung stimme ich gem. § 4 a BDSG zu:[10]

Ort, Datum

. . . . . .

Mandant(en)

Anmerkungen

1. Die Allgemeinen Mandatsbedingungen sind in erster Linie für Mandanten gedacht, die keine oder geringe Erfahrungen mit einer anwaltlichen Beratung und Interessenvertretung haben. Mit dem Formular werden solche Mandanten auf zentrale Gesichtspunkte der Mandatsbearbeitung (zB. Verschwiegenheitsverpflichtung des Rechtsanwalts und erforderliche Mitwirkung des Mandanten) hingewiesen, was einerseits Vertrauen und eine effiziente Mandatsbearbeitung ermöglicht, andererseits Konflikte mit dem Mandanten vermeiden kann. Es empfiehlt sich schon wegen deren Charakters als Allgemeine Geschäftsbedingungen, die Mandatsbedingungen im Einzelnen mit dem Mandanten durchzugehen, die jeweiligen Punkte zu erörtern und dies aktenkundig zu machen.

2. Der Gebührenhinweis ist wegen § 49b Abs. 5 BRAO erforderlich. Bei Verletzung dieser Hinweispflicht macht sich der Anwalt unter Umständen schadensersatzpflichtig (vgl. BGH, Urteil v. 20. 11. 2008 – IX ZR 34/06; zur Beweislast: BGH, Urteil v. 11. 10. 2007 – IX ZR 105/06; NJW 2008, 371; NJW 2007, 2332).

Grundsätzlich schuldet der Rechtsanwalt eine umfassende rechtliche Beratung, was zB. die Prüfung ausländischen Rechts und – bei entsprechenden Anhaltspunkten – steuerliche Auswirkungen einschließt. Es ist deshalb ratsam, diese Bereiche vom Beratungsumfang auszunehmen. Allgemeine Mandatsbedingungen dürften hierzu jedoch nicht ausreichen, vielmehr sollten bereits bei der Mandatsannahme der genaue Mandatsgegenstand und die Reichweite der Beratungspflicht (schriftlich) festgelegt werden.

3. Im Wesentlichen werden allgemeine Vertrags- und Berufspflichten des Rechtsanwalts (vgl. § 43a Abs. 2 u. 5 BRAO; §§ 2, 4 BORA) beschrieben. Das Erfordernis einer schriftlichen Anweisung des Mandanten zur Auszahlung von Fremdgeldern (Ziff. 3. c) schützt vor Missverständnissen und der Gefahr fehlender Erfüllungswirkung von Auszahlungen. Die Verpflichtung, Vorkehrungen zum Schutz von Mandantendaten zu treffen (Ziff. 3. d), ist Nebenpflicht der anwaltlichen Verschwiegenheitsverpflichtung.

4. Der Mandant sollte den Rechtsanwalt wahrheitsgemäß, vollständig und in geordneter Form unterrichten, seine Erreichbarkeit sicherstellen und nicht auf eigene Initiative seine Rechtssache betreiben, will er eine erfolgreiche Mandatsbearbeitung sicherstellen. Der Hinweis auf diese Umstände und die Befreiung von der anwaltlichen Schweigepflicht für die Erlangung einer Versicherungsdeckung ist für den anwaltsunerfahrenen Mandanten nützlich und im Einzelfall notwendig.

5. Die Regelung ist wegen § 4 BDSG erforderlich. Die hierzu korrespondierende Einwilligung findet sich am Ende des Formulars.

6. Die Regelung unter Ziff. 5 und 6 soll sicherstellen, dass sich der Rechtsanwalt ohne weitere Nachforschung darauf verlassen darf, die ihm benannten Kommunikationswege Fax und E-Mail zu benutzen, auch wenn bei diesen Übermittlungsformen Dritte im Regelfall leichter Kenntnis von nicht für sie bestimmten Inhalten nehmen können. Damit wird klargestellt, dass eine entsprechende Vorsorge ausschließlich in der Sphäre des Mandanten liegt.

7. Etlichen Mandanten ist nicht bewusst, dass der Rechtsanwalt weder das Ausfallrisiko eines Kostenerstattungsanspruchs übernimmt noch bereit ist, den Zahlungszeitpunkt seiner Honorare von der Erstattung eines Dritten abhängig zu machen. Ferner können die Regelungen Anlass dafür sein, ein Prozessrisiko auch im Hinblick auf die Solvenz eines erstattungspflichtigen Gegners mit dem Mandanten zu erörtern.

Der Hinweis auf die Besonderheiten der Kostenerstattung in arbeitsgerichtlichen Verfahren ist wegen § 12a Abs. 1 S. 2 ArbGG erforderlich.

8. Der Wegfall von § 51b BRAO und die nunmehrige Geltung der relativen Verjährungsfrist des § 195 BGB (begrenzt durch die absolute Verjährung nach zehn Jahren gem. § 199 Abs. 3 Nr. 1 BGB) auch für Schadensersatz aus Berufsversehen werden faktisch zu einer deutlich längeren Aufbewahrung von Akten führen. Zu möglichen Einschränkungen der Verjährung vgl. Formular I. A. 3.

9. Die im Voraus getroffenen AGB-Einbeziehungsabrede muss den Anforderungen von § 305 Abs. 2 BGB entsprechen. Sicherer ist es jedenfalls, die Geltung bei weiteren Aufträgen trotz dieser Klausel erneut gesondert zu vereinbaren.

10. Die Erhebung, Verarbeitung und Nutzung personenbezogener Daten sind nur zulässig, soweit dies gesetzlich erlaubt oder angeordnet ist oder der Betroffene eingewilligt hat (vgl. § 4 Abs. 1 BDSG). Eine Einwilligung bedarf grundsätzlich der Schriftform. Sofern sie zusammen mit anderen Erklärungen schriftlich erteilt wird, ist sie besonders hervorzuheben (vgl. § 4a BDSG).

2. Vergütungsvereinbarung

Vergütungsvereinbarung[1]

Zwischen

……

(im Weiteren: „Mandant")

und

……

(im Weiteren: „Rechtsanwälte")

kommt folgende Vergütungsvereinbarung zustande:

I. Mandatsgegenstand, Tätigkeit des Anwalts[2]

……

II. Vergütung

1. Die Abrechnung der Tätigkeit der Rechtsanwälte erfolgt auf Stundenbasis[3]. Es ist je sachbearbeitenden Rechtsanwalt[4] folgender Stundensatz vereinbart:

EUR ……

Dies gilt auch für die Beratung und Vertretung in gerichtlichen Angelegenheiten, es sei denn, das sich unter Zugrundelegung des vorstehenden Stundensatzes ergebende Honorar unterschreitet die für diese Tätigkeit vorgesehenen gesetzlichen Gebühren. In diesem Fall sind die gesetzlichen Gebühren geschuldet, die sich nach dem Gegenstandswert richten.[5]

2. Reisezeiten des Rechtsanwalts werden mit der Hälfte des obigen Stundensatzes berechnet. Angefallene Reisekosten sind durch den Mandanten zu erstatten.[6]

3. Die Rechtsanwälte erhalten auf sämtliche nach dieser Vereinbarung geschuldete Zahlungen Umsatzsteuer in jeweils gesetzlicher Höhe. [7]

4. Eine Anrechnung der Vergütung auf gesetzliche Gebühren aus einer späteren gerichtlichen Tätigkeit unterbleibt.[8]

5. Die Rechtsanwälte dürfen angemessene Vorschusszahlungen in Rechnung stellen.[9]

6. Im Übrigen gelten die Bestimmungen des Rechtsanwaltsvergütungsgesetzes (RVG).

III. Hinweise

Der Mandant wird darauf hingewiesen, dass die Vergütungsvereinbarung von den gesetzlichen Gebühren gem. RVG abweicht. Jene Gebühren richten sich nach dem Gegenstandswert[10], welcher sich grundsätzlich nach dem wirtschaftlichen Interesse des Mandanten bemisst.

Dem Mandanten ist bekannt, dass die hier vereinbarten Honorare die gesetzlichen Gebühren übersteigen können und eine darüber hinausgehende Zahlungspflicht gegeben sein kann. Insofern wird der Mandant darauf hingewiesen, dass etwaige außergerichtliche oder gerichtliche Erstattungsansprüche nur in Höhe der gesetzlichen Gebühren gegeben sind.[11]

Ort, Datum

……

Mandant(en)

……

Rechtsanwälte

Anmerkungen

1. Nach dem Willen des Gesetzgebers muss eine nicht vom Auftraggeber verfasste Honorarvereinbarung als „Vergütungsvereinbarung" bezeichnet werden, ferner ist die (eigentliche) Honorarvereinbarung deutlich von anderen Vereinbarungen mit Ausnahme der Auftragserteilung abzusetzen, § 3a Abs. 1 S. 2 RVG. Die Erklärung des Auftraggebers muss in Textform iSd. § 126b BGB (daher Fax, Kopie; Email möglich) abgegeben werden und darf nicht in der Vollmacht enthalten sein (vgl. § 3a Abs. 1 S. 1, 2 RVG). Gem. § 46 RVG kann der Rechtsanwalt aus einer Vergütungsvereinbarung, die nicht den vorgenannten Anforderungen entspricht, keine höhere als die gesetzliche Vergütung fordern, bereicherungsrechtliche Ansprüche bleiben unberührt.

Für Erstberatung, Gutachten und Mediation enthält § 34 RVG eine spezielle Regelung.

2. Zunächst ist es zweckmäßig, vor der Regelung der Gegenleistung die Leistung zu bestimmen. Dies hat den Vorteil, dass einerseits die Angelegenheit iSv. § 15 RVG bestimmt und andererseits Art und ggf. Umfang der anwaltlichen Tätigkeit festgelegt wird (was zudem haftungsrechtlich bedeutsam sein kann).

3. Die Vereinbarung von Stundenhonoraren ist zweckmäßig und hat sich bewährt. Das für den Mandanten nach wie vor intransparente Pauschalsystem des RVG bedarf eingehender Erläuterung, wird es als Grundlage einer Vergütungsvereinbarung (zB. „das Doppelte der gesetzlichen Gebühren" oder durch Vereinbarung eines höheren Gegenstandswerts) gewählt. Demgegenüber hat die Zeitvergütung den Vorteil der Nachvollziehbarkeit, Aufwandsbezogenheit und Vergleichbarkeit mit der Abrechnungspraxis anderer Berufsstände. Problematisch ist allerdings der Nachweis der geleisteten Stunden im Streitfall. Beweispflichtig ist insofern grundsätzlich der Anwalt. Inwieweit Klauseln zulässig sind, die auf entsprechende Beweiserleichterung abzielen, ist fraglich (vgl. *Gerold/Schmidt* Rechtsanwaltsvergütungsgesetz, 18. Aufl., § 3a Rdn. 57). Sofern der Mandant ein berechtigtes Interesse daran hat, den Gesamtaufwand überschaubar zu halten bzw. als „vertrauensbildende Maßnahme", kann beispielsweise vorgesehen werden, dass der Stundensatz sich ab einer bestimmten Anzahl von Stunden auf einen niedrigeren Satz reduziert oder das Honorar kann insgesamt begrenzt werden.

Erfolgshonorare sind nach § 4a RVG nur im Einzelfall und nur dann zulässig, wenn der Auftraggeber aufgrund seiner wirtschaftlichen Verhältnisse bei verständiger Betrachtung ohne die Vereinbarung eines Erfolghonorars von der Rechtsverfolgung abgehalten würde. Für derartige Vereinbarungen gelten die besonderen Anforderungen gem. § 4a RVG. Niedrigere als die gesetzlichen Vergütungen sind nur in außergerichtlichen Angelegenheiten und unter den Voraussetzungen des § 4 Abs. 1 RVG zulässig.

4. Bei der Tätigkeit mehrerer Rechtsanwälte sollte klargestellt werden, dass sich der Stundensatz je tätigem Rechtsanwalt versteht.

5. Als angemessen angesehen wird grundsätzlich ein Stundensatz von EUR 250,00 (*Gerold/Schmidt* aaO., § 3a Rdn. 26). Bei einer Vergütung, die das Fünffache der gesetzlichen Höchstgebühren übersteigt, spricht in Strafsachen eine tatsächliche Vermutung für eine unangemessen hohe Vergütung (BGH, Urteil v. 27. 1. 2005 – IX ZR 273/02). Die Regelung zur Vergütung in gerichtlichen Angelegenheiten kann deshalb erforderlich sein, weil § 49b Abs. 1 S. 1 BRAO iVm. § 4 Abs. 1 S. 1 RVG niedrigere als die gesetzlichen Gebühren nur in außergerichtlichen Angelegenheiten zulässt.

6. Auch über Auslagen können entsprechende Vereinbarungen getroffen werden. Gerade in diesem Bereich sind die Sätze des RVG unangemessen.

7. Die Tragung der Umsatzsteuer durch den Mandanten nebst dynamischem Gesetzesverweis sollte stets enthalten sein, da im Zweifel – auch bei vorsteuerabzugsberechtigten

Mandanten – eine Bruttovergütung vereinbart ist (vgl. BGH NJW 2002, 2312; OLG München NJW-RR 1993, 415), aus der der Rechtsanwalt die Umsatzsteuer zu bestreiten hätte.

8. Eine solche Klarstellung empfiehlt sich schon zur Vermeidung von Missverständnissen. Die Verwerfungen im Zusammenhang mit der Rechtsprechung zur Anrechnung der vorgerichtlich entstandenen Geschäftsgebühr auf die Verfahrensgebühr des gerichtlichen Verfahrens (vgl. dazu BGH, Beschluss v. 22. 1. 2008 – VIII ZB 57/07) wurden durch den seit dem 1. 9. 2009 geltenden neuen § 15 a RVG beseitigt (vgl. hierzu auch Form. I. A. 10, Anm. 4).

9. Die Regelung gibt inhaltlich § 9 RVG wieder und weist den Mandanten gleichzeitig auf die wichtige Vorschussnahme hin.

10. Der Hinweis ist wegen § 49 b Abs. 5 BRAO notwendig.

11. Dieser Hinweis resultiert aus § 3 a Abs. 1 S. 3 RVG und ist praktisch bedeutsam, wenn eine höhere als die gesetzliche Vergütung vereinbart wird.

3. Haftungsbeschränkungsvereinbarung

Vertrag über Haftungsbegrenzung[1]

zwischen

Herrn/Frau/Firma ......

und

den Rechtsanwälten ......

wird folgendes vereinbart:

1. Zwischen Herrn/Frau/Firma ...... und Herrn/Frau/Firma ...... haben Verhandlungen über den Abschluss eines Mietvertrags stattgefunden. Der Vertragsinhalt als Ergebnis dieser Verhandlungen wurde den Rechtsanwälten zur Ausarbeitung der zivilrechtlichen Umsetzung übergeben. Für die Erstellung des Mietvertrags sind allein die den Rechtsanwälten mitgeteilten Verhandlungsergebnisse maßgeblich. Der Auftrag ist beschränkt auf das deutsche Recht. Nicht vom Auftrag umfasst ist die steuerliche Beratung.[2]

2. Die Haftung der Rechtsanwälte für Schäden aus und im Zusammenhang mit dem Mandat richtet sich nach den gesetzlichen Bestimmungen. Die Rechtsanwälte haften dabei der Höhe nach unbegrenzt für Schäden, die auf einer vorsätzlichen oder grob fahrlässigen Pflichtverletzung der Rechtsanwälte oder eines ihrer gesetzlichen Vertreter oder Erfüllungsgehilfen beruhen. Die Rechtsanwälte haften zudem der Höhe nach unbegrenzt für Schäden aus der Verletzung des Lebens, des Körpers oder der Gesundheit, die auf einer vorsätzlichen oder fahrlässigen Pflichtverletzung der Rechtsanwälte oder eines ihrer gesetzlichen Vertreter oder Erfüllungsgehilfen beruhen. Für sonstige Schäden wird die Haftung der Rechtsanwälte aus dem zwischen ihnen und dem Mandanten bestehenden Mandatsvertrag[3] für einfache Fahrlässigkeit auf EUR 1.000.000,00 (in Worten: EURO eine Million)[4] begrenzt.

3. Ansprüche des Mandanten auf Schadensersatz aus und im Zusammenhang mit dem zwischen ihm und den Rechtsanwälten bestehenden Vertragsverhältnis verjähren in drei Jahren. Die Verjährungsfrist beginnt mit Ende des Kalenderjahres, in dem der Anspruch entstanden ist und der Mandant Kenntnis erlangt hat von den den Anspruch begründenden Umständen und der Person des Schuldners oder ohne grobe Fahrlässigkeit eine solche Kenntnis erlangen musste. Unabhängig von einer solchen Kenntnis des Mandanten tritt die Verjährung jedoch spätestens sechs Jahre nach Beendigung des Mandats ein. Dies gilt nicht bei vorsätzlichem oder grob fahrlässigem Handeln der Rechtsanwälte oder deren gesetzlicher Vertreter oder Erfüllungsgehilfen

und für Schadensersatzansprüche, die auf der Verletzung des Lebens, des Körpers, der Gesundheit oder der Freiheit beruhen.[5]

4. Mündliche Nebenabreden bestehen nicht. Sollten einzelne Bestimmungen dieser Vereinbarung ganz oder teilweise unwirksam oder undurchführbar sein, so wird hiervon die Wirksamkeit dieser Vereinbarung im Übrigen nicht berührt.[6] **Die Parteien verpflichten sich ggf., anstelle der unwirksamen/undurchführbaren Bestimmung, eine Bestimmung zu vereinbaren, die in rechtlich zulässiger Weise dem rechtlich und wirtschaftlich Gewolltem möglichst nahe kommt. Entsprechendes gilt für den Fall einer ergänzungsbedürftigen Lücke.**

……, den ……

…… ……

Mandant[7] Rechtsanwälte[8]

Anmerkungen

1. Das Formular beinhaltet eine Haftungsbeschränkung durch vorformulierte Vertragsbedingungen nach Maßgabe von § 51 a Abs. 1 Nr. 2 BRAO. Hierauf findet grundsätzlich das AGB-Recht Anwendung. In der Literatur wird die Auffassung vertreten, wegen § 305 c Abs. 1 BGB müsste die Haftungsbegrenzung in einer getrennten Urkunde enthalten sein. Gegen diese Auffassung spricht die systematische Stellung von § 51 a Abs. 2 S. 2 BRAO. Eine Trennung der Urkunden, insbesondere von Vollmacht, Vergütungsvereinbarung und Haftungsbegrenzungsvereinbarung ist aber jedenfalls der „sicherste Weg".

Eine gegenständlich vereinbarte Haftungsbegrenzung richtet sich nach § 51 a Abs. 1 BRAO. Eine Vereinbarung über die Beschränkung der Haftung in personeller Hinsicht auf den sachbearbeitenden Rechtsanwalt einer Sozietät bedarf einer gesonderten Zustimmungserklärung des Mandanten gem. § 51 a Abs. 2 BRAO. Bei Partnerschaftsgesellschaften besteht eine derartige Haftungskonzentration auf den bearbeitenden Rechtsanwalt (und das Gesellschaftsvermögen) von Gesetzes wegen gem. § 8 Abs. 2 PartGG.

Bei Mandaten mit außergewöhnlich hohen Haftungsrisiken besteht zusätzlich die Möglichkeit, das einzelne Mandat höher zu versichern, wobei in der Praxis Mandanten häufig bereit sind, die hierfür anfallenden Prämien ganz oder zum Teil zu übernehmen.

2. Die Haftungsbegrenzung darf sich nur auf ein konkretes Mandat beziehen. Dieses ist gegenüber anderen Aufträgen abzugrenzen, weswegen eine entsprechende Individualisierung notwendig ist.

Eine Haftungsbeschränkung kann insbesondere auch durch eine Eingrenzung des Auftrags realisiert werden, da eine Beratungspflicht grundsätzlich nur in den Grenzen des – hier ausnahmsweise beschränkt als Werkvertrag – erteilten Mandats besteht. So kann die anwaltliche Tätigkeit beispielsweise auf die Erstellung eines Vertrags unter Zugrundelegung eines bestimmten Verhandlungsergebnisses der Parteien eingeschränkt werden mit der Folge, dass eine weitergehende Sachverhaltsaufklärung nicht zum anwaltlichen Pflichtenkreis gehört (vgl. BGH NJW 1996, 2929 [2931]). Möglich ist auch die Beschränkung des Mandats auf die Prozessvertretung (vgl. BGH NJW 1993, 2045) sowie die Prüfung von Restitutionsansprüchen wegen einer bestimmten Vermögensposition (vgl. BGH NJW 1998, 3050). Für die Erteilung eines unbeschränkten Auftrags ist im Streitfall der Mandant beweispflichtig (vgl. BGH NJW 1996, 2929 [2931]). Die Beratungspflicht des Rechtsanwaltes erstreckt sich allerdings auch bei eingeschränkten Mandaten auf offenkundige Gefahren, die zwar außerhalb des Mandats liegen, aber mit ihm in genügend engem Zusammenhang stehen (vgl. *Borgmann* NJW 2000, 2953 ff.).

Nicht möglich ist eine „Rahmen-Haftungsbegrenzung" für eine Vielzahl von Aufträgen eines Mandanten: Während solches bei § 51 a Abs. 1 Nr. 1 BRAO am Einzelfallerfordernis scheitert, wird es für § 51a Abs. 1 Nr. 2 BRAO regelmäßig an einer Einbeziehung der Haftungsbeschränkung im Zusammenhang mit dem konkreten Einzelmandat fehlen (vgl. *Palandt/Grüneberg,* BGB, 68. Aufl., § 305 Rdn. 30).

3. § 51a Abs. 1 BRAO betrifft „Ansprüche des Auftraggebers aus dem zwischen ihm und dem Rechtsanwalt bestehenden Vertragsverhältnis". Nicht erfasst sind daher insbesondere Verträge, die anwaltsfremde Leistungen zum Gegenstand haben sowie außervertragliche Ansprüche.

4. Der Haftungsbetrag ergibt sich aus § 51a Abs. 1 Nr. 2 BRAO. Das Transparenzgebot des § 307 Abs. 1 S. 2 BGB erfordert die Angabe des konkreten Betrags. Die vorangestellten Klarstellungen sind § 309 Nr. 7 BGB geschuldet. Zwar wird in der Literatur ganz überwiegend vertreten, dass § 51a Abs. 1 Nr. 2 BRAO als Spezialregelung die Vorschriften in §§ 307 Abs. 1 und 2, 308, 309 konkretisiert (zB. *Zugehör/Fischer/Sieg/Schlee,* Handbuch der Anwaltshaftung, 2. Aufl., Rdn. 444). Sicherer ist aber jedenfalls die vorgeschlagene Gestaltung.

Keinen Wirksamkeitsbedenken unterliegt obige Haftungsbegrenzung durch Allgemeine Geschäftsbedingungen auf den vierfachen Betrag der Mindestversicherungssumme für Fälle einfacher Fahrlässigkeit, sofern entsprechender Versicherungsschutz besteht. Maßgeblicher Zeitpunkt für das Bestehen des Versicherungsschutzes ist die den Haftungsfall auslösende Pflichtverletzung (*Zugehör/Fischer/Sieg/Schlee* aaO. Rdn. 439). Üblicherweise sehen Berufshaftpflichtversicherungen die Beschränkung der Leistungsverpflichtung auf eine jährliche Anzahl von Versicherungsfällen vor, weswegen der Rechtsanwalt bei vorangegangener Ausschöpfung der Versicherungsleistung Gefahr läuft, im konkreten Haftungsfall nicht nur ohne Versicherungsschutz dazustehen, sondern auch die betragsmäßige Begrenzung des Haftungsumfangs zu verlieren. Würde man den Wortlaut des § 51a Abs. 1 Nr. 2 BRAO dahingehend auffassen, dass der Rechtsanwalt für jeglichen Haftungsfall (abstrakt) versichert sein muss, würde eine jährliche Leistungsbegrenzung auf eine bestimmte Anzahl von Versicherungsfällen die Möglichkeit einer Haftungsbegrenzung durch allgemeine Geschäftsbedingungen gänzlich zunichte machen.

Da eine klare Grenzziehung zwischen einfacher und grober Fahrlässigkeit kaum möglich ist und Verletzungen des Anwaltsvertrags in der Rechtsprechung häufig als grob fahrlässig bewertet werden (vgl. Nachweise bei *Reinelt* ZAP Fach 23, S. 491; *Zugehör* in: *Haarmeyer/Hirte/Kirchhof/Graf von Westphalen,* Verschulden Haftung Vollstreckung Insolvenz Festschrift für Gerhart Kreft, ZAP Verlag 2004, S. 131), besteht ein praktisches Bedürfnis dafür, die Haftung auch für ein „grob fahrlässiges" Anwaltsverschulden begrenzen zu können. Außerhalb allgemeiner Geschäftsbedingungen erlaubt dies § 51a Abs. 1 Nr. 1 BRAO „im Einzelfall" durch schriftliche Vereinbarung mit dem Mandanten. In einer Einzelfallvereinbarung kann die Haftung auf die Höhe der Mindestversicherungssumme (EUR 250.000,00 gem. § 51 Abs. 4 BRAO, EUR 2.500.000,00 bei Rechtsanwaltsgesellschaften iSd. § 59c Abs. 1 BRAO gem. § 59j Abs. 2 S. 1 BRAO) beschränkt werden.

§ 51a Abs. 1 Nr. 1 BRAO hat nur dann einen sinnvollen Anwendungsbereich, wenn hierunter sog. Einmalbedingungen und nicht Individualvereinbarungen zu verstehen sind (so auch *Hartung, Anwaltliche Berufsordnung, 3. Aufl.,* Rdn. 11ff.; aA. hL., ua. *Zugehör/Fischer/Sieg/Schlee* aaO., S. 187 mwN.). Einmalbedingungen sind vorformulierte Vertragsbedingungen, die nur zur einmaligen Verwendung bestimmt sind und damit begrifflich keine allgemeinen Geschäftsbedingungen darstellen (§ 305 Abs. 1 S. 1 BGB). Hierzu ist es – sowohl gegenüber einem Unternehmer wie im Ergebnis gegenüber einem Verbraucher als Verwendungsgegner – ausreichend, die Haftungsbeschränkungsvereinbarung streng bezogen auf die Besonderheiten des konkreten Mandats abzufassen (vgl. BGH NJW-RR 2002, 13). Um den Einzelfallcharakter einer solchen Vereinbarung herauszustellen, empfiehlt es sich, den Hintergrund, die Interessenlage und sonstige Motive für die Haftungsbeschränkung darzulegen. Gründe für eine Haftungsbegrenzung können beispielsweise der außergewöhnlich komplexe Sachverhalt, die besonders schwierige rechtliche Materie, Bezüge zu ausländischen Rechtsordnungen, das hohe Haftungsrisiko, eine besondere Eilbedürftigkeit oder sonstige besondere Risiken der Rechtssache sein.

Nach hL. ist § 51 a Abs. 1 Nr. 1 BRAO dahingehend auszulegen, dass unter „Vereinbarung im Einzelfall" eine Individualvereinbarung gem. §§ 305 Abs. 1 S. 3, 305 a BGB zu verstehen ist. Für das Vorliegen einer Individualvereinbarung müsste der Rechtsanwalt seine Haftungsbeschränkungsvereinbarung als einen „gesetzesfremden Kerngehalt" ernsthaft zur Disposition gestellt haben, während umgekehrt der Verwendungsgegner die reale Möglichkeit hätte erhalten müssen, den Inhalt der Vereinbarung nach seinen Wünschen zu modifizieren (st. Rspr., vgl. BGH NJW 2000, 1100). Diese Einwirkungsmöglichkeit hätte der Rechtsanwalt bei Vorliegen Allgemeiner Geschäftsbedingungen – was bei gedrucktem Klauselwerk prima facie angenommen wird (vgl. BGHZ 118, 238) – zu beweisen (vgl. BGH NJW 1998, 2600), woran wiederum strenge Anforderungen zu stellen sind (vgl. *Palandt/Grüneberg* aaO., § 305 Rdn. 24). Ein solcher Nachweis wird für den Rechtsanwalt eine unüberwindbare Hürde sein (vgl. *Palandt/Grüneberg* aaO., § 305 Rdn. 18 ff.).

Könnte eine Haftungsbeschränkung „im Einzelfall" ausschließlich durch Individualvereinbarung getroffen werden, bliebe § 51 a Abs. 1 Nr. 1 BRAO ohne praktischen Anwendungsbereich (s. o.). Gegen das Erfordernis einer Individualvereinbarung spricht insbesondere, dass es sich bei § 51 a Abs. 1 Nr. 1 BRAO gerade nicht um einen gesetzesfremden Inhalt, sondern um eine gegenüber den §§ 305 ff. BGB spezielle Regelung im Bereich der Anwaltshaftung handelt. Der Gesetzgeber wollte dem Umstand Rechnung tragen, dass Rechtsanwälte das volle Haftungsrisiko eines Mandats tragen, ohne umgekehrt an dessen wirtschaftlichem Erfolg beteiligt zu sein. Dies bestimmt die Auslegung der Norm, weswegen eine Übertragung der Rechtsprechung zu den §§ 305 ff. nicht möglich ist.

Außerhalb § 51 a BRAO stehende Haftungsverkürzungen (zB. Vereinbarung über den Ausschluss der Haftung für Büropersonal, Modifizierung der Aufbewahrungspflicht gem. § 50 Abs. 2 S. 1 BRAO) unterliegen zunächst als Einmalbedingung gegenüber Verbrauchern wegen § 310 Abs. 3 Nr. 2 BGB, im Übrigen als Allgemeine Geschäftsbedingungen einer Inhaltskontrolle nach § 307 Abs. 1 und 2 BGB (bei Unternehmern) bzw. nach §§ 307 ff. BGB (bei Verbrauchern). An die Wirksamkeit über § 51 a BRAO hinausgehender Haftungsprivilegierungen werden daher hohe Anforderungen zu stellen sein.

5. Die Verjährungsfrist kann grundsätzlich durch allgemeine Geschäftsbedingungen abweichend geregelt werden (vgl. *Palandt/Heinrichs* aaO., § 202 Rdn. 12). Einerseits kommt den neuen Verjährungsregeln Leitbildfunktion iSv. § 307 Abs. 2 Nr. 1 BGB zu, andererseits sollte durch die Gesetzesänderung die Vertragsfreiheit im Verjährungsrecht gestärkt werden. Im Ergebnis hat dies zur Folge, dass eine gesetzliche Verjährungsfrist nicht lediglich verkürzt werden darf (so schon für § 51 b BRAO BGHZ 97, 25; BGH NJW 1990, 2465; BGH NJW-RR 1991, 599). Es dürfte aber möglich sein, die kurze relative Frist grundsätzlich unangetastet zu lassen, jedoch durch eine verkürzte absolute Frist zu begrenzen (vgl. *Palandt/Heinrichs* aaO., § 202 Rdn. 16). Im Formular gewählt wurde eine absolute Frist von sechs Jahren, was der früheren Rechtslage (drei Jahre gem. § 51 b BRAO und abhängig von der Fallgestaltung weitere drei Jahre wegen Sekundärhaftung aufgrund angeblicher Verpflichtung des Rechtsanwalts zur Aufklärung gegen sich selbst) entspricht. Dies müsste einer Inhaltskontrolle standhalten. Was über Jahre hinweg als interessengerecht angesehen wurde, kann nicht grob unangemessen sein (so im Ergebnis auch *Zugehör/Fischer/Sieg/Schlee* aaO., Rdn. 1567). Im Übrigen trägt der Formulierungsvorschlag den Beschränkungen gem. § 309 Ziff. 7 a) und b) BGB Rechnung.

6. Da die Rechtsprechung bei Haftungsbeschränkungsvereinbarungen unwirksame Klauseln nicht auf den Inhalt einer an sich noch zulässigen Gesamtvereinbarung reduziert, sondern die Klauseln insgesamt als unwirksam behandelt, empfiehlt sich die Vereinbarung einer salvatorischen Klausel (gegen deren AGB-Verwendung allerdings ebenfalls Bedenken erhoben werden, vgl. *Grziwotz* ZfJR 2001, 1033; OLG Celle WM 1994, 393, dazu *Reinelt* Sonderheft der ZAP 2002, 52, 58).

7. Für eine Haftungsbeschränkung durch allgemeine Geschäftsbedingungen (§ 51 a Abs. 1 Nr. 2 BRAO) erforderlich ist deren Einbeziehung gem. § 305 Abs. 2 BGB. Diese erfolgt – nicht zuletzt aus Beweisgründen – durch Unterzeichnung des Mandanten.

8. Soll eine Haftungsbeschränkung für den Einzelfall getroffen werden (§ 51 a Abs. 1 Nr. 1 BRAO), ist das Schriftformerfordernis des § 126 Abs. 2 BGB einzuhalten. Dazu bedarf es grundsätzlich der Unterzeichnung durch den Mandanten und den Rechtsanwalt auf derselben Urkunde.

4. Außergerichtliche Vollmacht

Vollmacht[1]

Der Unterzeichner erteilt hiermit

(Name, Anschrift der bevollmächtigten Kanzlei)

Vollmacht zur Vertretung in der Sache:

(Name Mandant) ./. (Name Gegner)[2]

wegen: Mietverhältnis, insbesondere Kündigung des Mietvertrags vom ...... über die Räume (Straße), (PLZ) (Ort);
Geltendmachung rückständiger Miete[3]

Die Vollmacht umfasst insbesondere die Befugnis

- **zur umfassenden Geltendmachung von Ansprüchen des Vollmachtgebers;**
- **zur Begründung und Aufhebung von Vertragsverhältnissen und zur Abgabe einseitiger Willenserklärungen, insbesondere Kündigung (ordentlich wie außerordentlich), Ausübung von Wahlrechten, Rücktritt, Anfechtung, Widerruf;[4]**
- **zu außergerichtlichen Verhandlungen zur Vermeidung eines Rechtsstreits;**
- **zur Stellung eines Insolvenzantrags und Vertretung im Insolvenzverfahren;[5]**
- **zur Vornahme von Zustellungen;[6]**
- **zur Erteilung von Vollmachten an Dritte;**
- **zur Einsichtnahme und Vervielfältigung von Akten und Dokumenten sowie der Erhebung, Verarbeitung und Nutzung von Daten aller Art;[7]**
- **zur Befragung von Personen, insbesondere Amtsträger, Sachbearbeiter und Zeugen;[8]**
- **zur Entgegennahme von Zahlungen, Wertsachen und Urkunden.[9]**

......, den ....

(Unterschrift Vollmachtgeber)

Anmerkungen

1. Eine außergerichtliche Vollmacht hat – anders als die Prozessvollmacht gem. §§ 80ff. ZPO – keinen gesetzlich festgelegten Umfang. Der Rechtsanwalt hat deshalb durch die Fassung der ihm erteilten Vollmacht sicherzustellen, dass sein Handeln im Außenverhältnis durch seinen Mandanten gestattet ist. Dies ist im Regelfall nur durch eine auf das Mandat abgestimmte Vollmacht gewährleistet. Aus diesem Grund ist von der Verwendung von Blanko-Vollmachten abzuraten, da hierüber Streit entstehen kann, ob

der Rechtsanwalt das Blankett abredegemäß ausgefüllt hat (zur Beweislast vgl. BGH NJW-RR 1989, 1323; BGH NJW 1988, 2741).

Schließlich können auch psychologische Gesichtspunkte eine Rolle spielen. Ein Mandant, der lediglich einen Zahlungsanspruch durchsetzen will, ist möglicherweise irritiert, wenn der Rechtsanwalt im Rahmen einer Einheitsvollmacht scheinbar zur Antragstellung in Scheidungs- und Scheidungsfolgesachen befugt ist. Umgekehrt kann einem Gegner mittels einer entsprechenden Vollmacht deutlich gemacht werden, dass der Rechtsanwalt nicht nur zur Ergreifung von Durchsetzungsmaßnahmen, sondern auch zur Stellung eines Insolvenzantrags befugt ist.

Bei der Abfassung und Verwendung der Vollmacht ist für einseitige Rechtsgeschäfte insbesondere § 174 BGB zu beachten. Die Vollmacht muss die Befugnis zur Vornahme des vorgesehenen einseitigen Rechtsgeschäfts beinhalten (s. Anm. 3, 4), ferner ist die Vollmachturkunde im Original vorzulegen; weder ist hierzu eine beglaubigte Kopie (vgl. BGH NJW 1981, 1210), Faxkopie (vgl. OLG Hamm NJW 1991, 1185) noch das Angebot, die Originalurkunde beim Bevollmächtigten einzusehen (vgl. *Palandt/Heinrichs*, BGB, 68. Aufl., § 174 Rdn. 5), ausreichend. Es empfiehlt sich deshalb, vorsorglich eine größere Anzahl von Vollmachten gegenzeichnen zu lassen, wenn damit gerechnet wird, dass sich der Rechtsanwalt gegenüber mehreren Gegnern oder Behörden als Bevollmächtigter wird ausweisen müssen.

Für die Zustellung einer Erklärung im Rahmen eines einseitigen Rechtsgeschäfts von Anwalt zu Anwalt (§ 14 BORA bzw. § 195 ZPO) sollte darauf geachtet werden, dass das Empfangsbekenntnis nicht nur die Zustellung des die Erklärung beinhaltenden Schriftstücks, sondern auch die mit diesem übermittelte Originalvollmacht bestätigt. Wird hingegen im Rahmen einer Räumungsklage erstmals eine Kündigung des Mietverhältnisses ausgesprochen, ist es erforderlich (aber auch ausreichend), die zur Kündigung befähigende Originalvollmacht zu den Gerichtsakten einzureichen (vgl. *Palandt/Heinrichs* aaO.; LG Tübingen NJW-RR 1991, 972).

2. In Einzelfällen ist besonderes Augenmerk auf die Angabe des Anspruchsgegners zu legen.

Zu denken ist hierbei an Ansprüche gegenüber einer Vielzahl von Gesellschaften, die einen ähnlichen oder identischen Namen aufweisen; hierbei ist der Gegner soweit zu individualisieren, dass eine Verwechslung ausgeschlossen werden kann (zB. durch Angabe der Handelsregisternummer).

Bei anderen Sachverhalten (zB. bei Maklerfällen, Vertragsschluss durch einen Dritten, vgl. BGH NJW-RR 1998, 411) kann es als Vorstufe der Vollmachterteilung erforderlich sein, die Passivlegitimation des Gegners umfassend zu prüfen. Von einer mangels hinreichender Individualisierung unbedachten Anspruchstellung ist abzuraten, da der Mandant insofern Gefahr läuft, einer negativen Feststellungsklage ausgesetzt zu sein.

Diese Gefahr lässt sich – worauf der Mandant hingewiesen werden sollte – nicht ausschließen, sofern der Gegner nicht eindeutig feststeht und die Aufgabe des Rechtsanwalts gerade darin besteht, den verantwortlichen Schadensverursacher beispielsweise durch ein selbständiges Beweisverfahren zu ermitteln; in solchen Fällen sollte die Vollmacht gegenüber allen in Betracht kommenden Schädigern ausgestellt werden.

3. Eine ausschließlich weite Fassung des Mandatsgegenstands ist nicht der sicherste Weg, da hierdurch Auslegungsspielräume eröffnet werden. Zwar hat beispielsweise das LG München II in NJW-RR 1987, 1164 – entgegen der Vorinstanz – entschieden, dass eine mit dem Zusatz „wegen Mietverhältnis“ ausgefüllte Formular-Vollmacht ausreichend ist, die Bevollmächtigung für ein Mieterhöhungsverlangen nachzuweisen. Zwingend ist dieses Verständnis nicht. Für die Praxis empfiehlt es sich daher, zunächst das grundlegende Rechtsverhältnis (zB. „wegen Gesellschaftsverhältnis“) anzugeben und dieses beispielhaft mit vorgesehenen Maßnahmen zu konkretisieren (zB. „insbesondere Geltendmachung von Gewinnansprüchen“).

Hierbei ist wiederum darauf zu achten, dass der Vollmachtgegenstand nicht zu eng gefasst wird und sich unter Berücksichtigung der danach aufgezählten Befugnisse der gewünschte Vollmachtumfang ergibt. Nach LG Berlin in NJW-RR 2002, 1450 legte der Rechtsanwalt eines Vermieters eine Vollmacht mit dem Eintrag „wegen fristloser Kündigung" vor; im weiteren Text war Vollmacht insbesondere zur Abgabe von Kündigungen erteilt. Für eine auf dieser Grundlage erklärte ordentliche Kündigung hat das LG Berlin auf entsprechende Zurückweisung gem. § 174 BGB den Vollmachtnachweis versagt, da die weitere Aufzählung im Vollmachttext den Vollmachtgegenstand „außerordentliche Kündigung" konkretisiere, nicht aber um die Befugnis zur ordentlichen Kündigung erweitere.

4. Das Formularbeispiel gibt deshalb im Betreff das grundlegende Rechtsverhältnis („Mietverhältnis") an, welches auf den Ausspruch einer Kündigung und die Geltendmachung rückständiger Miete konkretisiert wird. Im weiteren umfasst der Vollmachttext (als weitere Konkretisierung) die Befugnis, eine ordentliche wie eine außerordentliche Kündigung auszusprechen.

5. In Forderungssachen kann sich im Rahmen der Mandatsbearbeitung ergeben, dass der Gegner einen Insolvenzeröffnungsgrund gem. § 16 InsO verwirklicht. Insofern kann es für den Mandanten in Frage kommen, einen Insolvenzantrag zu stellen. Ein Antrag auf Eröffnung des Insolvenzverfahrens ist keine Maßnahme der Forderungsdurchsetzung. Würde ein Insolvenzantrag lediglich als Druckmittel eingesetzt, um Zahlungen zu erhalten, wäre dieser mangels rechtlichen Interesses an der Eröffnung des Insolvenzverfahrens unzulässig (vgl. MünchKommInsO/*Schmahl,* 2. Aufl., Bd. 1, § 14 Rdn. 53). Daraus ergibt sich, dass die Befugnis zur umfassenden Geltendmachung von Ansprüchen des Vollmachtgebers keine Bevollmächtigung für die Stellung eines Insolvenzantrags darstellt. Erforderlich ist damit eine ausdrückliche Bevollmächtigung.

6. Es kann für einen im Ausland ansässigen Mandanten (insbesondere in Wettbewerbssachen) rechtlich vorteilhaft sein, gerade keinen inländischen Bevollmächtigten mit zudem erleichterten Zustellungsmöglichkeiten nach § 14 BORA bereitzuhalten. Wird dies durch den beauftragten Rechtsanwalt übersehen, kann hieraus ein erhebliches Haftungsrisiko erwachsen.

Für den Regelfall der Vertretung einer inländischen Partei ist das Formular um die Entgegennahme von Zustellungen zu erweitern, um die Anwendbarkeit von § 12 BORA und eine unmittelbare Beratung des Mandanten sicherzustellen.

7. Neben der Einsichtnahme in körperliche Dokumente hat zunehmend Bedeutung die Erhebung und Verarbeitung von Daten, wozu eine ausdrückliche Bevollmächtigung ratsam ist. Andernfalls könnte dem Rechtsanwalt beispielsweise der vom Mandanten gewünschte Zugriff und die Sicherung von Daten einer für den Mandanten bestimmten Online-Datenbank durch den Provider verweigert werden.

Im Verhältnis zum Mandanten ist zu beachten, dass die Erhebung, Verarbeitung und Nutzung von Daten durch den Rechtsanwalt der schriftlichen Einwilligung des Mandanten nach § 4a Abs. 1 BDSG bedarf. Diese ist zweckmäßigerweise schon vorher – da bereits die Aktenanlage in der EDV das Einwilligungserfordernis auslöst – etwa im Rahmen allgemeiner Mandatsbedingungen (vgl. Formular I. A. 1) einzuholen und entsprechend weit zu fassen.

8. Der Rechtsanwalt kann für die Bearbeitung des Mandats – neben der Beschaffung von Akten und Daten – auf die Auskünfte von Personen angewiesen sein, was eine entsprechende Bevollmächtigung erforderlich macht.

9. Ein Gegner will verständlicherweise sichergehen, dass seinen Leistungen Erfüllungswirkung zukommt. Insofern sollte die Vollmacht auch die Inkassobefugnis des Rechtsanwalts vorsehen.

5. Umfassende (Prozess-)vollmacht

Vollmacht[1]

An

(Name, Anschrift der bevollmächtigten Kanzlei)

wird hiermit in Sachen

(Name Mandant) ./. (Name Gegner)[2]

wegen: ......[3]

u. a. mit den Befugnissen gem. §§ 81, 82 ZPO Vollmacht erteilt:[4]

1. zur Prozessführung nach der Zivilprozessordnung;

2. zur Stellung von Insolvenzanträgen und der Vertretung in Insolvenzverfahren einschließlich der Befugnis, Forderungen anzumelden und zu bestreiten sowie eine Insolvenzquote in Empfang zu nehmen;[5]

3. zur Antragstellung in Scheidungs- und Scheidungsfolgesachen, zum Abschluss von Vereinbarungen über Scheidungsfolgen, zur Stellung von Anträgen auf Erteilung von Renten- und sonstigen Versorgungsauskünften sowie zur Antragstellung in Kindschaftssachen gem. § 640 Abs. 2 ZPO;[6]

4. zur Vertretung in sonstigen Verfahren und außergerichtlichen Verhandlungen aller Art;

5. zur Begründung und Aufhebung von Vertragsverhältnissen und zur Abgabe und Entgegennahme einseitiger Willenserklärungen, insbesondere Kündigung (ordentlich wie außerordentlich), Ausübung von Wahlrechten, Rücktritt, Anfechtung, Widerruf;[7]

einschließlich der Befugnis zur Erledigung des Rechtsstreits oder außergerichtliche Verhandlungen durch Vertrag i. S. v. Nr. 1000 Abs. 1 RVG-VV; die Vollmacht erstreckt sich auf Neben- und Folgeverfahren aller Art, insbesondere Hinterlegungsverfahren und umfasst allgemein die Befugnis[8]

- **zur Vornahme und Entgegennahme von Zustellungen;[9]**
- **zur Bestellung eines Unterbevollmächtigten sowie eines Bevollmächtigten für höhere Instanzen;**
- **zur Einsichtnahme und Vervielfältigung von Akten und Dokumenten sowie der Erhebung, Verarbeitung und Nutzung von Daten aller Art;[10]**
- **zur Befragung von Personen, insbesondere Amtsträger, Sachbearbeiter und Zeugen;[11]**
- **zur Entgegennahme von Zahlungen, Wertsachen und Urkunden.[12]**

......, den ...... **.....**

(Unterschrift Vollmachtgeber)

Anmerkungen

1. Erteilt ein Mandant Vollmacht, in seinem Namen Prozess zu führen, ist dies eine Prozesshandlung mit der Folge, dass für die Vollmacht im Außenverhältnis grundsätzlich Prozessrecht (§§ 78–89 ZPO) zur Anwendung kommt, materielles Recht (§§ 164 ff. BGB) für die Prozessvollmacht hingegen nur, soweit hierauf verwiesen wird oder es allgemeine Rechtsgedanken enthält (vgl. BGH NJW 2004, 844; NJW 2004, 839; NJW 2003, 1594). Eine Bezeichnung als „Prozessvollmacht" ist nicht erforderlich. Die Vollmachterteilung leitet in einem weiteren Sinn den Prozess ein insbesondere mit der Folge eines gesetzlich festgelegten Vollmachtumfangs (§§ 81, 82), Haftung des Rechtsanwalts (§§ 85 Abs. 2, 89 Abs. 1 S. 3 ZPO) und dem Erfordernis, im anhängigen Verfahren an ihn zuzustellen (§ 172 Abs. 1 S. 1 ZPO).

Jede prozessuale Vollmacht geht im Innenverhältnis mit einer materiellrechtlichen Vollmacht einher, weswegen Umfang und Wirkungsdauer der Vollmachten unterschiedlich sein können (vgl. *Zöller/Vollkommer* ZPO, 27. Aufl., § 80 Rdn. 2). Aus diesem Grund versucht das Formular, materiellrechtliche und prozessuale Vollmacht dadurch in Einklang zu bringen, dass die materiellrechtliche Vollmacht lediglich den Umfang der Prozessvollmacht aufnimmt (vgl. Anm. 4), ohne (ausschließlich) Prozessvollmacht zu sein. Dies trägt auch dem hin und wieder gegebenen Bedürfnis der Praxis Rechnung, wonach im Außenverhältnis die Entschlossenheit zur Klageerhebung demonstriert, eine solche aber nach dem Wunsch des Mandanten (zunächst) nicht erhoben werden soll. Insofern ist das Formular sowohl für die außergerichtliche und – bei Meinungsänderung des Mandanten – spätere gerichtliche Vertretung (dann auch als Prozessvollmacht) geeignet.

2. Vgl. Anm. 2 zu Form. I. A. 4.

3. Vgl. Anm. 3 zu Form. I. A. 4.

4. Wie in Anm. 1 ausgeführt, wird lediglich Bezug genommen auf den gesetzlich festgelegten Umfang einer Prozessvollmacht. „Unter anderem" stellt klar, dass sich der Vollmachtumfang hierin nicht erschöpft, sondern im weiteren Text zusätzliche Befugnisse eingeräumt werden.

5. Eine allgemeine Prozessvollmacht genügt nicht, weil die Insolvenz nicht zur Zwangsvollstreckung iSv. § 81 ZPO gehört (vgl. *Uhlenbruck,* InsO, 12. Aufl., § 174 Rdn. 13). Nach aA. (MünchKommInsO/*Nowak,* Bd. 2, § 174 Rdn. 6) sollen nicht titulierte Forderungen unter § 81 ZPO zu fassen sein, für bereits titulierte Forderungen gelte dies nicht. Der sicherste Weg ist deshalb, für Insolvenzverfahren eine entsprechende ausdrückliche Bevollmächtigung erteilen zu lassen; andernfalls besteht die Gefahr, dass beispielsweise im Rahmen einer vorläufigen Forderungsanmeldung im ersten Termin zur Gläubigerversammlung und der Feststellung des Stimmrechts der anwaltlich vertretene Mandant auf Vollmachtrüge bei wichtigen Entscheidungen nicht mitstimmen könnte.

6. Nach § 609 ZPO ist in Ehe- und nach §§ 640 Abs. 1, 609 ZPO in Kindschaftssachen eine besondere, auf das Verfahren gerichtete Vollmacht erforderlich.

7. Vgl. Anm. 4 zu Form. I. A. 4, in Erweiterung der dortigen Fassung wird mit dem vorliegenden Formular auch zur Entgegennahme einseitiger Willenserklärungen ermächtigt.

8. § 81 ZPO legt mit einer – nicht abschließenden – Aufzählung den Umfang der Prozessvollmacht fest; darin nicht genannte, gleichwohl gegebene Befugnisse sind in *Zöller/Vollkommer* aaO., § 81 Rdn. 2 ff. zusammengestellt. In dem Formular wurde aus Platzgründen davon abgesehen, jegliche nach § 81 ZPO gegebene Befugnis aufzuführen. Aufgenommen wurden aus Gründen der Rechtssicherheit für den bevollmächtigten Rechtsanwalt die Einigung iSv. Nr. 1000 Abs. 1 RVG-VV (§ 81 ZPO nennt nur den Vergleich) und das Hinterlegungsverfahren.

9. Vgl. Anm. 6 zu Form. I. A. 4; in Erweiterung zu dort wird mit dem vorliegenden Formular zur Entgegennahme von Zustellungen ermächtigt.

10. Vgl. Anm. 7 zu Form. I. A. 4.

11. Vgl. Anm. 8 zu Form. I. A. 4.

12. Vgl. Anm. 9 zu Form. I. A. 4.

6. Bitte um Mandatsübernahme

Sehr geehrte(r) Herr Kollege/Frau Kollegin,

ich bitte Sie namens und in Vollmacht der von mir ständig vertretenen Firma A darum, ein Mandat zu übernehmen.[1] Die Firma A wurde von der Firma B mit der in Kopie anliegenden Klage überzogen. Das wirksam als zuständig vereinbarte Landgericht ...... hat Termin auf ...... bestimmt und eine Frist zur Klageerwiderung bis ...... gesetzt. In der Anlage füge ich einen Entwurf für die Klageerwiderung bei mit der Bitte um Überprüfung, ggf. Ergänzung nach Ihrem Ermessen und Einreichung bei Gericht[2]. Die Korrespondenz bitte ich mit mir zu führen[3]. Für eine Bestätigung der Übernahme des Mandats wäre ich dankbar[4]. Sollten Sie an der Übernahme oder Durchführung des Mandats verhindert sein, bitte ich um schnellstmögliche Mitteilung[5].

Rechtsanwalt/Rechtsanwältin

Anmerkungen

1. Das Muster beinhaltet eine vollständige Mandatsübertragung. Wegen der Aufhebung des Lokalisierungsgrundsatzes sowie Entfallens der Einschränkung der Postulationsfähigkeit vor den Oberlandesgerichten ist diese aus rechtlicher Sicht nur noch für Revisionsverfahren vor dem BGH erforderlich. Begrifflich wird der Vertrauensanwalt durch die Mandatsübertragung zum Verkehrs- oder (synonym) Korrespondenzanwalt.

Alternativen zur vollständigen Mandatsübertragung sind eine bloße Unterbevollmächtigung hins. der Wahrnehmung eines Termins zur mündlichen Verhandlung im eigenen Namen durch den Vertrauensanwalt oder eine entsprechende eingeschränkte Bevollmächtigung im Namen des Mandanten.

2. Der Prozessbevollmächtigte ist auch dann für den Inhalt der Schriftsätze voll verantwortlich, wenn der Verkehrsanwalt die Fertigung der Schriftsätze übernommen hat (*Borgmann/Jungk/Grams*, Anwaltshaftung, 4. Aufl. 2005, § 38, Rdn. 63; OLG Frankfurt a. Main, NJW-RR 2003, 709). Daneben haftet der Verkehrsanwalt (BGH, Urteil v. 29. 11. 2001 – IX ZR 389/98).

3. a) In gebührenrechtlicher Hinsicht gilt folgendes:

aa) Die Gebühr für die Tätigkeit des Korrespondenzanwaltes findet sich in Nr. 3400 VV RVG. Sie kann in sämtlichen Instanzen anfallen. Neben dieser Gebühr kann der Korrespondenzanwalt auch weitere Gebühren, etwa nach Nr. 3401 VV RVG, 3402 VV RVG oder die Einigungsgebühr nach Nrn. 1003, 1004 und 1000 VV RVG verdienen.

An der Erhöhung der Verfahrensgebühr nimmt er nicht teil. Seine Gebühr bleibt auf die Höhe von 1,0 begrenzt.

Der neben dem Korrespondenzanwalt tätige Hauptbevollmächtigte erhält die gesetzlichen Gebühren ohne Einschränkungen.

bb) Der Unterbevollmächtigte, dessen Tätigkeit auf die Terminsvertretung beschränkt ist, erhält eine Verfahrensgebühr in Höhe der Hälfte der dem Verfahrensbevollmächtigten zustehenden Verfahrensgebühr (Nr. 3401 VV RVG). Zusätzlich erhält er eine Terminsgebühr nach Nr. 3402 VV in Höhe der einem Verfahrensbevollmächtigten zustehenden Verfahrensgebühr. Ferner kann er eine Einigungsgebühr verdienen, wenn er an einer Einigung mitwirkt.

Der Hauptbevollmächtigte erhält in der Regel eine 1,3 Verfahrensgebühr nach Nr. 3100 VV RVG. Eine Terminsgebühr erhält er in aller Regel nicht, weil er keine entsprechende Tätigkeit ausübt. Eine Einigungsgebühr erhält der Hauptbevollmächtigte unter den üblichen Voraussetzungen.

b) Eine Vereinbarung über die interne Teilung der angefallenen Gebühren ist sowohl im Verhältnis Korrespondenz-/Prozessanwalt, als auch zwischen Haupt- und Unterbevollmächtigten zulässig und in Fällen, in welchen der Korrespondenzanwalt die Schriftsätze stempelfertig liefert, verbreitet und üblich. Hierin liegt keine unzulässige Gewährung eines finanziellen Vorteils für die Vermittlung eines Auftrages gem. § 49b Abs. 3 Satz 1 BRAO. Gem. § 49b Abs. 3 S. 2 und 3 BRAO darf eine über Nr. 3400 VV RVG hinausgehende Tätigkeit eines anderen Rechtsanwalts angemessen honoriert werden, sofern die Honorierung der Verantwortlichkeit und dem Haftungsrisiko der beteiligten Rechtsanwälte und den sonstigen Umständen Rechnung trägt. Nach § 22 BORA ist eine hälftige Teilung aller gesetzlichen Gebühren ohne Rücksicht auf die Erstattungsfähigkeit in der Regel angemessen. Die Vereinbarung einer Gebührenteilung darf jedoch gem. § 49b Abs. 3 S. 4 BRAO nicht zur Voraussetzung einer Mandatserteilung gemacht werden. Unzulässig ist die Vereinbarung einer Gebührenteilung jedoch für Rechtsanwälte, die singulär an einem Oberlandesgericht zugelassen sind sowie für Rechtsanwälte, die ausschließlich beim Bundesgerichtshof zugelassen sind (vgl. § 49b Abs. 3 S. 6 BRAO).

Eine Gebührenteilungsvereinbarung zwischen Verkehrs- und Prozessanwalt ist bei Fehlen einer entsprechenden Vereinbarung dahin auszulegen, dass der Prozessbevollmächtigte die Hälfte der entstandenen Gebühren erhält und nur den verbleibenden Rest der tatsächlich eingegangenen Gebühren an den Verkehrsanwalt abführen muss (so jedenfalls unter Zugrundelegung der BRAGO LG Göttingen, NJW-RR 1997, 1150).

In Fällen, in denen (anders als in obigem Beispiel) zwischen Mandant und Terminsvertreter kein Vertragsverhältnis begründet wird, weil der Prozessbevollmächtigte den Auftrag zur Terminswahrnehmung im eigenen Namen erteilt, sollen Absprachen, wonach intern nur die tatsächlich festsetzbaren Kosten abgerechnet werden können, zulässig sein. Erhält der Terminsvertreter hiernach weniger als die gesetzlichen Gebühren, so stellt dies keinen Verstoß gegen § 49b BRAO dar (BGH NJW 2001, 753ff.; BGH, Urteil v. 1. 6. 2006 – I ZR 268/03).

Hingegen in Fällen der Mandatsübertragung durch die Partei (vertreten durch deren Vertrauensanwalt) dürften derartige Absprachen bzw. diesbezügliche Angebote gegen § 1 UWG iVm. § 49b Abs. 1 S. 1 BRAO verstoßen und begründen somit auch die Gefahr einer wettbewerbsrechtlichen Abmahnung.

c) Die Frage, ob und inwieweit die durch die Einschaltung mehrerer Anwälte verursachten Kosten gem. § 91 ZPO erstattungsfähig sind, dürfte durch eine Grundsatzentscheidung des BGH (BGH, Beschluss vom 16. 10. 2002 – VIII 30/02 = NJW 2003, 898) weitgehend geklärt sein.

Nach dieser Entscheidung ist die Zuziehung eines am Wohn- oder Geschäftsort der auswärtigen Partei ansässigen Rechtsanwaltes regelmäßig zur zweckentsprechenden Rechtsverfolgung notwendig im Sinne des § 91 Abs. 2 S. 1, 2. Halbsatz ZPO.

Die Kosten eines Unterbevollmächtigten, der für den auswärtigen Prozessbevollmächtigten die Vertretung in der mündlichen Verhandlung übernommen hat, sind erstattungsfähig, soweit sie die durch die Tätigkeit des Unterbevollmächtigten ersparten, erstattungsfähigen Reisekosten des Prozessbevollmächtigten nicht wesentlich (10%) übersteigen.

Übertragen auf die Kosten eines Korrespondenzanwaltes müsste dies bedeuten, dass dessen Kosten erstattungsfähig sind, soweit sie nicht höher sind als die Kosten eines Unterbevollmächtigten oder die Reisekosten des Prozessbevollmächtigten, die durch eine eigene Terminswahrnehmung am auswärtigen Gericht entstanden wären. Maßgeblich für die Vergleichsrechnung sind die jeweils niedrigeren Kosten.

Der Vertrauensanwalt sollte dennoch zumindest den nicht prozeßkundigen Mandanten vor Einschaltung eines Prozessanwalts bzw. in Fällen der Erteilung einer Untervollmacht bereits bei Mandatserteilung auf die Entstehung nicht unerheblicher und auch im Falle des gänzlichen Obsiegens nicht oder nur teilweise abwälzbarer Mehrkosten hinweisen. Insbesondere an die Annahme eines stillschweigenden Abschlusses eines Verkehrsanwaltsvertrages für die Berufungsinstanz sind hohe Anforderungen zu stellen (OLG Koblenz, NJW-RR 1993, 695 ff.).

Sofern Prozesskostenhilfe bewilligt wurde, ist der erstinstanzliche Anwalt außerdem zu dem Hinweis verpflichtet, dass die Tätigkeit als Verkehrsanwalt nicht von der PKH-Bewilligung gedeckt ist (OLG Dresden DR 1940, 876).

Unterlässt der Anwalt eine entsprechende rechtzeitige Aufklärung, so kann er wegen unvollständiger Beratung seinen Gebührenanspruch auf dem Regresswege verlieren.

4. Erst mit dem rechtzeitigen Eingang dieser Bestätigung ist der Korrespondenzanwalt von der Haftung für die Versäumung der Klageerwiderungsfrist oder der Terminswahrnehmung frei. Die Fristenkontrolle trifft nämlich im Zweifel sowohl den Prozess- als auch den Verkehrsanwalt. Außerdem hat der Verkehrsanwalt erkennbaren Fehlern des Prozessbevollmächtigten entgegenzuwirken (*Borgmann/Jungk/Grams* aaO., § 38 Rdn. 64).

5. Ein solcher Zusatz erscheint insbesondere dann zweckmäßig, wenn der Vertrauensanwalt der Partei den zu beauftragenden Anwalt nicht kennt und nur aus dem Anwaltsverzeichnis entnommen hat. Jeder Anwalt kann aus tatsächlichen oder rechtlichen Gründen an der Übernahme oder Durchführung des Mandats verhindert sein, beispielsweise wegen einer Interessenkollision (vgl. § 43 a Abs. 4 BRAO).

7. Mandatsübernahmebestätigung

Sehr geehrte(r) Herr Kollege/Frau Kollegin,

ich bestätige dankend die Übernahme des Mandats.[1] Die Klageerwiderung wurde heute eingereicht. Den entsprechenden Schriftsatz vom …… füge ich bei.[2] Den Termin am …… werde ich wahrnehmen und berichten. Das beigefügte Vollmachtsformular erbitte ich durch die Partei rechtsverbindlich unterzeichnet zurück.[3] Für die Vermittlung eines Gebührenvorschusses in Höhe von …… wäre ich dankbar.[4]

Rechtsanwalt/Rechtsanwältin

Anmerkungen

1. Anders als dem Notar steht es dem Rechtsanwalt mit Ausnahme der in § 48 BRAO genannten Fälle grundsätzlich frei, ob er einen Auftrag zur Prozessvertretung annehmen will oder nicht. Erst mit dem Zugang der Mandatsbestätigung beim bevollmächtigten Korrespondenzanwalt kommt der Mandatsvertrag zwischen der Partei und dem Prozessbevollmächtigten zustande. Der Rechtsanwalt kann sich allerdings schadensersatzpflichtig machen, wenn er den Auftrag nicht annehmen will und die Ablehnung nicht unverzüglich erklärt (§ 44 BRAO).

2. Die Übermittlung ermöglicht dem Korrespondenzanwalt die lückenlose Fortführung der Handakte.

3. Für die Fassung der Prozessvollmachtsformulare wird auf das Formular I. A. 5 verwiesen. Die Vorlage einer Prozessvollmacht wird – auch im Amtsgerichtsprozess – nur auf Vollmachtsrüge des Gegners verlangt (§ 88 Abs. 1 ZPO). Auch im Scheidungsverfahren wird die Vollmacht nicht von Amts wegen geprüft. Der Bevollmächtigte bedarf jedoch einer besonderen auf das Verfahren gerichteten Vollmacht (§ 609 ZPO). In jedem Fall ist es für den Prozessbevollmächtigten zweckmäßig, eine unterzeichnete Vollmacht zu den Akten zu nehmen.

4. Gem. § 9 RVG kann der Rechtsanwalt von seinem Auftraggeber für die entstandenen und die voraussichtlich entstehenden Gebühren und Auslagen einen angemessenen Vorschuss verlangen.

Für die Gebühren des Prozessbevollmächtigten haftet der Korrespondenzanwalt weder zivilrechtlich, noch ist er insoweit berufsrechtlich gegenüber dem Prozessbevollmächtigten gehalten, für dessen Kosten einzustehen. Anders verhält es sich, wenn der Korrespondenzanwalt den Auftrag im eigenen Namen erteilt sowie nach internationalen Standesregeln. Die Berufsregeln der Rechtsanwälte der Europäischen Union sehen in 5.7. vor, dass der Rechtsanwalt, der sich nicht darauf beschränkt, seinem Mandanten einen ausländischen Kollegen zu benennen oder das Mandat zu vermitteln, sondern eine Angelegenheit einem ausländischen Kollegen überträgt oder diesen um Rat bittet, persönlich zur Zahlung des Honorars verpflichtet ist, wenn Zahlungen vom Mandanten nicht erlangt werden können. Hiervon können allerdings von Anfang an abweichende Vereinbarungen getroffen werden.

8. Kündigung des Mandatsverhältnisses durch den Anwalt und Anzeige der Niederlegung

Sehr geehrter Herr ……,

nachdem Sie mein Vorschussersuchen bis heute trotz Mahnung ignoriert haben, sehe ich mich nicht in der Lage, für Sie weiter tätig zu sein. Ich lege daher das Mandat nieder[1]. Die Niederlegung habe ich gegenüber dem Landgericht …… angezeigt[2]. Ich weise noch einmal darauf hin, dass Termin zur mündlichen Verhandlung ansteht am …… Ich werde diesen Termin nicht wahrnehmen. Sofern für Sie kein anderer Anwalt auftritt, müssen Sie mit dem Erlass eines Versäumnisurteils gegen sich rechnen.[3]

Mit freundlichen Grüßen

Rechtsanwalt

Anmerkungen

1. Die Kündigung des Mandats mit der Folge der Beendigung des Geschäftsbesorgungsvertrages zwischen Mandant und Anwalt ist grundsätzlich jederzeit möglich. Kündigt der Anwalt jedoch ohne wichtigen Grund zur Unzeit, macht er sich nach § 627 Abs. 2 BGB unter Umständen schadensersatzpflichtig (vgl. im Einzelnen zum Vorliegen eines wichtigen Grundes: *Borgmann/Jungk/Grams, Anwaltshaftung,* 4. Aufl. 2005, § 15 Rdn. 107 ff). Wenn die Kündigung nicht zur Unzeit geschieht, also so, dass sich der Mandant rechtzeitig einen anderen Anwalt suchen und diesen mit der Terminswahrnehmung oder anderen notwendigen Prozesshandlungen beauftragen kann, kann die Kündigung nach § 627 BGB auch ohne wichtigen Grund erfolgen (zum Gebührenanspruch in diesen Fällen vgl. §§ 628 BGB, 15 Abs. 4 RVG).

2. Zu unterscheiden von der Kündigung des Mandatsverhältnisses (zugangsbedürftige Willenserklärung) ist die Mitteilung des Rechtsanwalts an das Gericht von der erfolgten Mandatsbeendigung. Die Kündigung des Mandatsverhältnisses führt auch bei Anzeige an das Gericht im Parteiprozess noch nicht zum Erlöschen der Prozessvollmacht; diese bleibt vielmehr wirksam, bis dem Gericht und dem Gegner die Bestellung eines anderen Anwalts angezeigt wird (§ 87 ZPO). Bis dahin sind Zustellungen wirksam und vom bisherigen Anwalt entgegenzunehmen (§ 172 ZPO).

Bis zur vollständigen Zahlung der Gebühren und Auslagen kann der Rechtsanwalt grundsätzlich die Handakten zurückhalten (§ 50 Abs. 3 BRAO). Nach § 50 Abs. 3 S. 2 BRAO darf das Zurückbehaltungsrecht jedoch nicht geltend gemacht werden, soweit die Vorenthaltung der Handakten oder einzelner Schriftstücke nach den Umständen unangemessen wäre. Ergänzt wird diese Vorschrift durch § 17 BORA. Danach kann einem berechtigten Interesse des Mandanten auf Herausgabe der Akten bei Geltendmachung eines Zurückbehaltungsrechts dadurch Rechnung getragen werden, dass dem Mandanten Kopien überlassen oder – falls erforderlich – Originale an einen vom Mandanten zu beauftragenden Rechtsanwalt zu treuen Händen herausgegeben werden.

3. Bei der Aufklärung über unmittelbar anstehende Erfordernisse handelt es sich um eine nachvertragliche Pflicht.

9. Mandatsbeendigungsschreiben

Sehr geehrte(r) Frau/Herr ......,

in der oben genannten Angelegenheit betrachten wir das Mandat als erledigt, da die Gegenseite den geltend gemachten Zahlungsanspruch nebst den geltend gemachten Kostenerstattungsansprüchen erfüllt hat.[1]
Weitere Maßnahmen, insbesondere ......, möchten Sie, wie Sie mir telefonisch mitteilten, bis auf weiteres nicht ergreifen. Höchst vorsorglich möchte ich Sie dennoch darauf hinweisen, dass solche Ansprüche innerhalb von drei Jahren ab Entstehung des Anspruchs und Kenntnis bzw. grob fahrlässiger Unkenntnis von den anspruchsbegründenden Umständen und der Person des Schuldners, gerechnet ab dem Schluss des Jahres, in dem die vorgenannte Kenntnis vorliegt, verjähren. Aus Vorsichtsgründen sollte daher vorliegend von Verjährung zum ...... ausgegangen werden. Aufgrund der Beendigung des Mandates werden wir diese Frist nicht überwachen und weitere Tätigkeiten nur im Falle der ausdrücklichen Erteilung eines entsprechenden Auftrages entfalten.[2]
Damit wir die Akte bei uns ablegen können, geben wir Ihnen zu unserer Entlastung das Original des notariellen Kaufvertrages vom ...... zurück.[3]
Für die Übertragung des Mandates und die angenehme Zusammenarbeit dürfen wir uns nochmals bedanken.

Rechtsanwalt/Rechtsanwältin

Anmerkungen

1. Das Mandatsbeendigungsschreiben dient hauptsächlich dazu, den Rechtsanwalt im Hinblick auf Schadensersatzansprüche wegen etwaiger Berufsversehen abzusichern. Mit diesem Schreiben wird insbesondere der Zeitpunkt der Mandatsbeendigung dokumentiert, was im Hinblick auf die kenntnisunabhängige absolute Verjährungsfrist des § 199 Abs. 3 Ziff. 1 BGB von Bedeutung ist.

2. Falls die Ergreifung weiterer Maßnahmen nahe liegt oder sogar vom ursprünglichen Auftrag umfasst war, sollte die Abstandnahme hiervon aus Gründen der Absicherung ebenfalls dokumentiert werden. Da die Rechtsprechung von umfangreichen nachvertraglichen Verpflichtungen des Rechtsanwaltes ausgeht, empfiehlt sich in einem solchem Fall der Hinweis auf etwa drohende Verjährung. In Fällen, in denen der Mandant erklärt hat, weitere Maßnahmen lediglich vorerst nicht ergreifen zu wollen, ist ein solcher Hinweis dringend geboten. Ggf. sollte aber gleichzeitig klargestellt werden, dass die Frist nicht überwacht wird und dass weitere Tätigkeiten nur bei ausdrücklicher Auftragserteilung entfaltet werden.

3. Vor der Aktenablage sollte jeweils sorgfältig geprüft werden, ob die Akte Originalunterlagen des Mandanten enthält. Die Rückgabe derartiger Unterlagen sollte durch eindeutige Bezeichnung ebenfalls dokumentiert werden.

10. Abrechnung Räumungsklage/gesonderter Räumungsfristantrag Abrechnung außergerichtliche Tätigkeit (Kündigung)[1]

Gebührenstreitwert Räumung: EUR 12.000,00[2]

Satz	Gebührenart	Tatbestand		
1,3	Geschäftsgebühr	Nr. 2300 RVG-VV, § 13 RVG	EUR	683,80
	Auslagenpauschale	Nr. 7002 RVG-VV	EUR	20,00
1,3	Verfahrensgebühr	Nr. 3100 RVG-VV, § 13 RVG	EUR	683,80
0,65	Anrechnung Geschäftsgebühr	Nr. 2300, Vorb. 3 Abs. 4 S. 1 RVG-VV, § 13 RVG[3, 4]	EUR	341,90
1,2	Terminsgebühr	Nr. 3104 RVG-VV, § 13 RVG	EUR	631,20
1,0	Einigungsgebühr	Nr. 1003 RVG-VV, § 13 RVG	EUR	526,00
	Auslagenpauschale	Nr. 7002 RVG-VV	EUR	20,00
	Zwischensumme		EUR	2.222,90
	Umsatzsteuer	Nr. 7008 RVG-VV	EUR	422,35
	Gesamt		EUR	2.645,25

Streitwert Räumungsfristverfahren: EUR 3000,00[5]

Satz	Gebührenart	Tatbestand		
1,0	Verfahrensgebühr	Nr. 3334 RVG-VV, § 13 RVG[6]	EUR	189,00
1,2	Terminsgebühr	Vorb. 3.3.6 i. V. m. Nr. 3104 RVG-VV, § 13 RVG	EUR	226,80
	Auslagenpauschale	Nr. 7002 RVG-VV	EUR	20,00
	Zwischensumme		EUR	435,80
	Umsatzsteuer	Nr. 7008 RVG-VV	EUR	82,80
	Gesamt		EUR	518,60

Anmerkungen

1. Der Rechtsanwalt ist zunächst mit der (noch nicht abgerechneten) Kündigung eines Wohnraummietvertrags beauftragt. Der Mietvertrag läuft auf unbestimmte Zeit. Die monatliche Miete beträgt EUR 1.220,00, wovon EUR 220,00 auf die monatliche Vorauszahlung für Betriebskosten entfallen. Über die Betriebskostenvorauszahlung wird jährlich abgerechnet. Später erhält der Rechtsanwalt den Auftrag, Räumungsklage zu erheben. Das Verfahren wird durch Vergleich unter Vereinbarung eines Räumungstermins und Tragung der Verfahrenskosten durch den Mieter beendet. Zwei Wochen vor dem vereinbarten Räumungstermin beantragt der Mieter eine Räumungsfrist von drei Monaten. Hierüber wird nach mündlicher Verhandlung durch das Gericht entschieden.

2. Der Gesetzgeber hat mit § 41 Abs. 1 u. 2 GKG (früher: § 16 Abs. 1 GKG aF.) nunmehr bestimmt, dass das jährliche Nettogrundentgelt den Wert des Streitgegenstands einer Räumungsklage darstellt (dies war früher umstritten, vgl. Rechtsprechungsnachweise in der Vorauflage). Damit bleiben Betriebskostenvorauszahlungen für die Gebührenstreitwertberechnung außer Betracht. Eine Ausnahme gilt lediglich für nicht abzurechnende Betriebskostenpauschalen (§ 41 Abs. 1 S. 2 GKG).

Auswirkungen hat dies auch auf den Zuständigkeitsstreitwert bei Geschäftsraummietsachen. Bei Geschäftsraummietverhältnissen bestimmt (anders als bei Wohnraummietsachen, § 23 Nr. 2 a) GVG) der Streitwert gem. § 8 ZPO die erstinstanzliche Zuständigkeit. Dieser ergibt sich grundsätzlich aus dem Gebührenstreitwert des GKG. Im Gegensatz zu § 41 GKG wirken sich aber bei § 8 ZPO Nebenleistungen streitwerterhöhend aus, sofern sie als Teil des Entgelts für die Gebrauchsüberlassung anzusehen sind (vgl. *Zöller-Herget*, ZPO, 27. Aufl., § 8 Rdn. 6). Dies ist beispielsweise bei Schönheitsreparaturen der Fall.

Bei Geschäftsraummietverhältnissen für § 41 GKG und § 8 ZPO gleichermaßen relevant ist außerdem der Ansatz der auf das Nettogrundentgelt entfallenden Umsatzsteuer; für die Streitwertberechnung zutreffend bejaht wird dies durch den Beschluss des OLG Celle vom 11. 11. 2008 (Az.: 2 W 239/08) und *M. J. Schmid* IMR 2008, 432.

3. Umstritten war, ob mit einer außergerichtlichen Kündigung und nachfolgend beauftragter Räumungsklage eine (= dieselbe) Angelegenheit iSv. § 15 RVG gegeben ist, mit der Folge, dass die Geschäftsgebühr für die außergerichtliche Tätigkeit auf die Verfahrensgebühr im Räumungsrechtsstreit teilweise angerechnet werden muss (vgl. Rechtsprechungs- und Literaturhinweise in der Vorauflage). Mit BGH NJW 2007, 2050 (NZM 2007, 396) wurde nunmehr entschieden, dass eine Angelegenheit iSd. § 15 RVG vorliegt, mithin eine Anrechnung zu erfolgen hat.

4. Jene Anrechnung der Geschäfts- auf die Verfahrensgebühr hatte nach der Rechtsprechung des BGH zur Folge, dass im Kostenfestsetzungsverfahren nur eine entsprechend verminderte Verfahrensgebühr festgesetzt werden konnte (lag hingegen keine außergerichtliche Tätigkeit vor, verblieb es bei einer unverminderten Festsetzung der Verfahrensgebühr). Für die verbleibende Geschäftsgebühr bestand kein prozessualer, sondern nur ein materieller Kostenerstattungsanspruch, der ggf. in einem gesonderten Klageverfahren durchgesetzt werden musste. Das führte zu Verkomplizierungen im Kostenfestsetzungsverfahren und unnötigen Folgeprozessen.

Diese Rechtslage hat der Gesetzgeber durch Einführung des seit 1. 9. 2009 geltenden § 15a RVG beseitigt. Danach ist die Verfahrensgebühr im Kostenfestsetzungsverfahren auch dann in voller Höhe festzusetzen, wenn eine auf sie anrechenbare Geschäftsgebühr angefallen ist.

5. Für den Wert des Räumungsfristantrags ist gem. § 41 Abs. 1 GKG das Entgelt für die Dauer der beantragten Räumungsfrist maßgeblich. Für die Bestimmung des maßgeblichen Entgelts vgl. Anm. 2.

6. Sofern der Antrag über die Gewährung einer angemessenen Räumungsfrist (bei Räumungsvergleichen nach § 794a Abs. 1 ZPO, sonst nach § 721 ZPO) vor Schluss der mündlichen Verhandlung gestellt wird und das Gericht auch hierüber entscheidet, liegt eine einheitliche, nicht gesondert abrechnungsfähige Angelegenheit vor.

Entscheidet das Gericht jedoch nach Abschluss des Räumungsrechtsstreits oder wird ein Räumungsfristantrag nach Abschluss eines Räumungsvergleichs gestellt, liegt eine gesonderte Angelegenheit vor. Nr. 3334 RVG-VV kommt als eigenständiger Gebührentatbestand nur zur Anwendung, wenn ein mit der Hauptsache nichtverbundenes Verfahren vorliegt (vgl. *Gerold/Schmidt,* RVG, 18. Aufl., 3334 VV Rdnrn. 3u. 9). Von der 1,0 Verfahrensgebühr erhält der Anwalt bei vorzeitiger Beendigung unter den Voraussetzungen von Nr. 3337 Anm. 1, 2 RVG-VV nur einen Satz von 0,5.

Sofern eine mündliche Verhandlung stattfindet, ist die gem. Vorb. 3.3.6 iVm. Nr. 3104 VV-RVG anfallende Terminsgebühr mit 1,2 stets höher als die Verfahrensgebühr, da Nr. 3334 VV-RVG in Nr. 3332 VV-RVG nicht genannt ist und Nr. 3334 VV-RVG im Gegensatz zu Nr. 3333 VV-RVG einen Ausschluss der Terminsgebühr nicht kennt (vgl. *Gerold/Schmidt* aaO., Rdn. 13).

11. Abrechnung außergerichtliche Tätigkeit, Mahnverfahren, Klage erster Instanz, Anerkenntnis[1]

I. Außergerichtliche Vertretung

Gegenstandswert: EUR 8.000,00

Satz	Gebührenart	Tatbestand		
1,5	Geschäftsgebühr[2]	Nr. 2300 RVG-VV, § 13 RVG	EUR	618,00
0,3	Erhöhung der Geschäftsgebühr	Nr. 1008 RVG-VV, § 13 RVG	EUR	123,60
	Auslagenpauschale	Nr. 7002 RVG-VV	EUR	20,00
	Zwischensumme		EUR	761,60
	Umsatzsteuer	Nr. 7008 RVG-VV	EUR	144,70
	Gesamt		EUR	906,30

II. Mahnverfahren

Gegenstandswert: EUR 4.000,00

Satz	Gebührenart	Tatbestand		
1,0	Verfahrensgebühr	Nr. 3305 RVG-VV, § 13 RVG	EUR	245,00
0,3	Erhöhung der Verfahrensgebühr	Nr. 1008 RVG-VV, § 13 RVG	EUR	73,50
	Auslagenpauschale	Nr. 7002 RVG-VV	EUR	20,00
	Zwischensumme		EUR	338,50
0,75	Anrechnung Geschäftsgebühr	Vorb. 3 Abs. 4 RVG-VV aus EUR 4.000,00[3]	EUR	183,75
	Zwischensumme		EUR	154,75
	Umsatzsteuer	Nr. 7008 RVG-VV	EUR	29,40
	Gesamt		EUR	184,15

III. Klageverfahren

Gegenstandswert: EUR 8.000,00

Satz	Gebührenart	Tatbestand		
1,3	Verfahrensgebühr	Nr. 3100 RVG-VV, § 13 RVG	EUR	535,60
0,3	Erhöhung der Verfahrensgebühr	Nr. 1008 RVG-VV, § 13 RVG	EUR	123,60
1,2	Terminsgebühr[4]	Nr. 3104 RVG-VV, § 13 RVG	EUR	494,60
	Auslagenpauschale	Nr. 7002 RVG-VV	EUR	20,00
	Zwischensumme		EUR	1.173,80
1,3	Anrechnung (nach Nr. 1008 RVG-VV erhöhte) Verfahrensgebühr Mahnverfahren	Nr. 3305 RVG-VV aus EUR 4.000,00[5]	EUR	318,50
0,75	Anrechnung Geschäftsgebühr	Vorb. 3 Abs. 4 RVG-VV aus EUR 8.000,00 abzgl. bereits angerechneter 0,75 aus EUR 4.000,00[6, 7]	EUR	125,25
	Zwischensumme		EUR	730,05
	Umsatzsteuer	Nr. 7008 RVG-VV	EUR	138,71
	Gesamt		EUR	868,76

Anmerkungen

1. Der Rechtsanwalt macht zunächst außergerichtlich für zwei Gesamtgläubiger eine Forderung über EUR 8.000,00 geltend. Die Sache ist besonders umfangreich und schwierig. Nach erfolgloser außergerichtlicher Beitreibung erhält der Rechtsanwalt den Auftrag, zur Ersparnis von Kosten lediglich einen Teilbetrag von EUR 4.000,00 durch Mahnbescheid geltend zu machen. Nach Widerspruch wird das streitige Verfahren durchgeführt. Unter Erweiterung des Mahnbescheidsantrags werden dann die ursprünglichen EUR 8.000,00 eingeklagt. Vor Anberaumung einer mündlichen Verhandlung erkennt der Gegner die Klage am 3. 3. 2005 in voller Höhe an.

2. Eine Erhöhung der Geschäftsgebühr liegt im billigen Ermessen des Rechtsanwalts, die Ermessensausübung ist grundsätzlich verbindlich. Im Streitfall hat der Rechtsanwalt aber zu beweisen, dass die von ihm getroffene Bestimmung der Billigkeit entspricht (vgl. *Gerold/Schmidt,* RVG, 18. Aufl., § 14 Rdn. 4–9).

Die für die Ermessensausübung leitenden Bemessungskriterien richten sich nach dem Umfang der anwaltlichen Tätigkeit, deren Intensität, der Bedeutung der Angelegenheit, dem Haftungsrisiko und den Vermögensverhältnissen des Auftraggebers (vgl. *Gerold/Schmidt* aaO., Rdn. 15–20).

§ 10 RVG fordert für die Gebührenrechnung keine Darlegung der Ermessensausübung. Wenigstens für die Abrechnung gegenüber Rechtsschutzversicherungen wird dies aber empfohlen (vgl. *N. Schneider,* Fälle und Lösungen zum RVG, § 2 Rdn. 17). Bei der Rechnungserstellung sollte insbesondere bei Rahmengebühren auf eine zutreffende Berechnung geachtet werden, da eine Rechnungsstellung die Ermessensausübung verbraucht und damit Nachforderungen ausgeschlossen sind (vgl. *Gerold/Schmidt* aaO., § 10 Rdn. 13).

3. Die Anrechnung der Geschäftsgebühr im Mahnverfahren erfolgt nur in dem Umfang, in welchem sich die außergerichtliche Tätigkeit im Mahnverfahren fortsetzt, Vorbem. 3 Abs. 4 S. 3 RVG-VV. Dies ist nur im Hinblick auf einen Teilstreitwert von EUR 4.000,00 der Fall. Nach Vorbemerkung 3 Abs. 4 S. 1 RVG-VV ist die Hälfte der Geschäftsgebühr anzurechnen, was zur Anrechnung einer (durch Nr. 1008 RVG-VV erhöhten) Gebühr von 0,9 führen würde. Dies begrenzt Vorbemerkung 3 Abs. 4 S. 1 RVG-VV auf die Anrechnung eines Satzes von 0,75.

4. Im Beispielsfall sind Verfahrens- und Terminsgebühr entstanden. Nach dem Inkrafttreten des 1. Gesetzes zur Modernisierung der Justiz vom 24. 8. 2004 und der damit verbundenen Änderung von § 307 ZPO war der Anfall einer Terminsgebühr fraglich geworden, da der Erlass eines Anerkenntnisurteils ohne mündliche Verhandlung erfolgen konnte, während der Gebührentatbestand Nr. 3104 Abs. 1 Nr. 1 Alt. 2 RVG-VV das Absehen von einer zwingend vorgeschriebenen mündlichen Verhandlung voraussetzte.

Allerdings hat der Gesetzgeber mit Wirkung zum 21. 10. 2005 Nr. 3104 Abs. 1 Nr. 1 Alt. 2 RVG-VV dahingehend geändert, dass nunmehr auf „§ 307 ZPO" verwiesen wird. In der Gesetzesbegründung wird angegeben, die Änderung sei lediglich redaktioneller Natur (vgl. BT-Drucksache 88/05, S. 35 aE.). Diese Charakterisierung trifft nicht zu. Bei der Aufzählung in Abs. 1 Nr. 1 handelt es sich ausnahmslos um Unterfälle des Abgebens von einer zwingenden mündlichen Verhandlung, was bei § 307 ZPO n. F. nicht mehr der Fall ist. Es liegt also ein Systemwechsel vor, den der Gesetzgeber ausweislich seiner Gesetzesbegründung nicht beabsichtigte.

Dies ändert nichts daran, dass durch Nr. 3104 Abs. 1 Nr. 1 Alt. 2 RVG-VV der Anfall einer Terminsgebühr bei Anerkenntnis ohne mündliche Verhandlung angeordnet ist. Nach OLG Jena JurBüro 2005, 529 soll dies (entgegen der in der Vorauflage vertretenen Auffassung) auch für die Rechtslage zwischen dem 24. 8. 2004 (Änderung § 307 ZPO) und dem 21. 10. 2005 („redaktionelle" Änderung von Nr. 3104 Abs. 1 Nr. 1 Alt. 2 RVG-VV) gelten (vgl. *Gerold/Schmidt* aaO., 3104 VV Rdn. 47).

5. Nr. 3005 RVG-VV bestimmt die volle Anrechnung der (durch Nr. 1008 RVG-VV erhöhten) Verfahrensgebühr.

6. Da sich die Geschäftsgebühr nun doch in vollem Umfang (also im Hinblick auf einen Wert von EUR 8.000,00) im gerichtlichen Verfahren fortsetzt, ist diese nach Vorbemerkung 3 Abs. 4 RVG-VV im Umfang von 0,75 anzurechnen. Hiervon abzusetzen ist die bereits erfolgte Anrechnung der 0,75-Gebühr aus einen Wert von EUR 4.000,00.

7. Im Kostenfestsetzungsverfahren ist gem. dem seit 1. 9. 2009 geltenden § 15 a RVG trotz Anrechnung der Geschäftsgebühr die volle Verfahrensgebühr festzusetzen (vgl. A. I. 11. Anm. 4).

12. Abrechnung außergerichtliche Tätigkeit, Klageauftrag, Einigung vor Klageerhebung[1]

Gegenstandswert: EUR 100.000,00

Satz	Gebührenart	Tatbestand	
1,3	Geschäftsgebühr[2]	Nr. 2300 RVG-VV, § 13 RVG	EUR 1.760,20
	Auslagenpauschale	Nr. 7002 RVG-VV	EUR 20,00
0,8	Verfahrensgebühr[3]	Nr. 3101 Nr. 1 RVG-VV, § 13 RVG	EUR 1.083,20
0,65	Anrechnung Geschäftsgebühr	Nr. 2300, Vorb. 3 Abs. 4 S. 1 RVG-VV, § 13 RVG	EUR 880,10
1,2	Terminsgebühr[4]	Nr. 3104 i. V. m. Vorbem. 3 Abs. 3 HS 1 Alt. 3 RVG-VV	EUR 1.624,80
1,5	Einigungsgebühr[5]	Nr. 1000 Abs. 1 RVG-VV	EUR 2.031,00
	Auslagenpauschale	Nr. 7002 RVG-VV	EUR 20,00
	Zwischensumme		EUR 5.659,10
	Umsatzsteuer	Nr. 7008 RVG-VV	EUR 1.075,23
	Gesamt		EUR 6.734,33

Anmerkungen

1. Der Rechtsanwalt ist zunächst außergerichtlich beauftragt, eine Darlehensforderung von EUR 100.000,00 geltend zu machen. Nach umfassender Prüfung und fruchtloser Korrespondenz durch einfache und knapp gehaltene Forderungsschreiben erhält der Rechtsanwalt Klageauftrag. Daraufhin findet eine Besprechung mit dem Gegner statt, in welcher der Rechtsanwalt den Inhalt einer möglichen Einigung aufzeigt. Ohne dessen Teilnahme einigen sich die Parteien in einem späteren Gespräch im wesentlichen, wie es der Rechtsanwalt vorgeschlagen hat. Daraufhin unterbleibt die Einreichung einer Klageschrift.

2. Es ist eine (volle) Geschäftsgebühr nach Nr. 2300 RVG-VV entstanden. Auch wenn sich die nach außen erkennbare Tätigkeit des Rechtsanwalts auf Schreiben einfacherer Art beschränkte, kommt Nr. 2302 RVG-VV (Gebührensatz 0,3) nicht zur Anwendung. Maßgeblich für die Abgrenzung von Nr. 2300 und Nr. 2302 RVG-VV ist allein der iSv. Nr. 2302 RVG-VV beschränkte Auftrag an den Rechtsanwalt, ein „einfaches Schreiben" zu erstellen. Ist der Rechtsanwalt hingegen ohne Einschränkungen zur Tätigkeit beauftragt (Regelfall), kommt Nr. 2302 RVG-VV nicht zur Anwendung (vgl. BGH NJW 1983, 2451; *Gerold/Schmidt,* RVG, 18. Aufl., VV 2302 Rdn. 3).

Ohnedies erscheint die Regelung des Nr. 2302 RVG-VV verfehlt. Einem Mandanten wird im Hinblick auf die Kostenrisiken einer die Feststellung des Nichtbestehens der Forderung gerichteten Klage (und etwaiger Folgerisiken für den Mandanten) stets zu raten sein, die Substanz seiner Forderung rechtlich prüfen zu lassen, bevor entsprechende Schreiben an die Gegenseite gerichtet werden. Klärt der Rechtsanwalt über solche Risiken nicht auf (wozu er aber mangels umfassendem Auftrag kaum in der Lage ist), macht er sich ggf. schadensersatzpflichtig. Nr. 2302 RVG-VV ist damit genausowenig geeignet, eine haftungsangemessene Vergütung darzustellen, wie er kaum zu einer sinnvollen Entlastung der Gerichte beiträgt.

3. Der Rechtsanwalt hatte den Auftrag zur Klageerhebung erhalten, zu dessen Umsetzung es aufgrund der späteren Einigung der Parteien nicht kam. Dies löste gem. Nr. 3101 Nr. 1 RVG-VV eine (reduzierte) Verfahrensgebühr aus. Nicht nur unter dem Gebührenaspekt sollte deshalb darauf geachtet werden, den Umfang des Mandats (vgl. Anm. 2) und einen Klageauftrag eindeutig zu klären und zur Akte zu dokumentieren.

4. Mit der Regelung in Vorbemerkung 3 Abs. 3 HS 1 Alt. 3 RVG-VV honoriert der Gesetzgeber Gespräche mit der Gegenseite, die nach einem Verfahrensauftrag geführt werden und auf die Vermeidung oder Erledigung eines Gerichtsverfahrens gerichtet sind. Hingegen fällt nach dem Wortlaut keine Terminsgebühr an, findet eine solche Besprechung beispielsweise vor einem später erteilten Verfahrensauftrag statt, auf den es durch Schriftverkehr (und Fortwirken der Besprechung) zu einer Einigung und Vermeidung eines Rechtsstreits kommt.

Für den Anfall der Gebühr ist wenigstens erforderlich, dass ein Verfahrensauftrag erteilt wurde (vgl. *Gerold/Schmidt* aaO., Vorb. 3 VV Rdn. 84). Für den Fall eines unbedingten Klageauftrags ohne nachfolgenden Rechtsstreit hat der BGH in NJW-RR 2007, 720 entschieden, dass die Terminsgebühr entstehen kann. Die Einholung einer Prozessvollmacht (vgl. Formular A. I. 5) ist hierzu nicht ausreichend, da die Vollmacht lediglich das Können im Außenverhältnis, nicht aber das durch den Auftrag bestimmte Dürfen im Innenverhältnis bestimmt.

Bislang nicht geklärt ist, wann eine Besprechung nach Vorbemerkung 3 Abs. 3 HS 1 RVG-VV auf die Vermeidung oder Erledigung eines Verfahrens „gerichtet" ist (vgl. *Gerold/Schmidt* aaO., Rdn. 94). Eine bloße Teilnahme scheint nicht auszureichen. Der Gesetzeswortlaut legt nahe, dass die Besprechung mit dem Willen geführt werden muss, ein Verfahren zu vermeiden oder zu erledigen. Läge dieser Wille bei einem Rechtsanwalt als

Besprechungsteilnehmer nicht vor und käme es gleichwohl zu diesem Ergebnis, würde die Terminsgebühr bei ihm nicht anfallen. Das Erfordernis einer Ursächlichkeit der Besprechung für die Vermeidung oder Erledigung eines Rechtsstreits (wie bei der „Mitwirkung" nach Nr. 1000 RVG-VV) ist dem Wortlaut hingegen nicht zu entnehmen.

5. Im Beispielsfall entsteht eine volle 1,5 Einigungsgebühr gem. Nr. 1000 Abs. 2 iVm. Abs. 1 RVG-VV. Hätte der Rechtsanwalt bereits Klage eingereicht, würde sich die Einigungsgebühr gemäß Nr. 1003 auf 1,0 reduzieren (und dafür die volle Verfahrensgebühr gem. Nr. 3100 Nr. 1 RVG-VV entstehen).

Für den Anfall einer Einigungsgebühr ist die „Mitwirkung" des Rechtsanwalts notwendig. Dies erfordert eine Ursächlichkeit der anwaltlichen Tätigkeit für das Zustandekommen, nicht aber dessen Anwesenheit bei der Festlegung einer Einigung. Der Rechtsanwalt verdient eine Einigungsgebühr auch dann, wenn er seinem Mandanten lediglich rät, einen konkreten gerichtlichen Einigungsvorschlag anzunehmen (vgl. *Gerold/Schmidt* aaO., VV 1000 Rdn. 272).

Im Beispielsfall hindert eine abweichende Einigungsvereinbarung der Parteien das Entstehen einer Einigungsgebühr nicht, da die Einigung im großen und ganzen dem Rat des Rechtsanwalts entsprach. Eine fehlende Ursächlichkeit hat der Auftraggeber zu beweisen, sofern der Einigung Verhandlungen vorangegangen sind (vgl. *Gerold/Schmidt* aaO., VV 1000 Rdn. 309).

13. Festsetzung der Vergütung nach § 11 RVG

An das
Landgericht München I[1]
– Zivilkammer –
Postfach
80316 München

Aktenzeichen:
In Sachen
……
Prozessbevollmächtigter: ……
gegen
……
Prozessbevollmächtigter: ……
bitte ich, gem. § 11 RVG die vom Kläger an den Unterzeichner nach § 11 RVG zu zahlenden Kosten wie folgt festzusetzen:[2]
……
Ich bitte auszusprechen, dass der festzusetzende Betrag von der Einreichung des Gesuchs an mit 5 Prozentpunkten über dem Basiszinssatz zu verzinsen ist[3]**.**
Das Mandatsverhältnis zum Kläger ist durch meine Kündigung des Anwaltsvertrages vom …… – in Fotokopie in der Anlage – beendet. Der Kläger hat trotz mehrfacher schriftlicher Aufforderung keinen Kostenvorschuss bezahlt. Mit der Kündigung des Mandats habe ich die in Fotokopie anliegende Kostenrechnung an den Kläger übersandt.

Rechtsanwalt

Anmerkungen

1. Zuständig ist grundsätzlich das Gericht des ersten Rechtszuges. Dies gilt auch für die Festsetzung der im Mahnverfahren entstandenen Kosten, so dass hier nicht etwa das Mahngericht zuständig ist.

2. Die Festsetzung der Gebühren nach § 11 RVG gegen den Auftraggeber ist nur für die in einem gerichtlichen Verfahren entstandene Vergütung möglich. Neben den Gebühren des VV RVG sind nach § 42 RVG festgestellte Pauschgebühren und gem. § 670 BGB zu ersetzende Aufwendungen, soweit diese zu den Kosten des gerichtlichen Verfahrens zählen, festsetzbar. Bei Rahmengebühren können gem. § 11 Abs. 8 RVG nur die Mindestgebühren festgesetzt werden. Etwas anderes gilt bei ausdrücklicher Zustimmung des Mandanten zur Höhe der in Ansatz gebrachten Rahmengebühr, wenn die Zustimmungserklärung vorgelegt wird. Vereinbarte Vergütungen sind hingegen nicht festsetzbar, auch nicht bezüglich desjenigen Teils, der der Höhe nach den gesetzlichen Gebühren entspricht.

Voraussetzung für den Antrag ist die Fälligkeit der Vergütung. Diese tritt gem. § 8 Abs. 1 RVG erst mit Erledigung oder Beendigung der Angelegenheit ein. Spätestens gleichzeitig mit dem Antrag nach § 11 RVG muss eine den Vorschriften des § 10 RVG entsprechende Kostenberechnung eingereicht werden.

Soweit (daher Teilfestsetzung möglich) der Mandant außerhalb des Gebührenrechts liegende Einwendungen erhebt, wird die Festsetzung abgelehnt und der Anwalt muss den Gebührenanspruch ggf. einklagen. In diesem Fall ist Vorsicht geboten im Hinblick auf die Verjährung. Gem. § 11 Abs. 7 RVG hemmt der Festsetzungsantrag die Verjährung wie eine Klage. Bei Scheitern der Festsetzung aufgrund von Einwendungen außerhalb des Gebührenrechts endet die Hemmung sechs Monate nach Scheitern des Kostenfestsetzungsverfahrens (§ 204 Abs. 2 S. 1 BGB).

Erhebt der Mandant bereits außergerichtlich Einwendungen außerhalb des Gebührenrechts, so kann, jedenfalls soweit der Gebührenanspruch von den Einwendungen betroffen ist, der Klageweg sofort beschritten werden, § 11 Abs. 5, S. 2. Ansonsten fehlt nach herrschender Auffassung für eine Vergütungsklage bzw. einen Mahnbescheid das Rechtsschutzbedürfnis in dem Umfang, in dem die weniger aufwendige Vergütungsfestsetzung möglich ist (einschränkend: *Reinelt,* ZAP 2008, Fach 24, S. 1123).

Sofern der Mandant auf die Kosten des Anwalts teilweise Zahlungen geleistet hat, ist dies im Kostenfestsetzungsgesuch anzugeben. Bereits getilgte Beträge sind nach § 11 Abs. 1 S. 2 RVG abzusetzen.

Sollte der Mandant nach Fälligkeit des Honoraranspruchs Teilzahlungen vor Festsetzung der Kosten geleistet haben, hat der Rechtsanwalt mangels näherer Bestimmung die Möglichkeit, die Teilzahlung gem. § 367 Abs. 1 BGB zunächst auf Verzugszinsen zu verrechnen und dann erst auf seine Vergütung, wenn der Auftraggeber dagegen im Kostenfestsetzungsverfahren keine Einwendungen erhebt.

3. Die Verzinsung der Gebührenforderung gegen den eigenen Mandanten wird auch im Rahmen des § 11 RVG nur auf Antrag ausgesprochen (vgl. *Gerold/Schmidt,* Rechtsanwaltsvergütungsgesetz, 18. Aufl., § 11 Rdn. 272). Sie richtet sich bei zivilprozessualen Verfahren nach § 11 Abs. 2 S. 3 RVG iVm. § 104 Abs. 1 S. 2 ZPO.

14. Mediationsvertrag

zwischen

Konfliktbeteiligtem zu 1) ……

und

Konfliktbeteiligtem zu 2) ……

und

Mediator ……

1. Unter den Konfliktbeteiligten ist es zu Auseinandersetzungen im Zusammenhang mit dem Nachlass der Eltern der Beteiligten gekommen. Die Konfliktbeteiligten sind als Abkömmlinge gesetzliche Erben nach dem Tode ihrer Mutter, welche von dem vorverstorbenen Vater der Konfliktparteien testamentarisch als Alleinerbin eingesetzt wurde. Die Mutter der Konfliktparteien hat 5 Jahre vor ihrem Tod unentgeltlich ein Grundstück auf den Konfliktbeteiligten zu 1) übertragen. Dieses Grundstück bildete den Großteil des Vermögens der Mutter der Konfliktparteien. Gegenstand der Auseinandersetzung unter den Parteien ist der Ausgleich dieser Zuwendung im Verhältnis der Konfliktparteien. Weitere gesetzliche Erben sind nicht vorhanden.
   Die Konfliktbeteiligten bilden eine Erbengemeinschaft. Abgesehen von der Frage des Ausgleichs im Hinblick auf das dem Konfliktbeteiligten zu 1) zugewendete Grundstück, bestehen über die Auseinandersetzung der Erbengemeinschaft keine Meinungsverschiedenheiten.[1]
2. Die Konfliktparteien sind übereingekommen, diesen Streit kooperativ und eigenverantwortlich zu lösen. Der Mediator wird die Konfliktparteien bei den Verhandlungen sowie der Festlegung auf ein durch die Parteien erarbeitetes Ergebnis als neutraler Dritter professionell unterstützen. Das von den Konfliktparteien gefundene Ergebnis liegt allein in deren Verantwortungsbereich.[2]
3. Die Konfliktparteien erkennen die Verfahrensregeln des Mediationsverfahrens an, sie werden sich insbesondere bemühen, in jedem Verfahrensstadium lösungsorientiert, fair und offen miteinander zu verhandeln.[3]
4. Die Konfliktparteien verpflichten sich gegenseitig, sämtliche von der jeweils anderen Konfliktpartei in dem Mediationsverfahren erlangte Kenntnisse vertraulich zu behandeln und für den Fall des Scheiterns der Verhandlungen nicht in einer streitigen Auseinandersetzung zu verwenden. Dies gilt auch für Schriftstücke, welche im Zuge des Mediationsverfahrens erstellt wurden. Insbesondere wird auch keine Konfliktpartei den Mediator als Zeugen oder Gutachter in einem gerichtlichen Verfahren benennen.[4]
5. Der Mediator verpflichtet sich zu uneingeschränkter Neutralität.[5]
6. Der Mediationsvertrag kann jederzeit von jeder Partei gekündigt werden.[6]
7. Das Honorar des Mediators ist in einer gesonderten Vergütungsvereinbarung geregelt.

…… den ……

……	……
(Konfliktbeteiligter zu 1))	(Konfliktbeteiligter zu 2))

……
Mediator

Vorbemerkung

Das Beispiel schafft die rechtliche Grundlage für eine kooperative außergerichtliche Streitbeilegung. Ein Mediationsverfahren ist ein flexibles Streitbeilegungsverfahen, das von einem Mediator unterstützt wird. Mediationen sind vor allem für Beteiligte sinnvoll, die – insbesondere auf Grund familiärer Beziehungen oder vertraglicher Dauerschuldverhältnisse – dauerhaft aneinander gebunden sind, da ein Mediationsverfahren die Möglichkeit einer von beiden Parteien akzeptierten und damit langfristig tragfähigen Konfliktlösung ermöglichen soll.

Vorteil gegenüber einem gerichtlichen Vorgehen ist außerdem die bessere Steuerbarkeit und Überschaubarkeit der Verfahrensdauer sowie der Verfahrenskosten. Dem steht gegenüber, dass das Mediationsverfahren in jeder Phase auf die Kooperationsbereitschaft der Parteien angewiesen ist und somit jederzeit scheitern kann. Dann erweist sich der hierfür betriebene Aufwand als sinnlos; in vielen Fällen muss doch noch ein gerichtliches Verfahren eingeleitet werden.

Ein Mediationsverfahren eignet sich daher nur für Konfliktparteien, die nicht nur über ein Mindestmaß an Kooperationsbereitschaft verfügen, sondern auch in der Lage sind, ihre Interessen eigenverantwortlich wahrzunehmen. Seiner Struktur nach ist nämlich das Verfahren darauf angelegt, dass der entstandene Konflikt durch die Parteien selbst gelöst wird, diese insbesondere selbstständig Ideen zur Konfliktlösung entwickeln. Dem Mediator kommt dabei eine neutrale Rolle zu, die sich im Wesentlichen auf die Gewährleistung eines fairen, zielorientierten Verfahrens beschränkt (vgl. *Haft*, Verhandlung und Mediation, 2. Aufl., S. 251). Dementsprechend tragen auch die Konfliktparteien die volle Verantwortung für die von ihnen gefundene Lösung des Konflikts. Das Mediationsverfahren lässt sich in verschiedene Phasen einteilen, welche in der einschlägigen Literatur nicht einheitlich bezeichnet werden, jedoch im Wesentlichen folgende Schritte beinhalten:

1. Einleitungsphase

Die Einleitungsphase dient vor allem dazu, die Konfliktparteien zur außergerichtlichen Streitbeilegung zu motivieren. Außerdem wird der bisherige Stand der Dinge festgehalten und es werden die gemeinsamen für beiden Seiten verbindlichen Verfahrensgrundsätze festgelegt. Für die Parteien ist dies vor allem ein fairer und offener Umgang miteinander sowie die beiderseitige Bereitschaft zu einem lösungsorientierten Vorgehen. Die Verfahrensgrundsätze sollten schriftlich festgehalten werden. Der Anwaltsmediator sollte außerdem bereits in dieser Phase die verschiedenen Formen der Beendigung des Mediationsverfahrens ansprechen (beispielsweise eine vollstreckbare oder bestimmten Formerfordernissen entsprechende Vereinbarung oder ein bloßes Memorandum oder ein rechtsverbindlicher Vergleich) und über die unterschiedlichen Vorgehensweisen belehren (*Henssler/Koch*, Mediation in der Anwaltspraxis, S. 278).

2. Informationsphase

In der Informationsphase erhalten beide Seiten Gelegenheit, in „Eröffnungsplädoyers“ ihre Sicht der Dinge umfassend darzustellen und ihre Position zu konkretisieren, aber auch ihre Gefühlslage zum Ausdruck zu bringen. Die Rolle des Mediators in dieser Phase beschränkt sich im Wesentlichen darauf, die Konfliktparteien gleichmäßig zu Wort kommen zu lassen.

3. Interessenphase

In der Interessenphase sollen die Parteien mit Hilfe des Mediators die hinter ihren Positionen stehenden wirtschaftlichen, ideellen und sonstigen Interessen formulieren.

4. Brainstormingphase

Stehen die Interessen der Parteien hinter den Positionen fest, können Ideen zur Konfliktlösung gesammelt werden. Dabei geht es im ersten Schritt nur darum, möglichst viele Ideen zu sammeln, die zunächst nicht bewertet werden. Erst wenn sämtliche Ideen fixiert sind, werden diese danach gewichtet, inwieweit sie die jeweiligen Interessen berücksichtigen und eine dauerhafte Lösung ermöglichen.

5. Einigungsphase

Die Einigungsphase dient dazu, das Verhandlungsergebnis und die Schritte zur Umsetzung der Konfliktlösung festzuhalten – entweder in einem Memorandum oder in einem rechtsverbindlichen Vergleich. Der Anwaltsmediator hat auf die rechtliche Umsetzbarkeit der Vereinbarung zu achten.

6. Umsetzungsphase

Insbesondere bei mehreren Schritten zur Konfliktlösung sollte eine Zwischenbilanz gezogen werden zur Überprüfung der Tragfähigkeit der gefundenen Lösung. Eventuell kann eine Anpassung des Ergebnisses vorgenommen werden.

Anmerkungen

1. Die Darstellung des Konfliktes darf keinesfalls einseitig die Interessen und Ziele einer Konfliktpartei berücksichtigen, sondern muss neutral abgefasst sein. Obwohl die Darstellung des Konfliktstoffes deshalb oft Schwierigkeiten bereitet, sollte eine möglichst genaue Erfassung im eigenen Interesse des Anwaltsmediators erfolgen. Der Mediationsvertrag ist nämlich als Vertrag mit einem Rechtsanwalt einzuordnen, mit der Folge, dass die Tätigkeit des Rechtsanwaltes gem. § 18 BORA auch bei der Durchführung von Mediationen den Regeln des anwaltlichen Berufsrechts unterliegt (*Henssler/Koch,* aaO., S. 273). Daraus folgt insbesondere, dass der Mediator weder vor der Mediation, noch danach als Anwalt einer der Konfliktparteien tätig gewesen sein darf, auch nicht im Zusammenhang mit dem Abschluss eines Vergleichs (§ 3 BORA). Der Mediator verstößt allerdings nicht gegen das Verbot der Vertretung widerstreitender Interessen, weil er als Mediator die Interessen beider Parteien wahrnimmt. Dass Satzungs- und Gesetzgeber dies nicht so sehen, folgt daraus, dass die Mediation in § 18 BORA und § 34 RVG geregelt ist. Tatsächlich vertritt der Mediator auch nicht gegenläufige Interessen, sondern das gemeinsame Interesse der Konfliktbereinigung. Die Verfolgung des gemeinsamen Interesses ist aber nicht kompatibel mit der einseitigen Vertretung. Daher kann der Anwalt nicht ohne Verstoß gegen das Verbot der Vertretung widerstreitender Interessen für eine der Parteien als Vertreter beim Prozessvergleich auftreten.

Ferner hat sich auch der Mediator unverzüglich darüber zu erklären, falls er den Auftrag ablehnen will, § 44 BRAO. Teilweise wird sogar eine über § 44 BRAO hinausgehende Pflicht angenommen, die Parteien ggf. darauf hinzuweisen, dass der Vorgang nicht mediationstauglich sei (*Henssler/Koch,* aaO., S. 275). In Anlehnung an die Entscheidung BGH NJW 1990, 2127, welche sich auf die Verpflichtung des Rechtsanwaltes, unter bestimmten Umständen von einem Schiedsgerichtsverfahren abzuraten bezieht, ist auch im Rahmen eines Mediationsvertrages in bestimmten Fällen von einer Pflicht auszugehen, die Beschreitung des Rechtsweges anzuraten. Stellt sich die Mediationsuntauglichkeit erst nach Annahme des Auftrages heraus, so ist hierüber ebenfalls sofort zu belehren; ein Schaden aus fehlender Belehrung kann insbesondere dadurch entstehen, dass Ansprüche zwischenzeitlich verfristen (*Henssler/Koch,* aaO., S. 276). Der Anwaltsmediator hat daher immer auch zu prüfen, welche rechtlichen Belange der Parteien berührt sein können. Die sorgfältige Erfassung des Streitstoffes, um einerseits sämtliche betroffene Aspekte zu bedenken und andererseits den Gegenstand des Mediationsverfahrens einzugrenzen, ist daher im eigenen Interesse geboten. Sonst besteht beispielsweise die Gefahr, dass eine Partei später behauptet, sie hätte den Weg der Mediation gar nicht erst beschritten, wenn sie gewusst hätte, dass weitere, nicht in dem Mediationsvertrag aufgeführte Dinge regelungsbedürftig wären (aaO., S. 277).

2. Die Darstellung der Rollenverteilung im Rahmen des Mediationsverfahrens dient einerseits zur Festlegung des Pflichtenkreises des Mediators, anderseits soll den Konfliktparteien insbesondere der Grundsatz der Eigenverantwortlichkeit nochmals bewusst gemacht werden, um falsche Vorstellungen über die Struktur des Mediationsverfahrens auszuräumen.

3. Die Niederlegung der zentralen Verhaltensregeln für die Konfliktparteien ist ein erster verbindlicher Schritt auf dem Weg zur Einigung und deren Basis.

4. Diese gegenseitige Verpflichtung soll die Offenheit der Konfliktparteien im Umgang miteinander fördern; keine Seite soll Nachteile im Falle des Scheiterns des Mediationsverfahrens befürchten müssen. Ein Mediator, der als Anwalt zugelassen ist, wird sich im Fall der Zuwiderhandlung auf seine Schweigepflicht berufen können. Jedenfalls kann einer Zeugenbenennung der Arglisteinwand entgegengehalten werden.

5. Die Parteien können zur Wahrung ihrer Einzelinteressen, insbesondere auch zur Vermittlung der notwendigen rechtlichen Informationen, Beratungsanwälte einschalten. Der Mediator hingegen muss sich laufend um Neutralität bemühen, um das Vertrauen beider Parteien zu erwerben und zu erhalten. Dazu gehört vor allem die Gleichbehandlung der Parteien und Zurückhaltung in der Sache (*Haft,* Verhandlung und Mediation, 2. Aufl., S. 249). Die strikte Rollentrennung zwischen Parteivertreter und Mediator ist auch bei innergerichtlichen Mediationsverfahren höchst bedeutsam: So kann der dortige Mediator beispielsweise die Berufungsbegründungsfrist nicht für die Parteien verlängern; wird das übersehen, gibt es auch keine Wiedereinsetzung (BGH, Beschluss v. 12. 2. 2009 – VII ZB 76/07; NJW 2009, 1149)

6. Die jederzeitige Beendigung der Mediation auf Wunsch eines Beteiligten ist dringend zu empfehlen, da das gesamte Verfahren auf Freiwilligkeit beruht. Auch sollte der Mediator mit Blick auf seine Neutralitätsverpflichtung nicht von der rechtlichen Möglichkeit der Einräumung von Kündigungsfristen Gebrauch machen (*Henssler/Koch,* aaO., S. 252).

7. In § 34 RVG ist ein gesonderter Gebührentatbestand für den Anwalt als Mediator aufgeführt. Gem. § 34 S. 1 RVG wird dem Rechtsanwalt allerdings empfohlen, auf eine Gebührenvereinbarung hinzuwirken. Gem. § 34 S. 2 RVG soll die Gebühr sich nach den Vorschriften des bürgerlichen Rechtss richten, wenn keine Vereinbarung getroffen worden ist. Daher ist eine entsprechende Vereinbarung unbedingt ratsam. Da der erforderliche Zeitaufwand in der Regel nicht absehbar ist, empfiehlt sich ein Stundenhonorar, welches auch die Vor- und Nachbereitung der Sitzungen berücksichtigten sollte. Da der Zeitpunkt der Beendigung des Mediationsvertrages nicht festgelegt ist, empfiehlt sich ferner eine Fälligkeitsregelung. Sachgerecht erscheint eine Honorartragungspflicht der Parteien zu gleichen Teilen. Denkbar ist auch eine gesamtschuldnerische Haftung. Im Übrigen wird verwiesen auf das Formular I. A. 2.

15. Beratungshilfe

Stempel des Rechtsanwalts

......
Geschäftsnummer des Amtsgerichts
Eingangsstempel des Amtsgerichts

An das
Amtsgericht ......[1]
......
Postleitzahl, Ort

Die Beratungshilfe wird beantragt von (Name, Vorname, ggf. Geburtsname)	Beruf, Erwerbstätigkeit	Geburtsjahr	Familienstand
Anschrift (Straße, Hausnummer, Postleitzahl, Wohnort)	Tagsüber telefonisch erreichbar unter Nr.		

(A)	**Es wird Beratungshilfe in folgender Angelegenheit beantragt:**[2]

(B)	**Eine Rechtsschutzversicherung tritt für den vorliegenden Fall nicht ein.** **Eine andere Möglichkeit, kostenlose Beratung und Vertretung in Anspruch zu nehmen (zB. als Mitglied eines Mietvereins, einer Gewerkschaft oder einer anderen Organisation) besteht in dieser Angelegenheit nicht.**[3]

Wenn Sie laufende Leistungen zum Lebensunterhalt nach dem Bundessozialhilfegesetz beziehen und den letzten Bescheid des Sozialamtes beifügen, sind Angaben zu (C) und (G) entbehrlich, sofern das Gericht nicht etwas anderes anordnet.

(C)	**Meine monatlichen Einkünfte belaufen sich auf brutto: ...... EUR, netto: ...... EUR**
	Mein Ehegatte oder Lebenspartner hat monatliche Einkünfte von netto: ...... EUR

(D)	**Die Wohnkosten für die von mir gemeinsam mit ...... Personen bewohnte Wohnung in Größe von ...... m² betragen monatlich insgesamt ...... EUR.**

(E)

	Angehörige, denen Sie Unterhalt gewähren	Geburtsdatum	Familienverhältnis (zB. Ehegatte, Lebenspartner, Kind, Schwiegermutter)	Wenn Sie den Unterhalt ausschließlich durch Zahlung gewähren: Monatsbeitrag in EUR	Haben die Angehörigen eigene Einnahmen? (zB. Ausbildungsvergütung, Unterhaltszahlungen vom anderen Elternteil)	
	Name, Vorname (Anschrift nur, wenn sie von Ihrer Anschrift abweicht)					
1					Nein ☐	Ja, EUR mtl. netto ......
2					Nein ☐	Ja, EUR mtl. netto ......
3					Nein ☐	Ja, EUR mtl. netto ......

(E)

Angehörige, denen Sie Unterhalt gewähren	**Geburtsdatum**	**Familienverhältnis (zB. Ehegatte, Lebenspartner, Kind, Schwiegermutter)**	**Wenn Sie den Unterhalt ausschließlich durch Zahlung gewähren: Monatsbetrag in EUR**	**Haben die Angehörigen eigene Einnahmen? (zB. Ausbildungsvergütung, Unterhaltszahlungen vom anderen Elternteil)**	
Name, Vorname (Anschrift nur, wenn sie von Ihrer Anschrift abweicht)					
4				**Nein** ☐	**Ja, EUR mtl. netto** ……
5				**Nein** ☐	**Ja, EUR mtl. netto** ……

(F) **Ist Vermögen vorhanden?** ☐ **Nein**
☐ **Ja, in diesem Fall bitte nachstehende weitere Angaben:**

		Verkehrswert oder Guthabenbetrag
Grundvermögen ☐ **Nein** ☐ **Ja**	**Bezeichnung nach Lage, Größe, Nutzungsart**	
Bank-, Spar-, Bauspargutheben, Wertpapiere ☐ **Nein** ☐ **Ja**	**Bezeichnung der Bank, Sparkasse oder des sonstigen Kreditinstituts Bei Bausparguthaben bitte Auszahlungstermin und Verwendungszweck angeben**	
Sonstige Vermögenswerte (einschließlich Bargeld); Haushalt, Kleidung, Berufsgegenstände, soweit nicht Luxus, bleiben außer Betracht	**Bezeichnung des Gegenstandes**	
Verbindlichkeiten (bitte nur ausfüllen, wenn Vermögenswerte angegeben)		**Restbetrag in EUR**

Art der Verbindlichkeit, Bezeichnung des Gläubigers, Verwendungszweck	

(G)

Als besondere Belastung mache ich geltend:
Besondere Belastung (zB. Mehrausgaben für körperbehinderte Angehörige) bitte begründen. Die Angaben sind zu belegen.[4]

In der Angelegenheit, für die ich Beratungshilfe beantrage, ist mir bisher Beratungshilfe weder gewährt noch durch das Amtsgericht versagt worden.

Ein gerichtliches Verfahren war oder ist nicht anhängig.

Ich versichere, dass meine Angaben vollständig und wahr sind.
Das Hinweisblatt zu diesem Vordruck habe ich erhalten.

Ort, Datum

……

……

(Unterschrift des Antragstellers)

Belege zu folgenden Angaben haben vorgelegen:

☐ Bewilligungsbescheid für laufende Hilfe zum Lebensunterhalt
☐ Einkünfte
☐ Sonstiges:

……………………………………………………

……………………………………………………

Ort, Datum

……

……

(Unterschrift des Rechtspflegers/Rechtsanwalts)

Anmerkungen

1. Zuständig für die Entscheidung über den Antrag auf Gewährung von Beratungshilfe ist das Amtsgericht, in dessen Bezirk der Rechtsuchende seinen allgemeinen Gerichtsstand hat, § 4 Abs. 1 S. 1 BerHG. Der Antrag kann mündlich oder schriftlich gestellt werden, § 4 Abs. 2 S. 1 BerHG. Die Amtsgerichte händigen Antragsformulare aus, welche im Wesentlichen dem Beispiel entsprechen.

2. Aus der Sachverhaltsdarstellung muss hervorgehen, dass Hilfe für die Wahrnehmung von Rechten beantragt wird und es sich also nicht um einen Fall allgemeiner Lebensberatung handelt. Beratungshilfe kommt in Betracht für die außergerichtliche Wahrnehmung von Rechten sowie im obligatorischen Güteverfahren nach § 15 a EG-ZPO, § 1 Abs. 1 BerHG. Sie wird für die Wahrnehmung von Rechten in Angelegenheiten des Zivilrechts einschließlich arbeitsrechtlicher Sachen, des Verwaltungsrechts, des Verfassungsrechts sowie des Sozialrechts gewährt, § 2 Abs. 2 BerHG. Beratungshilfe kann auch im Zusammenhang mit einem Insolvenzverfahren gewährt werden, insbesondere zu der Frage, ob und wie ein Insolvenzantrag zu stellen ist (*Haarmeyer/Wutzke/Förster,* Handbuch zur Insolvenzordnung, 3. Aufl., S. 195). Für Personen, die eine Restschuldbefreiung

nach den §§ 286ff. InsO erlangen können, finden die §§ 4a–d InsO Anwendung, wonach die Kosten des Insolvenzverfahrens bis zur Restschuldbefreiung gestundet werden können. Die Stundung umfasst auch die im vorläufigen Insolvenzverfahren und im Schuldenbereinigungsplanverfahren entstandenen Auslagen, § 4a Abs. 1 S. 2, 3 InsO. In Straf- und Ordnungswidrigkeitssachen wird lediglich Beratung gewährt, nicht jedoch Vertretung durch einen Rechtsanwalt, § 2 Abs. 2 S. 2 BerHG.

Soweit es erforderlich ist, im Gesamtzusammenhang auch auf andere Rechtsgebiete einzugehen, wird auch insoweit Beratungshilfe gewährt, § 2 Abs. 2 S. 3 BerHG. Beratungshilfe kann auch im Rahmen eines Prozesskostenhilfebewilligungsverfahrens, insbesondere zur Einreichung eines PKH-Antrages, gewährt werden. Ausgeschlossen ist Beratungshilfe in Angelegenheiten, in denen das Recht anderer Staaten anzuwenden ist, wenn der Sachverhalt keinen Inlandsbezug aufweist, § 2 Abs. 3 BerHG. Der persönliche Anwendungsbereich der Beratungshilfe erstreckt sich auch auf juristische Personen.

3. Voraussetzung für die Gewährung von Beratungshilfe ist, dass dem Rechtsuchenden keine anderen Möglichkeiten zur Erlangung einer Hilfe zur Verfügung stehen, deren Inanspruchnahme ihm zumutbar ist, § 1 Abs. 1 Nr. 2 BerHG sowie, dass die Wahrnehmung der Rechte nicht mutwillig ist, § 1 Abs. 1 Nr. 3 BerHG. Die Inanspruchnahme anderweitiger Hilfe ist insbesondere dann zumutbar, wenn eine Beratung durch Vereine, Verbände, Gewerkschaften, deren Mitglied der Rechtsuchende ist, erfolgen kann. Außerdem hat der Rechtsuchende sich vorrangig an die zuständige Behörde zu wenden, wenn diese zur Erteilung von Auskünften verpflichtet ist, zB. bezüglich der Beratung in einer Asylangelegenheit im Hinblick auf die Stellung eines Folgeantrages (AG Westerburg, NJW-RR 1999, 1448).

4. Der Rechtsuchende hat seine Bedürftigkeit darzulegen und glaubhaft zu machen. Diese liegt vor, wenn nach den Vorschriften der Zivilprozessordnung Prozesskostenhilfe ohne einen eigenen Beitrag zu den Kosten zu gewähren wäre, § 1 Abs. 2 BerHG. Bedürftig ist nicht, wer in der betreffenden Angelegenheit rechtsschutzversichert ist oder einen entsprechenden Barunterhaltsanspruch hat. Zur Glaubhaftmachung der Bedürftigkeit sind vorzulegen: Lohn-/Gehaltsabrechnung, Kontoauszüge, Nachweis über regelmäßige Zahlungen wie Miete etc., Nachweis über das Vermögen, insbesondere Immobilien. Die Vorlage eines aktuellen Sozialhilfebescheides ersetzt in der Regel sonstige Nachweise.

Anwaltspflichten

Die Tätigkeit des Anwalts besteht in Beratung und – soweit erforderlich – in Vertretung, § 2 Abs. 1 BerHG. Gem. § 49a BRAO ist der Anwalt zur Übernahme der Beratungshilfe verpflichtet. Nach § 16 Abs. 1 BORA muss er außerdem bei begründetem Anlass auf die Möglichkeit von Beratungshilfe hinweisen. Verletzt er diese Hinweispflicht, so macht er sich schadenersatzpflichtig. Die Übernahme der Beratungshilfe kann im Einzelfall aus wichtigem Grund abgelehnt werden, § 49a Abs. 1 S. 2 BRAO. Als wichtiger Grund in Betracht kommen beispielsweise: Krankheit, die Gründe des § 45 BRAO, Unmöglichkeit der Schaffung eines Vertrauensverhältnisses. Allgemeine Arbeitsüberlastung sowie die Tatsache, dass die Kanzlei sich mit dem gefragten Rechtsgebiet nicht befasst, dürften hingegen als wichtiger Grund nicht ausreichen (*Henssler/Prütting,* Bundesrechtsanwaltsordnung, § 49a Rdn. 7).

Die Ablehnung des Mandates ist gem. § 44 BRAO unverzüglich zu erklären. Für eine Mandatsniederlegung ist ebenso wie für die Ablehnung des Mandates ein wichtiger Grund erforderlich, da anderenfalls der Zweck des § 49a BRAO nicht erreicht werden könnte.

Liegen die Voraussetzungen der Gewährung von Beratungshilfe vor, so stellt das Amtsgericht, sofern es die Beratung nicht selbst vornimmt, einen Berechtigungsschein für eine Beratungshilfe durch einen Rechtsanwalt nach Wahl des Rechtsuchenden aus. Der Rechtsuchende kann auch unmittelbar einen Rechtsanwalt aufsuchen, § 7 BerHG, und den Antrag auf Beratungshilfe nachträglich stellen, § 4 Abs. 2 S. 4 BerHG. Allerdings handelt der Anwalt, der vor Beantragung von Beratungshilfe zunächst tätig wird im Hinblick auf seinen Vergütungsanspruch gegen die Staatskasse auf eigenes Risiko (LG Hannover, NJW-RR 2000, 1370). Will er dieses Risiko nicht eingehen, so muss er entweder selbst den Beratungshilfeantrag aufnehmen und die Bewilligungsvoraussetzungen prüfen oder aber den Rechtsuchenden vor Tätigwerden zwecks Ausstellung eines Berechtigungsscheines zunächst an das zuständige Amtsgericht verweisen.

Gebühren

Die – gegenstandswertunabhängige – Höhe der Gebühren ergibt sich aus Teil 2 Abschnitt 5 VV RVG. Gegenüber dem Rechtsuchenden hat der Anwalt einen Gebührenanspruch in Höhe von 10 EUR, welchen er nach den Verhältnissen des Rechtsuchenden erlassen kann, Nr. 2500 VV RVG. Auslagen auf die Beratungshilfegebühr darf der Anwalt nicht berechnen (vgl. Anmerkung zu Nr. 2500 VV RVG). Da das RVG die Umsatzsteuer als Auslagentatbestand behandelt (vgl. Nr. 7008 VV RVG), darf diese nicht zusätzlich erhoben werden. Gleichwohl muss der Anwalt sie abführen. Gebührenvereinbarungen mit dem Rechtsuchenden sind nichtig, gem. §§ 8 BerHG, 3 a Abs. 4 RVG.

Daneben erhält der Anwalt regelmäßig von der Staatskasse:

Eine Beratungsgebühr in Höhe von EUR 30,00 gem. Nr. 2501 VV RVG für die Erteilung eines mündlichen oder schriftlichen Rates.

Eine Geschäftsgebühr in Höhe von EUR 70,00 gem. Nr. 2503 VV RVG für die außergerichtliche Vertretung des Rechtssuchenden.

Bei entsprechender Tätigkeit eine gesonderte Einigungs- oder Erledigungsgebühr in Höhe von EUR 125,00 gem. Nr. 2508 VV RVG.

Da bei hohen Gegenstandswerten das Haftungsrisiko in keinem Verhältnis zu den Gebührenansprüchen steht, sollte eine Haftungsbegrenzungsvereinbarung getroffen werden, vgl. Form. I. A. 3.

Ist der Gegner zur Erstattung der Kosten für die Vertretung verpflichtet, so hat er die vollen gesetzlichen Gebühren zu bezahlen. Der Anspruch geht gem. § 9 BerHG auf den Rechtsanwalt über.

B. Mahnverfahren[1]

1. Antrag auf Erlass eines Mahnbescheides durch das Amtsgericht[2–9]

Schrifttum: König, Elektronisches Mahnverfahren in der Praxis, 2009; *Conrad,* Das zivilprozessuale Mahnverfahren, JuS 2009, 688; *Ruess,* Die Erstattung der Kosten des Mahnverfahrens, NJW 2006, 1915; *Seggewiße,* Streitverkündung im Mahnverfahren, NJW 2006, 3037; *Sonnentag,* Streitverkündung im Mahnverfahren, MDR 2006, 188; *Salten,* Zuständigkeiten im Mahnverfahren, MDR 1995, 448; *ders.,* Probleme bei Widerspruch und Einspruch im Mahnverfahren MDR 1998, 885; *ders.,* Die Bezeichnung der Hauptforderung im Mahnverfahren, MDR 1998, 1144; *Ebert,* Verjährungshemmung durch Mahnverfahren, NJW 2003, 73; *Wielgoß,* Prozeßkostenhilfe für das Mahnverfahren, NJW 1991, 2070; *Wolff,* Erledigung im Mahnverfahren, NJW 2003, 553; *Liebheit,* Erledigung der Hauptsache im Mahnverfahren – Rücknahme eines Streitantrags, NJW 2000, 2235; *Fischer,* Antragsrücknahmen im Mahnverfahren und ihre Folgen, MDR 1994, 124; *Nierwetberg,* Die Anhängigkeit im Mahnverfahren – maßgeblicher Zeitpunkt im Sinne des § 14 II RPflEntlG, NJW 1993, 3247; *Rudolph,* Verzugsschaden nach § 11 I VerbrKrG und gerichtliches Mahnverfahren, MDR 1996, 1;

Zum Auslandsmahnverfahren: Einhaus, Die internationale Reichweite des deutschen Mahnverfahrens im Anwendungsbereich des EuGVÜ, AnwBl. 2000, 557; *Wagner,* Verfahrensrechtliche Probleme im Auslandsmahnverfahren, RIW 1995, 89; *K. Schmidt,* Mahnverfahren für Fremdwährungsforderungen, NJW 1989, 65; *Hök,* Das grenzüberschreitende Mahnverfahren, und das neue Anerkennungs- und Vollstreckungsausführungsgesetz, MDR 1988, 186.

Zum Europäischen Mahnverfahren: Sujecki, Das europäische Mahnverfahren, NJW 2007, 1622; *Salten,* Das europäische Mahnverfahren, MDR 2008, 1141; *Röthel/ Sparmann,* Das europäische Mahnverfahren, WM 2007, 1101; *Vollkommer/Huber* Neues Europäisches Zivilverfahrensrecht in Deutschland – Das Gesetz zur Verbesserung der grenzüberschreitenden Forderungsdurchsetzung und Zustellung, NJW 2009, 1105; *Freitag/Leible,* Erleichterung der grenzüberschreitenden Forderungsbeitreibung in Europa: Das europäische Mahnverfahren, BB 2008, 2750; *Degen,* Zukunftsvision wird Realität: Elektronische Klage statt Gang zum Nachtbriefkasten, NJW 2009, 199.

Anmerkungen

Vorbemerkung:

Mit Wirkung zum 1. 12. 2008 hat sich die Praxis des Mahnverfahrens grundlegend verändert. Das Gesetz zur Neuregelung des Rechtsberatungsrechts (BGBl. I, 2840) vom 12. 12. 2007 idF. des Gesetzes vom 12. 6. 2008 (BGBl. I 1000) hat Rechtsanwälte verpflichtet, Mahnanträge in maschinell lesbarer Form zu stellen. Die gleiche Verpflichtung trifft Inkassounternehmen und andere in § 10 Abs. 1 S. 1 Nr. 1 des Rechtsdienstleistungsgesetzes (RDG) aufgeführte Personen. Das bedeutet in der Praxis, dass Mahnanträge regelmäßig über das Internet gestellt werden, und zwar entweder im sog. Barcodeverfahren oder im Online/EGVP-Verfahren. Bei den meisten Mahngerichten besteht noch die Möglichkeit, den Mahnantrag durch Datenaustausch über Disketten oder per E-Mail zu stellen Andere Personen können den Mahnantrag in Papierform auf gesetzlich vorgegebenen Vordrucken stellen, auch sie haben aber die Möglichkeit, den Antrag über das Internet auszufüllen. Sämtliche Mahnanträge werden maschinell bearbeitet. Der früher verwendete Vordruck in Form des Durchschreibesatzes ist Vergangenheit.

1. Das Mahnverfahren empfiehlt sich für die gerichtliche Geltendmachung von Zahlungsansprüchen in EURO, die voraussichtlich nicht bestritten werden. Es hat in der Zivilrechtspflege außerordentliche Bedeutung; pro Jahr werden in der Bundesrepublik mehr als 6.000.000 Mahnbescheide beantragt. Davon führt die überwiegende Anzahl zu einem Vollstreckungsbescheid. Vorteile des Mahnverfahrens: Es führt schneller zu einem Titel, da es keine mündliche Verhandlung erfordert; es ist billiger als das Klageverfahren, da nur eine halbe Gerichtsgebühr erhoben wird (KV Nr. 1110) und zudem auch bei Streitwerten über EUR 5.000,– kein Anwaltszwang besteht; es ist einfacher, da nur ein Formular auszufüllen ist, was nach neuem Recht online geschehen kann. Im Übrigen vermeidet der Gläubiger den Umweg über das Güteverfahren, soweit es nach Landesrecht gem. § 15 a EGZPO eingeführt ist; diese Ausnahme gilt sowohl für das Mahnverfahren selbst (§ 15 a Abs. 1 EGZPO) als auch für die Durchführung des streitigen Verfahrens (§ 15 a Abs. 2 Nr. 5 EGZPO), und unter Umständen auch dann, wenn die Klage im Streitverfahren erweitert wird (AG Halle NJW 2001, 2099). Unzulässig ist das Mahnverfahren in den folgenden fünf Fällen:

a) Der Anspruch beruht auf einem Verbraucherdarlehen nach §§ 491 ff. BGB mit einem Zinssatz von mehr als 12 Prozentpunkten über dem Basiszinssatz (§ 688 Abs. 2 Nr. 1).
b) Der Anspruch hängt noch von einer Gegenleistung ab (Vorleistung oder Zug-um-Zug-Leistung, anders bei Vorleistungspflicht des Antragsgegners), § 688 Abs. 2 Nr. 2 ZPO.
c) Der Mahnbescheid müsste öffentlich zugestellt werden, § 688 Abs. 2 Nr. 3 ZPO. Stellt sich erst nach Einleitung des Mahnverfahrens heraus, dass der Mahnbescheid nicht zugestellt werden kann, ist nach inzwischen wohl überwiegender Meinung eine Abgabe an das Streitgericht nicht möglich (BGH NJW 2004, 2453; OLG Köln MDR 2004, 1376; OLG Hamm MDR 1999, 1523). Nach anderer, praxisnäherer Ansicht (vgl. *Zöller/Vollkommer* § 688 Rdn. 8 mwN.) kann eine Abgabe an das Streitgericht beantragt werden, dort ist dann eine Klageschrift, ggf. verbunden mit einem Antrag auf öffentliche Zustellung einzureichen; auf diese Weise wird erreicht, dass der Kostenvorschuss nicht verloren ist und die Verjährung mit Einreichung des Mahnantrags nach § 167 Abs. 2 ZPO gehemmt wird. Weist das Mahngericht den Antrag zurück, muss der Antragsteller, wenn eine Frist gewahrt werden soll, binnen eines Monats Klage erheben (§ 691 Abs. 2 ZPO).
d) Der Anspruch geht auf Zahlung in ausländischer Währung, § 688 Abs. 1 ZPO, also nicht auf Zahlung in EURO. Im sog. Auslandsmahnverfahren nach dem AVAG (s. unter e) kann der Mahnbescheid auch auf Zahlung in ausländischer Währung gehen (*Zöller/Vollkommer* § 688 Rdn. 2) Im Übrigen kann der Gläubiger eine Fremdwährungsschuld für das Mahnverfahren in EURO umrechnen, auch dann wird die Verjährung durch Zustellung des Mahnbescheids unterbrochen (BGH NJW 1988, 1964).
e) Der Mahnbescheid müsste im Ausland zugestellt werden, § 688 Abs. 3 ZPO. Hiervon gibt es zwei Ausnahmen: Zum einen gestattet das Europäische Mahnverfahren nach § 1087 ff. ZPO eine Zustellung in den Mitgliedsstaaten der Europäischen Union (§§ 688 Abs. 4, 1089 Abs. 2 ZPO). Zum anderen kann der Mahnbescheid unter der Geltung des Annerkennungs- und Vollstreckungsausführungsgesetz vom 19. 2. 2001 (AVAVG, BGBl. I, 288, abgedruckt bei *Zöller/Geimer* Anh. III) in einem anderen Vertrags- und Mitgliedsstaat zugestellt werden (§ 688 Abs. 3 ZPO iVm. 32 AVAG). Vertrags- und Mitgliedsstaaten sind die Länder der Verordnung (EG) Nr. 44/2001 (EuGVVO, *Zöller/Geimer* Anh. I), Dänemark (hier gilt noch das EuGVÜ), die Länder des Lugano-Übereinkommens vom 16. 9. 1988 (LugÜ, *Zöller/Geimer* Art. 1 EuGV-

VO Rdn. 16) sowie Israel. Damit kann ein Mahnbescheid in allen EU-Ländern zugestellt werden, außerdem in Island, Norwegen, der Schweiz sowie in Israel. Das Mahnverfahren ist nicht zulässig für Ansprüche, die dem Haager Unterhaltsübereinkommen unterliegen (§ 39 AVAVG). Zu Besonderheiten des Verfahrens bei der Zustellung im Ausland vgl. *Zöller/Vollkommer* § 688 Rdn. 10 und BGH NJW 1999, 1871.

Das Mahnverfahren ist nicht zu empfehlen, wenn zu erwarten ist, dass der Gegner Widerspruch einlegt; Mahnverfahren und Überleitung in das streitige Verfahren sind umständlicher als die Verfahrenseinleitung durch Klagerhebung. Ist also mit einem Widerspruch zu rechnen, sollte gleich Klage erhoben werden, es sei denn, der Gläubiger will das nach Landesrecht vorgeschaltete Güteverfahren vermeiden. Das Mahnverfahren bietet die Gelegenheit, eine obligatorische Streitschlichtung nach § 15 a EG ZPO zu umgehen (vgl. *Wesche* MDR 2003, 1029, 1032).

2. Das Mahnverfahren ist auch für Ansprüche gegeben, die zur sachlichen Zuständigkeit der Arbeitsgerichte gehören. Hierfür ist ein spezieller an das Arbeitsgericht zu richtender Vordrucksatz zu benutzen (VO zur Einführung von Vordrucken für das arbeitsgerichtliche Mahnverfahren vom 15. 12. 1977, BGBl. I S. 2625). Zu den Abweichungen gegenüber §§ 688 ff. ZPO vgl. § 46 a ArbGG. Rechtsanwälte sind hier nicht gezwungen, den Antrag auf elektronischem Wege zu stellen, § 690 Abs. 3 S. 2 ZPO gilt nicht. Auch Zahlungsansprüche nach § 43 Abs. 1 WEG können im Wege des Mahnverfahrens geltend gemacht werden (§ 46 a WEG, hier gelten ebenfalls einige Abweichungen zu den §§ 688 ff. ZPO).

3. Die Benutzung der amtlichen Formulare, sei es auf elektronischem Wege, sei es in Papierform mit dem amtlichen Vordruck, ist nach § 703 c Abs. 2 ZPO zwingend vorgeschrieben. Ein per Telefax übermittelter Mahnantrag ist unzulässig (OLG Stuttgart OLGR 2000, 297; LG Hagen NJW 1992, 2036). Die Nichtbeachtung des Formularzwangs oder die Wahl eines falschen Formulars machen den Antrag unzulässig. Das konventionelle, nicht maschinelle Mahnverfahren mit dem früher verwendeten Durchschreibesatz ist bundesweit abgeschafft. Für die in § 703 b ZPO vorgesehene maschinelle Bearbeitung des Mahnverfahrens durch das Gericht ist ein besonderer Vordruck eingeführt worden. Die Automation ist inzwischen in allen Bundesländern bei zentralen Mahngerichten eingeführt, so

a) für Baden-Württemberg zentral beim AG Stuttgart,
b) für Bayern beim AG Coburg,
c) für Berlin und Brandenburg beim AG Wedding,
d) für Bremen beim AG Bremen,
e) für Hamburg und Mecklenburg-Vorpommern beim AG Hamburg,
f) für Hessen beim AG Hünfeld,
g) für Niedersachsen beim AG Uelzen,
h) für Nordrhein-Westfalen beim AG Hagen (OLG-Bezirke Hamm, Düsseldorf) und AG Euskirchen (OLG-Bezirk Köln),
i) für Rheinland-Pfalz und Saarland beim AG Mayen,
j) für Sachsen-Anhalt, Sachsen und Thüringen beim AG Aschersleben,
k) für Schleswig-Holstein beim AG Schleswig.

Die Zuständigkeitskonzentration erfasst auch Auslandsmahnverfahren nach § 703 d ZPO (BGH NJW 1993, 2752). Soweit Firmen mit umfangreichem Inkasso ihrerseits das Mahnverfahren im Wege der maschinellen Datenverarbeitung zB. durch Übermittlung eines Datenträgers, betreiben wollen, ist dies im Rahmen der genannten Verordnungen zur Zeit noch bei einigen Mahngerichten möglich. Hierzu sollten mit dem zuständigen Mahngericht Absprachen über den Datenträgeraustausch oder eine Übertragung per E-mail getroffen werden. Zum genauen Ablauf des automatisierten Mahnverfahrens und zum Stand der maschinellen Bearbeitung in den Bundesländern haben die Justizverwaltungen der Länder eine instruktive „Informationsschrift und Anwendungshilfe" (Stand:

03/2009) herausgegeben, die bei den Mahngerichten angefordert werden kann aber auch auf der Internetseite der Mahngerichte als Download zur Verfügung steht. Aktuelle Informationen können auch unter „www.mahngerichte.de“ abgerufen werden.

4. Der Antrag auf Erlass eines Europäischen Zahlungsbefehls im Europäischen Mahnverfahren nach §§ 1087ff. ZPO ist auf einem Formblatt zu stellen, das im Anhang zur EuMahnverfVO vorgegeben ist. Anwaltszwang besteht nicht. Zuständig ist das AG Wedding in Berlin (§ 1087 ZPO). Dort können Informationen eingeholt werden. Das Amtsgericht Wedding ist auch ausschließlich zuständig, wenn der Antragsteller seinen Sitz/Wohnsitz im Ausland hat. Soll der Mahnbescheid in einem der Mitglieds- oder Vertragsstaaten nach § 1 AVAVG (vgl. Anm. 1c) zugestellt werden, ist die Benutzung des Vordrucks zwar nicht vorgeschrieben, aber zweckmäßig. Die Zuständigkeit für das Mahnverfahren richtet sich dann nach dem Gericht, das für ein streitiges Verfahren zuständig sein würde. Diese Zuständigkeit (zB. Unfallort gemäß § 20 StVG, Erfüllungsort gemäß § 269 BGB, Vereinbarung gemäß § 38 ZPO, jeweils in Verbindung mit den Vorschriften des EuGVVO bzw. des jeweiligen Übereinkommens), ist kurz zu begründen. Auch für Mahnbescheide, die nach Art. 32 des Zusatzabkommens zum Nato-Truppenstatut vom 1. August 1959 (BGBl. 1961 II S. 1183, 1218) zuzustellen sind, sind Vordrucke nicht eingeführt, können aber verwendet werden, auch wenn sie nicht maschinell bearbeitet werden.

5. Der Mahnantrag ist sorgfältig und vollständig auszufüllen. Der Rechtspfleger hat den Antrag auf offensichtliche Fehler und Unstimmigkeiten bei den gesetzlich geforderten Angaben zu überprüfen und ihre Richtigstellung zu veranlassen (BGH NJW 1984, 242; *Zöller/Vollkommer* § 690 Rdn. 23). Unvollständige oder ungenaue Angaben werden allerdings bei online gestelltem Mahnantrag nicht angenommen, auf dem Bildschirm erscheint jeweils eine Fehlermeldung. Das Barcode-Verfahren oder das Online/EGVP-Verfahren schützen vor falsch ausgefüllten Mahnanträgen.

6. Konventionelles Mahnverfahren mit maschineller Bearbeitung:

Antragsteller, die nicht durch einen Rechtsanwalt vertreten werden und auch keine Person iSd. § 690 Abs. 3 S. 2 ZPO sind, können nach wie vor Mahnanträge in Papierform stellen. Hierfür ist der durch VO des Bundesministers der Justiz festgelegte Vordruck in der Fassung vom 1. 1. 2009 zu verwenden. Dieser Vordruck ist z. B. im Schreibwarenhandel erhältlich. Ältere Vordrucke sind nicht mehr zulässig. Der aktuelle Vordruck besteht aus einem grünen Blatt, dessen Vor und Rückseite auszufüllen sind. Dazu gibt es ein amtliches Hinweisblatt mit Erläuterungen zur Ausfüllung des Antrags. Die folgenden Anmerkungen ergänzen die Hinweise des Hinweisblattes und folgen seiner Gliederung:

a) Der **Antragsteller** ist mit nicht abgekürztem Vornamen, Nachnamen und vollständiger Anschrift einzutragen. Firmen, juristische Personen etc. werden in einer besonderen Rubrik erfasst. Mit Ausfüllung der vorgegebenen Spalten wird den Anforderungen von § 690 Abs. 1 Nr. 1 ZPO entsprochen. Ist auf der Gläubigerseite eine weitere Person vorhanden, kann diese den Anspruch als weiterer Antragsteller geltend machen. Darüber hinaus können weitere Antragsteller in einer mit dem Antrag fest verbundenen Liste bezeichnet werden. Gesetzliche Vertreter von natürlichen Personen (zB. Eltern) oder von juristischen Personen sind in einer besonderen Rubrik mit Vertreterstellung, Namen und Anschrift anzugeben.

b) Der **Antragsgegner** ist in gleicher Weise zu bezeichnen. Mit dem Mahnbescheid können mehrere Antragsgegner in Anspruch genommen werden. Regelmäßig wird es sich um Gesamtschuldner handeln, was in dem vorgesehenen Kästchen zu vermerken ist.

c) Bei der **Bezeichnung des Anspruchs** müssen Haupt- und Nebenforderungen gesondert und einzeln angegeben werden (§ 690 Abs. 1 Nr. 3 ZPO). Die Bezeichnung der Hauptforderung ist dem Hauptforderungskatalog zu entnehmen, der die in Betracht kommenden Ansprüche alphabetisch aufführt. Der Katalog ist auf der Rückseite der Hinweise zum Vordruck abgedruckt. Die Katalognummer ist im Antragsformular anzugeben. Nur wenn der Anspruch im Katalog nicht vorhanden, kann er in der Rubrik „sonstiger Anspruch“ bezeichnet werden. Neu ist, dass immer dann, wenn es sich um eine abgetretene Forderung handelt, der Zedent anzugeben ist.

Hinsichtlich der **Nebenforderungen** unterscheidet der Vordruck zwischen

- laufenden Zinsen, also Zinsen, die mit Zinssatz und Zinsbeginn angegeben werden; es können Zinsen auf unterschiedliche Geldbeträge und für unterschiedliche Zeiträume erfasst werden;
- ausgerechneten Zinsen, dh. Zinsen, die für einen bestimmten Zinszeitraum als Geldbetrag geltend gemacht werden;
- Auslagen des Antragstellers, das sind zB. Kosten für Vordrucke, Porto etc.; nicht anzugeben sind die Gerichtskosten, die berechnet das Mahngericht;
- anderen Nebenforderungen, damit sind durch den Verzug des Antragsgegner entstandene vorgerichtliche Kosten gemeint.

Diese Nebenforderungen dürfen nicht der Hauptforderung zugeschlagen werden. Aus dem Rahmen fallende Beträge werden vom Programm aussortiert und vom Rechtspfleger einer besonderen Prüfung unterzogen Der Rechtspfleger hat insoweit eine (eingeschränkte) Prüfungskompetenz. Vor allem übermäßige Nebenforderungen und überhöhte Inkassokosten können zu Beanstandungen führen (vgl. *Zöller/Vollkommer* § 691 Rdn. 1 a, b).

d) In der nächsten Spalte ist das für das streitige Verfahren sachlich (§ 23 GVG) und örtlich (§§ 13, 17, 18 ZPO) **zuständige Gericht** einzutragen. Ist das Landgericht zuständig, ist zu überlegen, ob der Anspruch vor die Kammer für Handelssachen gehört (vgl. Form. I. D. 2 Anm. 2), und die Zahl 3 in das Kästchen einzutragen. Ein entsprechender Antrag kann noch in der Anspruchsbegründung nachgeholt werden, allerdings nur in der Frist nach § 697 Abs. 1 ZPO (vgl. OLG Nürnberg Rpfleger 1995, 369; *Zöller/Vollkommer* § 690 Rdn. 18). Besteht ein ausschließlicher Gerichtsstand (zB. im Fall des § 29 a ZPO), sollte das betreffende Gericht eingetragen werden; andernfalls droht eine Weiterverweisung mit späterer Kostenbelastung nach § 281 Abs. 3 S. 2 ZPO. Besteht ein besonderer oder vereinbarter Gerichtsstand und will der Antragsteller den Rechtsstreit nicht am Wohnsitzgericht des Antragsgegners führen, muss er bereits jetzt das zuständige andere Gericht bezeichnen. Nach Abgabe hat er keine Möglichkeit mehr, durch eine Weiterverweisung an das Gericht des besonderen oder vereinbarten Gerichtsstandes zu gelangen; er hat sein Wahlrecht nach § 35 ZPO verbraucht (BGH NJW 1993, 1273). Eine Ausnahme besteht nur für den Fall, dass beide Parteien übereinstimmend die Abgabe an ein anderes Gericht verlangen (§ 696 Abs. 1 S. 1, § 700 Abs. 3 S. 1 ZPO). Hat der Antragsteller offenkundig (§ 291 ZPO) missbräuchlich ein unzuständiges Gericht bezeichnet, zB. sein Wohnsitzgericht, liegt ein Grund vor, den Antrag zurückzuweisen; vorher ist ihm Gelegenheit zur Nachbesserung zu geben (§ 691 Abs. 1 S. 2 ZPO).

Probleme können sich bei Antragsgegnern mit unterschiedlichem allgemeinem Gerichtsstand ergeben. Meistens wird es jedoch einen gemeinsamen besonderen Gerichtsstand, zB. am Erfüllungsort, am Ort der unerlaubten Handlung oder des Verkehrsunfalls geben. Fehlt es an einem gemeinsamen Gerichtsstand, sollten getrennte Mahnbescheide beantragt werden.

e) Für den Fall des Widerspruchs kann in derselben Zeile schon jetzt die **Durchführung des streitigen Verfahrens** beantragt werden, Hierzu geben die Hinweise keine Erläuterung. Das streitige Verfahren wird nach § 696 Abs. 1 ZPO nur auf Antrag durchgeführt, dieser Antrag kann auch später nach Einlegung des Widerspruchs gestellt werden. Nach früherem Kostenrecht konnte es für den Antragsteller nachteilig sein, den Antrag bereits mit dem Mahnbescheidsantrag zu stellen. Dieses Problem ist durch des Gesetz zu Modernisierung des Kostenrechts beseitigt (vgl. *Zöller/Vollkommer* Rdn. 20 vor § 688).

f) **Prozessbevollmächtigter:** Diese Spalte ist weitgehend bedeutungslos, da Rechtsanwälte den Vordruck nicht benutzen dürfen, sondern Mahnanträge idR. online ausfüllen müssen.

g) Werden Ansprüche aus einem **Verbraucherdarlehens**vertrag nach §§ 491 ff. BGB geltend gemacht, sind mit Rücksicht auf § 688 Abs. 2 Nr. 1 ZPO in der nächsten Spalte besondere Angaben notwendig. U.a. ist der effektive Jahreszins anzugeben, der nicht über 12% liegen darf. Andernfalls wird der Mahnbescheid nicht erlassen.

h) Die Angabe des zuständigen Gerichts ist gemäß § 690 Abs. 1 Nr. 2 ZPO zu treffen. Der Antrag muss an eines der in Anm. 3 bezeichneten Mahngerichte gerichtet sein. Ausschließlich zuständig ist das Mahngericht, in dessen Zuständigkeitsbereich der Antragsteller seinen allgemeinen Gerichtsstand (§§ 13, 17, 18 ZPO) hat, § 689 Abs. 2 S. 1 ZPO; das gilt auch dann, wenn für den Anspruch ein anderer ausschließlicher Gerichtsstand gegeben ist. Ein vom unzuständigen Gericht erlassener Mahnbescheid ist wirkungslos, er kann nicht Grundlage eines Vollstreckungsbescheids sein (BGH NJW 1990, 1119); Abgabe oder Verweisung sind nicht möglich. Wurde die Forderung durch die Zweigniederlassung einer juristischen Person begründet, so ist allein der Sitz der Hauptniederlassung maßgeblich (BGH NJW 1978, 321). Hat der Antragsteller im Inland keinen allgemeinen Gerichtsstand, so ist das Amtsgericht Wedding in Berlin zuständig (§ 689 Abs. 2 S. 2 ZPO; s.o. Anm. 4). Dies gilt auch dann, wenn eine ausländische Firma in der Bundesrepublik eine Zweigniederlassung hat (BGH NJW 1991, 110); anders nur bei Niederlassungen ausländischer Versicherungsgesellschaften (BGH NJW 1979, 1785). Hat auch der Antragsgegner keinen allgemeinen Gerichtsstand im Inland, so ist für das Mahnverfahren das Amtsgericht zuständig, das für das streitige Verfahren – zB. als Ort der unerlaubten Handlung gem. § 32 ZPO – zuständig sein würde (§ 703 d Abs. 2 ZPO, vgl. BGH NJW 1981, 2647). Gesamtgläubiger mit unterschiedlichem allgemeinen Gerichtsstand können in entsprechender Anwendung des § 35 ZPO wählen, bei welchem ihrer Gerichte das Mahnverfahren durchgeführt werden soll (BGH NJW 1978, 321).

i) Der Mahnantrag ist vom Antragsteller oder seinem Vertreter zu unterschreiben. Mit der **Unterschrift** wird zugleich die Erklärung abgegeben dass der Anspruch von keiner Gegenleistung abhängt oder diese bereits erbracht ist (§§ 688 Abs. 2 Nr. 2, 690 Abs. 1 Nr. 4 ZPO, vgl. Anm. 1 b).

j) **Monierung** unrichtiger Angaben: Der Mahnantrag wird durch ein EDV-Programm auf Vollständigkeit, Zulässigkeit und in gewissen Grenzen auf Plausibilität überprüft. Mängel sind häufig und führen dazu, dass der Mahnbescheid nicht erlassen wird. Der Anragsteller erhält dann ein sog. Monierungsschreiben, mit dem ihm die fehlenden oder inkorrekten Angaben mitgeteilt werden. Dem Schreiben liegt eine vorbereitete, auf die Ergänzung oder Berichtigung zugeschnittene Monierungsantwort bei. Nur mit diesem Antwortschreiben kann die Beanstandung behoben werden. Erst nach vollständiger Beantwortung des Monierungsschreibens wird das Verfahren fortgesetzt.

k) **Weiteres Verfahren:** Wenn der Antrag – ggf. nach Monierung – ordnungsgemäß ausgefüllt und dem Mahngericht übersandt ist, wird der Mahnbescheid in Form eines Computerausdrucks erlassen. Der Mahnbescheid wird dem Antragsgegner von Amts wegen zugestellt, ohne dass ein Gerichtskostenvorschuss einzuzahlen ist (§ 12 Abs. 3 S. 2 GKG). Auf der Rückseite des Mahnbescheids erhält der Antragsgegner allgemeine Hinweise zur Zahlung, zu eventuellen Ratenzahlungen, zum Verhalten bei Zahlungsunfähigkeit und zum Widerspruchsverfahren. Außerdem ist ein Vordruck für den Widerspruch beigefügt.

7. Elektronisches Mahnverfahren

Seit dem 1. 12. 2008 sind Rechtsanwälte dazu verpflichtet, Mahnanträge in nur maschinell lesbarer Form zu stellen (§ 690 Abs. 3 ZPO). Dazu sind unterschiedlichen Verfahrensarten entwickelt worden, mit denen Mahnanträge seitdem zu erstellen und an das zuständige Mahngericht zu übermitteln sind:

- Barcodeverfahren,
  Der Mahnantrag wird online ausgefüllt, auf Papier ausgedruckt, unterschrieben und dem Mahngericht übersandt.

- Online/EGVP-Verfahren
  Der Mahnantrag wird online ausgefüllt, mit einer Signaturkarte signiert und per EGVP versendet.
- Übermittlung mit Hilfe von spezieller Branchensoftware per EGVP, Datenträger u. a.
  Der Mahnantrag wird mithilfe einer speziellen Branchensoftware erstellt und entweder per EGVP oder, je nach Ausgestaltung durch das Mahngericht, mit Datenträger, als E-Mail-Anhang oder im Tar/Web-Verfahren übermittelt (näher hierzu *König*, Elektronisches Mahnverfahren in der Praxis, Rdn. 123).

Im Folgenden werden nur das Barcodeverfahren und das Online/EGVP-Verfahren näher beschrieben. Der dazu online auszufüllende Mahnantrag ist ein von der Justiz der Bundesländer zur kostenlosen Nutzung zur Verfügung gestelltes interaktives Formular, mit dem der Antrag auf Erlass eines Mahnbescheids im Internet ausgefüllt werden kann. Die Antragsdaten können danach an das zuständige Mahngericht entweder verschlüsselt und signiert über das Internet übermittelt oder auf Papier gedruckt und per Post übersandt werden. Die Antragsdaten werden bei der Eingabe inhaltlich überprüft, so dass fehlerhafte Anträge weitgehend vermieden werden. Für das Verfahren sowie die maschinelle Bearbeitung durch das Mahngericht gelten für alle Bundesländer einheitliche Regeln. Die Koordinierung erfolgt durch eine Stelle beim Justizministerium Baden-Württemberg.

Von der Form der Datenerfassung und Datenübermittlung abgesehen unterliegen die Verfahren den gleichen rechtlichen Regeln wie das konventionelle Verfahren. Insoweit wird auf die Anmerkungen zum konventionellen Verfahren verweisen.

8. Barcodeverfahren:

Der Antragsteller benötigt hierfür lediglich einen Computer mit Internetzugang und einen Drucker. Über die Internetseite „www.online-mahnantrag.de“ wird der Antrag auf Erlass des Mahnbescheids in mehreren Schritten ausgefüllt. Dazu sind nur wenige Angaben erforderlich, die über das Menue abgefordert werden. Erläuterungen werden jeweils über den Button „Hilfe“ gegeben. In einem letzten Schritt ist der Antrag auf weißem Papier auszudrucken, damit er unterschrieben und an das Mahngericht übermittelt werden kann. Dabei erhält der Antrag einen sog. Barcode, der dem Verfahren seinen Namen gegeben hat. Im Mahngericht wird der Barcode maschinell eingelesen. Das Verfahren empfiehlt sich vor allem für Rechtsanwälte, die Mahnanträge nicht in großer Zahl zu stellen haben.

Die einzelnen Schritte:

Nach Aufruf der Internetseite „www.online-mahnantrag.de“ erscheint zunächst die folgende Seite, die allgemeine Hinweise enthält und der Auswahl des Mahngerichts dient (hierzu Anm. 6 zu a).

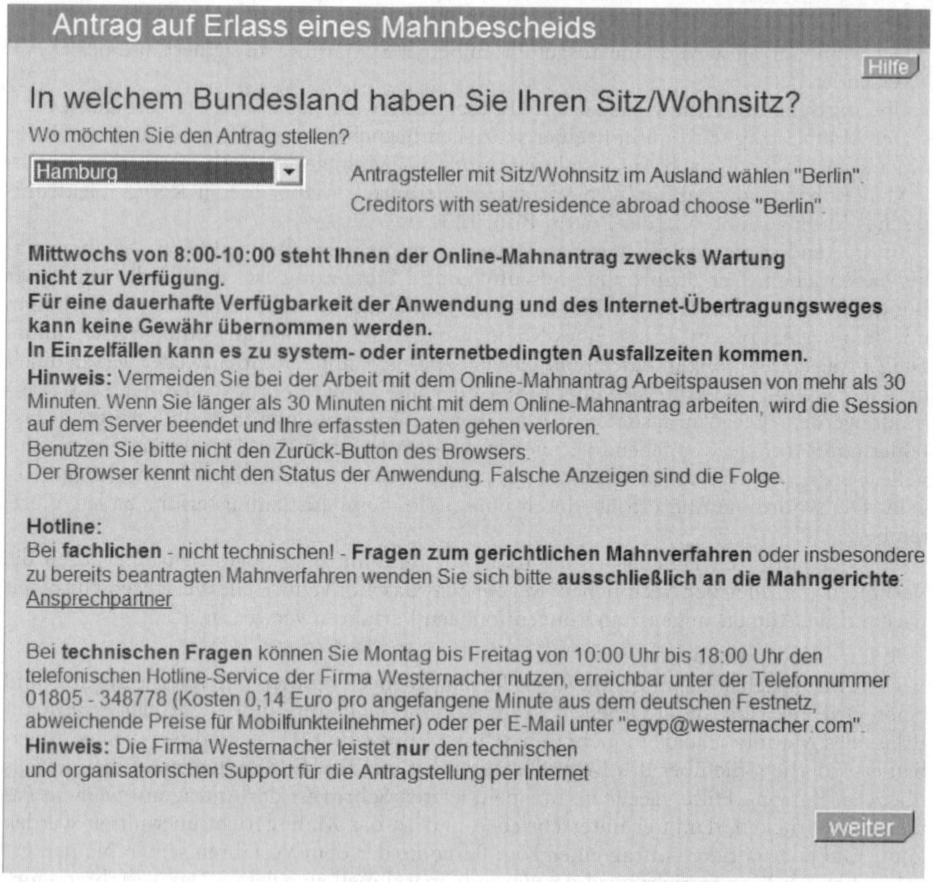

Antrag auf Erlass eines Mahnbescheids

Hilfe

In welchem Bundesland haben Sie Ihren Sitz/Wohnsitz?

Wo möchten Sie den Antrag stellen?

Hamburg

Antragsteller mit Sitz/Wohnsitz im Ausland wählen "Berlin".
Creditors with seat/residence abroad choose "Berlin".

Mittwochs von 8:00-10:00 steht Ihnen der Online-Mahnantrag zwecks Wartung nicht zur Verfügung.
Für eine dauerhafte Verfügbarkeit der Anwendung und des Internet-Übertragungsweges kann keine Gewähr übernommen werden.
In Einzelfällen kann es zu system- oder internetbedingten Ausfallzeiten kommen.
Hinweis: Vermeiden Sie bei der Arbeit mit dem Online-Mahnantrag Arbeitspausen von mehr als 30 Minuten. Wenn Sie länger als 30 Minuten nicht mit dem Online-Mahnantrag arbeiten, wird die Session auf dem Server beendet und Ihre erfassten Daten gehen verloren.
Benutzen Sie bitte nicht den Zurück-Button des Browsers.
Der Browser kennt nicht den Status der Anwendung. Falsche Anzeigen sind die Folge.

Hotline:
Bei **fachlichen** - nicht technischen! - **Fragen zum gerichtlichen Mahnverfahren** oder insbesondere zu bereits beantragten Mahnverfahren wenden Sie sich bitte **ausschließlich an die Mahngerichte**:
Ansprechpartner

Bei **technischen Fragen** können Sie Montag bis Freitag von 10:00 Uhr bis 18:00 Uhr den telefonischen Hotline-Service der Firma Westernacher nutzen, erreichbar unter der Telefonnummer 01805 - 348778 (Kosten 0,14 Euro pro angefangene Minute aus dem deutschen Festnetz, abweichende Preise für Mobilfunkteilnehmer) oder per E-Mail unter "egvp@westernacher.com".
Hinweis: Die Firma Westernacher leistet **nur** den technischen und organisatorischen Support für die Antragstellung per Internet

weiter

Dazu gibt es folgende erläuternde Hilfe:

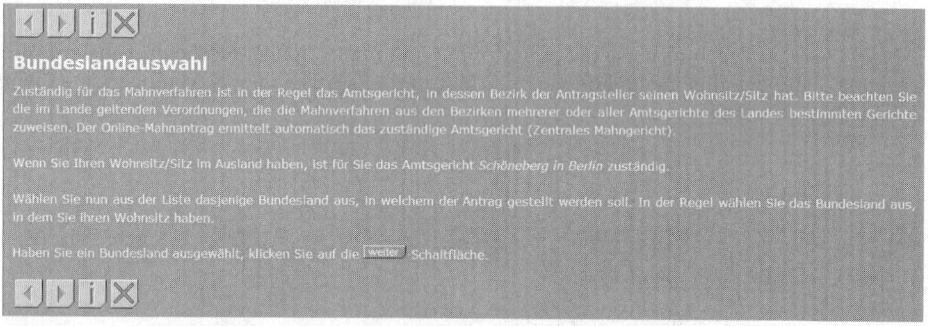

Bundeslandauswahl

Zuständig für das Mahnverfahren ist in der Regel das Amtsgericht, in dessen Bezirk der Antragsteller seinen Wohnsitz/Sitz hat. Bitte beachten Sie die im Lande geltenden Verordnungen, die die Mahnverfahren aus den Bezirken mehrerer oder aller Amtsgerichte des Landes bestimmten Gerichte zuweisen. Der Online-Mahnantrag ermittelt automatisch das zuständige Amtsgericht (Zentrales Mahngericht).

Wenn Sie Ihren Wohnsitz/Sitz im Ausland haben, ist für Sie das Amtsgericht *Schöneberg in Berlin* zuständig.

Wählen Sie nun aus der Liste dasjenige Bundesland aus, in welchem der Antrag gestellt werden soll. In der Regel wählen Sie das Bundesland aus, in dem Sie ihren Wohnsitz haben.

Haben Sie ein Bundesland ausgewählt, klicken Sie auf die weiter Schaltfläche.

Nach Anklicken des Buttons „weiter“ erscheint die Seite, mit der die Versandart ausgewählt wird. Hier entscheidet sich, ob die Barcode-Methode gewählt wird oder der Antrag über EGVP versendet werden soll.

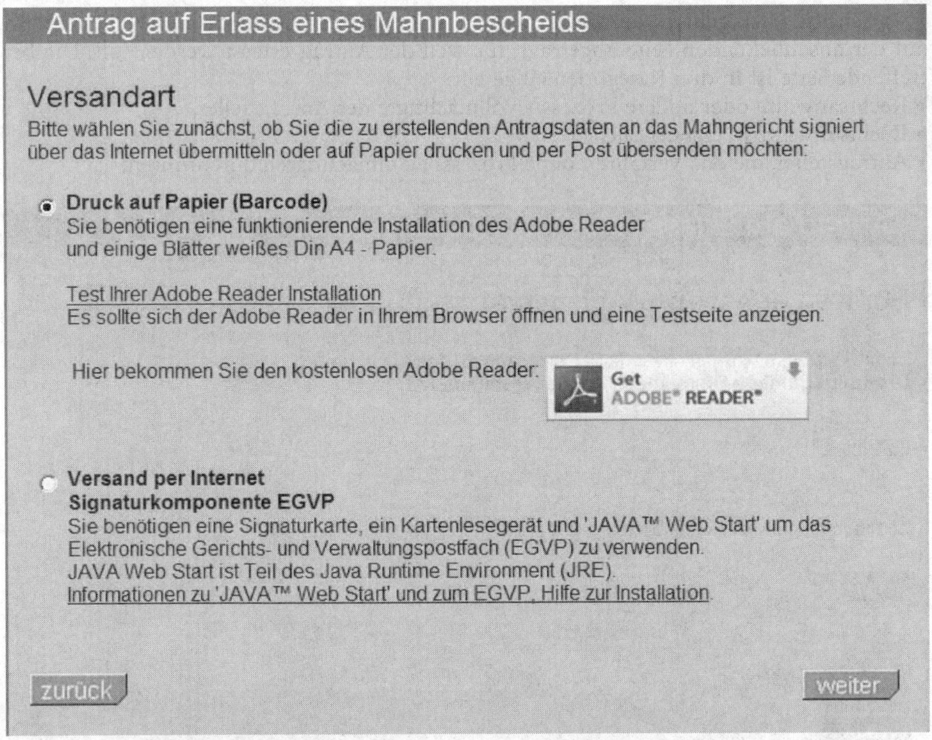

Für das Barcodeverfahren ist die Rubrik „Druck auf Papier“ auszuwählen. Über den Button „weiter“ öffnet sich die Seite, die die acht erforderlichen Schritte für den Antrag auf Erlass eines Mahnbescheids nennt:

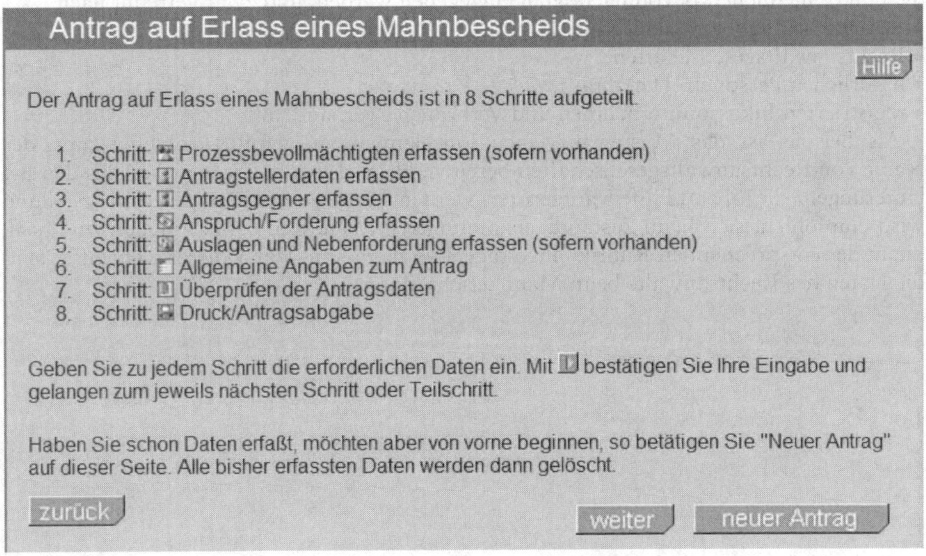

1. Schritt: Hier geht es um die Erfassung eines Prozessbevollmächtigten. Dazu wird auf der anschließenden Seite abgefragt, für wen der Antrag erfasst werden soll. Die betreffende Seite ist in drei Kategorien eingeteilt:

- Rechtsanwälte oder andere Prozessbevollmächtigte des Antragsteller,
- Rechtsanwälte in eigener Sache,
- Antragsteller, die das Verfahren ohne Prozessbevollmächtigten durchführen.

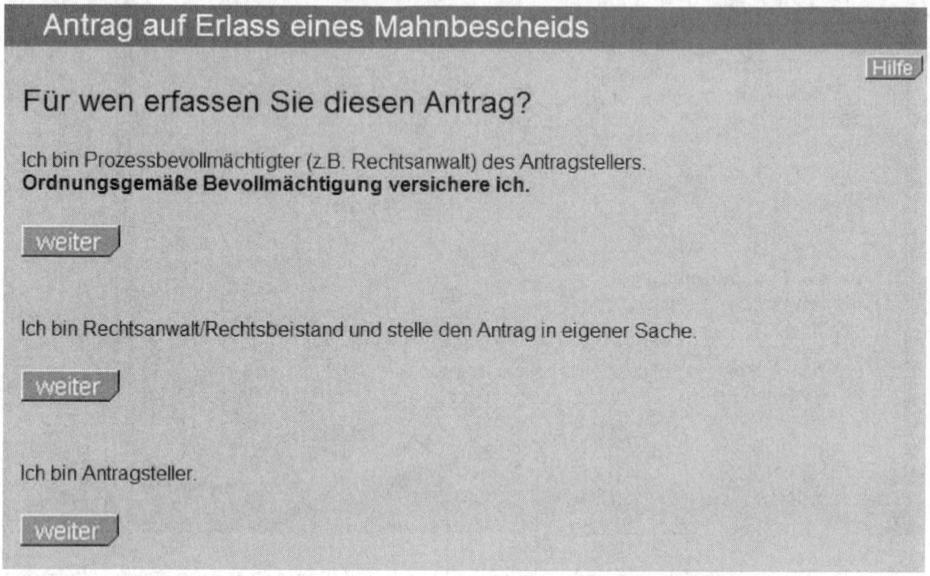

Beispielhaft wird die Seite „Prozessbevollmächtigter des Antragstellers" wiedergegeben, die durch Anklicken des Buttons „weiter" erscheint. Hier können die Angaben für die unterschiedlichen Bevollmächtigten eingegeben werden, und zwar getrennt nach

- Rechtsanwälten/Rechtsbeiständen,
- Rechtsanwaltsgesellschaften,
- natürlichen Personen (Herr/Frau),
- registrierten Inkassounternehmen und Verbraucherverbänden.

Als Beispiel ist das Muster für einen Einzelanwalt ausgefüllt. Probleme kann der Name von Rechtsanwaltsgesellschaften bereiten. Hinweise dazu ergeben sich aus den Erläuterungen, die über „Hilfe" aufgerufen werden können. Bei häufiger Antragstellung wird empfohlen, sich beim zuständigen Mahngericht eine Kennziffer zuteilen zu lassen, die in der entsprechenden Rubrik eingetragen werden kann. Unter dieser Kennziffer sind die Daten des Rechtsanwalts beim Mahngericht hinterlegt.

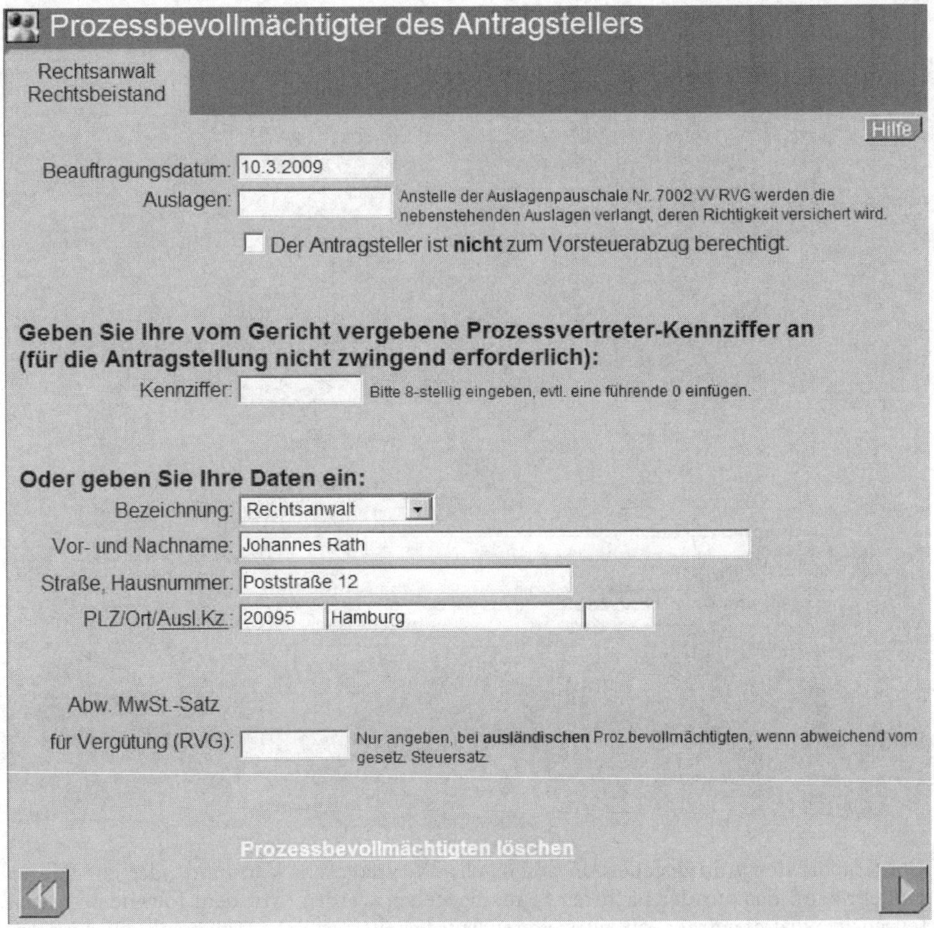

2. Schritt: Jetzt werden die Daten des Antragstellers erfasst. Das ausgewählte Muster geht von einer natürlichen Person als Gläubiger aus. Dazu zählen auch nicht im Handelsregister eingetragene Einzelkaufleute. Geht es um eine Firma oder um einen sonstigen Antragsteller, ist die entsprechende Seite aufzurufen. Für jede Art des Antragstellers können Erläuterungen über „Hilfe“ abgerufen werden, die Zweifelsfragen klärt. Abkürzungen zB. des Vornamens sind nicht erlaubt. Firmen sollten vollständig mit der im Handelsregister eingetragenen Bezeichnung angegeben werden. Die Richtigkeit der Postleitzahl wird automatisch überprüft. Wenn Gesamtgläubiger wie zB. Eheleute einen Anspruch geltend machen, ist zunächst nur einer von beiden aufzuführen.

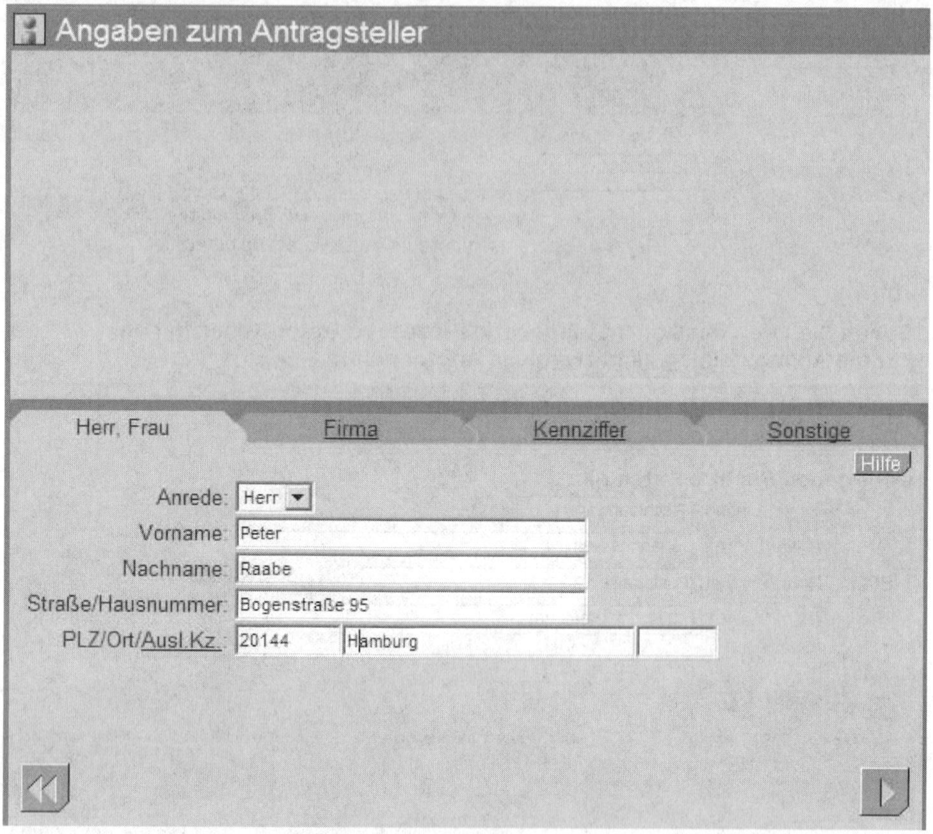

Sofern für den Antragsteller ein gesetzlicher Vertreter, ein Vormund oder ein Pfleger handelt, kann das auf der nächsten Seite angegeben werden. Mit dem folgenden letzten Teilschritt wird abgefragt, ob ein weiterer Antragsteller erfasst werden soll. Hier ist ggf, der Ehepartner oder ein anderer Gesamtgläubiger einzutragen.

3. Schritt: Nunmehr werden die Daten des Antragsgegners erfasst. Das Beispiel betrifft eine Firma. Handelt es sich um eine Handelsgesellschaft oder um eine juristische Person, ist auf der folgenden Seite der Vertreter mit vollständigem Namen und Anschrift anzugeben. Besondere Probleme bereitet die GmbH & Co KG; die richtige Ausfüllung kann den unter „Hilfe" gegebenen Erläuterungen entnommen werden. Auch für die Wohnungseigentümergemeinschaft, die durch einen Verwalter vertreten wird, gelten Besonderheiten, die unter „Hilfe" erläutert sind. Nach Anwählen des betreffenden Buttons können weitere gesetzliche Vertreter angegeben werden. Die letzte Seite fragt ab, ob ein weiterer Antragsgegner erfasst werden soll. Hier wäre ein weiterer Schuldner anzugeben, der neben dem ersten Antragsgegner als Gesamtschuldner in Anspruch genommen wird. Liegt keine Gesamtschuld vor, empfiehlt es sich, die Teilschuld in getrennten Mahnverfahren geltend zu machen (vgl. Anm. 6 b).

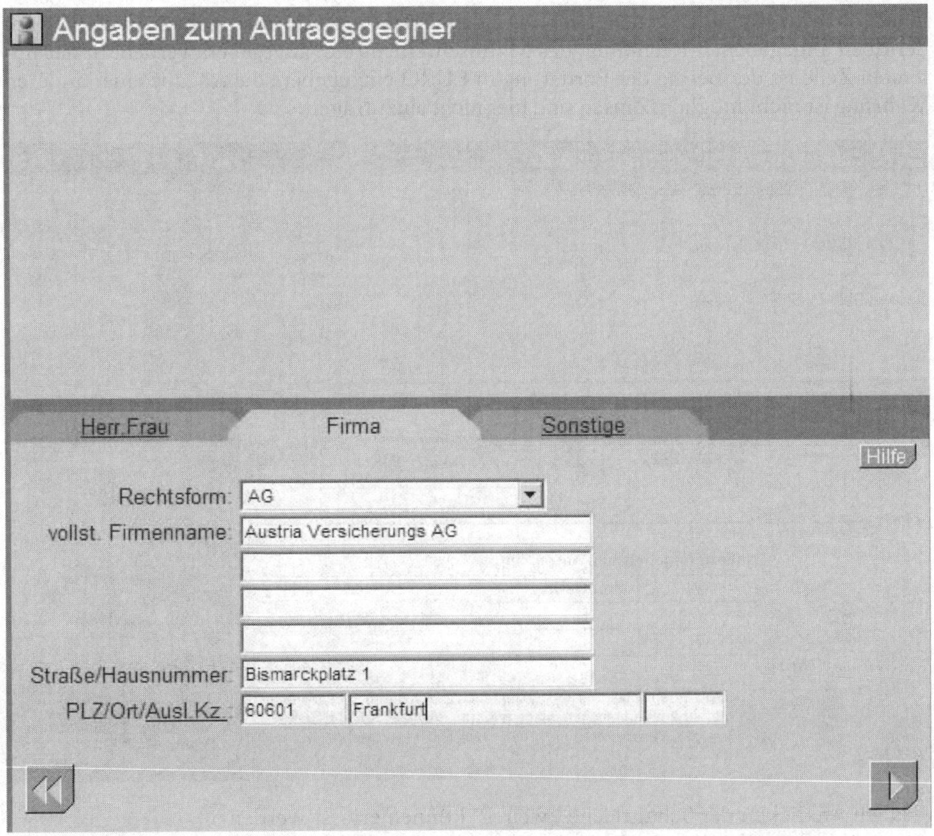

4. Schritt: Dieser Schritt, mit dem der Anspruch zur Hauptsache erfasst wird, hat besondere Bedeutung. Auf der ersten Seite geht es um die Weichenstellung für die Art des Mahnverfahrens. Hier ist anzugeben, ob es sich um ein

- reguläres Mahnverfahren,
- Urkundenmahnverfahren,
- Scheckmahnverfahren oder
- Wechselmahnverfahren handelt.

Das folgende ausgefüllte Muster betrifft ein normales Mahnverfahren. Dazu werden die Anspruchsdaten abgefragt, die nach § 690 Abs. 1 Nr. 3 ZPO zur Individualisierung des Anspruchs erforderlich sind (vgl. Anm. 6 c). Hierfür hält das System einen Katalog von mehr als siebzig möglichen Ansprüchen bereit, Wenn das Kästchen in der ersten Zeile angeklickt wird, erscheint die alphabetisch geordnete Liste der Anspruchsarten, aus der der zutreffende Anspruch ausgewählt werden kann. Sollte der Anspruch in der Liste nicht erfasst sein, geht es um einen sonstigen Anspruch. Im nächsten Feld ist auszufüllen, durch welches Schriftstück der Anspruch gegenüber dem Antragsgegner bezeichnet worden ist, zB. Rechnung, Aufstellung, Schreiben etc. Auch dafür hält das System eine Liste bereit. Ein Datum ist hier nicht anzugeben. Falls die zutreffende Bezeichnung nicht enthalten ist, ist das Stichwort „andere“ aus der Liste zu wählen und die zutreffende Bezeichnung in der daneben stehenden Rubrik einzutragen. In der nächsten Zeile soll die Rechnungsnummer oder eine ähnliche Bezeichnung angegeben werden, zB. die Kundennummer, Versicherungsnummer etc. Wenig einleuchtend ist die nächste Zeile ausgestaltet: Hier soll das Datum des Anspruchs („Anspruch vom ...... bis ......“) eingetragen werden. Das macht nur Sinn für Mietforderungen und andere wiederkehrende Leistungen. Das Feld „Anspruch vom ......“ muss aber in jedem Fall ausgefüllt werden. Hier kann das Vertragsdatum, aber wohl auch das Datum der oben angegebenen Rechnung, des Mahnschreibens etc. angegeben werden. In der untersten Zeile ist der Betrag der Forderung in EURO einzugeben; die Angabe einer anderen Währung ist nicht möglich. Zinsen sind hier nicht einzutragen.

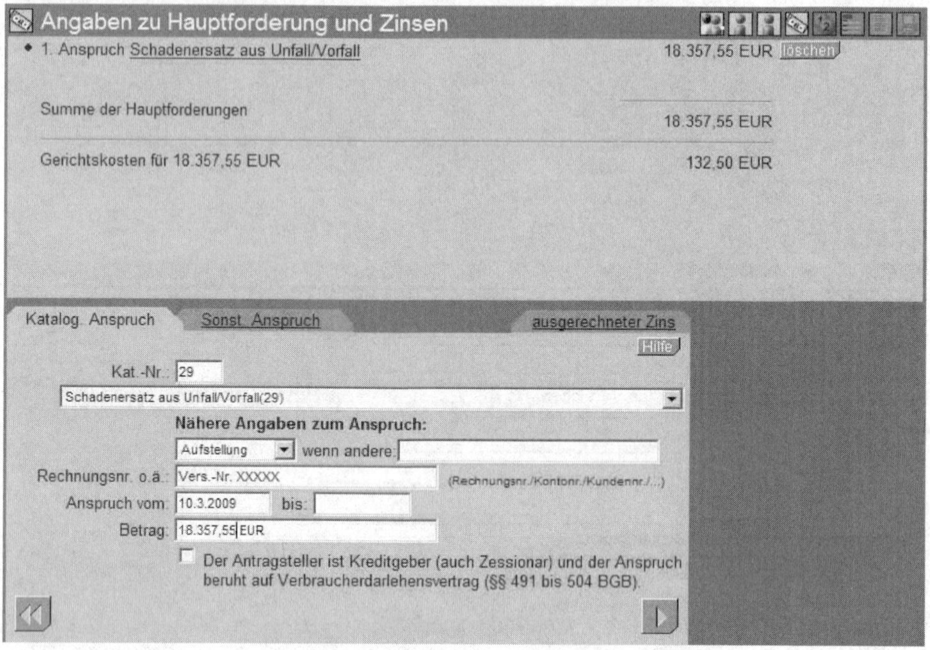

Nach Anklicken der Schaltfläche „weiter" können erfasst werden
- eine Abtretung des Anspruches,
- Zinsansprüche als Nebenansprüche,
- weitere Hauptansprüche,
- ausgerechnete Zinsen.

Nur über die Rubrik „Zinsansprüche als Nebenforderungen" ist es möglich, die üblichen Zinsen auf die Hauptforderung geltend zu machen. Näheres ergibt sich aus dem folgenden Muster. Möglich ist es auch, Zinsansprüche in wechselnder Höhe für verschiedene Zeiträume geltend zu machen. Hinweise zu den Zinsen sind über den Button „Hilfe" zugänglich.

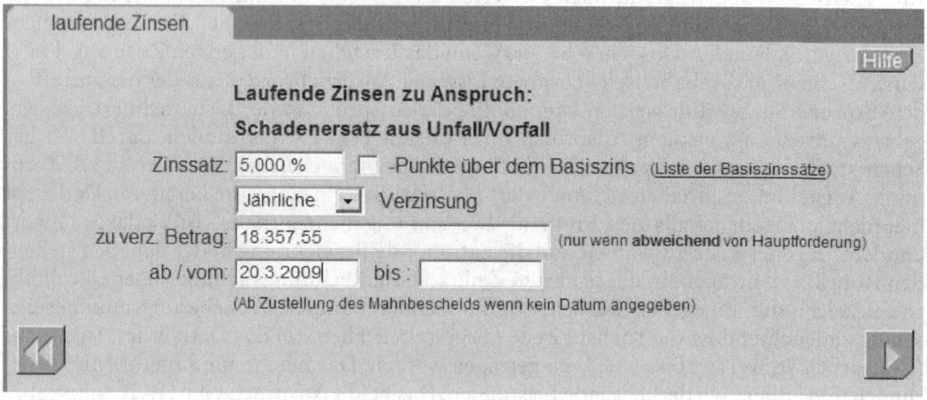

5. Schritt: An dieser Stelle können die Auslagen des Antragstellers angegeben werden. Die in den Mahnbescheide aufzunehmenden Gerichtskosten und Anwaltsgebühren berechnet das Gericht, sie brauchen nicht eingetragen zu werden. Gemeint sind nur die weiteren vorgerichtlichen Kosten, die aus Verzug verlangt werden können, also zB. Kosten für Mahnschreiben, Anfragen beim Einwohnermeldeamt etc. Das nähere ergibt sich aus dem Muster:

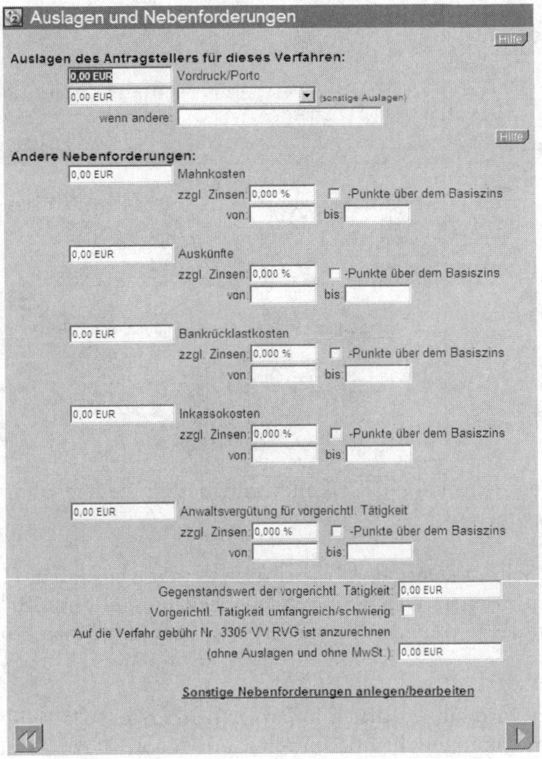
Auslagen und Nebenforderungen
Hilfe
Auslagen des Antragstellers für dieses Verfahren:
0,00 EUR Vordruck/Porto
0,00 EUR (sonstige Auslagen)
wenn andere:
Hilfe
Andere Nebenforderungen:
0,00 EUR Mahnkosten
zzgl. Zinsen: 0,000 % -Punkte über dem Basiszins
von: bis:
0,00 EUR Auskünfte
zzgl. Zinsen: 0,000 % -Punkte über dem Basiszins
von: bis:
0,00 EUR Bankrücklastkosten
zzgl. Zinsen: 0,000 % -Punkte über dem Basiszins
von: bis:
0,00 EUR Inkassokosten
zzgl. Zinsen: 0,000 % -Punkte über dem Basiszins
von: bis:
0,00 EUR Anwaltsvergütung für vorgerichtl. Tätigkeit
zzgl. Zinsen: 0,000 % -Punkte über dem Basiszins
von: bis:
Gegenstandswert der vorgerichtl. Tätigkeit: 0,00 EUR
Vorgerichtl. Tätigkeit umfangreich/schwierig:
Auf die Verfahr.gebühr Nr. 3305 VV RVG ist anzurechnen
(ohne Auslagen und ohne MwSt.): 0,00 EUR
Sonstige Nebenforderungen anlegen/bearbeiten

Dort können auch die Anwaltsgebühren für die vorgerichtliche Tätigkeit und deren evt. höherer Gegenstandswert aufgeführt werden. Zudem kann erklärt werden, welcher Betrag entsprechend dem Urteil des BGH vom 7. 3. 2007 (NJW 2007, 2049) auf die Verfahrensgebühr anzurechnen ist.

Auf der nächsten Seite ist das für die Durchführung des streitigen Verfahrens sachlich und örtlich zuständige Gericht anzugeben (§ 690 Abs. 1 Nr. 5). Das kann auch das Gericht eines besonderen oder vereinbarten Gerichtsstandes sein (vgl. Anm. 6d zum konventionellen Verfahren).

6. Schritt: Hier können allgemeine Angaben hinzugefügt werden, so das Geschäftszeichen des Anwalts und der Antrag, im Fall des Widerspruchs das streitige Verfahrens durchzuführen (zur Zweckmäßigkeit vgl. oben Anm. 6e). Notwendig sind die Angaben zur Gegenleistung. Hängt der Anspruch noch von einer Gegenleistung ab, kann kein Mahnbescheid ergehen (vgl. Anm. 6i). Auf dieser Seite kann auch ein Antrag auf Prozesskostenhilfe gestellt werden. Die Erklärung über die persönlichen und wirtschaftlichen Verhältnissen nach § 117 ZPO kann bereits mit dem Antrag an das Mahngericht beigefügt werden. Spätestens ist sie auf Aufforderung des Gerichts einzureichen. Weitere Einzelheiten ergeben sich aus dem folgenden Muster und den über „Hilfe" zu erhaltenden Hinweisen.

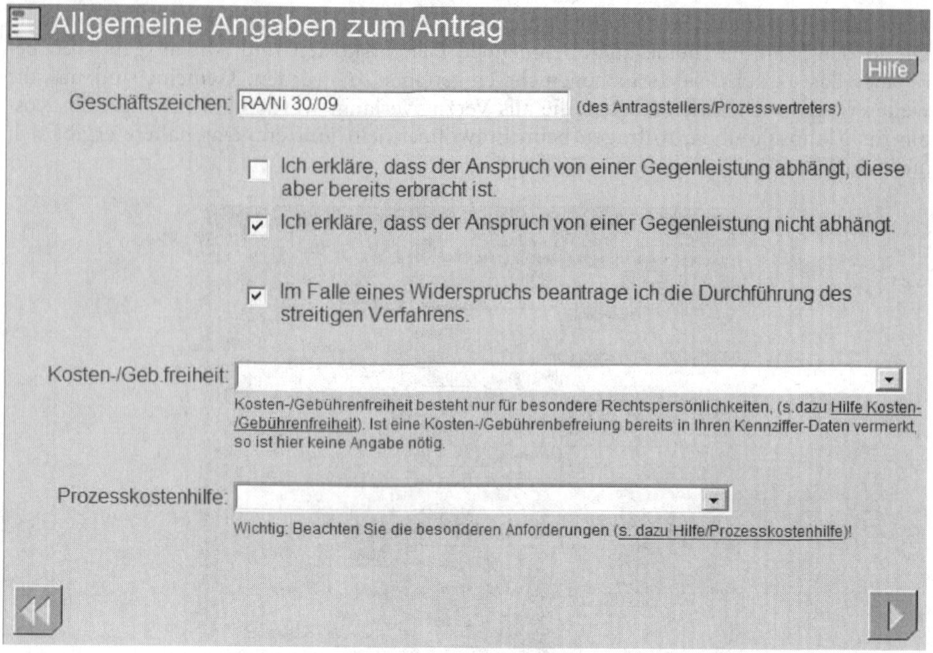

Allgemeine Angaben zum Antrag

Hilfe

Geschäftszeichen: RA/Ni 30/09 (des Antragstellers/Prozessvertreters)

☐ Ich erkläre, dass der Anspruch von einer Gegenleistung abhängt, diese aber bereits erbracht ist.

☑ Ich erkläre, dass der Anspruch von einer Gegenleistung nicht abhängt.

☑ Im Falle eines Widerspruchs beantrage ich die Durchführung des streitigen Verfahrens.

Kosten-/Geb.freiheit:

Kosten-/Gebührenfreiheit besteht nur für besondere Rechtspersönlichkeiten, (s.dazu Hilfe Kosten-/Gebührenfreiheit). Ist eine Kosten-/Gebührenbefreiung bereits in Ihren Kennziffer-Daten vermerkt, so ist hier keine Angabe nötig.

Prozesskostenhilfe:

Wichtig: Beachten Sie die besonderen Anforderungen (s. dazu Hilfe/Prozesskostenhilfe)!

Auf der folgenden Seite kann das Bankkonto des Prozessbevollmächtigten oder des Antragstellers eingegeben werden.

7 **Schritt:** Dieser Schritt dient der Überprüfung der Antragsdaten. Hier sind alle bisher gemachten Angaben in einer vollständigen Übersicht aufgeführt. Zu jedem Punkt können nach Anklicken des jeweiligen Buttons Ergänzungen und Korrekturen vorgenommen werden.

8. **Schritt:** Zuletzt wird ein Ausdruck in Papierform erstellt Das geschieht in der Form, wie der Antrag dem Mahngericht übermittelt werden soll. Dazu ist das Feld „drucken" auf der nächsten Seite anzuklicken. Das fertige Dokument wird zunächst als PDF-Datei angezeigt. Sodann ist es auf übliche Weise auszudrucken, und zwar unbedingt auf weißem Papier, damit der Ausdruck maschinenlesbar ist. Der Ausdruck hat vier Seiten. Die erste Seite ist das Anschreiben an das Mahngericht, das mit Ort, Datum und Unterschrift zu versehen ist. Die Seiten 2 und 3 enthalten die Angaben zum Antrag auf Erlass des Mahnbescheids. Die vierte Seite enthält den Barcode, der vom Mahngericht maschinell eingelesen wird. Es ist darauf zu achten, dass der Barcode beim Versenden per Post nicht beschädigt wird; dann kann der Mahnbescheid nicht erlassen werden.

Antrag auf Erlass eines Mahnbescheids **- Deckblatt -** **Seite 1 von 4**

Peter Raabe

gegen Austria Versicherungs AG

- maschinell lesbarer Antrag für das automatisierte Verfahren - 001 BARC0001 269884 5D3D647

B

An das
Amtsgericht Hamburg-Gem.Mahngericht
d.Länder Hamburg und Mecklenburg-Vorpommern-
Max-Brauer-Allee 89
22765 Hamburg

13.07.2009

Ich beantrage, aufgrund der im beigefügten Barcode verschlüsselten Daten einen Mahnbescheid zu erlassen und in diesen die Kosten des Verfahrens aufzunehmen. Die unten aufgeführten Hinweise des Gerichts habe ich beachtet.

Absender (Antragsteller / ges. Vertreter / Prozessbevollmächtigter):

Herr
Peter Raabe
Bogenstraße 95
20144 Hamburg

Hamburg	13.07.2009	[Unterschrift]
Ort	Datum	Unterschrift des Antragstellers/Vertreters/Prozessbevollm.

Hinweise des Gerichts:

1. Dieses Anschreiben muss unterschrieben und zusammen mit dem Kontrollausdruck (Seiten 2 bis 3) sowie dem anschließenden Barcode-Ausdruck (Seiten 4 bis 4) beim zuständigen Mahngericht eingereicht werden. Die Übermittlung des Antrags per Fax oder E-Mail ist unzulässig. Verwenden Sie zum Druck ausschließlich weißes Standardpapier der Größe DIN A 4 (80g/qm) und versenden Sie die Unterlagen, ohne sie zu knicken.

2. Die rechts oben angegebene Nummer (001 BARC0001 269884 5D3D647) muss auf allen Seiten identisch sein, der Antrag darf nur aus 4 Seiten bestehen. Nachträgliche Ergänzungen, Veränderungen oder Streichungen des Textes oder Barcodes sind unzulässig. Bei erforderlichen Änderungen geben Sie bitte die Daten neu ein und drucken den Antrag für das Gericht erneut aus.

3. Ist eine Druckseite fehlerhaft gedruckt, verschmutzt oder nicht lesbar, so drucken Sie bitte den gesamten Antrag erneut aus.

4. Beachten Sie auch die Hinweise in der Internetanwendung www.online-mahnantrag.de zu Papier, Druck und Versand.

Die Nichtbeachtung der Hinweise gefährdet die maschinelle Lesbarkeit (§ 690 Abs. 3 ZPO) und kann damit die Bearbeitung des Antrags verzögern, zu Beanstandungen oder zur Zurückweisung führen (§ 691 ZPO).

Antrag auf Erlass eines Mahnbescheids **Seite 1**

Antrag auf Erlass eines Mahnbescheids **Seite 2 von 4**
Peter Raabe
gegen Austria Versicherungs AG
- maschinell lesbarer Antrag für das automatisierte Verfahren - 001 BARC0001 269884 5D3D647

Verfahrenswährung: **EUR**

Antragsteller

1. Antragsteller

Anrede: **Herr**
Vorname: **Peter**
Nachname: **Raabe**
Straße: **Bogenstraße 95**
PLZ/Ort/Nation: **20144 Hamburg**

Antragsgegner

1. Antragsgegner

Rechtsform: **AG**
Name: **Austria Versicherungs AG**
Straße: **Bismarckplatz 1**
PLZ/Ort/Nation: **60601 Frankfurt**

Prozessgericht

Anschrift: **Landgericht Hamburg**
20348 Hamburg

1. Gesetzlicher Vertreter

Funktion: **Vorstandsvorsitzender**
Name: **Dr. Max Endruweit**
Straße: **Bismarckplatz 1**
PLZ/Ort/Nation: **60601 Frankfurt**

2. Gesetzlicher Vertreter

Funktion: **Mitglied des Vorstandes**

3. Gesetzlicher Vertreter

Funktion: **Mitglied des Vorstandes**
Name: **Alexander Foerster**
Straße: **Bismarckplatz 1**
PLZ/Ort/Nation: **60601 Frankfurt**

Ansprüche

Summe der Hauptforderungen: **36.715,10 EUR**

1. Katalogisierbarer Anspruch

Anspruch: **Schadenersatz aus Unfall/Vorfall**
(Katalog-Nr. 29)
Mitteilungsform: **Aufstellung**
Rechnungsnummer: **Vers.-Nr. xxxxxxx**
ab/vom: **10.03.2009**
Betrag: **18.357,55 EUR**

Antrag auf Erlass eines Mahnbescheids **Seite 2**

Antrag auf Erlass eines Mahnbescheids **Seite 3 von 4**
Peter Raabe
gegen Austria Versicherungs AG
- maschinell lesbarer Antrag für das automatisierte Verfahren - 001 BARC0001 269884 5D3D647

1. Zinsangaben: Laufende Zinsen
Zinssatz: **5,000 %-Punkte jährlich über dem Basiszinssatz**
aus Betrag: **18.357,55 EUR**
ab/vom: **20.03.2009**

2. Katalogisierbarer Anspruch
Anspruch: **Schadenersatz aus Unfall/Vorfall (Katalog-Nr. 29)**
Mitteilungsform: **Aufstellung**
Rechnungsnummer: **Vers.-Nr. xxxxxxx**
ab/vom: **10.03.2009**
Betrag: **18.357,55 EUR**

1. Zinsangaben: Laufende Zinsen
Zinssatz: **5,000 % jährlich**
aus Betrag: **18.357,55 EUR**
ab/vom: **20.03.2009**

Auslagen/Nebenforderungen
Auslagen des Antragstellers
Vordruck/Porto: **5,00 EUR**
Sonstige Auslagen: **12,00 EUR**
Sonstige Auslagen Bezeichnung: **HR-Auskunft**

Allgemeine Angaben
Geschäftszeichen: **RA/Ni 30/09**
Ich erkläre, dass der Anspruch von einer Gegenleistung nicht abhängt.
Im Falle eines Widerspruchs beantrage ich die Durchführung des streitigen Verfahrens.
Für dieses Verfahren wird Prozesskostenhilfe beantragt.

Zuständiges Mahngericht
Amtsgericht Hamburg-Gem.Mahngericht
d.Länder Hamburg und Mecklenburg-Vorpommern-
22765 Hamburg

Antrag auf Erlass eines Mahnbescheids **Seite 3**

Antrag auf Erlass eines Mahnbescheids **Seite 4 von 4**

Peter Raabe

gegen Austria Versicherungs AG

\- maschinell lesbarer Antrag für das automatisierte Verfahren - 001 BARC0001 269884 5D3D647

001BARC00012698845D3D647001002002004

Vermerke des Gerichts:

Dezernat

Eingangsdatum (TT.MM.JJ)

Bearbeitungsdatum

Bearbeitungsschlüssel

Zusatzschl.

Betrag EUR (Schlüssel 16/17)

,

Früheres Eingangsdatum (Schl. 52)

Antrag auf Erlass eines Mahnbescheids Seite 4

Die weitere Bearbeitung des Mahnverfahrens geschieht, wie bisher, in Papierform.

9. Online/EGVP-Verfahren

Auch bei diesem Verfahren werden die für den Mahnbescheidsantrag erforderlichen Daten über ein menuegesteuertes Programm eingegeben. Die Erfassung der erforderlichen Angaben erfolgt ähnlich wie beim Barcodeverfahren. Für die Online-Übermittlung an das Mahngericht sind bestimmte technische Voraussetzungen an Hardware und Software erforderlich. Der Computer muss eine bestimmte Kapazität aufweisen. Die erforderlichen Softwareprogramme (EGVP und JRE) können kostenlos aus dem Internet heruntergeladen werden. Einzelheiten ergeben sich über die Internetseite www.egvp.de. Dort finden sich detaillierte Angaben zu den rechtlichen Grundlagen, den technischern Voraussetzungen, zu den Downloads etc. sowie Antworten auf häufig gestellte Fragen. Außerdem ist eine Signaturkarte und ein passendes Kartenlesegerät erforderlich; damit wird die manuelle Unterschrift ersetzt. Auch hierzu ergeben sich die erforderlichen Informationen über die Internetseite www.egvp.de unter dem Stichwort „Technische Voraussetzungen".

Die Datenerfassung unterscheidet sich nicht von der im Barcodeverfahren. Eingangs ist bei der Versandart der Button „Versand per Internet" anzuwählen. Die Schritte eins bis sieben sind identisch. Im achten Schritt wird über das folgende Bild die Übertragung vorbereitet. Außerdem kann ein Ausdruck des Mahnbescheidsantrags für die Akten erstellt werden.

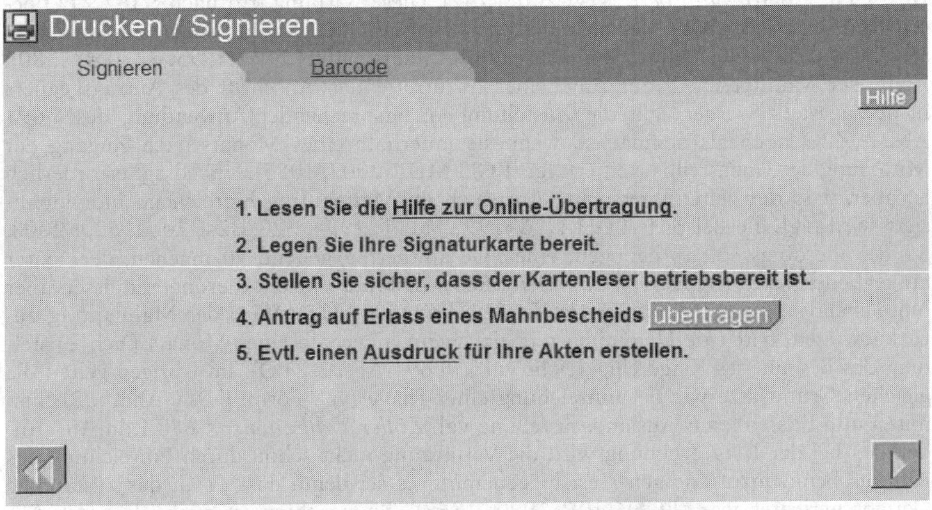

Durch Anwählen des Feldes „übertragen" wird der Antrag im EGVP-Postfach gespeichert. Anschließend muss der Antrag signiert werden. Das setzt voraus, dass die Signaturkarte in das mit dem Computer verbundene Kartenlesegerät gesteckt wird. Über den Button „Signieren" auf der Funktionsleiste wird die Signatur erzeugt. Dazu ist eine PIN-Nummer einzugeben. Anschließend kann der signierte Mahnbescheidsantrag über das EGVP-Postfach durch Anwählen des entsprechenden Buttons der Funktionsleiste versandt werden. Bei erfolgreicher Versendung erhält der Absender eine Eingangsbestätigung. Die technischen Einzelheiten des Signierens und Versendens können über **www.egvp.de**, aber auch über „Hilfe" in der Menüleiste abgefragt werden, sie werden auch von *König*, Elektronisches Mahnverfahren in der Praxis, 2009, anschaulich beschrieben.

Kosten und Gebühren

An Gerichtskosten entsteht eine 0,5-Gebühr, mindestens EUR 23,00 (KV 1110). Die Zahlung eines Gerichtskostenvorschusses ist nicht mehr Voraussetzung für die Zustellung des Mahnbescheids, erst für den Erlass des Vollstreckungsbescheids (§ 12 Abs. 3

S. 2 GKG). Die Höhe der Gebühr des Prozessbevollmächtigten ergibt sich aus VV 3305 iVm. der Tabelle (Anlage 2 zu § 13 RVG). Vertritt der Prozessbevollmächtigte mehrere Antragsteller (zB. Eheleute), kann er die erhöhte Gebühr nach VV 1008 verlangen (vgl. *Gerold/Schmidt* VV 3305–3308 Rdn. 10).

Die im Mahnverfahren entstandene 0,5-Gerichtsgebühr wird nach Überleitung in das streitige Verfahren angerechnet, allerdings nach dem Wert des Streitgegenstandes, der in das streitige Verfahren übergeht (KV 1210 Abs. 1 S. 1). Auch die Anwaltsgebühr für das Mahnverfahren wird auf die später entstehende Verfahrensgebühr angerechnet (VV 3305). War der Streitwert vor Einleitung des Mahnverfahrens höher, etwa weil der Antragsgegner zum Teil gezahlt hat, hat nach der amtlichen Vorbemerkung 3 Abs. 4 zu VV 3100 eine Anrechnung stattzufinden. Das geschieht in der Weise, dass nicht die vorgerichtliche Geschäftsgebühr, sondern die gerichtliche Verfahrensgebühr gemindert wird (BGH NJW 2007, 2049 u. 3500).

Fristen und Rechtsmittel

Die Zustellung des Mahnbescheids wahrt Fristen und hemmt die Verjährung (§ 204 Abs. 1 Nr. 3 BGB, vgl. *Ebert,* NJW 2003, 732). Diese Wirkung tritt nach § 167 ZPO bereits mit der Einreichung des ordnungsgemäß ausgefüllten Mahngesuchs ein, vorausgesetzt dass dessen Zustellung demnächst erfolgt (hierzu BGH NJW 1995, 2230 u. 3380). Kann der Mahnbescheid aufgrund einer unzutreffenden Anschrift des Antragsgegners nicht zugestellt werden, gilt die Zustellung in entsprechender Anwendung des § 691 Abs. 2 ZPO noch als demnächst, wenn sie innerhalb eines Monats nach Zugang der Mitteilung der Unzustellbarkeit erfolgt (BGH MDR 2002, 1085). Unbedingt erforderlich ist aber, dass der geltend gemachte Anspruch im Mahnantrag hinreichend individualisiert wird (vgl. die Beispiele BGH NJW 1992, 1111; 1994, 323, 324; 2002, 520; 2008, 3498), allerdings soll es genügen, einen Gesamtbetrag geltend zu machen, der später aufgegliedert wird (BGH NJW-RR 1996, 885); mehrere Einzelforderungen müssen aber hinreichend individualisiert werden (BGH NJW 2001, 305). Wird der Mahnantrag zurückgewiesen, tritt eine Hemmung nur ein, wenn innerhalb eines Monats nach Zustellung des Beschlusses Klage eingereicht wird (§ 691 Abs. 2 ZPO). Im Übrigen gelten die gleichen Grundsätze wie bei Einreichung einer Klage (vgl. Form. I. D. 1 Anm. „Rechtsmittel und Fristen"; zur Auslandszustellung vgl. *Zöller/Vollkommer* § 688 Rdn. 10). Anders als bei der Klageerhebung wird die Verjährung nicht schon durch Einreichung des Antrags beim unzuständigen Gericht gehemmt, es sei denn, dass er an das zuständige Gericht gerichtet war (BGH NJW 1990, 1368). Zu beachten ist auch, dass der Antragsteller nach Zustellung des Mahnbescheids nicht untätig sein darf: Die Hemmung endet, wenn das Mahnverfahren nach Widerspruch nicht betrieben wird (§ 204 Abs. 2 BGB, vgl. hierzu *Palandt/Heinrichs* § 204 BGB Rdn. 36; BGH MDR 1995, 1059). Ist eine Frist durch gerichtliche Geltendmachung zu wahren, sollte der Antragsteller unverzüglich die angeforderte Gerichtsgebühren einzahlen und die Anspruchsbegründung einreichen (vgl. BGH NJW 1991, 171 für die Konkursanfechtungsfrist).

Rechtsmittel bei Zurückweisung des Mahnantrags: sofortige Erinnerung des Antragstellers binnen einer Notfrist von zwei Wochen ab Zustellung des Beschlusses, § 11 Abs. 1 RPflG; im Ausnahmefall des § 691 Abs. 3 ZPO sofortige Beschwerde nach § 567 ZPO.

Bei Erlass des Mahnbescheids: einziger Rechtsbehelf des Antragsgegners ist der Widerspruch (Form. I. B. 2).

2. Widerspruch gegen Mahnbescheid[1, 2]

Schrifttum: Fischer, Probleme bei Widerspruch und Einspruch im Mahnverfahren, MDR 1998, 885.

Mahnsache — Antragsteller: Vor- und Nachname/Firmenbezeichnung
Antragstellersysteme GmbH

gegen — Antragsgegner: Vor- und Nachname/Firmenbezeichnung
Andreas Testmann

wegen
Warenlieferung-en
*****11.243,77 EUR

Beleg wird maschinell gelesen. Bitte deutlich schreiben.

Zeilen-Nummer	Datum des Widerspruchs	Geschäftsnummer des Amtsgerichts
1		02-0057026-0-8

An das
Amtsgericht Stuttgart
– Mahnabteilung –

70154 Stuttgart

Hinweis für den Antragsgegner
Bitte überlegen Sie sorgfältig, ob Sie im Recht sind, und beachten Sie die Hinweise des Gerichts zum Mahnbescheid.

Widerspruch

Gegen den im Mahnbescheid geltend gemachten Anspruch erhebe ich Widerspruch.

2 ☐ Ich widerspreche dem Anspruch **insgesamt.**

3 ☐ Ich widerspreche nur einem **Teil** des Anspruchs, und zwar

	der Hauptforderung wegen eines Teilbetrages von	den Zinsen	den laufenden Zinsen, soweit sie nachstehenden Zinssatz übersteigen	den Verfahrenskosten	den anderen Nebenforderungen wegen eines Betrages von
4	EUR einschließlich der auf diesen Teil der Hauptforderung entfallenden Zinsen und Verfahrenskosten.	☐ insgesamt.	% jährlich	☐ insgesamt.	EUR

Hier abtrennen!

Nur bei Änderung der Anschrift des Antragsgegners: Die Anschrift lautet richtig bzw. jetzt

	Straße, Hausnummer – bitte kein Postfach! –	Postleitzahl	Ort	Ausl. Kz.
5				

Gesetzlicher Vertreter des Antragsgegners — Unterzeichnender erhebt den Widerspruch als gesetzlicher Vertreter des Antragsgegners.

6 Stellung (z. B. Geschäftsführer, Vater, Mutter, Vormund) — Straße, Hausnummer – bitte kein Postfach! –

7 Vor- und Nachname — Postleitzahl — Ort — Ausl. Kz.

Prozessbevollmächtigter des Antragsgegners — Unterzeichnender erhebt den Widerspruch als Prozessbevollmächtigter des Antragsgegners. **Ordnungsgemäße Bevollmächtigung wird versichert.**

8 ☐ 1 = Rechtsanwalt, 2 = Rechtsanwälte, 3 = Rechtsbeistand, 4 = Herr, Frau, 5 = Rechtsanwältin, 6 = Rechtsanwältinnen

9 Vor- und Nachname

10 Straße, Hausnummer – bitte kein Postfach! – — Postleitzahl — Ort — Ausl. Kz.

11 Geschäftszeichen des Antragsgegners / Prozessbevollmächtigten

12 Bezeichnung des Absenders

Unterschrift des Antragsgegners bzw. seines ges. Vertreters oder Prozessbevollmächtigten

JMB1 /2 BW JMB1 /2R Fassung 1. 1. 02 blind

Bitte Hinweise zu diesem Vordruck beachten!

Anmerkungen

1. Der Antragsgegner sollte auf den zugestellten Mahnbescheid reagieren, und zwar – je nach dem, ob er den Anspruch ganz oder teilweise für begründet hält – durch Zahlung oder Widerspruch. Andernfalls riskiert er einen Vollstreckungsbescheid, aus dem der Antragsteller sofort vollstrecken kann und durch den ihm weitere Kosten entstehen, insbesondere eine 0,5 Rechtsanwaltsgebühr gemäß VV 3308; diese Kosten hätte er auch dann zu tragen, wenn er nach Einspruch gegen den Vollstreckungsbescheid den Rechtsstreit im Übrigen gewinnen sollte (§§ 700 Abs. 1, 344 ZPO). Zahlung oder Widerspruch müssen binnen 2 Wochen beim Antragsteller bzw. beim Gericht eingegangen sein; eine Fristüberschreitung ist nur dann unschädlich, wenn der Widerspruch noch eingeht, bevor der Vollstreckungsbescheid verfügt ist (§ 694 Abs. 1 ZPO; hierzu BGH NJW 1982, 888; 1983, 633). Ein vor Zustellung des Mahnbescheids eingelegter Widerspruch wird als wirkungslos angesehen (LG Oldenburg Rpfleger 1983, 117). Für die Überlegungen vor Einlegung des Widerspruchs sind zunächst die Hinweise auf der Rückseite der dem Antragsgegner zugestellten Ausfertigung des Mahnbescheids zu beachten.

2. Mit dem Mahnbescheid wird dem Antragsgegner ein Vordruck für den Widerspruch zugestellt (Muster siehe Seite 59). Im Interesse einer zügigen Bearbeitung empfiehlt es sich, diesen Vordruck zu verwenden. Im Gegensatz zum Mahnantrag kann der Widerspruch nicht online ausgefüllte werden, auch eine elektronische Übertragung ist noch nicht möglich. Jedoch wird der Widerspruch maschinell gelesen und verarbeitet. Der Widerspruch kann auch auf andere Weise schriftlich oder zu Protokoll der Geschäftsstelle des Mahngerichts erhoben werden (§§ 702, 129a ZPO). Der Antragsgegner kann den Widerspruch gem. § 697 Abs. 4 ZPO später wieder zurücknehmen; dies hat zur Folge, dass der Antragsteller einen Vollstreckungsbescheid erwirken kann; für die Durchführung des streitigen Verfahrens fehlt dann das Rechtsschutzinteresse. Eine Begründung des Widerspruches ist nicht erforderlich. Sie kann allerdings zweckmäßig sein, um auf diesem Wege den Antragsteller auf Irrtümer in seiner Berechnung oder auf nicht berücksichtigte Zahlungen hinzuweisen. Allerdings enthält das Formular für den Widerspruch keinen Raum für eine Begründung; sie ist auf einem besonderen Blatt hinzuzufügen. Das Mahngericht prüft die Erheblichkeit der Widerspruchsbegründung nicht. Eine Begründung des Widerspruchs macht die spätere Erwiderung des Beklagten auf die Anspruchsbegründung im streitigen Verfahren nicht entbehrlich. Der Antragsgegner kann mit dem Widerspruch – oder auch später – seinerseits die Durchführung des streitigen Verfahrens beantragen (§ 696 Abs. 1 S. 1 ZPO). Dies empfiehlt sich, wenn der Antragsteller den Antrag nicht gestellt hat oder wenn der Antragsgegner ein besonderes Interesse an einer schnellen Prozessführung hat, zB. wenn er einen Anscheinsbeweis widerlegen muss und sich hierbei auf Zeugen stützen will. Der Vordruck enthält allerdings keine Rubrik für diesen Antrag; er muss gesondert gestellt werden.

Die auszufüllenden Zeilen des Vordrucks sind fortlaufend nummeriert. Zu den einzelnen Angaben:

Zeilen 2, 3 und 4: Der Vordruck unterscheidet zwischen einem Widerspruch, der die gesamte Forderung im Mahnbescheid betrifft, oder einem teilweisen Widerspruch. Entsprechend ist entweder das Kästchen in der Zeile 2 oder das in der Zeile 3 anzukreuzen. Der teilweise Widerspruch kann sich beziehen auf die Hauptforderung nebst Zinsen, auf die verschiedenen Nebenforderungen oder auch nur auf Nebenforderungen. Hierfür sind in Zeile 4 die entsprechenden Angaben zu machen. Wird nur wegen eines Teils des Anspruches Widerspruch eingelegt, muss der Antragsgegner damit rechnen, dass der Antragsteller wegen des übrigen Teils einen Vollstreckungsbescheid erwirkt; er sollte den nicht bestrittenen Teil der Forderung zahlen, bevor ein solcher Antrag gestellt wird. Wichtig ist, dass der Widerspruch genau erkennen lässt, gegen welchen Teil des Hauptanspruches und der Nebenforderungen er sich richtet (vgl. BGH NJW 1983, 633); andernfalls wird der Widerspruch als unbeschränkt behandelt (vgl. *Zöller/Vollkommer* § 694 Rdn. 11).

Zeilen 5–7: Hier kann der Antragsgegner eine Änderung seiner Anschrift oder auch seinen gesetzlichen Vertreter eingeben. Diese Zeilen müssen nicht notwendig ausgefüllt werden.

Zeilen 8–11: In diese Zeilen ist der Prozessbevollmächtigte des Antragsgegners mit Namen und – Anschrift einzutragen. Die Vertretung durch einen Rechtsanwalt ist nicht notwendig, für den Widerspruch besteht kein Anwaltszwang, auch wenn der Rechtsstreit später an das Landgericht abzugeben wäre. Ist dem Prozessbevollmächtigten durch das zentrale Mahngericht eine Kennziffer zugeteilt worden, unter der seine Daten hinterlegt sind, kann diese in Zeile 9 eingetragen werden.

Zeile 12: Hier ist zunächst die genaue Bezeichnung des Antragsgegners mit Anschrift einzutragen; dafür kann ein Stempel benutzt werden. Im letzten Feld haben der Antragsgegner bzw. sein gesetzlicher Verstreter oder der Prozessbevollmächtigte den Widerspruch zu unterzeichnen. Ein Widerspruch ohne Unterschrift wird als unwirksam angesehen (vgl. LG München NJW 1987, 1340; aA. *Zöller/Vollkommer* § 694 Rdn. 2; offen gelassen von BGH NJW 1987, 2588, 2589). Einlegung durch Telefax und andere moderne Kommunikationsmittel (hierzu *Zöller/Greger* § 130 Rdn. 18) ist möglich.

Kosten und Gebühren

Nach Erhebung des Widerspruchs wird die Sache auf Antrag des Antragstellers erst an das für das streitige Verfahren zuständige Geicht abgegeben, wenn der Antragsteller die volle Gebühr nach KV 1210 gezahlt hat. Wenn der Antragsgegner die Abgabe beantragt hat, entsteht keine Vorauszahlungspflicht (*Hartmann* § 12 GKG Rdn. 22).

Der Rechtsanwalt erhält für die Vertretung des Antragsgegners im Mahnverfahren eine 0,5 Gebühr (VV 3307). Eine spezielle Widerspruchsgebühr (früher § 43 Abs. 1 BRAGO) gibt es nicht mehr. Bei mehreren Auftraggebern gilt VV 1008 (*Gerold/Schmidt* VV 3305–3308 Rdn. 16). Die Gebühr wird auf die Verfahrensgebühr in einem nachfolgenden Rechtsstreit angerechnet. Zur Frage, ob bei einem Anwaltswechsel im Streitverfahren die zusätzlich entstandene Gebühr für das Mahnverfahren erstattet werden kann, vgl. *Zöller/Herget* § 91 Rdn. 13 „Mahnverfahren".

Fristen und Rechtsmittel

Will der Antragsgegner vermeiden, dass ein Vollstreckungsbescheid ergeht, muss er den Widerspruch binnen zwei Wochen nach Zustellung des Mahnbescheids einlegen. Der Widerspruch kann auch später noch erhoben werden, solange der Vollstreckungsbescheid nicht verfügt ist (§ 693 Abs. 1 S. 2 ZPO, vgl. Anm. 1). Ein danach eingelegter Widerspruch gilt als Einspruch gegen den Vollstreckungsbescheid (§ 693 Abs. 2 ZPO). Das gilt auch für einen rechtzeitigen Widerspruch, der vom Mahngericht übersehen wurde (BGH NJW 1983, 633). Bei Zustellung des Mahnbescheids im Ausland, aber im Geltungsbereich des AVAVG (vgl. Form. I. B. 1. Anm. 1 e), beträgt die Widerspruchsfrist nach § 32 Abs. 3 AVAVG einen Monat. Die Einspruchsfrist gegen den Europäischen Zahlungsbefehl beträgt 30 Tage (Art. 16 Abs. 2 EG-VO Nr. 1896/2006, abgedruckt bei *Zöller/Geimer* Anh. II). Im Mahnverfahren vor dem Arbeitsgericht ist der Widerspruch binnen nur einer Woche einzulegen (§ 46 a Abs. 3 ArbGG).

3. Antrag auf Erlass des Vollstreckungsbescheides[1,2]

Schrifttum: Vgl. zunächst die Hinweise zu Form. I. B. 1.; *Vollkommer,* Titelklage zur Abwehr der Zwangsvollstreckung aus einem Vollstreckungsbescheid über einen nicht individualisierten Anspruch, RPfleger 2004, 336; *Börstinghaus u. a.,* Vollstreckungsbescheide über Partnerschaftsvermittlungshonorare, MDR 1995, 551; *Grün,* BGH und Zwangsvollstreckung aus „wucherähnlichem Vollstreckungsbescheid", MDR 1991, 122.

Antragsvordruck siehe Seite 63.

Mahnsache — Antragsteller: Vor- und Nachname/Firmenbezeichnung
Antragsstellersysteme GmbH

gegen — Antragsgegner: Vor- und Nachname/Firmenbezeichnung
Andreas Testmann

wegen Warenlieferung-en

Zeilen-Nummer — U. A. ********1027,18 EUR

Beleg wird maschinell gelesen. Bitte deutlich schreiben.

Dieser Antrag darf nicht vor Ablauf von zwei Wochen nach dem 30.08.02 (Zustellung des Mahnbescheids) gestellt werden.

Datum des Antrags	Geschäftsnummer des Amtsgerichts
1	02-0003240-0-4

An das
Amtsgericht Stuttgart
– Mahnabteilung –

70154 Stuttgart

Antrag auf Erlass eines Vollstreckungsbescheids

Ich beantrage, Vollstreckungsbescheid zu erlassen und in diesen die weiteren Kosten des Verfahrens aufzunehmen. Falls der Antragsgegner gegen einen Teil des Anspruchs Widerspruch erhoben hat, beantrage ich, Vollstreckungsbescheid zu erlassen, soweit dem Anspruch nicht widersprochen wurde.

Zahlungen des Antragsgegners auf den Mahnbescheid
1 = Der Antragsgegner hat keine Zahlungen geleistet.
2 = Der Antragsgegner hat nur die hier angegebenen Zahlungen geleistet.

2

3 am — Betrag EUR — am — Betrag EUR

4 am — Betrag EUR — am — Betrag EUR

5 am — Betrag EUR — am — Betrag EUR

HINWEIS:
Die Zeilen 2 und 6 müssen immer ausgefüllt werden.

6 1 = Die Zustellung des Vollstreckungsbescheids soll vom Gericht veranlasst werden.
2 = Ich möchte den Vollstreckungsbescheid selbst durch einen Gerichtsvollzieher zustellen lassen und beantrage, mir den Bescheid für diesen Zweck in Ausfertigung zu übergeben.

Weitere Auslagen des Antragstellers für dieses Verfahren, soweit bisher nicht angegeben:

7 Betrag EUR — Porto, Telefon — Betrag EUR — Sonstige Kosten — Bezeichnung der Art

8 Ich beantrage auszusprechen, dass die Kosten des Verfahrens ab Erlass des Vollstreckungsbescheids mit 5%-Punkten über dem jeweiligen Basiszinssatz zu verzinsen sind. — Betrag EUR — **Bei Rechtsanwalt oder Rechtsbeistand:** Anstelle der Auslagenpauschale (Nr. 7002 VV RVG) werden die nebenstehenden Auslagen verlangt, deren Richtigkeit versichert wird.

Der Antragsgegner hat jetzt folgende Anschrift:

9 Straße, Hausnummer – bitte kein Postfach! – — Postleitzahl — Ort — Ausl. Kz.

Nur, falls die Bezeichnung des Antragsgegners (Namensangabe) einen Schreibfehler oder eine ähnliche offenbare Unrichtigkeit enthält:
Die Bezeichnung lautet richtig:

10 Vorname/Vollständige Bezeichnung der Firma

11 Nachname/Fortsetzung der Bezeichnung der Firma — Bei juristischer Person, OHG und KG Rechtsform wiederholen

Nur, soweit bisher nicht oder unrichtig angegeben:
Gesetzlicher Vertreter des Antragsgegners

12 Stellung (z. B. Geschäftsführer) — Straße, Hausnummer – bitte kein Postfach –

13 Vor- und Nachname — Postleitzahl — Ort — Ausl. Kz.

Bezeichnung des Absenders

Unterschrift des Antragstellers/Vertreters/Prozessbevollmächtigten

16

EZN1 /3 BW Fassung 01. 05. 2007 blind — EZN1 /3R BW

Anmerkungen

1. Der Antrag ist regelmäßig an das Mahngericht zu richten, nicht an das Gericht, das für die Durchführung des streitigen Verfahrens zuständig ist. Es bestehen jedoch mehrere

Ausnahmen: Nimmt der Beklagte den Widerspruch zurück, nachdem der Rechtsstreit an das Prozessgericht abgegeben wurde (vgl. § 697 Abs. 4 ZPO) oder stellt sich der Widerspruch nach Abgabe als unwirksam heraus (BGH NJW 1998, 235), so wird der Vollstreckungsbescheid vom Rechtspfleger des Prozessgerichts erlassen (§ 699 Abs. 1 S. 3 ZPO). Das gleiche gilt, wenn der Beklagte nur hinsichtlich eines Teils Widerspruch eingelegt hatte und der Rechtsstreit wegen dieses Teils abgegeben wurde. In diesen Fällen kann der Vollstreckungsbescheid auch beim Landgericht zu beantragen sein. War das Gericht zum Erlass des Mahnbescheids unzuständig, kann es den Vollstreckungsbescheid nicht erlassen, aber die Mahnsache auch nicht verweisen; der Antragsteller muss dann beim zuständigen Mahngericht einen neuen Mahnbescheid beantragen (BGH MDR 1990, 222).

2. Über die Zustellung des Mahnbescheids an den Antragsgegner erhält der Antragsteller eine Zustellungsnachricht, die das Datum der Zustellung enthält. Gleichzeitig wird dem Antragsteller ein Vordruck für den Antrag auf Erlass des Vollstreckungsbescheids übersandt, der bereits mit der Geschäftsnummer des Mahngerichts, dem Betreff (zB. Warenlieferung) und der Rücksendeanschrift versehen ist. Sofern der Mahnbescheid gegen mehrere Antragsgegner erlassen wurde, erhält der Antragsteller für jeden einen gesonderten Vordruck. Ein Durchschriftexemplar für die eigenen Akten befindet sich auf der Rückseite der Zustellungsnachricht. Die Verwendung dieses Vordrucks ist zwingend. Es ist dem Antragsteller allerdings nicht verwehrt, in besonderen Fällen, etwa bei Verlust des Blattes oder wenn das Formular bereits für einen anderen Teil des Anspruchs benutzt wurde, den Antrag in anderer Form zu stellen; er muss dann aber die im Formular vorgesehenen Angaben enthalten, insbesondere die Erklärung, ob und welche Zahlungen auf den Mahnbescheid geleistet wurden (§ 699 Abs. 1 S. 2 ZPO).

Zu den Eintragungen in die Zeilen des Vordrucks:

Zeile 1: Das Datum des Antrags muss eingetragen werden. Der Erlass des Vollstreckungsbescheids kann nicht schon mit dem Mahnbescheidsantrag beantragt werden (§ 699 Abs. 1 S. 2 ZPO). Der Antrag ist erst nach Ablauf der Widerspruchsfrist, also frühestens nach Ablauf der am Tag nach der Zustellung beginnenden Zwei-Wochen-Frist, zulässig und darf auch nicht vorher abgesendet werden (vgl. LG Stade NJW 1981, 2366; str. vgl. *Zöller/Vollkommer* § 699 Rdn. 3).

Zeilen 2–5: In der Zeile 2 ist entweder zu kennzeichnen, dass der Antragsgegner keine Zahlungen geleistet hat (dann ist die Ziffer 1 einzutragen) oder zu vermerken, dass der Antragsgegner nur die in den Zeilen 3–5 einzutragenden Zahlungen geleistet hat (dann ist die Ziffer 2 einzugeben). Die Zeile 2 und ggf. die Zeilen 3–5 müssen ausgefüllt sein. Der Anwalt sollte seinem Mandanten unmissverständlich deutlich machen, dass eingehende Zahlungen unverzüglich mitgeteilt werden müssen, um Kostennachteile zu vermeiden. Auch das Datum der Zahlung ist unbedingt anzugeben, da sonst der zu vollstreckende Zinsanspruch nicht berechnet werden kann.

Zeile 6: Auch diese Zeile muss ausgefüllt werden. Der Antragsgegner hat die Wahl, ob er den Vollstreckungsbescheid von Amts wegen zustellen lassen möchte oder ob er die Zustellung selbst durch einen Gerichtsvollzieher veranlassen will. Für Rechtsanwälte dürfte sich die Zustellung im Parteibetrieb empfehlen, um das Verfahren unter Kontrolle zu haben, den Zeitpunkt der Zustellung bestimmen zu können und um erforderlichenfalls gleichzeitig mit der Zustellung durch den Gerichtsvollzieher die Vollstreckung versuchen zu können. Durch die Beauftragung des Gerichtsvollziehers mit der Zustellung entsteht eine 0,3 Gebühr (vgl. VV 3309). Eine öffentliche Zustellung ist, anders als beim Mahnbescheid, möglich (§ 699 Abs. 4 S. 3 ZPO; vgl. *Zöller/Vollkommer* § 699 Rdn. 16).

Zeilen 7 und 8: Hier kann der Antragsteller bzw. der Prozessbevollmächtigte seine weiteren Auslagen geltend machen und zusätzlich eintragen, ob er sie verzinst haben will. Es dürfen nur Beträge angegeben werden, die erst nach Beantragung des Mahnbescheids entstanden sind. Gerichtskosten oder Anwaltsgebühren für das Mahnverfahren sind nicht anzugeben. Sie werden vom Gericht automatisch berechnet und hinzugesetzt.

Zeilen 9–13: Diese Zeilen sind nur für Daten vorgesehen, die sich gegenüber den Angaben im Mahnantrag geändert haben, zB. eine neue Anschrift oder eine Änderung in der gesetzlichen Vertretung. Die Ausfüllung ist nicht notwendig. Wird die Änderung der Bezeichnung des Antragsgegners wegen offensichtlicher Unrichtigkeit beantragt (Berichtigung des Passivrubrums), sind die erforderlichen Nachweise beizufügen.

Zeile 16: Hier kann zunächst die Bezeichnung des Absenders eingegeben werden, und zwar auch mit einem Stempelabdruck. Ist der Prozessbevollmächtigte erst nach Stellung des Mahnantrags bestellt worden, so ist die Vertretung durch besonderes Anschreiben an das Mahngericht anzuzeigen. Der Prozessbevollmächtigte wird dann in den Vollstreckungsbescheid aufgenommen. Unabdingbar ist die eigenhändige Unterschrift in Zeile 16.

Kosten und Gebühren

Weitere Gerichtskosten entstehen nicht.

Der Rechtsanwalt erhält für den Antrag auf Erlass des Vollstreckungsbescheids eine 0,5 Gebühr (VV 3308) nach dem Wert der Hauptforderung, wenn sich die Hauptforderung durch Teilzahlung reduziert hat nach dem verminderten Wert. Diese Gebühr wird nicht auf die im nachfolgenden Streitverfahren entstehenden Gebühren angerechnet. Bei mehreren Antragstellern gilt VV 1008, aber nur wenn nicht bereits die Gebühr nach VV 3305 erhöht wurde. Neben der Verfahrensgebühr nach VV 3305 kann die Gebühr nach VV 3308 nicht entstehen, wenn der Antragsgegner rechtzeitig Widerspruch gegen den Mahnbescheid eingelegt hatte (vgl. Anm. zu VV 3308), wohl aber, wenn der Vollstreckungsbefehl zu Unrecht nicht erlassen wird (OLG Hamburg MDR 2000, 356) oder wenn der Widerspruch zurückgenommen wurde.

Fristen und Rechtsmittel

Der Antrag darf frühestens 2 Wochen nach Zustellung des Mahnbescheids gestellt w erden (s. Anm. 2 zu Zeile 1); er muss spätestens 6 Monate danach gestellt sein, sonst wird der Mahnbescheid wirkungslos, § 701 ZPO. Das Zustellungsdatum ist aus der Zustellungsnachricht des Mahngerichts ersichtlich.

Bei Zurückweisung des Antrags ist die sofortige Beschwerde nach § 11 Abs. 1 RPflG iVm. § 567 ZPO gegeben (vgl. *Zöller/Vollkommer* § 699 Rdn. 18). Das gilt auch bei teilweiser Zurückweisung wegen Absetzung geltend gemachter Kosten (vgl. *Zöller/Vollkommer* § 699 Rdn. 19). Gegen den erlassenen Vollstreckungsbescheid steht dem Antragsgegner nur der Einspruch zu.

4. Einspruch gegen Vollstreckungsbescheid[1–3]

An das
Amtsgericht Frankfurt
Mahnabteilung Hünfeld

Geschäfts-Nr. . . . . .

In der Mahnsache

Raabe gegen 1. Austria Versicherungs-AG
2. Schultz

wird gegen den Vollstreckungsbescheid vom . . . . ., der Antragsgegnerin zu 1) zugestellt am . . . . .,[4]

Einspruch

eingelegt.

Der Einspruch erfolgt gleichzeitig gemäß § 10 AKB im Namen unseres Versicherungsnehmers, des Antragsgegners zu 2), sofern gegen diesen gleichfalls ein Vollstreckungsbescheid ergangen sein sollte.

Außerdem wird beantragt,

die Zwangsvollstreckung aus dem Vollstreckungsbescheid ohne Sicherheitsleistung einzustellen.[5]

In Hinblick auf den Einstellungsantrag wird beantragt,

die Sache unverzüglich an das Landgericht Frankfurt abzugeben.[6]

Dieses Gericht wird gebeten, über den Einstellungsantrag sofort zu entscheiden.

Begründung:

Der Vollstreckungsbescheid hätte nicht ergehen dürfen, denn die Antragsgegnerin zu 1) hatte bereits eine Woche nach Zustellung des Mahnbescheids für sich und ihren Versicherungsnehmer Widerspruch eingelegt.

Beweis: anliegende Kopie der Durchschrift des Widerspruchs

Dieser Widerspruch ist offenbar bei Erlass des Vollstreckungsbescheids übersehen worden. Der Vollstreckungsbescheid ist daher iSd. § 719 Abs. 1 S. 2 ZPO gesetzwidrig ergangen, so dass die Zwangsvollstreckung ohne Sicherheitsleistung einzustellen ist.

Ihre sachlichen Einwendungen wird die Antragsgegnerin nach Abgabe des Rechtsstreits gegenüber dem Prozessgericht geltend machen, sobald der Antragsteller seinen Anspruch begründet haben wird.

(Unterschrift)[7]

Schrifttum: Fischer, Probleme bei Widerspruch und Einspruch im Mahnverfahren, MDR 1998, 885; *Siemon,* Doppelsäumnis nach Einspruch gegen Vollstreckungsbescheid, JuS 2008, 605.

Anmerkungen

1. Vordrucke gem. § 703c ZPO für den Einspruch gegen einen Vollstreckungsbescheid sind bisher nicht eingeführt, das ist auch nicht beabsichtigt.

2. Es handelt sich um den Einspruch gegen den Vollstreckungsbescheid Form. I. B. 3, wobei unterstellt wird, dass – was in der Praxis leider vorkommt – der Widerspruch bei Erlass des Vollstreckungsbescheids übersehen wurde.

3. Für Frist (Notfrist von 2 Wochen ab Zustellung) und Form (Einspruchsschrift) des Einspruchs gegen einen Vollstreckungsbescheid gelten die Vorschriften für den Einspruch gegen ein Versäumnisurteil, § 700 Abs. 1 iVm. §§ 338ff. ZPO (vgl. Form. I. G. 5). Der Einspruch kann auch hier vor der Zustellung eingelegt werden. Es bestehen jedoch folgende Besonderheiten:

a) Die Einspruchsfrist beginnt auch, wenn der Vollstreckungsbescheid im Wege der Parteizustellung (§ 699 Abs. 4 ZPO) zugestellt wird (OLG Koblenz NJW 1981, 408; vgl. *Zöller/Vollkommer* § 699 Rdn. 15).

b) Der Einspruch ist nicht beim Prozessgericht, sondern beim Mahngericht einzureichen, es sei denn, dass der Vollstreckungsbescheid vom Prozessgericht erlassen wurde (zB. bei Rücknahme des Widerspruchs nach Abgabe oder bei nur teilweisem Widerspruch, Abgabe und Vollstreckungsbescheid hinsichtlich des Restes, vgl. § 699 Abs. 1 S. 3 ZPO).

c) Der Einspruch bedarf keiner Begründung, § 340 Abs. 3 ZPO gilt nicht; die Einwendungen gegen den Anspruch braucht der Antragsgegner erst mit der Erwiderung auf die Anspruchsbegründung mitzuteilen.
d) Auch bei Streitwerten über EUR 5.000,– besteht kein Anwaltszwang, und zwar selbst dann nicht, wenn der Vollstreckungsbescheid durch das Landgericht (vgl. die zu a) genannten Fälle) erlassen wurde (hM., vgl. *Thomas/Putzo* § 700 Rdn. 5).

Bei Zustellung im Ausland (vgl. § 183 ZPO) oder bei öffentlicher Zustellung (§§ 185 ff. ZPO) wird die Einspruchsfrist nach § 339 iVm. § 700 Abs. 1 ZPO durch das Gericht bestimmt. Im Mahnverfahren vor dem Arbeitsgericht beträgt die Einspruchsfrist nur eine Woche (§§ 46 a Abs. 1, 59 ArbGG).

4. Wenn der Vollstreckungsbescheid nicht von Amts wegen, sondern im Parteibetrieb zugestellt wurde, ist diese Mitteilung wichtig, denn sonst ist für das Gericht nicht zu erkennen, ob der Einspruch rechtzeitig eingelegt wurde. In diesem Fall empfiehlt es sich außerdem, Unterlagen, aus denen sich das Datum der Zustellung ergibt, also zB. den Zustellvermerk des Postbeamten auf dem übergebenen Schriftstück, miteinzureichen. Denn das Gericht wird die Zwangsvollstreckung nicht einstellen, wenn es den Einspruch für unzulässig hält.

5. Für die Einstellung der Zwangsvollstreckung gelten §§ 719, 707 iVm. § 700 Abs. 1 ZPO. Wie bei einem Versäumnisurteil kommt eine Einstellung ohne Sicherheitsleistung nur in den beiden in § 719 Abs. 1 S. 2 ZPO genannten Fällen, von denen hier der Erste vorliegt, oder im Fall des § 707 Abs. 1 S. 2 ZPO in Betracht. Nach hM. müssen die Voraussetzungen des § 707 Abs. 1 S. 2 ZPO nicht zusätzlich gegeben sein (vgl. *Zöller/Herget* § 719 Rdn. 2, mwN., OLG Stuttgart NJW-RR 2003, 713; OLG Celle MDR 1999, 1345; wohl auch OLG Frankfurt NJW-RR 1998, 1450; aA. OLG Köln NJW-RR 2002, 428; OLG Hamburg NJW 1979, 1464 und KG NJW 1984, 316 u. MDR 1985, 330). Im Fall des § 707 Abs. 1 S. 2 ZPO und im Fall der unverschuldeten Säumnis ist es erforderlich, dass der Antragsgegner die Voraussetzungen glaubhaft macht (vgl. hierzu Form. I. G. 5). In allen anderen Fällen kann die Zwangsvollstreckung nur gegen Sicherheitsleistung eingestellt werden, wobei das Gericht überlegen wird, ob der Einspruch zulässig ist und in der Sache aussichtsreich erscheint. Wenn der Antragsgegner daher Einstellung der Zwangsvollstreckung beantragt und keiner der Sonderfälle des § 719 Abs. 1 S. 2 ZPO vorliegt, ist es immer zu empfehlen, die sachlichen Gründe für den Einspruch mitzuteilen (vgl. *Zöller/Herget* § 707 Rdn. 9). Ein Antrag, die Sicherheit durch Bankbürgschaft leisten zu können, braucht nicht gestellt zu werden; der Schuldner kann die Sicherheitsleistung auch ohne besonderen Ausspruch durch die Bürgschaft eines Kreditinstitutes erbringen (§ 108 Abs. 1 S. 2 ZPO). Über den Einstellungsantrag entscheidet nicht das Mahngericht, sondern – nach Abgabe – das Prozessgericht.

6. Weiteres Verfahren: Gemäß § 700 Abs. 3 S. 1 ZPO gibt das Gericht den Rechtsstreit an das im Mahnbescheid bezeichnete Gericht ab, und unterrichtet beide Parteien hiervon. Die Abgabenachricht enthält das Datum der Abgabe, die Mitteilung, dass Einspruch eingelegt wurde, das Eingangsdatum des Einspruchs und die Bezeichnung des Gerichts, an das abgegeben wurde. Dieses Gericht ist durch die Abgabe nicht an seine Zuständigkeit gebunden. Der Antragsteller kann allerdings keine Verweisung mehr an das Gericht eines besonderen oder vereinbarten Gerichtsstandes erreichen, er hat sein Wahlrecht mit Ausfüllung des Mahnantrags verbraucht. Im Beispielsfall kommt eine Weiterverweisung des Rechtsstreits an das zuständige Amtsgericht in Betracht, wenn der Streitwert durch die Zahlung vor Erlass des Vollstreckungsbescheids unter EUR 5.000,– gesunken ist (§ 700 Abs. 3 iVm. § 696 Abs. 5 ZPO; KG MDR 2002, 1148; vgl. *Zöller/Vollkommer* § 696 Rdn. 7). Das Prozessgericht erhält nicht die Originalunterlagen, sondern einen Aktenausdruck, der alle maschinell erfassten Daten des Mahnverfahrens wiedergibt. Nach der Abgabe wird das streitige Verfahren ähnlich wie nach Widerspruch gegen den Mahnbescheid eingeleitet (§ 700 Abs. 3–6 ZPO; vgl. Form. I. B. 9).

7. Der Einspruch muss handschriftlich unterzeichnet sein (BGH NJW 1987, 2588; aA. *Zöller/Vollkommer* § 700 Rdn. 5 mwN.), sofern nicht eine der von der Rechtsprechung anerkannten Ersatzformen vorliegt (zB. Telefax, vgl. BGH aaO. 2589). Der Mangel der Unterschrift ist nicht heilbar.

Kosten und Gebühren

Mit Einlegung des Einspruchs wird die halbe Gerichtsgebühr nach KV 1210 fällig. Es besteht aber keine Vorschusspflicht. Der Rechtsanwalt ist, anders als bei Einlegung des Widerspruchs, nicht auf die 0,5-Gebühr nach VV 3308 beschränkt, sondern erhält die Verfahrensgebühr nach VV 3100.

Fristen und Rechtsmittel

Der Einspruch muss in einer Frist von 2 Wochen ab Zustellung des Vollstreckungsbescheids eingelegt werden (§§ 700, 339 ZPO), vgl. iÜ. Anm. 3. Die Einspruchsfrist beginnt nur bei wirksamer Zustellung, die Zustellung an einen Prozessunfähigen ist wirksam (BGH NJW 1988, 2049). Bei unverschuldeter Fristversäumung kommt eine Wiedereinsetzung in Betracht (Form. I. F. 1).

5. Urkunden-, Wechsel- und Scheck-Mahnbescheid[1,2]

Anmerkungen

1. Für Ansprüche, die gemäß § 592 ZPO durch Wechsel, Scheck oder andere Urkunden bewiesen werden können, stellt die Zivilprozessordnung in § 703 a ZPO ein besonderes Mahnverfahren zur Verfügung. Neben den üblichen Vorzügen des Mahnverfahrens bietet es die Möglichkeit, mit geringerem Kostenaufwand in das Nachverfahren des Urkundenprozesses zu gelangen, wenn der Antragsgegner seinen Widerspruch gem. § 703 a Abs. 2 Nr. 4 ZPO beschränkt. Allerdings sollte der Antragsteller, wenn mit einem unbeschränkten Widerspruch zu rechnen ist, überlegen, ob er nicht im Klageverfahren (vgl. Form. I. Q. 1, 3, 5) schneller zu einem Vorbehaltsurteil gemäß § 599 ZPO kommt, und dies gegenüber dem möglichen Kostenvorteil abwägen. Wählt der Antragsteller das Mahnverfahren, sind Wechsel, Scheck oder die sonstigen Urkunden nicht wie im Klageverfahren mit dem Mahnantrag einzureichen; dies geschieht erst später mit der Anspruchsbegründung. Aus Schecks, die keinen Vorlegungsvermerk tragen – fraglich auch bei Schecks, die im sog. beleglosen Scheckeinzugsverfahren der Banken geltend gemacht wurden – kann ein Scheckanspruch im streitigen Verfahren nicht erhoben werden (vgl. Form. I. Q. 5 Anm. 1).

2. Rechtsanwälte müssen den Antrag auf Erlass eines Urkunden-, Scheck oder Wechselmahnbescheid online ausfüllen (§ 690 Abs.3 S. 2 ZPO). Auch andere Antragsteller können und sollten entsprechend verfahren. Die ersten vier Schritte sind mit denen für den normalen Mahnantrag identisch. Hierzu wird auf die Anmerkungen zu I. B.1 verwiesen. Als für das streitige Verfahren zuständiges Gericht kann bei Wechseln und Schecks auch das Gericht des Zahlungsortes (§ 603 ZPO iVm. Art. 1 Nr. 5 WG, Art. 1 Nr. 4 ScheckG) eingetragen werden. Zu Beginn des vierten Schrittes, der der Erfassung des Anspruches dient erscheint folgendes Bild:

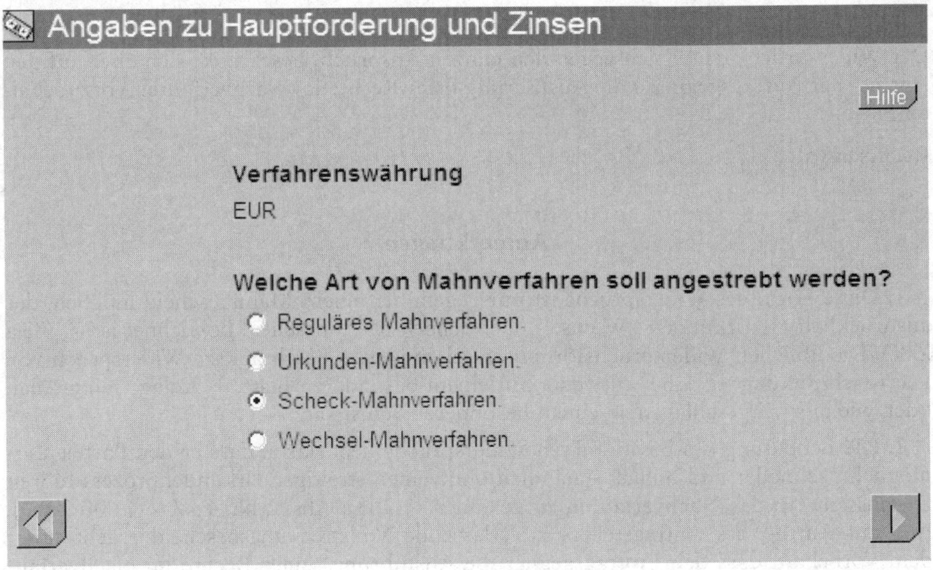

Hier ist anzuklicken, ob es sich um ein Urkunden-, Scheck- oder Wechselmahnverfahren handelt. Nur wenn das geschieht, kann das streitige Verfahren im Urkunden-, Wechsel- oder Scheckprozess (§§ 592 ff. ZPO) mit den prozessualen Vorteilen für den Kläger durchgeführt werden. Die weiteren Schritte sind ähnlich vorgegeben wie beim gewöhnlichen Antrag. Handelt es sich um einen Scheckmahnbescheid, ist statt der Rechnungsnummer die Nummer des Schecks einzutragen. Als Zinsanspruch sind bei Wechsel und Scheck 2% über dem Basiszinssatz einzutragen. Im Mahnbescheid wird automatisch ergänzt „mindestens 6%". Scheck- und Wechselprovision – jeweils 1/3% der Hauptforderung – können bei den Auslagen unter „Sonstige Nebenforderungen anlegen/bearbeiten" erfasst werden. Außer den Protestkosten beim Wechsel bzw. den Kosten der Bankrückschrift beim Scheck und der Wechsel- oder Scheckprovision von 1/3% können im Wechsel- oder Scheckprozess keine weiteren Auslagen geltend gemacht werden.

6. Widerspruch gegen Urkunden-, Wechsel- und Scheck-Mahnbescheid[1, 2]

An das

Amtsgericht Stuttgart
– Mahnabteilung –
70154 Stuttgart

In der Mahnsache ......
Geschäftsnummer ......

zeige ich an, dass ich die Antragsgegnerin vertrete. Ordnungsgemäße Bevollmächtigung wird versichert.

Gegen den Mahnbescheid vom 10. 5. 20..., der Antragsgegnerin zugestellt am 17. 5. 20...,
erhebe ich

Widerspruch.

Der Widerspruch richtet sich gegen den ganzen Anspruch, beschränkt sich aber auf den Antrag, der Antragsgegnerin die Ausführung ihrer Rechte im Nachverfahren vorzubehalten.[3, 4]

Rechtsanwalt

Anmerkungen

1. Diese Form des Widerspruchs ist nur gegenüber einem Mahnbescheid möglich, der ausdrücklich als Urkunden-, Wechsel- oder Scheck-Mahnbescheid bezeichnet ist, § 703 a ZPO. Die üblichen Widerspruchsformulare sehen keinen beschränkten Widerspruch vor. Die Beschränkung ist daher entweder auf einem besonderen Blatt als Anlage mitzuteilen oder, wie hier vorgeschlagen, in einem besonderen Schriftsatz.

2. Die Bedeutung des beschränkten Widerspruchs liegt darin, dass er den Parteien ermöglicht, schneller und billiger – nämlich ohne einen streitigen Urkundenprozess führen zu müssen – in das Nachverfahren zu gelangen (§ 703 a Abs. 2 Nr. 4 iVm. § 600 ZPO). Der auf Antrag des Antragstellers zu erlassende Vollstreckungsbescheid ergeht unter dem Vorbehalt, dass dem Antragsgegner die Ausführung seiner Rechte im Nachverfahren vorbehalten bleibt, er entspricht damit dem Vorbehaltsurteil des § 599 ZPO. Der beschränkte Widerspruch empfiehlt sich für den Antragsgegner immer dann, wenn er im Urkundenprozess keine Einwendungen geltend machen will oder kann (vgl. hierzu Form. I. Q. 2).

3. Die Formulierung entspricht der Fassung des § 703 a Abs. 2 Nr. 4 ZPO.

4. Weiteres Verfahren: Auf den beschränkten Widerspruch hin kann der Antragsteller nur einen Vorbehalts- Vollstreckungsbescheid beantragen. Die anschließende Überleitung in das streitige Verfahren erfordert keinen Einspruch des Antragsgegners, vielmehr hat jede Partei das Recht, die Durchführung des streitigen Verfahrens zu beantragen, was zur Abgabe gemäß § 696 Abs. 1 ZPO führt. Die Abgabe auf Antrag des Klägers setzt nach § 12 Abs. 3 S. 3 Hs. 2 GKG voraus, dass dieser zunächst den weiteren Gerichtskostenvorschuss (bei unverändertem Streitwert 2,5 Gebühren nach diesem Wert, KV 1210) einzahlt, was ihm mit der Benachrichtigung vom Widerspruch aufgegeben wird. Der Beklagte kann ohne Kosten in den Urkundenprozess überleiten. Für das Nachverfahren nach Abgabe gilt § 600 ZPO entspr. (vgl. hierzu Form. I. Q. 7 und 8).

7. Anspruchsbegründung nach Widerspruch und Überleitung in das streitige Verfahren[1, 2]

An das
Landgericht Hamburg[3]
Geschäfts-Nr. ……

In Sachen

Raabe
Prozessbevollmächtigter: Rechtsanwalt ……

gegen

1. A Versicherungs-AG
2. Schultz

Prozessbevollmächtigter: Rechtsanwalt ……

zeige ich innerhalb der gesetzten Frist[4] an, dass der Kläger im streitigen Verfahren durch mich vertreten wird. Es wird gebeten, einen baldigen Termin zur mündlichen Verhandlung zu bestimmen[5], in dem ich beantragen werde[6]:

1. Die Beklagten werden als Gesamtschuldner verurteilt, an den Kläger EUR 18.387,55 nebst Zinsen in Höhe von 5 Prozentpunkten über dem Basiszinssatz seit dem 12. 8. 20… und EUR 5,– vorgerichtlicher Kosten zu zahlen.
2. (Kosten, vorläufige Vollstreckbarkeit).

Für den Fall, dass das Gericht das schriftliche Vorverfahren anordnet und die Beklagten nicht innerhalb der Frist ihre Verteidigungsbereitschaft erklären, wird beantragt,

gegen den Beklagten ein Versäumnisurteil ohne mündliche Verhandlung zu erlassen.

Einer Entscheidung der Sache durch den Einzelrichter stehen keine Gründe entgegen.[7]

Begründung:[8]

……

Schrifttum: Eith, Die Anspruchsbegründungsfrist des § 697 Abs. 1 ZPO – Folgen der Nichtbeachtung, MDR 1996, 1099.

Anmerkungen

1. Das Beispiel knüpft an den Mahnbescheid in Form. I. B. 1 an, wobei unterstellt wird, dass der Rechtsstreit auf den Widerspruch der Beklagten an das Landgericht Hamburg abgegeben wurde.

2. Legt der Antragsgegner gegen den Mahnbescheid Widerspruch ein, wird der Rechtsstreit nicht von Amts wegen, sondern nur auf Antrag einer der Parteien in das streitige Verfahren übergeleitet. Dieser Antrag wird vom Kläger regelmäßig bereits im Mahnantrag (Kästchen Nr. I des Vordrucks) gestellt. Eine Abgabe kommt nicht in Betracht, wenn der Mahnbescheid durch ein unzuständiges Amtsgericht erlassen wurde; der Antragsteller muss dann den Antrag zurücknehmen und beim zuständigen Mahngericht erneut stellen (BGH NJW 1990, 1119). Weitere Voraussetzung für die Abgabe auf Antrag des Klägers ist, dass dieser den weiteren Gerichtskostenvorschuss, bei unverändertem Streitwert also 2,5 Gebühren nach diesem Wert, einzahlt (§ 12 Abs. 3 GKG iVm. KV 1210). Bei einer Reduzierung des Streitwertes werden die weiteren Gebühren nach dem Streitwert berechnet, mit dem die Sache in das Prozessverfahren übergeht (KV 1210 Satz 1 Hs. 2) Diese Vorschusspflicht trifft nur den Kläger, nicht den Beklagten, der im Widerspruch oder später die Abgabe beantragt; er kann ohne Kosten in das streitige Verfahren überleiten. Die Abgabe an das im Mahnbescheid bezeichnete Gericht wird beiden Parteien durch das Mahngericht formlos mitgeteilt, § 696 Abs. 1 S. 3 ZPO. Die Abgabe an ein anderes Gericht ist möglich, wenn die Parteien es noch vor Abgabe übereinstimmend beantragen (§ 696 Abs. 1 S. 1 ZPO). Das Prozessgericht fordert nach Eingang der Akten den Kläger auf, die Anspruchsbegründung einzureichen und hierzu – wenn der Rechtsstreit an ein Landgericht abgegeben wurde – einen dort zugelassenen Rechtsanwalt zu bestellen, § 697 Abs. 1 iVm. § 253 ZPO.

3. Die Anspruchsbegründung ist an das Prozessgericht zu richten. Allerdings ist es zT. üblich geworden, die Anspruchsbegründung bereits dem Mahngericht zu übermitteln und mit dem Antrag auf Abgabe und der Einzahlung des Vorschusses zu verbinden. Diese Handhabung kann zu einem schnelleren Verfahrensablauf führen und auch sonst zweckmäßig sein (vgl. Form. I. B. 8), zumal es im Landgerichtsprozess nicht mehr auf die Zulassung des Anwalts beim dortigen Gericht ankommt. Ist die an das Mahngericht gerichtete Anspruchsbegründung von der Partei selbst oder von einem nicht postulationsfähigen Anwalt verfasst, so genügt es, wenn der zugelassene Anwalt hierauf schriftsätzlich und mündlich Bezug nimmt (BGH NJW 1982, 2002; *Zöller/Vollkommer* § 697 Rdn. 1); andernfalls muss es den Kläger auffordern, die Anspruchsbegründung durch einen zugelassenen Anwalt einzureichen (BGH NJW-RR 1994, 889).

4. Das Streitgericht setzt dem Antragsteller eine Frist von nur 2 Wochen, § 697 Abs. 1 ZPO; darauf muss sich der Kläger rechtzeitig einstellen.

5. Nach Eingang der Anspruchsbegründung verfährt das Gericht wie nach Eingang einer Klage (§ 697 Abs. 2 ZPO). Es kann nach § 275 ZPO einen frühen ersten Termin bestimmen oder nach § 276 ZPO das schriftliche Vorverfahren anordnen (vgl. Anm. 13 zu Form. I. D. 1). Die Vorschriften, die das Verfahren nach Eingang der Anspruchsbegründung anders regelten als nach Eingang der Klageschrift, sind seit langem außer Kraft.

6. Es empfiehlt sich schon aus Gründen der Kontrolle und besseren Übersicht, den Antrag auszuformulieren. Die bloße Ankündigung, den Antrag „aus dem Mahnbescheid" zu stellen, soll mangels Bestimmtheit nicht genügen (dagegen *Zöller/Vollkommer* § 697 Rdn. 2 mwN.). Zur Antragsfassung im Übrigen vgl. die Beispiele zur Klageschrift.

7. Eine Äußerung hierzu soll in entsprechender Anwendung des § 253 Abs. 3 ZPO enthalten sein.

8. Die Begründung des Anspruchs entspricht der in der Klageschrift. Sie muss vollständig sein und kann nicht durch Bezugnahme auf die Angaben im Mahnbescheid ergänzt werden. Zu Einwendungen im Widerspruch ist unter Beweisantritt Stellung zu nehmen.

Kosten und Gebühren

Vgl. zunächst Anm. 2. Zur Berechnung des weiteren Gerichtskostenvorschusses bei Streitwertänderung vgl. *Hartmann* KV Nr. 1210 Rdn. 23. Die frühere Streitfrage, ob auf den Wert bei Stellung des Antrags auf Durchführung des streitigen Verfahrens abzustellen ist (so OLG Düsseldorf NJW-RR 1998, 1077; OLG Hamburg, MDR 1998, 1121) oder den Wert bei Eingang der Akten beim Streitgericht (so OLG München MDR 1999, 508; OLG Stuttgart MDR 1999, 634) ist gegenstandslos geworden. Nach KV 1210 kommt es auf den Eingang der Akten an. Zur Erstattungsfähigkeit der vor Abgabe entstandenen Anwaltsgebühren vgl. Form. I. B. 1.

Fristen und Rechtsmittel

Für den Beginn der vom Gericht gesetzten Zweiwochenfrist gilt § 270 S. 2 ZPO. Die Aufforderung bedarf nicht der förmlichen Zustellung, sondern geschieht durch Übersendung durch die Post. Als Tag des Zugangs gilt im Ortsbereich der folgende, im übrigen Bereich der zweite Werktag nach Übersendung der Aufforderung. Der Antragsteller braucht die nach § 697 Abs. 1 ZPO gesetzte Frist nicht einzuhalten, wenn er das Verfahren nicht weiterbetreiben will. Das Gericht trifft von sich aus keine Anordnung; nur auf Antrag des Antragsgegners kann dann ein Termin bestimmt werden (§ 697 Abs. 3). In diesem Fall wird dem Antragsteller noch einmal eine Frist zur Anspruchsbegründung gesetzt, die er dann unbedingt einhalten sollte. Andernfalls droht eine Zurückweisung seines Vorbringens nach § 296 Abs. 1 iVm. § 697 Abs. 3 S. 2 ZPO (OLG Nürnberg NJW-RR 2000, 445) oder eine Abweisung der Klage als unbegründet (*Zöller/Vollkommer* § 697 Rdn. 10) oder als unzulässig (LG Gießen NJW-RR 1995, 62).

Die Abgabe ist unanfechtbar (§ 696 Abs. 1 S. 3 ZPO).

8. Anspruchsbegründung nach Einspruch gegen Vollstreckungsbescheid[1, 2]

An das
Landgericht Hamburg
Geschäfts-Nr. ……

In Sachen
……

zeige ich innerhalb der gesetzten Frist an, dass der Kläger im streitigen Verfahren durch mich vertreten wird. Es wird gebeten, einen baldigen Termin zur mündlichen Verhandlung zu bestimmen, in dem ich beantragen werde:
1. Der Vollstreckungsbescheid vom …… wird aufrechterhalten[3].
2. Die Beklagten haben die weiteren Kosten des Rechtsstreits zu tragen.
3. (vorläufige Vollstreckbarkeit).[4]

Einer Entscheidung der Sache durch den Einzelrichter stehen keine Gründe entgegen.

Begründung:

Zur Zulässigkeit des Einspruchs der Beklagten wird zunächst mitgeteilt, dass der Vollstreckungsbescheid am …… zugestellt wurde. Die Zustellungsurkunde wird im Termin vorgelegt werden[5].
In der Sache wird zur Begründung des Anspruches Folgendes ausgeführt:[6] ……

Anmerkungen

1. Es handelt sich um das streitige Verfahren nach Einspruch gegen den Vollstreckungsbescheid, Form. I. B. 4.

2. Die Überleitung in das streitige Verfahren ist ähnlich geregelt wie die nach Widerspruch gegen den Mahnbescheid (vgl. Form. I. B. 7). Allerdings gibt das Mahngericht bei Einspruch gegen den Vollstreckungsbescheid die Sache, ohne dass es eines Antrags bedarf, an das im Mahnbescheid bezeichnete Gericht ab, § 700 Abs. 3 S. 1 ZPO. Auf übereinstimmenden Antrag der Parteien ist auch hier die Abgabe an ein anderes Gericht möglich. Es besteht keine Vorschusspflicht der Parteien gemäß § 12 Abs. 3 GKG. Die Abgabe wird den Parteien formlos mitgeteilt, § 700 Abs. 3 iVm. § 696 Abs. 1 S. 3 ZPO. Dem Antragsteller wird die Einspruchsschrift von Amts wegen zugestellt (§ 340 a ZPO). Für das Gericht, an das die Sache abgegeben wurde, gelten wiederum die Vorschriften des § 697 Abs. 1 und 4 ZPO. Auch wenn es der Beklagte ist, der sich gegen einen Titel wendet, muss zunächst der Kläger innerhalb der gesetzten Frist seinen Anspruch begründen. Bei Abgabe an ein Landgericht muss er hierfür einen Rechtsanwalt bestellen. Dies gilt auch, wenn der Rechtsstreit auf Grund einer vor Abgabe geleisteten Zahlung inzwischen zur sachlichen Zuständigkeit des Amtsgerichts gehören würde, es sei denn, das Landgericht verweist den Rechtsstreit nach Anhörung der Parteien ohne mündliche Verhandlung an das Amtsgericht.

3. Die Fassung des Antrags beruht auf §§ 700 Abs. 1, 343 S. 1 ZPO.

4. Für die Entscheidung über die vorläufige Vollstreckbarkeit gilt § 709 ZPO.

5. Das ist zweckmäßig, wenn der Vollstreckungsbescheid, wie im angenommenen Fall, nicht von Amts wegen, sondern im Parteibetrieb zugestellt wurde, der Tag der Zustellung, mit dem die Einspruchsfrist beginnt, sich also nicht aus der Gerichtsakte ergibt.

6. Die Anspruchsbegründung muss auch in diesem Fall einer Klageschrift entsprechen. Wenn der Beklagte im Termin nicht erscheint, kann ein zweites Versäumnisurteil nur ergehen, wenn der Anspruch mit der Anspruchsbegründung schlüssig vorgetragen und diese dem Beklagten rechtzeitig zugestellt wurde (§ 700 Abs. 6 ZPO).

Weiteres Verfahren: Spätestens nach Eingang der Anspruchsbegründung prüft das Gericht, ob der Einspruch form- und fristgerecht eingelegt wurde; andernfalls kann es ihn durch Urteil mit oder ohne mündliche Verhandlung als unzulässig verwerfen (§ 700 Abs. 1, 4, § 341 ZPO; vgl. Form. I. G. 7). Ist der Einspruch zulässig, bestimmt das Gericht nach § 700 Abs. 4 ZPO einen frühen ersten Termin (§ 275 ZPO) oder ordnet das schriftliche Vorverfahren an (§ 276 ZPO). Im letzteren Fall kann gem. § 700 Abs. 4 S. 2 ZPO kein (zweites) Versäumnisurteil nach § 331 Abs. 3 ZPO ergehen (vgl. *Zöller/Vollkommer* § 700 Rdn. 13). Daher braucht der Beklagte auch keine Verteidigungsanzeige abzugeben.

Fristen und Rechtsmittel

Geht die Anspruchsbegründung nicht innerhalb der gesetzten Frist ein, hat das Gericht unverzüglich Termin zu bestimmen. Gleichzeitig setzt es dem Antragsteller noch einmal eine Frist zur Anspruchsbegründung; diese Frist sollte unbedingt eingehalten werden, es droht sonst eine Zurückweisung des Vorbringens nach § 296 Abs. 1 ZPO (§ 700 Abs. 5 iVm. § 697 Abs. 3 S. 2 ZPO).

Die Abgabe ist unanfechtbar (§ 700 Abs. 3, § 696 Abs. 1 S. 3 ZPO).

9. Antrag auf Verwerfung des Einspruchs gegen Vollstreckungsbescheid[1]

An das
Landgericht Hamburg

In Sachen

……

wird beantragt,[2]

> **den Einspruch gegen den Vollstreckungsbescheid ohne mündliche Verhandlung als unzulässig zu verwerfen und dem Beklagten die Kosten des Einspruchs aufzuerlegen.**

Begründung[3]

Der Vollstreckungsbescheid vom …… wurde dem Beklagten am 1. 2. 20… zugestellt, wie sich aus der anliegenden beglaubigten Abschrift der Zustellungsurkunde ergibt. Der Einspruch des Beklagten datiert vom 16. 2. 20… und ist erst am 18. 2. 20… bei Gericht eingegangen; er ist damit verspätet.

Anmerkungen

1. Ziel des Schriftsatzes ist es, eine Verwerfung des Einspruchs ohne mündliche Verhandlung zu erreichen (§ 700 Abs. 4, § 341 Abs. 2 ZPO). Die Entscheidung ergeht auch dann durch Urteil, nicht mehr durch Beschluss (§ 341 Abs. 2 ZPO). Der Antrag empfiehlt sich insbesondere, wenn der Kläger den Vollstreckungsbescheid selbst zugestellt hat. In diesem Fall kennt das Gericht das Zustellungsdatum nicht, kann also der Akte nicht entnehmen, dass der Einspruch verspätet ist und die Voraussetzungen für eine Entscheidung nach § 341 Abs. 2 ZPO gegeben sind.

Hat das Gericht bereits Termin bestimmt, kann gleichzeitig beantragt werden, den Termin aufzuheben, damit ohne mündliche Verhandlung entschieden werden kann. In jedem Fall hat das Gericht dem Beklagten Gelegenheit zur Stellungnahme zu geben. Bleibt der Termin bestehen, ist aber der Beklagte säumig, so kann kein zweites Versäumnisurteil ergehen; der Einspruch ist vielmehr durch ein normales (kontradiktorisches) Urteil zu verwerfen (BGH MDR 1995, 629).

2. Die Fassung des Antrags ergibt sich aus § 341 Abs. 2 S. 1 ZPO. Entscheidet das Gericht nach mündlicher Verhandlung, ist der gleiche Antrag zu stellen.

3. Der Kläger hat nur darzulegen, dass der Einspruch verspätet ist. Die Einspruchsfrist beträgt zwei Wochen und beginnt mit der Zustellung des Vollstreckungsbescheids (§ 700 Abs. 1 iVm. § 339 Abs. 1 ZPO). Entscheidend ist also das Zustellungsdatum, welches sich im Falle der Parteizustellung aus der Urkunde des Gerichtsvollziehers ergibt.

Kosten und Gebühren

Das Urteil löst keine weiteren Gerichtskosten aus. Der Anwalt erhält eine Terminsgebühr nach VV 3104 nur, wenn es zur mündlichen Verhandlung kommt. VV 3105 ist nicht einschlägig.

Fristen und Rechtsmittel

Das Urteil ist, auch wenn es ohne mündliche Verhandlung ergangen ist, mit den gewöhnlichen Rechtsmitteln (Berufung oder Revision) anfechtbar.

C. Prozesskostenhilfe

1. Antrag des Klägers auf Bewilligung von Prozesskostenhilfe[1, 2] und Beiordnung eines Rechtsanwalts[3]

An das
Landgericht[4]

Antrag auf Prozesskostenhilfe[5] und Klageentwurf[6]

In der Sache

……

beantrage ich namens und in Vollmacht des Antragstellers[7],

1. dem Antragsteller für die erste Instanz Prozesskostenhilfe zu bewilligen[8],
2. dem Antragsteller zur vorläufig unentgeltlichen Wahrnehmung seiner Rechte den Unterzeichnenden als Rechtsanwalt beizuordnen[9].
3. die Bekanntgabe des PKH-Gesuchs an den Gegner unabhängig von den Erfolgsaussichten zu veranlassen.[10]

Begründung:[11, 12]

1. Der Antragsteller ist nach seinen persönlichen und wirtschaftlichen Verhältnissen außerstande, die Kosten des beabsichtigten Rechtsstreits aufzubringen. Einzusetzendes Einkommen im Sinne von § 115 Abs. 1 ZPO ist nicht vorhanden, so dass er nicht durch monatliche Raten zu den Kosten beitragen kann. Auch eigenes Vermögen steht ihm nicht zur Verfügung. Dies ergibt die anliegende
Erklärung des Antragstellers über seine persönlichen und wirtschaftlichen Verhältnisse vom …… (Datum) (Anlage 1).
Die erforderlichen Belege sind der Erklärung beigefügt.
2. Die beabsichtigte Klage hat hinreichende Aussicht auf Erfolg und ist auch nicht mutwillig. Hierzu wird auf den anliegenden
Klageentwurf (Anlage 2)
verwiesen.
3. Der zu Ziff. 3 gestellte Antrag hat das Ziel, auf jeden Fall die Verjährung zu hemmen, selbst wenn das Gericht die Erfolgsaussichten verneinen sollte. Das setzt die Bekanntgabe des PKH-Gesuchs voraus (BGH NJW 2008, 1939).

Sofern das Gericht weitere Darlegungen oder Beweisantritte für erforderlich hält, wird um eine Auflage gebeten.

Schrifttum: Bobenhausen, Prozesskostenhilfe für die Zwangsvollstreckung, Rpfleger 1984, 394; *Büttner,* Prozesskostenhilfe -Restriktive Tendenzen in Rechtsprechung und Gesetzgebung, AnwBl. 2007, 477; *Burgard,* Berücksichtigung des Vermögens beim Antrag auf Prozesskostenhilfe, NJW 1990, 3240; *Fischer,* Zulässigkeit der Bewilligung von „PKH im PKH-Verfahren" und Bemessung der Anwaltsgebühren, MDR 2008, 477; *ders.,* Prozesskostenhilfe – Anwaltsbeiordnung und „Mehrkostenverbot", MDR 2002, 729; *Friedrich,* Wie erhalte ich Prozesskostenhilfe?, NJW 1995, 617; *Giers,* Die Höhe der Freibeträge nach § 115 I ZPO, FamRZ 2005, 1220; *Götsche,* Die neue Verfahrenskostenhilfe nach dem FamFG, FamRZ 2009, 383; *Gundlach/Frenzel/Schmidt,* Die Gewährung von Prozesskostenhilfe an den Insolvenzverwalter, NJW 2003, 2412; *Kalthoener/*

Büttner, Prozesskostenhilfe und Beratungshilfe, 4. Aufl. 2005; *Kaster,* Prozesskostenhilfe für Verletzte und andere Berechtigte im Strafverfahren, MDR 1994, 1073; *König,* Prozesskostenhilfe im Verbraucherinsolvenzverfahren, NJW 2000, 2485; *Künkel,* Prozesskostenhilfe und Beratungshilfe, FPR 2003, 567; *Küpper/Heinze,* Prozesskostenhilfe für einen vom Insolvenzverwalter geführten Masseprozess unter der Geltung der InsO, ZinsO 2007, 680; *Lappe,* Volle Gerichtskostenfreiheit des unterlegenen Pkh-Beklagten, NJW 1999, 3173; *ders.,* Prozesskostenhilfe bei mehreren Auftraggebern, MDR 1986, 113; *Leser,* Prozesskostenhilfe im arbeitsgerichtlichen Verfahren, NJW 1981, 791; *Nickel,* Änderungen im Bereich der Prozesskostenhilfe, MDR 2005, 729; *ders.,* Die Entwicklung der Rechtsprechung zur Prozesskostenhilfe im Jahr 2006, MDR 2007, 749; *ders.,* Die Entwicklung der PKH-Rechtsprechung bis Mitte 2008, MDR 2008, 1113; *Pentz,* Keine Bewilligung von Prozesskostenhilfe nach Erledigung der Hauptsache, NJW 1985, 1820; *Philippi,* Bedürfigkeit, Erfolgsaussicht und fehlende Mutwilligkeit als Voraussetzungen für die Bewilligung von Prozesskostenhilfe in Familiensachen, FPR 2002, 513; *Rönnebeck,* Streitgenossen – Prozesskostenhilfe zum Billigtarif, NJW 1994, 2273; *Ruppert,* Prozesskostenhilfe bei Nebenklage im Revisionsverfahren, MDR 1995, 556; *Saenger,* Sachliche Zuständigkeit für den Antrag auf Prozesskostenhilfe, MDR 1999, 850; *Sieg,* Zum Rechtsschutz auf Staatskosten, NJW 1992, 2992; *Steinert,* Kostenschätzung im Prozesskostenhilfeverfahren, NJW 1995, 642; *Stockmann,* Prozesskostenhilfe im Zivilprozess, JuS 2006, 233; *Wielgoß,* Prozesskostenhilfe für das Mahnverfahren, NJW 1991, 2070.

Anmerkungen

Vorbemerkung: Das Beispiel betrifft Prozesskostenhilfe für eine zivilgerichtliche Klage. Prozesskostenhilfe kann darüber hinaus für fast jedes Verfahren vor jedem Gericht bewilligt werden, sowohl für den Antragsteller als auch für den Antragsgegner. Das gilt für das selbstständige Beweisverfahren nach §§ 485 ff. ZPO (vgl. OLG Saarbrücken MDR 2003, 1436; *Zöller/Herget* § 490 Rdn. 5), für die Zwangsvollstreckung, für Arrest und einstweilige Verfügung, nicht für den Antrag auf Restschuldbefreiung im Verbraucherinsolvenzverfahren, hier sehen §§ 4 a–d InsO eine eigene Regelung vor (vgl. *Thomas/Putzo* § 114 Rdn. 1). Im Strafverfahren kann gem. § 379 Abs. 3 StPO der Privatkläger (zur Frage der Beiordnung eines Anwalts hierfür BVerfG NJW 1983, 1599) und gem. § 395 Abs. 1 StPO auch der Nebenkläger (vgl. OLG Frankfurt NJW 1986, 2587) Prozesskostenhilfe erhalten. Für das Schiedsgerichtsverfahren ist Prozesskostenhilfe ausgeschlossen (OLG Stuttgart BauR 1983, 486), ist jedoch der Kläger außerstande, die erforderlichen Vorschüsse einzuzahlen, kann er die staatlichen Gerichte anrufen und dort Prozesskostenhilfe beantragen (vgl. *Sieg* NJW 1992, 2992). Für das Verfahren auf Aufhebung (§ 1059 ZPO) oder Vollstreckbarerklärung § 1060 ZPO) des Schiedsspruchs ist Prozesskostenhilfe möglich. Umstritten ist die Frage, ob bereits für das – oft langwierige und aufwändige – Bewilligungsverfahren Prozesskostenhilfe gewährt werden kann (vgl. *Thomas/Putzo* § 114 Rdn. 1). Das wird überwiegend verneint (BGH NJW 1984, 2106; NJW 2004, 2595, 2596; aA. bei schwierigen Fragen tatsächlicher oder rechtlicher Art OLG Bamberg NJW-RR 2005, 652); wenn aber der Rechtsstreit im Bewilligungsverfahren durch Vergleich erledigt werden soll oder gem. § 118 Abs. 2 ZPO Zeugen oder Sachverständige vernommen werden, kann hierfür Prozesskostenhilfe und auch die Beiordnung eines Anwalts bewilligt werden (vgl. OLG Nürnberg NJW-RR 1998, 864; OLG Düsseldorf NJW-RR 1996, 838; OLG Köln FamRZ 1993, 1472; OLG München MDR 1987, 239; OLG Koblenz JurBüro 1991, 1645; OLG Bamberg FamRZ 1995, 939). Umstritten ist aber, ob in diesem Fall Prozesskostenhilfe für das gesamte PKH-Verfahren (so OLG München MDR 2003, 1382; OLG Hamm MDR 2004, 832; *Zöller/Philippi* § 118 Rdn. 8 mwN.) oder nur für den Vergleich bewilligt werden kann (so BGH NJW 2004, 2595).

In folgenden Fällen kommt Prozesskostenhilfe nicht in Betracht:

a) wenn eine Rechtsschutzversicherung besteht (BGH MDR 1982, 126), auch nicht, wenn der Versicherer die Deckung wegen fehlender Erfolgsaussicht verweigert (vgl. BGH NJW-RR 1987, 1343); bei Bewilligung für ein Rechtsmittel entfällt die Bedürftigkeit erst mit der Deckungszusage (BGH NJW 1991, 109),
b) wenn, zB. im Arbeitgerichtsprozess, gewerkschaftlicher Rechtsschutz besteht (LAG Hamm NZA 2005, 544; vgl. *Zöller/Philippi* § 115 Rdn. 49c),
c) wenn der Antragsteller einen durchsetzbaren Unterhaltsanspruch auf einen Prozesskostenvorschuss gegen seine Eltern oder gegen seinen Ehegatten besitzt (vgl. BGH NJW-RR 2004, 1662; OLG Jena FamRZ 1998, 1302; OLG Koblenz FamRZ 1997, 679; OLG München FamRZ 1996, 1021; OVG Münster NJW-RR 1999, 1235; das kann auch für volljährige Kinder gelten (BGH NJW 2005, 1722), nicht aber bei einer Klage auf Anfechtung der Ehelichkeit (OLG Frankfurt MDR 1983, 760; OLG Hamburg NJW-RR 1996, 1; aA. OLG Celle NJW-RR 1995, 6); manche Gerichte halten auch Großeltern für prozesskostenvorschusspflichtig (OLG Koblenz NJW-RR 1997, 263; aA. *Zöller/Philippi* § 115 Rdn. 67d); zwischen geschiedenen Eheleuten besteht kein Anspruch auf Prozesskostenvorschuss (BGH NJW 1984, 291; OLG Frankfurt FamRZ 1993, 1465), hingegen soll er gegenüber einem Lebensgefährten bestehen können (OLG Koblenz NJW-RR 1992, 1348); die Vorschusspflicht entfällt, wenn der Ehegatte selbst Prozesskostenhilfe beanspruchen könnte, sei es auch unter Ratenzahlung (BSG MDR 1994, 512; OLG Oldenburg MDR 1994, 618).
d) wenn der Antragsteller einen Anspruch auf Prozesskostenvorschuss gegen den Sozialhilfeträger hat (BGH NJW 2008, 1950),
e) wenn die Prozesskosten das einsetzbare Vermögen und/oder 4 Monatsraten nicht übersteigen, § 115 Abs. 3 ZPO.

Der Insolvenzverwalter kann Prozesskostenhilfe unter den Voraussetzungen des § 116 Nr. 1 ZPO erhalten (hierzu *Ringstmeier/Homann* ZIP 2005, 284; *Küpper/Heinze* ZinsO 2007, 680). Einer juristischen Person kann Prozesskostenhilfe nur unter erheblich eingeschränkten Voraussetzungen gewährt werden, nämlich wenn auch die wirtschaftlich Beteiligten – das sind zB. die Gesellschafter, nicht aber die Kleinbeteiligten oder die Kleingläubiger – die Kosten nicht aufbringen können und wenn die Unterlassung der Rechtsverfolgung allgemeinen Interessen zuwiderlaufen würde, § 116 Nr. 2 ZPO (vgl. BGH NJW 1986, 2058; OLG München JurBüro 1986, 127; BGH NJW 1991, 702); in der Insolvenz der juristischen Person gelten die erleichterten Voraussetzungen des § 116 Nr. 1 ZPO (BGH NJW 1993, 135; 1994, 3170).

1. Für den Kläger ist es zweckmäßig, den Antrag auf Prozesskostenhilfe mit der Klageschrift zu verbinden; hierbei ist – was in der Praxis oft nicht beachtet wird und zu Rückfragen führt – deutlich zu machen, ob die Klage nur für den Fall der Bewilligung der Prozesskostenhilfe oder unabhängig davon erhoben sein soll (vgl. *Thomas/Putzo* § 117 Rdn. 2–4; *Zöller/Philippi* § 117 Rdn. 7; BGH NJW-RR 2005, 1015; NJW-RR 2007, 1515 für die Berufung). Die erste Möglichkeit hat den Vorteil, dass der Kläger die Rechtsauffassung des Gerichts „testen“ und sich die Erhebung der Klage noch überlegen kann, wenn das Gericht die Erfolgsaussicht verneint; hierdurch wird unnötiger Kostenaufwand vermieden und eine Verzögerung des Bewilligungsverfahrens bis zur Entscheidungsreife des Rechtsstreits (abschreckendes Beispiel OLG Oldenburg NJW-RR 1991, 189) ausgeschlossen. Die „Veranlassung der Bekanntgabe“ des erstmaligen Antrags hemmt die Verjährung genau so wie die Klageerhebung (§ 204 Nr. 14 BGB). Wie bei § 167 ZPO tritt diese Wirkung bereits mit Einreichung des PKH-Antrags ein, wenn die Bekanntgabe, d.h. die förmliche Zustellung oder die formlose Zusendung, demnächst veranlasst wird (vgl. *Palandt/Heinrichs* § 204 Rdn. 32); diese Voraussetzungen dürften nur erfüllt sein, wenn das Gesuch vollständig ist und auch die Unterlagen nach § 117 ZPO enthält (OLG Brandenburg NJW-RR 1999, 1296; OLG Hamm NJW-RR 1999,

1678), das Prozesskostenhilfeverfahren vom Antragsteller auch gefördert wird und Verzögerungen nicht von ihm zu vertreten sind (vgl. BGH NJW 1987, 3120; NJW-RR 1991, 573). Die Zustellung des Gesuchs führt nicht zur Rechtshängigkeit, was wiederum für die Wahrung von Fristen, Prozesszinsen und den Abänderungszeitpunkt bei Klagen nach § 323 ZPO von Bedeutung sein kann. Bei Abänderungsklagen dürfte sich meist sofortige Klageerhebung empfehlen, da der Antrag auf Prozesskostenhilfe nicht der Erhebung der Klage iSd. § 323 Abs. 3 ZPO gleichsteht (str., vgl. *Thomas/Putzo* § 323 Rdn. 38 mwN.; OLG Bamberg NJW-RR 1992, 1413). Prozesskostenhilfe kann noch nach Klageerhebung bis zum Abschluss der jeweiligen Instanz beantragt werden, ihre Bewilligung ist jedoch rückwirkend nur bis zur formgerechten Antragstellung möglich (vgl. Anm. 7).

2. Die Bewilligung der Prozesskostenhilfe befreit den Kläger einstweilen von der Zahlung der Gerichtskosten und der Anwaltsgebühren (§ 122 ZPO). Er kann also eine Klage erheben, ohne einen Gerichtskostenvorschuss gem. § 12 GKG zu leisten; sein Rechtsanwalt hat keinen Gebührenanspruch gegen ihn, sondern gegen die Staatskasse (§§ 45 ff. RVG). Die Partei ist außerdem von Vorschüssen für Zeugen, Sachverständigen etc. befreit. Die Prozesskostenhilfe erfasst auch notwendige Reisekosten der Partei (vgl. OLG Stuttgart MDR 1985, 852; *Zöller/Philippi* § 122 Rdn. 7), die Vergleichsgebühr für einen außergerichtlichen Vergleich (BGH NJW 1988, 494) und die Kosten eines Verkehrsanwaltes, wenn dieser nach § 121 Abs. 3 ZPO beigeordnet wurde. Jedoch bleibt der Partei ein nicht unerhebliches Risiko: sie muss, wenn sie unterliegt, dem Gegner dessen Kosten erstatten (§ 123 ZPO).

Ob die Partei im Bewilligungsbeschluss verpflichtet wird, monatliche Zahlungen zu den Prozesskosten zu leisten, ergibt sich aus § 115 Abs. 1 ZPO. Hierzu wird das einzusetzende Einkommen der Partei ermittelt, indem von ihren Einkünften die sich aus § 115 Abs. 1 S. 2 Nr. 1–4 ZPO ergebenden Beträge abgesetzt werden; die Höhe der nach Nr. 2 maßgebenden Beträge wird jährlich bekannt gemacht. Der verbleibende Differenzbetrag ist das einzusetzende Einkommen, aus dem sich bei Anwendung der nachstehenden Tabelle die Höhe der Monatsraten ergibt; die Zahl der Raten ist, unabhängig von der Zahl der Rechtszüge, auf 48 begrenzt.

Tabelle nach § 115 Abs. 1 S. 3 ZPO

einzusetzendes Einkommen (Euro)		eine Monatsrate von (Euro)
bis	15	0
	50	15
	100	30
	150	45
	200	60
	250	75
	300	95
	350	115
	400	135
	450	155
	500	175
	550	200
	600	225
	650	250
	700	275
	750	300
über	750	300 zuzüglich des 750 übersteigenden Teils des einzusetzenden Einkommens

Daneben hat die Partei ihr Vermögen zur Prozessführung einsetzen, soweit dies zumutbar ist (§ 115 Abs. 2 ZPO). Die Höhe der Raten und des Vermögensbeitrages setzt das Gericht mit der Bewilligung fest (§ 120 Abs. 1 ZPO). Bei der Bestimmung von Zahlungen aus dem Vermögen muss das Gericht deren genaue Höhe angeben und den Zeitpunkt der Zahlung festlegen (OLG Köln NJW-RR 2001, 644). Mit dem Tod der Partei erlischt die Prozesskostenhilfe (OLG Frankfurt NJW 1996, 776).

3. Im Anwaltsprozess ist der bedürftigen Partei, wenn ihr Prozesskostenhilfe bewilligt wird, ein Rechtsanwalt beizuordnen (§ 121 Abs. 1 ZPO). Üblicherweise wird bereits das Gesuch um Prozesskostenhilfe von einem Rechtsanwalt eingereicht, der hiermit zugleich seine Beiordnung beantragt. Im Amtsgerichtsprozess gilt § 121 Abs. 2 ZPO: das Gericht muss auf Antrag beiordnen, wenn die Gegenseite anwaltlich vertreten ist oder wenn es dem Gericht zur Wahrnehmung der Rechte sonst erforderlich scheint.

4. Das Gesuch ist beim Prozessgericht zu stellen; wenn es mit einer Klage verbunden ist, also bei dem Gericht, das für den Rechtsstreit örtlich und sachlich zuständig wäre (§ 117 Abs. 1 ZPO). Der Antrag kann auch vor der Geschäftsstelle eines jeden Amtsgerichts zu Protokoll abgegeben werden (§ 129 a ZPO); das Amtsgericht leitet ihn an das zuständige Gericht weiter.

5. Zur Form des Gesuchs vgl. § 117 ZPO. Es handelt sich um einen bestimmenden Schriftsatz, der unterschrieben sein muss (BGH NJW 1994, 2097). Der Antrag kann auch per Telefax übermittelt werden, dann muss aber die Kopiervorlage unterzeichnet sein und auch die Unterschrift auf dem Fax wiedergegeben werden (BGH aaO.).

6. Will der Kläger nicht zugleich mit dem Antrag Klage erheben, kann er das zB. dadurch kennzeichnen, dass er – wie hier – die Klageschrift nur als Klageentwurf bezeichnet, dass er die Klageschrift nicht unterschreibt (wohl aber den Antrag), dass er Prozesskostenhilfe ausdrücklich für eine beabsichtigte Klage beantragt oder dass er erklärt, die Klage nur so weit zu erheben, wie Prozesskostenhilfe bewilligt wird (vgl. *Thomas/Putzo* § 117 Rdn. 3; *Zöller/Philippi* § 117 Rdn. 7). Ob die Erklärung ausreicht, dass der Rechtsstreit nur durchgeführt werden soll, wenn PKH bewilligt wird, ist zweifelhaft (vgl. BGH NJW-RR 2007, 1565 für die Berufung). Bei gleichzeitiger Einreichung von Prozesskostenhilfegesuch und Klage muss der Kläger damit rechnen, dass das Gericht ohne Rückfrage die Zustellung der Klage und damit die Klageerhebung veranlassen wird, wenn er nicht deutlich und unmissverständlich zum Ausdruck gebracht hat, dass die Klage nur für den Fall der Prozesskostenhilfe als erhoben gelten soll (vgl. OLG Zweibrücken NJW-RR 2001, 1653; OLG München NJW-RR 1998, 205).

7. Für das Bewilligungsverfahren besteht auch beim Landgericht kein Anwaltszwang, so dass die Partei den Antrag selbst stellen kann.

8. Die Bewilligung erfolgt jeweils für eine Instanz ausschließlich der Zwangsvollstreckung (§ 119 ZPO). Eine rückwirkende Bewilligung ist, auch noch nach Beendigung des Rechtsstreits, möglich, jedoch nur bis zu dem Zeitpunkt, in dem ein formgerechter Antrag vorlag (BGH NJW 1982, 446; NJW 1985, 921; OLG Frankfurt NJW-RR 1995, 703; aA. OLG Oldenburg NJW-RR 1991, 189). Im Zweifel ist der Bewilligungsbeschluss auch so auszulegen (*Zöller/Philippi* § 119 Rdn. 41). Eine Rückwirkung auf diesen Zeitpunkt setzt aber voraus, dass die erforderlichen Unterlagen beigelegen haben (OLG Düsseldorf NJW 1991, 1186). Für die Zwangsvollstreckung muss die Prozesskostenhilfe gesondert beantragt werden, zuständig ist das Vollstreckungsgericht (BGH NJW 1979, 1048; vgl. *Zöller/Philippi* § 119 Rdn. 34). Die Bewilligung erfasst alle Vollstreckungshandlungen im Bezirk des Vollstreckungsgerichts (§ 119 Abs. 2 ZPO).

9. Wird der Antragsteller noch nicht anwaltlich vertreten, sollte er hier den Rechtsanwalt seiner Wahl bezeichnen; das Gericht muss diesen beiordnen, wenn Anwaltszwang besteht (§ 121 Abs. 1 ZPO). Das gilt auch im Parteiprozess, wenn die Vertretung durch einen Rechtsanwalt erforderlich erscheint oder wenn der Gegner durch einen Rechtsanwalt vertreten ist (§ 121 Abs. 2 ZPO). Hingegen ist es verfassungsrechtlich nicht geboten, einer Seite einen Anwalt beizuordnen, wenn die andere Seite durch einen Behördenvertreter vertreten ist (BVerfG NJW 1988, 2597). Ein Gesamtschuldner hat keinen Anspruch auf einen eigenen Anwalt (OLG Köln MDR 2005, 106). Die Gerichte sind zT. recht kleinlich (zB. OLG München MDR 1999, 301); so wird die Beiordnung in Verfahren mit Amtsermittlung abgelehnt, auch wenn der Gegner anwaltlich vertreten ist (KG NJW-RR 2001, 900; OLG Hamm FamRZ 1984, 1245; OLG Nürnberg NJW-RR 1995, 388; dagegen OLG Hamm MDR 1997, 1153 für das FGG-Verfahren; BVerfG NJW 1997, 2103 für das sozialgerichtliche Verfahren; vgl. *Thomas/Putzo* § 121 Rdn. 6 mwN.). Zu bezeichnen ist nicht die Anwaltssozietät, sondern der einzelne Sozius (OLG Karlsruhe MDR 1992, 1138; *Zöller/Philippi* § 121 Rdn. 2). Nennt der Antragsteller keinen Rechtsanwalt, wählt das Gericht einen aus. Wohnt die Partei nicht am Ort des Prozessgerichts, kann ihr unter den Voraussetzungen des § 121 Abs. 4 ZPO zusätzlich ein Verkehrsanwalt beigeordnet werden; das geschieht insbesondere in Familiensachen (zB. BGH NJW 2004, 2749; OLG Köln FamRZ 2008, 525). Will die Partei den ihr vertrauten ortsansässigen Anwalt, keinen Anwalt am Prozessgericht, beauftragen, kommt eine Beiordnung „zu den Bedingungen eines beim Prozessgericht zugelassenen Anwalts" in Betracht (vgl. OLG Karlsruhe NJW 2005, 2718; OLG Hamm MDR 2001, 832; *Zöller/Philippi* § 121 Rdn. 12f.), allerdings nicht gegen den Willen des auswärtigen Anwalts (vgl. OLG Köln NJOZ 2005, 2880).

10. Dieser Antrag hat den Zweck, in jedem Fall eine Hemmung der Verjährung gem. § 2004 Abs. 1 Nr. 14 BGB zu erreichen. Denn nach der Rechtsprechung des BGH (NJW 2008, 1939) tritt die Hemmung nicht ein, wenn das Gericht den Antrag zurückweist, ohne ihn der Gegenseite bekanntzugeben. Dem Antrag, die Bekanntgabe an den Gegner zu veranlassen, auch wenn das Gericht die Erfolgsaussichten verneinen sollte, muss stattgegeben werden (BGH aaO).

11. Der Antragsteller hat hier durch Beifügung einer Erklärung über seine persönlichen und wirtschaftlichen Verhältnisse seine Bedürftigkeit darzulegen. Die Benutzung des durch VO v. 17. 10. 1994 (BGBl. I, 3001) eingeführten Vordrucks ist zwingend (§ 117 Abs. 4 ZPO). Die Tatsache, dass über das Vermögen des Antragstellers das Insolvenzverfahren eröffnet worden ist, macht die Ausfüllung des Vordrucks nicht entbehrlich (BGH NJW 2002, 2793). Dem Vordruck sind allgemeine Hinweise für die Erklärung sowie spezielle Ausfüllhinweise zu den einzelnen Rubriken beigefügt. Dort finden sich auch Angaben über die Art der einzureichenden Belege. Die Belege sind unbedingt beizufügen, da sonst die sofortige Zurückweisung des Antrags droht (vgl. OLG Oldenburg NJW 1981, 1793; weniger streng BGH VersR 1981, 59). Von Rechts wegen müsste das Gericht eine Frist zur Vervollständigung setzen (*Zöller/Philippi* § 117 Rdn. 17). Die Erklärung bedarf der Unterschrift; ihr Fehlen kann nach der Rechtsprechung des BGH (NJW 1986, 62) unschädlich sein. Auch sonst bleibt das unvollständige Ausfüllen des Vordrucks folgenlos, wenn die Lücken durch übersichtliche Belege geschlossen werden können (BGH aaO.). Die Instanzgerichte entscheiden zT. strenger (vgl. OLG Nürnberg NJW 1985, 1563). Ein Steuerbescheid für ein zurückliegendes Jahr, auch wenn es der Letzte ist, reicht nicht immer aus (BGH NJW-RR 1991, 637).

In drei Fällen ist der Vordruck ungeeignet, seine Benutzung daher nicht vorgeschrieben (§ 1 VO v. 17. 10. 1994, abgedruckt bei *Zöller/Philippi* § 117 Rdn. 15):
1. für Anträge juristischer Personen iSd. § 116 ZPO,
2. für Unterhaltsprozesse eines minderjährigen unverheirateten Kindes,
3. für Vaterschaftsfeststellungsklagen eines minderjährigen unverheirateten nichtehelichen Kindes.

Ein Kind nach Nr. 2 u. 3 hat im Wege einer vereinfachten Erklärung nur darüber Angaben zu machen, wie es seinen Lebensunterhalt bestreitet, welche Einnahmen es im Monat durchschnittlich hat und dass es über Vermögen im Sinne des § 115 Abs. 2 ZPO nicht verfügt; es hat darüber hinaus, soweit es selbst oder sein gesetzlicher Vertreter davon Kenntnis hat, anzugeben, welche Einnahmen die ihm unterhaltspflichtigen Personen haben und über welches Vermögen diese verfügen (§ 2 VO v. 17. 10. 1994). Das Gericht kann die Benutzung des Vordrucks durch das Kind anordnen (§ 1 Abs. 3 VO).

Zur Berechnung des einzusetzenden Einkommens verweist § 115 Abs. 1 S. 3 Nr. 1 ZPO auf § 82 Abs. 2 u. 3 SGB XII (abgedruckt bei *Zöller/Philippi* § 115 Rdn. 20). Wieweit der Antragsteller eigenes Vermögen für die Prozessführung einzusetzen hat, bestimmt sich nach § 90 SGB XII (abgedruckt bei *Zöller/Philippi* § 115 Rdn. 48). Diese Vorschriften sind in den Ausfüllhinweisen zum Vordruck berücksichtigt. Auf Verlangen des Gerichts hat der Antragsteller die Angaben zu seinen wirtschaftlichen Verhältnissen glaubhaft zu machen (§ 118 Abs. 2 ZPO). Macht der Kläger ein fremdes Recht geltend, kommt es idR., aber nicht immer, auf die wirtschaftlichen Verhältnisse des Rechtsinhabers an (vgl. BGH NJW 1990, 1053; OLG Celle NJW 1987, 783). Bei Abtretung des Klageanspruches ist auf den Zessionar abzustellen, es sei denn, ein triftiger Grund für die Abtretung ist nicht zu erkennen (OLG Koblenz MDR 1999, 831; OLG Celle NJW-RR 1999, 579; KG MDR 2004, 710). Das gilt auch für eine in Prozessstandschaft erhobene Klage (BGH VersR 1992, 594) oder für die Klage eines nur vorgeschobenen Miterben auf Leistung an die Miterbengemeinschaft (OLG Saarbrücken NJW 2009, 2070).

Die Erklärung wird einschließlich aller Belege in ein besonderes Beiheft, nicht in die Prozessakte selbst genommen. Sie dürfen dem Gegner nur mit Zustimmung der Partei zugänglich gemacht werden, wie § 117 Abs. 2 S. 2 ZPO ausdrücklich vorschreibt. Die gleiche Regelung gilt auch für die Teile der Beschlussgründe, die sich mit den persönlichen und wirtschaftlichen Verhältnissen befassen (§ 127 Abs. 1 S. 3 ZPO).

12. In dem Antrag ist das Streitverhältnis unter Angabe der Beweismittel so darzustellen, dass sich die hinreichende Erfolgsaussicht der Klage ergibt. Das geschieht am besten in Form einer Klageschrift (vgl. Form. I. D. 1), und auch inhaltlich nicht nur summarisch, denn nach Ablehnung der Prozesskostenhilfe hat eine nachgebesserte Klage auf eigene Kosten kaum je Erfolg. Der Antragsteller sollte auch vortragen, dass der Beklagte durch sein Verhalten Anlass zur Klageerhebung gegeben hat, da die Rechtsverfolgung sonst als mutwillig iSd. § 114 ZPO erscheinen kann; die Rechtsprechung nimmt Mutwilligkeit auch an, wenn die Vollstreckung auf Dauer aussichtslos ist (OLG Hamm NJW-RR 1999, 1737; OLG Düsseldorf NJW-RR 1998, 503; OLG Celle NJW 1997, 532). Die Erfolgsaussicht ist im Laufe des Verfahrens auf Verlangen des Gerichts glaubhaft zu machen (§ 118 Abs. 2 ZPO). Die Vernehmung von Zeugen und Sachverständigen ist idR. ausgeschlossen. Eine vorweggenommene Beweiswürdigung von Zeugenaussagen durch das Gericht ist nur in engen Grenzen zulässig (BGH NJW 1988, 267; BVerfG NJW 1997, 2745; 2003, 2976), aber in der Praxis nicht selten (zB. OLG Hamm, NJW-RR 2000, 1669; OLG Köln NJW-RR 2001, 791; OLG Koblenz NJW-RR 1992, 706, 707); wenn sich der Kläger zum Beweis nur auf eine Parteivernehmung des den Klagevortrag bestreitenden Gegners beruft, kann er nicht mit einer Bewilligung rechnen (vgl. OLG Köln NJW-RR 1997, 636). Nach der Rechtsprechung des BVerfG (NJW 1997, 2102; 2000, 2098) darf die Prüfung der Erfolgsaussicht nicht dazu führen, den eigentlichen Prozess in das Bewilligungsverfahren vorzuverlagern; schwierige und ungeklärte Rechtsfragen sollen nicht im PKH-Verfahren durchentschieden werden (so auch BGH NJW-RR 2004, 1662; NJW 1998, 82). Das BVerfG hat auch verschiedentlich beanstandet, dass die Instanzgerichte einen zu strengen Maßstab an die Erfolgsprüfung anlegen und damit nicht die Chancengleichheit der unterbemittelten Partei herstellen (BVerfG NJW 1991, 413; 2000, 1936; 2003, 2976; NJW-RR 2002, 1069). Das Gericht kann die Parteien zur mündlichen Erörterung laden, nach dem Gesetz allerdings nur, wenn eine Einigung zu erwarten ist (§ 118 Abs. 1 S. 3 ZPO). Vor der Bewilligung erhält der Gegner rechtliches Gehör (§ 118 Abs. 1 S. 1 ZPO). Falls die Anhörung des Gegners zB. wegen besonderer Eilbedürftigkeit der Sache untunlich ist, sollte der Antragsteller darauf hinweisen.

Kosten und Gebühren

Das Bewilligungsverfahren ist gerichtsgebührenfrei; bei Ablehnung der Prozesskostenhilfe haftet der Antragsteller für entstandene Auslagen – zB. für Vernehmung von Zeugen oder Sachverständigen – nach KV 9005.

Der Anwalt erhält im Bewilligungsverfahren eine 1,0 Verfahrensgebühr nach VV 3335); sie ist auf die im späteren Prozess entstehenden Gebühren anzurechnen, § 16 Nr. 2 iVm. § 15 Abs. 2 RVG. Kommt es zu einem Vergleich im Bewilligungsverfahren (§ 118 Abs. 1 S. 3 ZPO), erhält der Rechtsanwalt eine 1,0 Einigungsgebühr nach VV 1003. Eine Terminsgebühr für die mündliche Erörterung nach § 118 Abs. 1 S. 2 ZPO ist nicht vorgesehen. Die Höhe der Gebühren des beigeordneten Rechtsanwalts ergibt sich aus § 49 RVG; die Höchstgebühr beträgt danach, auch bei Streitwerten über EUR 30.000,–, EUR 391,–. Das Gericht darf den Streitwert nicht zur Schonung öffentlicher Kassen absenken (BVerfG NJW 2005, 2980). Bei mehreren Auftraggebern erhöht sich die Verfahrensgebühr gem. VV 1008. Wird Prozesskostenhilfe bewilligt, kann der beigeordnete Anwalt Gebührenansprüche nicht gegen die Partei geltend machen, § 45 Abs. 1 RVG; das gilt auch für Ansprüche, die vor der Beiordnung entstanden waren, soweit der Gebührentatbestand nach der Beiordnung erneut verwirklicht wird. Wenn der Rechtsanwalt also schon vor seiner Beiordnung beauftragt war, kann er von seinem Mandanten die Differenz zwischen den bereits entstandenen gewöhnlichen Gebühren und den Gebühren nach § 49 RVG idR. nicht verlangen. Auf die Gebühren nach § 45 RVG steht ihm nach § 47 RVG ein Anspruch auf Vorschuss aus der Staatskasse zu.

Kostenerstattung: Im Bewilligungsverfahren entstandene Rechtsanwaltsgebühren des Gegners hat der Antragsteller, auch wenn die Prozesskostenhilfe abgelehnt wird, nicht zu erstatten (§ 118 Abs. 1 S. 4 ZPO), und zwar auch nicht nach Bewilligung der Prozesskostenhilfe und Unterliegen im Prozess (str., vgl. OLG München NJW-RR 2001, 1437; *Thomas/Putzo* § 118 Rdn. 12). Hinsichtlich der Gerichtskosten trifft den Kläger keine Kostenerstattungspflicht; das gilt – entgegen einer jahrelangen früheren Praxis – auch für den mittellosen, im Prozess unterlegenen Beklagten (BVerfG NJW 1999, 3186); anders soll es bei Kostenaufhebung im Vergleich sein (OLG Nürnberg NJW 2000, 370). Auch im Übrigen ist hinsichtlich der Kostenerstattung aus der Sicht der obsiegenden und auch der unterliegenden Partei manches unklar (vgl. *Zöller/Philippi* § 118 Rdn. 27, 28). Fraglich ist auch, ob der Kostenerstattungsanspruch die Differenz zu den Wahlanwaltsgebühren erfasst (vgl. OLG Düsseldorf NJW-RR 1998, 287 mwN.).

Fristen und Rechtsmittel

Zur Unterbrechung und Hemmung von Verjährungsfristen vgl. Anm. 1 u. 10. Das Prozesskostenhilfegesuch kann auch die Klagefrist nach § 12 Abs. 3 VVG wahren, wenn die Bekanntgabe an den Antragsgegner demnächst iSd. § 204 Abs. 1 Nr. 14 BGB veranlasst wird (vgl. BGH NJW 1987, 255).

Gegen die Bewilligung der Prozesskostenhilfe hat der Gegner kein Rechtsmittel (§ 127 Abs. 2 S. 1 ZPO); er kann lediglich Gegenvorstellungen erheben oder unter den Voraussetzungen des § 124 ZPO eine Aufhebung der Bewilligung beantragen. Die Staatskasse kann gegen die Bewilligung sofortige Beschwerde einlegen, aber nur mit der Behauptung, die Partei müsse nach ihren persönlichen und wirtschaftlichen Verhältnissen Zahlungen leisten (§ 127 Abs. 3 ZPO).

Dem Antragsteller steht, wenn die Bewilligung versagt wird, die sofortige Beschwerde zu (vgl. Form. I. C. 8). Das gilt auch, wenn er mit der Festsetzung der Raten nicht einverstanden ist, die Beiordnung seines Anwalts abgelehnt wurde etc.

2. Antrag des Beklagten auf Bewilligung von Prozesskostenhilfe[1] und Beiordnung eines Rechtsanwalts[2]

An das
Landgericht
Klageerwiderung und Antrag auf Prozesskostenhilfe[3]

In der Sache

……

zeige ich an, dass ich den Antragsgegner vertrete. Ich werde beantragen[4],

1. die Klage abzuweisen,

2. ……

Außerdem wird beantragt,[5]

dem Beklagten Prozesskostenhilfe für die Rechtsverteidigung zu gewähren und ihm den Unterzeichnenden als Rechtsanwalt beizuordnen.

Begründung:[6]

1. Dem Kläger steht der geltend gemachte Anspruch nicht zu. …… (ist auszuführen).

2. Zur Bewilligung der Prozesskostenhilfe reicht der Beklagte in der Anlage die Erklärung über seine persönlichen und wirtschaftlichen Verhältnisse

sowie die erforderlichen Belege ein

Die Erfolgsaussicht seiner Rechtsverteidigung ergibt sich aus den Ausführungen zu 1. Sofern das Gericht weitere Darlegungen oder Beweisantritte für erforderlich hält, wird um eine Auflage gebeten.

Anmerkungen

1. Dem Beklagten kann in gleicher Weise wie dem Kläger Prozesskostenhilfe gewährt werden, die Anmerkungen zum vorangehenden Formular gelten entsprechend. Erfolgsaussicht für die Rechtsverteidigung besteht immer dann, wenn die Klage unschlüssig ist oder wenn der Beklagte das Vorbringen des darlegungs- und beweispflichtigen Klägers substantiiert bestritten hat, nicht aber dann, wenn er mit Nichtwissen bestreitet, ohne dass die Voraussetzungen des § 138 Abs. 4 ZPO vorliegen (OLG Celle NJW-RR 1997, 290). Wenn über die vom Kläger darzulegenden Anspruchsvoraussetzungen Beweis zu erheben ist, besteht idR. hinreichende Erfolgsaussicht (BVerfG NJW 2008, 1060). Eine Beweisantizipation, d.h. eine Vorabwürdigung der noch nicht erhobenen Beweise, ist nur in engen Grenzen zulässig (BVerfG aaO. u. NJW 2003, 2976). In der Praxis werden an die Erfolgsaussicht zuweilen geringere Anforderungen gestellt als beim Kläger (vgl. OLG Frankfurt MDR 1987, 61; *Zöller/Philippi* § 114 Rdn. 25 mwN.), auch um dem Kläger kein langwieriges Bewilligungsverfahren aufzunötigen. Die Rechtsverteidigung kann auch Erfolg versprechend sein, wenn der Beklagte unter Protest gegen die Kosten anerkennt (OLG Hamm FamRZ 2003, 459). Für ein bedingungsloses Anerkenntnis kann Prozesskostenhilfe nicht bewilligt werden, auch nicht für einen Klagabweisungsantrag bei berechtigter Erledigungserklärung des Klägers (vgl. *Zöller/Philippi* § 114, Rdn. 25). Dem Antragsgegner im Scheidungsverfahren kann Prozesskostenhilfe nicht mangels Erfolgsaussicht versagt werden, da seine Beteiligung notwendig ist (OLG Hamburg FamRZ 2003, 1017; *Zöller/Philippi* § 114 Rdn. 43). Im Vaterschaftsfeststellungsprozess wird die Rechtsverteidigung nur dann als Erfolg versprechend angesehen, wenn der Beklagte ernsthafte Zweifel an seiner Vaterschaft darlegen kann (OLG Hamburg, NJW-RR 2000, 1605; aA. OLG Karlsruhe NJW-RR 1999, 1456).

2. Die Beiordnung eines Rechtsanwalts ist im landgerichtlichen Verfahren zwingend, sollte aber auch im Amtsgerichtsprozess vor allem beantragt werden, wenn der Kläger durch einen Rechtsanwalt vertreten wird (vgl. § 121 Abs. 2 ZPO).

3. Klageerwiderung und Antrag auf Prozesskostenhilfe werden idR. so miteinander verbunden, dass der Beklagte bereits jetzt auf die Klage erwidert und hierfür Prozesskostenhilfe beantragt. Etwas anderes gilt, wenn der Beklagte im Anwaltsprozess noch nicht anwaltlich vertreten ist und daher nur das Gesuch einreichen, nicht auf die Klage wirksam erwidern kann.

4. Zu den Anträgen des Beklagten vgl. Form. I. E. 1, 2.

5. Vgl. Anm. 8, 9 zum vorangehenden Formular.

6. Der Beklagte legt die Erfolgsaussicht seiner Rechtsverteidigung, auch wenn er noch nicht formell auf die Klage erwidert, am besten in einer der Klageerwiderung nach §§ 130, 277 ZPO entsprechenden Weise dar (vgl. Form. I. E. 4). Zur Erklärung über seine persönlichen und wirtschaftlichen Verhältnisse vgl. Form. I. C. 1 Anm. 11.

Kosten und Gebühren

Vgl. die Hinweise zu Form. I. C. 1.

3. Antrag des Berufungsklägers auf Prozesskostenhilfe und Beiordnung eines Rechtsanwalts[1]

An das
Oberlandesgericht[2]

Antrag auf Prozesskostenhilfe[3]

In der Sache

……

ist der Beklagte durch Urteil des Landgerichts …… vom ……, Geschäfts-Nr.……, zugestellt am ……, zur Zahlung von EUR …… verurteilt worden, wie sich aus der beigefügten beglaubigten Abschrift des Urteils ergibt[4]. Der Beklagte beabsichtigt, gegen dieses Urteil Berufung einzulegen, sieht sich jedoch nicht in der Lage, die Kosten für das Rechtsmittelverfahren aus eigenen Mitteln aufzubringen. Aus diesem Grund wird beantragt,

dem Beklagten Prozesskostenhilfe für den zweiten Rechtszug zu bewilligen und ihm den Unterzeichnenden als Prozessbevollmächtigten beizuordnen[5].

Der Beklagte reicht außerdem eine Erklärung über seine persönlichen und wirtschaftlichen Verhältnisse vom …… mit den erforderlichen Belegen ein. Eine entsprechende Erklärung hat der Beklagte bereits in erster Instanz vorgelegt; seine persönlichen und wirtschaftlichen Verhältnisse sind unverändert[6].

Die hinreichende Erfolgsaussicht ergibt sich aus dem anliegenden Entwurf der Berufungsbegründung[7].

Der Beklagte beabsichtigt, nach Entscheidung des Senats über die Prozesskostenhilfe einen Antrag auf Wiedereinsetzung zu stellen[8].

Schrifttum: Fischer, Prozesskostenhilfe – Bewilligung für die Berufungsinstanz bei Erfolgsaussichten unterhalb der Berufungsgrenze, MDR 2007, 437; *Kramer,* ZPO-Reform – Prozesskostenhilfe und Berufungsfristen nach neuem Recht, MDR 2003, 434; *Nickel,* Wiedereinsetzungsprobleme nach Bewilligung von PKH, NJ 2009, 93; *Schultz,* Rechtsmittelbegründungsfrist und Prozesskostenhilfe, NJW 2004, 2329.

Anmerkungen

1. Prozesskostenhilfe wird nur für eine Instanz bewilligt; sie muss für das Rechtsmittelverfahren – ohne Rücksicht auf den Prozessausgang – erneut beantragt werden (§ 119 ZPO). Der Rechtsmittelkläger hat, ähnlich wie im Falle der Klageerhebung, die Möglichkeit, das Rechtsmittel einzulegen und hierfür zugleich Prozesskostenhilfe zu beantragen (vgl. BGH NJW-RR 1987, 376; NJW-RR 2007, 1565) oder (so das Beispiel) zunächst nur den Antrag auf Prozesskostenhilfe für ein beabsichtigtes Rechtsmittel zu stellen. Dies bietet den Vorteil, die Rechtsauffassung des Rechtsmittelgerichts zu erfahren, ohne das volle Kostenrisiko zu tragen. Auch kann der Antrag noch durch den erstinstanzlichen Rechtsanwalt gestellt werden, während die Berufung, wenn sie mit dem Antrag verbunden wird, durch einen beim Berufungsgericht zugelassenen Rechtsanwalt eingelegt werden muss. Allerdings wird nach § 520 Abs. 2 S. 1 ZPO auch die Berufungsbegründungsfrist bereits mit der Zustellung des Urteils in Lauf gesetzt, diese Frist kann also ablaufen, obgleich ein Antrag auf Prozesskostenhilfe für die Berufung gestellt und ohne dass Berufung eingelegt wurde. Hingegen bedeutet es in Hinblick auf die Berufungsfrist kein Risiko, dass das Gericht über den Antrag auf Prozesskostenhilfe regelmäßig erst nach ihrem Ablauf (§ 516 ZPO: 1 Monat) entscheiden wird, denn wenn eine Partei aus finanziellen Gründen die Berufung nicht durchführen kann und deshalb die Berufungsfrist versäumt, hat sie einen Anspruch auf Wiedereinsetzung (vgl. Form. I. F. 2); das gilt auch dann, wenn ihr die Prozesskostenhilfe mangels Erfolgsaussicht des Rechtsmittels versagt wird (st. Rspr., vgl. BGH NJW 1999, 2823). Allerdings muss der Antragsteller vernünftigerweise annehmen dürfen, dass er zur rechtzeitigen Berufungseinlegung finanziell nicht in der Lage ist und er die wirtschaftlichen Voraussetzungen hierfür ordnungsgemäß dargetan hat (BGH NJW 1997, 1078; 2001, 2720, 2721; 2002, 2793); hier liegt ein Risiko. Wurde der Partei bereits für den ersten Rechtszug Prozesskostenhilfe bewilligt, kann sie allerdings bei im Wesentlichen gleichen Angaben zu den Vermögensverhältnissen erwarten, dass auch das Gericht des zweiten Rechtszuges sie als bedürftig ansehen wird (BGH NJW-RR 2000, 1387).

Beschränkt sich der Berufungskläger auf den Prozesskostenhilfeantrag, muss er drei Fristen beachten: Zum einen muss der Antrag innerhalb der Berufungsfrist – auch noch am letzten Tag (BGH NJW 1987, 440, 441; NJW 1994, 2097) – gestellt werden; das Gesuch muss vollständig sein (vgl. BGH FamRZ 2004, 1437; NJW 2001, 2720, 2721; 1997, 1078 mwN.: sonst bei Ablehnung der Prozesskostenhilfe keine Wiedereinsetzung) und beim zuständigen Gericht (BGH NJW 1987, 440) eingereicht werden. Zum anderen muss nach Kenntnis der Entscheidung über die Prozesskostenhilfe die Wiedereinsetzungsfrist (§ 234 Abs. 1 ZPO: 2 Wochen) eingehalten werden (vgl. Form. I. F. 2 Anm. 2). Zum Dritten muss die Partei die Begründungsfrist nach § 520 Abs. 2 ZPO beachten. Hier wirkt es sich aus, dass die Berufungsbegründungsfrist nicht mehr an die Einlegung der Berufung, sondern an die Zustellung des Urteils geknüpft ist. In der Praxis wird die Frist daher, wenn das Berufungsgericht über die Prozesskostenhilfe für die Berufung entscheidet, idR. bereits abgelaufen sein. Dieses Problem hat der Gesetzgeber des 1. JuMoG dadurch zu lösen versucht, dass die Frist für die Wiedereinsetzung bei der Versäumung von Rechtsmittelbegründungsfristen nicht mehr zwei Wochen, sondern einen Monat beträgt (§ 234 Abs. 1 S. 2 ZPO) und dass bei versäumter Berufungsfrist die Frist zur Nachholung der Berufungsbegründung erst mit der Entscheidung über den Wiedereinsetzungsantrag beginnt (BGH NJW 2007, 3354). Das bedeutet für die Wahrung der Berufungsbegründungsfrist in den verschiedenen denkbaren Fallkonstellationen:

a) Bei PKH-Bewilligung nach Ablauf der Berufungsfrist: Die Partei muss innerhalb von zwei Wochen nach Mitteilung des PKH-Beschlusses Wiedereinsetzung gegen die Versäumung der Berufungsfrist beantragen und gleichzeitig Berufung einlegen (§ 236 Abs. 2 S. 2 ZPO). Sie muss außerdem innerhalb eines Monats (§ 234 Abs. 1 S. 2 ZPO), gerechnet vom gleichen Zeitpunkt, Wiedereinsetzung gegen die Versäumung der Berufungsbegründungsfrist beantragen und die Berufung gleichzeitig begründen.

b) Bei PKH-Ablehnung nach Ablauf der Berufungsfrist: Die Partei hat zunächst eine Frist von drei bis vier Tagen, um zu überlegen ob gleichwohl Berufung eingelegt werden soll (vgl. *Zöller/Greger* § 234 Rdn. 8). Nach Ablauf dieser Überlegungsfrist beginnt die Wiedereinsetzungsfrist; innerhalb von zwei Wochen muss die Partei also Wiedereinsetzung beantragen und die Berufung einlegen. Die Wiedereinsetzungsfrist für die Versäumung der Berufungsbegründung beträgt wiederum einen Monat. Ob der Partei auch hier eine zusätzliche Überlegungsfrist zuzubilligen ist oder ob die Frist mit der Bekanntgabe des ablehnenden PKH-Beschlusses beginnt (so *Zöller/Greger* § 234 Rdn. 8), ist ungeklärt; die Partei sollte daher von einer Monatsfrist ab Zugang der PKH-Entscheidung ausgehen.

c) Bei Bewilligung oder Ablehnung der PKH innerhalb der Berufungsbegründungsfrist: In diesem Fall könnte die Partei die Berufung noch innerhalb der gesetzlichen Frist begründen. Ein Wiedereinsetzungsantrag kommt vor Ablauf der Frist nicht in Betracht. Hier ist der Partei zu empfehlen, vorsorglich einen Verlängerungsantrag nach § 520 Abs. 2 S. 2 ZPO zu stellen. Verbleiben ihr nach Mitteilung des PKH-Beschlusses nur zwei Tage (so der Fall BGH NJW 2004, 2902), darf sie aber nicht auf einen Verlängerungsantrag verwiesen werden; sie hat dann zumindest die Monatsfrist des § 234 Abs. 1 S. 2 ZPO. Offen gelassen hat der BGH aber die Frage nach der Rechtslage, wenn von der Berufungsbegründungsfrist noch eine Woche oder mehr verblieben wäre; jedenfalls dann sollte daher ein Verlängerungsantrag gestellt werden.

d) Wird die Berufung unbedingt eingelegt und der Prozesskostenhilfeantrag erst anschließend gestellt, beginnt die Berufungsbegründungsfrist mit Zustellung des Urteils (§ 520 Abs. 2 S. 1 ZPO). Nach Bewilligung der Prozesskostenhilfe verbleibt dem Antragsteller aber die Monatsfrist des § 234 Abs. 1 S. 2 ZPO, um die Berufungsbegründung nachzuholen (BGH NJW 2006, 2857, 2858; 2007, 3354, 3355). Begründet der Antragsteller die Erfolgsaussichten des PKH-Antrags mit dem Entwurf einer vollständigen Berufungsbegründung, muss er die endgültige Begründungsschrift unbedingt innerhalb der Begründungsfrist einreichen. Denn nach der strengen Rechtsprechung des BGH (NJW 2008, 2855) kommt eine Wiedereinsetzung wegen Versäumung der Frist nicht in Betracht, da dann die Mittellosigkeit für die Fristversäumung nicht kausal geworden sein soll.

Mit dieser Regelung hat der Gesetzgeber die Gleichstellung mit einer bemittelten Partei nicht erreicht, zumal die Monatsfrist des § 234 Abs. 1 S. 2 ZPO nicht verlängert werden kann. Es wird daher die Ansicht vertreten, dass die vorher ergangene, großzügigere Rechtsprechung (BGH NJW 2003, 3275 u. 3782) fortgilt (so *Fölsch* MDR 2004, 1029, 1032; *Schultz* NJW 2004, 2339, 2334). Hiervon kann aber der Berufungskläger angesichts der neueren Rechtsprechung (BGH NJW 2006, 2857) nicht ausgehen.

2. Wird Prozesskostenhilfe für ein Rechtsmittelverfahren beantragt, ist das jeweilige Rechtsmittelgericht zuständig. Auch der Partei selbst wird zugemutet, sich danach zu erkundigen, welches Gericht das ist; sendet sie das Gesuch an ein falsches Gericht, kann ihr später keine Wiedereinsetzung gewährt werden (BGH MDR 1987, 315). Allerdings gilt auch hier § 129 a ZPO: Die Partei kann den Antrag vor der Geschäftsstelle eines jeden Amtsgerichts zu Protokoll stellen. Anwaltszwang besteht nicht.

3. Das Beispiel geht davon aus, dass der Beklagte in 1. Instanz verurteilt wurde und für die Berufung Prozesskostenhilfe begehrt. Hätte der Gegner Berufung eingelegt, wäre dem Berufungsbeklagten ohne weitere Prüfung der Erfolgsaussichten Prozesskostenhilfe zu bewilligen (§ 119 S. 2 ZPO; Ausnahmen vgl. *Thomas/Putzo* § 119 Rdn. 13). Die Versagung kann gegen das Willkürverbot verstoßen (BVerfG NJW 2005, 409). Will der Antragsteller, wie im Beispiel, zunächst nur den Antrag auf Prozesskostenhilfe stellen, sollte er sich hüten, den Antrag als Berufung zu bezeichnen oder ihm ein als Berufung bezeichnetes und unterschriebenes Schriftstück beizufügen; die Rechtsprechung verlangt jeden vernünftigen Zweifel ausschließende Erklärungen, wenn die Berufung gleichwohl nicht eingelegt sein soll (BGH NJW-RR 2000, 879; NJW 1988, 2056).

4. Der Rechtsstreit ist genau zu bezeichnen. Die Übersendung des Urteils kann sich empfehlen (vgl. § 518 Abs. 3 ZPO). Das Zustellungsdatum ist für die Berechnung der Berufungsfrist, die eingehalten sein muss, wichtig.

5. Vgl. Form. I. C. 1 Anm. 9. Es kommt nur die Beiordnung eines beim Rechtsmittelgericht zugelassenen Anwalts in Betracht.

6. Grundsätzlich muss der Antragsteller die Erklärung in der 2. Instanz erneut abgeben, auch wenn dies bereits in der 1. Instanz geschehen ist und er dort Prozesskostenhilfe erhalten hat. Das gilt jedenfalls, wenn sich seine Verhältnisse verändert haben (BGH VersR 1981, 61). Fraglich ist, ob eine Bezugnahme verbunden mit der Erklärung ausreicht, dass die persönlichen und wirtschaftlichen Verhältnisse unverändert sind. Nach der Rechtsprechung des Bundesgerichtshofs darf in der Rechtsmittelinstanz die Vorlage einer ordnungsgemäß ausgefüllten Vordruckerklärung nur dann durch die Bezugnahme auf einen in der Vorinstanz vorgelegten Vordruck ersetzt werden, wenn zugleich unmissverständlich mitgeteilt wird, dass seitdem keine Änderungen eingetreten sind (BGH FamRZ 2004, 1961; NJW 2001, 2720; 1997, 1078). Die Instanzrechtsprechung ist zT. strenger (vgl. OLG Oldenburg NJW 1981, 1793). Da es für den Antragsteller darum geht, innerhalb der Berufungsfrist einen vollständigen Antrag zu stellen (vgl. Anm. 1 aE.), sollte er sicherheitshalber eine neue Erklärung einreichen und auch die Belege beifügen; das gilt vor allem, wenn die alte Erklärung längere Zeit zurückliegt.

Bewilligt das Berufungsgericht Prozesskostenhilfe unter Anordnung von Ratenzahlungen, so wird damit die Ratenzahlungsanordnung der Vorinstanz gegenstandslos (BGH NJW 1983, 944).

7. Die Rechtsprechung des Bundesgerichtshofes hat sich für das alte Berufungsrecht auf den Standpunkt gestellt, dass eine Begründung des PKH-Antrages nicht erforderlich sei (BGH NJW-RR 2001, 1146; NJW 1993, 732). Diese Ansicht wird jedoch von der Rechtsprechung der Instanzgerichte, zumal unter Geltung des neuen Berufungsrechts, nicht geteilt (OLG Schleswig OLGR 2004, 666; OLG Celle MDR 2003, 470; OLG Dresden MDR 2003, 1443; OLG Saarbrücken FamRZ 1993, 715). Der Antragsteller hat danach jedenfalls in Grundzügen aufzuzeigen, weshalb und in welchen Punkten das erstinstanzliche Urteil angegriffen werden soll. Es dürfte zweckmäßig sein, die Erfolgsaussichten in Form einer Berufungsbegründungsschrift darzulegen, die später ohnehin erforderlich wird. Zu deren Inhalt vgl. Form. I. O. 2.

8. Vgl. hierzu Form. I. F. 2.

Kosten und Gebühren

Vgl. die Hinweise zu Form. I. C. 1. Im Rechtsmittelverfahren erhöhen sich die Gebühren gem. VV 3200.

Fristen und Rechtsmittel

Der Antrag muss vollständig innerhalb der Berufungsfrist (idR. 1 Monat nach Zustellung des Urteils, § 517 ZPO) gestellt sein, vgl. Anm. 1. Wird der Antrag nicht mit der Berufung verbunden, muss der Berufungskläger nach Bewilligung oder Ablehnung der Prozesskostenhilfe die Wiedereinsetzungsfrist beachten (vgl. Form. I. F. 2 Anm. 2). Außerdem muss der Antragsteller auf die Einhaltung der Berufungsbegründungsfrist oder ihre Verlängerung achten; die Berufungsbegründungsfrist läuft ohne Rücksicht auf den PKH-

Antrag und den späteren Wiedereinsetzungsantrag (BGH NJW 1989, 1155). Ist die Berufungsbegründungsfrist vor der PKH-Entscheidung abgelaufen, gilt für den Wiedereinsetzungsantrag und die Berufungsbegründung die Monatsfrist des § 234 Abs. 1 S. 2 ZPO (s. Anm. 1).

Gegen die Ablehnung der Bewilligung durch das Berufungsgericht ist kein Rechtsmittel gegeben (§ 567 Abs. 1 ZPO).

4. Antrag auf Änderung der Ratenzahlungsanordnung[1]

An das
Landgericht[2]

In der Sache
......
wird beantragt[3],

> **den Bewilligungsbeschluss vom ...... mit Wirkung vom 31. 12. 20.. insoweit zu ändern, als dem Kläger die Zahlung monatlicher Raten auferlegt wurde.**

Begründung:[4]

Mit Beschluss vom ...... hat die Kammer dem Kläger Prozesskostenhilfe unter Zahlung monatlicher Raten von EUR 95,– bewilligt. Seit dem 31. 12. 20...... haben sich die wirtschaftlichen Verhältnisse des Klägers entscheidend verschlechtert. Sein damaliger Arbeitgeber hat ihn zum 31. 12. 20...... entlassen. Der Kläger bezieht seitdem Arbeitslosengeld in Höhe von monatlich EUR 800,–, wie sich aus dem in Kopie beigefügten

> **Bescheid vom ......**

ergibt. In Hinblick auf die bestehenden Unterhaltsverpflichtungen und die unveränderten sonstigen Belastungen hat der Kläger daher nach der Tabelle keinen Beitrag zu den Prozesskosten zu leisten.
Der Kläger geht davon aus, dass bis zur Entscheidung über den Antrag keine Raten zu zahlen sind; er wäre hierzu auch außerstande.
Sollte das Gericht eine neue Erklärung gem. § 117 Abs. 2 ZPO für erforderlich halten, wird um einen Hinweis gebeten.
Rechtsanwalt

Anmerkungen

1. Nach § 120 Abs. 4 ZPO kann die Partei bei einer Verschlechterung ihrer wirtschaftlichen Verhältnisse eine Änderung des Beschlusses beantragen (vgl. *Thomas/Putzo* § 120 Rdn. 11). Diesem Antrag hat das Gericht unter Beachtung der Tabelle in § 115 Abs. 1 S. 3 ZPO zu entsprechen. Voraussetzung ist, dass sich die wirtschaftliche Situation nach Stellung des ursprünglichen Antrages so verändert hat, dass nach der Tabelle eine geringere Rate zu zahlen ist. Beruht die Veränderung auf der Erhöhung der nach § 115 Abs. 1 S. 3 Nr. 2 ZPO n. F. jährlich bekannt gemachten Beträge (vgl. Form. I. C. 1 Anm. 10), ist sie nur dann zu berücksichtigen, wenn sie zu einem Wegfall der Ratenzahlung führt (§ 120 Abs. 4 S. 1 Halbs. 2 ZPO; das wird praktisch nur bei geringen Raten vorkommen. Nicht der Antrag nach § 120 Abs. 4 ZPO, sondern die Beschwerde nach § 127 Abs. 2 ZPO ist der richtige Weg, wenn das Gericht im Bewilligungsbeschluss zu Unrecht Raten angeordnet oder die Raten zu hoch angesetzt hat.

Der Antrag kann und sollte auch gestellt werden, wenn der Partei gem. § 124 Nr. 4 ZPO bereits die Prozesskostenhilfe wegen Nichtzahlung der Raten entzogen oder die Entziehung angedroht wurde.

2. Zuständig ist das Gericht, das den Bewilligungsbeschluss erlassen hat. Die Entscheidung wird vom Rechtspfleger des Prozessgerichts getroffen; ob das auch noch nach Rechtskraft gilt, ist streitig (vgl. *Thomas/Putzo* Rdn. 10; *Zöller/Philippi* § 120 Rdn. 28).

3. Der Antrag hat – je nach Sachlage – zum Ziel, eine Herabsetzung der Raten zu erreichen oder die Ratenzahlungsanordnung ganz zu beseitigen. Das Gericht kann die Aufhebung oder die Herabsetzung rückwirkend bis zum Eintritt der Veränderung aussprechen; eine Rückwirkung bis zum Zeitpunkt des ursprünglichen Beschlusses ist nicht zulässig (vgl. *Thomas/Putzo* § 120 Rdn. 11).

4. Hier hat die Partei zu begründen und zu belegen, dass sich ihre wirtschaftliche Situation verschlechtert hat. Die Einreichung einer neuen Erklärung gem. § 117 Abs. 2 ZPO dürfte nicht erforderlich sein, wenn die Partei die Veränderung in geeigneter Weise belegt (zB. durch Bescheid über Arbeitslosengeld, Arbeitslosenhilfe, Sozialhilfe, durch neue Lohn- oder Gehaltsbescheinigungen, durch Nachweis weiterer Unterhaltsberechtigter etc.) und im Übrigen erklärt, dass sich gegenüber den früheren Angaben nichts geändert hat. Ein Problem kann daraus entstehen, dass die Ratenzahlungsanordnung bis zur Entscheidung fortbesteht, dem Kläger also bei Nichtzahlung eine Entziehung gem. § 124 Nr. 4 ZPO drohen kann. Jedoch wird der gem. § 20 Nr. 4c RPflG für die Entziehung zuständige Rechtspfleger mit seinem Beschluss warten, bis über den Antrag entschieden ist (vgl. *Zöller/Philippi* § 124 Rdn. 19a); ein anderes Verfahren wäre rechtswidrig und mit der Beschwerde angreifbar.

Kosten und Gebühren

Gerichtskosten entstehen nicht. Für die Rechtsanwaltsgebühren gilt § 16 Nr. 3 RVG.

Fristen und Rechtsmittel

Der Antrag ist zulässig, solange noch Raten zu begleichen sind, also auch nach rechtskräftigem Abschluss des Verfahrens (vgl. § 120 Abs. 4 S. 3 ZPO; OLG Köln MDR 1994, 1045); die in älteren Entscheidung zT. vertretene abweichende Ansicht beruht auf der Gesetzeslage vor Einfügung des § 120 Abs. 4 ZPO).

Gegen den ganz oder zT. ablehnenden Beschluss des Rechtspflegers ist die sofortige Beschwerde nach §§ 127 Abs. 2 S. 2, 567 ZPO gegeben. Der Gegner hat kein Beschwerderecht.

5. Sofortige Beschwerde gegen den Änderungsbeschluss nach § 120 Abs. 4 ZPO[1]

An das
Landgericht

In der Sache

……

hat der Rechtspfleger mit Beschluss vom …… angeordnet, dass der Kläger die nach dem Vergleich vom …… von ihm zu tragenden Prozesskosten an die Staatskasse zu zahlen hat. Gegen diesen Beschluss wird

sofortige Beschwerde[2]

eingelegt.

Begründung[3]

Es ist zutreffend, dass der Kläger vom Beklagten den nach dem vor der Kammer geschlossenen Vergleich zu zahlenden Betrag von EUR 5.000,– inzwischen erhalten hat. Damit ist aber keine Änderung der Verhältnisse im Sinne des § 120 Abs. 4 ZPO eingetreten.

1. Bei dem Vergleichsbetrag handelt es sich um ein dem Kläger zustehendes Schmerzensgeld, das nicht zu dem nach § 115 Abs. 2 ZPO für die Prozessführung einzusetzenden Vermögen gehört.

2. Darüber hinaus hat der Rechtspfleger nicht berücksichtigt, dass der verlangte Geldbetrag nach § 115 Abs. 2 ZPO iVm. § 90 Abs. 2 SGB XII zum Schonvermögen zählt. Dem Kläger steht ein Freibetrag von EUR 2.301,– zu (§ 90 Abs. 2 Nr. 9 SGB XII), der sich um jeweils EUR 266,– für seine Ehefrau und seine beiden Kinder erhöht. Den Restbetrag benötigt der Kläger dringend, um eine notwendige Reparatur seines PKW, auf den er beruflich angewiesen ist, durchführen zu können (§ 90 Abs. 2 Nr. 5 SGB XII). Ein Kostenvoranschlag liegt an.

Rechtsanwalt

Anmerkungen

1. Eine Änderung zum Nachteil der Partei kann nach § 120 Abs. 4 ZPO zum Inhalt haben, dass
- die festgesetzten Raten erhöht werden,
- erstmals Raten festgesetzt werden,
- der aus dem Vermögen zu zahlende Betrag erhöht wird,
- erstmals ein Betrag aus dem Vermögen zu zahlen ist.

Das Beispiel betrifft den letztgenannten Fall; es knüpft an die Praxis der Gerichte an, eine Zahlung auf die von der Partei zu tragenden Prozesskosten anzuordnen, nachdem sie die Klageforderung ganz oder zum Teil realisiert hat. Eine solche Situation kann insbesondere bei teilweisem Erfolg im Urteil oder im Vergleich eintreten, auch – wie im Beispiel – bei einem Vergleich im Bewilligungsverfahren. Insbesondere wenn dem Kläger vor dem Vergleichsabschluss Prozesskostenhilfe ohne Einschränkung bewilligt wurde, aber Gebühren nach dem Vergleich nicht mehr entstehen können, führt die Änderung praktisch zu einer rückwirkenden Aufhebung der Bewilligung. Gleichwohl wird eine solche Anordnung grundsätzlich für zulässig gehalten (vgl. KG MDR 1990, 450; OLG Zweibrücken MDR 1997, 885; OLG Celle MDR 2001, 230; *Zöller/Philippi* § 120 Rdn. 21); das gilt auch bei einem Abfindungsvergleich im Kündigungsschutzprozess (LAG Nürnberg MDR 2000, 588).

2. Gegen den Beschluss des Rechtspflegers ist nach § 11 Abs. 1 RPflG das nach den allgemeinen Verfahrensvorschriften zulässige Rechtsmittel gegeben. Das ist nicht mehr die Erinnerung, sondern die sofortige Beschwerde nach §§ 127 Abs. 2 S. 2, 567 ZPO (vgl. *Zöller/Philippi* § 127 Rdn. 24).

3. Die Beschwerde ist damit zu begründen, dass keine wesentliche Änderung der maßgebenden persönlichen und wirtschaftlichen Verhältnisse eingetreten ist. Sie kann nach herrschender Ansicht nicht mehr darauf gestützt werden, dass Zahlungen auf Grund des Prozesses, für den Prozesskostenhilfe bewilligt wurde, nicht zu berücksichtigen sind (vgl. OLG Koblenz MDR 2005, 107; *Thomas/Putzo* § 120 Rdn.7). Das gilt auch für Zahlungen aufgrund eines Prozessvergleiches (s. Anm. 1). Die Partei kann sich aber immer darauf berufen, dass das erworbene Vermögen nicht verwertbar im Sinne von § 90 SGB XII ist. Schmerzensgeld zählt, wie aus analoger Anwendung von § 83 Abs. 2 SGB XII gefolgert wird, regelmäßig nicht zu dem nach § 115 Abs. 2 ZPO einzusetzenden Vermögen (hM., vgl. *Zöller/Philippi* § 115, Rdn. 61 mwN.; *Thomas/Putzo* § 115 Rdn. 21; aA.

OLG Jena MDR 2000, 852). Darüber hinaus bleibt ein Freibetrag von zumindest EUR 2.600,– nach § 90 Abs. 2 Nr. 9 SGB XII immer unangetastet; dieses Schonvermögen erhöht sich für jeden Unterhaltsberechtigten, zZt. um je EUR 256,– (vgl. *Zöller/Philippi* § 115 Rdn. 57). Für einen Nachzahlungsbeschluss ist weiter erforderlich, dass die Freigrenze nicht nur unerheblich überschritten wird (OLG Celle MDR 2001, 230). Geldbeträge, die zur Instandhaltung von für die Erwerbstätigkeit notwendigen Gegenständen erforderlich sind, brauchen gleichfalls nicht eingesetzt zu werden (§ 90 Abs. 2 Nr. 5 SGB XII). Es kann sich auch empfehlen, den über die Freigrenze hinausgehenden Betrag zur Anschaffung angemessenen Hausrats (§ 90 Abs. 2 Nr. 4 SGB XII) oder zur Rückführung von fälligen Krediten zu verwenden. Die erneute Kreditaufnahme kann vom Gericht kaum verlangt werden; in Betracht käme, wegen des von Zins- und Tilgungsleistungen entlasteten Einkommens, wohl nur eine Erhöhung/erstmalige Festsetzung von Raten, wobei sich die Partei günstiger stehen dürfte. Gibt allerdings die Partei in Kenntnis des Abänderungsverfahrens die erlangten Vermögenswerte weg, indem sie damit nicht vorrangige anderweitige Verbindlichkeiten tilgt, so muss sie sich so behandeln lassen, als stünden ihr die Mittel noch zur Verfügung (OLG Zweibrücken MDR 1997, 885). Darüber hinaus kann die Partei versuchen, eine besondere Härte nach § 90 Abs. 3 SGB XII geltend zu machen.

Fristen und Rechtsmittel

Die sofortige Beschwerde ist fristgebunden (§ 569 Abs. 1 ZPO). Die Frist beträgt nach § 127 Abs. 2 S. 3 ZPO einen Monat; sie beginnt mit Bekanntgabe des Änderungsbeschlusses.

6. Antrag auf Beiordnung eines Rechtsanwalts für eine auswärtige Beweisaufnahme[1]

An das
Landgericht[2]

In der Sache

……

wird beantragt[3],

dem Beklagten zur Wahrnehmung des vor dem ersuchten Richter stattfindenden Termins zur Beweisaufnahme den dort zugelassenen Rechtsanwalt R beizuordnen.

Begründung:[4]

Die den Rechtsstreit entscheidende Beweisaufnahme soll gem. Beschluss des Gerichts vom …… im Wege der Rechtshilfe vor dem Amtsgericht X stattfinden. Dem Kläger selbst ist es aus zeitlichen und finanziellen Gründen nicht möglich und zumutbar, diesen Termin wahrzunehmen. Der Prozessbevollmächtigte des Klägers sieht sich angesichts der großen Entfernung und wegen anderer Termine gleichfalls außerstande, den Kläger dort zu vertreten; das wäre auch weit unwirtschaftlicher als die Beauftragung eines dortigen Rechtsanwalts. Die Beiordnung erscheint auch deswegen sachgerecht, weil damit zu rechnen ist, dass die Gegenseite einen Unterbevollmächtigten beauftragen wird.
Um eine baldige Entscheidung wird gebeten, damit der dortige Rechtsanwalt rechtzeitig beauftragt und informiert werden kann.

Anmerkungen

1. Vgl. § 121 Abs. 4 ZPO. Die Parteien haben das Recht, sich durch einen Rechtsanwalt im Beweistermin vor dem ersuchten Richter vertreten zu lassen. Wenn besondere Umstände dies erfordern (vgl. *Zöller/Philippi* § 121 Rdn. 19), kann der bedürftigen Partei hierzu ein besonderer Rechtsanwalt beigeordnet werden. Das kann zB. der Fall sein, wenn die Reisekosten höher wären als die Kosten des Unterbevollmächtigten (BGH MDR 2004, 1374). Voraussetzung ist, dass der Partei Prozesskostenhilfe bewilligt und ihr bereits ein Rechtsanwalt beigeordnet wurde. Hat der Anwalt Gründe, den auswärtigen Termin selbst wahrzunehmen, sollte er rechtzeitig einen Antrag nach § 46 Abs. 2 RVG stellen. An die Feststellung des Gerichts, dass die Reise zum auswärtigen Termin erforderlich war, ist die Staatskasse gebunden (näher *Gerold/Schmidt* § 46 RVG Rdn. 32 f.).

2. Zuständig ist das Prozessgericht, nicht etwa das Rechtshilfegericht.

3. Die Partei sollte im Antrag einen bestimmten Rechtsanwalt vorschlagen, um dem Gericht die Auswahl zu ersparen und die Entscheidung zu beschleunigen.

4. Hier sind die besonderen Umstände, die die Beiordnung erfordern, darzulegen.

Kosten und Gebühren

Der beigeordnete Rechtsanwalt erhält eine 0,65 Verfahrensgebühr nach VV 3401. Diese Gebühr und seine Auslagen sind notwendig iSd. § 91 ZPO und damit erstattungsfähig, wie sich aus der Tatsache der Beiordnung ergibt (aA. für die Beiordnung eines Verkehrsanwalts OLG Koblenz NJW-RR 1999, 727).

Fristen und Rechtsmittel

Bei Ablehnung sofortige Beschwerde gem. § 127 Abs. 2 ZPO.

7. Antrag auf einstweilige Anordnung zur Leistung eines Prozesskostenvorschusses[1]

An das
Amtsgericht
– Familiengericht[2] –

Antrag auf einstweilige Anordnung

In der Unterhaltssache
des minderjährigen Peter Schmidt, vertreten durch seine Mutter Lore Schmidt,

Prozessbevollmächtigter: Rechtsanwalt ......

gegen

Herrn Hans Schmidt ......

beantrage ich namens und in Vollmacht des Antragstellers,
dem Antragsgegner im Wege der einstweiligen Anordnung gem. § 246 FamFG aufzugeben, für die gleichzeitig eingereichte Klage einen Prozesskostenvorschuss in Höhe von EUR ...... an den Antragsteller zu leisten[3].

Begründung:[4]

Der Beklagte ist der eheliche Vater des Klägers. Die Ehe ist geschieden, das Sorgerecht steht gemäß

Beschluss vom ...... (Anlage 1)

der Mutter zu. Der Beklagte ist durch

Scheidungsvergleich vom ...... (Anlage 2)

verpflichtet worden, für das Kind EUR ...... monatlich zu zahlen. Sein damaliges Einkommen betrug EUR ...... Inzwischen ist der Beklagte in seiner Firma zum Prokuristen aufgestiegen und verdient lt. anliegender

Verdienstbescheinigung vom ...... (Anlage 3)

EUR ...... Der Antragsteller, der ohne weiteres Einkommen und ohne Vermögen ist, reicht gegen den Antragsgegner gleichzeitig eine Abänderungsklage ein, mit der er eine monatliche Zahlung von insgesamt EUR ...... begehrt. Der Antragsgegner hat eine erhöhte Zahlung mit

Schreiben vom ...... (Anlage 4)

verweigert.
Für den erforderlichen Rechtsstreit steht dem Kläger ein Anspruch auf einen Prozesskostenvorschuss zu, der sich wie folgt berechnet. ......[5]

Rechtsanwalt

Schrifttum (noch zu § 127 a ZPO): Caspary, Der Anspruch auf Prozesskostenvorschuss, NJW 2005, 2577; *Bißmaier,* Der Prozesskostenvorschuss in der familiengerichtlichen Praxis, FamRZ 2002, 863; *Huber,* Prozessuale Geltendmachung des Anspruchs auf Prozesskostenvorschuss, FamRZ 2002, 1541.

Anmerkungen

1. Das Beispiel betrifft die einstweilige Anordnung nach § 246 FamFG, früher . § 127 a ZPO. Nach dieser Vorschrift kann das Gericht auf Antrag die Zahlung eines Kostenvorschusses für ein gerichtliches Verfahren anordnen. Die Neuregelung reicht weiter als § 127 a ZPO aF., da sie zugleich die Vorschussregelungen in § 620 Nr. 10 (Kostenvorschuss für Ehesachen) und § 621 d ZPO aF. (Vorschuss für andere Familiensachen) aufnimmt. Da dem Antragsteller, wenn ihm gegen den Antragsgegner ein Anspruch auf einen Prozesskostenvorschuss zusteht, Prozesskostenhilfe versagt sein kann (vgl. Form. I. C. 1 Vorbem. c), empfiehlt sich dieser vereinfachte Weg, zumal an die Erfolgsaussichten der Klage möglicherweise geringere Anforderungen gestellt werden als nach § 114 ZPO. Anders als nach altem Recht (§ 127 a Abs. 2 S. 2 iVm. § 620 a Abs. 2 ZPO aF.) ist der Antrag nicht erst zulässig, wenn das gerichtliche Verfahren bereits anhängig ist. Es kann aber schon aus Zeitgründen zweckmäßig sein, die Klage, wenn sie nicht schon anhängig ist, gleichzeitig ohne Zahlung eines Gerichtskostenvorschusses einzureichen. Daneben hat der Antragsteller die Möglichkeit, eine selbstständige Klage auf Zahlung eines Prozesskostenvorschusses zu erheben (BGH NJW 1979, 1508); wegen der Eilbedürftigkeit empfiehlt sich aber idR. die einstweilige Anordnung. Der Anspruch auf den Prozesskostenvorschuss selbst ergibt sich nicht aus § 246 FamFG, sondern aus dem Unterhaltsrecht, nämlich für Ehegatten aus § 1360 a Abs. 4 BGB (vgl. *Palandt/Brudermüller* § 1360 a Rdn. 7), bei Getrenntleben in Verbindung mit § 1361 Abs. 4 BGB, für Kinder aus § 1610 BGB (vgl. *Palandt/Diederichsen* § 1610 Rdn. 13–15), für volljährige, in der Ausbildung befindliche Kinder nach § 1360 a Abs. 4 BGB analog (BGH NJW 2005, 1722); er besteht nicht zwischen geschiedenen Ehegatten (BGH NJW 1984, 291). Ausnahmsweise soll auch der Unterhaltskläger verpflichtet sein, dem anderen Ehegatten einen Prozesskostenvorschuss zu leisten (OLG Zweibrücken NJW-RR 1999, 796). Nach Beendigung des Prozesses kann die Zahlung eines Prozesskostenvorschusses nicht mehr verlangt werden (BGH NJW 1985, 2265).

Das Verfahren der einstweiligen Anordnung dürfte sich nach den Vorschriften der §§ 231 ff. FamFG richten, ergänzend nach den im Allgemeinen Teil geregelten Bestimmungen (§§ 49 ff. FamFG), auch wenn § 246 FamFG nicht ausdrücklich auf letztere verweist.

2. Zuständig ist nach § 232 FamFG das Gericht des ersten Rechtszuges der Unterhaltssache. Wird der Kostenvorschuss für das Rechtsmittelverfahren verlangt, dürfte, wie nach altem Recht, das Oberlandesgericht zuständig sein (vgl. BGH NJW 1981, 2305).

3. Im Antrag ist der Betrag des verlangten Prozesskostenvorschusses zu beziffern.

4. Hier ist vorzutragen, dass eine unter §§ 231 FamFG fallende Unterhaltsklage anhängig oder beabsichtigt ist. Nach § 51 Abs. 1 S. 2 FamFG hat der Antragsteller den Antrag zu begründen und die Voraussetzungen glaubhaft zu machen. Es ist nicht klar, wieweit das auch für § 246 FamFG gilt, da nach dessen Abs. 1 die einstweilige Anordnung „abweichend von § 49" getroffen werden kann und die Beteiligten gegenüber dem Gericht eine verfahrensrechtliche Auskunftspflicht haben. Vorsichtshalber sollte der Antragsteller die Voraussetzungen für den Unterhaltsanspruch und die Weigerung des Antragsgegners glaubhaft machen. Dazu gehörte nach altem Recht auch die Darlegung, dass die Unterhaltsklage nicht mutwillig oder aussichtslos ist (näher hierzu *Palandt/Brudermüller* § 1360 a Rdn. 15; *Palandt/Diederichsen* § 1610 Rdn. 15). Wieweit für den Anspruch auf Prozesskostenvorschuss in gleicher Weise wie bei der Prozesskostenhilfe auf die hinreichende Erfolgsaussicht abzustellen ist (so BGH NJW 2001, 1646 für das alte Recht), bedarf noch der Klärung

5. Der Kostenvorschuss erfasst die Gerichts- und Rechtsanwaltskosten sowohl für die beabsichtigte Klage (zunächst jedenfalls 3,0 Gerichtsgebühren sowie für den Anwalt die Verfahrensgebühr nach VV 3100 und die Terminsgebühr nach VV 3104, zusammen also 2,5 Gebühren) als auch für die einstweilige Anordnung (vgl. *Palandt/Diederichsen* § 1360 a Rdn. 17). Wenn der Antragsgegner den Betrag nicht in einer Summe, sondern nur in Raten leisten kann, schließt das einen Anspruch auf Prozesskostenvorschuss nicht aus (BGH NJW-RR 2004, 1662, 1663).

Kosten und Gebühren

Die Gerichtskosten richten sich nach dem Kostenverzeichnis zum Familiengerichtskostengesetz (FamGKG). Danach entsteht für das Verfahren eine 1,5-Gebühr (KV 1420). Die Höhe der Gebühr richtet sich nach dem in § 28 FamGKG geregelten Verfahrenswert, der sich wiederum nach der Höhe des verlangten Kostenvorschusses richtet.

Für den Rechtsanwalt ist das Verfahren nach § 18 Nr. 1 RVG eine besondere Angelegenheit, es entstehen die gewöhnlichen Gebühren. Für die Kostentragung gelten §§ 80 ff. FamFG. Für die Kostenfestsetzung verweist § 85 FamFG auf die Vorschriften der §§ 103 bis 107 ZPO.

Fristen und Rechtsmittel

Die Entscheidung ist unanfechtbar, § 57 Satz 1 FamFG.

8. Sofortige Beschwerde gegen die Ablehnung der Prozesskostenhilfe[1]

An das
Landgericht [2]

In der Sache
……
wird für den Kläger gegen die die Prozesskostenhilfe ablehnende Entscheidung der Kammer

sofortige Beschwerde[3]

eingelegt mit dem Antrag,

1. **dem Kläger für die erste Instanz rückwirkend auf den Zeitpunkt der Antragstellung Prozesskostenhilfe zu gewähren[4]**
2. **den Unterzeichnenden als Rechtsanwalt beizuordnen[5].**

Begründung[6]:

1. **Das Gericht hätte die hinreichende Erfolgsaussicht der Klage nicht verneinen dürfen. Es hat das Klagevorbringen tatsächlich und rechtlich unzutreffend gewürdigt …… (ist auszuführen).**
2. **Da der Rechtsstreit in der Hauptsache weiter betrieben wird und inzwischen weitere Kosten angefallen sind, hat der Kläger ein Interesse daran, dass ihm die Prozesskostenhilfe mit Rückwirkung auf den Zeitpunkt der Antragstellung bewilligt wird. Das ist geboten, weil der Antrag formgerecht gestellt wurde und die erforderlichen Unterlagen beigefügt waren (BGH NJW 1982, 446).**

Rechtsanwalt

Schrifttum: Büttner, Die Beschwerde gegen eine Prozesskostenhilfe-Entscheidung und Prozesskostenhilfe in der Berufungsinstanz, FPR 2002, 498; *Zimmer,* Die Beschwerdefrist der „armen Partei" im Prozesskostenhilfeverfahren, FamRZ 2005, 1145.

Anmerkungen

1. Dem Formular liegt der Sachverhalt zugrunde, dass die Prozesskostenhilfe im Laufe des Rechtsstreits beantragt und versagt wurde, der Prozess aber weiter betrieben wird.

Die Beschwerde ist gem. § 127 Abs. 2 ZPO statthaft gegen die ablehnende Entscheidung der ersten Instanz, gegen den bewilligenden Beschluss nur, soweit er die Anordnung von Monatsraten oder Zahlungen aus dem Vermögen enthält, eine Beiordnung ablehnt oder den Antragsteller sonstwie beschwert; sie ist auch statthaft, wenn Prozesskostenhilfe entgegen dem Antrag nicht rückwirkend gewährt wurde (OLG München MDR 1987, 240). Für das Beschwerderecht der Staatskasse gilt § 127 Abs. 3 ZPO. Auch wenn die Prozesskostenhilfe erst mit dem Urteil abgelehnt wurde, ist nur die Beschwerde gegeben. Sie ist immer erforderlich, wenn der Antragsteller noch keine Klage erhoben hat, sich aber mit dem ablehnenden Beschluss nicht zufrieden geben will. Ist bereits Klage erhoben, hat der Kläger zwei Möglichkeiten: Er kann die voraussichtlich ungünstige Entscheidung der ersten Instanz abwarten und später Prozesskostenhilfe für die Berufung beantragen, oder er kann – wie vorgeschlagen – Beschwerde einlegen, auf diese Weise schon jetzt die Auffassung des Berufungsgerichts erkunden und evtl. noch eine Gebührenbefreiung für die erste Instanz erwirken. Wird die Berufungssumme nicht erreicht, ist die Beschwerde ausgeschlossen, soweit das Gericht nicht die persönlichen und wirtschaftlichen Verhältnisse für die Bewilligung verneint hat (§ 127 Abs. 2 S. 2, 2. Hs.

ZPO). Die Beschwerde ist auch ausgeschlossen, wenn die Hauptsacheentscheidung aus anderen Gründen unanfechtbar ist (BGH NJW 2005, 1659); ein Instanzenzug, der über den der Hauptsache hinausreicht, kann mit der Beschwerde nicht eröffnet werden (vgl. OLG Karlsruhe NJOZ 2007, 1789; OLG Stuttgart FamRZ 2009, 531). Die Partei hat dann nur noch die Möglichkeit, Gegenvorstellung zu erheben. Ein Beschwerdewert hinsichtlich der Kosten gem. § 567 Abs. 2 ZPO braucht nicht erreicht zu sein (vgl. *Zöller/Philippi* § 127 Rdn. 30).

Mit der Beschwerde kann der Antragsteller erreichen, dass ihm Prozesskostenhilfe rückwirkend gewährt wird, und zwar bis auf den Zeitpunkt, an dem der Antrag formgerecht und vollständig gestellt wurde (vgl. BGH NJW 1982, 446; NJW 1985, 921; *Zöller/Philippi* § 119 Rdn. 39). Auch nach Abschluss der Instanz kann eine Beschwerde noch zulässig sein (vgl. *Zöller/Philippi* § 127 Rdn. 49f.). Das gilt insbesondere in dem leider häufigen Fall, dass das Gericht erst zusammen mit der Hauptsache über den Prozesskostenhilfeantrag entschieden hat (vgl. OLG Brandenburg MDR 1999, 54). Die Beschwerde soll allerdings unzulässig sein, wenn das die Klage abweisende Urteil bereits rechtskräftig geworden ist (OLG Köln MDR 1994, 950; OLG Frankfurt, MDR 1998, 494; OLG Karlsruhe NJW-RR 2000, 1680; aA. OLG Karlsruhe NJW-RR 2001, 656).

Die Beschwerde kann auch zulässig sein, wenn sich das Gericht mit der Entscheidung über den Antrag über Gebühr Zeit lässt (vgl. OLG Celle MDR 1985, 591; OLG Köln FamRZ 2000, 1588), nach überwiegender Meinung aber nur, wenn das Gericht die Entscheidung so verzögert, dass dies der Ablehnung gleichkommt (KG MDR 1998, 64; OLG Hamburg, NJW-RR 1989, 1022; vgl. *Zöller/Philippi* § 127 Rdn. 11). Auch gegen eine Beweisaufnahme im Prüfungsverfahren, die die Beweisaufnahme im Hauptverfahren praktisch vorwegnimmt, kann eine Beschwerde statthaft sein, wenn sie im Ergebnis wie die Versagung von Prozesskostenhilfe wirkt (OLG Köln MDR 1999, 444).

2. Die Beschwerde ist entweder bei dem Gericht einzulegen, das die Prozesskostenhilfe versagt hat, oder beim Beschwerdegericht (§ 569 Abs. 1 S. 1 ZPO); es empfiehlt sich die Einlegung beim Gericht der Vorinstanz, das ohnehin nach über die Abhilfe nach § 572 ZPO zu entscheiden hat. Regelmäßig hat die Beschwerde einen Stillstand des Rechtsstreits zur Folge, da die Akten dem Beschwerdegericht übersandt werden. Anwaltszwang besteht nicht (§ 569 Abs. 3 Nr. 2 ZPO).

3. Die Beschwerde wird durch Einreichung einer Beschwerdeschrift erhoben, die den Formalien des § 569 Abs. 2 ZPO genügen muss; sie kann aber auch zu Protokoll der Geschäftsstelle erklärt werden (§ 569 Abs. 3 ZPO). Sie ist als sofortige Beschwerde fristgebunden, aber abweichend von § 569 Abs. 1 S. 1 ZPO in einer Frist von einem Monat zu erheben (§ 127 Abs. 2 S. 3 ZPO). Die Frist beginnt mit der Zustellung der ablehnenden Entscheidung oder mit deren Verkündung im Termin (§ 569 Abs. 1 S. 2 ZPO). Es handelt sich um eine Notfrist, im Falle einer Versäumung bleibt also die Wiedereinsetzung nach §§ 233ff. ZPO. Wird die Frist versäumt, kann versucht werden, in der ersten Instanz einen neuen PKH-Antrag mit zusätzlicher Begründung zu stellen. Denn die ablehnende Entscheidung erlangt keine materielle Rechtskraft (BGH NJW 2004, 1805). Allerdings kann einem erneuten Antrag das Rechtsschutzinteresse fehlen, wenn er auf denselben Lebenssachverhalt gestützt wird (BGH aaO.).

4. Sofern bereits ein Urteil erlassen wurde und damit die Kosten und Gebühren im Wesentlichen entstanden sind, hat die Beschwerde nur Sinn, wenn sie zu einer rückwirkenden Bewilligung führt (vgl. Anm. 1 aE.). In einem solchen Fall kann es sich für den Antragsteller zusätzlich empfehlen, gleichzeitig oder jedenfalls vor Ablauf der Rechtsmittelfrist Prozesskostenhilfe für die Berufung zu beantragen.

5. Wenn das Beschwerdegericht den vorinstanzlichen Beschluss abändert, ist es auch befugt, den von der Partei gewählten Rechtsanwalt beizuordnen (OLG Köln MDR 1983, 323, 324), es kann die Beiordnung aber auch der Vorinstanz überlassen (OLG Karlsruhe MDR 1992, 1178). Beiordnung eines Anwalts und Bewilligung der Prozesskostenhilfe für das Beschwerdeverfahren sind hingegen unzulässig (vgl. OLG Nürnberg NJW 1982, 288; OLG Karlsruhe JurBüro 1994, 606 mwN.).

6. Hier hat die Partei die Gründe darzulegen, aus denen sich, im Gegensatz zur Auffassung im angefochtenen Beschluss, die hinreichende Erfolgsaussicht ergibt. Der Antragsteller kann seine Beschwerde auch auf neues Vorbringen stützen. Allerdings wird die Ansicht vertreten (vgl. OLG Karlsruhe MDR 1989, 918), dass in einem solchen Fall das Rechtsschutzinteresse fehle, weil ein neuer Prozesskostenhilfeantrag gestellt werden könne. Diese Ansicht ist falsch, denn das erstinstanzliche Gericht hatte ja im Abhilfebeschluss die Möglichkeit, unter Berücksichtigung des neuen Vorbringens anders zu entscheiden, ist jedoch bei seiner Ablehnung geblieben.

Kosten und Gebühren

Für das Beschwerdeverfahren entsteht eine Gerichtsgebühr von EUR 50,–, jedoch nur, wenn die Beschwerde verworfen oder zurückgewiesen wird (KV 1812). Der Rechtsanwalt erhält eine 0,5 Verfahrensgebühr gem. VV 3500 nach dem Streitwert der Hauptsache. Eine Kostenerstattung findet auch für den Gegner nach der ausdrücklichen Anordnung in § 127 Abs. 4 ZPO nicht statt. Dennoch ist die Frage streitig, ob die in der Hauptsache obsiegende Partei oder auch ihr obsiegender Gegner die Beschwerdekosten im Kostenfestsetzungsverfahren des Hauptprozesses geltend machen können. Die wohl überwiegende Meinung hält eine Erstattung der Kosten des erfolgreichen Beschwerdeführers, der auch im Hauptverfahren obsiegt, nicht für möglich (OLG Hamburg MDR 2002, 910; OLG München NJW-RR 2001, 1437; OLG Koblenz MDR 1995, 101; vgl. im Übrigen zur Kostenerstattung Form. I. C. 1 Anm. „Kosten und Gebühren"; *Zöller/Philippi* § 118 Rdn. 26–28 mwN.).

Fristen und Rechtsmittel

Die Beschwerde ist innerhalb einer Notfrist von einem Monat einzulegen, die mit der Zustellung der Entscheidung beginnt (vgl. Anm. 3).

Gegen die Beschwerdeentscheidung ist grundsätzlich die Rechtsbeschwerde nach § 574 ZPO gegeben, allerdings nur, wenn das Beschwerdegericht sie zugelassen hat (§ 574 Abs. 1 Nr. 2 ZPO). Die Zulassung wiederum setzt nach § 574 Abs. 3 ZPO voraus, dass die Rechtssache grundsätzlich Bedeutung hat oder der Fortbildung des Rechts oder der Sicherung einer einheitlichen Rechtsprechung dient. In diesen Fällen müsste das Gericht aber, soweit es um die Erfolgsaussicht der Rechtsverfolgung geht, bereits dem Prozesskostenhilfeantrag stattgeben (BGH NJW 2003, 1116; NJW-RR 2004, 1662). Nach dieser Rechtsprechung darf die Rechtsbeschwerde nur zugelassen werden, wenn Fragen des Verfahrens oder der persönlichen Voraussetzungen zu entscheiden sind. Gegen die Verneinung der Erfolgsaussicht durch das Beschwerdegericht bleibt daher nur noch eine Gegenvorstellung. In seltenen Ausnahmefällen, bei „greifbarer Gesetzeswidrigkeit", hat die Rechtsprechung früher eine weitere Beschwerde zum BGH zugelassen (vgl. BGH NJW 1993, 135; 1997, 3318; 1999, 1404), mit Einführung des § 321 a ZPO hat der Bundesgerichtshof aber diesen Weg versperrt (BGH NJW 2002, 1577).

D. Klageerhebung

1. Grundmuster einer Klageschrift mit Begründung (Zahlungsklage an das Landgericht mit Anregung eines frühen ersten Termins und Einverständnis mit Übertragung auf den Einzelrichter)

An das
Landgericht
München I, Zivilkammer[1]

Klage

der Kommanditgesellschaft in Firma Meyer & Wittrock, vertreten durch den persönlich haftenden Gesellschafter Hans Meyer[2], Feldstraße 1, 80355 München[3],

Klägerin

Prozessbevollmächtigter: Rechtsanwalt ......

gegen

den Werbegrafiker Peter Meister[4], Karlstraße 9, 80801 München,

Beklagter

Prozessbevollmächtigter: Rechtsanwalt ......[5]

wegen Kaufpreis[6]

Streitwert: EUR 12.000,–[7]

Namens und in Vollmacht der Klägerin erhebe ich Klage und werde beantragen:

1. Der Beklagte wird verurteilt, an die Klägerin EUR 12.000,– nebst Zinsen in Höhe von 9,5% seit dem 2. 4. 20 .. zu zahlen[8].
2. Der Beklagte trägt die Kosten des Rechtsstreits[9].
3. Das Urteil ist notfalls gegen Sicherheitsleistung vorläufig vollstreckbar[10],

hilfsweise für den Fall des Unterliegens,

Vollstreckungsschutz[11].

Vorab wird beantragt,

von einer Güteverhandlung abzusehen, weil bereits ein erfolgloser Güteversuch stattgefunden hat[12].

Die Bescheinigung der Kfz-Schlichtungsstelle der Handwerkskammer ...... liegt bei.

Im Übrigen wird angeregt, einen frühen ersten Termin zu bestimmen[13]. Sofern das Gericht das schriftliche Vorverfahren anordnet, wird für den Fall der Fristversäumnis beantragt,

den Beklagten durch Versäumnisurteil ohne mündliche Verhandlung zu verurteilen[14].

Mit einer Entscheidung der Sache durch den Einzelrichter ist die Klägerin einverstanden[15].

Begründung:[16]

Die Klägerin, die einen Im- und Export betreibt, verlangt vom Beklagten den restlichen Kaufpreis für einen gebrauchten Firmenwagen. Auf eine Annonce der Klägerin suchte der Beklagte den Betrieb der Klägerin am 13. 2. 20...... auf und ließ sich von deren Fahrer, Herrn A, das Fahrzeug vom Typ Daimler-Benz ML 320, amtl. Kennzeichen ......, vorführen. Nach einer Probefahrt entschloss sich der Beklagte zum Kauf und unterzeichnete einen von Herrn A vorbereiteten Kaufvertrag.

Beweis: Kaufvertrag vom 13. 2. 20......[17] – Anlage 1 –[18]

Nach dem Vertrag betrug der Kaufpreis EUR 20.000,–, hiervon waren bei Übergabe EUR 8.000,– zu zahlen, die restlichen EUR 12.000,– wurden bis zum 1. 4. 20...... gestundet.

Beweis: Kaufvertrag (Anlage 1)

Der Wagen wurde am 14. 2. 20...... auf den Beklagten zugelassen und ihm gegen Zahlung von EUR 8.000,– übergeben[19]. Den Restbetrag von EUR 12.000,– hat der Beklagte trotz Mahnschreiben vom 5. 4. und 30. 4. 20......, die als

Anlagen 2 und 3[20]

überreicht werden, nicht beglichen.
Der Beklagte wird vermutlich einwenden[21], dass der Wagen mangelhaft sei. Hiermit kann der Beklagte jedoch nicht gehört werden, denn er hat das Fahrzeug kraft ausdrücklicher vertraglicher Vereinbarung „gekauft wie besehen und unter Ausschluss jeglicher Gewährleistung".

Beweis: Kaufvertrag (Anlage 1)

Damit scheiden Gewährleistungsansprüche aus. Vorsorglich wird aber schon jetzt bestritten, dass der Wagen bei Übergabe Mängel aufwies, die über einen normalen Verschleiß hinausgingen. Im Übrigen waren dem Beklagten Alter und Zustand des Fahrzeugs bekannt; denn er hat in Anwesenheit des Fahrers Herrn A Karosserie und Motor sorgfältig untersucht und sich auch den Kraftfahrzeugbrief und den Kraftfahrzeugschein zeigen lassen. Zusicherungen über den Zustand des Fahrzeugs sind nicht abgegeben worden.

Beweis: Zeugnis des Angestellten A (ladungsfähige Anschrift)

Der Zinsanspruch steht der Klägerin als Verzugsschaden zu.[22] Der Beklagte befindet sich seit dem 1. 4. 20 .., dem vereinbarten Zahlungsdatum, in Verzug. Die Klägerin nimmt seit dieser Zeit ständig Bankkredit in einer die Klagforderung übersteigenden Höhe zu einem Zinssatz von mindestens 9,5% in Anspruch,

Beweis: anliegende Zinsbescheinigung der X-Bank (Anlage 4)

den sie um den eingeklagten Betrag zurückgeführt hätte. Zumindest stehen der Klägerin nach § 288 Abs. 1 BGB Zinsen in Höhe von 5 Prozentpunkten über dem Basiszinssatz zu.
Beglaubigte und einfache Abschrift liegen an[23].

Rechtsanwalt[24]

Schrifttum: Michel/von der Seipen, Der Schriftsatz des Anwalts im Zivilprozess, 6. Aufl. 2004; *Kammerlohr/Kroiß,* Anwaltliche Tätigkeit im Zivilprozess, 2006; *Schneider,* Die Klage im Zivilprozess, 3. Aufl. 2007; *Degen,* Mahnen und Klagen per E-Mail, NJW 2008, 1473; *Gehrlein,* Neue höchstrichterliche Rechtsprechung zum ZPO-Verfahren des ersten Rechtsweges, MDR 2004, 541; *Schellhammer,* Zivilprozessreform und erste Instanz, MDR 2001, 1081; *Doms,* Neue ZPO – Umsetzung in der anwaltlichen Praxis, NJW 2002, 779; *Hannich/Meyer-Seitz,* ZPO-Reform 2002, München 2002; *Bitter,* Die Crux mit der obligatorischen Streitschlichtung nach § 15 a EG ZPO, NJW 2005, 1235; *Franzen,* Vermeidbare Prozesse, NJW 1982, 1854; *Kiesel,* Das Gesetz zur Beschleunigung fälliger Zahlungen. NJW 2000, 1673; *Seutemann,* Anforderungen an den Sachvortrag der Parteien, MDR 1997, 615; *Treffer,* Die Wahl der richtigen Verfahrensart, MDR 1999, 721; *Lange,* Der frühe erste Termin als Vorbereitungstermin, NJW 1986, 1728; *Kunz-Schmidt,* Unterschriftserfordernis für bestimmende Schriftsätze im Zivilprozess, NJW 1987, 1298; *Zimmermann,* Der Zins im Zivilprozess, JuS 1991, 229; *Petershagen,* Der neue Basiszinssatz der ZPO, NJW 2002, 1455; *Viefhus,* Das Gesetz über die Verwendung elektronischer Kommunikationsformen in der Justiz, NJW 2005, 1009; *Kleffmann,* Die ladungsfähige Anschrift der Parteien als Erfordernis ordentlicher Klageerhebung, NJW 1989, 1142.

Anmerkungen

1. Die genaue Bezeichnung des Gerichts gehört zu den Formalien der Klageschrift, § 253 Abs. 2 Nr. 1 ZPO. Die Zuständigkeitsgrenze zwischen Amts- und Landgericht liegt bei EUR 5.000,– (§ 23 Nr. 1 GVG). Der Kläger sollte besonders prüfen, ob der Anspruch nicht zur Zuständigkeit der Kammer für Handelssachen gehört (vgl. Form. I. D. 2), und in diesem Fall seinen Antrag, den Rechtsstreit dort zu verhandeln, bereits in der Klageschrift stellen (§ 96 Abs. 1 GVG). Sofern der Geschäftsplan eines Landgerichts bestimmte Klagen besonderen Kammern zuweist (zB. Wettbewerbssachen, Verkehrszivilsachen, Bausachen), sollte in der Klageschrift deutlich gemacht werden, dass die Klage vor diese Kammer gehört. Die Annahmestelle des Landgerichts ist oft nicht in der Lage, dies zu erkennen, was zu zeitraubenden Abgaben innerhalb des Gerichts führt.

2. Besondere Sorgfalt ist auf die Bezeichnung der Parteien zu verwenden; eine unzureichende Bezeichnung kann zu Schwierigkeiten in der Zwangsvollstreckung führen. Es gilt § 130 Nr. 1 ZPO. Bei juristischen Personen ist die Angabe der „gesetzlichen Vertreter" erforderlich, es sind also bei einer GmbH der Geschäftsführer (namentliche Benennung nach BGH NJW 1993, 2811, 2813 nicht notwendig, aber gleichwohl ratsam), bei einer Aktiengesellschaft und bei einem Verein die Vorstandsmitglieder, bei einer OHG oder KG die persönlich haftenden Gesellschafter aufzuführen. Sollen ein Kaufmann unter seiner Firma (§ 17 Abs. 2 HGB), eine Handelsgesellschaft oder eine juristische Person verklagt werden, ist unbedingt zu empfehlen, die genaue Firmenbezeichnung und die Namen des Inhabers bzw. der gesetzlichen Vertreter vorher durch eine Auskunft beim Handelsregister festzustellen (bei Vereinen entsprechend im Vereinsregister, bei Genossenschaften im Genossenschaftsregister). Stellt sich später heraus, dass die Bezeichnung unrichtig oder unvollständig war, ist eine Berichtigung erforderlich, die unbedingt beantragt werden sollte (vgl. Form. I. J. 4).

3. Der Kläger muss seine ladungsfähige Anschrift angeben; verweigert er dies ohne zureichenden Grund, ist die Klage unzulässig (vgl., auch zu Ausnahmen, BGH NJW 1988, 2114 u. MDR 2004, 1014; BVerwG NJW 1999, 2608; BFH NJW 2001, 1158; *Kleffmann* NJW 1989, 142; einschränkend *Zöller/Greger* § 253 Rdn. 8). Diese Anforderung der Rechtsprechung bedeutet keinen Verfassungsverstoß (BVerfG NJW 1996, 1272). Ändert sich die Anschrift im Laufe des Prozesses, ohne dass der anwaltlich vertretene Kläger die neue Anschrift nennt, führt dies nicht zur Unzulässigkeit (BGHR 2004, 902).

4. Von der genauen und zutreffenden Bezeichnung des Beklagten hängen die Zustellung der Klage und später die Vollstreckung ab. Es gilt das in Anm. 2 Gesagte entsprechend. Als Anschrift des Beklagten kann uU. auch seine Arbeitsstelle genügen (BGH NJW 2001, 885).

5. Sofern in der vorprozessualen Korrespondenz ein Rechtsanwalt seine Zustellungsbevollmächtigung für den Gegner mitgeteilt hat, ist er hier aufzuführen. Das gilt aber nicht schon dann, wenn der Anwalt den Beklagten vorprozessual oder in anderer Sache vertreten hatte, ohne mitzuteilen, dass ihm die Klage zugestellt werden könne.

6. Eine Kurzbezeichnung des Streitgegenstandes in dieser Weise ist üblich, allerdings nicht notwendig (zB. Schadensersatz, Unterhalt, Auskunft, Herausgabe etc.).

7. Die Angabe des Streitwertes soll enthalten sein, da hiervon die sachliche Zuständigkeit und die Höhe des Gerichtskostenvorschusses abhängen, vgl. § 253 Abs. 3 ZPO. Ist durch die Klageerhebung eine Frist zu wahren, sollte der Streitwert unbedingt angegeben werden, da sich sonst die Klagezustellung zurechenbar verzögern kann (§ 167 ZPO, vgl. BGH NJW 1994, 1073). Bei Klagen auf Zahlung einer bestimmten Geldsumme ist die Angabe nicht erforderlich, aber üblich.

8. Das Fehlen eines bestimmten Antrages (§ 253 Abs. 2 Nr. 2 ZPO) macht die Klage unzulässig. Die Formulierung ist bei Zahlungsklagen unproblematisch, Schwierigkeiten können sich aber zB. bei Klagen auf Herausgabe, Vornahme einer Handlung oder Feststellung ergeben.

9. Über die Kosten entscheidet das Gericht auch ohne Antrag (§ 308 Abs. 2 ZPO), der Kostenantrag ist jedoch allgemein üblich. Für den Fall, dass es später nur noch um die Kosten geht, kann er Bedeutung erlangen.

10. Auch über die vorläufige Vollstreckbarkeit hat das Gericht ohne Antrag zu erkennen; es kann aber sinnvoll sein, dem Gericht nahe zu bringen, dass das Urteil ohne Sicherheitsleistung des Klägers für vorläufig vollstreckbar zu erklären ist. Besondere Anträge des Gläubigers nach §§ 710, 711 S. 3 ZPO, das Urteil ohne Sicherheitsleistung für vorläufig vollstreckbar zu erklären, sind zweckmäßigerweise bereits in der Klageschrift zu stellen; sie müssen gem. § 714 ZPO jedenfalls vor Schluss der mündlichen Verhandlung gestellt sein. Allerdings versprechen die Anträge nur Erfolg, wenn die tatsächlichen Voraussetzungen glaubhaft gemacht werden. Im angenommenen Fall wäre das Urteil für den Kläger im Fall des Obsiegens nur gegen Sicherheitsleistung vorläufig vollstreckbar, da der Gegenstand der Verurteilung den Betrag von EUR 1.250,– übersteigen würde (§§ 708 Nr. 11, 709 ZPO).

Will der Kläger seine Sicherheitsleistung nicht durch Hinterlegung, sondern durch Bankbürgschaft erbringen, ist dies nach § 108 S. 2 ZPO ohne gerichtliche Bestimmung möglich; die Sicherheitsleistung kann durch die schriftliche, unwiderrufliche, unbedingte und unbefristete Bürgschaft eines im Inland zum Geschäftsbetrieb befugten Kreditinstituts geleistet werden. Auch die Bürgschaft der Bank eines EU-Staates kann geeignet sein (OLG Hamburg NJW 1995, 2859; vgl. *Zöller/Herget* § 108 Rdn. 7); hierzu bedarf es aber einer besonderen gerichtlichen Anordnung. Zur Übergabe oder Zustellung der Bürgschaftsurkunde an den Gegner vgl. *Zöller/Herget* § 108 Rdn. 11; *Thomas/Putzo* § 108 Rdn. 11, jeweils mit Nachw. Eine Zustellung des Originals der Bürgschaftsurkunde von Anwalt zu Anwalt ist ausreichend (OLG Koblenz JurBüro 2001, 213). Manche Gerichte ordnen die gerichtliche Hinterlegung der Bürgschaftsurkunde an. Die Bürgschaft muss gegenüber der Bank verzinst werden, die dadurch entstandenen Kosten sind Prozesskosten, also von der unterliegenden Partei zu tragen (OLG München, MDR 1999, 1525, str.), nach aA. handelt es sich um Kosten der Zwangsvollstreckung (vgl. *Zöller/Stöber* § 788 Rdn. 5). Zur Rückgabe der Bürgschaft vgl. BGH NJW 1979, 417; ist der Anlass für die Sicherheitsleistung entfallen, sollte die Bürgschaftsurkunde unverzüglich vom Gegner zurückgefordert werden (BGH NJW 1990, 2129). Möglich ist es auch, den Austausch einer beigebrachten Prozessbürgschaft gegen die gleichwertige eines anderen Kreditinstitutes zu fordern (BGH NJW 1994, 1351). Entscheidungen über Art und Höhe der Sicherheitsleistung sind (eingeschränkt) anfechtbar, vgl. *Thomas/Putzo* § 108 Rdn. 16, 17.

11. Für den Fall seines Unterliegens kann der Kläger den Schutzantrag nach § 712 ZPO (auch Antrag auf „Befugung" genannt) stellen. Hierzu ist Glaubhaftmachung der tatsächlichen Voraussetzungen erforderlich, § 714 Abs. 2 ZPO. Nach § 714 Abs. 1 ZPO kann der Antrag nur bis zum Schluss der mündlichen Verhandlung gestellt werden; wird der Antrag in erster Instanz versäumt, ist streitig, ob er noch in der Berufungsinstanz nachgeholt werden kann (so zB. OLG Stuttgart MDR 1998, 858; aA. KG MDR 2000, 478; *Zöller/Herget* § 714 Rdn. 1; differenzierend OLG Hamburg MDR 1994, 1246).

Umstritten ist weiter, ob die Versäumung des Antrags in erster Instanz auch einem Einstellungsantrag nach §§ 707, 719 Abs. 1 ZPO entgegensteht (vgl. KG MDR 2000, 1455; *Zöller/Herget* § 719, Rdn. 3 mwN.). Wegen dieser unsicheren Rechtslage sollte der Antrag nach § 714 ZPO unbedingt im ersten Rechtszug gestellt werden.

12. Mit § 278 Abs. 2 ZPO hat der Gesetzgeber angeordnet, dass der mündlichen Verhandlung zum Zwecke der gütlichen Beilegung des Rechtsstreits eine Güteverhandlung vorauszugehen hat. Sowohl der frühe erste Termin (§§ 272 Abs. 2, 275 ZPO) als auch der Haupttermin nach schriftlichem Vorverfahren (§§ 272 Abs. 1, 276 ZPO) haben regelmäßig damit zu beginnen und werden erst bei Erfolglosigkeit mit der streitigen mündlichen Verhandlung fortgesetzt (§ 279 Abs. 1 ZPO). Diese vorgeschaltete Güteverhandlung, zu der die Parteien persönlich geladen und angehört werden, bedeutet für Anwälte, Gericht und Parteien zeitraubenden, vergeblichen Aufwand, wenn eine gütliche Einigung von vornherein nicht in Betracht kommt. In einem solchen Fall sollten die Parteien dies dem Gericht rechtzeitig vor dem Termin anzeigen und beantragen, von einer Güteverhandlung und ggf. auch von der Anordnung des persönlichen Erscheinens abzusehen. § 278 Abs. 2 S. 1 ZPO sieht diese Möglichkeit vor, wenn bereits ein Einigungsversuch vor einer außergerichtlichen Gütestelle stattgefunden hat. Das betrifft vor allem Bagatellstreitigkeiten (vermögensrechtliche Streitigkeiten bis EUR 750,–, Nachbarstreitigkeiten und Streitigkeiten wegen Ehrverletzung), für die der Landesgesetzgeber nach § 15 a ZPO bestimmt hat, dass die Erhebung der Klage erst zulässig ist, wenn ein außergerichtlicher Einigungsversuch bei einer anerkannten Gütestelle stattgefunden hat. Die meisten Länder haben entsprechende Gesetze verabschiedet oder geplant (vgl. *Zöller/Gummer* § 15 a EGZPO Rdn. 27). In Betracht kommen aber auch freiwillige Einigungsversuche in anderen Streitigkeiten oder bei sonstigen Gütestellen, die eine Streitbeilegung betreiben, zB. bei Schlichtungsstellen von Verbänden oder Kammern oder auch vor einem Notar (vgl. *Hannich/Meyer-Seitz* §§ 278, 279 Rdn. 12). Die Bescheinigung über den erfolglosen Einigungsversuch hat der Kläger mit der Klage einzureichen (§ 15 a Abs. 1 S. 2 EGZPO für das dort vorgesehene Verfahren). Eine ohne den vorgesehenen Einigungsversuch erhobene Klage ist unzulässig; eine Nachholung im Prozess ist nicht möglich (BGH NJW 2005, 437; zu Umgehungsmöglichkeiten vgl. *Bitter* NJW 2005, 1235). Die hierzu getroffenen Landesregelungen sind mit Art. 19 Abs. 4 GG vereinbar (BVerfG NJW-RR 2007, 1073 für NRW).

Zum Absehen von der Güteverhandlung nach § 278 Abs. 2 ZPO bei erkennbarer Aussichtslosigkeit vgl. Form. I. F. 6.

13. Ob das Gericht einen frühen ersten Termin oder das schriftliche Vorverfahren anordnet, liegt in seinem Ermessen (§ 272 Abs. 2 ZPO). Das Gericht wird jedoch die Anregung des Klägers beachten. Die Verfahrensart ist unabhängig davon, ob der Rechtsstreit durch die Kammer oder den Einzelrichter verhandelt wird. In der Praxis wird vom schriftlichen Vorverfahren weniger Gebrauch gemacht, die Verfahrensart kann aber von Kammer zu Kammer und auch innerhalb einer Kammer unter den Einzelrichtern unterschiedlich sein. Der frühe erste Termin empfiehlt sich für den Kläger immer dann, wenn abzusehen ist, dass sich der Rechtsstreit ganz oder zum Teil im ersten Termin erledigt, wenn er einen gerichtlichen Vergleich in der Güteverhandlung nach § 278 ZPO anstrebt, wenn er an einer baldigen Erörterung des Rechtsstreits mit dem Gericht interessiert ist, wenn der Streit bereits durch ein vorgeschaltetes Prozesskostenhilfeverfahren geklärt ist oder wenn die Vorbereitung des Rechtsstreits durch ein schriftliches Vorverfahren aus anderen Gründen überflüssig erscheint (vgl. *Thomas/Putzo* § 272 Rdn. 4). Wenn allerdings bekannt ist, dass beim angerufenen Landgericht Termine erst nach Monaten stattfinden, kann ein schriftliches Vorverfahren wegen der Möglichkeit, ohne Termin ein Versäumnisurteil oder Anerkenntnisurteil zu erwirken, günstiger sein. Andererseits birgt das schriftliche Vorverfahren bei streitigem Prozessverlauf stets die Gefahr der Verschleppung. Zur Prozessförderungspflicht der Parteien für den frühen ersten Termin vgl. BGH

NJW 1983, 575. Bei Wahl eines frühen ersten Termins können sich die Parteien nicht darauf verlassen, dass noch ein weiterer Haupttermin stattfinden wird (BGH aaO. u. NJW 1987, 499), anders aber, wenn es sich ersichtlich um einen Durchlauftermin handelt (BVerfG NJW 1985, 1149; BGH NJW 1987, 500; BayVerfGH NJW 1990, 502; vgl. *Zöller/Greger* § 296 Rdn. 5).

14. Dieser Antrag kann bereits in der Klage gestellt werden (§ 331 Abs. 3 S. 2 ZPO). Das sollte, auch wenn der Kläger einen frühen ersten Termin anregt, stets geschehen; denn ordnet das Gericht dennoch das schriftliche Vorverfahren an, würde ein weiterer Schriftsatz erforderlich, was die Entscheidung verzögert.

15. Die Erklärung ist gemäß § 253 Abs. 3 ZPO erforderlich. Eine Übertragung der Sache durch die Zivilkammer auf den Einzelrichter gem. § 348 a ZPO („obligatorischer Einzelrichter") kommt in Betracht, wenn dieser ein Richter auf Probe ist oder wenn es sich um eine Spezialkammer handelt, der im Geschäftsverteilungsplan Streitigkeiten aus den in § 348 Abs. 1 Nr. 2 ZPO Sachgebieten zugewiesen sind. In allen anderen Fällen entscheidet regelmäßig ein Mitglied der Kammer als Einzelrichter („originärer Einzelrichter" gem. § 348 ZPO). In den in § 348 Abs. 3 genannten Fällen hat der Einzelrichter die Sache allerdings der Kammer zur Entscheidung über die Übernahme vorzulegen. Das geschieht in den Fällen des § 348 Abs. 3 Satz 1 Nr. 1 und 2 ZPO selten, was zur Verletzung des Gebots des gesetzlichen Richters und Aufhebung in der Rechtsmittelinstanz führen kann (vgl. die Fälle BGH NJW 2003, 1254 u. 3712). Nur in den in Nr. 1 und Nr. 2 bezeichneten Fällen (besondere Schwierigkeit, grundsätzliche Bedeutung) kann eine Übernahme durch die Kammer stattfinden. Auch ein übereinstimmender Antrag der Parteien führt nur unter diesen Voraussetzungen zur Übernahme. Anträge, den Rechtsstreit der Kammer zur Übernahme vorzulegen, müssen also entsprechend begründet werden. Zu berücksichtigen ist aber auch, dass ein Haupttermin vor dem Einzelrichter meist schneller zu erreichen ist als vor der Kammer. In den Fällen des § 348 a ZPO wird der frühe erste Termin oft noch vor der Kammer stattfinden, da die Einzelrichtererklärung des Beklagten nach § 277 Abs. 1 S. 2 ZPO im Zeitpunkt der Terminierung noch nicht vorliegt. Will der Kläger keine Verhandlung vor dem Einzelrichter oder strebt er eine Übernahme durch die Kammer an, sollte er seine Gründe darlegen. Die Übertragung auf den Einzelrichter oder die Übernahme durch die Kammer stehen aber im Ermessen der Kammer. Deren Entscheidung ist unanfechtbar (§ 348 Abs. 2, 4, § 348 a Abs. 3 ZPO), sie kann auch nicht mit der Berufung angegriffen werden.

16. Die Klagebegründung muss die bestimmte Angabe des Gegenstandes und des Grundes des erhobenen Anspruches enthalten, die zur Begründung der Anträge dienenden tatsächlichen Verhältnisse angeben und die Beweismittel, derer sich der Kläger zum Nachweis tatsächlicher Behauptungen bedienen will, bezeichnen (§ 253 Abs. 2 Nr. 2 iVm. § 130 Nr. 3, 5 ZPO). Für die Zulässigkeit der Klage reicht es aus, dass der Anspruch als solcher identifizierbar ist (BGH NJW-RR 2005, 216; 2004, 639). Die Klage kann aber in der Sache nur Erfolg haben, wenn der Anspruch schlüssig dargelegt ist. Hierzu ist es zweckmäßig, dass der Kläger die materiell- rechtliche Anspruchsgrundlage (hier § 433 Abs. 2 BGB) zum Ausgangspunkt nimmt und zu deren Tatbestandsmerkmalen (Kaufvertrag einschließlich Vereinbarung des Kaufpreises) die erforderlichen Tatsachen vorträgt. Dabei genügt nicht die bloße Rechtsbehauptung, dass die Parteien einen Kaufvertrag geschlossen haben, vielmehr ist zur Schlüssigkeit näher darzulegen, wann, zwischen welchen Personen und auf welche Weise dies geschehen ist (Substantiierungspflicht, vgl. näher BGH NJW 1984, 310; 1984, 2888; WM 1985, 736; NJW 1991, 2707, 2709; NJW-RR 1993, 189). Genauer Sachvortrag und entsprechende Beweisanträge sind insbesondere ratsam, soweit die Darlegungs- und Beweislast beim Kläger liegt (hierzu grundsätzlich BGH NJW 1986, 2426, 2427; 1997, 128, 129) oder sich die Tatsache innerhalb seines eigenen Wahrnehmungsbereiches ereignet hat (BGH NJW 1996, 1826, 1827; MDR 1999, 440 und 1371; 2000, 592). Vom nicht darlegungspflichtigen

Prozessgegner kann ein substantiiertes Bestreiten nur gefordert werden, wenn dem Behauptenden eine weitere Substantiierung nicht möglich oder nicht zumutbar ist, während jener alle wesentlichen Tatsachen kennt und es ihm zumutbar ist, nähere Angaben zu machen (vgl. BGH NJW 1999, 714 unter II 2 mwN.; MDR 2001, 1249). Für den Kläger ist es grundsätzlich ausreichend, wenn er Tatsachen vorträgt, die in Verbindung mit einem Rechtssatz geeignet sind, das geltend gemachte Recht als in seiner Person entstanden erscheinen zu lassen; genügt das Parteivorbringen diesen Anforderungen an die Substantiierung, so kann der Vortrag weiterer Einzeltatsachen nur verlangt werden wenn diese, insbesondere im Hinblick auf das Vorbringen des Gegners, für die Rechtsfolgen von Bedeutung sind (st. Rspr., zB. BGH NJW-RR 1998, 1409; NJW 1999, 1859, 1860; MDR 1999, 1371). Der Grad der Wahrscheinlichkeit des geschilderten Sachverhalts soll für den Umfang der Darlegung ohne Bedeutung sein (BGH NJW-RR 2003, 69, 70). Die Instanzgerichte stellen allerdings oft Anforderungen, die mit dieser Rechtsprechung des BGH schwer zu vereinbaren sind. Es empfiehlt sich daher, eher mehr als weniger Details zu den anspruchsbegründenden Tatsachen vorzutragen. Der Kläger darf auch nur vermutete Tatsachen behaupten und unter Beweis stellen, wenn er zuverlässiges Wissen anders nicht erlangen kann (BGH NJW-RR 1988, 1529, NJW 1995, 1160 u. 2111). Die Grenze ist überschritten, wenn Behauptungen „ins Blaue hinein“ aufgestellt werden oder „aus der Luft gegriffen“ sind; dieser Vorwurf ist jedoch nur gerechtfertigt, wenn für eine Behauptung jegliche tatsächliche Anhaltspunkte fehlen (BGH NJW-RR 2003, 69, 70).

Es empfiehlt sich, die klagebegründenden Tatsachen in historischer Reihenfolge darzustellen. Eine rechtliche Qualifizierung des Anspruches ist nicht erforderlich. Rechtsausführungen sind nicht notwendig und häufig auch überflüssig. Soweit die Parteien nicht besonderen Anlass haben, das Gericht von einer bestimmten Rechtsansicht zu überzeugen, und es nicht um Rechtsfragen von grundsätzlicher Bedeutung oder um Spezialfragen geht, sollten sie sich auf kurze Hinweise, ggf. unter Angabe einschlägiger Rechtsprechung und Literatur, beschränken.

17. Die Beweismittel sind gemäß § 130 Nr. 5 ZPO zu bezeichnen, spätere Nachholung ist möglich (BVerfG NJW 1993, 1319). Urkunden sind nicht nur zu bezeichnen, sondern vorzulegen (§ 420 ZPO). Es genügt die Einreichung einer Kopie, das Original sollte jedoch im Termin vorgelegt werden können. Problematisch kann die Frage sein, ob sich der Kläger zur Individualisierung des Klagegrundes (§ 253 Abs. 2 Nr. 2 ZPO) damit begnügen darf, auf eine in Bezug genommene übersichtliche Anlage zu verweisen. Der BGH (NJW RR 2004, 639) bejaht dies, betont aber auch, dass die Gerichte nicht verpflichtet sind, umfangreiche Anlagenkonvolute durchzuarbeiten, um die Ansprüche zu konkretisieren).

18. Es ist zweckmäßig, dass die Parteien ihre Anlagen unterschiedlich bezeichnen, zB. der Kläger mit Zahlen, der Beklagte mit Buchstaben oder der Kläger mit K 1, 2 ...... und der Beklagte mit B 1, 2 ......

19. Die Übergabe der Kaufsache ist keine Anspruchsvoraussetzung, in Hinblick auf die zur Zug-um-Zug-Verurteilung führende Einrede des nichterfüllten Vertrages und als maßgeblicher Zeitpunkt für den Beginn der Sachmängelhaftung sollte sie jedoch bei Kaufpreisklagen stets vom Kläger vorgetragen werden.

20. Es ist zu empfehlen, nicht nur Mahnschreiben, sondern die gesamte prozesserhebliche Korrespondenz dem Gericht vorzulegen.

21. Ob der Kläger bereits in der Klageschrift auf mögliche Einwendungen des Beklagten eingehen soll, ist Frage des Einzelfalls. Wenn dessen Einwendungen jedoch abzusehen sind, kann dadurch eine schriftsätzliche Entgegnung auf die Klageerwiderung entbehrlich werden und zur Straffung des Prozesses beitragen; dies kann auch den Beklagten veranlassen, seinen Standpunkt zu überdenken. Zudem wird dem Gericht eine gezielte Vorbereitung des Rechtsstreits erleichtert. In jedem Fall sollte der Kläger bereits zum Zeitpunkt der Klageerhebung wissen, was er auf die Einwendungen des Beklagten erwidern will und welche (Gegen-)Beweise ihm zur Verfügung stehen, sowie die erforderlichen Informationen hierzu gesammelt haben. Denn die Klageerwiderung kann Anlass zu einer weiteren Aufgliederung und Ergänzung der Sachdarstellung bieten (BGH NJW 1986, 1826, 1827) und der Kläger kann nicht damit rechnen, dass das Gericht ihm zur Entgegnung auf die Klageerwiderung mehr als zwei Wochen Zeit gibt. Im angenommenen Fall dient das Vorbringen des Klägers dazu, Gewährleistungsansprüche wegen vertraglicher Vereinbarung (§ 444 BGB) auszuschließen und Kenntnis des Käufers (§ 442 BGB) zu behaupten.

22. Dem Kläger stehen in jedem Fall Verzugszinsen in Höhe von 5 Prozentpunkten über dem Basiszinssatz nach § 288 Abs. 1 BGB ab Verzugsbeginn zu. Der Basiszinssatz beträgt nach § 247 Abs. 1 BGB 3,62 %, hat aber seitdem stark geschwankt. Jeweils zum 1. 1. und 1. 7. eines Jahres wird er angepasst. Zur Zeit ist er mit 1,0% sehr gering. (näher zu den wechselnden Zinssätzen *Petershagen* NJW 2002, 1455; *Meier/Grünebaum* MDR 2002, 748). Der Kläger kann jedoch nach § 288 Abs. 4 BGB einen weitergehenden Verzugsschaden wegen Inanspruchnahme eines Bankkredites geltend machen. Zum Beleg dieses Zinsschadens, der meist höher liegt als 5 Prozentpunkte über dem Basiszinssatz, sollte bereits in der Klageschrift, und nicht erst auf Bestreiten des Beklagten, eine Zinsbescheinigung der Bank eingereicht werden. Ob der Kläger auch ohne nähere Darlegung einen höheren Zinssatz verlangen kann, ist fraglich. Nach der Rechtsprechung des BGH (NJW 1984, 371) braucht der Zahlungsverzug des Schuldners nicht für die Kreditaufnahme ursächlich zu sein; es genügt also, eine Kreditaufnahme in Höhe der Klageforderung darzulegen. Wenn der Beklagte bestreitet, ist, jedenfalls bei Nichtkaufleuten, eine nähere Darlegung erforderlich (BGH NJW-RR 1991, 1406; vgl. *Palandt/Heinrichs* § 288 Rdn. 14). Zum Teil wird auch die Darlegung des Klägers verlangt, dass ihm eine Rückzahlung des Kredites möglich und von ihm beabsichtigt war (OLG Saarbrücken NJW-RR 2008, 1126).

Bei wechselnder Höhe der Kreditzinsen kann der Antrag wie folgt lauten:

„... nebst Zinsen in Höhe von
9,5% vom 2. 4. 20 .. bis zum 31. 5. 20 ..
10% vom 2. 4. 20 .. bis zum 3. 8. 20 ..
10,5% seit dem 4. 8. 20 .. zu zahlen."

Da dem Kläger Verzugszinsen jedenfalls nach § 288 Abs. 1 BGB zustehen, dürfte auch der Zusatz „mindestens aber in Höhe von 5 Prozentpunkten über dem Basiszinssatz seit dem 2. 4. 20 .." hinreichend bestimmt und damit zulässig sein. Nicht erforderlich ist es, die Höhe des Basiszinssatzes anzugeben.

Bei mehreren Forderungen mit unterschiedlichem Verzugsbeginn oder bei zu berücksichtigenden Teilzahlungen kann der Zinsantrag lauten:

„... nebst Zinsen in Höhe von 9,5%
auf EUR 20.000,– vom 3. 8. 20 .. bis 31. 3. 20 ..,
auf EUR 14.000,– vom 1. 4. 20 .. bis 20. 7. 20 ..,
auf EUR 10.000,– vom 21. 7. 20 .. bis 30. 11. 20 ..,
und auf DM 5.000,– seit dem 1. 12. 20 .. zu zahlen."

23. Die Klageschrift selbst kommt zur Gerichtsakte. Für jeden Beklagten hat der Kläger eine beglaubigte Abschrift der Klageschrift beizufügen, die dem oder den Beklagten gemäß § 271 ZPO zugestellt wird (§ 253 Abs. 5 ZPO). Auch die Anlagen zur Klageschrift sind in der erforderlichen Zahl beizufügen, es sei denn, sie liegen dem Gegner bereits in Urschrift oder in Abschrift vor (§ 133 Abs. 1 ZPO). In Anwaltsprozessen ist es üblich, außer den beglaubigten Abschriften jeweils eine einfache Abschrift beizufügen. Dabei empfiehlt es sich, den Beglaubigungsvermerk auf der beglaubigten Abschrift voll zu unterschreiben; denn die vergessene Unterschrift unter der Klage kann dadurch bei gleichzeitiger Einreichung der beglaubigten Abschrift ersetzt werden (BGH NJW 2008, 2592).

24. Die Klageschrift muss von einem zugelassenen Rechtsanwalt unterschrieben sein. Zur Bedeutung der Unterzeichnung „i. V." und „i. A." (genügt nicht) vgl. BGH NJW 1988, 210. Ein zugelassener Anwalt kann aber wirksam mit dem Zusatz „für Rechtsanwalt XY, nach Diktat verreist" unterzeichnen. Die Unterschrift selbst muss Mindestanforderungen genügen, dh. erkennen lassen, dass sie aus Buchstaben zusammengesetzt ist und individuelle Züge trägt, BGH NJW 1989, 588 mwN.; großzügiger BGH NJW 1992, 243; 1997, 3380; 2005, 3775; vgl. auch BAG NJW 2001, 316; BFH NJW 1987, 343; *Thomas/Putzo* § 129 Rdn. 8. Das Gericht darf aber die Unterschrift eines Rechtsanwalts, die es längere Zeit nicht beanstandet hat, nicht ohne Hinweis als unzureichend ansehen (BVerfG NJW 1988, 2787). Ein Handzeichen, das erkennbar nur eine Namensabkürzung (Paraphe) darstellt, genügt nicht (BGH NJW 1994, 55).

In Hinblick auf den technischen Fortschritt hat die Rechtsprechung Ausnahmen vom Unterschriftserfordernis zugelassen. So ist die Übermittlung eines bestimmenden Schriftsatzes per Telefax in allen Gerichtsbereichen zulässig (BGH NJW 2006, 2784). Die Nachsendung des Originals ist nach hM. nicht erforderlich, aber wegen gelegentlich abweichender Rechtsprechung (vgl. *Zöller/Greger* § 130 Rdn. 18) empfehlenswert und auch üblich. Bestimmende Schriftsätze können außerdem formwirksam durch elektronische Übertragung einer Textdatei mit eingescannter Unterschrift des Prozessbevollmächtigten auf ein Faxgerät des Gerichts übermittelt werden (Gemeinsamer Senat der obersten Gerichtshöfe des Bundes, NJW 2000, 2340).

Kosten und Gebühren

Die Klage wird erst nach Einzahlung des Gerichtskostenvorschusses (3,0 Gebühren nach KV 1210) zugestellt, § 12 GKG. Die Gerichtskasse fordert den Vorschuss für die eingereichte Klage an. Der Kläger kann den Vorschuss auch selbst berechnen und entweder bei der Gerichtskasse (die den Empfang auf der Klageschrift quittiert) einzahlen oder in Gerichtskostenmarken entrichten. In den Fällen des § 14 GKG entfällt die Vorschusspflicht; das gilt insbesondere, wenn dem Kläger Prozesskostenhilfe bewilligt wurde oder er glaubhaft macht, dass ihm die alsbaldige Zahlung aus besonderen Gründen nicht möglich ist oder eine Verzögerung einen nicht oder nur schwer zu ersetzenden Schaden bringen würde (§ 14 Nr. 1, 3 GKG).

Für das Gericht entsteht im Klageverfahren je Instanz eine dreifache Gebühr (KV 1210), die sich bei nichtstreitiger Beendigung auf eine Gebühr ermäßigen kann (KV 1211). Auslagen für Zustellungen werden nur noch erhoben, soweit in einem Rechtszug mehr als zehn Zustellungen anfallen (KV 9002). Für den Anwalt entstehen idR. die Verfahrensgebühr in Höhe von 1,3 (VV 3100) und die Terminsgebühr in Höhe von 1,2 (VV 3104); zusätzlich kann eine Einigungsgebühr in Höhe von 1,5 (VV 1000) anfallen. Bereits die Güteverhandlung löst die Terminsgebühr aus (OLG Celle NJW 2009, 1219; *Gerold/Schmidt* Vorbem. 3 VV Rdn. 41). Die Höhe der Gerichts- und Rechtsanwaltsgebühren richtet sich nach dem Streitwert (§ 3 GKG; § 2 RVG). Der genaue Betrag ergibt sich aus den Gebührentabellen (Anlage 2 zu § 34 GKG bzw. Anlage 2 zu § 13 RVG). Sämtliche Prozesskosten – einschließlich der Auslagen für Zeugen und Sachverständige etc. – fallen idR. der unterliegenden Partei zur Last (§ 91 ZPO), die dem siegreichen Gegner dessen Kosten zu erstatten hat.

Fristen und Rechtsmittel

Prozessuale Fristen sind für die Klageerhebung nicht zu beachten. Jedoch können materielle Fristen (Verjährungsfristen, Ausschlussfristen) einzuhalten sein. Zu deren Wahrung genügt die Einreichung der Klageschrift bei Gericht, wenn die Zustellung, gemessen am Tag des Fristablaufs (BGH NJW 1995, 2230), „demnächst" (hierzu BGH NJW 1986, 1347; NJW 1993, 2320) erfolgt, § 167 ZPO. Kann die Klage nicht mehr vor Fristablauf zugestellt werden, muss der Kläger aber alles tun, um eine nicht nur geringfügige Verzögerung der Zustellung zu vermeiden (vgl. BGH NJW 1992, 1820; NJW 1994, 1073; NJW-RR 1995, 254); er sollte insbes. den Gerichtskostenvorschuss bereits mit Klageeinreichung oder doch unverzüglich nach Aufforderung (nach BGH NJW 1986, 1347 und 1993, 2811 ausreichend) leisten, die Parteien genau bezeichnen (zustellungsfähige Anschrift des Beklagten!; vgl. BGH NJW 1992, 1820, 1822) und die sonstigen Formalien erfüllen. Die lange Dauer einer Zustellung im Ausland geht nicht zu seinen Lasten (BGH NJW 1988, 411; vgl. *Pfennig* NJW 1989, 2172); nach ordnungsgemäßer Klageeinreichung darf der Kläger abwarten, welche Auflagen ihm das Gericht zur Bewirkung der Auslandszustellung machen wird (BGH NJW 2003, 2830). Grundsätzlich hemmt die Klage die Verjährung nur hinsichtlich des Streitgegenstandes, nicht hinsichtlich weiterer Teilbeträge (BGH NJW 1988, 1854) oder weiterer Schäden, auch wenn diese erst später entstehen (vgl. – auch zu Ausnahmen – BGH NJW 1988, 965).

Kein Rechtsmittel gibt es gegen die Entscheidung des Gerichts, das Verfahren des frühen ersten Termins oder des schriftlichen Vorverfahrens einzuschlagen, vgl. KG MDR 1985, 416; *Thomas/Putzo* § 272 Rdn. 2. Terminiert das Gericht aber gar nicht oder so spät, dass es einer Versagung des Rechtsschutzes gleichkommt, oder kommt es sonst zu einem Verfahrensstillstand, ist die sofortige Beschwerde zulässig (vgl. *Zöller/Stöber* § 216 Rdn. 21; OLG Karlsruhe NJW 1984, 985; OLG Hamburg NJW-RR 1989, 1022). Zur Anfechtbarkeit der Übertragung auf den Einzelrichter vgl. Anm. 14 aE.

2. Grundmuster einer Klageschrift mit Begründung (Zahlungsklage an das Landgericht, Kammer für Handelssachen, mit Anregung des schriftlichen Vorverfahrens)

An das
Landgericht[1]
Kammer für Handelssachen[2]

Klage

der Firma Druckerei X, eingetragener Kaufmann,
Inhaber X ...... (vollständiger Name und Firmenanschrift)
Prozessbevollmächtigter: Rechtsanwalt ......

gegen

1. **die Druckerei Y KG, vertreten durch den persönlich haftenden Gesellschafter Y (vollständiger Name und Firmenanschrift)**
2. **den persönlich haftenden Gesellschafter der Beklagten zu 1), den Kaufmann Y (vollständiger Name und Firmen- oder Privatanschrift)[3]**

wegen Werklohn

Streitwert: EUR 17.250,–

Namens und in Vollmacht der Klägerin erhebe ich Klage und werde beantragen:

1. **Die Beklagten werden wie Gesamtschuldner[4] verurteilt, an die Klägerin EUR 17.250,– nebst Zinsen in Höhe von 8 Prozentpunkten über dem Basiszinssatz seit dem 1. 4. 20......[5] zu zahlen.**
2. **(...... Kosten, Vollstreckbarkeit)**

Es wird angeregt, das schriftliche Vorverfahren[7] anzuordnen. Für den Fall der Fristversäumung wird beantragt,

gegen den Beklagten ein Versäumnisurteil ohne mündliche Verhandlung zu erlassen[8].

Mit einer Entscheidung durch den Vorsitzenden ist die Klägerin einverstanden[9].

Begründung:[10]

Die Klägerin hatte in längerer Geschäftsbeziehung für die Beklagte zu 1) Druckaufträge ausgeführt. Im Januar 20...... hatte die Beklagte zu 1) von einem ihrer Kunden, der Firma F, den Auftrag, 10.000 Werbeprospekte herzustellen. Aus Kapazitätsgründen war die Beklagte zu 1) nicht in der Lage, diesen Auftrag selbst auszuführen. Ihr Prokurist Herr P rief daher den Inhaber der Klägerin am 15. 2. 20...... an und fragte, ob die Klägerin diesen Auftrag für sie übernehmen könne. Nachdem der Inhaber der Klägerin wegen der kurzen Frist zunächst abgelehnt hatte, erklärte er sich auf das Drängen des P schließlich hierzu bereit. Herr P überbrachte dem Inhaber der Klägerin noch am selben Tag die Druckunterlagen. Hierbei wurde zwischen beiden, in Anwesenheit des Angestellten Herrn A der Klägerin, ein Preis von EUR 1.500,– pro 1.000 Stück zuzüglich MWSt vereinbart.

Beweis: Zeugnis des Angestellten Herrn A (ladungsfähige Anschrift)

Die Auslieferung sollte am 28. 2. 20...... unmittelbar an den Kunden der Beklagten zu 1) erfolgen.

Beweis: wie vor.

Am 28. 2. 20...... lieferte die Klägerin die Ware vertragsgemäß aus, auf dem Lieferschein wurde vom Kunden der Beklagten zu 1) ordnungsgemäßer Empfang bescheinigt.

Beweis: Lieferschein vom 28. 2. 20......
(Anlage 1)

Unter dem 1. 3. 20 .. erteilte die Klägerin der Beklagten zu 1) ihre entsprechend der vereinbarten Vergütung aufgemachte Rechnung.

Beweis: Rechnung vom 1. 3. 20......
(Anlage 2)

Die Beklagte zu 1) weigert sich zu Unrecht, die Rechnung zu begleichen. Sie hat in der vorprozessualen Korrespondenz zum einen eingewandt[11], nicht sie, sondern ihr Kunde, die Firma F, sei Vertragspartner der Klägerin geworden, die Klägerin müsse sich also an die Firma F wenden. Dies widerspricht jedoch den vertraglichen Vereinbarungen, denn der Prokurist der Beklagten zu 1) brachte mit keinem Wort zum Ausdruck, dass der Auftrag im Namen und mit Vollmacht für diese Firma erteilt werde.

Beweis: (unter Protest gegen die Beweislast)[12]: Zeugnis des Herrn A, bereits benannt

Die Beklagte zu 1) hat zum anderen geäußert, dass der Preis überhöht sei. Dies ist unerheblich, da die Vergütung, wie bereits unter Beweis gestellt ist, vereinbart wurde, ist aber im Übrigen auch unzutreffend. Vorsorglich bezieht sich die Klägerin zum Beweis dafür, dass die berechnete Vergütung üblich und angemessen ist[13], auf das

Gutachten eines Sachverständigen.

In einem ihrer Schreiben hat sich die Beklagte zu 1) außerdem auf Mängel berufen, diese Rüge war jedoch verspätet und unspezifiziert. Im Übrigen sind die Prospekte von der Klägerin einwandfrei hergestellt und übergeben worden.

Beweis: 1. Augenschein
2. Gutachten eines Sachverständigen.

Die zwischen den Parteien über diese Punkte gewechselten Schreiben werden zur Information des Gerichts als

Anlage 3 (Schreiben der Klägerin vom ......),
Anlage 4 (Schreiben der Beklagten zu 1) vom ......),
Anlage 5 (Schreiben der Klägerin vom ......)

eingereicht. Mit Schreiben vom ......

Anlage 6

setzte die Klägerin der Beklagten zu 1) eine letzte Zahlungsfrist zum 1. 11. 20......
Der Beklagte zu 2) haftet der Klägerin für die Forderung gegen die Beklagte zu 1) gemäß §§ 161 Abs. 2, 128 HGB.
Der Zinsanspruch ergibt sich aus Verzug; denn die Beklagte hat nicht binnen 30 Tagen nach Zugang der Rechnung (1. 3. 20......) geleistet (§§ 286 Abs. 3, 288 BGB)[13].
Zwei beglaubigte Abschriften und eine einfache Abschrift liegen bei[14].

Rechtsanwalt

Schrifttum: Gräve/Salten, Neues Firmenrecht – Die Bezeichnung der Einzelkaufleute im Zivilprozess, MDR 2003, 1097.

Anmerkungen

1. Zu den Formalien der Klageschrift wird zunächst auf das Form. I. D. 1 verwiesen. Die Parteibezeichnung des Klägers beruht auf § 19 Abs. 1 Nr. 1 HGB.

2. Macht der Kläger eine Handelssache iSd. § 95 GVG – hier liegt ein Fall des § 95 Abs. 1 Nr. 1 GVG vor – beim Landgericht anhängig, steht es zunächst in seinem Belieben, ob er den Rechtsstreit vor die Zivilkammer oder die Kammer für Handelssachen bringt. Wählt er die Kammer für Handelssachen, muss er dies in der Klageschrift beantragen (§ 96 Abs. 1 GVG). Eine spätere Verweisung von der Zivilkammer an die Kammer für Handelssachen ist nur auf Antrag des Beklagten zulässig (vgl. Form. I. I. 1). Weil dies zu einer Prozessverzögerung führen würde, sollte der Kläger idR. die Kammer für Handelssachen gleich anrufen. Im Übrigen kann es ein Vorteil sein, dass der Rechtsstreit durch einen in Handelssachen erfahrenen Vorsitzenden Richter am Landgericht verhandelt und (mit-)entschieden wird und dass zwei im Wirtschaftsleben erfahrene ehrenamtliche Richter mitwirken.

3. Bei Zahlungsklagen gegen eine OHG,, KG oder GbR empfiehlt es sich regelmäßig, den oder die persönlich haftenden Gesellschafter mit zu verklagen. Gemäß § 128 HGB, bei der KG iVm. § 161 Abs. 2 HGB, haftet der persönlich haftende Gesellschafter für die Verbindlichkeiten der Gesellschaft. Ebenso haftet ein GbR-Gesellschafter entsprechend § 128 HGB. Der Kläger erhält so einen weiteren Schuldner, der zudem als Zeuge ausscheidet. Gesellschaft und Gesellschafter sind einfache Streitgenossen (BGH NJW 1988, 2113).

4. Gesellschaft und persönlich haftender Gesellschafter werden im Prozess wie Gesamtschuldner behandelt (*Baumbach/Hopt* § 128 HGB Rdn. 39).

5. Vgl. Anm. 22 zu Form I. D. 1. Wenn beide Parteien keine Verbraucher iSd. § 13 BGB sind, kann der Kläger auf die Vergütungsforderung Zinsen in Höhe von 8 Prozentpunkten über dem Basiszinssatz verlangen. Die Formulierung des Zinsantrages beruht auf § 288 Abs. 2 BGB. Sprachlich weniger korrekt, aber hinreichend ist die Formulierung „5% über dem Basiszinssatz" (vgl. OLG Hamm NJW 2005, 2238).

6. Vgl. Anm. 9, 10 zu Form. I. D. 1.

7. Vgl. Anm. 13 zu Form. I. D. 1. Das schriftliche Vorverfahren mag für die Kammer für Handelssachen eher geeignet sein, weil hier der Rechtsstreit ohnehin durch den Vorsitzenden so weit zu fördern ist, dass er in einer mündlichen Verhandlung vor der Kammer entschieden werden kann (§ 349 Abs. 1 ZPO). Regt der Kläger das schriftliche Vorverfahren an, muss er besonders darauf achten, dass sein Anspruch auch in allen Nebenforderungen schlüssig ist. Andernfalls kann das Gericht ein schriftliches Versäumnisurteil höchstens als Teilurteil – dann aber ohne Kostenentscheidung – erlassen, wegen des Restes wird ein umständliches Verfahren erforderlich.

8. Vgl. Anm. 14 zu Form. I. D. 1.

9. Die Vorschriften über den Einzelrichter können für die Kammer für Handelssachen wegen ihrer besonderen Besetzung nicht gelten. Im Einverständnis der Parteien kann der Vorsitzende jedoch an Stelle der Kammer entscheiden (§ 349 Abs. 3 ZPO). Dieses Einverständnis kann bereits in der Klageschrift erteilt werden. Da es unwiderruflich ist (*Zöller/Greger* § 349 Rdn. 19), sollte die Erklärung idR. erst abgegeben werden, wenn der Prozessverlauf für die Partei in etwa einzuschätzen ist. Das Einverständnis erfasst die Endentscheidung und alle vorbereitenden Entscheidungen.

10. Zur Klagebegründung allgemein vgl. Anm. 16 ff. zu Form. I. D. 1. Die vom Kläger vorzutragenden Tatbestandsvoraussetzungen der Anspruchsgrundlage § 631 BGB sind Vertragsschluss, Vereinbarung der verlangten Vergütung oder ihre Angemessenheit und Fälligkeit der Vergütung (§ 641 BGB, idR. Abnahme oder Verpflichtung des Bestellers zur Abnahme und vergebliche Fristsetzung gem. § 640 Abs. Satz 3 BGB).

11. Wenn Einwendungen bereits bekannt sind, empfiehlt es sich zur Straffung des Prozessstoffes, auf sie unter Beweisantritt einzugehen (vgl. Anm. 1 zu Form. I. D. 21).

12. Die Beweislast für das Handeln in fremdem Namen tragen die Beklagten, es handelt sich um einen Gegenbeweisantrag. Hierauf kann das Gericht auf diese oder ähnliche Weise hingewiesen werden.

13. Es handelt sich um Hilfsvorbringen des Klägers, der damit rechnen muss, dass er die von ihm behauptete, von den Beklagten bestrittene Vergütungsvereinbarung nicht wird beweisen können. In diesem Fall kann der Kläger die übliche Vergütung iSd. § 632 Abs. 2 BGB verlangen. Die Darlegungs- und Beweislast dafür, dass die verlangte Vergütung für die Herstellung des Werkes üblich und im Rahmen des Üblichen angemessen ist (vgl. BGH NJW 1985, 1895), trifft ihn. Daher ist sein Beweisantritt erforderlich.

14. Verzug tritt nach § 286 Abs. 3 BGB auch ohne Mahnung ein, wenn der Schuldner nicht binnen 30 Tagen, nachdem die fällige Zahlung in Rechnung gestellt wurde, leistet. Die Höhe der Verzugszinsen ergibt sich aus § 288 Abs. 1 BGB. Nimmt der Kläger Bankkredit zu einem höheren Zinssatz in Anspruch, könnte er diesen als weitergehenden Schaden nach § 288 Abs. 4 BGB geltend machen. Die Darlegung, dass der Kläger wegen der Klageforderung einen höher zu verzinsenden Kredit in Anspruch genommen hat, ist bei Kaufleuten nicht erforderlich (BGH BB 1965, 305; NJW-RR 1993, 793), aber gleichwohl zu empfehlen. Der Nachweis, dass der Kredit bei rechtzeitiger Zahlung zurückgeführt worden wäre, braucht jedenfalls bei Kaufleuten nicht geführt zu werden (BGH NJW-RR 1991, 793). Mehrwertsteuer auf die Zinsen kann der Kläger nicht verlangen; vereinnahmte Verzugszinsen unterliegen nicht der Umsatzsteuer (EuGH NJW 1983, 505; OLG Frankfurt NJW 1983, 394). Der Kläger kann als Verzugsschaden auch entgangene Anlagezinsen geltend machen, deren Verlust er allerdings konkret darlegen und ggf. beweisen muss (vgl. *Palandt/Heinrichs* § 288 Rdn. 13). Daneben stehen einem Kaufmann in der Zeit zwischen Fälligkeit und Verzug – also in Hinblick auf § 284 Abs. 3 BGB meist nur für einen Monat – Fälligkeitszinsen in Höhe von 5% nach §§ 352, 353 HGB zu. Dieser Zinsanspruch kann wichtig werden, wenn der Beklagte den Zugang der Rechnung bestreiten sollte.

15. Da die Klageschrift beiden Beklagten zuzustellen ist, ist für jeden eine beglaubigte Abschrift erforderlich.

Kosten und Gebühren

Vgl. die Hinweise zu Form. I. D. 1. Für das schriftliche Vorverfahren gilt grundsätzlich nichts Besonderes, allerdings entsteht die Terminsgebühr erst später im Haupttermin.

Fristen und Rechtsmittel

Vgl. die Hinweise zu Form. I. D. 1.

3. Positive Feststellungsklage[1, 2]

An das
Landgericht

Klage

In der Sache
des Alfred M. ......,

gegen

den Hans-Jürgen M. ......,

vorläufiger Streitwert EUR 100.000,–[3],

erhebe ich Klage und werde beantragen:[4]

1. **Es wird festgestellt, dass der Kläger berechtigt ist, dem Beklagten wegen der im notariellen Testament vom ...... unter § 5 aufgeführten Vorfälle, nämlich des durch Strafurteil des Landgerichts Frankfurt vom 12. 5. 20.., Aktenzeichen ...... festgestellten Betruges sowie wegen des Vorfalles im Hause des Klägers am 13. 7. 20.., den Pflichtteil zu entziehen.**
2. **......**

Begründung

Der Kläger ist Gesellschafter eines alteingesessenen Familienunternehmens, der Fa. ......, die jetzt in Form einer GmbH & Co. KG betrieben wird. Seine pflichtteilsberechtigten Erben sind seine Ehefrau Margarethe M., sein älterer Sohn Georg M. und sein jüngerer Sohn Hans-Jürgen M., der Beklagte. Mit notariellem Testament vom ......,

Anlage 1

hat der Kläger seine Ehefrau zur Vorerbin und seinen älteren Sohn Georg M. zum Nacherben eingesetzt. Seinem jüngeren Sohn, dem Beklagten, hat der Kläger in § 5 des Testamentes den Pflichtteil entzogen und die hierfür maßgeblichen Gründe im Testament angegeben. Hierzu ist folgendes auszuführen:

1. **Der Beklagte war früher, zusammen mit dem Kläger und dessen älterem Sohn, an der Firma M. beteiligt und zugleich als Mitgeschäftsführer der Komplementär-GmbH tätig. Hauptgesellschafter des Unternehmens war damals der Kläger, der Beklagte und sein Bruder hielten Kommanditanteile. Der Beklagte hat in dieser Position das in ihn gesetzte Vertrauen des Klägers ständig missbraucht und das Unternehmen des Klägers und damit auch sein Vermögen fast ruiniert. Seine Pflichtverletzungen gipfelten in einem Subventionsbetrug, für den der Beklagte durch Urteil der Wirtschaftsstrafkammer des Landgerichts Frankfurt (Aktenzeichen ......) zu Freiheitsstrafe und Geldstrafe verurteilt wurde.**

Eine Kopie des rechtskräftigen Urteils vom ...... wird als

Anlage 2

überreicht. Damit hat der Beklagte sich eines schweren vorsätzlichen Vergehens gegen den Kläger schuldig gemacht, das nach § 2333 Nr. 3 BGB zur Entziehung des Pflichtteilberechtigt. Diese Verfehlung führte zum Bruch der Parteien.

2. Der zweite Vorfall ereignete sich am ...... im Hause des Klägers anlässlich einer Zusammenkunft, um die der Beklagte gebeten hatte. Im Zusammenhang mit Forderungen des Beklagten kam es zum Streit, in dessen Verlauf der Beklagte den Kläger attackierte, schlug und umstieß.

Beweis: Zeugnis ......

Tatbestandsmäßig handelte es sich um eine vorsätzliche Körperverletzung. Die Verletzungen, die der Kläger erlitt, ergeben sich aus dem als

Anlage 3

beigefügten ärztlichen Attest. Es sei darauf hingewiesen, dass es nur der Beklagte war, der tätlich wurde. Der Beklagte hat nicht etwa körperliche oder verbale Angriffe des Klägers oder der anderen Familienangehörigen erwidert. Hierin liegt eine vorsätzliche körperliche Misshandlung im Sinne des § 2333 Nr. 2 BGB. Die von der Rechtsprechung (BGH NJW 1974, 1084; NJW 1990, 911) geforderte grobe Missachtung des Eltern-Kind-Verhältnisses sieht der Kläger darin, dass der Beklagte diese Verfehlung in seinem Elternhaus, dazu noch im Beisein seiner Mutter und aus Anlass der von ihm gewünschten Familienaussprache, begangen hat.

Beide Vorfälle hat der Kläger nicht im Sinne des § 2337 BGB verziehen. Die Parteien haben sich seitdem nicht mehr gesehen.

Dem Kläger geht es mit seiner Feststellungsklage darum, Klarheit darüber zu gewinnen, wie er letztwillig verfügen kann. Insbesondere muss er wissen, ob nach seinem Tode Pflichtteilszahlungen an den Beklagten zu leisten sind, die von den Erben aus der Firma entnommen werden müssten. Das begründet sein rechtliches Interesse im Sinne des § 256 ZPO (BGH NJW 1990, 911).

Rechtsanwalt

Schrifttum: Pawlowski, Das Verhältnis von Feststellungs- und Leistungsklage, MDR 1988, 630; *Macke,* Aufeinandertreffen von negativer und positiver Feststellungsklage im Schadensersatzprozess, NJW 1990, 1651; *Piekenbrock,* Bindungswirkung von Feststellungsurteilen im Schadensersatzprozess, MDR 1998, 201; *Assmann,* Erbrechtliche Prozesse zu Lebzeiten, ZZP 111, 357; *Kummer,* Klage des Pflichtteilsberechtigten auf Feststellung der Unwirksamkeit des Pflichtteilsentzugs, ZEV 2004, 274; *Gomille,* Feststellungsklage über die Nichtigkeit des Ehevertrags, NJW 2008, 274; *Scherer,* Verzug und Feststellungsklage, JR 2001, 441; *Winkler,* Überlegungen zur Konkurrenz von Feststellungsklage und Klage auf zukünftig fällig werdenden Mietzins, ZMR 2008, 94.

Anmerkungen

Vorbemerkung: Am 1. 1. 2010 tritt das Gesetz zur Änderung des Erb- und Verjährungsrechts in Kraft. Darin wird die Vorschrift des § 2333 Nr. 5 BGB durch eine zeitgemäßere Formulierung ersetzt. Dem Beispiel liegt noch die alte Regelung zugrunde.

1. Es handelt sich um eine Feststellungsklage nach § 256 Abs. 1 ZPO, die darauf gerichtet ist, das Bestehen eines Rechtsverhältnisses positiv festzustellen. Gegenstand der Feststellung können – abgesehen vom seltenen Fall der Urkundenfeststellung – auf Vertrag oder Gesetz beruhende Rechtsbeziehungen oder auch einzelne Ansprüche aus einer solchen Rechtsbeziehung sein. Das Rechtsverhältnis muss regelmäßig zwischen den Parteien bestehen, ausnahmsweise kann auch auf Feststellung eines Rechtsverhältnisses zu einem Dritten geklagt werden (BGH NJW 1993, 2539). Auf Feststellung eines künftigen Rechtsverhältnisses kann nicht geklagt werden (BGH NJW-RR 2001, 957), auf Feststellung eines beendeten Rechtsverhältnisses nur, wenn sich aus der Feststellung Folgen für Gegenwart oder Zukunft ergeben (BAG NJW 1997, 3396). Die Klage auf Feststellung eines aufschiebend bedingten Rechtsverhältnisses kann allerdings zulässig sein (BGH NJW-RR 2005, 637). Nicht zulässig ist die Feststellung von Tatsachen oder von einzelnen Tatbestandsvoraussetzungen einer Anspruchsnorm (vgl. *Thomas/Putzo* § 256 Rdn. 10). Auch die Feststellung der Wirksamkeit oder Unwirksamkeit von Willenserklärungen oder sonstigen Rechtshandlungen kann nicht verlangt werden (BGH NJW 1990, 911), ebenso wenig die Feststellung von Vorfragen und Berechnungsgrundlagen des streitigen Anspruchs (BGH NJW 1995, 1097). Die Klage kann auch nicht auf Feststellung gerichtet werden, dass der Schuldner (BGH NJW 2000, 2280) oder der Gläubiger (BGH NJW 2000, 2663) in Verzug geraten ist; eine solche Klage wäre nicht auf Feststellung eines Rechtsverhältnis, nur auf eine Vorfrage für die begehrte Rechtsfolge gerichtet. Abweichend hiervon wird wegen der Schwierigkeiten der Vollstreckung bei Zug-um-Zug-Leistungen eine auf Feststellung des Annahmeverzugs gerichtete Feststellungsklage für zu-lässig gehalten (vgl. BGH NJW 2000, 2664); das Feststellungsurteil dient dann als öffentliche Urkunde im Sinne der §§ 756, 765 ZPO. Ebenso kann der Kläger mit Rücksicht auf § 850f Abs. 2 ZPO den Zahlungsantrag mit einem Feststellungsantrag verbinden, dass der Beklagte eine vorsätzliche unerlaubte Handlung begangen hat (BGH NJW 2003, 515); wenn der Zahlungstitel das nicht aussagt, kann er die Feststellungsklage auch nachträglich erheben (BGH aaO.).

Weitere Voraussetzung für die Zulässigkeit der Feststellungsklage ist, dass der Kläger ein Interesse an alsbaldiger Feststellung durch richterliche Entscheidung hat; es liegt nach der von der Rechtsprechung benutzten Formel vor, wenn das behauptete Recht des Klägers durch eine gegenwärtige Unsicherheit gefährdet ist und das erstrebte Urteil geeignet ist, diese Gefahr zu beseitigen (BGH NJW 1986, 2507). Bei einer positiven Feststellungsklage liegt die Gefährdung idR. schon darin, dass der Beklagte das Recht des Klägers ernsthaft bestreitet, oder auch darin, dass Verjährung droht. Das Feststellungsinteresse fehlt grundsätzlich, wenn bereits eine Leistungsklage möglich ist (BGH NJW 1984, 1118, 1119 mwN.; die Möglichkeit einer Klage auf zukünftige Leistung steht aber nicht entgegen, BGH NJW 1986, 2507). Auch die Möglichkeit, eine Stufenklage mit zunächst unbeziffertem Leistungsantrag zu erheben, kann einer Feststellungsklage entgegenstehen (BGH NJW 1996, 2097; anders BGH NJW 2003, 3274 für den gewerblichen Rechtsschutz). Die positive Feststellungsklage kommt vor allem dann in Betracht, wenn der Umfang des Anspruchs noch nicht feststeht, so im Schadensersatzprozess oder auch im Deckungsprozess gegen den Versicherer (BGH MDR 2001, 214), wenn der Anspruch noch nicht fällig ist oder wenn sich aus dem gefährdeten Recht aus sonstigen Gründen noch kein bestimmter Anspruch ableiten lässt.

Zur Feststellungsklage bei noch nicht bezifferbaren Schadensersatzansprüchen vgl. Form I. D. 4, zur Zwischenfeststellungsklage vgl. Form I. D. 13, zur negativen Feststellungsklage Form I. E. 8.

2. Das Beispiel betrifft eine Klage auf Feststellung, dass dem klagenden Erblasser das Recht zusteht, einem Abkömmling den Pflichtteil nach § 2333 BGB zu entziehen. Die Rechtsprechung bejaht hierfür ein Feststellungsinteresse des Erblassers (BGH NJW 1974, 1084; NJW 1990, 911, 912; OLG Hamburg NJW 1988, 977). Gleiches hat für den Fall der Entziehung des Elternpflichtteils und des Ehegattenpflichtteils nach §§ 2334, 2335 BGB zu gelten. Geklärt ist nunmehr gleichfalls die vom BGH (NJW 1990, 911, 912) offen gelassene Frage, ob auch der Pflichtteilsberechtigte vor Eintritt des Erbfalles eine Feststellungsklage gegen den Erblasser, der die Entziehung verfügt hat, erheben kann; das Feststellungsinteresse wird vom BGH (NJW 2004, 1874) bejaht. Eine vom Erblasser erhobene Feststellungsklage kann nach dessen Tod der Erbe nicht ohne weiteres fortsetzen; er müsste die Klage ändern (BGH FamRZ 1990, 145).

Ein Erblasser, der einem Pflichtteilsberechtigten den Pflichtteil in der Form des § 2336 BGB entzogen hat, hat zwei Möglichkeiten: Er kann untätig bleiben und den Streit seinen Erben überlassen, oder er kann noch zu Lebzeiten selbst klären, ob die Entziehung wirksam ist. Da sein Erbe im Rechtsstreit mit dem Pflichtteilsberechtigten die Entziehungsgründe zu beweisen haben würde (§ 2336 Abs. 3 BGB), dieser Beweis aber bei langem zeitlichen Abstand schwierig werden kann, dürfte es sich meist empfehlen, die Frage gleich zu klären. Das gilt vor allem, wenn der Beweis durch Zeugenaussagen zu führen ist.

3. Bei der Bemessung des Streitwerts ist gegenüber der Leistungsklage ein Abschlag von idR. 20% vorzunehmen (vgl. *Thomas/Putzo* § 3 Rdn. 65; *Zöller/Herget* § 3 Rdn. 16 „Feststellungsklagen").

4. Der Antrag der Feststellungsklage ist stets so zu formulieren, dass bei einem antragsgemäß ergehenden Urteil über den Umfang der Rechtskraft kein Zweifel bestehen kann (BGH NJW 2001, 445, 447). Im Beispielsfall darf der Antrag nicht dahin formuliert werden, die Wirksamkeit oder Unwirksamkeit der Entziehung festzustellen. Ein solcher Antrag wäre nicht auf Feststellung eines Rechtsverhältnisses gerichtet (BGH NJW 1990, 911). Gegenstand der Feststellungsklage ist vielmehr das Recht des Klägers als künftigem Erblasser, dem Beklagten den Pflichtteil zu entziehen. Wichtig ist es dabei, den Antrag auf konkrete Gründe zu beziehen. Bei der umgekehrten Feststellungsklage des Pflichtteilsberechtigten gegen den Erblasser müsste der Antrag lauten:

„festzustellen, dass der Beklagte nicht das Recht hat, dem Kläger aus den im Testament vom …… genannten Gründen den Pflichtteil zu entziehen."

5. Hier hat der Erblasser die Entziehungsgründe, für deren Vorliegen er nach § 2336 Abs. 3 BGB beweispflichtig ist, im Einzelnen vorzutragen und unter Beweis zu stellen. Das Problem liegt für beide Entziehungsgründe darin, nicht nur eine vorsätzliche Körperverletzung oder ein schweres vorsätzliches Vergehen vorzutragen, sondern auch darzulegen, dass sich die Verfehlungen konkret gegen den Erblasser richten. Sie müssen sich als grobe Pietätsverletzung gegenüber dem Erblasser bzw. als grobe Missachtung des Eltern-Kind-Verhältnisses darstellen (BGH NJW 1974, 1084; NJW 1990, 912; anders MünchKomm-BGB/*Lange* § 2333 Rdn. 14; vgl. OLG Köln FamRZ 2008, 1979). Der Kläger sollte auch vortragen, dass er die Entziehung formgerecht erklärt hat. Das kann nach § 2336 BGB nur durch letztwillige Verfügung geschehen, in der der Sachverhalt konkret und zutreffend anzugeben ist (vgl. OLG Düsseldorf NJW-RR 1996, 520). Es genügt nicht, im Testament auf andere, nicht in Testamentsform errichtete Schriftstücke zu verweisen (vgl. *Palandt/Edenhofer* § 2336 Rdn. 3).

4. Leistungsklage mit unbeziffertem Antrag (Schmerzensgeld),[1] verbunden mit Feststellungsklage[2]

An das
Landgericht

Klage

des selbstständigen Handelsvertreters K
Prozessbevollmächtigter: RA ……

gegen
die A-Versicherungs-AG ……

wegen: Schadensersatz und Feststellung

Vorläufiger Streitwert[3]: EUR 16.000,–

Namens und in Vollmacht des Klägers erhebe ich Klage und werde beantragen:

1. Die Beklagte wird verurteilt, an den Kläger
   a) ein über den gezahlten Betrag von EUR 1.000,– hinausgehendes angemessenes Schmerzensgeld[4]
   b) eine angemessene merkantile Wertminderung[5]
   zu zahlen, jeweils nebst 5% Zinsen über dem Basiszinssatz seit Rechtshängigkeit[6].
2. Es wird festgestellt[7], dass die Beklagte verpflichtet ist, dem Kläger allen weiteren materiellen und immateriellen[8] Schaden zu ersetzen, der dem Kläger aus dem Verkehrsunfall mit dem Versicherungsnehmer der Beklagten V......, am ...... in ...... noch entstehen wird, soweit der Anspruch nicht auf einen Sozialversicherungsträger oder andere Dritte übergegangen ist[9].
3. ...... (Kosten[10], Vollstreckbarkeit)

Es wird weiter beantragt,

den Streitwert hinsichtlich der Anträge zu 1. und 2. möglichst bald festzusetzen[11].

Begründung:

Der Versicherungsnehmer der Beklagten, Herr V......, hat, was zwischen den Parteien unstreitig ist, am ...... in ...... durch eine Vorfahrtverletzung einen Verkehrsunfall verursacht, bei dem das Fahrzeug des Klägers stark beschädigt wurde und der Kläger erhebliche Verletzungen erlitt. Die Beklagte hat den Sachschaden des Klägers einschließlich seines bisher entstandenen Verdienstausfalles im Wesentlichen reguliert und zum Ausgleich seiner Verletzungen ein – allerdings viel zu geringes – Schmerzensgeld von EUR 1.000,– geleistet. Sie verweigert jedoch die Befriedigung der weiteren berechtigten Ansprüche des Klägers.

1. a) Dem Kläger steht ein erheblich höheres Schmerzensgeld zu[12]. Er hat durch den Unfall folgende Verletzungen und Beeinträchtigungen erlitten: ......

Beweis: 1. ärztliche Atteste vom ...... (Anlagen 1, 2)
2. Zeugnis der behandelnden Ärzte X, Y, die der Kläger hiermit von ihrer ärztlichen Schweigepflicht entbindet.

Die Verletzungen machen heute noch regelmäßige Arztbesuche mit schmerzhafter Behandlung erforderlich.

Beweis: wie vor.

Die Rechtsprechung hat in vergleichbaren Fällen ein Schmerzensgeld von EUR 4.000,– bis 5.000,– zugesprochen ...... (Rechtsprechungshinweise). Angesichts der im Strafverfahren festgestellten rücksichtslosen Fahrweise des Versicherungsnehmers der Beklagten

Beweis: Beiziehung der Strafakte ......

und der verzögerlichen Regulierung durch die Beklagte stellt sich der Kläger für die bis heute erlittenen Beeinträchtigungen einen Betrag von insgesamt EUR 5.000,– vor[13], überlässt die genaue Bestimmung jedoch dem Ermessen des Gerichts[14].

b) Der Kläger kann weiter einen Ausgleich dafür verlangen, dass sein Pkw durch den Unfall eine Wertminderung erfahren hat[15]. Der Wagen war am ...... erstmals zugelassen und wies z. Zt. des Unfalls eine Kilometerleistung von ...... auf. Er war zuvor unfallfrei. Durch den Unfall wurden tragende Teile beschädigt, wie sich aus dem von der Beklagten selbst eingeholten Sachverständigengutachten ergibt.

Beweis: Gutachten vom ......
(Anlage 3)

Der Kläger geht von einem merkantilen Minderwert von EUR 1.000,– aus, überlässt dessen genaue Bestimmung jedoch der Schadensschätzung durch das Gericht.

2. Der Kläger kann derzeit nicht absehen, welche materiellen und immateriellen Schäden ihm auf Grund des Unfalls noch entstehen werden[16].

a) Es ist nicht auszuschließen, dass zu seiner endgültigen Wiederherstellung ein Krankenhausaufenthalt erforderlich wird oder dass er seinem Beruf wegen sonstiger unfallbedingter Gesundheitsschäden, insbesondere auch Spätfolgen, zukünftig nur vermindert nachgehen kann.

Beweis: 1. Attest vom ...... (Anlage 2)
2. Zeugnis des behandelnden Arztes X
3. Sachverständigengutachten

In diesem Fall könnte er von der Beklagten Ersatz seiner zusätzlichen Aufwendungen und seines Verdienstausfalles verlangen.

b) Durch eine Fortdauer der Behandlung, insbesondere durch einen späteren Krankenhausaufenthalt, würden dem Kläger Beeinträchtigungen entstehen, die ein weiteres Schmerzensgeld rechtfertigen.

Da die Beklagte sich mit Schreiben vom ......

– Anlage 4 –

geweigert hat, die Verpflichtung, deren Feststellung begehrt wird, anzuerkennen, ist Klage geboten[17].

Rechtsanwalt

Schrifttum: Heß/Burmann, Die Feststellungsklage im Schadensersatzprozess, NJW-Spezial 2005, 255; *Heß,* Das (Teil-)Schmerzensgeld, NJW-Spezial 2004, 63; *Terbille,* Die Schmerzensgeldteilklage – anwaltliche Pflicht oder risikobehaftet?, VersR 2005, 37; *Butzer,* Prozessuale und kostenrechtliche Probleme beim unbezifferten Klageantrag, MDR 1992, 539; *Röhl,* Der unbezifferte Klageantrag, ZZP 85, 52; *Schmidt,* Der unbezifferte Leistungsantrag und sein Streitwert, MDR 1968, 886; *Dunz,* Der unbezifferte Leistungsanspruch nach der heutigen Rechtsprechung des Bundesgerichtshofs, NJW 1984, 1734; *Mümmler,* Streitwert der unbezifferten Leistungsklage, AnwBl. 1985, 649; *Schneider,* Die Bindung des Gerichts an eine Wertvorstellung des Schmerzensgeldklägers, MDR 1985, 992; vgl. im Übrigen Form. I. D. 3.

Anmerkungen

1. Vom Erfordernis des bestimmten Antrags (§ 253 Abs. 2 Nr. 2 ZPO) kann ua. dann abgesehen werden, wenn die Bezifferung eines Schadensersatzanspruches von der Ausübung des richterlichen Ermessens oder einer richterlichen Schätzung gemäß § 287 ZPO abhängt (BGH NJW 1967, 1420, 1999, 353, 354; zuletzt BGH WRP 2009, 245; weitere Fälle vgl. *Thomas/Putzo* § 253 Rdn. 12; einschränkend *Zöller/Greger* § 253 Rdn. 14a). Das gilt insbesondere für Klagen auf Schmerzensgeld (vgl. BGH NJW 1996, 2425, 2427). Vorteil: Das Gericht, dessen Schätzung schwer voraussehbar ist, wird nicht durch einen bezifferten Antrag nach oben festgelegt, gleichzeitig wird das Kostenrisiko, vor allem in Hinblick auf § 92 Abs. 2 ZPO, verringert (vgl. *Zöller/Herget* § 92 Rdn. 12).

2. Es handelt sich um eine positive Feststellungsklage, für die gemäß § 256 Abs. 1 ZPO das rechtliche Interesse immer dann gegeben ist, wenn sich ein Schaden noch nicht beziffern lässt oder noch in der Entwicklung begriffen ist (vgl. *Zöller/Greger* § 256 Rdn. 7a). Ihr Sinn liegt vor allem darin, die Verjährung auch für solche Ansprüche zu hemmen (§ 204 Abs. 1 BGB), die noch nicht mit der Leistungsklage geltend gemacht werden können. Wird die Feststellung der Pflicht zum Ersatz künftigen Schadens aus einer bereits eingetretenen Rechtsgutsverletzung beantragt, so reicht für das Feststellungsinteresse die Möglichkeit eines Schadenseintritts aus, die nur verneint werden darf, wenn aus der Sicht des Klägers bei verständiger Würdigung kein Grund besteht, mit dem Eintritt eines Schadens wenigstens zu rechnen (BGH NJW 2001, 1431; NJW-RR 2007, 601). Für die Zulässigkeit genügt es also, wenn die Verjährung droht und künftige Schadensfolgen auch nur entfernt möglich sind. In der Sache muss der Feststellungskläger darlegen und beweisen, dass die Voraussetzungen eines Schadensersatzanspruches gegeben sind, der zu den befürchteten zukünftigen Schäden führen kann (BGH NJW-RR 2007, 601). Ob auch eine gewissse Wahrscheinlichkeit für den Schadenseintritt gegeben sein muss, hat der BGH (aaO. NJW-RR 2007, 601) offengelassen. Andere Senate haben eine solche Wahrscheinlichkeit verlangt (BGH NJW-1991, 2707; BGH NJW 1992, 698). Eine gewisse Wahrscheinlichkeit sollte also dargelegt werden. Bei ungewissem Schadenseintritt soll das Feststellungsinteresse fehlen, solange keine Verjährungsfrist läuft (BGH NJW 1993, 648). Die Feststellungsklage soll aber dann zulässig sein, wenn die Höhe des Schadens erst in einer aufwändigen Beweisaufnahme geklärt werden müsste (BGH NJW 2000, 1256, 1257). Es steht auch nicht entgegen, dass eine teilweise Bezifferung des Gesamtschadens schon bei Klageerhebung möglich wäre (BGH NJW 1984, 1552, 1554). Wird eine Bezifferung im Laufe des Rechtsstreits, auch in der zweiten Instanz, möglich, kann der Kläger von der Feststellungsklage zur Leistungsklage übergehen (BGH NJW 1985, 1784; NJW 1992, 2296). Er kann aber auch den Feststellungsantrag weiterverfolgen (BGH NJW 1978, 210; NJW-RR 2004, 79, 81). Eine Berufung nur zu dem Zweck, vom Feststellungsantrag auf den Leistungsantrag überzugehen, kann der Kläger nicht einlegen (BGH NJW 1988, 827). Zum Umfang der Rechtskraftwirkung eines Feststellungsurteils im späteren Leistungsprozess vgl. BGH NJW 1979, 1046; NJW 1982, 2257; NJW-RR 2005, 1517; *Zöller/Vollkommer* § 322 Rdn. 6 f.). Trotz Rechtskraft kann auch eine „wiederholende" Feststellungsklage zulässig sein, aber nur wenn sie unerlässlich ist, um die drohende Verjährung zu verhindern (vgl. BGH MDR 2003, 1067).

3. Der Streitwert für die unbezifferten Anträge und für die Feststellungsklage bedarf der richterlichen Festsetzung gem. §§ 3 ZPO, 61 GKG; die vom Kläger gem. § 253 Abs. 3 ZPO und § 61 GKG anzugebende Höhe, nach der er den Gerichtskostenvorschuss einzahlt, kann daher nur vorläufig sein. Der Kläger sollte hierbei nicht „sparen", sondern von dem ausgehen, was er sich tatsächlich als Schadensersatz vorstellt. Beim Streitwert der Feststellungsklage ist ein Abschlag von idR. 20% vom Schaden, den der Kläger erwartet, vorzunehmen (vgl. BGH NJW-RR 1991, 509; *Thomas/Putzo* § 3 Rdn. 65). Die Wertangabe hat Bedeutung für die Wertfestsetzung durch das Gericht (vgl. OLG Köln MDR 1985, 154); sie hindert den Kläger aber nicht, Beschwerde einzulegen, falls das Gericht später den Gebührenstreitwert auf diesen Betrag festsetzt (vgl. § 61 Satz 2 GKG).

4. Zur Vermeidung einer Teilabweisung sind bereits geleistete Zahlungen anzugeben. Es ist zT. üblich, in den Antrag die Formulierung aufzunehmen „mindestens aber EUR ......". Das wird jedoch von der Rspr. nicht verlangt (BGH NJW 1967, 1420; offen gelassen von OLG Celle NJW 1977, 343), der Kläger begibt sich damit nur in Gefahr, dass der Streitwert nach seinen Mindestvorstellungen festgesetzt und seine Berufungsmöglichkeit eingeschränkt wird (vgl. BGH VersR 1979, 472; NJW 2002, 212). Andererseits wird das Gericht durch die Angabe eines Mindestbetrages nicht gehindert, ein erheblich höheres Schmerzensgeld zuzuerkennen (BGH NJW 1996, 2425, 2427; 2002, 3769). Verfehlt wäre es auch, den Betrag des Schmerzensgeldes niedriger anzugeben, als man es tatsächlich begehrt; damit würde sich der Kläger einer Berufungsmöglichkeit begeben, wenn das Gericht den genannten Betrag zuspricht (lehrreiche Beispiele: BGH NJW 1999, 1339; NJW-RR 2004, 863). Möglich ist aber eine auf die bereits entstandenen Verletzungsfolgen beschränkte Teilklage, verbunden mit einer Feststellungsklage für zukünftiges Schmerzensgeld (BGH NJW 2004, 1243).

5. Auch die Wertminderung unterliegt der freien Schadensschätzung gemäß § 287 ZPO, so dass ein unbezifferter Antrag zulässig ist. Will sich der Kläger ein Mitverschulden oder die Betriebsgefahr seines Pkw anrechnen lassen, sollte er den Antrag mit den

Worten „unter Berücksichtigung einer Mithaftungsquote von 50%" ergänzen, um eine teilweise Klageabweisung mit Sicherheit zu vermeiden.

6. Zuweilen wird übersehen, dass dem Kläger auch bei unbeziffertem Antrag Prozesszinsen ab Rechtshängigkeit zustehen (BGH NJW 1965, 531), deren Höhe sich aus §§ 291 S. 2, 288 Abs. 1 S. 2 BGB ergibt; er kann auch weitergehende Zinsansprüche geltend machen (BGH NJW 1995, 733; OLG Köln NJW 1997, 3099).

7. Das Rechtsverhältnis und der sich daraus ergebende Anspruch, den der Kläger festgestellt haben möchte, sind möglichst genau zu bezeichnen. Der Antrag ist auf Ersatz künftig entstehenden Schadens gerichtet, damit erfasst ist der Schaden ab Klageeinreichung, nicht erst ab Schluss der mündlichen Verhandlung, ohne dass dies im Antrag bezeichnet zu werden braucht (BGH NJW 2000, 3287).

8. Die Unterscheidung dient der Klarstellung, setzt aber voraus, dass in beider Hinsicht ein Schaden entstehen kann. Die in Frage kommenden Schadenspositionen braucht der Kläger nicht in den Antrag aufzunehmen. Hat der Kläger bereits ein Urteil erstritten, dass allgemein die Schadensersatzpflicht des Beklagten feststellt, so kann der Kläger daneben noch ein rechtliches Interesse für einen auf Ersatz einer bestimmten Schadensposition gerichteten speziellen Feststellungsantrag haben (BGH NJW 1999, 3774). In diesem Fall muss er die konkrete Schadensposition bezeichnen.

9. Diese Einschränkung sollte vorgenommen werden. Hat der Geschädigte auf Grund des Unfalls Ansprüche auf Sozialversicherungsleistungen, was auch bei Selbständigen der Fall sein kann, steht der Schadensersatzanspruch insoweit nicht ihm, sondern dem Sozialversicherungsträger zu (§ 116 SGB X, vgl. *Palandt/Heinrichs* Rdn. 147ff. vor § 249). Bestehen solche Ansprüche nicht, ist die Einschränkung unschädlich. Entsprechendes gilt für die Klagen von Beamten.

10. Zusätzlich kann es sich empfehlen, an dieser Stelle, in der Klagebegründung oder auch im Termin auf § 92 Abs. 2 Nr. 2 ZPO hinzuweisen, da die Möglichkeiten dieser Vorschrift dem Gericht nicht immer geläufig sind.

11. Bei unbeziffertem Antrag sollte der Kläger stets auf umgehende Streitwertfestsetzung durch das Gericht drängen. Der Kläger kann sich dann überlegen, ob er sich aus Kostengründen den Betragsvorstellungen des Gerichts anschließt oder an seinen abweichenden Vorstellungen festhält und erforderlichenfalls sein Begehren abweichend formuliert, um sich die Möglichkeit einer Berufung offenzuhalten (vgl. OLG Celle NJW 1977, 343). Vgl. iÜ. Anm. 3.

12. Hier sind die tatsächlichen Grundlagen des Schmerzensgeldanspruches darzulegen und unter Beweis zu stellen, die dem Gericht die Ausübung seines Ermessens iSd. § 253 Abs. 2 BGB ermöglichen (vgl. BGH NJW 1966, 780; 1982, 340; 1996, 2425, 2427). Insbesondere sind Höhe und Maß der Lebensbeeinträchtigung sowie der Grad des Verschuldens vorzutragen (BGH NJW 1995, 1438). Wichtig ist, dass der Kläger alle Verletzungsfolgen einbezieht, mit denen er rechnen muss; denn einer Nachforderung wegen später eintretender, aber bereits vorhersehbarer Schäden steht die Rechtskraft dieses Urteils entgegen (BGH NJW 1988, 2300; näher *Zöller/Vollkommer* § 322 Rdn. 13b), das soll selbst dann gelten, wenn das Urteil den Beklagten zusätzlich zum Ersatz des künftigen immateriellen Schadens verpflichtet hat (vgl. BGH NJW 1980, 2754).

13. Der Betrag oder zumindest seine Größenordnung sind so genau wie möglich anzugeben (BGH NJW 1992, 311; 1996, 2427), sonst ist die Klage wegen § 253 Abs. 2 Nr. 2 ZPO unzulässig (BGH NJW 1982, 340; NJW 1984, 1807, 1809). Dadurch wird das Gericht nicht gehindert, einen Betrag zuzusprechen, der über die angegebene Größenordnung hinausgeht (BGH NJW 1996, 2427). Nicht zu empfehlen ist es, einen Mindestbetrag zu nennen, denn wenn das erstinstanzliche Urteil diese Mindestforderung zuspricht, der Kläger sie aber nun für zu gering hält, ist eine Berufung mangels Beschwer unzulässig (BGH NJW 1993, 2875; NJW-RR 2004, 863).

14. Diese Klarstellung kann zweckmäßig sein, um die Möglichkeit des § 92 Abs. 2 Nr. 2 ZPO zu erhalten, wenn das Gericht weniger zuspricht (vgl. BGH LM § 249 (Gb) BGB Nr. 3). Unterschreitet das Urteil den vorgestellten Betrag um mehr als 20%, kommt es zu einer Kostenteilung (OLG Düsseldorf NJW-RR 1995, 955).

15. Zur Begründung des merkantilen Minderwerts (vgl. *Palandt/Heinrichs* § 251 Rdn. 12) gelten die Hinweise in den Anm. 13, 14 entsprechend.

16. Für das rechtliche Interesse an alsbaldiger Feststellung muss der Kläger darlegen, dass künftige Schadensfolgen möglich sind (vgl. BGH NJW 1991, 2707) und die Verjährung droht (BGH NJW 1993, 648). Für die Begründetheit ist möglichst darzulegen und unter Beweis zu stellen, dass der weitere Schadenseintritt wahrscheinlich ist (BGH NJW 1991, 2707 u. NJW-RR 2007, 601; vgl. Anm. 2). Die Feststellungsklage ist nur dann unbegründet, wenn aus der Sicht des Klägers bei verständiger Beurteilung kein Grund bestehen kann, mit Spätfolgen zu rechnen (BGH VersR 1989, 1055); an die Darlegungen werden also keine hohen Anforderungen gestellt. Die Wirkung des Feststellungsurteils beschränkt sich auf später eintretende, noch nicht vorhersehbare Spätschäden; andere Schäden muss der Kläger bereits mit der Leistungsklage berücksichtigen (vgl. BGH NJW 1980, 2754; NJW 1988, 2300).

17. Der Kläger sollte die Feststellungsklage erst erheben, wenn der Beklagte sich geweigert hat, seine Verpflichtung anzuerkennen. Andernfalls besteht die Gefahr des sofortigen Anerkenntnisses mit der Kostenfolge aus § 93 ZPO.

Kosten und Gebühren

Vgl. die Hinweise zu Form. I. D. 1; für die Feststellungsklage gilt nichts Besonderes. Zu den Kostenvorteilen des unbezifferten Antrags s. o. Anm. 1, 14; zum Streitwert vgl. Anm. 3.

Fristen und Rechtsmittel

Die positive Feststellungsklage hemmt die Verjährung hinsichtlich der Ansprüche, deren Feststellung begehrt wird (§ 204 Abs. 1 Nr. 1 BGB). Die Hemmung endet sechs Monate, nachdem das Verfahren beendet wird oder in Stillstand geraten ist, weil die Parteien es nicht mehr betreiben (§ 204 Abs. 2 BGB; zur Frage, wann ein Stillstand durch Nichtbetrieb vorliegt, vgl. BGH NJW 1999, 3774, 3775). Wird der Anspruch rechtskräftig festgestellt, gilt die dreißigjährige Verjährungsfrist nach § 197 Abs. 1 Nr. 3 ZPO (vgl. *Palandt/Heinrichs* § 197 Rdn. 11); in diesem Fall muss der Geschädigte nicht den Ablauf der für den Anspruch geltenden Verjährungsfrist fürchten, er kann sich mit der Leistungsklage Zeit lassen.

5. Klage auf Vornahme einer Handlung[1]

An das
Amtsgericht

Klage

In der Sache

……

Streitwert: EUR 2.000,–[2]

erhebe ich Klage und werde beantragen[3]:

1. Der Beklagte wird verurteilt,

a) die auf dem Grundstück des Beklagten …… an der Grenze zum Grundstück des Klägers …… befindliche Buchenhecke auf die Höhe von 1,80 m zurückzuschneiden,

b) die auf das Grundstück des Klägers herüberragenden Zweige der Hecke zu beseitigen.

2. …… (Kosten, vorläufige Vollstreckbarkeit).

Es wird weiter beantragt,

von einer Güteverhandlung nach § 278 Abs. 2 Satz 1 ZPO abzusehen[4].

Begründung:

Der Kläger legt zunächst in der Anlage die Bescheinigung der Gütestelle vor, aus der sich ergibt, dass zwischen den Parteien ein erfolgloser Einigungsversuch stattgefunden hat[5].

In der Sache wird ausgeführt[6] ……

Schrifttum: Wenzel, Der Störer und seine verschuldensunabhängige Haftung im Nachbarrecht, NJW 2005, 241.

Anmerkungen

1. Klagen auf Vornahme einer Handlung kommen vor allem vor, wenn es um die Erfüllung von Nebenpflichten aus einem Vertrag (zB. Mietvertrag, Arbeitsvertrag) geht, sind aber auch – so das Beispiel – im Nachbarrecht häufig. Voraussetzung ist eine Eigentumsbeeinträchtigung im Sinne des § 1004 Abs. 1 Satz 1 BGB, die vom Eigentümer nicht zu dulden ist. Die Klage auf Beseitigung der Störung wird nicht dadurch ausgeschlossen, dass der Eigentümer auch nach § 910 BGB vorgehen könnte (BGH NJW 2004, 603). Statt im Klagewege die Vornahme der Beseitigung zu verlangen, hat der Kläger nach der Rechtsprechung des BGH (BGH NJW 2004, 603) auch die Möglichkeit, die Beseitigung selbst vorzunehmen und den Beklagten nach § 812 Abs. 1 BGB auf Zahlung der Kosten zu verklagen. Jedoch kann der Beweis der Beeinträchtigung schwerer fallen, wenn sie bereits beseitigt ist. Zu den Kosten der Beseitigung gehört auch die Wiederherstellung des ursprünglichen Zustandes, z. B. des Weges. (BGH aaO.)

2. Der Streitwert richtet sich nach dem Interesse des Klägers an der Vornahme der Handlung unter Berücksichtigung der Kosten für die Vornahme (*Zöller/Herget* § 3 Rdn. 16 „Vornahme von Handlungen"). Es wird oft im Interesse des Klägers liegen, den Streitwert über die Berufungsgrenze zu heben.

3. Bei der Formulierung der Anträge ist genau darauf zu achten, dass ein entsprechendes Urteil einen vollstreckungsfähigen Inhalt hätte. Ein Beispiel für ungenügende Bestimmtheit und damit Unzulässigkeit des Antrags bietet BGH WM 1982, 68. Die Vollstreckung wäre im angenommenen Fall nach § 887 ZPO zu betreiben (zur Abgrenzung gegenüber § 888 ZPO vgl. *Baumbach/Lauterbach/Albers/Hartmann* § 887 Rdn. 20ff.). Mit dem Ermächtigungsbeschluss nach § 887 ZPO kann zugleich beantragt werden, den Schuldner zur Vorauszahlung der für die Ersatzvornahme erforderlichen – bestimmt anzugebenden – Kosten zu verurteilen.

4. Bei einem Nachbarstreit wie diesem ist § 15a EGZPO in Verbindung mit den entsprechenden landesrechtlichen Vorschriften zu beachten. Danach ist die Klage in den meisten Bundesländern erst zulässig, nachdem versucht worden ist, den Streit vor einer staatlich eingerichteten oder anerkannten Gütestelle einvernehmlich beizulegen. In diesem Fall geht der mündlichen Verhandlung keine Güteverhandlung nach § 278 Abs. 2

ZPO voraus. Hierauf sollte das Gericht in geeigneter Form hingewiesen werden. Allerdings ist das Gericht nicht gehindert, in der mündlichen Verhandlung eine gütliche Beilegung des Rechtsstreits nach § 278 Abs. 1 ZPO zu versuchen. Sieht das Landesrecht einen Einigungsversuch vor einer Gütestelle vor (zum Gesetzgebungsstand vgl. *Zöller/Gummer* § 15a EGZPO Rdn. 27), ist die Klage unzulässig, wenn dieser nicht vorausgegangen ist; eine Nachholung im Prozess ist ausgeschlossen (BGH NJW 2005, 437; vgl. auch BVerfG NJW-RR 2007, 1073). Zu Umgehungsmöglichkeiten vgl. *Bitter* NJW 2005, 1235; eine Klagerweiterung im Lauf des Rechtsstreits erfordert keinen neuen Schlichtungsversuch (BGH NJW-RR 2005, 501).

5. Wenn eine außergerichtliche Streitbeilegung im Sinne des § 15a EGZPO stattgefunden hat, hat der Kläger die Bescheinigung der Gütestelle über den erfolglosen Einigungsversuch mit der Klage einzureichen (§ 15a Abs. 1 S. 2 EGZPO).

6. Hinsichtlich des Antrags zu 1a) ist zu begründen, dass die Verpflichtung des Beklagten aus § 1004 BGB iVm. dem Bauordnungsrecht des betreffenden Bundeslandes folgt. Entscheidend ist hierbei, ob das Bauordnungsrecht nachbarschützenden Charakter hat (*Palandt/Bassenge* § 903 Rdn. 17; BGH NJW 1997, 55). Beispiel für nachbarschützende Norm im Bauordnungsrecht: BGH NJW 1985, 2825, 2826; für nicht nachbarschützende Norm im Bauplanungsrecht: BGH NJW 1983, 1795, 1797, vgl. aber BVerwG NJW 1994, 1546. Stehen Bestimmungen des Naturschutzes einer Beseitigung entgegen, muss der Nachbar die Beeinträchtigung hinnehmen (vgl. BGH NJW 1993, 925). Zur Begründung des Antrags zu 1) hat der Kläger darzulegen, dass sich die Hecke auf dem Grundstück des Beklagten an der Grenze zu seinem Grundstück befindet und die Höhe von 1,80 m überschreitet. Zur Begründung des Antrags zu 1b) muss der Kläger die Voraussetzungen des § 910 Abs. 1 S. 2 BGB vortragen, also insbesondere das Setzen einer angemessenen Frist. Auch ist das Maß der Beeinträchtigung vorzutragen, und zwar sowohl in Hinblick auf § 910 Abs. 2 BGB als auch – für beide Anträge – in Hinblick auf den Streitwert. Vgl. im Übrigen Form. II. G. 10.

Eine Klage dieser Art lässt sich nicht nur auf einen Verstoß gegen das öffentliche Baurecht stützen. Liegt eine vom Nachbarn ausgehende rechtswidrige Störung des Eigentums vor, kann nach § 1004 BGB die Beseitigung verlangt werden, wenn der Nachbar Störer ist und der Eigentümer nicht zur Duldung verpflichtet ist. Das gilt z.B. bei Kontaminierung des Nachbargrundstücks (vgl. BGH NJW 2005, 1308) oder bei Eingriffen in den eingerichteten und ausgeübten Gewerbebetrieb (vgl. OLG Köln NJW 2007, 1215). Im Verhältnis Vermieter/Mieter ist zu beachten, dass der Beseitigungsanspruch allein aus § 541 BGB folgt, nicht aus § 1004 BGB (BGH NJW 2007, 2180).

6. Klage auf Unterlassung[1, 2]

An das
Amtsgericht[3]

In der Sache

……

Streitwert: ……[4]

erhebe ich Klage und werde beantragen:

1. **Der Beklagte wird verurteilt, es zu unterlassen, ein Funkgerät in einer Weise zu betätigen, die den Rundfunk- und Fernsehempfang des Klägers beeinträchtigt[5].**
2. **Dem Beklagten wird angedroht, dass für jeden Fall der Zuwiderhandlung ein Ordnungsgeld bis zur Höhe von EUR 250.000,– oder eine Ordnungshaft bis zu 6 Monaten gegen ihn festgesetzt wird[6].**
3. **…… (Kosten, vorläufige Vollstreckbarkeit)**

Begründung[7]:

Der Kläger ist Eigentümer eines Fernsehgeräts sowie eines Rundfunkgeräts, die er in seiner Wohnung regelmäßig benutzt. Seit einigen Wochen machen sich während des Abendprogramms häufige starke, über längere Zeit anhaltende Störungen im Fernseh- und Radioempfang bemerkbar, für die zunächst weder der Kläger noch ein von ihm zu Rate gezogener Fachmann eine Erklärung besaß. Nunmehr hat der Kläger durch mehrere Personen erfahren, dass die Störungen durch ein vom Beklagten betätigtes Funkgerät ausgelöst werden und der Beklagte sich hieraus sogar einen Spaß macht. Dies hat der Beklagte mehrfach gegenüber den nachbenannten Zeugen geäußert.

Beweis: Zeugnis X Y.

Außerdem ist der Beklagte verschiedentlich von der Zeugin Z. beim Funken beobachtet worden, und zwar zu folgenden Zeiten: ......

Beweis: Zeugnis der Z.

Dafür, dass zur selben Zeit sein Fernsehbild und der Rundfunkempfang unerträglich gestört wurde, bezieht sich der Kläger zum Beweis auf das

Zeugnis seiner Ehefrau ......

Der Kläger hat den Beklagten mit Schreiben vom ......

– Anlage 1 –

abgemahnt, ohne dass die Störungen aufhörten.

Schrifttum: Wenzel, Der Störer und seine verschuldensunabhängige Haftung im Nachbarrecht, NJW 2005, 241; *Derleder,* Gemeinschaftsnutzung in Mietshäusern und Wohnungseigentumsanlagen, NJW 2007, 812; *Martens/Appelbaum,* Rechtliche Vorgaben bei Errichtung, Änderung und Betrieb von Mobilfunkstationen, NZM 2002, 642; *Determann,* BVerfG zur staatlichen Pflicht zum Schutz der Gesundheit vor elektromagnetischen Feldern, NJW 1997, 2501; *Dehner,* Zur Duldungspflicht eines Bauvorhabens, NZM 2005, 172; *Baetge,* Unverlangte E-Mail-Werbung zwischen Lauterkeits- und Deliktsrecht, NJW 2006, 1037; *Grotheer,* Der eigentumsrechtliche Unterlassungsanspruch nach § 1004 BGB als Schutz vor Konkurrenten, GRUR 2006, 110; *Hirtz,* Der Nachweis der Wiederholungsgefahr bei Unterlassungsansprüchen, MDR 1988, 182; *von Gamm,* Konkrete Fassung des Unterlassungstitels, NJW 1969, 85; *Jestaedt,* Die Vollstreckung aus Unterlassungstiteln nach § 890 ZPO bei Titelfortfall, WRP 1981, 433.

Anmerkungen

1. Unterlassungsklagen haben praktische Bedeutung vor allem im Wettbewerbs-, Patent-, Urheberrecht und Presserecht sowie zum Schutz des allgemeinen Persönlichkeitsrechts, jedoch auch zur Abwehr allgemeiner Beeinträchtigungen der absoluten Rechte des § 823 Abs. 1 BGB und sonstiger geschützter Rechtsgüter (vgl. *Palandt/Bassenge* § 1004 Rdn. 4). Mehrfach hat sich die Rechtsprechung mit der Beobachtung des Grundstücksnachbarn durch eine Videokamera befasst (OLG Köln NJW 2009, 1827; OLG Karlsruhe WuM 2000, 128; LG Bielefeld NJW-RR 2008, 327), wogegen eine Unterlassungsklage möglich ist. Eine solche Klage kann mit einer Schadensersatzklage, bei schwerwiegenden Eingriffen in das Persönlichkeitsrecht auch wegen Schmerzensgeld (vgl. OLG Köln aaO.), verbunden werden. Eine Störung, die einen Unterlassungsanspruch begründet, hat die Rechtsprechung ebenso in Fällen der Zusendung unerwünschten Werbematerials (BGH NJW 1989, 902), auch durch politische Parteien (KG NJW 2002, 379; BVerfG 2002, 2938), angenommen sowie bei unerwünschten Anzeigenblättern (OLG Stuttgart NJW-RR 1994, 502). Im Beispielsfall (vgl. dazu *Dehner,* Nachbar-

recht, 7. Aufl. 1996, § 16 Fn. 7) geht es gleichfalls um den Eigentumsschutz, der allerdings – was bei Klagen dieser Art stets zu beachten ist – durch § 906 BGB beschränkt wird; der Eigentümer kann sich nur gegen eine wesentliche Beeinträchtigung wehren (vgl. hierzu *Palandt/Bassenge* § 906 Rdn. 1). Zur Frage, inwieweit ein Nachbar Lärmimmissionen durch Musikveranstaltungen hinnehmen muss, vgl. BGH NJW 2003, 3699; zum Abwehrrecht des Nachbarn gegen Mobilfunksendeanlagen vgl. BGH NJW 2004, 3701; OVG Lüneburg NVwZ 2001, 456; BVerfG NJW 2002, 1638.

Mit der Unterlassungsklage soll eine künftige Störung abgewendet werden, dennoch ist § 259 ZPO nicht anwendbar, die Voraussetzungen ergeben sich allein aus § 1004 BGB (*Palandt/Bassenge* § 1004 Rdn. 28). Nach dem Gesetzeswortlaut muss eine Wiederholungsgefahr gegeben sein, jedoch kann auch eine erstmals drohende Beeinträchtigung genügen; die vorbeugende Unterlassungsklage ist auch als präventive Maßnahme möglich (vgl. OLG Zweibrücken NJW 1992, 1242; OLG Hamm NJW-RR 1995, 1399). Liegt bereits ein rechtswidriger Eingriff vor, spricht eine tatsächliche Vermutung für die Wiederholungsgefahr (BGH NJW 2004, 1035, 1036). In einer Reihe gesetzlich geregelter Fälle ist zusätzlich eine Abmahnung erforderlich (zB. § 550 BGB, vgl. *Palandt/Bassenge* § 1004 Rdn. 32). Im Verhältnis Vermieter/Mieter kann der Beseitigungsanspruch nicht auf § 1004 BGB, nur auf § 541 BGB gestützt werden (BGH NJW 2007, 2180; vgl. *Palandt/Weidenkaff* § 541 Rdn. 1).

2. Soweit es sich um eine Streitigkeit aus dem Nachbarrecht nach § 906 BGB iSd. § 15 a Abs. 1 Nr. 2 EGZPO handelt, ist ein Einigungsversuch vor einer Gütestelle vorzuschalten, wenn das Landesrecht dies vorsieht (vgl. Form. I. D. 5 Anm. 4).

3. Die sachliche Zuständigkeit bei Unterlassungsklagen (Amtsgericht oder Landgericht) hängt nicht mehr davon ab, ob es sich um eine vermögensrechtliche oder nichtvermögensrechtliche Streitigkeit handelt. Maßgeblich ist allein der Streitwert.

4. Der nach § 3 ZPO zu schätzende Streitwert richtet sich nach dem Interesse des Klägers am Verbot der beeinträchtigenden Handlung (vgl. *Thomas/Putzo* § 3 Rdn. 152). Eine Wertangabe oberhalb der Berufungsgrenze kann im Interesse des Klägers liegen. Bei Klageabweisung richtet sich der Beschwerdewert nach dem Abwehrinteresse an der konkret behaupteten Störung.

5. Beim Klageantrag ist besonders darauf zu achten, dass er dem Bestimmtheitsgebot des § 253 Abs. 2 Nr. 2 ZPO genügt. Er darf sich nicht in abstrakten Formulierungen erschöpfen („die Störung des Eigentums zu unterlassen“), sondern muss konkret gefasst sein. Das gilt insbesondere für das Presse- und Wettbewerbsrecht (BGH NJW 1991, 1114; NJW-RR 1993, 937). Bei Unterlassungsklagen gegen Immissionen ist die Rechtsprechung im Hinblick auf die Schwierigkeit, das Maß unzulässiger Beeinträchtigung zu beschreiben, großzügiger (BGH NJW 1993, 1656); es genügt ein Antrag, der den Gesetzeswortlaut wiederholt (BGH NJW 1999, 356), die Probleme werden dann allerdings in das Vollstreckungsverfahren hineingetragen. Mit dem Unterlassungsantrag darf nicht mehr verlangt werden, als zur Abwehr einer nicht unwesentlichen (vgl. § 906 Abs. 1 BGB) Beeinträchtigung erforderlich ist, andernfalls riskiert der Kläger eine Teilabweisung. Verfehlt wäre es zB., dem Beklagten das Funken überhaupt untersagen zu wollen.

6. Es ist zulässig (§ 890 Abs. 2 ZPO) und zweckmäßig, die Androhung bereits in das Urteil aufnehmen zu lassen. Versäumt der Kläger dies, ist – nach Anhörung des Schuldners – ein besonders zu beantragender Beschluss des Prozessgerichts der ersten Instanz erforderlich, der dem Schuldner erneut zugestellt werden muss (*Zöller/Stöber* § 890 Rdn. 12). Die Androhung muss die Ordnungsmittel nach Art und Höchstmaß bezeichnen; dem sollte der Antrag entsprechen.

7. Hier muss der Kläger eine Beeinträchtigung seines Eigentums darlegen, die nicht unwesentlich iSd. § 906 Abs. 1 BGB ist. Er muss außerdem die Wiederholungsgefahr darlegen, die jedoch nach mehrfachen Störungen idR. zu vermuten ist (vgl. *Palandt/*

Bassenge § 1004 Rdn. 32), so dass das Schwergewicht auf der Darlegung der vergangenen Beeinträchtigungen gelegt werden sollte. Wird Unterlassung eines drohenden Erstverstoßes verlangt (vgl. Anm. 1), ist darzustellen, dass diese Erwartung nach den Umständen des Falles genügt. Zweckmäßig ist es weiter, den Beklagten vor Klageerhebung schriftlich abzumahnen, auch wenn dies hier nicht Anspruchsvoraussetzung ist. Eine vergebliche Abmahnung verdeutlicht die Wiederholungsgefahr und schließt § 93 ZPO aus.

7. Klage auf Herausgabe mit Fristsetzung und Schadensersatz[1, 2]

An das
Landgericht

Klage

In der Sache

......

Streitwert[3]: EUR 250.000,–

erhebe ich namens und in Vollmacht des Klägers Klage und werde beantragen:

1. Der Beklagte wird verurteilt, das Ölgemälde „Roter Hahn" von Otto Dix, signiert mit Datum 29. 6. 1935, an den Kläger herauszugeben[4].

2. Dem Beklagten wird zur Herausgabe eine Frist von 4 Wochen nach Rechtskraft des Urteils gesetzt[5].

3. Der Beklagte wird für den Fall, dass die Frist fruchtlos abläuft, verurteilt, EUR 250.000,– nebst Zinsen in Höhe von 5 Prozentpunkten über dem Basiszinssatz seit Fristablauf zu zahlen[6].

4. ...... (Kosten, vorläufige Vollstreckbarkeit)

Begründung[7]:

Der Kläger ist Kunstsammler, der Beklagte Kunsthändler. Der Kläger hat dem Beklagten am ...... mehrere Ölbilder, darunter das im Antrag zu 1) bezeichnete Bild, zur Verfügung gestellt, die jener in seiner Kunstgalerie ausstellte.

Beweis: ......

Diese Bilder hat der Kläger aus privaten Gründen mehrfach zurückgefordert und auch nach und nach zurückerhalten, mit Ausnahme jedoch des streitigen Bildes. Eine letzte schriftliche Mahnung des Klägers vom ......

– Anlage 1 –

war vergeblich. Der Kläger, der es für möglich hält, dass der Beklagte das Bild nicht mehr in Besitz hat, verlangt in erster Linie Herausgabe des Bildes. Gleichzeitig macht er von seinem Recht Gebrauch, dem Beklagten schon im Urteil eine Frist zur Herausgabe zu setzen, nach deren Ablauf er die Leistung ablehnt (§ 281 Abs. 1 S. 1 BGB). Nach Ablauf der Frist kann der Kläger Schadensersatz statt der Leistung verlangen, den er schon jetzt mit seinem Antrag zu 3) verfolgt. Denn der Kläger muss befürchten, dass sich der Beklagte im Sinne des § 259 ZPO der Rückgabe des Bildes entziehen will; der Kläger hat nämlich in Erfahrung gebracht, dass der Beklagte das streitige Bild einem Herrn X zu veräußern suchte.

Beweis: Zeugnis des X.

Die Höhe des Schadens ergibt sich aus der als

– Anlage 2 –

überreichten Expertise des Kunstexperten ...... vom ......

Rechtsanwalt

Schrifttum: Wieser, Gleichzeitige Klage auf Leistung und auf Schadensersatz aus § 281 BGB, NJW 2003, 2432; *Kaiser,* Schuldrechtsreform – Der „Einwand des Unvermögens" und der „unechte Hilfsantrag" nach Wegfall des § 283 BGB aF., MDR 2004, 311; *Gsell,* Rechtskräftiges Leistungsurteil und Klage auf Schadensersatz statt der Leistung, JZ 2004, 115; *Schur,* Schadensersatz nach rechtskräftiger Verurteilung zur Leistung, NJW 2002, 2518.

Anmerkungen

1. Die Verbindung dieser Anträge ist vor allem sinnvoll, wenn der Kläger vorrangig an der Wiedererlangung seines Eigentums interessiert ist, er aber nicht weiß, ob dem Beklagten die Herausgabe noch möglich ist, ob er also auf einen Schadensersatzanspruch beschränkt ist. Wenn dem Kläger der Ersatzanspruch genügt, kann er dem Beklagten vorprozessual eine Frist nach § 281 Abs. 1 BGB setzen, nach Fristablauf Schadensersatz verlangen und diesen Anspruch einklagen. Der Herausgabeanspruch ist dann nach § 281 Abs. 4 BGB ausgeschlossen. Solange der Primäranspruch noch nicht ausgeschlossen ist, kann der Kläger auf Herausgabe klagen. Er muss (und kann, § 264 Nr. 3 ZPO) die Klage allerdings auf Schadensersatz nach § 283 BGB umstellen, wenn sich im Laufe des Prozesses die Unmöglichkeit der Herausgabe ergibt und der Beklagte die Unmöglichkeit nach §§ 276 ff., 287 BGB zu vertreten hat. Der in erster Linie angestrebte Herausgabetitel gibt dem Kläger die Möglichkeit, mit Hilfe des Gerichtsvollziehers nach der streitigen Sache zu forschen; die Vollstreckung richtet sich nach § 883 ZPO.

2. Denkbar, aber problematisch ist auch eine Verbindung der Klage auf Herausgabe (bzw. Klage auf Vornahme einer Handlung) mit einem Hilfsantrag auf Schadensersatz „für den Fall, dass die Unmöglichkeit der Herausgabe im Prozess festgestellt wird", also ohne den Antrag auf Fristsetzung. Sobald der Beklagte Unmöglichkeit einwendet, kann der Kläger auch bei dieser Fassung entscheiden, ob er diese unstreitig stellen und nur noch den Schadensersatzanspruch verfolgen will, oder ob er beim Herausgabeantrag bleibt. Allerdings kann der Kläger damit nicht erreichen, dass sowohl der Herausgabeanspruch als auch der Schadensersatzanspruch tituliert werden.

3. Vgl. § 6 ZPO. Maßgeblich ist der Betrag, der sich bei Veräußerung der Sache erzielen ließe (Verkehrswert, vgl. BGH NJW-RR 1991, 1210).

4. Die Sache ist so genau zu bezeichnen, dass sie vom Gerichtsvollzieher zweifelsfrei zu identifizieren ist. Kann die Sache nur unzureichend beschrieben werden, ist es sinnvoll, eine Zeichnung oder eine Fotographie beizufügen, die für den Gerichtsvollzieher die Identifizierung erleichtert.

5. Die Fassung dieses Antrages beruht auf § 281 Abs. 1 S. 1 BGB. Die Verbindung von Herausgabeantrag und Antrag auf Fristsetzung ist gemäß § 255 ZPO zulässig (*Thomas/Putzo* § 255 Rdn. 2); sie bereitet den Schadensersatzanspruch vor. Hat der Kläger ein besonderes Interesse am Erhalt der Sache, sollte er die Frist so bemessen, dass ihm ausreichend Zeit bleibt, in der Vollstreckung den Verbleib der Sache aufzuklären. Ist er nur am Erhalt der Sache, nicht am Schadensersatz interessiert, sollte er nur den Antrag zu 1) stellen; denn der Anspruch auf Herausgabe wäre nach § 281 Abs. 4 BGB ausgeschlossen, sobald der Gläubiger statt der Leistung Schadensersatz verlangt hat.

6. Der Antrag beruht auf § 281 Abs. 1 S. 1 iVm. § 280 Abs. 1 BGB. Dass er mit den übrigen Anträgen zu einer Klage verbunden werden kann, wird von der hM. auch für die Rechtslage nach Streichung des § 283 BGB aF. durch die Schuldrechtsreform bejaht, wenn für den Schadensersatzanspruch die Voraussetzungen des § 259 ZPO vorliegen (vgl. *Zöller/Greger* § 255 Rdn. 3; *Thomas/Putzo* § 255 Rdn. 5; *Kaiser* MDR 2004, 311; *Wieser* NJW 2003, 2432; zweifelnd *Schur* NJW 2002, 2518; zum alten Recht BGH NJW 1999, 954; OLG Köln NJW-RR 1998, 1682). Wichtig ist es, den Antrag so zu formulieren, dass er nicht als bereits jetzt gestelltes Schadensersatzverlangen mit der Folge des § 281 Abs. 4 BGB ausgelegt werden kann. Antragsfassungen wie zB. „Im Unvermögensfalle" sollten vermieden werden, da sie zu Schwierigkeiten bei der Erteilung der vollstreckbaren Ausfertigung führen können (§ 726 Abs. 1 ZPO; vgl. allerdings OLG Hamburg MDR 1972, 1040). Unangebracht wäre ein Antrag auf „Herausgabe ......, hilfsweise Zahlung", wenn der Kläger den Zahlungstitel zusätzlich zum Herausgabetitel erwirken will.

7. Der Kläger muss hier neben seinem Herausgabeanspruch und dem bedingten Schadensersatzanspruch einschließlich der Schadenshöhe vor allem die Voraussetzungen des § 259 ZPO darlegen (hierzu *Thomas/Putzo* § 259 Rdn. 2, 3). Vom Vorliegen der Voraussetzungen dieser Vorschrift hängt das Rechtsschutzbedürfnis für den Antrag zu 3) ab. Dafür ist es wichtig, den Beklagten schon vor Klageerhebung in Verzug gesetzt zu haben, was überdies seine Haftung für zufällige Unmöglichkeit nach § 287 BGB eröffnet. Der Kläger sollte zudem im Hinblick auf § 281 Abs. 4 BGB deutlich machen, dass er zunächst nur Herausgabe und nur für den Fall, dass der Beklagte nicht leistet, Schadensersatz verlangt.

8. Klage auf Abgabe einer Willenserklärung[1, 2]

An das
Landgericht

Klage

In der Sache

......

Streitwert[3]: EUR 12.000,–

erhebe ich namens und in Vollmacht des Klägers Klage und werde beantragen:

1. **Der Beklagte wird verurteilt, zu erklären, dass das Eigentum am Pkw Audi A 6, amtliches Kennzeichen B – MT 100, Fahrgestell-Nr. ......, auf den Kläger übergehen soll[4].**
2. **Der Beklagte wird weiter verurteilt, mit Rechtskraft des Urteils den Kraftfahrzeugbrief für das Fahrzeug an den Kläger herauszugeben[5].**
3. **...... (Kosten, vorläufige Vollstreckbarkeit[6])**

Begründung[7]:

Der Kläger hat dem Beklagten zur Sicherung einer Darlehensforderung über EUR 18.000,– nebst 8% Zinsen seinen Pkw Audi A 6, amtliches Kennzeichen B – MT 100, Fahrgestell-Nr. ......, übereignet und den Kraftfahrzeugbrief für dieses Fahrzeug ausgehändigt. Hierüber haben die Parteien am ...... einen schriftlichen Sicherungsvertrag abgeschlossen, der als

– Anlage 1 –

überreicht wird. Nach § 8 dieses Vertrages ist der Beklagte als Sicherungsnehmer verpflichtet, das Sicherungsgut nach Rückzahlung des Darlehens an den Kläger zurück zu übereignen. Der Kläger hat den Darlehensbetrag nebst Zinsen an den Beklagten überwiesen. Dieser weigert sich jedoch, dem Kläger das Kraftfahrzeug zu übereignen und den Kraftfahrzeugbrief auszuhändigen. Die Korrespondenz der Parteien hierüber (Schreiben des Klägers vom ......, Schreiben des Beklagten vom ......) ergibt sich aus den

– Anlagen 2 und 3 –.

Der Wert des Kraftfahrzeugs (Baujahr 20......, Kilometerstand: ......) beträgt ca. EUR 12.000,–.

Rechtsanwalt

Anmerkungen

1. Das Formular betrifft die Übereignung einer beweglichen Sache. Zu weiteren Beispielsfällen vgl. Form. II. G. 4, 5, 8.

2. Die Besonderheit dieser Klageart ist, dass es nicht zu einer Vollstreckung kommt, denn die Willenserklärung gilt mit Rechtskraft des Urteils als abgegeben (§ 894 ZPO). Nur die Kostenentscheidung des Urteils kann vollstreckt werden. Die Klage auf Abgabe einer Willenserklärung kommt vor allem in Betracht, wenn der begehrte Rechtserwerb von der Abgabe einer rechtsgeschäftlichen Erklärung oder einer Erklärung gegenüber einer Behörde (Grundbuchamt, Hinterlegungsstelle) abhängt (zu den einzelnen Fällen vgl. *Zöller/Stöber* § 894 Rdn. 2), und auf diese Erklärung ein Anspruch besteht. Auch aus einem verbindlichen Vorvertrag kann auf Abgabe der auf Abschluss des Hauptvertrages gerichteten Willenserklärung geklagt werden. Bei einem schon in einem Vorvertrag vollständig ausformulierten künftigen Hauptvertrag besteht allerdings nach der Rechtsprechung des BGH (NJW 2001, 1272) kein Rechtsschutzbedürfnis für eine Klage auf Abgabe eines Angebots durch den Verpflichteten. Der Berechtigte hat vielmehr mit seinem Klageantrag ein eigenes Angebot zu unterbreiten und dessen Annahme durch den Verpflichteten zu verlangen. Ist die abzugebende Willenserklärung nach materiellem Recht formbedürftig, muss der Kläger nicht beantragen, dass die Erklärung zB. in notariell beurkundeter Form abzugeben ist; das Urteil ersetzt die Form (vgl. *Zöller/Stöber* § 894 Rdn. 5; OLG Köln NJW-RR 2000, 880). Handelt es sich um eine empfangsbedürftige Erklärung, die nicht gegenüber dem Kläger, sondern gegenüber einem Dritten, auch einer Behörde, abzugeben ist, so tritt die materiellrechtliche Wirkung der Erklärung erst ein, wenn dem Dritten das rechtskräftige Urteil zugeleitet wird (*Thomas/Putzo* § 894 Rdn. 9). Zu beachten ist, dass nur die Willenserklärung des Schuldners als abgegeben gilt; der erstrebte schuldrechtliche oder dingliche Vertrag (Einigung, Auflassung) kommt erst zustande, wenn auch der Kläger oder der Dritte seine Erklärung formgerecht abgegeben hat. Hängt der Vertrag noch von einer Genehmigung ab, braucht ein entsprechender Vorbehalt nicht in den Antrag aufgenommen zu werden (BGH NJW 1982, 881 für die Genehmigung nach § 2 GrdstVG). Geht es um einen Gesellschafterbeschluss, ist außer der rechtskräftigen Verurteilung des verklagten Gesellschafters ein der Satzung entsprechender Beschluss der übrigen Gesellschafter erforderlich (vgl. BGH NJW-RR 1989, 1056).

Im angenommenen Fall handelt es sich um die zur Übereignung erforderliche Einigung gemäß § 929 S. 2 BGB, auf die der Sicherungsgeber nach Tilgung der zu sichernden Forderung entsprechend der hier getroffenen Abrede einen Anspruch hat (vgl. *Palandt/Bassenge* § 930 Rdn. 28). Ist der Kläger nicht bereits Besitzer der Sache, muss er zusätzlich beantragen, den Beklagten zur Übergabe (Herausgabe iSd. § 883 ZPO) zu verurteilen.

3. Bei einer Klage auf Rückübertragung des Sicherungseigentums richtet sich der Streitwert nach dem Betrag der zu sichernden Forderung; wenn die Sache – wie hier – einen geringeren Wert hat ist dieser maßgeblich (vgl. *Zöller/Herget* § 6 Rdn. 6).

4. Der Antrag muss zweifelsfrei ergeben, welche Erklärung mit Rechtskraft des Urteils als abgegeben gelten soll. Geht es – wie hier – um die Übereignung einer Sache, ist diese genau zu bezeichnen.

5. Das Recht am Brief folgt dem Recht am Kraftfahrzeug (§ 952 BGB). Da das Eigentum am Kraftfahrzeug erst bei Rechtskraft übergeht, kann Herausgabe des Briefes wohl erst zu diesem Zeitpunkt verlangt werden.

6. Urteile auf Abgabe einer Willenserklärung haben wegen § 894 ZPO keinen vollstreckungsfähigen Inhalt (vgl. *Zöller/Stöber* § 894 Rdn. 4); die Entscheidung über die vorläufige Vollstreckbarkeit betrifft idR. nur die Kosten. Daher wird das Urteil oft ausdrücklich nur wegen der Kosten für vorläufig vollstreckbar erklärt. Etwas anderes gilt aber bei den Urteilen des § 895 ZPO (zB. auf Auflassung oder Eintragungsbewilligung); sie dürfen nicht nur wegen der Kosten für vorläufig vollstreckbar erklärt werden, damit die Eintragung einer Vormerkung oder eines Widerspruchs als bewilligt gelten kann. In einem solchen Fall sollte ausdrücklich beantragt werden, das Urteil nicht nur wegen der Kosten für vorläufig vollstreckbar zu erklären. Das Gleiche gilt für die Anmeldung zum Handelsregister nach § 16 HGB.

7. Der Kläger muss vortragen, dass der Beklagte zur Rückübertragung des Sicherungseigentums auf Grund der getroffenen Abrede verpflichtet ist, und hierzu vor allem darlegen, dass die gesicherte Forderung nebst Zinsen durch Erfüllung erloschen ist. Das weitere Vorbringen betrifft den Streitwert. Es kann sich auch empfehlen, das Gericht darauf aufmerksam zu machen, dass das Urteil (wenn keiner der in Anm. 6 genannten Sonderfälle vorliegt) nur wegen der Kosten vorläufig vollstreckbar ist und für die Höhe einer etwa zu leistenden Sicherheit allein die Kostenentscheidung maßgeblich ist.

9. Klage auf Duldung[1,2]

An das
Landgericht

Klage

In der Sache

……

Streitwert[3]: ……

erhebe ich namens und in Vollmacht des Klägers Klage und werde beantragen:

1. **Der Beklagte wird verurteilt zu dulden, dass der Kläger eine Abwasserleitung über das Grundstück …… des Beklagten zum Abwasserrohr der Gemeinde in einer vom Gericht zu bestimmenden Richtung[4] verlegt und unterhält.**
2. **Dem Beklagten wird angedroht, dass für jeden Fall der Zuwiderhandlung ein Ordnungsgeld bis zur Höhe von EUR 250.000,– oder Ordnungshaft bis zu 6 Monaten gegen ihn festgesetzt wird[5].**
3. **…… (Kosten, vorläufige Vollstreckbarkeit)**

Begründung[6]:

……

Anmerkungen

1. Das Beispiel betrifft eine Klage auf Duldung eines Notwegrechts nach § 917 BGB (hierzu zuletzt BGH NJW-RR 2009, 515; vgl. auch Form. II. G. 7). Zur gleich gelagerten Klage auf Duldung der Verlegung von Breitbandkabeln nach § 57 TKG vgl. BGH WM 2005, 194. Zur Klage auf Duldung der Zwangsvollstreckung aus einer Hypothek vgl. Form. II. G. 12.

2. Die Duldungsklage gegen den Eigentümer ist das Gegenstück zur Unterlassungsklage des Eigentümers. Sie kommt vor allem im Nachbarrecht vor, und zwar dann, wenn der Eigentümer iSd. § 1004 Abs. 2 BGB zur Duldung verpflichtet ist (vgl. zu den einzelnen Fällen *Palandt/Bassenge* § 1004 Rdn. 35 ff.). Das ist insbes. bei rechtmäßigen Eingriffen in das Eigentum des Nachbarn der Fall. Dessen Duldungspflicht kann zB. aus

§§ 906 ff. BGB folgen (BGH NJW 1991, 2826, 2827), aus dem nachbarlichen Gemeinschaftsverhältnis (BGH NJW 2000, 1719), aber auch aus öffentlich-rechtlichen Normen, zB. des Naturschutzrechts (BGH NJW 1993, 925; OLG Düsseldorf NJW 1989, 1807). Auch der das Eigentum eines anderen beeinträchtigende Störer kann auf Duldung der Beseitigung durch den Eigentümer in Anspruch genommen werden (BGH NJW 2007, 432). Im Verhältnis Vermieter/Mieter ist eine Abmahnung erforderlich; für Erhaltungs- und Modernisierungsmaßnahmen gilt § 554 BGB.

Für die Vollstreckung ist, wie bei der Unterlassungsklage, § 890 ZPO maßgeblich.

3. Für die Bestimmung des Streitwerts gilt über § 3 ZPO die Regelung für Grunddienstbarkeiten in § 7 ZPO (*Thomas/Putzo* § 3 Rdn. 44; *Zöller/Herget* § 3 Rdn. 16 „Notweg").

4. Die Richtung des Notwegs, hier in Form der Abwasserleitung, braucht der Kläger nicht anzugeben, sie wird vom Gericht durch Gestaltungsurteil bestimmt (§ 917 Abs. 1 S. 2 BGB). Gleichwohl empfiehlt es sich, konkrete Angaben über Richtung und Umfang der Benutzung, hier also Lage, Art und Größe der beabsichtigten Abwasserleitung zu machen; das Gericht kann das aus eigener Kenntnis schwer beurteilen.

5. Zu diesem Antrag vgl. Form. I. D. 6 Anm. 6.

6. Zu den Tatsachen, die der Kläger zugunsten des beanspruchten Notwegrechts darlegen muss, vgl. BGH NJW 1964, 1321 u. NJW 1980, 585. Die Beweislast für die Duldungspflicht liegt beim Störer (BGH NJW 1989, 1032). Auch der Duldungsklage sollte eine Abmahnung des Eigentümers vorangehen und mit der Klage vorgetragen werden (vgl. OLG Karlsruhe MDR 1981, 939 und Form. I. D. 6 Anm. 6).

10. Klage auf künftige Leistung[1]

An das
Amtsgericht

Klage

In der Sache

……

erhebe ich Klage und werde beantragen[2]:

1. **Der Beklagte wird verurteilt, an den Kläger EUR 1.000,– nebst Zinsen in Höhe von 5 Prozentpunkten über dem Basiszinssatz seit dem 1. 3. 20…… und dem 1. 6. 20…… jeweils auf EUR 500,– zu zahlen.**
2. **Der Beklagte wird weiter verurteilt, am 1. 9. 20 .. und am 1. 12. 20…… jeweils EUR 500,– nebst Zinsen in Höhe von 5 Prozentpunkten über dem Basiszinssatz seit diesen Tagen[3] zu zahlen.**
3. **…… (Kosten, vorläufige Vollstreckbarkeit)**

Begründung[4]:

Der Beklagte hat vom Kläger im Januar 20…… ein zinsloses Darlehen über EUR 2.000,– erhalten. Nach dem schriftlichen Darlehensvertrag vom 15. 1. 20……

– Anlage 1 –

sollte die Rückzahlung in Raten von EUR 500,– am 1. 3., 1. 6., 1. 9. und 1. 12. 20……. erfolgen. Der Beklagte hat die Ersten beiden Raten bei Fälligkeit nicht gezahlt und auf Mahnungen nicht reagiert. Insoweit ist der Beklagte entsprechend dem Antrag zu 1) zu verurteilen.

Der Kläger hat Anlass zur Befürchtung, dass der Beklagte auch die weiteren Raten nicht begleichen wird. Er macht daher von der gemäß § 257 ZPO gegebenen Möglichkeit Gebrauch, mit seinem Antrag zu 2) künftige Zahlung dieser Raten zu verlangen.
Zinsen stehen dem Kläger aus §§ 284, 286, 288 BGB zu.

Rechtsanwalt

Schrifttum: Roth, Die Klage auf künftige Leistung nach §§ 257–259 ZPO, ZZP 1985, 287; *Henssler,* Die Klage auf künftige Leistung im Wohnraummietrecht, NJW 1989, 138; *Winkler,* Überlegungen zur Konkurrenz von Feststellungsklage und Klage auf zukünftig fällig werdenden Mietzins, ZMR 2008, 94.

Anmerkungen

1. Klagen auf künftige Leistung kommen in der Praxis selten vor, sind aber insbesondere zweckmäßig, wenn der Kläger Anlass zur Annahme hat, der Beklagte werde seine kalendermäßig bestimmte Leistung (Zahlung oder Räumung) nicht erbringen. § 257 ZPO gibt dem Kläger die Möglichkeit, sich bereits vor Fälligkeit einen Titel zu verschaffen, um bei Fälligkeit sofort vollstrecken zu können. Die Vorschrift gilt zum einen für Geldforderungen, die nicht von einer Gegenleistung abhängen; sie ist damit nicht auf künftige Mietzahlungen anwendbar, weil im Gegenzug noch der Gebrauch der Mietsache zu gewähren ist; es kann dann aber die Klage nach § 259 ZPO zulässig sein (vgl. *Henssler* NJW 1989, 138, 140). Zum anderen ist § 257 ZPO nach seinem Wortlaut für Ansprüche auf künftige Räumung anwendbar, aber nicht, wenn es um Grundstücke oder Räume zu Wohnzwecken geht; auch hier ist § 259 einschlägig (*Zöller/Greger* § 259 Rdn. 2), dazu hat der Kläger zusätzlich die Besorgnis der Leistungsentziehung darzulegen. Im Übrigen sollte der Kläger nur auf noch nicht fällige Leistung klagen, wenn der Beklagte Anlass zur Klageerhebung gegeben hat; sonst geht er das Risiko ein, im Falle des Anerkenntnisses gemäß § 93 ZPO die Kosten tragen zu müssen.

2. Ist zweifelhaft, ob die Voraussetzungen für eine Klage auf künftige Leistung vorliegen, sollte der Kläger zum Antrag zu 2), wenn der Beklagte seine Leistungspflicht bestritten hat, hilfsweise einen Feststellungsantrag stellen. Er kann nicht sicher sein, dass das Gericht den Antrag auf künftige Leistung von sich aus in einen Feststellungsantrag umdeutet, was nach der Rechtsprechung des BGH geboten wäre (vgl. BGH NJW-RR 2006, 1485). Werden im Laufe des Rechtsstreits weitere Raten fällig, sollte der Kläger den Antrag nicht mehr auf zukünftige Leistung richten, sondern auf einen normalen Zahlungsantrag umstellen; allerdings kann auch ohne Antragsänderung ein unbedingtes Urteil ergehen (vgl. *Zöller/Greger* § 257 Rdn. 7).

3. Zinsen können erst ab Fälligkeit der künftigen Raten verlangt werden, auch Prozesszinsen stehen dem Kläger nicht vorher zu, § 291 S. 1 2. Halbs. BGB.

4. Der Kläger muss neben dem Anspruch selbst auch die Voraussetzungen des § 257 ZPO, von denen die Zulässigkeit der Klage abhängt, darlegen. Er sollte außerdem vortragen, dass der Beklagte Anlass zur Klageerhebung gegeben hat (hier durch Nichtzahlung früherer Raten). Die Beweislast im Rahmen des § 93 ZPO trägt ausnahmsweise der Kläger (*Zöller/Greger* § 257 Rdn. 7).

11. Stufenklage[1]

An das
Landgericht
Kammer für Handelssachen[2]

Klage

In der Sache

......

Streitwert: ......[3]

erhebe ich namens und in Vollmacht des Klägers Stufenklage und werde beantragen:

1. Der Beklagte wird verurteilt
   a) der Klägerin Auskunft darüber zu erteilen, welche Geschäfte über Kraftfahrzeugzubehör er in der Zeit von ...... bis ...... geschlossen hat, sowie die schriftlichen Bestellungen hierüber vorzulegen[4],
   b) erforderlichenfalls die Richtigkeit und Vollständigkeit seiner Angaben an Eides Statt zu versichern[5],
   c) an die Klägerin Schadensersatz in einer nach Erteilung der Auskunft noch zu bestimmenden Höhe nebst Zinsen in Höhe von 5 Prozentpunkten über dem Basiszinssatz seit Rechtshängigkeit zu zahlen[6].
2. ...... (Kosten, vorläufige Vollstreckbarkeit)

Begründung[7]:

Die Klägerin vertreibt Kraftfahrzeug- Zubehör über Handelsvertreter. Der Beklagte war für sie bis zum ...... als selbstständiger Handelsvertreter tätig. Seine Provisionen betrugen im Monatsdurchschnitt mehr als EUR 2.000,–. Die Rechtsbeziehungen der Parteien waren durch den Handelsvertretervertrag vom ......

– Anlage 1 –

geregelt, ein Exemplar des vom Beklagten unterzeichneten Vertrages wurde ihm bei Vertragsbeginn ausgehändigt. Nach § 12 des Vertrages war dem Beklagten für 2 Jahre nach Vertragsende der Verkauf von Kraftfahrzeugzubehör für eigene Rechnung oder für Rechnung eines Dritten gegen Zahlung einer Entschädigung verboten. Der Beklagte schied am ...... bei der Klägerin aus; zum Ausgleich für das Wettbewerbsverbot zahlte ihm die Klägerin eine Entschädigung von EUR ......

Beweis: Quittung vom ......, (Anlage 2).

Die Klägerin hat von zweien ihrer Kunden zufällig erfahren, dass der Beklagte ihnen in der Verbotszeit Kraftfahrzeugzubehör für ein Konkurrenzunternehmen verkaufte, wie sich aus den anliegenden Schreiben der Kunden im Einzelnen ergibt.

Beweis: 1. Schreiben der Kunden vom ......,
(Anlagen 3 und 4);
2. Zeugnis der ......

Die Klägerin hat daher begründeten Anlass zu der Annahme, dass der Beklagte noch weitere Geschäfte geschlossen hat. Hierdurch ist der Klägerin ein vom Beklagten vorsätzlich verursachter Schaden entstanden, denn die Geschäfte hätte sie sonst selbst gemacht. Den Schaden kann die Klägerin jedoch erst beziffern kann, wenn sie die einzelnen verbotswidrigen Geschäfte kennt.
Die Klägerin hat vergeblich versucht, vom Beklagten die verlangte Auskunft zu erhalten; dieser hat wahrheitswidrig erklärt, keine Geschäfte abgeschlossen zu haben.

Beweis: Schreiben des Beklagten vom ......, (Anlage 5).

Dieses Verhalten des Beklagten macht den Antrag der Klägerin, die Richtigkeit und Vollständigkeit der Auskunft an Eides Statt zu versichern, notwendig[8].
Den Zahlungsantrag wird die Klägerin beziffern, sobald der Beklagte die Auskunft erteilt hat[9].
Um baldige Festsetzung des Streitwertes wird gebeten[10].

Rechtsanwalt

Schrifttum: Peters, Die Entscheidungen in der Stufenklage, ZZP 1998, 67; *Bernreuther,* Die Stufenklage und ihre Erledigung, JA 2001, 490; *Schneider,* Verhandlung und Entscheidung bei der Stufenklage, MDR 1969, 624; *ders.*, Streitwert und Gebühren bei der Stufenklage, Rpfleger 1977, 92; *Schulte*, Verurteilung zur Auskunftserteilung – Bemessung von Rechtsmittelbeschwer und Kostenstreitwert, MDR 2000, 805; *Rixecker,* Die Erledigung im Verfahren der Stufenklage, MDR 1985, 633; *Emde,* Abrechnung und Buchauszug als Informationsrechte des Handelsvertreters, MDR 2003, 1151.

Anmerkungen

1. Die Stufenklage gem. § 254 ZPO ermöglicht es, einen Anspruch auf Rechnungslegung, Vorlage eines Vermögensverzeichnisses oder Erteilung einer Auskunft (1. Stufe) mit dem Anspruch auf Abgabe einer eidesstattlichen Versicherung (2. Stufe) und dem noch unbestimmten Leistungsantrag (3. Stufe) in einer Klage zu verbinden. Der Vorteil liegt für den Kläger – neben der Prozessökonomie – darin, dass er auf diese Weise die Rechtshängigkeit seines noch unbestimmten Leistungsantrages erreichen (BGH NJW-RR 1995, 513) und damit vor allem die Hemmung der Verjährung herbeiführen kann (vgl. BGH NJW-RR 1995, 770; *Thomas/Putzo* § 254 Rdn. 4) Das gilt zunächst in voller Höhe des unbezifferten Leistungsanspruches (BGH NJW-RR 1995, 770), letztlich allerdings nur in der Höhe, in der der Anspruch nach Erteilung der Auskunft später beziffert wird (BGH NJW 1992, 2563). Die Auskunftsklage allein hemmt nicht die Verjährung des Zahlungsanspruchs (vgl. *Palandt/Heinrichs* § 204 Rdn. 2). Zudem kann mit einer Stufenklage die sachliche Zuständigkeit des Landgerichts, die für den Auskunftsanspruch allein oft nicht gegeben ist, eher begründet werden (Wertaddition, vgl. Anm. 3).

Die Stufenklage hat praktische Bedeutung vor allem für Unterhalts- und Erbschaftsansprüche (vgl. Form. II. I. 5), für die Herausgabepflicht aus Geschäftsbesorgungsverträgen nach § 667 BGB, aber auch für Schadensersatzansprüche, bei denen der Verpflichtete, nicht aber der Berechtigte, die zur Berechnung des Anspruchs erforderlichen Umstände kennt (vgl. *Palandt/Heinrichs* §§ 259–261 Rdn. 12). Die Möglichkeit einer Stufenklage mit unbeziffertem Leistungsantrag macht eine Feststellungsklage unzulässig; ihr fehlt das Rechtsschutzinteresse (BGH NJW 1996, 2097, anders für den Bereich des gewerblichen Rechtsschutzes BGH NJW 2003, 3274). Der Auskunftsanspruch und der Anspruch auf eidesstattliche Versicherung sind Hilfsansprüche zur Bestimmung des Zahlungsanspruches; unzulässig ist die Stufenklage daher, wenn die Auskunft nicht dazu dient, den Leistungsanspruchs bestimmbar zu machen, sondern dem Kläger sonstige Informationen über seine Rechtsverfolgung verschaffen soll (BGH NJW 2000, 1645).

2. Innerhalb des Landgerichts ist bei Ansprüchen aus Handelsvertreterverträgen die Kammer für Handelssachen zuständig. Für Einfirmenvertreter, die im Monatsdurchschnitt nicht mehr als EUR 1.000,– verdienen, ist die Zuständigkeit des Arbeitsgerichts gegeben (§ 5 Abs. 3 ArbGG, vgl. *Baumbach/Hopt* § 84 HGB Rdn. 45).

3. Für den Zuständigkeitsstreitwert, den der Kläger hier anzugeben hat (§ 253 Abs. 3 ZPO), wird nach § 5 ZPO der Wert aller Stufen zusammengerechnet (str., vgl. *Zöller/Herget* § 3 Rdn. 16 „Stufenklage"). Dabei wird das Gericht den Streitwert des unbestimmten Leistungsanspruches nach den objektiv zu würdigenden Angaben des Klägers festsetzen (vgl. *Schneider* MDR 1988, 358). Der Streitwert des Auskunftsanspruchs beträgt je nach Sachlage $^1/_{10}$ bis $^1/_4$ des Wertes des Leistungsanspruches (*Schneider* aaO.; BGH FamRZ 1984, 1029; NJW 1997, 1016), er ist gem. § 3 ZPO unter Berücksichtigung seiner Bedeutung für den Leistungsanspruch festzusetzen (BGH JurBüro 1983, 1182); maßgeblicher Zeitpunkt ist die Einreichung der Klage. Für den Antrag auf eidesstattliche Versicherung ist maßgeblich, welche zusätzliche Auskunft der Kläger hierdurch zu erhalten meint (*Zöller/Herget* § 3 Rdn. 16 „Offenbarungsversicherung").

4. Im Termin wird zunächst nur der Auskunftsantrag gestellt. Erst wenn über ihn entschieden oder er sonst erledigt ist, kann der Antrag auf der nächsten Stufe gestellt und über ihn verhandelt werden. Wird mit dem Auskunftsantrag die Vorlage von Urkunden oder Belegen verlangt, müssen diese im Klagantrag möglichst genau bezeichnet sein, sonst ist die Klage unzulässig (vgl. BGH NJW 1983, 1056). Weiß der Kläger, um welche Urkunden oder Belege es geht, sollte er ihre Vorlage verlangen, denn eine Vollstreckung aus dem Auskunftstitel auf Vorlage bestimmter, darin nicht bezeichneten Belege soll unzulässig sein (BGH aaO.; anders für erbrechtliche Auskunftstitel OLG Hamburg FamRZ 1988, 1213; *Palandt/Edenhofer* § 2314 Rdn. 10). Ob neben einem Rechnungslegungsantrag noch Raum für einen weitergehenden Auskunftsanspruch ist, ist Sache des Einzelfalles (BGH NJW 1985, 1694).

In anderen Fällen könnte dieser Antrag lauten:
(Der Beklagte wird verurteilt),

„dem Kläger über die Ausführung des Auftrages vom ...... über ...... Rechenschaft abzulegen" (§ 666 BGB);

„dem Kläger einen Buchauszug über alle in der Zeit vom ...... bis ...... im Raum Schleswig-Holstein geschlossenen Geschäfte einschließlich der Folgegeschäfte sowie der direkt oder über andere Vertreter zustande gekommenen Geschäfte zu erteilen" (Klage des Bezirksvertreters, § 87c HGB);

„dem Kläger und seinem Miterben X ein Bestandsverzeichnis über den Nachlass des am ...... verstorbenen Herrn ...... vorzulegen sowie über den Verbleib der Erbschaftsgegenstände Auskunft zu erteilen" (Klage des Miterben gegen den Erbschaftsbesitzer, §§ 2018, 2027, 260 BGB); vgl. auch Form. II. I. 6;

„den Klägern durch Vorlage eines Verzeichnisses Auskunft über sein Vermögen und seine Einkünfte und Ausgaben in der Zeit vom ...... bis ...... zu erteilen sowie eine Verdienstbescheinigung seines Arbeitgebers für diesen Zeitraum einzureichen" (Unterhaltsklage, §§ 1580, 1605 BGB), vgl. Form. II. I. 12.

Der Antrag der ersten Stufe kann nicht mehr gestellt werden, wenn der Beklagte vor oder während des Prozesses eine formell ordnungsgemäße Auskunft erteilt hat, mag sie auch nach Meinung des Klägers unvollständig oder unrichtig sein; der Streit darüber ist mit dem Antrag auf Leistung der eidesstattlichen Versicherung zu führen (BGH LM § 254 ZPO Nr. 3 u. 6). Eine Ergänzung der Auskunft kann nur unter besonderen Umständen verlangt werden (vgl. BayObLG NJW-RR 2002, 1381; *Palandt/Heinrichs* § 261 Rdn. 22, für erbrechtliche Auskunftsansprüche *Palandt/Edenhofer* § 2314 Rdn. 8). Ergibt die ordnungsgemäße Auskunft, dass kein Anspruch besteht, kann der Kläger versuchen, eine übereinstimmende Erledigungserklärung der gesamten Stufenklage zu erreichen, auch wenn keine Erledigung des Leistungsanspruches eingetreten ist (BGH NJW 1994, 2895; OLG Brandenburg MDR 2003, 893); andernfalls sollte er die Klage zurücknehmen (vgl. *Zöller/Greger* § 254 Rdn. 15), was zudem kostengünstiger ist als die übereinstimmende Erledigung. Es besteht nicht die Möglichkeit, entgegen § 269 Abs. 3 ZPO dem Beklagten die Kosten aufzuerlegen (BGH NJW 1994, 2895; OLG Hamm NJW-RR 1991, 1407; aA. OLG München MDR 1990, 636); eine Ausnahme gilt nach § 93d ZPO bei Unterhaltsklagen. Dem Kläger kann jedoch ein materiell-rechtlicher Kostenerstattungsanspruch aus § 286 BGB zustehen, den er noch im selben Rechtsstreit im Wege der Feststellungsklage geltend machen kann (BGH aaO.). Haben die Parteien in diesem Fall die Hauptsache übereinstimmend erledigt erklärt, kann im Rahmen der Kostenentscheidung nach § 91 a ZPO der materielle Kostenerstattungsanspruch des Klägers berücksichtigt werden (OLG Koblenz NJW-RR 1997, 7).

5. Dieser Antrag kann nach hM. bereits in der Klageschrift, also vor Erledigung des Auskunftsantrags gestellt werden, auch wenn er erst nach Erteilung der Auskunft Bedeutung erlangt (*Zöller/Greger* § 254 Rdn. 10). Zur Abgabe der eidesstattlichen Versicherung ist der Beklagte jedoch nur verpflichtet, wenn ein begründeter Verdacht besteht, dass die Auskunft nicht mit der erforderlichen Sorgfalt erteilt wurde (§§ 259 Abs. 2, 260 Abs. 2 BGB, vgl. *Palandt/Heinrichs* §§ 259–261 Rdn. 30). Deshalb ist in den meisten Fällen zu empfehlen, den Antrag noch nicht jetzt, sondern erst nach Abgabe der Auskunft bzw. nach Vorlage des Verzeichnisses zu stellen, wenn dieser Verdacht besteht, und den Antrag zunächst nur anzudrohen, oder, wie vorgeschlagen, mit der Einschränkung „erforderlichenfalls" zu versehen. Hat der Beklage bereits vorprozessual eine Auskunft erteilt, die den Verdacht fehlender Sorgfalt begründet, kann der Kläger diesen Antrag auch als ersten Antrag einer dann nur zweistufigen Stufenklage stellen.

6. Der Antrag kann auch insoweit unbestimmt sein, als der Kläger nicht sagen muss, ob er die Herausgabe von Gegenständen, Geld oder aber Schadensersatz verlangen will; das kann er dem Ergebnis der Auskunft überlassen (BGH NJW 2003, 2748). Ist zweifelhaft, ob die Auskunft einen Leistungsanspruch ergibt, sollte der Kläger seinen unbezifferten Antrag (wenn er nicht die Verjährung hemmen muss) noch nicht stellen, sondern das Ergebnis des Auskunftsanspruches abwarten. Andernfalls kann der Kläger zur Vermeidung eines abweisenden Urteils gezwungen sein, die Leistungsklage zurückzunehmen; denn eine Erledigung ist nicht eingetreten (BGH NJW 1994, 2895; zur Kostenfolge vgl. Anm. 4). Soweit ein Teil des Anspruches bereits feststeht und der Kläger nur noch ergänzende Auskünfte für den Rest benötigt, kann und sollte er den unbestimmten Leistungsantrag mit einem bezifferten Antrag verbinden, der außerhalb der Stufenklage steht (BGH NJW-RR 2003, 68; *Thomas/Putzo* § 254 Rdn. 4).

7. Im angenommenen Fall hat der Kläger darzulegen, dass ein begründeter Verdacht für einen Verstoß gegen ein nach § 90 a HGB vereinbartes Wettbewerbsverbot besteht, der den Beklagten zum Schadensersatz verpflichtet (vgl. *Palandt/Heinrichs* §§ 259–261 Rdn. 10, 12; BAG NJW 1967, 1879). Vorab ist klarzustellen, dass nicht das Arbeitsgericht, sondern das Landgericht sachlich zuständig ist, dass also der Beklagte mehr als EUR 1.000,– pro Monat verdient hat (vgl. Anm. 2).

8. Hiermit legt der Kläger den für den Antrag auf der zweiten Stufe erforderlichen Verdacht dar, dass die Auskunft nicht sorgfältig erteilt wird.

9. Weiteres Verfahren: Über jede Stufe wird abgesondert und nacheinander verhandelt und durch Teilurteil ohne Kostenentscheidung entschieden, über die letzte Stufe (Zahlungsantrag) durch Schlussurteil. Nur wenn die Klage unzulässig ist, der Anspruch dem Grunde nach nicht besteht oder die freiwillig erteilte Auskunft keinen Leistungsanspruch ergibt, wird die Klage insgesamt abgewiesen. Erteilt der Beklagte, ohne dass es zu einer Verurteilung auf der ersten Stufe kommt, freiwillig eine formell ordnungsgemäße Auskunft, sollte der Kläger den Auskunftsantrag in der Hauptsache für erledigt erklären und auf die nächste Stufe übergehen, und zwar auch dann, wenn die Auskunft seines Erachtens unvollständig ist; das gilt nicht, wenn einer der Fälle vorliegt, in denen er eine Ergänzung der Auskunft verlangen kann (vgl. Anm. 4). Umstritten ist, wie zu verfahren ist, wenn der Beklagte sich der Erledigungserklärung nicht anschließt (vgl. *Zöller/Greger* § 254 Rdn. 12). Zum Teil wird die Ansicht vertreten, dass nicht nach den Grundsätzen der einseitigen Erledigung zu verfahren ist, sondern der Kläger ohne Erledigungserklärung auf die nächste Stufe übergehen kann (OLG Düsseldorf NJW-RR 1996, 1408); der BGH hat die Frage offengelassen (BGH NJW 1999, 2520, 2522). Ergibt die Auskunft, dass kein Leistungsanspruch besteht, sollte der Kläger die Klage zurücknehmen (vgl. Anm. 4). Wird der Beklagte durch Teilurteil zur Erteilung der Auskunft verurteilt, ist die

Vollstreckung nach § 888 ZPO zu betreiben (*Thomas/Putzo* § 254 Rdn. 2). Entsprechendes gilt für den Antrag auf Leistung der eidesstattlichen Versicherung. Nach Abschluss einer Stufe geht das Verfahren auf der nächsten Stufe erst weiter, wenn der Kläger dies beantragt; diesen Antrag sollte der Kläger, auch in Hinblick auf die Hemmung der Verjährung (§ 204 Abs. 2 BGB, vgl. BGH MDR 1992, 1180), möglichst bald stellen. Das Gericht ist an sein Auskunftsurteil auf der nächsten Stufe nicht gebunden; es kann zB. den Zahlungsanspruch in Abweichung von seiner früheren Beurteilung mangels Rechtsgrundes abweisen (BGH NJW 1985, 1349, 1350). Weiteres Vorbringen des Beklagten kann sich also lohnen. Zum Verfahren im Übrigen vgl. *Zöller/Greger* § 254 Rdn. 11.

10. Hierauf sollte der Kläger drängen, um überprüfen zu können, ob seine Streitwertvorstellungen mit denen des Gerichts übereinstimmen.

Kosten und Gebühren

Gerichts- und Rechtsanwaltsgebühren entstehen in derselben Instanz nur einmal, auch wenn über die verschiedenen Stufen getrennt verhandelt und entschieden wird. Maßgebend für den Gebührenstreitwert ist der höchste der verbundenen Ansprüche (§ 44 GKG), also idR. der Zahlungs- oder Herausgabeanspruch. Auch der Gebührenstreitwert bestimmt sich nach den Erwartungen zZt. der Klageerhebung (zu Einzelheiten vgl. *Schneider* MDR 1988, 358; *Zöller/Greger* § 254 Rdn. 18). Unerheblich ist, ob die Auskunft später zu einem niedrigeren Anspruch führt. Wird aber nur über den Auskunftsanspruch mündlich verhandelt, entsteht die Terminsgebühr des Anwalts aus VV 3104 nur nach dessen Streitwert. Ergibt die Auskunft, dass kein Anspruch besteht, und nimmt der Kläger die Klage mit der Folge des § 269 Abs. 3 ZPO zurück, so ist streitig, ob der durch Teilurteil zur Auskunft verurteilte Beklagte nach § 92 ZPO einen Teil der Kosten trägt (vgl. näher Anm. 4 aE.).

Fristen und Rechtsmittel

Ein Teilurteil, welches das Gericht über die 1. oder die 2. Stufe erlässt, ist mit den gewöhnlichen Rechtsmitteln anfechtbar. Vor Erledigung des Rechtsmittels zu einer früheren Stufe kann nicht über eine spätere entschieden werden (vgl. *Thomas/Putzo* § 254 Rdn. 6). Das Rechtsmittelgericht muss den Rechtsstreit dann zur Verhandlung und Entscheidung über die späteren Stufen an die Vorinstanz zurückverweisen (vgl. BGH NJW 1982, 236). Eine Berufung des Beklagten gegen das Auskunftsurteil kann an der niedrigen Festsetzung des Rechtsmittelstreitwerts scheitern: nach ständiger Rechtsprechung (BGH NJW 1995, 664; 1999, 2049) ist maßgeblich auf den Aufwand an Zeit und Kosten, den die Erfüllung des titulierten Anspruchs erfordert, sowie auf ein etwaiges Geheimhaltungsinteresse der verurteilten Partei abzustellen; danach wird der Wert oft unter EUR 600,– anzusetzen sein. Entsprechendes gilt auch für die Beschwer des zur eidesstattlichen Versicherung verurteilten Beklagten (BGH NJW 2000, 3073; 1991, 1833). Wird nicht nur der Auskunftsantrag, sondern die Stufenklage insgesamt abgewiesen, bemisst sich die Beschwer des Klägers nicht nur nach einem Bruchteil, sondern nach dem vollen Wert des Hauptanspruchs (BGH NJW 2002, 71). Hält das Berufungsgericht nach vollständiger Abweisung der Stufenklage den Antrag auf der ersten Stufe für begründet, gilt § 538 Abs. 2 S. 1 Nr. 4 ZPO: Eine Zurückverweisung setzt voraus, dass eine Partei sie beantragt (BGH NJW 2006, 2626; 2009, 431).

12. Teilklage[1]

An das
Amtsgericht[2]

Klage

in der Sache

……

erhebe ich namens und in Vollmacht des Klägers Klage und werde beantragen:

1. Die Beklagten werden als Gesamtschuldner verurteilt, an den Kläger EUR 2.000,– nebst Zinsen in Höhe von 5% über dem Basiszinssatz seit dem …… zu zahlen.

2. ……

Begründung:

Der Kläger macht gegen den Beklagten zu 1) als Halter und Fahrer und gegen die Beklagte zu 2) als dessen Haftpflichtversicherer Schadensersatzansprüche aus einem Verkehrsunfall geltend[3] ……
(ist auszuführen)
Durch den Unfall sind dem Kläger folgende Schäden entstanden[4]

1. Reparaturkosten	**EUR 4.000,–**
2. merkantiler Minderwert	**EUR 800,–**
3. Nutzungsausfall	**EUR 200,–**
4. Verdienstausfall	**EUR 300,–**
5. Unkostenpauschale	**EUR 20,–**
6. Schmerzensgeld	**EUR 1.000,–**
Gesamtschaden	**EUR 6.320,–**

Dem Kläger steht zumindest ein Ersatzanspruch in Höhe von 50% (EUR 3.160,–) zu[5]. Hiervon verlangt der Kläger aus Kostengründen[6] zunächst nur EUR 2.000,–. Und zwar werden in erster Linie – jeweils zur Hälfte des genannten Schadensbetrages – der Schmerzensgeldanspruch, dann der Ersatz des merkantilen Minderwerts, der Verdienstausfall, die Nutzungsausfallentschädigung, schließlich die Reparaturkosten und zuletzt die Unkostenpauschale geltend gemacht[7].

Rechtsanwalt

Schrifttum: Pawlowski, Die bestimmte Angabe des Gegenstandes und des Grundes bei Teilklagen, ZZP 78, 307; *Haunschild,* Mit Teilklagen Gebühren sparen, AnwBl 1998, 509; *Diercks,* Ist eine Teilklage kostengünstig?, MDR 1995, 1099; *Schlößer/Mucke,* Die Verweisung auf eine Teilklage im PKH-Verfahren, MDR 1998, 753; *Terbille,* Die Schmerzensgeldteilklage – anwaltliche Pflicht oder risikobehaftet?, VersR 2005, 37; *Heß,* Das (Teil-)Schmerzensgeld, NJW-Spezial 2004, 63; *Sonntag,* Zulässigkeit von Teilklagen aus werkvertraglichen Schussrechnungen, NZBau 2008,361; *Huber,* Zwischenfeststellungsklage bei offener Teilklage und Sachantrag, JuS 2003, 490.

Anmerkungen

1. Eine nur teilweise Geltendmachung seiner Ansprüche kann sich für den Kläger zB. empfehlen, wenn er das Prozessrisiko gering halten möchte, wenn an der Liquidität des Beklagten und damit an der Möglichkeit der Kostenerstattung Zweifel bestehen oder auch als kostengünstiger Test für die Gesamtforderung. Auch kann eine Teilklage den Vorteil bieten, dass der Prozess beim Amtsgericht zu führen ist, der Kläger also ohne Anwalt prozessieren kann. Unzulässig ist es aber, einen Anspruch gleichzeitig in mehreren Prozessen geltend zu machen und dadurch die Zuständigkeit des Amtsgerichts zu begründen; das Gericht wird die Klagen verbinden, das Landgericht bleibt sachlich zuständig (*Baumbach/Lauterbach/Albers/ Hartmann* § 2 Rdn. 7).

Bei einer Teilklage muss der Kläger mehrere Punkte besonders beachten:

- Zum einen wird die Verjährung nur hinsichtlich des eingeklagten Teilbetrages gehemmt, nicht hinsichtlich des weitergehenden Anspruchs (BGH NJW 1988, 1854), das gilt auch für eine sog. verdeckte Teilklage (BGH NJW-RR 2008, 521); sie hemmt die Verjährung idR. nicht für nachgeschobene Mehrforderungen (vgl., auch zu Ausnahmen von dieser Regel, BGH NJW 2002, 2167). Allerdings kann eine Teilklage die Ausschlussfrist nach § 12 Abs. 3 VVG aF. wahren (BGH NJW-RR 1991, 736). Die Verjährung nach § 204 Abs. 1 Nr. 1 BGB wird jedoch auch bei Versicherungsleistungen nur im Umfang des bezifferten Antrags gehemmt (BGH NJW 2009, 1950 für die Unfallversicherung).
- Zum anderen ist, wenn sich der Anspruch aus mehreren Forderungen zusammensetzt, genau zu bestimmen, wie sich der eingeklagte Teilbetrag errechnet (vgl. Anm. 7).
- Außerdem muss der Kläger damit rechnen, dass der Beklagte hinsichtlich des über den Teilanspruch hinausgehenden Anspruches mit einer negativen Feststellungswiderklage antwortet. Er sollte also mit der Behauptung einer höheren Forderung vorsichtig sein.
- Erhebt der Kläger eine Teilklage, weil dem Beklagten in Höhe des Restes ein aufrechenbarer Gegenanspruch zusteht, sollte er vor oder mit Klageerhebung die Aufrechnung erklären; andernfalls kann der Beklagte gegen die Klageforderung aufrechnen (BGH NJW-RR 1994, 1203), was den Kläger mit Kosten belastet.
- Schließlich sollte der Kläger dem Gericht deutlich machen, dass er nur einen Teilanspruch geltend macht; denn bei einer sog. verdeckten Teilklage kann eine nachfolgende Klage wegen des Restanspruches aus Rechtskraftgründen unzulässig sein (vgl. BGH NJW 1994, 3165; 1997, 1990).

2. Das Amtsgericht ist zuständig, da der Streitwert unter EUR 5.000,– liegt. Bei Teilklagen bestimmt sich der Streitwert nicht nach dem Gesamtbetrag, den der Kläger für sich in Anspruch nimmt, sondern nach dem eingeklagten Betrag (*Thomas/Putzo* § 3 Rdn. 142; zum Gebührenstreitwert vgl. § 36 GKG).

3. Zum Schadensersatzprozess bei Kraftfahrzeugunfällen vgl. näher Form. II. E. 13 ff.

4. Die Schäden sind im Einzelnen unter Einreichung der Belege darzulegen und unter Beweis zu stellen.

5. Hiermit erklärt der Kläger, dass er vom Gesamtschaden nur 50% in Anspruch nimmt. Er sollte sich hüten, eine höhere Mithaftung des Beklagten zu behaupten, wenn er selbst daran zweifelt; denn er gewinnt damit nichts, kann jedoch leicht eine negative Feststellungsklage des Beklagten provozieren, der er unterliegt. Der vom Kläger zugestandene Mithaftungsanteil ist nicht vom eingeklagten Betrag, sondern vom Gesamtschaden abzuziehen (*Zöller/Greger* § 253 Rdn. 16).

6. Es empfiehlt sich, die Gründe, die den Kläger zu einer Teilklage veranlassen, anzugeben, um Rechtsnachteile (vgl. Anm. 1) zu vermeiden; mit dem Wunsch nach sachlicher Zuständigkeit des Amtsgerichts darf die Teilklage nicht begründet werden.

7. Eine Teilklage genügt nach der Formel des BGH dem Bestimmtheitserfordernis des § 253 Abs. 2 Nr. 2 ZPO nur, wenn erkennbar ist, welcher Teil des Gesamtanspruches Gegenstand der Klage sein soll (BGH NJW-RR 2003, 1075; NJW 1994, 460). Hat die Klage mehrere prozessual selbstständige Ansprüche zum Gegenstand, ist sie nur hinreichend bestimmt, wenn der Kläger die Reihenfolge angibt, in der das Gericht diese Ansprüche prüfen soll; sonst lässt sich der Streitgegenstand und damit später die materielle Rechtskraft nicht bestimmen (st. Rspr., vgl. BGH NJW 2000, 3718; 2008, 3142). Nicht erforderlich ist es, die Klagesumme auf die einzelnen Positionen einer Rechnung aufzuteilen, wenn diese nur unselbstständige Rechnungsposten einer einheitlichen Forderung darstellen (BGH MDR 2003, 824, 825 zur Schlussrechnung). Zur bestimmten Angabe des Anspruchsgegenstandes muss der Kläger daher bezeichnen, wie sich der Teilbetrag von EUR 2.000,– aus den einzelnen Forderungen, die zusammen den Betrag von EUR 3.150,– ergeben, zusammensetzt (vgl. BGH NJW 1990, 2068, 2069). Das kann dadurch geschehen, dass die Forderungen in einer bestimmten Reihenfolge geltend gemacht werden, dass jede Forderung zu einem Teil erhoben wird oder durch Vermischung beider Methoden (vgl. *Baumbach/Lauterbach/Albers/Hartmann* § 253 Rdn. 43–45). Die erste Bestimmungsart dürfte sich am meisten empfehlen, da sie die Gelegenheit bietet, unsichere Forderungen, für die besondere Voraussetzungen gegeben sein müssen oder deren Bestimmung vom Ermessen des Gerichts abhängt, prüfen zu lassen, das Prozessrisiko jedoch gering zu halten.

Hinsichtlich des nur zum Teil geltend gemachten Schmerzensgeldes ergeben sich bei einer offenen Teilklage keine Probleme. Da die Schmerzensgeldforderung auf Zahlung einer Geldsumme gerichtet ist, ist sie grundsätzlich teilbar (BGH NJW 2004, 1243, 1244). Auch eine Teilklage, die ausdrücklich auf die bereits eingetretenen Verletzungsfolgen beschränkt wird, ist zulässig (BGH aaO.). Wenn noch nicht absehbare Beeinträchtigungen in der Zukunft möglich sind, ist dies ein geeigneter Weg, um dem Einwand der Rechtskraft zu begegnen (vgl. *Terbille* VersR 2005, 37).

Kosten und Gebühren

Gerichts- und Rechtsanwaltsgebühren entstehen nur auf die eingeklagte Teilforderung (vgl. Anm. 2). Macht der Kläger die Restforderung in einem zweiten Prozess geltend, entstehen wegen der Degression der Gebührentabellen insgesamt mehr Kosten, als wenn der Kläger nur einen Prozess geführt hätte. Ist die Aufteilung in mehrere Prozesse willkürlich, kann das Gericht die Erstattung der hierdurch entstandenen Mehrkosten versagen (*Zöller/Herget* § 91 Rdn. 13 „Mehrheit von Prozessen“).

13. Zwischenfeststellungsklage[1]

An das
Landgericht

In der Sache

……

erweitert der Kläger seine Klage[2] mit dem Antrag,

> **festzustellen, dass der zwischen den Parteien vor dem Notar N in Hamburg am …… geschlossene Grundstückskaufvertrag, Urkunden- Rolle Nr. ……, wirksam ist,**

hilfsweise[3],

> **festzustellen, dass die Beklagte sich auf die Unwirksamkeit des Vertrages nicht berufen kann.**

Begründung[4]:

Die Beklagte hat gegenüber dem vom Kläger aus dem Grundstückskaufvertrag erhobenen Anspruch ua. eingewandt, der Kaufvertrag sei in Hinblick auf die Rechtsprechung

des Bundesgerichtshofes (BGH NJW 1979, 1984) unwirksam, weil die Baubeschreibung des zu errichtenden Hauses nicht Gegenstand der Beurkundung vor dem Notar geworden und nicht verlesen worden sei. Da damit sämtliche Rechte des Klägers aus dem Kaufvertrag, nicht nur der hier streitige Anspruch, entfallen würden, ist das Rechtsschutzbedürfnis für eine Zwischenfeststellungsklage nach § 256 Abs. 2 ZPO gegeben.

Der Antrag ist auch begründet:

1. Der Vertrag ist wirksam beurkundet worden. Die Baubeschreibung ist zwar nicht Teil der Niederschrift geworden, jedoch wurde sie dieser als Anlage beigefügt. Zudem verweist die Niederschrift in § 8 ausdrücklich auf die Baubeschreibung, die damit nach § 9 Abs. 1 Nr. 2 BeurkG als in der Niederschrift enthalten gilt. Die Baubeschreibung ist, wie aus der Urkunde ersichtlich, auch mitverlesen worden.

Beweis: Zeugnis des Notars ......

2. Jedenfalls kann sich die Beklagte nach Treu und Glauben nicht auf die Unwirksamkeit des Vertrages berufen, so dass zumindest dem Hilfsantrag stattzugeben ist. ......

Rechtsanwalt

Schrifttum: Schneider, Die Zulässigkeit der Zwischenfeststellungs(wider)klage, MDR 1973, 270.

Anmerkungen

1. Die Zwischenfeststellungsklage (§ 256 Abs. 2 ZPO) kann nicht selbstständig, sondern nur im Laufe eines Rechtsstreits erhoben werden. Sie empfiehlt sich, wenn nur ein Teil der Ansprüche aus einem Vertrag oder einem anderen Rechtsverhältnis rechtshängig, aber die Wirksamkeit des gesamten Vertrages im Streit ist. Beide Parteien können dann auf Feststellung klagen, dass der gesamte Vertrag wirksam bzw. unwirksam ist, die Rechtskraft des Urteils also hierauf erstrecken und damit weitere Prozesse vermeiden; zum Sinn der Zwischenfeststellungsklage vgl. BGH MDR 1995, 310 u. NJW 2007, 82, 83. Sie kann, je nach Parteirolle, auf das Bestehen oder Nichtbestehen des Rechtsverhältnisses gerichtet sein, also als positive oder negative Zwischenfeststellungsklage erhoben werden. Für die Zulässigkeit genügt die bloße Möglichkeit, dass der Vertrag oder das Rechtsverhältnis über den gegenwärtigen Streit hinaus Bedeutung gewinnen kann (BGH NJW 1977, 1637; 1983, 1791; 1994, 1353). Die Zwischenfeststellungsklage ist aber unzulässig, wenn sie nicht auf die Klärung der Rechtsbeziehungen der Parteien, sondern nur auf die Klärung einer Vorfrage für diese Rechtsbeziehungen gerichtet ist (vgl. BGH NJW 1985, 1959). Sie ist auch unzulässig, wenn das Urteil über die Hauptklage die Rechtsbeziehungen der Parteien vollständig regelt (BGH NJW 2007, 82, 83). Eine nach § 256 Abs. 1 ZPO unzulässige, selbstständige Feststellungsklage kann, wenn sie um eine Leistungsklage erweitert wird, zu einer zulässigen Zwischenfeststellungsklage werden (BGH NJW-RR 1990, 318, 320). Zur Beweislast und zur beschränkten Rechtskraftwirkung vgl. BGH NJW 1994, 1353, 1354.

Das Beispiel geht von dem Sachverhalt aus, dass der Käufer Ansprüche aus einem Grundstückskaufvertrag geltend macht, der nach Auffassung des Verkäufers unwirksam beurkundet wurde (vgl. BGH NJW 1979, 1984).

2. Die Zwischenfeststellungsklage wird vom Kläger durch Klageerweiterung, vom Beklagten im Wege der Widerklage erhoben. Für die Klageerhebung gilt in beiden Fällen die Erleichterung des § 261 Abs. 2 ZPO. Ist der Rechtsstreit vor dem Amtsgericht anhängig, kann die Zwischenfeststellungsklage zur sachlichen Unzuständigkeit und zur Verweisung an das Landgericht führen. Der Antrag auf Zwischenfeststellung nach § 256 Abs. 2 ZPO kann auch hilfsweise für den Fall der Abweisung des Hauptantrages gestellt werden (BGH MDR 1992, 965). Auch im Rahmen einer Stufenklage kann eine Zwischenfeststellungsklage erhoben und mit dem Auskunfts- oder Rechnungslegungsanspruch verbunden werden (BGH MDR 1999, 563).

3. Für den Fall, dass das Bestehen oder Nichtbestehen des Rechtsverhältnisses vom Gericht nicht festgestellt wird, bleibt noch die Möglichkeit, dass der Feststellungskläger mit einer Einrede zum gleichen Ziel kommt. Daher empfiehlt sich ein entsprechender Hilfsantrag. Im angenommenen Fall geht es um die Einrede der unzulässigen Rechtsausübung (vgl. OLG München NJW 1979, 2157).

4. Für die Zulässigkeit hat der Feststellungskläger zwei besondere Voraussetzungen darzulegen: Die Entscheidung des Hauptanspruches muss vom Bestehen oder Nichtbestehen des Rechtsverhältnisses abhängig sein, außerdem muss die konkrete Möglichkeit bestehen, dass weitere Ansprüche aus dem Rechtsverhältnis erwachsen (Vorgreiflichkeit, vgl. BGH NJW 1981, 228, 229; *Thomas/Putzo* § 256 Rdn. 32f.; und oben Anm. 1). Ein besonderes Feststellungsinteresse wie nach § 256 Abs. 1 ZPO braucht nicht vorzuliegen. In der Sache muss der Feststellungskläger das Rechtsverhältnis oder sein Nichtbestehen vortragen. Hinsichtlich Darlegungs- und Beweislast gilt das Gleiche wie für den Hauptsacheprozess (BGH MDR 1995, 310).

[illegible]

E. Klageerwiderung

1. Vertretungsanzeige mit Ankündigung der Anträge bei frühem ersten Termin[1]

In der Sache

......

zeige ich an, dass ich den Beklagten vertrete[2].

Vom Termin am ...... habe ich Kenntnis.

Ich werde beantragen[3],
die Klage abzuweisen,
dem Kläger die Kosten des Rechtsstreits aufzuerlegen
und das Urteil wegen der Kosten für vorläufig vollstreckbar zu erklären[4].

Einer Entscheidung der Sache durch den Einzelrichter stehen keine Gründe entgegen[5].

Im Übrigen widerspricht der Beklagte dem Antrag des Klägers, von einer Güteverhandlung nach § 278 ZPO abzusehen; der Beklagte ist zu einer Streitbeilegung auf vernünftiger Basis bereit[6].

Die materielle Klageerwiderung wird innerhalb der hierzu gesetzten Frist eingereicht werden[7].

Rechtsanwalt

Anmerkungen

1. Wenn dem Beklagten die Klageschrift zugestellt worden ist, muss zunächst festgestellt werden, welche Anordnungen das Gericht getroffen hat, ob es insbesondere das Verfahren des frühen ersten Termins (§ 275 ZPO) gewählt oder das schriftliche Vorverfahren (§ 276 ZPO) angeordnet hat. Das Beispiel geht von der Bestimmung eines frühen ersten Termins aus. Mit der Terminsbestimmung nach § 272 Abs. 2 ZPO wird dem Beklagten entweder eine Frist zur Klageerwiderung gesetzt, die unbedingt beachtet werden sollte; andernfalls wird dem Beklagten aufgegeben, unverzüglich auf die Klageschrift zu erwidern. In beiden Fällen geht es für den Beklagten darum, innerhalb kurzer Zeit seine Verteidigung gegen die Klage durch Beschaffen und Zusammenstellen der erforderlichen Informationen unter Einschluss der Beweismittel vorzubereiten, um die Frist einhalten zu können.

2. Wenn die materielle Klageerwiderung bei Erhalt des Mandats nicht sofort fertiggestellt werden kann, empfiehlt es sich für den Rechtsanwalt, zumindest die Vertretung gegenüber Gericht und Gegner anzuzeigen. Damit ist gewährleistet, dass künftige Mitteilungen oder Zustellungen unmittelbar an ihn ergehen.

3. Die Anträge sollten hier nur angekündigt werden, wenn bereits feststeht, dass und ggf. in welcher Höhe der Klage entgegengetreten werden soll. Dies gilt insbesondere in Hinblick auf § 93 ZPO (vgl. *Thomas/Putzo* § 93 Rdn. 10). Sobald der Beklagte in einem Schriftsatz den Klageanspruch in Abrede stellt, kann er nicht mehr damit rechnen, dass das Gericht sein Anerkenntnis als „sofort“ ansieht oder zu dem Ergebnis gelangt, er habe keinen Anlass zur Klageerhebung gegeben (vgl. *Deichfuß* MDR 2004, 190, 191 mwN.).

4. Anträge zu den Kosten und zur vorläufigen Vollstreckbarkeit müssen nicht gestellt werden, das Gericht entscheidet über beides von Amts wegen. Der Beklagte braucht auch nicht mehr zu beantragen, eine von ihm etwa zu leistende Sicherheit durch eine Bankbürgschaft erbringen zu dürfen. Nach § 108 Abs. 1 S. 2 ZPO ist das auch ohne gerichtliche Anordnung möglich.

5. Diese Erklärung braucht der Beklagte nicht schon jetzt, sondern erst mit der materiellen Klageerwiderung abzugeben (§ 277 Abs. 1 S. 2 ZPO). Hierzu wird er mit der Anordnung nach § 275 oder § 276 ZPO aufgefordert.

6. Die nach § 278 Abs. 2 ZPO obligatorische Güteverhandlung unterbleibt nur, wenn bereits ein Einigungsversuch vor einer anerkannten Gütestelle nach § 15 a EGZPO stattgefunden hat oder wenn die Güteverhandlung erkennbar aussichtslos wäre. Wenn der Beklagte eine Güteverhandlung vermeiden möchte, sollte er die Gründe hierfür frühzeitig darlegen. Ist der Beklagte hingegen, im Gegensatz zum Kläger, an einer vorgeschalteten Güteverhandlung interessiert oder sieht er Chancen für eine Einigung, sollte er dem Antrag des Klägers widersprechen. Anträge auf Absehen von der Güteverhandlung sollen allerdings unbeachtlich sein (str., vgl. *Zöller/Greger* § 278 Rdn. 22). In der gerichtlichen Praxis ist die Frage, ob eine Güteverhandlung vorgeschaltet werden soll oder nicht, idR. kein Problem. Meist lädt das Gericht zur Güteverhandlung und zugleich zur anschließenden mündlichen Verhandlung. Im Termin wird dann die Aussichtslosigkeit festgestellt und alsbald in die streitige Verhandlung übergegangen.

7. Anträge auf Fristverlängerung gemäß § 224 ZPO sollten frühzeitig gestellt werden (vgl. Form. I. F. 5). Kann der Beklagte voraussehen, dass er innerhalb der Klageerwiderungsfrist nicht vollständig wird erwidern können, ist ein solcher Antrag dringend zu empfehlen; es ist immer einfacher, eine Fristverlängerung zu begründen als verspätetes Vorbringen gem. § 296 Abs. 1 ZPO zu entschuldigen.

2. Vertretungs- und Verteidigungsanzeige bei schriftlichem Vorverfahren[1]

In der Sache

……

zeige ich an, dass die Beklagten zu 1) und 2) von mir vertreten werden.

Die Beklagten wollen sich gegen die Klage verteidigen[2].

Es wird beantragt zu erkennen:

1. Die Klage wird abgewiesen.
(Kosten ……, vorläufig Vollstreckbarkeit).

Die materielle Klageerwiderung wird innerhalb der hierzu gesetzten Frist[3] eingereicht werden.

Rechtsanwalt

Anmerkungen

1. Vgl. zunächst die Anmerkungen zum Form. I. E. 1. Hat das Gericht das schriftliche Vorverfahren angeordnet, muss der Beklagte die ihm vom Gericht gesetzten Fristen beachten: zum einen die gesetzlich vorgegebene Frist zur Verteidigungsanzeige, zum anderen die Klageerwiderungsfrist, die mindestens zwei weitere Wochen, insgesamt also jedenfalls vier Wochen beträgt.

2. Bei Anordnung des schriftlichen Vorverfahrens muss diese Erklärung gemäß § 276 Abs. 1 ZPO binnen einer Notfrist von zwei Wochen abgegeben werden, wenn der Beklagte ein schriftliches Versäumnisurteil gemäß § 331 Abs. 3 ZPO vermeiden will. Ist die Frist bereits verstrichen, aber von einem Versäumnisurteil noch nichts bekannt, sollte die Erklärung unverzüglich nachgereicht werden; wenn sie noch eingeht, bevor das unterschriebene Versäumnisurteil der Geschäftsstelle übergeben wird, kann das Versäumnisurteil nicht erlassen werden (§ 331 Abs. 3 S. 1 2. Halbs. ZPO).

Die Frist zur Anzeige der Verteidigungsabsicht kann nicht verlängert werden, da sie eine Notfrist ist (§ 224 Abs. 1 ZPO). Eine Wiedereinsetzung bei unverschuldeter Fristversäumung ist zwar möglich, aber zwecklos, da das Versäumnisurteil nur im Wege des Einspruches aufgehoben werden kann (vgl. *Zöller/Greger* § 276 Rdn. 10a; KG MDR 1996, 634). Das Versäumnisurteil nach § 331 Abs. 3 ZPO kann auch in der Zeit vom 1. Juli bis 31. August ergehen, in der ein Terminsverlegungsantrag ohne Begründung erfolgreich wäre. Will der Beklagte sich ganz oder zum Teil nicht verteidigen, sondern den Anspruch anerkennen, sollte er das im Hinblick auf § 93 ZPO bereits in der formellen Verteidigungsanzeige, nicht erst in der Klageerwiderung tun (vgl. Form. I. E. 3 Anm. 2). Jedenfalls sollte er darin keinen Klageabweisungsantrag ankündigen.

3. Ein Antrag auf Verlängerung der Klageerwiderungsfrist (vgl. Form. I. F. 6) sollte bereits jetzt gestellt werden. Eine Hemmung der nach § 276 Abs. 1 S. 2 ZPO gesetzten Klageerwiderungsfrist findet auch in der Zeit vom 1. Juli bis 31. August nicht statt.

Kosten und Gebühren

Die Verteidigungsanzeige löst keine Anwaltsgebühr aus. Ergeht im schriftlichen Vorverfahren auf Antrag des Klägers ein Versäumnisurteil nach § 331 Abs. 3 ZPO, erhält sein Anwalt eine 0,5-Gebühr (VV 3105 Abs. 1 Nr. 2).

3. Verteidigungsanzeige und Teilanerkenntnis unter Protest gegen die Kosten bei schriftlichem Vorverfahren[1]

In der Sache

……

zeige ich an, dass die Beklagten zu 1) und 2) von mir vertreten werden.
Die Beklagten erkennen den Anspruch in Höhe von EUR 5.950,– nebst Zinsen seit Rechtshängigkeit an[2]. Hierbei gehen die Beklagten davon aus, dass der Klägerin allenfalls eine Vergütung von EUR 5.000,– zuzüglich 19% Mehrwertsteuer zusteht[3].
Das Anerkenntnis erfolgt unter Protest gegen die Kosten[4]. Die tatsächlichen Voraussetzungen des § 93 ZPO werden die Beklagten in der Klageerwiderung darlegen.

Soweit der Anspruch nicht anerkannt wird, wollen sich die Beklagten gegen die Klage verteidigen[5] und werden beantragen:

1. Die Klage wird abgewiesen.
2. …… (Kosten, vorläufige Vollstreckbarkeit)

Die materielle Klageerwiderung wird innerhalb der gesetzten Frist eingereicht werden[6].

Rechtsanwalt

Schrifttum: Deichfuß, Das „sofortige" Anerkenntnis im schriftlichen Vorverfahren, MDR 2004, 190; *Huber,* Schriftliches Vorverfahren und sofortiges Anerkenntnis, JuS 2003, 698; *Meiski,* Das sofortige Anerkenntnis im schriftlichen Vorverfahren, NJW

1993, 1904; *Bohlander,* Anerkenntnis im schriftlichen Vorverfahren nach Verteidigungsanzeige?, NJW 1997, 35; *Kapitza/Kammer,* Anerkennen oder Versäumnisurteil erdulden?, JuS 2008, 882

Anmerkungen

1. Das Formular knüpft an die Klageschrift gemäß Form. I. D. 2 an.

2. Es handelt sich um ein Anerkenntnis, das im schriftlichen Vorverfahren auf die Aufforderung gem. § 276 Abs. 1 S. 1 ZPO abgegeben wird. Dieses Anerkenntnis führt, auch ohne einen entspr. Antrag des Klägers, zu einem (Teil-)Anerkenntnisurteil, das keiner mündlichen Verhandlung bedarf, § 307 ZPO. Grundsätzlich könnte der Beklagte sein Anerkenntnis auch später in mündlicher Verhandlung abgeben. Will er jedoch die Kostenfolge des § 93 ZPO zu Lasten des Klägers herbeiführen, sollte er es schon jetzt erklären, denn ein Anerkenntnis wird von Teilen der Rechtsprechung nicht mehr als „sofort" angesehen, wenn vorher eine Verteidigungserklärung abgegeben wurde Jedoch schließt nach der neueren Rechtsprechung des BGH (NJW 2006, 2490; so auch KG NJW-RR 2006, 1078) die Verteidigungsanzeige die Anwendung des § 93 ZPO nicht aus, jedenfalls wenn sie keinen Klageabweisungsantrag enthält. Danach kann das sofortige Anerkenntnis noch in der Klageerwiderungsfrist abgegeben werden (zum Streitstand vgl. *Thomas/Putzo* § 93 Rdn. 9, *Zöller/Herget* § 93 Rdn. 4, *Deichfuß* MDR 2004, 190). Jedenfalls sollte der Beklagte, wenn ein (Teil-)Anerkenntnis in Betracht kommt, in der Verteidigungsanzeige nicht zusätzlich einen Klageabweisungsantrag ankündigen (vgl. OLG Karlsruhe FamRZ 2003, 942; *Deichfuß* aaO., 192). Die Frage, ob der Beklagte ganz oder zum Teil anerkennen soll, ist für ihn aus Kostengründen von Bedeutung,, denn außer der Möglichkeit des § 93 ZPO bietet das Anerkenntnis gegenüber einer streitigen Verurteilung Vorteile. Die dreifache Gerichtsgebühr nach KV Nr. 1210 ermäßigt sich auf die einfache Gebühr (KV Nr. 1211), allerdings nur bei vollständigem, nicht bei teilweisem Anerkenntnis. Damit ist es für den Beklagten etwas kostengünstiger, den Anspruch anzuerkennen, als die Verteidigungsanzeige zu unterlassen. Denn das dann zu erwartende Versäumnisurteil im schriftlichen Vorverfahren führt nicht zu einer Ermäßigung der Gerichtskosten. Dieser Ersparnis steht aber gegenüber, dass sich die Terminsgebühr des Rechtsanwalts bei einem Versäumnisurteil auf 0,5 reduziert (VV 3105 Abs. 1 Nr. 2), während bei einem Anerkenntnis immer die volle Terminsgebühr anfällt (VV 3104 Abs. 1 Nr. 1). Eine VV 3105 entsprechende Reduzierung hat die Rechtsprechung abgelehnt (OLG Stuttgart NJW-RR 2005, 1735).

3. Ob der Anwalt ein Teilanerkenntnis abgeben sollte, ist auch eine taktische Frage; erkennt er, dass ein Teil der Klageforderung nicht zu bestreiten ist, kann es günstig sein, diesen Teil nicht anzuerkennen, sondern als „Vergleichsmasse" für eine spätere Einigung im Streit zu halten. Auch wegen des sonst geringen Kostenvorteils (die Gerichtskosten reduzieren sich bei einem Teilanerkenntnis nicht) empfiehlt sich ein Teilanerkenntnis vor allem dann, wenn die Voraussetzungen des § 93 ZPO geltend gemacht werden können. Jedenfalls ist darauf zu achten, dass deutlich wird, welcher Teil des Anspruches anerkannt wird. Macht der Kläger mehrere Ansprüche geltend (zB. mehrere Forderungen aus unterschiedlichen Verträgen oder auch Schadensersatz in Form von Sachschaden, Verdienstausfall, Schmerzensgeld etc.), muss eindeutig erkennbar sein, welche dieser Einzelforderungen das Anerkenntnis in welcher Höhe erfasst. Das Anerkenntnis kann auch in der Weise eingeschränkt werden, dass der Anspruch nur Zug-um-Zug gegen Erbringen einer Gegenleistung anerkannt wird. Ein Anerkenntnisurteil kann dann aber nur ergehen, wenn der Kläger seinen Sachantrag auf eine Zug-um-Zug-Verurteilung umstellt (vgl. BGH NJW 1989, 1934); tut er das nicht, können sich für ihn ungünstige Kostenfolgen ergeben.

4. Regelmäßig hat das Anerkenntnis des Beklagten zur Folge, dass er gem. §§ 91, 92 ZPO die Kosten zu tragen hat. Mit dieser Formulierung kündigt der Beklagte an, dass er die Kostenfolge des § 93 herbeiführen möchte. Hierauf muss er bereits mit diesem Schriftsatz hinweisen, denn sonst wird, jedenfalls wenn er den Anspruch in vollem Umfang anerkennt, ein Anerkenntnisurteil ohne mündliche Verhandlung nach § 307 ZPO mit einer Kostenentscheidung zu seinen Lasten ergehen.

5. Diese Erklärung ist notwendig, um ein Teilversäumnisurteil gemäß § 331 Abs. 3 ZPO hinsichtlich des nicht anerkannten Anspruches zu vermeiden.

6. In der Klageerwiderung müssen auch die tatsächlichen Voraussetzungen des § 93 ZPO (kein Anlass zur Klageerhebung, vgl. hierzu Form. I. M. 6) dargelegt und unter Beweis gestellt werden.

Kosten und Gebühren

Zu den Kostenvorteilen des Anerkenntnisses für den Beklagten und zu § 93 ZPO vgl. Anm. 2, 4 und Form. I. M. 8.

4. Materielle Klageerwiderung (Grundmuster mit Begründung)[1]

An das
Landgericht München I
Kammer für Handelssachen

In der Sache[2]

. . . . .

vertrete ich die Beklagten zu 1) und 2)[3].

Ich werde beantragen[4]:

die Klage abzuweisen,
dem Kläger die Kosten des Rechtsstreits aufzuerlegen
und das Urteil wegen der Kosten für vorläufig vollstreckbar zu erklären,
hilfsweise Vollstreckungsschutz[5].

Mit einer Entscheidung durch den Vorsitzenden sind die Beklagten einverstanden.

Begründung[6, 7]:

Der Beklagte beruft sich in erster Linie darauf, dass er nicht passiv legitimiert ist (1.). Hilfsweise wendet er ein, dass die verlangte Vergütung unangemessen hoch (2.), zudem nicht fällig ist (3.) und dass das Werk mangelhaft hergestellt wurde (4.)[7].

1. Es ist richtig, dass am 15. 2. 20. . . . . zwischen dem Angestellten A für die Klägerin und dem Prokuristen der Beklagten ein Vertrag über den Druck von 10.000 Werbeprospekten der Firma F zustande kam. Herr P hat diesen Vertrag jedoch nicht im Namen der Beklagten zu 1), sondern ausdrücklich im Namen und in Vollmacht der Firma F geschlossen. Dies hat er bereits bei dem Telefonat am Vormittag erklärt und bei der von der Klägerin geschilderten mündlichen Vereinbarung wiederholt.

Beweis: Zeugnis des Herrn P. . . . .[8]
(ladungsfähige Anschrift)

Einwendungen sind hiergegen weder vom Inhaber der Klägerin noch von seinem Angestellten erhoben worden.

Beweis: Zeugnis des P

Damit trifft die Verpflichtung aus dem Vertrag nicht die Beklagte zu 1). Sie hat auch nicht etwa eine Vergütung von der Firma F für die Herstellung der Prospekte verlangt oder erhalten.

2. Eine bestimmte Vergütung wurde weder telefonisch noch mündlich vereinbart. Zwar hat Herr A zunächst einen Preis von EUR 1.500,– pro 1.000 Stück genannt, auf den Einwand von P, dass dies zu teuer sei, hat er jedoch erwidert, dass man den Preis noch einmal durchkalkulieren müsse.

Beweis: Zeugnis des P

Die übliche und angemessene Vergütung für einen derartigen Auftrag liegt bei höchstens EUR 900,– pro 1.000 Stück.

Beweis (unter Protest gegen die Beweislast[9]):
Gutachten eines Sachverständigen

Eine höhere Vergütung ergibt sich auch nicht daraus, dass der Auftrag besonders eilig war; die Klägerin hatte immerhin zwei Wochen – und damit ausreichend – Zeit.

3. Die Beklagte weist außerdem darauf hin, dass die Vergütung noch nicht fällig ist; denn weder die Firma F noch die Beklagte haben das Werk der Klägerin abgenommen. Auch die Voraussetzungen für eine Abnahmefiktion nach § 640 Abs. 1 S. 2 BGB liegen nicht vor.

4. Schließlich hat die Klägerin die Arbeiten mangelhaft ausgeführt[10]. Dies hat die Firma F gegenüber der Klägerin mehrfach gerügt, und zwar ua. mit Schreiben vom ......, die als

Anlagen A, B[11]

eingereicht werden. Die darin ausgesprochenen Rügen (Farbabweichungen, ungenau übereinander gedruckte Farben bei fast allen Prospekten) hat sich die Beklagte später in ihrem bereits von der Klägerin als Anlage 4 überreichten Schreiben vom ...... vorsorglich zu eigen gemacht. Die Rügen wurden außerdem vom Prokuristen der Beklagten zu 1) bereits in einem früheren Telefonat mit dem Inhaber der Klägerin am ...... erhoben.

Beweis: Zeugnis des P

Zum Beweis dafür, dass fast alle Prospekte die genannten Mängel aufwiesen und die gesamte Lieferung damit unbrauchbar war, beziehen sich die Beklagten auf

1. Zeugnis des Angestellten der Firma F,
2. Sachverständigengutachten.

Die Mängel berechtigten die Beklagte zu 1) – vorausgesetzt, sie wäre Vertragspartner – zum Rücktritt vom Vertrag, der hiermit vorsorglich ausgesprochen wird.

5. Der Zinsanspruch wird nach Grund und Höhe bestritten.

Rechtsanwalt

Schrifttum: Michel, Der Schriftsatz des Anwalts im Zivilprozess, 6. Aufl. 2004; *Geisler,* Zurückweisung von Angriffs- und Verteidigungsmitteln, AnwBl. 2006, 524; *Ostermeier,* Alte und neue Probleme des Präklusionsrechts nach der ZPO-Reform, ZZP 120 (2007), 219; *Orfanides,* Probleme des gerichtlichen Geständnisses, NJW 1990, 3174; *Lange,* Bestreiten mit Nichtwissen, NJW 1990, 3233; *Deubner,* Die Zurückweisung fristwidrigen Vorbringens im frühen ersten Termin, NJW 1983, 1026; *ders.,* Das Ende der Zurückweisung verspäteten Vorbringens im frühen ersten Termin, NJW 1985, 1140; *ders.,* Zurückweisung verspäteten Vorbringens als Rechtsmissbrauch, NJW 1987, 405; *Schneider,* Präklusionsrecht – Gefahrenstellen und Abwehrreaktionen im Überblick, MDR 2002, 684; *Mertins,* Fluchtwege zur Vermeidung der Zurückweisung wegen Verspätung und ihre Abwehr, DRiZ 1985, 344; *Fischer,* Die Berücksichtigung „nachgereichter Schriftsätze" im Zivilprozess, NJW 1994, 1315; *Seutemann,* Die kostengünstige Beendigung des Zivilprozesses, MDR 1996, 555.

Anmerkungen

1. Die vorgeschlagene Fassung einer Klageerwiderung (§ 277 ZPO) ist sowohl bei Anordnung eines frühen Termins als auch bei schriftlichem Vorverfahren oder als Erwiderung auf die Anspruchsbegründung nach vorangegangenem Mahnverfahren möglich. Für die Förmlichkeiten der Klageerwiderung enthält die ZPO keine besondere Vorschrift, es gilt aber § 130 ZPO. Dem Beklagten wird durch das Gericht regelmäßig eine Frist zur Klageerwiderung gesetzt worden sein (§§ 275 Abs. 1 S. 1, 276 Abs. 1 S. 2 ZPO), die mindestens zwei Wochen betragen muss (§ 277 Abs. 3 ZPO), bei schriftlichem Vorverfahren mindestens zwei weitere Wochen (§ 276 Abs. 1 S. 2 ZPO). Diese Frist sollte unbedingt eingehalten werden, denn bereits im frühen ersten Termin kann verspätetes Vorbringen des Beklagten gem. § 296 Abs. 1 ZPO zurückgewiesen werden (BGH NJW 1983, 575; 1987, 500; BayVerfG NJW 1990, 1653); anders, wenn es sich bei dem frühen ersten Termin erkennbar um einen Durchlauftermin handelt (BVerfG NJW 1985, 1149; NJW 1992, 299; *Deubner* NJW 1985, 1140), wenn nach der Sach- und Rechtslage eine Erledigung in diesem Termin ohnehin nicht in Betracht kommt (BGH NJW 1987, 500) oder wenn das Gericht eine Verzögerung durch vorbereitende Maßnahmen oder rechtzeitige Hinweise nach § 273 ZPO hätte vermeiden können (BGH NJW 1989, 717; BVerfG NJW 1987, 2003). Das Gericht ist aber nicht verpflichtet, die in der Klageschrift benannten Zeugen schon vor Eingang der Klageerwiderung gem. § 273 ZPO zu laden, um eine Verzögerung zu vermeiden (BGH NJW 1987, 499). Nach schriftlichem Vorverfahren muss der Beklagte noch eher mit einer Zurückweisung verspäteten Vorbringens rechnen.

Die Fristsetzung ist in Hinblick auf § 296 Abs. 1 ZPO unwirksam,

- wenn sie nicht vom Vorsitzenden verfügt ist, nach OLG Köln (NJW-RR 2000, 1086) muss die Frist sogar vom gesamten Spruchkörper, nicht nur vom Vorsitzenden oder Berichterstatter gesetzt werden,
- wenn die notwendigen Belehrungen fehlen (BGH NJW 1991, 2773 u. 2774),
- wenn die Fristsetzung nicht förmlich zugestellt wurde (BVerfG NJW-RR 1994, 254), anders, wenn die Fristsetzung im Termin verkündet wurde.

Zur Möglichkeit der Fristverlängerung vgl. § 224 ZPO. Grundsätzlich muss sich der Beklagte aber darüber im Klaren sein, dass er sich nur innerhalb der gesetzten Frist verteidigen kann und ihm nach Fristablauf jede weitere Verteidigung abgeschnitten sein kann (BGH NJW 1991, 2773).

2. Das Beispiel knüpft an die Klageschrift gemäß Form. I. D. 2 an.

3. Ist das schriftliche Vorverfahren angeordnet und hat der Beklagte noch nicht angezeigt, dass er sich gegen die Klage verteidigen will, sollte er zusätzlich erklären: „Der Beklagte will sich gegen die Klage verteidigen".

4. Zu den Anträgen und der Einzelrichterklärung vgl. Form. I. E. 1. Sind die Anträge bereits in einer formellen Klageerwiderung gestellt, brauchen sie nicht wiederholt zu werden.

5. Gemäß § 277 Abs. 1 ZPO hat der Beklagte in der Klageerwiderung seine Verteidigungsmittel vorzubringen, soweit es seiner Prozessförderungspflicht (§ 282 ZPO) entspricht. Er hat sich insbesondere zu allen vom Kläger vorgetragenen erheblichen Tatsachen zu erklären (§ 138 Abs. 2 ZPO). Es genügt nicht, eine bloße Rechtsbehauptung aufzustellen, wie zB., die Forderung sei erloschen. Vielmehr muss der Beklagte bestimmte Tatsachen behaupten, die einen Lebensvorgang ergeben, aus dem rechtlich das Erlöschen durch Erfüllung, Aufrechnung, Erlass etc. zu entnehmen ist (vgl. BGH NJW 1997, 128, 129). Unterlässt der Beklagte dies, wird das entsprechende Vorbringen des Klägers als unstreitig vom Gericht für seine Entscheidung zugrunde gelegt werden. Da der Beklagte nicht ohne weiteres erkennen kann, was das Gericht für erheblich halten wird, sollte er sich zu allen Tatsachen erklären, die nicht völlig neben der Sache liegen. Dabei sollte er sich allerdings nach Möglichkeit hüten, ein „Geständnis“ iSd. § 288 ZPO abzugeben, weil er hieran auch gebunden sein kann, wenn es unzutreffend war (§ 290 ZPO; vgl. BGH NJW-RR 1990, 1150, 1151). Der Umfang seiner Erklärungen hängt zunächst davon ab, ob ihn oder den Kläger die Darlegungs- und Beweislast trifft (hierzu grundsätzlich BGH NJW 1986, 2426, 2427; 1997, 128, 129), weiter davon, wie substantiiert sich der Kläger erklärt hat (vgl. BGH NJW 1999, 1404), und schließlich davon, wie nah oder fern der Beklagte den vom Kläger vorgetragenen Geschehnissen steht (BGH VersR 1985, 239; NJW 1996, 1826, 1827). Soweit es also um die Begründung von Einwendungen oder Einreden geht oder auf exakte Darlegungen des Klägers zu erwidern ist, muss dies mit genauer Darstellung der abweichenden Tatsachen – nicht nur mit einfachem Bestreiten (Ausnahme: § 138 Abs. 4 ZPO) – geschehen. Ein substantiiertes Bestreiten ist erforderlich, wenn die darlegungspflichtige Partei außerhalb des von ihr vorzutragenden Geschehens steht und keine nähere Tatsachenkenntnis besitzt, während der Gegner die wesentlichen Tatsachen kennt und ihm eine Erklärung darüber zumutbar ist (BGH NJW 1999, 579, 580). Das Gleiche gilt, wenn dem Beklagten durch das Gericht eine Auflage gemacht oder ein Hinweis gegeben wurde (vgl. *Thomas/Putzo* § 277 Rdn. 5, 6; zur Frage der Darlegungslast und Substantiierung vgl. auch Form. I. D. 1 Anm. 16). Erklärt der Beklagte die Aufrechnung mit einer Gegenforderung, hat er bereits in der Klageerwiderung alle zur Begründung erforderlichen Tatsachen geltend zu machen (vgl. BGH NJW 1984, 1964).

Soweit der Beklagte nicht darlegungspflichtig ist und nicht substantiiert erwidern muss, besteht für ihn keine allgemeine prozessuale Aufklärungspflicht (vgl. BGH NJW 1990, 3151). Tatsachen, die sich nicht auf eigene Handlungen oder auf den Gegenstand eigener Wahrnehmungen beziehen, kann er mit Nichtwissen bestreiten (§ 138 Abs. 4 ZPO). Selbst im eigenen Wahrnehmungsbereich soll die Partei nur eine begrenzte Erkundigungspflicht haben (BGH NJW 1990, 453; *Lange* NJW 1990, 3233); auch die nicht beweisbelastete Partei kann aber nach Treu und Glauben verpflichtet sein, dem Gegner gewisse Informationen zur Erleichterung seiner Beweisführung zu geben (BGH NJW 1994, 2289, 2292). Darüber hinaus müssen die Erklärungen des Beklagten gemäß § 138 Abs. 1 ZPO der Wahrheit entsprechen: der Beklagte darf nicht wider besseres Wissen vom Kläger vorgetragene Tatsachen bestreiten oder einwendungsbegründende Tatsachen behaupten (näher zur Wahrheitspflicht *Zöller/Greger* § 138 Rdn. 2 ff.). Als unwahr erkannte Informationen seiner Partei darf auch der Rechtsanwalt nicht vortragen, er darf aber Informationen seiner Partei weitergeben, auch wenn er an ihrer Richtigkeit zweifelt. Darin liegt kein Berufsverstoß (vgl. BVerfG NJW 2003, 3263). Der Anwalt sollte dabei aber bedenken, dass es die Position seines Mandanten erheblich verschlechtert, wenn sich später die Unrichtigkeit seines Vortrages herausstellt.

Riskant wäre es, Vorbringen aus taktischen Gründen noch zurückzuhalten (BGH MDR 1991, 240). Ist der Beklagte jedoch der gesicherten Überzeugung, dass die Klage unschlüssig ist oder eine seiner Einwendungen offensichtlich durchgreift, kann es genügen, auf die Unschlüssigkeit hinzuweisen bzw. das Vorbringen im Wesentlichen auf diese Einwendung zu beschränken. Jedoch sollten dann die übrigen Einwendungen zumindest genannt und mit dem Hinweis verbunden werden, dass hierzu mehr vorgetragen werden wird, sofern das Gericht es für erforderlich hält (vgl. Anm. 10).

6. In der Klageerwiderung sind Rügen, die die Zulässigkeit der Klage betreffen (vgl. § 282 Abs. 3 ZPO) voranzustellen. In der Gliederung seines sachlichen Vorbringens sollte der Beklagte zur besseren Übersicht der Klageschrift folgen und anschließend seine Einwendungen und Einreden vorbringen. Offensichtlich durchgreifende Einwendungen (zB. Erfüllung, Verwechslung des Schuldners, eindeutige Verjährung) sollte er jedoch voranstellen. Am Schluss einer Klageerwiderung – zuweilen auch in ähnlicher Form als Einleitung – findet sich oft der Satz: „Im Übrigen wird der Sachvortrag des Klägers bestritten, soweit er nicht ausdrücklich zugestanden wurde". Ein solches Bestreiten entspricht nicht der Erklärungspflicht des Beklagten und ist bedeutungslos.

7. Bei einer umfangreichen Klageerwiderung kann es sich empfehlen, die einzelnen Einwendungen unter Hinweis auf die Gliederungspunkte in einem einleitenden Satz zu nennen.

8. Der Beklagte hat bereits in der Klageerwiderung seine Beweismittel zu bezeichnen. Das ist insbesondere erforderlich, wenn ihn – wie hier für die Tatsache des Handelns in fremdem Namen – die Beweislast trifft.

9. Vgl. Form. I. D. 2 Anm. 11.

10. Ist sich der Beklagte sicher, dass seine übrigen Einwendungen bereits zur Verteidigung ausreichen, könnte er auf eine nähere Darlegung der Mängel verzichten und etwa fortfahren:

> „Hierauf wird es jedoch nach Meinung des Beklagten nicht mehr ankommen. Hält das Gericht eine nähere Darlegung der Mängel und ihrer rechtzeitigen Rüge für erforderlich, wird um eine entsprechende Auflage gebeten."

Zu dieser Auflage wäre das Gericht dann gemäß §§ 139, 278 Abs. 3 ZPO verpflichtet (vgl. *Thomas/Putzo* § 277 Rdn. 6).

11. Vgl. Form. I. D. 1 Anm. 18.

Kosten und Gebühren

Vgl. die Hinweise zu Form. I. D. 2.

5. Widerklage[1,2] und Drittwiderklage[3]

An das
Landgericht München I

In der Sache

1. der Kommanditgesellschaft in Firma Meyer & Wittrock
Klägerin und Widerbeklagte[4],
Prozessbevollmächtigter: Rechtsanwalt ......

2. des persönlich haftenden Gesellschafters der Klägerin, Herrn Hans Meyer, Feldstraße 1, 80.355 München,
Drittwiderbeklagter[5],

gegen
den Werbegrafiker Peter Meister,
Karlstraße 9, 80.801 München
Beklagter und Widerkläger[5],

Prozessbevollmächtigter: Rechtsanwalt ......

zeige ich an, dass ich den Beklagten vertrete.

Es wird beantragt,
die Klage abzuweisen.

Gleichzeitig erhebe ich Widerklage[6]) und Drittwiderklage[7]) mit dem Antrag,

die Klägerin sowie den Drittwiderbeklagten als Gesamtschuldner zu verurteilen, an den Beklagten EUR 8.000,– nebst Zinsen in Höhe von 5 Prozentpunkten über

dem Basiszinssatz seit der Zustellung dieses Schriftsatzes Zug um Zug gegen Rückgabe des Pkw Daimler Benz 240 T, amtl. Kennzeichen ......, Fahrgestell-Nr. ...... an die Klägerin zu zahlen.

Beglaubigte Abschriften zur Zustellung an die Klägerin und den Drittwiderbeklagten sowie eine Abschrift der Klage nebst Anlagen für diesen liegen an[9].

Begründung:

Die Klage ist unbegründet.

1. **Der Beklagte hat den mit der Klägerin geschlossenen Kaufvertrag wegen arglistiger Täuschung angefochten, außerdem ist er wegen Nichteinhaltung der im Vertrag garantierten Beschaffenheit vom Vertrag zurückgetreten.**
   ...... (ist auszuführen).
2. **Aufgrund der Anfechtung und des Rücktritts kann der Beklagte Rückzahlung der unstreitig geleisteten Anzahlung von EUR 8.000.– verlangen. Diesen Anspruch macht er mit seiner Widerklage geltend. Weitere Schadensersatzansprüche behält sich der Kläger vor.**
3. **Bei dem Drittwiderbeklagten handelt es sich um den persönlich haftenden Gesellschafter der Klägerin, der dem Beklagten für die Rückzahlung des Kaufpreises gemäß § 128 Abs. 1 HGB haftet.**

Rechtsanwalt

Schrifttum: Huber, Die Widerklage, JuS 2007, 1979; *Lorff,* Die Widerklage, JuS 1979, 569; *Piekenbrock,* Bindungswirkung von Feststellungsurteilen im Schadensersatzprozess, MDR 1998, 201; *Gounalakis,* Flucht in die Widerklage – Eine wirksame Umgehung der Präklusionsvorschriften?, MDR 1997, 216; *Schneider,* Prozesstaktischer Einsatz der Widerklage MDR 1998, 21; *ders.,* Widerklage und materielle Beschwer, NJW 1992, 2680; *Oehlers,* Zur Beschwer von Klage und Widerklage, NJW 1992, 1667; *Draeger,* Isolierte Drittwiderklage – Sinn und Unsinn von prozesstaktischen Abtretungen, MDR 2008, 1373; *Nieder,* Die Widerklage mit Drittbeteiligung, ZZP 85, 437; *Schröder,* Widerklage gegen Dritte?, AcP 164, 517; *Uhlmannsiek,* Widerklage gegen Dritte – zulässig trotz Zeugenausschaltung?, MDR 1996, 114; *Luckey,* Widerklage gegen Dritte – Zeugen zum Abschuss freigegeben, MDR 2002, 743.

Anmerkungen

1. Das Formular knüpft an die Klage gem. Form. I. D. 1 an.

2. Hat der Beklagte gegen den Kläger einen fälligen Gegenanspruch auf Zahlung, stellt sich für ihn die Frage, ob er ihn zur Aufrechnung stellen, im Wege der Widerklage geltend machen oder gesondert einklagen soll. Gewöhnlich ist die Prozessaufrechnung am zweckmäßigsten (vgl. Form. I. E. 6), wenn aber der Kläger, wie hier, einen restlichen vertraglichen Anspruch geltend macht und der Beklagte die geleistete Anzahlung aus demselben Vertrag zurückverlangen will, hat die Aufrechnung keinen Sinn. In diesem Fall und immer dann, wenn eine Aufrechnung oder ein Zurückbehaltungsrecht vertraglich oder gesetzlich ausgeschlossen sind oder die Aufrechnungsforderung höher ist als die Klageforderung (dann hinsichtlich des überschießenden Teils), kann sich die Erhebung einer Widerklage empfehlen. Hierfür spricht die Prozessökonomie, vor allem, wenn beide Ansprüche dasselbe Rechtsverhältnis betreffen. Dann hat der Beklagte das Privileg, seine Widerklage dort erheben zu können, wo er verklagt wurde, also idR. am Gericht seines allgemeinen Gerichtsstandes (§ 33 ZPO). Auch besteht die Möglichkeit, einen beim Amtsgericht anhängigen Rechtsstreit mit der Widerklage in die sachliche Zuständigkeit des Landgerichts zu bringen (§ 506 ZPO); Voraussetzung ist allerdings, dass die Widerklage die landgerichtliche Zuständigkeit erreicht; eine Wertaddition von Klage und Widerklage findet für den Zuständigkeitsstreitwert nicht statt (§ 5 ZPO). Ein Gerichtskostenvorschuss braucht, auch wenn die Widerklagforderung erheblich höher ist als die der Klage, nicht geleistet zu werden (§ 12 Abs. 2 Nr. 1 GKG). Andererseits ist zu bedenken, ob nicht das Ergebnis der Klage als Test für die Widerklage abgewartet werden soll. Ob zwischen Klage und Widerklage ein rechtlicher Zusammenhang bestehen muss, ist immer noch umstritten; die ganz hM. sieht in der Konnexität keine besondere Prozessvoraussetzung für die Widerklage (vgl. *Zöller/Vollkommer* § 33 Rdn. 1).

Auch die internationale Zuständigkeit kann sich aus § 33 ZPO ergeben (vgl. BGH NJW-RR 1987, 228; *Zöller/Vollkommer* § 33 Rdn. 4). Im Geltungsbereich der EuGVVO (früher des EuGVÜ) ist das Gericht der Klage zuständig, wenn die Widerklage auf denselben Vertrag oder Sachverhalt wie die Klage selbst gestützt wird (Art. 6 Nr. 3 EuGVVO, abgedruckt bei *Zöller/Geimer* Anh. I). Soweit noch das EuGVÜ (gegenüber Dänemark, Art. 1 Abs. 3 EuGVVO) oder das Lugano-Übereinkommen (insbesondere im Verhältnis zu Norwegen und zur Schweiz) anzuwenden ist, ist eine Widerklage unter den gleichen Konnexitätsvoraussetzungen zulässig (Art. 6 Nr. 3 EuGVÜ bzw. LugÜ, vgl. *Zöller/Geimer* Anh. I).

3. Die Widerklage bietet dem Beklagten die Möglichkeit, weitere Personen in den Rechtsstreit hineinzuziehen, er kann insbesondere einen Dritten, der Streitgenosse des Klägers ist, mitverklagen (sog. Drittwiderklage, zu den einzelnen Fallgruppen und zur Zulässigkeit vgl. *Thomas/Putzo* § 33 Rdn. 10; *Zöller/Vollkommer* § 33 Rdn. 20 ff.). So empfiehlt es sich, bei der Klage einer OHG oder KG, mit der Widerklage auch die gemäß § 128 HGB persönlich haftenden Gesellschafter zu verklagen. Die Hineinziehung eines Dritten kommt außerdem in Betracht, wenn der Beklagte in einem Verkehrsunfallprozess seine Widerklage auf den Haftpflichtversicherer erstrecken möchte oder sonst eine mithaftende Person belangen will. Auch eine Drittwiderklage gegen den Zedenten der Klageforderung kann zulässig sein (BGH NJW 2008, 2852; 2007, 1753). Dass hierdurch für den Kläger der Dritte als Zeuge ausfällt, hat der Kläger idR. hinzunehmen (BGH NJW 1987, 3138; *Uhlmannsiek* MDR 1996, 114), jedoch muss die Drittwiderklage sachdienlich iSd. § 263 ZPO sein, die Vorschriften über die Klageänderung sind entsprechend anzuwenden (BGH NJW 1991, 2838; NJW 1996, 196). Sie setzt grundsätzlich eine Widerklage gegen den Kläger voraus (BGH NJW 1993, 2120). Hiervon lässt die Rechtsprechung Ausnahmen zu (BGH NJW 2001, 2094; 1984, 2104); Voraussetzung ist aber, dass für den Dritten eine Zuständigkeit am Gerichtsstand der Klage gegeben ist (BayObLG NJW-RR 2000, 1375). Ein besonderes Problem ist die örtliche Zuständigkeit. Für den Dritten gilt der besondere Gerichtsstand des § 33 ZPO grundsätzlich nicht (BGH NJW 1993, 2120; NJW 2008, 1516). Hat der Dritte am Gericht der Klage keinen Gerichtsstand, was oft der Fall sein wird, so kommt auch eine Gerichtsstandsbestimmung nach §§ 36, 37 ZPO – entgegen der früheren Rechtsprechung (BGH NJW 1991, 2838) – jedenfalls dann nicht in Betracht, wenn Kläger (Widerbeklagter) und Dritter einen gemeinsamen anderen Gerichtsstand haben (BGH NJW 2000, 1871; aA. KG NJW-RR 2000, 1374). Nach dieser Rechtsprechung des BGH ist eine Drittwiderklage grundsätzlich nur zulässig, wenn auch für den Dritten am Gericht der Klage ein Gerichtsstand begründet ist oder sich der Dritte auf die Verhandlung nach § 39 ZPO einlässt. Gibt es keinen gemeinsamen anderen Gerichtsstand, kann auch das Gericht der Klage als zuständiges Gericht bestimmt werden (BGH NJW-RR 2008, 1516).

4. Zwar ist die Widerklage eine selbstständige Klage, hinsichtlich der Bezeichnung der Parteien und des Gerichts sind ihre Voraussetzungen jedoch erleichtert, § 261 Abs. 2 ZPO. Es müssen nur die Erfordernisse des § 253 Abs. 2 Nr. 2 ZPO gewahrt werden. Die Widerklage kann nur erhoben werden, wenn die Widerklage noch in der Hauptsache rechtshängig ist, also nicht mehr, wenn nur noch die Kostenentscheidung aussteht (BGH

NJW-RR 2001, 60). Die Widerklage kann auch in der Form des Urkundenprozesses erhoben werden (BGH NJW 2002, 751; vgl. Form. I. Q. 1).

5. Da es sich gegenüber dem Dritten um eine neue Klage handelt, die ihm zugestellt werden muss, sind er und der Widerkläger gemäß § 130 Nr. 1 ZPO mit ladungsfähiger Anschrift zu bezeichnen. Wird nur die Widerklage erhoben, sind die Anschriften nicht erforderlich (s. Anm. 4).

6. Für die Erhebung der Widerklage ist eine förmliche Klageschrift nicht erforderlich. Sie kann nach § 261 Abs. 2 ZPO entweder durch Zustellung des sie enthaltenden Schriftsatzes oder in der mündlichen Verhandlung (dann gilt § 297 ZPO) erhoben werden; das kann grundsätzlich noch im Haupttermin geschehen, ohne dass eine Zurückweisung zu befürchten ist (vgl. BGH NJW 1995, 1223; 2001, 2513). Eine Widerklage in zweiter Instanz ist nach der Regelung in § 533 ZPO nur noch möglich, wenn keine Tatsachenfeststellungen erforderlich sind, die nicht ohnehin zugrunde zu legen sind oder ohnehin getroffen werden müssen (§ 533 Nr. 2 ZPO). Sie ist zulässig, wenn der Gegner einwilligt und das Begehren auf unstreitigem Sachverhalt beruht (BGH WM 2005, 295).

7. Die Drittwiderklage bedarf als selbstständige Klage immer der Zustellung (§ 253 Abs. 1 ZPO).

8. Für die Kosten, die vorläufige Vollstreckbarkeit und auch die Einzelrichtererklärung gilt das Gleiche wie für eine gewöhnliche Klage bzw. Klageerwiderung.

9. Da für den Dritten dieser Schriftsatz nur im Zusammenhang mit der Klage verständlich wird, ist ihm auch eine Abschrift der Klage zuzustellen.

Kosten und Gebühren

Die Zustellung der Widerklage hängt, auch wenn die Widerklageforderung höher ist als die der Klage, nicht von der Zahlung eines Gerichtskostenvorschusses ab (§ 12 Abs. 2 Nr. 1 GKG); gleichwohl entsteht die Kostenschuld mit Einreichung der Widerklage in Höhe von 3,0 Gebühren (OLG München MDR 2003, 1077), allerdings nur bezogen auf den Mehrbetrag bei Zugrundelegung eines einheitlichen Streitwertes nach § 45 Abs. 1 Satz 1 GKG (vgl. *Hartmann* § 6 GKG Rdn. 8). Über die Widerklage ist auch dann zu verhandeln, wenn der Kläger keinen ausreichenden Kostenvorschuss geleistet hat (vgl. *Hartmann* § 12 GKG Rdn. 19). Hinsichtlich der Kosten und Gebühren werden Klage und Widerklage nicht getrennt behandelt, die Streitwerte werden vielmehr zusammengerechnet (§ 45 Abs. 1 GKG), so dass der Kostenaufwand geringer ist als bei einer gesonderten Klage. Die Drittwiderklage verursacht – abgesehen von der Erhöhung der Verfahrensgebühr nach VV 1008 – keine besonderen Kosten, soweit der Dritte sich durch den Rechtsanwalt des Klägers mitvertreten lässt (was meist der Fall ist) und das Gericht das Verfahren nicht trennt.

6. Prozessaufrechnung[1] und Hilfswiderklage[2]

In der Sache[3]

……

wird beantragt:

1. **Die Klage wird abgewiesen.**
2. **……**

Begründung:

1. Dem Kläger steht der geltend gemachte Werklohn nicht zu.

…… (ist auszuführen).

2. Hilfsweise[4] rechnet der Beklagte mit einer Gegenforderung in Höhe von EUR 6.283,– aus einem anderen Bauvorhaben auf, die als Aufwendungsersatz gemäß § 634 Nr. 2 BGB begründet ist[5].
…… (ist auszuführen).
3. Für den Fall, dass die Aufrechnung durch die allgemeinen Geschäftsbedingungen des Klägers wirksam ausgeschlossen sein sollte[6], erhebt der Beklagte hilfsweise Widerklage mit dem Antrag:
1. Der Kläger wird verurteilt, an den Beklagten EUR 6.283,– nebst Zinsen in Höhe von 5% seit Zustellung dieses Schriftsatzes zu zahlen.
2. ……

Rechtsanwalt

Schrifttum: Huber, Prozessaufrechnung des Beklagten, JuS 2009, 319; *Musielak,* Die Aufrechnung des Beklagten im Zivilprozess, JuS 1994, 817; *Tiedtke,* Aufrechnung und Rechtskraft, NJW 1992, 1473; *Foerste,* Lücken der Rechtskraft zivilgerichtlicher Entscheidungen über Aufrechnung, NJW 1993, 1183; *Schröcker,* Prozessaufrechnung als erledigendes Ereignis, NJW 2004, 2203; *Büßer,* Die „Flucht" des Beklagten vor der Präklusion seiner Prozessaufrechnung, JuS 2009, 319; *Gaa,* Die Aufrechnung mit einer rechtswegfremden Gegenforderung, NJW 1997, 3343; *SchenkeRuthig,* Zur Aufrechnung mit rechtswegfremden Forderungen im Prozess, NJW 1993, 1374; *Rupp,* Zur Aufrechnung mit rechtswegfremden Forderungen im Prozess, NJW 1992, 3274; *Schmitz,* Zur Aufrechnung im Prozess mit einer Kostenerstattungsforderung aus demselben Verfahren, NJW 1994, 567; *Busse,* Aufrechnung bei internationalen Prozessen vor deutschen Gerichten, MDR 2001, 729; *Niklas,* Die Klägeraufrechnung, MDR 1987, 96; *Schneider,* Der Gebührenstreitwert von Klage und Hilfswiderklage, MDR 1988, 462; *Reinicke/Tiedtke,* Rechtskraft und Aufrechnung, NJW 1984, 2790; *Kanzlsperger,* Probleme der streitwerterhöhenden Eventualaufrechnung MDR 1995, 883.

Anmerkungen

1. Verglichen mit der Widerklage ist die Prozessaufrechnung der einfachere Weg, eine Gegenforderung im Prozess geltend zu machen. Die Aufrechnung erfordert zudem keinen rechtlichen Zusammenhang mit der Klageforderung, sie kann also auf einem ganz anderen Sachverhalt beruhen. Ungeklärt ist allerdings, ob dies auch gegenüber einem ausländischen Kläger im Geltungsbereich der EuGVVO gilt. Zwar ist, entgegen der früheren Rechtsprechung des Bundesgerichtshofes zum EuGVÜ (NJW 1993, 2753) der gleich lautende Art. 6 Nr. 3 EuGVVO auf die Aufrechnung nicht anzuwenden (vgl. EuGH NJW 1996, 42; BGH MDR 2002, 410). Die Frage aber, ob nicht dennoch die internationale Zuständigkeit für die Aufrechnungsforderung gegeben sein muss, für die wiederum ein rechtlicher Zusammenhang nach § 33 ZPO erforderlich ist, ist nach wie vor streitig und vom BGH offen gelassen (vgl. *Heß* JZ 2002, 607, *Vollkommer* MDR 2002, 412, jeweils Anm. zu BGH aaO., vgl. *Thomas/Putzo* Art. 6 EuGVVO Rdn. 7). Die Aufrechnung führt nicht zur Rechtshängigkeit; dieselbe Forderung kann daher in mehreren Prozessen zur Aufrechnung gestellt werden, auch mit einer bereits rechtshängigen Forderung kann aufgerechnet werden (vgl. BGH NJW-RR 1994, 379; MDR 2004, 705; *Thomas/Putzo* § 145 Rdn. 20); der Prozess der Zweitaufrechnung soll dann idR. auszusetzen sein (BGH MDR 2004, 705). Die Aufrechnung hemmt die Verjährung wie die Klageerhebung (§ 204 Abs. 1 Nr. 5 BGB), allerdings nur in Höhe der Klagforderung. Die Hemmung endet sechs Monate nach Beendigung des Prozesses oder Stillstand des Verfahrens (§ 204 Abs. 2 BGB). Die Hemmung tritt selbst dann ein, wenn die Aufrechnung mangels Gegenseitigkeit (BGH MDR 1981, 662) oder aus einem anderen Grund (BGH

NJW 2008, 2429) nicht durchgreifen sollte. Übersteigt die Aufrechnungsforderung die Klageforderung, kann sich zur Abwendung der Verjährung hinsichtlich des überschießenden Teils eine Widerklage empfehlen. Macht der Kläger nur eine Teilforderung geltend, kommt für den Beklagten, wenn er gegen die Gesamtforderung aufrechnet, eine negative Feststellungswiderklage hinsichtlich des überschießenden Restes in Betracht. Der Beklagte kann auch dann aufrechnen, wenn der Kläger nur eine um die Gegenforderung reduzierte Teilklage erhoben hat, ohne aber die Aufrechnung ausdrücklich oder konkludent erklärt zu haben (vgl. BGH NJW-RR 1994, 1203); auf diese Weise kann der Beklagte einen eigentlich verlorenen Prozess gewinnen. Auch gegenüber einer Feststellungsklage ist die Aufrechnung möglich (vgl. BGH NJW 1988, 2542).

Besonders ist darauf zu achten, dass die Aufrechnungsforderung rechtzeitig, idR. also schon in der Klageerwiderung (BGH NJW 1984, 1964), vollständig begründet wird. Der Beklagte darf sich nicht dem Risiko aussetzen, das sein diesbezügliches Vorbringen als verspätet zurückgewiesen wird, denn dann ist die Forderung rechtskräftig aberkannt (vgl. *Thomas/Putzo* § 145 Rdn. 18; BGH WM 1986, 864; WM 1987, 1086). Ob und wieweit die Aufrechnungsforderung sonst durch ein der Klage stattgebendes Urteil verbraucht ist, ergibt sich aus § 322 Abs. 2 ZPO. Problematisch ist dies, wenn das Urteil die Frage, ob die Aufrechnung zulässig ist, offen lässt oder verneint, aber dennoch auf die Aufrechnungsforderung sachlich eingeht (vgl. BGH NJW 1984, 218; 1988, 3210). Erkennt der Beklagte, dass seine Prozessaufrechnung problematisch ist, kann er sie zurücknehmen (BGH NJW-RR 1991, 156, 157; NJW 2009, 1071, 1072), und zwar ohne nachteilige Kostenfolgen.

Die Möglichkeit, die Prozessaufrechnung erstmals im Berufungsrechtszug geltend zu machen, ist durch § 533 ZPO stark eingeschränkt worden. Es kommt nicht mehr allein auf die Sachdienlichkeit bzw die Einwilligung des Gegners an, sondern darauf, ob für die Entscheidung über die Aufrechnung ein auch nur teilweise neuer Sachverhalt zugrunde zu legen ist (§ 533 Nr. 2 ZPO). Bei neuem, aber unstreitigem Sachverhalt dürfte die Aufrechnung, wie auch die Widerklage (BGH WM 2005, 295), zulässig sein.

2. Eine Hilfswiderklage ist nach st. Rspr. zulässig, wenn die Antragstellung vom Eintritt eines innerprozessualen Ereignisses abhängt (BGH NJW 1996, 2306, 2307). Das gilt zum einen, wenn sie für den Fall erhoben wird, dass die Widerklage mit dem Hauptantrag erfolglos ist, es sich also um einen Hilfsantrag zum Widerklageantrag handelt. Die Hilfswiderklage kann aber auch für den Fall erhoben werden, dass die Klage erfolglos (zB. BGH NJW-RR 1998, 1409) oder erfolgreich (zB. BGH NJW 1996, 2165, 2166) ist. In der Praxis ist die Hilfswiderklage vor allem im Zusammenhang mit der Aufrechnung zweckmäßig, nämlich

- für den Fall, dass das Gericht die Aufrechnung wegen eines vertraglichen oder gesetzlichen Aufrechnungsverbots für unzulässig hält (so der Beispielsfall),
- für den Fall, dass das Gericht die Klageforderung abweist und damit die im Wege der Prozessaufrechnung geltend gemachte Aufrechnungsforderung nicht verbraucht ist.

Auch im Gesellschaftsrecht kommt die Hilfswiderklage häufiger vor (vgl. BGH NJW-RR 1999, 3779; NJW 2000, 505; 1998, 3771; zu weiteren Anwendungsfällen vgl. *Zöller/Vollkommer* § 33 Rdn. 26–28 sowie BGH NJW 1996, 2306.

3. Im Beispiel wird von dem in der Praxis häufigen Fall einer Werklohnklage ausgegangen, der gegenüber der beklagte Besteller ua. mit den Kosten einer Ersatzvornahme nach § 634 Nr. 2 BGB aufrechnet, wobei zweifelhaft ist, ob die Aufrechnung vertraglich ausgeschlossen wurde.

4. Der Beklagte sollte sich genau überlegen, ob er lediglich eine materiell-rechtliche Aufrechnungserklärung abgeben oder die Aufrechnung als Prozesshandlung hilfsweise erklären will. Die (nur) materiell-rechtliche Aufrechnung gemäß § 388 BGB ist angebracht, wenn es sich um die einzige Einwendung des Beklagten handelt (vgl. BGH NJW-RR 1999, 1736). Hat der Beklagte jedoch noch andere Erfolg versprechende Verteidigungsmittel, sollte er die Aufrechnung hilfsweise erklären (dh. für den Fall, dass die anderen Einwendungen nicht durchgreifen, vgl. *Thomas/Putzo* § 145 Rdn. 15). Der Unterschied zeigt sich vor allem in der Höhe des für die Kosten maßgeblichen Gebührenstreitwerts: Gemäß § 45 Abs. 3 GKG werden bei Hilfsaufrechnung der Wert der Klagforderung und der Gegenforderung (bis zur Höhe der Klagforderung) idR. addiert, bei der gewöhnlichen Aufrechnung ist allein die Klagforderung maßgeblich. Durch die Geltendmachung von unerheblichen Einwendungen gegen die Klageforderung können dem Beklagten also beträchtliche Kosten entstehen, selbst wenn er mit seiner Hilfsaufrechnung Erfolg hat.

Besonderheiten gelten im Werkvertragsrecht: Eine Aufrechnungssituation liegt nicht vor, wenn der Auftraggeber gegenüber der Vergütungsforderung Gewährleistungsansprüche nach § 634 BGB (Kosten der Ersatzvornahme, Schadensersatz) geltend macht; hier handelt es sich um eine Verrechnung, die zur Kürzung der eingeklagten Vergütung führt, aber den Streitwert nicht erhöht (vgl. *Zöller/Herget* § 3 Rdn. 16 „Aufrechnung"). Anders ist es aber, wenn der Beklagte gleichwohl die Aufrechnung erklärt und das Gericht über die Aufrechnungsforderung entscheidet (BGH NJW 2002, 900). Das Vorgehen des Beklagten ist also für die Höhe des Gebührenstreitwertes entscheidend; im eigenen Kosteninteresse sollte er, wenn er Gewährleistungsansprüche geltend macht, nicht ausdrücklich die Aufrechnung erklären.

5. Die Aufrechnungsforderung muss nach Grund und Höhe so bestimmt dargelegt werden wie eine Klageforderung. Der Bestimmtheitsgrundsatz des § 253 Abs. 2 ZPO gilt auch für die Prozessaufrechnung (BGH NJW 2002, 2182). Der Beklagte kann auch mehrere Forderungen, deren Summe die Klageforderung übersteigen, zur Aufrechnung stellen. In diesem Fall sollte angegeben werden, in welcher Reihenfolge die Forderungen zur Aufrechnung gestellt werden (vgl. *Thomas/Putzo* § 145 Rdn. 14). Fehlt eine solche Bestimmung, gilt die gesetzliche Tilgungsreihenfolge nach § 396 Abs. 1 iVm. § 388 Abs. 2 BGB (vgl. BGH NJW 2009, 1071, 1072). Wenn der Beklagte eine unsichere Forderung überprüft haben möchte, empfiehlt es sich, sie voranzustellen. Allerdings hat das für den Fall, dass das Gericht die Forderung für unbegründet hält, Kostennachteile (vgl. *Zöller/Herget* § 92 Rdn. 3), die der Beklagte eher vermeiden kann, wenn er die sichere Forderung an die Spitze stellt. Nicht zulässig ist es, mehrere unselbstständige Teilbeträge einer Forderung in einem Eventualverhältnis zur Aufrechnung zu stellen (BGH NJW-RR 1995, 508).

Der Beklagte muss außerdem die weiteren materiellrechtlichen Voraussetzungen darlegen, insbesondere Gegenseitigkeit und Gleichartigkeit. An der Gleichartigkeit fehlt es, wenn die Gegenforderung in ausländischer Währung zu erfüllen ist. In diesem Fall kann der Beklagte nur ein Zurückbehaltungsrecht geltend machen, das zur Zug-um-Zug-Verurteilung führt (vgl. BGH NJW-RR 1999, 1739).

6. Die Wirksamkeit eines in AGB enthaltenen Aufrechnungsverbotes, das im Werkvertragsrecht häufig ist, kann zweifelhaft sein (*Palandt/Heinrichs* § 309 BGB Rdn. 17; vgl. zum Mietvertrag BGH NJW 1995, 254); in einem solchen Fall empfiehlt es sich, die Aufrechnung mit einer Hilfswiderklage zu verbinden (vgl. BGH NJW 1961, 1862).

Kosten und Gebühren

Die Hilfsaufrechnung spielt für den Streitwert und damit für die Höhe der Gebühren nur eine Rolle, wenn das Gericht die Klageforderung für begründet und die Aufrechnung für zulässig hält (§ 45 Abs. 3 GKG; vgl. Anm. 4; nähere Einzelheiten bei *Zöller/Herget* § 3 Rdn. 16 „Aufrechnung"). Auch für den Anwalt des Beklagten ist allein die Klageforderung maßgeblich, wenn es nicht zur Entscheidung über die Hauptsache kommt (BGH NJW 2009, 231). Entscheidet das Gericht über mehrere Gegenforderungen, deren

Summe die Klageforderung übersteigt, kann sich der Streitwert mehr als verdoppeln. War die Klageforderung begründet und hat nur die Hilfsaufrechnung zur Klageabweisung geführt, sind die Kosten nach § 92 ZPO zu teilen (vgl. *Zöller/Herget* § 92 Rdn. 3; str.). Die Hilfswiderklage ist für die Kosten erst von Bedeutung, wenn der Eventualfall eingetreten ist, hier also, wenn das Gericht die Klage als begründet und die Aufrechnung als unzulässig ansieht; dann gilt für den Gebührenstreitwert § 45 Abs. 1 GKG (vgl. Form. I. E. 5).

7. Primäraufrechnung des Beklagten[1]

In der Sache

des ......

gegen

Rechtsanwalt X

beantrage ich für den Beklagten,

die Klage abzuweisen.

Begründung[2]

......

Es ist zutreffend, dass der Beklagte den Kläger im Rahmen eines Prozesses gegen ...... vertreten hat und von der damaligen Beklagten einen Betrag von EUR 5.000,– eingezogen hat. Dieser Betrag ist jedoch geringer als der Betrag der Anwaltsgebühren, die der Kläger dem Beklagten aus einer Reihe von Aufträgen noch schuldet. Gemäß Gebührenrechnung vom ......, die als

Anlage 1

eingereicht wird, beläuft sich die Forderung des Beklagten gegen den Kläger auf EUR 6.437,78. Einwendungen gegen diese Rechnung hat der Kläger nicht erhoben. Der Beklagte rechnet mit seinen Honoraransprüchen gegen den Klageanspruch auf. ......

Rechtsanwalt

Schrifttum: Schröcker, Prozessaufrechnung als erledigendes Ereignis, NJW 2004, 2203; *Wolf/Lange,* Anmerkung zu BGH JZ 2004, 414, JZ 2004, 416.

Anmerkungen

1. Wenn die Klageforderung zu Recht besteht, der Beklagte aber eine Gegenforderung besitzt, sollte er die Aufrechnung nicht hilfsweise erklären. Der Klageabweisungsantrag ist in einem solchen Fall vielmehr damit zu begründen, dass die Klageforderung ganz oder zum Teil durch Aufrechnung erloschen ist (§ 389 BGB). Hierbei ist zu unterscheiden:

- Hat der Beklagte die materiell-rechtliche Aufrechnungserklärung bereits vor dem Prozess abgegeben, beruft er sich darauf, dass die Klage von Anfang an unbegründet war. Wenn die Aufrechnungsklage gegeben war, heißt das, dass die Klage abzuweisen ist und der Kläger die Kosten zu tragen hat. Eine Erledigung der Hauptsache ist dann nicht eingetreten, weil die Klage von Anfang an unbegründet war.
- Erklärt der Beklagte die Aufrechnung erstmals im Prozess, handelt es sich um eine sog. Primäraufrechnung, d. h. sie ist nicht hilfsweise für den Fall erklärt, dass er mit seinen anderen Einwendungen nicht durchdringt. Jetzt ist es für den Kläger sachgerecht, die

Hauptsache für erledigt zu erklären. Nach der neueren Rechtsprechung des BGH (NJW 2003, 3134) ist trotz der materiell-rechtlichen Rückwirkung der Aufrechnung nach § 389 BGB erst die Aufrechnungserklärung das „erledigende Ereignis".
Aus dieser Rechtslage ergibt sich für den Beklagten, dass er nach Möglichkeit die Aufrechnung sofort nach Entstehung der Aufrechnungslage erklären sollte, nämlich bevor er durch eine Klage auf die Gegenforderung in Anspruch genommen wird. Erklärt er die Aufrechnung erst im Prozess, muss er damit rechnen, dass der Kläger die Hauptsache für erledigt erklärt und er als Beklagter die Kosten zu tragen hat. Auf keinen Fall sollte er der Erledigung widersprechen; denn dann wird das Gericht die Erledigung feststellen (BGH NJW 2003, 3134) mit der Folge, dass ihm die dann höheren Kosten nach § 91 ZPO auferlegt werden. Schließt er sich aber der Erledigung an, können ihn die Kosten nach § 91 a ZPO treffen, da die Klage zunächst begründet war. Allerdings soll nach BGH NJW 2004, 3134, 3136 im Rahmen des billigen Ermessens berücksichtigen sein, welcher Partei es zuzumuten war, die Aufrechnung bereits vorgerichtlich zu klären.

2. Der Beklagte muss das Bestehen der Forderung und die Aufrechnungslage, vor allem Gegenseitigkeit und Gleichartigkeit, im Einzelnen darlegen. Im Beispielsfall geht es um die Frage, ob die Aufrechnung nach Treu und Glauben ausgeschlossen ist. Das Problem besteht darin, dass der Anwalt die Forderungen des Klägers treuhänderisch eingezogen hat und der Treuhänder gegen den gegen ihn gerichteten Herausgabeanspruch gewöhnlich nicht aufrechnen darf. Gleichwohl ist der Anwalt idR. nicht gehindert, sich zugunsten seiner Honoraransprüche aus nicht zweckgebundenen Fremdgeldern zu befriedigen, und zwar auch dann, wenn die Honoraransprüche nicht den Auftrag betreffen, aus dem der Anwalt Fremdgelder vereinnahmt hat (BGH MDR 2003, 57; NJW 2007, 2640, 2641). Etwas anderes gilt nur, wenn die besondere Art des Mandates eine Aufrechnung als mit Treu und Glauben unvereinbar erscheinen lässt (BGH NJW 1995, 1425, 1426; vgl. *Palandt/Grüneberg* § 387 Rdn. 16). Das wäre zB. der Fall, wenn der Anwalt das Geld als Treuhänder empfangen hätte.

Kosten und Gebühren

Wenn der Beklagte erstmals im Prozess die Aufrechnung erklärt, trägt er ein erhebliches Kostenrisiko (vgl. Anm. 1). Ob der Kläger auch den Weg über eine Rücknahme nach § 269 Abs. 3 Satz 3 ZPO (Form. I. M. 12) gehen kann, ist fraglich (vgl. *Schröcker* NJW 2004, 2203; *Wolf/Lindacher* JZ 2004, 416; *Zöller/Herget* § 91 a Rdn. 58). Bei der Primäraufrechnung wird der Gebührenstreitwert nicht nach § 45 Abs. 3 GKG erhöht.

8. Negative Feststellungsklage gegenüber Teilklage[1, 2]

An das
Amtsgericht

In der Sache[3]

……

zeige ich an, dass ich den Beklagten zu 1) vertrete. Ich werde beantragen:

1. Die Klage wird abgewiesen.
2. Es wird festgestellt, dass dem Kläger auch der weitere Anspruch von EUR 1.155,– aus dem Verkehrsunfall zwischen den Parteien am …… nicht zusteht[4].
3. …… (Kosten, vorläufige Vollstreckbarkeit)

Begründung[5]:

……

Schrifttum: Gruber, Das Verhältnis der negativen Feststellungsklage zu den anderen Klagearten im deutschen Zivilprozess, ZZP 117, 133; *Hoene,* Negative Feststellungsklage, WRP 2008, 44; *Steinbeck,* Ist die negative Feststellungsklage Hauptsache im Sinne von § 937 ZPO?, NJW 2007, 1783; *Gürich,* Verjährungsrechtliche Auswirkungen der negativen Feststellungsklage, MDR 1980, 359; *Schroers,* Negative Feststellungsklage und Schadensersatz, VersR 1973, 404; *Pawlowski,* Zum Verhältnis von Feststellungs- und Leistungsklage, MDR 1988, 630; *Macke,* Aufeinandertreffen von negativer und positiver Feststellungsklage im Schadensersatzprozess, NJW 1990, 1651; *Tiedtke,* Zur Rechtskraft eines die negative Feststellungsklage abweisenden Urteils, NJW 1983, 201 u. NJW 1990, 1697.

Anmerkungen

1. Das Formular knüpft an die Teilklage gemäß Form. I. D. 12 an.

2. Gemäß § 256 Abs. 1 ZPO kann die Klage auch auf die Feststellung des Nichtbestehens eines Rechtsverhältnisses gerichtet sein. Eine solche negative Feststellungsklage bietet dem angeblichen Schuldner die Möglichkeit, selbst vor Gericht aktiv zu werden und eine rechtskraftfähige Klärung des streitigen Anspruchs zu erreichen. Das Rechtsverhältnis, dessen Nichtbestehen festgestellt werden soll, kann auch ein einzelner Anspruch sein (zB. unerlaubte Handlung, vgl. BGH NJW 1984, 1556). Das nach § 256 ZPO erforderliche Feststellungsinteresse ist vor allem dann gegeben, wenn sich der Beklagte ernsthaft eines Anspruchs gegen den Kläger „berühmt" (BGH NJW 1992, 437; vgl. *Thomas/Putzo* § 256 Rdn. 15). Das ist auch dann der Fall, wenn der Kläger ausdrücklich nur einen Teil des behaupteten Anspruches geltend macht. Das Feststellungsinteresse wird selbst dann bejaht, wenn der Gegner erklärt, er werde die Entscheidung über die Teilklage als verbindlich für die restliche Forderung anerkennen (BGH NJW-RR 1988, 749; NJW 1993, 2609). Hingegen reicht ein bloßes Schweigen oder passives Verhalten im Allgemeinen nicht aus (BGH NJW 1995, 2032, 2033). Besonders zu beachten ist, dass die negative Feststellungsklage den Gegner nicht hindert, seinerseits Leistungsklage zu erheben (BGH NJW 1994, 3107, 3108). Die Folge ist, dass der Klage das Rechtsschutzinteresse entzogen wird, sobald die Leistungsklage nicht mehr einseitig zurückgenommen werden kann (d. h. nach streitiger Verhandlung, § 269 Abs. 1 ZPO, vgl. BGH NJW 1987, 2680; 2006, 515); die Leistungsklage kann auch eine Unterlassungsklage sein (BGH NJW 1999, 2516). Die Feststellungsklage wird zum Teil unzulässig, soweit mit der Leistungsklage nur ein Teil der von der Feststellungsklage erfassten Ansprüche geltend gemacht wird (BGH NJW 1999, 1544). Hingegen ist eine positive Feststellungsklage unzulässig, wenn der Beklagte bereits eine negative Feststellungsklage erhoben hat (BGH NJW-RR 2001, 447, 451). Auf die Erhebung der Leistungsklage muss der Feststellungskläger reagieren: er muss dann die Feststellungsklage in der Hauptsache für erledigt erklären, und sich gegen die Leistungsklage wenden. Das gilt allerdings nur bei gleichem Streitgegenstand beider Klagen (BGH NJW 1984, 1556); eine Ausnahme besteht auch dann, wenn die Leistungsklage, im Gegensatz zur negativen Feststellungsklage, noch nicht entscheidungsreif ist (BGH NJW 1997, 870). Im Zweifel sollte der Beklagte einen Hinweis des Gerichts erbitten. Im Geltungsbereich der EuGVVO, früher des EuGVÜ gibt es keinen Vorrang der Leistungsklage gegenüber der negativen Feststellungsklage (BGH NJW 1997, 870 = JZ 1997, 797 mit Anm. *Huber*), hier gilt das Prinzip der Priorität.

Die prozessualen Folgen der negativen Feststellungsklage sind umstritten: Nach der Rechtsprechung darf das Gericht sie nur abweisen, wenn der Anspruch feststeht (BGH NJW 1993, 1716). Die Urteilsformel hat dann nicht nur die Klage abzuweisen, sondern den Anspruch zu bezeichnen, dessen Nichtbestehen der Kläger festgestellt haben wollte. Denn wenn die Klage rechtskräftig abgewiesen ist, ist das Bestehen dieser Forderung positiv festgestellt (vgl. BGH NJW 1986, 2508; 1995, 1757; kritisch *Tiedtke* NJW 1990,

1697). Wird das Nichtbestehen der Forderung festgestellt oder bleibt ihr Bestehen unklar, muss der Klage stattgegeben werden (BGH aaO.); mit Rechtskraft dieses Urteils steht fest, dass der Anspruch nicht besteht.

3. Die negative Feststellungsklage wird hier als Widerklage erhoben, es gelten § 261 Abs. 2 ZPO und die weiteren Bestimmungen zur Widerklage, vgl. Form. I. E. 5.

4. Der Antrag bezieht sich hier auf die Differenz zwischen dem behaupteten und dem mit der Leistungsklage geltend gemachten Anspruch. Zu beachten ist, dass bei einer negativen Feststellungsklage der einfache Antrag auf Feststellung, dass der Kläger dem Beklagten nichts schulde, unzulässig ist (BGH NJW 1984, 1556 mwN.). Es bedarf vielmehr der Angabe des konkreten Schuldgrundes und Schuldgegenstandes, damit die Rechtskraftwirkung eindeutig ist BGH NJW-RR 1994, 1272.

5. Der Feststellungskläger hat vor allem darzulegen, dass der Gegner eine Forderung für sich in Anspruch nimmt. Im Übrigen befindet er sich in der Beweisposition des Beklagten bei der Leistungsklage: die Darlegungs- und Beweislast für das Bestehen des Anspruches trifft nicht ihn, sondern den Gegner (vgl. BGH NJW 1993, 1716, 1717; für eine die Unterhaltspflicht leugnende Feststellungsklage: OLG Stuttgart NJW 1981, 2581).

Kosten und Gebühren

Der Gebührenstreitwert der negativen Feststellungsklage entspricht der Höhe der Forderung, deren Nichtbestehen festgestellt werden soll; der sonst übliche Abschlag ist nicht vorzunehmen (BGH NJW-RR 2009, 156; vgl. *Zöller/Herget* § 3 Rdn. 16 „Feststellungsklagen").

9. Schiedseinrede[1]

An das
Landgericht

In der Sache

……

erhebe ich vorab[2] die Einrede des Schiedsgerichtsverfahrens und beantrage,

die Klage als unzulässig abzuweisen[3].

Begründung[4]

Die Parteien, die beide Vollkaufleute sind, haben in einer besonderen Urkunde einen der Formvorschrift des § 1031 ZPO entsprechenden Schiedsvertrag geschlossen

Beweis: Schiedsvertrag vom …… (Anl. 1).

Der Schiedsvertrag erfasst auch die vom Kläger geltend gemachte Forderung …… (ist ggf. auszuführen). Die erhobene Klage ist daher vor den staatlichen Gerichten unzulässig.

Rechtsanwalt

Anmerkungen

1. Macht der Kläger einen Anspruch geltend, über den nach einer zwischen den Parteien bestehenden wirksamen Schiedsgerichtsklausel von einem Schiedsgericht zu entscheiden wäre, hat der Beklagte zwei Möglichkeiten: Er kann sich auf den Rechtsstreit vor dem staatlichen Gericht, das die Schiedsklausel von Amts wegen nicht beachtet, einlassen; er kann sich aber auch auf den Schiedsvertrag berufen und so die Unzulässigkeit der Klage bewirken (§ 1032 ZPO). Die Einrede ist in folgenden Fällen unbeachtlich:

a) Wenn der Kläger auf Grund nach Vertragschluss eingetretener Umstände die Kostenvorschüsse für das Schiedsgerichtsverfahren (Gericht und Anwalt) nicht aufbringen kann (BGH NJW 1980, 2136), insbesondere wenn er Prozesskostenhilfe in Anspruch nehmen muss (BGH NJW 1988, 1215; NJW 2000, 3720), eine Kündigung des Schiedsvertrages ist nicht erforderlich; die Schiedseinrede greift aber durch, wenn der Beklagte zur Leistung der vom Kläger zu erbringenden Vorschüsse bereit ist.
b) Wenn der Schiedsvertrag aus wichtigem Grund gekündigt wurde.
c) Wenn der Beklagte im Schiedsgerichtsverfahren – unter Umständen auch vorher – geltend gemacht hatte, das ordentliche Gericht sei zuständig (vgl. *Zöller/Geimer* § 1032 Rdn. 6).
d) Wenn es sich um einen Wechsel- oder Scheckprozess handelt (BGH NJW 1994, 136, str.); gewöhnliche Urkundenprozesse können aber vor einem Schiedsgericht geführt werden (BGH NJW 2006, 779).
e) Wenn ihr aus besonderen Gründen die Einrede der Arglist entgegensteht, so wenn der Beklagte im Schiedsverfahren die Wirksamkeit der Schiedsgerichtsvereinbarung bestritten hatte (BGH NJW-RR 1987, 1194) oder wenn der Beklagte die vom Schiedsgericht geforderten Kostenvorschüsse nicht leistet, aber gleichwohl die Schiedseinrede erhebt (BGH NJW 1988, 1215).

Zum Schiedsgerichtsverfahren vgl. Kapitel I. S.

2. Die Einrede sollte schon innerhalb der Klageerwiderungsfrist erhoben werden, sie muss nach § 1032 Abs. 1 ZPO jedenfalls bis zum Beginn der mündlichen Verhandlung zur Hauptsache, also vor dem Stellen der Anträge, vorgebracht werden (BGH NJW 2001, 2176). Zur Frage der Entschuldigung bei Verspätung und zur Erhebung der Einrede erst in zweiter Instanz vgl. BGH NJW 1985, 743. Für die Einrede besteht Anwaltszwang (*Zöller/Geimer* § 1032 Rdn. 1).

3. Das Gericht hat die Klage als unzulässig abzuweisen (§ 1032 ZPO), falls der Kläger sie nicht zurücknimmt. Eine Verweisung an das Schiedsgericht ist nicht möglich, auch nicht, wenn es sich um ein institutionalisiertes Schiedsgericht handelt.

4. Hier ist zu begründen, dass ein den Bestimmungen der §§ 1029 bis 1031 ZPO entsprechender Schiedsvertrag zustande gekommen ist. Der Vertrag ist vorzulegen, die bloße Behauptung einer Schiedsklausel genügt nicht. Die Beweislast liegt bei der Partei, die sich auf die Schiedsklausel beruft. Eine besondere Urkunde ist für die Wirksamkeit der Schiedsvereinbarung nicht erforderlich, es sei denn, ein Verbraucher (Definition in § 13 BGB) ist an ihr beteiligt (§ 1031 Abs. 5 ZPO). Eine mündliche Schiedsvereinbarung genügt auch unter Kaufleuten nicht. Die Schiedsklausel kann auch in einem Testament enthalten sein (§ 1066 ZPO).

F. Zustellungen, Fristen und Termine

1. Antrag auf Wiedereinsetzung bei Versäumung der Einspruchsfrist[1,2]

An das
Landgericht[3]

Einspruch und Wiedereinsetzungsantrag[4]

In der Sache

. . . . .

lege ich gegen das Versäumnisurteil vom 1. 6. 20 .. Einspruch
ein und beantrage[5]:

1. Das Versäumnisurteil vom 1. 6. 20 .. wird aufgehoben.
2. . . . . .

Gleichzeitig beantrage ich,

dem Beklagten gegen die Versäumung der Einspruchsfrist Wiedereinsetzung in den vorigen Stand zu gewähren[6]

sowie

die Zwangsvollstreckung aus dem Versäumnisurteil, notfalls gegen Sicherheitsleistung, einzustellen[7].

Es wird angeregt, das Verfahren zunächst auf die Verhandlung und Entscheidung über den Wiedereinsetzungsantrag zu beschränken[8].

Begründung[9]:

1. Dem Beklagten wurde das Versäumnisurteil des Gerichts vom 1. 6. 20 .. am 15. 6. 20 .. zugestellt. Am 16. 6. 20 .. erteilte er seinem Prozessbevollmächtigten das Mandat, ihn in dieser Sache gerichtlich zu vertreten. Daraufhin wies der Unterzeichnete seine Büroangestellte A an, die Einspruchsfrist im Fristenkalender zu notieren. Die Überwachung von Notfristen ist im Büro des Unterzeichnenden so organisiert, dass der zuständige Rechtsanwalt vor Ausstellung des Empfangsbekenntnisses auf der Urteilsausfertigung die Rechtsmittelfrist vermerkt und den Vorgang an die zuständige Büroangestellte weiterleitet. Diese notiert die Frist in einem besonderen Fristenkalender und trägt zusätzlich eine Woche vor Fristablauf eine Vorfrist ein, jeweils mit einem auffälligen Hinweis (zB. „Einspruchsfrist"). Außerdem wird die Eintragung im Fristenkalender in den Handakten vermerkt. Bei Ablauf der Vorfrist wird die Sache dem sachbearbeitenden Rechtsanwalt mit einem auffälligen Vermerk „Fristsache" gesondert vorgelegt. Am Morgen des Fristablaufs wird die Erledigung überprüft und die Sache, wenn sie noch nicht erledigt ist, noch einmal mit einem auffälligen Aufkleber „heute Fristablauf" in der gleichen Weise vorgelegt. Vor Büroschluss wird kontrolliert, ob alle Fristsachen erledigt sind; erst dann wird die Frist gelöscht. Die Eintragung und die Kontrolle der Fristen obliegt der Angestellten A. In diesem Fall hat sie versehentlich nur die Vorfrist notiert und als gewöhnliche Frist behandelt, was dazu führte, dass der Unterzeichnende die Akte bei Ablauf der Vorfrist ohne den sonst üblichen Fristvermerk mit der normalen Vorlage erhielt. Am Tag des Fristablaufes wurde er nicht erinnert. Erst am 1. 7. 20 .. fiel der Fristablauf auf, als die Sache im normalen Geschäftsgang bearbeitet werden sollte.

Bei der Angestellten A handelt es sich um eine geschulte und zuverlässige Bürokraft, die, wie regelmäßige Kontrollen des Unterzeichnenden ergeben haben, den Kalender seit über 2 Jahren sorgfältig und fehlerlos geführt hat.

Zur Glaubhaftmachung wird die Richtigkeit der Angaben, soweit sie die Wahrnehmung des Unterzeichnenden betreffen, anwaltlich versichert[10]. Außerdem wird als

– Anlage 1 –

eine eidesstattliche Versicherung der Frau A eingereicht[11].

2. In der Sache wird der Einspruch wie folgt begründet[12]:

......

Rechtsanwalt

Schrifttum: Büttner, Wiedereinsetzung in den vorigen Stand, 2. Aufl. 1998; *Kummer,* Wiedereinsetzung in den vorigen Stand, 2003; *Born,* Die Rechtsprechung des BGH zur Wiedereinsetzung in den vorigen Stand, NJW 2005, 2042; 2007, 2088 und NJW 2009, 2179; *Fellner,* Die aktuelle Rechtsprechung zur Wiedereinsetzung in den vorigen Stand, MDR 2007, 71; *Nickel,* Wiedereinsetzungsprobleme nach Bewilligung von PKH, NJ 2009, 93; *Nemes,* Ist die neue Rechtsprechung zur Wiedereinsetzungsproblematik verfassungskonform?, FuR 2008, 465; *Roth,* Wiedereinsetzung nach Fristversäumung wegen Belegung des Telefaxgerätes des Gerichts, NJW 2008, 785; *Laghzaoni/Wirges,* Der Einsatz von Telefaxgeräten als zivilprozessuales Problem, MDR 1996, 230; *Liwinska,* Übersendung von Schriftstücken per Telefax-Zulässigkeit, Beweisbarkeit und Fristprobleme, MDR 2000, 500; *Grams,* Wiedereinsetzung in den vorigen Stand – Antrag wegen Fristversäumnisses, MDR 2002, 1179; *Müller,* Typische Fehler bei der Wiedereinsetzung in den vorigen Stand, NJW 1993, 681; *Guttenberg,* Öffentliche Zustellung und Wiedereinsetzung in den vorigen Stand, MDR 1993, 1049; *Schneider,* Unterschriftsmängel und Wiedereinsetzung, MDR 1988, 747.

Anmerkungen

1. Die Wiedereinsetzung ist nur statthaft bei Versäumung der in § 233 ZPO genannten Fristen, durch das ZPO-RG erweitert um die Fristen für die Nichtzulassungsbeschwerde und die Rechtsbeschwerde. Gegen die Versäumung eines Termins oder der Widerspruchsfrist gegen den Mahnbescheid kommt eine Wiedereinsetzung nicht in Betracht. Ein Wiedereinsetzungsgrund kann zum einen gegeben sein bei Unkenntnis von der Zustellung, die die Notfrist in Lauf gesetzt hat (vgl. BGH LM § 233 (K) ZPO Nr. 2; BGH NJW 1996, 2581; zur Ersatzzustellung BGH NJW-RR 2001, 571), zum anderen bei Verstreichenlassen des Fristendes. Das Formular betrifft ein Beispiel der zweiten Kategorie, nämlich den häufigen Fall, dass ein Rechtsmittel auf Grund eines Büroversehens bei der Überwachung der Rechtsmittelfrist unterbleibt (vgl. *Zöller/Greger* § 233 Rdn. 23 „Büropersonal- und organisation"). Die Wiedereinsetzung setzt voraus, dass die Partei kein Verschulden trifft, sie also entweder schuldlos von der Zustellung keine Kenntnis erlangt oder – wie im Beispiel – schuldlos die Rechtsmittelfrist überschritten hat. Krankheit (BGH FamRZ 2004, 182; NJW-RR 2004, 1500; NJW 2008. 3571; BVerfG NJW-RR 2007, 1717), Urlaub (BGH VersR 1986, 41 u. 892; 1993, 1548; NJW-RR 2000, 444), sonstige Ortsabwesenheit (BGH VersR 1986, 966; NJW 1988, 2672; NJW-RR 1990, 379; NJW 2000, 3143) oder eine Autopanne (BGH VersR 1988, 249; NJW 1989, 2393) schließen das Verschulden der Partei oder ihres Anwalts nur unter besonderen Umständen aus. Das Verschulden des Prozessbevollmächtigten – nicht das seines Personals – steht dem Verschulden der Partei gleich (§ 85 Abs. 2 ZPO). Der Rechtsanwalt darf die Führung des Fristenkalenders und die Postausgangskontrolle idR. einer gut geschulten, zuverlässigen Bürokraft überlassen (BGH NJW 2003, 1815; NJW-RR 2003, 935 u.

1211; 2004, 350; NJW 2009, 854), einen zweiten eigenen Fristenkalender muss er nicht führen (BGH NJW 2000, 3006). Jedoch trägt der Rechtsanwalt die Verantwortung dafür, dass die Rechtmittelschrift rechtzeitig beim zuständigen Gericht eingeht (BGH NJW-RR 2003, 934). Die Rechtsprechung verlangt von ihm für die Fristeintragung und ihre Kontrolle eine Organisation, die eine Fristversäumung weitgehend ausschließt, vgl. zB. BGH NJW 1994, 2551 u. 2831; 1996, 1900 u. 2514; NJW-RR 2001, 1502; NJW 2002, 1130; NJW-RR 2004, 1714). Besondere Bedeutung hat hierbei die End- oder Ausgangskontrolle, die mit Hilfe eines Fristenkalenders vor Fristablauf sicherzustellen ist (st. Rspr., zB. BGH NJW 1994, 3171 u. 3235; 1996, 2514; NJW-RR 2001, 782; NJW 2000, 365; NJW-RR 2008, 1160). Die Fristenkontrolle muss jedoch nur gewährleisten, dass der fristwahrende Schriftsatz rechtzeitig hergestellt und postfertig gemacht wird. Ist dies geschehen und ist die weitere Beförderung der ausgehenden Post organisatorisch zuverlässig vorbereitet, so darf die fristwahrende Maßnahme im Kalender als erledigt gekennzeichnet werden (BGH, NJW-RR 1998, 1443 [1444]; NJW 2001, 1577). Die Führung eines Postausgangsbuches ist nicht erforderlich (BGH NJW 2001, 1577). Einige Fristen muss der Rechtsanwalt persönlich berechnen, so bei Zustellungen nach § 174 ZPO (vgl. BGH VersR 1994, 371, NJW 2003, 1528; 2009, 855). Wird ihm die Akte zur Vorbereitung einer fristgebundenen Prozesshandlung, also insbes. einer Rechtsmittel- oder Rechtsmittelbegründungsfrist vorgelegt, muss der Rechtsanwalt eigenverantwortlich den Fristablauf nachprüfen (BGH NJW 1997, 1311; 2001, 1579; 2002, 3782; 2003, 435 u. 437; 2008, 3439); das gilt auch bei Unterzeichnung eines Antrags auf Verlängerung der Berufungsbegründungsfrist (BGH NJW-RR 1991, 827).

Zu den typischen Wiedereinsetzungssituationen vgl. Form. I. F. 2 Anm. 1.

Eine Wiedereinsetzung kommt nicht in Betracht,

- wenn die Zustellung, die die Frist in Gang setzt, unwirksam war (vgl. BGH NJW-RR 2001, 571; 2002, 1641), zur Zustellung nach Niederlegung des Mandats vgl. BGH NJW 2008, 234,
- wenn die Zustellung später erfolgt ist, als die Zustellungsurkunde oder das Empfangsbekenntnis dies ausweist, und die Frist deshalb eingehalten wurde (vgl. BGH NJW 2003, 2400: NJW-RR 2005, 76, 78); hier obliegt es der Partei, die Unrichtigkeit der Urkunde zu beweisen (BGH NJW 2002, 3072),
- wenn behauptet und bewiesen wird, dass der Schriftsatz rechtzeitig eingereicht wurde, obwohl er nach dem Eingangsstempel des Gerichts verspätet ist (BGH NJW-RR 2005, 75); auch hier muss der Anwalt das Datum der Eingangsbestätigung widerlegen (§ 418 Abs. 2 ZPO), das Gericht hat aber bei der Aufklärung mitzuwirken (BGH NJW 2000, 1872; 2007, 3069; 2008, 3501).

In diesen Fällen behauptet die Partei, die Frist nicht versäumt zu haben. Für den Fall, dass der Partei, der der Beweis für die Rechtzeitigkeit ihres Rechtsmittels obliegt (BGH NJW 2004, 2525), der Beweis nicht gelingt, sollte sie aber hilfsweise einen Wiedereinsetzungsantrag stellen.

2. Die Wiedereinsetzung muss innerhalb von zwei Wochen beantragt werden, nachdem das Hindernis behoben ist (§ 234 ZPO), dh. nicht erst, nachdem dem Antragsteller die Fristversäumung bekannt geworden ist, sondern bereits nachdem seine Unkenntnis nicht mehr unverschuldet ist, der Rechtsanwalt also bei zu erwartender Sorgfalt die Fristversäumung hätte erkennen können (BGH NJW 2000, 592; 2001, 1430; NJW-RR 2002, 860; 2005, 76). Außerdem ist die Ausschlussfrist von 1 Jahr zu beachten (§ 234 Abs. 3 ZPO, Ausnahmen: BGH VersR 1987, 1237; NJW-RR 2004, 1437; jeweils mwN.). Die Form muss der der versäumten Prozesshandlung entsprechen, richtet sich also bei Versäumung eines Rechtsbehelfs nach den dafür geltenden Vorschriften, bei Einspruch nach § 340 ZPO, bei Berufung nach § 519 ZPO, bei der Berufungsbegründungsfrist nach § 520 ZPO; der Antrag auf Verlängerung der Berufungsbegründungsfrist ist kein Ersatz für die Berufungsbegründung (st. Rspr., BGH NJW 1999, 3051; FamRZ 2006, 1754).

Ohnehin kommt eine Verlängerung der Frist nicht in Betracht (§ 224 Abs. 2 Hs. 2 ZPO; vgl. *Zöller/Greger* § 234 Rdn. 7 a).

Für die Begründung des Wiedereinsetzungsgesuches verlangt die Rechtsprechung vom Anwalt eine sorgfältige und genaue Darstellung, die die organisatorischen Vorkehrungen und die tatsächlichen Abläufe verständlich und geschlossen schildert und verdeutlicht, auf welchen Umständen die Fristversäumung beruht (BGH NJW 2008, 3501). Die Darlegung muss innerhalb der Wiedereinsetzungsfrist erfolgen. Zwar kann das Vorbringen nach Fristablauf vervollständigt werden, soweit es erkennbar unklar oder ergänzungsbedürftig war (BGH NJW 1991, 1892; 1999, 2284; NJW-RR 2004, 282; NJW 2004, 367, 369), neues Vorbringen hat das Gericht jedoch nicht zu berücksichtigen, auch nicht in der Rechtsbeschwerde (BGH NJW 2004, 367, 369), zumal wenn es im Widerspruch zur ursprünglichen Sachdarstellung steht (BGH NJW 1991, 1892; 1997, 1709). Ein Wiedereinsetzungsantrag ist nicht erforderlich, wenn die Partei die versäumte Prozesshandlung nachgeholt hat und die Gründe für die unverschuldete Fristversäumung aktenkundig sind (BGH NJW-RR 2000, 1590; 2001, 77), er sollte aber gleichwohl gestellt werden.

Die Glaubhaftmachung der Wiedereinsetzungsgründe kann noch im Laufe des Verfahrens erfolgen (§ 236 Abs. 2 2. Halbs. ZPO), jedoch sollten die Mittel der Glaubhaftmachung bereits in der Antragsschrift bezeichnet werden (*Thomas/Putzo* § 236 Rdn. 7). Der Gegner hat im Wiedereinsetzungsverfahren Anspruch auf rechtliches Gehör (BVerfG NJW 1982, 2234).

Wenn sich die Partei nicht sicher ist, ob das eingelegte Rechtsmittel wegen Versäumung der Rechtsmittelfrist unzulässig ist, kann sie das Rechtsmittel verfolgen, aber für den Fall der Unzulässigkeit hilfsweise einen Antrag auf Wiedereinsetzung stellen. Ein solcher Hilfsantrag ist zulässig (vgl. BGH NJW 2008, 693; *Born* NJW 2009, 2179 Fn. 10).

3. Zuständig ist gemäß § 237 ZPO das Gericht, das über die nachgeholte Prozesshandlung zu entscheiden hat, bei versäumtem Einspruch also das Gericht, das das Versäumnisurteil erlassen hat. Bei versäumtem Einspruch gegen einen Vollstreckungsbescheid sind Wiedereinsetzungsantrag und Einspruch an das Mahngericht zu richten, das die Sache an das im Mahnbescheid bezeichnete Gericht abgibt.

4. Die versäumte Prozesshandlung, hier der Einspruch, ist innerhalb der Wiedereinsetzungsfrist nachzuholen, § 236 Abs. 2 S. 2 ZPO. Er sollte mit dem Wiedereinsetzungsantrag verbunden werden (*Thomas/Putzo* § 236 Rdn. 8).

5. Mit dem nachgeholten Einspruch sind Anträge und Einspruchsbegründung in der auch sonst erforderlichen Weise vorzutragen (vgl. Form. I. G. 5). Geschieht dies nicht mit dem Wiedereinsetzungsantrag, ist es innerhalb der Wiedereinsetzungsfrist nachzuholen, da sonst Zurückweisung als verspätet droht. Wurde die Berufungsbegründung versäumt, ist diese innerhalb der Wiedereinsetzungsfrist einzureichen (BGH NJW 1999, 3051; FamRZ 2006, 1754; NJW 2009, 442; vgl. *Zöller/Greger* § 236 Rdn. 8 a).

6. Der Gegenantrag geht dahin, „den Wiedereinsetzungsantrag zurückzuweisen und den Einspruch als unzulässig zu verwerfen", oder, wenn der Gegner den Antrag für unzulässig hält, „den Wiedereinsetzungsantrag und den Einspruch als unzulässig zu verwerfen".

7. Vgl. § 707 ZPO. Eine Einstellung ohne Sicherheitsleistung ist nur im Ausnahmefall des § 707 Abs. 1 S. 2 ZPO zulässig. Anträge hinsichtlich der Art der Sicherheitsleistung können und sollten bereits hier gestellt werden. Der Antragsteller kann nicht mit einer Einstellung rechnen, wenn entweder der Wiedereinsetzungsantrag oder der Einspruch aussichtslos ist oder noch nicht begründet wird.

8. Diese Möglichkeit sieht § 238 Abs. 1 S. 2 ZPO vor. Für sie spricht die Prozessökonomie. Will das Gericht die Wiedereinsetzung allerdings versagen, ist eine abgesonderte Entscheidung hierüber unzweckmäßig (vgl. *Thomas/Putzo* § 238 Rdn. 7).

9. Der Rechtsanwalt kann die Wiedereinsetzung nicht damit begründen, dass er selbst oder ein anderer von der Partei oder von ihm beauftragter Anwalt – gleich ob Sozius

(BGH NJW 1994, 257; 1995, 1841; NJW-RR 2003, 490; für überörtliche Sozietät BGH NJW 1994, 1878), Angestellter (BGH NJW-RR 1993, 892; NJW 2001, 1575; NJW-RR 2004, 993), Unterbevollmächtigter (BGH VersR 1984, 239), Verkehrsanwalt (BGH VersR 1994, 497; NJW-RR 2005, 143, 145) – oder ein juristischer Mitarbeiter (BGH NJW 2004, 2901) schuldhaft die Frist versäumt hat, § 85 Abs. 2 ZPO: Etwas anderes kann gelten, wenn dem weiteren Anwalt keine selbstständige, sondern nur eine untergeordnete Tätigkeit überlassen wurde (BGH VersR 1983, 83, 641; 1984, 240; NJW-RR 1992, 1019) oder wenn einem Sozius ein Einzelmandat erteilt wurde (BGH NJW 1991, 2294; NJW-RR 2003, 490). Mit einer unrichtigen, von ihm nicht überprüften Fristberechnung durch einen Referendar kann er sich nicht entlasten (BVerwG NJW 1991, 125). Der Rechtsanwalt muss also in einem Fall dieser Art darlegen, dass nicht ihn, sondern sein zuverlässiges Büropersonal ein Versehen trifft, und sich der Fehler trotz ausreichender Anleitung und Überwachung ereignet hat. Dazu ist es erforderlich,

a) die Organisation des Büros in Bezug auf die Wahrung von Notfristen und Rechtsmittelbegründungsfristen (Eintragung nebst Vorfrist, Löschung, Kontrolle einschl. Postausgangskontrolle; vgl. BGH NJW 2001, 1577; 2002, 443; 2003, 1815; 2004, 3491; NJW-RR 2004, 1714; 2005, 793 u. 862; 2008, 1160; BAG NJW 2003, 1269),

b) alle zwischen Beginn und Ende der versäumten Frist liegenden Umstände, die für die Frage bedeutsam sind, wie und durch wessen Verschulden die konkrete Frist versäumt wurde; vgl. BGH-NJW-RR 2005, 793,

c) die Umstände, aus denen sich die Wahrung der Zwei-Wochenfrist bzw. der Monatsfrist nach Behebung des Hindernisses ergibt; dabei kommt es vor allem auf den Zeitpunkt an, , zu dem die Fristversäumung erkannt wurde oder hätte erkannt werden können; vgl. BGH NJW-RR 2004, 282, 283,

d) die Zuverlässigkeit und Überwachung des betreffenden Angestellten (vgl. BGH NJW-RR 2001, 782; NJW 2002, 2180)

im Einzelnen vorzutragen und glaubhaft zu machen, und zwar tunlichst innerhalb der Wiedereinsetzungsfrist; zum Nachschieben von Gründen vgl. Anm. 2 und BGH NJW-RR 2004, 282, 283. Die Glaubhaftmachung kann durch eidesstattliche Versicherungen erfolgen, die spätestens im Termin vorliegen müssen. Auch die schlichte Erklärung der eigenen Partei kann zur Glaubhaftmachung zugelassen werden (BVerfG NJW-RR 2002, 1006).

Allerdings kann ein Wiedereinsetzungsgrund auch trotz fehlerhafter Büroorganisation vorgetragen werden:

- Wenn der Anwalt im Einzelfall einer zuverlässigen Kraft eine konkrete Einzelweisung erteilt hatte, die bei Befolgung die Fristwahrung sichergestellt hätte, kommt es auf die Büroorganisation nicht an (st. Rspr., vgl. BGH NJW 2000, 2823; NJW-RR 2001, 209; 2004, 711, 712; NJW 2004, 688, 689; 2008, 2589; aber auch BGH NJW-RR 2004, 1361; 2005, 215, 216; 2001, 872), Hierfür ist aber erforderlich, dass die Weisung sofort auszuführen war (BGH NJW 2008, 2589; 2009, 1083); andernfalls ist eine Kontrolle erforderlich, ob die Weisung ausgeführt wurde.
- Wenn der Anwalt glaubhaft macht, dass sich ein Verschulden i. S. des § 233 ZPO nicht auf die Fristversäumung ausgewirkt hat, so kann gleichwohl Wiedereinsetzung gewährt werden (BGH NJW 2000, 3649).

10. Zur Glaubhaftmachung durch anwaltliche Erklärungen vgl. *Zöller/Greger* § 236 Rdn. 7. Eine Glaubhaftmachung durch anwaltliche Versicherung wird anerkannt (OLG München MDR 1985, 1037; OLG Köln MDR 1986, 152). Es ist zweckmäßig, dass der Rechtsanwalt, der die Wiedereinsetzungsgründe glaubhaft machen kann, den Termin selbst wahrnimmt, damit er notfalls als präsenter Zeuge vernommen werden kann (§ 294 Abs. 2 ZPO).

11. Die eidesstattliche Versicherung seiner Angestellten oder der Partei darf nicht lediglich auf den Schriftsatz des Anwalts Bezug nehmen (vgl. BGH VersR 1988, 860 u.

2045; NJW 1996, 1682). Der Anwalt hat auch darauf zu achten, dass sein schriftsätzliches Vorbringen und seine eidesstattliche Versicherung bzw. die der Partei sich entsprechen; Widersprüche geben zu Lasten der Partei (BGH NJW 2002, 1429).

12. Vgl. Anm. 5.

Kosten und Gebühren

Das Verfahren verursacht keine besonderen Gerichts- und Rechtsanwaltsgebühren (vgl. *Zöller/Greger* § 238 Rdn. 12), es sei denn, der Anwalt ist nur mit der Wiedereinsetzung beauftragt (dann 0,8 Verfahrensgebühr nach VV 3403) § 238 Rdn. 19). Die durch das Verfahren entstandenen Auslagen des Gerichts und der Parteien trägt der Antragsteller ohne Rücksicht auf den Erfolg des Antrags, soweit sie nicht durch einen unbegründeten Widerspruch des Gegners entstanden sind (§ 238 Abs. 4 ZPO).

Fristen und Rechtsmittel

Der Rechtsanwalt muss zwei Fristen beachten:

- Zum einen muss die Wiedereinsetzungsfrist nach § 234 ZPO eingehalten werden (idR. zwei Wochen, bei den in § 234 Abs. 2 S. 2 ZPO genannten Begründungsfristen ein Monat, höchstens ein Jahr, näher Anm. 2).
- Zum anderen sollte der Anwalt, sobald er eine mögliche Fristversäumnis bemerkt, unverzüglich seinen Haftpflichtversicherer einschalten. Hierzu ist er nach § 153 Abs. 1 VVG und § 5 der AVB für die Vermögensschaden-Haftpflichtversicherung von Rechtsanwälten (AVB-A) verpflichtet; die Frist beträgt eine Woche (näher *Grams* MDR 2002, 1179).

Gegen die Gewährung der Wiedereinsetzung gibt es kein Rechtsmittel, § 238 Abs. 3 ZPO, selbst wenn die Rechtsbeschwerde fälschlich zugelassen wurde (BGH NJW 2003, 211); das gilt auch, wenn durch Zwischenurteil entschieden wird. Wird der Anspruch des Gegners auf rechtliches Gehör verletzt, kommt, entgegen der früheren Rechtsprechung (BVerfG NJW 1992, 2234; OLG Koblenz VersR 1997, 207) nur noch eine Anhörungsrüge des Gegners nach § 321 a ZPO in Betracht; sie kann nur erfolgreich sein, wenn die Wiedereinsetzung darauf beruht, dass dem Gegner rechtliches Gehör versagt wurde (BGH NJW-RR 2009, 642), wenn also sein Vorbringen zur Zurückweisung des Antrags geführt hätte. Bei Versagung der Wiedereinsetzung im Endurteil sind die gewöhnlichen Rechtsmittel gegeben. Wenn das Gericht die Wiedereinsetzung ablehnt und den Einspruch nach § 341 Abs. 2 ZPO durch Urteil verwirft, ist die Berufung das richtige Rechtsmittel. Wird die Wiedereinsetzung durch Beschluss zurückgewiesen, hat der Antragsteller die sofortige Beschwerde (vgl. *Thomas/Putzo* § 238 Rdn. 17). Neuer Vortrag über organisatorische Maßnahmen, auf deren Fehlen die Versagung der Wiedereinsetzung gestützt wurde, darf nach st. Rspr. nicht nachgeschoben werden (BGH NJW 2001, 1576, 1577). Wird die Berufung gem. § 522 Abs. 1 ZPO ohne mündliche Verhandlung verworfen und zugleich die Wiedereinsetzung versagt, ist nur die Rechtsbeschwerde nach § 574 ZPO gegeben (§§ 522 Abs. 1 S. 4 iVm. 238 Abs. 2 ZPO). Sie kann nicht auf neue Tatsachen gestützt werden (BGH NJW 2004, 367, 369; NJW-RR 2005, 435, 437). Auch eine neue eidesstattliche Versicherung kann nicht berücksichtigt werden (BGH NJW 2004, 3490, 3491). Werden Wiedereinsetzung und Rechtsmittel in getrennten Entscheidungen zurückgewiesen, muss unbedingt auch die Hauptsacheentscheidung angefochten werden.

2. Antrag auf Wiedereinsetzung bei Versäumung der Berufungsfrist[1, 2]

An das
Oberlandesgericht

Berufung und Wiedereinsetzungsantrag[3]

In der Sache ......
......

lege ich namens und in Vollmacht des Beklagten gegen das am ...... verkündete, dem Beklagten am ...... zugestellte Urteil des Landgerichts ......, Geschäfts-Nr......,

Berufung[4]

ein mit dem Antrag ......

Gleichzeitig wird beantragt,

dem Beklagten gegen die Versäumung der Berufungsfrist Wiedereinsetzung in den vorigen Stand zu gewähren.

Begründung:[5]

Der Beklagte war ohne sein Verschulden gehindert, die Berufungsfrist einzuhalten, denn er war auf Grund seiner persönlichen und wirtschaftlichen Verhältnisse nicht in der Lage, die Kosten der Prozessführung in der Berufungsinstanz aufzubringen. Aus diesem Grund hat der Beklagte innerhalb der Berufungsfrist mit Antrag vom ...... für die beabsichtigte Berufung Prozesskostenhilfe beantragt. Mit Beschluss vom ......, zugestellt am ......, wurde dem Beklagten die Prozesskostenhilfe mit der Begründung versagt, die Rechtsverteidigung biete keine hinreichende Aussicht auf Erfolg. Der Beklagte ist nicht dieser Auffassung und hat sich entschlossen, die Berufung auf eigene Kosten durchzuführen.

Rechtsanwalt

Schrifttum: Ganter, Wiedereinsetzung in den vorigen Stand wegen Versäumung der Berufungsbegründungsfrist ohne Nachholung der Berufungsbegründung, NJW 1994, 164; *Meyer,* Versäumung der Berufungsfrist wegen Beantragung von Prozesskostenhilfe, NJW 1995, 2139; vgl. im Übrigen Form. I. F. 1.

Anmerkungen

1. Vgl. zunächst die Hinweise zum vorstehenden Formular.

Die Versäumung der Berufungsfrist oder der Berufungsbegründungsfrist führt besonders oft zu Wiedereinsetzungsanträgen. Hierzu gibt es eine fast unübersehbare Rechtsprechung des Bundesgerichtshofes, die an die Prozessbevollmächtigten der Parteien strenge Anforderungen stellt. Bereits die Möglichkeit einer auf Verschulden beruhenden Versäumung der Frist schließt eine Wiedereinsetzung aus (BGH NJW 1992, 574; 1994, 2831). Folgende Fehlerquellen, die ein Verschulden des Anwalts begründen und einer Wiedereinsetzung entgegenstehen können, zeichnen sich als häufig ab:

a) Fehlerhafte Büroorganisation für die Notierung und die Kontrolle der Rechtsmittelfristen (vgl. die Hinweise zu Form. I. F. 1 Anm. 1 u. 9).

b) Fehlerhafte Büroorganisation für die Entgegennahme von Berufungsaufträgen (vgl. BGH NJW 1993, 3140; 1997, 1311; NJW 2001, 1576; 2001, 3195).

c) Falsche Adressierung oder sonstige Fehler der Rechtsmittelschrift (vgl. BAG NJW 2000, 1669; BGH NJW 1994, 1879 u. 3235; 1998, 908; 2009, 296; NJW-RR 2003, 277; 2004, 1148, 1149; BVerfG NJW 2001, 1343 u. 1566).

d) Einreichung der Rechtsmittelschrift bei unzuständigem Gericht (wirkt sich nur dann nicht aus, wenn die rechtzeitige Weiterleitung im ordentlichen Geschäftsgang möglich gewesen wäre, vgl. BVerfG NJW 1995, 3173; BGH NJW 2004, 516; NJW-RR 2004, 1655, 1656).

e) Verspätete oder nicht ordnungsgemäße Zuleitung an das Gericht (vgl. BGH 2005, 75, 76; NJW 2003, 2460; 2004, 2525, 2526; 2009, 296; BVerfG NJW 1983, 1479; zur Verspätung infolge Poststreiks vgl. BVerfG NJW 1994, 244 u. 1854; auf normale Postlaufzeiten darf sich der Anwalt verlassen, BGH NJW 1999, 2118; 2003, 3712; NJW-RR 2004, 1217; BVerfG NJW 2001, 744).

f) Fehler bei Rechtsmittelschriften durch Telefax (BVerfG NJW 1996, 2857; 2004, 2583; 2006, 829; BGH NJW 2006, 2263; 2007, 2778; 2008, 2508; BAG NJW 2001, 1594 u. 1595).

g) Mangelnde Verständigung zwischen Partei und erstinstanzlichem Anwalt (vgl. BGH VersR 1990, 189; NJW 1991, 109; 1997, 1311; 2000, 3143).

h) Missverständnisse im Verkehr zwischen der Partei bzw. dem erstinstanzlichen Anwalt und dem Prozessbevollmächtigten der 2. Instanz (vgl. BGH NJW 2000, 3071; 2001, 1576, 1579 u. 3195; NJW-RR 2001, 426; 2004, 1148).

i) Verschulden eines angestellten oder sonst eingeschalteten Anwalts (entlastet den Prozessbevollmächtigten nicht, es gilt § 85 Abs. 2 ZPO, und zwar auch im PKH-Verfahren (BGH NJW 2001, 2720; 2004, 2901; vgl. Form. I. F. 1 Anm. 9).

j) Unvollständiger oder verspäteter Antrag auf Prozesskostenhilfe für das Rechtsmittel (vgl. Form. I. C. 3; *Born* NJW 2007, 2179, 2180).

k) Fristüberschreitung wegen erwarteter Verlängerung der Berufungsbegründungsfrist (nach st. Rspr. kann der Berufungskläger darauf vertrauen, dass einem erstmals gestellten Verlängerungsantrag entsprochen wird, vgl. BGH NJW 1997, 400; 1999, 430; NJW-RR 2003, 861; 2004, 785; BVerfG NJW 1989, 1147; 2007, 3342; ein erst nach Fristablauf eingegangener Verlängerungsantrag kann die Wiedereinsetzung nicht mehr begründen, BGH VersR 1987, 808; NJW 1992, 842); zur Fristüberschreitung wegen falscher Adressierung des Verlängerungsantrags vgl. BGH NJW 2000, 2511.

l) Untätigkeit nach Mandatsniederlegung (vgl. BGH VersR 1987, 286 u. 1042; OLG Frankfurt VersR 1991, 897; BGH NJW 2008, 234).

m) Führung eines EDV-gestützten Fristenkalenders, BGH NJW 2001, 76; 2004, 2525; NJW-RR 2005, 793; NJW 2006, 3499; NJW-RR 2008, 878.

n) Fehler in Zusammenhang mit der Zustellung nach § 174 ZPO gegen Empfangsbekenntnis; vgl. BGH NJW 2000, 2112; 2002, 860 u. 2252; 2003, 435 u. 2460; NJW-RR 2005, 76; NJW 2009, 855).

o) Durch missverständliches Verhalten des Gerichts veranlasste Fristüberschreitung; vgl. BVerfG NJW 2004, 2887; 2005, 3346; 2006, 829; BGH NJW-RR 2004, 408; 2004, 785; 2004, 1714, 1715; 2008, 878; NJW 2006, 3499.

Zu Einzelheiten vgl. auch *Zöller/Greger* § 233 Rdn. 23.

2. Das Beispiel betrifft den Fall, dass der Berufungskläger zunächst einen Antrag auf Prozesskostenhilfe gestellt hat (vgl. Form. I. C. 3) und nach Entscheidung hierüber die Berufung durchführen will. War der Rechtsmittelkläger nach seinen persönlichen und wirtschaftlichen Verhältnissen (§ 114 ZPO) hierzu nicht in der Lage, so liegt ein Wiedereinsetzungsgrund vor, wenn innerhalb der Rechtsmittelfrist ein ordnungsgemäßer Antrag auf Prozesskostenhilfe gestellt war (vgl. Anm. 1 j und Form. I. C. 3; *Thomas/Putzo* § 233 Rdn. 37). Auch wenn Prozesskostenhilfe versagt wurde, der Antragsteller sich aber entschließt, das Rechtsmittel auf eigene Kosten einzulegen, kann er Wiedereinsetzung beantragen. Das gilt auch dann, wenn der Antragsteller noch hätte Berufung einlegen können, weil der ablehnende Beschluss noch kurz vor Ablauf der Berufungsfrist zugestellt wurde (BGH NJW 2004, 2902; 1986, 257). Wurde Prozesskostenhilfe allerdings abgelehnt, weil dem Antragsteller ausreichend eigene Mittel zur Verfügung standen, hängt eine

Wiedereinsetzung davon ab, ob er oder sein Prozessbevollmächtigter (nach BGH NJW 2001, 2720 gilt § 85 Abs. 2 ZPO) vernünftigerweise annehmen durfte, er sei zur Berufungseinlegung finanziell nicht in der Lage gewesen (BGH NJW 1997, 1078; 2001, 2720, 2721). Prozesskostenhilfe kann nur dann gewährt werden, wenn die Partei (oder ihr Rechtsanwalt) vernünftiger Weise nicht mit einer Verweigerung mangels Bedürftigkeit rechnen musste und davon ausgehen durfte, die Voraussetzungen für die Gewährung (Erklärung nach § 117 Abs. 2 ZPO und die dazu gehörenden Belege) dargetan zu haben (st. Rspr.; BGH NJW 2009, 854; NJW RR 2008, 942, 1306 u. 1518; 2009, 563. Eine Bezugnahme auf die im ersten Rechtszug übersandte Erklärung reicht nur, wenn der Antragsteller unmissverständlich mitteilt, dass sich seither nichts geändert habe (BGH NJW 1997, 1078; FamRZ 2004, 1961).

Besonders zu beachten ist in einem solchen Fall die Einhaltung der Wiedereinsetzungsfrist, die hier einen Monat beträgt (§ 234 Abs. 1 S. 2 ZPO). Wird Prozesskostenhilfe bewilligt, beginnt die Frist mit Bekanntgabe an die Partei bzw. ihren Prozessbevollmächtigten (vgl. *Thomas/Putzo* § 234 Rdn. 9; einer förmlichen Zustellung bedarf es nicht, BGH VersR 1994, 1324). Wird der Antrag auf Prozesskostenhilfe zurückgewiesen, beginnt die Frist nach Kenntnisnahme vom Beschluss, wobei eine kurze Überlegungsphase von etwa drei Tagen (BGH NJW 2001, 2262; MDR 2008, 99) zugebilligt wird. Es soll genügen, innerhalb der Wiedereinsetzungsfrist zunächst eine Gegenvorstellung zu erheben und die Wiedereinsetzung erst nach der Entscheidung darüber zu beantragen (BGH NJW 2001, 2262); hierauf sollte sich die Partei aber nicht verlassen.

Die Frist kann schon vor Bekanntgabe des Beschlusses beginnen, so wenn der Partei ein gerichtlicher Hinweis zugeht, nach dem sie nicht mehr mit der Bewilligung rechnen kann (BGH NJW 2009, 854; NJW-RR 2007, 793). Auch wenn der Antragsteller eine Auflage des Gerichts nicht erfüllt, kann die finanzielle Verhinderung bereits vor der Entscheidung entfallen mit der Folge, dass die Frist schon vor der Entscheidung über die Prozesskostenhilfe beginnt (BGH VersR 1981, 577 u. 678). Zu den besonderen Problemen bei der Berufungsbegründungsfrist vgl. Anm. Rechtsmittel und Fristen.

3. Wiedereinsetzungsantrag und Berufung sind tunlichst miteinander zu verbinden, vgl. Form. I. F. 1 Anm. 4. Da die Berufung wirksam nur durch einen beim Berufungsgericht zugelassenen Anwalt eingelegt werden kann, gilt das auch für das Wiedereinsetzungsgesuch (§ 236 Abs. 1 ZPO).

4. Zu den Formalien der Berufung vgl. Form. I. O. 1. Ein bestimmter Berufungsantrag ist nur erforderlich, wenn die Berufung mit demselben Schriftsatz begründet wird (§ 520 Abs. 3 Nr. 1 ZPO). Zur Fassung des Antrags vgl. Form. I. O. 2.

5. Auch wenn Prozesskostenhilfe wegen mangelnder Erfolgsaussicht abgelehnt wurde, kann der Antragsteller Wiedereinsetzung verlangen (st. Rspr., vgl. BGH NJW-RR 2001, 570; *Zöller/Greger* § 234 Rdn. 8). Hinsichtlich der Erfolgsaussichten bedarf es nicht einmal einer sachlichen Begründung im Prozesskostenhilfegesuch (BGH aaO.). Im Beispielsfall sollte der Antragsteller auf das Prozesskostenhilfeverfahren Bezug nehmen und die für die Fristeinhaltung maßgeblichen Daten nennen. Eine Glaubhaftmachung erübrigt sich hier, da sich die notwendigen Angaben aus den Akten ergeben. Wurde die Prozesskostenhilfe hingegen versagt, weil der Antragsteller nicht hinreichend bedürftig ist, muss zusätzlich dargelegt und glaubhaft gemacht werden, warum er annehmen durfte, zur Berufungseinlegung finanziell nicht in der Lage zu sein (BGH NJW 1997, 1078; 2001, 2720; 2002, 2793).

Die Berufung selbst kann bereits mit diesem Schriftsatz begründet werden, sonst ist auf die Einhaltung der Begründungsfrist zu achten. Auf keinen Fall darf die Partei die Entscheidung über die Wiedereinsetzung abwarten (s. „Fristen und Rechtsmittel“).

Fristen und Rechtsmittel

Zur Wiedereinsetzungsfrist vgl. Anm. 2 und die Hinweise zu Form. I. F. 1. Die Jahresfrist des § 234 Abs. 3 ZPO gilt nicht, wenn über ein fristgerechtes Wiedereinsetzungsgesuch noch nicht entschieden wurde (vgl. BGH VersR 1987, 1237; 2008, 878). Innerhalb der einmonatigen Wiedereinsetzungsfrist nach § 234 Abs. 1 S. 2 ZPO muss auch die Berufung begründet werden. Eine Verlängerung der Frist ist im Gesetz nicht vorgesehen. Problematisch ist der Fristbeginn. für die nach § 236 ZPO mit dem Wiedereinsetzungsantrag zu verbindende Berufungsbegründung. Hier ist die gesetzgeberische Absicht nicht eindeutig (vgl. *Zöller/Greger* § 234 Rdn. 8). Nach dem großzügigeren Verständnis des 11. Zivilsenats (BGH NJW 2007, 3334) beginnt die Frist erst mit Mitteilung der Entscheidung über die Wiedereinsetzung, um der bedürftigen Partei jedenfalls einen Monat Zeit für die Berufungsbegründung zu geben. Eine andere Auffassung scheint der 12. Zivilsenat zu haben (BGH NJW-RR 2008, 1313): Dort wird in einem ausführlichen obiter dictum begründet, dass die Monatsfrist, wie sonst auch, mit dem Zeitpunkt beginnen soll, in dem das Hindernis entfallen ist, nämlich bereits mit Bekanntgabe der PKH-Entscheidung. Die Frist für die Begründung der Rechtsbeschwerde lässt der 9. Zivilsenat ebenfalls mit der Bekanntgabe der Gewährung von Prozesskostenhilfe beginnen (BGH NJW 2008, 3500). Hiervon sollte der Antragsteller ausgehen und die Wiedereinsetzung zusammen mit der Berufungsbegründung bzw. der Rechtsbeschwerdebegründung innerhalb der Monatsfrist beantragen.

Hatte die Partei allerdings ein inhaltlich den Anforderungen einer Berufungsbegründung nach § 520 Abs. 3 ZPO entsprechendes, von einem beim Berufungsgericht zugelassenen Rechtsanwalt unterzeichnetes Prozesskostenhilfegesuch eingereicht, nahm die Rechtsprechung früher an, dass es im Zweifel auch als Berufungsbegründung dienen soll, sofern nicht ein anderer Wille des Rechtsmittelführers erkennbar ist (BGH NJW-RR 1998, 1362; 2001, 789).

Zu den Rechtsmitteln vgl. Form. I. F. 1. Das Berufungsgericht entscheidet meist durch Beschluss nach § 522 ZPO ohne mündliche Verhandlung; wird die Berufung darin als unzulässig verworfen, hat der Antragsteller die Rechtsbeschwerde nach §§ 574 ff. ZPO, ohne dass es einer Zulassung bedarf (§ 522 Abs. 1 S. 4 ZPO).

3. Antrag auf öffentliche Zustellung von Klageschrift und Ladung[1]

An das
Landgericht

In der Sache
……
wird auf die Mitteilung des Gerichts, dass die Ladung nicht zugestellt werden konnte, beantragt,

1. den Termin vom …… aufzuheben[2],
2. einen neuen Termin zu bestimmen

und die öffentliche Zustellung der Klageschrift und der Ladung zu diesem Termin zu bewilligen[3]
Um eine Entscheidung ohne mündliche Verhandlung wird gebeten[4].

Begründung[5]:

Der Aufenthalt des Beklagten ist unbekannt. Wie sich aus der Mitteilung des Gerichts ergibt, ist der Beklagte nach Auskunft der Post unbekannt verzogen. Dies wird durch die als
– Anlage 1 –

beigefügte schriftliche Erklärung seines Vermieters vom …… bestätigt, wonach der Beklagte seine bisherige Wohnung ohne Angabe einer neuen Anschrift unter Hinterlassung von Mietschulden aufgegeben hat. Der Vermieter hat darin weiter erklärt, dass ihm keine Personen bekannt seien, die um den Aufenthalt des Beklagten wissen könnten.

Eine Anfrage beim Einwohnermeldeamt blieb, wie aus der

– Anlage 2 –

ersichtlich ist, erfolglos.

Sollte das Gericht weitere Angaben für erforderlich halten, wird um einen Hinweis gebeten[6].

Rechtsanwalt

Schrifttum: Fischer, Die öffentliche Zustellung im Zivilprozess, ZZP 107 (1994) 163; *Gaul,* Nichtigkeitsklage bei erschlichener oder fehlerhaft bewilligter öffentlicher Zustellung wegen Gehörsverletzung, JZ 1993, 1088; *Finger,* Öffentliche Zustellung und Datenschutz bei familiengerichtlichen Verfahren, NJW 1985, 2684; *Geimer,* Öffentliche Zustellung an Empfänger im Ausland, Anm. zu AG Bonn NJW 1991, 1431; *Bindseil,* Öffentliche Zustellung bei Wohnsitz des Antragsgegners im Ausland, NJW 1991, 3071; *Guttenberg,* Öffentliche Zustellung und Wiedereinsetzung in den vorigen Stand, MDR 1993, 1049.

Anmerkungen

1. Bei unausführbarer Zustellung an den Gegner ist die öffentliche Zustellung gem. §§ 185 bis 188 ZPO die einzige Möglichkeit, zu einem Titel zu gelangen. Die öffentliche Zustellung ist zulässig

- bei unbekanntem Aufenthalt, § 185 Nr. 1 ZPO,
- bei unausführbarer Auslandszustellung, § 185 Nr. 3 ZPO,
- bei aussichtsloser Auslandszustellung, § 185 Nr. 3 ZPO (vgl. BGH NJW-RR 2009, 855 OLG Köln NJW-RR 1998, 1683, 1684), wobei ein Zeitraum von sechs bis neun Monaten nicht ausreicht (BGH aaO.), Auch ein Jahr soll noch keine unzumutbare Verzögerung darstellen (OLG Köln MDR 2008, 1061),
- bei exterritorialer Wohnung (vgl. *Thomas/Putzo* § 185 Rdn. 11).

Seit Inkrafttreten des MoMiG (1. 11. 2008) ist eine öffentliche Zustellung auch an juristische Personen möglich, die zur Anmeldung einer inländischen Anschrift zum Handelsregister verpflichtet sind (zB. nach § 10 Abs. 1 GmbHG), aber postalisch nicht erreichbar sind (§ 185 Nr. 2 ZPO).

Eine öffentliche Zustellung ist in jeder Verfahrensart der ZPO mit Ausnahme des Mahnverfahrens möglich, auch in der freiwilligen Gerichtsbarkeit (BayObLG NJW-RR 2000, 1452) und in der Zwangsvollstreckung (BGH MDR 2003, 708). Im Rahmen des § 168 ZPO hat das Gericht auch über die öffentliche Zustellung von Amts wegen zu entscheiden (vgl. *Zöller/Stöber* § 186 Rdn. 2). Die Partei kann sich aber nicht darauf verlassen, dass das Gericht ohne Antrag tätig wird und die Voraussetzungen von sich aus ermittelt. Die Bewilligung der öffentlichen Zustellung durch das Gericht erfolgt durch Beschluss. Ausführung, Inhalt und Zeitpunkt der öffentlichen Zustellung sind in §§ 186 bis 188 ZPO geregelt. In Abweichung von der älteren Rechtsprechung (BGHZ 57, 108, 110; kritisch schon BGH NJW 1992, 2280) hat der BGH die Wirksamkeit der öffentlichen Zustellung abgelehnt, wenn die Voraussetzungen nach § 203 ZPO (jetzt § 185 ZPO) nicht vorlagen und das die öffentliche Zustellung bewilligende Gericht dies hätte erkennen können (BGH NJW 2002, 827, 830; vgl. auch BayObLG NJW-RR 2000, 145 aA. noch OLG Stuttgart NJW 2002, 2329). Wenn allerdings der Empfänger zielgerichtet versucht hat, die Zustellung zu verhindern, kann er sich nicht auf die Unwirksamkeit berufen (BGH NJW 2008, 1310). Hat der Antragsteller die öffentliche Zustellung mit falschen Angaben erschlichen, ohne dass das Gericht dies erkennen konnte, ist die Zustellung gleichwohl wirksam (BGH NJW 2003, 1326). Der Gegner kann sich auch nicht mit einer Nichtigkeitsklage analog § 579 Abs. 1 Nr. 4 ZPO wehren (BGH NJW 2007, 303). Die Rechtsprechung hilft dem Zustellungsempfänger damit, dass dann, wenn die Voraussetzungen einer öffentlichen Zustellung für das Gericht erkennbar nicht vorlagen, die Rechtsmittelfristen nicht in Gang gesetzt werden (BGH aaO.). Sonst bleibt ihm nur die Möglichkeit der Wiedereinsetzung, die allerdings durch die Jahresfrist des § 234 Abs. 3 ZPO begrenzt ist (vgl. OLG Hamm NJW 1998, 497). Außerdem kann er sich mit § 826 BGB gegen den erschlichenen Titel zur Wehr setzen (BGH NJW 2003, 1326, 1328).

2. Die Terminsaufhebung ist idR. erforderlich, weil die öffentliche Zustellung erhebliche Zeit erfordert.

3. Es ist darauf zu achten, dass sowohl die Zustellung der Klageschrift als auch die der Ladung bewilligt wird; andernfalls kann im Termin kein Versäumnisurteil ergehen. Zur öffentlichen Zustellung eines Versäumnisurteils vgl. Form. I. G. 1.

4. Die mündliche Verhandlung ist freigestellt, § 186 Abs. 1 S. 2 ZPO, und meist entbehrlich.

5. Zur Darlegung des unbekannten Aufenthalts vgl. *Zöller/Stöber* § 185 Rdn. 2; *Thomas/Putzo* § 185 Rdn. 7. Die Anfrage beim Einwohnermeldeamt allein dürfte nicht genügen; die Praxis der Gerichte ist jedoch unterschiedlich. Das BVerfG stellt im Hinblick auf Art. 103 GG strenge Anforderungen (NJW 1988, 2361; 1992, 2280); neben Anfragen beim Einwohnermeldeamt und bei der Post sind auch Nachforschungen zB. beim Vermieter zu empfehlen (vgl. KG MDR 1998, 124; OLG Frankfurt MDR 1999, 1402; wesentlich großzügiger OLG Naumburg NJW-RR 2001, 1148). Geht es um die Zustellung eines Pfändungs- und Überweisungsbeschlusses, soll die Vorlage einer aktuellen Auskunft des Einwohnermeldeamtes und des Postamtes genügen (BGH NJW 2003, 1530). Ein Rechtsanwalt, der Kenntnis von einer zustellungsfähigen Anschrift hat aber gleichwohl für einen Mandanten die öffentliche Zustellung beantragt, handelt sittenwidrig (OLG Düsseldorf NJW-RR 2000, 875). Zum unbekannten Aufenthalt eines ausländischen Ehegatten vgl. OLG Stuttgart FamRZ 1991, 342. Das Gericht darf die öffentliche Zustellung nicht mit der Begründung ablehnen, dass die internationale Zuständigkeit oder eine andere Prozessvoraussetzung fehlt (vgl. OLG Köln MDR 2003, 230).

6. Dieser Satz empfiehlt sich, um eine Ablehnung zu vermeiden, wenn das Gericht dem Antrag ohne weitere Nachweise nicht stattgeben will.

Kosten und Gebühren

Auslagen für die Veröffentlichung der Benachrichtigung im elektronischen Bundesanzeiger und ggf. in anderen Blättern (vgl. § 187 ZPO) werden vom Gericht in voller Höhe erhoben (KV Nr. 9004). Für den Rechtsanwalt ist das Verfahren mit der Gebühr nach VV 3100 abgegolten.

Fristen und Rechtsmittel

Gegen den ablehnenden Beschluss sofortige Beschwerde gem. § 567 Abs. 1 Nr. 2 ZPO; der bewilligende Beschluss ist unanfechtbar. Lagen die Voraussetzungen für die Bewilligung nicht vor, kommt eine Wiedereinsetzung in Betracht, wenn die durch die Zustellung in Lauf gesetzte Frist versäumt wird (vgl. OLG Köln NJW-RR 1993, 446). Das gilt insbesondere, wenn der Antragsteller die öffentliche Zustellung in Kenntnis des Aufenthaltsorts erwirkt hat (BGH NJW 1992, 2280).

4. Antrag auf Zustellung im Ausland[1, 2] und Festsetzung der Einlassungsfrist[3]

An das
Landgericht

Klage

In der Sache

……

erhebe ich namens des Klägers Klage und beantrage,

……

Es wird weiter beantragt,

die Zustellung der Klageschrift und der Ladung im Ausland zu vermitteln sowie die Einlassungsfrist für den Beklagten auf einen Monat festzusetzen.

Außerdem wird beantragt,

gegenüber dem Beklagten anzuordnen, innerhalb einer angemessenen Frist einen Zustellungsbevollmächtigten im Inland zu benennen[4].

Begründung[5]:

……

Schrifttum: Kondring, Voraussetzungen, Wirkung, Wirksamkeit und Rechtswirkung der Zustellung, IPRax 2007, 138; *Heger,* Europa ganz praktisch – Das Gesetz zur Verbesserung der grenzüberschreitenden Forderungsdurchsetzung und Zustellung, DStR 2009, 435; *Heidrich,* Amts- und Parteizustellungen im Internationalen Rahmen, EuZW 2005, 743; *Jashow,* Auslandszustellung im Zivilverfahren – Erste Praxiserfahrungen mit der EG-Zustellungsverordnung, NJW 2002, 3382; *Piltz,* Vom EuGVÜ zur Brüssel-I-Verordnung, NJW 2002, 789; *Heß,* Neues deutsches und europäisches Zustellungsrecht, NJW 2002, 1419; *ders.,* Die Zustellung von Schriftstücken im europäischen Justizraum, NJW 2001, 15; *Möller,* Auslandszustellung durch den Gerichtsvollzieher, NJW 2003, 1571; *Brand,* Die Verjährungsunterbrechung nach § 167 ZPO bei der Auslandszustellung, NJW 2004, 1138; *Pfennig,* Zur Vorwirkung bei „Demnächst"-Zustellungen im Ausland, NJW 1989, 2172.

Anmerkungen

1. Für Zustellungen im Ausland gilt § 183 ZPO, neugefasst durch das „Gesetz zur Verbesserung der grenzüberschreitenden Forderungsdurchsetzung und Zustellung", in Kraft seit 13. 11. 2008. Die Vorschrift bringt eine Erleichterung für die Zustellung an Personen, die in Staaten leben, in die auf Grund völkerrechtlicher Vereinbarungen Schriftstücke unmittelbar durch die Post übersandt werden dürfen (vgl. für EG-Staaten EG-ZustellungsVO Nr. 1393, *Zöller/Geimer* Anh. II B.; für andere Staaten Haager Zustellungsübereinkommen vom 15. 11. 1965, *Zöller/Geimer* § 183 Rdn. 6; für weitere Abkommen *Zöller/Geimer* § 183 Rdn. 101 mwN.).

§ 183 ZPO gilt sowohl für die Zustellung von Amts wegen als auch für die auf Betreiben der Partei (§ 191 ZPO, vgl. *Zöller/Geimer* § 183 Rdn. 1d). Die Vorschrift eröffnet mehrere Wege für die Zustellung im Ausland:

a) Als Normalfall sieht § 183 Abs. 1 ZPO die Zustellung per Einschreiben mit Rückschein an. Voraussetzung hierfür ist, dass völkerrechtliche Vereinbarungen die Zustellung durch die Post an den Empfängerstaat zulassen. Dennoch bleibt zu prüfen, ob dieser Weg richtig ist; denn es ist nicht immer gesichert, ob aus einem daraufhin ergehenden Versäumnisurteil vollstreckt werden könnte (vgl. OLG Celle NJW 2004, 2315).

b) Nach § 183 Abs. 1 S. 1 Hs. 2 ZPO kann die Zustellung auf Ersuchen des Vorsitzenden des Prozessgerichts durch die Behörden des ausländischen Staates erfolgen. Diese Möglichkeit ist nach der Gesetzessystematik nachrangig, entspricht aber wohl noch verbreiteter Praxis (*Zöller/Geimer* § 183 Rdn. 1b).

c) Ist die Zustellung nach § 183 Abs. 1 ZPO nicht möglich, weil völkerrechtliche Verträge nicht bestehen oder die Behörden des Empfangsstaates zur Rechtshilfe nicht bereit sind, kann die Zustellung auf diplomatischem Wege erfolgen (vgl., auch zu weiteren Gründen, *Zöller/Geimer* § 183 Rdn. 1c).

d) Innerhalb der EU ist es nach Art. 14 EuGZVO, VO Nr. 1393 vom 13. 11. 2007 (abgedruckt bei *Zöller/Geimer* Anh. II.B) zulässig, gerichtliche Schriftstücke durch Einschreiben mit Rückschein oder gleichwertigem Beleg zustellen zu lassen. Diese VO hat die frühere VO (EG) Nr. 1348/2000 abgeändert; auf sie verweist § 183 Abs. 5 ZPO. Daneben ist nach Art 15 EuGZVO eine Zustellung durch Amtspersonen etc. des Empfangsstaates möglich, wenn das Recht des Empfangsstaates eine solche Zustellung zulässt. Im Gegensatz zum früheren Recht (Art. 15 Abs. 2 aF.) können die Mitgliedsstaaten solche Zustellungen nicht mehr für ihr Hoheitsgebiet untersagen. Die Durchführung der Zustellung richtet sich nach §§ 1068 Abs. 1, 1069 Abs. 1 ZPO. Nur in Ausnahmefällen gestattet Art. 12 EuGZVO noch eine Zustellung auf diplomatischem Wege.

Das Beispiel betrifft den Fall b).

2. Da Klageschrift und Ladung grundsätzlich von Amts wegen zuzustellen sind, wird auch die Zustellung im Ausland von Amts wegen vermittelt. Die Art und Weise der Zustellung ist unterschiedlich geregelt. Es empfiehlt sich, vor Einreichung der Klageschrift beim jeweiligen Gericht in Erfahrung zu bringen, in welcher Anzahl und Form Abschriften eingereicht werden sollen, ob es zweckmäßig ist, der Klageschrift Anlagen beizufügen, wieweit eine Übersetzung erforderlich ist und wer diese veranlasst, welche Kosten entstehen und wie lange die Zustellung dauern wird. Es ist eine Frage des Einzelfalles, ob nicht, selbst wenn ein deutsches Gericht zuständig wäre, eine Klage vor dem ausländischen Gericht durch einen dortigen Rechtsanwalt vorzuziehen ist. Trotz der langen Dauer kann eine Auslandszustellung aber „demnächst" iSd. § 167 ZPO sein (BGH NJW 2003, 2830 noch zu § 270 Abs. 3 ZPO aF.). Jedoch sollte der Kläger, der eine Frist wahren muss, alles tun, um eine schnelle förmliche Zustellung entsprechend den zwischenstaatlichen Bestimmungen sicherzustellen (vgl. OLG Schleswig NJW 1988, 3105; dazu *Pfennig* NJW 1989, 2172). Bei unzumutbarer Dauer oder Scheitern der Auslandszustellung ist zu überlegen, ob eine Bewilligung der öffentlichen Zustellung beantragt werden soll (§ 185 Nr. 2 ZPO, vgl. *Zöller/Stöber* § 185 Rdn. 3; BGH NJW-RR 2009, 855; OLG Köln NJW-RR 1998, 1683, 1684).

3. Vgl. § 274 Abs. 3 S. 2 ZPO. Der Antrag soll sicherstellen, dass das Gericht die von Amts wegen vorzunehmende Bestimmung nicht unterlässt, was ua. ein Versäumnisurteil verhindern würde. Die Frist sollte nicht nur auf die gesetzliche Mindestfrist von zwei Wochen festgesetzt werden, weil sich dann Schwierigkeiten bei der Zwangsvollstreckung im Ausland ergeben könnten.

4. Dieser Antrag betrifft die Zustellung späterer Schriftstücke, für die nach § 184 Abs. 1 ZPO eine erleichterte Zustellung möglich ist. Wenn der Gegner einen inländischen Zustellungsbevollmächtigten benennt, kann an diesen zugestellt werden (§ 184 Abs. 1 ZPO).

Andernfalls kann das Gericht anordnen, dass der Gegner innerhalb einer angemessenen Frist einen Zustellungsbevollmächtigten benennt. Kommt der Gegner dieser Anordnung nicht nach, so können spätere Zustellungen durch Aufgabe des Schriftstückes zur Post bewirkt werden (§ 184 Abs. 1 S. 2 ZPO). Einen entsprechenden Antrag kann der Kläger bereits mit der Klageschrift stellen. Die Entscheidung liegt im pflichtgemäßen Ermessen des Gerichts (*Zöller/Stöber* § 184 Rdn. 3). § 184 greift nur ein, wenn schon ein Prozessrechtsverhältnis besteht. Das verfahrenseinleitende Schriftstück darf nicht durch Aufgabe zur Post zugestellt werden (OLG Düsseldorf, NJW-RR 2009, 1522). Darüber hinaus ist nicht unbestritten, ob § 184 ZPO auch im Anwendungsbereich der EuGZVO gilt (vgl. *Zöller/Geimer* § 183 Rdn. 79 a). Eine spätere Klageerhöhung sollte jedenfalls nicht durch Aufgabe zur Post zugestellt werden, selbst wenn dies möglich wäre; das könnte eine Vollstreckung im Ausland gefährden (vgl. *Zöller/Geimer* § 183 Rdn. 81 f.; *Heß* NJW 2001, 15). Hierfür sollte der Kläger die Zustellung nach § 183 ZPO beantragen.

5. Hier sollte auch die örtliche Zuständigkeit des angerufenen Gerichts sorgfältig dargelegt und nachgewiesen werden, damit ein Versäumnisurteil hieran nicht scheitert.

Kosten und Gebühren

Auslagen können insbesondere durch Kosten des Rechtshilfeverkehrs mit dem Ausland entstehen (KV Nr. 9013); sie werden in voller Höhe erhoben.

5. Antrag auf Fristverlängerung[1, 2]

An das
Landgericht

In der Sache

……

zeige ich an, dass ich den Beklagten vertrete.
Ich werde beantragen:

1. Die Klage wird abgewiesen[3].
2. ……

Im Übrigen wird beantragt,
die Frist zur Klageerwiderung um zwei Wochen zu verlängern[4].

Begründung[5]:

Der Beklagte ist durch die Klageerhebung überrascht worden. Bei Zustellung der Klageschrift befand er sich unmittelbar vor Antritt einer nicht aufschiebbaren Reise, von der er am …… zurückkehren wird. Eine hinreichende Information seines Prozessbevollmächtigten war ihm vorher nicht mehr möglich.
Sollte das Gericht zur Begründung des Antrags weitere Glaubhaftmachung für erforderlich halten, wird um einen Hinweis gebeten.

Rechtsanwalt

Anmerkungen

1. Eine Verlängerung von gesetzlichen und richterlichen Fristen ist nach § 224 Abs. 2 ZPO aus erheblichen Gründen möglich, für Notfristen jedoch ausgeschlossen. Gesetz-

liche Fristen können nur verlängert werden, wenn dies im Gesetz besonders bestimmt ist (zur Verlängerung der Einspruchsbegründungsfrist vgl. Form. I. G. 5 Anm. 14). Die Fristverlängerung kann nicht allein damit begründet werden, dass die Frist in die Ferienzeit vom 1. Juli–31. August fällt (anders § 227 Abs. 3 ZPO für die Terminsverlegung). Das Gesetz verlangt Glaubhaftmachung des Grundes, sie ist jedoch in der Praxis meist nicht in der Form des § 294 ZPO erforderlich (vgl. *Baumbach/Lauterbach/Albers/Hartmann* § 224 Rdn. 7), anders jedoch, wenn das Gericht eine Glaubhaftmachung ausdrücklich verlangt (*Zöller/Stöber* § 224 Rdn. 6). Dem Antragsteller ist zu raten, vor Fristablauf beim Gericht in Erfahrung zu bringen, ob dem Antrag stattgegeben wird; ist dies nicht der Fall, muss er sich zur Vermeidung von Rechtsnachteilen innerhalb der Frist äußern, soweit ihm dies möglich ist.

2. Eine Abkürzung von richterlichen und gesetzlichen Fristen ist nach § 224 Abs. 2 ZPO gleichfalls möglich, in der Praxis aber selten. Zum Antrag auf Abkürzung der Einlassungsfrist vgl. Form. I. Q. 3 Anm. 9.

3. Der Sachantrag sollte nur gestellt werden, wenn ein Anerkenntnis nicht in Betracht kommt.

4. Der Antrag ist schriftlich zu stellen (BGH NJW 1985, 1558); er unterliegt dem Anwaltszwang. Ein nur telefonischer Antrag ist unwirksam, der Verlängerungsbeschluss heilt aber einen solchen Mangel (BGH aaO.). Auf eine telefonisch durchgegebene Verlängerung darf sich der Anwalt verlassen (vgl. *Zöller/Gummer* § 520 Rdn. 18; BGH NJW 1998, 1155). Die Klageerwiderungsfrist gem. § 277 Abs. 3 ZPO, um die es im Beispiel geht, ist eine richterliche Frist iSd. § 224 Abs. 2 ZPO. Hat das Gericht bereits einen Termin bestimmt, der im Falle der Fristverlängerung sinnlos wäre, empfiehlt sich eine Verbindung mit einem Antrag auf Terminsverlegung (Form. I. F. 6; vgl. OLG Hamm NJW-RR 1992, 121).

5. Hier sind die erheblichen Gründe iSd. § 224 Abs. 2 ZPO darzulegen. Ein unbegründeter Antrag hat keine Aussicht auf Erfolg. Die Begründung muss ausschließen, dass der Antrag auf Fristverlängerung gestellt wird, weil der Rechtsanwalt verspätet beauftragt oder nicht rechtzeitig informiert wurde, obwohl dies zumutbar gewesen wäre. Erhebliche Gründe für eine Fristverlängerung sind zB. Arbeitsüberlastung (BVerfG NJW 2000, 1634), Erkrankung des Personals oder auch Schwierigkeiten bei der Informationsbeschaffung (vgl. *Zöller/Gummer* § 520 Rdn. 19 mwN.). Zusätzlich kann es zweckmäßig sein, das Einverständnis des Gegners mit der Fristverlängerung einzuholen und dem Gericht mitzuteilen; das Gericht ist zwar nicht an das Einvernehmen der Parteien gebunden, wird es aber mitberücksichtigen (§ 227 Abs. 1 Nr. 3 ZPO entspr.). Einem Antrag auf wiederholte Fristverlängerung darf das Gericht nur nach Anhörung des Gegners stattgeben (§ 225 Abs. 2 ZPO). In einem solchen Fall empfiehlt es sich immer, vorher das kollegiale Einverständnis des Gegners herbeizuführen und vorzutragen.

Bei einem ersten Antrag auf Verlängerung der Berufungsbegründungsfrist darf der Antragsteller regelmäßig darauf vertrauen, dass die Frist verlängert wird (st.Rspr., vgl. BGH NJW-RR 2009, 933). Wird die Verlängerung nicht gewährt, kann ihm Wiedereinsetzung bewilligt werden (BGH aaO.).

Fristen und Rechtsmittel

Der Antrag muss vor Ablauf der Frist gestellt sein. Es genügt, wenn er bis zum Ablauf des letzten Tages der Frist bei Gericht eingegangen ist (BGH NJW 2003, 3419 für die Berufungsbegründungsfrist). Dann ist eine Verlängerung auch noch nach Fristablauf möglich. Eine Verlängerung gesetzlicher Fristen nach deren Ablauf ist begrifflich nicht möglich (BGH NJW 1992, 842 für die Berufungsbegründungsfrist unter Aufgabe von BGH NJW 1988, 268). Der Antrag sollte, schon in Hinblick auf eine mögliche Ablehnung, so rechtzeitig gestellt werden, dass noch innerhalb der Frist über ihn entschieden werden kann.

Die Ablehnung des Antrags ist unanfechtbar, § 225 Abs. 3 ZPO; hier kommt nur eine Wiedereinsetzung in Betracht, falls der Antragsteller auf die Verlängerung vertrauen durfte. Gegen die vom Gericht gewährte Verlängerung hat der Gegner kein Rechtsmittel.

6. Antrag auf Absehen von der Güteverhandlung nach § 278 ZPO[1]

An das
Landgericht
In Sachen
……
wird, nachdem der Beklagte auf die Klage erwidert hat, beantragt,
von einer Güteverhandlung nach § 278 Abs. 2 ZPO[2] und der Anordnung des persönlichen Erscheinens nach § 279 ZPO[3] abzusehen.

Begründung[4]:

Eine Güteverhandlung zwischen den Parteien ist zum gegenwärtigen Zeitpunkt aussichtslos. Die Parteien streiten, wie aus der Klage und der Klageerwiderung deutlich wird, um die Frage, ob die mangelhafte Wärmedämmung auf einer fehlerhaften Planung durch den Architekten oder auf mangelhafter Bauausführung durch den Beklagten beruht, und über die weitere Frage, ob der Beklagte ggf. die fehlerhafte Planung erkennen konnte und hierauf hätte hinweisen müssen. Diese Fragen sind nur durch einen Sachverständigen zu beantworten. Ohne dass die Ursachen des Baumangels und die Verantwortlichkeit hierfür geklärt wird, hat eine Güteverhandlung keinen Sinn, der Kläger wird sich ohne diese Klärung nicht auf eine gütliche Beilegung einlassen.
Es wird angeregt, einen Beweisbeschluss ohne mündliche Verhandlung nach § 358 a Nr. 4 ZPO zu erlassen[5].

Schrifttum: Greger, Güterichter – ein Erfolgsmodell, ZRP 2006, 224; *Foerste,* Die Güteverhandlung im künftigen Zivilprozess, NJW 2001, 3103; *Wieser,* Zivilprozessreform – Rechtliche Probleme der Güteverhandlung nach § 278 ZPO nF., MDR 2002, 10; *Hannich/Meyer-Seitz,* ZPO-Reform 2002, München 2002, §§ 278, 279 ZPO; *Bamberger,* Die Reform der Zivilprozessordnung – eine Wirkungskontrolle, ZRP 2004, 137; *Kauffmann,* Obligatorische Güteverhandlung – Kritik eines Praxissegments, MDR 2004, 1035; *Morawe,* Die Vermittlung nach § 52 a FGG und die Güteverhandlung nach § 278 ZPO – eine vergleichende Betrachtung, FPR 2004, 193.

Anmerkungen

1. Mit dem ZPO-ReformG hat der Gesetzgeber angeordnet, dass der mündlichen Verhandlung zum Zwecke der gütlichen Beilegung des Rechtsstreits eine Güteverhandlung vorauszugehen hat. Das gilt sowohl für den frühen ersten Termin (§§ 272 Abs. 2, 275 ZPO) als auch für den Haupttermin nach schriftlichem Vorverfahren (§§ 272 Abs. 1, 276 ZPO). Nach der Konzeption des Gesetzgebers handelt es sich nicht um einen gesondert zu bestimmenden Termin, sondern um den (ersten) Verhandlungstermin, der mit der Güteverhandlung beginnt und regelmäßig mit der streitigen mündlichen Verhandlung fortgesetzt wird (§ 279 Abs. 1 ZPO). Diese vorgeschaltete Güteverhandlung ist auch

deshalb mit zeitlichem Aufwand verbunden, weil die Parteien persönlich geladen und, unter umfassender Erörterung des Streitstoffes, gehört werden sollen (§ 278 Abs. 2 S. 3 ZPO). Für Gericht, Anwälte und Parteien ergibt sich daraus, dass ein längerer Zeitraum für den Termin vorzusehen und einzuplanen ist. Wenn aber abzusehen ist, dass dieser Aufwand wegen fehlender Einigungsmöglichkeiten nutzlos sein wird, sollten die Parteien versuchen, das Gericht zu veranlassen, auf eine Güteverhandlung und die Anordnung des persönlichen Erscheinens zu verzichten. Ein entsprechender Antrag wird bei vielen Gerichten Erfolg haben, weil die praktischen Erfahrungen mit der obligatorischen Güteverhandlung nicht überzeugen (vgl. *Bamberger* ZRP 2004, 137; *Kauffmann* MDR 2004, 1035; *Röttgen* ZRP 2003, 435). § 278 Abs. 2 S. 1 ZPO sieht ein Absehen von der Güteverhandlung zum einen vor, wenn bereits ein Einigungsversuch vor einer außergerichtlichen Gütestelle stattgefunden hat (das betrifft vor allem Bagatellstreitigkeiten, vgl. Form. I. D. 1 Anm. 12). Zum anderen wird das Gericht von seiner gesetzlich angeordneten Verpflichtung zur Güteverhandlung frei, wenn die Güteverhandlung erkennbar aussichtslos erscheint. Dabei kommt es allerdings nicht auf die Sicht einer Partei an; maßgeblich ist die Sicht des Gerichts, das nicht an die Erklärungen der Parteien gebunden ist. Jedoch wird es die Erfolgsaussicht verstärken, wenn die Gegenpartei einen entsprechenden Antrag stellt.

2. Der Antrag kann bereits in der Klageschrift, sollte aber jedenfalls vor Bestimmung des Termins gestellt werden. Allerdings kann das Gericht die Frage, ob eine Einigung aussichtslos ist, erst entscheiden, wenn der Beklagte seinen Standpunkt vorgetragen hat. Auch für den Kläger dürfte es in einem Fall dieser Art ratsam sein, erst abzuwarten, wie sich der Beklagte auf die Klage einlässt. Selbstverständlich kann der Antrag auch vom Beklagten gestellt werden, dann sinnvollerweise mit der Klageerwiderung. Auch wenn das Gericht bereits terminiert hat, kann sich der Antrag noch empfehlen, um das Gericht über die begrenzten Einigungsmöglichkeiten zu informieren und eine zeitliche Planung zu ermöglichen.

3. Das Gericht soll das persönliche Erscheinen beider Parteien anordnen (§ 278 Abs. 3 ZPO). Der Grund für die Anordnung entfällt, wenn eine Güteverhandlung nicht stattfindet. Hat das Gericht bereits terminiert, empfiehlt es sich, den Antrag auf Absehen von der Güteverhandlung mit der Bitte zu verbinden, die Partei von ihrer Pflicht zum persönlichen Erscheinen zu entbinden. Falls das Gericht gleichwohl das persönliche Erscheinen anordnet, hat die Partei die Möglichkeit, einen Vertreter zu entsenden, der zur Aufklärung des Tatbestandes in der Lage und zur Abgabe der gebotenen Erklärungen und zu einem Vergleichsabschluss ermächtigt ist (§ 278 Abs. 2 iVm. § 141 Abs. 3 ZPO). Fraglich ist, ob das Gericht den Prozessbevollmächtigten als Vertreter akzeptieren wird (vgl. *Zöller/Greger* § 141 Rdn. 17). Wenn die Partei unentschuldigt ausbleibt und auch keinen Vertreter im Sinne des § 141 Abs. 3 S. 2 ZPO entsendet, riskiert sie ein Ordnungsgeld nach § 141 Abs. 3 S. 1 ZPO (vgl. OLG Karlsruhe NJOZ 2005, 2938 und Form. I. H. 9 Anm. 2).

4. Hier ist darzulegen, warum jedenfalls zurzeit keine Chance zur gütlichen Streitbeilegung besteht. Die Rechtsprechung hat bisher noch keinen Katalog von Gründen herausgebildet, wann die Güteverhandlung erkennbar als aussichtslos erscheint. In folgenden Fällen kann der Antrag Erfolg haben (vgl. *Hannich/Meyer-Seitz* §§ 278, 279 Rdn. 15 ff.; *Foerste* NJW 2001, 3103, 3104):

- wenn die Parteien einen Musterprozess führen wollen oder es ihnen allein darum geht, eine für sie bedeutsame Rechtsfrage rechtskräftig zu klären;
- wenn die Parteien übereinstimmend erklären, dass sie eine gütliche Beilegung des Rechtsstreits durch das Gericht ablehnen werden;
- wenn der Beklagte sich seiner begründeten Zahlungspflicht erkennbar entziehen will;
- wenn die Entscheidung des Rechtsstreits von der Klärung einer tatsächlichen Frage abhängt, zu der ein Sachverständigengutachten eingeholt werden muss, auf das die

Parteien nicht verzichten wollen (so der Beispielsfall); hier kann aber nach Einholung des Gutachtens ein Güteversuch nachgeholt werden.

Die Prozessparteien müssen damit rechnen, dass die Rechtsprechung in der Frage der erkennbaren Aussichtslosigkeit keine einheitliche Linie finden wird. In allen genannten Fällen hat eine Güteverhandlung gleichwohl stattzufinden, wenn der Gegner sie beantragt.

5. Wenn, wie im Beispielsfall, die Entscheidung allein von dem Ergebnis eines Sachverständigengutachtens abhängt, kann auch ohne vorherige mündliche Verhandlung ein Beweisbeschluss nach § 358 a ZPO zweckmäßig und prozessökonomisch sein. Im Haupttermin kann dann das Sachverständigengutachten erörtert werden und auch der Versuch einer gütlichen Einigung Erfolg versprechend sein.

Kosten und Gebühren

Die Reisekosten der Partei zum Termin sind erstattungsfähig, und zwar idR. auch, wenn das persönliche Erscheinen nicht angeordnet wurde (OLG Celle NJW 2003, 2994). Der Rechtsanwalt erhält für die Vertretung in der Güteverhandlung keine besonderen Gebühren; jedoch entsteht eine volle Terminsgebühr nach VV 3104 (*Gerold/Schmidt* Vorbem. 3 zu VV 3100 Rdn. 41). Das gilt auch für die Verhandlung vor einem durch Gerichtsbeschluss eingesetzten Richtermediator (OLG Celle NJW 2009, 1219). Endet die Güteverhandlung mit einem Vergleich, erhält der Anwalt die Einigungsgebühr nach VV 1000.

Fristen und Rechtsmittel

Sowohl die Entscheidung, mit der von einem Gütetermin abgesehen wird, als auch die Verfügung, mit der der Gütetermin bestimmt wird, sind unanfechtbar.

7. Antrag auf Terminsverlegung bei Terminskollision[1]

In der Sache

……

beantrage ich,

den Termin zur Beweisaufnahme auf eine Zeit nach 12.00 Uhr oder einen anderen Terminstag zu verlegen.

Begründung[2]:

Der diesen Fall allein bearbeitende und allein informierte Rechtsanwalt R ist zur Terminszeit verhindert. Er nimmt zur selben Zeit einen anderen Beweistermin in der Sache …… wahr, der vorher bestimmt war und für den er in gleicher Weise unabkömmlich ist. Eine Vertretung würde in beiden Fällen dem Wunsch des Mandanten widersprechen und erschiene angesichts des komplizierten Prozessstoffes auch nicht als sachdienlich. Der Antrag wird im versicherten Einverständnis mit der Gegenseite gestellt.

Rechtsanwalt

Schrifttum: Schneider, Terminsverlegung, NJW 2006, 886.

Anmerkungen

1. Vgl. § 227 ZPO. Es ist str., wann die Verhinderung des Rechtsanwalts einer Sozietät, eines Einzelanwalts oder auch der Partei persönlich ein erheblicher Grund iS. dieser Vorschrift ist (vgl. einerseits *Thomas/Putzo* § 227 Rdn. 6, andererseits *Baumbach/Lauterbach/Albers/Hartmann* § 227 Rdn. 23f.). Der Antrag sollte unverzüglich nach Erhalt der Ladung gestellt werden, nicht erst kurz vor dem Termin, wenn die Verlegung für das Gericht ärgerlich und die Bereitschaft hierzu gering ist. Die Praxis der Gerichte bei Terminskollisionen ist unterschiedlich, eine Verlegung kann insbesondere bei Hauptterminen mit Beweisaufnahme wichtig sein. Der Grundsatz des rechtlichen Gehörs kann die Gerichte zu einer Vertagung verpflichten, wenn erhebliche Gründe vorliegen (vgl. BayObLG NJW-RR 2004, 804; OLG Köln NJW-RR 1998, 1076; OLG Schleswig NJW 1994, 1227; BSG NJW 1996, 677; BVerwG NJW 1995, 1441).

2. Der erhebliche Grund (zu weiteren Beispielen vgl. *Zöller/Stöber* § 227 Rdn. 6) ist darzulegen und auf Verlangen des Gerichts glaubhaft zu machen (§ 227 Abs. 2 ZPO). Bei einer Terminskollision sollte die andere Sache nach Gericht, Aktenzeichen, Terminsort und Terminszeit bezeichnet werden. Insbesondere unter Anwälten empfiehlt es sich, das Einvernehmen mit dem Gegner herzustellen und mitzuteilen. Es reicht zwar allein nicht aus (§ 227 Abs. 1 Nr. 3 ZPO), kann aber mit anderen Tatsachen zusammen einen erheblichen Grund ergeben.

Kosten und Gebühren

Hat die Partei die Verlegung des Termins durch ihr Verschulden veranlasst, sind ihr die hierdurch verursachten Kosten aufzuerlegen, § 95 ZPO, § 38 GKG.

Fristen und Rechtsmittel

Sowohl die Verlegung als auch die Ablehnung sind grundsätzlich unanfechtbar (§ 227 Abs. 4 S. 3 ZPO; vgl. *Thomas/Putzo* § 227 Rdn. 35). Kommt aber die Verlegung oder ihre Versagung einer Verweigerung des Rechtsschutzes gleich, kann eine sofortige Beschwerde entspr. § 252 ZPO zulässig sein (vgl. OLG München NJW-RR 1989, 64; OLG Brandenburg MDR 2009, 406; *Zöller/Stöber* § 227 Rdn. 28). Die Verweigerung einer begründeten Terminverlegung kann auch eine Ablehnung des Richters rechtfertigen (OLG München NJW-RR 2002, 862). Unabhängig davon kann das Gericht seine Entscheidung jederzeit abändern, so dass eine begründete Gegenvorstellung erfolgreich sein kann.

8. Antrag auf Terminsverlegung in der Ferienzeit[1]

In der Sache

……

beantrage ich,

den auf den 10. Juli 20 .. bestimmten Termin auf einen Zeitpunkt nach dem 1. August 20 .. zu verlegen[2].

Begründung[3]:

Der Rechtsstreit betrifft keinen der unter § 227 Abs. 3 Nr. 1–8 ZPO genannten Ansprüche. Ein besonderes Beschleunigungsbedürfnis ist nicht gegeben. Der Unterzeichnende ist vom 1.–21. 7. 20 .. im Urlaub, so dass einer Terminierung ab dem 1. 8. 20 .. nichts im Wege steht.

Schrifttum: Feiber, Neues Recht für Fristen und Termine, NJW 1997, 160; *Soehring,* Anspruch auf Terminsverlegung: Das Schattendasein von § 227 Abs. 3 ZPO, NJW 2001, 3319.

Anmerkungen

1. Die Gerichte sind nicht mehr gehindert, in der Ferienzeit zu terminieren; die früheren Gerichtsferien sind abgeschafft. An ihre Stelle ist ein fristgebundenes Recht der Parteien auf Verlegung der in der Zeit vom 1. 7.–31. 8. angesetzten Termine getreten (§ 227 Abs. 3 S. 1 ZPO). Ein Grund zur Verlegung besteht nur dann nicht, wenn es sich um die in § 227 Abs. 3 S. 2 Nr. 1–8 ZPO genannten Sachen handelt, die schon nach altem Recht eine Behandlung als Feriensache begründeten, oder wenn das Verfahren besonderer Beschleunigung bedarf. Für den Antrag besteht Anwaltszwang (*Zöller/Vollkommer* § 78 Rdn. 9).

2. Das Gericht wird den Termin regelmäßig auf einen Zeitpunkt nach dem 31. 8. verlegen (vgl. *Thomas/Putzo* § 227 Rdn. 17). Wenn aus der Sicht der Partei eine frühere Verhandlung möglich und sinnvoll ist, sollte sie das anzeigen. Insoweit kann sich eine Abstimmung mit dem Gegner empfehlen. Falls die Partei gehindert ist, an bestimmten weiteren Tagen zu einem Termin zu erscheinen, sollte sie das hier mitteilen.

3. Der Antragsteller braucht keine Begründung dafür zu geben, warum er verhindert ist; es genügt eine Terminierung in der Ferienzeit. Auch eine Glaubhaftmachung kann, offenbar im Gegensatz zur Praxis mancher Gerichte (vgl. *Soehring* NJW 2001, 3319), nicht verlangt werden. Eine nähere Begründung des Antrags empfiehlt sich aber, wenn der Gegner behauptet, es handele sich um einen Rechtsstreit im Sinne des § 227 Abs. 3 S. 2 Nr. 1–8 ZPO, oder wenn ein besonderes Beschleunigungsbedürfnis vorgetragen wurde oder solcher Vortrag zu erwarten ist. Betrifft der Rechtsstreit eine Sache nach § 227 Abs. 3 S. 2 Nr. 1–8 ZPO oder ist dies zweifelhaft, kann der Kläger eine Verlegung erreichen, wenn er vorsorglich einen erheblichen Grund nach § 227 Abs. 1 ZPO vorträgt und erforderlichenfalls glaubhaft macht.

Fristen und Rechtsmittel

Der Antrag ist innerhalb einer Woche zu stellen (§ 227 Abs. 3 S. 1 ZPO). Die Frist beginnt entweder mit Zugang der Terminsladung oder mit der Verkündung der die Terminsbestimmung enthaltenden Entscheidung (vgl. *Zöller/Stöber* § 227 Rdn. 10). Diese kurze Frist ist auch bei Terminsbestimmungen zu beachten, die lange im Voraus getroffen werden; sie zwingt den Rechtsanwalt zu frühzeitiger Urlaubsplanung. Wird die Frist versäumt, bleibt nur noch ein Antrag nach § 227 Abs. 1 ZPO (Form. I. F. 6).

Die Entscheidung ist grundsätzlich unanfechtbar (§ 227 Abs. 4 ZPO), kann allerdings auf Gegenvorstellungen jederzeit abgeändert werden (*Thomas/Putzo* § 227 Rdn. 35). In besonderen Fällen kann, wenn die Ablehnung einer Verweigerung des Rechtsschutzes gleichkommt, eine Beschwerde entsprechend § 252 ZPO in Betracht kommen (vgl. *Zöller/Stöber* § 227 Rdn. 28).

9. Antrag auf Berichtigung des Protokolls[1]

In der Sache

……

beantrage ich,

das Protokoll der Sitzung vom …… in folgenden Punkten zu berichtigen:

1. Zu Beginn des Protokolls muss es statt
„die Parteien erklärten die Hauptsache in Höhe von DM 200,– nebst Zinsen übereinstimmend für erledigt“
heißen
„Die Parteien erklärten die Hauptsache in Höhe von DM 2.000,– nebst Zinsen seit dem …… übereinstimmend für erledigt“.

2. Die anschließend wiedergegebene Erklärung des Prozessbevollmächtigten des Beklagten lautet nicht
„der Beklagte hat an den Kläger am …… DM 200,– gezahlt“,
sondern
„Der Haftpflichtversicherer des Beklagten hat an den Kläger zu Händen seines Prozessbevollmächtigten am …… DM 2.000,– gezahlt“.

3. Der Antrag auf Einholung eines Sachverständigengutachtens wurde nicht vom Prozessbevollmächtigten des Klägers, sondern des Beklagten gestellt.

4. Im Anschluss an das Teilanerkenntnis des Beklagten/an die Teilrücknahme des Klägers fehlt der Vermerk „vorgelesen und genehmigt“[2], obwohl das Anerkenntnis/die Rücknahme vorgelesen und von ihm genehmigt wurde.

5. Nach Vernehmung des Zeugen Z. haben die Parteien gem. § 285 Abs. 1 ZPO streitig zum Beweisergebnis verhandelt. Das hätte nach § 160 Abs. 2 ZPO in das Protokoll aufgenommen werden müssen[3].

Der gegnerische Prozessbevollmächtigte schließt sich dem Antrag an und wird dies dem Gericht noch selbst erklären[4].

Rechtsanwalt

Anmerkungen

1. Vgl. § 164 ZPO. Dem Protokoll kommt wegen seiner weitreichenden Beweiskraft erhebliche Bedeutung zu; sie kann nur durch den Nachweis der Fälschung (§ 165 ZPO; hierzu BGH NJW 1985, 1782) oder im Wege der Berichtigung entkräftet werden. Die Berichtigung des Protokolls kann wegen seines gesamten Inhalts beantragt werden, auch soweit er für den Rechtsstreit unerheblich ist. Das Verfahren sollte jedoch nur wegen bedeutsamer Fehler oder sinnentstellender Ungenauigkeiten – zB. in den Aussagen der Zeugen und Parteien – eingeleitet werden. Sind die Anträge oder andere Formalitäten unrichtig aufgenommen, ist die Berichtigung wegen § 165 ZPO praktisch der einzige Weg, nachteilige Folgen zu vermeiden. Ergibt sich die fehlerhafte Protokollierung schon aus dem Diktat des Richters, sollte die Partei noch im Termin auf Korrektur drängen oder jedenfalls ihren Widerspruch zu Protokoll geben (§ 160 Abs. 4 ZPO; vgl. Form. I. F. 10 Anm. 2); andernfalls könnte Heilung nach § 295 ZPO eintreten. Die Beweislast für die Fehlerhaftigkeit des Protokolls obliegt der Partei, die sie behauptet.

2. Anerkenntnis, Verzicht, Rücknahme, Vergleich und andere in § 160 Abs. 3 ZPO aufgeführte Prozesshandlungen sind den Parteien aus dem Protokoll bzw. aus der vorläufigen Aufzeichnung vorzulesen oder vom Tonträger abzuspielen und von ihnen zu genehmigen; anschließend ist im Protokoll zu vermerken, dass das geschehen ist (§ 162

Abs. 1 ZPO). Das Fehlen des Vermerks macht die Erklärung zwar nicht unwirksam (BGH NJW-RR 1994, 386), sie lässt sich aber nicht mehr durch das Protokoll beweisen, Abgabe und Inhalt müssen anderweitig festgestellt werden (BGH NJW 1989, 1934; vgl. *Zöller/Stöber* § 162 Rdn. 6). Fehlt der Vermerk, sollte die betroffene Partei auf Ergänzung drängen. Besondere Sorgfalt ist bei der Protokollierung eines Vergleichs zu beachten; denn fehlt es an den Förmlichkeiten, ist er, anders als Anerkenntnis, Verzicht und Rücknahme, als Prozessvergleich unwirksam (BGH NJW 1984, 1465, 1466), kann aber dennoch die notarielle Beurkundung nach § 127a BGB ersetzen (BGH NJW 1999, 2806, 2807). Unzulässig ist die Berichtigung eines vorgelesenen und genehmigten Vergleichsprotokolls, wenn Erklärungen eingefügt werden sollen, die nicht vorgelesen und genehmigt wurden (vgl. OLG Hamm OLGZ 1983, 89).

3. Nach der Rechtsprechung des BGH (NJW 1990, 121) muss in das Protokoll aufgenommen werden, dass die Parteien nach der Vernehmung von Zeugen, Sachverständigen, Parteien gem. § 285 Abs. 1 ZPO über das Ergebnis der Beweisaufnahme verhandelt haben und dass das Gericht gem. § 279 Abs. 3 ZPO erneut den Sach- und Streitstand und das Ergebnis der Beweisaufnahme mit den Parteien erörtert hat. Andernfalls wird vermutet, dass das nicht geschehen ist; darin kann ein Verfahrensmangel iSd. § 531 Abs. 2 Nr. 2 ZPO liegen.

4. Da die Parteien vor der Berichtigung des Protokolls zu hören sind, ist das Verfahren zeitraubend. Es kann sich daher empfehlen, den Antrag mit dem gegnerischen Rechtsanwalt abzustimmen und diesen zu veranlassen, sich dem Antrag anzuschließen; dadurch wird die Anhörung des Gegners überflüssig.

Kosten und Gebühren

Besondere Gerichts- oder Rechtsanwaltsgebühren entstehen nicht.

Fristen und Rechtsmittel

Der Antrag ist nicht fristgebunden, er kann jederzeit, auch noch nach Einlegung eines Rechtsmittels (BVerwG MDR 1981, 166) gestellt werden. Er sollte aber unverzüglich nach Erhalt des Protokolls erhoben werden. Mängel der Protokollierung, die verzichtbare Fehler betreffen, müssen wegen des Risikos der Heilung spätestens in der nächsten mündlichen Verhandlung gerügt werden, § 295 ZPO.

Kein Rechtsmittel gegen den berichtigenden Beschluss (vgl. BGH NJW-RR 2005, 214; *Zöller/Stöber* § 164 Rdn. 11 mwN.); bei offensichtlich unzulässiger Berichtigung (OLG Hamm MDR 1983, 410) oder bei Verfahrensfehlern kommt die befristete Erinnerung (§ 573 ZPO) in Betracht. Bei Ablehnung der Berichtigung ist die sofortige Beschwerde gegeben, aber nur soweit es nicht um die Richtigkeit des Protokolls geht (näher *Thomas/Putzo* § 164 Rdn. 5; OLG Düsseldorf MDR 2002, 230; OLG München NJW-RR 2002, 863; OLG Hamm NJW 1989, 1680 mwN.).

10. Antrag auf Protokollberichtigung wegen rechtlichen Hinweises[1,2]

An das
Landgericht
In Sachen
......

beantrage ich für den Beklagten,
in das Protokoll der Sitzung vom ...... den rechtlichen Hinweis aufzunehmen, dass das Vorbringen des Klägers zum Verschuldens des Beklagten bisher unsubstantiiert und nicht unter Beweis gestellt sei[3].

Begründung[4]:

Die Kammer hat dem Kläger in der mündlichen Verhandlung den im Antrag bezeichneten Hinweis erteilt; er ist nach § 139 Abs. 4 S. 1 ZPO aktenkundig zu machen und daher in das Protokoll aufzunehmen oder auf andere Weise in den Akten zu dokumentieren.

Rechtsanwalt

Schrifttum: Schaefer, Was ist denn neu an der neuen Hinweispflicht, NJW 2002, 849; *Neuhaus,* Richterliche Hinweis- und Aufklärungspflicht der alten und neuen ZPO, MDR 2002, 438; *Piekenbrock,* Umfang und Bedeutung der richterlichen Hinweispflicht, NJW 1999, 1360; *Doms,* Der Berichterstattervermerk – Regressfalle für den Anwalt, MDR 2001, 73; *Hannich/Meyer/Seitz,* ZPO-Reform 2002, München 2002, § 139 ZPO.

Anmerkungen

1. Zum Protokollberichtigungsantrag im Allgemeinen vgl. die Hinweise zum vorstehenden Formular.

Das ZPO-RG hat mit der Einfügung von § 139 Abs. 4 S. 1 ZPO die Pflicht des Gerichts in den Vordergrund gerückt, Hinweise so früh wie möglich zu erteilen und darüber hinaus aktenkundig zu machen (zu Inhalt und Umfang der Aufklärungs- und Hinweispflichten vgl. *Zöller/Greger* § 139 Rdn. 3 ff. u. 15 ff.). Damit ist allerdings die Frage, ob und wieweit im Anwaltsprozess trotz Hinweises durch den Gegner ein gerichtlicher Hinweis erforderlich bleibt, durch den Gesetzgeber nicht beantwortet (*Hannich/Meyer-Seitz* § 139 Rdn. 9). Die weitreichende Bedeutung der Vorschrift ergibt sich aus § 139 Abs. 4 S. 2, 3 ZPO. Danach kann die Erteilung eines notwendigen tatsächlichen und/oder rechtlichen Hinweises nur durch den Inhalt der Akten bewiesen werden. Gegen den Inhalt der Akten ist nur der Nachweis der Fälschung zulässig. Demnach wird der Anwalt dem Terminsprotokoll große Aufmerksamkeit schenken müssen. Der Antrag kann auch für die Partei sinnvoll sein, die sich auf einen unzureichenden Vortrag oder Beweisantritt der Gegenpartei berufen will, um dieser die Möglichkeit zu nehmen, unter Berufung auf die Verletzung der Hinweispflicht neue Tatsachen vortragen zu können, sei es in derselben Instanz oder vor allem in der Berufungsinstanz (§ 531 Abs. 2 ZPO). Die Berichtigung des Protokolls beweist nur den Hinweis, gibt dem Gegner aber nicht ohne weiteres die Möglichkeit, nunmehr auf den Hinweis weiter vorzutragen, es sei denn, er hatte einen Antrag nach § 139 Abs. 5 ZPO gestellt, dessen Protokollierung gleichfalls unterblieben ist.

2. Dem förmlichen Antrag auf Protokollberichtigung kann ein Antrag nach § 160 Abs. 4 S. 1 ZPO vorausgehen. Die Parteien können danach bis zum Schluss der mündlichen Verhandlung (vgl. *Zöller/Stöber* § 160 Rdn. 15) beantragen, dass bestimmte Vorgänge oder Äußerungen, so insbesondere gerichtliche Hinweise, in das Protokoll aufgenommen werden. Um das Verfahren u. a. durch die mit der Anhörung des Gegners verbundene Zeitverzögerung nicht unnötig in die Länge zu ziehen, empfiehlt es sich, zunächst von dieser Möglichkeit Gebrauch zu machen. Das Gericht kann die Aufnahme eines nach § 139 Abs. 1–3 ZPO erteilten Hinweises nicht ablehnen. Lehnt das Gericht gleichwohl ab, hat die Partei das Recht, einen förmlichen Beschluss über die Ablehnung nach § 160 Abs. 4 ZPO herbeizuführen; jedenfalls dieser Beschluss ist in das Protokoll aufzunehmen (§ 160 Abs. 4 S. 3 ZPO).

3. Der richterliche Hinweis sollte so genau wie nach den Umständen erforderlich dokumentiert werden. Nicht notwendig ist die Aufnahme des vollen Wortlauts (*Zöller/Greger* § 139 Rdn. 13). Angesichts der weitreichenden Beweiskraft des Akteninhalts (§ 139 Abs. 4 S. 2, 3 ZPO) ist es allerdings ratsam, bei Zweifeln eher auf eine ausführliche Dokumentation zu drängen.

4. Der Antragsteller muss lediglich begründen, dass ein Hinweis nach § 139 Abs. 1–3 ZPO erteilt wurde. In diesem Fall ist das Gericht verpflichtet, den Hinweis aktenkundig zu machen. Es liegt nahe, dies im Wege der Protokollberichtigung zu veranlassen. Dem Interesse des Antragstellers ist allerdings auch Genüge getan, wenn der Hinweis auf andere geeignete Weise, zB. durch einen Aktenvermerk oder durch einen Hinweisbeschluss, aktenkundig gemacht wird (*Zöller/Greger* § 139 Rdn. 13); das soll auch noch im Tatbestand geschehen können (vgl. *Hannich/Meyer-Seitz* § 139 Rdn. 19).

11. Antrag auf Erklärungsfrist nach § 283 ZPO[1,2]

An das
Landgericht

In Sachen

. . . . .

ist dem Kläger der Schriftsatz des Beklagten vom . . . . . erst heute, also 3 Tage vor dem Termin zur mündlichen Verhandlung[3], zugestellt worden. Darin trägt der Beklagte erstmals nähere Tatsachen zu der von ihm behaupteten Gegenforderung vor, mit der er gegen die Klageforderung aufrechnen will. Der Kläger kann zu diesem neuen Vorbringen nicht rechtzeitig zum Termin Stellung nehmen.
Für den Fall, dass das Gericht das neue Vorbringen für erheblich halten sollte, wird nach § 283 ZPO beantragt,

dem Kläger im Termin eine Schriftsatzfrist von zwei Wochen einzuräumen[4].

Im Übrigen wird schon jetzt beantragt,

das neue Vorbringen des Beklagten als verspätet zurückzuweisen[5].

Rechtsanwalt

Schrifttum: Fischer, Die Berücksichtigung „nachgereichter Schriftsätze" im Zivilprozess, NJW 1994, 1315; *Bischof,* Rechtlicher Hinweis nach § 278 Abs. 3 ZPO mit Schriftsatzfrist MDR 1993, 615; *Stein,* Rechtlicher Hinweis (§ 278 III ZPO) und Schriftsatzfrist, MDR 1994, 437; *Gaier,* Schriftsatznachlass gemäß § 283 ZPO zur Erwiderung auch auf unerhebliches Vorbringen?, MDR 1997, 1093.

Anmerkungen

1. Das Beispiel betrifft die häufige Situation, dass eine Partei kurz vor oder im Termin mit neuen Angriffs- oder Verteidigungsmitteln überrascht wird, die möglicherweise erheblich sind. In einem solchen Fall hat eine Partei folgende Möglichkeiten: Kann sie sich zum neuen Vorbringen erklären, besitzt also der Rechtsanwalt die hierfür erforderlichen Informationen, so kann er – spätestens im Termin – erwidern. Kann sich die Partei nicht im Termin erklären, weil ihr das Vorbringen nicht rechtzeitig mitgeteilt wurde, so kann sie gegenüber dem Gericht beantragen, ihr eine Frist zu bestimmen, in der sie ihre Erklärung nachbringen kann (§ 283 ZPO). Das Gericht muss dann die nachgereichte Erklärung für seine Entscheidung berücksichtigen. Riskant wäre es, das neue Vorbringen, ohne nähere Informationen zu besitzen, einfach zu bestreiten; das kann sich rächen, wenn später ein Verstoß gegen die Wahrheitspflicht offenbar wird. Ein Fehler wäre es auch, wenn die Partei – was in der Praxis oft zu beobachten ist – nur beantragt, das neue Vorbringen als verspätet zurückzuweisen: eine Zurückweisung würde nämlich voraussetzen, dass der Rechtsstreit bei Berücksichtigung des neuen Vorbringens verzögert würde; eine Verzögerung kann aber erst eintreten, wenn das Vorbringen streitig ist, unstreitiges Vorbringen erlaubt eine sofortige Entscheidung; die Frage der Verzögerung kann also erst nach Erwiderung der Partei beurteilt werden (hM., BGH NJW 1985, 1556, 1558; BAG NJW 1989, 2213, 2214). Die Partei hat auch nicht die Möglichkeit, den Antrag nach § 283 ZPO zu unterlassen, um auf diese Weise das Gericht zur Zurückweisung nach § 296 ZPO zu zwingen (BGH NJW 1985, 1539, 1543). Die Verzögerung, die der Rechtsstreit durch die Frist nach § 283 ZPO erleidet, rechtfertigt nach hM. keine Zurückweisung (BGH NJW 1985, 1556, 1558; vgl. BVerfG NJW 1989, 707 mwN.).

2. Eine vergleichbare Regelung enthält die durch das ZPO-RG eingefügte Vorschrift des § 139 Abs. 5 ZPO. Danach ist einer Partei ein Schriftsatznachlass zu gewähren, wenn ihr eine sofortige Erklärung zu einem gerichtlichen Hinweis nicht möglich ist. Grundsätzlich darf das Gericht seine Entscheidung nur dann auf einen von der Partei übersehenen oder von ihr für unerheblich gehaltenen Gesichtspunkt stützen, wenn es darauf hingewiesen und Gelegenheit zur Äußerung gegeben hat (§ 139 Abs. 2 ZPO). Erteilt das Gericht den Hinweis erst in der mündlichen Verhandlung und kann sich die Partei hierzu – was die Regel sein wird – nicht sofort äußern, so ist ihr auf ihren Antrag eine Schriftsatzfrist zu bestimmen (vgl. BGH NJW-RR 2004, 281; *Zöller/Greger* § 139 Rdn. 14). Außerdem muss das Gericht entweder einen Termin zur Verkündung einer Entscheidung bestimmen, die Verhandlung nach § 227 ZPO zu vertagen oder in das schriftliche Verfahren übergehen (*Zöller/Greger* § 139 Rdn. 14). Das schriftliche Verfahren kann sinnvoll sein, wenn der Gegner seinerseits auf den zu erwartenden Schriftsatz erwidern will. Den Antrag, die Erklärung zum gerichtlichen Hinweis nach § 139 Abs. 5 ZPO innerhalb einer Frist nachbringen zu können, muss die Partei vor Schluss der mündlichen Verhandlung stellen. Versäumt die Partei den Antrag, bleibt ihr nur noch der unsichere Weg über § 156 ZPO.

3. Für die Frage, ob einer Partei neues Vorbringen rechtzeitig mitgeteilt wurde, ist im Anwaltsprozess § 132 ZPO maßgeblich. Danach muss ein Schriftsatz mit neuem Vorbringen eine Woche vor dem Termin zugestellt werden können, die Gegenerklärung des Beklagten drei Tage vor der mündlichen Verhandlung. Hat der Gegner diese Fristen nicht eingehalten, bedarf der Antrag im Allgemeinen keiner näheren Begründung. Kann die Partei die sehr knappe Frist des § 132 ZPO für eine Gegenerklärung nicht einhalten, sollte sie die Gründe hierfür spätestens im Termin näher erläutern können.

4. Es genügt, wenn der Antrag ohne Ankündigung erstmals in der mündlichen Verhandlung gestellt wird. Notwendig ist er allerdings nur, wenn das Gericht das neue Vorbringen des Gegners für erheblich hält. Wenn sich die Partei in diesem Punkt nicht sicher ist, sollte sie den Antrag auf jeden Fall zu Protokoll nehmen lassen. Erkennt die Partei nicht, dass ein Antrag nach § 283 ZPO sachdienlich wäre, müsste das Gericht ihn nach § 139 ZPO nahelegen (BGH NJW 1985, 1539, 1543). Geht der nachgelassene Schriftsatz erst nach Ablauf der gesetzten Frist ein, kann das Gericht ihn noch berücksichtigen (§ 283 S. 2 ZPO); das wird das Gericht insbesondere dann tun, wenn die Partei die Verspätung hinreichend entschuldigt (vgl. *Fischer* NJW 1994, 1319).

5. Das Gericht wird, wenn es dem Antrag entspricht, idR. zugleich einen Entscheidungstermin bestimmen. Es ist nicht gehindert, das neue Vorbringen, wenn es durch den nachgereichten Schriftsatz streitig geworden ist, im Urteil als verspätet zurückzuweisen (BGH NJW 1985, 1556, 1558). Das Gericht kann jedoch nur die Erwiderung, nicht darüber hinausgehendes Vorbringen, berücksichtigen (§ 296 a ZPO).

12. Antrag auf Wiedereröffnung der mündlichen Verhandlung[1]

An das
Landgericht

In Sachen
......

beantrage ich, die am ...... geschlossene mündliche Verhandlung wieder zu eröffnen[2], den Verkündungstermin aufzuheben und einen neuen Verhandlungstermin zu bestimmen[3].

Begründung[4]:

Im Termin hat das Gericht den Kläger darauf hingewiesen, dass ihn am Eintritt des Schadens ein Mitverschulden treffen könne. Hierbei handelte es sich um einen neuen Gesichtspunkt im Sinne von § 139 Abs. 2 ZPO ...... (ist auszuführen). Der Kläger hatte daraufhin ausweislich des Protokolls beantragt, ihm eine Schriftsatzfrist nach § 139 Abs. 5 einzuräumen. Das Gericht hat dem Antrag des Klägers nicht entsprochen, sondern ihm nur Gelegenheit gegeben, sich im Termin zu erklären. Der Kläger war jedoch nicht in der Lage, im Termin zur Frage des Mitverschuldens näher vorzutragen. Hierzu mussten erst weitere Informationen eingeholt werden ...... Damit liegen die Voraussetzungen des § 156 Abs. 2 Nr. 1 ZPO vor.
Zur Frage des Mitverschuldens kann der Kläger nunmehr folgendes vortragen:
......

Schrifttum: Schneider, Die Wiedereröffnung der mündlichen Verhandlung, MDR 1990, 122.

Anmerkungen

1. Der Antrag beruht auf § 156 ZPO. Grundsätzlich steht die Wiedereröffnung nach § 156 Abs. 1 ZPO im Ermessen des Gerichts (zu den einzelnen Kriterien für diese Ermessensentscheidung vgl. *Thomas/Putzo* § 156 Rdn. 8; *Zöller/Greger* § 156 Rdn. 5). In den drei Fällen des Absatzes 2 muss das Gericht wiedereröffnen. Das Beispiel betrifft § 156 Abs. 2 Nr. 1 ZPO; die Vorschrift konkretisiert die Rechtsprechung vor dem ZPO-ReformG, wonach das Gericht zur Wiedereröffnung verpflichtet war, wenn die Sache in der mündlichen Verhandlung nicht vollständig erörtert wurde (BGH NJW 1993, 134; 1995, 1560, 1561). Das gilt auch, wenn das Gericht in der mündlichen Verhandlung einen Hinweis nach § 139 Abs. 4 ZPO gegeben hat, aber von der Partei keinen sofortigen detaillierten Sachvortrag und Beweisantritt verlangen konnte (BGH NJW-RR 2007, 412; FamRZ 2005, 700; NJW-RR 2004, 281).

Auch nach Vernehmung eines Sachverständigen, der erstmals zu schwierigen Sachfragen gehört wurde, kann die Stellungnahme der Partei Anlass geben, die mündliche Verhandlung wieder zu eröffnen (BGH NJW 2009, 2604). Ebenso kann das Vorbringen in einem gem. § 283 ZPO nachgelassenen Schriftsatz zur Wiedereröffnung der mündlichen Verhandlung führen (*Zöller/Greger* § 283 Rdn. 6).

2. Das Gericht hat über die Wiedereröffnung der mündlichen Verhandlung von Amts wegen zu entscheiden. Eines Antrages der betroffenen Partei bedarf es daher grundsätzlich nicht. Er ist aber dringend zu empfehlen, wenn die Partei davon ausgehen muss, dass das Gericht ohne Wiedereröffnung durch Urteil zu ihren Lasten entscheiden wird. Der Antrag hat die Funktion, das Gericht auf den Verfahrensverstoß, der die Wiedereröffnung begründet, noch einmal deutlich hinzuweisen. In der Sache handelt es sich um eine Anregung, über die nicht förmlich entschieden zu werden braucht. Der Antrag sollte möglichst bald nach dem Termin gestellt werden, nicht erst, wenn das Gericht bereits dabei ist, die Entscheidung, die verhindert werden soll, abzufassen.

3. Das Gericht muss nicht notwendig einen neuen Termin bestimmen; es kann auch zunächst den Parteien Gelegenheit geben, weiter vorzutragen, es kann einen Aufklärungs- und Hinweisbeschluss erlassen oder das schriftliche Verfahren anregen. Auch eine Beweisanordnung kann in Frage kommen.

4. Die Partei hat hier eine Verletzung der Hinweis- und Aufklärungspflicht nach § 139 Abs. 1–3 ZPO konkret darzulegen; außerdem muss sie vortragen, dass sie ohne ihr Verschulden nicht imstande war, auf den Hinweis im Termin einzugehen, und ihr deshalb eine Schriftsatzfrist einzuräumen war. Dafür ist Voraussetzung, dass sie einen entsprechenden Antrag im Termin gestellt hat, auf dessen Protokollierung sie Wert legen muss. Die Partei sollte außerdem die Erklärungen, die sie im Termin noch nicht imstande war abzugeben, im Einzelnen unter Beweisantritt vortragen. Falls sie dazu noch eine kurze weitere Frist benötigt, sollte sie ihr Vorbringen innerhalb dieser Frist ankündigen und erklären, warum sie noch nicht abschließend Stellung nehmen kann.

Fristen und Rechtsmittel

Gegen die Wiedereröffnung der mündlichen Verhandlung gibt es kein Rechtsmittel, auch nicht gegen die Ablehnung, die ohnehin erst im Endurteil begründet wird.

G. Versäumnisverfahren/Entscheidung nach Lage der Akten

1. Antrag auf Versäumnisurteil gegen den Beklagten[1]

An das
Landgericht

In der Sache
......
nehme ich auf den Hinweis des Gerichts den Zinsanspruch, soweit er für die Zeit vor Rechtshängigkeit geltend gemacht wird und soweit er 5 Prozentpunkte über dem jeweiligen Basiszinssatz übersteigt, zurück[2],
stelle im Übrigen für den Kläger den Antrag aus der Klageschrift[3]
und beantrage ein Versäumnisurteil[4].
Ich beantrage außerdem,

die öffentliche Zustellung des Versäumnisurteils zu bewilligen[5] und die Einspruchsfrist auf einen Monat festzusetzen[6].

Rechtsanwalt

Schrifttum: Stadler/Jarsumbek, Das Versäumnisverfahren nach §§ 330ff. ZPO, insbesondere das zweite Versäumnisurteil, JuS 2006, 34u. 134; *Fastrich,* Heilung der Verspätungsfolgen des § 296 Abs. 1 ZPO durch Versäumnis, NJW 1979, 2598; *Foerste,* Das Versäumnisurteil im Anwaltsprozeß zwischen Standesrecht und Grundgesetz, NJW 1993, 1309; *Gounalakis,* Sanktionslose Verspätung durch Eintritt in das Säumnisverfahren, DRiZ 1997, 294; *Mennicke,* Der Antrag auf Erlaß eines Versäumnisurteils, MDR 1992, 221; *Schneider,* Säumnis durch Nichtverhandeln, MDR 1992, 827; *ders.,* Versäumnisurteil wegen Verspätung des Anwalts, MDR 1998, 577; *ders.,* Überprüfung des zweiten Versäumnisurteils im Berufungsrechtszug, MDR 1985, 375; *Prütting,* Versäumnisurteile in Statusprozessen, ZZP 91, 191; *Peglau,* Säumnis einer Partei und kontradiktorisches Urteil im Verfahren nach § 495a ZPO, NJW 1997, 2222; *Kapitza/Kammer,* Anerkennen oder Versäumnisurteil erdulden? JuS 2008, 882; *König,* Anerkenntnis statt Säumnis, nach dem RVG vielfach ein anwaltlicher Kunstfehler, NJW 2005, 1243; *Schroeder/Riechert,* Nochmals: Anerkenntnis statt Säumnis? – Systemwidrige Auswirkungen des RVG auf die Prozesstaktik, NJW 2005, 2187; *Habel,* Kostenerstattung bei vorangegangenem Versäumnisurteil, NJW 1997, 2359.

Anmerkungen

1. Das Beispiel gilt nicht für das Versäumnisurteil im schriftlichen Vorverfahren, sondern für den Fall der Säumnis des Beklagten im Termin (§ 331 Abs. 1 ZPO). Der Antrag auf Erlass des Versäumnisurteils wird in der Regel nicht schriftsätzlich angekündigt, sondern mündlich im Termin gestellt. Die Ankündigung kann sich aber im Anwaltsprozess aus kollegialen Gründen empfehlen. Ein Versäumnisurteil kann nicht nur im ersten Termin, sondern in jedem zur streitigen Verhandlung anberaumten Termin beantragt und erlassen werden, selbst noch nach ungünstiger Beweisaufnahme. Vor allem wenn bereits streitig verhandelt wurde, sollte der Kläger aber überlegen, ob nicht eine Entscheidung nach Lage der Akten gemäß § 331 a ZPO günstiger wäre (vgl. Form. I. G. 8). Voraussetzungen für das beantragte Versäumnisurteil (vgl. § 335 ZPO):

a) Zulässigkeit der Klage, insbesondere örtliche und sachliche Zuständigkeit des Gerichts (zur Darlegung der Kaufmannseigenschaft für eine Gerichtsstandsvereinbarung vgl. *Zöller/Vollkommer* § 38 Rdn. 45 f.; OLG Frankfurt MDR 1981, 762);
b) rechtzeitige und ordnungsgemäße Ladung des Beklagten (bei verkündeten Terminen nicht erforderlich, § 218 ZPO);
c) Schlüssigkeit der Klage;
d) rechtzeitige Zustellung der Klage und Mitteilung des weiteren für die Schlüssigkeit erheblichen Vorbringens innerhalb der zweiwöchigen Einlassungsfrist nach § 274 Abs. 3 ZPO;
e) Nichterscheinen oder Nichtverhandeln (§ 333 ZPO) des Beklagten; ein Verhandeln liegt nicht schon dann vor, wenn die Partei nur Ablehnungsgründe anbringt oder die Aussetzung beantragt (BGH MDR 1986, 1021); regelmäßig ist die Stellung eines Sachantrags erforderlich (BAG NJW 2003, 1548); die Säumnis kann beseitigt werden, wenn sich der Beklagte bis zum Schluss der mündlichen Verhandlung doch noch zum Verhandeln entschließt (BGH NJW 1993, 861), kann aber nicht durch Zurücknahme eines bereits gestellten Antrags herbeigeführt werden, vgl. OLG Frankfurt MDR 1982, 153; zum teilweisen Nichtverhandeln vgl. BGH NJW 2002, 145; erscheint eine Partei zum Gütetermin nicht, kann gegen sie ein Versäumnisurteil ergehen, aber nur, wenn sie zugleich zur mündlichen Verhandlung geladen wurde (*Gehrlein*, MDR 2003, 421, 422);
Ein Versäumnisurteil kann nicht ergehen, wenn das Gericht Kenntnis davon hat, dass die Partei oder ihr Rechtsanwalt ohne Verschulden am Erscheinen verhindert ist (vgl. *Thomas/Putzo* § 337 Rdn. 3 und Form. I. G. 4 Anm. 7). In diesem Fall muss das Gericht nach § 337 ZPO vertagen. Der Anwalt muss aber alles Zumutbare tun, um dem Gericht seine Verhinderung rechtzeitig mitzuteilen. Die Rechtsprechung kann in dieser Frage sehr streng sein (vgl. BGH NJW 2006, 448; 2009, 687).
f) im Urkundenprozess: Vorlage der Urkunde, des Wechsels oder des Schecks im Original (vgl. *Thomas/Putzo* § 592 Rdn. 6).

Im Anwaltsprozess ist zu beachten, dass der nicht angekündigte Antrag auf Versäumnisurteil gegen die Partei eines nicht erschienenen Rechtsanwalts zwar gegen § 13 BORA verstößt; diese Vorschrift ist aber durch das BVerfG (NJW 2000, 347) für verfassungswidrig erklärt worden. Ohnehin kann das Gericht dem Rechtsanwalt, der bei Ausbleiben seines Kollegen ein Versäumnisurteil beantragt, dieses nicht aus standesrechtlichen Gründen versagen (vgl. hierzu *Zöller/Herget* Rdn. 12 vor § 330; BGH NJW 1991, 42; OLG Stuttgart NJW 1994, 1884). Hingegen kann das Gericht nach Stellung des Antrags noch abwarten (vgl. *Zöller/Herget* aaO.); die übliche Wartezeit beträgt 15 Minuten, kann aber aus gegebenem Anlass verlängert werden (BGH NJW 1999, 724; OLG Rostock MDR 1999, 626).

Versäumnisurteile werden vom Gericht regelmäßig schon im Termin verkündet und bedürfen keiner Begründung. Der Kläger erlangt also schneller als sonst einen Titel, der zudem ohne Sicherheitsleistung vorläufig vollstreckbar ist (§ 708 Nr. 2 ZPO). Der Kläger sollte außerdem den Weg der vereinfachten Kostenfestsetzung gemäß § 105 ZPO gehen und sofort nach dem Termin den Kostenfestsetzungsantrag einreichen, damit der Festsetzungsbeschluss noch auf das Urteil gesetzt werden kann. Ist mit der Säumnis des Beklagten zu rechnen, sollte der Kläger den Festsetzungsantrag bereits im Termin einreichen.

2. In der Praxis hält das Gericht die Klage oft wegen eines Teils des Zinsanspruches oder der sonstigen Nebenforderungen nicht für schlüssig. Bleibt der Kläger dennoch bei seinem Antrag, könnte nur ein Teilversäumnisurteil ohne Kostenentscheidung ergehen, während die Klage wegen des Restes durch streitiges Schlussurteil abzuweisen wäre. In einem solchen Fall ist die Klagerücknahme vorzuziehen, die in der Regel keine nachteiligen Kostenfolgen haben wird (§ 92 Abs. 2 ZPO).

3. Vgl. § 297 Abs. 2 ZPO; der Antrag auf Erlass eines Versäumnisurteils allein genügt nicht, der Kläger muss auch den Sachantrag stellen. Stellt der Kläger keinen Antrag, riskiert er eine Entscheidung nach Lage der Akten gemäß § 251 a Abs. 1 u. 2 ZPO oder die Anordnung des Ruhens des Verfahrens (§ 251 a Abs. 3 ZPO).

4. Vgl. § 331 Abs. 1 ZPO. Wird der Antrag gestellt, sind folgende Entscheidungen denkbar:

a) Erlass eines Versäumnisurteils (ganz oder zum Teil, § 331 Abs. 2 1. Halbs. ZPO),
b) Abweisung der Klage als unzulässig (zB. bei fehlendem, nicht behebbarem Nachweis der Zuständigkeit, § 331 Abs. 2 2. Halbs. ZPO, vgl. BGH MDR 1986, 998),
c) Abweisung der Klage als unbegründet (§ 331 Abs. 2 2. Halbs. ZPO),
d) Zurückweisung des Antrags durch Beschluss (in den Fällen des § 335 Abs. 1 ZPO),
e) Vertagung (§§ 335 Abs. 2, 337 ZPO),
f) im Urkundenprozess: Abweisung der Klage als unstatthaft (§ 597 Abs. 2 ZPO).

Will das Gericht dem Antrag nicht entsprechen, muss es den Kläger darauf hinweisen. Dieser wird dann zu überlegen haben, ob er eine der unter b)–f) genannten Entscheidungen hinnimmt und Rechtsmittel einlegt oder ob er sein Begehren auf den Hinweis des Gerichts einstellt. Der Antrag auf Erlass des Versäumnisurteils kann sich auf einen Teil des Anspruchs beschränken, was insbesondere in Betracht kommt, wenn das Gericht die Klage nicht nur zu einem geringfügigen Teil für unschlüssig hält.

5. Vgl. §§ 185, 186 Abs. 1 ZPO und Form. I. F. 4. Es empfiehlt sich, den Antrag bereits im Termin zu stellen.

6. Vgl. § 339 Abs. 2 ZPO. Der Kläger sollte darauf achten, dass der Beschluss zusammen mit dem Urteil ergeht und mit diesem öffentlich zugestellt wird. Nachholung ist möglich, aber ein vermeidbarer Umweg (vgl. *Zöller/Herget* § 339 Rdn. 5).

Kosten und Gebühren

Es bleibt bei der dreifachen Gerichtsgebühr nach KV 1210; eine Ermäßigung auf die einfache Gebühr findet nicht statt (KV 1211), und zwar auch dann nicht, wenn es nach dem Versäumnisurteil zu einer Rücknahme, einem Anerkenntnis oder einem Vergleich kommt (vgl. OLG Hamburg MDR 2000, 111; OLG Stuttgart NJW-RR 1996, 1535). Für den Rechtsanwalt des Klägers fällt außer der bereits entstandenen Verfahrensgebühr eine Terminsgebühr von 0,5 nach VV 3105 an; anders soll es sein, wenn der Anwalt mit dem Gericht die Schlüssigkeit der Klage erörtert hat (1,2 Gebühr nach VV 3104, vgl. *Gerold/Schmidt* VV 3105 Rdn. 16) oder wenn der erschienene Gegner ein Versäumnisurteil gegen sich ergehen lässt (OLG Koblenz NJW 2005, 1955). Die ermäßigte Terminsgebühr nach VV 3105 kann nicht zusätzlich zur vollen Gebühr nach VV 3104 entstehen (*Gerold/Schmidt* VV 3105 Rdn. 26). Zur vereinfachten Kostenfestsetzung vgl. Anm. 1 aE., zu Fragen der Kostenerstattung *Habel* NJW 1997, 2357.

Fristen und Rechtsmittel

Gegen die in Anm. 4 genannten Entscheidungen stehen den Parteien folgende Rechtsmittel zu:

a) Bei Erlass des Versäumnisurteils: Nur Einspruch (vgl. Form. I. G. 5), wird zT. ein Versäumnisurteil erlassen, zT. die Klage abgewiesen, so ist für den Kläger die Berufung, für den Beklagten der Einspruch gegeben (BGH NJW-RR 1986, 1326),
b) Bei Abweisung der Klage als unzulässig: Berufung,
c) Bei Abweisung der Klage als unbegründet: Berufung, § 336 ZPO ist auf unechte Versäumnisurteile nicht anwendbar (vgl. BGH NJW 1987, 1204),

d) Bei Zurückweisung des Antrags durch Beschluss: sofortige Beschwerde gem. § 336 Abs. 1 S. 1 ZPO (vgl. Form. I. G. 4),
e) Bei Vertagung: sofortige Beschwerde gem § 336 ZPO analog (vgl. Form. I. G. 4),
f) Bei Abweisung der Urkundenklage als unstatthaft: Berufung.

Hat das Gericht das Urteil fälschlich nicht als Versäumnisurteil bezeichnet, kann nach dem Grundsatz der Meistbegünstigung (BGH NJW 1987, 442) auch eine Berufung statthaft sein (vgl. OLG Hamm NJW-RR 1995, 186). Hingegen gilt der Grundsatz nicht, wenn das Urteil als Versäumnisurteil ergangen ist, obwohl ein Versäumnisurteil gesetzwidrig war (BGH NJW 1994, 665).

2. Antrag auf Erlass eines Versäumnisurteils im schriftlichen Vorverfahren[1]

An das
Landgericht
Schriftsatz

In der Sache
......
nimmt der Kläger auf den Hinweis des Gerichts seinen Zinsanspruch, soweit er die Zeit vor Rechtshängigkeit betrifft, zurück[2].
Im Übrigen wird, da eine Verteidigungsanzeige des Beklagten bisher nicht vorliegt, gemäß § 331 Abs. 3 ZPO beantragt,

ein Versäumnisurteil ohne mündliche Verhandlung zu erlassen[3].

Rechtsanwalt

Schrifttum: Stoffel, Versäumnisurteil im schriftlichen Vorverfahren nach Verteidigungsanzeige?, NJW 1997, 2372; *Stieper,* Das unechte Versäumnisurteil im schriftlichen Vorverfahren, JR 2005, 397; *Rau,* Versäumnisurteil im schriftlichen Vorverfahren – Berechnung der Einspruchsfrist, MDR 2001, 794; *Zugehör,* Einspruch gegen ein Versäumnisurteil im schriftlichen (Vor-)Verfahren vor Zustellung?, NJW 1992, 2261.

Anmerkungen

1. Vgl. § 331 Abs. 3 iVm. § 276 Abs. 1 S. 1 ZPO. Ordnet das Gericht das schriftliche Vorverfahren an, wird der Kläger hiervon durch das Gericht benachrichtigt. Spätestens dann sollte er den Antrag stellen – wenn dies nicht schon in der Klageschrift geschehen ist (vgl. Form. I. D. 2) – und nicht abwarten, bis die Frist für den Beklagten verstrichen ist. Denn es liegt im Interesse des Klägers, einer verspäteten Erklärung des Beklagten, die gemäß § 331 Abs. 3 S. 1 2. Halbs. ZPO noch bis zur Übergabe des fertigen Urteils an die Geschäftsstelle berücksichtigt wird, zuvorzukommen. Nach hM. muss der Antrag dem Beklagten nicht vor Erlass des Versäumnisurteils zugestellt werden (*Zöller/Herget* § 331 Rdn. 12 mwN.). Auch nach vorausgegangenem Mahnverfahren ist ein schriftliches Versäumnisurteil möglich, wenn das Gericht das schriftliche Vorverfahren nach § 697 Abs. 2 ZPO angeordnet hat. Dem Antrag kann nicht mehr entsprochen werden, wenn dem Gericht eine Verteidigungsanzeige vorliegt; die Zweiwochenfrist wird durch Eingang beim Gericht gewahrt, Eingang bei der zuständigen Geschäftsstelle ist nicht erforderlich (OLG Frankfurt MDR 2000, 902); wird die Anzeige jedoch verspätet abgegeben, muss sie vor Übergabe des Urteils an die Geschäftsstelle dort eingegangen sein (KG

MDR 1989, 1003). Auch mit Terminsbestimmung entfallen die Voraussetzungen für ein Versäumnisurteil im schriftlichen Verfahren (KG MDR 1985, 416). Im Übrigen gelten dieselben Voraussetzungen wie für das gewöhnliche Versäumnisurteil (vgl. Form. I. G. 1 Anm. 1).

2. Die Rücknahme geringfügiger Nebenforderungen auf Hinweis des Gerichts ist auch hier zu empfehlen (vgl. Form. I. G. 1 Anm. 2).

3. Der Antrag setzt voraus, dass in der Klageschrift oder in einem späteren Schriftsatz ein bestimmter Sachantrag gestellt wurde. Die Fassung des Antrages entspricht § 331 Abs. 3 S. 1 1. Halbs. ZPO. Zu den Entscheidungsmöglichkeiten des Gerichts vgl. Form. I. G. 1 Anm. 4. Die Streitfrage, ob im schriftlichen Vorverfahren auch ein unechtes Versäumnisurteil ergehen kann, das die Klage ganz oder zum Teil abweist, ist mit der Einfügung des § 331 Abs. 3 Satz 3 ZPO durch das 1. JuMoG entschieden: Ohne mündliche Verhandlung ist ein unechtes Versäumnisurteil nur zulässig, soweit es Nebenforderungen betrifft, und auch dann nur nach einem gerichtlichen Hinweis auf diese Möglichkeit.

Kosten und Gebühren

Durch ein Versäumnisurteil im schriftlichen Vorverfahren ermäßigen sich die Gerichtskosten (3,0) nicht. Der Anwalt erhält auch ohne mündliche Verhandlung eine Terminsgebühr nach VV 3105 in Höhe von 0,5 (Anm. zu VV 3105 Abs. 1 Nr. 2). Das soll nicht gelten, wenn das Versäumnisurteil verfahrensfehlerhaft ohne Antrag ergangen ist (OLG Oldenburg NJW-RR 2008, 1670; str.). Eine vereinfachte Kostenfestsetzung ist auch hier möglich (*Zöller/Herget* § 105 Rdn. 1).

Fristen und Rechtsmittel

Vgl. Form. I. G. 1. Die Einspruchsfrist beginnt mit der Zustellung des Versäumnisurteils (§ 310 Abs. 3 ZPO). Maßgeblich ist die letzte der von Amts wegen zu bewirkenden Zustellungen (BGH NJW 1994, 3359); wird das Versäumnisurteil nach § 331 Abs. 3 ZPO also nicht ordnungsgemäß an den Kläger zugestellt, hat die Einspruchsfrist nicht begonnen (vgl. BGH aaO.; aA. *Rau* MDR 2001, 794). Zur Zustellung im Ausland vgl. BGH MDR 1999, 311. Streitig ist, ob bereits vor Zustellung ein wirksamer Einspruch möglich ist (verneinend *Zugehör* NJW 1992, 2261; aA. *Thomas/Putzo* § 339 Rdn. 1).

3. Antrag auf Versäumnisurteil gegen den Kläger[1]

An das
Landgericht

In der Sache
……
beantrage ich,

die Klage durch Versäumnisurteil abzuweisen[2]

Rechtsanwalt

Schrifttum: Stadler/Jarsumbek, Das Versäumnisverfahren gem. §§ 330 ff. ZPO, insbesondere das zweite Versäumnisurteil, JuS 2006, 34 u. 134; *Dietrich,* Die Wirkung des

Versäumnisurteils gegen den Kläger, ZZP 84, 419; *Siemon,* Rechtskraftwirkung des die Berufung zurückweisenden Versäumnisurteils, MDR 2004, 301.

Anmerkungen

1. Der Antrag betrifft den nicht häufigen Fall der Säumnis des Klägers im Termin zur mündlichen Verhandlung (§ 330 ZPO). Er wird idR. nicht schriftsätzlich angekündigt, sondern im Termin gestellt, wenn der Kläger nicht erscheint oder nicht verhandelt (§ 333 ZPO). Bei anwaltlicher Vertretung kann jedoch die Ankündigung aus kollegialen Gründen geboten sein. Weitere Voraussetzung für den Erlass des Versäumnisurteils ist nur, dass der Kläger rechtzeitig und ordnungsgemäß geladen oder der Termin gemäß § 218 ZPO bestimmt wurde. Erforderlich ist nicht, dass der Beklagte erhebliche Einwendungen vorgetragen hat. Fehlt es an der sachlichen oder örtlichen Zuständigkeit des Gerichts, besteht für den Beklagten nach hM. die Möglichkeit, Klageabweisung als unzulässig durch streitiges Prozessurteil zu erreichen (vgl. *Thomas/Putzo* Rdn. 12 vor § 330). Er kann aber auch Klageabweisung in der Sache durch Versäumnisurteil gemäß § 330 ZPO beantragen, soweit die Zuständigkeit gemäß § 39 ZPO prorogierbar ist (also zB. nicht bei einer nichtvermögensrechtlichen Streitigkeit, § 40 Abs. 2 ZPO; hier kommt nur Klageabweisung als unzulässig in Betracht, vgl. BGH NJW 1961, 2207; *Thomas/Putzo* § 330 Rdn. 3). Eine Verweisung des Rechtsstreits ist für den Beklagten nur im Ausnahmefall des § 506 ZPO zu erreichen. Er kann aber statt eines Versäumnisurteils in geeigneten Fällen eine Entscheidung nach Lage der Akten gem. § 331 a ZPO beantragen. Ist ein Mahnverfahren vorangegangen und hat der Kläger keine Anspruchsbegründung eingereicht, wird die Klage nicht durch Versäumnisurteil, sondern durch streitiges Urteil als unzulässig abgewiesen (vgl. *Thomas/Putzo* § 697 Rdn. 8). Zur Rechtskraft des klageabweisenden Versäumnisurteils vgl. BGH NJW 2003, 1044.

2. Nach dem Gesetzeswortlaut müsste der Antrag lauten: „... das Versäumnisurteil dahin zu erlassen, dass der Kläger mit der Klage abzuweisen ist". Bei Nichtigkeitsklagen und Feststellungsklagen in Ehesachen (§ 130 Abs. 1 FamFG) und bei Klagen in Kindschaftssachen (§ 640 ZPO) ist das Versäumnisurteil gegen den Kläger dahin zu beantragen, „dass die Klage als zurückgenommen gilt". Eine Zurückweisung des Antrags auf Versäumnisurteil durch Beschluss gem. § 335 ZPO oder eine Vertagung nach § 337 ZPO ist auch bei Säumnis des Klägers denkbar. Ein Vertagungsgrund kann es zB. sein, wenn das Gericht den Kläger auf Bedenken gegen die Formulierung des Klageantrags hinweist, dieser aber noch keinen Antrag stellt, sondern um Bedenkzeit bittet (OLG Köln MDR 2000, 657). Stellt der Beklagte keinen Antrag, gilt § 251 a ZPO.

Kosten und Gebühren

Vgl. die Hinweise zu Form. I. G. 1. Da das Versäumnisurteil gegen den Kläger keine Schlüssigkeitsprüfung voraussetzt, nimmt die Rechtsprechung zT. eine Gebührenermäßigung auf 1,0 entspr. KV 1211 vor (LG Koblenz MDR 2004, 237; vgl. *Zöller/Herget* § 330 Rdn. 10). Die Möglichkeit der vereinfachten Kostenfestsetzung nach § 105 ZPO steht auch dem Beklagten offen (vgl. Form. I. G. 1 Anm. 1 aE.).

Fristen und Rechtsmittel

Dem Kläger steht gegen das Versäumnisurteil nur der Einspruch gem. §§ 338 ff. ZPO zu (vgl. Form. I. G. 5). Wird die Klage durch unechtes Versäumnisurteil (zB. als unzulässig) abgewiesen, ist für den Kläger nur die Berufung gegeben.

4. Sofortige Beschwerde gegen die Zurückweisung des Antrags auf Versäumnisurteil[1]

An das
Amtsgericht[2]

In der Sache

. . . . . .

lege ich gegen den Beschluss vom . . . . .[3], mit dem die Verhandlung über den Antrag auf Erlass des Versäumnisurteils vertagt wurde[4],

sofortige Beschwerde

ein mit dem Antrag,

1. **den Vertagungsbeschluss aufzuheben,**
2. **die Sache an das Amtsgericht zurückzuverweisen und hierbei anzuordnen, dass unverzüglich ein neuer Termin zur Entscheidung über den Antrag auf Versäumnisurteil bestimmt und der Beklagte zu diesem Termin nicht geladen wird[5].**

Das Amtsgericht wird gebeten, die Akten unverzüglich dem Landgericht zur Entscheidung zuzuleiten und den Beklagten vor der Entscheidung über die sofortige Beschwerde nicht zu dem im Beschluss vom . . . . . bestimmten Termin zu laden[6].

Begründung[7]:

1. **Gegen die vom Amtsgericht ausgesprochene Vertagung nach § 337 ZPO ist nach allgemeiner Meinung die sofortige Beschwerde gemäß § 336 ZPO zulässig.**
2. **Das Amtsgericht hat die Vertagung in Hinblick auf ein bei der Akte befindliches Schreiben des Beklagten ausgesprochen, in dem dieser mitteilte, dass er zwei Tage vor dem Terminstag seinen Jahresurlaub antrete und daher zum Termin nicht erscheinen könne. Die vom Amtsgericht der Entscheidung zugrundegelegte Auslegung des § 337 ZPO ist fehlerhaft; denn der Beklagte war trotz seines Urlaubs nicht am Erscheinen verhindert. Er hätte sich nämlich im Termin durch einen Rechtsanwalt oder eine andere Person seines Vertrauens vertreten lassen können und müssen. Hierauf ist er auch durch das gerichtsübliche Ladungsformular ausdrücklich hingewiesen worden.**

Anmerkungen

1. Vgl. § 336 ZPO. Die sofortige Beschwerde ist zulässig bei Zurückweisung des Antrags in den vier Fällen des § 335 ZPO, aber ebenso bei Vertagung gemäß § 337 ZPO (Hauptanwendungsfall der Vorschrift, vgl. OLG Hamm NJW-RR 1991, 703; OLG Dresden NJW-RR 1996, 246; *Thomas/Putzo* § 336 Rdn. 1). Bei Ablehnung eines unechten Versäumnisurteils ist § 336 ZPO unanwendbar. Mit der Beschwerde kann erreicht werden, dass das Untergericht einen neuen Termin bestimmt, zu dem der Beklagte nicht geladen wird (§ 336 Abs. 1 S. 2 ZPO) und in dem es bei seiner Entscheidung über den Antrag auf Versäumnisurteil an die Rechtsauffassung des Beschwerdegerichts gebunden ist. Erscheint allerdings der Prozessgegner ohne Ladung im neuen Termin, so ist er nach hM. zur Verhandlung zuzulassen (*Thomas/Putzo* aaO.). Der Beschwerdeführer sollte bedenken, ob er nicht durch Hinnahme einer kurzfristigen – wenn auch unberechtigten – Vertagung schneller zum Ziel kommt.

2. Die sofortige Beschwerde könnte gemäß § 569 Abs. 1 S. 1 ZPO auch beim Beschwerdegericht, im Beispielsfall also beim Landgericht, eingelegt werden. Zur Beschleunigung empfiehlt sich jedoch idR. die Einlegung beim Untergericht, da sich dort die Ak-

ten befinden. Dies gibt zudem die Möglichkeit, weitere Anträge an das Untergericht zu richten, die dessen Verfahrensleitung vor Übersendung der Akten an das Beschwerdegericht betreffen.

3. Der Tag des Fristbeginns – hier: Verkündung, meist Zustellung – sollte stets genannt werden. Die Zwei-Wochen-Frist ist eine Notfrist iSd. §§ 224, 233 ZPO.

4. Ein mit der sofortigen Beschwerde anfechtbarer („stillschweigender") Beschluss liegt auch vor, wenn der Antrag auf Versäumnisurteil nicht ausdrücklich zurückgewiesen wird, sondern das Gericht nur die Vertagung ausspricht.

5. Da das Beschwerdegericht das Versäumnisurteil nicht selbst erlassen kann – es würde bei Einspruch eine Instanz verloren gehen –, muss es zurückverweisen (*Zöller/Herget* § 336 Rdn. 3). Hierbei hat es die nach seiner Rechtsauffassung erforderlichen Anordnungen zu treffen.

6. Der Beschwerdeführer sollte auf besondere Beschleunigung drängen, damit er mit der sofortigen Beschwerde mehr erreicht als mit der Vertagung. Er sollte das Untergericht außerdem veranlassen, sich einstweilen jeder Maßnahme gegenüber dem Gegner zu enthalten, damit dieser für den Fall eines erfolgreichen Rechtsmittels über den Fortgang des Verfahrens nach Möglichkeit nichts erfährt. Auch im Beschwerdeverfahren ist die säumige Partei nicht zu hören.

7. Die sofortige Beschwerde muss darauf gestützt werden, dass der Erlass des Versäumnisurteils zu Unrecht abgelehnt wurde. In der Sache geht es meist um die Frage, ob die Partei ohne Verschulden am Erscheinen im Termin verhindert war. Zum Beispielsfall vgl. BVerfG NJW 1969, 1103 und LG Mannheim NJW 1971, 250. Es gelten die von der Rechtsprechung zur Wiedereinsetzung entwickelten Grundsätze entsprechend (BGH NJW 2004, 2309, 2311). Danach hätte das Rechtsmittel wohl nur Aussicht auf Erfolg, wenn der Beklagte die Ladung vor seinem Urlaub erhalten hatte und sein persönliches Erscheinen nicht erforderlich war, nicht aber, wenn das Gericht dem Beklagten bereits fälschlich mitgeteilt hatte, er brauche nicht zu kommen. Beruht das Nichterscheinen auf der Verspätung eines öffentlichen Verkehrsmittels, kann das die Säumnis entschuldigen. Der Anwalt muss aber eine gewisse Pufferzeit einplanen (BGH NJW 2007, 2047 betr. Flugzeug). Er muss zudem alles Zumutbare tun, um dem Gericht rechtzeitig seine Verhinderung mitzuteilen (BGH NJW 2006, 448; 2009, 687). Zu weitere Beispielen vgl. *Zöller/Herget* § 337 Rdn. 3 u. Baumbach/Lauterbach/*Albers/Hartmann* § 337 Rdn. 4–16.

Kosten und Gebühren

Gerichtsgebühren entstehen nur, wenn die Beschwerde verworfen oder zurückgewiesen wird (Gebühr nach KV 1811 von EUR 50,–). Der Anwalt erhält im Beschwerdeverfahren eine Verfahrensgebühr in Höhe von 0,5 (VV 3500).

Fristen und Rechtsmittel

Die sofortige Beschwerde ist binnen einer Notfrist von zwei Wochen einzulegen, § 569 Abs. 1 ZPO. Die Frist beginnt gem. § 569 Abs,.1 S. 2 ZPO mit der Zustellung oder, wenn es an einer Zustellung der Entscheidung fehlt, fünf Monate nach der Verkündung.

Gegen den Beschluss des Beschwerdegerichts ist unter den Voraussetzungen des § 574 die Rechtsbeschwerde gegeben.

5. Einspruch gegen Versäumnisurteil[1, 2] mit Antrag auf Einstellung der Zwangsvollstreckung[3]

An das
Landgericht[4]

In der Sache
……[5]
wird gegen das am …… verkündete Versäumnisurteil[6], dem Beklagten zugestellt am ……[7],

Einspruch[8]

eingelegt.
Außerdem wird beantragt,

die Zwangsvollstreckung aus dem Versäumnisurteil ohne Sicherheitsleistung[9] einstweilen einzustellen,

hilfsweise wird beantragt,

die Zwangsvollstreckung gegen Sicherheitsleistung einzustellen[10].

In der Sache wird beantragt[11]:

1. **Das Versäumnisurteil vom …… wird aufgehoben und die Klage abgewiesen[12].**
2. **Die Kosten des Rechtsstreits – einschließlich der Säumniskosten[13] – trägt der Kläger.**
3. **Das Urteil ist – notfalls gegen Sicherheitsleistung – vorläufig vollstreckbar.**

Einer Entscheidung der Sache durch den Einzelrichter stehen keine Gründe entgegen.

Begründung[14]:

1. **Die Zwangsvollstreckung aus dem Versäumnisurteil ist gemäß § 719 Abs. 1 S. 2 ZPO ohne Sicherheitsleistung einzustellen; denn das Versäumnisurteil ist gesetzwidrig ergangen. Nachdem der Widerspruch gegen den Mahnbescheid nicht durch den Beklagten persönlich, sondern durch seinen Prozessbevollmächtigten erhoben wurde, hätte gemäß § 172 ZPO auch die Terminsladung an den Prozessbevollmächtigten zugestellt werden müssen. Dieser Verstoß machte die Zustellung unwirksam, so dass es an einer ordnungsgemäßen Ladung fehlte.**
2. **Zur Sache wird in Erwiderung auf die Klageschrift wie folgt vorgetragen: ……**

Rechtsanwalt[15]

Schrifttum: Habel, Kostenerstattung bei vorangegangenem Versäumnisurteil, NJW 1997, 2357; *Rau,* Versäumnisurteil im schriftlichen Vorverfahren – Berechnung der Einspruchsfrist, MDR 2001, 794; *Zugehör,* Einspruch gegen ein Versäumnisurteil im schriftlichen Vorverfahren vor Zustellung?, NJW 1992, 2261; *Karst,* Die einstweilige Einstellung der Zwangsvollstreckung ohne Sicherheitsleistung aus einem Versäumnisurteil, MDR 2003, 1391; *Schneider,* Rechtsmittelfähigkeit von Einstellungsbeschlüssen, MDR 1980, 529; *ders.,* Zulässigkeit und Begründetheit bei der Einstellungsbeschwerde, MDR 1985, 547.

Anmerkungen

1. Es wird von dem – in der Praxis leider vorkommenden – Sachverhalt ausgegangen, dass der Antragsgegner durch einen Prozessbevollmächtigten Widerspruch gegen den

Mahnbescheid eingelegt hat, die Terminsladung nach Abgabe an das Prozessgericht jedoch unter Verstoß gegen § 172 ZPO nicht diesem, sondern dem Beklagten persönlich zugestellt wurde. Zur Beweislast für einen solchen Verstoß vgl. BGH NJW 1981, 1673.

2. Der Einspruch (§ 338 ZPO) ist der einzige Rechtsbehelf gegen ein erstes Versäumnisurteil, und zwar auch dann, wenn es gesetzwidrig ergangen ist (OLG Düsseldorf MDR 1985, 1034; OLG Zweibrücken NJW-RR 1997, 1087). Eine Wiedereinsetzung gegen die Versäumung des Termins gibt es nicht. Die Berufung gemäß § 514 Abs. 2 ZPO ist nur gegen ein zweites Versäumnisurteil statthaft, gegen ein erstes Versäumnisurteil auch dann nicht, wenn kein Fall der Säumnis vorlag (BGH NJW 1994, 665). Wird allerdings ein „weiteres" (erstes) Versäumnisurteil irrig als „zweites" bezeichnet, ist nach dem Meistbegünstigungsprinzip auch der Einspruch statthaft (vgl. BGH NJW 1997, 1498). Ist das Urteil als Versäumnisurteil bezeichnet, stellt es sich aber nach seinem Inhalt als streitiges Urteil dar, ist auch die Berufung gegeben (BGH NJW 1999, 583). Handelt es sich um ein unechtes Versäumnisurteil – was im Einzelfall nicht immer leicht zu erkennen ist, vgl. *Thomas/Putzo* Rdn. 12 vor § 330 –, ist der Einspruch unstatthaft. Der verurteilten Partei ist im Zweifelsfall zu empfehlen, sich für die Wahl des Rechtsbehelfs an der Bezeichnung des Urteils zu orientieren, denn eine inkorrekte Bezeichnung durch das Gericht kann nicht zu ihren Lasten gehen (vgl. *Thomas/Putzo* Rdn. 6ff. vor § 511; BGH WM 1981, 829, 830). Liegt aber eindeutig ein Versäumnisurteil vor, ist es, auch wenn es nicht ausdrücklich als Versäumnisurteil bezeichnet wurde, nur mit dem Einspruch anfechtbar (BGH NJW-RR 1995, 257). Bleibt unklar, was für ein Urteil das Gericht erlassen wollte, sollte sowohl Einspruch als auch Berufung eingelegt werden. Zur Frist und Form des Einspruchs vgl. §§ 339, 340 ZPO. Der Einspruch muss handschriftlich unterzeichnet sein (BGH NJW 1987, 2588), sofern nicht eine der von der Rechtsprechung anerkannten Ersatzformen (insbesondere Telefax, vgl. BGH aaO. 2589, und Computerfax, vgl. GmSOBG NJW 2000, 2340) vorliegt. Der Mangel der Unterschrift ist nach Fristablauf nicht heilbar, eine Wiedereinsetzung bei unzureichender Unterschrift scheidet aus (BGH NJW 1987, 957). Zu Verzögerungen und Verstümmelungen auf Grund Benutzung der Technik vgl. BGH NJW 1988, 2788; NJW 1994, 1879 u. 2097.

3. Das Versäumnisurteil ist für den Kläger gemäß § 708 Nr. 2 ZPO ohne Sicherheitsleistung und ohne Abwendungsmöglichkeit für den Beklagten vorläufig vollstreckbar. Diese Folgen kann der Beklagte nicht bereits durch den Einspruch beseitigen, sondern nur über einen Einstellungsantrag gemäß §§ 719, 707 ZPO, den er zweckmäßigerweise mit dem Einspruch verbindet. In aller Regel wird es nur zu einer Einstellung gegen Sicherheitsleistung kommen (vgl. Anm. 8). Zur Einstellung der Zwangsvollstreckung aus einem Vollstreckungsbescheid vgl. Form. I. B. 4.

4. Der Einspruch ist immer bei dem Gericht einzulegen, das das Versäumnisurteil erlassen hat, § 340 Abs. 1 ZPO.

5. Für die formellen Erfordernisse der Einspruchsschrift (§ 340 Abs. 2 ZPO) gilt nichts anderes als nach § 519 Abs. 2 ZPO für den notwendigen Inhalt der Berufungsschrift (BGH NJW-RR 1999, 998). Nach st. Rspr. des BGH ist dem nur entsprochen, wenn bis zum Ablauf der Einspruchsfrist angegeben ist, für wen und gegen wen der Einspruch eingelegt werden soll (vgl. BGH NJW 1998, 3499 mwN.). Allerdings lässt die Rechtsprechung die Zulässigkeit nicht an Formalien scheitern, wenn nur das wirklich Gewollte deutlich wird (BGH NJW-RR 1999, 998).

6. Vgl. § 340 Abs. 2 Nr. 1 ZPO; die Einspruchsschrift muss die Bezeichnung des Urteils enthalten, gegen das der Einspruch gerichtet wird.

7. Für das Gericht ergibt sich das Zustellungsdatum aus der in der Akte befindlichen Zustellungsurkunde. Zur Kontrolle sollte das Datum im Einspruch genannt werden; daraus kann die Wahrung der Einspruchsfrist entnommen werden.

8. Vgl. § 340 Abs. 2 Nr. 2 ZPO. Die Einspruchsschrift sollte das Wort „Einspruch" enthalten; jedenfalls muss die säumige Partei unzweideutig zum Ausdruck bringen, dass sie das Versäumnisurteil nicht gegen sich gelten lassen will und eine Fortsetzung des Rechtsstreits verlangt (BGH NJW-RR 1994, 1213). Die säumige Partei kann den Einspruch auf einen Teil des Anspruches beschränken (vgl. *Thomas/Putzo* § 340 Rdn. 4). Der Umfang des Einspruches ist dann in Antrag und Begründung so deutlich zu machen, dass der Streitgegenstand des rechtskräftigen und des noch streitigen Teils genau erkennbar ist. Der Teileinspruch bei einem Versäumnisurteil gegen den Beklagten könnte lauten:

„In der Sache ......
wird gegen das Versäumnisurteil vom ......

Einspruch

eingelegt, soweit der Beklagte verurteilt wurde, an den Kläger EUR 3.281,76 nebst Zinsen in Höhe von 5 Prozentpunkten über dem jeweiligen Basiszinssatz seit Rechtshängigkeit zu zahlen."

Bei Versäumnisurteil gegen den Kläger:

„...... wird gegen das Versäumnisurteil vom ......

Einspruch

eingelegt, soweit die Klage hinsichtlich des Anspruchs von EUR 5.000,– nebst 7% Zinsen seit dem ...... abgewiesen wurde."

9. Eine Einstellung ohne Sicherheitsleistung kommt nur in den beiden in § 719 Abs. 1 S. 2 2. Halbs. ZPO genannten Ausnahmefällen (gesetzwidriges VU, unverschuldete Säumnis) oder im Fall des § 707 Abs. 1 S. 2 ZPO in Betracht. Nach hM. müssen bei gesetzwidrigem Versäumnisurteil die Voraussetzungen des § 707 Abs. 1 S. 2 ZPO nicht zusätzlich vorliegen (vgl. *Karst* MDR 2003, 1391; *Zöller/Herget* § 719 Rdn. 2, mwN., OLG Stuttgart NJW-RR 2003, 713; OLG Celle MDR 1999, 1345; aA. OLG Hamburg NJW 1979, 1464; OLG Köln NJW-RR 2002, 428; KG NJW 1984, 316 u. MDR 1985, 330). Im Beispielsfall war das Versäumnisurteil wegen Verstoßes gegen § 176 ZPO gesetzwidrig. Bei unverschuldeter Säumnis sowie im Fall des § 707 Abs. 1 S. 2 ZPO sind die Voraussetzungen glaubhaft zu machen. Die Entscheidung über die Einstellung der Zwangsvollstreckung – sei es mit oder ohne Sicherheitsleistung – wird weiter davon abhängen, ob der Einspruch zulässig ist und auch in der Sache aussichtsreich erscheint. Trägt der Beklagte mit dem Einspruch keine oder nur unerhebliche Einwendungen vor, kann er nicht mit einer Einstellung rechnen (vgl. *Zöller/Herget* § 707 Rdn. 9).

10. Vgl. Form. I. D. 1 Anm. 12. Auch wenn der Beschluss nicht ausspricht, in welcher Form die Sicherheit zu leisten ist, kann der Schuldner sie durch die schriftliche, unwiderrufliche, unbedingte und unbefristete Bürgschaft eines inländischen Kreditinstitutes erbringen (§ 108 Abs. 1 S. 2 ZPO).

11. Die Einspruchsschrift sollte auch die Sachanträge des Beklagten enthalten, vgl. § 130 Nr. 2 ZPO. Hat der Beklagte auf die Klage bisher nicht erwidert, muss er die gleichen Anträge stellen und Erklärungen abgeben wie in der Klageerwiderung, vgl. Form. I. E. 4.

12. Vgl. § 343 ZPO. Der Gegenantrag des Klägers geht dahin, „das Versäumnisurteil aufrechtzuerhalten".

13. Auch wenn die säumige Partei auf Grund des Einspruchs obsiegt, hat sie gemäß § 344 ZPO idR. die Säumniskosten (insbesondere die Terminsgebühr von 0,5 nach VV 3105) zu tragen. Eine Ausnahme gilt nur, wenn das Versäumnisurteil – wie im Beispiel (dazu OLG Zweibrücken VersR 1979, 143) – nicht in gesetzlicher Weise ergangen ist, also die prozessualen oder sachlichen Voraussetzungen nicht gegeben waren oder gegen §§ 335, 337 ZPO verstoßen wurde. Hierauf sollte das Gericht besonders hingewiesen werden.

14. Die Begründung ist nicht Zulässigkeitsvoraussetzung für den Einspruch, fehlt sie aber, droht Zurückweisung späteren Vorbringens gemäß § 296 Abs. 1 ZPO (vgl. *Zöller/Herget* § 340 Rdn. 11; OLG Dresden NJW-RR 1999, 214; OLG München NJW-RR 1995, 127). Erkennt die säumige Partei, dass sie die Frist aus besonderen Gründen nicht einhalten kann, sollte sie vor Fristablauf einen Antrag auf Verlängerung stellen (§ 340 Abs. 3 S. 2 ZPO). In der Einspruchsbegründung sollte zunächst, soweit erforderlich, der Einstellungsantrag begründet und seine Voraussetzungen glaubhaft gemacht werden. Sodann sind etwaige Zulässigkeitsrügen vorzubringen. Der sachliche Inhalt der Einspruchsbegründung hängt vom Stand des Verfahrens ab. Liegt noch keine Klageerwiderung vor, muss die Begründung § 277 ZPO entsprechen (*Thomas/Putzo* § 340 Rdn. 5). Hat der Beklagte die Klageerwiderungsfrist versäumt, stellt sich die Frage, ob er ein Versäumnisurteil gegen sich ergehen lassen, die Erwiderung mit dem Einspruch vortragen und durch diese „Flucht in die Säumnis" die Zurückweisung als verspätet vermeiden kann. Das ist grundsätzlich zulässig und kann sachdienlich sein, wenn auch der Kläger dadurch eine Verzögerungsgebühr nach § 38 GKG riskiert (OLG Celle NJW-RR 2007, 1726). Zur „Flucht in die Säumnis" und zur Frage, unter welchen Voraussetzungen das Vorbringen in der Einspruchsbegründung als verspätet zurückgewiesen werden kann, vgl. *Thomas/Putzo* § 340 Rdn. 9; *Zöller/Greger* § 296 Rdn. 40; *Gounalakis* DRiZ 1997, 294; *Fastrich* NJW 1979, 2598; BGH NJW 1980, 1105; 1981, 2264; 2002, 290, 291; OLG Düsseldorf NJW 1981, 2264; OLG Celle NJW 1989, 3023; OLG Dresden NJW-RR 1999, 214. Hat der Anwalt seinem Mandanten geraten, durch Flucht in die Säumnis die Zurückweisung verspäteten Vorbringens zu vermeiden, ist er ohne weitere Weisung verpflichtet, Einspruch gegen das Versäumnisurteil einzulegen (BGH NJW 2002, 290).

15. Der Einspruch muss unterschrieben sein (§ 130 Nr. 6 ZPO; vgl. BGH NJW 1987, 2588; großzügiger für den Einspruch gegen einen Vollstreckungsbescheid OLG Celle NJOZ 2006, 4149). Die anerkannten Ersatzformen, insbesondere Telefax und Computerfax (GmSOBG NJW 2000, 2340, jedoch nur mit eingescannter Unterschrift, BGH NJW 2005, 2086), sind auch hier zulässig.

Kosten und Gebühren

Das Verfahren vor und nach Einspruch ist eine Gebühreninstanz; Gerichts- und Rechtsanwaltsgebühren können insgesamt nur einmal entstehen. War bereits vor Erlass des Versäumnisurteils eine Terminsgebühr entstanden, kann sie nach Einspruch nicht noch einmal anfallen (§ 15 Abs. 2 RVG). Auch für die nichtstreitige Verhandlung, auf die das Versäumnisurteil ergangen ist, erhält der Anwalt die 0,5 Terminsgebühr nach VV 3105 nicht zusätzlich (*Gerold/Schmidt* VV 3105 Rdn. 32; *Zöller/Herget* § 341 Rdn. 14). Die durch die Säumnis verursachten Kosten – also die Auslagen des Gegners und des Gerichts – hat nach § 344 ZPO regelmäßig die säumige Partei zu tragen, auch wenn sie obsiegt. Zu Ausnahmen vgl. Anm. 12.

Der Antrag auf Einstellung der Zwangsvollstreckung gehört nach § 19 Abs. 1 Nr. 11 RVG zum Rechtszug.

Fristen und Rechtsmittel

Die Einspruchsfrist beträgt – auch vor dem Amtsgericht – zwei Wochen, im Arbeitsgerichtsprozess eine Woche (§ 59 ArbGG). Sie ist eine Notfrist mit den sich aus §§ 224, 233 ZPO ergebenden Konsequenzen. Die Verlängerungsmöglichkeit in § 340 Abs. 3 ZPO bezieht sich nicht auf die Einspruchsfrist, nur auf die Begründungsfrist. Die Frist beginnt mit der Zustellung des Versäumnisurteils. Gemeint ist bei verkündeten Versäumnisurteilen die Zustellung gem. § 317 Abs. 1 ZPO an die unterliegende Partei, bei schriftlichen Versäumnisurteilen die letzte Amtszustellung gem. § 310 Abs. 3 ZPO (hier beginnt die Frist nach hM. erst, wenn das Urteil beiden Parteien zugestellt ist, BGH NJW 1994, 3359; *Thomas/Putzo* § 310 Rdn. 3; vgl. Form. I. G. 2 Anm. „Fristen und Rechtsmittel"). Die Zustellung durch den Gegner zum Zwecke der Zwangsvollstreckung gemäß § 750 Abs. 1 S. 2 ZPO ist für den Fristbeginn unerheblich (*Baumbach/Lauterbach/Albers/Hartmann* § 339 Rdn. 4); anders beim Einspruch gegen den Vollstreckungsbescheid (vgl. Form. I. B. 4 Anm. 3). Für den Fristbeginn ist nicht Voraussetzung, dass das Versäumnisurteil eine Rechtsmittelbelehrung enthält (BVerfG NJW 1995, 3173; anders im Arbeitsgerichtsprozess, § 9 Abs. 5 ArbGG). Zur Wahrung der Frist genügt der Einwurf der Einspruchsschrift in ein im Gerichtsgebäude befindliches Brieffach für eingehende Post (BGH Rpfleger 1984, 241). Bei Zustellung des Versäumnisurteils im Ausland (vgl. § 183 ZPO) oder bei öffentlicher Zustellung (§§ 185 ff. ZPO) wird die Einspruchsfrist nach § 339 iVm. § 700 Abs. 1 ZPO durch das Gericht bestimmt.

Wird der Einspruch durch Urteil als unzulässig verworfen, steht der säumigen Partei die Berufung zu. Das gilt auch bei Verwerfung durch ein zweites Versäumnisurteil nach § 345 ZPO (vgl. Form. I. G. 6). Gegen ein Urteil, das den Einspruch für zulässig hält und das Versäumnisurteil aufhebt oder aufrechterhält, sind die allgemeinen Rechtsmittel gegeben. Beschlüsse über Anträge auf Einstellung der Zwangsvollstreckung sind gem. § 707 Abs. 2 ZPO unanfechtbar, hiervon hat die Rechtsprechung früher Ausnahmen bei greifbarer Gesetzeswidrigkeit und groben Ermessensfehlern gemacht (vgl. *Zöller/Herget* § 707 Rdn. 22). Nach Einführung des § 321 a ZPO soll diese Möglichkeit nicht mehr bestehen (BGH NJW 2004, 2224 für den gleichgelagerten Fall des § 769 ZPO). Allerdings kann das Gericht seinen Einstellungsbeschluss auf Gegenvorstellung jederzeit abändern; auch eine Rüge nach § 321 a ZPO kommt in Betracht.

6. Antrag auf zweites Versäumnisurteil[1, 2]

An das
Landgericht

In der Sache

. . . . . .

wird beantragt[3],

den Einspruch des Beklagten gegen das Versäumnisurteil vom . . . . . . durch zweites Versäumnisurteil zu verwerfen.

Rechtsanwalt

Schrifttum: Stadler/Jarsumbek, Das Versäumnisverfahren gem. §§ 330 ff. ZPO, insbesondere das zweite Versäumnisurteil, JuS 2006, 34 u. 134; *Prütting,* Das zweite Versäumnisurteil im technischen Sinn, JuS 1975, 150; *Braun,* Die Berufung gegen das zweite Versäumnisurteil, ZZP 93 (1980), 443; *van den Hövel,* Die Säumnis des Einspruchsführers nach verfristetem Einspruch gegen ein Versäumnisurteil, NJW 1997, 2864; *Habel,* Kostenerstattung bei vorausgegangenem Versäumnisurteil, NJW 1997, 2357.

Anmerkungen

1. Ein zweites Versäumnisurteil kann sowohl nach Einspruch gegen ein Versäumnisurteil gegen den Kläger oder den Beklagten als auch nach Einspruch gegen einen Vollstreckungsbescheid ergehen (§ 345 ZPO, für den Vollstreckungsbescheid iVm. § 700 Abs. 1 ZPO). Das zweite Versäumnisurteil setzt außer dem darauf gerichteten Antrag zunächst eine Säumnis des Gegners im Verhandlungstermin trotz rechtzeitiger und ordnungsgemäßer Ladung voraus; Es darf auch kein Vertagungsgrund nach § 337 ZPO gegeben sein (vgl. Form. I. G. 4 Anm. 7). Dabei kann die Einhaltung einer längeren Wartezeit als beim ersten Versäumnisurteil geboten sein (OLG Rostock MDR 1999, 626). Weitere Voraussetzungen sind, dass der Einspruch zulässig war, also form- und fristgerecht eingelegt wurde (*Thomas/Putzo* § 345 Rdn. 1; BGH NJW 1995, 1561; OLG Düsseldorf MDR 2001, 833; str.), und dass nach dem Einspruch noch nicht zur Hauptsache verhandelt wurde (*Thomas/Putzo* § 345 Rdn. 2). Nicht mehr zu prüfen ist nach hM., ob die Klage bei Erlass des ersten Versäumnisurteils zulässig war, ob sie schlüssig war und ob die übrigen Voraussetzungen für ein Versäumnisurteil – zB. korrekte Ladung – vorlagen (BGH NJW 1999, 2598; NJW 1986, 2113; *Thomas/Putzo* § 345 Rdn. 4; aA. *Zöller/Herget* § 345 Rdn. 4 mwN.; BAG MDR 1995, 201). Diese Prüfung ist bereits vor Erlass des ersten Versäumnisurteils vorgenommen worden. Da die Frage aber nach wie vor streitig ist, muss der Kläger damit rechnen, dass das Gericht auch bei Säumnis des Beklagten im Einspruchstermin noch die Schlüssigkeit prüft. Anders ist die Rechtslage nach Einspruch gegen einen Vollstreckungsbescheid: hier darf der Einspruch durch ein zweites Versäumnisurteil nur verworfen werden, wenn die Klage schlüssig ist (§ 700 Abs. 6 ZPO); außerdem ist zu prüfen, ob der Vollstreckungsbescheid auch im Übrigen rechtmäßig ergangen ist (BGH NJW 1999, 2599; 1982, 888).

2. Der Antrag wird idR. nicht schriftsätzlich angekündigt, sondern zu Protokoll in dem nach § 341 a ZPO bestimmten Termin gestellt. Eine Ankündigung kann aber auch hier aus kollegialen Gründen geboten sein, wenn der Beklagte anwaltlich vertreten ist.

3. Die Fassung des Antrags beruht auf § 345 ZPO. Der Antrag auf ein zweites Versäumnisurteil nach Vollstreckungsbescheid ist entsprechend zu formulieren. Bei unzulässigem, insbesondere verspätetem Einspruch geht der Antrag dahin,

„den Einspruch als unzulässig zu verwerfen".

Streitig ist, ob dies durch ein unechtes Versäumnisurteil (so BGH MDR 2007, 901; NJW 1995, 1561; *Zöller/Herget* § 341 Rdn. 9) oder durch ein echtes (erstes) Versäumnisurteil (so *van den Hövel* NJW 1997, 2864) zu geschehen hat, ob also zusätzlich der Antrag auf Erlass eines Versäumnisurteils zu stellen ist. Hier sollte im Termin die Rechtsauffassung des Gerichts erfragt werden.

Kosten und Gebühren

Es entstehen keine weiteren Gerichtsgebühren. Für den Anwalt entsteht nach Einspruch gegen einen Vollstreckungsbescheid die Terminsgebühr nach VV 3105. Hat der Anwalt bereits das erste Versäumnisurteil erwirkt, soll er für das zweite Versäumnisurteil eine Terminsgebühr von 1,2 erhalten, auf die die 0,5 Gebühr nach VV 3105 anzurechnen ist (OLG Celle NJW 2005, 1283; aA. OLG Nürnberg NJW 2006, 1527). Wird der Einspruch auf die einseitige mündliche Verhandlung nach § 341 ZPO als unzulässig verworfen, greift VV 3104 ein, nicht VV 3105 (BGH NJW 2006, 3430). Insgesamt kann die Terminsgebühr nie über 1,2 hinausgehen.

Fristen und Rechtsmittel

Gegen das Versäumnisurteil, das den Einspruch als unzulässig verwirft, steht der säumigen Partei nur die Berufung zu. Ein weiterer Einspruch gegen das zweite Versäumnisurteil ist in keinem Fall statthaft. Die Berufungssumme von EUR 600,– braucht nicht erreicht zu sein (§ 514 Abs. 2 S. 2 ZPO; anders in der Arbeitsgerichtsbarkeit, vgl. BAG

MDR 1989, 850). Sie kann nur darauf gestützt werden, dass kein Fall der Säumnis vorgelegen habe (§ 514 Abs. 2 ZPO), also auch darauf, dass die Versäumung nicht schuldhaft gewesen sei; dabei ist die Verschuldensfrage nach den gleichen Maßstäben zu beurteilen wie bei der Wiedereinsetzung in den vorigen Stand (BGH NJW 1999, 2120, 2121; 2007, 2047). Die Berufung ist also immer dann gegeben, wenn das zweite Versäumnisurteil nicht hätte ergehen dürfen (BGH NJW 1991, 43, 44), sie kann hingegen nicht darauf gestützt werden, dass bei Erlass des ersten Versäumnisurteils keine Säumnis vorgelegen habe (BGH NJW 1986, 2113). Die Streitfrage, ob die Berufung auch auf fehlende Schlüssigkeit der Klage gestützt werden kann (verneinend BGH NJW 1999, 2599; KG MDR 2000, 293; vgl. *Zöller/Gummer* § 514 Rdn. 8 a f.) hängt also vom Standpunkt des jeweiligen Gerichts zur Zulässigkeit eines zweiten Versäumnisurteils in diesem Fall ab (anders für die Arbeitsgerichtsbarkeit BAG MDR 1995, 201). Ist hingegen ein Vollstreckungsbescheid vorausgegangen, kann der Beklagte immer mit der Berufung geltend machen, dass dieser in verfahrensrechtlich unzulässiger Weise ergangen ist (BGH NJW 1991, 43); der Beklagte kann die Berufung auch darauf stützen, dass bei Entscheidung über den Einspruch eine Prozessvoraussetzung oder die Schlüssigkeit der Klage fehlte (BGH aaO.). Mit der Berufungsbegründung, also innerhalb der Berufungsbegründungsfrist, muss die Partei schlüssig darlegen, dass die Versäumung des Einspruchstermins nicht schuldhaft war; die Schlüssigkeit des Sachvortrags ist Voraussetzung für die Zulässigkeit der Berufung (BGH NJW 1991, 42, 43; vgl. *Thomas/Putzo* § 524 Rdn. 4); die Beweislast liegt beim Berufungskläger (BGH NJW 1999, 2121). An die schuldlose Versäumung des Termins durch einen Rechtsanwalt stellt die Instanzrechtsprechung zT. strenge Anforderungen (zB. OLG Köln MDR 1998, 617; KG MDR 1999, 185; OLG Naumburg MDR 1999, 186).

Wird ein weiteres (erstes) Versäumnisurteil irrig als zweites Versäumnisurteil bezeichnet, kann der Betroffene nach dem Meistbegünstigungsgrundsatz dieses Urteil mit dem Einspruch und/oder der Berufung angreifen (BGH NJW 1997, 1448; VersR 1984, 287, 288; OLG Frankfurt NJW-RR 1992, 1468, 1469). Im umgekehrten Fall, wenn ein weiteres erstes Versäumnisurteil erlassen wird, obwohl richtigerweise ein zweites Versäumnisurteil hätte ergehen müssen, kann nach dem Grundsatz der Meistbegünstigung auch ein Einspruch zulässig sein BGH NJW 1997, 1448).

7. Antrag auf Verwerfung des unzulässigen Einspruchs durch Urteil ohne mündliche Verhandlung[1]

An das
Landgericht

In der Sache

......

wird beantragt,

> **den Einspruch des Beklagten ohne mündliche Verhandlung als unzulässig zu verwerfen,[2]**
> **dem Beklagten die weiteren Kosten des Rechtsstreits aufzuerlegen[3]**
> **und das Urteil ohne Sicherheitsleistung für vorläufig vollstreckbar zu erklären[4].**

Begründung:

Der Beklagte ist durch Versäumnisurteil vom ...... zur Zahlung verurteilt worden. Wie sich aus der Mitteilung des Gerichts vom ...... ergibt[5], wurde ihm das Urteil am ...... zugestellt, während sein Einspruch erst am ...... einging. Damit ist der Einspruch ver-

spätet und gemäß §§ 339, 341 ZPO unzulässig. Es wird gebeten, von einer Terminierung abzusehen und über den Einspruch gemäß § 341 Abs. 2 ZPO durch Urteil ohne mündliche Verhandlung zu entscheiden.

Rechtsanwalt

Anmerkungen

1. § 341 Abs. 2 ZPO eröffnet die Möglichkeit, ohne mündliche Verhandlung über einen unzulässigen Einspruch zu entscheiden; entgegen der früheren Regelung hat die Entscheidung allerdings auch dann durch Urteil zu erfolgen. Dieses Verfahren bedeutet für den Gegner der säumigen Partei eine Vereinfachung, die er anregen sollte, wenn er die Unzulässigkeit des Einspruchs erkennt. Ob das Gericht ohne mündliche Verhandlung entscheidet, steht allerdings in seinem Ermessen. Da bei der Einspruchsprüfung meist keine schwierigen tatsächlichen oder rechtliche Fragen auftreten, ist die mündliche Verhandlung aber in der Regel entbehrlich. § 341 Abs. 2 ZPO gilt auch bei unzulässigem Einspruch gegen einen Vollstreckungsbescheid (vgl. Form. I. B. 9). Will das Gericht ohne mündliche Verhandlung entscheiden, hat es zunächst dem Gegner rechtliches Gehör zu gewähren; es vergeht also zwischen Antrag und Entscheidung einige Zeit.

2. Die Fassung des Antrags ergibt sich aus § 341 Abs. 1 S. 2 ZPO. Der Einspruch wird ohne Sachprüfung und ohne Rücksicht darauf verworfen, ob das erste Versäumnisurteil ordnungsgemäß zustande gekommen ist (BGH NJW-RR 2007, 1363).

3. Im Urteil ist auch über die Kosten zu entscheiden.

4. Da die Entscheidung nach § 341 Abs. 2 ZPO nicht durch Beschluss, sondern immer durch Urteil zu treffen ist, muss wegen der weiteren Kosten auch über die vorläufige Vollstreckbarkeit entschieden werden; nach § 708 Nr. 3 ZPO ist das Urteil ohne Sicherheitsleistung für vorläufig vollstreckbar zu erklären.

5. Gemäß § 340 a ZPO wird dem Gegner der säumigen Partei die Einspruchsschrift zugestellt, außerdem wird ihm mitgeteilt, wann das Versäumnisurteil zugestellt und der Einspruch eingelegt wurde. Er kann also immer erkennen, ob der Einspruch rechtzeitig war, und auch, ob er etwa im Anwaltsprozess nur durch die Partei selbst eingelegt wurde.

Kosten und Gebühren

Das Urteil löst keine weiteren Gerichtsgebühren aus. Wird der Einspruch ohne mündliche Verhandlung verworfen, erhält der Anwalt keine weiteren Gebühren.

Fristen und Rechtsmittel

Das Urteil ist, auch wenn es ohne mündliche Verhandlung ergangen ist, mit den gewöhnlichen Rechtsmitteln anfechtbar.

8. Entscheidung nach Lage der Akten[1,2]

An das
Landgericht

In der Sache
……
ist damit zu rechnen, dass der Beklagte im Termin nicht erscheinen wird. Der Kläger wiederholt daher den Antrag aus der Klageschrift[3]
und beantragt,

eine Entscheidung nach Lage der Akten zu erlassen[4].

Die Parteien haben bereits im Termin vom …… streitig verhandelt. Weiteres erhebliches Vorbringen des Beklagten ist nicht zu erwarten, es wäre ohnehin als verspätet zurückzuweisen.
Für den Fall, dass das Gericht eine Entscheidung nach Lage der Akten ablehnt, wird hilfsweise beantragt werden[5],

ein Versäumnisurteil zu erlassen.

Rechtsanwalt

Anmerkungen

1. Statt eines Versäumnisurteils kann die erschienene Partei auch eine Entscheidung nach Lage der Akten beantragen (§ 331 a ZPO). Das ist zu empfehlen, wenn ein Einspruch des Säumigen gegen das Versäumnisurteil zu erwarten wäre und der Erschienene an einer Förderung des Verfahrens oder an einer abschließenden Entscheidung durch streitiges Urteil interessiert ist. Der Antrag kommt auch in Betracht, wenn sich ein Rechtsanwalt aus standesrechtlichen Gründen gehindert sieht, ein Versäumnisurteil gegen den anwaltlich vertretenen, nicht erschienenen Gegner zu beantragen. Ein Urteil nach Lage der Akten kann nur ergehen, wenn in einem früheren Termin streitig zur Sache verhandelt wurde (§ 331 a S. 2 iVm. § 251 a Abs. 2 ZPO). Im Berufungsverfahren reicht eine Verhandlung vor dem vorbereitenden Einzelrichter aus (vgl. OLG Karlsruhe MDR 1995, 637). Stellt der Erschienene den Antrag, sollte er sicher sein, dass die auf Grund des Akteninhalts zu treffende Entscheidung für ihn günstig ist. Zur Frage, inwieweit der Akteninhalt für die Entscheidung verwertet wird, vgl. *Thomas/Putzo* § 251 a Rdn. 5. Klagebegründendes Vorbringen, das dem Beklagten nicht unter Wahrung der Einlassungsfrist zugestellt wurde, kann nicht berücksichtigt werden. Das Gericht kann jedoch bei Säumnis einer Partei geladene Zeugen oder Sachverständige vernehmen und das Ergebnis für die Entscheidung nach Lage der Akten verwerten (BGH NJW 2002, 301).

2. Aus der Sicht des Gerichts ist die gegenüber dem Erlass eines Versäumnisurteils aufwendigere Entscheidung nach Lage der Akten vor allem dann sinnvoll, wenn ein Einspruch gegen das Versäumnisurteil zu erwarten wäre, während die Sache über § 331 a ZPO gleich und endgültig erledigt werden kann. Das heißt für den Anwalt, dass er es sich, wenn bereits mündlich verhandelt wurde, gut überlegen muss, ob er einen Termin versäumt; er riskiert den endgültigen Verlust des Prozesses.

3. Außer dem Prozessantrag auf Entscheidung nach Lage der Akten ist auch der Sachantrag zu stellen, über den das Gericht zu entscheiden hat. Entsprechendes gilt für den Klageabweisungsantrag des Beklagten. Der Antrag kann sich auf einen Teil des Anspruches beschränken; das ist zB. zweckmäßig, wenn das Gericht die Klage nur zT. für entscheidungsreif hält. Hinsichtlich des Restes kann dann, Schlüssigkeit der Klage vorausgesetzt, auf Antrag ein Versäumnisurteil ergehen.

4. Auch dieser Antrag wird idR. nicht schriftsätzlich angekündigt, sondern im Termin gestellt, wenn der Gegner nicht erscheint. Steht sein Nichterscheinen schon vorher fest, kann es sinnvoll sein, den Antrag mit Schriftsatz anzukündigen, damit sich das Gericht vorbereiten kann. Die Entscheidung kann ein Beschluss, zB. ein Beweisbeschluss, oder ein ganz oder zT. stattgebendes oder abweisendes Urteil sein. Der Antragsteller kann seinen Antrag nicht in der Form einschränken, dass er für den Fall eines ungünstigen Urteils nicht gestellt sein soll. Ob das Gericht eine Entscheidung nach Lage der Akten verkündet, steht in seinem Ermessen. Ein Urteil kann nicht am Schluss des Verhandlungstermins, sondern erst in einem besonderen Verkündungstermin, der frühestens zwei Wochen später stattfinden darf, ergehen (§ 251 a Abs. 2 ZPO). In dieser Zeit hat der Gegner, dem der Verkündungstermin formlos mitgeteilt wird, Gelegenheit, glaubhaft zu machen, dass er den Verhandlungstermin ohne Verschulden versäumt hat.

5. Lehnt das Gericht die Entscheidung ab, kann der Erschienene immer noch ein Versäumnisurteil beantragen. Der Hilfsantrag ist für den Fall sinnvoll, dass das Gericht die Sache zur Entscheidung nimmt, ohne sich auf eine Entscheidung nach Lage der Akten festgelegt zu haben. Lehnt es dann im Verkündungstermin die Entscheidung nach Lage der Akten ab, muss es das Versäumnisurteil erlassen, ohne dass eine weitere mündliche Verhandlung erforderlich wird. Zur Zulässigkeit dieses Hilfsantrags vgl. *Baumbach/Lauterbach/Albers/Hartmann* § 331 a Rdn. 4.

Kosten und Gebühren

Der Rechtsanwalt erhält die volle Terminsgebühr.

Fristen und Rechtsmittel

Die Ablehnung eines Antrags auf Entscheidung nach Lage der Akten ist unanfechtbar, § 336 Abs. 2 ZPO. Gegen die Entscheidung nach Lage der Akten haben die Parteien die gleichen Rechtsmittel wie sonst auch; ein Einspruch wäre nicht statthaft.

H. Beweisverfahren

1. Antrag auf Vernehmung von Zeugen[1]

An das
Landgericht

In der Sache

……

bezieht sich der Kläger zum Beweis für den von ihm vorgetragenen Unfallhergang[2] auf die Zeugen

1. Herrn Andreas Wentz, Marienstraße 3, 70249 Stuttgart,[3]
2. Herrn Meyer, ladungsfähige Anschrift nur dem Beklagten bekannt,[4]
3. NN (ladungsfähige Anschrift wird nachgereicht),[5]
4. Frau Rita Berger, Südwall 21, 31254 Hannover,
5. Frau Tüley Özgörgün, Birkenallee 17, 70249 Stuttgart.

Der Zeuge Herr Wentz hat über den Unfallhergang seinerzeit eine Skizze gemacht. Es wird beantragt,

dem Zeugen aufzugeben, diese Skizze zum Termin mitzubringen[6].

Bei dem Zeugen Herrn Meyer handelt es sich um den Fahrer des Fahrzeugs, das zurzeit des Unfalls hinter dem Fahrzeug des Beklagten fuhr. Der Beklagte hat sich die Anschrift dieses Zeugen notiert, dem Kläger ist sie unbekannt. Der Kläger beantragt,

dem Beklagten unter Fristsetzung aufzugeben, die Anschrift des Zeugen Herrn Meyer anzugeben.

Bei dem Zeugen NN handelt es sich um den Fahrer eines weiteren Fahrzeugs, dessen Namen der Kläger bemüht ist, über das zuständige Straßenverkehrsamt zu ermitteln.

Hinsichtlich der Zeugin Frau Berger wird beantragt,

sie vorab im Wege der Rechtshilfe vor dem Amtsgericht Hannover zu vernehmen[7].

Frau Özgörgün hat den Unfall im Fahrzeug des Klägers miterlebt[8]. Sie ist Türkin. Da sie nur unzureichend Deutsch spricht, wird beantragt, zu ihrer Vernehmung einen Dolmetscher der türkischen Sprache hinzuzuziehen[9].

Zum Beweis für die dargelegten Unfallverletzungen und die sich daraus ergebenden Beschwerden, den Heilungsverlauf, die Dauer der Arbeitsunfähigkeit sowie den Behandlungszeitraum bezieht sich der Kläger auf das Zeugnis des

Dr. med. Hans Schüler …… (ladungsfähige Anschrift),

den der Kläger hierfür von seiner Verschwiegenheitspflicht entbindet[10]. Es wird angeregt, eine schriftliche Beantwortung der Beweisfrage anzuordnen, da Gegenstand der Vernehmung eine Auskunft bildet, die der Zeuge voraussichtlich anhand seiner ärztlichen Unterlagen geben kann[11].

Rechtsanwalt

Schrifttum: Arntzen, Psychologie der Zeugenaussage, 3. Aufl. 1993; *Bender/Nack/Treuer,* Tatsachenfeststellung vor Gericht, 3. Aufl. 2007; *Eichele/Uling* Das Beweisbuch für den Anwalt, Handbuch für den strategischen Einsatz von Beweismitteln im Zivilprozeß, 1997; *Fellmer,* Tatsachenfeststellung in der ersten Instanz – Bedeutung für das Berufungsverfahren und Korrekturmöglichkeiten, MDR 2003, 721; *Tiedemann,* Erstinstanzlicher Verzicht auf Zeugen im reformierten Berufungsverfahren, MDR 2008, 237; *Kassebohm,* Zeugen richtig befragen, NJW 2009, 200; *Foerste,* Parteiische Zeugen im Zivilprozess, NJW 2001, 321; *ders.,* Lauschzeugen im Zivilprozess, NJW 2004, 262; *Einmahl,* Zeugenirrtum und Beweismaß im Zivilprozess, eine Fallstudie am Beispiel des Verkehrsunfallprozesses, NJW 2001, 469; *Kirchhoff,* Der Verkehrsunfall im Zivilprozeß – von der Schwierigkeit, Zeugen zu glauben, MDR 1999, 1473; *Meyke,* Die Funktion der Zeugenaussage im Zivilprozeß, NJW 1989, 2032; *ders.,* Plausibilitätskontrolle und Beweis, NJW 2000, 2230; *Baumgärtel,* Ausforschungsbeweis und „Behauptung ins Blaue hinein", MDR 1995, 987; *Kiethe,* Zulässigkeit von Beweisantritten bei Behauptungen auf Grundlage einer zivilrechtlichen Vermutungsbasis, MDR 2003, 1325; *Luckey,* Widerklage gegen Dritte – Zeugen zum Abschuss freigegeben? MDR 2002, 743; *Kluth/Böckmann,* Die zivilprozessuale Partei im Zeugenmantel, MDR 2002, 616; *Deckers,* Glaubwürdigkeit kindlicher Zeugen, NJW 1999, 1365; *Reinecke,* Der Zeuge N.N. in der zivil- und arbeitsgerichtlichen Praxis, MDR 1990, 767; *Gottschalk,* Der Zeuge N.N., NJW 2005, 2939; *Helle,* Der Telefonzeuge im Zivilprozeß, JR 2000, 353; *Lenz/Meurer,* Der heimliche Zeuge im Zivilprozeß, MDR 2000, 73; *Schneider,* Beweisrechtsverstöße in der Praxis, MDR 1998, 997; *Heistermann,* Vorschussanordnung vor der Beweisaufnahme – Folgen der fehlerhaften Zahlung, MDR 2001, 1085; *Gießler,* Vernehmung des nicht geladenen Zeugen, NJW 1991, 2885; *Stockmann,* Prozessuale Konsequenzen des Fernbleibens von Zeugen im Zivilrechtsstreit, JuS 2008, 974; *Grünberg,* Ordnungsmittel gegen einen ausgebliebenen Zeugen, MDR 1992, 326.

Anmerkungen

1. Der Zeugenbeweis ist die in der Praxis häufigste Beweisart, zu einer sicheren Beweisführung jedoch nur in Grenzen geeignet (vgl. *Foerste* NJW 2001, 321; *Baumbach/Lauterbach/Albers/Hartmann* vor § 373 Rdn. 5 f.). Zeuge kann nur sein, wer nicht Partei des Rechtsstreits ist oder als Partei zu vernehmen wäre (wie zB. der Inhaber einer Firma, der Geschäftsführer einer GmbH, der Vorstand eines Vereins, der persönlich haftende Gesellschafter einer OHG oder KG; vgl. näher *Zöller/Greger* § 373 Rdn. 5 ff.). Auch der Streitgenosse kann idR. nicht Zeuge sein, BGH NJW 1983, 2508, sondern als Zeuge nur über Tatsachen vernommen werden, die ausschließlich andere Streitgenossen betreffen (BGH NJW-RR 1991, 256). Der Zedent kann Zeuge sein, seine Aussage unterliegt aber besonders kritischer Würdigung (BGH NJW 2001, 826, 827). Als Zeuge kommt iÜ. nur in Betracht, wer in Bezug auf das Beweisthema konkrete Wahrnehmungen gemacht hat, und zwar in zulässiger Weise; das ist zweifelhaft bei heimlichem Mithören über eine Bürosprechanlage oder Mithöreinrichtung (BGH NJW 2003, 1727; vgl. *Zöller/Greger* § 286 Rdn. 15 a f.; *Lenz/Meurer* MDR 2000, 73); eine heimlich aufgenommene Tonaufzeichnung wäre nicht verwertbar (BGH NJW 1982, 277; 1988, 1016; BayObLG NJW 1990, 197). Das gilt auch für einen heimlich in den Besprechungsraum geführten Lauscher (BGH NJW 1991, 1180). Allerdings ist die Frage der Verwertbarkeit in diesen Fällen stets auf Grund einer Interessen- und Güterabwägung nach den Umständen des Einzelfalls zu entscheiden (BVerfG NJW 2002, 3619, 3624; BGH NJW 1994, 2289, 2292; *Foerste* NJW 2004, 262). Zur Abgrenzung des Zeugen vom Sachverständigen vgl. BGH NJW 1993, 1796, 1797; 2007, 2122 Tz. 12; *Thomas/Putzo* Rdn. 1 vor § 373, zur Person des sachverständigen Zeugen vgl. § 414 ZPO u. OLG Karlsruhe DAR 2006, 571; OLG Düsseldorf BauR 2000, 1243 u. 1538; OLG Hamm MDR 1988, 418.

Der Zeugenbeweis setzt, soweit der Verhandlungsgrundsatz gilt, immer einen Antrag der beweispflichtigen Partei voraus. In der Praxis der Instanzgerichte werden viele Zeugenbeweisantritte als unerheblich, unsubstantiiert oder auch als verspätet zurückgewiesen. Die Gerichte nehmen oft eine vorweggenommene Plausibilitätskontrolle vor, auch wenn dies mit der Rechtsprechung des BGH (vgl. zB. BGH MDR 2002, 963; NZG 2005, 45) nicht in Einklang steht. Hierauf muss sich der Anwalt einstellen. Er sollte möglichst jede Tatsache, die er nicht durch Urkunden belegen kann, unter Beweis stellen und den Beweisantritt sorgfältig und unübersehbar formulieren, und zwar nicht erst, wenn die Tatsache streitig geworden ist, sondern bereits in der Klageschrift oder der Klageerwiderung (§ 130 Nr. 5 ZPO). Der Anwalt sollte sich auch nicht erst am Schluss einer längeren Sachverhaltsdarstellung für alles auf einen Zeugen beziehen, sondern die Tatsachen trennen und jeweils Beweis antreten. Zu den Beweisantritten der Gegenseite sind, soweit vorhanden, schon vor der Beweisanordnung des Gerichts Gegenzeugen zu benennen; stehen keine zur Verfügung, kann es sich empfehlen, sich auf denselben Zeugen zu beziehen, um ihm damit deutlich zu machen, dass er nicht Zeuge einer Partei ist. Wegen der durch §§ 529, 531 ZPO begrenzten Möglichkeiten, neue Angriffs- und Verteidigungsmittel einzuführen, können im Berufungsrechtszug zusätzliche Zeugen kaum noch benannt werden (vgl. *Fellmer* MDR 2003, 721). Das bedeutet für den Rechtsanwalt, dass er möglichst vor Prozessbeginnen die Beweismittel durch Information bei seinem Mandanten sammeln muss, nicht erst dann, wenn er binnen kurzer Frist einen Zeugen benennen muss.

2. Gem. § 373 ZPO gehört zum Beweisantritt die Bezeichnung der Tatsachen, über welche der Zeuge vernommen werden soll. Hieran kranken in der Praxis viele Beweisanträge. Unzureichend ist es zB., den Umstand, dass eine Sache „gekauft" wurde, unter Beweis zu stellen, denn hierbei handelt es sich nicht um eine Tatsache, sondern um den aus Tatsachen gezogenen rechtlichen Schluss. Statt dessen wäre konkret anzugeben, wie sich der Vertragsschluss abgespielt hat, und deutlich zu machen, über welche dieser Einzeltatsachen der Zeuge vernommen werden soll. Die Beweiserhebung kann abgelehnt werden, wenn die unter Beweis gestellten Tatsachen so ungenau bezeichnet sind, dass ihre Erheblichkeit nicht beurteilt werden kann, oder wenn sie erkennbar aus der Luft gegriffen sind (BGH NJW 1991, 2707; NJW-RR 1994, 377; vgl. *Baumgärtel* MDR 1995, 987); nicht erforderlich ist die nähere Angabe von Begleitumständen, soweit die Einzelheiten für die Rechtsfolge nicht von Bedeutung sind (BGH NJW-RR 1995, 724). Der Vortrag weiterer Einzeltatsachen kann idR. nicht verlangt werden (BGH NJW-RR 2007, 1404). Fraglich kann sein, wieweit mit dem Beweisantritt darzulegen ist, wie der Zeuge die in sein Wissen gestellte Tatsache erfahren hat. Das wird für die beweiserhebliche Tatsache jedenfalls dann nicht verlangt, wenn sich die zu beweisende Tatsache außerhalb der Sphäre der beweispflichtigen Partei ereignet haben soll (BGH NJW 1996, 1826, 1827); anders ist es aber beim Indizienbeweis: hier ist darzulegen, auf Grund welcher Tatsache der Zeuge entsprechende Kenntnis erlangt hat (vgl. BGH NJW 1983, 2034; NJW-RR 1993, 443; NJW 1999, 3115). Da aber die Instanzgerichte zuweilen Anforderungen an die Substantiierung eines Beweisantritts stellen, die nach der Rechtsprechung des BGH übertrieben sind (vgl. zB. BGH NJW-RR 2008, 1311; 2007, 1404; 1991, 446; NJW 1991, 2707, 2709), ist dringend zu empfehlen, vorzutragen, woher der Zeuge die Kenntnis hat, und auch die Begleitumstände näher darzulegen. Besonders schwierig ist der Beweisantritt bei inneren Tatsachen (Vorsatz, Kenntnis, Absichten, gemeinsame Vorstellungen etc.); obwohl die Rechtsprechung des BGH dies nicht verlangt (vgl. BGH MDR 1992, 1084), sollten nach Möglichkeit zusätzliche Indizien unter Beweis gestellt werden, aus denen auf die innere Tatsache geschlossen werden kann. Wird ein Zeuge für eine nicht in seiner Person eingetretenen inneren Tatsache benannt, muss dargelegt werden, woher er Kenntnis von der inneren Tatsache hat (BGH NJW 1996, 1678, 1679). Indizzeugen, die nicht den zu beweisenden Vorgang selbst beobachtet haben, aber an den anschließenden Gesprächen beteiligt waren, sind grundsätzlich zu vernehmen (BGH NJW-RR 1990, 1276). Voraussetzung für die Beweiserhebung über Indiztatsachen ist allerdings, dass sie – ihre Richtigkeit unterstellt – das Gericht von der Wahrheit der Haupttatsache überzeugen würden (BGH NJW 1989, 2947). Das Übergehen eines Beweisantritts kann ein Verstoß gegen Art. 103 GG sein (BVerfG NJW 2004, 2663; 2000, 945; vgl. *Zuck* NJW 2005, 3753).

Weitere Zeugenbeweisantritte s. Form. I. E. 2.

3. Zeugen müssen mit ladungsfähiger Anschrift benannt werden, dazu gehört idR. auch der vollständige Name. Der Beweisführer sollte die Privatanschrift, nicht die Arbeitsanschrift angeben, auch wenn sie genügen kann (BGH NJW 2001, 875); die oft gebrauchte Formulierung „zu laden über den Kläger/Beklagten" wird nicht von allen Gerichten akzeptiert (vgl. LG Hagen MDR 1984, 1024; *Baumbach/Lauterbach/Albers/Hartmann* § 373 Rdn. 4). Die Angabe eines Postfaches ist nicht ausreichend (BVerwG NJW 1999, 2608). Allerdings liegt nach der Rechtsprechung des BGH (NJW 1993, 1926, 1927) auch bei fehlender oder unrichtiger Anschrift ein beachtlicher Beweisantritt vor. Das Gericht darf den Beweisantritt nicht einfach übergehen, sondern muss eine Frist nach § 356 ZPO setzen; dabei kommt es nicht auf Verschulden der Partei an (BVerfG NJW 2000, 945 gegen *Baumbach/Lauterbach/Albers/Hartmann* § 356 Rdn. 4; BGH NJW 1993, 1926). Stellt sich heraus, dass die Anschrift nicht mehr zutrifft, muss das Gericht eine Frist zur Beibringung der richtigen Anschrift setzen (BVerfG NJW 1984, 1026). Die Fristsetzung ist unwirksam, wenn sie nicht förmlich zugestellt wird, eine Heilung nach § 187 ZPO ist nicht möglich (BGH NJW 1989, 227). Nach Ablauf der Frist kann das Beweismittel unbenutzbar werden. Auch bei Angabe der Anschrift nach Fristablauf hat das Gericht den Zeugen noch zu laden, wenn dadurch keine Verzögerung eintritt (BVerfG NJW-RR 1994, 700). Andernfalls bleibt die Möglichkeit, ihn zu sistieren (vgl. BGH NJW 1998, 761, 762). Das sollte allerdings schriftsätzlich angekündigt werden, damit Gericht und Gegner sich vorbereiten können; sonst kann sich eine Verzögerung ergeben, die zur Zurückweisung als verspätet führt.

4. Das Gericht ist dem Beweisführer bei der Beschaffung der ladungsfähigen Anschrift nicht behilflich. Kennt der Gegner jedoch die dem Beweisführer unbekannte Anschrift eines Zeugen, kann dieser verpflichtet sein, sie zu offenbaren. Unterlässt er dies ohne triftigen Grund, kann das Gericht hieraus im Rahmen der Beweiswürdigung Schlüsse zu seinem Nachteil ziehen („Beweisvereitelung", vgl. BGH NJW-RR 2008, 982; NJW 1960, 821; NJW-RR 1996, 1534; *Thomas/Putzo* § 286 Rdn. 19; eingehend *Peters* ZZP 82, 200).

5. Kennt der Beweisführer Namen und Anschrift nicht, kann er den Zeugen einstweilen mit „NN" (zB.) bezeichnen (BGH NJW 1998, 2368). Er sollte aber sicherheitshalber erklären, warum er den Zeugen trotz seiner Bemühungen noch nicht benennen kann. Andernfalls besteht die Gefahr, dass das Gericht den Beweisantritt übergeht oder nach § 296 ZPO zurückweist (vgl. BGH NJW 1983, 1905, 1908; NJW 1989, 227; *Zöller/Greger* § 356 Rdn. 4), auch wenn das Gericht eigentlich nach § 356 ZPO vorgehen müsste (BGH NJW 1993, 1926; zum Verfahren nach § 356 ZPO vgl. Anm. 3). In jedem Falle empfiehlt es sich, Namen und Anschrift unverzüglich nachzureichen.

6. Der Zeuge ist verpflichtet, sich mit Hilfe der ihm zugänglichen Unterlagen auf seine Aussage vorzubereiten (vgl. *Zöller/Greger* § 373 Rdn. 2). Diese Verpflichtung ist gesetzlich festgelegt (§ 378 Abs. 1 ZPO). Soweit ihm das zumutbar ist, hat der Zeuge diese Unterlagen – in Betracht kommen zB. Skizzen, Aufzeichnungen über Gespräche und Telefonate, Geschäftspapiere – zum Termin mitzubringen. Das dient allerdings nur der Unterstützung und Erläuterung seiner Aussage; eine Vorlegungspflicht gegenüber Parteien und Gericht folgt daraus nicht, sie besteht nur nach §§ 142, 429 ZPO (§ 378 Abs. 1 S. 2 ZPO). Bei Verletzung dieser Zeugenpflicht drohen dem Zeugen nach § 390 ZPO Ordnungsgeld und Mehrkosten des Verfahrens; allerdings nur nach vorheriger Androhung. Wenn die Partei daher weiß, dass dem Zeugen solche Unterlagen zur Verfügung stehen, sollte sie zweckmäßigerweise einen solchen Antrag stellen, damit das Gericht den Zeugen entsprechend laden kann. Stellt sich im Beweistermin heraus, dass der Zeuge ohne Unterlagen nichts Konkretes sagen kann, sollte der Beweisführer Vertagung und erneute Ladung des Zeugen mit Anordnung nach § 378 ZPO beantragen. Handelt es sich bei dem Zeugen um einen

Angestellten des Gegners, so kann es sich zusätzlich empfehlen, die Vorlegung entsprechender Geschäftsunterlagen durch den Gegner gem. § 421 ZPO zu beantragen.

7. Vgl. § 375 Abs. 1 Nr. 3 ZPO. Es handelt sich um eine Anregung; die Anordnung steht im Ermessen des Gerichts, das einerseits den Kostenaufwand, andererseits die Bedeutung der Aussage berücksichtigen wird. Nachteilig an der Vernehmung im Wege der Rechtshilfe ist, dass entweder ein weiterer Prozessbevollmächtigter am Wohnsitz des Zeugen beauftragt werden muss (zur Kostenerstattung vgl. *Zöller/Herget* § 91 Rdn. 13 „Beweistermin"), Reisekosten des Rechtsanwalts oder der Partei entstehen oder aber keine Möglichkeit besteht, an den Zeugen Fragen zu richten und auf den Inhalt des zuweilen dürftigen Vernehmungsprotokolls Einfluss zu nehmen. Wird die Vernehmung im Wege der Rechtshilfe angeordnet, sollte die Partei zu erreichen suchen, dass diese vor dem Beweistermin des Prozessgerichts stattfindet; auf diese Weise erübrigt sich dort ein weiterer abschließender Verhandlungstermin. Es kann sich weiter empfehlen, in einem besonderen Schriftsatz an das Rechtshilfegericht Fragen zu nennen, die das Gericht dem Zeugen stellen soll. Das Rechtshilfegericht darf die Vernehmung nicht mit der Begründung ablehnen, die Voraussetzungen hätten nicht vorgelegen (BAG NJW 2001, 2196).

8. Entgegen einer früher verbreiteten Praxis ist die Aussage von Unfallzeugen, die Beifahrer der Partei gewesen sind, nicht bereits aus diesem Grundsatz ohne Beweiswert (BGH NJW 1988, 566). Das Verbot der vorweggenommenen Beweiswürdigung gilt auch hier. Das Gericht muss also den Beweis erheben und durch eine individuelle Würdigung des Ergebnisses der Zeugenaussagen feststellen, ob der behauptete Unfallhergang bewiesen ist oder nicht. Darüber hinaus soll es gegen den Grundsatz der freien Beweiswürdigung verstoßen, wenn der Tatrichter die Glaubwürdigkeit eines Zeugen alleine deshalb verneint, weil der Zeuge einer der Prozessparteien nahe steht und bei seiner Vernehmung keine Umstände zutage getreten sind, die die von vornherein angenommenen Bedenken gegen die Glaubwürdigkeit des Zeugen zerstreut hätten (BGH, NJW 1995, 955). Dieser Grundsatz bedeutet allerdings nicht, dass dem Zeugen ohne weiteres mehr zu glauben ist als der gegnerischen Partei (OLG Karlsruhe NJW-RR 1998, 789; *Zöller/Greger* § 286 Rdn. 13).

9. Ist ein Zeuge oder eine sonstige am Prozess beteiligte Person der deutschen Sprache nicht mächtig, muss das Gericht nach § 185 GVG einen Dolmetscher hinzuziehen (vgl. BVerwG NJW 1990, 3102; *Zöller/Lückemann* § 185 GVG Rdn. 1). Um prozessualen Leerlauf zu vermeiden, sollte der Beweisführer dessen Ladung rechtzeitig anregen. Allerdings ist ein fehlender Hinweis hierauf kein Grund, den Beweisantrag abzulehnen (OLG Hamm MDR 2000, 657). Im Termin ist darauf zu achten, dass der Dolmetscher sich auf seinen allgemein geleisteten Eid beruft (§ 189 Abs. 2 GVG) oder vor der Vernehmung vereidigt wird (§ 189 Abs. 1 GVG). Die Nichtvereidigung bedeutet einen unheilbaren Verfahrensverstoß (BGH NJW 1987, 260) und macht eine erneute Vernehmung in der Berufung erforderlich (BGH NJW 1994, 941, 942).

10. Ärzte und andere Personen in besonderen Vertrauensstellungen (zB. Rechtsanwälte, Wirtschaftsprüfer etc.) können gem. § 383 Nr. 4 und 6 ZPO ihr Zeugnis verweigern, soweit ihre Verschwiegenheitspflicht reicht. Sie müssen daher durch den Betroffenen von dieser Pflicht entbunden werden. Besteht die Verschwiegenheitspflicht gegenüber dem Beweisführer, kann die Befreiung bereits in der Benennung als Zeuge gesehen werden (*Zöller/Greger* § 385 Rdn. 11). Der Prozessgegner ist nicht ohne weiteres gehalten, einen Zeugen, der ihm gegenüber schweigepflichtig ist, zu entbinden; ist seine Weigerung jedoch vorwerfbar und missbilligenswert, können hieraus unter dem Gesichtspunkt der Beweisvereitelung beweisrechtliche Schlüsse zu seinem Nachteil gezogen werden (BGH NJW-RR 1996, 1534; NJW-RR 1988, 962, 964; *Zöller/Greger* § 385 Rdn. 13).

11. Vgl. § 377 Abs. 3 S. 1 ZPO. Dieses vereinfachte Verfahren sollte angeregt werden, wenn der Zeuge schreibgewandt ist, er im Termin doch nur das sagen würde, was in seinen Büchern steht, und an seiner Neutralität nicht gezweifelt wird. Das Einverständnis der Parteien ist nicht erforderlich. Auch in anderen Fällen kann eine Zeugenaussage schriftlich eingeholt werden, wenn das Gericht dies im Hinblick auf den Inhalt der Beweisfrage und die Person des Zeugen für ausreichend hält (§ 377 Abs. 3 ZPO). Das kann zB. bei im Ausland wohnenden Zeugen zweckmäßig sein. Die Richtigkeit der Aussage ist nicht mehr an Eides Statt zu versichern. Das Gericht kann nach Eingang der schriftlichen Aussage die Ladung der Zeugen anordnen. Das sollte die Partei beantragen, wenn sie Fragen an den Zeugen stellen will.

Kosten und Gebühren

Das Gericht verlangt meist gem. § 379 ZPO vom Beweisführer einen Vorschuss für die nach den Vorschriften des JVEG zu leistende Zeugenentschädigung und setzt hierzu eine Frist (näher *Schmid* MDR 1982, 94; *Sass* MDR 1985, 96). Den angeforderten Vorschuss sollte die Partei innerhalb der gesetzten Frist zahlen, sonst unterbleibt die Ladung, was zwar nicht rechtlich, aber faktisch einen Ausschluss mit dem Beweismittel bedeuten kann (vgl. hierzu und zur Ladung eines solchen Zeugen in der höheren Instanz BGH NJW 1982, 2560, BGH NJW 1998, 761); allerdings führt die verspätete Zahlung oder die Nichtzahlung nicht ohne weiteres, sondern nur unter den Voraussetzungen des § 296 Abs. 2 ZPO (Verzögerung und grobe Nachlässigkeit) zum Ausschluss des Beweismittels (BVerfG NJW 2000, 1327; NJW-RR 2004, 1150; KG NZV 2007 45); auch kann die Partei den Zeugen zum Beweistermin noch sistieren (BGH NJW 1998, 761, 762). Haben beide Parteien sich auf einen Zeugen berufen, ist die Partei vorschusspflichtig, die die Beweislast trägt (BGH NJW 1999, 2823). Die Vorschusspflicht entfällt, wenn der Beweisführer eine Erklärung des Zeugen vorlegt, in der dieser auf eine Entschädigung verzichtet. Diese Erklärung kann allerdings widerruflich sein (OLG Düsseldorf NJW-RR 1997, 826). Vielfach lassen die Gerichte anstelle des Vorschusses eine Erklärung des Rechtsanwalts des Beweisführers genügen, mit der die „Gebührenhaftung" übernommen wird (dh. die Haftung für den Erstattungsanspruch der Staatskasse nach Zeugenentschädigung) oder sich der Anwalt für die Kosten „stark sagt" (OLG Düsseldorf aaO.). Zu den Kosten einer Zeugenvernehmung im Wege der Rechtshilfe vgl. Anm. 7.

Fristen und Rechtsmittel

Gegen den Beweisbeschluss, der die Beweiserhebung anordnet, gibt es kein Rechtsmittel. Die betroffene Partei hat nur die Möglichkeit, Gegenvorstellungen zu erheben und eine Änderung des Beweisbeschlusses nach § 360 ZPO zu beantragen. Das gilt auch für die Anordnung einer Vernehmung im Wege der Rechtshilfe bzw. das Absehen hiervon.

2. Entschuldigung des nicht erschienenen Zeugen mit Antrag auf Aufhebung des Ordnungsmittelbeschlusses[1]

An das
Landgericht

In der Sache
……

zeige ich an, dass ich den Zeugen X anwaltlich vertrete[2], und beantrage,

> **den Beschluss des Einzelrichters/der Kammer vom ……, in dem dem Zeugen die Kosten auferlegt[3] und Ordnungsmittel gegen ihn festgesetzt wurden, aufzuheben sowie die Vollstreckung aus dem Beschluss bis zur Entscheidung über den Antrag einzustellen[4].**

Hilfsweise wird gegen den am ...... zugestellten Beschluss vom ...... Beschwerde eingelegt.[5]

Begründung:[6]

Der Zeuge X konnte im Termin nicht erscheinen, da er von der Ladung erst nach dem Termin Kenntnis erhielt. In der Zeit vom ...... bis ...... befand er sich auf einer Urlaubsreise, erst nach seiner Rückkehr fand er die Ladung vor. Dies wird mit der anliegenden

eidesstattlichen Versicherung des Zeugen vom ......

glaubhaft gemacht.

Rechtsanwalt

Anmerkungen

1. Kann ein Zeuge aus zwingenden Gründen zum Beweistermin nicht erscheinen, sollte er dies dem Gericht unverzüglich – notfalls auch telefonisch während der sich verzögernden Anreise (OLG Nürnberg NJW-RR 1999, 788) – mitteilen, damit ein Ordnungsmittelbeschluss gem. § 381 Abs. 1 S. 1 ZPO unterbleibt. Die Gründe für seine Verhinderung (Beispiele bei *Zöller/Greger* § 381 Rdn. 3) hat er auf Verlangen des Gerichts glaubhaft zu machen. Hierzu genügt ein aussageloses ärztliches Attest nicht ohne weiteres (vgl. OLG Nürnberg NJW-RR 1999, 940; OLG Saarbrücken NJOZ 2007, 5039). Erfolgt die Entschuldigung nicht rechtzeitig, muss der Zeuge auch glaubhaft machen, dass ihn an der Verspätung der Anzeige kein Verschulden trifft. Andernfalls kann er nach § 381 ZPO selbst dann mit einem Ordnungsgeld belegt werden, wenn er einen Entschuldigungsgrund hat (vgl. BFH BB 2007, 2110; *Zöller/Greger* § 381 Rdn. 4; anders nach altem Recht, vgl. OLG Frankfurt NJW-RR 2000, 446). Das Beispiel geht davon aus, dass der Zeuge die Ladung nicht erhalten hat und ein Ordnungsmittelbeschluss bereits ergangen ist. Der Zeuge hat dann die Wahl, sich nachträglich zu entschuldigen und Aufhebung des Beschlusses zu beantragen (§ 381 Abs. 1 S. 2 ZPO) oder sofortige Beschwerde einzulegen (s. Anm. 5). Die nachträgliche Entschuldigung kann schriftlich, zu Protokoll der Geschäftsstelle oder erst im folgenden Termin vorgebracht werden (§ 381 Abs. 2 ZPO); zur Vermeidung einer Vollstreckung aus dem Beschluss sollte der Zeuge aber nicht bis zum Termin warten.

2. Der Zeuge kann sich anwaltlich vertreten lassen, Anwaltszwang besteht jedoch nicht, auch nicht für eine Beschwerde (§ 381 Abs. 2 iVm. §§ 78 Abs. 3, 569 Abs. 3 Nr. 3 ZPO), soweit sie statthaft ist.

3. Gem. § 380 Abs. 1 S. 1 ZPO werden dem unentschuldigt ausgebliebenen Zeugen die hierdurch verursachten Kosten auferlegt. Auch diese Anordnung ist aufzuheben, wenn der Zeuge sich nachträglich entschuldigt. Hat er allerdings versäumt, seine Verhinderung rechtzeitig vor dem Termin anzuzeigen, kann die Anordnung bestehen bleiben. Zum Umfang der vom Zeugen zu tragenden Kosten vgl. OLG Celle NJW-RR 2009, 503.

4. Oft wird das Gericht über den Antrag nicht sofort, sondern erst nach Anhörung des Zeugen im nächsten Termin entscheiden. Daher ist es zweckmäßig, das Gericht darauf hinzuweisen, dass die Vollstreckung aus dem Ordnungsmittelbeschluss bis zur Entscheidung zurückzustellen ist. Legt der Zeuge Beschwerde ein, folgt die aufschiebende Wirkung aus § 570 Abs. 1 ZPO. Nach Erlass des Endurteils können Ordnungsmittel nicht mehr verhängt werden (vgl. OVG Bremen NJW 1980, 1180).

5. Es ist dringend zu empfehlen, den Antrag nach § 381 Abs. 1 S. 2 ZPO mit einer förmlichen sofortigen Beschwerde zu verbinden. Damit kann der Zeuge nach der Neufassung des Beschwerderechts nicht mehr bis zur Entscheidung über den Antrag warten, weil sie nach §§ 567, 569 fristgebunden ist (vgl. *Zöller/Greger* § 381 Rdn. 5).

6. Gem. § 381 Abs. 1 S. 1 ZPO ist glaubhaft zu machen (§ 294 ZPO), dass dem Zeugen die Ladung nicht zugegangen ist. Glaubhaftmachung erübrigt sich, wenn der Zeuge zB. unter einer unrichtigen Anschrift geladen wurde (*Baumbach/Lauterbach/Albers/Hartmann* § 381 Rdn. 7). Es genügt eine Glaubhaftmachung im nächsten Beweistermin (§ 381 Abs. 2 ZPO), jedoch riskiert der Zeuge dann die vorherige Vollstreckung des Ordnungsgeldes. Der Antrag kann uU. damit begründet werden, dass die Vernehmung überflüssig oder unergiebig gewesen wäre (OLG Frankfurt NJOZ 2008, 4804; *Thomas/Putzo* § 380 Rdn. 9).

Kosten und Gebühren

Der Zeuge hat für seine notwendigen Auslagen einen Anspruch auf Erstattung gegen die Staatskasse nach §§ 5 bis 7 JVEG. Dazu können auch die Kosten eines erfolgreichen Antrags nach § 381 Abs. 1 ZPO gehören (*Hartmann* § 7 JVEG Rdn. 8). Diese Kosten zählen zu den Kosten des Rechtsstreits im Sinne von § 91 ZPO, sind also von der unterliegenden Partei zu tragen (vgl. BGH NJW-RR 2007, 1364 Tz. 23; *Zöller/Greger* § 380 Rdn. 10, *Thomas/Putzo* § 380 Rdn. 12, jeweils mwN.).

Fristen und Rechtsmittel

Statt des Antrags kann der Zeuge sich auch auf die sofortige Beschwerde nach §§ 380 Abs. 3, 567, 569 ZPO gegen den Ordnungsmittelbeschluss beschränken (vgl. Anm. 5). Weist das Gericht den Antrag nach § 380 ZPO zurück, ist fraglich, ob hiergegen eine eigene Beschwerde eröffnet ist (bejahend *Baumbach/Lauterbach/Albers/Hartmann* § 381 Rdn. 11, verneinend *Zöller/Greger* § 381 Rdn. 5). Im Zeitpunkt der Ablehnung des Antrags dürfte aber die Frist für eine Beschwerde nach § 380 Abs. 3 ZPO abgelaufen sein. Daher empfiehlt es sich, den Antrag mit der Beschwerde zu verbinden (vgl. Anm. 5). Gegen die Aufhebung des Ordnungsmittelbeschlusses gibt es kein Rechtsmittel (OLG Hamm NJW-RR 1987, 815), jedoch kann der Beschluss, der die Auferlegung der Kosten aufhebt, von den Parteien mit der Beschwerde angefochten werden (*Zöller/Greger* § 381 Rdn. 5).

3. Antrag auf Entscheidung über Zeugnisverweigerungsrecht[1]

An das
Landgericht

In der Sache

……

wird für den Kläger als Beweisführer beantragt,

> **durch Zwischenurteil zu entscheiden, dass die Zeugnisverweigerung des Zeugen Dr. med. Schüler nicht rechtmäßig ist[2].**

Begründung[3]:

Der vom Kläger benannte Zeuge hat sein Zeugnis mit der Begründung verweigert, dass er als Arzt zur Verschwiegenheit verpflichtet sei und von dieser Pflicht nach dem Tode seines Patienten auch durch die Erben oder sonstige Personen nicht mehr entbunden

werden könne. Diese Auffassung ist unrichtig. Da sowohl die Personen, die dem Erblasser nahe standen, als auch dessen Erben den Zeugen von seiner Verschwiegenheitspflicht befreit haben, ist er zur Aussage verpflichtet. Im Übrigen erstreckt sich das Zeugnisverweigerungsrecht des Arztes nicht auf die unter Beweis gestellten Tatsachen, wie eine Auslegung des mutmaßlichen Erblasserwillens unter Wahrung seiner schutzwürdigen Belange ergibt. ……

Rechtsanwalt

Schrifttum: Bartsch, Die postmortale Schweigepflicht des Arztes beim Streit um die Testierfähigkeit des Patienten, NJW 2001, 861; *Hamm,* Vom Grundrecht der Medien auf das Fischen im Trüben, NJW 2001, 265; *Lenckner,* Aussagepflicht, Zeugnisverweigerungsrecht und Schweigepflicht, NJW 1965, 321; *Groß,* Neuregelung des journalistischen Zeugnisverweigerungsrechts, NJW 1975, 1763; *Leopold,* Das Zeugnisverweigerungsrecht, NJW-Spezial 2005, 231.

Anmerkungen

1. Hat sich ein Zeuge gem. § 386 ZPO auf ein Zeugnisverweigerungsrecht berufen, kann die beweisführende Partei einen Zwischenstreit über die Zeugnisverweigerung herbeiführen (§ 387 ZPO), wenn sie das Recht dazu bestreitet. Kommt der Aussage entscheidende Bedeutung zu, sollte sie das versuchen. Wenn durch Zwischenurteil rechtskräftig festgestellt ist, dass kein Zeugnisverweigerungsrecht besteht, muss der Zeuge aussagen; andernfalls verhängt das Gericht Ordnungsmittel und verurteilt ihn zu den durch seine Weigerung verursachten Kosten (§ 390 Abs. 1 ZPO), und zwar ohne dass es eines Antrags bedarf. Wichtig ist, dass der Beweisführer den Antrag vor rügeloser Verhandlung zur Hauptsache stellt, da er sonst sein Recht gem. § 295 ZPO verliert (BGH LM § 295 ZPO Nr. 9). Geht es um das Zeugnisverweigerungsrecht nach § 384 ZPO, darf der Zeuge die Aussage nicht schlechthin verweigern, sondern nur die Antwort auf Fragen, die ihn in einen Konflikt iSd. Vorschrift bringen (BGH NJW 1994, 197). In einem solchen Fall sollte der Beweisführer versuchen, die Beantwortung der unverfänglichen Fragen zu erreichen, ohne dass es zu einem formellen Zwischenstreit kommt.

2. Ein formeller Antrag ist nicht erforderlich, es genügt, dass die Partei, die den Zeugen benannt hat, auf seiner Vernehmung besteht. Das sollte sie allerdings auch aus Kostengründen nur tun, wenn sie das Zeugnisverweigerungsrecht mit guten Gründen bezweifeln kann. Über den Zwischenstreit wird durch Zwischenurteil entschieden. Parteien sind der Beweisführer und der Zeuge.

3. Der Beweisführer sollte darlegen, dass sich der Zeuge zu Unrecht auf ein Zeugnisverweigerungsrecht aus §§ 383, 384 ZPO oder aus anderen Vorschriften berufen hat. Für den angenommenen Fall ist dies streitig (vgl. *Bartsch* NJW 2001, 861; *Baumbach/Lauterbach/Albers/Hartmann* § 383 Rdn. 11, 13 mwN.). Auch ohne Befreiung von der Verschwiegenheitspflicht kann der Arzt zur Aussage über die Testierfähigkeit (BGH NJW 1983, 2895; BayObLG NJW 1987, 1492; NJW-RR 1991, 1287) und zur Vorlage der Krankenhausunterlagen des Verstorbenen (BGH NJW 1983, 2627) verpflichtet sein. Für den Honorarprozess des Arztes, Anwalts oder Steuerberaters gelten Besonderheiten (vgl. OLG Stuttgart MDR 1999, 192; OLG Brandenburg MDR 2002, 905). Zum Zeugnisverweigerungsrecht des Steuerberaters nach dem Tode des Mandanten vgl. OLG Stuttgart MDR 1983, 236.

Der Insolvenzverwalter kann den Rechtsanwalt des Gemeinschuldners von der Verschwiegenheitspflicht befreien (OLG Düsseldorf NJW-RR 1994, 958). Ein auf Geschäftsgeheimnisse gestütztes Zeugnisverweigerungsrecht nach § 383 Abs. 1 Nr. 6 ZPO besteht nur, wenn die Geheimhaltung einige Bedeutung für die Wettbewerbsfähigkeit des

Unternehmens hat (OLG München NJW-RR 1998, 1495). Der Notar hat ein umfangreiches Zeugnisverweigerungsrecht, das sich nicht auf die eigentliche Beurkundung beschränkt (BGH NJW 2005, 1948). Ein Zeuge, der in zweiter Instanz erneut vernommen werden soll, kann die Aussage in Hinblick auf ein Strafverfahren wegen unrichtiger Aussage im ersten Rechtszug verweigern, BGH NJW 2008, 2038. Das Berufungsgericht kann dann aber die erstinstanzliche Aussage anders würdigen, ohne den Zeugen zu vernehmen (BGH NZM 2007, 562).

Kosten und Gebühren

Für die Parteien des Rechtsstreits entstehen durch das Verfahren bis zum Zwischenurteil keine Gerichts- und Rechtsanwaltsgebühren. Für das Beschwerdeverfahren gelten KV 1811 und VV 3500. Lässt sich der Zeuge durch einen Rechtsanwalt vertreten, richten sich dessen Gebühren nach dem RVG; zum Streitwert vgl. *Zöller/Herget* § 3 Rdn. 16 „Zeugnisverweigerung". Wird festgestellt, dass der Zeuge die Aussage zu Recht verweigert hat, hat die Partei, die das Recht bestritten hat, dessen Kosten zu tragen (OLG Hamburg MDR 1987, 847); bei unberechtigter Weigerung trägt der Zeuge die Kosten.

Fristen und Rechtsmittel

Wird die Zeugnisverweigerung im Zwischenstreit durch Zwischenurteil für begründet erklärt, steht der beweisführenden Partei die sofortige Beschwerde zu, § 387 Abs. 3 ZPO; wird die Weigerung für unbegründet erklärt, ist der Zeuge beschwerdeberechtigt, nicht aber die Gegenpartei (vgl. OLG Frankfurt MDR 1983, 236 mwN.).

4. Antrag auf Sachverständigengutachten[1]

An das
Landgericht

In der Sache

……

bezieht sich der Kläger zum Beweis für seine Behauptung[2], dass die Bewegungsfähigkeit seines linken Beines erheblich eingeschränkt ist und dass es sich hierbei um eine Spätfolge des missglückten operativen Eingriffs handelt, auf das

schriftliche Gutachten eines chirurgischen Sachverständigen[3].

Weiter wird beantragt,

dem Krankenhaus K …… gem. § 144 ZPO aufzugeben, dem Gericht die den Kläger betreffenden Krankenunterlagen vorzulegen,

damit sie dem Sachverständigen zur Verfügung gestellt werden können[4]. Der Kläger befreit die Ärzte des Krankenhauses insoweit von ihrer Verschwiegenheitspflicht.
In Hinblick auf die Auswahl des Sachverständigen wird ausdrücklich gebeten, keinen Arzt aus den hiesigen Krankenhäusern zu bestellen, um eine unvoreingenommene Begutachtung zu gewährleisten[5].
Außerdem wird schon jetzt angeregt, dem zu bestellenden Sachverständigen die für Art und Umfang seiner Tätigkeit erforderlichen Weisungen zu erteilen und insbesondere zu bestimmen, welche unfallbedingten Beschwerden und welchen Operationsverlauf er zugrunde legen soll[6].

Rechtsanwalt

Schrifttum: Jessnitzer/Frieling, Der gerichtliche Sachverständige, 11. Aufl. 2000; *Olzen,* Das Verhältnis von Richtern und Sachverständigen im Zivilprozeß, ZZP 93 (1980), 66; *Sendler,* Richter und Sachverständige, NJW 1986, 2907; *Bleutge,* Die Hilfskräfte des Sachverständigen – Mitarbeiter ohne Verantwortung?, NJW 1985, 1185; *Müller,* Beweislast und Beweisführung im Arzthaftungsprozeß, NJW 1997, 3049; *Jorzig,* Arzthaftungsprozeß – Beweislast und Beweismittel, MDR 2001, 481; *Jankowski,* Der Ortstermin im Zivilprozessrecht und der Eingriff in die Unverletzlichkeit der Wohnung, NJW 1997, 3347; *Hund,* Der Steuerberater als Sachverständiger, DStR 1997, 1264; *Steffan,* Unfallrekonstruktion – neueste Erkenntnisse, DAR 2008, 637; *Freyberger,* Rekonstruktion eines Verkehrsunfalls – Typische Probleme mit Sachverständigengutachten, MDR 2000, 1281; *Heistermann,* Vorschussanordnung vor der Beweisaufnahme – Folgen der fehlerhaften Zahlung; *Wasner,* Die Haftung des gerichtlichen Sachverständigen, NJW 1986, 119; *Peters,* Sachverständigeneid ohne Gerichtsbeschluß?, NJW 1990, 1832; *Rath,* § 411 a ZPO und seine Auswirkungen auf den Personenschadensprozess, VersR 2005, 890; *Schwanitz/Aengenvoort,* Kostenvorschuss durch den Streitverkündeten, NZBau, 2007, 212.

Anmerkungen

1. Die Einholung eines Sachverständigengutachtens ist erforderlich, wenn dem Gericht die Fachkunde fehlt, um aus den vorgetragenen Tatsachen schließen zu können, ob der Anspruch gegeben ist oder nicht. Sachverständige werden insbesondere hinzugezogen, wenn es um die Feststellung geht, ob mangelhaft geleistet wurde, welche Vergütung für eine Leistung angemessen ist (vgl. Form. I. D. 2), wie sich ein Schaden ereignet hat, welchen Wert eine beschädigte Sache besaß, ob eine Verletzungshandlung für Folgeschäden ursächlich ist, ob jemand Vater eines Kindes ist, ob eine Person geschäftsfähig ist, ob eine Unterschrift von einer bestimmten Person stammt, aber auch für die Fragen, ob ein Handelsbrauch besteht, ob – im Wettbewerbsrecht – eine bestimmte Verkehrsauffassung herrscht (hierzu *Baumbach/Lauterbach/Albers/Hartmann* Rdn. 7 ff. vor § 402) oder zur Ermittlung ausländischen Rechts (vgl. BGH NJW 1975, 2142; 1994, 2959). Die Beweiskraft eines Sachverständigengutachtens hängt wesentlich von der richtigen Auswahl der Person und von der Qualität seiner Ausführungen ab. Meist wird das Gericht dazu neigen, dem Ergebnis des Sachverständigen zu folgen; ohne Ergänzungsgutachten oder Erläuterung im Termin darf es idR. nicht abweichen (BGH NJW 1981, 2578; 1989, 2948; 1997, 1446). Nachteilig am Sachverständigenbeweis ist, dass er viel Zeit kostet und den Rechtsstreit erheblich verteuern kann.

2. Gem. § 403 ZPO wird der Beweis durch die Bezeichnung der durch den Sachverständigen zu begutachtenden Punkte angetreten. Hier stellen die Instanzgerichte zuweilen übertriebene Anforderungen an die Substantiierung (vgl. hingegen BVerfG NJW 1991, 2824); die Behauptung nur vermuteter Tatsachen kann ausreichen (BGH NJW 1995, 1160). Die Instanzgerichte neigen manchmal dazu, ihr eigenes nicht sachkundiges Verständnis an die Stelle eines Sachverständigengutachtens zu setzen (vgl. zB. BGH NJW 1993, 2378; 1997, 1640; 1999, 1860, VersR 2007, 1008; NJW-RR 2008, 434). Hierauf sollte sich der Beweisführer einstellen und nach Möglichkeit genau bezeichnen, welcher konkrete sachverständige Aufschluss durch das Gutachten erbracht werden soll.

3. Ein besonderer Antrag der Partei ist zur Beweiserhebung nicht erforderlich, da das Gericht den Sachverständigen auch ohne Antrag hinzuziehen müsste (§§ 144 Abs. 1, 273 Abs. 2 Nr. 4, 287 ZPO); will das Gericht den Sachverständigenbeweis nicht von Amts wegen erheben, muss es zumindest darauf hinweisen, dass es einen Antrag erwartet (vgl. *Thomas/Putzo* Vorbem. 3 vor § 402; BGH NJW 1991, 493, 495; NJW 1993, 1796). Dennoch sollte der Antrag gestellt werden, um darauf hinzuwirken, dass der zu begutachtende Punkt nicht übergangen wird. Im Übergehen des Antrags kann ein Verstoß gegen das rechtliche Gehör liegen (BGH NJW-RR 2008, 303 u. 1311). Ob das Gericht eine schriftliche Begutachtung anordnet (§ 411 ZPO), steht in seinem Ermessen; in der Praxis ist es die Regel. Hält die Partei bei einer einfachen Beweisfrage die – meist schneller durchzuführende – mündliche Vernehmung eines Sachverständigen für ausreichend oder bei einer schwierigen Frage ein schriftliches Gutachten für erforderlich, sollte sie eine entsprechende Anregung geben. Erstattet der Sachverständige sein Gutachten in der mündlichen Verhandlung zu schwierigen Fragen, kann die Partei beantragen, hierzu nach Erhalt des Protokolls Stellung nehmen zu dürfen. Dieses Recht steht ihr zu (BGH NJW 2009, 2604).

4. Nach § 144 Abs. 1 ZPO kann das Gericht im Rahmen der Begutachtung durch Sachverständige anordnen, dass auch ein Dritter Gegenstände und Unterlagen, die für die Beweiserhebung erheblich sind, vorzulegen hat. Darunter fallen auch Krankenunterlagen, die im Rahmen einer Beweisaufnahme nach § 402 ff. ZPO benötigt werden (*Zöller/Greger* § 402 Rdn. 5; OLG Oldenburg NJW-RR 1997, 535). Der Dritte kann die Vorlegung nur verweigern, wenn sie unzumutbar ist oder ihm ein Zeugnisverweigerungsrecht zusteht (§ 144 Abs. 2 ZPO); daher ist die Entbindung von der Verschwiegenheitspflicht erforderlich. Zur Frage, wieweit der Sachverständige von sich aus die Ermittlung des Sachverhalts betreiben darf, vgl. *Zöller/Greger* § 355 Rdn. 2 u. § 402 Rdn. 5 ff.).

5. Die beweispflichtige Partei hat nicht das Recht, mit Bindung für das Gericht einen bestimmten Sachverständigen zu benennen; die Auswahl trifft das Gericht (§ 404 ZPO). Einigen sich allerdings die Parteien auf eine bestimmte Person, muss das Gericht sie ernennen (§ 404 Abs. 4 ZPO). Da von der richtigen Auswahl viel abhängt, sollte die Partei auch sonst versuchen, auf die Auswahl eines geeigneten Sachverständigen Einfluss zu nehmen und insbesondere Gründe anführen, die für oder gegen die Beauftragung eines bestimmten Sachverständigen oder einer Gruppe von Sachverständigen sprechen. Das Gericht ist zwar verpflichtet, den Parteien vor der Bestellung des Sachverständigen Gelegenheit zur Stellungnahme zu geben, es ist aber immer einfacher, vor der Auswahl des Sachverständigen Einfluss auf seine Person zu nehmen, als die Bestellung nachträglich zu korrigieren. Es empfiehlt sich daher, frühzeitig auf die erforderlichen Spezialkenntnisse hinzuweisen.

6. Viele Gutachten kranken daran, dass der Sachverständige von einem unrichtigen Sachverhalt ausgeht, zu unerheblichen Fragen Stellung nimmt oder Verfahrensfehler zB. in Hinblick auf die Beteiligung der Parteien begeht. § 404 a ZPO gibt dem Gericht konkrete Möglichkeiten an die Hand, die Tätigkeit des Sachverständigen zu leiten; hiervon machen die Gerichte aber wenig Gebrauch. Insbesondere für die beweispflichtige Partei kann es sich daher empfehlen, dem Gericht zweckmäßige Anordnungen nahezulegen. Ist der Sachverhalt, auf dessen Grundlage das Gutachten erstellt werden soll, streitig – so im angenommenen Fall –, darf das Gericht entweder noch kein Gutachten einholen (vgl. BGH NJW 1988, 3016) oder es muss dem Sachverständigen mitteilen, von welchem Sachverhalt er auszugehen hat (vgl. BGH NJW-RR 2008, 767). Geschieht das nicht im Beweisbeschluss, sollte die Partei auf eine entsprechende Ergänzung drängen. Auch ein Termin zur Einweisung des Sachverständigen nach § 404 a Abs. 5 ZPO kann sinnvoll sein und beantragt werden. Benutzt der Sachverständige Geschäftsunterlagen, die nur ihm, aber nicht Gericht und Gegner zur Verfügung gestellt werden, ist das Gutachten unverwertbar (BGH MDR 1992, 466).

Ist zur Vorbereitung des Gutachtens – zB. in Bauprozessen – eine Ortsbesichtigung durch den Sachverständigen erforderlich, empfiehlt sich folgender Zusatz:

„Es wird weiter beantragt,

dem Sachverständigen aufzugeben, die Parteien zu der von ihm anzusetzenden Ortsbesichtigung hinzuzuziehen und ihnen den Termin rechtzeitig mitzuteilen."

Ob der Sachverständige ohne eine entsprechende Anordnung verpflichtet ist, den Parteien die Teilnahme an seinen Ermittlungen zu gestatten, kann fraglich sein (vgl. *Zöller/Greger* § 402 Rdn. 5 a). Jedenfalls wird den Parteien und auch einem von ihnen ausgewählten sachkundigen Vertreter das Recht eingeräumt, beim Ortstermin anwesend zu sein (OLG München NJW 1984, 807). Die Parteien sollten dieses Recht wahrnehmen. Nach § 404 a Abs. 4 ZPO bestimmt das Gericht über die Beteiligung der Parteien; auf eine entsprechende Anordnung sollten sie hinwirken; denn Sachverständige sind in Verfahrensfragen nicht immer zuverlässig. Das Betreten der Wohnung eines Dritten darf das Gericht nur nach dessen vorheriger Anhörung und mit dessen Billigung anordnen (§ 144 Abs. 1 S. 3 ZPO; BVerfG NJW 1987, 2500).

Kosten und Gebühren

Die Hinweise zu Form. I. H. 1 gelten entsprechend. Auch für die Sachverständigenkosten besteht eine Vorschusspflicht der beweispflichtigen Partei (§ 379 iVm. § 402 ZPO); sie gilt nicht, wenn das Gericht von Amts wegen ein Gutachten einholt (vgl. BGH NJW 2000, 743; *Zöller/Greger* § 144 Rdn. 4). Haben sich beide Parteien auf einen Sachverständigen bezogen, hat derjenige den Vorschuss zu leisten, der die Beweislast trägt (BGH NJW 1999, 2823). Die gesetzte Frist sollte eingehalten werden; allerdings führt die Versäumung der Frist nicht automatisch zum Ausschluss des Beweismittels (vgl. BVerfG NJW 1996, 1533; OLG Hamm NJW-RR 1996, 1151). Die Höhe der Entschädigung ist für die meisten Tätigkeiten eines Sachverständigen gesetzlich festgelegt (§§ 9, 10 JVEG nebst Anlagen 1 und 2). Die Stundensätze nach § 9 JVEG und die festen Sätze nach § 10 JVEG sind aber gleichwohl zT. nicht marktgerecht. Im Einvernehmen der Parteien kann nach § 13 JVEG eine höhere Vergütung gewährt werden. In der Praxis ist oft fraglich, wieweit die Kosten des Sachverständigen von den Parteien zu tragen sind, wenn der Vorschuss wesentlich überschritten wird. Hat der Sachverständige seine Pflicht verletzt, darauf hinzuweisen, dass der Vorschuss erheblich überschritten wird (§ 407 a Abs. 3 ZPO), kann das zur Versagung der darüber hinaus gehenden Entschädigung führen (BayObLG NJW-RR 1998, 1294; OLG Düsseldorf NJW-RR 1992, 1087). Als Grenze wird eine Überschreitung des Vorschusses um 20% angesehen. Die Entschädigung wird aber nicht gekürzt, wenn die Begutachtung trotz eines Hinweises durchgeführt worden wäre (OLG Nürnberg NJW-RR 2003, 791; *Zöller/Greger* § 413 Rdn. 6). Wenn das Gutachten fehlerhaft, unverwertbar oder zT. überflüssig ist, kann das den Entschädigungsanspruch mindern oder beseitigen (vgl. *Zöller/Greger* § 413 Rdn. 2–8; OLG Düsseldorf NJW-RR 1996, 189; OLG München MDR 2002, 57). Die Ergänzungsbedürftigkeit des Gutachtens rechtfertigt es nicht ohne Weiteres, dem Sachverständigen die Vergütung vorzuenthalten (BGH GRUR 2009, 120). Eine Haftung des Sachverständigen gegenüber den Parteien, auch für die Kosten, kommt bei fehlerhaften Gutachten unter den Voraussetzungen des § 839 a BGB in Betracht; Voraussetzung ist immer, dass eine gerichtliche Entscheidung ergeht, die dem fehlerhaften Gutachten folgt (*Palandt/Sprau* § 839 a BGB Rdn. 5).

Fristen und Rechtsmittel

Die Beweisanordnung selbst ist unanfechtbar; das gilt auch – von besonderen Fallkonstellationen abgesehen – für Anordnungen des Gerichts nach § 404 a Abs. 4 ZPO (BGH NJW-RR 2009, 995). Auch gegen die Bestellung des Sachverständigen ist kein Rechtsmittel gegeben. Die Parteien sollten aber Gründe, die gegen die vom Gericht ausgewählte Person sprechen, im Wege der Gegenvorstellung geltend machen und darüber hinaus prüfen, ob Ablehnungsgründe bestehen (vgl. § 406 ZPO und Form. I. H. 6). Gegen die dem Sachverständigen gewährte Entschädigung steht den Parteien während des Rechtsstreites kein Beschwerderecht zu; sie können ihre Interessen später im Verfahren nach § 66 GKG wahrnehmen (vgl. BGH NJW 1984, 870; OLG Oldenburg FamRZ 1994, 1354). Hat das Gericht die Entschädigung nach § 4 JVEG festgesetzt, hat der Sachverständige bei zu niedriger Festsetzung ein Beschwerderecht (§ 4 Abs. 3 JVEG); das Gleiche gilt für die Staatskasse bei zu hoher Festsetzung (zur Frist und zu weiteren Einzelheiten vgl. *Hartmann* § 4 JVEG Rdn. 21ff.).

5. Antrag auf mündliche Vernehmung des Sachverständigen nach schriftlichem Gutachten[1] mit Antrag auf Ortsbesichtigung[2]

An das
Landgericht

In der Sache

……

wird, nachdem dem Kläger das schriftliche Sachverständigengutachten zugegangen ist, beantragt,

den Sachverständigen zur Erläuterung seines Gutachtens zu laden und zu diesem Zweck einen Ortstermin an der Baustelle anzuberaumen[3].

Begründung[4]:

Das Sachverständigengutachten ist in folgenden Punkten unrichtig bzw. bedarf der weiteren Erläuterung: ……
Um dem Gericht die technischen Fragen anschaulich zu machen, erscheint es dem Kläger sinnvoll, den Sachverständigen zu diesen Punkten an Ort und Stelle zu vernehmen.
Sollte der Sachverständige im Termin gegenüber seinem schriftlichen Gutachten neue und ausführlichere Beurteilungen abgeben, wird schon jetzt beantragt,

dem Kläger Gelegenheit zu geben, hierzu in einem weiteren Schriftsatz Stellung zu nehmen[5].

Dem Kläger wird es nicht möglich sein, zu den technischen Spezialfragen bereits im Termin angemessen Stellung zu nehmen.
Rechtsanwalt

Schrifttum: Schrader, Die Ladung des Sachverständigen zur Erläuterung seines Gutachtens, NJW 1984, 2806; *Ankermann,* Das Recht auf mündliche Befragung des Sachverständigen, NJW 1985, 1204; *Pantle,* Die Anhörung des Sachverständigen, MDR 1989, 312; *Kamphausen,* Zur mündlichen Gutachtenerläuterung in Bausachen, BauR 2007, 807; *Plagemann,* Sachverständigenanhörung im Sozialgerichtsverfahren, NJW 1992, 400; *Jankowski,* Der Ortstermin im Zivilprozessrecht und der Eingriff in die Unverletzlichkeit der Wohnung, NJW 1997, 3347.

Anmerkungen

1. Ist das Gutachten für eine Partei ungünstig, aber nicht überzeugend, hat der Anwalt zwei Möglichkeiten: er kann eine ergänzende Stellungnahme zu den kritischen Punkten anregen oder beantragen, den Sachverständigen zur Erläuterung seines Gutachtens zu laden. Meist empfiehlt es sich, die Einwendungen gegen das Gutachten im Einzelnen darzulegen und zugleich die Ladung des Sachverständigen zum Termin zu beantragen. Das Gericht wird idR. so reagieren, dass es dem Sachverständigen den Schriftsatz zur Stellungnahme übersendet und ihn zum Termin lädt. In speziellen Prozessen um schwierige technische oder wissenschaftliche Fragen, so etwa in Bauprozessen oder Arzthaftungsprozessen, muss der Anwalt allerdings davon ausgehen, dass die entscheidenden Richter, sofern sie nicht besondere Experten sind, nicht die Sachkunde besitzen, die technischen oder medizinischen Fragen des Falles zu überblicken und eine fachkundige Beweiswürdigung des Gutachtens vorzunehmen. Hier ist es die Aufgabe des Anwalts, das Sachverständigengutachten, erforderlichenfalls mithilfe eines schnell in Auftrag zu gebenden Privatgutachtens, zu überprüfen und dem Gericht die Schwächen und Fehler des Gutachtens zu veranschaulichen. Legt der Anwalt ein schriftliches Parteigutachten vor, wird das Gericht auch dieses dem Sachverständigen zur Stellungnahme übersenden.

Dem Antrag auf Ladung des Sachverständigen muss das Gericht entsprechen (BVerfG NJW 1998, 2273; BGH NJW 1998, 162; 1997, 802; 1994, 2959), und zwar auch dann, wenn das Gericht die schriftliche Begutachtung für vollständig und überzeugend hält, und keinen Erörterungsbedarf sieht (BGH NJW-RR 2007, 212; 2006, 1503; 2003, 208; VersR 2004, 1579). Anders ist es nach dieser Rechtsprechung nur, wenn der Antrag rechtsmissbräuchlich ist oder nicht rechtzeitig gestellt wird. Nach § 411 Abs. 4 ZPO kann das Gericht den Parteien eine Frist für Einwendungen, Anträge (zB. auf Ladung des Sachverständigen) und Fragen setzen; verspätetes Vorbringen kann dann nach § 296 Abs. 1 ZPO zurückgewiesen werden. Auch sonst ist der Antrag so rechtzeitig vor dem Termin zu stellen, der auf die Übersendung des schriftlichen Gutachtens an die Parteien folgt, dass der Sachverständige noch geladen werden kann (vgl. *Zöller/Greger* § 411 Rdn. 5 b mwN.). Ein schriftliches Ergänzungsgutachten macht die Vernehmung im Termin nicht entbehrlich, wenn die Partei den Antrag mit sachlichen Einwendungen begründet (BGH NJW 1986, 2886). Hat der Sachverständige eine Hilfsperson eingeschaltet (in der Praxis häufig, aber nur begrenzt zulässig, vgl. *Zöller/Greger* § 404 Rdn. 1 a, BGH NJW 1985, 1399, 1400; OLG Frankfurt MDR 1983, 849), empfiehlt es sich, jedenfalls auch dessen Anhörung zu beantragen. Das Gericht kann auch ohne Antrag verpflichtet sein, den Sachverständigen zum Termin zu laden oder ihn schriftlich zu fragen, so zB. bei Widersprüchen oder Unklarheiten im schriftlichen Gutachten (vgl. BGH NJW 1997, 794 u. 1638; NJW 1996, 1597; *Zöller/Greger* § 411 Rdn. 5) oder bei Widersprüchen zu einem Privatgutachten (BGH NJW-RR 1998, 1527, 1528; 1994, 219; BVerfG NJW 1997, 122). Das gilt im Rahmen des § 529 ZPO auch für das Berufungsgericht, wenn es das Gutachten anders würdigen will als die erste Instanz (BGH NJW 1993, 2380), wenn die erste Instanz dem Antrag nicht nachgekommen ist (BGH NJW 1997, 788) oder wenn das erstinstanzliche Gericht die Vernehmung des Sachverständigen nicht protokolliert hat (BGH MDR 2001, 1311). Einem erstmals in zweiter Instanz gestellten Antrag ist auch dann nachzukommen, wenn er entscheidungserhebliche, vom erstinstanzlichen Gericht übersehene Gesichtspunkte betrifft (BGH NJW 2004, 2829). Zum Verfahren bei unvollständigen, unklaren und zweifelhaften Gutachten vgl. auch BGH NJW-RR 1988, 764.

2. Hierbei handelt es sich um einen Antrag auf Augenschein gem. § 371 ZPO, der sich vor allem in Bauprozessen, aber auch sonst, wenn die Entscheidung einer Beweisfrage durch den unmittelbaren optischen (oder akustischen etc.) Eindruck erleichtert wird, empfiehlt. Zur Einnahme des Augenscheins kann, auch wenn kein Sachverständigenbeweis angeordnet ist, immer ein Sachverständiger hinzugezogen werden (§ 372 Abs. 1 ZPO).

3. Zur Veranschaulichung des Gutachtens ist es oft günstig, entweder das zu begutachtende Objekt zum Termin mitzubringen oder – vor allem in Bauprozessen – einen Ortstermin anzuregen. Wenn die Parteien übereinstimmend einen solchen Antrag stellen, wird das Gericht sich dem kaum entziehen.

4. Dem Antrag auf Vernehmung des Sachverständigen ist nach hM. bereits dann stattzugeben, wenn die Partei lediglich erklärt, Fragen stellen zu wollen (vgl. *Pantle* MDR 1989, 312). Es genügt jedenfalls, allgemein anzugeben, in welcher Richtung eine weitere Aufklärung gewünscht wird (BGH NJW-RR 2006, 1503). Zur Sicherheit und um dem Vorwurf des Rechtsmissbrauchs zu begegnen, sollte jedoch kurz begründet werden, warum die Erläuterung des Gutachtens für notwendig gehalten wird; das wird zT. gefordert (vgl. *Baumbach/Lauterbach/Albers/Hartmann* § 411 Rdn. 11 mwN.). Es kann sich auch empfehlen, die Fragen, die dem Sachverständigen gestellt werden sollen, in einem vorbereitenden Schriftsatz zu formulieren; auch wenn das nach der Rspr. des BGH nicht erforderlich ist (vgl. BGH NJW-RR 2007, 212). Das Gericht kann sich dann gezielt vorbereiten und sich die Fragen, soweit sie zulässig sind (§ 402 iVm. § 397 ZPO), zu eigen machen. Hält das Gericht die angekündigten Fragen für unerheblich, soll es von der Ladung absehen können (OLG Oldenburg NJW-RR 1999, 178; OLG Hamm MDR 1985, 593); das ist allerdings mit der genannten Rechtsprechung des BGH, die Rechtsmissbrauch verlangt (vgl. Anm. 1), kaum vereinbar. Auch nach Auffassung des BVerfG (NJW 1998, 2273) reicht es zur Ablehnung des Antrags nicht aus, dass das Gericht die Einwendungen für unerheblich hält.

5. Gibt der Sachverständige im Termin neue und ausführlichere Beurteilungen ab, hat das Gericht der nicht sachkundigen Partei Gelegenheit zu geben, hierzu in einem nachzulassenden Schriftsatz Stellung zu nehmen (BGH NJW 1988, 2302; 2009, 2604). Es muss uU. auch die mündliche Verhandlung wiedereröffnen. Einen entsprechenden Antrag sollte die Partei schon im Termin nach der Vernehmung des Sachverständigen stellen; sie kann dieses Recht sonst verlieren (BGH aaO., 2303). Bei Sachverständigengutachten zu medizinischen Fragen oder zu anderen komplexen Vorgängen, die besondere Sachkunde erfordern, hat die Partei die Möglichkeit, ein Privatgutachten einzuholen, um sachgerecht Stellung nehmen zu können. Kann das Privatgutachten erst vorgelegt werden, nachdem das Gericht schon entschieden hat, muss das Berufungsgericht die darauf gestützten Einwendungen zulassen (BGH NJW 2006, 152).

6. Ablehnung des Sachverständigen[1] und Antrag auf Einholung eines weiteren Gutachtens[2]

An das
Landgericht

Ablehnungsgesuch

In der Sache
……

wird der Sachverständige …… wegen Besorgnis der Befangenheit abgelehnt[3].
Weiter wird beantragt,

das Gutachten eines weiteren Sachverständigen einzuholen[4].

Das Gericht wird außerdem gebeten, den bisherigen Sachverständigen nicht zu entschädigen, da sein Gutachten durch die selbst verschuldete Ablehnung nicht verwertbar ist[5].

Begründung[6]:

1. Der Kläger hat soeben erfahren, dass der Sachverständige vom Beklagten, offenbar unter dem Eindruck des für ihn günstigen Gutachtens, den Auftrag erhalten hat, die Mängel, für die der Kläger verantwortlich sein soll, zu beseitigen, und diesen Auftrag bereits ausgeführt hat. Damit hat der Sachverständige seine Stellung als neutraler Gutachter parteiisch missbraucht und hieraus noch Gewinn gezogen. Der Kläger muss befürchten, dass der Sachverständige bereits sein schriftliches Gutachten parteiisch er-

stattete, dass er aber zumindest nicht mehr in der Lage sein wird, sein Gutachten im Termin auf die Fragen des Klägers objektiv zu erläutern.

Zur Glaubhaftmachung wird eine

eidesstattliche Versicherung des ...... vom ......

eingereicht. Dieser Zeuge hat beobachtet, wie die Leute des Sachverständigen beim Beklagten tätig waren, und dies dem Kläger am ...... mitgeteilt. Daraus ergibt sich auch, dass der Kläger den Ablehnungsgrund nicht früher geltend machen konnte. Der Sachverständige hat den vorgetragenen Sachverhalt gegenüber dem Unterzeichneten im Übrigen telefonisch zugegeben.

2. Da eine Erläuterung des Gutachtens durch den Sachverständigen im Termin, auf die der Kläger einen Anspruch hat, nicht mehr möglich sein wird, hält der Kläger zur Frage, wer für den Mangel verantwortlich ist, die Einholung eines weiteren Gutachtens für erforderlich.

Rechtsanwalt

Schrifttum: Werner/Pastor, Der Bauprozeß, 12. Aufl. 2008, Rdn. 2647ff.; *Völker,* Die Ablehnung des Sachverständigen im ZPO-/FGG-/FamFG-Verfahren, FPR 2008, 287; *Fezer,* Die Folgen der Sachverständigenablehnung für die Verwertung seiner Wahrnehmungen, JR 1990, 397; *Schneider,* Befangenheitsablehnung eines Sachverständigen nach Einreichung des Gutachtens, MDR 1975, 353; *Müller,* Die Ablehnung des Sachverständigen im Beweissicherungsverfahren, NJW 1982, 1961; *Schulze,* Ablehnung von Sachverständigen im Beweissicherungsverfahren, NJW 1984, 1019; *Kahlke,* Der Sachverständige der Berufungsinstanz, ZZP 94 (1981), 50.

Anmerkungen

1. Sachverständige können gem. § 406 ZPO aus den gleichen Gründen wie Richter (Ausnahme: § 406 Abs. 1 S. 2 ZPO) abgelehnt werden. Wie bei der Richterablehnung kommt es nicht darauf an, ob der Sachverständige tatsächlich befangen ist; maßgeblich ist vielmehr, ob eine Partei bei vernünftiger Würdigung aller Umstände Anlass hat, an seiner Unvoreingenommenheit zu zweifeln. Auf die Anmerkungen zu Form. I.L. 8 wird verwiesen. Typische Ablehnungsgründe sind besondere Beziehungen des Sachverständigen zu einer Partei, auch als Angestellter oder Beamter (vgl. BVerwG NJW 1999, 965; OLG Saarbrücken MDR 2008, 226), seine frühere Tätigkeit als Privatgutachter in derselben Sache (vgl. OLG Düsseldorf NJW 1997, 1428; OLG Celle NJW-RR 1995, 1404) oder Fälle mangelnder Neutralität wie zB. die nicht offen gelegte Kontaktaufnahme mit nur einer Partei (OLG Saarbrücken MDR 2005, 233; OLG Dresden VersR 2007, 237), Überschreitung des Gutachtenauftrages (OLG Saarbrücken NJW-RR 2008, 1087), regelmäßige Geschäftsbeziehungen zur Kanzlei des gegnerischen Anwalts oder der Umstand, dass der Sachverständige bei der Vorbereitung seines Gutachtens, etwa bei der Besichtigung des zu begutachtenden Gegenstandes, nur eine Partei hinzuzieht (OLG Koblenz MDR 2004, 231; OLG München NJW-RR 1998, 1687; anders wenn er beide Parteien nicht hinzuzieht, OLG Dresden NJW-RR 1997, 1354; OLG Nürnberg MDR 2007, 237). Übliche Geschäftskontakte reichen nicht ohne weiteres aus (BGH NJW 2005, 2858). Zu weiteren Beispielen vgl. *Zöller/Greger* § 406 Rdn. 8; *Baumbach/Lauterbach/Albers/Hartmann* § 406 Rdn. 4–20; vgl. auch das Beispiel in Form. I.L. 8).

Besondere Probleme ergeben sich, wenn der Sachverständige auf Kritik einer Partei an seinem Gutachten heftig und unangemessen reagiert. An sein Verhalten dürfen nicht die gleichen Maßstäbe angelegt werden wie bei einem Richter, zumal die Kritik der Partei, für die das Gutachten ungünstig ist, auch bewusst provozierend sein kann, um einen Ablehnungsgrund zu schaffen (vgl. *Zöller/Greger* § 406 Rdn. 9; OLG Düsseldorf NJW-RR 1997, 1353; strenger OLG Köln MDR 2002, 53; OLG Oldenburg NJW-RR 2000, 1166; KG VersR 2009, 566). Die Frage der Ablehnung stellt sich besonders, wenn der Privatgutachter einer Partei als sachverständiger Zeuge vernommen wird; denn hier liegt eine Parteilichkeit nahe. Ein sachverständiger Zeuge kann zwar nicht nach § 406 ZPO abgelehnt werden. Soll der Gutachter aber auch fachliche Bewertungen vornehmen, wird er zum Sachverständigen und kann dann auch abgelehnt werden (OLG Düsseldorf BauR 2000, 1243, 1538; OLG Jena DS 2008, 271).

Für das Gesuch besteht kein Anwaltszwang (§ 406 Abs. 3 S. 3 iVm. § 78 Abs. 2 ZPO).

2. Ob das Gericht ein weiteres Gutachten einholt, liegt gem. § 412 ZPO grundsätzlich in seinem Ermessen. Die Ablehnung des Sachverständigen vor Beendigung seines Gutachtenauftrages – hierzu gehört auch die Erläuterung des Gutachtens im Termin – verpflichtet das Gericht jedoch zur Einholung eines weiteren Gutachtens (*Thomas/Putzo* § 412 Rdn. 1), wobei die Verwertung des bereits vorliegenden schriftlichen Gutachtens Ermessensfrage ist. Vom Sonderfall der Ablehnung abgesehen muss das Gericht, bevor es ein weiteres Gutachten einholt, zunächst versuchen, die Beweisfrage mithilfe des ersten Sachverständigen zu beantworten, dh. entweder durch ein Ergänzungsgutachten oder durch eine Vernehmung im Termin Lücken des Gutachtens, Widersprüche, Zweifel und Einwendungen der Parteien zu klären; auch wenn das Gutachten bestrittene oder widerlegte Tatsachen (sog. Anknüpfungstatsachen) als feststehend zugrundelegt, ist dies zunächst mit demselben Sachverständigen richtig zu stellen (vgl. BGH NJW 1997, 1446). Das Gutachten eines weiteren Sachverständigen hat das Gericht in folgenden Fällen einzuholen (immer noch grundlegend BGH NJW 1970, 946, 949; vgl. *Zöller/Greger* § 412 Rdn. 1):

a) Wenn das Gutachten – auch nach Ergänzung oder Erläuterung (vgl. BGH NJW 1981, 2009; NJW 1997, 1446) – von unzutreffenden tatsächlichen Voraussetzungen ausgeht,
b) wenn das Gutachten in sich oder mehrere Gutachten untereinander erhebliche Widersprüche enthalten, die sich nach Erläuterung nicht ausräumen lassen (vgl. BGH NJW 1994, 1596, 1597; NJW-RR 2009, 387),
c) wenn das Gutachten unvollständig ist und vom beauftragten Sachverständigen nicht vervollständigt werden kann (vgl. BGH NJW 1996, 730),
d) wenn die Sachkunde des ersten Gutachters zweifelhaft ist (vgl. BayObLG NJW 1986, 2893),
e) wenn das urkundenbeweislich verwertete Gutachten aus einem Vorprozess zur Beantwortung der Beweisfrage nicht ausreicht (BGH NJW 2000, 3072; 1997, 3381),
f) wenn der neue Gutachter über überlegene Forschungsmittel verfügt (vgl. BGH VersR 1980, 533).

Ein weiteres Gutachten kann auch erforderlich sein, wenn eine besonders schwierige Frage zu entscheiden ist, wenn widerstreitende Gerichtsgutachten (vgl. BGH NJW 1987, 442; NJW-RR 2009, 387) oder Privatgutachten (BGH NJW 1990, 759) vorliegen oder wenn das Gutachten grobe Mängel aufweist (BGH NJW 1970, 949; VersR 1980, 533). Die zu § 244 Abs. 4 StPO entwickelten Grundsätze gelten entspr. (BGH aaO.). Einwendungen der Partei gegen ein Gutachten, zumal wenn sie durch ein Privatgutachten unterstützt werden, können das Gericht zu weiterer Aufklärung verpflichten (BGH NJW-RR 1988, 764; NJW 1993, 2382; BGH NJW-RR 2000, 44).

3. Die Ablehnung ist erst nach Ernennung des Sachverständigen möglich. Steht die Person des Sachverständigen schon vorher fest und sind einer Partei Ablehnungsgründe bekannt, sollte sie diese dem Gericht darlegen und versuchen, bereits seine Ernennung zu verhindern. Auf jeden Fall sind bekannte Ablehnungsgründe vor der Vernehmung, spätestens aber zwei Wochen nach Verkündung der Zustellung des Ernennungsbeschlusses geltend zu machen (§ 406 Abs. 2 S. 1 ZPO). Bei späterer Ablehnung ist glaubhaft zu machen, dass der Ablehnungsgrund nicht früher geltend gemacht werden konnte (§ 406 Abs. 2 S. 2 ZPO); das betrifft vor allem Ablehnungsgründe, die erst durch die Tätigkeit der Sachverständigen entstehen. Glaubhaftmachung ist nicht erforderlich, soweit der Zeitpunkt aktenkundig ist.

4. Die Einholung eines neuen Gutachtens ist nicht von einem Antrag abhängig. Um das Gericht gezielt zu veranlassen, sich mit dieser Frage zu befassen, sollte die betroffene Partei jedoch einen ausdrücklichen Antrag stellen.

5. Ist das Gutachten infolge einer begründeten Ablehnung des Sachverständigen nicht verwertbar, kann er je nach Lage des Falles, insbesondere bei grob fahrlässiger Herbeiführung des Ablehnungsgrundes, seinen Anspruch auf Entschädigung nach §§ 1 ff. JVEG verlieren (vgl. BGH NJW 1976, 1154; OLG Koblenz MDR 2004, 832; OLG München NJW-RR 1998, 1687; OLG Düsseldorf NJW-RR, 1997, 1353; OLG Celle NJW-RR 1996, 1086; *Hartmann* § 8 JVEG Rdn. 12). Der Antrag soll sicherstellen, dass das Gericht den Sachverständigen nicht grundlos entschädigt und der Streit hierüber in das Kostenverfahren getragen wird.

6. Der Ablehnungsgrund ist darzulegen und gem. § 294 ZPO glaubhaft zu machen; hierzu kann die Partei keine eigene eidesstattliche Versicherung abgeben (§ 406 Abs. 3 ZPO). Auch die Voraussetzungen des § 406 Abs. 2 S. 2 ZPO sind hier glaubhaft zu machen.

Zur Einholung eines weiteren Gutachtens sollte dargelegt werden, dass einer der in Anm. 2 genannten Fälle gegeben ist.

Kosten und Gebühren

Für das Ablehnungsverfahren bis zum Beschluss werden keine Gerichts- oder Rechtsanwaltsgebühren erhoben. Für das Beschwerdeverfahren gilt KV 1812, eine Erstattung außergerichtlicher Kosten findet nicht statt (str., vgl. OLG Brandenburg MDR 2002, 1092 mwN.). Der Beschwerdewert ist umstritten (nach überwiegender Ansicht der volle Wert oder ein Bruchteil der Hauptsache, vgl. OLG Koblenz NJW-RR 1998, 1222 mwN.; *Zöller/Herget* § 3 Rdn. 16 „Ablehnung“). Zur Entschädigung des abgelehnten Sachverständigen vgl. Anm. 5. Einen eigenen Anspruch gegen den abgelehnten Sachverständigen auf Freihaltung von den Kosten für das Gutachten hat die beweisführende Partei nicht (BGH MDR 1984, 305). Für die Stellungnahme zum Ablehnungsgesuch kann der Sachverständige zu entschädigen sein (OLG Frankfurt MDR 1993, 484; OLG Köln FamRZ 1995, 101).

Fristen und Rechtsmittel

Das Ablehnungsgesuch ist idR. vor der Vernehmung des Sachverständigen zu stellen, bei schriftlichem Gutachten vor dessen Einreichung und spätestens zwei Wochen nach Verkündung oder Zustellung des Ernennungsbeschlusses (§ 406 Abs. 2 S. 1 ZPO). Eine spätere Ablehnung ist jedoch zulässig, wenn sie vorher mangels Kenntnis des Ablehnungsgrundes nicht geltend gemacht werden konnte und dies glaubhaft gemacht wird (§ 406 Abs. 2 S. 2 ZPO). Das Gesuch muss dann unverzüglich (OLG Köln MDR 1983, 412: alsbald) nach Kenntnis des Ablehnungsgrundes gestellt werden (vgl. *Thomas/Putzo* § 406 Rdn. 7; OLG Koblenz NJW-RR 1992, 1470). Hat das Gericht den Parteien eine Frist zur Stellungnahme zum Gutachten gesetzt, genügt es im Allgemeinen, den sich erst aus dem Gutachten ergebenden Ablehnungsgrund innerhalb dieser Frist geltend zu machen (BGH NJW 2005, 1869; OLG Düsseldorf OLGR 2001, 469; OLG Koblenz NJW-RR 1999, 72; OLG Saarbrücken NJW-RR 2008, 1087; aA. OLG München VersR 2003, 1594; *Zöller/Greger* § 406

Rdn. 11 mwN.). Der Anwalt muss das Gutachten also sofort nach Erhalt auf etwaige Ablehnungsgründe durchsehen, wenn er nicht in Gefahr geraten will, sie zu verlieren; mehr als ein Monat ist zu spät (OLG Düsseldorf NJW-RR 1998, 933). Wird der Sachverständige im selbstständigen Beweisverfahren tätig, ist er bereits hier, nicht erst im späteren Hauptprozess, abzulehnen (vgl. *Thomas/Putzo* § 487 Rdn. 6 mwN.).

Gegen den Beschluss, der die Ablehnung für unbegründet hält, hat der Antragsteller die sofortige Beschwerde, § 406 Abs. 5 ZPO. Ob mit der Beschwerde weitere Ablehnungsgründe vorgebracht werden können, ist streitig (vgl. OLG Saarbrücken MDR 2005, 233 mwN.). Hält das Gericht die Ablehnung für begründet, ist nach § 406 Abs. 5 ZPO kein Rechtsmittel gegeben; Auch eine Anhörungsrüge oder eine außerordentliche Beschwerde sollen nicht statthaft sein (OLG Düsseldorf OLGR-Hamm 2007, 456). Anders kann es sein, wenn dem Gegner kein rechtliches Gehör gewährt wurde (OLG Frankfurt MDR 1984, 323). Will eine Partei sich dagegen wenden, dass sie von der Gerichtskasse mit den Kosten des abgelehnten Sachverständigen belastet wurde, hat sie nur die Kostenerinnerung nach § 66 GKG, sie kann nicht den Sachverständigen direkt in Anspruch nehmen (BGH NJW 1984, 870).

7. Urkundenbeweisantritt mit Antrag auf Vorlegung der Urkunde[1]

An das
Landgericht

In der Sache

……

wird weiter vorgetragen, dass von dem zwischen den Parteien geschlossenen Vertrag, aus dem sich der Anspruch des Klägers ergibt, zwei Ausfertigungen hergestellt wurden. Die erste Ausfertigung hat der Kläger erhalten, die zweite Ausfertigung wurde dem Beklagten ausgehändigt. Zum Beweis für den von ihm vorgetragenen Vertragsinhalt legt der Kläger eine

Kopie seiner Ausfertigung des Vertrages vom …… (Anlage 1)

vor. Das Original wird im Termin vorgelegt werden[2].
Die Parteien haben nachträglich am …… die Zahlungskonditionen dahin geändert, dass die Fälligkeit der Raten hinausgeschoben wurde, jedoch eine Verzinsung von 10% auf die damals noch offene Forderung von EUR …… eintreten sollte. Diese Vereinbarung wurde auf der Vertragsausfertigung des Beklagten vermerkt und unterzeichnet. Zum Beweis hierfür beantragt der Kläger,

dem Beklagten die Vorlegung dieser Vertragsausfertigung innerhalb einer Frist von zwei Wochen aufzugeben[3].

Die Vorlegungspflicht ergibt sich aus § 810 BGB.
Zur Glaubhaftmachung dafür, dass auf der Vertragsausfertigung eine entsprechende Vereinbarung festgehalten wurde, überreicht der Kläger eine

eidesstattliche Versicherung vom ……, (Anlage 2)[4].

Soweit der Beklagte die Hauptforderung von EUR …… in Zweifel zieht und sich hierfür auf eine in seinen Händen befindliche zusammen mit dem Kläger aufgestellte schriftliche Abrechnung vom …… bezieht, beantragt der Kläger,

dem Beklagten die Vorlage dieser Abrechnung aufzugeben[5].

Aus ihr wird sich ergeben, dass der Kläger die Hauptforderung richtig berechnet hat. Die Vorlegungspflicht des Beklagten beruht insoweit auf § 423 ZPO.

Rechtsanwalt

Schrifttum: Berger, Beweis mit elektronischen Dokumenten, NJW 2005, 1016; *Britz,* Urkundenbeweisrecht und Elektroniktechnologie, 1996; *Becht,* Der Beweis der Echtheit einer Urkunde im Urkundenprozess, NJW 1991, 1993; *Schneider,* Die Urkundenvorlage im Prozess, MDR 1992, 20.

Anmerkungen

1. Urkunden sind von besonderer Beweiskraft für Erklärungen oder Vereinbarungen. Die formelle Beweiskraft von Privaturkunden, um die es meist geht, wird durch §§ 416, 440 ZPO gesichert. Die Beweisregel des § 416 ZPO greift ein, wenn die Urkunde, also insbesondere die Unterschrift, echt ist (BGH NJW 1988, 2741; NJW-RR 1993, 1379, 1380). Das hat derjenige zu beweisen, der sich auf die Urkunde beruft (§ 440 Abs. 1 ZPO, vgl. BGH NJW 1995, 1683). Dem Unterzeichner steht der Gegenbeweis offen, dass der Text über der Unterschrift abredewidrig, zB. durch Blankettmissbrauch, ausgefüllt wurde (BGH aaO.) oder die Urkunde vor Begebung abhanden gekommen ist (BGH NJW-RR 2006, 847). Die Vermutung des § 440 Abs. 2 ZPO gilt auch bei einer Blankounterschrift (BGH NJW 1986, 3086), nicht aber bei „Oberschrift" am oberen Rand eines Formulars (BGH NJW 1991, 497 für den Überweisungsauftrag) oder bei Unterschrift neben dem Urkundentext („Nebenschrift", BGH NJW 1992, 829). Auf eine Unterzeichnung, die als bloße Namensabkürzung erscheint (Paraphe), können die Vermutung des § 440 Abs. 2 ZPO und die Beweisregel des § 416 ZPO nicht gestützt werden (BGH NJW-RR 2007, 351).

Die inhaltliche Bedeutung der Urkunde (materielle Beweiskraft) unterliegt zwar der freien Beweiswürdigung gem. § 286 ZPO (BGH NJW 1993, 1379, 1380), jedoch haben Urkunden, in denen eine rechtsgeschäftliche Erklärung aufgenommen wurde, die Vermutung der Vollständigkeit und Richtigkeit für sich (vgl. *Palandt/Heinrichs* § 125 Rdn. 15 mwN.), an den Gegenbeweis stellt die Praxis oft strenge Anforderungen. Äußere Mängel der Urkunde können ihre formelle Beweiskraft aufheben (§ 419 ZPO, vgl. BGH NJW 1980, 893); die Bedeutung der Urkunde ist dann aber im Rahmen des § 286 ZPO zu würdigen (BGH NJW 1988, 60, 62). Wie der Urkundenbeweis anzutreten ist, hängt davon ab, ob sich die Urkunde in den Händen des Beweisführers, des Gegners oder eines Dritten (§ 428 ZPO) befindet. Eine andere Form des Urkundenbeweises ist die Beiziehung von Akten, welche bei einem anderen Gericht oder einer Verwaltungsbehörde geführt werden. Sind solche Akten – zB. eines Vorprozesses, eines Strafverfahrens oder eines Verwaltungsverfahrens in gleicher Sache – einschlägig, sollte die Beiziehung beantragt oder das Gericht zumindest hierauf hingewiesen werden. Auch ein früher zur Beweisfrage erstattetes Gutachten kann verwertet werden, und zwar nicht nur im Wege des Urkundenbeweises (BGH NJW 1987, 2300), sondern auch im Wege des Sachverständigenbeweises nach der neuen Vorschrift des § 411 a ZPO (vgl. hierzu *Rath,* VersR 2005, 890). Ein vorhandenes Gutachten sollte daher, wenn es günstig ist, überreicht werden. Den Parteien bleibt aber die Möglichkeit, die mündliche Anhörung des Sachverständigen in diesem Verfahren zu beantragen.

2. Hat der Beweisführer die Urkunde in Händen, wird der Beweis durch Vorlage im Prozess angetreten (§ 420 ZPO). Unzulässig, wenn auch in der Praxis häufig, ist daher ein Beweisantrag zB. mit dem Inhalt: „Zum Beweis bezieht sich der Kläger auf den Vertrag vom ....." Vorzulegen ist idR. das Original der Urkunde, nicht eine Abschrift (Ausnahme: § 435 ZPO) oder Kopie. Die Ablichtung einer Urkunde ist keine Urkunde (BGH NJW 1992, 829, 830), und nur das Original entfaltet die Beweiskraft des § 416 ZPO (vgl. BGH NJW-RR 1993, 1379, 1380). Jedoch kann sich die Vorlage des Originals erübrigen, wenn der Gegner nach Vorlage der Kopie nicht bestreitet, dass das Original den Inhalt der Kopie hat. Um nicht den Verlust der Urkunde zu riskieren, ist es ratsam, mit dem Schriftsatz zunächst nur eine Kopie einzureichen; im Termin sollte das Original aber immer vorgelegt werden können.

3. Ist die Urkunde im Besitz des Gegners, muss der Beweisführer beantragen, dem Gegner die Vorlage aufzugeben (§ 421 ZPO). Voraussetzung für eine entsprechende Anordnung des Gerichts ist, dass der Gegner dem Beweisführer gem. § 422 ZPO zur Vorlage verpflichtet ist. Das ist immer der Fall, wenn die Urkunde ein Rechtsverhältnis zwischen den Parteien beurkundet (§ 810 BGB; weitere Bsp. bei *Thomas/Putzo* § 422 Rdn. 4). Zum Inhalt des Vorlegungsantrages vgl. die Aufzählung in § 424 Nr. 1–5 ZPO. Wichtig ist insbesondere, dass die Tatsache bezeichnet wird, die durch die Urkunde bewiesen werden soll; diese Tatsache muss erheblich sein. Allerdings dürfen die Anforderungen an die Begründung des Antrags nicht überspannt werden; Sinn der Regelung ist, es dem Gericht durch die Angaben der Partei zu ermöglichen, die Entscheidungserheblichkeit, die Beweiseignung sowie die Vorlagepflicht zu ermöglichen (BGH NJW 1989, 717, 719). Eine Fristsetzung ist nicht erforderlich, aber zweckmäßig. Das Verfahren nach der Anordnung des Gerichts auf Vorlegung ergibt sich aus §§ 425 ff. ZPO. Legt der Gegner die Urkunde trotz Anordnung nicht vor, kann das Gericht die vom Antragsteller vorgelegte Kopie als richtig ansehen oder auch den behaupteten Inhalt der Urkunde als bewiesen annehmen (§ 427 ZPO).

4. Die Anspruchsvoraussetzungen, die die Vorlegungspflicht begründen, hier also die Voraussetzungen des § 810 BGB, sind gem. § 424 Nr. 5 ZPO glaubhaft zu machen (§ 294 ZPO).

5. Eine besondere Vorlagepflicht entsteht, wenn sich der Gegner seinerseits im Prozess auf eine in seinen Händen befindliche Urkunde bezieht, diese aber nicht vorlegt (§ 423 ZPO, prozessuale Vorlegungspflicht). Auf Antrag hat ihm das Gericht, wenn es auf die Urkunde ankommt, die Vorlegung aufzugeben. Für diesen Antrag gilt wiederum § 424 ZPO. Eine besondere Glaubhaftmachung ist nicht erforderlich, da der Vorgang aktenkundig ist.

Fristen und Rechtsmittel

Der Streit um die Verpflichtung des Beweisgegners, eine Urkunde vorzulegen, kann durch Zwischenurteil gem. § 303 ZPO entschieden werden; ein solches Urteil kann nicht selbstständig, nur zusammen mit dem Endurteil angefochten werden (vgl. *Thomas/Putzo* § 303 Rdn. 7).

8. Antrag auf Vorlegung der Urkunde durch Dritte[1]

An das
Landgericht
In der Sache
……
wird für den Kläger gem. §§ 428, 142 ZPO beantragt,[2]

> **anzuordnen, dass Herr X …… (genaue Anschrift) den in seinem Besitz befindlichen mit dem Beklagten geschlossenen Kaufvertrag über den LKW …… (genaue Bezeichnung) von Juli 2000 im Original vorlegt.**

Begründung[3]:

Der Beklagte hat behauptet, nicht im Besitz des Kaufvertrages zu sein, mit dem er den streitigen LKW vom Voreigentümer erworben hatte. Dem Kläger ist es gelungen, den

Voreigentümer ausfindig zu machen, einen Herrn X. Dieser hat telefonisch erklärt, im Besitz des Kaufvertrages zu sein, mit dem er den LKW im Juli 2000 an den Beklagten veräußert hat, hat allerdings den Vertrag trotz Mahnung des Klägers, die als

Anlage 1

in Kopie beigefügt wird, nicht zur Verfügung gestellt. Aus dem Vertrag wird sich ergeben, dass der Beklagte den LKW bereits mit einem erheblich höheren Kilometerstand (150.000) gekauft hatte, als er gegenüber dem Kläger angegeben hat, und dass der Beklagte dies beim Verkauf an den Kläger wusste und somit arglistig handelte. Die Vorlage der Vertrages ist Herrn X ohne weiteres zumutbar. Damit sind die Voraussetzungen für eine Vorlegungsanordnung gegeben.

Zur Glaubhaftmachung dafür, dass Herr X telefonisch den Besitz des Kaufvertrages, der einen Kilometerstand von 150.000 ausweist, bestätigt hat, überreicht der Kläger eine

eidesstattliche Versicherung vom ...... (Anlage 2)[4].

Hilfsweise beruft sich der Kläger für die Tatsache, dass der Beklagte den LKW ausweislich des Kaufvertrages von Herrn X mit einem Kilometerstand von mehr als 150.000 verkauft hatte, auf das

Zeugnis des Herrn X

und beantragt außerdem, diesem nach § 378 ZPO aufzugeben, den Kaufvertrag zum Beweistermin mitzubringen[5].

Rechtsanwalt

Schrifttum: Zekoll/Bolt, Die Pflicht zur Vorlage von Urkunden im Zivilprozess – Amerikanische Verhältnisse in Deutschland? NJW 2002, 3129.

Anmerkungen

1. Die ZPO-Reform hat die Möglichkeiten des Beweisführers, den Beweis mit einer Urkunde zu führen, die sich in Händen eines Dritten befindet, erheblich erleichtert. Nach altem Recht musste der Beweisführer beantragen, ihm eine Frist zur Herbeischaffung der Urkunde zu bestimmen, und innerhalb dieser Frist die Urkunde vom Dritten im Klagewege beschaffen (§ 429 ZPO aF.). Diese umständliche Möglichkeit besteht nach wie vor, sie wird aber auch in Zukunft nicht praktisch werden. Nach der Neufassung des § 428 ZPO kann die Partei in solchen Fällen einen Antrag an das Gericht stellen, nach § 142 ZPO anzuordnen, dass der Dritte die in seinem Besitz befindlichen Urkunden oder sonstigen Unterlagen vorlegt. Mit diesem Antragsrecht hat der Gesetzgeber eine erste, vorsichtige Annäherung an das „discovery"-Verfahren der USA vorgenommen. Für den Dritten besteht kraft Gesetzes eine prozessuale Vorlegungspflicht, ein materiell-rechtlicher Vorlegungsanspruch des Beweisführers ist nicht erforderlich (*Zöller/Geimer* § 429 Rdn. 1). Voraussetzung ist nur, dass dem Dritten die Vorlegung zumutbar ist und er kein Zeugnisverweigerungsrecht hat. Allerdings kann die Vorlegung nicht verlangt werden, wenn sich der Dritte dadurch schaden könnte, etwa weil er dann Ansprüche gegen sich selbst zu befürchten hätte (BGH NJW 2007, 155). Die Nichtbefolgung der Anordnung führt für den Dritten wie bei einem Zeugen, der sich zu Unrecht auf ein Zeugnisverweigerungsrecht beruft, zur Verhängung von Ordnungsmitteln und zur Verurteilung der durch seine Weigerung verursachten Kosten (§ 142 Abs. 2 S. 2 iVm. § 390 Abs. 1 ZPO), und zwar ohne dass es eines Antrags bedarf.

2. Im Antrag ist die Person des Dritten mit Namen und zustellungsfähiger Anschrift genau zu bezeichnen. Auch die Urkunde muss so bezeichnet werden, dass kein Zweifel bestehen kann, was der Dritte vorzulegen hat (§§ 424 Abs. 1 Nr. 1, 430 ZPO). Das Ge-

richt kann eine solche Anordnung auch von Amts wegen treffen (§ 142 Abs. 1 ZPO), hierzu kann es sogar verpflichtet sein (BGH NJW-RR 2007, 106). Auf eine Initiative des Gerichts sollte die Partei aber nicht vertrauen.

3. Die Begründung des Antrags muss den Bestimmungen der §§ 430, 424 ZPO Rechnung tragen. Es sind insbesondere die Tatsachen zu bezeichnen, die durch die Urkunde bewiesen werden sollen (Beweiserheblichkeit), außerdem ist der Inhalt der Urkunde möglichst vollständig zu bezeichnen. Schließlich ist darzulegen, dass sich die Urkunde in Händen des Dritten befindet. Zur Vorlegungspflicht des Dritten (§ 424 Abs. 1 Nr. 5 ZPO) genügt der Hinweis auf § 142 ZPO. Obwohl das Gesetz dies nicht verlangt, dürfte es außerdem ratsam sein vorzutragen, dass der Dritte die Urkunde trotz Mahnung freiwillig nicht herausgegeben hat; andernfalls könnte das Rechtsschutzinteresse fraglich sein.

4. Nach § 430 ZPO ist glaubhaft zu machen (§ 294 ZPO), dass sich die Urkunde in Händen des Dritten befindet.

5. Hierbei handelt es sich um einen alternativen Weg, den der Kläger einschlagen kann, wenn der Vorlegungsantrag nicht erfolgreich ist. Er kann den Dritten als Zeugen dafür benennen, dass die streitigen Tatsachen Gegenstand der Vereinbarung waren. Dieser Weg kann allerdings nur zum Erfolg führen, wenn der Dritte bei der Errichtung der Urkunde zugegen war. Das Gericht sollte dem Zeugen in einem solchen Fall aufgeben, die einschlägigen Unterlagen, hier den Kaufvertrag, mitzubringen; das sollte der Beweisführer zusätzlich beantragen (vgl. Form. I. H. 1 Anm. 6). Einfacher ist allerdings das Verfahren nach § 142 ZPO, weil es einen Beweistermin erspart.

Fristen und Rechtsmittel

Bestreitet der Dritte die Voraussetzungen des § 142 Abs. 2 ZPO, kann über seine Verpflichtung zur Vorlegung durch Zwischenurteil entschieden werden (§§ 142 Abs. 2 S. 2, 387 ZPO). Wird im Zwischenurteil die Vorlagepflicht verneint, hat der Antragsteller ein Beschwerderecht, andernfalls ist der Dritte beschwerdeberechtigt, nicht aber die andere Partei.

9. Antrag auf Parteivernehmung[1] und Anhörung der eigenen Partei[2]

An das
Landgericht

In der Sache

……

hat der Beklagte im Einzelnen dargelegt, dass er das vom Kläger vorgelegte Vertragsformular blanco unterzeichnet und der Beklagte es abredewidrig ausgefüllt hat. Für diese Darstellung spricht eine ganze Reihe von Indizien und auch das Verhalten des Klägers nach Vertragsschluss …… (ist auszuführen). Sofern das Gericht von diesem Ergebnis noch nicht überzeugt sein sollte, wird beantragt,

den Beklagten nach § 448 ZPO als Partei zu vernehmen[3].

Da es sich um ein Vier-Augen-Gespräch handelt und der Beklagte in Beweisnot ist, ist eine solche Vernehmung nach der Rechtsprechung des BGH (BGH NJW 1999, 363) und des BVerfG (NJW 2001, 2531) angezeigt.

Sollte das Gericht die Voraussetzungen für eine Vernehmung nach § 448 ZPO nicht für gegeben halten, bezieht sich der Beklagte hilfsweise zum Beweis auf die

Vernehmung des Klägers als Partei[4].

Für diesen Fall wird angeregt, den Beklagten nach § 141 ZPO anzuhören und dem Kläger ggf. gegenüberzustellen[5]. Der Beklagte wird im nächsten Termin persönlich erscheinen.

Rechtsanwalt

Schrifttum: Lange, Parteianhörung und Parteivernehmung, NJW 2002, 476; *Coester-Waltjen/Oberhammer,* Parteiaussage und Parteivernehmung am Ende des 20. Jahrhunderts, ZZP 2000, 269 u. 295; *Schöpflin,* Die Parteianhörung als Beweismittel, NJW 1996, 2134; *Wittschier,* Die Parteivernehmung (§§ 447, 448 ZPO) im Lichte der Entscheidung des Europäischen Gerichtshofes für Menschenrechte vom 27. 10. 1993, DRiZ 1997, 247; *Schlosser,* EMRK und Waffengleichheit im Zivilprozeß, NJW 1995, 1404; *Noethen,* Parteivernehmung oder Parteianhörung bei einem allein zwischen den Parteien geführten Vier-Augen-Gespräch, NJW 2008, 234; *Schlosser,* Waffengleichheit durch Möglichkeit der Parteivernehmung als Beweismittel, MDR 2004, 453; *Meyke,* Zur Anhörung der Parteien im Zivilprozeß, MDR 1987, 358; *Schmidt,* Die Begründung der Ablehnung einer Parteivernehmung nach § 448 ZPO, MDR 1992, 637; *Kappenhagen,* Der Geschäftsführer als Zeuge – Chancen der Beweisführung bei Vier-Augen-Gesprächen, BB 2006, 506; *Hülsmann,* Kein Geständnis während der Parteivernehmung, NJW 1997, 617.

Anmerkungen

1. Eine Beweisaufnahme durch Vernehmung der Partei ist in drei Fällen möglich:

a) wenn der Gegner dies beantragt (§ 445 ZPO),

b) wenn die Partei selbst dies beantragt und – seltener Fall – der Gegner zustimmt (§ 447 ZPO),

c) von Amts wegen gem. § 448 ZPO, wenn für die Richtigkeit des Tatsachenvortrags dieser Partei eine gewisse Wahrscheinlichkeit spricht („einiger Beweis" muss erbracht sein) und die Partei in Beweisnot ist (vgl. BGH NJW 1989, 3222; 1990, 1721; NJW-RR 1991, 983; 1994, 636; *Zöller/Greger* § 448 Rdn. 4).

In der Praxis häufig, aber selten erfolgreich, ist die Parteivernehmung auf Antrag des beweispflichtigen Gegners. Sie dient idR. nur dazu, nichts unversucht zu lassen, wenn andere Beweismittel fehlen oder nicht ausgereicht haben. Demgegenüber haben die Parteivernehmung nach § 448 ZPO und die Anhörung der Partei gegenüber Zeugen der Gegenpartei durch die Entscheidung des EGMR vom 27. 10. 1993 (NJW 1995, 1413) eine Aufwertung erfahren.

2. Das Gericht kann die Parteien in jeder Lage des Verfahrens zur Aufklärung des Sachverhaltes anhören und hierzu ihr persönliches Erscheinen anordnen, § 141 ZPO. Die Anhörung ist kein Beweismittel, ihr Ergebnis fließt aber in die Beweiswürdigung mit ein. Ihre Anregung kann zweckmäßig sein, wenn die unmittelbare Schilderung der Ereignisse durch die Partei im Termin eine stärkere Überzeugungskraft verspricht. Leistet die Partei der Ladung zum persönlichen Erscheinen nicht Folge, kann gegen sie ein Ordnungsgeld wie gegen einen nicht erschienenen Zeugen festgesetzt werden, jedoch nur bei einem entsprechenden Hinweis in der Ladung. Das gilt nicht, wenn die Partei einen instruierten, mit Vollmachten versehenen Vertreter entsendet, der zur Aufklärung des Tatbestandes in der Lage ist (§ 141 Abs. 3 ZPO; vgl. BGH VersR 2005, 382). Das Gericht muss nicht ankündigen, welche Fragen es ihm stellen will (OLG Frankfurt NJW 1991, 2090; vgl. *Zöller/Greger* § 141 Rdn. 10). Ordnet das Gericht aber das Erscheinen eines besonderen bevollmächtigten und sachorientierten Vertreters an, was bei juristischen Personen vorkommt, muss es angeben, zu welchen Punkten es eine Aufklärung für erforderlich hält (BGH VersR 2005, 382).

3. In Fällen dieser Art empfiehlt es sich, das Gericht auf die – oft nicht beachtete – Möglichkeit hinzuweisen, die eigene Partei gem. § 448 ZPO zu vernehmen (vgl. BGH NJW-RR 1994, 636; enger OLG München NJW-RR 1996, 958). Denn nach dem Urteil des EGMR (aaO.) verlangt es die Waffengleichheit im Prozess, dass immer dann, wenn bei Verhandlungen auf der einen Seite nur die Partei selbst oder ihr Organ beteiligt war, auf Seiten des Gegners aber ein Vertreter (Zeuge), auch die persönliche Darstellung der Partei bei der Beweiswürdigung zu berücksichtigen ist (vgl. *Schlosser* NJW 1995, 1404; *Schöpflin* NJW 1996, 2134). Das kann sowohl im Wege einer Vernehmung nach § 448 ZPO als auch über eine Anhörung nach § 141 ZPO geschehen. Von der einen oder anderen Möglichkeit hat das Gericht die insbesondere bei der Beweiserhebung über den Inhalt eines Vier-Augen-Gesprächs Gebrauch zu machen (BVerfG NJW 2001, 2531; BGH NJW 1999, 363). Allerdings hat der BGH diese Pflicht inzwischen erheblich eingeschränkt. So helfen die genannten Grundsätze der beweispflichtigen Partei nicht, wenn bei dem Gespräch Zeugen anwesend waren, die nicht der Gegenpartei zuzurechnen sind (BGH NJW 1997, 3230; NJW 1999, 352) oder wenn das Gespräch zwischen der Partei und einem Dritten geführt wurde (BGH NJW 2002, 2247). Voraussetzung für die Vernehmung nach § 448 ZPO ist weiter, dass eine Würdigung des Parteivorbringens und der bisherigen Beweisaufnahme eine gewisse Wahrscheinlichkeit – eine überwiegende Wahrscheinlichkeit ist nicht erforderlich, BGH NJW-RR 2006, 61 – für die bestrittene Behauptung erbringt. Das setzt keine vorangegangene Beweisaufnahme voraus, auch aus Indizien, der Lebenserfahrung oder auch der Anhörung der Partei kann sich diese Wahrscheinlichkeit ergeben (vgl. *Zöller/Greger* § 448 Rdn. 4). Andererseits soll die Notwendigkeit einer Parteivernehmung oder Anhörung entfallen, wenn Indizien die Aussage des gegnerischen Zeugen stützen (BGH NJW 2003, 3636).

Wenn das Gericht den Zeugen der anderen Seite gehört hat, aber von sich aus keine Parteivernehmung oder Anhörung anordnet, muss die Partei initiativ werden (vgl. BVerfG NJW 2008, 2170). Zunächst sollte sie das Gericht auf die Verpflichtung, bei einem Vier-Augen-Gespräch die Partei zumindest anzuhören, hinweisen. Falls das nicht zum Erfolg führt, sollte die Partei von sich aus ihre Darstellung des Gesprächs vortragen. Dazu ist sie berechtigt.

4. Zum Beweisantrag vgl. § 445 Abs. 1 ZPO. Dem Antrag wird erst entsprochen, wenn der Beweis mit anderen Beweismitteln nicht geführt ist oder andere Beweise nicht angetreten sind. Hält das Gericht die Tatsache bereits für bewiesen, ist der Antrag nicht zu berücksichtigen (§ 445 Abs. 2 ZPO). Die Parteivernehmung erfordert immer einen förmlichen Beweisbeschluss (§ 450 Abs. 1 S. 1 ZPO), der allerdings auch noch im Beweistermin ergehen kann. Zum Beweistermin muss das Gericht die Partei selbst, nicht nur durch ihren Prozessbevollmächtigten, laden (§ 450 Abs. 1 S. 2 ZPO). Im angenommenen Fall führt die gesetzliche Beweisregel der §§ 416, 440 ZPO nicht zur Unzulässigkeit der Parteivernehmung, dem Unterzeichner steht der Nachweis eines Blankettmissbrauches durch alle Beweismittel offen (vgl. BGH NJW 1988, 2741; missverständlich *Baumbach/Lauterbach/Albers/Hartmann* § 416 Rdn. 6).

5. Soll die Parteivernehmung des Gegners Erfolg versprechen, empfiehlt es sich, eine Gegenüberstellung mit der eigenen Partei herbeizuführen. Ist die Partei im Beweistermin anwesend, wird das Gericht sie idR. anhören. Außerdem hat sie, was die Gerichte nicht immer beachten, ein persönliches Fragerecht nach § 451 iVm. § 397 ZPO; hierauf sollte sie der Anwalt vorbereiten.

Kosten und Gebühren

Eine Vorschusspflicht des Beweisführers besteht, anders als beim Zeugenbeweis nach § 379 ZPO, nicht. Die Reisekosten der Partei sind erstattungsfähig (vgl. *Zöller/Herget* § 91 Rdn. 13 „Reisekosten“).

10. Antrag im selbstständigen Beweisverfahren[1]

An das
Landgericht[2]

Antrag im selbstständigen Beweisverfahren

des ......

Antragstellers,

Verfahrensbevollmächtigter: ......[3]
gegen[4]

1. A-Versicherungs-AG ......
2. B ......

Antragsgegner,

Vorläufiger Streitwert[5]: EUR 17.000,–

Namens und in Vollmacht des Antragstellers beantrage ich,

im Wege der Beweissicherung ohne mündliche Verhandlung das schriftliche Gutachten[6] eines Kraftfahrzeug-Sachverständigen über folgende Fragen einzuholen[7]:

1. **Am Heck des Pkw Daimler-Benz 230 MA – DL 100 des Antragstellers befinden sich folgende Unfallschäden: ...... (näher zu bezeichnen),**
2. **Die Schäden sind durch das Auffahren des Antragsgegners zu 2) mit seinem Pkw Opel Omega LU – AA 200 auf das Heck des zu 1.) bezeichneten Pkw am ......, nicht durch einen früheren Unfall verursacht worden.**
3. **Zur Wiederherstellung des Fahrzeugs in einer Fachwerkstatt sind Kosten in Höhe von EUR ...... erforderlich.**

Das Gericht wird gebeten, einen geeigneten, von der Handwerkskammer zu benennenden Sachverständigen zu bestellen, nicht aber die Sachverständigen ......[8].

Begründung[9]:

Der Antragsteller ist Halter des Pkw Daimler-Benz 230 mit dem amtlichen Kennzeichen MA – DL 100. Am 24. 2. 20.. fuhr der Antragsgegner zu 2. mit seinem bei der Antragsgegnerin zu 1. versicherten Pkw Opel Omega LU – AA 200 auf das vor einer roten Ampel haltende Fahrzeug des Antragstellers auf. Die Antragsgegnerin zu 1. hat eine Regulierung der vom Antragsteller mit Schreiben vom ...... genannten Schäden bis heute mit der Behauptung abgelehnt, die Schäden seien zT. nicht auf diesen Unfall zurückzuführen, sondern älteren Datums. Das ist unrichtig.

Der Antragsteller hatte bereits vor dem Unfall ein neues Fahrzeug gekauft und den streitigen Wagen in Zahlung gegeben. Das neue Fahrzeug ist inzwischen eingetroffen, so dass er den beschädigten Altwagen aus der Hand geben muss. Der Antragsteller hat also ein rechtliches Interesse daran, dass der Sachschaden am Fahrzeug, dessen Ursache und der Beseitigungsaufwand festgestellt werden (§ 485 Abs. 2 ZPO). Er geht im Übrigen davon aus, dass sich durch eine Klärung der Beweisfragen ein sonst erforderlich werdender Rechtsstreit erübrigt.

Zur Glaubhaftmachung[10] des rechtlichen Interesses an der Feststellung überreicht der Antragsteller

1. **Kaufvertrag vom ...... über das Neufahrzeug und die Inzahlungnahme des streitigen Wagens,**
2. **Schreiben der Verkäuferfirma vom ......, in dem der Antragsteller zur Abnahme des Neuwagens aufgefordert wird,**
3. **eidesstattliche Versicherung des Antragstellers vom ......**

Das streitige Fahrzeug befindet sich noch auf dem Grundstück des Antragstellers in …… Der Kläger ist bereit, es dem Sachverständigen zur Besichtigung vorzuführen.

Den Antrag auf eine spätere Vernehmung des Sachverständigen im Termin behält sich der Antragsteller vor[11].

Falls das Gericht die Beauftragung des Sachverständigen von einem Kostenvorschuss abhängig macht, wird gebeten, dessen Höhe unverzüglich – auch telefonisch – mitzuteilen[12].

Rechtsanwalt

Schrifttum: Cuypers, Das selbständige Beweisverfahren, NJW 1994, 1985; *ders.*, Feststellungen in selbständigen Beweisverfahren, MDR 2004, 244; *Schreiber,* Das selbständige Beweisverfahren, NJW 1991, 2600; *Fischer,* Selbständiges Beweisverfahren – Zuständigkeits- und Verweisungsfragen, MDR 2001, 608; *Pauly,* Das selbständige Beweisverfahren in der Baurechts-Praxis, MDR 1997, 1087; *Schmitz,* Einzelne Probleme des gerichtlichen Beweissicherungsverfahrens in Bausachen, BauR 1981, 40; *Bockey,* Das selbständige Beweisverfahren im Arzthaftungsrecht, NJW 2003, 3453; *Rehborn,* Selbständiges Beweisverfahren im Arzthaftungsrecht?, MDR 1998, 16; *Warfsmann,* Feststellungen zum Zustand von Sachen im selbständigen Beweisverfahren, DAR 2005, 686; *Kunze,* Streitverkündung im selbständigen Beweisverfahren, NJW 1996, 102 u. NJW 1997, 1290; *Geffert,* Der Einzelrichter im selbständigen Beweisverfahren, NJW 1995, 506; *Herget,* Kostenentscheidung im selbständigen Beweisverfahren, MDR 1991, 314; *Knacke,* Der Streitwert im Beweissicherungsverfahren, NJW 1986, 36.

Anmerkungen

1. Gem. §§ 485 ff. ZPO kann eine Partei die Begutachtung durch einen Sachverständigen, die Vernehmung von Zeugen und die Einnahme eines Augenscheines durch das Gericht auch unabhängig von einem Rechtsstreit oder vor der Beweisaufnahme in einem anhängigen Rechtsstreit erreichen. Das Ergebnis der Beweiserhebung steht einer Beweisaufnahme im Rechtsstreit vor dem Prozessgericht gleich. Der Sinn des Verfahrens liegt darin, Beweise, die später im Prozess nicht mehr oder nur schwer erhoben werden könnten, vorab zu sichern. Vor allem setzt die schriftliche Begutachtung durch einen Sachverständigen in den in § 485 Abs. 2 ZPO genannten Fällen nur voraus, dass die Partei ein rechtliches Interesse an der Feststellung hat. Damit kann das Verfahren zur Vermeidung eines langwierigen Prozesses beitragen und eine vorprozessuale Einigung fördern, zumal der (zulässige, vgl. BGH NJW 1983, 1901; MDR 1993, 868) Antrag die Verjährung des Hauptanspruches hemmt, § 204 Abs. 1 Nr. 7 BGB. Allerdings ist § 204 Abs. 2 BGB zu beachten: Die Hemmung endet mit der Beendigung des Beweisverfahrens, d. h. mit Übersendung des Gutachtens an die Parteien, wenn weder das Gericht eine Frist zur Stellungnahme setzt noch eine mündliche Erläuterung des Gutachtens stattfindet, andernfalls nach Fristablauf bzw. nach Erläuterung (BGH NJW 2002, 1640; OLG Düsseldorf NJW-RR 1996, 1527), nicht erst nach Ablauf einer angemessenen Frist nach Eingang des Gutachtens (so aber ein Teil der oberlandesgerichtlichen Rechtsprechung, vgl. OLG Köln NJW-RR 1997, 1220). Allerdings wird die Hemmung hinausgeschoben, wenn auf Einwendungen der Parteien ein Ergänzungsgutachten eingeholt wird (BGH aaO.). Das rechtliche Interesse ist bereits dann gegeben, wenn die Feststellung einen Rechtsstreit vermeiden kann (§ 485 Abs. 2 S. 2 ZPO). Auch hiervon abgesehen wird der Begriff des rechtlichen Interesses weit verstanden; nur wenn evident ist, dass der behauptete Anspruch keinesfalls bestehen kann, ist es zu verneinen (BGH NJW 2004, 3488; OLG Stuttgart MDR 2005, 347). Auf die Erfolgsaussichten des späteren Prozesses kommt es grundsätzlich nicht an (OLG Köln NJW-RR 1996, 573; differenzierend OLG Hamm

NJW-RR 1998, 933), auch nicht auf die mögliche Verjährung des Hauptanspruches (OLG Düsseldorf MDR 2001, 50). Nicht statthaft ist es, mit dem eingeholten Sachverständigengutachten einen Urkundenprozess zu führen (BGH NJW 2008, 523).

Das Beispiel betrifft einen Antrag auf schriftliche Begutachtung nach § 485 Abs. 2 ZPO. Damit kann der Antragsteller erreichen, dass bei Personenschäden, Sachschäden oder Sachmängeln der Zustand (Nr. 1), die Ursache (Nr. 2) und der Beseitigungsaufwand (Nr. 3) festgestellt werden. Das selbstständige Beweisverfahren bietet damit nicht nur die Möglichkeit, die tatsächlichen Voraussetzungen für einen Anspruch festzustellen, sondern auch hinsichtlich des Umfangs des Gewährleistungs- oder Schadensersatzanspruches die Formulierung einer schlüssigen Klage vorzubereiten. Für die Einnahme eines Augenscheines, die Vernehmung von Zeugen (vgl. OLG Nürnberg NJW-RR 1998, 575) und die (auch mündliche) Begutachtung durch einen Sachverständigen in anderen Fällen gelten die strengeren Voraussetzungen des § 485 Abs. 1 ZPO: der Gegner muss zustimmen oder es muss zu besorgen sein, dass das Beweismittel verloren geht oder seine Benutzung erschwert wird. In der Praxis geht der Antrag meist auf Einholung eines schriftlichen Gutachtens. Besondere Bedeutung hat das Verfahren zur Vorbereitung von Bauprozessen (vgl. Form. II. C. 15). Auch in Wohnungseigentumssachen kann ein selbstständiges Beweisverfahren durchgeführt werden (BayObLG NJW-RR 1996, 528). Den Inhalt des Gesuchs schreibt § 487 ZPO vor. Str. ist, ob auch bei Arzthaftungsansprüchen ein selbstständiges Beweisverfahren zulässig ist (dafür zB. OLG Düsseldorf NJW 2000, 3438; OLG Saarbrücken NJW 2000, 3439; dagegen OLG Köln NJW 1999, 875; OLG Stuttgart NJW 1999, 874; vgl. *Rehborn* MDR 2004, 371, 375; differenzierend BGH NJW 2003, 1741).

2. Ist noch kein Rechtsstreit anhängig, ist der Antrag bei dem Gericht zu stellen, das nach dem Vorbringen des Antragstellers in der Hauptsache zuständig wäre (§ 486 Abs. 2 ZPO). Handelt es sich nicht um den allgemeinen Gerichtsstand des Beklagten, muss er den abweichenden Gerichtsstand schlüssig vortragen und glaubhaft machen (§ 487 Abs. 4 ZPO). In Hinblick auf die sachliche Zuständigkeit ist darzulegen, wie hoch der Streitwert der Hauptsache ist; insbesondere im Grenzbereich zwischen Amts- und Landgericht ist hier Sorgfalt geboten, eine Glaubhaftmachung allerdings nur erforderlich, wenn das Gericht sie verlangt (vgl. *Fischer* MDR 2001, 609). Hat der Antragsteller ein unzuständiges Gericht angerufen, ist eine Verweisung nach § 281 ZPO möglich (vgl. *Thomas/Putzo* § 281 Rdn. 1). Auch eine Gerichtsstandsbestimmung nach § 36 ZPO kommt in Betracht (BayObLG NJW-RR 1998, 209). Nur in Fällen dringender Gefahr ist auch die Zuständigkeit des Amtsgerichts gegeben, in dessen Bezirk sich die zu begutachtende Sache oder die zu vernehmende Person befindet (§ 486 Abs. 3 ZPO). Ist bereits Klage eingereicht, so ist der Antrag – außer in Fällen dringender Gefahr – an das Prozessgericht zu richten. Im angenommenen Fall ist das Landgericht als Gericht der Hauptsache sachlich zuständig.

Bei getrenntem Beweis- und Hauptsachverfahren hat der Antragsteller ein Interesse daran, dass über die Hauptsache nicht entschieden wird, bevor das Beweisverfahren abgeschlossen ist. In solchen Fällen kann das Hauptsacheverfahren bis zur Erledigung des selbständigen Beweisverfahrens ausgesetzt werden. (BGH NJW-RR 2007, 307 u. 456). Für den Antragsteller kann sich also zusätzlich ein Aussetzungsantrag empfehlen.

3. Es besteht grundsätzlich kein Anwaltszwang (§ 78 Abs. 2 iVm. § 486 Abs. 4 ZPO). Nur wenn es vor dem Landgericht oder Oberlandesgericht zu einer mündlichen Verhandlung kommt, ist anwaltliche Vertretung erforderlich (vgl. *Zöller/Herget* Rdn. 4 vor § 485).

4. Vgl. § 487 Nr. 1 ZPO. Der Antrag ist gegen den Gegner des anhängigen oder beabsichtigten Prozesses zu richten, das kann auch der Bürge des Schuldners sein (OLG Frankfurt MDR 1991, 987). Kommen mehrere Verursacher in Betracht, kann der Antrag gegen sie alle gerichtet werden (OLG Frankfurt MDR 1994, 1244). Auf Identität der

Parteien ist besonders zu achten, denn nur dann steht nach § 493 ZPO die Beweiserhebung einer Beweisaufnahme vor dem Prozessgericht gleich. Wird das Verfahren gegen den falschen Schuldner gerichtet, ist, wie bei anderen Verfahrensfehlern, uU. eine Verwertung des Gutachtens im Urkundenbeweis (vgl. OLG Frankfurt MDR 1985, 1032; *Zöller/Herget* § 493 Rdn. 5) oder auch nach § 411a ZPO möglich; sonst bleibt eine Vernehmung des Sachverständigen als sachverständiger Zeuge. Unter der Voraussetzung des § 494 ZPO kann der Antrag auch gegen einen unbekannten Gegner gerichtet werden, hemmt dann aber nicht die Verjährung (BGH NJW 1980, 1458). Eine Streitverkündung (vgl. Form. I.J. 2) ist zulässig (BGH NJW 1997, 859; aA. noch *Cuypers* NJW 1994, 1991 mwN.). Sie hat zur Folge, dass gegenüber dem Streitverkündeten die Nebeninterventionswirkung nach § 68 ZPO eintritt und ihm gegenüber die Verjährung gehemmt wird, § 204 Abs. 1 Nr. 6 BGB (BGH aaO. zum alten Verjährungsrecht).

5. Für die sachliche Zuständigkeit ist der Streitwert der Hauptsache maßgeblich. Auch der Gebührenstreitwert richtet sich nach dem Wert des Hauptprozesses. Den Streit, ob der volle Hauptsachewert oder nur ein Bruchteil des Anspruches maßgeblich ist, hat der BGH im ersteren Sinne entschieden (NJW 2004, 3488; vgl. *Zöller/Herget* § 3 Rdn. 16 „Selbständiges Beweisverfahren" mwN.; *Schneider* MDR 1998, 255). Maßgeblich ist dabei nicht der bei Verfahrenseingang angegebene Wert, sondern der nach Einholung des Gutachtens sich ergebende Wert (BGH NJW 2004, 3489; *Zöller/Herget* aaO.), also zB. die Höhe der vom Sachverständigen geschätzten Mängelbeseitigungskosten (OLG Frankfurt NJW-RR 2000, 2364) oder auch die Kosten, die entstanden wären, wenn die behaupteten Mängel festgestellt worden wären.

6. Nach § 485 Abs. 2 ZPO kann nur die schriftliche Begutachtung angeordnet werden. Im Fall des § 485 Abs. 1 ZPO wäre auch eine mündliche Begutachtung möglich; dem Bedürfnis nach Verwertbarkeit im Hauptprozess dürfte auch dann idR. die Einholung eines schriftlichen Gutachtens entsprechen.

7. Gem. § 487 Nr. 2 ZPO sind die Tatsachen, die Gegenstand des Gutachtens sein sollen, zu bezeichnen. Nicht erforderlich ist hingegen, dass der Anspruch, den das Gutachten stützen soll, schlüssig dargelegt wird (vgl. – auch zu Ausnahmen – BGH NJW 2004, 3488). Auch an die Substantiierung des Beweisthemas dürfen nicht zu hohe Anforderungen gestellt werden, weil das genaue Schadensbild ja erst festgestellt werden soll. Dennoch gilt das Verbot des Ausforschungsbeweises; so erwartet die Rechtsprechung eine genaue Darstellung der erkennbaren Mängel (OLG Köln MDR 2000, 226) oder verlangt, dass der Verfahrensgegenstand zweifelsfrei abgrenzbar ist und der Sachverständige abschätzen kann, was auf ihn zukommt (KG NJW-RR 2000, 468). In Hinblick auf die Verwertbarkeit des Gutachtens empfiehlt es sich, die Beweisfragen genau zu formulieren, denn die Gerichte übernehmen den Antrag oft ohne nähere Prüfung in den Beweisbeschluss. Das Gericht prüft insbesondere nicht, ob die Beweisfragen für den Prozess erheblich sind, soweit sich der Antrag im Rahmen des § 485 Abs. 2 ZPO hält. Im Beispielsfall ist der Antrag zu 1), bei dem es um die Feststellung des Zustandes einer beschädigten Sache geht, unproblematisch (§ 485 Abs. 2 Nr. 1 ZPO). Die Beweisfrage zu 2) dürfte nach § 485 Abs. 2 Nr. 2 ZPO zulässig sein. Die Zulässigkeit des Antrags zu 3) ergibt sich aus § 485 Abs. 2 Nr. 3 ZPO. Eine Ausweitung des Beweisthemas ist ohne Risiko möglich, wenn der Gegner dem Beweissicherungsantrag zustimmt (vgl. § 485 Abs. 1 ZPO).

8. Gem. § 487 Nr. 3 ZPO ist der Sachverständige nicht vom Antragsteller zu benennen, nur das Beweismittel ist anzugeben. Die Person des Sachverständigen wird vom Gericht bestimmt; die Parteien haben allerdings die Möglichkeit, sich auf einen von beiden als geeignet angesehenen Sachverständigen zu einigen (§§ 492 Abs. 1, 404 Abs. 4 ZPO). Will der Antragsteller Sachverständige ausschließen, mit denen er schlechte Erfahrungen gemacht hat, sollte er das hier angeben. Von der Qualität des Sachverständigen hängt der Beweiswert des Gutachtens im Hauptprozess ab. Eine Ablehnung des Sachverständigen ist möglich (§§ 406, 492 Abs. 1 ZPO, vgl. Form. I. H. 6), soweit nicht ein besonderes Eilinteresse entgegensteht. Der Ablehnungsantrag ist in der Frist des § 406 Abs. 2 ZPO zu stellen und kann nicht bis zum Hauptprozess zurückgestellt werden (*Zöller/Greger* § 406 Rdn. 1; OLG Köln NJW-RR 1993, 63; OLG Düsseldorf NJW-RR 1998, 933).

9. Hier ist kurz zu schildern, worum es geht, und insbesondere darzulegen, dass die Voraussetzungen des § 485 ZPO gegeben sind. Im angenommenen Fall hat der Antragsteller nicht das besondere Sicherungsinteresse nach § 485 Abs. 1 ZPO, sondern nur das rechtliche Interesse an der Feststellung nach § 485 Abs. 2 ZPO zu begründen. Nach der Rechtsprechung des BGH (MDR 1992, 780) genügt für die Darlegung des rechtlichen Interesses, dass ein Rechtsverhältnis und ein möglicher Prozessgegner ersichtlich sind. Es empfiehlt sich immer, darauf hinzuweisen, dass die Feststellung der Vermeidung eines Rechtsstreites dienen kann (§ 485 Abs. 2 S. 2 ZPO; diese Voraussetzung ist weit auszulegen, vgl. OLG Bamberg NJW-RR 1995, 893), das rechtliche Interesse ist aber nicht nur dann gegeben (OLG Frankfurt MDR 1991, 989).

10. Nach § 487 Abs. 4 ZPO hat der Antragsteller die Tatsachen, die die Zulässigkeit des selbstständigen Beweisverfahrens betreffen – hier das rechtliche Interesse an den Feststellungen nach § 485 Abs. 2 Nr. 1–3 ZPO – und die Zuständigkeit des Gerichts (s. Anm. 2, 5) glaubhaft zu machen.

11. Wenn eine Partei es beantragt, muss das Gericht einen Termin bestimmen, in dem der Sachverständige sein Gutachten erläutert (§ 492 Abs. 1 iVm. § 411 Abs. 3 ZPO; vgl. BGH MDR 2006, 287). Insoweit gelten die gleichen Grundsätze wie beim Sachverständigenbeweis im ordentlichen Verfahren (Form. I. H. 5).

12. Der Hinweis dient der Beschleunigung. Nach §§ 492, 402, 379 ZPO kann das Gericht die Beauftragung des Sachverständigen von der Einzahlung eines Kostenvorschusses abhängig machen. Hiervon machen die Gerichte regelmäßig Gebrauch. Die Höhe des Vorschusses Höhe muss das Gericht erst vom Sachverständigen erfragen, um den Betrag dann anfordern zu können; hierdurch geht Zeit verloren, die in dringenden Fällen auch durch Einzahlung eines geschätzten Vorschusses oder, bei Anwälten, durch „Übernahme der Haftung" verkürzt werden kann.

Kosten und Gebühren

An Gerichtskosten entsteht, gegebenenfalls neben den im späteren Hauptprozess zu erhebenden Gebühren, eine 1,0 Gebühr (KV Nr. 1610), hinzu kommen die Kosten des Sachverständigen, für die ein Vorschuss einzuzahlen ist, vgl. Anm. 12. Der Rechtsanwalt erhält die Verfahrensgebühr nach VV 3100 und die Terminsgebühr nach VV 3104, und zwar auch für die Teilnahme an einem Ortstermin des Sachverständigen (VV Vorbem. Teil 3 Abs. 3). Die wegen desselben Streitgegenstandes entstandene Geschäftsgebühr nach VV 2300 wird auf die Verfahrensgebühr des selbständigen Beweisverfahrens angerechnet (BGH NJW-RR 2008, 1528). In Bezug auf des Hauptprozess stellt das selbstständige Beweisverfahren eine besondere Angelegenheit dar. Nur die Verfahrensgebühr wird angerechnet (VV Vorbem. Teil 3 Abs. 5). Der Beschluss des Gerichts nach § 490 ZPO enthält keine Kostenentscheidung. Der Antragsteller kann eine Kostenerstattung nur erreichen, indem er die Hauptsache anhängig macht; die Kostenerstattung im Hauptprozess setzt allerdings voraus, dass es dort auf die Beweiserhebung ankommt (OLG Koblenz NJW-RR 1994, 1277) und Identität zwischen Beweisverfahren und Hauptprozess besteht (BGH NJW 1996, 1749, 1751; OLG München MDR 2000, 603). Dabei genügt es, wenn der Streitgegenstand teilweise identisch ist (BGH NJW 2007, 1279 u. 1282). Wird die Hauptsacheklage später zurückgenommen, werden die Kosten des selbständigen Beweisverfahrens von der Kostenentscheidung nach § 269 Abs. 3 S. 2 ZPO erfasst (BGH NJW 2007, 1279). Bei einem Anwaltswechsel für den Hauptprozess kann die Kostenerstattung problematisch sein (OLG München NJW-RR 2000, 657). Der

Antragsgegner muss, wenn es nicht zu einem Hauptprozess kommt, idR. den Weg über § 494a ZPO gehen (vgl. näher Form. I. H. 12). Zum Streitwert vgl. Anm. 5.

Fristen und Rechtsmittel

Zur Hemmung der Verjährung durch den Antrag vgl. Anm. 1.

Einwendungen gegen das Gutachten müssen die Parteien innerhalb der vom Gericht gesetzten Frist geltend machen; benötigt die Partei mehr Zeit, etwa weil sie privat ein Gegengutachten einholen will, sollte sie unbedingt eine Fristverlängerung beantragen. Hat das Gericht keine Frist gesetzt, sind Einwendungen in angemessener Frist, die nach OLG München MDR 2001, 531 höchstens 2 Monate beträgt, mitzuteilen, zumindest ist in dieser Frist mitzuteilen, dass noch Stellung genommen werden soll und warum das nicht eher geschehen kann.

Der stattgebende Beschluss ist wie ein gewöhnlicher Beweisbeschluss unanfechtbar, § 490 Abs. 2 S. 2 ZPO. Auch die Auswahl des Sachverständigen kann nicht mit der Beschwerde angefochten werden (OLG München MDR 1992, 520). Allerdings kann das Gericht den Beschluss abändern. Daher kann es sich für den Gegner empfehlen, Einwendungen gegen die Zulässigkeit, das Beweisthema oder die Person des Sachverständigen im Wege der Gegenvorstellung geltend zu machen oder eine Erweiterung des Beschlusses – auch durch einen Gegenbeweisantrag (vgl. OLG München NJW-RR 1996, 1277 u. Form. I.H. 11) – zu beantragen. Lehnt das Gericht nach Einholung des Gutachtens die Beauftragung eines weiteren Gutachtens nach § 412 ZPO ab, soll dieser Beschluss gleichfalls unanfechtbar sein (OLG Köln NJW-RR 2000, 729). Der Beschluss, mit dem das Gericht die Beweiserhebung im selbstständigen Beweisverfahren ablehnt, unterliegt der sofortigen Beschwerde nach § 567 Abs. 1 Nr. 2 ZPO. Gegen die Anforderung des Kostenvorschusses durch das Gericht ist, wie sonst auch, kein Rechtsmittel gegeben (BGH NZBau 2009, 444). Es bleibt auch hier nur der Weg der Gegenvorstellung.

11. Gegenantrag im selbstständigen Beweisverfahren[1]

An das
Landgericht

In der Sache

……

legen die Antragsgegner das von der Antragsgegnerin zu 1) in Auftrag gegebene Gutachten des Kfz-Sachverständigen A …… vor. Diesem Gutachten liegen Fotos bei, aus denen sich die Unfallschäden am Fahrzeug des Antragsgegners zu 2) im Einzelnen ergeben. Der Sachverständige gelangt zu dem Ergebnis, dass nach Art und Umfang der Schäden am Fahrzeug des Antragsgegners zu 2) die Schäden am PKW des Antragstellers zT. nicht durch den streitigen Zusammenstoß verursacht sein können. Die Antragsgegner beantragen daher, dem vom Gericht zu beauftragenden Sachverständigen dieses Gutachten zur Verfügung zu stellen und den Beweisbeschluss gegenbeweislich dahin zu erweitern, dass[2],

- **die Schäden am PKW des Antragstellers zum Teil nicht durch den Zusammenstoß mit dem Fahrzeug des Beklagten verursacht sind, jedenfalls ein früherer Zusammenstoß als Ursache in Betracht kommt,**
- **der Anteil der vom Antragsgegner zu 2) verursachten Schäden am Gesamtschaden nur EUR …… beträgt.**

Hilfsweise wird beantragt,

dem Sachverständigen A diese Fragen vorzulegen und ihm die Ergänzung seines Gutachtens aufzugeben.

Diese Erweiterung ist erforderlich, um eine vollständige Beweiserhebung über die zwischen den Parteien zu klärenden Fragen erreichen, und Voraussetzung für die vom Antragsteller erstrebte Einigung[3].

Rechtsanwalt

Anmerkungen

1. Der Antragsgegner im selbstständigen Beweisverfahren muss das Verfahren nicht über sich ergehen lassen, sondern er hat eigene Rechte, die er auch wahrnehmen sollte, damit nicht ein ungünstiges Beweisergebnis den Ausgang des Hauptprozesse zu Unrecht präjudiziert. Das Gericht gibt dem Antragsgegner regelmäßig Gelegenheit zur schriftlichen Stellungnahme zum Antrag, es sei denn, dass eine besondere Eilbedürftigkeit entgegensteht. Der Antragsgegner sollte zunächst prüfen, ob die örtliche und sachliche Zuständigkeit gegeben sind und ob die übrigen Zulässigkeitsvoraussetzungen nach §§ 485, 487 ZPO vorliegen, und ggf. Einwendungen erheben. Vor allem sollte ihm daran gelegen sein, dass der Sachverständige mit sachgerechten und vollständigen Beweisfragen befasst wird. Hierzu kann er auf Präzisierung und Änderung von ungeeigneten Fragen drängen. Darüber hinaus hat der Antragsgegner auch das Recht, eine Erweiterung der Beweisfragen oder der Beweismittel zu beantragen; das kann im Wege des Gegenbeweises geschehen (vgl. *Zöller/Herget* § 485 Rdn. 3). Der Antragsgegner kann auch das Ergebnis des Beweisverfahrens abwarten und einen Antrag auf Vernehmung des Sachverständigen stellen, dem das Gericht idR. entsprechen muss. Er kann auch bei ungünstigem Ausgang ein Privatgutachten einholen und mit dessen Hilfe dem Sachverständigen im Hauptprozess Vorhaltungen machen oder versuchen, die Beauftragung eines weiteren Sachverständigen nach § 412 ZPO zu erreichen. Erfahrungsgemäß ist es aber nicht einfach, ein vorhandenes gerichtliches Gutachten mit Erfolg anzugreifen; eine frühzeitige Steuerung im Beweisverfahren dürfte daher der geeignetere Weg sein.

2. Nach überwiegender Rechtsprechung (OLG München NJW-RR 1996, 1277; weitere Nachweise bei *Zöller/Herget* aaO.) kann der Antragsgegner des selbstständigen Beweisverfahrens grundsätzlich Gegenbeweisanträge stellen, die den Beweisbeschluss erweitern. Voraussetzung ist, dass ein sachlicher Zusammenhang mit dem vom Antragsteller formulierten Beweisthema besteht, die Beweisfragen vom gleichen Sachverständigen beurteilt werden können und die Einbeziehung in die Beweisaufnahme zu keiner wesentlichen Verzögerung führt (OLG Nürnberg NJW-RR 2001, 859). Die Gegenanträge dürfen allerdings nicht dazu führen, dass es sich praktisch um ein Beweisverfahren auf Antrag des Gegners handelt. Möglich ist es aber, zu den Beweisfragen des Antragstellers jeweils alternative Fragen zu stellen (OLG Hamburg MDR 2001, 1012). Die Gegenmeinung (*Baumbach/Lauterbach/Albers/Hartmann* § 487 Rdn. 8) führt zu dem unpraktischen Ergebnis, dass der Gegner gezwungen wird, einen eigenen Beweissicherungsantrag zu stellen.

3. Auch der Antragsgegner sollte darlegen, dass er ein rechtliches Interesse im Sinne des § 485 Abs. 2 ZPO an der Beantwortung seiner Beweisfragen durch eine schriftliche Begutachtung hat.

Kosten und Gebühren

Wenn der Antragsgegner eigene Beweisanträge stellt, wird das dazu führen, dass das Gericht einen anteiligen Kostenvorschuss von ihm anfordert (vgl. OLG Koblenz NJW-RR 1997, 1024). Dann ist aber auch eine Kostenerstattung über den Hauptsacheprozess möglich (vgl. Form I. H. 12).

12. Antrag auf Klageerhebung im selbstständigen Beweisverfahren[1] und Kostenantrag des Gegners[2]

An das
Landgericht

In der Sache
……

wird für die Antragsgegner beantragt[3],

1. gegenüber dem Antragsteller anzuordnen, dass dieser binnen einer Frist von zwei Wochen Klage zu erheben hat,

2. nach Ablauf der Frist auszusprechen, dass der Antragsteller die den Antragsgegnern entstandenen Kosten zu tragen hat.

Begründung:[4]

Die Beweiserhebung im selbstständigen Beweisverfahren ist beendet; denn der Antragsteller hat innerhalb der nach § 411 Abs. 4 ZPO gesetzten Frist/innerhalb eines angemessenen Zeitraumes keine (weiteren) Einwendungen gegen das Gutachten erhoben und auch keine (weiteren) ergänzenden Fragen oder sonstige Anträge zum Gutachten gestellt. Damit sind die Voraussetzungen für eine Anordnung nach § 494 a Abs. 1 ZPO gegeben. Eine Frist von zwei Wochen erscheint als angemessen.

Für den Fall, dass der Antragsteller keine Klage erhebt, wird schon jetzt der Kostenantrag nach § 494 a Abs. 2 ZPO gestellt. Es wird angeregt, ohne mündliche Verhandlung zu entscheiden.

Rechtsanwalt

Anmerkungen

1. Da das selbstständige Beweisverfahren keine Kostenentscheidung kennt, stellt sich für den anwaltlich vertretenen Antragsgegner die Frage, wie er eine Kostenerstattung erreichen kann, wenn das Verfahren ganz oder zum Teil für ihn günstig ausgegangen ist. Dieses Problem wird vom Gesetzgeber zum Teil durch die Regelung in § 494 a ZPO gelöst. Danach kann der Antragsgegner eine Entscheidung über die Kosten des selbstständigen Beweisverfahrens herbeiführen, und zwar

- entweder dadurch, dass er den Antragsteller nach § 494 a Abs. 1 ZPO zur Klageerhebung im Hauptprozess zwingt, um dort eine Kostenentscheidung zu erreichen, die die Kosten des selbstständigen Beweisverfahrens erfasst,
- oder dadurch, dass er, wenn der Antragsteller keine Klage erhebt, eine Kostenentscheidung nach § 494 a Abs. 2 ZPO erwirkt.

Darüber hinaus gibt die Vorschrift dem Beklagten die Möglichkeit, auf den Beginn des Hauptprozesses Einfluss zu nehmen und Verzögerungen zu vermeiden. Nicht erstrebenswert ist es für den Antragsgegner, mit seinem Antrag Einwendungen des Antragstellers gegen das Gutachten zu provozieren, welche die Beendigung des Beweisverfahrens hinauszögern. Der Antrag empfiehlt sich daher vor allem, wenn eine vom Gericht nach § 411 Abs. 4 S. 2 ZPO gesetzte Frist verstrichen ist. Der Antragsgegner sollte daher schon bei Eingang des für ihn günstigen Gutachtens gegenüber dem Gericht anregen, dem Antragsteller eine solche Frist zu setzen.

2. § 494 a ZPO regelt die Fälle, in denen eine Kostenentscheidung zu Lasten des Antragstellers sachgerecht ist, nicht abschließend. Ein Beschluss, dass der Antragsteller die

dem Gegner im selbstständigen Beweisverfahren entstandenen Kosten zu tragen hat, kann auch beantragt werden,

- wenn der Antrag nach § 485 ZPO zurückgenommen wird (vgl. BGH BauR 2005, 133; *Zöller/Herget* § 91 Rdn. 13 „selbstständiges Beweisverfahren"), ist allerdings ein Hauptsacheverfahren anhängig, kann die Kostenentscheidung nur dort getroffen werden (BGH NJW-RR 2005, 1015),
- wenn das Verfahren vor seiner vollständigen Durchführung vom Antragsteller nicht weiter betrieben wird (OLG München NJW-RR 2001, 768; OLG Celle NJW-RR 1998, 1079; aA. OLG Köln NJW-RR 2001, 1650),
- wenn die Hauptsacheklage als unzulässig zurückgewiesen wird (*Zöller/Herget* § 494 a Rdn. 4 a),

Hingegen kann in folgenden Fällen keine Kostenentscheidung nach § 494 a Abs. 2 ZPO ergehen:

- wenn das selbstständige Beweisverfahren vor seiner Beendigung übereinstimmend für erledigt erklärt wird (BGH NJW 2007, 3721); auch eine Kostenentscheidung nach § 91 a ZPO ist dann nicht möglich,
- wenn die Hauptsacheklage zurückgenommen wird; jedoch werden die Kosten des selbständigen Beweisverfahrens von der Kostenentscheidung nach § 269 Abs. 3 S. 2 ZPO erfasst (BGH NJW 2007, 1279; anders noch zB. OLG Frankfurt NJW-RR 2004, 70),
- wenn mehrere Antragsteller das selbständige Beweisverfahren durchgeführt haben, der Antragsgegner aber nur von einem Antragsteller mit der Hauptsacheklage in Anspruch genommen wird (BGH NJW-RR 2008, 330),
- wenn die Hauptsacheklage zwar nach der gem. § 494 a Abs. 1 ZPO gesetzten Frist, aber vor Erlass der Kostenentscheidung nach § 494 a Abs. 2 ZPO erhoben wird (BGH NJW 2007, 3357).

3. Beide Anträge können miteinander verbunden werden (vgl. *Baumbach/Lauterbach/Albers/Hartmann* § 494 a Rdn. 14). Der Antragsgegner kann den Antrag zu 2) auch erst nach Fristablauf stellen. Ob für den Antrag auf Klageerhebung Anwaltszwang besteht, ist str. (vgl. OLG Zweibrücken NJW-RR 1996, 573; OLG Düsseldorf, NJW-RR 1999, 509; *Zöller/Herget* § 494 a Rdn. 6). Die vorgeschlagene Formulierung der Anträge entspricht dem Gesetzeswortlaut. Die Frist bestimmt das Gericht; insoweit handelt es sich um eine Anregung. Hält der Antragsteller die Frist für zu kurz, weil er zB. noch mehr Zeit zur Vorbereitung der Klage benötigt, kann er eine Verlängerung der Frist beantragen (§ 224 Abs. 2 ZPO). Die Klage kann auch als Widerklage erhoben werden (BGH NJW-RR 2003, 1240). Sind die vom Sachverständigen festgestellten Mängel vor Klageerhebung beseitigt worden, muss der Antragsteller statt der dann unbegründeten Leistungsklage eine Feststellungsklage erheben (BGH NJW-RR 2004, 1580). Eine Prozessaufrechnung steht der Klageerhebung iSd. § 494 a Abs. 1 ZPO nicht gleich (OLG Düsseldorf MDR 1994, 201; OLG Köln NJW-RR 1997, 1295). Erhebt der Antragsteller eine Hauptsacheklage, die hinter dem Gegenstand des Beweisverfahrens zurückbleibt, ist eine Teilkostenentscheidung nach § 494 a Abs. 2 ZPO, entgegen einer früher verbreiteten Meinung, unzulässig (BGH NJW 2004, 3121). Dem Antragsteller können aber im Hauptprozess die Kosten des nicht geltend gemachten Teils auferlegt werden (BGH aaO. und NZBau 2003, 276, 278); das sollte der Antragsgegner unbedingt beantragen, da er nur so zu einer teilweisen Kostenerstattung kommt. Die Anträge nach § 494 a Abs. 1 und 2 ZPO können auch vom Streithelfer gestellt werden (OLG Karlsruhe NJW-RR 2001, 214). Stellt nur einer von mehreren Antragsgegnern den Antrag auf Fristsetzung zur Klageerhebung, so kann nur zu seinen Gunsten eine Kostenentscheidung ergehen (OLG Stuttgart NJW-RR 2001, 863). Der Antrag ist unzulässig, wenn der Antragsgegner vorher die festgestellten Mängel behoben hat (BGH NJW-RR 2003, 454).

4. Der Antrag kann erst gestellt werden, wenn das selbstständige Beweisverfahren beendet ist; das braucht der Antragsgegner nur kurz zu begründen, denn der Sachverhalt ergibt sich aus der Gerichtsakte. Beendigung ist eingetreten, wenn das Gutachten den Parteien mitgeteilt wurde und die in § 411 Abs. 4 ZPO genannte angemessene oder vom Gericht gesetzte Frist verstrichen ist, ohne dass Einwendungen erhoben, Ergänzungsfragen gestellt, die Vernehmung im Termin beantragt oder sonstige die Begutachtung betreffende Anträge gestellt sind. Andernfalls ist das Verfahren nach Erledigung der Einwendungen oder Anträge beendet. Über den Kostenantrag kann nach § 128 Abs. 4 ZPO ohne mündliche Verhandlung entschieden werden; das sollte der Antragsgegner anregen. Die Kostenentscheidung unterbleibt, wenn der Hauptsacheanspruch erfüllt und deshalb die Klage gegenstandslos ist (vgl. *Zöller/Herget* § 494 a Rdn. 5).

Kosten und Gebühren

Gerichtskosten entstehen, über die bereits im selbstständigen Beweisverfahren angefallenen Gebühren hinaus, nicht. Auch der Anwalt erhält für den Antrag nach § 494 a Abs. 1 ZPO keine weiteren Gebühren, für den Antrag nach Abs. 2 nur, wenn darüber mündlich verhandelt wird; der Streitwert richtet sich dann nach den Kosten des selbstständigen Beweisverfahrens (vgl. *Zöller/Herget* § 494 a Rdn. 8; anders OLG München NJW-RR 2000, 1728).

Fristen und Rechtsmittel

Beide Anträge sind nicht fristgebunden. Der Kostenantrag sollte aber unmittelbar nach Fristablauf gestellt werden. Wird die Klage noch nach Fristablauf, aber vor Erlass des Beschlusses erhoben, kann das Gericht den Kostenbeschluss nicht mehr erlassen (BGH NJW 2007, 3257; vgl. *Zöller/Herget* § 494 a Rdn. 4 a; aA. OLG Frankfurt NJW-RR 2001, 862).

Bei Ablehnung der Anordnung hat der Antragsgegner die einfache Beschwerde nach § 567 Abs. 1 ZPO. Gegen den Kostenbeschluss steht dem Antragsteller, bei Zurückweisung dem Antragsgegner die sofortige Beschwerde zu (§ 494 a Abs. 2 S. 2 ZPO).

I. Besonderheiten bezüglich des Gerichts

1. Antrag auf Verweisung an die Kammer für Handelssachen

An das
Landgericht

In der Sache

……

zeige ich an, dass ich den Beklagten vertrete.

Der Beklagte will sich gegen die Klage verteidigen[2] und wird beantragen,

die Klage abzuweisen.

Vorab wird beantragt[3],

den Rechtsstreit von der Zivilkammer an die Kammer für Handelssachen zu verweisen[4].

Begründung[5]:

Der Kläger macht Ansprüche aus einem Scheck geltend (§ 95 Abs. 1 Nr. 3 GVG).

Rechtsanwalt

Schrifttum: Brandi-Dohrn, Die Zuständigkeit der Kammer für Handelssachen bei mehrfacher Klagebegründung, NJW 1981, 2453; *Fischer,* Willkürliche Verweisungsbeschlüsse – Aktuelle Rechtsprechung zur Bindungswirkung, MDR 2002, 1401; *Gaul,* Das Zuständigkeitsverhältnis der Zivilkammer zur Kammer für Handelssachen bei gemischter Klagenhäufung und handelsrechtlicher Widerklage, JZ 1984, 60; *Hövel,* Die Rüge der Unzuständigkeit der Zivilkammer als (konkludent gestellter) Verweisungsantrag an die Kammer für Handelssachen, NJW 2001, 345; *Schneider,* Verweisungsantrag an die Kammer für Handelssachen in der Berufungsbegründungsschrift?, NJW 1997, 992.

Anmerkungen

1. Voraussetzung für die Verweisung ist, dass beim Landgericht eine Kammer für Handelssachen gebildet wurde (§§ 93, 94 GVG). Der Antrag beruht auf § 98 GVG. Ist der Rechtsstreit vor der Zivilkammer anhängig, hat also der Kläger die Klageschrift nicht an die Kammer für Handelssachen gerichtet, kann der Antrag nur vom Beklagten gestellt werden. Ihm muss stattgegeben werden, wenn eine Handelssache iSd. § 95 GVG vorliegt, es sei denn, der Beklagte stützt sich auf § 95 Abs. 1 Nr. 1 GVG, ohne im Handelsregister eingetragen zu sein (§ 98 Abs. 1 S. 2 GVG). Ist einer von mehreren Ansprüchen (objektive Klagenhäufung) keine Handelssache oder ist einer von mehreren Beklagten (subjektive Klagenhäufung) kein Kaufmann und wird er auch nicht als persönlich haftender Gesellschafter nach § 128 HGB in Anspruch genommen, ist die Kammer für Handelssachen unzuständig (vgl. *Zöller/Lückemann* § 95 GVG Rdn. 2). Das gilt auch, wenn nur die Widerklage eine Handelssache ist und selbst dann, wenn, wenn das Landgericht nur durch Erhebung einer solchen Widerklage nach § 506 ZPO zuständig geworden ist (§ 98 Abs. 2 GVG). Zur Zweckmäßigkeit der Verweisung vgl. Form. I. D. 2, Anm. 2; der Beklagte sollte sie nur beantragen, wenn er sich eine für die Entscheidung

des Falles besser geeignete Kammer verspricht. Ist eine Verweisung von der Kammer für Handelssachen an die Zivilkammer vorausgegangen, kann eine Rückverweisung nicht beantragt werden; die erste Verweisung ist bindend (§ 102 S. 2 GVG). Etwas anderes gilt, wenn sie auf Willkür oder Versagung rechtlichen Gehörs beruht (vgl. *Zöller/Lückemann* § 102 GVG Rdn. 6). Die Bindungswirkung tritt auch hinsichtlich der örtlichen Zuständigkeit ein, wenn die Zivilkammer sie geprüft und bejaht hat (BayObLG NJW-RR 2003, 356). Die Weiterverweisung an das Gericht eines anderen Rechtswegs bleibt möglich (BAG NJW 1993, 1878).

Kommt es zur Verweisung, sollen Anordnungen der verweisenden Kammer auch nach Verweisung ihre Wirksamkeit behalten, so die Setzung einer Klageerwiderungsfrist nach § 275 Abs. 1 S. 1 oder § 276 Abs. 1 S. 2 ZPO iVm. § 296 Abs. 1 ZPO (OLG Frankfurt NJW-RR 1993, 1084). Der Beklagte muss also die gesetzten Fristen beachten, erforderlichenfalls sollte er eine Fristverlängerung beantragen.

2. Hat die Zivilkammer das schriftliche Vorverfahren angeordnet, sollte der Beklagte unbedingt anzeigen, ob und wie weit er sich gegen die Klage verteidigen will. Die Fristsetzung wird durch den Verweisungsantrag, auch wenn er berechtigt ist, nicht gegenstandslos.

3. Der Antrag auf Verweisung des Rechtsstreits von der Zivilkammer an die Kammer für Handelssachen (und umgekehrt) ist nur vor der Verhandlung zur Hauptsache zulässig, § 101 Abs. 1 S. 1 GVG, idR. also vor Stellung der Anträge (§ 137 Abs. 1 ZPO). Wurde dem Beklagten eine Frist zur Klageerwiderung nach § 275 Abs. 1 S. 1 ZPO oder nach § 276 Abs. 1 S. 2 ZPO gesetzt, der Antrag aber nicht innerhalb der Frist gestellt und die Verspätung nicht hinreichend entschuldigt, kommt eine Verweisung nicht mehr in Betracht (§ 101 Abs. 1 S. 2 GVG). Eine nach Fristablauf oder ohne Antrag ausgesprochene Verweisung ist aber bindend, soweit sie nicht die Willkürgrenze überschreitet (vgl. *Zöller/Lückemann* § 102 Rdn. 6). Die Entscheidung ergeht durch Beschluss entspr. § 281 Abs. 1 ZPO, eine mündliche Verhandlung ist nicht erforderlich (§ 101 Abs. 2 GVG). Anträge, die das von der Kammer für Handelssachen einzuschlagende Verfahren betreffen, sollte der Beklagte bereits hier stellen.

4. Wenn der Rechtsstreit auf Antrag des Klägers nach § 96 GVG an die Kammer für Handelssachen gelangt ist, aber keine Handelssache betrifft, kann der Beklagte Verweisung an die Zivilkammer beantragen (§§ 97, 99 GVG). In diesem Fall ist auch eine Verweisung von Amts wegen möglich (§§ 97 Abs. 2, 99 Abs. 2 GVG); sie soll auch dann möglich sein, wenn der Beklagte nicht in das Handelsregister eingetragen ist (KG NJW-RR 2009, 469; aA. OLG Düsseldorf NJW-RR 2001, 1220). Der Kläger hat auch hier kein Antragsrecht.

5. Hier ist darzulegen, dass einer der Fälle des § 95 GVG vorliegt. Geht es um die Kaufmannseigenschaft, sollte immer ein Handelsregisterauszug eingereicht werden. Wurde dem Beklagten von der Zivilkammer eine Frist zur Klageerwiderung gesetzt, sollte er zugleich seine Einwendungen in der Form des § 277 ZPO mit dem Verweisungsantrag verbinden, um für eine Zurückweisung als verspätet keinen Anlass zu geben.

Kosten und Gebühren

Durch die Verweisung entstehen keine zusätzlichen Kosten und Gebühren (§ 4 Abs. 1 GKG, § 20 RVG).

Fristen und Rechtsmittel

Hat die Zivilkammer dem Beklagten eine Frist zur Klageerwiderung oder zur Berufungserwiderung gesetzt, so muss der Antrag innerhalb dieser Frist gestellt werden,

§ 101 Abs. 1 S. 2 u. 3 GVG; andernfalls droht Zurückweisung nach § 296 Abs. 3 ZPO (vgl. LG Heilbronn MDR 2003, 231). Das gilt entsprechend für Berufungen gegen Urteile des Amtsgerichts, die vor die Kammer für Handelssachen gehören (§ 100 GVG). Hier ist der Antrag innerhalb der zur Berufungserwiderung gesetzten Frist zu stellen (§ 101 Abs. 1 S. 2 GVG). Auch wenn die Frist verlängert wird, soll der Antrag innerhalb der nicht verlängerten Frist gestellt werden müssen (LG Heilbronn aaO.; aA. LG Düsseldorf MDR 2005, 709). Das leuchtet nicht ein, ist aber gleichwohl zu beachten. Einer Verweisung nach Ablauf der Frist kann die Bindungswirkung fehlen (OLG Brandenburg NJW-RR 2001, 63)

Die Entscheidung über die Verweisung ist unanfechtbar, § 102 GVG. Beruht der Verweisungsbeschluss auf Willkür oder auf Versagung rechtlichen Gehörs, kam früher wie bei Verweisungen nach § 281 ZPO eine außerordentliche Beschwerde in Betracht (vgl. OLG München NJW-RR 1995, 957; *Thomas/Putzo* § 102 GVG Rdn. 2). Ob dies nach Einführung des § 321 a ZPO noch gilt (so *Zöller/Lückemann* § 102 Rdn. 4), ist fraglich; denn die Rechtsprechung verneint nunmehr die sog. außerordentliche Beschwerde wegen greifbarer Gesetzeswidrigkeit (BGH NJW 2002, 1577; 2003, 3137; vgl. BVerfG NJW 2003, 1924). Jedoch kann dem Verweisungsbeschluss, wenn er willkürlich ergangen ist, die Bindungswirkung fehlen (BGH MDR 2002, 1446). Hat sich das zweite Gericht gleichfalls bindend für unzuständig erklärt, sollte der Kläger einen Antrag nach § 36 Abs. 1 Nr. 6 ZPO stellen (vgl. OLG Brandenburg NJW-RR 2001, 63; KG NJW-RR 2009, 469; vgl. auch Form. I. I. 5). Mit der Berufung kann nicht geltend gemacht werden, dass statt der Kammer für Handelssachen die Zivilkammer zuständig gewesen wäre oder umgekehrt (BGH NJW 2002, 3634).

2. Antrag auf Verweisung bei örtlicher Unzuständigkeit[1]

An das
Landgericht Hamburg

Verweisungsantrag[2]

In der Sache
der Fa. K GmbH, Hamburg
gegen
den Kaufmann B, Dortmund
hält der Kläger, nachdem der Beklagte die Einrede der örtlichen Unzuständigkeit erhoben hat[3], seine bisherigen Anträge aufrecht.
Hilfsweise[4] wird beantragt,

den Rechtsstreit an das Landgericht Dortmund, Kammer für Handelssachen, zu verweisen[5].

Begründung[6]:

Die Klägerin hat in der Klageschrift im Einzelnen dargelegt, dass beide Parteien Vollkaufleute im Sinne des § 38 ZPO sind und sie durch Unterwerfung des Beklagten unter die Verkaufs- und Lieferungsbedingungen der Klägerin in ständiger Geschäftsbeziehung Hamburg als Gerichtsstand vereinbart haben. Sollte das Gericht der nach Ansicht der Klägerin unzutreffenden Auffassung sein, dass es an einer wirksamen Gerichtsstandsvereinbarung fehlt, wird entsprechend dem Hilfsantrag um Verweisung gebeten.

Rechtsanwalt

Schrifttum: Fischer, Willkürliche Verweisungen – Aktuelle Rechtsprechung zur Bindungswirkung, NJW 2002, 3634; *ders.*, Entwicklungen und Entscheidungen zur Willkür von Verweisungen im Rahmen des § 281 ZPO, MDR 2009, 486; *Gergen,* Zuständigkeitsrüge nach Ablauf der Klageerwiderungsfrist (§§ 39, 281, 296, 696 ZPO; Art. 24 EuGVVO), JuS 2003, 486; *Scherer,* Anfechtbarkeit und Bindungswirkung von Verweisungsbeschlüssen nach § 281 ZPO, ZZP 1997, 176; *Tombrink,* Was ist „Willkür" – Die „willkürliche" Verweisung des Rechtsstreits an ein anderes Gericht, NJW 2003, 2364; *Womelsdorf,* Verweisungsbeschlüsse – Unwirksamkeit wegen Abweichung von Oberlandesgericht-Rechtsprechung, MDR 2001, 1161.

Anmerkungen

1. Wird im landgerichtlichen Verfahren die örtliche oder sachliche Unzuständigkeit vom Beklagten zu Recht gerügt, kann der Kläger durch einen Antrag auf Verweisung an das zuständige Gericht eine Klagerücknahme oder eine Klageabweisung als unzulässig vermeiden. Unterbleibt die Rüge bis zur streitigen mündlichen Verhandlung, wird das Gericht gem. § 39 ZPO durch Prorogation zuständig (anders im Amtsgerichtsprozess, § 39 S. 2 iVm. § 504 ZPO). Ob es für den Beklagten genügt, die Rüge im ersten Termin zu erheben oder ob er die Rüge bereits in der Klageerwiderung erheben muss, ist str. (vgl. *Zöller/Vollkommer* § 39 Rdn. 5; BGH NJW 1997, 397, 398 mwN. lässt die Frage für Inlandsfälle offen). Die Verweisung wird gem. § 281 Abs. 2 ZPO durch bindenden Beschluss ausgesprochen. Das neue Gericht ist allerdings nicht gebunden, wenn dem Antragsgegner kein rechtliches Gehör gewährt wurde (BVerfG NJW 1982, 2367), wenn der Beschluss nicht durch den gesetzlichen Richter erlassen wurde oder wenn der Beschluss auf Willkür beruht, weil ihm jede rechtliche Grundlage fehlt (BGH NJW-RR 2006, 1309; NJW 2006, 847; 2003, 3201). Hierzu genügt es nicht, dass die Verweisung auf einem Rechtsirrtum beruht oder sonst fehlerhaft ist (BGH NJW-RR 2008, 1309). Die Grenze zur Willkür ist überschritten, wenn das verweisende Gericht eine Norm im Verweisungsbeschluss nicht erörtert, die eindeutig seine Zuständigkeit begründet (KG NJW-RR 2008, 1023), Eine Verweisung von einem zuständigen Gericht an ein anderes gleichfalls zuständiges Gericht ist unzulässig; mit der Klageerhebung hat der Kläger sein Wahlrecht zwischen mehreren zuständigen Gerichten verbraucht (BayObLG NJW-RR 1991, 187; *Thomas/Putzo* § 35 Rdn. 2). Eine nach Rechtshängigkeit getroffene Vereinbarung über die Zuständigkeit eines anderen Gerichts ist unbeachtlich (vgl. *Thomas/Putzo* § 281 Rdn. 2). Das gilt erst recht für eine Zuständigkeitsvereinbarung nach Verweisung (vgl. *Zöller/Greger* § 281 Rdn. 18). Stellt der Kläger keinen Verweisungsantrag, droht ihm die Abweisung der Klage als unzulässig; hiergegen ist Berufung möglich, § 513 Abs. 2 ZPO erfasst diesen Fall nicht.

Der Beschluss kann nach § 128 Abs. 4 ZPO ohne mündliche Verhandlung ergehen. Die Verweisung setzt voraus, dass das verweisende Gericht bei Eintritt der Rechtshängigkeit unzuständig war (§ 261 Abs. 3 Nr. 2 ZPO), also bei Klageerhebung weder ein allgemeiner noch ein besonderer Gerichtsstand vorlag. Vor Zustellung der Klage kann ein Verweisungsbeschluss nicht ergehen (BGH NJW-RR 1997, 1161), es kommt aber eine formlose Abgabe des Rechtsstreits an das zuständige Gericht in Betracht (vgl. *Zöller/Greger* § 281 Rdn. 7). Im Prozesskostenhilfeverfahren kann eine Verweisung nach § 281 Abs. 2 ZPO ausgesprochen werden; jedoch gilt die Bindungswirkung nicht für die spätere Hauptsache (BGH NJW-RR 1991, 1342; OLG Stuttgart MDR 2004, 1377; KG NJOZ 2006, 2054).

Der Rechtsstreit vor dem verweisenden Gericht und dem Empfangsgericht bildet eine Einheit (vgl. *Zöller/Greger* § 281 Rdn. 15 a). Anordnungen des Erstgerichts bleiben wirksam; das soll auch für die Klageerwiderungsfrist nach § 275 Abs. 1 S. 1 und § 276 Abs. 1 S. 1 ZPO mit der Sanktion des § 296 Abs. 1 ZPO gelten (OLG Frankfurt NJW-RR 1993, 1084). Auch die Gewährung von Prozesskostenhilfe (OLG Düsseldorf NJW-

RR 1991, 63) und die Einzelrichteranordnung (OLG Koblenz MDR 1986, 153) wirken fort. Eine Rückverweisung ist auch bei fehlerhafter Erstverweisung grundsätzlich nicht statthaft, anders nur bei willkürlichen oder das rechtliche Gehör versagenden Verweisungsbeschlüssen (vgl. *Zöller/Greger* § 281 Rdn. 17 mwN.). Beruht der Verweisungsbeschluss hinsichtlich der Bezeichnung des Gerichts auf einem offensichtlichen Irrtum, kommt eine Berichtigung durch das verweisende Gericht nach § 319 ZPO in Betracht (vgl. BGH NJW-RR 1993, 700).

2. Der Antrag kann in einem vorbereitenden Schriftsatz, aber auch erst im Termin gestellt werden. Antragsberechtigt ist nur der Kläger. Es besteht kein Anwaltszwang (§ 281 Abs. 2 S. 1 iVm. § 78 Abs. 3 ZPO).

3. Vor Geltendmachung der Unzuständigkeit durch den Beklagten ist der Antrag unnötig, da die Zuständigkeit noch gemäß § 39 S. 1 ZPO durch rügelose Einlassung auf die Klage begründet werden könnte und der Kläger die Rüge des Beklagten nicht herausfordern sollte. Wird die Rüge erst nach Ablauf der Klageerwiderungsfrist erhoben, sollte der Kläger Zurückweisung als verspätet nach §§ 282 Abs. 3, 296 Abs. 3 ZPO beantragen; ob der Beklagte mit der Rüge bis zum Termin warten kann, ist allerdings streitig (vgl. Anm. 1).

4. Der Antrag wird hilfsweise für den Fall gestellt, dass das Gericht sich für örtlich unzuständig hält. Der Hilfsantrag hat den Vorteil, dass der Kläger es einerseits dem Gericht noch einmal nahe bringen kann, die Zuständigkeit zu bejahen und über die Sache zu entscheiden, er aber andererseits eine Klageabweisung als unzulässig vermeidet. Ist abzusehen, dass es zu einer Verweisung kommt, und will der Kläger sich hiermit abfinden, sollte er gleichzeitig eine Entscheidung ohne mündliche Verhandlung (§ 128 Abs. 4 ZPO) anregen.

5. Das Gericht, an das zu verweisen ist, sollte genau bezeichnet werden. Ist dem Kläger das zuständige Gericht nicht bekannt, so genügt der Antrag, „den Rechtsstreit an das für den allgemeinen Gerichtsstand des Beklagten zuständige Gericht zu verweisen". Besteht ein ausschließlicher Gerichtsstand, muss Verweisung an dieses Gericht beantragt werden. Im Übrigen hat der Kläger unter mehreren zuständigen Gerichten die Wahl (§ 281 Abs. 1 S. 2 ZPO). Er kann auch einen gestaffelten Verweisungsantrag stellen (zB. Antrag auf Verweisung an das Gericht A, hilfsweise an das Gericht B). Eine Verweisung an ein ausländisches Gericht ist nicht möglich. Im Rechtsmittelverfahren kommt nur eine Verweisung an das zuständige Gericht des ersten Rechtszuges in Betracht, nicht an das Rechtsmittelgericht (vgl. BGH MDR 1983, 214; *Zöller/Greger* § 281 Rdn. 9); allerdings hindert § 513 Abs. 2 ZPO das Berufungsgericht idR., den Rechtsstreit unter Aufhebung der angefochtenen Entscheidung an ein anderes erstinstanzliches Gericht zu verweisen (BGH NJW-RR 2005, 501). Das Gericht kann eine abgesonderte Verhandlung und Entscheidung (durch Zwischenurteil) über die Frage der Zuständigkeit anordnen, § 280 ZPO. Entspr. Anträge können von den Parteien gestellt werden – sinnvoll zB., um bei unsicherer Zuständigkeitslage bindend Klarheit zu erhalten –, die Anordnung steht jedoch im Ermessen des Gerichts.

6. Stellt der Kläger einen Hilfsantrag, sollte er zunächst die Zuständigkeit des angerufenen Gerichts begründen und nachweisen, soweit dies nicht schon geschehen ist (zB. durch Vorlage der Gerichtsstandsvereinbarung oder von Belegen für die Kaufmannseigenschaft). Wird Verweisung an ein anderes Gericht als das des allgemeinen Gerichtsstandes beantragt, ist dessen Zuständigkeit darzulegen und nachzuweisen. Oft wird eine Begründung des Verweisungsantrages nicht nötig sein, da er sich von selbst versteht.

Kosten und Gebühren

Die durch die Anrufung des unzuständigen Gerichts entstandenen Mehrkosten, vor allem die durch Beauftragung eines weiteren Rechtsanwalts entstandenen notwendigen

Anwaltsgebühren, treffen den Kläger, auch wenn er in der Hauptsache obsiegt (§ 281 Abs. 3 ZPO; zum Begriff der Mehrkosten vgl. *Zöller/Herget* § 91 Rdn. 13 „Verweisung"). Enthält das Urteil keine entspr. Kostenentscheidung, muss der Beklagten binnen zwei Wochen eine Urteilsergänzung gem. § 321 ZPO beantragen (*Zöller/Herget* aaO.; vgl. Form. I. N. 3); wenn die Kostenentscheidung mit § 281 Abs. 3 ZPO begründet wurde und der Ausspruch nur im Tenor fehlt, ist auch eine Berichtigung im einfacheren Verfahren nach § 319 ZPO möglich (vgl. OLG Hamm NJW-RR 2000, 1524). Allerdings soll im Kostenfestsetzungsverfahren auch ohne Ausspruch im Urteil geprüft werden können, ob die Mehrkosten notwendig waren (str., vgl. *Zöller/Herget* aaO. mwN.; OLG Düsseldorf NJW-RR 1999, 799; OLG Naumburg MDR 2001, 1136).

Fristen und Rechtsmittel

Der Verweisungsbeschluss ist gem. § 281 Abs. 2 ZPO unanfechtbar. Hiervon hat ein Teil der Rechtsprechung eine Ausnahme gemacht, wenn dem Beschluss jede gesetzliche Grundlage fehlt oder wenn er auf einer Versagung des rechtlichen Gehörs beruht (vgl. *Thomas/Putzo* § 281 Rdn. 12; OLG München NJW-RR 1995, 957; aA. KG NJW-RR 1997, 250; offen gelassen von BGH NJW-RR 2000, 173). Es ist fraglich ob dies nach Einführung des § 321 a ZPO noch gilt; denn die Rechtsprechung verneint nunmehr die sog. außerordentliche Beschwerde gegen greifbar gesetzeswidrige Entscheidung (BGH NJW 2002, 1577; 2003, 3137; vgl. BVerfG NJW 2003, 1924). Der richtige Weg wäre also eher eine Gegenvorstellung oder eine Rüge nach § 321 a ZPO (Form. I. N. 5). Eine andere Frage ist es, ob dem Verweisungsbeschluss die Bindungswirkung fehlt; das ist bei willkürlichen Verweisungen der Fall (BGH NJW 2002, 3634; vgl. Anm. 1). Verweist der Beschluss an ein falsches Gericht, kann eine Berichtigung nach § 319 ZPO möglich sein (vgl. Anm. 1 aE.). Erklärt sich auch das Empfangsgericht für unzuständig, kann eine Gerichtsstandsbestimmung nach § 36 Abs. 1 Nr. 6 ZPO beantragt werden. Ein die Verweisung ablehnender Beschluss wird für unanfechtbar gehalten (*Thomas/Putzo* § 281 Rdn. 11; OLG Oldenburg MDR 1992, 518).

3. Antrag auf Verweisung wegen sachlicher Unzuständigkeit[1]

An das
Amtsgericht Hamburg

Verweisungsantrag

In der Sache

……

beantragt der Kläger[2],

den Rechtsstreit ohne mündliche Verhandlung an das Landgericht Hamburg, Zivilkammer, zu verweisen[3].

Begründung[4]:

Nachdem der Beklagte mit einem über den Betrag von EUR 5.000,– hinausgehenden Anspruch Widerklage erhoben hat, gehört der Rechtsstreit zur sachlichen Zuständigkeit des Landgerichts und ist gem. § 506 ZPO auf Antrag des Klägers zu verweisen.

Schrifttum: Schneider, Analoge Anwendung des § 506 in der landgerichtlichen Berufungsinstanz, MDR 1997, 221.

Anmerkungen

1. Vgl. zunächst Anm. 1, 2 zum vorangehenden Formular. Der Antrag ist erforderlich, wenn statt des angerufenen Landgerichts das Amtsgericht oder umgekehrt statt des Amtsgerichts das Landgericht zuständig ist. Die sachliche Zuständigkeit ergibt sich in der Regel aus dem Streitwert (§§ 23, 71 GVG). Maßgeblicher Zeitpunkt für dessen Feststellung ist die Einreichung der Klage, nicht ihre Zustellung (§ 4 Abs. 1 ZPO); bei vorangegangenem Mahnverfahren kommt es auf den Eingang der Akten beim Streitgericht an (OLG Frankfurt NJW-RR 1996, 1403; vgl. *Zöller/Vollkommer* § 696 Rdn. 7). Eine Reduzierung des Wertes nach diesem Zeitpunkt ist für die sachliche Zuständigkeit bedeutungslos. Zum Verhältnis von Amts- oder Landgericht zum Familiengericht bzw. zur freiwilligen Gerichtsbarkeit vgl. *Thomas/Putzo* § 281 Rdn. 3, 4. Eine Vereinbarung der sachlichen Zuständigkeit gem. § 38 ZPO ist möglich, nicht jedoch bei ausschließlicher Zuständigkeit des Amtsgerichts bzw. des Landgerichts (§ 40 Abs. 2 ZPO). Oft wird die Verweisung erforderlich, weil das zunächst angerufene Gericht den Streitwert so festgesetzt hat, dass er zur sachlichen Zuständigkeit des nicht angerufenen Amtsgerichts bzw. Landgerichts führt. Gegen diesen Beschluss gibt es kein Rechtsmittel (vgl. OLG München MDR 1998, 1242; OLG Karlsruhe MDR 2003, 1071; OLG Stuttgart MDR 2007, 422; *Zöller/Herget* § 3 Rdn. 7); wenn Gegenvorstellungen des Klägers nicht zur Abhilfe führen und eine Prorogation nicht möglich ist, bleibt nur die Verweisung.

Das Beispiel betrifft den Fall, dass erst nachträglich durch Klageerweiterung oder Widerklage ein landgerichtlicher Streitwert erreicht wird (§ 506 ZPO). Wird die Klage erst vor der Berufungskammer des Landgerichts erweitert, kann weder an die erstinstanzlich zuständige Zivilkammer (KG NJW-RR 2000, 804; aA. LG Hamburg NJW-RR 2001, 932) noch an das Oberlandesgericht (BGH NJW 1996, 2378) verwiesen werden. Jedoch soll eine Abgabe von der Berufungskammer an die Zivilkammer möglich sein (*Zöller/Herget* § 506 Rdn. 4). Durch eine Verbindung mehrerer Prozesse nach § 147 ZPO kann der Fall des § 506 ZPO nicht herbeigeführt werden (aA. AG Neukölln MDR 2005, 772).

2. Im Fall des § 506 ZPO kann der Antrag von beiden Parteien, nicht nur vom Kläger gestellt werden; dies muss vor weiterer mündlicher Verhandlung geschehen. Das Antragsrecht bleibt aber erhalten, wenn der nach § 504 ZPO erforderliche Hinweis des Gerichts fehlt (hM., vgl. *Thomas/Putzo* § 504 Rdn. 1).

3. Das Gericht, an das verwiesen werden soll, sollte genau bezeichnet werden. Falls die Kammer für Handelssachen zuständig ist, hat der Kläger bereits vor dem Amtsgericht Verweisung an sie zu beantragen (§ 96 Abs. 2 GVG). Fehlt auch die örtliche Zuständigkeit, ist es möglich und sinnvoll, den Antrag auf Verweisung an das sachlich zuständige Gericht mit dem auf Verweisung an das örtlich zuständige Gericht zu verbinden. Beruht die sachliche Unzuständigkeit allerdings, wie im Beispielsfall, auf der vom Beklagten erhobenen Widerklage, kommt nur eine Verweisung an das übergeordnete Landgericht in Betracht; denn dieses ist nach § 33 ZPO örtlich zuständig (vgl. OLG Zweibrücken NJW-RR 2000, 590). Wenn das verweisende Amtsgericht auch die Frage der örtlichen Zuständigkeit geprüft hat, ist die Verweisung auch insoweit bindend (BayObLG NJW-RR 1996, 956). Ist zweifelhaft, ob das angerufene oder ein anderes Gericht sachlich zuständig ist, sollte auch hier ein Hilfsantrag gestellt werden (vgl. Form. I. I. 2 Anm. 4).

4. Hier ist die sachliche Unzuständigkeit des angerufenen Gerichts zu begründen und die sachliche, ggf. auch die örtliche Zuständigkeit des Gerichts, an das verwiesen werden soll, darzulegen und nachzuweisen, sofern sie sich nicht – wie hier – von selbst ergibt. Im Fall des § 506 ZPO ist zu beachten, dass für den Zuständigkeitsstreitwert der Wert von Klage und Widerklage nicht zusammengerechnet wird (§ 5 ZPO); eine Verweisung kommt nur in Betracht, wenn Klage oder Widerklage einen landgerichtlichen Streitwert erreichen. Die Verweisung betrifft immer den gesamten Rechtsstreit, auch soweit er vorher durch ein Teilversäumnisurteil entschieden wurde; über den Einspruch hat also das Landgericht zu entscheiden (OLG Zweibrücken NJW-RR 1998, 1606).

Kosten und Gebühren

Vgl. die Hinweise zu Form. I. I. 2.

4. Antrag auf Vorabentscheidung über die Zulässigkeit des Rechtswegs mit Hilfsantrag auf Verweisung[1, 2]

An das
Landgericht Hamburg[3]

In der Sache
Jensen . /. Freie und Hansestadt Hamburg
beantragt der Kläger, nachdem die Beklagte die Zulässigkeit des Rechtswegs gerügt hat,

vorab zu entscheiden, dass der Rechtsweg zu den ordentlichen Gerichten zulässig ist[4].

Hilfsweise wird beantragt,

den Rechtsstreit an das Verwaltungsgericht Hamburg zu verweisen[5].

Begründung[6]:

Der Kläger hat bereits in der Klageschrift dargelegt, dass für den geltend gemachten Anspruch der Rechtsweg zu den ordentlichen Gerichten gegeben ist. Nachdem die Beklagte aber die Zulässigkeit des Rechtswegs ausdrücklich gerügt hat, ist nach § 17a Abs. 3 GVG vorab über die Zulässigkeit des Rechtswegs zu entscheiden.
Sollte das Gericht die Zulässigkeit des Rechtswegs verneinen, müsste der Kläger seine Klage vor dem Verwaltungsgericht verfolgen. Für diesen Fall wird der Hilfsantrag gestellt.

Rechtsanwalt

Schrifttum: Boin, Die Prüfung der Rechtswegfrage i.S. des § 17a GVG durch das Rechtsmittelgericht, NJW 1998, 3747; *Brücker,* Bindung des Rechtsmittelgerichts an den Rechtsweg im Fall der unterbliebenen oder verspäteten Rechtswegrüge?, NJW 2006, 13; *Jaeger;* Die Zuständigkeit des ArbG und Geltung des Kündigungsschutzes für Geschäftsführer, NZA 1998, 961; *Kissel,* Neues zur Gerichtsverfassung, NJW 1991, 945; *ders.,* Die neuen §§ 17 bis 17b GVG in der Arbeitsgerichtsbarkeit; *Krohn,* Ende des Rechtswegwirrwarrs: Kein Verwaltungsrechtsschutz unterhalb der Schwellenwerte, NZBau 2007, 493; *Mayerhofer,* Rechtsweg oder sachliche Zuständigkeit?, NJW 1992, 1602; *Ressler,* Zur vereinfachenden Wirkung der Verfahrensvorschriften über die Bestimmung des Gerichtszweiges, JZ 1994, 1035;

Anmerkungen

1. Für das Verhältnis der Gerichtsbarkeiten untereinander und die Verweisung an das Gericht eines anderen Rechtswegs gilt nicht § 281 ZPO, sondern § 17a GVG. In der Praxis geht es meist um das Verhältnis der Zivilgerichte zur Arbeitsgerichtsbarkeit (vgl. zB. BGH NJW 1999, 648; BAG 1999, 3069) – hierbei handelt es sich seit Neufassung

der §§ 17ff. GVG und § 48 ArbGG nicht mehr um eine Frage der sachlichen Zuständigkeit (vgl. *Zöller/Lückemann* Rdn. 10 vor §§ 17ff. GVG) – oder, wie im Beispiel, zur Verwaltungsgerichtsbarkeit. §§ 17ff. GVG sind entsprechend anwendbar für das Verhältnis der ordentlichen streitigen zur freiwilligen Gerichtsbarkeit (BGH NJW 2003, 1032; NJW-RR 2005, 721) und der freiwilligen zu einer anderen Gerichtsbarkeit (OLG Hamm NJW 1992, 2642), ebenso bei Wohnungseigentumssachen (vgl. § 46 WEG, BGH NJW 1995, 2851). § 17a gilt auch in den Verfahren des vorläufigen Rechtsschutzes (BGH NJW 2001, 2181; NJW-RR 2005, 142).

2. Ist die Zulässigkeit des Rechtswegs zweifelhaft, hängt das weitere Verfahren davon ab, wie das Gericht diese Frage beantwortet. Hält es den Rechtsweg für unzulässig, spricht das Gericht dies durch Beschluss aus und verweist den Rechtsstreit gleichzeitig an das zuständige Gericht des zulässigen Rechtswegs (§ 17a Abs. 2 GVG). Zu einem klagabweisenden Urteil kann es also nicht mehr kommen. Die Verweisung ist bindend, auch wenn sie auf einem schwerwiegenden Fehler beruht (BGH NJW 2003, 2990; MDR 2004, 587). Nach der Rechtsprechung des BAG (MDR 2003, 1010) soll das bei willkürlicher Verweisung anders sein. Hält das Gericht den Rechtsweg für zulässig, kann es das durch Beschluss vorab aussprechen (§ 17a Abs. 3 S. 1 ZPO); es hat vorab (nicht erst im Urteil, BGH NJW 1999, 651) zu entscheiden, wenn eine Partei, wie im Beispiel, die Zulässigkeit des Rechtswegs gerügt hat (§ 17a Abs. 3 S. 2 GVG). In beiden Fällen erfordert der Beschluss keine mündliche Verhandlung, er ist nach ausdrücklicher gesetzlicher Anordnung (§ 17a Abs. 4 S. 1, 2 GVG) zu begründen.

3. Die Entscheidung ergeht grundsätzlich durch das Gericht erster Instanz, nach § 17a Abs. 5 GVG kann das Rechtsmittelgericht die Zulässigkeit des Rechtswegs nicht mehr prüfen. Wenn die erste Instanz jedoch entgegen § 17a Abs. 3 S. 2 GVG trotz Rüge keine Vorabentscheidung getroffen hat, kann auch das Berufungsgericht die Frage noch prüfen und ggf. durch Beschluss verweisen (BGH NJW 1996, 591; 1998, 2057; BVerwG NJW 1994, 956). Wenn aber das erstinstanzliche Gericht mangels Rüge von einer Vorabentscheidung abgesehen hat, ist das Rechtsmittelgericht nach § 17a Abs. 5 GVG an die stillschweigend angenommene Zulässigkeit des Rechtswegs gebunden (BGH NJW 2008, 49).

4. Ein Antrag auf Vorabentscheidung ist nicht erforderlich, die Parteien können sie aber bei unklarer Rechtslage anregen. Das kann sinnvoll sein, um die Zulässigkeitsfrage mit Bindungswirkung zu klären (vgl. *Thomas/Putzo* § 17a GVG Rdn. 16). Wenn eine Partei die Zulässigkeit des Rechtswegs rügt, zwingt sie dadurch das Gericht, durch Beschluss vorab zu entscheiden (§ 17a Abs. 3 S. 2 GVG). Der Beklagte sollte die Rüge innerhalb der Klageerwiderungsfrist (§ 282 Abs. 3 ZPO) erheben, sonst kann sie unbeachtlich sein (*Zöller/Gummer* § 17a GVG Rdn. 6).

5. Anders als bei § 281 ZPO hängt die Verweisung nicht von einem Antrag ab; das Gericht spricht nicht nur die Unzulässigkeit des beschrittenen Rechtswegs, sondern auch die Verweisung an das zuständige Gericht des zulässigen Rechtswegs von Amts wegen aus (§ 17a Abs. 2 S. 1 GVG); der Antragsteller sollte das zuständige Gericht daher genau bezeichnen.

6. Hier sollte der Kläger, wenn er in erster Linie vor dem Gericht des eingeschlagenen Rechtswegs bleiben möchte, dessen Zulässigkeit begründen. Die Rechtsprechung (BGH NJW 1996, 3012; BAG NJW 1997, 542) verlangt vom Kläger, dass er die Tatsachen, die die Zulässigkeit des Rechtswegs begründen, schlüssig vorträgt. Kommt eine Verweisung an verschiedene Gerichtszweige in Betracht, sollte er das ausführen; in diesem Fall hat er die Wahl (§ 17a Abs. 2 S. 2 GVG). Das Gleiche gilt, wenn zB. bei einer Verweisung an die ordentliche Gerichtsbarkeit mehrere Gerichte auf Grund allgemeinen oder besonderen Gerichtsstandes zuständig sind. Hat der Antragsteller sein Wahlrecht noch nicht verbraucht, kommt eine Weiterverweisung innerhalb des anderen Rechtswegs in Betracht (BAG NJW 1996, 742; *Zöller/Lückemann* § 17a GVG Rdn. 2).

Kosten und Gebühren

Der Beschluss nach § 17a Abs. 2, 3 GVG enthält keine Kostenentscheidung, anders der Beschwerdebeschluss nach § 17 Abs. 4 GVG (BGH NJW 1993, 2541). Nach Verweisung werden dem Kläger die durch die Anrufung des zunächst angegangenen Gerichts entstandenen Mehrkosten im Urteil auferlegt. § 17b Abs. 2 GVG entspricht § 281 Abs. 3 ZPO (vgl. Form. I. I. 2).

Fristen und Rechtsmittel

Für die Rüge nach § 17a Abs. 3 S. 2 GVG gilt § 282 Abs. 3 ZPO: Sie ist vor der Verhandlung zur Hauptsache vorzubringen und, wenn dem Beklagten eine Klageerwiderungsfrist gesetzt ist, innerhalb der Frist geltend zu machen.

Gegen Beschlüsse nach § 17a GVG, die die Zulässigkeit des Rechtswegs verneinen (Abs. 2) oder bejahen (Abs. 3), ist die sofortige Beschwerde gegeben; sie regelt sich nach der Verfahrensordnung der jeweiligen Gerichtsbarkeit. In der ordentlichen Gerichtsbarkeit ist die sofortige Beschwerde nach §§ 567, 569 ZPO gegeben; der Beschwerdewert bemisst sich nach einem Bruchteil der Hauptsache (vgl. *Zöller/Lückemann* § 17a GVG Rdn. 20). Die Beschwerde kann nicht damit begründet werden, dass innerhalb des anderen Rechtswegs ein anderes Gericht örtlich oder sachlich zuständig ist (BAG NJW 1996, 742); denn der Kläger kann die Weiterverweisung beantragen. Hat das Gericht des ersten Rechtszuges im Endurteil die Zulässigkeit ausdrücklich oder stillschweigend bejaht, lässt sich hierauf keine Berufung stützen (BGH NJW 2008, 49; 1994, 387; BAG NJW 1996, 3430). Anders ist es, wenn eine Partei die Zulässigkeit des Rechtswegs gerügt hatte (BGH NJW 1993, 470; 1999, 651).

5. Antrag auf Bestimmung des zuständigen Gerichts[1, 2]

An das
Oberlandesgericht Celle[3]

In der Sache

……

stellt der Kläger[4] den Antrag,

das Amtsgericht Peine als das zuständige Gericht zu bestimmen[5].

Begründung[6]:

Der Kläger hat gegen den Beklagten beim Amtsgericht München einen Mahnbescheid erwirkt. Nach Widerspruch des Beklagten hat das Mahngericht das Verfahren an das für den Wohnsitz des Beklagten zuständige Amtsgericht Peine abgegeben. Dieses Gericht hatte der Kläger im Mahnbescheidsantrag als für das Streitverfahren zuständig bezeichnet. Auf Antrag des Klägers hat das Amtsgericht Peine den Rechtsstreit durch Beschluss vom …… an das Amtsgericht München als Gericht des Erfüllungsortes verwiesen. Das Amtsgericht München hat den Rechtsstreit an das Amtsgericht Peine durch Beschluss vom …… zurückverwiesen, weil die Verweisung rechtswidrig gewesen sei. Damit haben sich zwei Gerichte im Sinne des § 36 Abs. 1 Nr. 6 ZPO rechtskräftig für unzuständig erklärt. Nach Auffassung des Klägers war der Verweisungsbeschluss des Amtsgerichts Peine nicht bindend, so dass es als zuständiges Gericht zu bestimmen ist.

Schrifttum: Althammer, Negativer Kompetenzkonflikt zwischen Abteilungen desselben Amtsgerichts, NJW 2002, 3522; *Bornkamm,* Die Gerichtsstandsbestimmung nach §§ 36,

37 ZPO, NJW 1989, 2713; *Cuypers,* Gerichtsbestimmung für mehrere Beklagte, MDR 2009, 657; *Ewers*, Schwarzer Peter (§§ 36 Nr. 6 ZPO, 5, 46 II FGG), FamRZ 1999, 74; *Fischer,* Neues zu Zuständigkeits- und Verweisungsfragen, MDR 2000, 301; *ders.*, Willkürliche Verweisungsbeschlüsse – Aktuelle Rechtsprechung zur Bindungswirkung, MDR 2002, 1401; *Vollkommer,* Zeitliche Grenzen der Zuständigkeitsbestimmung bei Streitgenossenschaft, MDR 1987, 804; *Vossler,* Die gerichtliche Zuständigkeitsbestimmung für mehrere Beklagte, NJW 2006, 117;

Anmerkungen

1. Der Antrag beruht auf einem negativen Kompetenzkonflikt nach § 36 Abs. 1 Nr. 6 ZPO, wie er in der Praxis zB. nach vorausgegangenem Mahnverfahren vorkommt. Der Beispielsfall ist der Entscheidung BGH NJW 1993, 1273 nachgebildet. § 36 Abs. 1 Nr. 6 ZPO gilt nicht nur für Streitigkeiten über die örtliche, sondern auch über die sachliche und die funktionelle Zuständigkeit. Von den weiteren in § 36 ZPO erfassten Situationen spielt nur noch der Fall des § 36 Abs. 1 Nr. 3 ZPO in der Praxis eine Rolle: Der Kläger will mehrere Streitgenossen in einem Prozess in Anspruch nehmen, die Streitgenossen haben jedoch einen unterschiedlichen allgemeinen und keinen gemeinsamen besonderen Gerichtsstand. Beispiele hierzu aus der Rechtsprechung: BGH NJW 2006, 699; NJW 2008, 3789; NJW-RR 2008, 1514 u. 1516).

2. Eine Bestimmung des zuständigen Gerichts ist, in entsprechender Anwendung des § 36 Abs. 1 Nr. 6 ZPO, auch möglich bei Zuständigkeitsstreit zwischen Zivilkammer und Kammer für Handelssachen (KG NJW-RR 2008,1023,1024), zwischen Familiengericht und Zivilkammer/Zivilabteilung bzw. Familiensenat und allgemeinem Senat des OLG (BGH NJW 1983, 47), zwischen Familiengericht und Vormundschaftsgericht (BGH FamRZ 1982, 745), zwischen zwei Gerichten der freiwilligen Gerichtsbarkeit (BGH NJW 1988, 2739); weitere Beispiele bei *Zöller/Vollkommer* § 36 Rdn. 29–32. Kompetenzkonflikte zwischen Spruchkörpern desselben Gerichts, zB. erstinstanzlicher Kammer und Berufungskammer, sind hingegen nicht nach § 36 Abs. 1 Nr. 6 ZPO, sondern durch das Präsidium des Gerichts zu entscheiden (BGH NJW 2000, 80; 2003, 3636, 3637). Bei einem negativen Kompetenzkonflikt von Gerichten verschiedener Gerichtsbarkeiten ist die Vorschrift idR. nicht anwendbar (BGH NJW 2003, 2990); etwas anderes kann bei extremen Rechtsverstößen gelten (BGH aaO.; BAG MDR 2003, 1010). Voraussetzung ist immer, dass die Streitsache rechtshängig, nicht nur anhängig ist (BGH NJW-RR 1996, 254; aA. in einem Ausnahmefall OLG Brandenburg MDR 2002, 536) und dass zwei Gerichte sich rechtskräftig für unzuständig erklärt haben. Es genügt ein Verweisungsbeschluss des ersten Gerichts und ein gleichfalls unanfechtbarer Rück- oder Weiterverweisungsbeschluss des zweiten Gerichts (BayObLG NJW-RR 1991, 188) oder auch nur die Rücksendung der Akten (BGH NJW-RR 1992, 1154). Grundsätzlich ist auch erforderlich, dass eines der beiden Gerichte wirklich zuständig ist (BGH NJW 1995, 534; *Thomas/Putzo* § 36 Rdn. 18). Der Rechtsstreit kann jedoch durch die Zuständigkeitsbestimmung auch an ein drittes, ausschließlich zuständiges Gericht verwiesen werden (BGH NJW 1980, 1282, 1283; 1995, 534). Zum Verfahren, wenn die zweite Verweisung nicht bindend ist, vgl. BGH NJW 1989, 461.

3. Zur Entscheidung ist das im Rechtszug nächsthöhere gemeinsame Gericht zuständig, also zB. das Landgericht für die Amtsgerichte seines Bezirks oder das Oberlandesgericht für die Landgerichte oder für Amtsgerichte aus mehreren Landgerichtsbereichen seines Bezirks. Handelt es sich um Gerichte mehrerer Oberlandesgerichtsbezirke, ist nicht der Bundesgerichtshof anzurufen, sondern das Oberlandesgericht des Gerichts, das als erstes mit der Sache befasst war (§ 36 Abs. 2 ZPO). Das Mahngericht, das die Sache an das Streitgericht abgegeben hat, war nicht iSd. Vorschrift mit der Sache befasst (BayObLG NJW-RR 1999, 1294). Daher ist im Beispielsfall nicht das OLG München, sondern das für das AG Peine zuständige OLG Celle anzurufen. Ist noch kein Gericht mit der Sache befasst gewesen, was insbesondere in Fällen des § 36 Abs. 1 Nr. 3 ZPO die Regel ist, ist das Gericht zuständig, das als erstes um die Bestimmung ersucht wird (BayObLG NJW-RR 1999, 1296); es muss aber ein Oberlandesgericht sein, in dessen Bezirk eines der in Betracht kommenden Gerichte liegt (OLG Karlsruhe NJW 1998, 3359). Bei Gerichten verschiedener Gerichtsbarkeiten ist das Bundesgericht zuständig, das als erstes zur Zuständigkeitsbestimmung angerufen wird (BGH NJW 2001, 3631; BAG NJW 1996, 413).

4. Der Antrag kann von beiden Parteien gestellt werden, also auch vom Beklagten (vgl. OLG Düsseldorf NJW-RR 1990, 1021; *Thomas/Putzo* § 37 Rdn. 1), anders im Fall des § 36 Nr. 3; dort ist nur der Kläger antragsberechtigt (BGH NJW 1987, 439; 1990, 2751). Auch eines der Gerichte kann die Sache dem für die Bestimmung zuständigen Gericht vorlegen (vgl. BGH NJW 1985, 2537; 1993, 1273; *Thomas/Putzo* § 37 Rdn. 1). Im Fall des § 36 Abs. 1 Nr. 3 ZPO kann der Antrag auch bereits vor Rechtshängigkeit gestellt werden. § 36 Abs. 1 Nr. 6 ZPO setzt einen Rechtsstreit voraus, ist allerdings im PKH-Verfahren (BGH NJW-RR 1994, 706; OLG Dresden NJW 1999, 797) und auch im Mahnverfahren (BGH NJW-RR 1993, 2752) anwendbar.

5. Das Gericht, das der Kläger für zuständig hält, braucht im Antrag nicht genannt zu werden, das entscheidende Gericht wäre hieran auch nicht gebunden. Auch die Bestimmung eines dritten Gerichts als zuständig ist möglich (vgl. BGH NJW 1980, 1282).

6. Die Begründung kann kurz gefasst sein, denn der Sachverhalt ergibt sich aus den Gerichtsakten, die das Gericht beiziehen wird. Im Fall des § 36 Abs. 1 Nr. 3 ZPO muss sorgfältig dargelegt werden, dass die Beklagten Streitgenossen sind.

Kosten und Gebühren

Im Verfahren nach §§ 36, 37 ZPO entstehen keine Gerichtskosten, im Beschwerdeverfahren entsteht eine Gebühr nach KV 1812. Für den Anwalt gehört das Verfahren zum Rechtszug, § 19 Abs. 1 Satz 2 Nr. 3 RVG, ist er nicht Prozessbevollmächtigter, erhält er eine 0,8 Gebühr nach VV 3403. Diese Kosten sind Kosten des Rechtsstreits; das gilt nicht, wenn der Antrag abgelehnt wird (BayObLG NJW-RR 2000, 141). Streitwert ist ein Bruchteil der Hauptsache (vgl. *Zöller/Herget* § 3 Rdn. 16 „Bestimmungsverfahren").

Fristen und Rechtsmittel

Der Antrag auf Bestimmung der Zuständigkeit hemmt die Verjährung (§ 204 Abs. 1 Nr. 13 BGB), was insbesondere im Fall des § 36 Abs. 1 Nr. 3 ZPO wichtig sein kann. Auch ein erfolgloser Antrag kann die Verjährung hemmen (BGH NJW 2004, 3772). Die Hemmung entfällt, wenn nicht innerhalb von drei Monaten nach Erledigung des Gesuchs Klage erhoben wird oder der Antrag, für den die Gerichtsstandsbestimmung zu erfolgen hat, gestellt wird. Die Hemmung soll nur nach sachlicher Entscheidung über das Gesuch eintreten (*Palandt/Heinrichs* § 204 BGB Rdn. 28). Sicherheitshalber sollte der Kläger daher im Fall des § 36 Abs. 1 Nr. 3 ZPO, wenn Verjährung droht und er sich der Voraussetzungen für eine sachliche Entscheidung nicht sicher ist, eine Klage vor dem möglicherweise unzuständigen Gericht einreichen; auch sie unterbricht die Verjährung.

Der Beschluss, mit dem das zuständige Gericht bestimmt wird, ist unanfechtbar, § 37 Abs. 2 ZPO. Der Beschluss, der den Antrag zurückweist, ist mit der sofortigen Beschwerde anfechtbar (§ 567 Abs. 1 Nr. 2 ZPO), wenn ihn das Landgericht erlassen hat, mit der zugelassenen Rechtsbeschwerde (§ 574 Abs. 1 Nr. 2 ZPO), wenn das Oberlandesgericht oder das Landgericht als Berufungsinstanz (BGH MDR 2003, 1307) entschieden haben.

J. Besonderheiten bezüglich der Parteien

1. Prozessführungsbefugnis (gewillkürte Prozessstandschaft)[1,2]

An das
Landgericht

Klage

In der Sache
......

Namens des Klägers erhebe ich Klage und beantrage:

1. Der Beklagte wird verurteilt, an die Firma Autohaus Hoyer, Inhaber Klaus Hoyer, 35.012 Kassel, Hochallee 16, EUR 18.381,36 nebst Zinsen in Höhe von 5 Prozentpunkten über dem Basiszinssatz seit Rechtshängigkeit zu zahlen[3].
2. ......

Begründung[4]:

1. Der Beklagte hat, wie unter 2. näher dargelegt wird, schuldhaft einen Verkehrsunfall verursacht, bei dem das Fahrzeug des Klägers beschädigt wurde. Der Kläger ließ das Fahrzeug bei seiner Werkstatt, der Firma Autohaus Hoyer, zum Preis von EUR 18.381,36 reparieren. Mit Erklärung vom ......

   – Anlage 1 –

   trat der Kläger seinen Schadensersatzanspruch hinsichtlich der Reparaturkosten an diese Firma ab. Gleichzeitig ermächtigte der Firmeninhaber den Kläger durch mündliche Absprache, die Forderung gerichtlich geltend zu machen.

   Beweis: Zeugnis des Herrn Klaus Hoyer
   (vollständige Anschrift)

   Das Interesse des Klägers an der gerichtlichen Geltendmachung der Forderung im eigenen Namen ergibt sich daraus, dass er die Reparaturrechnung selbst begleichen muss, wenn der Beklagte nicht an die Reparaturfirma leistet.
2. Zur Begründung des Anspruches wird Folgendes ausgeführt: ......

Rechtsanwalt

Schrifttum: Balzer, Die Darlegung der Prozeßführungsbefugnis und anderer Sachurteilsvoraussetzungen, NJW 1992, 2721; *Boecken/Krause,* Globalzession und gewillkürte Prozeßstandschaft bei nachfolgender Vermögenslosigkeit des Schuldners, NJW 1987, 420. *Klinck,* Die Vergleichsbefugnis des Prozessstandschafters, WM 2006, 417; *Lange,* Die Prozessführungsbefugnis der Versicherungsnehmerin einer D & O-Versicherung, VersR 2007, 893; *Meyer,* Die Aufhebung des Insolvenzverfahrens und ihre Auswirkungen auf die Prozessführungsbefugnis des Insolvenzverwalters, ZinsO 2008, 1258; *Vollkommer,* Verfahrensunterbrechung nach § 240 ZPO bei Prozeßstandschaft und Sicherungszession, MDR 1998, 1296; *Wieser,* Gründe gemeinschaftlicher Prozessführungsbefugnis, JuS 2000, 197.

Anmerkungen

1. Es handelt sich um eine gesetzlich nicht geregelte Voraussetzung für die Zulässigkeit der Klage, die vorliegen muss, wenn ein anderer als der Rechtsinhaber ein Recht gerichtlich geltend machen will. Die Befugnis hierzu ist zum einen in den Fällen der gesetzlichen Prozessstandschaft gegeben, zB. für den Insolvenzverwalter, den Zwangsverwalter (vgl. BGH NZM 2005, 532), den Testamentsvollstrecker, den Miterben nach § 2039 BGB (vgl. BGH NJW 2006, 1969). Sie liegt zum anderen vor, wenn der Rechtsinhaber den Kläger zur gerichtlichen Geltendmachung im eigenen Namen ermächtigt und der Kläger ein eigenes schutzwürdiges Interesse daran besitzt, das auch ein wirtschaftliches sein kann (vgl. BGH NJW 1995, 3186; *Thomas/Putzo* § 51 Rdn. 34). Ohne Vorliegen der Prozessführungsbefugnis darf in der Sache nicht entschieden werden (BGH NJW 2000, 738). Die Frage stellt sich nicht, wenn der Schuldner gegen den Drittschuldner eine dem Pfändungsgläubiger überwiesene Forderung geltend macht und auf Zahlung an den Gläubiger klagt; denn der Schuldner bleibt Rechtsinhaber (BGH NJW 2001, 2178, 2179f.). In der Praxis kommt die gewillkürte Prozessstandschaft zB. im Verkehrsunfallprozess vor, wenn der Geschädigte seine Ansprüche vor Rechtshängigkeit an die Reparaturfirma (so der angenommene Fall) oder die Mietwagenfirma abgetreten hat. Aus der neueren Rechtsprechung vgl. zur Prozessführungsbefugnis des Inkassozessionars BGH NJW 1980, 991; des Zedenten bei stiller Sicherungszession BGH NJW 1999, 2110; eines Verbandes zur Förderung gewerblicher Interessen für seine Mitglieder BGH NJW 1998, 1148; eines Gesellschafters wegen einer Forderung der BGB-Gesellschaft BGH NJW 1988, 1586; 2000, 734; NJW-RR 2008, 1484; des Gesellschafters für die GmbH BGH NJW 1987, 383; des Rechtsanwalts für wettbewerbsrechtliche Unterlassungsansprüche seiner Sozietät BGH NJW 1999, 144; von gewählten Mitgliedern eines Orchesters wegen Urheberrechtsverletzungen (BGH NJW 2005, 1656); des Empfängers wegen Beschädigung des Transportgutes BGH NJW 1979, 2472; eines Ehegatten für die Gütergemeinschaft betreffende Ansprüche BGH NJW 1994, 653. Wenn die Prozessführungsbefugnis zweifelhaft sein kann, sollte der Kläger zur Sicherheit versuchen, sich die Klageforderung abtreten bzw. das Recht übertragen zu lassen, und zwar vor Ablauf der Verjährungsfrist (vor Abtretung keine Hemmung der Verjährung!). Auch die Ermächtigung kann noch nach Rechtshängigkeit erteilt werden (BGH NJW 1995, 3186, 3187); sie erlischt, wenn über das Vermögen des Ermächtigenden das Insolvenzverfahren eröffnet wird (§ 115 InsO, vgl. BGH NJW 2000, 738). Der Kläger benötigt dann eine Ermächtigung des Insolvenzverwalters (vgl. BGH NJW 1987, 3121).

Aus der Sicht des Beklagten kann eine Klage in gewillkürter Prozessstandschaft problematisch sein, wenn der Kläger vermögenslos ist und er daher um seinen späteren Kostenerstattungsanspruch fürchten muss. Eine solche Situation kann sich ergeben, wenn eine Bank als Sicherungsnehmerin bei zweifelhaften Forderungen ihren vermögenslosen Zedenten klagen lässt. Dieser Gesichtspunkt kann eine in Prozessstandschaft erhobene Klage unzulässig machen (vgl. BGH NJW 1990, 1117; *Boecken/Krause* NJW 1987, 420), so zB. bei einer überschuldeten GmbH, die keine Aussichten hat, ihre Geschäfte fortzuführen (BGH NJW 1986, 850). Das gilt allerdings nicht, wenn der Vermögensverfall erst im Laufe des Rechtsstreits eingetreten ist (BGH NJW 1995, 3186, 3187) oder bei Vorliegen besonderer Umstände (vgl. BGH NJW 2003, 2232). Einer vermögenslosen natürlichen Person, die die Forderung an die Bank abgetreten hat, wird das schutzwürdige Interesse nicht abgesprochen (BGH NJW 1999, 1717). Anders soll es nur bei missbräuchlicher Ermächtigung sein, die der Beklagte aber kaum wird beweisen können. Da der Ermächtigende Anspruchsinhaber bleibt, ist die Aufrechnung mit einer gegen ihn bestehenden Gegenforderung möglich (vgl. *Palandt/ Grüneberg* § 398 Rdn. 35).

2. Erfolgt die Übertragung auf den Dritten nach Rechtshängigkeit, bleibt dem Kläger die Prozessführungsbefugnis gem. § 265 ZPO erhalten. Er muss dann lediglich seinen

Antrag auf Zahlung an den Dritten umstellen (vgl. BGH NJW 1979, 924; NJW-RR 1986, 1182); darin liegt keine Klageänderung.

3. Der Antrag muss idR. auf Leistung an den Rechtsinhaber gerichtet sein. Eine weitergehende Ermächtigung wird in einem Fall dieser Art kaum erteilt werden. Etwas anderes gilt bei einer Inkassozession (vgl. *Thomas/Putzo* § 51 Rdn. 35 b).

4. Der Kläger muss zur Zulässigkeit der Klage die Ermächtigung und sein eigenes Interesse darlegen und erforderlichenfalls beweisen. Als Ermächtigung kann das stillschweigende Einverständnis mit der Prozessführung genügen (BGH NJW 1979, 924, 925), grundsätzlich ist aber im Interesse des Prozessgegners erforderlich, dass die Ermächtigung im Prozess offengelegt wird (BGH NJW 1988, 1585, 1587). Eine unwirksame Abtretung kann uU. in eine Einziehungsermächtigung umgedeutet werden (BGH NJW 1987, 3121). Für das eigene Interesse reicht die Darlegung aus, dass die Entscheidung des Rechtsstreits Einfluss auf die eigene Rechtslage hat (vgl. *Thomas/Putzo* § 51 Rdn. 34).

Kosten und Gebühren

Zur Frage des Risikos der Kostenerstattung bei vermögenslosem Prozessführer vgl. Anm. 1 aE. Die Frage, ob für die Gewährung von Prozesskostenhilfe auf die Vermögensverhältnisse des Prozessführers oder des Rechtsinhabers abzustellen ist, ist str. (vgl. BGH VersR 1992, 594; NJW 1986, 850, 851; OLG Celle NJW-RR 1999, 579; *Thomas/Putzo* § 114 Rdn. 12).

Fristen und Rechtsmittel

Bei einer Klage in gewillkürter Prozessstandschaft ist hinsichtlich der Hemmung der Verjährung besondere Vorsicht geboten. Eine Hemmung nach § 204 Abs. 1 BGB tritt nur ein, wenn die Ermächtigung vor Eintritt der Verjährung erteilt wird (BGH NJW 1999, 3707). Anders ist es, wenn der Zedent bei einer stillen Sicherungszession selbst klagt; seine Klage hemmt die Verjährung, denn er kann die Forderung als Berechtigter geltend machen (BGH NJW 1999, 2110); bei Offenlegung der Zession im Prozess kann er auf Zahlung an die Bank umstellen.

2. Streitverkündung[1]

An das
Landgericht

Streitverkündung[2]

In der Sache

……

wird der Firma F.……[3]

der Streit verkündet mit der Aufforderung, dem Rechtsstreit auf Seiten des Klägers beizutreten[4].

Das Gericht wird gebeten,

diesen Schriftsatz nebst anliegender Kopie der Klageschrift und der Klageerwiderung dem Streitverkündeten alsbald zuzustellen[5].

Begründung[6]:

Der Kläger verlangt von der Beklagten Schadensersatz wegen mangelhafter Estrich-Arbeiten im Keller seines Hauses. In ihrer Klageerwiderung hat die Beklagte eingewandt, dass die vorhandenen Schäden nicht auf mangelhafter Arbeit ihrer Leute, sondern auf Fehler der Streitverkündeten zurückzuführen seien. Die Streitverkündete hatte im Auftrag des Klägers Abdichtungsarbeiten am Fundament des Hauses ausgeführt. Für den Fall, dass der Einwand der Beklagten zutrifft und er aus diesem Grunde im Prozess gegen die Beklagte unterliegt, hätte er gegen die Streitverkündete einen Anspruch auf Schadloshaltung.
Der Stand des Prozesses ergibt sich aus der anliegenden beglaubigten Ablichtung der Klageschrift und der Klageerwiderung.
Das Gericht hat das schriftliche Vorverfahren angeordnet, jedoch bisher keinen Haupttermin bestimmt und auch sonst keine prozeßleitenden Anordnungen getroffen[7].
Rechtsanwalt

Schrifttum: Althammer/Würdinger, Die verjährungsrechtlichen Auswirkungen der Streitverkündung, NJW 2008, 2620; *Bischof,* Praxisprobleme der Streitverkündung, MDR 1999, 787; *Bräuer,* Streitverkündung und Verjährung, AnwBl 2006, 350; *Fricke,* Zur Zulässigkeit von Nebenintervention und Streitverkündung im Arrestverfahren und Verfahren der einstweiligen Verfügung, BauR 1978, 257; *Klose,* Chancen und Risiken der Streitverkündung, NJ 2008, 249; *Knöringer,* Die Streitverkündung, §§ 72–74 ZPO, JuS 2007, 335; *Kunze,* Streitverkündung im selbständigen Beweisverfahren, NJW 1996, 102 u. 1997, 1290; *Neumann,* Die Streitverkündung im Haftungsprozess gegen den Frachtführer, TransportR 2005, 51; *Rützel,* Ausländersicherheit und Nebenintervention, NJW 1998, 2086; *Seggewiße,* Streitverkündung im Mahnverfahren, NJW 2006, 3037; *Schneider,* Kosten des Nebenintervenienten bei einem Prozeßvergleich zwischen den Parteien, MDR 1983, 801; *Schröder,* Folgen der Streitverkündung – die Zwischenbilanz, BauR 2007, 1324; *Schwarz,* Aufhebung oder Halbierung der Interventionskosten, MDR 1993, 1052; *Sohn,* Haftungsfalle Streitverkündung, BauR 2007, 1308; *Werres,* Die Wirkungen der Streitverkündung und ihre Grenzen, NJW 1984, 208.

Anmerkungen

1. Die Zulässigkeit der Streitverkündung ergibt sich aus § 72 ZPO. Sie ist für den Kläger sinnvoll, wenn nach dem Vorbringen des Beklagten ein Dritter verpflichtet sein kann und der Kläger vermeiden möchte, dass er zunächst gegen den Beklagten unterliegt, aber auch später gegen den Dritten mit der Begründung verliert, dass der erste Beklagte doch der richtige Schuldner gewesen wäre. Gleiches gilt für den Beklagten, wenn er für den Fall seiner Verurteilung einen Dritten ohne Prozessrisiko in Regress nehmen möchte oder wenn er befürchten muss, dass er im ersten Prozess unterliegt und außerdem auf die Klage eines Dritten, der dieselbe Forderung für sich in Anspruch nimmt, verurteilt wird. Derart widersprüchliche Prozessergebnisse und eine Wiederholung des gleichen prozessualen Aufwandes können durch Herbeiführung der Nebeninterventionswirkung des § 68 ZPO (iVm. § 74 ZPO) vermieden werden (näher zum Schutzzweck der Streitverkündung vgl. BGH NJW 1989, 521, 522). Außerdem bewirkt die Streitverkündung im Verhältnis zum Dritten die Hemmung der Verjährung (§ 204 Abs. 1 Nr. 6 BGB, vgl. Anm. „Fristen und Rechtsmittel“). Allerdings hat die Interventionswirkung ihre Grenzen. Keine Bindungswirkung nach § 68 ZPO besteht

- hinsichtlich der Tatsachen, die im ersten Prozess zu Ungunsten der den Streit verkündenden Partei festgestellt werden (hM., BGH NJW 1987, 2874 mwN.; OLG Köln NJW-RR 1995, 1005);

- wenn der Ausgangsprozess aus Beweislastgründen verloren geht und die Hauptpartei auch im Folgeprozess die Beweislast trägt, vgl. BGH NJW 1983, 820; OLG Düsseldorf NJW 1992, 1176;
- im Folgeprozess vor dem Gericht eines anderen Rechtswegs (BGH NJW 1993, 2539; dagegen *Wax* NJW 1994, 2333).
- für das Vorliegen von Prozessvoraussetzungen;
- für Feststellungen, auf die es für die Entscheidung nicht ankam, sowie für Mehrfachbegründungen, Hilfserwägungen und obiter dicta (vgl. BGHZ 157, 97; *Zöller/Vollkommer* § 68 Rdn. 10);
- bei Teilklagen für Ansprüche, die über den Streitgegenstand hinausgehen (str., vgl. *Zöller/Vollkommer* § 68 Rdn. 10);
- wenn der Prozess nicht durch Urteil entschieden, sondern durch Vergleich beendet wird; an einem Vergleich sollte der Streitverkündete daher nach Möglichkeit beteiligt werden.

Die Streitverkündung ist in der Praxis häufig zB. in Bauprozessen, wenn Unklarheit über die Verantwortlichkeit mehrerer Baubeteiligter besteht (so der Beispielsfall, vgl. BGH NJW 1976, 39; OLG München NJW 1986, 263; OLG Köln NJW-RR 1995, 1085; vgl. *Schröder,* BauR 2007, 1324), in Frachtrechtsfällen, wenn unklar ist, in wessen Obhut das Gut sich bei Schadenseintritt befand (BGH NJW 1992, 1698; vgl *Neumann,* TransportR 2005, 51) oder bei Rückgriff des Transportversicherers (BGH NJW-RR 1997, 1392), in Zahlungsprozessen, wenn dem Beklagten bei Verurteilung ein Dritter haftet (BGH NJW 2002, 1414); in Kauf- und Werkvertragsprozessen, wenn der Verkäufer oder der Unternehmer Rückgriff gegen seinen Lieferanten, Subunternehmer oder Angestellten nehmen will, und in Prozessen gegen den Vertretenen, wenn die Vollmacht des Vertreters zweifelhaft wird (vgl. BGH NJW 1982, 281; 1989, 521, 522; NJW 2000, 1407); weitere Beispielsfälle bei *Baumbach/Lauterbach/Albers/Hartmann* § 72 Rdn. 4–7; BGH NJW 1979, 264. Entscheidend für die Zulässigkeit ist, dass der Gegner und der Dritte nicht gemeinsam als Gesamtschuldner in Anspruch genommen werden können, sondern eine alternative Haftung besteht (BGH NJW 1976, 39, 40; 1987, 1894; 2008, 519 Tz. 16). Die Streitverkündung ist zwingend vorgeschrieben im Fall des § 841 ZPO (vgl. Form. III. B. 24). Ausgeschlossen ist eine Streitverkündung gegen den gerichtlich bestellten Sachverständigen (§ 73 Abs. 2 ZPO) und andere Prozessbeteiligte wie Parteien, Zeugen etc.

2. Zur Form vgl. § 73 ZPO. Eine Streitverkündung, die die Form des § 73 ZPO nicht wahrt, führt die Interventionswirkung nicht herbei. Der Streit kann nicht unter einer Bedingung oder „hilfsweise" erklärt werden (vgl. BGH NJW-RR 1989, 766, 768). Zur Angabe des Grundes der Streitverkündung ist es erforderlich, einen der Fälle des § 72 ZPO darzulegen. Außerdem ist dem Streitverkündeten der genaue Streitstand des Prozesses mitzuteilen. Die Streitverkündung kann bereits mit der Klageschrift erklärt werden. Zu ihrer Wirksamkeit genügt es, dass der Rechtsstreit anhängig ist (BGH NJW 1985, 328). Sie ist bis zur rechtskräftigen Entscheidung möglich, also auch noch nach Verkündung eines rechtsmittelfähigen Urteils. Allerdings tritt die Nebeninterventionswirkung nur ein, soweit der Dritte noch in der Lage war, Angriffs- und Verteidigungsmittel geltend zu machen (vgl. OLG Köln MDR 1983, 409). Das kann wegen der Beschränkung neuen Tatsachenvorbringens nach §§ 529, 531 ZPO den Wert der Streitverkündung beeinträchtigen. Es empfiehlt sich also immer eine frühzeitige Streitverkündung (vgl. § 74 Abs. 3 ZPO). Auch im selbstständigen Beweisverfahren nach §§ 485 ff. ZPO ist eine Streitverkündung zulässig (BGH NJW 1997, 859). Das Gleiche gilt im gerichtlichen Mahnverfahren (BGH NJW 2006, 773).

Hat der Beklagte den Streit verkündet, muss er mit dem Regress gegen den Streitverkündeten nicht bis zum Abschluss des Rechtsstreits und dem anschließenden Prozess warten. Er kann auch gegen seinen Streithelfer Widerklage im ersten Prozess erheben,

BGH MDR 1996, 194 (sog. Drittwiderklage, vgl. Form I. E. 5). Dieser Weg empfiehlt sich, wenn der Beklagte mit seiner Verurteilung rechnen muss und sein Regressanspruch aussichtsreich ist.

3. Der Dritte ist wie eine Partei zu bezeichnen; da ihm die Streitverkündung zugestellt werden muss (§ 73 S. 2 ZPO), ist seine zustellungsfähige Anschrift anzugeben.

4. Diese Aufforderung ist gesetzlich nicht vorgeschrieben, aber üblich (vgl. § 74 Abs. 1 ZPO).

5. Die Zustellung erfolgt von Amts wegen. Es empfiehlt sich, dem Streitverkündeten zur Orientierung über den Streitstand sämtliche Schriftsätze, Beschlüsse und Protokolle zuzuleiten, damit er später die Nebeninterventionswirkung nicht gem. § 68 2. Halbs. ZPO abwenden kann.

6. Hier muss der Kläger den Grund der Streitverkündung und die Lage des Rechtsstreits angeben. Er muss also darlegen, dass er für den Fall seines Unterliegens einen Anspruch auf „Schadloshaltung" gegen den Streitverkündeten hätte. Soweit er dem Streitverkündeten keine Abschriften der gewechselten Schriftsätze und des sonstigen Akteninhalts zuleitet, muss er außerdem den Sach- und Streitstand darstellen. Die Streitverkündung ist nur zulässig, wenn der Streitverkündete die Frage beurteilen kann, ob er beitreten soll oder nicht (BGH NJW 2002, 1414). Ein Risiko der Streitverkündung besteht darin, dass ihre Zulässigkeit erst im Folgeprozess geklärt wird (vgl. BGH NJW 1992, 1698; 2008, 519 Tz. 14). Jedoch ist die Streitverkündung nicht nur dann zulässig, wenn die Feststellungen mit Sicherheit für den Zweitprozess verwertbar sind. Es genügt vielmehr, dass der Streitverkünder zu der Annahme berechtigt ist, die im Vorprozess zu treffenden Feststellungen könnten einen Folgeprozess ganz oder teilweise entbehrlich machen (BGH NJW 2009, 1488). Im Übrigen muss die Hauptpartei verhindern, dass der Streitverkündete Angriffs- oder Verteidigungsmittel aus Unkenntnis oder wegen zu später Kenntnis nicht geltend machen kann; das würde die Interventionswirkung nach § 68 ZPO einschränken.

7. Der Streitverkündete sollte außerdem über den zukünftigen Prozessverlauf (Terminsbestimmung, Beweisanordnungen, Auflagen) informiert werden.

Kosten und Gebühren

Solange der Streitverkündete nicht beitritt (dazu vgl. Form. I. J. 3), entstehen keine Gerichts- und Rechtsanwaltsgebühren, nur Zustellungskosten, die der Streitverkünder zu tragen hat (vgl. *Thomas/Putzo* § 73 Rdn. 8, KV Nr. 9002). Für den Anwalt gehört die Streitverkündung zum Rechtszug gem. § 19 Abs. 1 RVG (*Gerold/Schmidt* § 19 RVG Rdn. 20). Auch im Fall des Beitritts trägt die Hauptpartei nicht das Kostenrisiko der Nebenintervention (§ 101 ZPO).

Fristen und Rechtsmittel

Die Streitverkündung kann von der Anhängigkeit der Klage bis zur rechtskräftigen Entscheidung erklärt werden (§ 72 ZPO), eine späte Erklärung kann aber ihren Wert einschränken (vgl. Anm. 2). Eine ordnungsgemäße Streitverkündung hemmt die Verjährung. Dafür ist erforderlich, dass der Grund der Streitverkündung angegeben, also ein Anspruch iSd. § 72 ZPO dargelegt wird (BGH NJW 2008, 519). Die bloße Übersendung von Schriftsätzen reicht nicht (BGH MDR 2000, 1271; NJW 2002, 1414). Die Hemmung der Verjährung tritt bereits mit Eingang der Streitverkündung ein, wenn die Zustellung iSd. § 167 ZPO demnächst erfolgt (BGH NJW 1994, 203). Sie endet sechs Monate nach der rechtskräftigen Entscheidung oder anderer Beendigung des Rechtsstreits

(§ 204 Abs. 2 BGB); bei Erhebung der Klage gegen den Streitverkündeten innerhalb dieser Frist bleibt die Hemmung also bestehen. Für die Wahrung von Ausschlussfristen genügt eine Streitverkündung nicht (BGH NJW-RR 2006, 619 für die Klagefrist nach Art. 29 Abs. 1 WarschAbk).

3. Beitritt eines Nebenintervenienten[1]

An das
Landgericht

Nebenintervention[2]

In der Sache
......

erkläre ich namens und in Vollmacht des Streitverkündeten[3]:

Der Streitverkündete tritt dem Rechtsstreit auf Seiten des Klägers[4] als Nebenintervenient bei.

Er schließt sich als Nebenintervenient dem in der Klageschrift gestellten Antrag an[5] und beantragt außerdem,

dem Beklagten die durch die Nebenintervention verursachten Kosten aufzuerlegen[6].

Ergänzend zur Klagebegründung wird Folgendes vorgetragen[7]:

1. Die Abdichtungsarbeiten sind vom Nebenintervenienten entsprechend den Vergabebedingungen unter Beachtung der DIN-Vorschriften ausgeführt worden.

Beweis: Sachverständigengutachten

2. Zur Ausführung der Estrich-Arbeiten durch die Beklagte ist vorzutragen, dass ......

Rechtsanwalt

Schrifttum: vgl. Form. I. J. 2.

Anmerkungen

1. Der Beitritt als Nebenintervenient erfolgt meist gem. § 74 ZPO auf eine Streitverkündung hin (so das Beispiel, das an das vorangehende Formular anknüpft), jedoch kann auch sonst jeder, der ein rechtliches Interesse am Obsiegen einer Partei hat, dem Rechtsstreit auf Seiten dieser Partei beitreten (§ 66 ZPO, Beispiele bei *Zöller/Vollkommer* § 66 Rdn. 11 ff.). Der Zweck der Nebenintervention liegt für den Beitretenden darin, den Ausgang des Rechtsstreits in seinem Sinne zu beeinflussen zu können, da er im Rahmen des § 67 ZPO selbstständig Angriffs- und Verteidigungsmittel geltend machen kann (vgl. *Zöller/Vollkommer* § 67 Rdn. 3–5). Der Nebenintervenient kann auch selbstständig Rechtsmittel einlegen, ist allerdings an die Rechtsmittelfrist der Hauptpartei gebunden (vgl. Anm. „Fristen und Rechtsmittel)". Ein Streitverkündeter sollte daher von der Beitrittsmöglichkeit immer dann Gebrauch machen, wenn er befürchtet, dass der Rechtsstreit von „seiner" Partei schlecht geführt wird; denn die Nebeninterventionswirkung des § 68 ZPO tritt auch ein, wenn er nicht beigetreten ist. Liegt eine Streitverkündung vor, reicht dies zur Zulässigkeit der Nebenintervention aus (vgl. OLG Hamm NJW-RR 1988, 155 mwN.). In anderen Fällen sollte der Beitretende sein rechtliches Interesse prüfen, da die Nebenintervention bei Nichtvorliegen gemäß § 71 ZPO auf seine Kosten zurückgewiesen werden kann.

Auch im selbstständigen Beweisverfahren wird eine Nebenintervention seit BGH NJW 1997, 859 allgemein als zulässig angesehen. Das Gleiche gilt für echte Streitverfahren in der freiwilligen Gerichtsbarkeit (OLG Hamm NJW-RR 1996, 336).

2. Der Beitritt erfolgt durch einen Schriftsatz beim Prozessgericht in der in § 70 ZPO bestimmten Form. Die Rechtsprechung ist zT. großzügig; auch die Vornahme einer eigenen Prozesshandlung, so der Berufung, kann als Beitritt ausgelegt werden (BGH NJW 1994, 1537, NJW 2001, 1217). Der Beitritt kann aber nicht unter einer Bedingung erklärt werden (BGH NJW-RR 1989, 766, 767). Liegt eine Streitverkündung vor, genügt zur Angabe des Interesses an der Nebenintervention der Hinweis hierauf. Im Fall des § 66 ZPO muss das Interesse näher dargelegt werden.

3. Ist einem Dritten der Streit verkündet worden, stellt sich für ihn die Frage, wie er sich zur Wahrung seiner Rechte verhalten soll. Dabei kann eine schnelle Reaktion erforderlich sein, zumal wenn der Rechtsstreit fortgeschritten ist oder es darum geht, ob nach Verurteilung der Hauptpartei ein Rechtsmittel einzulegen ist. Wichtig ist zunächst, dass sich der Streitverkündete über den genauen Stand des Rechtsstreits informiert. Hierzu sollte er, falls ihm nicht Kopien des gesamten relevanten Akteninhalts nebst Anlagen übermittelt wurden, Akteneinsicht nehmen. Dazu ist er nach § 299 ZPO berechtigt. Ergibt die Prüfung, dass seine spätere Inanspruchnahme in Betracht kommt, ist zu entscheiden, ob er den Prozess als stiller Beobachter verfolgen will oder ob er beitritt. Nur auf die letztgenannte Weise erreicht er, dass ihm die künftigen Verfügungen des Gerichts und die Schriftsätze beider Parteien zugestellt werden und dass er aktiv zugunsten seiner Hauptpartei eingreifen kann. Auch die Kostenerstattung durch den Gegner der Hauptpartei (vgl. Anm. „Kosten und Gebühren") setzt seinen Beitritt voraus.

4. Die Partei, der beigetreten werden soll, ist zu bezeichnen. Der Streitverkündete könnte auch auf Seiten der Gegenpartei beitreten, wenn er ein rechtliches Interesse iSd. § 66 ZPO an deren Obsiegen hat (*Thomas/Putzo* § 74 Rdn. 1; BGH VersR 1985, 80). Dann tritt die Interventionswirkung gegen beide Parteien ein. Eine Rücknahme der Nebenintervention ist in der Form des § 269 Abs. 2 ZPO möglich. Danach kann der Nebenintervenient der anderen Partei beitreten.

5. Der Nebenintervenient kann sich die Anträge seiner Partei zu eigen machen oder auch weitergehende Anträge stellen; er kann sich auch auf eine rein passive Haltung beschränken. Auch dann sind ihm alle Schriftsätze, Ladungen, Auflagen und Hinweise durch das Gericht zuzustellen (vgl. *Thomas/Putzo* § 67 Rdn. 8f.).

6. Über die Kosten entscheidet das Gericht von Amts wegen, der Antrag soll sicherstellen, dass das Gericht die Kosten des Nebenintervenienten nicht übersieht, wie dies häufiger vorkommt.

7. Hier sollte der Nebenintervenient vor allem Tatsachen vortragen und Beweisanträge stellen, die zur Inanspruchnahme des Beklagten führen und eine „Schadloshaltung" des Klägers an ihm verhindern (oder im Falle des Beitritts auf Seiten des Beklagten dem Anspruch des Klägers entgegenstehen und den Regress des Beklagten verhindern).

Kosten und Gebühren

Durch die Nebenintervention entstehen, abgesehen von Auslagen für Zustellungen (KV 9002), keine weiteren Gerichtskosten. Auch die Anwälte der Hauptparteien erhalten keine zusätzlichen Gebühren. Der Anwalt des Nebenintervenienten erhält die Verfahrensgebühr nach VV 3100 und ggf. die Terminsgebühr nach VV 3104. Soweit dem Gegner der Hauptpartei die Kosten des Rechtsstreits auferlegt werden, trägt er auch die der Nebenintervention; anderenfalls trägt sie der Nebenintervenient selbst (vgl. § 101 Abs. 1 ZPO, Grundsatz der Kostenparallelität). Gegen die Hauptpartei hat der Nebenintervenient auch dann keinen Kostenerstattungsanspruch, wenn diese die Klage zurücknimmt (OLG Köln NJW-RR 1995, 1251). Unterbleibt ein Kostenausspruch, muss der Nebenintervenient nach § 319 oder § 321 ZPO vorgehen (OLG Stuttgart MDR 1999, 116); die Frist des § 321 Abs. 2 ZPO beginnt erst mit der Zustellung an ihn, auch wenn das Urteil zwischen den Parteien schon rechtskräftig ist (BGH NJW-RR 2005, 295). Zur Frage, ob und wieweit er einen Kostenerstattungsanspruch hat, wenn die Parteien einen Vergleich schließen, der über diese Kosten schweigt, vgl. *Jagenburg* NJW 1999, 2403, 2405; *Schneider* MDR 1983, 801 u. Form. I. M. 1 Anm. 11. Ist der Nebenintervenient dem Vergleich nicht beigetreten, kann er einen Kostenbeschluss des Gerichts herbeiführen, der ihm eine Kostenerstattung ermöglicht (vgl. OLG Nürnberg MDR 2001, 415; OLG Düsseldorf NJW-RR 1998, 1691; *Schwarz* MDR 1993, 1052). Wenn die Kosten im Vergleich gegeneinander aufgehoben wurden, hat der Nebenintervenient keinen Kostenerstattungsanspruch (BGH NJJW-RR 2995, 1159). Zu den Kosten der Nebenintervention gehören, neben seinen eigenen Anwaltskosten, die Gerichts- und Rechtsanwaltskosten, die durch Prozesshandlungen entstehen, an denen sich die Hauptpartei nicht beteiligt hat (vgl. *Thomas/Putzo* § 101 Rdn. 6a). Der Streitwert ist gem. § 3 ZPO nach dem Interesse des Streithelfers am Obsiegen seiner Partei zu schätzen (OLG Koblenz MDR 1983, 59; OLG Saarbrücken Büro 1985, 445; OLG Köln MDR 1990, 246). Str. ist, ob der Streitwert der Nebenintervention so hoch ist wie derjenige der Klage, wenn der Nebenintervenient dieselben Anträge wie die Hauptpartei stellt (vgl. *Thomas/Putzo* § 3 Rdn. 108; OLG Karlsruhe MDR 2003, 357; OLG München MDR 1997, 788; OLG Hamburg JurBüro 1992, 251).

Fristen und Rechtsmittel

Beide Parteien können gem. § 71 ZPO beantragen, die Nebenintervention zurückzuweisen, insbes. mit der Begründung, dass ein rechtliches Interesse iSd. § 66 ZPO fehle. Über einen solchen Zwischenstreit wird durch Zwischenurteil entschieden, gegen das sofortige Beschwerde stattfindet, §§ 71 Abs. 2, 567 ZPO (Frist: zwei Wochen, § 569 ZPO). Bei versäumter Nebenintervention ist eine Wiedereinsetzung ausgeschlossen (BGH NJW 1991, 229). Der Nebenintervenient, der Rechtsmittel gegen die zum Nachteil der Hauptpartei ergangene Entscheidung einlegen will, muss die Rechtsmittelfrist beachten: sie beginnt nicht mit Zustellung an ihn, sondern mit Zustellung an die Hauptpartei (BGH NJW 2001, 1355); nur bei streitgenössischer Nebenintervention nach § 69 ZPO beginnt die Frist mit Zustellung an den Nebenintervenienten (BGH NJW-RR 1997, 919).

4. Antrag auf Parteiberichtigung[1, 2]

An das
Landgericht

Schriftsatz

In der Sache
X-GmbH

gegen

Fa. Hans Hoyer,
Inhaber Klaus Hoyer

wird auf die Auflage des Gerichts mitgeteilt, dass die Klägerin durch die Geschäftsführer X und Y (vollständiger Name) vertreten wird[3].

Es wird beantragt,

das Aktivrubrum entsprechend zu ergänzen.

Es wird weiter beantragt,

das Passivrubrum dahin zu berichtigen, dass nicht Herr Klaus Hoyer, sondern Herr Z (vollständiger Name) Inhaber der Beklagten ist[4].

Begründung:

Aufgrund des als Anlage 1 beigefügten Handelsregisterauszuges[5] hat sich ergeben, dass Herr Klaus Hoyer schon bei Rechtshängigkeit nicht mehr Inhaber der Beklagten war. Neuer Inhaber ist Herr Z. Da der Kläger ersichtlich nicht den früheren Inhaber der Beklagten, sondern den jetzigen Inhaber in Anspruch nehmen wollte – sonst hätte er die Klage nicht gegen die Firma gerichtet – kann die Bezeichnung berichtigt werden, ohne dass es einer Parteiänderung bedarf.

Rechtsanwalt

Schrifttum: Baumgärtel, Die Kriterien zur Abgrenzung von Parteiberichtigung und Parteiwechsel, Büro 1973, 164; *Burbulla,* Parteiberichtigung, Parteiwechsel und Verjährung, MDR 2007, 439; *Schuschke,* Parteiberichtigung und Parteiänderung im wohnungseigentumsrechtlichen Verfahren, NZM 2009, 417; *Weimann/Terheggen,* Die nicht existente Partei, NJW 2003, 1298.

Anmerkungen

1. Wird eine Partei unrichtig oder unvollständig bezeichnet, so beeinträchtigt das weder die Aktiv-/Passivlegitimation noch die Prozessführungsbefugnis (BGH NJW 1997, 1236). Die Unrichtigkeit oder Unvollständigkeit kann jederzeit – auch noch in der Revisionsinstanz (BGH WM 1981, 829) – auf Antrag oder von Amts wegen berichtigt oder ergänzt werden. Hieran muss den Parteien in Hinblick auf die Vollstreckung gelegen sein. Das Gericht wird idR. von sich aus auf eine korrekte und vollständige Parteibezeichnung drängen. Das Verfahren ist unproblematisch, wenn es nur um ergänzende Angaben geht (so das Beispiel hinsichtlich des Aktivrubrums). Problematisch, aber auch besonders wichtig ist die Berichtigung, wenn der Kläger den Beklagten so bezeichnet hat, dass dessen Identität zweifelhaft sein kann (so das Beispiel hinsichtlich des Passivrubrums). Wenn die aus der Klage zu entnehmende Identität nicht gewahrt bleibt, ist eine Berichtigung nicht möglich, es kommt dann nur eine Parteiänderung mit den sich daraus ergebenen Nachteilen in Betracht (Form. I. J. 5). Wer als Partei anzusehen ist, ist nach dem objektiv erkennbaren Inhalt der Klageschrift oder Rechtsmittelschrift und der sonst vorliegenden Unterlagen aus der Sicht der Empfänger (Gericht und Gegner) zu bestimmen (st. Rspr., vgl. BGH NJW 2002, 3110, 3111; 2001, 445, 447; 1998, 1496, 1497: Berichtigung von Deutsche Bundesbahn AG in Deutsche Bahn AG ohne weiteres möglich, nicht aber in Bundesrepublik Deutschland). Zur näheren Abgrenzung von Berichtigung der Parteibezeichnung und Parteiwechsel vgl. BGH NJW 1981, 1453; WM 1981, 46; NJW 1983, 2448; 1987, 1946; NJW-RR 1995, 764; 2008, 582; 2009, 948; weitere Beispielsfälle bei *Zöller/Vollkommer* Rdn. 7 vor § 50. Ist eine BGB-Gesellschaft Partei und sind vor oder während des Prozesses Gesellschafter ein- oder ausgetreten, liegt darin nach der neuen Rechtsprechung des BGH (NJW 2001, 1056) kein Parteiwechsel mehr; die Parteibezeichnung kann, soweit erforderlich, berichtigt werden (BGH MDR 2003, 591).

2. Zur Berichtigung der Parteibezeichnung im Urteil vgl. Form. I. N. 2. Es ist immer zu empfehlen, die Berichtigung nicht erst nach Vorliegen des Urteils, sondern spätestens im Verhandlungstermin herbeizuführen. Liegt dann das Urteil vor, ist zu prüfen, ob die berichtigte Parteibezeichnung mit dem Rubrum des Urteils übereinstimmt. Es kommt häufiger vor, dass der Schreibdienst der Gerichte einen Berichtigungsbeschluss des Richters nicht registriert.

3. Zur vollständigen Parteibezeichnung gehört die Angabe der „gesetzlichen Vertreter“, § 130 Nr. 1 ZPO.

4. Auch hierin dürfte noch eine Berichtigung, keine Parteiänderung zu sehen sein, vgl. OLG München NJW 1971, 1615. Denn bei unrichtiger äußerer Bezeichnung ist grundsätzlich die Person als Partei angesprochen, die erkennbar durch die Parteibezeichnung betroffen werden soll, also der hinter der Falschbezeichnung stehende „wahre Rechtsträger“ (BGH NJW-RR 2004, 51; 1995, 764). Maßgeblich für die richtige Bezeichnung ist der Zeitpunkt der Rechtshängigkeit (*Thomas/Putzo* Rdn. 7 vor § 50).

5. Es ist stets zu empfehlen, die richtige Parteibezeichnung durch einen Handelsregisterauszug oder sonst in geeigneter Weise glaubhaft zu machen.

5. Antrag auf Parteiwechsel[1, 2]

An das
Landgericht

In der Sache
……

wird die Klage nunmehr statt gegen Herrn B persönlich gegen die

B-GmbH, vertreten durch den Geschäftsführer, Herrn B, …… (vollständige Anschrift)

gerichtet.[3, 4]

Der Kläger stellt auch gegenüber der neuen Beklagten

den Antrag aus der Klageschrift,
jedoch mit der Maßgabe, dass Zinsen erst seit Zustellung dieses Schriftsatzes an die neue Beklagte geltend gemacht werden.

Es wird gebeten, einen neuen Termin zur Verhandlung gegen die jetzige Beklagte zu bestimmen[5] und ihr mit der Terminsladung diesen Schriftsatz und die anliegenden beglaubigten Abschriften der Klage, der Klageerwiderung und des Terminsprotokolls vom ….. zuzustellen.[6]

Sofern das Gericht der Auffassung sein sollte, dass für den Parteiwechsel die Zustimmung des ausscheidenden Beklagten erforderlich ist[7], wird beantragt,

dem Beklagten eine Frist zur Erklärung zu setzen, ob er dem Parteiwechsel zustimmt.

Allerdings ist der Kläger der Auffassung, dass es allein auf die Sachdienlichkeit des Parteiwechsels ankommt, die hier vorliegt, da es sich bei dem ausscheidenden Beklagten um den Hauptgesellschafter und Geschäftsführer der neuen Beklagten handelt. Bei dieser Sachlage wäre eine Verweigerung der Zustimmung im Übrigen rechtsmissbräuchlich.

Rechtsanwalt

Schrifttum: Burbulla, Parteiberichtigung, Parteiwechsel und Verjährung, MDR 2007, 439; *Fischer,* Parteiwechsel auf der Klägerseite, JuS 2009, 38; *Franz,* Zur Behandlung des gewillkürten Parteiwechsels im Prozeß, NJW 1972, 1743; *ders.,* Zum Streit über die Wirksamkeit des gewillkürten Parteiwechsels im Prozeß, NJW 1982, 15; *Hansens,* Gebührenrechtliche Auswirkungen des gewillkürten Parteiwechsels, JurBüro 1997, 518; vgl. auch Form. I. J. 4, *Roth,* Gewillkürter Parteiwechsel und Bindung an Prozesslagen, NJW 1988, 2977.

Anmerkungen

1. Ist die Möglichkeit einer Parteiberichtigung auf Kläger- oder Beklagtenseite versperrt, bleibt dem Kläger, wenn ihm die Aktivlegitimation oder dem Beklagten die Passivlegitimation fehlt, noch die Möglichkeit des „gewillkürten" Parteiwechsels. Seine grundsätzliche Zulässigkeit ist trotz Fehlens einer gesetzlichen Regelung anerkannt, seine dogmatische Einordnung umstritten. Die Gerichtspraxis behandelt ihn idR. wie eine Klageänderung, mit der Folge, dass die Zulässigkeit von der Frage der Sachdienlichkeit abhängt, die wiederum nach der Prozessökonomie beantwortet wird (vgl. *Thomas/Putzo* Rdn. 15 vor § 50). Gegenüber einer neuen Klage bietet der Parteiwechsel den Vorteil, dass der bisherige Prozessstoff meist verwendet werden kann und dass zumindest zusätzliche Gerichtsgebühren nicht anfallen. Die Kosten des ausscheidenden Beklagten treffen immer den Kläger (was auf seinen Antrag entspr. § 269 Abs. 3, 4 ZPO auszusprechen ist). Ob der ausscheidende Kläger für die Kosten des Beklagten mithaftet und ob hierüber durch gesonderten Beschluss zu entscheiden ist, ist streitig (vgl. OLG Celle MDR 2004, 410; OLG Zweibrücken NJW-RR 2001, 360; OLG Hamm, MDR 2007, 1447; *Zöller/Herget* § 91 Rdn. 13 „Parteiwechsel").

2. Fehlt dem Kläger die Aktivlegitimation und liegt auch kein Fall zulässiger Prozessstandschaft vor (vgl. Form. I. J. 1), empfiehlt sich auf der Klägerseite statt des Parteiwechsels ein einfacherer und kostensparender Weg: Der Kläger sollte sich die Klageforderung abtreten bzw. das Recht übertragen lassen. Dies kann der Beklagte nicht verhindern; der Kläger muss dann nur noch befürchten, dass der Beklagte den Anspruch mit der Kostenfolge des § 93 ZPO anerkennt. Im Falle einer Rechtsnachfolge während des Rechtsstreits ist ein Klägerwechsel auf den Rechtsnachfolger nicht erforderlich (§ 265 Abs. 2 S. 1 ZPO) und auch nur mit Zustimmung des Beklagten möglich (§ 265 Abs. 2 S. 2 ZPO); Sachdienlichkeit genügt nicht (BGH NJW 1996, 2799). Ein Parteiwechsel auf der Klägerseite vor Rechtshängigkeit erfordert nicht die Zustimmung des Beklagten (OLG Celle NJW-RR 1998, 206).

Auch der Klägerwechsel in der Berufungsinstanz wird wie eine Klageänderung behandelt (BGH NJW 1994, 3358; 2003, 2172). Er dürfte daher meist an der Hürde des § 533 ZPO scheitern (*Zöller/Gummer* § 533 Rdn. 4). Der Klägerwechsel setzt immer eine zulässige Berufung voraus; der alte Kläger, dessen Klage mangels Aktivlegitimation abgewiesen wurde, kann aber nur formell Berufung einlegen und, innerhalb der Berufungsbegründungsfrist, die materielle Berufungsbegründung dem neuen Kläger überlassen (BGH NJW 2003, 2172, 2173). Es muss aber immer der in der ersten Instanz verfolgte Klageanspruch zumindest teilweise weiterverfolgt werden (BGH aaO.).

3. Das Beispiel geht von dem in der Praxis nicht ungewöhnlichen Fall aus, dass jemand für eine juristische Person gehandelt hat, aber persönlich verklagt wird. Eine Parteiberichtigung dürfte dann nicht durchsetzbar sein. Der Kläger könnte sie allerdings zunächst beantragen, vielleicht auch Erfolg haben, und erst bei Ablehnung den ungünstigeren Weg des Parteiwechsels gehen.

4. Voraussetzung für den Parteiwechsel auf Seiten des Beklagten, um den es in der Praxis meist geht, ist die Erklärung des Klägers in einem bestimmenden Schriftsatz oder zu Protokoll (§ 261 Abs. 2 ZPO), dass die Klage nunmehr gegen einen anderen Beklagten gerichtet werde. Der neue Beklagte ist gemäß § 130 Nr. 1 ZPO zu bezeichnen. Zur Frage, ob der alte Beklagte zustimmen muss, vgl. Anm. 7. Die Zustimmung des neuen Beklagten ist für die Fortführung des Prozesses nicht erforderlich (*Zöller/Greger* § 263 Rdn. 24), sie läge im Übrigen immer in einer rügelosen Einlassung im Termin. Streitig ist, wieweit der neue Beklagte an das bisherige Prozessergebnis gebunden ist (vgl. *Zöller/Greger* § 253 Rdn. 25). Stimmt er dem Parteiwechsel zu, dürfte der Stand des Prozesses auch für ihn gelten. Ein Parteiwechsel in der Berufungsinstanz setzt grundsätzlich die

Zustimmung des neuen Beklagten voraus, dessen Weigerung kann aber rechtsmissbräuchlich sein (vgl. BGH NJW 1987, 1946; 1998, 1496, 1497). Eine Berufung nur mit dem Ziel, einen anderen Beklagten in Anspruch zu nehmen, ist unzulässig (BGH NJW 1988, 2540; vgl. Anm. 2). Begründet der Kläger die Berufung gegen den alten Beklagten und beantragt er zugleich einen Parteiwechsel, zu dem es mangels Zustimmung nicht kommt, liegt eine zulässige Berufung gegen den alten Beklagten vor (BGH NJW 1998, 1496).

5. Auch wenn der Beklagte den Rechtsstreit so annimmt, wie er ihn vorfindet, ist zumindest ein neuer Termin zur streitigen Verhandlung erforderlich.

6. Das ist Voraussetzung dafür, dass der Prozessstoff gegenüber dem neuen Beklagten Geltung hat und uU. im Termin ein Versäumnisurteil gegen ihn ergehen kann. Hat der Prozessbevollmächtigte des Beklagten vorher erklärt, dass er – was in Fällen dieser Art häufig ist – auch den neuen Beklagten vertritt, erübrigt sich die erneute Zustellung. Für den Rechtsanwalt des Klägers empfiehlt sich daher eine entsprechende Nachfrage beim Gegner und ggf. die Mitteilung an das Gericht

„Der Prozessbevollmächtigte der Gegenseite hat mitgeteilt, dass er auch die neue Beklagte vertritt."

7. Ist noch nicht streitig verhandelt, soll die Zustimmung des alten Beklagten nicht erforderlich sein (§ 269 Abs. 1 ZPO entspr., *Thomas/Putzo* Rdn. 22 vor § 50, str.), jedenfalls dann nicht, wenn das Gericht den Wechsel für sachdienlich hält. Folgt man der hM. in der Literatur, hängt der Parteiwechsel nach streitiger Verhandlung nur von der Zustimmung ab. Jedenfalls ist die Zustimmung entbehrlich, wenn sie rechtsmissbräuchlich verweigert wird (vgl. BGH NJW 1987, 1946, 1947; *Thomas/Putzo* Rdn. 20 vor § 50).

Kosten und Gebühren

Die Verfahrensgebühr des Gerichts nach KV 1210 fällt nicht noch einmal an. Für den eintretenden Beklagten entstehen die Rechtsanwaltsgebühren von neuem. Wird der neue Beklagte durch denselben Rechtsanwalt vertreten, erhält dieser die Vergütung nur einmal (§ 7 Abs. 1 RVG), jedoch erhöht sich die Verfahrensgebühr um 30% nach VV 1008 (BGH NJW 2007, 769; vgl. noch zu § 6 BRAGO OLG Hamburg MDR 2002, 1339; OLG München Rpfleger 1996, 261). Zur Kostenerstattung des ausscheidenden Beklagten und des Beklagten gegen den ausscheidenden Kläger vgl. Anm. 1 aE.

Fristen und Rechtsmittel

Soll mit der Klage eine Frist gewahrt werden, muss der Parteiwechsel innerhalb der Frist erfolgen (vgl. OLG Oldenburg MDR 2001, 814 für die Frist nach § 12 Abs. 3 VVG).

Über die Zulässigkeit des Parteiwechsels kann durch Zwischenurteil gem. § 280 Abs. 2 ZPO entschieden werden (BGH NJW 1981, 989). Dieses Urteil kann, jedenfalls bei einem Parteiwechsel auf der Beklagtenseite in der Berufungsinstanz, mit den gewöhnlichen Rechtsmitteln angefochten werden (BGH aaO.). Sieht man den Parteiwechsel mit der Rechtsprechung als Klageänderung an, scheitert die Anfechtung des Zwischenurteils nicht an § 268 ZPO (BGH aaO.). Auch die ausgeschiedene Partei kann gegen das Zwischenurteil oder gegen das Endurteil, welches den Wechsel für zulässig hält, Rechtsmittel einlegen (vgl. *Thomas/Putzo* Rdn. 30 vor § 50).

6. Parteierweiterung (subjektive Klageerweiterung)[1]

An das
Landgericht

Klageerweiterung[2]

In der Sache
……
wird die Klage gegen
den Maurermeister Hans Klemm, Kieler Str. 3,
2000 Hamburg 50
erweitert. Es wird nunmehr beantragt:

1. Die Beklagten werden als Gesamtschuldner verurteilt, an den Kläger EUR …… nebst Zinsen in Höhe von 5 Prozentpunkten über dem Basiszinssatz seit dem …… zu zahlen.

2. ……

Es wird gebeten,

dem neuen Beklagten mit diesem Schriftsatz die anliegende beglaubigte Abschrift der Klageschrift und der Klageerwiderung zuzustellen[3],

ihn zum neuen Termin zu laden

und sein persönliches Erscheinen zum Termin anzuordnen, damit er dem Kläger gegenübergestellt werden kann.

Begründung[4]:

In seiner Klageerwiderung hat der Beklagte erklärt, nicht er habe den Kläger anlässlich des Streits niedergeschlagen, dies sei vielmehr der jetzige Beklagte zu 2) gewesen. Der Kläger behauptet nunmehr, dass die Beklagten ihn gemeinschaftlich niedergeschlagen haben oder zumindest beide an der gegen ihn gerichteten Schlägerei beteiligt waren.

Beweis: ……

Beide Beklagten haften dem Kläger daher jedenfalls aus § 830 Abs. 1 S. 2 BGB.
Im Übrigen wird auf das Vorbringen in der Klageschrift Bezug genommen.
Rechtsanwalt

Anmerkungen

1. Eine Parteierweiterung ist in der ersten Instanz immer möglich, sofern alte und neue Partei Streitgenossen iSd. §§ 59, 60 ZPO sind (*Thomas/Putzo* Rdn. 25 vor § 50). Auf der Klägerseite kann sie durch sog. Drittwiderklage des Beklagten herbeigeführt werden (BGH NJW 1996, 196; BGH NJW-RR 2008, 176; vgl. Form. I. E. 5), auf der Beklagtenseite erfolgt sie durch Erweiterung der Klage (so das Beispiel). Die Parteierweiterung wird von der Rechtsprechung als Klageänderung behandelt. Eine Zustimmung des neuen oder des alten Beklagten ist in erster Instanz nicht erforderlich (*Thomas/Putzo* Rdn. 25 vor § 50). In zweiter Instanz ist Sachdienlichkeit oder Zustimmung des Beklagten erforderlich, seine Weigerung kann aber missbräuchlich und damit unbeachtlich sein (BGH NJW 1997, 2885, 2886; NJW-RR 2008, 176), außerdem müssen die Voraussetzungen des § 533 Nr. 2 ZPO gegeben sein.

Die Parteierweiterung auf der Beklagtenseite ist insbesondere zweckmäßig, wenn der Kläger versäumt hat, einen Streitgenossen mitzuverklagen oder dieser erst im Lauf des

Prozesses namhaft geworden ist. Sie kann sich auch empfehlen, wenn der Beklagte behauptet, ein anderer sei der richtige Schuldner, der Kläger aber keinen Parteiwechsel herbeiführen möchte, weil er sich in diesem Punkt nicht sicher ist oder weil eine Haftung als Streitgenossen in Betracht kommt. Die neue Partei kann idR. nicht mehr Zeuge sein (vgl. BGH NJW 1983, 2508; *Thomas/Putzo* § 61 Rdn. 7). Die Parteierweiterung sollte möglichst frühzeitig herbeigeführt werden, da die Prozessergebnisse, zB. eine Beweisaufnahme, gegenüber der neuen Partei nicht ohne weiteres wirksam werden; andernfalls ist auch mit einer Trennung des Prozesses gem. § 145 ZPO zu rechnen. Auch eine Ergänzung oder Wiederholung der Beweisaufnahme unter Beteiligung des neuen Beklagten kommt in Betracht (vgl. BGH NJW 1996, 196, 197).

2. Die Klageerweiterung muss hinsichtlich des neuen Beklagten den Formalien einer Klageschrift entsprechen, da ihm gegenüber ein neues Prozessverhältnis begründet wird. Er ist gemäß § 130 Nr. 1 ZPO zu bezeichnen.

3. Dem neuen Beklagten sollte im Interesse der Beschleunigung der bisherige Prozessstoff zugänglich gemacht werden, damit er sich vollständig einlassen kann. Dies gilt insbesondere für die Klageschrift, auf die sich der Kläger auch ihm gegenüber bezieht, und die weiteren Schriftsätze, bei einer Parteierweiterung im zweiten Rechtszug auch für das Urteil. Falls der neue Beklagte durch denselben Anwalt vertreten wird, kann an diesen zugestellt werden; das sollte der Kläger zweckmäßigerweise vorab klären.

4. Hier muss der Kläger darlegen, dass die Beklagten Streitgenossen iSd. §§ 59, 60 ZPO sind, außerdem die Verpflichtung des neuen Beklagten unter Beweisantritt begründen und im Übrigen klarstellen, wie weit sein jetziges Vorbringen vom Vorbringen in der Klageschrift abweicht. Soll die Parteierweiterung erst in zweiter Instanz herbeigeführt werden, muss der Kläger auch vortragen, dass die Voraussetzungen des § 533 ZPO gegeben sind. Dazu gehört auch die Darlegung, dass die Verweigerung der Zustimmung durch den neuen Beklagten missbräuchlich wäre, weil er mit dem Sachverhalt ohnehin vertraut ist und durch den Verlust einer Instanz keine Schlechterstellung zu befürchten hat (BGH NJW 1997, 2886 f.).

Kosten und Gebühren

Für das Verfahren im Allgemeinen des Gerichts (KV Nr. 1210) entsteht keine weitere Gebühr; nur bei gleichzeitiger Streitwerterhöhung ist ein weiterer Vorschuss zu leisten. Wird der neue Beklagte durch denselben Anwalt mit vertreten, entstehen keine weiteren Anwaltsgebühren (§ 7 Abs. 1 RVG); lediglich die Verfahrensgebühr erhöht sich um 30% (VV 1008). Beauftragt er einen eigenen Anwalt, fallen für diesen die üblichen Gebühren an.

Fristen und Rechtsmittel

Vgl. Form. I. J. 5. Auch hier kann ein selbstständig anfechtbares Zwischenurteil gem. § 280 Abs. 2 ZPO ergehen.

K. Besonderheiten bezüglich des Streitgegenstandes

1. Klageänderung[1]

An das
Landgericht

Klageänderung[2]

In der Sache

……

ändert der Kläger auf Grund des gerichtlichen Hinweises seinen Antrag wie folgt[3]:

1. Der Beklagte wird verurteilt, an den Kläger folgende Waren herauszugeben:
……[4]
2. ……

Der Kläger beantragt außerdem,

einen möglichst nahen Termin zur Fortsetzung des Rechtsstreits anzuberaumen und dem Beklagten die Klageänderung mit der Ladung zuzustellen[5].

Begründung[6]:

Nachdem nunmehr davon auszugehen ist, dass der Beklagte die ihm vom Kläger in Kommission überlassene aus dem geänderten Antrag zu 1) ersichtliche Ware noch unverkauft in seinem Besitz hat, kann der Kläger insoweit nicht Herausgabe des Erlöses verlangen, wie dies mit dem bisherigen Antrag geschehen ist. Dem Kläger steht jedoch hinsichtlich dieser Ware ein Herausgabeanspruch gem. § 667 BGB zu; vorsorglich wird noch einmal die Kündigung des Kommissionsverhältnisses ausgesprochen.
Die Klageänderung ist sachdienlich, da der Streitstoff im Wesentlichen identisch ist und ein weiterer Prozess vermieden wird.

Rechtsanwalt

Schrifttum: Achilles/Baumgärtel, Keine Klageänderung beim Übergang vom Kostenvorschuss zum Schadensersatz, BauR 2001, 1953; *Blomeyer,* Die Klageänderung und ihre prozessuale Behandlung, JuS 1970, 123, 229; *Bub,* Zur Zulässigkeit der Berufung bei einer Auswechslung des Streitgegenstands, MDR 1995, 1191; *Gaier,* Klageänderung bei Berufungsbegründung, NJW 2001, 3289; *Gross,* Klageänderung und Klagerücknahme, ZZP 75, 447, *Münch,* Die Klageänderung im Berufungsverfahren, MDR 2004, 781; *Schikora,* Zulässigkeit einer Klageänderung bei Unzuständigkeit des Gerichts, MDR 2003, 1160; *Walther,* Klageänderung und Klagerücknahme, NJW 1994, 423.

Anmerkungen

1. Ergibt sich im Laufe des Rechtsstreits, dass die Klage mit dem bisher gestellten Antrag oder den bisher vorgetragenen Tatsachen abgewiesen würde, bleibt für den Kläger zu überlegen, ob eine Klageänderung gemäß § 263 ZPO möglich ist (zu den beiden Fallgruppen vgl. BGH NJW 2008, 3570; *Thomas/Putzo* § 263 Rdn. 2 und 3). Um eine Klageänderung handelt es sich,

- wenn der Kläger den gestellten Antrag mit einem anderen oder einem weiteren Sachverhalt begründet, ohne nur die tatsächlichen oder rechtlichen Ausführungen iSd. § 264 Nr. 1 zu ergänzen,

- wenn der Kläger den Antrag selbst ändert, ohne dass darin nur eine Erweiterung oder Beschränkung iSd. § 264 Nr. 2 ZPO liegt (so das Beispiel),
- wenn er den Antrag ändert und ihn zugleich auf einen neuen Sachverhalt stützt.

Besondere Schwierigkeiten bereitet es, ergänzenden oder berichtigenden Tatsachenvortrag von einer Änderung des Klagegrundes abzugrenzen (hierzu BGH NJW 2007, 83; NJW-RR 2006, 253). Eine Klageänderung liegt nicht vor, wenn der Kläger die Begründung ändert, der Streitgegenstand aber identisch bleibt; so ist es zB., wenn der Kläger seinen Werkslohnanspruch auf eine neue Schlussrechnung stützt (BGH NJW-RR 2002, 1596), wenn er von einer Abschlagsforderung auf die Schlussrechnungsforderung übergeht (BGH NJW-RR 2006, 390, anders noch NJW 1999, 713) oder wenn er nicht mehr den Kostenvorschuss, sondern die Kostenerstattung verlangt (BGH NJW-RR 206, 669).

Die zulässige Klageänderung hat den Vorteil, dass eine kostenpflichtige Klageabweisung vermieden wird und das bisherige Prozessergebnis ganz oder zum Teil verwertbar bleibt, also prozessualer Aufwand erspart wird. Der Kläger muss allerdings auch damit rechnen, dass der Beklagte den geänderten Klageanspruch sofort anerkennt oder ihn erfüllt, und er gemäß § 93 oder § 91 a ZPO die Kosten zu tragen hat. Die Klageänderung ist nach § 263 ZPO zulässig bei Einwilligung des Beklagten – die meist nicht zu erzielen ist – oder bei Sachdienlichkeit, für die ein großzügiger Maßstab angelegt wird (hierzu *Thomas/Putzo* § 263 Rdn. 8; BGH NJW 1985, 1841; NJW-RR 1990, 505, 506; NJW 2000, 800, 803); sie fehlt, wenn der bisherige Streitstoff nach Änderung der Klage nicht mehr verwertbar wäre. Lässt sich der Beklagte allerdings im folgenden Termin widerspruchslos auf die geänderte Klage ein, wird seine Einwilligung unwiderruflich vermutet, § 267 ZPO. Ohne Rücksicht auf Einwilligung oder Sachdienlichkeit ist eine Änderung in den drei Fällen des § 264 ZPO möglich. Hält das Gericht die Klageänderung für unzulässig, kann es nur zu einer Klageabweisung durch Prozessurteil kommen; der Kläger ist also nicht gehindert, die geänderte Klage in einem neuen Prozess zu erheben. Erkennt er, dass das Gericht die Klageänderung nicht für sachdienlich hält, sollte er überlegen, ob er, jedenfalls hilfsweise, zu seiner alten Klage zurückkehrt oder die Klage zurücknimmt.

In der Berufungsinstanz kann die Klage, anders als nach altem Recht (BGH NJW-RR 1990, 505, 506), wegen § 533 Nr. 2 ZPO nicht mehr ohne weiteres geändert werden. Das ist nur zulässig, wenn die Tatsachen, auf die die geänderte Klage gestützt wird, ohnehin nach § 529 ZPO zugrunde zu legen sind. Die Klageänderung kann auch auf neue Tatsachen gestützt werden, die im ersten Rechtszug ohne Nachlässigkeit nicht vorgebracht wurden (§ 531 Abs. 2 Nr. 3 ZPO), also insbesondere auf Tatsachen, die sich erst in der Zwischenzeit ergeben haben (vgl. *Zöller/Gummer* § 533 Rdn. 3). § 533 ZPO steht der Klageänderung nicht entgegen, wenn es sich um einen Fall des § 264 Nr. 2 oder Nr. 3 ZPO handelt. Darunter fällt auch die Änderung des Antrags auf Zahlung an den Zessionar statt an den Kläger (BGH NJW 2004, 2152). In keinem Fall darf der Kläger mit seiner Berufung nur die geänderte Klage verfolgen, er muss die alte Klage zumindest teilweise weiterverfolgen (BGH NJW 1988, 2540; NJW-RR 1996, 1276; vgl. *Altmeppen* ZIP 1992, 449); denn er muss die Beschwer durch das erstinstanzliche Urteil angreifen (vgl. *Zöller/Gummer* Rdn. 8, 8 a vor § 511). Anders ist es in den Fällen des § 264 Nr. 3 ZPO (*Zöller/Gummer* Rdn. 8 c vor § 511) oder wenn nur die Schadensberechnung geändert wird (BGH NJW 1992, 566). Will der Kläger also mit seiner Berufung die Klage ändern oder bestehen Zweifel, ob eine Klageänderung vorliegt, ist dringend zu empfehlen, mit der Berufung auch noch – zumindest teilweise – die nicht geänderte Klage und die geänderte Klage zusätzlich zu verfolgen (vgl. BGH NJW-RR 1996, 765 u. 891; NJW 1998, 2118); eine nur hilfsweise Verfolgung der alten Klage reicht nicht mehr aus (BGH NJW 1998, 2118 unter Aufgabe von BGH NJW 1996, 320).

Der Kläger muss idR. nicht befürchten, dass die Klageänderung als verspätet zurückgewiesen wird. Denn es handelt sich nicht um ein Angriffs- und Verteidigungsmittel im Sinne der §§ 296, 530 ZPO, sondern um einen selbstständigen Angriff (vgl. *Zöller/Greger* § 296 Rdn. 4).

2. Die Klageänderung ist in einem bestimmenden Schriftsatz oder zu Protokoll zu erklären (§ 261 Abs. 2 ZPO). Der Schriftsatz muss den Erfordernissen des § 253 Abs. 2 Nr. 2 ZPO entsprechen. Es genügt die Zustellung von Anwalt zu Anwalt (BGH MDR 1992, 407). Zur Klageänderung mit der Berufungsbegründung vgl. Anm. 1 aE.

3. Hier handelt es sich um den Übergang vom Zahlungsantrag zum Herausgabeantrag, also um das Gegenstück zum Fall des § 264 Nr. 3 ZPO, für das die Fiktion dieser Vorschrift nicht gilt. Zweckmäßig für den Kläger wäre es gewesen, von Anfang an auf Herausgabe zu klagen und den Antrag uU. mit einer Fristsetzung und einem Schadensersatzantrag zu verbinden (vgl. Form. I. D. 6).

4. Die Waren sind nach Zahl, Art und Maß genau zu bezeichnen.

5. Zur Verhandlung über den geänderten Klageantrag ist ein Termin erforderlich; der die Klageänderung enthaltende Schriftsatz ist dem Beklagten zuzustellen.

6. Hier ist zunächst der mit dem geänderten Antrag geltend gemachte Anspruch in einer der Klagebegründung entsprechenden Weise darzulegen, wobei auf das bisherige Vorbringen, soweit möglich, Bezug genommen werden kann. Außerdem sollte die Sachdienlichkeit begründet werden, wobei die Argumente in der Prozessökonomie zu suchen sind (wird ein weiterer Prozess vermieden?); auf die subjektiven Interessen der Partei kommt es nicht an (BGH NJW 1985, 1841, 1842). Abzustellen ist nicht auf die beschleunigte Erledigung dieses Prozesses, sondern die Erledigung aller Streitpunkte der Parteien; dass nach Klageänderung eine Beweisaufnahme erforderlich wird, spielt keine Rolle (BGH NJW 2000, 800, 803).

Kosten und Gebühren

Die bisher entstandenen Gerichts- und Rechtsanwaltsgebühren fallen nicht noch einmal an; darin liegt ein Vorteil der Klageänderung (vgl. Anm. 1). Anders, wenn die Klageänderung in einem Parteiwechsel besteht (vgl. Form. I. J. 5).

Fristen und Rechtsmittel

Das Endurteil, das die Klageänderung nicht zulässt, ist mit den gewöhnlichen Rechtsmitteln anfechtbar. Wird die Klageänderung durch Zwischenurteil oder im Endurteil zugelassen, so ist diese Entscheidung unanfechtbar, § 268 ZPO. Die Revision kann nicht darauf gestützt werden, dass das Berufungsgericht die Voraussetzungen des § 533 ZPO zu Unrecht bejaht hat (BGH NJW-RR 2008, 175).

2. Klageerhöhung (Erweiterung des Klageantrags)

An das
Landgericht

Klageerhöhung

In der Sache

……

wird der geltend gemachte Anspruch erhöht.

Es wird nunmehr beantragt,

> **den Beklagten zu verurteilen, an den Kläger EUR 28.000,– nebst Zinsen in Höhe von …… seit …… Zug um Zug gegen Übereignung und Herausgabe des Pkw …… zu zahlen.**

Begründung:

Der Kläger hatte zunächst die Absicht, das vom Beklagten gekaufte Fahrzeug trotz der Mängel zu behalten, und lediglich den kleinen Schadensersatz nach §§ 437 Nr. 3, 281 BGB zu verlangen. Darauf beruhen die bisher gestellten Anträge. Nachdem sich die Mängel, über die der Beklagte arglistig getäuscht hat, nunmehr als gravierend heraus gestellt haben, macht der Kläger von seinem Recht Gebrauch, das Fahrzeug zurückzugeben und statt der Leistung Schadensersatz wegen Nichterfüllung des gesamten Vertrages zu verlangen.

Diesen großen Schadensersatz berechnet der Kläger wie folgt:

……

Wegen der Benutzung des Pkw lässt sich der Kläger folgende Beträge anrechnen:

……

Rechtsanwalt

Anmerkungen

1. Der Kläger kann seine Klage jederzeit erhöhen, soweit darin lediglich eine quantitative Erweiterung des Klageantrags liegt. Das ist zB. der Fall, wenn bisher nur eine Teilforderung geltend gemacht wurde oder wenn der Schaden aus demselben Schadensereignis anders berechnet wird oder weitere Schadenspositionen erhoben werden. §§ 263, 264 Nr. 2 ZPO lassen eine solche Änderung der Klage ausdrücklich zu. Eine Zurückweisung der Klageerweiterung nach § 296 ZPO kommt nach der Rechtsprechung (BGH NJW 1995, 1223, 1224) nicht in Betracht, da die ZPO die Erweiterung vorsieht und es sich nicht um ein Angriffsmittel iSd. § 296 ZPO, sondern um den Angriff selbst handelt (BGH NJW 1986, 2257, 2258). Zur Frage, ob die „Flucht" in die Klageerweiterung die drohende Präklusion des bisherigen verspäteten Vorbringens verhindern kann, vgl. *Zöller/Greger* § 296 Rdn. 42. Ist mit der Erweiterung der Klage auch eine Änderung des Klagegrundes verbunden, greift § 264 Nr. 2 ZPO nicht ein. Eine solche Klageänderung ist nur zulässig, wenn sie sachdienlich ist oder der Beklagte einwilligt (vgl. Form I. K. 1). Jedoch kann auch eine nicht nur betragsmäßige, sondern qualitative Erweiterung der Klage nach § 264 Nr. 2 ZPO zulässig sein, so beim Übergang vom Feststellungs- auf den Zahlungsantrag oder vom Freistellungs- auf den Zahlungsantrag (BGH NJW 1994, 944), nicht aber von der Abschlagszahlung auf die Schlusszahlung (BGH NJW 1999, 713), von Minderung zu Wandlung (BGH MDR 1991, 137), von Kostenvorschuss auf Schadensersatz (BGH NJW 1998, 1006) oder von Nachbesserung auf Gewährleistung (BGH NJW 1990, 2683).

Auch in der Berufung ist eine Klageerweiterung noch möglich. § 533 ZPO steht nicht entgegen, da es sich nicht um eine Klageänderung handelt. Die Klageerweiterung ist auch nach § 531 Abs. 2 ZPO zuzulassen, da sie nach der Definition der Rechtsprechung kein Angriffsmittel ist, sondern der Angriff selbst (BGH NJW 1986, 2257, 2258; *Thomas/Putzo* § 531 Rdn. 12). Nicht geklärt ist aber die Frage, ob neues Vorbringen, mit dem die Klageerweiterung begründet wird, unter § 531 Abs. 2 fällt (so *Zöller/Heßler* § 531 Rdn. 24). Wenn aber die Klageerweiterung selbst zuzulassen ist, kann der sie stützende Vortrag kaum einer anderen Wertung unterliegen (vgl. zum alten Recht BGH aaO). Sicherheitshalber sollte der Kläger vortragen, dass ein Fall des § 531 Abs. 2 Nr. 3 ZPO vorliegt.

2. Ist der Rechtsstreit beim Amtsgericht anhängig und wird die Klage um einen Anspruch von mehr als EUR 5.000,– erweitert, tritt nach § 506 ZPO nachträgliche sachliche Unzuständigkeit ein. Auf Antrag einer Partei, der vor streitiger Verhandlung zu stellen ist, wird der Rechtsstreit an das Landgericht verwiesen.

3. Für die Klageerweiterung gilt § 261 Abs. 2 ZPO; sie ist also mit einem bestimmendem Schriftsatz, der den Erfordernissen des § 253 Abs. 2 Nr. 2 ZPO entspricht, oder im

Termin zu Protokoll zu erklären. Auch im letzteren Fall ist § 253 Abs. 2 Nr. 2 ZPO einzuhalten.

4. Zum Zug-um-Zug-Antrag vgl. Form. II. A. 1. Der Antrag kann mit einem Antrag auf Feststellung verbunden werden, dass sich der Beklagte im Annahmeverzug befindet (Form. II. A. 1 Anm. 3).

5. Hier ist der mit dem erweiterten Antrag geltend gemachte Anspruch wie in einer Klageschrift zu begründen. Im angenommenen Fall geht es um die Berechnung des großen Schadensersatzanspruches nach § 281 BGB. Darüber hinaus sollte der Kläger dem Gericht auch verdeutlichen, dass die Klageerweiterung nach § 264 Nr. 2 ZPO zulässig ist, weil keine Änderung des Klagegrundes im Sinne des § 264 ZPO vorliegt. Nach ständiger Rechtsprechung handelt es sich beim Übergang vom kleinen auf den großen Schadensersatzanspruch oder umgekehrt nicht um eine Klageänderung (BGH NJW 1992, 566), sondern um eine zulässige Klageerweiterung. Hieran hat sich durch das Schuldrechtsmodernisierungsgesetz nichts geändert, auch bei § 281 BGB wird zwischen großem und kleinen Schadensersatzanspruch unterschieden (vgl. *Palandt/Heinrichs* § 281 BGB Rdn. 46).

6. Verlangt der Käufer den großen Schadensersatz, muss der Verkäufer die Sache zurücknehmen und den Käufer im Übrigen so stellen, als habe der arglistig verschwiegene Fehler nicht vorgelegen. Dazu gehören ua. die Rückzahlung des Kaufpreises, Ersatz für die Schadensfeststellungskosten und die Vertragskosten sowie andere nutzlos gewordene Aufwendungen, andererseits muss sich der Käufer eine Nutzungsentschädigung für den Gebrauch der Sache gegenrechnen lassen (vgl. zur Schadensberechnung BGH NJW-RR 1996, 1332, 1333; NJW 1996, 1962; *Palandt/Heinrichs* § 281 BGB Rdn. 18 ff.).

Kosten und Gebühren

Kosten und Gebühren sind nach dem erhöhten Streitwert zu bemessen. Der Kläger hat einen ergänzenden Kostenvorschuss an das Gericht zu leisten (§ 12 Abs. 1 S. 2 GKG); vorher soll keine gerichtliche Handlung vorgenommen werden.

Fristen und Rechtsmittel

Die Klage kann ohne zeitliche Begrenzung erhöht werden. Eine Zurückweisung als verspätet hat der Kläger nicht zu fürchten (vgl Anm. 1).

3. Antragsänderung (Zahlung statt Herausgabe)[1]

An das
Landgericht[2]

In der Sache

. . . . . .

war der Antrag der Klägerin bisher darauf gerichtet, die Beklagte zu verurteilen, die Urkunde über die nach dem Vertrag zu leistende Bürgschaft auf erstes Anfordern herauszugeben. Nachdem nunmehr die bürgende Bank auf Anforderung der Beklagten die Bürgschaftssumme ausgezahlt hat, stellt die Klägerin ihren Antrag um und beantragt,

> **die Beklagte zu verurteilen, an die Klägerin EUR 121.500,– nebst Zinsen in Höhe von 5 Prozentpunkten über dem jeweiligen Basiszinssatz[3] zu zahlen.**

Begründung[4]:

Nachdem die Beklagte auf die Bürgschaft Zahlung in Höhe von EUR 120.000,– erhalten hat, ist das mit dem Herausgabeantrag verfolgte Ziel, die Inanspruchnahme aus der Bürgschaft zu verhindern, nicht mehr zu erreichen. Die Klägerin ist daher gezwungen, vom Herausgabeantrag auf den Zahlungsantrag überzugehen. Hierin liegt nach § 264 Nr. 3 ZPO keine Klageänderung (BGH NJW 1996, 2869). Der Zahlungsanspruch ergibt sich daraus, dass die Beklagte die Leistung aus der Bürgschaft auf erstes Anfordern zu Unrecht in Anspruch genommen hat und die Klägerin ihrerseits von ihrer Bank in Höhe von EUR 121.500,– (Bürgschaftssumme nebst Gebühren) in Anspruch genommen wurde (...... ist auszuführen und zu belegen). **Bei diesem Sachverhalt steht der Klägerin ein eigener Rückgriffsanspruch gegen die Beklagte zu (BGH NJW 1999, 55). Dazu, dass die Beklagte nicht berechtigt war, die Bürgschaft in Anspruch zu nehmen, wird auf das bisherige Vorbringen verwiesen.**

Rechtsanwalt

Anmerkungen

1. Wenn der Kläger seinen Antrag ändert oder den gestellten Antrag mit einem anderen oder zusätzlichen Sachverhalt begründet und damit den Streitgegenstand ändert, liegt eine Klageänderung vor. In den Fällen des § 264 Nr. 2 und Nr. 3 ZPO wird jedoch aus Gründen der Prozessökonomie fingiert, dass die Umstellung nicht als eine Änderung der Klage anzusehen ist. Das Beispiel betrifft den Fall, dass wegen einer später eingetretenen Veränderung nicht mehr Herausgabe verlangt werden kann, sondern Zahlung gefordert wird (§ 264 Nr. 3 ZPO). Die Vorschrift hat ihren Hauptanwendungsfall, wenn die Herausgabe einer Sache unmöglich geworden ist, dem Gläubiger aber ein Schadensersatzanspruch zusteht. Auch der Beispielsfall fällt nach der Rechtsprechung (BGH NJW 1996, 2869) unter § 264 Nr. 3 ZPO. Die Vorschrift ist auch anwendbar, wenn der Kläger nach Eintritt der Unmöglichkeit das Surrogat nach § 281 BGB verlangt oder wenn der Kläger von der Vollstreckungsabwehrklage auf einen Bereicherungsanspruch übergeht (OLG Schleswig NJW-RR 1992, 192; weitere Beispiele bei *Zöller/Greger* § 264 Rdn. 5).

2. Die Umstellung des Antrags kann auch noch im zweiten Rechtszug erfolgen. Eine Zurückweisung als verspätet braucht der Kläger nicht zu befürchten. § 533 ZPO greift nicht ein, denn es handelt sich nicht um eine Klageänderung. Jedenfalls aber dürften, wenn die Veränderung nach Schluss der ersten Instanz eingetreten ist, die Voraussetzungen des § 531 Abs. 2 Nr. 3 ZPO vorliegen.

3. Im Beispielsfall kann der Kläger mit dem Herausgabeantrag keinen Erfolg mehr haben, denn die Bürgschaftsurkunde dürfte an die Bank zurückgegeben worden sein. Er könnte, wie auch in anderen Fällen, in denen die Herausgabe unmöglich geworden ist, die Hauptsache für erledigt erklären, dann müsste er aber eine neue Klage auf Zahlung erheben. Ist der Kläger nicht sicher, ob die behauptete Veränderung eingetreten ist, kann er auch den Zahlungsantrag hilfsweise stellen. Geht es um die Herausgabe einer Sache, kann der Kläger den Herausgabeantrag mit einem Antrag auf Fristsetzung und Schadensersatz verbinden (vgl. Form. I. D. 7).

4. Der Kläger hat darzulegen, dass eine Veränderung im Sinne des § 264 Nr. 3 ZPO eingetreten ist, und zwar nach Rechtshängigkeit. Zumindest muss vorgetragen werden, dass der Kläger erst nach Rechtshängigkeit von der Veränderung Kenntnis erlangt hat (vgl. *Thomas/Putzo* § 264 Rdn. 7). Im Übrigen ist der Zahlungsanspruch im Einzelnen darzulegen und unter Beweis zu stellen.

4. Eventuelle Klagenhäufung (Klageerweiterung durch Hilfsantrag)[1]

An das
Landgericht

Klageerweiterung[2]

In der Sache

……

wird hilfsweise zu dem zu 1) gestellten Antrag auf Übereignung zusätzlich beantragt,

> **den Beklagten zu verurteilen, an den Kläger EUR 5.000,– nebst Zinsen in Höhe von 5 Prozentpunkten über dem jeweiligen Basiszinssatz seit Rechtshängigkeit zu zahlen[3].**

Begründung[4]:

Der Kläger begehrt in erster Linie Lieferung und Übereignung des ihm vom Beklagten verkauften Pkw. Nachdem der Beklagte nunmehr eingewandt hat, der Kaufvertrag sei unwirksam, verlangt der Kläger hilfsweise die von ihm geleistete Anzahlung von EUR 5.000,– zurück. Dieser Anspruch steht ihm aus ungerechtfertigter Bereicherung zu, falls es dem Kläger nicht gelingen sollte, das wirksame Zustandekommen des Kaufvertrages zu beweisen. Zum Beweis für die geleistete Anzahlung bezieht sich der Kläger auf ……

Rechtsanwalt

Schrifttum: Borck, Der Hilfsantrag im Unterlassungsprozess, WRP 1981, 248; *Fleischmann,* Sachliche Zuständigkeit bei Haupt- und Hilfsantrag, NJW 1993, 506; *Lüke/Kerwer,* Eine „neuartige" Klagenhäufung, NJW 1996, 2121; *Merle,* Zur eventuellen Klagenhäufung, ZZP 83, 436; *Saenger,* Klagenhäufung und alternative Klagebegründung, MDR 1994, 860; *Schumann,* Anspruchsmehrheiten im Streitwertrecht, NJW 1982, 2800; *Schneider,* Der Gebührenstreitwert bei Eventualklagen, MDR 1984, 196; *Toussaint,* Die Auswirkung von Hilfsanträgen oder –widerklagen auf die sachliche Zuständigkeit des Amtsgerichts, NJ 2006, 392.

Anmerkungen

1. Die Zulässigkeit der evtl. Klagenhäufung wird von der Praxis nicht bezweifelt. Bei ihr wird, meist für den Fall der Abweisung des Hauptanspruches, ein Hilfsantrag mit anderem Streitgegenstand gestellt. Der Hilfsantrag kann auch vom Eintritt eines anderen innerprozessualen Vorgangs abhängig gemacht werden, so zB. von der Entscheidungsreife des Hauptantrages durch das Rechtsmittelgericht (BGH NJW 1996, 3147), nicht aber in der Weise, dass die Entscheidung über den Hauptantrag von einer Beweisaufnahme abhängt (BGH NJW 1995, 1353). Über den Hilfsantrag ist auch dann zu entscheiden, wenn der Kläger die Hauptsache für erledigt erklärt hat und es deswegen nicht zu einer Entscheidung über den Hauptantrag kommt (BGH NJW 2003, 3202). Für den Streitwert ist der Hilfsantrag erst von Bedeutung, wenn das Gericht über ihn entscheidet, also idR., wenn der Hauptantrag abgewiesen wird; dann sind Haupt- und Hilfsanspruch zusammenzurechnen (§ 45 Abs. 1 S. 2 GKG). In geeigneten Fällen (Beispiele bei *Baumbach/Lauterbach/Albers/Hartmann* § 260 Rdn. 11–14) kann also durch Stellung eines Hilfsantrages das Prozessrisiko verringert werden, ohne das Kostenrisiko wesentlich zu erhöhen. Über den Hilfsantrag darf erst entschieden werden, wenn der Eventualfall eingetreten ist, also idR. dann, wenn der Hauptantrag abgewiesen wird (BGH NJW-RR 1989, 650).

2. Der Hilfsantrag kann bereits mit der Klageschrift gestellt werden. Anderenfalls geschieht dies im Wege der objektiven Klageerweiterung durch bestimmenden Schriftsatz oder durch Erklärung zu Protokoll (§ 261 Abs. 2 ZPO). In der nachträglichen hilfsweisen Klagehäufung sieht die Rechtsprechung eine Klageänderung (BGH NJW 1985, 1841, 1842), die aber idR. sachdienlich sein dürfte. Auch in der Berufungsinstanz kann der Hilfsantrag noch zulässig gestellt werden (vgl. *Zöller/Greger* § 260 Rdn. 4). Er kann dann aber nur im Rahmen der §§ 533 Nr. 2, 531 Abs. 2 ZPO auf neue Tatsachen gestützt werden.

Auch der Beklagte kann einen Hilfsantrag stellen, zB. in der Weise, dass er in erster Linie Klageabweisung beantragt, hilfsweise Verurteilung Zug um Zug gegen Erbringung einer Gegenleistung (BGH NJW-RR 2005, 367).

3. Die Rechtshängigkeit des Hilfsantrages tritt mit seiner Zustellung oder seiner Erklärung zu Protokoll ein. Die Rechtshängigkeit entfällt, wenn der Klage im Hauptantrag stattgegeben wird.

4. Der mit dem Hilfsantrag geltend gemachte Anspruch ist in einer der Klageschrift entsprechenden Weise darzulegen und unter Beweis zu stellen. Der Kläger sollte hier nicht weniger sorgfältig sein als bei der Begründung der Klage.

Kosten und Gebühren

Ein nicht beschiedener Hilfsantrag wird bei der Kostenentscheidung nicht berücksichtigt. Wird der Hauptantrag abgewiesen, dem Hilfsantrag aber stattgegeben, und handelt es sich um einen unterschiedlichen Streitgegenstand, kommt es zur Kostenteilung (vgl. *Zöller/Herget* § 92 Rdn. 8; *Emde* MDR 1995, 990). Zum Streitwert vgl. Anm. 1. Fraglich ist, wie weit Hilfsanträge zur Senkung des Kostenrisikos eingesetzt werden können (vgl. *Lüke/Kerwer* NJW 1996, 2121 mit Nachweisen aus der Rechtsprechung).

Fristen und Rechtsmittel

Auch der Hilfsantrag hemmt die Verjährung des hilfsweise geltend gemachten Anspruches nach § 204 Abs. 1 Nr. 1 BGB, denn er begründet die auflösend bedingte Rechtshängigkeit des Anspruchs (*Zöller/Greger* § 260 Rdn. 4). Die Hemmung endet sechs Monate nach Rechtskraft der stattgebenden Entscheidung über den Hauptantrag (§ 204 Abs. 2 BGB); jedoch kann der Kläger durch Klageerhebung binnen sechs Monaten die Hemmungswirkung erhalten (§ 204 Abs. 2 S. 3 BGB; vgl. *Zöller/Greger* § 260 Rdn. 4).

Der Kläger kann auch Rechtsmittel einlegen wenn er mit dem Hauptantrag abgewiesen wird, aber mit dem Hilfsantrag erfolgreich ist; er ist auch dann durch das Urteil beschwert (näher *Zöller/Greger* § 260 Rdn. 6 a). Legt der Beklagte Berufung ein, weil der Klage mit dem Hauptantrag stattgegeben wurde, wird der Hilfsantrag ohne weiteres Gegenstand des Berufungsverfahrens (BGH NJW-RR 2005, 220).

5. Uneigentliche eventuelle Klagenhäufung[1] (Klage auf Herausgabe mit Fristsetzung und Schadensersatz)

......

Anmerkung

1. Vgl. hierzu Form. I. D. 7.

L. Anträge und Erklärungen im Prozessverlauf

1. Antrag auf Aussetzung des Rechtsstreits[1] wegen Strafverfahrens[2]

An das
Landgericht

Aussetzungsantrag

In der Sache
......
wird für den Kläger beantragt,

> **den Rechtsstreit bis zur Entscheidung des Amtsgerichts ...... in der Strafsache gegen den Beklagten ...... (genaue Bezeichnung) auszusetzen[3]**
> **und bei Aufnahme des Rechtsstreits die Akten des Strafverfahrens beizuziehen.**

Begründung[4]:

Gegen den Beklagten ist wegen der von ihm begangenen Körperverletzung, auf die der Kläger seinen Schadensersatzanspruch stützt, das Hauptverfahren vor dem Amtsgericht ...... eröffnet worden. Dort steht am ...... Termin zur Hauptverhandlung an, zu dem alle maßgeblichen Zeugen geladen sind. Der Kläger hält es für sinnvoll, die Klärung des Vorfalls im Strafverfahren abzuwarten, um das Ergebnis für den Schadensersatzprozess nutzen zu können.
Rechtsanwalt

Schrifttum: Fischer, Prozesskostenhilfeverfahren – Wirkung von Unterbrechung und Aussetzung des Zivilprozesses, MDR 2004, 252; *Schwind,* Staatsanwaltschaftlicher Umgang mit nach § 149 ZPO ausgesetzten Zivilverfahren, NStZ 2006, 598; *Schneider,* Aussetzung wegen einer anderen Entscheidung, JurBüro 1979, 785; *Knoche,* Besorgnis richterlicher Befangenheit wegen der Veranlassung strafrechtlicher Schritte, MDR 2000, 371.

Anmerkungen

1. Der Antrag beruht auf § 149 ZPO; die Aussetzung liegt im Ermessen des Gerichts, das zwischen den Vorteilen, die sich aus der Klärung im Strafverfahren für die Entscheidung des Zivilprozesses ergeben können, und den Nachteilen, die die Verzögerung bedeutet, abwägen wird (vgl. OLG Koblenz MDR 2006, 771; *Thomas/Putzo* § 149 Rdn. 4). Auch die Parteien sollten ihre Aussetzungsanträge danach ausrichten und berücksichtigen, dass das Zivilgericht nicht an das Ergebnis des Strafverfahrens gebunden ist und auch die Beweisaufnahme im Strafverfahren für den Zivilprozess nicht ohne weiteres verwertbar ist. Zwar kann das Zivilgericht protokollierte oder in den Urteilsgründen wiedergegebene Zeugenaussagen aus den Strafprozess immer im Wege des Urkundenbeweises verwerten, wenn beide Parteien einverstanden sind (vgl. BGH NJW 1982, 581). Auch kann die Zeugenaussage, wenn nur die beweispflichtige Partei dies beantragt, im Wege des Urkundenbeweises in den Zivilprozess eingeführt und gewürdigt werden (BGH NJW 2004, 1324 [1325]). Wenn aber eine Partei die Vernehmung des Zeugen beantragt, muss das Gericht ihn hören (BGH aaO.; BGH NJW 1995, 781, 782; OLG Kob-

lenz MDR 2006, 771; vgl. *Zöller/Greger* § 373 Rdn. 9). Ob die noch ausstehende Verurteilung im Strafverfahren die Aussetzung des Schmerzensgeldprozesses gegen den Täter rechtfertigt, ist umstritten (vgl. OLG Düsseldorf NJW-RR 1998, 1531). Im Arzthaftungsprozess soll eine Aussetzung wegen eines Strafverfahrens in der Regel nicht gerechtfertigt sein (OLG Köln NJW 1990, 778; OLG Koblenz MDR 2006, 289; vgl. *Schmidt* NJW 1994, 767 [768]). Nicht als Aussetzungsgrund wird es angesehen, dass die Partei nach den Regeln des § 138 ZPO gezwungen sein kann, sich strafrechtlich zu belasten, wenn sie den Zivilprozess nicht verlieren will (OLG München NJOZ 2008, 617; OLG Frankfurt NJW-RR 2001, 1649). Mit dem Zweck des PKH-Verfahrens ist eine Aussetzung nach § 149 ZPO nicht vereinbar (*Fischer* MDR 2004, 252 [254]). Auch im Urkundenprozess kommt eine Aussetzung idR. nur aus besonderen Gründen in Betracht (BGH MDR 2004, 705 [706]).

Insgesamt gesehen ist die veröffentlichte Rechtsprechung restriktiv. So soll zB. die Aussetzung eines Schadensersatzprozesses wegen einer Schlägerei untunlich sein (OLG Koblenz MDR 2006, 771). Ist zweifelhaft, ob das Gericht aussetzen wird, haben aber beide Parteien ein Interesse daran, empfiehlt es sich, das Einverständnis des Gegners einzuholen und mitzuteilen. Das Gericht wird dann eher zu einer Aussetzung bereit sein. Andererseits stellt sich, wenn das Gericht ohne hinreichenden Anlass eine Aussetzung wegen eines sich im Prozess ergebenden strafrechtlichen Verdachtes gegen eine Partei veranlasst, auch die Frage der Ablehnung wegen Befangenheit (vgl. *Knoche* MDR 2000, 371 mwN.).

Die Aussetzung hat gemäß § 249 ZPO vor allem die Wirkung, dass Fristen unterbrochen werden und nach Beendigung der Aussetzung neu zu laufen beginnen.

2. § 149 ZPO verlangt, dass die Ermittlung der Straftat für die Entscheidung des Rechtsstreits von Einfluss ist. Das soll nicht der Fall sein, wenn sich das Strafverfahren gegen einen Zeugen richtet (KG MDR 1983, 139). Ist kein Strafverfahren, sondern ein anderer Zivilprozess oder ein Verwaltungsverfahren für die Entscheidung des Rechtsstreits vorgreiflich, kommt eine Aussetzung unter den engeren Voraussetzungen des § 148 ZPO in Betracht.

3. Das Verfahren, zu dessen Gunsten ausgesetzt werden soll, ist genau zu bezeichnen. Das Gericht könnte nach § 149 ZPO den Rechtsstreit bis zur rechtskräftigen Entscheidung aussetzen. Dies wird aber oft nicht im Interesse der Parteien sein, da die Rechtskraft angesichts möglicher Rechtsmittel einschließlich Zurückverweisung erst nach Jahren eintreten kann. Der Rechtsstreit soll ohnehin nach einem Jahr fortgesetzt werden, wenn eine Partei es verlangt und keine gewichtigen Gründe für die Aufrechterhaltung der Aussetzung sprechen (§ 149 Abs. 2 ZPO). Hierfür reicht es nicht aus, dass die Anklage bereits zugelassen wurde, aber der Zeitpunkt der Hauptverhandlung noch ungewiss ist (OLG München MDR 2003, 1010). Wenn den Parteien die Aussetzung wegen Verzögerung des anderen Verfahrens zu lange währt, besteht für sie die Möglichkeit, eine Aufhebung der Aussetzung gemäß § 150 ZPO zu beantragen und gegen eine evtl. Ablehnung gem. § 252 ZPO Rechtsmittel einzulegen (vgl. OLG Nürnberg MDR 2004, 231; *Thomas/Putzo* § 252 Rdn. 2).

4. Der Antragsteller sollte hier den Wert des Wartens auf die Erledigung des Strafverfahrens darlegen und dabei angeben, in welchem Stadium sich das Strafverfahren befindet. Im Hinblick auf § 149 Abs. 2 ZPO wäre es hilfreich, wenn vorgetragen werden kann, dass die Ergebnisse des Strafverfahrens alsbald vorliegen werden.

Kosten und Gebühren

Es entstehen keine zusätzlichen Gerichtskosten. Der Aussetzungsantrag des Anwalts ist mit der Verfahrensgebühr nach VV 3100 abgegolten. Nach Aufnahme des Rechtsstreits fallen die bereits entstandene Gerichts- und Rechtsanwaltsgebühren nicht erneut an.

Fristen und Rechtsmittel

Die Wirkung der Aussetzung auf prozessuale Fristen ergibt sich aus § 249 Abs. 1 ZPO: der Lauf der Frist endet, nach Beendigung der Aussetzung beginnt sie von neuem zu laufen, allerdings nur, wenn sie nicht schon vorher abgelaufen war (BGH NJW 1987, 2379). Nicht betroffen sind die Dreiwochenfrist nach § 310 Abs. 1 S. 2 ZPO, die Jahresfrist nach § 234 Abs. 3 ZPO, die Fünfmonatsfrist nach § 517 ZPO (wohl aber die anschließende Monatsfrist, BGH NJW 1990, 1854, 1855). Materielle Fristen, insbesondere die Verjährungsfrist, bleiben bei Aussetzung nach § 204 BGB gehemmt, die Hemmung endet aber nicht erst mit der Wiederaufnahme des Rechtsstreits, sondern bereits mit Erledigung des anderen Verfahrens, wenn der Rechtsstreit anschließend nicht betrieben wird (§ 204 Abs. 2 Satz 2 BGB, vgl. BGH NJW 2004, 1230; 1989, 1729).

Gegen den bewilligenden Beschluss und gegen den die Aussetzung ablehnenden Beschluss findet nach § 252 ZPO die sofortige Beschwerde statt (§ 567 ZPO, Frist: zwei Wochen). Das Beschwerdegericht kann die angefochtene Ermessensentscheidung nur eingeschränkt überprüfen. Uneingeschränkt wird geprüft, ob ein Aussetzungsgrund gegeben ist (BGH NJW-RR 2006, 1289). Das Rechtsmittel kann bereits erfolgreich sein, wenn das Gericht den Aussetzungsbeschluss nicht hinreichend begründet hat (vgl. OLG Düsseldorf NJW-RR 1998, 1531; *Zöller/Greger* § 149 Rdn. 2). Eine Kostenentscheidung ergeht auch im Beschwerdeverfahren nicht (BGH NJW-RR 2006, 1289). Zum Antrag auf Aufhebung der Aussetzung nach § 150 ZPO vgl. Anm. 3.

2. Antrag auf Aussetzung wegen eines vorgreiflichen Rechtsstreits[1]

An das
Landgericht München II

In dem Rechtsstreit
……
wird für den Beklagten beantragt,

> **den Rechtsstreit bis zur Beendigung des zwischen den Parteien vor dem Landgericht München I, Geschäfts-Nr. …… , anhängigen selbständigen Beweisverfahrens auszusetzen[2].**

Begründung[3]:

Der Beklagte verteidigt sich gegen die Kaufpreisklage der Klägerin damit, dass die verkaufte Eigentumswohnung schwere Mängel aufweist, für die der Kläger haftet. Schon vor Erhebung dieser Klage hat der Beklagte beim Landgericht München I ein selbstständiges Beweisverfahren eingeleitet, in dem die Mängel, ihre Ursachen und die Kosten der Beseitigung festgestellt werden sollen. Das Landgericht München I hat gemäß Beschluss vom ……, der als

Anlage 1

beigefügt wird, den Sachverständigen …… mit der Begutachtung beauftragt. Ein Ortstermin hat bereits stattgefunden, das Gutachten ist noch nicht fertiggestellt. Um eine Beweisaufnahme in diesem Rechtsstreit über die identischen Fragen zu vermeiden und das Gutachten aus dem selbstständigen Beweisverfahren verwerten zu können, hält der Beklagte eine Aussetzung in entsprechender Anwendung des § 148 ZPO für sachgerecht.

Rechtsanwalt

Schrifttum: Kähler, Verfahrensaussetzung bei zu erwartender Leitentscheidung, NJW 2004, 1132; *Bloching,* Die Aussetzung des Urkundenverfahrens gem. § 148 ZPO wegen Vorgreiflichkeit, JBüro 2003, 121.

Anmerkungen

1. Mit dem Antrag soll eine Aussetzung des Rechtsstreits nach § 148 ZPO erreicht werden, weil entscheidungserhebliche Fragen bereits in einem anderen Verfahren geklärt werden. Die Aussetzung liegt im Ermessen des Gerichts, das sich, wenn es die Vorgreiflichkeit bejaht, auch von prozesswirtschaftlichen Erwägungen (zumutbare Verzögerung des Rechtsstreits?) leiten lassen wird. Das andere Verfahren ist nur dann vorgreiflich, wenn dort über ein Rechtsverhältnis entschieden wird, das für den vorliegenden Rechtsstreit präjudiziell ist (vgl. *Zöller/Greger* § 148 Rdn. 5). Das kann nach hM. nur gelten, wenn der andere Rechtsstreit zwischen denselben Beteiligten geführt wird, nicht aber, wenn es in einem Parallelprozess mit anderen Parteien um die gleichen Rechtsfragen geht oder wenn über gleich gelagerte Fälle ein Musterprozess abgewartet werden soll (BGH NJW 2005, 1947; vgl. *Kähler,* NJW 2004, 1132 mwN.; aA. LG Freiburg NJW 2003, 3424). Zu einem Abwarten der Leitentscheidung kann es nur mit Zustimmung beider Parteien kommen, notfalls über einen gemeinsamen Antrag nach § 251 ZPO. Auch eine Aussetzung wegen eines Normenkontrollverfahrens nach Art. 100 GG oder wegen einer Verfassungsbeschwerde in einem Parallelprozess ist idR. ausgeschlossen (vgl. *Zöller/Greger* § 148 Rdn. 3a mwN.), soll in Ausnahmefällen aber zulässig sein (BAG NJW 1988, 2558).

In einigen Fällen ist das Gericht gesetzlich zur Aussetzung verpflichtet:

- Ein Zivilprozess, bei dem entscheidungserheblich ist, ob der Geschädigte einen Arbeitsunfall erlitten hat, ist nach § 108 SGB VII auszusetzen (BGH NJW 2004, 2901).
- Sind bei Gerichten verschiedener EU-Mitgliedsstaaten Klagen wegen desselben Anspruchs anhängig, so hat das später angerufene Gericht das Verfahren nach Art. 27 Abs. 1 EuGVVO auszusetzen (vgl. BGH NJW 2002, 2795 zu Art. 21 Abs. 1 EuGVÜ; zu Einzelfragen *Zöller/Geimer* Anm. zu Art. 27 EuGVVO).

In anderen Fällen kann sich das Ermessen des Gerichts auf eine Pflicht zur Aussetzung reduzieren, um der Gefahr widersprechender Entscheidungen zu begegnen (Beispiele bei *Zöller/Greger* § 148 Rdn. 7). So ist es nach der Rechtsprechung des BGH idR. zweckmäßig, bei einer Aufrechnung mit derselben Gegenforderung in zwei Prozessen („Doppelaufrechnung") den zweiten Rechtsstreit bis zur Erledigung des Prozesses, in dem die Aufrechnung zuerst erklärt wurde, nach § 148 ZPO auszusetzen, wenn es auf die Aufrechnung ankommt (vgl. BGH NJW-RR 2004, 1000; OLG Karlsruhe NJOZ 2007, 3480).

2. Im Antrag ist das Verfahren, bis zu dessen Erledigung der Rechtsstreit ausgesetzt werden soll, genau zu bezeichnen. Ob der Hauptsacheprozess mit Rücksicht auf ein selbstständiges Beweisverfahren vor einem anderen Gericht, in dem die beweiserheblichen Tatsachen geklärt werden sollen, ausgesetzt werden kann, war streitig, da im selbstständigen Beweisverfahren nicht über ein Rechtsverhältnis entschieden wird, sondern Tatsachen festgestellt werden, Der BGH lässt nunmehr eine Aussetzung in entsprechender Anwendung des § 148 ZPO zu (BGH NJW 2007, 397; ablehnend noch OLG Düsseldorf MDR 2004, 292; OLG Dresden BauR 1998, 595). Auch eine nur teilweise Aussetzung kann in Betracht kommen (BGH NJW-RR 2007, 456). Eine Aussetzung ist allerdings nicht möglich, wenn das Beweissicherungsgutachten im Hauptprozess nicht verwertet werden kann, weil dort andere Parteien beteiligt sind (BGH MDR 2003, 1136).

3. Hier ist die Vorgreiflichkeit im Einzelnen zu begründen und darzustellen, dass die Aussetzung aus prozesswirtschaftlichen Gründen und zur Vermeidung widersprechender

Prozessergebnisse geboten ist. Es sollte auch angegeben werden, wie weit das andere Verfahren fortgeschritten ist. Bereits ergangene Entscheidungen, im konkreten Beispiel der Beweisbeschluss, sollten beigefügt werden. Es kann sich auch empfehlen, die Beiziehung der Akten zu beantragen.

Fristen und Rechtsmittel

Vgl. Anm. zu Form. I. L. 1. Hinsichtlich der materiellen Fristen, insbesondere der durch die Klageerhebung gehemmten Verjährungsfrist, ist auch hier § 204 Abs. 2 BGB zu beachten.

Im Beschwerdeverfahren ist die Aussetzung eingeschränkt auf Verfahrensfehler und Ermessensfehler überprüfbar, uneingeschränkt aber auf die Vorgreiflichkeit (KG MDR 2008, 283).

3. Antrag auf Aussetzung des Rechtsstreits bei Tod einer Partei[1]

An das
Landgericht

Aussetzungsantrag[2]

In der Sache
……
wird mitgeteilt, dass der Beklagte am …… verstorben ist.
Gemäß § 246 ZPO wird beantragt,

die Aussetzung des Verfahrens anzuordnen[3].

Sobald feststeht, wer die Erben des Beklagten sind und ob sie die Erbschaft angenommen haben, werde ich anzeigen, ob der Rechtsstreit aufgenommen werden soll.[4]

Rechtsanwalt

Schrifttum: Stober, Auswirkungen des Todes einer Partei auf einen laufenden Zivilprozess mit ihrem Erben, MDR 2007, 757.

Anmerkungen

1. Entgegen § 239 Abs. 1 ZPO tritt keine Unterbrechung des Verfahrens ein, wenn die verstorbene Partei durch einen Prozessbevollmächtigten vertreten wurde, § 246 Abs. 1 ZPO; die Prozessvollmacht dauert gem. § 86 ZPO fort. Das Gericht muss jedoch den Rechtsstreit aussetzen, wenn der Prozessbevollmächtigte dies beantragt. Hiervon sollte er idR. Gebrauch machen, schon um laufende Fristen gem. § 249 Abs. 1 ZPO zu unterbrechen und das Verhalten der Erben abwarten zu können. Die Aussetzung kann in jeder Lage des Verfahrens bis zu seiner rechtskräftigen Entscheidung erfolgen. Der ausgesetzte oder unterbrochene Rechtsstreit wird fortgesetzt, wenn die Erben ihn aufnehmen (vgl. Form. I. L. 4), wenn der Testamentsvollstrecker oder der Nachlasspfleger seine Bestellung anzeigt (§§ 241, 243 ZPO; vgl. BGH VersR 1983, 666; NJW 1995, 2171), oder auch wenn nach dem Tod des einzigen Geschäftsführers einer GmbH ein neuer Geschäftsführer bestellt ist.

Die Vorschriften der §§ 239 ff. finden auch im Verfahren des einstweiligen Rechtsschutzes Anwendung (vgl. *Zöller/Greger* Rdn. 8 vor § 239), nicht aber im selbstständigen Beweisverfahren (BGH NJW 2004, 1389 für § 240 ZPO; aA. OLG München MDR 2004, 170 für § 246 ZPO). Auch im PKH-Verfahren sind die Vorschriften nicht anwendbar (vgl. *Fischer* MDR 2004, 255 mwN.); das Verfahren endet mit dem Tod des Antragstellers (OLG Frankfurt NJOZ 2007, 2153). Ist einer von mehreren einfachen Streitgenossen verstorben, wird nur der Prozess gegen diesen ausgesetzt (*Thomas/Putzo* § 239 Rdn. 2). In einem solchen Fall kann ein Teilurteil gegen den anderen Streitgenossen ergehen (BGH NJW 2007, 156).

2. Vgl. § 248 Abs. 1 ZPO. Auch der Gegner der verstorbenen Partei hat ein Antragsrecht (§ 246 Abs. 1 Halbs. 2 ZPO). Es besteht kein Anwaltszwang. Der Antrag sollte unverzüglich nach Kenntnis vom Tod gestellt werden, da die Wirkungen der Aussetzung erst mit dem Aussetzungsbeschluss eintreten, nicht etwa rückwirkend mit dem Tod der Partei oder schon mit Antragstellung durch den Prozessbevollmächtigten (vgl. BGH NJW 1987, 2379; *Thomas/Putzo* § 248 Rdn. 3). Gerichtliche Entscheidungen, die vor der Aussetzung ergangen sind, bleiben wirksam (vgl. KG NJW-RR 2008, 142, 143). Wenn der Prozessbevollmächtigte in Kenntnis des Aussetzungsgrundes vorbehaltlos zur Sache verhandelt, kann darin ein Verzicht auf den Antrag gesehen werden (so OLG Karlsruhe OLGR München 2007, 868; vgl. *Thomas/Putzo* § 246 Rdn. 4). Die Aussetzung hat, außer der Wirkung auf laufende Fristen (§ 249 Abs. 1 ZPO) zur Folge, dass das Gericht keine Entscheidungen mehr erlassen darf (Ausnahme: § 249 Abs. 3 ZPO); es darf auch kein Rechtsmittel als unzulässig verwerfen (BGH NJW 2000, 1199).

3. Der Rechtsstreit wird nicht für eine bestimmte Zeit ausgesetzt.

4. Vor der Annahme der Erbschaft ist der Erbe gem. § 239 Abs. 5 ZPO nicht zur Aufnahme verpflichtet (vgl. § 1958 BGB).

Fristen und Rechtsmittel

Zur Wirkung der Aussetzung auf laufende Fristen vgl. Form. I. L. 1; § 249 Abs. 1 ZPO gilt auch in Hinblick auf die Klagefrist nach § 74 VwGO (BVerwG NJW 2001, 1228). Für den Prozessbevollmächtigten ist es entscheidend, das Ende der Aussetzung zu erkennen (vgl. Anm. 1 aE.), weil dann die unterbrochenen Fristen wieder zu laufen beginnen (vgl. BGH NJW 1995, 2171).

Gegen den Beschluss, mit dem die Aussetzung angeordnet oder abgelehnt wird, findet die sofortige Beschwerde nach § 567 ZPO statt (§ 252 ZPO, Frist: zwei Wochen).

4. Anzeige der Aufnahme des Rechtsstreits durch die Erben[1]

An das
Landgericht

Aufnahme des Rechtsstreits

In der Sache
. . . . . .

teile ich mit, dass der Beklagte durch seine Ehefrau F und seine beiden Kinder X, Y beerbt wurde, wie sich aus der in Kopie anliegenden Ausfertigung des Erbscheins ergibt[2].
Es wird gebeten,

das Passivrubrum entsprechend zu berichtigen.[3]

Für die Erben zeige ich an,
dass sie den Rechtsstreit anstelle des verstorbenen Beklagten aufnehmen wollen.[4]

Die Erben werden im Termin die bisherigen Anträge stellen,
zusätzlich wird hilfsweise beantragt,
ihnen die beschränkte Erbenhaftung vorzubehalten[5].

Im Übrigen machen sich die Erben die Ausführungen des verstorbenen Beklagten zu Eigen.

Rechtsanwalt

Anmerkungen

1. Der gem. § 239 ZPO unterbrochene oder gem. § 246 ZPO ausgesetzte Rechtsstreit wird durch Zustellung eines Schriftsatzes aufgenommen (§ 250 ZPO). Eine Erklärung in mündlicher Verhandlung genügt (*Thomas/Putzo* § 250 Rdn. 1). Die Aufnahme kann freiwillig durch die Erben erklärt werden oder bei Verzögerung (§ 239 Abs. 2–4 ZPO) durch den Gegner herbeigeführt werden. Der Kläger muss beachten, dass die Hemmung der Verjährung gem. § 204 Abs. 2 Satz 2 BGB nach 6 Monaten endet, wenn er von der Rechtsnachfolge des Verstorbenen Kenntnis hat und damit der Grund für die Aussetzung entfallen ist (vgl. BGH NJW 2004, 1230). Ist Testamentsvollstreckung angeordnet, wird der Rechtsstreit – soweit er seiner Verwaltungsbefugnis unterliegt (vgl. BGH NJW 1998, 1313) – gem. §§ 241, 243 ZPO durch den Testamentsvollstrecker fortgeführt; eine Aufnahme durch die Erben ist bei einem Aktivprozess ausgeschlossen, bei einem Passivprozess aber möglich (BGH NJW 1988, 1390); dann kann der Gegner den Testamentsvollstrecker in das Verfahren hineinziehen (vgl. BGH aaO.). Auch ein einzelner Miterbe kann den Rechtsstreit aufnehmen. Eine Aufnahme ist nicht möglich, wenn die verstorbene Partei vom Prozessgegner beerbt wird (BGH NJW-RR 1999, 1512); dann endet der Prozess ohne weiteres. Besonders zu beachten ist, dass bei Aufnahme des Rechtsstreits durch Erben oder Testamentsvollstrecker die durch den Tod unterbrochenen Fristen erneut zu laufen beginnen (vgl. BGH VersR 1983, 666). Zum Verfahren nach Aufnahme vgl. *Thomas/Putzo* § 239 Rdn. 6 ff.

2. Da die Erben ihre Rechtsnachfolge beweisen müssen, wenn der Gegner sie bestreitet, empfiehlt es sich, den Erbschein vorzulegen.

3. Es hat ein gesetzlicher Parteiwechsel stattgefunden, so dass die Bezeichnung der betroffenen Partei geändert werden muss.

4. Die Aufnahmeerklärung kann mit Prozesshandlungen, zB. mit Einlegung des Einspruchs gegen ein Versäumnisurteil oder der Berufung, auch mit einem Wiedereinsetzungsantrag verbunden werden (vgl. *Thomas/Putzo* § 250 Rdn. 2).

5. Vgl. § 780 ZPO. Steht noch nicht fest, ob der Erbe endgültig unbeschränkt haftet, sollte er unbedingt den Vorbehaltsantrag stellen, da er sonst eine spätere Beschränkung der Haftung in der Zwangsvollstreckung nicht mehr geltend machen kann. Auch wenn nur noch über die Kosten gestritten wird (zB. nach § 91 a ZPO) muss der Vorbehalt für den Kostenbeschluss beantragt werden; er erfasst dann die bis zum Tod der Partei entstandenen Kosten (vgl. *Zöller/Stöber* § 780 Rdn. 7).

Kosten und Gebühren

Die vor Unterbrechung oder Aussetzung entstandenen Gerichts- und Rechtsanwaltsgebühren entstehen nach Aufnahme nicht von neuem.

Fristen und Rechtsmittel

Die nach § 249 Abs. 1 ZPO unterbrochenen Fristen beginnen im Zeitpunkt der Aufnahme ohne weiteres von neuem zu laufen (vgl. BGH VersR 1983, 666). Die Hemmung der Verjährung kann gem. § 204 Abs. 2 Satz 2 BGB bereits vorher enden (vgl. Anm. 1).

5. Antrag auf Erlass eines Teilurteils[1]

An das
Landgericht

In der Sache
……
wird für den Kläger beantragt[2],

gegen den Beklagten ein Teilurteil zu erlassen
und das Teilurteil für vorläufig vollstreckbar zu erklären[3].

Begründung[4]

1. **Das Gericht beabsichtigt, wie aus dem Beweisbeschluss ersichtlich, nur über die Einwendungen des Beklagten gegen den Werklohnanspruch für das Bauvorhaben X Beweis zu erheben. Offenbar hält es also den Anspruch aus dem Bauvorhaben Y über EUR …… für entscheidungsreif. Da sich die Beweisaufnahme noch lange hinziehen und der Kläger auf eine abschließende Entscheidung noch lange zu warten haben wird, ist der Erlass eines Teilurteils angemessen.**
2. **Auch über die Widerklage des Beklagten will das Gericht keinen Beweis erheben. Sie ist nach Auffassung des Klägers ohne weiteres abzuweisen. Da Klage und Widerklage einen unterschiedlichen Streitgegenstand betreffen und auch nicht im sachlichen Zusammenhang stehen, kann und sollte auch insoweit durch Teilurteil entschieden werden.**

Rechtsanwalt

Schrifttum: Klose, Teil-, Vorbehalts- und Grundurteile als Instrumente eines effektiven Rechtsschutzes, MDR 2007, 1351; *Schmitz,* Teilurteil ade?, NJW 2000, 3622; *Schneider,* Die Zulässigkeit des Teilurteils, MDR 1976, 93; *Götsche,* Teilentscheidungen im Scheidungsverbund, MDR 2006, 781.

Anmerkungen

1. Gemäß § 301 ZPO kann ein Teilurteil ergehen, wenn von mehreren selbstständigen Teilen des Streitgegenstandes noch nicht alle zur Endentscheidung reif sind. Über Teile eines einheitlichen Anspruches, der nach Grund und Höhe streitig ist, darf nur durch Teilurteil entschieden werden, wenn zugleich ein Grundurteil über den restlichen Anspruch ergeht (§ 301 Abs. 1 Satz 2 ZPO; vgl. BGH NJW 2001, 760; 2000, 800). Wenn der entschiedene und der offen gelassene Teil also den gleichen Anspruchsgrund betreffen, ist ein Teilurteil ohne gleichzeitiges Grundurteil unzulässig (BGH NJW 2000, 137, 138; zum Grundurteil vgl. Form. I. L. 5). Im Falle der Aufrechnung mit einer niedrigeren Gegenforderung muss das Teilurteil mit einem Vorbehaltsurteil nach § 302 ZPO verbunden werden (vgl. Form I. L. 6). Bei Vorliegen der Voraussetzungen sieht § 301 ZPO ein

Teilurteil als Regel an, sein Erlass liegt jedoch im Ermessen des Gerichts. In einigen Fällen muss das Gericht ein Teilurteil erlassen, wenn es beantragt wird (vgl. *Thomas/Putzo* § 301 Rdn. 4):

- im Fall eines teilweisen Anerkenntnisses nach § 307 ZPO,
- im Fall eines teilweisen Verzichts nach § 306 ZPO,
- im Fall der Säumnis des Beklagten bei nur teilweisem Vorliegen der Voraussetzungen für ein Versäumnisurteil,
- im Fall der Stufenklage, wenn der Rechtsstreit auf einer der ersten Stufen entscheidungsreif ist (vgl. Form. I. D. 11).

Im Übrigen kommt ein Teilurteil vor allem in Betracht,

- bei objektiver Klagenhäufung, also bei Geltendmachung mehrerer Ansprüche aus unterschiedlichem Rechtsgrund,
- bei mehreren einfachen Streitgenossen auf Kläger- oder Beklagtenseite (zu Ausnahmen vgl. BGH NJW 1999, 1035), insbesondere bei Unterbrechung des Rechtsstreits wegen Insolvenz nur eines Streitgenossen (BGH NJW 2008, 1214),
- bei Klage und Widerklage, § 301 Abs. 1 Satz 1 ZPO, nicht aber, wenn sie denselben Streitgegenstand betreffen (vgl. BGH NJW-RR 1994, 379, 380; kein Teilurteil zB. bei Klage auf Werklohn und Widerklage auf Schadensersatz nach § 635 BGB, BGH NJW 1997, 453 oder im Mietrecht bei Klage auf Feststellung, dass die Kündigung unwirksam ist, und Widerklage auf Mietzahlung, BGH NZM 2009, 239).

Zulässig kann auch ein Teilurteil über den Hauptantrag mit späterem Schlussurteil über den Hilfsantrag sein (BGH NJW 1995, 2361). In der Rechtsprechung des BGH hat sich das Teilurteil als problematisch erwiesen; in zahlreichen Entscheidung hat der BGH Teilurteile für unzulässig gehalten und die Sache zurückverwiesen, weil die Teile nicht selbstständig abgrenzbar waren (vgl. BGH NJW 1992, 2080; 2000, 137, 138; 2000, 958; OLG Koblenz NJW-RR 2003, 1722) oder weil die Gefahr widersprüchlicher Entscheidungen bestand (BGH NJW 1991, 570; 1993, 784, 785; 1997, 2184; 2001, 760; NJW-RR 2008, 460; weitere Beispiele bei *Zöller/Vollkommer* § 301 Rdn. 5–9). Als besonders problematisch haben sich Teilurteile gegen einen von mehreren Streitgenossen erwiesen (BGH NJW 1999, 1035; 2004, 1452; 2009, 230).

2. Der Erlass des Teilurteils ist nicht von einem Antrag abhängig. Es handelt sich um eine Anregung, die vom Kläger oder vom Beklagten kommen kann. Das Teilurteil hat den Vorteil, dass eine Endentscheidung wegen eines Teilanspruches oft schon erheblich früher ergehen kann und den verbleibenden Streit entlastet; wenn darin Rechtsfragen entschieden werden, kann es auch als Richtschnur für den restlichen Anspruch dienen. Nachteile ergeben sich jedoch, wenn der unterliegende Teil gegen das Teilurteil Berufung einlegt und zwei Prozesse mit derselben Gerichtsakte in verschiedenen Instanzen geführt werden müssen. Allerdings kann der restliche Anspruch nicht verjähren, wenn die Parteien auf den Ausgang des Rechtsmittelverfahrens gegen das Teilurteil warten und den Rechtsstreit im Übrigen nicht betreiben (BGH NJW 1979, 810). Im Übrigen sollten die Parteien dem Erlass eines Teilurteils entgegenwirken, wenn es nach den Kriterien des BGH (vgl. Anm. 1) unzulässig sein kann; das würde zu erheblichen prozessualen Komplikationen führen.

3. Das Teilurteil ist hinsichtlich der Rechtsmittel und der Zwangsvollstreckung ein Endurteil; es ist für vorläufig vollstreckbar zu erklären. Hinsichtlich der Anträge zur vorläufigen Vollstreckbarkeit gilt das Gleiche wie sonst auch. Eine Kostenentscheidung enthält das Urteil nicht. Über die Kosten wird einheitlich im Schlussurteil entschieden.

4. Der Antragsteller sollte zur Begründung deutlich machen, dass ein Teilurteil zulässig ist und in Hinblick auf die Prozessökonomie kein Fall des § 301 Abs. 2 ZPO vorliegt. In den gewählten Beispielen ist ein Teilurteil unproblematisch: im 1. Fall handelt es sich um mehrere selbstständige Ansprüche, im 2. Fall um Klage und Widerklage bei unterschiedlichem Streitgegenstand (vgl. *Zöller/Vollkommer* § 301 Rdn. 4).

Kosten und Gebühren

Vgl. Anm. 3. Für die Entstehung oder die Höhe der Gebühren ist der Erlass eines Teilurteils ohne Belang. Auch wenn der Rest später unstreitig erledigt wird, reduzieren sich die nach dem vollen Wert gem. KV 1210 eingezahlten Gerichtskosten nicht.

Fristen und Rechtsmittel

Die Parteien haben die gewöhnlichen Rechtsmittel, jedoch muss für den Teilanspruch die Berufungssumme oder Revisionssumme erreicht sein (BGH NJW 1977, 1152), und zwar selbst dann, wenn das Teilurteil unzulässig war (BGH NJW 1996, 3216); das gilt später auch für die Anfechtbarkeit des Schlussurteils (BGH NJW 1989, 2758). Prozessökonomisch wäre es oft, wenn das Rechtsmittelgericht weitere Teile zur Entscheidung an sich ziehen könnte. Das lässt die Rechtsprechung bei einem unzulässigen Teilurteil zu (vgl. BGH NJW 2001, 78; 2009, 230). Auch wenn beide Parteien das Rechtsmittelgericht um Entscheidung des gesamten Rechtsstreits ersuchen, kann ein solches Verfahren zulässig sein (BGH MDR 1983, 1014).

6. Antrag auf Erlass eines Grundurteils[1, 2]

An das
Landgericht

In der Sache
……
wird für den Kläger beantragt[3],

> **ein Grundurteil des Inhalts zu erlassen, dass der Schadensersatzanspruch des Klägers aus dem Verkehrsunfall vom …… dem Grunde nach zur Hälfte gerechtfertigt ist, soweit er nicht auf einen Sozialversicherungsträger übergegangen ist, und dass dem Kläger außerdem ein angemessenes Schmerzensgeld unter Berücksichtigung seiner Mithaftungsquote zusteht[4].**

Begründung[5]:

Das Gericht hat sämtliche zum Grund des Anspruchs angetretenen Beweise erhoben, damit ist der Rechtsstreit über den Grund des Anspruches im positiven Sinne entscheidungsreif. Danach wird sich mit Sicherheit ein Anspruch ergeben, zum genauen Umfang des Anspruchs steht jedoch noch eine weitere umfangreiche Beweisaufnahme aus. Da mit einiger Sicherheit zu erwarten ist, dass der Anspruchsgrund auch nach einem Urteil in dieser Instanz streitig bleiben und der Beklagte Berufung einlegen wird, scheint eine Vorabentscheidung über den Grund zweckmäßig und geboten.
Der Beklagte schließt sich diesem Antrag an und wird dies dem Gericht noch besonders erklären.
Rechtsanwalt

Schrifttum: Klose, Teil-, Vorbehalts- und Grundurteile als Instrumente eines effektiven Rechtsschutzes, MDR 2007, 1351; *Schneider,* Probleme des Grundurteils in der Praxis, MDR 1978, 705, 793; *Schilken,* Abgrenzung zwischen Grund- und Betragsverfahren, ZZP 95 (1982), 45.

Anmerkungen

1. Sind Grund und Höhe eines Anspruches streitig, kann über den Grund gem. § 304 ZPO vorab entschieden werden. Der Erlass eines solchen Grundurteils liegt im freien Ermessen des Gerichts. Es kann sich aus der Sicht der Parteien empfehlen, wenn zur Feststellung des Betrages noch eine umfangreiche und teure Beweisaufnahme erforderlich ist, aber das Risiko besteht, dass das Rechtsmittelgericht den Anspruch schon dem Grunde nach versagt (vgl. *Zöller/Vollkommer* § 304 Rdn. 1). Ein Vorteil ist es auch, dass der Streit über den Grund mit Bindungswirkung (§ 318 ZPO) aus dem weiteren Verfahren ausgesondert wird. Allerdings ist zu bedenken, dass sich der Rechtsstreit bei einem Rechtsmittel gegen das Grundurteil verzögern und auch verteuern wird, da die Rechtsanwaltsgebühren für das Rechtsmittelverfahren jeweils im Grund- und Betragsverfahren anfallen. Zweckmäßig ist ein Grundurteil, wenn zum Grund und zum Betrag unterschiedliche Fragen zu klären sind, wie dies zB. in Verkehrsunfallprozessen oft der Fall ist. Ein Grundurteil ist nur zulässig bei summenmäßig bestimmten Ansprüchen auf Geld oder vertretbare Sachen, nicht zB. bei Feststellungsklagen (BGH NJW-RR 1994, 319; NJW 2000, 1572). Es kann grundsätzlich nicht ergehen, wenn es nicht alle Fragen, die zum Grund des Anspruchs gehören, erledigt (BGH NJW 2001, 224; NJW-RR 2005, 928). Erlässt das Gericht ein Grundurteil, gibt es zugleich zu erkennen, dass es den Anspruch auch dem Betrage nach mit hoher Wahrscheinlichkeit jedenfalls zum Teil für begründet hält; sonst dürfte kein Grundurteil erlassen werden (BGH NJW-RR 1992, 1053; NJW 2001, 224, 225; NJW-RR 2005, 1008). Bei unschlüssiger Klage darf daher kein Grundurteil ergehen (BGH NJW-RR 2008, 1397). Problematisch ist oft, was zum Grund und was zum Betrag gehört (hierzu *Thomas/Putzo* § 304 Rdn. 5 ff.; *Zöller/Vollkommer* § 304 Rdn. 7–9; BGH MDR 1979, 384, 385). Im Grundurteil können aber auch einzelne zum Grund des Anspruchs gehörende Fragen ausgeklammert und dem Betragsverfahren überlassen werden (BGH NJW-RR 1996, 700); das muss aber im Urteil deutlich zum Ausdruck kommen. Auch sonst ergibt sich für das Gericht eine Reihe von Fehlerquellen, vgl. zB. BGH NJW 1984, 1226; 1985, 1959; 1990, 1366; 1991, 1896; NJW-RR 1994, 319; NJW 2002, 3478; MDR 2003, 769.

2. Weiteres Verfahren: Nach Rechtskraft des Grundurteils muss das Gericht der ersten Instanz von Amts wegen im Betragsverfahren terminieren (BGH NJW 1979, 2307). Eine Zurückverweisung durch das Rechtsmittelgericht ist nicht erforderlich. Das Verfahren kann auf Antrag auch schon vorher fortgesetzt werden (§ 304 Abs. 2); eine solche Anordnung dürfte aber kaum zweckmäßig sein. Im Betragsverfahren ist das Gericht nur begrenzt an die Feststellungen im Grundurteil gebunden. Die Bindungswirkung erstreckt sich nur auf die tenorierte Rechtsfolge, nicht zB. auf Ausführungen zur Schadenshöhe (BGH NJW-RR 2005, 1157).

3. Der Antrag auf ein Grundurteil kann von beiden Parteien gestellt werden, in dieser Form kommt er jedoch nur für den Kläger; in Betracht. Der Beklagte könnte zB. beantragen,

> „die Klage abzuweisen, hilfsweise, falls das Gericht den Anspruch dem Grunde nach ganz oder zum Teil für begründet hält, über den Grund vorab zu entscheiden“

und dies damit begründen, dass er vor einer Beweisaufnahme über den Betrag Rechtsmittel zum Grund einlegen möchte. Der Sache nach handelt es sich nur um eine Anregung der Parteien; denn der Erlass des Grundurteils setzt keinen Antrag voraus, er steht im Ermessen des Gerichts. Ob der Beklagte den Anspruch dem Grunde nach anerkennen und daraufhin ein Anerkenntnis-Grundurteil ergehen kann, ist streitig (vgl. *Zöller/Vollkommer* § 307 Rdn. 7); ein besonderer Sinn liegt darin nicht, der Beklagte kann den Anspruch einfach dem Grunde nach unstreitig stellen.

4. Der Antrag sollte ausformuliert werden, um eine unzureichende, neue Probleme schaffende Tenorierung, wie sie in der Praxis vorkommt (vgl. *Wittmund* NJW 1967, 2387) zu vermeiden. Aus der Tenorierung muss sich eindeutig ergeben, worüber dem Grunde nach entschieden ist, was also dem Betragsverfahren überlassen wird (BGH MDR 2003, 769). Zur Formulierung, auch hinsichtlich des Schmerzensgeldanspruches, vgl. *Thomas/Putzo* § 304 Rdn. 15 f.; *Zöller/Vollkommer* § 304 Rdn. 18; der mögliche Übergang auf einen Sozialversicherungsträger ist bereits beim Grund zu berücksichtigen und in den Tenor aufzunehmen. Sollen einzelne zum Anspruchsgrund gehörende Fragen ausgeklammert und dem Betragsverfahren überlassen bleiben, muss dies im Urteilstenor, jedenfalls aber in den Gründen deutlich gemacht werden (BGH NJW 1999, 2440, 2441). Nur daraus kann entnommen werden, welche Bindungswirkung des Grundurteil für das Betragsverfahren hat (BGH NJW-RR 1997, 188). Das Urteil ist nur hinsichtlich der Rechtsmittel ein Endurteil; über Kosten und vorläufige Vollstreckbarkeit wird nicht entschieden.

5. Der Antragsteller sollte dem Gericht hier die Voraussetzungen für ein Grundurteil (Streitigkeit von Grund und Betrag, Entscheidungsreife nur des Grundes, Wahrscheinlichkeit eines Zahlungsanspruches) und seine Zweckmäßigkeit kurz darlegen. Wie oft, wenn eine Entscheidung im freien Ermessen des Gerichts liegt, erhöht es das Gewicht des Antrags, wenn er mit der Gegenseite abgestimmt wird.

Kosten und Gebühren

Für die Gerichtskosten bilden Grund- und Betragsverfahren eine Instanz. Auch für den Anwalt entstehen durch die Aufspaltung in Grund- und Betragsverfahren keine zusätzlichen Gebühren in der ersten Instanz, wohl aber in der Rechtsmittelinstanz bei Rechtsmitteln gegen Grund- und Betragsurteil. Ob bei Zurückweisung der Berufung gegen das Grundurteil im Betragsverfahren des ersten Rechtszugs eine Anrechnung nach VV Teil 3 Vorbemerkung VI stattfindet, ist zweifelhaft; zum alten Recht nach § 15 BRAGO hat der BGH (MDR 2004, 1024) dies verneint.

Fristen und Rechtsmittel

Den Parteien stehen gegen das Grundurteil die gewöhnlichen Rechtsmittel zu. Im arbeitsgerichtlichen Verfahren ist die selbstständige Anfechtung ausgeschlossen (§ 61 Abs. 3 ArbGG). Zur Möglichkeit des Rechtsmittelgerichts, das Betragsverfahren an sich zu ziehen, vgl. BGH MDR 1993, 538 *Zöller/Vollkommer* § 304 Rdn. 23 u. Form I. L. 5 „Rechtsmittel und Fristen".

Lehnt das Gericht die Anordnung des Betragsverfahrens vor Rechtskraft des Grundurteils nach § 304 Abs. 2 ZPO ab, ist hiergegen die sofortigen Beschwerde nach § 567 ZPO gegeben (Frist: zwei Wochen) .

7. Antrag auf Erlass eines Vorbehaltsurteils bei Aufrechnung[1]

An das
Landgericht

In der Sache
. . . . .
ist der Kläger der Auffassung, dass die vom Beklagten erklärte Aufrechnung ohne Beweisaufnahme zurückzuweisen ist.

Sollte das Gericht in Bezug auf die Aufrechnung eine weitere Aufklärung oder eine Beweisaufnahme für erforderlich halten, wird beantragt[2],

den Beklagten durch ein Vorbehaltsurteil nach § 302 ZPO entsprechend dem in der Klageschrift gestellten Antrag zu verurteilen,

und zwar, soweit die Aufrechnung reicht,

unter Vorbehalt der Entscheidung über die Aufrechnung[3],

im Übrigen

durch Teilurteil ohne Vorbehalt.

Begründung[4]:

……

Rechtsanwalt

Schrifttum: Klose, Teil-, Vorbehalts- und Grundurteile als Instrumente eines effektiven Rechtsschutzes, MDR 2007, 1351; *Schaefer,* Vorbehaltsurteil gemäß § 302 ZPO – Dornröschenschlaf beendet?; NZBau 2006, 206; *Buscher,* Das Vorbehaltsurteil gemäß § 302 ZPO im Werklohnprozess des Unternehmers, BauR 2002, 870; *Busse,* Aufrechnung bei internationalen Prozessen vor deutschen Gerichten, MDR 2001, 729.

Anmerkungen

1. Hat der Beklagte gegen die Klageforderung aufgerechnet und ist nur die Klageforderung, nicht aber die Aufrechnungsforderung entscheidungsreif, so kann ein Vorbehaltsurteil gem. § 302 ZPO ergehen. Nach der Neufassung des § 302 Abs. 1 ZPO kann das Vorbehaltsurteil auch erlassen werden, wenn die Forderungen in rechtlichem Zusammenhang stehen. Diese Möglichkeit bietet dem Kläger den Vorteil, ohne Verzögerung durch eine ungeklärte Aufrechnung ein vollstreckbares Urteil zu erhalten; insbesondere bei einer rechtswegfremden Gegenforderung (BAG MDR 2002, 52) oder einer Forderung, die der Schiedsgerichtsbarkeit unterliegt (vgl. *Zöller/Vollkommer* § 302 Rdn. 11; OLG Dresden NJW-RR 2001, 54) kann ein Vorbehaltsurteil für den Kläger einen großen zeitlichen Vorteil bringen. Außerdem wird verhindert, dass der Beklagte im Laufe der Instanz noch weitere Einwendungen gegen die Klageforderung erhebt. Die Aufrechnung kann unbedingt oder hilfsweise als Prozessaufrechnung erklärt sein. Nicht anwendbar ist § 302 ZPO, wenn nicht mit einer selbstständigen Forderung aufgerechnet wird, sondern in einem Vertragsverhältnis gegenseitige Rechnungsposten miteinander verrechnet werden (vgl. *Zöller/Vollkommer* § 302 Rdn. 3).

Die Anwendbarkeit des § 302 ZPO im Vergütungsprozess des Bauunternehmers oder des Architekten, denen Schadensersatzansprüche wegen mangelhafter Leistungen entgegengehalten werden, ist nach wie vor unklar (vgl. zB. OLG Celle NJW-RR 2005, 654; OLG München NJW-RR 2003, 863; *Zöller/Vollkommer* § 302 Rdn. 4). Der BGH nimmt zwar neuerdings ein Aufrechnungsverhältnis an (BGH NJW 2005, 2771; 2006, 698), hält es aber für einen Ermessensverstoß, in einem solchen Fall ein Vorbehaltsurteil zu erlassen (BGH NJW 2006, 698). Ist die Aufrechnungsforderung niedriger als die Klageforderung, darf das Gericht ein Vorbehaltsurteil nur erlassen, wenn es dieses mit einem Teilurteil über die überschießende Klageforderung verbindet (BGH NJW 1996, 395; vgl. Anm. 3). Hält es der Kläger für möglich, dass die Aufrechnungsforderung durchgreift, sollte er bei der Zwangsvollstreckung – jedenfalls bei der Verwertung – bedenken, dass er sich auch bei einem rechtskräftigen Vorbehaltsurteil gem. § 302 Abs. 4 S. 2 ZPO schadensersatzpflichtig machen kann, wenn das Gericht die Aufrechnungsforderung im

Nachverfahren zuerkennt. Zur Bindungswirkung des Vorbehaltsurteils für das Nachverfahren vgl. *Thomas/Putzo* § 302 Rdn. 7, 8.

2. An den Antrag des Klägers ist das Gericht nicht gebunden, der Erlass eines Vorbehaltsurteils steht in seinem freien Ermessen. Der Kläger wird den Antrag – wie im Beispielsfall – oft nur hilfsweise stellen, da ein Vorbehaltsurteil voraussetzt, dass die Aufrechnung zulässig und die Aufrechnungsforderung rechtzeitig und schlüssig vorgetragen und unter Beweis gestellt wurde. Fehlt es daran, ist der Klage endgültig stattzugeben.

3. Zur Fassung des Vorbehalts vgl. § 302 Abs. 1 ZPO. Im Beispielsfall wird angenommen, dass die Aufrechnungsforderung niedriger als die Klageforderung ist. Das Urteil ergeht dann in Höhe der Differenz als Teilurteil, der Vorbehalt erfasst die zuerkannte Klageforderung nur in Höhe der Aufrechnungsforderung. Der Tenor des Urteils (Vorbehalts- und Teilurteil) und ein entsprechend ausformulierter Antrag würden bei einer Klageforderung von EUR 16.000,– und einer Aufrechnungsforderung von EUR 4.500,– etwa lauten:

„1. Der Beklagte wird verurteilt,
an den Kläger EUR 11.500,– nebst 5% Zinsen seit ...... zu zahlen.
2. Der Beklagte wird weiter verurteilt, an den Kläger EUR 4.500,– nebst Zinsen in Höhe von 5 Prozentpunkten über dem Basiszinssatz seit ...... unter Vorbehalt der Entscheidung über die im Tatbestand bezeichnete Aufrechnung mit einer Gegenforderung von EUR 4.500,– zu zahlen.“

Ohne gleichzeitiges Vorbehaltsurteil darf das Teilurteil zu 1. nicht erlassen werden (BGH NJW 1996, 395). Das Urteil enthält außerdem eine Kostenentscheidung und die Entscheidung über die vorläufige Vollstreckbarkeit.

4. Zur Begründung seines Antrags sollte der Kläger, soweit noch erforderlich, zunächst darlegen, dass die Klageforderung entscheidungsreif ist und ggf. vortragen, dass die Aufrechnung ausgeschlossen, verspätet oder unerheblich ist. Bleibt die Aufrechnungsforderung unter der Klageforderung, sollte der Kläger das Gericht auf die Möglichkeit aufmerksam machen, in Höhe der Differenz ein Teilurteil zu erlassen. Außerdem empfiehlt es sich, das berechtigte Interesse an einer schnellen Entscheidung über die Klageforderung ohne Verzögerung durch die Aufrechnungsforderung deutlich machen.

Kosten und Gebühren

Zusätzliche Gerichts- und Rechtsanwaltsgebühren entstehen durch die Aufspaltung des Rechtsstreits in Vor- und Nachverfahren nicht; beide bilden eine Gebühreninstanz. § 17 Nr. 5 RVG gilt für dieses Nachverfahren nicht. Bei Rechtsmitteln gegen Vorbehaltsurteil und Urteil im Nachverfahren entstehen die Gebühren jeweils gesondert, allerdings nicht nach dem gem. § 45 Abs. 3 GKG erhöhten Streitwert.

Fristen und Rechtsmittel

Das Vorbehaltsurteil ist hinsichtlich der Rechtsmittel ein Endurteil, § 302 Abs. 3 ZPO, gegen das den Parteien die gewöhnlichen Rechtsmittel zustehen (näher *Thomas/Putzo* § 302 Rdn. 9, 10 und BGH NJW 1979, 1046). Sieht das Gericht die Aufrechnung im Vorbehaltsurteil als zulässig an, muss der Kläger, wenn er die Aufrechnung für unzulässig hält, Berufung gegen das Vorbehaltsurteil einlegen; sonst ist die Zulässigkeit der Aufrechnung für alle Instanzen bindend.

8. Ablehnung eines Richters wegen Besorgnis der Befangenheit[1]

An das
Landgericht[2]

Ablehnungsgesuch[3]

In der Sache
……
wird der Einzelrichter …… (Name)[4] wegen Besorgnis der Befangenheit abgelehnt.
Es wird gebeten, die dienstliche Äußerung des Richters unverzüglich einzuholen[5] und dem Kläger mit Gelegenheit zur Äußerung zuzuleiten,[6] damit das Verfahren nicht mehr als nötig verzögert wird.

Begründung[7]:

Der Einzelrichter hat es für richtig gehalten, am …… das streitige Bauvorhaben gemeinsam mit dem mit der Anfertigung eines Gutachtens beauftragten Sachverständigen zu besichtigen. An diesem Termin haben sich der Beklagte, mit dem der Sachverständige den Zeitpunkt offenbar abgestimmt hatte, und sein Prozessbevollmächtigter beteiligt. Weder der Prozessbevollmächtigte des Klägers noch der Kläger selbst hatten durch den Einzelrichter oder durch den Sachverständigen Kenntnis von dem Termin erhalten, konnten also nicht teilnehmen. Wie der Kläger von einem seiner am Bau tätigen Angestellten erfahren hat, haben der Beklagte und sein Prozessbevollmächtigter den Sachverständigen mehrfach auf angebliche Mängel aufmerksam gemacht, ohne dass der Einzelrichter etwas dagegen unternommen hätte.
Mit diesem Ortstermin unter Ausschluss des Klägers hat der Einzelrichter in grober Weise seine Pflicht verletzt, sich gegenüber den Parteien neutral zu verhalten und nicht einseitig rechtliches Gehör zu gewähren. Auch bei einer objektiv vernünftigen Sicht muss der Kläger befürchten, dass der Einzelrichter den Rechtsstreit nicht unparteiisch verhandeln und entscheiden wird.
Zur Glaubhaftmachung des Ablehnungsgrundes bezieht sich der Kläger auf die anliegende

eidesstattliche Versicherung seines Angestellten A ……

sowie auf die einzuholende

dienstliche Äußerung des Einzelrichters.

Eine Ablehnung des Sachverständigen behält sich der Kläger ausdrücklich vor.
Um eine schnelle Entscheidung wird gebeten.
Rechtsanwalt

Schrifttum: Göbel, Die mißbrauchte Richterablehnung, NJW 1985, 1058; *Feiber,* Ehen im Gericht – Kernfragen des Rechts der Richterablehnung; *Günther,* Unzulässige Ablehnungsgesuche und ihre Bescheidung, NJW 1986, 281; *ders.,* Entfällt das Rechtsschutzinteresse an Richterablehnung mit Entscheidung der Hauptsache?, MDR 1989, 691; *Vossler,* Entscheidungszuständigkeit bei Ablehnungsgesuchen gegen den Einzelrichter, MDR 2006, 304; *ders.,* Neuregelung der Wartepflicht des als befangen geltenden Richters, MDR 2006, 1383; *Rensen,* Rechtlicher Hinweis auf Verjährung als Ablehnungsgrund, MDR 2004, 489; *Knoche,* Besorgnis richterlicher Befangenheit wegen der Veranlassung strafrechtlicher Schritte, MDR 2000, 371; *Schlichting,* Vorbefassung als Ablehnungsgrund, NJW 1989, 1343; *E. Schneider,* Erfolglose Richterablehnungen im Zivilprozeß, NJW 1996, 2285; *ders.,* Das Vorgehen bei der Richterablehnung, MDR 2005, 671; *ders.,* Die dienstliche Äußerung im Ablehnungsverfahren, NJW 2008, 491; *ders.,* Zivilprozeßreform, Das neue zivilprozessuale Ablehnungsrecht, MDR 2001, 1399; *N. Schneider,* Befangenheitsablehnung – Gebühren, Streitwert, Kostenerstattung, MDR 2001, 130; *Koppenberg,* Beteiligung am Richterablehnungsverfahren und Erstattung außergerichtlicher Kosten bei sofortiger Beschwerde, NJW 2005, 3112; Sturm, Kosten im Beschwerdeverfahren um ein Richterablehnungsgesuch, MDR 2007, 382; *Stollenwerk,* Die Kostenentscheidung bei Richterablehnung, NJW 2007, 3751; *Weigel,* Befangenheit im Schiedsgerichtsverfahren, MDR 1999, 1360.

Anmerkungen

1. Ergeben sich für eine Partei im Laufe eines Rechtsstreits konkrete Anhaltspunkte, die das Misstrauen rechtfertigen, der Richter werde zu ihren Lasten parteiisch urteilen, stellt sich die Frage der Ablehnung gem. §§ 42 ff. ZPO. Eine Ablehnung führt immer zum Erfolg, wenn der Richter gem. § 41 ZPO von der Ausübung des Richteramtes ausgeschlossen ist, sie kann aber gem. § 42 ZPO auch wegen Besorgnis der Befangenheit gerechtfertigt sein. Nach der Formel der Rechtsprechung liegt ein solcher Grund vor, wenn eine Partei bei vernünftiger Würdigung aller Umstände Anlass hat, an der Unvoreingenommenheit des Richters zu zweifeln (BVerfG NJW 1987, 430; 1993, 2230; vgl. BGH NJW 1995, 1677, 1679; NJW-RR 2003, 1220). Unerheblich ist, ob der Richter tatsächlich voreingenommen ist oder sich für befangen hält; Entscheidend ist die objektiv vernünftige Sicht der Partei. Zu den einzelnen Fallgruppen vgl. *Thomas/Putzo* § 42 Rdn. 9–13; *Zöller/Vollkommer* § 42 Rdn. 11 ff.). Problematisch ist für den Prozessbevollmächtigten immer die Frage, ob die Befangenheit mit einem Verstoß des Richters gegen das Verfahrensrecht begründet werden kann. Die Rechtsprechung ist hier zT. recht eng (zB. OLG Frankfurt NJW 2009, 1007, 1008), jedenfalls kann ein Verfahrensfehler allein nicht Besorgnis der Befangenheit auslösen; anders kann es aber sein bei mehreren Verstößen zu Lasten einer Partei (BayObLG NJW-RR 2001, 642; OLG Schleswig NJW 1994, 1227), wenn das richterliche Verhalten den Anschein der Willkür oder der unsachlichen Einstellung gegenüber der Partei erweckt (OLG Frankfurt NJW 2008, 1007, 1008; OLG Köln NJW-RR 2000, 591, OLG München MDR 2002, 862). Häufig geht es um die Frage, ob die unberechtigte Ablehnung eines Terminsverlegungsantrages die Besorgnis der Befangenheit begründet. Die Rechtsprechung ist hier uneinheitlich (zB. OLG Frankfurt NJW 2008, 1328; NJW 2009, 1007; KG NJW 2006, 2787; OLG München NJW-RR 2002, 862; OLG Bamberg NJW 2006, 2341). Nach der Rechtsprechung des BGH (NJW 2006, 2492, 2494) kommt eine Ablehnung nur in Betracht, wenn erhebliche Gründe im Sinne des § 227 ZPO offensichtlich vorliegen, die Zurückweisung des Verlegungsantrages für die Partei schlechthin unzumutbar wäre und somit deren Grundrecht auf rechtliches Gehör verletzt. Die zu späte Terminierung einer eilbedürftigen Sache kann die Ablehnung begründen (OLG Hamm NJW-RR 1999, 1291).

Soll die Ablehnung auf Äußerungen des Richters gestützt werden, ist zu berücksichtigen, dass ein vom Richter geführtes freimütiges Rechtsgespräch auch im Interesse der Parteien liegt, und nicht erwartet werden kann, dass jedes richterliche Wort darin sorgfältig abgewogen ist. Die Ablehnung ist kein Mittel, für unrichtig gehaltene oder auch falsche Rechtsauffassungen zu korrigieren (vgl. BVerfG NVwZ 2009, 581; BAG NJW 1993, 839; OLG Düsseldorf NJW 1993, 2542; OLG Oldenburg NJW 2004, 3194). Äußerungen zum voraussichtlichen Verfahrensausgang begründen idR. keine Ablehnung (vgl. OLG Stuttgart NJW 2001, 1145; KG NJOZ 2007, 3004). Die Partei sollte bei Stellung eines Ablehnungsantrages nicht einer augenblicklichen Verärgerung nachgeben, sondern abwägen, was sie damit erreichen kann. Jede Ablehnung führt zu einer erheblichen Verzögerung, denn der abgelehnte Richter darf bis zur rechtskräftigen Entscheidung nur unter den engen Voraussetzungen des § 47 Abs. 2 ZPO weiter tätig werden – sog. Wartepflicht. Auch ein erfolgreiches Ablehnungsgesuch macht den Anlass nicht ungeschehen. Wird die Ablehnung zB. darauf gestützt, dass der Richter den Beklagten auf die Verjährung hingewiesen hat (nach BGH NJW 2004, 164; OLG Bremen NJW 1979, 2215; OLG Köln MDR 1979, 1027 u. OLG Hamburg NJW 1984, 2710 ein Ablehnungsgrund; aA. OLG Köln NJW-RR 1990, 192; BGH NJW 1998, 612 in Zusammenhang mit der Erläuterung eines Vergleichsvorschlags; BayObLG NJW 1999, 1875 im WEG-Verfahren), so kann der Beklagte natürlich auch vor einem anderen Richter den Hinweis aufnehmen und die Einrede der Verjährung erheben. Zweckmäßig ist die Ablehnung also vor allem dann, wenn sich durch den Richterwechsel die prozessuale Situation – wie im angenommenen Fall – verbessern lässt. Die Ablehnung kann wegen Rechtsmissbrauchs unzulässig sein, wenn mit ihr das Verfahren offensichtlich verschleppt werden soll oder damit verfahrensfremde Zwecke verfolgt werden (vgl. *Zöller/Vollkommer* § 42 Rdn. 6), so zB. bei bloßer Wiederholung eines bereits zurückgewiesenen Gesuchs (KG FamRZ 1986, 1022) oder wenn das Gesuch erkennbar nur eine Verzögerung bezweckt (BGH NJW 1995, 1030). Über ein unzulässiges Ablehnungsgesuch können die abgelehnten Richter entgegen § 45 ZPO selbst entscheiden (vgl. *Zöller/Vollkommer* § 42 Rdn. 4). An diese Befugnis sind jedoch in Hinblick auf Art. 101 Abs. 1 GG strenge Anforderungen zu stellen (vgl. BVerfG NJW 2007, 3771; NJW-RR 2008, 72).

2. Das Gesuch ist immer bei dem Gericht zu stellen, dem der Richter angehört, nicht bei dem Gericht, das zu entscheiden hat (§ 44 Abs. 1 ZPO). Bei Ablehnung eines Richters am Landgericht oder einer Kammer des Landgerichts entscheiden die übrigen Mitglieder der Kammer bzw. die Vertretungskammer; entsprechendes gilt bei Ablehnung von Richtern der höheren Instanzen. Auch bei Ablehnung des Einzelrichters entscheiden die Kammer oder der Senat, natürlich ohne den abgelehnten Richter (hM., BGH NJW 2006, 2492; NJW-RR 2007, 776, anders noch. KG MDR 2004, 1377; OLG Oldenburg NJW-RR 2005, 931). Wird ein Richter am Amtsgericht abgelehnt, entscheidet nach § 45 Abs. 2 ZPO ein anderer Richter des Amtsgerichts. Eine Ausnahme gilt, wenn der abgelehnte Richter das Gesuch für begründet hält (§ 45 Abs. 2 Satz 2 ZPO).

3. Für das Ablehnungsgesuch besteht auch beim Landgericht und den Gerichten des höheren Rechtszugs kein Anwaltszwang (§ 44 Abs. 1 iVm. § 78 Abs. 2 ZPO); anders ist es für das Beschwerdeverfahren im Anwaltsprozess, § 569 Abs. 3 Nr. 1 ZPO. Antragsberechtigt sind immer beide Parteien (§ 42 Abs. 3 ZPO); der Prozessbevollmächtigte hat kein eigenes Ablehnungsrecht. Das Gesuch kann im Termin zu Protokoll erklärt werden, was idR. zu geschehen hat, wenn der Ablehnungsgrund auf Vorfällen im Termin beruht. Dann ist das Ablehnungsgesuch spätestens am Schluss der mündlichen Verhandlung zu stellen (BGH-NJW-RR 2008, 800). Eine schriftliche Begründung sowie die immer erforderliche Glaubhaftmachung (§ 44 Abs. 2 ZPO) kann dann nachgereicht werden. Generell gilt, dass die Partei ihr Ablehnungsrecht verliert, wenn sie sich gem. § 43 ZPO weiter auf die Verhandlung einlässt – das Stellen von Anträgen ist hierzu nicht erforderlich (*Zöller/Vollkommer* § 43 Rdn. 4) – oder wenn sie gar Anträge stellt, ohne einen bekannten Ablehnungsgrund geltend zu machen In anderen Fällen sollte die Ablehnung unverzüglich nach Kenntnis des Grundes schriftlich geschehen. Das Ablehnungsrecht geht nicht bereits dadurch verloren, dass die Partei einen Antrag auf Akteneinsicht stellt (BayObLG NJW-RR 2001, 642).

4. Die Ablehnung muss sich immer auf einen bestimmten Richter beziehen, der namentlich oder sonst bestimmbar zu bezeichnen ist (*Zöller/Vollkommer* § 44 Rdn. 2). Es kann auch ein ganzer Spruchkörper abgelehnt werden (vgl. OLG Köln MDR 1979, 1027), aber nur, wenn in der Person jedes seiner Richter ein Ablehnungsgrund besteht. Die Kenntnis eines Richters vom Befangenheitsgrund eines anderen Mitglieds des Spruchkörpers kann auch ihn befangen machen (OLG Karlsruhe NJOZ 2006, 1958). Auch ehrenamtliche Richter können abgelehnt werden (BVerwG NJW 1990, 1865). Die Ablehnung eines Gerichts oder aller Richter eines Gerichts ist unzulässig (BGH NJW

1974, 55). Auch der Rechtspfleger kann als befangen abgelehnt werden (vgl., auch zum Verfahren, BVerfG NJW-RR 2008, 512).

5. Vgl. § 44 Abs. 3 ZPO. Der dienstlichen Äußerung kommt oft die entscheidende Bedeutung zu. Ihre Abgabe ist eine Dienstpflicht des Richters. Aus der Art ihrer Abfassung kann sich im Übrigen ein Ablehnungsgrund ergeben (OLG Frankfurt NJW-RR 1998, 858). In der dienstlichen Äußerung hat der Richter zu den vorgetragenen Tatsachen, mit denen die Befangenheit begründet wird, Stellung zu nehmen. Inhaltsleere Äußerungen, die sich etwa auf die Erklärung reduzieren, nicht befangen zu sein, sollte der Anwalt beanstanden.

6. Die dienstliche Äußerung ist dem Antragsteller zur Äußerung zuzuleiten (BVerfG NJW 1968, 1621; NJW 1993, 2229, 2230). Auch der Gegenpartei ist jedenfalls dann rechtliches Gehör zu gewähren, wenn das Gericht dem Antrag stattgeben will.

7. Das Gesuch muss die Tatsachen bezeichnen, aus denen sich die Befangenheit ergeben soll. Das gilt auch bei einem in der mündlichen Verhandlung zu Protokoll gestellten Gesuch. Eine bloße Ablehnungserklärung mit der Ankündigung, die Begründung werde nachgereicht, reicht nicht aus (vgl. *Zöller/Vollkommer* § 44 Rdn. 2). Das Vorbringen und die Glaubhaftmachung können aber, etwa nach Erhalt der dienstlichen Äußerung, vervollständigt werden. Die Begründung sollte in sachlichem Ton abgefasst sein und die Tatsachen, die die Besorgnis der Befangenheit angeben, glaubhaft machen. Hierzu kann sich der Antragsteller auch auf die dienstliche Äußerung des Richters beziehen (vgl. *Thomas/Putzo* § 44 Rdn. 2), die Partei selbst und wohl auch ihr Prozessbevollmächtigter sind zur eidesstattlichen Versicherung nicht zugelassen (§ 44 Abs. 2 S. 1 ZPO). Die bloße Schilderung des Ablehnungsgrundes soll zur Glaubhaftmachung nicht ausreichen (OLG Köln OLGR Hamm 2008, 535). Falls sich die Partei nach Entstehen des Ablehnungsgrundes auf die Verhandlung eingelassen hat, muss sie auch glaubhaft machen, dass sie erst danach vom Ablehnungsgrund Kenntnis erlangt hat (§ 44 Abs. 4 ZPO). Für das entscheidende Gericht gilt der Grundsatz der freien Beweiswürdigung; eine überwiegende Wahrscheinlichkeit genügt für die Ablehnung (BGH NJW-RR 2007, 776).

Kosten und Gebühren

Gerichtsgebühren entstehen nur im Beschwerdeverfahren (KV 1811). Für den Anwalt gehört das Verfahren zum Rechtszug (§ 19 Abs. 1 Satz 2 RVG). Für das Beschwerdeverfahren gilt VV 3500). Die Kosten einer erfolglosen Beschwerde sind erstattungsfähig (BGH NJW 2005, 2233; vgl. *Thomas/Putzo* § 46 Rdn. 9, str.). Diese Kosten sind Kosten des Rechtsstreits (str., vgl. OLG Frankfurt MDR 2007, 1399; *Zöller/Vollkommer* § 46 Rdn. 20 mwN.).

Die Bemessungsgrundlage für den Streitwert ist str. (vgl. *Zöller/Herget* § 3 Rdn. 16 „Ablehnung"). Zum Teil wird angenommen, dass der volle Wert der Hauptsache gilt (OLG Frankfurt MDR 2006, 1079), nach aA. ist nur ein Bruchteil, zB. 25%, anzusetzen (OLG Frankfurt MDR 2007, 1399).

Fristen und Rechtsmittel

Das Ablehnungsrecht unterliegt keiner Frist, es geht aber nach § 43 ZPO verloren, wenn sich die Partei in Kenntnis des Ablehnungsgrundes auf die weitere Verhandlung einlässt (vgl. Anm. 3). Hiervon abgesehen ist eine Ablehnung bis zum vollständigen Ende der Instanz möglich; dazu zählt auch das Anhörungsrüge-Verfahren nach § 321 a ZPO (*Schneider* MDR 2005, 248, 249). Auch im Tatbestandsberichtigungsverfahren ist eine Ablehnung noch möglich (BGH NJW-RR 2007, 1653).

Der Beschluss, der die Ablehnung für begründet hält, ist unanfechtbar, § 46 Abs. 2 Hs. 1 ZPO. Anders soll es sein, wenn der Gegenpartei das rechtliche Gehör versagt wird (*Zöller/Vollkommer* § 46 Rdn. 13; OLG Oldenburg NJW-RR 1995, 830); richtiger ist es wohl, dann die Anhörungsrüge nach § 321 a ZPO zu erheben. Der Beschluss, der das Gesuch als unzulässig oder unbegründet zurückweist, unterliegt der sofortigen Beschwerde nach § 567 ZPO (Frist: zwei Wochen). Es besteht eingeschränkter Anwaltszwang nach §§ 46 Abs. 2 Hs. 2, 569 Abs. 3 ZPO. Im Beschwerdeverfahren können keine neuen Ablehnungsgründe geltend gemacht werden (BayObLG MDR 1986, 60). Die Beschwerde soll unzulässig sein, wenn der Richter inzwischen eine die Instanz beendende Entscheidung erlassen hat (BGH NJW-RR 2007, 411). Der Beschwerdeführer muss dann, um die Kostenfolge des § 97 Abs. 1 ZPO zu vermeiden, die Beschwerde für erledigt erklären. Richtet sich die Beschwerde gegen die Entscheidung eines Amtsrichters, ist für die Beschwerdeentscheidung nach § 568 ZPO der Einzelrichter des Landgerichts zuständig, bei einer Beschwerde gegen einen Familienrichter der Einzelrichter des Oberlandesgerichts; hier kann es sich empfehlen, eine Übertragung auf die Kammer bzw. den Senat zu beantragen. Gegen die Entscheidung des OLG findet die Rechtsbeschwerde statt, wenn sie zugelassen wurde (§ 574 Abs. 1 Nr. 2 ZPO; vgl. BGH MDR 2005, 409). Das gilt auch für landgerichtliche Entscheidungen in der Berufungs- oder Beschwerdeinstanz (vgl. OLG Köln NJW 2004, 3642). Ein unstatthaftes Rechtsmittel löst keine Wartepflicht des Gerichts aus (BGH NZG 2005, 138).

M. Beendigung des Prozesses durch Parteiprozesshandlungen

1. Antrag auf Protokollierung eines Vergleichs[1,2]

An das
Landgericht

In der Sache[3]
……
zeigt der Kläger im versicherten Einverständnis mit dem Beklagten an[4], dass die Parteien den Rechtsstreit aus wirtschaftlichen Überlegungen ohne Präjudiz für den beiderseitigen Rechtsstandpunkt[5] durch folgenden Vergleich beenden wollen:

1. **Der Beklagte verpflichtet sich, an den Kläger EUR 15.000,– zu zahlen[6].**
2. **Die Parteien sind sich darüber einig, dass der Eigentumsvorbehalt des Klägers am Pkw VW …… bis zur vollständigen Zahlung dieses Betrages fortbestehen soll[7]. Der Kläger verpflichtet sich, nach vollständiger Zahlung den Kraftfahrzeugbrief für den Pkw herauszugeben.**
3. **Der Beklagte kann die Zahlung in monatlichen Raten von EUR 1.500,– leisten. Die Raten sind jeweils am 15. eines Monats fällig, zuerst am 15. 10. 20.**
4. **Geht eine Rate bis zum 3. Werktag nach Fälligkeit nicht ein, kann der Kläger die Zahlung des gesamten noch offenen Betrages nebst Zinsen in Höhe von 5 Prozentpunkten über dem Basissatz auf einmal verlangen[8] oder vom Vertrag zurücktreten[9].**
5. **Der Kläger verzichtet auf die Rechte aus dem Vorbehaltsurteil vom …… (Vollstreckungsbescheid vom ……; Versäumnisurteil vom ……)[10]**
6. **Von den Kosten des Rechtsstreits einschließlich dieses Vergleichs haben der Kläger 1/4 und der Beklagte 3/4 zu tragen[11].**
7. **…… (Widerrufsvorbehalt)[12]**

Es wird um Anberaumung eines baldigen Termins zur Protokollierung des Vergleichs gebeten[13].

Rechtsanwalt

Schrifttum: Treffer, Der Prozeßvergleich, MDR 1999, 520; *Stürner,* Grundfragen richterlicher Streitschlichtung, DRiZ 1976, 202; *Büchner u.a.*, Außergerichtliche Streitbeilegung, München 1998; *Salje,* Der mißbrauchte Prozeßvergleich, DRiZ 1994, 285; *Bergerfurth,* Der Widerrufsvergleich und seine Risiken, NJW 1969, 1797; *Sauer/Maiendresch,* Widerrufsvergleich und Erteilung der Vollstreckungsklausel, NJW 2004, 2870; *Edenfeld,* Anwaltshaftung – Beratungspflichten beim Vergleich, MDR 2001, 972; *Risse/Reichert,* Offenlegung eines vertraulichen Vergleichsangebots, NJW 2008, 3680; *Scharpenack,* Der Vergleich mit Widerrufsvorbehalt – Fakten und Formulierungshinweise, MDR 1996, 883; *Pecher,* Über zivilrechtliche Vergleiche im Strafverfahren, NJW 1981, 2170; *ders.*, Zur Geltendmachung der Unwirksamkeit eines Vergleichs, ZZP 1984, 139; *Schöpflin,* Die Bestandskraft des Prozessvergleichs bei nachträglichem Tatsachenvortrag und Beweisantritt, JR 2000, 397; *Risse,* Wirtschaftsmediation, NJW 2000, 1614; *Bischof,* Kosten der Mediation, MDR 2003, 919; *Spangenberg,* Kreativ vergleichen, MDR 1992, 333; *Schneider,* Zweifelsfragen zur Berechnung des Gegenstandswertes von Vergleichen, Rpfleger 1986, 81; *ders.,* Kostenersparnis durch Vergleich im Arbeitsgerichtsverfahren,

MDR 1986, 21; *N. Schneider,* Vergleich unter Einbeziehung einer Hilfsaufrechung, NJW-Spezial 2008, 571; *ders.,* Die Einigungsgebühr nach dem RVG, MDR 2004, 423.

Anmerkungen

1. In der zivilgerichtlichen Praxis wird ein erheblicher Prozentsatz der Prozesse durch einen Vergleich beendet. Die Vorteile einer vergleichsweisen Erledigung liegen vor allem in der schnelleren, endgültigen und gütlichen Beendigung des Rechtsstreits, die Rechtsmittel ausschließt und eine vielleicht jahrelange belastende Ungewissheit über den Prozessausgang vermeidet. Der protokollierte Prozessvergleich ersetzt die Form der notariellen Beurkundung (§ 127a BGB) und kann so auch der Kostenersparnis dienen. Ein Vergleich kann nicht nur im Erkenntnisverfahren nach §§ 253ff. ZPO geschlossen werden, sondern auch im Prozesskostenhilfeverfahren, im selbstständigen Beweisverfahren, im Arrestverfahren (BGH NJW-RR 1991, 1021) und im Verfahren über eine einstweilige Verfügung, im Verfahren über Scheidungsfolgesachen im Sinne von § 137 Abs. 2 FamFG sowie im Zwangsvollstreckungsverfahren. Darüber hinaus kann ein Prozessvergleich auch außerhalb eines Rechtsstreits von den Parteien und ihren Rechtsanwälten geschlossen werden (Anwaltsvergleich nach § 796a ZPO, vgl. Form. I. M. 2).

2. Der Vergleich dient, falls die darin übernommene Verpflichtung nicht erfüllt wird, als Vollstreckungstitel (§ 794 Abs. 1 Nr. 1 ZPO). Um Folgeprozesse zu vermeiden, ist daher auf einen eindeutigen und vollstreckungsfähigen Inhalt des Vergleichs Wert zu legen. Auch im Hinblick auf die Mehrwertsteuer sollte der Wortlaut unmissverständlich sein (vgl. BGH NJW-RR 1990, 32). Der Rechtsanwalt hat gegenüber seinem Mandanten eine unfangreiche Aufklärungspflicht über Inhalt und Folgen des Vergleichs (BGH WM 2009, 571). Er ist außerdem verpflichtet, für einen eindeutigen, nicht erst der Auslegung bedürftigen Wortlaut zu sorgen, der zudem den Willen seines Mandanten vollständig und richtig wiedergibt (BGH NJW 2002, 1408). Bei Unklarheiten ist allerdings eine Auslegung, auch eine ergänzende Vertragsauslegung möglich (BGH NJW 2005, 524). Es empfiehlt sich, die beiderseitigen Verpflichtungen einem Urteilstenor entsprechend zu formulieren. Gegenstand des Vergleichs kann jede denkbare Vereinbarung sein, soweit sie nicht gegen zwingendes Recht, gesetzliche Verbote (§ 134 BGB) oder die guten Sitten (§ 138 BGB) verstößt, ein Vergleich setzt aber gegenseitiges Nachgeben voraus (vgl. *Thomas/Putzo* § 794 Rdn. 15). Der Vergleich bietet auch die Möglichkeit, weitere Streitigkeiten der Parteien, die nicht oder in einem anderen Prozess rechtshängig sind, einzubeziehen und mit zu erledigen (vgl. Form. I. M. 3). Auch Personen, die nicht Partei des Rechtsstreits sind, können am Vergleich als Berechtigter oder Verpflichteter beteiligt werden, etwa um einen weiteren Verantwortlichen einzubeziehen oder um Rückgriffsansprüche des Beklagten mit zu regeln (vgl. *Thomas/Putzo* § 794 Rdn. 9, 12; *Zöller/Stöber* § 794 Rdn. 6). In einem solchen Fall ist im Protokoll vor dem Vergleichstext etwa die Formulierung aufzunehmen:

> „Herr X (...... genaue Anschrift), vertreten durch Rechtsanwalt R ......, tritt dem Rechtsstreit zum Abschluss des Vergleichs auf Seiten des Beklagten bei."

Außerdem ist im Vergleichstext aufzunehmen, welche Verpflichtung der Dritte übernimmt; die Beitrittserklärung allein schafft noch keinen Titel gegen ihn (vgl. *Zöller/Stöber* § 794 Rdn. 6). Für den Dritten besteht nach hM. kein Anwaltszwang gem. § 78 ZPO (BGH NJW 1983, 1433 mwN.). Da der Vergleich sowohl Prozesshandlung als auch privatrechtlicher Vertrag iSd. § 779 BGB ist (hM.; vgl. BGH NJW 2005, 3578, 3577), kann er nach dieser Vorschrift (BGH MDR 2004, 441), bei Wegfall der Geschäftsgrundlage (BGH NJW 2000, 2499) und nach den allgemeinen Bestimmungen des bürgerlichen Rechts unwirksam sein (vgl. *Zöller/Stöber* § 794 Rdn. 15); diese Fragen und die Rückabwicklung des Geleisteten sind durch Fortsetzung des Rechtsstreits zu klären (BGH NJW 1999, 2903; 1996, 3345; vgl. *Thomas/Putzo* § 794 Rdn. 36); das gilt auch für einen Vergleich im WEG-Verfahren (BayObLG NJW-RR 1999, 1613). Die Parteien können den Prozessvergleich durch Vertrag wieder aufheben; ob dann der alte Rechtsstreit fortzusetzen ist (so BAG NJW 1983, 2212 gegen BGH NJW 1964, 1524), ist str.

3. Dem Beispiel liegt der Sachverhalt zugrunde, dass der Beklagte zur Bezahlung eines Pkw einen später nicht eingelösten Scheck gegeben hat, durch Vorbehaltsurteil zur Zahlung verurteilt wurde und im Nachverfahren Mängel einwendet. Zu weiteren Beispielen für Vergleichstexte vgl. Form. I. M. 2 und M. 3.

4. Vergleiche können von den Parteien unmittelbar vereinbart oder auf Vorschlag des Gerichts geschlossen werden. Sind die Parteien grundsätzlich vergleichsbereit, fällt ihnen aber eine konkrete Einigung schwer, kann es zweckmäßig sein, einen Vergleichsvorschlag des Gerichts anzuregen; das Gericht wird dem idR. entsprechen (vgl. Form. I. M. 3).

5. Ein solcher Zusatz kann den Parteien die Beendigung des Rechtsstreits erleichtern.

6. Die Erklärung des Klägers, dass er auf die mit der Klage geltend gemachte Mehrforderung verzichte, ist überflüssig. Etwas anderes gilt, wenn der Kläger nur einen Teilanspruch geltend gemacht hat und der weitergehende Anspruch miterledigt werden soll.

7. Im Vergleich sollte klargestellt werden, was aus den bestehenden Sicherungsrechten wird, ob sie also auch die im Vergleich übernommene Verpflichtung sichern sollen. Sie können auch neu vereinbart werden.

8. Ratenzahlungsvereinbarungen mit Verfallklausel sind zulässig und üblich. Besteht allerdings das Nachgeben des Klägers nur in der Ratenzahlung, ist der Vergleich für den Beklagten besonders ungünstig, da er zusätzlich mit der Vergleichsgebühr der Rechtsanwälte belastet wird. Ein Anerkenntnisurteil wäre für ihn erheblich kostengünstiger. Gebräuchlich ist auch die Formulierung (zB.):

> „Kommt der Beklagte mit der Zahlung einer Rate um mehr als 3 Tage in Verzug, wird der gesamte Restbetrag auf einmal fällig."

Jedoch setzt Verzug Verschulden voraus, hierüber könnte in der Vollstreckung Streit entstehen. Eine Verfallklausel kann – wenn die Klageforderung nicht bestritten und höher als der Vergleichsbetrag ist – auch in der Weise vereinbart werden, dass der Vergleich wirkungslos und wieder die ursprüngliche Forderung geschuldet wird, falls der Schuldner nicht wie vereinbart leistet (vgl. BGH NJW 1981, 2686); die Formulierung könnte dann etwa lauten:

> „Geht eine Rate bis zum 3. Werktag nach Fälligkeit nicht ein, wird der Vergleich wirkungslos und lebt die Forderung von EUR ...... nebst 8% Zinsen seit dem ...... wieder auf."

Dieses Ergebnis kann auch dadurch erreicht werden, dass der Kläger, falls die Raten eine bestimmte Summe erreicht haben, auf die restliche Forderung verzichtet (vgl. Form. I. M. 3).

9. Hiermit erhält sich der Kläger die Möglichkeit, im Fall der Nichtzahlung die Kaufsache herauszuverlangen (vgl. § 449 BGB). Wenn der Prozessvergleich Ansprüche aus einem Teilzahlungsgeschäft betrifft, sind §§ 501 ff. BGB einschlägig; der Vergleich ist materiell wie ein Verbraucherkreditgeschäft zu behandeln.

10. Der Verzicht ist zweckmäßig, da sonst zwei vollstreckbare Titel vorhanden wären. Zwar macht der Vergleich die Vollstreckung aus einem bereits ergangenen Urteil unzulässig, der Nachweis gegenüber dem Vollstreckungsorgan wird jedoch auf diese Weise erleichtert.

11. Bei der Kostenregelung empfiehlt sich besondere Sorgfalt. Sie muss nicht dem Ergebnis in der Hauptsache entsprechen, oft schlagen die Gerichte eine Kostenaufhebung vor. Besteht eine Rechtsschutzversicherung, muss der Rechtsanwalt beachten, dass er vom Versicherer nur die dem Unterliegen entsprechenden Kosten erhält (vgl. *Bauer* NJW 2000, 1237). Um einem späteren Streit über Kosten eines vorangegangenen selbstständigen Beweisverfahrens (vgl. OLG Koblenz MDR 2003, 356; OLG Hamburg MDR 1983, 409), über vorausgegangene Vollstreckungskosten (BGH NJW 2004, 503) oder über Kosten einer Nebenintervention (vgl. BGH NJW 2003, 1948; aA. OLG Nürnberg MDR 2003, 597; KG NJW-RR 2004, 719) vorzubeugen, sollte auch hierüber eine Regelung getroffen werden. Kosten, die durch Säumnis (§ 344 ZPO) oder durch Anrufung des unzuständigen Gerichts (§ 281 Abs. 3 ZPO) entstanden sind, sind von der Kostenregelung im Vergleich nur ausgenommen, wenn das ausdrücklich vereinbart wird. Falls die Parteien sich über den Kostenpunkt nicht einigen können, besteht die Möglichkeit, die Entscheidung über die Kosten dem Gericht zu überlassen; das führt allerdings zu höheren Gerichtskosten. Umstr. ist die Frage, ob das Gericht dann nach § 91a ZPO oder nach § 98 ZPO zu entscheiden hat (vgl. OLG Hamm MDR 2003, 116; *Thomas/Putzo* § 98 Rdn. 4); zT. wird verlangt, dass der Ausschluss des § 98 ZPO zugunsten des § 91a ZPO im Vergleichstext selbst enthalten ist (so OLG Zweibrücken OLGZ 1983, 80 mwN.). Wenn die Parteien die oft unangemessene Rechtsfolge des § 98 ZPO nicht wollen, empfiehlt sich die Erklärung zu Protokoll, dass sie die Kosten der gerichtlichen Entscheidung nach § 91a ZPO unterstellen. Die Entscheidung ergeht dann unter Berücksichtigung des bisherigen Sach- und Streitstandes nach billigem Ermessen (BGH NJW 2007, 835, 837; OLG Stuttgart NJW-RR 1999, 147), wobei das Gericht im Rahmen des Ermessens auch das Vergleichsergebnis berücksichtigen kann.

12. Mag sich eine Partei – etwa weil erst die Zustimmung des Mandanten eingeholt werden soll oder der Versicherer gefragt werden muss – im Termin noch nicht endgültig entscheiden, ob der Vergleich akzeptiert wird, kann sie sich den Widerruf vorbehalten (hierzu *Bergerfurth* NJW 1969, 1797; *Scharpenack* MDR 1996, 883). Wenn es um Regelungen von erheblicher Tragweite geht (BGH NJW 1994, 2085) oder wenn der Mandant erkennbar andere Erwartungen hat (BGH NJW 1993, 1325), darf der Anwalt ohne Rücksprache keinen bindenden Vergleich abschließen. Der Widerrufsvorbehalt stellt eine aufschiebende Bedingung für die Wirksamkeit des Vergleichs dar (BGH NJW 1984, 312). Beispiel für die Formulierung:

> „Der Kläger (der Beklagte, beide Parteien ......) können den Vergleich durch schriftsätzliche Erklärung an das Gericht bis zum ...... widerrufen".

Möglich und in manchen Fällen sinnvoll ist auch eine gestaffelte Widerrufsfrist, wonach eine Partei den Widerruf noch überlegen kann, nachdem sich die andere bereits für den Vergleich entschieden hat. In jedem Fall sollten die Parteien darauf drängen, dass das Gericht für den Fall des Widerrufs Anordnungen trifft, die den Prozess fördern. Zur Form des Widerrufs vgl. BGH MDR 1980, 283; er muss unterschrieben sein (BAG NJW 1989, 3035), ein Widerruf durch Telefax kann wirksam sein (OLG München NJW 1993, 3042). Wenn im Vergleich nichts anderes vereinbart wird, kann der Widerruf nach der neueren Rechtsprechung sowohl gegenüber dem Gericht als auch gegenüber dem Gegner erklärt werden (BGH NJW 2005, 3576). Erklärt die Partei vor Ablauf der Frist, dass sie nicht widerrufen werde, ist sie hieran gebunden (vgl. *Zöller/Stöber* § 794 Rdn. 10c). Die Widerrufsfrist kann nur durch Vereinbarung der Vergleichsparteien verlängert werden (vgl. *Zöller/Stöber* § 794 Rdn. 10c); zu den Sorgfaltspflichten des Anwalts für die Fristwahrung vgl. BGH NJW 1995, 521. Eine Wiedereinsetzung bei Fristversäumnis kommt nicht in Betracht (BAG NJW 1998, 2845).

13. Der Vergleich bedarf zu seiner Wirksamkeit als Prozesshandlung und Vollstreckungstitel der ordnungsgemäßen Protokollierung durch das Gericht. Er muss insbesondere vorgelesen bzw. abgespielt und genehmigt werden (vgl. *Thomas/Putzo* § 794 Rdn. 11), sonst ist der Vergleich unwirksam (BGH NJW 1984, 1465, 1466). Wegen der

Beweiskraft des Protokolls (§ 165 ZPO) ist darauf zu achten, dass diese Förmlichkeiten in die Niederschrift aufgenommen werden. Allerdings bleibt der Vergleich materiell wirksam und ersetzt gem. § 127a BGB die notarielle Beurkundung auch dann, wenn der Vermerk unterblieben ist (BGH NJW 1999, 2806). Ist der Vergleich nach Ansicht einer Partei unrichtig aufgenommen, muss sie einen Protokollberichtigungsantrag stellen (vgl. Form. I. F. 9); § 319 ZPO ist unanwendbar (hM.; vgl. *Zöller/Vollkommer* § 319 Rdn. 3).

Kosten und Gebühren

Die Gerichtskosten ermäßigen sich bei einem Vergleich im ersten Rechtszug auf die einfache Gebühr (KV 1211), allerdings nur, wenn der Vergleich den gesamten Rechtsstreit erledigt, nicht also bei einem Teilvergleich. Bei einem Vergleich in der Berufungsinstanz ermäßigen sich die Gerichtskosten auf 2,0-Gebühren (KV 1222); bei einem Teilvergleich fällt die Urteilsgebühr nach KV 1223 nur nach dem reduzierten Streitwert an. Falls über den Klageantrag hinausgehende Ansprüche einbezogen werden, entsteht auf den Mehrwert eine 0,25-Gebühr (KV 1900).

Bereits entstandene Anwaltsgebühren entfallen nicht. Zusätzlich erhält der Rechtsanwalt für den Abschluss eines gerichtlichen Vergleichs eine Einigungsgebühr in Höhe von 1,5 (VV Nr. 1000) auf den Wert des Vergleichs. Diese Gebühr ist nicht von einem gegenseitigen Nachgeben iSd. § 779 BGB abhängig (BGH NJW 2009, 234). Ihre Festsetzung im Kostenfestsetzungsverfahren erfordert allerdings, dass ein förmlich protokollierter Vergleich vorliegt, der als Vollstreckungstitel tauglich ist (BGH NJW 2006, 1523). Die Einigungsgebühr wird bereits mit Abschluss des Vergleichs fällig (OLG Düsseldorf NJW-Spezial 2008, 253). Erfasst der Vergleich Gegenstände, die nicht gerichtlich anhängig sind, erhält der Anwalt für diesen Teil eine Einigungsgebühr in gleicher Höhe. Das gilt auch für eine mit erledigte Hilfsaufrechnung (*Schneider* NJW-Spezial 2008, 571). Wird ein anderes gerichtliches Verfahren mit verglichen, beträgt die Gebühr für diesen Teilstreitwert nur 1,0 (VV 1003), ist über den Gegenstand ein Berufungs- oder Revisionsverfahren anhängig, 1,3 (VV 1004). In diesen Fällen sollte ein Streitwertbeschluss herbeigeführt werden.

Zur Kostenregelung im Vergleichstext vgl. Anm. 11.

2. Anwaltsvergleich[1]

Anwaltsvergleich nach § 796a ZPO

Die Fa. A GmbH[2] ...... (vollständige Firma und Anschrift), vertreten durch den Geschäftsführer A

Prozessbevollmächtigter: Rechtsanwalt X

und

Herr B ...... (vollständiger Name und Anschrift)

Prozessbevollmächtigter: Rechtsanwalt Y

schließen zur Erledigung des Streites[3] aus dem Kaufvertrag über den PKW ...... folgenden Vergleich:

1. **Die Parteien sind sich darüber einig, dass der Kaufvertrag über den PKW wirksam zustande gekommen ist und Bestand hat.**
2. **Herr B erklärt, dass er die Behauptung, der Geschäftsführer der Fa. A GmbH habe ihn beim Verkauf des PKW betrogen, nicht aufrecht erhält[4].**
3. **Die Fa. A GmbH verpflichtet sich, bis zum 1. 3. 20.. an Herrn B EUR 10.000,– zu zahlen[5]. Ab dem 1. 3. 20.. ist der noch offene Betrag mit 12% zu verzinsen.**

4. Die Fa. A GmbH unterwirft sich hinsichtlich der unter Nr. 3 übernommenen Verpflichtung der sofortigen Zwangsvollstreckung[6].
5. Kommt die Fa. A GmbH mit der Zahlung mehr als 2 Wochen in Verzug, kann Herr B von diesem Vergleich zurücktreten[7].
6. Mit der Zahlung sind alle bekannten oder unbekannten Mängel des Fahrzeugs ausgeglichen. Weitere Gewährleistungsansprüche sind ausgeschlossen.
7. Jede Partei trägt ihre Rechtsanwaltskosten einschließlich der Kosten dieses Vergleichs selbst[8].
8. Dieser Vergleich kann durch einen Notar mit Amtssitz in Hamburg in Verwahrung genommen und für vollstreckbar erklärt werden[9].

Hamburg, den 15. 1. 20..[10]

Unterschriften[11]:

RA X .... RA Y ....

Schrifttum: Huchel, § 1044 b ZPO: Der Anwaltsvergleich, MDR 1993, 939; *Veeser,* Der vollstreckbare Anwaltsvergleich, Köln 1996; *Ziege,* Der vollstreckbare außergerichtliche Vergleich nach § 1044 b ZPO (Anwaltsvergleich), NJW 1991, 1580; *Hansens,* Der Anwaltsvergleich gemäß § 1044 b ZPO, AnwBl. 1991, 113; *Lindemann,* Zur Praxis des Anwaltsvergleichs (1044 b ZPO), AnwBl. 1992, 457; *Nerlich,* Außergerichtliche Streitbeilegung mittels Anwaltsvergleichs, MDR 1997, 416; *Wagner,* Einsatzmöglichkeiten notarieller Streitvermeidung und Streitschlichtung, NJW 2001, 2128; *Münzberg,* Einwendungen gegen den vollstreckbaren Anwaltsvergleich, NJW 1999, 1357.

Anmerkungen

1. Der Anwaltsvergleich nach §§ 796 a–c ZPO, früher § 1044 b ZPO, ist der gesetzgeberische Versuch, Anwälte zur außergerichtlichen Streitbeilegung zu veranlassen. Die Vorschriften bieten, was den Vergleichsabschluss betrifft, für einigungsbereite Anwälte ein unkompliziertes Verfahren. Der Anwaltsvergleich soll der Streitbeilegung vor Anrufung der Gerichte dienen, ist aber auch nach Rechtshängigkeit möglich (*Zöller/Geimer* § 796 a Rdn. 2). Da er aber kein Vollstreckungstitel im Sinne des § 794 Nr. 1 ZPO ist, bedarf es gegebenenfalls einer gerichtlichen Vollstreckbarerklärung, die eine umfassende Überprüfung erforderlich machen kann. Eine Kostenreduzierung kann sich dadurch ergeben, dass sich die bei einem gerichtlichen Vergleich nach KV 1211 auf eine Gebühr ermäßigten Gerichtskosten ganz erübrigen; auf Anwaltsseite findet allerdings keine Reduzierung statt. Zudem können durch die Vollstreckbarerklärung und eine damit verbundene gerichtliche Prüfung Notar- und Gerichtskosten erforderlich werden. Auch aus diesem Grund sollte der Anwalt überlegen, ob dasselbe Ergebnis nicht mit einer notariellen vollstreckbaren Urkunde einfacher und kostengünstiger erreicht werden kann (vgl. *Zöller/Geimer* § 796 a Rdn. 3).

2. Der Anwaltsvergleich wird durch Rechtsanwälte im Namen und mit Vollmacht der von ihnen vertretenen Parteien abgeschlossen. Sie sind daher in der Vergleichsurkunde aufzuführen, am besten in Form eines Urteilsrubrums. In Hinblick auf eine mögliche spätere Vollstreckbarerklärung hat dies mit vollständiger Parteibezeichnung und Anschrift zu geschehen.

3. Voraussetzung für die Wirksamkeit des Anwaltsvergleichs ist, wie bei jedem anderen Vergleich auch, dass zwischen den Parteien ein Streit oder eine Ungewissheit über ein Rechtsverhältnis besteht (vgl. *Zöller/Geimer* § 796 a Rdn. 3), die durch ein gegenseitiges Nachgeben beigelegt werden (§ 779 BGB). Ein nur einseitiges Nachgeben einer Partei genügt nicht. Damit kann der Anwaltsvergleich nicht dazu dienen, für unstreitig bestehende Vertragspflichten ohne gerichtliche oder notarielle Hilfe einen vollstreckbaren Titel zu erwirken. Dafür wäre die vollstreckbare Urkunde nach § 794 Abs. 1 Nr. 5 ZPO der richtige Weg. Im Text des Vergleichs ist deutlich zu machen, welche Ansprüche erledigt werden sollen. Hierzu gilt nichts anderes als für den gerichtlichen Vergleich (vgl. Form. I. M. 1 Anm. 2).

4. Eine solche „Ehrenerklärung" kann die Bereitschaft zum Abschluss eins Vergleichs fördern. Sie dient der gütlichen Beilegung des Streites.

5. Die von den Parteien übernommenen Verpflichtungen sollten wie in einem Urteilstenor formuliert werden, damit es in der Vollstreckung keine Probleme gibt (vgl. etwas OLG Saarbrücken NJW 2005, 3222). In dem Vergleich können nicht nur Zahlungsverpflichtungen, sondern Verpflichtungen jeder Art begründet werden. Insoweit gehen die Möglichkeiten des Anwaltsvergleichs erheblich weiter als die der vollstreckbaren notariellen Urkunde nach § 794 Abs. 1 Nr. 5 ZPO. Allerdings kann ein Vergleich, der den Bestand eines Mietverhältnisses betrifft oder auf Abgabe einer Willenserklärung gerichtet ist, nicht für vollstreckbar erklärt werden (§ 796 a Abs. 2 ZPO). Der Anwaltsvergleich ersetzt, anders als der gerichtliche Vergleich, auch nicht die notarielle Form; § 127 a ZPO gilt nicht.

6. Diese Unterwerfungserklärung des Schuldners ist nach § 796 a Abs. 1 ZPO Voraussetzung dafür, dass der Vergleich für vollstreckbar erklärt werden kann. Sie muss für sämtliche im Vergleich übernommenen, einer Vollstreckung zugänglichen Verpflichtungen erklärt werden.

7. Die Abrede hat den Sinn, einerseits die Zahlungsbereitschaft zu fördern, andererseits dem Gläubiger Gelegenheit zu geben, im Falle der Vergleichsuntreue des Gegners auch sein Nachgeben zurückzunehmen. Die Parteien können auch vereinbaren, dass der Vergleich bei Nichtzahlung ohne weiteres wirkungslos wird.

8. Der Vergleich sollte eine Kostenregelung enthalten. Wenn jede Partei ihre Anwaltskosten tragen soll, ist die Regelung einfach; sie dient dann nur der Klarstellung. Soll eine Partei alle Kosten oder einen Teil der Kosten des Gegners tragen, ist eine entsprechende Verpflichtung aufzunehmen, zB.:

> „A verpflichtet sich, an B EUR 1.000,– zum Ausgleich eines Anteils an dessen Kosten zu zahlen, und unterwirft sich auch insoweit der sofortigen Zwangsvollstreckung. Im Übrigen trägt jede Partei ihre Kosten selbst."

Denn der Anwaltsvergleich soll kein zur Kostenfestsetzung geeigneter Titel sein (OLG Hamburg NJW-RR 1994, 1408; OLG München, NJW-RR 1997, 1293). Nach neuer Rechtsprechung des BGH (NJW 2007, 2187) reicht aber jede Einigung iSd. VV 1000 aus, um die Einigungsgebühr festsetzen zu lassen. Sie muss nur nach § 104 Abs. 2 ZPO glaubhaft gemacht werden. Die Parteien können auch vereinbaren, dass eine Partei die Kosten des späteren Vollstreckbarkeitsverfahrens trägt.

9. Der Notar kann den Anwaltsvergleich nur mit Zustimmung der Parteien in Verwahrung nehmen und für vollstreckbar erklären (§ 796 c Abs. 1 ZPO). Diese Zustimmung sollte gleich in den Vergleichstext aufgenommen werden, kann aber auch später erteilt werden. Die Vollstreckbarerklärung kann auch durch das Gericht erfolgen, dann muss der Vergleich unter Angabe des Tages seines Zustandekommens bei dem Amtsgericht hinterlegt werden, bei dem eine Partei ihren allgemeinen Gerichtsstand hat (§ 796 a Abs. 1 ZPO). Die entscheidende Frage ist, ob die Parteien das Verfahren in die Hände des Notars legen sollten. Auch der Notar muss prüfen, ob der Vergleich formelle oder materielle Mängel hat, wird also wie ein Richter tätig (vgl. *Zöller/Geimer* § 796 c Rdn. 1). Jedoch ist das notarielle Verfahren einfacher, jedenfalls billiger. Lehnt der Notar aber die Vollstreckbarerklärung ab, ist ein Antrag auf gerichtliche Entscheidung notwendig (§ 796 c Abs. 2 S. 2 ZPO; vgl. *Münzberg* NJW 1999, 1357); der Weg zum Notar war dann ein Umweg. Einwendungen aus materiellem Recht (zB. Erfüllung) sind bereits im Vollstreckbarkeitsverfahren geltend zu machen (vgl. *Zöller/Geimer* § 796a Rdn. 22); nach LG Halle NJW 1999, 3567 erst später mit der Vollstreckungsabwehrklage.

10. Der Anwaltsvergleich muss datiert und unterzeichnet sein (§ 796a Abs. 1 ZPO). Dabei ist es nicht erforderlich, dass alle Unterschriften gleichzeitig geleistet werden; auch eine Unterzeichnung im Umlauf ist möglich (*Huchel* MDR 1993, 940). Dann sollte das Datum der letzten Unterschrift, mit der der Vergleich wirksam wird, hinzugesetzt werden.

11. Wirksamkeitsvoraussetzung für den Vergleich ist, dass er von den beteiligten Anwälten unterschrieben wird. Eine Unterschrift durch die Parteien ist, anders als es § 1044b ZPO aF. vorsah, nicht erforderlich. Die Unterschrift kann auch durch den amtlich bestellten Vertreter des bevollmächtigten Rechtsanwalts geleistet werden (OLG Hamm NJW-RR 1996, 1275).

Kosten und Gebühren

Zu den möglichen Kostenvorteilen gegenüber einem gerichtlichen Vergleich vgl. Anm. 1. Der Rechtsanwalt erhält für den Anwaltsvergleich die Gebühren aus VV 3100 (Verfahrensgebühr, 1,3) und aus VV 1000 (Einigungsgebühr, 1,5), eine Terminsgebühr nach VV 3104 soll nach BGH NJW 2004, 2311, 2312 nicht entstehen. Für die Niederlegung des Vergleichs fallen keine Gerichts- und Anwaltskosten an. Für das gerichtliche Verfahren über die Vollstreckbarerklärung entsteht eine Gebühr von EUR 50,– (KV 2117), der Notar erhält nach § 148a Abs. 1 KostO die Hälfte der vollen Gebühr. Für den Anwalt entsteht in diesem Verfahren zusätzlich eine Gebühr von 0,75 auf den Streitwert des Vergleichs (VV 3327) und ggf. eine Terminsgebühr von 0,5 (VV 3332).

Fristen und Rechtsmittel

Entscheidungen des Gerichts über Anträge auf Vollstreckbarerklärung sind nach § 796b Abs. 2 ZPO unanfechtbar. Die Frage, ob gegen stattgebende Entscheidungen des Notars überhaupt und ggf. welche Rechtsmittel statthaft sind, ist streitig (vgl. einerseits *Thomas/Putzo* § 796c Rdn. 9; andererseits *Münzberg* NJW 1999, 1357); jedenfalls ist über § 795 ZPO die Vollstreckungsabwehrklage nach § 767 ZPO gegeben. Gegen die eine Vollstreckungserklärung ablehnende Entscheidung des Notars ist der Antrag auf gerichtliche Entscheidung nach § 796c Abs. 2 ZPO gegeben.

3. Vergleich auf schriftlichen Vorschlag des Gerichts[1, 2]

An das
Oberlandesgericht ......[3]

In der Sache ......

Teile ich für den Kläger mit, dass dieser grundsätzlich bereit ist, den vom Gericht mit Verfügung vom ...... vorgeschlagenen Vergleich ohne Präjudiz für die Sach- und Rechtslage anzunehmen, jedoch mit Änderungen, die sich aus dem nachstehenden Text ergeben:[4]

1. Der Beklagte verpflichtet sich, an den Kläger bis zum 1. 6. 20.. EUR 20.000,– nebst 7% Zinsen seit ...... zu zahlen, und zwar zu Händen des Prozessbevollmächtigten des Klägers, RA ......, Kto.-Nr.[5] ......

2. **Geht ein Betrag von EUR 15.000,– bis zum 2. 5. 20.. ein, verzichtet der Kläger auf den Restbetrag einschließlich Zinsen[6]. Der Beklagte nimmt diesen Verzicht an.**
3. **Mit diesem Vergleich sind sämtliche Ansprüche und Gegenansprüche der Parteien aus dem Vertrag vom ……, auch soweit sie in diesem Rechtsstreit nicht geltend gemacht wurden, erledigt[7].**
4. **Mit diesem Vergleich ist weiter der zwischen den Parteien vor dem Landgericht ……, Geschäfts-Nr. ……, anhängige Parallelprozess erledigt. Der Kläger verpflichtet sich, die Klage zurückzunehmen, der Beklagte verpflichtet sich, der Rücknahme zuzustimmen[8].**
5. **Hinsichtlich der erstinstanzlichen Kosten bleibt es bei der Kostenentscheidung im Urteil des Landgerichts. Von den Kosten des Berufungsverfahrens verpflichtet sich der Kläger 25%, der Beklagte 75% zu tragen. Die Gerichtskosten des Parallelprozesses trägt der Kläger, die außergerichtlichen Kosten jenes Rechtsstreits trägt jede Partei selbst. Die Kosten dieses Vergleichs trägt jede Partei selbst[9].**

Dieser Vergleichstext ist mit dem Prozessbevollmächtigten des Beklagten abgestimmt. Er wird dem Gericht einen identischen Vorschlag einreichen.[10]

Schon jetzt wird beantragt,

1. **nach Annahme des Vergleichs dessen Zustandekommen durch Beschluss festzustellen[11],**
2. **den Streitwert für diesen Rechtsstreit auf EUR 30.000,– und den Streitwert des Vergleichs auf EUR 45.000,– (EUR 30.000,– zuzüglich des im Parallelprozess erhobenen Zahlungsanspruchs von EUR 15.000,–) festzusetzen[12].**

Schrifttum: Knauer/Wolf, Zivilprozessuale Änderungen durch das Erste Justizmodernisierungsgesetz, NJW 2004, 2857; *Fischer,* Der fragliche Vergleich, JuS 2008, 353; *Abramenko,* Kein Rechtsmittel gegen richterliche Feststellung eines Vergleichs gem. § 278 Abs. 6 ZPO?, NJW 2003, 1356; *Foerste,* Die Güteverhandlung im künftigen Zivilprozess, NJW 2001, 3103.

Anmerkungen

1. Prozessvergleiche können nach § 278 Abs. 6 ZPO auch außerhalb der mündlichen Verhandlung und ohne Protokollierung geschlossen werden. Voraussetzung ist entweder ein schriftlicher Vergleichsvorschlag des Gerichts und seine Annahme durch die Parteien mit bestimmendem Schriftsatz oder ein übereinstimmender schriftlicher Vergleichsvorschlag der Parteien. Dieser Vergleich im schriftlichen Verfahren wird dadurch zum Vollstreckungstitel, dass das Gericht Zustandekommen und Inhalt durch einen Beschluss feststellt, ähnlich wie dies für Schiedsvergleiche in § 1053 ZPO vorgesehen ist. Dieses Verfahren hat den Vorteil, dass der genaue Inhalt des Vergleichs besser überlegt und sorgfältiger formuliert werden kann und dass, wenn der Vergleichstext feststeht, ein Gerichtstermin zur Protokollierung überflüssig wird. Der Vergleich setzt, obwohl er an die in § 278 ZPO geregelte Güteverhandlung anknüpft, keine Güteverhandlung voraus; er kann also auch vor einem Gütetermin, sei es nach telefonischer Vorklärung zwischen den Parteien allein oder Gericht und Parteien, sei es auf unaufgeforderten Vorschlag des Gerichts, geschlossen werden, auch zu einem späteren Zeitpunkt kann der Rechtsstreit durch einen solchen Vergleich beigelegt werden (vgl. *Foerste* NJW 2001, 3105). Der Vorschlag des Gerichts kann auch in einem Terminsprotokoll enthalten sein. Der Vergleich darf keine Willenserklärungen enthalten, die der notariellen Beurkundung bedürfen; § 127a BGB gilt nicht (vgl. *Zöller/Greger* § 278 Rdn. 25). Der Vergleich kann aber die gesetzliche Schriftform wahren (vgl. BAG NJW 2007, 1831 mwN.).

2. Der Schriftsatz, mit dem der Vergleich unterbreitet oder angenommen wird, ist ein bestimmender Schriftsatz, für den Anwaltszwang nach den allgemeinen Regeln besteht und der der Unterzeichnung durch einen am Prozessgericht zugelassenen Anwalt bedarf.

3. Der Schriftsatz ist an das Gericht zu richten, vor dem der Rechtsstreit anhängig ist. Das Beispiel betrifft die Beendigung eines Rechtsstreits im Berufungsverfahren.

4. Wenn aus der Sicht der Partei eine Modifizierung des gerichtlichen Vorschlages erforderlich ist, kann es zweckmäßig sein, nicht um einen geänderten Vorschlag des Gerichts zu bitten, sondern dem Gericht übereinstimmend einen geänderten Vergleichstext zu unterbreiten. Eine Annahme unter Einschränkungen oder Erweiterungen steht einer Ablehnung gleich (§ 150 Abs. 2 BGB).

5. Soll zu einem bestimmten Zeitpunkt gezahlt werden, empfiehlt es sich, im Vergleichstext die Zahlstelle anzugeben.

6. Mit dieser Klausel kann sich der Schuldner durch eine geringere als die eigentlich geschuldete Leistung von seiner Verpflichtung befreien. Eine solche Regelung kann sich empfehlen, wenn der Beklagte nur begrenzte Mittel zur Verfügung hat und der Gläubiger Schwierigkeiten in der Vollstreckung voraussieht. Die Schuldbefreiung kann auch an die regelmäßige Zahlung von Raten geknüpft werden.

7. Die Parteien sollten unbedingt klarstellen, welche Ansprüche sie durch den Vergleich regeln wollen. Andernfalls erledigt der Vergleich nur die Ansprüche, die Streitgegenstand waren, nicht aber zB. Forderungen des Klägers, die nicht rechtshängig geworden sind, oder hilfsweise zur Aufrechnung gestellte Forderungen des Beklagten. Eine umfassende Vergleichsregelung kann auch dadurch getroffen werden, dass sich die Parteien „Generalquittung" erteilen.

8. Auch Ansprüche, die in einem anderen Rechtsstreit anhängig sind, können miterledigt werden. Dann ist der Rechtsstreit genau zu bezeichnen und zu regeln, wie der Parallelprozess beendet werden soll. Hierzu kann die Verpflichtung zur Klagerücknahme vereinbart werden. Dies hat noch nicht die Wirkung des § 269 ZPO, macht aber die Klage unzulässig (vgl. *Zöller/Greger* § 269 Rdn. 3). Auch eine von §§ 269 Abs. 3, 516 Abs. 3 ZPO abweichende Kostenregelung kann vereinbart werden, sie geht der gesetzlichen Regelung vor (BGH MDR 2004, 1251). Die Rücknahme ermöglicht dem dortigen Kläger eine Erstattung der von ihm vorgeschossenen Gerichtskosten in Höhe von 2,0-Gebühren.

9. Bei einem Vergleich in der Berufungsinstanz muss die Kostenregelung sowohl die Kosten der ersten Instanz als auch die des Berufungsverfahrens und die des Vergleichs umfassen. Insbesondere wenn es bereits einen Kostenfestsetzungsbeschluss der ersten Instanz gibt, kann es sich empfehlen, es bei der Kostenentscheidung zu belassen. Erforderlich ist außerdem eine Kostenregelung für den Parallelprozess; fehlt sie, würde dort nach § 269 Abs. 3 ZPO entschieden. Die Aufhebung der Kosten des Vergleichs, dabei geht es um die Einigungsgebühren der Anwälte, entspricht einer gütlichen Einigung am ehesten.

10. Es ist nach § 278 Abs. 6 S. 1 ZPO nicht mehr erforderlich, dass das Gericht den Parteien den geänderten Vorschlag zuleitet und beide zustimmen. Ein von beiden Parteien unterbreiteter, übereinstimmender Vorschlag genügt.

11. Dieser Beschluss ist nach § 278 Abs. 6 S. 2 ZPO notwendig, damit der Vergleich zu einem Vollstreckungstitel iSd. § 794 Abs. 1 Nr. 1 ZPO wird. Der Beschluss stellt das Zustandekommen und den Inhalt des Vergleichs fest, muss also den Text vollständig wiedergeben.

12. Wenn der Vergleich nicht nur einen bestimmten Zahlungsanspruch regelt, ist eine Festsetzung des Streitwerts erforderlich. Die Wertfestsetzung ist auch notwendig, wenn Gegenstände mit erledigt werden, die nicht Gegenstand des Rechtsstreits waren oder, wie zB. eine Hilfsaufrechnung, nicht rechtshängig geworden sind.

Kosten und Gebühren

Die Gerichtskosten ermäßigen sich wie bei einem Vergleich in mündlicher Verhandlung (vgl. Form. I.M.1). Für den Anwalt gilt VV 1003; die Einigungsgebühr fällt also nur in Höhe von 1,0 an. Daneben entsteht nach neuer Rechtsprechung, neben der Verfahrensgebühr nach VV 3100, immer auch die Terminsgebühr nach VV 3104 (BGH NJW 2007, 160; anders noch zB. OLG Naumburg NJW 2006, 1985).

Fristen und Rechtsmittel

Unrichtigkeiten des Beschlusses, der den Vergleich feststellt, können nach § 278 Abs. 6 S. 3 ZPO iVm. § 164 ZPO wie bei einem Protokoll berichtigt werden. Ein Rechtsmittel gegen den Beschluss ist nicht gegeben (§ 567 Abs. 1 Nr. 1 ZPO; vgl. *Zöller/Greger* § 278 Rdn. 31). Lehnt das Gericht den Antrag auf Erlass des Beschlusses ab, ist die sofortige Beschwerde nach § 567 Abs. 1 Nr. 2 ZPO gegeben sein (*Thomas/Putzo/Reichold* § 278 Rdn. 18; *Knauer/Wolf* NJW 2004, 2859; aA. *Zöller/Greger* § 278 Rdn. 25). Streitig ist auch, ob der Beschluss nach § 278 Abs. 6 ZPO oder der Beschluss, der die Berichtigung ablehnt oder vornimmt, mit der sofortigen Beschwerde angefochten werden kann (bejahend *Abramenko* NJW 2003, 1356; verneinend *Zöller/Greger* § 278 Rdn. 25).

4. Zurücknahme der Klage[1, 2]

An das
Landgericht

In der Sache

. . . . . .
nimmt der Kläger die Klage zurück[3].
Das Gericht wird gebeten, diesen Schriftsatz dem Beklagten mit einem Hinweis nach § 269 Abs. 2 S. 4 ZPO zuzustellen[4].

Rechtsanwalt

Schrifttum: Seutemann, Die kostengünstige Beendigung des Zivilprozesses, MDR 1996, 555; *Walther,* Klageänderung und Klagerücknahme, NJW 1994, 423; *Knauer/Wolf,* Zivilprozessuale Änderungen durch das Erste Justizmodernisierungsgesetz, NJW 2004, 2857; *Schneider,* Gerichtskostenermäßigung bei Teilrücknahme?, MDR 1999, 462; *Gross,* Klageänderung und Klagerücknahme, ZZP 75, 447; *Mayer,* Urteil bei Fehlen der nach § 269 Abs. 1 ZPO erforderlichen Einwilligung, MDR 1985, 373; *Hansens,* Zurücknahme einer noch nicht zugestellten Klage, JurBüro 1986, 495.

Anmerkungen

1. Der Kläger kann die Klage gem. § 269 ZPO in jeder Lage des Verfahrens von der Rechtshängigkeit bis zum rechtskräftigen Abschluss des Rechtsstreits zurücknehmen. Haben die Parteien allerdings die Hauptsache übereinstimmend für erledigt erklärt, ist eine Rücknahme nicht mehr möglich (OLG Bamberg MDR 1997, 1225). Bereits in der Zeit zwischen Einreichung und Zustellung der Klage kann die Rücknahme erklärt werden. Auch wenn die Klage nicht mehr zugestellt wird, ist § 269 ZPO anwendbar. Es kann auch – entgegen früherer Auffassung – eine Kostenentscheidung zu Lasten des Beklagten nach § 269 Abs. 3 S. 3 ZPO ergehen (vgl. BGH NJW 2006, 775, so schon zum

alten Recht BGH NJW 2004, 1530; zu den Problemen *Zöller/Greger* § 269 Rdn. 18e). Die Kostentragungspflicht bestimmt sich dann unter Berücksichtigung des bisherigen Sach- und Streitstandes nach billigem Ermessen. Voraussetzung ist aber, dass der Anlass zur Klageerhebung weggefallen ist. § 269 Abs. 3 Satz 3 ZPO greift nicht ein, wenn die Klage infolge eines rechtlichen Hinweises des Gerichts zurückgenommen wird (OLG Düsseldorf MDR 2007, 1216; OLG Oldenburg MDR 2007, 867).

Eine Zurücknahme der Klage im Laufe des Rechtsstreits kommt zB. in Betracht, wenn der Kläger sich – etwa nach einem Hinweis des Gerichts oder auf Grund des Prozessverlaufs – keine Chancen mehr ausrechnet und den Prozess kostengünstig beenden will, wenn er sich mit dem Gegner außergerichtlich entsprechend verglichen hat oder wenn der Beklagte den Klageanspruch erfüllt und auch die Übernahme der Kosten, soweit sie sich noch nicht beziffern lassen, zuverlässig zugesagt hat (das ist billiger, als die Hauptsache für erledigt zu erklären, und zB. in Haftpflichtprozessen gegen Versicherer ein häufig geübtes Verfahren). Die Zurücknahme kann den gesamten Anspruch, einen Teil des Anspruchs, die Nebenforderungen (vgl. Form. I. G. 1) oder auch einen von mehreren Beklagten betreffen. Nach streitiger Verhandlung, dh. nach Stellung der Anträge (vgl. OLG Dresden NJW-RR 1997, 765) ist die Rücknahme nur wirksam, wenn der Beklagte – was die Regel ist – zustimmt. Auch wenn der Kläger zunächst Berufung einlegt und dann die Rücknahme der Klage erklärt, bleibt die Einwilligung des Beklagten erforderlich (BGH NJW 1998, 3784). Verweigert er seine Zustimmung, bleibt dem Kläger noch die Möglichkeit eines Verzichts gem. § 306 ZPO (vgl. Form. I. M. 4). Im Arrest- und Verfügungsverfahren ist die Rücknahme des Antrags immer ohne Zustimmung des Gegners möglich (hM., vgl. *Zöller/Vollkommer* § 920 Rdn. 13).

2. Die Zurücknahme hat gem. § 269 Abs. 3 ZPO ua. zur Folge, dass der Rechtsstreit beendet wird; ein bereits ergangenes, noch nicht rechtskräftiges Urteil – zB. Versäumnisurteil, Vorbehaltsurteil, Urteil der Vorinstanz – wird wirkungslos. Es bleibt dem Kläger aber unbenommen, nach Rücknahme die gleiche Klage erneut zu erheben; anders ist es, wenn er auf den Klageanspruch verzichtet hat.

3. Die Klagerücknahme wird entweder im Termin zu Protokoll (die Erklärung muss vorgelesen und genehmigt werden, § 162 Abs. 1 ZPO) oder – wie im Beispiel – durch bestimmenden Schriftsatz, der dem Beklagten zugestellt werden muss, erklärt. Sie kann auch durch schlüssiges Verhalten erklärt werden, wenn sich daraus der Wille, die Klage zurückzunehmen, eindeutig und unzweifelhaft ergibt (BGH NJW-RR 1996, 885). Die Erklärung unterliegt im Anwaltsprozess dem Anwaltszwang (hM.). Der Kläger ist an die Erklärung der Rücknahme gebunden, auch wenn die Wirksamkeit noch von der Zustimmung des Beklagten abhängt (vgl. *Thomas/Putzo* § 269 Rdn. 8). Ein Widerruf der Klagerücknahme ist nur bei Vorliegen eines Restitutionsgrundes iSd. § 580 ZPO möglich (BGH NJW 2007, 1460).

4. Diese Bitte ist nur sinnvoll, wenn bereits streitig verhandelt wurde. Dann allerdings liegt es im Interesse des Klägers, dass die Entscheidung des Beklagten über seine Zustimmung möglichst bald herbeigeführt wird. Nach der Neufassung von § 269 Abs. 2 ZPO gilt die Zustimmung des Beklagten als erteilt, wenn er nicht binnen zwei Wochen nach Zustellung der Klagerücknahme widerspricht. Diese Wirkung tritt jedoch nur ein, wenn das Gericht den Beklagten auf diese Folge hingewiesen hat. Falls die Parteien außergerichtlich eine von § 269 Abs. 3 ZPO abweichende Kostenregelung getroffen haben, sollte der Kläger das Gericht schon jetzt darauf hinweisen, um einen Kostenbeschluss zu seinen Lasten mit Sicherheit zu vermeiden.

Kosten und Gebühren

Auf Antrag des Beklagten sind dem Kläger gem. § 269 Abs. 3, 4 ZPO sämtliche bisher entstandenen Kosten des Rechtsstreits durch Beschluss aufzuerlegen. Die Rücknahme hat für den Kläger gegenüber einer abweisenden streitigen Entscheidung den Vorteil, dass erheblich weniger Kosten entstehen. Er spart in erster Instanz zumindest zwei Gebühren des Gerichts gem. KV Nr. 1211 und, wenn die Rücknahme vor der Verhandlung erklärt wird, auch die Terminsgebühr nach VV 3104. Es empfiehlt sich daher eine frühzeitige Rücknahme. Bei einer nur teilweisen Rücknahme ermäßigen sich die Gerichtsgebühren nicht. Über die Kosten wird dann nicht durch Beschluss nach § 269 Abs. 4 ZPO, sondern im Endurteil entschieden. Zur quotenmäßigen Verteilung der Kosten bei teilweiser Klagerücknahme vgl. BGH NJW-RR 1996, 256. Ein Kostenantrag ist in diesem Fall nicht erforderlich.

Ausnahmen von der Verpflichtung des Klägers, nach § 269 Abs. 3 S. 2 ZPO sämtliche Kosten des Rechtsstreits zu tragen:

- Sind bereits vorher Kosten durch Säumnis des Beklagten entstanden, so hat sie nach neuerer Rechtsprechung der Beklagte zu tragen; § 344 ZPO geht § 269 Abs. 3 ZPO vor (BGH NJW 2004, 1082 u. 2309);
- der Kostenbeschluss im Hauptprozess erfasst nach neuer Rechtsprechung die Kosten eines getrennt geführten selbstständigen Beweisverfahrens (BGH NJW 2007, 1279 u. 1282; anders die früher überwiegende Meinung, zB. OLG Koblenz NJW 2003, 3281); das soll auch gelten, wenn der Gegenstand des selbständigen Beweisverfahrens und der der Hauptsache nur teilweise identisch sind; Voraussetzung ist allerdings, dass das Beweisverfahren abgeschlossen ist (BGH NJW 2007, 1282).
- hat sich der Kläger in einem Vergleich verpflichtet, die Klage in einem anderen Rechtsstreit zurückzunehmen, geht die im Vergleich getroffene Kostenregelung vor; das andere Gericht darf also keinen abweichenden Kostenbeschluss erlassen (BGH MDR 2004, 1251);
- auf die Kosten eines Nebenintervenienten, der auf Seiten des Klägers beigetreten ist, erstreckt sich der Kostenbeschluss nicht; wenn der Kläger keine Kostenerstattung verlangen kann, kann es auch sein Streithelfer nicht (BGH NJW-RR 2004, 1506);
- hat der Kläger die Klage zurückgenommen, weil der Anlass zur Einreichung der Klage vor deren Zustellung weggefallen ist, triff ihn nicht die automatische Kostenfolge des § 269 Abs. 3 S. 2 ZPO. Vielmehr ist dann über die Kosten unter Berücksichtigung des bisherigen Sach- und Streitstrandes nach billigem Ermessen über die Kosten zu tragen; es gelten die gleichen Grundsätze wie zu § 91 a ZPO (näher Form. I. M. 12).

5. Zustimmung des Beklagten zur Klagerücknahme[1] und Kostenantrag[2]

An das
Landgericht

In der Sache

.....

stimmt der Beklagte der vom Kläger mit Schriftsatz vom ...... erklärten Klagerücknahme zu[3].

Der Beklagte beantragt,

1. **dem Kläger durch Beschluss die Kosten des Rechtsstreits aufzuerlegen[4],**
2. **auszusprechen, dass das Vorbehaltsurteil vom ...... (das Versäumnisurteil vom ......, der Vollstreckungsbescheid vom ......) wirkungslos ist,[5]**
3. **den Streitwert festzusetzen.**

Rechtsanwalt

Anmerkungen

1. Der Beklagte kann eine Klagerücknahme durch den Kläger nach streitiger Verhandlung verhindern, indem er seine Zustimmung verweigert. § 269 Abs. 1 ZPO stellt auf die mündliche Verhandlung des Beklagten zur Hauptsache ab. Sie beginnt gem. § 137 ZPO erst, wenn er seinen Klagabweisungsantrag oder als Berufungsbeklagter den Antrag auf Zurückweisung der Berufung stellt (BGH NJW 1987, 3263, 3264). Verhandeln zur Zulässigkeit genügt nicht, auch nicht Erörterung der Sache im Rahmen von Vergleichsverhandlungen. IdR. wird der Beklagte kein Interesse daran haben, seine Zustimmung zu verweigern; denn ein mit Gründen versehenes klageabweisendes Urteil kann er wegen der Möglichkeit des Klägers, auf den Anspruch gem. § 306 ZPO zu verzichten (vgl. Form. I. M. 6), nicht erzwingen. Wenn der Beklagte jedoch befürchtet, der Kläger werde den Anspruch in einem neuen Rechtsstreit geltend machen, sollte er seine Zustimmung davon abhängig machen, dass der Kläger die Rücknahme „unter Verzicht auf den Klageanspruch" (vgl. *Baumbach/Lauterbach/Albers/Hartmann* § 269 Rdn. 50) erklärt. Falls bereits ein Urteil gegen ihn ergangen ist (zB. ein Vorbehaltsurteil oder ein Versäumnisurteil), kann der Beklagte auch seine Zustimmung von der Aushändigung des Titels abhängig machen.

2. Durch den Kostenantrag erwirkt der Beklagte gem. § 269 Abs. 3, 4 ZPO einen Kostenbeschluss, den er als Grundlage für die Kostenfestsetzung benötigt. Der Kostenbeschluss ergeht allerdings nur, wenn die Rücknahme den gesamten Klageanspruch betrifft. Bei nur teilweiser Rücknahme wird über die Kosten erst in der die Instanz abschließenden Entscheidung erkannt (vgl. *Zöller/Greger* § 269 Rdn. 19 a).

3. Die Einwilligung kann mit Schriftsatz oder im Termin zu Protokoll erklärt werden, auch schon vor Erklärung der Rücknahme. Es besteht Anwaltszwang nach § 78 ZPO. Eine konkludente Einwilligung ist möglich, zB. dadurch, dass der Beklagte auf die Rücknahmeerklärung mit einem Kostenantrag reagiert oder den Klageabweisungsantrag stellt. Will der Beklagte seine Zustimmung verweigern, könnte seine Erklärung lauten:

> „. . . . . erklärt der Beklagte, dass er seine Zustimmung zur Klagerücknahme verweigert. Der Beklagte ist an einem klageabweisenden Urteil interessiert."

Die Erklärung der Einwilligung ist bindend; das gilt auch für die Verweigerung.

4. Der Kostenantrag kann nicht gestellt werden, wenn sich die Parteien über die Kosten außergerichtlich verglichen haben (vgl. *Thomas/Putzo* § 269 Rdn. 20; dort auch weitere Ausnahmen). Der Antrag ist nicht erforderlich, wenn die Klage nur zum Teil zurückgenommen wird; dann wird im Endurteil auch über die Kosten des zurückgenommenen Teils von Amts wegen entschieden.

5. Wenn gegen den Beklagten ein Urteil ergangen ist, das noch nicht rechtskräftig ist, wird es durch die Rücknahme wirkungslos. Diese Folge kann auf Antrag des Beklagten gleichfalls durch Beschluss ausgesprochen werden, was zur Abwendung einer etwaigen Zwangsvollstreckung dienlich sein kann (vgl. *Zöller/Greger* § 269 Rdn. 17). Der Antrag ist nicht erforderlich, wenn sich der Beklagte den Titel vom Kläger aushändigen lässt.

6. Soweit es sich nicht um eine Zahlungsklage handelt, ist nach § 63 GKG der Streitwert festzusetzen. Daran hat der Beklagte zur Vorbereitung der Kostenfestsetzung ein Interesse.

Kosten und Gebühren

Durch den Beschluss nach § 269 Abs. 4 ZPO entstehen keine weiteren Gerichtskosten. Der Kostenantrag des Anwalts gehört zum Rechtszug und löst nach § 19 Abs. 1 S. 2 RVG keine Gebühr aus.

Fristen und Rechtsmittel

Gegen den Beschluss ist die sofortige Beschwerde gegeben (§ 269 Abs. 5 ZPO), jedoch nur, wenn der Wert der Hauptsache die Berufungssumme von EUR 600,– übersteigt. Außerdem muss der Kostenwert mehr als EUR 200,– betragen (§ 567 Abs. 2 ZPO).

6. Verzicht[1]

An das
Landgericht

In der Sache

……

wird der Kläger, nachdem der Beklagte seine Zustimmung zur Klagerücknahme versagt hat, im nächsten Termin auf den geltend gemachten Anspruch gem. § 306 ZPO verzichten[2]. Der Beklagte möge daher überlegen, ob er unter diesen Umständen zur Vermeidung der mündlichen Verhandlung nicht doch der Rücknahme zustimmt[3].

Rechtsanwalt

Schrifttum: Thomas, Zur Doppelnatur von Klageanerkenntnis und Klageverzicht, ZZP 89, 80.

Anmerkungen

1. Der Verzicht auf den Klageanspruch mit anschließendem Verzichtsurteil gem. § 306 ZPO kommt in der Praxis selten vor. Die Klagerücknahme gem. § 269 ZPO ist der einfachere und billigere Weg. Wenn allerdings der Beklagte die erforderliche Zustimmung zur Rücknahme verweigert, empfiehlt sich für den Kläger aus Kostengründen und zur Vermeidung eines mit Gründen versehenen klageabweisenden Urteils der Verzicht. Ein Verzicht „unter Verwahrung gegen die Kosten", entspr. dem Anerkenntnis, ist nicht möglich; § 93 ZPO gilt nicht entspr. (vgl. *Thomas/Putzo* § 306 Rdn. 4; aA. OLG Frankfurt NJW-RR 1994, 62).

2. Der Verzicht muss „bei der mündlichen Verhandlung" erklärt werden, soweit nicht das schriftliche Verfahren angeordnet ist. Das 1. JuMoG hat insoweit nur § 307 ZPO, nicht § 306 ZPO geändert. Eine schriftsätzliche Erklärung genügt nicht, jedoch ist eine Ankündigung des Verzichts zweckmäßig. Die Erklärung des Verzichts unterliegt im Anwaltsprozess dem Anwaltszwang (BGH NJW 1988, 210; 1955, 320). Der Verzicht kann den gesamten Anspruch, aber auch nur einen Teil betreffen, in diesem Fall ergeht ein Teilurteil.

3. Mit seiner verweigerten Zustimmung zur Klagerücknahme kann der Beklagte nicht erreichen, dass die Klage durch ein Urteil mit Gründen abgewiesen wird; das Verzichtsurteil enthält keine Begründung. Daher wird eine Rücknahme meist seinen Interessen genügen. Allerdings erhält er bei einer Rücknahme außerhalb der mündlichen Verhandlung keine Terminsgebühr (vgl. Anm. Kosten und Gebühren).

Kosten und Gebühren

Bei Abweisung der gesamten Klage durch Verzichtsurteil ermäßigen sich die Gerichtsgebühren in erster Instanz auf 1,0 (KV 1211). Der Anwalt erhält für die mündliche Verhandlung eine Terminsgebühr von 1,2 (VV 3104).

7. Antrag des Beklagten auf Verzichtsurteil[1]

An das
Landgericht

In der Sache

……

wird der Beklagte auf Grund des Verzichts im Termin beantragen[2]:

1. Der Kläger wird mit dem geltend gemachten Anspruch abgewiesen.
2. …… (Kosten)[3].
3. …… (Vollstreckbarkeit)[4].

Rechtsanwalt

Anmerkungen

1. Nach einem Verzicht des Klägers bleibt dem Beklagten nur der Antrag auf ein Verzichtsurteil; an einem streitigen Urteil hat er idR. kein Rechtsschutzinteresse (BGH NJW 1968, 503). Der Antrag unterliegt dem Anwaltszwang nach § 78 ZPO. Das Urteil ergeht allein auf Grund des Verzichts, eine Sachprüfung findet nicht statt. Gem. § 313b Abs. 1 ZPO bedarf das Urteil nicht des Tatbestandes und der Entscheidungsgründe und enthält sie auch in aller Regel nicht.

2. Das Verzichtsurteil ergeht nur auf Antrag des Beklagten. Liegt ein Teilverzicht vor, kann nur ein Teilverzichtsurteil ergehen, das das Gericht allerdings, wenn der Rechtsstreit im Übrigen noch nicht zur Entscheidung reif ist, erlassen muss. Zur Fassung des Tenors und damit des Antrags vgl. *Thomas/Putzo* § 306 Rdn. 1.

3. Bei einem Teilverzichtsurteil wird über die Kosten erst im Schlussurteil entschieden.

4. Nach § 708 Nr. 1 ZPO ist das Urteil ohne Sicherheitsleistung vorläufig vollstreckbar.

Kosten und Gebühren

Vgl. Form. I. M. 6.

Fristen und Rechtsmittel

Das Verzichtsurteil kann wie ein gewöhnliches Urteil angefochten werden, erfolgreich aber nur, wenn kein wirksamer Verzicht vorlag oder wenn dieser wirksam widerrufen wurde (vgl. hierzu *Zöller/Vollkommer* Rdn. 6 vor § 306).

8. Anerkenntnis[1] unter Verwahrung gegen die Kosten[2]

An das
Landgericht

In der Sache

……

erkennt der Beklagte den geltend gemachten Anspruch an[3], den Zinsanspruch jedoch nur in Höhe von 5 Prozentpunkten über dem Basissatz seit Rechtshängigkeit.
Der Beklagte verwahrt sich außerdem gegen die Tragung der Prozesskosten[4].

Begründung[5]:

Der Beklagte hat zur Klageerhebung keinen Anlass gegeben. Der Kläger hat ihm nicht einmal eine Rechnung über die Klageforderung übersandt, dem Beklagten war also die Höhe der Forderung nicht bekannt. Auch eine Mahnung hat der Beklagte nicht erhalten. Der Beklagte ist zur Erfüllung des Anspruchs bereit und wird alsbald Zahlung leisten[6].

Rechtsanwalt

Schrifttum: Vossler, Das sofortige Anerkenntnis im Zivilprozess nach In-Kraft-Treten des Ersten Justizmodernisierungsgesetzes, NJW 2006, 1034; *Huber,* Grundwissen Zivilrecht: Anerkenntnis, JuS 2008, 313; *Kapitza/Kammer,* Anerkennen oder Versäumnisurteil erdulden?, JuS 2008, 882; *Fischer,* Anerkenntnis- und Versäumnisurteil ohne mündliche Verhandlung, NJW 2004, 909; *König,* Anerkenntnis statt Säumnis – Nach dem RVG vielfach ein anwaltlicher Kunstfehler, NJW 2005, 1243; *Schroeder/Riechert,* Anerkenntnis statt Säumnis? – Systemwidrige Auswirkungen des RVG auf die Prozesstaktik, NJW 2005, 2187; *Deichfuß,* Das „sofortige" Anerkenntnis im schriftlichen Vorverfahren, MDR 2004, 190; *Huber*, Schriftliches Vorverfahren und sofortiges Anerkenntnis, JuS 2003, 698; *Schilken,* Zum Handlungsspielraum der Parteien beim prozessualen Anerkenntnis, ZZP 90, 157; *Thomas,* Zur Doppelnatur von Klageanerkenntnis und Klageverzicht, ZZP 89, 80; *Seutemann/Herget,* Ermäßigung der Verfahrensgebühr nach dem GKG im Falle eines Anerkenntnisses, MDR 1995, 1096.

Anmerkungen

1. Der Beklagte kann den Klageanspruch in jeder Lage des Rechtsstreits anerkennen. Die Folge ist, dass er auf Antrag des Klägers gem. § 307 ZPO durch ein Anerkenntnisurteil verurteilt wird. Anlass für ein Anerkenntnis kann gegeben sein, wenn der Prozess für den Beklagten ungünstig verlief oder er – so das Beispiel – durch die gerichtliche Geltendmachung eines begründeten Anspruches überrascht wurde. Aus der Sicht des Beklagten handelt es sich um eine kostengünstige Möglichkeit, einen als verloren anzusehenden Prozess zu beenden. Das Anerkenntnis kann den gesamten Anspruch, einen Teil des Anspruches oder einen von mehreren Ansprüchen betreffen, aber auch von einem von mehreren Streitgenossen abgegeben werden. Der Beklagte kann den Anspruch auch in der Weise anerkennen, dass er eine unbedingt geforderte Leistung Zug-um-Zug erbringt (vgl. BGH NJW 1989, 1934), etwa mit der Formulierung

> „Der Beklagte erkennt den geltend gemachten Klageanspruch Zug um Zug gegen Zahlung von EUR …… (oder: gegen Übereignung und Übergabe des PKW …, gegen Beseitigung folgender Mängel ……) an."

Das Anerkenntnis des Beklagten ist bindend und nicht von einer Annahme des Gegners abhängig; ein Widerruf ist nur in engen Grenzen möglich, so bei Rechtsmissbrauch, Vorliegen eines Restitutionsgrundes nach § 580 ZPO oder eines Abänderungsgrundes nach § 323 ZPO (vgl. BGH NJW 1981, 2193; *Thomas/Putzo* § 307 Rdn. 8; *Zöller/Vollkommer* Rdn. 6 vor § 306). Zum Anerkenntnis im schriftlichen Vorverfahren vgl. Form. I. E. 3.

2. Grundsätzlich wird der Beklagte im Anerkenntnisurteil auch zur Tragung der Kosten verurteilt. Hat er jedoch keinen Anlass zur Klage gegeben und erkennt er sofort an, fallen dem Kläger gem. § 93 ZPO die Kosten zur Last. Diese Voraussetzungen sind im Einzelnen sehr umstritten (vgl. die Zusammenstellung bei *Zöller/Herget* § 93 Rdn. 6). Sicherheitshalber sollte der Beklagte den Anspruch so früh wie möglich anerkennen und im Prozess alles vermeiden, was ihm nachträglich als Anlass zur Klageerhebung ausgelegt werden könnte. Das bedeutet, auch wenn die Rechtsprechung zT. großzügiger ist,

a) bei frühem ersten Termin: Der Anspruch muss spätestens im ersten Termin vor streitiger Verhandlung anerkannt werden; vorher darf der Anspruch nicht bestritten worden sein, auch nicht in einem vorbereitenden Schriftsatz (vgl. OLG Zweibrücken MDR 2008, 354; *Thomas/Putzo* § 93 Rdn. 10).

b) bei schriftlichem Vorverfahren: Das Anerkenntnis muss, anders als nach früher hM., noch nicht mit der Verteidigungsanzeige abgegeben werden, sie darf dann aber noch keinen Klageabweisungsantrag enthalten (BGH NJW 2006, 2490; KG NJW-RR 2006, 1078). Es genügt die Erklärung innerhalb der Klageerwiderungsfrist, danach ist § 93 ZPO unanwendbar (vgl. *Zöller/Vollkommer* § 307 Rdn. 3 a); außerdem darf die die zweiwöchige Notfrist nach § 276 Abs. 1 ZPO nicht verstrichen sein (OLG Frankfurt NJW-RR 1993, 126; OLG Zweibrücken NJW-RR 2002, 138); war allerdings die Klage zunächst nicht schlüssig, kann auch nach ergänztem Sachvortrag „sofort" anerkannt werden (BGH NJW 2004, 2904; OLG Bremen NJW 2005, 228).

Das Anerkenntnis kann auch dann noch „sofort" sein, wenn der Beklagte vorher gegen ein Versäumnisurteil Einspruch eingelegt (vgl. Thomas/Putzo § 93 Rdn. 11) oder gegen einen Mahnbescheid Widerspruch erhoben hatte (BGH NJW 1979, 2040), soweit nicht der Anspruch im Widerspruch bestritten wurde (OLG Frankfurt MDR 1984, 149) Allerdings kann der Widerspruch ein Indiz dafür sein, dass der Beklagte Anlass zur Klageerhebung gegeben hat (*Thomas/Putzo* § 93 Rdn. 7 b). Für das Anerkenntnis im Nachverfahren soll es unschädlich sein, dass der Beklagte dem Anspruch im Urkundenprozess widersprochen hatte (OLG Düsseldorf MDR 1983, 496). Problematisch ist in der Praxis oft die Frage, ob der Beklagte schon dadurch Anlass zur Klageerhebung gegeben hat, dass er eine fällige Geldschuld nicht vor Klageerhebung beglich. Ein Unterhaltsschuldner, der zwar regelmäßig gezahlt hat, aber keinen Titel auf seine Kosten errichten ließ, hat Anlass zur Klageerhebung gegeben (vgl. OLG Düsseldorf FamRZ 1988, 519). Im Übrigen fordert die Rechtsprechung der Instanzgerichte meist, dass das Anerkenntnis bei einer fälligen Geldschuld mit alsbaldiger Erfüllung verbunden sein müsse (zB. OLG Düsseldorf NJW-RR 1994, 827; vgl. *Zöller/Herget* § 93 Rdn. 6 „Geldschulden" mwN.), demgegenüber stellt der BGH (NJW 1979, 2040, 2041 mwN.; so auch OLG Frankfurt NJW-RR 1993, 1472) auf das Verhalten des Beklagten vor Prozessbeginn ab und fordert für § 93 ZPO nicht zusätzlich die Erfüllung.

3. Das prozessuale Anerkenntnis kann in der mündlichen Verhandlung, in der Güteverhandlung, im schriftlichen Vorverfahren (vgl. Form. I. E. 3) und nach § 307 ZPO sonst in einem Schriftsatz erklärt werden, auch wenn nicht das schriftliche Verfahren nach § 128 Abs. 2, 3 ZPO angeordnet ist. Im Verfahren mit frühem ersten Termin ist es aber zweckmäßig – schon um kostenverursachende Maßnahmen des Gerichts zu vermeiden –, das Anerkenntnis vor dem Termin anzukündigen oder es jedenfalls als möglich darzustellen. Auf eine Protokollierung des Anerkenntnisses (§ 160 Abs. 3 Nr. 1 ZPO) und dessen gleichfalls zu protokollierende Verlesung und Genehmigung (§ 162 Abs. 1 ZPO) ist zu achten, vgl. BGH NJW 1989, 1934.

4. Die „Verwahrung gegen die Kosten" (üblich auch die Formulierung „unter Protest gegen die Kosten") macht das Anerkenntnis hinsichtlich des Klageanspruches nicht unwirksam, sondern wird als Hinweis an das Gericht verstanden, dem Kläger die Kosten gem. § 93 ZPO aufzuerlegen (vgl. *Thomas/Putzo* § 307 Rdn. 3). Der Beklagte hat dann einen Anspruch darauf, dass die Kostenentscheidung, wenn das Gericht § 93 ZPO nicht anwendet, begründet wird (OLG Brandenburg NJW-RR 2003, 1723). Der Beklagte sollte sich die Verwahrung gegen die Kosten gut überlegen, weil der Rechtsstreit dadurch erheblich teurer wird (s. Anm. Kosten und Gebühren).

5. Der Beklagte muss insbesondere darlegen, dass er vorprozessual zur Klageerhebung keinen Anlass gegeben hat (vgl. Anm. 2 und die Beispiele bei *Zöller/Herget* § 93 Rdn. 6). Die Beweislast hierfür trägt der Beklagte (*Thomas/Putzo* § 93 Rdn. 4); er soll auch beweisen müssen, die Klagerechnung (OLG Frankfurt NJW-RR 1996, 62) oder ein vom

Kläger behauptetes vorprozessuales Aufforderungsschreiben (OLG Bremen JurBüro 1983, 764) nicht erhalten zu haben.

6. Will der Beklagte in Hinblick auf § 93 ZPO sichergehen, sollte er den Anspruch erfüllen. In diesem Fall wäre die Hauptsache für erledigt zu erklären, über die Vorschrift des § 91a ZPO würde bei der Kostenverteilung der Rechtsgedanke des § 93 ZPO anwendbar sein (vgl. *Zöller/Vollkommer* § 91a Rdn. 25). Bei Geldschulden kann es sich auch empfehlen, im Termin einen Scheck bereitzuhalten und erforderlichenfalls zu überreichen, damit aus dem prozessualen Verhalten nicht geschlossen werden kann, dass der Kläger doch Anlass zur Klage hatte.

Kosten und Gebühren

Bei einer Beendigung des gesamten Rechtsstreits durch Anerkenntnisurteil ermäßigen sich die Gerichtskosten von 3,0 auf 1,0 (KV Nr. 1211 Nr. 2), in der Berufungsinstanz von 4,0 auf 2,0 (KV 1222 Nr. 2). Umstr. ist, ob das auch bei einem Anerkenntnis unter Verwahrung gegen die Kosten gilt, die Frage wird von der überwiegenden Praxis verneint (vgl. *Zöller/Vollkommer* § 307 Rdn. 12, anders *Hartmann,* Kostengesetze, KV Nr. 1211 Rdn. 9, jeweils mit Nachw.). Bei einem Teilanerkenntnisurteil und streitiger Entscheidung über den Rest kann es hingegen zu keiner Ermäßigung kommen. Auch ein Teilanerkenntnis verbunden mit einer übereinstimmenden Erledigung für den Rest führt nicht zur Kostenermäßigung (OLG Frankfurt NJW-RR 2001, 717; OLG München NJW-RR 1999, 1232; str.). Wird das Anerkenntnis in der mündlichen Verhandlung abgegeben, erhält der Anwalt eine volle Terminsgebühr nach VV 3104. Das gilt auch für ein Anerkenntnis im schriftlichen Vorverfahren (*Zöller/Vollkommer* § 307 Rdn. 12; *Gerold/Schmidt* VV 3104 Rdn. 49). Bei einem schriftlichen Anerkenntnis vor dem frühen ersten Termin dürfte die Rechtslage anders sein.

Fristen und Rechtsmittel

Will der Beklagte die Kostenfolge des § 93 ZPO herbeiführen, muss er „sofort" (hierzu Anm. 2) anerkennen.

Gegen das Anerkenntnisurteil hat der Beklagte die gleichen Rechtsmittel wie gegen ein streitiges Urteil (vgl. BGH NJW 1992, 1513, 1514), aussichtsreich aber wohl nur mit der Begründung, es habe kein wirksames Anerkenntnis zugrunde gelegen oder er habe das Anerkenntnis wirksam widerrufen (OLG Düsseldorf NJW-RR 1999, 1514; OLG Koblenz NJW-RR 2000, 529, 530; KG NJW-RR 1995, 958). Weicht das Urteil von dem vom Kläger gestellten Antrag ab, kann auch er Berufung einlegen (vgl. BGH NJW 2004, 2019). Die Kostenentscheidung ist für den Kläger oder für den Beklagten nach § 99 Abs. 2 ZPO mit der sofortigen Beschwerde gem. § 567 ZPO anfechtbar, je nachdem, ob das Gericht § 93 ZPO angewandt hat oder nicht. Nach § 99 Abs. 2 ZPO muss der Wert der Hauptsache die Berufungssumme nach § 511 ZPO (mehr als EUR 600,–) erreichen, außerdem muss der Kostenwert EUR 200,– übersteigen (§ 567 Abs. 2 ZPO). Problematisch sind die Fälle, in denen zunächst ein Teilanerkenntnisurteil ergeht, anschließend ein Schlussurteil über die restliche Hauptsache und die Kosten oder nur über die Kosten (vgl. BGH MDR 2001, 648; *Zöller/Herget* § 99 Rdn. 11). Das Teilanerkenntnisurteil kann nur mit der Berufung angegriffen werden, die sich aber nicht auf die Kostenentscheidung im Schlussurteil erstreckt; diese muss gesondert angefochten werden (vgl. KG MDR 1990, 160). Soll das Schlussurteil nur im Kostenpunkt angegriffen werden, empfiehlt sich die sofortige Beschwerde. Bei einer sog. gemischten Kostenentscheidung erfasst die Beschwerde allerdings nur die auf den anerkannten Teil entfallenden Kosten, für die Kosten der streitigen Hauptsache gilt § 99 Abs. 1 ZPO (vgl. OLG Köln NJW-RR 1994, 767).

Frist für die sofortige Beschwerde: zwei Wochen.

9. Antrag auf Anerkenntnisurteil[1]

An das
Landgericht

In der Sache

……

beantrage ich für den Kläger, nachdem der Beklagte den gegen ihn geltend gemachten Anspruch anerkannt hat,

1. den Termin zur mündlichen Verhandlung am …… aufzuheben[2],

2. den Beklagten seinem Anerkenntnis gemäß zu verurteilen[3]

a) an den Kläger EUR …… nebst Zinsen in Höhe von 5 Prozentpunkten über dem Basiszinssatz zu zahlen,

b) …… (Kosten),[4]

c) …… (Vollstreckbarkeit)[5].

Den weitergehenden Zinsanspruch nimmt der Kläger zurück[6].

Sollte das Gericht den Kostenpunkt noch für ungeklärt halten, wird beantragt[7],

ein Teilanerkenntnisurteil zu erlassen und die Kostenentscheidung dem Schlussurteil vorzubehalten.

Begründung[8]:

Der Beklagte hat, entgegen seiner Darstellung, Anlass zur Klageerhebung gegeben. Wenn der Beklagte die ihm vom Kläger ausgestellte Rechnung nicht erhalten hat, so deswegen, weil der Beklagte umgezogen ist, ohne dies dem Kläger mitzuteilen. Der Kläger hat den Beklagten im Übrigen durch einen Angestellten vor Erhebung der Klage in einem Telefonat am …… gemahnt.

Beweis: Zeugnis des ……

Der Beklagte hat jedoch nur Ausflüchte benutzt.

Rechtsanwalt

Anmerkungen

1. Hat der Beklagte den Anspruch dem vom Kläger gestellten Antrag entsprechend anerkannt, endet der Rechtsstreit mit einem Anerkenntnisurteil (§ 307 ZPO); für eine Entscheidung durch streitiges Urteil fehlt dem Kläger idR. das Rechtsschutzinteresse. Das Anerkenntnisurteil ergeht, wenn ein wirksames Anerkenntnis vorliegt und die Prozessvoraussetzungen gegeben sind (vgl. *Thomas/Putzo* § 307 Rdn. 10), eine sachliche Prüfung des Anspruches findet nicht statt. Das Anerkenntnisurteil bedarf nicht des Tatbestandes und der Entscheidungsgründe (§ 313 b Abs. 1 ZPO) und enthält sie auch idR. nicht, es sei denn, dass die Kostenentscheidung wegen § 93 ZPO streitig ist; in diesem Fall muss das Urteil eine Begründung enthalten (vgl. OLG Brandenburg NJW-RR 2003, 1723).

2. Nach § 307 S. 2 ZPO bedarf es für den Erlass eines Anerkenntnisurteils keiner mündlichen Verhandlung mehr. Es ist also zweckmäßig, dass der Termin aufgehoben wird, was das Gericht auch von Amts wegen tun kann. Damit verzichtet der Anwalt nicht auf die Terminsgebühr nach VV 3104; sie entsteht auch bei einem Anerkenntnisurteil ohne mündliche Verhandlung (*Zöller/Vollkommer* § 307 Rdn. 12).

3. Das Anerkenntnisurteil setzt keinen Antrag des Klägers voraus, dennoch ist es zweckmäßig, auf das schriftsätzliche Anerkenntnis des Beklagten mit einem Antrag zu reagieren. Liegt nur ein Teilanerkenntnis vor, kann der Beklagte nur ein Teilanerkenntnisurteil beantragen, das das Gericht, wenn der Rechtsstreit im Übrigen noch nicht zur Entscheidung reif ist, abweichend von § 301 Abs. 2 ZPO erlassen muss (vgl. *Thomas/Putzo* § 301 Rdn. 4).

4. Ein Teilanerkenntnisurteil enthält regelmäßig keine Kostenentscheidung. Über die Kosten kann erst im Schlussurteil entschieden werden. Eine Teilkostenentscheidung ist zB. möglich, wenn ein Streitgenosse durch Teilurteil verurteilt ist, aber auch nur wegen seiner außergerichtlichen Kosten (vgl. *Zöller/Vollkommer* § 301 Rdn. 11).

5. Das Anerkenntnisurteil ist ohne Sicherheitsleistung für vorläufig vollstreckbar zu erklären, § 708 Nr. 1 ZPO.

6. Wenn der Anspruch zu einem geringen Teil, insbesondere hinsichtlich der Nebenforderungen, nicht anerkannt wird, kann insoweit eine Rücknahme der Klage vorteilhaft sein. Denn dadurch wird eine spätere streitige Entscheidung über die Restforderung durch Schlussurteil und damit auch eine Verzögerung der Kostenentscheidung vermieden sowie die Ermäßigung der Gerichtskosten auf eine Gebühr nach KV Nr. 1211 Nr. 2 erreicht.

7. Wenn, wie im Beispielsfall, der gesamte Klageanspruch anerkannt ist, aber die Kostenfrage noch der Klärung bedarf, erlässt die Praxis – dogmatisch anfechtbar, aber zweckmäßig – meist ein Teilanerkenntnisurteil über die Hauptsache und später ein Schlussurteil über die Kosten (vgl. *Thomas/Putzo* § 307 Rdn. 12). Hierauf sollte der Kläger hinwirken, um möglichst schnell einen vollstreckbaren Titel zu erhalten.

8. Hier muss sich der Kläger zu den Darlegungen des Beklagten, soweit sie die Voraussetzungen des § 93 ZPO betreffen, erklären. Ist streitig, ob der Beklagte Anlass zur Klageerhebung gegeben hat, kann es zu einer Beweisaufnahme kommen; die Beweislast liegt beim Beklagten (vgl. Form. I. M. 8 Anm. 5).

Kosten und Gebühren

Vgl. Anm. 4 und Form. I. M. 8. Auch wenn es zu keiner mündlichen Verhandlung kommt, erhält der Anwalt eine volle Terminsgebühr nach VV 3104. Wird das Anerkenntnis vergleichsweise abgegeben, entsteht keine Einigungsgebühr (VV 1000 Abs. 1 Satz 1 Hs. 2; vgl. OLG Stuttgart NJW 2005, 2162).

Fristen und Rechtsmittel

Vgl. Form. I. M. 8. Liegen ein Teilanerkenntnis und eine Rücknahme hinsichtlich der restlichen Klageforderung vor, kann die Kostenentscheidung des Urteils allein mit der sofortigen Beschwerde angefochten werden (vgl. *Zöller/Herget* § 99 Rdn. 15), gleich ob eine Verletzung des § 93 ZPO, des § 269 Abs. 3 ZPO oder eine unrichtige Quotelung geltend gemacht werden. Wenn im Schlussurteil zugleich über einen Teil des Klageanspruches entschieden wird, ist auch die Berufung gegeben, allerdings nur, wenn die erforderliche Beschwer vorliegt (vgl. *Zöller/Herget* § 99 Rdn. 9). Wird im Schlussurteil außer über die Kosten nur noch über den streitigen Zinsanspruch entschieden, dürfte es oft an der Beschwer fehlen.

10. Erledigungserklärung des Klägers[1]

An das
Landgericht

In der Sache

……

erklärt der Kläger die Hauptsache für erledigt[2] und beantragt,

dem Beklagten die Kosten des Rechtsstreits aufzuerlegen[3].

Der Beklagte hat die Klageforderung am ……, also nach Rechtshängigkeit[4], beglichen.

Der Beklagte wird aufgefordert, sich der Erledigungserklärung unverzüglich anzuschließen, damit der Termin aufgehoben und über die Kosten ohne mündliche Verhandlung entschieden werden kann[5].

Das Gericht wird gebeten, diesen Schriftsatz dem Beklagten zuzustellen und ihn gem. § 91 a Abs. 1 S. 2 ZPO darauf hinzuweisen, dass über die Kosten entscheiden wird, wenn er nicht innerhalb von zwei Wochen widerspricht[6].

Rechtsanwalt

Schrifttum: Bergerfurth, Die Erledigung der Hauptsache im Zivilprozeß, NJW 1992, 1655; *Ulrich,* Die Erledigung der Hauptsache und die Vereinfachung des Verfahrens, NJW 1994, 2793; *Fischer,* Vollmacht, Vertragsschluss und Erledigung der Hauptsache, JuS 2009, 355; *Fischer,* Ergänzung des § 91 a ZPO durch Feststellungsklage auf Kostenerstattung, MDR 2002, 1097; *Schröder,* Prozessaufrechnung als erledigendes Ereignis, NJW 2004, 2203; *Althammer/Löhnig,* Billige Kostentragung bei Erledigung der Hauptsache nach Aufrechnung durch den Beklagten, NJW 2004, 3077; *Schneider,* Erledigung der Hauptsache bei Aufrechnung des Beklagten, MDR 2000, 507; *Enders,* Erledigung der Hauptsache und die Verfahrens-, Termins- und Einigungsgebühr, JBüro 2005, 113; *Bonifacio,* Freiwilliges Unterliegen und Prozesskosten nach Erledigung des Rechtsstreits, MDR 2004, 1094; *Abramenko,* Die Änderung des Streitwerts bei übereinstimmender Erledigungserklärung, RPfleger 2005, 15; *Bernreuther,* Einstweilige Verfügung und Erledigungserklärung, GRUR 2007, 660; *Wolf,* Erledigung im Mahnverfahren, NJW 2003, 553; *Looff,* Kostenentscheidung nach Erledigung des selbständigen Beweisverfahrens, NJW 2008, 24.

Anmerkungen

1. Ist der mit der Klage geltend gemachte Anspruch im Laufe des Rechtsstreits durch Zahlung erloschen oder auf andere Weise entfallen (Beispiele bei *Thomas/Putzo* § 91 a Rdn. 4, 5; *Zöller/Vollkommer* § 91 a Rdn. 4), muss der Kläger die Hauptsache für erledigt erklären; denn eine Verurteilung des Beklagten kann er nicht mehr erreichen, eine Klagerücknahme würde ihn gem. § 269 Abs. 3 S. 2 ZPO mit den Kosten belasten, wenn nicht der Ausnahmefall des § 269 Abs. 3 S. 3 ZPO vorliegt (Form. I. M. 12). Wenn der Kläger allerdings erkennt, dass seine Klage aus anderen Gründen unzulässig oder unbegründet ist, kann er sich der Abweisung nicht durch eine Erledigungserklärung entziehen; dann bleibt ihm nur die Rücknahme, die ihm zudem 2,0 Gerichtsgebühren erspart (KV Nr. 1211 Nr. 1 a). Hat sich die Hauptsache vor einem unzuständigen Gericht erledigt, ist streitig, ob für die Kostenentscheidung nach § 91 a ZPO auf die Unzulässigkeit der Klage (so OLG Brandenburg NJW-RR 1996, 955) oder auf den hypothetischen Ausgang nach Verweisung abzustellen ist (so *Thomas/Putzo* § 91 a Rdn. 47); von der jeweiligen Rechtsprechung hängt es ab, ob der Kläger für erledigt erklären, Verweisung beantragen oder zurücknehmen sollte.

Auch zwischen den Instanzen und in der Rechtsmittelinstanz kann sich die Hauptsache erledigen. Zahlt der Beklagte allerdings zur Abwendung der Zwangsvollstreckung aus einem vorläufig vollstreckbaren Titel (zB. erstinstanzliches Urteil, Versäumnisurteil, Vollstreckungsbescheid, Vorbehaltsurteil), liegt keine Erledigung vor (vgl. BGH NJW 1994, 942).

2. Die Erklärung braucht nach § 91a Abs. 1 S. 1 ZPO nicht in mündlicher Verhandlung abgegeben zu werden, sie kann auch schriftsätzlich oder zu Protokoll der Geschäftsstelle erklärt werden. Die Erledigungserklärung kann auch in einem Parallelprozess wirksam zu Protokoll gegeben werden (OLG Düsseldorf OLGR-Hamm 2008, 23). Es besteht kein Anwaltszwang. Die Erklärung kann nicht hilfsweise in der Erwartung abgegeben werden, dass sich der Beklagte anschließt und nur noch über die Kosten zu entscheiden ist (BGH NJW-RR 1998, 1571, 1572). Wenn die Erledigung nur einen von mehreren Klageansprüchen oder nur einen Teil des Streitgegenstandes – zB. aufgrund einer Teilzahlung – betrifft, kann die Hauptsache nur teilweise für erledigt erklärt werden Es ist dann genau zu bezeichnen, inwieweit sich der Klageanspruch einschl. der Nebenforderungen erledigt hat. Der Kläger kann die Erledigungserklärung frei widerrufen, bis sich der Beklagte ihr angeschlossen hat (BGH NJW 2002, 442; OLG Düsseldorf AnwBl 2008 72 L).

3. Wenn der Beklagte sich der Erledigungserklärung anschließt (vgl. Form. I. M. 11), entscheidet das Gericht nur noch gem. § 91a ZPO über die Kosten des Rechtsstreits, und zwar unter Berücksichtigung des bisherigen Streitstandes nach billigem Ermessen. Maßgeblich für die Kostentragung ist die Frage, ob die Klage zulässig und begründet war und der Beklagte Anlass zur Klageerhebung gegeben hatte. Eine Beweisaufnahme hierüber findet regelmäßig nicht statt (vgl. *Thomas/Putzo* § 91a Rdn. 46a). Rechtsfragen von grundsätzlicher Bedeutung hat das Gericht nicht zu klären (BGH NJW-RR 2009, 422). Hat sich die Hauptsache durch Zahlung erledigt, wird das Gericht idR. davon ausgehen, dass der Beklagte hierzu auch verpflichtet war, und ihm die Kosten auferlegen („Freiwilliges Unterliegen“, vgl. BGH MDR 2004, 698; *Bonifacio* MDR 2004, 1094 mwN.; näher, auch zu Ausnahmen *Zöller/Vollkommer* § 91a Rdn. 25).

4. Umstritten ist die Rechtslage, wenn das erledigende Ereignis – hier also die Zahlung – vor Rechtshängigkeit (Zustellung der Klage) eingetreten ist (vgl. *Bergerfurth* NJW 1992, 1655). Auch nach Einfügung des § 269 Abs. 3 S. 3 ZPO ist nicht eindeutig, wie der Kläger vorgehen sollte, um einerseits die Gerichtskosten nicht mehr vorschießen zu müssen bzw. sie zurückzuerhalten und andererseits Erstattung der aufgewandten Anwalts- und Gerichtskosten mit einiger Sicherheit vom Beklagten zu erreichen (vgl. *Zöller/Vollkommer* § 91a Rdn. 41f.; *Baumbach/Lauterbach/Albers/Hartmann* § 91a Rdn. 30ff.). Folgende Vorgehensweisen erscheinen zweckmäßig:

a) Stellt sich nach Anhängigkeit heraus, dass die Zahlung schon eingegangen war, bevor die Klage eingereicht wurde, sollte der Kläger sie vor Einzahlung der Gerichtskosten zurückziehen. Eine Erledigung ist dann nach hM. (vgl. BGH NJW 1982, 1598; 2003, 3134) nicht eingetreten und der Kläger kann nicht hoffen, dass der Beklagte seiner Erledigungserklärung zustimmt. Durch eine Fortsetzung des Rechtsstreits riskiert der Kläger weitere Kosten, für die der Beklagte ihm nicht haftet. Der Kläger kann auch nicht seinen Zahlungsantrag fallen lassen und die Klage dahin ändern, dem Beklagten die Kosten des Rechtsstreits aufzuerlegen (BGH MDR 1979, 1000). Wenn der Beklagte dem Kläger zB. aus Verzug hinsichtlich der aufgewandten Prozesskosten schadensersatzpflichtig ist, sollte er sie in einem neuen Prozess beziffert geltend machen. Sind die Gerichtskosten bereits eingezahlt, sollte der Kläger die Klage zurücknehmen und nach § 269 Abs. 3 S. 3 ZPO vorgehen.

b) Liegt die Zahlung zwischen Einreichung der Klage und Rechtshängigkeit, ist umstritten, ob eine Erledigung eintritt oder dieser Fall einer Erledigung gleichzustellen ist; die Frage wird vom BGH (NJW 1982, 1598; 2003, 3134) verneint, von der OLG-

Rechtsprechung wurde sie vor Einfügung des § 269 Abs. 3 Satz 3 ZPO zT. bejaht (zB. OLG Koblenz NJW-RR 2000, 1092). Diese Rechtsprechung ist überholt. Lässt sich die Zustellung der Klage noch verhindern, zB. weil der Kostenvorschuss noch nicht eingezahlt ist, sollte der Kläger sie, schon um die Zahlung der Gerichtskosten zu vermeiden, zurücknehmen und eine Kostenentscheidung nach § 269 Abs. 3 S. 3 ZPO beantragen. Tritt die Erledigung nach Einzahlung des die Zustellung auslösenden Prozesskostenvorschusses ein, verspricht es keinen Erfolg, die Hauptsache für erledigt zu erklären und zu versuchen, den Kostenanspruch im selben Verfahren durchzusetzen (so früher OLG München NJW 1979, 274 mwN.; *Sannwald* NJW 1985, 898) oder die Klage auf Feststellung der Verpflichtung, die Kosten zu tragen, umzustellen (KG NJW-RR 1998, 1074). Dem Kläger ist vielmehr auch dann zu empfehlen, die Klage zurückzunehmen und einen Kostenantrag nach § 269 Abs. 3 S. 3 ZPO zu stellen (Form. I. M. 12).

5. Auch die Erklärung des Beklagten kann in einem Schriftsatz abgegeben werden (vgl. Anm. 2). Dadurch wird ein Termin unnötig; denn nach § 128 Abs. 3 ZPO kann das Gericht über die Kosten ohne mündliche Verhandlung entscheiden.

6. Nach § 91 a Abs. 1 S. 2 ZPO kann das Gericht auch über die Kosten entscheiden, wenn der Beklagte nicht innerhalb einer Notfrist von zwei Wochen widerspricht. Das setzt voraus, dass dem Beklagten die Erledigungserklärung zugestellt wird und er vorher auf diese Rechtsfolge hingewiesen wurde. Deshalb ist es zweckmäßig, die Zustellung des Schriftsatzes und einen entsprechenden Hinweis zu beantragen.

Kosten und Gebühren

Bei übereinstimmender Erledigungserklärung ermäßigen sich die Gerichtsgebühren, anders als bei der Rücknahme, grundsätzlich nicht, wenn ein begründeter Kostenbeschluss ergeht (KV 1211 Nr. 4; vgl. OLG Hamburg MDR 2006, 1376). Anders ist es, wenn keine Entscheidung über die Kosten getroffen zu werden braucht oder die Kostenentscheidung einer dem Gericht mitgeteilten Einigung der Parteien folgt; dann ermäßigt sich die Gebühr auf 1,0. Es empfiehlt sich also, eine Einigung über die Kosten herbeizuführen. Für die Beschwerde nach § 91 a Abs. 2 ZPO entsteht eine Gebühr nach KV 1810.

Der Anwalt erhält, neben der Verfahrensgebühr nach VV 3100, die Terminsgebühr nach VV 3104 nur, wenn ausnahmsweise mündlich verhandelt wird (BGH NJW 2008, 668). Der Streitwert ermäßigt sich ab übereinstimmender Erledigungserklärung auf den Wert der entstandenen Kosten (näher *Thomas/Putzo* § 91 a Rdn. 57). Bei nur teilweiser Erledigung werden die weiteren Gebühren allein nach dem Wert der verbleibenden Hauptsache berechnet (hM.; vgl. *Thomas/Putzo* § 91 a Rdn. 58; BGH NJW-RR 1995, 1089).

Fristen und Rechtsmittel

Wenn der Beklagte der Erledigung widersprechen und eine Entscheidung nach § 91 a vermeiden will, muss er sich binnen zwei Wochen nach Zustellung der Erledigungserklärung äußern (s. Anm. 6).

Gegen den Beschluss nach § 91 a ZPO sofortige Beschwerde, sofern der Beschwerdewert gem. § 567 Abs. 2 ZPO (EUR 200,–) erreicht wird. Darüber hinaus verlangt § 91 a Abs. 2 S. 2 ZPO, dass in der Hauptsache die Berufungssumme nach § 511 ZPO (EUR 600,–) erreicht wurde; sie ist nach dem Wert zu bestimmen, mit dem die Partei nach der anzufechtenden Kostenentscheidung voraussichtlich unterlegen wäre (BGH MDR 2004, 45). Werden also bei einem Streitwert der Hauptsache von EUR 1.000,– die

Kosten gegeneinander aufgehoben, kann keine Partei Beschwerde einlegen. Bei nur teilweiser Erledigung wird über die Kosten des erledigten Teils im Urteil nach § 91 a ZPO entschieden; insoweit unterliegt die Kostenentscheidung im Urteil der sofortigen Beschwerde. Wird gegen das Urteil ohnehin Berufung eingelegt, erübrigt sich daneben die sofortige Beschwerde (hM., vgl. *Thomas/Putzo* § 91 a Rdn. 56). Frist für die sofortige Beschwerde: zwei Wochen ab Zustellung (§ 569 Abs. 1 ZPO).

11. Übereinstimmende Erledigungserklärung (Anschließungserklärung des Beklagten)[1]

An das
Landgericht

In der Sache

......

schließt sich der Beklagte der Erledigungserklärung des Klägers an[2]
und beantragt,

1. **dem Kläger die Kosten des Rechtsstreits aufzuerlegen[3],**
2. **das Versäumnisurteil (Vollstreckungsbescheid, Vorbehaltsurteil) vom ...... für wirkungslos zu erklären[4]**

Begründung[5]:

Der Beklagte hat dem Kläger keinen Anlass zur Klageerhebung gegeben und den Anspruch sofort nach Klageerhebung erfüllt. ...... (ist auszuführen).

Rechtsanwalt

Anmerkungen

1. Der Beklagte hat die Wahl, sich der Erledigungserklärung des Klägers anzuschließen oder Abweisung der Klage zu beantragen (vgl. *Thomas/Putzo* § 91 a Rdn. 32a). Wenn die Hauptsache wirklich erledigt ist, sollte er sich der Erledigungserklärung des Klägers anschließen, denn anderenfalls wird durch streitiges Urteil festgestellt, dass eine Erledigung vorliegt (vgl. Form. I. M. 13 Anm. 1), was ihn mit höheren Kosten belastet. Hat sich die Hauptsache nicht erledigt, kann der Beklagte sich dennoch der Erledigungserklärung anschließen; das gilt auch bei Erledigung vor Rechtshängigkeit (OLG Köln NJW-RR 2000, 1456). Im Beschluss nach § 91 a ZPO werden dann meist dem Kläger die Kosten auferlegt werden, da die Klage nicht begründet war. Ist sich der Beklagte sicher, dass keine Erledigung vorliegt, empfiehlt es sich, der Erledigung zu widersprechen und Klageabweisung zu beantragen; zB.:

„Der Beklage widerspricht der Erledigungserklärung des Klägers und beantragt weiterhin,

die Klage abzuweisen.

Denn nicht der Beklagte, sondern der wirkliche Schuldner hat die vom Kläger fälschlich gegen den Beklagten geltend gemachte Forderung beglichen ......"

Dies führt zu einem abweisenden Urteil mit der notwendigen Kostenfolge des § 91 ZPO zu Lasten des Klägers. Wie der Beklagte sich verhalten soll, wenn seine Zahlung zwischen Einreichung und Zustellung der Klage eingegangen ist, hängt von der Rechtsprechung des jeweiligen Gerichts ab (nach OLG Koblenz NJW-RR 2000, 1092 mwN. hat der Beklagte die Kosten zu tragen, wenn kein Fall des § 93 ZPO vorliegt; vgl. *Zöller/Vollkommer* § 91a Rdn. 16). Allerdings wird dieser Fall nur noch selten eintreten, da der Kläger die Klage zurücknehmen und nach § 269 Abs. 3 S. 3 ZPO vorgehen kann (Form. I.M. 12). Wenn der Beklagte der Erledigung widerspricht und damit den Kläger zwingt, die Klage zurückzunehmen, wird es für ihn im Ergebnis nicht billiger. Hat sich die Hauptsache nach Rechtshängigkeit erledigt und war die Klageforderung begründet, handelt der Beklagte kostensparend, wenn er Hauptforderung und Zinsen ausgleicht und gegenüber dem Gericht eine Kostenübernahmeerklärung abgibt. Dadurch werden nach KV 1211 Nr. 4 2,0-Gerichtsgebühren gespart, die bei einem Beschluss nach § 91a ZPO letztlich der Beklagte zu tragen hätte.

2. Die Erklärung braucht nach § 91a Abs. 1 S. 1 ZPO nicht in mündlicher Verhandlung abgegeben zu werden, es genügt, wenn sich der Beklagte in einem Schriftsatz anschließt. Anwaltszwang besteht nicht. Gibt der Beklagte im Termin, zB. infolge Säumnis, keine Erklärung ab, kann gegen ihn ein Versäumnisurteil wegen der Kosten ergehen, wenn die Voraussetzungen des § 331 ZPO gegeben sind und insbesondere die Erledigung schlüssig vorgetragen ist. Möglich ist es, der Erledigung nur zT. zuzustimmen. Die Anschließungserklärung ist eine Prozesshandlung, die grundsätzlich nicht widerrufen oder nach bürgerlichem Recht angefochten werden kann.

3. Einen streitigen Kostenantrag sollte der Beklagte nur stellen, wenn er Gründe vortragen kann, nach denen der Kläger die Kosten zu tragen hat. Hat der Beklagte eine fällige angemahnte Zahlung nach Rechtshängigkeit geleistet, würde er sich nur mit zusätzlichen Kosten belasten. In einem solchen Fall sollte er den Kostenanspruch anerkennen (vgl. BGH MDR 1985, 914; BAG NJW 1988, 990) oder gegenüber dem Gericht die Kostenübernahme erklären, um nach KV 1211 Nr. 4 eine Gebührenermäßigung zu erreichen. Anders kann es sein, wenn zB. die Passivlegitimation des Beklagten streitig geblieben ist und er plausible Gründe vortragen kann, warum er gleichwohl gezahlt hat (OLG Koblenz NJW-RR 1999, 943).

4. Vorausgegangene Entscheidungen sind nach übereinstimmender Erledigungserklärung wirkungslos. Diese Folge der Prozessbeendigung ist auf Antrag in entsprechender Anwendung von § 269 Abs. 3, 4 ZPO auszusprechen (allgM. vgl. *Thomas/Putzo* § 91a Rdn. 21). Damit wird klargestellt, dass der Vollstreckungstitel keine Wirkungen mehr hat.

5. Der Rechtsgedanke des § 93 ZPO ist im Rahmen der Abwägung nach § 91a ZPO anwendbar (vgl. *Thomas/Putzo* § 91a Rdn. 48; Form. I. M. 8 Anm. 6), so dass in diesem Fall dem Kläger die Kosten aufzuerlegen wären. Die Beweislast liegt jedoch beim Beklagten.

Kosten und Gebühren

Vgl. Form. I. M. 10. Wird die Hauptsache erst im Berufungsverfahren für erledigt erklärt, bleibt es regelmäßig bei 4,0-Gerichtsgebühren nach KV 1220. Nur wenn keine oder eine unstreitige Entscheidung über die Kosten ergeht, reduziert sich die Gebühr auf 2,0.

Fristen und Rechtsmittel

Wie Form. I. M. 10.

12. Zurücknahme der Klage bei Erledigung vor Rechtshängigkeit[1]

An das
Landgericht

In der Sache
. . . . . .
hat der Beklagte die Klageforderung vor Rechtshängigkeit beglichen. Der Kläger nimmt daher die Klage zurück[2].
Gleichzeitig wird beantragt,

dem Beklagten die Kosten des Rechtsstreits aufzuerlegen[3].

Begründung[4]:

Der Beklagte hat die Hauptforderung nebst Zinsen am 2. 6. 20.. überwiesen, also nach Einreichung der Klage, aber vor ihrer Zustellung. Damit ist der Anlass zur Einreichung der Klage vor Rechtshängigkeit entfallen. Die Kostenentscheidung bestimmt sich daher unter Berücksichtigung des bisherigen Sach- und Streitstandes nach billigem Ermessen (§ 269 Abs. 3 S. 3 ZPO). Der Kläger weist darauf hin, dass ihm bei Einzahlung des Kostenvorschusses die Gutschriftsanzeige seiner Bank vom 5. 6. 20.. noch nicht vorlag und die Rücknahme unmittelbar nach Kenntnis des Zahlungseinganges erfolgt. Da sich der Beklagte, wie in der Klageschrift dargelegt, im Zahlungsverzug befand, sind ihm die Kosten aufzuerlegen.

Rechtsanwalt

Anmerkungen

1. Mit der durch das 1. JuMoG noch einmal geänderten Vorschrift des § 269 Abs. 3 S. 3 ZPO wollte der Gesetzgeber den unbefriedigenden Rechtszustand bei Erfüllung vor Rechtshängigkeit lösen (vgl. Form. I. M. 10. Anm. 4). Die Neuregelung ermöglicht eine § 91 a Abs. 1 ZPO entsprechende Kostenentscheidung, wenn der Anlass zur Einreichung der Klage vor Rechtshängigkeit entfallen ist; es muss also idR. Erfüllung vor Zustellung der Klage oder auch schon vor ihrer Einreichung (OLG München OLGR 2004, 218; *Elzer* NJW 2002, 2006, 2008) eingetreten sein. In dieser Situation empfiehlt es sich für den Kläger, die Klage zurückzunehmen. Einen Kostenantrag nach § 269 Abs. 4 ZPO sollte der Kläger allerdings nur stellen, wenn er erwarten kann, dass die Kostenentscheidung zu seinen Gunsten ausgeht. Denn wenn das Gericht streitig über die Kosten entscheidet, tritt keine Ermäßigung der Gerichtskosten auf 1,0-Gebühren ein (KV 1211 Nr. 1 letzter Halbsatz). Wenn der Beklagte jedoch nach oder unmittelbar vor Klageeinreichung erfüllt hat und die Voraussetzungen des § 93 ZPO nicht vorliegen, ist das Kostenrisiko gering.

Problematisch wäre es, in diesen Fällen die Hauptsache für erledigt zu erklären, um bei Anschließung des Beklagten zu einer Kostenentscheidung nach § 91 a ZPO zu gelangen. Denn der Kläger kann mit der Anschließung des Beklagten nicht rechnen; widerspricht der Beklagte aber, hat das Gericht streitig über die einseitige Erledigungserklärung zu entscheiden. Diesen Rechtsstreit würde der Kläger verlieren. Spätestens nach dem Widerspruch müsste der Kläger also ausdrücklich die Rücknahme erklären, was er zur Wahrung des Kostenvorteils aus § 269 Abs. 3 S. 3 ZPO besser gleich getan hätte. Auch der Vorschlag, an der Klage festzuhalten und den Antrag auf Erstattung der Kosten Kosten umzustellen (*Zöller/Greger* § 269 Rdn. 18 d) ist riskant. Mit § 269 Abs. 3 Satz 3 ZPO dürfte der Gesetzgeber eine abschließende Regelung getroffen haben, die andere Wege versperrt (vgl. *Zöller/Vollkommer* § 91 a Rdn. 42; *Thomas/Putzo* § 91 a Rdn. 36). Sobald der Kläger also vor Zustellung der Klage von der Erfüllung Kenntnis erhält, sollte er die Klage sofort zurücknehmen und einen Kostenantrag nach § 269 Abs. 3 S. 3 ZPO stellen. Haben die Parteien die Hauptsache übereinstimmend für erledigt erklärt, ist die kostengünstigere Rücknahme nicht mehr möglich (vgl. OLG Bamberg NJW-RR 1997, 1365).

2. Für die Rücknahmeerklärung gilt das Gleiche wie sonst (Form. I. M. 4. Anm. 3). Mit der Erklärung sollte aber nicht bis zum Termin gewartet werden, vielmehr sollte die Rücknahme sofort schriftsätzlich erklärt werden, nachdem der Anlass für die Klage entfallen ist.

3. Die Kostenentscheidung ergeht nicht von Amts wegen, sondern nach § 269 Abs. 4 ZPO nur auf Antrag. Sie wird, wie bei § 91 a ZPO, unter Berücksichtigung des bisherigen Sach- und Streitstandes nach billigem Ermessen getroffen. Wenn der Beklagte auf eine fällige Forderung verspätet gezahlt hat, dürften sich für den Kläger keine Probleme ergeben. Kosten, die durch überflüssige prozessuale Maßnahmen nach Erfüllung entstanden sind, wird der Beklagte nicht zu tragen haben. Zugunsten des Beklagten ist die Vorschrift des § 93 ZPO, wie im Rahmen des § 91 a ZPO (vgl. Form. I. M. 8. Anm. 5), anwendbar.

4. Zur Begründung seines Kostenantrages sollte der Kläger die Voraussetzungen des § 269 Abs. 3 S. 3 ZPO darlegen und hierbei die Erledigung des Rechtsstreits durch Zahlung etc. vor Rechtshängigkeit im Einzelnen vortragen und belegen; dazu gehört auch die Darlegung, dass der Beklagte in Verzug war oder sonst Anlass zur Klageeinreichung gegeben hatte und dass die Leistung zu spät erfolgte, um die Einreichung der Klage noch verhindern zu können.

Kosten und Gebühren

Vgl. Form. I. M. 4 und I. M. 5.

Fristen und Rechtsmittel

Wie Form. I. M. 5.

13. Einseitige Erledigungserklärung des Klägers[1]

An das
Landgericht

In der Sache

……

Nachdem der Beklagte der Erledigungserklärung widersprochen hat und auf seinem Klageabweisungsantrag besteht, beantragt der Kläger,

festzustellen dass sich der Rechtsstreit in der Hauptsache erledigt hat[2] und dem Beklagten die Kosten des Rechtsstreits aufzuerlegen[3].

außerdem wird beantragt, den

Streitwert auf EUR …… festzusetzen[4].

Begründung[5]:

……

Schrifttum: Bergerfurth, Die Erledigung der Hauptsache im Zivilprozeß, NJW 1992, 1655; *Blomeyer,* Grundprobleme der Erledigung der Hauptsache, JuS 1962, 212; *Möss-*

ner, Die einseitige Erledigung der Hauptssache, NJW 1970, 175; *Elzer,* Einseitige Erledigterklärung vor Rechtshängigkeit nach dem ZPO-Reformgesetz, NJW 2002, 2006; *Vossler,* Die einseitige Erledigterklärung vor einem unzuständigen Gericht, NJW 2002, 2373; *Enders,* Einseitige Erledigung auch bei „Erledigung" vor Rechtshängigkeit, MDR 1995, 665; *Beuermann,* Erledigung der Hauptsache im schriftlichen Vorverfahren, DRiZ 1978, 311; *Rixecker,* Die nicht erledigte Erledigungserklärung, ZZP 1983, 505; vgl. auch Form. I. M. 10.

Anmerkungen

1. Wenn der Beklagte der Erledigung widerspricht und Klageabweisung beantragt, hat der Kläger drei Möglichkeiten: Er kann an seiner Erledigungserklärung festhalten, er kann die Ereldigungserklärung widerrufen und seinen ursprünglichen Klageantrag wieder aufnehmen (BGH NJW 2002, 442) oder er kann die Klage zurücknehmen. Eine der beiden letzteren Möglichkeiten wird er wählen, wenn er zu der Auffassung gelangt, dass keine Erledigung vorliegt; der erste Weg ist richtig, wenn sich die Hauptsache wirklich erledigt hat. Das Gericht entscheidet dann durch Urteil, das entweder die Erledigung feststellt oder die (sachdienlich geänderte) Klage abweist (vgl. *Thomas/Putzo* § 91a Rdn. 33). In zweifelhaften Fällen sollte der Kläger daher *hilfsweise* seinen ursprünglichen Klageantrag weiterverfolgen (vgl. BGH NJW 1965, 1597). Nicht möglich ist es, den Klageantrag aufrechtzuerhalten und hilfsweise die Hauptsache einseitig für erledigt zu erklären (BGH NJW 1989, 2885). Zur Frage der Erledigung vor Rechtshängigkeit vgl. Form. I. M. 10 Anm. 4 und I. M.12 Anm. 1. Ist die Erledigungserklärung einseitig geblieben, kann der Kläger jederzeit von ihr Abstand nehmen und zu seinem ursprünglichen Antrag zurückkehren (BGH MDR 2002, 413).

2. Die einseitige Erledigungserklärung wird von der Praxis überwiegend als Antrag verstanden, die Erledigung der Hauptsache festzustellen (BGH NJW 2002, 442; WM 2009, 35; vgl. *Thomas/Putzo* § 91a Rdn. 32). Dieser Feststellungsantrag braucht allerdings nicht ausdrücklich gestellt zu werden, die Erklärung der Hauptsache als erledigt genügt. Die Erledigungserklärung des Klägers ist frei widerruflich, solange sich der Beklagte ihr nicht angeschlossen hat oder das Gericht eine Entscheidung über die Erledigung getroffen hat (BGH NJW 2002, 442). Im selbständigen Beweisverfahren ist die einseitige Erledigungserklärung des Antragstellers anders auszulegen; in ihr liegt regelmäßig eine Antragsrücknahme (BGH MDR 2004, 227).

3. Die Kostenentscheidung folgt nicht aus § 91a ZPO, sondern aus § 91 ZPO. Wenn das Gericht die Erledigung feststellt, hat der Beklagte die Kosten des Rechtsstreits zu tragen; anderenfalls fallen sie dem Kläger zur Last.

4. Auch wenn es sich um eine bezifferte Zahlungsklage gehandelt hat, muss bei einseitiger Erledigung der Streitwert festgesetzt werden. Umstritten ist, ob dabei auf den Wert der Hauptsache, den Feststellungswert (Hauptsache abzüglich 20%) oder den Kostenwert abzustellen ist. Nach der Rechtsprechung des BGH ist nur noch der Kostenwert anzusetzen (BGH NJW-RR 1996, 1210; BGH WuM 2008, 35; zum Streitstand vgl. *Thomas/Putzo* § 91a Rdn. 59ff.; *Zöller/Herget* § 3 Rdn. 16). Bei teilweiser einseitiger Erledigung ist dieser Wert dem verbleibenden Hauptsachewert hinzuzurechnen (BGH NJW-RR 1988, 1465; str.).

5. Der Kläger muss darlegen, dass der Klageanspruch durch ein Ereignis nach Rechtshängigkeit gegenstandslos geworden ist. Für den Ausspruch des Gerichts, dass die Hauptsache erledigt ist, kommt es also darauf an, ob die Klage im Zeitpunkt des nach ihrer Zustellung eingetretenen erledigenden Ereignisses zulässig und begründet war (so BGH NJW 1986, 588). Zum Fall, dass die Erledigung zwischen Einreichung und Zustellung der Klage liegt, vgl. Form. I. M. 10 Anm. 4 und Form. I. M.12.

Kosten und Gebühren

Es liegt keiner der Ermäßigungstatbestände nach KV 1211 vor, eine Reduzierung der Gerichtskosten findet nicht statt. Für den Rechtsanwalt entstehen die Gebühren nach VV 3100 und VV 3104. Zum Streitwert vgl. Anm. 4.

Fristen und Rechtsmittel

Das Urteil, das die Erledigung feststellt oder die Klage abweist, ist mit den gewöhnlichen Rechtsmitteln anfechtbar, wenn die Rechtsmittelsumme erreicht wird. Hierzu bestehen die gleichen unterschiedlichen Auffassungen wie bei der Festsetzung des Gebührenstreitwertes (vgl. Anm. 4).

N. Anträge zum Urteil

1. Antrag auf Berichtigung des Urteils[1, 2]

An das
Landgericht[3]

In der Sache ......
beantragt der Kläger,

das Urteil vom ...... wegen der nachstehend aufgeführten offenbaren Unrichtigkeiten gemäß § 319 ZPO ohne mündliche Verhandlung[4] zu berichtigen;

hilfsweise,

das Urteil gemäß § 321 ZPO zu ergänzen[5]

1. **Dem Kläger hätte – unter Zugrundelegung der Berechnung des Gerichts – ein höherer Betrag zugesprochen werden müssen. Die Summe der verschiedenen Teilansprüche, die das Gericht dem Kläger nach den Entscheidungsgründen zuerkennen wollte, ergibt nicht EUR ......, sondern EUR .... Hier liegt offenbar ein Additionsfehler vor[6].**
2. **Das Gericht hat dem Kläger nach den Entscheidungsgründen zwar Zinsen aus Verzug zusprechen wollen, im Tenor jedoch fehlt eine Entscheidung über den Zinsanspruch[7].**
3. **Nach dem Tenor hat der Kläger die Kosten des Rechtsstreits allein zu tragen. Das ist offenbar unrichtig, denn der Klage ist zT. stattgegeben worden und nach den Entscheidungsgründen sollte die Kostenentscheidung auf §§ 91, 92 ZPO – nicht auf § 92 Abs. 2 ZPO – gestützt werden[8].**
4. **Da das Urteil im Urkundenprozess erlassen wurde, hat das Gericht die Entscheidung über die vorläufige Vollstreckbarkeit zutreffend aus § 708 Nr. 4 ZPO abgeleitet. Im Gegensatz hierzu und offenbar unrichtig ist die vorläufige Vollstreckbarkeit jedoch im Tenor von einer Sicherheitsleistung des Klägers abhängig gemacht worden.**

Der Kläger reicht in der Anlage die ihm erteilte vollstreckbare Ausfertigung zurück mit der Bitte, eine neue vollstreckbare Ausfertigung des berichtigten Urteils zu erteilen oder die Berichtigung auf der Ausfertigung zu vermerken und diese zurückzusenden[9].

Rechtsanwalt

Schrifttum: Clasen, Berichtigungsmöglichkeiten bei fehlerhafter Auswahl des Beklagten, NJW 2007, 2887; *Burbulla,* Parteiberichtigung, Parteiwechsel und Verjährung, MDR 2007, 439; *Proske,* Urteilsberichtigung gemäß § 319 ZPO, 2002; *Wolter,* Die Urteilsberichtigung nach § 319 ZPO, 1999; *Braun,* Verletzung des Rechtes auf Gehör und Urteilskorrektur im Zivilprozess, NJW 1981, 425; *Lindacher,* Divergenzen zwischen Urteilstenor und Entscheidungsgründen, ZZP 88, 64; *Schneider,* Der Beginn der Rechtsmittelfrist bei Urteilsberichtigung, MDR 1986, 377.

Anmerkungen

1. Offenbare Unrichtigkeiten von Urteilen oder Beschlüssen iSd. § 319 Abs. 1 ZPO kommen in der Praxis häufig vor. Jede Partei sollte gleich nach Erhalt der Entscheidungsausfertigung prüfen, ob solche Unrichtigkeiten zu ihrem Nachteil enthalten sind, und ggf. einen Antrag auf Berichtigung stellen. Auch die durch die Unrichtigkeit formell begünstigte Partei sollte, wenn sie zwar mit der unrichtigen, nicht aber mit der gewollten Entscheidung einverstanden ist, sogleich Rechtsmittel gegen die Entscheidung prüfen.

Denn die Rechtsmittelfrist beginnt grundsätzlich bereits mit der Zustellung der Entscheidung, nicht erst mit der Zustellung des Berichtigungsbeschlusses (BGH NJW 1999, 646; NJW 2003, 2991).

Eine Unrichtigkeit nach § 319 ZPO liegt nur vor, wenn eine offensichtliche Divergenz zwischen der vom Gericht gewollten und der zum Ausdruck gekommenen Entscheidungsfassung besteht (vgl. BGH NJW 1985, 742; 2007, 518.). Darunter können auch Rechenfehler (BGH NJW 1995, 1033) und eine Ungenauigkeit im Ausdruck (OLG Zweibrücken MDR 1994, 831) fallen. Eine fehlerhafte Rechtsanwendung kann nicht korrigiert werden, auch wenn sie offensichtlich ist (vgl. *Zöller/Vollkommer* § 319 Rdn. 4). Da die Unterscheidung oft nicht einfach ist, ist immer zu überlegen, ob nicht die Einlegung des Rechtsmittels der richtige Weg ist; dass die angefochtene Entscheidung hätte berichtigt werden können, lässt das Rechtsschutzbedürfnis für das Rechtsmittel nicht notwendig entfallen (*Zöller/Vollkommer* § 319 Rdn. 21; OLG Karlsruhe MDR 2003, 523). Die Praxis neigt zu einer großzügigen Auslegung (vgl. *Zöller/Vollkommer* § 319 Rdn. 4) und berichtigt auch Punkte, an die das Gericht nicht gedacht hatte oder bei denen bereits die Willensbildung offensichtlich fehlerhaft war (zB. LG Stade NJW 1979, 168; restriktiv OLG München NJW-RR 2003, 1440); ein zu großzügiger Berichtigungsbeschluss ist nicht ohne weiteres unwirksam (BGH NJW 1994, 2832); anders kann es aber sein, wenn er erkennbar keine gesetzliche Grundlage hat (BGH NJW 2004, 2380). Die Unrichtigkeit kann das Rubrum (vgl. Form. I. N. 2), den Tenor (BGH NJW-RR 1991, 1278; NJW 1999, 646), den Tatbestand oder die Entscheidungsgründe betreffen; zu weiteren Fallgruppen vgl. *Zöller/Vollkommer* § 319 Rdn. 13ff. Sie ist offenbar, wenn sie sich ohne weiteres aus dem Urteil selbst oder den Vorgängen bei seiner Verkündung ergibt (vgl. *Thomas/Putzo* § 319 Rdn. 4; BGH NJW 1989, 1281; 1994, 2832, 2834; 2007, 518). Geht es um die unterbliebene Zulassung der Revision, der Berufung oder der Beschwerde, verlangt der BGH, dass das Versehen der beteiligten Richter auch für Dritte ohne weiteres deutlich geworden ist (BGH NJW-RR 2001, 61; NJW 2004, 2389). Zur Abgrenzung von der Berichtigung des Tatbestandes (§ 320 ZPO, vgl. Form. I. N. 4) und der Ergänzung des Urteils (§ 321 ZPO, vgl. Form. I. N. 3) siehe *Thomas/Putzo* § 320 Rdn. 1 und § 321 Anm. 1; *Zöller/Vollkommer* § 319 Rdn. 3).

Auch Beschlüsse können nach § 319 ZPO berichtigt werden, so zB. Verweisungsbeschlüsse (BGH NJW-RR 1993, 700; OLG Stuttgart MDR 2004, 1377), Kostenbeschlüsse nach § 91a ZPO, Kostenfestsetzungsbeschlüsse (OLG München NJW-RR 1996, 51), Mahnbescheide (OLG Düsseldorf NJW-RR 1998, 1077), Vollstreckungsbescheide (OLG Frankfurt NJW-RR 1990, 768) und alle Beschlüsse, die mit der Rechtsbeschwerde nach § 574 ZPO anfechtbar sind. § 319 ZPO gilt auch für Beschlüsse im FG-Verfahren (BGH NJW 1989, 1281). Beweisbeschlüsse können außerhalb des Verfahrens nach § 319 ZPO geändert werden (§ 360 ZPO). Für gerichtliche Vergleiche ist § 319 ZPO unanwendbar, in Betracht kommt nur eine Berichtigung des Protokolls, vgl. Form. I. F. 9.

2. Im Anwaltsprozess (§ 78 ZPO) besteht Anwaltszwang, im Amtsgerichtsprozess gilt § 496 ZPO.

3. Der Antrag ist idR. an das Gericht zu richten, das die zu berichtigende Entscheidung getroffen hat. Wurde gegen diese Entscheidung ein Rechtsmittel eingelegt, ist auch das Rechtsmittelgericht zuständig (vgl. BGH NJW 1989, 1281; *Thomas/Putzo* § 319 Rdn. 5 aE. mwN.). Wenn sich die Akten beim Rechtsmittelgericht befinden, sollte der Antrag auch dort gestellt werden.

4. Gem. §§ 319 Abs. 2, 128 Abs. 4 ZPO ist die mündliche Verhandlung freigestellt; in der Praxis ist sie meist entbehrlich.

5. Die Grenzen zwischen § 319 und § 321 ZPO sind manchmal unklar. Wenn dem Urteil daher etwas hinzugefügt werden soll, ist in Zweifelsfällen – vorausgesetzt, dass die Zwei-Wochen-Frist nach § 321 Abs. 2 ZPO noch nicht verstrichen ist – die Verbindung beider Anträge zu empfehlen.

6. Vgl. BGH NJW 1995, 1033 und *Zöller/Vollkommer* § 319 Rdn. 9, 15. Ein Rechenfehler kann nicht nur berichtigt werden, wenn das Endergebnis auf fehlerhafter Addition oder Subtraktion beruht, sondern auch, wenn bereits die Einsatzzahlen falsch berechnet wurden (OLG Hamm OLGR 2008, 283), Auch ein Rechenfehler, der auf falschen Eingaben in ein Computer-Berechnungsprogramm beruht, kann berichtigt werden (OLG Bamberg NJW-RR 1998, 1620; OLG Karlsruhe MDR 2003, 523).

7. Zum Übergehen von Ansprüchen im Tenor vgl. BGH NJW 1964, 1858 gegen BAG NJW 1959, 1942; BGH NJW-RR 1991, 1278; NJW 1999, 646; uU. kann auch eine versehentlich unterbliebene Revisionszulassung nachgeholt werden (BGH NJW 2004, 2389). Für die Arbeitsgerichtsbarkeit sehen § 64 Abs. 3a und § 72 Abs. 1 S. 2 ArbGG eine Urteilsergänzung vor.

8. Die Kostenentscheidung kann berichtigt werden, wenn Tenorierung und Entscheidungsgründe nicht übereinstimmen, so zB. wenn die Kostenentscheidung zwar begründet wurde, aber im Tenor fehlt, wenn die falsche Partei mit den Kosten belastet wurde oder wenn die Kostenquote mit der Begründung nicht übereinstimmt oder wenn nicht 100% der Kosten verteilt wurden (vgl. *Zöller/Vollkommer* § 319 Rdn. 15 mwN.). Auch eine unklare Kostenentscheidung kann berichtigt werden (BayObLG NJW-RR 1997, 57). Eine rechtskräftige Kostenentscheidung, die durch geänderte Streitwertfestsetzung unrichtig geworden ist, kann nach hM. nicht nach § 319 ZPO berichtigt werden (BGH MDR 2008, 1292; *Musielak/Musielak* § 319 Rdn. 8; aA *Zöller/Vollkommer* § 319 Rn. 18). In einem solchen Fall hilft nur die fristgerechte Berufung. Hat das Gericht in den Urteilsgründen und im Tenor die Kosten der Nebenintervention übergangen, ist § 319 ZPO unanwendbar. Hier ist § 321 ZPO der richtige Weg (vgl. OLG Dresden NJOZ 2006, 210; s. Form. I. N.3).

9. Das Gericht wird zur Berichtigung idR. die Ausfertigung zurückfordern (vgl. *Zöller/Vollkommer* § 319 Anm. 23), zur Abkürzung des Verfahrens empfiehlt es sich daher, sie gleich mit einzureichen. Erteilt das Gericht eine neue vollstreckbare Ausfertigung, kann die Vollstreckung nur noch aus dieser betrieben werden (vgl. *Thomas/Putzo* § 319 Rdn. 8).

Kosten und Gebühren

Eine besondere Gerichtsgebühr wird weder für die Berichtigung noch für ihre Ablehnung erhoben; Rechtsanwaltsgebühren entstehen nicht. Folglich enthält der Berichtigungsbeschluss keine Kostenentscheidung.

Fristen und Rechtsmittel

Der Antrag bedarf keiner Frist; er kann jederzeit gestellt werden, auch noch nach Rechtskraft der Entscheidung (OLG Hamm NJW-RR 1987, 187; OLG Brandenburg NJW-RR 2000, 1522). Allerdings kann der Antrag der Verwirkung unterliegen (OLG Hamm aaO.; OLG München OLGZ 1983, 368). Die Rechtsmittelfrist gegen die zu berichtigende Entscheidung beginnt – vom BVerfG nicht beanstandet (NJW 2001, 142) – grundsätzlich nicht erst mit Zustellung des Berichtigungsbeschlusses, sondern auch für den Gegner bereits mit Zustellung der ursprünglichen Entscheidung (BGH NJW 1999, 646; 2003, 2992); es bleibt uU. noch eine Wiedereinsetzung (BGH NJW 1984, 1041). Nur wenn erst die Berichtigung ergibt, dass eine Partei durch das Urteil beschwert ist oder gegen wen das Rechtsmittel zu richten ist, beginnt die Rechtsmittelfrist mit Zustellung des Berichtigungsbeschlusses (BGH MDR 2004, 899; BGH NJW-RR 2001, 211; NJW 1995, 1033; 1991, 1834).

Bei Berichtigung des Urteils im ersten Rechtszug hat der Gegner die sofortige Beschwerde (Frist: zwei Wochen). Bei Ablehnung der Berichtigung war früher wegen § 319 Abs. 3 ZPO in Fällen greifbarer Gesetzeswidrigkeit ein Rechtsmittel gegeben (außerordentliche sofortige Beschwerde, vgl. BGH NJW 2001, 224). Nach neuem ZPO-Recht ist eine Anfechtung des ablehnenden Beschlusses nicht mehr statthaft (BGH NJW-RR 2004, 1654).

2. Antrag auf Berichtigung der Parteibezeichnung[1]

An das
Landgericht

In der Sache
……
beantragt der Kläger,

das Rubrum des Urteils vom …… in den folgenden Punkten gem. § 319 ZPO zu berichtigen,
den Berichtigungsbeschluss auf die in der Anlage zurückgereichte vollstreckbare Ausfertigung zu setzen und die berichtigte Ausfertigung zurückzusenden, oder eine neue vollstreckbare Ausfertigung zu erteilen[2].

1. **Der Kläger wird durch den Unterzeichnenden, nicht durch Herrn Rechtsanwalt X als Prozessbevollmächtigten vertreten[3].**
2. **Die Firma der Beklagten lautet nicht B OHG, sondern B KG, vertreten durch die B GmbH, diese vertreten durch den Geschäftsführer Herrn B (unter gleicher Anschrift)[4].**

Begründung:

1. **Herr Rechtsanwalt X hat mit Schriftsatz vom …… das Mandat niedergelegt, mit Schriftsatz vom …… hat sich der Unterzeichnende als Prozessbevollmächtigter legitimiert und den Beklagten seitdem vertreten.**
2. **Die Beklagte firmierte im Geschäftsverkehr mit dem Kläger als „B OHG". Ausweislich des**

   Handelsregisterauszuges vom ……
   (Anlage 1)

   ist die Beklagte jedoch bereits vor Klageerhebung in eine KG umgewandelt worden, deren persönlich haftender Gesellschafter die B GmbH ist; Geschäftsführer der GmbH ist der frühere persönlich haftende Gesellschafter der OHG, Herr B. Da die KG am Verfahren beteiligt war und sich auf den Prozess eingelassen hat, ist eine Berichtigung zulässig und geboten.

Rechtsanwalt

Schrifttum: Clasen, Berichtigungsmöglichkeiten bei fehlerhafter Auswahl des Beklagten, NJW 2007, 2887; *Burbulla,* Parteiberichtigung, Parteiwechsel und Verjährung, MDR 2007, 439; *Baumgärtel,* Zur Abgrenzung von Parteiberichtigung und Parteiwechsel, Büro 1973, 169; vgl. im Übrigen Form. I. N. 1.

Anmerkungen

1. Es handelt sich um einen Sonderfall des § 319 ZPO, auf die allgemeinen Anmerkungen zum vorangehenden Formular wird verwiesen. Der Berichtigung der Parteibezeichnung kommt in der Praxis eine besondere Bedeutung zu, weil hiervon die Vollstreckungsfähigkeit und damit der Wert des Urteils abhängen kann. Abgesehen von Irrtümern des Gerichts (vgl. den Antrag zu 1) ist die Berichtigung auch möglich, wenn die Parteien die falsche Bezeichnung selbst, zB. durch die Klageschrift, veranlasst haben (vgl. BGH NJW 1988, 1585, 1587; *Thomas/Putzo* § 319 Rdn. 3; *Zöller/Vollkommer* § 319 Rdn. 14). Als Voraussetzung wird idR. angesehen, dass die Identität der Partei gewahrt bleibt oder zumindest die richtige Partei trotz ihrer falschen Bezeichnung am Rechtsstreit beteiligt war (so das Beispiel im Antrag zu 2., vgl. BGH NJW 2007, 518; OLG Koblenz NJW-RR 1997, 1352; OLG Düsseldorf VersR 1977, 260 mwN.; weitergehend MDR 1990, 930); zu einem Parteiwechsel darf die Berichtigung nicht führen. Würden Interessen Dritter betroffen, kann das einer Berichtigung im Wege stehen (vgl. OLG Frankfurt NJW-RR 1990, 768). Wurde der Mahnbescheid nicht dem eigentlichen Beklagten zugestellt, kann der in den Prozess hineingezogene Dritte (Scheinpartei) keinen Berichtigungsantrag stellen (OLG Stuttgart NJW-RR 1999, 216). Ist der Beklagte im Urteil als „Insolvenzverwalter über das Vermögen der ……" bezeichnet, wurde er aber persönlich in Anspruch genommen, kommt eine Berichtigung in Betracht (OLG Frankfurt MDR 2004, 49).

Zur Berichtigung der Parteibezeichnung vor Erlass des Urteils vgl. Form. I. J. 4.

2. Vgl. Form. I. N. 1 Anm. 9.

3. Diese berichtigende Ergänzung ist zulässig und für das weitere Verfahren (Kostenfestsetzung, Vollstreckung, Rechtsmittel) wichtig.

4. Der Sachverhalt entspricht der Entscheidung OLG Düsseldorf VersR 1977, 260. Hätte der Kläger vor Klageerhebung eine Handelsregisterauskunft eingeholt, wäre ihm das Verfahren erspart geblieben. Beruht die unrichtige Parteibezeichnung auf einer unrichtigen Handelsregisterauskunft, ist eine Berichtigung gleichfalls möglich (OLG Koblenz NJW-RR 1997, 1352).

3. Antrag auf Urteilsergänzung[1, 2]

An das
Landgericht[3]

In der Sache
……

ist dem Beklagten das Vorbehaltsurteil vom …… am …… zugestellt worden. Der Tenor des Urteils ist in drei Punkten unvollständig:

1. **Es fehlt der Ausspruch, dass dem Beklagten die Ausführung seiner Rechte im Nachverfahren vorbehalten wird, obwohl der Beklagte, wie sich aus dem Tatbestand ergibt, dem Anspruch widersprochen hat[4].**
2. **Über den ausweislich des Tatbestandes gestellten Schutzantrag des Beklagten gem. § 712 ZPO hat das Gericht nicht entschieden, obwohl der Beklagte dargelegt und glaubhaft gemacht hat, dass ihm die Vollstreckung einen nicht zu ersetzenden Nachteil bringen würde[5].**
3. **Der Kläger hat, wie das Gericht im Tatbestand zutreffend ausführt, zunächst das örtlich unzuständige Landgericht …… angerufen. In der Kostenentscheidung hätten dem Kläger daher die Kosten für die Anrufung des unzuständigen Gerichts auferlegt werden müssen.[6]**

Es wird beantragt,

das Urteil vom …… entsprechend zu ergänzen.

Der Beklagte ist mit einer schriftlichen Entscheidung gem. § 128 Abs. 2 ZPO einverstanden[7]. Falls der Kläger nicht zustimmt, wird um einen baldigen Termin gebeten.
In Hinblick auf die drohende Vollstreckung ist dem Beklagten an einer schnellen Entscheidung gelegen.

Rechtsanwalt

Schrifttum: Vgl. Form. I. N. 1.

Anmerkungen

1. Vgl. § 321 ZPO. Der Antrag ist erforderlich, wenn nach den im Tatbestand wiedergegebenen Anträgen der Parteien über einen der in § 321 Abs. 1 ZPO genannten Punkte hätte entschieden werden müssen, dies aber im Tenor unterblieben ist. Ist allerdings der Punkt in den Gründen behandelt, wäre ein Antrag nach § 319 ZPO der richtige Weg (vgl. OLG Hamm NJW-RR 1986, 1444). Fehlt der Antrag bereits im Tatbestand, muss zunächst Berichtigung des Tatbestandes gem. § 320 ZPO beantragt werden (vgl. Form. I. N. 5). Enthält das Urteil keinen Tatbestand (§§ 313a, 540 ZPO), sind für die Frage, ob ein Anspruch übergangen wurde, die zu Protokoll gestellten Anträge maßgeblich. Eine Urteilsergänzung kommt auch in Betracht, wenn über einen Anspruch versehentlich nur teilweise entschieden wurde (BVerfG NJW-RR 2000, 1664), nicht aber wenn einzelne Angriffs- oder Verteidigungsmittel übergangen wurden (BGH NJW 1980, 840); dann bleibt nur das vorgesehene Rechtsmittel. Auch über ein übersehenes Zurückbehaltungsrecht kann nicht im Wege eines Ergänzungsurteils entschieden werden (BGH NJW 2003, 1463).

Kraft gesetzlicher Verweisung ist § 321 ZPO auch bei fehlendem Vorbehalt der Rechte für das Nachverfahren (§§ 302 Abs. 2, 599 Abs. 2 ZPO), bei übergangenem Antrag zur vorläufigen Vollstreckbarkeit (§ 716 ZPO) oder übergangenem Antrag auf Räumungsfrist (§ 721 Abs. 1 S. 3 ZPO) anwendbar. Eine Ergänzung ist auch möglich, wenn im Tenor eines Feststellungsurteils die Begrenzung der Haftung auf eine Höchstsumme fehlt (BGH NJW-RR 1996, 1238). Nach hM. kann auch der Vorbehalt der beschränkten Erbenhaftung ergänzt werden (vgl. *Zöller/Vollkommer* § 321 Rdn. 3; aA. OLG Schleswig MDR 2005, 350). § 321 ZPO ist auch auf Beschlüsse anwendbar, so wenn im Beschluss nach § 522 Abs. 2 ZPO die Kostenentscheidung ganz oder zum Teil vergessen wurde (BGH NJW-RR 2009, 209; OLG München MDR 2003, 522). Zu weiteren Anwendungsfällen vgl. *Thomas/Putzo* § 321 Rdn. 7.

Bei Zweifeln, ob § 321 ZPO anwendbar ist, sollte immer überlegt werden, ob nicht die Berufung gegen die unvollständige Entscheidung geeigneter ist (vgl. OLG Schleswig MDR 2005, 350 für den Vorbehalt nach § 780 ZPO). Zur Abgrenzung von Anträgen nach §§ 319, 320 ZPO vgl. BGH NJW 1964, 1858 und *Thomas/Putzo* § 321 Rdn. 1. Die Entscheidung über die Zulassung der Revision, der Berufung oder der Beschwerde kann nicht durch einen Antrag nach § 321 ZPO, nur im Wege der Berichtigung gem. § 319 nachgeholt werden (BGH NJW 2004, 779; NJW-RR 2007, 1654; aA. *Zöller/Vollkommer* § 321 Rdn. 5). Bei Verletzung von Verfahrensgrundsätzen ist allerdings eine ergänzende Zulassung analog § 321 a ZPO möglich (BGH NJW 2004, 2529).

2. Für den Antrag besteht Anwaltszwang, wenn für den Rechtsstreit Anwaltszwang bestand (§ 78 ZPO), im Amtsgerichtsprozess gilt § 496 ZPO.

3. Der Antrag ist an das Gericht zu richten, das das unvollständige Urteil verkündet hat.

4. Vgl. § 599 ZPO. Der Vorbehalt ist auch auszusprechen, wenn der Beklagte dies nicht besonders beantragt hat (*Thomas/Putzo* § 599 Rdn. 4).

5. Vgl. § 716 iVm. § 712 ZPO. Wird der Antrag in einem Vorbehaltsurteil übergangen, kann der Beklagte auch die Fortsetzung des Rechtsstreits im Nachverfahren beantragen und dann den Schutzantrag nach § 707 ZPO stellen.

6. Hat das Gericht versehentlich nicht über die Kosten für die Anrufung des unzuständigen Gerichts nach § 281 Abs. 3 ZPO entschieden, kann die Kostenentscheidung nach § 321 ZPO ergänzt werden (OLG Hamm NJW-RR 2000, 1524; OLG Koblenz NJW-RR 1992, 892). Das Gleiche gilt für die Kosten der Säumnis (§ 344 ZPO) oder der Nebenintervention (§ 101 ZPO, hier ist der Nebenintervenient antragsberechtigt, BGH NJW-RR 2005, 295; OLG Rostock NJOZ 2007, 61). Behandeln allerdings die Gründe diesen Punkt, liegt ein Fall des § 319 vor (vgl. Form. I. N. 1 Anm. 1).

7. Gem. § 321 Abs. 3 ZPO ist eine mündliche Verhandlung notwendig. In der Praxis wird sie oft entbehrlich sein, so dass sich der Weg des § 128 Abs. 2 ZPO empfiehlt. Über den Antrag wird durch ein sog. Ergänzungsurteil entschieden.

Kosten und Gebühren

Zusätzliche Gerichtsgebühren werden nicht erhoben (vgl. *Zöller/Vollkommer* § 321 Rdn. 12). Die Tätigkeit des Anwalts gehört zum Rechtszug (§ 19 Abs. 1 S. 2 Nr. 6 RVG). Ist der Anwalt nur für dieses Verfahren beauftragt, erhält er eine Vergütung nach VV 3403.

Fristen und Rechtsmittel

Der Antrag muss innerhalb einer Frist von zwei Wochen nach Zustellung des Urteils durch das Gericht (nicht durch den Gegner) gestellt werden (§ 321 Abs. 2 ZPO). Für den Nebenintervenienten beginnt die Frist erst mit der Zustellung des Urteils an ihn (BGH NJW-RR 2005, 295). Wird die Frist nicht eingehalten, können die Konsequenzen einschneidend sein: Hat zB. das Berufungsgericht einen von mehreren Anträgen übergangen, wird aber die Frist versäumt, so entfällt insoweit die Rechtshängigkeit der Klage; nach Abschluss der Berufungsinstanz ist auch eine Klageerweiterung nicht mehr möglich (BGH NJW-RR 2005, 790). Ist die Frist versäumt worden, sollte die betroffene Partei versuchen, im Wege der Berichtigung nach § 319 ZPO – die Gerichte sind hier manchmal großzügig und die Grenzen unklar – zum Ziel zu kommen. Andernfalls bleibt nur die Einlegung der Berufung und erneute Stellung des übergangenen Antrags (vgl. *Zöller/Vollkommer* § 321 Rdn. 8). Setzt die Ergänzung eine Berichtigung des Tatbestandes voraus (vgl. Form. I. N. 4), beginnt die Frist erst mit der Zustellung des Berichtigungsbeschlusses (BGH NJW 1982, 1821, 1822).

Gegen das Ergänzungsurteil sind die normalen Rechtsmittel gegeben. Ist allerdings bereits die Ausgangsentscheidung unanfechtbar, so ist es auch das Ergänzungsurteil oder der Ergänzungsbeschluss (BGH NJW-RR 2009, 209 zu § 522 Abs. 2 ZPO). Vorsicht ist bei der Berechnung der Berufungs- und Berufungsbegründungsfrist geboten: Zwar beginnt die Berufungsfrist nach § 518 ZPO mit der Zustellung des Ergänzungsurteils von neuem. Das gilt aber nur, wenn das Ergänzungsurteil noch innerhalb der Berufungsfrist ergeht, was selten vorkommen wird. Auch wenn ein Antrag nach § 321 ZPO gestellt ist, sollte daher die Berufung fristgerecht gegen das Ursprungsurteil eingelegt werden, nicht erst gegen das Ergänzungsurteil. Die Berufungsbegründungsfrist richtet sich immer nach der Berufung gegen das Ersturteil (BGH NJW 2009, 442).

4. Antrag auf Berichtigung des Tatbestandes[1] verbunden mit Antrag auf Urteilsergänzung[2]

An das
Landgericht[3]

In der Sache ......
beantragt der Kläger,

1. **den Tatbestand des Urteils vom ...... gemäß § 320 ZPO dahin zu berichtigen, dass der Kläger auch beantragt hat, den Beklagten zur Zahlung von Zinsen in Höhe von 5 Prozentpunkten über dem Basiszinssatz seit Rechtshängigkeit auf das Schmerzensgeld zu verurteilen,**
2. **nach Berichtigung des Tatbestandes das Urteil gemäß § 321 ZPO dahin zu ergänzen, dass der Beklagte zur Zahlung von Zinsen in Höhe von 5 Prozentpunkten über dem Basiszinssatz seit Rechtshängigkeit auf den zuerkannten Schmerzensgeldbetrag von EUR 2.000,– verurteilt wird.**

Begründung:

1. **Ausweislich des Terminsprotokolls vom ......[4] hat der Kläger den Antrag aus der Klageschrift gestellt. In der Klageschrift hatte der Kläger unter Ziff. 2. beantragt, den Beklagten zur Zahlung eines angemessenen Schmerzensgeldes nebst Zinsen in Höhe von 5 Prozentpunkten seit Rechtshängigkeit zu verurteilen. Diesen Zinsantrag hat das Gericht bei der Wiedergabe der Anträge im Tatbestand übergangen. Der Tatbestand ist daher entsprechend zu berichtigen.**
2. **Da das Gericht nach dem berichtigten Tatbestand einen Nebenanspruch iSd. § 321 Abs. 1 ZPO übergangen hat, ist das Urteil durch ein Ergänzungsurteil zu ergänzen[5].**

Um die Bestimmung eines baldigen Termins wird gebeten. Mit einer Entscheidung ohne mündliche Verhandlung gem. § 128 Abs. 2 ZPO ist der Kläger einverstanden[6].

Rechtsanwalt

Schrifttum: Stöber, Notwendigkeit einer Tatbestandsberichtigung zur Vorbereitung einer Berufung, MDR 2006, 5; *Wach/Kern,* Der Tatsachenstoff im Berufungsverfahren – Ist die Tatbestandsberichtigung bei unvollständigem Tatbestand des Ersturteils überflüssig?, NJW 2006, 1315; *Müller/Heydn,* Für die Abschaffung der Tatbestandsberichtigung, NJW 2005, 1750.

Anmerkungen

1. Ein Antrag auf Berichtigung des Tatbestandes ist sinnvoll, wenn ein Rechtsmittel oder die Wiederaufnahme beabsichtigt ist oder wenn ein Antrag auf Urteilsergänzung vorbereitet werden soll (so das Beispiel). In Hinblick auf Rechtsmittel hat der Antrag den Zweck, der Beweiskraft des Tatbestandes (§ 314 ZPO) zu begegnen. Allerdings ist die Bedeutung des Tatbestandes dadurch gemindert, dass er nach § 313 Abs. 2 ZPO bei erstinstanzlichen Urteilen nur den wesentlichen Inhalt des Parteivorbringens knapp darstellen soll. Dennoch hat die Tatbestandsberichtigung wegen der recht formalen Rechtsprechung des BGH (vgl. zB. BGH NJW-RR 2007, 1434) erhebliche praktische Bedeutung. Zwar hat der BGH seine frühere Rechtsprechung zur negativen Beweiskraft – was nicht im Tatbestand steht, wurde auch nicht vorgetragen – ausdrücklich aufgegeben (BGH NJW 2004, 1876 [1879]; 2152 [2155]; vgl. *Gaier* NJW 2004, 2041 [2044]). Der gesamte aus den Akten ersichtliche Prozessstoff der ersten Instanz gelangt also ohne weiteres in die Berufungsinstanz. Unberührt ist aber die positive Beweiskraft geblieben, die das im

Tatbestand wiedergegebene Vorbringen der Parteien betrifft. Soll geltend gemacht werden, dass das erstinstanzliche Parteivorbringen unrichtig wiedergegeben ist, muss ein Tatbestandsberichtigungsantrag gestellt werden (*Gaier* aaO.). Da Berufungsurteile nach § 540 ZPO keinen Tatbestand mehr enthalten, ist der Anwendungsbereich des § 320 ZPO begrenzt. Er erstreckt sich auf die Darstellung der Änderungen und Ergänzungen zu den tatsächlichen Feststellungen des angefochtenen Urteils nach § 540 Abs. 1 Nr. 1 ZPO (vgl. *Zöller/Gummer* § 540 Rdn. 5). Vor allem aber erfasst die Beweiskraft alle tatbestandlichen Feststellungen in den Entscheidungsgründen, so zB. die Feststellung, eine Behauptung sei unstreitig oder werde nicht mehr bestritten (vgl. BGH NJW 1997, 1931; BGH NJW-RR 2007, 1434); will sich die Partei dagegen wenden, muss sie einen Antrag auf Tatbestandsberichtigung stellen, und zwar auch dann, wenn das Vorbringen in den Schriftsätzen bestritten wurde, die Feststellung im Urteil also falsch ist (BGH NJW-RR 2007, 1434). Es ist also die Begründung des Berufungsurteils auf die Richtigkeit der tatsächlichen Feststellungen und die Erforderlichkeit eines Antrages nach § 320 ZPO zu überprüfen; denn der BGH ist an die tatsächlichen Feststellungen des OLG weitgehend gebunden (§ 559 ZPO). Im Übrigen gibt bereits die nach § 529 ZPO reduzierte Prüfungskompetenz des Berufungsgerichts besonderen Anlass zu kontrollieren, ob die im erstinstanzlichen Urteil wiedergegebenen Tatsachen dem Parteivorbringen entsprechen und ein Tatbestandsberichtigungsantrag geboten ist.

Die Beweiskraft des Tatbestandes erfasst nicht das Prozessgeschehen, also zB. nicht die Verlängerung von Fristen (BGH NJW 1983, 2030, 2032); insoweit ist eine Berichtigung nicht erforderlich. Eine Berichtigung des Tatbestandes kommt auch nicht in Betracht, soweit es um die Wiedergabe nicht nachgelassener Schriftsätze geht (OLG Köln NJW-RR 1991, 1536).

Für den Antrag besteht Anwaltszwang gem. § 78 ZPO, im Amtsgerichtsprozess gilt § 496 ZPO.

2. Zur Vorbereitung des Antrags nach § 321 ZPO hat die Tatbestandsberichtigung besondere Bedeutung, weil es für die Frage, ob ein Anspruch übergangen wurde, auf die Wiedergabe der Anträge im Tatbestand ankommt. Soll der Antrag – wie im Beispiel – eine Urteilsergänzung vorbereiten, ist es sinnvoll, beide Anträge zu verbinden, zumal die Frist des § 321 Abs. 2 ZPO nicht erst mit Zustellung des Berichtigungsbeschlusses nach § 320 ZPO beginnen soll (vgl. *Baumbach/Lauterbach/Albers/Hartmann* § 321 Rdn. 7; aM. BGH NJW 1982, 1821; *Musielak/Musielak* § 321 Rdn. 9). Näher zum Antrag nach § 321 ZPO s. Form. I. N. 3.

3. Der Antrag ist an das Gericht zu richten, welches das unvollständige Urteil verkündet hat.

4. Dem Tatbestand wird seine Beweiskraft für die Frage, welche Anträge gestellt worden sind, gem. § 314 S. 2 ZPO durch das Sitzungsprotokoll genommen; es kommt also darauf an, welcher Antrag laut Protokoll gestellt wurde. Ist der Antrag bereits dort falsch aufgenommen, müsste gleichzeitig die Berichtigung des Protokolls gem. § 164 ZPO beantragt werden (vgl. Form. I. F. 9).

5. Vgl. hierzu Form. I. N. 3 Anm. 1.

6. Über den Antrag auf Tatbestandsberichtigung ist nur dann noch mündlich zu verhandeln, wenn eine Partei dies beantragt (§ 320 Abs. 3 ZPO). Anderes gilt für den Ergänzungsantrag (§ 321 Abs. 3 ZPO). In der Praxis wird ein Termin meist entbehrlich sein. Wird nur der Antrag nach § 320 ZPO gestellt, genügt der Hinweis, dass ein Antrag auf mündliche Verhandlung nicht gestellt wird.

Kosten und Gebühren

Wie Form. I. N. 3.

Fristen und Rechtsmittel

Der Antrag ist innerhalb von zwei Wochen nach Zustellung des vollständigen Urteils durch das Gericht, spätestens nach 3 Monaten zu stellen (zur Bedeutung dieser Fristen vgl. *Zöller/Vollkommer* § 320 Rdn. 7f.). Wird das Urteil erst mehr ab drei Monate nach der Verkündung zugestellt, soll der Antrag nicht mehr zulässig sein (OLG Hamburg NJW-RR 2005, 653; aA. KG NJW-RR 2001, 1296). Möglicherweise kann aber ein Rechtsmittel auf den Verfahrensfehler gestützt werden (vgl. *Zöller/Vollkommer* § 320 Rdn. 8).

Gegen den berichtigenden und den ablehnenden Beschluss gibt es idR. kein Rechtsmittel, § 321 Abs. 4 S. 4 ZPO; gegen eine Ablehnung aus formellen Gründen soll die sofortige Beschwerde statthaft sein (*Zöller/Vollkommer* § 320 Rdn. 14).

5. Rüge der Verletzung rechtlichen Gehörs[1]

An das
Landgericht ......[2]
In der Sache
......
wird für den Beklagten beantragt,

1. den Prozess gem. § 321 a Abs. 5 fortzuführen[3],
2. das Urteil des Einzelrichters vom ...... aufzuheben und die Klage abzuweisen[4].

Vorab wird beantragt,

die Zwangsvollstreckung aus dem Urteil ohne Sicherheitsleistung, hilfsweise gegen Sicherheit einzustellen[5].

Begründung[6]:

Dem Beklagten ist das am ...... verkündete Berufungsurteil des Einzelrichters der Kammer am ...... zugestellt worden. Dieses Urteil, in dem die Revision nicht zugelassen wurde und gegen das ein Rechtsmittel nicht gegeben ist, hat wesentliche Teile des vom Beklagten vorgetragenen Sachverhalts übergangen und verletzt daher seinen Anspruch auf rechtliches Gehör in entscheidungserheblicher Weise.

1. Mit Schriftsatz vom ...... hatte sich der Beklagte auf die Einrede der Verjährung berufen und vorgetragen, wann der Kläger im Sinne von § 199 Abs. 1 Nr. 2 BGB Kenntnis von den anspruchsbegründenden Umständen und der Person des Beklagten als möglichem Schuldner erlangt hatte. Gleichwohl ist das Gericht in seinem Urteil auf die Verjährung mit keinem Wort eingegangen. Der Einzelrichter hat auch im Termin keinen Hinweis darauf gegeben, wie er die Frage beurteilt und aus welchem Grunde er die Verjährung nicht für gegeben hält. Darin liegt ein Verstoß gegen den Anspruch des Beklagten auf rechtliches Gehör, der entscheidungserheblich ist; denn wenn der Einzelrichter die Einrede der Verjährung beachtet hätte, hätte er zur Abweisung der Klage kommen müssen.

2. Im Termin zur mündlichen Verhandlung war dem Beklagten ausweislich des Protokolls nachgelassen worden, vorsorglich zur Frage des Schadensumfanges Stellung zu nehmen. Das hat der Beklagte innerhalb der gesetzten Frist mit Schriftsatz vom ...... getan und den Schadensumfang im Einzelnen bestritten. Dennoch hat das Gericht den Schriftsatz des Beklagten nicht beachtet und das Vorbringen des Klägers offenbar als unstreitig angesehen. Wie die Nachforschungen des Beklagten ergeben haben, ist der Schriftsatz verspätet zur Akte gelangt. Das ist nicht dem Beklagten anzulasten, denn er hat den Schriftsatz rechtzeitig per Fax übermittelt. Im Übergehen dieses Schriftsat-

zes liegt gleichfalls eine Verletzung des rechtlichen Gehörs. Auch dieser Verstoß ist entscheidungserheblich, denn bei Beachtung des Vorbringens zum Schaden hätte kein Urteil zugunsten des Klägers ergehen können.

Das Gericht wird gebeten, den Prozess fortzuführen und die Sache erneut unter Beachtung des vollständigen Vorbringens des Beklagten zu verhandeln.

Der Antrag auf Einstellung der Zwangsvollstreckung ohne Sicherheitsleistung wird damit begründet, dass das Urteil nicht hätte ergehen dürfen.

Rechtsanwalt

Schrifttum: Treber, Neuerungen durch das Anhörungsrügegesetz, NJW 2005, 97; *Zuck,* Rechtliches Gehör im Zivilprozess – Die anwaltlichen Sorgfaltspflichten nach dem Inkrafttreten des Anhörungsrügengesetzes, NJW 2005, 1226; *ders.,* Die Anhörungsrüge im Zivilprozess, AnwBl. 2008, 168; *Rensen,* Die Neuregelung der Gehörsrüge, MDR 2005, 181; *ders.,* Beginn der Rügefrist gem § 321 a II S. 1 ZPO, MDR 2007, 695; *Schneider,* Gehörsrüge des § 321 a ZPO, MDR 2006, 969; *ders.,* Gehörsrüge bei Richterwechsel, MDR 2005, 248; *Voßkuhle,* Bruch mit einem Dogma: Die Verfassung garantiert Rechtsschutz gegen den Richter, NJW 2003, 2193; *Sangmeister,* Doch (noch) ein kleiner Hoffnungsschimmer für die Anhörungsrüge?, NJW 2007, 2363; *Schnabel,* Die Anhörungsrüge bei versäumten Rechtsmitteln, NJ 2007, 289; *Zwanziger,* Nichtzulassungsbeschwerde und Gehörsrüge in der Arbeitsgerichtsbarkeit, NJW 2008, 3388.

Anmerkungen

1. Die mit der Zivilprozessreform zum 1. 2. 2002 eingeführte, durch Gesetz vom 9. 12. 2004 (in Kraft getreten am 1. 1. 2005) geänderte, in § 321 a ZPO geregelte Anhörungsrüge gibt der verurteilten Partei die Möglichkeit, bei Verletzung ihres Anspruches auf rechtliches Gehör eine Fortführung des Rechtsstreits in derselben Instanz zu erreichen. Damit wollte der Gesetzgeber vor allem die zahlreichen amtsgerichtlichen Verfahren, in denen das nicht rechtsmittelfähiges Urteil auf einem Verstoß gegen Art. 103 GG beruhte, einer anschließenden Selbstkontrolle durch die ordentlichen Gerichte unterziehen und das Bundesverfassungsgericht entlasten. Nach neuem Recht ist das Abhilfeverfahren nach § 321 a ZPO vor Einlegung der Verfassungsbeschwerde durchzuführen; zum Verhältnis von Anhörungsrüge und Verfassungsbeschwerde vgl. *Zuck* NJW 2005, 1228. Ein Problem des Verfahrens dürfte darin liegen, dass der Rechtsstreit vor demselben Richter fortzuführen ist und vielleicht nicht immer eine unvoreingenommene Neubefassung mit der bereits erledigten Sache erwartet werden kann. Jedenfalls haben Rügen nach § 321 a ZPO kaum je Erfolg.

Das Verfahren hat nach § 321 a Abs. 1 ZPO folgende Voraussetzungen:

a) Gegen die Entscheidung darf ein Rechtsmittel oder ein anderer Rechtsbehelf nicht gegeben sein. Bei erstinstanzlichen Urteilen darf also weder die Beschwer EUR 600,– übersteigen, noch darf das Gericht die Berufung zugelassen haben. Die erste Bedingung kann zweifelhaft sein, zumal das Berufungsgericht an eine Streitwertfestsetzung der ersten Instanz bis zu EUR 600,– nicht gebunden ist (BGH NJW-RR 1988, 837). In einem solchen Fall kann es sich empfehlen, sowohl das Verfahren nach § 321 a ZPO zu betreiben als auch mit der Behauptung, der Streitwert sei zu gering festgesetzt, Berufung einzulegen. Bei zweitinstanzlichen Urteilen darf weder die Revision zugelassen sein noch darf die Nichtzulassungsbeschwerde nach § 544 Abs. 1 ZPO iVm. § 26 Nr. 8 EGZPO (vgl. BGH NJW 2005, 680) gegeben sein. Der abweisende Beschluss über eine Nichtzulassungsbeschwerde kann nicht mit der Begründung angegriffen werden, die Vorinstanz habe das rechtliche Gehör verletzt (keine „sekundäre Gehörsrüge", vgl. BGH NJW 2008, 2126; BVerfG NJW 2008, 2365), Entscheidung im Sinne der Vorschrift ist auch ein die Instanz beendender, unanfechtbarer Beschluss, gleich in welchem Verfahren, auch wenn er im einstweiligen Rechtsschutz ergangen ist (vgl. *Zöller/Vollkommer* § 321a Rdn. 3). § 321a ZPO scheidet aus, wenn die Rechtsbeschwerde zugelassen wurde oder sie gesetzlich vorgesehen ist (BGH MDR 2004, 527).

b) Es muss eine Verletzung des rechtlichen Gehörs vorliegen (vgl. hierzu *Zöller/Vollkommer* vor § 128 ZPO Rdn. 2ff.). Die Verletzung anderer Grundrechte, zB. Art. 14 GG, kann im Verfahren nach § 321a ZPO nicht gerügt werden (BGH MDR 2008, 1175). Nach der Rechtsprechung des BVerfG hat der Anspruch auf rechtliches Gehör zum Inhalt, dass die Partei sich zum Sachverhalt und zur Rechtslage äußern kann (vgl. BVerfG NJW 1998, 2044), dass das Vorbringen der Partei nicht nur zur Kenntnis genommen, sondern auch in Erwägung gezogen wird (BVerfG NJW 1991, 1283; 2001, 1505), dass sie zu Hinweisen des Gerichts, zu Erklärungen des Gegners und zu Beweisergebnissen Stellung nehmen kann (BVerfG NJW 1995, 2095 Nr. 1), dass ordnungsgemäß angebotene, erhebliche Beweise erhoben werden (BVerfG NJW-RR 2004, 1150); dass sie gesetzte Fristen ausnutzen kann (BVerfG NJW 1995, 2095, 2096), dass keine Überraschungsentscheidungen ergehen (BVerfG NJW 1994, 1274; NJW 2003, 3687), dass Präklusionsvorschriften nicht missbräuchlich angewendet werden (BVerfG NJW 1978, 2733, 2734; 2000, 945). Art. 103 GG schützt die Partei auch davor, dass das Gericht Beweisangebote aus Gründen unberücksichtigt lässt, die im Prozessrecht keine Stütze finden (BVerfG NJW 1985, 1150; 86, 833; 2001, 1565). Darüber hinaus darf das Gericht nicht gegen das Willkürverbot aus Art. 3 Abs. 1 GG verstoßen (BVerfG NJW 1999, 1387). Art. 103 GG ist aber nicht bereits dann verletzt, wenn eine Entscheidung, am einfachen Recht gemessen, objektiv fehlerhaft ist (BGH NJW 1987, 2733, 2735).

c) Der Verstoß muss entscheidungserheblich gewesen sein. Das ist der Fall, wenn die Entscheidung ohne ihn anders gelautet hätte, also zB. wenn das Gericht bei Beachtung des rechtlichen Gehörs Beweis erhoben hätte, wenn es Hinweise an die Parteien gegeben hätte, wenn die Berücksichtigung übergangenen Vorbringens zu einem anderen Ergebnis geführt hätte. Dabei dürfte es für die Zulässigkeit der Rüge genügen, dass eine andere Entscheidung bei Gewährung rechtlichen Gehörs nicht ausgeschlossen werden kann (*Zöller/Vollkommer* § 321a Rdn. 12).

Die Rüge muss mit einem Schriftsatz (Rügeschrift) erhoben werden, der die in § 321a Abs. 2 ZPO genannten Anforderungen wahrt. Die Anhörungsrüge unterliegt dem gleichen Anwaltszwang nach § 78 ZPO wie das Verfahren (BGH NJW 2005, 2017).

2. Die Rügeschrift ist an das Gericht zu richten, welches das Urteil erlassen hat.

3. Mit der erfolgreichen Rüge kann nur bewirkt werden, dass das Gericht den Prozess in derselben Besetzung fortführt. Eine Auswechslung der Richter ist allenfalls über eine Ablehnung zu erreichen. Auch eine Übernahme durch die Kammer nach einem Einzelrichterurteil kommt nach § 348 Abs. 3 ZPO kaum in Betracht. Der Prozess wird, wie bei zulässigem Einspruch gegen ein Versäumnisurteil, in die Lage zurückversetzt, in der er sich vor Schluss der mündlichen Verhandlung befand.

4. Der Sachantrag ergibt sich aus der Vorschrift des nach § 321a Abs. 5 S. 2 ZPO anwendbaren § 343 ZPO.

5. Die Rüge hindert die durch das Urteil begünstigte Partei nicht daran, die Zwangsvollstreckung zu betreiben. § 707 Abs. 1 S. 1 ZPO verschafft der beschwerten Partei daher die Möglichkeit, eine einstweilige Einstellung der Zwangsvollstreckung zu erreichen. Die Einstellung ohne Sicherheitsleistung setzt allerdings voraus, dass der Schuldner zur Sicherheitsleistung nicht in der Lage ist und die Vollstreckung einen nicht zu ersetzenden Nachteil bringen würde.

6. In der Begründung des Schriftsatzes sind zunächst die Zulässigkeitsvoraussetzungen darzulegen, insbesondere also die Verletzung des Anspruches auf rechtliches Gehör und die Entscheidungserheblichkeit dieser Verletzung. In der Sache muss es Ziel der betroffenen Partei sein, nicht nur eine Ablehnung der Rüge mit der Begründung zu erreichen, dass auch das übergangene Vorbringen zu keinem anderen Endergebnis geführt hätte. Das wird am ehesten gelingen in den Fällen, in denen das Gericht erhebliche Schriftsätze nicht beachtet hat, weil sie nicht zur Akte gelangt sind. Wenn das Gericht Parteivorbringen in anderer Weise übergangen hat, sollte die Partei bei der Formulierung ihrer Kritik am geübten Verfahrens bedenken, dass der Prozess vor demselben Richter/denselben Richtern fortzuführen wäre. Weiter ist zu beachten, dass Art. 103 GG keinen Schutz davor bietet, dass Sachvortrag aus Gründen des formellen oder materiellen Rechts unberücksichtigt bleibt (BVerfG NJW 1983, 1307; 2000, 131). Das Gericht muss in seinem Urteil auch nicht jedes Vorbringen ausdrücklich bescheiden; vielmehr muss sich aus den besonderen Umständen des Falles ergeben, dass das Gericht seiner Pflicht, das Parteivorbringen zu berücksichtigen und in Erwägung zu ziehen, nicht nachgekommen ist (BVerfG NJW 1997, 2310, 2312; 2000, 131). Wenn aber das Gericht auf einen wesentlichen Kern des Tatsachenvortrags überhaupt nicht eingeht (BVerfGE 86, 133, 146; NJW 1999, 1387, 1388) oder wenn substantiierte Darlegungen, die das Gericht in seinem Urteil vermisst hat, in einem Schriftsatz enthalten sind (BVerfG NJW 2000, 131), kann von einem Verstoß gegen Art. 103 GG ausgegangen werden.

Besondere Sorgfalt sollte auf die Darlegung verwandt werden, dass die nachteilige Entscheidung auf dem Verstoß beruht (vgl. *Zöller/Vollkommer* § 321 a Rdn. 12 und Anm. 1 c). Dazu kann es erforderlich sein, im Einzelnen darzulegen, welche Tatsachen die Partei vorgetragen hätte, wenn es nicht zu dem Überraschungsurteil gekommen wäre, wenn sie den nach § 139 ZPO erforderlichen Hinweis erhalten hätte oder wenn sie sonst Gelegenheit zur Stellungnahme gehabt hätte.

Kosten und Gebühren

Gerichtsgebühren entstehen nur, wenn die Rüge in vollem Umfang verworfen oder zurückgewiesen wird (EUR 50,– nach KV 1700). Für den Rechtsanwalt gehört das Verfahren nach § 321 a ZPO zum Rechtszug (§ 19 Abs. 1 Nr. 5 RVG). Wird er erstmals im Rügeverfahren tätig, erhält er eine halbe Gebühr nach VV 3330.

Fristen und Rechtsmittel

Die Rügeschrift muss binnen einer Notfrist von zwei Wochen erhoben werden (§ 321 a Abs. 2 S. 2 ZPO). Sie beginnt nicht mehr mit der Zustellung des vollständigen Urteils, sondern mit der Kenntnis von der Verletzung des rechtlichen Gehörs; das wird idR. der Zeitpunkt der Zustellung sein. Der Zeitpunkt der Kenntniserlangung ist glaubhaft zu machen. Endfrist: ein Jahr nach Bekanntgabe, § 321 a Abs. 2 S. 2 ZPO.

Der Beschluss, mit dem die Rüge zurückgewiesen wird, ist unanfechtbar (§ 321 a Abs. 4 S. 4 ZPO; vgl. BGH NJW 2005, 73). In besonderen Fällen kann der Beschluss eine eigenständige verfassungsgerichtliche Beschwer enthalten und dann mit der Verfassungsbeschwerde angegriffen werden (BVerfG NJW 2008, 2167). Hält das Gericht die Rüge für begründet, ist für den Gegner kein Rechtsmittel vorgesehen.

6. Antrag auf Hinausschieben der Urteilszustellung[1]

An das
Landgericht[2]
In der Sache
……
wird im versicherten Einverständnis mit der Gegenseite beantragt,
die Zustellung des am …… verkündeten Urteils bis auf weiteres hinauszuschieben[3].
Die Gegenseite wird einen entsprechenden Antrag noch ausdrücklich stellen[4].
Rechtsanwalt

Anmerkungen

1. Vgl. § 317 Abs. 1 S. 3 ZPO. Der Antrag hat den Sinn, den Beginn der Rechtsmittelfrist (§§ 517, 548, 569 Abs. 1 ZPO) hinauszuzögern. Das ist insbesondere im Rahmen von Vergleichsverhandlungen zweckmäßig, damit die unterlegene Partei nicht gezwungen wird, zur Wahrung ihrer Rechte Berufung einzulegen und hierdurch neue Kosten zu verursachen. Für Ehe-, Familien- und Kindschaftssachen sowie im Arbeitsgerichtsprozess ist § 317 Abs. 1 S. 3 ZPO ausgeschlossen (§§ 618, 621 c, 640 Abs. 1 ZPO aF., 50 Abs. 1 S. 2 ArbGG), für die Beschwerde nach dem neuen FamFG gilt § 317 ZPO ohnehin nicht. Ist das Urteil noch nicht verkündet, kann das gleiche Ziel durch einen Antrag auf Aussetzung des Termins zur Verkündung der Entscheidung erreicht werden.

2. Der Antrag ist an das Gericht zu richten, das die Entscheidung verkündet hat.

3. Die Zustellung kann nur bis zum Ablauf von fünf Monaten hinausgeschoben werden (§ 317 Abs. 1 S. 3 ZPO). Eine Frist braucht im Antrag nicht genannt zu werden. Wenn sich die Vergleichsverhandlungen zerschlagen, sollte die obsiegende Partei dies dem Gericht mitteilen und den Antrag stellen, das Urteil nunmehr zuzustellen.

4. Das Verfahren sollte, da ein übereinstimmender Antrag erforderlich ist, mit dem Gegner abgesprochen sein. Dem übereinstimmenden Antrag muss das Gericht entsprechen.

Kosten und Gebühren

Keine besonderen Gerichts- und Rechtsanwaltsgebühren.

Fristen und Rechtsmittel

Der Antrag kann nur vor der Zustellung des Urteils und nur innerhalb von fünf Monaten nach dessen Verkündung gestellt werden.

Rechtsmittel: sofortige Beschwerde nach § 567 Abs. 1 Nr. 2 ZPO.

O. Rechtsmittel und Rechtsbehelfe

1. Berufungsschrift[1, 5]

An das
Landgericht[2]
– Berufungskammer –
in ……

Berufung

In Sachen

des Bauingenieurs …… aus ……
– Kläger und Berufungskläger[3] –
Prozessbevollmächtigter: RA ……

gegen

den Hausbesitzer …… aus ……
– Beklagter und Berufungsbeklagter[4] –
Prozessbevollmächtigter I. Instanz: RA …… aus ……
Aktenzeichen I. Instanz: …… Amtsgericht ……
Beschwerwert: …… EUR[5]
lege ich hiermit namens[6] des Klägers und Berufungsklägers gegen das am …… verkündete und am …… zugestellte Urteil des Amtsgerichts[7] …… AZ.: ……

Berufung[8]

ein. Anträge und Begründung bleiben einem gesonderten Schriftsatz vorbehalten[9].
Die Urteilsausfertigung, deren Rückgabe erbeten wird, sowie 2 beglaubigte Abschriften sind beigefügt[10].

Rechtsanwalt[11, 12, 13]

Anmerkungen

1. Die Berufung ist durch die ZPO Reform ab 1. 1. 2002 weitgehend neu geregelt und es wird daher dringend geraten, die neuen Bestimmungen sorgfältig zu lesen und zu beachten. Auf die Beträge von *Gaier* NJW 2004, 2041 ff. und *Lechner* NJW 2004, 3593 ff. über die Rechtsprechung des BGH zum neuen Berufungsrecht wird verwiesen. Berufung, § 511 ZPO, findet gegen die im ersten Rechtszuge erlassenen Endurteile, § 300 ZPO, I. Instanz statt. Zur Zulässigkeit der Berufung vgl. § 511 Abs. 2 ZPO. Nachträglich kann durch Berichtigungsbeschluss die Berufung zugelassen werden (BGH NJW 2004, 2389); zur willkürlichen Nichtzulassung der Berufung zur Sicherung der einheitlichen Rechtsprechung (vgl. BVerfG NJW 2004, 2584). Die Berufung kann nur darauf gestützt werden, dass die Entscheidung auf einer Rechtsverletzung, §§ 520, 546 ZPO beruht (Rechtskontrolle) oder nach §§ 520, 529 ZPO zugrunde zu legende Tatsachen eine andere Entscheidung rechtfertigen (Tatsachenkontrolle). Ein Endurteil entscheidet den Prozess für die Instanz endgültig. Endurteile sind auch Teilurteile (§ 301 ZPO), Ergänzungsurteile (§§ 321, 517 ZPO), Zwischenurteile (§ 280 Abs. 2 ZPO, vgl. BGH NJW 1979, 427/428; 1981, 989). Eine Anfechtung der Entscheidung über den Kostenpunkt ist unzu-

lässig, wenn nicht gegen die Entscheidung in der Hauptsache ein Rechtsmittel eingelegt wurde (vgl. Form. I. O. 11 Anm. 3, BGH NJW 1988, 49/50). Ein echtes, also gegen die säumige Partei ergangenes Versäumnisurteil unterliegt nur dem Einspruch, nicht der Berufung und nicht der Anschlussberufung, § 514 ZPO. Eine Berufung ist nur dort möglich, wo der Einspruch nicht statthaft ist (§ 514 Abs. 2 ZPO „echtes Zweites Versäumnisurteil"), soweit sie darauf gestützt wird, dass ein Fall der schuldhaften Versäumung nicht vorgelegen habe, § 511 Abs. 2 ist nicht anzuwenden; vgl. auch BGH NJW 1991, 43; die Bezeichnung allein ist nicht maßgeblich (LG Wuppertal NJW 1985, 2653). Ein mit der Feststellungsklage obsiegender Kläger kann Berufung nicht allein zu dem Zweck einlegen, um auf einen Leistungsantrag überzugehen (BGH NJW 1988, 827), anders hingegen wenn bei der Weiterverfolgung von Leistungsansprüchen zusätzlich von der Feststellungs- zur Leistungsklage in der Berufungsinstanz übergegangen wird (vgl. BGH NJW 1992, 2296). Die Klageänderung allein stellt keine Urteilsanfechtung dar (vgl. BGH NJW 1992, 3243 f.). So die bisherige Rechtsprechung zur alten Gesetzesregelung; wie sie sich weiterentwickelt, bleibt abzuwarten, vgl. *Stackmann* NJW 2007, 9 ff.).

Grundsätzlich ist das Mandat eines erstinstanzlichen Bevollmächtigten nicht beendet, bevor er seinem Auftraggeber das erstinstanzliche Urteil übersandt, dessen Zustellung mitgeteilt und auf die Rechtsmittelmöglichkeit hingewiesen hat.

2. Das Berufungsgericht ist sorgfältig mit Name und Ort richtig zu bezeichnen. Die fehlerhafte Adressierung der Rechtsmittelschrift führt zu einem Zugang beim unzuständigen Gericht bzw. Adressaten (BGH NJW 1990, 990, 2822; OLG Oldenburg NJW 2007, 1698). Zur Einlegung der Berufung beim unzuständigen Gericht vgl. BVerfG NJW 2001, 1343. Zur Sorgfaltspflicht bei angeordneten Korrekturen in der Rechtsmittelschrift vgl. BGH NJW 1995, 263 f. Die Fertigung einer Rechtsmittelschrift gehört nicht zu den Geschäften, die ein Rechtsanwalt seinem Büropersonal übertragen darf (OLG Rostock NJW 2007, 91). Berufungsgerichte sind das Landgericht (§ 72 GVG) bei vor dem Amtsgericht verhandelten bürgerlichen Rechtsstreitigkeiten, soweit nicht die Zuständigkeit der Oberlandesgerichte begründet ist, § 119 GVG, so bei Berufungen gegen Entscheidungen der Landgerichte.

In den von Familiengerichten entschiedenen Sachen ist das Rechtsmittelverfahren in den §§ 58 ff. FamFG neu geregelt. Anstelle der Berufung tritt die Beschwerde, vgl. Form. I. O. 6 Anm. 1.

Zur Beweislast der Zuständigkeit des Berufungsgerichts vgl. BGH NJW 2006, 1808.

Nach § 119 Abs. 3 GVG kann durch Landesgesetze auch die Zuständigkeit des Oberlandesgerichts bei amtsgerichtlichen Entscheidungen zusätzlich begründet werden Eine Rechtsmittelbelehrung ist sicherzustellen und die Bundesregierung hat den Bundestag zum 1. 1. 2004 und 1. 1. 2006 über die Erfahrungen zu unterrichten. Vgl. im Einzelnen § 119 GVG diese Bestimmung gehört zur Pflichtlektüre des Berufungsanwalt.

Soweit durch Anordnung der Landesjustizverwaltung außerhalb des Sitzes des Oberlandesgerichts für den Bezirk eines oder mehrerer Landgerichte auswärtige Senate gebildet wurden, ist die Berufung am Sitz des auswärtigen Senats des OLG einzulegen. Zur Berufungszuständigkeit des OLG wegen Anwendung ausländischen Rechts vgl. BHG NJW 2007, 1211. Zur Wahrung der Berufungsfrist von einem Monat nach Zustellung des in vollständiger Form abgesetzten Urteils – spätestens aber mit dem Ablauf von fünf Monaten nach Verkündung – (§ 516 ZPO) genügt der Eingang der Berufungsschrift beim Stammgericht (BGH NJW 1967, 107). Entscheidend zur Fristwahrung ist allein, ob das Schriftstück rechtzeitig in die Verfügungsgewalt des Gerichts gelangt ist. Auf eine Mitwirkung von Bediensteten des Gerichts kommt es nicht an. Ausreichend ist deshalb der Einwurf in den Tagesbriefkasten des Berufungsgerichts auch am letzten Tage der Frist, wenn nach den Umständen mit einer Leerung an diesem Tage noch zu rechnen ist (BGH NJW 1981, 1789; BVerfG NJW 1980, 50). Die Zustellung des Urteils setzt die Rechtsmittelfrist auch dann in Lauf, wenn danach der Urteilstenor gemäß § 319 ZPO berichtigt wurde, sie gibt grundsätzlich kein neues Rechtsmittel (BGH NJW 1984, 1041; RR 2004, 713; BVerfG NJW 2001, 142). Ist bei Kartellstreitigkeiten für mehrere OLG-Bezirke ein einheitliches Kartell-Oberlandesgericht gebildet worden, §§ 91, 92, 93 GWB, so kann die Berufung fristwahrend auch bei dem nach § 119 GVG allgemein zuständigen OLG eingelegt werden. Dieses hat die Sache auf Antrag an den Kartellsenat zu verweisen (BGH WuW/E Nr. 1553); zur Fristenkontrolle des Anwalts vgl. BGH NJW 1988, 568; 1996, 2514; 2003.2100; OLG Rostock NJW 2003, 3141 f. Zur Neufassung von § 119 GVG vgl. BGH NJW 1991, 231; 1993, 1399, 1400 Die Wiedereinsetzungsfrist der versäumten Berufungsbegründungsfrist (vor allem nach bewilligter Prozesskostenhilfe vgl. auch BGH NJW 2003, 3275 ff) beträgt zwei Wochen bzw. ein Monat, § 234 ZPO, wobei nach Ablauf eines Jahres vom Ende der versäumten Frist an gerechnet eine Wiedereinsetzung nicht mehr beantragt werden kann, § 234 Abs. 3 ZPO.

3. Berufungsberechtigt ist jeder, gegen den sich das Urteil richtet. So eine Partei der ersten Instanz, auch wenn sie durch eine unrichtige Bezeichnung im Urteil betroffen ist, wie es bei Verwechslungen der Identität vorkommt (BGH MDR 1978, 307), ebenso eine Person, deren Eintritt als Partei die erste Instanz abgelehnt hat, §§ 239, 265, 266 ZPO, ein Streithelfer, jeder Gläubiger bei der Hinterlegungsklage aus § 856 Abs. 2 ZPO, der Staatsanwalt, § 634 ZPO, der beigeladene Elternteil, § 640 e ZPO (vgl. auch BGH NJW 1984, 353, wenn eine Beiladung unterblieb). Zur Zulässigkeit der Berufung des Nebenintervenienten trotz Rechtsmittelverzicht des Beklagten vgl. BGH NJW 1989, 1362; 1991, 229. Zur Berufungseinlegung in Namen des Streithelfers (vgl. BGH NJW 1994, 1537) und zur Stellung des Streithelfers nach Berufungsrücknahme der unterstützten Partei vgl. BGH NJW 1989, 1357 f. Zur Berufungseinlegung durch den Rechtsnachfolger des Klägers als Parteiwechsel vgl. BGH NJW 1996, 2799. Statt einer selbstständigen Berufung besteht die Möglichkeit, sich an die Berufung des Gegners anzuschließen, § 524 ZPO (vgl. Form. I. O. 3). Zur Berufung eines neu beigetretenen GmbH-Gesellschafters bei Anfechtungs- und Nichtigkeitsklage vgl. BGH NJW 2008, 1889.

Vertretungsanzeige ist durch den Anwaltszwang, § 78 ZPO, erforderlich. Durch das am 1. 8. 2002 in Kraft getretene OLG-VertrÄndG ist die anwaltliche Lokalisation auch vor den Oberlandesgerichten entfallen. Jeder an einem OLG zugelassene Anwalt kann nunmehr vor allen Oberlandesgerichten auftreten. Zu den Hintergründen vgl. *Henssler/Kilian* NJW 2002, 2817 ff. Zum Zeitpunkt der Postulationsfähigkeit vgl. BGH NJW 1992, 2706; 1993, 2538 und zum Wegfall der Postulationsfähigkeit nach Unterzeichnung der Berufungsschrift vgl. OLG Frankfurt NJW 84, 2896; BGH NJW 1990, 1305. Zur fehlenden Vertreterbefugnis in der Rechtsmittelinstanz vgl. BGH NJW 1990, 3152. Zur Berufungseinlegung durch amtlich bestellten Vertreter vgl. BGH NJW 1991, 1175.

4. Der Berufungsbeklagte und seine Stellung im Prozess ist näher zu bezeichnen (vgl. BGH NJW 1991, 2775), zur unrichtigen Parteibezeichnung vgl. BGH NJW 1996, 320. Soweit er in der ersten Instanz durch einen Prozessbevollmächtigten vertreten war, ist dieser mit Anschrift anzugeben. Die Wirksamkeit der Berufung hängt jedoch nicht von der Zustellung ab, so dass Mängel oder deren Unterlassung nach § 295 ZPO heilbar sind (BGHZ 65, 114/116).

5. Die Berufung ist nach der ZPO-Reform unter verschiedenen Voraussetzungen statthaft, § 511 ZPO. Zur Statthaftigkeit der Berufung vgl. BGH MDR 2008, 994. Sie ist zulässig, wenn eine Beschwer vorhanden ist (vgl. *Baumbach/Lauterbach/Albers/Hartmann* Grundz. § 511 Rdn. 11; BGH NJW 1984, 371). Der Beschwerwert muss über EUR 600,– betragen, § 511 Abs. 2 Nr. 1 ZPO. Strittig ist, ob bei Klage und Widerklage, die nicht denselben Streitgegenstand betreffen, die Werte zusammenzurechnen sind; vgl. BGH NJW 1994, 3292; LG Gießen NJW 1993, 2709, LG Memmingen NJW 1992, 2710, LG Berlin NJW 1992, 2710; vgl. auch *Schneider,* Widerklage und materielle Beschwer, NJW 1992, 2680 ff. Zur Beschwer bei Verurteilung zur Auskunft vgl. BGH NJW 1995, 664. Zur Hilfsaufrechnung vgl. BGH NJW 1993, 1538, NJW-RR 1994, 61; eine Sonderregelung gilt für

Wohnraummietverhältnisse, § 511 a Abs. 2, § 9 G über das gerichtliche Verfahren in Binnenschifffahrtssachen ist zu beachten. Die Beschwer muss bei Rechtsmitteleinlegung vorliegen, späterer Wegfall schadet regelmäßig nicht (BGHZ 1, 29; vgl. auch BGH NJW 1975, 539; 1982, 340, 447, 1048; 1983, 1063). Der für die Erreichung der Berufungssumme maßgebliche Wert des Beschwerdegegenstandes setzt das Berufungsgericht ohne Bindung an die Streitwertfestsetzung 1. Instanz fest (BGH NJW 2006, 2639; 2008, 219). Oder die Berufung ist zulässig, § 511 Abs. 2 Nr. 2 ZPO, wenn das Gericht des ersten Rechtszuges die Berufung im Urteil zugelassen hat. Die Berufung war in entsprechender Anwendung des § 513 Nr. 2 ZPO aF. trotz Nichterreichen der Berufungssumme bei Vorliegen eines Verstoßes gegen den Grundsatz der Gewährung rechtlichen Gehörs zuzulassen (BVerfG NJW 1986, 2305; 1993, 255, 3130; str. BGH NJW 1988, 67; 1990, 838; LG Hannover NJW 1989, 1165). § 321 a ZPO sieht nunmehr eine Verfahrensfortsetzung bei unzulässiger Berufung vor, wenn das rechtliche Gehör in entscheidungserheblicher Weise verletzt wurde. Die neuere Rechtsprechung nach der Reform bleibt abzuwarten. Im Falle der Berufung des zur Auskunftserteilung verurteilten Beklagten richtet sich der Wert des Beschwerdegegenstandes grundsätzlich nach seinem Interesse, die Auskunft nicht erteilen zu müssen vgl. BGH NJW-RR 1993, 1468; NJW 1994, 3232. Zur Beschränkung der Berufung (nach alter Regelung) auf die vorläufige Vollstreckbarkeit vgl. OLG Nürnberg NJW 1989, 842. Eine Berufung war unzulässig, wenn sie allein zu dem Zwecke der Klageänderung eingelegt wird (vgl. OLG Köln MDR 1981, 235). Zur Klageänderung im Berufungsverfahren und zum Beschwerwert nach altem Recht vgl. BGH NJW 1990, 2683 f.

6. Entscheidend ist, dass in der Berufungsschrift hinreichend zum Ausdruck kommt, für wen und gegen wen die Berufung eingelegt worden ist (BGHZ 65, 114/115 mwN.). Zur Notwendigkeit der Anschrift des Klägers in Berufungsverfahren vgl. BGH NJW 1988, 2114. Die für eine wirksame Berufungseinlegung erforderlichen Angabe, für wen und gegen wen die Berufung eingelegt wird, bedarf der Schriftform (BGH NJW 1985, 2650; 1988, 2046). Sind diese Angaben nicht in der Rechtsmittelschrift enthalten, genügt es, wenn sie sich aus anderen, dem Gericht vorliegenden Unterlagen innerhalb der Rechtsmittelfrist entnehmen lassen. Ist der Prozessbevollmächtigte erstmals in der Berufungsinstanz tätig, so hat er seine Vertretung gleichzeitig anzuzeigen.

7. Unerlässlicher Bestandteil der Berufungsschrift ist die Bezeichnung des angefochtenen Urteils (§ 519 ZPO, zu den Anforderungen an die Bezeichnung des angefochtenen erstinstanzlichen Urteil vgl. BGH NJW 2003, 1950). Die genaue Bezeichnung des Gerichts des ersten Rechtszuges ist notwendig; zu den Anforderungen an die Bezeichnung des angefochtenen erstinstanzlichen Urteils in der Berufungsschrift vgl. BGH NJW 2003 nur eingeschränkt kann eine falsche Bezeichnung unschädlich sein und formlos berichtigt werden (vgl. BGH NJW 1989, 2395 f.; 2001, 1070; 2003, 1950; BVerfG NJW 1991, 3140; kritisch *Obert* NJW 1992, 2139 f.). Daher ist hier Sorgfalt geboten, wenngleich unvollständige, ungenaue oder unrichtige Angaben der Wirksamkeit einer Berufung nicht entgegenstehen, soweit auf Grund anderer, innerhalb der Berufungsfrist erkennbarer Umstände für das Berufungsgericht und den Gegner die Identität des anzufechtenden Urteils zweifelsfrei feststeht (vgl. BGH MDR 1978, 308; NJW 2001, 1070; 2003, 1950). Der Hinweis auf das Datum der Urteilszustellung ist nicht zwingend, kann aber ein Nachweis über den Tag der Zustellung darstellen (vgl. BGH NJW 1987, 2679). Vgl. auch Anm. 8. Der BGH (NJW 2003, 1950) weist abermals daraufhin, dass im Interesse der Rechtsklarheit an die Urteilsbezeichnung keine zu geringen Anforderungen zu stellen sind; hierzu gehört die Angabe der Parteien, des Gerichts, das das angefochtene Urteil erlassen hat, das Verkündungsdatum und das Aktenzeichen. Es empfiehlt sich daher eine Urteilsausfertigung der Berufung beizufügen.

8. Erforderlich ist die Erklärung des Berufungsklägers, dass er gegen das eingangs bezeichnete Urteil Berufung einlegt, § 518 ZPO. Der Gebrauch des Wortes „Berufung" ist zwar nicht zwingend notwendig, wenn sich der Wille, dass gerade dieses Rechtsmittel eingelegt wird, sonst klar ergibt, jedoch empfiehlt es sich, das Wort „Berufung" zu verwenden (BGH LM § 518 Abs. 2 Nr. 2 ZPO Nr. 3).

9. Die Berufung muss ggf in einem gesonderten Schriftsatz begründet werden (§ 520 ZPO), was dem Regelfall in der Praxis entspricht.

Die Berufung darf nicht an eine Bedingung geknüpft werden. Eine Berufung, die für den Fall eingelegt wird, dass die gleichzeitig beantragte Prozesskostenhilfe bewilligt wird, ist daher unzulässig (BGHZ 4, 54/55). Ist beabsichtigt, die Berufung nur dann durchzuführen, wenn dem Berufungskläger die Prozesskostenhilfe bewilligt wird, ist innerhalb der Berufungseinlegungsfrist das Gesuch auf Bewilligung der Prozesskostenhilfe einzureichen. Liegt eine Entscheidung über die Bewilligung der Prozesskostenhilfe innerhalb der Berufungsfrist nicht vor, so geht die Rechtsprechung davon aus, dass der Berufungskläger infolge seiner Armut gehindert war, die Berufungsfrist einzuhalten und gewährt ihm Wiedereinsetzung in den vorigen Stand, wenn er sein Gesuch formgerecht in der nach § 234 ZPO bestimmten Frist gestellt hat (*Baumbach/Lauterbach/Albers/Hartmann* § 233 Rdnrn. 41 ff. – Prozesskostenhilfe; vgl. auch BGH NJW 1988, 2046; 2008, 2855). Dabei wird der armen Partei eine kurze Überlegungsfrist (1–2 Tage) zugebilligt (BGH VersR 1978, 450; BAG NJW 1962, 462). Ist jedoch bereits ein Anwalt in jedem Fall mit der Rechtsmitteleinlegung beauftragt, so beginnt die Frist mit der Zustellung des ablehnenden Beschlusses (BGHZ 4, 55/57).

10. Mit der Berufungsschrift soll eine Ausfertigung oder beglaubigte Abschrift des angefochtenen Urteils beigefügt werden (§ 519 Abs. 3 ZPO). Hierbei handelt es sich zwar nur um eine bloße Ordnungsvorschrift, deren Beachtung aber insoweit an Bedeutung gewinnt, als aus dem beigefügten Urteil Unklarheiten in der Berufungsschrift aufgeklärt werden können. Vgl. auch BGH NJW 2006, 1003 zur falschen Angabe des erstinstanzlichen Aktenzeichen. Daneben soll der Berufungskläger die nötige Anzahl von beglaubigten Abschriften der Berufungsschrift einreichen.

11. Die Berufungsschrift muss von dem beim Berufungsgericht zugelassenen Rechtsanwalt handschriftlich eigenhändig unterschrieben sein (vgl. BGH NJW 1976, 966/967; 1980, 291; 1989, 588; 1996, 997). Zum Anwaltszwang, § 78 ZPO, eines beim OLG zugelassenen Anwalts ist auf die Entscheidung des BVerfG (MDR 2001, 176) zu verweisen, der § 25 BRAO ab dem 1. 7. 2002 wegen Verfassungswidrigkeit für nicht mehr anwendbar bestimmte. Durch das am 1. 8. 2002 in Kraft getretene OLG-VertrÄndG ist die anwaltliche Lokalisation auch vor den Oberlandesgerichten entfallen. Jeder an einem OLG zugelassene Anwalt kann nunmehr vor allen Oberlandesgerichten auftreten. Zu den Hintergründen vgl. *Henssler/Kilian*, NJW 2002, 2817 ff. U. U. kann der Nachweis der anwaltlichen Urheberschaft eine Berufungsschrift bzw. -begründungsschrift aus Begleitschreiben hervorgehen (vgl. BGH NJW 1986, 1760). Da die Rechtsprechung bei diesem Erfordernis nach wie vor streng ist, ist auch hier Sorgfalt geboten. Die Unterschrift selbst braucht nicht lesbar zu sein. Jedoch muss mit weitgehender Sicherheit feststehen, wer die Verantwortung für den Schriftsatz trägt. Dazu gehört, dass das Schriftbild einen individuellen Charakter aufweist, der die Unterscheidungsmöglichkeit gegenüber anderen Unterschriften gewährleistet und eine Nachahmung durch einen beliebigen Dritten zumindest erschwert (vgl. BGH NJW 1974, 1090; NJW 1975, 1705; 1982, 1467; 1985, 1227; 1996, 997; BVerfG NJW 1988, 2787). Zur Verwendung von Blankounterschriften eines Rechtsanwalts vgl. BGH NJW 1966, 351; OLG München NJW 1989, 1166.

12. Das Rechtsmittel kann auch telegrafisch, durch Telebrief, Fernschreiber oder Telekopie (-fax) eingelegt werden, wobei die Übermittlung einer eigenhändigen Unterschrift nicht möglich und daher auch nicht erforderlich ist (BGH LM § 518 Abs. 1 ZPO Nr. 3; NJW 1983, 1498; 1985, 2586; 1986, 1759; 1987, 2586; 1989, 589; 1990, 188; 1996, 2513; BAG NJW 1966, 1077; NJW 1971, 2190/2191; MDR 1981, 578). Bei der Verwendung von Fernschreiben beachte BGH NJW 1988, 1980. Bei Berufungseinlegung durch Telefax ist die Kopievorlage von einem postulationsfähigen Anwalt zu unterzeichnen (BGH NJW 1990, 188; BVefG NJW 2007, 3117). Eine Übermittlung durch Computerfax muss eine eingescannte Unterschrift oder den Hinweis enthalten, dass eine Unterzeichnung wegen der gewählten Übertragungsform nicht erfolgen könne (OLG Braunschweig, NJW 2004, 2024 f.). Zur Schriftform durch Einreichung eines elektronisch übermittelten Dokuments per E-Mail vgl. BGH NJW 2008, 2649 f. Zur Störung des Telefaxgerätes vgl. BGH NJW 1995, 1431; 2008, 2508 f.; Zur Richtigkeit der Fax-Nr. vgl. BGH NJW 1995, 2105; 2007, 996. Zur Einreichung bestimmender Schriftsätze mittels Computer-Fax vgl. BHG NJW 2001, 831. Zum unregelmäßigen Postlauf in den neuen Bundesländern vgl. DtZ 1993, 87. Bei einem Poststreik trifft den Anwalt auch bei rechtzeitiger Versendung der Berufungsschrift die Pflicht, nachzufragen, ob das Schriftstück rechtzeitig bei Gericht eingegangen ist (BGH NJW 1993, 1332 f.). Zur mehrfachen Berufungseinlegung bei Einreichung durch Original und Telefax vgl. BGH NJW 1993, 3141. Zum Verschulden bei mangelhafter, misslungener Telefaxübermittlung vgl. OLG Naumburg NJW 1993, 2543; OVG Lüneburg NJW 2007, 1080; Zum Nachweis des rechtzeitigen Eingangs der Berufungsschrift vgl. BGH NJW 1996, 2038.

An dieser Stelle sei daran erinnert, dass die Berufungsschrift, wie jeder fristwahrende Schriftsatz, spätestens am letzten Fristtag vollständig bis 24.00 Uhr bei Gericht eingegangen sein muss (BGH NJW 2007, 2045 f.). Zur Fristenkontrolle vgl. BGH NJW 2007, 2332.

13. Gegebenenfalls ist – vorzugsweise mit gesondertem Schriftsatz – ein Antrag auf Einstellung der Zwangsvollstreckung gemäß §§ 707, 719 ZPO anhängig zu machen. Dieser muss gesondert begründet werden. Er bietet nur dann Aussicht auf Erfolg, wenn auch das eingelegte Rechtsmittel Erfolg verspricht und der Vollstreckungsschuldner durch die vorläufige Vollstreckung einen Schaden erleiden kann, der über die bloße Vollstreckungswirkung hinausgeht (vgl. OLG Köln MDR 1975, 850). Wegen der Notwendigkeit der Begründung des Einstellungsantrages empfiehlt es sich, die Berufungsbegründung mit einzureichen, aus der die Erfolgsaussichten der Berufung hervorgeht.

Kosten und Gebühren

Die Gerichtskosten richten sich nach 1 Nr. 1, §§ 3, 47 GKG und dem Kostenverzeichnis Hauptabschnitt 2, Abschnitt 2, die Rechtsanwaltsgebühren nach §§ 1, 13, 17 Nr. 9 RVO Vergütungsverzeichnis Teil 2, Abschnitt 2. Verkehrsanwaltskosten sind im Berufungsverfahren idR. nicht erstattungsfähig, BGH NJW 2006, 301; keine Verfahrensgebühr bei nur zur Fristwahrung eingelegte Berufung, BGH NJW 2008, 1087. Zur anteiligen Anrechnung der entstanden Geschäftsgebühr auf die Verfahrensgebühr vgl. BGH NJW 2007, 2049 f.

Fristen und Rechtsmittel

Die **Berufungsfrist** (§ 517 ZPO) beträgt **1 Monat,** sie ist eine Notfrist und beginnt mit der Zustellung des in vollständiger Form abgefassten Urteils, spätestens aber nach Ablauf von **5 Monaten** nach der Verkündung. Zu Formfehler bei Urteilsverkündung vgl. BGH NJW 2007, 3210. Zur Prüfungspflicht des Anwalts vor Unterzeichnung eines Empfangsbekenntnisses vgl. BGH NJW 2000, 2112. Zum Beginn der Berufungsfrist bei Urteilsberichtigung vgl. BGH NJW 1991, 1834; 1995, 1033; zur Organisation der Fristüberwachung vgl. BGH NJW 1992, 3176; 1994, 2551; 1996, 2514; 2007, 3212; 3497; 2008, 3705. Zur anwaltlichen Sorgfaltspflicht bei drohendem Ablauf der 5-Monatsfrist vgl. BGH NJW 1989, 1156 f.; 1994, 458; zu den Pflichten bei Fristnotierungen in mehreren Familiensachen mit gleichem Rubrum vgl. NJW 1992, 2488; 1995, 1682; 1996, 853; zur Fristenkontrolle BGH NJW 1989, 1157 f., 1864, 2393 f.; 1990, 2126; 1994, 458; zu mehrfachen Rechtsmitteleinlegung vgl. BGH NJW 1993, 269. Eine fernschriftlich übermittelte Rechtsmittelschrift ist in dem Zeitpunkt zugegangen, in dem sie im Empfängerapparat ausgedruckt wird (vgl. BGH NJW 1987, 2586; BVerfG NJW 1987, 2067). Eine Rechtsmitteleinlegung durch Fernschreiben auf einen nicht für das Rechtsmittelgericht eingerichteten Fernschreiber wird dadurch nicht wirksam, dass das Fernschreiben durch Boten von der Empfangsstelle an das zuständige Gericht weitergegeben wird (BGH NJW 1988, 1980). Zur Unterfrankierung eines fristgebundenen Schriftsatzes vgl. BGH NJW 2007, 1751.

Berufungsbegründungsfrist (§ 520 ZPO): 2 **Monate** mit der Möglichkeit der Verlängerung durch den Vorsitzenden, wenn der Gegner einwilligt; ohne Einwilligung kann die Frist bis zu 1 **Monat** verlängert werden, wenn nach freier Überzeugung des Vorsitzenden der Rechtstreit durch die Verlängerung nicht verzögert wird oder auch wenn der Berufungskläger erhebliche Gründe darlegt (vgl. auch zur alten Regelung BGH NJW 1985, 1558; 1993, 732, BAG NJW 1986, 603);

Zur Wiedereinsetzung bei Versäumung der Berufungsfrist vgl. §§ 233, 234 ZPO und dazu BGH NJW 1985, 1709; 1988, 568, 2804; 1989, 589f.; 1994, 2552, 2831, 2958, 3101; 1995, 263f; 2000, 364; 2008, 2589ff., 3571; BVerfG NJW 1995, 249; vgl. *Ganter,* NJW 1994. Zur schuldhaften Fristversäumung durch nicht postulationsfähigen Zweitbüroanwalt vgl. BGH NJW 1993, 332; zur überörtlichen Sozietät vgl. BGH NJW 1994, 1878. Zur Glaubhaftmachung vgl. BGH NJW 1993, 732; 2008, 3501f.; zur Wiedereinsetzungsfrist wird auf § 234 (neue Fassung!) ZPO verwiesen (BGH NJW 2008, 1164f.). Zur Wiedereinsetzung bei Pkh-Entscheidung vgl. BGH NJW 2008, 2855f. Auch die §§ 233ff. ZPO gehören zur Pflichtlektüre eines Rechtsanwalts.

Ein Ergänzungsurteil im Falle der Berichtigung gem. § 321 ZPO ist selbstständig anfechtbar (BGH NJW 2000, 3008): vgl. § 518 ZPO, vgl. auch Anm. 2 und 12.

Ein Streithelfer kann nur innerhalb der Rechtsmittelfrist der Hauptpartei Rechtsmittel einlegen (BGH NJW 1990, 190). Zur Unwirksamkeit der Zustellung vgl. BGH NJW 1994, 526.

Der Kanzleiabwickler eines verstorbenen Rechtsanwalts kann nur innerhalb der ersten sechs Monate ab Bestellung wirksam Berufung einlegen § 55 Abs. 2 BRAO, § 233 ZPO (vgl. BGH NJW 1992, 2158).

Bei einer Verwerfung der Berufung als unzulässig ist hiergegen **die Rechtsbeschwerde** statthaft, § 522 Abs. 1 ZPO, nicht hingegen wenn eine Berufung in einem Arrest- oder einstweiligem Verfügungsverfahren als unzulässig verworfen wurde § 574 ZPO (BGH NJW 2003, 69).

Keine Verwerfung einer unzulässigen Berufung, solange sie als unselbstständige Anschlussberufung zu werten ist, BGH NJW 1996, 2659, alte Regelung; zur Gesetzesänderung bei der Anschlussberufung vgl. § 524 ZPO, Form. I. O. 3.

Gegen Berufungsurteile findet die **Revision** nur statt, wenn sie das Berufungsgericht im Urteil oder das Revisionsgericht auf Rechtsbeschwerde gegen die Nichtzulassung zugelassen hat.

2. Berufungsbegründungsschrift

An das
Landgericht
– Zivil-Berufungskammer –
in ......

Berufungsbegründung[1]

In Sachen

des ......
– Klägers –

Prozessbevollmächtigter: RA ......

gegen

die ......
– Beklagte –
Prozessbevollmächtigter: RA ......

wegen Forderung

Az (des Berufungsverfahren): ......

begründe ich namens des Klägers die mit Schriftsatz vom ...... eingelegte Berufung gegen das Urteil des Amtsgerichts ...... mit folgenden Anträgen[2]:

> Unter Abänderung des am ...... verkündeten Urteils des Amtsgerichts ......, Az.: ...... die Beklagte zu verurteilen, an den Kläger EUR ...... nebst Zinsen in Höhe von ......% Punkte über dem Basiszinssatz hieraus seit ...... zu zahlen;[3–6]

Begründung:[7]

I. Umfang der Anfechtung:[8]

Das Amtsgericht hat zu Unrecht den Klageantrag abgewiesen, den der Kläger mit seiner Berufung weiter verfolgt. Das Urteil wird daher in vollem Umfang der Überprüfung durch das Berufungsgericht gestellt. Im Einzelnen ist folgendes zu rügen:

II. Rechtsverletzung und deren Erheblichkeit, § 520 Abs. 3 Nr. 2 ZPO[7]

Es wird die Verletzung materiellen Rechts gerügt.
Rechtsirrig geht das Amtsgericht davon aus, dass selbst bei Annahme eines Darlehens die Klage unbegründet sei, weil die Kündigung zu spät erfolgt sei. Die Kündigung ist nicht entsprechend § 626 Abs. 2 BGB fristgebunden, sondern unterliegt nur der Verwirkung, § 242 BGB, die hier noch nicht eingetreten ist.

III. Zweifel an der Richtigkeit und Vollständigkeit der Tatsachenfeststellung, § 520 Abs. 3 Nr. 3 ZPO

Das Amtsgericht kam auf Grund falscher Beweiswürdigung zu dem Ergebnis, dass die Zahlung des Klägers an die Beklagte von EUR ...... eine Gesellschaftseinlage darstelle mit der Folge, dass der Kläger diesen Betrag bei Gesellschaftsliquidation und nicht schon vorher als Darlehensrückzahlungsanspruch geltend machen könne. Dabei missachtete das Amtsgericht die Aussage des Zeugen A (Protokoll vom ...... S ......), dass der Kläger, anders als es für einen Gesellschafter typisch ist, am Verlust des Unternehmens nicht beteiligt sein sollte. Die Gegenleistung für die Hingabe des Kapitals sollte darin liegen, dass erst ab Erreichen eines gewissen Gewinnes eine Vergütung zu zahlen war. Die Voraussetzungen für ein partiarisches Darlehen sind somit gegeben. Eine unabhängig von Gewinn und Verlust des Darlehensnehmers bestehende Pflicht zur Tilgung verbunden mit einer an Stelle eines festen Zinssatzes tretende Teilhabe am Gewinn liegen vor.

IV. Bezeichnung und Rechtfertigung neuer Angriffs- und Verteidigungsmittel § 520 Abs. 3 Nr. 4 ZPO[9]

Der Kläger hat nach Schluss der mündlichen Verhandlung den Brief des Beklagten vom ...... aufgefunden, in dem dieser bestätigt, dass die Zahlung des Klägers als Darlehenshingabe erfolgte.

Beweis: Vorlage des Briefes vom ...... Anlage 1

V. Bezugnahme auf erstinstanzlichen Vortrag:[10]

Auf das gesamte erstinstanzliche Vorbringen des Klägers, insbesondere in den Schriftsätzen ...... einschließlich der dortigen Beweisantritte wird ergänzend Bezug genommen.

Sollte das Berufungsgericht in der einen oder anderen Frage eine Ergänzung für erforderlich halten, wird um einen richterlichen Hinweis gemäß § 139 ZPO gebeten.[11]

Beglaubigte Abschriften liegen bei.[12]

Rechtsanwalt[13]

Anmerkungen

1 a. Auch das Rechtsmittelgericht ist richtig zu bezeichnen (vgl. BGH NJW 1989, 590; 1990, 990).

1. Es empfiehlt sich die Verwendung der Überschrift, um damit zweifelsfrei den Schriftsatz als Berufungsbegründungsschrift zu kennzeichnen. Die Berufungsbegründung hat, sofern sie nicht bereits in der Berufungsschrift enthalten ist, in einem gesonderten Schriftsatz zu erfolgen, wobei dies innerhalb einer Frist von zwei Monate seit Zustellung des in vollständiger Form abgefassten Urteil, spätestens mit Ablauf von fünf Monaten nach Verkündung zu erfolgen hat. Eine Fristverlängerung ist möglich, § 520 ZPO (vgl. auch BGH NJW 1990, 1791), jedoch muss die Fristverlängerung innerhalb der laufenden Begründungsfrist beantragt werden, BGH NJW 1982, 1651; 1983, 1741; 1988, 268; BAG NJW 1980, 309. Der Anwalt ist zur eigenständigen Prüfung der Berufungsbegründungsfrist verpflichtet (BGH NJW 2007, 1597 f.). Er kann auch bei einem ersten Antrag auf Verlängerung der Berufungsbegründungsfrist grundsätzlich nicht erwarten, dass dem Antrag entsprochen werde, wenn keiner der Gründe des § 520 Abs. 2 ZPO vorgebracht worden ist, es sei denn, der Gegner hat eingewilligt. Die Einwilligung des Berufungsbeklagten in die Verlängerung der Berufungsbegründungsfrist bedarf nicht der Schriftform, sie kann auch vom Bevollmächtigten des Berufungskläger anwaltlich versichert werden (BGH NJW 2005, 72 f.). Problematischer ist der 2. Fristverlängerungsantrag (BGH NJW 1993, 134; 1994, 55) vgl. Form. I. O. 1. Der Antrag auf Verlängerung der Berufungsbegründung bedarf der Schriftform und unterliegt dem Anwaltszwang (BGH NJW 1985, 1558). Die Gründe für die Fristverlängerung sind glaubhaft zu machen. Haben Hauptpartei und Streithelfer zulässigerweise Berufung eingelegt, wirkt die auf Antrag des Streithelfers gewährte Verlängerung der Berufungsbegründungsfrist auch zugunsten der Hauptpartei (BGH NJW 1982, 2069; vgl. auch BGH NJW 1985, 2480). Die Begründungsfrist ist keine Notfrist, dennoch ist Wiedereinsetzung nach § 233 ZPO statthaft. Zur Schriftform vgl. BGH NJW 2008, 2649 f. und Form I. O. 1 Anm. 12.

2. Der Berufungsbegründungsschriftsatz muss Berufungsanträge, § 520 Abs. 3 Nr. 1 ZPO enthalten, dh. zu erkennen geben, inwieweit das Urteil angefochten und welche Abänderungen des Urteils beantragt werden. Neben den Sachanträgen sollen hier bereits die Anträge auf Vollstreckungsschutz, Sicherheit durch Bankbürgschaft (§ 108 ZPO) soweit es um die Zulassung einer Bank aus den EU-Staaten geht, soweit eine Partei dort ansässig ist, und Revisionszulassung gestellt werden, nach der ZPO Reform ist letzteres zumindest fraglich. Damit ist auch in gewisser Weise gewährleistet, dass die Anträge in der mündlichen Verhandlung gestellt werden. Bei der Abfassung der Berufungsanträge § 520 Abs. 3 Nr. 1 ist größte Sorgfalt geboten. Beschränkungen sind zulässig (*Baumbach/Lauterbach/Albers/Hartmann* § 520 Rdnr. 17 ff., BGH NJW 1984, 177). Spätere Erweiterungen der Anträge und neue Anfechtungsgründe werden nach dem neuen Berufungsrecht nicht mehr ohne weiteres möglich sein und ob künftig eine Übernahme älterer Entscheidungen in Betracht kommt, ist nicht sicher (vgl. auch *Baumbach/Lauterbach/Albers/Hartmann* § 520 Anm. 22 ff.). Wird eine Klage in I. Instanz als unzulässig mangels hinreichend bestimmten Klageantrags abgewiesen, so kann im 2. Rechtszug die Klage durch richtige Antragstellung zulässig werden (so nach der alten Rechtsprechung vgl. BGH NJW 1984, 1807, 1809 f.). Durch die Beschränkung auf einen die Berufungssumme nicht erreichenden Betrag wird die Berufung unzulässig.

3. Sachantrag, § 520 Abs. 3 Nr. 1 ZPO. Die Stellung der Sachanträge ist abhängig von der erhobenen Klage und deren Erfolg in der I. Instanz. Hatte der Kläger in I. Instanz bei einem Forderungsprozess nur einen Teilerfolg erzielt, so ist zu beantragen:

Unter Abänderung des am ...... verkündeten Urteils des X-Gerichts, Az.: ......, den Beklagten zur Bezahlung weiterer ...... EUR nebst ...... Zinsen ...... zu verurteilen.

War der Beklagte in der ersten Instanz unterlegen und hat er Berufung eingelegt, so ist zu beantragen:

Unter Abänderung des am ...... verkündeten Urteil des X-Gerichts, Az.: ......, die Klage abzuweisen.

§ 520 Abs. 3, S. 2 Nr. 1 ZPO erfordert nicht unbedingt einen förmlichen Antrag vgl. BGH NJW 2006, 2705. Zum Berufungsantrag bei gleichzeitigem Pkh-Antrag vgl. BGH NJW 2006, 693; *Baumbach/Lauterbach/Albers/Hartmann* § 711 Rdn. 3.

4. Antrag betreffend den Vollstreckungsschutz und die Sicherheitsleistung (zur Bankbürgschaft als Regelfall vgl. § 108 ZPO) bei Berufungsverfahren vor dem OLG (was vor allem für den unterlegenen Beklagten gilt):

Dem Berufungskläger die Befugnis einzuräumen, gegen Sicherheitsleistung die Zwangsvollstreckung abzuwenden und ihm nachzulassen, eine nach § 711 ZPO zu erbringende Sicherheitsleistung auch durch eine selbstschuldnerische Bankbürgschaft aus dem EU-Staat ...... zu leisten.

Der Ausspruch über die vorläufige Vollstreckbarkeit eines Urteils und die Sicherheitsleistung erfolgt von Amts wegen (§§ 108, 708, 709 ZPO). Parteianträge beeinflussen den Ausspruch. Der Gläubiger kann nach §§ 711 S. 2, 710 ZPO den Wegfall der Sicherheitsleistung erreichen und dem Schuldner wird es ermöglicht, die Zwangsvollstreckung durch Sicherheitsleistung abzuwenden (§§ 711, 712 ZPO). Über die Vollstreckungsabwendungsbefugnis nach § 711 S. 1 ZPO entscheidet das Gericht von Amts wegen. Ein Vollstreckungsschutz nach § 712 ZPO wird nur auf einen bis zum Schluss der mündlichen Verhandlung gestellten Antrag gewährt, mit dem auch der nicht zu ersetzende Nachteil glaubhaft gemacht werden muss. Mit dem nachfolgenden Antrag können beide Möglichkeiten erfasst werden:

In den der Revision unterliegenden Sachen zugunsten meiner Partei

als Gläubiger es bei der Vollstreckbarkeit ohne Sicherheitsleistung gemäß §§ 711 S. 2, 710 ZPO zu belassen;

als Schuldner die Schutzanordnungen aus § 712 ZPO zu treffen;

hilfsweise in beiden Fällen ihr zu gestatten, eine Sicherheitsleistung nach §§ 108, 711 ZPO auch durch eine selbstschuldnerische Bürgschaft einer EU-Bank ...... zu erbringen;

Eine Einstellung der Zwangsvollstreckung nach § 719 Abs. 1 ZPO in der Berufung kann unterbleiben, wenn der Vollstreckungsschuldner es versäumt hat, einen ihm möglichen und zumutbaren Antrag nach § 712 ZPO im erstinstanzlichen Verfahren zu stellen (OLG Frankfurt NJW 1985, 2955).

Ein Antrag auf Einstellung der Zwangsvollstreckung nach § 719 Abs. 2 ZPO wird in der Revisionsinstanz grundsätzlich als verspätet behandelt, wenn nicht zuvor in der zweiten Instanz ein Vollstreckungsschutzantrag nach § 712 ZPO gestellt und begründet worden ist (BGH GRUR 1980, 755). Zur Einstellung der Zwangsvollstreckung im Revisionsverfahren vgl. auch BGH NJW 1982, 1397; 1983, 455; 1991, 1117. Vgl. auch Form. I. O. 1 Anm. 13.

5. Ein Antrag auf Revisionszulassung kann nur bei Berufungsverfahren vor dem OLG gestellt werden. Die Anregung der Revisionszulassung empfiehlt sich, nachdem eine Revision nur statthaft ist, wenn sie zugelassen wurde oder das Revisionsgericht sie auf die Beschwerde wegen Nichtzulassung hin zugelassen hat, § 543 ZPO (Form. I. O. 5).

6. Ein Antrag, dem Gegner die Kosten aufzuerlegen, ist entbehrlich, da das Gericht von Amts wegen über die Kostenpflicht entscheidet (§ 308 Abs. 2 ZPO). Dies gilt auch im Falle des § 91 a ZPO. Anders ist es nur dann, wenn die Kosten zur Hauptsache geworden sind (*Baumbach/Lauterbach/Albers/Hartmann* § 308 Rdn. 15).

7. Mit vorliegendem Berufungsbegründungsvorschlag wurde bewusst eine klare Gliederung gewählt, um insbesondere dem jungen Anwalt deutlich zu machen, dass er sich im Einzelnen mit dem Urteil I. Instanz auseinandersetzen muss und außerdem die ZPO-Reform, die möglichen Berufungsgründe vorgibt, § 520 ZPO. So können entsprechende Überschriften – wie: Rüge der Rechtsverletzung oder Verfahrensfehlerrüge gem. § 520 Abs. 3 Nr. 2, unrichtige oder unvollständige Tatsachenfeststellung gem. § 520 Abs. 3 Nr. 3 oder Angriffe gegenüber dem Beweisergebnis oder Bezeichnung und Rechtfertigung neue Angriffs- oder Verteidigungsmittel gem. § 520 Abs. 3 Nr. 4 ZPO – verwendet werden (vgl. auch *Stackmann,* NJW 2003, 169 ff.). Zur Zulassung eines nach erstinstanzlichem Urteilserlass eingeholten Parteigutachten vgl. BGH NJW 2007, 1531 f.

Die Forderungen an eine einwandfreie Berufungsbegründung wurden verschärft. Der BGH stellte auch an eine Berufungsbegründung strenge Anforderungen NJW 1994, 1481, 2289; 1995, 1559, 1560; 2000, 1576; 2007, 1534 f.; er fordert eine eigene, verantwortliche Stellungnahme des Berufungsanwalts zu der tatsächlichen und rechtlichen Würdigung des Streitstoffes in dem angefochtenen Urteil (BGH NJW 2008, 1311 f.). Die Berufungsbegründung muss die Anfechtungsgründe, neue Tatsachen, Beweismittel und Beweiseinreden enthalten. Ziel der ZPO-Reform ist es, die Berufung auf die Beseitigung erheblicher Rechtsverstöße und erheblicher Fehler bei der Tatsachenfeststellung I. Instanz zu beschränken. Zu den Anforderungen an eine ordnungsgemäße Berufungsbegründung vgl. BGH NJW 2003, 2531 f. sowie die Beträge von *Rimmelspacher* NJW 2002, 1897 ff., *Stackmann,* NJW 2003, 169 ff., sowie *Gaier* NJW 2004, 2041 ff. und *Lechner* NJW 2004, 3593 ff. über die Rechtsprechung des BGH zum neuen Berufungsrecht wird verwiesen. Keine ausreichende Begründung stellen formale und nicht auf den konkreten Streitfall bezogene Ausführungen, Wiedergabe von Gesetzestexten, die das Erstgericht außeracht gelassen habe, dar (BGH WM 1979, 619; NJW 1990, 2628; 1995, 1559). Bloße Bezugnahme auf das erstinstanzliche Vorbringen reicht nicht aus (BGH NJW 1981, 1620). Eine Berufung ist nur zulässig, wenn mit ihr die Beseitigung einer in dem angefochtenen Urteil liegenden Beschwer verfolgt wird, dh. dass nach einer Klageabweisung das vorinstanzliche Begehren zumindest teilweise weiterverfolgt werden muss (BGH NJW 1993, 597 f.). Mit der Berufungsbegründung hat der Berufungskläger die Gesichtspunkte seiner Rechtsverfolgung oder -verteidigung wiederzugeben und vor allem darzulegen, welche tatsächlichen oder rechtlichen Erwägungen des erstinstanzlichen Gerichts er bekämpfen und auf welche Gründe nach Maßgabe von § 520 Abs. 3 ZPO er sich bei seiner Auffassung stützen will. Die Berufungsbegründung erfordert eine umfassende Fehleranalyse und die Prüfung der Erheblichkeit für das ergangene Urteil. Stützt das Instanzgericht seine Entscheidung auf mehrere von einander unabhängige, selbstständig tragende rechtliche Erwägungen, muss der Rechtsmittelführer in der Rechtsmittelbegründung für jede dieser Erwägungen darlegen, warum sie nach seiner Auffassung die angegriffene Entscheidung nicht tragen, sonst ist das Rechtsmittel unzulässig (BGH NJW 1990, 1184), dies dürfte auch nach der ZPO Reform der Fall sein. Im beschränkten Umfang konnten bisher Berufungsgründe nachgeschoben werden (BGH NJW 1984, 177). Zur Berufungserweiterung vgl. BGH NJW 1984, 437; 1986, 2257; 1987, 1024; idR. kommt eine Klageänderung oder eine Klageerweiterung in der Berufungsinstanz ohne Angriffe gegen das erstinstanzliche Urteil nicht in Betracht (BGH NJW 1983, 172; 1993, 597, 598). Im Gegensatz zur alten Gesetzeslage ist heute eine Klageänderung nach § 533 Nr. 1 ZPO nF. nur bei Einwilligung des Gegners oder Sachdienlichkeit zulässig

(BGH NJW 2007, 2414); entsprechendes gilt für Aufrechnung und Widerklage. Zur Frage der Parteierweiterung vgl. BGH NJW 1986, 356, 2258. Wurden mehrere Ansprüche abgewiesen, so muss jeder für sich gesondert begründet werden (vgl. BGH WM 1977, 941); für Haupt- und Hilfsansprüche vgl. BGH NJW 1989, 1486 f.; 1996, 320. Zur Darlegungspflicht der Rechtsverletzung vgl. BGH NJW 2006, 142 f.; zu den Anforderungen an die Berufungsbegründung BGH NJW 2007, 1534 f.

Soweit der Beschwergegenstand nicht in einer bestimmten Geldsumme besteht, soll sein Wert angegeben werden, wenn von ihm die Zulässigkeit der Berufung abhängt. Der Beschwerwert ist glaubhaft zu machen, § 511 ZPO.

Eine Berufungsrücknahme ist heute bis zur Verkündung des Urteils ohne Einwilligung des Gegners zulässig. Durch Beschluss ist die Verpflichtung zur Kostentragung auszusprechen, § 516 ZPO.

8. Die Berufungsanträge, § 520 Abs. 3 Nr. 1 ZPO, die eindeutig und bestimmt sein müssen, können vor der Darlegung der Berufungsgründe noch näher erläutert werden. Dies empfiehlt sich insbesondere dann, wenn mit der Berufung das erstinstanzliche Urteil nur teilweise angefochten wird. Zur Frage der Berufungserweiterung vgl. BGH NJW 1984, 2029.

Wird die Berufungseinlegung ausdrücklich auf einen von mehreren Klagenanträgen beschränkt, so ist darin in der Regel ein wirksamer Rechtsmittelverzicht in Bezug auf die anderen Anträge zu sehen (BGH NJW 1990, 1118).

9. Für neues, verspätetes oder zurückgewiesenes Vorbringen nach altem Recht vgl. BVerfG NJW 1983, 1307, 2187; 1987, 1621, 2003; BGH NJW 1982, 1535, 2708; 1983, 999, 1495; 1985, 1539, 1556, 3079; 1986, 2257, 2314; 1988, 60, 62; 1995, 2173). OLG Düsseldorf NJW 1982, 1888). Nach der ZPO Reform, § 513 Abs. 2 wurden im Einzelnen die Voraussetzungen aufgezählt, unter denen neue Angriffs- und Verteidigungsmittel zulässig sind; dabei schadet bereits einfache Nachlässigkeit der versäumten Geltendmachung im ersten Rechtszug, vgl. auch §§ 529 ff. ZPO. Zur Berücksichtigung neuer Tatsachen vgl. BGH NJW 2001, 448. Zur Frage des Parteiwechsels im Berufungsverfahren vgl. BGH NJW 1984, 2104. Widerklage und Aufrechnung sind nur mit Einwilligung des Gegners zulässig, es sei denn, das Gericht hält die Geltendmachung in der zweiten Instanz für sachdienlich (BGH NJW 1980, 2418; 1984, 1552) und sie auf Tatsachen gestützt werden konnten, die das Berufungsgericht ohnehin nach § 529 ZPO zugrunde zu legen hat. Stützt sich die Berufung allein auf neue Tatsachen und Beweismittel, so ist idR. eine Auseinandersetzung mit den Gründen des angefochtenen Urteils entbehrlich (BGH MDR 1967, 755). Zur Frage der nochmaligen Vernehmung eines Zeugen durch das Berufungsgericht vgl. BGH NJW 1982, 108; 1984, 2629, 1995, 1292; 1996, 663.

10. Eine ergänzende Bezugnahme auf den erstinstanzlichen Vortrag soll in der Regel nur mit detaillierten Hinweisen auf bestimmte Schriftsätze verbunden werden, um auf deren Erheblichkeit deutlich zu machen (vgl. BVerfG NJW 2000, 131, BGH NJW 1982, 581, 1636; str. KG Berlin NJW 1990, 844). Dies insbesondere dann, wenn mit der Berufung die Übergehung eines bestimmten Sachvortrags und die fehlende Beweiserhebung zu bestimmten Fragen gerügt wurde. Es bleibt nach der ZPO-Reform abzuwarten, wie die Gerichte die Bezugnahme auf früheren Vortrag werten; derartige Hinweise ersetzen in keinem Fall eine ordnungsgemäße Berufungsbegründung, die stets eine Auseinandersetzung mit den in § 520 Abs. 3 ZPO angeführten Gründe voraussetzt. Eine sorgfältige Auseinandersetzung des Berufungsanwalts mit dem erstinstanzlichen Urteil ist geboten. Vgl. §§ 529 ff. ZPO. Grundvoraussetzung für eine erfolgsversprechende Berufung ist eine sorgfältige Vorbereitung und Durchführung der ersten Instanz. Zur Tatbestandsberichtigung vgl. *Wach/Kern* NJW 2006,1315 ff.

11. Zur inzidenten Bezugnahme auf erstinstanzlichen Vortrag vgl. BGH NJW 2004, 66; 2007, 3070; und andere Schriftsätze BGH NJW 2008, 1740 f. Zu den Aufklärungs-

und Hinweispflichten des Gerichts nach § 139 ZPO aF. vgl. BGH NJW 1984, 310; 2104; 1993, 597. Heute ist im § 139 ZPO nF. von der materiellen Prozessleitung die Rede, die weitergehende Maßnahmen als die früher richterliche Aufklärungspflicht zum Gegenstand hat (BGH NJW 2007, 2414 ff.).

12. Vgl. Form. I. O. 1 Anm. 10.

13. Die Begründung muss von einem bei einem Berufungsgericht zugelassenen Rechtsanwalt unterzeichnet sein (hM. BGH LM § 519 ZPO Nr. 63; NJW 1982, 1467; 1985, 1227; *Baumbach/Lauterbach/Albers/Hartmann* § 519 Rdn. 3; abw. OLG Frankfurt NJW 1977, 1246), vgl. Form I. O. 1 Anm. 11. Zur Verfassungswidrigkeit des § 25 BRAO vgl. BVerfG MDR 2001, 176). Die Begründung eines Rechtsmittels kann nicht anders behandelt werden als seine Einlegung, so dass eine Berufungsbegründung durch Fernschreiben oder Telefax möglich ist (vgl. BVerfG NJW 1987, 2067; BGH NJW 1989, 589; 1994, 1881); bei der Verwendung von Fernschreiben beachte jedoch BGH NJW 1988, 1980. Vgl. Form. I. O. 1 Anm. 9, 11, 12.

Zur Verantwortung des Rechtsanwalts für eine von anderen verfasste Rechtsmittelbegründung vgl. BGH NJW 1989, 384 f.

Fristen und Rechtsmittel

Berufungsbegründungsfrist beträgt 2 Monate nach Zustellung des vollständigen Urteils, spätestens mit Ablauf von fünf Monaten nach Verkündung (§ 520 Abs. 2 ZPO. Eine Fristverlängerung durch den Vorsitzenden ist möglich. Die Frist kann verlängert werden, wenn der Gegner einwilligt (zur wirksamen Fristverlängerung trotz fehlendem aber vermeintlichem Einverständnis des Gegners vgl. BGH NJW 2004, 1460 f.). Ohne Einwilligung ist die Verlängerung bis zu einem Monat möglich, wenn nach freier Überzeugung des Vorsitzenden der Rechtsstreit durch die Verlängerung nicht verzögert oder wenn der Berufungskläger erhebliche Gründe darlegt. Der Antrag ist schriftlich zu stellen (BGH NJW 1982, 1651; 1985, 1558; 1988, 268; BAG NJW 1986, 603); die Gründe nach § 520 Abs. 2 ZPO müssen begründet dargelegt werden, sonst besteht kein Anspruch auf Fristverlängerung (BGH NJW 1992, 2436; 1993, 134). Zum Vertrauensschutz auf erstmalige Verlängerung nach alter Regelung vgl. BGH NJW 1994, 2957; BVerfG NJW-RR 2002, 1007, zum Vertrauen des Anwalts auf die Richtigkeit der Auskunft seiner Sekretärin zur Fristverlängerung vgl. BGH NJW 1996, 1682; der Rechtsanwalt ist verpflichtet zu überprüfen, ob seine Angestellte die Berufungs- und Berufungsbegründungsfristen eingetragen haben und sich entsprechende Erledigungsvermerke in den Akten befinden. Beim Vertrauen auf die Bewilligung einer dritten Verlängerung vgl. BGH NJW 1996, 3155, die genannte Entscheidung betrifft die alte Regelung. Die Neureglung sollte in der Praxis eine wesentliche Änderung erwarten lassen. Dem Antrag auf Aussetzung des Verfahrens kann idR. kein Antrag auf Verlängerung der Berufungsbegründungsfrist entnommen werden (BGH NJW 1987, 2380).

Zur Fristenkontrolle vgl. BGH NJW 1989, 1157 f.; 2393 f.; 1991, 2080; zur Führung des Fristenkalender durch Datenspeicherung vgl. OLG München NJW 1990, 191; Zur Fristenkontrolle bei Verfahrensunterbrechung, § 240, vgl. BGH NJW 1990, 1239.

Zu den Sorgfaltspflichten des Anwalts bei der Übermittlung der Berufungsbegründung vgl. BVerfG NJW 1995, 249. An dieser Stelle sollte eigentlich nicht mehr dann erinnert werden müssen, dass die Gerichtsferien seit längerer Zeit weggefallen sind und somit keine Fristenunterbrechung mehr erfolgt. Vgl. auch Form. I. O. 1 Anm. 12.

Nach § 522 I ZPO prüft das Berufungsgericht von amtswegen die Statthaftigkeit, fristgerechte Einlegung und Begründung der Berufung. Mangelt es hieran, so ist die Berufung als unzulässig zu verwerfen. Im Übrigen prüft das Berufungsgericht nach § 522 Abs. 2 ZPO. Fehlt es an den dort genannten drei Voraussetzungen, so ist nach vorherigem Hinweis durch einstimmigen Beschluss die Berufung zurück zu weisen. Der Beschluss ist unanfechtbar, § 522 Abs. 3 ZPO (verfassungsgemäß BVerfG NJW 2003, 281; 2004, 3696; 2005, 659; 2008, 504).

Bei einer Verwerfung der Berufung als unzulässig ist hiergegen die **Rechtsbeschwerde** statthaft, § 522 Abs. 1 ZPO, nicht hingegen wenn eine Berufung in einem Arrest- oder einstweiligem Verfügungsverfahren als unzulässig verworfen wurde § 574 ZPO (BGH NJW 2003, 69).

Die **Revision** findet nur statt, wenn sie das Berufungsgericht im Urteil oder das Revisionsgericht auf Rechtsbeschwerde gegen die Nichtzulassung zugelassen hat. Die Revision ist zuzulassen, wenn die Rechtssache grundsätzliche Bedeutung hat oder die Sicherung einer einheitlichen Rechtssprechung eine Entscheidung des Revisionsgerichts erfordert. Das Revisionsgericht ist an die Zulassung durch das Berufungsgericht gebunden, einschränkend BGH NJW 2003, 211 f.

3. Anschlussberufung[1]

An das
Oberlandesgericht
– Zivilsenat –
in ……

Anschlussberufung[2]

In Sachen

……
– Kläger und Berufungskläger –
Prozessbevollmächtigter: RA ……

gegen

……
– Beklagter und Berufungsbeklagter –
Prozessbevollmächtigter: RA ……
wegen ……
Az.: ……(Berufungsverfahren)
lege ich namens des Beklagten und Berufungsbeklagten gegen das am …… verkündete Urteil des Landgerichts …… Az.: ……

Anschlussberufung

ein,
mit den Anträgen[3],

1. **das angefochtene Urteil abzuändern und die Klage insgesamt abzuweisen;[4]**
2. **hilfsweise dem Beklagten die Befugnis einzuräumen, gegen Sicherheitsleistung die Zwangsvollstreckung abzuwenden;[5]**
3. **vorsorglich die Revision zuzulassen.[6]**

I. Umfang der Anfechtung[7]:
Das Landgericht hält den vom Kläger geltend gemachten Schadensersatzanspruch in Höhe eines Teilbetrages von EUR 400,– für begründet. Gegen diese Verurteilung wendet sich der Beklagte mit seiner Anschlussberufung.

II. Begründung:

Zu Unrecht nimmt das Landgericht eine Haftung des Beklagten für den vom Kläger geltend gemachten Schadensersatzanspruch unter dem Gesichtspunkt einer Betriebsgefahr an. Der Beklagte haftet für den Verkehrsunfall nicht, da der Unfall nicht durch sein Verschulden zustande kam. Davon geht auch das Landgericht aus.

Das Gericht berücksichtigte jedoch nicht den Vortrag des Beklagten, dass er bereits sein Fahrzeug am rechten Straßenrand zum Halten brachte, als der Kläger mit seinem Pkw schleudernd auf die Gegenfahrbahn geriet und mit dem Pkw des Beklagten zusammenstieß. Für diesen Verlauf wurde der Beifahrer …… als Zeuge benannt. Eine Zeugenvernehmung hat nicht stattgefunden. Da das Gericht dies rechtsfehlerhaft für entscheidungsunerheblich hielt. Es wird erneut eine Vernehmung des zuvor benannten Zeugen beantragt. Über diesen bestrittenen Vortrag war Beweis zu erheben, da er rechtserheblich war. Trifft es zu, dass der Beklagte sein Fahrzeug bereits zum Stehen gebracht hatte, als der Kläger mit seinem Pkw auf die Gegenfahrbahn geriet, so stellt der Unfall für den Beklagten selbst ein unabwendbares Ereignis dar. Der Beklagte ist daher auch nicht nach dem StVG zum Schadensersatz verpflichtet.

Beglaubigte Abschriften anbei.

Rechtsanwalt[8]

Anmerkungen

1. Jede Partei, die durch das erstinstanzliche Urteil beschwert ist, kann selbstständig bis zum Ablauf der Berufungsfrist, die Notfrist ist (§ 517 ZPO), Berufung einlegen soweit sie ausreichend beschert ist, oder die Berufung zugelassen wurde (vgl. Form. I. O. 1 Anm. 5). Der Berufungsbeklagte kann jedoch von einer selbstständigen Berufung Abstand nehmen und sich damit begnügen, sich der vom Gegner eingelegten Berufung anzuschließen, § 524 ZPO. Diese Möglichkeit besteht selbst dann, wenn er auf die Berufung verzichtet hat, § 524 Abs. 2 ZPO, oder die Berufungsfrist verstrichen ist. Mit der Anschlussberufung soll eine Abänderung des erstinstanzlichen Urteils zugunsten des Berufungsbeklagten herbeigeführt werden (vgl. auch BGH NJW 1991, 2569). Die Anschlussberufung ist im Gegensatz zum alten Recht bis zum Ablauf der dem Berufungsbeklagten gesetzten Frist zur Berufungserwiderung, § 524 Abs. 2 zulässig und muss in der Anschlussschrift begründet werden, § 524 Abs. 3. Diese Frist gilt nicht, wenn die Anschließung eine Verurteilung zu künftig fällig werdenden wiederkehrenden Leistungen (§ 323) zum Gegenstand hat, § 524 Abs. 2 S. 3. Die Anschließung verliert ihre Wirkung, wenn die Berufung zurückgenommen, verworfen oder durch Beschluss zurückgewiesen wurde § 524 Abs. 4. Die Anschlussberufung ist weder von einer Berufungssumme noch einer Zulassung abhängig (vgl. *Baumbach/Lauterbach/Albers/Hartmann* § 524 Anm. 10, 18). Sie konnte daher auch zu dem alleinigen Zweck der Erweiterung des Klageantrages oder zur Geltendmachung neuer Ansprüche oder zur Erhebung der Widerklage eingelegt werden (BGHZ 4, 224/234; BGHZ 24, 279/285; 37, 133 OLG Karlsruhe NJW 1965, 47/48;), ob sich an dieser Auffassung durch die ZPO Reform etwas ändert, bleibt abzuwarten. Ausgeschlossen war es, durch die Anschlussberufung die Klage auf einen bisher an dem Verfahren nicht beteiligten Dritten erstrecken zu wollen (BGH LM § 521 ZPO Nr. 4, 524 ZPO Nr. 10). Ist in erster Instanz ein Teilurteil ergangen, gegen das Berufung eingelegt worden ist, so konnte der noch in der ersten Instanz anhängige Teil nicht im Wege der Anschlussberufung in die Berufungsinstanz gezogen werden (*Stein/Jonas/Grunsky* § 521 aF. Anm. I 2; *Baumbach/Lauterbach/Albers/Harmann* § 524 Rdnr. 10; BGHZ 30, 213).

Zur Unzulässigkeit der Anschlussberufung bei Säumnis des Berufungsklägers vgl. BGH NJW 1988, 568.

Die Anschlussberufung iSd. § 524 ist unselbstständig. Dies wird bedeutsam im Fall der Rücknahme der Hauptberufung sowie deren Verwerfung als unzulässig. Eine selbstständige, dh. innerhalb der Berufungsfrist eingelegte Berufung des Berufungsbeklagten bleibt als eigene Berufung prozessual beachtlich; sie muss als selbstständige Berufung behandelt werden (§§ 519, 520 ZPO), zur rechtzeitigen Begründung vgl. § 520 ZPO. Eine Anschließung des Berufungsklägers an die Anschlussberufung des Rechtsmittelgegners ist idR. nur als Erweiterung oder Änderung der Berufung zulässig und unterliegt den für sie geltenden Beschränkungen (BGH NJW 1986, 1494).

2. Die Anschlussberufung erfolgt durch Einreichung einer Anschlussberufungsschrift (§ 524 Abs. 1 ZPO), die dieselben Formalien, wie sie die Hauptberufung fordert, erfüllen muss (vgl. Form. I. O. 1). Die Anschlussberufung selbst muss bis zum Ablauf der dem Berufungsbeklagten gesetzten Frist zur Berufungserwiderung in der Anschlussschrift begründet werden (§ 524 Abs. 2, 3 vgl. Form. I. O. 2).

3. Zu den wesentlichen Erfordernissen der Anschlussschrift gehört die Bezeichnung des Urteils, gegen das sich die Anschlussberufung richtet, die Erklärung, dass sich die Partei der vom Gegner eingelegten Berufung anschließt. So ist auch folgende Formulierung möglich:

> Schließe ich mich hiermit namens des Beklagten und Berufungsbeklagen der Berufung des Klägers gegen das am ...... verkündete Urteil des Landgerichts ...... AZ.: ...... an.

Weiter ist erforderlich, dass die Anschlussberufung innerhalb der Ausschlussfrist eingelegt und in der Anschlussschrift gleichzeitig begründet wird, § 524 ZPO. Die schriftliche Begründung muss die gleichen Formalien erfüllen wie die Berufungsbegründung. Formale Mängel der Anschließung können durch eine mangelfreie Wiederholung der Anschlussberufung innerhalb der Frist des § 524 ZPO nachgeholt werden. Letztere wird an die Gegenpartei von Amts wegen zugestellt.

4. Sachantrag; vgl. auch Form. I. O. 2 Anm. 4, 8.

5. Vollstreckungsschutz und Sicherheitsleistung (vgl. Form. I. O. 2 Anm. 4).

6. Revisionszulassung (vgl. Form. I. O. 2 Anm. 5).

7. Für die Begründung der Anschlussberufung gelten die gleichen Grundsätze wie für die Berufungsbegründung (vgl. Form. I. O. 2 Anm. 7–12); zur Zurückweisung von Angriffs- und Verteidigungsmittel, die erstmalig mit der Anschlussberufung vorgebracht werden, vgl. §§ 524 Abs. 3, 520 Abs. 2 ZPO, zur alten Regelung vgl. BGH NJW 1982, 1708. Eine nachträgliche Erweiterung oder Änderung der Anträge ist im selben Umfang gestattet wie bei der Berufung (vgl. *Baumbach/Lauterbach/Albers/Hartmann* § 524 Anm. 22).

8. Vgl. Form. I. O. 1 Anm. 11 und Form. I. O. 2 Anm. 11, 12, 13.

Kosten und Gebühren

Wegen der Kostenlast vgl. §§ 97, 516 ZPO und den Kosten und Gebühren vgl. Form. I. O. 1. Das Berufungsgericht muss dem Rechtsmittelkläger grundsätzlich auch die Kosten des Anschlussrechtsmittel auferlegen (BGH MDR 2005, 704).

Wird nach wirksamer Rücknahme der Hauptberufung die nach § 524 Abs. 4 ZPO wirkungslos gewordene Anschlussberufung weiterverfolgt, ist sie unzulässig und der Anschlussberufungskläger trägt ihre Kosten (BGH NJW 1987, 3263, zu § 522 Abs. 1 ZPO aF.).

Fristen und Rechtsmittel

Die Anschlussberufung muss innerhalb der bis zum Ablauf der dem Beklagten gesetzten Frist zur Berufungserwiderung eingelegt und begründet werden, § 524 ZPO. Die Frist gilt auch für eine streitgegenstandsändernde Anschlussberufung (BGH NJW 2008, 1953 ff). Die Frist gilt nicht bei künftig fälligen wiederkehrenden Leistungen (vgl. auch OLG Koblenz NJW 2007, 3362 f.). Auf die Gesetzesänderung ist zu achten!

Wenn die Berufung nach § 522 Abs. 2 ZPO zurückgewiesen wurde, verliert die Anschlussberufung ihre Wirkung § 524 Abs. 4 ZPO. Vgl. im übrigen Form I. O. 2 Rechtsmittel.

4. Berufungserwiderung

**An das
Oberlandesgericht
– Zivilsenat –
in ……**

**Berufungserwiderung[1]
In Sachen**

**Verein W.
Kläger, Berufungskläger
Prozessbevollmächtigter: RA ……**

gegen

**Kaufmann A.
Beklagter, Berufungsbeklagter
Prozessbevollmächtigter: RA ……
Az.: ……**

melde[2] ich mich für den Beklagten als Prozessbevollmächtigter und beantrage[3]

1. **die Berufung zurückzuweisen;[4]**
2. **hilfsweise dem Beklagten nachzulassen, die Zwangsvollstreckung gemäß § 712 ZPO gegen Sicherheitsleistung abzuwenden sowie[5] dem Beklagten eine Aufbrauchs- und Umstellungsfrist von 12 Monaten, beginnend ab Rechtskraft des Urteils über die Angaben „Steiger-Tröpfchen“ auf den Warenetiketten zuzubilligen;[5]**
3. **ferner hilfsweise dem Beklagten die Befugnis einzuräumen, Sicherheitsleistung durch eine Bürgschaft einer Bank aus dem EU-Staat …… stellen zu können.[6]**

Begründung:[7]

**Das Landgericht ging zutreffend davon aus, dass wettbewerbsrechtliche Unterlassungsansprüche in Hinblick auf die Bezeichnung „Steiger-Tröpfchen“ nicht bestehen. Auch weinrechtliche Bestimmungen werden nicht tangiert.
Entgegen der Annahme des Berufungsklägers bedurfte es nicht der Einholung eines Sachverständigengutachtens. Das Gericht gehörte zu den angesprochenen Verkehrskreisen, nämlich den Letztverbrauchern, denen die mit der Bezeichnung „Steiger-Tröpfchen“ gekennzeichneten Weinflaschen angeboten werden (vgl. Schriftsatz vom …… S. ……). Die vom Instanzgericht getroffen Feststellungen hierzu sind zutreffend und wurden von**

der Berufung auch nicht ordnungsgemäß nach § 520 Abs. 3 Nr. 3 angegriffen. Mit der gewählten Bezeichnung wird eine zulässige Phantasiebezeichnung gewählt, die nicht zu den nach §§ 15, 20, 46 WeinG verbotenen Angaben gehört. Damit wird mit der gewählten Bezeichnung auch keine irreführende Beschaffenheitsangabe iSd. § 5 UWG verwendet. Auch vermag die Berufung nicht im einzelnen Umstände darzulegen, aus denen sich die Erheblichkeit einer Rechtsverletzung ergibt, § 520 Abs. 3 Nr. 2 ZPO. Allein die Behauptung einer rechtsfehlerhaften Gesetzesanwendung seitens der Berufungsführerin genügt nicht.

Der Hilfsantrag auf Gewährung einer Aufbrauch- und Umstellungsfrist für die Weinetiketten entspricht der Billigkeit, § 242 BGB. Durch ein unbefristetes Verbot entstehen dem Beklagten unverhältnismäßige Nachteile. Einmal ist eine Produktionsumstellung auf neue Etiketten erforderlich, die eine gewisse Zeit der Fertigung der neuen Etiketten voraussetzt. Zum anderen kommt hinzu, dass es dem Beklagten unmöglich ist, die Bestände an bereits etikettierten Weinflaschen mit neuen Bezeichnungen zu versehen. Nach den Erfahrungen des Beklagten werden seine Produkte nach einer Zeit von 12 Monaten an Letztverbraucher verkauft, so dass eine Umstellungsfrist von mindestens 12 Monaten geboten ist.

Aus den zuvor genannten Gründen wird auch gemäß § 712 ZPO vom Beklagten die Befugnis begehrt, die Zwangsvollstreckung durch Sicherheitsleistungen abzuwenden. Hätte der Kläger mit seinem Unterlassungsbegehren Erfolg, würde eine Zwangsvollstreckung eine über wenigstens 6 Monate dauernde Liefereinstellung zur Folge haben, die die Existenz des Beklagten bedroht. Der Beklagte hat sich durch langfristige Lieferverträge mit einer Vielzahl von Großhändlern gebunden und seine fristgerechte Erfüllung durch Vertragsstrafen sichergestellt. Selbst bei einer Liefereinstellung von nur einigen Wochen müsste der Beklagte mit Vertragsstrafen von wenigstens 100.000,– EUR rechnen, die zusammen mit dem Verlust durch die Liefereinstellung zu einem Existenzverlust führen würden. Auf die beiliegende eidesstattliche Versicherung des Verkaufsleiters des Beklagten wird Bezug genommen[8].

Rechtsanwalt[9]

Anmerkungen

1. Berufung und Berufungserwiderung sind der Gegenpartei zuzustellen, § 521 ZPO. Der Berufungsbeklagte hat die Möglichkeit, bereits mit der Vertretungsanzeige den Antrag auf Zurückweisung der Berufung zu stellen und die Begründung nach Vorlage der Berufungsbegründung nachzureichen. Diese Verfahrensweise empfiehlt sich im Hinblick auf die Kostenregelung iVm. § 13 RVGVV Nr. 3201. In diesem Fall kann das hier vorliegende Formular gleichfalls verwandt werden, indem lediglich die Begründung weggelassen und in einem gesonderten Schriftsatz vorgelegt wird. Wird die Berufung vor Einreichung der Anträge des Berufungsbeklagten zurückgenommen, ermäßigt sich die Gebühr nach Nr. 3201 Ziff. 1 VV RVG.

2. Es kann – und wird idR. – eine Frist für die schriftliche Berufungserwiderung und dem Berufungskläger eine Frist zur schriftlichen Stellungnahme auf die Berufungserwiderung gesetzt werden § 521 ZPO. Entsprechend §§ 525, 277 Abs. 3 ZPO wird eine kürzere Erwiderungsfrist als zwei Wochen nicht gesetzt werden dürfen. Die Frist kann verlängert werden, § 224 Abs. 2 ZPO (OLG Köln MDR 1971, 933; OLG Celle NJW 1969, 1905). Keine Verlängerung nach Fristenablauf (OLG Koblenz NJW 1989, 987); die Versäumung der Erwiderungsfrist löst die prozessualen Nachteile nach § 296 Abs. 1 ZPO aus. Zur Frist vgl. Form. O. I. 1 Anm. 2; Form. I. O. 2.

3. In der Berufungsinstanz ist der gesamte Streitstoff, soweit ein Angriff. erfolgte, in den durch die Anträge gesetzten Grenzen zu verhandeln. Grundsätzlich richtet sich das Berufungsverfahren nach dem landgerichtlichen Verfahren, § 525 ZPO. Zur Bindung des Berufungsgerichts an erstinstanzliche Tatsachenfeststellungen vgl. BGH NJW 2005, 1583 ff. Angriffs- und Verteidigungsmittel sind rechtzeitig geltend zu machen, § 530 ZPO.

Der Sachantrag des Berufungsbeklagten ist auf eine Zurückverweisung der Berufung gerichtet. Je nach Stellung des Berufungsbeklagten als Kläger oder Beklagten unterscheiden sich seine Vollstreckungsschutzanträge. Beim Kläger kommt ein Vollstreckungsschutz nur hinsichtlich der Kostenentscheidung in Betracht, wenn keine Widerklage erhoben wurde. Vgl. auch Form. I. O. 2 Anm. 4.

4. Sachantrag.

5. Vollstreckungsschutzanträge vgl. Form. I. O. 2 Anm. 4.

6. Sicherheitsleistung vgl. Form. I. O. 2 Anm. 2.

7. Mit der Berufungserwiderung wird auf den Vortrag des Berufungsklägers entgegnet. I. d. R. orientiert sich diese Entgegnung an der Berufungsbegründung. Ähnlich wie bei der Berufungsbegründung ist eine detaillierte Auseinandersetzung an Hand des Vortrag des Berufungsklägers nach § 520 ZPO notwendig.

Eine summarische – Bezugnahme auf erstinstanzliche Ausführungen genügt nicht. Zur Bezugnahme auf erstinstanzlichen Vortrag vgl. BVerfG NJW 2000, 131.

8. Der Schuldner kann die Zwangsvollstreckung abwenden, wenn sie ihm einen nicht zu ersetzenden Nachteil bringen würde (vgl. *Baumbach/Lauterbach/Albers/Hartmann* § 711 Rdnr. 3). In der Revisionsinstanz kommt eine Zwangsvollstreckungseinstellung nach § 719 Abs. 2 ZPO regelmäßig nicht in Betracht, wenn der Vollstreckungsschuldner im Berufungsrechtszuge einen Vollstreckungsschutzantrag nach § 712 ZPO nicht gestellt hat, obwohl der nicht zu ersetzende Nachteil bereits erkennbar und nachweisbar war (BGH NJW 1979, 1208). Vgl. Form. I. O. 2 Anm. 4.

9. Vgl. Form. I. O. 1 Anm. 11, Form I. O. 2 Anm. 12.

5. Revisionsschrift[1, 2]

An den Bundesgerichtshof[1, 2]
……

Revisionsschrift[3]

In Sachen

……
– Beklagter, Berufungskläger und Revisionskläger –
Prozessbevollmächtigter: RA ……

gegen

……
– Kläger, Berufungsbeklagten und Revisionsbeklagten
Prozessbevollmächtigter II. Instanz: RA …… aus ……

Für den Beklagten lege ich gegen das Urteil des Oberlandesgerichts ……
verkündet am ……
zugestellt am ……
Aktenzeichen I. Instanz: ……
Aktenzeichen II. Instanz: ……
das zugelassene Rechtsmittel[4] der

Revision

ein.

Das vollständige Urteil des Oberlandesgerichts ......, dessen Rückgabe erbeten wird, sowie beglaubigte Abschriften sind beigefügt.

Antragstellung und Begründung erfolgen in einem gesonderten Schriftsatz.

Rechtsanwalt[5]

Anmerkungen

1. Früher war in Bayern gemäß § 8 Abs. 1 EGGVG ein oberstes Landesgericht für bestimmte Revisionsverfahren eingerichtet. Zur Revisionseinlegung vgl. § 549 ZPO. Zur Revisionsbegründungsschrift vgl. Anm. 6.

Auch das Revisionsrecht ist neu geregt worden, §§ 542 ff. ZPO. Die Revision findet nur statt, wenn sie das Berufungsgericht im Urteil oder das Revisionsgericht auf Rechtsbeschwerde gegen die Nichtzulassung zugelassen hat. Die Revision ist zuzulassen, wenn die Rechtssache grundsätzliche Bedeutung hat oder die Sicherung einer einheitlichen Rechtssprechung eine Entscheidung des Revisionsgericht erfordert. Die Gerichte müssen zu einer einheitlichen und für die Rechtssuchenden eindeutigen Linie kommen, BVerfG NJW 2005, 3345. Das Revisionsgericht ist an die Zulassung durch das Berufungsgericht gebunden, einschränkend BGH NJW 2003, 211 f. Damit entfällt das bisherige Mischsystem zwischen Zulassungs- und Streitwertrevision. Zu den Zulassungsgründen vgl. *Baumbach/Lauterbach/Albers/Hartmann* § 543, *Seiler/Wunsch* NJW 2003, 1840 ff. Keine verfassungsrechtlichen Bedenken, den Zugang zum Revisionsgericht nicht für jeden Fall eines Rechtsfehlers vorzusehen (BVefG NJW 2008, 2493 f.). Keine Revision bei Arrest- und einstweilige Verfügungsverfahren, § 542 Abs. 2 ZPO (BGH NJW 1968, 699; 1984, 2368).

Ebenso ist eine Revision, bei Änderung oder Aufhebung einer vorzeitigen Besitzeinweisung im Enteignungs- und Umlegungsverfahren, (§§ 116, 77 BBauG) nicht statthaft (BGHZ 43, 168/169 ff.); ebenso nicht bei isolierten Kostenentscheidungen, § 99 ZPO. Zur Anfechtbarkeit von Versäumnisurteilen vgl. § 565 ZPO.

Soweit das Berufungsgericht die Revision zugelassen hatte, musste überprüft werden, ob die Revision nur beschränkt zugelassen wurde (vgl. BGH NJW 1983, 2084; 3264). Für den Umfang der Zulassung ist in erster Linie der Tenor maßgebend.

Eine im Berufungsurteil unterlassene Revisionszulassung kann unter den Voraussetzungen des § 319 ZPO durch Berichtigungsbeschluss nachgeholt werden, wenn sie vom Gericht beschlossen war und nur versehentlich im Urteil nicht ausgesprochen wurde. Dies muss sich allerdings aus dem Zusammenhang des Urteils bzw. den Erlasszusammenhängen ergeben (BGH MDR 1981, 41; NJW 1998, 3571). Eine Zulassung der Revision durch Ergänzungsurteil ist nicht möglich (OLG Düsseldorf MDR 1981, 235; vgl. BGHZ 44, 395; BGH MDR 1981, 571). Die Wirksamkeit der Beschränkung wird durch das Revisionsgericht nachgeprüft (hM. BGH LM § 546 ZPO Nr. 74/77; vgl. *Tiedtke* WM 1977, 699).

Die Nichtzulassung der Revision unterliegt der Beschwerde, die innerhalb eines Monats nach Zustellung der in vollständiger Form abgesetzten Urteils spätestens aber bis zum Ablauf von sechs Monaten nach der Verkündung des Urteils beim Revisionsgericht einzulegen ist, § 544 ZPO. Nach der Übergangsregelung § 26 Nr. 8 EGZPO ist bis zum 31. 12. 2011 eine Nichtzulassungsbeschwerde nur möglich, wenn der Beschwerwert der Revision EUR 20.000,– übersteigt (zur Wertgrenze der Nichtzulassungsbeschwerde, § 26 Nr. 8 EGZPO, § 544 ZPO vgl. BGH NJW 2002, 2720 ff.; Aufsatz *Jauernig* NJW 2003, 465 ff.). Die Rechtsbeschwerde – durch einen am BGH zugelassenen Rechtsanwalt, § 78 ZPO – ist spätestens innerhalb von zwei Monaten nach Zustellung des in vollständiger Form abgefassten Urteils spätestens bis zum Ablauf von sieben Monaten nach Verkündung des Urteils zu begründen. Die Beschwerde hemmt die Rechtskraft des Urteils. Mit Ablehnung der Beschwerde durch das Revisionsgericht wird das Urteil rechtskräftig.

2. Für das Revisionsverfahren ist der Bundesgerichtshof zuständig. Die Revisionseinlegung erfolgt durch einen am BGH zugelassenen Rechtsanwalt, § 78 Abs. 1 ZPO, vgl. auch BGH NJW 2007, 1461, 1463.

3. Die Revisionsschrift ist entsprechend der Berufungsschrift aufgebaut (vgl. Form. I. O. 1). Sie muss die genaue Bezeichnung der Prozessparteien, ihre Stellung im Prozess, ihre Prozessbevollmächtigten, beim Revisionsbeklagten die Angaben des Prozessbevollmächtigten der II. Instanz zum Zwecke der Zustellung der Revisionsschrift, das Urteil mit Aktenzeichen, Verkündungs- und wenn möglich das Zustellungsdatum, gegen das die Revision eingelegt werden soll, und die Erklärung enthalten, dass gegen das bezeichnete Urteil Revision eingelegt wird, § 549 ZPO.

4. Es empfiehlt sich im Hinblick auf die Regelung des § 7 Abs. 2 EGZPO bereits in der Revisionsschrift darauf hinzuweisen, dass die Revision zugelassen wurde. Ist die Bestimmung des zuständigen Gerichts unterblieben, kann dies im Wege der Berichtigung oder Ergänzung, §§ 319, 321 ZPO nachgeholt werden. Bei fehlerhafter Bestimmung kann die Revision sowohl beim OLG als auch beim BGH eingelegt werden (BGH NJW 1998, 3571).

5. Vor dem Bundesgerichtshof müssen sich die Parteien durch einen beim BGH zugelassenen Rechtsanwalt vertreten lassen. Vgl. Form. I. O. 1 Anm. 10–13.

6. Die Revisionsbegründung, § 551 ZPO, ist, sofern sie nicht bereits in der Revisionsschrift enthalten ist, in einem gesonderten Schriftsatz bei dem Revisionsgericht einzureichen. Die Frist zur Revisionsbegründung beträgt zwei Monate, § 551 ZPO und kann auf Antrag, auch ohne Einwilligung des Gegners durch den Vorsitzenden um zwei Monate, verlängert werden, § 551 Abs. 2 ZPO. Die Revisionsbegründung muss die Erklärung enthalten, inwieweit das Urteil angefochten und dessen Aufhebung beantragt wird (Revisionsanträge), sowie Darlegungen der Revisionsgründe § 551 Abs. 3 ZPO. Es müssen die Revisionsgründe alle materiellen und prozessualen Rügen umfassen und die verletzten Rechtsnormen bezeichnen. Zur Anschlussrevision vgl. § 554 ZPO.

Kosten und Gebühren

Die Gerichtskosten richten sich nach § 47 GKV iVm. Nr. 1230–1239, 1530–1539, die Rechtsanwaltsgebühren § 2 Abs. 2 RVG iVm. Vergütungsverzeichnis Teil 3 Abschnitt 2.

Fristen und Rechtsmittel

Revisionsfrist beträgt ein Monat, § 548 ZPO. Zur telegraphischen Rechtsmitteleinlegung vgl. BGH NJW 1983, 1498; BVerfG NJW 1987, 2067 mwN.; bei Fernschreiben beachte BGH NJW 1988, 1980, bei Telefax vgl. BGH NJW 1989, 589; 1990, 188. Die Revisionsfrist ist eine Notfrist und kann nicht verlängert werden. Die Frist läuft mit Zustellung des in vollständiger Form abgefassten schriftlichen Urteils, spätestens jedoch mit dem Ablauf von fünf Monaten nach Verkündung. Die Revisionsbegründungsfrist beträgt zwei Monate nach Zustellung der in vollständiger Form abgefassten Urteils, spätestens fünf Monate nach Verkündung des Urteils, § 551 Abs. 2 ZPO. Die Frist ist auf schriftlichen Antrag durch den Vorsitzenden verlängerbar (vgl. auch BGH NJW 1985, 1558). Zur Wiedereinsetzung bei versäumter Frist vgl. Form. I. O. 1 „Fristen und Rechtsmittel", sie auch BGH NJW 2000, 364.

Zur Fristenkontrolle vgl. BGH NJW 1989, 1157f.; 1864; 2393f.; zur Fristenkontrolle bei Verfahrensunterbrechung vgl. BGH NJW 1990, 1239. Für die neuen Bundesländer sind die Übergangsvorschriften des Einigungsvertrages (Form. I. O. 1. Anm. 2) zu beachten.

6. Sofortige Beschwerde

An das
Amtsgericht[1]
– Familiengericht –

In der Familiensache

Frau A. ......
Prozessbevollmächtigter: RA ......

gegen

Herrn B. ......
Prozessbevollmächtigter: RA ......
lege ich gegen den Beschluss des Amtsgerichts ...... vom ...... zugestellt am ......

sofortige Beschwerde[2, 3]

ein, mit dem Antrag:[4]
den Beschluss des Amtsgerichts ...... vom ...... aufzuheben und die Kosten des Verfahrens gegeneinander aufzuheben.

Begründung:

Das Familiengericht hat mit dem angefochtenen Beschluss dem Beklagten die Kosten des Verfahrens auferlegt. Zur Begründung führt es aus, der Beklagte habe durch sein Verhalten zur Erhebung der Klage Anlass gegeben, da er entgegen seinen früheren Versprechungen nicht zum Jahresende, sondern erst acht Wochen nach Klageerhebung aus der Ehewohnung ausgezogen sei. Bei Abwägung der Billigkeitsgründe hat hier das Familiengericht außer acht gelassen, dass der Beklagte mehrere Wohnungsmakler beauftragte und dennoch längere Zeit keine anderweitige Wohnung finden konnte. Der Klägerin wurde mit Schreiben vom ...... mitgeteilt, dass der Beklagte beabsichtige, ab dem ...... zu seinen Eltern zu ziehen, was er auch getan hat. Durch das Bestreben, bei seinen Eltern unterzukommen, hat der Beklagte versucht, auf völlig unkomplizierte Art und Weise zu einer Unterkunft zu kommen. Unter Abwägung beiderseitiger Interessen und unter Berücksichtigung, dass dem Beklagten noch eine geringe Frist zur Suche einer Unterkunft zu gewährleisten war, entspricht es der Billigkeit, hier die Kosten gegeneinander aufzuheben.

Rechtsanwalt

Anmerkungen

1. Das Beschwerdeverfahren ist nicht nur in den §§ 567 ff. ZPO sondern in zahlreichen zugehörigen Vorschriften über die gesamte ZPO verteilt teilweise erheblich neu geregelt worden. Für den Rechtsanwalt bedeutet dies erhöhte Aufmerksamkeit. Die einfache unbefristete Beschwerde ist ersatzlos weggefallen. Es gibt lediglich die sofortige Beschwerde, Anschlussbeschwerde, Rechtsbeschwerde und Nichtzulassungsbeschwerde. Die sofortige Beschwerde findet gegen die im ersten Rechtszug ergangenen Entscheidungen der Amts- und Landgerichte statt, wenn dies im Gesetz ausdrücklich bestimmt ist oder es sich um eine solche eine mündliche Verhandlung nicht erfordernde Entscheidung handelt, durch die ein das Verfahren betreffendes Gesuch zurückgewiesen worden ist, § 567 Abs. 1 ZPO. Gegen Entscheidungen über die Kosten ist die Beschwerde nur zulässig, wenn der Wert des

Beschwerdegegenstandes EUR 200,– übersteigt, § 567 Abs. 2 ZPO. Der Beschwerdewert muss in vermögensrechtlichen Streitigkeiten auch nach § 61 Abs. 1 FamFG einen Betrag von EUR 600,– übersteigen. Ist dies nicht der Fall, so ist die Beschwerde zulässig, wenn das erstinstanzliche Gericht die Beschwerde zugelassen hat, § 61 Abs. 2 FamFG.

In den Familiensachen ist das Rechtsmittelverfahren umfassend neu geregelt, §§ 58 ff. FamFG. Das statthafte einheitliche Rechtsmittel gegen die in erster Instanz ergangenen Endentscheidungen (§ 38 Abs. 1 FamFG) ist die Beschwerde nach § 58 FamFG. Die Beschwerde ist grundsätzlich beim Familiengericht einzulegen, § 64 Abs. 1 FamFG. Streitig ist bisher, ob in Ehe- und Familienstreitsachen auch diese Beschwerde bei dem Gericht eingelegt werden soll, das die Entscheidung erlassen hat (so *Baumbach/Lauterbach/Albers/Hartmann* FamFG § 64 Rdn. 2) oder beim Beschwerdegericht (so *Meysen* Kommentar FamFG § 117 Rdn. 4). § 117 Abs. 1 S. 2 FamFG sieht vor, dass die Beschwerdebegründung beim Beschwerdegericht einzureichen ist. Daraus liegt der Schluss nahe, dass die Beschwerde ohne Begründung beim Instanzgericht und eine spätere Begründung beim Beschwerdegericht einzureichen ist. Hierfür gilt die zweimonatige Frist, § 117 Abs. 1 S. 3.

Die Vorschriften sind entsprechend geändert worden, auch dort, wo zunächst der Rechtspfleger zuständig war. Zur Erinnerung vgl. § 573 ZPO. Die Beschwerde ist beim Erstgericht, das die Möglichkeit der Abhilfe besitzt, oder dem Beschwerdegericht einzulegen, § 569 ZPO. Zum Gang des Beschwerdeverfahrens vgl. § 572 ZPO. Die Beschwerdefrist beträgt, soweit keine andere Frist bestimmt ist, zwei Wochen, § 569 ZPO. Die Anschlussbeschwerde wird ebenfalls im § 567 ZPO erwähnt und ist in der selben Form wie die sofortige Beschwerde einzulegen. Diese verliert Ihre Wirkung wenn die Beschwerde zurückgenommen oder als unzulässig verworfen wurde, § 567 Abs. 3 ZPO.

Neu geregelt ist auch an einigen Stellen die selbständige Anfechtbarkeit von Zwischen- und Nebenentscheidungen mit der sofortigen Beschwerde nach §§ 567 ff. ZPO, vgl. § 6 Abs. 2; § 76 Abs. 2 FamFG.

2. Die Verwendung der Bezeichnung „sofortige Beschwerde“ ist aus Gründen der Klarheit geboten. Für die sofortige Beschwerde gelten keine besonderen Formalien, sie ist durch eine Beschwerdeschrift – schriftlich – einzulegen oder in bestimmten Fällen zu Protokoll der Geschäftsstelle zu erklären, § 569 Abs. 2 u. 3 ZPO. Dennoch ist auch hier Sorgfalt bei der Bezeichnung der Prozessparteien, des Prozessgerichts, der angegriffenen Entscheidung aber auch dem Beschwerdegegenstand zu walten. Zumindest muss zum Ausdruck gebracht werden, dass eine Entscheidung des Beschwerdegerichts verlangt wird (BGH NJW 2004, 1113). Die sofortige Beschwerde soll begründet werden. Sie kann auf neue Angriffs- und Verteidigungsmittel gestützt werden, jedoch nicht auf die Unzuständigkeit des Gerichts des ersten Rechtszuges, § 571 ZPO. Die Zulässigkeit der Beschwerde hängt nur in den vom Gesetz genannten Fällen von dem Erreichen einer Beschwerdesumme ab. Auf die Beschwerdesumme von über EUR 200,– bei Kostenbeschwerden ist besonders zu achten (§ 567 Abs. 2 ZPO).

3. Zur Anschlussbeschwerde vgl. § 567 Abs. 3 ZPO. Sie ist möglich, auch wenn auf die Anschließung verzichtet oder die Beschwerdefrist verstrichen ist. Für die Anschließung besteht insbesondere für das Kostenfestsetzungsverfahren sowie bei dem Kostenstreit nach Erledigung der Hauptsache, § 91 a ZPO, eine praktische Notwendigkeit. Zur Frage des Anwaltszwangs vgl. §§ 78, 569 ZPO (Form. I. O. 1 Anm. 11). Bei einer Kostenentscheidung gegenüber einem Dritten, der nicht Prozesspartei ist, kommt das Rechtsmittel, die sofortige Beschwerde, nicht die Berufung oder Revision in Betracht (vgl. BGH NJW 1988, 49/50).

4. Eine Beschwerdebegründung ist zwar nicht zwingend vorgeschrieben, jedoch empfiehlt sich diese nicht nur, sondern sie kann auch vom Gericht gefordert werden § 571 ZPO. Neue Angriffs- und Verteidigungsmittel sind möglich, können aber nach Fristsetzung ausgeschlossen werden, § 571 Abs. 3 ZPO.

Zur Antragstellung und Beschwerdebegründung vgl. Form. I. O. 6 Anm. 3 u. 4.

Fristen und Rechtsmittel

Die sofortige Beschwerde ist befristet und muss innerhalb einer **Notfrist von zwei Wochen**, soweit nicht eine andere Frist bestimmt ist, eingelegt werden, § 569 ZPO). Zur telegraphischen und fernschriftlichen Rechtsmitteleinlegung vgl. BGH NJW 1983, 1498; zum Telefax NJW 1989, 589; BVerfG NJW 1987, 2067 mwN. Die Frist beginnt mit der Zustellung des mit Gründen versehenen Beschlusses, § 569 ZPO, spätestens mit Ablauf von fünf Monaten nach Verkündung des Beschusses. Eine Abkürzung oder Verlängerung der Frist ist nicht zulässig; eine Wiedereinsetzung ist statthaft, § 233 ZPO. Ua. eröffnen folgende Bestimmungen das Rechtsmittel der sofortigen Beschwerde: §§ 71 Abs. 2, 91a Abs. 2, 99 Abs. 2, 104 Abs. 3, 107 Abs. 3, 109 Abs. 4, 127 Abs. 2, 135 Abs. 3, 252, 319 Abs. 3, 336 Abs. 1, 380 Abs. 3, 387 Abs. 3, 390 Abs. 3, 406 Abs. 5, 409 Abs. 2, 620c, 621e Abs. 1, 641d Abs. 3, 644, 721 Abs. 6, 793, 794a Abs. 4, 934 Abs. 4, 952 Abs. 4, 1022 Abs. 3 ZPO.

Gegen die Beschwerdeentscheidung ist das Rechtsmittel der **Rechtsbeschwerde** statthaft, wenn dies im Gesetz ausdrücklich bestimmt ist oder das Beschwerdegericht sie in dem Beschluss zugelassen hat, § 574 Abs. 1 ZPO, vgl. ua. § 621e ZPO. Zur Rechtsbeschwerde wird auf die §§ 574ff. ZPO verwiesen.

Ein außerordentliches Rechtsmittel zum BGH ist auch dann nicht statthaft, wenn die Entscheidung ein Verfahrensgrundrecht des Beschwerdeführers verletzt oder aus sonstigen Gründen greifbar gesetzwidrig ist, BGH NJW 2002, 1577. Vielmehr ist der Verfahrensverstoß durch das Gericht, das ihn begangen hat, auf eine Gegenvorstellung zu korrigieren.

Kosten und Gebühren

Die Gebühren des Gerichts richten sich nach § 11 GKG iVm. KVerz. 1220ff., 1320ff., 1810ff., die Rechtsanwaltsgebühren nach §§ 1, 2, 10 RVG VV Teil 3 Abschnitt 5.

7. Gegenvorstellung[1]

An das
Landgericht[2]
– Zivilabteilung …… –

In Sachen

A. ……

gegen

B. ……
Az.: ……
erhebe ich gegen den Beschluss vom ……

Gegenvorstellung

mit dem Antrag,
in Abänderung des Beschlusses vom …… den Wert der Beschwer für das Verfahren auf EUR 5.000,– festzusetzen.

Begründung:

Es wurde bereits dargelegt, dass nach Auffassung des Klägers und Berufungskläger der Wert der Beschwer im vorliegenden Verfahren EUR 5.000,– beträgt. Das Landgericht den Beschwerwert auf EUR 500,– festgesetzt. Zunächst wurde ein Gerichtskostenvor-

schuss für das Berufungsverfahren aus einem Gegenstandswert von EUR 5.000,– angefordert. Abweichend hiervon hat das Gericht den Beschwerwert auf nur EUR 500,– festgesetzt. Hiergegen wendet sich der Kläger mit seiner Gegenvorstellung.
Der Kläger begehrt von dem Beklagten die Unterlassung seines Firmennamens, da dieser mit der Firmenbezeichnung des Klägers verwechslungsfähig ist. Bei einer hier vorzunehmenden Schätzung entsprechend § 3 ZPO ist zu berücksichtigen, welche Bedeutung das verletzte Firmenrecht des Klägers im Wirtschaftsleben besitzt. Der Kläger erwirtschaftet mit seiner Firma einen Jahresumsatz von EUR 100.000,–. Auch der Umsatz des Beklagten erreicht nahezu diesen Betrag. Das Unterlassenbegehren des Klägers ist an diesen Umsatzwerten zu messen, die die erhebliche wirtschaftliche Bedeutung des Rechtsstreits kennzeichnen (auf die Schriftsätze in der Berufungsinstanz vom …… wird verwiesen). Daran anknüpfend ist auch der Beschwerwert mit EUR 5.000,– festzusetzen. Eine entsprechende Änderung des Beschlusses im beantragten Sinne ist daher geboten.

Rechtsanwalt

Anmerkungen

1. Die Gegenvorstellung ist auf eine Änderung einer Entscheidung ohne Anrufung der übergeordneten Instanz gerichtet. Bei ihr handelt es sich um einen im Prozess nicht vorgesehenen Antrag, der das Gericht veranlassen soll, seine Entscheidung zu ändern. Sie ist gesetzlich nicht geregelt und wird nur beschränkt zugelassen. Eine Gegenvorstellung ist dann nicht statthaft, wenn eine Gerichtsentscheidung mit einem förmlichen Rechtsbehelf angefochten werden kann oder konnte (str. vgl. OLG Düsseldorf MDR 1977, 235; OLG Nürnberg NJW 1979, 169; *Baumgärtel* MDR 1968, 970; *Schneider* MDR 1972, 567); oder wenn sie unabhängig davon in materielle Rechtskraft erwächst (vgl. *Baumbach/Lauterbach/Albers/Hartmann* Grundz. § 567 Rdn. 6; vgl. *Baumgärtel* MDR 1968, 970 ff.; BGH VersR 1982, 598; In diesen Fällen ist die Gegenvorstellung grundsätzlich auch dann unstatthaft, wenn die Entscheidung in einem offensichtlichem Widerspruch zum Gesetz steht, aM BVerfG NJW 1980, 2698). Die Gegenvorstellung ist von der prozessualen Beschwerde zu unterscheiden, weil sie auf eine Änderung der Entscheidung ohne Anrufung der übergeordneten Instanz gerichtet ist. Zur Notwendigkeit einer Gegendarstellung um sich rechtliches Gehör zu verschaffen vgl. BGH NJW 1995, 403, 2497. Gegenvorstellungen sind daher im Wesentlichen bei Entscheidungen über Verfahrensfragen (*Baumbach/Lauterbach/Albers/Hartmann* Grundz. § 567 Rdn. 6, BVerfG NJW 1983, 1900); oder in unselbstständigen Nebenverfahren möglich, in denen das Gericht gesetzlich ermächtigt ist, seine Entscheidung zu ändern (zB. § 25 Abs. 1 S. 3 GKG).

Gerichtliche Selbstkorrektur bei Wiedereinsetzungsbeschlüssen nach Gegenvorstellung, BGH NJW 1995, 2497.

Grundsätzlich sind Gegenvorstellungen gegen ein Urteil unstatthaft, BVerwG NJW 1995, 2053. Zur Aufhebung eines Urteils nach Gegenvorstellung in finanzgerichtlichen Verfahren vgl. BFH NJW 1996, 1496.

2. Die Gegenvorstellung ist dem Gericht vorzulegen, dessen Entscheidung geändert werden soll. Der Form nach ist eine Gegenvorstellung entsprechend einer Beschwerdeschrift abzufassen (vgl. Form. I. O. 10).

Zur Abhilfe bei Verletzung des Anspruchs auf rechtliches Gehör vgl. die Neuregelung im § 321 a ZPO vgl. Form. I. O. 8, Rechtsmittel.

Gebühren und Kosten

Es entstehen keine Gerichtsgebühren und in der Regel keine Anwaltskosten, vgl. aber *Gerold/Schmidt* RVG Nr. 3330 Rdn. 4, 3403 VV Rdn. 5.

Fristen und Rechtsmittel

Ein förmlicher Beschluss ist nur bei Erfolg der Gegenvorstellung nötig; sonst genügt formlose Mitteilung. Gegen die Entscheidung ist ein Rechtsmittel nicht möglich (BGH VersR 1982, 598).

P. Klagen betreffend die Urteilswirkung

1. Nichtigkeitsklage

An das
Landgericht[1]
– Zivilkammer –

Nichtigkeitsklage[2]

In Sachen

der Frau ...... vertreten durch ihren Vormund, Frau ......
– Nichtigkeitsklägerin und Beklagte des Vorprozesses –
Prozessbevollmächtigter: RA ......
gegen
Fa. ......
– Nichtigkeitsbeklagte und Klägerin des Vorprozesses –
Prozessbevollmächtigter des Vorprozesses:[3] RA ......

wegen Forderung
Streitwert: ......

Nach der in beglaubigter Abschrift beigefügten Bestallung ist Herr ...... Betreuer der Nichtigkeitsklägerin. Namens der Nichtigkeitsklägerin erhebe ich Klage und beantrage[4],

1. das rechtskräftige Versäumnisurteil des Landgerichts ...... vom ...... Az.: ...... aufzuheben;
2. die im Verfahren ...... vor dem Landgericht ...... Az.: ...... erhobene Klage der jetzigen Beklagten und früheren Klägerin zurückzuweisen;
3. hilfsweise:
der Klägerin Vollstreckungsschutz gemäß §§ 712, 714 Abs. 2 ZPO zu gewähren.

Begründung:

Der vorliegenden Klage geht ein Vorprozess umgekehrten Rubrums voraus, in dem die jetzige Klägerin durch Versäumnisurteil zu EUR ...... verurteilt wurde.
Die jetzige Klägerin wurde durch Beschluss des Amtsgerichts ...... seit dem ...... unter Betreuung.
Beweis: Vormundschaftsakten des Amtsgerichts ...... Az.: ......

Die frühere Klägerin und jetzige Beklagte hat das im Antrag bezeichnete Versäumnisurteil gegen die Nichtigkeitsklägerin erwirkt. Zum Zeitpunkt der diesem Rechtsstreit vorausgehenden Klage war die jetzige Klägerin bereits seit einem Jahr nicht mehr geschäftsfähig und unter Betreuung gestellt. Ihr wurde die Klage und Ladung zum Termin zur mündlichen Verhandlung persönlich ausgehändigt. Sie hat diese Ladung an ihren Vormund nicht weitergegeben. Der Betreuer hat erst nach Rechtskraft des Versäumnisurteils von dem Rechtsstreit zufällig Kenntnis erlangt. Da in diesem Rechtsstreit die jetzige Klägerin nicht ordnungsgemäß vertreten war, erweist sich das Versäumnisurteil als nichtig, so dass seine Aufhebung geboten ist. Auch das Versäumnisurteil selbst wurde der Nichtigkeitsklägerin persönlich zugestellt, ohne dass diese ihren Vormund davon benachrich-

tigte, so dass es seit dem ...... rechtskräftig ist. Eine Aufhebung des im Klageantrag angeführten Urteils ist daher gemäß § 579 Abs. 1 Nr. 4 ZPO notwendig.
In der Sache selbst erweist sich die frühere Klage als unbegründet, da zum Zeitpunkt der von der Nichtigkeitsklägerin bei der Beklagten gemachten Bestellung jene bereits geschäftsunfähig war.

Beweis: Vormundschaftsakten, wie benannt

Ein wirksamer Vertrag liegt somit nicht vor und die Klage der früheren Klägerin ist sachlich unbegründet.
Der Gerichtskostenvorschuss in Höhe von ...... ist durch Scheck entrichtet.
Beglaubigte Abschriften für die Beklagte liegen bei.

Rechtsanwalt

Anmerkungen

1. Für die Nichtigkeitsklage (§ 579 ZPO) ist das Gericht ausschließlich zuständig, dessen Endurteil angefochten wird (§ 584 Abs. 1 ZPO). Nichtigkeitsklagen gegen einen Vollstreckungsbescheid gehören ausschließlich vor das Gericht, das für eine Entscheidung im Streitverfahren zuständig gewesen wäre (§ 584 Abs. 2 ZPO). Das Klageverfahren richtet sich grundsätzlich nach den für die Instanz geltenden allgemeinen Vorschriften (§ 585 ZPO). Die Klagen selbst können nur zeitlich befristet erhoben werden (§ 586 ZPO). Die Klagefrist beginnt mit dem Tag, an dem die Partei vom Anfechtungsgrund Kenntnis erlangt hat, bei einer Nichtigkeitsklage gegen ein Vaterschaftsfeststellungsurteil vgl. BGH NJW 1994, 589. Auch gegen Beschlüsse, durch die die Revision als unzulässig verworfen worden ist, findet das Nichtigkeitsverfahren statt (BGH NJW 1983, 883). Zur analogen Anwendung des § 579 Abs. 1 Nr. 4 ZPO bei Verletzung rechtlichen Gehörs vgl. BVerfG NJW 1998, 745, VGH Kassel NJW 1986, 209; 1998, 745. Zum Vorrang der Nichtigkeitsklage gegenüber der Verfassungsbeschwerde bei fehlerhafter Besetzung des Gerichts vgl. BVerfG NJW 1986, 372; 1993, 51; zur Nichtigkeitsklage wegen fehlerhafter Besetzung des I. Zivilsenats des BGH vgl. NJW 1993, 1596; 3140, vgl. auch 1995, 332. Zur Nichtigkeitsklage nach Art. 173 Abs. 2 EWGV vgl. *von Danwitz,* Die Garantie effektiven Rechtsschutzes im Recht der Europäischen Gemeinschaft in NJW 1993, 1108 ff. Zur Nichtigkeitsklage wegen Prozessunfähigkeit vgl. BAG DB 2000, 780; BGHZ 84, 27. Zur Unzulässigkeit der Nichtigkeitsklage bei öffentlicher Urteilszustellung, auch wenn diese der Gegner arglistig erschlichen hat vgl. BGH NJW 2003, 1326 ff.

2. Die Klage soll als „Nichtigkeitsklage" bezeichnet werden. Sie muss die Bezeichnung des Urteils, gegen das sich die Klage richtet, und die Erklärung, dass Nichtigkeitsklage erhoben wird, enthalten (§ 587 ZPO). Daneben soll die Klage den Anfechtungsgrund, die Beweismittel für die Tatsachen, die den Grund und die Einhaltung der Notfrist ergeben, und die Erklärung enthalten, inwieweit eine Beseitigung des angefochtenen Urteils und welche andere Entscheidung in der Hauptsache beantragt wird (§ 588 ZPO). Im Übrigen gelten die allgemeinen Verfahrensgrundsätze, §§ 282, 296 ZPO.

3. Der Prozessbevollmächtigte des Vorprozesses ist anzugeben, da diesem die Restitutionsklage zuzustellen ist, §§ 176, 178, 587 ZPO (str. vgl. *Baumbach/Lauterbach/Albers/Hartmann* § 587 Rdnr. 4).

4. Die Klageanträge setzen sich aus dem Antrag auf Aufhebung des nach § 579 ZPO nichtigen Urteils und den Sachanträgen in dem vorausgegangenen Prozess zusammen. Die Begründung der Klage hat entsprechend den allgemeinen Richtlinien zu erfolgen. Besondere Vorschriften für den Beweis der in § 579 ZPO bezeichneten Nichtigkeitsgründe gibt es nicht. Im Interesse der Rechtssicherheit an der Aufrechterhaltung eines rechtskräftigen Urteils sind sowohl die formellen Erfordernisse der Klage als auch die Wahrheit der tatsächlichen Behauptungen von Amts wegen zu prüfen (*Stein/Jonas/Grunsky* § 579 Anm. IV; zum prozessualen Verfahrensablauf vgl. *Baumbach/Lauterbach/Albers/Hartmann* Grdz. 5 vor § 578).

Kosten und Gebühren

Die Kosten und Gebühren richten sich nach den allgemeinen Bestimmungen bei Zivilklagen, vgl. ua. Form. I. O. 1.

Fristen und Rechtsmittel

Für die Klage läuft eine Notfrist von 1 Monat ab Kenntnis des Anfechtungsgrundes, § 586 ZPO, in BEG-Sachen läuft für das entschädigungspflichtige Land eine Notfrist von 3 Monaten, bei einem Wohnsitz des Restitutionsklägers außerhalb Europas von 6 Monaten (vgl. *Baumbach/Lauterbach/Albers/Hartmann* § 586 Rdnr. 1). Die Fristberechnung erfolgt nach §§ 222, 586 Abs. 2 ZPO. 5 Jahre nach Eintritt der Rechtskraft ist eine Anfechtung unstatthaft, § 585 Abs. 2 S. 2 ZPO. Bei einer Nichtigkeitsklage wegen mangelnder Vertretung gelten obige Fristen nicht, § 586 Abs. 3 ZPO. Zur Frage der Wiedereinsetzung vgl. BVerfG NJW 1993, 3257.

Die Rechtsmittel richten sich nach den allgemeinen Bestimmungen, § 591 ZPO vgl. Form. I. O. 1 und 5.

2. Restitutionsklage

An das
Landgericht[1]
– Zivilkammer –

Restitutionsklage[2]

des Herrn ......
– Restitutionskläger und Beklagter des Vorprozesses –
Prozessbevollmächtigter: RA ......

gegen

Herrn ......
– Restitutionsbeklagten und Kläger des Vorprozesses –
Prozessbevollmächtigter des Vorprozesses: RA ......[3]
Streitwert: ......
Namens des Restitutionsklägers erhebe ich Restitutionsklage und beantrage[4]

1. **das rechtskräftige Urteil umgekehrten Rubrums des Landgerichts ...... vom ...... Az.: ...... aufzuheben;**
2. **die im Verfahren vor dem Landgericht ...... Az.: ...... erhobene Klage des jetzigen Beklagten und früheren Klägers zurückzuweisen;**
3. **hilfsweise:**
   dem Kläger Vollstreckungsschutz gemäß §§ 712, 714 Abs. 2 ZPO zu gewähren.

Begründung:

Der vorliegenden Klage geht ein Vorprozess umgekehrten Rubrums voraus, in dem der Restitutionskläger zur Zahlung von EUR ...... verurteilt wurde. Hierbei handelte es sich

um die Rückzahlung von Darlehensvaluta, deren Bezahlung der damalige Beklagte nicht nachweisen konnte. Nach Rechtskraft des Vorprozesses hat der Restitutionskläger am ...... den Quittungsbeleg über die Rückzahlung des Darlehens aufgefunden. Mit diesem hat der Restitutionsbeklagte handschriftlich bestätigt, dass er den Betrag von EUR ...... erhalten hatte. Die Urkunde enthält die eigenhändige Unterschrift des damaligen Klägers.

Beweis: Vorlage des Quittungsbelegs vom ......

Durch das Auffinden dieser Urkunde wird bewiesen, dass die Darlehensverpflichtung des damaligen Beklagten durch Zahlung erloschen ist. Das Urteil des Landgerichts ...... vom ...... wird daher gemäß § 580 Nr. 7 ZPO mit der Restitutionsklage angefochten. Der Gerichtskostenvorschuss wird durch Kostenmarken entrichtet. Eine Ausfertigung des damaligen Urteils sowie eine beglaubigte Abschrift des Quittungsbelegs vom ...... füge ich bei[5].

Rechtsanwalt

Anmerkungen

1. Die Zuständigkeit des angerufenen Gerichts richtet sich nach § 584 ZPO. In der Regel ist das Gericht sachlich zuständig, dessen Entscheidung angegriffen wird (*Baumbach/Lauterbach/Albers/Hartmann* § 584 Rdn. 2). Soweit Gerichte entschieden haben, die zwar nach § 584 ZPO ausschließlich zuständig wären, aber weggefallen sind, sind die Gerichte nach den allgemeinen Zuständigkeitsvorschriften anzurufen. Zur Restitutionsklage in Kindschaftssachen vgl. § 641i ZPO (vgl. BGH NJW 1982, 2128; 1984, 2630).

2. Die Restitutionsklage ist ein außerordentlicher Rechtsbehelf und die Rechtssicherheit gebietet seine Anwendung nur in den besonders angeordneten Fällen des § 580 ZPO. Nur in den eng begrenzten Ausnahmefällen wird dem Betroffenen die Möglichkeit eröffnet, im Wege der Restitutionsklage die Rechtskraft einer auf fehlerhafter Grundlage beruhenden, ihn ohne ein Verschulden unbillig belastenden Entscheidung zu beseitigen (vgl. BGH NJW 1974, 557; 1989, 1285f.). Zur Restitutionsklage gegen DDR-Urteile vgl. DtZ 1993, 85. Zur Wiederaufnahme des Zivilprozesses bei naturwissenschaftlichen Erkenntnisfortschritt vgl. *Foerste* NJW 1996, 345ff. Ein Wandel der Rechtsauffassung kann keinen Restitutionsgrund darstellen (BVerfG NJW 2007, 1802f.).

Die Notwendigkeit weiterer Beweiserhebungen im Vorprozess hindert nicht die Restitutionsklage, BGH NJW 1993, 1928.

Die Restitutionsklage soll als solche besonders bezeichnet werden (§ 587 ZPO). Die Verwendung der Bezeichnung Restitutionsklage empfiehlt sich, da sonst der Klageinhalt eindeutig die Natur der Klage erkennen lassen muss. Die Stellung der Parteien im gegenwärtigen Verfahren und in dem Vorprozess muss genau gekennzeichnet werden. Zum Inhalt der Klageschrift ist auf § 588 ZPO zu verweisen. Die Klagefrist nach § 586 ZPO ist besonders zu achten.

3. Vgl. Form. I. P. 1 Anm. 3.

4. Die Klage muss zwingend neben der Bezeichnung des Urteils, gegen das sich die Klage richtet, erkennen lassen, dass Restitutionsklage erhoben wurde (§ 587 ZPO). Daneben ist der Anfechtungsgrund zu bezeichnen und Beweismittel für die Tatsache, die den Grund und die Einhaltung der Notfrist ergeben, sind anzugeben. Auch die Erklärung, inwieweit die Beseitigung des angefochtenen Urteils und welche Entscheidung in der Hauptsache beantragt wird, soll in der Klageschrift niedergelegt sein. Wenngleich insoweit § 588 ZPO eine Ordnungsvorschrift ist, empfiehlt sich seine Beachtung im Hinblick auf § 273 ZPO. Im Übrigen gelten die allgemeinen Verfahrensgrundsätze. Zu beachten ist, dass die Restitutionsklage im Rahmen des § 580 Nr. 7b ZPO nicht auf eine Privaturkunde gestützt werden kann, die lediglich die schriftliche Erklärung eines ansonsten als Zeugen zu vernehmenden Dritten beinhaltet (BGH NJW 1981, 2193/2194; 1984, 438). Die Voraussetzungen eines Restitutionsgrunds können auch dann gegeben sein, wenn der Restitutionskläger nachträglich eine Urkunde auffindet, die ihn veranlasst, eine gegnerische Tatsachenbehauptung aus dem Vorprozess erstmalig zu bestreiten, § 580 Nr. 7b ZPO; so soll einer Partei in den Fällen zu ihrem Recht verholfen werden, in denen eine bestimmte Urteilsgrundlage mit qualifizierten, verbrieften Beweismitteln im Widerspruch steht (BGH NJW 2005, 222 ff.).

5. Zum Erfordernis der Beifügung von Urkunden (und in Form von Abschriften) vgl. § 588 Abs. 2 S. 1 ZPO.

Kosten und Gebühren

Vgl. Form. I. P. 1.

Fristen und Rechtsmittel

Vgl. Form. I. P. 1.

3. Klage gemäß § 826 BGB[1]

An das
Landgericht[2]
– Zivilkammer –

Klage

des Herrn ......
– Kläger –
Prozessbevollmächtigter: RA ......
gegen
Herrn ......
– Beklagter –
wegen Schadensersatz
Streitwert: ......
Namens des Klägers erhebe ich Klage und beantrage[3],

1. **den Beklagten zu verurteilen, es bei Meidung eines für jeden Fall der Zuwiderhandlung fälligen Ordnungsgeldes bis zu EUR 250.000,–, ersatzweise Ordnungshaft bis zu 6 Monaten oder Ordnungshaft bis zu 6 Monaten zu unterlassen, die Zwangsvollstreckung aus dem Urteil des Landgerichts ...... vom ...... Az.: ...... gegen den Kläger zu betreiben;**
2. **an den Kläger die vollstreckbare Ausfertigung des Versäumnisurteils des Landgerichts ...... vom ...... Az.: ...... herauszugeben;**
3. **den Beklagten ferner zu verurteilen, an den Kläger EUR ...... nebst 5 Prozentpunkte über dem Basiszinssatz seit ...... zu zahlen.**

Vorab werde ich beantragen,

anzuordnen, dass die Zwangsvollstreckung aus dem Urteil des Landgerichts ...... vom ...... Az.: ...... vorläufig eingestellt wird.

Begründung[4]

Mit dem im Klageantrag bezeichneten Urteil hat der jetzige Beklagte und Kläger des Vorprozesses ein Versäumnisurteil gegen den jetzigen Kläger auf Zahlung von EUR ...... erwirkt. Der jetzige Beklagte hat in dem Vorprozess dargelegt, dass der Aufenthaltsort des jetzigen Klägers unbekannt sei, so dass die damalige Klage öffentlich zugestellt wurde. Dem jetzigen Beklagten war jedoch zum damaligen Zeitpunkt bereits bekannt, dass der Kläger in X-Stadt wohnte, indem er sich selbst brieflich an den Kläger unter dieser Anschrift wandte.

Beweis: 1. Auskunft bei der Einwohnermeldebehörde in X-Stadt
2. Vorlage des Briefes vom ......

Der Beklagte hat damals so durch arglistige Täuschung des angerufenen Gerichts ein Versäumnisurteil gegen den Kläger erwirkt. Der Kläger ist daher gemäß § 826 BGB berechtigt, Schadensersatz zu fordern. Der Beklagte hat sich das Versäumnisurteil in sittenwidriger Weise durch Erwirken der öffentlichen Zustellung erschlichen. Die Wirkung der Rechtskraft eines Urteils hört dort auf, wo diese Rechtskraft bewusst rechtswidrig zu dem Zwecke herbeigeführt wird, um einem Unrecht den Schein des Rechts zu verleihen. Der Beklagte hat hinter dem Rücken des Klägers in Kenntnis des Nichtbestehens einer Forderung durch öffentliche Zustellung der Klage und Ladung, von denen er voraussetzte, dass sie den Kläger nicht erreichen würden, gegen diesen einen rechtskräftigen Titel erlangt. Der Beklagte weiß, dass die von ihm behauptete Forderung bereits erfüllt ist.

Beweis: Vorlage des Quittungsbelegs

Gemäß § 826 BGB kann daher der Kläger von dem Beklagten die Herausgabe der vollstreckbaren Ausfertigung des Versäumnisurteils und Rückzahlung der bisher durch die Vollstreckung des Versäumnisurteils rechtswidrig erlangten Beträge verlangen. Darüber hinaus ist eine Einstellung der Zwangsvollstreckung aus diesem Versäumnisurteil geboten. Der Beklagte betreibt die Zwangsversteigerung eines kürzlich vom Kläger erworbenen Grundstücks. Versteigerungstermin ist bereits auf den ...... angesetzt.
Gerichtskostenvorschuss ist durch Kostenmarken entrichtet; beglaubigte Abschriften liegen bei.

Rechtsanwalt

Schrifttum: Thumm, Die Klage aus § 826 BGB gegen rechtskräftige Urteile in der Rechtsprechung des RG und BGH, 1959.

Anmerkungen

1. Die Rechtssicherheit ist ein wesentliches Element der Rechtsstaatlichkeit und damit ein Konstitutionsprinzip des Grundgesetzes. Aus ihm folgt (vgl. BVerfG NJW 1993, 1125) die grundsätzliche Rechtsbeständigkeit rechtskräftiger Entscheidungen. Die Rechtsprechung erkennt einen Schadensersatzanspruch nach § 826 BGB nur unter besonderen strengen Voraussetzungen an, wenn eine Partei Schaden dadurch erlitten hat, dass ein anderer gegen sie arglistig durch Irreführung des Gerichts ein rechtskräftiges unrichtiges Urteil erschlichen hat (BGH NJW 1987, 3256/3266 f.; 1989, 1285 f.; 1991, 30; 2006, 154 ff.; BAG 1987, 2038; OLG Stuttgart NJW 1985, 2272; OLG Hamm NJW 1985, 2275). Die Anwendung von § 826 BGB auf rechtskräftige Titel muss auf besonders schwerwiegende, eng begrenzte Ausnahmefälle beschränkt bleiben. Gleiches gilt auch dann, wenn ein Gläubiger ein nicht erschlichenes, unrichtiges Urteil in sittenwidriger Weise ausnutzt (vgl. *Rosenberg/Schwab/Gottwald* § 162 III; BGHZ 50, 115/117 mwN.; NJW 1983, 2317). Nach § 826 BGB ist eine Durchbrechung der Rechtskraft gerechtfertigt, wenn der Gläubiger einen Vollstreckungsbescheid über einen Anspruch aus einem sittenwidrigen Ratenkreditvertrag erwirkt hat und erkennen konnte, dass im Klageverfahren die gerichtliche Schlüssigkeitsprüfung bei Antragstellung zur Klageerweiterung geführt hätte (vgl. BGH NJW 1987, 3256/3259/3266; 1989, 1285 f.).

2. Bei einer Klage aus § 826 BGB handelt es sich um eine allgemeine Leistungsklage, die den Bestand des dem Verfahren vorausgehenden Urteils nicht beeinträchtigt. Sie ist nur darauf gerichtet, den durch das Urteil und seine Rechtsfolgen verursachten Schaden vermögensrechtlich auszugleichen. Die Klage aus § 826 BGB unterscheidet sich grundlegend von der Vollstreckungsabwehrklage, § 767 ZPO (str. *Rosenberg/Schwab/Gottwald* § 162 II; *Lukes* ZZP 1972, 55/113). Letztere ist eine reine prozessuale Gestaltungsklage, die nur die Vollstreckbarkeit des Titels beseitigt. Unter § 767 ZPO fallen die Einwendungen, die sich gegen den im Titel festgestellten sachlich-rechtlichen Anspruch richten (vgl. *Baumbach/Lauterbach/Albers/Hartmann* § 767 Rdn. 17). Die Klage aus § 826 BGB führt daher formal nicht zu einer Aufhebung des Urteils. Die Rechtskraft des Urteils wird allerdings durchbrochen (*Rosenberg/Schwab/Gottwald* § 162 III 2). Der BGH lässt die Klage aus § 826 BGB auch neben der Restitutionsklage zu (BGHZ 70, 115/120).

Die Zuständigkeit des angerufenen Gerichts richtet sich nach den allgemeinen Bestimmungen der §§ 12 ff. ZPO, wobei insbesondere der Gerichtsstand der unerlaubten Handlung, § 32 ZPO, vorliegen wird.

3. Zur Formulierung der Klageanträge vgl. BGHZ 26, 391, 394 und *Rosenberg/Schwab/Gottwald* § 162 III 4 d. Ein Antrag, die Zwangsvollstreckung für unzulässig zu erklären, erscheint demnach nicht möglich. Der Antrag auf einstweilige Anordnung ist in Analogie zu § 769 ZPO gestellt.

4. Zur Klagebegründung vgl. insbesondere auch BGHZ 40, 130 ff.

4. Abänderungsklage gemäß § 323 ZPO

An das
Amtsgericht
– Familiengericht –

Abänderungsklage[1]

der Frau ......
– Klägerin –
Prozessbevollmächtigter: RA ......
gegen
Herrn ......
– Beklagten –
wegen Urteilsabänderung
Streitwert: ......
Namens der Klägerin erhebe ich Klage und beantrage[2],

1. **Das Urteil des Amtsgerichts ...... vom ...... Az.: ...... dahingehend abzuändern, dass der Beklagte vom ...... an die Klägerin eine im Voraus zu entrichtende Unterhaltsrente von monatlich EUR ...... zu zahlen hat;**
2. **hilfsweise:**
   der Klägerin Vollstreckungsschutz gemäß §§ 712, 714 Abs. 2 ZPO zu gewähren.

Begründung[3]:

Der Beklagte wurde durch Urteil des Amtsgerichts ...... vom ...... zur Zahlung einer monatlichen Geldrente von EUR ...... nach § 843 BGB verurteilt. Seit dieser Verurtei-

lung sind drei Jahre vergangen. In der Zwischenzeit hat sich das Einkommen des Beklagten nahezu verdoppelt. Hinzu kommt, dass die Klägerin einige Monate nach diesem Urteil an einer Bauchspeicheldrüsenentzündung erkrankte.
Seither leidet sie an einer chronischen Entzündung. Dadurch ist die Klägerin gezwungen, in strenger Diät zu leben. Sie hat damit einen erhöhten Mehraufwand an Lebensunterhaltungskosten. Dieser Mehraufwand beträgt monatlich allein EUR ...... Es haben sich nicht nur die Einkommensverhältnisse des Beklagten wesentlich begünstigend verändert, sondern auch der Bedarf der Klägerin ist krankheitsbedingt wesentlich gestiegen. Eine Anpassung der Geldrente an diese neuen Verhältnisse ist erforderlich. Gemessen am Lebenszuschnitt und den Einkommensverhältnissen der Parteien stellt die neu geforderte Geldrente ein angemessenes Entgelt dar.
Der Gerichtskostenvorschuss ist durch Kostenmarken entrichtet; beglaubigte Abschriften sind beigefügt.

Rechtsanwalt

Anmerkungen

1. Die Abänderungsklage nach § 323 ZPO ist eine prozessuale Gestaltungsklage, mit der eine anderweitige Gestaltung der Rechtsbeziehungen aus einem alten Urteils- oder sonstigem Schuldtitel wegen Veränderung der Verhältnisse herbeigeführt werden soll. Diese Klage ist der Vollstreckungsabwehrklage gemäß § 767 ZPO nachgebildet. Letztere dient der Erhebung von rechtsvernichtenden und rechtshemmenden Einwendungen gegen den festgestellten Anspruch. Insoweit gibt es zwischen beiden Klageformen keine Berührungspunkte (vgl. *Rosenberg/Schwab/Gottwald* § 158 IV). Grund der Regelung ist die Erkenntnis, dass sich die Entwicklung der Verhältnisse für die gesamte Wirkungsdauer eines Urteils im Allgemeinen nicht übersehen lässt (BGH NJW 1981, 819; 1998, 2434). Ist ein Prozessvergleich bereits durch Urteil abgeändert worden, so ist im erneuten Abänderungsverfahren § 323 Abs. 2 ZPO anwendbar (BGH NJW 1985, 64; 1988, 2473; 1990, 709 f.); zur rückwirkenden Abänderung einer notariellen Urkunde vgl. BGH NJW 1990, 3274; 2008, 1663 f.; OLG Zweibrücken NJW 2008, 1893 f. Die Abänderung rechtskräftiger Unterlassungstitel kann nicht im Wege der Klage nach 323 ZPO verlangt werden. Nachträglich entstandene Einwendungen sind mit der Vollstreckungsabwehrklage nach § 767 ZPO geltend zu machen (BGH NJW 2008, 1446 f.). Zur Abänderung eines rechtskräftigen Teilurteils im Berufungsverfahren durch Abänderungswiderklage oder selbstständige Abänderungsklage vgl. BGH NJW 1993, 1795. Neu und ausführlich wird die Abänderung von Unterhaltstiteln, -vergleichen und -urkunden in §§ 238 ff. FamFG geregelt.

Für die Abänderungsklage ist eine Verurteilung bzw. Verpflichtung auf wiederkehrende Leistungen im Sinne des § 258 ZPO erforderlich; wobei eine wesentliche Änderung der Verhältnisse eingetreten sein muss, die für die Verurteilung, oder die Dauer oder die Höhe der Leistung maßgeblich waren (vgl. *Baumbach/Lauterbach/Albers/Hartmann* § 323 Rdn. 17; BGH NJW 1987, 1551; 1995, 534 f.; 1996, 519; 1998, 2434; 2001, 828). Die Abänderung einer Verurteilung zu künftig fällig werdenden wiederkehrenden Leistungen setzt voraus, dass die in Frage stehende Änderung der Verhältnisse bereits eingetreten ist (vgl. auch BGH NJW 1983, 228; 1987, 1201). Es reicht nicht aus, dass die Prognose der künftigen Verhältnisse, die der Verurteilung zugrunde liegt, aus nachträglicher Sicht anders zu treffen wäre (BGH NJW 1981, 2193/2195). Die Rechtskraft des Urteils ist nicht Voraussetzung für die Abänderungsklage (str., vgl. *Rosenberg/Schwab/Gottwald* § 158 V 1). Eine Änderungsklage ist nicht zulässig, wenn sie auf Gründe gestützt wird, die zwar nach Schluss der mündlichen Verhandlung erster Instanz im Vorprozess entstanden sind, die aber durch Anschließung an die vom Gegner eingelegte Berufung mittels Erweiterung des Klageantrages bis zum Schluss der mündlichen Verhandlung zweiter Instanz hätten geltend gemacht werden können (BGH NJW 1986, 383). Nach § 524 II ZPO gilt bei künftig fälligen wiederkehrenden Leistungen nicht die Einlegungsfrist für eine Anschlussberufung. Die Zuständigkeit des Gerichts richtet sich nach den allgemeinen Prozessvorschriften. Klageberechtigt ist jede Partei des Vorprozesses, bei einem Forderungsübergang gemäß § 1542 RVO auch der Versicherungsträger (vgl. *Baumbach/Lauterbach/Albers/Hartmann* § 323 Rdn. 42). Zum Unterhaltsabänderungsbegehren eines inzwischen volljährig gewordenen Kindes vgl. BGH NJW 1985, 1613. Zur Anpassung nachehelicher Unterhaltsrenten bei geschiedenen DDR-Eheleuten vgl. BGH NJW 1995, 1345. Zur Notwendigkeit einer Abänderungsklage gegenüber dem vereinfachten Unterhaltsabänderungsverfahren, §§ 1612 a BGB, 641 e ZPO, vgl. BGH NJW 1987, 2999; 1995, 534 f. Zur Herabsetzung des titulierten Unterhaltsanspruchs durch Berufungserweiterung vgl. BGH NJW 1985, 2029. Zur Abänderungsklage wegen Änderung der Rechtsprechung auf Grund eines BVerfG-Urteils vgl. BGH NJW 1990, 3020: zur Änderung von Prozessvergleichen wegen Änderung der Rechtsprechung vgl. BGH NJW 2001, 3618/3620; wegen Änderung der Bedarfsätze der Düsseldorfer Tabelle vgl. BGH NJW 1995, 534 f.

2. Der Klageantrag hat das abzuändernde Urteil bzw. den entsprechenden Schuldtitel näher zu bezeichnen. Ebenso ist die gewünschte Abänderung im Antrag zum Ausdruck zu bringen. Wird mit der Klage die Herabsetzung einer Zahlungsverpflichtung begehrt, so ist ein Antrag auf Einstellung der Zwangsvollstreckung aus dem abzuändernden Urteil entsprechend § 769 ZPO möglich (vgl. *Baumbach/Lauterbach/Albers/Hartmann* § 323 Rdn. 54, mwN.), der folgendermaßen formuliert werden kann:

> die Zwangsvollstreckung aus dem Urteil des Amtsgerichts ...... vom ...... Az.: ...... einzustellen.

Das Gericht kann das alte Urteil nur für die Zeit seit Erhebung der Abänderungsklage abändern.

3. Es können nur solche Gründe die Klage rechtfertigen, die – wie bei § 767 ZPO – nach der letzten Tatsachenverhandlung entstanden sind und nicht durch Einspruch hätten geltend gemacht werden können. Eine Erhöhung von Unterhaltsleistungen ist nach der Rechtsprechung des BGH im Wege der Abänderungsklage und nicht als Unterhaltszusatzklage geltend zu machen (BGHZ 34, 110/114; NJW 1985, 1631). Eine bloße Änderung der Rechtsprechung genügt grundsätzlich nicht (BGH FamRZ 1995, 222).

Schuldtitel auf Unterhaltszahlungen, deren Abänderung im vereinfachten Verfahren (§§ 641 l bis 641 t ZPO, Unterhalt Minderjähriger) statthaft ist, können nur dann mit einer Klage nach § 323 ZPO abgeändert werden, wenn eine Unterhaltsanpassung im vereinfachten Verfahren nicht den besonderen Verhältnissen der Parteien Rechnung trägt und somit zu einer wesentlichen Abweichung führen würde (vgl. *Köhler* NJW 1976, 1532). Zur Abänderungsklage eines Unterhaltsschuldners, der bestimmungswidrige Verwendung von Vorsorgeunterhalt einwendet.

Für die Abänderung eines Vergleichs gilt die Einschränkung des § 323 Abs. 3 ZPO nicht, OLG Hamm NJW 1995, 2042. Vgl. auch Auflistung von Beispielen zur Änderung der Verhältnisse bei *Baumbach/Lauterbach/Albers/Hartmann* § 323 Anm. 6 D.

Formalien und Begründung der Abänderungsklage entsprechen der allgemeinen Leistungsklage (vgl. Form. I. D. 1).

5. Klage auf Anerkennung eines ausländischen Urteils

An das
Landgericht
– Zivilkammer –

Klage[1]

des Herrn ......
– Kläger –
Prozessbevollmächtigter: RA ......
gegen
Herrn ......
– Beklagten –
wegen Anerkennung eines ausländischen Urteils[2]
Streitwert: ......

Namens des Klägers erhebe ich Klage und beantrage[3],

1. **festzustellen, dass das Urteil des Obersten Gerichtshofs ...... vom ...... Az.: ...... für den Geltungsbereich des deutschen Rechts wirksam ist;**
2. **hilfsweise festzustellen, dass das am ...... von Herrn ...... errichtete eigenhändige Testament rechtsunwirksam ist.**

Begründung[4]:

Der Kläger hat in einem ausländischen Prozess vor dem Obersten Gerichtshof des ...... das im Klageantrag näher bezeichnete rechtskräftige Urteil erstritten. Mit dieser Entscheidung steht nach dem Recht des Landes ...... fest, dass das am ...... von Herrn ...... errichtete Testament wegen Rechtsmängeln rechtsunwirksam ist. Das ausländische Gericht war auch nach deutschem Recht zur Entscheidung hierüber zuständig.
Der Kläger begehrt in dem vorliegenden Rechtsstreit die Anerkennung dieses ausländischen Urteils. Zwischen der Bundesrepublik Deutschland und dem Land ...... ist für Streitigkeiten der vorliegenden Art durch Staatsvertrag vom ...... die Gegenseitigkeit im Sinne des § 328 Abs. 1 Nr. 5 ZPO verbürgt. Gründe, die eine Verweigerung der Anerkennung bewirken können, bestehen nicht.
Sollte nach Auffassung des Gerichts die Voraussetzungen für eine Anerkennung nicht gegeben sein, so wird mit der vorliegenden Klage hilfsweise die Feststellung der Unwirksamkeit des Testaments vom ...... begehrt. Diese Unwirksamkeit des Testaments muss aus folgenden Gründen angenommen werden: ......
Rechtsanwalt

Anmerkungen

1. Ausländische Urteile (jede gerichtliche Entscheidung vgl. *Baumbach/Lauterbach/Albers/Hartmann* § 328, Rdnr. 8 ff.) sind mit Ausnahme der in § 328 ZPO bezeichneten Fälle im Inland für rechtswirksam zu erklären. Die Anerkennung des Urteils bedeutet eine Erstreckung der dem ausländischen Urteil zukommenden Wirkungen auf das Inland. Mit der Anerkennung kommt dem Urteil Gestaltung-, Präklusions-, Tatbestandswirkung und materielle Rechtskraft zu. Von der vorliegenden Klage ist eine Klage nach § 722 ZPO zu unterscheiden, deren Ziel es ist, das ausländische Urteil für die Zwangs-

vollstreckung ausdrücklich als vollstreckbar zu erklären (vgl. dazu Form. I. T. 4 und Form. III. A. 2, BGH NJW 1983, 2775). Zu den Anerkennungsvoraussetzungen vgl. *Stein/Jonas/Schumann/Leipold* § 328 Anm. I 3; *Rosenberg/Schwab/Gottwald* § 157 I 3. Vgl. auch Beispielskatalog einer deutschen Unzuständigkeit, Verstöße gegen den *ordre public* bei *Baumbach/Lauterbach/Albers/Hartmann* § 328 Rdnr. 35 ff. Für die Zuständigkeit und den Verfahrensgang gelten die allgemeinen Vorschriften der ZPO.

In Ehesachen gilt die Sonderregelung des Art. 7 § 1 FamRÄndG (vgl. *Baumbach/Lauterbach/Albers/Hartmann* § 328 Rdnr. 48; BGH NJW 1982, 517; BayObLG NJW 1985, 2095; 1988, 2178).

2. Die Klage ist auf Feststellung der Wirksamkeit oder Unwirksamkeit der ausländischen Entscheidung im Inland gerichtet, wobei die Anerkennung keinen besonderen Anspruch hierauf voraussetzt, mit Ausnahme der Anerkennung ausländischer Urteile in Ehesachen (vgl. *Stein/Jonas/Schumann/Leipold* § 328 XI). Besonderheiten sind im Anwendungsbereich des Übereinkommens der Europäischen Gemeinschaften über die gerichtliche Zuständigkeit und die Vollstreckung gerichtlicher Entscheidungen in Zivil- und Handelssachen vom 27. 9. 1968 (BGBl. 1972 II, S. 774), jetzt Verordnung (EG) Nr. 44/2001 (EuGVVO) (Abl. EG Nr. L 12/1) zu beachten (vgl. *Baumbach/Lauterbach/Albers/Hartmann* Schlussanhang V C; BGH NJW 1984, 568). Vgl. Form. I. T. 5 und 6.

3. Der Klageantrag ist auf Feststellung der Wirksamkeit oder Unwirksamkeit der ausländischen Entscheidung gerichtet. Er kann auch in folgender Weise gestellt werden:

„Das Urteil des ...... vom ...... Az.: ...... wird als im Geltungsbereich des deutschen Rechts wirksam anerkannt."

Es ist auch möglich, nur einzelne anerkennungsfähige Teile eines „Urteils anerkennen zu lassen (vgl. *Melleker* NJW 1971, 303/307; *Müller,* Zum Begriff. der „Anerkennung" von Urteilen in § 328 ZPO, ZZP 1966, 199; *Matscher,* Einige Probleme der internationalen Urteilsanerkennung und -vollstreckung, ZZP 1973, 404).

Bestehen hinsichtlich der Anerkennungsvoraussetzungen Zweifel, so empfiehlt es sich, in einem Hilfsantrag das eigentliche Klagebegehren zur gerichtlichen Entscheidung zu stellen (*Stein/Jonas/Schumann/Leipold* § 338 I 3 c; BGHZ 53, 332, 336).

4. Das Gericht prüft von Amts wegen, ob die Voraussetzungen für eine Anerkennung vorliegen. § 328 ZPO legt die Fallgruppen fest, bei denen eine Anerkennung zu versagen ist. Es empfiehlt sich, auf die Fragen der Zuständigkeit und Gegenseitigkeit bereits in der Klage einzugehen, obwohl diese von Amts wegen zu prüfen sind (vgl. *Baumbach/Lauterbach/Albers/Hartmann* § 328 Rdn. 14). Das Gleiche gilt für die Hinderungsgründe nach § 328 Abs. 1 Nr. 2, 3, 4 ZPO, wenn im konkreten Fall Anlass zur Darlegung besteht. Die Verbürgung der Gegenseitigkeit kann durch Staatsvertrag, Übung oder konsularische Anweisung begründet sein (*Stein/Jonas/Schumann/Leipold* § 328 VIII; BGHZ 22, 24/24; vgl. Anm. 2).

Q. Urkunden-, Wechsel- und Scheckprozess

1. Klage im Urkundenprozess[1]

An das
Landgericht Hannover[2]
– Zivilkammer –

Klage im Urkundenprozess[3]

des Kaufmannes K
Prozessbevollmächtigter: RA .....

gegen

den Angestellten B
Vorläufiger Streitwert: EUR 22.500,–
Namens und in Vollmacht des Klägers beantrage ich, im Urkundenprozess klagend:

1. **Der Beklagte wird verurteilt, an den Kläger EUR 22.500,– nebst Zinsen in Höhe von 5 Prozentpunkten über dem Basiszinssatz seit dem 1. 4. 20..... zu zahlen.**
2. **Der Beklagte hat die Kosten des Rechtsstreits zu tragen.**
3. **Das Urteil ist ohne Sicherheitsleistung vorläufig vollstreckbar[4].**

Mit einer Übertragung auf den Einzelrichter ist der Kläger einverstanden.

Begründung:[5]

Der Beklagte war früher für den Kläger als Handelsvertreter auf Provisionsbasis tätig. Seine Provisionseinkünfte betrugen monatlich im Durchschnitt EUR 4.000,–[6].

Beweis: Anliegende Provisionsabrechnung für die letzten 12 Monate

Der Beklagte erhielt auf die von ihm vermittelten Geschäfte regelmäßig Vorschüsse, die wegen zahlreicher späterer Stornierungen nicht vollständig verdient wurden. Am 20. Oktober letzten Jahres setzten sich die Parteien zusammen und errechneten für die Zeit bis 31. Juli 20.. einen Debet-Saldo des Beklagten in Höhe von EUR 22.500,–. Daraufhin unterzeichnete der Beklagte im Beisein von Zeugen das anliegende Schuldanerkenntnis[7], in dem sich der Beklagte verpflichtete, spätestens bis zum 31. 3. dieses Jahres EUR 22.500,– zu zahlen.

Beweis für die Echtheit der Unterschrift:
Parteivernehmung[8]

Der Beklagte hat keine Zahlung geleistet.
Der Zinsanspruch ergibt sich aus §§ 284 Abs. 2, 288 BGB[9].
Beglaubigte und einfache Abschrift der Klage nebst Anlagen[10] liegen an.

Rechtsanwalt

Schrifttum: Bütter/Aigner, Zur Urkunden- und Beweisqualität von Reproduktionen mikroverfilmter Dokumente im Rahmen des Urkundenprozesses, WM 2005, 1729; *Bussmann,* Die Klage auf zukünftige Leistungen im Urkundenprozess, MDR 2004, 674; *Greiner,* Urkundenprozess und Einrede des nichterfüllten Vertrags, NJW 2000, 1314; *Lang,* Rückforderung des auf eine Bürgschaft auf erstes Anfordern Geleisteten im Urkundenprozess, WM 1999, 2329; *Eisenhardt,* Mietzinsklage im Urkundenprozess bei

Wohnraummiete, MDR 1999, 2329; *Michalski,* Die Geltendmachung von Wohnraummietzinsansprüchen im Urkundenprozess, ZMR 1996, 637; *Nobbe,* Die neuere Rechtsprechung des Bundesgerichtshofes zum Wechsel- und Scheckrecht, WM 2000, Sonderbeilage Nr. 5; *Stürner,* Statthaftigkeit und Beweisbedürftigkeit im Urkundenprozess, NJW 1972, 1257; *Bilda,* Zur Bindungswirkung von Urkundenvorbehaltsurteilen, NJW 1983, 142; *Becht,* Der Beweis der Echtheit einer Urkunde im Urkundenprozess, NJW 1991, 1993.

Anmerkungen

1. Für Geldansprüche, deren anspruchsbegründende Tatsachen sich aus einer in Händen des Klägers befindlichen Urkunde ergeben, stellt die Zivilprozessordnung mit dem Urkundenprozess (§§ 592 ff. ZPO) ein beschleunigtes Verfahren zur Verfügung, das im Streitfalle allerdings nur zu einer vorläufigen Entscheidung, dem Vorbehaltsurteil führt. Die Beschleunigung wird dadurch erreicht, dass dem meist beweispflichtigen Beklagten als Beweismittel (auch für Aufrechnungsforderungen, BGH NJW 1971, 2226) nur der Antrag auf Parteivernehmung oder der Urkundenbeweis zur Verfügung steht (§ 595 Abs. 2 ZPO) und dass Widerklagen nicht statthaft sind (§ 595 Abs. 1 ZPO). Das obligatorische Güteverfahren nach den einschlägigen Landesgesetzen findet nicht statt (§ 15 a Abs. 2 Nr. 4 EGGVG), auch dann nicht, wenn später vom Urkundenprozess Abstand genommen wird (vgl. *Wesche* MDR 2003, 1029, 1030). Der Urkundenprozess bietet dem Kläger zudem den Vorteil, dass das stattgebende Urteil ohne Sicherheitsleistung vorläufig vollstreckbar ist (§ 708 Nr. 4 ZPO; aber erhöhtes Risiko: §§ 600 Abs. 2, 302 Abs. 4 ZPO). Ein Rechtsanwalt, der diese Vorteile nicht nutzt und nicht im Urkundenprozess klagt, kann gegenüber seinem Mandanten regresspflichtig sein (BGH NJW 1994, 3295). Die Rechtsprechung hat für den Urkundenprozess einen breiten Anwendungsbereich eröffnet: Voraussetzung ist nicht, dass sich der Anspruch selbst aus der Urkunde ergibt; er muss lediglich mittels Urkunden zu beweisen sein (BGH NJW 1996, 400). Als Urkunden kommen nicht nur Schuldversprechen und Schuldanerkenntnisse in Betracht, sondern schriftlich niedergelegte Verträge jeder Art, sofern aus ihnen sämtliche anspruchsbegründenden Tatsachen, zB. auch die Fälligkeit, folgen. Dabei kann sich der Anspruch aus einer oder aus mehreren sich ergänzenden Urkunden ergeben. Nach OLG Köln (MDR 1991, 901) soll sogar ein Telefax eine Urkunde im Sinne des § 592 ZPO sein; die Ablichtung einer Urkunde genügt nicht (BGH NJW 1992, 829, 830). Ungeklärt ist, ob der Urkundenprozess mit der Reproduktion einer mikroverfilmten Urkunde geführt werden kann (vgl. *Bütter/Aigner* WM 2005, 1729).

Der Urkundenbeweis kann in dieser Prozessart nur durch Vorlage der Urkunde, nicht durch einen Antrag auf Vorlage oder auf Beiziehung von Akten angetreten werden (BGH NJW 1994, 3295). Ein Antrag auf Beiziehung von Gerichtsakten eines Parallelprozesses kann aber genügen (BGH NJW 1998, 2280). Jedoch ist das schriftliche Sachverständigengutachten aus dem selbständigen Beweisverfahren im Urkundenprozess kein zulässiges Beweismittel (BGH WM 2007, 2352).

Vor den Arbeitsgerichten ist ein Urkunden-, Wechsel- oder Scheckprozess ausgeschlossen (§ 46 Abs. 2 ArbGG).

Beispiele aus der neueren Rechtsprechung:

- Ansprüche auf Mietzins können im Urkundenprozess geltend gemacht werden (BGH NJW 1999, 1408; *Börstinghaus* NZM 1998, 89; *Eisenhardt* MDR 1999, 901); das gilt nach neuer Rechtsprechung des BGH auch für die Wohnraummiete (BGH NJW 2005, 2701); einschränkend noch OLG Düsseldorf NJW-RR 2005, 97).
- Die Urkundenklage kann auch auf eine Bürgschaft auf erstes Anfordern gestützt werden; dabei genügt es, wenn die Zahlungsaufforderung im Prozess erfolgt (BGH NJW 1998, 2280, 2281). Hingegen kann die Rückgriffsforderung aus einer solchen Bürg-

schaft nicht im Urkundenprozess geltend gemacht werden (BGH NJW 2001, 3549); zur Rückgriffsklage des Bürgen vgl. im Übrigen BGH NJW-RR 1988, 61.

- Die Vergütung aus einem Dienstvertrag kann Gegenstand einer Urkundenklage sein (KG NJW-RR, 1997, 1259).
- Ein Prospekthaftungsanspruch kann im Urkundenprozess durch Vorlage des mangelhaften Prospektes verfolgt werden (BGH NJW 1996, 400).
- Nach BGH NJW 2002, 751 kann eine Widerklage in der Form des Urkundenprozesses erhoben werden, wenn die Klage im ordentlichen Verfahren erhoben wurde; § 595 Abs. 1 ZPO steht dann nicht im Wege.
- Auch im Rahmen eines Schiedsgerichtsverfahrens kann die Klage im Urkundenprozess erhoben werden, nicht aber im Wechsel- oder Scheckprozess (BGH NJW 2006, 779).

2. Für die örtliche und sachliche Zuständigkeit braucht der Nachweis nicht durch Urkunden geführt zu werden; §§ 592, 595 ZPO gelten für die Prozessvoraussetzungen nicht (*Thomas/Putzo* § 592 Rdn. 5). Über die Anwendung ausländischen Rechts kann im Urkundenprozess ein Sachverständigengutachten eingeholt werden (BGH WM 1997, 1245). Anders als für Wechsel- und Scheckansprüche ist im gewöhnlichen Urkundenprozess die Kammer für Handelssachen idR. nur zuständig, wenn beide Parteien Kaufleute sind (§ 95 Abs. 1 GVG). Im angenommenen Fall war der Beklagte zwar als Handelsvertreter gleichfalls Kaufmann, jedoch kommt es nach hM. für die Kaufmannseigenschaft auf den Zeitpunkt der Rechtshängigkeit an (*Thomas/Putzo* § 95 GVG Rdn. 2).

3. Gemäß § 593 Abs. 1 ZPO muss die Klageschrift die Erklärung enthalten, dass im Urkundenprozess geklagt wird. Spätere Nachholung wird wie eine Klageänderung behandelt und ist nur ausnahmsweise sachdienlich (*Thomas/Putzo* § 593 Rdn. 1; großzügiger LG Flensburg NJW 2003, 3425).

4. Vgl. § 708 Nr. 4 ZPO.

5. In der Klagebegründung kann sich der Kläger idR. damit begnügen, das Zustandekommen der Urkunde darzustellen. Es ist meist nicht notwendig, auf schon bekannte Einwendungen des Beklagten näher einzugehen. Jedoch kann sich nach der Klageerwiderung für den Kläger die Notwendigkeit ergeben, bereits im Urkundenprozess mehr vortragen zu müssen, nämlich zB. dann, wenn der Beklagte einen Sachverhalt dargelegt hat, der den sich aus der Urkunde ergebenden Anspruch zu Fall bringt (Anfechtung, Rücktritt, Kondiktion, Aufrechnung etc.). Selbst wenn der Beklagte dafür nur Beweismittel benannt hat, die im Urkundenprozess unstatthaft sind, muss sich der Kläger jetzt schon erklären; denn die Unzulässigkeit des Beweismittels wirkt sich erst aus, wenn der Sachverhalt streitig ist (vgl. BGH WM 1974, 487; 1985, 739; OLG München MDR 2004, 531). Es kann sich daher empfehlen, bereits in der Klageschrift den zu erwartenden Sachvortrag des Beklagten zu bestreiten; jedenfalls sollte die Erwiderung des Klägers auf die zu erwartenden Einwendungen bereits präsent sein.

6. Die Angabe des Verdienstes ist zweckmäßig, da für Rechtsstreitigkeiten gegen Einfirmenvertreter, soweit sie durchschnittlich nicht über EUR 1.000,– pro Monat verdienen, das Arbeitsgericht sachlich zuständig ist (vgl. *Baumbach/Hopt* § 84 Rdn. 46). Falls die Voraussetzungen streitig werden oder das Gericht nähere Darlegungen verlangt, ist es nicht erforderlich, den Nachweis durch Urkunden zu führen: §§ 592, 595 ZPO gelten für die Prozessvoraussetzungen nicht (vgl. Anm. 2).

7. Die Urkunden, aus denen sich der Anspruch ergibt, müssen der Klageschrift im Original oder in beglaubigter Abschrift beigefügt sein, § 593 Abs. 2 ZPO. Sie können auch mit einem späteren Schriftsatz eingereicht werden, der aber die Einlassungsfrist wahren sollte. Unbeglaubigte Fotokopien genügen nicht (vgl. OLG Düsseldorf MDR 1988, 504). Spätestens im Termin muss die Urkunde im Original vorgelegt werden, sonst ist der Urkundenprozess unstatthaft (vgl. *Zöller/Greger* § 592 Rdn. 11; OLG Frankfurt MDR 1982, 153). Anders ist es, wenn die klagebegründenden Tatsachen unstreitig oder zugestanden werden (BGH NJW 1994, 447, 448; WM 2007, 2352, 2353). Ein Versäumnisurteil gegen den Beklagten kann aber nur ergehen, wenn der Kläger die Originalurkunden im Termin vorlegt (vgl. *Zöller/Greger* § 592 Rdn. 11; *Musielak/Voit* § 582 Rdn. 12).

8. Als Beweismittel für die Echtheit der Urkunde, also insbesondere für die Echtheit der Unterschrift des Beklagten, kommt idR. nur der Antrag auf Parteivernehmung in Betracht (§ 595 Abs. 2 ZPO); mit Urkunden wird der Beweis kaum je zu führen sein. Ein Schriftsachverständigengutachten kann erst im Nachverfahren eingeholt werden, auch ein vorhandenes Gutachten dürfte nicht im Wege des Urkundenbeweises verwertet werden; ebenso wenig ist eine Schriftvergleichung nach § 441 ZPO statthaft. Der Beweisantritt ist vorsorglich gemeint; er wird erst erheblich, wenn der Beklagte seine Unterschrift bestreitet. Zu den Beweisregeln, die für die Echtheit der Urkunde und die Bedeutung ihres Inhalts gelten, vgl. Form. I. H. 7 Anm. 1.

9. Will der Kläger einen höheren als den gesetzlichen Zinssatz verlangen, muss dieser durch die Urkunde bewiesen werden können. Etwas anderes gilt, wenn der Zinsanspruch vom Beklagten trotz Verhandelns nicht bestritten wird (vgl. BGH WM 2007, 2352, 2353; *Thomas/Putzo* § 592 Rdn. 6).

10. Die Urkunden müssen dem Beklagten in beglaubigter Abschrift mitgeteilt werden. Fehlen sie oder werden sie nicht innerhalb der Einlassungsfrist nach § 274 Abs. 3 ZPO übermittelt, braucht sich der Beklagte nicht auf den Urkundenprozess einzulassen; der Urkundenprozess ist dann unstatthaft, ein Versäumnisurteil kann nicht ergehen.

Kosten und Gebühren

Gerichtskosten (KV 1210) und Anwaltsgebühren (VV 3100) entstehen wie bei einer Klage im ordentlichen Verfahren (vgl. Form. I. D. 1). Jedoch kann ein im Urkundenprozess begonnener Rechtsstreit, wenn es zu einem Nachverfahren kommt, erheblich teurer werden als ein gewöhnlicher Rechtsstreit; denn im Nachverfahren entstehen die Rechtsanwaltsgebühren – mit Ausnahme der Verfahrensgebühr, vgl. VV 3100 Abs. 2 – erneut (§ 17 Nr. 5 RVG).

Fristen und Rechtsmittel

Wird die Klage als im Urkundenprozess unstatthaft abgewiesen, kann der Kläger Berufung einlegen und seinen Anspruch im Urkundenprozess weiter verfolgen. Er kann aber, anders als nach früherem Recht (BGH NJW 2000, 143, 144), nicht in der Berufung vom Urkundenprozess abstehen und seinen Anspruch im ordentlichen Verfahren verfolgen (§ 533 ZPO, vgl. *Zöller/Greger* § 596 Rdn. 4). Ihm bleibt nur die Möglichkeit, im ordentlichen Verfahren erneut Klage zu erheben. Erlässt das Gericht ein Vorbehaltsurteil, muss der Beklagte überlegen, ob er hiergegen Berufung einlegen oder seine Rechte im Nachverfahren geltend machen will (vgl. Form. I. Q. 7 Anm. 1); auch beides nebeneinander ist möglich. Wird die Klage im Nachverfahren rechtskräftig abgewiesen, macht das die Berufung gegen das Vorbehaltsurteil gegenstandslos (OLG Braunschweig NJW-RR 2000, 1094).

2. Klageerwiderung im Urkundenprozess[1]

An das
Landgericht
In Sachen
……
zeige ich an, dass ich den Beklagten vertrete.
Ich werde beantragen:

1. Die Klage wird abgewiesen[2].
2. Die Kosten des Rechtsstreits trägt der Kläger.
3. Das Urteil ist ohne Sicherheitsleistung vorläufig vollstreckbar[3].

Hilfsweise wird beantragt,
dem Beklagten die Ausführung seiner Rechte im Nachverfahren vorzubehalten[4].

Begründung:[5]

……

Rechtsanwalt

Schrifttum: Vgl. zunächst die Hinweise zu Form. I. Q. 1; *Schwarz,* Anerkenntnis und Vorbehaltsurteil im Urkundenprozess, JR 1995, 1; *ders.,* Die Verwahrung gegen die Kostenlast im Urkundenprozess, ZZP 1997, 181; *Künkel,* Das Vorbehaltsurteil als Anerkenntnis- und Versäumnisurteil im Urkunden- und Wechselprozess, NJW 1963, 1041; *Hall,* Vorbehaltsanerkenntnis und Anerkenntnisvorbehaltsurteil im Urkundenprozess, Berlin 1992.

Anmerkungen

1. Bei der Klageerwiderung im Urkunden-, Wechsel- und Scheckprozess muss der Beklagte sich zunächst darüber klar werden, ob er seine Chancen bereits hier oder erst im Nachverfahren suchen soll. Dazu sollte er insbesondere sorgfältig prüfen, ob sich der Klageanspruch schlüssig aus den vorgelegten Urkunden ergibt. Fehlt es daran, sollte er die Abweisung der Klage beantragen. Wenn die Urkundenklage aber zulässig und schlüssig ist, keine Einwendungen gegen die Echtheit der Urkunde bestehen und der Beklagte voraussieht, dass er seine Einwendungen mit den im Urkundenprozess statthaften Beweismitteln nicht wird beweisen können, ist zu überlegen, ob er den Anspruch nicht im Urkundenprozess unter Vorbehalt seiner Rechte im Nachverfahren anerkennen soll. Die Zulässigkeit eines solchen eingeschränkten Anerkenntnisses, das zu einem Vorbehaltsanerkenntnisurteil führt, ist streitig (vgl. *Thomas/Putzo* § 599 Rdn. 5; *Zöller/Greger* § 599 Rdn. 8), wird aber von der Rspr. überwiegend bejaht (zB. OLG Düsseldorf NJW-RR 1999, 68; offen gelassen von BGH NJW-RR 1992, 254). Will der Beklagte sich also aus Kostengründen (vgl. Anm. Kosten und Gebühren) oder zur Konzentration des Rechtsstreits erst im Nachverfahren näher einlassen, empfiehlt sich folgende Fassung der Klageerwiderung:

> „Der Beklagte will seine Einwendungen erst im Nachverfahren geltend machen. Er erkennt daher den Klageanspruch unter Vorbehalt seiner Rechte im Nachverfahren an.
> Falls das Gericht ein solches Anerkenntnis nicht für zulässig halten sollte, widerspricht der Beklagte dem geltend gemachten Anspruch und beantragt,
> die Klage abzuweisen,
> hilfsweise ihm die Ausführung seiner Rechte im Nachverfahren vorzubehalten.

Seine Einwendungen wird der Beklagte auch in diesem Fall erst im Nachverfahren näher darlegen."

Das Anerkenntnis hindert den Beklagten nicht, sämtliche Einwendungen – auch die Verjährungseinrede (BGH NJW-RR 1992, 254, 256) – später im Nachverfahren geltend zu machen. Auch wenn es nicht zum Anerkenntnisurteil kommt, ist eine nähere Darlegung der Einwendungen im Urkundenprozess jedenfalls dann nicht erforderlich, wenn der Beklagte erklärt, die Einwendungen erst im Nachverfahren geltend machen zu wollen. Der Beklagte ist im Urkundenprozess nicht verpflichtet, sich materiell gegen den Klageanspruch zu verteidigen (BGH NJW 1988, 1468). Allerdings muss er darauf achten, dass er nicht Tatsachen unwidersprochen lässt, an deren Feststellung im Vorbehaltsurteil das Gericht für das Nachverfahren gebunden wäre (zB. hinsichtlich der Prozessvoraussetzungen, der Formerfordernisse der Urkunde und der Schlüssigkeit der Klage; vgl. BGH NJW 2004, 1159; OLG Düsseldorf NJW-RR 1999, 68; *Thomas/Putzo* § 600 Rdn. 4, zur Bindungswirkung des Vorbehaltsurteils Form. I. Q. 7 Anm. 1). Die Echtheit der Urkunde – insbes. also die der Unterschrift – braucht der Beklagte erst im Nachverfahren zu bestreiten (BGH NJW 2004, 1159; NJW 1982, 183). Auch die Einrede der Verjährung kann der Beklagte erstmals im Nachverfahren erheben (BGH NJW 2004, 1159).

Will der Beklagte den Anspruch ohne Einschränkung, also nicht nur im Urkundenprozess, anerkennen, sollte er das bereits jetzt, nicht erst im Nachverfahren tun. Bei einem Anerkenntnis erst im Nachverfahren wäre § 93 ZPO unanwendbar (OLG Düsseldorf MDR 1983, 496).

2. Ist die Klage im Urkundenprozess aus den in Form. I. Q. 1 Anm. 3, 7 genannten Gründen unstatthaft, sollte der Beklagten gem. § 597 Abs. 2 ZPO beantragen,

„die Klage als in der gewählten Prozessart unstatthaft abzuweisen".

Die Klage ist allerdings nicht schon deshalb im Urkundenprozess unstatthaft, weil der Kläger den Anspruch nicht hinreichend mit Urkunden belegt hat. Das gilt erst, wenn der Beklagte die Tatsachen, die durch Urkunden bewiesen werden sollen, bestritten hat (BGH WM 2005, 2352, 2353).

3. Der Antrag ist nicht notwendig und auch nicht üblich. Es kann aber zweckmäßig sein, das Gericht darauf hinzuweisen, dass auch klageabweisende Urteile im Urkunden-, Wechsel- und Scheckprozess unter § 708 Nr. 4 ZPO fallen.

4. Hat der Beklagte dem geltend gemachten Anspruch widersprochen, wird ihm, wenn er im Urkunden-, Wechsel- oder Scheckprozess verurteilt wird, die Ausführung seiner Rechte im Nachverfahren vorbehalten, § 599 Abs. 1 ZPO. Es genügt, wenn der Beklagte in streitiger Verhandlung Klageabweisung beantragt. Der Vorbehaltsantrag ist üblich und als Hinweis an das Gericht zweckmäßig, aber nicht notwendig. Fehlt der Vorbehalt im Urteil, muss binnen zwei Wochen eine Ergänzung nach § 321 iVm. § 599 Abs. 2 ZPO beantragt werden (Form. I. N. 3), sonst kann das Urteil im Nachverfahren nicht mehr aufgehoben werden (vgl. OLG Karlsruhe NJW-RR 1991, 1151).

5. Soweit es die Schlüssigkeit der Urkundenklage betrifft, sollte der Beklagte unbedingt schon hier Stellung nehmen. Übersieht das Gericht die Unschlüssigkeit der Urkundenklage, ist es im Nachverfahren hieran gebunden (vgl. BGH NJW 1991, 1117; 1993, 668; NJW 2004, 1159). Im Übrigen steht es dem Beklagten frei, bereits im Urkundenprozess sämtliche nach bürgerlichem Recht möglichen Einwendungen geltend zu machen oder das Nachverfahren abzuwarten (BGH NJW 1993, 668). Er kann auch die Hilfsaufrechnung mit einer urkundlich belegten oder unstreitigen (vgl. BGH WM 1986, 537) Gegenforderung erklären. Seine Einwendungen werden allerdings als im Urkundenprozess unstatthaft zurückgewiesen, wenn der Kläger ihre Voraussetzungen bestreitet und der Beklagte den ihm obliegenden Beweis nicht mit den Beweismitteln des § 595 Abs. 2 ZPO antritt (§ 598 ZPO). Der Beklagte sollte sich aber davor hüten, seine Einwendungen oder Gegenforderungen in Hinblick auf das Nachverfahren hier nur unspezifiziert vorzutragen; das Gericht wird sie dann als unschlüssig zurückweisen, und zwar mit Bindungswirkung für das Nachverfahren. Wenn sich der Beklagte also nicht dafür entscheidet, alle oder bestimmte Einwendungen erst im Nachverfahren geltend zu machen, sollte er genauso gründlich wie auf eine Klage im ordentlichen Verfahren erwidern.

Kosten und Gebühren

Auch wenn der Beklagte im Urkundenprozess keine Einwendungen erhebt, entstehen die Verhandlungsgebühr und die Terminsgebühr nach VV Nr. 3100 Abs. 1, 2. Im Falle eines Anerkenntnisses (vgl. Anm. 1) ermäßigt sich die Gerichtsgebühr von 3,0 auf 1,0 (KV 1211 Nr. 2). Für den Anwalt entstehen die Verfahrensgebühr und die volle Terminsgebühr, auch wenn das Anerkenntnisurteil ohne mündliche Verhandlung ergeht (VV 3104 Abs. 1 Nr. 1).

Fristen und Rechtsmittel

Das Vorbehaltsurteil ist hinsichtlich der Rechtsmittel ein Endurteil (§§ 600 Abs. 2, 302 Abs. 3 ZPO); es kann von den Parteien unter den Voraussetzungen des § 511 ZPO mit der Berufung angefochten werden. Ein Anerkenntnisvorbehaltsurteil kann vom Kläger mit dem Ziel angegriffen werden, ein vorbehaltloses Urteil zu erlangen (BGH NJW-RR 1992, 254, 256). Der Beklagte kann es mit der Begründung anfechten, es läge kein wirksames Anerkenntnis vor oder dieses sei widerrufen (vgl. *Zöller/Vollkommer* § 307 Rdn. 11). Eine isolierte Anfechtung der Kostenentscheidung nach § 99 Abs. 2 ZPO soll ausgeschlossen sein (vgl. OLG Naumburg NJW-RR 1997, 893).

3. Klage im Wechselprozess gegen Annehmer, Aussteller und Indossanten[1]

An das
Landgericht Hamburg[2]
– Kammer für Handelssachen –[3]

Klage im Wechselprozess[4]

des Kaufmannes K
Prozessbevollmächtigter: Rechtsanwalt X

gegen

1. den Angestellten A in Hamburg
2. den Kraftfahrzeugmeister B in Lübeck
3. den Handelsvertreter C in Norderstedt

Vorläufiger Streitwert: EUR 12.000,–[5]

Namens und in Vollmacht des Klägers beantrage ich, im Wechselprozess klagend:

1. Die Beklagten werden als Gesamtschuldner verurteilt, an den Kläger EUR 12.000,– nebst Zinsen in Höhe von 2% über dem jeweiligen Basiszinssatz, mindestens aber 6%, seit dem 10. Juni 2009 sowie Wechselunkosten in Höhe von EUR …… und Wechselprovision in Höhe von EUR 40,– zu zahlen[6, 7].

2. Die Beklagten haben die Kosten des Rechtsstreits zu tragen.
3. Das Urteil ist ohne Sicherheitsleistung[8] vorläufig vollstreckbar.

Es wird weiter beantragt,

die Einlassungsfrist auf ein Mindestmaß abzukürzen[9], einen möglichst nahen Termin zur mündlichen Verhandlung vor dem Vorsitzenden zu bestimmen[10] und im Wechselprozess von einer Güteverhandlung abzusehen[11].

Begründung:[12]

Der Kläger ist Inhaber des in beglaubigter Abschrift[13] beigefügten Wechsels über EUR 12.000,–, der am 10. März 2009 vom Beklagten zu 2) ausgestellt und vom Beklagten zu 1) angenommen wurde. Der Beklagte zu 3) ist Wechselnehmer, er hat die Wechselrechte ausweislich des Indossaments auf der Rückseite des Wechsels ordnungsgemäß auf den Kläger übertragen.
Beweis für die Echtheit der Unterschriften als Aussteller, Akzeptant und Indossant:

Parteivernehmung der Beklagten zu 1) bis 3)[14].

Der Wechsel wurde dem Beklagten zu 1) am Verfalltag, dem 10. Juni 2009, zur Zahlung vorgelegt, jedoch nicht eingelöst. Der Kläger hat am folgenden Werktage Protest mangels Zahlung erhoben[15]. Hierdurch sind ihm Auslagen in Höhe von EUR ...... entstanden.

Beweis: Protesturkunde (beglaubigte Abschrift ist beigefügt).

Der Wechsel wird im Termin im Original nebst Protesturkunde vorgelegt werden[16]. Außer der Wechselsumme und den Protestkosten macht der Kläger ein Drittel Prozent Provision und Wechselzinsen[17] auf die Wechselsumme geltend (Art. 48 WG).
Der Antrag, die Einlassungsfrist zu verkürzen, ist geboten, da die Beklagten zu 1) bis 3) sich offenbar in Vermögensverfall befinden. Mit dem Wechsel wurden Lieferungen des Klägers für ein im Aufbau befindliches gemeinsames Unternehmen der Beklagten finanziert, das seine Geschäftstätigkeit inzwischen wieder aufgegeben hat.

Beweis: Anliegende eidesstattliche Versicherung des Klägers.

Es wird daher gebeten, kurzfristig zu terminieren und im Wechselprozess von einer Güteverhandlung abzusehen.
Die örtliche Zuständigkeit ergibt sich aus § 603 ZPO; Hamburg ist im Wechsel als Zahlungsort angegeben.

Rechtsanwalt

Schrifttum: Baumbach/Hefermehl, Wechselgesetz und Scheckgesetz, 23. Aufl. 2008; *Bülow,* Wechselgesetz, Scheckgesetz, Allgemeine Geschäftsbedingungen, 4. Aufl. 2004; *Nobbe,* Die neuere Rechtsprechung des Bundesgerichtshofes zum Wechsel- und Scheckrecht, WM 2000 Sonderbeilage Nr. 5; *Thamm,* Rechtsprobleme bei Scheck/Wechsel-Verfahren, ZIP 1984, 84; *Großelanghorst/Kahler,* Zur sachlichen Zuständigkeit eines Gerichts bei der Geltendmachung von Wechsel- und Scheckansprüchen aus einem Arbeitsverhältnis, WM 1985, 1025; *Cziempel/Keuth,* Schiedsvereinbarung und Wechselprozess im deutschen und internationalen Privatrecht, NJW 1987, 2118.

Anmerkungen

1. Wechsel- und Scheckprozess sind Sonderformen des Urkundenprozesses. Auf die Anmerkungen zur Urkundenklage (Form. I. Q. 1) wird daher verwiesen.

Voraussetzung für eine erfolgreiche Wechselklage ist, dass der Kläger Inhaber eines formal gültigen Wechsels ist, der die zwingenden Voraussetzungen der Art. 1, 2 WG erfüllt. Fehlt es daran, kommt eine Umdeutung in ein abstraktes Schuldversprechen in Betracht (BGH NJW 1994, 447; *Baumbach/Hefermehl* Art. 2 WG Rdn. 9 ff.). Der Kläger muss dann vom Wechselprozess Abstand nehmen und zum Urkundenprozess übergehen. Liegt ein formgültiger Wechsel vor, ist der Kläger aber nicht erster Nehmer, muss er sein Recht durch eine ununterbrochene Kette von Indossamenten nachweisen (Art. 16 Abs. 1 WG). Der Kläger kann aber auch als Einlöser des Wechsels nach Art. 49 WG berechtigt sein, seine Vormänner in Anspruch zu nehmen; dann gilt Art. 16 Abs. 1 WG nicht (vgl. *Baumbach/Hefermehl* Art. 16 Rdn. 12). Der Kläger kann grundsätzlich auch im Wechselprozess klagen, wenn eine Schiedsvereinbarung besteht. Die Einrede des Schiedsvertrages greift im Wechselprozess nicht durch (BGH NJW 1994, 136), anders ist es im gewöhnlichen Urkundenprozess (BGH NJW 2006, 779).

2. Die örtliche Zuständigkeit des Landgerichts Hamburg ergibt sich für den hier angenommenen Fall sowohl aus dem Gerichtsstand des Zahlungsortes (§ 603 Abs. 1 ZPO) als auch aus der Tatsache, dass einer der Beklagten seinen Wohnsitz in Hamburg hat (§ 603 Abs. 2 ZPO). Sachlich zuständig sind, je nach Streitwert, Amts- oder Landgericht. Für Wechselansprüche in Zusammenhang mit einem Arbeitsverhältnis ist nach der Rechtsprechung des Bundesarbeitsgerichts (NJW 1997, 758) der Rechtsweg zu den Arbeitsgerichten eröffnet; sie können dort aber nicht im Wechselprozess geltend gemacht werden (§ 46 Abs. 2 ArbGG). Nach bisher für die ordentlichen Gerichte hM. können Wechsel- und Scheckansprüche dort erhoben werden, auch wenn für das zugrunde liegende Rechtsverhältnis zB. das Arbeitsgericht zuständig wäre (vgl. *Thomas/Putzo* § 602 Rdn. 5; *Baumbach/Lauterbach/Albers/Hartmann* § 603 Rdn. 2; *Großelanghorst/Kahler* WM 1985, 1025).

3. Zuständig ist für Wechselansprüche innerhalb des Landgerichts stets die Kammer für Handelssachen (§ 95 Abs. 1 Nr. 2 GVG). Das gilt unabhängig davon, ob der Anspruch im Wechselprozess oder im ordentlichen Verfahren erhoben wird.

4. Gemäß § 604 Abs. 1 ZPO muss bereits die Klage die Erklärung enthalten, dass im Wechselprozess geklagt wird. Fehlt die Erklärung, ist die Klage im ordentlichen Verfahren erhoben. Ein späteres Nachholen ist idR. nicht möglich (vgl. Form. I. Q. 1 Anm. 3).

5. Für die Bemessung des Streitwertes bleiben alle Nebenansprüche außer Betracht (vgl. § 4 Abs. 2 ZPO).

6. Gemäß Art. 47 WG haften die Beklagten dem Kläger als Gesamtschuldner, der Beklagte zu 1) haftet als Annehmer iVm. Art. 28 WG, der Beklagte zu 2) als Aussteller, der Beklagte zu 3) als Indossant. Auch der Indossant, der die Wechselrechte nicht überträgt, haftet als sog. Garantieindossant (BGH MDR 2003, 640). Wechselverpflichteter kann auch eine BGB-Gesellschaft sein; sie ist nach der Rechtsprechung wechselfähig (BGH NJW 2001, 1056). Auch wer einen Wechsel als Vertreter ohne Vertretungsmacht gezeichnet hat, kann in Anspruch genommen werden, wenn er seine Vollmacht nicht beweist (Art. 8 WG, vgl. BGH NJW 1987, 649). Hat der Vertreter nicht deutlich gemacht, dass er für eine andere Person unterzeichnet, trifft ihn selbst die Wechselhaftung (BGH NJW 1992, 1381). Der Vertretene haftet nur, wenn der Wechselkläger die Vertretungsmacht beweist (vgl. BGH NJW 1992, 117 zum Scheck). Auch Personen, die kraft Gesetzes haften – so der persönlich haftende Gesellschafter nach § 128 HGB oder der BGB-Gesellschafter nach BGH NJW 2001, 1056 –, können im Wechselprozess in Anspruch genommen werden (vgl. *Zöller/Greger* § 602 Rdn. 4).

Der Umfang der Rückgriffsansprüche einschließlich der Nebenansprüche ergibt sich aus Art. 48 Nr. 1–4 WG.

7. Nach den Vorschriften des Wechselrechts (Art. 39 Abs. 1, 50 Abs. 1 WG) kann der Wechselverpflichtete verlangen, dass ihm bei Zahlung der Wechsel ausgehändigt wird. In der Praxis wird daher zT. nur eine Zug-um-Zug-Verurteilung beantragt und vom Gericht ausgesprochen. Da es sich jedoch nicht um eine echte Gegenleistung, sondern um ein besonderes Recht auf Quittung handelt (vgl. *Zöller/Stöber* § 756 Rdn. 4; *Thomas/Putzo*

§ 756 Rdn. 2), führt der uneingeschränkte Antrag nicht zu einer Teilabweisung mit nachteiliger Kostenfolge. Spätestens bei der Vollstreckung muss der Wechsel aber ausgehändigt werden, eine Teilleistung muss auf dem Wechsel quittiert werden (§ 757 ZPO entspr.).

8. Vgl. § 708 Nr. 4 ZPO.

9. Die Einlassungsfrist beträgt 2 Wochen, § 274 Abs. 3 ZPO. Da die Nichteinlösung eines Wechsels Indiz für drohende Insolvenz sein kann, bedürfen Wechselprozesse oft besonderer Beschleunigung und einer Verkürzung der Einlassungsfrist, wie sie § 224 Abs. 2 iVm. § 226 Abs. 1 ZPO vorsieht. Die Gründe hierfür sind glaubhaft zu machen. Bereits die Nichteinlösung eines Wechsels, die durch den Protest oder vergebliche Vorlegung bewiesen wird, kann als Grund genügen; veröffentlichte Rspr. gibt es hierzu, soweit ersichtlich, nicht; die Unterstreichung durch eine eidesstattliche Versicherung kann sich empfehlen.

10. Nach § 349 Abs. 2 Nr. 8 ZPO verhandelt und entscheidet der Vorsitzende der Kammer für Handelssachen allein. Im Gegensatz zum ordentlichen Verfahren gibt es keinen Anspruch auf Terminsverlegung in der Zeit vom 1. Juli bis 31. August (§ 227 Abs. 3 Nr. 4 ZPO).

11. Der Wechselprozess ist auf besondere Beschleunigung angelegt (§ 604 ZPO). Deshalb erscheint eine Güteverhandlung nach § 278 Abs. 2 ZPO als für diese Prozessart ungeeignet. Allerdings sieht § 278 ZPO keine Ausnahme für Wechsel- und Scheckprozesse vor. Die Nichtbezahlung eines ordnungsgemäß vorgelegten Wechsels oder Schecks kann aber ein Indiz für die Aussichtslosigkeit der Güteverhandlung sein.

12. Es gilt grundsätzlich das Gleiche wie für den Urkundenprozess (vgl. Form. I. Q. 1 Anm. 5). Auch im Wechselprozess kann es für den Kläger erforderlich sein, auf die Klageerwiderung des Beklagten einzugehen. Die Ansicht, der Beklagte sei mit seinen Einwendungen aus dem zugrundeliegenden Rechtsverhältnis (Anfechtung, Rücktritt etc.) immer auf das Nachverfahren beschränkt, ist verfehlt. Das gilt erst dann, wenn die Einwendungen auf Grund der Replik des Klägers streitig geworden sind und der beweispflichtige Beklagte den Beweis nicht mit den im Urkundenprozess zulässigen Mitteln angeboten hat (§ 598 ZPO).

13. Der Wechsel muss der Klage im Original oder in beglaubigter Abschrift beigefügt sein (§ 593 Abs. 2 ZPO). Es ist allerdings nicht ratsam, den Originalwechsel mit der Klageschrift aus der Hand zu geben; er muss dann aber im Termin vorgelegt werden. Eine Wechselklage, die nur mit der Kopie des (im Original abhanden gekommenen) Wechsels geführt wird, ist unstatthaft (vgl. OLG Frankfurt MDR 1982, 153). Beglaubigte Abschriften des Wechsels und der Protesturkunde sind für jeden der drei Beklagten erforderlich.

14. Vgl. Form. I. Q. 1 Anm. 8. Zum Beweis der Echtheit des Wechsels steht dem Kläger auch hier als Beweismittel nur der Antrag auf Vernehmung der Beklagten als Partei zur Verfügung (§ 595 Abs. 2 ZPO). Falls der Wechselschuldner die Echtheit seiner Unterschrift tatsächlich bestreitet, sollte der Kläger jedoch überlegen, ob er es auf die Parteivernehmung ankommen lassen will. Hier kann es sich empfehlen, vom Wechselprozess Abstand zu nehmen und im ordentlichen Verfahren ein Schriftsachverständigengutachten oder eine Schriftvergleichung nach § 441 ZPO zu beantragen.

15. Der Protest (Art. 44 WG) ist notwendige Voraussetzung für den Rückgriff gegen Aussteller und Indossanten. Für die Inanspruchnahme des Annehmers bedarf es keines Protestes.

16. Vgl. Anm. 12.

17. Vgl. Anm. 6. Es wird zuweilen versucht, einen über den Wechselzinssatz hinausgehenden Verzugsschaden geltend zu machen. Das ist im Wechselprozess unstatthaft, § 592

ZPO, es handelt sich nicht um einen Fall des § 605 Abs. 2 ZPO. Auch nach §§ 284 Abs. 2, 288 BGB kann der Kläger keine höheren Zinsen verlangen; die Zinsen auf Wechselansprüche sind gesetzlich niedriger festgelegt (vgl. *Palandt/Heinrichs* § 288 Rdn. 5). Bei im Ausland ausgestellten und zahlbaren Wechseln beträgt der Zinssatz 6% (*Baumbach/Hefermehl* Art. 48 WG Rdn. 4). Falls ein darüber hinaus geltend gemachter Zinsanspruch nicht unstreitig wird, kann der Kläger höhere Verzugszinsen erst im Nachverfahren geltend machen. Im Wechselprozess sollte er sie auf Hinweis des Gerichts zurücknehmen. Wechselunkosten und Provision sind nicht zu verzinsen.

Kosten und Gebühren

Vgl. Form. I. Q. 1.

4. Klageerwiderung im Wechselprozess[1]

Klageerwiderung[2]

An das
Landgericht

In der Sache ......
zeige ich an, dass ich die Beklagten zu 1) bis 3) vertrete.
Namens und in Vollmacht der Beklagten werde ich beantragen:

1. Die Klage wird abgewiesen.
2. ......
3. ......

Lediglich hilfsweise wird beantragt,
den Beklagten die Ausführung ihrer Rechte im Nachverfahren vorzubehalten.

Begründung:[3]

Es ist richtig, dass die Beklagten zu 1) bis 3) den Klagwechsel als Aussteller, Bezogener und Indossant gezeichnet haben. Es trifft auch zu, dass dies zugunsten von Forderungen des Klägers aus Lieferungen für ein von den Beklagten gemeinsam geplantes Geschäft geschah. Jedoch finden auf die zugrunde liegenden Kaufverträge die Bestimmungen über Teilzahlungsgeschäfte Anwendung. Denn der Kredit wurde nicht für eine bereits ausgeübte, sondern für die Aufnahme einer gewerblichen Tätigkeit gewährt (§ 507 BGB). Die Beklagten können gegenüber dem Kläger daher einwenden, dass dieser ihnen zur Herausgabe der Wechsel verpflichtet ist (§ 496 Abs. 2 S. 3 BGB). Außerdem sind die Kaufpreisforderungen des Klägers inzwischen durch Rücktritt des Klägers vom Kaufvertrag entfallen, wie sich aus § 503 Abs. 2 S. 4 BGB ergibt[4].
Mit Vertrag vom ...... verkaufte der Kläger den Beklagten zu 1) bis 3) zum Betrieb einer Selbstbedienungs-Wäscherei gebrauchte Waschautomaten zum Preis von insgesamt EUR 27.000,– unter Eigentumsvorbehalt.

Beweis: Kaufvertrag vom ...... (Kopie ist beigefügt)[5].

Hinsichtlich der Zahlung des Kaufpreises wurde vereinbart, dass die Beklagten sechs Wechsel zeichnen, von denen der Erste über EUR 12.000,– am 10. 6. des vergangenen Jahres fällig wurde, die anderen fünf Wechsel über je EUR 3.000,– jeweils einen Monat später.

Beweis: wie vor.

Die Wechsel wurden von den Beklagten zu 1) bis 3) unterzeichnet und dem Kläger übergeben. Dieser lieferte die Waschautomaten, die sich jedoch als zum Teil defekt und auch

sonst unbrauchbar erwiesen. Aus diesem Grunde haben die Beklagten den am 10. 6. 20.. fällig werdenden ersten Wechsel, den Klagwechsel, und auch die weiteren Wechsel nicht eingelöst. Nach unerfreulichen Verhandlungen in der Folgezeit holte der Kläger die Automaten vor ca. einem Monat in Begleitung mehrerer Angestellter mit einem LKW ab.

Beweis: Parteivernehmung des Klägers.

Dies hat der Kläger selbst in einem anschließenden Schreiben, in dem er seine Aktion rechtfertigen wollte, eingeräumt.

Beweis: in Kopie anliegendes Schreiben des Klägers vom ......

Damit ist der Kläger gem. § 503 Abs. 2 S. 4 BGB vom Vertrag zurückgetreten. Vor allem aber hat der Kläger gegen das Wechselverbot in § 496 Abs. 2 BGB verstoßen. Ihm stehen daher keine Wechselansprüche zu.
Außerdem enthält der Kaufvertrag nicht die nach § 502 BGB erforderlichen Angaben, so dass ohnehin nur der Barzahlungspreis geschuldet wurde[6].

Rechtsanwalt

Schrifttum: Schnauder, Einwendungen aus dem Grundverhältnis gegen den ersten Wechsel- oder Scheckgläubiger, JZ 1990, 1046; *Tiedtke,* Der Einfluss der Wandlung auf die Wechselforderung des Verkäufers, ZIP 1986, 953; *Zöllner,* Die Wirkungen von Einreden aus dem Grundverhältnis gegenüber Wechsel und Scheck in der Hand des ersten Nehmers, ZHR 1984, 313; *Bilda,* Einwendungen gegen Wechsel- oder Scheckforderungen bei Drittleistung, NJW 1991, 3251.

Anmerkungen

1. Es handelt sich um die Erwiderung auf die Klage im Wechselprozess im Form. I. Q. 3 unter Berücksichtigung des dort vorgetragenen Sachverhalts. Die Einwendungen des Beklagten beruhen auf den durch die Schuldrechtsreform in das BGB eingefügten Bestimmungen über Teilzahlungsgeschäfte.

2. Vgl. Anm. 1 bis 3 zu Form. I. Q. 2.

3. Für den Beklagten sind folgende materielle Einwendungen denkbar (vgl. hierzu im Einzelnen *Baumbach/Hefermehl* Art. 17 WG Rdn. 11 ff.).

a) Einwendungen, die sich aus dem Inhalt des Wechsels ergeben: zB. Art. 16 WG, Art. 70 WG. Soweit es um das Fehlen wesentlicher Bestandteile des Wechsels geht, handelt es sich nicht um eine Einwendung, sondern um eine Voraussetzung für die förmliche Legitimation des Klägers (vgl. Form. I. Q. 3 Anm. 1).

b) Einwendungen, die den Bestand der Wechselverpflichtung betreffen: insbes. Mängel des Begebungsvertrages zB. wegen Geschäftsunfähigkeit, § 138 Abs. 1 und 2 BGB, Anfechtung nach §§ 119, 123 BGB, Fälschung der Unterschrift oder des Wechseltextes (zB. der Summe, BGH NJW 1986, 1834), Blankettfälschung gem. Art. 10 WG; auch Erfüllung und Aufrechnung oder Hilfsaufrechnung (BGH WM 1981, 385; 2003, 2093; NJW 1982, 1536; in der Vereinbarung einer Wechsel- oder Scheckzahlung kann allerdings ein Aufrechnungsausschluss nach § 391 Abs. 2 BGB liegen, vgl. BGH WM 2003, 2093; OLG Köln NJW 1987, 262). Ist der Wechselinhaber nicht erster Nehmer, sondern Zweiterwerber auf Grund Indossaments, ist jeweils zu prüfen, ob die Einwendungen auch ihm gegenüber geltend gemacht werden können (vgl. *Baumbach/Hefermehl* Art. 17 WG Rdn. 32).

c) Persönliche Einwendungen des Wechselschuldners gegen den Inhaber (zB. Prolongation; Einwendungen aus dem der Wechselbegebung zugrunde liegenden Rechtsverhältnis – praktisch häufigster Fall, der insbesondere gegeben ist, wenn das Grundgeschäft unwirksam war, durch Anfechtung, Rücktritt, Wandlung etc. entfallen ist oder die zu sichernde Forderung noch nicht durchsetzbar ist, BGH NJW 1983, 1059; vgl. hierzu *Baumbach/Hefermehl* Art. 17 WG Rdn. 73). Die Beweislast für das Fehlen einer zugrunde liegenden Verbindlichkeit trägt der Wechselschuldner (BGH WM 1988, 1435; 1994, 1353). Einwendungen aus dem Grundverhältnis stehen dem Beklagten aber grundsätzlich nur zu, wenn der Inhaber des Wechsels Vertragspartner des Grundgeschäftes ist. Gegenüber einem Zweiterwerber des Wechsels versagt die Einwendung, wenn nicht der Beklagte beweist, dass dieser beim Erwerb des Wechsels bewusst zu seinem Nachteil gehandelt hat (Art. 17 WG). Allerdings kann sich der Erwerber nicht auf Art. 17 WG berufen, wenn er den Wechsel nicht durch ein Verkehrsgeschäft, dh. durch eine dem Wechselumlauf dienende Indossierung, erhalten hat (vgl. BGH WM 1998, 1277). An einem Verkehrsgeschäft fehlt es auch bei Zusammenwirken von Verkäufer und Kreditgeber beim finanzierten Kauf (vgl. *Baumbach/Hefermehl* Art. 17 WG Rdn. 24, 97). Anders ist die Rechtslage beim echten Factoring (BGH WM 1993, 2120). Der Einwendungsausschluss nach Art. 17 WG greift immer ohne Rücksicht darauf ein, ob mit dem Wechsel auch die Grundforderung übertragen wurde (BGH NJW 1994, 113).

Alle genannten Einwendungen können bereits im Wechselprozess erhoben werden, lediglich Widerklagen sind unstatthaft (§ 595 Abs. 1 ZPO).

4. Wurden mehrere nacheinander fällig werdende Wechsel von einem Nichtkaufmann zugunsten eines Kaufpreisanspruches hingegeben, handelt es sich um ein Teilzahlungsgeschäft (vgl. § 499 Abs. 2 BGB). Die Berufung auf das Wechselverbot nach § 496 BGB ist eine persönliche Einwendung. Nach § 496 Abs. 2 S. 1 BGB ist zwar nicht die abstrakte Wechselbegebung unwirksam, sondern nur die Verpflichtung, eine Wechselverbindlichkeit einzugehen. Die aus § 134 BGB folgende Nichtigkeit kann der Schuldner dem ersten Nehmer des Wechsels im Wechselprozess entgegensetzen. Den nach § 595 Abs. 2 ZPO erforderlichen Urkundenbeweis wird er idR. durch Vorlage des Vertrages führen können. Darüber hinaus gilt die Rücknahme der Maschinen nach § 503 Abs. 2 S. 4 BGB als Rücktritt vom Kaufvertrag. Damit ist der Kaufpreisanspruch entfallen, der Kläger hat nur noch die Ansprüche aus § 503 Abs. 2 iVm. §§ 346 ff. BGB. Auch zur Sicherung dieser Ansprüche kann der Wechsel nicht dienen (*Baumbach/Hefermehl* Einl. WG Rdn. 92). Den Beklagten steht gegen den Kläger auch insoweit eine (persönliche) Einwendung aus dem Grundgeschäft zu. Dass der Kläger den Wechsel erst als Indossatar erhalten hat, ist hier unerheblich, da noch kein wechselmäßiger Verkehrserwerb stattgefunden hat, sondern die Indossierung nur die Wechselhaftung aller drei Käufer gegenüber dem Kläger begründen sollte (vgl. *Baumbach/Hefermehl* Art. 17 WG Rdn. 24, 99). Gegenüber einem anderen Zweiterwerber soll die Einwendung nur unter den Voraussetzungen des Art. 17 WG (bewusstes Handeln zum Nachteil des Schuldners) durchgreifen (*Baumbach/Hefermehl* Art. 17 WG Rdn. 98). Allerdings hat die Rechtsprechung früher die Berufung auf Art. 17 WG zum Schutz des Abzahlungskäufers als missbräuchlich angesehen (BGH NJW 1986, 3197, 3199); das sollte auch für das Teilzahlungsgeschäft nach §§ 501 ff. BGB gelten.

5. Es ist wichtig, die Urkunden im Termin im Original zur Hand zu haben, denn im Falle des Bestreitens ist der Beweis durch Vorlage der Urkunde anzutreten.

6. Auch hierbei handelt es sich um eine gemäß § 502 Abs. 3 BGB erhebliche Einwendung aus dem Grundgeschäft, die den Kaufpreisanspruch zT. zu Fall bringt und insoweit gegenüber dem Wechsel erheblich ist.

Kosten und Gebühren

Vgl. Form. I. Q. 1.

5. Klage im Scheckprozess gegen Aussteller[1]

An das
Landgericht ......[2]
– Kammer für Handelssachen –

Klage im Scheckprozess[3]

des ......
Vorläufiger Streitwert: EUR 20.000,–

Namens und in Vollmacht des Klägers beantrage ich:

1. **Der Beklagte wird verurteilt, an den Kläger EUR 20.000,– nebst Zinsen in Höhe von 2% über dem jeweiligen Basiszinssatz, mindestens aber 6%, seit dem 15. Juni 20.., sowie Scheckunkosten in Höhe von EUR ...... und Scheckprovision in Höhe von EUR 66,66 zu zahlen.[4]**
2. **Die Kosten des Rechtsstreits hat der Beklagte zu tragen.**
3. **Das Urteil ist ohne Sicherheitsleistung[5] vorläufig vollstreckbar.**

Begründung:

Der Kläger ist Inhaber des in beglaubigter Abschrift anliegenden Schecks über EUR 20.000,–, den der Beklagte unter dem 10. 6. 20.. in ...... ausgestellt hat[6]. Der Scheck ist auf das Konto des Beklagten bei der Deutschen Bank, Zweigstelle ......, Konto-Nr. ......, gezogen[7]. Der Kläger hat den Scheck über seine Bank am 15. 6. 20.. zur Zahlung vorgelegt, der Scheck wurde jedoch nicht eingelöst. Aus der anliegenden Nichteinlösungserklärung der Deutschen Bundesbank als Abrechnungsstelle im Sinne des Art. 40 Nr. 3 ScheckG ergibt sich, dass der Scheck rechtzeitig eingereicht und nicht bezahlt worden ist[8]. Gemäß anliegender Scheckrückrechnung der Bank vom 20. 6. 20.. sind dem Kläger Auslagen in Höhe von EUR ...... entstanden. Der Kläger verlangt vom Beklagten im Wege des Rückgriffs Zahlung der Schecksumme, seiner Auslagen, der Scheckzinsen und der Provision in Höhe von einem Drittel Prozent auf die Schecksumme (Art. 45 ScheckG).

Der Scheck und die Scheckrückrechnung der Bank werden im Termin im Original vorgelegt werden[9].

Es wird gebeten, kurzfristig zu terminieren und von einer Güteverhandlung im Scheckprozess abzusehen.

......

Rechtsanwalt

Schrifttum: Müller-Christmann, Neuere Rechtsprechung zum Scheckrecht, WM 1998, 577; *Häuser,* Die Scheckeinlösung in der neueren Rechtsprechung, WM 1988, 1505; *Peters,* Einwendungen aus dem Grundverhältnis gegenüber dem Anspruch aus dem Scheck, ZIP 1997, 1581; *Reiser,* Das beleglose Scheckeinzugsverfahren im deutschen Kreditgewerbe, WM 1986, 409; *Schlie,* Belegloses Scheckeinzugsverfahren und Scheckprozess, WM 1990, 617; *Bülow,* Scheckrechtliche Anweisung und Überweisungsvertrag, WM 2000, 58; vgl. im Übrigen Form. I. Q. 3 und I. Q. 4.

Anmerkungen

1. Für die gerichtliche Geltendmachung von Ansprüchen aus einem Scheck gelten gegenüber dem Wechselprozess kaum Besonderheiten. Gem. § 605 a ZPO finden für den Scheckprozess die Vorschriften für den Wechselprozess entsprechende Anwendung.

Auf die Anmerkungen zu Form. I. Q. 3 wird daher verwiesen. Es handelt sich hier um einen gegenüber der Wechselklage vereinfachten Formularvorschlag. Das Beispiel geht davon aus, dass der Kläger den Scheck zum Inkasso über seine Bank eingereicht hat. Anders ist die Rechtslage, wenn ein Scheck der bezogenen Bank unmittelbar zur Gutschrift oder zur Barzahlung vorgelegt wird (vgl. *Baumbach/Hefermehl* Art. 28 ScheckG Rdn. 5 ff.)

Für das Inkasso von Schecks über die Bank des Einreichers gilt seit dem 3. 9. 2007 das von den Spitzenverbänden der Kreditwirtschaft und der Deutschen Bundesbank geschlossene Abkommen über den Einzug von Schecks (abgedruckt bei *Baumbach/Hefermehl* Bankbedingungen 13). Darin wurde das sog. ISE-Verfahren („Imagegestützter Scheckeinzug") eingeführt (näher *Baumbach/Hefermehl* Art. 28 ScheckG Rdn. 12 ff.). Für Inlandsscheccks über einen Betrag unter EUR 6.000,– gilt demgegenüber das sog. BSE-Verfahren („Belegloses Scheckeinzugsverfahren"). Das bedeutet für Inlandsschecks bis zu einem Betrag von EUR 6.000,–: Rückgriffsansprüche aus solchen Schecks können nicht mehr gerichtlich geltend gemacht werden, weder im Scheckprozess noch im ordentlichen Verfahren (vgl. *Reiser* WM 1986, 413; *Schlie* WM 1990, 617, 618; *Baumbach/Hefermehl* Art. 28 ScheckG Rdn. 20). Da der Scheck der bezogenen Bank nicht mehr vorgelegt wird, fehlt es an der nach Art. 40 ScheckG notwendigen Erklärung. Denn der Scheck oder auch nur eine Scheckkopie wird von der Inkassostelle, nicht von der bezogenen Bank, mit dem Vermerk versehen „Vom bezogenen Kreditinstitut nicht bezahlt". Damit fehlen die Voraussetzungen für einen Rückgriffsanspruch gegen den Aussteller nach Art. 40 ScheckG. Der Berechtigte muss den Anspruch aus dem zugrunde liegenden Rechtsverhältnis verfolgen, ihm kann auch ein Scheckbereicherungsanspruch nach Art. 58 ScheckG zustehen. Beide Ansprüche wären im ordentlichen Verfahren geltend zu machen. In Betracht kommen auch Schadensersatzansprüche gegenüber der Bank, die den Scheck hätte vorlegen müssen (vgl. AG Hamburg NJW-RR 1996, 369; *Kümpel*, Bank- und Kapitalmarktrecht, Rdn. 4.691), jedoch wird es schwer fallen, einen auf der prozessualen Schlechterstellung beruhenden Schaden nachzuweisen (vgl. AG Lünen WM 1990, 398). Inlandsschecks ab EUR 6.000,– werden nach dem ISE-Verfahren über die Bundesbank als Abrechnungsstelle eingezogen. Der Einreicher kann mittels eines speziellen Anforderungsbogens von der Bundesbank eine Nichteinlösungserklärung verlangen, die die Voraussetzungen für den Rückgriff nach Art. 40 Nr. 3 ScheckG erfüllt (*Baumbach/Hefermehl* Art. 40 ScheckG Rdn. 10).

2. Die ordentlichen Gerichte, also das Amtsgericht oder bei höheren Streitwerten die Kammer für Handelssachen des Landgerichts, sind sachlich zuständig, auch wenn der zugrunde liegende Anspruch zB. arbeitsrechtlicher Natur ist (hM., vgl. OLG Hamm NJW 1980, 1399; *Thomas/Putzo* § 602 Rdn. 5; *Großelanghorst/Kahler* WM 1985, 1025; nach BAG NJW 1997, 758 ist die Zuständigkeit der Arbeitsgerichte eröffnet). Auch für die Scheckklage gibt es den besonderen Gerichtsstand des Zahlungsortes nach § 603 ZPO. Da auf den üblichen Scheckformularen kein Zahlungsort vermerkt ist, gilt der beim Namen des bezogenen Bankinstituts angegebene Ort als Zahlungsort (Art. 2 Abs. 2 ScheckG). Im Geltungsbereich der EuGVVO begründet der Gerichtsstand für die zugrunde liegende Vertragspflicht nach Art. 5 Nr. 1 EuGVVO keine Zuständigkeit für den Scheckprozess (BGH WM 2004, 376 = MDR 2004, 707).

3. Die Klage muss die Erklärung enthalten, dass im Scheckprozess geklagt wird.

4. Inhalt und Umfang der Rückgriffsansprüche gegen den Aussteller ergeben sich aus Art. 12, 40, 45 ScheckG. Ein Zug-um-Zug-Antrag ist, wie beim Wechsel (Form. I. Q. 3 Anm. 7), nicht erforderlich. Allerdings muss der Scheck in der Zwangsvollstreckung herausgegeben werden (BGH NJW 2001, 305, 306); ist der Gläubiger dann nicht mehr Inhaber des Schecks, kann er nicht vollstrecken.

5. Vgl. § 708 Nr. 4 und 11 ZPO.

6. Der Kläger sollte zunächst seine formelle Berechtigung darlegen. Da er den Scheck seiner Bank zum Inkasso eingereicht hat, muss er ihn für den Prozess zunächst im Original zurückfordern. Bei einem formgültigen Inhaberscheck begründet dessen Besitz die Vermutung der materiellen Berechtigung des Inhabers (BGH NJW 1993, 1593, 1594). Bei einem Orderscheck ist derjenige formell berechtigt, der als erster Nehmer benannt oder durch eine ununterbrochene Reihe von Indossamenten legitimiert ist (Art. 19 ScheckG). Der Anspruch richtet sich gegen den Aussteller; scheckfähig ist auch eine BGB-Gesellschaft (BGH NJW 1997, 2754). Hat ein Vertreter unterschrieben, ist er gleichwohl passivlegitimiert, wenn sich das Handeln in fremdem Namen nicht aus den Umständen ergibt. Begibt der Geschäftsführer einer GmbH einen Scheck zugunsten einer Gesellschaftsschuld, folgt daraus noch nicht, dass er bei der Ausstellung im Namen der GmbH gehandelt hat (BGH WM 1992, 567; OLG Brandenburg NJW-RR 1997, 417).

7. Schecks dürfen nur auf eine Bank gezogen werden, Art. 3 ScheckG.

8. Besonderes Augenmerk ist bei der gerichtlichen Geltendmachung darauf zu legen, dass entweder eine Erklärung der bezogenen Bank im Sinne des Art. 40 Nr. 2 ScheckG oder eine Erklärung der Deutschen Bundesbank als Abrechnungsstelle im Sinne des Art. 40 Nr. 3 ScheckG vorgelegt werden kann, aus der sich ergibt, dass der Scheck rechtzeitig vorgelegt, aber nicht bezahlt wurde Das ist Voraussetzung für einen Rückgriff gegen den Aussteller (Art. 40 ScheckG). Eine Erklärung der bezogenen Bank ist idR. nur denkbar, wenn der Scheck dort unmittelbar zur Zahlung vorgelegt wurde. Beim Inkasso durch die eigene Bank geht es hingegen nach dem ISE-Verfahren immer um die Erklärung der Bundesbank, die der Kläger anfordern muss (vgl. Anm. 1 aE.). Auch die Datierung der Erklärung ist unverzichtbar (BGH NJW 1989, 1675; einschränkend OLG Stuttgart NJW 1990, 3279; OLG Hamm NJW-RR 1993, 1268 hält auch die Angabe der Jahreszahl für notwendig); eine Rückdatierung nach Ablauf der Vorlegungsfrist ist untauglich (BGH NJW-RR 1995, 240). Die Zahlungsverweigerung nach Art. 40 Nr. 2 ScheckG wird üblicherweise durch eine Erklärung der Bank auf dem Scheck vermerkt, aus der sich die Nichteinlösung ergibt; dieser Vermerk muss unterschrieben sein (vgl. OLG Hamm WM 1995, 1101). Die Erklärung der Bundesbank muss demgegenüber weder auf dem Scheck vermekt sein noch bedarf sie der Unterschrift (*Baumbach/Hefermehl* Art. 40 Rdn. 10). Die Vorlegungsfrist beträgt gem. Art. 29 ScheckG für Inlandsschecks 8 Tage; das gilt auch für im Ausland ausgestellte Schecks, die einen inländischen Ausstellungsort tragen (OLG München NJW 1985, 567), auch wenn die Begebung im Ausland stattgefunden hat (BGH NJW 1992, 118). Eine verspätete Vorlegung des Schecks führt zum Verlust des Rückgriffs (*Baumbach/Hefermehl* Art. 29 ScheckG Rdn. 5). Eine Umdeutung des Schecks zB. in ein Schuldversprechen kommt nicht in Betracht (BGH NJW 1989, 1675, 1676). Dem Kläger bleibt nur die Möglichkeit, vom Scheckprozess Abstand zu nehmen und den zugrunde liegenden Anspruch im ordentlichen Verfahren geltend zu machen.

9. Die Vorlage des Originalschecks und der Urkunden, aus denen sich die Nebenansprüche ergeben, ist im Termin notwendig (vgl. Form. I. Q. 3 Anm. 13).

Kosten und Gebühren

Vgl. Form. I. Q. 1.

6. Abstehen vom Urkundenprozess (Wechselprozess)[1]

An das
Landgericht
In der Sache
……
hat der Beklagte bestritten, den Klagewechsel unterschrieben zu haben. Dementsprechend ist zu erwarten, dass der Beklagte auch bei seiner Vernehmung als Partei hierbei bleiben wird. Der Kläger sieht keine Möglichkeit mehr, die Echtheit der Unterschrift mit den im Wechselprozess zulässigen Mitteln zu beweisen[2]. Der Kläger nimmt daher vom Wechselprozess Abstand und macht seinen Anspruch nunmehr im ordentlichen Verfahren geltend[3].
Die in der Klageschrift gestellten Anträge werden auch im ordentlichen Verfahren gestellt[4].
Mit einer Entscheidung des Rechtsstreits durch den Vorsitzenden ist der Kläger einverstanden[5].
Zum Beweis dafür, dass der Beklagte den Wechsel unterzeichnet hat, bezieht sich der Kläger auf das

Gutachten eines Schriftsachverständigen[6].

Hierzu wird weiter beantragt, dem Beklagten mit dem Beweisbeschluss aufzugeben, die vom Sachverständigen benötigten Schriftproben zur Verfügung zu stellen[7].
Hilfsweise stützt der Kläger seine Klage nunmehr auch auf den der Wechselbegebung zugrunde liegenden Kaufpreisanspruch[8]. …… (ist auszuführen)

Rechtsanwalt

Anmerkungen

1. Vgl. § 596 ZPO. Das Abstehen vom Urkundenprozess eröffnet dem Kläger zwei Möglichkeiten: Zum einen stehen ihm jetzt zum Beweis für den Anspruch aus der Urkunde, dem Wechsel oder dem Scheck alle Beweismittel zur Verfügung, zum anderen kann er die Klage zusätzlich oder auch nur noch aus dem zugrunde liegenden Rechtsverhältnis begründen. Das hier gewählte Beispiel betrifft den Wechselprozess, für den gewöhnlichen Urkundenprozess und den Scheckprozess gilt nichts Besonderes. Auch eine teilweise Abstandnahme vom Urkundenprozess, verbunden mit einer Prozesstrennung, ist möglich (BGH MDR 2003, 888).

2. Das Bestreiten der Unterschrift durch den Beklagten ist einer der Hauptfälle, in denen der Übergang in das ordentliche Verfahren geboten ist, wenn der Kläger nicht vorher noch die zweischneidige Parteivernehmung des Beklagten beantragen will. Das Abstehen vom Urkundenprozess kann außerdem erforderlich sein, wenn das Gericht ihn als nicht statthaft ansieht, es an einem zwingenden Formerfordernis des Wechsels (vgl. Art. 1, 2 WG) oder des Schecks (Art. 1, 2 ScheckG) fehlt, die Nichtigkeit der Wechsel- oder Scheckbegebung oder die Unwirksamkeit des beurkundeten Rechtsgeschäfts feststeht, der Wechselprotest fehlerhaft erhoben wurde (nicht bei Inanspruchnahme des Annehmers), der Scheck verspätet vorgelegt wurde etc. In diesen Fällen muss der Kläger gleichzeitig den Anspruch aus dem zugrunde liegenden Rechtsverhältnis begründen. Eine solche Klageänderung ist sachdienlich (BGH NJW-RR 1987, 58).

3. Dieses Recht steht dem Kläger bis zum Schluss der mündlichen Verhandlung in erster Instanz uneingeschränkt zu, § 596 ZPO. In der Berufungsinstanz wird der Übergang vom Urkundenprozess in das ordentliche Verfahren wie eine Klageänderung behandelt,

die nur unter den engen Voraussetzungen des § 533 ZPO zulässig ist und daher regelmäßig nicht in Betracht kommt (vgl. OLG Celle OLGR 2005, 515; *Zöller/Greger* § 596 Rdn. 4; zur Sachdienlichkeit BGH WM 1994, 455). Die frühere Rechtsprechung (BGH NJW 2000, 143) ist überholt. Der Übergang vom Wechsel- in den gewöhnlichen Urkundenprozess, zB. wegen Umdeutung des formungültigen Wechsels in ein Schuldversprechen, stellt auch in der Berufungsinstanz keine Klageänderung dar (BGH NJW 1993, 3135).

Die Abstandnahme kann durch Schriftsatz oder durch Erklärung im Termin erfolgen. Der Kläger sollte seine Erklärung so rechtzeitig abgeben, dass sie dem Beklagten noch innerhalb der Einlassungsfrist zugestellt werden kann; andernfalls braucht der Beklagte nicht zu verhandeln, ein Versäumnisurteil könnte nicht ergehen. Wird im ordentlichen Verfahren weiterverhandelt, ist dem Beklagten Gelegenheit zu geben, seine Einwendungen geltend zu machen, eine Zurückweisung als verspätet kommt nicht in Betracht (SächsVerfGH NJW 1998, 3266).

4. Auch im ordentlichen Verfahren macht der Kläger Ansprüche aus dem Wechsel geltend, deren Umfang sich aus Art. 48 WG ergibt. Einer Neuformulierung der Anträge – jedenfalls des Zinsantrages – bedarf es aber, wenn der Kläger (zB. bei nichtigem Scheck oder Wechsel) den Anspruch auf das zugrunde liegende Rechtsgeschäft stützen muss.

5. Vgl. § 349 Abs. 3 ZPO. Die Erklärung ist zweckmäßig, da die Zuständigkeit des Vorsitzenden aus § 349 Abs. 2 Nr. 8 ZPO nicht für das ordentliche Verfahren gilt (*Thomas/Putzo* § 349 Rdn. 13).

6. Bei Wechselprozessen über geringe Beträge muss der Kläger überlegen, ob der Kostenaufwand lohnt; Schriftsachverständigengutachten, bei denen es um die Echtheit der Unterschrift geht, können mehr als EUR 1.000,– kosten.

7. Hierzu ist der Beklagte zur Vermeidung von Prozessnachteilen verpflichtet. Wenn er seine Unterschriften in so großer Vielfalt gestaltet, dass sein Fälschungseinwand nicht zu widerlegen ist, kann die Echtheit der Unterschrift aus dem Gesichtspunkt der Beweisvereitelung zu bejahen sein (BGH MDR 2004, 2325).

8. Es empfiehlt sich, schon jetzt den Anspruch hilfsweise aus dem zugrunde liegenden Rechtsgeschäft zu begründen. Dabei handelt es sich um eine nachträgliche Klagenhäufung nach § 260 ZPO, die nach der Rechtsprechung wie eine Klageänderung zu behandeln und in Fällen dieser Art sachdienlich ist (BGH NJW-RR 1987, 58). Sollte der Beweis für die Echtheit des Wechsels fehlschlagen, besteht sonst die Gefahr, dass die später erforderlich werdende Klageänderung nicht mehr zugelassen wird.

Kosten und Gebühren

Bereits entstandene Gerichtsgebühren fallen nicht noch einmal an, Urkundenprozess und ordentliches Verfahren bilden eine Gebühreninstanz. Die Rechtsanwaltsgebühren – mit Ausnahme der Verfahrensgebühr, die nach VV 3100 Abs. 2 angerechnet wird – entstehen im ordentlichen Verfahren erneut, auch wenn sie im Urkundenprozess bereits angefallen waren (§ 17 Nr. 5 RVG). Das Abstehen hat nicht zur Folge, dass der Kläger die bereits angefallenen Rechtsanwaltskosten des Beklagten zu tragen hat.

7. Fortsetzung des Rechtsstreits nach Vorbehaltsurteil durch den Beklagten[1]

An das
Landgericht[2]

In Sachen

……

ist dem Beklagten im Urteil vom …… die Ausführung seiner Rechte im Nachverfahren vorbehalten worden. Der Beklagte will das Nachverfahren nunmehr durchführen[3]. Er beantragt:

> **1. Das Vorbehaltsurteil vom …… wird aufgehoben und die Klage abgewiesen[4].**
> **2. ……**
> **3. ……**

Der Beklagte beantragt außerdem,

> **die Zwangsvollstreckung aus dem Vorbehaltsurteil vom ……, notfalls gegen Sicherheitsleistung, einzustellen.[5]**

Es wird gebeten, einen möglichst nahen Termin zur mündlichen Verhandlung zu bestimmen[6]. Mit einer Übertragung auf den Einzelrichter ist der Beklagte einverstanden[7].

Der Beklagte wiederholt zunächst sein gesamtes Vorbringen im Wechselprozess und begründet seine Einwendungen im Nachverfahren weiter wie folgt[8]:

……

Rechtsanwalt

Schrifttum: Nobbe, Die neuere Rechtsprechung des Bundesgerichtshofs zum Wechsel- und Scheckrecht, WM 2000, Sonderbeilage Nr. 5; *Stürner,* Die Bindungswirkung des Vorbehaltsurteils im Urkundenprozess, ZZP 85, 424; *Bilda,* Zur Bindungswirkung von Urkundenvorbehaltsurteilen, NJW 1983, 142.

Anmerkungen

1. Ist der Beklagte durch ein Vorbehaltsurteil verurteilt worden, muss er prüfen, ob er den Rechtsstreit, wie im Formular vorgeschlagen, im Nachverfahren aufnehmen soll oder gegen das Vorbehaltsurteil Berufung einlegen muss, weil die Feststellungen des Vorbehaltsurteils Bindungswirkung für das Nachverfahren haben. Wie weit diese Bindung, die einer Abänderung des Vorbehaltsurteils zugunsten des Beklagten entgegenstehen kann, reicht, ist str., vgl. *Zöller/Greger* § 600 Rdn. 19f. Nach der Formel der Rechtsprechung entfaltet das Vorbehaltsurteil soweit Bindungswirkung, als es nicht auf den Beschränkungen der Beweismittel im Urkundenprozess beruht; die Teile des Streitverhältnisses, die im Vorbehaltsurteil beschieden werden mussten, damit es überhaupt ergehen konnte, sind dem Streit im Nachverfahren entzogen (BGH NJW 2004, 1159; BGHZ 82, 115, 117; BGH NJW 1993, 668). Die Berufung ist daher der richtige Weg, wenn im Vorbehaltsurteil eine Prozessvoraussetzung zu Unrecht angenommen wurde (BGH NJW 1993, 668), die Formgültigkeit des Wechsels oder Schecks fälschlich bejaht wurde (vgl. BGH WM 1969, 1279), die Schlüssigkeit der Klage angenommen (BGH NJW 2004, 1159) oder von Amts wegen zu prüfende Einwendungen übersehen wurden (BGH NJW-RR 1991, 1117) und vor allem, wenn Einwendungen des Beklagten nicht mangels zulässigen Beweisangebots als unstatthaft, sondern als sachlich unerheblich zurückgewiesen wurden (BGH LM Nr. 4 zu § 600 ZPO). Die Bindung an das Vorbehaltsurteil schließt es jedoch nicht aus, die Echtheit der Urkunde im Nachverfahren erstmals zu bestreiten oder die Einrede der Verjährung zu erheben (BGH NJW 2004, 1159). Soweit der Beklagte sich im Urkundenprozess nicht verteidigt hat, ist das Nachverfahren der richtige Weg, um neue Tatsachen vorzutragen und neue Angriffs- und Verteidigungsmittel geltend zu machen (BGH WM 1992, 159, 161; NJW 1993, 668). Legt der Beklagte Berufung ein, kann er dennoch das Nachverfahren betreiben und sollte dies idR. auch tun. Das Gericht darf das Nachverfahren nicht bis zur rechtskräftigen Entscheidung über die Berufung im Urkundenprozess aussetzen (BGH LM Nr. 4 zu § 600 ZPO). Zur Wirkung des Urteils auf das jeweils andere Verfahren vgl. *Thomas/Putzo* § 600 Rdn. 9; OLG Braunschweig NJW-RR 2000, 1094).

2. Zuständig für das Nachverfahren ist immer das Gericht, das das Vorbehaltsurteil erlassen hat.

3. Das Nachverfahren wird nicht von Amts wegen eingeleitet (aA. *Zöller/Greger* § 600 Rdn. 8). Hierzu bedarf es nach der Praxis der meisten Gerichte des Antrages einer Partei, der bereits in dem Termin, in dem das Vorbehaltsurteil verkündet wird, gestellt werden kann. Die Befugnis des Beklagten, seine Rechte im Nachverfahren auszuführen, soll verwirkt werden können (OLG Frankfurt NJW-RR 1990, 574).

4. Es ist immer auch die Aufhebung des Vorbehaltsurteils zu beantragen. Die Entscheidung über die vorläufige Vollstreckbarkeit folgt hier aus §§ 708 Nr. 11, 711 bzw. § 709 ZPO.

5. Vgl. § 707 Abs. 1 ZPO.

6. Für das Gericht besteht die Wahl zwischen frühem ersten Termin und schriftlichem Vorverfahren. Da im Nachverfahren sämtliche erheblichen Beweise zu erheben sind, kann es sich für die Parteien auch empfehlen, das schriftliche Vorverfahren anzuregen.

7. Ist das Vorbehaltsurteil zB. im Wechselprozess durch den Vorsitzenden der Kammer für Handelssachen ergangen (§ 349 Abs. 2 Nr. 8 ZPO), muss die Erklärung lauten:

> „Mit einer Entscheidung des Nachverfahrens durch den Vorsitzenden ist der Beklagte einverstanden",

vgl. § 349 Abs. 3 ZPO, denn die Entscheidungsbefugnis des Vorsitzenden gilt nicht für das Nachverfahren.

8. Im Nachverfahren entfallen die Beschränkungen des Urkundenprozesses. Dem Beklagten stehen jetzt sämtliche Beweismittel für seine Einwendungen zur Verfügung. Auch eine Widerklage wäre jetzt zulässig. Der Beklagte kann neue Tatsachen vortragen und neue Beweise antreten, er kann anspruchsbegründende Tatsachen bestreiten, die er im Urkundenprozess nicht bestritten hat (BGH NJW 1988, 1468; *Zöller/Greger* § 600 Rdn. 13). Er kann auch jetzt noch die Echtheit der Unterschrift bestreiten, und zwar auch dann, wenn das Bestreiten im Urkundenprozess für unsubstantiiert gehalten wurde, oder er kann die Einrede der Verjährung erheben (BGH NJW 2004, 1159; vgl. Anm. 1). Eine Zurückweisung von Vorbringen, das bereits im Urkundenprozess hätte vorgetragen werden können, als verspätet, muss der Beklagte im Nachverfahren nicht befürchten (vgl. *Zöller/Greger* § 600 Rdn. 18).

Kosten und Gebühren

Für das Nachverfahren wird keine weitere Verfahrensgebühr des Gerichts erhoben, es bildet mit dem Urkundenprozess eine Gebühreninstanz. Die Rechtsanwaltsgebühren können im Nachverfahren erneut entstehen, und zwar auch dann, wenn sie bereits im Urkundenprozess angefallen waren (§ 17 Nr. 5 RVG). Die Verfahrensgebühr aus dem Urkundenprozess wird auf die Verfahrensgebühr im Nachverfahren angerechnet (VV 3100 Abs. 2).

8. Fortsetzung des Rechtsstreits nach Vorbehaltsurteil durch den Kläger[1]

An das
Landgericht

In der Sache

ist durch Urteil vom ...... dem Beklagten die Ausführung seiner Rechte im Nachverfahren vorbehalten worden. Der Beklagte hat das Nachverfahren bisher nicht aufgenommen. Nunmehr bittet der Kläger um Durchführung des Nachverfahrens, in dem beantragt wird:

1. Das Vorbehaltsurteil vom ...... wird für vorbehaltlos erklärt[2].
2. Der Beklagte hat auch die weiteren Kosten des Rechtsstreits zu tragen.
3. Das Urteil ist ohne Sicherheitsleistung vorläufig vollstreckbar[3].

Es wird weiter beantragt,
einen möglichst nahen Termin zur mündlichen Verhandlung anzuberaumen.

Gegen eine Übertragung des Rechtsstreits auf den Einzelrichter bestehen keine Bedenken.

Begründung:[4]

......

Rechtsanwalt

Anmerkungen

1. Die Durchführung des Nachverfahrens kann genauso wie durch den Beklagten auch durch den Kläger beantragt werden, der, auch wenn er im Urkundenprozess obsiegt hat, idR. an einer raschen Durchführung des Nachverfahrens interessiert sein wird. Für den Kläger gilt das in Anm. 2 bis 7 zum vorstehenden Formular Gesagte entsprechend.

2. Diese Fassung des Antrages entspricht der Zivilprozessordnung, § 708 Nr. 5 ZPO. Manche Gerichte tenorieren auch:

„Das Vorbehaltsurteil vom ...... wird bestätigt, der Vorbehalt entfällt"
(vgl. *Baumbach/Lauterbach/Hartmann* § 600 Rdn. 13).

3. Vgl. § 708 Nr. 5 ZPO.

4. Da es Sache des Beklagten ist, das Vorbehaltsurteil im Nachverfahren anzugreifen, kann sich der Kläger in seiner Begründung kurz fassen oder sogar lediglich auf sein Vorbringen im Urkundenprozess verweisen. Der Kläger kann jedoch auch seinerseits die Klage objektiv oder subjektiv erweitern, etwa einen sich nicht aus dem Wechsel ergebenden Verzugsschaden (zB. Zinsschaden in Höhe von 5% oder 8% über dem Basiszinssatz nach § 288 BGB), einen im Urkundenprozess als unstatthaft abgewiesenen Anspruch geltend machen oder einen weiteren Schuldner in den Prozess hineinziehen.

Kosten und Gebühren

Vgl. Form. I. Q. 7.

R. Arrest und einstweilige Verfügung

1. Antrag auf dinglichen Arrest und Arrestpfändung

An das
Landgericht[1]

Antrag auf dinglichen Arrest und Arrestpfändung

des Rechtsanwalts
Dr. ......
Verfahrensbevollmächtigter: selbst

– Antragsteller –

gegen
......

– Antragsgegner –

Wegen Arrestes und Arrestpfändung
beantrage ich in eigener Sache gegen den Antragsgegner – wegen der Dringlichkeit ausschließlich ohne mündliche Verhandlung[2] durch den Vorsitzenden allein[3] – den Erlass folgenden

Arrestbefehles und Arrestpfändungsbeschlusses:

I. Wegen einer Anwaltshonorarforderung des Antragstellers in Höhe von EUR ...... nebst ...... Zinsen p. a. seit ...... gegen den Antragsgegner, sowie einer Kostenpauschale von EUR ...... wird der dingliche Arrest[4] in das gesamte Vermögen des Antragsgegners angeordnet.

II. Der Antragsgegner hat die Kosten des Arrestverfahrens zu tragen[5].

III. Die Vollziehung des Arrests wird durch Hinterlegung durch den Antragsgegner in Höhe von EUR ...... gehemmt[6].

IV. In Vollziehung des Arrestes wird gepfändet die angebliche Forderung des Antragsgegners auf Rückzahlung eines Darlehens nebst Zinsen gegen Herrn A ...... bis zum Höchstbetrag von EUR ......[7]. Der Antragsgegner hat sich jeder Verfügung über die Forderung zu enthalten. Der Drittschuldner darf an den Antragsgegner nicht mehr leisten[8].

Begründung:

1. Dem Antragsteller steht aus einer schriftlichen[9] Honorarvereinbarung eine fällige Forderung in Höhe des aus dem Antrag unter I ersichtlichen Betrages als Anwaltshonorar für eine Strafverteidigung des Antragsgegners in einem Strafverfahren gegen diesen wegen Kapitalanlagebetrugs, Steuerhinterziehung und Konkursdelikten zu.

   Glaubhaftmachung[10]: beigefügte Honorarvereinbarung vom ......

2. Der Antragsgegner wurde im Strafverfahren verurteilt und sollte in die Justizvollzugsanstalt ...... zur Strafverbüßung verbracht werden. Es ist ihm gelungen, während des Transportes den Bewachern zu entfliehen und sich abzusetzen. Am gleichen Tage rief er den Antragsteller an und erklärte, er werde sich nach Burundi begeben, um dort Papiere und Unterlagen verschiedener Firmen „in Ordnung zu bringen" und zu retten, was zu retten sei[11].

   Glaubhaftmachung: anliegende eidesstattliche Versicherung des Antragstellers vom ......

Das lässt besorgen, dass der Antragsgegner seine sämtlichen restlichen Vermögenswerte beiseiteschafft.

3. **Von der Forderung des Antragsgegners aus Darlehensvertrag gegen Herrn A hat der Antragsgegner dem Antragsteller selbst berichtet[12, 13].**

Rechtsanwalt

Anmerkungen

1. Zuständigkeit: Wahlweise Gericht der Hauptsache als auch Amtsgericht, in dessen Bezirk sich der mit Arrest zu belegende Gegenstand (oder beim persönlichen Arrest: der Schuldner) befindet, § 919 ZPO.

2. Vgl. § 922 ZPO. Freigestellte mündliche Verhandlung, bei einstweiliger Verfügung jedoch nach § 937 Abs. 2 ZPO nur in dringenden Fällen. Bei Gefährdung des Zwecks des Arrestverfahrens ist – mit Art. 103 GG vereinbar (BVerfGE 9, 89/98) – von Anhörung des Gegners abzusehen (*Zöller/Vollkommer,* 27. Aufl., § 921 Rdn. 1, § 922 Rdn. 1). Macht der Antragsteller deutlich, dass er den Arrest nur für den Fall der Entscheidung ohne mündliche Verhandlung begehrt, so kann das Gericht gleichwohl mündliche Verhandlung anordnen, da es sich um eine unzulässige bedingte Rücknahme des Antrages handelt, hM. Will der Antragsteller seinen Antrag aber auch für den Fall der Anordnung einer mündlichen Verhandlung aufrechterhalten, so sollte er den Arrest nicht ausschließlich für den Fall, dass keine mündliche Verhandlung angeordnet wird, beantragen – anderenfalls läuft er Gefahr, dass das Gericht von einer unwirksamen bedingten Rücknahme ausgeht und das Gesuch als unzulässig zurückweist, wenn es mündliche Verhandlung als notwendig erachtet (vgl. *Zöller* aaO. § 921 Rdn. 1).

3. Vgl. § 944 ZPO.

4. Bedeutung des dinglichen Arrests: Der Schuldner wird vorläufig verurteilt, für den Gläubiger einen Wert in Höhe der dem Arrest zugrunde liegenden Forderung sicherzustellen.

Voraussetzungen des dinglichen Arrests:

Arrestanspruch: Geldforderung oder Forderung des Gläubigers, die in Geldforderung übergehen kann (§ 916 ZPO), nach § 916 Abs. 2 ZPO grundsätzlich auch bedingte oder betagte Forderungen, aufschiebend bedingte Ansprüche jedoch dann nicht, wenn der bedingte Anspruch wegen des entfernten Eintritts der Bedingung keinen gegenwärtigen Vermögenswert hat (*Zöller* aaO., § 916 Rdn. 7). Unter welchen Voraussetzungen künftige Ansprüche gesichert werden können, ist umstritten (vgl. dazu: *Zöller* aaO., § 916 Rdn. 8). Voraussichtlich durch das Verfahren und die Vollstreckung entstehende Kosten können mit einer Kostenpauschale gesichert werden.

Arrestgrund: Besorgnis der Vereitelung oder wesentlichen Erschwernis der Zwangsvollstreckung aus einem erforderlichen, aber noch nicht vorliegenden Titel (§ 917 ZPO).

5. Über die Kosten gem. §§ 91 ff. ZPO ist im Arrestverfahren an sich nach hM. wie im Erkenntnisverfahren nach § 308 Abs. 2 ZPO von Amts wegen zu entscheiden (*Zöller* aaO., § 922 Rdn. 8).

6. Der Arrestbefehl hat nach § 923 ZPO eine von Amts wegen festzusetzende Lösungssumme anzugeben, durch deren Hinterlegung dem Gläubiger volle Sicherheit für Arrestforderung und Nebenforderungen gewährt wird. Hinterlegung hemmt Vollziehung des Arrests, nicht der Kostenentscheidung, und berechtigt zum Antrag auf Aufhebung ggf. bereits vollzogener Arrestmaßnahmen (*Zöller* aaO., § 923 Rdn. 2). Gläubiger erwirbt Pfandrecht an der Hinterlegungssumme, § 233 BGB.

Sicherheit kann uU. – je nach Anordnung des Gerichts – auch durch geeignete Bürgschaft geleistet werden.

7. ME. ist es sinnvoll, den Vollziehungsantrag gleichzeitig zu stellen; das Arrestgericht ist für die Pfändung zuständig, vgl. § 930 Abs. 1 S. 3 ZPO (vgl. zur Vollziehung im Übrigen *Zöller* aaO., § 928 Rdn. 2 ff.). Der Höchstbetrag entspricht der Lösungssumme zu Ziff. III. Bei Arrest und einstweiliger Verfügung ist auf eine Formalie zu achten, die häufig in der Praxis übersehen wird und Schwierigkeiten macht: Sofern der Arrest (oder die einstweilige Verfügung) vor Zustellung an den Schuldner vollzogen wird, was nach § 929 Abs. 3 ZPO (§§ 936, 929 Abs. 3 ZPO) zulässig ist, also beispielsweise auf Grund des hier beantragten Arrests die Pfändung der Forderung durch Zustellung des Pfändungsbeschlusses an den Drittschuldner erfolgt, ist unbedingt darauf zu achten, dass innerhalb einer Woche nach Vollziehung (Zustellung an den Drittschuldner) und vor Ablauf 1 Monats nach der Verkündung oder Zustellung des Arrestbeschlusses eine zusätzliche Zustellung des Arrestbefehls im Parteibetrieb an den Antragsgegner oder dessen Prozessbevollmächtigten erfolgt (§ 929 Abs. 3 ZPO). Auch ohne vorherige Vollziehung muss der Arrestbefehl im Parteibetrieb mindestens innerhalb der Monatsfrist des § 929 Abs. 2 ZPO zugestellt werden. Wird dies übersehen, ist die erfolgte Vollziehung des Arrestes wirkungslos und nach Ablauf der Monatsfrist eine erneute Vollziehung auch nicht mehr möglich (§ 929 Abs. 2 ZPO). Dies kann unter Umständen zu Schadensersatzansprüchen gegen den Verfahrensbevollmächtigten des Antragsstellers führen.

8. Die praktischen Erfahrungen in einem Fall vor dem LG Bonn (Az 70631/85) legen es nahe, das so genannte Arrestatorium und Inhibitorium in den Antrag aufzunehmen. Das Gericht hat dieses Verbot und Gebot zwar von Amts wegen bei Erlass des Arrestes auszusprechen. Wird dies aber aus Versehen unterlassen (und diese Gefahr ist bei verkürzter Fassung des Antrags größer) und der Arrestbeschluss ohne Arrestatorium und Inhibitorium dem Drittschuldner zugestellt, ist die Arrestpfändung uU. nicht wirksam.

9. Vgl. Form. I. A. 2.

10. Arrestanspruch und -grund sind nach § 920 Abs. 2 ZPO glaubhaft zu machen. Zulässig ist jedes geeignete (§ 294 ZPO), jedoch nur ein präsentes Beweismittel (*Zöller/Greger* aaO., § 295 Rdn. 3). Zeugen sind daher in der mündlichen Verhandlung zu stellen. Gemäß § 921 S. 1 ZPO kann der Arrest auch angeordnet werden, wenn der Anspruch und der Arrestgrund nicht glaubhaft gemacht sind, sofern wegen der dem Gegner drohenden Nachteile Sicherheit geleistet wird.

11. Rechtsprechung und Literatur sind mit Bejahung von Arrestgründen nach § 917 ZPO sehr zurückhaltend (vgl. *Zöller* aaO., § 917 Rdn. 4 ff.). Beiseiteschaffen von Vermögensgegenständen ist jedoch in jedem Fall Arrestgrund nach § 917 ZPO. Nach § 917 Abs. 2 ZPO bedarf es einer eingehenden Prüfung von Arrestgründen nicht mehr, wenn – wie hier – ein Titel gegen den Schuldner im Ausland vollstreckt werden müsste und die Gegenseitigkeit nicht verbürgt ist. Das bedeutet, dass die Privilegierung des § 917 II ZPO im Verhältnis zu EU-Mitgliedstaaten und EFTA-Staaten, aber auch bei bilateralen Anerkennungs- und Vollstreckungsverträgen sowie entsprechender Ausgestaltung des innerstaatlichen Rechts des Vollstreckungsstaates grundsätzlich nicht greift. Rechtliche oder tatsächliche Schwierigkeiten der Vollstreckung in einem anderen Mitgliedstaat der EU können jedoch im Rahmen der allgemeinen Regelung des Abs. 1 weiterhin berücksichtigt werden (*Zöller* aaO., § 917 Rdn. 17).

12. Die Vollziehung des Arrests richtet sich gem. § 928 ZPO grundsätzlich nach den Vorschriften über die Zwangsvollstreckung. Sie ist nach § 929 Abs. 3 ZPO vor Zustellung – innerhalb Monatsfrist, § 929 Abs. 2 ZPO – zulässig, jedoch muss Zustellung nachfolgen. (Achtung: Vollziehung erfordert trotz Zustellung von Amts wegen erneute Zustellung im Parteibetrieb (OLG Frankfurt MDR 1981/680). Hier wird Forderungspfändung nach §§ 930, 829 ZPO beantragt.

Bestehen der gepfändeten Forderung muss nicht glaubhaft gemacht werden; es wird die angeblich bestehende Forderung gegen den Drittschuldner gepfändet.

13. Vorläufige Vollstreckbarkeit: Arrest und einstweilige Verfügung sind ihrer Natur nach vorläufig vollstreckbar: daher keine besonderen Anträge und kein besonderer Ausspruch in der Entscheidung. Bei Urteil, durch das der Antrag auf Arrest oder einstweilige Verfügung abgewiesen wird, gilt § 708 Nr. 6 ZPO.

Kosten und Gebühren

Streitwert: Gesonderte Festsetzung nach §§ 23 Abs. 1 RVG, 3 ZPO gemäß § 32 RVG erforderlich; im Allgemeinen $^1/_3$ bis $^1/_2$ der Hauptsache.

Gerichtskosten: Kostenverzeichnis Anlage 1 GKG Nr. 1410 ff.

Kein Kostenvorschuss nötig, da keine Klage, § 12 GKG.

Anwaltsgebühren: Regelmäßig Verfahrensgebühr gemäß Nr. 3100 VV RVG, im Falle einer Terminswahrnehmung oder einer sonstigen diese Gebühr auslösenden Tätigkeit zusätzlich Terminsgebühr gemäß Nr. 3104 VV RVG. Daneben ist eine Einigungsgebühr gemäß Nr. 1000 VV RVG möglich.

Fristen und Rechtsmittel

Gegen Arrest anordnenden Beschluss Widerspruch nach § 924 und/oder Antrag auf Fristsetzung bzw. Erhebung der Hauptsacheklage, § 926 Abs. 1 und gegebenenfalls Antrag auf Aufhebung des Arrestes, wenn der Anordnung zur Erhebung der Hauptsacheklage nicht Folge geleistet wird, § 926 Abs. 2 und/oder Antrag auf Aufhebung wegen veränderter Umstände gem. § 927 ZPO, insbesondere bei Wegfall des Arrestanspruchs oder Erledigung des Arrestgrundes.

Gegen Arrest ablehnenden Beschluss sofortige Beschwerde nach § 567 ZPO (vgl. *Zöller* aaO., § 922 Rdn. 13).

Gegen Urteil des LG als Berufungsgericht oder Beschwerdegericht nach Anordnung mündlicher Verhandlung kein Rechtsmittel. Revision ist nie möglich, § 542 II S. 1 ZPO (*Zöller* aaO., § 922 Rdn. 17).

2. Antrag auf persönlichen Arrest

. . . . . .[1]

I. Wegen einer Forderung von EUR . . . . . . sowie einer Kostenpauschale von EUR . . . . . . wird der persönliche Sicherheitsarrest[2] gegen den Antragsgegner angeordnet.

II. In Vollziehung von Ziff. I wird die Haft[3] gegen den Antragsgegner verhängt[4].

III. Die Vollziehung des Arrests wird durch Hinterlegung eines Geldbetrags von EUR . . . . . . oder Stellung einer selbstschuldnerischen unbeschränkten unbefristeten und unwiderruflichen Bürgschaft einer deutschen Großbank über EUR . . . . . . gehemmt[5].

IV. Der Antragsgegner hat die Kosten des Verfahrens zu tragen.

Begründung:

Der Antragsgegner hat in einem Ladenlokal in . . . . . . ein Reisebüro betrieben. Der Antragsteller hat – wie zahlreiche andere Kunden – über dieses Büro eine Ferienreise nach . . . . . . bei dem Reiseveranstalter A gebucht und hierfür dem Antragsgegner in dessen Reisebüro eine Anzahlung von EUR . . . . . . geleistet. Als er die Reisepapiere abholen wollte, war das Reisebüro aus dem Ladenlokal verschwunden und dieses geschlossen. Der Reiseveranstalter A weiß von der Buchung des Antragstellers und derjenigen zahlreicher anderer Kunden nichts; er hat keine Zahlung vom Antragsgegner erhalten. Der Antragsteller hat erfahren, dass eine Gewerbeanmeldung für den Antragsgegner nicht existiert,

dieser jedoch bereits in mehreren Städten durch kurzfristige Eröffnung von Reisebüros und spurloses Verschwinden Kunden erheblich geschädigt hat. Wie der Antragsteller ermitteln konnte, wohnt der Schuldner derzeit im Hotel B in …… Irgendwelche Vermögenswerte des Antragsgegners sind derzeit dem Antragsteller nicht bekannt[6].

Glaubhaftmachung: Anliegende eidesstattliche Versicherungen des Antragstellers und der Kunden C und D vom ……

Rechtsanwalt

Anmerkungen

1. Zur Eingangsformulierung vgl. Form. I. R. 1.

2. Bedeutung des persönlichen Arrests: Herbeiführung persönlicher Freiheitsbeschränkung gegen den Schuldner als ultima ratio zur Sicherung künftiger Zwangsvollstreckungsmaßnahmen gegen den Schuldner.

Voraussetzungen: Arrestanspruch und Arrestgrund (§ 916 ZPO, vgl. Form. I. R. 1 Anm. 4).

Zusätzlich: Dinglicher Arrest reicht nicht aus oder ist nicht möglich, um die gefährdete Zwangsvollstreckung in das Vermögen des Schuldners zu sichern (§ 918 ZPO). Persönlicher Sicherheitsarrest kann auch angeordnet werden, um den Schuldner zu hindern, sich der Abgabe der eidesstattlichen Versicherung zu entziehen (OLG München NJW-RR 1988, 382).

3. Vollziehung des persönlichen Arrests nach Ermessen des Gerichts unter Berücksichtigung des Grundsatzes der Verhältnismäßigkeit, wahlweise oder kumulativ durch Überwachung – Meldepflicht – Reiseverbot – Wegnahme des Reisepasses (str. ist, ob Ausweispapiere weggenommen werden können, vgl. *Zöller/Vollkommer,* 27. Aufl., § 933 Rdn. 1) – Hausverbot – Haft (§ 933 ZPO).

Bei Haftanordnung ist Haftbefehl zu erlassen und dem Schuldner bei der Verhaftung in beglaubigter Abschrift zu übergeben, § 909 Abs. 1, S. 2 ZPO.

4. Aufgrund der Haftanordnung kann Antragsteller den Antragsgegner (soweit Arresturteil ergangen ist: Arrestkläger den Arrestbeklagten) durch Gerichtsvollzieher verhaften lassen (§§ 933, 909 ZPO).

5. Die Lösungssumme ist nach § 933 S. 2 ZPO auch in den Haftbefehl aufzunehmen. Entgegen dem Wortlaut des § 923 ZPO kann das Gericht gemäß § 108 S. 1 ZPO die Art der Sicherheitsleistung nach freiem Ermessen bestimmen (*Zöller* aaO. § 923 Rdn. 1).

6. Da der persönliche Arrest gegenüber dem dinglichen subsidiär ist, sollte dargelegt werden, warum dinglicher Arrest nicht möglich ist oder nutzlos wäre.

Kosten und Gebühren, Fristen und Rechtsmittel

Vgl. Form. I. R. 1.

3. Antrag auf Aufhebung des Arrestes wegen veränderter Umstände

An das
……
– Streitgericht –[1]
In Sachen[2]
……
stelle ich den Antrag:

I. Der durch Endurteil vom …… bestätigte Arrest[3] wird aufgehoben.

II. Die Vollziehung des Arrestes wird bis zur Entscheidung im Aufhebungsverfahren einstweilen eingestellt[4].

III. Der Antragsgegner hat die Kosten des Verfahrens zu tragen[5].

Der Antragsteller steht zwischenzeitlich in Diensten der Firma ...... und bezieht dort ein regelmäßiges Arbeitseinkommen, allenfalls bestehende Ansprüche des Antragsgegners sind daher ohne weiteres zu realisieren; eine Gefährdung der Zwangsvollstreckung besteht nicht.[6]

Rechtsanwalt

Anmerkungen

1. Für den Antrag auf Aufhebung wegen veränderter Umstände ist das Streitgericht (nicht das Vollstreckungsgericht, dieses nur bei Aufhebung nach § 934 ZPO) zuständig, und zwar entweder das Gericht, das den Arrest erlassen hat, oder – bei Anhängigkeit der Hauptsache – das Gericht der Hauptsache (§ 927 Abs. 2 ZPO).

2. Volles Rubrum. Es handelt sich um ein gegenüber dem vorangegangenen Arrest selbstständiges Verfahren mit vertauschten Parteirollen.

3. Die veränderten Umstände können auch im Widerspruchs- oder Rechtsmittelverfahren vorgetragen werden, wenn der Arrestbefehl noch nicht rechtskräftig ist – insoweit kann sogar das Rechtsschutzbedürfnis für ein Aufhebungsverfahren fehlen oder entfallen (*Zöller/Vollkommer,* 27. Aufl., § 927 Rdn. 2). Keine Beschränkungen bestehen bei Erlass (oder Bestätigung) des Arrestes durch rechtskräftiges Urteil (*Zöller* aaO., § 927 Rdn. 2). Sind die veränderten Umstände allerdings bereits in einem anderen auf Beseitigung des Arrestes gerichteten Verfahren geltend gemacht, so steht dem Antrag anderweitige Rechtsabhängigkeit bzw. Rechtskraft entgegen.

Das Rechtsschutzbedürfnis fehlt, wenn der Arrest keine Auswirkungen mehr hat oder haben kann (*Zöller* aaO. § 927 Rdn. 3).

4. Die einstweilige Einstellung der Arrestvollziehung im Aufhebungsverfahren ist analog §§ 924 Abs. 3 S. 2, 707 Abs. 1 S. 1 ZPO möglich (*Zöller* aaO. § 927 Rdn. 9d).

5. Der Kostenausspruch in diesem – gesonderten – Verfahren kann sich stets nur auf die Kosten des Aufhebungsverfahrens selbst beziehen und nicht in die rechtskräftige Kostenentscheidung des Anordnungsverfahrens eingreifen (*Zöller* aaO. § 927 Rdn. 12). Ausnahmen sollen insbesondere möglich sein, wenn die Hauptsacheklage rechtskräftig als von Anfang an unbegründet abgewiesen wurde (NJW 1993, 2685) oder die Aufhebung erfolgt, weil der Gläubiger die Vollziehungsfrist des § 929 Abs. 2 versäumt hat (Hamm NJW-RR 1990, 1214; aA.: München NJW-RR 1986, 999f.): vgl. im Einzelnen: *Zöller* aaO. § 927 Rdn. 12.

6. Aufhebung nach § 927 ZPO ist anzuordnen, wenn glaubhaft gemacht wird, dass der Arrestanspruch oder der Arrestgrund (Letzterer ggf. auch auf Grund Sicherheitsleistung) weggefallen sind oder von Anfang an nicht bestanden (vgl. im Einzelnen *Zöller* aaO. § 927 Rdn. 5 und 6). Dementsprechend sind folgende Begründungen denkbar:

a) Der vom Antragsgegner im Anordnungsverfahren behauptete Arrestgrund bestand von Anfang an nicht. Dies ist zwischenzeitlich durch rechtskräftige Entscheidung im Hauptsacheverfahren festgestellt.

oder

b) Nach Bestätigung des Arrestes durch Endurteil vom ...... wurde ausweislich beigefügter Quittungen Zahlung geleistet.

oder

c) Der Antragsgegner hat innerhalb der vom Gericht nach § 926 ZPO gesetzten Frist keine Hauptsacheklage erhoben.

Nach § 926 Abs. 2 ZPO ist die Aufhebung des Arrestes auszusprechen, wenn die Frist zur Erhebung der Hauptsacheklage versäumt wurde.

Kosten und Gebühren

Gerichtskosten ebenso wie im Anordnungsverfahren, vgl. Kostenverzeichnis Anlage 1 GKG Nr. 1410 ff. Anwaltsgebühren: Sondervorschrift in § 16 Nr. 6 RVG (Jedes Verfahren auf Abänderung oder Aufhebung des Arrestes oder der einstweiligen Verfügung bildet mit dem Anordnungsverfahren eine einzige Angelegenheit).

Fristen und Rechtsmittel

Gegen das Endurteil ist Berufung gegeben.

4. Antrag auf Erlass einer auf Sicherung eines Herausgabeanspruchs gerichteten einstweiligen Verfügung[1]

Eilt!
An das
Amtsgericht[2]
– Streitgericht –

Antrag auf Erlass einer einstweiligen Verfügung der Firma ...... KG, vertreten durch den persönlich haftenden Gesellschafter ......

– Antragstellerin –

Verfahrensbevollmächtigter: ......

gegen

Fa. ...... GmbH, vertreten durch den Geschäftsführer ......

– Antragsgegnerin –

Ich beantrage bei dem wegen der Dringlichkeit der Angelegenheit nach § 942 ZPO zuständigen Amtsgericht ohne mündliche Verhandlung den Erlass folgender einstweiligen Verfügung:

I. Die Antragsgegnerin hat die im Eigentum der Antragstellerin stehenden 68 Rollen Glasfilamentgewebe, Artikel Nr. ...... 460 g/qm, 100 cm, an den Gerichtsvollzieher B als Sequester[3], hilfsweise an einen vom Gericht zu bestellenden Sequester herauszugeben.

II. Die Durchsuchung der Geschäftsräume in ...... der Antragsgegnerin zur Vollstreckung der Herausgabe wird gestattet[4].

III. Die Antragsgegnerin hat die Kosten des Verfahrens zu tragen.

Begründung:

Die Antragstellerin stellt ua. chemische Werkstoffe her. Sie hat die im Antrag I näher bezeichneten 68 Rollen Glasfilamentgewebe gemäß in beglaubigter Fotokopie anliegendem Kaufvertrag unter Eigentumsvorbehalt an die Antragsgegnerin geliefert, die diese Gewebe in ihrem kunststoffverarbeitenden Betrieb ständig ua. für Surfbretter und Segelboote verwendet. Zwischen den Parteien war eine vollständige Kaufpreiszahlung bis zum ...... vereinbart.

Glaubhaftmachung: in beglaubigter Fotokopie anliegender Kaufvertrag vom ......

Nachdem diese Frist erfolglos verstrichen war, setzte die Antragstellerin der Antragsgegnerin mit Schreiben vom ......, zugestellt per Einwurfeinschreiben[5] am ...... eine angemessene Nachfrist zur Zahlung bis zum ......

Glaubhaftmachung: 1. in beglaubigter Kopie anliegendes Schreiben vom ......
2. in beglaubigter Kopie beigefügter Datenauszug der Deutschen Post AG

Die Antragstellerin ist, nachdem die Antragsgegnerin auch nach Ablauf der Nachfrist keinerlei Zahlungen auf den Kaufpreis geleistet hat[6], durch beigefügten Brief vom ......, zugestellt per Einwurfeinschreiben am ...... vom Kaufvertrag zurückgetreten[7].

Glaubhaftmachung: 1. in beglaubigter Kopie beigefügtes Schreiben vom ......
2. in beglaubigter Kopie beigefügter Datenauszug der Deutschen Post AG

Der Geschäftsführer der Antragsgegnerin hat dem Komplementär der Antragstellerin erklärt, dass die Ware zwar noch nicht verarbeitet sei, die Verarbeitung jedoch „in den nächsten Tagen" beginne. Die Aufforderung der Antragstellerin, die Ware herauszugeben, hat der Geschäftsführer der Antragsgegnerin abgelehnt.

Glaubhaftmachung: Eidesstattliche Versicherung des Komplementärs der Antragstellerin vom ...... in der Anlage.

Der auf Grund Rücktritts sich ergebende Herausgabeanspruch der Antragstellerin ist gefährdet. Denn durch die Verarbeitung würde das Eigentum der Antragstellerin gemäß § 950 BGB untergehen[8].

Rechtsanwalt

Anmerkungen

1. Sicherungsverfügung:
Verfügungsanspruch: Ein zu sicherndes, nicht auf Geld gerichtetes subjektives Recht (*Zöller/Vollkommer,* 27. Aufl., § 935 Rdn. 6).

Verfügungsgrund: Besorgnis, dass durch die Veränderung des bestehenden Zustands die Verwirklichung dieses Rechts vereitelt oder wesentlich erschwert werden könnte (§ 935 ZPO). Die geeigneten Maßnahmen sind vom Gericht nach freiem Ermessen zu wählen (§ 938 ZPO). Zusammen mit dem Verfügungsgrund (bzw. der Notwendigkeit einer einstweiligen Regelung zur Sicherung des Rechtsfriedens nach § 940 ZPO) ist zu prüfen, ob die Sicherung des Verfügungsanspruchs (oder die einstweilige Regelung des Zustands) dringlich sind. Die Dringlichkeit wird – ausgehend von der Rechtsprechung in Wettbewerbssachen – auch bei sonstigen einstweiligen Verfügungen von der Rechtsprechung in der Praxis verneint, wenn der Antragsteller eine längere Frist hat verstreichen lassen, bevor er die einstweilige Maßnahme eingeleitet hat (vgl. *Zöller* aaO. § 940 Rdn. 4). Die Dringlichkeit wird insofern im OLG-Bezirk München regelmäßig verneint, wenn der Antragsteller mit der Anbringung seines Verfügungsantrags länger als 4 Wochen zuwartet (Fristbeginn: sobald der Antragsteller hinreichend Kenntnis und Anhaltspunkte hat, um den Verfügungsanspruch mit einiger Erfolgsaussicht geltend machen zu können) (vgl. zum ganzen OLG München GRUR 1980, 1018; OLG Stuttgart GRUR 1978, 540; OLG Hamburg GRUR 1983, 437; KG WPM 1980, 1395). Die Münchener Rechtsprechung geht in einstweiligen Verfügungsverfahren sogar davon aus, dass ein Antrag des Antragstellers auf Verlegung eines Termins auf später oder ein Antrag auf Verlängerung etwa der Berufungsbegründungsfrist die Dringlichkeit widerlegen kann.

Demgegenüber geht die sonstige Rechtsprechung überwiegend davon aus, dass es keine feste zeitliche Grenze gibt. Länger als zwei Monate sollte aber in keinem Fall zugewartet werden.

2. Grundsätzlich zuständig ist das Gericht der Hauptsache (§ 937 ZPO), in dringenden Fällen, wie er hier glaubhaft gemacht ist, jedoch nach § 942 ZPO das Amtsgericht, innerhalb dessen Bezirk sich der Streitgegenstand (hier die herauszugebende Ware) befindet. In diesem Fall hat das Amtsgericht in dem die einstweilige Verfügung erlassenden Beschluss eine Frist zur Durchführung des Rechtfertigungsverfahrens beim Gericht der Hauptsache zu setzen (§ 942 Abs. 1 ZPO).

3. Vgl. § 938 Abs. 2 ZPO, Vollstreckung nach § 883 ZPO. Der GV ist allerdings nicht verpflichtet, das Amt des Sequesters zu übernehmen (§ 195 Nr. 2 GVGA), ggf. muss das Gericht neuen Sequester bestellen.

4. Es ist zweckmäßig, gleichzeitig einen Durchsuchungsbeschluss gemäß § 758 a ZPO zu beantragen, um die Herausgabe zu vollstrecken. Unter „Wohnung" iSd. § 758 a ZPO sind auch Arbeits- und Geschäftsräume zu verstehen (*Zöller* aaO., § 758 a, Rdn. 4).

5. Nach der Rechtsprechung des BGH gibt es keinen Anscheinsbeweis dahingehend, dass mit der Post versandte Briefe ihren Empfänger auch erreichen (BGHZ 24, 312). Für Einwurfeinschreiben hingegen wird ein Anscheinsbeweis bejaht, wenn der Briefkasteneinwurf ordnungsgemäß dokumentiert wurde. Das Einschreiben mit Rückschein begründet nach § 175 ZPO die vom Empfänger zu widerlegende Vermutung, dass es an dem im Rückschein genannten Datum zugestellt wurde. Für das private Recht bedeutet das jedenfalls, dass der Gesetzgeber das Einschreiben mit Rückschein als zuverlässig bewertet, weshalb ebenfalls ein Anscheinsbeweis für den Zugang gegeben ist (*Palandt/Ellenberger,* 68. Aufl., § 130, Rdn. 21). Mit dem in Fällen des Einwurfeinschreibens durch die Deutsche Post AG erstellten Datenauszug kann allerdings kein Urkundsbeweis geführt werden (*Reichert* NJW 2001, 2523).

In Fällen, in denen ein Bestreiten des Zugangs nicht ausgeschlossen werden kann, sollte daher per Gerichtsvollzieher oder von Anwalt zu Anwalt zugestellt werden.

6. Bei Teilleistungen gilt § 323 Abs. 5 BGB.

7. Anspruch auf Herausgabe bei unter Eigentumsvorbehalt gelieferter Ware (§ 985 BGB) ist erst nach wirksamem Rücktritt des Vorbehaltsverkäufers, der das Recht des Käufers zum Besitz nach § 986 BGB beseitigt, durchsetzbar.

Nach § 449 Abs. 2 BGB berechtigt der bloße Zahlungsverzug den Verkäufer nicht zum Rücktritt. Ein Rücktritt ist aber über § 323 BGB oder § 324 BGB möglich (*Palandt* aaO. § 449 Rdn. 26). Es ist deshalb in der Regel eine Nachfristsetzung erforderlich.

8. Ob ggf. Ansprüche bei Weiterveräußerung auf Grund verlängerten Eigentumsvorbehalts (vgl. zu den Einzelheiten *Palandt* aaO. § 449 Rdn. 18) oder Schadensersatzansprüche gegeben sind, spielt für die Frage der Gefährdung des Verfügungsanspruchs, der auf Herausgabe gerichtet ist, keine Rolle.

Kosten und Gebühren, Fristen und Rechtsmittel

Vgl. Form. I. R. 1.

Erscheinen Rechtsmittel gegen die ergangene einstweilige Verfügung aussichtslos, so empfiehlt sich die Abgabe einer Abschlusserklärung, bevor der Antragsteller in einem Abschlussschreiben hierzu auffordert, da sonst eine 0,8 Verfahrensgebühr für das Abschlussschreiben zu ersetzen ist, vorausgesetzt der Anwalt hat bereits Klageauftrag zur Hauptsache. Hat der Anwalt noch keinen Klageauftrag, so löst das Abschlussschreiben eine Geschäftsgebühr aus. Diese Gebühr ist dann gegebenenfalls gemäß Vorbemerkung 3 Abs. 4 VV RVG bzw § 34 Abs. 2 RVG auf das nachfolgende Hauptsacheverfahren anzurechnen. Jedenfalls zählt das Abschlussschreiben nicht mehr zur Gebühreninstanz des Verfügungsverfahrens, sondern betrifft die Hauptsache (vgl. BGH, Urteil v. 4. 3. 2008, VI ZR 176/07).

5. Antrag auf Ladung zum Rechtfertigungsverfahren[1]

An das
LG München I[2]

In Sachen

……

hat das Amtsgericht auf meinen Antrag durch Beschluss vom …… eine einstweilige Verfügung erlassen. Gleichzeitig wurde im Beschluss eine Frist von …… bestimmt, innerhalb derer die Entscheidung des Gerichts der Hauptsache über die Rechtmäßigkeit der einstweiligen Verfügung zu beantragen ist.

Ich

beantrage,

hiermit beim Hauptsachegericht (Landgericht) das Rechtfertigungsverfahren durchzuführen, einen Termin zur mündlichen Verhandlung anzuberaumen[3] und kündige folgende

Anträge

an:

I. Die einstweilige Verfügung des Amtsgerichts …… vom …… Aktenzeichen …… wird bestätigt[4].

II. Die Antragsgegnerin hat die Kosten des Verfahrens zu tragen.

Begründung[5]:

……

Anmerkungen

1. Der Antragsteller hat innerhalb der Frist das Rechtfertigungsverfahren zu betreiben, im Rahmen dessen das Gericht der Hauptsache die einstweilige Verfügung überprüft. Wird die Frist nicht eingehalten, hebt das Amtsgericht nach § 942 Abs. 3 ZPO die einstweilige Verfügung auf. Der Antrag auf Durchführung des Rechtfertigungsverfahrens ist nach § 942 Abs. 1 ZPO nicht an das Gericht der Zwangsbereitschaft, also das Amtsgericht, zu richten, sondern an das Gericht der Hauptsache, das die Akten vom Gericht der Zwangsbereitschaft anfordert. Wird der Antrag an das Gericht der Zwangsbereitschaft (AG) gerichtet, ist ggf. nach § 281 ZPO an das Hauptsachegericht zu verweisen.

2. Bezeichnung des Hauptsachegerichts, aber Angabe des vollen Rubrums und Aktenzeichens des amtsgerichtl. Verfahrens.

3. Die Entscheidung ergeht auch nach mündlicher Verhandlung durch Beschluss, § 942 Abs. 4 ZPO.

4. Nicht „aufrechterhalten", vgl. §§ 936, 925 Abs. 2 ZPO.

5. Bei der Begründung ist zu beachten, dass die bloße Glaubhaftmachung im Rahmen des Hauptsacheverfahrens anders als im einstweiligen Verfügungsverfahren nicht mehr als Beweisangebot genügt. Eidesstattliche Versicherungen sind daher beispielsweise durch Zeugenangebote zu ersetzen.

6. Widerspruch gegen einstweilige Verfügung

An das
Landgericht

In der einstweiligen Verfügungssache
...... KG, vertreten durch den Komplementär ......
– Antragstellerin –
Verfahrensbevollmächtigter: ......
gegen
...... GmbH, vertreten durch den Geschäftsführer ......
– Antragsgegnerin –
Verfahrensbevollmächtigter: ......

zeige ich an, dass ich die Antragsgegnerin vertrete. In deren Namen und Auftrag lege ich gegen die am ...... vom Amtsgericht ...... nach § 942 ZPO erlassene einstweilige Verfügung gemäß §§ 936, 924 I Abs. 1 ZPO beim nunmehr zuständigen Gericht der Hauptsache[1]

Widerspruch

ein und kündige folgende Anträge an:

I. Die einstweilige Verfügung des Amtsgerichts ......, Aktenzeichen: ......, vom ......, wird aufgehoben[2].
II. Die Vollstreckung aus der einstweiligen Verfügung wird mit sofortiger Wirkung ohne – notfalls gegen – Sicherheitsleistung eingestellt[3].
III. Die Antragstellerin hat die Kosten des Verfahrens zu tragen.

Begründung:

1. Die Antragsgegnerin hat noch vor Ablauf der durch die Antragstellerin gesetzten Nachfrist, am ...... durch Einwurf des Überweisungsauftrages in den Bankbriefkasten, ihre Bank beauftragt, den vollständigen Kaufpreis auf das Konto der Antragstellerin zu überweisen. Das Konto der Antragsgegnerin wies zu diesem Zeitpunkt eine ausreichende Deckung auf.

Glaubhaftmachung: Durchschrift des Überweisungsauftrages
Eidesstattliche Versicherung des Komplementärs der Antragstellerin.

2. Da der Leistungsort für Geldschulden der Wohnsitz des Schuldners ist, kommt es für die Rechtzeitigkeit der Leistung lediglich darauf an, wann der Schuldner das zur Übermittlung des Geldes seinerseits Erforderliche getan hat. Bei ausreichender Deckung des Kontos genügt bei Banküberweisungen der rechtzeitige Eingang eines Überweisungsauftrages bei der Bank. Danach eintretende Verzögerungen gehen nicht zu Lasten des Schuldners.[4]
Die Rücktrittsvoraussetzungen des § 323 Abs. 1 BGB lagen daher nicht vor. Zudem stehen die streitgegenständlichen Rollen Glasfilamentgewebe zwischenzeitlich im Eigentum der Antragsgegnerin, da der Kaufpreis mittlerweile auch auf dem Konto der Antragstellerin gutgeschrieben wurde und somit die Bedingung für den Eigentumserwerb eingetreten ist. Es besteht kein Herausgabeanspruch[5].

3. Wenn der Antragsgegnerin die bereits übereigneten Materialien entzogen werden, droht ein Produktionsstillstand und damit ein erheblicher Schaden, für den die Antragstellerin trotz entsprechender gesetzlicher Verpflichtung wegen Unvermögen evtl. nicht wird aufkommen können. Die Einstellung der Zwangsvollstreckung ist daher dringend geboten.

Rechtsanwalt

Anmerkungen

1. Für das Widerspruchsverfahren ist das Gericht, das die einstweilige Verfügung erlassen hat, ausschließlich zuständig, es sei denn, ein unzuständiges Gericht hat die einstweilige Verfügung erlassen. Dann ist das Gericht der Hauptsache zuständig (*Zöller/Vollkommer,* 27. Aufl., § 924, Rdn. 6). Der Widerspruch leitet das streitige Verfahren ein, in dem der Antragsteller zum „Verfügungskläger“, der Antragsgegner zum „Verfügungsbeklagten“ wird. Als weitere Verteidigung eröffnet § 926 ZPO die Möglichkeit, den Antragsteller zur Erhebung der Hauptsacheklage zu zwingen. Zum Rechtsbehelf des § 927 ZPO vgl. Form. I. R. 3.

2. Daneben muss nicht zusätzlich noch Zurückweisung des Antrags auf Erlass einer einstweiligen Verfügung beantragt werden (vgl. §§ 936, 925 Abs. 2 ZPO).

3. Der Widerspruch selbst hemmt die Vollziehung der einstweiligen Verfügung nicht (*Zöller* aaO. § 924 Rdn. 12). Das Gericht kann jedoch nach §§ 924 Abs. 3, 707 ZPO die Zwangsvollstreckung und damit die Vollziehung der einstweiligen Verfügung einstweilen (auch ohne Sicherheitsleistung) einstellen. Soweit schon vollzogen ist, können außerdem bereits getroffene Vollstreckungsmaßnahmen (dies nur gegen Sicherheitsleistung auch im einstweiligen Verfügungsverfahren) aufgehoben werden (also etwa die vom Gerichtsvollzieher möglicherweise bereits sequestrierte Ware zurückgeschafft werden).

Hiervon kann jedoch nur in seltenen Ausnahmefällen (Beispiel: Unmöglichkeit kurzfristiger Entscheidung über die einstweilige Verfügung) Gebrauch gemacht werden (vgl. *Zöller* aaO. § 924 Rdn. 13), weil das einstweilige Verfügungsverfahren ohnehin seiner Natur nach eine sofortige Entscheidung bedingt, die nicht ihrerseits durch einstweilige Anordnung mit uU. endgültiger, die Entscheidung vorwegnehmender Wirkung unterlaufen werden sollte.

4. Vgl. *Palandt* § 270 Rdn. 7. Es sollte daher nach Möglichkeit vertraglich vereinbart werden, dass für die Rechtzeitigkeit der Leistung der Eingang auf dem Konto des Gläubigers maßgeblich ist (so genannte Rechtzeitigkeitsklausel). Demgegenüber kommt es für den Bedingungseintritt im Rahmen des § 449 BGB auf den Eintritt des Leistungserfolgs an.

5. Damit fehlt es am Verfügungsanspruch nach § 935 ZPO.

7. Antrag auf Erlass einer auf Sicherung gerichteten Verfügung mit Grundbucheintragung

......[1]
......[2]

I. Es wird die Eintragung einer Vormerkung zur Sicherung des Anspruchs des Antragstellers auf Auflassung angeordnet in Bezug auf das nachstehende Wohnungseigentum (Miteigentumsanteile verbunden mit dem Sondereigentum): Wohnung Nr. ...... Grundbuch von ...... Gemarkung ...... Band ...... Blatt ......, bestehend aus 59,55/10.000stel Miteigentumsanteilen verbunden mit dem Sondereigentum an der Wohnung Nr. ......, einzutragen an der vorbezeichneten Grundbuchstelle[3].
II. Das Grundbuchamt wird um die Eintragung der Vormerkung ersucht[4].
III. Der Antragsgegner hat die Kosten des Verfahrens zu tragen.

Begründung:

1. Die Antragstellerin hat im Rahmen einer von der Antragsstellerin als Baubetreuerin betreuten und vom Antragsgegner mit anderen Bauherren in einer Bauherrengemein-

schaft im Bauherrenmodell errichteten Wohnanlage in München, die am ...... bezugsfertig wurde, eine Eigentumswohnung ...... im 2. Obergeschoss bestehend aus 2 Zimmern zu ca. 66 qm errichtet.

Glaubhaftmachung: beigefügter Geschäftsbesorgungs- und Baubetreuungsvertrag von ...... zwischen den Parteien.

In § 12 Abs. 2 dieses Vertrages wurde zwischen den Parteien vereinbart, dass die Antragstellerin die Eigentumswohnung nach Ablauf von 5 Jahren nach Bezugsfertigkeit vom Bauherrn, also dem Antragsgegner, gegen Zahlung eines Kaufpreises von 130% des bezahlten Barkapitaleinsatz zuzüglich der bis dahin vom Bauherrn geleisteten Tilgungsbeträge und der Übernahme der Restschuld aus den von der Antragstellerin für den Bauherrn aufgenommenen Fremdmitteln kaufen kann, wenn sich der Bauherr, also der Antragsgegner, innerhalb von 4 Jahren nach Annahme dieses Auftrags in notariell beurkundeter Form zum Verkauf seiner Wohnung zu diesen Bedingungen verpflichtet.

2. Der Antragsgegner hat sich mit in Fotokopie anliegender notarieller Urkunde vom ...... zur Veräußerung seiner Einheit entsprechend dieser Regelung im Geschäftsbesorgungs- und Baubetreuungsvertrag verpflichtet.
Das hierin liegende Angebot wurde von der Antragstellerin mit in Fotokopie anliegender Urkunde angenommen. Damit hat die Antragstellerin ein eigenes Recht auf Auflassung des Miteigentumsanteils verbunden mit dem Sondereigentum, also auf Auflassung der Wohnung.
Die Antragstellerin kann daher nach § 883 BGB die Eintragung einer Vormerkung verlangen.
Dies kann nach § 885 BGB durch einstweilige Verfügung geschehen, ohne dass es erforderlich ist, die Gefährdung des zu sichernden Anspruchs glaubhaft zu machen.[5]
Der Antragsgegner wurde mit in Fotokopie anliegendem Schreiben vom ...... unter Hinweis auf die Annahmeerklärung aufgefordert, die Unterlagen zur Durchführung des Verkaufs zur Verfügung zu stellen. Er hat hierauf erklärt, es handle sich nur um eine Rücknahmegarantie zu seinen Gunsten, er sei jedoch trotz der abgegebenen Auflassungserklärung nicht verpflichtet, gegen seinen Willen die Wohnung zu verkaufen.
Die Antragstellerin hat in Erfahrung gebracht, dass er versucht, die Wohnung anderweitig günstiger zu verkaufen.

Rechtsanwalt

Anmerkungen

1. Zur Zuständigkeit vgl. Anm. zu Form. I. R. 4.

2. Volles Rubrum. Zur Bezeichnung der Antragsschrift und zur Eingangsformulierung vgl. Form. I. R. 4.

3. Behaupteter Verfügungsanspruch der Antragsstellerin: Anspruch auf Auflassung des Grundstücks auf Grund eines vorab in getrennten notariellen Urkunden geschlossenen Kaufvertrages. Zur Sicherung dieses Anspruchs kann – ohne dass es der Glaubhaftmachung eines gesonderten Verfügungsgrundes bedarf (vgl. § 885 S. 2 BGB, ebenso wie im Falle der Eintragung eines Widerspruchs nach § 899 Abs. 2 BGB) – eine Vormerkung ins Grundbuch eingetragen werden.

Zugrunde liegt hier ein so genannter „Rückkaufsanspruch". Die Anbieter im Bauherrenmodell hatten insbesondere Anfang der 70er Jahre so genannte Ankaufs- oder „Rückkaufsgarantien" gegeben, mit denen die Anlage-Angebote attraktiver gemacht werden sollten, und die ein Recht des Bauherrn vorsahen, unter bestimmten Voraussetzungen die Wohnung gegen einen erhöhten Kaufpreis an den Anbieter zu verkaufen. Im vorliegenden Fall war Bedingung dieser Rückkaufsgarantie eine eigene Verkaufsverpflichtung des Anbieters, an die dieser sich nicht mehr gebunden halten wollte.

4. Nach § 941 ZPO kann das erkennende Gericht nach Ermessen ein Eintragungsersuchen an das Grundbuchamt richten. Ziff. II der Anträge enthält lediglich eine Anregung des Gläubigers. Die Vollziehungsfrist wird mit dem Eingang des Ersuchens beim Grundbuchamt gewahrt (§ 932 Abs. 3, § 929 Abs. 2 und 3 ZPO). Natürlich kann der Gläubiger nach Erwirken der einstweiligen Verfügung (ggf. auch vor Zustellung, §§ 936, 929 Abs. 3 ZPO, in diesem Fall aber Achtung auf unverzügliche Nachholung der Parteizustellung!; vgl. oben Form. I. R. 1. Anm. 7) den Antrag direkt an das Grundbuchamt richten.

5. Da im Falle des § 885 BGB ebenso wie im Falle des § 899 BGB grundsätzlich keine Glaubhaftmachung des Verfügungsgrundes erforderlich ist, dieser vielmehr in Grundbuchsachen infolge der Möglichkeit des Gutglaubenserwerbs nach § 892 BGB vom Gesetz grundsätzlich vorausgesetzt wird, bedarf es auch keiner Glaubhaftmachung in Bezug auf die vorgerichtliche Geltendmachung des Anspruchs gegenüber dem Antragsgegner, dessen Reaktion und dessen Verkaufsabsichten.

8. Antrag auf Erlass einer Sicherungsverfügung, gerichtet auf Erwerbsverbot und Eintragung eines Widerspruchs

……[1]

I. Dem Antragsgegner wird es unter Androhung eines Ordnungsgeldes bis zu 250.000,– EUR und für den Fall, dass dieses nicht beigetrieben werden kann, Ordnungshaft, oder Ordnungshaft bis zu 6 Monaten[2], verboten, seine Eintragung als Eigentümer des Grundstückes, vorgetragen im Grundbuch des Amtsgerichts …… für ……, Band, Blatt ……, zu beantragen[3] bzw. einen evtl. bereits gestellten Eintragungsantrag aufrechtzuerhalten[4].

II. Es wird die Eintragung eines Widerspruchs gegen die für den Antragsgegner bei dem vorbezeichneten Grundstück in Abteilung II eingetragene Auflassungsvormerkung angeordnet[5].

III. Das Grundbuchamt wird um die Eintragung des Widerspruchs gemäß II ersucht[6].

IV. Der Antragsgegner hat die Kosten des Verfahrens zu tragen.

Begründung:

1. Der Antragsteller hat an den Antragsgegner durch Urkunde des Notars B vom ……, URNr. ……, sein im Antrag I näher bezeichnetes Baugrundstück in …… verkauft. Gleichzeitig wurde in der notariellen Urkunde die Auflassung erklärt und eine Auflassungsvormerkung bewilligt sowie deren Eintragung beantragt. Die Auflassungsvormerkung ist zwischenzeitlich eingetragen.

Glaubhaftmachung: in beglaubigter Fotokopie anliegender Kaufvertrag vom …… zur Urkunde des Notars B, URNr. ……,
beglaubigte Fotokopie des Grundbuchauszuges vom ……

2. In Ziff. …… des notariellen Vertrages hat sich der Antragsteller zugleich verpflichtet, auf dem Grundstück ein schlüsselfertiges Haus zu errichten nach den beiden Parteien bekannten Plänen. Diese Pläne waren der notariellen Urkunde jedoch nicht beigefügt und wurden nicht mit vorgelegt.[6] Der Antragsteller ist daher der Meinung, dass der Vertrag nichtig ist und er die Berichtigung des Grundbuchs verlangen kann[7]. Er will das Grundstück anderweitig wesentlich günstiger verkaufen[8]. Wenn der Antragsgegner als Eigentümer eingetragen wird und damit die Heilung des Kaufvertrags nach § 311 b Abs. 1 S. 2 BGB eintritt, verliert der Antragsteller seinen Grundbuchberichtigungsanspruch[9].

Rechtsanwalt

Anmerkungen

1. Zur äußeren Gestaltung vgl. Form. I. R. 4. Zur Zuständigkeit vgl. Form. I. R. 4 Anm. 2.

2. Vgl. § 890 ZPO. Der Festsetzung von Ordnungsmitteln muss eine entsprechende Androhung vorausgehen, Daher empfiehlt sich die Titulierung. Bei juristischen Personen ist es zulässig, die Androhung von Ersatzordnungshaft mit der Maßgabe vorzunehmen, dass diese an dem jeweiligen gesetzlichen Vertreter zu vollziehen ist (BGH GRUR 1991, 929, 931).

3. Selbst wenn der Eintragungsantrag schon gestellt sein sollte, hindert eine einstweilige Verfügung, die lediglich das Verbot der Stellung des Eintragungsantrags enthält, die Aufrechterhaltung eines bereits gestellten Eintragungsantrages (vgl. KG DNotZ 1962, 400).

4. Das Erwerbsverbot, das hier mit einstweiliger Verfügung erstrebt wird, ist eine von der Rechtsprechung entwickelte Sicherungsmaßnahme zur Verhinderung der Heilung eines nichtigen Kaufvertrages. Es steht einem Veräußerungsverbot nach § 136 BGB gleich. Die dennoch erfolgte Eintragung ist daher relativ unwirksam und heilt nicht (*Palandt/Grüneberg*, 68. Aufl., § 311 b, Rdn. 51).

Das Erwerbsverbot ist nicht im Grundbuch eintragbar (*Palandt/Bassenge* aaO. § 888, Rdn. 11), es ist mit Zustellung an den Erwerber wirksam und zweckmäßigerweise dem Grundbuchamt bekanntzumachen, welches das Erwerbsverbot von Amts wegen zu beachten hat (*Palandt* aaO.). § 878 BGB ist nicht anwendbar.

5. Wenn ein Kaufvertrag formnichtig ist und dementsprechend kein Auflassungsanspruch entsteht, hat der Erwerber damit auch keine Auflassungsvormerkung erworben (BGHZ 54, 56, 63). Das Grundbuch ist daher unrichtig. Dem Antragsteller steht ein Berichtigungsanspruch nach § 894 BGB zu.

Ob allerdings bei der Auflassungsvormerkung bei Nichtentstehen/Erlöschen des gesicherten Anspruchs ein Widerspruch eingetragen werden kann, ist strittig (verneinend die hM.; beispielsweise KG OLGZ 1978, 122, weil der Widerspruch nur zum Ausschluss gutgläubigen Erwerbes diene, dieser jedoch mangels Entstehens einer Vormerkung nicht möglich sei, *Palandt* aaO., § 885 Rdn. 19).

6. Trotz der hohen Anforderungen, die die Rechtsprechung an die Erfüllung des Formerfordernisses des § 311 b Abs. 1 BGB stellt, genügt bei Plänen, auf die im Vertrag verwiesen wird, die Vorlage zur Durchsicht, § 13 Abs. 1 S. 1 BeurkG. In der Niederschrift soll festgestellt werden, dass eine solche erfolgt ist, § 13 Abs. 1 S. 2 BeurkG.

7. Vgl. § 941 ZPO.

8. Ob dies allein bereits zur Bejahung eines die Berufung auf Formnichtigkeit ausschließenden Rechtsmissbrauches ausreicht, erscheint sehr fraglich (vgl. dazu *Palandt/Ellenberger* aaO. § 125 Rdn. 22 ff.; bejahend OLG München NJW 1979, 2157; LG München I NJW 1979, 2158).

9. Bei der Eintragung eines Widerspruchs bedarf es nach § 899 Abs. 2 S. 2 BGB keiner Glaubhaftmachung der Rechtsgefährdung.

9. Antrag auf Erlass einer Regelungsverfügung[1]

……[2]

I. Dem Antragsgegner wird geboten, dem Antragsteller und – in seiner Begleitung – seiner Ehefrau und seinem Architekten A den Zutritt zwecks Besichtigung der Räumlichkeiten und des Zustands der Räumlichkeiten und Installationen der im Anwesen ……, ……straße Nr. ……, gelegenen Eigentumswohnung Nr. …… zu gestatten[3].

II. Der Antragsgegner hat die Kosten des Verfahrens zu tragen.

Begründung:

1. Der Antragsteller hat am ...... im Zwangsversteigerungsverfahren des Amtsgerichts ...... Aktenzeichen ...... die zuletzt im Eigentum des Antragsgegners stehende Eigentumswohnung gemäß Ziff. I ersteigert; der Zuschlagsbeschluss vom ...... ist rechtskräftig[4].

Da der Antragsgegner bis heute nicht geräumt hat, musste im Auftrag des Antragstellers der zuständige Gerichtsvollzieher B beauftragt werden, der am ...... die Parteien und zuständigen Behörden verständigte und Räumungstermin auf den ...... ansetzte. 10 Tage vor dem Termin hat jedoch der Antragsgegner beim Amtsgericht ...... Antrag auf Räumungsaufschub gemäß § 765 a ZPO gestellt; im Rahmen dieses Verfahrens wurde bis zur endgültigen Entscheidung die Zwangsvollstreckung einstweilen eingestellt[5].

Glaubhaftmachung: Eidesstattliche Versicherung des Antragstellers,
Antrag des Antragsgegners gem. § 765 a ZPO,
Beschluss des ...... vom ...... in beglaubigter Fotokopie.

2. Der Antragsteller ist unabhängig vom Schicksal des Vollstreckungsschutzverfahrens dringend darauf angewiesen, unverzüglich seine ihm gehörende Eigentumswohnung gem. Ziff. I zusammen mit seiner Ehefrau und seinem Architekten betreten zu dürfen, weil sich diese in einem bautechnisch außerordentlich schlechten Zustand befindet und dort ganz umfangreiche Instandsetzungs-, zum Teil Neu-Ausbauarbeiten dringend erforderlich sind, die Wochen dauern werden und vorher durch den Architekten festgelegt und geplant werden müssen ......

Der Antragsteller selbst hat im Vertrauen auf die Zusicherung des Antragsgegners, zum ...... auszuziehen, seine eigene Mietwohnung zum vorgesehenen Auszugstermin gekündigt; vor seinem eigenen Einzug ist die Durchführung dieser Arbeiten jedoch dringend erforderlich.

Glaubhaftmachung: Eidesstattliche Versicherung des Antragstellers

Rechtsanwalt

Anmerkungen

1. Sedes materiae der Regelungs- oder Befriedungsverfügung ist § 940 ZPO (Die Abgrenzung zwischen Sicherungsverfügung und Regelungsverfügung ist unsicher und praktisch insofern ohne Bedeutung, als der Antragsteller lediglich sein Rechtsschutzziel angeben muss, nicht jedoch eine Festlegung auf die Art der einstweiligen Verfügung vorzunehmen hat (*Zöller/Vollkommer,* 27. Aufl., § 935 Rdn. 2)

Voraussetzungen:

Regelung eines Zustands oder streitigen Rechtsverhältnisses im weitesten Sinn.

Ein materieller Rechtsanspruch ist im Falle des § 940 ZPO ausnahmsweise entbehrlich (*Zöller* aaO. § 940 Rdn. 2).

Verfügungsgrund: Notwendigkeit der einstweiligen Regelung zur Vermeidung wesentlicher Nachteile oder drohender Gewalt, oder aus anderen Gründen (§ 940 ZPO). Für die Regelungsverfügung gelten die Ausführungen über die Sicherungsverfügung entsprechend (vgl. Form. I. R. 4 Anm. 1). Es können nach Ermessen des Gerichts Anordnungen aller Art in Form von Geboten oder Verboten an den Antragsgegner ergehen, § 938 ZPO.

2. Zur äußeren Gestaltung vgl. Form. I. R. 4. Zur Zuständigkeit vgl. Form. I. R. 4 Anm. 2.

3. Die Vornahme von vertretbaren Handlungen (Öffnung der Wohnung, strittig, *Baumbach/Hartmann,* ZPO § 887 Rdn. 38 „Vermieter") kann der Antragsgegner durch

Ersatzvornahme oder ggf. – wie hier – auch durch unmittelbaren Zwang nach § 892 ZPO durchsetzen (zum Richtervorbehalt bei Verschaffung des Zugangs zur Wohnung, der hier durch die Anordnung des Gerichts gewahrt wäre (vgl. *Zöller/Stöber* aaO. § 892, Rdn. 1). Mit Rücksicht auf § 891 S. 2 ZPO kann das Prozessgericht erst nach Anhörung des Schuldners die zwangsweise Öffnung durch den zuständigen Gerichtsvollzieher und die Durchführung der Besichtigung in dessen Gegenwart anordnen.

4. Zuschlagsbeschluss ist Räumungstitel nach § 794 Nr. 3 ZPO, § 93 ZVG. Der Ersteher tritt in den Mietvertrag ein. Er hat ein außerordentliches Kündigungsrecht nach § 57a ZVG, auf das jedoch die Wohnraumschutzbestimmungen Anwendung finden (*Zeller* ZVG § 57a Rdn. 6).

5. Damit ist der Verfügungsgrund, hier die Notwendigkeit sofortiger Besichtigung zur Vorbereitung von baulichen Maßnahmen vor dem Einzug des Antragstellers, dargetan. Der Wohnraummieter ist nach § 554 Abs. 1 BGB verpflichtet, die Durchführung baulicher Erhaltungsmaßnahmen zu dulden; der Vermieter kann dies nach hM. grds. nicht durch einstweilige Verfügung erzwingen (vgl. *Palandt/Weidenkaff*, 68. Aufl., § 554 Rdn. 35). Die Mietgerichte lehnen einstweilige Verfügung oft mit der pauschalen Begründung ab, die Hauptsache werde vorweggenommen. Dies führt bei oft langwieriger Terminierungspraxis zur Rechtsschutzverweigerung (vgl. auch Form. II. B. 5 Anm. 1).

Das Recht des Vermieters auf Durchführung baulicher Erhaltungsmaßnahmen umfasst selbstverständlich auch die Befugnis, die Wohnung zum Zwecke der Überprüfung und Festlegung der notwendigen baulichen Maßnahmen zu besichtigen.

10. Antrag auf Erlass einer auf Leistung gerichteten einstweiligen Verfügung[1]

Dringender Antrag auf Erlass einer einstweiligen Verfügung
An das
Oberlandesgericht[2]

In Sachen
…… **– Antragsteller –**
Prozessbevollmächtigter: ……
gegen
1) A **– Antragsgegner zu 1) –**
2) B **– Antragsgegner zu 2) –**
3) C **– Antragsgegner zu 3) –**
bitte ich wegen der Dringlichkeit durch den Vorsitzenden allein ohne mündliche Verhandlung folgende einstweilige Verfügung zu erlassen:

I. Den Antragsgegnern wird als Gesamtschuldnern geboten, an den Antragsteller bis zum rechtskräftigen Abschluss des Verfahrens, Az.: ……, eine monatliche Schadensrente in Höhe von …… zu zahlen.[3]

II. Die Antragsgegner haben die Kosten des Verfahren zu tragen.

Begründung:

1. Der Antragsteller wurde – wie dem erkennenden Gericht aus dem unter Az.: …… anhängigen Hauptsacheprozess bekannt ist – bei einem Verkehrsunfall, den der Antragsgegner zu 1) als Fahrer verschuldet und der Antragsgegner zu 2) als Halter, der Antragsgegner zu 3) als Pflichtversicherer zu verantworten hat, so verletzt, dass er gelähmt und arbeitsunfähig ist. Der Antragsteller hat keine Rücklagen und keine Möglichkeit, die notwendigen Mittel für den laufenden Unterhalt zu beschaffen.

Glaubhaftmachung: anliegende eidesstattliche Versicherung des Antragstellers.

2. In I. Instanz wurden die Antragsgegner ua. zur Zahlung einer monatlichen Schadensrente nach §§ 842, 843 BGB von EUR ...... verurteilt. Den Antragsgegnern wurde jedoch nachgelassen, die Vollstreckung durch Sicherheitsleistung abzuwenden

Glaubhaftmachung: Beiziehung der Akten des Landgerichts ......, Az.: ......, und des Oberlandesgerichts ......, Az.: ......

Diese Sicherheit wurde durch die Antragsgegner in Form einer zugelassenen, unbeschränkten, unwiderruflichen, unbefristeten und selbstschuldnerischen Bankbürgschaft geleistet.

Glaubhaftmachung: in beglaubigter Fotokopie anliegende Bankbürgschaft der X-Bank.

3. Da das Berufungsverfahren sich noch längere Zeit hinziehen wird, der Antragsteller seinerseits in I. Instanz versäumt hat, einen Antrag zu stellen, ohne Sicherheitsleistung vollstrecken zu dürfen,[4] er andererseits aber existenznotwendig auf die Schadensrente angewiesen ist, bleibt daher kein anderer Weg, als ihm durch einstweilige Verfügung während des Laufes des Hauptsacheverfahrens eine Schadensrente zuzusprechen[5].

Rechtsanwalt

Anmerkungen

1. Die Leistungsverfügung ist eine gewohnheitsrechtlich entwickelte einstweilige Verfügung sui generis, die zum dringenden Schutz lebenswichtiger Bedürfnisse des Gläubigers erforderlich und auf einstweilige Befriedigung dieser Bedürfnisse gerichtet ist.

Verfügungsanspruch: Recht aus einem konkreten Streitverhältnis, auch ein – nicht notwendig – auf Geld gerichteter Anspruch, insbesondere fortlaufende Zahlungen, Unterhalts-Rentenansprüche, Arzt- und Krankenhauskosten etc. (weitere Bsp.: *Zöller/Vollkommer,* 27. Aufl., § 940 Rdn. 6). Für familienrechtliche Unterhaltsansprüche hat die Leistungsverfügung nur vor Einleitung eines familienrechtlichen Verfahrens (danach: einstweilige Anordnung nach § 620 ZPO, vgl. Form. II. I. 12) bzw. eines Prozesskostenhilfeantrages Bedeutung. Für Unterhaltsansprüche ist außerdem § 644 ZPO vorrangig. In den Fällen des § 127 a ZPO fehlt das Rechtsschutzbedürfnis für eine einstweilige Verfügung gegen den Verfahrensgegner (*Zöller/Philippi* aaO. § 621 f Rdn. 2).

Verfügungsgrund: Notwendigkeit eines faktischen Vorgriffs auf Befriedigung, da der Gläubiger dringend hierauf angewiesen ist (*Zöller/Vollkommer* aaO., § 940, Rdn. 6)

2. Hier wird der Antrag an das Gericht der Hauptsache gerichtet, bei dem im konkreten Fall der Hauptsacherechtsstreit in der Berufungsinstanz anhängig ist (§ 937 ZPO).

3. Das Urteil auf Schadensrente ist an sich vorläufig vollstreckbar (§ 708 Nr. 8 ZPO), jedoch ist über eine Abwendungsbefugnis des Schuldners gem. § 711 ZPO von Amts wegen zu entscheiden.

4. Der Antrag nach § 710 ZPO, ausnahmsweise die Vollstreckung durch den Gläubiger ohne Sicherheit zuzulassen, der hier möglich gewesen wäre, kann nur bis zum Schluss der mündlichen Verhandlung gestellt werden (§ 714 ZPO). Wurde der Antrag nicht in der I. Instanz gestellt, kann in der Berufungsinstanz über die vorläufige Vollstreckbarkeit nicht vorab verhandelt und entschieden werden (*Zöller/Herget* aaO. § 718 Rdn. 2). Deshalb hilft – jedenfalls nach dieser Auffassung – nur die einstweilige Verfügung mit vorläufiger Befriedigungswirkung.

5. Die Existenz des vorläufigen vollstreckbaren Titels in I. Instanz schließt den Erlass der einstweiligen Verfügung und damit die Schaffung eines zweiten Titels nicht aus (vgl. KG NJW 1969, 2018, zum Schutz des Schuldners gegen Doppelvollstreckung vgl. *Schu-*

ler NJW 1959, 1801/1804). Da jedoch nicht eine volle Befriedigung erfolgen, sondern nur die Existenzgrundlage des Antragstellers gesichert werden soll, kann die – möglicherweise im Hauptsacheverfahren schon weitergehend zugesprochene – Rente im einstweiligen Verfügungsverfahren auf die pfändungsfreien Beträge nach § 850c ZPO begrenzt werden (KG aaO.).

11. Antrag auf Erlass einer Unterlassungsverfügung auf Abgabe einer Erklärung[1]

An das
Landgericht[2]

Antrag auf Erlass einer einstweiligen Verfügung

In Sachen

Rechtsanwalt ……

Prozessbevollmächtigter: selbst

gegen

1. A Antragsgegner zu 1)
2. B Antragsgegner zu 2)

wegen Unterlassung[3]

vorläufiger Streitwert[4]: EUR 50.000,–

bitte ich um den Erlass folgender einstweiliger Verfügung ohne mündliche Verhandlung durch den Vorsitzenden allein:

I. Die Antragsgegner haben es zu unterlassen, wörtlich oder sinngemäß[5] die Behauptung aufzustellen und/oder zu verbreiten, der Antragsteller habe eine falsche eidesstattliche Versicherung abgegeben.

II. Den Antragsgegnern wird angedroht, dass für jeden Fall der Zuwiderhandlung gegen die in Ziffer I ausgesprochene Verpflichtung ein Ordnungsgeld bis zu EUR 250.000,– und für den Fall, dass dieses nicht beigetrieben werden kann, Ordnungshaft, oder Ordnungshaft bis zu 6 Monaten festgesetzt werden kann[6].

III. Die Antragsgegner haben die Kosten des Verfahrens zu tragen.

Begründung:

1. Der Antragsteller hat als Rechtsanwalt für seinen Mandanten Y eine einstweilige Verfügung erwirkt, mit der den Antragsgegnern dieses Verfahrens, A und B, verboten wurde, folgende Behauptungen über Y aufzustellen ……

Glaubhaftmachung: In beglaubigter Kopie anliegender Beschluss des erkennenden Gerichts vom …… (Datum).

Der Tatsachenvortrag in der dortigen Antragsschrift war glaubhaft gemacht worden mit einer eigenen eidesstattlichen Versicherung des Antragstellers dieses Verfahrens.

Glaubhaftmachung: In Kopie anliegende eidesstattliche Versicherung des Antragstellers im vorausgegangenen Verfahren.

2. Die Antragsgegner haben nach Erlass der einstweiligen Verfügung des erkennenden Gerichts mehrfach unter Zeugen erklärt, die seinerzeitige nicht weiter angegriffene einstweilige Verfügung des Gerichts beruhe auf einer eidesstattlichen Versicherung des Antragstellers als Prozessbevollmächtigtem des Y, die nachweislich in mehreren Punkten falsch sei[7]. Sie haben trotz Abmahnung des Antragstellers erklärt, sie würden es

sich nicht nehmen lassen, diese nachweislich richtige Erklärung zu jeder Zeit und gegenüber jeder beliebigen Person zu wiederholen[8].

Glaubhaftmachung: Eidesstattliche Versicherung des Zeugen N. in der Anlage.

Die eidesstattliche Versicherung des Antragstellers, deren Unrichtigkeit von den Antragsgegnern behauptet wird, ist richtig. Die Behauptung, der Antragsteller habe eine falsche eidesstattliche Versicherung abgegeben, ist geeignet, den Antragsteller in seiner Ehre persönlich schwer zu verletzen und in seinem beruflichen Ansehen und Fortkommen als Rechtsanwalt und damit als Organ der Rechtspflege empfindlich zu beeinträchtigen.

Der Antragsteller hat daher einen im Wege einstweiliger Verfügung durchsetzbaren Unterlassungsanspruch gemäß §§ 1004, 823 BGB analog.

Anmerkungen

1. Vergleiche hierzu auf dem Gebiet des Presserechts auch Form. II. P. 8.

2. Zuständigkeit des Landgerichts: §§ 71, 23 GVG.

3. Sinn ist Sicherung des Rechtfriedens nach § 940 ZPO.

4. Streitwert: § 23 Abs. 1 RVG, (mit Rücksicht auf die Schwere des Vorwurfs in dieser Höhe angemessen).

5. Vgl. Form. II. P. 7 Anm. 4.

6. § 890 ZPO. Vgl. Form. I. R. 4. Anm. 2.

7. Die Behauptung, ein anderer habe eine falsche eidesstattliche Versicherung abgegeben, stellt eine schwere Ehrverletzung dar. Den negatorischen Unterlassungsanspruch begründet die Rechtsprechung mit Analogie zu §§ 823, 1004 BGB (vgl. *Palandt/Sprau*, 68. Aufl., Einf. v. § 823 Rdn. 16; § 1004 Rdn. 4). Die Einschränkung von Unterlassungsansprüchen bei Prozessbehauptungen in einem schwebenden Verfahren greift hier nicht ein (zur Ehrverletzung bei Bezugnahme auf die Feststellungen eines rechtskräftigen Strafurteils, vgl. BGH NJW 1985, 2644).

8. Vom Antragsteller zu beweisende Wiederholungsgefahr ist erforderlich.

12. Antrag auf Erlass einer Unterlassungsverfügung auf Vornahme einer Handlung

Antrag auf Erlass einer einstweiligen Verfügung

in Sachen

…… **– Antragstellerin –**

Verfahrensbevollmächtigte: ……

gegen

…… **– Antragsgegnerin –**

beantragen wir den Erlass einer einstweiligen Verfügung mit folgendem Inhalt:

I. Der Antragsgegnerin wird untersagt, die von der L-Bank ausgestellte Vorauszahlungsbürgschaft über EUR …… vom ……, Bürgschaftsnummer …… geltend zu machen und die Auszahlung der Bürgschaftsbeträge von der L-Bank zu verlangen bzw. den Bürgschaftsbetrag einzuziehen und/oder ein gestelltes Verlangen aufrecht zu erhalten.

II. Der Antragsgegnerin wird für jeden Fall der Zuwiderhandlung gegen die vorstehende Verpflichtung ein Ordnungsgeld bis zur Höhe von EUR 250.000,– und für den Fall,

dass dies nicht beigetrieben werden kann, eine Ordnungshaft, oder Ordnungshaft bis zu sechs Monaten angedroht.

III. Die Antragsgegnerin trägt die Kosten des Verfahrens.

Begründung:

1. Der Antragstellerin steht ein Unterlassungsanspruch gegen die Antragsgegnerin zu, gerichtet auf Unterlassung der Vorlage und/oder Inanspruchnahme einer auf erstes Anfordern erfüllbaren Bürgschaft.[1]

Die L-Bank hat am ...... zur Sicherung sämtlicher Ansprüche der Antragsgegnerin gegen die Antragstellerin aus dem Werkvertrag der Parteien vom ...... über die schlüsselfertige Errichtung eines Einkaufszentrum in S. die vorbezeichnete auf erstes Anfordern erfüllbare Bürgschaft für geleistete Werklohnvorauszahlungen gestellt.

Mit in Kopie anliegendem Schreiben vom ...... hat die Antragsgegnerin gegenüber der Antragstellerin den Werkvertrag vom ...... aus angeblich wichtigem Grund außerordentlich gekündigt.

Glaubhaftmachung: in Kopie anliegendes Schreiben der Antragsgegnerin vom ......, das die Kündigung enthält.

Der Werkvertrag zwischen den Parteien, der ein Pauschalvertrag ist, sieht die Geltung der VOB/B als Vertragsgrundlage vor. Für die außerordentliche Kündigung sind keine von der VOB/B abweichenden Vereinbarungen getroffen.

Glaubhaftmachung: in Kopie anliegender Werkvertrag zwischen den Parteien vom ......

2. Die Kündigung ist unwirksam. Die Voraussetzungen einer außerordentlichen Kündigung bzw. eines Auftragsentzugs nach § 8 Nr. 3 VOB/B liegen nicht vor. Dies ergibt sich aus dem eigenen Vortrag der Antragsgegnerin im Kündigungsschreiben. Sie führt dort nämlich aus, dass die Kündigung ohne weitere Fristsetzung erfolgen musste, weil die Arbeiten auf der Baustelle zu langsam vorangehen; bei dieser Situation sei eine Fristsetzung nicht erforderlich. Voraussetzung einer wirksamen außerordentlichen Kündigung nach § 8 Nr. 3 VOB/B ist jedoch (von krassen Ausnahmefällen abgesehen) in allen genannten Fällen die Setzung einer Frist und die Androhung der Auftragsentziehung.[2] An beiden Voraussetzungen fehlt es.

3. Damit steht fest, dass die Kündigung unwirksam ist. Infolgedessen ist die Geltendmachung des Rückzahlungsanspruchs in Bezug auf den nach dem Werkvertrag vorausgezahlten Werklohn wegen Unwirksamkeit der Kündigung evident unbegründet. Die Inanspruchnahme der Bürgschaft ist rechtsmissbräuchlich.[3]

Aus diesem Sachverhalt folgt ein Anspruch der Antragstellerin auf Unterlassung gegen die Antragsgegnerin, die auf erste Anforderung zu erfüllende Bürgschaftsforderung gegen die L-Bank geltend zu machen. Denn die Antragsgegnerin nutzt mit ihrem Zahlungsverlangen eine formale Position aus der Bürgschaft rechtsmissbräuchlich aus. Die Antragsgegnerin hat den Gegenwert der geleisteten Zahlung in Form von Bauleistungen erhalten. Rückzahlungsansprüche können infolge der Unwirksamkeit der Kündigung evident nicht bestehen.

4. Ein Verfügungsgrund ist gegeben.

Der zuvor dargelegte und begründete Unterlassungsanspruch auf Vorlage der Bürgschaft und deren Inanspruchnahme ist unmittelbar gefährdet. Die Antragsgegnerin hat der Antragstellerin mit dem beigefügten Brief von ...... angekündigt, dass sie die Bürgschaft der L-Bank in Anspruch nehmen werde.

Glaubhaftmachung: in Kopie anliegendes Schreiben der Antragsgegnerin vom ......

Der Sachbearbeiter der L-Bank hat gegenüber dem Geschäftsführer der Antragstellerin in einem Telefonat vom ...... erklärt, er sehe keine andere Möglichkeit als auf die

auf erste Anforderung erfüllbare Bürgschaft zu zahlen, wenn die Bank aus dieser Bürgschaft in Anspruch genommen werde.[4]

Glaubhaftmachung: anliegende eidesstattliche Versicherung des Geschäftsführers der Antragstellerin.

Anmerkungen

1. Verfügungsanspruch ist ein Unterlassungsanspruch, gerichtet auf Unterlassung der Vorlage oder Inanspruchnahme einer auf erstes Anfordern erfüllbaren Bürgschaft. Der Sinn der Bürgschaft auf erstes Anfordern liegt darin, dem Begünstigten (Bauherrn) im Bürgschafts- oder Garantiefall innerhalb kürzester Zeit liquide Mittel zur Verfügung zu stellen. Die Bank darf grundsätzlich ohne Rücksprache mit dem Unternehmer (hier Antragsteller) an den Bauherrn (hier Antragsgegner) leisten, es sei denn, dass ein liquider oder offensichtlicher Einwand besteht (vgl. im Einzelnen *Werner/Pastor,* Der Bauprozess, 9. Auflage, Rdn. 367 ff. mwN. zur Rechtsprechung). Wer auf Grund einer Bürgschaft auf erste Anforderung Zahlung begehrt, muss nur schlüssig darlegen, was als Voraussetzung der Zahlung auf erstes Anfordern in der Bürgschaft niedergelegt ist (BGH ZfBR 1994, 70, 71; siehe auch OLG München BauR 1995, 139). Die verbürgte Hauptforderung muss nicht schlüssig dargelegt werden (BGH NJW 1994, 380). Insbesondere im Baurecht beurteilt die Rechtsprechung die Zulässigkeit einer Bürgschaft auf erstes Anfordern in Allgemeinen Geschäftsbedingungen zunehmend kritisch (vgl. *Oepen,* NJW 2009, 1110).

Ob es einen Unterlassungsanspruch, der sich gegen die Inanspruchnahme einer Bürgschaft auf erstes Anfordern richtet, überhaupt gibt, ist umstritten. Die herrschende Meinung bejaht jedoch in krass gelagerten Ausnahmefällen des Rechtsmissbrauchs einen solchen Unterlassungsanspruch, der durch einstweilige Verfügung gesichert werden kann (KG, Beschluss v. 3. 12. 1998 – IBR 1999, 531 – das KG stellt außerdem klar, dass der richtige Antrag sich auf Unterlassung der Einziehung des Garantiebetrages richten müsse; BGH BauR 1988, 54, 594; BGH BauR 1996, 251).

2. Eine außerordentliche Kündigung eines Bauvertrags nach § 8 Nr. 3 VOB/B setzt grundsätzlich voraus, dass in den Fällen des § 4 Nr. 7 und 8 Abs. 1 und des § 5 Nr. 4 die gesetzte Frist bei Androhung der Auftragsentziehung fruchtlos abgelaufen ist. Nur in Ausnahmefällen bei besonders schwerer positiver Vertragsverletzung – nämlich wenn sich ein Unternehmer als vollkommen unfähig und unzuverlässig erweist – kann ohne weitere Voraussetzung gekündigt werden. Hier handelt es sich jedoch um eng auszulegende Ausnahmefälle. Die Tatsache allein, dass langsam gearbeitet wird, stellt keine schwere positive Vertragsverletzung dar, die zur sofortigen Kündigung berechtigt (vgl. im Einzelnen *Heiermann/Riedl/Rusam,* Handkommentar zur VOB, 9. Auflage, § 8 Nr. 3 Rdn. 24).

3. Nur bei Rechtsmissbrauch kann ausnahmsweise ein Verfügungsanspruch der vorliegenden Art bejaht werden. Allerdings muss der Rechtsmissbrauch auch liquide dargelegt werden können. Erforderlich ist eine offenkundige Rechtsmissbräuchlichkeit der Inanspruchnahme. Der Einwand des Rechtsmissbrauchs ist darauf beschränkt, dass die materielle Berechtigung des Gläubigers aus der Bürgschaft nach deren Bedingungen oder wegen Nichtbestehens der Hauptschuld offensichtlich fehlt. Das trifft nur zu, wenn die rechtsmissbräuchliche Ausnutzung der formalen Rechtsstellung für jedermann klar ersichtlich, also liquide ist (BGH BauR 1989, 620; BGH BauR 1988, 594 KG BauR 1999, 531). Im einstweiligen Verfügungsverfahren wird man davon ausgehen müssen, dass ein solcher liquider Rechtsmissbrauch im Grunde nur dann bejaht werden kann, wenn er entweder durch Urkunden belegbar ist (vgl. hierzu *Graf Lambsdorff/Skora,* Handbuch des Bürgschaftsrechts, Rdn. 32) oder sich aus dem unstreitigen übereinstimmenden

Sachvortrag der Parteien von selbst eindeutig ergibt. Im vorliegenden Fall wird man das bejahen können.

4. Damit liegt der Verfügungsgrund – nämlich die Gefahr der sofortigen Zahlung trotz rechtsmissbräuchlicher Inanspruchnahme – auf der Hand.

13. Schutzschrift zur Verhinderung des Erlasses einer einstweiligen Verfügung[1]

An das
……gericht

Schutzschrift

In Sachen
A, Rechtsanwalt in ……

– möglicher Antragsteller –

gegen[2]
B, Rechtsanwalt ……
Verfahrensbevollmächtigter: selbst

– möglicher Antragsgegner –

wegen Abwehr einstweiliger Verfügung

lege ich in eigener Sache eine Schutzschrift vor. Ich muss den Umständen nach befürchten, dass der mögliche Antragsteller (im Folgenden: Antragsteller) versuchen wird, gegen mich eine einstweilige Verfügung des angerufenen Gerichts ohne mündliche Verhandlung zu erwirken. Die Folgen einer solchen einstweiligen Verfügung wären für mich – auch bei nachträglicher Aufhebung der einstweiligen Verfügung – außerordentlich schwerwiegend und irreparabel.

Ich beantrage daher für den Fall eines Antrages auf Erlass einer einstweiligen Verfügung

I. den Antrag auf Erlass einer einstweiligen Verfügung zurückzuweisen,
II. hilfsweise: über den Verfügungsantrag nicht ohne mündliche Verhandlung zu entscheiden,
III. äußerst hilfsweise: Die Anordnung oder Vollziehung der einstweiligen Verfügung von einer Sicherheitsleistung des Antragstellers abhängig zu machen,
IV. für den Fall der Zurückweisung des Verfügungsantrages oder seiner Zurücknahme: Dem Antragsteller die Kosten des Verfügungsverfahrens einschließlich derjenigen aufzuerlegen, die durch die Hinterlegung dieser Schutzschrift entstanden sind.[3]

Begründung:

Die Parteien sind gegenwärtig noch zur gemeinschaftlichen Berufsausübung als Rechtsanwälte innerhalb einer Sozietät verbunden. Die gemeinschaftliche Berufsausübung wird zum …… beendet. Der Antragsgegner hat den Antragsteller aufgefordert, ein gemeinsames Schreiben über die Auflösung der Sozietät abzufassen und an die Mandanten der Kanzlei nach Maßgabe des § 32 der Berufsordnung zu versenden[4]. Der Antragsteller hat dies und auch einen Vermittlungsversuch des Vorstands der Rechtsanwaltskammer abgelehnt. Es steht zu befürchten, dass der Antragsteller – ggf. durch einstweilige Verfügung – versuchen wird zu verhindern, die Trennung der bisherigen gemeinschaftlichen Sozietät allen Mandanten dieser Sozietät anzuzeigen und deren Entscheidung über die Weiterbearbeitung der vorhandenen Mandate einzuholen. Ein solches befürchtetes Begehren des Antragstellers wäre unbegründet, weil ……

Rechtsanwalt

Anmerkungen

1. Die Schutzschrift ist eine im Gesetz nicht vorgesehene, in der Praxis entwickelte – nicht nur in Wettbewerbsprozessen bedeutsame – Sicherungsmaßnahme desjenigen, der den Erlass einer einstweiligen Verfügung gegen sich befürchten muss (vgl. dazu *Zöller/Vollkommer,* 27. Aufl., § 937 Rdn. 4). Ein weiteres Beispiel einer Schutzschrift findet sich in Form. II. N. 2. Sie dient dazu, den Erlass einer einstweiligen Verfügung überhaupt, mindestens jedoch ohne mündliche Verhandlung, zu verhindern, jedenfalls dem möglicherweise um den Erlass einer einstweiligen Verfügung angegangenen Gericht den Sachverhalt aus der Sicht des möglichen Antragsgegners zu schildern. Bei mehrfacher Zuständigkeit für den Erlass einer einstweiligen Verfügung (mehrere allgemeine Gerichtsstände, Gericht der Hauptsache, § 937 ZPO, Zuständigkeit des Amtsgerichts, § 942 ZPO) empfiehlt sich die Niederlegung der Schutzschrift bei jedem in Betracht kommenden Gericht und jeder dort in Betracht kommenden Kammer und Geschäftsstelle.

2. In Ausnahmefällen kommt auch eine Schutzschrift „gegen unbekannt“ in Betracht, wenn besondere Umstände eine Bezeichnung des möglichen Antragstellers ausschließen. Der noch unbekannte Antragsteller muss aber bei Einreichung eines Verfügungsgesuchs eindeutig und unzweifelhaft festgestellt werden können (vgl. *Dunkl/Moeller/Baur,* Handbuch des vorläufigen Rechtsschutzes, 3. Auflage, S. 141).

3. Der Mandant sollte darauf hingewiesen werden, dass die Kosten nach § 91 ZPO nicht erstattungsfähig sind, falls kein Antrag auf Erlass einer einstweiligen Verfügung gestellt wird. Im Falle der Antragsrücknahme bejaht der BGH die Erstattungsfähigkeit auch dann, wenn keine mündliche Verhandlung stattgefunden hat, nicht aber bei Einreichung nach Rücknahme des Verfügungsantrags (vgl. *Zöller* aaO., § 937, Rdn. 5).

4. Ein gemeinsames Rundschreiben ist nach § 32 der Berufsordnung bei Auflösung einer Sozietät an die Mandanten zu richten. Kommt eine Verständigung der Sozien nicht zustande und scheitert auch ein Vermittlungsversuch des Vorstands der Rechtsanwaltskammer, kann jeder der bisherigen Sozien einseitig ein sachlich gehaltenes Schreiben versenden. Zu Auseinandersetzungen kann es insbesondere kommen, wenn das Innenverhältnis zwischen den Sozien nicht dem gemeinsamen Auftreten nach außen entsprach, sich also etwa der Senior durch eine Mandantenschutzklausel vertraglich gesichert hat. (Zu deren zivil- und berufsrechtlichen Grenzen vgl. *Hartung/Römermann* Anwaltliche Berufsordnung § 26 Rdn. 31 ff.).

S. Schiedsverfahren

1. Aufforderung zur Benennung eines Schiedsrichters und Vorlegungsantrag gem. § 1044 ZPO[1]

(Einschreiben-Rückschein)[2]

An die Firma[3] ......

vertreten durch: ......

Wir haben mit Schreiben vom ...... Schadensersatzansprüche in Höhe von EUR ...... wegen mangelhafter und verspäteter Lieferung einer Offset-Druckmaschine gem. Vertrag vom ...... geltend gemacht[4]. Nachdem sie mit Schreiben vom ...... jegliche Ansprüche zurückgewiesen und Zahlung definitiv abgelehnt haben, beantragen der, den Rechtsstreit einem Schiedsgericht gemäß der in dem vorzitierten Vertrag in Ziff. 27 enthaltenen Schiedsvereinbarung[5] vorzulegen.

Wir bestellen als Schiedsrichter[6] Herrn Rechtsanwalt Dr. ...... in (volle Adresse) und fordern sie auf, binnen 2 Wochen nach Zugang dieses Schreibens ihrerseits einen Schiedsrichter zu bestellen[7].

Hochachtungsvoll

Schiedskläger[3]

Anmerkungen

1. Das Verfahren zur Bestellung des Schiedsgerichts unterliegt der Parteidisposition (§ 1025 Abs. 1 ZPO). Die Parteien nutzen diese Möglichkeit regelmäßig in der Schiedsvereinbarung. Haben die Parteien keine besondere Regelung getroffen, so bestellt jede Partei einen Schiedsrichter (§ 1035 Abs. 3 ZPO). Die von den Parteien bestellten Schiedsrichter einigen sich auf einen dritten Schiedsrichter als Vorsitzenden, der im Nichteinigungsfall durch einen Dritten, (vgl. dazu *Schlosser,* Befugnisse und Pflichten des Schiedsgerichtsobmanns, SchiedsVZ 2003, 1 ff.) oder das Gericht bestellt wird.

Zweckmäßigerweise benennt der Schiedskläger „seinen" Schiedskläger bereits in dem Vorlegungsantrag nach § 1044 ZPO und fordert den Schiedsbeklagen auf, ebenfalls einen Schiedsrichter zu benennen. Erforderlich ist das zwar nicht, dient aber der Beschleunigung.

Der Vorlegungsantrag hat Bedeutung nur bei ad hoc Schiedsverfahren. Die institutionellen Schiedsgerichte sehen besondere Formen der Einleitung des Schiedsverfahrens vor (vgl. *Schütze,* Institutionelle Schiedsgerichtsbarkeit, 2006).

2. Mit dem Zugang des Vorlegungsantrags (Antrag, die Streitigkeit einem Schiedsgericht vorzulegen) beginnt das Schiedsverfahren. Von diesem Zeitpunkt an tritt Schiedshängigkeit ein (vgl. *Schütze,* Schiedsgericht und Schiedsverfahren[4], 2007, Rdn. 166; Zöller/*Geimer,* ZPO[27], § 1044, Rdn. 4) wird die Verjährung gehemmt (§ 204 Abs. 1 Nr. 11 BGB) die Ersitzung unterbrochen (§ 941 BGB), tritt die Verschärfung der Haftung im Eigentümer-Besitzerverhältnis (§§ 987, 989, 991, 94 Abs. 2, 996 BGB) und die Übertragbarkeit immaterieller Schadensersatzansprüche (§ 1300 Abs. 2 BGB) ein. Es ist deshalb wichtig, Klarheit über den Tag des Beginns zu erhalten. Deshalb empfiehlt sich Übersendung durch Einschreiben mit Rückschein oder die Benutzung eines Kurierdienstes. Der

Vorlegungsantrag lässt allerdings noch nicht Rechtshängigkeit eintreten mit der Folge des § 261 Abs. 3 Nr. 1 ZPO (vgl. Lachmann, Handbuch für die Schiedsgerichtspraxis[3], 2008, Rdn. 762; Zöller/*Geimer,* ZPO[27], § 1044, Rdn. 5).

3. Der Vorlegungsantrag muss die Parteien bezeichnen (§ 1044, S. 2 ZPO). Es ist deshalb notwendig, alle notwendigen Angaben der Parteibezeichnung in der Anschrift und – für den Schiedskläger bei der Unterschrift aufzunehmen. Unschädlich ist auch die Benutzung eines Kopfbogens des Schiedsklägers, aus dem alle für die Parteibezeichnung notwendigen Angaben ersichtlich sind.

4. Der Vorlegungsantrag muss den Streitgegenstand angeben (§ 1044 ZPO). Ein Antrag für die Entscheidung ist nicht erforderlich. Die Beschreibung muss so sein, dass anhand der Angaben festzustellen ist, ob der Rechtsstreit unter die Schiedsvereinbarung fällt (vgl. *Lachmann* aaO., Rdn 59). Die Tatsachen, die den Anspruch begründen müssen in diesem Zeitpunkt noch nicht dargelegt werden (vgl. Zöller/*Geimer,* ZPO[27], § 1044, Rdn. 2).

5. § 1044 ZPO erfordert die Angabe der Schiedsvereinbarung, die Grundlage des Schiedsverfahrens ist. Die Bezugnahme genügt. Die Beifügung der Schiedsvereinbarung ist nicht notwendig, jedoch zweckmäßig.

6. Eine besondere Qualifikation für das Schiedsrichteramt schreibt das deutsche Recht nicht vor. Insbesondere ist es nicht erforderlich, dass der Schiedsrichter Jurist ist. Die Parteien können jedoch in besonderer Vereinbarung – insbesondere der Schiedsvereinbarung – besondere Qualifikationsmerkmale festlegen (vgl. dazu *Heimann-Trosien,* Über die Auswahl und Vergütung des Schiedsrichters, FS Heusinger, 1968, S. 271 ff.; *Weigand,* Der nebenberuflich tätige Schiedsrichter – Auswahlkriterien und Erwartungen der Parteien an ihren privaten Richter, FS Schlosser, 2005, S. 1081 ff.), zB. die Befähigung zum Richteramt, die Zulassung als Sachverständiger für das Bauwesen, die Kenntnis eines bestimmten Rechts oder die Beherrschung einer bestimmten Sprache pp. Erfüllt ein Schiedsrichter diese vorgegebenen Qualifikationsmerkmale nicht, so stellt dies einen Ablehnungsgrund dar (§ 1036 Abs. 2 ZPO).

Bei der Bestellung von Richtern und Beamten zu Schiedsrichtern ist zu beachten, dass diese einer dienstrechtlichen Genehmigung bedürfen. Der Amtsträger, der ohne dienstrechtliche Genehmigung das Schiedsrichteramt ausübt, kann zwar wirksamen Schiedsspruch erlassen (vgl. OLG Stuttgart, SchiedsVZ 2003, 84; *Schütze,* Schiedsgericht und Schiedsverfahren aaO. Rdn. 43; bestr.), setzt sich jedoch dienstrechtlichen Maßnahmen aus.

7. Die gesetzliche Frist für die Benennung eines Schiedsrichters durch den Schiedsbeklagten beträgt 1 Monat (§ 1035 Abs. 3 ZPO). Die Parteien können jedoch eine abweichende Frist vereinbaren. Im vorliegenden Muster wird davon ausgegangen, dass die Schiedsvereinbarung eine Verkürzung der Frist auf 2 Wochen vorsieht. Versäumt der Schiedsbeklagte die Schiedsrichterbenennung, so erfolgt diese auf Antrag durch das Gericht, vgl. Form S. 3. Eine Partei verliert ihr Ernennungsrecht mit Fristablauf endgültig (vgl. RGZ 45, 382; OLG Bremen NJW 1972, 454; BayObLG IHR 2003, 91). Sie kann die gerichtliche Ernennung nicht dadurch verhindern, dass sie nach Fristablauf vor Antragstellung einen Schiedsrichter benennt. Das Gericht berücksichtigt eine solche verfristete Schiedsrichterbenennung aber in der Praxis bei seiner Entscheidung.

Kosten und Gebühren

Nach § 36 RVG i. V. m. Nr. 3327 VV RVG erhält der Rechtsanwalt, der nur zur Bezeichnung eines Schiedsrichters auffordert, eine 0.75 Gebühr. Im Übrigen handelt es sich nach § 16 Nr. 10 RVG um dieselbe Angelegenheit.

2. Aufforderung zur Bestellung eines Schiedsrichters durch einen Dritten[1]

An den
Präsidenten der Industrie-
und Handelskammer
......

Sehr geehrter Herr Präsident,
zwischen der Firma ...... und der Firma ...... besteht Streit über Schadensersatzansprüche im Zusammenhang mit der Lieferung einer Offset-Druckmaschine. Der Rechtsstreit soll aufgrund einer Schiedsvereinbarung vom ...... , die in Kopie anliegt[2], durch ein Schiedsgericht entschieden werden.

Die Firma ...... ist ihrer Verpflichtung zur Benennung eines Schiedsrichters aufgrund eines Schreibens des Unterzeichners vom ...... (Kopie liegt an) nicht fristgemäß nachgekommen. Für diesen Fall sieht die Schiedsvereinbarung vor, dass die Bestellung des Schiedsrichters für die säumige Partei durch Sie erfolgt. Sie hatten mit Schreiben vom ...... bereits zugestimmt, das Amt zu übernehmen[3].

Wir bitten Sie deshalb, den zweiten Schiedsrichter zu benennen.

Hochachtungsvoll

Schiedskläger

Anmerkungen

1. Die Parteien können die Bestellung des oder der Schiedsrichter für den Fall der Nichtbestellung eines Schiedsrichters durch eine Partei oder die Nichteinigung der Schiedsrichter auf einen dritten Schiedsrichter (Vorsitzenden, Obmann) einem Dritte übertragen(vgl. dazu *Mann,* Zur Ernennung von Schiedsrichtern durch vertraglich bezeichnete Dritte, FS Schnitzer, 1979, S. 325 ff.). Bei internationalen Schiedsverfahren bestimmt sich die Stellung des Dritten in diesem Fall nach der lex arbitri (vgl. *Klein,* Zur Ernennung von Schiedsrichtern durch im Voraus bezeichnete Dritte, IPRax 1986, 53 ff., 55; *Schütze,* Schiedsgericht und Schiedsverfahren aaO., Rdn. 46). Für den Dritten bestehen keine besonderen Qualifikationsmerkmale. Häufig einigen sich die Parteien auf den Präsidenten der Industrie- und Handelskammer. Jedenfalls ist aber Bedacht darauf zu nehmen, dass der Dritte in der Lage ist, einen sachkundigen Schiedsrichter zu bestellen. Dabei sollten die Parteien tunlichst ausschließen, dass sich der Dritte selbst bestellt, was der Präsident des OLG Köln in einem Fall getan hat (vgl. *Coeppicus,* ZRP 1995, 203 f.)

2. Eine Übersendung der Schiedsvereinbarung ist zweckmäßig, um dem Dritten die Möglichkeit zu geben zu prüfen, ob die Schiedsvereinbarung die Bestellung des zweiten Schiedsrichters durch ihn deckt.

3. Bei der Übertragung der Bestellung eines Schiedsrichters durch einen Dritten ist darauf Bedacht zu nehmen, dass niemand verpflichtet ist, eine solche Aufgabe zu übernehmen. So hat der Präsident des LG Ulm in dem BGH WPM 1977, 319 zugrunde liegenden Fall die ihm durch die Schiedsvereinbarung übertragene Aufgabe zur Schiedsrichterbestellung abgelehnt. Dasselbe passierte, als der Präsident des Internationalen Gerichtshofs sich weigerte, die Schiedsrichterbestellung in einem Rechtsstreit zwischen der Anglo-American Oil Company und dem Iran vorzunehmen (vgl. *Mann,* FS Schnitzer, 1979, S. 325 ff., 327 f.). Es ist deshalb zweckmäßig, die Bereitschaft des Dritten bereits bei Abschluss der Schiedsvereinbarung einzuholen (vgl. für ein Muster *Schütze/Tscherning/Wais,* Handbuch des Schiedsverfahrens[2], 1990, Rdn. 571).

Kosten und Gebühren

Vgl. Form. I. S. 1.

3. Antrag auf Bestellung eines Schiedsrichters durch das Gericht[1]

An das
Oberlandesgericht[2] – Zivilsenat –
......

In dem Schiedsverfahren
der Firma ......
– Schiedsklägerin –
Verfahrensbevollmächtigter ......

gegen

die Firma ......
– Schiedsbeklagte –
Verfahrensbevollmächtigter ......

beantrage ich namens der Schiedsklägerin,

für die Schiedsbeklagte einen Schiedsrichter zu bestellen.

Begründung

Mit Vorlegungsantrag vom ...... hat die Schiedsklägerin ein Schiedsverfahren gegen die Schiedsbeklagte wegen Schadensersatzansprüchen aus der zu späten und mangelhaften Lieferung einer Offset- Druckmaschine eingeleitet. Zugleich hat die Schiedsklägerin einen Schiedsrichter benannt und die Schiedsbeklagte zur Bestellung eines Schiedsrichters unter Fristsetzung aufgefordert.

Beweis: Vorlage des Vorlegungsantrages vom ...... nebst Schiedsvereinbarung[3] vom ......

Die Schiedsbeklagte hat keinen Schiedsrichter bestellt. Sie hat den Vorlegungsantrag nicht beantwortet.

Die Schiedsvereinbarung sieht vor, dass die Schiedsrichter die Befähigung zum Richteramt haben und Erfahrung im Maschinen- und Anlagenbaurecht besitzen müssen[4]. Ich bitte, dies zu berücksichtigen.

Rechtsanwalt

Anmerkungen

1. Üben die Parteien ihr Bestellungsrecht bei Einleitung des Schiedsverfahrens oder nach Wegfall eines Schiedsrichters nicht aus, so wird der Schiedsrichter auf Antrag einer Partei durch das Gericht bestellt (§§ 1035 Abs. 3, 4, 1039 Abs. 1 ZPO, vgl. dazu *Bredow,* § 1035 und die „K-Fragen" für die Parteien, FS Schlosser, 2005, S. 75 ff.). Eine Partei verliert ihr Bestellungsrecht endgültig, wenn sie es nicht fristgemäß ausübt (vgl. RGZ 45, 382; OLG Bremen NJW 1972, 454; BayObLG IHR 2003, 91).

2. Zuständig ist das nach § 1062 ZPO zuständige Gericht, das im Beschlussverfahren entscheidet. Die Entscheidung – gleichgültig ob ablehnend oder ernennend – kann ohne mündliche Verhandlung ergehen.

3. Die Vorlage der Schiedsvereinbarung ist notwendig, um dem Gericht die Prüfung zu ermöglichen, ob die Voraussetzungen für ein Tätigwerden gegeben sind. Das OLG prüft im Rahmen des Bestellungsverfahrens nach § 1035 ZPO nicht die Wirksamkeit der Schiedsvereinbarung. Die Entscheidung über die Schiedsrichterbestellung ist für das Bestehen einer wirksamen Schiedsvereinbarung für das Schiedsverfahren nicht bindend (vgl. BGH MDR 1969, 459). Jedoch wird man dem OLG ein Prüfungsrecht hinsichtlich einer offensichtlichen Unwirksamkeit der Schiedsvereinbarung geben müssen (vgl. Zöller/*Geimer,* ZPO[27], § 1035, Rdn. 17).

4. Nach § 1035 Abs. 5 ZPO muss das OLG alle nach der Parteivereinbarung vorgesehenen Voraussetzungen berücksichtigen.

Kosten und Gebühren

Die Gerichtskosten bestimmen sich nach GKG KV 1623 GKG (0,5 Gebühr). Nach § 16 Nr. 10 RVG i. V. m. VV Nr. 3327 erhält der Rechtsanwalt eine 0,75 Gebühr, ggf. eine 0,5 Gebühr nach VV 3332.

4. Ablehnung eines Schiedsrichters[1] gegenüber dem Schiedsgericht[2]

An das
Schiedsgericht, bestehend aus
1. Schiedsrichter A als Obmann,
2. Schiedsrichter B
3. Schiedsrichter C

In dem Schiedsverfahren

der Firma ……
– Schiedsklägerin –
Verfahrensbevollmächtigter: ……

gegen

die Firma ……
– Schiedsbeklagte –
Verfahrensbevollmächtigter: ……

lehnt die Schiedsklägerin den von der Schiedsbeklagten ernannten Schiedsrichter C wegen der Besorgnis der Befangenheit ab[3]. Die Schiedsklägerin hat vor drei Tagen, am ……[4], erfahren, dass der Schiedsrichter C die Schiedsbeklagte in dieser Sache vorprozessual beraten und ein Rechtsgutachten zu den Erfolgsaussichten der Rechtsverteidigung in diesem Schiedsverfahren erstattet hat[5].

Für den Fall der Ablehnung des Befangenheitsgesuchs[6] beantrage ich

> **das Verfahren bis zur Entscheidung des Oberlandesgerichts über das Ablehnungsgesuch auszusetzen[7].**

Rechtsanwalt

Anmerkungen

1. Die Freiheit der Parteien, Schiedsrichter ihrer Wahl zu bestellen bringt die Gefahr der Befangenheit der so bestellten Schiedsrichter in weit größerem Masse mit sich als dies bei staatlichen Richtern der Fall ist. § 1036 ZPO trägt dem Rechnung und lässt die Ablehnung von Schiedsrichtern in weitem Masse zu.

2. § 1037 Abs. 1 ZPO unterstellt das Verfahren der Ablehnung eines Schiedsrichters der Parteidisposition. Die Parteien können in der Schiedsvereinbarung oder einer späteren Vereinbarung Bestimmungen über die Durchführung des Ablehnungsverfahrens treffen und diese zB. einem Dritten, etwa dem OLG-Präsidenten übertragen. Machen die Parteien von ihrer Regelungsbefugnis keinen Gebrauch, so ist zunächst das Schiedsgericht zur Entscheidung über einen Ablehnungsantrag zuständig. Die Partei, die einen Schiedsrichter ablehnen will, hat dies unter Darlegung der Ablehnungsgründe gegenüber dem Schiedsgericht geltend zu machen. Die Ablehnung muss schriftlich erfolgen. Sie ist fristgebunden. Die Frist beträgt zwei Wochen von dem Zeitpunkt an, in dem der ablehnenden Partei die Zusammensetzung des Schiedsgerichts oder ein Ablehnungsgrund bekannt geworden sind. Es ist positive Kenntnis erforderlich. Kennenmüssen oder Kennenkönnen genügt nicht Eine Nachprüfungspflicht der Parteien besteht nicht (vgl. *Reiner/Jahnel,* in: Schütze, Institutionelle Schiedsgerichtsbarkeit aaO. Art. 7 ICC-SchO, Rdn. 12).

3. Im Gegensatz zum früheren Recht (§ 1032 aF ZPO) beschränkt sich § 1036 Abs. 2 ZPO nunmehr auf eine Generalklausel für die Ablehnung eines Schiedsrichters. Ablehnungsgrund ist jeder Umstand, der berechtigte Zweifel an der Unparteilichkeit oder Unabhängigkeit des Schiedsrichters aufkommen lassen könnte. Ablehnungsgrund ist weiterhin die Nichterfüllung von zwischen den Parteien vereinbarten Qualifikationsmerkmalen, zB. Befähigung zum Richteramt, Vereidigung als Sachverständiger pp.

4. Die Ablehnung ist fristgebunden. Soweit die Parteien nichts Abweichendes vereinbart haben, muss sie binnen zweier Wochen nach Kenntnis des Umstandes, auf den die Partei die Ablehnung gründet, erklärt werden. Es ist auf den Zugang der Ablehnung beim Schiedsgericht abzustellen.

5. Die Unparteilichkeit des Schiedsrichters ist in Frage gestellt, wenn er ein Privatgutachten für eine Partei erstattet hat (vgl. OLG Dresden JW 1938, 3055). Es genügt nicht für die Annahme einer Befangenheit, wenn der Schiedsrichter sich vor Übernahme des Schiedsrichteramtes eine kurze Sachverhaltsdarstellung von einer Partei hat geben lassen (vgl. LG Neustadt MDR 1955, 616). Denn schließlich muss der Schiedsrichter den Streitfall insoweit kennen, um entscheiden zu können, ob er bereit und in der Lage ist, als Schiedsrichter tätig zu sein. Probleme bereitet – insbesondere bei Großkanzleien – inwieweit sich ein Schiedsrichter Ablehnungsgründe in der Person von Sozietätsangehörigen zurechnen lassen muss, insbesondere deren Tätigkeit – auch in anderen Fällen – für eine Partei (vgl. dazu *Lachmann,* Gedanken zur Schiedsrichterablehnung aufgrund Sozietätszugehörigkeit, FS Geimer, 2002, S. 513 ff). Hier ist auf den Einzelfall abzustellen. Eine Entscheidungshilfe können die Guidelines on Conflict of Interest in International Commercial Arbitration der International Bar Association sein.

6. Das Schiedsgericht hat das Ablehnungsgesuch unverzüglich der anderen Partei zur Stellungsnahme zu übersenden. Das Verfahren der Ablehnung kann ohne Entscheidung beendet werden, wenn der Schiedsrichter von seinem Schiedsrichteramt zurücktritt (§ 1037 Abs. 2 S. 2 ZPO) – auch wenn er den Ablehnungsgrund nicht für gegeben hält – oder die andere Partei der Ablehnung zustimmt (§ 1037 Abs. 2 S. 2 ZPO). Findet keine Entbindung des Schiedsrichters durch eigenen Willen oder Einigung der Parteien statt, so entscheidet das Schiedsgericht. Dabei hat der abgelehnte Schiedsrichter Stimmrecht.

Gibt das Schiedsgericht dem Ablehnungsgesuch statt, so endet das Amt des Schiedsrichters. Es muss eine Ersatzbestellung erfolgen. Weist das Schiedsgericht die Ablehnung zurück, so ist der Weg zu den ordentlichen Gerichten offen.

7. Das Schweben des Ablehnungsverfahrens stellt kein Verfahrenshindernis dar. Das Schiedsgericht kann das Verfahren fortsetzen und einen Schiedsspruch erlassen (§ 1037 Abs. 3 S. 2 ZPO). Das gilt sowohl für das Verfahren vor dem Schiedsgericht als auch vor dem OLG. Eine Aussetzung kann sinnvoll sein. Jedoch kommen in der Praxis vielfach mutwillige Ablehnungsgesuche zur Verzögerung vor. Mit einer Entscheidung über eine Aussetzung sollte das Schiedsgericht deshalb zurückhaltend sein.

Kosten und Gebühren

Es kommt auf die Parteivereinbarung an. Haben die Parteien – mit Zustimmung des Schiedsgerichts – die Anwendung des RVG für die Honorierung des Schiedsgerichts und der Parteivertreter bestimmt, so entsteht eine 0.75 Gebühr nach VV Nr. 3327 und ggf. eine 0.5. Gebühr nach VV Nr. 3332. zur Angelegenheit vgl. § 16 Nr. 10 RVG; zum – anteiligen – Wert OLG München SchiedsVZ 2007, 280. Bei den üblichen Honorarregelungen entstehen für das Ablehnungsverfahren vor dem Schiedsgericht keine besonderen Gebühren.

5. Antrag auf gerichtliche Entscheidung über die Ablehnung[1]

An das
Oberlandesgericht[2] – Zivilsenat –
……

In dem Schiedsverfahren
der Firma ……
– Schiedsklägerin –
Verfahrensbevollmächtigter ……

gegen

die Firma ……
– Schiedsbeklagte –
Verfahrensbevollmächtigter ……

beantrage ich namens der Schiedsklägerin

die von der Schiedsklägerin erklärte Ablehnung des von der Schiedsbeklagten benannten Schiedsrichters C für begründet zu erklären[3].

Begründung

In dem rubrizierten Schiedsverfahren hat die Schiedsbeklagte den Schiedsrichter C bestellt. Die Schiedsklägerin hat am ……, erfahren, dass der Schiedsrichter C die Schiedsbeklagte in dieser Sache vorprozessual beraten und ein Rechtsgutachten zu den Erfolgsaussichten der Rechtsverteidigung in diesem Schiedsverfahren erstattet hat. Drei Tage danach, am ……[4] hat die Schiedsklägerin den Schiedsrichter C gegenüber dem Schiedsgericht abgelehnt.

Das Schiedsgericht hat durch Entscheidung vom …… den Ablehnungsantrag zurückgewiesen. Diese Entscheidung ist der Schiedsklägerin am …… zugegangen[5].

Die Schiedsvereinbarung vom ……, das Ablehnungsgesuch der Schiedsklägerin vom …… und die Entscheidung des Schiedsgerichts über die Ablehnung mit Eingangsstempel[6] sind beigefügt.

Rechtsanwalt

Anmerkungen

1. Bleibt eine private Regelung der Ablehnung (Rücktritt des Schiedsrichters oder Vereinbarung zwischen den Parteien) oder die Anrufung des Schiedsgerichts erfolglos, so ist der Weg zu den ordentlichen Gerichten offen. Der Antrag auf Entscheidung ist fristgebunden. Er ist innerhalb eines Monats nach dem Zeitpunkt der Kenntnisnahme von der ablehnenden Entscheidung des Schiedsgerichts über die Ablehnung des Schiedsrichters zu stellen (§ 1037 Abs. 3 S. 1 ZPO). Die Parteien können jedoch eine andere Frist vereinbaren.

2. Zuständig zur Entscheidung ist das OLG (§ 1062 Abs. 1 Nr. 1 ZPO).

3. Das OLG entscheidet im Beschlussverfahren. Der Beschluss kann ohne mündliche Verhandlung ergehen (§ 1063 Abs. 1 ZPO). Das Gericht hat bei der Entscheidung keinen Ermessenspielraum (vgl. *Schütze,* Schiedsgericht und Schiedsverfahren aaO., Rdn. 57). Sind Umstände gegeben, die die Besorgnis mangelnder Unparteilichkeit oder Unabhängigkeit erwecken, muss dem Ablehnungsgesuch stattgegeben werden. Wird der Antrag rechtskräftig zurückgewiesen, so ist der Ablehnungsgrund endgültig erledigt (vgl. RGZ 148, 1). Wird die Ablehnung für begründet erklärt, so muss das Schiedsgericht nach Ersetzung des abgelehnten Schiedsrichters entscheiden bzw. neu entscheiden (vgl. *Glossner/Bredow/Bühler,* Das Schiedsgericht in der Praxis[3], 1990, Rdn. 229). Andernfalls ist ein Aufhebungsgrund nach § 1059 Abs. 2 Nr. 1 lit. d ZPO gegeben (vgl. RGZ 148, 1).

4. Die Angabe ist notwendig zur Prüfung ob der Antrag beim Schiedsgericht fristgemäß gestellt worden ist. War der Antrag beim Schiedsgericht verfristet, so führt dies immer auch zur Zurückweisung des Antrags an das OLG.

5. Da der Antrag auf Entscheidung durch das OLG fristgebunden ist, gehört die Angabe, wann die ablehnende Partei von der Entscheidung des Schiedsgerichts Kenntnis erlangt hat, zur Schlüssigkeit.

6. Mit dem Eingangsstempel kann der Zeitpunkt der Kenntnisnahme der Entscheidung bewiesen werden.

Kosten und Gebühren

Die Gebühren des Gerichts bestimmen sich nach GKG KV Nr. 1624, für die Vergütung des Rechtsanwalts vgl. Form. I. S. 4.

6. Einrede der Schiedsvereinbarung[1]

An das
Landgericht[2]
……
Aktenzeichen: ……

In Sachen

der Firma ……
……
Klägerin,
Prozessbevollmächtigter ……

gegen

die Firma ……
Beklagte,
Prozessbevollmächtigter ……

wegen ......

erhebt die Beklagte die Einrede der Schiedsvereinbarung[3] und beantragt,

die Klage als unzulässig abzuweisen.

Begründung

Die Klägerin macht im vorliegenden Verfahren Schadensersatzansprüche wegen verspäteter und mangelhafter Lieferung einer Offset-Druckmaschine geltend, die von der Beklagten aufgrund eines Kaufvertrags vom ...... an die Klägerin geliefert worden ist. Ziff. 27 des Kaufvertrags enthält eine Schiedsvereinbarung, der die streitgegenständlichen Ansprüche unterfallen.

Beweis: Vorlage des Kaufvertrages vom ...... nebst Schiedsvereinbarung.

Die Klage ist damit unzulässig[4].

Rechtsanwalt

Anmerkungen

1. Die Schiedsvereinbarung begründet eine prozesshindernde Einrede im Verfahren vor den ordentlichen Gerichten über einen Streitgegenstand, der ihrem Regelungsbereich unterfällt (§ 1032 Abs. 1 ZPO). Die Einrede kann – anders als in zahlreichen ausländischen Rechten – auch erhoben werden, wenn der Beklagte keine materiellen Einwendungen gegen den geltend gemachten Anspruch erhebt (vgl. OLG Düsseldorf MDR 1977, 762). Der Beklagte kann sich darauf beschränken, die Schiedsvereinbarung einzuwenden, ohne auf die Berechtigung des Anspruchs einzugehen (vgl. Zöller/*Geimer,* ZPO[27] § 1032, Rdn. 1).

Die Schiedsvereinbarung ist nicht von Amts wegen zu berücksichtigen (vgl. BGHZ 24, 19). Die Einrede muss vom Beklagten erhoben werden. Es gelten §§ 282 Abs. 3, 296 Abs. 3 ZPO. Die begründete Einrede des § 1032 Abs. 1 ZPO führt zur Abweisung der Klage als unzulässig, selbst wenn der Beklagte den Anspruch nicht bestreitet (vgl. OLG Düsseldorf MDR 1977, 762).

2. Die Einrede ist in dem Verfahren vor dem ordentlichen Gericht zu erheben. Das Verfahren vor dem staatlichen Gericht hindert nicht die Einleitung eines Schiedsverfahrens (§ 1032 Ab. 3 ZPO). Die Regelung soll einer Prozessverschleppung entgegenwirken.

3. Der Einrede kann die Gegeneinrede der Arglist (vgl. dazu *Illmer,* Der Arglisteinwand an der Schnittstelle von staatlicher Gerichtsbarkeit und Schiedsgerichtsbarkeit, 2007) entgegenstehen, wenn
- der Beklagte in einem vorhergehenden Schiedsverfahren die Zuständigkeit der staatlichen Gerichte geltend gemacht hat (vgl. BGHZ 50, 191) oder
- dem Beklagten die für die Durchführung des Schiedsverfahrens notwendigen Mittel fehlen (vgl. BGH JZ 1988, 315 = WuB VII.A. § 1027 a ZPO 1.88 – Schütze) und der Kläger nicht bereit ist, ihm diese vorzustrecken oder
- der Beklagte selbst ein Schiedsverfahren eingeleitet hat und nach einem ihm ungünstigen Schiedsspruch die Unwirksamkeit der Schiedsvereinbarung geltend macht (vgl. RG HRR 1931, 1489).

4. Die Entscheidung erfolgt durch Prozessurteil. Erachtet das Gericht die Einrede für begründet, so weist es die Klage als unzulässig ab. Das Prozessurteil stellt die Wirksamkeit der Schiedsvereinbarung bindend fest (vgl. RGZ 40, 403).

Kosten und Gebühren

Die Gerichtsgebühren bestimmen sich nach GKG KV Nr. 1621 (Zöller/*Geimer*, ZPO[27] § 1032, Rdn. 30). Für die Vergütung des Rechtsanwalts kommt die Regelgebühr der RVG VV Nr. 3100 ff. zur Anwendung.

7. Antrag auf einstweiligen Rechtsschutz[1]

An das
Schiedsgericht, bestehend aus
1. Schiedsrichter A als Obmann,
2. Schiedsrichter B
3. Schiedsrichter C

In dem Schiedsverfahren

der Firma ……
– Schiedsklägerin –
Verfahrensbevollmächtigter: ……

gegen

die Firma ……
– Schiedsbeklagte –
Verfahrensbevollmächtigter: ……

beantragt die Schiedsbeklagte

> **im Wege der einstweiligen Verfügung der Schiedsklägerin zu untersagen, die Garantie (Nr. ……) der X- Bank vom …… für die in diesem Schiedsverfahren streitgegenständlichen Schadensersatzansprüche aus der Lieferung einer Offset-Druckmaschine bis zur Entscheidung in der Hauptsache in Anspruch zu nehmen[2].**

Begründung

Die Schiedsklägerin macht in diesem Schiedsverfahren Schadensersatzansprüche wegen verspäteter und mangelhafter Lieferung einer Offset-Druckmaschine geltend. Zur Absicherung von Schadensersatz- und Gewährleistungsansprüchen aus diesem Geschäft hat die X-Bank im Auftrag der Schiedsbeklagten eine Garantie auf erstes Anfordern zugunsten der Schiedsklägerin in Höhe von EUR …… ausgelegt.

Beweis: Vorlage der Garantieurkunde Nr. …… der X-Bank

Die Schiedsklägerin hat die X-Bank mit Schreiben vom …… zur Zahlung von EUR …… unter der Garantie aufgefordert.

Beweis: Vorlage des Schreibens der Schiedsklägerin an die X-Bank vom ……

Die X-Bank hat erklärt, sie werde Zahlung leisten.

Beweis: Schreiben der X-Bank an die Schiedsbeklagte vom ……

Die Anforderung ist rechtsmissbräuchlich[3]. Die Schiedsklägerin hat die Maschine nach dem vorgesehenen Testlauf zu dem kaufvertraglich vereinbarten Termin abgenommen.

Beweis: Abnahmeprotokoll vom ……[4]

Die unmittelbar bevorstehende Zahlung kann nur durch eine einstweilige Verfügung verhindert werden. Die X-Bank hat erklärt, dass sie eine einstweilige Verfügung des Schiedsgerichts als hinreichenden Nachweis für die Rechtsmissbräuchlichkeit der Anforderung ansehen und sodann nicht zahlen werde.

Rechtsanwalt

Anmerkungen

1. Nach § 1041 ZPO kann das Schiedsgericht im Grundsatz Maßnahmen des einstweiligen Rechtsschutzes anordnen. § 1041 Abs. 1 ZPO überlässt die Frage, ob das Schiedsgericht befugt sein soll, Arreste, einstweilige Verfügungen oder sonstige Maßnahmen des einstweiligen Rechtsschutzes zu erlassen, der Parteivereinbarung.

Die Parteien können bestimmen, dass
– allein das Schiedsgericht zum Erlass einstweiliger Maßnahmen zuständig sein soll, oder
– nur das staatliche Gericht derartige Maßnahmen anordnen oder erlassen kann, oder
– beide Wege des einstweiligen Rechtsschutzes parallel zur Verfügung stehen.

Haben die Parteien keine Bestimmung getroffen, so sind das Schiedsgericht und das ordentliche Gericht gleichermaßen zur Gewährung einstweiligen Rechtsschutzes zuständig (§ 1041 Abs. 2 ZPO). Der Antragsteller hat ein Bestimmungsrecht. Bei der Anrufung des Schiedsgerichts ist zu bedenken, dass die Entscheidung des Schiedsgerichts zur ihrer Vollziehung einer Entscheidung des OLG bedarf, was das Verfahren verlängert, so dass der Rechtsschutz häufig zu spät kommen wird.

2. Die einstweilige Verfügung gegen den Begünstigten ist zulässig (vgl. OLG Frankfurt/Main WPM 1974, 956; *Canaris,* Bankvertragsrecht[4], 1988, Rdn. 1152; *Schütze,* in: Münchener Vertragshandbuch, Bd. 4, Wirtschaftsrecht III[6], 2007, VI.2, Anm. 16 mwN.). Der Wert der einsteiligen Verfügung liegt nicht so sehr in der Vollstreckungs-, sondern der Beweisfunktion hinsichtlich der Rechtsmissbräuchlichkeit.

3. Die Bank kann die Zahlung bei rechtsmissbräuchlicher Anforderung verweigern (vgl. für Nachweise *Schütze,* in: Münchener Vertragshandbuch aaO. Anm. 15). Als Rechtsmissbrauch ist insbesondere der Missbrauch einer formalen Rechtsstellung zu werten.

4. Die Geltendmachung des Rechtsmissbrauchs setzt dessen liquide Beweisbarkeit voraus (vgl. für Nachweise *Schütze,* in: Münchener Vertragshandbuch aaO. Anm. 15). Liquides Beweismittel kann ein Abnahmeprotokoll sein, dass die ordnungsgemäße Funktion der Maschine ausweist.

Kosten und Gebühren

Im Schiedsverfahren entstehen für das Schiedsgericht regelmäßig keine besonderen Gebühren. Für das Zulassungsverfahren der Vollstreckung bestimmt sich die Gebühr für das staatliche Gericht nach GKG KV Nr. 1626. Das Anordnungsverfahren nach § 1041 Abs. 1 ZPO gehört für den Rechtsanwalt noch zum Schiedsverfahren. Anders dagegen das Zulassungsverfahren. Schieds- und Zulassungsverfahren sind verschiedene Angelegenheiten, § 17 Nr. 6 RVG (vgl. Zöller/*Geimer,* ZPO[27] § 1041, Rdn. 10).

8. Schiedsklage[1]

An das
Schiedsgericht, bestehend aus
1. Schiedsrichter A als Obmann,
2. Schiedsrichter B
3. Schiedsrichter C

In dem Schiedsverfahren

der Firma ……
– Schiedsklägerin[2] –
Verfahrensbevollmächtigter: ……

gegen

die Firma ……
– Schiedsbeklagte –
Verfahrensbevollmächtigter: ……

wegen Schadensersatzforderung

entnehme ich dem mir am …… zugegangenen Protokoll , dass sich das Schiedsgericht konstituiert hat[3].

Namens der Schiedsklägerin erhebe ich Schiedsklage gegen die Schiedsbeklagte mit dem Antrag

> **die Schiedsbeklagte zur Zahlung von EUR …… nebst 10% Zinsen seit …… zu verurteilen und ihr die Kosten des Schiedsverfahrens aufzuerlegen.**

Begründung[4]

Die Parteien haben am …… einen Vertrag über die Lieferung einer Offset-Druckmaschine abgeschlossen. Ziff. 27 dieses Vertrages enthält eine Schiedsvereinbarung, der die in diesem Verfahren geltend gemachten Ansprüche unterfallen.

Beweis[5]: Vorlage des Vertrags vom[6] ……

Die Maschine ist nicht zu dem vertraglich vereinbarten Termin am …… , vielmehr erst am …… geliefert worden. Die Maschine weist gravierende Mängel auf, nämlich ……

Beweis: Vorlage des Gutachtens des Sachverständigen …… vom ……

Durch die zu späte und mangelhafte Lieferung ist der Schiedsklägerin ein Schaden entstanden, der sich im Einzelnen wie folgt zusammensetzt und begründet ……

Die Schiedsbeklagte hat durch Schreiben vom …… definitiv erklärt, dass sie Zahlung nicht leisten werde.

Beweis: Vorlage des Schreibens vom ……

Die Schiedsklägerin nimmt Bankkredit in Anspruch, für den sie Zinsen in Höhe von ……% p. a. zahlt.

Beweis: Bankbescheinigung der …… Bank vom ……

In Anwendung der Grundsätze der §§ 91 ff. ZPO sind die Kosten der Schiedsbeklagten aufzuerlegen[7].

Rechtsanwalt

Anmerkungen

1. Nachdem durch den Vorlegungsantrag (vgl. Form. I. S. 1) das schiedsrichterliche Verfahren eingeleitet worden und Schiedshängigkeit eingetreten ist, hat der Schiedskläger innerhalb der von den Parteien vereinbarten oder – falls die Parteien eine Bestimmung versäumt haben – der vom Schiedsgericht festgesetzten Frist Schiedsklage zu erheben (§ 1046 ZPO). Versäumt der Schiedskläger die Einreichung der Schiedsklageschrift, so beendet das Schiedsgericht das Verfahren (§ 1048 Abs. 1 ZPO).

§ 1046 Abs. 1 ZPO sieht gewisse Mindesterfordernisse für den Inhalt der Schiedsklage vor, überlässt die Bestimmung aber im Übrigen den Parteien. Viele Schiedsvereinbarungen oder Schiedsrichterverträge (vgl. *Schütze/Tscherning/Wais* aaO., Rd. 579) sehen die entsprechende Anwendbarkeit des Verfahrens erster Instanz vor den Landgerichten vor. In diesen Fällen muss die Schiedsklage den Erfordernissen des § 253 ZPO entsprechen und enthalten:

– die Bezeichnung der Schiedsparteien und des Schiedsgerichts, soweit dies – wie in vorliegenden Formularen vorgesehen – bereits konstituiert ist, andernfalls die Bezeichnung des „eigenen" Schiedsrichters;
– die Angabe des Gegenstandes und des Grundes des geltend gemachten Anspruchs, sowie einen bestimmten Antrag.

2. Die Bezeichnung der Parteien ist in § 1046 Abs. 1 ZPO zwar nicht als Mindesterfordernis aufgeführt, ergibt sich aber daraus, dass die Norm von Parteien ausgeht. Für die Bezeichnung gelten die Bestimmungen des § 253 ZPO entsprechend.

3. Die Klage kann nur in diesem Fall an das Schiedsgericht gerichtet werden, andernfalls an die andere Partei unter Bestellung des „eigenen" Schiedsrichters.

4. Erfordernis der Schiedsklage ist nach § 1046 Abs. 1 ZPO die Darlegung des Anspruchs und der Tatsachen, auf die sich dieser Anspruch stützt.

5. Die Parteien sollen bereits mit der Schiedsklageschrift (und -beantwortung) Schriftstücke vorlegen und Beweismittel bezeichnen, auf die sie sich im Verfahren zur Begründung ihres Anspruchs (oder zur Rechtsverteidigung) berufen wollen. Die nach deutschem Recht an sich zwingende Regel ist im Rahmen der Übernahme des UNCITRAL Modellgesetzes zur Sollregel abgemildert worden, um ausländischen Parteien – insbesondere aus dem angelsächsischen Rechtskreis – entgegenzukommen (vgl. Begründung zu § 1046, BTDrucks. 13/5274).

6. Die Vorlage der Schiedsvereinbarung ist notwendig, um dem Schiedsgericht die Prüfung seiner Entscheidungszuständigkeit zu ermöglichen. Das Schiedsgericht hat die Befugnis, über seine Zuständigkeit bindend zu entscheiden (Kompetenz-Kompetenz), § 1040 ZPO. Einer Vereinbarung hierüber bedarf es nicht. Die bindende Entscheidung des Schiedsgerichts über seine Zuständigkeit ist aber nicht endgültig. Das letzte Wort hat das ordentliche Gericht, das über die Zuständigkeit des Schiedsgerichts letztlich entscheidet, bezüglich eines Zwischenschiedsspruchs nach § 1040 Abs. 3 S. 2 ZPO, bezüglich des Prozessschiedsspruchs oder des Schiedsspruchs im Aufhebungsverfahren nach § 1059 (vgl. BGH SchiedsVZ 2005, 95). Diese Nachprüfungsbefugnis des ordentlichen Gerichts kann von den Parteien nicht abbedungen werden (vgl. BGH SchiedsVZ 2005, 95; Schütze, Schiedsgericht und Schiedsverfahren aaO., Rdn. 139).

7. Haben die Parteien die entsprechende Anwendung der Regeln des Verfahrens 1. Instanz vor den Landgerichten vereinbart, so bestimmt sich die Kostentragungspflicht nach §§ 91 ff. ZPO. Ist keine Regelung getroffen, so überlässt § 1057 Abs. 1 ZPO die Kostenverteilung dem Ermessen des Schiedsgerichts, das allerdings die Umstände des Einzelfalls und den Ausgang des Verfahrens berücksichtigen soll (vgl. dazu *Schwab/Walter,* Schiedsgerichtsbarkeit[7], 2005, Kap. 33, Rdn. 1). Es widerspricht aber dem Gerechtigkeitsgefühl und erscheint unerträglich, wenn die obsiegende Partei irgendwelche Kosten tragen soll. Die Verteilung der Kosten nach dem Grad des Obsiegens und Unterliegens entspricht auch dem materiellen Recht (vgl. *Maier,* Handbuch der Schiedsgerichtsbarkeit, 1979, Rdn. 509)

Kosten und Gebühren

Die Honorare des Schiedsgerichts und die Auslagenerstattung bestimmen sich nach der Parteivereinbarung. Eine Regelung wird regelmäßig im Schiedsrichtervertrag getroffen. Die institutionellen Schiedsgerichte haben – häufig streitwertabhängige – Gebührenordnungen (vgl. dazu *Schütze,* Institutionelle Schiedsgerichtsbarkeit, 2006). Die Gebühren des Rechtsanwalts bestimmen sich ebenfalls nach der Parteivereinbarung. International sind Zeithonorare üblich.

9. Schiedsklagebeantwortung[1] und -widerklage[2]

An das
Schiedsgericht, bestehend aus
1. Schiedsrichter A als Obmann,
2. Schiedsrichter B
3. Schiedsrichter C

In dem Schiedsverfahren

der Firma ......
– Schiedsklägerin[2] und -widerbeklagte, –
Verfahrensbevollmächtigter: ......

gegen

die Firma ......
– Schiedsbeklagte und -widerklägerin –
Verfahrensbevollmächtigter: ......

wegen Schadensersatzforderung.

Namens der Schiedsbeklagten beantrage ich[3]

1. die Schiedsklage abzuweisen,
2. der Schiedsklägerin die Kosten aufzuerlegen[5].

Zugleich erhebe ich namens der Schiedsbeklagten

Schiedswiderklage

gegen die Schiedsklägerin und beantrage[4]

1. die Schiedsklägerin zu verurteilen, die Garantieurkunde ...... der X-Bank an die Schiedsbeklagte herauszugeben,
2. der Schiedsklägerin auch die Kosten der Schiedswiderklage aufzuerlegen[5]

Begründung

1. Zur Schiedsklage[6]

Die Wirksamkeit der Schiedsvereinbarung wird nicht bestritten.
Die Schiedsklägerin macht in diesem Schiedsverfahren Schadensersatzansprüche wegen verspäteter und mangelhafter Lieferung einer Offset-Druckmaschine geltend.

Die Schiedsklägerin hat die Maschine nach dem vorgesehenen Testlauf zu dem kaufvertraglich vereinbarten Termin abgenommen und deren Mangelfreiheit bestätigt.

Beweis: Abnahmeprotokoll vom ......

Die Lieferung der Offset-Druckmaschine erfolgte zwar nicht zu dem ursprünglich vertraglich vorgesehenen Termin am ...... Die Parteien haben aber am ...... einen neuen Termin vereinbart, zu dem die Lieferung auch erfolgt ist.

Beweis: 1. Gesprächsprotokoll vom ......
2. Zeugnis des ......

2. Zur Schiedswiderklage

Zur Absicherung von Schadensersatz- und Gewährleistungsansprüchen aus diesem Geschäft hat die X-Bank im Auftrag der Schiedsbeklagten eine Garantie auf erstes Anfordern zugunsten der Schiedsklägerin in Höhe von EUR ...... ausgelegt.

Beweis: Vorlage der Garantieurkunde Nr. ...... der X-Bank vom ......

Die Schiedsklägerin hat die X-Bank mit Schreiben vom ...... zur Zahlung von EUR ...... unter der Garantie aufgefordert.

Beweis: Vorlage des Schreibens der Schiedsklägerin an die X-Bank vom ......

Da die in der Schiedsklage geltend gemachten Ansprüche nicht bestehen, ist die Schiedsklägerin verpflichtet, die Garantieurkunde herauszugeben[7]. Sie weigert sich, dies zu tun, zuletzt im Schreiben vom ......

Beweis: Schreiben der Schiedsklägerin an die Schiedsbeklagte vom ......

Der Anspruch auf Rückgabe der Garantie unterfällt der Schiedsvereinbarung, da die Garantie in Erfüllung der Vertrages vom ...... gestellt worden ist und Ziff. 27 des Vertrages, der die Schiedsvereinbarung enthält, auch für den Rückgabeanspruch der Garantieurkunde gilt.

Anmerkungen

1. Der Schiedsbeklagte hat binnen der von den Parteien vereinbarten oder bei Fehlen einer solchen Vereinbarung binnen der vom Schiedsgericht gesetzten Frist auf die Schiedsklage zu erwidern. Will der Schiedsbeklagte die Wirksamkeit der Schiedsvereinbarung oder das Unterfallen des Anspruchs unter die Schiedsvereinbarung und damit die Zuständigkeit des Schiedsgerichts bestreiten, so darf er sich nicht rügelos einlassen. Er muss seine Einwendungen in der Schiedsklagebeantwortung vorbringen, Ein Formmangel der Schiedsvereinbarung wird nach § 1031 Abs. 6 ZPO geheilt, eine Einlassung kann zum stillschweigenden Abschluss einer Schiedsvereinbarung führen.

2. Die Erhebung einer Schiedswiderklage ist im Schiedsverfahren zulässig (vgl. dazu *Schütze,* Die Geltendmachung von Gegenforderungen im Schiedsverfahren, FS Kargados, 2004, S. 1009 ff.; *Stolzke,* Aufrechnung und Widerklage in der Schiedsgerichtsbarkeit, 2006). Nach § 1046 Abs. 3 ZPO sind die Grundsätze für die Schiedsklage und die Schiedsklagebeantwortung auf die Schiedswiderklage anwendbar.

Erfordernis der Schiedswiderklage sind:

- der schiedswiderklagend geltend gemachte Anspruch muss derselben Schiedsvereinbarung unterliegen, der auch der mit der Schiedsklage geltend gemachte Anspruch unterliegt. Es genügt nicht, dass die Parteien für den schiedswiderklagend geltend gemachten Anspruch eine andere Schiedsvereinbarung abgeschlossen haben (vgl. *Schütze,* Schiedsgericht und Schiedsverfahren aaO., Rdn. 268; *Schwab/Walter,* Schiedsgerichtsbarkeit aaO., Kap. 16, Rdn. 31).
- Es muss ein rechtlicher Zusammenhang zwischen Schiedsklage und -widerklage gegeben sein (§ 33 Abs. 1 ZPO analog).
- Problematisch mag sein, ob die Schiedswiderklage der Zustimmung des Schiedsgerichts bedarf, was nach deutschen Recht überwiegend verneint wird (vgl. *Schütze,* Schiedsgericht und Schiedsverfahren aaO., Rdn. 268; *Schwab/Walter,* Schiedsgerichtsbarkeit aaO. Kap. 16, Rdn. 31; *Stein/Jonas/Schlosser,* ZPO[22], 2002, § 1046, Rdn. 3).

3. Der Schiedsbeklagte muss – dies ist ungeschriebene Voraussetzung des § 1046 Abs. 1 ZPO – einen bestimmten Antrag stellen (Schiedsklageabweisung, Anerkenntnis pp.).

4. Für die Erhebung der Schiedswiderklage und den Antrag gelten die Grundsätze des § 1046 Abs. 1 ZPO entsprechend (§ 1046 Abs. 3 ZPO), vgl. Form. I. S. 8, Anm. 1 ff.

5. Vgl. dazu Form. I. S. 8 Anm. 7.

6. § 1046 Abs. 1 ZPO bestimmt, dass der Schiedsbeklagte zur Schiedsklage Stellung nehmen, Beweis durch Vorlage von Schriftstücken antreten und sonstige Beweismittel bezeichnen muss, die er zu seiner Rechtsverteidigung nutzen will. Generell gilt, dass die Verteidigungsmittel vollständig geltend zu machen sind.

7. Vgl. für den Rückgabeanspruch der Garantieurkunde nach Erlöschen der Garantieverpflichtung *Schütze,* Zur Nichtrückgabe von Garantieurkunden nach Erlöschen der Garantieverpflichtung, WPM 1982, 1398 ff.

Kosten und Gebühren

Es gilt das zu Form. I. S. 8 Ausgeführte.

10. Klage im Urkundsprozess auf Zahlung eines Vorschusses[1]

An das
Landgericht[2]
......

In Sachen

der Firma ......
......
Klägerin,
Prozessbevollmächtigter ......

gegen

die Firma ......
Beklagte,
Prozessbevollmächtigter ......

wegen Zahlung eines Vorschusses im Schiedsverfahren
erhebe ich namens der Klägerin

Klage im Urkundsprozess[3]

und werde beantragen,

1. **die Beklagte zu verurteilen, an das Schiedsgericht, bestehend aus dem Schiedsrichter A als Obmann und den Schiedsrichtern B und C EUR 27.000,– auf das Konto des Obmanns bei der X-Bank, Konto-Nr. ...... zu zahlen,**
2. **der Beklagten die Kosten des Verfahrens aufzuerlegen.**

Begründung

Zwischen den Parteien ist ein Schiedsverfahren über Schadensersatzansprüche wegen der verspäteten und mangelhaften Lieferung einer Offset-Druckmaschine aufgrund einer Schiedsvereinbarung in Ziff. 27 des Vertrages vom ......

Beweis: Vorlage des Vertrages vom .....

vor dem Schiedsgericht bestehend aus dem Schiedsrichter A als Obmann und den Schiedsrichtern B und C anhängig. Durch Prozessverfügung Nr. ...... vom ...... hat das Schiedsgericht von jeder Partei einen Vorschuss auf Gebühren und Auslagen in Höhe von EUR 27.000.– gefordert und für die Einzahlung eine Frist bis zum ...... gesetzt.

Beweis: Vorlage der Prozessverfügung Nr. ......

Die Klägerin hat den auf sie entfallenden Teil des Vorschusses fristgemäß erbracht. Die Beklagte hat nicht gezahlt.

Das Schiedsgericht hat seine Tätigkeit in der vorerwähnten Prozessverfügung von der vollen Einzahlung des Vorschusses abhängig gemacht[4].

Beweis: Vorlage der Prozessverfügung Nr. ......

Wenn der volle Vorschuss nicht gezahlt wird droht eine Beendigung des Schiedsverfahrens wegen Nichtbetreibens durch die Parteien[5].

Rechtsanwalt

Anmerkungen

1. Die Parteien sind verpflichtet, Honorare, Gebühren und Auslangen sowie Vorschüsse hierauf fristgerecht an den Schiedsrichter zu zahlen. Diese Verpflichtung ergibt sich nicht nur aus dem Verhältnis Parteien/Schiedsrichter, dh. aus dem Schiedsrichtervertrag, sondern unmittelbar aus der Schiedsvereinbarung zwischen den Parteien. Der Vergütungsvorschuss ist nach allgemeiner Ansicht gewohnheitsrechtlich feststehend (vgl. *Breetzke,* Vertrag und Vergütung des Schiedsrichters, NJW 1968, 1113 f.; *Schütze,* Schiedsgericht und Schiedsverfahren aaO., Rdn. 155).

Der Schiedsbeklagte versucht häufig, seiner Verpflichtung zur Vorschusszahlung zu entgehen, indem er keine Zahlung leistet. Das Schiedsgericht wird in diesen Fällen nicht seinerseits vor den ordentlichen Gerichten klagen, vielmehr dem Schiedskläger die Möglichkeit geben, für den Schiedsbeklagten in Vorlage zu treten. Dieser ist zuweilen nicht in der Lage, den weiteren Vorschuss zu zahlen, im übrigen hat dies für ihn das Risiko, dass er im Falle des Obsiegens, zwar einen Anspruch gegen den Schiedsbeklagten auf Kostenerstattung und gegen das Schiedsgericht auf Auskehrung des nicht verbrauchten Vorschusses haben mag, im Falle des Vermögensverfalls des Schiedsbeklagten zu dem Zeitpunkt aber vielleicht keine Chance auf Realisierung des Kostenerstattungsanspruchs besteht. Es ist deshalb angezeigt, den Schiedsbeklagten auf Zahlung des Vorschusses zu verklagen, was allerdings Zeit kostet.

2. Da keiner der Fälle des § 1062 ZPO gegeben ist besteht keine Zuständigkeit des OLG. Es gelten die allgemeinen Zuständigkeitsregeln.

3. Da der Schiedskläger mit der Schiedsvereinbarung und der Vorschussanforderung des Schiedsgerichts seinen Anspruch urkundlich beweisen kann, ist die Geltendmachung im Urkundsprozess angezeigt.

4. Das Schiedsgericht kann seine Tätigkeit von der vollen Zahlung der Vorschüsse abhängig machen. Probleme ergeben sich in der Praxis, wenn der Schiedsbeklagte eine Schiedswiderklage mit hohem Streitwert erhebt, um den Schiedskläger zur Erlegung weiterer Vorschüsse zu zwingen, während er selbst seinen Vorschussanteil nicht einzahlt. In diesem Fall ist das Schiedsgericht berechtigt, Schiedsklage und -widerklage zu trennen und nur über die Schiedsklage zu verhandeln (vgl. zur Praxis der ICC *Mack,* SchiedsVZ 2006, 36 ff.). Zweckmäßig ist auch in diesem Fall, den Schiedsbeklagten zur Vorschusszahlung im Wege einer Urkundsklage zu zwingen.

5. Das Schiedsgericht kann das Schiedsverfahren nach § 1056 Abs. 2 Nr. 3 ZPO bei Nichtbetreiben des Schiedsverfahrens trotz Aufforderung des Schiedsgerichts durch Beschluss für beendet erklären. Hierunter sind auch die Fälle zu fassen, in denen die Parteien die Vorschüsse nicht zahlen (vgl. *Lachmann,* Handbuch für die Schiedsgerichtspraxis[3], 2008, Rdn. 1861; *Schütze,* Schiedsgericht und Schiedsverfahren aaO., Rdn. 215).

Kosten und Gebühren

Die Gerichtskosten bestimmen sich nach GKG KV Nr. 1210, die Gebühren des Rechtsanwalts nach RVG VV Nr. 3100 wie im ordentlichen Prozess. Für das Nachverfahren vgl. Anm. zu Form. I. Q. 1.

11. Antrag auf eidliche Vernehmung eines Zeugen im Schiedsverfahren[1]

An das
Amtsgericht[2] ……

In dem Schiedsverfahren
der Firma ……
– Schiedsklägerin –
Verfahrensbevollmächtigter ……
gegen

die Firma ……
– Schiedsbeklagte –
Verfahrensbevollmächtigter ……
beantrage ich namens der Schiedsklägerin

> **den Maschineningenieur …… (ladungsfähige Anschrift) als Zeuge zu laden und zu der Behauptung des Schiedsbeklagten …… zu vernehmen und**
> **den Zeugen zu vereidigen.**

Begründung

Die Schiedsparteien führen vor dem Schiedsgericht bestehend aus dem Schiedsrichter A als Vorsitzenden und den Schiedsrichtern B und C einen Rechtsstreit über Schadensersatzansprüche im Zusammenhang mit der Lieferung einer Offset-Druckmaschine. Die Schiedsbeklagte macht zu ihrer Rechtsverteidigung im Hinblick auf den von der Schiedsklägerin verlangten Verspätungsschaden geltend, der vertraglich vereinbarte Terminplan sei in einer mündlichen Vereinbarung zwischen dem Maschineningenieur …… und dem Prokuristen …… dahin geändert worden, dass die Offset-Druckmaschine erst am …… geliefert und am …… in Betrieb genommen werden sollte[3].

Das Schiedsgericht hat am …… beschlossen, den Maschineningenieur …… als Zeugen eidlich zu vernehmen[4].

Beweis: Vorlage des Beschlusses vom ……

Der Zeuge hat schriftlich gegenüber dem Schiedsgericht erklärt, dass er nicht erscheinen und aussagen werde.

Beweis: Vorlage des Schreibens vom ……

Ein Hinderungsgrund nach § 393 ZPO liegt nicht vor.

Durch den vorerwähnten Beschluss hat das Schiedsgericht die Schiedsbeklagte ermächtigt, die eidliche Vernehmung des Zeugen durch das angerufene Gericht herbeizuführen[5].

Rechtsanwalt

Anmerkungen

1. Das Schiedsgericht ist befugt Zeugen zu laden. Gelingt es der beweisbelasteten Partei nicht, den Zeugen zu stellen (was in der Praxis häufig der Fall ist, wenn dieser zwischenzeitlich aus ihren Diensten ausgeschieden ist) und weigert sich ein Zeuge zu erscheinen oder auszusagen, so bleibt nur der Weg über § 1050 ZPO. Das Schiedsgericht oder – mit Zustimmung des Schiedsgerichts – die beweisbelastete Partei kann bei Gericht beantragen, den Zeugen zu laden, zu vernehmen und – gegebenenfalls – zu beeidigen (vgl. zu den Hilfsfunktionen des ordentlichen Gerichts im Schiedsverfahren *Harbst,* Die Rolle der staatlichen Gerichte im Schiedsverfahren, 2002; *Schütze,* Die Rolle der staatlichen Gerichte in

der Schiedsgerichtsbarkeit und die Anerkennung und Vollstreckbarerklärung US-amerikanischer Schiedssprüche in Deutschland, DIS-MAT XII (2005), S. 85 ff.).

2. Zuständig ist nach § 1050 ZPO i. V. m. § 1062 Abs. 4 ZPO das Amtsgericht, in dessen Sprengel die richterliche Handlung vorzunehmen ist.

3. Der Sachverhalt ist so darzulegen, dass das Gericht die Vernehmung sachgerecht durchführen kann.

4. Ein Beschluss des Schiedsgerichts ist nicht notwendig. Es genügt, dass das Schiedsgericht die Zustimmung zum Antrag einer Partei auf Durchführung richterlicher Handlungen nach § 1050 ZPO erteilt. Um die Zustimmung im dem amtsgerichtlichen Verfahren nachzuweisen, ist es aber zweckmäßig – und üblich – die Beweismaßnahme förmlich zu beschließen und die Partei zu ermächtigen, den Antrag nach § 1050 ZPO zu stellen, wenn das Schiedsgericht dies nicht selbst tun mag.

5. Überlässt das Schiedsgericht der Partei die Anrufung des Gerichts , so sollte es im Interesse eines zügigen Vorgangs des Verfahrens hierfür eine Frist setzen. Da die Partei auf die Durchführung des Verfahrens nur im Hinblick auf die Antragstellung Einfluss hat, kann die Fristsetzung nur auf die Einbringung des Antrags gehen. Die Partei ist nicht frei in der Bestimmung, welche Zeugen zu welchen Beweisthemen durch das staatliche Gericht zu vernehmen sind. Die nach § 1050 ZPO notwendige Zustimmung bezieht sich nicht nur auf den Antrag generell, sondern auch seinen Inhalt. Die Zustimmung hängt davon ab, ob das Schiedsgericht die richterliche Handlung „für erforderlich erachtet". Diese Voraussetzung des § 1036 Abs. 1 aF. ZPO ist zwar nicht in das SchiedsVfG übernommen worden, aber auch nach § 1050 ZPO selbstverständlich.

Kosten und Gebühren

Die Gerichtskosten bestimmen sich nach GKG KV Nr. 1625, für die Vergütung des Rechtsanwalts kommen RVG VV Nr. 3327, 3332 zur Anwendung. Das Schiedsverfahren und das Verfahren nach § 1050 ZPO sind dieselbe Angelegenheit, RVG § 16 Nr. 10.

12. Antrag der Schiedsparteien auf Erlass eines Schiedsspruchs mit vereinbartem Wortlaut[1]

An das
Schiedsgericht, bestehend aus
1. Schiedsrichter A als Obmann,
2. Schiedsrichter B
3. Schiedsrichter C

In dem Schiedsverfahren

der Firma ……
– Schiedsklägerin und -widerbeklagte, –
Verfahrensbevollmächtigter: ……

gegen

die Firma ……
– Schiedsbeklagte und -widerklägerin –
Verfahrensbevollmächtigter: ……

beantragen[2] die Parteien den Erlass[3] eines

Schiedsspruchs mit vereinbartem Wortlaut[4]

folgenden Inhalts[5]:

1. Die Schiedsbeklagte zahlt an die Schiedsklägerin EUR ...... bis zum ...... Der Betrag ist von diesem Zeitpunkt mit 10% p. a. zu verzinsen.
2. Die Schiedsklägerin verzichtet auf jegliche Gewährleistungsrechte aus der Lieferung der Offset-Druckmaschine nach dem Kaufvertrag vom ......
3. Die Kosten des Schiedsverfahrens tragen die Schiedsparteien je zur Hälfte. Jede Partei trägt ihre eigenen Kosten.
4. Damit sind alle streitgegenständlichen Ansprüche der Schiedsparteien erledigt.

Begründung

Die Schiedsparteien haben sich am ...... über alle mit Schiedsklage und Schiedswiderklage geltend gemachten Ansprüche mit dem im Antrag formulierten Inhalt verglichen[6]. Eine Widerrufsmöglichkeit ist nicht vereinbart[7].

Rechtsanwalt

Anmerkungen

1. Der Reform 1997 ist der Schiedsvergleich zum Opfer gefallen. An seine Stelle ist der Schiedsspruch mit vereinbartem Wortlaut getreten (§ 1043 ZPO) (vgl. dazu *Mankowski,* Der Schiedsspruch mit vereinbartem Wortlaut, ZZP 114 (2001), 37 ff.; *Schütze,* Der Schiedsspruch mit vereinbartem Wortlaut, FS Lorenz II, 2001, S. 275 ff.), der in vielen Rechten seiner Funktion nach dem Schiedsvergleich entspricht (award by consent) (vgl. *Berger,* Internationale Wirtschaftsschiedsgerichtsbarkeit, 1992, S. 405 ff.).

Der Schiedsspruch mit vereinbartem Wortlaut ist ein Schiedsspruch. Der zugrunde liegende Vergleich beeinflusst seine Rechtsnatur nicht.

2. Der Erlass eine Schiedsspruchs mit vereinbartem Wortlaut erfordert einen Antrag beider Parteien. Dieser ist Prozesserklärung und kann nicht ohne Zustimmung der anderen Partei zurückgenommen werden (vgl. *Schütze,* Schiedsgericht und Schiedsverfahren aaO., Rdn. 232). Der Antrag bedarf keiner Form. Er kann – das ist die Regel – zu Protokoll des Schiedsgerichts gestellt werden. Das setzt aber voraus, dass der Vergleich in der Schiedsverhandlung zustande kommt. Vergleichen sich die Parteien außerhalb der Schiedsverhandlung, dann empfiehlt sich der Weg über einen gemeinsamen Antrag.

3. Weigert sich das Schiedsgericht, einen Schiedsspruch mit vereinbartem Wortlaut antragsgemäß zu erlassen, so bleiben den Parteien drei Wege (vgl. *Schütze,* FS Lorenz II, S. 275 ff., 279 ff.).

- Der Schiedskläger kann die Schiedsklage (und der Schiedswiderkläger die -widerklage) zurücknehmen und neu bei einem anderen Schiedsgericht einreichen, was aber zu doppelten Kosten führt.
- Die Parteien können einen Anwaltsvergleich abschließen und damit einen Vollstreckungstitel nach § 794 Abs. 1 Nr. 4 ZPO erhalten und das Schiedsgericht so zwingen, das Verfahren durch Beschluss einzustellen.
- Schließlich können die Parteien nach § 1038 ZPO verfahren und die Beendigung des Amts des oder der Schiedsrichter vereinbaren.

4. Der Schiedsspruch mit vereinbartem Wortlaut muss als Schiedsspruch bezeichnet werden (§ 1053 Abs. 2 ZPO).

5. Das Schiedsgericht erlässt den Schiedsspruch nach Prüfung der Erfordernisse. Es hat kein Ermessen, ist vielmehr zu seinem Erlass verpflichtet, wenn die Voraussetzungen erfüllt sind. Dazu gehört insbesondere, dass ein Vergleich abgeschlossen worden ist, der nicht ordre public widrig ist. Allerdings muss das Schiedsgericht keinen widersinnigen oder sprachlich unverständlichen Schiedsspruch mit vereinbartem Wortlaut erlassen. Es hat das Recht und die Pflicht zur Formulierungshilfe.

6. Der Erlass eines Schiedsspruchs mit vereinbartem Wortlaut setzt den Abschluss eines Vergleichs voraus, der allerdings nicht die Erfordernisse des § 779 BGB erfüllen muss (vgl. *Schütze,* FS Lorenz II, S. 275 ff. 277; aA. *Henn,* Schiedsverfahrensrecht[3], 2000, Rdn. 396). Der Schiedsspruch darf nicht gegen den ordre public verstoßen, § 1053 Abs. 1 S. 2 ZPO. Vereinbaren die Parteien in dem Vergleich beispielsweise die Einhaltung kartellrechtlich unzulässiger Gebietsabsprachen, so darf ein Schiedsspruch mit vereinbartem Wortlaut nicht erlassen werden.

7. Schließen die Parteien einen widerruflichen Vergleich, so kann der Antrag schon im Zeitpunkt des Vergleichsabschlusses gestellt werden. Der Schiedsspruch mit vereinbartem Wortlaut wird dann erst nach Ablauf der Widerrufsfrist erlassen (vgl. Zöller/*Geimer,* ZPO[27], § 1053, Rdn. 4).

Kosten und Gebühren

Für das Schiedsgericht und den Rechtsanwalt entstehen keine besonderen Gebühren. U.U. kommt jedoch für die Rechtsanwälte eine Einigungsgebühr nach RVG VV Nr. 1000 in Betracht.

13. Antrag auf Vollstreckbarerklärung eines Schiedsspruchs[1]

An das
Oberlandesgericht[2]
……

In Sachen

der Firma ……
……
Antragstellerin,
Prozessbevollmächtigter ……

gegen

die Firma ……
Antragsgegnerin,
Prozessbevollmächtigter ……
wegen Vollstreckbarerklärung eines inländischen Schiedsspruchs

beantrage[3] ich namens der Antragstellerin

1. **den in dem Schiedsverfahren zwischen den Parteien durch das Schiedsgericht bestehend aus dem Schiedsrichter A als Vorsitzenden und den Schiedsrichtern B und C am …… ergangenen und den Parteien am …… übersandten Schiedsspruch, durch den die Antragsgegnerin zur Zahlung von EUR …… sowie Kosten in Höhe von EUR …… verurteilt worden ist, für vollstreckbar zu erklären,**
2. **den Beschluss für vorläufig vollstreckbar zu erklären[4],**
3. **der Antragsgegnerin die Kosten des Verfahrens aufzuerlegen[5].**

Begründung

In einem Schiedsverfahren zwischen den Parteien aufgrund einer Schiedsvereinbarung vom …… [6]

Beweis: Vorlage der Schiedsvereinbarung vom ……

hat das Schiedsgericht bestehend aus dem Schiedsrichter A als Vorsitzendem und den Schiedsrichtern B und C am …… einen Schiedsspruch erlassen, durch den die Antrags-

gegnerin zur Zahlung von EUR ...... nebst 10% Zinsen seit dem ...... sowie Zahlung von Kosten in Höhe von EUR ...... verurteilt worden ist. Der Schiedsspruch ist den Parteien am ...... übersandt worden[7].

Beweis: Vorlage des Schiedsspruchs vom ...... nebst Postbescheinigung über den Zugang[8]

Die Antragstellerin hat trotz Zahlungsaufforderung vom ...... nicht gezahlt[9].
Aufhebungsgründe liegen nicht vor[10].

Rechtsanwalt[11]

Anmerkungen

1. Schiedssprüche bedürfen zu ihrer zwangsweisen Durchsetzung der Vollstreckbarerklärung (vgl. dazu *Borges,* Die Anerkennung und Vollstreckung von Schiedssprüchen nach dem neuen Schiedsverfahrensrecht, ZZP 111 (1998), 487ff.). Das gilt sowohl für inländische (§ 1060 ZPO) als auch ausländische Schiedssprüche (§ 1061 ZPO, vgl. dazu Form. I. T 17 und 18). Der Vollstreckbarerklärung zugänglich sind nicht nur Schiedssprüche auf Leistung, sondern unabhängig von dem vollstreckungsfähigen Inhalt des Schiedsspruchs (vgl. BGH BB 1960, 302; BGH SchiedsVZ 2006, 278 mit Anm. *Wolff/Falk*), auch klagabweisende (vgl. BGH BB 1960, 302; BGH JZ 1962, 287), feststellende (vgl. BGH JZ 1962; BGH NJW 1987, 651) und gestaltende (vgl. *Schwab/Walter,* Schiedsgerichtsbarkeit[7] Kap 26, Rdn. 7; *Wieczorek/Schütze,* ZPO[3], § 1042, Rdn. 9) Schiedssprüche, obwohl § 1060 Abs. 1 ZPO nur die Zwangsvollstreckung von der Vollstreckbarerklärung abhängig macht. Sinn der Vollstreckbarerklärung ist aber auch die rechtskräftige Feststellung der Bestandskraft des Schiedsspruchs (vgl. *Schütze,* Schiedsgericht und Schiedsverfahren aaO., Rdn. 272). Nicht der Vollstreckbarerklärung zugänglich sind Schiedssprüche, die den Rechtsstreit nicht endgültig erledigen (vgl. *Sieg* JZ 1959, 752ff.), also Zwischenschiedssprüche über die Zulässigkeit (vgl. RGZ 52, 283), Vorbehaltsschiedssprüche (soweit man diese für zulässig hält) pp.

2. Zuständig ist das Oberlandesgericht, das in der Schiedsvereinbarung bezeichnet ist, in Ermangelung einer entsprechenden Parteivereinbarung das Oberlandesgericht, in dessen Bezirk der Ort des schiedsrichterlichen Verfahrens liegt, § 1062 Abs. 1 Nr. 4 ZPO. Fehlt ein deutscher Schiedsort, so kommt Abs. 2 zur Anwendung.

3. Das Verfahren wird durch Antrag der wenigstens teilweise siegreichen Partei eingeleitet. Der Antrag ist nicht fristgebunden. Der Antrag kann auch zu Protokoll der Geschäftsstelle gestellt werden, § 1063 Abs. 4 ZPO.

4. Der Beschluss auf Vollstreckbarerklärung ist für vorläufig vollstreckbar zu erklären, § 1064 Abs. 2 ZPO.

5. Für die Kostenentscheidung gelten §§ 91ff. ZPO. Vgl. auch Anm. 9

6. Erfordernis der Vollstreckbarerklärung ist die Wirksamkeit der zugrunde liegenden Schiedsvereinbarung, § 1060 Abs. 2 S. 1 ZPO i. V. m. § 1059 Abs. 2 Nr. 1 lit. a ZPO. Die Gültigkeit der Schiedsvereinbarung unterliegt der Prüfung durch das OLG, ohne dass dieses an die Entscheidung des Schiedsgerichts gebunden wäre (vgl. BGHZ 68, 356; *Schwab/Walter,* Schiedsgerichtsbarkeit[7] Kap. 24, Rdn. 9). Die Vorlage der Schiedsvereinbarung ist deshalb notwendig. Dabei ist allerdings zu beachten, dass die rügelose Einlassung im Schiedsverfahren Formmängel der Schiedsvereinbarung heilt, § 1031 Abs. 6 ZPO. Die Berufung auf die mangelnde Schiedsvereinbarung kann gegen Treu und Glauben verstoßen, wenn die sich hierauf berufende Partei das Schiedsverfahren veranlasst hat (vgl. BGH WPM 1987, 1084).

7. Der Schiedsspruch ist schriftlich abzusetzen und durch den oder die Schiedsrichter zu unterschreiben, § 1054 Abs. 1 ZPO. Der Schiedsspruch ist zu datieren unter Angabe

des Datums seines Erlasses, § 1054 Abs. 3 ZPO. Der Schiedsspruch gilt an diesem Tag und diesem Ort erlassen. Hierbei handelt es sich um eine widerlegbare Vermutung. Ein Exemplar des von den Schiedsrichtern unterschriebenen Schiedsspruchs ist den Parteien zu übersenden, § 1054 Abs. 4 ZPO. Es empfiehlt sich, die Übersendung durch Einschreiben mit Rückschein zu bewirken, um den Zugang nachweisen zu können.

8. Mit dem Antrag auf Vollstreckbarerklärung ist der Schiedsspruch oder eine beglaubigte Abschrift (auch durch den bevollmächtigten Rechtsanwalt) vorzulegen, § 1064 Abs. 1 ZPO.

9. Es ist streitig, ob die Kostentragung durch den unterlegenen Antragsgegner eine vorherige Zahlungsaufforderung voraussetzt. Das OLG München verneint dies zu Recht. Denn erst die Vollstreckbarerklärung schafft für den Antragsgegner einen bestandskräftigen Titel (vgl. OLG München SchiedsVZ 2007, 164; Zöller/*Geimer,* ZPO[27], § 1060, Rdn. 4, jedoch str.). Bei der unsicheren Rechtslage empfiehlt es sich, den Spruchschuldner zunächst unter kurzer Fristsetzung zur Zahlung aufzufordern.

10. Nach § 1060 Abs. 2 ZPO ist Erfordernis der Vollstreckbarerklärung das Fehlen von Aufhebungsgründen nach § 1059 Abs. 2 ZPO (vgl. dazu Form. 14 Anm. 8). Aufhebungsgründe sind jedoch nicht zu berücksichtigen, soweit im Zeitpunkt der Zustellung des Antrags auf Vollstreckbarerklärung ein auf sie gestützter Aufhebungsantrag bereits rechtskräftig abgewiesen ist. Aufhebungsgründe sind auch dann nicht zu berücksichtigen, wenn die Frist für ihre gerichtliche Geltendmachung nach § 1059 Abs. 3 ZPO verstrichen ist, § 1060 Abs. 2 S. 2 und 3 ZPO.

11. Da der Antrag auf Vollstreckbarerklärung auch zu Protokoll der Geschäftsstelle erklärt werden kann (§ 1063 Abs. 4 ZPO), unterliegt das Verfahren nicht dem Anwaltszwang bis zur Anordnung einer mündlichen Verhandlung.

Kosten und Gebühren

Die Gerichtskosten bestimmen sich nach GKG KV Nr. 1620. Für die Gebühren des Rechtsanwalts gelten – trotz der OLG-Zuständigkeit – die Regelgebühren von RVG VV Nr. 3100 ff. (vgl. Zöller/*Geimer,* ZPO[27], § 1059, Rdn. 91).

14. Antrag auf Aufhebung eines Schiedsspruchs[1]

An das
Oberlandesgericht[2]
……

In Sachen

der Firma ……
……
Antragstellerin,
Prozessbevollmächtigter ……

gegen

die Firma ……
Antragsgegnerin,
Prozessbevollmächtigter ……
wegen Aufhebung eines inländischen Schiedsspruchs

beantrage[3] ich namens der Antragstellerin,

1. den in dem Schiedsverfahren zwischen den Parteien durch das Schiedsgericht bestehend aus dem Schiedsrichter A als Vorsitzenden und den Schiedsrichtern B und C am ...... ergangenen und den Parteien am ...... übersandten Schiedsspruch, durch den die Antragstellerin zur Zahlung von EUR ...... zuzüglich 10% Zinsen seit dem ...... und Kosten in Höhe von EUR ...... verurteilt worden ist, aufzuheben,
2. den Rechtsstreit an das sub 1. genannte Schiedsgericht zurückzuverweisen[4],
3. der Antragsgegnerin die Kosten des Verfahrens aufzuerlegen[5].

Begründung

In einem Schiedsverfahren zwischen den Parteien aufgrund einer Schiedsvereinbarung vom ......[6]

Beweis: Vorlage der Schiedsvereinbarung vom ......

hat das Schiedsgericht bestehend aus dem Schiedsrichter A als Vorsitzendem und den Schiedsrichtern B und C am ...... eine Schiedsspruch erlassen, durch den die Antragsgegnerin zur Zahlung von EUR ...... nebst 10% Zinsen seit dem ...... und Zahlung von Kosten in Höhe von EUR ...... verurteilt worden ist. Der Schiedsspruch ist den Parteien am ...... übersandt worden[7].

Beweis: Vorlage des Schiedsspruchs vom ...... nebst Postbescheinigung über den Zugang

In dem Schiedsverfahren, das zu dem Schiedsspruch geführt hat ist der Antragstellerin zu einem verfahrensentscheidenden Umstand das rechtliche Gehör nicht gewährt worden[8]. Der Schiedsspruch beruht darauf[9], dass die Behauptung der Antragsgegnerin in einem Schriftsatz vom ......, wonach die Antragstellerin am ...... durch ihren Prokuristen ...... erklärt habe, die folgenden Druckmaschinenteile ...... seien mangelhaft, sei unstreitig. Dieser Schriftsatz ist der Antragstellerin nie zugegangen. Der Vorsitzende des Schiedsgerichts, der Schiedsrichter A, hat dazu erklärt, sein Büro habe die Weiterleitung des Schriftsatzes versäumt.

Beweis: Zeugnis des Schiedsrichters A

Die Antragstellerin hätte diese Behauptung bestritten und Beweis dafür angeboten, dass eine solche Erklärung durch den Prokuristen ...... nie abgegeben worden ist.
Die Antragstellerin hat von dem Sachverhalt erst durch den Schiedsspruch erfahren[10].

Rechtsanwalt

Anmerkungen

1. Nach § 1059 ZPO kann ein Schiedsspruch durch das staatliche Gericht aufgehoben werden. Die Gründe für die Aufhebung des Schiedsspruchs sind in § 1059 Abs. 2 ZPO abschließend geregelt. Darüber hinaus ist das Gericht zur Nachprüfung des Schiedsspruchs nicht befugt. Es gilt das Verbot der révision au fond. Die Entscheidung über die Aufhebung ist gestaltender Natur (vgl. Zöller/*Geimer,* ZPO[27], § 1059, Rdn. 1). Sie erfolgt im Beschlussverfahren nach § 1063 ZPO.

Mit Rechtskraft des Beschlusses, der die Aufhebung des Schiedsspruchs ausspricht, fällt dieser fort. § 1059 Abs. 5 ZPO bestimmt für diesen Fall, dass die Schiedsvereinbarung für den Streitgegenstand wieder auflebt.

2. Zuständig ist das Oberlandesgericht, das in der Schiedsvereinbarung bezeichnet ist, in Ermangelung einer entsprechenden Parteivereinbarung das Oberlandesgericht, in dessen Bezirk der Ort des schiedsrichterlichen Verfahrens liegt, § 1062 Abs. 1 Nr. 4 ZPO. Fehlt ein deutscher Schiedsort, so kommt Abs. 2 zur Anwendung.

3. Das Verfahren wird durch Antrag eingeleitet. Der Antrag setzt ein Rechtsschutzinteresse voraus (vgl. *Schwab/Walter,* Schiedsgerichtsbarkeit[7], Kap. 25, Rdn. 4), das regelmäßig nur der im Schiedsverfahren ganz oder teilweise Unterlegene hat (vgl. *Schütze,* Schiedsgericht und Schiedsverfahren aaO., Rdn. 313). Die Vollstreckbarerklärung schließt das Aufhebungsverfahren aus, § 1059 Abs. 3 S. 3 ZPO.

4. Nach § 1059 Abs. 4 ZPO kann das Oberlandesgericht nach Aufhebung des Schiedsspruchs die Sache auf Antrag einer Partei „in geeigneten Fällen" an das Schiedsgericht zurückverweisen. Hierzu ist dem Gegner rechtliches Gehör zu gewähren. Widerspricht er, so liegt regelmäßig kein „geeigneter Fall vor. Denn man kann einer Partei kaum zumuten, zu einem Schiedsgericht Vertrauen zu haben, dessen Spruch wegen schwerer Verfahrens- oder sonstiger Mängel aufgehoben worden ist.

Die Parteien können auch vereinbaren, dass die Schiedsvereinbarung mit der Aufhebung nicht wieder auflebt. Vielleicht haben sie von der Schiedsgerichtsbarkeit nach dem mit Mängeln behafteten Verfahren und Spruch des Schiedsgerichts „die Nase voll".

5. Für die Kostenentscheidung gelten §§ 91 ff. ZPO.

6. Fehlt eine Schiedsvereinbarung oder ist diese unwirksam oder erloschen, so ist der Schiedsspruch aufhebbar, § 1059 Abs. 2 Nr. 1 lit. a ZPO. Die Gültigkeit der Schiedsvereinbarung unterliegt der Prüfung durch das OLG, ohne dass dieses an die Entscheidung des Schiedsgerichts gebunden wäre (vgl. BGHZ 68, 356; *Schwab/Walter,* Schiedsgerichtsbarkeit[7] Kap. 24, Rdn. 9). Die Vorlage der Schiedsvereinbarung ist deshalb notwendig. Dabei ist allerdings zu beachten, dass die rügelose Einlassung im Schiedsverfahren Formmängel der Schiedsvereinbarung heilt, § 1031 Abs. 6 ZPO. Die Berufung auf die mangelnde Schiedsvereinbarung kann gegen Treu und Glauben verstoßen, wenn die sich hierauf berufende Partei das Schiedsverfahren veranlasst hat (vgl. BGH WPM 1987, 1084). Auch das Überschreiten der Grenzen der Schiedsvereinbarung ist ein Aufhebungsgrund, § 1059 Abs. 2 Nr. 1 lit. c ZPO. Auch diese Prüfung kann nur anhand der Schiedsvereinbarung erfolgen.

7. Der Antrag auf Aufhebung eines Schiedsspruchs ist fristgebunden. Er muss binnen drei Monaten nach Empfang des Schiedsspruchs durch den Antragstellen eingebracht werden, § 1059 Abs. 2 ZPO. Es ist deshalb notwendig, diesen Zeitpunkt nachzuweisen. Es empfiehlt sich deshalb, den Schiedsspruch durch Einschreiben mit Rückschein oder Kurier zu übersenden. Im Falle des Schwebens von Anträgen auf Berichtigung, Ergänzung oder Auslegung des Schiedsspruchs nach § 1058 ZPO verlängert sich die Frist auf einen Monat nach Entscheidung über diesen Antrag. Voraussetzung ist jedoch, dass der Antrag nach § 1058 ZPO binnen einer Frist von einem Monat nach Empfang des Schiedsspruchs gestellt worden ist. Die Parteien können abweichende Vereinbarungen über die Frist für den Antrag auf Aufhebung treffen, § 1059 Abs. 3 S. 1 ZPO.

8. § 1059 Abs. 2 Nr. 1 lit. b ZPO erklärt einen Unterfall der Nichtgewährung rechtlichen Gehörs zum Aufhebungsgrund des Schiedsspruchs: die Abschneidung der Geltendmachung von prozessualen Angriffs- und Verteidigungsmittel aus jeglichem Grunde, insbesondere deshalb, weil die Partei von der Bestellung eines Schiedsrichters oder vom schiedsrichterlichen Verfahren nicht gehörig in Kenntnis gesetzt worden ist.

Die weiteren Aufhebungsgründe sind: die Unwirksamkeit der Schiedsvereinbarung (§ 1059 Abs. 2 Nr. 1 lit. a ZPO), das Überschreiten der Grenzen der Schiedsvereinbarung (§ 1059 Abs. 2 Nr. 1 lit. c ZPO), schwere Verfahrensverstöße (§ 1059 Abs. 2 Nr. 1 lit. d ZPO), die mangelnde objektive Schiedsfähigkeit (§ 1059 Abs. 2 Nr. 2 lit. a ZPO) , der Verstoß gegen den ordre public (§ 1059 Abs. 2 Nr. 2 lit. b ZPO) und das Vorliegen eines Restitutionsgrundes als Unterfall des ordre public Verstoßes (vgl. *Schütze,* Schiedsgericht und Schiedsverfahren, Rdn. 312).

9. Die Nichtgewährung rechtlichen Gehörs ist kein absoluter Aufhebungsgrund. Sie muss entscheidungserheblich gewesen sein (vgl. BGHZ 3, 215; BGHZ 31, 43; OLG Hamburg RIW 1991, 152).

10. Die Schiedsparteien sind gehalten, Verfahrensverstöße im Schiedsverfahren geltend zu machen und ihre Beseitigung zu versuchen. Das ist nicht möglich, wenn eine Partei von dem Verstoß erst durch den Schiedsspruch Kenntnis erhält.

Kosten und Gebühren

Die Gerichtskosten bestimmen sich nach GKG KV Nr. 1620. Für die Gebühren des Rechtsanwalts gelten – trotz der OLG Zuständigkeit – RVG VV Nr. 3100 ff. (vgl. Zöller/*Geimer,* ZPO[27], § 1060 Rdn. 34).

15. Rechtsbeschwerde gegen die Vollstreckbarerklärung eines inländischen Schiedsspruchs[1]

An den
Bundesgerichtshof[2]

In Sachen

der Firma ......
......
Antragsgegnerin und Rechtsbeschwerdeführerin,
Prozessbevollmächtigter ......[3]

gegen

die Firma ......
Antragstellerin und Rechtsbeschwerdegegnerin,
Prozessbevollmächtigter. 1. Instanz ......
lege ich namens der Antragsgegnerin/Rechtsbeschwerdeführerin Rechtsbeschwerde gegen den Beschluss des Oberlandesgerichts ...... vom ...... Az.: ...... ein und beantrage,

1. **unter Abänderung des Beschlusses des Oberlandesgerichts ...... vom ...... Az.: ...... den Antrag auf Vollstreckbarerklärung des in dem Schiedsverfahren zwischen den Parteien durch das Schiedsgericht bestehend aus dem Schiedsrichter A als Vorsitzenden und den Schiedsrichtern B und C am ...... ergangenen Schiedsspruchs abzuweisen.**
2. **der Antragstellerin die Kosten des Verfahrens aufzuerlegen[4]**

Begründung

Das Oberlandesgericht ...... hat den im Antrag näher bezeichneten Schiedsspruch durch Beschluss vom ...... für vollstreckbar erklärt. Der Beschluss ist der Rechtsbeschwerdeführerin am ...... zugestellt worden. Der Beschluss beruht auf einer Verletzung von § 1060 Abs. 2 S. 1 i. V. m. § 1059 Abs. 2 Nr. 1 lit. b ZPO[5].

In dem Schiedsverfahren, das zu dem Schiedsspruch geführt hat, ist der Antragstellerin zu einem verfahrensentscheidenden Umstand das rechtliche Gehör nicht gewährt worden. Der Schiedsspruch beruht darauf, dass die Behauptung der Antragsgegnerin in einem Schriftsatz vom ......, wonach die Antragstellerin am ...... durch ihren Prokuristen ...... erklärt habe, die folgenden Druckmaschinenteile ...... seien mangelhaft, sei unstreitig. Dieser Schriftsatz ist der Antragstellerin nie zugegangen. Der Vorsitzende des Schiedsgerichts, der Schiedsrichter A, hat dazu erklärt, sein Büro habe die Weiterleitung des Schriftsatzes versäumt.

Die Antragstellerin hätte diese Behauptung bestritten und Beweis dafür angeboten, dass eine solche Erklärung durch den Prokuristen ...... nie abgegeben worden ist.

Die Antragstellerin hat von dem Sachverhalt erst durch den Schiedsspruch erfahren.

Rechtsanwalt

Anmerkungen

1. Gegen den stattgebenden und gegen den zurückweisenden Beschluss des OLG in dem Vollstreckbarerklärungsverfahren nach § 1060 ZPO findet die Rechtsbeschwerde zum BGH statt, § 1065 Abs. 1 ZPO. Voraussetzung ist, dass gegen die Entscheidung – wäre sie durch Endurteil ergangen – die Revision zulässig wäre.

2. Zuständig zur Entscheidung ist der Bundesgerichtshof, § 1065 Abs. 1 S. 1 ZPO.

3. Die Rechtsbeschwerde muss durch einen beim BGH zugelassenen Rechtsanwalt eingelegt werden.

4. Die Kostenentscheidung folgt §§ 91 ff. ZPO

5. Die Rechtsbeschwerde kann die Entscheidung des OLG nur darauf überprüfen, ob der Beschluss auf einer Verletzung eines Staatsvertrages oder eines anderen Gesetzes beruht. § 1065 Abs. 2 S. 2 ZPO erklärt §§ 546 Abs. 1 S. 3, Abs. 2; 549 Abs. 2, 550–554 b, 556, 559, 561, 573 Abs. 1, 575, 707 und 717 für entsprechend anwendbar.

Kosten und Gebühren

Die Gerichtsgebühren bestimmen sich nach GKG KV Nr. 1628, die Rechtsanwaltsgebühren nach RVG VV Nr. 2206, 3208.

T. Internationales Zivilprozessrecht

1. Antrag[1] auf Ausländersicherheit

An das
Landgericht[2]

In Sachen

der Firma A[3] ……

– Klägerin –

Prozessbevollmächtigter:
RA ……
gegen
die Firma B[4] ……

– Beklagte –

Prozessbevollmächtigter[5]:
RA ……

beantrage

ich für die Beklagte, anzuordnen, dass die Klägerin der Beklagten wegen der Prozesskosten Sicherheit zu leisten hat[6], und der Klägerin eine Frist zu bestimmen[7], binnen derer die Sicherheit zu leisten ist.

Begründung

Die Klägerin ist eine nach dem indischen Companies Act errichtete Kapitalgesellschaft, die ihren Sitz in Chennai hat. Sie hat deshalb nach § 110 Abs. 1 ZPO der Beklagten Sicherheit für die Prozesskosten zu leisten. Ein Befreiungsgrund nach § 110 Abs. 2 ZPO ist nicht gegeben[8], insbesondere besteht keine staatsvertragliche Befreiung[9].

Rechtsanwalt

Anmerkungen

1. Kläger, die ihren gewöhnlichen Aufenthalt nicht in der EU oder einem Staat des EWR haben (das sind Belgien, Bulgarien, Dänemark, Deutschland, Estland, Finnland, Frankreich, Griechenland, Irland, Island, Italien, Lettland, Liechtenstein, Litauen, Luxemburg, Malta, Niederlande, Norwegen, Österreich, Polen, Portugal, Rumänien, Schweden, Slowakei, Slowenien, Spanien, Tschechien, Ungarn, das Vereinigte Königreich und Zypern) müssen, wenn sie als Kläger vor Gericht auftreten, dem Beklagten Sicherheit für die Prozesskosten leisten, § 110 Abs. 1 ZPO. Auf die Staatsangehörigkeit des Klägers kommt es nicht an. Die Anordnung der Sicherheitsleistung erfolgt nicht von Amts wegen, sie setzt einen Antrag des Beklagten voraus. Die mangelnde Sicherheitsleistung begründet eine prozesshindernde Einrede. Für diese gilt § 282 Abs. 3 ZPO, dh., das Verlangen der Sicherheitsleistung ist gleichzeitig oder vor der Verhandlung zur Hauptsache – bei Fristsetzung zur Klageerwiderung – innerhalb der gesetzten Frist zu stellen.

2. Zuständig ist das Prozessgericht.

3. Bei juristischen Personen ist auf den Sitz abzustellen. Sie sind bei Sitz im Ausland auch dann prozesskostensicherheitspflichtig, wenn sie eine Zweigniederlassung im Inland unterhalten.

4. Auf den gewöhnlichen Aufenthalt des Beklagten kommt es nicht an, ebenso wenig auf seine Staatsangehörigkeit.

5. Im Anwaltsprozess besteht auch für das Verlangen der Sicherheitsleistung Anwaltszwang.

6. Die Höhe der Sicherheitsleistung liegt im Ermessen des Gerichts. Bei ihrer Festsetzung ist nach verbreiteter Ansicht in der Rechtsprechung von den Kosten aller möglichen Instanzen auszugehen (RGZ 154, 227; BGHZ 37, 367; BGH NJW 1981, 2646; str. vgl. *Schütze,* Das internationale Zivilprozessrecht in der ZPO, 2008, § 112, Rdn.7).

7. Vgl. § 113 ZPO.

8. Vgl. zu den Befreiungsgründen im Einzelnen: *Schütze,* Zur Neuregelung der cautio iudicatum solvi in Deutschland, RIW 1999, 10 ff.

9. Vgl. für eine Länderübersicht *Schütze* RIW 1999, 10 ff. (15).

Kosten und Gebühren

Gerichtsgebühren entstehen nicht. Die Tätigkeit des Anwalts ist mit der Verfahrensgebühr nach VV 3100 abgegolten. Ist der Anwalt im Erhöhungs- oder Ermäßigungsverfahren nicht Prozessbevollmächtigter, so kommt VV 3403 zur Anwendung.

2. Antrag auf Zustellung[1] im Ausland[2]

**An das
Amtsgericht[3]
in ……**

**In Sachen
der Firma A ……**

– Antragstellerin –

Prozessbevollmächtigter[4]:

RA ……

gegen

die Firma B ……

– Antragsgegnerin –

beantrage

ich, den Arrestbefehl und Pfändungsbeschluss des Amtsgerichts …… vom ……(Datum) (Aktenzeichen: ……) an die Antragsgegnerin zuzustellen[5].

Einen Übersetzungskostenvorschuss[6] in Höhe von EUR …… füge ich in Form eines V-Schecks bei.

Die gepfändeten Rechte sind im Inland belegen, so dass auch die Zustellung des mit dem Arrestbefehl verbundenen Pfändungsbeschlusses[7] zulässig ist.

Rechtsanwalt

Anmerkungen

1. Ein Antrag auf Zustellung ist nur erforderlich, wenn die Zustellung im Parteibetrieb erfolgt, nicht dagegen bei Zustellung im Amtsbetrieb. Deshalb ist ein Antrag überflüssig

für die Klagezustellung und die Zustellung von Urteilen im Ausland. Diese werden von Amts wegen und auf Veranlassung des Vorsitzenden zugestellt.

2. Bedeutung hat die Parteizustellung insbesondere bei Arrestbefehlen und einstweiligen Verfügungen. Die Zustellung im Ausland kann regelmäßig nicht innerhalb der Vollziehungsfrist bewirkt werden. Eine Anwendung von § 189 ZPO ist nicht möglich (BGHZ 58, 177 zu § 187 aF. ZPO: keine Anwendung auf Auslandszustellung; *Schütze* BB 1978, 589: keine Anwendung wegen des darin liegenden Hoheitsaktes; aA.: *Geimer,* Internationales Zivilprozessrecht, 5. Aufl. 2005, Rdn. 2102; *Schack,* Internationales Zivilverfahrensrecht 4. Aufl., 2006, Rdn. 618: Heilung möglich), jedoch treten Probleme im Regelfall nicht auf, da bei einer im Ausland zu bewirkenden Zustellung die fristgerechte Einreichung des Gesuchs bei Gericht ausreicht (§ 167 ZPO, *Wieczorek/Schütze/Thümmel,* ZPO^3, § 929 Rdn. 23).

3. Zuständig ist der Vorsitzende des Prozessgerichts der jeweiligen Instanz. Bei Arrest- und einstweiligen Verfügungsverfahren ist das Gesuch an den Vorsitzenden des angerufenen Gerichts zu richten.

4. Der Antrag unterliegt nicht dem Anwaltszwang (vgl. *Wieczorek/Schütze/Rohe,* ZPO^3, Vor §§ 183, 184, Rdn. 45).

5. Nach § 183 ZPO kann die im Ausland zu bewirkende Zustellung auf drei Wegen erfolgen: durch Einschreiben mit Rückschein, soweit die unmittelbare Übersendung des Schriftstücks durch die Post völkerrechtlich zulässig ist (Abs. 1 Nr. 1), auf diplomatischem oder konsularischem Wege (Abs. 1 Nr. 2) oder durch das Auswärtige Amt, soweit der Adressat Deutscher ist und Immunität genießt (Abs. 1 Nr. 3). Vgl. für die Behandlung ausgehender Ersuchen §§ 11 ff. ZRHO.

Erleichterungen bringen zahlreiche mehr- und zweiseitige Staatsverträge, insbesondere das Haager Zivilprozessübereinkommen vom. 1. 3. 1954 (BGBl. 1958 II 577) und das Haager Zustellungsübereinkommen vom 18. 3. 1970 (BGBl. 1977 II 1453). Auf die Anwendbarkeit der europarechtlichen (vgl. dazu Form. I.T. 3) und konventionsrechtlichen Bestimmungen kann im Antrag zur Beschleunigung hingewiesen werden. Vgl. im Einzelnen *Geimer/Schütze,* Internationaler Rechtsverkehr, 100 ff., 350 ff.

6. Es empfiehlt sich, die Höhe des Übersetzungskostenvorschusses vorher zu erfragen, um die Durchführung der Zustellung zu beschleunigen.

7. Die Zustellung von Arrestbefehlen, die mit einer Pfändungsanordnung verbunden sind, ist nicht zulässig, wenn im Ausland belegene Gegenstände gepfändet werden, da dadurch in fremdes Hoheitsrecht eingegriffen würde (*Ost* Justiz 1976, 134). Betrifft der Pfändungsbeschluss jedoch im Inland belegene Rechte, etwa Forderungen gegen inländische Drittschuldner, so ist die Zustellung zulässig (*Schütze* WPM 1980, 1438). Bei der einstweiligen Verfügung ist zu beachten, dass eine Strafandrohung bei einer Unterlassungsverfügung wegen des Eingriffs in fremde Hoheitsrechte nicht zugestellt werden kann (*Ost* aaO.; *Schütze* aaO.). Es empfiehlt sich, bei Antragsgegnern im Ausland die Unterlassungsverfügung ohne Strafbewehrung zu beantragen. Andernfalls muss der Zustellungsantrag beschränkt und die Strafandrohung bei der Zustellung geschwärzt werden (vgl. im Einzelnen *Schütze,* Deutsches Internationales Zivilprozessrecht, 2. Aufl. 2005, Rdn. 564).

Kosten und Gebühren

Es entstehen keine Gerichtsgebühren. Auslagen werden in Ansatz gebracht. Für den Rechtsanwalt entsteht keine besondere Gebühr, da die Zustellung zum Gebührenrechtszug gehört (§ 19 Abs. 1 Nr. 9 RVG). Anders ist dies nur, wenn sich die Tätigkeit des Rechtsanwalts allein auf die Zustellung beschränkt. In diesem Fall entsteht eine 0,3-Gebühr nach VV 3309.

3. Antrag auf Zustellung im Ausland[1] nach europäischem Zustellungsrecht[2]

An das
Amtsgericht[3]
in ……

In Sachen
der Firma A ……

– Antragstellerin –

Prozessbevollmächtigter[4]:
RA ……
gegen
die Firma B ……

– Antragsgegnerin –

beantrage

ich, den Arrestbefehl und Pfändungsbeschluss des Amtsgerichts …… vom …… (Datum) (Aktenzeichen: ……) an die Antragsgegnerin zuzustellen[5].

Von einer Übersetzung der Dokumente bitte ich abzusehen, da der Zustellungsadressat der deutschen Sprache mächtig ist [6].

Die gepfändeten Rechte sind im Inland belegen, so dass auch die Zustellung des mit dem Arrestbefehl verbundenen Pfändungsbeschlusses[7] zulässig ist.

Rechtsanwalt

Anmerkungen

1. Ein Antrag auf Zustellung ist nur erforderlich, wenn die Zustellung im Parteibetrieb erfolgt, nicht dagegen bei Zustellung im Amtsbetrieb. Deshalb ist ein Antrag für die Klagezustellung oder die Zustellung von Urteilen im Ausland überflüssig.

2. Erleichterungen für die Auslandszustellung bringt das europäische Recht durch die VO (EG) Nr. 1393/2007 über die Zustellung gerichtlicher und außergerichtlicher Schriftstücke in Zivil- und Handelssachen in den Mitgliedstaaten und zur Aufhebung der Verordnung (EG) Nr. 1348/2000 (dazu *Sharma,* Zustellungen im europäischen Binnenmarks, Diss. Tübingen 2000; *Stadler,* Neues europäisches Zustellungsrecht, IPRax 2001, 514 ff.), die durch § 183 ZPO unberührt bleibt (§ 183 Abs. 3 ZPO).

3. Schriftstücke, bei denen nach deutschem Recht eine Parteizustellung erfolgt sind außergerichtliche Schriftstücke i. S. von Art. 1 Abs. 1 EuZVO und § 1069 ZPO (vgl. *Wieczorek/Schütze,* ZPO, 3. Auf., § 1069 Rdn. 3). Für diese ist Übermittlungsstelle das Amtsgericht, in dessen Sprengel die Person, die die Zustellung betreibt, ihren Wohnsitz oder gewöhnlichen Aufenthalt hat. Im übrigen finden §§ 31 ff. ZRHO Anwendung.

4. Der Antrag unterliegt nicht dem Anwaltszwang.

5. Die EuZVO sieht im Anh. die Benutzung eines Formblatts für Zustellungsersuchen vor. Dieses bindet aber nur die Übermittlungsstelle für das außergerichtliche Schriftstück, nicht den Antragsteller. Dieser kann den Antrag an die Übermittlungsstelle – wie vorgeschlagen – formlos stellen.

6. Die EuZVO verlangt nicht die Übersetzung des zuzustellenden Schriftstücks, wenn der Zustellungsadressat die deutsche Sprache beherrscht. Die Übermittlungsstelle hat den Antragsteller nach Art. 5 Abs. 1 EuZVO darüber zu belehren, dass der Zustellungsadressat die Zustellung zurückweisen darf, wenn diese nicht in der Sprache des Empfangsstaates (Staat, in dem Zustellung durchzuführen ist) abgefasst ist und er diese Sprache nicht versteht. Über die Frage, welche Anforderungen an die Sprachkenntnisse des Zustellungsadressaten zu stellen sind und wer letztlich hierüber entscheidet, herrscht Streit (vgl dazu *Schütze,* Übersetzungen im europäischen und internationalen Zivilprozessrecht – Probleme der Zustellung, RIW 2006, 352 ff.). Verweigert der Zustellungsadressat die Annahme der Zustellung wegen fehlender Übersetzung, so ist ein Nachschieben der Übersetzung ohne Nachteile für den Antragsteller möglich. Der EuGH baut hier eine „goldene Brücke" (vgl. EuGH, Rs. C-443/03 *Götz Leffler/Berlin Chemie AG,* NJW 2006, 491). Nach Art. 8 Abs. 3 EuZVO wirkt nochmalige Zustellung mit Übersetzung auf den Zeitpunkt der ersten – unwirksamen – Zustellung zurück. Der Antragsteller kann also getrost zunächst versuchen, das Schriftstück in deutscher Sprache zustellen zu lassen.

7. Vgl. Form. I. T. 2 Anm. 7.

Kosten und Gebühren

Es gilt dasselbe wie zu Form. I. T. 2.

4. Antrag auf Erlass einer einstweiligen Verfügung gegen ausländisches Beweisersuchen[1]

An das
Landgericht[2]
– Zivilkammer[3] –

In Sachen
der Firma A ...... – Antragstellerin –
Verfahrensbevollmächtigter[4]:
RA ......
gegen die Bank B ...... – Antragsgegnerin –

zeigen wir an, dass wir die Antragstellerin vertreten. In ihrem Namen und in ihrer Vollmacht beantragen wir – wegen Dringlichkeit ohne mündliche Verhandlung durch Beschluss – den Erlass folgender einstweiliger Verfügung[5]:

1. **Der Antragsgegnerin wird bei Meidung eines für jeden Fall der Zuwiderhandlung festzusetzenden Ordnungsgeldes bis zu EUR 250.000,– oder einer jeweils festzusetzenden Ordnungshaft bis zu sechs Monaten, zu vollziehen an ihren Vorstandsmitgliedern, verboten, gegenüber der Grand Jury des United States District Court Michigan gemäß Subpoena vom ...... (Datum) (Aktenzeichen: ......) Auskünfte zu erteilen und/oder Unterlagen herauszugeben[6].**
2. **Der Antragsgegnerin werden die Kosten des Verfahren auferlegt.**

Begründung

Im Rahmen einer Untersuchung über angeblich widerrechtliche Geschäftspraktiken der Antragstellerin bei dem Verkauf von Pharmazeutika in den USA hat die Grand Jury des United States District Court of Michigan der Antragsgegnerin – der Hausbank der Antragstellerin – aufgegeben, Kundenunterlagen, die das USA-Geschäft der Antragstellerin betreffen, herauszugeben und in diesem Zusammenhang Auskünfte zu erteilen[7].

Die Tatsachen, auf die sich das Auskunfts- und Herausgabeverlangen bezieht, unterfallen dem Bankgeheimnis[8]. Die Antragsgegnerin ist nicht berechtigt, dem Ersuchen nachzukommen. Sie würde dadurch ihre Verpflichtungen aus dem Bankvertrag zwischen den Parteien verletzen.
Das Auskunfts- und Herausgabeverlangen verstößt im Übrigen gegen die Bestimmungen des Haager Beweisübereinkommens[9], das im Verhältnis Deutschlands zu den USA gilt[10]. Der danach vorgesehene Weg über deutsche Behörden ist nicht eingehalten, das Ersuchen greift in deutsche Hoheitsrechte ein und ist deshalb unzulässig[11].
Die Antragsgegnerin hat erklärt, dass sie dem Auskunfts- und Herausgabeverlangen nachkommen werde.

Glaubhaftmachung: Telefax der Antragsgegnerin an die Antragstellerin vom ......
– Anlage –

Wie sich aus dem Telefax ergibt, soll die Erledigung des Ersuchens in drei Tagen erfolgen. Der Erlass der einstweiligen Verfügung ist deshalb geboten.

Rechtsanwalt

Anmerkungen

1. Im Rahmen einer umfassenden „pre-Trial-discovery" in US-Prozessen, die der Beweisermittlung (discovery) und Beweisoffenlegung (disclosure) dient, werden häufig von der deutschen Partei und/oder in Deutschland wohnhaften Dritten Unterlagen angefordert oder Auskünfte verlangt (vgl. *Heidenberger* RIW 1985, 270ff.; 437ff.; *von Hülsen* RIW 1982, 225ff.; 1974, 315; *Stadler,* Der Schutz des Unternehmensgeheimnisses im deutschen und US-amerikanischen Zivilprozess und im Rechtshilfeverfahren, 1989; *Stiefel* RIW/AWD 1979, 509ff.; *Stürner* JZ 1981, 521ff.; *ders.* ZVglRWiss 81 (1982), 159ff.; *Knapp,* Die US-amerikanische Produkthaftung in der Praxis der Automobilindustrie, 1997; *Herrmann,* Die Anerkennung US-amerikanischer Urteile in Deutschland unter Berücksichtigung des ordre public, 2000, S. 185ff.). Zum Schutz gegen unzulässige Beweiserhebungen kann der Betroffene ein Unterlassungsverfahren gegen den um Auskunft ersuchten Dritten in Deutschland führen (dazu LG Kiel RIW 1983, 206; *Stiefel/Petzinger* RIW 1983, 242ff.).

2. Die Zuständigkeit des Landgerichts ergibt sich aus § 943 Abs. 1 ZPO.

3. Zuständig ist die Zivilkammer, nicht die Kammer für Handelssachen. Der Unterlassungsanspruch unterfällt nicht § 95 Abs. 1 Nr. 1 GVG.

4. Der Antrag unterliegt nicht dem Anwaltszwang, da er auch zu Protokoll der Geschäftsstelle erklärt werden kann, § 78 Abs. 5 ZPO. Der Anwaltszwang beginnt mit der mündlichen Verhandlung.

5. Zur einstweiligen Verfügung im Einzelnen vgl. Form. I. R. 4ff.

6. Zum – leicht abgewandelten – Sachverhalt vgl. LG Kiel RIW 1983, 206; weiter *Geimer,* IZPR[5], Rdn. 176ff.

7. Die gleichen Grundsätze gelten im Rahmen der „pre-trial-discovery" in US-amerikanischen Zivilprozessen.

8. Das Bankgeheimnis steht auch nach US-Recht einer Auskunftserteilung entgegen. So hat in einem unveröffentlichten New Yorker Fall das Gericht den Einwand der beteiligten deutschen Bank, die Vorlage der Unterlagen verstoße gegen das deutsche Bankgeheimnis unter Berufung auf Ings v. Ferguson 282 F. 2d. 149 (2d Civ. 1960) als erheblich erachtet (vgl. *Schütze* WPM 1983, 1078ff. (1079)). Die US-amerikanischen Gerichte sind bei der Zulassung von Ausnahmen aber sehr restriktiv (vgl. *Schütze,* Rechtsverfolgung im Ausland[4], 2009, Rdn. 280; *Junker,* Discovery im deutsch-amerikanischen Rechtsverkehr, 1987, S. 302).

9. BGBl. 1977 II, 1453 (vgl. dazu *Mössle,* Extraterritoriale Beweisbeschaffung im internationalen Wirtschaftsrecht, 1990).

10. BGBl. 1980 II, 907.

11. Vgl. zur Verteidigung gegen unzulässige Beweiserhebungsmaßnahmen *Schütze* WPM 1986, 633 ff.

Kosten und Gebühren

Die Gerichtsgebühren bestimmen sich nach KV Nr. 1410 ff. GKG. Die Tätigkeit des Anwalts im Rahmen des einstweiligen Rechtsschutzes löst die Verfahrensgebühr nach VV 3100 aus. Diese fällt zusätzlich an, da das Verfahren des einstweiligen Rechtsschutzes im Verhältnis zum Hauptsacheverfahren eine selbstständige Angelegenheit darstellt, vgl. § 17 Nr. 4 lit. b RVG. Für die Vollziehung gilt VV 3309 f.

5. Klage auf Vollstreckbarerklärung eines ausländischen Urteils nach §§ 722 f. ZPO

An das
Landgericht[1, 3]
– Zivilkammer[2] –

Klage[4]

der Firma A ……

– Klägerin –

Prozessbevollmächtigter:
RA ……
gegen
die Firma B ……

– Beklagte –

Prozessbevollmächtigter:
RA ……
wegen
Vollstreckbarerklärung eines ausländischen Urteils
Streitwert: Can $ 500.000,–[5] (entsprechend EUR 350.000)

Namens und in Vollmacht der Klägerin erheben wir

Klage

gegen die Beklagte. Wir werden beantragen[6]:

1. **Das Urteil[7] des Supreme Court of British Columbia vom …… (Datum) (Aktenzeichen: ……), durch das die Beklagte zur Zahlung von Can $ 500.000,– nebst 10% Zinsen seit dem …… an die Klägerin verurteilt worden ist, für vollstreckbar zu erklären;**
2. **hilfsweise[8]: die Beklagte zu verurteilen, an die Klägerin Can $ 500.000,– nebst 10% Zinsen seit dem …… zu zahlen;**
3. **der Beklagten die Kosten des Rechtsstreits aufzuerlegen;**
4. **das Urteil für vorläufig vollstreckbar[9] zu erklären und Sicherheitsleistung durch selbstschuldnerische Bürgschaft der X-Bank Stuttgart zuzulassen;**

5. **hilfsweise im Unterliegenfalle: der Klägerin nachzulassen, die Zwangsvollstreckung durch Sicherheitsleistung, die auch durch selbstschuldnerische Bürgschaft der X-Bank Stuttgart erbracht werden kann, abzuwenden.**

Begründung

1. **Die Beklagte schuldet der Klägerin Can $ 500.000,– als Schadensersatz aus einer mangelhaft erfüllten Lieferung einer Maschine[10]. Durch Urteil des Supreme Court of British Columbia ist die Beklagte zur Zahlung dieses Betrages nebst 10% Zinsen seit dem ...... verurteilt worden. Das Urteil ist rechtskräftig[11].**

   Beweis: Urteil des Supreme Court of British Columbia

   – Anlage K 1 –

2. **Die Erfordernisse der Anerkennung des vorzitierten Urteils nach § 328 Abs. 1 ZPO sind gegeben, so dass die Vollstreckbarerklärung nach §§ 722f. ZPO ohne sachliche Nachprüfung[12] erfolgen muss. Im Einzelnen gilt Folgendes[13]:**
   Das Erstgericht war international zuständig[14], da die Parteien eine wirksame Gerichtsstandsvereinbarung[15] im Kaufvertrag vom ...... (Datum) zugunsten des Erstgerichts abgeschlossen haben und diese sich auch auf Schadensersatzansprüche aus Schlechterfüllung der vertraglichen Verpflichtungen bezieht.

   Beweis: Vorlage des Kaufvertrages vom ...... (Datum)

   – Anlage K 2 –

   Die Beklagte hat sich auf das erststaatliche Verfahren eingelassen, so dass auf die Zustellung des verfahrenseinleitenden Schriftstücks nicht ankommt[16].

   Die Gegenseitigkeit im Verhältnis zu British Columbia ist verbürgt[17].

   Vgl. BGH IPRax 2001, 457; *Arnold* AWD 1966, 130ff.; *Geimer/Schütze*, Europäisches Zivilverfahrensrecht², 2004, E. 1, Rdn. 185; *Schütze* IPRax 2001, 441ff.

   Grundlage für die Vollstreckbarerklärung deutscher Urteile in British Columbia ist der Court Order Enforcement Act, zu dem eine förmliche Gegenseitigkeitsfeststellung durch Order in Council 2755/64 ergangen ist. Eine révision au fond findet nicht statt. Die Erfordernisse der Wirkungserstreckung sind im Recht British Columbias denen nach §§ 328, 722f. ZPO äquivalent.

   Beweis: Einholung eines Rechtsgutachtens[18]

3. **Für den Fall, dass das Gericht die Gegenseitigkeit nicht als verbürgt ansehen sollte oder ein sonstiges Erfordernis des § 328 Abs. 1 ZPO für nicht gegeben hielte, wird mit dem Hilfsantrag der ursprüngliche Anspruch geltend gemacht.**

Rechtsanwalt

Anmerkungen

1. Sachlich zuständig ist ausschließlich (§ 802 ZPO) das Gericht des ersten Rechtszuges, das für die Geltendmachung des ursprünglichen Anspruchs zuständig wäre (§ 722 Abs. 2 ZPO). Die Zuständigkeit nach § 23 Nr. 2 GVG bleibt unberücksichtigt. Da Streitgegenstand des Vollstreckbarerklärungsverfahrens nicht der ursprüngliche Anspruch, sondern die Vollstreckbarkeit ist, ist das ordentliche Gericht auch für die Vollstreckbarerklärung ausländischer arbeitsgerichtlicher Urteile zuständig (BGHZ 42, 194). Die Rechtsprechung macht eine Ausnahme für Entscheidungen in Familiensachen. Betrifft der Rechtsstreit, der der ausländischen Entscheidung zugrunde liegt, eine Angelegenheit, für die die Familiengerichte zuständig wären, so soll die Zuständigkeit der Familiengerichte auch für das Vollstreckbarerklärungsverfahren gegeben sein (BGHZ 67, 255; 88,

113; BGH FamRZ 1986, 45; OLG Köln FamRZ 1979, 718; OLG Hamm IPRax 1986, 234; str. vgl. *Schütze* NJW 1983, 154; *Zöller/Geimer*[27] § 722 Rdn. 47).

2. Eine Zuständigkeit der Kammer für Handelssachen ist in keinem Fall gegeben (vgl. *Schütze* NJW 1983, 154).

3. Örtlich zuständig ist ausschließlich (§ 802 ZPO) das Gericht des allgemeinen Gerichtsstandes des Urteilsschuldners (§§ 13–19 a ZPO), hilfsweise das des Vermögens (§ 23 ZPO). Im letzteren Fall bedarf es des vom BGH nunmehr für den Vermögensgerichtsstand geforderten Inlandsbezuges (vgl. BGHZ 115, 94) nicht (vgl. BGH NJW 1997, 325).

4. Während die Anerkennung eines ausländischen Urteils formlos erfolgt und jedes Gericht oder jede befasste Amtsstelle inzidenter hierüber entscheiden kann, bedarf die Vollstreckbarerklärung einer gerichtlichen Entscheidung. Das Verfahren wird durch Klage eingeleitet. Es folgt den Regeln des ordentlichen Zivilprozesses. Der Urkunden- und Wechselprozess ist nicht statthaft, da Streitgegenstand allein die Vollstreckbarkeit der ausländischen Entscheidung ist (vgl. *Wieczorek/Schütze/Schütze,* ZPO[3], § 722, Rdn. 27). Die Klage auf Vollstreckbarerklärung macht den ursprünglichen Anspruch nicht rechtshängig (vgl. *Wieczorek/Schütze/Schütze,* ZPO[3], § 722, Rdn. 26).

5. Die Urteilsforderung wird nicht in Euro umgerechnet (vgl. *Baumann* IPRax 1990, 29). Jedoch ist der Umrechnungsbetrag zum Zeitpunkt der Klageerhebung anzugeben, um die Vorschussberechnung zu ermöglichen.

6. Die Anregung zur Anordnung des schriftlichen Vorverfahrens (§ 276 ZPO) ist im Vollstreckbarerklärungsverfahren wenig sinnvoll, da ein Anerkenntnisurteil unzulässig ist und ein Versäumnisurteil nur hinsichtlich der Erfordernisse ergehen kann, die zur Disposition der Parteien stehen, zB. der Einwendungen, die nach Erlass des Ersturteils entstanden sind (vgl. *Schütze,* Das internationale Zivilprozessrecht in der ZPO, 2008 § 723 Rdn. 30 ff. mwN.). Nur hierauf kann sich die Geständnisfiktion beziehen.

7. Nicht nur Urteile und sonstige gerichtliche Entscheidungen können nach §§ 722 f. ZPO für vollstreckbar erklärt werden, vielmehr auch vollstreckbare Urkunden (vgl. *Geimer* DNotZ 1975, 464 ff.; *Schütze* DNotZ 1992, 66 ff.). Das Urteil muss der Vollstreckung im engeren Sinne fähig sein; deshalb scheiden Feststellungs- und klagabweisende Urteile (RGZ 9, 372) von der Vollstreckbarerklärung aus, nicht dagegen die damit im Zusammenhang ergangenen Kostenentscheidungen (RGZ 9, 372).

8. Sind die Voraussetzungen der Vollstreckbarerklärung gegeben, so ist der Gläubiger gehalten, das Verfahren nach §§ 722 f. ZPO zu betreiben. Die Leistungsklage ist nach bestr. Ansicht (bejahend BGH NJW 1964, 1626; *Baumann* IPRax 1990, 29) unzulässig (vgl. *Schütze* Betr. 1967, 497; *Wieczorek/Schütze/Schütze,* ZPO[3], § 722, Rdn. 1 ff. mwN.). Jedoch ist eine Verbindung von Vollstreckungs- und Leistungsklage im Wege eventueller Klagehäufung zulässig (vgl. *Schütze* Betr. 1977, 2129; *Zöller/Geimer,* ZPO[27], § 722, Rdn. 75). Eine solche Klagehäufung ist in allen Fällen angezeigt, in denen die Anerkennung zweifelhaft ist, da sonst unter Umständen nach endgültiger Abweisung der Vollstreckungsklage der ursprüngliche Anspruch verjährt ist.

9. Das Vollstreckungsurteil ist nach §§ 708 ff. ZPO für vorläufig vollstreckbar zu erklären.

10. Der dem ausländischen Urteil zugrunde liegende Anspruch ist in der Begründung zur Bestimmung der Zuständigkeit nunmehr zu bezeichnen, nachdem die Rechtsprechung teilweise – systemwidrig – die Familiengerichte für zuständig erachtet (vgl. Anm. 1).

11. Vgl. § 723 Abs. 2 S. 1 ZPO.

12. Eine révision au fond ist ausgeschlossen (§ 723 Abs. 1 ZPO). Die Nachprüfungsbefugnis des Gerichts ist beschränkt auf das Vorliegen der Erfordernisse des § 328 ZPO (§ 723 Abs. 2 S. 2 ZPO).

13. Die Darlegung ist erforderlich, da nach wohl noch hL. die Nachprüfung sämtlicher Anerkennungserfordernisse von Amts wegen zu erfolgen hat. Im Anschluss an die Rechtsprechung des RG wird jedoch angenommen (RGZ 75, 148), dass sich die Untersuchungsmaxime nicht auf die tatsächlichen Grundlagen der Erfordernisse erstreckt. Eine Ausnahme von dem Untersuchungsgrundsatz wird für das Erfordernis des § 328 Abs. 1 Nr. 1 ZPO gemacht, das verzichtbar und nur auf Rüge zu beachten sein soll.

14. Vgl. § 328 Abs. 1 Nr. 1 ZPO.

15. Die internationale Gerichtsstandsvereinbarung ist geeignet, internationale Zuständigkeit zu begründen (BGH WPM 1979, 445). Ihr Zustandekommen bestimmt sich nach dem Vertragsstatut, nicht nach der lex fori (BGHZ 59, 23; BAG JZ 1979, 647). Die Wirkungen dagegen bestimmen sich nach der lex fori (*Schütze* Betr. 1974, 1417; *Mezger,* FS Wengler, 1973, S. 541 ff.).

16. Vgl. § 328 Abs. 1 Nr. 2 ZPO.

17. Vgl. § 328 Abs. 1 Nr. 5 ZPO.

18. Es handelt sich nicht um einen echten Beweisantritt, lediglich um eine Anregung für das Gericht. Denn trotz der missverständlichen Fassung des § 293 ZPO gilt auch für die Feststellung ausländischen Rechts der Grundsatz iura novit curia. Das Gericht muss den Inhalt ausländischen Rechts von Amts wegen ermitteln (BGHZ 36, 348; 77, 32; BGH NJW 1976, 1581); es ist jedoch in der Auswahl seiner Erkenntnismöglichkeiten frei (BGH NJW 1963, 252; 1976, 1581). Da ausländisches Recht nicht dem Beweis unterliegt, ist die Partei, die sich auf einen ausländischen Rechtssatz beruft, auch nicht verpflichtet, einen Vorschuss für ein Sachverständigengutachten zu leisten, was in der Praxis jedoch anders gehandhabt wird.

Kosten und Gebühren

Die Gerichtskosten bestimmen sich nach KV Nr. 1510, die Anwaltsgebühren nach VV 3100 ff. RVG (vgl. *Zöller/Geimer,* ZPO[27], 2009, § 722 Rdn. 119).

6. Klage auf Feststellung der Anerkennung eines ausländischen Urteils

An das
Landgericht[1]
– Zivilkammer[2] –

Klage[3]

des Finanzkaufmanns A ……

– Kläger –

Prozessbevollmächtigter:
RA ……

gegen

den Ingenieur B ……

– Beklagter –

Prozessbevollmächtigter
RA ……
wegen Feststellung der Anerkennung eines ausländischen Urteils[4]
Streitwert: EUR 25.000,–

Namens und in Vollmacht des Klägers erheben wir

Klage

gegen den Beklagten. Wir werden beantragen:

1. **festzustellen, dass das Urteil des High Court of Justice Singapore vom ...... (Az.: ......), durch das die partnership der Parteien unter der Firma A & B Partnership aufgelöst worden ist, im Inland Wirkung entfaltet (Anerkennung)[6];**
2. **dem Beklagten die Kosten des Rechtsstreits aufzuerlegen;**
3. **das Urteil hinsichtlich der Kosten für vorläufig vollstreckbar zu erklären und Sicherheitsleistung durch selbstschuldnerische Bürgschaft der X-Bank Stuttgart zuzulassen.**

Begründung

1. Die Parteien waren die einzigen Gesellschafter einer partnership nach singapurischem Recht unter der Firma A & B partnership. Wegen gesellschaftsschädigenden Verhaltens des Beklagten hat der High Court of Justice durch Urteil vom ...... (Datum) (Az.: ......) die partnership aufgelöst[7]. Das Urteil ist rechtskräftig.

Beweis: Anliegendes Urteil des High Court Singapore

– Anlage K 1 –.

2. Die Erfordernisse des § 328 Abs. 1 ZPO sind erfüllt[8]. Der Beklagte hatte zur Zeit der Klageerhebung seinen Wohnsitz in Singapore. Er hat sich im Übrigen auf das erststaatliche Verfahren rügelos eingelassen,

Beweis: Affidavit des Solicitor and Advocate ...... vom ......

– Anlage K 2 –

so dass es auf die Zustellung des verfahrenseinleitenden Schriftstücks nicht ankommt.

Die Gegenseitigkeit im Verhältnis zu Singapur ist verbürgt (§ 328 Abs 1 Nr. 5 ZPO).

Vgl. *Martiny,* Handbuch des Internationalen Zivilverfahrensrechts, Bd. III/1, 1984, S. 649; *Schütze* RIW 1982, 722; *ders.* Länderbericht Singapur, in: *Geimer/Schütze,* Internationaler Rechtsverkehr, 1127.8

3. Das Feststellungsinteresse i.S. von § 256 ZPO[9] ist angesichts der Gefahr einander widersprechender Entscheidungen gegeben.

Rechtsanwalt

Anmerkungen

1. Bei der Klage handelt es sich um eine Feststellungsklage nach § 256 ZPO. Die sachliche Zuständigkeit bestimmt sich nach §§ 23 Nr. 1, 71 Abs. 1 GVG. Eine Zuständigkeit nach § 23 Abs. 2 GVG bleibt unberücksichtigt. Da Streitgegenstand nicht der ursprüngliche Anspruch, sondern die Erstreckung der Urteilswirkungen auf das Inland ist, kommt es nicht darauf an, welchem Gerichtszweig das Erstgericht angehört. Auch die Feststellung der Anerkennung oder Nichtanerkennung ausländischer arbeitsgerichtlicher Urteile gehört vor die Amts- oder Landgerichte. Die Rechtsprechung macht für die Vollstreckbarerklärung ausländischer Urteile in Familiensachen eine Ausnahme (vgl. Form. I. T. 5 Anm. 1), was konsequenterweise auch für die Feststellungsklage gelten müsste.

2. Eine Zuständigkeit der Kammer für Handelssachen ist in keinem Fall gegeben, da Streitgegenstand nicht eine Handelssache ist.

3. Das autonome deutsche Recht kennt – abgesehen von der Ausnahme des § 107 FamFG – kein besonderes Anerkennungsverfahren für ausländische Entscheidungen. Jedes Gericht und jede befasste Amtsstelle entscheidet über die Anerkennung incidenter

(vgl. *Geimer,* Internationales Zivilprozessrecht[5], 2005, Rdn. 2992 ff.). Den Parteien steht die Feststellungsklage nach § 256 ZPO zur Klärung der Anerkennungsfähigkeit oder mangelnden Anerkennungsfähigkeit zur Verfügung (vgl. *Geimer* JZ 1977, 145/146; *ders.,* Internationales Zivilprozessrecht[5], Rdn. 2995 ff.; *Martiny,* Handbuch des Internationalen Zivilverfahrensrechts, Bd. III/1, 1984, S. 690 ff.).

4. Die von der ausländischen Entscheidung begünstigte Partei kann eine positive, die unterlegene Partei eine negative(auf Feststellung der Nichtanerkennung) gerichtete Feststellungsklage erheben (vgl. *Geimer* JZ 1977, 146).

5. Der Streitwert der Feststellungsklage entspricht dem Streitwert im Erstprozess. Das gilt sowohl für die positive wie für die negative Feststellungsklage. Ein prozentualer Abschlag ist nicht zu machen, da die Erstreckung der Urteilswirkungen auf das Inland der Erlangung der Urteilswirkungen im Erststaat entspricht. Eine Umrechnung in EUR ist aber im Rahmen der Streitwertbestimmung nach § 3 ZPO angezeigt.

6. Da die Anerkennung sich formlos ergibt und die Wirkungen der ausländischen Entscheidung in dem Zeitpunkt automatisch auf das Inland erstreckt werden, in dem die Erfordernisse der Anerkennung gegeben sind und eine Inlandsbeziehung vorliegt (vgl. *Schütze* NJW 1966, 1598), kann nicht die Anerkennung begehrt werden, sondern nur die Feststellung, dass die Anerkennung erfolgt ist, dh. das ausländische Urteil seine Wirkungen im Inland entfaltet.

7. Vgl. zur partnership im singapurischen Recht *Schütze/Hirth,* Einführung in das Recht Singapurs, 2007, S. 110 ff.; zur Auflösung durch gerichtliche Entscheidung *Wu Min Aun,* Business Law in Singapore, 1984, S. 311.

8. Auch Gestaltungsurteile bedürfen der Anerkennung nach § 328 ZPO, um Gestaltungswirkung im Inland zu entfalten (vgl. *Schütze* GmbHRdSch 1967, 6; *Schütze,* Das internationale Zivilprozessrecht in der ZPO, 2008, § 328, Rdn. 6).

9. Für das Feststellungsinteresse reicht die abstrakte Gefahr einander widersprechender Entscheidungen aus (vgl. *Schütze,* Die Anerkennung und Vollstreckung ausländischer Zivilurteile in der Bundesrepublik Deutschland als verfahrensrechtliches Problem, Diss. Bonn 1960, S. 35; *Zöller/Geimer*[27] § 328 Rdn. 278). Es ist nicht notwendig, dass ein zweites Verfahren über denselben Streitgegenstand in concreto droht, insbesondere trifft den Feststellungskläger insoweit keine Darlegungslast.

Kosten und Gebühren

Kostenrechtlich bestehen keine Besonderheiten gegenüber anderen Feststellungsprozessen. Die Gerichtsgebühren bestimmen sich nach KV Nr. 1210 ff., die Anwaltsgebühren nach VV 3100 ff.

7. Antrag auf Klauselerteilung für ein ausländisches Urteil nach der VO (EG) Nr. 44/2001[1]

An das Landgericht[2]
– Vorsitzender der Zivilkammer ……[3] –

In Sachen

der Firma A ……

– Antragstellerin –

Verfahrensbevollmächtigter[4]
RA ……

gegen
die Firma B ......

– Antragsgegnerin –

wegen Klauselerteilung nach der VO (EG) Nr. 44/2001
Streitwert: EUR 50.000,–

Namens und in Vollmacht der Antragstellerin

beantrage

ich,

1. **das Urteil der Cour d'Appel Rennes vom ...... (Datum) (Aktenzeichen[5], durch das die Antragsgegnerin zur Zahlung vorläufigen Schadensersatzes in Höhe von EUR 50.000,– an die Antragstellerin verurteilt worden ist[6], mit der Vollstreckungsklausel zu versehen;**
2. **der Antragsgegnerin die Kosten des Verfahrens aufzuerlegen[7].**

Begründung

1. **In einem Rechtsstreit wegen einseitiger Beendigung eines Vertragsverhältnisses hat die Cour d'Appel Rennes[8] durch das im Antrag näher bezeichnete Urteil die Antragsgegnerin zur Leistung von Schadensersatz verurteilt. Zur endgültigen Bestimmung des Ersatzbetrages hat das Gericht einen Sachverständigen beauftragt, die Antragsgegnerin aber zugleich zur Zahlung eines vorläufigen Schadensersatzbetrages (Provision) verurteilt.**

   Beweis: Vorlage des Urteils vom ......

   – Anlage K 1 –

2. **Das Urteil ist nach Art. 38 ff. VO (EG) Nr. 44/2001 in Verbindung mit dem deutschen Ausführungsgesetz (AVAG) mit der Klausel zu versehen. Es verstößt nicht gegen den deutschen ordre public (Art. 34 Nr. 1 EuGVVO), dass die Verurteilung zu vorläufiger Schadensersatzleistung erfolgt ist[9].**
   Die vorzulegende vollstreckbare Ausfertigung (große) erfüllt die Erfordernisse des Art. 53 EuGVVO[10]. Die Bescheinigung nach Art. 54 der Verordnung ist als

   – Anlage K 2 –

   beigefügt.

Rechtsanwalt

Anmerkungen

1. Mit Wirkung vom 1. 3. 2002 hat die VO (EG) Nr. 44/2002 (EuGVVO) das Brüsseler Zuständigkeits- und Vollstreckungsübereinkommen für alle Mitgliedstaaten ersetzt. Im Verhältnis zu Dänemark gilt die EuGVVO jedoch nicht als Verordnungsrecht, sondern auf Grund des Abkommens zwischen Dänemark und der EG v. 19. 10. 2005 (dazu *Nielsen,* IPRax 2007, 506 ff.). Die Verordnung (vgl. dazu *Geimer/Schütze,* Europäisches Zivilverfahrensrecht[3], 2009; *Kropholler,* Europäisches Zivilprozessrecht[8], 2005; *Rauscher,* Europäisches Zivilprozessrecht, 2. Aufl., 2006; *Schlosser,* Eu-Zivilprozessrecht[3], 2009) sieht im Rahmen ihres Geltungsbereichs anstelle des kontradiktorischen Verfahrens nach §§ 722 f. ZPO ein einfaches Klauselerteilungsverfahren vor. Daneben ist eine Geltendmachung des ursprünglichen Anspruchs unzulässig (EuGH NJW 1977, 495 mit Anm. *Geimer* NJW 1977, 2013; *Geimer/Schütze,* Europäisches Zivilverfahrensrecht[3], 2009, Art. 38 Rdn. 63 f.). Das Klauselerteilungsverfahren schließt aber auch eine Vollstreckbarerklärung nach autonomem Recht (§§ 722 f. ZPO) oder anderweitigem Vertragsrecht aus. Unterfällt eine Annexentscheidung dem sachlichen Geltungsbereich der EuGVVO, nicht jedoch die Hauptentscheidung, so ist für die Wirkungserstreckung der

Annexentscheidung das Klauselerteilungsverfahren gegeben. Einzelheiten des Verfahrens sind im Gesetz zur Ausführung zwischenstaatlicher Verträge und zur Durchführung von Verordnungen der Europäischen Gemeinschaft auf dem Gebiet der Anerkennung und Vollstreckung in Zivil- und Handelssachen (Anerkennungs- und Vollstreckungsausführungsgesetz – AVAG) geregelt (abgedruckt mit allen Änderungen bei *Geimer/Schütze,* Internationaler Rechtsverkehr, 708.1 ff.).

2. Ausschließlich zuständig ist der Vorsitzende einer Zivilkammer des Landgerichts, nicht die Kammer, vgl. Art. 39 Abs. 1 VO iVm. Anh. II EuGVVO.

3. Örtlich zuständig ist das Wohnsitzgericht des Urteilsschuldners, hilfsweise das Gericht des Sprengels, in dem die Zwangsvollstreckung durchgeführt werden soll, vgl. Art. 39 Abs. 2 EuGVVO.

4. Der Antrag kann schriftlich oder zu Protokoll der Geschäftsstelle gestellt werden (§ 4 Abs. 2 AVAG). Er unterliegt deshalb nicht dem Anwaltszwang. Die Vertretung durch einen bei einem deutschen Gericht zugelassenen Rechtsanwalt macht aber die sonst notwendige Bestellung eines Zustellungsbevollmächtigten (Art. 40 Abs. 2 EuGVVO) überflüssig, Nach § 5 Abs. 2 AVAG genügt es, wenn der Antragsteller einen Verfahrensbevollmächtigten für das Verfahren bestellt hat, an den im Inland zugestellt werden kann.

5. Im Antrag ist ggf. anzugeben, für welche Entscheidung die Klauselerteilung begehrt wird. Der Antragsteller kann seinen Antrag auch auf eine Teilklauselerteilung beschränken, Art. 48 Abs. 2 EuGVVO.

6. Der Vorsitzende entscheidet durch Beschluss. In den Beschluss ist die zu vollstreckende Verurteilung oder Verpflichtung in deutscher Sprache aufzunehmen (§ 8 Abs. 1 AVAG). Die Form der Vollstreckungsklausel ist in § 9 AVAG vorgeschrieben.

7. Die Kostenentscheidung erfolgt nach § 8 Abs. 1 AVAG iVm. § 788 ZPO.

8. Der Sachverhalt ist der Entscheidung OLG Celle RIW/AWD 1979, 129 entnommen.

9. Nach Art. 41 EuGVVO erfolgt die Klauselerteilung zwar nur aufgrund der in Art. 53 der Verordnung vorgesehenen Förmlichkeiten ohne Prüfung der Erfordernisse der Artt. 34 f. EuGVVO. Das in dem Klauselerteilungsverfahren nach EuGÜbK und LugÜ bestehende eingeschränkte Prüfungsrecht der Klauselerteilungsrichters im Hinblick auf amtsbekannte Einwendungen soll wegfallen. Es ist aber zweifelhaft, ob das auch für offensichtliche ordre public Verstöße gilt. Ein deutscher Richter kann kaum verpflichtet werden, einem ausländischen Urteil Wirkungen im Inland zu verleihen, wenn der Verstoß gegen die deutsche öffentliche Ordnung offensichtlich ist.

10. Der Urteilsgläubiger hat folgende Urkunden vorzulegen:
- Ausfertigung der Entscheidung nach Art. 53 Abs. 1 EuGVVO;
- Bescheinigung nach Art. 54 EuGVVO. Der Inhalt der Bescheinigung ist in Anh. V EuGVVO vorgeschrieben. Die Bescheinigung enthält ua. auch die Bestätigung der Zustellung. Damit fallen einige der Urkunden, die im Klauselerteilungsverfahren nach LugÜ vorgelegt werden müssen, fort.

Kosten und Gebühren

Die Gerichtsgebühren sind streitwertunabhängig und bestimmen sich nach KV Nr. 1510 GKG. Sie betragen für das Klauselerteilungsverfahren EUR 200,–. Für die Rechtsanwaltsgebühren gilt RVG, VV Nr. 3100 (1,3-Gebühr).

8. Antrag auf Bestätigung eines europäischen Vollstreckungstitels[1] nach Art. 6 VO (EG) Nr. 805/2004 (EuVTVO) iVm. §§ 1079ff. ZPO[2]

An das
Landgericht[3] – Zivilkammer –
Stuttgart[4]
Aktenzeichen[5]: ……

In Sachen
Der Firma A ……
– Urteilsgläubigerin –

Verfahrensbevollmächtigter[6]:
Rechtsanwalt ……
gegen
den Maschinenschlosser ……
– Urteilsschuldner –

Verfahrensbevollmächtigter[7]:
Rechtsanwalt ……
beantrage ich,

das Urteil vom …… als Europäischen Vollstreckungstitel gem. Art. 6 EuVTVO zu bestätigen[8].

Begründung

Durch Anerkenntnisurteil[9] vom …… ist der Urteilsschuldner zur Zahlung von EUR 15.000,– Kaufpreis für Möbel und Teppiche verurteilt worden, die der Urteilschuldner von der Urteilsgläubigerin in Strassburg gekauft hat. Das Urteil ist in Deutschland vollstreckbar[10].

Das Urteil ist im Gerichtsstand des Beklagtenwohnsitzes ergangen[11].

Es handelt sich um ein Verbrauchergeschäft. Da der Urteilsschuldner bei Erlass der Entscheidung im Ursprungsstaat wohnhaft war, ist das Erfordernis des Art. 6 Abs. 1 lit. d EuVTVO erfüllt[12].

Ich bitte um Übersendung der Bestätigung[13].

Rechtsanwalt

Anmerkungen

1. Für Titel über unstreitige Forderungen hat die EuVTVO (vgl. dazu *Coester-Waltjen,* FS Beys, 2003, S. 183ff.; *Rauscher,* Der europäische Vollstreckungstitel für unbestrittene Forderungen, 2004; *Stadler* RIW 2004, 801ff.; *dies.* IPRax 2004, 2ff.; *Wagner* IPRax 2005, 189ff.) die Notwendigkeit eines Vollstreckbarerklärungsverfahrens – auch in der Form der Klauselerteilung – abgeschafft. Bei unstreitigen Forderungen kann jede Entscheidung eines Gerichts eines EU-Staates (mit Ausnahme Dänemarks) ohne vorgängiges Klauselerteilungsverfahren in den anderen EU Staaten (mit Ausnahme Dänemarks) vollstreckt werden (Art. 5 EuVTVO). Der ausländische Titel bedarf lediglich der Bestätigung durch das Gericht, das die Entscheidung erlassen hat. Aus ihm kann sodann wie aus einem inländischen Titel im Vollstreckungsstaat vollstreckt werden. Die Bestätigung wird auf einem Formular erteilt, das in Anhang I zur EuVTVO enthalten ist.

Leider ist das große Ziel, einen wirklichen europäischen Vollstreckungstitel zu schaffen in letzter Minute am Widerstand der Verbraucherlobby gescheitert. Diese haben durchgesetzt, dass die Anwendung der Verordnung bei Verbraucherbeteiligung auf Beklagtenseite darauf beschränkt worden ist, dass der Verbraucher seinen Wohnsitz im Gerichtsstaat hat. Da es sich bei Titel über unstreitige Forderungen meist um solche gegen Verbraucher handelt, ist die VO zur Mogelpackung geworden.

Das Verfahren ist in Deutschland durch §§ 1079 ff. ZPO geregelt worden.

2. Aus dem als Europäischer Vollstreckungstitel bestätigten Entscheidung findet die Zwangsvollstreckung ohne Notwendigkeit der Klauselerteilung statt. Das Verfahren in Deutschland ist in §§ 1082 ff. ZPO geregelt.

3. Sachlich zuständig zur Bestätigung als Europäischer Vollstreckungstitel ist das Gericht, das die Entscheidung erlassen hat (Ursprungsgericht), vgl. Art. 6 Abs. 1 EuVTVO, § 1079 ZPO. Funktionell zuständig ist nach § 20 Nr. 11 RPflG der Rechtspfleger (vgl. *Wieczorek/Schütze/Schütze*[3] § 1079, Rdn. 6; *Zöller/Geimer*[27], § 1079 Rdn. 9).

4. Örtlich zuständig ist das Gericht, das das Urteil erlassen hat.

5. Bei der Bestätigung handelt es sich um eine modifizierte Art der Klauselerteilung nach § 724 ZPO. Das Aktenzeichen ist also das des Erkenntnisverfahrens und als solches anzugeben.

6. Die Prozessvollmacht des Verfahrens, das zu dem Titel geführt hat, wirkt fort. Da es sich bei der Bestätigung um eine modifizierte Art der Klauselerteilung handelt und der Antrag zu Protokoll der Geschäftsstelle gestellt werden kann, besteht im Übrigen kein Anwaltszwang (§ 78 Abs. 5 ZPO).

7. Da es sich um eine Fortsetzung des Erkenntnisverfahrens handelt, gilt die Prozessvollmacht fort.

8. Die Bestätigung erfolgt ohne Anhörung des Urteilsschuldners (§ 1080 ZPO). Eine Ausfertigung der Bestätigung ist dem Urteilsschuldner von Amts wegen zuzustellen (§ 1080 ZPO).

9. Unter den Geltungsbereich der EuVTVO fallen gerichtliche Entscheidungen, gerichtliche Vergleiche und öffentliche Urkunden in Zivil- und Handelssachen, soweit unbestrittene Forderungen tituliert werden (Art. 3 EuVTVO). Nach der Legaldefinition in Art. 3 gilt eine Forderung als unbestritten, wenn

- der Schuldner ihr im gerichtlichen Verfahren ausdrücklich durch Anerkenntnis oder durch einen vom Gericht gebilligten und vor einem Gericht im Laufe eine Verfahren geschlossenen Vergleich zugestimmt hat oder
- der Schuldner ihr im gerichtlichen Verfahren zu keiner Zeit nach erststaatlichem Recht widersprochen hat oder
- der Schuldner zu einer Gerichtsverhandlung über die Forderung nicht erschienen oder dabei nicht vertreten worden ist, nachdem er zuvor im gerichtlichen Verfahren der Forderung widersprochen hatte, sofern ein solches Verhalten nach erststaatlichem Recht als stillschweigendes Zugeständnis der Forderung oder des vom Gläubiger behaupteten Sachverhalts – wie es im deutschen Recht nach § 331 Abs. 1 ZPO der Fall ist – anzusehen ist oder
- der Schuldner die Forderung ausdrücklich in einer öffentlichen Urkunde anerkannt hat.

Damit sind alle wesentlichen Titel (Anerkenntnisurteil, Vergleich, Vollstreckungsbescheid, Versäumnisurteil, öffentliche Urkunde pp.) erfasst.

10. Nach Art. 6 Abs. 1 lit. a ist die Vollstreckbarkeit im Ursprungsstaat Voraussetzung für die die Erteilung der Bestätigung als Europäischer Vollstreckungstitel.

11. Nach Art. 6 Abs. 1 lit. b darf die Entscheidung nicht in einem Gerichtsstand in Widerspruch zu den Zuständigkeitsregeln über Versicherungssachen oder dem Katalog ausschließlicher Zuständigkeiten der europäischen Zuständigkeitsordnung (Kap. II Abschn. 3 und 6 VO (EG) Nr. 44/2001 – Brüssel I) ergangen sein.

12. Nach Art. 6 Abs. 1 lit. d ist die Bestätigung bei Entscheidungen gegen Verbraucher nur möglich, wenn sie im Wohnsitzstaat des Verbrauchers ergangen ist.

13. Während eine Ausfertigung der Bestätigung dem Schuldner zuzustellen ist, gegebenenfalls nach § 183 ZPO, ist die ausgestellte Bestätigung dem Gläubiger nur zu übersenden (vgl. *Zöller/Geimer,* ZPO[27], § 1080 Rdn. 2).

Kosten und Gebühren

Ebenso wie für die erstmalige Erteilung der Vollstreckungsklausel fallen keine Gerichtskosten für die Bestätigung als Europäischer Vollstreckungstitel an. Der Rechtsanwalt erhält keine besondere Gebühr, da die Bestätigung zum Rechtszug gehört (§ 19 Abs. 1 Nr. 12 RVG analog).

9. Antrag auf Klauselerteilung für ein ausländisches Urteil nach LugÜ[1]

An das
Landgericht
– Vorsitzender der Zivilkammer .....[2] –
Stuttgart[3]

In Sachen

der Firma A ......

– Antragstellerin –

Verfahrensbevollmächtigter[4]
RA ......

gegen

die Firma B ......

– Antragsgegnerin –

wegen
Klauselerteilung nach dem /LuGÜ
Namens und in Vollmacht der Antragstellerin

beantrage

ich,

1. **das Urteil des Handelsgerichts Zürich vom ...... (Datum) (Aktenzeichen ......)[5], durch das die Antragsgegnerin zur Zahlung des Kaufpreises für eine Druckmaschine in Höhe von sfr. 100.000,– nebst 8% Zinsen[6] seit dem ...... an die Antragstellerin verurteilt worden ist, mit der Vollstreckungsklausel zu versehen.**
2. **Der Antragsgegnerin die Kosten des Verfahrens aufzuerlegen[7].**

Begründung

Die Antragsgegnerin schuldet der Antragstellerin den Kaufpreis für eine Druckmaschine des Typs ...... in Höhe von sfr. 100.000,–. Durch das im Antrag näher bezeichnet Urteil des Handelsgerichts Zürich ist die Antragsgegnerin zur Zahlung dieses Betrages nebst 8% Zinsen seit Verzugseintritt verurteilt worden.

Beweis: Vorlage des Urteils des Handelsgerichts Zürich

– Anlage –

Das Urteil ist gemäß Art. 31 ff. LugÜ in Verbindung mit §§ 3 ff. AVAG mit der Klausel zu versehen. Es verstößt nicht gegen Art. 27 LugÜ.
Die in der Anlage vorgelegte vollstreckbarer Ausfertigung erfüllt die Erfordernisse der Art. 46 Nr. 1, 47 Nr. 1 LugÜ.

Rechtsanwalt

Anmerkungen

1. Mit Wirkung vom 1. 3. 2002 hat die EuGVVO das EuGÜbK für alle Vertragsstaaten mit Ausnahme Dänemarks ersetzt. Im Verhältnis zu Dänemark ist die EuGVVO nunmehr auf staatsvertraglicher Grundlage – nicht als Verordnungsrecht – aufgrund des Abkommens zwischen der EG und Dänemark v. 19. 10. 2005 anwendbar (dazu *Nielsen* IPRax 2007, 506 ff.), so dass das EuGÜbK – mit Ausnahme für Altfälle – nunmehr obsolet geworden ist. Das – noch – weitgehend wort- und inhaltsgleiche LugÜ gilt im Verhältnis zu Island, Norwegen und der Schweiz (vgl. zu beiden Übereinkommen *Geimer/Schütze,* Europäisches Zivilverfahrensrecht[3], 2009). Die revidierte Fassung 2007 ist noch nicht in Kraft. Nach dem LugÜ ist das kontradiktorische Verfahren der Vollstreckbarerklärung nach §§ 722 f. ZPO durch ein einfaches Klauselerteilungsverfahren ersetzt worden. Einzelheiten des Verfahrens sind im deutschen Ausführungsgesetz (AVAG) (abgedruckt bei *Geimer/Schütze,* Internationaler Rechtsverkehr, 708.1 ff.) geregelt.

2. Ausschließlich zuständig ist der Vorsitzende einer Zivilkammer (nicht die Kammer), Art. 32 LugÜ iVm. § 3 Abs. 1, 3 AVAG.

3. Örtlich zuständig ist das Wohnsitzgericht des Urteilsschuldners, hilfsweise das Gericht, in dessen Sprengel die Zwangsvollstreckung durchgeführt werden soll, Art. 32 Abs. 2 LugÜ iVm. § 3 Abs. 2 AVAG.

4. Der Antrag kann schriftlich oder zu Protokoll der Geschäftsstelle gestellt werden (§ 4 Abs. 2 AVAG). Er unterliegt deshalb nicht dem Anwaltszwang (§ 6 Abs. 3 AVAG). Die Vertretung durch einen bei einem deutschen Gericht zugelassenen Rechtsanwalt macht aber die sonst notwendige Bestellung eines Zustellungsbevollmächtigten (Art. 33 Abs. 2 LugÜ) überflüssig, § 5 Abs. 2 AVAG. Nach § 5 Abs. 2 AVAG genügt es, wenn der Antragsteller einen Verfahrensbevollmächtigten für das Verfahren bestellt hat, an den im Inland zugestellt werden kann.

5. Im Antrag ist anzugeben, für welche Entscheidung der Antragsteller die Klauselerteilung begehrt. Er kann seinen Antrag auf eine Teilklauselerteilung beschränken.

6. Der Vorsitzende entscheidet durch Beschluss. In den Beschluss ist die zu vollstreckende Verurteilung oder Verpflichtung in deutscher Sprache aufzunehmen (§ 8 Abs. 1 AVAG), jedoch erfolgt keine Umrechnung der Urteilsforderung, wenn diese in ausländischer Währung ausgedrückt ist. Die Form der Klausel ist in § 9 Abs. 1 AVAG vorgeschrieben.

7. Die Kostenentscheidung erfolgt nach § 788 ZPO, dessen analoge Anwendung § 8 Abs. 1 AVAG vorschreibt.

Kosten und Gebühren

Die Gerichtsgebühren sind streitwertunabhängig und bestimmen sich nach KV Nr. 1510 GKG. Sie betragen für das Klauselerteilungsverfahren EUR 200,– (KV

Nr. 1510 GKG). Die Rechtsanwaltsgebühren bestimmen sich nach RVG, VV Nr. 3100 (1,3-Gebühren).

10. Beschwerde gegen die Entscheidung über den Antrag auf Klauselerteilung nach Art. 43 EuGVVO[1]

An das
Oberlandesgericht[2]
– Zivilsenat[3] –

In Sachen

der Firma A ……

– Antragstellerin/Beschwerdeführerin –

Verfahrensbevollmächtigter[4]
RA ……
gegen
die Firma B ……

– Antragsgegnerin/Beschwerdegegnerin –

Verfahrensbevollmächtigter:
RA ……

zeigen wir an, dass wir die Antragstellerin/Beschwerdeführerin vertreten. Namens und in ihrer Vollmacht legen wir gegen den Beschluss des Vorsitzenden Richters der …… Zivilkammer des Landgerichts …… vom …… (Datum) (Aktenzeichen: ……), zugestellt am …… (Datum)

Beschwerde[5]

ein und beantragen,

1. **unter Abänderung des Beschlusses des Vorsitzenden Richters der …… Zivilkammer des Landgerichts …… vom …… (Datum) (Aktenzeichen: ……), zugestellt am …… (Datum) das Urteil der Cour d'Appel Rennes, durch das die Antragsgegnerin zur Zahlung eines vorläufigen Schadensersatzes in Höhe von EUR 50.000,– an die Antragstellerin verurteilt worden ist, mit der Vollstreckungsklausel zu versehen.**
2. **Der Antragsgegnerin die Kosten aufzuerlegen[7].**

Begründung

Zu Unrecht hat der Vorsitzende Richter der …… Zivilkammer des Landgerichts …… in dem angefochtenen Beschluss die Klauselerteilung für das im Antrag näher bezeichnete Urteil der Cour d'Appel Rennes verweigert. Entgegen der Ansicht des Vorsitzenden Richters verstößt die Verurteilung zu vorläufigem Schadensersatz nicht gegen den deutschen ordre public. Ein Versagungsgrund nach Art. 34 Nr. 1 EuGVVO liegt nicht vor.
Rechtsanwalt

Anmerkungen

1. Gegen die Entscheidung des Vorsitzenden Richters beim Landgericht ist die Beschwerde zulässig, Art. 43 Abs. 1 EuGVVO iVm. § 11 AVAG. Die unterschiedliche Regelung der Beschwerde gegen die stattgebende und die ablehnende Entscheidung des Klauselerteilungsrichters nach EuGÜbK und LugÜ ist in der EuGVVO fortgefallen.

2. Zuständig zur Entscheidung über die Beschwerde ist das Oberlandesgericht (Anh. III EuGVVO), in Berlin das Kammergericht. Die Beschwerde ist beim Oberlandesgericht einzulegen, ihre Zulässigkeit wird jedoch nicht durch die Einlegung beim Landgericht berührt. Dieses hat die Beschwerde unverzüglich von Amts wegen an das Oberlandesgericht abzugeben, § 11 Abs. 2 AVAG. Der Klauselerteilungsrichter kann der Beschwerde nicht abhelfen.

3. Es entscheidet der Senat. § 568 ZPO ist nicht anwendbar, da der Vorsitzende der Kammer des Landgerichts nicht als originärer Einzelrichter nach § 348 ZPO zuständig ist (OLG Köln IPRax 2003, 354; *Geimer* IPRax 2003, 337ff.; *Geimer/Schütze*, Europäisches Zivilverfahrensrecht[3], 2009, Art. 1, Art. 43 Rdn. 44; *Thomas/Putzo/Hüßtege*, ZPO[28], 2007, Art. 43 EuGVVO, Rdn. 18), sondern aufgrund § 3 Abs. 3 AVAG.

4. Die Beschwerde kann durch Einreichung einer Beschwerdeschrift oder zu Protokoll der Geschäftsstelle eingelegt werden (§ 11 Abs. 1 AVAG). Es besteht damit kein Anwaltszwang, solange keine mündliche Verhandlung angeordnet ist (§§ 13 Abs. 2, 55 Abs. 1 AVAG).

5. Die Beschwerde ist fristgebunden. Die Frist beträgt nach Art. 43 Abs. 5 EuGVVO einen Monat nach Zustellung des Beschlusses des Vorsitzenden Richters. Hat der Schuldner seinen Wohnsitz in einem anderen Staat als dem, in dem die Klausel erteilt oder verweigert worden ist, so verlängert sich die Frist auf zwei Monate seit Zustellung. Eine Verlängerung der Beschwerdefrist wegen weiter Entfernung ist nicht zulässig.

6. Aufgrund des Beschlusses des OLG, durch den die Zwangsvollstreckung aus dem ausländischen Urteil erstmals zugelassen wird, erteilt der Urkundsbeamte der Geschäftsstelle die Vollstreckungsklausel (§ 13 Abs. 4 AVAG). Ändert das OLG den klauselerteilenden Beschluss ab, weil die Erfordernisse der Anerkennung nicht gegeben sind, so weist es den Antrag auf Klauselerteilung zurück.

7. Für die Kostentragungspflicht gelten §§ 91ff. ZPO. Bei Erfolg oder teilweisem Erfolg sind die Kosten gemäß §§ 91, 92 ZPO ganz oder teilweise dem Beschwerdegegner aufzuerlegen, bei Zurückweisung oder Verwerfung der Beschwerde ist nach § 97 Abs. 1 ZPO zu entscheiden.

Kosten und Gebühren

Die Gerichtsgebühren sind streitwertunabhängig. Sie betragen EUR 300,– (KV Nr. 1520 GKG). Die Rechtsanwaltsgebühren bestimmen sich nach RVG, VV 3200f.

11. Beschwerde gegen die Ablehnung der Klauselerteilung nach Art. 40 LugÜ[1]

An das
Oberlandesgericht[2]
– Zivilsenat[3] –

In Sachen
Der Firma A ……

– Antragstellerin/Beschwerdeführerin –

Verfahrensbevollmächtigter[4]:
RA ……
gegen
die Firma B ……

– Antragsgegnerin/Beschwerdegegnerin –

Verfahrensbevollmächtigter:
RA ......

zeigen wir an, dass wir die Antragstellerin/Beschwerdeführerin vertreten. In ihrem Namen und in ihrer Vollmacht legen wir gegen den Beschluss des Vorsitzenden Richters der ...... Zivilkammer des Landgerichts ...... vom ...... (Datum) (Aktenzeichen: ......), zugestellt am ...... (Datum)

Beschwerde[5]

ein und
beantragen,

1. **unter Abänderung des Beschlusses des Vorsitzenden Richters der ...... Zivilkammer des Landgerichts ...... vom ...... (Datum) (Aktenzeichen: ......), zugestellt am ...... (Datum) das Urteil des Handelsgerichts Zürich vom ...... (Datum) (Aktenzeichen: ......), durch das die Antragsgegnerin zur Zahlung von sfr. 100.000.– nebst 8% Zinsen seit dem ...... (Datum) an die Antragstellerin verurteilt worden ist, mit der Vollstreckungsklausel zu versehen[6];**
2. **der Antragsgegnerin die Kosten aufzuerlegen[7].**

Begründung

Zu Unrecht hat der Vorsitzende Richter der ...... Zivilkammer des Landgerichts ...... in dem angefochtenen Beschluss die Klauselerteilung für die im Antrag näher bezeichnete Entscheidung des Handelsgerichts Zürich verweigert. Die Tatsache, dass das Erstgericht einen nicht nachgelassenen Schriftsatz unberücksichtigt gelassen hat, begründet keinen Verstoß gegen den ordre public wegen Nichtgewährung rechtlichen Gehörs. Ein Versagungsgrund nach Artt. 34 Abs. 2, 27 Nr. 1 LugÜ liegt nicht vor.

Rechtsanwalt

Anmerkungen

1. Das LugÜ differenziert hinsichtlich des Rechtsbehelfs gegen die die Klausel erteilende und die die Klausel verweigernde Entscheidung des Vorsitzenden Richters des Landgerichts. Die Unterscheidung liegt allein in der Frist für Einlegung der Beschwerde, den in beiden Fällen allein zulässigen Rechtsbehelf (vgl. dazu *Geimer/Schütze,* Europäisches Zivilverfahrensrecht[1], 1997, Art. 40 Rdn. 1 ff.). Das Beschwerdeverfahren im Einzelnen ist in §§ 11 ff. AVAG geregelt.

2.–4. Vgl. Anm. 2–4 Form. I. T. 10.

5. Der Antrag ist nicht fristgebunden. Die unerwünschte Schwebelage kann der Urteilsschuldner nach hL. nur durch Erhebung einer negativen Feststellungsklage nach Maßgabe des nationalen Rechts beseitigen.

6.–7. Vgl. Anm. 6 und 7 Form. I. T. 10.

Kosten und Gebühren

Die Gerichtskosten sind streitwertunabhängig. Sie betragen nach KV Nr. 1520 GKG EUR 300,–. Die Rechtsanwaltsgebühren bestimmen sich nach RVG, VV 3200 f.

12. Beschwerde gegen die Klauselerteilung nach Art. 36 LugÜ[1]

An das
Oberlandesgericht[2]
– Zivilsenat[3] –

In Sachen
der Firma A ……

– Antragsgegnerin/Beschwerdeführerin –

Verfahrensbevollmächtigter[4]:
RA ……
gegen
die Firma B ……

– Antragstellerin/Beschwerdegegnerin –

Verfahrensbevollmächtigter:
RA ……

zeigen wir an, dass wir die Antragsgegnerin/Beschwerdeführerin vertreten. In ihrem Namen und Vollmacht legen wir gegen den Beschluss des Vorsitzenden Richters der …… Zivilkammer des Landgerichts …… vom …… (Datum) (Aktenzeichen: ……), zugestellt am …… (Datum)

Beschwerde[5]

ein und
beantragen,

1. unter Abänderung des Beschlusses des Vorsitzenden Richters der …… Zivilkammer des Landgerichts vom …… (Datum) (Aktenzeichen: ……), zugestellt am …… (Datum) den Antrag auf Zulassung der Zwangsvollstreckung und Klauselerteilung für das Urteil des Handelsgerichts Zürich vom …… (Datum) (Aktenzeichen: ……) zurückzuweisen[6].
2. Der Antragstellerin die Kosten aufzuerlegen[7].

Begründung

Zu Unrecht hat der Vorsitzende Richter der …… Zivilkammer des Landgerichts …… in dem angefochtenen Beschluss die Klauselerteilung für das im Antrag näher bezeichnete Urteil des Handelsgerichts Zürich angeordnet.

Die Antragstellerin hatte wegen desselben Sachverhalts bereits vor Einleitung des Verfahrens in Zürich eine Klage mit identischem Streitgegenstand gegen die Antragsgegnerin in Stuttgart erhoben. Das Landgericht Stuttgart hat die Klage durch Urteil vom …… (Datum) (Aktenzeichen: ……) abgewiesen. Das Urteil ist rechtskräftig.

Beweis: Beiziehung der Akten ……; eine Ausfertigung des vorbezeichneten Urteils des LG Stuttgart mit dem Rechtskraftvermerk ist als Anlage beigefügt.

Das Urteil des Handelsgerichts Zürich kann nach Art. 27 Nr. 3 LugÜ nicht anerkannt und mit der Klausel versehen werden.

Rechtsanwalt

Anmerkungen

1.–4. Vgl. Anm. 1–4 Form. I. T. 10.

5. Die Beschwerde ist fristgebunden. Sie ist binnen eines Monats seit Zustellung einzulegen (Art. 36 Abs. 1 LugÜ iVm. § 11 Abs. 3 AVAG). Hat der Urteilsschuldner keinen inländischen Wohnsitz, so gelten abweichende Fristen:
- Wohnsitz in einem anderen Vertragsstaat: Die Frist beträgt zwei Monate (§ 35 AVAG). Sie kann nicht verlängert werden, auch nicht wegen „weiter Entfernung".
- Wohnsitz in einem Nichtvertragsstaat: Die Frist beträgt einen Monat, ist aber verlängerbar. Der Vorsitzende kann die Frist nach §§ 10 Abs. 2, 11 Abs. 3 AVAG verlängern, wenn er die Monatsfrist nicht für ausreichend hält, und zwar auch über zwei Monate hinaus (*Geimer/Schütze,* Europäisches Zivilverfahrensrecht[3], 2009, Art. 43 Rdn. 25).
- Ist der Wohnsitz des Urteilsschuldners unbekannt, so dass eine öffentliche Zustellung des Beschlusses über die Klauselerteilung notwendig ist, so gilt dasselbe wie bei Wohnsitz in einem Drittstaat. Der Vorsitzende kann die Frist über einen Monat hinaus verlängern, § 10 Abs. 2 AVAG.

6.–7. Vgl. Anm. 6–7 Form. I. T. 10.

Kosten und Gebühren

Die Gerichtsgebühren sind streitwertunabhängig. Sie betragen nach KV Nr. 1520 GKG EUR 300,–. Die Rechtsanwaltsgebühren bestimmen sich nach VV 3200 f.

13. Rechtsbeschwerde nach Artt. 44 EuGVVO, 37 LugÜ[1]

An den
Bundesgerichtshof[2]
Karlsruhe

In Sachen
Der Firma A ......

– Antragstellerin/Beschwerdeführerin/Rechtsbeschwerdeführerin –

Verfahrensbevollmächtigter[3]:
RA ......

gegen

die Firma B ......

– Antragsgegnerin/Beschwerdegegnerin/Rechtsbeschwerdegegnerin –

Verfahrensbevollmächtigter der Beschwerdeinstanz:
RA ......

zeigen wir an, dass wir die Antragstellerin/Beschwerdeführerin/Rechtsbeschwerdeführerin vertreten. In ihrem Namen und in ihrer Vollmacht legen wir gegen den Beschluss des OLG ...... vom ...... (Datum) (Aktenzeichen: ......), zugestellt am ...... (Datum)[4]

Rechtsbeschwerde[5]

ein und
beantragen,

1. unter Abänderung des Beschlusses des Oberlandesgerichts ...... vom ...... (Datum) (Aktenzeichen: ......) das Urteil der Cour d'Appel Rennes vom ......

(Datum) (Aktenzeichen: ……), durch das die Antragsgegnerin zur Zahlung eines vorläufigen Schadensersatzbetrages in Höhe von EUR 50.000,– an die Antragstellerin verurteilt worden ist, mit der Vollstreckungsklausel zu versehen[6],

2. Der Antragsgegnerin die Kosten aufzuerlegen[7].

Begründung[8]

Zu Unrecht hat das Oberlandesgericht in dem angefochtenen Beschluss die Klausel für das im Antrag näher bezeichnete Urteil der Cour d'Appel Rennes verweigert. Entgegen der Ansicht der Vorinstanzen verstößt die Verurteilung zu vorläufigem Schadensersatz nicht gegen den deutschen ordre public. Ein Versagungsgrund nach Art. 34 Nr. 1 EuGVVO liegt nicht vor[9].

Die Sache hat grundsätzliche Bedeutung[10]. Über die Klauselerteilung von Entscheidungen, die zu vorläufigem Schadensersatz verurteilen, haben bisher weder der EuGH noch der BGH entschieden.

Rechtsanwalt beim BGH

Anmerkungen

1. Gegen die Entscheidung des Oberlandesgerichts findet die Rechtsbeschwerde zum Bundesgerichtshof statt. Die Bestimmungen über die Rechtsbeschwerde in Art. 44 EuGVVO und Artt. 37 Abs. 2, 41 LugÜ sind inhaltlich gleich. Die EuGVVO hat das Verfahren aus EuGÜbK und LugÜ übernommen (vgl. *Geimer/Schütze,* Europäisches Zivilverfahrensrecht[3], 2009, Art. 44 Rdn. 1 ff.; *Kropholler,* Europäisches Zivilprozessrecht[8], 2005, Art. 44 Rdn. 1). Auf die Rechtsbeschwerde finden einheitlich §§ 15 ff. AVAG Anwendung. Die Zulässigkeit der Rechtsbeschwerde ist unabhängig davon, welche Partei sie einlegt. Die Rechtsbeschwerde findet nach Maßgabe des § 574 Abs. 1 Nr. 1, Abs. 2 ZPO statt, § 15 Abs. 1 AVAG. Sie muss also entweder grundsätzliche Bedeutung haben oder der Fortbildung der Rechts oder der Sicherung einer einheitlichen Rechtsprechung dienen.

2. Zuständig zur Entscheidung über die Rechtsbeschwerde ist der Bundesgerichtshof (Artt. 44 EuGVVO iVm. Anh. IV EuGVVO, 37 Abs. 2, 41 LugÜ). Die Rechtsbeschwerde ist beim Bundesgerichtshof einzulegen, § 16 Abs. 1 AVAG. Die Einlegung beim OLG wahrt die Frist – anders als bei der Beschwerde – nicht.

3. Es besteht Anwaltszwang. Die Rechtsbeschwerde muss durch einen beim Bundesgerichtshof zugelassenen Anwalt eingelegt werden (vgl. *Geimer/Schütze,* Europäisches Zivilverfahrensrecht[3], 2009, Art. 44 Rdn. 12; *Thomas/Putzo/Hüßtege,* ZPO[28], 2007, Art. 44 EuGVVO Rdn. 4), und zwar auch bei Rechtsbeschwerden gegen Entscheidungen bayerischer OLG (BGH NJW-RR 94, 320).

4. Die Zustellung der Beschwerdeentscheidung setzt die Frist für die Einlegung der Rechtsbeschwerde in Lauf. Die Frist für die Einlegung beträgt 1 Monat, § 15 Abs. 2 AVAG. Die Rechtsbeschwerdefrist ist eine Notfrist, § 15 Abs. 3 AVAG.

5. Auf das Verfahren finden weitgehend die Regelungen über die Revision Anwendung. § 575 Abs. 2–4 ZPO sind entsprechend anwendbar, § 16 Abs. 2 AVAG. Die Nachprüfung der örtlichen Zuständigkeit ist in jedem Fall ausgeschlossen, § 17 Abs. 2 AVAG.

6. Wenn die Zwangsvollstreckung erstmals durch den BGH zugelassen wird, dann erteilt der Urkundsbeamte der Geschäftsstelle des BGH die Klausel. Die Klausel ist unbeschränkt zu erteilen, § 17 Abs. 3 AVAG.

7. Die Kostenentscheidung folgt §§ 91 ff. ZPO.

8. Die Rechtsbeschwerde bedarf der Begründung, § 16 Abs. 2 S. 1 AVAG. § 575 Abs. 2–4 ZPO sind entsprechend anzuwenden. Soweit die Rechtsbeschwerde darauf gestützt wird, dass das Beschwerdegericht von einer Entscheidung des EuGH abgewichen sei, ist diese Entscheidung zu bezeichnen, § 16 Abs. 2, S. 2, 3 AVAG.

9. Vgl. dazu OLG Celle RIW/AWD 1979, 129.

10. Vgl. § 15 Abs. AVAG iVm. § 574 Abs. 2 Nr. 1 ZPO.

Kosten und Gebühren

Die Gerichtsgebühren sind streitwertunabhängig. Sie betragen nach KV Nr. 1520 GKG EUR 300,–. Die Rechtsanwaltsgebühren bestimmen sich nach RVG, VV 3206, 3208 (2,3-Gebühren), vgl. Vorbemerkung 3.2.2 RVG. RVG, VV 3200 f. werden insoweit verdrängt.

14. Antrag auf Anerkennung einer ausländischen Ehescheidung nach Art. 21 Abs. 3 VO (EG) Nr. 2201/2003[1]

An das
Amtsgericht
– Familiengericht[2] –
Stuttgart[3]

In Sachen
des Werkmeisters A .....

– Antragsteller –

Verfahrensbevollmächtigter[4]
RA .....

gegen
die Sekretärin B .....

– Antragsgegnerin –

wegen Anerkennung eines österreichischen Ehescheidungsurteils nach Art. 21 der VO (EG) Nr. 2201/2003 (VO Brüssel II a)

beantrage ich

> **namens und in Vollmacht des Antragstellers**
> **festzustellen[5], dass das Urteil der Landesgerichts Wien**
> **vom ..... (Datum) (Aktenzeichen .....), durch das die Ehe der Parteien geschieden worden ist, anzuerkennen ist.**

Begründung

1. **Der Antragsteller ist österreichischer Staatsangehöriger, die Antragsgegnerin besitzt die deutsche Staatsangehörigkeit.**
2. **Der gemeinsame Aufenthalt der Parteien im Zeitpunkt der Einleitung des Ehescheidungsverfahren am ..... (Datum) und der Scheidung am ..... (Datum)[6] war in Wien[7]. Die Antragsgegnerin hat ihren gewöhnlichen Aufenthalt nunmehr in Stuttgart[8].**
3. **Eine andere Entscheidung in einem Ehescheidungsverfahren in Deutschland oder einem Drittstaat liegt nicht vor[9].**
4. **Die Antragsgegnerin hat sich in dem Verfahren in Wien rügelos eingelassen[10].**

5. Die österreichische Entscheidung ist am ...... (Datum) in Rechtskraft erwachsen. Eine Ausfertigung der Entscheidung mit dem Rechtskraftvermerk ist als

– Anlage –

beigefügt.

6. Die Antragsgegnerin bestreitet die Wirksamkeit der Ehescheidung. Der Antragsteller hat deshalb ein Interesse an der Feststellung der Anerkennung[11].

Anmerkungen

1. Mit Wirkung vom 1. März 2005 hat die VO (EG) Nr. 2201/2003 (Brüssel II a) die bis dahin geltende VO (EG) Nr. 1347/2000 (Brüssel II) abgelöst. Die VO Brüssel II gilt noch für am 1. März 2005 laufende Verfahren fort (vgl. dazu Form. I. T. 12 9. Aufl.). Die Brüssel IIa Verordnung gilt – ebenso wie ihre Vorgängerin – nicht im Verhältnis zu Dänemark. Im Verhältnis zu Dänemark gilt – ebenso wie für Nicht EU-Staaten – weiterhin die allgemeine Regelung des § 107 FamFG. Die Verordnung (vgl. dazu *Helms* FamRZ 2001, 257ff.; *Niklas,* Die europäische Zuständigkeitsordnung in Ehe- und Kindschaftssachen, 2003; *Solomon* FamRZ 2004, 1409ff.; *Wagner* IPRax 2001, 73ff.) sieht im Rahmen ihres Geltungsbereichs eine formlose Anerkennung vor (Art. 21 Abs. 1). Um jedoch Rechtssicherheit zu schaffen, steht den Parteien ein Verfahren mit dem Ziel der Anerkennung oder Nichtanerkennung zur Verfügung (Art. 21 Abs. 3).

2. Zuständig ist das Familiengericht nach § 10 IntFamRVG.

3. Die örtliche Zuständigkeit bestimmt sich nach Art. 29 Abs. 2 VO Brüssel IIa iVm. § 10 IntFamRVG. Danach wird das örtlich zuständige Gericht durch den gewöhnlichen Aufenthalt des Antragsgegners bestimmt.

4. Die Bestellung eines Prozessbevollmächtigten ist nicht erforderlich. Der Antrag kann schriftlich eingereicht oder mündlich zu Protokoll der Geschäftsstelle erklärt werden (§§ 32, 16 Abs. 2 IntFamRVG). Die Bestellung eines deutschen Anwalts enthebt den Antragsteller jedoch von der Bestellung eines Zustellungsbevollmächtigten nach §§ 32, 17 IntFamRVG.

5. Es handelt sich – anders als bei der Feststellung nach § 107 FamFG – um keine gestaltende, sondern eine echte feststellende Entscheidung, da die Wirkungen der ausländischen Entscheidung bei Vorliegen der Anerkennungsvoraussetzungen und Bestehen einer Inlandsbeziehung nach Art. 21 Abs. 1 VO Brüssel IIa bereits formlos auf das Inland erstreckt worden sind.

6. Vgl. zum zeitlichen Anwendungsbereich der VO Brüssel IIa Art. 64 leg. cit. Die Angabe der Daten ist für die Bestimmung wichtig, ob die VO Anwendung findet.

7. Die Zuständigkeit bestimmt sich nach Art. 3 VO Brüssel IIa. Nach Art. 3 Abs. 1 lit. a VO Brüssel IIa begründet der gemeinsame gewöhnliche Aufenthaltsort der Ehegatten internationale Scheidungszuständigkeit.

8. Die örtliche Zuständigkeit für die Feststellung der Anerkennung bestimmt sich nach dem gewöhnlichen Aufenthalt der Antragsgegnerin, Art. 21 VO Brüssel IIa iVm. § 10 IntFamRVG.

9. Vgl. zu dieser Voraussetzung Art. 22 lit. c und d VO Brüssel II a.

10. Vgl. zu dieser Voraussetzung Art. 22 lit. b VO Brüssel IIa.

11. Art. 21 Abs. 3 VO Brüssel IIa fordert ein Interesse für die gerichtliche Feststellung der Anerkennung.

Kosten und Gebühren

Die Gerichtsgebühren sind streitwertunabhängig und bestimmen sich nach KV Nr. 1510 GKG. Sie betragen für das Feststellungsverfahren EUR 200,–. Für die Rechtsanwaltsgebühren gilt RVG, VV 3100 ff. (1,3-Gebühren).

15. Antrag auf Anerkennung einer ausländischen Ehescheidung[1] nach § 107 FamFG

An den
Präsidenten des OLG Stuttgart[2]
Stuttgart

In der Ehesache
des A ……

– Antragsteller[3] –

Verfahrensbevollmächtigter[4]:
RA ……

gegen

die B ……

– Antragsgegnerin –

wegen

Anerkennung eines singapurischen Ehescheidungsurteils

Ich
beantrage

namens und in Vollmacht des Antragstellers,
festzustellen, dass die Voraussetzungen für die Anerkennung des Urteils des High Court of Justice Singapore vom …… (Datum) (Aktenzeichen: ……), durch das die Ehe zwischen den Parteien geschieden worden ist, vorliegen.

Begründung[6]

1. **Der Antragsteller ist singapurischer Staatsangehöriger, die Antragsgegnerin besitzt die deutsche Staatsangehörigkeit[7].**
2. **Der Antragsteller ist am …… (Datum) in Singapur geboren, die Antragsgegnerin am …… (Datum) in München. Der gemeinsame Aufenthalt der Parteien im Zeitpunkt der Ehescheidung war Singapur[8]. Beide Parteien haben ihren gewöhnlichen Aufenthalt nunmehr in Stuttgart[9].**
3. **Keine der Parteien hat sich wiederverheiratet. Die singapurische Entscheidung ist rechtskräftig. Eine Ausfertigung der Entscheidung ist als**

   – Anlage –

   beigefügt.
4. **Die Antragsgegnerin hat sich in dem Rechtsstreit vor dem High Court of Justice rügelos eingelassen[10]. Versagungsgründe der Anerkennung liegen nicht vor[11].**
5. **Der Antragsteller hat die Anerkennung der Entscheidung noch nicht bei einer anderen Behörde beantragt.**

Rechtsanwalt

Anmerkungen

1. Während die Anerkennung ausländischer Zivilurteile regelmäßig formlos erfolgt, bedarf die Wirkungserstreckung ausländischer Entscheidungen in Ehesachen förmlicher Feststellung (§ 107 FamFG, bis 31. 8. 2009 Art. 7 § 1 FamRÄndG). Vgl. dazu *Basedow,* Die Anerkennung von Auslandsscheidungen, 1980; *Kleinrahm/Partikel,* Die Anerkennung ausländischer Entscheidungen in Ehesachen², 1970. Kein Gericht und keine befasste Amtsstelle darf über die Anerkennung eines solchen Urteils als Vorfrage entscheiden, etwa in einem Unterhalts- oder Rentenprozess oder bei einer Wiederheirat der Ehegatten. Die Entscheidungskompetenz ist in § 107 FamFG monopolisiert. Ausnahmen bestehen nur für Urteile des gemeinsamen Heimatstaates beider Ehegatten (§ 107 Abs. 1 S. 3 FamFG), sowie antrags- und klagabweisende Urteile (vgl. *Geimer,* Internationales Zivilprozessrecht, 5. Aufl., 2005, Rdn. 322, bestr.).

Von dem Entscheidungsmonopol ausgenommen sind Erkenntnisse, die unter den sachlichen Geltungsbereich der VO (EG) Nr. 1347/2000 und der VO (EG) Nr. 2001/2003 (vgl. Form. I. T. 13 Anm. 1) fallen. Für diese Entscheidungen gilt die formlose Anerkennung.

2. Zuständig ist die Landesjustizverwaltung des Landes, in dem ein Ehegatte seinen gewöhnlichen Aufenthalt hat. Hat keiner der Ehegatten seinen gewöhnlichen Aufenthalt im Inland, so ist zuständig die Landesjustizverwaltung des Landes, in dem die neue Ehe geschlossen werden soll, hilfsweise die Justizverwaltung des Landes Berlin (§ 107 Abs. 2 FamFG). Nach § 107 Abs. 3 können die Landesregierungen die den Landesjustizverwaltungen zugewiesenen Aufgaben einem oder mehreren OLG Präsidenten übertragen. Das ist in BW geschehen.

3. Antragsberechtigt ist jeder, der ein rechtliches Interesse an der Anerkennung glaubhaft macht (§ 107 Abs. 4 FamFG), also nicht nur die Ehegatten, sondern zB. auch Sozialversicherungsträger etc.

4. Der Antrag unterliegt nicht dem Anwaltszwang.

5. Der Antrag geht auf Feststellung, dass die Erfordernisse der Anerkennung vorliegen (§ 107 Abs. 1 FamFG). Die Erfordernisse der Anerkennung finden sich nunmehr in § 109 FamFG. Trotz der missverständlichen Fassung der Norm ist die Entscheidung der Landesjustizverwaltung gestaltender Natur.

6. Die Landesjustizveraltung (bzw. der OLG Präsident bei Übertragung) hat den Sachverhalt von Amts wegen aufzuklären, also auch unstreitiges Vorbringen der Parteien nachzuprüfen. Ein Geständnis oder Anerkenntnis ist ohne rechtliche Wirkung.

7. Die Angabe der Staatsangehörigkeit ist notwendig, da bei Urteilen des gemeinsamen Heimatstaats beider Ehegatten ein Feststellungsverfahren unzulässig ist (§ 107 Abs. 1 S. 3 FamFG). Ein Anerkennungsantrag ist zurückzuweisen (*Geimer* NJW 1971, 2138, str.).

8. Die internationale Zuständigkeit ist nach § 109 Abs. 1 Nr. 1 FamFG zu prüfen. Die Regelung des bisherigen § 606 a ZPO ist durch § 109 Abs. 2 FamFG ersetzt.

9. Die Angabe ist wichtig für die Bestimmung der örtlichen Zuständigkeit, vgl. § 107 Abs. 2 S. 1 FamFG)

10. Vgl. § 328 Abs. 1 Nr. 2 ZPO.

11. Die Verbürgung der Gegenseitigkeit ist nicht Erfordernis der Anerkennung da die Anerkennung ausländischer Eheurteile in dem Katalog des § 109 Abs. 4 FamFG aufgeführt ist.

Kosten und Gebühren

Für das Anerkennungsverfahren wird eine Gebühr von EUR 200,– erhoben (FamGKG Nr. 1710). Die Gebühren des Rechtsanwalts bestimmen sich nach RVG, VV 2400 ff.

16. Antrag[1] auf gerichtliche Entscheidung gegen die Feststellung nach § 107 FamFG

An das
Oberlandesgericht[2]
– Zivilsenat –

In der Ehesache
des A ……

– Antragsteller –

Verfahrensbevollmächtigter[3]:
Rechtsanwalt A ……

gegen

die B ……

– Antragsgegnerin –

wegen

Anerkennung eines singapurischen Ehescheidungsurteils

Namens und in Vollmacht des Antragstellers bitte ich um gerichtliche Entscheidung[4] gemäß § 7 Abs. 5 mit dem

Antrag:

1. Unter Aufhebung der Entscheidung des OLG Präsidenten Stuttgart vom …… (Datum) (Az.: ……) festzustellen, dass die Voraussetzungen für die Anerkennung des Urteils des High Court of Justice Singapore vom …… (Datum) (Az: ……), durch das die Ehe der Parteien geschieden worden ist, vorliegen.
2. der Antragsgegnerin die Kosten des Verfahrens aufzuerlegen[5].

Begründung

……

Rechtsanwalt

Anmerkungen

1. Gegen die ablehnende Entscheidung des OLG Präsidenten Stuttgart kann der Antragsteller (§ 107 Abs. 5 FamFG), gegen die stattgebende der Ehegatte des Antragstellers (§ 107 Abs. 6 S. 1 FamFG) gerichtliche Entscheidung beantragen. Der Antrag ist unbefristet. Die Entscheidung der Landesjustizverwaltung kann also noch nach Jahren angefochten werden.

2. Zuständig ist das Oberlandesgericht, in dessen Bezirk die Landesjustizverwaltung ihren Sitz hat bzw. bei Übertragung der Zuständigkeit auf den OLG Präsidenten das OLG, dem dieser angehört.

3. Es besteht kein Anwaltszwang.

4. Das OLG entscheidet im Verfahren der freiwilligen Gerichtsbarkeit. Der Antrag auf gerichtliche Entscheidung hat keine aufschiebende Wirkung (§ 107 Abs. 7 FamFG). Die Entscheidung des OLG ist endgültig, jedoch besteht Vorlagepflicht an den BGH, wenn das OLG von einer Entscheidung des BGH oder eines anderen OLG abweichen will.

5. Eine Verpflichtung zur Kostentragung durch den anderen Verfahrensbeteiligten iS. von § 91 ZPO besteht nicht. Nach § 81 Abs. 1 FamFG kann das Gericht die Kosten den Beteiligten nach billigem Ermessen ganz oder zum Teil auferlegen. § 81 Abs. 2 FamFG enthält einen Katalog von Tatbeständen, in denen das Gericht die Kosten einem Beteiligten ganz oder teilweise auferlegen soll.

Kosten und Gebühren

Die Gerichtsgebühren werden nach der Bei Zurückweisung des Antrags wird eine Gebühr von EUR 200,– erhoben (FamFGKG Nr. 1714). Die Anwaltsgebühren bestimmen sich nach RVG, VV 3100 ff., wobei die Verfahren vor der Landesjustizverwaltung und dem OLG gesonderte anwaltliche Gebührenangelegenheiten sind (str.). Für die Bestimmung des Gegenstandswertes vgl. BayObLG FamRZ 1999, 604.

17. Antrag auf Vollstreckbarerklärung[1] eines ausländischen[2] Schiedsspruchs[3] nach § 1061 ZPO

An das
Oberlandesgericht[4]
......

In Sachen
der Firma A ......

– Antragstellerin –

Verfahrensbevollmächtigter[5]:
Rechtsanwalt ......
gegen
die Firma B ......

– Antragsgegnerin –

Verfahrensbevollmächtigter:
Rechtsanwalt ......
Streitwert[6]: EUR 5 Mio.
Namens und in Vollmacht der Antragstellerin
beantrage ich:

1. **den Schiedsspruch des Einzelschiedsrichters X ...... vom ...... (Datum), durch den die Antragsgegnerin zur Zahlung von US$ 7 Mio. nebst 8% Zinsen seit dem ...... (Datum) verurteilt worden ist, für vollstreckbar zu erklären;**
2. **der Antragsgegnerin die Kosten des Verfahrens aufzuerlegen[7];**
3. **den Beschluss[8] für vorläufig vollstreckbar[9] zu erklären.**

Begründung

1. **Die Parteien haben am ...... (Datum) einen Kaufvertrag über die Lieferung von Maschinen abgeschlossen. Zugleich wurde eine Schiedsvereinbarung abgeschlossen, wonach ein Einzelschiedsrichter nach den AAA-Rules Streitigkeiten aus dem Vertrag entscheiden sollte.**

Beweis: Schiedsvereinbarung vom ...... (Datum)

– Anlage K 1 –

2. Die Maschinen wurden teils zu spät geliefert, teils waren sie mangelhaft. Die Antragstellerin hat Schadensersatzansprüche aus Verzug und Schlechtlieferung vor dem vereinbarten Einzelschiedsrichter in Seattle/Washington geltend gemacht. Dieser hat in Seattle, am Sitz des Schiedsgerichts, den im Antrag näher bezeichnete Schiedsspruch erlassen.

Beweis: Schiedsspruch vom ...... (Datum), der in beglaubigter Abschrift[10] als

– Anlage K 2 –

vorgelegt wird.

Der Schiedsspruch ist nach dem Recht des Staates Washington verbindlich[11] und vollstreckbar.

3. Die Erfordernisse der Wirkungserstreckung nach dem UN-Übereinkommen vom 10. 6. 1958 über die Vollstreckung ausländischer Schiedssprüche, das nach § 1061 Abs. 1 ZPO anwendbar ist, sind gegeben.

Rechtsanwalt

Anmerkungen

1. Ausländische Schiedssprüche bedürfen zur Entfaltung von Wirkungen im Inland der Vollstreckbarerklärung (vgl. dazu *Borges,* Die Anerkennung und Vollstreckbarerklärung von Schiedssprüchen nach neuem Recht, ZZP 111 (1998), 487ff.; *Schütze,* Schiedsgericht und Schiedsverfahren[4], 2007, Rdn. 287ff.). Im Verhältnis zu Staatsverträgen gilt als Faustregel das Günstigkeitsprinzip. Es kommt die anerkennungsfreundlichere Regelung zur Anwendung. Dieser Grundsatz ist im Übrigen in Art. VII UN-Übereinkommen, das Gegenstand von § 1061 ZPO geworden ist, manifestiert. Da sich die Wirkungserstreckung ausländischer Schiedssprüche nunmehr allein nach dem UN-Übereinkommen bestimmt und die bilateralen Staatsverträge regelmäßig auf dieses Übereinkommen verweisen, hat die Günstigkeitsregel ihre Bedeutung weitgehend verloren. Die Möglichkeit der Wirkungserstreckung nach § 1061 ZPO oder einem günstigeren Staatsvertrag schließt die Erfüllungsklage mangels Rechtsschutzinteresses aus (OLG Hamburg HRR 1933 Nr. 1791; *Schütze,* Schiedsgericht und Schiedsverfahren aaO., Rdn. 289 mwN.).

2. Die Nationalität eines Schiedsspruchs wird nach § 1061 ZPO durch den Sitz des Schiedsgerichts bestimmt (Territorialitätsprinzip).

3. Auch wenn der Schiedsspruch im Ausland durch Exequaturuteil für vollstreckbar erklärt worden ist, kann der Schiedsspruch in Deutschland für vollstreckbar erklärt werden (RGZ 5, 397; 30, 368; *Wieczorek/Schütze/Schütze,* ZPO[3], § 1044, Rdn. 4). Nach der Rechtsprechung des BGH (vgl. zB. BGH RIW 1984, 557 mit Anm. *Dielmann* und *Schütze* ebenda, 734ff.; BGH RIW 1984, 644 mit Anm. *Mezger*) hat der Gläubiger ein Wahlrecht, ob er die Vollstreckbarerklärung des Schiedsspruchs nach § 1061 ZPO oder des Exequaturuteils nach §§ 722f. ZPO betreiben will (vgl. dazu Form. I. T. 18).

4. Zuständig ist nach § 1062 Abs. 1 Nr. 4 ZPO das Oberlandesgericht, das in der Schiedsvereinbarung bezeichnet ist. Fehlt eine solche Vereinbarung der Parteien, so ist das Oberlandesgericht des Sprengels zuständig, in dem der Antragsgegner seinen Sitz oder gewöhnlichen Aufenthalt hat oder sich Vermögen des Antragsgegners oder der mit der Schiedsklage in Anspruch genommene oder von der Maßnahme betroffene Gegenstand befindet (§ 1062 Abs. 2 ZPO).

5. Nach § 1063 Abs. 4 ZPO besteht eine Abmilderung des Anwaltszwanges, der mit der generellen Eingangszuständigkeit des OLG verbunden ist. Solange keine mündliche

Verhandlung angeordnet ist, können die Parteien selbst Anträge zu Protokoll der Geschäftsstelle stellen oder Erklärungen abgeben.

6. Der Streitwert entspricht dem Wert des Schiedsspruchs (vgl. *Glossner/Bredow/Bühler,* Das Schiedsgericht in der Praxis³, 1990, Rdn. 507). Er ist zum Tag der Einreichung des Antrag in EUR umzurechnen, um eine Vorschussanforderung zu ermöglichen.

7. Für die Kostenentscheidung gelten §§ 91 ff. ZPO. § 1057 ZPO gilt nur für das Schiedsverfahren, nicht das Vollstreckbarerklärungsverfahren. Die fehlende Kostenentscheidung ist nach § 321 ZPO zu ergänzen. Anlass zur Einleitung des Vollstreckbarerklärungsverfahrens gibt der Schuldner regelmäßig bereits durch Nichterfüllung des Schiedsspruchs.

8. Das Oberlandesgericht entscheidet durch Beschluss nach vorheriger Anhörung des Antragsgegners, § 1063 Abs. 1 ZPO. Das Gericht hat mündliche Verhandlung anzuordnen, wenn Aufhebungsgründe geltend gemacht werden, § 1063 Abs. 2 ZPO.

9. Der Beschluss, durch den ein Schiedsspruch für vollstreckbar erklärt wird, ist für vorläufig vollstreckbar zu erklären, § 1064 Abs. 3, 4 ZPO.

10. Der Schiedsspruch ist in Urschrift oder beglaubigter Abschrift dem Antrag beizufügen, § 1064 Abs. 1 S. 1, Abs. 3 ZPO. Die Beglaubigung kann auch von dem Verfahrensbevollmächtigten vorgenommen werden, § 1064 Abs. 1 S. 2 ZPO.

11. Die Verbindlichkeit des ausländischen Schiedsspruchs ist nach § 1061 Abs. 1 ZPO iVm. Art. V Abs. 1 lit. e UN-Übereinkommen Erfordernis der Wirkungserstreckung. Dies setzt voraus, dass der Schiedsspruch keiner Aufhebung oder Abänderung durch einen schiedsrichterlichen oder staatsgerichtlichen Rechtsbehelf mehr unterliegt. Die Verbindlichkeit des Schiedsspruchs bestimmt sich nach dem anwendbaren ausländischen Recht. Nach der Rechtsprechung des Bundesgerichtshofs kann sich der Schuldner nicht mehr auf das Fehlen einer wirksamen Schiedsvereinbarung berufen, wenn er von einem nach der ausländischen Rechtsordnung zulässigen befristeten Rechtsbehelf keinen Gebrauch gemacht hat (BGHZ 52, 154; 55, 162; 57, 143, sehr str.).

Kosten und Gebühren

Die Gerichtsgebühren entsprechen denen für die Vollstreckbarerklärung inländischer Schiedssprüche – soweit nicht in Staatsverträgen eine günstigere Regelung enthalten ist (vgl. KV Nr. 1620 GKG). Die Anwaltsgebühren bestimmen sich nach § 36 RVG, RVG VV 3100 ff.

18. Klage auf Vollstreckbarerklärung eines ausländischen Exequaturурteils betreffend einen ausländischen Schiedsspruch

An das
Landgericht[1]
– Zivilkammer –

Klage[2]

der Firma A
……

– Klägerin –

Prozessbevollmächtigter
RA ……
gegen
die Firma B ……

– Beklagte –

Prozessbevollmächtigter:
RA ......

wegen

Vollstreckbarerklärung eines ausländischen Exequaturuteils betreffend einen ausländischen Schiedsspruch
Streitwert: EUR 5 Mio[3]

Namens und in Vollmacht der Klägerin erheben wir

Klage

gegen die Beklagte.

Wir werden beantragen,

1. **das Urteil des Supreme Court of New York vom ...... (Aktenzeichen: ......), durch das der Schiedsspruch des Schiedsgerichts bestehend aus dem Vorsitzenden ...... (Namen) und den Schiedsrichtern ...... (Namen) vom ...... (Datum), durch den die Beklagte zur Zahlung von US $ 7 Mio an die Klägerin verurteilt worden ist, für vollstreckbar erklärt worden ist, für vollstreckbar zu erklären.**
2. **der Beklagten die Kosten des Rechtsstreits aufzuerlegen,**
3. **das Urteil für vorläufig vollstreckbar zu erklären und Sicherheitsleistung durch selbstschuldnerische Bürgschaft der X-Bank Stuttgart zuzulassen,**
4. **hilfsweise im Unterliegensfalle: der Klägerin nachzulassen, die Zwangsvollstreckung durch Sicherheitsleistung, die auch durch selbstschuldnerische Bürgschaft der X-Bank Stuttgart erbracht werden kann, abzuwenden.**

Begründung

Das im Antrag näher bezeichnet Schiedsgericht hat die Beklagte zur Zahlung von US $ 7 Mio als Schadensersatz wegen mangelhafter Lieferung von Maschinen für die Druckindustrie verurteilt. Zwischen den Parteien bestand eine Schiedsvereinbarung, wonach alle Streitigkeiten aus dem Vertragsverhältnis, aufgrund dessen die Maschinen geliefert wurden, von einem Schiedsgericht in New York nach der Schiedsgerichtsordnung der American Arbitration Association (AAA)[4] zu entscheiden waren. Das Schiedsgericht ist ordnungsgemäß gebildet worden.

Beweis: Schiedsvereinbarung vom ...... (Datum)

– Anlage K 1 –

Urteil vom ...... Schiedsspruch vom ...... (Datum)

– Anlage K 2 –

Durch Urteil vom ...... (Datum) hat der Supreme Court of New York den Schiedsspruch für vollstreckbar erklärt (bestätigt).

Beweis: Urteil vom ......

– Anlage K 3 –

Das Urteil ist rechtskräftig.

Nach dem anwendbaren New Yorker Recht nimmt das Exequaturuteil den Inhalt des Schiedsspruchs in sich auf (doctrine of merger)[5]. Der BGH gibt in diesem Fall dem Gläubiger ein Wahlrecht, ob er die Vollstreckbarerklärung des Schiedsspruchs[6] oder des Exequaturuteils betreiben will[7].

Rechtsanwalt

Anmerkungen

1. Bei der Klage auf Vollstreckbarerklärung eines ausländischen Exequaturuteils handelt es sich um eine Klage nach §§ 722 f. ZPO. Sachlich zuständig ist ausschließlich

(§ 802 ZPO) das Gericht des ersten Rechtszuges, das für die Geltendmachung des ursprünglichen Anspruchs zuständig wäre (§ 722 Abs. 2 ZPO). Bei der Vollstreckbarerklärung von Exequaturureilen für ausländische Schiedssprüche ist auf den Streitwert des ausländischen Vollstreckbarerklärungsverfahrens abzustellen. Vgl. im Übrigen zur Zuständigkeit Form. I. T. 5 Anm. 1.

2. Der BGH lässt in Abkehr von einer jahrzehntelangen Rechtsprechung des Reichsgerichts (zB. RGZ 5, 397; 30, 368) die Vollstreckbarerklärung von ausländischen Exequaturentscheidungen für Schiedssprüche zu, soweit diese nach der doctrine of merger den Inhalt des für vollstreckbar erklärten Schiedsspruchs in sich aufnehmen (BGH RIW 1984, 557 mit Anm. *Dielmann und Schütze,* ebenda S. 734 ff.; BGH RIW 1984, 644 mit Anm. *Mezger;* dazu *Schlosser* IPRax 1985, 141; dazu *Dolinar,* Vollstreckung aus einem ausländischen, einen Schiedsspruch bestätigenden Exequaturureil, FS Schütze, 1999, S. 187 ff). Nach dieser – zweifelhaften – Rechtsprechung hat der Gläubiger ein Wahlrecht hinsichtlich der Vollstreckbarerklärung des Schiedsspruchs nach § 1061 ZPO oder den entsprechenden Staatsverträgen und der Vollstreckbarerklärung des Exequaturureils nach §§ 722 f. ZPO (vgl. dazu *Schütze,* Die Bedeutung eines ausländischen Urteils über die Wirksamkeit eines Schiedsspruchs für dessen Exequierung im Inland, Jahrbuch für die Praxis der Schiedsgerichtsbarkeit 3 (1989), S. 118 ff. (120 f.).

3. Streitwert für die Vollstreckbarerklärung ist der Streitwert der ausländischen Exequaturentscheidung. Er ist zum Tag der Einreichung der Klage in EUR umzurechnen, um eine Vorschussanforderung zu ermöglichen.

4. Die in Anm. 2 zitierten Entscheidungen des BGH sind zu New Yorker Schiedssprüchen ergangen. Besondere Bedeutung besitzt in den USA die Schiedsgerichtsbarkeit der AAA (vgl. dazu *Schütze/Tscherning/Wais,* Handbuch des Schiedsverfahrens[2], 1990, Rdn. 894 ff.).

5. Vgl. zur doctrine of merger *Borris,* Die internationale Handelsschiedsgerichtsbarkeit in den USA, 1987, S. 91 f.; *Kilgus,* Zur Anerkennung und Vollstreckbarerklärung englischer Schiedssprüche in Deutschland, 1995, S. 117 ff.

6. Zum Verfahren vgl. Form. I. T. 17.

7. Zum Verfahren im Übrigen vgl. Form. I. T. 5.

Kosten und Gebühren

Es gelten die Grundsätze für das Verfahren nach §§ 722 f. ZPO. Die Gerichtsgebühren bestimmen sich nach KV Nr. 1210 ff. GKG, die Anwaltsgebühren nach VV 3100 ff. RVG.

19. Antrag auf Erlass eines Europäischen Zahlungsbefehls[1]

Antrag auf Erlass eines Europäischen Zahlungsbefehls

Formblatt A Artikel 7 Absatz 1 der Verordnung (EG) Nr. 1896/2006 des Europäischen Parlaments und des Rates zur Einführung eines Europäischen Mahnverfahrens

Bitte lesen Sie zum besseren Verständnis dieses Formblatts zuerst die Leitlinien auf der letzten Seite!

Dieses Formblatt ist in der Sprache oder in einer der Sprachen auszufüllen, die das zu befassende Gericht anerkennt. Das Formblatt ist in allen Amtssprachen der Europäischen Union erhältlich, so dass Sie es in der verlangten Sprache ausfüllen können.

1. Gericht		
Gericht		
Straße, Hausnummer oder Postfach		
PLZ	Ort	Land

Aktenzeichen (vom Gericht auszufüllen)
Eingang beim Gericht

2. Parteien und ihre Vertreter

Codes: 01 Antragsteller; 02 Antragsgegner; 03 Vertreter * des Antragstellers; 04 Vertreter * des Antragsgegners; 05 Gesetzlicher Vertreter des Antragstellers **; 06 Gesetzlicher Vertreter des Antragsgegners **

Code	Name, Vorname/Name der Firma oder Organisation		(ggf.) Identifikationsnummer	
	Anschrift	PLZ	Ort	Land
	Telefon ***	Fax ***	E-Mail ***	
	Beruf ***	Sonstige Angaben ***		
Code	Name, Vorname/Name der Firma oder Organisation		(ggf.) Identifikationsnummer	
	Anschrift	PLZ	Ort	Land
	Telefon ***	Fax ***	E-Mail ***	
	Beruf ***	Sonstige Angaben ***		
Code	Name, Vorname/Name der Firma oder Organisation		(ggf.) Identifikationsnummer	
	Anschrift	PLZ	Ort	Land
	Telefon ***	Fax ***	E-Mail ***	
	Beruf ***	Sonstige Angaben ***		
Code	Name, Vorname/Name der Firma oder Organisation		(ggf.) Identifikationsnummer	
	Anschrift	PLZ	Ort	Land
	Telefon ***	Fax ***	E-Mail ***	
	Beruf ***	Sonstige Angaben ***		

* z.B. Rechtsanwalt   ** z.B. Elternteil, Vormund, Geschäftsführer   *** fakultativ

EUR	Euro	CYP	Zypern-Pfund	CZK	Tschechische Krone	EEK	Estnische Krone	GBP	Britisches Pfund
HUF	Ungarischer Forint	LTL	Litauischer Litas	LVL	Lettischer Lats	MTL	Maltesische Lira	PLN	Polnischer Zloty
SEK	Schwedische Krone	SIT	Slowenischer Tolar	SKK	Slowakische Krone	Sonstige (gem. internationalem Bankcode)			

6. Hauptforderung	Währung	Gesamtwert der Hauptforderung, ohne Zinsen und Kosten

Anspruchsgrundlage (Code 1)

01 Kaufvertrag
02 Mietvertrag über bewegliche Sachen
03 Miet-/Pachtvertrag über Immobilien
04 Mietvertrag über Betriebs-/Büroräume
05 Vertrag über Dienstleistungen — Elektrizität, Gas, Wasser, Telefon
06 Vertrag über Dienstleistungen — medizinische Versorgung
07 Vertrag über Dienstleistungen — Beförderungsleistungen
08 Vertrag über Dienstleistungen — rechtliche, steuerliche oder technische Beratung
09 Vertrag über Dienstleistungen — Hotel- und Gaststättengewerbe
10 Vertrag über Dienstleistungen — Reparaturen
11 Vertrag über Dienstleistungen — Maklerleistungen
12 Vertrag über Dienstleistungen — Sonstiges (bitte näher erläutern)
13 Bauvertrag
14 Versicherungsvertrag
15 Darlehen
16 Bürgschaft oder sonstige Sicherheit
17 Außervertragliche Schuldverhältnisse sofern sie einer Vereinbarung zwischen den Parteien oder einem Schuldanerkenntnis unterliegen (z.B. Schadensbegleichung, ungerechtfertigte Bereicherung)
18 Aus dem gemeinsamen Eigentum an Vermögensgegenständen erwachsende Forderungen
19 Schadensersatz aus Vertragsverletzung
20 Abonnement (Zeitung, Zeitschrift)
21 Mitgliedsbeitrag
22 Arbeitsvertrag
23 Außergerichtlicher Vergleich
24 Unterhaltsvertrag
25 Sonstige Forderungen (bitte näher erläutern)

Umstände, mit denen die Forderung begründet wird (Code 2)

30 Ausgebliebene Zahlung
31 Unzureichende Zahlung
32 Verspätete Zahlung
33 Ausgebliebene Lieferung von Waren/Erbringung von Dienstleistungen
34 Lieferung schadhafter Waren/Erbringung mangelhafter Dienstleistungen
35 Erzeugnis bzw. Dienstleistung entspricht nicht der Bestellung
36 Sonstige Probleme (bitte näher erläutern)

Sonstige Angaben (Code 3)

40 Ort des Vertragsabschlusses
41 Ort der Leistung
42 Zeitpunkt des Vertragsabschlusses
43 Zeitpunkt der Leistung
44 Art der betreffenden Ware(n)
45 Adresse einer Liegenschaft oder eines Gebäudes
46 Bei Darlehen, Zweck des Darlehens: Verbraucherkredit
47 Bei Darlehen, Zweck des Darlehens: Hypothekendarlehen
48 Sonstige Angaben (bitte näher erläutern)

ID	Code 1	Code 2	Code 3	Erläuterungen	Datum (oder Zeitraum)	Betrag
ID	Code 1	Code 2	Code 3	Erläuterungen	Datum (oder Zeitraum)	Betrag
ID	Code 1	Code 2	Code 3	Erläuterungen	Datum (oder Zeitraum)	Betrag
ID	Code 1	Code 2	Code 3	Erläuterungen	Datum (oder Zeitraum)	Betrag

Die Forderung ist dem Antragsteller von folgendem Gläubiger abgetreten worden (falls zutreffend)

Nachname, Vorname/Firma		Identifikationsnummer (falls zutreffend)	
Straße, Hausnummer und/oder Postfach oder Briefkastennummer	PLZ	Ort	Land

Zusätzliche Angaben für Forderungen, die sich auf einen Verbrauchervertrag beziehen (falls zutreffend)

Die Forderung bezieht sich auf einen Verbrauchervertrag	Der Antragsgegner ist der Verbraucher	Der Antragsgegner hat einen Wohnsitz im Sinne von Artikel 59 der Verordnung (EG) Nr. 44/2001 in dem Mitgliedstaat, dessen Gerichte angerufen werden
Ja Nein	Wenn ja: Ja Nein	Wenn ja: Ja Nein

7. Zinsen

Codes (bitte die entsprechende Ziffer und den entsprechenden Buchstaben einsetzen):

1 Gesetzlicher Zinssatz | 2 Vertraglicher Zinssatz | 3 Kapitalisierung der Zinsen | 4 Zinssatz für ein Darlehen ** | 5 Vom Antragsteller berechneter Betrag | 6 Sonstige ***

A jährlich | B halbjährlich | C vierteljährlich | D monatlich | E sonstige ***

ID *	Code	Zinssatz (%)	% über dem Basissatz der EZB	auf (Betrag)	Ab	bis
ID *	Code	Zinssatz (%)	% über dem Basissatz der EZB	auf (Betrag)	Ab	bis
ID *	Code	Zinssatz (%)	% über dem Basissatz der EZB	auf (Betrag)	Ab	bis
ID *	Code	Zinssatz (%)	% über dem Basissatz der EZB	auf (Betrag)	Ab	bis

ID * Bitte näher erläutern im Falle von Code 6 und/oder E

* Bitte die entsprechende Forderungskennung (ID) einsetzen ** vom Antragsteller mindestens in der Höhe der Hauptforderung aufgenommen
*** Bitte näher erläutern

8. Vertragsstrafe (falls zutreffend)

Betrag:	Bitte näher erläutern

9. Kosten (falls zutreffend)

Codes: 01 Antragsgebühren 02 Sonstige (bitte näher erläutern)

Code	Erläuterungen (gilt nur für Code 03 und 04)	Währung	Betrag
Code	Erläuterungen (gilt nur für Code 03 und 04)	Währung	Betrag
Code	Erläuterungen (gilt nur für Code 03 und 04)	Währung	Betrag
Code	Erläuterungen (gilt nur für Code 03 und 04)	Währung	Betrag

10. Vorhandene Beweismittel, auf die sich die Forderung stützt

Codes: 01 Urkundsbeweis | 02 Zeugenbeweis | 03 Sachverständigengutachten | 04 Inaugenscheinnahme eines Gegenstands oder Ortes | 05 Sonstige (z.B. Vertrag, Rechnung)

ID *	Code	Beschreibung der Beweismittel	Datum
ID *	Code	Beschreibung der Beweismittel	Datum
ID *	Code	Beschreibung der Beweismittel	Datum
ID *	Code	Beschreibung der Beweismittel	Datum

* Bitte die entsprechende Forderungskennung (ID) einsetzen

11. Zusätzliche Erklärungen und weitere Angaben (falls erforderlich)

Ich beantrage hiermit, dass das Gericht den/die Antragsgegner anweist, die Hauptforderung in der oben genannten Höhe, gegebenenfalls zuzüglich Zinsen, Vertragsstrafen und Kosten, an den/die Antragsteller zu zahlen.

Ich erkläre, dass die obigen Angaben nach bestem Wissen und Gewissen gemacht wurden.

Mir ist bekannt, dass falsche Angaben zu Sanktionen nach dem Recht des Ursprungsmitgliedstaats führen können.

Ort	Datum	Unterschrift und gegebenenfalls Stempel

Anlage 1 zum Antrag auf Erlass eines Europäischen Zahlungsbefehls Bankverbindung für die Zahlung der Gerichtsgebühren durch den Antragsteller Codes 02 Kreditkarte 03 Einziehung vom Bankkonto des Antragstellers durch das Gericht		
Code	Kontoinhaber/Karteninhaber	Bankadresse (BIC) oder andere anwendbare Bankkennung/ Kreditkartenunternehmen
Kontonummer/Kreditkartennummer		Internationale Bankkontonummer (IBAN)/Gültigkeit und Kartenprüfnummer der Kreditkarte

Anlage 2 zum Antrag auf Erlass eines Europäischen Zahlungsbefehls Ablehnung der Überleitung in ein ordentliches Verfahren Aktenzeichen (auszufüllen, falls die Anlage dem Gericht gesondert vom Antragsformblatt übermittelt wird)		
Ort	Datum (Tag/Monat/Jahr)	Unterschrift und gegebenenfalls Stempel

Anmerkung

1. Das Europäische Mahnverfahren ist standardisiert. Die Benutzung der Formulare in Anhang I bis VII ist obligatorisch. Das deutsche Verfahren ist geregelt in §§ 1087 bis 1096 ZPO (Allgemeine Vorschriften, Einspruch gegen den Europäischen Zahlungsbefehl, Überprüfung des Europäischen Zahlungsbefehls in Ausnahmefällen, Zwangsvollstreckung aus dem Europäischen Zahlungsbefehl).

Kosten und Gebühren

Nach § 1 Abs. 3 Nr. 2 GKG findet für die Gerichtskosten das GKG Anwendung. Die Gebühr bestimmt sich nach KV Nr. 1110 (0,5, mindestens 23,– EUR). Die Gebühren des Rechtsanwalts bestimmen sich nach VV Nr. 3305 ff.

20. Klage im Europäischen Verfahren für geringfügige Forderungen[1]

EUROPÄISCHES VERFAHREN FÜR GERINGFÜGIGE FORDERUNGEN

FORMBLATT A

KLAGEFORMBLATT

(Artikel 3 Absatz 1 der Verordnung (EG) Nr. 861/2007 des Europäischen Parlaments und des Rates zur Einführung eines europäischen Verfahrens für geringfügige Forderungen)

Aktenzeichen (*): Eingang beim Gericht: ___/___/_____ (*) (*) Vom Gericht auszufüllen.

WICHTIGER HINWEIS

BITTE LESEN SIE DIE ANLEITUNG ZU BEGINN JEDES ABSCHNITTS — SIE ERLEICHTERT IHNEN DAS AUSFÜLLEN DIESES FORMBLATTS

Sprache

Dieses Formblatt ist in der Sprache des Gerichts auszufüllen, bei dem Sie Ihre Klage einreichen. Das Formblatt ist auf der Internetseite des Europäischen Justiziellen Atlanten unter http://ec.europa.eu/justice_home/judicialatlascivil/html/index_de.htm in allen Amtssprachen der Organe der Europäischen Union erhältlich; möglicherweise hilft Ihnen dies, das Formblatt in der vorgeschriebenen Sprache auszufüllen.

Beweisunterlagen

Diesem Klageformblatt sollten gegebenenfalls alle zweckdienlichen Beweisunterlagen beigefügt werden. Dies hindert Sie jedoch nicht daran, gegebenenfalls im Laufe des Verfahrens weitere Beweisunterlagen vorzulegen.

Eine Kopie des Klageformblatts und gegebenenfalls vorgelegter Beweisunterlagen wird dem Beklagten zugestellt. Der Beklagte erhält Gelegenheit, dazu Stellung zu nehmen.

1. *Gericht*

In diesem Feld ist das Gericht anzugeben, bei dem Sie die Klage einreichen. Bei der Auswahl des Gerichts ist dessen Zuständigkeit für das Verfahren zuprüfen. Unter Abschnitt 4 ist eine nicht erschöpfende Aufzählung von Beispielen, worauf sich die gerichtliche Zuständigkeit gründen könnte, zu finden.

1.	*Bei welchem Gericht reichen Sie die Klage ein?*
1.1	Bezeichnung:
1.2	Straße und Hausnummer/Postfach:
1.3	PLZ und Ort:
1.4	Staat:

2. *Kläger*

In diesem Feld sind Sie als Kläger und gegebenenfalls Ihr Vertreter anzugeben. Sie sind nicht verpflichtet, sich durch einen Rechtsanwalt oder sonstigen Rechtsbeistand vertreten zu lassen.

In manchen Ländern reicht es vielleicht nicht aus, als Anschrift nur ein Postfach anzugeben; daher sollten Sie den Straßennamen und die Hausnummer mit einer Postleitzahl angeben. Das Fehlen dieser Angaben kann dazu führen, dass das Dokument nicht zugestellt wird.

Unter „Sonstige Angaben" können Sie zusätzliche Informationen zur Feststellung Ihrer Person eingetragen werden, z. B. Ihr Geburtsdatum, berufliche Tätigkeit, Stellung im Unternehmen, persönliche Identifikationsnummer und Unternehmensregisternummer in bestimmten Mitgliedstaaten.

Bei mehr als einem Kläger verwenden Sie bitte zusätzliche Blätter.

2.	*Angaben zum Kläger*
2.1.	Name, Vorname/Name der Firma oder Organisation:
2.2.	Straße und Hausnummer/Postfach:
2.3.	PLZ und Ort:
2.4.	Staat:
2.5.	Telefon (*):
2.6.	E-Mail (*):
2.7.	Ggf. Vertreter des Klägers und Kontaktadresse: (*)
2.8.	Sonstige Angaben (*):

3. *Beklagter*

Geben Sie in diesem Feld bitte den Beklagten und, falls bekannt, seinen Vertreter an. Auch der Beklagte ist nicht verpflichtet, sich durch einen Rechtsanwalt oder sonstigen Rechtsbeistand vertreten zu lassen.

In manchen Ländern reicht es vielleicht nicht aus, als Anschrift nur ein Postfach anzugeben; daher sollten Sie den Straßennamen and die Hausnummer mit einer Postleitzahl angeben. Das Fehlen dieser Angaben kann dazu führen, dass das Dokument nicht zugestellt wird.

Unter „Sonstige Angaben" können Sie zusätzliche Informationen zur Feststellung der Person eintragen, z. B. Geburtsdatum, berufliche Tätigkeit, Stellung im Unternehmen, persönliche Identifikationsnummer und Unternehmensregisternummer in bestimmten Mitgliedstaaten. Bei mehr als einem Beklagten verwenden Sie bitte zusätzliche Blätter.

3.	*Angaben zum Beklagten*
3.1.	Name, Vorname/Name der Firma oder Organisation:
3.2.	Straße und Hausnummer/Postfach:
3.3.	PLZ und Ort:
3.4.	Staat:
3.5.	Telefon (*):
3.6.	E-Mail (*):
3.7.	Vertreter des Beklagten, falls bekannt, und Kontaktadresse: (*)
3.8.	Sonstige Angaben (*):

4. *Gerichtliche Zuständigkeit*

Die Klage ist bei dem Gericht einzureichen, das für seine Bearbeitung zuständig ist. Das Gericht muss gemäß der Verordnung (EG) Nr. 44/2001 über die gerichtliche Zuständigkeit und die Anerkennung und Vollstreckung von Entscheidungen in Zivil- und Handelssachen zuständig sein.

Dieser Abschnitt enthält eine nicht erschöpfende Aufzählung von möglichen Begründungen der gerichtlichen Zuständigkeit.

Informationen über die Vorschriften für die gerichtliche Zuständigkeit finden Sie im Europäischen Gerichtsatlas unter der Webseite http://ec.europa.eu/justice_home/judicalatlascivil/html/index_de.htm.

Sie können auch die Webseite http://ec.europa.eu/civiljustice/glossary/glossary_de.htm konsultieren, auf der einige der hier verwendeten Rechtsbegriffe erklärt werden.

(*) Fakultativ.

4.	*Womit begründen Sie die Zuständigkeit des Gerichts?*	
4.1.	Wohnsitz des Beklagten	☐
4.2.	Wohnsitz des Verbrauchers	☐
4.3.	In Versicherungssachen, Wohnsitz des Versicherungsnehmers, des Versicherten oder des Begünstigten	☐
4.4.	Erfüllungsort/Leistungsort	☐
4.5.	Ort des schädigenden Ereignisses	☐
4.6.	Ort, an dem die unbewegliche Sache belegen ist	☐
4.7.	Gerichtsstandsvereinbarung zwischen den Parteien	
4.8.	Sonstiger Zuständigkeitsgrund (bitte näher erläutern): ______	

5. *Grenzüberschreitender Sachverhalt*

Damit das europäische Verfahren für geringfügige Forderungen in Anspruch genommen werden kann, muss ein grenzüberschreitender Sachverhalt vorliegen. Bei einem Rechtsstreit liegt ein grenzüberschreitender Sachverhalt dann vor, wenn mindestens eine der Parteien ihren Wohnsitz oder gewöhnlichen Aufenthalt in einem anderen Mitgliedstaat als dem des Gerichts hat.

5.	*Grenzüberschreitender Sachverhalt*
5.1.	Staat des Wohnsitzes oder gewöhnlichen Aufenthalts des Klägers: ______
5.2.	Staat des Wohnsitzes oder gewöhnlichen Aufenthalts des Beklagten: ______
5.3.	Mitgliedstaat des Gerichts: ______

6. *Bankverbindung (fakultativ)*

In Feld 6.1 können Sie dem Gericht mitteilen, auf welche Art Sie die Gerichtsgebühr zu zahlen wünschen. Bitte beachten Sie, dass bei dem Gericht, bei dem Sie die Klage einreichen, nicht unbedingt alle Zahlungsarten möglich sind. Vergewissern Sie sich, welche Zahlungsarten das Gericht akzeptiert. Sie können sich dazu mit dem betreffenden Gericht in Verbindung setzen oder die Webseite des Europäischen Justiziellen Netzes für Zivil- und Handelssachen (http://ec.europa.eu/civiljustice) konsultieren.

Falls Sie per Kreditkarte zahlen oder dem Gericht eine Einzugsermächtigung erteilen wollen, tragen Sie bitte in Anlage I zu diesem Formblatt die nötigen Angaben zu Ihrer Kreditkarten- oder Bankkontoverbindung ein. Die Anlage I dient ausschließlich der Unterrichtung des Gerichts und wird nicht an den Beklagten weitergeleitet.

In Feld 6.2 haben Sie die Möglichkeit, die erforderlichen Informationen für eine etwaige Zahlung des geschuldeten Betrags durch den Beklagten an Sie anzugeben, beispielsweise für den Fall, dass der Beklagte unverzüglich zahlen möchte, noch bevor ein Urteil ergangen ist. Falls Sie eine Überweisung wünschen, geben Sie bitte die entsprechende Bankverbindung an.

6.	*Bankverbindung* (*)		
6.1.	Wie werden Sie die Gerichtsgebühren begleichen?		
6.1.1.	Per Banküberweisung	☐	
6.1.2.	Per Kreditkarte	☐	(bitte Anlage I ausfüllen)
6.1.3.	Per Lastschrift von Ihrem Bankkonto	☐	(bitte Anlage I ausfüllen)
6.1.4.	Sonstige Zahlungsart (bitte genau angeben):		
6.2.	Auf welches Konto soll der Beklagte den geforderten bzw. zuerkannten Betrag überweisen?		
6.2.1.	Kontoinhaber:		
6.2.2.	Bankadresse, BIC oder andere einschlägige Bankkennung:		
6.2.3.	Kontonummer/IBAN:		

7. *Forderung*

Anwendungsbereich: Bitte beachten Sie, dass das europäische Verfahren für geringfügige Forderungen einen eingeschränkten Anwendungsbereich hat. Über Klagen, deren Streitwert 2000 EUR übersteigt oder die in Artikel 2 der Verordnung (EG) Nr. 861/2007 des Europäischen Parlaments und des Rates zur Einführung eines Verfahrens für geringfügige Forderungen aufgeführt sind, kann im Rahmen dieses Verfahrens nicht verhandelt werden. Steht Ihre Klage nicht in Zusammenhang mit einem Sachverhalt im Anwendungsbereich der Verordnung gemäß Artikel 2, so wird das Verfahren vor den zuständigen Gerichten gemäß den Regeln eines ordentlichen Zivilprozesses weitergeführt. Wünschen Sie diese Weiterführung nicht, so ziehen Sie Ihre Klage bitte zurück.

Geldforderung oder nicht auf Zahlung gerichtete Forderung: Bitte geben Sie an, ob Sie eine Geldforderung und/oder eine andere (nicht auf Zahlung gerichtete) Forderung, z. B. die Lieferung von Waren, geltend machen, und machen Sie dann die entsprechenden Angaben unter Nummer 7.1 und/oder 7.2. Ist Ihre Forderung nicht auf Zahlung eines Geldbetrags gerichtet, geben Sie bitte den geschätzten Wert Ihrer Forderung an. In diesem Fall sollten Sie auch angeben, ob Sie statt dessen einen Anspruch auf Schadenersatz geltend machen, für den Fall, dass die ursprüngliche Forderung nicht erfüllt werden kann.

Falls Sie die Erstattung der Verfahrenskosten fordern (z. B. Übersetzungskosten, Anwaltshonorare, Zustellungskosten usw.), geben Sie dies bitte unter Nummer 7.3 an. Bitte beachten Sie, dass die Regeln für die Kosten, die die Gerichte zusprechen können, je nach Mitgliedstaat unterschiedlich sind. Einzelheiten zu den Kostenkategorien der einzelnen Mitgliedstaaten sind auf der Webseite des Europäischen Justiziellen Netzes für Zivil- und Handelssachen (http://ec.europa.eu/civiljustice) zu finden.

Falls Sie vertragliche Zinsen geltend machen, z. B. bei einem Darlehen, sollten Sie den Zinssatz und den Beginn der Laufzeit angeben. Das Gericht kann, falls Ihrem Antrag stattgegeben wird, gesetzliche Zinsen zusprechen. Bitte geben Sie an, ob Sie Zinsen fordern und, ab welchem Zeitpunkt die Zinsen zu laufen beginnen sollen.

7. *Zu Ihrer Forderung*

☐ 7.1. Geldforderung

7.1.1. Betrag (ohne Zinsen und Gebühren): ____________________

7.1.2. Währung

☐ Euro (EUR)	☐ bulgarischer Lev (BGN)	☐ Zypern-Pfund (CYP)
☐ tschechische Krone (CZK)	☐ estnische Krone (EEK)	☐ Pfund Sterling (GBP)
☐ ungarischer Forint (HUF)	☐ lettischer Lats (LVL)	☐ litauischer Litas (LTL)
☐ maltesische Lira (MTL)	☐ polnischer Zloty (PLN)	☐ rumänischer Leu (RON)
☐ schwedische Krone (SEK)	☐ slowakische Krone (SKK)	

☐ Andere Währung (bitte angeben): ____________________

☐ 7.2. Andere Forderung:

7.2.1. Bitte genau angeben, was Sie fordern: ____________________

7.2.2. Geschätzter Wert der Forderung: ____________________

Währung:

☐ Euro (EUR)	☐ bulgarischer Lev (BGN)	☐ Zypern-Pfund (CYP)
☐ tschechische Krone (CZK)	☐ estnische Krone (EEK)	☐ Pfund Sterling (GBP)
☐ ungarischer Forint (HUF)	☐ lettischer Lats (LVL)	☐ litauischer Litas (LTL)
☐ maltesische Lira (MTL)	☐ polnischer Zloty (PLN)	☐ rumänischer Leu (RON)
☐ schwedische Krone (SEK)	☐ slowakische Krone (SKK)	

☐ Andere Währung (bitte angeben): ____________________

7.3. Fordern Sie die Erstattung der Verfahrenskosten?

7.3.1. Ja ☐

7.3.2. Nein ☐

7.3.3. Wenn ja, machen Sie bitte präzise Angaben zur Art der Kosten und zur Höhe der Forderung bzw. der bisher entstandenen Kosten:

7.4. Fordern Sie Zinsen?

Ja ☐

Nein ☐

Wenn ja,

vertraglicher Zinssatz? ☐ Wenn ja, gehen Sie zu Nummer 7.4.1

gesetzlicher Zinssatz? ☐ Wenn ja, gehen Sie zu Nummer 7.4.2

7.4.1. im Falle eines vertraglichen Zinssatzes

1. der Zinssatz beträgt:

☐ _____ %

☐ _____ % über dem Basiszinssatz der EZB

☐ anderer Wert: ____________________

2. Zinsen ab: ___/___/_____ (Datum)

7.4.2. Zinsen im Falle eines gesetzlichen

Zinsen ab: ___/___/_____ (Datum)

8. *Einzelheiten zur Klage*

Sie sollten unter Nummer 8.1 kurz ausführen, womit Sie Ihre Klage begründen.

Sie sollten unter Nummer 8.2 die erheblichen Beweismittel beschreiben. Dabei kann es sich beispielsweise um Urkundenbeweise (z. B. Vertrag, Quittung usw.) oder mündliche/schriftliche Zeugenaussagen handeln. Bitte geben Sie für jedes Beweismittel an, welcher Aspekt Ihrer Forderung dadurch jeweils begründet werden soll.

Falls der Platz nicht ausreicht, können Sie weitere Blätter hinzufügen.

8. *Einzelheiten zur Klage*

8.1. Bitte begründen Sie Ihre Klage; geben Sie beispielsweise an, was wann und wo passiert ist.

8.2. Beschreiben Sie bitte, welche Beweismittel Sie zur Begründung Ihrer Klage vorlegen möchten, und geben Sie bitte an, welche Aspekte der Klage dadurch begründet werden. Bitte fügen Sie gegebenenfalls zweckdienliche Beweisunterlagen bei.

8.2.1. Urkundenbeweis ☐ bitte unten näher ausführen

8.2.2. Zeugenbeweis ☐ bitte unten näher ausführen

8.2.3. Sonstiges Beweismittel ☐ bitte unten näher ausführen

Mündliche Verhandlung: Beachten Sie bitte, dass es sich bei dem europäischen Verfahren für geringfügige Forderungen um ein schriftliches Verfahren handelt. Sie können jedoch in diesem Formblatt oder zu einem späteren Zeitpunkt die Durchführung einer mündlichen Verhandlung beantragen. Das Gericht kann eine mündliche Verhandlung anordnen, wenn es diese zur Gewährleistung eines fairen Verfahrens für notwendig erachtet, oder sie unter Berücksichtigung aller Umstände der Rechtssache ablehnen.

8.3. Wünschen Sie eine mündliche Verhandlung?

Ja ☐

Nein ☐

Wenn ja, führen Sie bitte die Gründe an (*):

9. *Bestätigung*

Ein in einem Mitgliedstaat im Rahmen des europäischen Verfahrens für geringfügige Forderungen erlassenes Urteil kann in einem anderen Mitgliedstaat anerkannt und vollstreckt werden. Haben Sie die Absicht, die Anerkennung und Vollstreckung in einem anderen Mitgliedstaat als dem des Gerichts zu beantragen, so können Sie in diesem Formblatt das Gericht darum ersuchen, nach Erlass eines Urteils zu Ihren Gunsten eine Bestätigung dieses Urteils auszustellen.

9. *Bestätigung*

Ich bitte das Gericht um Ausstellung einer Bestätigung des Urteils.

Ja ☐

Nein ☐

10. *Datum und Unterschrift*

Vergessen Sie bitte nicht, auf der letzten Seite des Formblatts Ihren Namen deutlich lesbar einzutragen und die Klage zu unterzeichnen und zu datieren.

10. *Datum und Unterschrift*

Ich beantrage hiermit den Erlass eines Urteils gegen den Beklagten auf der Grundlage meiner Klage.

Ich erkläre, dass ich die vorstehenden Angaben nach meinem bestem Wissen und Gewissen gemacht habe.

Ort: ______________________________

Datum: ___/___/_____

Name und Unterschrift:

Anlage zum Klageformblatt (Formblatt A)

Bankverbindung (*) für die Zahlung der Gerichtsgebühren

Kontoinhaber/Kreditkarteninhaber:
Bankadresse, BIC oder andere einschlägige Bankkennung (BLZ)/Kreditkartenunternehmen:
Kontonummer oder IBAN-/Kreditkarten-Nummer, Gültigkeit und Kartenprüfnummer der Kreditkarte:

(*) Fakultativ.

Anmerkung

1. Das Verfahren zur Geltendmachung geringfügiger Forderungen ist standardisiert. Die Benutzung der Formulare in Anh. I bis IV ist obligatorisch. Das deutsche Verfahren ist geregelt in §§ 1097 bis 1109 ZPO (Erkenntnisverfahren, Zwangsvollstreckung).

Kosten und Gebühren

Die Gerichtskosten bestimmen sich nach § 1 Abs. 3 Nr. 1 GKG nach diesem Gesetz. Es fallen Gebühren nach KV Nr. 1210 ff. an. Die Gebühren des Rechtsanwalts bestimmen sich nach VV Nr. 3100 ff. Das Verfahren nach der VO gehört zum Rechtszug (§ 19 Abs. 1 Nr. 5 RVG).

II. Klagen und Anträge im Zivilprozess zu ausgewählten Gebieten des materiellen Rechts

A. Kaufrecht

1. Kaufpreisklage

An das
Landgericht[1, 2]

Klage

des ...... (Klägers)
Prozessbevollmächtigter: ......
gegen
den ...... (Beklagten)
wegen

Kaufpreisforderung

Vorläufiger Streitwert: EUR 11.000,–.
Namens und in Vollmacht des Klägers erhebe ich Klage und werde beantragen:

1. Der Beklagte wird verurteilt, an den Kläger EUR 11.000,– nebst 5%-Punkten Zinsen über dem Basiszinssatz seit 1. Juni ...... Zug um Zug[3] gegen Übergabe und Übertragung des Eigentums[4, 5] am Pkw ....., Fahrgestell-Nr......., Motor-Nr......., zu bezahlen.
2. Es wird festgestellt, dass sich der Beklagte seit 1. 6. ...... in Annahmeverzug befindet.[3]

Begründung[6]:

Die Parteien schlossen am 15. 5. ...... einen schriftlichen Kaufvertrag über das gebrauchte Fahrzeug des Klägers, einen Pkw ....., Fahrgestell-Nr......., Motor-Nr...... Als Kaufpreis wurden EUR 11.000,– vereinbart. Die Bezahlung sollte bei Übergabe des Pkw erfolgen.

Beweis: Kaufvertrag v. 15. 5. ...... in Anlage

Der Kläger bot das Fahrzeug am 1. 6. ...... dem Beklagten an dessen Wohnsitz an. Der Beklagte erklärte, er lehne die Übernahme des Pkw und die Bezahlung ab, da er vom Kläger hinsichtlich des Preises übervorteilt worden sei.

Beweis: Zeugnis der Frau V., zu laden beim Kläger.

Der Klageanspruch ergibt sich aus § 433 Abs. 2 BGB, der Zinsanspruch aus § 286 Abs. 2 Nr. 3 BGB, da sich der Beklagte am 1. 6. ...... endgültig geweigert hat, seiner Verpflichtung aus dem Kaufvertrag nachzukommen. Die Zinshöhe folgt aus § 288 Abs. 1 S. 2 BGB.

Anmerkungen

1. Bei Streitwerten über EUR 5.000,– ist das Landgericht sachlich zuständig, im Übrigen das Amtsgericht (§ 23 Nr. 1, § 71 Abs. 1 GVG).

2. Hinsichtlich der örtlichen Zuständigkeit führt § 29 Abs. 1 ZPO nicht dazu, dass das Gericht am Wohnsitz des Verkäufers zuständig ist, da es für die Erfüllung der Kaufpreisverbindlichkeit nicht darauf ankommt, wo sich die verkaufte Sache befindet, sondern Erfüllungsort der Wohnort des Käufers ist (*Baumbach/Lauterbach/Albers/Hartmann* § 29 Rdn. 26; *Zöller* § 29 Rdn. 25 „Kaufvertrag"). Bei Haustürgeschäften nach § 312 BGB ist ausschließlich das Gericht zuständig, in dessen Bezirk der Kunde zur Zeit der Klagerhebung seinen Wohnsitz hat (§ 29c ZPO). Bei Anwendbarkeit des CISG ist der Sitz des Verkäufers für die Kaufpreisklage Erfüllungsort (Art. 19, 31, 57 CISG; BGH NJW-RR 2003, 1583). Die Zuständigkeiten im Anwendungsbereich der Verordnung (EG) Nr. 44/2001 (Brüssel-I-VO) ergeben sich aus Artikel 2 I (Wohnsitz), Artikel 5 Nr. 1 (Erfüllungsort) und Artikel 16 II iVm. Artikel 15 (Verbraucherbeteiligung).

3. Um die Kostennachteile einer teilweisen Klageabweisung zu vermeiden (§ 92 Abs. 1 S. 1 ZPO; vgl. im Einzelnen *Baumbach/Lauterbach/Albers/Hartmann* § 92 Rdn. 26 Stichw. Zug-um-Zug-Leistung; *Musielak* § 92 Rdn. 2), muss der Kläger in bestimmten Fällen auf Zahlung Zug um Zug gegen Erbringung seiner Gegenleistung klagen. Dies immer dann, wenn keine ausdrückliche Vorleistungspflicht des Käufers vereinbart ist und auch die Voraussetzungen des § 321 BGB nicht gegeben sind. Soweit der Käufer hier die Einrede des nicht erfüllten Vertrags (§ 320 BGB) erhebt, führt dies zwar nicht zur vollen Klageabweisung, sondern zur Zug-um-Zug-Verurteilung, die in aller Regel eine teilweise Klageabweisung mit der Kostenfolge des § 92 Abs. 1 ZPO ist (vgl. aber § 92 Abs. 2 ZPO). Erhebt der Käufer aber die Einrede nicht, so ergeht unbeschränktes Zahlungsurteil, auch ohne dass der Verkäufer behauptet, er habe seine Leistung bereits erbracht (hM., vgl. zB. BGH NJW 2006, 2839; *Palandt/Grüneberg* § 322 Rdn. 2). Ist dagegen der Verkäufer zur Vorleistung verpflichtet, so kann er bei Annahmeverzug des Käufers auf Leistung nach Empfang der Gegenleistung klagen (§ 322 Abs. 2 BGB).

Die Zwangsvollstreckung des Zug-um-Zug-Urteils erfolgt nach § 756 ZPO. Der Annahmeverzug, der nach dieser Vorschrift das tatsächliche Angebot entbehrlich macht, kann durch Tatbestand, Entscheidungsgründe aber auch durch Ausspruch im Tenor nachgewiesen werden (OLG Köln NJW-RR 1991, 383; *Baumbach/Lauterbach/Albers/Hartmann* § 756 Rdn. 10; *Thomas/Putzo* § 756 Rdn. 10). Für den Nachweis des Annahmeverzugs genügt es allerdings nicht, wenn der Beklagte im Prozess Klagabweisung beantragt hat (vgl. KG NJW 1972, 2052). Da nicht feststeht, ob das Gericht in Tatbestand oder/und Entscheidungsgründen auf den Annahmeverzug eingeht, hat der Kläger mE. ein Rechtsschutzbedürfnis, das ihm einen Antrag auf Feststellung, etwa wie im Klagantrag Z. 2 vorgeschlagen, ermöglicht. Dieser Antrag erhöht den Streitwert nicht, da er die in Z. 1 enthaltene Gegenleistung betrifft und durchweg beim Zug-um-Zug-Antrag ohne Bedeutung ist (hM.; vgl. *Baumbach/Lauterbach/Albers/Hartmann* § 6 Rdn. 6; *Thomas/Putzo* § 5 Rdn. 8).

4. Die Klage ist nicht auf Leistung Zug um Zug gegen Abnahme zu richten, da die Abnahme Pflicht des Käufers ist und hier die Gegenleistung des Verkäufers aufgeführt werden muss.

5. Bei beweglichen Sachen genügt der Antrag auf Eigentumsübertragung. Bei Grundstücken kann der Antrag folgendermaßen lauten: „...... Zug um Zug gegen Verschaffung des Eigentums am Grundstück Flurstück Nr. 2011/2 BG-Heft Nr. 459 Gemeinde ......" oder: „...... Zug um Zug gegen Auflassung des Grundstücks Flurstück Nr. 2011/2 GB – Heft Nr. 459 Gemeinde und Bewilligung der Eintragung im Grundbuch ......".

6. Zur Schlüssigkeit der Klage genügt es, den Abschluss des Kaufvertrags und seinen wesentlichen Inhalt im Hinblick auf die Hauptleistungspflichten der Vertragsparteien sowie die Voraussetzungen für den Zinsanspruch vorzutragen.

2. Kaufpreisklage bei Auslandslieferung

An das
Landgericht Stuttgart[1]

Klage

der

...... **– Klägerin –**

Prozessbevollmächtigter

gegen

...... **– Beklagte –**

wegen

Kaufpreisforderung

Vorläufiger Streitwert: EUR 95.700,–

Namens und in Vollmacht der Klägerin erhebe ich Klage und werde beantragen:

> **Die Beklagte wird verurteilt, an die Klägerin EUR 95.700,– nebst 8%-Punkten Zinsen über dem Basiszinssatz hieraus seit dem 4. 7. ...... sowie außergerichtliche Rechtsanwaltskosten in Höhe von .....**[2] **zu bezahlen.**

Begründung

I.

Mit der vorliegenden Klage macht die Klägerin gegen die Beklagte einen Kaufpreisanspruch geltend. Die Parteien haben einen Kaufvertrag über 150 Bohrhämmer geschlossen. Den vertraglich vereinbarten Kaufpreis hat die Beklagte bisher nicht ausgeglichen. Die Klägerin hat ihren Sitz in Stuttgart und betreibt einen Werkzeuggroßhandel. Die Beklagte ist eine Gesellschaft nach französischem Recht (société à responsabilité limitée), die der deutschen GmbH entspricht, hat ihren Sitz in Lyon und betreibt einen Werkzeughandel.

1. **Unter dem 1. 3. ...... hat die Beklagte die Klägerin aufgefordert, ein Angebot über den Verkauf von 150 Bohrhämmern, Typ ..... abzugeben. Dieser Aufforderung kam die Klägerin nach. Die Parteien konnten sich zunächst nicht über den Preis einigen. Am 24. 3. ...... fand bei der Klägerin eine Besprechung statt, an der auf beiden Seiten die Geschäftsführer teilnahmen. Im Rahmen dieser Besprechung schlossen die Parteien einen schriftlichen Kaufvertrag über die Lieferung von 150 Bohrhämmern zum Einzelpreis von EUR 550,– zuzüglich 19% Umsatzsteuer.**

   Beweis: Vertrag vom 24. 3. ...... in Kopie, Anlage

2. **Der Vertrag sieht vor, dass die Klägerin die Bohrhämmer in der 22. Kalenderwoche auf Europaletten transportfertig abgepackt in ihrem Lager Stuttgart bereitstellen sollte („EXW")**[3]**.**

   Beweis: Vertrag vom 24. 3. ...... in Kopie, Anlage

   Die Beklagte hat die Klägerin schriftlich angewiesen, die Ware dem von der Beklagten beauftragten Transportunternehmen ...... zu übergeben. Die Transportkosten sind nach dem Vertrag von der Beklagten zu tragen.

Die Klägerin hat den vertraglichen Regelungen entsprochen und die Bohrhämmer dem Transportunternehmen …… ordnungsgemäß verpackt übergeben.

Beweis: Übergabebestätigung vom 25. 5. …… in Kopie, Anlage

Im Zeitpunkt der Übergabe waren die Bohrhämmer in einwandfreiem Zustand.[4]

Beweis: Zeugnis der Frau/des Herrn ……, zu laden über die Klägerin

Die vorgenannten Personen haben die Ausgangskontrolle der Waren im Lager der Klägerin durchgeführt und hierbei jeden einzelnen Bohrhammer begutachtet. Im Rahmen dieser Kontrolle wurden Protokolle erstellt, welche ebenfalls keine Unregelmäßigkeiten aufweisen.

Beweis: Vorlage der Qualitätssicherungsprotokolle in Kopie, Anlage

3. Im Schreiben vom 30. 8. ……, mit dem die Beklagte die Bezahlung des Kaufpreises ablehnt, hat sie ausdrücklich bestätigt, die Ware am 3. 6. …… erhalten zu haben.

   Beweis: Schreiben der Beklagten vom 30. 8. …… in Kopie, Anlage
4. Gemäß Kaufvertrag tritt Kaufpreisfälligkeit ein Monat nach Übergabe der Ware an das Transportunternehmen ein. Trotz Fälligkeit, einer Mahnung vom 4. 7. …… und einer Zahlungsaufforderung des Unterzeichners vom 18. 7. …… hat die Beklagte den Kaufpreis in Höhe von EUR 82.500,– zuzüglich 16% Umsatzsteuer (= EUR 13.200,–), dh. insgesamt EUR 95.700,– bisher nicht ausgeglichen.
5. Im Schreiben vom 30. 8. …… (bereits vorgelegt als Anlage ……) hat die Beklagte mitgeteilt, dass die Kunststoffgehäuse der Bohrhämmer durchgängig Risse aufwiesen und dass aus diesem Grund die Bezahlung des Kaufpreises verweigert werde. Die Klägerin solle die gelieferten Bohrhämmer wieder abholen.
6. Die Parteien haben im Vertrag (§ ……) eine Gerichtsstandsvereinbarung getroffen. Danach soll für alle Streitigkeiten aus dem Kaufvertrag Stuttgart der ausschließliche Gerichtsstand sein.

II.

1. Die internationale Zuständigkeit des LG Stuttgart ergibt sich aus der getroffenen Gerichtsstandsvereinbarung. Im vorliegenden Fall findet Art. 23 EuGVVO Anwendung[5].
2. Aus dem Kaufvertrag steht der Klägerin ein fälliger Kaufpreisanspruch zu.
3. Auf Gegenrechte aus dem Vertrag, auf den UN-Kaufrecht anzuwenden ist[6], kann sich die Beklagte nicht berufen. Der Vertrag wurde auch nicht durch das Schreiben der Beklagten vom 30. 8. …… aufgehoben. Es kann offen bleiben, ob die Erklärung überhaupt als Vertragsaufhebungserklärung[7] auszulegen ist, ob die Kunststoffgehäuse der Bohrhämmer tatsächlich Risse aufweisen und ob dies eine wesentliche Vertragsverletzung[8] darstellt. Es kann weiter offen bleiben, ob die Ware – falls nunmehr Risse tatsächlich vorhanden sein sollten – im Zeitpunkt der Übergabe an das Transportunternehmen in Ordnung gewesen ist[9], da die Beklagte der Klägerin weder eine angemessene Nachfrist zur Erfüllung ihrer Pflicht gesetzt[10], noch die Mängel der Kaufsache fristgemäß gerügt hat. Gemäß des hier anwendbaren[11] Art. 39 Abs. 1 CISG kann sich der Käufer auf die Vertragswidrigkeit der Ware nicht mehr berufen, wenn die Vertragswidrigkeit nicht innerhalb einer angemessenen Frist angezeigt und hierbei die Art der Vertragswidrigkeit genau bezeichnet wird[12]. Im vorliegenden Fall hat die Beklagte die Vertragswidrigkeit zwar genau bezeichnet. Allerdings hat sie dieselbe zu spät, nämlich erst ca. drei Monate nach Erhalt der Ware, gerügt, mit der Folge, dass die Ware als genehmigt gilt. Der Klägerin ist von Rissen in den Kunststoffgehäusen nichts bekannt. Gemäß den Endkontrollprotokollen haben die Bohrhämmer das Lager der Klägerin in einwandfreiem Zustand verlassen[13].
4. Der Zinsanspruch ergibt sich dem Grunde nach aus Art. 78 CISG. Die Zinshöhe ergibt sich aus § 288 II BGB[14].

Rechtsanwalt

Anmerkungen

1. Zur internationalen und örtlichen Zuständigkeit siehe Anm. 5. Die sachliche Zuständigkeit des LG Stuttgart ergibt sich aus §§ 23, 71 GVG.

2. Als außergerichtliche Rechtsanwaltskosten ist hier die Geschäftsgebühr, die nach Vorbemerkung 3 (4) VVRVG nicht angerechnet wird nebst Auslagen (welche insgesamt nicht angerechnet werden) und ggfl. Umsatzsteuer anzusetzen. Die Geschäftsgebühr ist im vorliegenden Fall durch die Zahlungsaufforderung entstanden.

3. Informationen zu den International Commercial Terms („Incoterms") finden sich auf der Homepage der Internationalen Handelskammer, Paris (ICC) bzw. ICC-Deutschland (www.icc-Deutschland.de).

4. Zur Behauptungs- und Beweislast su. Anm. 9.

5. Seit dem 1. 3. 2002 ist die Verordnung (EG) Nr. 44/2001 des Rates über die gerichtliche Zuständigkeit und die Anerkennung und Vollstreckung von Entscheidungen in Zivil- und Handelssachen (nachfolgend: EuGVVO), auch als „Brüssel I-Verordnung" bezeichnet, in Kraft und hat das EuGVÜ für Sachverhalte, die das Verhältnis von EU-Staaten untereinander betreffen, abgelöst. Im Verhältnis zu Dänemark gilt weiterhin das EuGVÜ, im Verhältnis zu Nicht-EU-Staaten (insbesondere: Schweiz) gilt ggf. das Lugano-Abkommen. Das Lugano II-Abkommen ist noch nicht in Kraft.

Sachlich ist die EuGVVO nach Art. 1 auf alle Zivil- und Handelssachen anzuwenden. In persönlicher Hinsicht knüpft Art. 2 (1) EuGVVO zunächst an den Wohnsitz in einem Mitgliedstaat an. Primär ist eine Person dort zu verklagen. Für Gesellschaften und juristische Personen regelt Art. 60, dass sich der „Wohnsitz" derselben entweder an dem Ort des satzungsmäßigen Sitzes, der Hauptverwaltung oder der Hauptniederlassung befindet. Nach diesen Grundsätzen wäre im vorliegenden Fall das sachlich zuständige Gericht in Lyon zur Entscheidung berufen.

Allerdings haben die Parteien eine wirksame Gerichtsstandsvereinbarung nach Art. 23 EuGVVO getroffen. Art. 23 EuGVVO setzt voraus, dass mindestens eine der Parteien ihren Sitz im Hoheitsgebiet eines Mitgliedstaates hat (1) und die Vereinbarung schriftlich getroffen worden ist (1 a). Vorliegend sind diese Voraussetzungen erfüllt.

Mittels Allgemeiner Geschäftsbedingungen kann ein Gerichtsstand dann wirksam vereinbart werden, wenn ein deutlicher Hinweis auf die der Gegenseite zugegangenen AGB erfolgt. Ein Bestätigungsschreiben, das erstmals einen Hinweis auf eine Gerichtsstandsklausel enthält, reicht im Normalfall nicht aus (vgl. *Geimer,* 5. Aufl., Rdn. 1686; *ders.* in Zöller, Anh I Art. 23 Rdn. 28). Zu den Ausnahmen sogleich.

Art. 23 EuGVVO (1) b–c sieht unter bestimmten Voraussetzungen Erleichterungen hinsichtlich der Form für den internationalen Handelsverkehr und für Gepflogenheiten, die zwischen den Parteien entstanden sind, vor. Danach kann eine Gerichtsstandsvereinbarung wirksam ua. auch durch Schweigen auf ein kaufmännisches Bestätigungsschreiben, durch einseitig verwendete Allgemeine Geschäftsbedingungen (*Geimer* in Zöller, Anh I Art. 23 Rdn. 22) oder auch in der Satzung einer Aktiengesellschaft getroffen werden (*Rosenberg/Schwab/Gottwald,* 16. Aufl., § 31 Rdn 43 mN.).

Abgesehen von der Gerichtsstandsvereinbarung wäre das LG Stuttgart – als Gericht des Erfüllungsortes – auch nach Art. 5 Nr. 1 EuGVVO zuständig. Für den Verkauf beweglicher Sachen bestimmt Art. 5 Nr. 1 b erster Spiegelstrich, dass Erfüllungsort „der Verpflichtung" der Ort ist, an den die Sachen nach dem Vertrag geliefert worden sind oder hätten geliefert werden sollen. Noch nicht eindeutig geklärt ist, ob es sich hiermit um die Regelung eines einheitlichen Gerichtsstandes für alle Ansprüche aus dem Vertragsverhältnis handelt (vgl. *Rosenberg/Schwab/Gottwald,* 16. Aufl., 2004, § 31 Rdn. 37 mwN.; *Schlechtriem/Schwenzer,* 5. Aufl., 2008, Art. 57 Rdn. 11 a), oder ob auch hier zwischen den jeweiligen Hauptleistungspflichten unterschieden werden muss und Art. 5 Nr. 1 b erster Spiegelstrich nur für die Verkäuferpflichten gilt. Im vorliegenden Fall hatten die Parteien keine Lieferverpflichtung des Verkäufers vereinbart. Nach Art. 5 Nr. 1c gilt deshalb lit. a, bei dem sich auf jeden Fall die Erfüllungsorte nach der jeweils streitigen Hauptpflicht richten. Der Erfüllungsort wird nach der Rechtsordnung bestimmt, die materiell-rechtlich nach internationalem Privatrecht bei der Entscheidung zur Anwendung kommt („lex causae") (*Rosenberg/Schwab/Gottwald,* 16. Aufl., § 31 Rdn. 37; *Geimer,* 5. Aufl., 2005, Rdn. 1482), wozu auch das UN-Kaufrecht (nachfolgend: CISG) gehört (EuGHE 1994, I-2913 = JZ 1995, 244).

Art. 57 (1) a) CISG sieht vor, dass der Käufer den Kaufpreis mangels anderweitiger Vereinbarung am Ort der Niederlassung des Verkäufers zu bezahlen hat. Im Unterschied zum BGB (§ 270 IV) ist der Erfüllungsort damit mit dem Zahlungsort identisch. Bei Anwendung des CISG ist deshalb das Verkäuferland international zuständig für die Kaufpreisklage gegen den im Ausland befindlichen Käufer (vgl. BGH NJW-RR 2003, 1582, 1583; *Geimer,* 5. Aufl., 2005, Rdn. 1489 mwN.; kritisch *Schlechtriem/Schwenzer,* 4. Aufl., 2004, Art. 57, Rdn. 11 mwN.). Das Übereinkommen ist im vorliegenden Fall anwendbar, da es gemäß Art. 1 CISG um einen Kaufvertrag über Waren geht. Beide Parteien haben ihre Niederlassungen in verschiedenen Staaten, welche ihrerseits Vertragsstaaten sind, vgl. Art. 1 (1) a) CISG. Der aktuelle Stand der Vertragsstaaten kann vom Pace Law School Institute of International Commercial Law abgerufen werden. www.cisg.law.pace.edu/cisg/countries/cntries.html

6. Siehe Anmerkung 5.

7. Gemäß Art. 81 Abs. 1 CISG geht der Kaufpreisanspruch unter, wenn nach Art. 45 Abs. 1a, Art. 49 Abs. 1a wirksam die Vertragsaufhebung erklärt wurde, was eine wesentliche Vertragsverletzung auf Seiten der Verkäuferin im Sinne des Art. 25, Art. 35 Abs. 1 CISG voraussetzt. Als weitere Rechte/Ansprüche stehen dem Käufer zur Verfügung: Recht auf Erfüllung oder Nacherfüllung gemäß Art. 46ff. CISG, Minderung gemäß Art. 50 CISG und Anspruch auf Schadensersatz gemäß Art. 74ff. CISG.

8. Eine wesentliche Vertragsverletzung im Sinne der Art. 25, 35 Abs. 1 CISG ist Voraussetzung für die Vertragsaufhebung, siehe Anm. 7.

9. Zur Ermittlung der Darlegungs- und Beweislast hinsichtlich des Gefahrübergangs ist die vertragliche Vereinbarung heranzuziehen. Ergänzend ist auf Art. 67 CISG zurückzugreifen.

10. Vgl. Art. 47 Abs. 2 CISG.

11. Zur Anwendung des CISG siehe Anm. 5.

12. Mit der Rüge muss die Vertragswidrigkeit so genau bezeichnet werden, dass der Verkäufer in die Lage versetzt wird, die erforderlichen Schritte zu ergreifen, zB. die Ware untersuchen zu lassen. Nicht ausreichend sind allgemein gehaltene Beanstandungen (*Schlechtriem/Schwenzer,* 5. Aufl., 2008, Art. 39 Rdn. 6). Da eine bestimmte Form für die Rüge nicht zwingend vorgeschrieben ist, ist grundsätzlich auch eine Rüge per Fax oder mittels E-Mail zulässig (ebenso *Schlechtriem/Schwenzer,* 5. Aufl., 2008, Art. 39 Rdn. 11). Die Rüge muss innerhalb angemessener Frist erfolgen. Für die Angemessenheit sind die Umstände des Einzelfalles zu berücksichtigen. Bei verderblichen Waren muss uU. innerhalb weniger Stunden gerügt werden. Auch bei Saisonwaren ist rasches Handeln erforderlich. Bei nicht verderblichen, dauerhaften Gütern – wie im vorliegenden Fall – ist die Bemessung der Frist umstritten. Zum Teil wurden und werden bei der Beurteilung der Angemessenheit regionale Besonderheiten berücksichtigt. In der Literatur und auch in der Rechtsprechung wird als grober Anhaltspunkt die Frist von einem Monat genannt (*Schlechtriem/Schwenzer,* 5. Aufl., 2008, Art. 39 Rdn. 17 mwN.).

Der Käufer hat nach Art. 44 CISG die Möglichkeit darzulegen, dass es eine vernünftige Entschuldigung für das Unterlassen der Anzeige gibt. Gelingt ihm der Nachweis, kann er trotz unterlassener Rüge mindern oder Schadensersatz, außer entgangenen Gewinn, verlangen.

13. Nach Art. 40 CISG kann sich der Verkäufer auf die unterbliebene Rüge nicht berufen, wenn die Vertragswidrigkeit auf Tatsachen beruht, die er kannte oder über die er nicht in Unkenntnis sein konnte und die er den Käufer nicht offenbart hat. Nicht in Unkenntnis sein können, ist mehr als grobe Fahrlässigkeit (*Schlechtriem/Schwenzer,* 5. Aufl., 2008, Art. 40 Rdn. 4). Die Beweislast für die Bösgläubigkeit trägt der Käufer.

14. Die Höhe des Zinssatzes ist in Art. 78 CISG nicht geregelt. Nach wohl überwiegender Auffassung ergibt sich die Zinshöhe aus dem nationalen Recht, das wiederum nach den Kollisionsregeln des Forumstaats zu ermitteln ist (vgl. die Nachweise bei *Schlechtriem/Schwenzer,* 5. Aufl., 2008, Art. 78 Rdn. 27 und 32), was im vorliegenden Fall – mangels einer ausdrücklichen Rechtswahl nach Art. 27 I EGBGB – gemäß Art. 28 I, II EGBGB zur Anwendung des Rechts führt, in dem die Verkäuferin ihre Niederlassung hat, demnach zur Anwendung des § 288 BGB. Nach anderen Auffassungen ist die Zinshöhe international einheitlich zu ermitteln bzw. der Leitzins des Staates zugrunde zu legen, in dessen Währung die zu verzinsende Hauptforderung zu erfüllen ist (vgl. *Schlechtriem/Schwenzer,* 5. Aufl., 2008, Art. 78 Rdn. 27 ff.).

3. Klage des Verkäufers auf Abnahme der Kaufsache[1] bei Widerruf eines Haustürgeschäfts

An das
Amtsgericht[2, 3]

Klage

des ...... **(Klägers)**
Prozessbevollmächtigter: ......
gegen
den ...... **(Beklagten)**
wegen

Abnahme eines Kaufgegenstandes

Vorläufiger Streitwert: EUR 1.200,–[3]
Namens und in Vollmacht des Klägers erhebe ich Klage und werde beantragen:

> **Der Beklagte wird verurteilt, die Waschmaschine, Fabrikat ......, Typ Exquisit X, abzunehmen.**

Begründung:

1. Die Parteien haben am ...... einen schriftlichen Kaufvertrag über den Erwerb der Waschmaschine durch den Beklagten geschlossen.

Beweis: Vorlage des Kaufvertrages vom ......

Der vertraglich vereinbarte Kaufpreis von EUR 1.200,– wurde von dem Beklagten bei Abschluss des Kaufvertrages bar bezahlt.

2. Der Beklagte verweigert nun die Abnahme der Waschmaschine mit der Begründung, dass er seine Willenserklärung nach § 312 BGB mit Schreiben vom ...... widerrufen habe.[4] Es trifft zwar zu, dass der Kaufvertrag in der Privatwohnung des Beklagten geschlossen wurde. Ein Widerruf nach § 312 BGB ist aber deshalb ausgeschlossen, weil der zuständige Mitarbeiter der Klägerin, Herr X, den Beklagten auf dessen ausdrückliche telefonische Bitte zu Hause aufgesucht hatte.[5]

Beweis: Zeugnis des ......

Rechtsanwalt

Anmerkungen

1. Die Abnahmeklage kann mit der Kaufpreisklage Form. II. A. 1 kombiniert werden. Ein besonderer Antrag auf Abnahme ist für die Kaufpreisklage jedoch ebenso wenig wie für die Werklohnklage erforderlich. Zur Klärung von Streitfällen und zur Inzidentfeststellung des Verzugs mit der Abnahme kann sie jedoch sinnvoll sein. In Schuldnerverzug kommt der Käufer, wenn er auf Mahnung hin nicht abnimmt (§ 286 Abs. 1 S. 1 BGB) oder wenn er die Abnahme ernsthaft und endgültig verweigert hat (§ 286 Abs. 2 Nr. 3 BGB). In diesen Fällen liegt zusätzlich auch Annahmeverzug vor, was den Gefahrübergang zur Folge haben kann (§ 300 Abs. 2 BGB).

2. Die Abnahmeklage ist grundsätzlich am allgemeinen Gerichtsstand zu erheben (§§ 12–19 ZPO). § 29 ZPO führt nur in Ausnahmefällen zu einer anderen Zuständigkeit (vgl. hierzu Form. II. A. 4 Anm. 3). Wird die Abnahmeklage mit der Kaufpreisklage verbunden, entscheidet für die Zuständigkeit der Zahlungsanspruch (*Baumbach/Lauterbach/Albers/Hartmann* § 29 Rdn. 15). Ist ein Verbraucher beteiligt, richtet sich der Gerichtsstand nach § 29c ZPO. Der Ausschluss des Widerrufsrechtes in § 312 Abs. 3 ändert am Vorliegen eines Haustürgeschäftes nichts (*Zöller* § 29c Rdn. 4).

3. Der für die sachliche Zuständigkeit maßgebende Streitwert ist nicht nach dem Kaufpreis, sondern nach dem Interesse des Verkäufers an der Abnahme zu bemessen (*Baumbach/Lauterbach/Albers/Hartmann* Anh. § 3 Rdn. 5; *Thomas/Putzo* § 3 Rdn. 8). Dieser kann zB. bei Gegenständen, von denen Gefahr ausgeht oder die spezielle Wartung oder Lagerung erfordern, höher zu bewerten sein als der Kaufpreis. Wird die Abnahmeklage mit der Kaufpreisklage verbunden, ist maßgebend derjenige für die Kaufpreisklage; nach hM. werden beide Werte nicht zusammengerechnet (*Baumbach/Lauterbach/Albers/Hartmann* aaO. m. Nachw.).

4. Zum Widerrufsrecht des Kunden nach § 312 BGB vgl. *Palandt/Grüneberg* §§ 312 ff.

5. Die Beweislast für den Ausschluss des Widerrufsrechts nach § 312 Abs. 3 Nr. 1 BGB trägt der Verkäufer (OLG München WM 1991, 523; *Palandt/Grüneberg* § 312 Rdn. 22).

4. Klage auf Lieferung der Kaufsache[1]

An das
Amtsgericht[2, 3]

Klage

des ...... (Klägers)
Prozessbevollmächtigter: ......

gegen

den ...... (Beklagten)

wegen

Eigentumsverschaffung

Vorläufiger Streitwert: EUR 2.800,–[2]

Namens und in Vollmacht des Klägers erhebe ich Klage und werde beantragen:

1. **Der Beklagte wird verurteilt, an den Kläger die Original-Litographie „Mein lieber Vater“, 1963, Maße 50 × 60 cm, von Otto Kerner Zug um Zug[4] gegen Bezahlung von EUR 2.500,– zu übergeben und zu übereignen.**
2. **Der Beklagte wird verurteilt, die Übergabe und Übereignung gemäß Ziff. 1 innerhalb einer Frist von 14 Tagen nach Rechtskraft des Urteils vorzunehmen[5–9].**

Anmerkungen

1. Zur Klage auf Auflassung vgl. Form. II. G. 8; zur Herausgabeklage aus § 985 BGB, die bereits – etwa nach §§ 929 S. 2, 930f. BGB – begründetes Eigentum voraussetzt, vgl. Form. II. G. 9.

2. Die sachliche Zuständigkeit des Gerichts bemisst sich nach § 23 Nr. 1 GVG, §§ 2, 6 S. 1 ZPO.

a) Für den Streitwert ist der Verkehrswert maßgebend, nicht der Kaufpreis (*Baumbach/Lauterbach/Albers/Hartmann* Anh. § 3 Rdn. 68; *Zöller* § 3 Rdn. 16 „Herausgabeklage"), so dass Streitwert und Gegenleistung nicht den gleichen Betrag ausmachen müssen.

b) Ohne Bedeutung für den Streitwert ist der Wert der Gegenleistung beim Zug-um-Zug-Antrag (hM., vgl. *Baumbach/Lauterbach/Albers/Hartmann* § 6 Rdn. 7; *Zöller* § 3 Rdn. 16 „Herausgabeklage").

3. Örtlich zuständig ist in der Regel das Gericht des allgemeinen Gerichtsstands (§§ 12–19 ZPO). Hervorzuheben sind folgende Besonderheiten:

a) Bei Klage auf Herausgabe eines Grundstücks ist nach § 24 Abs. 1 ZPO ausschließlicher Gerichtsstand der dingliche Gerichtsstand, wenn der Kläger bereits Eigentümer ist und Anspruch auf Herausgabe sowohl nach § 433 Abs. 1 S. 1 BGB als auch nach § 985 BGB besteht. Dagegen gilt § 24 ZPO nicht für die Klage auf Auflassung (vgl. hierzu Form. II. G. 8 Anm. 1).

b) Der besondere Gerichtsstand nach § 29 ZPO kann zur Klage an einem anderen als dem allgemeinen Gerichtsstand berechtigen, wenn ein anderer Erfüllungsort wirksam vereinbart ist oder aus den Umständen, insbesondere aus der Natur des Schuldverhältnisses ein anderer Erfüllungsort als der Wohnsitz des Verkäufers zu entnehmen ist (§ 269 Abs. 1 BGB). Bringschuld ist jedoch nur ausnahmsweise anzunehmen (zB. Heizöllieferung; vgl. *Palandt/Heinrichs* § 269 Rdn. 12). Bei beweglichen Sachen, die sich nicht am Wohnort des Verkäufers befinden, ist der Ort der Gegenstände Erfüllungsort (*Baumbach/Lauterbach/Albers/Hartmann* § 29 Rdn. 32). Zur Wirksamkeit einer Vereinbarung des Erfüllungsorts und damit des Gerichtsstands vgl. § 29 Abs. 2 ZPO.

c) Zu weiteren Besonderheiten bei Haustürgeschäften und bei Anwendbarkeit des CISG vgl. Form. II. A. 1 Anm. 2 und Form. II. A. 2 Anm. 5.

4. Vgl. hierzu Anm. 3 zu Form. II. A. 1. Wegen der Probleme bei der Vollstreckung des Zug-um-Zug-Urteils sollte in der Klagebegründung der Annahmeverzug des Beklagten dargetan und unter Beweis gestellt werden und zusätzlich ein entsprechender Antrag gestellt werden (vgl. Form. II. A. 1).

5. Ist das Eigentum bereits verschafft, so genügt es, auf Übergabe zu klagen. Statt „zu übereignen" kann auch beantragt werden: „...... zu erklären, dass das Eigentum an ...... auf den Kläger übergehen soll".

6. Die Vollstreckung der Übergabepflicht erfolgt nach § 883 ZPO, die Vollstreckung hinsichtlich der Übereignung nach § 894 ZPO. Die Vorschrift des § 283 Abs. 1 S. 1 BGB aF. ist durch das Schuldrechtsmodernisierungsgesetz (Verträge seit 1. 1. 2002) weggefallen. Ein Antrag, wonach die Erfüllung **nur** binnen einer bestimmten Frist erfolgen kann, ist damit nicht mehr möglich (zur „einfachen" Fristsetzung sogleich). Der Wegfall des § 283 BGB wurde damit begründet, dass diese Vorschrift neben § 281 BGB nF. nicht mehr erforderlich sei.

7. Nach Rechtskraft des Herausgabetitels hat der Kläger einmal die Möglichkeit der Vollstreckung nach § 883 ZPO. Zum anderen kann er jedoch auch unter den Voraussetzungen des § 281 BGB Schadensersatz verlangen. Voraussetzung für den Schadensersatzanspruch ist nach § 281 Abs. 1 S. 1 BGB, dass der Kläger dem Beklagten eine angemessene Frist zur Herausgabe gesetzt hat und diese abgelaufen ist. Einer Ablehnungsandrohung bedarf es nicht mehr. Die **Fristsetzung** kann mit dem Klageantrag auf Herausgabe verbunden werden (§ 255 ZPO). Der Antrag auf Fristsetzung kann sonach vor allen ordentlichen Gerichten mit dem Herausgabeantrag kombiniert werden.

Der Kläger muss im Klageantrag keine bestimmte Frist angeben. Die Dauer der Frist steht im Ermessen des Gerichts. Der Kläger kann deshalb auch beantragen: „Die Übergabe kann nur innerhalb einer vom Gericht zu bestimmenden, angemessenen Frist erfolgen". Gibt der Kläger allerdings eine bestimmte Frist an, kann sie das Gericht nicht verkürzen (*Baumbach/Lauterbach/Albers/Hartmann* § 255 Rdn. 7; *Thomas/Putzo* § 255 Rdn. 5). Auch wenn dies im Tenor nicht zum Ausdruck kommt, beginnt die Frist mit der Rechtskraft des Urteils zu laufen.

Während der Antrag auf Fristsetzung mit dem Herausgabeantrag kombiniert werden kann, gilt dies für den Schadensersatzantrag uneingeschränkt nur für das Verfahren vor dem Amtsgericht (§ 510 b ZPO) und vor dem Arbeitsgericht (§ 61 Abs. 2 ArbGG). Nur dann wenn die Voraussetzungen des § 259 ZPO vorliegen würden, könnte dieser Antrag ebenfalls mit dem Herausgabeantrag kombiniert werden, hierzu sogleich.

8. Ein selbstständiger, zusätzlicher Antrag auf Zahlung von Schadensersatz ist nur unter den Voraussetzungen des § 259 ZPO zulässig. Zum schlüssigen Klagvortrag gehört es damit, dass der Kläger Tatsachen dartut, die die Besorgnis rechtfertigen, der Schuldner werde sich der rechtzeitigen Leistung entziehen. Die Bestimmungen der §§ 510 b ZPO und 61 Abs. 2 ArbGG, bei denen dies nicht erforderlich ist, gelten nur für das Verfahren vor dem Amts- bzw. Arbeitsgericht. Nach hM. sind sie darüber hinaus auf den Herausgabeanspruch nicht anwendbar (OLG Köln OLGZ 1976, 477/478; *Herget* in Zöller, § 510 b Rdn. 1).

9. Verliert der Beklagte aus irgendwelchen Gründen den Besitz der Sache nach Rechtshängigkeit, so hat der Kläger die Möglichkeit, den Rechtsstreit in der Hauptsache für erledigt zu erklären. Daneben gibt ihm § 264 Nr. 3 ZPO die Möglichkeit, auf das „Interesse" überzugehen.

5. Klage auf Nacherfüllung durch Mangelbeseitigung

An das
Amtsgericht[1]

Klage

der Firma ......
Prozessbevollmächtigter: (Kläger)
gegen
Die Firma ...... (Beklagte)
wegen Nacherfüllung[2, 3, 4]
Vorläufiger Streitwert: EUR 500,–[1]
Namens und in Vollmacht der Klägerin erhebe ich Klage und werde beantragen:

> **Die Beklagte wird verurteilt, die Waschmaschine Fabrikat ...... Nr....... so nachzubessern, dass beim Schleudervorgang kein Wasser austritt[5].**

Begründung

Die Klägerin, ein Reinigungsunternehmen, kaufte am 1. 2. ...... bei der Beklagten die im Antrag genannte Waschmaschine zu einem Kaufpreis von EUR 10.000,– für ihren Betrieb

> **Beweis: Kaufvertrag vom 1. 2....... in Anlage**

Zwölf Tage nach Lieferung und Inbetriebnahme der Anlage am 1. 4....... trat erstmals während des Schleudervorgangs beim Wäschetrocknen Wasser aus. Aufgrund einer Undichtigkeit läuft inzwischen bei jedem Schleudervorgang Wasser an der Unterseite der Maschine aus.

Beweis: Zeugnis des ......
Einholung eines Sachverständigengutachtens

Die Klägerin forderte die Beklagte mit Schreiben vom 1. 4. ...... zur Nachbesserung auf. Eine Reaktion ist nicht erfolgt[3].
Die Klägerin verlangt deshalb im Wege der Nacherfüllung Mangelbeseitigung nach § 439 Abs. 1 BGB[7].

Rechtsanwalt

Anmerkungen

1. Die sachliche Zuständigkeit ergibt sich aus § 23 Nr. 1 GVG. Als Streitwert ist die geschätzte Höhe der Mangelbeseitigungskosten anzusetzen (*Baumbach/Lauterbach/Albers/Hartmann* Anh § 3 Rdn. 137). Die örtliche Zuständigkeit ergibt sich insbesondere aus §§ 13, 17 und 29 ZPO. Der Erfüllungsort ist der Ort, an dem sich die Sache befindet (*Palandt,* 68. Aufl., § 439 Rdn. 3 a; BGH NJW-RR 2008, 724 (zu § 635)), was sich mittelbar auch aus § 439 Abs. 2 BGB ergibt.

2. Durch das Schuldrechtsmodernisierungsgesetz wurden die Gewährleistungsansprüche des Kaufvertragsrechts grundlegend geändert. Der Käufer kann sich nicht mehr wie bisher sofort durch Wandelung vom Vertrag lösen oder Minderung verlangen. Vielmehr muss er zunächst den Verkäufer zur Nacherfüllung (§ 439 BGB) auffordern. Dem Anspruch des Käufers entspricht ein Recht des Verkäufers auf Nacherfüllung. Der Nacherfüllungsanspruch ist ein modifizierter Erfüllungsanspruch.

3. Der Nacherfüllungsanspruch selbst setzt keine Fristsetzung voraus. Eine Fristsetzung ist aber Voraussetzung für die weitergehenden Mängelansprüche wie Schadensersatz (§ 281 Abs. 1 S. 1 BGB), Rücktritt (§ 323 Abs. 1 BGB), Minderung (§§ 441, 323 Abs. 1 BGB) und Aufwendungsersatz (§§ 437 Nr. 3, 284 BGB).

4. Die Nacherfüllung kann sowohl durch Nachbesserung als auch durch Neulieferung (insbesondere dann, wenn es sich um vertretbare Sachen handelt bzw. um eine Sache, die einer vertretbaren Sache wirtschaftlich und auch dem Interesse des Käufers entspricht und sie der Käufer beschaffen kann) einer mangelfreien Sache erfolgen. Dem Käufer steht insoweit ein Wahlrecht zu. Der Kläger könnte deshalb auch die Lieferung einer mangelfreien Waschmaschine verlangen. Der Verkäufer kann die vom Käufer verlangte Art der Nacherfüllung nur bei Unmöglichkeit (§ 275 Abs. 1 BGB), hierzu *Wertenbruch* NJW 2004, 1977; Palandt/*Weidenkaff,* 68 Aufl., § 439 Rdn. 15 oder unter den Voraussetzungen der §§ 275 Abs. 2 und 3 sowie des § 439 Abs. 3 BGB wegen Unverhältnismäßigkeit verweigern (vgl. dazu Palandt/*Weidenkaff,* 68. Aufl., § 439 Rdn. 16 a; *Huber* NJW 2002, 1004, 1007). Die Nacherfüllung durch Lieferung einer anderen, mangelfreien Sache ist auch beim Stückkauf nicht von vornherein wegen Unmöglichkeit ausgeschlossen. Sie ist dann noch möglich, wenn die Kaufsache durch eine gleichartige und gleichwertige Sache ersetzt werden kann (BGH NJW 2006, 2839). Nach Auffassung des BGH soll beim Kauf eines Gebrauchtwagens die Vermutung naheliegen, dass dies zumindest dann zu verneinen sei, wenn dem Kaufentschluss eine persönliche Besichtigung des Fahrzeugs vorangegangen ist (BGH aaO.; BGH NJW 2008, 53). Zur Beurteilung, ob Unverhältnismäßigkeit iS. des § 439 Abs. 3 S. 1 BGB vorliegt, ist der Wert der Sache im mangelfreien Zustand heranzuziehen. Nicht relevant ist das Verhältnis zwischen Nacherfüllungskosten und Kaufpreis (vgl. so zur Frage der Unverhältnismäßigkeit: OLG Braunschweig, NJW 2003, 1053).

5. Verlangt der Käufer die Lieferung einer mangelfreien Sache, hat der Verkäufer einen Anspruch auf Rückgabe der gelieferten mangelhaften Sache (§ 439 Abs. 4 BGB, vgl. zum Klagantrag Form. II. A. 6).

6. Die Beweislast für das Vorliegen eines Mangels im Zeitpunkt des Gefahrübergangs trägt der Käufer. Für den Verbrauchsgüterkauf trifft § 476 BGB eine Sonderregelung. Zeigen sich Mängel innerhalb von 6 Monaten nach Gefahrübergang gilt die Vermutung, dass die Sache bereits bei Gefahrübergang mangelhaft war. Eine Ausnahme von dieser Ausnahme besteht dann, wenn die Vermutung mit der Art der Sache oder des Mangels unvereinbar ist. Dafür kommt insbesondere der Verkauf gebrauchter Sachen in Frage.

7. Die für die Nacherfüllung erforderlichen Aufwendungen hat der Verkäufer zu tragen (§ 439 Abs. 2 BGB). Dies entspricht der bisherigen Rechtslage beim Nachbesserungsanspruch im Werkvertragsrecht.

6. Die Mängelklage des Käufers (Klage auf Rückgewähr des Kaufpreises bei Rücktritt)[1]

An das
Landgericht[2, 3]

Klage

des …… (Klägers)
Prozessbevollmächtigter: ……
gegen
den …… (Beklagten)
wegen

Rückzahlung des Kaufpreises.

Vorläufiger Streitwert: EUR 12.000,–[2].
Namens und mit Vollmacht des Klägers erhebe ich Klage und werde beantragen:

1. **Der Beklagte wird verurteilt, an den Kläger EUR 12.000,–[4, 6, 7] nebst 5%-Punkten Zinsen über dem Basiszinssatz seit dem 14. 5. …… Zug um Zug gegen Übergabe[8] der Waschmaschine XY zu bezahlen.**
2. **Es wird festgestellt, dass sich der Beklagte in Annahmeverzug befindet[9].**

Begründung:

Der Kläger kaufte am 1. 2. …… bei dem Beklagten die im Antrag genannte Waschmaschine zum Kaufpreis von EUR 12.000,–. Der Kaufvertrag wurde mündlich abgeschlossen. Der Kläger stellte die Waschmaschine am 5. 2. …… auf und setzte sie in Betrieb. Dabei stellte sich heraus, dass das Laufwerk defekt ist, die Waschmaschine unregelmäßig und unrund läuft und beim Laufen laute kratzende Geräusche von sich gibt.

Beweis: Einnahme eines Augenscheins; Sachverständigengutachten.

Darüber hinaus ist es so, dass Kleidungsstücke durch das Waschen in der Maschine nach wenigen Waschvorgängen an verschiedenen Stellen durchgescheuert werden.

Beweis: Einnahme eines Augenscheins; Sachverständigengutachten.

Mit Schreiben vom 5. 3. ……, gab der Kläger dem Beklagten Gelegenheit zur Nacherfüllung bis zum 5. 4. ……[10]

Beweis: Einschreiben-Rückschein vom 5. 3. …… in Anlage.

Der Beklagte lehnte jedoch die Nacherfüllung ab.[5]

Beweis: Schreiben des Beklagten vom 10. 3. …… in Anlage.

Daraufhin erklärte der Kläger mit Schreiben vom 25. 3. …… Rücktritt vom Kaufvertrag und verlangte den bezahlten Kaufpreis zurück.

Beweis: Einschreiben-Rückschein vom 25. 3. …… in Anlage.

Mit Schreiben vom 28. 4. …… bot der Kläger die Waschmaschine nochmals an, mahnte den Beklagten und setzte Frist zur Zahlung zum 28. 5. …… Mit Schreiben vom 13. 5. …… nahm der Beklagte Bezug auf das Schreiben des Klägers vom 28. 4. …… und lehnte den Rücktritt ab, da ein Mangel nicht vorliege. Dies ist jedoch unrichtig. Es war deshalb Klage geboten.

Anmerkungen

1. Schadensersatz- und Minderungsklage sind wie die allgemeine Leistungsklage zu behandeln (vgl. Form. I. D. 1); hier wird nur die Klage auf Rückabwicklung des Kaufvertrags behandelt. Im vorliegenden Fall käme auch die Klage auf Nacherfüllung durch Lieferung einer anderen Waschmaschine (§ 439 Abs. 1 BGB) in Betracht.

2. Die sachliche Zuständigkeit des Gerichts bemisst sich nach dem Wert der zurückgeforderten Leistung.

3. Für die örtliche Zuständigkeit kommt neben dem allgemeinen Gerichtsstand des Verkäufers der besondere Gerichtsstand des § 29 ZPO in Betracht. Hat der Käufer den Kaufpreis noch nicht bezahlt, so ist für die Rückabwicklungsklage das Gericht an seinem Wohnsitz zuständig (*Zöller/Vollkommer* § 29 Rdn. 25 Stichw. Kaufvertrag), da hier um eine Zahlungspflicht gestritten wird und diese an seinem Wohnsitz zu erfüllen ist. Ist der Kaufpreis bezahlt und die Ware noch nicht an ihn geliefert, dann steht dieser Gerichtsstand nicht zur Verfügung. Ist dagegen – wie im Regelfall – bezahlt und geliefert, so ist str., ob die Klage an dem Ort erhoben werden kann, „wo sich die Sache vertragsgemäß befindet“, also regelmäßig am Wohnsitz des Käufers. Die hM. bejaht dies. Richtigerweise kann der Käufer weiterhin an seinem Wohnsitz klagen (*Zöller/Vollkommer* aaO. m. Nachw.; Palandt/*Heinrichs*, 68. Aufl., § 269 Rdn. 16).

4. Durch das Schuldrechtsmodernisierungsgesetz wurde das Gewährleistungssystem des Kaufrechts grundlegend umgestaltet und dem Werkvertragsrecht gleichgestellt. Der Käufer kann sich bei einem Mangel nicht mehr wie bisher sofort beim Vorliegen eines Mangels vom Kaufvertrag durch Wandelung lösen. Vorrangig ist zunächst der Anspruch des Käufers und das Recht des Verkäufers auf Nacherfüllung. Erst nach Ablauf einer Nacherfüllungsfrist kann der Käufer vom Vertrag zurücktreten (§ 323 Abs. 1 BGB).

5. § 323 Abs. 2 BGB regelt, wie auch § 440 BGB, Ausnahmefälle, bei denen eine Fristsetzung zur Nacherfüllung als Voraussetzung für den Rücktritt entbehrlich ist. Hier wurde von dem Verkäufer am 10. 3. die Nacherfüllung abgelehnt, so dass der Kläger nach § 323 Abs. 2 Nr. 1 bzw. § 440 S. 1 BGB nicht den Ablauf der Nacherfüllungsfrist abwarten musste sondern sofort den Rücktritt erklären konnte, vgl. auch § 323 Abs. 4.

6. Erklärt der Käufer den Rücktritt, kann er nach § 325 BGB daneben Schadensersatz verlangen. Dies gilt etwa für die Mehrkosten eines Deckungskaufs.

7. Im Gegensatz zur alten Rechtslage (§ 326 BGB aF.) verliert der Käufer nicht schon mit Ablauf der Frist zur Nacherfüllung seinen Erfüllungsanspruch. Er kann deshalb auch nach einer Fristsetzung noch entscheiden, ob er Rückabwicklung verlangen oder weiterhin den Erfüllungsanspruch geltend machen will. Erst wenn der Käufer den Rücktritt erklärt hat, ist er daran gebunden. In diesem Fall ist das ursprüngliche Vertragsverhältnis umgestaltet worden in ein Abwicklungsverhältnis (Palandt/*Weidenkaff*, 68. Aufl., § 637 Rdn. 25; hierzu auch BGH NJW 2002, 506, 507).

8. Der Zug-um-Zug-Antrag ist geboten, um Kostennachteile zu vermeiden (vgl. Form. II. A. 1 Anm. 3), falls der Verkäufer die Einrede nach § 348 BGB erhebt. (Zur Vollstreckung des Zug-um-Zug-Urteils vgl. Form. II. A. 1 Anm. 3.)

9. Zu diesem Antrag vgl. Form. II. A. 1 Anm. 3 u. 4.

10. Unterbleibt die Aufforderung zur Nacherfüllung und fehlt es auch an anderen Voraussetzungen für sekundäre Mängelrechte, dann steht dem Käufer bei Selbstvornahme nach hM. grundsätzlich kein Recht aus § 437 BGB zu (Palandt/*Weidenkaff*, 68. Aufl., § 437 Rdn. 4 a). Entgegen früherer Auffassungen (entspr. Anw. § 326 Abs. 2 BGB; *Lorenz* NJW 2003, 1417; *ders.* NJW 2005, 1321; Bamberger/Roth/*Faust*, § 437 Rdn. 33; *Herresthal/Riem* NJW 2005, 1457 zum Werkvertrag; Palandt/*Heinrichs* § 326 Rdn. 9, 13; aA. *Dötsch* MDR 2004, 975; *Dauner/Lieb* AnwBl. 2004, 597; *Oechsler* NJW 2004, 1826) kommt auch ein Anspruch des Käufers auf Anrechnung oder Erstattung der vom Verkäufer ersparten Aufwendungen nicht in Betracht (BGH NJW 2005, 1348).

Rechtsmittel und Fristen

Hinsichtlich der Verjährung ist zu unterscheiden: das Rücktrittsrecht als Gestaltungsrecht unterliegt nicht der Verjährung, da gemäß § 194 BGB nur Ansprüche verjähren können. Es war deshalb eine Sonderregelung erforderlich, die die Wirkung der Verjährung auf das Gestaltungsrecht überträgt: § 218 iVm. § 438 Abs. 4 S. 1 BGB, 438 Abs. 1 Nr. 3, Abs. 2 BGB. Danach ist der Rücktritt unwirksam, wenn der Anspruch auf die Leistung oder Nacherfüllung verjährt ist und der Schuldner sich darauf beruft. Das Rücktrittsrecht muss unterschieden werden von den Ansprüchen aufgrund des Rückgewährschuldverhältnis nach wirksam erklärtem Rücktritt. Für diese gilt die regelmäßige Verjährungsfrist (vgl. Palandt/*Weidenkaff*, 68. Aufl., § 438 Rdn. 20; § 438 Abs. 1 Nr. 3, Abs. 2 BGB). Unter den Voraussetzungen des § 215 BGB bleibt dem Käufer die Mängeleinrede auch danach erhalten.

7. Klage auf teilweise Rückgewähr des Kaufpreises nach Minderung

An das
Amtsgericht[1]

Klage

des ......
Prozessbevollmächtigter: ...... **(Kläger)**
gegen
den ...... **(Beklagten)**
wegen Minderung
Vorläufiger Streitwert: EUR 3.555,56

Namens und in Vollmacht des Klägers erhebe ich Klage und werde beantragen:

> **Der Beklagte wird verurteilt, an den Kläger EUR 3.555,56 nebst 5%-Punkten Zinsen über dem Basiszinssatz seit dem 15. 3. ...... zu bezahlen.**

Begründung:[2, 3]

Die Parteien schlossen am 15. 1....... einen schriftlichen Kaufvertrag über das gebrauchte Fahrzeug des Klägers, einen Pkw ...... Als Kaufpreis wurden EUR 8.000,– vereinbart. In dem Vertrag war eine Laufleistung von 53.221 km angegeben.

Beweis: Kaufvertrag vom 15. 1. ...... in Anlage

Das Fahrzeug wurde an demselben Tag gegen Bezahlung des Kaufpreises übereignet. Inzwischen hat sich herausgestellt, dass die tatsächliche Laufleistung des Fahrzeugs 92.115 km beträgt. Ein Voreigentümer hat ohne Wissen des Beklagten den Tacho manipuliert.

Beweis: Beiziehung der Strafakten des AG ......

Bei einer Laufleistung mit den vertraglich vereinbarten 53.221 km beträgt der Wert des Fahrzeugs EUR 9.000,–. Aufgrund der tatsächlichen Laufleistung von 92.115 km reduziert sich der Wert auf EUR 5.000,–.

Beweis: Vorlage eines DEKRA-Gutachtens in Anlage
Sachverständigengutachten

Der Kläger verlangt die Minderung des Kaufpreises nach § 441 BGB. Danach ist der Kaufpreis in dem Verhältnis herabzusetzen, in welchem zur Zeit des Verkaufs der Wert der Sache in mangelfreiem Zustand zu dem wirklichen Wert gestanden haben würde. Der aufgrund der Minderung geschuldete Kaufpreis beträgt danach EUR 4.444,44[4]. Der Differenzbetrag zu den tatsächlich gezahlten EUR 8.000,– in Höhe von EUR 3.555,56 wird mit der Klage geltend gemacht[5].

Der Beklagte wurde mit Schreiben vom 8. 3. ...... zur Bezahlung aufgefordert. Mit Schreiben vom 14. 3. ...... wurde dies abgelehnt, weil kein Mangel vorliege[6].

Rechtsanwalt

Anmerkungen

1. Bei Streitwerten bis EUR 5.000,– ist das Amtsgericht sachlich zuständig (§ 23 Nr. 1 GVG).

2. Die Minderung setzt voraus, dass eine Nacherfüllungsfrist abgelaufen ist (§§ 441, 323 Abs. 1 BGB, vgl. Form. II. A. 6 Anm. 4), die Nacherfüllung unmöglich, fehlgeschlagen oder verweigert worden ist (§§ 441, 440 BGB). Im vorliegenden Fall ist ein Nacherfüllungsverlangen in Anwendung des § 275 Abs. 1 BGB deshalb entbehrlich, weil eine Nachbesserung unmöglich ist (Palandt/*Weidenkaff,* 68. Aufl., § 439 Rdn. 15; *Westermann* NJW 2002, 241, 248; *Huber* NJW 2002, 1004, 1007). Zu Mängelansprüchen/-rechten im Zusammenhang mit der Laufleistung von Kfzen, vgl. BGH NJW 2007, 1346; BGH NJW 1975, 1693; OLG Bremen NJW 2003, 3713, 3714, OLG Koblenz NJW 2004, 1670.

3. In § 441 Abs. 3 S. 1 BGB ist festgelegt, wie die Minderung zu berechnen ist. Der geminderte Kaufpreis verhält sich danach zum vereinbarten Kaufpreis wie der wirkliche Wert der Sache zum Sollwert. Danach ergibt sich folgende Berechnung:

$$\text{Geminderter Wert} = \frac{\text{EUR } 5.000,\text{–} \times \text{EUR } 8.000,\text{–}}{\text{EUR } 9.000,\text{–}}$$

Der geminderte Wert beläuft sich somit auf EUR 4.444,44.

4. Nach § 441 Abs. 3 S. 2 BGB ist die Minderung, soweit erforderlich, durch Schätzung zu ermitteln. Entspricht der Wert der Kaufsache in mangelfreiem Zustand dem Kaufpreis, so führt die Minderungsberechnung nach § 441 Abs. 3 S. 1 BGB dazu, dass die Minderung häufig weitgehend den Nacherfüllungs- bzw. Mangelbeseitigungskosten entspricht (Palandt/*Weidenkaff*, 68. Aufl., § 441 Rdn. 15). Dies gilt jedoch dann nicht, wenn die Mangelbeseitigungskosten sehr hoch ausfallen. Dann können dieselben ua. nicht herangezogen werden. Gerade im Falle eines Ausschlusses des Nacherfüllungsanspruchs (§ 439 Abs. 3 BGB) oder des Rücktrittsrechts (§ 323 Abs. 5 S. 2 BGB) wegen Unverhältnismäßigkeit würde der Verkäufer sonst mit diesen Kosten über den Minderungsanspruch nach § 441 Abs. 3 S. 1 BGB belastet.

5. Hat der Verkäufer bereits den vollen Kaufpreis bezahlt, stellt § 441 Abs. 4 S. 1 BGB eine eigene Anspruchsgrundlage für die Rückforderung zur Verfügung. Bereicherungsrecht tritt dahinter zurück. Die Rückgewähr erfolgt nach Maßgabe der §§ 346 Abs. 1 und 347 Abs. 1, wobei der Verweis hinsichtlich des überzahlten Betrages angesichts § 441 Abs. 4 S. 1 BGB überflüssig ist.

6. Hinsichtlich der Verjährung vgl. Form. II. A. 5. aE. und § 438 Abs. 5.

8. Klage auf Schadensersatz wegen zu geringer Grundstücksfläche

An das
Landgericht[1]

Klage

des ...... (Kläger)
Prozessbevollmächtigter: ......
gegen
den ...... (Beklagten)
wegen

Schadensersatz

Vorläufiger Streitwert: EUR 22.000,–

Namens und in Vollmacht des Klägers erhebe ich Klage und werde beantragen:

Der Beklagte wird verurteilt, an den Kläger EUR 22.000,– nebst 5%-Punkten Zinsen über dem Basiszinssatz seit ...... zu bezahlen.

Begründung:

Der Kläger macht Schadensersatzansprüche[2, 3, 4] geltend, weil ein ihm vom Beklagten verkauftes Grundstück nicht die vertraglich vereinbarte Fläche hat.

1. Mit notariellem Vertrag vom 1. 11. ...... kaufte der Kläger vom Beklagten einen noch wegzumessenden Teil des Grundstückes des Beklagten Flurstück-Nr. ...... Die zu erwerbende Teilfläche ist in § 1 des notariellen Vertrages und auch im Lageplan, der Gegenstand dieses Vertrages ist, näher beschrieben und mit „ca. 500 qm" angegeben. In § 5 Abs. 3 des notariellen Vertrages ist geregelt, dass der Verkauf „ohne Gewähr für die Größe des Grundstückes und die Beschaffenheit des Grund und Bodens" erfolge. Nach § 2 des notariellen Vertrages beträgt der Kaufpreis EUR 100.000,–.

Beweis: Notarieller Kaufvertrag vom 1. 11. ......

Laut Wertgutachten des vereidigten Sachverständigen ...... beläuft sich der Verkehrswert für das Grundstück mit der vertraglich geschuldeten Fläche von 500 qm auf EUR 130.000,–.

Beweis: Wertgutachten des Sachverständigen ......

Der Kläger bezahlte den Kaufpreis von EUR 100.000,– am 5. 11. ...... Die Auflassung erfolgte am 6. 11. ...... durch die bevollmächtigten Mitarbeiter des Notars, die

Eintragung des Klägers im Grundbuch geschah am 1. 12. ...... Am 10. 12. ...... stellte der Kläger fest, dass die tatsächliche Fläche des ihm übertragenen Grundstückes lediglich 420 qm beträgt.

Beweis: Stellungnahme des Vermessungsingenieurs X in Anlage; Sachverständigengutachten.

Der Verkehrswert für das an den Kläger tatsächlich aufgelassene Grundstück mit einer Fläche von 420 qm beträgt EUR 108.000,–.

Beweis: Wertgutachten des vereidigten Sachverständigen ......

2. Wegen der geringeren Grundstücksgröße[5] steht dem Kläger nach §§ 437 Nr. 3, 280 ff. BGB ein Schadensersatzanspruch zu. Die Angabe der Grundstücksfläche ist eine Beschaffenheitsvereinbarung[6]. Die Regelung im Vertrag schließt die Schadensersatzansprüche nicht aus, da auch bei Angabe einer „Ca-Fläche" nur „geringfügige Abweichungen" von der „Ca-Größenangabe" keine Gewährleistungsansprüche auslösen. Auch die Regelung in § 5 Abs. 3 des Vertrages, wonach keine Gewähr für die Grundstücksgröße geleistet wird, ändert daran nichts[7].
Der Schaden besteht in der Differenz zwischen dem Wert des Grundstücks mit der geschuldeten Fläche in Höhe von EUR 130.000,– und dem Wert des Grundstücks mit der tatsächlichen Fläche von EUR 108.000,–.[7]

Anmerkungen

1. Die sachliche Zuständigkeit ergibt sich aus dem Streitwert. Örtlich zuständig ist das Gericht am Wohnsitz des Beklagten.

2. Die Grundstücksfläche gehört zur Beschaffenheit des Grundstücks, so dass Sachmängelansprüche gegeben sind (§ 434 BGB). Schadensersatzansprüche statt der Erfüllung und neben der Erfüllung (§§ 281, 280 BGB) bzw. Minderungsansprüche können auch dann bestehen, wenn hinsichtlich der Grundstücksfläche nur „Ca-Angaben" gemacht wurden (vgl. BGH NJW 1986, 920 = BauR 1986, 367). Ausgenommen sind geringfügige Abweichungen (wohl bis 1% vgl. BGH WM 1984, 941, (943) und LG Nürnberg-Fürth NJW 1978, 1060; zum ganzen *Koeble*, Rechtshandbuch Immobilien, Kap. 20, Rdn. 17 a ff.; *Koeble* in Kniffka/Koeble, 3. Aufl., 11. Teil Rdn. 203 ff.). Bei der Verschaffung einer geringeren Wohnfläche siehe Anm. 5. Fällt die vertraglich vereinbarte Nutzfläche tatsächlich geringer aus, dann kann auch ein Rechtsmangel vorliegen. Der BGH (NJW 1997, 1778) hat dies bejaht, wenn ein mitverschaffter Hobbyraum zwar nutzbar ist, aber weder zum Sondereigentum gehört, noch ein Sondernutzungsrecht an ihm besteht. Auch Prospekthaftungsansprüche kommen in Betracht, siehe Anm. 7.

Dem Kläger stehen im vorliegenden Fall Schadensersatzansprüche neben der Erfüllung (§§ 437 Nr. 3, 280 BGB) und wahlweise Schadensersatzansprüche statt der Erfüllung (§§ 437 Nr. 3, 281 BGB) für den nicht erfüllten Teil („soweit") zur Verfügung. Schadensersatz statt der ganzen Leistung setzt allerdings voraus, dass der Käufer an der Teilleistung kein Interesse hat und ist auch dann ausgeschlossen, wenn der Schuldner die Leistung nicht wie geschuldet bewirkt, die Pflichtverletzung jedoch unerheblich ist (§ 281 Abs. 1 S. 2, 3 BGB). Das wird nur bei gravierenden Abweichungen, wohl von mehr als 10% in der Regel ausgeschlossen werden können. Dies sind jedoch nur unverbindliche Angaben. Im Einzelfall kommt es auf die gesamten Umstände des jeweiligen Sachverhaltes an. Von besonderer Bedeutung kann hier sein, wenn Nutzungseinschränkungen gegeben sind (vgl. auch *Koeble* in Kniffka/Koeble, Kompendium des Baurechts, 3. Aufl., 11. Teil, Rdn. 206 f.). Noch nicht abschließend geklärt ist, wie die Berechnung des Schadensersatzanspruchs erfolgt, der neben die Erfüllung tritt. Denkbar wäre eine Berechnung auf Basis des vereinbarten Quadratmeterpreises vorzunehmen. Das dürfte jedoch nicht immer sachgerecht sein, insbesondere dann, wenn es sich bei den Grundstücksflächen um Flächen verschiedener Wertigkeiten handelt (innerhalb, außerhalb des Baufensters). Das gleiche Problem stellt sich auch bei der Berechnung des Schadensersatzanspruchs bei Wohnflächenmängel (vgl. hierzu *Koeble* in Kniffka/Koeble, Kompendium des Baurechts, 3. Aufl., 11. Teil, Rdn. 215). Das OLG Düsseldorf (BauR 1997, 477) bemisst zB. den Schadensersatz wegen Verringerung der Wohnfläche im Dachgeschoss/Spitzboden auf 75% des Quadratmeterpreises der Vollgeschosse.

3. Möglich wäre auch ein Anspruch auf Minderung nach §§ 437 Nr. 2, 441 BGB. Danach ist der Kaufpreis in dem Verhältnis herabzusetzen, in welchem zurzeit des Verkaufs der Wert der Sache in mangelfreiem Zustand zu dem wirklichen Wert gestanden hätte (Palandt/*Weidenkaff,* § 441 Rdn. 12 ff.). Im vorliegenden Fall ergibt sich somit folgende Berechnung:

$$\frac{\text{EUR } 100.000,\text{–} \times \text{EUR } 108.000,\text{–}}{\text{EUR } 130.000,\text{–}} = \text{EUR } 83.0792$$

Der Differenzbetrag von EUR 16.923,08 zu den von dem Kläger bezahlten Kaufpreis von EUR 100.000,– ergibt den Minderungsbetrag nach § 441 BGB. Da dieser Betrag unter dem Schadensersatz neben der Erfüllung nach §§ 437 Nr. 3, 280 BGB liegt, wird der Kläger keinen Minderungsanspruch geltend machen. Nach einer Entscheidung des OLG München zu einem Wohnflächemangel (NJW-RR 1996, 1417) soll die Minderung linear proportional zum Quadratmeterpreis zu ermitteln sein.

4. Möglich wäre auch der Rücktritt vom Kaufvertrag, allerdings nur, wenn der Käufer an der Teilleistung kein Interesse hat oder wenn „die Pflichtverletzung nicht unerheblich" ist (§§ 437 Nr. 2, 323 Abs. 5, S. 1 und 2 BGB).

5. Ansprüche bestehen auch bei Verschaffung einer geringeren Wohnfläche bei einer Eigentumswohnung (vgl. zum Ganzen *Koeble* aaO.; vgl. oben Anm. 2). Hier ergeben sich häufig Probleme, wie die Wohnflächenangabe des Verkäufers in Prospekten oder im Vertrag zu verstehen ist (dazu OLG Nürnberg, BauR 2000, 1883; OLG Celle BauR 1998, 805; OLG Hamburg BauR 1980, 469; OLG München BauR 1980, 470; OLG Düsseldorf BauR 1981, 476 = NJW 1981, 1455). Die VZS des BGH haben sich dafür ausgesprochen, dass die Verkehrssitte maßgebend ist und damit die bereits aufgehobene DIN 283 für die Berechnung noch gelten kann (BGH NJW 1997, 2874 = LM H. 1/1998 § 133 (c) BGB Nr. 93 m. Anm. *Koeble*). Bei Verkauf eines Grundstücks kann die Wohnflächenangabe Beschaffenheitsvereinbarung iS. § 434 Abs. 1 BGB (Folge: Mängelansprüche, insbesondere Minderung) bzw. § 633 BGB sein (BGH V. Zivilsenat NJW 1991, 912 = BauR 1991, 230 m. Anm. *Quack;* BGH BauR 2004, 847, 848 = NJW 2004, 2156). Ebenso wie beim Kaufvertrag treten die gleichen Fragen auch beim Bauträgervertrag und bei allen anderen Baumodellen auf. Vereinbarte Wohnflächen sind Beschaffenheitsmerkmale einer auf Grund des Erwerbsvertrags von Bauträger geschuldeten Wohnung (BGH BauR 2004, 847, 848; BGH BauR 2001, 391; BGH BauR 1999, 648 f.). Bei Abweichungen der tatsächlich ausgeführten von der vereinbarten Fläche, ist die Wohnung mangelhaft (BGH BauR 2004, 847, 848; BGH BauR 2001, 391) (vgl. BGH NJW 1997, 2874 = LM H. 1/1998 § 133 (c) BGB Nr. 93 m. Anm. *Koeble* und KG NJW-RR 1989, 459 = OLGZ 1989, 193, die Mängelansprüche bei einer Abweichung von 10% bejahen; vgl. auch LG Ravensburg, BauR 1992, 81, ferner OLG Hamm NJW-RR 1995, 1481; OLG Celle BauR 1999, 663: eine Abweichung um weniger als 10% stellt keinen Fehler dar, sofern keine Zusicherung vorliegt. Zu Auslegungsfragen, wonach die Wohnfläche und die Minderung zu berechnen sind, vgl. insbesondere *Quack* in Anm. zu BGH BauR 1991, 230 (323) = NJW 1991, 912 sowie die Entscheidungen des V. ZS aus 1997 und der Oberlandesgerichte oben). Auch einseitige Vorstellungen des Käufers über die Wohnfläche – zB. aus vor Vertragsschluss übersandten Prospekten – können Inhalt des Vertrages werden, wenn der Verkäufer den wirklichen Willen (hinsichtlich der Wohnfläche) des Käufers erkennt und in Kenntnis dieses Willens den Vertrag abschließt (BGH BauR 2004, 847). Ansprüche können auch bestehen, wenn die verschafften Räume zwar die richtige Größe haben, aber beschränkt genutzt werden können (dazu iE. OLG Düsseldorf BauR 1984, 295; BGH BauR 1989, 219; *Koeble* aaO. Rdn. 17ff.; BGH NJW 2004, 364 (Rechtsmangel).

6. Für den vorliegenden Sachverhalt wurden bei Ca-Angabe trotz Haftungsausschluss vom BGH (NJW 1986, 920) dem Grunde nach Ansprüche bejaht. Die Rechtsprechung nimmt auch bei diesen Regelungen an, dass Ansprüche nur hinsichtlich „geringfügiger Differenzen" zum angegebenen Wert ausgeschlossen sein sollen (vgl. BGH NJW 1986, 920; BGH WM 1984, 941, 943; LG Nürnberg-Fürth NJW 1978, 1060, wonach Abweichungen bis zu 1% toleriert werden müssen).

7. Bei Wohnflächenangaben in Prospekten im Vorfeld des Vertragsschlusses kommen auch Ansprüche nach den Grundsätzen zur Prospekthaftung im engeren Sinn in Betracht. Die Prospekthaftungsgrundsätze finden beim Bauherrenmodell und auch beim Bauträgermodell Anwendung (BGH BauR 2001, 253). Daneben kommen auch Ansprüche nach § 311 BGB in Betracht. Angaben in Prospekten können sich auch dahingehend auswirken, dass sie für die Beurteilung der Frage, welche werkvertraglichen Pflichten der Vertragspartner übernommen hat, herangezogen werden können (BGH Urt. v. 25. 10. 2007 – VII ZR 205/06 = IBR 2008, 30).

B. Mietrecht

1. Klage des Vermieters auf Mietzahlung

An das
Amtsgericht[1]
– Streitgericht –
Abteilung für Mietsachen
……

Klage[1 a]

In Sachen

– Klägerin –

gegen

– Beklagte –

wegen Forderung

vorläufiger Streitwert: EUR 3.000,–[2]

Namens und mit Vollmacht der Klägerin erhebe ich Klage und werde

beantragen:

I. Die Beklagten werden gesamtverbindlich verurteilt, an die Klägerin EUR 3.000,– nebst Zinsen in Höhe von 5 Prozentpunkten über dem jeweiligen Basiszinssatz aus EUR 500,– seit 5. 6. 2009, aus weiteren EUR 500,– seit 4. 7 2009, aus weiteren EUR 500,– seit 5. 8. 2009, aus weiteren EUR 500,– seit 4. 9. 2009, aus weiteren EUR 500,– seit 5. 10. 2009 und aus weiteren EUR 500,– seit 5. 11. 2009 zu bezahlen.

II. Die Beklagten haben gesamtverbindlich die Kosten des Rechtsstreits zu tragen.

III. Das Urteil ist in Ziffer I und II vorläufig vollstreckbar, notfalls gegen Sicherheitsleistung.

Begründung:

1. Zwischen den Parteien besteht ein Mietverhältnis über die von der Klägerin vermietete, von den Beklagten gemietete Wohnung in der …… Straße Nr.…… in x-Stadt, bestehend aus ……

Beweis: In beglaubigter Fotokopie anliegender Mietvertrag vom 16. 3. 2007[2 a].

Nach § 4 des Mietvertrages[3] haben die Beklagten monatlich eine Gesamtmiete von EUR 1.000,– zu bezahlen, wobei es für die Rechtzeitigkeit der Zahlung auf den Eingang des Geldes auf dem Vermieterkonto ankommt.

Beweis: Mietvertrag

Mit beigefügtem Schreiben vom …… haben die Beklagten eine Minderung der monatlichen Miete um EUR 500,– angekündigt wegen angeblicher Mängel[3 a] der Wohnung, wie folgt: …… Sie haben entsprechend dieser Ankündigung ab Juni 2009 nur noch die hälftige Miete[3 b] in Höhe von EUR 500,– geleistet. Die behaupteten Mängel bestehen nicht[4]. Im Einzelnen ist hierzu auszuführen …… Für die Monate Juni bis einschließlich November 2009 ist jeweils ein Betrag in Höhe von EUR 500,– offen, insgesamt besteht eine Forderung von EUR 3.000,–.[5]

2. Für den Fall, dass das Gericht ein schriftliches Vorverfahren durchführen sollte und die Voraussetzungen des § 331 Abs. 3 ZPO eintreten, wird bereits hiermit der Antrag nach § 331 Abs. 3 ZPO gestellt[6] ……

Rechtsanwalt

Anmerkungen

1. Örtlich ausschließlich zuständig für Streitigkeiten aus Mietverhältnissen ist das Gericht, in dessen Bezirk der Raum liegt (§ 29a Abs. 1 ZPO). § 29a ZPO gilt für Streitigkeiten über Ansprüche aus Wohnraummietverhältnissen, mit Ausnahme der in § 549 Abs. 2 Nr. 1–3 BGB genannten (§ 29a Abs. 2 ZPO) und aus Geschäftsraum- und sonstigen Raummietverhältnissen.

Sachlich ausschließlich zuständig ist nach § 23 Nr. 2a GVG das Amtsgericht nur bei Wohnraum. Bei Geschäftsraum bleibt es bei der streitwertabhängigen Zuständigkeitsregel (§§ 23 Nr. 1, 71 Abs. 1GVG).

1.a Die Zulässigkeit des Urkundenprozesses für Klagen auf Mietzahlung war für die Wohnraummiete umstritten. Nach der die Zulässigkeit bejahenden Entscheidung des BGH (WM 1999, 345) für Gewerberaum, wurde dies für Wohnraum gleichfalls bejaht (BGH NZM 2005, 661; OLG Braunschweig WuM 2001, 186ff.). Mangelfreiheit gehört nicht zu den anspruchsbegründenden Tatsachen iSd. § 592 ZPO, sodass der Urkundenprozess auch dann statthaft ist, wenn die Mietsache unstreitig vertragsgemäß übergeben wurde und ein nachträglicher Mangel geltend gemacht wird. (BGH ZMR 2007, 265f.). Unstatthaft ist der Urkundenprozess, wenn der Beweis nicht mit den im Urkundenprozess zulässigen Beweismitteln geführt werden kann, dies gilt insbesondere, wenn die Überlassung der Mietsache bestritten ist oder ein Minderungsrecht des Mieters besteht, das auf anfängliche Mängel gestützt wird (OLG Düsseldorf NZM 2009, 435; ZMR 2004, 673; *Flatow* DWW 2008, 88ff.).

2. Bei der Klage auf rückständige Mieten ist der geforderte Betrag maßgebend (*Thomas/Putzo* § 3 Rdn. 101; s. auch § 41 GKG). Das Erfordernis außergerichtlicher Streitschlichtung bei Streitwerten bis EUR 750,– gilt nur noch in zwei Bundesländern; die außergerichtliche Streitschlichtung ist in Baden-Württemberg (bis EUR 750,–) und im Saarland (bis EUR 600,-) obligatorisch (Stand: Mai 2009). Wurde eine Klage ohne dieses Verfahren eingereicht, ist sie unzulässig (BGH NJW 2005, 437). Sofern während des eingeleiteten Gerichtsverfahrens das Landesgesetz aufgehoben wird, ist die zuvor eingereichte Klage zulässig (BGH WuM 2007, 80 = NJW 2007, 519ff.).

2a. Gemäß Art. 229 § 3 Abs. 1 Nr. 7 EGBGB ist auf Altverträge, dh. Verträge die vor dem 1. 9. 2001 (BGH WuM 2007, 463ff.) bereits bestanden, weiterhin § 551 BGB aF. anzuwenden. Bei hiervon abweichenden formularmäßigen Fälligkeitsregelungen in Kombination mit Aufrechnungsklauseln ist die Wirksamkeit der Vorfälligkeitsklausel unbedingt zu prüfen (*Sternel* ZMR 2001, 937, 938, weitere Nachweise Anm. 9 zu Form. II. B. 4). Deren Unwirksamkeit hat zur Folge, dass es bei der Fälligkeitsbestimmung des § 551 BGB aF verbleibt (BGH NJW 2009, 1491ff.).

3. §§ 556b Abs. 1 und 579 Abs. 2 BGB haben den Zeitpunkt der Fälligkeit der Miete für Räume auf den Beginn der Mietzeit oder der vereinbarten Zeitabschnitte verlegt (siehe auch Form II. B. 4 Anm. 9). Die Vorschrift ist auch für Wohnraum nicht zwingend und trifft keine Aussage zur Rechtzeitigkeit, so dass die Vereinbarung einer Rechtzeitigkeitsklausel (BGHZ 139, 123 = NJW 1998, 36) möglich und sinnvoll ist.

Streitig ist, ob die Änderung des § 556b Abs. 1 BGB nur die Verlagerung des Fälligkeitszeitpunkts beinhaltet, oder die Vorleistungspflicht des Vermieters als solche betrifft (zum Streit siehe MünchKommBGB/*Artz* § 556b Rdn. 7; Schmidt-Futterer/*Langenberg*, § 556b BGB Rdn. 9ff.).

Da § 556 b Abs. 1 BGB bestimmt, dass die Miete zu Beginn der einzelnen Zeitabschnitte zu entrichten ist, besteht eine sofortige Leistungspflicht des Mieters, abweichend von § 551 BGB aF. sieht das Gesetz damit eine Vorleistungspflicht des Mieters vor.

Modifiziert wird die Regelung durch die zusätzlich in § 556b BGB enthaltene Fälligkeitsregelung, dass die Miete nicht am 1. Tag des Zeitabschnitts zu entrichten ist, sondern spätestens bis zum 3. Werktag des einzelnen Zeitabschnitts. § 556b Abs. 1 BGB regelt somit sowohl die Vorleistungspflicht des Mieters als auch die Fälligkeit der Miete (str. siehe Palandt/*Weidenkaff,* § 556b BGB Rdn. 4 mwN.).

Nach der gesetzlichen Regelung des § 556b Abs. 1 BGB ist der Mieter spätestens bis zum 3. Werktag des jeweiligen Zeitabschnitts zur Zahlung der Miete verpflichtet (s. auch § 286 Abs. 2 Nr. 1 BGB). Im Hinblick auf die Zeitabschnitte kommt es auf die vertraglichen Vereinbarungen an. Es kann sich um Tage, Wochen, Monate, Vierteljahre, Halbjahre oder Jahre (BGH NJW-RR 2009, 21) handeln. Die Miete ist dann gemäß § 556b Abs. 1 BGB jeweils zu Beginn der einzelnen vertraglich vereinbarten Zeitabschnitte zu zahlen, spätestens jeweils am 3. Werktag des einzelnen Zeitabschnitts, sofern es sich nicht um einen per se kürzeren Zeitabschnitt als 3 Tage handelt.

Wenn der Mietbeginn nicht mit dem Beginn des Kalendermonats identisch ist, wie es der Regelfall sein dürfte und die Fälligkeit gleichwohl spätestens am 3. Werktag eines Kalendermonats eintreten soll, ist hierfür eine vertragliche Vereinbarung erforderlich.

Streitig ist, ob der Samstag zu den Werktagen zu zählen ist. Nach überwiegender Meinung ist der Samstag zu den Werktagen zu zählen (BGH WuM 2005, 465 (467); Palandt/*Weidenkaff,* § 556b Rdn. 4; a.A. OLG Koblenz NJW-RR 1993, 583). In seiner o.a. Entscheidung zur Frage, ob der Samstag bei Berechnung der Kündigungsfrist eines Wohnraummietverhältnisses als Werktag mitzuzählen ist, hat der BGH offen gelassen, ob sich die Karenzzeit gemäß § 193 BGB verlängert, wenn der letzte Tag der Karenzzeit auf einen Samstag fällt. *Meist* (ZMR 1999, 801) sieht mit guten Gründen den Samstag als Werktag an, der nur dann für die Karenzzeit nicht mitzählt, wenn er dritter Werktag (§ 193 BGB) ist. Dies ist zutreffend, sofern die Miete durch Überweisung oder per Lastschrift zu zahlen ist, da der Samstag kein Bankgeschäftstag ist (§ 676a Abs. 2 Nr. 1 BGB). Wenn andere Zahlungsmodalitäten vereinbart sind, die ohne Einschaltung einer Bank möglich sind, muss der Samstag zu den Werktagen gezählt werden.

Ist der Samstag nicht zu berücksichtigen, tritt die Fälligkeit erst am nächsten Montag (§ 193 BGB) ein, Verzug mithin ab Dienstag.

§ 556b Abs. 1 BGB enthält keine Bestimmungen zu Zahlungsort und zu Zahlungszeitpunkt, so dass es hier bei den Regelungen des §§ 269, 270 BGB bleibt. Regelmäßig ist Miete qualifizierte Schickschuld (§ 270 BGB).

Wurde zwischen den Parteien Lastschriftverfahren vereinbart, liegt eine Holschuld vor. In diesem Fall hat der Mieter das seinerseits Erforderliche getan, wenn zum Zeitpunkt der Fälligkeit auf seinem Konto Deckung vorhanden war. Die Einziehung ist Sache des Vermieters, der auch das Verzögerungsrisiko trägt (KG IMR 2008, 336).

Bei Zahlung durch Scheck, soweit diese Zahlungsform vereinbart oder akzeptiert ist, kommt es für die Rechtzeitigkeit bei Übersendung durch die Post auf den Zeitpunkt der Absendung an (BGH NJW 1998, 1302).

Bei dem wohl häufigsten Fall, dass die Miete durch Überweisung gezahlt werden soll, ist für die pünktliche Zahlung ausreichend, wenn der Überweisungsvertrag (§ 676a BGB) rechtzeitig geschlossen wurde und das Konto am Fälligkeitstag gedeckt war, s. auch BGH NJW 2005, 1771, zur elektronischen Gutschrift. Unter Berücksichtigung der maximalen Ausführungsfristen des § 676a Abs. 2 BGB ist Rechtzeitigkeit gegeben, wenn dem Kreditinstituts nach Eingang des Überweisungsauftrages bei inländischer Überweisung in inländischer Währung noch drei volle Bankgeschäftstage für die Ausführung des Überweisungsauftrages zur Verfügung stehen, es sei denn, die Überweisung erfolgt innerhalb einer Haupt- oder Zweigstelle, dann sind zwei Bankgeschäftstage anzunehmen (siehe § 676a Abs. 2 BGB).

Wurde vertraglich eine sog. Rechtzeitigkeitsklausel vereinbart, wird das Verzögerungsrisiko auf den Mieter verlagert, so dass zu dem im Vertrag vereinbarten Zeitpunkt die Miete beim Vermieter eingegangen sein muss und somit der Mieter die Banklaufzeit einzurechnen hat (OLG Koblenz NJW-RR 1993, 583 zu Pachtvertrag). Die Vereinbarung von Rechtzeitigkeitsklauseln ist formularvertraglich möglich (BGH ZMR 1998, 612, 613 für Gewerbe; OLG München ZMR 1996, 376 für Gewerbe), auch für Wohnraummietverhältnisse (LG Berlin WM 1992, 606; LG Heilbronn WM 1992, 10; a. A. LG Hamburg WM 1992, 124).

3 a. Unter einem Mangel gemäß § 536 Abs. 1 BGB ist die für den Mieter nachteilige Abweichung des tatsächlichen Zustandes der Mietsache von dem vertraglich geschuldeten Zustand zu verstehen (BGH NJW 2000, 1714, 1715 mwN; s. *Börstinghaus,* Mietminderungstabelle, Einführung III., 3.).

3 b. Nach Rechtsprechung des BGH ist Bemessungsgrundlage der Minderung die Bruttomiete (BGH WuM 2005, 384 zu Gewerberaum; BGH WuM 2005, 573 zu Wohnraum). Streitig war, ob die Minderungsquote aus der Bruttomiete (LG Hamburg WM 1990, 148; LG Berlin ZMR 1999, 556) oder der Nettomiete (BGH ZMR 2000, 665; LG Berlin WM 1998, 28) berechnet wird. Durch die oa. Entscheidungen des BGH ist der Streit erledigt.

4. Das Minderungsrecht des Mieters von Wohnraum bei erheblichen Mängeln ist nicht abdingbar (§ 536 Abs. 4 BGB), bei Gewerberaum ist es unzulässig, durch AGB eine Regelung zu treffen, durch die die Minderung vollständig ausgeschlossen wird und dem Mieter die Rechte gem. § 812 BGB abgeschnitten werden (BGH NZM 2008, 609; NJW 2008, 2254, zu Einzelheiten *Börstinghaus* aaO., Einführung V. 1.).

Jede Partei hat die für sie günstigen Tatsachen darzulegen und zu beweisen. Der Vermieter muss vortragen, auf welcher Grundlage sein Mietzahlungsanspruch basiert. Wenn sich der Vermieter auf Ausschlusstatbestände beruft, muss er deren Vorliegen nachweisen (s. hierzu BGH WuM 2004, 531). Ist die Tauglichkeit nur unerheblich gemindert iSd. § 536 Abs. 1 S. 3 BGB oder hat er den Mangel beseitigt, muss er dies darlegen und beweisen (BGH NJW 2000, 2344).

Der Mieter muss beweisen, dass er seiner Pflicht zur Mängelanzeige entsprochen hat (BGH NZM 2002, 217). Er muss die konkreten Sachmängel darlegen, die Abweichung des „Ist-Zustand“ vom „Soll-Zustand“, das Maß der Gebrauchsbeeinträchtigung durch den Mangel fällt nicht in die Darlegungslast des Mieters (BVerfG NJW 2007, 3118; BGH WM 1991, 544). Nach höchstrichterlicher Rechtsprechung (BGH NJW-RR 2005, 235 f.; NJW 2000, 2344) ist die Darlegungs- und Beweislast nach Verantwortungsbereichen verteilt, wenn die Schadensursache streitig ist: Der Vermieter muss darlegen und beweisen, dass die Ursache nicht aus seinem Pflichten- und Verantwortungsbereich stammt, sondern aus dem Herrschafts- und Obhutsbereich des Mieters. Wenn er diesen Beweis erfolgreich geführt hat, muss der Mieter nachweisen, dass er den Schadenseintritt nicht zu vertreten hat (s. BGH NJW-RR 2005, 235 ff. mwN.). Zum Verhältnis zu anderen Vorschriften Palandt/*Weidenkaff* § 536 Rdn. 6 f. Es ist Sache des Gerichts festzustellen, in welcher Höhe die Mietminderung gerechtfertigt ist (BGH WM 1991, 544).

In der Praxis häufig: undichte Fenster 5% (AG Münster WuM 2006, 220); Schimmelpilz nach Einbau neuer Fenster 10% bzw. 15% (LG München NJW 2007, 2500; AG Gotha WuM 2003, 601; AG Köln ZMR 1999, 262); Schimmelpilz in Wohn- und Kinderzimmer 15% (LG Berlin GE 2007, 151); gesundheitsschädliche Schimmelbildung in Altbauwohnung 25% (AG Marbach WuM 2007, 385); Gesundheitsgefährdung durch Schimmelpilz 100% (AG Charlottenburg GE 2007, 1387); Schäden an Tapete und Fußboden nach Wassereinbruch 10% (BGH NJW 2005, 1713); Wasserschaden im Badezimmer 10% (LG Berlin MM 2007, 39); Küche, Wohn- und Schlafzimmer ständig durchfeuchtet, modrig, von Schimmelpilz befallen 80% (LG Berlin, Grundeigentum 1991, S. 625); Flächenabweichung der Wohnfläche um mehr als 10% von der im Mietvertrag angegebenen Fläche, BGH WM 2005, 1816, zur Dachterrasse: BGH NZM 2009, 477, Minderungsquote entsprechend der prozentualen Flächenabweichung (BGH ZMR 2004, 495; zum Kündigungsrecht wegen Flächenabweichung BGH NJW 2009, 2297); Vertragswidrige Konkurrenzsituation 25% (KG Berlin NJOZ 2007, 3410); Ausfall der Heizung im Winter im Schlafzimmer 20% (LG Hannover WuM 1980, S. 130); Baulärm: (LG Wiesbaden WuM 2000, 184 (10% wegen Bau einer ICE Neubaustrecke); LG Berlin NJOZ 2004, 1475 (10% für Arbeiten in der Wohnung); LG Berlin GE 2007, 723 (15% für Sanierungsarbeiten am Haus); AG Halle ZMR 2002, 600 (53% für umfangreiche Abrissarbeiten in der Nähe); nicht ausreichender Trittschallschutz 20% (BGH WuM 2004, 715); Asbestbelastung durch Elektronachtspeicheröfen 50% (LG Dortmund, WuM 1996, S. 141); Befall von Silberfischen 5% (AG Köln WuM 2007, 40); Tauben nisten im Haus 10% (LG Berlin NJW-RR 1996, S. 264f.); Nächtliche Lärmstörung durch einen im Dachbereich nistenden Marder 30% (AG Hamburg-Barmbek ZMR 2003, 582). Zum zu erwartenden Standard bei einer Altbauwohnung siehe BGH ZMR 2004, 807ff.; zum Trittschall BGH BeckRS 2009, 19518; NZM 2005, 60. Zur Frage, ob eine bestimmte Schadstoffbelastung einen Mangel darstellt und auf welche wissenschaftlich technischen Standards abzustellen ist, s. BayObLG WuM 1999, 568.

Zur weiteren Mietminderung in Einzelfällen vgl. *Börstinghaus* aaO. Ungerechtfertigte Minderung durch den Mieter berechtigt den Vermieter nicht zur Kündigung, wenn sich der Mieter nur in der Höhe der Minderung bis um das Doppelte ohne Fahrlässigkeit irrt (LG Berlin GE 2005, 1353). Ist die Minderung vollumfänglich unberechtigt, muss sich der Mieter eine falsche Beratung gemäß § 278 BGB zurechnen lassen (BGH NZM 2007, 35). Wenn unklar ist, ob die Minderungsquote richtig bemessen ist, sollte der Mieter sich wegen der nichtgezahlten Beträge hilfsweise auf sein Zurückbehaltungsrecht (§ 320 Abs. 1 BGB) berufen.

Die Minderung wirkt automatisch. Seit der Mietrechtsreform kann nicht mehr von einer planwidrigen Regelungslücke für die Fälle eines nachträglich aufgetretenen Mangels ausgegangen werden. Daher kann dem Mieter sein Recht zur Minderung für die Zeit ab 1. 9. 2001 jedenfalls nicht durch eine analoge Anwendung des § 536b BGB abgesprochen werden (s. BGH NJW 2003, 2601 für Wohnraum; BGH NZM 2005, 303 für Gewerbe).

5. Um die hinreichende Bezeichnung des Streitgegenstandes zu gewährleisten müssen die Rückstände einzeln bezeichnet werden, die Angabe eines auf Grund Saldierung errechneten Gesamtrückstandes ist nicht ausreichend (s. Form. II. B. 4 Anm. 10). Bei einer Minderung, die den zur Vermieterkündigung berechtigenden Rückstand (s. Anm. II. B. 4 Anm. 11) erreicht und die den Vermieter zur Kündigung veranlasst, ist es für den Mieter sinnvoll abzuwägen, ob er aufrechnet (§ 543 Abs. 2, S. 3 BGB) oder die offenen Beträge vollständig unter Vorbehalt ausgleicht (s. Anm. II. B. 4 Anm. 14) und im Wege der Widerklage die Minderungsbeträge zurückfordert. Er sollte sich auch auf sein Zurückbehaltungsrecht berufen (s. aber BGH ZMR 2003, 416ff.).

6. In Mietsachen machen die Gerichte häufig von der Möglichkeit eines schriftlichen Vorverfahrens nach § 276 ZPO Gebrauch. Dieses Verfahren dürfte – jedenfalls in Mietsachen – für den Gläubiger nur dann von Vorteil sein, wenn die Voraussetzungen des § 331 Abs. 3 ZPO eintreten und sofort Versäumnisurteil ergehen kann. Um zu vermeiden, dass dem Beklagten mit Zustellung des Klageantrags diese Konsequenz sofort deutlich vor Augen geführt wird, empfiehlt sich für den Kläger, den Antrag nach § 331 Abs. 3 ZPO allgemein formuliert zu stellen.

2. Klage des Vermieters auf Zustimmung zur Mieterhöhung bei nicht preisgebundenem Wohnraum

An das
Amtsgericht[1]
– Abt. für Mietsachen –
……

Klage

des ……

– Kläger –

Prozessbevollmächtigter: ……

gegen

1) ……
2) ……

– Beklagte –

Prozessbevollmächtigter: ……

wegen Abgabe einer Willenserklärung[2]

Streitwert[3]: ……

Namens und mit Vollmacht des Klägers erhebe ich Klage[3 a] und werde

beantragen:

I. Die Beklagten werden verurteilt[4], der Erhöhung der Nettomiete für die Wohnung …… Straße Nr. …… in ……, …… Stock …… von bisher monatlich EUR …… zuzüglich Betriebskostenvorauszahlung wie bisher auf nunmehr monatlich EUR …… netto mit Wirkung ab 1. 7. 2009 zuzustimmen.
II. Die Beklagten haben gesamtverbindlich die Kosten des Rechtsstreits zu tragen.
III. Das Urteil ist vorläufig vollstreckbar.

Begründung:

1. Zwischen den Parteien besteht ein Mietverhältnis auf unbestimmte Zeit[5] über die im Antrag Ziff. I näher bezeichnete Wohnung. Sie weist nach Art, Größe, Ausstattung, Beschaffenheit und Lage folgende Merkmale auf: …… Nach § …… des Mietvertrages zahlen die Beklagten eine monatliche Nettomiete von EUR ……, die in dem Zeitpunkt, zu dem die Erhöhung eintreten soll, seit 15 Monaten unverändert ist.[6] Die letzte Mieterhöhung erfolgte am ……, die Miete war von EUR …… auf EUR …… erhöht worden[6 a]. Staffelmiete oder Indexmiete sind zwischen den Parteien nicht vereinbart.
2. Mit Schreiben vom 6. 4. 2009 verlangte die Hausverwaltung A[6 b] unter gleichzeitiger Vorlage der Originalvollmacht des Klägers zur Mieterhöhung in dessen Namen von den Beklagten die Zustimmung zur Zahlung einer erhöhten Nettomiete von EUR …… mit Wirkung ab dem 3. Monat nach Zugang des Erhöhungsverlangens[7], mithin ab 1. 7. 2009.

   Beweis: In beglaubigter Fotokopie anliegendes Schreiben der Hausverwaltung A vom 6. 4. 2009.

   Das Mieterhöhungsverlangen[8] ging den Beklagten am 9. 4. 2009 zu.

   Beweis: In beglaubigter Fotokopie anliegender Rückschein der Deutsche Post AG, Einlieferungs-Nr. ……

Diesem Schreiben war beigefügt das in beglaubigter Fotokopie anliegende, vom Kläger eingeholte Gutachten des öffentlich bestellten und vereidigten Sachverständigen B[9], aus dem sich die Rechtfertigung für die Erhöhung der Nettomiete auf den vom Kläger verlangten Betrag ergibt. Ein qualifizierter Mietspiegel für X-Stadt liegt nicht vor.[10]

Die Beklagten, die sich innerhalb der Überlegungsfrist nach § 558b Abs. 2 BGB bis zum 30. 6. 2009 nicht geäußert haben und den alten Mietzins unverändert weiterzahlen, schulden die erhöhte Miete ab 1. 7. 2009.

3. Die vom Kläger verlangte Miete übersteigt nicht die üblichen Entgelte, die für nicht preisgebundenen Wohnraum vergleichbarer Art, Größe, Ausstattung, Beschaffenheit und Lage gezahlt werden.

Beweis: In beglaubigter Fotokopie anliegendes Gutachten des Sachverständigen B;
Augenschein;
vom Gericht einzuholendes Sachverständigengutachten.

Die Kappungsgrenze wurde eingehalten. Vor drei Jahren – zurückgerechnet vom Wirkungszeitpunkt der neuen Miete, betrug die Miete EUR ..... und übersteigt daher die nun verlangte Miete nicht um mehr als 20%.

Rechtsanwalt

Anmerkungen

1. Die örtliche Zuständigkeitsregel ergibt sich aus § 29a ZPO, die sachliche aus § 23 Nr. 2a GVG. Zuständig ist das Amtsgericht, in dessen Bezirk sich der Wohnraum befindet. Da § 558b Abs. 2 BGB eine Klagefrist beinhaltet, ist für Klagen auf Zustimmung zur Mieterhöhung eine außergerichtliche Streitschlichtung ausgeschlossen (§ 15a Abs. 2 Nr. 1 EGZPO).

2. Es handelt sich um eine Leistungsklage auf Abgabe einer Willenserklärung. Die rechtskräftige Verurteilung ersetzt die Zustimmung zur Mieterhöhung (§ 894 Abs. 1 ZPO). Wenn der Mieter nicht freiwillig nach Verurteilung zur Erhöhung zahlt, ist ein neues Verfahren auf Zahlung erforderlich; die Verbindung von Mieterhöhungsklage mit Klage auf Verurteilung zur Zahlung ist unzulässig, hM.; aA. LG Duisburg ZMR 1999, 334, wenn der Mieter nach Rechtskraft Gelegenheit hat, die Nachzahlungsforderung anzuerkennen (siehe Anmerkung *Rau* ZMR 1999, 335ff.) Zur Wirkung der Verbindung der Klageanträge im Berufungsverfahren nach Rechtskraft der Entscheidung über den Zahlungsanspruch s. BGH WuM 2005, 458ff. Besorgnis der Nichterfüllung nach § 259 ZPO kann nicht schon zu einem Zeitpunkt bejaht werden, bevor die Zustimmungserklärung durch den Mieter abgegeben oder er zur Zustimmung verurteilt wurde, da § 259 ZPO nicht für künftig erst entstehende Ansprüche gilt (Baumbach/*Hartmann* § 259 ZPO Rdn. 3).

Hat der Mieter der Erhöhung teilweise zugestimmt, kann nur der darüberhinausgehende Betrag verlangt werden, ansonsten erfolgt in Höhe des vom Mieter akzeptierten Betrages Klagabweisung.

3. Gemäß § 41 Abs. 5 S. 1 GKG ist Streitwert der Jahresbetrag der zusätzlich geforderten Miete. Der Gebührenstreitwert ist nicht mit der Berufungssumme des § 511 Abs. 2 Nr. 1 ZPO identisch, zur Ermittlung der Rechtsmittelfähigkeit s. Schmidt-Futterer/*Blank* § 558b Rdn. 147f. BGB, insbesondere Übersicht Rdn. 153.

3a. Die Klagefrist beträgt drei Monate und beginnt unmittelbar nach der Überlegungsfrist, die gem. §§ 187ff. BGB berechnet wird. Sie kann nicht dadurch verlängert werden, dass der Vermieter dem Mieter eine längere als die gesetzliche Überlegungsfrist einräumt (LG Kiel WuM 1994, 547). Die Klagefrist ist eine Ausschlussfrist, die Versäumung führt zur Unzulässigkeit der Zustimmungsklage. Wiedereinsetzung gem. § 233 ZPO ist nicht möglich (LG Berlin GE 1994, 1549; AG Mölln WM 1985, 310). Einreichung der Klage bei Gericht ist fristwahrend (§ 167 ZPO), aA. *Horst,* Praxis des Mietrechts, Rdn. 605.

4. Der Antrag richtet sich nicht gegen Gesamtschuldner (obwohl in Urteilen immer wieder zu finden), weil die Abgabe der vom jeweiligen Mieter geschuldeten Erhöhungserklärung keine teilbare Leistung nach § 420 BGB ist (vgl. zum Begriff der teilbaren Leistung Palandt/*Heinrichs* Rdn. 5 Überbl. vor § 420 BGB). Die Klage ist gegen alle an dem Mietvertrag beteiligten Mieter zu richten (Rechtsentscheid KG ZMR 1986, 117ff.). Es liegt eine notwendige Streitgenossenschaft aus materiell-rechtlichen Gründen vor (§ 62 Abs. 1 2. Alt ZPO). Stimmt nur einer von mehreren Mietern zu, gilt die Zustimmung als insgesamt versagt (AG Wiesbaden WuM 1992, 135).

Zur Frage, ob ein Mieterhöhungsverlangen nur gegen den allein in einer gemeinsam angemieteten Wohnung verbliebenen Mieter durchgeführt werden kann, s. BGH ZMR 2004, 492f.

5. Zum Problem, ob Mieterhöhungen bei Mietverhältnissen auf bestimmte Zeit bei befristet ausgeschlossenem Kündigungsrecht oder während der befristeten Verlängerung möglich sind s. Palandt/*Weidenkaff* § 557 BGB Rdn. 6ff.

6. Tatbestandsvoraussetzungen des materiell-rechtlichen Anspruchs auf Zustimmung zur Erhöhung bis zur ortsüblichen Vergleichsmiete sind neben der Geltendmachung in einem formal ordnungsgemäßen Verfahren gemäß § 558 BGB: Die monatliche Miete ist in dem Zeitpunkt, zu dem die Erhöhung eintreten soll, seit mindestens 15 Monaten unverändert (§ 558 Abs. 1 BGB); die verlangte Miete entspricht den Entgelten für vergleichbare, nichtpreisgebundene Wohnungen in der Gemeinde oder in vergleichbaren Gemeinden; die Mieterhöhung wahrt die Kappungsgrenze (BGH ZMR 2004, 503f.; zur Unanwendbarkeit der Kappungsgrenze iS. von § 558 Abs. 4 BGB siehe Palandt/*Weidenkaff* § 558 BGB Rdn. 23). Das Mieterhöhungsverlangen muss der vertraglich vereinbarten Mietstruktur entsprechen (OLG Hamburg, WuM 1983, 49; LG Köln, WuM 1992, 255; LG München I WuM 1995, 113; Hinz NZM 2004, 681f.). Miete iSv. § 558 BGB ist der vertraglich vereinbarte Betrag (zu Einschränkungen siehe § 558 Abs. 1 Satz 3 und § 558 Abs. 3 BGB). Es sind alle Geld- oder geldwerten Leistungen des Mieters (Palandt/*Weidenkaff* § 558 BGB Rdn. 4). Zur Einrechnung der Schönheitsreparaturverpflichtung in die Mietkalkulation s. BGH DS 2008, 263; OLG Frankfurt WM 2001, 231; LG Hamburg ZMR 2003, 491ff.; MünchKommBGB/*Artz* § 558 Rdn. 10. Die Miete kann als Netto-, Teilbrutto-, Bruttomiete vereinbart sein. Soll die Mieterhöhung bei Teilbrutto- (BGH IMR 2008, 39) oder Bruttomieten auf einen Mietspiegel gestützt werden, der Nettomieten aufweist, ist die Vergleichbarkeit auf Basis der zuletzt auf die betreffende Wohnung entfallenden Kosten zu ermitteln (BGH NJW 2008, 124ff. = ZMR 2008, 190ff.; zur Berechnung bei Begründung mit Vergleichswohnungen BGH ZMR 2006, 110 u. 2006, 916). Eine Bruttowarmmiete kann wegen Verstoßes gegen die HeizkostenVO unwirksam sein (BGH ZMR 2006, 766). Im Erhöhungsverlangen ist die vereinbarte Fläche zugrundezulegen (BGH ZMR 2007, 681, sofern sie nicht um mehr als 10% von der tatsächlichen zum Nachteil des Mieters abweicht, BGH BeckRS 2009, 207559). Zur fehlerhaften Wohnfläche bei Mieterhöhung s. BGH ZMR 2004, 740f.; zur Anrechnung von Dachterrassenflächen BGH NJW 2009, 465. Die Sperrfrist des § 558 Abs. 1 Satz 2 BGB beginnt mit Wirksamwerden der letzten Mieterhöhung, ein vor Ablauf der Frist zugegangenes Mieterhöhungsverlangen ist unwirksam (Rechtsentscheid BGH WuM 1993, 388). Die verlangte Miete muss der ortsüblichen Vergleichsmiete entsprechen (zu Einzelheiten s. Palandt/*Weidenkaff* § 558 BGB Rdn. 13). Zur Begrenzung einer Staffelmietvereinbarung durch die niedrigere ortsübliche Vergleichsmiete BGH NZM 2009, 355ff.).

6a. Die Kappungsgrenze stellt eine Obergrenze dar, wird sie überschritten, ist das Mieterhöhungsverlangen nicht unzulässig, sondern nur insoweit unbegründet, als die

Kappungsgrenze überschritten ist (OLG Celle ZMR 1996, 194 f.); erhöht werden kann die Miete nur bis zur ortsüblichen Vergleichsmiete (BGH NJW 1980, 1617). Für die Ermittlung der Vergleichsmiete sind die Wohnwertmerkmale Art, Größe, Ausstattung, Beschaffenheit und Lage relevant (zu Einzelheiten Blank/*Börstinghaus* § 558 BGB Rn. 7, Palandt/*Weidenkaff* § 558 BGB Rdn. 13 ff.). Zur Kappungsgrenze bei einer Teilinklusivmiete s. BGH ZMR 2004, 327; BGH NZM 2008, 124 = ZMR 2008, 190 ff.

Ausgangsmiete ist die Miete, die drei Jahre vor dem Wirksamwerden des Zustimmungsverlangens zu zahlen war (BGH WuM 2004, 348). Zur Einrechnung früherer Mieterhöhungen und unzutreffender Ausgangsmiete s. BGH NZM 2008, 124 ff. = ZMR 2008, 190 ff. Zur Mieterhöhung bei unter der ortsüblichen Miete liegender Ausgangsmiete s. BGH IMR 2007, 276.

Bei Neuabschluss von Mietverhältnissen und einer bisherigen Laufzeit von weniger als drei Jahren ist die niedrigste Miete der maßgebliche Betrag. Erhöhungen gem. §§ 559, 560 BGB bleiben unberücksichtigt. Die Kappungsgrenze beträgt 20%.

Zur Unanwendbarkeit der Kappungsgrenze iSv. § 558 Abs. 4 BGB für ehemalig preisgebundene Wohnungen siehe Palandt/*Weidenkaff* § 558 BGB Rdn. 23, Blank/*Börstinghaus* § 558 BGB Rdn. 10. Einvernehmliche Mietanpassungen, denen die in § 559 BGB genannten Tatbestände zugrundelagen, bleiben unberücksichtigt (BGH ZMR 2004, 503).

6b. Der Hausverwalter ist grundsätzlich nicht befugt, den Anspruch in eigenem Namen gerichtlich geltend zu machen. Auch im Wege der Prozessstandschaft kann er nach überwiegender Meinung (KG ZMR 1997,139; LG Kiel WuM 1999, 170) keine Zustimmungsklage erheben (AG Köln WuM 1989, 579). Im Rahmen einer Geschäftsführung ohne Auftrag ist der Hausverwalter nicht verpflichtet, gegenüber dem Mieter ein Mieterhöhungsverlangen auszusprechen (BGH NZM 2008, 319).

7. Die Zustimmungsfrist beträgt gemäß § 558 b Abs. 2 Satz 1 BGB zwei volle Monate und beginnt mit Zugang des Erhöhungsverlangens (Palandt/*Weidenkaff* § 558 b BGB Rdn. 2).

8. Form und Begründung des Erhöhungsverlangens regelt § 558 a BGB. Voraussetzung für die Mieterhöhung ist ein wirksames Mieterhöhungsverlangen, zu Einzelheiten *Wetekamp* Mietsachen Kap. 2 Rdn. 30 ff.; Palandt/*Weidenkaff* § 558 a BGB Rdn. 2 ff. Die katalogartige Aufzählung der Begründungsmittel enthält § 558 a Abs. 2 BGB. Die Mieterhöhung kann durch drei Vergleichswohnungen begründet werden. Zur Begründung kann der Vermieter vermieterfremde Wohnungen heranziehen, oder solche aus eigenem Bestand (hM. BayObLG NZM 1999, 215). Vermieter- und Mieternamen müssen nicht angegeben werden; die Wohnungen müssen identifizierbar sein. Sie müssen so genau bezeichnet sein, dass der Mieter, dessen Miete erhöht werden soll, sie ohne nennenswerte Schwierigkeiten auffinden kann (BGH ZMR 2003, 406, 407). Die Angabe von Hausanschrift, Geschoss, qm-Zahl und Preis sind ausreichend. Die Wohnungsgröße ist nicht unbedingt entscheidend (vgl. BGH NJW 1982, 2867; BVerfG NJW 1980, 1617), die Quadratmetermiete ist anzugeben (BVerfG ZMR 2003, 406 f.), ungefähre Vergleichbarkeit der Wohnung überhaupt ist ausreichend (LG Berlin, ZMR 2001, 349).

Die Vergleichswohnungen müssen dem örtlichen Wohnungsmarkt entstammen. Vergleichswohnungen aus Nachbargemeinden dürfen nur herangezogen werden, wenn es in der eigenen Gemeinde keine solchen gibt (BVerfG NJW 1994, 717), zur Frage der Heranziehung eines Mietspiegels der Nachbargemeinde s. LG Freiburg ZMR 2002, 667 f. Nicht vergleichbare Wohnungen zählen nicht, so dass es sich empfiehlt, beim Erhöhungsverlangen eine größere Anzahl zu benennen, damit jedenfalls die Mindestzahl von drei vergleichbaren Wohnungen (keine Beschränkung auf Höchstzahl, BayObLG ZMR 92, 144) erreicht wird. Das Mieterhöhungsverlangen kann auch gemäß § 558 a Abs. 2 Nr. 1 BGB durch Bezugnahme auf einen einfachen und/oder qualifizierten Mietspiegel iS. der §§ 558 c und 558 d BGB begründet werden. Wenn in der Gemeinde eine qualifizierter

Mietspiegel iSd. § 558 d Abs. 1 und 2 BGB vorhanden ist, muss der Vermieter, auch wenn er ein anderes Begründungsmittel wählt, die Wohnung nach den Angaben des Mietspiegels bewerten (§ 558 a Abs. 3 BGB), andernfalls ist das Erhöhungsverlangen unwirksam. Sind Einfamilienhäusern im Mietpreisspiegel nicht aufgeführt, kann grundsätzlich die Mietpreisspanne für Mehrfamilienhäuser herangezogen werden (BGH NZM 2009, 27). Ist der Mietspiegel allgemein zugänglich oder bietet der Vermieter dem Mieter die Einsichtnahme an, muss der Mietspiegel nicht beigefügt sein (BGH NJW 2009, 1667; 2008, 573; BGH BeckRS 2009, 10097, KG Berlin BeckRS 2009, 15537). Es reicht aus, wenn das einschlägige Mietspiegelfeld angegeben wird (BeckRS 2009, 09100) um den Mieter auf die für die Wohnung vorgesehene Spanne hinzuweisen (BGH NJW 2008, 573).

Ein sicherer Weg ist in jedem Fall die Begründung der Mieterhöhung durch vorprozessual eingeholtes Gutachten eines öffentlich bestellten und vereidigten Sachverständigen. Allerdings sind nach hM. die Kosten für dieses Gutachten nicht erstattungsfähig (LG Köln WM 1997, 269, auch nicht im Rahmen von notwendigen Kosten der Rechtsverfolgung gemäß § 91 ZPO; *Börstinghaus* in Schmidt-Futterer § 558 a BGB Rdn. 96 ff. m. w. N.).

Liegt die begehrte Miete teilweise über der durch den gerichtlichen Sachverständigen festgestellten ortsübliche Miete, ist das Erhöhungsverlangen zwar wirksam, die Klage jedoch nur in Höhe der ortsüblichen Miete begründet. Behebbare Mängel der Wohnung werden bei der Bewertung nicht berücksichtigt, da §§ 536 ff. BGB eine Spezialregelung darstellen.

Die Klagefrist beträgt drei Monate (§ 558 b Abs. 2 BGB). Wurde durch den Vermieter bereits Zustimmungsklage erhoben, jedoch kein wirksames Erhöhungsverlangen gestellt, kann er gem. § 558 b Abs. 3 BGB das Erhöhungsverlangen im Prozess nachholen oder Mängel des Erhöhungsverlangens beheben (s. Hinz NZM 2002, 633 f.; Palandt/*Weidenkaff* § 558 b BGB Rdn. 19). Kostenrechtlich kann dies dazu führen, dass der Vermieter bei sofortigem Anerkenntnis oder Zustimmung die Kosten des Rechtsstreits zu tragen hat (§§ 93, 91 a ZPO). Um den Ablauf der Zustimmungsfrist zu gewährleisten, empfiehlt sich, Ruhen des Verfahrens gem. § 251 ZPO zu beantragen. Aus Gründen der Prozessökonomie kann die Verhandlung durch das Gericht gemäß § 227 ZPO vertagt werden, bis die Zustimmungsfrist abgelaufen ist. Dies ist jedoch keineswegs zwingend (LG München I NJW RR 2004, 523). Hat der Mieter allerdings auch das nachgeholte Erhöhungsverlangen abgelehnt, muss der Ablauf der Zustimmungsfrist nicht abgewartet werden (OLG Celle ZMR 1996, 206).

9. Nach § 558 a BGB muss der Sachverständige öffentlich bestellt **und** vereidigt sein.

10. Wenn für die Gemeinde, in der die Wohnung liegt, ein qualifizierter Mietspiegel existiert, ist gemäß § 558 a Abs. 3 BGB zwingend vorgeschrieben, dass der Vermieter die Werte des qualifizierten Mietspiegels für die konkrete Wohnung mitteilt (BGH NJW 2008, 573 f.). Zu Einzelheiten siehe Blank/*Börstinghaus* § 558 a BGB Rdn. 9. Wenn der erforderliche Hinweis auf den qualifizierten Mietspiegel fehlt, ist das Erhöhungsverlangen unwirksam. Der Hinweis kann im Prozess nachgeholt werden (LG München I WuM 2002, 427).

3. Klage des Vermieters auf Betriebskostennachzahlung bei Geschäftsraummiete

Klage

An das
Amtsgericht[1]
Abteilung für Mietsachen

. . . . . – Klägerin –

gegen

. . . . . – Beklagte –

wegen Forderung

vorläufiger Streitwert: 1.380,13 EUR[1a]

Namens und in Vollmacht der Klägerin erhebe ich Klage und werde beantragen zu erkennen:

1. **Die Beklagte wird verurteilt, an die Klägerin 1.380,13 EUR nebst Zinsen in Höhe von 5 Prozentpunkten über dem Basiszinssatz hieraus seit 6. 5. 2009 zu bezahlen.**
2. **Die Beklagte trägt die Kosten des Rechtsstreits.**
3. **Das Urteil ist vorläufig vollstreckbar, ggf. gegen Sicherheitsleistung.**

Begründung:

Zwischen den Parteien besteht ein Mietverhältnis über die von der Klägerin[1b] an die Beklagte vermieteten Geschäftsräume in der . . . . . Straße Nr. . . . . ., bestehend aus . . . . . in x-Stadt.

Beweis: in beglaubigter Fotokopie anliegender Mietvertrag vom . . . . .

Im vorgenannten Mietvertrag wurde vereinbart, dass die Beklagte sämtliche Betriebskosten nach der Betriebskostenverordnung trägt und darüber hinaus Verwaltungs- und Bewachungskosten[2] tragen muss. Vertraglich vereinbart ist, dass Vorauszahlungen[2a] auf die im Mietvertrag exakt bezeichneten Betriebskosten[3] erhoben werden und über den auf den Mieter entfallenden Betrag jährlich[4] abgerechnet wird.
Dem Mietvertrag beigefügt war der Text der Verordnung über die Aufstellung von Betriebskosten (Betriebskostenverordnung BetrKV).
Die Abrechnung[5] erfolgte nach dem Umlegungsmaßstab[5a] des Verhältnisses der vermieteten Fläche zur Gesamtfläche. Heiz- und Warmwasserkosten werden ausdrücklich in Anwendung der Heizkostenverordnung abgerechnet. Vertraglich vereinbart ist die Umlegung von 70% der Kosten nach Verbrauch, 30% nach Nutzfläche.

Beweis: Abrechnung vom 20. 3. 2009 mit Anlage, Mietvertrag

Auf die vertraglich vereinbarten Regelungen in § . . . . . des Mietvertrages wird ausdrücklich Bezug genommen.

Beweis: Mietvertrag

Die Klägerin hat die Betriebskostenabrechnung für den Zeitraum vom 1. 1. 2008 bis 31. 12. 2008 am 20. 3. 2009 erstellt. In die Betriebskostenabrechnung wurden die von der Beklagten im Jahr 2008 auf die Betriebskosten gezahlten Vorauszahlungsbeträge eingestellt, sämtliche in der Betriebskostenabrechnung enthaltenen Forderungen, sowohl die gemäß der Betriebskostenverordnung, als auch solche die bezüglich der Verwaltungs- und Bewachungskosten sind angefallen und waren zur ordnungsgemäßen Bewirtschaftung des Anwesens erforderlich. Die Gesamtkosten für das Anwesen sind in der Abrechnung enthalten.

In die Abrechnung wurden sowohl die Angaben zur Abrechnungseinheit als auch der Abrechnungszeitraum, die betroffenen Geschäftsräume und der dem Mietvertrag zu Grunde liegende Umlegungsmaßstab eingestellt.

Beweis: Abrechnung vom 20. 3. 2009

Die Heiz- und Warmwasserkostenabrechnung wurde extern durch die Fa. xy erstellt und war dem Abrechnungsschreiben für die übrigen Betriebskosten beigefügt.

Beweis: Heizkostenabrechnung

Ausweislich der in der Anlage beigefügten Betriebskostenabrechnung vom 20. 3. 2009 ergibt sich eine Nachforderung der Klägerin iHv. 1.380,13 EUR.

Beweis: Abrechnung vom 20. 3. 2009

Die Betriebskostenabrechnung vom 20. 3. 2009 sowie die Abrechnung über die Heiz- und Warmwasserkosten wird in der Anlage vorgelegt und zum Gegenstand des Sachvortrags gemacht.

Mit Schreiben vom 21. 3. 2009 wurden die Abrechnungsunterlagen an die Beklagte übersandt.

Beweis: Schreiben vom 21. 3. 2009

Die Abrechnung ging der Beklagten zu.[5b] Nach Zugang der Abrechnung hat ein Mitarbeiter der Beklagten Einsicht[6] in die der Abrechnung zu Grunde liegenden Belege genommen.

Die Beklagte hat mit Schreiben vom 9. 4. 2009 gerügt, dass ihr keine Verwaltungs- und Bewachungskosten auferlegt werden dürfen[7].

Beweis: Schreiben vom 9. 4. 2009

Die Klägerin hat der Beklagten bereits vorgerichtlich mitgeteilt, dass sie zur Tragung der Verwaltungs- und Bewachungskosten verpflichtet sei und sie zur Nachzahlung aufgefordert[8].

Beweis: Schreiben vom 27. 4. 2009

Die gesetzte Frist zum 19.5. 2009 für den Eingang des Geldes auf dem Vermieterkonto verstrich fruchtlos.

Außergerichtlich war eine Einigung nicht möglich, Klageerhebung[9] war daher geboten.

Rechtsanwalt

Anmerkungen

1. Die sachliche Zuständigkeit des Gerichts bei Gewerberaum richtet sich nach dem Streitwert. Gemäß § 23 Nr. 1 GVG sind Streitigkeiten über Ansprüche bei einem Streitwert nicht über EUR 5.000,– den Amtsgerichten zugewiesen. Bei Streitwerten nicht über EUR 750,– ist § 15a Abs. 1 EGZPO zu beachten (vgl B.1 Anm. 2). Für die örtliche Zuständigkeit gilt § 29a ZPO auch für Gewerberaum, siehe auch Anm. 1 zu Form II. B. 5.

1a. Zu Gegenstandswerten im Zusammenhang mit Betriebskostenabrechnungen s. *Schneider* MietRB 2004, 155–158.

1b. Nach einem Eigentumswechsel ist nicht der Erwerber, sondern der Veräußerer gegenüber dem Mieter bezüglich der zum Zeitpunkt des Wechsels im Grundstückseigentum abgelaufenen Abrechnungsperiode zur Abrechnung der Betriebskosten verpflichtet und zur Erhebung etwaiger Nachzahlungen berechtigt; es kommt nicht darauf an, wann der Zahlungsanspruch fällig geworden ist (BGH ZMR 2004, 250).

2. Während bei preisfreiem Wohnraum nur Betriebskosten nach der Betriebskostenverordnung umgelegt werden können, ist es möglich, bei Geschäftsraummietverträgen weitere Betriebskosten umzulegen.

Bei Wohnraum ist ebenso wie bei Gewerberaum darauf zu achten, dass die Nebenkostenvereinbarung hinreichend bestimmt ist, siehe hierzu BGH ZMR 2004, 430f.; OLG Düsseldorf ZMR 2003, 22; OLG Düsseldorf ZMR 2001, 595; ZMR 2000, 668; OLG Frankfurt ZMR 2000, 607. Zu den einzelnen, bei Geschäftsraummiete umlagefähigen Betriebskosten siehe *Harz/Schmid* ZMR 1999, 593ff.; *Schmid* Handbuch der Mietnebenkosten 11. Auflage, Rdn. 5395ff., 5500ff.; *Pfeiffer* DWW 2000, 13; *Gather* DWW 2002, 56.

Verwaltungskosten sind bei Gewerbemietverhältnissen umlagefähig, wenn dies vereinbart wurde s. KG GE 2004, 234; OLG Hamburg ZMR 2003, 180ff., *Schmid* aaO. Rdn. 5519; aA. OLG Rostock GuT 2008, 200; OLG Köln IMR 2009, 160 bei Vereinbarung als „sonstige Betriebskosten").

Zur konkludenten Umlagevereinbarung durch jahrelange stillschweigende Zahlung s. BGH ZMR 2008, 107; aA. noch BGH NZM 2004, 418; BGH NZM 2000, 961.

Bewachungskosten sind bei der Geschäftsraummiete umlagefähig, wenn die Situation des Mietobjekts eine Bewachung erfordert und die Umlage der Kosten vereinbart wurde (KG GE 2004, 234; OLG Celle ZMR 1999, 238).

2a. Der Vermieter begeht keine Pflichtverletzung, wenn er mit dem Mieter Vorauszahlungen vereinbart, die der Höhe der später anfallenden Kosten nur in etwa entsprechen, sofern nicht besondere Umstände vorliegen, wie Arglist des Vermieters (BGH NJW 2004, 1102).

3. Für das Vorliegen der Voraussetzungen der Umlegung der Betriebskosten sowie für deren Höhe ist der Vermieter darlegungs- und beweispflichtig, auch wenn Vorauszahlungen vereinbart sind (OLG Braunschweig, ZMR 1999, 694, 696f.; *Schmid* aaO. Rdn. 1126).

4. Während bei Wohnraummietverhältnissen die Abrechnung (BGH IMR 2008, 262) gemäß § 556 Abs. 3 Satz 1 BGB, § 20 Abs. 3 Satz 2 NMV 1970, jährlich erfolgen muss, kann bei Geschäftsraummietverhältnissen der Abrechnungszeitraum frei vereinbart werden (OLG Düsseldorf ZMR 1998, 219). Üblich ist auch bei Geschäftsraummietverhältnissen jährliche Abrechnung. Die kurze Ausschlussfrist für Nachforderungen gilt nicht (OLG Köln IMR 2007, 45). Bei nicht rechtzeitiger Abrechnung kann der Mieter vom Vermieter jedenfalls bei fortdauerndem Mietverhältnis die Rückzahlung auf die Nebenkosten geleisteter Vorauszahlungen nicht verlangen (a.A. OLG Düsseldorf IMR 2009, 7). Er hat aber ein Zurückbehaltungsrecht hinsichtlich laufender Vorauszahlungen (BGH ZMR 2006, 672). Beim beendeten Mietverhältnis kann er ohne vorherige Klage auf Abrechnung sowie sofortige und vollständige Rückzahlung der geleisteten Vorauszahlungen verlangen (BGH NJW 2005, 1499).

5. An die vorgelegte Abrechnung werden erhebliche Anforderungen gestellt. Die Abrechnung muss so abgefasst sein, dass auch ein Laie diese nachvollziehen und überprüfen kann (BGH WuM 2009, 42ff.; NJW 2008, 2258; BGH ZMR 1982, 108). Sie muss den Anforderungen des § 259 BGB entsprechen. Der Verfasser der Abrechnung – Vermieter oder die ihn vertretende Hausverwaltung oä. – muss genannt sein, ggf. ist eine Originalvollmacht beizufügen (keine GE 2004, 1572, 1573), Mieter und Mietobjekt sind zu nennen. Erforderlich ist eine geordnete Zusammenstellung der Gesamtkosten mit einer zweckmäßigen und übersichtlichen Aufgliederung in Abrechnungsposten, wobei die einzelnen Positionen so angegeben werden müssen, dass eine rechnerische Nachvollziehbarkeit möglich ist (OLG Nürnberg WM 1995, 308, 309). In der Abrechnung muss der Umlegungsmaßstab mitgeteilt und erläutert werden; zur Flächenabweichung und darauf beruhender Rückforderungsansprüche des Mieters (KG BeckRS 2009, 07809). Auch im Gewerbemietverhältnis besteht die Verpflichtung zur Differenzierung bei der Umlage der Betriebskosten, wenn in verschiedenen Nutzeinheiten deutlich höhere Kosten als in anderen entstehen (KG BeckRS 2003, 30328475) oder nur auf einzelne Einheiten umgelegt werden (BGH WuM 2007, 575). Der Anteil des Mieters ist zu bezeichnen, die Vorauszahlungen sind anzugeben, wobei grundsätzlich auf die tatsächlichen, nicht auf die geschuldeten abzustellen ist. Der BGH (NZM 2003, 196) hat eine Abrechnung nach Soll-Vorauszahlungen für den Fall zugelassen, dass der Mieter für den Abrechnungszeitraum keinerlei Zahlungen erbracht hat und die offenen Vorauszahlungsansprüche vom Vermieter bereits eingeklagt sind. Ferner darf zum Zeitpunkt des Zugangs der Abrechnung noch keine Abrechnungsreife eingetreten sein. Das Gesamtergebnis muss festgestellt werden (LG Frankfurt/Main ZMR 1999, 764). Die Betriebskostennachforderung kann nur dann Erfolg versprechend geltend gemacht werden, wenn vorgetragen wurde, dass zwischen den Parteien im Abrechnungszeitraum ein Mietverhältnis bestand, dass wirksam die Zahlung von Betriebskostenvorauszahlungen sowie Abrechnung hierüber vereinbart ist und über die angefallenen und vereinbarten Kosten eine den vorstehenden Anforderungen entsprechende fälligkeitsbegründende Abrechnung erteilt wurde (KG ZMR 1998, 627). Steuerdienliche Angaben gem. § 35 a EStG müssen nicht enthalten sein (*Schmid,* aaO. Rdn. 3212 a). Wurde in der Klage auf eine nachvollziehbare Abrechnung Bezug genommen, ergibt sich auch für das Gericht nachvollziehbar, dass der geltend gemachte Anspruch gegeben ist (*Schmid* MDR 2000, 123).

Für die Schlüssigkeit der Klage ist es nicht erforderlich, dass der Vermieter alle in die Abrechnung eingestellten Positionen nach Datum, Grund und Höhe detailliert vorträgt. Der Anspruch muss nachvollziehbar dargelegt sein (KG ZMR 1998, 627). Erst nach qualifiziertem Bestreiten des Mieters (OLG Düsseldorf DWW 2006, 198) im Hinblick auf die inhaltliche Richtigkeit der Abrechnung hat der Vermieter die Darlegungs- und Beweislast dafür, dass die Abrechnungsbestandteile im Einzelnen richtig sind (siehe BGH MDR 1999, 696).

Der Vermieter kann nach dem Abfluss- oder dem Leistungsprinzip abrechnen (BGH ZMR 2008, 691 ff. = NJW 2008, 1801).

5 a. Änderungen des Umlagemaßstabes sind nur für die Zukunft möglich, nicht für bereits abgelaufene Abrechnungsperioden, so dass dies dem Mieter vor Beginn der Abrechnungsperiode mitgeteilt werden muss (OLG Frankfurt/Main ZMR 2004, 182 ff.).

5 b. Unerwartete Verzögerungen beim Zugang hat der Vermieter nicht zu vertreten BGH ZMR 2009, 512 ff.

6. Ein ausdrückliches Anbieten zur Einsichtnahme in die Belege ist für die Ordnungsmäßigkeit der Abrechnung nicht erforderlich (LG Mannheim WuM 1996, 630). Der Mieter hat jedoch das Recht, die Belege einzusehen (BGH ZMR 2006, 358 ff.). Zur Belegeinsicht im Einzelnen siehe *Schmid* aaO. Rdn. 3287 ff.

7. Reagiert ein Vermieter auf schlüssige Einwendungen des Mieters nicht, gelten diese gemäß § 138 Abs. 3 ZPO (AG Trier WuM 1999, 721) als zugestanden. Die analoge Anwendung der in § 556 Abs. 3 S. 5 u. 6 BGB normierten Einwendungsfrist auf Geschäftsraummietverhältnisse lehnt die hM. (OLG Düsseldorf GuT 2006, 132) ab.

8. Die Fälligkeit der Nachzahlung setzt den Zugang einer formell ordnungsgemäßen Abrechnung voraus (BGH WM 1991, 150). Auch nach 20 Jahren Mietzeit kann der Vermieter erstmalig abrechnen (BGH IMR 2008, 151 zu Wohnraum). Die Anwendung eines unrichtigen Abrechnungsschlüssels auf einzelne Positionen hindert nicht die Fälligkeit der gesamten Betriebskostenabrechnung (OLG Düsseldorf ZMR 2003, 569 ff.). Entgegen der früher herrschenden Meinung (*Römer* WM 1996, S. 595 mwN.), geht der BGH davon aus, dass die Fälligkeit nicht erst nach einer angemessenen Überprüfungsfrist eintritt, sondern mit Erteilung einer formell ordnungsgemäßen Abrechnung (BGH ZMR 2006, 358, 361 zu Wohnraum). Diese Frist wird überwiegend mit einem Monat ab Zugang der Abrechnung bemessen.

9. Auch im Prozess kann der Vermieter erstmals eine formell ordnungsgemäße Abrechnung vorlegen, bzw. die Abrechnung ergänzen (BGH GE 2005, 543).

Verweigert der Vermieter vor dem Prozess die Einsichtnahme in die Belege oder weist er den Anspruch auf Überlassung von Fotokopien zurück, kann der Mieter nach

Vorlage der Belege den Nachzahlungsanspruch sofort anerkennen, mit der Kostenfolge gemäß § 93 ZPO für den Vermieter (BGH ZMR 1982, 108; AG Prüm WuM 2000, 214).

4. Klage auf Räumung von Wohnraum wegen Zahlungsrückstandes

An das
Amtsgericht[1]
– Abteilung für Mietsachen –

Klage[2]

In Sachen

. . . . . **– Kläger –**

Prozessbevollmächtigter: Rechtsanwalt . . . . .

gegen

. . . . . **– Beklagter[3] –**

wegen Räumung und Herausgabe

Vorläufiger Streitwert: EUR . . . . .[4]

werde ich beantragen:

I. Der Beklagte wird verurteilt, die Wohnung in der . . . . . Straße Nr. . . . . ., ... Stock, in . . . . ., bestehend aus . . . . . Zimmer, Bad, Küche, Toilette, Kellerabteil Nr. . . . . . und Kfz-Abstellplatz[5] . . . . ., zu räumen und an den Kläger herauszugeben[6].

II. (Kosten) . . . . .

III. (vorläufige Vollstreckbarkeit) . . . . .[7]

Begründung:

Der Kläger fordert von dem Beklagten Räumung und Herausgabe der Mietsache, da das Mietverhältnis zwischen den Parteien durch fristlose Kündigung[7a] vom . . . . . beendet wurde.

1. Mit Mietvertrag vom . . . . . hat der Beklagte vom Kläger die Wohnung . . . . ., bestehend aus . . . . . angemietet. Das Mietverhältnis begann am . . . . . und war auf unbestimmte Zeit geschlossen. Die Miete[8] beträgt . . . . ., hinzu kommt die Vorauszahlung auf die Betriebskosten für Heizung und Warmwasser mit . . . . . für Kabelgebühr mit . . . . ., für Treppenreinigung mit . . . . . und für Lift mit . . . . . so dass sich eine Gesamtmiete von . . . . . errechnete.

Beweis: Mietvertrag vom . . . . ., Anlage 1.

Nach den vertraglichen Vereinbarungen ist die Miete jeweils bis zum 3. Werktag eines Monats im Voraus[9] an den Vermieter zu zahlen, wobei es für die Rechtzeitigkeit der Zahlung auf die Wertstellung auf dem Konto des Vermieters ankommt.

Beweis: wie vor

2. Der Beklagte hat die Miete in voller Höhe für die Monate April und Mai 2009 nicht bezahlt.[10] Da er sich am 15. 5. 2009 mit zwei Monatsmieten in Rückstand befand, kündigte der Kläger mit Schreiben vom gleichen Tage das Mietverhältnis fristlos[11].

Beweis: Kündigung vom 15. 5. 2009, Anlage 2.

Die Kündigung wurde dem Beklagten noch am selben Tage ausgehändigt[12].

Beweis: Zeugnis des . . . . .

3. In der Kündigung war dem Beklagten eine Frist zur Räumung bis 2. 6. 2009 gesetzt worden, die er jedoch nicht befolgte. Mit Schreiben vom 3. 6. 2009 – überbracht am selben Tage – wurde der Beklagte nochmals zum Auszug aufgefordert. Darüber hinaus widersprach der Kläger einer Fortsetzung des Gebrauchs und drohte Räumungsklage an[13].

Beweis: Schreiben vom 3. 6. 2009, Anlage 3; Zeugnis von ......

Der Beklagte war 2008 mit vier Monatsmieten in Rückstand geraten, so dass ihm am 18. 8. 2008 bereits wegen Zahlungsverzuges fristlos gekündigt worden war[14]. Nachdem der Kläger Räumungsklage[15] erhoben hatte, zahlte der Beklagte den Rückstand, so dass Heilungswirkung eintrat[16].

Beweis: Beiziehung der Akten des AG ......, Geschäftsnummer: ......

Da die Zweijahresfrist noch nicht abgelaufen ist[17], hat der Beklagte keine Heilungsmöglichkeit mehr.
Die Beklagte schuldet Räumung und Herausgabe der streitgegenständlichen Wohnung, da das Mietverhältnis zwischen den Parteien durch fristlose Kündigung beendet wurde.

Rechtsanwalt

Anmerkungen

1. Zur Zuständigkeit bei Wohnraummietverhältnissen vgl. Form. II. B. 1 Anm. 1.

2. In der Räumungsklage kann eine – zuvor nicht oder nicht wirksam erklärte – erneute Kündigung liegen, wenn mit hinreichender Deutlichkeit zu erkennen ist, dass die Klageschrift neben der Prozesshandlung auch eine materiell-rechtliche Willenserklärung enthalten und nicht lediglich der Durchsetzung einer bereits außerprozessual erklärten Kündigung dienen soll (BGH ZMR 1997, 280 ff.). Zu Einzelheiten der Kündigung im Prozess siehe *Kinne/Schach* § 543 BGB Rdn. 62. Zur Verbindung einer außerordentlichen Kündigung wegen Zahlungsverzugs mit einer ordentlichen Kündigung und den Auswirkungen auf das Nachholrecht und die Prüfung der schuldhaften Pflichtverletzung iSd. § 573 Abs. 2 Nr. 1 BGB s. BGH BeckRS 2005, 03413 = NZM 2005, 334.

3. Bei mehreren Mietern ist die Klage gegen alle Mieter zu richten. Der Räumungsanspruch besteht auch gegen den Mitmieter, der den Besitz bereits endgültig aufgegeben hat (BGH ZMR 1996, 182, aA. OLG Schleswig NJW 1982, 2672; LG Hagen WuM 1991, 359), selbst dann, wenn er den Vermieter hierüber informiert hat (KG Berlin WuM 2006, 529). Der ausgezogene Mieter muss auf in den Räumen verbliebenen Mitmieter einwirken, um die Rückgabe zu ermöglichen (HansOLG ZMR 2009, 603 ff.). Bei treuwidriger Verweigerung der Zustimmung zur Entlassung aus dem Mietverhältnis muss sich der verbleibende Mieter als Alleinmieter behandeln lassen, so dass die Vermieterkündigung allein ihm gegenüber ausgesprochen werden kann (BGH NZM 2005, 452). Zur Durchsetzung des Räumungsanspruchs, wenn der Gewahrsamsinhaber nicht Räumungsschuldner ist s. Fallak ZMR 2003, 803 ff. Zu den Problemen bei unbekanntem Aufenthalt eines Mitmieters s. *Scholz* ZMR 1996, 361 ff.; OLG Frankfurt WuM 1991, 76 ff. zum verschwundenen Mitmieter. Nach hM. kann der Vermieter aus einem Räumungstitel, den er gegen den Mieter erwirkt hat, nicht gegen Dritte oder Familienangehörige wie Ehegatten (BGH ZMR 2004, 738), Lebensgefährten (BGH NJW 2008, 1959), Untermieter (BGH NJW-RR 2003, 1450) vollstrecken. Minderjährige Kinder, die mit Ihren Eltern zusammenleben, haben keinen Mitbesitz (KG NJW-RR 1994, 713, 714). Im Regelfall sind auch volljährige Kinder nur Besitzdiener (BGH NJW 2008, 1959 zur Patchworkfamilie mit abl. Anm. Schuschke NJW 2008, 1961).

4. Der Streitwert bemisst sich gem. § 41 Abs. 2 GKG nach der Jahresmiete, es sei denn, aus § 41 Abs. 1 GKG ergibt sich ein geringerer Streitwert. Ob Brutto- oder Nettomiete anzusetzen ist, war umstritten. Die Neufassung des § 41 Abs. 1 GKG macht den Streit obsolet. Neben der Nettomiete sind Nebenkosten dann umfasst, wenn diese als Pauschale vereinbart sind und nicht gesondert abgerechnet werden (§ 41 Abs. 1 S. 2 GKG).

5. Die Mieträume sowie Nebenräume (Keller, Speicher oä.) und alle mitvermieteten Flächen, müssen exakt bezeichnet werden, um spätere Schwierigkeiten bei einer erforderlich werdenden Zwangsräumung zu vermeiden. Der Gerichtsvollzieher muss in der Lage sein, die Mietsache anhand des Titels zu identifizieren.

6. Die Räumungsklage kann mit einer Zahlungsklage wegen rückständiger Mieten verbunden werden. Der Vermieter kann mit der Räumungsklage auch zugleich die künftig fällig werdende Nutzungsentschädigung bis zur Herausgabe der Wohnung einklagen (BGH ZMR 2003, 333, bei zahlungsunfähigen Mietern). Manche Gerichte tendieren jedoch dazu, reine Räumungsklagen wegen der Heilungsmöglichkeit kurzfristiger zu terminieren.

7. Bei Räumungsklagen wegen Zahlungsverzugs ergeht häufig Versäumnisurteil. Es empfiehlt sich daher, bereits in der Klageschrift Antrag auf Erlass eines Versäumnisurteils im schriftlichen Vorverfahren zu stellen (§ 331 Abs. 3 ZPO) s. dazu Form. I. G. 2. Streitig ist, ob vor Ablauf der Schonfrist Versäumnisurteil ergehen darf. Überwiegend wird dies bejaht (LG Berlin BeckRS 2009, 17563; GE 2004, 1395, LG Kiel WuM 2002, 149; LG Stuttgart DWW 2002, 340; LG Hamburg WuM 2003, 275).

7 a. Die Kündigung ist zu begründen (§ 569 Abs. 4 BGB). Nur bei klarer und einfacher Sachlage reicht die Angabe des Grundes „Zahlungsverzug“ und die Angabe des Gesamtbetrages (BGH NZM 2004, 187). Zu den Anforderungen an die Kündigungserklärung s. Ziff. 10.

Neben den besonderen mietrechtlichen Kündigungsregelungen in § 543 Abs. 1, 2 Nr. 3 und § 569 Abs. 3 BGB steht der „allgemeinere“ Tatbestand der Kündigung aus wichtigem Grund des § 314 BGB, der sich nicht völlig mit § 543 Abs. 1 BGB deckt. Nach *Emmerich* (NZM 2002, 366) soll § 314 BGB als allgemeine Regelung der Kündigung aus wichtigem Grund insoweit anwendbar sein, als er in seinen Absätzen 3 und 4 über §§ 543, 569 BGB hinausgehende Bestimmungen enthält, s. auch *Häublein* ZMR 2005, 1 ff. Die Kündigung muss nicht zum frühestmöglichen Termin ausgesprochen werden (BGH NJW-RR 2009, 735). Der Vermieter kann trotz einer Kündigung des Mietvertrages nach § 543 Abs. 2 Nr. 3 BGB wegen Zahlungsverzugs des Mieters unter den Voraussetzungen der §§ 280, 281 und 286 BGB Ersatz des Schadens verlangen, der ihm durch den Zahlungsverzug des Mieters und die deshalb ausgesprochene Kündigung des Mietvertrages entstanden ist, § 314 Abs. 4 BGB (s. auch KG BeckRS 2009, 14690). Eine Fristsetzung hierfür soll entbehrlich sein (*Sternel,* NZM 2002, S. 367). Häufig werden Rückstände, auf die eine Zahlungsverzugskündigung gestützt wurde, teilweise getilgt, bevor die Kündigung zugegangen ist. Hierdurch wird die Kündigung nicht unwirksam. Dies ist nur dann der Fall, wenn die Mietrückstände bei Zugang der Kündigung vollständig getilgt sind (LG München I ZMR 1986, 125 s. auch *Blank/Börstinghaus,* Miete, 3. Aufl. 2008 § 543 BGB Rdn. 120).

8. Zur Festlegung des Streitwerts und für die Überprüfung der Mietrückstände empfiehlt sich die Aufschlüsselung der Miete in Grundmiete und Betriebskosten, sowie der Miete für Kfz-Stellplätze ua.

9. § 556 b Abs. 1 BGB bestimmt als Zeitpunkt der Fälligkeit der Miete für Wohnraum den Beginn der Mietzeit oder der vereinbarten Zeitabschnitte, üblicherweise also monatlich (für andere Mietverhältnisse siehe § 579 BGB; zur jährlich fälligen Miete BGH NJW-RR 2009, 21). Die Miete ist im Voraus, spätestens am 3. Werktag zu zahlen. Zur

Fälligkeit und zum Streit, ob der Samstag als Werktag gilt siehe Anm. 3 zu II. B. 1. Nach § 551 Abs. 1 S. 2 BGB aF. war die Miete am Monatsende fällig. Viele Altmietverträge enthalten abweichende Fälligkeitsregelungen. Auf Altverträge (siehe *Franke* ZMR 2001, 951/953) ist im Hinblick auf die Fälligkeit der Miete gemäß Artikel 229 § 3 Abs. 1 Nr. 7 EGBGB weiterhin § 551 BGB aF. anzuwenden. Allerdings sind die in Formularverträgen enthaltenen Vorfälligkeitsklauseln häufig, insbesondere bei gleichzeitig vereinbarter Einschränkung der Aufrechnungsmöglichkeit, unwirksam (BGH WuM 2009, 228; WuM 2006, 620; WuM 2007, 463 ff.; IMR 2008, 187; WuM 1995, 28). Zu Einzelheiten nach der Reform siehe *Eisenschmid* WM 2001, 215 ff.; *Gellwitzki* WM 2001, 373 (382).

10. Die Räumungsklage ist nicht schlüssig, wenn weder aus der Kündigungserklärung noch aus der Klageschrift eindeutig hervorgeht, mit welchen Rückständen für welche Monate der Mieter in Verzug geraten ist (AG Dortmund NJW-RR 2003, 1095; aA. LG Berlin NZM 2003, 897). Nur bei klarer und einfacher Sachlage kann sich der Vermieter in der Kündigungserklärung darauf beschränken, den Zahlungsverzug als Grund zu nennen und den Rückstand zu beziffern (BGH ZMR 2004, 254). Die Darstellung der Rückstände in der Klage sollte detailliert erfolgen, in Form eines Saldos reicht dies nicht (LG München I vom 4. 8. 2003, 14 T 13993/03; AG Hamburg-Altona BeckRS 2009, 04987, aA. LG Mannheim NJW-RR 2004, 803). Es empfiehlt sich eine genaue Darstellung wie folgt:

Auf die Miete für den Monat ...... hat die Beklagte lediglich am ...... gezahlt. Auf die Miete für ...... wurde am ...... gezahlt. Die Miete für den Monat ...... steht in voller Höhe offen mit ...... Am ...... hat der Beklagte auf die Miete für den Monat ...... zwei Teilleistungen von ...... erbracht ...... Die Miete für den Monat ...... steht ebenso in voller Höhe offen wie für den Monat ...... mit jeweils ......

Der Mietrückstand des Beklagten besteht somit per ...... iHv. von ...... EUR. Er beträgt mithin mehr als zwei Monatsmieten.

Trifft der Mieter bei Vornahme der Mietüberweisung keine Leistungsbestimmung, wird gemäß § 366 Abs. 2 BGB die älteste Mietschuld getilgt (AG Berlin-Neukölln BeckRS 2008, 11367; OLG Düsseldorf ZMR 2000, 605 ff.). Der Kündigungsgrund sollte – außer in einfach gelagerten Fällen – in der Klage genau dargelegt werden.

11. Zahlungsverzug im Sinne von § 543 Abs. 2 Satz 1 Nr. 3 a, § 569 Abs. 3 Nr. 1 BGB ist gegeben, wenn der Mieter für zwei aufeinander folgende Termine nicht oder einen nicht unerheblichen Betrag nicht bezahlt hat. Die Einzelheiten zur Frage des Rückstandes sind streitig (siehe Palandt/*Weidenkaff,* § 543 BGB Rdn. 23 ff., § 569 BGB Rdn. 15). Maßgebend ist der Gesamtrückstand, der schon nach BGH (NJW RR 1987, 903) den Betrag für eine Monatsmiete übersteigen musste. Für Wohnraummietverhältnisse (mit Ausnahme solcher zum vorübergehenden Gebrauch) ergibt sich dies ausdrücklich aus der Fassung des neuen § 569 Abs. 3 Nr. 1 BGB und dürfte daher auch für andere als Wohnraummietverhältnisse Gültigkeit haben. § 543 Abs. 2 Satz 1 Nr. 3 b BGB betrifft den Verzug mit einem Gesamtrückstand von mindestens zwei Monatsmieten über mehrere Termine, ohne dass sich zwischenzeitlich der Mietrückstand unter zwei Monatsmieten verringert haben darf. Die Dauer des Verzugs ist unerheblich.

Für den Rückstand ist Verzug nötig. Da die Fälligkeit kalendermäßig bestimmt ist, bedarf es grundsätzlich keiner Mahnung (§ 286 Abs. 2 Nr. 1 BGB). Die Wirksamkeit einer fristlosen Kündigung wegen Zahlungsverzugs setzt ausnahmsweise eine Abmahnung voraus, wenn sich dem Vermieter der Schluss aufdrängen muss, dass die Nichtzahlung der Miete nicht auf Zahlungsunfähigkeit oder -unwilligkeit beruht (OLG Düsseldorf ZMR 2004, 570 ff.) oder der Vermieter einen Zahlungsrückstand längere Zeit ohne Beanstandung hingenommen hat (OLG Hamm BeckRS 2009, 12026 m. w. N.). Allerdings kann fehlendes Verschulden nach § 286 Abs. 4 BGB das Kündigungsrecht ausschließen, so etwa bei entschuldbarer fehlerhafter Bemessung der Mietminderung, ernsthaften Zweifeln an der Berechtigung der Mietforderung, nicht aber bei Zahlungsunfähigkeit des Mieters, gleich aus welchem Grund (vgl. Palandt/*Weidenkaff* § 543 BGB Rdn. 26). An das Vorliegen eines unverschuldeten Rechtsirrtums sind strenge Maßstäbe anzulegen (BGH NJW 2007, 428; OLG Düsseldorf DWW 2006, 21). Lässt sich der Mieter dabei von einem Dritten beraten, so hat er dessen Verschulden gem. § 278 BGB zu vertreten (BGH NJW 2007, 428). Bei Wohnraummiete ist § 569 BGB zu Lasten des Mieters nicht abdingbar (§ 569 Abs. 5 BGB), anders bei Geschäftsraummiete, jedoch nicht in AGB (BGH NJW 1987, 2506; aA. Schmidt-Futterer/*Blank* § 569 Rdn. 87). Zur Aufrechnung gem. § 543 Abs. 2 S. 3 BGB s. Palandt/*Weidenkaff* § 543 BGB Rdn. 28 ff.

12. Da der Vermieter den Zugang beweisen muss, ist die Versendung per Einschreiben/Rückschein unsicher, da gerade zahlungsschwache Mieter niedergelegte Schriftstücke oft nicht abholen, s. Reichert, Der Zugangsnachweis beim Einwurf-Einschreiben, NJW 2001, 2523. Vorzuziehen ist daher die Zustellung durch den Gerichtsvollzieher oder die Aushändigung durch einen Boten (Zeugen).

13. Nach § 545 BGB, der auch bei fristloser Kündigung gilt (Palandt/*Weidenkaff* § 545 BGB Rdn. 2), muss der Vermieter innerhalb von zwei Wochen der Fortsetzung des Gebrauchs durch den Mieter widersprechen, anderenfalls wird ein unbefristetes Mietverhältnis fingiert, so dass der Räumungsanspruch erlischt. Der Widerspruch kann im Kündigungsschreiben enthalten sein, muss jedoch auch bei fristloser Kündigung ausdrücklich erklärt werden (Palandt/*Weidenkaff* § 545 BGB Rdn. 8). § 545 BGB ist auch bei Wohnraummietverträgen durch AGB abdingbar (BGH NJW 1991, 1750). Streitig ist, ob eine gesetzesverweisende Klausel wirksam ist (so OLG Rostock NJW 2006, 44 zum Gewerberaummietrecht; Prütting/Wegen/Weinreich/*Feldhahn* § 545 BGB Rdn. 2) oder dadurch gegen das Transparenzgebot verstoßen wird (OLG Schleswig NJW 1995, 2858 zum Wohnraummietrecht OLG Rostock IMR 2006, 77).

14. Bei Wohnraummiete gibt es die Möglichkeit, eine Kündigung des Vermieters durch Zahlung oder Übernahmeerklärung einer öffentlichen Stelle (Wohnungsamt, Sozialamt, karitative Verbände oä.) unwirksam zu machen (§ 569 Abs. 3 Nr. 2 Satz 1 BGB). § 569 Abs. 3 Ziff. 2 BGB ist auch schon für die Zeit vor Erhebung der Räumungsklage anwendbar (KG Berlin WuM 1984, 93; AG Dortmund ZMR 2003, 579). Die Zweimonatsfrist des § 569 Abs. 3 Nr. 2 Satz 1 BGB beginnt mit Rechtshängigkeit der Räumungsklage, bei mehreren Mietern gegenüber dem Letzten. Nicht nur die Rückstände, auf die die Kündigung gestützt wurde, sind auszugleichen, sondern alle fälligen Mieten und die Nutzungsentschädigung (LG Köln ZMR 2002, 428; AG Dortmund ZMR 2003, 579). Die Übernahmeerklärung ist bedingungsfeindlich (LG Essen ZMR 1996, 663 ff.) und muss dem Vermieter oder dessen Prozessbevollmächtigten fristgerecht zugehen (BayObLG NJW 1995, 338). Sind Zinsen oder Kosten entstanden, ist § 367 Abs. 1 BGB zu beachten; allerdings kann bei geringen Beträgen die Berufung hierauf treuwidrig sein (Schmidt-Futterer/*Blank* § 569 Rdn. 38).

15. § 569 Abs. 3 Nr. 2 Satz 1 BGB gilt auch, wenn die Heilungswirkung nach Zugang der Kündigung, aber vor Erhebung der Räumungsklage eintrat (hM., vgl. Palandt/*Weidenkaff* § 569 BGB Rdn. 18). Ein nachträglicher Ausgleich der Zahlungsrückstände innerhalb von zwei Monaten nach Rechtshängigkeit des Räumungsanspruchs lässt zwar die fristlose Kündigung unwirksam werden, nicht aber ohne Weiteres eine hilfsweise ausgesprochene fristgemäße Kündigung (BGH NZM 2005, 334). Zu den Besonderheiten nach Rechtstreit über Mieterhöhung siehe Palandt/*Weidenkaff* § 569 BGB Rdn. 21 ff.; BGH NZM 2005, 496).

16. Die Heilungswirkung nach § 569 Abs. 3 Nr. 2 Satz 1 BGB wirkt ex nunc. Daher tritt während eines Prozesses die Erledigung der Hauptsache ein (vgl. Form. I. M. 8). Zur Erledigung zwischen Anhängigkeit und Rechtshängigkeit: Durch § 269 Abs. 3 Satz 3 ZPO können dem Beklagten „unter Berücksichtigung des bisherigen Sach- und Streitstandes nach billigem Ermessen" die Kosten des Verfahrens auferlegt werden, entsprechend § 91 a ZPO; s. BGH NJW-RR 2005, 217; vgl. Form. I. M. 8 Anm. 4.

17. Die Zweijahresfrist des § 569 Abs. 3 Nr. 2 S. 2 BGB wird ab Zugang der letzten Kündigung zurück gerechnet (*Sternel* Mietrecht, 3. Aufl., Rdn. IV 425). Maßgeblich ist der jeweilige Zugang der ersten und der zweiten Kündigung.

5. Klage auf Räumung bei gewerblichem Zwischenmietverhältnis gegen Endmieter nach beendetem gewerblichen Zwischenmietverhältnis

An das
Amtsgericht[1]
– Abt. für Mietsachen –
……

Klage

In Sachen
……

– Kläger –

gegen
…… (Endmieter)[2]

– Beklagter –

wegen Räumung und Herausgabe
vorläufiger Streitwert: EUR 4.500,–
werde ich beantragen:

I. Der Beklagte wird verurteilt, die Wohnung in der …… Straße ……, …… Stock, bestehend aus …… [2a] zu räumen und an den Kläger herauszugeben.
II. (Kosten) ……
III. (vorläufige Vollstreckbarkeit) ……

Begründung:

1. Der Kläger macht seinen Anspruch auf Räumung und Herausgabe der im Antrag bezeichneten Wohnung geltend.
Der Kläger ist Vermieter und Eigentümer der streitgegenständlichen Wohnung.
Beweis: In beglaubigter Fotokopie anliegender Grundbuchauszug
Er hatte mit einer Wohnungsverwaltungsgesellschaft, F. GmbH, einen Mietvertrag über die gewerbliche Zwischenvermietung der Wohnung geschlossen.
Beweis: In beglaubigter Fotokopie anliegender Mietvertrag vom ……
Diese Wohnungsverwaltungsgesellschaft hatte die Wohnung mit Wohnraummietvertrag vom …… an den Beklagten weitervermietet.
Beweis: In beglaubigter Fotokopie anliegender Mietvertrag vom ……
Der Beklagte nutzt die Wohnung überwiegend als Wohnraum, er betreibt in zwei Räumen eine Zahnarztpraxis und bewohnt weitere vier Räume.[3]
Die F. GmbH hat trotz der in Fotokopie anliegenden Mahnungen des Klägers vom …… die gemäß § 3 des Mietvertrages jeweils am 3. Werktag eines Monats im Voraus fällige Miete von EUR …… für die auf einander folgenden Monate …… nur in Höhe von EUR …… entrichtet.
Beweis (ohne Übernahme einer Beweislast): Kontoauszüge in beglaubigter Fotokopie in der Anlage beigefügt.
Sie war damit gemäß § 543 Abs. 2 Nr. 3 a BGB für zwei aufeinander folgende Termine mit einem nicht unerheblichen Teil[4] der Miete in Verzug. Der Kläger hat das Miet-

verhältnis wegen Zahlungsverzuges gegenüber der Wohnungsverwaltung F. GmbH mit Schreiben vom …… fristlos gekündigt. Die Kündigungserklärung ging der F. GmbH am …… zu. Räumungsfrist wurde nicht gewährt.

Beweis: in begl. Fotokopie anliegendes Schreiben vom ……

in begl. Fotokopie anliegender Rückschein der Deutschen Post AG, Einlieferungs-Nr. ……

Es wird vorsorglich darauf hingewiesen, dass die Bestimmung des § 569 Abs. 3 Nr. 2 S. 1 BGB keine Anwendung findet, da es sich bei dem Mietvertrag über eine gewerbliche Zwischenvermietung, nicht um ein Wohnraummietverhältnis handelt.[5]

Eine neue Zwischenvermietung erfolgte nicht. Mit Beendigung des Mietvertrages mit der F. GmbH, ist der Kläger in den Mietvertrag mit dem Beklagten eingetreten.[6]

2. Der Beklagte wurde vom Kläger auf die Beendigung des Zwischenmietverhältnisses hingewiesen. Die F. GmbH hat dem Beklagten die Beendigung des Zwischenmietverhältnisses bestätigt.

Beweis: in begl. Fotokopie anliegender Schreiben vom …… und vom ……

Zeugnis von ……

Er wurde mehrfach aufgefordert, die künftig fällig werdende Miete direkt an den Kläger zu zahlen.[7] **Dies hat der Beklagte abgelehnt und für drei aufeinanderfolgende Monate keine Miete bezahlt. Die Klagepartei hat daher auch gegenüber dem Beklagten mit Schreiben vom …… fristlos gekündigt.**

Die Kündigung ging am …… zu.

Beweis: Zeugnis von ……

Trotz der gesetzten Räumungsfrist und Fortsetzungswiderspruches erfolgte Räumung nicht.

Beweis: Zeugnis von ……

Mietzahlungen wurden nicht nachentrichtet. Der Beklagte schuldet die Rückgabe der Räume, §§ 546, 985 BGB.

Rechtsanwalt

Anmerkungen

1. Die ausschließliche sachliche Zuständigkeit des Amtsgerichts gilt nur für Streitigkeiten zwischen Vermieter und Mieter bezüglich Überlassung, Benutzung oder Räumung von Wohnraum gemäß § 23 Ziff. 2a GVG. Bei sonstigen Mietverhältnissen richtet sich die Zuständigkeit nach dem Streitwert s. Form II. B. 4 Anm. 4. Für die örtliche Zuständigkeit gilt § 29a ZPO auch bei Gewerberaum. Die Vermietung von Räumen an einen Hauptmieter zum Zweck der Weitervermietung an Dritte ist Geschäftsraummiete (BGH NJW 1985, 1772, betr. Vermietung von BRD an NATO). Zur Zuständigkeit des Amtsgerichts für Räumungsklagen in Zweifelsfällen s. *Bub/Treier,* Handbuch der Geschäfts- und Wohnraummiete, 3. Auflage, VIII, 10.

2. Die für die gewerbliche Weitervermietung maßgebliche Bestimmung ist § 565 BGB. Er gilt nur wenn der Endmieter die Räume zu Wohnzwecken nutzen will. Es gibt zwei Mietverhältnisse: Das gewerbliche Hauptmietverhältnis zwischen dem Hauptvermieter (Vermieter) und dem Zwischenvermieter als Mieter (BGH NJW-RR 2004, 1450) und das Untermietverhältnis zwischen dem Zwischenvermieter als Vermieter und dem Wohnungsmieter (Endmieter oder Dritter). Zum Verhältnis von Zwischenvermieter und Vermieter siehe Anm. 5.

2. a. Siehe hierzu Form II. B. 4 Anm. 5.

3. Es handelt sich um ein Mischmietverhältnis. Die Beurteilung, ob Wohnraum- oder Gewerberaummietrecht Anwendung findet, richtet sich nicht nur nach der tatsächlichen Nutzung, sondern auch nach dem wahren, vorherrschenden und vereinbarten Vertragszweck (BGH ZMR 1986, 278 Überwiegenstheorie; OLG Düsseldorf NZM 2007, 923; OLG Düsseldorf NZM 2004, 743; OLG Düsseldorf WuM 2002, 481), es sei denn, es liegt eine einvernehmliche Änderung des Nutzungszwecks (OLG Celle ZMR 1999, 469 ff.) oder eine vom Vertragszweck abweichende tatsächlich andere Nutzung vor (OLG Frankfurt aM. NJOZ 2008, 4473). Sollen Mieträume dem privaten Aufenthalt des Mieters selbst und/oder seiner nächsten Angehörigen dienen, besteht ein Wohnraummietverhältnis (s. BGH WPM 1985, 288). Dies gilt auch, wenn der Wohnraum Personen überlassen ist, mit denen der Mieter einen auf Dauer angelegten gemeinsamen Haushalt führt. Zum zulässigen Umfang geschäftlicher Aktivitäten des Mieters bei Anmietung zu Wohnzwecken s. BGH VIII ZR 165/08 v. 14. 7. 2009.

Gewerbemietverhältnisse liegen vor, wenn Räume angemietet werden, um dort einer geschäftlichen, insbesondere gewerblichen oder anderen beruflichen Tätigkeit nachzugehen, die Räume dem Mieter also anderen als Wohnzwecken dienen. Bei einer Vermietung einheitlicher Räume an einen Freiberufler, sowohl zur Berufsausübung als auch zu Wohnzwecken erfolgt die Vermietung im Zweifel zu gewerblichen Zwecken (*OLG Köln* ZMR 2001, 963 ff.; *BGH* ZMR 1986, 278). Im gewerblichen Bereich (hier Änderungsschneiderei) soll dies auch gelten, wenn der größere Teil der Mietfläche zu Wohnzwecken genutzt wird (OLG Stuttgart ZMR 2008, 795). Werden Räume zur teilgewerblichen Nutzung überlassen, wobei die gewerbliche Nutzung übereinstimmend überwiegen soll, wird aber trotzdem ein Wohnraummietvertragsformular verwandt, bleibt es gleichwohl dabei, dass Wohnraummietrecht keine Anwendung findet (*KG* NZM 2000, 338). Zu trennbar vermieteten Sachen s. BayObLG ZMR 1991, 176.

4. Dies richtet sich nach dem Gesamtrückstand, die Erheblichkeit kann nur mit Rücksicht auf die Umstände des Einzelfalls bestimmt werden (Palandt/*Weidenkaff* § 543 BGB Rdn. 24). Für Wohnraummietverhältnisse muss sich der Rückstand aus einer Minderzahlung in mindestens zwei aufeinander folgenden Terminen zusammensetzen und einen Betrag von mehr als einer Monatsmiete erreichen (Schmidt-Futterer/*Blank* § 543 BGB Rdn. 111 ff.). Das Mietverhältnis kann jedoch gemäß § 543 Abs. 1 BGB bereits dann gekündigt werden, wenn der Mieter von vornherein die Zahlung der künftigen Miete auf unbestimmte Zeit verweigert. Dem Vermieter ist in diesem Fall nicht zumutbar, bis zum Auflaufen des für eine Kündigung nach § 543 Abs. 2 Nr. 3 BGB ausreichenden Betrags zuzuwarten (BGH NJW-RR 2005, 2552).

5. Wenn der Vermieter dem Zwischenvermieter zum Wohnen geeignete Räume zum Zwecke der Untervermietung an Dritte zur Miete überlässt, liegt zwischen Vermieter und Zwischenvermieter kein Wohnraummietvertrag vor, denn bei der typischen gewerblichen Zwischenvermietung gem. § 565 BGB vermietet der Zwischenvermieter den Wohnraum gewerblich iS. einer geschäftsmäßigen, auf Dauer gerichteten, mit der Absicht der Gewinnerzielung oder im eigenen wirtschaftlichen Interesse ausgeübten Tätigkeit. Der Zwischenvermieter muss gewerblich, dh. mit Gewinnerzielungsabsicht handeln (BGH ZMR 1996, 537, 539). Umstritten ist, ob eine analoge Anwendung dieser Bestimmung in Betracht kommt (BGH ZMR 2003, 816 m. Anm. von Baldus, BGH ZMR 1996, 537 ff.; s. *Schmid/Stangl* § 565 BGB Rdn. 5). Teilweise wird der Anwendungsbereich der Vorschrift streng auf Fälle der gewerblichen Zwischenvermietung beschränkt, andererseits auf alle Fälle der Zwischenvermietung zu Wohnzwecken – ausgenommen die klassische Untervermietung – erstreckt. Eine Sonderbeurteilung erfolgt für die Fälle der Zwischenvermietung, die nicht im Interesse des Zwischen- oder des Endmieters erfolgen. Bei Zwischenvermietung an einen gemeinnützigen Verein, der in Erfüllung seiner satzungsgemäßen Aufgaben an von ihm betreute Personen weitervermietet, findet § 565 BGB weder unmittelbar noch analog Anwendung (BGH ZMR 1996, 537 ff.; offengelassen BGH ZMR

2003, 816, 817). Allerdings kann sich der Endmieter gleichwohl auf die Kündigungsschutzvorschriften der Wohnraummiete berufen (BGH ZMR 2003, 816, 817), s. auch *Hinz* WuM 2004, 380, 385. Dies gilt auch bei vereinbarungswidriger Weitergabe durch den Verein an einen Mitarbeiter (BayObLG WuM 1995, 642). Wird im Vorgriff auf eine beabsichtigte gewerbliche Zwischenvermietung die Wohnung an den vorgesehenen „Mieter" überlassen, kommt ein unmittelbares Mietverhältnis zwischen Wohnungseigentümer und Wohnungsbenutzer auch dann zustande, wenn die Zwischenvermietung von vornherein scheitert (LG Duisburg ZMR 1987, 81 ff.).

6. Nach Beendigung des Hauptmietvertrages tritt der Hauptvermieter in den Untermietvertrag ein. Streitig ist, ob es sich um eine vollständige Vertragsübernahme handelt oder eine Zäsur eintritt (MünchKomm BGB/*Häublein* § 565 BGB Rdn. 14 ff. mwN.). Der Vertrag wird mit dem zum Zeitpunkt der Beendigung des Zwischenmietverhältnisses bestehenden Inhalts fortgesetzt (MünchKomm BGB/*Häublein* § 565 BGB Rdn. 16).

7. Nach § 565 Abs. 1 BGB tritt im Falle gewerblicher Zwischenmiete bei Beendigung des Hauptmietverhältnisses der Vermieter an die Stelle des Zwischenvermieters in das Mietverhältnis ein. Daraus folgt die Verpflichtung des Untermieters, an den Vermieter zu zahlen oder – bei Gläubigerungewissheit – die Miete nach § 372 BGB zu hinterlegen (Schmidt-Futterer/*Blank* § 565 BGB Rdn. 20). Tut er das nicht, kann der Vermieter das neu begründete Mietverhältnis nach §§ 543 Abs. 2 Nr. 3 a, 569 BGB kündigen.

6. Klage des Vermieters auf Duldung baulicher Veränderungen[1] bei Wohnraum

An das
Amtsgericht
Abteilung für Mietsachen

Klage[1]

In Sachen

. . . . . . – Kläger –

Prozessbevollmächtigter: Rechtsanwalt . . . . . .

gegen

. . . . . . – Beklagter –

wegen

vorläufiger Streitwert: EUR . . . . . .[2]

werde ich

beantragen:

I. Der Beklagte wird verurteilt – bei Vermeidung der gerichtlichen Festsetzung eines der Höhe nach in das Ermessen des Gerichts gestellten Ordnungsgeldes, ersatzweise einer Ordnungshaft oder einer Ordnungshaft bis zu sechs Monaten -,[2a]

a) die erforderlichen Maßnahmen zur Einsparung von Energie, die folgende Arbeiten notwendig machen . . . . . . (Einbau einer Gas-Zentralheizung) innerhalb der von ihm bewohnten Wohnung in den folgenden Räumen . . . . . ., im Flur, in der Küche, im Bad, in der Zeit vom . . . . . . bis . . . . . . zu dulden[3];

b) dem Kläger und den von ihm beauftragten Handwerkern in der Zeit vom . . . . . . bis . . . . . ., jeweils von . . . . . . Uhr bis . . . . . . Uhr, Zugang zu seiner Mietwohnung zu gewähren;[3a]

c) dem Kläger und den von ihm beauftragten Handwerkern freien Zugang zu ...... zu verschaffen.[3b]

II. ...... (Kosten) ......

III. ...... (vorläufige Vollstreckbarkeit)

Begründung:

Zwischen den Parteien besteht ein Mietverhältnis über die vorgenannte Wohnung gemäß Mietvertrag vom ...... Der Kläger ist Vermieter, der Beklagte Mieter der streitgegenständlichen Wohnung.

Beweis: Mietvertrag vom ......

1. Das Anwesen des Klägers in ......, ... Straße Nr......., in der auch die vom Beklagten bewohnte Wohnung liegt, wurde bislang durch Kohleeinzelöfen mit hohem Energieverbrauch beheizt. Der Kläger hat sich daher entschlossen, im gesamten Anwesen, auch in der Wohnung des Beklagten, eine Gas-Zentralheizung einzubauen. Es handelt sich um eine Modernisierungsmaßnahme im Sinne von § 554 Abs. 2 BGB, da sie eine Einsparung von Heizenergie bewirkt.

   Beweis: Sachverständigengutachten

   Für diesen Anschluss sind in den einzelnen Wohnungen, auch in der Wohnung des Beklagten, folgende, detailliert genannte Arbeiten erforderlich[4]

   ......

   Beweis: ......

2. Der Kläger hat sämtliche Mieter des Hauses – auch den Beklagten – mit Rundschreiben[5] vom ...... darauf hingewiesen, dass die hierfür erforderlichen Umbauarbeiten innerhalb der einzelnen Wohnungen in der Zeit vom ...... bis ...... stattfinden.

   Beweis: Schreiben des Klägers vom ......

   Mit Schreiben vom ...... (spätestens drei Monate vor Beginn der Maßnahme) hat der Kläger den Beklagten über Art, Umfang, Beginn und Dauer des Heizungseinbaues detailliert unterrichtet.[6] Er hat gleichzeitig erklärt, dass er nach Beendigung der Arbeiten eine Mieterhöhung von ca. ...... geltend machen wird[7].

   Beweis: Schreiben vom ......

   Dieses Schreiben wurde dem Beklagten übergeben am ......

   Beweis: Zeugnis von ......

   Der Beklagte hat erklärt, er widersetze sich diesen Arbeiten, weil er mit der bisherigen Heizung zufrieden sei und die höhere Miete nicht zahlen wolle.[8]

   Beweis: Schreiben des Beklagten vom ......

   Die Arbeiten sind in den anderen Wohnungen zum Teil bereits durchgeführt ......
   Der Beklagte weigert sich zu Unrecht, die Durchführung der Arbeiten zu dulden. Er kann sich weder darauf berufen, dass keine Modernisierung vorliegt noch hat er zutreffende Gründe vorgetragen, dass die Arbeiten eine nicht zu rechtfertigende Härte für ihn oder seine Familie darstellen.

Rechtsanwalt

Anmerkungen

1. Der Anspruch des Vermieters gegen den Mieter auf Duldung notwendiger baulicher Verbesserungsmaßnahmen oder Maßnahmen zur Einsparung von Energie (s. EnEG und EnEV und *Eisenschmid* WuM 2006, 119; *Wilcken* NZM 2006, 521; *Drasdo* NJW Spezial 2008, 737) oder zur Schaffung neuen Wohnraums (Modernisierungsarbeiten gem.

§ 554 Abs. 2 und Abs. 3 BGB) kann nicht durch einstweilige Verfügung durchgesetzt werden (hM. siehe *Horst* NZM 1999, 193, 195. Etwas anderes kann nur gelten in Fällen dringender Gefahr für Leben oder Gesundheit von Menschen oder für erhebliche Sachwerte, die nicht anders abgewendet werden kann. Eine für Vermieter sehr sinnvolle Möglichkeit zur Vereinfachung des Verfahrens ist der Abschluss einer Modernisierungsvereinbarung. Einen Anspruch hierauf hat der Vermieter nicht (zu Einzelheiten: *Hinz* in Formularbuch Mietrecht, 2.3.6).

2. Die Höhe des Streitwerts der Klage auf Duldung von Modernisierungsmaßnahmen ist streitig (einfacher Jahresbetrag einer möglichen Mieterhöhung LG Hamburg ZMR 1993, 570, dreieinhalbfacher Jahresbetrag LG Berlin WuM 1996, 429).

2 a. Die Androhung von Ordnungsgeld und/oder Ordnungshaft empfiehlt sich bereits im Klageantrag, um im Zwangsvollstreckungsverfahren gemäß § 890 ZPO unmittelbar die Verhängung der Maßnahme beantragen zu können.

3. Der Antrag ist sehr genau zu fassen (KG GE 2004, 1233), er muss einen vollstreckungsfähigen Inhalt haben und klarstellen, welche Arbeiten in welchem Teil der Wohnung durchgeführt werden sollen. § 554 Abs. 2 u. 3 BGB regeln die Duldungspflicht des Mieters bei Maßnahmen zur Verbesserung der Mietsache sowie zur Einsparung aller Arten von Energie oder Wasser und bei der Schaffung neuen Wohnraums.

Erhaltungsmaßnahmen iS. von § 554 Abs. 1 BGB müssen erforderlich sein, um den Bestand des Mietobjekts zu wahren. Hierunter fallen Instandhaltungs- und Instandsetzungsarbeiten (Palandt/*Weidenkaff* § 554 BGB, Rdn. 5 ff.). Bei diesen Maßnahmen hat der Mieter eine uneingeschränkte Duldungspflicht. Auch bei behördlich angeordneten Maßnahmen gilt dies, BGH NJW Spezial 2009, 465. Unter Verbesserungsmaßnahmen versteht man Maßnahmen, die objektiv den Gebrauchs- oder Substanzwert der gemieteten Räume oder des Gebäudes erhöhen und die bessere Benutzung ermöglichen (BGH WuM 2008, 219, 221); BGH ZMR 2005, 851 ff.; KG RE WM 1985, 248) zB. den Zentralheizungseinbau (LG Fulda WM 1992, 243; AG Berlin-Mitte GE 2004, 1235). Siehe ausführlich Einzelfallaufstellung Schmidt-Futterer/*Eisenschmid* § 554 BGB Rdn. 87 ff. und 156 ff.

Maßstab für die Beurteilung der Wohnwertverbesserung ist die Verkehrsanschauung (BGH WuM 2008, 219, 221).

Maßnahmen zur Einsparung von Energie aller Art sind erfasst, nicht nur Heizenergie (zu Anschluss an Fernwärmenetz BGH NJW 2008, 3630), dh. auch Maßnahmen zur Einsparung von Strom wie drehzahlgeregelten Umwälzpumpen, Ventilatoren und Aufzugsmotoren sowie Energiesparlampen fallen darunter. Bei seinen Maßnahmen ist der Vermieter nicht darauf beschränkt, die Wohnung nur auf einen allgemein üblichen oder durchschnittlichen Standard zu bringen (BGH ZMR 2005, 851, 852). Die Grenzziehung zur Luxusmodernisierung erfolgt durch § 554 Abs. 2 S. 2 BGB s. auch BGH ZMR 2005, 851. „Nachhaltigkeit" ist erforderlich auch für Umlage der Kosten gem. § 559 BGB (Einzelfälle s. Blank/*Börstinghaus* Miete § 554 BGB Rdn. 21 ff.). Zur Höhe des sog. Modernisierungszuschlags s. BGH NZM 2009, 5. Verbesserungs- und Energieeinsparungsmaßnahmen sind immer zu dulden, wenn dadurch keine ungerechtfertigte Härte für den Mieter eintritt. Der Vermieter trägt die Beweislast für das Vorliegen der Voraussetzungen des Duldungsanspruchs, der Mieter muss die nicht zu rechtfertigende Härte darlegen. Zur Zumutbarkeitsprüfung detailliert siehe s. Blank/*Börstinghaus* Miete § 554 BGB Rdn. 29 ff. Dabei sind die Interessen des konkret betroffenen Mieters und anderer Mieter des Gebäudes an der Modernisierung zu berücksichtigen, sowie Auswirkungen für Familie oder andere Angehörige des Haushalts des Mieters und die regelmäßig folgende Mieterhöhung. Eine Angleichung an den „allgemein üblichen" Zustand muss aber in jedem Fall hingenommen werden, die zu erwartende Mieterhöhung, die sich aus einer solchen Modernisierung ergibt, ist bei der Zumutbarkeitsprüfung irrelevant (BGH NJW 1992, 1386).

3 a. Der Duldungsanspruch des Vermieters umfasst grundsätzlich auch die Verpflichtung des Mieters, freien Zugang zur Wohnung zu gewähren und an einer raschen Terminabstimmung mitzuwirken (BGH NJW 2009, 1736). Um jedoch keinen Zweifel hieran aufkommen zu lassen und dem Beklagten seine Verpflichtung zur Verschaffung des Zugangs zur Wohnung deutlich zu machen, empfiehlt sich, diese besondere Duldungsverpflichtung in einen eigenen Antrag aufzunehmen.

3 b. Die Duldungspflicht erstreckt sich auch auf Arbeiten die innerhalb der Wohnung des Beklagten durchzuführen sind, um die Durchführung von Arbeiten in anderen Wohnungen zu ermöglichen. Unter Mietsache iSd. § 554 Abs. 2 S. 1 BGB, ist das Gebäude insgesamt zu verstehen (BGH ZMR 2005, 851, 853).

4. Je nach der Art der durchzuführenden Maßnahme empfiehlt sich hier eine möglichst genaue Angabe dessen, was an Einzelmaßnahmen geplant ist (Muster einer Modernisierungsankündigung Hannemann/Wiegner/*Lutz* Wohnraummietrecht § 30 Rdn. 126; Kinne/*Schach* § 554 BGB Rdn. 200).

5. Ohne ordnungsgemäße Ankündigung sind die Maßnahmen nicht zu dulden (LG München I BeckRS 2009, 05945; AG Hamburg WM 1987, 220). Ist die Ankündigung des Vermieters unrichtig, ist Klage auf Duldung unzulässig (KG WM 1988, 389).

6. § 554 Abs. 3 BGB normiert detailliert die Mitteilungspflicht (Textform § 126 b BGB) des Vermieters:

Der Vermieter hat spätestens 3 Monate vor Beginn der Arbeiten Art, voraussichtlichen Umfang, Beginn und Dauer der Maßnahme anzukündigen und die zu erwartende Mieterhöhung mitzuteilen. Die Neufassung des Gesetzes hat hier die strengen Maßstäbe der bisherigen Rechtsprechung abgesenkt, da der Vermieter zum vorgeschriebenen Mitteilungszeitpunkt zu präziseren Angaben häufig noch nicht in der Lage ist (BT-Drucksache 14/4553, 50; LG München I BeckRS 2009, 05945). Die Ankündigungsfrist ist eine Mindestfrist und nach §§ 187, 188 BGB zu berechnen. Die Mieterhöhung ist trotz verspäteter Ankündigung möglich BGH NJW 2007, 3565. Die Mitteilung muss so konkret wie möglich sein (BayObLGZ 2000, 321), nicht erforderlich ist es, den Ablauf der Arbeiten detailliert für die einzelnen Gewerke zu nennen (KG GE 2007, 907). Für Umfang, Beginn und Dauer sind die voraussichtlichen Zeitangaben zu machen.

Die Beifügung einer Wärmebedarfsberechnung ist nicht erforderlich (BGH ZMR 2002, 580 mwN.).

Zur Mieterhöhung s. Ziff. 7.

Folge einer unterlassenen, wegen Unvollständigkeit unwirksamen oder deutlich zu niedrigen Ankündigung (mehr als 10%) ist, dass die Erhöhungswirkung 6 Monate später eintritt (§ 559 b Abs. 2 BGB).

Ohne Mitteilung entsteht keine Duldungspflicht (Palandt/*Weidenkaff* § 554 BGB Rdn. 29).

Die Mitteilung ist auch für den Lauf der Sonderkündigungsfrist des Mieters gemäß § 554 Abs. 3 Satz 2 und 3 BGB von Bedeutung.

7. Der Vermieter hat durch Erklärung in Textform die Mieterhöhung anzukündigen (§ 554 Abs. 3 BGB). Hierbei ist ein bestimmter Geldbetrag, nicht nur ein Prozentsatz, anzugeben. Die Darlegung der Berechnung ist nicht erforderlich (KG GE 2007, 907). Da der in der Duldungsanforderung angegebene Erhöhungsbetrag nur zur Feststellung der Duldungspflicht dient, ist hier noch keine detaillierte Darstellung und Erläuterung der Mieterhöhung wie für §§ 559, 559 a, 559 b BGB erforderlich (Palandt/*Weidenkaff* § 554 BGB Rdn. 27). Die Mitteilungspflicht erfasst nur die Mieterhöhung gem. § 554 Abs. 3 BGB, nicht gem. § 558 BGB (BGH NJW 2008, 3630). Zur Durchführung der Mieterhöhung siehe Hannemann/Wiegner/*Lutz* Wohnraummietrecht § 35 Rdn. 247 ff.; *Sternel* ZMR 2001, 942 (insbesondere zu Verbundmaßnahmen). Wenn eine Modernisierungsmaßnahme vermieterseits durchgeführt wird und keine Mieterhöhung infolge der Maßnahme verlangt werden soll, muss in dem Ankündigungsschreiben keine Angabe über eine theoretisch mögliche Mieterhöhung enthalten sein (BGH WuM 2008, 667; BayObLG WM 2001, 16 ff.).

8. Der Mieter hat die Möglichkeit der außerordentlichen Kündigung gem. § 554 Abs. 3 S. 2 BGB. Aufwendungen des Mieters bei Modernisierungsarbeiten muss der Vermieter in angemessenem Umfang ersetzen (§ 554 Abs. 4 BGB, s. MünchKommBGB/*Bieber* § 554 BGB Rdn. 40 ff.).

7. Klage des Vermieters auf Räumung eines gewerblich genutzten Lagerplatzes mit darauf errichteter Lagerhalle

An das
......gericht[1]

Klage

In Sachen

– Klägerin –

gegen

......

– Beklagte –

wegen Räumung, Herausgabe und Beseitigung

Streitwert: EUR ......

Namens und mit Vollmacht der Klägerin erhebe ich Klage und werde beantragen:

I. Die Beklagte wird verurteilt, das von ihr angemietete und als Lagerplatz genutzte Teilstück der Flurstück-Nr. ......, vorgetragen im Grundbuch des Amtsgerichts ...... für ......, Band ......, Blatt ......, gelegen in x-Stadt an der y-Straße Nr. ...... und mit einer Fläche von insgesamt ...... qm zu räumen und an die Klägerin herauszugeben.

II. Die Beklagte wird verurteilt, die von ihr auf dem zu I. näher bezeichneten Teilstück errichtete, ebenerdig gemauerte, Lagerhalle von ...... m Breite, ... m Länge und ...... m Höhe abzubrechen und zu entfernen[2].

III. Die Beklagte hat die Kosten des Rechtsstreits zu tragen.

IV. Das Urteil ist, notfalls gegen Sicherheitsleistung, vorläufig vollstreckbar.

Begründung:

1. Die Klägerin hat an die Beklagte das in Ziff. I. näher bezeichnete Teilstück zur gewerblichen Nutzung ausschließlich als Lagerplatz befristet bis Dezember 2009 vermietet. Maßgebend für das Mietverhältnis sind der Mietvertrag vom ......, eine diesem Mietvertrag angeheftete und das oben unter Ziff. I. der Anträge näher beschriebene Grundstück ausweisende Skizze[3] sowie die Allgemeinen Lagerplatzbedingungen der Klägerin.

Beweis: In beglaubigter Fotokopie anliegender Mietvertrag vom ...... nebst Skizze und Allgemeinen Lagerplatzbedingungen.

2. Die Beklagte hat trotz der in Fotokopie anliegenden Mahnungen der Klägerin vom ...... die gemäß § 2 des Mietvertrages jeweils am 3. eines Monats im Voraus fällige Miete[3a] von EUR ...... seit ...... bis jetzt nicht mehr bezahlt.

Das Mietverhältnis wurde daraufhin von der Klägerin mit Schreiben vom ...... fristlos gekündigt[4].

Beweis: In beglaubigter Fotokopie anliegendes Schreiben der Klägerin vom ...... mit Rückschein.

Die Beklagte ist daher nach § ...... des Mietvertrages in Verbindung mit Ziff. ...... der vereinbarten Allgemeinen Lagerplatzbedingungen und nach §§ 543 Abs. 2 Nr. 3, 546 BGB zur sofortigen Räumung und Herausgabe des gemieteten Teilstücks verpflichtet.

3. Die Beklagte hat unmittelbar nach Beginn des Mietverhältnisses am ...... die in Ziff. II. näher bezeichnete Lagerhalle auf der gemieteten Teilfläche aufmauern lassen[5]. Nach Ziff. ...... der zwischen den Parteien vereinbarten Allgemeinen Lagerplatzbedingungen der Klägerin sind bei Beendigung des Mietverhältnisses alle vom Mieter errichteten Bauwerke – gleich aus welchem Material und in welcher Bauweise errichtet – auf seine Kosten abzureißen und zu entfernen; es ist ausdrücklich vereinbart, dass Bauwerke nur für die Dauer des befristeten Mietverhältnisses errichtet werden. Die Beklagte ist daher verpflichtet, die Lagerhalle abzureißen, zu beseitigen und das Grundstück herauszugeben.

Rechtsanwalt

Anmerkungen

1. Hier handelt es sich um eine Klage auf Räumung eines Grundstücks. Die sachliche Zuständigkeit richtet sich daher nur nach dem Streitwert, §§ 71, 23 GVG. Die örtliche Zuständigkeit bestimmt sich nach den allgemeinen Vorschriften (§ 29a ZPO gilt nur für „Räume", „Keine Räume" sind: Grundstücksflächen, Gebäudeflächen, Wohncontainer, ein demontierbares Bürogebäude, s. *Zöller* § 29a ZPO Rdn. 5; *Thomas/Putzo* § 29a ZPO Rdn. 6). Sie ist – wie auch die sachliche Zuständigkeit – unter den Voraussetzungen des § 38 ZPO prorogierbar.

2. Die Räumung, die nach § 885 ZPO vollstreckt wird, umfasst zwar das Recht des Gläubigers, den Schuldner aus einem von ihm errichteten Bauwerk zu entfernen (OLG Hamm NJW 1965, 2207, str. s. *Zöller* § 885 ZPO Rdn. 1), nicht aber ohne weiteres die Befugnis, vom Schuldner errichtete Bauwerke selbst zu beseitigen, auch wenn sie – wie hier – sonderrechtsfähige nicht wesentliche Bestandteile sind. Es empfiehlt sich daher ein Antrag wie zu Ziff. II., der unabhängig von der Räumung nach § 887 ZPO vollstreckt werden kann (BGH WM 2004, 1197), zur Form siehe Form. III. C. 3.

3. Ein Lageplan, der sich nur als Anschauungsobjekt oder Orientierungsbehelf darstellt, der die Mietfläche innerhalb eines Gesamtgrundstücks festlegt, die im Mietvertrag selbst detailliert beschrieben ist, wird nicht vom Schriftformerfordernis erfasst (BGH NZM 2001, 43).

3 a. Während § 556b Abs. 1 BGB nunmehr bestimmt, dass bei Wohnraummietverhältnissen und solchen über Räume die Zahlung im Voraus erfolgt, verbleibt es für die in § 579 Abs. 1 BGB geregelten Grundstücksmietverhältnisse, Mietverhältnisse über eingetragene Schiffe und für bewegliche Sache dabei, dass der Vermieter vorleistungspflichtig ist und die Miete am Ende der Mietzeit zu entrichten ist bzw. nach Ablauf des vertraglich bestimmten Zeitabschnitts.

Die Vorschrift unterscheidet hinsichtlich des Fälligkeitszeitpunkts zwischen Grundstücken und im Schiffregister eingetragenen Schiffen sowie beweglichen Sachen. Danach ist die Miete für ein Grundstück, wenn sie nicht nach kürzeren Zeitabschnitten zu bemessen ist, immer nach Ablauf eines Kalendervierteljahres am 1. Werktag des folgenden Monats zu entrichten, während die Miete für im Schiffregister eingetragene Schiffe und bewegliche Sachen am Ende der Mietzeit zu entrichten ist. Für Grundstücke wird in der Regel eine monatliche oder ein vierteljährliche Zahlungsweise vereinbart sein, zur jährlichen Zahlung BGH NJW-RR 2009, 21. Ist eine monatlich zu zahlende Miete für ein Grundstück vereinbart, so wird sie nach Ablauf des jeweiligen Monats fällig. Bei Vereinbarung einzelner Zeitabschnitte wie Wochen, Monate oder Kalendervierteljahre tritt Fälligkeit am Ende des einzelnen Zeitabschnitts, also jeweils am 1. Werktag des nachfolgendes Zeitabschnitts ein. Bei wirksamer Vereinbarung einer Rechtzeitigkeitsklausel wird das Verzögerungsrisiko auf den Mieter verlagert, so dass zu dem im Vertrag vereinbarten Zeitpunkt die Miete beim Vermieter eingegangen sein muss. Sofern der Mieter die Miete durch Banküberweisung zahlt, muss er die Banklaufzeit einrechnen (s. Form II. B. 1).

Zur Frage, ob der Samstag als Werktag zu sehen ist, siehe Form. II. B. 1 Anm. 3.

Die Regelung ist abdingbar, insbesondere die Vereinbarung von Rechtzeitigkeitsklauseln ist auch formularvertraglich möglich (für Kaufleute BGH ZMR 1998, 612 (613); für gewerblichen Vertrag OLG München ZMR 1996, 376, 378). Die Klauseln müssen darüber hinaus § 242 BGB entsprechen.

4. Bei Vermietung eines Grundstücks ist und bleibt der Vertragsgegenstand in der Regel das Grundstück. Bei Vornahme der Verbindung von Grundstück und Gebäude in Ausübung eines zeitlich begrenzten Nutzungsrechts ist davon auszugehen, dass nur eine vorübergehende Verbindung erfolgen sollte und es sich um einen Scheinbestandteil iS. des § 95 Abs. 1 Satz 1 BGB handelt, so dass hinsichtlich der Eigentumslage kein Rechtsverlust zu Gunsten des Vermieters gemäß § 946 BGB eintritt. Scheinbestandteile bleiben selbst dann, wenn sie tatsächlich unbeweglich sind, im Rechtssinne bewegliche Sache und unterliegen den für diese geltenden Regeln. Maßgebend ist der Wille des Erbauers (Mieter), sofern dieser mit dem nach außen in Erscheinung tretenden Sachverhalt ein Einklang zu bringen ist (BGH NJW 1996, 916, 917; OLG Brandenburg BeckRS 2009, 01225). Die Vermutung spricht dafür, dass die Verbindung nur in seinem Interesse und für die Dauer des Vertragsverhältnisses erfolgte (BGHZ 8, 1, 5 = NJW 1953, 137 ff.; BGH NJW 2006, 990), insbesondere wenn der Verbindende in Ausübung eines zeitlich begrenzten Nutzungsrechts handelt und die Lebensdauer der Sache über die Vertragsdauer hinausgeht (OLG Celle NdsRpfl 2005, 68 zur Pacht). Auch eine massive Bauart steht dem nicht entgegen. Erforderlich wäre eine eindeutige Vereinbarung oder der erkennbare Wille des Erbauers (Mieter) bei Errichtung des Bauwerks, es bei Vertragsbeendigung in das Eigentum seines Vermieters übergehen zu lassen (BGHZ 92, 70, 74; OLG Brandenburg BeckRS 2009, 22024); Lebek NZM 1998, 747).

5. Trotz fester Verbindung wird die Halle nicht wesentlicher Bestandteil und fällt damit nicht ins Eigentum der Klägerin nach § 94 BGB, wenn der Mieter das Bauwerk zur Nutzung während der Vertragsdauer errichtet und der Vermieter es bei Vertragsende nicht übernehmen soll (vgl. Palandt/*Heinrichs* § 95 BGB Rdn. 2). Der Mieter könnte seinen Wegnahmeanspruch auf §§ 985, 258, 95 BGB stützen.

8. Klage des Mieters auf Rückzahlung der Kaution

An das
Amtsgericht[1]
– Streitgericht –
Abteilung für Mietsachen

Klage

des …… **– Kläger –[2]**
Prozessbevollmächtigter: Rechtsanwalt ……

gegen

…… **– Beklagter –**

wegen Forderung
Streitwert: ……

Namens und in Vollmacht des Klägers erhebe ich Klage und werde beantragen:

I. Der Beklagte wird verurteilt, an den Kläger EUR …… zuzüglich Zinsen[2a] iHv. 5 Prozentpunkten über dem jeweiligen Basiszinssatz aus diesem Betrag seit 30. 11. 2008 zu zahlen[3].

II. Kosten ......
III. Vollstreckbarkeit ......

Begründung:

1. Zwischen den Parteien bestand ein Mietverhältnis über die Wohnung des Beklagten in ......, Straße ......, Nr......., ab 1. 1. 1980.

Beweis: In beglaubigter Form anliegender Mietvertrag vom 27. 12. 1979.

Der Kläger hatte am ...... die Barkaution an den Beklagten geleistet[3a].

Beweis: Quittung vom ......

Der Kläger hat das Mietverhältnis zum 31. 5. 2009 gekündigt und die vorgenannte Wohnung zu diesem Zeitpunkt geräumt, in mangelfreiem, vertragsgerechtem Zustand an den Beklagten herausgegeben.

Beweis: Zeugnis von ......

Der Beklagte hat keinerlei rückständige Ansprüche aus dem Mietverhältnis mehr[4].
Der Formularmietvertrag vom 27. 12. 1979 verpflichtet den Mieter zur Zahlung einer Kaution[5] in Höhe von EUR ......[6] Über die Verzinsungspflicht enthält der Vertrag keine Regelung. Zur Verzinsung[7] ist der Vermieter gleichwohl verpflichtet.
Der Kläger hat die Kaution am Tage des Einzuges[8] (1. 1. 1980) durch Barzahlung an den Beklagten erbracht.

2. Der Beklagte hat das Geld bei der Stadtsparkasse ...... auf einem Sparkonto angelegt[9]. Die Kaution ist ab 1. 1. 1980 gem. folgender Berechnung ...... zu verzinsen[10]. Mit Schreiben vom 23. 1. 2009 wurde der Beklagte unter Fristsetzung zur Rückzahlung der Kaution aufgefordert.
Zahlung erfolgte gleichwohl nicht. Gegenansprüche wurden nicht erhoben. Klage war geboten.

Rechtsanwalt

Anmerkungen

1. Die örtliche Zuständigkeit richtet sich nach § 29a ZPO. Zur sachlichen Zuständigkeit siehe Form II. B. 1 Anm. 1.

2. Mehrere Mitmieter können die Rückgabe der Sicherheit nur gemeinsam fordern, als Mitgläubiger können sie gemäß § 432 Abs. 1 BGB vom Vermieter nicht Leistung an sich allein, sondern nur an alle Berechtigten verlangen. Ein einzelner Mitmieter ist hierzu allenfalls in gewillkürter Prozessstandschaft auf Grund einer Ermächtigung der übrigen Mieter in der Lage (BVerfG WuM 2002, 23 f.), siehe auch LG Flensburg BeckRS 2009, 05085 mwN., wonach der Klage eines einzelnen Mitmieters die Prozessführungsbefugnis fehlt (hier: geschiedenes Ehepaar); s. auch BGH NJW 1988, 1586 mwN., LG Berlin GE 1996, 1117; möglich ist nach Ansicht des LG Gießen (NJW-RR 1996, 1162), dass mehrere Mitmieter ihre Anteile an einer gemeinschaftlichen Kautionsrückzahlungsforderung im Wege der Abtretung mit Zustimmung aller Berechtigten in der Hand eines Mitmieters vereinigen.

2a. Die Kautionszinsen, Zinseszinsen und sonstige Erträge erhöhen die Hauptforderung und sind zu dieser hinzuzurechnen (§ 551 Abs. 3 Satz 4 BGB), Kapitalertragssteuer und Solidaritätszuschlag sind abzuziehen (LG Berlin NZM 2001, 619), Verzugs- und Prozesszinsen dürfen verlangt werden (LG Köln WuM 1995, 719).

3. Der Antrag geht von Rückforderung einer Barkaution aus. Wenn ein Sparbuch verpfändet wurde, lautet der Antrag wie folgt:

Der Beklagte wird verurteilt, dem Kläger das auf ihn (Namen) lautende Sparbuch, das bei der x-Bank in y-Geschäftsstelle, z-Straße in y-Stadt geführt wird, herauszugeben und der x-Bank schriftlich mitzuteilen, dass das Pfandrecht an dem Sparguthaben iHv. ...... EUR zuzüglich der gutgeschriebenen Zinsen seit ...... (Beginn der Verpfändung) erloschen ist. (s. LG Berlin ZMR 2002, 349)

3 a. Der Mieter trägt die Beweislast für die tatsächliche Zahlung der Kaution an den Vermieter (KG ZMR 2004, 110 ff.).

4. Mit Bezahlung der Kaution an den Vermieter erhält der Mieter einen aufschiebend bedingten Kautionsrückzahlungsanspruch (BGHZ 101, 244/250). Dieser wird fällig und besteht auch nur insoweit als feststeht, dass dem Vermieter keine Ansprüche mehr zustehen, für die die Kaution haftet, das Sicherungsbedürfnis also entfallen ist (BGH ZMR 1999, 537, 538; OLG Karlsruhe BeckRS 2009, 21288; BeckRS 2008, 20676 mwN; zu Betriebskosten BGH NJW 2006, 1422 ff.).

Wenn der Vermieter Schadensersatzansprüche wegen Mängeln des Mietobjekts bei Rückgabe durch den Mieter und damit verbunden die Aufrechnung gegen den Anspruch auf Kautionsrückzahlung geltend machen will, muss er einen hinreichend substantiierten Sachvortrag zu den Mängeln machen (§ 538 BGB). Dieser hat sowohl hinsichtlich des Anspruchsgrundes als auch hinsichtlich der Anspruchshöhe zu erfolgen. Die einzelnen Mängel und Schäden müssen örtlich und inhaltlich konkret geschildert werden. Schlagworte (beschädigt, zahlreiche Kratzer, zerstört usw.) ohne eine genaue inhaltliche und örtliche Darstellung genügen der Substantiierungspflicht nicht. Der Zustand bei Beginn und bei Ende des Mietverhältnisses ist darzulegen. Beim Vortrag zu den Schäden muss erörtert werden, warum diese nicht auf vertragsgemäßen Gebrauch der Mietsache zurückzuführen sind.

Auch hinsichtlich der Höhe muss konkret und nachvollziehbar mitgeteilt werden, wie sich die Forderung im Einzelnen errechnet. Ein Verweis auf Rechnungen und Unterlagen oder die Nennung eines Gesamtbetrages genügt nicht, da andernfalls ein substantiiertes Bestreiten des Mieters nicht möglich ist.

Hinsichtlich zu ersetzender Gegenstände ist das Alter mitzuteilen, damit das Gericht im Rahmen eines eventuellen Vorteilsausgleichs einen Abzug „Neu für Alt" vornehmen kann, da Mietgegenstände regelmäßig auch bei ordnungsgemäßer Nutzung der Abwohnung unterliegen. Auf eventuelle „Neuwertigkeit" bei Einzug des Mieters kommt es nicht an, entscheidend ist das tatsächliche Alter. Gegebenenfalls hat der Vermieter sich beim Voreigentümer zu informieren. Ein Bestreiten mit Nichtwissen ist unzulässig.

Dem Vermieter wird nach Mietvertragsbeendigung eine Frist zugebilligt, innerhalb deren er zu prüfen hat, ob und welche Ansprüche ihm noch zustehen. Diese Frist hängt vom Einzelfall ab (BGH NJW 2006, 1422 mwN.). Sie beträgt in der Regel 3 bis 6 Monate, OLG Düsseldorf NJOZ 2004, 35 = weniger als 6 Monate; OLG Köln, ZMR 1998, 345: 2,5 Monate; LG Ulm BeckRS 2008, 06417: 6 Monate. Ein Zeitraum von 2 Jahren für die Rückzahlung wurde als zu lang angesehen (OLG Düsseldorf ZMR 1992, 191; OLG Düsseldorf BeckRS 2008, 10705 bei 33 Monaten).

Der Vermieter kann gegen den Rückzahlungsanspruch mit Ersatzansprüchen wegen Veränderung oder Verschlechterung der Mietsache, die gem. § 548 BGB in 6 Monaten nach Rückgabe der Mietsache verjähren, auch später noch aufrechnen (BGH NJW 1987, 2372; OLG Karlsruhe ZMR 1987, 148; aA. zuvor OLG Celle NJW 1985, 1715). Dies gilt nicht für Ansprüche, die bei Entstehung der Aufrechnungslage bereits verjährt sind (OLG Düsseldorf ZMR 2002, 658). Gegen die Inanspruchnahme der Kaution kann der Mieter nicht im einstweiligen Verfügungsverfahren vorgehen (KG GE 2008, 869).

5. Die häufigsten Formen der Sicherheitsleistung sind Barkaution und Bankbürgschaft (Einzelheiten s. *Schmid/Riecke* § 551 BGB Rdn. 21 ff.).

6. Die Kaution als umfassendes Sicherungsmittel des Vermieters für Forderungen aus dem Wohnraummietverhältnis darf seit 1. 1. 1983 bei nicht preisgebundenen Wohnraummietverhältnissen gem. § 551 b Abs. 1 BGB die dreifache Nettomiete nicht übersteigen (zur Ausnahme s. BGH BGHZ 111, 361). Nicht abrechenbare Betriebskostenpauschalen dürfen ebensowenig eingerechnet werden wie Vorauszahlungsbeträge (§ 551

Abs. 1 BGB). Insgesamt darf die Höhe der Sicherheiten (zB. eine neben der Barkaution geleistete Bürgschaft, s. aber Anm. 5) drei Monatsmieten nicht übersteigen (BGH ZMR 2004, 666; BGH ZMR 1989, 256; zur Ausnahme s. BGH ZMR 1990, 327). Die Höhe der Bürgschaft ist statisch (LG Leipzig ZMR 2003, 191 (194)).

Für Gewerbemietverhältnisse ist die Höhe der Sicherheit nicht begrenzt, sie richtet sich nach der vertraglichen Vereinbarung.

Bei Formularklauseln ist § 307 BGB zu beachten.

7. Bei Wohnraummietverträgen über nicht preisgebundene Wohnungen, die vor dem 1. 1. 1983 abgeschlossen wurden und in denen die Verzinsung nicht wirksam ausgeschlossen war, ist der Vermieter verpflichtet, die Kaution vom Empfang an zu dem für Spareinlagen mit gesetzlicher Kündigungsfrist üblichen Zinssatz zu verzinsen. Zu Einzelheiten s. Schmidt-Futterer/*Blank* § 551 BGB Rdn. 6 ff.

Ob der formularvertragliche Ausschluss der Verzinsung in sog. Altverträgen über Wohnraum, die vor dem 1. 1. 1983 abgeschlossen worden sind, wirksam erfolgte, ist streitig (s. *Derleder* WuM 2002, 239; *Kraemer* NZM 2001 737, 738), wird aber überwiegend abgelehnt. Bei den seit 1. 1. 1983 geschlossenen Verträgen ist die Verzinsungspflicht zwingend.

Bei Nichtwohnraummietverhältnissen ergibt sich aus dem Gesetz keine Verzinsungspflicht, sie kann vertraglich vereinbart werden (s. *Pauly* WM 1996, 600 mwN.). Bei fehlender vertraglicher Vereinbarung soll Verzinsung geschuldet sein (BGH WM 1994, 679).

Eine Verzinsungspflicht besteht gleichfalls nicht für Wohnraummietverhältnisse, die Teil eines Studenten- oder Jugendwohnheims sind (§ 551 Abs. 3 Satz 5 BGB).

8. Eine Vereinbarung, wonach der Wohnraummieter die Kaution vor Beginn des Mietverhältnisses zu erbringen hat, ist wie jede andere Abweichung von den Bedingungen des § 551 BGB zu ungunsten des Mieters unwirksam (§ 551 Abs. 4 BGB). Der Mieter ist berechtigt, die Barkaution in drei gleichen Teilleistungen zu erbringen, wobei nur die erste Teilleistung zu Beginn des Mietverhältnisses fällig ist (§ 551 Abs. 2 BGB), die weiteren Raten sind jeweils einen Monat später fällig. Dies gilt auch, wenn der Mieter ein Sparbuch anzulegen hat. Bei einer unwirksamen Fälligkeitsregelung bleibt die Kautionsabrechnung als solche wirksam, dem Mieter wird nur das Ratenzahlungsrecht belassen (BGH ZMR 2003, 729 ff.; BGH ZMR 2004, 405; BGH ZMR 2004, 666, 668). Die Regelung des § 551 Abs. 2 BGB gilt nicht für eine Sicherheitsleistung durch Bankbürgschaft (*Blank/Börstinghaus* §§ 551 BGB Rdn. 5, 550 b BGB aF. Rdn. 17).

9. § 551 Abs. 3 Satz 3 BGB schreibt für Wohnraummietverhältnisse vor, dass der Vermieter die Kaution von seinem Vermögen getrennt anzulegen hat, so auch BGH (GE 2008, 858) zu Untreuevorwurf bei Kautionseinzahlung auf Girokonto. Der Anspruch auf getrennte Anlage der Kaution ist einklagbar (LG Darmstadt NJW-RR 2002, 155; *Blank/Börstinghaus* Neues Mietrecht § 551 BGB Rdn. 6, unter Verweisung auf die Kommentierung zu § 550 b BGB aF. Rdn. 24 BGB). Hinsichtlich der Art der Anlage sowie der Höhe der Verzinsung hat der Mieter einen Auskunftsanspruch.

Die Anlage muss nicht auf einem Sparbuch erfolgen. Die Vertragsparteien können eine andere Anlageform (§ 551 Abs. 3 Satz 2 BGB) wählen. Zutreffend weist Sternel (ZMR 2002, 1) darauf hin, dass die Mietsicherheit durch die Regelung des § 551 Abs. 3 Satz 2 BGB ein ihr an sich fremdes spekulatives Element bekommen hat. Andere Anlageformen sollen nur solche sein, die grundsätzlich auch Erträge abwerfen können, zB. Zinsen oder Dividenden. Sofern sich der Gewinn nicht realisiert oder beim Eintritt eines Vermögensverlustes, soll der Mieter anders als bei einer Anlage gemäß § 551 Abs. 3 Satz 1 BGB weder das eingesetzte Kapital noch eine Mindestverzinsung vom Vermieter zurückverlangen können. Der Gesetzgeber geht davon aus, dass „beide Parteien ...... mit einer von Satz 1 abweichenden Vereinbarung ein vergleichbares Verlustrisiko ein(gehen)" (BT-Drs. 14/4553 S. 48).

Die gesonderte Anlage ist erforderlich, um den Rückzahlungsanspruch des Mieters bei Zwangsvollstreckung durch Gläubiger des Vermieters oder bei Insolvenz des Vermieters zu sichern BGH NZM 2008, 203; NJW 2008, 1732; *Cymutta,* WuM 2008, 441.

Für den Fall des Eigentumswechsels bestimmt § 566 a BGB, dass der Mieter bei Mietende die geleistete Sicherheit in jedem Fall vom Erwerber zurückfordern kann, unabhängig davon, ob der Erwerber die Sicherheit tatsächlich erhalten hat, anlässlich des Eigentumswechsels, dies gilt nur, wenn im Zeitpunkt des Eigentümerwechsels ein wirksames Mietverhältnis besteht BGH NZM 2007, 441. Daneben haftet auch der Veräußerer, wenn der Mieter die Sicherheit von dem Erwerber nicht erlangen kann. Der Mieter muss – sofern dies nicht aussichtslos ist – zunächst den Erwerber in Anspruch nehmen (Palandt/*Weidenkaff* § 566 a BGB Rdn. 6 BGB). Zur Übergangsregelung siehe *Blank/Börstinghaus* Neues Mietrecht § 566 a BGB Rdn. 8 BGB, AG Lichtenberg ZMR 2002, 357, *Derleder* WuM 2002, 239). Zur Herausgabepflicht der Kaution durch den Zwangsverwalter s. BGH NJW-RR 2005, 1029.

10. Die Berechnung der Zinsen erfolgt nach den Zinssätzen, die für Spareinlagen mit 3-monatiger Kündigungsfrist üblich waren. Die Übergangsregelung des Artikel 229 § 3 Abs. 8 EGBGB knüpft an die bisherigen Übergangsregelungen zu § 550 b BGB aF. an. Vereinbarungen, durch die vor Einführung der Verzinsungspflicht eine Verzinsung wirksam ausgeschlossen worden sind, bleiben wirksam (BGH NZM 2009, 481; *Franke* ZMR 2001, 951, 955, siehe auch *Derleder* WuM 2002, 239 mwN.). Für unterschiedliche Zeiträume kommen verschiedene Zinssätze in Betracht. Sowohl der Zeitraum als auch der Zinssatz müssen konkret angegeben werden. Möglich ist auch, vom Vermieter im Wege der Stufenklage zunächst Auskunft über die erwirtschafteten Zinsen zu verlangen und nach deren Bezifferung den Zahlungsanspruch geltend zu machen LG Berlin NZM 2001, 618 mwN. Zinsen und Zinseszinsen stehen dem Mieter zu (Palandt/*Weidenkaff* § 551 BGB Rdn. 13). Streitig ist, ob der Vermieter verpflichtet ist, das durch eine übergesetzliche Zinsanlage Erlangte herauszugeben, ohne dass eine Absprache zwischen den Parteien hierüber vorliegt (Palandt/*Weidenkaff* § 551 BGB Rdn. 13 mwN.).

Zur Zinsabschlagssteuer s. *Schmid/Riecke* § 551 BGB Rdn. 94.

9. Sofortiges Anerkenntnis des Räumungsanspruchs und Antrag des Mieters auf Gewährung einer Räumungsfrist nach § 721 ZPO für Wohnraum

An das
Amtsgericht
– Streitgericht –
Abteilung für Mietsachen

Aktenzeichen: ……
In Sachen
…… **– Klägerin –**
Prozessbevollmächtigter: Rechtsanwalt ……
gegen
1) ……
2) …… **– Beklagte –**
zeige ich die Vertretung der Beklagten an. In deren Namen und Auftrag erkenne ich den Klageanspruch auf Räumung

an[1]

und

beantrage:

I. Den Beklagten wird eine in das Ermessen des Gerichts gestellte Räumungsfrist[2], mindestens bis zum …… gewährt[3].

II. Der Kläger hat die Kosten des Rechtsstreits zu tragen[4].
III. Die Klage ist im Kostenpunkt vorläufig vollstreckbar.

Begründung:

Die Beklagten widersetzen sich der Räumung der von ihnen bewohnten Wohnung nicht. Sie haben auch vorprozessual die Wirksamkeit der Kündigung nicht bestritten. Sie haben jedoch den Kläger vergeblich aufgefordert, ihnen eine Räumungsfrist von ...... Wochen zu gewähren. Die Beklagte zu 2) ist im 6. Monat schwanger und wird voraussichtlich am ...... entbinden[5]. Beweis: ...... Ein Umzug ist in dieser Situation weder vor der Niederkunft noch unmittelbar danach möglich und zumutbar[6]. Ein Umzug wird am ...... erfolgen. Beweis: Mietvertrag über neu angemietete Wohnung. Weil der Kläger diesem Sachverhalt[7] trotz Bitten der Beklagten keine Rechnung tragen will, ist es billig, ihm die Kosten des Rechtsstreits aufzuerlegen.

Rechtsanwalt

Anmerkungen

1. Zur Form s. auch Form. I. E. 3.

2. Über eine Räumungsfrist wird auf Antrag oder von Amts wegen entschieden. Zuständig ist das jeweilige Prozessgericht. Sinnvoll ist für beide Parteien, die tatsächlichen Umstände, die für oder gegen die Gewährung einer Räumungsfrist sprechen, schon im Räumungsprozess vorzutragen.

Vorteil des Antrags: uU. Antrag auf Ergänzung nach §§ 721 Abs. 1 S. 3, 321 ZPO. Für den Antrag ist eine 2-Wochen-Frist einzuhalten, der Antrag muss spätestens 2 Wochen vor dem Tag, an dem gemäß dem Urteil zu räumen ist, bzw. spätestens 2 Wochen vor Ablauf einer schon gewährten Räumungsfrist bei Gericht eingehen.

3. § 721 ZPO ist nur anwendbar, wenn Räumungsschutz bezüglich Wohnraum begehrt wird (bei Mischmietverhältnissen (s. Form. II. B. 5 Anm. 3) teilweise str., vgl. MünchKommBGB/*Krüger* § 721 ZPO Rdn. 8). Zur Antragstellung und -begründung des Räumungsschutzantrags ist der Anwalt des Beklagten verpflichtet (OLG Hamm NJW-RR 1995, 526). Über eine Räumungsfrist ist auch beim Versäumnisurteil zu entscheiden (LG Rostock NJW RR 2001, 443), Rechtskraft der Entscheidung ist keine Voraussetzung für den Antrag (KG BeckRS 2008, 16179), s. auch BGH BeckRS 2009, 19526, LG Berlin BeckRS 2008, 02059. § 721 gilt bei Vermietung zu vorübergehenden Gebrauch etc. (vgl. § 549 Abs. 2 und Abs. 3, § 721 Abs. 7 ZPO) und bei Zuweisung nach der Hausratsverordnung in Altfällen, sowie in neuen Verfahren (ab 1. 9. 2009) nach FamFG bzw. §§ 1568 a, 1586 b BGB oder gemäß § 661 Abs. 1 Ziffer 5 ZPO nicht.

Liegen die Voraussetzungen des § 575 BGB in vollem Umfang vor, so entfällt der Vollstreckungsschutz gemäß §§ 721, 794 a ZPO (vgl. §§ 721 Abs. 7, 794 a Abs. 5 ZPO); bei vorzeitiger Beendigung eines Zeitmietverhältnisses durch fristlose Kündigung ist Räumungsschutz möglich, zeitlich begrenzt gem. § 721 Abs. 7 S. 2 ZPO (s. *Zöller* § 721 ZPO Rdn. 14). Erhalten bleibt lediglich der Vollstreckungsschutz des § 765 a ZPO (hierzu Form. II. B. 14).

4. Bei sofortigem Anerkenntnis und Bewilligung einer Räumungsfrist (s. *Harsch* WM 1995, 246, 248) richtet sich die Kostenentscheidung nach § 93 b Abs. 3 ZPO; es besteht also gegenüber § 93 ZPO die erweiterte Möglichkeit des kostenbefreienden Anerkenntnisses des beklagten Mieters.

5. Bei der Entscheidung über Räumungsfrist sind die Vermieter- und Mieterinteressen zu prüfen (Einzelheiten s. MünchKommBGB/*Krüger* § 721 ZPO Rdn. 10). Für den Vermieter ist die Gewährung einer Räumungsfrist grundsätzlich unzumutbar, wenn die Zahlung der laufenden Miete/Nutzungsentschädigung für die Dauer der Räumungsklage nicht gewährleistet ist (OLG Stuttgart NZM 2006, 880). Dem nur zeitlich befristeten Bestandsinteresse des Mieters soll Vorrang vor dem Erlangungsinteresse des Vermieters eingeräumt werden, anders als im Verfahren des § 765a ZPO (LG Hamburg WuM 1990, 216). Im Höchstfalle beträgt die Räumungsfrist insgesamt ein Jahr. Die Frist beginnt, falls nicht ausdrücklich festgelegt, mit Zustellung oder Verkündung der Entscheidung (§ 221 bzw. § 312 ZPO). Bei einem Urteil auf künftige Räumung gem. § 259 ZPO, ohne Entscheidung über die Gewährung einer Räumungsfrist, kann der Räumungsschuldner bis spätestens 2 Wochen (zum Feiertags- und Wochenendproblem s. *Hannemann/Wiegner,* Wohnraummietrecht, § 54 Rdn. 11) vor dem Räumungstermin Antrag (siehe oben Anmerkung 1) auf Räumungsfristgewährung stellen (s. *Münzberg* WM 1993, 9 ff.). Die Vorschriften über die Wiedereinsetzung gem. §§ 233 bis 238 ZPO gelten entsprechend (*Musielak/Lackmann,* § 721 ZPO Rdn. 8).

6. Es gilt kein Amtsermittlungsgrundsatz, die Parteien müssen hinreichend vortragen.

7. Um einer ungünstigen Kostenentscheidung vorzubeugen, muss der Mieter einen konkreten Auszugstermin nennen und glaubhaft darlegen (LG Frankenthal WM 1993, 547; AG Hannover WM 1993, 547; insges. 27 Entscheidungen zu dem Problemkreis WM 1993, S. 541 ff.). Verpflichtet zur Suche nach Ersatzwohnraum ist er erst ab Rechtskraft des Urteils, es sei denn, er muss von der Berechtigung der Kündigung oder der Erfolglosigkeit seiner Verteidigung ausgehen (OLG Köln ZMR 2004, 33 ff.; LG Wuppertal WuM 1996, 429, 430).

Fristen und Rechtsmittel

Auf Räumung lautende Urteile werden durch die an sich zulässigen Rechtsmittel (Berufung/Einspruch/Nichtzulassungsbeschwerde) angegriffen, s. auch LG München I NZM 1999, 306. Soll lediglich Versagung, Gewährung oder Bemessung der Räumungsfrist angegriffen werden, ist sofortige Beschwerde gegen erstinstanzliche Entscheidung innerhalb von 2 Wochen (§ 721 Abs. 6, § 569 ZPO) einzulegen. Zu Einzelheiten s. Zöller § 721 ZPO Rdn. 13; Schmidt-Futterer/*Blank* Anhang 1 zu §§ 574–574c; § 721 ZPO Rdn. 65.

10. Antrag des Mieters auf Ergänzung des Urteils bezüglich einer Räumungsfrist

In Sachen

......

wurde mir das Urteil des Amtsgerichts ...... vom ...... am ...... zugestellt. Im Urteil wurde der von mir mit Schriftsatz vom ...... gestellte Antrag auf Einräumung einer Räumungsfrist nicht verbeschieden. Ich stelle daher den

Antrag,

durch Ergänzungsurteil wie folgt zu entscheiden:

Den Beklagten wird eine Räumungsfrist bis zum 30. 4. 2010 gewährt[1].

Gleichzeitig stelle ich den

Antrag,

die Zwangsvollstreckung aus dem Endurteil vom ...... ohne, hilfsweise gegen Sicherheitsleistung, deren Höhe in das Ermessen des Gerichts gestellt wird, einstweilen einzu-

stellen[2]. Eine sofortige Räumung würde aus den in der Klageerwiderung genannten Gründen eine unzumutbare Härte darstellen.

Rechtsanwalt

Anmerkungen

1. Vgl. §§ 721 Abs. 1 S. 2 und 3, 321 ZPO (2 Wochen ab Zustellung des Urteils, wenn Antrag übergangen wurde; *Steinert/Theede* 8. Kapitel Rdn. 113). Der entsprechende Antrag ist zwingend erforderlich, andernfalls kann die Ergänzung des Urteils nicht erfolgen (LG Rostock NJW RR 2001, 443), siehe auch Form I. N. 3.

2. Vgl. §§ 721 Abs. 1, 732 Abs. 2 ZPO. Einstweilige Einstellung möglich und uU. erforderlich, weil Räumungsurteil nach § 708 Nr. 7 ZPO ohne Sicherheitsleistung vorläufig vollstreckbar ist (vgl. Baumbach/*Hartmann* § 721 Rdn. 6; § 321 Rdn. 6). Auf Antrag kann das Gericht die Zwangsvollstreckung einstweilen einstellen, wenn es den Antrag auf Gewährung einer Räumungsfrist in seiner Entscheidung übergangen hat (§ 721 Abs. 1 S. 3 ZPO). Diese einstweilige Einstellung kann nicht von einer Auflage der Sicherheitsleistung abhängig gemacht werden (Schmidt-Futterer/*Blank* Anhang zu 1 zu §§ 574–574 c: Räumungsfrist nach § 721 ZPO Rdn. 36).

Fristen und Rechtsmittel

Das Ergänzungsurteil ist selbstständig anfechtbar (siehe auch BGH NJW 2000, 3008), siehe hierzu Form I. O. 1 ff., anders nur bei einer Ergänzung der Kosten (*Zöller* § 321 ZPO Rdn. 11).

11. Antrag des Mieters auf Verlängerung der Räumungsfrist

In Sachen

……

hat das Gericht[1] eine Räumungsfrist bis …… gewährt wegen des noch nicht beziehbaren Ersatzwohnraums. Es hat sich jedoch zwischenzeitlich herausgestellt, dass der Vormieter der neuen Wohnung in der …… Straße in …… diese nicht bereits wie vorgesehen per …… freimachen kann, sondern wegen der verzögerten Fertigstellung seines eigenen Hauses erst am …… ausziehen kann.

Beweis: ……

Namens und im Auftrag der Beklagten stelle ich daher den

Antrag[2],

die Räumungsfrist bis …… zu verlängern[3].

Rechtsanwalt

Anmerkungen

1. Für die Entscheidung über den Antrag ist grundsätzlich das Gericht der ersten Instanz zuständig, das Prozessgericht, nicht das Vollstreckungsgericht; das Berufungsgericht erst ab Einlegung der Berufung bis zu deren Rücknahme oder bis zur Entscheidung

über die Berufung (siehe auch Schmidt-Futterer/*Blank* Anhang 1 zu §§ 574–574c, § 721 ZPO Rdn. 49 ff.).

2. Verlängerungsantrag ist nach § 721 Abs. 3 S. 1 ZPO möglich, nicht jedoch bei außergerichtlich vereinbarten Räumungsfristen (LG Wuppertal NJW 1967, 832). Hier ist Umdeutung in einen Antrag auf erstmalige Gewährung einer Räumungsfrist möglich (*Scholz* MieWo § 721 ZPO Rdn. 34). Zum Antrag siehe Form II. B. 10. Mehrere Verlängerungsanträge sind möglich, allerdings nur bei Vorbringen neuer Tatsachen, wobei es wesentlich darauf ankommt, ob sich der Räumungsschuldner nach erstmaliger Bewilligung der Frist hinreichend um rechtzeitige Räumung gekümmert hat (KG BeckRS 2008, 16179 mwN.; LG Heidelberg WM 1995, 661). Dem Schutzzweck des § 721 ZPO entsprechend, sind persönliche oder krankheitsbedingte Einschränkungen dem Schuldner selbst anzulasten, der Räumungsschuldner muss seine Bemühungen um Ersatzwohnraum darlegen (LG München I NZM 2005, 360). Die Höchstdauer beträgt 1 Jahr, § 721 Abs. 5 ZPO, zur Berechnung Schmidt-Futterer/*Blank* Anhang 1 zu §§ 574–574c, § 221 ZPO Rdn. 56 ff.

3. Unter Umständen empfiehlt sich ein ergänzender Antrag auf vorläufige Einstellung der Zwangsvollstreckung nach §§ 721 Abs. 1, 732 Abs. 2 ZPO.

Der Vermieter kann nach § 721 Abs. 3 ZPO umgekehrt Antrag auf Verkürzung einer bewilligten Räumungsfrist stellen.

12. Antrag des Mieters auf Gewährung einer Räumungsfrist bei Räumungsvergleich

In Sachen

......

hat sich der Beklagte durch Prozessvergleich vom ...... verpflichtet, die von ihm bewohnte Wohnung in ...... bis spätestens ...... zu räumen und an den Kläger herauszugeben.

Der Beklagte wurde vor einer Woche mit schweren Verletzungen, die er bei einer Schlägerei auf dem Oktoberfest erlitten hat, ins Krankenhaus eingeliefert. Er ist daher nicht in der Lage, innerhalb der im Vergleich vorgesehenen Frist die Räumung durchzuführen. Beweis: Ärztliches Attest vom ...... Im Hinblick hierauf stelle ich namens und im Auftrag des Beklagten den

Antrag[1],

dem Beklagten eine angemessene Räumungsfrist, mindestens bis ......, zu bewilligen und die einstweilige Einstellung der Zwangsvollstreckung aus dem Prozessvergleich vom ...... anzuordnen[2].

Rechtsanwalt

Anmerkungen

1. Bei Räumungsverpflichtung aus Prozessvergleich enthält § 794a ZPO eine dem § 721 ZPO entsprechende Regelung. Frist, Wiedereinsetzung und Interessenabwägung grundsätzlich wie bei § 721 ZPO, siehe Form II. B. 10, jedoch ist zu Gunsten des Vermieters zu berücksichtigen, dass der Mieter sich freiwillig zur Räumung zu einem bestimmten Zeitpunkt verpflichtet hat. Daher ist die Frist in der Regel nur bei unvorhergesehenen Umständen zu bewilligen (vgl. *Wolfsteiner* Müko § 794a ZPO Rdn. 4; aA. LG München I NZM 2008, 839). Das LG Hamburg (WuM 2001, 412f., aA. zB. LG Darmstadt WuM 1993, 472) geht davon aus, dass bei gerichtlich geschlossenen Räumungs-

vergleichen eine Abänderung der Räumungsfrist gemäß § 794 a Abs. 2 ZPO nur dann in Betracht kommt, wenn es sich um eine vom Gericht gemäß § 794 Abs. 1 ZPO bewilligte Räumungsfrist handelt, eine analoge Anwendung von § 794 a Abs. 2 ZPO auf die von den Parteien im Räumungsvergleich vereinbarte Frist komme nicht in Betracht. § 794 a ZPO ist nicht anwendbar im Falle der §§ 549 Abs. 2 Ziffer 3, 575 BGB und bei außergerichtlichen Räumungsvergleichen, (Baumbach/*Hartmann,* § 794 a ZPO Rdn. 2 mwN). Ein Verzicht auf die Rechte aus § 794 a ZPO im Prozessvergleich ist möglich (Bub/Treier/*Belzin* VII A Rdn. 44; aA. *Sternel* Mietrecht, 3. Aufl., Rdn. V 119), nicht jedoch auf die Rechte gem. § 765 a ZPO.

2. §§ 794 a, 732 Abs. 2 ZPO.

Fristen und Rechtsmittel

Sofortige Beschwerde (§§ 794 a Abs. 4, 567 Abs. 1 Ziff. 1, 793 ZPO).
Form siehe Form. I. O. 7.

13. Sofortige Beschwerde gegen Beschluss des Amtsgerichts auf Bewilligung (Verlängerung) von Räumungsfrist[1]

An das
Landgericht[2]

In Sachen

...... **– Kläger und Beschwerdeführer –**

Prozessbevollmächtigter: Rechtsanwalt ......
gegen

...... **– Beklagte und Beschwerdegegnerin –**

Prozessbevollmächtigter: Rechtsanwalt ......
hier: wegen Bewilligung einer Räumungsfrist

lege ich gegen den Beschluss des Amtsgerichts ...... vom ......, zugestellt am ......, Az.: ......

sofortige Beschwerde

ein und werde

beantragen:

I. Der Beschluss des Amtsgerichts ...... vom ...... zugestellt am ......, Az: ......, wird aufgehoben.
II. Der Antrag auf Bewilligung (Verlängerung) der Räumungsfrist wird abgewiesen.
III. Die Beklagte hat die Kosten des Verfahrens zu tragen.

Begründung:

Eine Bewilligung (Verlängerung) der Räumungsfrist ist bei gerechter Interessenabwägung nicht vertretbar. Die Beschwerdegegnerin zahlt seit ...... Monaten keine Miete. Ihr Gesamtrückstand beläuft sich auf ...... EUR.

......

Beweis:

Dem Beschwerdeführer entsteht daher durch die Bewilligung (Verlängerung) fortlaufend ein sich vergrößernder Schaden ...... Die Beschwerdegegnerin hat keinerlei Anstrengun-

gen unternommen, Ersatzwohnraum anzumieten. Härtegründe wurden nicht ausreichend vorgetragen ……[3]

Rechtsanwalt

Anmerkungen

1. Zulässigkeit: §§ 721 Abs. 6, 794 a Abs. 4 ZPO; unzulässig, wenn das Berufungsgericht entschieden hat.

2. Einlegung beim Beschwerdegericht oder beim Gericht, dessen Entscheidung angefochten wird (§§ 567, 569 ZPO). Zulässig bei Bewilligung oder Verlängerung (Verkürzung) der Räumungsfrist nach § 721 ZPO durch das Erstgericht (siehe Anm. zu Form. II. B. 10).

3. Zur Interessenabwägung s. Form, II B. 9 Anm. 5; Baumbach/*Hartmann* § 721 ZPO Rdn. 12 ff.

Zu Form, Fristen und Rechtsmittel s. Form I. O. 7.

14. Antrag auf Vollstreckungsschutz nach § 765 a ZPO[1]

An das
Amtsgericht
– Vollstreckungsgericht –[2]

Aktenzeichen: ……
In Sachen
……
gegen
……
Verfahrensbevollmächtigter: ……
zeige ich die Vertretung der Räumungsschuldner an.
Namens und gemäß anliegender Vollmacht der Schuldner stelle ich hiermit folgende Anträge:[3]
Die Zwangsvollstreckung aus dem Urteil des Amtsgerichts …… – Az.: ……, vom ……, wird bis zum …… eingestellt[4].
Hilfsweise wird der Erlass einer einstweiligen Anordnung analog §§ 766, 732 II ZPO beantragt.[5]

Begründung:

Die Schuldner erhielten die in beglaubigter Fotokopie anliegende Räumungsmitteilung des Gerichtsvollziehers mit dem Aktenzeichen: ……, wonach die Zwangsräumung am …… erfolgen soll. Beweis: Schreiben Gerichtsvollzieher …… Diese Maßnahme würde auch unter voller Würdigung des Schutzbedürfnisses des Gläubigers[5a] wegen ganz besonderer Umstände für die Schuldner eine Härte bedeuten, die mit den guten Sitten nicht vereinbart ist, denn die Schuldner leben von Sozialhilfe in Höhe von EUR …… im Monat. Sie haben …… Kinder im Alter von …… Jahren. Ich überreiche in der Anlage eine Bestätigung des Wohnungsamts …… vom ……, wonach bis zum Räumungstermin eine Ersatzwohnung oder ein Ersatzraum für die Schuldner nicht zugewiesen werden kann. Beweis: Schreiben …… Es steht auch keine Notunterkunft zur Verfügung. Beweis:

Zeugnis vom ...... Durch Zwangsräumung würden die Schuldner obdachlos werden. Die Schuldner haben einen Mietvertrag über Ersatzwohnraum abschließen können. Dieser beginnt jedoch erst zum ...... Ein Einzug ist derzeit nicht möglich, da die neue Wohnung noch vom Vormieter genutzt wird. Zum Nachweis hierüber lege ich beglaubigte Fotokopie des unterzeichneten neuen Mietvertrages vor. Ein Zwischenumzug ist wegen der Kürze der Zeit nicht zumutbar.

Rechtsanwalt

Anmerkungen

1. Die Vorschrift gilt für alle Arten der Zwangsvollstreckung. Vollstreckungsschutz nach § 765 a ZPO kann neben dem Räumungsschutz (und auch nach dessen Ausschöpfung) nach §§ 721, 794 a ZPO zur vorläufigen Verhinderung drohender Vollstreckungsmaßnahmen gewährt werden. Der Schutz kann nur für bestimmte Vollstreckungsmaßnahmen, nicht gegen die Zwangsvollstreckung überhaupt begehrt werden (OLG Köln NJW 1994, 1743). Antrag des Schuldners ist erforderlich, spätestens zwei Wochen vor dem festgesetzten Räumungstermin. Zur Frist siehe Form II. B. 9. Anm. 2. Der Schuldner ist voll beweispflichtig. Alle, auch vor dem Prozessgericht geltend gemachte Umstände, können vorgetragen werden. Jeder Schuldner, nicht nur Wohnraumieter, kann sich auf die Vorschrift berufen. Jedoch ist § 765 a ZPO eine eng auszulegende Ausnahmevorschrift (BGHZ 44, 138/142), es genügen weder allgemeine wirtschaftliche Erwägungen noch soziale Gesichtspunkte, vielmehr soll durch diese Härteklausel (Einzelheiten MünchKommBGB/*Heßler* § 765 a ZPO Rdn. 25 ff.) verhindert werden, dass die Zwangsvollstreckung unter voller Würdigung des Schutzbedürfnisses des Gläubigers zu einem ganz untragbaren Ergebnis führen würde, das mit den guten Sitten nicht vereinbar und moralisch zu beanstanden wäre. Die Wertentscheidung des Grundgesetzes und die verfassungsgemäße Gewährleistung der Grundrechte sind zu beachten (MünchKommBGB/*Heßler* § 765 a ZPO Rdn. 3 ff.). Der Grundsatz der Verhältnismäßigkeit ist zu wahren (BVerfG ZMR 1980, 12 ff.), mit der Räumung darf keine erhebliche Gesundheits- oder Lebensgefahr verbunden sein (zum Suizid BVerfG WuM 2007, 563 f.; BVerfG NZM 2005, 657; BVerfG WuM 2001, 482; BVerfG ZMR 2004, 46 (47), einschränkend BGH WuM 2005, 407 zu Einzelheiten Schuschke NJW 2006, 874; JuS 2008, 977, 980); MünchKommBGB/*Heßler* § 765 a ZPO Rdn. 56 ff.). An die Konkretisierung der behaupteten Gefahr, werden strenge Anforderungen gestellt (OLG Köln ZMR 1990, 143; OLG Frankfurt ZMR 1993, 336).

2. Anders als bei Anträgen nach §§ 721, 794 a ZPO ist bei § 765 a ZPO nicht das Prozessgericht, sondern das Vollstreckungsgericht zuständig, in dessen Bezirk die zu räumende Wohnung liegt (§§ 765 a Abs. 1, 764 Abs. 2, 802 ZPO). Gleichwohl kann uU. ein beim Streitgericht erfolgloser Antrag nach §§ 721, 794 a ZPO in einen Antrag nach § 765 a ZPO umgedeutet werden. Zum Vollstreckungsschutz bei Vollstreckung des Insolvenzverwalters BGH NJW 2009, 28 ff.

3. Anordnung gem. § 765 a ZPO ergeht nur auf Antrag des Räumungsschuldners. Rechtsschutzbedürfnis wird nur bejaht, wenn die Zwangsvollstreckungsmaßnahme konkret bevorsteht, sie darf noch nicht beendet sein.

Der Schuldner ist beweispflichtig für seinen Vortrag, Glaubhaftmachung reicht nicht aus. Das Schutzbedürfnis des Gläubigers und seiner Familie sowie der sonstigen Haushaltsangehörigen wird bei der ergehenden Entscheidung berücksichtigt, er ist vor Erlass der Entscheidung zu hören. Beantragt werden kann auch, die Zwangsvollstreckung ganz oder teilweise aufzuheben oder sie zu untersagen.

4. Das Vollstreckungsgericht kann gemäß §§ 765 a Abs. 1 S. 2, 732 Abs. 2 ZPO vor endgültiger Entscheidung einstweilige Anordnungen treffen. Die Entscheidung ergeht ohne mündliche Verhandlung durch Beschluss. Eine mündliche Anhörung der Parteien ist weder vorgeschrieben noch üblich, s. Schmidt-Futterer/*Blank* Anhang 1 zu §§ 574–574 c BGB, § 765 a ZPO Rdn. 24 ff. Auch der Gerichtsvollzieher kann in Ausnahmefällen die Vollstreckung gemäß § 765 a ZPO für höchstens eine Woche einstellen.

5. Dies führt nicht zwingend zur Bejahung des § 765 a ZPO; uU. kommt Unterbringung im Obdachlosenasyl in Betracht; anders wenn erschwerende Umstände hinzutreten (vgl. Einzelheiten *Wiegner* in MAH Wohnraummietrecht § 55 Rdn. 22 ff.; *Sternel* Rdn. V 123). Zur polizeilichen Wiedereinweisung des gekündigten Mieters in die bisherige Wohnung bei anberaumter Zwangsräumung und drohender Obdachlosigkeit (vgl. *Ruder* NVwZ 2001, 1223 ff.).

5 a. Wenn der Gläubiger die Probleme des Schuldners im vorhinein kennt, kann er durch eine „Schutzschrift" (*Lämmer/Muckle* NZM 2008, 69) Einfluss auf das Verfahren nehmen.

Kosten

Diese hat grundsätzlich der Vollstreckungsschuldner zu tragen (§ 788 Abs. 1 ZPO), ausnahmsweise aus Gründen der Billigkeit hiervon abweichend (teilweise) der Gläubiger nach § 788 Abs. 4 ZPO.

Fristen und Rechtsmittel

Gegen die Entscheidung des Rechtspflegers innerhalb von 2 Wochen sofortige Erinnerung (§ 11 Abs. 1 RPflG, §§ 567 Abs. 1 Ziff. 1, 793 ZPO). MünchKommBGB/*Heßler* § 793 ZPO Rdn. 95) hält auch die sofortige Beschwerde für statthaft.

C. Werkvertragsrecht

1. Klage auf Mängelbeseitigung[1, 2] vor Abnahme

An das
Landgericht[3]

Klage

des ...... (Klägers)
Prozessbevollmächtigter: ......

gegen

die Firma ...... (Beklagte)

wegen

Mängelbeseitigung
Vorläufiger Streitwert: EUR ......

Namens und in Vollmacht des Klägers erhebe ich Klage und werde beantragen,

> die Beklagte zu verurteilen, die Wände des Kellerraumes im Hause ...... so abzudichten, dass in die Kellerräume kein Wasser mehr eindringt[4], und die durch Wassereintritt an den Kellerwänden entstandenen Flecken zu beseitigen[5].

Begründung:

Der Kläger hat mit der Beklagten, einem Grab-, Beton- und Maurerunternehmen, am ...... einen Werkvertrag über die Grab-, Beton- und Maurerarbeiten seines Neubaus in ...... abgeschlossen.

Beweis: Vertrag vom ...... (Anlage 1)

Die VOB wurde nicht zum Vertragsgegenstand gemacht[6]. Die Abnahme der Werkleistung ist nicht erfolgt[7].

Laut Leistungsverzeichnis vom ...... Pos. 6 war die Beklagte verpflichtet, einen zweifachen Wandexanstrich an den Kellerwänden anzubringen.

Beweis: Leistungsverzeichnis vom ...... (Anlage 2)

Dies geschah nicht, mit der Folge, dass am ...... an drei Stellen in den Keller Wasser eindrang und diesen unter Wasser setzte.

Beweis: Zeugnis des ......,
Vorlage der Fotos[8] (Anlage 3).

Der Kläger forderte die Beklagte unter genauer Bezeichnung der Mängel[9] mit Schreiben vom ...... auf, die Mängel zu beseitigen[10].

Beweis: Schreiben vom ...... (Anlage 4)

Die Beklagte beseitigte nicht; sie erklärte vielmehr, sie sei für den Mangel nicht verantwortlich.

Beweis: Schreiben der Beklagten vom ...... (Anlage 5)

Die Beklagte hat den im Leistungsverzeichnis vorgeschriebenen Wandexanstrich nicht angebracht. Diese Unterlassung ist zumindest mitursächlich für den eingetretenen Schaden, der im Übrigen allein in den Verantwortungsbereich der Beklagten fällt.

Beweis: Sachverständigengutachten.

Der doppelte Wandexanstrich hätte eine ausreichende Abdichtung gegen Wassereinbrüche von außen gewährleistet.

Beweis: Sachverständigengutachten.

Die Kosten für die Beseitigung der Mängel betragen lt. Auskunft des Architekten ca. EUR 20.000,–.

Rechtsanwalt

Anmerkungen

1. Unter Mängelbeseitigung ist die Herstellung eines vertragsgemäßen Werks zu verstehen. Auch der Begriff Nachbesserung hat sich in der Baupraxis durchgesetzt. Die ab 1. 1. 2002 geltende Fassung des BGB benutzt den Begriff „Nacherfüllung".

Die VOB/B regelt den Mängelbeseitigungsanspruch teilweise abweichend von den §§ 633 ff. BGB. Die Unterschiede liegen in Folgendem: Der BGB-Werkvertrag kennt nur den Nacherfüllungsanspruch nach § 635 Abs. 1. Es handelt sich dabei um einen Erfüllungsanspruch, der für die Zeit vor und nach der Abnahme gilt. Die Einzelheiten sind jedoch umstritten (vgl. hierzu Palandt/*Sprau,* 68. Aufl., Vorb. v. § 633 Rdn. 7; *Kniffka,* ibr-online-Kommentar § 634 Rdn. 11 f.). Streitig ist auch, ob die Fertigstellungsfrist abgelaufen sein muss (vgl. *Kniffka,* aaO.; *ders.* in Kniffka/Koeble, Kompendium des Baurechts, 3. Aufl., 6. Teil, Rdn. 103). Die VOB unterscheidet dagegen zwischen dem Erfüllungsanspruch auf Mängelbeseitigung vor Abnahme gemäß § 4 Nr. 7 S. 1 VOB/B und dem Anspruch nach Abnahme gemäß § 13 Nr. 5 VOB/B.

2. § 635 Abs. 1 gewährt bei Mängeln dem Auftraggeber das Recht auf Nacherfüllung. Diese kann entweder durch Beseitigung des Mangels oder durch die Herstellung eines neuen Werkes erfolgen. Der Unternehmer hat das Wahlrecht zwischen Nacherfüllung und Neuherstellung. Ist dem Auftraggeber die vom Unternehmer bestimmte Art der Nacherfüllung nicht zumutbar, so ist er nach Treu und Glauben berechtigt, diese Form der Nacherfüllung abzulehnen.

3. Gerichtsstand des Erfüllungsorts für die Mängelbeseitigungsklage ist der Ort des Bauwerks (BGH BauR 1986, 241).

4. Dem Bauunternehmer obliegt es, zu bestimmen, in welcher Weise er den Schaden beheben will. Er trägt deshalb auch das Risiko des Gelingens der Mängelbeseitigung. Grundsätzlich kann der Bauherr nicht auf Vornahme bestimmter Nachbesserungsarbeiten klagen. Allerdings kann im Leistungsverzeichnis eine bestimmte Ausführungsart (zB. Wandex-Anstrich) vorgeschrieben sein. Da es sich insoweit um einen Erfüllungsanspruch, der im Weg der Nachbesserung zu erfüllen ist, handelt, hat der Unternehmer insoweit keine Wahl.

Der Baumangel muss in seinem äußeren Erscheinungsbild, nicht jedoch in seinem technischen Ursachenzusammenhang genau bezeichnet vorgetragen werden („Symptomrechtsprechung" vgl. zB. BGH BauR 1985, 355; BauR 2000, 261). Dem Gericht müssen die Tatsachen vermittelt werden, die es benötigt, um das auf die Mängelbeseitigung gerichtete Klagebegehren rechtlich richtig einzuordnen.

5. Der Mängelbeseitigungsanspruch erstreckt sich auf alle Arbeiten, die erforderlich sind, um das Bauwerk in einen mangelfreien Zustand zu versetzen. Dazu gehört auch das etwa notwendige Aufschlagen und Zuputzen der Wände, allgemein die Beseitigung aller Beeinträchtigungen, die das Bauwerk durch die mangelhafte Leistung erlitten hat. Vgl. hierzu BGH NJW 1979, 2095; *Werner/Pastor,* Der Bauprozess, 12. Aufl. Rdn. 1561 und 1569.

6. Zu jeder Klagebegründung in Baurechtssachen gehört die Angabe der Vertragsgrundlage. Die VOB wird nur Vertragsgegenstand, wenn sie ausdrücklich vereinbart ist.

7. Die Abnahme führt beim VOB-Vertrag zur Trennung von Erfüllungs- und Gewährleistungsebene. An sie sind mannigfache Folgen geknüpft (vgl. im Einzelnen *Locher,* Das private Baurecht, 7. Aufl. Rdn. 85). Die Darlegung, ob Abnahme erfolgt ist, gehört deshalb zur Begründung von Gewährleistungsklagen in Bausachen.

8. Die mangelhafte Werkleistung des Bauunternehmers muss vom Auftraggeber nach Abnahme unter Beweis gestellt werden, während vor Abnahme der Bauunternehmer beweisen muss, dass seine Leistung mangelfrei ist (BGH BauR 1997, 127). Die Grundsätze des Anscheinsbeweises können Anwendung finden: Durch Hinweis auf ein mangelhaftes Ergebnis der Unternehmerleistung und deren Beschreiben hat der Auftraggeber im Allgemeinen seine Darlegungslast hinreichend erfüllt (vgl. zur Darlegungs- und Beweislast auch *Zahn,* BauR 2006, 1823).

9. Die Mängelbeseitigungsklage, die in der Praxis nicht die Bedeutung der Vorschussklage erreicht, verlangt eine genaue Bezeichnung des Mangels in seinem äußeren Erscheinungsbild schon im Hinblick auf die spätere Vollstreckung (§ 887 ZPO). Die Beschreibung des Mangels muss erkennen lassen, was der Auftraggeber vom Unternehmer verlangt (BGH NJW 1993, 1394).

Neben dem Nacherfüllungsanspruch können Schadensersatzansprüche bestehen insbesondere für solche Schäden, die der Nachbesserung nicht zugänglich sind (Gutachterkosten, Rechtsanwaltskosten, Verdienstausfall).

10. Nach § 635 BGB und § 4 Nr. 7 VOB/B ist für das Mängelbeseitigungsverlangen vor Abnahme keine Schriftform erforderlich. Wird das Nacherfüllungsverlangen nach Abnahme gemäß § 13 Nr. 5 VOB/B geltend gemacht, sieht die VOB Schriftform vor. Nach hM. ist jedoch insoweit die Entstehung der Pflicht zur Nacherfüllung nicht von der Einhaltung der Schriftform durch den Auftraggeber abhängig (vgl. BGHZ 58, 332; *Ingenstau/Korbion/Wirth,* VOB/B, 16 Aufl. § 13 Nr. 5 VOB/B Rdn. 90).

2. Klage auf Vorschuss[1,2] für Kosten der Mängelbeseitigung nach VOB

An das
Landgericht

Klage

des ...... (Klägers)

Prozessbevollmächtigter: ......

gegen

die Firma ...... (Beklagte)

wegen

Kostenvorschuss
Vorläufiger Streitwert: EUR 12.000,–.

Namens und in Vollmacht des Klägers erhebe ich Klage und werde beantragen,

die Beklagte zu verurteilen, an den Kläger EUR 12.000,– nebst 8 Prozentpunkte Zinsen über den Basiszinssatz[3] seit ...... zu bezahlen[4].

Begründung:

Der Kläger hat am ...... mit der Beklagten für den Bau eines Zweifamilienhauses in ...... einen VOB-Vertrag[5] über Plattenlegerarbeiten abgeschlossen.

Beweis: Vertrag vom ...... (Anlage 1)

Förmliche Abnahme[6] ist erfolgt am ......

Beweis: Abnahmeprotokoll vom ...... (Anlage 2)

Die Arbeiten der Beklagten waren mangelhaft. Die Platten auf dem Balkon im 1. Stock wurden so verlegt, dass sie ein Gefälle nach innen hatten, sodass das Wasser nicht nach außen abfließen konnte. Infolge mangelnden Gefälles nach außen entstanden Durchfeuchtungen in dem Wohn- und Schlafzimmer[7].

Beweis: ......

Bei der förmlichen Abnahme wurde dieser Mangel ausdrücklich vorbehalten[8].
Der Kläger hat diese Mängel mit Schreiben vom ...... gerügt und die Beseitigung der Mängel bis ...... verlangt[9].

Beweis: ...... (Anlage 3)

Die Beklagte hat die Beseitigung der Mängel mit der Begründung verweigert, dass sie diese Mängel nicht zu vertreten habe.

Beweis: ...... (Anlage 4)

Diese Mängel sind jedoch auf die vertragswidrige Leistung der Beklagten zurückzuführen.

Beweis: Sachverständigengutachten.

Gemäß § 13 Nr. 5 Abs. 2 VOB/B kann der Kläger nunmehr die Mängel auf Kosten der Beklagten beseitigen lassen. Der Kläger macht mit der Klage einen Vorschussanspruch in Höhe der voraussichtlichen Kosten geltend[10]. Nach dem Kostenvoranschlag der Firma ......, einer angesehenen Plattenlegerfirma, betragen die Mängelbeseitigungskosten EUR 12.000,–.

Beweis: Vorlage des Kostenvoranschlags (Anlage 5).

Der Kläger hat sich auch an eine andere Plattenlegerfirma, nämlich die Firma ......, gewandt und sich einen Kostenvoranschlag geben lassen, der um EUR 1000,– höher ist.

Beweis: ...... (Anlage 6)

Beide Kostenvoranschläge enthalten übliche Preise. Die darin enthaltenen Arbeiten sind zur Beseitigung der Mängel notwendig.

Beweis: Sachverständigengutachten.

Der Kläger wird nach Beseitigung der Mängel über den Kostenvorschuss abrechnen[11, 12].

Rechtsanwalt

Anmerkungen

1. Die Rechtsprechung gewährt im Rahmen des § 13 Nr. 5 Abs. 2 VOB/B dem Auftraggeber einen Vorschussanspruch auf Zahlung in Höhe der zur Mängelbeseitigung erforderlichen Kosten (BGHZ 47, 272; 66, 138). Dieselben Grundsätze gelten bei einem BGB-Werkvertrag (§ 637 Abs. 3 BGB). Voraussetzung für die Entstehung des Vorschussanspruchs ist es, dass die dem Auftragnehmer zur Mängelbeseitigung gesetzte angemessene Frist ergebnislos verstrichen oder die Fristsetzung aus besonderen Gründen nicht notwendig ist, weil die Mängelbeseitigung verweigert wurde oder sich der Auftragnehmer als so unzuverlässig erwiesen hat, dass es dem Auftraggeber nicht zugemutet werden kann, weitere Nachbesserungsversuche des Auftragnehmers hinzunehmen.

Beim VOB-Vertrag setzt der Vorschussanspruch vor Abnahme eine Kündigung des Bauvertrags voraus (BGH BauR 1986, 573). Dies gilt auch dann, wenn die Abnahme wegen gravierender Mängel verweigert wird (BGH BauR 1997, 1027). Eine Kündigung ist ausnahmsweise dann entbehrlich, wenn der Auftragnehmer die vertragsgemäße Fertigstellung endgültig verweigert (BGH BauR 2000, 1479 = NZBau 2000, 421). Weitere Voraussetzung ist, dass vor Ausspruch der Kündigung eine Kündigungsandrohung nach § 4 Nr. 7 VOB/B erfolgt ist. Diese Kündigungsandrohung ist nur in Ausnahmefällen entbehrlich, beispielsweise dann, wenn der Auftragnehmer die Mängelbeseitigung abgelehnt hat (vgl. BGH aaO.).

Die Zuerkennung des Vorschussanspruchs entspricht einem Gebot der Billigkeit, weil der Auftraggeber in die Lage versetzt werden muss, die Mängel auf Kosten des Auftragnehmers beseitigen zu lassen, ohne eigene Mittel aufzuwenden. Vgl. zum Vorschussanspruch iE.: *Erhardt-Renken,* Kostenvorschuss zur Mängelbeseitigung, Baurechtliche Schriften Bd. 6, 1986; *Achilles-Baumgärtel,* Der Anspruch auf Kostenvorschuss im Gewährleistungsrecht Baurechtliche Schriften Bd. 40, 1998. Der Kostenvorschussanspruch besteht nicht nur für Nachbesserungskosten durch Dritte; auch Eigenleistungen können mit ihm geltend gemacht werden (*Ingenstau/Korbion/Wirth* VOB/B, 16. Aufl., § 13 Nr. 5 Rdn. 182).

Der Kostenvorschussanspruch umfasst nicht den merkantilen Minderwert (BGH BauR 1997, 129).

Der Kostenvorschussanspruch besteht jedoch nicht, wenn der Auftraggeber nicht nachbessern will oder ausreichende Sicherheit anderweitig geleistet ist. Vgl. *Ingenstau/Korbion/Wirth* § 13 Nr. 5 VOB/B, 16. Aufl., Rdn. 185 ff.; *Locher,* Das private Baurecht, 7. Aufl. Rdn. 265 ff.

2. Ein Vorschussanspruch besteht weder im Rahmen des Schadensersatzanspruchs nach den §§ 634 Nr. 4, 280, 281 BGB noch im Rahmen eines solchen nach § 13 Nr. 7 VOB/B. Hierfür besteht kein schutzwürdiges Interesse, weil der Auftraggeber hier die Nachbesserungskosten, die durch die Tätigkeit Dritter entstehen, auch schon vor Nachbesserung geltend machen und eine Feststellungsklage für den Fall erheben kann, dass der Schadensersatz bei späterer Nachbesserung nicht ausreicht (BGHZ 61, 28; 61, 369; 62, 323).

Ebenso wenig kann ein Vorschussanspruch in der Regel durch eine einstweilige Verfügung durchgesetzt werden (OLG Düsseldorf BauR 1972, 323).

3. Bei Verurteilung zur Vorschusszahlung kann der Auftraggeber Zinsen in Höhe von 8 Prozentpunkten über dem Basiszinssatz nach § 288 Abs. 1 S. 1 BGB verlangen.

Der Vorschuss ist zur Mängelbeseitigung einzusetzen, und kann nicht zur Abdeckung sonstiger Verbindlichkeiten verwendet werden (*Ingenstau/Korbion/Wirth* § 13 Nr. 5 VOB/B, 16. Aufl., Rdn. 190 ff.; *Nicklisch/Weick* VOB 3. Aufl. § 13 Rdn. 158).

4. Es ist nicht erforderlich, dass in den Antrag aufgenommen wird „als Kostenvorschuss". Dies muss sich jedoch aus der Begründung ergeben.

5. Vgl. Form. II. C. 1 Anm. 6.

6. Vgl. Form. II. C. 1 Anm. 7.

7. Vgl. Form. II. C. 1 Anm. 5.

8. Gemäß § 12 Nr. 4 S. 4, § 12 Nr. 5 Abs. 3 VOB/B sind Vorbehalte wegen bekannter Mängel spätestens mit der Abnahme geltend zu machen, weil § 640 Abs. 2 BGB auch auf den VOB-Vertrag anwendbar ist (*Ingenstau/Korbion/Oppler* § 12 VOB/B, 16. Aufl., Rdn. 29). Da es sich beim Kostenvorschussanspruch um keinen Schadensersatzanspruch handelt, der Verschulden voraussetzt, ist es zweckmäßig, in die Klage aufzunehmen, dass der Vorbehalt bei Abnahme gemacht wurde oder dass der Mangel nicht erkannt war. Die Beweislast dafür, dass der Auftraggeber in Kenntnis des Mangels die Abnahme vorgenommen hat, trägt allerdings der Auftragnehmer.

9. Einer Aufforderung nach § 13 Nr. 5 Abs. 1 VOB/B bedarf es nicht, wenn der Auftragnehmer zweifelsfrei erkennen lässt, dass er die gerügten Mängel nicht beseitigt, oder wenn er sich als so unzuverlässig gezeigt hat, dass mit Sicherheit zu erwarten ist, dass die Mängelbeseitigung nicht gelingt (dies gilt auch für den BGB-Werkvertrag vgl. §§ 637 Abs. 2, 323 Abs. 2 BGB). Für diese Ausnahmetatbestände ist der Auftraggeber beweispflichtig. Zur Schriftform vgl. Form. II. C. 1 Anm. 10.

10. Der Auftraggeber ist berechtigt, die erforderlichen Aufwendungen vom Unternehmer ersetzt zu verlangen. Der Rahmen der Erforderlichkeit darf nicht zu eng gezogen werden. Der Auftraggeber muss nicht vor Beauftragung eines dritten Unternehmers ein Ausschreibungsverfahren veranstalten, sondern kann sich einen Unternehmer seines Vertrauens aussuchen, sofern dieser nicht überhöhte Preise verlangt. Zu den Kosten der Mängelbeseitigung kann auch die Inanspruchnahme eines Architekten im Rahmen der Nachbesserung gehören sowie erforderliche Gutachterkosten zur Ermittlung der geeigneten Nachbesserungsmethode. Der Auftraggeber kann sich zur Spezifizierung auf Kostenanschläge berufen. Dies ist aber nicht erforderlich. Ausreichend ist auch eine Schätzung der Mangelbeseitigungskosten (BGH BauR 2001, 789; *Ingenstau/Korbion/Wirth* § 13 Nr. 5 VOB/B, 16. Aufl., Rdn. 184).

11. Nach Abrechnung kann sich eine Nach- oder Rückzahlung ergeben (BGHZ 47, 272; BGH BauR 1990, 358). Zur Fälligkeit des Rückzahlungsanspruchs: *Achilles/Baumgärtel* aaO. S. 104 ff. Der Vorschuss ist innerhalb angemessener Zeit abzurechnen (BGHZ 110, 205 = BauR 1990, 358 = NJW 1990, 1475). Der Auftraggeber muss dann die von ihm tatsächlich vorgenommenen Maßnahmen darlegen und die hierbei entstandenen tatsächlichen Aufwendungen abrechnen und darstellen. Der Betrag des Vorschusses, der die tatsächlichen Aufwendungen übersteigt, ist zurückzuerstatten (BGH BauR 1984, 406 = ZfBR 1984, 185). Wird der nicht verbrauchte Teil des Vorschusses nicht zurückbezahlt, kann der Auftragnehmer eine Stufenklage, gerichtet zunächst auf Auskunft und anschließend auf Rückzahlung, erheben. Es muss berücksichtigt werden, dass – falls die Abrechnung unterbleibt – der Auftraggeber uU. auch immer noch mit einem Schadensersatzanspruch gegen den Rückforderungsanspruch des Auftragnehmers aufrechnen kann (vgl. hierzu *Kniffka* in Kniffka/Koeble, Kompendium des Baurechts, 3 Aufl., 6. Teil, Rdn. 146; aA. OLG Oldenburg BauR 2008, 1642). Allerdings ist dies nur dann möglich, wenn dem nicht die Verjährung entgegensteht, wobei berücksichtigt werden muss, dass auch mit verjährten Forderungen wirksam aufgerechnet werden kann. Es ist daher in jedem Einzelfall zu prüfen, ob die Voraussetzungen der Aufrechnung gegeben sind.

12. Der Kostenvorschussanspruch unterliegt beim VOB-Vertrag der kurzen Verjährung nach § 13 Nr. 4 VOB/B. Die Klage auf Zahlung eines bestimmten Betrages als Vorschuss zur Mängelbeseitigung hemmt jedoch auch die Verjährung des späteren – mit zwischenzeitlichen Kostensteigerungen begründeten – Anspruchs auf Zahlung eines höheren Vorschusses zur Behebung desselben Mangels. Wird der Kostenvorschuss rechtzeitig vor Ablauf der Verjährungsfrist geltend gemacht, so tritt die Hemmungswirkung der §§ 204 Abs. 2, 209 BGB nicht nur wegen des ursprünglich eingeklagten Betrages ein, sondern auch wegen späterer – selbst nach Ablauf der bisherigen Verjährungsfrist – erhöhter Ansprüche (BGHZ 66, 138; BGH IBR 2005, 364; BGH BauR 2008, 2041). Wird die Vorschussklage erst kurz vor Ablauf der Verjährungsfrist erhoben, empfiehlt sich eine Kombination mit einer Feststellungsklage, weil bis zu dem Zeitpunkt, in dem der Auftraggeber zur abschließenden Bezifferung der Mangelbeseitigungskosten in der Lage ist, ein erheblicher Zeitraum vergehen kann. Die Feststellungsklage kann mit der Vorschussklage kombiniert werden, auch wenn dies zur Verjährungshemmung nicht notwendig ist (BGH BauR 1986, 345 = NJW-RR 1986, 1026; BGH NJW 2002, 681 = BauR 2002, 471).

3. Schadensersatzklage nach § 281 BGB gegen Bauunternehmer[1]

An das
Landgericht

Klage

des ...... Klägers
Prozessbevollmächtigter ......

gegen

die Firma ...... Beklagte

wegen

Schadensersatz
vorläufiger Streitwert: EUR ......

namens und in Vollmacht des Klägers erhebe ich

Klage

und werde beantragen,

die Beklagte wird verurteilt, an den Kläger EUR 80.000,– nebst 8 Prozentpunkte über dem Basiszinssatz seit dem ...... zu bezahlen.

Begründung

Der Kläger macht gegen die Beklagte, eine Bauunternehmung, Schadensersatzansprüche[2] nach § 281 BGB geltend.
Die Parteien schlossen am ...... einen Bauvertrag für die Bodenbelagarbeiten im Einfamilienwohnhaus des Klägers in ...... Straße ...... ab.

Beweis: Vorlage des Bauvertrags.

Die Bauleistungen wurden vom Kläger am ...... abgenommen. Es ist eine förmliche Abnahme erfolgt[3].

Beweis: Abnahmeprotokoll vom ......

Etwa 3 Monate nach Bezug zeigte es sich, dass die auf dem von der Beklagten eingebrachten Estrich, der zu ihrem Leistungsumfang gehörte, aufgezogene Kunststoffbeschichtung sich zunehmend nach oben wölbte, sodass keine plane Oberfläche mehr vorhanden war. Die Wölbung schreitet in allen Zimmern, welche die Beklagte beschichtet hatte, fort.

Beweis: Augenschein
Sachverständigengutachten.

Der Kläger hatte die Beklagte mit Schreiben vom ...... zur Nacherfüllung aufgefordert.

Beweis: Schreiben vom ......

Die Beklagte reagierte nicht. Es wurde ihr dann mit Schreiben vom ...... eine Frist zur Nacherfüllung bis zum ...... gesetzt und die Ablehnung von weiteren Mangelbeseitigungsmaßnahmen nach Ablauf dieser Frist angedroht[4].

Beweis: Schreiben vom ......

Auch hierauf reagierte die Beklagte nicht.
Daraufhin ließ der Kläger den Mangel beseitigen. Dadurch sind folgende Kosten entstanden:

Beschichtung und Estrich musste herausgenommen, der Estrich neu eingebracht und eine Beschichtung aufgebracht werden, die mit dem Estrich verträglich ist und eine plane Oberfläche gewährleistet.

Beweis: Sachverständigengutachten.

Die Arbeiten führte die Firma ...... durch. Der Kläger holte drei Angebote ein. Die Firma ......, die die Nachbesserungsarbeiten durchführte war die billigste.

Beweis: Vorlage der Angebote
Vorlage des Vertrags mit der Firma ......

Die Firma ...... berechnete hierfür

Beweis: Rechnung vom ......

Diesen Betrag macht der Kläger als Schadensersatzanspruch nach § 281 BGB geltend.
Der Boden wurde durch einen Teppichboden in sämtlichen Zimmern belegt. Dieser Teppichboden platzte an einer Reihe von Stellen durch das Aufwölben der Beschichtung. Er musste deshalb in den Zimmern ...... ausgetauscht werden.

Beweis: Vorlage von Fotos
Sachverständigengutachten.

Hierfür stellte die Firma ...... in Rechnung EUR ...... Auch dieser Betrag wird als Schadensersatzanspruch in Rechnung gestellt.
Die Fußbodenheizung wurde durch die Herausnahme und Neueinbringung des Estrichs in erheblichem Maße beschädigt bzw. musste erneuert und ersetzt werden.

Beweis: Sachverständigengutachten.

Diese für die Nacherfüllung notwendigen Arbeiten führte die Firma ...... durch, die von drei Angeboten das günstigste Angebot abgab.

Beweis: Vorlage der Angebote
Vertrag mit der Firma ......

Die Firma berechnete EUR ......

Dieser Betrag wird als Schadensersatzanspruch geltend gemacht.
Durch die Herausnahme und Neueinbringung von Estrichboden und Beschichtung wurde die Raufasertapete erheblich beschädigt. Sie musste teilweise erneuert werden.
Beweis: Sachverständigengutachten.

Das günstigste Angebot von drei Angeboten gab die Firma ...... ab.

Beweis: Angebote vom ......

Die Firma ...... berechnete EUR ......

Beweis: Rechnung vom ......

Auch dieser Schaden wird als Schadensersatzanspruch geltend gemacht.
Während der Herausnahme des Estrichs und der alten Beschichtung sowie der Neueinbringung des Estrichs und der Anbringung der neuen Beschichtung also vom ...... bis ...... war die Wohnung unbewohnbar. Der Kläger und seine Frau zogen deshalb aus der Wohnung aus[5] und kamen in einem Dachzimmer bei einem befreundeten Ehepaar während dieser Zeit unter. Für den Zeitraum von 2 Monaten wird ein Schadensersatzanspruch wegen entgangener Gebrauchsvorteile der Wohnung geltend gemacht, der sich wie folgt berechnet:
der übliche Mietzins der Wohnung betrüge EUR ......

Beweis: Sachverständigengutachten

Nach dem Mietspiegel der Stadt ...... ist ein m^2-Preis von EUR ...... als ortsübliche Miete anzusehen. Davon abzusetzen ist eine Gewinnspanne des Vermieters von ......%.[5]
Der Kläger wurde überrascht von der sich an verschiedenen Stellen bewegenden Oberfläche seiner Fußböden. An manchen Stellen trat die Aufwölbung schnell ein, an ande-

ren, sehr langsam. Er wandte sich deshalb an den Sachverständigen Dr. ...... um ihn im Hinblick auf Mangelursachen und Sanierung zu beraten. Der Kläger ist von Beruf ...... und in Baudingen nicht erfahren. Der Sachverständige Dr. ...... hat beiliegende Privatgutachten erstattet.

Beweis: Privatgutachten des Sachverständigen Dr. ...... vom ......

Er hat für die Erstellung des Gutachtens einen Betrag von EUR ...... in Rechnung gestellt.[6]

Rechtsanwalt

Anmerkungen

1. Für den Schadensersatzanspruch verweist § 634 Nr. 4 BGB auf die §§ 280, 281, 283 und auf § 284 für den Ersatz vergeblicher Aufwendungen. § 636 BGB erweitert die Voraussetzungen, die vorliegen müssen, damit eine Fristsetzung entbehrlich wird. Alleinige Grundlage für Schadensersatzforderungen sind nunmehr die §§ 280, 281 BGB. Der Besteller kann danach Schadensersatz neben seinen weiteren Rechten verlangen (*Roth* JZ 2001, 549).

2. Bei Baumängeln konzentriert sich der Schadensersatzanspruch idR. darauf, dass der Auftraggeber die Werkleistung behält und den durch den Mangel verursachten Schaden verlangt („kleiner Schadensersatzanspruch"). Dieser umfasst auch einen verbleibenden technischen oder merkantilen Minderwert, der jedoch in vorliegendem Fall nicht gegeben ist. Der Schadensersatzanspruch ist in aller Regel auf Geldentschädigung gerichtet (BGH BauR 1987, 89).

3. Das BGB-Werkvertragsrecht sieht keine ausgeformten Abnahmeregelungen vor. In Anlehnung an die VOB wird häufig in der Baupraxis eine förmliche Abnahme vorgesehen. Mit ihr tritt eine Umkehr der Beweislast ein, geht die Gefahr über und ist eine etwa vereinbarte Vertragsstrafe vorzubehalten.

4. Während vor Inkrafttreten des Schuldrechtsmodernisierungsgesetzes nach den §§ 634, 635 BGB aF. bei Vorliegen eines Verschuldens Schadensersatzansprüche geltend gemacht werden konnten, ergibt sich nach Inkrafttreten des Schuldrechtsmodernisierungsgesetzes der Schadensersatzanspruch des Auftraggebers aus § 281 Abs. 1 BGB. Hiernach muss der Besteller wie bisher die angemessene Frist zur Bewirkung der Leistung setzen. Die Fristsetzung ist nach § 636 BGB nicht erforderlich, wenn der Schuldner die Leistung ernsthaft und endgültig oder die Nacherfüllung gem. § 635 Abs. 3 BGB wegen unverhältnismäßiger Kosten verweigert, wenn die Nacherfüllung fehlgeschlagen oder dem Besteller unzumutbar ist. Nicht mehr erforderlich ist die Hinzufügung einer Ablehnungsandrohung zur Fristsetzung.

Das BGB unterscheidet zwischen Schadensersatz neben der Leistung (§ 280 BGB) und Schadensersatz statt der Leistung (§ 281 BGB). Bei Schadensersatzansprüchen neben der Leistung bleibt der Nacherfüllungsanspruch weiter bestehen. § 280 BGB gilt insbesondere für Mangelfolgeschäden, die unabhängig von einer Nacherfüllung entstehen. Darunter fällt auch ein Anspruch auf Nutzungsentschädigung in Form entgangener Gebrauchsvorteile (*Kniffka* in Kniffka/Koeble, Kompendium des Baurechts, 3. Aufl. Teil 6 Rdn. 154 ff.). Wird eine Nacherfüllung abgelehnt und der „kleine" oder der „große" Schadensersatzanspruch geltend gemacht, richtet sich der Anspruch nach § 281 BGB.

5. Der Kläger hat zwar keinen materiellen Schaden dadurch erlitten, dass er 2 Monate lang das Haus nicht nutzen konnte und sich erheblich einschränkend in einem Dachzimmer eines Bekannten aufhalten musste. Es ist ihm jedoch ein Gebrauchsvorteil durch den Nutzungsausfall infolge der mangelhaften Bauleistung der Beklagten entgangen. Obwohl die Grundsatzentscheidung des Großen Senats für Zivilsachen nur den deliktischen Entzug von Gebrauchsvorteilen betrifft (BGHZ 98, 212), ist von der Rechtsprechung in bestimmten Fällen der Ersatz von entgangenen Gebrauchsvorteilen auch bei mangelhafter Leistung aufgrund Werkvertrags anerkannt. Voraussetzung ist, dass der Wohnraum bzw. das Haus für die eigenwirtschaftliche Lebensführung des Auftraggebers von zentraler Bedeutung ist und dass er ihn auch tatsächlich nutzen wollte (BGHZ 98, 212; BGH NJW 1992, 1500; BGH ZfBR 1993, 183). Diese Voraussetzungen dürften hier gegeben sein, während dies für einzelne Wohnräume, Gärten, Terrassen, Schwimmbäder zu verneinen sein dürfte (vgl. *Locher* in Koeble/Kniffka, Münchener Prozessformularbuch, Privates Baurecht 3. Aufl. B.IV. 8 Anm. 9). Die Bezifferung der entgangenen Gebrauchsvorteile ist schwierig. Der BGH (NJW 1987, 50) will dies in erster Linie der Praxis überlassen. Bei Wohnungen oder Gebäuden kann die übliche Miete als Ausgangspunkt der Schadensberechnung dienen. Sie muss dann um die Gewinnspanne des Vermieters und die bei privater Nutzung nicht anfallender Kosten reduziert werden (BGH NJW 1987, 50; *Locher* in Koeble/Kniffka Münchener Prozessformularbuch, Privates Baurecht, 3. Aufl., B.IV. 8 Anm. 9).

6. Die Kosten des Privatgutachters stellen einen erstattungsfähigen Schaden nach § 280 BGB dar, falls die Beauftragung des Sachverständigen erforderlich war. Dies ist bei nicht unerheblichen Mängeln zu bejahen (BGB BauR 2002, 86; *Werner/Pastor*, Der Bauprozess, 12. Aufl., Rdn. 158ff.).

4. Klage wegen Verzögerungsschadens gegen einen VOB-Unternehmer[1]

An das
Landgericht

Klage

des ...... **(Klägers)**
Prozessbevollmächtigter: ......

gegen

den ...... **(Beklagten)**

wegen

Verzögerungsschadens
Vorläufiger Streitwert: EUR 32.000,–.

Namens und in Vollmacht des Klägers erhebe ich Klage und werde beantragen,

den Beklagten zu verurteilen, an den Kläger EUR 32.000,– nebst 8 Prozentpunkte Zinsen über dem Basiszinssatz seit ...... zu bezahlen.

Begründung:

Die Parteien haben einen VOB-Vertrag für die Grab-, Beton- und Maurerarbeiten am Neubau des Klägers in ...... abgeschlossen.

Beweis: Bauvertrag vom ...... (Anlage 1).

In diesem Vertrag hat sich der Beklagte verpflichtet, die Arbeiten in 90 Tagen fertigzustellen. Die Arbeiten wurden am ...... begonnen. Sie waren 95 Tage nach Arbeitsbeginn noch nicht fertiggestellt.

Beweis: Architekt ......

Der Kläger mahnte[2] deshalb am ......

Beweis: Mahnschreiben vom ...... (Anlage 2).

Der Kläger hat dem Beklagten am ...... eine Frist von 3 Wochen zur Vertragserfüllung gesetzt und erklärt, dass er ihm nach fruchtlosem Ablauf der Frist den Auftrag entziehe.

Beweis: Schreiben vom ...... (Anlage 3).[3, 4]

Der Beklagte hat innerhalb der Frist die ihm obliegenden Leistungen nicht bewirkt.

Beweis: Architekt ......

Der Kläger hat den Vertrag am ...... gekündigt.

Beweis: Schreiben vom ...... (Anlage 4).

Der Kläger macht mit der Klage Schadensersatzansprüche nach §§ 5 Nr. 4, 8 Nr. 3 Abs. 2 VOB/B geltend. Er hat den bei Zugang der Kündigungserklärung noch nicht vollendeten Teil der Leistung, nämlich die ...... Arbeiten, durch die Firma ...... ausführen lassen. Der Beklagte hat seine Arbeiten mit EUR 260.000,– laut Abrechnung vom ...... abgerechnet.

Beweis: Abrechnung vom ...... (Anlage 5).

Die noch nicht ausgeführten Leistungen, nämlich ......, hat die Firma ...... ausgeführt und dafür den Betrag von EUR 82.000,– berechnet.

Beweis: Abrechnung vom ...... (Anlage 6).

Der Kläger hat sich ein Angebot der Firmen ...... und ...... geben lassen, die aber beide teurer waren als die Firma ......

Beweis: Angebote der drei Firmen (Anlage 7, 8 und 9).[5]

Lt. Einheitspreisvertrag hätte der Kläger für die nicht von dem Beklagten ausgeführten Leistungen noch 50.000,– EUR zu bezahlen gehabt.

Beweis: Bauvertrag vom ...... Sachverständigengutachten.

Die Differenz zur Rechnung der Fa. in Höhe von 32.000,– wird als Verzugsschaden in Rechnung gestellt.

Rechtsanwalt

Anmerkungen

1. Nach § 5 Nr. 4 VOB/B können die Rechte des § 6 Nr. 6 oder des § 8 Nr. 3 VOB/B in Anspruch genommen werden, wenn der Auftragnehmer den Beginn der Ausführung verzögert, mit der Vollendung in Verzug gerät, oder wenn er Arbeitskräfte, -geräte, Gerüste, Stoffe oder Bauteile so unzureichend bereitstellt, dass die Ausführungsfristen offenbar nicht eingehalten werden können. Diese Voraussetzungen können alternativ vorliegen. Ein Verschulden des Auftragnehmers oder seines Erfüllungsgehilfen ist nur hinsichtlich des Verzugs der Vollendung erforderlich. So ist etwa Verschulden gegeben, wenn es der Auftragnehmer unterlassen hat, eine zur Verwendung von Beton bestimmte Güte erforderliche baupolizeiliche Genehmigung einzuholen (BGH *Schäfer/Finnern* Z. 2.510 Bl. 21 ff.). Vgl. zu den Voraussetzungen des § 5 Nr. 4 VOB/B *Ingenstau/Korbion/Döring* § 5 Nr. 4 VOB/B, 16. Aufl., Rdn. 3 ff.

2. Sofern nicht ein bestimmter Ausführungstermin vereinbart ist und Selbstmahnung vorliegt, ist Mahnung als Verzugsvoraussetzung erforderlich (vgl. zum Zugang der Mahnung *Göhner* NJW 1980, 873). Hat sich die Ausführungsfrist nach § 6 Nr. 4 VOB/B verlängert, muss grundsätzlich eine Mahnung nach Ablauf der verlängerten Frist erfolgen, um den Verzug zu begründen (BGH BauR 2003, 1215 = NZBau 2003, 498).

3. Liegen die Voraussetzungen der Verzögerung des Ausführungsbeginns, des Verzugs oder der Nichterfüllung der Verpflichtung gemäß § 5 Nr. 3 VOB/B vor, so kann der Auftraggeber einmal den Vertrag aufrechterhalten und Schadensersatz gemäß § 6 Nr. 6 VOB/B verlangen. Wählt er diesen Weg, so kann er nur den nachweislich entstandenen Schaden verlangen, nicht aber den entgangenen Gewinn, es sei denn, die Verzögerung sei grob fahrlässig oder vorsätzlich herbeigeführt worden.

4. Der Auftraggeber kann aber auch, wenn er die in § 5 Nr. 4 VOB/B aufgeführten Voraussetzungen geschaffen hat, also eine angemessene Frist mit Kündigungsandrohung gesetzt hat, kündigen und die Rechte nach § 8 Nr. 3 VOB/B geltend machen. Einer Fristsetzung mit Androhung des Auftragsentzugs bedarf es dann nicht, wenn eine besonders schwere Vertragsverletzung vorliegt, die es dem Auftraggeber unzumutbar erscheinen lässt, noch weiterhin mit diesem Auftragnehmer den Vertrag durchzuführen (vgl. *Ingenstau/Korbion/Döring* § 5 Nr. 4 VOB/B, 16. Aufl., Rdn. 19). Dies ist insbesondere dann der Fall, wenn der Auftragnehmer endgültig den Beginn oder die Fortsetzung der Leistung verweigert (BGHZ 50, 160) oder den Vertrag zu Unrecht ohne wichtigen Grund kündigt und die Arbeiten nicht wieder aufnimmt (BGH BauR 2001, 1577).

5. Der Auftraggeber kann nach Kündigung den noch nicht vollendeten Teil der Leistung zu Lasten des Auftragnehmers durch einen Dritten ausführen lassen und kann, wie hier, die Mehraufwendungen geltend machen. Daneben bleiben seine Ansprüche auf Ersatz des entstehenden weiteren Schadens bestehen. Er kann aber auch auf die weitere Ausführung verzichten und Schadensersatz wegen Nichterfüllung verlangen, wenn die Ausführung aus den Gründen, die zur Entziehung des Auftrags geführt haben, für ihn kein Interesse mehr hat. Der Ersatzanspruch bei Beauftragung eines Ersatzunternehmers bezieht sich auf die Differenz zwischen der bisherigen Vergütung (vertragliche Einheitspreise, Pauschalpreise) und dem Betrag, den der Auftraggeber an den Auftragnehmer und zusätzlich an den Dritten zu zahlen hat. Es handelt sich dabei um einen verschuldensunabhängigen Erstattungsanspruch (*Locher,* Das private Baurecht, 7. Aufl. Rdn. 227; *Ingenstau/Korbion/Vygen* § 8 Nr. 3 VOB/B; 16. Aufl., Rdn. 35). Im Rahmen des Erstattungsanspruches ist auch ein Vorschussanspruch gegeben (BGH BauR 1989, 464 vgl. iE. *Ingenstau/Korbion/Vygen* § 8 Nr. 3 VOB/B, 16 Aufl., Rdn. 42). Darüber hinaus kann der weitere Verzugsschaden geltend gemacht werden, wobei es fraglich ist, ob der infolge des Verzugs entgangene Gebrauchsvorteil dem Schaden zuzurechnen ist (BGH BauR 1986, 105, grundsätzlich bejahend, BGH BauR 1987, 312).

5. Minderungsklage eines Auftraggebers gegen einen Architekten[1]

An das
Landgericht

Klage

des ...... **(Klägers)**
Prozessbevollmächtigter: ......

gegen

den ...... **(Beklagten)**

wegen

Minderung des Architektenhonorars
Vorläufiger Streitwert: EUR 13.000,–.

Namens und in Vollmacht des Klägers erhebe ich Klage und werde beantragen,

den Beklagten zu verurteilen, an den Kläger EUR 13.000,– nebst 8 Prozentpunkte Zinsen über dem Basiszinssatz seit ...... zu bezahlen.

Begründung:

Der Beklagte ist freier Architekt, der Kläger hat mit ihm am ...... für sein Bauvorhaben in ...... einen schriftlichen Architektenvertrag abgeschlossen.

Beweis: Architektenvertrag vom ...... (Anlage 1)

In diesem Vertrag wurden dem Beklagten die Leistungsphasen 1–5 der HOAI (Grundlagenermittlung, Vorplanung, Entwurfsplanung und Genehmigungsplanung) übertragen. Mangels abweichender schriftlicher Vereinbarung gelten gemäß § 4 Abs. 4 HOAI die Mindestsätze als vereinbart[3]. Der Beklagte hat die ihm übertragenen Architektenleistungen erbracht.

Vor Abschluss des Architektenvertrags hat der Kläger dem Beklagten mehrfach und nachhaltig erklärt, dass er für das Bauvorhaben nur Mittel in Höhe von EUR 400.000,– zur Verfügung habe und dass der Beklagte damit auskommen müsse.

Beweis: ......

Die Planung des Beklagten war zwar technisch nicht zu beanstanden. Die Verwirklichung der Planung des Beklagten hätte jedoch Baukosten in Höhe von mindestens EUR 600.000,– erfordert.

Beweis: Sachverständigengutachten.

Dies ergibt sich auch aus der dem Baugenehmigungsgesuch beigefügten vorläufigen Kostenermittlung des Beklagten.

Beweis: Vorlage des Baugesuches.

Die Planung ist mangelhaft und für den Kläger unbrauchbar[4]. Der Kläger hat deshalb seine Bauabsicht aufgegeben.

Der Kläger hat an den Beklagten gemäß § 8 Abs. 2 HOAI auf Anforderung eine Abschlagszahlung von EUR 13.000,– bezahlt. Die Rückforderung dieses Betrages macht er im Wege der Minderung nach § 634 BGB geltend. Die Abnahme der Architektenleistung hat der Kläger verweigert[5].

Beweis: ......

Der Kläger hat das Baugesuch wegen der überhöhten Kosten nicht eingereicht. Er hat den Beklagten mit Schreiben vom ...... aufgefordert, seine Planung so nachzubessern[6], dass das Raumprogramm – was möglich gewesen wäre – mit einem Kostenaufwand von EUR 400.000,– in einfacherer Weise verwirklicht werden könne[7].

Beweis: Sachverständigengutachten

Das Schreiben enthält eine angemessene Fristsetzung.

Beweis: Schreiben vom ...... (Anlage 2)

Der Beklagte lehnte dies mit Schreiben vom ...... ab mit der Begründung, er sei kein „Bettler-Architekt".

Rechtsanwalt

Anmerkungen

1. Das Recht auf Minderung ist jetzt als Gestaltungsrecht in § 638 BGB normiert. Danach erlischt das zuvor bestehende Wahlrecht des Auftraggebers zwischen den in § 634 aufgezählten Rechten mit Geltendmachung der Minderung. Die Voraussetzungen für das Minderungsrecht sind die gleichen wie diejenigen, die für den Rücktritt gelten. Das Minderungsrecht besteht auch bei unerheblichen Mängeln, da § 323 Abs. 5 S. 2 BGB keine Anwendung findet. § 638 Abs. 4 BGB räumt dem Auftraggeber, der schon überzahlt hat, einen Rückgewähranspruch ein, der nach den Rücktrittsregeln der §§ 346 Abs. 1, 347 Abs. 1 BGB abzuwickeln ist.

2. Oft wird Minderung gegen die Vergütungsklage des Auftragnehmers eingewendet. Der Minderungsanspruch kann jedoch nach Bezahlung auch aktiv geltend gemacht werden. Die Berechnung des Minderwerts legt nunmehr § 638 Abs. 3 BGB fest. Danach ist die Vergütung in dem Verhältnis herabzusetzen, in welchem zur Zeit des Vertragsschlusses der Wert des Werks in mangelfreiem Zustand zu dem wirklichen Wert gestanden haben würde. Damit ist der Streit über den maßgeblichen Zeitpunkt der Berechnung erledigt.

3. Nach § 4 Abs. 4 HOAI a. F. (= § 7 Abs. 6 n. F.) werden die Mindestsätze der Honorarordnung fingiert, sofern nicht gemäß § 4 Abs. 1 HOAI bei Auftragserteilung schriftlich eine abweichende Vereinbarung getroffen ist und ein Ausnahmefall vorliegt (vgl. dazu iE. *Locher/Koeble/Frik,* HOAI, 9. Aufl. § 4 Rdn. 11 ff.).

4. Die Kürzung des Honorars im Wege der Minderung ergibt sich aus dem Verhältnis des Werts der mangelfreien Architektenleistung zur mangelhaften. Ist die Werkleistung für den Bauherrn wertlos, so kann er im Wege der Minderung die bezahlte Vergütung verlangen (BGH BauR 1984, 401; OLG Hamm BauR 1989, 735; *Ingenstau/Korbion/Wirth* § 13 Nr. 6 VOB/B, 16 Auf., Rdn. 65).

5. Gemäß § 640 Abs. 2 BGB wäre bei Abnahme ein Vorbehalt der dem Auftraggeber bekannten Mängel erforderlich.

6. Nach § 638 Abs. 1 S. 1 BGB müssen die Voraussetzungen für den Rücktritt vorliegen. Dies bedeutet, dass der Auftragnehmer zunächst unter Fristsetzung zur Nacherfüllung aufgefordert werden muss. Eine Ablehnungsandrohung muss hiermit nicht mehr verbunden sein. Die Fristsetzung ist entbehrlich bei den in § 323 Abs. 2 genannten Fällen, also der ernsthaften und endgültigen Erfüllungsverweigerung, der Nichtbewirkung der geschuldeten Leistung zu dem im Vertrag bestimmten Termin oder innerhalb einer bestimmten Frist, bei Vorliegen besonderer Umstände, die unter Abwägung der beiderseitigen Interessen den sofortigen Rücktritt rechtfertigen.

Nach § 636 bedarf es der Fristsetzung auch dann nicht, wenn die Nacherfüllung fehlgeschlagen ist.

7. Die Rechtsprechung hat grundsätzlich eine Nachbesserungs*pflicht* des Architekten nicht angenommen, es sei denn, der fehlerhafte Plan sei noch nicht im Bauwerk verkörpert (BGH BauR 1989, 97; BauR 2001, 667). Im vorliegenden Fall ist nach dem Plan des Architekten noch nicht gebaut. Vgl. zur Nacherfüllungspflicht des Architekten *Locher,* Das private Baurecht, Rdn. 381 f.; *Locher* FS v. Craushaar, S. 21 ff. Eine andere Frage ist es, ob dem Architekten ein Nachbesserungs*recht* zusteht, weil seine Fachkenntnisse und Verbindungen günstige Voraussetzungen für eine sachgerechte und preisgünstige Mängelbeseitigung bieten. Dieses Recht kann dem Architekten nach Treu und Glauben im Einzelfall zustehen. Der Architekt muss aber substantiiert darlegen, dass und warum er in der Lage ist, die Mängel auf eigene Kosten billiger zu beseitigen (*Locher* aaO. Rdn. 383).

6. Rückgewährklage eines Wohnungseigentümers[1]

An das
Landgericht

Klage

des ...... (Klägers)
Prozessbevollmächtigter: ......

gegen

Firma ...... (Beklagte)

wegen

Rücktritts
Vorläufiger Streitwert: EUR 400.000,–.

Namens und in Vollmacht des Klägers erhebe ich Klage und werde beantragen,

> **die Beklagte zu verurteilen,**
> **Zug um Zug gegen Rückauflassung der Wohnung Nr. ......, bestehend aus einem Miteigentumsanteil zu ....../1000 verbunden mit dem Sondereigentum an der Wohnung Nr. ...... vorgetragen im Grundbuch des AG ...... Band ...... Blatt ...... an den Kläger den Betrag von EUR 400.000,– zuzüglich 8 Prozentpunkten Zinsen über dem Basiszinssatz seit ...... zu bezahlen.**

Begründung:

Der Kläger hat mit der Beklagten, einer Bauträgergesellschaft, einen Bauträgervertrag[2] über eine Eigentumswohnung in ...... am ...... abgeschlossen.

Beweis: Bauträgervertrag.

Der als Kaufvertrag bezeichnete Vertrag enthält in § 2 die Verpflichtung, diese Eigentumswohnung entsprechend der Teilungserklärung und der Baubeschreibung schlüsselfertig und frei von Mängeln zu erstellen und an den „Käufer" zu übergeben. Der „Kaufpreis" sollte EUR 400.000,– betragen. Er war als Festpreis vereinbart.

Die Wohnung wurde nach Fertigstellung von dem Kläger am ...... bezogen. Zwei Wochen nach Bezug hat es sich herausgestellt, dass sowohl der Trittschall- als auch der Luftschallschutz in der Wohnung nicht den anerkannten Regeln der Technik entsprachen. Der Kläger rügte, die Richtwerte von DIN 4109 seien nicht erreicht. Besonders gravierend seien die Mängel der Schallisolierung des Treppenhauses und der darüberliegenden Wohnung.

Beweis: Schreiben vom ...... (Anlage 1)

Der Kläger forderte die Beklagte zur Beseitigung der Mängel innerhalb von zwei Monaten auf.

Beweis: Schreiben vom ...... (Anlage 2)

Die Beklagte erklärte, der Schallschutz entspräche dem Standard der Wohnung und den anerkannten Regeln der Baukunst. Es lägen keine Mängel vor.

Beweis: Schreiben der Beklagten vom ...... (Anlage 3)

Der Schallschutz ist völlig unzureichend und erreicht bei weitem nicht die Erfordernisse der DIN 4109[3].

Beweis: Sachverständigengutachten des ......-Instituts. (Anlage 4)

Der Trittschallschutz ist allenfalls zwischen den mit Teppichböden belegten Wohn- und Schlafräumen der Wohnung A ausreichend. Zwischen dem Schlafraum der Wohnung A

und dem Bad der darüberliegenden Wohnung erreicht der Trittschallschutz nicht einmal die Werte der Mindestanforderungen in DIN 4109, Fassung 1962. Gleiches gilt für den Luftschallschutz zwischen Küche und Wohnung ......
Die Schallisolierung genügt nicht einmal durchschnittlichen Wohnansprüchen, geschweige denn den von der Beklagten in ihrem Prospekt zugesagten erhöhten Ansprüchen in ruhiger Waldlage.
Diese Mängel beeinträchtigen in ihrer Gesamtheit die Nutzung der Eigentumswohnung erheblich.

Beweis: Augenscheinseinnahme,

Sachverständigengutachten.
Die ungünstigen Schallschutzwerte sind auf die mangelhafte Werkleistung der Beklagten zurückzuführen.
Der Kläger erklärt hiermit Rücktritt vom Vertrag. Der Wert und die Tauglichkeit der Eigentumswohnung ist durch den mangelhaften Schallschutz erheblich vermindert[4].

Beweis: Sachverständigengutachten.

Der Kläger kann deshalb Zug um Zug gegen Rückauflassung der Wohnung den bereits bezahlten „Kaufpreis" zurückverlangen[5, 6].

Rechtsanwalt

Anmerkungen

1. Nach § 323 BGB kann der Gläubiger wenn er dem Schuldner erfolglos eine angemessene Frist zur Leistung oder Nacherfüllung bestimmt hat, vom Vertrag zurücktreten. § 323 Abs. 2 BGB regelt die Fälle, in denen eine Fristsetzung entbehrlich ist. Im vorliegenden Fall wurde der „Verkäufer" unter Fristsetzung zur Nacherfüllung aufgefordert. Einer Ablehnungsandrohung bedarf es nach neuem Recht nicht mehr. Nach § 323 Abs. 5 S. 2 BGB ist der Rücktritt ausgeschlossen, wenn die Pflichtverletzung unerheblich ist. Davon kann im vorliegenden Fall keine Rede sein.

2. Der Bauträgervertrag, der die Erstellung eines Bauwerks zum Gegenstand hat, ist hinsichtlich der Errichtungsverpflichtung ein Werkvertrag; zumindest richten sich die Mängelansprüche nach den §§ 633 ff. BGB (ständige Rechtsprechung des BGH, vgl. BGH NJW 1979, 2207, NJW 1980, 2800). Die falsche Bezeichnung „Kaufvertrag" ändert hieran nichts. Zur Rechtsnatur des Bauträgervertrags (Baubetreuungsvertrags im weiteren Sinn) vgl. *Locher,* Das private Baurecht, 7. Aufl., Rdn. 636.

3. Zu den Problemen des Schallschutzes allgemein *Locher-Weiss,* Schallschutz im Hochbau, Rechtsprobleme und technische Einführung, Baurechtliche Schriften, 4. Aufl. 2005.

4. Erklärt der „Käufer" den Rücktritt, so kann er nach § 325 BGB daneben Schadensersatz verlangen.

Der „Käufer" verliert nicht schon mit Ablauf der Frist zur Nacherfüllung seinen Erfüllungsanspruch. Er kann auch noch nach einer Fristsetzung entscheiden, ob er Rückabwicklung verlangen oder weiterhin den Erfüllungsanspruch geltend machen will. Erst wenn der „Käufer" den Rücktritt erklärt hat, ist er daran gebunden (*Westermann* NJW 2002, 2049).

5. Der Zug-um-Zug-Antrag ist geboten, um Kostennachteile zu vermeiden (vgl. zum Kaufrecht Form. II. A. 1 Anm. 3).

6. Auch bei Mängeln am Gemeinschaftseigentum kann den Rücktritt jeder einzelne Wohnungseigentümer erklären. Dadurch entsteht dem Bauträger kein Nachteil, auch wenn andere Eigentümer wegen des gleichen Mangels andere Rechte geltend machen

(*Locher,* Das Private Baurecht, 7. Aufl., Rdn. 639). Diese Frage ist allerdings nicht umstritten (vgl. die Darstellung bei *Koeble* in Kniffka/Koeble, Kompendium des Baurechts, 3. Aufl., 11. Teil, Rdn. 301).

7. Schadensersatz- und Feststellungsklage gegen Werkunternehmer (Vermessungsingenieur)[1]

An das
Landgericht

Klage

des ...... (Klägers)
Prozessbevollmächtigter: ......

gegen

den Vermessungsingenieur[2] ...... (Beklagten)

wegen

Schadensersatz
Vorläufiger Streitwert: EUR 80.000,–.

Namens und in Vollmacht des Klägers erhebe ich Klage und werde beantragen,

I. den Beklagten zu verurteilen, an den Kläger EUR 70.000,– nebst 8 Prozentpunkte Zinsen über dem Basiszinssatz seit ...... zu bezahlen[3];

II. festzustellen, dass der Beklagte dem Kläger sämtlichen über den in Klagantrag Ziff. I hinausgehenden Schaden zu ersetzen hat, der ihm dadurch entstanden ist, dass der Beklagte den Standort des Hauses des Klägers in ...... insoweit falsch eingemessen und abgesteckt hat, als der Bau bis einschließlich Kellerdecke auf seiner nordöstlichen Seite in eine öffentliche Verkehrsfläche hineinragt und der Baukörper auf Verfügung der Baurechtsbehörde um 5 m an der nordöstlichen Grundstücksgrenze zurückgenommen werden muss[4].

Begründung:

Der Kläger ist Eigentümer des Grundstücks ......, das er mit einem Einfamilienhaus nach den genehmigten Plänen bebauen wollte. Der Beklagte ist Vermessungsingenieur. Mit diesem schloss der Kläger einen Werkvertrag zur Erbringung der Vermessungsingenieurleistungen ab.

Beweis: ...... (Anlage 1)

Dem Beklagten unterlief beim Einmessen und Abstecken des Standorts des zu errichtenden Hauses auf dem Baugrundstück des Klägers ein schwerwiegender Fehler. Er maß das Haus an einem falschen Platz aus und steckte es falsch ab. Dadurch wurde die Baugrube auf einer als öffentlicher Weg vorgesehenen Verkehrsfläche ausgehoben und dort die Fundamente bis zum Einbringen der Kellerdecke errichtet.

Beweis: Sachverständigengutachten des öffentlich bestellten Sachverständigen ...... im selbstständigen Beweisverfahren zwischen den Parteien beim Amtsgericht ......, Aktenzeichen ......

Es wird beantragt,
das Sachverständigengutachten als Beweismittel zu verwerten[5].

Die Baurechtsbehörde der Stadt ...... hat den Fehler bemerkt und durch Verfügung vom ...... den Abbruch des Bauwerks und die Zuschüttung der Baugrube, soweit sie in

die öffentliche Verkehrsfläche hineinragt und die gesetzlichen Abstände berührt, verlangt.

Beweis: Verfügung vom ...... (Anlage 2)

Dadurch musste das Bauwerk um 5 m zurückgenommen werden.

Beweis: Sachverständigengutachten.

Der Kläger hat dem Beklagten Gelegenheit gegeben[6], zu der Verfügung der Baurechtsbehörde Stellung zu nehmen. Der Beklagte erklärte mit Schreiben vom ......, gegen die Verfügung sei nichts zu machen.

Beweis: Schreiben vom ...... (Anlage 4)

Der Kläger macht Schadensersatzansprüche geltend. Die Bauarbeiten wurden an die Firma ...... vergeben.

Beweis: ...... (Anlage 5)

Der Kläger hat mit dieser Firma verhandelt, um eine möglichst preisgünstige Beseitigung der Mängel zu erreichen. Die Firma ...... hat ein Angebot über EUR 70.000,– für die Beseitigung der Mängel, nämlich das Abspitzen der Betonfundation, das Zuschütten der Baugrube, soweit sie gegen die Verfügung des Baurechtsamts verstößt, und die Neuaufbringung im baurechtlich zulässigen Rahmen abgegeben.

Beweis: Angebot vom ...... (Anlage 6)

Zur Sicherheit hat der Kläger über seinen Architekten ein Konkurrenzangebot eingeholt, das um EUR 15.000,– teurer ist.

Beweis: Schreiben vom ...... (Anlage 7)

Der Kläger hat hierauf der Firma ......, die die von der Baurechtsbehörde beanstandeten Baumaßnahmen bereits vorgenommen hat, den Auftrag erteilt.
Der Beklagte hat also dem Kläger den Schaden in Höhe von EUR 70.000,–, der zur unmittelbaren Beseitigung seines Vermessungsfehlers erforderlich ist, zu ersetzen.
Darüber hinaus werden noch weitere, ursächlich auf den Vermessungsfehler des Beklagten zurückzuführende Vermögenseinbußen entstehen, die noch nicht beziffert werden können. Insoweit wird Feststellung gemäß Klagantrag Ziff. II begehrt[7].
Durch das Abreißen der Fundamente, die weitere Aushebung der Baugrube, das Neueinbringen der Fundamente und des Bauwerks bis zur Kellerdecke, einschließlich der statisch und architektonisch notwendigen Leistungen, tritt eine erhebliche Bauverzögerung ein, die zumindest 3 Monate beträgt. Die Nachfolgegewerke sind teilweise vergeben. Die Verträge enthalten Lohn- und Materialpreisvorbehaltsklauseln. Des Weiteren kann Nutzungs- und Mietausfall entstehen. Der Kläger wohnt zur Miete. Gegen ihn ist Räumungsurteil ergangen. Er muss sich für die Zwischenzeit möglicherweise in einem Hotel einmieten.

Rechtsanwalt

Anmerkungen

1. Ein Schadensersatzanspruch gemäß § 281 BGB kann einmal in der Weise geltend gemacht werden, dass der Anspruchsteller die Werkleistung behält und den durch den Mangel verursachten Schaden verlangt, zum anderen dadurch, dass er das gesamte Werk zurückweist und den durch die Nichterfüllung des ganzen Vertrags eingetretenen Schaden fordert. In der Baupraxis wird meist das Bauwerk entgegengenommen und Schadensersatz wegen mangelhafter Erfüllung verlangt. Im vorliegenden Fall ist dies nicht möglich, weil die baurechtliche Verfügung entgegensteht.

Ist die VOB zum Gegenstand einer unmittelbaren Bauleistung gemacht (§ 1 VOB/A), was für geistige Leistungen nicht möglich ist, so ist zu beachten, dass § 13 Nr. 7 VOB/B den Schadensersatzanspruch abweichend von §§ 280 ff. BGB ausgestaltet.

2. Der Vertrag mit dem Vermessungsingenieur ist ein Werkvertrag (BGH BauR 1972, 255; *Locher,* Das private Baurecht, 7. Aufl., Rdn. 367, 368). Das Leistungsbild des § 97 b HOAI ist von Bedeutung für die Bestimmung der Leistungspflichten des Vermessungsingenieurs, wenn dieses auch keinen Normcharakter hat. Wird in dem Ingenieurvertrag auf die einzelnen Leistungsphasen der HOAI Bezug genommen, schuldet der Vermessungsingenieur im Wege der Auslegung in der Regel die vereinbarten Teilgrundleistungen als Teilerfolg des Gesamterfolges (BGH BauR 2004, 1640 zur Objektplanung).

3. Der Schadensersatzanspruch richtet sich in aller Regel in Abweichung von § 249 S. 1 BGB auf eine Geldleistung, da sonst der Schadensersatzanspruch mit dem Erfüllungsanspruch gleichgesetzt würde. Seit der Entscheidung des Großen Senats (BGHZ 98, 212 = NJW 1987, 50) kann auch Schadensersatz wegen entgangener Gebrauchsvorteile bei Sachen verlangt werden, „auf deren ständige Verfügbarkeit die eigenwirtschaftliche Lebenshaltung des Eigentümers derartig angewiesen ist, wie auf das von ihm selbst bewohnte Haus".

4. Zum Feststellungsantrag vgl. Form. II. C. 8.

5. Zur Verwertbarkeit der Beweisergebnisse des selbstständigen Beweisverfahrens im Hauptsacheprozess: *Werner/Pastor,* 12. Aufl., Rdn. 117.

6. Einer Fristsetzung bedarf es nicht, weil das Bauwerk teilweise bereits errichtet wurde.

Die mangelhafte geistige Leistung des Vermessungsingenieurs lässt sich nach Verwirklichung des Bauwerks nicht mehr beheben. Eine Nachbesserung kommt nur in Frage, soweit noch nicht nach dem fehlerhaften Plan gebaut wurde. Nur dann ist eine Aufforderung zur Mangelbeseitigung mit einer Fristsetzung erforderlich. Wenn wie hier nach dem fehlerhaften Plan gebaut wurde, ist eine Änderung des Entwurfs für den Bauherrn nutzlos. In diesem Fall bedarf es keiner Fristsetzung zur Mangelbeseitigung, um einen Schadensersatzanspruch geltend machen zu können.

Dessen ungeachtet ist es zweckmäßig, dem Vermessungsingenieur vor Vornahme einschneidender und teurer Maßnahmen Gelegenheit zur Stellungnahme zu geben, damit er zur Berechtigung der baurechtlichen Verfügung Stellung nehmen kann.

7. In der Praxis umstritten ist die Zulässigkeit der unbezifferten Leistungsklage in Bausachen. Die Leistungsklage setzt nach § 253 Abs. 2 Nr. 2 ZPO grundsätzlich einen bestimmten Klagantrag voraus. Eine unbezifferte Leistungsklage wird jedoch in Fällen zugelassen, in denen die Bezifferung nicht möglich oder aus besonderen Gründen dem Kläger nicht zumutbar ist, sofern eine hinreichende Darlegung der Schätzungs- und Berechnungsgrundlagen erfolgt und es dem Gericht dadurch ermöglicht wird, die Höhe der berechtigten Klageforderung festzustellen (vgl. hierzu *Kleine-Möller/Merl,* Handbuch des privaten Baurechts, 3. Aufl. § 17 Rdn. 21; *Werner/Pastor,* Der Bauprozess, 12. Aufl., Rdn. 449; BGH NJW 1970, 281; OLG Koblenz OLGR 2004, 233). Da einzelne OLGs die unbezifferte Leistungsklage mangels hinreichender Darlegung der Schätzungs- und Berechnungsgrundlagen in Bausachen für nicht zulässig halten, ist jedoch Vorsicht geboten und in aller Regel eine Feststellungsklage wegen des geringeren Kostenrisikos vorzuziehen.

8. Feststellungsklage[1] wegen Baumängeln

An das
Landgericht

Klage

des ...... (Klägers)
Prozessbevollmächtigter: ......

gegen

Firma ...... (Beklagte)

wegen

Feststellung
Vorläufiger Streitwert: EUR 20.000,–.

Namens und in Vollmacht des Klägers erhebe ich Klage und werde beantragen,

festzustellen, dass die Beklagte dem Kläger sämtliche Schäden zu ersetzen hat, die ihm dadurch entstehen, dass die Beklagte das Bauwerk nicht nach Leistungsbeschreibung und Plänen des Architekten in einer Tiefe von ......, sondern nur in einer Tiefe von ...... gegründet hat[2].

Begründung:

Die Parteien haben zur Errichtung eines Dreifamilienhauses des Klägers auf dessen Grundstück ...... einen Bauwerkvertrag abgeschlossen. Die VOB ist Vertragsbestandteil[3]. Die förmliche Abnahme ist am ...... erfolgt[4].

Beweis: Abnahmeprotokoll (Anlage 1)

Laut Leistungsbeschreibung und den Plänen des Architekten ...... hatte die Gründung wie folgt zu erfolgen: ......

Beweis: Leistungsbeschreibung und Pläne (Anlage 2)

Die Beklagte führte dagegen die Gründung nur wie folgt durch: ......

Beweis: Sachverständigengutachten.

Infolge der nicht frostsicheren Gründung entstanden nach Abnahme Risse im Mauerwerk. Der Kläger hat ein selbstständigen Beweisverfahren durchgeführt. Im Gutachten des Sachverständigen ...... ist die Rissebildung im Einzelnen vermerkt und fotografisch festgehalten.

Beweis: Gutachten im selbstständigen Beweisverfahren, das im Hauptverfahren zu verwerten beantragt wird.

Zeugnis des Sachverständigen ......

In den letzten 14 Tagen sind neue Risse aufgetreten. Die bereits im selbstständigen Beweisverfahren festgestellten Risse haben sich verbreitert.

Beweis: Sachverständigengutachten.

Die Rissebildung infolge der mangelhaften Bauleistung der Beklagten ist also noch nicht abgeschlossen.

Am ...... hat der Kläger die Beklagte zur Beseitigung der Mängel unter Fristsetzung bis ...... aufgefordert.

Beweis: ...... Schreiben vom ...... (Anlage 3)

Die Beklagte hat die Mängelbeseitigung mit der Begründung abgelehnt, diese sei unzumutbar.

Beweis: Schreiben vom ...... (Anlage 4)

Da noch nicht abzusehen ist, wie sich die Rissebildung weiterentwickelt, und es von der Weiterentwicklung abhängig ist, welche Sanierungsmaßnahmen erforderlich sind, sind die Voraussetzungen der Feststellungsklage gegeben[5, 6].

Rechtsanwalt

Anmerkungen

1. Die positive Feststellungsklage ist in Bausachen häufig anzutreffen. Sie wird dann erhoben, wenn die Erhebung einer Leistungsklage noch nicht möglich ist oder wenn ihr erhebliche Schwierigkeiten im Wege stehen. Es besteht schon im Hinblick auf die Hemmung der Verjährung nicht selten ein Bedürfnis, eine Klage auf Feststellung von Baumängeln zuzulassen (vgl. im Einzelnen *Locher,* Das private Baurecht, 7. Aufl. Rdn. 798 ff.; *Werner/Pastor,* Der Bauprozess 12. Aufl. Rdn. 451 ff.; *Kniffka* in Kniffka/Koeble, Kompendium des Baurechts, 3. Aufl., 15. Teil, Rdn. 5 ff.).

2. Der Kläger muss substantiiert und hinreichend bestimmt den Mangel vortragen *Werner/Pastor* Rdn. 446 ff. („Symptomrechtsprechung"). Es muss dargelegt werden, worin die mangelhafte Ausführung liegt, im vorliegenden Fall, inwiefern sie von der vorgeschriebenen Ausführungsart abweicht.

3. Vgl. Form. II. C. 1 Anm. 6.

4. Vgl. Form. II. C. 1 Anm. 7.

5. Das Feststellungsinteresse für eine Feststellungsklage ist in Bausachen immer dann zu bejahen, wenn es sich um einen umfangreichen, aber in sich nicht abgeschlossenen Baumängelkomplex handelt und der endgültige Umfang der Schäden noch nicht feststeht (BGHZ 101, 369 = BauR 1987, 702 = NJW 1988, 142). Ein Feststellungsinteresse ist aber auch dann zu bejahen, wenn – wie häufig – zwar der Mangel, nicht jedoch die Mängelbeseitigungskosten feststehen. Kostenvoranschläge sind meist nicht verbindlich, sie können dem Ergebnis nach weit auseinandergehen. Auch Gutachten geben Mängelbeseitigungskosten häufig nur in ungefähren Kostenbeträgen an. Nach der Rechtsprechung des BGH ist bei der Auslegung des Feststellungsinteresses eine weite und freie Auslegung geboten (BGH LM § 256 ZPO Nr. 34; *Werner/Pastor* aaO. Rdn. 438). Für die Verneinung des Feststellungsinteresses reicht es nicht aus, dass der Geschädigte uU. einen Kostenvorschussanspruch geltend machen könnte. Ihm muss die freie Entscheidung, ob er einen Kostenvorschussanspruch oder einen endgültigen Schadensersatzanspruch geltend macht, überlassen bleiben. Auch die Vermeidung der Verjährung der Mängelansprüche kann das Feststellungsinteresse rechtfertigen (vgl. im Einzelnen BGH VersR 1972, 459; BGH BauR 1979, 62; BGH NJW 1984, 1552; *Werner/Pastor* aaO.).

War eine Feststellungsklage bei Klageerhebung zulässig, so braucht der Kläger im Prozess nicht zur Leistungsklage überzugehen (OLG Koblenz NJW-RR 1988, 532; BGH LM § 256 ZPO Nr. 92). Dies gilt jedoch nicht, wenn die Schadensentwicklung bereits im ersten Rechtszug voll abgeschlossen ist, der Beklagte den Übergang anregt und damit weder eine Verzögerung noch ein Instanzverlust verbunden ist (BGH NJW 1978, 210).

6. Die Feststellungsklage kann auch mit einer Leistungsklage verbunden werden, wenn ein Teil des Anspruchs bereits bezifferbar ist. Erhebt der Auftraggeber in diesem Fall keine (Teil-)Leistungsklage, entfällt das Feststellungsinteresse für eine uneingeschränkte Feststellungsklage nicht (*Kniffka* in Kniffka/Koeble, Kompendium des Baurechts, 15. Teil, Rdn. 4, 9).

9. Klage auf Feststellung der Abnahme[1] einer Bauleistung

An das
Landgericht

Klage

der Firma ...... (Klägerin)
Prozessbevollmächtigter: ......

gegen

den ...... (Beklagten)

wegen

Abnahme
Vorläufiger Streitwert: EUR 20.000,–.

Namens und in Vollmacht der Klägerin erhebe ich Klage und werde folgenden Antrag stellen:

Es wird festgestellt, dass die Wirkungen der Abnahme der für das Bauvorhaben des Beklagten in ... von der Klägerin fertiggestellten Schreinerarbeiten am ... eingetreten sind[2].

Begründung:

Die Klägerin wurde vom Beklagten beauftragt, für dessen Bauvorhaben ...... laut Vertrag vom ...... die Schreinerarbeiten durchzuführen.

Beweis: Vertrag vom ...... (Anlage 1)

Die VOB/B ist zum Vertragsgegenstand gemacht[3].
Die Klägerin hat die Arbeiten mangelfrei fertiggestellt.

Beweis: Sachverständigengutachten.

Im VOB/B-Vertrag sind die fiktiven Abnahmeformen des § 12 Nr. 5 VOB/B ausgeschlossen. Die Abnahme hat förmlich zu erfolgen. Die Klägerin hat den Beklagten mit Schreiben vom ...... zur Abnahme bis ...... aufgefordert.

Beweis: Schreiben vom ...... (Anlage 2)

Der Beklagte hat auf das Abnahmeverlangen nicht reagiert.

Rechtsanwalt

Anmerkungen

1. Die Abnahme ist der Dreh- und Angelpunkt des Bauvertrags (*Jagenburg* NJW 1973, 2265). Durch sie tritt die Erfüllung der Leistungspflicht des Unternehmers ein, die Vergütung wird fällig, die Verjährung der Mangelansprüche läuft ab Abnahme oder Abnahmeverweigerung. Ferner tritt eine Umkehr der Beweislast ein (BGH BauR 1997, 128) und geht die Gefahr des zufälligen Untergangs oder der Verschlechterung der abgenommenen Leistung auf den Auftraggeber über. Nach Abnahme des Werks besteht keine Kündigungsmöglichkeit mehr; eine Vertragsstrafe ist verwirkt, wenn sie nicht bei der Abnahme vorbehalten wird.

Nach der VOB/B besteht nach § 12 Nr. 4 VOB/B ein Recht auf förmliche Abnahme. § 12 Nr. 5 Abs. 1 und 2 VOB/B regeln fiktive Abnahmeformen, welche häufig in Bauverträgen ausgeschlossen werden. Letztere werden häufig in Bauverträgen ausgeschlossen. § 12 Nr. 4 VOB/B betrifft die förmliche Abnahme, die dem gesetzlichen Werkvertragsrecht des BGB unbekannt ist. Die Folgen der grundlosen sowohl förmlichen wie – nach BGB-Werkvertragsrecht – nicht förmlichen Nichtabnahme sind dieselben: Der Auftraggeber gerät in Annahmeverzug. Damit geht die Gefahr des zufälligen Untergangs des Bauwerks auf den Auftraggeber über (§ 644 Abs. 1 S. 2 BGB). Auch beginnt die Verjährungsfrist bei endgültiger Ablehnung der Abnahme. Außerdem steht es der Abnahme gleich, wenn der Auftraggeber das Werk nicht innerhalb einer vom Unternehmer gesetzten Frist abnimmt, obwohl die Abnahmefähigkeit gegeben ist (§ 640 Abs. 1 S. 3 BGB). Diese Regelung gilt auch beim VOB/B-Vertrag. Im vorliegenden Fall wurde eine Frist zur Abnahme gesetzt, welche fruchtlos ablief. Nach § 640 Abs. 1 S. 3 BGB sind deshalb die Abnahmewirkungen eingetreten, da – das ist zu unterstellen – das Werk im Wesentlichen mangelfrei ist. Da die Abnahmewirkungen deshalb bereits eingetreten sind, ist auf Feststellung zu klagen. Würde im vorliegenden Fall, in dem die Voraussetzungen für den Eintritt der Abnahmewirkung gem. § 640 Abs. 1 S. 3 BGB vorliegen, auf Leistung, dh., Abgabe einer Willenserklärung oder Vornahme einer geschäftsähnlichen Handlung (die Rechtsnatur der Abnahme ist umstritten (vgl. Palandt/*Sprau*, 68. Aufl., § 640 Rdn. 3)) geklagt, könnte eine derartige Leistungsklage unbegründet sein, da der Auftraggeber nicht mehr dazu verpflichtet ist, eine weitere Abnahmeerklärung abzugeben, wenn die Abnahmewirkungen anderweitig schon eingetreten sind. Die Klage könnte auch mangels Rechtsschutzbedürfnis unzulässig sein. Liegen die Voraussetzungen des § 640 Abs. 1 S. 3 BGB nicht vor und wurde auch die Abnahme vom Auftraggeber nicht erklärt, kann eine isolierte Klage auf Abnahme erhoben werden (BGH BauR 1996, 386 = NJW-RR 1996, 1749). Der Auftragnehmer hat ein schutzwürdiges Interesse für eine Abnahmeklage, um diese Abnahmewirkungen herbeizuführen (BGH BauR 1981, 284/287). Eine gesonderte Klage auf Abnahme wird sich jedoch häufig erübrigen, weil die damit zusammenhängenden Fragen im Rahmen des Zahlungsprozesses geklärt werden können (*Ingenstau/Korbion/Locher* VOB/B, 16 Aufl., § 16 Rdn. 21; *Locher,* Das private Baurecht, Rdn. 89).

2. Die Abnahme stellt eine Billigung der vollendeten Leistung als eine wenigstens in der Hauptsache vertragsgemäße Leistung dar (BGHZ 48, 262). Der Anspruch auf Abnahme setzt voraus, dass die Bauleistung bis auf unbedeutende Mängel oder geringfügige Restarbeiten erbracht ist (BGH BauR 1972, 252).

3. Vgl. Form. II. C. 1 Anm. 5.

10. Klage eines Wohnungseigentümers auf Vorschuss für die Beseitigung von Mängeln des Gemeinschaftseigentums[1]

An das
Landgericht

Klage

des ...... (Klägers)
Prozessbevollmächtigter: ......

gegen

Firma ...... (Beklagte)

wegen

Vorläufiger Streitwert: EUR 13.500,–.

Namens und in Vollmacht des Klägers erhebe ich Klage und werde beantragen,

die Beklagte zu verurteilen, an die WEG ...... zu Händen des Verwalters ......[2] EUR 13.500,– nebst 8 Prozentpunkte Zinsen über dem Basiszinssatz hieraus seit ...... zu bezahlen.

Begründung:

Die Beklagte ist eine Bauträgerfirma. Sie errichtete ein Gebäude mit 50 Eigentumswohnungen. Eine dieser Wohnungen erwarb der Kläger durch notariellen Vertrag vom ……

Beweis: Vertrag vom …… (Anlage 1)

In die Wohnung des Klägers drang nach Abnahme des Gemeinschaftseigentums infolge mangelnder Isolierung der Außenwände Feuchtigkeit ein.

Beweis: Sachverständigengutachten.

Der Kläger hat deshalb die Beklagte mit Schreiben vom …… aufgefordert, den Mangel zu beseitigen und dafür zu sorgen, dass das Eindringen der Feuchtigkeit verhindert wird.

Beweis: Schreiben vom …… (Anlage 2)

Er hat mit Schreiben vom …… unter angemessener Fristsetzung die Beseitigung des Mangels angemahnt, ohne dass Abhilfe geschaffen wurde.

Beweis: Schreiben vom …… (Anlage 3)

Daraufhin hat der Kläger ein Angebot bei der Firma …… eingeholt. Das Angebot beläuft sich auf EUR 13.500,–.

Beweis: Angebot der Firma …… vom …… (Anlage 4)

Die Maßnahme ist erforderlich, um das Eindringen von Feuchtigkeit zu verhindern. Der von der Firma …… berechnete Betrag ist angemessen.

Beweis: Sachverständigengutachten.

Die Sachbefugnis des Klägers wird nicht davon berührt, dass sich der Nacherfüllungsanspruch auf die Instandsetzung gemeinschaftlichen Eigentums bezieht[3]. Beschlüsse der Gemeinschaft zur Geltendmachung von Mängelansprüchen gibt es nicht.

Rechtsanwalt

Anmerkungen

1. Es war in der Rechtsprechung und ist in der Literatur streitig, ob der einzelne Wohnungseigentümer für einen Mangel, der am Gemeinschaftseigentum eingetreten ist, Nacherfüllungsansprüche geltend machen kann. Nach der Rechtsprechung des BGH (BGHZ 68, 372 = NJW 1977, 1336; BGH NJW 1984, 725 = BauR 1984, 166; BGH NJW 1988, 1718; BGH BauR 2007, 1221 = NJW 2007, 1952) ist jeder einzelne Wohnungseigentümer zur selbstständigen, auch gerichtlichen, Verfolgung der aus dem Vertragsverhältnis mit dem Veräußerer herrührenden, auf Beseitigung der Mängel am gemeinschaftlichen Eigentum gerichteten Ansprüche befugt. Er kann vom Veräußerer sowohl Nacherfüllung als auch unter den Voraussetzungen des § 637 Abs. 1 BGB Ersatz seiner Aufwendungen für die Mängelbeseitigung sowie auch einen Vorschuss für die Mängelbeseitigungskosten verlangen; BGH BauR 1985, 314). Ansprüche auf Minderung und Schadensersatz, soweit der Erwerber die Eigentumswohnung behalten will, sind gemeinschaftsbezogen (vgl. *Kniffka/Koeble*, Kompendium des Baurechts, 3. Aufl. Teil 11 Rdn. 251 ff.; BGH BauR 2007, 1221 = NJW 2007, 1952). Deren Geltendmachung steht der Wohnungseigentümergemeinschaft zu (BGH BauR 1998, 783; BGH BauR 2005, 1473). Zur Frage, ob die Wohnungseigentümergemeinschaft nach entsprechendem Mehrheitsbeschluss Nachbesserungsansprüche gegenüber dem Veräußerer durchsetzen kann vgl. BGHZ 81, 35.

2. Auch wenn der einzelne Eigentümer Nacherfüllungs-, Aufwendungsersatz- und Vorschussansprüche wegen Mängeln am Gemeinschaftseigentum in eigenem Namen geltend

machen kann, ist noch nichts darüber gesagt, ob er auch Leistung an sich verlangen kann. Nach der hM. besteht keine Gesamt- sondern Mitgläubigerschaft, sodass der einzelne Eigentümer nach § 432 BGB nur Leistung an die Mitgläubiger verlangen kann (OLG Stuttgart BauR 2003, 1384; aA. OLG Stuttgart (Sonderfall) BauR 2005, 1490; *Kniffka/Koeble,* Kompendium des Baurechts, 3. Aufl. 11. Teil Rdn. 259; vgl. auch BGH NJW 1991, 2420 und BGH BauR 2007, 1221 = NJW 2007, 1952).

3. Nach der Rechtsprechung des BGH (BauR 2007, 1221 = NJW 2007, 1952) kann der Vorschussanspruch von einem einzelnen Erwerber geltend gemacht werden. Der einzelne Erwerber verliert die Prozessführungsbefugnis jedoch dann, wenn die Wohnungseigentümergemeinschaft die Geltendmachung dieser Ansprüche „an sich zieht", was im vorliegenden Fall nicht gesehen ist. Zur Geltendmachung der verschiedenen Mängelansprüche und -rechte vgl. Form. II. C Anm. 1.

11. Klage einer Wohnungseigentümergemeinschaft auf Geltendmachung von Schadensersatzansprüchen[1]

An das
Landgericht

Klage

der Wohnungseigentümergemeinschaft[2] ……,

(Klägerin)

Prozessbevollmächtigter: ……

gegen

Firma …… **(Beklagte)**

wegen

Schadensersatz
Vorläufiger Streitwert: EUR 30.000,–.
Namens und in Vollmacht der Kläger erhebe ich Klage und werde beantragen,

die Beklagte zu verurteilen, an die Klägerin EUR 30.000,– nebst 8 Prozentpunkte Zinsen über dem Basiszinssatz hieraus seit …… zu bezahlen.

Begründung:

Die Beklagte ist eine Bauträgerfirma, die in …… eine Wohnanlage mit 10 Eigentumswohnungen errichtete.

Beweis: Handelsregisterauszug (Anlage 1)

Die Haftung der Beklagten richtet sich nach BGB-Recht mit der Modifikation der Ziff. 6 des Erwerbervertrags.

Beweis: Erwerbervertrag vom …… (Anlage 2)

Zu der Wohnanlage gehört ein Hallenschwimmbad, das als Gemeinschaftseigentum mit den Eigentumswohnungen verbunden ist. An der Schwimmanlage traten Mängel auf, indem das Wasser nach unten in die Kellerräume, in denen sich die Heizanlage befindet, drang und dort Rostbildung hervorrief.

Beweis: Sachverständigengutachten;

Beweissicherungsgutachten ……, dessen Verwertung im Hauptprozess beantragt wird.
Zeugnis des Sachverständigen ……,
der das Beweissicherungsgutachten erstellt hat.

Die Klägerin hat die Beklagte zur Beseitigung der Mängel mit Schreiben vom ...... unter Fristsetzung bis ...... aufgefordert.

Beweis: Schreiben vom ...... (Anlage 3)

Die Beklagte lehnte ab.

In der Wohnungseigentümerversammlung vom ...... wurde einstimmig die Geltendmachung von Schadensersatzansprüchen beschlossen[3].

Beweis: Protokoll vom ...... (Anlage 4)

Die Beseitigung der Mängel erforderte laut Rechnung der Firma ...... einen Betrag von EUR 30.000,–.

Beweis: Rechnung vom ...... (Anlage 5);

Sachverständigengutachten.

Rechtsanwalt

Anmerkungen

1. Bei der Geltendmachung von Mängelansprüchen und bei der Ausübung von Gestaltungsrechten müssen Besonderheiten beachtet werden, wenn es sich bei den Eigentümern des errichteten (und mangelhaften) Objektes um Wohnungs- bzw. Teileigentümer handelt und es um Mängel an Bauteilen geht, die im Gemeinschaftseigentum stehen (vgl. zu dieser Problematik *Koeble* in Kniffka/Koeble, Kompendium des Baurechts, 3. Aufl., 11. Teil, Rdn. 249 ff; *Pause/Vogel* BauR 2007, 1298; Wenzel ZWE 2006, 109; *ders.* NJW 2007, 1905; *Schulze-Hagen* ZWE 2007, 113; Beck'scher VOB-Kommentar Teil B/*Zahn*, 2. Aufl., vor § 13 Rdn. 61 ff.). Zwar ist der jeweilige Vertragspartner des Bauträgers Inhaber der Mängelrechte. Allerdings kann die Befugnis, diese Rechte wahrzunehmen, aufgrund des Gemeinschaftsverhältnisses eingeschränkt sein. Der jeweilige Vertragspartner erwirbt eben nicht Alleineigentum. Er erwirbt Wohn- bzw. Teileigentum, was Einschränkungen in der Geltendmachung von Mängelrechten mit sich bringt. Dies ergibt sich aus § 10 Abs. 6 S. 3 WEG nF. Nach dieser Neuregelung übt die WEG die gemeinschaftsbezogenen Rechte der Wohnungseigentümer aus. Entscheidend ist daher, welche vertraglichen Mängelrechte gemeinschaftsbezogen sind. Es gibt grundsätzlich, dh., von vornherein gemeinschaftsbezogene Rechte. Rechte die grundsätzlich gemeinschaftsbezogen sind, sind das Recht zur Minderung und der Anspruch auf kleinen Schadensersatz. Die Eigentümergemeinschaft ist für die Geltendmachung dieser Rechte von vornherein alleine zuständig (BGH NJW 2007, 1952 = NZBau 2007, 445 = BauR 2007, 1221). Der Eigentümergemeinschaft steht deshalb auch die Wahl zwischen Minderung und kleinem Schadensersatzanspruch zu (BGH BauR 2004, 1148 = NZBau 2004, 435 = ZfBR 2004, 557; BGH BauR 1998, 783 = NJW 1998, 2967 = ZfBR 1998, 245).

Von den grundsätzlich gemeinschaftsbezogenen Rechten sind die Rechte zu unterscheiden, die grundsätzlich von den einzelnen Wohnungseigentümern geltend gemacht werden können, deren Geltendmachung jedoch durch Beschluss von der Gemeinschaft an sich gezogen werden kann. Erfolgt dieses „Ansichziehen", ist der einzelne Wohnungseigentümer nicht mehr befugt, die entsprechenden Ansprüche in eigenem Namen geltend zu machen (BGH BauR 2007, 1952 = NZBau 2007, 445 = IBR 2007, 318). Es endet hierdurch nicht die Rechtsinhaberschaft. Der jeweilige Eigentümer bleibt aktiv legitimiert. Allerdings verliert er die Prozessführungsbefugnis. Bei den Rechten, deren Geltendmachung die Wohnungseigentümergemeinschaft durch Beschluss an sich ziehen kann, handelt es sich um die Rechte, die auf ordnungsgemäße Herstellung des Gemeinschaftseigentums gerichtet sind (Erfüllung, Nacherfüllung, Selbstvornahme mit Aufwendungsersatz oder Vorschuss). Solange die Gemeinschaft keinen Beschluss gefasst hat, kann der jeweilige Eigentümer diese Ansprüche geltend machen und Rechte ausüben

(BGHZ 169, 1; BGH NJW 2007, 1957; BGH BauR 1990, 353 = NJW 1990, 1663; BGH BauR 2004, 1148 = NZBau 2003, 435 = ZfBR 2004, 554; BGH BauR 2006, 1747 = NJW 2006, 3275 = NZBau 2006, 786).

Neben den beiden vorgenannten Gruppen der grundsätzlich gemeinschaftsbezogenen Ansprüche und der Gruppe der Ansprüche, die durch einen Beschluss der Gemeinschaft gemeinschaftsbezogen werden, gibt es eine weitere Gruppe von Ansprüchen/Rechten, die grundsätzlich nicht gemeinschaftsbezogen sind. Es handelt sich insoweit um die Ansprüche auf „großen" Schadensersatz bzw. um das Gestaltungsrecht Rücktritt. Beide sind grundsätzlich nicht gemeinschaftsbezogen (BGH NJW 2007, 1952 = NZBau 2007, 445 = IBR 2007, 318).

Im vorliegenden Fall wird der „kleine" Schadensersatzanspruch geltend gemacht. Hierfür ist die Wohnungseigentümergemeinschaft von vornherein zuständig. Es handelt sich um einen grundsätzlich gemeinschaftsbezogenen Anspruch. Die Wohnungseigentümergemeinschaft hat auch durch Beschluss die erforderliche Entscheidung darüber herbeigeführt, dass dieser Anspruch geltend gemacht werden soll. Die Wohnungseigentümergemeinschaft als solche ist deshalb dafür zuständig, die Ansprüche in eigenem Namen geltend zu machen. Materiell-rechtlich liegt eine Ermächtigung und prozessual eine gesetzliche Prozessstandschaft vor (BGH NJW 2007, 1952 = NZBau 2007, 445 = IBR 2007, 318; *Wenzel* ZWE 2006, 109, 113). Die Wohnungseigentümergemeinschaft kann durch Beschluss einzelne Eigentümern oder auch den Verwalter dazu ermächtigen, in eigenem Namen ein Verfahren durchzuführen. Dann handelt es sich um einen Fall der gewillkürten Prozessstandschaft.

Noch nicht geklärt ist, was geschieht, wenn ein einzelner Erwerber eine Klage erhoben hat, die auf ordnungsgemäße Herstellung des Gemeinschaftseigentums gerichtet ist und anschließend die Gemeinschaft durch Beschluss die Geltendmachung der zugrunde liegenden Ansprüche an sich zieht. Der Beschluss ändert zunächst nichts an der Aktivlegitimation des einzelnen Erwerbers. Der einzelne Erwerber bleibt Inhaber des Anspruchs (vgl. oben). Allerdings entfällt nachträglich die Prozessführungsbefugnis des einzelnen Erwerbers. Der einzelne Erwerber wird nachträglich unzuständig für die Geltendmachung und die Klage damit unzulässig (vgl. zB. *Wenzel* NJW 2007, 1905, 1908 und hierzu auch Beck'scher VOB-Kommentar Teil B/*Zahn,* 2. Aufl., vor § 13 Rdn. 93). Es ist noch nicht abschließend geklärt, wie dieses Problem zu lösen ist. Da die Klage nachträglich unzulässig wird, ist nach wohl zutreffender Auffassung eine Erledigungserklärung abzugeben (vgl. insoweit zB. *Koeble* in Kniffka/Koeble, Kompendium des Baurechts, 3. Aufl., 11. Teil, Rdn. 285). Allerdings ist daran zu denken, dass in diesen Fällen auch ein gewillkürter Parteiwechsel durchgeführt werden kann, wodurch die Gemeinschaft an die Stelle des einzelnen Erwerbers im laufenden Verfahren tritt (vgl. zu den Einzelheiten Beck'scher VOB-Kommentar Teil B/*Zahn,* 2. Aufl., vor § 13 Rdn. 93).

2. Im vorliegenden Fall tritt die Wohnungseigentümergemeinschaft als Klägerin auf. Das ist möglich. Nach der Rechtsprechung des BGH ist der Wohnungseigentümergemeinschaft Teilrechtsfähigkeit zuzusprechen (vgl. BGH BauR 2005, 1462 = NJW 2005, 2061 (hinsichtlich der Nutzungsphase). Die Grundsätze zur Teilrechtsfähigkeit der Wohnungseigentümergemeinschaft sind jedoch nicht nur dann anwendbar, wenn es um derartige Rechte und Ansprüche aus Rechtsverhältnissen geht, die die Wohnungseigentümergemeinschaft als solche im Rahmen der Verwaltung gemeinschaftlichen Eigentums selbst begründet hat, sondern auch dann, wenn sie aufgrund der gesetzlichen Befugnis die Rechte Dritter geltend macht (BGH NJW 2007, 1952 = NZBau 2007, 445 = IBR 2007, 318), was sich unmittelbar aus dem Gesetz, nämlich § 10 Abs. 6 S. 2 WEG nF. ergibt. Die Wohnungseigentümergemeinschaft ist deshalb partiell teilrechtsfähig (*Koeble* in Kniffka/Koeble, Kompendium des Baurechts, 3 Aufl., 11. Teil, Rdn. 262) und damit parteifähig und prozessführungsbefugt für die Geltendmachung von Mängelansprüchen und Ansprüchen aufgrund der Ausübung von Gestaltungsrechten.

3. Die Entscheidung, ob statt Nacherfüllung Minderung oder Schadensersatz verlangt wird, haben die Wohnungseigentümer als Verwaltungshandlung gemäß § 21 WEG mit Stimmenmehrheit zu treffen. Da der Beschluss rechtsgestaltenden Charakter hat, muss ihm auch Außenwirkung mit Bindung für und gegen die überstimmten Mitglieder der Wohnungseigentümergemeinschaft zukommen. Im vorliegenden Fall wurde ein einstimmiger Beschluss herbeigeführt.

12. Feststellungsklage[1] des Werkunternehmers auf gesamtschuldnerischen Haftungsausgleich[2] gegen einen Architekten[3, 4]

An das
Landgericht

Klage

der Firma ...... (Klägerin)
Prozessbevollmächtigter: ......

gegen

den Architekten ...... (Beklagten)

wegen

Feststellung
Vorläufiger Streitwert: EUR ......

Namens und in Vollmacht der Klägerin erhebe ich Klage und werde beantragen,

festzustellen, dass der Beklagte an die Klägerin $^1/_5$ des Schadens zu bezahlen hat, der ihr dadurch entsteht, dass sie in den nicht unterkellerten Räumen des Hauses ...... auf einer isolierten Betonschicht feuchte Schlacke aufgebracht und nach oben isoliert hat[5].

Begründung:

Die Klägerin war als Bauunternehmerin aufgrund eines BGB-Werkvertrags, der Beklagte als Architekt für das Bauvorhaben des ...... in ...... tätig.

Beweis: Bauwerkvertrag vom ...... (Anlage 1)

Architektenvertrag vom ...... (Anlage 2)

Dem Beklagten oblagen sämtliche Grundleistungen des § 15 HOAI, also auch Koordinierung und Objektüberwachung.

Der Auftraggeber ...... nimmt die Klägerin auf Schadensersatz in Anspruch mit der Begründung, dass in den nicht unterkellerten Räumen auf einer isolierten Betonschicht feuchte Schlacke aufgebracht und nach oben isoliert worden sei.

Beweis: Schreiben vom ...... (Anlage 3)

Der Auftraggeber hat den Schaden noch nicht beziffert.

Die materiellen Voraussetzungen des Schadensersatzanspruchs sind gegeben.

Beweis: Sachverständigengutachten im selbstständigen Beweisverfahren vor dem Amtsgericht ......, Aktenzeichen ......

Die formellen Voraussetzungen sind ebenfalls erfüllt.[6]

Die Klägerin hat sich mit dem Beklagten in Verbindung gesetzt, nachdem gegen sie Schadensersatzansprüche geltend gemacht wurden, um zu prüfen, ob eine Nachbesserung möglich und zumutbar sei.

Beweis: Schreiben vom ...... (Anlage 4)

Der Beklagte hat erklärt, er nehme hierzu keine Stellung, auf keinen Fall sei er verantwortlich. Es sei Sache der Klägerin gewesen, auf der isolierten Betonschicht keine feuchte Schlacke aufzubringen.

Beweis: Schreiben vom ...... (Anlage 5)

Der Beklagte war bei Einbringung der feuchten Schlacke auf den isolierten Betonboden selbst anwesend und hat diese Maßnahme offensichtlich gebilligt, zumindest ihr nicht widersprochen.

Beweis: ......

Die Klägerin verkennt nicht, dass sie als bauausführendes Unternehmen in erster Linie im Innenverhältnis verantwortlich ist. Der Beklagte als Architekt hätte jedoch aufgrund seines Fachwissens die unsachgemäße Einbringung der feuchten Schlacke verhindern müssen. Insoweit besteht bei Inanspruchnahme der Klägerin hinsichtlich des gesamten Schadens gesamtschuldnerisch ein Ausgleichsanspruch gemäß § 426 BGB. Die Verantwortlichkeit des Beklagten wird mit $^1/_5$ des Schadens bemessen.

Beweis: Sachverständigengutachten[7].

Rechtsanwalt

Anmerkungen

1. Zur Feststellungsklage vgl. Form. II. C. 8. Das Rechtsschutzbedürfnis für die Feststellungsklage ist aufgrund der Inanspruchnahme der Klägerin und der Weigerung des Beklagten, für den Schaden irgendeine Verantwortung zu tragen, gegeben. Die Klägerin kann aber auch zuwarten, bis die Höhe des Schadens feststeht, und dann im Wege der Leistungsklage gegen den Beklagten vorgehen. Es kann auch geboten sein, eine Freistellungsklage zu erheben (vgl. hierzu *Zahn* ZfBR 2007, 627 ff.). Im Falle des Bestehens eines Gesamtschuldverhältnisses kann ein Gesamtschuldner vor Befriedigung des Gläubigers die übrigen Gesamtschuldner auf anteilige Mitwirkung an der Befriedigung und insoweit auf Freistellung in Anspruch nehmen (BGH NJW 1958, 497; OLG Stuttgart NJW-RR 2004, 1087 ff.). Handelt es sich um die Freistellung von einer auf Geldleistung gerichteten Verbindlichkeit und ist die Höhe der Freistellungsforderung noch nicht bekannt, kann nicht eine Freistellungsklage, sondern muss eine Feststellungsklage erhoben werden (BGH NJW 2001, 155; BGH NJW-RR 1987, 756; *Kniffka* BauR 1998, 55). Gleiches gilt dann, wenn der Freistellungsgläubiger erreichen will, dass der Freistellungsschuldner einzustehen hat, falls sich die Ansprüche des Drittgläubigers als berechtigt erweisen (BGH NJW 1983, 1137; BGH NJW 1991, 634). In diesen Fällen muss dann eine Feststellungsklage und keine Freistellungsklage erhoben werden. Kann demgegenüber vom Freistellungsgläubiger die Forderung des Drittgläubigers dem Grunde und der Höhe nach bezeichnet werden, ist eine Freistellungsklage zu erheben. Die Freistellungsklage hat als Leistungsklage Vorrang vor der bloßen Feststellungsklage. Die Feststellungsklage wäre in diesem Fall unzulässig (vgl. hierzu *Zahn* ZfBR 2007, 633 ff.). Das ist allerdings noch nicht endgültig in der Rechtsprechung geklärt.

2. Architekt und Bauunternehmer haften nach ständiger Rechtsprechung des BGH (BGH NJW 1965, 1175) gesamtschuldnerisch, sofern der Bauunternehmer eine mangelhafte Werkleistung erbringt und der Architekt insoweit seine vertraglichen Pflichten bei der Beaufsichtigung des Bauvorhabens verletzt hat (vgl. dazu *Soergel* BauR 2005, 239; *Glöckner* BauR 2005, 251). Demgegenüber könnte das ausführende Unternehmen beim Zusammentreffen von Planungsfehlern des Architekten mit nicht ausreichender Prüfung bzw. Bedenkenhinweiserteilung seitens des ausführenden Unternehmens von Letzterem gegenüber Ansprüchen des Bauherrn ein Planungsmitverschulden einwenden (vgl. insoweit zB. *Kniffka* in Kniffka/Koeble, Kompendium des Baurechts, 3. Aufl., 6. Teil,

Rdn. 55; *Werner/Pastor,* 12. Aufl., Rdn. 2455 f.). Der Bauherr kann das ausführende Unternehmen dann nur um den Mitverschuldensanteil gekürzt in Anspruch nehmen. In diesem Fall muss das ausführende Unternehmen grundsätzlich nicht gegenüber dem anderen Gesamtschuldner vorgehen (vgl. allerdings zum gestörten Gesamtschuldnerausgleich unten Anm. 4). Der gesamtschuldnerische Ausgleichsanspruch nach § 426 Abs. 1 S. 1 BGB verjährt nunmehr nach § 195 in der regelmäßigen Verjährungsfrist von 3 Jahren, wobei die Verjährungsfrist mit dem Schluss des Jahres beginnt, in dem der Gläubiger von den den Anspruch begründeten Umständen und der Person des Schuldners Kenntnis erlangt oder ohne grobe Fahrlässigkeit erlangen müsste. Das subjektive Element muss sich auf die Umstände erstrecken, die einerseits die eigene Verantwortlichkeit und andererseits auch die Verantwortlichkeit des in Anspruch Genommenen begründen.

3. Der Annahme eines Gesamtschuldverhältnisses zwischen Architekt und Bauunternehmer steht nicht im Wege, wenn gegenüber dem Architekten und Bauunternehmer wechselseitig Nachbesserung, Rücktritt, Minderung oder Schadensersatz verlangt werden kann. Auch wenn der Architekt auf Schadensersatz wegen Nichterfüllung in Anspruch genommen wird, während der Bauunternehmer wegen desselben Mangels zunächst nachbesserungspflichtig ist und nur unter bestimmten weiteren Voraussetzungen von ihm Schadensersatz verlangt werden kann, wird ein Gesamtschuldverhältnis zwischen Architekt und Bauunternehmer angenommen, weil die Haftungsverhältnisse sowohl zwischen Architekt und Auftraggeber wie zwischen Bauunternehmer und Auftraggeber „hart an der Grenze der inhaltlichen Gleichheit" liegen (BGH NJW 1965, 1175). Dadurch kann dem Bauunternehmer sein Nachbesserungsrecht entzogen werden, wenn der Auftraggeber seine Gewährleistungsrechte beim Architekten geltend macht.

Die Verteilung und das Maß der Verantwortlichkeit für den Schaden im Rahmen des Ausgleichsanspruchs gemäß § 426 Abs. 1 BGB sind von der Verantwortlichkeit im Einzelfall abhängig. Als grobe Orientierungshilfe mag dienen, dass Planungsfehler in den Verantwortungsbereich des Architekten, Ausführungsfehler in den des Bauunternehmers fallen. Die primäre Verantwortlichkeit im Rahmen dieser Zuordnung kann in der Regel nicht dazu führen, dass den primär Verantwortlichen die alleinige Haftung trifft (vgl. im Einzelnen BGH BauR 2005, 1016; *Kniffka* BauR 2005, 274; Beck'scher VOB-Kommentar Teil B/*Zahn,* 2. Aufl., vor § 13 Rdn. 98 ff.; *Werner/Pastor,* 12. Aufl., Rdn. 1964 ff. im Hinblick auf die Innenausgleichsquoten mit zahlr. Beispielen in Rdn. 2003). Letztendlich kommt es immer auf eine Einzelfallbeurteilung an. Dabei kann aber auch in besonderen Fällen die alleinige Haftung des sekundär Verantwortlichen in Frage kommen (vgl. im Einzelnen *Kniffka* BauR 2005, 274). Im vorliegenden Fall hätte der Architekt, der auf der Baustelle war, als die feuchte Schlacke aufgebracht wurde, eingreifen müssen.

4. Besondere Schwierigkeiten bringt der sog. „gestörte oder hinkende gesamtschuldnerische Ausgleich" (BGH NJW 1973, 1648). In diesem Zusammenhang fragt es sich, ob vertragliche oder aufgrund gesetzlicher Bestimmungen eingeräumte Haftungsvorteile eines Gesamtschuldners auch dem anderen Gesamtschuldner zugutekommen können. Der BGH verneint dies. Danach besteht ein Ausgleichsanspruch des in Anspruch genommenen Gesamtschuldners nach § 426 Abs. 1 BGB auch dann, wenn andere Gesamtschuldner dem geschädigten Auftraggeber wegen eines vertraglichen oder gesetzlichen Haftungsausschlusses oder einer Haftungserleichterung nicht oder nur eingeschränkt haften (BGHZ 58, 216 = NJW 1972, 942; *Werner/Pastor,* 12. Aufl., Rdn. 2004 ff.; Beck'scher VOB-Kommentar Teil B/*Zahn,* 2. Aufl., vor § 13 Rdn. 119 ff.). An diese Problematik ist insbesondere auch beim Vergleichsabschluss zu denken. Schließt einer der Gesamtschuldner mit dem Gläubiger einen Vergleich, hindert dies im Regelfall nicht die Inanspruchnahme des anderen Gesamtschuldners durch den Bauherrn. Im Wege des Innenausgleichs könnte der später in Anspruch genommene Gesamtschuldner deshalb noch einmal vom zuerst in Anspruch genommenen Gesamtschuldnergleich einen weitergehenden Ausgleich verlangen, obwohl für diesen durch Abschluss des Vergleichs an sich „alles erledigt" schien. Um dies zu verhindern, muss dem Vergleich ausdrücklich Gesamtwirkung beigelegt werden. Alternativ gibt der Gläubiger gegenüber dem in Anspruch genommenen Gesamtschuldner im Rahmen des Vergleichs eine Erklärung ab, wonach er den Vergleichspartner von Innenausgleichsansprüchen anderer Gesamtschuldner freistelle.

5. Vgl. hierzu BGH NJW 1965, 1175.

6. Vgl. Form. II. C. 3 Anm. 1 und Anm. 4.

7. Die quotenmäßige Bewertung der Verantwortlichkeit verlangt eine rechtliche Subsumtion und ist Sache des Richters. Da jedoch im Beweisantrag schon das Fachwissen des Architekten angesprochen ist, wird aus prozesstaktischen Gründen der Beweisantrag umfassender gestellt. Die Erfahrung lehrt, dass in solchen Fällen meist auch die Wertung der Verantwortlichkeit durch den Sachverständigen – ob ins Urteil eingehend oder nicht – vom Gericht entgegengenommen wird.

13. Vergleich im Prozess zwischen Auftraggeber und einem gesamtschuldnerisch mit einem Bauunternehmer für einen Mangel haftenden Architekten[1]

An das
Landgericht

In Sachen

……

gegen

……

– Az. –

schließen die Parteien folgenden

Vergleich

I. Der Beklagte bezahlt an den Kläger zur Abgeltung sämtlicher Ansprüche aus dem Architektenvertrag vom …… EUR 12.000,–[2].

II. Der Kläger verzichtet auf die Geltendmachung irgendwelcher Mängelrechte gegenüber dem gesamtschuldnerisch mithaftenden Bauunternehmer …… wegen der mit dieser Klage geltend gemachten Mängel[3].

III. Die Kosten des Rechtsstreits einschließlich dieses Vergleichs werden gegeneinander aufgehoben.

Anmerkungen

1. Dem Formular liegt der Sachverhalt zugrunde, dass der Auftraggeber gegen den Architekten einen Schadensersatzanspruch in Höhe von EUR 24.000,– eingeklagt hat. Der Schaden entstand durch einen Ausführungsfehler des Bauunternehmers, den der Architekt infolge einer Verletzung seiner Bauaufsichtspflicht nicht vermieden hat. Sowohl Architekt wie Bauunternehmer haften gesamtschuldnerisch. Um schnell zu seinem Geld zu kommen, vergleicht sich der Kläger mit dem Architekten und verzichtet ihm gegenüber auf die Hälfte seiner Schadensersatzforderung.

2. Der Baumangel soll wie in Form. II. C. 12 entstanden sein.

3. Schließt der Auftraggeber in einem Prozess gegen den Architekten einen Vergleich, so sind im Zweifel die Ansprüche des Auftraggebers gegen den gesamtschuldnerisch mithaftenden Bauunternehmer durch den Vergleich nicht berührt. Es fehlt in der Regel an einem Verzichtswillen. Der Auftraggeber kann dann bei dem gesamtschuldnerisch mithaftenden Bauunternehmer seine Ansprüche hinsichtlich des Differenzbetrags zwischen geltend gemachtem Schadensersatzanspruch und Vergleichssumme geltend machen. Dies gilt nach überwiegender Auffassung in der Rechtsprechung jedenfalls dann, wenn die Auslegung der Vereinbarung nicht eindeutig ergibt, dass das ganze Schuldverhältnis aufgehoben werden sollte, dh., dem Vergleich Gesamtwirkung beigelegt wird. Bestehen insoweit Zweifel, kann keine Gesamtwirkung, sondern lediglich Einzelwirkung angenommen werden (BGH NJW 2000, 1942; BGH NJW 1986, 1097; BGH *Schäfer/Finnern* Z.3.01 Bl. 325). Nach einigen oberlandesgerichtlichen Urteilen soll einem Vergleich dann durch Auslegung unbeschränkte Gesamtwirkung entnommen werden können, wenn der Vergleich zwischen dem Gläubiger und demjenigen Gesamtschuldner geschlossen wird, der im Innenverhältnis alleine haftet (OLG Köln NJW-RR 1992, 1398; OLG Köln BauR 1993, 744; OLG Hamm NJW-RR 1998, 486; OLG Dresden BauR 2005, 1954 = IBR 2005, 472). Der IX. Zivilsenat des BGH hat in einem obiter dictum seine Zustimmung zu dieser Auffassung erklärt (BGH NJW 2000, 1942). Andere Oberlandesgerichte lassen dem mit einem Gesamtschuldner abgeschlossenen Vergleich dann beschränkte Gesamtwirkung zukommen, wenn der Gläubiger den Vergleich mit demjenigen Gesamtschuldner, der letztlich den Schaden im Innenverhältnis allein zu tragen hat, abgeschlossen hat (vgl. zB. OLG Düsseldorf BauR 2007, 2097; OLG Bremen NJW-RR 1998, 1745). Das letzte Wort dürfte hier noch nicht gesprochen sein. Vgl. zur Frage der Gesamtwirkung, Einzelwirkung und beschränkter Gesamtwirkung iE.: Palandt/*Grüneberg* § 423 Rdn. 2; *Locher,* Das private Baurecht Rdn. 446; *Kniffka* BauR 2005, 283 ff.; Beck'scher VOB-Kommentar Teil B/*Zahn,* 2. Aufl., vor § 13 Rdn. 119).

Es ist deshalb notwendig, in den Vergleich eine klarstellende Regelung aufzunehmen, ob der Auftraggeber nach Abschluss des Vergleiches mit dem gesamtschuldnerisch in Anspruch Genommenen auch gegen den anderen gesamtschuldnerisch Haftenden auf Ansprüche verzichtet. Es liegt dann ein Vertrag zugunsten Dritter vor.

14. Vergütungsklage eines Bauunternehmers bei Vereinbarung der VOB[1]

An das
Landgericht

Klage

der Firma ...... (Klägerin)
Prozessbevollmächtigter: ......

gegen

den ...... (Beklagten)

wegen

......
Vorläufiger Streitwert: EUR 100.000,–

Namens und mit Vollmacht der Klägerin erhebe ich Klage und werde beantragen,

den Beklagten zu verurteilen, an die Klägerin EUR 100.000,– nebst 8 Prozentpunkte Zinsen über dem Basiszinssatz seit ...... zu bezahlen.

Begründung:

Die Parteien haben für die Grab-, Beton- und Maurerarbeiten für das Bauwesen ...... des Beklagten in ...... einen Bauvertrag abgeschlossen, in dem die VOB zum Vertragsbestandteil gemacht wurde[2].

Beweis: Bauvertrag vom ...... (Anlage 1)

Die Arbeiten der Klägerin wurden am ...... abgenommen.

Beweis: Abnahmeprotokoll vom ......[3]. (Anlage 2)

Der Beklagte leistete folgende Abschlagszahlungen: ......
Am ...... erteilte die Klägerin Schlussrechnung.

Beweis: Schlussrechnung vom ...... (Anlage 3)

Diese Schlussrechnung ist prüfbar. Die Rechnung ist übersichtlich aufgestellt und hat die Reihenfolge der Posten eingehalten und die Bezeichnungen verwendet, die im Leistungsverzeichnis aufgeführt sind. Änderungen und Ergänzungen des Vertrags sind in der Rechnung besonders kenntlich gemacht und getrennt abgerechnet[4].
Ab Zugang der Schlussrechnung sind zwei Monate vergangen[5]. Am ...... hat der Beklagte EUR 30.000,– bezahlt und auf dem Überweisungsträger vermerkt: „Schlusszahlung". Die Klägerin hat ihren Vorbehalt binnen 12 Werktagen, nämlich am ......, erklärt und den Vorbehalt innerhalb weiterer 20 Tage eingehend begründet[6].

Beweis: Schreiben vom ...... (Anlage 4),
Schreiben vom ...... (Anlage 5)

Sie hat den Restbetrag von EUR 100.000,– nach Ablauf der Zweimonatsfrist ab Zugang der Rechnung, nämlich am ......, angemahnt.

Beweis: Schreiben vom ...... (Anlage 6)

Rechtsanwalt

Anmerkungen

1. Die Fälligkeit der Werklohnforderung beim BGB-Werkvertrag richtet sich nach § 641 BGB. Die Fälligkeit tritt mit Abnahme der Werkleistung ein. Ein Recht auf Abschlagszahlungen besteht im BGB-Bereich, sofern diese nicht ausdrücklich vereinbart sind nach § 632 a BGB für in sich abgeschlossene Teile des Werks, soweit die vertragsgemäßen Leistungen erbracht sind. Der Anspruch besteht insoweit nur, wenn dem Besteller Eigentum an den Teilen des Werkes, an den Stoffen oder Bauteilen übertragen oder Sicherheit hierfür geleistet werden. Diese Regelung gilt für Verträge, die bis zum 31. 12. 2008 abgeschlossen worden sind. Ab dem 1. 1. 2009 gilt die durch das Forderungssicherungsgesetz eingefügte neue Regelung. Danach ist zwar nicht mehr erforderlich, dass es sich um in sich abgeschlossene Teile des Werkes handelt. Vielmehr kann der Unternehmer vom Besteller – wie bei der entsprechenden VOB/B-Regelung in § 16 Abs. 1 Nr. 1/3 – Abschlagszahlungen für vertragsgemäß erbrachte Leistungen verlangen. Allerdings gilt beim BGB-Werkvertrag die Einschränkung, dass eine Abschlagszahlung nur in der Höhe verlangt werden kann, in der der Besteller durch die Leistung einen Wertzuwachs erlangt hat. Ferner sieht § 632 a Abs. 3 BGB für den Verbrauchervertrag die Besonderheit vor, dass der Auftragnehmer bei der ersten Abschlagszahlung dem Auftraggeber eine Sicherheit in Höhe von 5% des Vergütungsanspruchs zu leisten hat. Im Gegensatz dazu regelt die VOB/B in § 16 Nr. 1 Abs. 1 und 3 eingehend das Recht auf Abschlagszahlungen, ihre Fälligkeit und ihre Voraussetzungen. Zweifelhaft ist, ob beim BGB-Bauvertrag die Fälligkeit des Werklohns auch von der Erteilung einer Rechnung abhängig ist (verneinend BGH NJW 2002, 1567; vgl. iE. *Ingenstau/Korbion/U. Locher* § 16 VOB/B Rdn. 14).

Dieses Problem stellt sich beim VOB-Bauvertrag nicht, weil nach § 16 Nr. 3 VOB/B die Werklohnforderung erst nach Erteilung der Schlussrechnung fällig ist. Zur Frage der Rechnung als Fälligkeitsvoraussetzung vgl. *Locher,* Das private Baurecht, Rdn. 58; *Werner/Pastor,* Der Bauprozess, Rdn. 1368 ff.

2. Vgl. Form. II. C. 1 Anm. 6.

3. Auch beim VOB-Vertrag ist die Abnahme der Bauleistung Fälligkeitsvoraussetzung (vgl. BGH NJW 1981, 822; *Ingenstau/Korbion/U. Locher* VOB, § 16 Rdn. 17 und die dort angeführte Literatur, sowie *Werner/Pastor,* Der Bauprozess Rdn. 1377 ff.; *Nicklisch/Weick* § 16 Rdn. 38). Deshalb gehört zum schlüssigen Klagevortrag für eine Vergütungsklage nach VOB, dass die Bauleistung abgenommen ist.

4. Fälligkeitsvoraussetzung ist beim VOB-Vertrag, dass eine *prüfbare* Abrechnung vorliegt (§ 14 Nr. 1 VOB/B). Der Auftragnehmer kann sich nicht mehr auf die fehlende Prüffähigkeit der Schlussrechnung berufen, wenn er diese nicht innerhalb von zwei Monaten nach deren Übersendung rügt (BGH BauR 2004, 1937).

5. Gemäß § 16 Nr. 3 Abs. 1 VOB/B ist die Schlusszahlung alsbald nach Prüfung und Feststellung der vom Auftragnehmer vorgelegten Schlussrechnung zu leisten, spätestens innerhalb von zwei Monaten nach Zugang. Dies gilt unabhängig davon, ob die Rechnung tatsächlich geprüft oder festgestellt worden ist (*Ingenstau/Korbion/U. Locher* § 16 Nr. 3 VOB/B Rdn. 9). In Fällen, in denen aus sachlichen Gründen die Prüfung und Feststellung der Schlussrechnung nicht alsbald durchgeführt werden kann, hat der Auftraggeber die vertragliche Pflicht, das unbestrittene – also insoweit feststehende – Guthaben des Auftragnehmers sofort an diesen als Abschlagszahlung zur Auszahlung zu bringen.

6. Die VOB enthält in § 16 Nr. 3 Abs. 2 VOB/B eine Besonderheit. Nach der vorgenannten Regelung schließt die vorbehaltlose Annahme der Schlusszahlung Nachforderungen aus, sofern nicht innerhalb 24 Werktagen nach schriftlicher Unterrichtung und Hinweis auf die Ausschlusswirkung ein Vorbehalt erklärt und nicht innerhalb von weiteren 24 Werktagen eine prüfbare Rechnung über die vorbehaltene Forderung eingereicht oder, wenn das nicht möglich ist, der Vorbehalt eingehend begründet wird. Die im Beispielsfall vorgenommene Bezeichnung „Schlusszahlung" kann nicht die Ausschlusswirkung nach § 16 Nr. 3 Abs. 2 VOB/B herbeiführen, weil der Auftragnehmer nicht auf die Ausschlusswirkung hingewiesen wurde. Aufgrund dieses Hinweiserfordernisses spielt der Ausschluss aufgrund der vorbehaltlosen Annahme der Schlusszahlung in der Praxis nur noch eine untergeordnete Rolle. Es ist aber zu beachten, dass die vorbehaltslose Annahme der Schlusszahlung nicht von selbst Nachforderungen des Auftragnehmers ausschließt, vielmehr dem Auftraggeber nur eine Einrede gibt. Der Auftraggeber muss sich also ausdrücklich auf die Ausschlusswirkung berufen (BGHZ 62, 15). Die Ausschlusswirkung tritt aber nur ein, wenn der Auftragnehmer über die Schlusszahlung schriftlich unterrichtet und auf die Ausschlusswirkung hingewiesen wurde (§ 16 Nr. 3 Abs. 2 VOB/B).

15. Honorarklage eines Architekten[1]

An das
Landgericht

Klage

des freien Architekten ...... (Klägerin)
Prozessbevollmächtigter: ......

gegen

den ...... (Beklagten)

wegen

Honorars
Vorläufiger Streitwert: EUR 23.000,–.

Namens und in Vollmacht des Klägers erhebe ich Klage und werde beantragen,

den Beklagten zu verurteilen, an den Kläger EUR 23.000,– nebst 5 Prozentpunkte Zinsen über dem Basiszinssatz seit ...... zu bezahlen.

Begründung:

Der Kläger ist freier Architekt. Er hat mit dem Beklagten am ...... einen Architektenvertrag[2], der AGB-Charakter hat, abgeschlossen, in dem er sich zur Erbringung der Leistungsphasen 1–8 nach dem Leistungsbild des § 15 HOAI verpflichtet hat[3].

Beweis: Architektenvertrag vom ...... (Anlage 1).

Der Kläger hat seine Leistungen vertragsgemäß erbracht, und zwar die Leistungsphasen 1–7 voll, die Leistungsphase 8 ebenfalls, mit Ausnahme der Teilleistungen „Auflistung der Gewährleistungsansprüche" und „Kostenfeststellung". Bevor er diese Teilleistungen erbringen konnte, hat der Beklagte, ohne dass ein wichtiger Grund vorgelegen hätte, den Architektenvertrag gekündigt[4].

Beweis: Kündigungsschreiben vom ...... (Anlage 2).

Der Kläger hat hinsichtlich der nicht erbrachten Teilleistungen an seiner Schlussrechnung einen Abzug von ...... vorgenommen[5], unter Berücksichtigung eines Abzuges für ersparte Leistungen von 40%[6] gemäß Z ...... des Architektenvertrags. Dies ist im Einzelnen in der Schlussrechnung ausgewiesen.

Beweis: Schlussrechnung vom ...... (Anlage 3).

Die Schlussrechnung ist prüffähig.[6]

Der Kläger hat deshalb gemäß § 10 Abs. 2 HOAI die Leistungsphasen 1–4 nach der Kostenberechnung und die Leistungsphasen[7] 5–8 nach dem Kostenanschlag abgerechnet, weil er zum Zeitpunkt der Kündigung die Rechnungsprüfung und Kostenfeststellung nicht mehr zu erbringen und noch nicht gefertigt hatte. Er hat seine Leistungen vertragsgemäß erbracht und die Schlussrechnung dem Beklagten überreicht[8].

Gemäß § 8 Abs. 1 HOAI ist die Rechnung deshalb zur Zahlung fällig. Der Kläger hat ohne Erfolg am ...... die Bezahlung der Rechnung angemahnt.

Beweis: Schreiben vom ...... (Anlage 4).

Klage ist deshalb geboten.

Rechtsanwalt

Anmerkungen

Schrifttum: Korbion/Mantscheff/Vygen HOAI 6. Aufl.; *Jochem,* HOAI 6. Aufl.; *Korbion/Locher/Sienz,* AGB-Gesetz und Bauerrichtungsverträge 4. Aufl.; *Locher/Koeble/Frik,* HOAI 9. Aufl.; *Löffelmann/Fleischmann,* Architektenvertrag und HOAI 5. Aufl.; *Morlock/Meurer,* Die HOAI in der Praxis 6. Aufl.; *Neuenfeld/Baden/Dohna/Grosscurth/Schmitz,* Handbuch des Architektenrechts Bd. 2 HOAI Loseblatt-Sammlung; *Pott/Dahlhoff/Kniffka/Rath,* HOAI 8. Aufl.

1. Der Architektenvertrag ist in aller Regel ein Werkvertrag. Gemäß § 641 BGB ist die Vergütung ab Abnahme fällig. § 8 Abs. 1 HOAI aF. knüpft die Fälligkeit an die vertragsgemäße Erbringung der Leistung und Überreichung der Schlussrechnung an. Bis zur Entscheidung des BGH NJW 1981, 2354 war es in der Literatur streitig, ob diese Abänderung des dispositiven BGB-Rechts durch die Honorarordnung nur Gültigkeit hatte, wenn die Vertragspartner die Geltung der HOAI vereinbart hatten. Nach der Entscheidung des BGH, der dies mit der Ermächtigung zum Erlass einer „Honorarordnung" begründet, gelten die Bestimmungen der HOAI auch, wenn diese nicht ausdrücklich zum Vertragsgegenstand gemacht wurde. Zwischenzeitlich wurde die Neufassung der HOAI verabschiedet und wird voraussichtlich im Herbst 2009 in Kraft treten. Für Honorarklagen wird jedoch noch geraume Zeit die Altfassung heranzuziehen sein. Nach § 55 HOAI nF. gilt die neue Fassung nicht für Leistungen, die vor Inkrafttreten derselben vereinbart wurden.

2. Im Hinblick auf die AGB-rechtliche Nichtprivilegierung der Leistungen des Architekten sollte jeweils schon in der Klage angegeben werden, ob der Vertrag AGB-Charakter hat. Dies ist nach BGH NJW 1981, 2351 von Bedeutung, weil ein Abweichen vom Leitbild des Architektenvertrags, zu dem auch die HOAI mit ihren Honorarermittlungsgrundlagen gehört, gegen § 307 BGB verstoßen kann.

3. Auch die in Leistungsphase 9 geschuldeten Leistungen sind Hauptpflichten des Architekten. Der auch mit Leistungsphase 9 beauftragte Architekt kann erst nach vollständiger Ausführung der Leistungsphase 9 Abnahme seines Werks verlangen. Ein Anspruch auf Teilabnahme setzt eine dahingehende Vereinbarung voraus (BGH BauR 1994, 392). Eine individualvertragliche Vereinbarung der Teilabnahme der Leistungsphasen 1–8 ist zulässig. Streitig ist es, ob eine formularmäßig vereinbarte Teilabnahme der Leistungsphasen 1–8 AGB-rechtlich zulässig ist, weil in der Vorverlegung des gesetzlichen Fristenbeginns durch Teilabnahme eine mittelbare Fristverkürzung gem. § 309 Abs. 8 b ff. gesehen werden könnte (vgl. iE. *Locher/Koeble/Frik* HOAI Einl. Rdn. 78; ebenso BGH BauR 2001, 1616). Im Hinblick auf § 8 Abs. 1 HOAI, der die volle Leistungserbringung zur Fälligkeitsvoraussetzung macht, ist es deshalb für den Architekten zweckmäßig, sich die Leistungsphase 9 nicht übertragen zu lassen oder für die Leistungsphasen 1–8 eine von der Leistungsphase 9 unabhängige Fälligkeitsregelung vertraglich zu treffen.

4. Nach § 649 BGB kann der Auftraggeber ohne wichtigen Grund kündigen. In manchen Formularverträgen wird jedoch das beiderseitige Kündigungsrecht vom Vorliegen eines wichtigen Grundes abhängig gemacht. Dieser formularmäßige Ausschluss des freien Kündigungsrechts des Auftraggebers ist nach § 307 Abs. 2 BGB unwirksam (BGH BauR 1999, 1294; OLG Düsseldorf BauR 1999, 1482).

5. Es ist ABG-rechtlich umstritten, ob die 40%-Klausel, die in verschiedener Ausformung in Architektenmusterverträgen enthalten ist, Bestand hat. Der Wirksamkeit bei individualrechtlicher Vereinbarung stehen keine Bedenken entgegen. Ist die Klausel nicht vereinbart, so hatte die höchstrichterliche Rechtsprechung einen Abzug von 40% als branchenüblich angesehen (vgl. iE. *Locher/Korbion/Sienz* AGB und Bauerrichtungsverträge 4. Aufl. Teil II L Rdn. 81 f.). In der Entscheidung vom 8. 2. 1996 hat der BGH seine frühere Rechtsprechung aufgegeben und die Bemessung der anzurechnenden ersparten

Aufwendungen auf den konkreten Architektenvertrag abgestellt. Danach hat der Architekt vorzutragen und zu beziffern, welche ersparten Aufwendungen und welchen anderweitigen Erwerb er sich anrechnen lässt (BGH BauR 1996, 512). In einer weiteren Entscheidung (BGH BauR 1997, 156 = NJW 1997, 259; bestätigt durch BGH BauR 2001, 666 = NJW-RR 2001, 385) hat der BGH die Grundzüge dieser Rechtsprechung fortgeführt und in einem Fall, in dem Allgemeine Vertragsbedingungen zum Architektenvertrag mit der 40%-Klausel vereinbart wurden, einen Verstoß gegen § 11 Nr. 5 b und § 10 Nr. 7 AGBG angenommen. Die Fassung der AVA wurde 1994 geändert und klargestellt, dass es dem Auftraggeber unbenommen bleibt, dasjenige am Restvergütungsanspruch abzuziehen, was der Architekt durch anderweitige Verwendung seiner Arbeitskraft erwirbt oder zu erwerben böswillig unterlässt. Außerdem ist die Fassung so gewählt, dass der rechtsunkundige Vertragspartner nicht mehr davon ausgehen kann, dass der Beweis für eine größere Ersparnis ausgeschlossen sei. Es fragt sich nunmehr, ob die so „gereinigte“ Fassung AGB-konform ist (so *Werner/Siegburg* BauR 1997, 181; *Niestrate* ZfBR 1997, 10), falls auch der anderweitige Erwerb anspruchsmindernd berücksichtigt wird (bejahend OLG Düsseldorf BauR 2002, 1583; vgl. iE. *Locher/Koeble/Frik* HOAI, 9. Aufl. Einl. Rdn. 159). Verfasser von Musterverträgen haben im Hinblick auf diese BGH-Rechtsprechung teilweise auf die 40%-Klausel verzichtet, was sich insbesondere bei kleinen und mittleren Architekturbüros im Regelfall eher positiv auswirken wird, weil häufig keine objektbezogenen personellen Aufwendungen durch die vorzeitige Beendigung eines Architektenvertrages erspart werden und die objektbezogenen sachlichen Kosten idR. gering sind (vgl. iE. *Korbion/Locher/Sienz* AGB und Bauerrichtungsverträge 4. Aufl. 2005 Teil II L Rdn. 98 ff.).

6. Fälligkeitsvoraussetzung ist die Prüffähigkeit der Honorarschlussrechnung. Hinsichtlich der Prüffähigkeit sind die gleichen Anforderungen wie in § 16 Nr. 1 VOB/B zu stellen. Danach muss die prüfbare Aufstellung eine rasche und sichere Beurteilung der Leistungen ermöglichen. Die einzelnen Bestimmungen der HOAI, auf die sich die Abrechnung bezieht, müssen angegeben werden, ebenso die anrechenbaren Kosten nach § 10 Abs. 2 HOAI, die Honorarzone, gegebenenfalls nach dem Bewertepunktesystem des § 11 Abs. 3 HOAI, das Leistungsbild, die Berechnung des Honorars für Besondere Leistungen und auch, wie hier, die Berechnung der Honorarentlastung bei nicht erbrachten Teilleistungen; vgl. zur Prüffähigkeit iE.: *Locher/Koeble/Frik* HOAI, 9. Aufl. § 8 Rdn. 15 ff. Diese Anforderungen an die Prüfbarkeit gelten auch dann, wenn das Vertragsverhältnis vorzeitig beendet wird (BGH BauR 2000, 126; BGH BauR 2000, 430). Allerdings dürfen die Anforderungen an die Prüfbarkeit nicht zum Selbstzweck werden, sondern müssen dem Informations- und Kontrollinteresse des Auftraggebers entsprechen (BGH BauR 2000, 1511). Der Auftraggeber ist mit Einwendungen gegen die Prüfbarkeit ausgeschlossen, wenn er die Rechnung geprüft und dabei die sachliche und rechnerische Richtigkeit nicht in Zweifel gezogen hat (BGH BauR 1997, 1065). Dasselbe gilt für den Fall, dass der Auftraggeber die Einwendungen gegen die Prüffähigkeit nicht innerhalb von zwei Monaten nach Zugang der Rechnung vorbringt (BGH BauR 2004, 316). Die Mängel der Prüfbarkeit können auch noch nachträglich vom Auftragnehmer durch entsprechenden Prozessvortrag geheilt und in dieser Weise die Rechnungen prüfbar gemacht werden (BGH BauR 1999, 64).

7. Nach § 10 Abs. 2 HOAI sind die Leistungsphasen 1–4 nach der Kostenberechnung, solange diese nicht vorliegt, nach der Kostenschätzung zu berechnen, für die Leistungsphasen 5–7 nach dem Kostenanschlag, solange dieser nicht vorliegt, nach der Kostenberechnung und die Leistungsphasen 8–9 nach der Kostenfeststellung, solange diese nicht vorliegt, nach dem Kostenanschlag.

Sind die entsprechenden Kostenermittlungen nach § 10 Abs. 2 HOAI vom Architekten nicht vorgenommen, so ist seine Honorarforderung nicht fällig. Hat er also die in den entsprechenden Leistungsphasen vorzunehmende Kostenermittlung nicht gemacht, so muss er sie zur Fälligstellung seiner Rechnung nachfertigen. Er kann nicht ohne weiteres auf die subsidiäre Kostenermittlung zurückgreifen. Liegt aber die der Leistungsphase entsprechende Kostenermittlung (hier Kostenfeststellung) noch nicht vor, und war sie zum Zeitpunkt der Beendigung auch noch nicht zu erbringen, so kann auf die subsidiäre Kostenermittlung zurückgegriffen werden (vgl. iE. *Locher/Koeble/Frik* HOAI § 10 Rdn. 57).

8. Die Fälligkeitsvoraussetzungen für die Honorarforderung müssen mit der Klage schlüssig vorgetragen werden.

16. Antrag im selbstständigen Beweisverfahren wegen Baumängeln

An das
Landgericht[1]

Antrag im selbstständigen Beweisverfahren

der Eheleute ...... (Antragsteller)
Prozessbevollmächtigter:

gegen

1. Firma ...... 2. den Architekten ...... 3. den Tragwerksplaner ......[2]

(Antragsgegner)

wegen

Beweissicherung
Namens und in Vollmacht der Antragsteller werden zur Sicherung des Beweises gemäß §§ 485 ff. ZPO beantragt, die folgenden Fragen im Hinblick auf das Gebäude ...... in ...... durch Einholung eines schriftlichen Sachverständigengutachtens beantworten zu lassen:

I. Dringt in die Kellerräume von der hangwärts gegen Norden gelegenen Seite Wasser ein?
II. Was sind die Ursachen?
III. Welche Maßnahmen sind zur Mangelbeseitigung erforderlich?
IV. Welche Kosten werden durch die Mangelbeseitigung entstehen?
V. Wie hoch sind die Kosten, die bei ordnungsgemäßer Planung/Ausschreibung im Jahre ...... und entsprechender Ausführung entstanden wären („Sowieso-Kosten“)[3]
VI. Ist die Planung/Bauüberwachung des Architekten und/oder die Planung des Tragwerkplaners oder die Ausführung der Fa. ...... in technischer Hinsicht ursächlich für die aufgetretenen Mängel?

Es wird beantragt, die Beweiserhebung durch schriftliches Sachverständigengutachten vorzunehmen.

Als Sachverständiger wird vorgeschlagen
......[5]**.**

Es wird beantragt, den Beschluss ohne mündliche Verhandlung zu erlassen.

Begründung:

Die Antragsteller sind Eigentümer des Grundstücks ...... in ...... Sie haben mit der Antragsgegnerin Ziff. 1 einen VOB-Vertrag über die Grab-, Beton- und Maurerarbeiten am ...... abgeschlossen.

Beweis: VOB-Vertrag vom ...... (Anlage 1)

Als Architekt war der Antragsgegner Ziff. 2 gemäß Architektenvertrag vom ...... tätig.

Beweis: Architektenvertrag vom ...... (Anlage 2)

Am ...... wurde mit dem Antragsgegner Ziff. 3 ein Vertrag über die Tragwerksplanung abgeschlossen.

Beweis: Vertrag vom ...... (Anlage 3)

Am ...... sind die Antragsteller in das Gebäude eingezogen und haben sich bei der Abnahme gegenüber dem Antragsgegner Ziff. 2 Mängelrechte hinsichtlich der Feuchtigkeitsschäden im Keller vorbehalten. Diese Schäden traten damals in geringem Ausmaße auf. Bei eintretender Trockenheit waren solche Schäden jedoch nicht mehr feststellbar. Seit ...... ist jedoch auf der Hangseite ein erheblicher Feuchtigkeitseinbruch festzustellen, der eine 6 cm hohe Wasserschicht im Keller zurücklässt.
Zur Glaubhaftmachung beziehe ich mich auf beiliegende eidesstattliche Versicherung der Antragsteller nebst am ...... von den Antragstellern aufgenommenen Fotos (Anlagen 4–5).
Die Antragsteller müssten durch einen Rechtsstreit die Verantwortlichkeit der Antragsgegner klären lassen, der durch das selbstständige Beweisverfahren nach Einholung eines Sachverständigengutachtens wahrscheinlich vermieden wird[6].
Ein Rechtsstreit ist noch nicht anhängig.[7, 8]
Der Streitwert in der Hauptsache (Beseitigungskosten) wird mit EUR 20.000,– angegeben.

Rechtsanwalt

Neueres Schrifttum: Koeble, Gewährleistung und selbstständiges Beweisverfahren 2. Aufl.; *Koopmann* BauR 2001, 1343; *Locher,* Das private Baurecht 7. Aufl. Rdn. 809; *Kniffka/Koeble,* Kompendium des Baurechts, 3. Aufl. Teil 2 Rdn. 41 ff.; *Weise,* selbstständiges Beweisverfahren im Baurecht, 2. Aufl., 2002; *Werner/Pastor,* der Bauprozess; 12. Aufl. Rdn. 1 ff.

Anmerkungen

1. Die Zuständigkeit richtet sich nach § 486 ZPO. Bei Anhängigkeit (nicht Rechtshängigkeit) ist das Gericht zuständig, vor dem der Prozess schwebt, vor Anhängigkeit das Gericht, das zur Entscheidung in der Hauptsache berufen wäre. Es besteht für den Antrag im selbstständigen Beweisverfahren kein Anwaltszwang (§ 486 Abs. 4 ZPO).

2. Der Antrag muss den Gegner bezeichnen. Ohne Bezeichnung des Gegners wäre ein Antrag nach § 494 ZPO nur zulässig, wenn die Antragsteller glaubhaft machten, dass sie ohne Verschulden außerstande sind, den Gegner zu bezeichnen. Ein Beweissicherungsantrag gegen „unbekannt" hemmt aber nicht die Verjährung (BGH NJW 1980, 1458).

3. Der Antrag muss die Bezeichnung der Tatsachen enthalten, über die die Beweiserhebung erfolgen soll. Dabei sollen die Tatsachen so genau wie möglich bezeichnet werden. Hierzu gehören neben der Lage des Bauwerks die Baumängel in ihrem äußeren Erscheinungsbild und die Bezeichnung des Bauwerksteils, an dem die Mängel festgestellt werden sollen.

4. Nach § 485 Abs. 2 S. 3 kann auch die Bezifferung des Aufwands für die Beseitigung eines Schadens im selbstständigen Beweisverfahren verlangt werden. Voraussetzung für die Beweissicherung ist ein rechtliches Interesse, das anzunehmen ist, wenn die Feststellung der Vermeidung eines Rechtsstreits dienen kann (was fast immer der Fall sein wird).

5. Nach hM. hatte das Gericht im selbstständigen Beweisverfahren bis zur Novellierung v. 17. 12. 90 kein Auswahlrecht. Den von den Antragstellern zu benennenden Sachverständigen hatte es zu bestellen. Nunmehr ist durch Änderung des § 487 ZPO sichergestellt, dass das Gericht nicht den benannten Sachverständigen bestellen muss. Eine Anregung hinsichtlich der Person des Sachverständigen ist jedoch zweckmäßig.

Eine Ablehnung des vom Gericht ernannten Sachverständigen wegen Besorgnis der Befangenheit muss wegen der Zwei-Wochenfrist des § 406 Abs. 2 ZPO noch im selbstständigen Beweisverfahren erfolgen, sofern die Ablehnungsgründe zu diesem Zeitpunkt bekannt sind. (OLG Düsseldorf OLGR 1995, 203; OLG München BauR 2001, 835; OLG Düsseldorf BauR 1998, 365; *Werner/Pastor* Der Bauprozess Rdn. 62).

6. Eine Glaubhaftmachung der Tatsachen, die die Zulässigkeit des selbstständigen Beweisverfahrens begründen, umfasst auch das rechtliche Interesse (Prozessvermeidung). Im vorliegenden Fall ist der Antrag auch auf § 485 Abs. 2 ZPO gestützt. Vgl. zum „rechtlichen Interesse“: *Quack,* BauR 1991, 278.

7. Die im selbstständigen Beweisverfahren aufgenommenen Beweise können im späteren Rechtsstreit von beiden Parteien benutzt werden. Sie sind genauso zu behandeln, wie wenn sie erst im Rechtsstreit selbst erhoben wären. Dem Antragsteller bleibt es im Hauptprozess vorbehalten, Einwendungen gegen die Art und Weise, insbesondere die Ordnungsmäßigkeit der Beweisaufnahme und die Zulässigkeit der Beweismittel, zu erheben. Die Benutzung im Hauptprozess schränkt § 493 Abs. 2 ZPO ein. Die Beweisverhandlungen im selbstständigen Beweisverfahren haben für das Prozessgericht keine Bindungswirkung im Hinblick auf einzuholende weitere Beweiserhebungen.

8. Wegen des Kostenrisikos des § 494 a ZPO ist es nicht sachdienlich, alle in Frage kommenden Schadensverursacher als Antragsgegner zu benennen. Der Anwalt des Antragstellers sollte in diesen Fällen eine Streitverkündung in Betracht ziehen.

Die Streitverkündung ist im selbstständigen Beweisverfahren zulässig (BGH BauR 1997, 347 = NJW 1997, 859 = ZfBR 1997, 148) und hat gemäß § 204 Ziff. 6 BGB verjährungshemmende Wirkung, wobei die Hemmung ab Zustellung der Streitverkündung eintritt. Zur Verjährung von Baumängelansprüchen im selbstständigen Beweisverfahren: *Weyer,* BauR 2001, 1807.

9. Verjährungshemmung. Nach § 204 Abs. 1 Nr. 7 BGB wird die Verjährung durch die Zustellung des Antrags auf Durchführung eines selbstständigen Beweisverfahrens gehemmt. Der Antragsteller sollte die Zustellung durch Beantragung eines Zustellnachweises nach § 269 Abs. 1 ZPO kontrollieren. Die Hemmung endet gem. § 204 Abs. 2 S. 1 BGB sechs Monate nach der rechtskräftigen Entscheidung oder anderweitigen Beendigung des eingeleiteten Verfahrens. Ob das jeweilige Verfahren beendet ist, beurteilt sich nach den Umständen des jeweiligen Einzelfalls. Anknüpfungspunkt kann hier beispielsweise die Übersendung des schriftlichen Sachverständigengutachtens an die Beteiligten des selbstständigen Beweisverfahrens sein (BGH BGHZ 53, 43). Werden vom Gericht Fristen zur Stellungnahme gesetzt, kann das Beweisverfahren auch mit Ablauf dieser Fristen enden. Unterbleibt eine Fristsetzung, ist das Verfahren beendet, wenn kein Antrag auf Anhörung des Sachverständigen innerhalb eines engen zeitlichen Zusammenhangs mit der Zustellung des Gutachtens erfolgt, wobei sich die Fristlänge nach Umfang und Komplexität des Sachverständigengutachtens richtet (vgl. *Werner/Pastor,* 12. Aufl., Rdn. 113).

Von besonderer Bedeutung ist, dass bei schriftlicher Begutachtung und verschiedener Gutachten/Gutachter die Übermittlung des jeweiligen Gutachtens im Hinblick auf die Beendigung des Verfahrens und damit im Hinblick auf das Ende der Hemmungswirkung von Bedeutung ist (BGH BauR 2002, 1115; BGH BauR 1993, 221 = NJW 1993, 851). Dies kann dazu führen, dass es zu unterschiedlich langen Hemmungszeiträumen kommt. Ist dies der Fall, müssen unterschiedliche Verjährungszeitpunkte notiert werden. Insbesondere die 6-monatige Ablaufhemmung nach § 204 Abs. 2 S. 1 BGB ist insoweit zu berücksichtigen und ggf. auch noch eine Restverjährung hinzuzurechnen.

Kosten

Die Kosten des selbstständigen Beweisverfahrens gehören zu den Kosten der Hauptsache und werden von der dortigen Kostenregelung umfasst, sofern die Parteien des Haupt- und selbstständigen Beweisverfahrens identisch sind. Wer die Kosten zu tragen hat, bestimmt sich nach der im Hauptprozess ergehenden Kostenentscheidung; das selbstständige Beweisverfahren kennt grundsätzlich keine Kostenentscheidung (BGH NJW 1996, 1749). Durch selbstständige Klage können die Kosten, falls es nicht zum Hauptprozess kommt, nur geltend gemacht werden, wenn die Voraussetzungen eines materiellen Schadensersatzanspruches gegeben sind. Wird der Antrag zurückgenommen, so sind dem Antragsteller die Kosten entsprechend § 269 Abs. 3 ZPO aufzuerlegen (OLG München BauR 1994, 664; OLG Düsseldorf OLGR 1995, 44). Vgl. zu den zahlreichen Kostenproblemen: *Werner/Pastor* Rdn. 123 ff.

Nach § 494 a ZPO kann bei Nichtanhängigkeit des Rechtsstreits in der Hauptsache der Antragsgegner beantragen, dass der Antragsteller innerhalb einer bestimmten Frist Klage zu erheben hat. Kommt der Antragsteller dieser Anordnung nicht nach, so sind ihm die Kosten des selbstständigen Beweisverfahrens aufzuerlegen. Noch nicht abschließend geklärt ist, ob der Streithelfer einen Antrag nach § 494 a Abs. 1 ZPO stellen und hiermit den Antragsteller zwingen kann, gegen den Antragsgegner eine Klage zu erheben (vgl. hierzu *Werner/Pastor,* der Bauprozess, 12. Aufl., Rdn. 138: bejahend; *Koeble* in Kniffka/Koeble, Kompendium des Baurechts, 3. Aufl., 2. Teil, Rdn. 161: verneinend).

Der Streitwert richtet sich nach herrschender Ansicht nach dem materiellen Interesse des Antragstellers, also idR. nach dem Hauptsachewert (OLG Nürnberg BauR 1995, 134; OLG Köln NJW-RR 1994, 761; *Werner/Pastor* Rdn. 144). Die Einzelheiten sind auch insoweit umstritten. Die Bestimmung des Streitwerts bereitet insbesondere in Fällen Schwierigkeiten, in denen sich die behaupteten Mängel nicht bestätigen. Ob hier ausschließlich die Angaben des Antragstellers in der Antragsschrift – sofern vorhanden – heranzuziehen sind, oder ob eine Beurteilung abweichend von den Wertangaben anhand des Inhalts des Antrags zu erfolgen hat, ist noch nicht abschließend geklärt, genau so auch – in allgemeiner Hinsicht – ob der Streitwert nach Eingang des Gutachtens von Amts wegen oder auf Antrag einer Partei nach oben oder unten verändert werden kann. Nach der oberlandesgerichtlichen Rechtsprechung wird dies häufig zugelassen (OLG Düsseldorf BauR 2005, 142; OLG Düsseldorf NJW-RR 2003, 1530; OLG Hamm BauR 2005, 142; OLG Köln BauR 2005, 756; OLG Celle BauR 2005, 430, 431; vgl. auch *Werner/Pastor,* 12. Aufl., Rdn. 146 mwN. und BGH BauR 2005, 364 = ZfBR 2005, 54).

17. Antrag auf Erlass einer einstweiligen Verfügung in Bausachen[1, 2]

An das
Landgericht[3]
......

Antrag auf Erlass einer einstweiligen Verfügung der Firma ......
vertreten durch ...... – Antragstellerin –
Prozessbevollmächtigter: RA ......

gegen

Firma ......
vertreten durch ...... – Antragsgegnerin –

wegen

Erlass einer einstweiligen Verfügung
Streitwert: ...... EUR
Namens und im Auftrag der Antragstellerin beantrage ich, wegen der Dringlichkeit des Falles ohne vorherige mündliche Verhandlung, den Erlass der folgenden einstweiligen Verfügung:

1. Der Antragsgegnerin wird es bei Vermeidung eines für jeden Fall der Zuwiderhandlung fälligen Ordnungsgeldes bis zu EUR 250.000,– ersatzweise Ordnungshaft bis zu 6 Monaten oder Ordnungshaft bis zu 6 Monaten untersagt, die Dichtung in den Nasszellen des Jugendwohnheims in ...... zu entfernen oder zu verändern, bis nach dem Antrag im selbstständigen Beweisverfahren[4] der Antragstellerin die vom Sachverständigen an Ort und Stelle zu treffenden tatsächlichen Feststellungen erfolgt sind.

Begründung:

Die Antragsgegnerin wurde von der Antragstellerin laut Vertrag vom ...... mit den Sanitär- einschließlich den Dichtungsarbeiten im Jugendwohnheim ...... betraut. Die Arbeiten sind ausgeführt. Das Jugendwohnheim ist bezogen.
Am ...... rügte die Antragstellerin, dass die Dichtung in den Nasszellen nicht einwandfrei vorgenommen wurde, sodass Feuchtigkeitserscheinungen mit Korrosionsfolgen eintraten.
Zur Glaubhaftmachung beziehe ich mich auf die Feststellungen des Privatgutachters ......

– Anlage 1 –

und das Rügeschreiben vom ......

– Anlage 2 –

Die Antragsgegnerin hat grundsätzlich ihre Verantwortlichkeit für den Schaden geleugnet.
Zur Glaubhaftmachung beziehe ich mich auf das Schreiben vom ......

– Anlage 5 –

Die Antragsgegnerin schickte trotzdem ihren Polier ...... mit 2 Arbeitern am ...... an die Baustelle, die begannen, den Plattenbelag aufzureißen, um Sanierungsarbeiten durchzuführen.
Zur Glaubhaftmachung beziehe ich mich auf die eidesstattliche Versicherung der ......

– Anlage 3 –

5 Tage zuvor, am ......, hat die Antragstellerin einen selbstständigen Beweisantrag beim AG ...... eingereicht, der noch nicht beschieden ist. Mit Schreiben vom ...... hat die Antragstellerin nach Ablauf der von ihr gesetzten Frist für die Nacherfüllung die Ausführung durch die Antragsgegnerin abgelehnt und angekündigt, dass sie einen anderen Unternehmer mit der Sanierung beauftrage.

Zur Glaubhaftmachung beziehe ich mich auf das Schreiben der Antragstellerin vom ……

– Anlage 4 –

Für die Antragstellerin ist bis zur Feststellung durch den im selbstständigen Beweisverfahren zu bestellenden Sachverständigen die Klärung der Verantwortlichkeit erschwert, wenn die Antragsgegnerin die Platten herausreißt, bis die nach dem Antrag im selbstständigen Beweisverfahren Antragstellerin im Schriftsatz vom …… an Ort und Stelle zu treffenden tatsächlichen Feststellungen erfolgt sind.

Rechtsanwalt

Anmerkungen

1. Vgl. zunächst Form. I. R. 1–12.

2. Die einstweilige Verfügung hat auch in Bausachen Bedeutung. Dies insbesondere im Hinblick auf die einstweilige Verfügung auf Eintragung einer Vormerkung zur Sicherung eines Anspruchs auf Eintragung einer Bauhandwerkersicherungshypothek gem. § 648 BGB, aber auch bei Verletzung von Mitwirkungspflichten des Auftraggebers im Rahmen eines selbstständigen Beweisverfahrens, Herausgabe von Bauunterlagen und Ansprüchen Dritter gegen Baubeteiligte bei unerträglichen Immissionen, Baulärm, unzulässigen Bodenvertiefungen (vgl. zu den einzelnen Fallgruppen: *Werner/Pastor* Rdn. 349 ff.).

3. Für den Erlass der einstweiligen Verfügung ist nach § 937 ZPO regelmäßig das Gericht der Hauptsache zuständig. Ist die Hauptsache noch nicht anhängig, so ist das Gericht zuständig, das in der Hauptsache endgültig zu entscheiden hat.

4. Nur in seltenen Fällen kann im Wege der einstweiligen Verfügung ein Baustopp verfügt werden. Dies verstieße gegen den Grundsatz der Verhältnismäßigkeit (OLG Hamburg MDR 1960, 849; *Werner/Pastor* Rdn. 361). Im vorliegenden Falle liegt kein Baustopp im eigentlichen Sinne vor. Im Übrigen erscheint es verhältnismäßig, wenn eine Einstellung der Tätigkeit des Auftragnehmers bis zur Augenscheinseinnahme im selbstständigen Beweisverfahren beantragt wird.

18. Klage auf Vertragsstrafe[1] für nicht rechtzeitig erbrachte Bauleistungen

An das
Landgericht
……

Klage

des …… **– Kläger –**
Prozessbevollmächtigter: ……

gegen

Firma …… **– Beklagte –**

wegen

Vertragsstrafe.
Vorläufiger Streitwert: EUR 20.000,–.

Namens und in Vollmacht des Klägers erhebe ich Klage und werde beantragen:

> **Die Beklagte wird verurteilt, an den Kläger EUR 12.500,– nebst 8 Prozentpunkte Zinsen über dem Basiszinssatz hieraus seit …… zu bezahlen.**

Begründung:

Die Parteien haben am ...... einen VOB-Vertrag über die Durchführung von Grab-, Beton- und Maurerarbeiten für das Wohnhaus des Klägers in ...... abgeschlossen und dabei eine Vertragsstrafe vereinbart. Als Beginn der Bauleistungen war ...... vereinbart.
Beweis: Vertrag vom ...... – Anlage 1 –

Zu diesem festgelegten Zeitpunkt hat die Beklagte auch mit den Bauarbeiten begonnen. Es war unter Ziff. ...... des Vertrags vereinbart, dass die Beklagte ihre Arbeiten am ...... fertigzustellen hatte[2]. Für jeden Tag des Verzugs[3] wurde eine Vertragsstrafe von EUR 200,– vereinbart (Ziff. ......). In Ziff. ...... des Vertrags wurde eine Begrenzung der Vertragsstrafe der Höhe nach auf 5% der Auftragssumme vereinbart. Die Bausumme für die Grab-, Beton- und Maurerarbeiten betrug EUR 250.000,–[4].
Die Beklagte stellte ihre Arbeiten erst am ...... fertig.

Beweis: Architekt ......
Herr ......

Die Überschreitung beträgt 100 Tage[5]. Irgendwelche Behinderungen durch andere Unternehmer oder bauseits lagen nicht vor[6].
Die förmliche Abnahme erfolgte am ......
Beweis: Abnahmeprotokoll – Anlage 2 –

Laut Abnahmeprotokoll ist die Vertragsstrafe vorbehalten[7].
Die Vertragsstrafe wurde angemahnt am ......

Beweis: Schreiben vom ...... – Anlage 3 –

Rechtsanwalt

Anmerkungen

1. Die Vertragsstrafe wegen nicht ordnungsgemäß erbrachter Bauleistungen hat im Baurecht eine erhebliche Bedeutung (vgl. *Oberhauser,* Vertragsstrafe – ihre Durchsetzung und Abwehr, 2003 und *Knacke,* Die Vertragsstrafe im Baurecht, Baurechtl. Schriften Bd. 14, 1988). Auch in AGB-Bauverträgen sind Vertragsstrafeversprechen grundsätzlich zulässig (BGH BauR 1987, 92). § 308 Nr. 6 BGB nF. trifft auf den vorliegenden Fall der verspäteten Leistungserbringung nicht zu. Die Vertragsstrafeversprechen sind, soweit der Vertrag AGB-Charakter hat, jedoch an § 307 BGB zu messen.

Da es sich um einen VOB-Vertrag handelt, ist § 11 VOB/B zu berücksichtigen.

2. Nach § 11 Nr. 2 VOB/B ist die Vertragsstrafe fällig, wenn der Auftragnehmer in Verzug gerät. Da hier der Fertigstellungstag nach dem Kalender bestimmt ist, sind die Verzugsvoraussetzungen gemäß § 286 Abs. 2 Nr. 1 ohne Mahnung erfüllt. Eine Mahnung kann – auch bei Vereinbarung eines festen Fertigstellungstermins – dann erforderlich sein, wenn sich der Fertigstellungstermin verschoben hat aufgrund von Umständen, die das ausführende Unternehmen nicht zu vertreten hat. Liegen derartige behindernde Umstände vor und wurden schriftliche Behinderungsanzeigen vom ausführenden Unternehmen dem Auftraggeber vorgelegt oder waren die Behinderungen offensichtlich, verlängert sich die Ausführungszeit entsprechend. Dies führt dann auch dazu, dass sich die Fertigstellungsfrist nicht automatisch verlängert und damit automatisch Fälligkeit nach Ablauf des verlängerten Fertigstellungszeitraums als Voraussetzung für den Verzug eintritt. Vielmehr ist nach der Rechtsprechung des BGH dann eine Mahnung zusätzlich erforderlich (BGH BauR 1999, 645 = NJW 1999, 1108 = ZfBR 1999, 188). Von besonderer Bedeutung ist, dass § 345 BGB eine Regelung zur Beweislast enthält. Danach muss der Auftragnehmer beweisen, dass er die vertraglich vereinbarte Frist eingehalten hat.

3. In AGB unzulässig ist die Vereinbarung von Vertragsstrafen bei von Auftragnehmer nicht zu vertretender Verzögerung (also verschuldensunabhängig) („Tag der Überschreitung"). (*Korbion/Locher/Sienz* AGB und Bauerrichtungsverträge, 4. Aufl. I K, 161; *Werner/Pastor* Rdn. 2059; BGH NJW-RR 2008, 615 = NZBau 2008, 376 = BauR 2008, 508). Eine wirksame verschuldensabhängige Vertragsstrafeklausel liegt dagegen bei Vereinbarung der VOB/B vor, weil die Regelung des § 11 Nr. 2 VOB/B die im Vertrag getroffene Vertragsstrafevereinbarung ergänzt (BGH BauR 2002, 782; BGH BauR 2004, 1611). Im Hinblick auf die Frage, ob eine Vertragsstrafenregelung verschuldensabhängig oder verschuldensunabhängig formuliert ist, ist nicht nur der Wortlaut der jeweiligen Vertragsstrafenklausel zu berücksichtigen. Vielmehr kann die Verschuldensunabhängigkeit auch an anderer Stelle geregelt sein, nämlich dort, wo die Vertragsfristen festgelegt worden sind. Findet sich dort eine Regelung, wonach sich die Ausführungsfristen nicht verlängern, unabhängig davon, ob der Unternehmer die Ursache für eine mögliche Verzögerung der Baumaßnahme zu vertreten hat und knüpft die Vertragsstrafenregelung an die Überschreitung dieser Fristen an, kann es sich um eine verschuldensunabhängige Vertragsstrafenregelung handeln. Problematisch sind insoweit deshalb Regelungen, wonach die Vertragsstrafe auch dann verwirkt ist, wenn die Verzögerung durch die Witterung verursacht wurde (BGH Urt. v. 6. 12. 2007 – VII ZR 28/07 = NJW-RR 2008, 615 = NZBau 2008, 376 = BauR 2008, 508).

4. Eine formularmäßige Vertragsstrafevereinbarung ist nur dann wirksam, wenn sie der Höhe nach in zweifacher Hinsicht begrenzt wird. Zum einen muss eine angemessene Begrenzung der Höhe nach pro Tag der Überschreitung der Vertragsfrist getroffen werden (BGH BauR 2002, 1086). Nach der Rechtsprechung des BGH ist ein Tagessatz von 0,3% der Auftragssumme pro Arbeitstag (BGH BauR 1976, 279) oder 0,3% der Auftragssumme pro Werktag (BGH Urt. v. 6. 12. 2007 – VII ZR 28/07 = NJW-RR 2008, 615 = NZBau 2008, 376 = BauR 2008, 508) für die Überschreitung des Fertigstellungstermins nicht zu beanstanden. Zum anderen muss eine Begrenzung der Gesamthöhe vorgenommen werden. Der BGH hat dazu seine Rechtsprechung verschärft. Während früher die Obergrenze für den Vertragsstrafeanspruch bei 10% der Auftragssumme lag, wurde diese unter Aufgabe der früheren Rechtsprechung auf 5% der Auftragssumme reduziert (BGH BauR 2003; 871; vgl. dazu *Korbion/Locher/Sienz* AGB und Bauerrichtungsverträge, 4. Aufl. Teil I K Rdn. 159ff.; *Werner/Pastor* Rdn. 2070ff.). Um der Tatsache Rechnung zu tragen, dass viele Altverträge auf die bisherige Rechtsprechung des BGH vertraut haben, wurde vom BGH ein Stichtag eingeführt. Für Verträge, die bis zum 30. Juni 2003 abgeschlossen worden sind und eine Abrechnungssumme von bis zu DM 15.000.000,– aufweisen, ist eine Vertragsstrafenobergrenze von 10% als wirksam angesehen worden (BGH BauR 2004, 1609 = NZBau 2004, 609; BGH BauR 2003, 870 = NZBau, 2003, 321). Kein Vertrauensschutz wird für Altverträge gewährt, die eine Vertragssumme von mehr als DM 15.000.000,– aufweisen.

Es muss darauf geachtet werden, dass die Höchstsätze nicht durch Kumulation verschiedener Vertragsstrafen überschritten werden können. Dieser Fall kann dann eintreten, wenn die Einhaltung von Zwischenfristen mittels Vertragsstrafen abgesichert wird. Um hier zu vermeiden, dass es zu einer Kumulation kommt, ist eine entsprechende klarstellende Regelung in die Vertragsstrafenvereinbarung mit aufzunehmen. Nach § 343 Abs. 1 BGB kann eine unverhältnismäßig hohe, verwirkte Vertragsstrafe auf Antrag des Schuldners herabgesetzt werden. Diese Regelung gilt nicht bei Verträgen unter Vollkaufleuten (§§ 348, 351 HGB).

5. Zur Fristberechnung ohne Sonn- und Feiertage vgl. *Ingenstau/Korbion/Döring* § 11 Nr. 3 VOB/B Rdn. 2ff.; *Werner/Pastor* Rdn. 2075.

6. Sind Umstände, die zu einer Verzögerung des Zeitplanes führen, nicht vom Auftragnehmer zu vertreten, so verlängert sich die Frist für die Berechnung der Vertragsstrafe entsprechend (vgl. dazu BGH BauR 1999, 645). Wird der gesamte Zeitplan durch Umstände völlig umgeworfen, die vom Auftraggeber zu vertreten sind (Sonderwünsche, Baustopp, Planungsänderungen auf Bauherrenwunsch), so entfällt der Vertragsstrafeanspruch ganz (vgl. hierzu BGH NJW 1966, 971). Es ist deshalb zweckmäßig, in die Klage aufzunehmen, dass derartige Umstände nicht eingetreten sind. Ändern die Parteien einverständlich den Vertragstermin, ist durch Auslegung in jedem Einzelfall zu klären, ob auch eine Vertragsstrafenvereinbarung Bestand hat (vgl. insoweit *Kniffka* in Kniffka/Koeble, Kompendium des Baurechts, 3. Auf., 7. Teil, Rdn. 66 ff.). Dafür, dass die Vertragsstrafenvereinbarung auch bei einverständlicher Änderung des Vertragstermins Bestand hat, spricht, wenn sie terminsneutral formuliert ist (*Kniffka* aaO.; BGHZ 167, 75 = BauR 2006, 1128 = NZBau 2006, 504).

7. Gemäß § 11 Nr. 4 VOB/B, aber auch nach § 341 Abs. 3 BGB ist die Vertragsstrafe hinfällig, wenn sie nicht bei Abnahme der Leistung vorbehalten wird. Wird über Abnahmeverhandlungen eine Niederschrift gefertigt, so reicht es aus, dass hierin der Vorbehalt der Vertragsstrafe aufgenommen wird (BGH BauR 1987, 92). Die Verpflichtung zum Vorbehalt einer Vertragsstrafe ist durch Individualvereinbarung abdingbar, nicht jedoch in AGB (vgl. iE. *Werner/Pastor* Rdn. 2066; aber auch *Knacke* aaO. S. 63). In AGB ist aber eine Klausel zulässig, dass der Vorbehalt der Vertragsstrafe bis zur Schlusszahlung hinausgeschoben werden kann (BGH NJW 1979, 212; BGH BauR 2000, 1758).

D. Reiserecht

1. Geltendmachen von Reisemängeln

Schreiben per Fax Nr. ......[1]
An Firma RV-GmbH[2]

Betr.: R gegen Firma RV-GmbH
Buchungsnummer ......

Sehr geehrte Damen und Herren,

ich zeige an und versichere, Herrn R ...... anwaltlich zu vertreten.[3]

Mein Mandant hat am 17. 1. 2002 bei dem Reisebüro RB für sich, seine Frau B. und seine fünfjährige Tochter A.[4] eine einwöchige Flugreise nach Ibiza, Hotelanlage O. in der Zeit vom ...... bis ......[5] zum Preis von ...... EUR gebucht. Die Reise war mängelbehaftet.[6]

1. Der Abflug war für 12.35 Uhr festgesetzt. Familie R hat sich um 10.55 Uhr am Schalter der Fluggesellschaft eingefunden und am Ende einer sehr langen Menschenschlange angestellt. Als es mit der Abfertigung nicht zügig weiter voranging, hat sich mein Mandant nach einer Stunde am Informationsschalter erkundigt, wann das Flugzeug starte. Man hat ihm gesagt, der Abflug werde sich etwas verzögern. Als er mit seiner Familie um 12.20 Uhr am Schalter angekommen war, erklärte man ihm, das Flugzeug sei bereits abgefertigt. Weil die Fluggesellschaft für diesen Tag keine anderweitige Hinreisemöglichkeit angeboten hat, buchte Familie R bei der Fluggesellschaft C. einen zwei Stunden später startenden Flug, für den sie ...... EUR zahlen musste.
   Diese Kosten verlangt mein Mandant erstattet.[7]
2. Die Unterkunft war mängelbehaftet. Das zugesagte Zustellbett[8] für das Kind konnte nicht zur Verfügung gestellt werden. Ferner war eine erhebliche Lärmbeeinträchtigung gegeben. Schlafen war nicht möglich, weil nur 150 m entfernt eine stark befahrene Autobahn vorbeiführte. Auch nachts fuhren mehrere 100 Fahrzeuge pro Stunde über die Autobahn, tagsüber war starker Lkw-Verkehr.[9]
3. Das Hotelschwimmbecken konnte nicht genutzt werden. Der Chlorzusatz im Wasser war so stark, dass sich die Haare nach dem Schwimmen grün färbten.[10]
4. Obwohl im Prospekt unter „Sportmöglichkeiten" angekündigt war, dass auf der Tennisanlage ein Trainer zur Verfügung stand, war dies nicht der Fall. Gerade im Hinblick auf diese Ankündigung hatte mein Mandant diese Anlage ausgesucht.[11]

Die Mängel sind gegenüber der örtlichen Reiseleitung, Frau L., beanstandet worden. Mein Mandant hat ihr gegenüber zum Ausdruck gebracht, dass er sich Ersatzansprüche vorbehalte.[12] Auf die der Reiseleiterin ausgehändigte Mängelliste nehme ich Bezug.[13] Abhilfe ist nicht geschaffen worden.[14]

Mein Mandant verlangt 40% des gesamtes Reisepreises sowie die zusätzlich entstandenen Flugkosten von ...... EUR erstattet.[15] Eine Abtretungserklärung von Frau R liegt anbei.[16]

Den sich daraus ergebenden Gesamtbetrag von ...... EUR bitte ich bis zum ...... auf das Konto ...... zu überweisen.[17] Anderenfalls werde ich danach[18] den Betrag gerichtlich[19] einfordern.[20]

Rechtsanwalt

Schrifttum (Allgemein zum Reisevertragsrecht): Bidinger/Müller, Reisevertragsgesetz, 2. Aufl., 1995; *Brüning,* Zum Begriff der Pauschalreise und des Reiseveranstalters, RRa 2005,199; *Eckert,* Preiserhöhungsklauseln im Reisevertrag auf der Grundlage der BGH-Rechtsprechung, RRa 2005, 3; *Führich,* Reiserecht, 5. Aufl., 2005; *ders.,* Einbeziehung Allg. Reisebedingungen in den Reisevertrag und Verkürzung der reisevertraglichen Verjährungsfrist, RRa 2009,114; *Isermann,* Neues beim Pauschalreiserecht, DRiZ 2002, 133; *ders.,* Schuldrechtsmodernisierung und Reiserechtsverjährung, RRa 2001, 135; *Kaller,* Das Verhältnis des Gewährleistungsrechts nach §§ 651 c ff. BGB zum allgemeinen Recht der Leistungsstörungen, RRa 1999, 19; *Kappus,* Allgemeine Reisebedingungen, München 2008; *ders.,* Die Allgemeinen Reisebedingungen nach der Schuldrechtsreform im Lichte neuester Rechtsprechung, RRa 2003, 198; *ders.* „Lesbarkeit" von Allgemeinen Reisebedingungen, RRa 2008, 67; *Rodegra,* Pauschalreisen – Allgemeines Lebensrisiko und hinzunehmende Unannehmlichkeiten, MDR 2002, 919; *ders.,* Haftungsfalle: Reisereklamation, MDR 2009, 782; *Schmid,* Rechtsprobleme bei der Luftbeförderung im Rahmen von Flugpauschalreisen, NJW 2002, 3510; *Schulz,* Rechtsprechungsübersicht zum Reiserecht 2007–2008, VuR 2008, 213; *Schulz/Kettner,* Rechtsprechungsübersicht zum Reiserecht 2008–2009, VuR 2009, 203; Staudinger, Internet-Buchungen von Reisen und Flügen, RRa 2007, 98; *Staudinger/Schmidt-Bendun,* Neuregelung über Ausgleichs- und Unterstützungsleistungen für Fluggäste, NJW 2004, 1897; *dies.,* Pauschalreise-, Luftverkehrs-, Eisenbahn- sowie Reiseversicherungsrecht-Rechtsprechung aus den Jahren 2005 und 2006, NJW 2007, 2301; *Staudinger/Ilchmann,* Pauschalreise-, Luftverkehrs-, Eisenbahn- sowie Reiseversicherungsrecht, Rechtsprechung aus dem Jahr 2007/2008, NJW 2008, 2752; *Teichmann,* Rechtsprechung zum Reiserecht in den Jahren 2001 bis 2005, JZ 2006, 445 und 499; *Tempel,* Stornoklauseln im Reisevertrag und neues Schuldrecht, NJW 2002, 2005; *Tonner,* Reisevertragsrecht, 5. Aufl., Neuwied 2007; *ders.,* Vertragliche und deliktische Verkehrssicherungspflichten im Reiserecht, NJW 2007, 2738; *Tonner/Tamm,* Die neue BGH-Rechtsprechung zur Haftung von Reisebüros und von Reiseveranstaltern, DAR 2007, 65; *Urbach,* Die Rechtsprechung der 24. Kammer des LG Frankfurt seit 2006, RRa 2009, 2;

Schrifttum (zu § 651 g BGB)*: Isermann,* Klageerhebung vor Ablauf der Ausschlussfrist des § 651 g Abs. 1 BGB, RRa 1995, 178; *Schmid/Hopperdietzel,* Rechtsfallen im Reiserecht: Der Abfindungstrick, NJW 2009, 652; *Tempel,* Rechtsfragen der Geltendmachung von Ansprüchen des Reisenden nach Reiseende, NJW 1987, 2841; *ders.,* Das Reisebüro als Adressat für die Anmeldung von Ansprüchen des Reisenden nach § 651 g Abs. 1 BGB, RRa 1996, 3.

Anmerkungen

1. Für die Art der – vorprozessualen – Geltendmachung ist grundsätzlich keine Form vorgeschrieben. Sie kann auch mündlich erfolgen. Wegen der Beweispflicht des Reisenden ist es jedoch zweckmäßig, Ansprüche schriftlich geltend zu machen, am besten per Einschreiben mit Rückschein. Der Reiseveranstalter ist verpflichtet, den Zugang ordnungsgemäß zu dokumentieren, zB. durch einen Eingangsstempel. Verletzt er diese Pflicht, trägt er die Beweislast für den nicht ordnungsgemäßen Zugang (LG Frankfurt RRa 1994, 97; *Tonner* § 651 g Rdn. 2).

Für die zeitliche Bestimmung des Zugangs der Geltendmachung wird nach allgemeiner Meinung (zB. *Führich* Rdn. 450) darauf abgestellt, dass zur Wahrung der Frist immer der rechtzeitige Zugang beim Adressaten erforderlich sei. In der Praxis ist diese Frage bedeutsam, wenn die Anspruchsanmeldung mit einem Faxschreiben erfolgt, das erst nach Büroschluss bei dem Reiseveranstalter eingeht. Im Hinblick auf § 130 BGB wird deshalb allgemein die Ansicht vertreten, dass der Zugang innerhalb der üblichen Geschäftszeit erfolgen muss (AG Frankfurt NJW-RR 1993, 1332). Diese Rechtsansicht hat das LG Düsseldorf (NJW-RR 2001, 347) mit Recht in Frage gestellt und entschieden, dass § 130 BGB auf die Geltendmachung von Ansprüchen nach § 651g Abs. 1 BGB weder direkt noch entsprechend anwendbar ist. Zur Begründung wird darauf abgestellt, dass § 130 BGB dem Wortlaut nach für Willenserklärungen gilt, also für Erklärungen, die auf die Herbeiführung einer Rechtswirkung (Begründung, inhaltliche Änderung oder Beendigung eines Rechtsverhältnisses) abzielen. Die Geltendmachung gemäß § 651g Abs. 1 BGB bringt reiserechtliche Gewährleistungsansprüche jedoch nicht zum Entstehen und ändert auch nicht ihren Inhalt. Das Entstehen und der Umfang von Gewährleistungsrechten richten sich vielmehr allein nach §§ 651c, d und f BGB und sind unabhängig vom Willen des Reisenden bei der anschließenden Geltendmachung, mit der der Reisende nur rein tatsächlich seine Forderung erhebt und das Regulierungsverfahren einleitet (siehe auch *Führich* aaO. Rdn. 453; Isermann MDR 1995, 226). Das LG Düsseldorf hat deshalb (unter Aufhebung der früheren Rechtsprechung in NJW-RR 1992, 443) den Eingang eines Geltendmachungs-Faxes um 17.40 Uhr am letzten Tag der Frist als rechtzeitigen Zugang gewertet. Auch der BGH (NJW 2001, 289 = RRa 2001, 24) hat in dem Geltendmachen keine Willenserklärung gesehen (zu der Entscheidung, die durch § 651g Abs. 1 nF. zwischenzeitlich überholt ist, siehe im Übrigen *Tempel* NJW 2001, 1905 mit krit. Anm. auch hinsichtlich der Fax-Möglichkeiten, S. 1907; zu den Fristen ausführlich *Rodegra,* MDR 2009, 782 mwN.).

Bei der Anmeldung mit normalem (Ein-)Schreiben ist mit einer Postlaufzeit von drei Tagen zu rechnen (AG Kleve RRa 1996, 156). Im Hinblick auf ein etwaiges fehlendes Verschulden nach § 651g Abs. 1 S. 2 BGB und den Entlastungsbeweis durch den Reisenden genügt nach LG Frankfurt (NJW 1987, 132), dass glaubhaft gemacht wird, das Anspruchsschreiben so rechtzeitig vor Ablauf der Monatsfrist abgesandt zu haben, dass es unter normalen Umständen fristgemäß beim Reiseveranstalter hätte eingehen müssen. Auch der Sozialversicherungsträger, auf den Ansprüche des Reisenden übergegangen sind, muss die Frist in § 651g Abs. 1 BGB beachten (OLG Celle, OLG-Report 2007, 3).

2. Nach dem Wortlaut des Gesetzes ist der Reiseveranstalter Adressat der Anspruchsanmeldung. Zwar ist seit der Entscheidung des BGH vom 22. 10. 1987 (NJW 1988, 488) allgemein anerkannt, dass auch das – selbstständige – Reisebüro als Handelsvertreter gemäß § 91 Abs. 2 S. 1 HGB zur Entgegennahme der Anspruchsanmeldung bevollmächtigt ist. Dies gilt jedoch dann nicht, wenn der Reiseveranstalter in der Reisebestätigung die Stelle, bei der die Anspruchsanmeldung zu erfolgen hat, konkret bezeichnet und angegeben hat und damit seinen Informationspflichten aus § 3 Abs. 2 InfVO nachgekommen ist. Denn in dieser Bezeichnung liegt nicht nur die Erklärung der Empfangszuständigkeit der angegebenen Stelle, sondern zugleich die wirksame Beschränkung der Empfangszuständigkeit auf diese Stelle (so LG Kleve NJW 1999, 1117; aA. *Tempel* RRa 1997, 1; siehe im Einzelnen auch *Tonner* § 651g Rdn. 8). Bei der Adressierung an das Reisebüro ist bedeutsam, ob dieses das Anmeldeschreiben innerhalb der Frist an den Veranstalter weitergeleitet hat (BGH RRa 2005, 112; AG Hannover RRa 2005, 129; siehe ferner OLG Celle NJW-RR 2004, 1647 und AG Hamburg NJW-RR 2002, 1061).

3. In der Vergangenheit war in Literatur und Rechtsprechung streitig, ob eine Anspruchsanmeldung, die durch einen Anwalt erfolgt, nur dann gültig und damit letztlich fristgemäß ist, wenn in entsprechender Anwendung von § 174 BGB die anwaltliche Bevollmächtigung im Original beilag (bejahend zuletzt BGH NJW 2001, 289 mwN.). Dieser Streit ist jetzt gesetzgeberisch durch Satz 2 in § 651g Abs. 1 geklärt (zur gesetzlichen Neuregelung siehe *Führich* NJW 2002, 1082; *Isermann* DiRZ 2002, 133, 135).

4. Nehmen mehrere Personen an der Reise teil (siehe allgemein weitergehende Hinweise bei *Martis,* MDR 2003, 191 sowie *Kauffmann* MDR 2002, 1036), muss die Geltendmachung durch den jeweiligen Vertragspartner erfolgen. Dabei ist bedeutsam, dass „Reisender“ im Sinn des § 651a BGB der jeweilige Vertragspartner des Reiseveranstalters ist, nicht notwendig auch derjenige, der die Reise tatsächlich antritt und die Reiseleistungen selbst in Anspruch nimmt (ausführlich BGH RRa 2002, 154 = MDR 2002, 1109). Bucht ein Familienangehöriger für sich und seine Familie eine Reise, so wird er alleiniger Vertragspartner des Veranstalters (OLG Düsseldorf NJW-RR 1991, 1202; OLG Hamburg RRa 1996, 132; LG Frankfurt RRa 1996, 51; AG Düsseldorf NJW-RR 1999, 567). Probleme können in der Praxis entstehen, wenn Familienangehörige unterschiedliche Namen tragen, oder wenn Partner aus einer nichtehelichen Lebensgemeinschaft (AG Bad Homburg NJW-RR 2003, 347) gemeinsam eine Reise buchen. § 1357 BGB findet nach herrschender Meinung keine Anwendung (OLG Köln NJW-RR 1991, 1092; OLG Düsseldorf NJW-RR 1990, 186; *Führich,* Rdn. 117, 452, 636). Bei einer Reisebuchung unter verschiedenen Namen wird im Übrigen darauf abzustellen sein, ob Umstände darauf hindeuten, dass der Buchende als Vertreter einer weiteren Person handelt (LG Hannover NJW-RR 2002, 701; AG Köln NJW-RR 2004, 18; AG Neuwied RRa 2004, 20; siehe ferner AG Hamburg NJW-RR 2002, 702 = RRa 2002, 24; AG Hannover NJW-RR 2002, 701 = RRa 2002, 92; LG Stuttgart NJW-RR 1993, 1018; AG Düsseldorf RRa 1995, 162; 1997, 240). Bei Gruppenreisen ist jedes mitreisende Gruppenmitglied Vertragspartner des Veranstalters (OLG Frankfurt NJW-RR 2004, 1285 = RRa 2005, 23 mit Unterscheidung für Familienangehörige des Buchenden) und daher klagebefugt für seine eigenen Rechtsansprüche. Infolgedessen kann der Anmelder Minderungs- und Schadensersatzansprüche nur für sich geltend machen, nicht aber diejenigen der Mitreisenden. Hierfür bedarf es einer zusätzlichen Abtretung (OLG Köln RRa 2009,18; OLG Düsseldorf NJW-RR 1988, 636; LG Hamburg RRa 1995, 187; im Einzelnen dazu *Kauffmann* MDR 2002, 1036).

Neben der Frage der Vertragspartnereigenschaft ist von Bedeutung, welche Ansprüche ein Vertragspartner geltend machen kann. Der Buchende kann ohne weiteres im eigenen Namen Gewährleistungsansprüche für alle Mitreisenden aus §§ 651 d, e, i, j BGB geltend machen und einklagen. Für Schadensersatzansprüche bedarf es einer Abtretung des geschädigten Mitreisenden (OLG Köln RRa 2009,18; *Führich,* Rdn. 635; siehe auch unten unter Form. II. D. 4 im Hinblick auf die Prozessstandschaft). Ist ein Minderjähriger mit Einwilligung der Eltern in den Vertragsschluss der Anspruchsinhaber, ist Leistung an ihn geltend zu machen (*Führich,* aaO.).

5. Die gesetzliche Monatsfrist berechnet sich so, dass der Tag, an dem die Reise dem Vertrag nach enden sollte (letzter Urlaubstag), für die Frist zum Geltendmachen von Ansprüchen nach § 651 g Abs. 1 BGB nicht mitzurechnen ist (Gleiches gilt für die Verjährung, siehe LG Hannover NJW-RR 1990, 572; OLG Karlsruhe NJW-RR 1991, 54; LG Hamburg NJW-RR 1997, 502 = RRa 1997, 60; aA. AG Düsseldorf NJW 1985, 980 sowie AG Hamburg RRa 1994, 58).

6. Wegen der Vielzahl möglicher Reisemängel und der dazu ergangenen Rechtsprechung, insbesondere in der Abgrenzung zwischen unbeachtlichen Reisebeeinträchtigungen und wirklichem Reisemangel, siehe die Übersichten mwN. bei *Führich* aaO. Rdn. 228 ff., 244 ff., insb. 246 ff. und 251–262 sowie 312–352; *Palandt/Sprau,* BGB, 68. Aufl., § 651 c Rdn. 2 und 3; *Tonner* aaO. im Anhang zu § 651 c – „Mängelliste" – Seite 111–157.

7. Fallgestaltung nach AG München NJW-RR 2001, 1064.

8. AG Kleve NJW-RR 2002, 562.

9. Beispiel nach LG Düsseldorf NJW-RR 2002, 269.

10. AG Bad Homburg NJW 1999, 56.

11. Die Prospektangaben bestimmen nach dem Grundsatz von Prospektwahrheit und -klarheit maßgeblich den Vertragsinhalt. Sie dürfen nicht an versteckter Stelle sein (LG Frankfurt NJW-RR 2008, 1640: Baulärmhinweis bei Beschreibung des Hotels). Dabei kann die Leistungsbeschreibung im Prospekt positiv wie negativ wirken. Wer ein Luxushotel mit einem außergewöhnlich hohen Preis bucht, kann auch ohne konkrete Prospektangaben über Größe und Ausstattung des gebuchten Hotelzimmers eine bestimmte, über der Mindestnorm liegende Zimmergröße und eine gehobene Ausstattung verlangen (OLG Düsseldorf RRa 2004, 65; LG Frankfurt NJW-RR 1992, 380; für den umgekehrten Fall AG Nürnberg NJW-RR 1999, 567). Wird nichts Anderes im Reisevertrag zugesichert, gilt zB. für medizinische Hilfe am Urlaubsort der landesübliche Standard (OLG Celle NJW-RR 2004, 562 = RRa 2004, 10). Der Veranstalter, der seine Angebote griffig durch ein eigenes, zahlenmäßiges symbolhaftes Klassifizierungsmerkmal beschreibt, ist an den selbst beschriebenen Standard gebunden (OLG Celle RRa 2005, 17). Enthält der Prospekt andererseits verständliche, nicht versteckte Hinweise zu einer Leistungseinschränkung, rechtfertigen Reisebeeinträchtigungen, sofern sie im vorgegebenen Rahmen bleiben, keine Gewährleistungsansprüche („gelegentliche Lärmbelästigung“ AG Düsseldorf MDR 1985, 496 sowie RR 1997, 13; hinsichtlich der Nähe des Flughafens AG Frankfurt RRa 1998, 3). Soweit Sporteinrichtungen zugesagt werden, muss der Veranstalter für deren Benutzbarkeit ohne Verschulden einstehen, mithin auch für das Fehlen eines im Prospekt zugesagten Tennislehrers (*Führich* Rdn. 349), ebenso für das Funktionieren einer zugesagten Klimaanlage und des „Shuttle-Service“ als kostenlose Fahrgelegenheit (LG Düsseldorf NJW-RR 2004, 560 = RRa 2004, 14).

12. Zwischen der vor Ort erforderlichen Mängelanzeige gemäß § 651 d Abs. 2 BGB und dem Regelungsbereich von § 651 g Abs. 1 BGB ist zu unterscheiden. Mit der Mängelanzeige am Urlaubsort soll dem Reiseveranstalter Gelegenheit gegeben werden, die gemäß § 651 c Abs. 2 BGB gebotene Abhilfe zu leisten. Sie ist deshalb grundsätzlich bei der örtlichen Reiseleistung anzubringen, die den Reiseveranstalter am Urlaubsort repräsentiert und dazu berufen ist, das zur Beseitigung tatsächlich vorhandener Mängel Erforderliche zu veranlassen Der Sachvortrag dazu muss konkrete Angaben enthalten, wann und wo der Reisende wem gegenüber welche Beanstandungen erhoben haben will (LG Kleve NJW-RR 1997, 1207). Durch das Erfordernis einer fristgerechten Anspruchsanmeldung nach § 651 g, Abs. 1 BGB soll dem Veranstalter die Möglichkeit eingeräumt werden, Nachforschungen in tatsächlicher Hinsicht anzustellen und mit einem vertretbaren organisatorischen Aufwand die zur Wahrung seiner Rechte gegenüber den örtlichen Leistungsträgern notwendigen Maßnahmen zu treffen (LG Kleve NJW-RR 1999, 486, 487). Das wirkt sich auf den Bedeutungsgehalt von Erklärungen gegenüber der Reiseleitung aus. Weil nicht aus jedem am Urlaubsort gerügten Mangel nach Beendigung der Reise Ansprüche abgeleitet werden, sei es, weil der Reisende sich mit der später erfolgten Abhilfe zufrieden gibt, sei es, weil er den Mangel hinterher nicht mehr als so schwerwiegendend empfindet, muss unterschieden werden: Will der Reisende auch schon vor Ort Gewährleistungsansprüche geltend machen, muss er dies unmissverständlich klarstellen. Er darf es nicht bei der bloßen Anzeige von Reisemängeln bewenden lassen, sondern muss vorbehaltlos und eindeutig zu erkennen geben, dass er schon jetzt, nämlich am Urlaubsort, Ansprüche gegen den Veranstalter anmelden will (LG Kleve NJW-RR 1999, 486 unter Bezugnahme auf BGH NJW 1988, 488; ebenso LG Düsseldorf MDR 2001, 679; ferner LG Düsseldorf RRa 2001, 199 und 201).

Ein Schreiben, das einem Reiseleiter am Urlaubsort ohne Aufforderung zur Weiterleitung an den Veranstalter übergeben wird, kann auch dann nicht als Anmeldung von Gewährleistungsansprüchen angesehen werden, wenn es mit „Reklamation“ überschrieben ist, jedoch konkrete Forderungen nicht erhoben werden (LG Frankfurt RRa 2008, 26; *Führich* Rdn. 449). Nicht ausreichend ist eine Unfallmeldung bei der örtlichen Reiseleitung (OLG Düsseldorf RRa 2003, 26).

13. Ein Anspruchsschreiben wegen Reisemängeln, das die Mängel nicht benennt, sondern auf eine am Urlaubsort abgegebene Mängelrüge Bezug nimmt, wahrt nicht die Ausschlussfrist nach § 651 g Abs. 1 BGB (AG Bad Homburg NJW-RR 1996, 177; AG Münster RRa 2005, 71).

14. Siehe Anm. 12.

15. Der sachliche Anwendungsbereich von § 651g Abs. 1 BGB erstreckt sich auf Kosten der Selbsthilfe nach § 651c Abs. 3 BGB, Minderungsansprüche nach § 651d BGB, Rückzahlungsansprüche bei abgebrochenem Urlaub gemäß § 651e BGB (LG Frankfurt NJW 1985, 146), Schadensersatzansprüche nach § 651f BGB (BGH NJW 1985, 132) und Ansprüche aus §§ 651i und j BGB, da diese Vorschriften auf § 651e Abs. 3 und 4 BGB verweisen, so dass im Grunde abgewandelte vertragliche Rückabwicklungsansprüche vorliegen (*Führich,* Rdn. 359). Ansprüche aus Vertragsverletzung und deliktische Ansprüche fallen nicht unter diese Vorschrift (siehe ausführlich *Tonner,* NJW 2008, 2738, 2739 mwN. in Bespr. von BGH NJW 2007, 2549). Wer bei der Anspruchsanmeldung nur materielle Schäden geltend macht, ist im späteren Prozess mit immateriellen Ansprüchen ausgeschlossen (AG Düsseldorf RRa 2003, 166; ebenso OLG Düsseldorf RRa 2003, 254).

16. Abtretung wegen der geltend gemachten Schadensersatzansprüche (OLG Düsseldorf RRa 2003, 211).

17. In der Praxis bedeutsam sind Anmeldeschreiben, die der Reisende persönlich verfasst und es trotz aller Mängelbenennung bei höflichen Sprachwendungen hinsichtlich des von ihm verfolgten Interesses belassen hat. Trotz der teilweise befürworteten großzügigen Handhabung (*Führich,* Rdn. 440; *Tempel,* NJW 1987, 2847) muss vom Reisenden eine gewisse Deutlichkeit im Hinblick auf eine Rechtsverfolgung zum Ausdruck gebracht werden (AG Duisburg RRa 2005, 68; OLG Frankfurt RRa 1998, 219: Der Veranstalter muss erkennen können, wegen welcher Beanstandungen der Kunde ein Reklamationsverfahren einleiten will; ferner LG Frankfurt RRa 2001, 77: Als Konkretisierung reicht eine stichwortartige Benennung der Mängel ohne ausführliche Beschreibung im Einzelnen). Es reicht, dass der Reisende erklärt, den Vorfall nicht auf sich beruhen lassen zu wollen, und dabei die Mängel nach Ort, Zeit, Geschehensablauf und Schadensfolgen so genau beschreibt, dass der Veranstalter die zur Aufklärung des Sachverhalts gebotenen Maßnahmen treffen kann (BGH RRa 2005, 112 m. Anm. *de Leve;* siehe ferner OLG Celle RRa 2002, 162). Das bloße Übersenden einer Mängelliste und die Aufforderung an den Veranstalter, zu den in der Reklamation angeführten Umständen „Stellung zu nehmen", reicht nicht (OLG Düsseldorf VuR 1991, 287; LG Stuttgart, VuR 1991, 117; AG Frankfurt VuR 1991, 117 mit kritischer Anmerkung *Tonner;* weitere Konstellationen bei AG Duisburg RRa 2005, 68; LG Hannover RRa 2002, 72; AG Kleve RRa 1996, 209; LG Frankfurt NJW-RR 1998, 563). Maßgeblich ist, dass der Reisende zum Ausdruck bringt, Zahlungsansprüche verfolgen zu wollen (zur Schecksperre siehe LG Wuppertal RRa 2000, 30). Nicht erforderlich ist die Bezifferung des geltend gemachten Betrags, jedoch muss der Reisende die Mängel konkret und substantiiert vorgetragen haben (LG Kleve RRa 1999, 160; AG Kleve RRa 1999, 194; *Tonner* § 651g Rdn. 5). Reisen die Partner einer nicht ehelichen Lebensgemeinschaft, reicht es für die ordnungsgemäße Anspruchsanmeldung aus, wenn nur ein Partner unterzeichnet, aber auf die Vorgangsnummer der anderen Reiseanmeldung Bezug nimmt und die Anmeldung in der Wir-Form erfolgt (LG Düsseldorf RRa 2004, 14.

Die Geltendmachung weitergehender Ansprüche entfällt, wenn durch Einlösung eines mit einem Vergleichsvorschlag übersandten Schecks eine Vergleichsvertrag zustande kommt (AG Duisburg RRa 2004, 176; ähnlich AG Hamburg RRa 2003, 170 und 267). Hinsichtlich der Problematik von Abfindungsangeboten der Reiseveranstalter z.B. in Form überreichter Schecks informativ: *Schmid/Hopperdietzel,* NJW 2009, 652 mwN.

18. Statt der außergerichtlichen Geltendmachung von Ansprüchen direkt gegenüber dem Veranstalter kann der Reisende nicht gehindert werden, seine Ansprüche gleich durch Mahnbescheid oder Klage zu verfolgen, allerdings mit dem prozessualen Kostenrisiko des § 93 ZPO bei sofortigem Anerkenntnis. Beim Mahnbescheid ist das besonders relevant, weil der Reiseveranstalter nicht ohne weiteres erkennen kann, welcher Anspruch gegen ihn geltend gemacht wird (allgemein dazu: BGH NJW 1995, 2230). Der

Reisende ist mit seinen Ansprüchen aus dem Reisevertrag ausgeschlossen, wenn die Klage zwar innerhalb der Monatsfrist bei Gericht eingeht, die Zustellung an den Reiseveranstalter jedoch erst nach Fristablauf erfolgt (AG Düsseldorf NJW 1986, 593; ferner AG Bad Homburg, RRa 1995, 49).

19. Da im vorliegenden Fall der Anwalt für den Fall der Nichtzahlung Klage androht, muss er einen Klageauftrag seitens des Mandanten haben. Alternativ: Der Anwalt schreibt, dass er sich für den Fall der Nichtzahlung vom Mandanten mit der Klagerhebung beauftragen lassen werde. Dann liegt offensichtlich ein Klagauftrag noch nicht vor, sondern nur ein Auftrag zur außergerichtlichen Regulierung der Angelegenheit. Das hat kostenmäßige Auswirkungen (s. u. „Kosten und Gebühren").

20. Der Reisende muss beweisen, dass er seine Ansprüche fristgerecht angemeldet hat (LG Frankfurt NJW-RR 1989, 1212 mit Hinweis zur Darlegungserleichterung; siehe ferner oben Anm. 1 mwN.). Auch das fehlende Verschulden der Fristversäumung muss der Reisende beweisen. Insoweit genügt ihm als Entlastungsbeweis, wenn er nach § 294 ZPO glaubhaft macht, das Anspruchsschreiben so rechtzeitig abgesandt zu haben, dass es unter normalen Umständen noch innerhalb der Monatsfrist bei dem Reiseveranstalter hätte eingehen müssen (LG Frankfurt NJW 1987, 132). Zum fehlenden Verschulden infolge Unfalls siehe LG Köln, NJW-RR 2005, 994. Ferner trägt er die Beweislast für die Voraussetzungen der Hemmung, der Reiseveranstalter für die Voraussetzungen der Verjährung und das Ende der Hemmung (LG Düsseldorf NJW 2001, 1872). Der BGH (NJW 2007, 2549 = RRa 2007, 215) hat inzwischen die Ausschlusswirkung von § 651 g Abs. 1 BGB gemildert, um den Weg für eine vertragliche Haftung zu erweitern. Sie soll nicht gelten, wenn der Veranstalter seine Pflicht nach § 6 Abs. 2 Nr. 8 BGBInfoV, auf die Frist hinzuweisen, nicht beachtet (so auch LG Hannover NJW-RR 1990, 572 bei fehlender Angabe einer Anschrift für das Geltendmachen) und für gesundheitliche Spätschäden, die für den Reisenden bis zum Fristablauf nicht vorhersehbar waren (vgl. insgesamt dazu *Tonner,* NJW 2007, 2738, 2739). Ein Reisender, der die Ausschlussfrist mangels Kenntnis seiner Ansprüche unverschuldet versäumt hat, braucht nach Kenntniserlangung die Anspruchsanmeldung nur dann unverzüglich nachzuholen, wenn der Veranstalter ihn bei Vertragsschluss auf die Ausschlussfrist hingewiesen oder er sie anderweitig in Erfahrung gebracht hatte; dazu trägt der Veranstalter die Darlegungs- und Beweislast (BGH aaO.).

Kosten und Gebühren

Liegt ein Klageauftrag vor, entstehen anwaltliche Gebühren nach Nr. 3101 VV in Höhe von 0,8 der vollen Gebühr nach dem voraussichtlichen Wert der Forderung.

Liegt jedoch (zunächst) nur der Auftrag zur außergerichtlichen Regulierung vor mit der Folge, dass für den Fall der Zahlung durch die Gegenseite die Angelegenheit erledigt ist, fällt eine Geschäftsgebühr nach Nr. 2300 VV in Höhe von 0,5 bis 2,5 der vollen Gebühr nach dem Wert der Forderung an. Eine Gebühr von mehr als 1,3 der vollen Gebühr kann allerdings nur gefordert werden, wenn die Tätigkeit umfangreich oder schwierig war.

Die Anrechnung von Geschäftsgebühren für die nachfolgende gerichtliche Tätigkeit ist jetzt (abweichend von BGH NJW 2007, 2049) in § 15 a RVG geregelt (vgl. BT-Drs. 16/12717; siehe dazu *Fölsch* in NJW-Editorial Heft 23/2009).

Neben den Gebühren hat der Anwalt Anspruch auf Erstattung seiner Auslagen und Zahlung der auf Gebühren und Auslagen anfallenden Umsatzsteuer. Gemäß Nr. 7002 VV kann er nach seiner Wahl an Stelle der tatsächlich entstandenen Kosten einen Pauschalsatz für seine Auslagen für Post- und Telekommunikationsleistungen fordern, der 20% der Gebühren beträgt, höchsten jedoch ein Betrag in Höhe von 20,00 EUR.

Fristen und Rechtsmittel

Klauseln in Allgemeinen Geschäftsbedingungen, nach denen die Geltendmachung aller Ansprüche, auch solcher aus unerlaubter Handlung, nach Ablauf einer einmonatigen Frist grundsätzlich ausgeschlossen sind, sind unwirksam (BGH RRa 2004, 215 m. Anm. von *Staudinger* und *Führich* sowie BGH RRa 2004, 267; siehe ferner OLG Celle RRa 2002, 162).

Neben der Frist zum Geltendmachen der Gewährleistungsansprüche nach § 651 g Abs. 1 BGB ist die Neuregelung der Verjährungsfrist im Zuge der Schuldrechtsmodernisierung von Bedeutung. Nach § 651 g Abs. 2 S. 1 BGB nF. verjähren Ansprüche des Reisenden nach den §§ 651 c bis f BGB in 2 Jahren (siehe ausführlich zu den Fristen *Rodegra,* MDR 2009, 782; ferner *Isermann,* Schuldrechtsmodernisierung und Reiserechtsverjährung, RRa 2001, 135; *ders.* DRiZ 2002, 132, 135; *Führich* NJW 2002, 1082; *Schmid* MDR 2002, 789; zur Verjährungsfrist bei Arglist des Reiseveranstalters siehe *Tempel* NJW 2000, 3677, wobei zu beachten ist, dass statt einer analogen Anwendung des § 638 BGB aF. jetzt auf § 634 a Abs. 3 BGB nF. abzustellen wäre). Nach § 651 m BGB können abweichende Vereinbarungen (auch) zu der Verjährungsfrist getroffen werden. Werden die in den Klauselverboten bezeichneten Schadensersatzansprüche nicht ausgenommen, ist eine Klausel zur Verkürzung der Verjährungsfrist insgesamt unwirksam (BGH NJW 2009, 1486 m. Anm. *Führich* = MDR 2009, 674 = RRa 2009, 131, siehe ferner *Führich* RRa 2009, 114).

Die Hemmung der Verjährung regelt sich nach §§ 203 ff. BGB nF. (statt § 651 g Abs. 2 BGB aF. (krit. *Palandt/Sprau,* BGB, 68. Aufl., § 651 g Rdn. 5; zur Beweislast *Führich* aaO. Rdn. 483). Nach AG Baden-Baden (RRa 2005, 30) ist die Hemmung der Verjährung regelmäßig nach zwei Monaten beendet. Der Reisende muss die Voraussetzungen von Unterbrechung und Hemmung, der Veranstalter das Ende der Hemmung beweisen (Palandt/*Sprau* aaO., Rdn. 7; LG Düsseldorf NJW 2001, 1872).

2. Klage gegen das Reisebüro[1]

An das
Amtsgericht X-Ort[2]

In Sachen

des R ……

– Klägers –

Prozessbevollm.: ……
gegen

das Reisebüro Firma RB …..

– Beklagte –

wegen Schadensersatzes aus Vermittlungsvertrag
erhebe ich Klage und beantrage:

1. **Die Beklagte wird verurteilt, an den Kläger EUR 1.700,– nebst (Zinsen)[3] seit dem …… zu zahlen.**
2. **……**

Begründung

Der Kläger buchte bei dem beklagten Reisebüro Firma RB …… am …… eine Last-Minute-Reise[4] nach Bali für die Zeit vom …… bis …… zum Preis von 3.000,– EUR.

Bei Buchung dieser Reise wurde seitens der Reisebüroangestellten A. nicht darauf hingewiesen, dass zur Einreise auf Bali ein Reisepass benötigt wird, der noch mindestens 6 Monate gültig ist[5]. Da die Ehefrau des Klägers ihren Pass erst noch verlängern lassen musste, die Reise aber noch am selben Tag beginnen sollte, konnte der Flug nicht mit der gebuchten Maschine erfolgen. Das nahm einen Tag in Anspruch. Deshalb reisten der Kläger und seine Frau einen Tag später mit einer Linienmaschine zum Urlaubsort. Dieser Sachverhalt ist zwischen den Parteien nicht streitig.
Die durch die Verspätung entstandenen Mehrkosten werden mit der Klage geltend gemacht. Dabei handelt es sich um die Kosten für die beiden Einwegtickets in Höhe von 1.000,– EUR:

Beweis: Kopie der Tickets neben der im Original überreichten Rechnung (Anlagen K1 und 2),

sowie die Kosten für die notwendig gewordene Fahrt zur Passbehörde am Wohnort und zurück zum Flughafen (insgesamt 200 km) in Höhe von 100,– EUR.
Darüber hinaus entsprach die Unterkunft nicht den Angaben, die die Angestellte A. zum Leistungsangebot des Hotels gemacht hat.[6] Der Kläger und seine Frau hatten sich ausdrücklich nach dem Aktivitätenprogramm (Yoga, Tai Chi und Aerobic-Studio) erkundigt und von der Angestellten A. die Auskunft bekommen, dass dies dort angeboten werde, wie sich aus dem Katalog eines anderen Reiseveranstalters für das Hotel ergebe. Tatsächlich hat es ein solches Angebot vor Ort nicht gegeben, was gegenüber der örtlichen Reiseleitung reklamiert wurde.[7]
Beweis: Zeugnis des Reiseleiter L. ……
Der Kläger verlangt wegen dieses Mangels im Wege des Schadensersatzes 20% des Reisepreises erstattet.[8] Das sind 600,– EUR.
Die Beklagte verneint mit Schreiben vom …… ihre Einstandspflicht.[9] Deshalb ist Klage geboten.[10]

Rechtsanwalt

Schrifttum: Dewenter, Die rechtliche Stellung des Reisebüros, Baden-Baden 2000; *ders.,* Haftung des Reisebüros bei der Vermittlung von Individualreisen, MDR 1998, 1136; *Dittrich/Henschler,* Reisepreisanzahlung – wie viel darf es sein? RRa 2006, 8; *Eckert,* Das Reisebüro als Reiseveranstalter bei Zusammenstellung mehrerer Einzelleistungen auf Wunsch des Kunden? RRa 2003, 184; *ders.,* Die Abwicklung von Reisepreiszahlungen an das vermittelnde Reisebüro in der Insolvenz des Reiseveranstalters, RRa 1999, 43; *Führich,* Bündelung von Reiseleistungen durch das Reisebüro eine Pauschalreise?, RRa 2003, 4; *ders.,* Dynamic Packaging und virtuelle Veranstalter, RRa 2006, 50; *Isermann,* Rechtsfragen zum Reisebüro, VuR 1987, 301; *Kappus,* „Lesbarkeit" von Allgemeinen Reisebedingungen", RRa 2008, 67; *Löwe,* Interessenwahrnehmungspflichten bei der Vermittlungstätigkeit durch Reisebüros und Reiseveranstalter, RRa 1996, 215; *Matern,* Einbeziehung von AGB bei Vertragsschluss im stationären Reisebüro, RRa 2008, 211; *Nies,* Reisebüro: Rechts- und Versicherungsfragen, 2. Aufl., München 2005; *dies.,* Die Beratungspflichten des Reisebüros, RRa 1997, 211; *Tamm,* Rechtspflichten des Reisebüros gegenüber dem Reisekunden, MDR 2007, 312; *Tempel,* Die Pflichten des vermittelnden Reisebüros, NJW 1999, 3657; *ders.,* Der maßgebende Prospekt und der Inhalt der Leistungspflichten des Reiseveranstalters bei einer Vorausbuchung, RRa 1998, 147; *Tonner,* Das Schicksal von Zahlungen an das Reisebüro bei Insolvenz des Reisebüros oder des Reiseveranstalters, RRa 2000, 3; *Tonner/Schulz,* Die Haftung des Reisebüros – von der BGH-Entscheidung vom 25. 4. 2006 zur Reform der Pauschalreiserichtlinie, RRa 2007, 50; *Tonner/Tamm,* Die neue BGH-Rechtsprechung zur Haftung von Reisebüros und von Reiseveranstaltern, DAR 2007, 65.

Anmerkungen

1. Der Kern des Reisevertragsrechts liegt in der Unterscheidung zwischen der Reiseveranstaltung und Reisevermittlung. Beide Leistungsarten fokussieren in der Funktionsvielfalt der Aktivitäten eines Reisebüros. Es kann in folgender Weise tätig werden (Aufzählung nach *Tonner* § 651 a Rdn. 37):

- Es kann fremde einzelne Reiseleitungen vermitteln.
- Es kann als Buchungsstelle eines Reiseveranstalters fungieren. Dann wird es auch als Erfüllungsgehilfe des Reiseveranstalters tätig.
- Es kann eigene einzelne Reiseleistungen anbieten, zB. ein Busunternehmer betreibt ein Reisebüro.
- Es kann selber als Reiseveranstalter auftreten.

Von vorrangiger Bedeutung in der touristischen Praxis sind die Tätigkeiten als Reisevermittler und Reiseveranstalter. Maßgebliches Kriterium der Pauschalreise nach § 651 a BGB als einer Gesamtheit von Reiseleistungen (Reise) ist die Bündelung verschiedener Reiseleistungen und der durch den Gesamtpreis indizierte Verkauf „im Paket". Zwei der folgenden Leistungsarten sollen hauptsächlich oder annähernd gleichwertig erbracht sein: Beförderung, Unterbringung, Verpflegung, Reiseleitung. Die Bündelung nur untergeordneter Leistungen, zB. Autoreisezug mit Schlafwagen, genügt nicht.

Wer auf Wunsch des Reisenden nacheinander einzelne Reiseleistungen zusammenstellt, ist Reisevermittler und nicht Reiseveranstalter (aus der umfangreichen Rechtsprechung siehe zB. LG Bielefeld RRa 2005, 35; OLG Dresden RRa 2003; LG Hamburg RRa 2002, 175; OLG Frankfurt NJW-RR 1991, 1018; LG Frankfurt NJW-RR 1998, 1669; OLG Hamburg NJW-RR 1998, 1670). Zur Einstandspflicht der Inhaberin eines Reisebüros als Reiseveranstalterin auf Grund von Anscheinsvollmacht siehe OLG Celle NJW-RR 2003, 197 und zur Abgrenzung zwischen Reiseveranstalter und Leistungsträger bei Incentive-Reisen OLG Celle NJW-RR 2004, 1968. Bei Online-Angeboten über sog. Reiseportale („Dynamic Packaging") liegt eine Pauschalreise auch dann vor, wenn vor Vertragsschluss die einzelnen Komponenten der Reise auf Wunsch des Kunden erst zusammengestellt wurden (EuGH RRa 2002, 119; *Führich* Rdn. 88, 710; RRa 2006, 50). Zum Verklicken bei einer Reisebuchung im Internetportal LG München NJW-RR 2009, 348, zum Systemfehler in der Software des Reisebüros LG Düsseldorf RRa 2007, 121 und zur Internet-Buchung von Reisen und Flügen allgemein *Staudinger,* RRa 2007, 98. Beim Nur-Flug findet das Reiserecht keine analoge Anwendung (AG Hannover RRa 2005, 41 m. Anm. *Schmid*).

Neben der Frage, ob das Reisebüro selbst als Veranstalter tätig geworden ist und deshalb unter die allgemeine Veranstalterhaftung nach §§ 651 a ff. BGB fällt, ist rechtlich bedeutsam die Konstellation eines Tätigwerdens für einen anderen Reiseveranstalter. Dann entstehen wegen der Doppelfunktion des Reisebüros unterschiedliche Rechtskreise:

Zwischen dem Reisebüro und dem Reiseveranstalter kommt ein Agenturvertrag nach §§ 84 ff. HGB (dazu *Thomas* RRa 2006, 65) zustande, zwischen buchendem Reisekunden und dem Veranstalter ein Reiseveranstaltervertrag nach §§ 651 a ff. BGB und letztlich zwischen dem Reisebüro und dem buchenden Reisekunden ein selbstständiges Vertragsverhältnis mit dem Zweck der Reisevermittlung. Dieser gesonderte Vermittlungsvertrag wird allgemein als Geschäftsbesorgungsvertrag angesehen, aus dem eigenständige Beratungs- und Haftungspflichten erwachsen (siehe zur Abgrenzung der Veranstalterhaftung und der Reisebürohaftung dazu mit weitergehenden Differenzierungen im Hinblick auf die aktuelle Rspr. ausführlich *Tamm,* MDR 2007, 312; *Tonner/'Tamm* DAR 2007, 65; ferner *Tempel* NJW 1996, 1625, 1633 ff. und NJW 1999, 3657 ff.; *Nies* RRa 1997, 211 ff.; *Führich* Rdn. 106 f. und ausführlich 711–739, jeweils mwN.). Deutlich wird dies auch in dem Fall, dass ein Reisender zunächst eine Pauschalreise bei einem

Reiseveranstalter im Reisebüro bucht (Flug, Hotel bei Ankunft und Gestellung eines Wohnwagens), sodann aber zusätzlich eine Fährverbindung für die beabsichtigte Reisestrecke vorbestellt. Insofern beschränkt sich der Vertragsgegenstand in den Rechtsbeziehungen gegenüber dem Reiseveranstalter nur auf das Pauschalangebot, während die Rechtsbeziehungen im Rahmen des mit dem Reisebüro zustande gekommenen Geschäftsbesorgungsvertrags sich auch auf die Vermittlung der zusätzlich gebuchten Fährverbindung erstreckt (OLG Hamm NJW-RR 1998, 1668). Dem Reisebüro sind Veruntreuungen des von ihm eingeschalteten Erfüllungsgehilfen zuzurechnen (LG Gießen NJW-RR 2003, 58). Diese Rspr. hat durch den BGH jetzt eine Konkretisierung erfahren (NJW 2006, 2321 = RRa 2006, 170). Danach kann bei Agenturverträgen offen bleiben, ob zwischen dem Reisebüro und dem Reiseveranstalter ein eigenes Vertragsverhältnis zustande kommt, weil das Reisebüro jedenfalls als Erfüllungsgehilfe tätig wird (hier zu Informationen über Pass- und Visaerfordernisse). Gleiches gelte hinsichtlich eines fehlenden Hinweises, dass eine Reisekostenrücktrittsversicherung keinen Reiseabbruch rechtfertige (dazu BGH NJW 2006, 3137 = RRa 2006, 266).

2. Zuständig für Ansprüche aus der Verletzung des Geschäftsbesorgungsvertrages ist das Gericht am Sitz des Reisebüros (§§ 13, 17 ZPO). Zum Gerichtsstand bei Zahlungsklagen für eine Hotelbuchung durch das Reisebüro BGH RRa 2007, 131: Sitz des Reisebüros bei bloßem Beherbergungsvertrag. Bei Buchung bei einem ausländischen Reiseveranstalter kommt ausnahmsweise eine Haftung des deutschen Reisebüros in Betracht, wenn dessen Geschäftsführer bei der Reisebuchung versichert, er könne persönlich für die Reiseleistungen und die Richtigkeit der Angaben im Prospekt einstehen. Dann kann der Kunde neben dem Veranstalter auch das deutsche Reisebüro aufgrund der direkt gegebenen Zusicherungen in Anspruch nehmen (AG Waldshut-Tiengen NJW-RR 1988, 953).

3. § 288 Abs. 1 S. 2 BGB = 5% über dem jeweiligen Basiszinssatz (§ 247 BGB). Zur Höhe des Verzugszinses nach dem Schuldrechtsmodernisierungsgesetz gemäß dem Fälligkeitszeitpunkt der Forderung siehe die Übersicht bei *Meyer/Grünebaum* MDR 2002, 746.

4. Zu den Besonderheiten der Last-Minute-Reisen siehe ua. LG Frankfurt NJW-RR 1991, 690; AG München RRa 2001, 249; LG Hamburg RRa 2000, 167 m. abl. Anm. *Tonner;* wegen der Informationspflichten LG Hannover RRa 2001, 51; zu wettbewerbsrechtlichen Fragen siehe BGH RRa 2000, 35. Ferner Hinweise bei *Führich* Rdn. 115, 686).

5. Wegen der Fallgestaltung und Problematik der Hinweispflichten siehe zunächst LG Frankfurt (NJW-RR 2001, 1423 = RRa 2002, 26 m. Anm. *Schmid* in Abweichung von der früheren Rechtsprechung NJW-RR 1999, 1145 = RRa 1999, 55 m. Anm. *Tempel;* AG Kronach RRa 2002, 82). Jedenfalls für die vorliegende Konstellation einer sog. Last-Minute-Reise muss nach Ansicht dieses Gerichts ein selbstständiges Reisebüro, das nach Beratung des Kunden den Vertrag mit dem Reiseveranstalter vermittelt, rechtzeitig auf eine für das Zielland geltende Reisepassbestimmung hinweisen, hier, dass der Pass noch sechs Monate gültig sein muss. Die betreffenden Informationen seien vom Reisebüro – anders als vom Reisenden – einfach zu beschaffen, zumal das vermittelnde Reisebüro dadurch geschützt sei, dass es im Regelfall ausreichen dürfte, wenn es auf diejenigen Informationen zu Einreisebestimmungen verweist, die im Katalog desjenigen Reiseveranstalters enthalten sind, dessen Reise vermittelt wird. Im Übrigen weist das LG Frankfurt aaO. unter Bezugnahme auf *Tempel* (RRa 1999, 58) darauf hin, dass es sich bei der Information über Einreisebestimmungen grundsätzlich auch nicht um Pflichten handelt, die ausschließlich die beim Reiseveranstalter liegende „Durchführung" der Reise betreffen. Die Information über Einreisebestimmungen ist regelmäßig gerade vor Abschluss des Pauschalreisevertrages von Bedeutung.

Die Rechtsprechung zu den Sorgfalts- und Beratungspflichten hat durch die neueren Entscheidungen des BGH (s. o. Anm. 1 a. E.) zwar eine leichte Wendung erfahren, indem mit Verweis auf die Gehilfeneigenschaft des Reisebüros im Verhältnis zum Veranstalter eine Doppelhaftung verneint wird. Zweifel hieran knüpfen an die Frage an, welcher Geltungsbereich § 5 BGB-InfoV zukommt (Palandt/*Sprau,* BGB, 68. Aufl., § 651a Rdn. 5 sowie BGB-InfoV § 5 Rdn. 2, ferner ausführlich *Tamm* MDR 2007, 312, 315 mwN. zu Hinweispflichten bezüglich gesundheitspolizeilicher Erfordernisse. Zum Abschluss von Reiseversicherungen *Nies* RRa 1997, 211, *dies.* zu aktuellen Problemen der Reiseversicherung RRa 2006, 11. Zu sonstigen vertragsgefährdenden (Begleit-)Risiken und sonstigen vertragserheblichen Umständen ferner *Tonner/Tamm,* DAR 2007, 65, 66). Nach Ansicht von *Tonner* (§ 651a Rdn. 49) wird deshalb trotz der Rspr. des BGH die instanzgerichtliche Rspr. nicht gegenstandslos. Zur Veranstalterhaftung bei Änderung der Visavorschriften nach Buchung siehe OLG Rostock NJW-RR 2009, 346.

Im Beispielsfall hat das LG Frankfurt aaO. Schadensersatz für die geltend gemachten Mehrkosten in voller Höhe zuerkannt und eine Kürzung unter dem Gesichtspunkt des Mitverschuldens des Reisenden verneint. Dies kritisiert Schmid in seiner Anmerkung zu dieser Entscheidung (RRa 2002, 28 und reklamiert eine Mitwirkungspflicht des Reisenden, weil es Pflicht beider Parteien des Reisevertrages sei, dafür zu sorgen, dass die Einreisebestimmungen erfüllt sind (*Tempel* sieht hinsichtlich der Belehrung über Pass- und Visavorschriften eine gleichzeitige Verantwortung von Reiseveranstalter und Reisebüro für gegeben, vgl. NJW 1996, 1625, 1635; verneinend LG Baden-Baden RRa 2003, 82; zur unvollständigen Weitergabe von Auskünften über die Visumspflicht AG Würzburg RRa 2004, 187). Wird auf einem Hotel-Voucher in englischer Sprache ein Hinweis angebracht und ist der Kunde dieser Sprache nicht mächtig, folgt kein Mitverschulden bei einem Anspruch auf Schadensersatz, wenn dann statt einer Doppelzimmerunterkunft ein Zelt gebucht ist (Haftung des Reisebüros, siehe AG Minden NJW-RR 2006, 1288).

6. Der Anspruch gründet sich hier auf den Widerspruch zwischen Prospektangaben des Reiseveranstalters, bei dem die Reise gebucht ist, und den vom Reisebüro gemachten Angaben. Hinsichtlich der Haftung eines Reiseveranstalters ist herrschende Rechtsprechung, dass diese entfällt, wenn die Angabe eines Reisebüros über die Beschaffenheit des Zielortes in offenem Widerspruch zur Prospektbeschreibung steht (LG Frankfurt NJW-RR 1999, 931; LG Hamburg NJW-RR 2000, 131; AG Hamburg NJW-RR 2001, 344; AG Düsseldorf RRa 2004, 21). Angebote und Katalogausschreibungen anderer Veranstalter muss sich ein Reiseveranstalter nicht zurechnen lassen, nur weil das vermittelnde Reisebüro bei der Buchung zusichert, dass der Leistungsumfang dem entspreche, was im Katalog eines anderen Veranstalters enthalten sei (LG Düsseldorf RRa 2002, 67 sowie OLG Düsseldorf NJW-RR 2005, 644).

Weil in diesen Fällen das Reisebüro ohne Vertretungsmacht handelt, haftet es wegen fehlerhafter Beratung selbst und der Reisende kann ihm gegenüber wegen Pflichtverletzung des Geschäftsbesorgungsvertrages gemäß § 280 BGB Ansprüche geltend machen (mwN. *Tempel* NJW 1996, 1625, 1635; *Nies,* RRa 1997, 211, 216). Wichtig ist aber, dass der Kläger seiner Substantiierungspflicht nachkommt und konkrete Angaben zu dem Schaden macht (LG München, RRa 2001, 29).

7. § 651d Abs. 2 BGB. Zur Entbehrlichkeit der Anzeige siehe unter Form. II. D. 3 Anm. 11.

8. Die Höhe des Schadens ist gemäß § 287 ZPO zu bestimmen. Weil bei Haftung des Reiseveranstalters eine Reisepreisminderung in Betracht käme, können die dort geltenden Quoten auf die Schadenshöhe übertragen werden. Nicht erforderlich ist im Übrigen, dass eine rechtliche Einordnung (Minderung, Schadensersatz) vorgenommen wird. Ansprüche auf Urlaubsentschädigung nach § 651f Abs. 2 BGB sind bei einem Geschäftsbesorgungsvertrag nicht gegeben (LG Düsseldorf RRa 2005, 38).

9. Die Ablehnung ist verzugsbegründend (§ 286 Abs. 2 Nr. 3 BGB).

10. Es kommt darauf an, in welcher Funktion das Reisebüro tätig geworden ist. Im Fall der Reisevermittlung (Geschäftsbesorgungsvertrag) gilt:

Die Beweislast trägt

a) der Reisende für die Verletzung der Sorgfalts- und Informationspflichten des Reisebüros, für den Schaden und den Kausalzusammenhang zwischen Pflichtverletzung und Schaden,

b) das Reisebüro dafür, dass es die Pflichtverletzung nicht zu vertreten hat (§ 280 Abs. 1 S. 2 BGB) und für ein Mitverschulden des Reisenden (*Führich* Rdn. 739).

Kosten und Gebühren

Gebühren des Gerichts: §§ 34, 48 GKG und KV 1210 (3,0 Gebührenansatz). Die Gebühr für das Mahnverfahren (KV 1110 GKG) wird nach dem Wert des Streitgegenstands angerechnet, der in das Prozessverfahren übergeht. Zu Ermäßigungstatbeständen siehe KV 1211 GKG nF. Keine Urteilsgebühr.

Gebühren des Anwalts: § 13 RVG, VV 3100 RVG. Soweit wegen desselben Gegenstandes eine Geschäftsgebühr nach VV 2400 RVG entstanden ist, wird diese Gebühr zur Hälfte, höchstens mit einem Gebührensatz von 0,75 auf die Verfahrensgebühr des gerichtlichen Verfahrens angerechnet. Die Vorbemerkungen des Teils 3 VV RVG sind zu beachten.

Vgl. im Übrigen oben Form. II. D. 1.

Fristen und Rechtsmittel

Die für den Veranstaltervertrag geltenden Regelungen des § 651 g Abs. 1 und 2 BGB sind für die Reisevermittlung durch ein Reisebüro im Rahmen eines Geschäftsbesorgungsvertrags nach § 675 BGB nicht einschlägig. Für die Verjährung gelten die allgemeinen Vorschriften der §§ 194 BGB ff.

3. Klage wegen mängelbehafteter Ferienwohnung im Ausland

Amtsgericht X-Ort[1]

In Sachen

des R. ……

– Klägers –

Prozessbevollm.: ……

gegen

die Firma RV-GmbH ……

– Beklagte –

wegen Reisepreisminderung

zeige ich an, dass ich den Kläger anwaltlich vertrete. In dessen Namen und Auftrag erhebe ich Klage und beantrage,

1. Der Beklagte wird verurteilt, an den Kläger 420,– EUR nebst (Zinsen)[2] seit dem …… zu zahlen.

2. ……

Begründung

Der Kläger buchte für sich, seine Frau und das fünfjährige Kind O. bei der Beklagten gemäß deren Prospekt für die Zeit vom 1. bis 14. Mai 2002 ein Ferienhaus in

Y-Bretagne[3] zum Preis von 1.300,– EUR. Dabei war eine Anzahlung in Höhe von 20% des Reisepreises fällig.[4]

Beweis: Reisebestätigung vom ……

Die Hin- und Rückreise erfolgte im privatem Pkw.
Gemäß den Prospektangaben auf Seite 51 des für diese Reisezeit aktuellen Katalogs sollte das Ferienhaus neben dem Wohnzimmer ein Doppelschlafzimmer und ein Einzelschlafzimmer haben, „komfortabel" eingerichtet sein, von der Terrasse aus sollte man einen „Meerblick genießen" (können). Der Strand sollte „in drei Gehminuten" erreichbar sein.

Beweis: Kopie des Reisekatalogs Seite 51.

Vor Ort erwiesen sich die versprochenen Reiseleistungen der Beklagten als nicht zutreffend.
Statt des weiteren Einzelschlafzimmers für das Kind gab es nur ein Zustellbett im Schlafzimmer der Eltern.[5] Weil das Kind frühzeitig schlafen gehen musste, kam ein Umstellen des Zustellbettes in das Wohnzimmer nicht in Betracht.[6] Das Schlafzimmer war nur ca. 14 qm groß, so dass man sich bei drei Betten kaum bewegen konnte. Für die gesamte Familie war nur ein Schrankraum von 1,0 m Breite vorhanden, so dass das Gepäck nicht vollständig ausgepackt und untergebracht werden konnte.
Ferner war die Terrasse nicht in der Weise zu genießen, wie es der Prospekt versprochen hatte. In Blickrichtung Meer war zwischenzeitlich ein Hochhaus von sechs Stockwerken gebaut. Vom Meer war nichts mehr zu sehen.[7]
Wegen der zahlreichen Baustellen, die in der Nähe des Ferienhauses eröffnet waren, musste zum Strand ein längerer Umweg gemacht werden, so dass die Familie jeweils pro Strecke 15 Minuten unterwegs war, was mit Kind und vielen Badeutensilien sehr beschwerlich war. Die im Prospekt genannte Nähe zum Strand war für den Kläger und seine Familie ein maßgeblicher Gesichtspunkt bei der Auswahl und Buchung gerade dieses Ferienhauses.
Diese Mängel sind am Tag nach der Ankunft der örtlichen Reiseleitung gemeldet worden.[8]

Beweis: Zeugnis der Reiseleiterin L., zu laden über die Beklagte.

Diese konnte ein Ersatzquartier nur 60 km landeinwärts anbieten.

Beweis: Zeugnis der Reiseleiterin L., zu laden über die Beklagte.

Das war für den Kläger und seine Familie, die den Urlaub in Meeresnähe genießen wollte, nicht zumutbar.
Weil die Reise nicht den Prospektangaben entsprach, macht der Kläger eine Minderung des Reisepreises geltend. Wegen des fehlenden zusätzlichen Zimmers und der geringen Größe des Elternschlafzimmers mit dem kleinen Schrank wird eine Kürzung des Reisepreises von 20% für angemessen gehalten. Dabei ist berücksichtigt, dass laut Prospektangaben eine „komfortable" Ferienhausunterkunft angeboten war. Im Hinblick auf den fehlenden Meerblick von der Terrasse und die Notwendigkeit des Umwegs zum Strand werden jeweils weitere 10% Reisepreisminderung verlangt. Das ergibt zusammen die Klageforderung von 420,– EUR.
Der Kläger hat mit Schreiben vom 20. 5. 2002 gegenüber der Beklagten die Mängel im Einzelnen aufgeführt und Ansprüche auf teilweise Rückzahlung des Reisepreises geltend gemacht.[9] Die Beklagte hat mit Schreiben vom 30. 5. 2002 Zahlung abgelehnt.[10]
Deshalb ist Klage geboten.[11]

Rechtsanwalt

Anmerkungen

1. Die örtliche Zuständigkeit bei einem Ferienhausstreit um ein im Ausland gelegenes Objekt ist je nach Fallkonstellation anders zu beurteilen:

a) Wird bei einem deutschen Reiseveranstalter (wegen der Anwendbarkeit des Reiseveranstaltungsrechts siehe unten Anm. 3) eine Ferienwohnung oder ein Ferienhaus gemietet, so ist die Klage an dem Ort zu erheben, an dem der Reiseveranstalter seinen Sitz hat (§§ 13, 17 ZPO). Bei selbstständigen Buchungsstellen eines Reiseveranstalters begründet auch der Niederlassungsort einen eigenen Gerichtsstand (§ 21 ZPO).

b) Für den Rechtsstreit eines Deutschen, der mit einer ausländischen Gesellschaft von einem Ort in Deutschland aus einen Vertrag über die Nutzung eines Ferienhauses im Ausland geschlossen hat, kommt sowohl die internationale als auch die örtliche Zuständigkeit eines Gerichtsstands in Deutschland in Betracht, wenn die ausländische Gesellschaft im Zuständigkeitsbereich eines hiesigen Gerichts eine Agentur hat. Es handelt sich um einen Vertrag, der eine Dienstleistung zum Gegenstand hat. Das ergibt sich (im Anschluss an AG Hamburg NJW-RR 2000, 352) aus Folgendem:

aa) Nach Art. 22 EuGVVO (siehe *Zöller/Geimer*, ZPO, 27. Aufl., Anh. I S. 2917) richtet sich bei einem Miet- oder Pachtvertrag der ausschließliche Gerichtsstand nach der Belegenheit des Mietobjekts bzw. nach dem Wohnsitzes des Vermieters. Ist das deutsche Reisevertragsrecht anwendbar (siehe unten Anm. 3), folgt die internationale Zuständigkeit des deutschen Gerichts, in dessen Bezirk der ausländische Reiseveranstalter eine Agentur hat, aus Art. 15 EuGVVO (*Zöller/Geimer* aaO. S. 2910), weil es sich bei dem einschlägigen Vertrag um die Erbringung einer Dienstleistung handelt. Dabei wird darauf abgestellt, dass dem Vertragsschluss durch die Verbreitung eines in deutscher Sprache abgefassten Prospekts auch eine Werbung des ausländischen Veranstalters in Deutschland vorausgegangen ist, das Ferienhausobjekt ausdrücklich in Deutschland angeboten wurde und die für den Abschluss des zugrundeliegenden Vertrages erforderlichen Rechtshandlungen von Deutschland aus vorgenommen wurden. Zur internationalen Zuständigkeit und Anwendbarkeit von Art. 22 Nr. 1 EuGVVO für Verträge über den Erwerb von „Ferien-Tauschwochen" hat der BGH entschieden, dass die Vorschrift nicht greift, wenn der Zusammenhang zwischen dem Vertrag über die Überlassung der „Ferien-Tauschwochen" und der Immobilie, die tatsächlich genutzt werden kann, nach der Gestaltung des in Rede stehenden Vertrags nicht hinreichend eng ist, um die Einordnung des Vertrags als Miete einer unbeweglichen Sache zu rechtfertigen (NJW-RR 2008, 1381 = MDR 2008, 1027).

bb) Die örtliche Zuständigkeit des Gerichts ergibt sich nach Art. 15 Abs. 2 EuGVVO, („Streitigkeiten aus ihrem Betrieb") und wenn der Veranstalter seine Leistung über eine Agentur vermittelt und seinen Geschäftssitz (§ 21 ZPO) im örtlichen Zuständigkeitsbereich des Gerichts hat.

c) Etwas anderes gilt, wenn das Ferienhaus/die Ferienwohnung von einer Privatperson gemietet ist und kein Reiseveranstaltungsrecht Anwendung findet (dazu informativ und ausführlich AG Trier NJW-RR 2001, 48). Ist der vermietende Eigentümer Ausländer und ist das Ferienhaus im Ausland gelegen, ist der Rechtsstreit an dem für den Ort des Hauses zuständigen ausländischen Gericht zu führen. Nach der Entscheidung des EuGH (NJW 1985, 905) betrifft dies jedoch nur die beiderseitigen Verpflichtungen aus dem Mietvertrag auf Nutzung und Zahlung, nicht jedoch sonstige Ansprüche, die sich nur mittelbar auf die Sache beziehen, wie solche Streitigkeiten, die die entgangene Urlaubsfreude oder die Reisekosten betreffen. Für Verpflichtungen aus dem Mietvertrag selbst sind nach Art. 22 EuGVVO die deutschen Gerichte jedoch auch dann zuständig, wenn der verklagte Eigentümer des Ferienhauses und der Reisende gemeinsam ihren Wohnsitz in Deutschland haben (*Führich* Rdn. 626).

2. Siehe oben Form. II. D. 2 Anm. 3.

3. Bucht ein Reisender nur eine einzelne Reiseleistung, ist fraglich, ob das Reisevertragsrecht entsprechend anwendbar ist (zB. Buchung eines Charterflugs einschließlich eines nur zum Schein ausgegebenen Gutscheins für ein Aufenthaltsarrangement: LG Stuttgart NJW RR 1992, 1272; LG Frankfurt NJW-RR 1993, 124 und 1270 oder – je nach Fallgestaltung – bei einem Bootschartervertrag, OLG Hamm, NJW- RR 1994, 441 sowie BGH NJW 1995, 2629).

Bei Verträgen für einen Urlaub in einem Ferienhaus oder in einer Ferienwohnung ist nach der Rechtsprechung des BGH (NJW 1985, 906; 1992, 3148; 1995, 2629, der sich die Literatur angeschlossen hat, zB. *Führich* Rdn. 93; *Tonner* § 651a, Rdn. 57ff.) nunmehr das Reisevertragsrecht insgesamt entsprechend anwendbar (ebenso bei vorbereitenden Maßnahmen eines Vermittlers, OLG Köln NJW-RR 2005, 703).

Bei Verträgen mit ausländischen Reiseveranstaltern, die in Deutschland werben und über ihre hier tätigen Agenturen auch Verträge abschließen lassen, gilt deutsches Reisevertragsrecht entsprechend. Das AG Hamburg (NJW-RR 2000, 352) hat dies unter Hinweis auf die Regelungen der Art. 27ff. EGBGB im Einzelnen erläutert. Zwar sei die Anwendung deutschen Rechts nicht schon aus Art. 29 EGBGB ableitbar, weil es sich um eine Dienstleistung handele, die gemäß Abs. 4 S. 1 Nr. 2 ausschließlich in einem anderen als dem Staat erbracht werde, in dem der Verbraucher (hier: der Kläger) seinen gewöhnlichen Aufenthalt habe. Bei Ferienhausverträgen handele es sich auch nicht um Reiseverträge im Sinn der gesetzlichen Definition von Art. 29 Abs. 4 S. 2 EGBGB. Deutsches Recht findet gemäß Art. 27 Abs. 1 S. 1 und 2 EGBGB Anwendung, wenn sich aus den Bestimmungen des Vertrages und den Umständen des Falles mit hinreichender Sicherheit ergebe, dass die Parteien eine entsprechende Rechtswahl getroffen hätten. Das sei der Fall, wenn die gesamten durch den Ferienhausvertrag begründeten Rechtsbeziehungen zwischen den Parteien auf den deutschen Verbraucher zugeschnitten seien (wird dort näher ausgeführt).

4. Zur Gültigkeit einer Klausel, die einen Anzahlungspreis von 20% nach Erhalt der Reisebestätigung vorsieht, siehe bestätigend BGH RRa 2006, 256 = NJW 2006, 3134 m. krit. Anm. *Staudinger.*

5. Beispiele für Mängel bei der Unterkunft siehe ua. bei *Führich* Rdn. 314ff. mit Rechtsprechungshinweisen (zum Kündigungsrecht bei erheblichen Mängeln s. OLG Köln NJW-RR 2005, 703).

6. Bei nicht ausreichender Anzahl von Schlafzimmern in einem angemieteten Ferienhaus für eine mehrköpfige Familie können wegen der notwendigen Anmietung von Hotelzimmern Gesichtspunkte der Schadensminderungspflicht Bedeutung erlangen, wenn für alle Reisenden Hotelzimmer genommen wurden (OLG Köln NJW-RR 1994, 55).

7. Wegen Mängelfragen zu den Begriffen „Meerblick" und „Meerseite" siehe oben Anm. 4.

8. Zur Konkretisierungspflicht bei Anmeldeschreiben des Reisenden siehe Form. II. D. 1 Anm. 17).

9. Zum Geltendmachen allgemein Form. II. D. 1.

10 Die Ablehnung wirkt verzugsbegründend (§ 286 Abs. 2 Nr. 3 BGB).

11. Der Reisende trägt die Beweislast für das Zustandekommen des Vertrags und die behaupteten Reisemängel, der Veranstalter für die Gleichwertigkeit der Ersatzunterkunft.

Kosten und Gebühren

Vgl. oben Form. II. D. 1. und 2.

Fristen und Rechtsmittel

Wegen der Frist des vorprozessualen Geltendmachens nach § 651 g Abs. 1 und wegen der Verjährungsfrist vgl. oben unter Form. II. D. 1.

4. Klage wegen Reisepreisminderung (§ 651 d BGB) und Schadensersatzes (§ 651 f Abs. 1 BGB)

An das Amtsgericht
X-Ort[1]

In Sachen

des R ......

– Klägers –

Prozessbevollm.: ......

gegen

die Firma RV-GmbH ......

– Beklagte –

wegen Reisepreisminderung und Schadensersatz[2]
zeige ich an, den Kläger anwaltlich zu vertreten. In seinem Namen und Auftrag erhebe ich Klage und beantrage:

1. Die Beklagte wird verurteilt, an den Kläger[3] 930,– EUR und an die Ehefrau des Klägers (Name, Anschrift)[4] weitere 420,– EUR jeweils nebst (Zinsen)[5] seit dem 15. 3. 2002 zu zahlen.

2. ......

Begründung

Der Kläger buchte für sich und seine Ehefrau F. am 2. 1. 2002 für die Zeit vom 1. bis 10. 2. 2002 im Reisebüro RB eine Flugpauschalreise in das Hotel P. in D. an der Westküste M. zum Preis von insgesamt 1.300,– EUR.

Beweis: Buchungsbestätigung vom 2. 1. 2002 (Anlage K1).

Laut Angaben im Prospekt der Beklagten[6] handelte es sich um ein direkt am Strand gelegenes Drei-Sterne-Hotel mit beheiztem Swimmingpool und fünf Tennisplätzen sowie weiteren Sportangeboten.

Beweis: Kopie der Katalogseite 85 (Anlage K2).

Zwei Tage vor dem Abflug meldete sich das Reisebüro RB[7] beim Kläger und teilte mit, dass eine Unterbringung in dem gebuchten Hotel nicht möglich sei, wohl aber in einem neu erbauten Hotel gleicher Kategorie, nämlich in der Hotelanlage S. in E. an der Ostküste von M.

Beweis: Zeugnis Reisebüroangestellte A. (Anschrift)

Da der Kläger und seine Frau auf die gebuchte Urlaubszeit aus beruflichen Gründen angewiesen waren, traten sie die Reise zu dem anderen Urlaubsort an.[8]
Bei Ankunft am Flughafen stellte sich heraus, dass der Bus zu dem Hotel bereits abgefahren war. Der Busfahrer hatte von dem Hotel eine Gästeliste erhalten, auf der der Kläger und seine Frau nicht eingetragen waren. Er hielt deshalb vor Abfahrt auch keine Ausschau nach dem Kläger und seiner Frau. Dies bestätigte die Reiseleiterin L. am nächsten Tag.

Beweis: Zeugnis Reiseleiterin L, zu laden über die Beklagte

Der Kläger mietete sich deshalb für 40,– EUR ein Taxi, um zu dem Hotel zu gelangen.

Beweis: Taxiquittung vom 1. 2. 2002.

Diesen Betrag verlangt er mit der Klage erstattet.[9]

Bei Ankunft in der Hotelanlage stellten der Kläger und seine Frau erhebliche Mängel fest[10]. Der Swimmingpool, die weiteren Außenanlagen des Hotels und alle Tennisplätze waren noch im Bau. Wegen der Bauarbeiten herrschte ein erheblicher Baulärm. Dieser setzte bereits morgens um 6.00 Uhr ein und dauerte den gesamten Tag bis in den späten Abend. Dies bestätigte die Reiseleiterin auf der ihr ausgehändigten Mängelanzeige schriftlich[11] und ist von der Beklagten in der Vorkorrespondenz auch nicht bestritten worden. Die Beklagte hat lediglich darauf verwiesen, dass dem Kläger das Ersatzhotel als „Neubau" angekündigt worden war.

Beweis: Zeugnis der Reisebüroangestellte A. (Anschrift)
Schreiben der Beklagten vom ......

Weil ein Aufenthalt weder am Strand, in der Hotelanlage noch in der Gartenanlage wegen des Lärms erträglich war und auch die Tennisplätze nicht zur Verfügung standen, forderte der Kläger die Reiseleitung auf, für eine anderweitige Unterkunft zu sorgen. Es wurde jedoch lediglich ein Hotel minderer Qualität in der Zwei-Sterne-Kategorie[12] angeboten, weil alle weiteren Hotels in diesem Ort ausgebucht waren.

Beweis: Zeugnis der Reiseleiterin L. (zu laden über die Beklagte).

Der Kläger hält eine Reisepreisminderung in Höhe von 40% für angemessen, bezogen zeitanteilig auf die Dauer der Urlaubstage, die er und seine Frau in dem Hotel geblieben sind.

Um nicht während der gesamten Urlaubszeit Beeinträchtigungen hinnehmen zu müssen, bemühte sich die Ehefrau des Klägers deshalb selbst um eine anderweitige Unterkunft. Diese fand sie im fünf Kilometer entfernten Nachbarort. Allein in dem Hotel X war dort noch ein Zimmer frei. Es handelte sich jedoch um ein Hotel der Vier-Sterne-Kategorie. Am 4. Urlaubstag zogen der Kläger und seine Frau deshalb um. Der Umzug erfolgte per Taxi, für das 10,– EUR gezahlt werden mussten.

Beweis: Taxiquittung vom 4. 2. 2002.

Weil das nunmehr bezogene Hotel einen höherwertigen Standard hatte, mussten der Kläger und seine Frau pro Tag einen Mehrpreis von 60,– EUR zahlen. Bei den insgesamt verbliebenen sechs Tagen waren das 360,– EUR. Dieser Betrag und die Taxikosten werden mit der Klage ebenfalls erstattet verlangt.[13]

Auf dem Rückflug wurde ein Kleidungsstück der Ehefrau der Klägerin beschädigt. Dafür wird Schadensersatz verlangt. Beim Einchecken hat die Reiseleiterin L. die Ehefrau des Klägers angewiesen, ihre Lederjacke, die nicht mehr in das Gepäck gepasst hatte, lose auf das Transportband zu legen. Trotz der angemeldeten Bedenken bestand die Reiseleiterin darauf.

Beweis: Zeugnis Reiseleiterin L. (zu laden über die Beklagte).

Die Jacke wurde erheblich beschädigt, weil sie im Transportband hängen geblieben war.[14] Sie ist an drei Stellen jeweils ca. 20 cm lang aufgerissen und nicht mehr reparabel. Die Ehefrau des Klägers hatte diese Jacke während des Urlaubs zum Preis von 420,– EUR gekauft.

Beweis: Quittungsbeleg.

Insgesamt macht der Kläger mit seiner Klage danach folgende Forderungen geltend:
- 520,– EUR Minderung für die Unterkunftsmängel
- 40,– EUR Taxikosten, Hoteltransfer bei Ankunft
- 10,– EUR Taxikosten Umzug
- 360,– EUR Mehrkosten Ersatzunterkunft
- 420,– EUR Schadensersatz für die Jacke seiner Frau.

Der Kläger und seine Frau hatten ihre Ansprüche mit Schreiben vom 20. 2. 2002[15] gegenüber der Beklagten angemeldet. Diese hat mit Schreiben vom 15. 3. 2002 eine Regulierung abgelehnt und Ansprüche zurückgewiesen.[16] Deshalb ist Klage geboten.[17]

Rechtsanwalt

Schrifttum: Bartl, Aktuelle Probleme der Bustouristik, RRa 2006, 2; *Bergmann,* Leistungspflichten des Reiseveranstalters und Mängel bei Spezial-Reisen, RRa 2008, 250; *Fischer,* Schadensersatz bei Überbuchung, RRa 2005, 98; *Führich,* Zur Verlegung und Verspätung von Flügen im Rahmen von Pauschalreisen, RRa 2007, 58; *Helmrich,* Rechtsfolgen einer unterlassenen Mängelanzeige nach § 651 d Abs. 2 BGB, RRa 2006, 250; *Hopperdietzel,* Haftung bei der Veranstaltung von See- und Flussreisen, RRa 2005, 194; *Isermann,* Minderung des Reisepreises, ZAP 1989, 603–616, Fach 6, Seite 3–16; *Kauffmann,* Reiseprozess – Die Rechtstellung der Mitreisenden, MDR 2002, 1036; *Putzka,* Überlegungen zur Berechnung des Tages-Reisepreises, RRa 2008, 10; *Lehmann,* Wo verklagt man Billigflieger wegen Annullierung, Überbuchung oder Verspätung von Flügen? NJW 2007, 1500; *Rodegra,* Reisevertragliche Schadensersatzansprüche wegen Nichterfüllung und nutzlos aufgewendeter Urlaubszeit, MDR 2004, 550; *ders.*, Pauschalreisen – Allgemeines Lebensrisiko und hinzunehmende Unannehmlichkeiten, MDR 2002, 919; *Schmid,* Welchen Wert haben „Reisepreisminderungstabellen"? NJW 2005, 2945; *Tempel,* Frankfurter Tabelle zur Reisepreisminderung, NJW 1994, 1639; *ders.*, Was ist eine „Tabelle" und was ist ein „Spiegel"? Bemerkungen zum neuen „Mainzer Minderungsspiegel", RRa 2000, 67; *ders.*, Der maßgebende Prospekt und der Inhalt der Leistungspflichten des Reiseveranstalters bei einer Vorausbuchung, RRa 1998, 147; *Tonner,* Beweislastprobleme bei der Haftung für Unfälle im Hotel, RRa 2008, 62; *Wortmann,* Die Kreuzfahrtreise im Spiegel der Rechtsprechung, RRa 2007, 5.

Anmerkungen

1. Gerichtsstand nach §§ 13, 17 ZPO. Zum Erfüllungsort-Gerichtsstand bei der Luftbeförderung siehe OLG München RRa 2007, 182; dazu *Staudinger,* RRa 2007, 155; ferner *Lehmann,* NJW 2007, 1500.

2. Nicht selten lassen Klagen aus dem Reisevertragsrecht Unklarheiten hinsichtlich der einzelnen in Betracht kommenden Gewährleistungsrechte erkennen, wenn es zB. ohne nähere Erläuterung heißt, dass „Minderung bzw. Schadensersatz" verlangt werde. Tatsächlich zielen die Ansprüche von Pauschalurlaubern meist auf eine Rückzahlung des Reisepreises ab. Bei der Reklamationsabwicklung von Ansprüchen wegen mängelbehafteter Pauschalurlaubsreisen ist die Reisepreisminderung nach § 651 d BGB das wichtigste Gewährleistungsrecht. Es setzt weder ein Verschulden des Reiseveranstalters noch eine besondere Ablehnungsandrohung voraus. Eine wegen eines Reisemangels eingetretene Minderung des Reisepreises kann nicht noch einmal als Mangelschaden geltend gemacht werden (OLG Düsseldorf RRa 1994, 205).

Die Minderung soll typischerweise den Minderwert der vom Reiseveranstalter tatsächlich erbrachten, aber mängelbehafteten Leistung ausgleichen. Beim Fehlen zugesicherter Eigenschaften ist eine tatsächliche Beeinträchtigung der Reise nicht erforderlich (OLG Düsseldorf RRa 2004, 65). Unberührt davon bleiben Ansprüche, die einen Ausgleich für sonst entstandene Kosten, Begleitschäden, Mängelfolgeschäden oder wegen entgangener Urlaubsfreude schaffen. Als solche kommen in Betracht: Selbsthilfemaßnahmen (§ 651 c Abs. 3 BGB), Schadensersatz wegen Nichterfüllung für Begleit- und Mangelfolgeschäden (§ 651 f Abs. 1 BGB), Ansprüche wegen „erheblicher" Reisemängel auf Entschädigung wegen entgangener Urlaubsfreude (§ 651 f Abs. 2 BGB) oder nach Kündigung des Reisevertrags (§ 651 e BGB). Beispielhaft zur Anspruchsvielfalt siehe

OLG Düsseldorf RRa 2003, 14 und AG Bad Homburg RRa 2004, 111. Der BGH hat in seiner Malediven-Entscheidung vom 11. 1. 2005 (NJW 2005, 1047 = MDR 2005, 1038 m. Anm. *Gregor* MDR 2005, 1084 = RRa 2005, 57 m. Anm. *Fischer* RRa 2005, 98 = JZ 2005, 731 m. Anm. *Tonner*) noch einmal klargestellt, dass das Gewährleistungsrecht der §§ 651c ff. einschließlich des § 651f BGB alle Umstände erfasst, die die gesamte Reise oder Einzelleistungen ganz oder teilweise unmöglich machen, verhindern oder mindern.

Ansprüche auf Schmerzensgeld erfordern nicht mehr die deliktischen Voraussetzungen. Haftungsgrundlage kann nach § 253 Abs. 2 BGB auch eine Vertragspflichtverletzung sein.

Gegenüber dem Anspruch auf Reisepreisminderung ist beim Anspruch auf Schadensersatz ein Verschulden auf Seiten des Veranstalters Anspruchsvoraussetzung (*Führich*, aaO. Rdn. 338 mit Beispielsfällen zum Entlastungsbeweis).

3. Klageanträge, die sich auf Ansprüche aus den §§ 651c Abs. 3, 651d, 651e Abs. 4 und 651f Abs. 1 BGB stützen, müssen gem. § 253 Abs. 2 Nr. 2 ZPO beziffert sein (*Führich* Rdn. 639; siehe auch unter Form. II. D. 5 Anm. 19).

4. Schadensersatzansprüche müssen selbst eingeklagt werden. Liegt keine Abtretung seitens des geschädigten Dritten vor, muss Leistung an diesen verlangt werden (OLG Düsseldorf NJW-RR 1988, 636; eine AGB-Klausel, die eine Abtretung ausschließt, ist unwirksam, BGH NJW 1989, 2750 ausführlich *Kauffmann* MDR 2002, 1036 mwN.).

5. Siehe oben Form. II. D. 2 Anm. 3.

6. Wegen der Bedeutung der Prospektangaben zur Konkretisierung des Vertragsinhalts siehe *Führich* aaO. Rdn. 138, 224ff., 244.

7. Das Reisebüro ist hier als Vertreter der Beklagten tätig geworden.

8. Fraglich ist die tatsächliche und rechtliche Einordnung des Verhaltens eines Reisenden, wenn er sich auf eine solche Leistungsänderung einlässt, insbesondere dann, wenn der Veranstalter in seinen Geschäftsbedingungen einen Leistungsänderungsvorbehalt formuliert hat (vgl. dazu *Führich* Rdn. 160, 168ff. mit den Unterscheidungskriterien, ob es sich um erhebliche und zumutbare Änderungen handelt). Das AG Kleve (NJW-RR 2000, 352) hat in einer solchen Einverständniserklärung keine Vertragsänderung gesehen, wenn der Reisende wegen der Kürze der Zeit zwischen der Mitteilung der Leistungsänderung und dem Reiseantritt keine anderweitige Möglichkeit hat, die Durchführung der Reise überhaupt sicherzustellen. Dann soll in seiner Einverständniserklärung lediglich die Einwilligung zu einer Abhilfemaßnahme des Reiseveranstalters, jedoch in der Regel nicht die Annahme einer einvernehmlichen Vertragsänderung liegen. Weil in dem entschiedenen Fall die Unterbringung von der Buchung abweicht, hat das Gericht eine 15%-ige Reisepreisminderung zugesprochen. Keine Schadensminderungspflicht besteht bei kurzfristig mitgeteilter Reiseüberbuchung (OLG Celle NJW-RR 2002, 1711 = MDR 2003, 258). Bei Nichtfertigstellung des gebuchten Hotels wird eine teuere Ersatzreise zugebilligt (so AG Bad Homburg NJW-RR 2002, 1639). Eine zum Rücktritt rechtfertigende Leistungsänderung liegt im Wechsel der Fluggesellschaft, wenn im Preis- und Informationsteil des Katalogs ein bestimmter Flugzeugtyp genannt war (LG Kleve NJW-RR 2002, 1058; ferner AG Bad Homburg RRa 2004, 210 m. Anm. *Staudinger* RRa 2004, 252) oder dem Ausfall des bei einer Kreuzfahrt bedeutsamen Landgangs (AG Erkelenz RRa 2004, 120).

9. In der Systematik der Gewährleistungsansprüche handelt es sich hierbei um einen Schadensersatzanspruch nach § 651f Abs. 1 BGB. Danach kann für materielle Begleit- und Folgeschäden Schadensersatz wegen Nichterfüllung verlangt werden (im Einzelnen *Rodegra*, MDR 2004, 550). Folgende Voraussetzungen sind dabei zu beachten:

a) Es muss ein Reisemangel im Sinne von § 651c Abs. 1 BGB vorliegen. Der liegt hier in dem zum Vertragsinhalt gehörenden, aber nicht geleisteten Transfer vom Flughafen zum Hotel.

b) Abweichend vom Gesetzeswortlaut ist – wie bei der Reisepreisminderung – eine Mängelanzeige am Reiseort grundsätzlich erforderlich (BGH NJW 1985, 132). Eine Mängelanzeige entfällt jedoch – ebenfalls wie bei § 651 d Abs. 2 BGB –, wenn dem Reisemangel objektiv nicht abzuhelfen war, der Schaden auch bei erfolgreicher Abhilfe nicht zu vermeiden war oder der Reisende die Unterlassung einer Anzeige den Umständen nach nicht zu vertreten hat (*Führich* Rdn. 397; BGH aaO.; OLG Düsseldorf NJW-RR 1986, 280 und NJW-RR 1989, 735; AG Duisburg RRa 2004, 264; siehe im Einzelnen unten Anm. 11). Davon kann bei der hiesigen Fallkonstellation ausgegangen werden. Eine nicht unmittelbare Mängelrüge kann sich auch auf den vor der Mängelrüge liegenden Zeitraum beziehen, wenn eine Abhilfe zu einem früheren Zeitpunkt nicht möglich gewesen wäre (LG Frankfurt RRa 2008, 27).

c) Ferner ist für einen Schadensersatzanspruch erforderlich, dass entweder der Reiseveranstalter im Rahmen des Eigenverschuldens oder durch einen seiner Erfüllungsgehilfen im Rahmen des Fremdverschuldens (§ 278 BGB) den Mangel zu vertreten hat. Der Reiseveranstalter, der sich auf die Entlastungsmöglichkeit des § 651 f Abs. 1 2. HS BGB beruft, trägt die Darlegungs- und Beweislast dafür, dass sämtliche ernstlich in Betracht kommenden Verschuldenstatbestände auf seiner Seite, insbesondere die vom Reisenden aufgezeigten, nicht vorlagen; dabei gelten keine strengeren Voraussetzungen als für den Nachweis fehlenden Verschuldens nach § 276 BGB (BGH RRa 2005, 12; zu Fragen des Entlastungsbeweises siehe ferner *Führich* aaO. Rdn. 397 f.; LG Frankfurt NJW-RR 2002, 1485 und 1991, 1203).

d) Der Umfang des Nichterfüllungsschadens einschließlich aller Mangelfolge- und Begleitschäden bestimmt sich nach der Kausalität mit dem Reisemangel und muss zusätzliche, also neben dem Minderwert der Reise eingetretene Schäden betreffen (siehe oben Anmerkung 2). Die Ursächlichkeit muss ihrerseits im Rahmen der Lebenswahrscheinlichkeit liegen (OLG Düsseldorf NJW-RR 1998, 51 zum Verdienstausfall; OLG Frankfurt RRa 2005, 78 bei verspäteten Zubringer-Flügen bei Kreuzfahrten).

e) Schließlich muss sich der Reisende in diesem Zusammenhang auch ein etwaiges Mitverschulden anrechnen lassen (OLG Köln NJW-RR 2008, 1448: Sturz auf Safarireise; AG Duisburg NJW-RR 2007, 1070: Versagen des Hotelweckdienstes; ferner OLG Celle NJW-RR 2003, 197; OLG Köln NJW-RR 1994, 55; LG Frankfurt NJW-RR 1999, 711; OLG Düsseldorf NJW-RR 1991, 248). In diesem Fall des Erstattungsanspruches für Kosten eines Mietwagens wegen fehlenden Bustransfers (dazu LG Köln MDR 1991, 840; für Taxikosten siehe auch LG Hannover NJW-RR 1987, 496; weitere Beispiele bei *Führich* Rdn. 403) sind keine Gründe erkennbar, die den Haftungsumfang einschränken könnten.

10. Die klageweise Geltendmachung von Reisemängeln im Rahmen von Gewährleistungsansprüchen leidet in der Praxis häufig an der fehlenden Substantiierung des Parteivortrags. Einen Katalog von Beispielen enthält die Entscheidung des AG Kleve vom 23. 12. 1998 (MDR 1999, 346; siehe ferner LG Frankfurt NJW-RR 1991, 378 zum unzulässigen Bestreiten des Reiseveranstalters mit Nichtwissen; ferner *Führich* Rdn. 285). Dies ist von größter praktischer Bedeutung für die vom Gericht vorzunehmende Bemessung zB. der Minderungsquote. Nur wenn die einzelnen Mängel so bestimmt bezeichnet sind, dass das Gericht die Abweichungen von der geschuldeten Leistung erkennen kann, ist ein handhabbarer Ansatz für die eingeklagten Rechtsfolgen gegeben (so ausdrücklich AG Kleve aaO.). In diesem Problem liegt ein maßgeblicher Grund, weshalb Reiseprozesse nur selten den mit dem Klageantrag angestrebten Erfolg haben (zu statistischen Zahlen *Isermann* NJW 1988, 873; *Schlotmann* RRa 1995, 2, 22, 42).

Im Übrigen ist hinsichtlich der Mängelsystematik der (eigentliche) Reisemangel im Sinne von § 651 c Abs. 1 BGB je nach rechtlicher Bewertung des Fehlerbegriffs abzugrenzen von Beeinträchtigungen, die – qualitativ wie quantitativ – die Voraussetzungen von § 651 c Abs. 1 BGB nicht erfüllen. Das kann unter mehreren eingrenzenden Gesichtspunkten der Fall sein. Dazu gehören die Unerheblichkeit der Beeinträchtigung (bloße Unannehmlichkeiten, subjektive Empfindlichkeiten, Gesichtspunkt der „Landesüblichkeit"), die Verwirklichung des „allgemeinen Lebensrisikos" (LG Frankfurt NJW-RR 2009, 402: Überfall auf Reisebus in Brasilien), aber auch Umweltbeeinträchtigungen (statt vieler siehe *Führich* Rdn. 246 ff.; *Martis,* MDR 2003, 363; *Rodegra* MDR 2002, 919; *Tonner* § 651 c Rdn. 28 ff., jeweils mit umfangreichen Rechtsprechungshinweisen; zur „Landesüblichkeit" bei Sicherheitsstandards im Mittelklassehotel auf Mallorca OLG Düsseldorf NJW-RR 2003, 776 und zum „allgemeinen Lebensrisiko" hinsichtlich krimineller Gefahren vor Ort OLG München NJW-RR 2004, 1698; zu Unannehmlichkeiten AG Düsseldorf NJW-RR 2009, 929). Von praktischer Bedeutung sind in diesem Zusammenhang die Prospektangaben. Weil der Prospekt den Vertragsinhalt konkretisiert, wirken die Objekt- und Leistungsbeschreibungen sowohl haftungserweiternd (Vielzahl von Serviceleistungen vor Ort, zB. einzelne Sportprogramme, Wellness-Angebote u. a.) als auch haftungseinschränkend (Beispiel: „Meerseite" statt „Meerblick").

11. Wegen der unterschiedlichen Einordnung der prozessualen Folgen solcher Mängelprotokolle siehe einerseits LG Frankfurt NJW 1988, 1219; AG Düsseldorf NJW-RR 1997, 1340; AG Neuwied RRa 2003, 269 (Darlegungs- und Beweiserleichterung für den Reisenden) und andererseits LG Hannover NJW-RR 1988, 1254; LG Berlin NJW-RR 1989, 1213 (zurückhaltendere Bedeutung, ebenso *Tonner* § 651 d, Rdn. 17).

Wichtig ist aber die Mängelanzeige vor Ort als Voraussetzung für Gewährleistungsansprüche (ausführlich dazu LG Kleve NJW-RR 1999, 486; LG Düsseldorf MDR 2004, 1175 = RRa 2005, 64). Andererseits ist die Mängelanzeige entbehrlich, wenn (Aufzählung nach *Martis* MDR 1999, 903, 907 mit Rechtsprechungshinweisen, ferner *ders.* MDR 2001, 906 sowie *Humberg* RRa 2003, 250)

- eine örtliche Reiseleitung des Reiseveranstalters fehlt oder nicht rechtzeitig erreichbar ist, wobei im fremdsprachigen Ausland eine Pflicht des Reisenden, sich telefonisch an die Zentrale des Veranstalters zu wenden, verneint wird,
- eine Abhilfe des Mangels auch bei Kenntnis des Reiseveranstalters gar nicht möglich gewesen wäre,
- dem Veranstalter die Mängel bereits vor Reiseantritt bekannt sind, etwa durch Überbuchung, oder der Mangel vor Ort für den Reiseleiter ganz offensichtlich ist, wobei bereits fahrlässige Nichtkenntnis genügen soll,
- der konkrete Reisemangel mehrere Reisende betrifft und bereits von einem Mitreisenden angezeigt wurde,
- der Reiseveranstalter das Objekt falsch ausschreibt und sich über dessen Zustand und Standard offensichtlich nicht informiert hat,
- die Mängel so zahlreich sind, dass deren Behebung vor Urlaubsende aussichtslos erscheint,
- der Reisende krank oder behindert und ihm die Mängelanzeige deshalb unzumutbar ist.

Die Anzeigepflicht entfällt aber nicht deshalb, weil auf Grund erhöhten Reklamationsaufkommens bei der Reiseleitung eines Wartezeit von mehreren Stunden besteht (so jedenfalls AG Hamburg NJW-RR 2002, 1060). Ebenso wenig reicht eine Mängelanzeige per E-Mail, wenn die Namensangabe des Reisenden fehlt (AG Düsseldorf RRa 2004, 177 m. Anm. *Degott*). Eine Reisemängelanzeige ist auch nicht wegen etwaiger Sprachschwierigkeiten des Reisenden entbehrlich (AG Düsseldorf NJW-RR 2007, 1069).

12. Die Bemessung der Minderungsquote ist in der Praxis das größte Problem.

Die nunmehrige Bezugnahme von § 651 d BGB auf § 638 Abs. 3 und 4 BGB trägt dem Umstand Rechnung, dass die Praxis ohnehin stets im Wege der Schätzung entsprechend § 287 Abs. 2 ZPO verfahren ist (zur Neufassung siehe *Führich* NJW 2002, 1082, 1084; *Isermann* DRiZ 2002, 133, 134; *Schmid* MDR 2002, 789). Hinsichtlich des Berechnungsumfangs der Minderung stellt der Gesetzeswortlaut auf den Zeitfaktor der „Dauer des Mangels" ab. Bei besonderer Schwere kann ein Ereignis, das zu einem Mangel führt, aber auch eine Minderung rechtfertigen, die nicht auf den anteiligen Reisepreis für die Dauer des Ereignisses beschränkt ist und sich auf die Rückzahlung des vollständigen Reisespreises erstreckt (so BGH RRa 2008, 220 = MDR 2008, 1329: Beinah-Absturz eines Flugzeugs).

Gleichwohl bleibt offen, wie sich die Höhe der Minderung im Einzelnen bestimmt. Wenngleich die veröffentlichten Gerichtsentscheidungen sich nur selten explizit darauf beziehen, verschafft die sogenannte „Frankfurter Tabelle" (NJW 1985, 113 mit Erläuterungen von *Tempel* NJW 1985, 97 sowie 1994, 1639) der anwaltlichen Praxis einen Orientierungswert. Gleichwohl ist vor einem schematischen Gebrauch zu warnen (so auch *Tonner* § 651 d Rdn. 5, der im Übrigen bedauert, dass die Bedeutung dieser Tabelle abnimmt, siehe Rdn. 7; informativ und näher erläuternd *Schmid,* NJW 2005, 2945; ferner *Putzka* RRa 2008, 10 mit Praxisbeispielen). So kommt es im Eifer der Reisereklamationen bei Anwendung tabellarischer Sätze nicht selten dazu, dass eine Minderungshöhe von über 100% hinaus gefordert bzw. eingeklagt wird (beispielhaft aus der veröffentlichten Rspr. OLG Düsseldorf NJW-RR 1999, 491). Jede Verquickung mit Entschädigungsgedanken hat bei der Minderung zu unterbleiben (OLG Frankfurt RRa 2003, 255).

Neben der Frage des Zeitfaktors (LG Düsseldorf NJW-RR 2001, 50; AG Frankfurt NJW-RR 2001, 639) ist für die Praxis weiterhin von Bedeutung, ob sich die Berechnung der Minderung am Wert der mangelbehafteten Einzelleistung oder am Gesamtwert der Reise orientiert. Das bedeutet zB., ob auch die Flugkosten anteilig einbezogen werden. Praktisch wirksam wird dies auch bei Reisen, die sich aus mehreren Teilen zusammensetzen, bei denen aber nur ein Teil der Reise mängelbehaftet ist (zB. Rundreise/Badeaufenthalt: LG Frankfurt NJW-RR 2009, 842; Segeltour/Hotelaufenthalt: LG Hannover NJW-RR 1999, 1004; ferner OLG Celle NJW-RR 2003, 200 = RRa 2003, 12; anders OLG Frankfurt NJW-RR 1999, 202 unter Hinweis auf *Tempel* RRa 1997, 67, 68: keine Gesamtschau).

Allein der Umstand, dass hier eine andere als die gebuchte Leistung angeboten wurde, berechtigt – unabhängig von der Qualität – zu einer Reisepreisminderung (AG Kleve NJW-RR 2000, 352: 15%; zur Änderung der Fluglinie als Reisemangel siehe AG Hersbruck NJW-RR 2000, 134).

Zur Nichterbringung von Leistungen infolge einer Unterbringung im nicht gebuchten Hotel siehe LG Frankfurt NJW-RR 2009, 1638; 2008, 1638. Im Übrigen muss eine Ersatzunterkunft der gleichen Kategorie entsprechen, weil sonst zusätzliche Minderungsansprüche gerechtfertigt sind (wegen der Hotelkategorie siehe *Führich* Rdn. 316; AG Hannover NJW-RR 2001, 1067; ferner LG Kleve NJW-RR, 2001, 990; s. ferner *Tempel,* Die Zuweisung einer anderen Unterkunft als Reisemangel, RRa 1995, 158). Problematisch ist die Klärung der Frage, wann ein Reisender ein Ersatzangebot des Veranstalters ablehnen kann. Nach BGH (NJW 2005, 1047 = RRa 2005, 57 = JZ 2005, 731 m. Anm. *Tonner*) soll es allein um die subjektiven Urlaubswünsche des Reisenden gehen, weshalb jedenfalls gemessen daran der Veranstalter dem Reisenden nicht den Einwand der unzulässigen Rechtsausübung entgegenhalten kann. Deshalb soll es auch nicht darauf ankommen, dass die Annahme des Ersatzangebotes zu keiner größeren Beeinträchtigung des Reisenden geführt hätte (BGH aaO.).

13. Die Selbstabhilfe nach § 651 c Abs. 3 BGB verlangt grundsätzlich, dass der Reisende dem Veranstalter mit dem Abhilfeverlangen eine Frist gesetzt hat und diese erfolglos abgelaufen ist (AG Hannover RRa 2003, 78). Je nach den Umständen des Falles kann die Frist auch relativ kurz sein. Ist die Reiseleitung zur Mängelabhilfe nicht in der Lage oder ist diese objektiv auch nicht möglich, kann der Reisende auch gleich selbst Abhilfemaßnahmen treffen (§ 651 c Abs. 3, S. 2 BGB). Da nur die „erforderlichen Aufwendungen" ersetzt verlangt werden können, ist die Angemessenheit der einzelnen Selbstabhilfemaßnahmen bedeutsam. Für die Suche nach einem Ersatzquartier ist deshalb grundsätzlich ein Hotel der gleichen Kategorie Orientierungsmaßstab. Sind in der gleichen Kategorie jedoch keine Zimmer erhältlich, kann auch die nächsthöhere Kategorie genommen werden (OLG Köln NJW-RR 1993, 252; KG NJW-RR 1993, 1209).

Streitig ist indes, ob bei jedem Reisemangel Maßnahmen der Selbstabhilfe unter den Voraussetzungen des § 651c Abs. 3 zulässig sind (hM., *Führich* Rdn. 263; *Tonner* § 651c, Rdn. 60f.), oder ob ab einem Minderungstatbestand von 20% der Reisende auf den Weg des § 651e BGB zu verweisen ist (LG Frankfurt NJW 1983, 2884, NJW-RR 1992, 310; 1995, 1521; *Tempel* RRa 1995, 158 und 1998, 18, 27; *Seyderhelm* § 651c Rdn. 93; differenzierend AG Duisburg RRa 2004, 266).

14. Schadensersatzanspruch nach § 651f Abs. 1 BGB (siehe AG Ludwigsburg NJW-RR 1999, 710 unter Berücksichtigung eines Mitverschuldensanteils gemäß § 254 BGB wegen der Vorhersehbarkeit der Beschädigungsgefahr).

15. Zum fristgerechten Geltendmachen nach § 651g Abs. 1 BGB siehe oben unter Form. II. D. 1, wegen der Aktivlegitimation siehe dort Anm. 4.

16. Die Ablehnung wirkt verzugsbegründend (§ 286 Abs. 2 Nr. 3 BGB nF.).

17. Die Beweislast trägt

a) bei der Selbstabhilfe

aa) der Reisende für Art, Dauer und Umfang eines Reisemangels, das Fehlen einer zugesicherten Eigenschaft, das Abhilfeverlangen, das Setzen einer Frist zur Abhilfe, die Nichtabhilfe bzw. die Verweigerung der Abhilfe, für Umstände, aus denen sich ergibt,
- dass die Frist bei der Selbstabhilfe angemessen war,
- dass eine Fristsetzung entbehrlich war,
- dass eine besonderes Interesse an einer sofortigen Abhilfe bestand,

die Verweigerung durch den Veranstalter, die Aufwendungen und ihre Erforderlichkeit,

bb) der Reiseveranstalter für seine Erreichbarkeit bei einem Abhilfeverlangen, die Rechtzeitigkeit eines tauglichen Abhilfeangebots, die Gleichwertigkeit der Abhilfemaßnahmen, die Unverhältnismäßigkeit und Unzumutbarkeit des Aufwands bei Verweigerung der Abhilfe,

b) bei der Minderung (siehe auch oben unter a)

aa) der Reisende für Art, Dauer und Umfang des Reisemangels, die Mängelanzeige bzw. deren Entbehrlichkeit (siehe oben Anm. 11),

bb) der Reiseveranstalter hinsichtlich der schuldhaften Unterlassung der Mängelanzeige, insbesondere deren Durchführbarkeit (LG Frankfurt RRa 2007, 69: Vorhandensein einer Person, die für die Entgegennahme der Mängelanzeige zuständig war und dass bei dieser Person eine Mängelanzeige entweder überhaupt nicht oder erst zu einem bestimmten späteren Zeitpunkt eingegangen ist. Wegen Einzelheiten siehe Palandt/*Sprau*, BGB, 68. Aufl., § 651d Rdn. 4; *Führich* Rdn. 311 mwN.).

c) beim Schadensersatz nach § 651f. Abs. 1 BGB (siehe auch oben unter a)

aa) der Reisende für Art, Dauer und Umfang des Reisemangels, die Mängelanzeige bzw. deren Entbehrlichkeit (siehe oben Anm. 11), den eingetretenen Schaden, die Kausalität

bb) der Reiseveranstalter für das Nichtvertretenmüssen (*Palandt/Sprau*, 68. Aufl., § 651f. Anm. 4), insbesondere für fehlendes Verschulden bei Auswahl und Überwachung der Leistungsträger. Ebenso dafür, dass er bei rechtzeitiger Anzeige zur Abhilfe in der Lage gewesen wäre, wenn der Reisende behauptet, eine Abhilfe sei auch zu einem früheren Zeitpunkt nicht möglich gewesen (LG Frankfurt RRa 2008, 27). Ferner für Mitverschulden des Reisenden sowie die Entlastungsmöglichkeit nach § 651f Abs. 1 2. HS BGB (BGH NJW 2005, 418 = MDR 2005, 739 = RRa 2005, 12): danach trifft den Veranstalter die Darlegungs- und Beweislast, dass sämtliche ernsthaft in Betracht kommenden Verschuldenstatsbestände auf seiner Seite, die vom Reisenden aufgezeigt werden, nicht vorlagen (Maßstab des § 276 BGB für den Nachweis fehlenden Verschuldens). Siehe auch oben Anm. 9e. sowie *Tonner* zu Beweislastproblemen bei Unfällen im Hotel, RRa 2008, 62.

Kosten und Gebühren

Vgl. oben unter Form. II. D. 1. und 2.

Fristen und Rechtsmittel

Vgl. oben unter Form. II. D. 1.

5. Klage auf Entschädigung wegen erheblichen Reisemangels (Kündigung § 651 e BGB, vertane Urlaubszeit § 651 f Abs. 2 BGB)

An das
Amtsgericht X-Ort[1]

In Sachen

des R ……

– Klägers –

Prozessbevollm.: ……
gegen

die Firma RV-GmbH ……

– Beklagte –

wegen Urlaubsentschädigung und Mehrkostenerstattung nach Kündigung
zeige ich an, den Kläger anwaltlich zu vertreten. In seinem Namen und Auftrag erhebe ich

Klage

und beantrage,[2]

1. Die Beklagte wird verurteilt, an den Kläger 913,– EUR sowie eine in das Ermessen des Gerichts gestellte Entschädigung wegen vertanen Urlaubs jeweils nebst (Zinsen)[3] seit dem …… zu zahlen.

2. ……

Begründung

Der Kläger buchte für sich und seine Ehefrau am …… bei dem Reisebüro RB …… eine von der Beklagten angebotene einwöchige Flugpauschalreise für einen Badeurlaub in M für die Zeit vom 1. bis 8. 2. 2002 zum Gesamtpreis von 2.100,– EUR.

Beweis: Reisebestätigung vom 15. 1. 2002.

Bei der Buchung dieser Reise erkundigte sich der Kläger gezielt nach den räumlichen Gegebenheiten in dem Vier-Sterne-Hotel und traf danach seine Entscheidung. Der Kläger ist gehbehindert und deshalb Rollstuhlfahrer. Für ihn war es deshalb wichtig, dass das Hotelzimmer durch einen Lift erreichbar und die anderen Räumlichkeiten, wie etwa der Speisesaal, rollstuhlgerecht sein mussten. Ferner sollte der Strand vom Hotel aus auch ohne Treppen erreichbar sein.[4]

Bei Ankunft in M. stellte sich heraus, dass dieses Hotel überbucht war und auch für die nächsten Tage kein freies Zimmer zur Verfügung stand.[5] Die örtliche Reiseleitung bot dem Kläger als Ersatzquartier ein Appartement in dem 15 km entfernten Ort C. an, das ebenfalls zur Vier-Sterne-Kategorie gehörte. Tatsächlich entsprach die Unterkunft jedoch den Bedürfnissen des Klägers nicht. Sie war für ihn unzumutbar.[6] Der Zugang zum Schlaf- und Badezimmer des Appartements war nur über eine schmale Wendeltreppe möglich. Ferner war der Strand vom Hotel durch eine Uferstraße getrennt und nur über eine Treppe erreichbar. Eine vertragsgerechte andere Unterkunft in der vom Kläger gebuchten oder einer besseren Kategorie konnte von der örtlichen Reiseleitung nicht beschafft werden.

Beweis: Zeugnis Reiseleiterin L., zu laden über die Beklagte

Der Kläger forderte die Reiseleiterin auf, für einen sofortigen Rückflug zu sorgen.[7] Weil die Plätze der nächsten Maschinen jedoch ausgebucht waren, konnte ein Rückflug erst für den 4. 2. 2002 in Aussicht gestellt werden.[8]

Beweis: Zeugnis der Reiseleiterin L., zu laden über die Beklagte

Der Kläger konnte und wollte sich hierauf nicht einlassen. Er musste deshalb selbst für einen sofortigen Rückflug Maßnahmen treffen und konnte noch zwei Plätze in einem Linienflug[9] für den späten Nachmittag des nächsten Tages, den 2. 2. 2002, buchen. Dafür musste er pro Person 400,– EUR bezahlen.

Beweis: Rechnungsbelege

Um eine Übernachtungsmöglichkeit bis zum nächsten Tag zu haben, forderte er die Reiseleiterin L. auf, ihm diese zu besorgen. Er war dabei auch damit einverstanden, wenn die Unterkunft nicht der gebuchten Qualitätskategorie entsprach. Weil die Reiseleiterin sich bis 18.00 Uhr bei ihm nicht meldete,[10]

Beweis: Zeugnis der Reiseleiterin L., zu laden über die Beklagte

führte die Ehefrau des Klägers sodann selbst[11] zahlreiche Telefonate und fand schließlich ein kleines Zimmer in einer Privatpension, in der der Kläger und seine Frau die Nacht verbringen konnten. Für das Zimmer mussten sie 50,– EUR bezahlen.

Beweis: Rechnungsbeleg

Am nächsten Tag flogen sie um 17.00 Uhr mit der Linienmaschine zurück nach Deutschland. Die restlichen Tage ihrer missglückten Urlaubswoche verbrachten sie Zuhause.[12]

Die Beklagte hat vorprozessual den Reisepreis in vollem Umfang zurückerstattet.[13]

Mit der Klage werden weitergehende Ansprüche verfolgt:

1. Der Kläger verlangt eine Erstattung der Mehrkosten,[14] die ihm für die Übernachtung in Höhe von 50,– EUR, für die bei der Suche nach einer Unterkunft erforderlichen Telefonate in Höhe von 10,– EUR[15] und für den Rückflug mit einer Linienmaschine in Höhe von 800,– EUR entstanden sind.
2. Weil sich die Flugreise als nutzlos herausgestellt hat, verlangt der Kläger ferner Erstattung der Kosten für die mit dem Taxi erfolgte Fahrt von der Wohnung Zuhause zum Flughafen und zurück. Das Taxi für die Heimfahrt kostete 28,– EUR.

   Beweis: Taxiquittung.

   Für die Taxikosten zum Flughafen am Abreisetag hatte sich der Kläger keine Quittung ausstellen lassen. Er hat für diese Fahrt 25,– EUR bezahlt.[16]
3. Ferner verlangt er eine Entschädigung für vertane Urlaubszeit,[17] deren Höhe[18] er in das Ermessen[19] des Gerichts stellt. Der Kläger selbst geht dabei von 65,– EUR pro Person für die beiden ersten Tage und von je 30,– EUR für die fünf Zuhause verbrachten Urlaubstage aus.[20] Je nach Berechnungsweise[21] wird ergänzend angeführt, dass der Kläger in seinem Beruf als ..... monatlich netto 6.000,– EUR und seine Ehefrau als ...... monatlich 3.000,– EUR netto verdient.

Die Beklagte hat mit Schreiben vom 2. 5. 2002 eine Begleichung dieser weitergehenden Forderungen abgelehnt.[22] Deshalb ist Klage geboten.[23]

Rechtsanwalt

Schrifttum: Bollweg, Schadensersatz wegen nutzlos aufgewendeter Urlaubszeit bei internationalen Flugpauschalreisen), RRa 2007, 242; *Eckert,* Terroranschläge im Reisegebiet und die Informationsanforderungen für Reiseveranstalter, RRa 2006, 98; *Fischer,* Schadensersatz gemäß § 651f Abs. 2 BGB bei Überbuchung der Reise, RRa 2005, 98; *Führich,* Zur Verlegung und Verspätung von Flügen im Rahmen von Pauschalreisen, RRa 2007, 58; *Gregor,* Schadensersatz gem. § 651f Abs. 2 BGB – Entschädigung für ein Affektionsinteresse oder für eine Opportunitätseinbuße?, MDR 2006, 1084; *Rodegra,* Reisevertragliche Schadensersatzansprüche wegen Nichterfüllung und nutzlos aufgewendeter Urlaubszeit, MDR 2004, 550; *Schmid,* Flugverspätung und Änderung von Flugrouten, RRa 2005, 151; *Tempel,* Der Schadensersatzanspruch des Reisenden auf Gestellung einer Ersatzreise – Rechtsgrundlagen und Inhalt, insbesondere zum Erfordernis der Gleichwertigkeit, RRa 2000, 107; *ders.,* Hypothetische Kausalität bei vorzeitigem Abbruch der Reise, RRa 2001, 46; *ders.,* Voraussetzungen und Rechtsfolgen ungerechtfertigter Kündigung im Reiserecht, RRa 2002, 146.

Anmerkungen

1. §§ 13, 17 ZPO. Zum Erfüllungsort-Gerichtsstand bei der Luftbeförderung siehe OLG München RRa 2007, 182; dazu *Staudinger,* RRa 2007, 155; ferner *Lehmann,* NJW 2007, 1500.

2. Während der Antrag bei einer Klage auf Minderung des Reisepreises (§ 651d BGB), auf Schadensersatz nach §§ 651f Abs. 1, 823 BGB sowie auf Erstattung von Selbsthilfekosten nach § 651c Abs. 3 BGB der Klageantrag genau beziffert sein muss, ist im Hinblick darauf, dass es sich bei der Urlaubsentschädigung um einen immateriellen Schadensersatzanspruch handelt (BGH NJW 1983, 35 und 218; LG Frankfurt NJW-RR 1989, 310; LG Hannover NJW 1989, 633; *Tonner* § 651f, Rdn. 37), bei Ansprüchen auf Urlaubsentschädigung nach § 651f Abs. 2 BGB ein unbezifferter Klageantrag zulässig (LG Hannover NJW-RR 1989, 1936; *Führich* Rdn. 639; *Palandt/Sprau,* 68. Aufl., § 651f Rdn. 3 aE.; aA. AG Bad Homburg NJW-RR 1997, 1819). Wegen der Besonderheiten zur Aktivlegitimation bei Familienreisen s. u. Anm. 19.

3. Siehe oben Form. II. D. 2 Anm. 3.

4. Fallgestaltung nach LG Bonn NJW-RR 2001, 345.

5. Ist eine Unterkunft überbucht, muss der Reiseveranstalter über seine Reiseleitung vor Ort sofortige Abhilfe durch Bereitstellung einer Ersatzunterkunft bieten. Selbst wenn diese Ersatzunterkunft gleichwertig und mängelfrei ist, kann der Reisende nach Ansicht des LG Frankfurt (NJW 1983, 233; NJW-RR 192, 310; siehe auch *Tempel,* Die Zuweisung einer anderen Unterkunft als Reisemangel, RRa 1995, 158) allein dafür eine Minderung verlangen (10–25%), dass er nicht in dem gebuchten Hotel untergebracht ist. Zur Überbuchung ferner ua. AG Hamburg RRa 1994, 188; AG Stuttgart RRa 1995, 127; AG Düsseldorf RRa 1996, 13; OLG Frankfurt NJW-RR 1999, 202. Hinsichtlich der Auswirkungen nach § 651f Abs. 2 BGB und zum Recht des Reisenden, eine Ersatzunterkunft ablehnen zu dürfen siehe ausführlich BGH NJW 2005, 1047 = RRa 2005, 57 = JZ 2005, 73 m. Anm. *Tonner.*

6. Die Ersatzunterkunft muss adäquat sein (LG Frankfurt NJW 1985, 143; NJW-RR 1990, 699; 1993, 61; OLG Frankfurt RRa 1995, 224). Steht eine gleichwertige Ersatzleistung nicht zur Verfügung, kann der Reisende auch eine höherwertige Leistung in einer besseren Hotelkategorie verlangen. Zu Mängel- und Entschädigungsansprüchen wegen nicht erbrachter Leistungen infolge der Unterbringung in einem nicht gebuchten Hotel siehe LG Frankfurt NJW-RR 2008, 1638. Dem Reisenden kann auch das Recht zustehen, das Angebot einer Ersatzunterkunft abzulehnen (BGH NJW 2005, 1047 = RRa 2005, 57 = JZ 2005, 731 m. Anm. *Tonner*).

7. In der Aufforderung, für einen sofortigen Rückflug zu sorgen, liegt konkludent die Erklärung der Vertragskündigung. Die Kündigung nach § 651 e BGB bedarf weder einer bestimmten Form noch einer Begründung (BGH NJW-RR 1990, 1334), jedoch muss der Kündigungswille nach außen erkennbar manifestiert sein. Die bloße Abreise ohne weitere Nachricht an die Reiseleitung reicht nicht, es sei denn, eine Reiseleitung ist nicht vorhanden (LG Frankfurt-RR 1991, 880) oder die Rückreise erfolgt noch am Ankunftstag (OLG Düsseldorf NJW-RR 1998, 53). Tritt ein Reisender bei einer einwöchigen Flugreise den Hinflug nicht an, stellt dies für den Reisveranstalter ohne zusätzliche Anhaltspunkte dafür, dass der Reisende nicht am Vertrag festhalten wolle, keine konkludente Rücktrittserklärung dar (LG Frankfurt NJW-RR 2008, 363).

8. Bei „erheblichen Reisemängeln" kann die Reise nach § 651 e BGB gekündigt werden. Liegen daneben noch Reisebeeinträchtigungen infolge höherer Gewalt vor, entsteht eine Konkurrenz zum Kündigungsrecht nach § 651 j BGB (dazu *Tempel* NJW 1997, 621, 624 mwN.).

Das Kündigungsrecht nach § 651 e BGB hat folgende Voraussetzungen:

a) „Erheblichkeit" des Reisemangels: Für die Frage, wann ein Reisemangel „erheblich" ist, stellen einige Gerichte allgemein „auf die Umstände des Einzelfalls" ab (OLG Düsseldorf NJW-RR 2008, 785: Economy Class statt gebuchter First Comfort Class; OLG Rostock RRa 2009, 49: Nachträgliches Rauchverbot bei Kreuzfahrt; ferner NJW-RR 1998, 51; NJW-RR 1986, 1175; OLG Frankfurt RRa 1995, 224, LG Köln NJW-RR 1989, 565) bzw. auf die „Gesamtwürdigung der Reisemängel" (OLG Frankfurt NJW-RR 2005, 132 = MDR 2005, 261 = RRa 2005, 61). So hat auch der BGH die Verspätung eines Zubringerflugs um mindestens fünf Stunden nicht schon für sich als erhebliche Reisebeeinträchtigung gewertet, weil ein Kündigungsgrund vielmehr aufgrund einer an Zweck und konkreter Ausgestaltung der Reise sowie der Art und Dauer der Beeinträchtigung orientierten Gesamtwürdigung zu beurteilen ist (RRa 2009, 40 = MDR 2009, 250). Die meisten Gerichte gehen von einer quantifizierten Betrachtungsweise aus und setzen dabei an, mit welcher Quote eine Reisepreisminderung gerechtfertigt wäre. Um eine Einheitlichkeit mit dem erheblichen Reisemangel nach § 651 f Abs. 2 BGB herzustellen (befürwortend *Tonner* § 651 f Rdn. 45), wird meist von 50% ausgegangen (LG Hannover NJW-RR 1986, 213; 1992, 50; ferner LG Frankfurt NJW-RR 2009, 1639 in Abweichung einer früheren Rspr. der 24. Zk – zB. NJW-RR 1986, 539 und 1990, 571; OLG Stuttgart RRa 1994, 28; LG Köln MDR 1991, 840; LG Bonn RRA 1996, 83 und 223; LG Kleve NJW-RR 1997, 1140).
Vom Kündigungsrecht nach § 651 e BGB zu unterscheiden ist die Kündigung wegen höherer Gewalt nach § 651 j BGB (für Krieg in der Nähe des Urlaubslands siehe *Schmid*, MDR 2003, 974). Zu den Voraussetzungen dieses Kündigungsrechts siehe BGH MDR 2003, 377 (erhebliche Wahrscheinlichkeit eines Hurrikans im Zielgebiet); LG Mönchengladbach NJW-RR 2007, 1354 (staatlich verspätete Eröffnung der Jagdsaision bei Jagdreise). Weitere Beispiele: LG Frankfurt NJW-RR 2003, 2618; LG Amberg NJW-RR 2004, 1140 und AG Bielefeld NJW-RR 2004, 703 (Terroranschläge); OLG Frankfurt NJW-RR 2005, 282 = RRa 2004, 258 m. Anm. *Führich* RRa 2005, 50 (Einführung der Visumspflicht nach Buchung der Reise). Wegen der Abgrenzung zum „allgemeinen Lebensrisiko" siehe die „Djerba-Entscheidung" des OLG Celle (RRa 2005, 260 m. Anm. *Tonner*) in Bestätigung von LG Hannover (RRa 2004, 261 m. Anm. *Schmid* RRa 2004, 242). Zu den Beobachtungs-, Erkundigungs- und Informationspflichten eines Reiseveranstalters siehe weiter bei *Schmid*, RRa 2004, 242.

Vom Kündigungsrecht wiederum zu unterscheiden ist der Reiserücktritt nach § 651 i BGB (AG Lübeck NJW-RR 2004, 1648 bei Segeltörn; AG München NJW-RR 2003, 985 bei Stornierung wegen Augenoperation).

b) Nach § 651 e Abs. 2 BGB muss der Reisende eine angemessene Frist zur Abhilfe setzen. Zur Entbehrlichkeit der Fristsetzung gelten die allgemeinen Grundsätze (siehe oben Form. II. D. 4 Anm. 11).

9. Die gesetzliche Frist der Rückbeförderung im Fall der Kündigung beinhaltet mit Rücksicht auf das Maß der Reisebeeinträchtigung, das die Kündigung erst rechtfertigt, zugleich, dass der Rückflug umgehend zu erfolgen hat. Bei verständiger Würdigung der wechselseitigen Treuepflichten von Vertragspartnern muss dem Veranstalter für die Organisation des Rückflugs ein gewisser Zeitkorridor verbleiben. In der Regel genügt der Veranstalter seiner Pflicht, wenn er einen Rückflug ein bis zwei Tage später zur Verfügung stellt. Die zeitliche Obergrenze sollte bei zwei Tagen liegen, wobei der Veranstalter alle Möglichkeiten ausschöpfen muss, insbesondere auch die eines Linienflugs anstelle des vereinbarten Charterflugs (*Seyderhelm* § 651 e, Rdn. 49; LG Frankfurt NJW 1985, 143; OLG Düsseldorf NJW-RR 1986, 1175). Zu den notwendigen Maßnahmen gehört auch die Weitergewährung von Unterkunft und Verpflegung bis zum nächstmöglichen Zeitpunkt der Rückreise (*Tonner* § 651 e Rdn. 25; *Führich* Rdn. 380).

10. In der Regel wird es der Veranstalter sein, dem es gelingt, ersatzweise einen Linienflug für die Rückbeförderung zur Verfügung zu stellen. Ist das nicht der Fall und verletzt er damit die sich aus § 651 e Abs. 4 BGB ergebenden Pflichten, kann der Reisende entsprechend § 651 c Abs. 3 BGB zur Selbsthilfe greifen, auch zur Einzelrückreise mit Linienflug (*Führich* Rdn. 381, 382, zugleich mit Anmerkungen, inwieweit der Reisende sich einen Eigenanteil bei den Kosten der Selbsthilfe entsprechend § 651 e Abs. 3 S. 2 BGB abziehen lassen muss, weil der Veranstalter bei ordnungsgemäßer vorzeitiger Rückbeförderung diesen Entschädigungsanspruch gehabt hätte).

11. Auch zu weiteren Maßnahmen der Selbsthilfe, wie der Selbstbeschaffung einer Ersatzunterkunft, muss der Kunde der Reiseleitung vor Ort als Vertreterin des Veranstalters eine angemessene Abhilfefrist einräumen.

12. Es gelten die allgemeinen Voraussetzungen für Selbsthilfemaßnahmen nach § 651 c Abs. 3 BGB (siehe oben Form. II. D. 5 Anm. 13). Zum „Balkonurlaub" siehe allgemein die Anmerkungen bei *Führich* Rdn. 413; Nach BGH NJW 2005, 1047 = MDR 2005, 1038 m. Anm. *Gregor* MDR 2005, 1084 = RRa 2005, 57 m. Anm. *Fischer* RRa 2005, 98 = JZ 2005, 731 m. Anm. *Tonner* rechtfertigt dieser nach berechtigter Kündigung nicht dazu, dass dem Reisenden Abzüge gemacht werden (so ausdrücklich *Tonner* aaO. S. 736). Der Veranstalter darf auch keine Entschädigung verlangen, wenn bereits erbrachte Leistungen für den Reisenden aufgrund der Gesamtsituation ohne Interesse sind (OLG Köln NJW-RR 2007, 62: Tsunami-Fall).

13. Rechtsfolge aus § 651 e Abs. 3 S. 1 BGB.

14. Selbsthilfekosten entsprechend § 651 c Abs. 3 BGB.

15. Für derartige Forderungen kann die Betragshöhe entsprechend § 287 ZPO bemessen werden, wenn Einzelbelege fehlen oder üblicherweise auch nicht erwartet werden können.

16. Hier kann die Schätzung entsprechend § 287 ZPO an den Betrag in der Quittung für die Heimfahrt anknüpfen.

17. Ein Anspruch auf angemessene Entschädigung in Geld wegen nutzlos aufgewendeter Urlaubszeit gemäß § 651 f Abs. 2 BGB kann neben den Ansprüchen aus §§ 651 c, d, e und f Abs. 1 BGB geltend gemacht werden und es müssen nicht die Voraussetzungen einer Kündigung vorliegen (BGH NJW 2005, 1047 = MDR 2005, 1038 m. Anm. *Gregor* MDR 2005, 1084 = RRa 2005, 57 m. Anm. *Fischer* RRa 2005, 98 = JZ 2005, 731

m. Anm. *Tonner;* siehe auch *Rodegra,* MDR 2004, 550). Anspruchsvoraussetzungen im Einzelnen sind:

a) „Vereitelte" Reise:

„Vereitelt" ist ein Urlaub dann, wenn der Reisende ihn nicht antreten kann, wie etwa bei anfänglichem Unvermögen und notwendigem Abbruch der Reise gleich zu Beginn. Das ist etwa der Fall bei einer überbuchten Unterkunft und der Zuweisung einer unzumutbaren Ersatzunterkunft (BGH aaO.: Nichtantritt der Reise infolge Überbuchung und Unterbringung des Kunden an nicht gebuchtem Ort. Ferner OLG Düsseldorf NJW-RR 1989, 1078; OLG Frankfurt RRa 1995, 224; LG Bonn NJW-RR 2001, 345;). „Vereitelt" ist die Reise auch, wenn derart gravierende Mängel vorhanden sind, dass von einer völligen Nutzlosigkeit der Reise auszugehen ist (LG Frankfurt NJW 1986, 1616), oder wenn der Kunde die Reise überhaupt nicht antreten konnte, etwa bei einem abgesagten Ferienhausaufenthalt (LG Köln, NJW-RR 1994, 741; AG Hamburg RRa 2000, 188; LG Frankfurt RRa 2000, 190).

b) „Erhebliche" Reisebeeinträchtigungen:

Um dieses gesetzliche Merkmal der Anspruchsvoraussetzung zu konkretisieren, sind vom Ansatz her zwei Aspekte zu berücksichtigen, nämlich die Schwere der Reisebeeinträchtigung und – im Hinblick auf das Tatbestandsmerkmal „wegen nutzlos aufgewendeter Urlaubszeit" – ein Zeitfaktor.

aa) Hinsichtlich der eigentlichen Schwere der Reisebeeinträchtigung wird nach hM. davon ausgegangen, dass der Reisemangel zu einer Minderung von mindestens 50% des Reisepreises berechtigen würde (LG Frankfurt RRa 2007, 69; siehe auch die Rechtsprechungshinweise bei *Führich* Rdn. 412; *Tonner* § 651 f Rdn. 43; abstellend auf die Umstände des Einzelfalls OLG Celle RRa 2004, 158); zur Besonderheit bei einem Reisenden, der seine Sehkraft verloren hat und deshalb in besonderem Maße unter Baulärm leidet, siehe AG Bad Homburg NJW-RR 2001, 348: Urlaubsentschädigung schon bei einer Beeinträchtigung von weniger als 50%). Das LG Duisburg sieht sich infolge des Leitner-Urteils des EuGH (NJW 2002, 1255 = RRa 2002, 117) gehindert, an der 50%-Grenze festzuhalten und legt jetzt einer Mängelbeeinträchtigung von 35% als ausreichend fest (RRa 2006, 70).

bb) Wegen des Problems der Nachwirkung beseitigter Mängel, wenn also die Folgen der Mangelhaftigkeit von Reiseleistungen über die Zeit nach Beseitigung der Mängel fortwirken, und der Rückwirkung aufgetretener Mängel, also Mängel, die auch die Zeit der früheren mangelfreien Reise entwerten, siehe OLG Frankfurt NJW-RR 1999, 202; LG Frankfurt RRa 2001, 79; dazu *Tempel* RRa 2002, 4 ff. mwN.; siehe *ders.* RRa 1997, 67, 70.

18. Nicht weniger komplex ist das Problem der Bemessung des Entschädigungsumfangs. Unterschiedliche Ansätze werden in der Rechtsprechungspraxis dabei zugrunde gelegt:

a) Als erstes Gericht hat das LG Frankfurt (24. Kammer, NJW-RR 1988, 1451) ein festes Tagessatzsystem für angemessen gehalten, dem auch andere Gerichte gefolgt sind (LG Köln RRa 1996, 226; AG Düsseldorf NJW-RR 1998, 195 = RRa 1997, 178 und RRa 1999, 175). Der seinerzeitige Tagessatz von 100 DM ist vom LG Frankfurt zwischenzeitlich auf 72 Euro angehoben worden (NJW-RR 2003, 640). In der Praxis ist damit so verfahren worden, dass bei einer unter 100% liegenden Minderung auch nur eine entsprechende Quote des Tagessatzes zugesprochen wurde.

Das LG Hannover (NJW-RR 1989, 633) ist von einem festen Satz (von damals mindestens 50 DM) ausgegangen und hat nach oben hin eine variable Bestimmung entsprechend den Umständen des Einzelfalls für richtig. Für einen notwendig gewordenen Heimaturlaub ist ein Abzug von 25% für angemessen gehalten worden (LG Hannover NJW-RR 2000, 1162).

b) Andere Gerichte setzen die Entschädigung nach dem Reisepreis fest (so LG Bremen NJW-RR 2005, 282; LG München I NJW-RR 2002, 268; OLG Düsseldorf NJW-RR 1994, 950; LG Köln NJW-RR 1994, 741) oder legen einen Mittelwert zwischen dem täglichen Reisepreis und dem auf einen Tag entfallenden Nettoeinkommen des Reisenden zugrunde (LG Düsseldorf NJW-RR 2002, 269. Andere stellen allgemein auf „die Umstände des Einzelfalls" ab (AG Kleve NJW-RR 1999, 489; OLG Frankfurt NJW-RR 1999, 202; RRa 2003, 255).

c) Unbeschadet der am Einzelfall ausgerichteten praktischen Handhabung der Instanzgerichte kann inzwischen davon ausgegangen werden, dass diese Rspr. jedenfalls obergerichtlich als überholt anzusehen ist. Der BGH hat unter Aufgabe seiner früheren Rspr. (BGHZ 63, 101; 77, 120) mit der Malediven-Entscheidung (NJW 2005, 1047 = MDR 2005, 1038 m. Anm. *Gregor* MDR 2005, 1084 = RRa 2005, 57 mit Anm. *Fischer* RRa 2005, 98 = JZ 2005, 731 m. Anm. *Tonner* entschieden, dass der Reisepreis Maßstab der Entschädigungshöhe ist., nicht das Arbeitseinkommen. Letzteres war aber Ausgangsüberlegung für die Rspr., die Tagessätze veranschlagt hat. Damit kann die Tagessatz-Rspr. mit der o. g. BGH-Entscheidung (die an die Überlegungen von *Führich* Rdn. 422; bestätigend *Tonner* § 651 f Rdn. 55 anknüpft) als überholt gelten, wenngleich sich der BGH zu genau dieser Frage zurückhaltend äußert.

Am praktischen Beispiel bedeutet das jedoch: Der Gesamtreisepreis ist durch die Zahl der Urlaubstage zu teilen und mit der Zahl der Tage zu multiplizieren, bei denen ein „erheblicher" Reisemangel vorliegt (siehe Anm. *Tonner* aaO., S. 736). Ferner hat der BGH aaO. entschieden, dass es einem Entschädigungsanspruch nicht entgegen steht, wenn ein erwerbstätiger Kunde während der Urlaubszeit weiter arbeitet oder eine nicht vom Veranstalter angebotene Ersatzreise durchführt. *Tonner* aaO. sieht damit als entschieden an, dass weder der „Balkonurlaub" noch ein verschobener Urlaub zu Abzügen rechtfertigen.

19. Weil es sich bei § 651 f Abs. 2 BGB nach überwiegender Ansicht um einen immateriellen Schadensersatzanspruch handelt und weil auch die Rechtsprechung sehr unterschiedliche Ansätze bei der Festsetzung der Entschädigungshöhe verfolgt, hat das LG Hannover (NJW-RR 1989, 1936; ebenso *Führich* Rdn. 639) einen unbezifferten Klageantrag für zulässig gehalten. Danach ist die Höhe in das Ermessen des Gerichts zu stellen.

Besonderheiten zur Aktivlegitimation sind bei Familienreisen zu beachten. Wegen der höchstpersönlichen Natur von Entschädigungsansprüchen kann nur das Familienmitglied, das den Vertrag für alle abgeschlossen hat, Ansprüche nach § 651 f Abs. 2 BGB geltend machen, nicht für andere Mitglieder (OLG Düsseldorf RRa 2003, 211; OLG Köln RRa 2009, 18).

20. Nach LG Frankfurt (NJW-RR 2001, 346) ist für einen nach Reisevertragskündigung zu Hause verbrachten Resturlaub als deshalb nutzlos aufgewandte Urlaubszeit die Hälfte eines Tagessatzes zu veranschlagen.

21. Im Hinblick darauf, dass einige Gerichte auch das Nettoeinkommen als Bemessungsansatz berücksichtigen (siehe oben Anm. 18), sollte diese Angabe in den Sachvortrag aufgenommen werden.

22. Die Ablehnung ist verzugsbegründend (§ 286 Abs. 2 Nr. 3 BGB).

23. Die Beweislast trägt

a) bei der Kündigung nach § 651 e BGB

aa) der Reisende für die Erheblichkeit des Reisemangels, die Unzumutbarkeit der Reise, das Setzen einer angemessenen Frist nach § 651 e Abs. 2 BGB, die Entbehrlichkeit der Fristsetzung wegen Verweigerung der Abhilfe durch den Reiseveranstalter oder Unmöglichkeit der Abhilfe, für das besondere Interesse an einer sofortigen Kündigung, das fehlende Interesse an erbrachten Leistungen infolge der Aufhebung des Vertrags, für Mehrkosten infolge der Vertragsaufhebung und bei Pauschalierungsabreden, dass die Pauschale überhöht ist, wobei der Nachweis reicht, dass andere Veranstalter niedrigere Pauschalen bei vergleichbaren Reisen verlangen, bb) der Reiseveranstalter wie für die Behauptung, er habe fristgerecht eine zumutbare Abhilfe geschaffen, den Anspruch auf angemessene Entschädigung, bei Pauschalabreden hinsichtlich der Erfahrungswerte für den belegbaren typischen Schadensumfang,

b) beim Anspruch auf Urlaubsentschädigung nach § 651f Abs. 2 BGB

aa) der Reisende zunächst wie oben beim Schadensersatz nach § 651f Abs. 1 BGB (Form. II. D. 4 Anm. 17c), ferner für die Erheblichkeit des Reisemangels, bei Berücksichtigung des Einkommens im Rahmen der Festsetzung der Entschädigungshöhe seine Verdiensthöhe,

bb) der Reiseveranstalter wie oben unter Form. II. D. 4 Anm. 17c; besonders problematisch sind die Voraussetzungen des Entlastungsbeweises und der Beweislastumkehr zB. bei Salmonellenerkrankungen: Treten bei einer Mehrzahl von Reisenden gleiche Krankheitssymptome auf, muss der Reiseveranstalter beweisen, dass die Erkrankung gleichwohl nicht auf verdorbene Speisen zurückzuführen ist (LG Hannover NJW-RR 1989, 633; LG Frankfurt RRa 2003, 259; AG Ludwigsburg RRa 1998, 114; siehe ferner zur Ciguatera-Fischvergiftung LG Frankfurt RRa 1996, 145 m. Anm. *Tonner* S. 171; LG Düsseldorf RRa 2001, 120 m. Anm. *Rodegra;* zu Beweisfragen allgemein *Tonner* § 651f Rdn. 8ff.; Palandt/*Sprau*, BGB, 68. Aufl., § 651f Rdn. 7).

Kosten und Gebühren

Vgl. oben unter Form. II. D. 1. und 2.

Fristen und Rechtsmittel

Vgl. oben unter Form. II. D. 1.

6. Klage wegen Schadensersatzes und Schmerzensgeldes (§§ 823, 831, 253 BGB)

An das
Landgericht X-Ort[1]

In Sachen
des R ……

– Klägers –

Prozessbevollm.: ……
gegen
die Firma RV-GmbH ……

– Beklagte –

wegen Schadensersatz und Schmerzensgeld (Reisevertrag)
zeige ich an, den Kläger anwaltlich zu vertreten. In seinem Namen und Auftrag erhebe ich

Klage

und beantrage:

1. Die Beklagte wird verurteilt, an den Kläger 6.000,– EUR sowie ein angemessenes Schmerzensgeld, dessen Höhe in das Ermessen des Gerichts gestellt wird, nebst (Zinsen)[2] seit dem …… zu zahlen.

2. ……

Begründung

Der Kläger buchte bei der Beklagten eine Studienreise in den Jemen für die Zeit vom ...... bis ...... zum Preis von ...... EUR.

Beweis: Reisebestätigung vom ......

Neben der Besichtigung der Städte ...... gehörten zu der Reise auch Erkundungsfahrten im Land selbst, die mit einem Jeep durchgeführt werden sollten.[3]

Beweis: Prospekt Seite 200

Die Durchführung dieser Jeep-Touren organisierte die Beklagte in Zusammenarbeit mit der örtlichen Agentur der Firma Y.[4]

Beweis: Zeugnis Reiseleiter L

Am letzten Tag des Ausflugsprogramms startete die Reisegruppe mit mehreren Jeeps von M. zu einer Fahrt durch die Wüste nach S. Während dieser Fahrt kam es zu einem Unfall, bei dem der Kläger schwer verletzt wurde.[5]

Der Jeep, in dem er gesessen hatte, war wegen technischer Mängel nicht in der Lage, wie die anderen vorausfahrenden Jeeps eine Düne hochzufahren. Daher hat der Fahrer versucht, abseits hinauf zu gelangen, um die Düne auf einem nicht markierten Weg mit voller Kraft zu überqueren. Dabei übersah der Fahrer, dass die Düne auf der anderen Seite steil abfällt. Der Wagen verlor plötzlich die Bodenhaftung und sackte ca. 1 m senkrecht ab. Dabei wurde der Kläger, der vorn neben dem Fahrer saß, mit großer Wucht in den Sitz gestaucht.

Beweis: Zeugnis Reiseleiter L
Zeugnis Mitreisender K

Von Anfang an wies der Jeep, in dem der Kläger saß, eine geringere Leistungsfähigkeit auf als die anderen Fahrzeuge. Mehrfach mussten Teile, wie zB. eine Pumpe und ein neuer Verbindungsschlauch, ausgetauscht werden.

Beweis: Zeugnis Reiseleiter L
Zeugnis Mitreisender K

Zu dem Unfall ist es nur gekommen, weil der Jeep ohne die Manöver, die der Fahrer anstellen musste, die Strecke nicht bewältigt hätte. Der Reiseleiter hatte es versäumt, die Verkehrstauglichkeit des Jeeps für die unternommene Tour vorab klären zu lassen und dafür zu sorgen, dass dieses Fahrzeug aus dem Verkehr gezogen wurde.[6]

Durch den Unfall hat der Kläger sich einen Bruch des Lendenwirbels zugezogen (......) und musste (......) behandelt werden.

Beweis: Ärztliches Zeugnis des Dr. A.

Aufgrund dieser Verletzung hat der Kläger, der in O. ein Geschäft betreibt (......) und über einen Zeitraum von zwei Monaten zu 100% arbeitsunfähig war, Aushilfspersonal für die Aufrechterhaltung des Betriebs anstellen müssen. Für den Zeitraum von ...... bis ......, also für 40 Tage, war dies die Aushilfskraft A., und für die restlichen 20 Tage war dies die Aushilfskraft B. an die er jeweils 100,– EUR pro Tag hat zahlen müssen, zusammen also 6.000,– EUR.[7]

Beweis: Zeugnis A. und B.

Über den Zeitraum von zwei Monaten hatte der Kläger erhebliche Schmerzen (......) und war in seiner Bewegungsfähigkeit während der ersten vier Wochen nahezu vollständig und danach noch erheblich eingeschränkt (......).

Beweis: Ärztliches Zeugnis Dr. A.
Zeugnis M.

Die Beklagte ist für den Unfall verantwortlich, hat jedoch mit Schreiben vom ...... jegliche Erstattung abgelehnt.[8] Deshalb ist Klage geboten.[9] Hinsichtlich der Höhe des

Schmerzensgeldes geht der Kläger mit Rücksicht auf das Maß seiner Beeinträchtigungen (......) und die andauernden Schmerzen (......) davon aus, dass ein Betrag in Höhe von mindestens 10.000,– EUR angemessen ist.[10]

Rechtsanwalt

Schrifttum: Echtermeyer, Verkehrssicherungspflichten im Reiserecht – Der „Balkonsturz" lebt, RRa 2003, 60; *Eckert,* Verkehrssicherungspflicht der Reiseveranstalter, RRa 2007, 113; *Kappus,* Formularmäßige Anmeldefrist für deliktische Ansprüche, RRa 2203, 57; *Schmidt-Bendun,* Verkehrssicherungspflichten des Reiseveranstalters bei Schiffsreisen, RRa 2007, 2; *Tempel,* Zur Haftung des Reiseveranstalters für Verkehrsunfälle im Rahmen des Transfers, RRa 2002, 4; *Tonner,* Vertragliche und deliktische Verkehrssicherungspflichten, NJW 2007, 2738; *ders.,* Beweislastprobleme bei Unfällen im Hotel, RRa 2008, 62.

Anmerkungen

1. §§ 13, 17 ZPO (§ 32 ZPO begründet einen nicht ausschließlichen Wahlgerichtsstand). Zum Erfüllungsort-Gerichtsstand bei der Luftbeförderung siehe OLG München, RRa 2007, 182; dazu *Staudinger,* RRa 2007, 155; ferner *Lehmann,* NJW 2007, 1500.

2. Siehe oben Form. II. D. 2 Anm. 3.

3. In Abwandlung von LG Frankfurt RRa 2001, 30.

4. Während hier der Jeep-Ausflug zum Programm der gebuchten Reise gehörte, sind davon solche Ausflugsfahrten zu unterscheiden, die vor Ort entweder vom Veranstalter oder Dritten (LG Frankfurt NJW-RR 2005, 131 = RRa 2005, 65; OLG Düsseldorf RRA 2005, 118 und 121; OLG Celle NJW-RR 2002, 1637 = RRa 2002, 159) angeboten werden und bei denen jeweils im Einzelfall zu prüfen ist, ob dabei eine Rechtsverbindlichkeit für den Veranstalter entstanden ist (weiterführende Hinweise bei *Führich* Rdn. 87, 134 f.; *Tempel,* Zur Haftung des Reiseveranstalters für Verkehrsunfälle im Rahmen des Transfers, RRa 2001, 4; *Tonner* § 651 a, Rdn. 31). Auch ein am Urlaubsort bei einem Drittanbieter gebuchter Tagesausflug, der eine eigene Gesamtheit von Reiseleistungen umfasst, ist als „Reise" im Sinn von § 651 a Abs. 1 BGB anzusehen (so offenbar OLG Celle MDR 2002, 873 mit nicht klar veröffentlichtem Sachverhalt).

5. Für Unfallschäden während des Urlaubs kommt als Anspruchsgrundlage zunächst § 651 f. Abs. 1 BGB in Betracht. Dabei ist zu sehen, ob der eigentliche Unfallverursacher als Erfüllungsgehilfe des Reiseveranstalters nach § 278 BGB gilt.

Hinsichtlich des deliktischen Schadensersatzanspruchs kann auch dann deutsches Recht angewendet wenden, wenn der Unfall im Ausland passiert ist. Das entspricht der bisherigen Rechtsauffassung (vgl. ua. BGHZ 103, 278, 303), die in Art. 40 Abs. 2 des Gesetzes zum Internationalen Privatrecht für außervertragliche Schuldverhältnisse und für Sachen vom 21. 5. 1999, BGBl. S. 1026, eine ausdrückliche Regelung gefunden hat.

6. Ein Reiseveranstalter haftet grundsätzlich nicht aus § 823 Abs. 1 S. 1 BGB wegen eines Auswahl- und Überwachungsverschuldens in Bezug auf den Leistungsträger, den er vor Ort zur Erbringung seiner Leistungen eingeschaltet hat, weil der Leistungsträger und seine Angestellten nicht den Weisungen des Reiseleiters unterworfen sind. Diese sind keine Verrichtungsgehilfen nach § 831 BGB (zB. OLG Frankfurt RRa 2351; NJW-RR 2001, 53 = MDR 2000, 141). Animateure, die im Prospekt als „unsere geschulten Kinderanimateure" bezeichnet werden, sind hingegen als Erfüllungsgehilfen anzusehen (OLG Celle RRa 2004, 156).

Im Anschluss an das sog. Balkonsturz-Urteil des BGH (NJW 1988, 1380) kommt eine deliktische Haftung des Reiseveranstalters nur in Betracht, wenn er selbst seine Verkehrssicherungspflicht bei der Vorbereitung und der Durchführung der von ihm veranstalteten Reise trifft. Das ist zwischenzeitlich unter dem Gesichtspunkt des Organisationsverschuldens von der Rechtsprechung durchgängig anerkannt, z. B. OLG Köln NJW-RR 1992, 1185 (Hotelbrand); OLG Düsseldorf NJW-RR 1997, 1483 (Glasqualität von Hoteltüren); OLG München RRa 1995, 204 (Wanderführerlehrgang mit Wildwasserschwimmübungen); BGH NJW 2000, 1188 = RRa 2000, 85 (Bereitstellung eines unzuverlässigen Reitpferds bei einem Club-Urlaub in Tunesien); OLG München NJW-RR 2002, 694 = RRa 2002, 57 (Lawinenunglück); BGH NJW-RR 2002, 1056 (Helikopter-Skilauf auf einem Gletscher); AG Bad Homburg NJW-RR 2002, 1061 (glatte Fliesen im Badezimmer); OLG Düsseldorf NJW-RR 2003, 59 (Sturz auf Hotelstufe), OLG Köln NJW-RR 2004, 59 (rutschige Wege in Hotelanlage); LG Düsseldorf RRa 2005, 26 (Treppe Hoteldisko); LG Koblenz RRa 2005, 27 (Fahrstuhl in Hotel). Besondere Verkehrssicherungspflichten gelten auch für Spiel- und Sporteinrichtungen (Swimming-Pool: OLG Celle RRa 2003, 109; OLG Karlsruhe RRa 2004, 162; OLG Düsseldorf RRa 2005, 21; AG Hannover RRa 2005, 30; LG Koblenz RRa 2003, 262; Sportplatz mit nicht befestigten Fußballtoren: OLG Celle RRa 2004, 156; Wasserrutsche: LG Köln NJW-RR 2005, 704 = RRa 2005, 124; Eselsbiss in Ferienanlage: OLG Celle RRa 2003, 13). Bei einem Pool-Unfall in alkoholisiertem Zustand greift ein Mitverschulden (OLG Celle RRa 2003, 109).

Diese rechtlichen Überlegungen zum Vorliegen deliktsrechtlicher Anspruchsgrundlagen hatten früher ihren Sinn darin, (auch) Ansprüche wegen Schmerzensgelds zu ermöglichen. Auch die Entscheidung des BGH vom 18. 7. 2006 (Wasserrutsche) ist noch zu § 847 a. F. ergangen (NJW 2006, 3268 = RRa 2006, 210 = MDR 2007, 258). Jetzt gilt dafür die Regelung, des § 253 Abs. 2 BGB, nach der Schmerzensgeld auch bei Vertragspflichtverletzungen gefordert werden kann. Zum insoweit neuen Recht siehe OLG Köln RRa 2009, 133: Schwimmbeckentiefe; OLG Karlsruhe NJW-RR 2007, 1356: Sturz einer Siebenjährigen aus Etagenbett im Hotelzimmer sowie OLG Köln RRa 2007, 65: Balkonsturz bei zu niedrigem Geländer. Ferner auch *Tonner* NJW 2007, 2738, 2740.

7. Einem substantiiert dargelegten Schadensersatzanspruch kann der Reiseveranstalter gemäß § 651 f. Abs. 1 BGB den Entlastungsbeweis für die Zurechenbarkeit des Schadens entgegenstellen (BGH RRa 2005, 12; siehe oben Form. II. D. 4. Anm. 9 e).

8. Mit der Ablehnung tritt Verzug ein (§ 286 Abs. 2 Nr. 3 BGB).

9. Die Beweislast trägt

a) der Reisende für die objektive Pflichtwidrigkeit des Reiseveranstalters bei der Schadensverursachung entsprechend den Grundsätzen über die Beweislastverteilung nach Organisationskreisen, insbesondere hinsichtlich eines Auswahl- oder Überwachungsverschuldens sowie für den Schaden, bei Arglist des Reiseveranstalters für die kenntnisbegründenden Tatsachen,
b) der Reiseveranstalter für das Nichtvertretenmüssen, insbesondere für fehlendes Verschulden bei Auswahl und Überwachung der Leistungsträger sowie für ein Mitverschulden des Reisenden.

10. Der Hinweis in der Klageschrift zur Vorstellung des Klägers hinsichtlich der Schmerzensgeldhöhe kann Auswirkungen auf die Streitwertbestimmung und damit zugleich auf die Frage der Zuständigkeit des angerufenen Gerichts haben.

Kosten und Gebühren

Vgl. oben unter Form. II. D. 1. und 2.

Fristen und Rechtsmittel

Auf deliktische Ansprüche nach §§ 823 ff. BGB ist § die Monatsfrist des § 651 g Abs. 1 BGB nicht anzuwenden (*Tonner* § 651 g Rdn. 18). Soweit eine Entschädigung nach § 253 BGB für immaterielle Schäden in Betracht kommt, muss dies gleichermaßen gelten (Palandt/*Sprau,* BGB, 68. Aufl., § 651 g Rdn. 1). Ebenso gilt dies bei einem Schadensersatzanspruch aus § 280 Abs. 1 bzw. § 823 Abs. 2 BGB mit der BGB-InfoV als Schutzgesetz (*Staudinger* RRa 245, 252). Streitig ist allerdings, ob Ansprüche durch eine AGB-Klausel dieser Frist unterworfen werden können (OLG Frankfurt RRa 2003, 20 sowie NJW-RR 2003, 348 = RRa 2003 m. krit. Anm. *Kappus,* RRa 203, 58; LG Frankfurt RRa 1998, 160 m. zust. Anm. *Bechhofer;* 1999, 88 m. abl. Anm. *Tonner;* siehe dazu auch *Führich* Rdn. 441). Eine Klausel, nach der die Geltendmachung aller Ansprüche, auch solcher aus unerlaubter Handlung, nach Ablauf einer einmonatigen Frist grundsätzlich ausgeschlossen ist, ist unwirksam (BGH RRa 2004, 215 m. Anm. von *Staudinger* und *Führich* sowie RRa 2004, 267).

Bezüglich der Verjährung wird ebenfalls diskutiert, ob die Frist, die sonst für unerlaubte Handlungen gilt – beachte insofern § 852 BGB nF. – auch durch Vertragsbedingungen verkürzt werden kann (befürwortend LG Frankfurt RRa 2002, 68; AG Bonn RRa 1996, 125; ferner die *Führich* Rdn. 473; *Tonner* § 651 g Rdn. 28). Siehe dazu § 307 Abs. 2 Nr. 1 BGB.

Der BGH hat klargestellt, dass eine AGB-Klausel, mit der die gesetzliche Verjährungsfrist für die Ansprüche des Reisenden wegen eines Mangels der Reise abgekürzt wird, wegen Verstoßes gegen die Klauselverbote des § 309 Nr. 7 lit. a und b BGB insgesamt unwirksam ist, wenn die in diesen Klauselverboten bezeichneten Schadensersatzansprüche nicht von der Abkürzung der Verjährungsfrist ausgenommen werden (NJW 2009, 1486 m. Anm. *Führich* = MDR 2009, 674 = RRa 2009, 131; siehe ferner *Führich* in RRa 2009, 114).

E. Unerlaubte Handlung, Gefährdungshaftung, Verkehrsunfälle, Versicherungsrecht

Unerlaubte Handlung und Gefährdungshaftung

1. Klage auf Schadensersatz kombiniert mit Feststellungsantrag

An das
Amtsgericht[1, 2]

Klage

des ......
(Klägers)
Prozessbevollmächtigter: ......

gegen

1. den ...... (Beklagten Ziff. 1)
2. den ...... (Beklagten Ziff. 2)

wegen

Schadensersatz.

Vorläufiger Streitwert[2]:

Klageantrag Ziff. I	EUR 3.200,–
Klageantrag Ziff. II	EUR 1.000,–
	EUR 4.200,–

Namens und in Vollmacht des Klägers erhebe ich Klage und werde beantragen:

I. Die Beklagten werden als Gesamtschuldner verurteilt, an den Kläger EUR 3200,– nebst 5%-Punkten Zinsen[3] über dem Basiszinssatz seit 1. 5. ...... zu bezahlen[4].

II. Es wird festgestellt[11], dass die Beklagten als Gesamtschuldner verpflichtet sind, dem Kläger sämtliche materiellen Schäden[5], die aus dem Vorfall vom 22. 2. ...... auf der X-Straße in Y. künftig entstehen, zu ersetzen, soweit sie nicht auf Sozialversicherungsträger[6] oder andere Dritte[7] übergehen.

Begründung:

Der Kläger macht gegen die Beklagten mit der vorliegenden Klage materielle Schadensersatzansprüche wegen einer tätlichen Auseinandersetzung geltend.

1.[8] Am 22. 2. ...... gegen 22 Uhr griffen die Beklagten den Kläger auf der X-Straße in Y. an und schlugen auf ihn ein. Einer der Beklagten hielt den Kläger fest, der andere versetzte ihm Faustschläge ins Gesicht und in den Magen. Der Kläger wurde bewusstlos und fiel zu Boden. Er erlitt bei der Auseinandersetzung schwere Verletzungen, ua. einen Jochbeinbruch, einen Bruch des linken Unterarmes sowie eine Gehirnerschütterung, zahlreiche Prellungen und Schürfungen.

Beweis: Beiziehung und Verwertung der Akten des Amtsgerichts Y. in der Strafsache gegen B und C. (Aktenzeichen 7 Ds 502/......); Zeugnis der Frau Z., X-

Straße 92, Y; ärztliches Attest des Dr. med. G. vom 23. 2. …… in Anlage; Sachverständiges Zeugnis des Dr. med. G, X-Straße 52, Y., der hiermit von der ärztlichen Schweigepflicht befreit wird.

Der Kläger kann nicht sagen, durch welchen Tatbeitrag der Beklagten er im Einzelnen welche Verletzungen erlitt. Die Beklagten haften dem Kläger jedoch nach §§ 830 Abs. 1, 840 Abs. 1 BGB gemäß §§ 823 Abs. 1, 823 Abs. 2 BGB iVm. § 223 a StGB als Gesamtschuldner für den entstandenen Schaden.

2.[9] Der Kläger erlitt folgenden materiellen Schaden:

a) Infolge der schweren Verletzungen ist der Kläger bereits 10 Wochen krank. In den ersten 6 Wochen erhielt er von seinem Arbeitgeber Lohnfortzahlung. Für die bisher verstrichenen 4 Wochen danach macht der Kläger den Differenzbetrag zwischen seinem regelmäßigen Einkommen und dem von der AOK bezogenen Krankengeld geltend[10]. Das ansatzfähige Einkommen des Klägers beträgt in 4 Wochen EUR 5.000,–, das ausbezahlte Krankengeld EUR 4.000,–.

Beweis: Bescheinigung des Arbeitgebers N. vom …… in Anlage; Auszahlungsbeleg der AOK Y. in der Anlage.

b) Bei der Auseinandersetzung wurde der Ledermantel des Klägers zerrissen. Er weist jetzt an der linken Vorderseite einen Riss von 20 cm auf, und zwar nicht an den Nähten. Der Mantel kann nicht mehr genäht werden. Der Kläger hatte den Mantel genau 6 Monate vor dem Vorfall zum Neupreis von EUR 3.000,– erworben. Zurzeit des Vorfalls hatte der Mantel noch einen Zeitwert von mindestens EUR 2.200,–.

Beweis: Rechnung der Firma F. vom 22. 8. …… in der Anlage; Sachverständigengutachten.

Der Zinsanspruch ergibt sich aus § 286 BGB. Mit Schreiben vom 30. 4. …… haben die Beklagten die Erfüllung der Schadensersatzansprüche des Klägers endgültig abgelehnt. Der Kläger musste zum Erwerb eines neuen Mantels und wegen des Lohnausfalls Kredit in Höhe von EUR 3.200,– aufnehmen, den er bei Zahlung zurückgeführt hätte und für den er 8% Zinsen bezahlt[3].

Beweis: Bescheinigung der M.-Bank in Anlage.

Nach der Bescheinigung des Dr. X. ist der Kläger noch mindestens 5 Monate arbeitsunfähig krank.

Beweis: Arbeitsunfähigkeitsbescheinigung des Dr. X. in Anlage im Original.

Das erforderliche Feststellungsinteresse ist damit gegeben[11].

Anmerkungen

1. Neben dem allgemeinen Gerichtsstand (§§ 12–19 ZPO) ist der Gerichtsstand der unerlaubten Handlung gegeben (§ 32 ZPO).

2. Die sachliche Zuständigkeit bemisst sich nach dem Streitwert. Dieser errechnet sich aus der Summe des in Antrag Ziffer I bezifferten EUR-Betrages und des für den Feststellungsantrag nach § 3 ZPO zu schätzenden Betrags. Die Einzelbeträge sind zu addieren (§ 5 ZPO). Für den Feststellungsantrag ist maßgebend der zu erwartende Schaden. Von dem geschätzten Betrag ist ein Abzug in aller Regel von 20%, gegebenenfalls auch mehr, vorzunehmen (vgl. BGH NJW 1965, 2298; BGH NJW-RR 1988, 689; BGH NJW 2006, 2193).

3. Ein Anspruch auf Zinsen besteht entweder ab Verzug oder ab Rechtshängigkeit (§ 291 S. 1 BGB). Ein etwaiger Verzug ist durch Behauptung einer Mahnung oder der endgültigen Erfüllungsverweigerung darzulegen und ggfs. unter Beweis zu stellen. Die

Höhe des Zinssatzes beträgt 5% über dem Basiszins (§§ 291 S. 2, 288 Abs. 1 S. 2, 247 BGB). Ein höherer Zinssatz kann nur bei substantiierter Darlegung eines Schadens (§§ 280 ff. BGB) beansprucht werden (§ 288 Abs. 4 BGB). Im seltenen Fall des § 849 BGB können Zinsen auch ohne Verzug verlangt werden.

4. Der Anspruch kann auf Schadensersatz in Geld gerichtet sein wie hier, aber auch auf Freistellung von einer Verbindlichkeit (zum Freistellungsanspruch vgl. *Kniffka* in Kniffka/Koeble, Kompendium des Baurechts, 3. Aufl., 15. Teil, Rdn. 14 ff.; *Bischof* ZIP 1984, 1446; *Zahn* ZfBR 2007, 627). Bedeutung kann der Freistellungsanspruch haben, wenn der Schaden noch nicht eingetreten ist. Sobald der Schaden eingetreten ist, kann und muss im Termin zur mündlichen Verhandlung auf das Interesse übergegangen werden (§ 264 Nr. 3 ZPO). Der Freistellungsanspruch ist nach hM. nur bestimmt und damit zulässig, wenn die Geldschuld nach Grund und Höhe eindeutig bezeichnet ist: „Der Beklagte wird verurteilt, den Kläger gegenüber der X-Bank von der Verbindlichkeit aus dem Scheck Nr. ...... ausgestellt auf das Konto Nr. ...... in Höhe von EUR ...... zuzüglich Bankspesen, Unkosten und ......% Zinsen seit Belastung freizustellen". Die Vollstreckung des Befreiungsanspruchs erfolgt nach § 887 ZPO (hM. vgl. zB. *Zahn* ZfBR 2007, 627).

5. Stellt der Kläger einen Antrag auf Ersatz „jeden weiteren Schadens", so ist damit auch der immaterielle Schaden erfasst (vgl. BGH NJW 1985, 2022). Vgl. zum Ersatz der immateriellen Schäden (Schmerzensgeld) Form. II. E. 8.

6. Infolge gesetzlichen Forderungsübergangs fehlt es insoweit an der Aktivlegitimation des Klägers. Bei uneingeschränktem Klageantrag droht deshalb Teilklageabweisung. Der gesetzliche Forderungsübergang auf den Sozialversicherungsträger ergibt sich zB. aus § 116 SGB X oder auch aus § 77 Abs. 2 AVG in der Angestelltenversicherung (vgl. zum Übergang iE. *Geigel,* Der Haftpflichtprozess, 25. Aufl., Kap. 30 Rdn. 1 ff.).

7. Als sonstige Dritte, die ebenso kraft Gesetzes die Forderungen erwerben, kommen der Arbeitgeber (§ 6 EFZG), die Schadens- und Krankenversicherer (§ 86 VVG) und der Staat (§ 87 a BBG, § 52 BRRG) in Frage.

8. Hier folgt der Vortrag zum Anspruchsgrund, gegliedert in tatsächliche Behauptungen und rechtliche Ausführungen.

9. Hier folgt der Vortrag zur Höhe des Anspruchs, gegebenenfalls mit rechtlicher Begründung der einzelnen Schadensposition.

10. Zur Berechnung des Erwerbsschadens sowie zur Frage, ob nach modifizierter Bruttolohnmethode oder Nettolohnmethode vorzugehen ist vgl. *Geigel,* Der Haftpflichtprozess, 25. Aufl., Kap. 4 Rdn. 73 ff.; Palandt/*Heinrichs,* 68. Aufl., § 252 Rdn. 8 ff.; *Scheffen,* Erwerbsausfallschaden bei verletzten und getöteten Personen, VersR 1990, 926.

11. Vgl. zum Feststellungsinteresse Form. II. E. 8 Anm. 9 u. Form. II. E. 13 Anm. 8. Die Zustellung der Klage führt zur Hemmung der Verjährung nach § 204 Abs. 1 Nr. 1 BGB. Ergeht eine rechtskräftige Entscheidung, schließt sich die 6-monatige Ablaufhemmung nach § 204 Abs. 1 S. 1 BGB an. Gleiches gilt, wenn das Verfahren nicht weiter betrieben wird und in Stillstands gerät. Die 6-monatige Ablaufhemmung beginnt dann mit der letzten Verfahrenshandlung der Parteien oder des Gerichts (§ 204 Abs. 2 S. 2 BGB). Das gilt auch für vor dem 1. 1. 2002 erhobene Klagen, wobei die am Stichtag noch nicht abgelaufene Verjährungsfrist hinzuzurechnen ist (Art. 229 § 6 Abs. 2 EGBGB).

2. Klage wegen Verkehrssicherungspflichtverletzung[1]

An das
Landgericht[2]

Klage

des ......
(Klägers)
Prozessbevollmächtigter: ......
gegen
die Gemeinde ......,
vertreten durch den Bürgermeister (Beklagten)
wegen

Schadensersatz

Vorläufiger Streitwert[2]: ......
Namens und in Vollmacht des Klägers erhebe ich Klage und werde beantragen:

1. Die Beklagte wird verurteilt, an den Kläger ein angemessenes Schmerzensgeld[3] nebst 5%-Punkten Zinsen über dem Basiszinssatz hieraus seit ...... zu bezahlen.
2. ......[4].

Begründung:[5]

Der Kläger macht mit der Klage Schadensersatzansprüche wegen eines Verkehrsunfalls vom ...... gegen 23.00 Uhr auf der ......strasse in ...... geltend. Die Beklagte ist nach § ...... des Straßengesetzes des Landes ...... verpflichtet, alle Straßen innerhalb der geschlossenen Ortslage einschließlich der Ortsdurchfahrten ordnungsgemäß zu reinigen und bei Eisglätte zu bestreuen, soweit es sich um verkehrswichtige Straßen handelt.

1. Die ......-Straße ist eine verkehrswichtige Straße und die Kurve, in der der Unfall passierte, ist ein gefährlicher Straßenabschnitt[6]. Es handelt sich bei der ......-Straße um die Ortsdurchfahrt aus Richtung ...... in Richtung ...... Am Ortsausgang ca. 100 m vor dem Ortsschild, verläuft die ......-Straße in einer Rechtskurve. Neben der Straße in einer Wiese befindet sich rechtsseitig in ca. 10 m Entfernung ein Sumpf, von dem abends regelmäßig Feuchtigkeit aufsteigt, die sich dann auf der Straße niederschlägt. Während die Straßen sonst überall trocken waren, trat am fraglichen Abend Feuchtigkeit auf, die angesichts der Temperatur von min. 5 °C gefror.

   Beweis: Sachverständigengutachten;
   Zeugnis des POM ......

   Der Kläger befuhr die Rechtskurve mit einer Geschwindigkeit von 50 km/h. Infolge von Glatteis kam das Fahrzeug ins Rutschen und nach links von der Fahrbahn ab. Das Fahrzeug wurde leicht beschädigt und der Kläger wurde verletzt.

   Beweis: Akten der Bußgeldbehörde ......, deren Beiziehung und Verwertung hiermit beantragt wird.

   Die Temperaturen lagen schon tagsüber unter dem Gefrierpunkt[7].

   Beweis: Auskunft des Wetteramtes ......,
   in Anlage in Fotokopie.

   Die Tatsache, dass Feuchtigkeit und bei Temperaturen nahe dem Gefrierpunkt auch Glatteisbildung an der fraglichen Stelle häufig ist, ist der Beklagten aus verschiedenen Verkehrsunfällen aus den letzten Jahren bekannt[8].

   Beweis: Zeugnis des POM ......

Das Streuen dieser Kurve wäre nicht zwecklos gewesen, weil die Streumittel im Hinblick auf die Temperaturen von um min. 5 °C nicht mitgefroren wären.[9]

Beweis: Sachverständigengutachten

2. [10] ……

Anmerkungen

1. Es wird hier im Rahmen der Klagen nach § 823 BGB ein Fall der Streupflicht von Straßen durch eine Gemeinde behandelt, obwohl diese Streupflicht nach den Landesgesetzen in der Regel Amtspflicht ist und die Anspruchsvoraussetzungen des § 839 BGB erfüllt sein müssen (zu den landesrechtlichen Regelungen vgl. *Geigel,* 25. Aufl., Kap. 14 Rdn. 134 ff.; zu den Anforderungen an die Substantiierung einer Amtshaftungsklage BGH VersR 1990, 656). Die Frage, ob nach § 823 BGB oder nach § 839 BGB gehaftet wird, ist seit BGH (NJW 1979, 2043) nur noch zweitrangig, da die Subsidiaritäts- und Verweisungsklausel des § 839 Abs. 1 S. 2 BGB für die Straßenverkehrssicherungspflicht nicht gilt. Zu einem speziellen Fall der Verkehrssicherungspflicht bei Gebäuden vgl. Form. II. E. 5.

2. Zur sachlichen und örtlichen Zuständigkeit vgl. Form. II. E. 1 Anm. 1 und 2. Soweit nach jeweiligem Landesrecht die Verkehrssicherungspflicht hoheitlich ausgestaltet ist, ist die ausschließliche sachliche Zuständigkeit des Landgerichts begründet, vgl. auch § 71 II Nr. 2 GVG.

3. Nach st. Rspr. muss bei Schmerzensgeldklagen – im Unterschied zur „normalen" Zahlungsklage kein genau bezifferter Betrag angegeben werden, um dem Bestimmtheitserfordernis nach § 253 Abs. 2 Nr. 2 ZPO zu genügen. Ausreichend ist die Darlegung der Schätzungsgrundlagen in der Begründung und Mitteilung der Größenordnung (BGH NJW 2002, 3769). Dies kann auch durch Streitwertmitteilung oder Schweigen, auf die gerichtliche Streitwertmitteilung geschehen (BGH NJW 1984, 1807) (str.). Möglich ist auch die Angabe eines Mindestbetrages. Das Gericht kann dann – ohne gegen § 308 Abs. 1 ZPO zu verstoßen – auch einen darüber hinausgehenden Betrag zusprechen. Wird ein Mindestbetrag geltend gemacht, ist – soweit im Urteil weniger zugesprochen wird – die Ermittlung der für das Rechtsmittel erforderlichen Beschwer einfach. Der Maßstab für das Unterliegen ist der vom Kläger angegebene Mindestbetrag (BGH NJW 2002, 212) In der Begründung ist beim vorliegenden Sachverhalt auf eine eigene Mithaftung als Bemessungsfaktor für den Schmerzensgeldanspruch hinzuweisen, damit keine Kostennachteile entstehen. Im Klagantrag könnte daneben formuliert werden: „…… unter Berücksichtigung einer Mithaftung des Klägers von 50% ……" (vgl. zur Quote BGH VersR 1974, 910 und zum Antrag Form. II. E. 8 Anm. 5).

4. Hinsichtlich der sonstigen Anträge wegen des materiellen Schadens und auf dessen Feststellung vgl. Form. II. E. 8 u. Form. II. E. 1.

5. Eine Streupflicht kann an verschiedenen Stellen innerhalb geschlossener Ortschaften oder außerhalb der Ortschaften bestehen: vgl. zu den Voraussetzungen der Streupflicht nach plötzlichem Auftreten von Glatteis auf dem Gehweg vor einem Theater BGH VersR 1985, 973; zur Streupflicht eines Gastwirts bei Glatteis auf dem Gästeparkplatz BGH NJW 1985, 482; zur Streupflicht der Wohnungseigentümer einer Eigentumsanlage BGH NJW 1985, 484 und OLG Hamm VersR 1997, 68; zur Anliegerstreupflicht bei mehreren Garagengrundstücken mit gemeinsamem Vorplatz vgl. OLG Stuttgart NJW-RR 1986, 958 sowie OLG Hamm aaO.; zur Streupflicht auf Gehwegen: OLG Hamm NZV 2004, 645; BGH NJW 2003, 3622; OLG Hamm VersR 2006, 134; zu den Anforderungen an die Streupflicht einer Stadtgemeinde bei winterlicher Glätte zur Sicherung eines verkehrswichtigen, mit Ampeln versehenen Fußgängerüberwegs vgl. BGH VersR 1987, 989;

zur Räum- und Streupflicht der verkehrssicherungspflichtigen Gemeinde auf dem öffentlichen Verkehr gewidmeten Parkplätzen vgl. OLG Frankfurt VersR 1986, 1030; OLG Hamm NJW-RR 2004, 386; aus der Rechtsprechung vgl. ferner OLG Hamm VersR 1988, 693; OLG Hamburg VersR 1989, 45; OLG Karlsruhe VersR 1989, 45; OLG Karlsruhe VersR 1989, 158; OLG Celle NJW 1989, 3287 = VersR 1989, 158; OLG Köln NJW-RR 2000, 1693; zur Räum- und Streupflicht bei gemeinsamen Fuß- und Radweg; ferner weitere Fälle in NJW-RR 2000, 1693 ff.

6. Der Träger der Verkehrssicherungspflicht haftet nur dann, wenn die beiden folgenden Voraussetzungen vorliegen: es muss sich um eine „verkehrswichtige" (verkehrsreiche) Straße handeln und um einen besonders gefährlichen Straßenabschnitt (vgl. aus der Rechtsprechung BGH NJW 1991, 33; OLG Köln VersR 1986, 1128; OLG Karlsruhe VersR 1987, 1225; OLG Karlsruhe NJW-RR 1990, 1504; ferner die Nachw. bei *Geigel,* 25. Aufl., Kap. 14 Rdn. 161). Als verkehrsreiche Straßen sind neben den Ortsdurchfahrten auch stark befahrene Straßen von größerer innerörtlicher Bedeutung anzusehen (Verkehrsadern). Um eine besonders gefährliche Stelle handelt es sich dort, wo Anlage und Zustand der Straße die Bildung von Glatteis derart begünstigen, dass diese besonderen Verhältnisse vom Fahrer trotz der zu fordernden erhöhten Sorgfalt nicht oder nicht rechtzeitig zu erkennen sind (OLG Köln aaO.; OLG Karlsruhe aaO.). Der Rechtsanwalt des Geschädigten muss die Tatsachen vortragen, die die besondere Gefährlichkeit eines Straßenabschnitts begründen sollen. Damit wird ihm nicht die Darlegung naturwissenschaftlicher Fakten abverlangt (OLG Köln aaO.).

7. Es besteht regelmäßig keine Pflicht zum vorbeugenden Streuen und zwar auch nicht an gefährlichen Straßenstellen. Aus den Umständen kann sich jedoch die Verpflichtung ergeben, an denjenigen Stellen zu streuen, an denen konkret mit Glatteisgefahr zu rechnen ist (BGH VersR 1974, 910; BGH VersR 1985, 973; OLG Frankfurt VersR 1987, 204; OLG Hamm, NZV 2006, 587; OLG Brandenburg NJW-RR 2007, 974). Vgl. zur Streupflicht innerhalb geschlossener Ortschaften ferner BGH NJW 1991, 33; OLG München NJW-RR 1990, 1121; OLG Stuttgart VersR 1987, 696 und zur Streupflicht einer Gemeinde im Einmündungsbereich OLG Stuttgart NJW 1987, 1831 sowie zur Streupflicht auf öffentlichen Straßen BGH VersR 1987, 934.

8. Ohne Kenntnis davon, dass sich mehrere Glatteisunfälle ereignet haben, trifft nach Ansicht des OLG Köln (VersR 1986, 1128) den Träger der Straßenbaulast kein Verschulden bei weiteren Unfällen. Bei extremen Witterungsverhältnissen kann die Streupflicht eingeschränkt sein (OLG Hamm VersR 1982, 1081, VersR 1997, 68; OLG Koblenz VersR 2000, 738; OLG Oldenburg VersR 2001, 117).

Der Streupflichtige trägt insoweit die Beweislast (OLG Celle VersR 2002, 208).

9. Hier folgt die Begründung der Schadenshöhe und die Darlegung der Verletzungen sowie zum Schmerzensgeld entsprechend Form. II. E. 8.

3. Die sog. vorbeugende Unterlassungsklage[1,2] (actio quasi negatoria)

An das
Amtsgericht[3,4]

Klage

der ...... (Klägerin)
Prozessbevollmächtigter: ......
gegen
den ...... (Beklagten)
wegen

Unterlassung.

Vorläufiger Streitwert: EUR 4.000,–[4]
Namens und in Vollmacht der Klägerin erhebe ich Klage und werde beantragen:

> **Der Beklagte wird verurteilt, es bei Vermeidung eines für jeden Fall der Zuwiderhandlung fälligen Ordnungsgeldes bis zu EUR 250.000,– ersatzweise Ordnungshaft bis zu sechs Monaten, im Wiederholungsfalle Ordnungshaft bis zu zwei Jahren[5] zu unterlassen, die Klägerin über das Telefon anzurufen.**

Begründung[6]:

Die Klägerin ist Mieterin des Hauses des Beklagten in X-Stadt, Y-Straße. Der Beklagte hat das Mietverhältnis gekündigt. Beim Amtsgericht X-Stadt ist eine Räumungsklage anhängig. Die Klägerin bestreitet die Berechtigung der Kündigung, ferner hat sie der Kündigung widersprochen.

Beweis: Beiziehung der Akten des Amtsgerichts X-Stadt in Sachen C. /. A., Aktenzeichen 2 C 503/96.

Der Beklagte hat der Klägerin vor Erhebung der Räumungsklage erklärt, er werde sie so schikanieren, dass sie noch von selbst ausziehen werde. Ua. am ...... gegen 2.15 Uhr, am ...... gegen 3.30 Uhr und am ...... gegen 2.45 Uhr hat der Beklagte die Klägerin nachts angerufen und den Hörer, nachdem die Klägerin abgenommen und sich gemeldet hatte, sofort wieder aufgelegt.

Beweis: Bestätigung der Deutschen Telekom X-Stadt vom ...... in Anlage in Fotokopie; Parteivernehmung des Beklagten.

Die Deutsche Telekom hat auf Antrag der Klägerin eine Fangschaltung eingerichtet und festgestellt, dass die genannten Anrufe vom Anschluss des Beklagten geführt wurden. Dies wird in der Bestätigung bescheinigt. Der Beklagte hat die Telefongespräche selbst geführt.

Beweis: Akten der Staatsanwaltschaft X-Stadt in der Strafsache gegen C., Aktenzeichen 22 Js 5070/......, deren Beiziehung hiermit beantragt wird; Parteivernehmung des Beklagten.

Die Klägerin kann nach den Störanrufen nicht mehr einschlafen. Sie leidet unter erheblichen vegetativen Störungen an den Tagen nach den nächtlichen Störanrufen und musste an den Tagen danach krankgeschrieben werden.

Beweis: Ärztliches Attest des Dr. med. G. in Anlage; Zeugnis des Herrn Dr. med. G., der hiermit von seiner ärztlichen Schweigepflicht befreit wird.

Auf die nächtlichen Störanrufe angesprochen, erklärte der Beklagte gegenüber der Klägerin, er werde diese Anrufe fortsetzen, bis die Klägerin ausgezogen sei.

Beweis: Zeugnis des Herrn F., X-Stadt, Y-Straße.

Der Unterlassungsanspruch der Klägerin ergibt sich in entsprechender Anwendung der §§ 823, 1004 BGB, da ein Eingriff in die Gesundheit der Klägerin vorliegt.[7] Die Wiederholungsgefahr ergibt sich aus der Äußerung des Beklagten.

Anmerkungen

1. Die Schadensersatzansprüche nach § 823 Abs. 1, Abs. 2, § 824 BGB setzen neben dem Verschulden auch voraus, dass ein Schaden bereits eingetreten ist. In vielen Fällen besteht jedoch schon vor Schadenseintritt das Bedürfnis, die drohende (weitere) Verletzung zu verhindern. Einen hierauf gerichteten Unterlassungsanspruch stellt das Gesetz nur in bestimmten Fällen zur Verfügung, so zB. zum Schutz absoluter Rechte wie des Namensrechts (§ 12 BGB), des Eigentums (§ 1004 Abs. 1 BGB; vgl. hierzu Form. II. G. 11), einer Grunddienstbarkeit (§ 1127 BGB), eines Nießbrauchs (§ 1065 BGB), einer Hypothek (§ 1134 Abs. 1 BGB), eines Pfandrechts (§ 1227 BGB), oder zum Schutze des Besitzes (§ 862 Abs. 1 BGB), oder im Falle des unlauteren Wettbewerbs (vgl. § 8 UWG nF.; vgl. hierzu Form. II. N. 9), oder im Falle der § 37 Abs. 2 S. 1 HGB, § 97 Abs. 1 S. 1 UrhG, § 47 Abs. 1 PatG, § 15 Abs. 1 GebrMG.

Die Rechtsprechung hat diese Abwehr- oder Unterlassungsklage (actio negatoria) weiterentwickelt und die vorbeugende Unterlassungsklage (zum Begriff vgl. Anm. 2) für alle Eingriffe in ein vom Gesetz geschütztes Rechtsgut zugelassen, soweit einer der Tatbestände der §§ 823 Abs. 1, 824 oder ein Schutzgesetz iSd. § 823 Abs. 2 verletzt ist (actio quasi negatoria). Hierzu gehören ua. die praktisch bedeutsame Unterlassungsklage wegen Verletzung des allgemeinen Persönlichkeitsrechts (zu den materiellen Voraussetzungen zB. Palandt/*Sprau,* 68. Aufl., Einf. v. § 823 Rdn. 24; § 823 Rdn 83ff. mwN.) zB. durch Presseberichterstattung.

Die vorbeugende Unterlassungsklage ist auch von der Beseitigungsklage, gerichtet auf Beseitigung einer bestehenden Beeinträchtigung, zu unterscheiden. Neben dem Unterlassungsanspruch kann auch ein Anspruch auf Widerruf bestehen (vgl. Form. II. E. 4). Bei rufschädigenden Meinungsäußerungen kann dem Verletzten auf negatorischer und deliktischer Grundlage ein Anspruch auf Veröffentlichung einer strafbewehrten Unterlassungsverpflichtung des Verletzten zustehen (vgl. hierzu BGH VersR 1987, 463 = NJW 1987, 1400). Bei Eilbedürftigkeit muss eine einstweilige Verfügung beantragt werden. Ferner ist – bei Konstellationen wie im vorliegenden Fall – auch an die Beantragung einer Anordnung nach § 1 Abs. 1, Abs. 2 Nr. 2b Gewaltschutzgesetz (GewSchG) zu denken. Eine gerichtliche Anordnung kommt insoweit auch bei „Nachstellung“ gem. § 238 StGB in Betracht oder dann, wenn eine Verfolgung unter Verwendung von Fernkommunikationsmitteln vorliegt. Das ist vorliegend der Fall (vgl. zu den Einzelheiten zum GewSchG Palandt/*Brudermüller,* 68. Aufl., § 1 GewSchG).

2. Der Begriff vorbeugende Unterlassungsklage, der sich eingebürgert hat, ist nicht sehr glücklich, da auch die vom Gesetz vorgesehene Unterlassungsklage vorbeugenden Charakter hat. Bei der „einfachen“ Unterlassungsklage wird aufgrund von Verstößen in der Vergangenheit auf das Vorliegen von Wiederholungsgefahr geschlossen. Streng genommen handelt es sich nur dann um eine vorbeugende Unterlassungsklage, wenn sich noch keine Verstöße ereignet haben, sondern nur drohen. Der Kläger muss Tatsachen behaupten und im Bestreitensfall beweisen, die für eine erstmals drohende „Beeinträchtigung“ („Erstbegehungsgefahr“) sprechen. Vgl. auch Anm. 6.

3. Hinsichtlich der örtlichen Zuständigkeit ist neben dem allgemeinen Gerichtsstand (§§ 12–19 ZPO) der besondere Gerichtsstand nach § 32 ZPO gegeben, da diese Vorschrift nicht nur für Schadensersatzansprüche gilt.

4. Sachlich zuständig ist das Amtsgericht, da auch bei nicht vermögensrechtlichen Angelegenheiten der Streitwert ausschlaggebend ist.

5. Der Antrag auf Androhung des Ordnungsgeldes bzw. der Ordnungshaft muss der späteren Vollstreckung (§ 890 Abs. 1, 2 ZPO) vorausgehen. Er kann bereits mit dem Unterlassungsantrag verknüpft werden oder nachträglich beim Prozessgericht des ersten Rechtszugs gestellt werden. Im letzteren Fall ergeht ein besonderer Beschluss (vgl. § 891 ZPO). Wirksam wird die Androhung des Ordnungsgeldes und der Ordnungshaft erst mit Zustellung des Urteils bzw. Beschlusses.

6. Anspruchsvoraussetzungen für die Klage sind:

a) Dargelegt und bewiesen werden muss ein Eingriff in ein gesetzlich geschütztes (§§ 823 ff. BGB; vgl. Anm. 1) Rechtsgut. Der Eingriff muss jedoch noch nicht geschehen sein. Es genügt vielmehr, wenn Tatsachen vorliegen, welche die Vorbereitung und die Absicht eines Eingriffs mit Sicherheit erkennen lassen, wenn die Beeinträchtigung also unmittelbar und konkret bevorsteht (BGH NJW 1990, 2469), dh. „Erstbegehungsgefahr" gegeben ist. Verschulden ist nicht erforderlich. Ebenso wenig ist der Eintritt eines Schadens Voraussetzung.

b) Ist eine Beeinträchtigung bereits erfolgt, so begründet dies für gleichartige Verletzungshandlungen die wiederlegbare Vermutung einer „Wiederholungsgefahr".

7. Ein Unterlassungsanspruch bei Störanrufen ist nicht nur dann gegeben, wenn eine „Gesundheitsbeschädigung" eintritt. In aller Regel stellen derartige Anrufe eine Verletzung des allgemeinen Persönlichkeitsrechts dar, die ebenfalls eine actio quasi negatoria begründet (vgl. BGH NJW 1985, 809). Entsprechendes kann für rechtswidrige Telefonanrufe von politischen Parteien im Wahlkampf gelten (OLG Stuttgart NJW 1988, 2615). Ferner greift der am 31. 3. 2007 in Kraft getretene § 238 StGB („Nachstellung"), der i. V. m. § 823 Abs. 2 BGB zu einem Unterlassungsanspruch führt (vgl. auch Anm. 1).

4. Klage auf Widerruf (Rücknahme) kreditgefährdender Äußerungen[1] (§ 824 BGB)

An das
Amtsgericht[2, 3]

Klage

des ...... **(Klägers)**
Prozessbevollmächtigter: ......
gegen
den ...... **(Beklagten)**
wegen

Widerrufs

Vorläufiger Streitwert: EUR 4.000,–[3, 4].

Namens und in Vollmacht des Klägers erhebe ich Klage und werde beantragen:
Der Beklagte wird verurteilt, seine gegenüber der Firma X. im Schreiben vom 2. März ...... aufgestellte Behauptung, der Kläger sei „zahlungsunfähig", durch schriftliche Erklärung gegenüber der Firma X. zu widerrufen[5, 6].

Anmerkungen

1. Die Klage auf Widerruf unwahrer Tatsachenbehauptungen nach § 824 BGB ist ein Spezialfall der allgemeinen Beseitigungsklage (zum allgemeinen Beseitigungsanspruch

vgl. Palandt/*Sprau,* 68. Aufl., Einf. v. § 823 Rdn. 28ff. vor § 823 BGB; zum Anspruch auf Gegendarstellung nach den Pressegesetzen der Länder: vgl. Form. II. O. 1ff.). Ansprüche auf Widerruf aus anderen Rechtsgrundlagen werden dadurch nicht verdrängt. Von Bedeutung sind bei ehrverletzenden Behauptungen vor allem Ansprüche nach §§ 823 Abs. 2 BGB iVm. 185ff. StGB (vgl. Anm. 6). Die Rechtsprechung hat „in Anlehnung an § 1004 BGB und verwandte Bestimmungen" den Grundsatz entwickelt, dass der Betroffene vom Störer die Berichtigung einer unwahren Tatsachenbehauptung verlangen kann (BGH NJW 2008, 2262ff; BGH NJW 1995, 861; BGH NJW-RR 1987, 754). Die Berichtigung kann entweder in der Form des Widerrufs und auch im Wege der Richtigstellung erfolgen (BVerfG 1999, 185, 199 = NJW 1999, 1322; BGH NJW 198, 1223). Neben unwahren Tatsachenbehauptungen kommt ein Widerrufsausspruch bei wertenden Äußerungen dann in Frage, wenn der Tatbestand der sog. „Schmähkritik" erfüllt ist. Neben der Widerrufsklage kommt auch die Unterlassungsklage – ggf. können beide Anträge in einer Klage verbunden werden – in Betracht (vgl. hierzu Form. II. E. 3). Darüber hinaus kann eine Klage auf Ersatz materiellen Schadens in Frage kommen. Ein Anspruch auf Ersatz immateriellen Schadens ist ebenfalls denkbar, vgl. hierzu *Prinz* NJW 1996, 953; *Frömming/B. Peters* NJW 1996, 958; *Steffen* NJW 1997, 10; BGH NJW 1995, 861; NJW 2000, 2195 und Form. II. E. 8 Anm. 11).

Auf § 824 BGB kann ein Widerrufsanspruch wegen falscher Tatsachenbehauptungen außerhalb des Wettbewerbs gestützt werden. Für Geschäftsehrverletzung und Anschwärzung im Wettbewerb kommen Ansprüche nach §§ 8 Abs. 1 iVm. 4 Nr. 7, 8 UWG nF. in Frage. Von § 1 UWG ist dabei nicht nur die Unterlassung und der Widerruf geschäftlich unrichtiger Behauptungen bei Fahrlässigkeit erfasst, sondern sogar bei Schuldlosigkeit (*Baumbach/Hefermehl,* 27. Aufl. § 8, 1.2).

2. Neben dem allgemeinen Gerichtsstand (§§ 12–19 ZPO) ist der Gerichtsstand der unerlaubten Handlung (§ 32 ZPO) gegeben.

3. Sachlich zuständig ist das Amtsgericht, soweit der Streitwert nicht über EUR 5.000,– liegt.

4. Ein Regelstreitwert ist im GKG für diese Fälle nicht mehr vorgesehen (vgl. iE. Form. II. E. 3 Anm. 4).

5. Voraussetzungen für den Widerrufsanspruch sind im Einzelnen:

a) Nach § 824 BGB ist eine Tatsachenbehauptung erforderlich. Es genügt nicht, wenn es sich um die Äußerung einer (subjektiven) Meinung, eines Werturteils, handelt, da deren Wahrheitsgehalt im Beweisweg objektiv nicht überprüft werden kann (ständ. Rechtsprechung, vgl. BGH NJW 2006, 830; BGH NJW 1982, 2246; BGH NJW 1993, 930; BGH NJW-RR 1994, 1242 und 1246, auch zur Abgrenzung von Tatsachenbehauptungen und Werturteilen; BGH NJW 1998, 1223; Palandt/*Sprau* § 824 Rdn. 2 ff.; BGH NJW 2006, 830). Sind mehrere Deutungen bei den verwendeten Begriffen möglich, ist bei der Bewertung diejenge zugrunde zulegen, die für den Äußernden günstiger und für den Betroffenen weniger belastend ist (BGH NJW 2004, 598; dies gilt jedoch nicht bei Unterlassungsbegehren: BVerfG NJW 2006, 207 und 3769). Die Verwendung juristischer Begriffe ist im Regelfall nicht automatisch eine Tatsachenbehauptung. Vielmehr liegt darin nur dann eine Tatsachenbehauptung, wenn die Äußerung nicht als bloße Rechtsauffassung erkennbar wird, sondern sich dem Adressaten auch als Tatsachenmitteilung darstellt (BVerfG NJW 2008, 358). Der Widerrufsanspruch ist nur zur Richtigstellung falscher Tatsachenbehauptungen, nicht bei schuldhafter Verletzung der Ehre oder Eingriff in den ausgeübten und eingerichteten Gewerbebetrieb gegeben (BGH NJW 1965, 35/36). In diesen Fällen kann aber ein Unterlassungsanspruch gegeben sein (vgl. Palandt/*Sprau* Einf. v. § 823 Rdn. 32 und zur Unterlassungsklage Form. II. G. 11 u. Form. II. E. 3). Der Widerruf kann auch bei Äußerungen im „kleinen Kreis" und gegenüber Personen verlangt werden, die sich die Äußerungen zu Eigen gemacht haben (BGH VersR 1984, 267). Ein Anspruch besteht auch gegen Redakteure und Verleger neben dem presserechtlichen Recht auf Gegendarstellung (vgl. OLG Düsseldorf VersR 1985, 247). Der Beschuldigte eines Strafverfahrens kann von einem in dem Verfahren vernommenen Zeugen Widerruf seiner Aussage im Verfahren vor den Zivilgerichten nicht verlangen. Auch einer Klage auf Geldentschädigung fehlt das Rechtsschutzbedürfnis, solange das Strafverfahren nicht abgeschlossen ist (BGH JZ 1986, 1057 m. Anm. *Walter*).

b) Die Unwahrheit der Tatsachenbehauptung muss festgestellt werden (vgl. Palandt/*Sprau* § 824 Rdn. 7, Einf. v. § 823 Rdn. 32, ebenso zur Frage, wann statt Widerruf Richtigstellung oder Ergänzung verlangt werden kann; vgl. zu letzterem und zu den verschiedenen Formen des Widerrufs auch Form. II. P. 13 ff.). Bei der Ermittlung des Inhalts der Äußerung muss der Kontext berücksichtigt werden. Herauslösen und isolierte Betrachtung von Teilen ist unzulässig (BGH NJW 2002, 1192, 1193). Es ist der vollständige Aussagegehalt im Gesamtzusammenhang unter Berücksichtigung des/der jeweiligen Adressaten zu ermitteln (BVerfG NJW 1999, 2262, 2263; NJW 2004, 277, 278). Bei verschiedenen Deutungsmöglichkeiten ist die für den Äußernden günstigere Auslegung, die den Betroffenen weniger beeinträchtigt, zugrunde zu legen (BGH NJW 2004, 598, dies gilt nicht bei Unterlassungsansprüchen: BVerfG NJW 2006, 207 und 3769). Die Beweislast für die Unwahrheit trifft den Verletzten. Der Beweis erübrigt sich nur in Ausnahmefällen (vgl. Palandt/*Sprau* § 824 Rdn. 13; vgl. auch unten Anm. 6).

c) Die unwahre Tatsachenbehauptung muss eine Kreditgefährdung mit sich bringen. Geschützt ist nur die Gefährdung und unmittelbare Beeinträchtigung wirtschaftlicher Interessen. Für reine Ehrverletzungen können §§ 823 Abs. 2 BGB iVm. 185 ff. StGB in Frage kommen (vgl. Anm. 6). Der Schutz nach § 824 BGB besteht nur dann, wenn die unwahre Behauptung geschäftliche Entschließungen gegenwärtiger und künftiger Geschäftspartner des Betroffenen beeinflussen können (BGH NJW 1984, 1607). Dies ist zB. bei folgender Behauptung zu bejahen: „Die Masche der X.: Mit Verlogenheit zum Geld!" (BGH NJW 1988, 1589).

d) Weitere Voraussetzung ist die Rechtswidrigkeit künftiger Störungen (vgl. zur Wahrnehmung berechtigter Interessen § 824 Abs. 2 BGB; hierzu Palandt/*Sprau* § 824 Rdn. 9 ff.).

e) Schließlich ist Verschulden, zumindest in Form der Fahrlässigkeit, erforderlich. Auch hierfür trifft den Verletzten die Beweislast (Palandt/*Sprau* § 824 Rdn. 10).

6. Neben § 824 BGB geben §§ 823 Abs. 2 BGB iVm. 185 ff. StGB häufig eine Anspruchsgrundlage für einen Widerrufsanspruch her. Von großer praktischer Bedeutung kann hier vor allem § 186 StGB werden, weil hiernach der Schädiger die Beweislast für die Wahrheit einer ehrverletzenden Behauptung hat. Dies gilt allerdings nicht, wenn sich der Schädiger auf Wahrnehmung berechtigter Interessen berufen kann (BGH NJW 1985, 1621).

5. Klage bei Beschädigung oder Verletzung durch Gebäude (§ 836 BGB)

An das
Landgericht[1]

Klage

des ...... (Klägers)
Prozessbevollmächtigter: ......
gegen
den ...... (Beklagten)
wegen

Schadensersatz

Vorläufiger Streitwert	für Klageantrag Ziff. I:	EUR 3.200,–
	für Klageantrag Ziff. II:	EUR 9.500,–
	für Klageantrag Ziff. III:	EUR 20.000,–
		EUR 32.700,–.

Namens und in Vollmacht des Klägers erhebe ich Klage und werde beantragen:

I. Der Beklagte wird verurteilt, an den Kläger EUR 3.200,–[2] nebst 5%-Punkten Zinsen über dem Basiszinssatz seit Rechtshängigkeit zu bezahlen.
II. ......[3]
III. ......[4]

Begründung:

Der Kläger macht Schadensersatzansprüche gegen den Beklagten aus einem Unfall geltend, der im Hause des Beklagten in ...... am ...... geschehen ist.

1. Am fraglichen Tag war der Kläger zu Besuch bei seiner Tochter und seinem Schwiegersohn, die Mieter der im OG des Hauses des Beklagten gelegenen Wohnung sind. Zu dieser Wohnung gehört eine damals noch nicht vollständig fertiggestellte Loggia. Es fehlten noch der Bodenbelag sowie das Holzgeländer. Zur provisorischen Absicherung der Loggia hatte der Beklagte zwei Reihen etwa 10 cm starker Bretter von außen an zwei Stützbalken angenagelt.

   Beweis: Zeugnis der Frau N.; des Herrn N.

   Der Kläger trat gegen 16 Uhr auf die Loggia, um frische Luft zu schöpfen. Dabei wurde dem Kläger plötzlich schwarz vor Augen. Als er am oberen Brett der provisorischen Brüstung Halt suchte, löste sich dieses. Der Kläger verlor das Gleichgewicht und stürzte in die Tiefe.

   Beweis: Zeugnis der Frau N.;
   Zeugnis des Herrn N.

2. Der Beklagte hat den dem Kläger entstandenen Schaden nach § 836 BGB zu ersetzen[6]. Die Bretter waren nicht geeignet, irgendeine Belastung auszuhalten, da die Nägel nur 2 cm tief in das Holz der Stützbalken eingeschlagen waren.

   Beweis: Zeugnis der Frau N.;
   Zeugnis des Herrn N.

   Ein Hinweis des Beklagten an seine Mieter auf die Unbenutzbarkeit der Loggia ist nicht erfolgt.

   Beweis: unter Verwahrung gegen die Beweislast:
   Zeugnis der Frau N.;
   Zeugnis des Herrn N.

Dabei war für den Kläger trotz der noch nicht vollständigen Fertigstellung der Loggia nicht erkennbar, dass die Bretter nur eine optische Begrenzung und keine Absicherung darstellen sollten[7].

3. Dem Kläger ist durch den Unfall folgender Schaden entstanden[8]:

Anmerkungen

1. Neben dem allgemeinen Gerichtsstand (§§ 12–19 ZPO) ist der Gerichtsstand der unerlaubten Handlung (§ 32 ZPO) gegeben, der hier am Ort des Grundstücks ist. Zur sachlichen Zuständigkeit vgl. Form. II. E. 1. Anm. 2.

2. Zum Zahlungsantrag vgl. Form. II. E. 1. Zum Zinsanspruch vgl. Form. II. E. 1. Anm. 3.

3. Zum Schmerzensgeldantrag vgl. Form. II. E. 8.

4. Zum Feststellungsantrag vgl. Form. II. E. 1 und Form. II. E. 8; da im vorliegenden Fall ein Mitverschulden in Frage kommt, ist dies aus Kostengründen im Antrag bereits zu berücksichtigen, vgl. Form. II. E. 14 u. Form. II. E. 2 Anm. 3.

5. Der vorliegende Sachverhalt entspricht dem einer Entscheidung des BGH (NJW 1985, 1076) zugrunde liegenden.

6. Die Vorschrift des § 836 BGB regelt einen speziellen Fall der Verkehrssicherungspflicht (zur allgemeinen Verkehrssicherungspflicht vgl. Form. II. E. 2). Hierher gehören häufig vorkommende Beschädigungen und Verletzungen, die infolge Unwetters oder Sturms von Gebäudeteilen angerichtet werden. Die Dachlawine aus Eis oder Schnee fällt allerdings nicht unter § 836 BGB (vgl. BGH NJW 1955, 300; OLG Saarbrücken VersR 1985, 299). Zur Substantiierung der Klage ist Folgendes zu beachten:

a) Es muss sich entweder um einen Einsturz eines Gebäudes bzw. Gebäudeteils oder eines anderen mit einem Grundstück verbundenen Werks (zB. Bahndamm, Öltank, eine im Boden verankerte Kinderschaukel [vgl. OLG Celle VersR 1985, 345], einen auf Schienen laufenden Turmdrehkran [OLG Hamm VersR 1997, 194], ein Baugerüst [BGH VersR 1997, 835], Messezelt [OLG Rostock NJW-RR 2004, 825], Traggerüst für Zuschauer in Zirkus [OLG Hamm NJW-RR 2002, 92] oä.) handeln, oder es muss eine Ablösung eines Gebäudeteils, der eine feste Verbindung mit dem Gebäude hat, vorliegen (zur Frage, ob eine Duschkabine ein Gebäudeteil sein kann vgl. BGH VersR 1985, 666; zur Frage, ob bei Ablösung von Dachpappe eines Flachdachs ein Gebäudeteil betroffen ist vgl. BGH NJW 1993, 1782).

b) Der Einsturz oder die Ablösung müssen Folgen fehlerhafter Errichtung oder mangelhafter Unterhaltung sein. Außergewöhnliche Naturereignisse, wie ein Jahrhundertunwetter oder -sturm, führen also nicht zur Haftung (Palandt/*Sprau,* 68. Aufl., § 836 Rdn. 9, 13). Die Beweislast für Fehler bzw. Pflichtverletzung und Ursächlichkeit liegt beim Geschädigten (BGH NJW 1999, 2593). Im Hinblick auf das Verschulden hat der Eigenbesitzer den Entlastungsbeweis zu führen (vgl. unten Anm. 6e). UU. kommt auch der Anscheinsbeweis in Betracht, wenn sich bei Witterungseinflüssen, mit denen gerechnet werden konnte, ein Teil ablöst (BGH NJW 1999, 2593; OLG Rostock NJW-RR 2004, 825).

c) Weitere Voraussetzung ist ein ursächlicher Zusammenhang zwischen Einsturz bzw. Ablösung und Schaden.

d) Passiv legitimiert ist der Eigenbesitzer, nicht der Eigentümer. Die bloße Vermietung lässt die Sicherheitspflicht aber noch nicht auf den Mieter übergehen (BGH NJW 1985, 1076).

e) Das Verschulden wird vermutet. Der Eigenbesitzer kann sich ggfs. entlasten (vgl. iE. OLG Hamm NJW-RR 1995, 1230; Palandt/*Sprau,* 68. Aufl., § 836 Rdn. 13, vgl. für einen Fall mangelnder Unterhaltung: OLG Düsseldorf NJW-RR 2003, 885; OLG Köln VersR 2005, 512).

7. Die „Gefahr warnte also nicht vor sich selbst“ (BGH NJW 1985, 1076 [1077]). Dennoch kommt im vorliegenden Fall ein Mitverschulden in Betracht, was vom BGH im Urteil des OLG nicht beanstandet wurde. Dies muss in den Klaganträgen berücksichtigt werden (vgl. Anm. 4).

8. Es folgt hier der Vortrag zum Schaden entsprechend Form. II. E. 1 und Form. II. E. 8.

6. Klage auf Geldrente[1] (§ 843 BGB)

An das
Landgericht[2]

Klage

der …… **(Klägerin)**
Prozessbevollmächtigter: ……

gegen

1. den ……
2. die ……-Versicherungs-AG,
vertreten durch den Vorstand, ……[3] **(Beklagte)**

wegen

Geldrente.

Streitwert für Antrag Ziff. I:	**EUR 900,–**
Streitwert für Antrag Ziff. II:	**EUR 60.000,–[4]**
Streitwert für Antrag Ziff. III:	**EUR 5.000,–[4]**
	EUR 65.900,–[5]

Namens und in Vollmacht der Klägerin erhebe ich Klage und werde beantragen:

I. Die Beklagten werden als Gesamtschuldner[6] verurteilt, an die Klägerin EUR 900,–[7] nebst 5% Zinsen über dem Basiszinssatz seit 1. 2. …… zu bezahlen.

II. Die Beklagten werden als Gesamtschuldner verurteilt, an die Klägerin ab 1. April …… eine vierteljährlich vorauszahlbare monatliche[7] Rente[8] in Höhe von EUR 1.000,–[9, 10] jeweils im Voraus zum 1. 1., 1. 4., 1. 7. und 1. 10. eines jeden Jahres bis zum 31. 12. …… (65. Lebensjahr[11] der Klägerin) zu bezahlen.

III. Es wird festgestellt[12, 13], dass die Beklagten als Gesamtschuldner verpflichtet sind, der Klägerin sämtliche weiteren Schäden, die ihr in Zukunft aus dem Verkehrsunfall vom 1. 2. …… auf der K-Straße in P. entstehen, zu ersetzen, soweit die Ansprüche nicht auf Sozialversicherungsträger oder sonstige Dritte übergehen[14].

Begründung:

Die Klägerin macht Schadensersatzansprüche aus einem Verkehrsunfall vom 1. 2. …… auf der K-Straße in P. geltend. Der Beklagte Ziff. 1 ist Halter und Fahrer des unfallbeteiligten Fahrzeugs, die Beklagte Ziff. 2 seine Haftpflichtversicherung.

1. Der Unfall ereignete sich wie folgt: Die Klägerin war am 1. 2. …… gegen 17 Uhr auf dem Gehweg neben der ortsauswärts führenden Fahrbahn der K-Straße in P. unter-

wegs. Der Beklagte Ziff. 1 kam mit seinem Fahrzeug infolge überhöhter Geschwindigkeit in einer Linkskurve nach rechts von der Fahrbahn ab und geriet auf den Gehweg. Dort erfasste das Fahrzeug die Klägerin. Die Klägerin wurde zu Boden geworfen und schwer verletzt.

Beweis: Akten des Amtsgerichts ...... in der Strafsache gegen den Beklagten Ziff. 1 wegen fahrlässiger Körperverletzung, Aktenzeichen ......, deren Beiziehung und Verwertung hiermit beantragt wird; Zeugnis des ......

Die Klägerin entbindet hiermit den Sachverständigen von seiner ärztlichen Schweigepflicht.

2. Durch den Unfall erlitt die Klägerin als schwerwiegendste Verletzung einen Hüftgelenkspfannenbruch rechts, deren Folge eine Coxarthrose im Hüftgelenk mit Bewegungseinschränkung sein wird.

Beweis: Ärztliches Gutachten des Dr. med. ...... in Anlage; Sachverständigengutachten.

3. Die Klägerin ist ...... Jahre alt und Hausfrau[15]. Sie führt einen Haushalt mit 4 Personen, bestehend aus dem Ehemann und zwei Kindern im Alter von 10 bzw. 12 Jahren. Infolge der beim Unfall erlittenen Hüftgelenksverletzungen ist die Klägerin auf Dauer nicht mehr in der Lage, länger als 10 Minuten zu stehen.

Beweis: Ärztliches Gutachten des Dr. med. ...... in Anlage; Sachverständigengutachten.

Die Klägerin kann deshalb nur noch diejenigen Hausarbeiten erledigen, die im Sitzen ausgeführt werden können, und bedarf aus diesem Grund einer Haushaltshilfe[16].

4. Zur Höhe des geltend gemachten Rentenanspruchs ist Folgendes vorzutragen[7, 9]: ......

5. Da die künftige Entwicklung der Verletzung der Klägerin noch nicht abzusehen ist und die Gefahr einer vollständigen Lähmung der rechten Hüfte besteht, ist im Augenblick noch nicht zu übersehen, ob weitere Schäden entstehen. Der Feststellungsantrag ist deshalb erforderlich[12].

Anmerkungen

1. Anspruch auf Geldrente besteht auch in den Fällen der § 13 StVG, § 7 HaftpflG, § 38 LuftVG. § 843 BGB unterscheidet zwischen der Rente aufgrund des Verlustes bzw. Minderung der Erwerbsfähigkeit und der Rente aufgrund einer Vermehrung der Bedürfnisse. Letztere soll den Zweck haben, die Nachteile auszugleichen, die den Verletzten aufgrund der dauernden Beeinträchtigung seines körperlichen Wohlbefindens entstehen (BGH NJW-RR 2004, 671).

2. Zur örtlichen und sachlichen Zuständigkeit vgl. Form. II. E. 1 Anm. 1, 2; zum Streitwert vgl. Anm. 4.

3. Vgl. Form. Haftpflichtklage bei Verkehrsunfall Form. II. E. 13 Anm. 3–5.

4. Angegeben wird hier zweckmäßigerweise nur der für die Gebühren maßgebende Streitwert (Gebührenstreitwert). Aus diesem Streitwert errechnet sich der vom Kläger vorzulegende Gebührenvorschuss. Der Gebührenstreitwert ist im vorliegenden Fall der 5-fache Betrag des einjährigen Bezuges der Rente (§ 42 Abs. 2 GKG). Der Streitwert für die Zuständigkeit und für ein etwaiges Rechtsmittel richtet sich nach § 9 ZPO. Zum Streitwert für den Feststellungsantrag vgl. Form. II. E. 1 Anm. 2.

5. Die Einzelstreitwerte sind zu addieren (§ 5 ZPO).

6. Vgl. Form. Form. II. E. 13 Anm. 7.

7. Die Rente ist im Voraus für 3 Monate fällig, vgl. §§ 843 Abs. 2, 760 BGB. Der Kläger kann deshalb – muss aber nicht – Zahlung vierteljährlich im Voraus verlangen.

8. Der Geschädigte kann auch eine Kapitalabfindung verlangen, wenn ein wichtiger Grund vorliegt (vgl. § 843 Abs. 3 BGB); hierzu zB BGH VersR 1981, 283 m. Anm. *Nehls; ders.*, VersR 1981, 407; *Geigel*, 25. Aufl., Kap. 4, Rdn. 150 ff.; *Schmid* DAR 1981, 129; *Schneider* VersR 1981, 1110; *Schlund* VersR 1981, 401; nur *Küppersbusch*, 6. Aufl., 2006 und unten Anm. 9.

9. Die Höhe der Rente bemisst sich im Fall der Erwerbsrente nach dem bisherigen durchschnittlichen Entgelt. Umstritten ist, ob vom Bruttolohn (unter Berücksichtigung von Abzügen) oder vom Nettolohn (mit Hinzurechnungen) auszugehen ist, abzüglich desjenigen Einkommens, das dem Geschädigten in der anderen Stellung zufließt (vgl. MünchKommBGB/*Wagner*, 5. Aufl., § 842/843 Rdn. 33 ff.). Nach der Rechtsprechung des BGH stehen Brutto- und Nettolohnmethode (modifizierte Nettolohnmethode) grundsätzlich gleichrangig nebeneinander (BGHZ 127, 391 = NJW 1995, 389). Wird von entgangenem Bruttoverdienst ausgegangen, sind schadenbedingte Steuerersparnisse abzusetzen, wenn nicht gerade der Zweck der Steuervergünstigung solcher Entlastung entgegenstand (vgl. BGH VersR 1986, 162; BGH NZV 1995, 63). Derartige Steuerersparnisse können sich daraus ergeben, dass eine dem Geschädigten zufließende Sozialrente nur mit ihrem Ertragsanteil der Einkommensteuer unterliegt (BGH VersR 1988, 464). Schwierigkeiten können sich hinsichtlich der Darlegung der Steuerersparnisse ergeben (zur Darlegungs- und Beweislast vgl. BGH JZ 1987, 574). Auf den Schadensersatzanspruch wegen Beeinträchtigung ihrer Fähigkeit zur Haushaltsführung (einschließlich Versorgung eines Kindes) muss sich eine verletzte Mutter und Ehefrau eine von der Berufsgenossenschaft an sie bezahlte Verletztenrente insoweit anrechnen lassen, als der Ersatzanspruch die Haushaltsführung für Mann und Kind betrifft, wobei dieser Aufwand in der Regel nach der Zahl der zum Haushalt gehörenden Personen abzugrenzen ist (BGH VersR 1985, 356; zum Fall der Haushaltstätigkeit vgl. auch BGH NJW-RR 1990, 34; hinsichtlich der Rente eines Minderjährigen vgl. BGH VersR 1990, 907). Bei Einstellung einer Ersatzkraft ist der Bruttolohn heranzuziehen (BGH NJW 1983, 1425). Bei nur fiktiver Berechnung des Lohns einer Haushaltshilfe kommt es auf den fiktiven Nettolohn an (BGH NJW-RR 1992, 792 = VersR 1992, 618). Überobligationsmäßige Anstrengungen des Geschädigten zur Erzielung eines Einkommens mindern den Rentenanspruch nicht (BGH NJW 1994, 131). Statt der Rente kann bei Vorliegen eines wichtigen Grundes auch eine Kapitalabfindung verlangt werden (§ 843 Abs. 3 BGB). Die Rechtsprechung lässt sogar eine Kombination von Rente – für einige Jahre – und Abfindung – für die Zeit danach – zu (RG Recht 1917, Nr. 1631); vgl. auch Anm. 8.

10. Eine spätere Abänderung des Rentenbetrages ist nach § 323 ZPO möglich (vgl. auch Anm. 12).

11. Eine Verdienstausfallrente ist auf die voraussichtliche Dauer der Erwerbstätigkeit zu begrenzen, also bei Männern regelmäßig auf das 65. Lebensjahr (BGH VersR 1988, 464; BGH NJW-RR 1995, 1272). Dies gilt auch für Frauen (BGH NJW 1995, 3313). Die Seite, die eine vom Regelfall abweichenden, für sie günstigeren Zeitpunkt behauptet, hat die entsprechenden Umstände im Bestreitensfall zu beweisen (Palandt/*Sprau*, 68. Aufl., § 843 Rdn. 10). Die Begrenzung ist bereits im Klagantrag zu berücksichtigen. Im vorliegenden Fall ist die Rente auf das 65. Lebensjahr der Klägerin beschränkt.

12. Das nach § 256 ZPO erforderliche Feststellungsinteresse ist gegeben, wenn die künftige Entwicklung noch nicht zu übersehen ist, zB. ob der Kläger völlig arbeitsunfähig werden wird und im Zusammenhang damit weitere von der Geldrente unabhängige Schäden entstehen (vgl. iü. Form. II. E. 13 Anm. 8, auch zum erfassten Schaden, sowie Form. II. E. 1 Anm. 11; zum Streitwert für den Feststellungsantrag vgl. Form. II. E. 1 Anm. 2).

13. Die Feststellungsklage ist nur insoweit zulässig, als nicht die Abänderung der Geldrente betroffen ist, da hierfür die Abänderungsklage nach § 323 ZPO zur Verfügung steht (vgl. BGH NJW 1961, 871). Zur Abänderungsklage vgl. Form. I. P. 4.

14. Zur Frage des Forderungsübergangs bei Leistungen der Sozialversicherungsträger und anderer Dritter vgl. Form. II. E. 1 Anm. 5 f. und II. E. 13 Anm. 10.

15. Auch der Hausfrau steht ein Rentenanspruch nach § 843 BGB zu (BGH NJW 1974, 41; BGH NJW-RR 1990, 34). Erwerbstätigkeit ist auch die Arbeitsleistung im Haushalt, soweit sie der Erfüllung der gesetzlichen Unterhaltspflicht dient (BGH aaO.; BGH NJW 1997, 256).

16. Die Kosten für die Haushaltshilfe sind unabhängig davon zu ersetzen, ob tatsächlich eine solche in Anspruch genommen wurde (BGH NJW-RR 1992, 792 = VersR 1992, 618). Basis für die Schadensberechnung ist hier der fiktive Nettolohn (BGH aaO.).

17. Bei einer nichtehelichen Lebensgemeinschaft scheidet ein Rentenanspruch wegen fehlender Unterhaltspflicht aus (OLG Düsseldorf VersR 1992, 1418; aA: OLG Zweibrücken FamRZ 1994, 955).

7. Klage auf Schadensersatz in Form einer Geldrente wegen Tötung des Unterhaltspflichtigen[1] (§ 844 Abs. 2 BGB)

An das
Landgericht[2, 3]

Klage

der 1. ……
2. ……
3. …… **(Kläger)**

Prozessbevollmächtigter: ……

gegen

den …… **(Beklagten)[13]**

wegen

Schadensersatz

Vorläufiger Streitwert[4] für Antrag Ziff. I 1:	**EUR**	**60.000,–**
für Antrag Ziff. I 2:	**EUR**	**2.000.–**
für Antrag Ziff. I 3:	**EUR**	**5.000,–**
für Antrag Ziff. II 1:	**EUR**	**18.000,–**
für Antrag Ziff. II 2:	**EUR**	**600,–**
für Antrag Ziff. II 3:	**EUR**	**5.000,–**
für Antrag Ziff. III 1:	**EUR**	**18.000,–**
für Antrag Ziff. III 2:	**EUR**	**600,–**
für Antrag Ziff. III 3:	**EUR**	**5.000,–**
	EUR	**114.200,–**

Namens und in Vollmacht der Kläger erhebe ich Klage und werde beantragen:

I. 1. Der Beklagte wird verurteilt, an die Klägerin Ziff. 1 eine monatliche Geldrente in Höhe von EUR 1.000,–, beginnend am 1. Juli ……, jeweils vierteljährlich im Voraus zum 1. 1., 1. 4., 1. 7. und 1.10 eines jeden Jahres[5], bis 31. Dezember ……[6] zu bezahlen[7].

2. Der Beklagte wird verurteilt, an die Klägerin Ziff. 1 EUR 2.000,– nebst 5% Zinsen über dem Basiszinssatz aus EUR 1.000,– vom 2. 5. ...... bis 1. 6. ...... und aus EUR 2.000,– seit 2. 6. ...... zu bezahlen[8].
3. Es wird festgestellt[7], dass der Beklagte verpflichtet ist, der Klägerin Ziff. 1 jeden weiteren, über die Anträge Ziff. 1 und 2 hinausgehenden Unterhaltsschaden aus dem Verkehrsunfall vom 25. 3. ...... in ...... zu ersetzen.

II. 1. Der Beklagte wird verurteilt, an den Kläger Ziff. 2[9] eine monatliche Geldrente, deren Höhe in das Ermessen des Gerichts gestellt wird[10], beginnend am 1. Juli ......, jeweils vierteljährlich im Voraus zum 1. 1., 1. 4., 1. 7. und 1. 10. eines jeden Jahres[5], bis zur Vollendung des 18. Lebensjahres[6] des Klägers Ziff. 2 zu bezahlen.
2. Der Beklagte wird verurteilt, an den Kläger Ziff. 2 die rückständige Geldrente für die Monate Mai und Juni ......, deren Höhe in das Ermessen des Gerichts gestellt wird, nebst 5% Zinsen über dem Basiszinssatz seit dem jeweiligen 2. der Monate zu bezahlen.
3. Es wird festgestellt[7], dass der Beklagte verpflichtet ist, dem Kläger Ziff. 2 sämtlichen weiteren, über die Anträge Ziff. 1 und 2 hinausgehenden Unterhaltsschaden aus dem Verkehrsunfall vom 25. 3. ...... in ...... zu ersetzen.

III. 1. Der Beklagte wird verurteilt, an den Kläger Ziff. 3 eine monatliche Geldrente von EUR 300,–, beginnend am 1. Juli......, jeweils vierteljährlich im Voraus zum 1. 1., 1. 4., 1. 7. und 1. 10. eines jeden Jahres[5], bis zur Vollendung des 18. Lebensjahres[6] des Klägers Ziff. 3 zu bezahlen.
2. Der Beklagte wird verurteilt, an den Kläger Ziff. 3 EUR 600,– nebst 5% Zinsen über dem Basiszinssatz aus EUR 300,– vom 2. 5. ...... bis 1. 6. ...... und aus EUR 600,– seit 2. 6. ...... zu bezahlen.
3. Es wird festgestellt[7], das der Beklagte verpflichtet ist, dem Kläger Ziff. 3 sämtlichen weiteren, über die Anträge Ziff. 1 und 2 hinausgehenden Unterhaltsschaden aus dem Verkehrsunfall vom 25. 3. ...... in ...... zu ersetzen.

Begründung:

Die Kläger machen Schadensersatzansprüche aus einem Verkehrsunfall vom 25. 3. ...... geltend. Der Beklagte ist Halter und Fahrer des Fahrzeugs mit dem Kennzeichen ......[13]. Durch den Unfall wurde der Ehemann der Klägerin Ziff. 1 und Vater der Kläger Ziff. 2 und 3 getötet[11]. Mit der vorliegenden Klage machen die Kläger Schadensersatzansprüche nach § 844 Abs. 2 BGB geltend[12].

1. Der Verkehrsunfall ereignete sich wie folgt: Der Mann bzw. Vater der Kläger fuhr mit seinem Pkw auf der X-Straße in Y. mit der zulässigen Höchstgeschwindigkeit von 50 km/h. Der Beklagte kam mit seinem Pkw entgegen. In einer Rechtskurve kam er mit seinem Fahrzeug nach links über die Mittellinie und geriet auf die Fahrbahn des Mannes bzw. Vaters der Kläger. Die beiden Fahrzeuge stießen frontal zusammen.

   Beweis: Akten des Amtgerichts ...... in der Strafsache gegen den Beklagten, deren Beiziehung und Verwertung hiermit beantragt wird.

   Der Mann bzw. Vater der Kläger erlitt durch den Unfall einen Schädelbasisbruch. An dessen Folgen verstarb er noch am gleichen Tag im Kreiskrankenhaus ......

   Beweis: Gutachten des Dr. med. ......; Sachverständiges Zeugnis des Dr. med. ......; Sachverständigengutachten.

   Der Beklagte haftet den Klägern gemäß §§ 823 Abs. 1, 844 Abs. 2 BGB auf Schadensersatz.

2. Der verstorbene Mann bzw. Vater der Kläger war zum Unfallzeitpunkt 55 Jahre alt. Er arbeitete bei der Firma ...... als kaufmännischer Angestellter und sorgte mit sei-

nem Einkommen für den Familienunterhalt. Er war bei bester Gesundheit und hätte nach den derzeitigen Erwartungen das 70. Lebensjahr erreicht[6].

Beweis: Zeugnis des Dr. med. ……;
Sachverständigengutachten.

Das Nettoeinkommen des verstorbenen Mannes bzw. Vaters der Kläger bei der Firma …… betrug EUR 1.800,– monatlich im Durchschnitt.

Beweis: Bescheinigungen der Firma …… für den Lohn betreffend die Monate Januar …… bis März …… in Anlage.

Er erhielt ferner eine Rente, die aus Anlass eines Berufsunfalls von der Berufskrankenkasse seit 1. 1. …… in Höhe von EUR 500,– monatlich bezahlt wurde.

Beweis: Rentenbescheid …… in Anlage; Überweisungsbeleg …… in Anlage.

Die Kläger waren gegenüber dem Verstorbenen unterhaltsberechtigt[14].

3. Zur Höhe des Unterhaltsanspruchs und zur Höhe des Schadensersatzanspruchs[15] der Kläger ist Folgendes vorzutragen:

a) Die Klägerin Ziff. 1 ist 55 Jahre alt und Hausfrau. Einen Beruf hat sie nicht erlernt. Sie hat seit der Eheschließung mit ihrem verstorbenen Mann im Jahre …… keine berufliche Tätigkeit mehr ausgeübt, sondern den Haushalt versorgt[16].

Der Schadensersatzanspruch der Klägerin Ziff. 1 errechnet sich wie folgt:

Monatliches Nettoeinkommen des Verstorbenen	**EUR 1.800,–**
zuzüglich Berufsunfähigkeitsrente[17]	**EUR 500,–**
	EUR 2.300,–.
Hiervon gehen ab die fixen Haushaltskosten[18] in Höhe von	**EUR 300,–,**
sodass ein frei verfügbares Familieneinkommen von verbleibt.	**EUR 2.000,–**
Davon entfallen auf den Verstorbenen und die Klägerin Ziff. 1, da noch zwei weitere unterhaltspflichtige Kinder vorhanden sind, jeweils 35%[19]. Der Klägerin Ziff. 1 steht damit der Anteil von	**EUR 700,–**
zu. Hinzu kommen die fixen Unkosten in Höhe von	**EUR 300,–,**
sodass sich der Gesamtbetrag von	**EUR 1.000,–**
ergibt.	

Anrechnungsfähiges Vermögen oder Einkünfte hieraus oder Leistungen Dritter, die anrechenbar wären, fließen der Klägerin Ziff. 1 nicht zu[20].

b) Der Kläger Ziff. 2 ist 13 Jahre alt und Schüler. Der Kläger Ziff. 3 ist 12 Jahre alt und ebenfalls Schüler. Von dem der Familie zustehenden Unterhalt entfielen auf die Kläger Ziff. 2 und 3 jeweils 15%[19]. Damit stehen dem Kläger Ziff. 2 und dem Kläger Ziff. 3 monatlich jeweils EUR 300,– als Schadensersatz zu, da anrechnungsfähige Leistungen Dritter oder anrechenbares Vermögen bzw. Erträgnisse hieraus nicht vorliegen. Der Kläger Ziff. 2 stellt die Höhe des Schadensersatzes in das Ermessen des Gerichts, hält aber EUR 300,– als monatlichen Mindestbetrag für angemessen[10].

Anmerkungen

1. Neben dem Anspruch nach § 844 Abs. 2 BGB kann ein Schadensersatzanspruch der Erben (vgl. § 1968 BGB) wegen der Beerdigungskosten bestehen (§ 844 Abs. 1 BGB), der mit der bezifferten Leistungsklage geltend gemacht werden kann. Entsprechende Vorschriften wie in § 844 Abs. 2 BGB finden sich in §§ 10 Abs. 2 StVG, 5 Abs. 2 HaftpflG, 35 Abs. 2 LuftVG.

2. Zur örtlichen Zuständigkeit vgl. Form. II. E. 1 Anm. 1.

3. Die sachliche Zuständigkeit bemisst sich nach dem Streitwert (vgl. Anm. 4 und Form. II. E. 1 Anm. 2.

4. Angegeben wird hier bei den Anträgen Ziff. I 1, II 1 und III 1 der für die Gebühren maßgebende Streitwert (Gebührenstreitwert). Dieser ist entscheidend für den mit der Klage einzubezahlenden Gerichtskostenvorschuss. Er errechnet sich nach § 42 Abs. 2 GKG aus dem 5-fachen der jährlichen Geldrente. Der Streitwert für die Zuständigkeit und ein etwaiges Rechtsmittel bemisst sich im vorliegenden Fall nach dem dreieinhalbfachen Wert des einjährigen Bezugs der Rente (§ 9 Abs. 1 ZPO), da dieser niedriger liegt als der Gesamtbetrag der jährlichen Rente. Beim Antrag II 1 ist die voraussichtliche Höhe der Rente zu schätzen und nach der gleichen Methode wie beim Antrag Ziff. I 1 der Gesamtstreitwert zu ermitteln. Die Streitwerte sind zu addieren (§ 5 ZPO).

5. Der Anspruch nach § 844 Abs. 2 BGB ist zwar kein Unterhaltsanspruch, sondern ein Schadensersatzanspruch. Da er jedoch den im Voraus zu erfüllenden Unterhaltsanspruch (§ 1612 Abs. 3 S. 1 BGB) ersetzt, ist auch die Geldrente im Voraus zu bezahlen. Die Rente kann für 3 Monate im Voraus verlangt werden (vgl. Form. II. E. 6 Anm. 7).

6. Die Rente kann nur für die mutmaßliche Dauer des Lebens des Getöteten geltend gemacht werden. Nur ausnahmsweise können Ansprüche auch darüber hinausgehend geltend gemacht werden (MünchKommBGH/*Wagner,* 5. Aufl., § 844 Rdn. 41). Hinsichtlich der mutmaßlichen Dauer des Lebens kommt es auf den Gesundheitszustand, das Alter, den Beruf und die Lebensgewohnheiten des Getöteten an. Mangels individueller Anhaltspunkte kann auf die „Sterbetafel" des statistischen Bundesamts abgestellt werden (OLG Hamm MDR 1998, 1414). Trotz der Schwierigkeiten für den Ersatzberechtigten hat es die Rechtsprechung verlangt, dass der Endzeitpunkt der Rente kalendermäßig abgegrenzt wird, vgl. Form. II. E. 6 Anm. 11. Der Richter hat im Rahmen des § 287 ZPO zu schätzen, wie sich die Unterhaltsbeziehungen zwischen dem Berechtigten und dem Getöteten bei Unterstellung dessen Fortlebens entwickelt hätten. Er hat hierbei alle maßgeblichen Faktoren auf Seiten des Getöteten zB. Leistungsfähigkeit und voraus. Lebensdauer und des Berechtigten, zB. Bedürftigkeit, zu berücksichtigen (BGH NJW 2004, 358, 360).

Schadensersatzrenten von Kindern sind in der Regel auf die Vollendung des 18. Lebensjahres zu begrenzen und etwaige weitere Ansprüche durch einen Feststellungsantrag abzusichern (BGH NJW 1983, 2197; BGH NJW 1986, 715 (716); zur Rente für einen Minderjährigen vgl. ferner BGH VersR 1990, 907; zum Feststellungsantrag vgl. Antrag I Ziff. 3 und Anm. 7).

Für die Behauptung, der Getötete wäre ohnehin schon wegen seiner bestehenden Krankheit früher gestorben, trägt der Schädiger die Beweislast (BGH NJW 1972, 1515 = LM Nr. 45 zu § 844 Abs. 2 BGB).

7. Neben dem Leistungsantrag ist ein Feststellungsantrag nur insoweit zulässig, als nicht die Abänderung der Geldrente betroffen ist, da hierfür die Abänderungsklage nach § 323 ZPO zur Verfügung steht (BGHZ 34, 110). Zur Abänderungsklage vgl. Form. I. P. 4. Haftet die Versicherungsgesellschaft nur mit der Mindestversicherungssumme (§ 158c Abs. 3 VVG, § 3 Nr. 6 PflVG), so muss diese Höchstgrenze bezüglich der beklagten Gesellschaft im Antrag aufgenommen werden, damit Kostennachteile einer teilweisen Klagabweisung vermieden werden.

8. Da es sich um einen Schadensersatzanspruch handelt, können auch rückständige Rentenbeträge geltend gemacht werden. Insofern unterscheidet sich der Schadensersatzanspruch von einem Unterhaltsanspruch, bei dem Rückstände nur im Falle des Verzugs (§ 1613 Abs. 1 BGB) beansprucht werden können.

Hiervon zu unterscheiden ist die Frage, ob der Geschädigte gegen den Schädiger auch noch Unterhaltsrückstände des Getöteten geltend machen kann. Die Rechtsprechung (BGH NJW 1973, 1076 = MDR 1973, 662 = LM Nr. 47 zu § 844 Abs. 2 BGB) ist uneinheitlich (str., vgl. Palandt/*Sprau* § 844 Rdn. 7 mwN.).

9. Bei mehreren Klägern muss zwar für jeden eine Einzelsumme angegeben werden, die Aufteilung kann jedoch dem Gericht überlassen werden. Nimmt dann das Gericht eine andere Aufteilung der einzelnen Renten vor, spricht es jedoch im Ergebnis den gleichen Gesamtbetrag zu, so ist die Klage nicht etwa teilweise abzuweisen, sondern in vollem Umfang begründet (vgl. BGH NJW 1972, 1716 = LM Nr. 46 zu § 844 Abs. 2 BGB).

10. Die Höhe der Rente kann in das Ermessen des Gerichts gestellt werden, wenn dem Gericht eine ausreichende Grundlage für die Bemessung der Rente in der Begründung gegeben wird (BGHZ 4, 138; Palandt/*Sprau* § 843 Rdn. 14; zu den mit einem solchen Antrag zusammenhängenden Fragen vgl. Form. II. E. 8 Anm. 4; zum Selbstbehalt bei Unterhaltsschaden vgl. BGH VersR 1988, 954).

11. Im Hinblick auf das Zusammentreffen von Ansprüchen der Kinder und des Ehemannes nach § 844 Abs. 2 BGB vgl. BGH NJW 1972, 1130 = LM Nr. 44 zu § 844 Abs. 2 BGB und BGH NJW 1965, 1710; *Eckelmann* BB 1965, 1012; *Habscheid* JuS 1966, 180.

12. Besteht im Augenblick noch kein Anspruch auf Schadensersatz, da der Geschädigte eigenes Einkommen hat, so könnte er Feststellungsklage erheben mit folgendem Antrag (zur Zulässigkeit der Feststellungsklage vgl. BGH LM Nr. 9 zu § 844 Abs. 2 BGB): „Es wird festgestellt, dass der Beklagte verpflichtet ist, dem Kläger Ziff. 3 Schadensersatz in Form einer Geldrente zu bezahlen, sobald dieser von seinem durch den Beklagten getöteten Vater Unterhalt hätte verlangen können, bis zum Abschluss seiner Berufsausbildung, mindestens jedoch bis zum 31. Dezember 2011."

Hinsichtlich des Streitwertes für diesen Antrag vgl. Anm. 4. Gegenüber der dort angegebenen Berechnung ist ein Abschlag von 20% zu machen.

13. Zur Klage gegen die Haftpflichtversicherung vgl. Form. II. E. 13 Anm. 3–5.

14. Der Unterhaltsanspruch gegen den Getöteten musste tatsächlich bestehen, oder es ist erforderlich, dass er tatsächlich entstanden wäre. Entscheidend ist, was der Getötete an Unterhalt hätte leisten müssen. Nicht entscheidend ist, was er tatsächlich geleistet hat (BGH NJW 2006, 2327). Erforderlich ist ferner, dass der Unterhaltsanspruch realisierbar gewesen wäre (BGH NJW 1974, 1373). Als Unterhaltsberechtigte und damit für den Schadensersatz Aktivlegitimierte kommen in Frage: Der Ehegatte (§§ 1360 ff. BGB), Lebenspartner (§ 5 LPartG) oder unter bestimmten Voraussetzungen die Verwandten in gerader Linie (§§ 1601 ff. BGB). Partner einer nichtehelichen Lebensgemeinschaft haben dagegen auch dann keinen Anspruch, wenn sie sich gegenseitig vertraglich verpflichtet hatten (vgl. *Geigel,* Kap. 8, Rdn. 21 m. Nachw.).

15. Hinsichtlich der Höhe des Schadensersatzanspruches ist der Geschädigte so zu stellen, wie wenn der Getötete am Leben geblieben wäre. Ausgangspunkt ist der geschuldete fiktive Unterhalt (BGH NJW 2004, 358). Zu den Einzelheiten vgl. Palandt/*Sprau* § 844 Rdn. 8 ff. und zB. OLG Braunschweig VersR 1979, 1124 (1125 f.) mwN.; *Drees,* Berechnung des Unterhaltsschadens bei Ausfall des mitverdienenden Ehegatten, VersR 1985, 611; *Eckelmann/Nehls/Schäfer,* Die Berechnung des Schadensersatzes bei Ausfall von Geldunterhalt nach Unfalltod des Ehemannes/Vaters NJW 1984, 945; *Scheffen,* Erwerbsausfallschaden bei verletzten und getöteten Personen, VersR 1990, 926; *Geigel,* Kap. 8 Rdn. 33 ff.

16. Zur Frage, inwieweit der Ehefrau zugemutet werden kann, eine Arbeit anzunehmen und durch eigenes Einkommen den Schaden zu mindern, vgl. *Geigel,* 25. Aufl., 8. Kap., Rdn. 59 ff.; BGH NJW 2007, 64.

17. Maßgebend für die Berechnung ist das Nettoeinkommen, also das um Steuern und Sozialversicherungsbeiträge bereinigte Bruttoeinkommen. Etwaige Renten, die der Getötete empfangen hat, sind hinzuzurechnen (vgl. OLG Braunschweig VersR 1979, 1124 f.). Nicht zu berücksichtigen – auch nicht zum Teil – sind dagegen sog. Aufwandsentschädigungen, da sie nur zur Deckung von Unkosten bestimmt sind (BGH NJW 1986, 715 f.).

18. Die Haushaltsfixkosten werden zunächst vom Nettoeinkommen abgezogen, nachträglich beim einzelnen Unterhaltsberechtigten jedoch anteilig wieder berücksichtigt. Zu den Haushaltsfixkosten gehören zB. Kosten für Miete, Heizung, Strom, Gas, Radio, Zeitung, Müllabfuhr, Schornsteinfeger, Brand-, Hausrats-, Rechtsschutz- und Privathaftpflichtversicherung, etwaige Grundsteuern, Reparatur- und Instandhaltungsrücklagen (vgl. iü. OLG Braunschweig VersR 1979, 1124 (1125); BGH VersR 1987, 1241; BGH NJW 1986, 715; *Geigel* 8. Kap. Rdn. 53/64 ff.; *Becker/Böhme* D 235 f.). Der Aufwand an Zinsen und Tilgung für ein Eigenheim kann nicht zu den Haushaltskosten gerechnet werden, vielmehr ist hier der Mietwert einer dem Eigenheim nach Ortslage, Zuschnitt und Bequemlichkeit vergleichbaren Wohnung maßgebend (BGH NJW 1985, 49 = VersR 1984, 961; vgl. auch BGH NJW 2004, 2894, 2895). Im vorliegenden Bsp. wird davon ausgegangen, dass sich die fixen Kosten nicht reduzieren nach dem Tod des Mannes, was allerdings bei einigen Posten der Fall sein könnte. Des Weiteren werden die fixen Kosten beim Anspruch der Frau voll berücksichtigt. Je nach den Umständen des konkreten Falles kann auch eine Aufteilung der fixen Kosten auf die Unterhaltsberechtigten geboten sein (zB. im Verhältnis zwei Ehepartner zu einem Kind (BGH NJW 2007, 506).

19. Die Ermittlung des Eigenbedarfs und die Aufteilung des Familieneinkommens auf die Hinterbliebenen ist vom Einzelfall abhängig (vgl. allgemein *Geigel,* Kap. 8 Rdn. 17 ff.). Die „Düsseldorfer Tabelle" kann nicht zur Grundlage für die Schadensberechnung gemacht werden (BGH VersR 1986, 39). Im vorliegenden Fall eines 4-Personen-Haushalts ist die Verteilung in aller Regel folgendermaßen vorzunehmen: 35% Ehefrau, 35% Ehemann, je 15% pro Kind (vgl. BGH VersR 1979, 1029 [1030]; BGH NJW 1986, 715, wobei nach Alter zu staffeln sein kann; BGH NJW 1988, 66 und 2365). Im vorliegenden Beispielsfall sind die Kinder etwa gleich alt. Zum Schadensersatzanspruch wegen Unterhaltsverlustes infolge Todes einer Rentner-Ehefrau vgl. OLG Hamm, VersR 1980, 723; zur Berechnung des Unterhaltsschadens einer Ehefrau bei unfallbedingtem Tod des allein erwerbstätigen Ehemanns vgl. BGH VersR 1987, 507; zur Höhe der Unterhalts-Schadensrente bei Tötung des Ehemanns und Vaters in einem Fall, in dem das Kind erst 2 Tage vor dem Tod des Vaters geboren wurde und die Mutter vor und nach dem Tod ihres Ehemanns berufstätig ist vgl. BGH VersR 1987, 156; zum Anspruch der Kinder beim Tod ihrer Mutter vgl. BGH VersR 1982, 951 und die Vorinstanz OLG Frankfurt, VersR 1981, 241 m. Anm. *Hofmann,* S. 338 sowie OLG Celle, VersR 1980, 583; zur Bemessung der Schadensersatzrenten Minderjähriger wegen des Todes beider Eltern vgl. BGH NJW 1986, 715; BGH VersR 1983, 932 und OLG Stuttgart, VersR 1983, 932; VersR 1993, 1536; zum Unterhaltsbedarf der Hinterbliebenen einer Ehefrau/Mutter vgl. BGH NJW 1982, 2864; BGH NJW 1982, 2866 und BGH NJW 1983, 1425 = VersR 1983, 458. Dem hinterbliebenen Ehegatten kann nach § 844 Abs. 2 BGB ein Anspruch wegen der Mitarbeit des Ehegatten in seinem Beruf oder Geschäft zustehen. Schlüssig dargetan ist dieser Anspruch aber nur, wenn die Mitarbeit als Unterhalt geschuldet war (BGH VersR 1980, 921). Zum Ersatzanspruch der Witwe, deren getöteter Ehemann in ihrem Betrieb mitarbeitete, vgl. BGH NJW 1984, 479 = VersR 1984, 353; zum Unterhaltsbedarf des Witwers bei Doppelverdiener-Ehe und zur Berücksichtigung des Mietwerts einer Wohnung bei den fixen Haushaltskosten vgl. BGH NJW 1985, 49 = VersR 1984, 961. Ein Anspruch auf Schadensersatz wegen entgangener Haushaltstätigkeit besteht grundsätzlich auch dann, wenn die Ehegatten den Haushalt zu gleichen Teilen besorgt haben (BGH NJW 1988, 1783 auch zur Berechnung der Schadensrente).

Neben dem hier berücksichtigten Anspruch auf Barunterhalt kann ein weiterer Anspruch wegen entgangenen personalen (Natural-)Unterhalts hinsichtlich des Betreuungsaufwands bestehen. Dies kommt vor allem bei Kindern in Frage, die das 18. Lebensjahr noch nicht vollendet haben (vgl. BGH NJW 1986, 715; BGH NJW 1985 1460). Grundsätzlich ist für die Höhe des Anspruchs der tatsächliche Aufwand entscheidend, der anhand der Kosten einer Ersatzkraft (netto) quantifiziert werden kann (BGH NJW 1986, 372). Bei der Höhe des Betreuungsaufwandes können sich die Gerichte an den Pflegesätzen, die bei Unterbringung von Kindern in Pflegestellen nach dem Jugendwohlfahrtsgesetz gezahlt werden, orientieren. Ausgangspunkt kann der gesamte Pflegesatz sein (BGH

NJW 1986, 715; BGH NJW 1985, 1460). Im Einzelfall kann jedoch auch eine andere Berechnung zugrunde gelegt werden, so zB. dann, wenn die beiden Eltern zweier Kinder getötet werden und die bisher arbeitstätige Großmutter ihre Pflege übernimmt. Der BGH hat hier als Betreuungsaufwand das bisherige Nettoeinkommen der Großmutter aus einer Halbtagsbeschäftigung in Höhe von EUR 1100,– angesetzt.

20. Der Geschädigte muss sich verschiedene Leistungen bzw. Einkünfte anrechnen lassen. Hierzu zählte die Rechtsprechung anfangs allgemein die Erträgnisse und Einkünfte aus dem von dem Getöteten geerbten Vermögen (BGHZ 8, 325 = NJW 1953, 618; BGH VersR 1968, 770; VersR 1969, 713), nicht jedoch den Stammwert der Erbschaft. Später schränkte der BGH (NJW 1974, 1236; NJW 1979, 760) dies dahin ein, dass nur diejenigen ererbten Vermögensteile (gleich, ob Stamm oder Erträgnisse) anzurechnen sind, die schon zu Lebzeiten des Erblassers dazu bestimmt waren, zur Bestreitung des Unterhalts zu dienen (BGH NJW 1979, 760; OLG Frankfurt VersR 1991, 595; vgl. dazu *Geigel* Kap. 9 Rdn. 38). Abzuziehen sind auch Waisen- oder Witwenrenten, die wegen des Todes des Unterhaltsverpflichteten gewährt werden, da insoweit die Ansprüche auf den Rentenversicherungsträger übergehen.

Während der BGH (Z 39, 249 = NJW 1963, 1604) zunächst Lebensversicherungen, die nicht lediglich Risiko-, sondern gleichzeitig Sparversicherungen sind, für anrechenbar hielt, gab er dies in dem späteren Urteil (NJW 1979, 760/761 f.) auf. Nicht anrechenbar ist auch das staatliche Kindergeld, das umgekehrt aber auch bei der Berechnung der Rente nicht berücksichtigt werden darf (BGH VersR 1979, 1029).

Bei Wiederheirat des überlebenden Ehegatten entfällt der Unterhaltsschaden insoweit, als dieser vom neuen Ehegatten Unterhalt erhält (BGH VersR 1970, 522). Wird dagegen nur eine Lebensgemeinschaft eingegangen, so ist der Wert der dem oder vom Partner erbrachten Leistung nicht anzurechnen. Vielmehr müssen Einkünfte aus einer möglichen und zumutbaren Arbeitsleistung schadensmindernd berücksichtigt werden (BGH NJW 1984, 2520 = JZ 1985, 90 m. Anm. *H. Lange; Becker* VersR 1985, 201; *Dunz* VersR 1985, 509).

8. Klage auf Schmerzensgeld, Schmerzensgeldrente und Feststellung hinsichtlich des künftigen immateriellen und materiellen Schadens

An das
Landgericht[1, 2]

Klage

des ...... **(Klägers)**
Prozessbevollmächtigter: ......
gegen
den ...... **(Beklagter)[3]**
wegen

Schadensersatz

Vorläufiger Streitwert[2] für Klageantrag Ziff. I:	**EUR 25.000,–**
für Klageantrag Ziff. II:	**EUR 7.600,–**
für Klageantrag Ziff. III:	**EUR 5.000,–**
	EUR 37.600,–

Namens und in Vollmacht des Klägers erhebe ich Klage und werde beantragen:

I. Der Beklagte wird verurteilt, an den Kläger ein angemessenes Schmerzensgeld[4, 5, 6, 7] nebst 5% Zinsen über dem Basiszinssatz seit 1. Mai ...... zu bezahlen[7].

II. Der Beklagte wird verurteilt, an den Kläger eine monatliche Schmerzensgeldrente[8] in Höhe von EUR 200,–, ab 1. Februar ...... vierteljährlich im Voraus jeweils zum 1. 2., 1. 5., 1. 8. und 1. 11. eines jeden Jahres bis 30. 4. ...... zu bezahlen.

III. Es wird festgestellt, dass der Beklagte verpflichtet ist, dem Kläger sämtliche materiellen[9] Schäden aus dem Unfall vom 1. 2. ...... auf der K-Straße in P. zu bezahlen, soweit die Ansprüche nicht auf Sozialversicherungsträger oder sonstige Dritte übergehen[10].

Begründung:

Der Kläger macht Schadensersatzansprüche aus einem Verkehrsunfall vom 1. 2. ...... auf der K-Straße in P. geltend. Der Beklagte ist Halter und Fahrer des unfallbeteiligten Fahrzeugs.

1. ......[11, 12]

2. Durch den Unfall erlitt der am 30. 4. ...... geborene, derzeit 15jährige Kläger folgende Verletzungen:

Einen Schädelbasisbruch, ein Schädel-Hirntrauma mit Hirnblutung, Brüche des linken Unterschenkels und rechten Unterarmes sowie zahlreiche Schürfungen und Prellungen am ganzen Körper.

Beweis: Gutachten des Dr. med. ...... in Anlage;
sachverständiges Zeugnis des Dr. med. ......; Sachverständigengutachten.

Der Kläger war 5 Monate in stationärer Behandlung im Krankenhaus ...... Er schwebte 4 Wochen in Lebensgefahr. Während dieser Zeit war er bewusstlos. In den 2 Monaten danach war der Kläger nahezu vollständig erblindet. Danach besserte sich das Sehvermögen langsam. Seit etwa 5 Monaten nach dem Unfall ist das Sehvermögen auf beiden Augen etwa zu 50% eingeschränkt und das Gesichtsfeld stark verengt. Die übrigen Verletzungen waren etwa 3 Monate nach dem Unfall abgeklungen und folgenlos verheilt.

Beweis: Gutachten des Dr. med. ...... in Anlage;
sachverständiges Zeugnis des Dr. med. ......; Sachverständigengutachten.

Der Kläger wird aller Wahrscheinlichkeit nach immer unter einer Einschränkung des Sehvermögens leiden. Eine abschließende gutachterliche Beurteilung ist erst bei Vollendung des 18. Lebensjahres des Klägers möglich.

Beweis: Gutachten des Dr. med. ...... in Anlage;
sachverständiges Zeugnis des Dr. med. ......; Sachverständigengutachten.

Der Kläger ist Schüler. Er besucht das Gymnasium ...... Durch die Einschränkung des Sehvermögens wird der Kläger besonders betroffen, da ...... Der Kläger stellt die Höhe des Schmerzensgeldes zwar in das Ermessen des Gerichts. Er ist jedoch der Auffassung, dass ein Schmerzensgeld in Höhe von mindestens EUR 25.000,– angemessen ist[4], auch in Relation zu der beantragten Schmerzensgeldrente[8, 13]. Dem Kläger steht neben dem Schmerzensgeldantrag eine Rente zu, da die dauernde Einschränkung seines Sehvermögens für ihn eine ständige Beeinträchtigung der Lebensfreude darstellt[8]. Nachdem die weitere Entwicklung der Verletzungen erst mit Vollendung des 18. Lebensjahres abgesehen werden kann, ist der Kläger berechtigt, die Rente vorläufig auf diesen Zeitpunkt zu beschränken[6]. Der Feststellungsantrag ist zulässig, da die Entwicklung nach dem 30. 4. ...... noch nicht übersehbar ist[6].

Anmerkungen

1. Neben dem allgemeinen Gerichtsstand (§§ 12–19 ZPO) ist der Gerichtsstand der unerlaubten Handlung gegeben (§ 32 ZPO).

2. Die sachliche Zuständigkeit bemisst sich nach dem Streitwert. Beim Streitwert des Klageantrags Ziff. I setzt das Gericht nicht die vom Kläger etwa genannte Mindestsumme, sondern die nach dem Klagevortrag objektiv angemessene Summe fest (*Baumbach/Lauterbach/Albers/Hartmann* Anh. § 3 ZPO Rdn. 99f. mwN.; *Zöller* § 3 Rdn. 3 „unbezifferter Klageantrag"). Der Kläger kann auch einen Gesamtstreitwert angeben, aus dem sich dann der Streitwert für den Antrag Ziff. I ermitteln lässt. Hinsichtlich des Antrags Ziff. II ist der Gebührenstreitwert angegeben (vgl. Form. II. E. 7 Anm. 4). Er errechnet sich im vorliegenden Fall aus dem Gesamtbetrag der Rente (38 EUR 200,–), da dieser Betrag niedriger ist als der 5-fache Jahresbetrag (§ 42 Abs. 2 GKG). Gleiches gilt im vorliegenden Fall für den Zuständigkeitsstreitwert (§ 9 S. 2 ZPO), da der Gesamtbetrag der Bezüge niedriger als die in § 9 S. 1 ZPO angegebenen Maßstäbe liegt. Bei Antrag Ziff. III ist der voraussichtliche Schaden zu schätzen und ein Abschlag von 20% zu machen, da es sich um einen Feststellungsantrag handelt. Die einzelnen Streitwerte sind zu addieren (§ 5 ZPO).

3. Bei Schmerzensgeldklagen aus Verkehrsunfällen ist zu beachten, dass der vom Fahrer verschiedene Halter nach § 253 Abs. 2 BGB über die Gefährdungshaftungstatbestände ebenfalls auf Zahlung von Schmerzensgeld in Anspruch genommen werden kann (vgl. dazu *Karczewski* VersR 2001, 1070). Das Gericht muss deshalb beim Schmerzensgeldanspruch ebenso wie beim materiellen Schaden nicht mehr die deliktischen Anspruchsvoraussetzungen der §§ 823, 847 BGB aF. und somit die Frage eines Verschuldens des Schädigers prüfen.

4. Auch der unbezifferte Schmerzensgeldantrag (vgl. dazu *Gerlach* VersR 2000, 525) genügt den Voraussetzungen des § 253 Abs. 2 Nr. 2 ZPO, wenn die tatsächlichen Grundlagen für die nach § 287 ZPO vorzunehmende Schätzung mit der Klage vorgetragen und eine Größenordnung angegeben werden (vgl. BGH NJW 1992, 311; NJW 1974, 1551 = MDR 1974, 1000 = LM Nr. 53 zu § 253 ZPO; BGH NJW 1996, 2425; BGH NJW 2002, 3769). Hierzu gehören ua. Angaben über das Ausmaß und den Umfang der Verletzungen, die Dauer einer (stationären) ärztlichen Behandlung sowie der Arbeitsunfähigkeit, der verbleibenden Einschränkung usw. (vgl. auch Anm. 5).

Es ist umstritten, ob es für die Angabe der Größenordnung ausreicht, dass aus dem angegebenen Streitwert oder den eingezahlten Gerichtskosten auf einen bestimmten Betrag geschlossen werden kann (BGH NJW 1992, 311; BGH VersR 1974, 1182 einerseits und BGH NJW 1984, 1807, 1809 andererseits). Es ist auch umstritten, ob eine negative Angabe wie die, ein bestimmter vom Beklagten angebotener Betrag stehe außer jeder Diskussion, genügt (verneinend: BGH aaO.). Begehrt der Kläger ein „angemessenes, empfindliches Schmerzensgeld", ohne Angaben zu dessen Größenordnung zu machen, so kann ihm ebenfalls die für eine Berufung erforderliche Beschwer fehlen, wenn ihm auf der Grundlage seines Sachvortrags ein mit diesem nicht schlechthin unvereinbares Schmerzensgeld zugesprochen wird (OLG Köln MDR 1988, 62).

Eine Besonderheit besteht für den Antrag des Beklagten (Berufungsklägers) für die Berufungsinstanz: Nach einer Entscheidung des OLG Düsseldorf (VersR 1987, 203) kann der Beklagte in zweiter Instanz beantragen, dass das zuerkannte Schmerzensgeld „angemessen herabgesetzt" wird. Allerdings muss er in diesem Fall dem Berufungsgericht einen Sachverhalt unterbreiten, der die Bemessungsgrundlagen hinreichend deutlich macht. Dieser Antrag kann wiederum Kostenvorteile für ihn hinsichtlich der zweiten Instanz haben.

Gibt der Kläger einen Mindestbetrag oder die Größenordnung für das Schmerzensgeld im Antrag oder in der Klagbegründung an, so muss er mit einer teilweisen Klageabweisung mit der Kostenfolge des § 92 Abs. 1 ZPO rechnen. Das Gericht „kann" jedoch nach § 92 Abs. 2 ZPO die Kosten der anderen Partei auferlegen, „wenn der Betrag der Forderung der anderen Partei von der Festsetzung durch richterliches Ermessen …… abhängig war". Dabei ist entscheidend, ob sich der Mindestbetrag im Verhältnis zum zugesprochenen Betrag in vertretbaren Grenzen hält (vgl. OLG Düsseldorf NJW-RR 1995, 955 (Abweichung um 20%); OLG München VersR 1985, 601; *Baumbach/Lauterbach/Albers/Hartmann* § 92 Rdn. 52f.). Der Vorteil des unbezifferten Antrags mit Mindestsumme besteht darin, dass das Gericht ein höheres Schmerzensgeld festsetzen kann und bei niedrigerem Betrag die Kostenentscheidung nach § 92 Abs. 2 Nr. 2 ZPO ergehen kann. Für ein Rechtsmittel fehlt es an der Beschwer, wenn das Gericht den Mindestbetrag zuspricht. Das Berufungsgericht kann das zuerkannte Schmerzensgeld auf Grundlage des erstinstanzlich festgestellten Sachverhalts erhöhen oder ermäßigen (BGH NJW 2006, 1589). Zur Berücksichtigung eines eventuellen Mitverschuldens im Antrag vgl. Anm. 5.

5. Zur Bemessung des Schmerzensgeldes und zur Funktion des Schmerzensgeldes vgl. zB. *Hacks/Ring/Böhm,* Schmerzensgeldbeträge (ADAC-Tabelle), 26. Aufl. 2008; *Geigel,* Der Haftpflichtprozess, 25 Aufl., 2008, Kap. 7 Rdn. 1ff. mwN.; Ein Mitverschulden des Verletzten oder seine Schadensanfälligkeit (vgl. BGH NJW 1997, 455) ist bei der Bemessung des Schmerzensgeldes als einer von vielen Faktoren zu berücksichtigen, sodass sich das Schmerzensgeld nicht einfach nach dem jeweiligen Haftungsanteil verringert. Bei Mitverschulden von zB. $^1/_3$ kann der Verletzte deshalb dennoch ein „angemessenes" Schmerzensgeld verlangen. Möglich ist allerdings auch folgender Antrag: „...... unter Berücksichtigung einer Mithaftung von $^1/_3$ ein angemessenes Schmerzensgeld ......" Dieser Antrag muss jedoch nicht – auch nicht um die Kostenfolgen einer teilweisen Klagabweisung zu vermeiden – gestellt werden. Soweit sich aus der Klagbegründung das Mitverschulden des Klägers als Bemessungsfaktor für das Schmerzensgeld ergibt, kann nicht von einem teilweisen Unterliegen iS. § 92 Abs. 1 S. 1 ZPO gesprochen werden.

6. Umstritten und von der Rechtsprechung noch nicht abschließend geklärt ist die Frage, ob der Schmerzensgeldantrag zeitlich begrenzt werden kann. Dies ist für einen in der Vergangenheit liegenden Zeitraum zu verneinen (OLG Düsseldorf VersR 1996, 984; OLG Oldenburg NJW-RR 1988, 615). Eine Beschränkung auf den Zeitpunkt bis zur letzten mündlichen Verhandlung wird dagegen ausnahmsweise dann bejaht, wenn nicht vorhersehbare Zukunftsrisiken bestehen (BGH NJW 2004, 1243; OLG Stuttgart NJW-RR 2003, 969; OLG Koblenz VersR 1992, 612; OLG Oldenburg NJW-RR 1988, 615; OLG Köln VersR 1992, 975 aA. zB. OLG Hamm NJW-RR 2000, 1623; vgl. dazu *Geigel* Kap. 7 Rdn. 33). Eine zeitliche Begrenzung des Schmerzensgeldantrags auf den Zeitpunkt der letzten mündlichen Verhandlung ist deshalb mit einem hohen Prozessrisiko verbunden. Sind künftige Risiken erkennbar und ist deren Realisierung noch unsicher, sollte der Anwalt den sicheren Weg eines zusätzlichen Feststellungsantrags wählen (OLG Hamm NJW-RR 2000, 1623 aA. OLG Oldenburg NJW-RR 1988, 615; OLG Köln VersR 1992, 975, die in diesen Fällen eine Beschränkung auf den Zeitpunkt der letzten mündlichen Verhandlung zulassen). Ein Feststellungsantrag ist schon deshalb zulässig, weil im Voraus kein Anspruch auf Schmerzensgeld wegen künftiger Operationen besteht, deren Durchführung nicht gewiss ist (OLG Köln VersR 1987, 361; OLG Frankfurt VersR 1997, 123). Dies bestätigt BGH (VersR 1995, 471) für weiteres Schmerzensgeld trotz Rechtskraft eines Urteils. Wird in Fällen der Gesundheitsbeschädigung beantragt, „sämtliche Schäden" oder „jeden weiteren Schaden" zu erstatten, so sind damit materielle und immaterielle Schäden erfasst (vgl. Form. II. E. 2 Anm. 5). Die Formulierung des Feststellungsantrages muss in diesem Fall so gewählt werden, damit auch immaterielle Schäden hiervon erfasst sind.

7. Seit dem 1. 7. 1990 ist der Anspruch übertragbar, pfändbar und vererblich, sodass das wegen § 847 Abs. 1 S. 2 BGB aF. früher erforderliche „Wettrennen mit dem Tode" bei lebensbedrohenden Verletzungen obsolet geworden ist.

8. Regelmäßig steht dem Geschädigten nur ein bestimmter Schmerzensgeldbetrag zu. In besonders schwerwiegenden Fällen kommt jedoch auch statt des Schmerzensgeldbetrages eine Schmerzensgeldrente in Frage, hierzu *Notthoff* VersR 2003, 966. Der BGH (Z 18, 149 = NJW 1955, 1675; NJW 1957, 383) hält eine Schmerzensgeldrente für gerechtfertigt, wenn außergewöhnliche Umstände vorliegen, wie etwa anhaltende Schmerzen, die Notwendigkeit wiederholter, schmerzhafter und in ihrem Erfolg ungewisser ärztlicher Eingriffe oder auch die drohende Gefahr weiterer unfallbedingter Spätschäden und schließlich auch bei Einschränkung der Lebensfreude bei Beeinträchtigung eines wichtigen Gliedes. Der Schädiger kann dem Geschädigten die Rente aber nicht aufdrängen (OLG Schleswig VersR 1992, 462). Eine neben dem Schmerzensgeld gewährte Rente setzt einen Antrag des Geschädigten voraus (BGH NJW 1998, 3411).

Schließlich können auch Schmerzensgeldbetrag und Schmerzensgeldrente nebeneinander beansprucht werden, wobei allerdings beide Beträge in einem ausgewogenen Verhältnis zueinanderstehen müssen und die Schmerzensgeldsumme niedriger als bei ausschließlicher Zahlung des Schmerzensgeldes sein muss. Im Einzelfall kann aber auch ein Schmerzensgeld von EUR 150.000,– zusammen mit einem monatlichen Pflegegeld (hier: EUR 900,– = DM 1.800,–) vertretbar sein (BGH VersR 1986, 59). In den Fällen einer Unfallneurose kann auch Dritten ein Schmerzensgeldanspruch zustehen (BGH VersR 1986, 240). Zur Problematik der Rente vgl. auch *Ciupka* VersR 1976, 226, *Notthoff* VersR 2003, 966. Möglich ist es auch, Schmerzensgeld für einen bestimmten Zeitabschnitt als Kapitalabfindung und danach als Rente geltend zu machen (vgl. BGH NJW 1959, 1039). Für Veränderungen der Rente ist die Abänderungsklage nach § 323 ZPO gegeben (BGH NJW 2007, 2475). Eine Abänderung kann auch im Hinblick auf den gestiegenen Lebenshaltungskostenindex erfolgen. Im Regelfall sollen bei Steigerung des Lebenshaltungskostenindexes unter 25% Abänderungen der Schmerzensgeldrente in der Regel nicht gerechtfertigt sein (BGH aaO.). Eine Feststellungsklage, gerichtet auf den gleichen Sachverhalt, ist unzulässig (vgl. BGH NJW 1961, 871). Zur Abänderungsklage vgl. Form. I. P. 4. Zur Beschwer, wenn der Kl. im Klagantrag Zahlung einer Geldrente, hilfsweise Kapitalabfindung verlangt und das Gericht dem Hilfsantrag stattgibt, vgl. BGH VersR 1984, 739. Die Rente kann vierteljährlich im Voraus verlangt werden (vgl. Form. II. E. 6 Anm. 7).

9. Das nach § 256 ZPO erforderliche Feststellungsinteresse ist gegeben, wenn die künftige Entwicklung noch nicht zu übersehen ist, zB. ob der Kläger völlig arbeitsunfähig werden wird und im Zusammenhang damit weitere, von der Geldrente unabhängige Schäden entstehen werden (vgl. auch Form. II. E. 13 Anm. 8 und oben Anm. 6). Es besteht auch schon dann, wenn der Schädiger das Bestehen des Anspruchs bestreitet und Verjährung droht (BGH VersR 1989, 1055). Begründet ist der Antrag, wenn „eine nicht eben entfernt liegende Möglichkeit künftiger Verwirklichung der Schadensersatzpflicht durch Auftreten weiterer, bisher noch nicht erkennbarer und voraussehbarer Leiden besteht. Das trifft bei schwereren Verletzungen in aller Regel zu. Der Feststellungsanspruch kann in Fällen dieser Art nur verneint werden, wenn aus der Sicht des Klägers bei verständiger Beurteilung kein Grund besteht, mit Spätfolgen immerhin zu rechnen; es ist nicht erforderlich, dass der Kläger von den späteren Schäden eine bestimmte Vorstellung hat“ (BGH aaO.).

10. Vgl. Anm. 6, 7 zu Form. II. E. 1.

11. Zum Vortrag des Sachverhalts vgl. zB. Form. II. E. 6, Begründung zu Ziff. 1. Materiellrechtliche Grundlage für einen Anspruch auf Ersatz des immateriellen Schadens kann neben den in § 253 Abs. 2 BGB genannten Fällen auch die Verletzung des allgemeinen Persönlichkeitsrechtes sein (zu den Voraussetzungen vgl. Palandt/*Sprau* § 823 Rdn. 83 ff. m. Nachw.). Damit haben sich Rechtsprechung und Literatur ab Mitte der 90er Jahre intensiv befasst (vgl. BGH NJW 1995, 817; BGH NJW 1996, 984 und 985; BGH NJW 2005, 215 (vgl. auch BVerfG NJW 2006, 595; BVerfG NJW-RR 2007, 1055; BVerfG NJW 2004, 2371; *Prinz* NJW 1995, 1992; *ders.* NJW 1996, 953; *Steffen* NJW 1997, 10 auch zu Formeln für die Berechnung von Geldentschädigungen; *Müller* VersR 2000, 797). Grundsätzlich muss es sich um eine schwerwiegende Verletzung des allgemeinen Persönlichkeitsrechts handeln. Ferner darf die Beeinträchtigung auch nicht auf andere Weise vollständig ausgeglichen werden können (zB. durch eine Gegendarstellung oder durch Widerruf).

12. Die Schilderung des Unfallhergangs ist auch bei unstreitigem Alleinverschulden des Beklagten erforderlich, da im Rahmen der Genugtuungsfunktion auch der Grad des Verschuldens und der Anlass des Unfalls zu berücksichtigen sind (BGHZ 18, 149 = NJW 1955, 1675).

13. Vgl. zur Höhe des Schmerzensgeldes und der Rente vgl. Anm. 5; zum Mitverschulden eines nicht angeschnallten Pkw-Insassen und zum Anscheinsbeweis dafür vgl. BGH NJW 1991, 230; BGH NJW 1998, 1137.

Verkehrsunfälle

9. Erstes außergerichtliches Schreiben bei Verkehrsunfall[1]

An die
……-Versicherungs-AG[2, 3, 4, 5]
Postfach 830
Düsseldorf[6]

Betr.: Kraftfahrzeug-Haftpflichtschaden v. 4. 10. ……;
Ihr Versicherungsnehmer: Adam Müller, Frankfurter Straße 20, 70182 Stuttgart; Versicherungsschein-Nr. ……[2]
Kennzeichen des Fahrzeugs: ……[2]

Sehr geehrte Damen und Herren,
in einer Verkehrsunfallsache vom 4. 10. …… gegen 10 Uhr in Stuttgart auf der Theodor-Heuss-Straße vertrete ich

Herrn Bertram Schmid, Heilbronner Straße 18, Stuttgart.

Fotokopie der auf mich lautenden Vollmacht[7] ist beigefügt. Ich bin beauftragt, die Schadensersatzansprüche meines Mandanten geltend zu machen. Der Unfall wurde von Ihrem Versicherungsnehmer, der mit seinem Pkw mit dem Kennzeichen S – AK 370 fuhr, verschuldet. Er ereignete sich wie folgt[8]: ……
Der Pkw meines Mandanten mit dem Kennzeichen S – KA 730, ein Opel Corsa, Baujahr ……, 10.000 km Fahrleistung, wurde wie folgt beschädigt: ……
Durch Sachverständigengutachten wird derzeit geklärt, ob wirtschaftlicher Totalschaden vorliegt. Die Schadensersatzansprüche werde ich im Einzelnen beziffern, sobald das Gutachten und die weiteren Unterlagen vorliegen. Einstweilen bitte ich um Prüfung und Bejahung Ihrer vollen Einstandspflicht. Für Ihre Stellungnahme habe ich mir den

25. Oktober ……

vorgemerkt. Nach vorläufigen Angaben des Sachverständigen beträgt der Fahrzeugschaden mindestens EUR 8.000,–. Mein Mandant ist nicht in der Lage, diesen Betrag ohne Kreditaufnahme zu bezahlen[9]. Sollte ein entsprechender Vorschuss nicht bis

25. Oktober ……

entweder bei mir oder bei meinem Mandanten eingegangen sein, müsste mein Mandant Kredit aufnehmen. Die Kreditkosten würde ich Ihnen zu gegebener Zeit in Rechnung stellen.
Zu Ihrer Information teile ich schon jetzt mit, dass mein Mandant als Angestellter nicht zum Vorsteuerabzug berechtigt ist und dass keine Vollkaskoversicherung besteht. Der Haftpflichtversicherer ist die ……
Bei dem Unfall wurde mein Mandant verletzt. Er erlitt eine Gehirnerschütterung und eine Verstauchung der Halswirbelsäule. Mein Mandant war zunächst im Städtischen

Krankenhaus Stuttgart stationär für 3 Tage in Behandlung. Behandelnder Arzt war Herr Dr. …… Danach wurde die Behandlung durch den Hausarzt Dr. …… fortgesetzt. Die behandelnden Ärzte werden von ihrer Schweigepflicht befreit. Ich darf Sie bitten, bei den Ärzten Berichte anzufordern, mir dies zu bestätigen und die Berichte nach Vorliegen in Fotokopie zu übersenden. Des Weiteren bitte ich, einen angemessenen Schmerzensgeldvorschuss[10] zu überweisen. Auch insoweit habe ich mir das obige Datum für die Erledigung vorgemerkt.

Hochachtungsvoll
Rechtsanwalt

Schrifttum: Böhme/Biela, Kraftverkehrs-Haftpflicht-Schäden, 23. Aufl. 2005; Beck'sches Rechtsanwaltshandbuch, 9. Aufl., 2007, Kap. C, XIII; *Geigel,* Der Haftpflichtprozess, 25. Aufl., 2008; *Hacks/Ring/Böhm,* Schmerzengeldbeträge, 26. Aufl., 2008; *Küppersbusch,* Ersatzansprüche bei Personenschäden, 6. Aufl., 2006.

Anmerkungen

1. Adressat des Schreibens ist im Regelfall die Haftpflichtversicherung für das Fahrzeug des Schädigers (zur Ermittlung der Gesellschaft vgl. Anm. 2). Möglich aber unzweckmäßig ist es, den Schädiger selbst anzuschreiben, da hierdurch Verzögerungen eintreten können und das spätere Vorgehen gegen ihn Vollstreckungsprobleme mit sich bringen kann. Ein rechtskräftiges Urteil gegen ihn (zB. Versäumnisurteil) wirkt iÜ. nicht gegen die Haftpflichtversicherung, weshalb die Kosten des Verfahrens von dieser auch dann nicht zu erstatten sind, wenn sie später zu 100% den Schaden reguliert bzw. regulieren muss (vgl. iE. §§ 119, 120 VVG).

Besteht für das Fahrzeug keine Haftpflichtversicherung, so können die Ansprüche bei dem Verein Verkehrsopferhilfe eV. (www.verkehrsopferhilfe.de), geltend gemacht werden. Diesem vom HUK-Verband gegründeten Verein wurde durch Verordnung vom 14. 12. 1965 (BGBl. I S. 2093) die Stellung eines Entschädigungsfonds übertragen. Rechtsgrundlage für die Regulierung ist § 12 PflVG, der durch das auch von der Bundesrepublik Deutschland ratifizierte Europäische Abkommen vom 20. 4. 1959 (Straßburger Abkommen) in das PflVG am 5. 4. 1965 (BGBl. I S. 213) aufgenommen wurde (vgl. zum Ganzen: *Böhme/Biela,* Kraftverkehrs-Haftpflicht-Schäden, Rdn. N 1 ff.). Der Verein haftet nur subsidiär (§ 12 Abs. 1 S. 2 PflVG). Schäden durch unversicherte Fahrzeuge und bei vorsätzlicher Handlung des Verursachers reguliert die Verkehrsopferhilfe, wie wenn der Schädiger mit der gesetzlichen Mindestdeckungssumme versichert wäre. Hat der Schädiger „Unfallflucht" begangen und kann er nicht ermittelt werden, so kann ebenfalls eine (teilweise) Regulierung durch den Verein Verkehrsopferhilfe eV. in Frage kommen. Allerdings werden hier Schäden am Fahrzeug nicht ersetzt. Sonstige Sachschäden (Kleidung, Ladung, Gepäck) sind erstattungsfähig, soweit sie EUR 500,– übersteigen. Die Zahlung von Schmerzensgeld kommt jedoch nur in Ausnahmefällen in Frage, nämlich dann, wenn dies wegen der bestehenden Schwere der Verletzung zur Vermeidung einer groben Unbilligkeit erforderlich ist (zur Beweislast und zum Anscheinsbeweis vgl. LG Krefeld VersR 1986, 270). Für den Fall, dass derjenige, der seinen Wohnsitz in der Bundesrepublik Deutschland hat und nach dem 31. 12. 2002 einen Kraftfahrzeugschaden im Ausland erleidet: vgl. § 12 a PflVG.

Neben der außergerichtlichen Tätigkeit gegenüber der Haftpflichtversicherung des Gegners berät der Rechtsanwalt seinen Mandanten darüber, dass dieser andere Versicherer informieren sollte: Die evtl. vorhandene Kaskoversicherung, die eigene Haftpflichtversicherung, falls an die Möglichkeit der Mithaftung – ggfs. aus Betriebsgefahr – gedacht werden muss, die Rechtsschutzversicherung, die Insassen-Unfallversicherung, eine etwa bestehende private Unfall- oder Lebensversicherung, die gesetzliche oder private Krankenversicherung, die gesetzliche Renten- oder Unfallversicherung. Ebenso empfiehlt sich ein Hinweis darauf, dass der Mandant seinen Arbeitgeber informieren sollte.

Die Information der Rechtsschutzversicherung des Geschädigten sollte der Rechtsanwalt übernehmen. Es ist sinnvoll, das erste Anspruchsschreiben an die gegnerische Haftpflichtversicherung und eine etwaige Vertretungsanzeige im Bußgeldverfahren bzw. ein Akteneinsichts- bzw. -überlassungsgesuch in Abschrift hier mitzuschicken. Darüber hinaus sollte gleichzeitig um Deckungszusage sowohl für die Geltendmachung von Schadensersatzansprüchen als auch in einem etwaigen Bußgeldverfahren oder Strafverfahren nachgesucht werden. Zum Ersatz von Anwaltskosten durch die Rechtsschutzversicherung vgl. *Chemnitz* AnwBl. 1987, 69. Zur Prüfungspflicht des Anwalts wegen der Eintrittspflicht der Rechtsschutzversicherung vgl. LG Tübingen VersR 1996, 854.

2. Für die Ermittlung des zuständigen Haftpflichtversicherers gibt es – wenn die Polizei ausnahmsweise keine Feststellungen getroffen hat – zwei Möglichkeiten. Beidesmal ist Voraussetzung, dass das Kennzeichen des Schädigerfahrzeugs bekannt ist. Zunächst kann man sich an den Zentralruf der Autoversicherer telefonisch, per Fax oder per E-mail (01 80/2 50 26; Fax 0 40/33 96 54 01; auskunft@zentralruf.de) wenden. Als zweite Möglichkeit kann die Zulassungsstelle für das betreffende Fahrzeug angeschrieben werden, die gegen Gebühr Auskunft erteilt. Dazu ist sie verpflichtet, sobald ein Verkehrsteilnehmer im Straßenverkehr geschädigt worden ist. Ein wirtschaftliches Anliegen (Unfallschaden) ist als Begründung des „berechtigten Interesses" ausreichend (BVerwG NJW 1986, 2329). Die Gesichtspunkte des Datenschutzes treten demgegenüber zurück. Entsprechendes gilt auch für Auskünfte durch den Zentralruf.

3. Ist zwar der Unfall im Inland passiert, jedoch der Schädiger im Ausland versichert, so muss nicht in jedem Fall mit der ausländischen Versicherung korrespondiert werden. Der Schaden kann vielmehr – soweit bestimmte Voraussetzungen erfüllt sind – beim „Deutschen Büro Grüne Karte eV. (www.gruene-karte.de) angemeldet werden (vgl. zum Ganzen: *Geigel,* Kap. 43 Rdn. 69 ff.). Dieses benennt und beauftragt eine inländische Versicherungsgesellschaft. Die Gesellschaft nimmt dann die Regulierung vor. Voraussetzung für die Regulierung ist, dass Name und Anschrift des Schädigers, das amtliche Kennzeichen des Fahrzeugs und möglichst auch die ausländische Gesellschaft sowie die Versicherungsscheinnummer genannt werden. Zweckmäßig im Hinblick auf die Beschleunigung der Regulierung ist die Vorlage der grünen oder rosaroten Versicherungskarte.

4. Die Regulierung von Unfällen im Ausland nahm bis Ende 2002 ausschließlich die ausländische Versicherungsgesellschaft vor (vgl. zum Ganzen: *Geigel,* Kap. 43 Rdn. 72 ff.). Wegen der recht unterschiedlichen gesetzlichen Regelungen und der gelegentlich langwierigen Regulierung empfiehlt sich oft die Einschaltung eines ausländischen Rechtsanwalts. Die Rechtsschutzversicherer geben eine Liste der mit ihnen zusammenarbeitenden deutschsprachigen Rechtsanwälte heraus und haben zum Teil auch Merkblätter hinsichtlich des ausländischen Rechts. In Umsetzung der 4. Kraftfahrzeughaftpflicht-Richtlinie der EU wurde vom deutschen Gesetzgeber eine Möglichkeit für Inländer geschaffen, Schäden, die bei Auslandsunfällen erlitten werden, in Deutschland abzuwickeln (vgl. hierzu *Geigel,* Kap. 43 Rdn. 72 ff.).

5. Für die Regulierung von Schäden, die durch die in der Bundesrepublik stationierten ausländischen Streitkräfte oder deren Mitglieder verursacht wurden, ist das jeweilige Amt für Verteidigungslasten zuständig, das bei Regierungspräsidien, Landratsämtern oder Städten bestehen kann (vgl. dazu iE. *Geigel,* 25. Aufl., Kap. 34; *Kraft* VersR 2003, 176). Die Ansprüche richten sich gegen den Entsendestaat. Haftungsgrundlage ist das NATO-Truppenstatut vom 19. 6. 1951. Dies gilt jedoch nur für Ansprüche aus dienstlichen Handlungen oder Unterlassungen einer Truppe oder deren Mitgliedern, in praxi also in der Regel für Militärfahrzeuge (Dienstfahrzeuge). Zu beachten ist hier, dass die Ansprüche nach Art. 6 AG zum NATO-Truppenstatut innerhalb einer Frist von 3 Monaten von dem Zeitpunkt an geltend zu machen sind, in dem der Geschädigte von dem Schaden und den Umständen Kenntnis erlangt hat, aus denen sich ergibt, dass der Entsendestaat einer Truppe rechtlich verantwortlich ist. Neben der 3-Monats-Frist läuft parallel eine 2-Jahresfrist, nach deren Ablauf der Anspruch nicht mehr geltend gemacht werden kann (Art. 6 Abs. 4 NATO-Truppenstatut). Die Frist beginnt im Zeitpunkt des schädigenden Ereignisses (vgl. hierzu auch *Geigel,* 25. Aufl., Kap. 34 Rdn. 32). Soweit es sich um Ansprüche aus Gefährdungshaftung handelt, gilt auch hier die kürzere Frist von 2 Monaten (§ 15 StVG; vgl. hierzu Form. II. E. 16 Anm. 6). Bei Unfällen mit Privatfahrzeugen von Mitgliedern einer Truppe richten sich die Ansprüche gegen den Fahrzeughalter und -führer sowie den Haftpflichtversicherer. Dieser kann – nicht über die Kraftfahrzeugzulassungsstelle – über das zuständige Amt für Verteidigungslasten nach Angabe des Kennzeichens und des Unfalltags erfragt werden.

6. Zuständig für die Regulierung sind meist nicht die Zentralen der Versicherungen, sondern regionale Schadenbüros, die sich durch Anruf bei der Zentrale oder beim zuständigen Versicherungsvertreter ermitteln lassen.

7. Vorlage der Vollmacht wegen der Berechtigung zum Inkasso ist zweckmäßig.

8. Hier folgt die genaue Unfallschilderung, vgl. zB. Form. II. E. 13.

9. Die Ankündigung der Kreditaufnahme und die Einräumung der Möglichkeit zur Zahlung eines Vorschusses ist Voraussetzung für die Erstattung etwaiger späterer Kreditkosten (BGH NJW 1974, 36; OLG Karlsruhe NVZ 1989, 23; LG Nürnberg-Fürth VersR 1969, 577; LG Bielefeld NJW 1972, 1985; *Becker/Böhme* E 9).

10. Ein Vorschussanspruch besteht an sich nicht, vielmehr kann ein Anspruch auf das Schmerzensgeld selbst geltend gemacht werden. Dennoch sollte bereits in diesem frühen Stadium ein Vorschuss angefordert werden, der von den Versicherungen häufig auch bezahlt wird.

10. Anspruchsschreiben an gegnerische[1] Haftpflichtversicherung bei Verkehrsunfall (Reparaturkostenfall)[2]

An die
...... Versicherungs-AG
Postfach 830
40332 Düsseldorf

Betr.: Schaden-Nr. KH 620/372/02 – Müller . / . Maier[3]

Sehr geehrte Damen und Herren,
in dieser Sache nehme ich Bezug auf mein Legitimationsschreiben vom ...... und Ihr Schreiben vom ...... In der Anlage übersende ich wunschgemäß einen Aktenauszug[4] aus der Bußgeldakte der Stadt Stuttgart. Daraus entnehmen Sie, dass Ihren Versicherungsnehmer das Alleinverschulden an dem Unfall trifft und der Unfall für meinen Mandanten unvermeidbar war: ......
Die Schadensersatzansprüche[5] meines Mandanten beziffere ich wie folgt:

1. Das Fahrzeug meines Mandanten wurde folgendermaßen beschädigt: ...... Die Reparaturkosten[6, 7] betragen nach der in Fotokopie beigefügten Rechnung — EUR 6.532,17.
2. Geltend gemacht werden ferner die Gutachterkosten[8] in Höhe von — EUR 423,46.
Eine Fotokopie der Rechnung füge ich bei.

3. Weiter wird Nutzungsausfall[9] für die Reparaturdauer[10] von 10 Tagen (vgl. Reparaturrechnung) geltend gemacht, da es sich um einen Pkw BMW 335 i handelt, in Höhe von EUR 79,–[11] je Tag, also EUR 790,00.
4. Beansprucht wird ferner eine Wertminderung[12]. Das Fahrzeug meines Mandanten wurde am ...... erstmals zugelassen und hatte zum Unfallzeitpunkt eine Fahrleistung von ca. ...... km. Im Hinblick auf den Wiederbeschaffungswert des Pkw und die Reparaturkosten[13] ist eine Wertminderung in Höhe von angemessen. EUR 400,00
5. Wegen der Beschädigung war das Kraftfahrzeug meines Mandanten nicht mehr fahrbereit. Die Abschleppkosten[14] betragen gemäß in Fotokopie beigefügter Rechnung EUR 312,30.
6. Zur Bezahlung der Reparaturrechnung musste mein Mandant Kredit aufnehmen. Die Kreditkosten[15] einschließlich Zinsen bis ...... betrugen EUR 3 150,00.
7. Durch verschiedene Telefonate mit der Werkstatt, dem Unterzeichneten und der Polizei sowie durch Fahrten zur Reparaturwerkstätte uä. entstanden meinem Mandanten Unkosten[16], die pauschal mit EUR 25,00 beziffert werden. EUR 8.632,93
8. Die durch meine Inanspruchnahme entstandenen Rechtsanwaltskosten[17] beziffere ich wie folgt:
Gegenstandswert[18]: EUR 8.632,93.

Geschäftsgebühr gemäß Nr. 2400 VVRVG	583,70	
Auslagenpauschale gemäß Nr. 7002 VVRVG	20,00	
Zwischensumme	603,70	
19% USt.	114,70	
Summe	718,40	
Verauslagte Gebühr für Aktenauszug[4]	12,00	
	730,40	EUR 9.363,33

9. Ich darf Sie bitten, den Gesamtbetrag von auf eines meiner Konten zu bezahlen.
Für die Erledigung habe ich mir den

16. November .....

vorgemerkt.

Hochachtungsvoll

Rechtsanwalt

Anmerkungen

1. Mit der Haftpflichtversicherung des Mandanten muss an sich nicht korrespondiert werden. Dennoch schadet es nichts, wenn der Rechtsanwalt diese gemäß dem Form. II. E. 12 informiert.

2. Vgl. zunächst Form. II. E. 9 und die dortigen Anm. 1–10. Dargestellt wird hier ein Reparaturkostenfall mit den dabei vorkommenden Schadenspositionen (zur Abrechnung bei Totalschaden vgl. Form. II. E. 13 und zur Abrechnung bei Inanspruchnahme der eigenen Vollkaskoversicherung bei Mitverschulden oder Mithaftung vgl. Form. II. E. 15).

3. Die Angabe der Parteien empfiehlt sich, damit die Versicherung diese Angaben wiederholt. Anderenfalls können Probleme bei der Einordnung der Sache im eigenen Büro auftreten.

4. Die Versicherung sollte aufgefordert werden, sich darüber zu erklären, ob sie einen Aktenauszug wünscht und die Kosten hierfür übernimmt.

5. Zum Personenschaden, insbesondere zum Erwerbsschaden, Schmerzensgeld und zur Rente vgl. Form. II. E. 6, 8. Zu Ansprüchen bei Tötung vgl. Form. II. E. 7. Hinsichtlich der Schadensberechnung bei Totalschaden vgl. Form. II. 13. Zur Geltendmachung des Schadensfreiheitsrabatts als Schadensposition vgl. Form. II. E. 14. Probleme können sich bei Leasing ergeben (vgl. dazu iE. *Geigel,* 25. Aufl., Kap. 28, Rdn. 260). Hier kann der Leasingnehmer auch hinsichtlich des Sachschadens am Fahrzeug und der Wertminderung prozessführungsbefugt sein, wenn er im Leasingvertrag die Verpflichtung übernommen hat, den durch einen Dritten verursachten Schaden zu beseitigen. Ferner ist er aktivlegitimiert aufgrund der Verletzung seines Besitzrechts nach § 823 Abs. 1 BGB. Andernfalls ist für diese Positionen der Leasinggeber zuständig. Dieser ist nicht Halter des Fahrzeugs (vgl. BGH NJW 1983, 1492). Aufgrund der Tatsache, dass der Leasinggeber nicht Halter ist, musste er sich nach der bisher hM. in der Rspr. weder die Betriebsgefahr des Leasingfahrzeugs noch ein Verschulden von dessen Fahrer schadensmindernd anrechnen lassen; der Unfallgegner musste ggfs. den Fahrer des Leasingfahrzeugs und den Leasingnehmer in Regress nehmen (§ 426 BGB) vgl. *Geigel* § 28 Rdn. 260 mN.). Aufgrund des Inkrafttretens des § 17 Abs. 3 S. 3 StVG in der seit 1. 8. 2002 geltenden Fassung soll diese Auffassung nicht mehr zutreffend sein (vgl. *Geigel* § 28 Rdn. 260). Diese Auffassung teilt der BGH nicht. Vielmehr soll sich der Leasinggeber, der Eigentümer aber nicht Halter des Fahrzeugs ist, weder ein Mitverschulden des Leasingnehmers noch des Fahrers des Leasingfahrzeugs und auch nicht die Betriebsgefahr des Leasingfahrzeugs anspruchsmindernd zurechnen lassen müssen (BGH NJW 2007, 3120). Dem Geschädigten steht hier ein Ausgleichsanspruch gegen den Leasingnehmer zu, da dieser der Halter ist. Dem Leasingnehmer stehen Ansprüche wegen Nutzungsausfalls, Mietwagenkosten und sonstiger Aufwendungen zu (vgl. iE. *Geigel,* Kap. 28 Rdn. 261 und aus der Rechtsprechung zB. BGH VersR 1992, 194; LG Stade VersR 1987, 943).

6. Grenze für die Erstattungsfähigkeit der Reparaturkosten bei tatsächlicher Reparatur ist der Wiederbeschaffungswert (sog. wirtschaftlicher Totalschaden). Die Rechtsprechung hält darüber hinausgehende, tatsächlich entstandene Reparaturkosten für unverhältnismäßig (§ 251 Abs. 2 BGB) und damit für nicht erstattungsfähig, wenn sie bis zu 30% über den Wiederbeschaffungswert hinausgehen (vgl. iE. BGH NJW 2008, 437; BGH NJW 2005, 1108 ff.; BGH NJW 1992, 305 und NJW 1992, 1618; VersR 1999, 245; *Geigel,* Kap. 3 Rdn. 21 ff.). Ein Anspruch auf Ersatz dieses „Integritätszuschlages" besteht nur bei tatsächlicher Durchführung der Reparatur, nicht jedoch bei der fiktiven Schadensberechnung (BGH NJW 1992, 1618) und auch nur, wenn die Reparatur fachgerecht durchgeführt wird, vgl. BGH NJW 2008, 437 mwN. Ferner besteht nur dann Anspruch auf den 30%igen Zuschlag für das Integritätsinteresse, wenn der Geschädigte durch sein Verhalten zum Ausdruck bringt, dass er das Fahrzeug nach der Reparatur für einen längeren Zeitraum nutzt. Nach der Rechtsprechung des BGH ist hiervon auszugehen, wenn er das Fahrzeug nach der Reparatur für einen Zeitraum von 6 Monaten nutzt (BGH NJW 2008, 437; BGH NJW 2008, 2183). Die Darlegungs- und Beweislast dafür, dass der entsprechende Weiterbenutzungswille vorliegt, trifft den Geschädigten (BGH NJW 2008, 437). Zur Abrechnung bei Totalschaden und zur Abrechnung bei sog. unechtem Totalschaden (Abrechnung auf Neuwagenbasis) vgl. Form. II. E. 13.

7. Die Reparaturkosten sind auch dann erstattungsfähig, wenn die Reparatur nicht oder in Eigenleistung durchgeführt wird (§ 249 Abs. 2 S. 1 BGB; vgl. iE. BGH NJW 2003, 2085; Palandt/*Heinrichs* § 249 Rdn. 6 ff., 27 ff.). Die vom Sachverständigen geschätzten Reparaturkosten können zur fiktiven Schadensermittlung herangezogen werden bis zur Höhe des Wiederbeschaffungswertes (also ohne 30%igen Integritätszuschlag). Voraussetzung ist jedoch, dass das Fahrzeug mindestens 6 Monate weiter genutzt wird (BGH NJW 2008, 1941). Falls erforderlich, ist dann das Fahrzeug zumindest teilweise verkehrssicher teilreparieren zu lassen (BGHZ 154, 395 = NJW 2003, 2085; BGHZ 168, 43 = NJW 2006, 2179; BGH NJW 2008, 1941). Sie können auch dann verlangt werden, wenn die Instandsetzung nur teilweise durch eine Werkstatt und im Übrigen in Eigenleistung durchgeführt wird (KG – 12 U 1192/84). Die auf die Reparaturkosten entfallende Mehrwertsteuer kann nach § 249 Abs. 2 S. 2 BGB nur dann verlangt werden, wenn sie tatsächlich angefallen ist (vgl. Palandt/*Heinrichs* § 249 Rdn. 16; vgl. sogar für die Abrechnung gegenüber der eigenen Kaskoversicherung: BGH VRS 68, 427), es sei denn, der Geschädigte ist zum Vorsteuerabzug berechtigt.

Im Falle der fiktiven Schadensberechnung muss im Hinblick auf die Berücksichtigung von Umsatzsteuer gem. § 249 Abs. 2 S. 2 BGB weiter differenziert werden (vgl. insoweit *Heinrich* NJW 2004, 1916; *Karczewski* VersR 2001, 1070; *Huber* NZV 2004, 105; *Heß* NZV 2004, 1; BGH NJW 2004, 1943; BGH NJW 2004, 2086; BGH NJW 2006, 2181; vgl. auch Palandt/*Heinrichs,* 68. Aufl., 2009, § 249 Rdn. 19ff.). Wird im Rahmen der Schadensberechnung auf den Wiederbeschaffungswert im Gutachten abgestellt, ist zunächst festzustellen, wie der Wiederbeschaffungswert im Gutachten ausgewiesen ist, d.h., brutto oder netto. Anschließend muss dann auf den typischen Ablauf abgestellt und hierbei ermittelt werden, ob das entsprechende Ersatzfahrzeug auf dem Gebrauchtwagenmarkt überwiegend regelbesteuert, differenzbesteuert oder umsatzsteuerfrei erworben wird (vgl. hierzu Palandt/*Heinrichs,* 68. Aufl., 2009, § 249 Rdn. 19). Je nach dem, wie ein typisches Ersatzfahrzeug umsatzsteuerlich auf dem entsprechenden Markt behandelt wird, ist die Umsatzsteuer ggf. in vollem Umfang herauszurechnen. Bei differenzbesteuerten Fahrzeugen sind regelmäßig 2–3% vom Brutto-Wiederbeschaffungswert abzuziehen (vgl. Palandt/*Heinrichs,* 68. Aufl., 2009, § 249 Rdn. 19 mwN.). Kommt eine Ersatzbeschaffung des beschädigten/zerstörten Fahrzeugs nur im Wege des Privatkaufs in Betracht, entfällt ein Umsatzsteuerabzug gänzlich. Die Grenze für den Ersatz fiktiver Reparaturkosten bildet aber der Wiederbeschaffungswert abzüglich des Restwertes („Wiederbeschaffungsaufwand", BGH NJW 2005, 1110, 1111; BGH NJW 1993, 1850; NJW 1992, 302), wenn das Fahrzeug – was möglich ist – in unrepariertem Zustand bei der Beschaffung eines Ersatzfahrzeugs in Zahlung gegeben wird. Zur Frage des Restwertabzuges, wenn die Reparaturkosten zwar den Wiederbeschaffungsaufwand (Wiederbeschaffungswert abzüglich Restwert), nicht aber den Wiederbeschaffungswert übersteigen vgl. BGH NJW 2003, 2085. Probleme ergeben sich in diesem Fall ferner wegen des Schadensnachweises. Meist wird ein Sachverständigengutachten erforderlich sein, dessen Kosten jedoch nur ab einer bestimmten Schadenshöhe verlangt werden können (vgl. unten Anm. 8). In Bagatellfällen sollte deshalb hier ein detaillierter Kostenvoranschlag einer Fachwerkstätte eingeholt werden. Die vom Sachverständigen ermittelten Reparaturkosten kann der Geschädigte bis zur Höhe des Wiederbeschaffungswertes ohne Restwertabzug verlangen, wenn er keine oder eine Billigreparatur durchführen lässt (BGH NJW 2003, 2085, BGH NJW 2005, 1110). Ersatz von Reparaturaufwand bis zu 30% über den Wiederbeschaffungswert kann jedoch nur verlangt werden, wenn die Reparatur fachgerecht und in einem Umfang durchgeführt wird, den der Sachverständige zur Grundlage seiner Kostenermittlung genannt hat (BGH NJW 2005, 1108; NJW 2005, 1110; vgl. auch Anm. 7). Zur Abrechnung der fiktiven Reparaturkosten genügt es, wenn die Stundenverrechnungssätze einer markengebundenen Fachwerkstatt zugrunde gelegt werden, die Bestimmung eines Mittelwertes der Stundenverrechnungssätze von mehreren Fachwerkstätten ist nicht erforderlich (BGH NJW 2003, 2086). Anspruch auf Nutzungsausfall besteht des Weiteren bei Abrechnung fiktiver Reparaturkosten nicht (vgl. unten Anm. 9). Auf Gutachtenbasis kann sogar dann abgerechnet werden, wenn tatsächlich repariert wird (zu den Einzelheiten vgl. BGH NJW 1989, 3009). Der Gegner kann hier allerdings substantiierte Einwendungen gegen das Gutachten vorbringen.

8. Die Sachverständigenkosten sind in der Regel erstattungsfähig, es sei denn, es liegt ein Verstoß gegen die Schadensminderungspflicht vor, was bei Bagatellschäden unter EUR 600,– bis EUR 700,– der Fall sein kann (vgl. *Geigel* Kap. 3 Rdn. 110ff.; OLG Hamm NZV 1994, 243).

9. Nimmt der Geschädigte keinen Mietwagen (zur Erstattung der Mietwagenkosten vgl. Form. II. E. 13 Anm. 17ff.) in Anspruch, so steht ihm nach ständiger Rechtsprechung des BGH seit 1963 eine Nutzungsausfallentschädigung zu. Voraussetzung dafür ist zunächst der Nutzungswille des Geschädigten, vor allem aber die Nutzungsmöglichkeit. Beides muss der Geschädigte im Prozess durch Tatsachenvortrag substantiieren. Bei Krankheit oder unfallbedingter Verletzung (BGH NJW 1968, 1778) sowie bei Führerscheinentzug (BGHZ 63, 205; BGHZ 65, 173) besteht daher beim allein nutzenden Halter kein Anspruch, es sei denn, der Pkw wäre auch von Familienangehörigen oder anderen Personen genutzt worden. Voraussetzung für die Entschädigung ist schließlich, dass das Fahrzeug wegen der Reparatur tatsächlich ausfällt, sodass bei Abrechnung der fiktiven Reparaturkosten kein Anspruch besteht (BGHZ 66, 249), ebenso wenig bei Weiterveräußerung des Fahrzeugs in unrepariertem Zustand (KG VersR 1981, 553; *Geigel* Kap. 3 Rdn. 88). Umstritten und problematisch ist der Ansatz von Nutzungsausfall bei gewerblich, behördlich oder durch gemeinnützige Einrichtungen genutzten (OLG Düsseldorf VersR 1995, 1321; NVZ 1999, 472; OLG Köln OLGR 1997, 31; KG ZfS 1996, 415) und gemischt gewerblich bzw. privat genutzten Fahrzeugen (hierzu OLG Düsseldorf ZfS 1993, 338 und ausführlich *Geigel* Kap. 3 Rdn. 94; vgl. auch Palandt/*Heinrichs*, 68. Aufl. 2009, Vorbem. vor § 249 Rdn. 24ff.).

10. Nutzungsausfall kann für die „notwendige Reparaturzeit" beansprucht werden, Verzögerungen gehen in aller Regel zu Lasten des Schädigers, zB. auch bei Fehlleistungen der Reparaturwerkstätte (vgl. Palandt/*Heinrichs* § 249 Rdn. 21ff.).

11. Für die Berechnung der Entschädigung legen die Gerichte heute einhellig die von *Sanden* und *Danner* begründete und nunmehr von *Küppersbusch* herausgegebene Tabelle (derzeitiger Stand: 1. 1. 2008, teilweise abgedruckt in NJW 2008, Beilage zu Heft 1/2) zugrunde. Andere Tabellen mit zum Teil höheren Werten haben sich dagegen nicht durchgesetzt. Der Zustand des Pkw ist zu berücksichtigen, wenn der Nutzungswert mit einem Kfz gleichen Typs nicht mehr vergleichbar ist (BGH BB 1988, 161). Auch bei einem älteren Fahrzeug, das in der Tabelle nicht aufgeführt ist, kann dieselbe zur Schadensschätzung (§ 287 ZPO) herangezogen werden (BGH NJW 2005, 277; BGH NJW 2005, 1044). Das Alter kann durch Herabstufung innerhalb der Tabelle berücksichtigt werden. Auch für Krafträder gibt es eine Tabelle (DAR 2007, 112).

12. Wegen eines evtl. verbleibenden merkantilen Minderwertes, der sich beim Verkauf des Fahrzeugs auswirken würde, kann trotz technisch einwandfreier Wiederherstellung des Fahrzeugs eine Wertminderung beansprucht werden. Für Pkw gelten dabei in der Regel drei Voraussetzungen: Das Fahrzeug darf nicht älter als vier bzw. fünf Jahre sein, die Fahrleistung darf nicht mehr als 100.000 Kilometer betragen und der Unfallschaden muss von einigem Gewicht sein, was in der Regel bei Schäden unter EUR 500,– nicht der Fall ist (vgl. BGH NJW 1980, 281 auch zur Fahrleistung bei Lkw; OLG Stuttgart VersR 1978, 529; *Geigel* Kap. 3 Rdn. 53ff.; Palandt/*Heinrichs* § 251 Rdn. 14). Allerdings kann auch unter besonderen Umständen ein merkantiler Minderwert bei älteren Fahrzeugen anzusetzen sein (BGH NJW 2005, 277). Bei erheblichen Vorschäden kann der Anspruch ausgeschlossen sein.

13. Für die Berechnung der Wertminderung gibt es zahlreiche Formeln. In der Rechtsprechung anerkannt ist die von *Halbgewachs* (OLG Stuttgart VersR 1986, 773) oder *Ruhkopf* und *Sahm* (vgl. iE. *Geigel* Kap. 3 Rdn. 53ff. und Palandt/*Heinrichs* § 251 Rdn. 15 mit Tabelle und zB. LG Bochum VersR 1986, 605; aA. OLG Saarbrücken VersR 1990, 63, wonach der Schätzung durch einen Sachverständigen der Vorrang gegenüber dieser und anderen Tabellen gebührt).

14. In der Regel besteht bei nicht übermäßiger Entfernung ein Anspruch darauf, dass das Fahrzeug in die sonst beauftragte Werkstatt abgeschleppt wird. Bei weiterer Entfernung muss nicht in die nächste, beliebige Werkstätte abgeschleppt werden. Vielmehr darf die nächste, für das betreffende Fahrzeug zuständige Spezialwerkstatt angefahren werden (vgl. iE. *Geigel,* 24. Aufl, Kap. 3 Rdn. 97).

15. Zu den Voraussetzungen für die Erstattung von Finanzierungskosten vgl. Form. II. E. 9 Anm. 9).

16. Soweit belegbar, sind die Kosten konkret zu erstatten. Anderenfalls kann eine – vom Gericht nach den Umständen gemäß § 287 ZPO zu schätzende – Pauschale von bisher EUR 20,– bis EUR 30,– geltend gemacht werden (für EUR 30,– vgl. LG Augsburg ZfS 1989, 303; LG Saarbrücken ZfS 1989, 372; 25,– EUR: LG Braunschweig NJW-RR 2001, 1682).

17. In der Regel sind die Anwaltskosten als adäquater Schaden erstattungsfähig (zB. OLG Stuttgart DAR 1989, 27; BGH NJW 2006, 1065), nur in Ausnahmefällen kann ein Verstoß gegen die Schadensminderungspflicht vorliegen, wenn die Schuldfrage eindeutig ist, keine Einwendungen zu Grund und Höhe des Ersatzanspruchs geltend gemacht werden (BGH NJW 1995, 446; *Geigel* Kap. 3 Rdn. 107 ff.) oder der Geschädigte geschäftlich erfahren ist (vgl. zB. Palandt/*Heinrichs*, 68. Aufl., 2009, § 249 Rdn. 39). Der Umfang des Gebührenanspruchs ist in verschiedener Hinsicht problematisch (vgl. den instruktiven Aufsatz zur BRAGO von *Chemnitz* AnwBl. 1985, 118 sowie *ders.* AnwBl. 1987, 468 und zum Ersatz der Anwaltskosten durch die Rechtsschutzversicherung des Mandanten *ders.* AnwBl. 1987, 69; zum Gegenstandswert vgl. Anm. 18; hinsichtlich der Gebühren bei Teilregulierung und anschließendem Prozess vgl. Form. II. 13 Anm. 22; vgl. auch *Wendt,* AnwBl. 2007, 144; zu den Gebühren bei Inanspruchnahme der Vollkaskoversicherung und anschließender Regulierung des Restschadens vgl. unten Anm. 20; zum Anwaltshonorar im Passivprozess bei Tätigkeit für „Schädiger" und Versicherer vgl. *Chemnitz* AnwBl. 1985, 118 (121 f.)). In diesem Zusammenhang mit einer Klage des Gegners gegen den eigenen Mandanten und dessen Haftpflichtversicherer hat der Rechtsanwalt zu berücksichtigen, dass der Haftpflichtversicherer die Prozessführungsbefugnis für diesen Rechtsstreit hat. Hierauf und auf die Regulierungsbefugnis des Haftpflichtversicherers muss er seinen Mandanten hinweisen (vgl. *Bühren* AnwBl. 1987, 13; *Chemnitz* AnwBl. 1987, 69). Er kann sich auch nicht ohne Auftrag des Versicherers im Passivprozess als Prozessbevollmächtigter seines Mandanten bestellen, ohne diesen darauf hingewiesen zu haben, dass bei Unterliegen oder teilweisem Unterliegen der Mandant die Kosten seiner Tätigkeit selbst zu tragen hat.

18. Seit BGH (NJW 1970, 1122) kann gegenüber dem Versicherer als Geschäftswert für die Abrechnung nicht die geltend gemachte Schadensersatzforderung, sondern nur die begründete Schadensersatzforderung bzw. der regulierte und anerkannte Betrag eingesetzt werden. Im Verhältnis zum Mandanten besteht dagegen die Berechtigung zur Abrechnung nach dem Geschäftswert der geltend gemachten Schadensersatzforderung.

19. Bei der normalen Abrechnung (das DAV-Abkommen gilt nicht mehr) entsteht zunächst die Geschäftsgebühr nach Nr. 2400 VVRVG (vgl. zur Praxis der Kfz-Haftpflichtversicherungen die Hinweise in AnwBl. 2005, 493). Bei einem durchschnittlichen Unfall ist eine 1,3 Gebühr anzusetzen (BGH NJW-RR 2007, 420; vgl. auch die Zusammenstellung von neuen amtsgerichtlichen Urteilen im Anwaltsblatt 3/2005; AG Landstuhl NJW 2005, 161; OLG München, AnwBl. 2006, 768 ff. Wird eine Vereinbarung abgeschlossen, so entsteht die Einigungsgebühr gemäß Nr. 1000 VVRVG. Vertritt der Rechtsanwalt mehrere Auftraggeber, so ist entscheidend, ob er die Angelegenheiten getrennt bearbeitet (vgl. *Chemnitz* AnwBl. 1985, 115 (121); *ders.* AnwBl. 1987, 468). Bei gemeinsamer Bearbeitung entstehen zwar keine gesonderten Gebühren, jedoch sind in aller Regel die Gegenstandswerte zu addieren, und es kann zusätzlich die Erhöhungsgebühr von 0,3 je

Auftraggeber nach Nr. 1008 VVRVG beansprucht werden (vgl. iE. *Chemnitz* aaO. zur BRAGO).

11. Schreiben an den zuständigen Polizeiverkehrsdienst

An die
Polizei
Verkehrsdienst
z. Hd. Herrn POM Maier

Betr.: Verkehrsunfall vom ...... auf der ......-Straße in ......

Sehr geehrte Herren,
in dieser Verkehrsunfallsache vertrete ich
Herrn Alois Maier, Frankfurter Straße 40, ... Stuttgart.
An dem Unfall war beteiligt
...... mit seinem Fahrzeug mit dem Kennzeichen ......
Ich bin beauftragt, die Schadensersatzansprüche meines Mandanten geltend zu machen und diesen in einem etwaigen Bußgeld- oder Strafverfahren zu verteidigen. Fotokopie der auf mich lautenden Vollmacht füge ich bei. Ich bitte um

Akteneinsicht,

gegebenenfalls um Weiterleitung des Aktengesuchs und um Abgabenachricht[1].
Mein Mandant wurde bei dem Unfall wie folgt verletzt: ......
Ein ärztliches Attest des Dr. med. ...... füge ich in der Anlage bei. Namens und in Vollmacht meines Mandanten stelle ich hiermit

Strafantrag[2]

gegen Herrn ...... wegen fahrlässiger Körperverletzung.
Ich bitte um

Zulassung der Nebenklage

zum gegebenen Zeitpunkt.

Hochachtungsvoll
Rechtsanwalt

Anmerkungen

1. Der Hinweis auf Abgabenachricht empfiehlt sich, da sonst gelegentlich keine Auskunft erteilt wird, was mit dem Schreiben geschehen ist.

2. Die Stellung eines Strafantrags ist Voraussetzung für die eventuelle spätere Zulassung einer Nebenklage, nicht allerdings in Fällen der Tötung.

3. Hinsichtlich der Nebenklage ist zu beachten, dass hier keine Deckung durch die Rechtsschutzversicherung des Geschädigten besteht (vgl. *Chemnitz,* Der Ersatz von Anwaltskosten durch die Rechtsschutzversicherung, AnwBl. 1987, 69). Hierauf muss der Rechtsanwalt den Geschädigten hinweisen, bevor er in diesem Verfahren tätig wird.

12. Schreiben an die Haftpflichtversicherung des Mandanten[1]

An die
......-Versicherungs-AG
Postfach 40
60352 Frankfurt

Betr.: Ihren Versicherungsnehmer, Herrn Gotthilf Maier,
Karlsruher Straße 60, ... Heilbronn;
Vers.-Schein-Nr. 673/325980-72

Sehr geehrte Damen und Herren,
Ihren Versicherungsnehmer vertrete ich in einer Verkehrsunfallsache vom ...... in ...... Ihr Versicherungsnehmer hat den Unfall bereits gemeldet. Es ist bekannt, dass die Regulierung in Ihre Zuständigkeit fällt, dennoch bitte ich, die Regulierung der etwaigen Ansprüche des Unfallgegners nur nach vorheriger Information vorzunehmen[2].

Hochachtungsvoll
Rechtsanwalt

Anmerkungen

1. Mit der Haftpflichtversicherung des Mandanten muss an sich nicht korrespondiert werden. Dennoch schadet es nicht, wenn der Rechtsanwalt die Haftpflichtversicherung informiert und darum bittet, dass eine Regulierung der gegnerischen Ansprüche nur nach vorheriger Absprache erfolgt. Im Übrigen sollte der Rechtsanwalt seinen Mandanten darüber informieren, dass zur Abwicklung der etwaigen Ansprüche des Gegners die eigene Haftpflichtversicherung zuständig ist und bei Übernahme der etwaigen Zahlungen durch seinen Mandanten die Rechtsanwaltskosten weder durch die Haftpflichtversicherung noch durch die Rechtsschutzversicherung abgedeckt sind.

2. Für die Abwehr der gegnerischen Ansprüche ist ein gesonderter Auftrag der Haftpflichtversicherung erforderlich (§ 5 Z. 7 AHB). Die Rechtsschutzversicherung ist für die Abwehr der Ansprüche nicht eintrittspflichtig.

13. Verkehrsunfallklage bei Alleinverschulden des Gegners (Totalschadenfall)[1]

An das
Landgericht[2]

Klage

des ...... (Klägers)
Prozessbevollmächtigter: ......
gegen
1. den ...... (Beklagten Ziff. 1)[3]
2. den ...... (Beklagten Ziff. 2)[4]
3. die ......-Versicherungs-AG,
vertreten durch den Vorstand (Beklagte Ziff. 3)[5]
wegen Schadensersatz und Feststellung.

Vorläufiger Streitwert für Antrag Ziff. I: EUR 8.000,–
vorläufiger Streitwert für Antrag Ziff. II: EUR 4.000,–[6]

Namens und in Vollmacht des Klägers erhebe ich Klage und werde beantragen:

I. Die Beklagten werden als Gesamtschuldner[7] verurteilt, an den Kläger EUR 8.000,– nebst 5% Zinsen über dem Basiszinssatz hieraus seit 8. 4. ...... zu bezahlen.

II. Es wird festgestellt[8], dass die Beklagten als Gesamtschuldner verpflichtet sind, dem Kläger sämtliche Schäden[9], die ihm in Zukunft aus dem Verkehrsunfall vom 6. 3. ...... auf der Bismarckstraße/Haydnstraße in F. entstehen, zu ersetzen, soweit die Ansprüche nicht auf Sozialversicherungsträger oder sonstige Dritte[10] übergehen.

III. ......[11]

Begründung:

Der Kläger macht Schadensersatzansprüche aus einem Verkehrsunfall vom 6. 3. ...... gegen 19 Uhr auf der Kreuzung Bismarckstraße/Haydnstraße in F. geltend. Der Beklagte Ziff. 1 ist der Fahrer des beteiligten Fahrzeugs Opel Rekord mit dem Kennzeichen F – XY 210, dessen Halter der Beklagte Ziff. 2 ist und das bei der Beklagten Ziff. 3 am Unfalltag haftpflichtversichert war.

1. Der Unfall ereignete sich wie folgt: Der Kläger befuhr mit seinem Pkw Opel Ascona mit dem Kennzeichen F – AB 209 die Bismarckstraße in Richtung Stadtmitte. Der Kreuzung mit der Haydnstraße, an der keine Vorfahrtsregel angebracht ist, näherte er sich mit einer Geschwindigkeit von ca. 40 km/h. Als er sah, dass von rechts aus dem östlichen Teil der Haydnstraße kein Fahrzeug kam, orientierte er sich nach links und konnte auch von dort kein Fahrzeug erkennen. Er fuhr deshalb mit seinem Pkw in die Kreuzung ein. In diesem Augenblick kam der Beklagte Ziff. 1 mit dem Pkw des Beklagten Ziff. 2 aus Sicht des Klägers von links aus der Haydnstraße an die Kreuzung heran. Er fuhr, ohne anzuhalten, in die Kreuzung ein. Dadurch kam es zum Zusammenstoß der beiden Fahrzeuge. Das Fahrzeug des Beklagten Ziff. 1 fuhr mit der Front in die linke hintere Seitentür des Fahrzeugs des Klägers. Das Fahrzeug des Klägers kam dadurch ins Schleudern und fuhr frontal auf die am linken Straßenrand befindliche Gartenmauer.

   Der Beklagte Ziff. 1 hat den Unfall allein verschuldet. Er haftet nach §§ 823 Abs. 2 BGB, 8 StVO sowie nach § 823 Abs. 1 BGB. Der Beklagte Ziff. 2 haftet als Halter nach § 7 Abs. 2 StVG. Die Beklagte Ziff. 3 ist nach § 3 Nr. 1 PflVersG einstandspflichtig. Der Unfall war für den Kläger unvermeidbar. Das gegnerische Fahrzeug war für den Kläger erst zu einem Zeitpunkt erkennbar, als er bereits in die Kreuzung eingefahren war. Die Haftpflichtversicherung des Beklagten Ziff. 2 hat die teilweise Regulierung abgelehnt mit der Begründung, der Kläger habe erkennen können und müssen, dass der Beklagte Ziff. 1 sich zur Erlangung freier Sicht in die bevorrechtigte Straße habe hineintasten müssen[12]. Diese Behauptung ist jedoch unzutreffend. Der Beklagte Ziff. 1 hat sich nicht in die Kreuzung hineingetastet. Er ist vielmehr mit gleich bleibender Geschwindigkeit von ca. 30 km/h weitergefahren, was sich aufgrund der festgestellten Reifenspuren, des Auslaufweges der Fahrzeuge sowie der Beschädigung ergibt. Unabhängig davon war das Fahrzeug des Beklagten Ziff. 2 aus Sicht des Klägers wegen der an der Ecke befindlichen Bäume erst bei Einfahren in die Kreuzung erkennbar.

   Beweis: Einnahme eines Augenscheins; Beiziehung und Verwertung der Akten der Staatsanwaltschaft ......; Sachverständigengutachten.

2. Dem Kläger entstand durch den Unfall folgender Sachschaden:

a) Am Pkw des Klägers wurde die linke hintere Seite und die Vorderfront stark eingedrückt und verformt. Die Reparaturkosten[13] betragen nach dem beigefügten Sachverständigengutachten EUR 17.135,60. Das Fahrzeug des Klägers, das am Unfalltag 3 Jahre und 5 Monate alt war und ein Fahrleistung von 110.000 km aufweist, hatte noch einen Wiederbeschaffungswert von EUR 12.500,–.

Beweis: Gutachten des Sachverständigen X.; Einholung eines Sachverständigengutachtens.

Es ist deshalb wirtschaftlicher Totalschaden[14] eingetreten. Der Restwert[15] des Fahrzeugs wurde vom Sachverständigen mit EUR 500,– beziffert, sodass EUR 12.000,– als Fahrzeugschaden geltend gemacht werden.

b) Die Gutachterkosten[16] betragen gemäß Rechnung des Sachverständigen X. EUR 830,20

Beweis: Rechnung des Sachverständigen X. in Anlage in Fotokopie.

c) Die Kosten für die Ab- bzw. Anmeldung des alten bzw. neuen Fahrzeugs einschließlich der Kosten für die neuen Nummernschilder betrugen EUR 80,–

d) Der Kläger musste für die Dauer der Wiederbeschaffung eines Ersatzfahrzeugs einen Mietwagen[17] nehmen, weil er täglich für die Fahrten von seiner Wohnung zur Arbeitsstätte und für die beruflich anfallenden Fahrten einen Pkw benötigt. Die Wiederbeschaffungsdauer[18] von 14 Tagen ist angemessen, da der Sachverständige 10 Werktage angesetzt hat.

Beweis: Sachverständigengutachten des Herrn X. in Anlage in Fotokopie; Sachverständigengutachten.

Die Mietwagenkosten belaufen sich gemäß Rechnung der Firma Y. auf EUR 700,50

Beweis: Mietwagenrechnung in Anlage in Fotokopie.

Einen Abzug für ersparte eigene Aufwendungen muss der Kläger nicht vornehmen, da er einen Pkw eine Klasse tiefer angemietet hat und zwischen der Beklagten Ziff. 3 und dem Mietwagenunternehmen eine Individualvereinbarung besteht, wonach in diesem Fall die vollen Kosten erstattet werden. Der Kläger hat zum Normaltarif angemietet.

e) Die Abschleppkosten[19] betragen EUR 364,30

Beweis: Abschlepprechnung in Anlage in Fotokopie.

f) Geltend gemacht wird ferner eine Kostenpauschale[20] in Höhe von EUR 25,– für Telefonate, Porto und Fahrtkosten.

g) Dies ergibt den Sachschaden von	EUR 14.000,–
Hierauf hat die Beklagte Ziff. 3 a 28. 3.	EUR 6.000,–
bezahlt[21], sodass verbleiben	EUR 8.000,–

Geltend gemacht werden zunächst außergerichtlich noch die auf diesen Betrag entfallenden Anwaltskosten[22], die im Falle der Nichtzahlung hier noch eingebracht werden müssen. Die Beklagte Ziff. 3 wurde mit Anwaltsschreiben vom 28. 3. ...... mit Fristsetzung zum 7. 4. ...... gemahnt. Der Zinsanspruch ergibt sich deshalb aus § 288 BGB.

3. Bei dem Unfall wurde der Kläger schwer verletzt. Er erlitt eine Luxation des Beckens sowie einen Bruch des Beckens. Der Kläger ist noch mindestens 3 Monate krankgeschrieben.

Beweis: Attest des Kreiskrankenhauses ..... in Anlage in Fotokopie; Gutachten des Dr. med. ......, nach § 287 ZPO vom Gericht einzuholen.

Es ist nicht abzusehen, ob der Kläger seinen Beruf als Automatendreher, den er im Stehen ausüben musste, je wieder ausüben kann. Es ist zu erwarten, dass der Kläger umgeschult werden und eine Arbeit ausüben muss, für die er ein geringeres Einkommen als bisher erzielen wird. Hinsichtlich des Schmerzensgeldes[23], eines Erwerbsschadens[24] und einer etwaigen Rente[25] bleiben Ansprüche noch vorbehalten. Ein Feststellungsinteresse[8] hinsichtlich dieser Schäden ist schon jetzt gegeben, da die Beklagte Ziff. 3 trotz Aufforderung und Mahnung vom 6. 3. …… kein Anerkenntnis abgegeben hat.

Anmerkungen

1. Dargestellt wird hier die Abrechnung bei Totalschaden mit den dabei vorkommenden Schadenspositionen (zur Abrechnung auf Reparaturkostenbasis vgl. Form. II. E. 10 und zur Abrechnung bei Inanspruchnahme der eigenen Vollkaskoversicherung bei Mitverschulden oder Mithaftung vgl. Form. II. E. 15).

2. Zur sachlichen Zuständigkeit vgl. Form. II. E. 1 Anm. 2. Der Streitwert ergibt sich aus der Summe der beiden Anträge. Örtlich zuständig ist neben dem Gericht des allgemeinen Gerichtsstandes (§§ 12–19 ZPO) auch das Gericht, in dessen Bezirk der Unfall geschehen ist. Dies gilt sowohl für Ansprüche aus unerlaubter Handlung nach § 823 BGB (§ 32 ZPO) als auch für Ansprüche aus Gefährdungshaftung gegen den Halter nach § 7 Abs. 1 StVG und für Ansprüche nach § 18 StVG wegen vermuteten Verschuldens gegen den Fahrer (§ 20 StVG).

Zur Klage aus Gefährdungshaftung vgl. Form. II. E. 16.

3. Der Fahrer haftet wegen Verschuldens nach §§ 823, 249 ff. BGB und wegen vermuteten Verschuldens, wenn der Entlastungsbeweis nicht gelingt, nach §§ 18 Abs. 1, 8 ff. StVG (zur Gefährdungshaftung vgl. Form. II. E. 16). Die Klage gegen den Fahrer ist notwendig, damit dieser als Zeuge ausscheidet.

4. Der Halter haftet nur nach § 7 Abs. 1 StVG – und in Ausnahmefällen nach § 831 BGB und § 7 Abs. 3 StVG –, was hinsichtlich des Schadensumfangs nach §§ 8–15 StVG von Bedeutung sein kann. Nach § 11 S. 2 StVG haftet der Halter auch aus Gefährdungshaftung für Schmerzensgeldansprüche (§ 253 Abs. 2 BGB, zur Schmerzensgeldklage vgl. Form. II. E. 8).

5. Die Haftpflichtversicherung für das Fahrzeug haftet nach § 3 Nr. 1 PflVersG direkt. Soweit sie aus versicherungsvertraglichen Gründen gegenüber dem Versicherungsnehmer von der Verpflichtung zur Leistung frei ist, haftet sie im Rahmen des § 3 Nr. 4–6 PflVersG.

6. Die Streitwerte sind zu addieren. Der Streitwert für den Feststellungsantrag betreffend den Zukunftsschaden ist nach § 3 ZPO zu schätzen. Dabei ist von dem nach der Klagbegründung voraussichtlich zu erwartenden Schaden auszugehen und ein Abschlag von 20% vorzunehmen (*Zöller* § 3 Stichwort Feststellungsantrag).

7. Das Gesamtschuldverhältnis zwischen Halter und Versicherung ergibt sich aus § 3 Nr. 2 PflVersG, das Gesamtschuldverhältnis zwischen Fahrer und Halter aus §§ 7, 18 StVG, § 840 BGB.

8. Das nach § 256 ZPO erforderliche Feststellungsinteresse für einen derartigen Antrag ist immer dann gegeben, wenn eine gewisse Wahrscheinlichkeit für die Entstehung weiterer, in der Zukunft liegender Schäden besteht (BGH VersR 1976, 291). Es wird auch durch einen Verzicht des Schädigers auf die Einrede der Verjährung nicht ausgeschlossen (OLG Hamm NJW-RR 1998, 751). Bei Verletzungen ist das besondere Rechtsschutzinteresse gegeben, wenn bei dem Schweregrad der zugefügten Verletzungen mit der Möglichkeit weiterer Folgeschäden gerechnet werden kann (BGH VersR 1974, 248).

Soweit Schäden – zum Zeitpunkt der letzten mündlichen Verhandlung – beziffert werden können, fehlt das Feststellungsinteresse.

Im Fall von Gesundheitsschäden sind mit Formulierungen wie „sämtliche Schäden" oder „jeden weiteren Schaden" sowohl materielle als auch immaterielle Schäden erfasst. Dies gilt für Klaganträge ebenso wie für den Urteilstenor (vgl. hierzu BGH NJW 1985, 2022), wenn nicht der Antrag oder das sonstige Vorbringen eindeutige Hinweise auf eine Beschränkung des Streitgegenstandes enthält.

9. Haftet die Versicherungsgesellschaft nur mit der Mindestversicherungssumme (§ 158c Abs. 3 VVG aF.; § 114 VVG nF., § 4 Abs. 2 PflVersG), so muss diese Höchstgrenze bezüglich der beklagten Gesellschaft im Antrag aufgenommen werden, damit Kostennachteile einer teilweisen Klagabweisung vermieden werden.

10. Soweit der Sozialversicherungsträger in der gesetzlichen Renten-, Unfall- und Krankenversicherung Leistungen an den Geschädigten erbringt, gehen die dem Geschädigten gegen den Schädiger zustehenden Ansprüche insoweit (Kongruenz) nach § 116 SGB X auf ihn über. Der Geschädigte ist deshalb insoweit nicht mehr aktiv legitimiert. Im Klagantrag ist deshalb die entsprechende Einschränkung aufzunehmen. Gleiches gilt für den gesetzlichen Forderungsübergang nach ähnlichen Vorschriften. Als sonstige Dritte, die ebenso kraft Gesetzes die Forderungen erwerben, kommen der Arbeitgeber (§ 6 EntgFG), die Schadens- und Krankenversicherung (§ 67 VVG aF.; § 86 VVG nF.) und der Staat (§ 76 BBG) in Frage.

11. Zum Schmerzensgeld vgl. Form. II. E. 8. Im vorliegenden Formular sind die Personenschäden nur im Feststellungsantrag berücksichtigt (unten Anm. 23f.).

12. Vgl. OLG Frankfurt VersR 1974, 684.

13. Zur Abrechnung auf Reparaturkostenbasis vgl. Form. II. E. 10.

14. Zur Abrechnung bei Durchführung der Reparatur und auf Basis fiktiver Reparaturkosten vgl. Form. II. E. 10 Anm. 6 und 7. Da der Geschädigte Eigentümer der Restteile ist, kann der Versicherer bei Abrechnung auf Totalschadensbasis die Herausgabe des Fahrzeugs nicht verlangen. Allerdings ist der Geschädigte zur Schadensminderung verpflichtet. Angeboten oder Kaufnachweisen des Versicherers betreffend das Fahrzeugwrack muss der Geschädigte in der Regel nicht nachgehen, auch wenn diese höher liegen, als der vom Sachverständigen im Gutachten geschätzte Restwert (BGH NJW 1993, 1850). Ein Verstoß gegen die Schadensminderungspflicht liegt nur dann vor, wenn der Versicherer den Nachweis einer ohne weiteres zugänglichen günstigeren Verwertungsmöglichkeit führt. Ein bloßer Hinweis ohne ein konkretes Kaufangebot ist dafür nicht ausreichend (BGH NJW 2000, 800; OLG Hamm VersR 2000, 1122). Soweit der Restwert nach den Grundsätzen der Rechtsprechung eine Rolle spielt, müsste der Schädiger einen höheren Erlös darlegen (BGH NJW 1992, 903).

Bei Beschädigung eines fabrikneuen Fahrzeugs kommt die Abrechnung auf Neukaufbasis (auch uneigentlicher Totalschaden bezeichnet) in Frage. Die Rechtsprechung zieht hierfür die Grenze bei einer Gebrauchsdauer von ca. einem Monat und ca. 1.000 km Fahrleistung (vgl. OLG Nürnberg VersR 1986, 98; OLG Hamm VersR 1981, 788; *Geigel* Kap. 3 Rdn. 18; Palandt/*Heinrichs,* 68. Aufl. § 249 Rdn. 22). Eine Abrechnung auf Neuwagenbasis kommt auch bei geringfügiger Überschreitung der 1.000 Kilometer in Frage (vgl. OLG Hamm VersR 1986, 1196). Bei Beschädigung von tragenden Teilen eines Fahrzeugs, die für die Sicherheit von Bedeutung sind (Rahmen oder Fahrgestell) muss nach Auffassung verschiedener Gerichte der Haftpflichtversicherer den Neupreis auch dann ersetzen, wenn das Fahrzeug bereits 3.000 Kilometer gefahren war und länger als einen Monat zugelassen war; allerdings hat der Geschädigte sich in diesem Fall einen Abzug von 1% vom Neupreis je 1.000 Kilometer Fahrleistung gefallen zu lassen (OLG Hamm NZV 2000, 170; OLG München NJW 1982, 52). Nach anderer Auffassung kommt es für die Abrechnung auf Neuwagenbasis nicht entscheidend auf das Datum der Erstzulassung, sondern in erster Linie auf die Kilometerleistung an. Nach dieser Auffassung steht das Alter des Fahrzeugs nur in besonderen Ausnahmefällen einer Abrechnung in dieser Weise entgegen. So wurde bei einem Schaden von mehr als 40% des Neuwagenpreises und bei einer Fahrleistung von 943 km nach drei Monaten Erstzulassung die Abrechnung auf Neuwagenbasis bejaht, wenn keine Modelländerung eingetreten war (OLG Karlsruhe VersR 1986, 349). Der Eigentümer des Fahrzeugs ist nicht verpflichtet, bei Abrechnung auf Neuwagenbasis das Unfallfahrzeug an den Versicherer herauszugeben (KG NJW-RR 1987, 16). Grundsätzlich gilt auch für den wirtschaftlichen Totalschaden § 249 Abs. 2 BGB mit der Folge, dass USt nur zu ersetzen ist, soweit diese anfällt (BGH NJW 2004, 1943). Fällt tatsächlich keine USt an, ist diese deshalb aus dem im Gutachten angesetzten Wiederbeschaffungswert herauszurechnen. Zu den Einzelheiten vgl. Form. II. E. 10 Anm. 7.

15. Falls kein Restwert mehr vorhanden ist, kommt auch die Erstattung von Verschrottungskosten in Frage.

16. Vgl. hierzu Form. II. E. 10.

17. Nimmt der Geschädigte kein Mietfahrzeug in Anspruch, so steht ihm Nutzungsausfall zu (vgl. II. E. 10 Anm. 9). In diesem Fall muss der Geschädigte zur Substantiierung seiner Ansprüche im Prozess zum Nutzungswillen und zur Nutzungsmöglichkeit Tatsachen vortragen. Die Mietwagenkosten sind nach der Rechtsprechung (vgl. iE. *Geigel* Kap. 3 Rdn. 67 ff.) nicht in vollem Umfang zu erstatten. Ein Abzug für Eigenersparnis von 10%–20% der Mietwagenkosten ist angemessen (vgl. die Nachweise bei Palandt/*Heinrichs,* 68. Aufl., § 249 Rdn. 32; aA. OLG Nürnberg VersR 2001, 208, 3%; OLG Stuttgart NJW-RR 1994, 921). Es bestehen teilweise Einzelabreden zwischen bestimmten Versicherungsgesellschaften und verschiedenen Mietwagenunternehmern. Der Geschädigte sollte sich bei der Haftpflichtversicherung vor der Anmietung eines Fahrzeugs deshalb erkundigen. Nach der überwiegenden Rspr. entfällt die Anrechnung ersparter Eigenbetriebskosten bei der Anmietung eines klassetieferen PKW (OLG Hamm VersR 1999, 769; OLG Frankfurt NZV 1995, 108; OLG Celle NJW-RR 1993, 1052; vgl. dazu *Geigel* Kap. 3 Rdn. 84). Die Kosten für eine für das Ersatzfahrzeug abgeschlossene Vollkaskoversicherung sind idR. adäquate Schadensfolgen (BGH NJW 2005, 1041). Unter Umständen kann jedoch ein Abzug unter dem Gesichtspunkt eines Vorteilsausgleichs in Betracht kommen (BGH NJW 2005, 1041, 1043).

Die Verpflichtung zur Schadensminderung kann den Geschädigten zwingen, statt eines Mietfahrzeugs für Einzelfahrten ein Taxi zu nehmen. Bei Fahrten, die täglich ca. 20 km nicht überschreiten, ist dies von den Gerichten bereits bejaht worden (*Geigel* Kap. 3 Rdn. 72 ff.; Palandt/*Heinrichs,* 68. Aufl., § 249 Rdn. 31b). Allerdings gilt dieser Grundsatz nicht uneingeschränkt, sondern nur insoweit, als die Besonderheiten dieses Tarifs tatsächlich den höheren Preis rechtfertigen (BGH NJW 2005, 51, 53; BGH NJW 2005, 1041, 1043) und der Tarif deshalb als erforderlicher Aufwand zur Schadensbeseitigung angesehen werden kann. Grundsätzlich kann der Geschädigte nur den von den Kfz-Vermietern angebotenen Normaltarif in Ansatz bringen und nicht den deutlich höher liegenden Unfallersatztarif (BGH NJW 2005, 51; BGH NJW 2007, 1122; BGH NJW 2007, 1124; BGH NJW 2007, 1449 und 1676; vgl. zum Ganzen auch Palandt/*Heinrichs,* 68. Aufl., § 249 Rdn. 30 ff.).

Der höher liegende Unfallersatztarif kann nach ständiger Rechtsprechung vom Geschädigten nur dann verlangt werden, wenn es ihm nicht möglich war, zum Normaltarif anzumieten, da beispielsweise nicht zugänglich (BGH NJW 2007, 1449; BGHZ 163, 19 = NJW 2005, 1933; BGH NJW 2006, 1506 = VersR 2006, 669; BGH NJW 2006, 2621; BGH NJW 2007, 1122 und 1123). Insoweit reicht nicht aus, dass das Mietwagenunternehmen dem Geschädigten zunächst nur einen Unfallersatztarif angeboten hat. Der Geschädigte muss dann nachfragen (BGN NJW 2007, 1124; BGH NJW 2006, 2621). Den Geschädigten trifft insoweit zumindet eine sekundäre Darlegungslast (BGH NJW 2007,

1676). Der Geschäftige muss also darlegen, dass es ihm aufgrund der konkreten Umstände des Einzelfalls auf dem örtlich und zeitlich relevanten Markt nicht möglich war, einen Pkw zum Normaltarif anzumieten.

Von der Rechtsprechung wird eine Erhöhung des Normaltarifs auch dann zugelassen, wenn aufgrund unfallspezifischer Kostenfaktoren die Anmietung zum erhöhten Unfallersatztarif erforderlich iS. des § 249 Abs. 2 S. 1 BGB ist (BGH NJW 2007, 1122). Insoweit geht es darum, ob vom Vermieter spezifische Leistungen aufgrund der Besonderheiten des entsprechenden Falls zu erbringen sind. Ein erhöhter Tarif kann auch deshalb gerechtfertigt sein, wenn der Unfall sich unmittelbar vor oder an einem Feiertag oder zur Nachtzeit ereignet hat (BGH NJW 2007, 1122). Die Anmietung zu einem erhöhten Tarif kann auch dann gerechtfertigt sein, wenn der Geschädigte auf eine sofortige Fortsetzung der Fahrt und deshalb sofortiger Anmietung eines Mietfahrzeuges aus plausiblen Gründen angewiesen ist (vgl. Palandt/*Heinrichs*, 68. Aufl., § 249 Rdn. 31 a mwN.). Ebenfalls aus Gründen der Schadensminderungspflicht muss der Geschädigte bei Inanspruchnahme eines Mietwagens während des Urlaubs die Möglichkeit eines Pauschalangebots prüfen (LG Frankenthal VersR 1986, 248).

18. Ebenso wie Nutzungsausfall kann auch der Ersatz von Mietwagenkosten nur für eine angemessene Dauer beansprucht werden (vgl. Form. II. E. 10 Anm. 10). Diese wird ohne Sachverständigengutachten nicht zu bestimmen sein. Erfolgt eine fiktive Schadensberechnung anhand eines Sachverständigengutachtens kann der Geschädigte Ersatz der Mietwagenkosten nur für die im Gutachten veranschlagte Reparaturzeit verlangen und nicht für die längere Dauer einer tatsächlich durchgeführten Reparatur (BGH NJW 2003, 3480).

19. Hierzu Form. II. E. 10 Anm. 14.

20. Hierzu Form. II. E. 10 Anm. 16.

21. Ohne ausdrückliche Bestimmung (§ 366 BGB) und vorbehaltslos geleistete Zahlungen des Versicherers stellen ein Anerkenntnis (§ 212 Abs. 1 Nr. 1 BGB) dar und bewirken einen Neubeginn der Verjährung hinsichtlich des dem Geschädigten insgesamt zustehenden Schadensersatzanspruchs (BGH VersR 1986, 96).

22. Wird der Schaden teilweise außergerichtlich reguliert und zum Teil gerichtlich geltend gemacht, so muss bei der Abrechnung differenziert werden: zu unterscheiden ist die Abrechnung des Rechtsanwalts im Verhältnis zum Mandanten einerseits und die Abrechnung im Verhältnis zum Haftpflichtversicherer (vgl. iE. *Chemnitz* AnwBl. 1985, 122 zur BRAGO). Im Verhältnis zum Mandanten ist Gegenstandswert für die Gebühren nach Nr. 2300 VVRVG der geltend gemachte Betrag, wobei die Geschäftsgebühr nach Vorbemerkung 3 Nr. 4 zur Hälfte, jedoch höchstens mit einem Gebührensatz von 0,75 auf die Verfahrensgebühr des anschließenden gerichtlichen Verfahrens anzurechnen ist. Hierbei reduziert sich die Verfahrens- und nicht die Geschäftsgebühr (BGH NJW-RR 2008, 1095) mit der Folge, dass die volle Geschäftsgebühr als Nebenforderung geltend gemacht werden muss. Sie ist im Kostenfestsetzungsverfahren nicht zu berücksichtigen. Im Verhältnis zum Gegner ist die Geschäftsgebühr aus dem außergerichtlich regulierten Betrag abzurechnen. Die Kosten des Prozesses sind nach der Kostenentscheidung im Urteil erstattungsfähig. Hierbei ist zu beachten, dass hinsichtlich des gerichtlich durchgesetzten Teils ebenfalls eine Geschäftsgebühr angefallen ist. Eine Anrechnung erfolgt nur, soweit „wegen desselben Gegenstands" eine Geschäftsgebühr und eine Verfahrensgebühr entstehen (Vorbemerkung 3 Nr. 4 VVRVG). Der Teil der Geschäftsgebühr, der nicht angerechnet wird, bzw. nach der Anrechnung übrig bleibt, muss als materieller Schaden mit eingeklagt werden, da er im Kostenfestsetzungsverfahren nicht berücksichtigt werden kann (OLG Frankfurt NJW 2005, 759).

23. Hinsichtlich des Erwerbsschadens ist umstritten, ob nach der Bruttolohnmethode (so zB. BGH VersR 1986, 162; OLG Hamm VersR 1985, 1194) oder nach der modifizierten Nettolohnmethode (so noch BGH VersR 1980, 529) vorzugehen ist (vgl. iE. Palandt/*Heinrichs*, 68. Aufl., § 252 Rdn. 10ff.). Im Ergebnis sind beide Auffassungen für die Praxis heute nahezu gleichbedeutend (vgl. BGH VersR 2000, 65). Neben dem Erwerbsschaden des Geschädigten selbst kann auch der Verdienstausfall der Eltern erstattungsfähig sein (BGH VersR 1985, 784).

24. Hierzu Form. II. E. 6.

14. Verkehrsunfallklage bei Mitverschulden

An das
Landgericht[1]

Klage

des ...... (Klägers)
Prozessbevollmächtigter: ......
gegen
den ...... (Beklagten)[2]
wegen
Schadensersatz.

Vorläufiger Streitwert: EUR 9.000,–[1]

Namens und in Vollmacht des Klägers erhebe ich Klage und werde beantragen:

I. Der Beklagte wird verurteilt, an den Kläger EUR 7.000,– nebst 5% Zinsen über dem Basiszinssatz hieraus seit 1. 10. ...... zu bezahlen.

II. Es wird festgestellt[3], dass der Beklagte verpflichtet ist, dem Kläger sämtliche Schäden, die ihm in Zukunft aus dem Verkehrsunfall vom ...... auf der ......-straße in ...... entstehen, zu $^2/_3$ zu ersetzen, soweit die Ansprüche nicht auf Sozialversicherungsträger oder sonstige Dritte[4] übergehen.

III. ......[5]

Begründung:

1. [6] ......
2. [7] ......

Anmerkungen

1. Zum Streitwert sowie zur sachlichen und örtlichen Zuständigkeit vgl. Form. II. E. 13 Anm. 2.

2. Zu den möglichen Beklagten vgl. Form. II. E. 13 Anm. 3–5.

3. Zur Zulässigkeit der Feststellungsklage vgl. Form. II. E. 13 Anm. 8, 9.

4. Die Quote, mit der der Beklagte haftet, ist im Feststellungsantrag anzugeben, da sonst eine teilweise Klagabweisung mit Kostenfolgen (§ 92 Abs. 1 ZPO) stattfinden muss. Zum Übergang von Ansprüchen auf Sozialversicherungsträger oder sonstige Dritte vgl. Form. II. E. 13 Anm. 10 und Form. II. E. 1 Anm. 6.

5. Auch beim Schmerzensgeldantrag (vgl. hierzu Form. II. E. 8) ist das Mitverschulden zu berücksichtigen. Es ist hier allerdings einer von mehreren Bemessungsfaktoren, sodass nicht das bei alleiniger Haftung des Beklagten anfallende Schmerzensgeld einfach zu quoteln ist (vgl. BGH VersR 1970, 624; ebenso *Geigel* Kap. 7 Rdn. 47; Palandt/*Heinrichs*, 68. Aufl., § 253 Rdn. 21). Beim Grundurteil ist demgegenüber eine Quotierung hinsichtlich des Schmerzensgeldes zulässig (BGH NJW 2002, 3560). Der hier vorgeschlagene Antrag (vgl. Form. II. E. 8 Anm. 5) führt nicht zu einer Quotelung des an sich bei Vollhaftung angemessenen Schmerzensgeldes, sondern er entspricht der Auffassung des BGH.

6. Der Aufbau der Klage entspricht dem bei Form. II. E. 13.

7. Der Schadensumfang entspricht dem in Form. II. E. 10 und Form. II. E. 13. Der Verlust des Schadensfreiheitsrabatts in der Haftpflichtversicherung stellt – anders als bei der Kaskoversicherung (vgl. Form. II. E. 15 Anm. 10) – keinen erstattungsfähigen Schaden dar (Palandt/*Heinrichs* Vor § 249 Rdn. 93).

15. Verkehrsunfallklage bei Mitverschulden nach Inanspruchnahme der Kaskoversicherung (Quotenvorrecht)

An das
Amtsgericht[1]

Klage

des ...... (Klägers)
Prozessbevollmächtigter: ......
gegen
den ...... (Beklagten)[2]
wegen
Schadensersatz.
Vorläufiger Streitwert[1]:
Für Antrag I: EUR 1.900,–
für Antrag II: EUR
EUR

Namens und in Vollmacht des Klägers erhebe ich Klage und werde beantragen:

I. Der Beklagte wird verurteilt, an den Kläger EUR 1.900,– nebst 5% Zinsen über dem Basiszinssatz hieraus seit 4. 1. ...... zu bezahlen.

II. [3] ......

Begründung:

1. [4] ......

2. Dem Kläger ist durch den Unfall folgender Schaden[5] entstanden:

a) Quotenbevorrechtigte Ansprüche:

Reparaturkosten	**EUR 3.000,–**
Wertminderung[6]	**EUR 1.300,–**
Sachverständigenkosten[7]	**EUR 400,–**
Abschleppkosten[7]	**EUR 300,–**
Dies ergibt den Gesamtschaden von	**EUR 5.000,–**
Davon hat der Beklagte wegen des 50%igen Mitverschuldens EUR 2.500,– zu ersetzen. Vom Kaskoversicherer hat der Kläger nach Abzug der Selbstbeteiligung erhalten.	**EUR 4.000,–**
Dem Kläger verbleibt somit ein Schaden von	**EUR 1.000,–**

Aus dem vom Beklagten zu zahlenden Betrag von EUR 2.500,– stehen dem Kläger sonach EUR 1.000,– zu[8].

b) Nicht quotenbevorrechtigte Ansprüche	
Mietwagenkosten[9]	**EUR 1.500,–**
bereits entstandene Prämiennachteile in der Kaskoversicherung[10]	**EUR 250,–**
Unkostenpauschale	**EUR 50,–**
	EUR 1.800,–
Davon stehen dem Kläger auf Grund des hälftigen Mitverschuldens EUR 900,– zu.	
c) Gesamtanspruch des Klägers:	
Bevorrechtigte Ansprüche	**EUR 1.000,–**
nicht bevorrechtigte Ansprüche	**EUR 900,–**
	EUR 1.900,–

Anmerkungen

1. Zum Streitwert sowie zur sachlichen und örtlichen Zuständigkeit vgl. Form. II. E. 13 Anm. 2.

2. Zu den Beklagten vgl. Form. II. E. 13 Anm. 3–5.

3. Zum Feststellungsantrag vgl. Form. II. E. 14, zum Schmerzensgeldantrag vgl. Form. II. E. 8.

4. Der Aufbau der Klage entspricht dem Form. II. E. 13.

5. Bei Inanspruchnahme der eigenen Vollkaskoversicherung hinsichtlich des Sachschadens ist eine differenzierte Abrechnung notwendig. Zwar gehen nach § 67 Abs. 1 S. 1 VVG aF. und § 86 VVG nF. die Schadensersatzansprüche des Geschädigten insoweit auf den Versicherer über, als dieser ihm den Schaden ersetzt. Wegen des Quotenvorrechts nach § 67 Abs. 1 S. 2 VVG aF. und § 86 Abs. 1 S. 2 VVG nF. mindert die Zahlung des Kaskoversicherers den Ersatzanspruch des Geschädigten jedoch nur insoweit, als der Gesamtbetrag – aus Zahlung des Kaskoversicherers und vom Gegner verlangtem Betrag – den Schaden übersteigt. Anders gesagt, gehen die Ansprüche des Geschädigten nur insoweit auf den Kaskoversicherer über, als der entstandene Sachschaden insgesamt überschritten wird (sog. Differenztheorie; vgl. zB. BGH NJW 1983, 827; BGH NJW 1982, 829). Diese Grundsätze gelten jedoch nur für den unmittelbaren, von der Kaskoversicherung erfassten (kongruenten) Schaden, nicht hinsichtlich des inkongruenten Sachfolgeschadens. Damit ist die Abrechnung aufzuteilen in quotenbevorrechtigte (kongruente) Ansprüche und nicht quotenbevorrechtigte (inkongruente) Ansprüche (vgl. dazu *Geigel* Kap. 13 Rdn. 10 ff.). Der Anwalt der Geschädigten muss bei Bestehen einer Kaskoversicherung immer prüfen, ob deren Inanspruchnahme nicht günstiger ist. Dabei muss er auch berücksichtigen, ob und gegebenenfalls welche Prämiennachteile dem Geschädigten bei Inanspruchnahme der Kaskoversicherung entstehen.

6. Die Wertminderung gehört nach BGH (NJW 1982, 827) zu den unmittelbaren Sachschäden (vgl. für die Erstattung der Wertminderung durch die Kaskoversicherung: BGH VersR 1985, 441).

7. Die Sachverständigenkosten und die Abschleppkosten gehören nach BGH (NJW 1982, 829) ebenfalls zu den unmittelbaren Sachschäden.

8. Der Rest von EUR 1.500,– ist auf Grund des gesetzlichen Forderungsübergangs (§ 67 Abs. 1 S. 1 VVG aF. und § 86 Abs. 1 S. 2 VVG nF.) auf den Kaskoversicherer übergegangen.

9. Ein statt der Mietwagenkosten geltend gemachter Anspruch auf Nutzungsausfall gehört ebenfalls zu den nicht quotenbevorrechtigten Ansprüchen. Gleiches gilt für die Anwaltskosten im Falle einer teilweisen Regulierung (vgl. zu den Anwaltskosten Form. II. E. 10 Anm. 17 ff.).

10. Der Verlust des Schadensfreiheitsrabatts in der Kaskoversicherung ist erstattungsfähiger, adäquater Schaden, wenn der Haftpflichtversicherer zuvor erfolglos aufgefordert wurde (str.; so BGH VersR 1976, 1066 (1067); LG Rottweil NJW 1986, 1996 = VersR 1986, 1129; Palandt/*Heinrichs*, 68. Aufl., § 249 Rdn. 37 und Vorbem. vor § 249 Rdn. 92; aA. LG Osnabrück NJW-RR 1987, 18). Durch eine Entscheidung des BGH (NJW 1992, 1035 = VersR 1992, 244) wurde geklärt, dass der Schadensfreiheitsrabatt für die Zukunft nur im Wege der Feststellungsklage geltend gemacht werden kann.

16. Verkehrsunfallklage aus Gefährdungshaftung

An das
Landgericht[1]

Klage

des ...... **(Klägers)**
Prozessbevollmächtigter: ......

gegen
1. den ......
2. die ......-Versicherungs-AG,
vertreten durch den Vorstand
...... **(Beklagte)[2]**

wegen
Schadensersatz

Vorläufiger Streitwert für Antrag Ziff. I[1]: ......
Vorläufiger Streitwert für Antrag Ziff. II: ......

Namens und in Vollmacht des Klägers erhebe ich Klage und werde beantragen:

I. Die Beklagten werden als Gesamtschuldner verurteilt, an den Kläger ein angemessenes Schmerzensgeld nebst 5%-Punkten Zinsen über den Basiszinssatz seit ...... zu bezahlen.[3]

II. Die Beklagten werden als Gesamtschuldner[4] verurteilt, an den Kläger EUR ...... nebst 5% Zinsen über dem Basiszinssatz hieraus seit ...... zu bezahlen

III. Es wird festgestellt[5], dass die Beklagten als Gesamtschuldner verpflichtet sind, dem Kläger sämtliche Schäden, die ihm künftig aus dem Verkehrsunfall vom ...... auf der ......-Straße in ...... entstehen, nach den Bestimmungen des StVG[6] zu ersetzen, soweit sie nicht auf Sozialversicherungsträger oder andere Dritte übergegangen sind und übergehen.

Begründung:

Der Kläger macht Schadensersatzansprüche aus einem Verkehrsunfall vom ...... gegen ...... Uhr auf der ......-Straße in ...... geltend. Der Kläger war Beifahrer auf dem Vordersitz im Taxi des Beklagten Ziff. 1 mit dem Kennzeichen ......, das der Beklagte Ziff. 1 auch selbst fuhr. Die Beklagte Ziff. 2 ist die Haftpflichtversicherung für das Fahrzeug.

1. Der Unfall ereignete sich wie folgt: Der Beklagte Ziff. 1 befuhr mit seinem Taxi die ......-Straße in ...... mit etwa 50 km/h. Der Kläger war Fahrgast auf dem vorderen Beifahrersitz. Plötzlich platzte infolge äußerer Einwirkung unbekannter Art der linke Hinterreifen. Der Beklagte Ziff. 1 nahm eine Vollbremsung vor, wodurch das Fahrzeug ins Schleudern kam und nach verschiedenen Schleuderbewegungen rechts auf die

Leitplanke aufprallte. Obwohl der Kläger angegurtet war, erlitt er bei dem Unfall Verletzungen, infolge derer er für mindestens ein halbes Jahr arbeitsunfähig krank sein wird: ……

2. Der Beklagte Ziff. 1 hat zwar nicht schuldhaft falsch reagiert. Es liegt aber kein Fall von höherer Gewalt vor. Der Beklagte Ziff. 1 hätte im Übrigen das Fahrzeug ausrollen lassen können. Ein idealer Kraftfahrer hätte jedoch in dieser Situation keine Vollbremsung vorgenommen, sondern das Fahrzeug ausrollen lassen. Es wäre dann zu keinem Unfall gekommen, da die Straße frei war und das Fahrzeug nur wegen der Vollbremsung des Beklagten Ziff. 1 ins Schleudern kam. Der Beklagte Ziff. ……1 haftet dem Kläger deshalb nach § 7 Abs. 1 StVG auf Schadensersatz[7, 8].

3. Dem Kläger ist folgender Schaden entstanden: ……

Anmerkungen

1. Hinsichtlich des Streitwerts, der sachlichen und örtlichen Zuständigkeit sowie zum Gerichtsstand des Unfallorts vgl. Form. II. E. 13 Anm. 1f.

2. Zu den möglichen Beklagten vgl. zunächst Form. II. E. 13 Anm. 3–5. Aus Gefährdungshaftung nach § 7 Abs. 1 StVG haftet nur der Halter, nicht der Fahrer! Rechtsgrundlage für die Haftung des Fahrers ist § 18 Abs. 1 StVG. Soweit die Halterhaftung nach § 7 Abs. 1 StVG gegeben ist, haftet der Fahrer für vermutetes Verschulden. Er kann jedoch den Entlastungsbeweis antreten und führen (§ 18 Abs. 1 S. 2 StVG). Die Anforderungen an diesen Beweis sind geringer als bei § 7 Abs. 2 StVG. Der Fahrer ist nicht erst dann entlastet, wenn er das Vorliegen von höherer Gewalt bewiesen hat. Anders gesagt, muss er nicht dartun und beweisen, dass der Unfall durch das Vorliegen von höherer Gewalt unvermeidbar war.

3. Seit dem 1. 8. 2002 steht dem Geschädigten bei Personenschäden auch im Fall der Gefährdungshaftung ein Anspruch auf Zahlung von Schmerzensgeld zu (vgl. § 11 S. 2 StVG).

4. Zum Gesamtschuldverhältnis zwischen Halter und Versicherung vgl. Form. II. E. 13 Anm. 7.

5. Zum Feststellungsantrag vgl. Form. II. E. 13 Anm. 8.

6. Diese Einschränkung sollte im Klagantrag aufgenommen werden, da sonst eine teilweise Klagabweisung mit Kostenfolgen (§ 92 Abs. 1 ZPO) zu erwarten ist. Der nach §§ 8–15 StVG zu ersetzende Schaden kann gegenüber der Schadensersatzpflicht bei unerlaubter Handlung nach §§ 823ff. BGB geringer sein. Von Bedeutung ist dies vor allem hinsichtlich folgender Einschränkungen: § 12 StVG sieht Haftungshöchstgrenzen vor; bei Mitverschulden kommt es auf die Person an, die die tatsächliche Gewalt ausübt; ferner kommt uU. die Verwirkungsvorschrift § 15 StVG in Betracht.

7. Bei Klagen nach § 7 Abs. 1 StVG in Fällen von Beteiligung zweier Fahrzeuge ist zunächst zu beachten, dass zur substantiierten Behauptung der vollen Haftung des Gegners auch der Vortrag gehört, der Unfall stelle für den Kläger höhere Gewalt dar (vgl. dazu *Karczewski* VersR 2001, 1070), i. S. § 7 Abs. 2 StVG. Ferner empfiehlt es sich, hier vorsorglich – falls der Nachweis der Unvermeidbarkeit nicht geführt werden kann – zur Abwägung nach § 17 StVG vorzutragen und dabei auszuführen, weshalb dennoch eine Vollhaftung des Gegners zu bejahen ist (zum Problem des Schadensausgleichs gegenüber dem Leasinggeber vgl. BGH VersR 1986, 169 [71]).

8. Zum vorliegenden Sachverhalt vgl. BGH NJW 1976, 1504 und LG Bielefeld NZV 1991, 235; zu weiteren Fällen der Gefährdungshaftung vgl. BGH VersR 1986, 169 zum Einfahren auf eine BAB und Überwechseln auf die Überholspur, BGH NJW 1992, 1685; BGH NJW 2004, 772; BGH NJW-RR 2008, 764 (zum Fehlen des ursächlichen Zusammenhangs zwischen Schaden und einem bestimmten Betriebsvorgang); BGH NJW 2005, 2081 (zum Merkmal „bei dem Betrieb"); OLG Köln NZV 1999, 43 zum Überschreiten der Richtgeschwindigkeit auf der BAB.

17. Vergleich (Abfindungsvergleich) mit dem Haftpflichtversicherer

Vergleich und Abfindungserklärung[1]

Schaden-Nr. ......
Versicherungsnehmer: ......
Anspruchsteller: ......

Ich (wir) ......
erkläre(n) mich (uns) gegen Zahlung eines Betrags von EUR ...... aus dem Schadensfall vom ......
ein- für allemal abgefunden[2] wegen aller Schadensersatzansprüche[3] gegen die zuständigen Haftpflichtversicherer[4], die versicherten Personen und sonstige Dritte[5], soweit diesen im Fall ihrer Inanspruchnahme ein Ausgleichsanspruch gegen die zuständigen Haftpflichtversicherer oder die Versicherten zusteht.
Die Zahlung ist kein Anerkenntnis[6] einer Haftung. Die Ansprüche sind weder abgetreten noch gepfändet oder verpfändet.
Der Unterzeichner hält sich gebunden[7], wenn der Betrag binnen drei Wochen nach Eingang der Erklärung bei der Gesellschaft angewiesen wird.
Für den Sachschaden sind Zahlungen erfolgt oder zu erwarten von[8]: ......
Für den Personenschaden sind Zahlungen erfolgt oder zu erwarten von[8]: ......

Sondervereinbarungen[6]:	
Abfindungssumme:	**EUR 8.000,–**
Vorschüsse:	**EUR 2.000,–**
Restzahlung:	**EUR 6.000,–[9]**
Reutlingen, den	**......**

Anmerkungen

1. Die Formulare der Haftpflichtversicherungen enthalten AGB, die nach den Vorschriften der §§ 305ff. BGB zu überprüfen sind (vgl. BGH NJW 1985, 970 = VersR 1985, 165 und unten Anm. 5).

2. Damit sind die gesamten Schadensersatzansprüche für Vergangenheit und Zukunft abgegolten. Auch wenn Schäden auftreten, die nicht zu erwarten waren, beseht dem Grundsatz nach kein Schadensersatzanspruch mehr (vgl. BGH VersR 1983, 1034). Allerdings ist es Auslegungsfrage, ob ein Abfindungsvergleich, nach dem die Schadensersatzansprüche des Geschädigten „ein für alle Mal erledigt sind", auch unvorhergesehene Spätfolgen erfasst (vgl. dazu OLG Frankfurt VersR 1993, 1147). Nur in Ausnahmefällen, wenn eine unerträgliche Härte für den Geschädigten vorliegen würde, kann § 242 BGB helfen (*Geigel* Kap. 40 Rdn. 9, 12ff.). Hinsichtlich etwaiger Folgeschäden kann der Geschädigte nach der Rechtsprechung trotz eines Abfindungsvergleichs vollen Schadensersatz verlangen, wenn das Festhalten des Schädigers an der Abfindungsvereinbarung deshalb gegen Treu und Glauben verstößt, weil ein krasses Missverhältnis zwischen dem Schaden und der Abfindungssumme besteht (vgl. hierzu OLG Nürnberg NZV 2000, 507; OLG Hamm NZV 1997, 400), und wenn der Zukunftsschaden bei der Festlegung der Abfindungssumme keine oder nur eine untergeordnete Rolle gespielt hat (BGH MDR 1990, 995 = LM

Nr. 135 zu § 242 [Bb]; BGH VersR 1966, 243; OLG Hamm VersR 1987, 389; OLG Hamm VersR 1987, 509; OLG Köln VersR 1988, 520 jew. mwN.). Dies gilt zB. dann, wenn durch einen Unfall ein posttraumatischer Hirnschaden eingetreten ist, als dessen Spätfolge nun eine Partialepilepsie auftritt, die ihrerseits zu ständigen medikamentösen Behandlung zwingt; hier hat das OLG Köln (aaO.) einen Anspruch auf zusätzliches Schmerzensgeld bejaht (vgl. im Hinblick auf Zukunftsschäden auch unten Anm. 6).

3. Hier handelt es sich um Ansprüche des Versicherungsnehmers und nicht um diejenigen Ansprüche, die Dritten zustehen, etwa nach §§ 844f. BGB, oder auf Dritte übergegangen sind, zB. nach § 116 SGB X auf die Sozialversicherungsträger.

4. Die Haftpflichtversicherung schließt den Vergleich namens und in Vollmacht ihres Versicherungsnehmers ab. Da der Versicherer nach § 115 Abs. 1 VVG aber auch selbst haftet, wird der Vergleich zusätzlich im eigenen Namen abgeschlossen.

5. Hier ist zwar in erster Linie der Fahrer angesprochen. Die Klausel ist jedoch weitergehend. Derartige AGB, wonach der Geschädigte einen Verzicht auf weitergehende Ansprüche nicht nur bezüglich des Versicherungsnehmers und des Versicherers, sondern uneingeschränkt hinsichtlich „jedes Dritten" erklärt, sind überraschend und benachteiligen den Geschädigten entgegen den Geboten von Treu und Glauben unangemessen. Sie sind daher nach § 307 BGB unwirksam (BGH NJW 1985, 970 = VersR 1985, 165; BGH VersR 1986, 467).

6. Künftige Schäden sind mit dem vorliegenden Formular grundsätzlich ausgeschlossen (vgl. Anm. 2; zur Beratungspflicht des Rechtsanwalts vgl. BGH NJW 2002, 292 und dazu *Chab* BRAKMitt, 2002, 22). Soweit zusätzliche Klauseln enthalten sind, ist folgendes zu unterscheiden: Möglich sind Vorbehalte, wobei häufig formuliert wird: „Vorbehalten bleibt der unfallbedingte materielle Zukunftsschaden, soweit er nicht vom Sozialversicherungsträger oder anderen Dritten übernommen wird." Oder „Nicht erfasst sind materielle und immaterielle Zukunftsschäden, soweit ......". In diesen Fällen ist zu beachten, dass kein die Verjährungsfrist unterbrechendes Anerkenntnis vorliegt, so dass nach Ablauf der Verjährungsfrist auch diese Ansprüche nicht mehr durchgesetzt werden können, wenn die Einrede erhoben wird (BGH VersR 1992, 1091). Aus der Sicht des Geschädigten ist deshalb darauf zu achten, dass ein eindeutiges Anerkenntnis erfolgt.

7. Formulare der Versicherer sind meist als einseitige Erklärung des Geschädigten ausgestaltet. Ist eine Bindungsfrist nicht genannt, so ergeben sich Probleme hinsichtlich der Bindungsdauer (§ 147 Abs. 2 BGB). Die Annahme des Angebots seitens des Versicherers erfolgt durch Erfüllung der Zahlungspflicht.

8. Hier muss der Geschädigte wahrheitsgemäße Angaben über bereits erfolgte oder zu erwartende Zahlungen seitens des Arbeitgebers, der Berufsgenossenschaft, der Krankenkasse, der LVA, der Knappschaft, der BfA, der DRV, des Versorgungsamts, des Sozialamts, einer privaten Krankenversicherung oder anderer Stellen machen. Hinsichtlich des Sachschadens ist von Bedeutung, ob Zahlungen durch eine Versicherung zu erwarten sind, wobei in erster Linie die Vollkaskoversicherung, eine Teilkaskoversicherung oder andere Sachversicherungen zu nennen sind.

9. Fehlen Angaben über die vom Schädiger zu erstattenden Anwaltskosten, so sind sie an sich mit dem zu zahlenden Betrag erfasst (vgl. OLG Köln VersR 1963, 468). Es empfiehlt sich deshalb, in die Abfindungserklärung die Anwaltskosten mit aufzunehmen, obwohl in der Praxis die Versicherer tatsächlich keine Einwendungen erheben, auch wenn eine entsprechende Regelung nicht enthalten ist.

Hinsichtlich der Höhe der Anwaltsgebühren gilt Folgendes: Mit der vorliegenden Urkunde und der Annahme durch Zahlung wird ein Vergleich abgeschlossen. Hierdurch entsteht eine Einigungsgebühr gemäß Nr. 1000 VVRVG. Finden umfangreiche Verhandlungen mit dem Versicherer statt, kann sich auch die Geschäftsgebühr über 1,3 hinaus erhöhen.

Versicherungsrecht

18. Leistungsklage, Kraftfahrtversicherung

An das
Landgericht[1]

Klage

des ...... (Klägers)

Prozessbevollmächtigte: Rechtsanwälte ......

gegen

die ......-Versicherungs AG, vertreten durch den Vorstand, dieser vertreten durch den Vorstandsvorsitzenden ...... (Beklagte)

Wegen: Ansprüche aus Versicherungsvertrag

Vorläufiger Streitwert: ......

Namens und in Vollmacht des Klägers erheben wir Klage und werden beantragen:

1. Die Beklagte wird verurteilt, an den Kläger ...... EUR nebst 5 Prozentpunkten Zinsen über dem Basiszinssatz seit dem ...... zu bezahlen.
2. Der Beklagte wird verurteilt, an den Kläger ...... EUR nebst 5 Prozentpunkten über dem Basiszinssatz seit dem ...... zu bezahlen.
3. Die Beklagte trägt die Kosten des Rechtsstreits.
4. Das Urteil ist vorläufig vollstreckbar.

Wir beantragen ferner,

gegen die Beklagte ohne mündliche Verhandlung gem. § 307 Abs. 2 ZPO Anerkenntnisurteil zu erlassen, wenn der Anspruch auf Aufforderung nach § 276 Abs. 1 S. 1 ZPO anerkannt wird.

gegen die Beklagte ohne mündliche Verhandlung gem. § 331 Abs. 3 ZPO Versäumnisurteil zu erlassen, falls nicht fristgerecht die Absicht angezeigt wird, sich gegen die Klage verteidigen zu wollen.

Der Kläger macht gegen die Beklagte Ansprüche aus dem zwischen den Parteien bestehenden Versicherungsvertrag mit der Versicherungsscheinnummer: ...... geltend.

A. Zum Sachverhalt[2]

I.

Zwischen den Parteien besteht unter der Versicherungsscheinnummer: ...... ein Versicherungsvertrag. Er beinhaltet eine Kraftfahrzeughaftpflichtversicherung über das Fahrzeug des Klägers mit dem amtlichen Kennzeichen ...... sowie eine Kasko-Versicherung mit einer Selbstbeteiligung von ...... EUR für den Vollkaskobereich und in Höhe von ...... EUR für den Bereich der Teilkaskoversicherung. Wir überreichen als Anlage K 1 eine Kopie des Versicherungsscheins und als Anlage K 2 die den Versicherungsvertrag zugrunde liegenden Allgemeinen Versicherungsbedingungen.

II.[3]

Am ...... besuchte der Kläger seinen Bruder, den nachbenannten Zeugen
......
in ......, um mit ihm einen gemeinsamen Einkauf zu unternehmen.

Beweis: Zeugnis des Herrn ......

Im Auto des Klägers befand sich ferner dessen Sohn, der nachbenannte Zeuge ......

Beweis: Zeugnis des Herrn ......

Nachdem der Kläger und sein Sohn gemeinsam mit dem Zeugen ...... in ...... eingekauft hatten, fuhren der Kläger und sein Sohn zurück nach Hause. Dort angekommen, stellte der Kläger sein Fahrzeug in einer Parkbucht in der Straße ...... ab.

Beweis: Zeugnis des ......

Das Fahrzeug war ordnungsgemäß verschlossen. Der Kläger und sein Sohn suchten nach Abstellen des Pkw die gemeinsame Wohnung auf. Als der Kläger am nächsten Morgen mit seinem Sohn die Wohnung verließ, um diesen zur Schule zu bringen, stellte er fest, dass sich das Fahrzeug nicht mehr am Abstellort befand.

Beweis: Zeugnis des ......

Der Kläger benachrichtigte sofort die Polizei, um sich zu erkundigen, ob diese ein Abschleppen des Fahrzeugs veranlasst hätte. Dies verneinte der befragte Polizeibeamte und kündigte an, man werde eine Polizeistreife vorbeischicken.

Nachdem die Polizeibeamten vor Ort den Sachverhalt aufgenommen hatten, erstattete der Kläger auf der Polizeiwache in ...... eine Diebstahlanzeige, da sein Pkw offensichtlich gestohlen worden war.

III.

Der Kläger meldete der Beklagten den Diebstahlschaden mit der als Anlage K 3 überreichten Schadenanzeige. Die Beklagte überprüfte den Sachverhalt und lehnte mit dem als Anlage K 4 überreichten Schreiben vom ...... jegliche Eintrittspflicht ab und bestritt, dass der bei ihr versicherte Pkw entwendet worden sei.

B. Zur Rechtslage

I.

Der Kläger hat gegen die Beklagte einen Anspruch auf Zahlung gem. § 1 VVG i. V. m. dem abgeschlossenen Versicherungsvertrag mit der Versicherungsscheinnummer ......

1. Die Rechtsprechung gewährt dem Versicherungsnehmer in der Kraftfahrzeugversicherung Beweiserleichterungen, wenn der Versicherungsnehmer den Versicherungsfall „Entwendung“ darlegen und beweisen muss. Der Versicherungsnehmer muss lediglich einen Sachverhalt darlegen und beweisen, der mit hinreichender Wahrscheinlichkeit den Schluss auf eine versicherte Fahrzeugentwendung zulässt (vgl. BGH, VersR 1984, 29).

Dazu reicht in der Regel der Nachweis, dass der Versicherungsnehmer sein Fahrzeug zu einer bestimmten Zeit an einem bestimmten Ort abgestellt und dort nicht wieder aufgefunden hat. Für diesen Mindestsachverhalt muss der Versicherungsnehmer grundsätzlich den Vollbeweis erbringen (vgl. BGH, VersR 1991, 917; BGH VersR 1992, 867).

Die Einvernahme des Sohnes des Klägers, des Zeugen ...... wird belegen, dass der Kläger das bei der Beklagten versicherte Fahrzeug am ...... abstellte und am ...... nicht wieder auffand.

2. Der Versicherungsfall „Entwendung“ ist damit am ...... eingetreten, denn dem Kläger wurde das bei der Beklagten versicherte Fahrzeug an diesem Tag gestohlen.

II.

1. Der Kläger hat gem. § 1 VVG i. V. m. dem zwischen den Parteien abgeschlossenen Versicherungsvertrag einen Anspruch auf Zahlung der Entschädigung, denn der Versicherungsfall „Entwendung“ ist am ...... eingetreten.

2. Gem. A. 2.6.1 AKB 2008 bildet der Wiederbeschaffungswert die Höchstgrenze der zu leistenden Entschädigung. Wiederbeschaffungswert ist gemäß A. 2.6.6. AKB der Preis,

den der Versicherungsnehmer am Tag des Schadenereignisses für ein gleichwertiges gebrauchtes Fahrzeug zahlen muss.

Das Fahrzeug, das bei der Beklagten versichert war, war umfangreich ausgestattet, wie sich aus der als Anlage K 5 überreichten Anschaffungsrechnung ergibt. Der Bruttowiederbeschaffungswert des entwendeten Fahrzeugs betrug am Tag der Entwendung hiernach mindestens ...... EUR.

Beweis: Einholung eines Sachverständigengutachtens

Hiervon ist die vereinbarte Selbstbeteiligung in Höhe von ...... EUR abzuziehen, so dass als Differenz die Klagesumme übrig bleibt.

Der Kläger hat sich in der Zwischenzeit ein Ersatzfahrzeug gekauft, dies ergibt sich aus der als Anlage K6 überreichten Anschaffungsrechnung.

Da die Beklagte mit Schreiben vom ihre Eintrittspflicht abgelehnt hat, befindet sie sich spätestens ab diesem Zeitpunkt im Verzug.

III.

Die Prozessbevollmächtigten des Klägers haben dessen Interessen gegenüber der Beklagten bereits vorprozessual vertreten. Über die hierdurch entstandenen Gebühren, die der Kläger am ...... beglichen hat, verhält sich die als Anlage K 7 überreichte Kostenrechnung der Prozessbevollmächtigten des Klägers.

Da sich die Beklagte mit der Regulierung des Schadens im Verzug befand, ist sie verpflichtet, dem Kläger die Kosten zu ersetzen, die durch die vorprozessuale Tätigkeit der Prozessbevollmächtigten des Klägers entstanden sind.

IV.

Die Zuständigkeit des angerufenen Landgerichts ergibt sich aus § 215 VVG, denn der Kläger unterhält seinen ständigen Wohnsitz im Zuständigkeitsbezirk des angerufenen Landgerichts.

Rechtsanwalt

Anmerkungen

1. Nach der Neuregelung des § 215 VVG ist für Klagen aus dem Versicherungsvertrag oder der Versicherungsvermittlung auch das Gericht örtlich zuständig, in dessen Bezirk der Versicherungsnehmer zur Zeit der Klageerhebung seinen Wohnsitz, in Ermangelung eines solchen seinen gewöhnlichen Aufenthalt hat. Die Altregelung des § 48 VVG alt (Gerichtsstand der Agentur) gilt demzufolge nicht mehr. Der Versicherungsnehmer ist auch nicht verpflichtet, den Versicherer an seinem Sitz zu verklagen.

2. Im Rahmen der Darstellung des Sachverhaltes sollten dem Gericht die Vertragsbeziehungen möglichst exakt dargestellt werden. Hierzu ist es vor allen Dingen erforderlich, dass der zum Zeitpunkt des behaupteten Versicherungsfalls gültige Versicherungsschein nebst allgemeiner und besonderer Versicherungsbedingungen aktenkundig gemacht werden.

3. Da der Nachweis des in der Teilkaskoversicherung versicherten Tatbestands der Kfz-Entwendung oft erhebliche Probleme bereitet, weil in der Regel der Versicherungsnehmer über keinen unmittelbaren Zeugen verfügt, hat die Rechtsprechung dem Versicherungsnehmer Beweiserleichterungen zugebilligt (vgl. BGH VersR 1993, 571, 572; BGH, NZV 1995, 394; umfassend: MAHVersicherungsrecht/*Burmann,* § 10 Rdn. 91 ff.). Ist wie im vorliegenden Beispiel ein Zeuge für das Abstellen und Nichtwiederauffinden vorhanden, dann muss dieser aus eigener Wahrnehmung bekunden können, dass das versicherte Fahrzeug zu einer bestimmten Zeit an einem bestimmten Ort abgestellt und dort nicht wieder aufgefunden wurde. Es hilft dem Versicherungsnehmer also nicht, nur für das Abstellen oder nur für das Nichtwiederauffinden des Fahrzeugs Zeugen benennen zu können.

Verbleiben nach der Vernehmung von Zeugen Zweifel, weil die Zeugenaussagen nicht ergiebig oder die Zeugen nicht glaubwürdig waren, so kann der Versicherungsnehmer den Beweis auch aufgrund einer Parteivernehmung des § 448 ZPO oder einer Anhörung gem. § 141 ZPO führen. Dieser Weg ist jedoch verschlossen, wenn der Versicherungsnehmer über Zeugen verfügt, diese jedoch aus mehr oder weniger nicht nachvollziehbaren Gründen nicht benennen will (BGH, NJW 1997, 1988).

Hat der Versicherungsnehmer das äußere Bild eines Diebstahls bewiesen, so kann der Versicherer den Beweis führen, dass der Versicherungsfall vorgetäuscht war. Hierfür kommen ihm ebenfalls Beweiserleichterungen zugute. Er muss nur Tatsachen nachweisen, aus denen sich mit erheblicher Wahrscheinlichkeit auf ein Vortäuschen des Versicherungsfalls schließen lässt (vgl. BGH, VersR 1984, 29). Die erhebliche Wahrscheinlichkeit ist mehr als die vom Versicherungsnehmer zunächst nachzuweisende hinreichende Wahrscheinlichkeit für das Vorliegen eines Entwendungstatbestandes.

Kosten und Gebühren

Vgl. dazu die allgemeinen Ausführungen unter Form. I. D. 1 aE.

Fristen und Rechtsmittel

Vgl. dazu die allgemeinen Ausführungen unter Form. I. D. 1 aE.

19. Leistungsklage Kraftfahrtversicherung bei Vorwurf einer grobfahrlässigen Herbeiführung des Versicherungsfalls

An das
Landgericht

Klage

des …… (Klägers)

Prozessbevollmächtigte: Rechtsanwälte ……

gegen

die ……Versicherungs AG, vertreten durch den Vorstand, dieser vertreten durch den Vorstandsvorsitzenden …… (Beklagte)

Wegen: Ansprüche aus Versicherungsvertrag

Vorläufiger Streitwert: ……

Namens und in Vollmacht des Klägers erheben wir Klage und werden beantragen:

1. **Die Beklagte wird verurteilt, an den Kläger …… EUR nebst Zinsen in Höhe von 5 Prozentpunkten über dem Basiszinssatz seit dem …… zu bezahlen.**
2. **Die Beklagte wird verurteilt, an den Kläger …… EUR nebst Zinsen in Höhe von 5 Prozentpunkten über dem Basiszinssatz seit dem …… zu zahlen.**
3. **Die Beklagte trägt die Kosten des Rechtsstreits.**
4. **Das Urteil ist vorläufig vollstreckbar.**

Ferner beantragen wir bei Vorliegen der gesetzlichen Voraussetzungen,

die Beklagte zur Erlass eines Anerkenntnisurteils bzw. Versäumnisurteils ohne mündliche Verhandlung zu verurteilen.

Begründung:

Der Kläger macht gegen die Beklagte Ansprüche aus dem zwischen den Parteien unter der Versicherungsscheinnummer ...... bestehenden Versicherungsvertrag geltend.

A. Zum Sachverhalt

I.

Zwischen den Parteien besteht unter der Versicherungsschein-Nr. ...... ein Versicherungsvertrag über das Fahrzeug des Klägers mit dem amtl. Kennzeichen ......, der die Kraftfahrzeughaftpflichtversicherung sowie die Kraftfahrtversicherung (Vollkasko und Teilkasko) mit einschließt. Die Parteien haben für die Teilkaskoversicherung eine Selbstbeteiligung in Höhe von ...... EUR vereinbart. Wir überreichen als Anlage K 1 eine Kopie des Versicherungsscheins sowie als Anlage K 2 eine Kopie der dem Versicherungsvertrag zugrunde liegenden Versicherungsbedingungen der Beklagten.

II.[1]

Am ...... befuhr der Kläger die Bundesstraße ...... in Richtung ...... Beifahrer war der Zeuge ......

Beweis: Zeugnis des ......

In Höhe des Straßenkilometers ...... beschreibt die Straße eine leichte Rechtskurve. Rechts und links der Straße befindet sich an dieser Stelle ein Waldgebiet. Plötzlich und für den Kläger unerwartet wechselte in seine Fahrtrichtung gesehen von rechts nach links ein Reh unmittelbar vor dem herannahenden Pkw des Klägers über die Straße.

Beweis: Zeugnis des ......

Der Kläger unternahm sofort eine Vollbremsung, konnte aber eine Kollision seines Fahrzeugs mit dem Reh nicht mehr verhindern.[2]

Beweis: Zeugnis des ......

Für den Kläger war der Unfall nicht vermeidbar.

Beweis: Einholung eines unfallanalytischen Sachverständigengutachtens

Durch die Kollision wurde das Fahrzeug des Klägers erheblich beschädigt. Ausweislich der als Anlage K 3 überreichten Reparaturrechnung des Autohauses ...... entstand an dem Fahrzeug ein unfallbedingter Schaden in Höhe von ...... EUR.

Beweis: Einholung eines Sachverständigengutachtens

III.

Nach der Kollision informierte der Kläger sofort die zuständige Polizeidienststelle.

Beweis: Zeugnis des ......

Die Polizei nahm den Unfall auf. Sodann meldete der Kläger der Beklagten den Schadenfall mit der als Anlage K 4 überreichten Schadenanzeige.

Die Beklagte trat in die Leistungsprüfung ein und lehnte mit dem als Anlage K 5 überreichten Schreiben ihre Eintrittspflicht mit der Begründung ab, der Kläger habe den Versicherungsfall grob fahrlässig herbeigeführt, weshalb die Beklagte leistungsfrei gem. § 81 VVG sei.

B. Zur Rechtslage

I.

Der Kläger hat gegen die Beklagte einen Anspruch gem. § 1 VVG i. V. m. dem zwischen den Parteien bestehenden Versicherungsvertrag und A. 2.2.4 AKB 2008, denn die Beschädigung an dem bei der Beklagten versicherten Fahrzeug des Klägers ist durch einen Zusammenstoß mit Haarwild im Sinne des § 2 Abs. 1 Nr. 1 des Bundesjagdgesetztes eingetreten.

Reh ist Haarwild im Sinne des § 2 Abs. 1 Ziff. 1 Bundesjagdgesetz. Unstreitig ist es zu einem Zusammenstoß zwischen dem bei der Beklagten versicherten Fahrzeug des Klägers und dem Reh gekommen. Bei diesem Zusammenstoß wurde ebenso unstreitig das bei der Beklagten versicherte Fahrzeug des Klägers beschädigt.

II.

Die Beklagte ist nicht leistungsfrei wegen grob fahrlässiger Herbeiführung des Versicherungsfalls gem. § 81 Abs. 2 VVG.[3]

1. Die grob fahrlässige Herbeiführung des Versicherungsfalls führt seit der VVG – Reform gem. § 81 Abs. 2 VVG nur noch zu einer Berechtigung des Versicherers, seine Leistungen in einem der Schwere des Verschuldens des Versicherungsnehmers entsprechenden Verhältnis zu kürzen. Ob vor diesem Hintergrund eine Kürzung auf Null überhaupt möglich ist, ist in der Literatur umstritten.

2. Eine Entscheidung des Meidungsstreits ist allerdings nicht erforderlich, denn der Kläger hat im vorliegenden Fall den Versicherungsfall nicht grob fahrlässig herbeigeführt.

Grobe Fahrlässigkeit bedeutet, dass die im Verkehr erforderliche Sorgfalt auch durch ein subjektiv unentschuldbares Fehlverhalten in hohem Maße außer Acht gelassen worden sein muss. Sie ist nur dann gegeben, wenn das Nächstliegendste, das jedem in der gegebenen Situation eingeleuchtet hätte, außer Acht gelassen wurde (vgl. BGH NJW-RR 1989, 213).

Darüber hinaus muss zwischen dem Verhalten des Versicherungsnehmers und dem Eintritt des Versicherungsfalls Kausalität bestehen. Die Feststellung, dass ein Verhalten des Versicherungsnehmers vorsätzlich oder grob fahrlässig war, reicht daher nicht aus.

3. Im vorliegenden Fall fehlt es an dem Vorliegen eines grob fahrlässigen Verhaltens des Klägers.

An der Unfallstelle ist die zulässige Höchstgeschwindigkeit nicht beschränkt, auch findet sich kein Hinweisschild auf Wildwechsel.

Der Kläger näherte sich der späteren Unfallstelle mit einer Geschwindigkeit von …… km/h, was unter den gegebenen Sichtverhältnissen, der Unfall ereignete sich um …… Uhr bei klarer Sicht, nicht zu beanstanden ist. Ein sorgfaltspflichtwidriges Verhalten des Klägers liegt daher nicht vor, von einem grob fahrlässigem Verhalten kann erst recht keine Rede sein.

III.

Die Beklagte ist verpflichtet, die notwendigen Reparaturkosten abzüglich der vereinbarten Selbstbeteiligung zu zahlen. Die Höhe der Reparaturkosten, die durch den Unfall verursacht wurden, ergibt sich aus der Rechnung der Fa. ……, die der Kläger am …… beglichen hat. Vorprozessual hat die Beklagte gegen die Forderungshöhe keine Einwände erhoben.

IV.

Die Beklagte befand sich mit der Schadenregulierung im Verzug, sie ist daher verpflichtet, die Kosten der nach Ablehnung des Versicherungsschutzes erfolgten Beauftragung

der Prozessbevollmächtigten des Klägers zu übernehmen. Die Kosten, die der Kläger ausgeglichen hat, berechnen sich wie folgt: ......

C.

Die örtliche Zuständigkeit des angerufenen Gerichts ergibt sich aus § 215 VVG, denn der Kläger hat seinen Wohnsitz im Zuständigkeitsbezirk des angerufenen Landgerichts Über den erforderlichen Prozesskostenvorschuss ist ein Verrechnungsscheck beigefügt.

Rechtsanwalt

Anmerkungen

1. Beim Zusammenstoß mit „Haarwild" handelt es sich um einen geminderten Deckungsschutz gegenüber dem in der Vollkaskoversicherung versicherten Schaden „durch Unfall", dessen tatbestandliche Voraussetzung bei einem Zusammenstoß mit Haarwild regelmäßig vorliegen (MAH Versicherungsrecht/*Burmann,* § 10 Rdn. 130). Der Versicherungsnehmer muss den Zusammenstoß zwischen dem Fahrzeug und dem Haarwild sowie den adäquat kausal verursachten Fahrzeugschaden beweisen (BGH, VersR 1992, 349).

Kommt es lediglich zu einer Berührung des Fahrzeugs mit dem Haarwild, ohne dass hierdurch bereits ein Schaden an dem versicherten Fahrzeug verursacht wird, und gerät der Fahrer hierdurch von der Fahrbahn ab, was sodann zu einem Schaden am Kfz führt, so fehlt es regelmäßig an dem unmittelbaren kausalen Zusammenhang des Kfz-Schadens mit einem Zusammenstoß mit Haarwild (OLG Nürnberg, VersR 1981, 1069; OLG München, ZfS 1989, 206). Versicherungsschutz besteht aber für eine durch den Zusammenstoß ausgelöste Fehlreaktion des Fahrers (OLG Hamm, NJW-RR 1987, 985).

2. In der Regulierungspraxis spielen vor allen Dingen Schadenfälle eine große Rolle, bei denen der Versicherungsnehmer auf Haarwild durch Ausweichen und/oder Notbremsung zwecks Vermeidung eines unmittelbar bevorstehenden Zusammenstoßes mit dem Haarwild reagiert und hierdurch ein Schaden an dem versicherten Fahrzeug entsteht. Es kommt dann darauf an, ob der Versicherungsnehmer einen Anspruch auf Ersatz von Rettungskosten hat. Dies setzt voraus, dass die Rettungshandlung objektiv auf die Vermeidung des Schadens abzielte; nicht erforderlich ist, dass der Erfolg auch subjektiv bezweckt war (BGH, NJW 1997, 1012). Immer ist Voraussetzung, dass die Aufwendungen auf einer Rettungsmaßnahme beruhen. Reaktionen eines Fahrzeugführers auf plötzlich auftauchende Fahrsituationen stellen sich allerdings häufig als im Unterbewusstsein gesteuerte Handlungen dar, bei denen ein bewusster Willensentschluss gar nicht vorliegt. Allerdings fallen auch derartige Verhaltensweisen unter den Begriff der Rettungsmaßnahmen (MAHVersicherungsrecht/*Burmann,* § 10 Rdn. 136 mwN.). Es darf sich allerdings auch nicht um eine reine Schreckreaktion handeln (Knappmann, Versicherungsrecht 1989, 113, 114). Voraussetzung für den Rettungskostenersatz ist immer, dass die Rettungsmaßnahme erforderlich war, um anderenfalls entstehende höhere Kosten abzuwenden. Fehleinschätzungen des Versicherungsnehmers sind solange unschädlich, wie den Versicherungsnehmer nicht der Vorwurf der grob fahrlässigen Fehleinschätzung trifft. Das ist z.B. dann der Fall, wenn der Versicherungsnehmer ein Ausweichmanöver vornimmt, um eine Kollision mit einem Hasen zu vermeiden (BGH, NJW 1997, 1012).

3. Die Leistungsfreiheit des Versicherers wegen vorsätzlicher oder grob fahrlässiger Herbeiführung des Versicherungsfalls ist in § 81 VVG neu geregelt worden. Anders als bei der Regelung des § 61 VVG – alt ist der Versicherer grundsätzlich nur noch berechtigt, seine Leistungen in einem der Schwere des Verschuldens des Versicherungsnehmers entsprechenden Verhältnis zu kürzen. Damit hat der Gesetzgeber auch im Rahmen des § 81 VVG das sogenannte Alles-oder-Nichts-Prinzip aufgegeben. Wie dieses Kürzungsrecht im Einzelfall oder in bestimmten Fallgruppen auszugestalten ist, lässt sich weder dem Gesetzeswortlaut noch der Entstehungsgeschichte entnehmen. Verschiedene Ansatzpunkte werden in der Literatur diskutiert (vgl. allgemein MAHVersicherungsrecht/*Burmann,* § 10 Rdn. 147f.). Der Versicherer ist jedenfalls unstreitig für das Vorliegen der tatsächlichen Voraussetzungen des § 81 VVG und für die Schwere des Verschuldens beweisbelastet. Dieses Verschulden kann im Einzelfall auch derart gravierend sein, dass eine Kürzung auf Null in Betracht kommt.

20. Leistungsklage in der Kraftfahrtversicherung wegen Nichtzahlung der Erstprämie (Regressklage)

An das
Landgericht[1]

Klage

der …… Versicherungs-AG, diese vertreten durch den Vorstand, dieser vertreten durch den Vorstandsvorsitzenden …… (Klägerin)

Prozessbevollmächtigte: ……

gegen

den …… (Beklagter)

Wegen: Ansprüche aus Versicherungsvertrag

Vorläufiger Streitwert: ……

Namens und in Vollmacht der Klägerin erheben wir Klage und werden beantragen:

1. **Der Beklagte wird verurteilt, an die Klägerin …… EUR nebst Zinsen in Höhe von 5 Prozentpunkten über dem Basiszinssatz seit dem …… zu zahlen.**
2. **Der Beklagte trägt die Kosten des Rechtsstreits.**
3. **Das Urteil ist vorläufig vollstreckbar.**

Wir beantragen ferner,

gegen den Beklagten ohne mündliche Verhandlung gemäß § 307 Abs. 2 ZPO Anerkenntnisurteil zu erlassen, wenn der Anspruch auf Aufforderung nach § 276 Abs. 1 Satz 1 ZPO anerkannt wird,

gegen den Beklagten ohne mündliche Verhandlung gemäß § 331 Abs. 3 ZPO Versäumnisurteil zu erlassen, falls nicht fristgerecht die Absicht angezeigt wird, sich gegen die Klage verteidigen zu wollen.

Die Klägerin macht gegen den Beklagten einen Regressanspruch gemäß § 116 Abs. 1 Satz 2 VVG in Verbindung mit § 426 Abs. 1 Satz 1 BGB geltend:

A. Zum Sachverhalt

I.

Die Klägerin ist Kraftfahrtversicherer für das Fahrzeug mit dem amtl. Kennzeichen …… Halter und Eigentümer dieses Fahrzeugs ist der Beklagte.

Der Beklagte beantragte über den Vertreter der Klägerin den Abschluss einer Kraftfahrtversicherung.

Beweis: 1. Zeugnis des ……
2. Kopie des Versicherungsantrags vom ……, Anlage K1

Die Klägerin stellte dem Beklagten unstreitig die dem Versicherungsnehmer nach Maßgabe des § 7 VVG zu überlassenen Informationen nebst Beratungsprotokolle rechtzeitig

vor Antragsunterzeichnung zur Verfügung, denn es kam erst zwei Tage nach dem ersten Beratungsgespräch zu einer Unterzeichnung des Versicherungsantrags.

Beweis: 1. Zeugnis des ......

Die Klägerin nahm den Antrag des Klägers an und fertigte den Versicherungsschein am ...... aus.

Beweis: Kopie des Versicherungsscheins vom ......, Anlage K2

Die dem Versicherungsvertrag zugrundeliegenden Versicherungsbedingungen überreichen wir als Anlage K3. Aus dem Versicherungsschein ergab sich ferner die von dem Beklagten zu zahlende Versicherungsprämie. Der Beklagte widerrief seine Vertragserklärung nicht. Auch dies ist zwischen den Parteien unstreitig.[2]

II.

Der Beklagte verursachte als Fahrer des bei der Klägerin versicherten Fahrzeugs am ...... einen Verkehrsunfall, bei dem das Fahrzeug des Herrn ...... mit dem amtl. Kennzeichen ...... beschädigt wurde.

Der Unfall ereignete sich wie folgt:

Der Beklagte überquerte am ...... mit dem bei der Klägerin versicherten Fahrzeug die Kreuzung ......straße/......straße in ......stadt, ohne die Vorfahrt des Herrn ...... zu beachten. Im Kreuzungsbereich kam es zur Kollision der beiden Fahrzeuge. Der Unfallhergang ist zwischen den Parteien dieses Prozesses unstreitig und wurde von Herrn ...... gegenüber der Klägerin und den Polizeibeamten außerdem auch so dargestellt.

Beweis: 1. Zeugnis des Herrn ......
2. Schreiben des Herrn ...... an die Klägerin, überreicht als Anlage K 4

Darüber hinaus befragte die von den Unfallbeteiligten herbeigerufene Polizei den nachbenannten Unfallzeugen ......, der den oben beschriebenen Unfallhergang schon an der Unfallstelle bestätigte.

Beweis: Zeugnis des Herrn ......

III.

Am Unfalltag hatte der Beklagte die sich aus dem Versicherungsschein ergebende Erstprämie noch nicht gezahlt. Auch dies ist zwischen den Parteien unstreitig.

B. Zur Rechtslage

I.

Die Parteien hatten am ...... einen Versicherungsvertrag geschlossen, über den das Fahrzeug des Beklagten mit dem amtlichen Kennzeichen ...... versichert war. Die vereinbarte Erstprämie betrug ...... EUR. Gemäß § 33 Abs. 1 VVG war die Erstprämie unverzüglich nach Ablauf von zwei Wochen nach Zugang des Versicherungsscheins zu zahlen. Dies war am ...... Eine Zahlung erfolgte bis zum Unfallzeitpunkt gleichwohl nicht.

Gemäß § 37 Abs. 1 VVG ist der Versicherer, solange die Zahlung nicht bewirkt ist, zum Rücktritt vom Vertrag berechtigt, sofern der Versicherungsnehmer die Nichtzahlung nicht zu vertreten hat und die Erstprämie nicht rechtzeitig gezahlt hat. Gemäß § 37 Abs. 2 VVG ist der Versicherer nicht zur Leistung verpflichtet, wenn die einmalige oder die Erstprämie bei Eintritt des Versicherungsfalls nicht gezahlt ist, es sei denn, der Versicherungsnehmer hat die Nichtzahlung nicht zu vertreten. Diesbezüglich hat der Beklagte vorprozessual nichts vorgetragen.

Gemäß § 37 Abs. 2 Satz 2 VVG ist der Versicherer allerdings nur leistungsfrei, wenn er den Versicherungsnehmer durch gesonderte Mitteilung in Textform oder durch einen auffälligen Hinweis im Versicherungsschein auf diese Rechtsfolge der Nichtzahlung der

Prämie aufmerksam gemacht hat. Dies ist, wie sich aus der Kopie des Versicherungsscheins ergibt, im vorliegenden Fall geschehen, sodass die Klägerin im Verhältnis zum Beklagten am Unfalltag leistungsfrei war.

II.

Gegenüber dem Geschädigten ...... war die Klägerin gem. § 117 Abs. 2 VVG gleichwohl verpflichtet, dessen Schaden im Wege des Direktanspruchs zu regulieren.

Die Klägerin hat an den Geschädigten ...... Leistungen wie folgt erbracht:

1. Sachschaden ......
2. Personenschaden ......

Eine Haftung des Beklagten gem. §§ 7 StVG, 823 ff. BGB gegenüber dem Geschädigten steht aufgrund des Verstoßes des Beklagten gegen § 8 Abs. 1 StVO unzweifelhaft fest.

In Höhe des regulierten Gesamtbetrages steht der Klägerin gegen den Beklagten ein Regressanspruch zu.[3]

III.

Mit Schreiben vom ...... forderte die Klägerin den Beklagten auf, die von ihr an den Geschädigten ...... in Höhe von ...... erbrachten Zahlungen zu ersetzen. Der Beklagte reagierte nicht, so dass er sich mit Ablauf der in diesem Schreiben gesetzten Frist in Verzug befindet. Die Höhe des geltend gemachten Verzinszinses ergibt sich aus dem Gesetz.

Rechtsanwalt

Anmerkungen

1. Macht der Versicherer Ansprüche gegen den Versicherungsnehmer geltend, so gilt gemäß § 215 Abs. 1 Satz 2 VVG, dass das Gericht ausschließlich zuständig ist, in dessen Bezirk der Versicherungsnehmer zur Zeit der Klageerhebung seinen Wohnsitz und in Ermangelung eines solchen seinen gewöhnlichen Aufenthalt hat.

2. Bezüglich des Widerrufsrechts des Versicherungsnehmers ist zu beachten, dass die Widerrufsfrist gemäß § 8 Abs. 2 VVG erst zu dem Zeitpunkt beginnt, zu dem folgende Unterlagen dem Versicherungsnehmer in Textform zugegangen sind:

a) Der Versicherungsschein und die Vertragsbestimmungen einschließlich der Allgemeinen Versicherungsbedingungen sowie die weiteren Informationen nach § 7 Abs. 1 und 2 VVG und

b) eine deutlich gestaltete Belehrung über das Widerrufsrecht und über die Rechtsfolgen des Widerrufs, die dem Versicherungsnehmer seine Rechte entsprechend den Erfordernissen des eingesetzten Kommunikationsmittels deutlich macht und ihm den Namen und die Anschrift desjenigen, gegenüber dem der Widerruf zu erklären ist sowie einen Hinweis auf den Fristbeginn und die Regelung des Abs. 1 Satz 2 enthält.

Werden diese Formalien nicht eingehalten, dann hat der Versicherungsnehmer ein sog. „ewiges" Widerrufsrecht.

3. Im Fall der Nichtzahlung oder der nicht fristgerechten Zahlung der Erst- oder der Folgeprämie hat der Versicherer in der Kraftfahrzeughaftpflichtversicherung einen unbegrenzten Regressanspruch. Ein der Höhe nach begrenzte Regressanspruch besteht in der Kraftfahrzeughaftpflichtversicherung bei der Verletzung von Obliegenheiten vor oder nach Eintritt des Versicherungsfalls (vgl. MAHVersicherungsrecht/*Rümenapp*, § 13 Rdn. 131).

21. Leistungsklage in der allgemeinen Haftpflichtversicherung

An das
Landgericht

Klage

des ...... (Klägers)

Prozessbevollmächtigte: Sozietät ......

gegen

die ...... Allgemeine Versicherung AG, vertreten durch den Vorstand ......, dieser vertreten durch den Vorstandsvorsitzenden, ... (Beklagte)

Wegen: Deckungsanspruchs aus Haftpflichtversicherung

Vorläufiger Streitwert: ......

Namens und in Vollmacht des Klägers erheben wir Klage und werden beantragen:

1. Die Beklagte wird verurteilt, an den Kläger ...... EUR nebst Zinsen in Höhe von 5 Prozentpunkten über dem Basiszinssatz seit dem 16. 11. 2008 zu zahlen.
2. Die Beklagte wird verurteilt, an den Kläger ...... EUR nebst Zinsen in Höhe von 5 Prozentpunkten über dem Basiszinssatz seit Rechtshängigkeit zu zahlen.
3. Die Beklagte trägt die Kosten des Rechtsstreits.
4. Das Urteil ist vorläufig vollstreckbar.

Ferner beantragen wir bei Vorliegen der gesetzlichen Voraussetzungen,
die Beklagte durch Erlass eines Anerkenntnisurteils bzw. Versäumnisurteils ohne mündliche Verhandlung zu verurteilen.

Begründung:

Der Kläger macht gegen die Beklagte einen Deckungsanspruch aus dem zwischen den Parteien unter der Versicherungsscheinnummer ...... bestehenden Haftpflichtversicherungsvertrag geltend.

A. Zum Sachverhalt

I.

Zwischen den Parteien besteht unter der Versicherungsscheinnummer ...... eine allgemeine Haftpflichtversicherung, der die Allgemeinen Haftpflichtversicherungsbedingungen der Beklagten zugrunde liegen. Wir überreichen als Anlage K1 eine Kopie des Versicherungsvertrags und als Anlage K2 eine Kopie der dem Versicherungsvertrag zugrunde liegenden AHB.

II.

Der Kläger bewohnt mit seiner Ehefrau eine Mietwohnung in der ......Straße in ......

Beweis: 1. Zeugnis der Frau ......
2. Kopie des Mietvertrags vom ......, Anlage K3

Am ...... stellte der Kläger im Wohnzimmer seiner Mietwohnung einen Wasserschaden am Parkett fest. In diesem Bereich hatte der Kläger Topfpflanzen auf Unterteller gestellt.

Beweis: 1. Zeugnis des Herrn ......
2. Zeugnis der Frau ......

Zur Veranschaulichung der Örtlichkeit verweisen wir auf die als

Anlage K 4

beigefügte Umrissskizze der Wohnung. Er informierte seinen Vermieter, den Zeugen ...... wahrheitsgemäß über den Schaden, der ihn am ...... mündlich aufforderte, den verursachten Schaden zu beseitigen.

Beweis: Zeugnis des Herrn ......

III.

Zur Behebung des Wasserschadens musste der gesamte Parkettboden des Wohnzimmers abgeschliffen und versiegelt werden.

Beweis: Einholung eines Sachverständigengutachtens

Die hierfür durch die Fa. ...... in Rechnung gestellten Kosten beliefen sich auf ...... EUR.

Beweis: 1. Kopie der Rechnung der Fa. ...... vom ......, Anlage K5
2. Zeugnis des Herrn ......
3. Zeugnis der Frau ......

Die sich aus der Rechnung ergebenden Kosten waren zur Schadenbehebung erforderlich.

Beweis: Einholung eines Sachverständigengutachtens

IV.

Der Kläger kann nicht mit Sicherheit sagen, wann genau der Schaden eingetreten ist. Zum Zeitpunkt der letzten Reinigung der sich hinter den Topfpflanzen befindlichen Fensterfront, die am ...... stattfand und bei der der Kläger die auf dem Boden befindlichen Topfpflanzen wie üblich vorübergehend beiseite geräumt hatte, existierte der Schaden noch nicht.

Beweis: Zeugnis der Frau ......

Ursache des Schadens kann in jedem Fall nur das unbemerkte „Übergießen" einer der auf dem Boden stehenden Topfpflanzen mit einer nicht unerheblichen Menge Wasser gewesen sein.

Beweis: 1. Zeugnis des Herrn ......
2. Zeugnis der Frau ......
3. Einholung eines Sachverständigengutachtens

Da Parkett äußerst empfindlich auf Nässe reagiert, ist mit Sicherheit davon auszugehen, dass sich der Schaden innerhalb weniger Stunden eingestellt hat. Auch wenn das übergelaufene Wasser noch längere Zeit auf den Boden eingewirkt hat, so kann es hierdurch zu keiner Schadenausweitung gekommen sein. Selbst Wasserschäden kleinsten räumlichen Ausmaßes erfordern nämlich stets ein großflächiges Abschleifen und Versiegeln.

Beweis: Einholung eines Sachverständigengutachtens

V.

Nachdem der Kläger den Schaden entdeckt hatte, meldete er ihn ordnungsgemäß der Beklagten. Diese lehnte mit Schreiben vom ...... unter Hinweis auf § 4 Abs. 1 Nr. 5 der zugrunde liegenden AHB Versicherungsschutz für den eingetretenen Schaden ab.[1]

Beweis: Ablehnungsschreiben der Beklagten vom ......, Anlage K6

Daraufhin zahlte der Kläger die ihm von der Fa. ...... für die Instandsetzung des Parketts in Rechnung gestellten Kosten in Höhe von ...... selbst.

Beweis: 1. Zeugnis des Herrn ......
2. Zeugnis der Frau ......

Mit anwaltlichem Schreiben vom ...... wurde die Beklagte unter Fristsetzung bis zum ...... letztmalig zur Zahlung aufgefordert. Die Beklagte blieb allerdings bei ihrer ablehnenden Haltung.

B. Zur Rechtslage

I.

Die Zuständigkeit des angerufenen Gerichts ergibt sich aus § 215 VVG, denn der Wohnsitz des Klägers befindet sich im Zuständigkeitsbereich des angerufenen Gerichts.

II.

Die Beklagte ist gem. § 1 VVG in Verbindung mit dem zwischen den Parteien bestehenden Versicherungsvertrag und § 1 AHB der dem Versicherungsvertrag zugrunde liegenden Versicherungsbedingungen für den durch den Kläger verursachten Schaden eintrittspflichtig und damit auch verpflichtet, dem Kläger die von ihm ersetzte Reparaturrechnung zu erstatten.

1. Der Kläger hat das Eigentum seines Vermieters ...... fahrlässig geschädigt.

2. Zu Unrecht beruft sich die Beklagte auf den Ausschlusstatbestand des § 4 Abs. 1 Nr. 5 AHB, für dessen Vorliegen die Beklagte beweispflichtig ist (BGH VersR 1966, 722).

Die Voraussetzungen dieses Ausschlusstatbestandes liegen nicht vor, denn der Schaden am Parkett ist nicht durch allmähliche Einwirkung von Feuchtigkeit entstanden.

a) Der Schaden ist nicht durch Feuchtigkeit, sondern durch Wasser entstanden. Unter Einwirkung von Feuchtigkeit wird die Benetzung oder Durchdringung eines Gegenstandes mit Flüssigkeit unverhältnismäßig geringer, fein verteilter Menge verstanden. Die Flüssigkeitsmenge muss relativ unbedeutend sein, um noch als Feuchtigkeit zu gelten (*Littbarski,* Haftpflichtversicherung, § 4 AHB, Rdn. 12 f.).

Wie bereits ausgeführt und beweisbewehrt vorgetragen, kann der Schaden nur durch das „Übergießen" einer der Topfpflanzen mit einer nicht unerheblichen Menge Wasser entstanden sein. Feuchtigkeit im Sinne des § 4 Abs. 1 Nr. 5 AHB scheidet daher schon begrifflich aus.

b) Es liegt zudem keine allmähliche Schadenverursachung vor. Bei Fallgestaltungen wie der vorliegenden ist eine Einwirkzeit von mehreren Monaten zu fordern (LG Nürnberg-Fürth, VersR 1969, 1084).

Vor allem muss aber die allmähliche Einwirkung für den Eintritt des Schadens ursächlich geworden sein. Sofern der Schaden wie hier bereits nach kurzer Zeit entstanden ist, scheidet der erforderliche Ursachenzusammenhang unabhängig davon, wie lange die Einwirkung noch fortbestand, aus (BGH, VersR 1966, 722, *Littbarski,* Haftpflichtversicherung, § 4 AHB, Rdn. 112).

c) Der vorliegende Fall ist außerdem nicht vom Schutzzweck der Vorschrift umfasst. Der Zweck des grundsätzlichen Ausschlusses des Versicherungsschutzes besteht darin, dass sich wegen des langen Zeitraums die Verantwortlichkeit für den Schaden nicht mehr oder nur unter großen Schwierigkeiten erkennen lässt (vgl. BGH, VersR 1988, 1259).

Hier ist der Schadenverlauf allerdings leicht zu rekonstruieren. Die Verantwortlichkeit des Klägers für den Schaden ist offenkundig.

2. Die gesetzliche Haftpflicht aus der Beschädigung von Wohnräumen und sonstigen zu privaten Zwecken gemieteten Räumen ist außerdem nach Ziff. ...... der dem Versicherungsvertrag zugrunde liegenden Versicherungsbedingungen ausdrücklich eingeschlossen.

3. Der Zinsanspruch ergibt sich aus §§ 286 Abs. 1 Satz 1, 288 Abs. 1 BGB.

4. Unter Verzugsgesichtspunkten ist die Beklagte verpflichtet, die Kosten der nach Abwägung des Versicherungsschutz erfolgten Beauftragung der Prozessbevollmächtigten des Klägers zu tragen. Die Kosten berechnen sich wie folgt:

Gegenstandswert:
Geschäftsgebühr
Pauschale für Post und Telekommunikation
Zwischensumme netto
19% Mehrwertsteuer
Gesamtbetrag

Anmerkung

1. Bezüglich des § 4 Abs. 1 Nr. 5 AHB ist ferner streitig, ob die Vorschrift intransparent und deshalb unwirksam ist (vgl. hierzu OLG Nürnberg, r + s 2002, 499). Die Klausel ist in mehrfacher Hinsicht für den Versicherungsnehmer unverständlich. Die tatbestandlichen Voraussetzungen sind nicht hinreichend deutlich. Bereits der Begriff der Allmählichkeit ist derart unbestimmt, dass ein Versicherungsnehmer nicht mehr abzuschätzen vermag, welche Schäden vom Versicherungsschutz gedeckt sind und welche nicht. Die wirtschaftlichen Nachteile und Belastungen, die ggf. mit dieser Klausel einhergehen können, sind vollkommen unklar, so dass die Klausel insgesamt intransparent und damit unwirksam ist. Der BGH hat die streitige Frage noch nicht entschieden.

22. Deckungsklage in der Betriebshaftpflichtversicherung

An das
Landgericht ......

Klage

des ...... (Klägers)

Prozessbevollmächtigte: Rechtsanwälte

gegen

die ...... Allgemeine Versicherungs AG, diese vertreten durch den Vorstand ....., dieser vertreten durch den Vorstandsvorsitzenden, ... (Beklagte)

Wegen: Ansprüche aus Versicherungsvertrag

Vorläufiger Streitwert: ......

Namens und in Vollmacht des Klägers erheben wir Klage und werden beantragen,

1. **Es wird festgestellt, dass die Beklagte der Klägerin aus dem Versicherungsvertrag mit der Versicherungsschein – Nr.: ...... wegen der aus dem Schadenereignis vom ...... (Schadennummer der Beklagten: .....) entstandenen Schadenersatzansprüche in Höhe von ...... Versicherungsschutz zu gewähren hat.**[1]
2. **Die Beklagte wird verurteilt, an den Kläger ...... EUR nebst 5% Zinsen über dem Basiszinssatz seit dem ...... zu zahlen.**
3. **Die Beklagte trägt die Kosten des Rechtsstreits.**

Es wird angeregt, einen frühen ersten Termin zu bestimmen. Sofern das Gericht das schriftliche Vorverfahren anordnet, wird für den Fall der Fristversäumnis oder des Anerkenntnisses beantragt,

die Beklagte durch Erlass eines Anerkenntnisurteils bzw. Versäumnisurteils ohne mündliche Verhandlung zu verurteilen.

Begründung:

Der Kläger macht gegen die Beklagte seinen Deckungsanspruch auf dem Versicherungsvertrag mit der Versicherungsvertrags – Nr. ...... für ein Schadenereignis vom ...... geltend.

A. Zum Sachverhalt[2]

I.

Zwischen den Parteien besteht unter der Versicherungsschein-Nr. ...... eine allgemeine Haftpflichtversicherung, der die Allgemeinen Haftpflichtversicherungsbedingungen der Beklagten, AHB ...... zugrunde liegen. Wir überreichen als Anlage K 1 eine Kopie des Versicherungsvertrags und als Anlage K 2 eine Kopie der den Versicherungsvertrag zugrunde liegenden Allgemeinen Versicherungsbedingungen.

II.

Am ...... kam es in ...... um ...... Uhr zu einem Schadenfall. Die Klägerin hatte von einem ihrer Großkunden, der Firma ......, einen Auftrag zur Verlegung von Laminatfußboden in einer Mietwohnung erhalten. Bei den Vorarbeiten verwendete der Monteur leicht entzündliches Material. Er unterließ es, neben der Stromversorgung für die Wohnung auch zentral den Strom für die Klingelanlage abzustellen.

Beweis: Zeugnis des Herrn ......

Als eine unbekannte Person die Wohnungsklingel betätigte, kam es zu einer Verpuffung und zu einem erheblichen Schaden.

Beweis: 1. Zeugnis des Herrn ......
2. Zeugnis der Frau ......

Die genaue Höhe des Schaden steht noch nicht fest und wird derzeit durch den Sachverständigen ...... ermittelt.

Beweis: Zeugnis des Sachverständigen ......

Die Klägerin zeigte der Beklagten den Schaden mit Schadenanzeige vom ...... an.

Beweis: 1. Zeugnis des ......;
2. Vorlage der Schadenanzeige vom ......, Anlage K 3

Die Beklagte forderte die Klägerin noch am Tage der Schadenmeldung auf, keine Zahlungen zu leisten und teilte ihr am ...... mit, sie habe gegenüber der ...... geltend gemachte Ansprüche abgelehnt, weil sie davon ausgehe, die Klägerin habe den Schadenfall nicht verschuldet. Sie erteilte der Klägerin Deckungszusage.

Mit Schreiben vom ......, das wir als Anlage K 5 überreichen, bat die Klägerin die Beklagte erneut um Überprüfung der Eintrittspflicht für die eingetretenen Schäden. Die Firma ...... drohte der Klägerin mit dem als Anlage K 6 überreichten Schreiben mit dem Abbruch der Geschäftsbeziehungen. Bei der Firma ... handelte es sich um einen Kunden, mit dem die Klägerin im Jahr ...... ein Umsatzvolumen von ...... EUR generierte, was einem Prozentsatz von ......% des Gesamtumsatzes der Klägerin für das Jahr ...... entsprach.

Beweis: Einholung eines Sachverständigengutachtens

Es schloss sich weiterer Schriftverkehr zwischen der Klägerin und der Beklagten an. Da die Klägerin befürchtete, ihren Großkunden zu verlieren, zahlte sie an die Firma ...... die von diesen geforderten ...... EUR. Dies teilte sie mit Schreiben vom ......, das wir als Anlage K 7 überreichen, der Beklagten mit, die mit Schreiben vom ...... ihre Ein-

trittspflicht ablehnte und die Rechtsauffassung vertrat, die Klägerin habe mit der erfolgten Zahlung gegen das Anerkenntnis- und Befriedigungsverbot verstoßen.

B. Zur Rechtslage

I.

Die Beklagte ist der Klägerin zur Gewährung bedingungsgemäßen Versicherungsschutzes verpflichtet. Sie ist nicht wegen der erfolgten Zahlung leistungsfrei geworden.

1. Zwischen den Parteien ist unstreitig, dass die Firma ...... aufgrund des Schadenereignisses vom ...... gegen die Klägerin Schadenersatzansprüche geltend gemacht hat und die angeblich schadenursächliche Tätigkeit der Klägerin, die Richtigkeit der gegen die Klägerin erhobenen Vorwürfe unterstellt, grundsätzlich durch das versicherte Risiko gedeckt ist.

2. Die Rechtsauffassung der Beklagten, sie sei aufgrund der erfolgten Zahlung der Klägerin an die Firma ...... leistungsfrei geworden, ist falsch. Zwar sah § 5 Nr. 5 AHB i. V. m. § 6 Abs. 3 VVG a. F. noch eine Leistungsfreiheit des Versicherers vor, wenn der Versicherungsnehmer ohne vorherige Zustimmung des Versicherers einen Haftpflichtanspruch ganz oder zum Teil oder vergleichsweise anerkannte oder befriedigte, sofern die Verweigerung der Regulierung nicht schlechthin unzumutbar war, doch gilt für den vorliegenden Schadenfall das VVG in der seit dem 1. 1. 2008 geltenden Fassung.

Gem. § 105 VVG ist eine Vereinbarung, nach welcher der Versicherer nicht zur Leistung verpflichtet ist, wenn ohne seine Einwilligung der Versicherungsnehmer den Dritten befriedigt oder dessen Anspruch anerkannt, unwirksam. Aus diesem Grunde ist eine dem § 5 Nr. 5 AHB vergleichbare Obliegenheit in den neuen, dem Versicherungsvertrag zugrunde liegenden AHB auch nicht mehr enthalten. Die Beklagte ist daher verpflichtet, der Klägerin Versicherungsschutz zu gewähren.[3]

II.

Da die Beklagte mit Schreiben vom ...... ihre Eintrittspflicht zu Unrecht abgelehnt hat, befindet sie sich spätestens seit diesem Zeitpunkt im Verzug. Sie hat unter diesem Gesichtspunkt der Klägerin auch die Kosten zu ersetzen, die durch die vorprozessuale Tätigkeit ihrer Prozessbevollmächtigten entstanden sind. Die Kosten betragen ausweislich der als Anlage K7 überreichten Kostenrechnung ...... EUR. Die Kostenrechnung wurde am ...... ausgeglichen.

Rechtsanwalt

Anmerkungen

1. Ein Antrag auf Verurteilung der Beklagten zur Freistellung oder Zahlung oder einer im Einzelnen genau zu bezeichnenden Haftpflichtforderung kann nur dann gestellt werden, wenn der Haftpflichtversicherer die Deckung endgültig und ohne rechtlichen Grund abgelehnt hat, die Haftpflichtforderung dem Grunde und der Höhe nach feststeht und im Falle des Zahlungsantrags der Versicherungsnehmer die Haftpflichtforderung des geschädigten befugtermaßen befriedigt hat (vgl. BGH, VersR 1981, 173).

2. Der Sachverhalt ist der Entscheidung des OLG Köln v. 6. 5. 2003, r+s 2003, 280, entnommen und geringfügig modifiziert worden.

3. Anders als bei dem Fall, den das OLG Köln durch Urteil v. 6. 5. 2003 zu entscheiden hatte, gilt für das hier vorliegende Beispiel § 105 VVG. Zweck des Anerkenntnis- und Befriedigungsverbotes war es, die Verständigung zwischen dem Geschädigten und dem Versicherungsnehmer auf Kosten des Versicherers zu verhindern und so die dem

Versicherer durch die AVB eingeräumte Regulierungshoheit zu schützen (OLG Hamm, VersR 2006, 829; OLG Karlsruhe, VersR 1983, 649, 650; Schwintowski/Brömmelmeyer/*Retter,* § 105 VVG Rdn. 1). Bei einem Verstoß gegen das Anerkenntnis- und Befriedigungsverbot wurde der Versicherer grundsätzlich von der Leistung frei. Das galt auch dann, wenn der Anspruch des Versicherungsnehmers ohne das Anerkenntnis bestanden hätte. Selbst wenn, wie in dem Fall, den das OLG Köln zu entscheiden hatte, langjährige Geschäftsbeziehungen zwischen dem Versicherungsnehmer und dem Geschädigten gefährdet waren, reichte dies nicht aus, um ein offenbar unbilliges Regulierungsverbot für den Versicherungsnehmer anzunehmen (vgl. OLG Hamm, OLGR 2000, 68; OLG Karlsruhe, VersR 83, 649, OLG Köln, r+s 2003, 280).

Das hat sich durch die Aufhebung des Anerkenntnisverbots geändert. Allerdings führt der Wegfall des Anerkenntnisverbots nun nicht dazu, dass der Versicherer in dem durch den Versicherungsnehmer anerkannten Umfang auch eintrittspflichtig ist. Der Versicherer ist an die Befriedigung vielmehr grundsätzlich nicht gebunden (vgl. Schwintowski/Brömmelmeyer/*Retter,* § 106 Rdn. 35). Die Haftpflichtfrage ist im Deckungsprozess somit vollüberprüfbar.

23. Deckungsklage gegen Rechtsschutzversicherer

An das
Landgericht ......

Klage

des ...... (Klägers)

Prozessbevollmächtigte: ......

gegen

die ...... Versicherungs-AG, vertreten durch den Vorstand, dieser vertreten durch den Vorstandsvorsitzenden ...... (Beklagte)

Wegen: Ansprüche aus Versicherungsvertrag
Vorläufiger Streitwert: ......

Namens und in Vollmacht des Klägers erheben wir Klage und werden beantragen:

1. **Es wird festgestellt, dass die Beklagte verpflichtet ist, dem Kläger Rechtsschutz für den Versicherungsfall vom ...... (Schadenersatzklage gegen des ......, gegen den ......; Schadennummer der Beklagten: ......) aufgrund des zwischen den Parteien unter der Versicherungsschein-Nr.: ...... abgeschlossenen Versicherungsvertrages zu gewähren.**
2. **Der Beklagte wird verurteilt, an den Kläger ...... EUR nebst 5% Zinsen über dem Basiszinssatz seit dem ...... zu zahlen.**
3. **Die Beklagte trägt die Kosten des Rechtsstreits.**

Wir beantragen ferner,

gegen die Beklagte ohne mündliche Verhandlung gemäß § 307 Abs. 2 ZPO Anerkenntnisurteil zu erlassen, wenn der Anspruch auf Aufforderung nach § 276 Abs. 1 Satz 1 ZPO anerkannt wird,

gegen die Beklagte ohne mündliche Verhandlung gemäß § 331 Abs. 3 ZPO Versäumnisurteil zu erlassen, falls nicht fristgerecht die Absicht angezeigt wird, sich gegen die Klage verteidigen zu wollen.

Der Kläger macht gegen die Beklagte Ansprüche aus dem zwischen den Parteien unter der Versicherungsschein-Nr.: ...... bestehenden Rechtsschutzversicherungsvertrag geltend.

A. Zum Sachverhalt

I.

Zwischen den Parteien besteht unter der Versicherungsschein-Nr.: ...... ein Rechtsschutzversicherungsvertrag. Wir überreichen als Anlage K1 eine Kopie des Versicherungsscheins und als Anlage K2 die dem Versicherungsvertrag zugrunde liegenden Allgemeinen Rechtsschutzversicherungsbedingungen. Bestandteil des zwischen den Parteien abgeschlossenen Versicherungsvertrages ist u. a. der Privat-, Berufs- und Verkehrsrechtsschutz für Nichtselbstständige gemäß § 26 ARB ......

II.

Am ...... wurde der Kläger mit seinem Pkw, amtl. Kennzeichen ......, in ...... um ...... in einer Verkehrsunfall verwickelt. Der Kläger musste verkehrsbedingt vor einer Rotlicht abstrahlenden Ampel an der Kreuzung zwischen der A-Straße und der B-Straße warten. Rechts von ihm befanden sich mehrere Parkboxen. In einer der Parkboxen hatte Herr A sein Fahrzeug geparkt und wollte die Parkbox rückwärts fahrend verlassen. Beim Rückwärtsfahren übersah Herr A, dass sich hinter seinem Pkw der Pkw des Klägers befand. Es kam zur Kollision der beiden Fahrzeuge, bei der die Pkw des Klägers erheblich beschädigt wurde.

Beweis: Zeugnis des Herrn ......

Bei dem Zeugen ...... handelt es sich um den Beifahrer des Klägers, der sich zum Unfallzeitpunkt im Auto des Klägers befand.

Im Einzelnen entstand dem Kläger der folgende Schaden:
...... Sachschaden
...... Nutzungsausfall
...... Sachverständigenkosten
...... Kostenpauschale

Beweis: 1. Reparaturkostenrechnung des Autohauses ..... vom .....
2. Rechnung des Sachverständigen ...... vom ......
3. Reparaturbestätigung des Autohauses ...... vom ......
4. Einholung eines Sachverständigengutachtens

Der Unfallverursacher, Herr A, meldete den Schaden seinem Kraftfahrzeughaftpflichtversicherer. Dieser lehnte mit Schreiben vom ...... jegliche Einstandspflicht mit der Begründung ab, der Unfall sei durch ein überwiegendes Verschulden des Klägers entstanden, der sich mit einer stark überhöhten Geschwindigkeit der Kreuzung genähert habe. Bei Annäherung an die Kreuzung habe er ohne weiteres erkennen können, dass Herr A sein Fahrzeug ausgeparkt habe.

Beweis: Ablehnungsschreiben der ...... Versicherungs AG vom ......, Anlage K 3

III.

Der Kläger entschloss sich, seine Ansprüche gerichtlich geltend zu machen und bat die Beklagte mit Schreiben vom ...... um die Erteilung von Kostenschutz für die Erhebung einer Klage vor dem Landgericht ...... Diese lehnte jedoch jegliche Eintrittspflicht ab und vertrat die Auffassung, die Klage habe keine Aussicht auf Erfolg, weil die Auffassung des Haftpflichtversicherers des Herrn A richtig sei.

Beweis: Ablehnungsschreiben der Beklagten vom ......, Anlage K4

Diese Auffassung ist allerdings nicht richtig, denn dem Kläger stehen zwei unbeteiligte Unfallzeugen zur Verfügung, die den Sachvortrag des Klägers bestätigen. Dies ergibt sich aus dem Klageentwurf, den der Kläger als Anlage K5 überreicht und ferner aus den schriftlichen Zeugenaussagen der Zeugen, die als Anlage zur Gerichtsakte gereicht werden.

B. Zur Rechtslage

I.

Der Kläger hat gegen die Beklagte einen Anspruch auf Gewährung von Rechtsschutz gemäß § 1 VVG in Verbindung mit dem zwischen den Parteien abgeschlossenen Versicherungsvertrag.

1. Die Erhebung der Klage vor dem LG ...... ist grundsätzlich eine nach dem Versicherungsvertrag versicherte Leistungsart. Einschlägig ist hier die Leistungsart gemäß § ...... der ARB ...... Der Haftpflichtversicherer des Unfallgegners hat seine Eintrittspflicht für die Folgen des durch seinen Versicherungsnehmer verursachten Verkehrsunfalls abgelehnt, so dass der Beklagte grundsätzlich Versicherungsschutz zu gewähren hat.

2. Die von dem Kläger beabsichtigte Schadenersatzklage gegen den ...... hat auch hinreichende Aussicht auf Erfolg:[1]

Die Rechtsauffassung der Beklagten, es bestehe keine Erfolgsaussicht, ist falsch. Ob hinreichende Aussicht auf Erfolg besteht, beurteilt sich nach den zu § 114 ZPO entwickelten Grundsätzen (OLG Karlsruhe, NVersZ 1999, 232, NJOZ 2006, 1138). Erfolgsaussicht besteht in der Regel, wenn über eine Behauptung Beweis zu erheben ist. Das ist vorliegend der Fall, denn der Kläger hat den von ihm behaupteten Unfallhergang beweisbewehrt vorgetragen.

3. Nach allem hat die Beklagte dem Kläger daher Rechtsschutz für die beabsichtigte Klageerhebung zu gewähren.

II.

Mit Schreiben vom ...... hat die Beklagte Ihre Eintrittspflicht abgelehnt, sie befindet sich daher ab diesem Zeitpunkt im Verzug. Sie hat aus diesem Grund auch die Kosten zu ersetzen, die dem Kläger durch die Beauftragung seiner bereits vorprozessual tätig gewordenen Prozessbevollmächtigten angefallen sind. Diese betragen ausweislich der als Anlage K5 überreichten Kostenrechnung ...... EUR. Der Kläger hat die Kostenrechnung am ...... beglichen.

III.

Die Zuständigkeit des angerufenen Gerichts ergibt sich aus § 215 VVG, denn der Kläger hat seinen ständigen Wohnsitz im Zuständigkeitsbereich des angerufenen Landgerichts.
Rechtsanwalt

Anmerkung

1. Die oben beschriebenen Grundsätze für die Beantwortung der Frage, ob die beabsichtigte Klage hinreichende Aussicht auf Erfolg bietet, gelten auch dann, wenn bereits eine Vielzahl von Begutachtungen vorliegt, aber nicht sicher davon ausgegangen werden kann, dass das Zivilgericht die Beweiserhebung zu der Frage, ob und in welchem Umfang die von einer Partei behaupteten Schadenfolgen durch das Unfallgeschehen verursacht worden sind, vornimmt (OLG Karlsruhe, NJOZ 2006, 1138).

Eine Überprüfung der Erfolgsaussichten kann zu dem Ergebnis führen, dass ein billigerer Weg mit Sicherheit zum gleichen Erfolg führt. Ist dies der Fall, dann ist das Beharren auf den teureren Weg mutwillig und stellt eine vermeidbare Kostenerhöhung dar (BGH NJW 1977, 2163). So ist z. B. die Erwirkung eines Vollstreckungstitels für eine aufrechenbare Gegenforderung mutwillig, da eine Aufrechnung jederzeit möglich ist (LG Hamburg, r + s 90, 164). Eine an sich prozessual zulässige Feststellungswiderklage kann im Sinne der ARB mutwillig sein, wenn sie der Versicherungsnehmer ohne die nach den Versicherungsbedingungen notwendige vorherige Abstimmung mit dem Versicherer erhebt (AG München, ZfS 1982, 83).

24. Klage auf Leistung und Beitragsfreistellung aus einem Berufsunfähigkeitsvertrag

An das
Landgericht ……

Klage

des …… (Klägers)

Prozessbevollmächtigte: Rechtsanwälte

gegen

die …… Allgemeine Versicherungs AG, diese vertreten durch den Vorstand ……, dieser vertreten durch den Vorstandsvorsitzenden, …… (Beklagte)

Wegen: Ansprüche aus Versicherungsvertrag

Vorläufiger Streitwert: ……

Namens und in Vollmacht des Klägers erheben wir Klage mit folgenden Anträgen:

1. Die Beklagte wird verurteilt, an den Kläger …… EUR nebst Zinsen in Höhe von 5 Prozentpunkten über dem Basiszinssatz seit dem …… zu zahlen.[1]
2. Die Beklagte wird verurteilt, an den Kläger ab dem …… eine monatliche Rente in Höhe von …… EUR, zahlbar monatlich im Voraus, längstens bis zum Ablauf des …… (Leistungsende) zu zahlen.
3. Die Beklagte wird verurteilt, den Kläger von der Verpflichtung, Beiträge zu dem Versicherungsvertrag mit der Versicherungsschein-Nr. …… zu zahlen, ab dem …… längstens bis zum Ablauf des …… (Leistungsende) freizustellen.
4. Die Beklagte wird verurteilt, an den Kläger …… EUR nebst Zinsen in Höhe von 5 Prozentpunkten über dem Basiszinssatz seit dem …… zu zahlen.
5. Die Beklagte trägt die Kosten des Rechtsstreits.
6. Das Urteil ist vorläufig vollstreckbar.

Es wird angeregt, einen frühen ersten Termin zu bestimmen. Sofern das Gericht das schriftliche Vorverfahren anordnet, wird für den Fall der Fristversäumnis oder des Anerkenntnisses beantragt,

die Beklagte durch Versäumnisurteil oder gemäß ihrem Anerkenntnis ohne mündliche Verhandlung zu verurteilen.

Mit einer Entscheidung der Sache durch den Einzelrichter ist der Kläger einverstanden.

Der Kläger macht mit der Klage Ansprüche gegen die Beklagte aus einer selbstständigen Berufsunfähigkeitsversicherung, die bei der Beklagten unter der Versicherungsschein-Nr.: …… geführt wird, geltend.

A. Zum Sachverhalt

I.

Zwischen den Parteien besteht unter der Versicherungsschein-Nr. …… eine selbstständige Berufsunfähigkeitsversicherung. Versichert ist eine monatliche Rente in Höhe von … EUR, der monatliche Beitrag beträgt …… EUR. Versicherungsbeginn war der ……, der Vertrag hat eine Laufzeit bis zum ……

Für den Fall der Berufsunfähigkeit haben die Parteien eine Verpflichtung der Beklagten vereinbart, eine Berufsunfähigkeitsrente in Höhe von monatlich …… EUR an den Kläger zu zahlen, sowie ihm Beitragsbefreiung für den Versicherungsvertrag zu gewähren.

Wir überreichen als Anlage K1 eine Kopie des Versicherungsscheins und als Anlage K2 eine Kopie der dem Versicherungsvertrag zugrunde liegenden Versicherungsbedingungen.

II.

Der Kläger ist seit dem ...... berufsunfähig im Sinne der mit der Beklagten abgeschlossenen Berufsunfähigkeitsversicherung. Dies ergibt sich aus Folgendem:[2, 3]

1. Der Kläger war in gesunden Tagen zuletzt als ...... berufstätig. Ein typischer Arbeitsalltag des Klägers sah wie folgt aus: *(wird näher ausgeführt)*

Uhrzeit (von/bis)	(typische Tätigkeit) *konkrete Tätigkeit näher ausführen*

2. Seit dem ...... ist der Kläger aufgrund folgender Erkrankungen berufsunfähig: *(wird näher ausgeführt)*

Beweis: 1. Kopie des Arztberichts des Herrn Dr. ...... vom ......;
2. Vorlage der Arbeitsunfähigkeitsbescheinigungen vom ......;
3. Einholung eines Sachverständigengutachtens

Der Kläger kann die oben beschriebenen Tätigkeiten aufgrund nachfolgend vorgetragener Beschwerden nicht mehr ausüben: *(wird näher ausgeführt)*

Art der Beschwerden	Auswirkungen der Beschwerden auf die konkrete Tätigkeit

Er ist damit krankheitsbedingt nicht mehr in der Lage, der zuletzt in gesunden Tagen ausgeübte Tätigkeit nachzugehen.

Beweis: Einholung eines Sachverständigengutachtens

III.

Der Kläger stellte mit dem als Anlage K 3 überreichten Schreiben bei der Beklagten einen Antrag auf Gewährung von Berufsunfähigkeitsleistungen. Die Beklagte trat in die Leistungsprüfung ein. Sie beauftragte den Sachverständigen Herrn Dr. ...... mit der Erstellung eines Sachverständigengutachtens, das wir als Anlage K 4 beifügen. Herr Dr. ...... kam zu dem Ergebnis, bei dem Kläger liege keine bedingungsgemäße Berufsunfähigkeit vor.

Der Kläger hat das Gutachten sodann durch Herrn Dr. ...... überprüfen lassen. Dessen Gutachten überreichen wir als Anlage K 5 zur Akte. Herr Dr. ...... kam zu dem Ergebnis, dass das Gutachten des von der Beklagten beauftragten Sachverständigen aus den nachfolgenden Gründen unzutreffend ist: Der von der Beklagten beauftragte Sachverständige hat seinem Gutachten schon einen falschen außermedizinischen Sachverhalt zugrunde gelegt. Insbesondere hat er den Anteil der körperlichen belastenden Tätigkeiten falsch gewichtet. Er hat auch übersehen, dass dem Kläger die Ausübung seines Berufs nicht möglich ist, wenn er die nachfolgenden Tätigkeiten nicht ausüben kann: ...... *(wird näher ausgeführt)*.

Beweis: Einholung eines Sachverständigengutachtens

Es handelt es sich um den Beruf des Klägers prägende Tätigkeiten.

Beweis: Einholung eines Sachverständigengutachtens

Ferner hat Herr Dr. ...... die folgenden Erkrankungen nicht berücksichtigt: (*wird näher ausgeführt*)

Beweis: Einholung eines Sachverständigengutachtens

Der Kläger hat all dies mit Schreiben vom ......, das wir als Anlage K6 überreichen gegenüber der Beklagten noch einmal dezidiert dargelegt, die aber mit Schreiben vom ......, das wir als Anlage K7 überreichen, endgültig ihre Leistungspflicht ablehnte.

B. Zur Rechtslage

I.

Gem. § 1 Abs. 1 der dem Versicherungsvertrag zugrunde liegenden AVB erbringt die Beklagte die Zahlung der versicherten Berufsunfähigkeitsrente und die volle Befreiung der Beitragspflicht, wenn der Kläger während der Dauer der Versicherung zu mindestens 50% berufsunfähig wird.

Gem. § 1 Abs. 4 entsteht der Anspruch auf Rente und Beitragsbefreiung mit Ablauf des Monats, in dem die Berufsunfähigkeit eingetreten ist.

II.

Gem. § 2 Abs. 1 AVB liegt vollständige Berufsunfähigkeit vor, wenn die versicherte Person infolge Krankheit, Körperverletzung oder mehr als altersentsprechenden Kräfteverfalls, die ärztlich nachzuweisen sind, voraussichtlich auf Dauer ihren zuletzt ausgeübten Beruf, so wie er ohne gesundheitliche Beeinträchtigung ausgestaltet war, nicht mehr ausüben kann. Eine abstrakte Verweisung haben die Parteien in dem Versicherungsvertrag nicht vereinbart. Eine andere Tätigkeit, die seiner bisherigen Lebensstellung entspricht, übt der Kläger unstreitig nicht aus.

Aufgrund der oben dargelegten Umstände steht fest, dass bei dem Kläger eine bedingungsgemäße Berufsunfähigkeit seit dem ...... eingetreten ist. Er hat daher Anspruch gegen die Beklagte auf Zahlung der Berufsunfähigkeitsrente und Beitragsbefreiung seit dem ......

III.

Mit dem Antrag zu 1) macht der Kläger die rückständigen Renten geltend, mit dem Antrag zu 2) die geschuldeten Renten ab dem ...... Mit dem Antrag zu 3) begehrt der Kläger die Beitragsbefreiung, mit dem Antrag zu 4) macht der Kläger die außergerichtlichen Nebenkosten geltend, die durch die Beauftragung seiner Prozessbevollmächtigten angefallen und unter dem Gesichtspunkt des Verzuges durch die Beklagten zu ersetzen sind. Im Einzelnen berechnet sich die Forderung wie folgt: ......

IV.

Die Zuständigkeit des angerufenen Gerichts ergibt sich aus § 215 VVG, denn der Kläger hat seinen ständigen Wohnsitz im Zuständigkeitsbereich des angerufenen Landgerichts. Über den zu verauslagenden Gerichtskostenvorschuss fügen wir einen Verrechnungsscheck bei.[4]

Rechtsanwalt

Anmerkungen

1. Da der Berufsunfähigkeitsversicherer in der Regel sowohl die Zahlung der Berufsunfähigkeitsrente als auch die Beitragsbefreiung schuldet, ist dies bei der Antragstellung entsprechend zu berücksichtigen. Sollte der Versicherungsnehmer in Verkennung der Rechtslage die Versicherungsbeiträge weiter bezahlt haben, dann muss dem durch Erhöhung des Zahlungsantrages Rechnung getragen werden.

2. Die Feststellung, ob bei dem Versicherungsnehmer bedingungsgemäße Berufsunfähigkeit vorliegt, bereitet in der Regel schon allein deshalb erhebliche Schwierigkeiten, weil der zuletzt in gesunden Tagen ausgeübte Beruf nur unzureichend vorgetragen wird. Der BGH hat bezüglich der prozessualen Anforderungen an die Substantiiertheit des Vortrags des insoweit darlegungsbelasteten Versicherungsnehmers im Rahmen seines Urteils vom 30. 9. 1992 (VersR 1992, 1386, 1387) Folgendes ausgeführt:

„Bei dieser Beurteilung muss bekannt sein, wie das Arbeitsverhältnis betreffend den Versicherten tatsächlich beschaffen ist und welche Anforderungen es an ihn stellt. Insoweit ist es Sache desjenigen, der den Eintritt des Versicherungsfalls Berufsunfähigkeit geltend machen will, substantiiert vorzutragen und im Falle des Bestreitens Beweis für sein Vorbringen anzutreten. Als Sachvortrag genügt dabei nicht die Angabe eines bloßen Berufstyps und der Arbeitszeit. Es muss von dem Versicherten, der hierzu unschwer im Stand ist, verlangt werden, dass er eine ganz konkrete Arbeitsbeschreibung gibt, mit der die für ihn anfallenden Leistungen ihrer Art, ihres Umfangs, ihrer Häufigkeit nach für einen Außenstehenden nachvollziehbar werden."

Dabei ist maßgeblich grundsätzlich die letzte konkrete Berufsausübung, so wie sie auch in gesunden Tagen ausgestaltet war, d. h. solange die Leistungsfähigkeit des Versicherten noch nicht beeinträchtigt war (BGH, VersR 1993, 1470). Das OLG Koblenz hat im Rahmen eines Hinweis- und Auflagenbeschlusses vom 16. 6. 1998 (OLG – Report 1999, 57) ausgeführt:

„In einer ersten Stufe wird der Kläger im Einzelnen substantiiert darzulegen haben, wie seine konkrete Berufsausübung in der Zeit vor dem erstmaligen Eintritt der von ihm behaupteten Berufsunfähigkeit im Einzelnen ausgesehen hat. Dies wird in Gestalt einer konkreten Beschreibung der von ihm jeweils ausgeübten Einzeltätigkeiten, gezielt in Bezug auf die mit der behaupteten Behinderung in Verbindung stehenden körperlichen Beanspruchungen, sowie unter Angaben der jeweiligen zeitlichen Anteile an der Gesamtarbeitszeit des Klägers nach Art eines Stundenplans zu geschehen haben."

Dieser außermedizinische Sachverhalt ist demzufolge zunächst einmal mit einer den Anforderungen des § 286 ZPO genügenden Gewissheit festzustellen. Steht fest, wie der zuletzt in gesunden Tagen ausgeübte Beruf des Klägers beschaffen war, ist im zweiten Schritt zu überprüfen, ob und wenn ja in welchem Umfang er aus den im Versicherungsvertrag genannten gesundheitlichen Gründen nicht mehr in der Lage ist, diesen Beruf auszuüben.

3. Besondere Anforderungen gelten für den Selbstständigen oder den mitarbeitenden Betriebsinhaber. Dieser muss Art, Umfang und Häufigkeit der bisher angefallenen Tätigkeiten, die betriebliche Organisation vor der gesundheitlichen Beeinträchtigung, das Vorhandensein noch ausübbarer Tätigkeitsfelder, die bedingungsgemäße Berufsunfähigkeit ausschließen und die Möglichkeit zumutbarer Betriebsumorganisation dezidiert vortragen und gegebenenfalls beweisen, denn die berufliche Tätigkeit des mitarbeitenden Betriebsinhabers wird auch dadurch gekennzeichnet, dass ihm das betriebliche Direktionsrecht, die Weisungsbefugnis gegenüber seinen Mitarbeitern zukommt. Berufsunfähigkeit scheidet daher aus, wenn der selbstständig mitarbeitende Betriebsinhaber eine andere betriebliche Tätigkeit ohne gesundheitliche Einschränkung ausüben und – sei es im Wege der Umorganisation – der Art zu übernehmen in der Lage ist (BGH, VersR 1996, 1090).

Hat der Versicherungsnehmer hiervon ausgehend das Vorliegen bedingungsgemäßer Berufsunfähigkeit substantiiert dargelegt, ist es nicht an ihm, die Voraussetzungen einer Verweisung substantiiert darzulegen und gegebenenfalls zu beweisen. Dies ist Aufgabe des Versicherers. Bei dem vorliegenden Beispiel ist eine konkrete Verweisung vereinbart. Hier gilt allerdings, dass der Versicherungsnehmer am besten weiß, was er beruflich gemacht und geleistet hat. Will der Versicherte eine tatsächlich von ihm ausgeübte und von seinem Versicherer als Weisungsberuf in Anspruch genommene Tätigkeit nicht gelten lassen, so obliegt es ihm, von Anfang an vorzutragen – und erforderlichenfalls zu beweisen –, dass und warum er dieser Tätigkeit nicht aufgrund seiner bei der Tätigkeitsaufnahme vorhandenen Kenntnisse oder Erfahrungen gewachsen war, sie demnach nicht sachgerecht und anforderungsgerecht ausüben konnte. Das gleiche gilt, wenn er geltend machen will, dass sie aus anderen Gründen mit seinem zuvor ausgeübten Beruf nicht vergleichbar sei (vgl. BGH, VersR 1995, 159; BGH, VersR 2005, 676).

4. Bei einer Berufsunfähigkeitsversicherung beträgt der Streitwert für die zukünftigen Ansprüche nach Klageeinreichung das 3,5-fache des einjährigen Bezugs, §§ 3, 9 ZPO (vgl. BGH, NJW-RR 1990, 1361). Zu addieren sind die Rückstände bis zur Klageeinreichung (OLG Frankfurt v. 5. 12. 2006, Az.: 7 U 109/05). Für die Freistellung von Beiträgen nach Klageeinreichung ist kein Abschlag vorzunehmen (BGH v. 7. 2. 2007, Az.: IV ZR 232/03, NJW-RR 2007, 751).

25. Leistungsklage gegen einen Unfallversicherer

An das
Landgericht ......

Klage

des ...... **(Klägers)**

Prozessbevollmächtigte: Rechtsanwälte

gegen

die ...... Versicherungs AG, diese vertreten durch den Vorstand ......, dieser vertreten durch den Vorstandsvorsitzenden, ... **(Beklagte)**

Wegen: Ansprüche aus Versicherungsvertrag

Vorläufiger Streitwert: ......

Namens und in Vollmacht des Klägers erheben wir Klage und werden beantragen:

1. **Die Beklagte wird verurteilt, an den Kläger ...... EUR nebst Zinsen in Höhe von 5 Prozentpunkten über dem Basiszinssatz seit dem ...... zu zahlen.**
2. **Die Beklagte wird verurteilt, an den Kläger ...... EUR nebst Zinsen in Höhe von 5 Prozentpunkten über dem Basiszinssatz seit dem ...... zu zahlen.**
3. **Die Beklagte trägt die Kosten des Rechtsstreits.**
4. **Das Urteil ist vorläufig vollstreckbar.**

Wir beantragen ferner

gegen die Beklagten ohne mündliche Verhandlung gem. § 307 Abs. 2 ZPO Anerkenntnisurteil zu erlassen,

wenn der Anspruch auf Aufforderung nach § 276 Abs. 1 S. 1 ZPO anerkannt wird,

gegen die Beklagte ohne mündliche Verhandlung gem. § 331 Abs. 3 ZPO Versäumnisurteil zu erlassen, falls nicht fristgerecht die Absicht angezeigt wird, sich gegen die Klage verteidigen zu wollen.

Der Kläger macht gegen die Beklagte Ansprüche aus einem Unfallversicherungsvertrag geltend.

A. Zum Sachverhalt

I.

Zwischen den Parteien besteht unter der Versicherungsschein-Nr. ...... eine Unfallversicherung. Wir überreichen als Anlage K 1 eine Kopie des Versicherungsscheins vom ...... und als Anlage K 2 die dem Versicherungsvertrag zugrunde liegenden allgemeinen Unfallversicherungsbedingungen.

II.

Der Kläger erlitt am ...... einen Unfall. An diesem Tag unternahm er mit seiner Ehefrau, der nachbenannten Zeugin

......

eine Radtour. Als sich der Kläger und seine Ehefrau auf der ...... Straße in ...... befanden und sich der Kreuzung ......straße/......straße näherten, wurden der Kläger und seine Ehefrau durch den Fahrer des Pkw mit dem amtl. Kennzeichen ......, den nachbenannten Zeugen

......

überholt. Der Zeuge ...... bog mit seinem Fahrzeug in Fahrtrichtung der Eheleute ...... gesehen nach rechts ab.

Beweis: 1. Zeugnis des ......
2. Zeugnis des ......

Dies veranlasste den Kläger zur Einleitung einer Vollbremsung, um eine drohende Kollision mit dem Pkw des Zeugen ...... zu vermeiden. Dabei kam der Kläger zu Fall.

Beweis: 1. Zeugnis des ......
2. Zeugnis der ......

Der Kläger versuchte den Sturz mit seinem rechten Arm abzufangen. Bei diesem Versucht zog er sich allerdings einen Bruch des rechten Handgelenks zu.

Beweis: 1. Zeugnis der ......;
2. Einholung eines Sachverständigengutachtens

Der Kläger begab sich sofort in das Krankenhaus ......, wurde dort stationär aufgenommen, die Fraktur des rechten Handgelenks wurde operativ versorgt. Am ...... wurde er aus der stationären Behandlung entlassen.

Beweis: Vorlage des Arztberichts des Dr. ...... vom ......, Anlage K 3

III.

Der Kläger meldete der Beklagten den Unfall mit der als Anlage K 4 überreichten Schadenanzeige vom ......

Die Beklagte trat sodann in die Leistungsprüfung ein und beauftragte Herrn Dr. ...... mit der Erstellung eines medizinischen Gutachtens zur Frage der Invalidität. Herr Dr. ...... untersuchte den Kläger am ...... Er erstellte unter dem ...... ein Gutachten. Er kam zu dem Ergebnis, dass bei dem Kläger lediglich eine Beeinträchtigung von ...... *(Invaliditätsgrad)* vorliege. Auf Basis dieses Ergebnisses hat die Beklagte den Schadenfall mit Schreiben vom ......, das wir als Anlage K 5 überreichen, wie folgt abgerechnet: *(wird näher ausgeführt)*

IV.

Mit der Kläger verfolgt der Kläger seinen weiteren Anspruch auf Invaliditätsleistung. Wie sich aus dem als Anlage K6 überreichten Arztbericht des Herrn Dr. ...... ergibt, hat

Herr Dr. ...... die unfallbedingte Invalidität zu niedrig bewertet. Tatsächlich beträgt die Invalidität *(wird näher ausgeführt)*

Beweis: Einholung eines Sachverständigengutachtens

Eine Invalidität in dieser Höhe beruht auf folgenden Beeinträchtigungen:

...... (wird näher ausgeführt)

B. Zur Rechtslage

I.

Der Kläger hat gegen die Beklagte einen Anspruch auf Zahlung einer weiteren Invaliditätsentschädigung. Dass dem Grunde nach eine unfallbedingte Invalidität bei dem Kläger eingetreten ist, ist zwischen den Parteien unstreitig.

Gem. Ziff. 2.1.2.2 der dem Versicherungsvertrag zugrundeliegenden AUB ist Grundlage für die Berechnung der Leistung, die Versicherungssumme und der Grad der unfallbedingten Invalidität.

Gem. Ziff. 2.1.2.2.1 besteht bei Verlust oder völliger Funktionsunfähigkeit der Hand ein Invaliditätsgrad von 55%. Bei Teilverlust oder teilweise Funktionsbeeinträchtigung gilt der entsprechende Teil des jeweiligen Prozentsatzes.[1]

II.

Die Höhe des Anspruchs des Klägers berechnet sich daher wie folgt:

Vereinbarte Invaliditätssumme:	**...... EUR**
Invaliditätsgrad Hand:	**55%**
=	**...... EUR**
Hiervon	**......**
abzüglich geleisteter:	**...... EUR**
Restanspruch:	**...... EUR**

III.

Die Beklagte hat dem Kläger ferner unter dem Gesichtspunkt des Verzugs die Kosten zu ersetzen, die durch die vorprozessuale Tätigkeit der Prozessbevollmächtigten des Klägers entstanden sind. Die Kosten belaufen sich ausweislich der als Anlage K7 überreichten Kostenrechnung auf ...... EUR.

IV.

Die Zuständigkeit des angerufenen Gerichts ergibt sich aus § 215 VVG, denn der Kläger hat seinen ständigen Wohnsitz im Zuständigkeitsbereich des angerufenen Landgerichts.

Rechtsanwalt

Anmerkung

1. Bei der Invaliditätsbemessung nach der Gliedertaxe ist der Ort der unfallbedingten Schädigung maßgebend. Nicht entscheidend ist, wie sich die Verletzung ausgewirkt hat. Ausgangspunkt der Bewertung ist stets der körpernähere Teil. Bei teilweiser Schädigung ist der in den AUB vereinbarte feste Prozentsatz entsprechend zu reduzieren. Die unfallbedingte Beeinträchtigung wird mit dem entsprechenden Wert der Gliedertaxe vollständig abgegolten und zwar einschließlich etwaiger Auswirkungen des Verlustes oder der Funktionseinschränkung auf rumpfnähere Körperglieder (vgl. *Klodt*, Private Unfallversicherung, S. 130 mwN.).

Ist die Gliedertaxe nicht einschlägig, dann muss der Invaliditätsgrad individuell ermittelt werden.

F. Besonderes Schuldrecht

1. Klage auf Auskunft und Rechenschaft bei Auftrag und Geschäftsbesorgung (§§ 666, 675 BGB)

An das
Amtsgericht[1, 2]

Klage

des ...... (Klägers)
Prozessbevollmächtigter ......
gegen
den ...... (Beklagten)
wegen

Auskunft, Rechenschaft und eidesstattlicher Versicherung

Vorläufiger Streitwert[2]: EUR 4.000,–.
Namens und in Vollmacht des Klägers erhebe ich Klage und werde beantragen:

I. Der Beklagte wird verurteilt, dem Kläger Auskunft über den Inhalt des namens und in Vollmacht des Klägers mit dem Bauunternehmer X. abgeschlossenen Bauvertrags betreffend die Erd-, Beton- und Maurerarbeiten für das Bauvorhaben des Klägers in ...... zu erteilen[3, 4, 5].
II. Der Beklagte wird verurteilt, Rechenschaft zu legen[6] über die Verwendung der vom Kläger auf dem Baugeldkonto Nr. bei der ......-Bank in ...... einbezahlten Gelder[4, 7, 8].
III. Der Beklagte wird verurteilt, die eidesstattliche Versicherung auf die nach Ziff. II abgelegte Rechenschaft zu leisten[9].

Begründung:

Der Kläger macht Ansprüche aus einem Baubetreuungsverhältnis zwischen den Parteien geltend.

1. Am 1. 2. ...... schlossen die Parteien einen Vertrag, mit dem sich der Beklagte verpflichtete, als Baubetreuer die Errichtung des Gebäudes ...... auf dem Grundstück ...... des Klägers für diesen zu bewirken. In § 2 des Vertrages ist dem Beklagten Vollmacht zum Abschluss aller Verträge mit den am Bau Beteiligten namens des Klägers erteilt. In § 4 des Vertrages ist bestimmt, dass die Zahlungen des Klägers entsprechend dem Zahlungsplan auf das Konto ...... bei der ......-Bank erfolgen sollen, über das der Beklagte verfügungsbefugt ist[10].

   Beweis: Baubetreuungsvertrag vom 1. 2. ...... in Anlage.

   Namens und in Vollmacht des Klägers schloß der Beklagte einen Bauvertrag mit der Firma X. über die Erd-, Beton- und Maurerarbeiten für das Bauvorhaben des Klägers. Diesen Bauvertrag hat der Beklagte dem Kläger bisher nicht zugänglich gemacht. Hierzu ist er jedoch nach §§ 675, 666 f. BGB verpflichtet, da das Baubetreuungsverhältnis zwischen den Parteien Geschäftsbesorgungscharakter hat[11]. Der Kläger benötigt den Vertrag ua. wegen der Geltendmachung von Mängelansprüchen gegen den am Bau beteiligten Unternehmer X., damit er klären kann, ob Gewährleistungsansprüche eigenständig vertraglich geregelt sind, § 13 VOB (B) Anwendung findet oder die Gewährleistungsregeln des BGB (§§ 633 ff. BGB) zugrundeliegen. Da der Beklagte die Herausgabe des Vertrags verweigert, war Klage geboten.

2. Das Bauvorhaben ist in der Zwischenzeit abgeschlossen. Die Abnahme hat am ...... stattgefunden. Der Kläger ist nicht darüber informiert, wie seine auf das Konto ...... bei der ...... -Bank eingezahlten Gelder vom Beklagten verwendet wurden. Der Beklagte hat nun die Schlussrate angefordert. Da jedoch die Gefahr besteht, dass die am Bau Beteiligten auf Grund der Vertragsbeziehungen mit dem Kläger weitere Zahlungen direkt vom Kläger verlangen, muss der Kläger vor Leistung der Schlussrate auf das Konto Klarheit über die Verwendung der von ihm eingezahlten Mittel haben. Der Beklagte wurde zur Rechnungslegung aufgefordert mit Schreiben vom ...... Er wurde mit Schreiben vom ...... gemahnt. Die in diesem Schreiben gesetzte Frist ist abgelaufen, weshalb auch insoweit Klage erforderlich war. Der Rechnungslegungsanspruch ergibt sich aus § 8 der Makler- und Bauträgerverordnung[12]. Unabhängig davon besteht eine Rechenschaftspflicht nach §§ 675, 666 BGB.
Im Wege der Stufenklage wird bereits jetzt Antrag auf Abgabe der eidesstattlichen Versicherung auf die abzulegende Rechenschaft gestellt. Die nähere Begründung dieses Antrags erfolgt nach Vorlage der Rechenschaft[13].

Anmerkungen

1. Örtlich zuständig ist das Gericht des allgemeinen Gerichtsstands (§§ 12–19 ZPO). § 29 ZPO begründet keine Zuständigkeit am Wohnsitz des Auftraggebers, da Auskunft und Rechenschaft am Wohnsitz des Beauftragten zu erfüllen sind.

2. Die sachliche Zuständigkeit bemisst sich nach dem Streitwert. Der Streitwert für den Auskunftsanspruch hängt vom Interesse des Auftraggebers an der Auskunft ab und liegt niedriger als der Streitwert des Hauptanspruchs (*Zöller* § 3 Rdn. 16 mwN. und Quoten). Der Streitwert für die Rechenschaftspflicht und die eidesstattliche Versicherung bemisst sich ebenfalls nach dem Interesse des Auftraggebers an der Rechenschaft bzw. eidesstattlichen Versicherung. Sie sind in gleicher Weise wie der Streitwert bei der Auskunft unter dem Wert des Hauptanspruchs anzusetzen Für den Zuständigkeitsstreitwert sind die Streitwerte zu addieren. Für den Fall der Stufenklage vgl. *Zöller* § 5 Rdn. 7 (str.). Die Streitwerte sind auch dann zu addieren, wenn eine Stufenklage erhoben ist (zB. *Thomas/Putzo* § 5 Rdn. 4; vgl. Anm. 9).

3. Ein Anspruch kann sich aus dem der Vollmacht zugrundeliegenden Auftragsverhältnis oder Geschäftsbesorgungsverhältnis, zB. aus einem Baubetreuungsvertrag, ergeben.

4. Neben dem Auskunfts- bzw. Rechenschaftsanspruch besteht – soweit es sich um Unterlagen wie Verträge, Leistungsverzeichnisse oä. handelt – nach §§ 667, 675 BGB ein Herausgabeanspruch. Insoweit geht die Rechenschaftspflicht nach dem Auftragsrecht über § 259 Abs. 1 BGB hinaus.

5. Die Zwangsvollstreckung erfolgt nach hM. gemäß § 888 ZPO (vgl. zB. *Zöller* § 888 Rdn. 3)

6. Vgl. neben §§ 666, 675 BGB auch § 8 MaBV.

7. Zum Inhalt der Rechenschaftslegungspflicht vgl. § 259 Abs. 1 BGB und die einschlägige Kommentierung hierzu.

8. Die Klagen auf Auskunft und Rechenschaft kommen in aller Regel nicht für den gleichen Sachverhalt nebeneinander in Betracht. Da die Rechenschaftslegung inhaltlich die Auskunft umfasst, besteht nach Rechenschaftslegung kein Anspruch auf Auskunftserteilung (Palandt/*Sprau* § 666 Rdn. 4). Im vorliegenden Fall handelt es sich um eine objektive Klagenhäufung, da mehrere verschiedene materielle Ansprüche geltend gemacht werden.

9. Die Klage auf Abgabe der eidesstattlichen Versicherung nach § 259 Abs. 2 BGB kann im Wege der Stufenklage nach § 254 ZPO mit der Auskunfts- oder Rechenschaftsklage verbunden werden. Möglich ist es, als dritte Stufe noch einen Antrag auf Zahlung oder Herausgabe zu stellen (vgl. iE. Form. I. D. 11).

10. Zum Baubetreuungsmodell vgl. zB. *Koeble* in Kniffka/Koeble, Kompendium des Baurechts, 3. Aufl., 11. Teil, Rdn. 26 zur Vertretung und auch Palandt/*Sprau*, 68. Aufl., § 675 Rdn. 15 ff.).

11. Vgl. Palandt/*Sprau* § 675 Rdn. 15.

12. Zur Makler- und Bauträgerverordnung vgl. Anm. 10.

13. Zu den Voraussetzungen des Anspruchs auf eidesstattliche Versicherung vgl. Palandt/*Heinrichs* §§ 259–261 Rdn. 29 f.

2. Klage des Bürgen auf Befreiung von der Bürgschaft (§ 775 BGB)

An das
Landgericht[1, 2]

Klage

des ...... (Klägers)
Prozessbevollmächtigter: ......
gegen
den ...... (Beklagten)
wegen

Befreiung von einer Verbindlichkeit

Vorläufiger Streitwert[2]: EUR 50.000.–.

Namens und in Vollmacht des Klägers erhebe ich Klage und werde beantragen:

Der Beklagte wird verurteilt, den Kläger von der selbstschuldnerischen Bürgschaft des Klägers vom ...... gegenüber der Sparkasse ...... wegen EUR 50.000 zuzüglich Zinsen, Provisionen und Kosten der Bürgschaft freizustellen[3, 4] oder nach seiner Wahl Sicherheit in Höhe von EUR 50.000,– zuzüglich Zinsen, Provisionen und Kosten der Bürgschaft ...... bei der Sparkasse ...... zu leisten[5].

Begründung:

Der Kläger macht gegen den Beklagten einen Befreiungsanspruch aus einer Bürgschaft gegenüber der Sparkasse ...... geltend.

1. Aufgrund der verwandtschaftlichen Beziehungen zwischen den Parteien erklärte sich der Kläger am ...... bereit, für ein Darlehen des Beklagten gegenüber der Sparkasse ...... in Höhe von EUR ...... zuzüglich Zinsen, Provisionen und Kosten der Bürgschaftssumme selbstschuldnerisch zu bürgen.

Beweis: Bürgschaft vom ...... in Anlage in Fotokopie.

Der Kläger ging die Bürgschaft ein, ohne dass hierzu eine Verpflichtung gegenüber dem Beklagten bestanden hätte. Im Hinblick auf die Verwandtschaft der Parteien wollte der Kläger dem Beklagten vorübergehende wirtschaftliche Hilfe zukommen lassen.

2. Ein Gläubiger des Beklagten hat gegen diesen wegen einer Forderung die Zwangsvollstreckung betrieben. Da pfändbare Gegenstände beim Beklagten nicht vorhanden waren, hat der Gläubiger in der Zwischenzeit Antrag auf Abgabe der eidesstattlichen Versicherung beim Amtsgericht ...... gestellt.

Beweis: Zeugnis des Herrn ......;
Auskunft aus dem Schuldnerregister des Amtsgerichts ......

Mit Schreiben vom ...... wies die Sparkasse ...... darauf hin, dass mit der Inanspruchnahme aus der Bürgschaft gerechnet werden müsse, da beim Beklagten Zahlungsschwierigkeiten aufgetreten seien.
Der Befreiungsanspruch des Klägers ergibt sich aus § 775 Abs. 1 Nr. 1 BGB.

Anmerkungen

1. Die örtliche Zuständigkeit bemisst sich nach dem allgemeinen Gerichtsstand (§§ 12–19 ZPO).

2. Die sachliche Zuständigkeit bemisst sich nach dem Streitwert. Dieser richtet sich idR. nach dem Betrag der Hauptforderung (*Zöller* § 3 Rdn. 16), begrenzt durch die Haftsumme der Bürgschaft (BGH NJW-RR 1990, 958).

3. Zu den materiellen Voraussetzungen des Befreiungsanspruchs vgl. § 775 Abs. 1 Nr. 1–4 BGB und die einschlägige Kommentierung hierzu. Zum Befreiungsanspruch vgl. § 257 BGB. Aus dem der Bürgschaft zugrunde liegenden Rechtsverhältnis kann sich auch ein Vorschussanspruch ergeben (zB. § 669 BGB). Auch wenn die Zahlungsunfähigkeit des Hauptschuldners feststeht und der Gläubiger den Bürgen bereits in Anspruch nimmt, verwandelt sich der Befreiungsanspruch des Bürgen nicht in einen Zahlungsanspruch an den Gläubiger (BGH NJW 2000, 1643) oder in einen gegenüber dem Gläubiger aufrechenbaren Zahlungsanspruch (BGHZ 140, 270).

Der Freistellungsantrag ist nach hM. (vgl. OLG Düsseldorf MDR 1982, 942; aA. *Rimmelsbacher* JR 1976, 89f. und 183f.) nur bestimmt und damit zulässig, wenn die Geldschuld nach Grund und Höhe eindeutig bezeichnet ist (BGH NJW 1996, 2725). Anderenfalls ist eine Feststellungsklage zu erheben. Zum Freistellungsanspruch vgl. *Bischof* ZIP 1984, 1446; *Zahn* ZfBR 2007, 627).

4. Die Vollstreckung des Befreiungsanspruchs erfolgt nach § 887 ZPO (hM.), zB. Zöller/*Stöber*, 27. Aufl., § 887, Rdn. 3 mwN.).

5. Wegen § 775 Abs. 2 BGB, der nur bei § 775 Abs. 1 Nr. 1 und 2 BGB Bedeutung hat, empfiehlt es sich, um Kostennachteile zu vermeiden, die Ersetzungsbefugnis des Schuldners in den Antrag mit aufzunehmen. Zur Sicherheitsleistung vgl. §§ 232ff. BGB.

3. Klage auf Gewährung von Einsicht in eine Urkunde (§ 810 BGB)

An das
Amtsgericht[1, 2]

Klage

des ...... (Klägers)
Prozessbevollmächtigter: ......
gegen
den ...... (Beklagten)
wegen

Gewährung von Einsicht in eine Urkunde
Vorläufiger Streitwert:[2] EUR 4.000,–.

Namens und in Vollmacht des Klägers erhebe ich Klage und werde beantragen:

Der Beklagte wird verurteilt, dem Kläger Einsicht in die vom Beklagten namens und in Vollmacht des Klägers mit den am Bauvorhaben des Klägers in ...... abgeschlossenen Verträge zu gewähren[3, 4, 5].

Begründung[6]

......

Anmerkungen

1. Die örtliche Zuständigkeit richtet sich nach dem allgemeinen Gerichtsstand (§§ 12–19 ZPO).

2. Die sachliche Zuständigkeit richtet sich nach dem Streitwert. Dieser ist nach § 3 ZPO zu schätzen, wobei das Interesse des Klägers an der Offenlegung maßgebend ist.

3. Im vorliegenden Fall bestünde auch ein Herausgabe- und Auskunftsanspruch, vgl. Form. II. F. 1 Anm. 4.

4. Als Anspruchsgrundlagen kommen neben § 810 BGB vor allem andere Vorschriften des BGB und HGB in Frage (vgl. Palandt/*Sprau* § 810 Rdn. 5). Nach § 810 BGB kann zB. ein Anspruch des Patienten gegen den Arzt bzw. das Krankenhaus auf Einsichtnahme in die Krankenunterlagen vorliegen, wenn ein berechtigtes Interesse besteht. Dieses ist gegeben, wenn der Patient die Aussichten eines Haftpflichtprozesses wegen fehlerhafter Behandlung prüfen will (OLG Bremen NJW 1980, 644; BGH NJW 1983, 328; BGH NJW 1983, 330; *Ahrens* NJW 1983, 2609; zum Ganzen *Peter,* Das Recht auf Einsicht in die Krankenunterlagen, Köln 1989; Palandt/*Sprau*, 68. Aufl., § 810 Rdn. 2 ff.; *Gehrlein* NJW 2001, 2773; *Hinne* NJW 2005, 2279). Gemäß § 142 Abs. 1 ZPO kann das Gericht anordnen, dass eine Partei und auch Dritte (unter bestimmten Voraussetzungen) die in ihrem Besitz befindlichen Urkunden vorlegen müssen, wenn sich eine Partei darauf bezogen hat. Ein materiell-rechtlicher Herausgabe- oder Vorlegeanspruch ist nicht erforderlich (BT-Drs. 14/4722 S. 92).

5. Die Zwangsvollstreckung erfolgt nach § 888 ZPO.

6. Zum Sachverhalt vgl. Form. II. F. 1.

4. Klage auf Herausgabe einer Bürgschaftsurkunde

An das
Landgericht[1, 2]

Klage

der A-Bank-AG – Kläger –
Prozessbevollmächtigter: ......
gegen
den ...... – Beklagten –
wegen Herausgabe einer Bürgschaftsurkunde

Namens und in Vollmacht der Klägerin erhebe ich Klage und werde beantragen:

Der Beklagte wird verurteilt, die Urkunde vom 26. 7. ...... über eine von der Klägerin zugunsten des Beklagten eingegangene Bürgschaftsverpflichtung in Höhe von EUR 120.000,– zur Sicherung von Pachtzinsforderungen des Beklagten gegen die X-GmbH an die Klägerin herauszugeben[3].

Vorläufiger Streitwert[2]: EUR 30.000,–

Begründung[6]:

Die Klägerin verlangt von dem Beklagten die Herausgabe einer Bürgschaftsurkunde[4, 5].

1. Der Beklagte ist Eigentümer des Hotels „Kreuz" in ...... Mit Pachtvertrag vom ...... wurde das Hotel an die X-GmbH als Betreiberin verpachtet. Zur Sicherung der Ansprüche des Beklagten aus dem Pachtverhältnis hat die Klägerin eine selbstschuldnerische Bankbürgschaft in Höhe von EUR 120.000,– übernommen. Die Bürgschaftsurkunde wurde dem Beklagten mit Schreiben vom 26. 7. ...... übersandt.

   Beweis: Schreiben vom 26. 7. ...... in Kopie:
   Bürgschaftsurkunde vom 26. 7. ...... in Kopie

2. Das Pachtverhältnis wurde durch Vereinbarung des Beklagten mit der X-GmbH vom ...... am 31. 12. ...... beendet. Die X-GmbH hat das Anwesen an diesem Tag geräumt und mängelfrei an den Beklagten übergeben[6].

   Beweis: Vorlage des Übergabeprotokolls vom 31. 12. ......

   Obwohl damit feststeht, dass eine Inanspruchnahme der Klägerin aus der Bürgschaft ausgeschlossen ist, verweigert der Beklagte trotz Aufforderung vom ...... die Herausgabe der Bürgschaftsurkunde[7].

   Beweis: Schreiben vom ......

Rechtsanwalt

Anmerkungen

1. Die örtliche Zuständigkeit richtet sich nach dem allgemeinen Gerichtsstand (§§ 12–19 ZPO).

2. Die sachliche Zuständigkeit richtet sich nach dem Streitwert. Dieser bestimmt sich nach § 3 ZPO. Maßgebend ist das Interesse der Klägerin am Besitz der Urkunde. Ist die Hauptforderung erloschen und will der Bürge nur eine missbräuchliche Inanspruchnahme verhindern, so ist der Streitwert erheblich geringer als die mit der Bürgschaft gesicherte Forderung. In der Regel werden dann 20 bis 30% angenommen (BGH BauR 1994, 541; OLG Stuttgart MDR 1980, 678; *Zöller* § 3 Rdn. 16 „Bürgschaft").

Soll aber durch die Herausgabeklage eine Inanspruchnahme des Bürgen aus der Bürgschaft verhindert werden, ist der volle Wert der Bürgschaftsforderung anzusetzen (BGH BauR 1994, 541 = NJW-RR 1994, 758 mwN.; KG BauR 2000, 1380; OLG München BauR 2000, 607); *Zöller* § 3 Rdn. 16 „Bürgschaft".

3. Die Zwangsvollstreckung erfolgt nach § 883 ZPO. Dafür ist es erforderlich, dass die Urkunde im Titel genau bestimmt sein muss (*Zöller* § 883 Rdn. 5). Da der Beklagte möglicherweise im Besitz mehrerer Bürgschaftsurkunden ist, empfiehlt es sich, den Inhalt der Urkunde im Klagantrag möglichst exakt zu bezeichnen.

4. Anspruchsgrundlage für den Herausgabeanspruch ist § 371 BGB (OLG München NJW-RR 1998, 992; Palandt/*Grüneberg*, § 371, 68. Aufl., Rdn. 1). Der Anspruch besteht nicht nur in allen Fällen des Erlöschens der gesicherten Verbindlichkeit, sondern auch dann, wenn die Verbindlichkeit nicht entstanden oder untergegangen ist (Palandt/*Grüneberg*, 68. Aufl., § 371 Rdn. 4). Ein Herausgabeanspruch nach den §§ 985, 952 BGB wird von der hM. beim Erlöschen der Verbindlichkeit abgelehnt (Palandt/*Bassenge* § 952 Rdn. 4.)

5. Anspruchsinhaber ist der Bürge. Dem Schuldner kann daneben ein eigenständiger vertraglicher Herausgabeanspruch zustehen, wenn er sich selbst gegenüber dem Gläubiger zur Sicherheitsleistung verpflichtet hatte. Aktivlegitimiert ist der Bürge (BGH NJW 2004, 3553). Die Rückgabeverpflichtung von Erfüllungs- und Gewährleistungsbürgschaften an den Auftragnehmer (Schuldner) beim Bauvertrag ist in § 17 Nr. 8 VOB/B ausdrücklich geregelt.

6. Die Fälligkeit des Rückgabeanspruchs tritt im Regelfall selbst dann noch nicht mit der Rückgabe des Pachtobjekts ein, wenn der Pächter den Pachtzins vollständig bezahlt hat, weil mit der Bürgschaft auch Renovierungs- und Schadensersatzansprüche wegen Beschädigung des Pachtobjekts sowie noch nicht abgerechnete Nebenkosten gesichert werden. Der Anspruch wird deshalb erst nach Ablauf einer individuell zu bestimmenden „angemessenen Zeitspanne" fällig. Die Rechtsprechung gewährt in der Regel eine Frist von 3–6 Monaten nach Beendigung des Miet- bzw. Pachtverhältnisses, bei Geschäftsräumen bis zu einem Jahr oder mit angemessenem Teil der Sicherheit bis zum Ablauf der Abrechnungsfrist für die letzten Nebenkosten (BGH NJW 2006, 1422).

7. Behauptet der Gläubiger zur Rückgabe der Bürgschaftsurkunde außerstande zu sein, kann der Bürge nach § 371 S. 2 BGB ein öffentlich beglaubigtes Anerkenntnis verlangen, dass die Schuld erloschen ist. Ist ein Dritter im Besitz der Urkunde, ist dieser zur Herausgabe verpflichtet (Palandt/*Grüneberg* § 371 Rdn. 4).

5. Antrag auf Erlass einer einstweiligen Verfügung gerichtet auf Unterlassung der Entgegennahme des Bürgschaftsbetrages

An das
Landgericht[1]

Antrag auf Erlass einer einstweiligen Verfügung

Der X-AG[2], vertreten durch ...... – Antragstellerin –
Prozessbevollmächtigte: ......

gegen

die Y-GmbH, vertreten durch ...... – Antragsgegnerin –

wegen Unterlassung der Entgegennahme eines Bürgschaftsbetrages

Namens und in Vollmacht der Antragstellerin beantrage ich im Wege der einstweiligen Verfügung[3] – wegen Dringlichkeit ohne mündliche Verhandlung – Folgendes anzuordnen:

Der Antragsgegnerin wird es bei Meidung eines für den Fall der Zuwiderhandlung fälligen Ordnungsgeldes bis zu EUR 250.000,–, ersatzweise Ordnungshaft bis zu

6 Monaten oder Ordnungshaft bis zu 6 Monaten – die Ordnungshaft zu vollziehen an dem Geschäftsführer[4] – …… untersagt, den Bürgschaftsbetrag in Höhe von EUR 70.000,– aus der von der …… Bank zugunsten der Antragsgegnerin übernommenen Bürgschaft für Mängelansprüche, Nr. …… vom …… entgegen zu nehmen[5].

Begründung:

Mit dem vorliegenden Antrag wendet sich die Antragstellerin gegen die Entgegennahme des Bürgschaftsbetrages einer Bürgschaft für Mängelansprüche auf erstes Anfordern[6] der …… Bank durch die Antragsgegnerin. Die Bürgschaft wurde der Antragsgegnerin im Rahmen eines Bauvorhabens übergeben, für das die Antragstellerin einen Teil der Rohbauarbeiten erbracht hat.

I.

1. Die Parteien haben am …… einen schriftlichen Bauwerkvertrag über die Erbringung von Rohbauarbeiten geschlossen.

   Glaubhaftmachung: Vorlage des kompletten Bauvertrages, Anlage ……

   Das Bauvorhaben der Antragstellerin hatte die Errichtung von vier voneinander unabhängigen Gebäuden auf dem Grundstück, Flurstück …… der Gemarkung …… in …… zum Gegenstand. Die Antragstellerin war mit der Durchführung der Rohbauarbeiten für das Gebäude Nr. 1 beauftragt worden. Die Vertragsunterlagen stammen von der Antragsgegnerin, die die gleichen Vertragsunterlagen auch gegenüber den anderen Rohbauunternehmen, die mit den Leistungen betreffend Gebäude Nr. 2, 3 und 4 beauftragt wurden, verwendet[7] hat.

   Glaubhaftmachung: Eidesstattliche Versicherung des ……, Anlage ……

   Neben den besonderen Vertragsbedingungen (nachfolgend BVB) wurde mit nachrangiger Geltung die VOB/B als Vertragsbestandteil vereinbart.

   Glaubhaftmachung: § …… des Bauvertrages, Anlage ……

2. Die Antragstellerin hat die vertraglichen Leistungen innerhalb der vereinbarten Frist erbracht. Die Arbeiten wurden am …… von der Antragsgegnerin förmlich abgenommen.

   Glaubhaftmachung: Abnahmeprotokoll, Anlage ……

3. Nach Erstellung und Übergabe der Schlussrechnung wurde der Schlussrechnungsbetrag von der Antragsgegnerin bis auf den Betrag von EUR 70.000,– der von der Antragsgegnerin unter Hinweis auf den vertraglich vereinbarten Sicherheitseinbehalt nicht ausgezahlt wurde, ausgeglichen. Der Vertrag sieht hinsichtlich der Regelung der Gewährleistungssicherheit vor, dass der Auftraggeber 5% der Auftragssumme für die Dauer der Gewährleistungsfrist einbehalten dürfe. Der Unternehmer könne jedoch die Auszahlung des Sicherheitseinbehaltes dadurch erreichen, dass er anstelle des Gewährleistungseinbehaltes[8] eine Bürgschaft für Mängelansprüche einer …… Bank, die den Anforderungen der BVB entspreche, vorlege. In den BVB der Antragsgegnerin ist ua. geregelt, dass die Bürgschaft eine Bürgschaft auf erstes Anfordern sein müsse und dass das Muster …… der Antragsgegnerin verwendet werden muss.

   Glaubhaftmachung: Bauvertrag nebst BVB in Kopie, Anlage ……

   Auch nach dem Muster …… der Antragsgegnerin ist eine Bürgschaft für Mängelansprüche auf erstes Anfordern zu stellen[9].

   Glaubhaftmachung: Vorlage des Bürgschaftsformulars ……, Anlage

   Die Antragstellerin hat der Antragsgegnerin eine Bürgschaft der …… Bank über den Betrag von EUR 70.000,– am …… übergeben. Hierbei wurde das von der Antragsgegnerin vorgegebene Muster verwendet.

   Glaubhaftmachung: Vorlage der Bürgschaft in Kopie, Anlage ……

4. Mit Schreiben vom ...... hat die Antragsgegnerin gegenüber der ...... Bank den Bürgschaftsbetrag wegen angeblich vorhandener Mängel angefordert.

 Glaubhaftmachung: Schreiben der Antragsgegnerin in Kopie, Anlage

5. Die Antragsgegnerin hat Forderungen, die der Antragstellerin aus anderen Bauvorhaben zustehen, nicht ausgeglichen. Auch die Vollstreckung titulierter Forderungen führte nicht zur Befriedigung der Antragstellerin. Es wurde nunmehr Termin zur Abgabe der eidesstattlichen Versicherung durch den Geschäftsführer der Antragsgegnerin bestimmt auf ......

 Glaubhaftmachung: Terminsbestimmung durch den Gerichtsvollzieher ......, Anlage

II.

1. Es ist ein Verfügungsanspruch der Antragstellerin gegeben. Die Antragstellerin hat der Antragsgegnerin eine Bürgschaft der ...... Bank gewährt, auf die die Antragsgegnerin keinen Anspruch hatte, da die Sicherungsabrede, nach der eine Bürgschaft auf erstes Anfordern gestellt werden muss, unwirksam ist (a). In diesem Fall hat die Antragstellerin gegen die Antragsgegnerin einen Anspruch darauf, die Durchsetzung dieser Rechte gegen den Bürgen zu unterlassen[10] (b). Dieser Anspruch kann, da er sich ohne weiteres aus den vorgelegten Unterlagen ergibt, im Wege der einstweiligen Verfügung durchgesetzt werden (c).
 a) Der Antragstellerin steht kein Anspruch auf Auszahlung des Bürgschaftsbetrages zu, da es an einer wirksamen, der Bürgschaftserteilung zugrunde liegenden Sicherungsabrede[11] zwischen den Parteien fehlt. Die Vereinbarung der Stellung einer Bürgschaft für Mängelansprüche auf erstes Anfordern als einziges Austauschmittel zur Auslösung des Bareinbehalts in den von der Antragsgegnerin gestellten AGB benachteiligt die Antragstellerin unangemessen (§ 307 BGB nF.) und ist deshalb unwirksam[12]. Da die Klausel auch nicht derart aufrecht erhalten werden kann, dass der Auftragnehmer die Möglichkeit hat, den Sicherheitseinbehalt durch eine („einfache") selbstschuldnerische Bürgschaft auszulösen[13], ist die Klausel insgesamt unwirksam. Eine andere Bewertung ergibt sich auch nicht daraus, dass der Gewährleistungseinbehalt in § ...... des Vertrages geregelt ist, dort nur von einer Ablösemöglichkeit „durch Bankbürgschaft" die Rede ist und sich erst aus den BVB ergibt, dass vorliegend eine Bürgschaft auf erstes Anfordern zu stellen ist. Da beide Regelungen inhaltlich zusammengehören und eine untrennbare Einheit bilden[14], ist die Klausel insgesamt unwirksam. Es besteht deshalb überhaupt keine Verpflichtung der Antragstellerin zur Leistung einer Sicherheit.
 b) Da im Fall der Auszahlung des Bürgschaftsbetrages an die Antragsgegnerin ein Rückforderungsanspruch der Antragstellerin entstünde und das Bestehen dieses Anspruchs anhand der vorgelegten Urkunden bewiesen werden kann, steht der Antragstellerin ein Unterlassungsanspruch zu[15], mit dem verhindert wird, dass der Bürgschaftsbetrag in das Vermögen der Antragsgegnerin gelangt.
 c) Da mittels der vorgelegten Unterlagen ohne weiteres nachgewiesen werden kann, dass die Verpflichtung zur Stellung der Bürgschaft auf erstes Anfordern unwirksam ist und deshalb bei Auszahlung des Bürgschaftsbetrages ein Rückzahlungsanspruch entstehen wird, kann der Unterlassungsanspruch auch mittels einer einstweiligen Verfügung durchgesetzt werden[16].
2. Der Antragstellerin kann nicht zugemutet werden, bis zur Hauptsacheentscheidung abzuwarten[17]. Sollte die Bürgschaftssumme ausgezahlt werden, wird die auszahlende Bank bei der Antragstellerin Rückgriff nehmen. Der bestehende Rückzahlungsanspruch[18] ist nicht gesichert. Angesichts der finanziellen Situation ist mit einem Insolvenzantrag der Antragsgegnerin zu rechnen. Der Antragstellerin muss deshalb ermöglicht werden, die Inanspruchnahme der Bürgschaft zu verhindern, damit nicht vollendete Tatsachen geschaffen werden.

3. Die Angelegenheit ist eilbedürftig, nachdem die Antragsgegnerin bereits eine Frist zur Auszahlung gesetzt und mit einer klageweisen Durchsetzung des vermeintlichen Auszahlungsanspruchs der ...... Bank gegenüber gedroht hat.

Anmerkungen

1. Zuständig ist gemäß §§ 937 Abs. 1, 943 ZPO das Gericht der Hauptsache. Die örtliche Zuständigkeit für die Hauptsacheklage auf Unterlassung richtet sich nach § 17 ZPO. Bei der Ermittlung der sachlichen Zuständigkeit ist zu berücksichtigen, dass der gesamte Forderungsbetrag anzusetzen ist, wenn die Inanspruchnahme des Bürgen in vollem Umfang verhindert werden soll (vgl. *Zöller* § 3 Rdn. 16 „Bürgschaft").

2. Im vorliegenden Fall beantragt die Auftragnehmerin (Schuldner) den Erlass einer einstweiligen Verfügung gegen die Auftraggeberin (Gläubigerin). Denkbar ist ausnahmsweise bei Rechtsmissbrauch auch eine einstweilige Verfügung des Schuldners gegen den Bürgen (*Kniffka* in Kniffka/Koeble, Kompendium des Baurechts, 3. Aufl., 13. Teil, Rdn. 6 ff.). Einstweilige Verfügungen zur Verhinderung der Inanspruchnahme des Bürgen sind zulässig: OLG Celle BauR 2002, 1596, KG BauR 1997, 665, OLG Frankfurt BauR 1991, 506; *Kniffka/Koeble,* Kompendium des Baurechts, 3. Aufl., 13. Teil, Rdn. 1 ff.); vgl. auch das Formular von *Schotten* in *Koeble/Kniffka,* Münchener Prozessformularbuch, Privates Baurecht, 3. Aufl., 2009)

3. Ergeht die einstweilige Verfügung antragsgemäß, muss im Fall der Beschlussverfügung der Beschluss dem Antragsgegner im Parteibetrieb zustellt werden. Gemäß § 929 Abs. 3 ZPO erfolgt hierdurch die Vollziehung. Es ist auf die Einhaltung der Vollziehungsfrist von einem Monat (§ 929 Abs. 2 ZPO) zu achten.

4. Falls ein Ordnungsgeld aufgrund der finanziellen Situation (drohende Insolvenz) nicht sonderlich beeindrucken sollte, könnte die Ordnungshaft als Druckmittel eine Rolle spielen.

5. Wurde die Bürgschaftssumme noch nicht angefordert, kann der Antrag auf Unterlassen der Inanspruchnahme gerichtet werden. Mit Anforderung des Betrages entsteht jedoch der Anspruch (BGH NJW 2001, 282, 284 für den Fall einer Garantie); eine einstweilige Verfügung gerichtet auf das Unterlassen der Inanspruchnahme kommt dann zu spät (BGH aaO. für den Fall der Garantie). Der Bürge, der in Anspruch genommen wurde, kann dann uU. trotz der einstweiligen Verfügung den Betrag auszahlen. Wenn – wie hier – bereits angefordert wurde, muss der Antrag deshalb entweder gegen den Bürgen auf Unterlassen der Auszahlung oder gegen den Gläubiger auf Unterlassen der Entgegennahme gerichtet werden (vgl. *Kniffka/Koeble,* Kompendium des Baurechts, 3. Aufl., 13. Teil, Rdn. 4).

6. Die Bürgschaft auf erstes Anfordern ist ein für den Sicherungsnehmer äußerst vorteilhaftes Sicherungsmittel, da ihm hierdurch ermöglicht wird, ohne Klärung der materiell-rechtlichen Fragen rasch an liquide Mittel zu kommen. Er muss lediglich dem Bürgen gegenüber den Eintritt der vertraglich vorgesehenen Anforderungsvoraussetzungen nachweisen, um Zahlung verlangen zu können. Die materiell-rechtliche Berechtigung wird dann im Rückforderungsprozess geklärt (vgl. zum Ganzen: *Kniffka/Koeble,* Kompendium des Baurechs, 3. Aufl., 13. Teil, Rdn. 2 ff.).

7. Die Antragstellerin ist darlegungspflichtig dafür, dass es sich bei der streitgegenständlichen Klausel um Allgemeine Geschäftsbedingungen handelt.

8. Hierdurch werden andere Ablösemöglichkeiten ausgeschlossen (vgl. BGH NJW-RR 2002, 1311), was zur Unwirksamkeit führt: siehe Anm. 1.

9. Umfasst die Sicherungsvereinbarung ein als Anhang beigefügtes Bürgschaftsmuster, gehört das Muster zum Inhalt der Sicherungsvereinbarung (BGH BauR 2005, 539); anders jedoch, wenn in der Sicherungsabrede bestimmt ist, dass bei Erbringung der Bürgschaft ein Muster nach Wahl des Auftraggebers zu verwenden ist (BGH BauR 2004, 841). Im vorliegenden Fall wurde explizit vereinbart, dass eine Bürgschaft auf erstes Anfordern zu erbringen ist.

10. Eine einstweilige Verfügung, die die Inanspruchnahme der Bürgschaft oder Entgegennahme von Geldbeträgen verhindert, kollidiert mit dem Zweck einer Bürgschaft auf erstes Anfordern, bei der der Sicherungsnehmer gerade davon ausgeht, über ein Sicherungsmittel zu verfügen, mit dem er rasch und unkompliziert an den Bürgschaftsbetrag gelangen kann. Deshalb ist eine Verhinderung der Auszahlung oder – wie hier – der Entgegennahme des Bürgschaftsbetrages auf Ausnahmefälle beschränkt. Voraussetzung dafür, dass sich der Schuldner (Bürge) bereits im „Erst"-Prozess (und nicht erst im Rückforderungsprozess) auf die materielle Unbegründetheit berufen kann, ist, dass es klar auf der Hand liegt oder „liquide beweisbar" ist, dass die Voraussetzungen für eine Inanspruchnahme der Bürgschaft nicht vorliegen (BGH NJW 2001, 1857; NJW 2000, 1563; NJW 1984, 2030, 2032). Dies ist dann der Fall, wenn – wie hier – die Stellung einer Bürgschaft auf erstes Anfordern nicht wirksam vereinbart wurde und sich dies aus den vorzulegenden Vertragsunterlagen und der Bürgschaft ergibt (BGH NJW 2001, 1857; OLG Celle BauR 2002, 1596; *Schotten* in Koeble/Kniffka Münchener Prozessformularbuch Privates Baurecht, 3. Aufl. 2009).

12. Es ist seit der Entscheidung des BGH aus dem Jahre 1997 (BGHZ 136, 27 = NJW 1997, 2598) ständigen Rspr., dass eine Bestimmung in Allgemeinen Geschäftsbedingungen, wonach der Auftraggeber nach Abnahme des Bauwerkes einen Sicherheitseinbehalt von 5% der Auftragssumme vornehmen darf, unwirksam ist, wenn ihm keine angemessene Ablösemöglichkeit zugestanden wird und dass eine Bürgschaft auf erstes Anfordern keine angemessene Ablösemöglichkeit darstellt, wenn sie als alleiniges Austauschmittel vorgesehen ist (BGH BauR 2005, 539 für AGB eines öffentlichen Auftraggebers; BGH BauR 2004, 1143; BGH BauR 2002, 1392).

Wird zwar eine selbstschuldnerische, unbefristete Bürgschaft als Austauschmittel vereinbart, jedoch (fälschlicherweise) eine Bürgschaft auf erstes Anfordern übergeben, so ist die Sicherungsvereinbarung nicht unwirksam, sondern der Sicherungsnehmer lediglich verpflichtet, schriftlich zu erklären, dass die Bürgschaft nur als selbstschuldnerische Bürgschaft geltend gemacht wird (BGH NJW 2003, 2605). Unwirksam (wegen Intransparenz und Unangemessenheit) ist die Vereinbarung einer Bürgschaft „nach Muster des Auftraggebers", wenn für den Auftragnehmer nicht eindeutig erkennbar ist, welche Art der Bürgschaft er übergeben muss (BGH NJW 2000, 1002).

13. Anders als bei „Altfällen" der Vertragserfüllungsbürgschaft, bei denen zwar ebenfalls Unwirksamkeit bei Vereinbarung einer Bürgschaft auf erstes Anfordern als alleiniges Sicherungsmittel angenommen wird, jedoch eine ergänzende Vertragsauslegung dann in Betracht kommt (BGH NJW 2002, 3098), wenn der Vertrag vor dem 31. 12. 2002 geschlossen worden ist (BGH NJW-RR 2004, 880), kann bei der Bürgschaft für Mängelansprüche dem Vertrag auch nicht durch eine ergänzende Vertragsauslegung die Verpflichtung zur Stellung einer selbstschuldnerischen, unbefristeten Bürgschaft entnommen werden (BGH BauR 2005, 529 = WM 2005, 268; BGH BauR 2002, 463, 464 f.; BGHZ 147, 99, 105 f.; BGH NJW 2002, 894). Die Vereinbarung – auch in Allgemeinen Geschäftsbedingungen – einer selbstschuldnerischen, unbefristeten Bürgschaft als einziges Austauschmittel für einen Einbehalt wegen Mängeln ist nicht unangemessen (BGH ZIP 2004, 667; BGH BauR 2005, 539; BGHZ 157, 29; BGH BauR 2004, 841; BGH NJW 2004, 443).

14. Vgl. BGH NJW 2001, 1857.

15. Zwar begründet der Bürgschaftsvertrag eine von der Verpflichtung des Hauptschuldners verschiedene, rechtlich selbstständige Verpflichtung mit der Folge, dass die Antragsgegnerin grundsätzlich zunächst Zahlung alleine aufgrund der Verpflichtung aus dem Bürgschaftsvertrag verlangen könnte – die Klärung der materiellen Begründetheit des Anspruchs wäre dem Rückforderungsprozess vorbehalten –. Allerdings kann die Antragsgegnerin gemäß § 242 BGB („dolo agit qui petit quod statim redditurus est") nicht Zahlung fordern, da sie verpflichtet wäre, den erhaltenen Betrag umgehend wieder auszukehren und die Bürgschaftsurkunde zurückzugeben (BGH NJW 2001, 1857: Rückgabe der Bürgschaftsurkunde). Liegen die Voraussetzungen für das Entstehen eines Rückzahlungsanspruchs für den Fall der Auszahlung des Bürgschaftsbetrages ohne weiteres beweisbar auf der Hand, besteht ein Unterlassungsanspruch (OLG Celle BauR 2002, 1596, 1597; OLG Köln BauR 1998, 555, 558; KG BauR 1997, 665, 666; vgl. zum Unterlassungsanspruch auch BGH NJW 2000, 1563, 1564), mit dem verhindert werden soll, dass die Bürgschaftssumme in das Vermögen des Gläubigers gelangt und der Hauptschuldner auf den Rückforderungsanspruch angewiesen ist.

16. Zur Zulässigkeit der einstweiligen Verfügung siehe Anm. 2.

17. Der erforderliche Verfügungsgrund ist vom Antragsteller darzulegen und glaubhaft zu machen, dh. es ist darzulegen und glaubhaft zu machen, dass Eilbedürftigkeit gegeben ist und ohne die einstweilige Verfügung ein erheblicher Nachteil droht. Neben der drohenden Insolvenz kann auch die Tatsache, dass der Rückforderungsanspruch im Ausland geltend gemacht werden müsste, ausreichend sein (OLG Celle BauR 2002, 1596; OLG Frankfurt BauR 1998, 1280, 1281).

18. Hat der Gläubiger die Leistung zu Unrecht erhalten, steht nicht nur dem Bürgen, sondern auch dem Hauptschuldner nach Inhalt und Zweck der mit dem Gläubiger getroffenen Sicherungsabrede ein eigener Rückforderungsanspruch zu, der zunächst auf Zahlung an den Bürgen gerichtet ist (BGH NJW 2003, 352). Hat der Bürge beim Hauptschuldner Rückgriff genommen, kann dieser Zahlung an sich verlangen.

6. Klage auf Bewilligung der Freigabe eines hinterlegten Betrags

An das
Landgericht[1, 2]

Klage

des ...... **– Kläger –**
Prozessbevollmächtigter: ......

gegen

den ...... **– Beklagter –**
wegen Freigabeerklärung

Namens und in Vollmacht des Klägers erhebe ich Klage und werde beantragen:

> **Der Beklagte wird verurteilt, die Freigabe des beim AG ...... – Az....... – hinterlegten Betrags von EUR 20.000,– nebst 1‰ Zinsen pro Monat seit dem 1. 7. .....[3] an den Kläger zu bewilligen.**

Vorläufiger Streitwert: EUR 20.000,–[2]

Begründung:

Der Kläger verlangt von dem Beklagten die Einwilligung zur Freigabe des von S. beim AG...... hinterlegten Betrags in Höhe von EUR 20.000,– nebst Zinsen.[4, 5, 6, 7]

1. Dem Kläger steht gegen S. eine titulierte Forderung in Höhe von EUR 50.000,– zu.

Beweis: Vollstreckungsbescheid des AG ...... , Az.......

Der Kläger hat deshalb eine Kaufpreisforderung des S. gegen DS in Höhe von EUR 20.000,– gepfändet und sich zur Einziehung überweisen lassen. Der Pfändungs-

und Überweisungsbeschluss wurde vom AG ...... am 25. 1....... erlassen und dem DS am 3. 2....... zugestellt[8].

Beweis: Pfändungs- und Überweisungsbeschluss vom ......
Zustellungsurkunde vom 3. 2.......

2. Der Beklagte hat auf Grund eines Titels gegen S. ebenfalls einen Pfändungs- und Überweisungsbeschluss auf die Kaufpreisforderung gegen DS erwirkt. Der Beschluss wurde am 28. 1....... erlassen und dem DS am 4. 2. ...... zugestellt.

Beweis: ......

3. Die Kaufpreisforderung wurde deshalb von DS beim AG ......, Az....... ., am 10. 2. ...... hinterlegt. Der Kläger hat den Beklagten mit Schreiben vom 25. 2. ...... zur Bewilligung der Freigabe gegenüber dem AG ...... aufgefordert.

Beweis: Schreiben vom 25. 2. ......

Dies wurde von dem Beklagten mit Schreiben vom 7. 3. ...... verweigert[9].

Beweis: Schreiben vom 7. 3. ......

Rechtsanwalt

Anmerkungen

1. Die örtliche Zuständigkeit für die Klage auf Einwilligung in die Freigabe des hinterlegten Gegenstandes oder Geldbetrags richtet sich nach den §§ 12–19 ZPO.

Örtlich zuständig für die Hinterlegung ist nach § 374 BGB das Gericht am Ort, an dem der Schuldner die Leistungshandlung vorzunehmen hat. Wird an einem anderen Ort hinterlegt, so ist die Hinterlegung trotzdem wirksam. Der Schuldner macht sich aber schadensersatzpflichtig. Sachlich zuständig ist nach § 1 Abs. 2 HintO das Amtsgericht.

2. Der Streitwert bemisst sich nach dem Wert des hinterlegten Gegenstands (*Zöller* § 3 Rdn. 16 „Hinterlegung").

3. Vgl. § 8 HintO. Zu weitergehenden Zinsansprüchen gegen den Beklagten vgl. Anm. 9.

4. Durch die Hinterlegung wird dem leistungswilligen Schuldner die Möglichkeit eingeräumt, sich von seiner Verbindlichkeit auch dann zu befreien, wenn er dies wegen eines in der Sphäre des Gläubigers liegenden Grundes nicht oder nicht mit hinreichender Sicherheit kann. Die Hinterlegung stellt ein Erfüllungssurrogat dar (§ 378 BGB; Palandt/*Grüneberg* § 378 Rdn. 1). Der Schuldner ist beim Vorliegen der Voraussetzungen des § 372 BGB zur Hinterlegung berechtigt, aber nicht verpflichtet (vgl. aber Anm. 5).

5. Im vorliegenden Fall der mehrfachen Pfändung einer Forderung ergibt sich die Berechtigung des Schuldners aus § 853 ZPO. Verlangt ein Gläubiger die Hinterlegung des gepfändeten Betrags, ist der Schuldner nach § 853 ZPO ausnahmsweise sogar zur Hinterlegung verpflichtet. Dieser Anspruch kann nach § 856 ZPO eingeklagt werden, *Zöller* § 853 Rdn. 3.

6. Verweigert der Beklagte die Bewilligung der Freigabe, darf die Hinterlegungsstelle den hinterlegten Betrag erst auf Grund einer rechtskräftigen Entscheidung freigeben (§ 13 Abs. 2 HintO).

7. Materiell-rechtlich ergibt sich der Anspruch auf Bewilligung der Freigabe aus einer Eingriffskondiktion nach § 812 Abs. 1 S. 1. 2. Alt. BGB (BGH NJW 1970, 463; BGH NJW-RR 1997, 495; BGH NJW 2000, 291, 294; Palandt/*Sprau* § 812 Rdn. 93).

8. Der Rang des Pfandrechts und damit die materielle Berechtigung des Klägers richten sich nach dem Zeitpunkt der Zustellung des Pfändungs- und Überweisungsbeschlusses an den Drittschuldner, §§ 829 Abs. 3, 804 Abs. 3 ZPO.

9. Dem Kläger stehen gegenüber dem Beklagten darüber hinaus Schadensersatzansprüche nach den §§ 280 Abs. 2, 286 BGB zu, sobald der Beklagte mit seiner Verpflichtung zur Abgabe der Freigabeerklärung in Verzug gerät (BGH NJW 1970, 463; BGH NJW 1972, 1045).

Der Verzugsschaden besteht auf Grund der geringfügigen Hinterlegungszinsen (§ 8 HintO) regelmäßig in dem darüber hinausgehenden Zinsschaden. Dieser Schadensersatzanspruch kann auch im Wege der objektiven Klagehäufung zusammen mit dem Freigabeanspruch eingeklagt werden. Da dieser erst nach Freigabe des hinterlegten Betrages und somit nach Beendigung des Rechtsstreits abschließend beziffert werden kann, wäre bezüglich des künftigen Schadens eine Feststellungsklage zulässig (vgl. Form. I. D. 4).

G. Sachenrecht

1. Klage[1] auf Herausgabe nach § 861 BGB

An das
Amtsgericht[2, 3]

Klage

des ...... **(Klägers)**
Prozessbevollmächtigter: ......

gegen
den ...... **(Beklagten)**
wegen

Herausgabe

Vorläufiger Streitwert[4]: EUR 800,–.
Namens und mit Vollmacht des Klägers erhebe ich Klage und werde beantragen:

I. Der Beklagte wird verurteilt, die Schreibmaschine Neptun S X 20, Fabrik-Nummer 725, an den Kläger herauszugeben[5, 6].
II. Die Herausgabe kann nur binnen 14 Tagen nach Rechtskraft dieses Urteils erfolgen[7].
III. Der Beklagte wird verurteilt, nach fruchtlosem Ablauf der Frist nach Z. II, an den Kläger EUR 800,– als Schadensersatz zu bezahlen[8, 9,10].

Begründung:

Der Kläger hat die im Antrag genannte Schreibmaschine von der Firma Neptun für die Zeit vom 1. 2....... bis 31. 12....... gemietet. Er hatte sie vom 1. 2....... an in Besitz.

Beweis: Zeugnis des Herrn ......, zu laden bei der Firma Neptun, ...; Zeugnis der Frau ......, zu laden beim Kläger

Der Beklagte, der bis zum 31. 12....... freier Handelsvertreter für die Werbeagentur des Klägers war, behauptet, er habe die Maschine gemietet und sei deshalb zum Besitz berechtigt. Dies ist jedoch nicht richtig. Am 31. 12....... hat der Beklagte die Schreibmaschine mitgenommen und in sein neues Büro verbracht. Dem Kläger steht deshalb ein Anspruch auf Wiedereinräumung des Besitzes nach § 861 BGB zu.
Der Kläger hat für das Jahr ...... eine Miete von EUR 800,– im Voraus bezahlt.

Beweis: Zeugnis des Herrn ......, wie oben.

Diesen Betrag macht er im Falle des Antrags Z. III als Entschädigung für die entgangene Nutzung der Schreibmaschine geltend.[10] Der Beklagte hat bereits erklärt, der Kläger erhalte weder die Maschine noch bekomme er Geld dafür[11].

Beweis: Zeugnis des Herrn ......, wie oben.

Anmerkungen

1. Möglich ist auch eine einstweilige Verfügung, gerichtet auf Herausgabe. Sie verstößt nicht gegen das Vorwegnahmeverbot (Palandt/*Bassenge* § 861 Rdn. 12). Zur einstweiligen Verfügung vgl. Form. I.R. 4, 7ff.; zur Herausgabeklage nach § 985 BGB vgl. Form. II. G. 9.

2. Die sachliche Zuständigkeit richtet sich nach dem Streitwert (vgl. Anm. 4).

3. Örtlich zuständig ist das Gericht des allgemeinen Gerichtsstands (§§ 12–19a ZPO). Bei Zusammentreffen des Anspruchs nach § 861 BGB mit einem Anspruch aus unerlaubter Handlung ist für die auf § 861 BGB gestützte Klage § 32 ZPO maßgeblich (BGH NJW 2003, 828). § 29 ZPO ist nicht anwendbar, da es sich um keine Streitigkeit aus einem Vertragsverhältnis handelt. Für Grundstücke ist der ausschließliche Gerichtsstand des § 24 Abs. 1 ZPO zu beachten. Im dinglichen Gerichtsstand kann bei Grundstücken auch ein Schadensersatzanspruch wegen anlässlich der Besitzentziehung entstandener Schäden geltend gemacht werden (§ 26 ZPO).

4. Maßgebend für den Streitwert ist der Verkehrswert der Sache (vgl. § 6 ZPO), auch dann, wenn die Parteien zuvor einen Kaufvertrag zu einem bestimmten Preis abgeschlossen haben (Form. II. A. 4 Anm. 2).

5. Der Anspruch kann neben § 861 BGB auch auf §§ 985, 1007 BGB gestützt werden, wenn deren Voraussetzungen vorliegen.

6. Tritt während des Rechtsstreits Besitzverlust beim Beklagten ein, kann der Kläger auf das Interesse übergehen (§ 264 Nr. 3 ZPO).

7. Zum Antrag auf Fristsetzung vgl. Form. II. A. 4 Anm. 7.

8. Zur Zulässigkeit des Antrags auf Schadensersatz vgl. Form. II. A. 4 Anm. 7.

9. Zur Frage, welchen Antrag der Kläger im Falle des Besitzverlustes nach Rechtshängigkeit zu stellen hat, vgl. Form. II. A. 3 Anm. 10; zur Umwandlung des unmittelbaren Besitzes in mittelbaren vgl. Palandt/*Bassenge* § 861 Rdn. 7.

10. Wegen schuldhafter Besitzentziehung kann dem Kläger neben dem Herausgabeanspruch nach § 861 BGB ein Schadensersatzanspruch nach § 823 Abs. 1 BGB zustehen, den er im Wege der objektiven Klagehäufung schon mit dieser Klage geltend machen kann.

11. Der Antrag Z. III ist nur unter den Voraussetzungen der §§ 259, 510b ZPO zulässig (vgl. Form. II. A. 4 Anm. 9).

2. Klage[1] auf Beseitigung einer Besitzstörung nach § 862 BGB

An das
Amtsgericht[2]

Klage

des ...... **(Klägers)**
Prozessbevollmächtigter: ......

gegen

den ...... **(Beklagten)**

wegen

Beseitigung einer Besitzstörung

Vorläufiger Streitwert[3]: EUR 750,–.
Namens und mit Vollmacht des Klägers erhebe ich Klage und werde beantragen:

> **Der Beklagte wird verurteilt, die auf dem Grundstück FlStNr. ......, Gemarkung ......, Grundbuchheft Nr. ......, an der Ostgrenze errichtete Backsteinmauer zu beseitigen[4, 5].**

Begründung:

Der Kläger ist Mieter des im Antrag genannten Grundstücks.

Beweis: Mietvertrag zwischen dem Kläger und Herrn ...... vom 7. 7. ...... in Anlage.

Von der östlichen Grundstücksgrenze nach Westen gemessen, in einer Entfernung von ca. 20 cm, hat der Beklagte eine 5 m lange, 20 cm hohe und 10 cm breite Mauer errichtet. Der Beklagte behauptet, die Mauer stehe auf seinem und nicht auf dem vom Kläger gemieteten Grundstück. Dies ist jedoch nicht richtig.

Beweis: Einnahme eines Augenscheins; Pläne des Katasteramts ...... in Anlage; Grundbuchauszug ...... in Anlage; Sachverständigengutachten.

Der Kläger ist in der Nutzung des von ihm gemieteten Grundstücks gestört, weshalb ihm ein Beseitigungsanspruch nach § 862 BGB zusteht[4].

Anmerkungen

1. Zur Möglichkeit einer einstweiligen Verfügung vgl. Form. II. G. 1 Anm. 1.

2. Zur sachlichen und örtlichen Zuständigkeit vgl. Form. II. G. 1 Anm. 2, 3.

3. Der Streitwert ist gemäß § 3 ZPO nach dem Interesse des Klägers an der Beseitigung der Besitzstörung zu schätzen (*Zöller*, 27. Aufl., § 3 Rdn. 16 „Besitzstörungsklage").

4. Der Mieter kann in bestimmten Fällen zur Duldung verpflichtet sein, nämlich dann, wenn der Eigentümer durch § 906 BGB zur Duldung verpflichtet wäre.

5. Dem Kläger steht auch die Unterlassungsklage zur Verfügung, wenn erstmals Störungen drohen oder weitere Störungen zu besorgen sind (§ 862 Abs. 1 S. 2 BGB). Die Störung kann auch vom Nachbargrundstück ausgehen (vgl. zur Belästigung durch Hunde und Katzen OLG Hamm NJW-RR 1990, 335; OLG Köln, LG Ellwangen und AG Diez NJW 1985, 2338 ff. und *Dieckmann* NJW 1985, 2311 sowie zur Störung durch Baulärm OLG München NJW-RR 1992, 1097, OLG Düsseldorf OLGR 1997, 89, BayObLG NJW 1987, 1950 auch zur Frage einer trotz Duldungspflicht möglichen Mietminderung und Palandt/*Bassenge* § 862 Rdn. 3 ff. mw. Beispielen aus der Rechtsprechung). Umstritten ist, ob es sich um eine Besitzstörung handelt, wenn der Vermieter die Weiterleitung von ihm bezogener Energie etc. an den Mieter verweigert und die Leitungen absperrt (vgl. zum Streitstand: Palandt/*Bassenge*, § 862 Rdn. 4).

3. Einstweilige Verfügung auf Eintragung einer Vormerkung zur Sicherung einer Bauhandwerker-Sicherungshypothek[1]

An das
Amtsgericht[2]

Einstweilige Verfügung

des ...... **(Antragstellers)**
Prozessbevollmächtigter: ......
gegen
den ...... **(Antragsgegner)[3]**
wegen

Vormerkung zur Sicherung einer Bauhandwerker-Sicherungshypothek

Vorläufiger Streitwert[2]: EUR 15.000,–.

Namens und mit Vollmacht des Antragstellers beantrage ich, im Wege der einstweiligen Verfügung – wegen Dringlichkeit ohne mündliche Verhandlung[4] – für Recht zu erkennen:

Im Grundbuch von ...... wird zu Lasten der Wohnungseigentumseinheiten[5] des Antragsgegners, Grundbuchheft ......, $^{450}/_{1000}$ Miteigentumsanteile, verbunden mit dem Sondereigentum an der Wohnung Erdgeschoss Nr. 1 gemäß Aufteilungsplan, Grundbuchheft ......, und $^{550}/_{1000}$ Miteigentumsanteile, verbunden mit dem Sondereigentum an der Wohnung Obergeschoss Nr. 8 gemäß Aufteilungsplan[6], zugunsten des Antragstellers eine Vormerkung zur Sicherung des Anspruchs des Antragstellers auf Einräumung einer Sicherungs-(Gesamt-) Hypothek für seine Forderung aus Bauvertrag vom 6. 5. ...... gemäß Schlussrechnung vom 3. 3. ...... in Höhe von EUR 53.000,– sowie wegen eines Kostenbetrages von EUR 1.430,56[7] eingetragen[8].

Es wird beantragt,

den Antrag auf Eintragung der Vormerkung durch das Gericht beim zuständigen Grundbuchamt einzureichen[9, 10].

Begründung:

1.[11] Die Parteien schlossen am 6. 5. ...... einen Bauvertrag über die Ausführung der Außenputzarbeiten am Bauvorhaben ......, dem die VOB/B zugrunde liegt. Der Antragsteller hat die nach dem Vertrag und Leistungsverzeichnis erforderlichen Arbeiten – Lieferung und Anbringung von Rippenstrickmetall (Putzträger), Lieferung und Anbringung von Eckschutzschienen, Anbringung des Außenputzes und der Rabitzkästen – bis 15. 2. ...... ausgeführt. Am 23. 2. ...... fand eine förmliche Abnahme im Beisein der Parteien statt[12]. Am 3. 3. ...... erteilte der Antragsteller Schlussrechnung über den

Betrag von	EUR 153.000,–,
worauf der Antragsgegner als Abschlagszahlung	EUR 100.000,–
bezahlt hat, so dass ein Rest von	EUR 53.000.–

verbleibt.

Die zweimonatige Prüfungsfrist ist abgelaufen[13]. Auf die Mahnung des Antragstellers vom 5. 5. ...... ist keine Zahlung erfolgt.

Mängelansprüche werden vom Antragsgegner nicht geltend gemacht, was sich bis zum 23. 2. ...... aus dem Abnahmeprotokoll vom 23. 2. ...... ergibt. Die vom Antragsteller ausgeführten Leistungen sind mangelfrei[14].

Der Antragsgegner ist Eigentümer des im Antrag genannten Wohnungseigentums.

Beweis: Beglaubigter Grundbuchauszug in Anlage.

Der Antragsteller hat wegen seiner restlichen Vergütungsforderung gegen den Antragsgegner nach § 648 Abs. 1 BGB Anspruch auf Einräumung einer Sicherungshypothek, zu deren Sicherung er auf Grund §§ 883, 885 BGB die Eintragung einer Vormerkung verlangen kann. Einen Anspruch auf Bauhandwerkersicherheit nach § 648 a BGB hat der Ast. nicht geltend gemacht und er hat eine Sicherheit für seinen Vergütungsanspruch auch nicht erlangt[19].

2.[15] Der Verfügungsanspruch ist glaubhaft gemacht durch eidesstattliche Versicherung des Antragstellers[16].

3. Der Antragsgegner ist derzeit nicht in der Lage, seinen Zahlungspflichten gegenüber Gläubigern nachzukommen. Gegen den Antragsgegner hat der Antragsteller in anderer Sache erfolglos die Zwangsvollstreckung betrieben. Mehrere andere Gläubiger betreiben ebenfalls die Zwangsvollstreckung gegen den Antragsgegner[17].

Beweis[18]: Pfändungsprotokoll des Gerichtsvollziehers ...... vom ......

Es besteht die Gefahr, dass der Antragsteller durch Zeitverlust um die Vorteile der einstweiligen Verfügung gebracht würde, wenn die übrigen Gläubiger die Zwangsvollstreckung in das Grundstück vorrangig betreiben könnten.

Anmerkungen

1. Das Gesetz ermöglicht die Klage auf Eintragung der Bauhandwerkersicherungshypothek (§ 648 BGB). Der Gläubiger muss sie erheben, wenn der Schuldner trotz Eintragung der Vormerkung nicht bezahlt. Die Vormerkung dient nur zur Sicherung der Rangstelle für die Bauhandwerkersicherungshypothek, die ihrerseits nur auf Grund eines Titels – in der Regel kommt hier nur ein Urteil und keiner der sonstigen Titel (§ 794 Abs. 1 ZPO) in Betracht – eingetragen werden kann. Als Hauptklage scheidet die Zahlungsklage aus (hM.; OLG Celle BauR 2004, 696 = NJW-RR 2003, 1529; vgl. zB. OLG Düsseldorf NJW-RR 1986, 322; OLG Frankfurt NJW 1983, 1129; *Baumbach/Lauterbach/Albers/Hartmann* § 926 Rdn. 11; MünchKomm/*Wacke* § 883 Rdn. 36 zur Frage der Fristwahrung nach § 926 Abs. 1 ZPO: OLG Frankfurt BauR 1984, 535 = SFH Nr. 1 zu § 926 ZPO jew. mwN.). Der Antrag der **selbstständigen** Hypothekenklage kann folgendermaßen lauten:

„Der Beklagte wird verurteilt, die Eintragung einer Sicherungshypothek (für die Forderung des Klägers aus Bauvertrag v. 6. 5. ...... gemäß Schlussrechnung v. 3. 3. ......) in Höhe von EUR 53.000,– zuzüglich ...... % hieraus seit ...... sowie wegen eines Kostenbetrages in Höhe von EUR ...... im Grundbuch ...... zu bewilligen".

Wird die Hypothekenklage nach **vorheriger** Eintragung einer **Vormerkung** erhoben, dann muss der Klagantrag zur Rangwahrung folgenden Zusatz enthalten:

„...... Sicherungshypothek an der Rangstelle der im Grundbuch ...... in Abteilung III laufende Nummer ...... eingetragenen Vormerkung ......". Die Vormerkung für Teilleistungen gibt keine Rangsicherung für nachfolgende Arbeiten (BGH BauR 2001, 1783 = NJW 2001, 3701). Gegenüber vorrangig eingetragenen Auflassungsvormerkungen von Erwerbern zB. beim Bauträgermodell, stellt die Hypothek und die darauf gerichtete Vormerkung keine Sicherheit dar (vgl. zum Löschungsanspruch der durch Auflassungsvormerkung Gesicherten *Nettesheim* BB 1994, 301). Die hinsichtlich des Klagantrags bei der Hypothekenklage früher vorgeschlagene Einschränkung „Zug um Zug gegen Löschung der auf Grund einstweiliger Verfügung eingetragenen Vormerkung" wird nicht mehr empfohlen. Möglich ist allenfalls noch ein Antrag „Zug um Zug gegen Rötung der Vormerkung". Das KG (vgl. *Borgmann* AnwBl. 1986, 501/502) hat nämlich die Auffassung vertreten, dass damit gleichzeitig die Löschung der Vormerkung bewilligt werde und die Hypothek damit nicht die gleiche Rangstelle wie die Vormerkung erhalte, sondern am Ende einzutragen sei! Ein Anwaltsverschulden liegt nach Auffassung des LG Berlin (vgl. AnwBl. 1988, 111) darin zwar nicht. Erteilt jedoch der Rechtspfleger einen Hinweis auf die Gefährdung des Ranges, so muss der Anwalt darauf nach dieser Entscheidung darauf reagieren.

Der Anspruch auf Bauhandwerkersicherungshypothek und entsprechende Vormerkung ist ausgeschlossen, wenn und soweit der Unternehmer Sicherheit nach § 648 a Abs. 1, 2 BGB erlangt hat. Eine bloße Finanzierungsbestätigung einer Bank reicht insoweit jedoch nicht (OLG Naumburg NJW-RR 2004, 743). Ein Ausschluss der Hypothek in AGB ist unwirksam (OLG Celle BauR 2001, 834).

2. Sachlich und örtlich zuständig ist zwar in erster Linie das Gericht, bei dem die Hauptsache zu verhandeln ist (§§ 937 Abs. 1, 943 ZPO). Daneben begründet jedoch § 942 Abs. 2 ZPO die Zuständigkeit des Amtsgerichts, in dessen Bezirk das Grundstück belegen ist. Der Streitwert – maßgebend für die Gebühren, vgl. Anm. 2 – ist nach dem Interesse an der Sicherstellung zu schätzen (§§ 48 Abs. 1 GKG, 3 ZPO). Für Vormerkungen zur Sicherung einer Bauhandwerker-Sicherungshypothek wird $1/3$ bis $1/4$ der Forderung angesetzt. Die Frage ist jedoch streitig (vgl. *Zöller,* § 3 Rdn. 16). Wird die Werklohnklage mit der Klage auf Eintragung einer Hypothek zur Absicherung der Werklohnforderung verbunden, so sind die Werte beider Anträge für die Streitwertbemessung zu addieren (OLG Düsseldorf IBR 2009, 248). Das ist jedoch umstritten.

3. Vom Grundsatz her müssen der Besteller beim Bauvertrag und der Eigentümer in „rechtlicher Hinsicht“ identisch sein (BGH BauR 1988, 88 = NJW 1988, 255 = ZfBR 1988, 72; OLG Hamm BauR 1990, 365). Während früher überwiegend vertreten wurde, dass wirtschaftliche Identität ausreicht, genügt dies nach Auffassung des BGH regelmäßig nicht, vgl. auch OLG Celle NJW-RR 2003, 236. Allerdings kann sich der Eigentümer nach Treu und Glauben in Ausnahmefällen wie der Besteller behandeln lassen müssen (BGH aaO; OLG Celle, BauR 2005, 443 (Eheleute); OLG Celle BauR 2001, 834; OLG Naumburg NZBau 2000, 79). Die Identität dürfte auch dann zu bejahen sein, wenn eine Durchgriffshaftung des Eigentümers gegeben ist (vgl. zur Rechtsprechung Palandt/*Sprau*, 68. Aufl., § 648 Rdn. 3), für den Fall der wirtschaftlichen Beherrschung vgl. OLG München BauR 2004, 1992.

4. Die einstweilige Verfügung ergeht in aller Regel auf mündliche Verhandlung hin. Nur in „dringenden Fällen“ kann ohne mündliche Verhandlung ein Beschluss ergehen (vgl. zB. Anm. 17; zur einstweiligen Verfügung vgl. *Siegburg* BauR 1990, 290).

5. Denkbar ist auch, dass es sich nicht um Wohnungseigentum (§ 1 Abs. 2 WEG), sondern um Teileigentum (§ 1 Abs. 3, 6 WEG) handelt.

6. Ist das Eigentum noch nicht geteilt (§ 8 WEG) oder durch vertragliche Vereinbarung (§ 3 WEG) noch nicht entstanden, so lautet der Antrag – ebenso wie bei Eigentum –: „Im Grundbuch von …… wird zu Lasten des Eigentums des Antragsgegners am Grundstück ……, Grundbuchheft ……, eine Vormerkung ……“. Die Sicherheit kann auch als Gesamthypothek an mehreren Grundstücken des Auftraggebers in voller Höhe eingetragen werden (BGH BauR 2000, 1084). Bei der Bildung von Wohnungseigentum wandelt sich die Vormerkung voll auf dieses um (OLG Hamm NJW-RR 1999, 393).

7. Durch die Bauhandwerker-Sicherungshypothek nach § 648 BGB sind auch die Kosten der Rechtsverfolgung und damit auch die Kosten der Eintragung der Vormerkung sicherbar (vgl. Palandt/*Sprau* § 648 Rdn. 4). Sicherbar sind alle aus dem Vertrag herrührenden Forderungen des Unternehmers, auch Restvergütungsansprüche gemäß § 649 S. 2 BGB (OLG Düsseldorf NJW-RR 2004, 18 = BauR 2004, 549).

8. Die einstweilige Verfügung muss innerhalb eines Monats nach Verkündung – bei mündlicher Verhandlung – bzw. Zustellung – ohne mündliche Verhandlung – vollzogen sein, da sie sonst auf Widerspruch des Antragsgegners hin aufgehoben werden muss (§ 929 Abs. 2 ZPO). Die Vollziehung erfolgt durch Eintragung im Grundbuch, nicht durch Zustellung an den Ag. (§§ 941, 932 Abs. 2 ZPO). Für sie genügt deshalb der Eintragungsantrag des Gerichts (OLG Celle BauR 2000, 1901). Sie kann schon vor der Zustellung der einstweiligen Verfügung erfolgen. Die Zustellung muss dann jedoch innerhalb einer Woche nach der Vollziehung und vor Ablauf der Monatsfrist des § 929 Abs. 2 ZPO erfolgt sein (§ 929 Abs. 3 ZPO). Unterbleibt die Zustellung oder erfolgt sie verspätet, dann ist die einstweilige Verfügung auf Widerspruch aufzuheben (zB. LG Düsseldorf NJW-RR 1999, 383). Der Gegenstandswert für das Betreiben der Vollziehung ergibt sich nicht aus der Höhe der Forderung; maßgebend ist vielmehr das Interesse des Gläubigers an der Sicherung der Forderungen (OLG Frankfurt VersR 1984, 490).

9. Die Vorschrift des § 941 ZPO eröffnet die Möglichkeit, dass das Gericht den Eintragungsantrag stellen kann. Ein Antrag des Antragstellers hierauf ist zwar nach § 941 ZPO nicht erforderlich, aber dennoch sinnvoll. Die Entscheidung, ob das Gericht dem Ersuchen nachkommt und den Eintragungsantrag stellt, liegt in seinem Ermessen. Der Tenor (zum Ersuchen des Antragstellers vgl. Anm. 10) könnte folgendermaßen lauten: „Das Grundbuchamt wird um die Eintragung der Vormerkung …… ersucht.“ Lehnt das Gericht den Antrag ab, so kann der Tenor folgendermaßen lauten: „Es bleibt dem Antragsteller überlassen, die Eintragung der Vormerkung im Grundbuch zu beantragen.“ Jedenfalls muss der Antragsteller die Frist genauestens überwachen. Sicherheitshalber sollte er selbst einen Eintragungsantrag stellen. Es kommt nicht selten vor, dass die Gerichte die Eintragungsanträge übersehen oder zu spät stellen.

Der Antrag des Gerichts wahrt die Frist für die Vollziehung der einstweiligen Verfügung (§ 932 Abs. 3 ZPO entspr., *Baumbach/Lauterbach/Albers/Hartmann* § 941 Rdn. 2). Dennoch muss der Antragsteller daneben die Vollziehung vornehmen (hierzu Anm. 8).

10. Das Eintragungsersuchen des Antragstellers – im Falle der Ablehnung durch das Gericht – kann folgendermaßen aussehen: „Hiermit beantrage ich, die in der einstweiligen Verfügung des Amtsgerichts ...... vom ...... enthaltene Vormerkung zur Sicherung einer Bauhandwerker-Sicherungshypothek im Grundbuch von ......, FlStNr. ...... Grundbuchheft Nr. ......, einzutragen und von der Eintragung Nachricht zu geben."

11. Hier folgt die Darlegung des Verfügungsanspruchs. Der Anspruch auf die Sicherungshypothek kann in AGB nicht wirksam ausgeschlossen werden (BGH NJW 1984, 2100; OLG Celle BauR 2001, 834). Für Architekten und Ingenieure besteht der Anspruch nur dann, wenn sich ihre Leistung „wertsteigernd" im Grundstück realisiert hat (vgl. zB. OLG Hamm BauR 2000, 1087 = NJW-RR 2000, 971 = NZBau 2000, 338; OLG Koblenz NZBau 2006, 188). Nach OLG Düsseldorf (BauR 2007, 1601) soll dies bei Kündigung des Bestellers nicht gelten. Die Höhe des Anspruchs wird durch einen vertraglich vereinbarten Sicherheitseinbehalt nicht beeinflusst (BGH BauR 2000, 919 = NZBau 2000, 198).

12. Abnahme (soweit die VOB (B) Vertragsgegenstand ist, vgl. § 12 VOB (B), iü. § 641 BGB) ist zwar Fälligkeitsvoraussetzung des Schlusszahlungsanspruchs, ebenso bei Zugrundeliegen der VOB die Erteilung einer Schlussrechnung (§ 16 Nr. 3 VOB (B). Die einstweilige Verfügung kann jedoch auch wegen einer Abschlagszahlung und wegen einer noch nicht fälligen Forderung beantragt werden (Palandt/*Sprau,* § 648 Rdn. 4; BGH NJW 1977, 947 = BauR 1977, 208; OLG Düsseldorf BauR 1976, 211). Die Glaubhaftmachung ist dann jedoch mit großem Risiko verbunden (vgl. unten Anm. 16). Zumindest eine Abschlagsrechnung sollte vorliegen.

13. Vgl. § 16 Nr. 3 Abs. 1 VOB (B); vgl. auch Anm. 12.

14. Mängelansprüche des Bestellers sind im Verfahren der einstweiligen Verfügung zu berücksichtigen, soweit sie zB. durch privates Sachverständigengutachten glaubhaft gemacht werden. Dies gilt nach der Rechtsprechung des BGH für die Rechtslage vor Abnahme und auch danach sowie für alle Mängelrechte des Bestellers, nämlich Erfüllungsanspruch, Nachbesserungsanspruch, Minderungsanspruch und Schadensersatzanspruch (BGH NJW 1977, 947 = BauR 1977, 208; OLG Celle BauR 2003, 133; OLG Koblenz NJW-RR 1994, 796; OLG Celle BauR 1986, 588; zum ganzen *Groß* aaO. S. 48 ff.; *Locher,* Das private Baurecht, 7. Aufl., Rdn. 697; *Peters* NJW 1981, 2550; *Werner/Pastor,* Der Bauprozess, 12. Aufl., Rdn. 234 ff. jeweils m. Nachw.). Nach der Rechtsprechung des BGH dürfte jedoch der nach Abzug eines angemessenen Betrages für die Mängel zweifelsfrei offen stehende Rest sicherbar sein (vgl. auch Anm. 16). Die Höhe des Abzugs für glaubhaft gemachte Mängel kann das Gericht nach § 287 ZPO schätzen (OLG Celle BauR 2001, 1623).

15. Ein Verfügungsgrund – nämlich die Besorgnis, dass die Rechtsverwirklichung durch Veränderung des bestehenden Zustands erheblich erschwert oder gar vereitelt wird (§ 935 ZPO), oder dass die begehrte Maßnahme, insbesondere zur Abwendung wesentlicher Nachteile oder zur Verhinderung drohender Gewalt, erforderlich ist (§ 940 ZPO) – muss bei der Vormerkung nicht dargetan werden (§ 885 Abs. 1 S. 1 BGB). Ob es sich dabei um eine widerlegbare Vermutung handelt, ist umstritten (so zB. OLG Hamm BauR 2004, 872 = NJW-RR 2004, 379 = NZBau 2004, 330: 1½ Jahre nach Erstellung der Schlussrechnung; OLG Celle BauR 2003, 1439; OLG Düsseldorf BauR 2000, 921 = NJW-RR 2000, 825 = NZBau 2000, 293, das den Verfügungsgrund verneint, wenn die Schlussrechnung 1½ Jahre nach Beendigung der Arbeiten erstellt wird und der Unternehmer dann nochmals 9 Monate bis zum Antrag auf einstweilige wartet; ebenso OLG Saarbrücken BauR 1993, 348 für den Fall, dass der Auftraggeber eine Bürgschaft über Hauptsumme und Kosten anbietet; aA. OLG Koblenz MDR 2007, 1307: Dringlichkeit durch Abwarten nicht widerlegt, wenn Bauherr Zahlungen versprochen hat).

16. Soweit nicht Beweis durch Urkunden, wie Vertrag, Schlussrechnung, Abnahmeprotokoll usw., erbracht wird, ist Glaubhaftmachung durch eidesstattliche Versicherung erforderlich (hierzu § 294 ZPO). Statt der Glaubhaftmachung kann das Gericht Sicherheitsleistung zulassen (§§ 936, 921 Abs. 2 ZPO). Es kann und sollte sie auch zusätzlich verlangen, wenn keine Urkunden beigefügt sind und Glaubhaftmachung nur durch eidesstattliche Versicherung erfolgt (vgl. MünchKomm/*Wacke* § 885 Rdn. 4). Die Glaubhaftmachung entfällt hinsichtlich des Verfügungsgrundes, da dieser selbst bei der Vormerkung nicht dargetan werden muss (vgl. Anm. 15). Problematisch ist, ob sich die Glaubhaftmachung auch auf die Mangelfreiheit erstrecken muss. Meines Erachtens ist zu unterscheiden, ob eine Abschlagszahlung oder die Restforderung aus der Schlussrechnung geltend gemacht wird. Im zweiten Fall muss die Abnahme vorliegen (vgl. Anm. 12). Für die Mangelfreiheit bis zur Abnahme trifft den Unternehmer die Darlegungslast und die Pflicht zur entsprechenden Glaubhaftmachung; bezüglich solcher Mängel, die nach der Abnahme auftreten, ist der Auftraggeber zur Darlegung und Glaubhaftmachung verpflichtet, da diese nicht zum Verfügungsanspruch gehören, sondern Einwendungen darstellen (ebenso *Locher,* Das private Baurecht, aaO., *Werner/Pastor,* aaO.).

17. Soll die einstweilige Verfügung ohne mündliche Verhandlung ergehen, muss der Antragsteller darlegen, dass es sich um einen „dringenden Fall" handelt (§ 937 Abs. 2 ZPO). Daran ändert es nichts, dass es der Angabe und Glaubhaftmachung eines Verfügungsgrundes wegen § 885 Abs. 1 S. 2 BGB nicht bedarf, da § 937 Abs. 2 eine gesteigerte Dringlichkeit voraussetzt.

18. Die Dringlichkeit ist entweder durch Urkunden zu beweisen oder glaubhaft zu machen (vgl. auch Anm. 16).

19. Der Anspruch auf Bauhandwerkersicherungshypothek und die darauf gerichtete Vormerkung besteht nicht, wenn der „Unternehmer" eine Sicherheit nach § 648 a BGB „erlangt" hat (§ 648 a IV BGB; OLG Köln BauR 1996, 272; OLG Düsseldorf NJW-RR 2004, 18: bloßes Sicherungsverlangen reicht für Ausschluss nicht aus; Finanzierungsbestätigung durch Bank reicht auch nicht (OLG Naumburg NJW-RR 2004, 743, 744)). Auch wenn dies keine Anspruchsvoraussetzung für die Hypothek und Vormerkung sein dürfte, sondern eine Einwendung, empfiehlt es sich, im Antrag und in der Klage dazu Stellung zu nehmen.

Kosten und Gebühren

Die Vormerkung kann aufgrund einstweiliger Verfügung oder Bewilligung des Eigentümers/Bestellers eingetragen werden. Beantragt der Unternehmer die einstweilige Verfügung, ohne zuvor zur Bewilligung aufgefordert zu haben, so trägt er die Kosten des Verfahrens, wenn der Besteller sofort anerkennt (str., vgl. zB. OLG Düsseldorf NJW 1972, 1676; OLG Düsseldorf BauR 1976, 285; OLG Düsseldorf BauR 1979, 358; OLG Düsseldorf BauR 1980, 92; *Groß* aaO. S. 92 ff.; *Heyers* BauR 1980, 20; *Jagenburg* NJW 1980, 1937; *Locher* aaO. Rdn. 434; *Werner/Pastor* aaO. Rdn. 303 ff. jeweils m. Nachw.).

Fristen und Rechtsmittel

Die einstweilige Verfügung muss innerhalb eines Monats vollzogen sein, da sie sonst auf Widerspruch des Antragsgegners aufzuheben ist (vgl. iE. oben Anm. 8). Gegen die durch Beschluss erlassene einstweilige Verfügung kann der Antragsgegner zeitlich unbefristet Widerspruch einlegen (§§ 936, 924 Abs. 1 ZPO) oder einen Aufhebungsantrag wegen veränderter Umstände wie Zahlungen oder neuer Mängel (§§ 936, 927 ZPO) stellen (zum Rechtfertigungsverfahren bei Erlass der einstweiligen Verfügung durch das Amtsgericht der Belegenheit vgl. Form. I. R. 5). Er kann ferner beantragen, dass dem Antragsteller Frist zur Erhebung der Hauptsacheklage gesetzt wird (§ 942 ZPO). Der Antragsgegner kann sich aber auch nur gegen die Kostenentscheidung wehren mit Hilfe des Kostenwiderspruchs (vgl. OLG Düsseldorf NJW 1972, 1955). Gegen Urteile aufgrund mündlicher Verhandlung ist die Berufung gegeben. Ist die einstweilige Verfügung in der Sonderzuständigkeit des AG (§ 942 Abs. 2 ZPO) ergangen, kann nur der Antrag auf Fristsetzung für die Hauptsacheklage gestellt werden.

4. Klage des Vormerkungsberechtigten nach § 888 BGB auf Zustimmung zur Eintragung bzw. Löschung[1]

An das
Landgericht[2, 3]

Klage

des ...... **(Klägers)**
Prozessbevollmächtigter: ......

gegen

den ...... **(Beklagten)**

wegen

Zustimmung zur Löschung einer Hypothek.

Vorläufiger Streitwert[2]: EUR 50.000,–.
Namens und mit Vollmacht des Klägers erhebe ich Klage und werde beantragen:

> **Der Beklagte wird verurteilt, seine Zustimmung zur Löschung der im Grundbuch ......, FlStNr. ...... Grundbuchheft ......, zu seinen Gunsten eingetragenen Hypothek im Nennbetrag von EUR 50.000,– zu erteilen[4, 5].**

Begründung:

Zugunsten des Klägers ist im Grundbuch ......, FlStNr. ......, Grundbuchheft ......, seit 1. 4. ...... eine Auflassungsvormerkung eingetragen. Am 1. 5. ...... bewilligte der Eigentümer dem Beklagten die Eintragung einer Hypothek über den Betrag von EUR 50.000,–. Die Eintragung ist am 1. 6. ......erfolgt.
Die Verfügung des Eigentümers ist gegenüber dem Kläger gemäß § 883 Abs. 2 BGB unwirksam. Daneben hat der Kläger nach § 888 Abs. 1 BGB Anspruch gegen den Beklagten auf Zustimmung zur Löschung der Hypothek, den er mit der Klage geltend machen muss, da der Beklagte mit Schreiben vom ...... seine Zustimmung verweigert hat.
Der Anspruch des Klägers auf Auflassung ist fällig[6]. Der Kläger hat den nach dem Kaufvertrag mit dem Eigentümer zu zahlenden Kaufpreis vereinbarungsgemäß an den Notar ...... als Treuhänder bezahlt.

Beweis: Zeugnis des Notars ......

Nach dem Kaufvertrag hat der Eigentümer demnach die Auflassung zu erklären.

Beweis: notarieller Kaufvertrag vom ......

Anmerkungen

1. Die Klage auf Zustimmung zur Eintragung bzw. Löschung ist zu unterscheiden von der Klage gegen den Vertragspartner bzw. (früheren) Eigentümer. Gegen diesen hat der Vormerkungsberechtigte Erfüllungs- oder Schadensersatzansprüche. Hier geht es um die Klage gegen den Dritterwerber. Die Vormerkung macht zwar entgegenstehende Eintragungen relativ unwirksam (§ 883 Abs. 2 BGB). Das Grundbuch wird aber nicht unrichtig, sodass keine Grundbuchberichtigung verlangt werden kann. Es besteht gegen den Dritterwerber der Anspruch auf Zustimmung nach § 888 BGB.

2. Die sachliche Zuständigkeit ergibt sich nach dem Streitwert. Dieser bemisst sich bei Löschung einer Grundschuld bzw. Hypothek nach dem Nennbetrag, bei Löschung einer Vormerkung, eines Widerspruchs oder eines Vorkaufsrechts nach dem Interesse an der Berichtigung des Grundbuchs gemäß § 3 ZPO, auf etwa 1/3 bis 1/4 des Wertes des vorgemerkten Rechts (*Zöller,* 27. Aufl., § 6 Rdn. 16).

3. Örtlich zuständig ist ausschließlich das Gericht, in dessen Bezirk das Grundstück belegen ist, da § 24 ZPO für die Klage des Vormerkungsberechtigten gilt, sofern die Wirkung des § 883 Abs. 2 BGB gegen Dritte geltend gemacht wird (*Baumbach/Lauterbach/Albers/Hartmann* § 24 Rdn. 6), nicht dagegen, sofern aus dem vorgemerkten Anspruch geklagt wird.

4. Der Vormerkungsberechtigte kann jedenfalls die Abgabe der Erklärungen verlangen, die zur Anspruchserfüllung notwendig sind (GBO-Bewilligung) und ggf. Vorlage von Grundpfandrechtsbriefen (vgl. Palandt/*Basseng,* 68 Aufl., § 888 Rdn. 4). Da diese zur Änderung des Grundbuchs erforderlich sind, muss unbedingt daran gedacht werden, auch die Übergabe der Grundpfandrechtsbriefe zu verlangen.

5. Die Zwangsvollstreckung erfolgt nach § 894 ZPO.

6. Nach einer Entscheidung des OLG Düsseldorf (OLGZ 1977, 330) ist die Fälligkeit des Auflassungsanspruchs Voraussetzung für die Löschung. Zur Sicherheit sollte deshalb dazu vorgetragen werden, obwohl es sich auch nach Auffassung des OLG um „Einwendungstatsachen aus dem Verhältnis zwischen Verkäufer und Käufer" handelt.

5. Klage auf Grundbuchberichtigung nach § 894 BGB[1]

An das
Landgericht[2, 3]

Klage

des ...... (Klägers)
Prozessbevollmächtigter: ......
gegen
den ...... (Beklagten)
wegen

Grundbuchberichtigung

Vorläufiger Streitwert[2]: EUR 70.000,–.
Namens und mit Vollmacht des Klägers erhebe ich Klage und werde beantragen:

> **Der Beklagte wird verurteilt, seine Zustimmung zur Berichtigung des Grundbuchs ......, FlStNr. ......, Grundbuchheft ......, Abt. ......, insofern zu erteilen, als nicht der Beklagte, sondern der Kläger Eigentümer dieses Grundstücks ist[4, 5].**

Begründung:

Am 7. 5. ...... schloss der Vater des Klägers mit dem Beklagten einen notariellen Vertrag über die Schenkung des im Antrag genannten Grundstücks an den Beklagten. Der Vertrag ist vollzogen, der Beklagte im Grundbuch am 7. 10....... eingetragen worden. Der Vater des Klägers verstarb am 5. 12....... Der Kläger ist alleiniger Erbe.

Beweis: Erbschein des ...... in Anlage.

Der Vater des Klägers war zum Zeitpunkt des Vertragsabschlusses – am 7. 5. ...... – nicht mehr geschäftsfähig. Er litt zu diesem Zeitpunkt unter einer Hirnkrankheit, die es ihm unmöglich machte, seine Entschließungen von vernünftigen Erwägungen abhängig zu machen. Seine Willensfreiheit war völlig ausgeschlossen.

Beweis: Sachverständiges Zeugnis des Herrn Dr. ......; Sachverständigengutachten.

Der zwischen dem Vater des Klägers und dem Beklagten abgeschlossene Schenkungsvertrag und die Auflassung vom ...... waren damit nichtig (§§ 104 Nr. 2, 105 Abs. 1 BGB). Der Kläger ist gemäß § 1922 Abs. 1 BGB Eigentümer des im Antrag genannten Grundstücks geworden. Die Eintragung im Grundbuch steht mit der materiellen Rechtslage in Widerspruch, sodass ein Berichtigungsanspruch nach § 894 BGB besteht.

Anmerkungen

1. Die Sicherung des Anspruchs auf Grundbuchberichtigung nach § 894 BGB erfolgt durch Eintragung eines Widerspruchs im Grundbuch (vgl. Form. II. G. 6). Für eine Klage nach § 894 BGB fehlt das Rechtsschutzbedürfnis, wenn der Kläger die Unrichtigkeit des Grundbuchs nachweisen kann (§§ 22, 29 GBO), da hier ein einfacher Bewilligungsantrag an das Grundbuchamt genügt (OLG Zweibrücken NJW 1967, 1809). Im vorliegenden Fall kann der Nachweis der Geschäftsunfähigkeit nicht iSv. §§ 22, 29 GBO geführt werden.

2. Die sachliche Zuständigkeit richtet sich nach dem Streitwert. Dieser bemisst sich bei der Berichtigung der Eigentumsverhältnisse am Grundstück nach dem Verkehrswert ohne Abzug der Belastungen (BGH NJW 1958, 1397), bei Berichtigung von Belastungen nach deren Nennwert.

3. Örtlich ist das Gericht des belegenen Grundstücks ausschließlich zuständig (§ 24 Abs. 1 ZPO).

4. Es genügt nicht, wenn der Berechtigte auf Löschung des tatsächlich Eingetragenen klagt (BGH NJW 1970, 1544; zur Aktivlegitimation vgl. OLG Zweibrücken NJW-RR 1989, 1100). In Einzelfällen kann statt des Berichtigungsantrags auch ein anderer Antrag gestellt werden, zB. statt Berichtigung Auflassung oder statt Umwandlung in eine Eigentümergrundschuld Antrag auf Löschungsbewilligung (Palandt/*Bassenge* § 894 Rdn. 8 m. Nachw.).

5. Die Zwangsvollstreckung erfolgt nach § 894 ZPO.

6. Einstweilige Verfügung auf Eintragung eines Widerspruchs gegen die Richtigkeit des Grundbuchs (§ 899 BGB[1])

An das
Amtsgericht[2]

Einstweilige Verfügung

des …… (Antragstellers)
Prozessbevollmächtigter: ……
gegen
den …… (Antragsgegner)
wegen

Eintragung eines Widerspruchs gegen die Richtigkeit des Grundbuchs.

Vorläufiger Streitwert[3]: EUR 35.000,–.

Namens und mit Vollmacht des Antragstellers beantrage ich, im Wege der einstweiligen Verfügung – wegen Dringlichkeit ohne mündliche Verhandlung[4] – für Recht zu erkennen:

Im Grundbuch von ……, FlSt. ……, Grundbuchheft ……, wird zugunsten des Antragstellers ein Widerspruch gegen das Eigentumsrecht des Antragsgegners eingetragen[5].

Es wird beantragt,

den Antrag auf Eintragung des Widerspruchs durch das Gericht beim zuständigen Grundbuchamt einzureichen[6, 7].

Begründung:

Am 7. 5. …… schloss der Vater des Antragstellers mit dem Antragsgegner einen notariellen Vertrag über die Schenkung des im Antrag genannten Grundstücks an den Antragsgegner. Der Vertrag ist vollzogen, der Antragsgegner im Grundbuch am 7. 10. …… eingetragen worden. Der Vater des Antragstellers verstarb am 5. 12. …… Der Antragsteller ist alleiniger Erbe.

Beweis: Erbschein des …… in Anlage.

Der Vater des Antragstellers war zum Zeitpunkt des Vertragsabschlusses – am 7. 5. …… – nicht mehr geschäftsfähig. Er litt zu diesem Zeitpunkt unter einer Hirnkrankheit, die es ihm unmöglich machte, seine Entschließungen von vernünftigen Erwägungen abhängig zu machen. Seine Willensfreiheit war völlig ausgeschlossen.
Der vorstehende Sachverhalt ist glaubhaft gemacht durch eidesstattliche Versicherung des Dr. …… vom ……[7].
Der zwischen dem Vater des Antragstellers und dem Antragsgegner abgeschlossene Schenkungsvertrag und die Auflassung vom …… waren damit nichtig (§§ 104 Nr. 2, 105 Abs. 1 BGB). Der Antragsteller ist gemäß § 1922 Abs. 1 BGB Eigentümer des im Antrag genannten Grundstücks geworden. Die Eintragung im Grundbuch steht mit der materiellen Rechtslage in Widerspruch, sodass ein Berichtigungsanspruch nach § 894 BGB besteht.
Diesen Anspruch hat der Antragsteller mit der Klage geltend gemacht. Zur Sicherstellung ist daneben die vorliegende einstweilige Verfügung, gerichtet auf Widerspruch, erforderlich.

Anmerkungen

1. Der Widerspruch schützt den Berechtigten in der Zeit, bis das Urteil nach § 894 BGB (vgl. Form. II. G. 5) rechtskräftig ist, vor gutgläubigem Erwerb durch Dritte (§§ 892 Abs. 1 S. 1, 893 BGB; vgl. auch §§ 900 Abs. 1 S. 3; 902 Abs. 2; 927 Abs. 3 BGB).

2. Zur sachlichen und örtlichen Zuständigkeit vgl. Form. II. G. 3 Anm. 2.

3. Der Streitwert richtet sich nach dem Interesse an der Eintragung des Widerspruchs und ist in aller Regel geringer als die Hauptsache zu bewerten (*Baumbach/Lauterbach/Albers/Hartmann,* Anh. § 3 Rdn. 139).

4. Zur Dringlichkeit und zum Verfahren vgl. Form. II. G. 3 Anm. 4, 17, 18.

5. Zum Vollzug der einstweiligen Verfügung vgl. Form. II. G. 3 Anm. 8 und II. F. 5 Anm. 3.

6. Zu diesem Antrag vgl. die entsprechenden Ausführungen zu Form. II. G. 3 Anm. 9, 10.

7. Dargelegt und glaubhaft gemacht werden muss nur der Verfügungsanspruch, nicht dagegen der Verfügungsgrund (§ 899 Abs. 2 S. 2 BGB). Zur Glaubhaftmachung vgl. Form. II. F. 3 Anm. 16.

7. Klage auf Einräumung eines Notwegs (§ 917 BGB)[1]

An das
Landgericht[2, 3]

Klage

des ...... **(Klägers)[4]**
Prozessbevollmächtigter: ......
gegen
den ...... **(Beklagter Ziffer 1)**
den ...... **(Beklagter Ziffer 2)[5]**
wegen
Einräumung eines Notwegs.
Vorläufiger Streitwert[2]: EUR 6.000,–.

Namens und mit Vollmacht des Klägers erhebe ich Klage und werde beantragen:

> **Die Beklagten werden verurteilt, dem Kläger den Zugang und die Zufahrt mit dem Personenkraftwagen von der X-Straße über einen 2 m breiten Grundstücksstreifen – von der östlichen Grenze des Grundstücks der Beklagten in rechten Winkel gemessen – des Grundstücks ...... der Beklagten zum Grundstück des Klägers ...... Zug um Zug gegen Zahlung einer Notwegrente[6] in Höhe von EUR ...... jährlich zu gewähren.[6]**

Begründung:

Der Kläger ist Eigentümer des Haus-Grundstücks ...... Die Beklagten sind Eigentümer des benachbarten Grundstücks ...... Das Grundstück des Klägers hat keinen eigenen Zugang zur öffentlichen Straße.

Beweis: Einnahme eines Augenscheins.

Über andere Grundstücke als das der Beklagten ist im Augenblick für das klägerische Grundstück ein Zugang zur öffentlichen Straße nicht gegeben. Der im Antrag vorge-

schlagene Zugang ist derjenige, der den kürzeren Weg über das Grundstück der Beklagten bildet.

Beweis: Einnahme eines Augenscheins.

Dem Kläger steht nach § 917 Abs. 1 S. 1 BGB ein Notwegrecht zu.

Anmerkungen

1. Praktische Bedeutung hat das Notwegrecht vor allem auch als Einrede gegenüber der Unterlassungsklage nach § 1004 BGB (zur Unterlassungsklage vgl. Form. II. G. 11).

2. Die sachliche Zuständigkeit richtet sich nach dem Streitwert. Dieser ist in entsprechender Anwendung des § 7 ZPO zu ermitteln (*Baumbach/Lauterbach/Albers/Hartmann* § 7 Rdn. 2; *Zöller* § 7 Rdn. 2; OLG Jena MDR 1999, 196). Der Wert des Notwegrechts für das berechtigte Grundstück ist zu schätzen.

3. Örtlich zuständig ist ausschließlich das Gericht, in dessen Bezirk die Grundstücke belegen sind (§ 24 Abs. 1 ZPO).

4. Das Notwegrecht kann nur der Eigentümer geltend machen, nicht der Besitzer, Pächter, Mieter, Nießbraucher. Miteigentümer können den Anspruch auf Einräumung eines Notwegerechts nur gemeinsam geltend machen (BGH NJW 2006, 3426). Diese Personen sind zwar zur Benutzung des Notwegs berechtigt. Ein klagbarer Anspruch steht ihnen jedoch nicht zur Verfügung (Palandt/*Bassenge* § 917 Rdn. 8 m. Nachw.; BGH NJW-RR 2006, 1160).

5. Der Berechtigte muss gegen alle Miteigentümer des benachbarten Grundstücks klagen, da diese in notwendiger Streitgenossenschaft stehen (§ 62 Fall 2 ZPO; BGH NJW 1984, 2210). Eine Notwegklage, die nicht gegen alle Miteigentümer gerichtet ist, ist unzulässig (BGH NJW 1984, 2210).

6. Der Anspruch auf Notwegrente entsteht mit dem Notwegrecht selbst. Das Verlangen des Berechtigten ist Tatbestandsmerkmal für das Entstehen einer Duldungs- und damit auch der Rentenzahlungspflicht (BGH NJW 1985, 1952). Wegen der Möglichkeit eines Zurückbehaltungsrechts im Hinblick auf die Rente sollte der Kläger den Zug-um-Zug-Antrag aufnehmen, um Kostennachteile einer teilweisen Klagabweisung zu vermeiden (vgl. Form. II. A. 1 Anm. 3).

7. Die Richtung und der Umfang des Notwegs müssen in der Klage nicht unbedingt angegeben sein, der Urteilstenor muss beides jedoch enthalten (§ 917 Abs. 1 S. 2 BGB).

8. Auflassungsklage

An das
Landgericht[1, 2]

Klage

des ...... **(Klägers Ziff. 1)**
des ...... **(Klägers Ziff. 2)**
Prozessbevollmächtigter: ......
gegen
den ...... **(Beklagten)**
wegen
Auflassung.
Vorläufiger Streitwert[2]: EUR 70.000,–.

Namens und mit Vollmacht des Klägers erhebe ich Klage und werde beantragen:
Der Beklagte wird verurteilt, das Grundstück Gemarkung ......, FlStNr. ......, Grundbuchheft ......, an die Kläger zu je hälftigem Miteigentum aufzulassen[3] und die Eintragung im Grundbuch zu bewilligen[4, 5].

Begründung:

Die Parteien schlossen am 5. 2. ...... einen notariellen Kaufvertrag über das im Eigentum des Beklagten stehende, im Antrag genannte Grundstück. Der Kaufpreis beträgt nach § 2 des Vertrages EUR 70.000,–. Die Auflassung ist von der vollständigen Bezahlung des Kaufpreises nach § 2 des notariellen Kaufvertrages abhängig.

Beweis: Notarieller Kaufvertrag vom 5. 2. ...... des Notars ......, Urkundenrolle Nr. ......

Die Kläger haben den Kaufpreis am 7. 3. ...... bezahlt.

Beweis: Bankbestätigte Einzahlungsquittung der Bank des Beklagten vom 7. 3. ...... in Anlage im Original.

Der Auflassungsanspruch der Kläger ergibt sich aus dem Vertrag in Verbindung mit §§ 433, 873, 925 BGB.

Anmerkungen

1. Örtlich zuständig ist das Gericht des allgemeinen Gerichtsstandes des Schuldners (§§ 12–19 ZPO). § 24 ZPO ist nicht anwendbar (vgl. zB. *Baumbach/Lauterbach/Albers/Hartmann* § 24 Rdn. 4; *Zöller* § 24 Rdn. 9). Die Vorschrift gilt auch nicht für die Klage auf Herausgabe eines Grundstücks, wenn der Kläger nicht Eigentümer ist (vgl. Form. II. A. 3 Anm. 3 a), jedoch bei Herausgabeklage aufgrund bestehenden Eigentums (vgl. Form. II. G. 9 Anm. 1).

2. Die sachliche Zuständigkeit richtet sich nach dem Streitwert. Dieser wird nach § 6 ZPO bestimmt. Maßgebend ist dabei der Verkehrswert, nicht der Einheitswert und auch nicht der Kaufpreis (vgl. zB. BGH NJW-RR 2001, 518; *Baumbach/Lauterbach/Albers/Hartmann* § 6 Rdn. 4; *Zöller* § 6 Rdn. 4). Demgegenüber ist der Wert nach § 13 ZPO zu schätzen, wenn es nicht um die Auflassung, sondern nur um den Vollzug der bereits erklärten Auflassung geht (BGH NJW 2002, 684).

3. Möglich ist auch folgende Fassung des Antrags: „...... zu erklären, dass das Eigentum an dem Grundstück ...... je zur Hälfte auf die Kläger übergehen soll und die Kläger je zur Hälfte als Miteigentümer des Grundstücks ...... im Grundbuch eingetragen werden sollen." Der Antrag bei Wohnungseigentum kann folgendermaßen lauten: „...... verurteilt, einen Miteigentumsanteil von $^{169}/_{1000}$ (iW.: einhundertneunundsechzig Tausendstel) an dem Grundstück ......, verbunden mit dem Sondereigentum an der Wohnung ...... an den Kläger aufzulassen ......" Zur Klage auf Übereignung von beweglichen Sachen vgl. Form. II. A. 4. Die Verurteilung zur Auflassung eines Teilgrundstücks ist schon vor dem Teilungsvollzug im Grundbuch möglich (BGH NJW 1984, 1959). Eine Verurteilung zur Auflassung ist auch bei Unmöglichkeit nicht ausgeschlossen (BGH NJW 1999, 2034).

4. Die Zwangsvollstreckung erfolgt nach § 894 ZPO. Damit ist die Auflassung aber noch nicht erfolgt, vielmehr liegt nur die Erklärung des Beklagten = Eigentümers vor. Der Gläubiger muss nun unter Vorlage des rechtskräftigen Urteils seine Auflassungserklärung vor einem Notar abgeben (zu dieser Auflassungserklärung aufgrund eines Urteils vgl. 7. Aufl. Form. IV. 7). Die Anwesenheit des Beklagten = Eigentümers ist trotz § 925 Abs. 1 S. 1 BGB nicht erforderlich (zB. Palandt/*Bassenge,* 68. Aufl., § 894 Rdn. 6).

5. Ist der Kaufpreis noch nicht vollständig bezahlt bzw. durch Aufrechnung erloschen, so kommt für den Kläger ein Zug-um-Zug-Antrag in Frage (vgl. auch § 320 Abs. 2 BGB bei geringen Rückständen). Zu diesem Antrag vgl. Form. II. A. 1 Anm. 3, zur Vollstreckung vgl. zusätzlich § 894 Abs. 1 S. 2 ZPO. In den Fällen der Klage auf Auflassung Zug um Zug ist auch hinsichtlich der Gegenleistung Bestimmtheit erforderlich (vgl. BGH NJW 1993, 324).

9. Herausgabeklage nach § 985 BGB

An das
Amtsgericht[1, 2]

Klage

des …… **(Klägers)**
Prozessbevollmächtigter: ……

gegen

den …… **(Beklagten)**

wegen

……

Vorläufiger Streitwert[2]: EUR 2.500,–.

Namens und mit Vollmacht des Klägers erhebe ich Klage und werde beantragen:

I. Der Beklagte wird verurteilt, die Schleifmaschine …… an den Kläger herauszugeben[3].

II. Die Erfüllung des Antrags Ziff. I kann nur binnen 14 Tagen nach Rechtskraft dieses Urteils erfolgen[4].

III. Der Beklagte wird verurteilt, nach fruchtlosem Ablauf der Frist nach Z. II, an den Kläger EUR 2.500,– als Schadensersatz zu bezahlen[5, 6].

Begründung:

Der Kläger verkaufte und übergab am 3. 2. …… der Einzelfirma des Beklagten die im Antrag genannte Schleifmaschine. In einem privatschriftlichen Vertrag vereinbarten die Parteien, dass der Beklagte EUR 2.750,– in 5 Raten à EUR 550,–, jeweils monatlich im Voraus zum 1. eines Monats, beginnend am 1. 3. ……, zu bezahlen habe. Im Vertrag ist weiter vereinbart, dass der Kläger zum Rücktritt berechtigt ist, wenn der Beklagte mit mehr als einer Rate in Rückstand gerät. Schließlich ist der Eigentumsübergang von der vollständigen Bezahlung des Kaufpreises abhängig gemacht.

Beweis: Kaufvertrag vom 3. 2. …… in Anlage.

Der Beklagte hat die am 1. 3. und 1. 4. …… fälligen Raten nicht bezahlt. Der Kläger ist mit Einschreiben-Rückschein vom 7. 4. …… vom Kaufvertrag zurückgetreten[6].

Beweis: Einschreiben-Rückschein vom 7. 4. …… in Anlage.

Der Kläger hat einen Herausgabeanspruch nach § 985 BGB. Das Besitzrecht des Beklagten ist durch Rücktritt erloschen.

Die Schleifmaschine hat noch einen Wert von EUR 2.500,–, da es sich um eine Spezialanfertigung handelt.

Beweis: Sachverständigengutachten.

Anmerkungen

1. Örtlich zuständig ist das Gericht des allgemeinen Gerichtsstands (§§ 12–19 ZPO). Für die Herausgabeklage bei Grundstücken ist nach § 24 ZPO der dingliche Gerichtsstand gegeben, wenn der Kläger Eigentümer ist, andernfalls der allgemeine Gerichtsstand (vgl. Form. II. A. 4 Anm. 3 a und Form. II. G. 8 Anm. 1).

2. Die sachliche Zuständigkeit bemisst sich nach dem Streitwert. Hierbei ist der nach § 6 ZPO zu bestimmende Wert der Sache maßgebend. Entscheidend ist der Verkehrswert, nicht der Einheitswert oder der Kaufpreis (*Baumbach/Lauterbach/Albers/Hartmann* § 6 Rdn. 4 m. Nachw.).

3. Evtl. muss der Kläger einen Antrag Zug um Zug gegen Erstattung von Aufwendungsersatz nach §§ 994 ff. BGB stellen. Zum Zug-um-Zug-Antrag vgl. Form. II. A. 1 Anm. 3.

4. Der Schadensersatzanspruch ergibt sich aus den §§ 281 Abs. 1, 280 BGB. Zum Antrag auf Fristsetzung nach § 255 ZPO vgl. zB. Form. II. A. 4 Anm. 7.

5. Zum Schadensersatzanspruch und seiner Verbindung mit den Anträgen Ziffer I und II vgl. Form. II. A. 4 Anm. 9, 10. Er kann nur unter den Voraussetzungen der §§ 259, 510 b ZPO bereits mit den anderen Anträgen verknüpft werden.

6. Vollstreckt der Kläger aus Ziffer III des Urteilstenor, so kann der Beklagte in entsprechender Anwendung von § 255 BGB Übertragung des Eigentums Zug um Zug gegen Bezahlung verlangen (str., vgl. Palandt/*Bassenge* § 985 Rdn. 14). Um Kostennachteile zu vermeiden, kann der Kläger Antrag Ziffer III deshalb folgendermaßen fassen: „Der Beklagte wird verurteilt, nach fruchtlosem Ablauf der Frist nach Z. II, an den Kläger Zug um Zug gegen Übertragung des Eigentums an der Schleifmaschine ...... EUR 2.500,– als Schadensersatz zu bezahlen."

10. Beseitigungsklage nach § 1004 BGB[1]

An das
Landgericht[2, 3]

Klage

des ...... **(Klägers)[4]**
Prozessbevollmächtigter: ......

gegen

den ...... **(Beklagten)[5]**

wegen

Beseitigung.

Vorläufiger Streitwert[2]: EUR 10.000,–.
Namens und mit Vollmacht des Klägers erhebe ich Klage und werde beantragen:

> **Der Beklagte wird verurteilt, seinen auf dem Grundstück ...... ausgeübten Schweinemästereibetrieb einzustellen[6, 7].**

Begründung:

Der Kläger ist Eigentümer des Grundstücks ......, das seit 1968 bebaut ist. Es liegt in einer Wohnsiedlung. Der Beklagte betreibt auf seinem 200 m westlich vom klägerischen

Grundstück gelegenen Grundstück ...... einen Schweinemästereibetrieb. Durch diesen Schweinemästereibetrieb treten auf dem Grundstück des Klägers üble Gerüche („penetrant, süßlich und Ekel erregend") auf, die von tierischen Extrementen und der Zubereitung der Fütterung in der Mästerei des Beklagten herrühren.

Beweis: Einnahme eines Augenscheins; Sachverständigengutachten.

Durch diese Gerüche wird die Benutzung des Grundstücks des Klägers, das mit einem Wohngebäude bebaut ist, für das Empfinden eines Durchschnittsmenschen nach Art, Stärke, Häufigkeit und Dauer – je nach den Witterungsverhältnissen – nicht nur unwesentlich beeinträchtigt[8].

Beweis: Einnahme eines Augenscheins.

Die Anlage des Mastbetriebs des Beklagten ist hinsichtlich Unterbringung der Tiere, Futteraufbereitung, Ablagerung und Abbau der tierischen Ausscheidungen unzureichend, da keinerlei Behälter, Silos oder gemauerte Räume zur Verfügung stehen[9].
Der Anspruch des Klägers aus § 1004 Abs. 1 S. 1 BGB ist demnach nicht durch eine Duldungspflicht nach § 906 BGB eingeschränkt.[10]

Anmerkungen

1. Das Gesetz stellt ähnliche Ansprüche auch für andere absolute Rechte zur Verfügung (vgl. zB. Palandt/*Bassenge* § 1004 Rdn. 4); zu erwähnen sind die entsprechenden Regelungen bei der Grunddienstbarkeit (§ 1027 BGB), beim Nießbrauch (§ 1065 BGB), bei der Hypothek (§ 1134 BGB) und beim Pfandrecht (§ 1227 BGB). Die Rechtsprechung hat die Unterlassungsklage daneben auf weitere absolute Rechte (allgemeines Persönlichkeitsrecht, Recht am eigenen Bild, Recht auf persönliche Ehre, Recht am eingerichteten und ausgeübten Gewerbebetrieb) und auf weitere gesetzlich geschützte Rechtsgüter erstreckt (vgl. zB. Form. II. E. 3 „Vorbeugende Unterlassungsklage" und Form. II. E. 4 Anm. 1).

2. Die sachliche Zuständigkeit richtet sich nach dem Streitwert. Dieser bemisst sich nach der Beeinträchtigung, die das Grundstück des Klägers erleiden würde, wenn die Immissionen auf unbestimmte Zeit zuzulassen wären (*Herget* in Zöller, 27. Aufl., § 3 Rdn. 16).

3. Soweit es sich um Grundstücke handelt, ist örtlich ausschließlich dasjenige Gericht zuständig, in dessen Bezirk das gestörte Grundstück belegen ist (§ 24 Abs. 1 ZPO; *Zöller* § 24 Rdn. 8). Im Übrigen ist der allgemeine Gerichtsstand gegeben.

4. Aktiv legitimiert ist der Eigentümer.

5. Als Störer kommt sowohl derjenige in Frage, der durch Handlungen oder pflichtwidrige Unterlassung unmittelbar oder mittelbar stört, als auch derjenige, der durch einen Zustand stört (Palandt/*Bassenge* § 1004 Rdn. 16 ff.). Die Zustandsstörereigenschaft ergibt sich nicht alleine aufgrund der Rechtsstellung als zB. Eigentümer, sondern nur dadurch, dass die Beeinträchtigung wenigstens mittelbar auf den Willen des „Störers" zurückgeht (BGH NJW 2003, 2377, 2379; vgl. auch BGH NJW 2007, 432). Der Veräußerer ist nicht passivlegitimiert für Störungen, die nach der Übertragung des Nutzungsrechts auf den Erwerber erfolgen (BGH NJW 1998, 3273 für eine Grunddienstfreiheit betreffend Bierbezug). Es greifen auch die Grundsätze zum mittelbaren Handlungsstörer. Hierzu gehört derjenige, der die störende Handlung eines Dritten adäquat kausal veranlasst, zB. Vermietung eines Gegenstandes zu einem Gebrauch, der beeinträchtigenden Lärm erzeugt (BGH NJW 2006, 992).

6. Der Beseitigungsanspruch ist grundsätzlich nur auf die Beseitigung bestimmter Störungen, wie Geräusche, Staubniederlassungen, Gerüche, gerichtet (BGH NJW 1958,

1776 m. Nachw.; vgl. BGH NJW 1999, 2896 zu brandbedingten Schäden). Eine Beeinträchtigung liegt bei jedem Eingriff in die rechtliche oder tatsächliche Herrschaftsmacht des Eigentümers vor (BGH NJW 2005, 1366), zB. durch Einsickern von Chemikalien (BGH aaO.). In Ausnahmefällen kann er jedoch auf Einstellung des Betriebs gerichtet sein, wenn nur diese bestimmte Maßnahme die Beseitigung der Störung gewährleistet (BGH NJW 1977, 146). Im Falle des § 14 BImSchG besteht kein Anspruch auf Einstellung, sondern nur auf schützende Maßnahmen.

7. Der Klageantrag und der Urteilstenor müssen nicht auf Einstellung für eine bestimmte Zeit oder zu einem bestimmten Zweck – etwa Umgestaltung des Betriebs – lauten. Es genügt, wenn sich aus den Entscheidungsgründen eine Beschränkung dahin ergibt, dass beim derzeitigen Zustand der Betrieb eingestellt wird (BGH NJW 1977, 146). Es muss grundsätzlich dem Störer überlassen bleiben, welche Maßnahmen er zur Beseitigung der Störung ergreift. Eine Konkretisierung auf eine bestimmte Maßnahme ist nur dann zulässig, wenn lediglich eine bestimmte Maßnahme in Betracht kommt (BGH NJW 2004, 1035).

8. Zunächst müssen die Immissionen dargelegt werden. Dann hat der Kläger die Tatsachen dafür vorzutragen, dass es sich um keine unwesentliche Beeinträchtigung nach § 906 Abs. 1 BGB handelt.

9. Der Kläger muss ferner vortragen, dass es sich um keine ortsübliche Benutzung des Grundstücks durch den Beklagten iSd. § 906 Abs. 2 BGB handelt (vgl. für den vorliegenden Fall: BGH NJW 1977, 146 und OLG Schleswig NJW-RR 1996, 399).

10. Verschulden ist nicht erforderlich.

11. Unterlassungsklage nach § 1004 BGB[1]

An das
Landgericht[2, 3, 4]

Klage

des …… **(Klägers)**
Prozessbevollmächtigter: ……
gegen
den …… **(Beklagten)**
wegen

Unterlassung

Vorläufiger Streitwert[2]: EUR 10.000,–.
Namens und mit Vollmacht des Klägers erhebe ich Klage und werde beantragen:

> **Der Beklagte wird verurteilt, es bei Meidung eines für jeden Fall der Zuwiderhandlung fälligen Ordnungsgeldes bis zu EUR 250.000,– ersatzweise Ordnungshaft bis zu 6 Monaten oder Ordnungshaft bis zu 6 Monaten, im Wiederholungsfalle Ordnungshaft bis zu 2 Jahren, zu unterlassen, eine Gaststätte oder ein Tanzcafé auf dem Grundstück zu betreiben ……[9].**

Begründung:

Der Kläger ist Eigentümer des Grundstücks …… Der Beklagte hat auf seinem daneben gelegenen Grundstück im reinen Wohngebiet eine Gaststätte mit Tanzcafé errichtet. Die

baurechtliche Genehmigung wurde dem Beklagten erteilt. Widerspruch und Klage des Klägers im Verwaltungsverfahren wurden abgewiesen.

Unabhängig davon steht dem Kläger ein Unterlassungsanspruch nach § 1004 Abs. 1 BGB zu, da durch den Betrieb der Gaststätte, des Cafés und vor allem wegen der Tanzveranstaltungen erhebliche Störungen durch Lärm für die umliegenden Grundstücke zu erwarten sind[6]. Der Beklagte hat elektroakustische Anlagen eingerichtet, die höhere Lautstärken und Lärmeinwirkungen auf das Grundstück des Klägers verursachen, als dies entsprechend den VDI-Richtlinien (Ausgabe ......) zulässig ist[7].

Beweis: Sachverständigengutachten.

Auch der von den Gästen der Gaststätte in Zukunft verursachte Lärm wird über den Richtwerten nach der VDI-Richtlinie liegen.

Beweis: Sachverständigengutachten.

Dies ergab sich bereits anlässlich eines Probelaufs der Geräte und einer Einführungsveranstaltung.

Eine Duldungspflicht des Klägers nach § 906 BGB besteht damit nicht. Der Beklagte hat die Eröffnung der Gaststätte mit Tanzveranstaltungen auf 1. 7. ...... angekündigt[8].

Anmerkungen

1. Zur Beseitigungsklage nach § 1004 BGB vgl. Form. II. G. 10 und Form. II. F. 10; zur Erstreckung auf andere geschützte Rechte außer dem Eigentum vgl. dort Anm. 1 m. Nachw.; zur vorbeugenden Unterlassungsklage vgl. Form. II. E. 3.

2. Die sachliche Zuständigkeit richtet sich nach dem Streitwert. Dieser bemisst sich nach dem Interesse des Klägers an der Unterlassung. (Zu den Einzelheiten *Zöller* § 3 Rdn. 16).

3. Zur örtlichen Zuständigkeit vgl. Form. II. G. 10 Anm. 2.

4. Der ordentliche Rechtsweg ist ausgeschlossen, wenn die Beeinträchtigung durch hoheitliche Tätigkeit des Staates erfolgt (BGHZ 41, 264; BGH NJW 1993, 1656). Es muss dann Klage beim Verwaltungsgericht erhoben werden. Bei sonstiger Tätigkeit des Staates ist der ordentliche Rechtsweg gegeben.

5. Dem Wortlaut nach setzt § 1004 Abs. 1 S. 1, S. 2 BGB voraus, dass bereits eine Beeinträchtigung aufgetreten ist und deshalb Wiederholungsgefahr besteht („...... weitere Beeinträchtigungen ......"). Entgegen dem Wortlaut der Bestimmung wird jedoch bereits dann ein Unterlassungsanspruch gewährt, wenn ein Eingriff drohend bevorsteht („vorbeugende Unterlassungsklage", Palandt/*Bassenge* § 1004 Rdn. 33).

6. Die etwa erteilte baurechtliche oder baupolizeiliche Genehmigung hat auf den Anspruch nach § 1004 BGB keinen Einfluss (BGH LM Nr. 44 zu § 1004 BGB; Ausnahme: § 14 BImSchG).

7. Vgl. zur wesentlichen Beeinträchtigung und Ortsüblichkeit nach § 906 BGB und zur Anwendung der VDI-Richtlinien: BGH LM Nr. 36 zu § 906 BGB = MDR 1971, 119.

8. Im Regelfall muss nach § 1004 Abs. 1 S. 2 BGB die Wiederholungsgefahr dargetan und bewiesen werden (vgl. zB. Palandt/*Bassenge* § 1004 Rdn. 32 f.; BGH NJW 2005, 594), die jedoch im vorliegenden Fall bei Abwehr einer erstmals drohenden Beeinträchtigung entfällt. Stattdessen muss jedoch vorgetragen und bewiesen werden, dass ein erster Eingriff unmittelbar bevorsteht. Fand eine rechtswidrige Beeinträchtigung einmal statt, spricht eine Vermutung für das Vorliegen der Wiederholungsgefahr (BGH NJW 2004, 1035).

9. Die Androhung kann bereits in das Urteil aufgenommen werden (§ 890 Abs. 2 ZPO). Der erforderliche Antrag sollte auf jeden Fall gestellt werden.

12. Hypothekenklage nach § 1147 BGB[1,2]

An das
Landgericht[3,4]

Klage

des ...... (Klägers)[5]
Prozessbevollmächtigter: ......
gegen
den ...... (Beklagten)[6]
wegen

Duldung der Zwangsvollstreckung.

Vorläufiger Streitwert[3]: EUR 40.000,–.
Namens und mit Vollmacht des Klägers erhebe ich Klage und werde beantragen:

I. Der Beklagte wird verurteilt, an den Kläger EUR 40.000,– nebst 5% Zinsen über dem Basiszinssatz seit ...... Zug-um-Zug gegen Übergabe einer Löschungsbewilligung und des Hypothekenbriefes ...... zu bezahlen[8].

II. Der Beklagte wird verurteilt, aus der im Grundbuch ......, Grundbuchheft ......, in Abt. 3, lfd. Nr. 1, eingetragenen Hypothek in Höhe von EUR 40.000,– nebst ......% Zinsen[7] hieraus seit ...... die Zwangsvollstreckung in das Grundstück ...... Zug-um-Zug gegen Übergabe des Hypothekenbriefes ...... zu dulden[9].

Begründung:

Der Kläger ist Gläubiger der im Grundbuch ...... eingetragenen Briefhypothek.

Beweis: Hypothekenbrief und beglaubigter Grundbuchauszug vom ......[10] in Anlage.

Der Beklagte ist Eigentümer des Grundstücks ......

Beweis: Grundbuchauszug vom ......[11].

Er ist darüber hinaus Schuldner aus dem Darlehensvertrag zwischen den Parteien vom ......

Darlehen und Hypothek sind fällig[12]. Die Kündigung[13] des dem Beklagten gewährten Darlehens erfolgte am 26. 6. ...... zum 30. 9. ......

Beweis: Einschreiben-Rückschein vom 26. 6. ......, zugestellt am 27. 6. ......, in Anlage.

Der Beklagte hat auf seine Verbindlichkeit nichts bezahlt. Der Beklagte wurde mit Schreiben vom ... aufgefordert, eine Unterwerfungserklärung nach § 794 Abs. 1 Nr. 5 ZPO abzugeben.

Beweis: Vorlage Schreiben vom ..., Anlage K...

Innerhalb der hierzu gesetzten Frist erfolgte jedoch keine Reaktion.[14]

Anmerkungen

1. Die Klage „aus der Hypothek" ist von der Klage aus dem Grundgeschäft streng zu unterscheiden. Letztere ist Zahlungsklage in Form der allgemeinen Leistungsklage. Ein Titel wegen der zugrunde liegenden Forderung genügt zwar ebenso zur Zwangsvollstreckung, verschafft dem Titel jedoch nicht den Rang der Hypothek. Die Hypothekenklage nach § 1147 BGB ist auch von der Klage auf Eintragung einer Bauhandwerkersicherungshypothek zu unterscheiden (vgl. hierzu Form. II. G. 3 Anm. 1). Behandelt wird hier die Hypothekenklage; für Grundschuld und Rentenschuld gelten die Ausführungen entsprechend. Es besteht die Möglichkeit, den Anspruch im Urkundenprozess geltend zu machen (§ 592 S. 2 ZPO).

2. Voraussetzung für die Zwangsvollstreckung ist auch im Falle des § 1147 BGB ein Vollstreckungstitel. Außer dem Urteil kommt hier vor allem eine vollstreckbare Urkunde (§ 794 Abs. 1 Nr. 5 ZPO), gegebenenfalls mit Eintragung der Unterwerfungsklausel in das Grundbuch, in Frage, sodass die Unterwerfungserklärung gegenüber jedem Eigentümer des Grundstücks wirkt (§ 800 ZPO). Liegt eine derartige vollstreckbare Urkunde vor, so ist die Hypothekenklage mangels Rechtsschutzbedürfnisses unzulässig.

3. Die sachliche Zuständigkeit richtet sich nach dem Streitwert. Dieser bemisst sich nach dem Betrag der Hypothek bzw. der Schuldsumme. Aufgrund des Additionsverbotes wegen wirtschaftlicher Identität (*Zöller* § 5 Rdn. 8) sind die Streitwerte von persönlicher und dinglicher Klage nicht zusammenzurechnen.

4. Örtlich zuständig ist ausschließlich das Gericht des belegenen Grundstücks (§ 24 Abs. 1 ZPO). Die persönliche Klage kann im gleichen Gerichtsstand erhoben werden (§ 25 ZPO). § 25 gilt jedoch nur insoweit, als Schuldner und Eigentümer identisch sind. Im Übrigen ist der Schuldner am eigenen Gerichtsstand zu verklagen (vgl. unten Anm. 8).

5. Aktiv legitimiert ist der Gläubiger der Hypothek.

6. Passiv legitimiert ist der Eigentümer des Grundstücks. Dem Kläger hilft hierbei die Vermutung des § 1148 S. 1 BGB. Sind persönlicher Schuldner und Eigentümer nicht identisch, dann entfällt der Klagantrag Z. I.

7. Die Höhe des Zinssatzes richtet sich nach der getroffenen Vereinbarung, ansonsten nach den allgemeinen Vorschriften (zB. §§ 286 Abs. 1, 288, 291 BGB). Aus Gründen der Bestimmtheit im Hinblick auf die Zwangsvollstreckung ist zu empfehlen, dass Hauptsumme und Zinsen genau angegeben werden, obwohl beides im Grundbuch eingetragen ist.

8. Insoweit handelt es sich um die Klage aus dem zugrunde liegenden Schuldverhältnis (Schuldklage). Diese kann mit der Hypothekenklage im Wege objektiver Klagenhäufung verbunden werden (vgl. zur örtlichen Zuständigkeit Anm. 4; zum Streitwert Anm. 3). Dies gilt jedoch nur, wenn Schuldner und Eigentümer identisch sind. Ist Schuldner eine andere Person, dann muss der Klagantrag Z. I gegen diesen gerichtet werden und entfällt bei der Klage gegen den Eigentümer. Im Wege der subjektiven Klagehäufung kann der Kläger zwar auch bei Verschiedenheit von Schuldner und Eigentümer beide Klagen zu einem Rechtsstreit anhängig machen, aber allerdings nur dann, wenn für die Schuldklage nach §§ 12–19 ZPO der gleiche Gerichtsstand für den Schuldner gegeben ist. §§ 25 f. ZPO helfen dem Kläger hier nicht weiter. Zum Zug-um-Zug-Antrag siehe die nachfolgende Anmerkung.

9. Spätestens nach Durchführung der Zwangsvollstreckung oder nach Zahlung zur Abwendung der Zwangsvollstreckung hat der Eigentümer einen Anspruch auf Aushändigung der Löschungsunterlagen. Dem Eigentümer steht wegen dieses Anspruchs ein Zurückbehaltungsrecht zu (Palandt/*Bassenge* § 1144 Rdn. 2; MünchKommBGB/*Eickmann* 4. Aufl. § 1144 Rdn. 29). Mit den Zug-um-Zug-Anträgen sollen Kostennachteile vermieden werden, wenn der Eigentümer die entsprechende Einrede erhebt. Die Zug-um-Zug-Verurteilung kann zwar in der Zwangsvollstreckung Probleme mit sich bringen. Darauf wurde in der Vorauflage hingewiesen und empfohlen, keine Zug-um-Zug-Zusätze aufzunehmen. An dieser Auffassung wird nicht mehr festgehalten. Die im Urteil dem Gläubiger aufgegebene Vorlage des Grundschuldbriefes und der Löschungsbewilligung ist in der Regel keine Gegenleistung im Sinne des § 765 ZPO (OLG Hamm JurBüro 1979, 913; *Stöber* ZVG 18. Aufl., § 15 Rdn. 46). Dennoch müssen die Unterlagen dann jedoch zusammen mit dem Titel dem Vollstreckungsgericht vorliegen (*Stöber* aaO.; *Böttcher,* ZVG 4. Aufl. § 16 Rdn. 67). Ferner sollte eine Erklärung abgegeben werden, wonach die Unterlagen nach Beendigung der Zwangsvollstreckung an den Schuldner herauszugeben sind. Nach einer Literaturmeinung ist nur der Brief, nicht jedoch die Löschungsbewilligung vorzulegen, da das Vollstreckungsgericht für die Löschung zu sorgen habe (*Böttcher* aaO.). Daran wurde der Zusatz bei Klageantrag Ziffer 2 orientiert.

10. Bei der Buchhypothek genügt der Nachweis der Berechtigung durch Vorlage eines Grundbuchauszugs (§ 891 Abs. 1 BGB). Bei der Briefhypothek kann statt des Grundbuchauszugs eine „zusammenhängende, auf einen eingetragenen Gläubiger zurückführende Reihe von öffentlich beglaubigten Abtretungserklärungen" vorgelegt werden (§ 1155 BGB).

11. Insoweit besteht eine Vermutung nach § 1148 S. 1 BGB.

12. Fälligkeit ist für beide Klagen Voraussetzung. Das Darlehen und die Hypothek werden entweder nach Vereinbarung oder aber durch Kündigung (§§ 609, 1141 Abs. 1 BGB) fällig.

13. Zu einem Fall fristloser Kündigung vgl. BGH JZ 1980, 528.

14. Im Hinblick auf eine mögliche Auferlegung der Kosten nach § 93 ZPO in dem Fall, dass der Schuldner die Forderung nach Klageerhebung sofort anerkennt, sollte sicherheitshalber der Schuldner aufgefordert werden. eine Erklärung nach § 794 Abs. 1 Nr. 5 ZPO abzugeben. Auch wenn in der Praxis nur sehr selten mit der Abgabe einer entsprechenden sofortigen Anerkenntniserklärung zu rechnen ist, besteht insoweit jedenfalls ein gewisses Prozesskostenrisiko, wenn der Schuldner nicht zuvor aufgefordert wird (vgl. zB. auch Palandt/*Bassenge,* 68. Aufl., § 1147, Rdn. 3).

H. Wohnungseigentumsrecht

1. Klage einer Gemeinschaft von Wohnungseigentümern gegen säumige Wohnungs(mit-)eigentümer[1]

An das Amtsgericht
Abteilung für Wohnungseigentumssachen[2]

Klage[3]

der Wohnungseigentümergemeinschaft[4] Y.-Straße Nr. ……, …… (PLZ, Ort), vertreten durch den Verwalter[5, 6], Z.-Straße Nr. ……, …… (PLZ, Ort),

– Klägerin –

Prozessbevollmächtigter[7, 8]: V., W.-Straße ……, …… (PLZ, Ort),

gegen

1. Ba., wohnhaft X.-Straße Nr. ……, …… (PLZ, Ort),
2. Bb., wohnhaft X.-Straße Nr. ……, …… (PLZ, Ort),

– Beklagte[9, 10] –

wegen Wohngeldforderung[11]
Namens und in Vollmacht[12] der Klägerin erhebe ich Klage und beantrage[13]:

1. Die Beklagten werden als Gesamtschuldner verpflichtet, an die Klägerin als Beiträge zu den Lasten und Kosten des gemeinschaftlichen Eigentums EUR ……[14] nebst 5% Zinsen über dem jeweiligen Basiszinssatz hieraus[15] seit Klagezustellung[16] zu bezahlen[17].
2. Die Beklagten werden als Gesamtschuldner verurteilt, die Kosten des Rechtsstreits zu tragen[18].
3. Für den Fall, dass das Gericht ein schriftliches Vorverfahren anordnet und die Beklagten ihre Verteidigungsbereitschaft nicht rechtzeitig anzeigen, den Erlass eines Versäumnisurteils[19, 20].

Es wird angeregt, von einer Güteverhandlung abzusehen, da sie erkennbar aussichtslos erscheint. Die Beklagten haben außerprozessual keine oder nur unzulässige Einwendungen erhoben[21].

Begründung[22]

Die Beklagten sind Wohnungseigentümer der Wohnanlage Y.-Straße Nr. ……, …… (PLZ, Ort). Sie sind je zur Hälfte Miteigentümer der Wohnungen Nr. …… und …… der Wohnanlage Y.-Straße Nr. ……, (PLZ, Ort), des gewerblichen Teileigentums Nr. …… sowie der beiden Tiefgarageneinheiten Nr. …… und …… in derselben Wohnanlage[23].

Beweis[24]: Auszug aus dem Wohnungsgrundbuch in Fotokopie.

Die Beklagten schulden der Klägerin als Gesamtschuldner[25] folgende Wohngeldbeträge[26, 27]:

EUR …… aus der Gesamt- und Einzelabrechnung für das Wirtschaftsjahr …… und zwar für
a) die Wohnung Nr. EUR ……………;
b) die Wohnung Nr. EUR ……………;

c) das gewerbliche Teileigentum EUR ...... und
d) die beiden Tiefgarageneinheiten je EUR ......, zusammen EUR ......;

EUR ...... Wohngeldvorauszahlungen für die Zeit vom ...... bis ...... insgesamt in Höhe von EUR ...... und zwar für
a) die Wohnung Nr. EUR .... (monatlich EUR ......);
b) die Wohnung Nr. EUR .... (monatlich EUR ......);
c) das gewerbliche Teileigentum EUR ...... (monatlich EUR ......) und
d) die beiden Tiefgarageneinheiten zusammen ...... EUR (monatlich je ...... EUR).

EUR ...... Sonderumlage gemäß Beschluss der Eigentümerversammlung zu TOP ...... vom ......, davon entfallend auf
a) die Wohnung Nr. EUR .... (entspricht EUR ...... je $^1/_{1000}$ Miteigentumsanteil, hier $^x/_{1000}$);
b) die Wohnung Nr. EUR .... (entspricht EUR ...... je $^1/_{1000}$ Miteigentumsanteil, hier $^y/_{1000}$);
c) das gewerbliche Teileigentum EUR ...... (entspricht EUR ...... je $^1/_{1000}$ Miteigentumsanteil, hier $^z/_{1000}$);
d) die beiden Tiefgarageneinheiten EUR ...... (entspricht EUR ...... je $^1/_{1000}$ Miteigentumsanteil, hier zusammen $^{zz}/_{1000}$).

Gesamtbetrag EUR ......

Die für die Eigentumswohnanlage vom Verwalter für das Wirtschaftsjahr ...... erstellte Gesamtjahresabrechnung und die jeweiligen Einzelabrechnungen[28] sind durch Beschluss[29] zu TOP ......, der Wirtschaftsplan und die Einzelwirtschaftspläne[30] für das Wirtschaftsjahr ...... in der Eigentümerversammlung vom ...... beschlossen worden. Schließlich ist in dieser Versammlung zu TOP ...... auch die Sonderumlage[31] beschlossen worden. Sämtliche Beschlüsse sind mittlerweile bestandskräftig[32].
Aus den jeweiligen Beschlüssen ergeben sich die von den Beklagten nach der Größe ihres Miteigentumsanteils[33] (....../1000) zu zahlenden Wohngeldvorauszahlungen.
In den jeweiligen Beschlüssen ist festgelegt, dass die Forderungen sofort fällig sind[34, 35].

Beweis[36]: Jahresgesamt- und -einzelabrechnung für das Wirtschaftsjahr ......;
Wirtschaftsplan für das laufende Wirtschaftsjahr mit Wohngeldberechnung;
Protokoll der Eigentümerversammlung vom ......;
Mitteilung des Verwalters an die Beklagten vom ......;
Teilungserklärung mit Gemeinschaftsordnung;
alle in Fotokopie vorgelegt.

Auf die Zahlungsaufforderung[37] des Verwalters mit Schreiben vom ...... haben die Beklagten die Wohngeldrückstände nicht bezahlt.
Es wird angeregt, ausdrücklich „...... als Beiträge zu den Lasten und Kosten des gemeinschaftlichen Eigentums aus dem Jahr 2008 ......" zu tenorieren. Dieser Ausspruch ermöglicht der Klägerin den von § 10 Abs. 3 S. 2 ZVG geforderten Nachweis[38].
Der Wert des Streitgegenstandes entspricht der Klageforderung[39]. Beglaubigte und einfache Abschrift liegen an[40, 41]. Ein Kostenvorschuss von ...... ist eingezahlt[42].

Rechtsanwalt[43]

Schrifttum: Kommentare: *Bärmann,* Wohnungseigentumsgesetz, 10. Aufl. 2008; *Bärmann/Pick,* Wohnungseigentumsgesetz (WEG) mit Richtlinien und Grundbuchverfügung, 18. Aufl. 2007; *Jennißen,* Wohnungseigentumsgesetz, 2008; *Niedenführ/Kümmel/Vandenhouten,* WEG, Handbuch und Kommentar, 8. Aufl. 2007; *Palandt/Bassenge,* Wohnungseigentumsgesetz, 68. Aufl. 2009; *Riecke/Schmid,* Fachanwaltskommentar Wohnungseigentumsrecht, 2. Aufl. 2008; *Sauren,* Wohnungseigentumsgesetz, 5. Aufl. 2008; *Schmid/Kahlen,* Wohnungseigentumsgesetz, 2007; *Spielbauer/Then,* Wohnungseigentumsgesetz, 2008; *Staudinger,* Wohnungseigentumsgesetz, 2005; *Weitnauer,* Wohnungseigentumsgesetz, 9. Aufl. 2004. – **Sonstiges:** *Abramenko,* Das neue WEG in der anwaltlichen Praxis, 2007; *Abramenko,* Handbuch WEG, 2009; *Bassenge/Köhler,* Anwalts-Handbuch Wohnungseigentumsrecht, 2. Aufl. 2009; *Bärmann/Seuß,* Praxis des Wohnungseigentums, 5. Aufl. 2009; *Boeckh,* Wohnungseigentumsrecht (Vertragsgestaltung – Prozessführung), 2007; *Drasdo,* Die Eigentümerversammlung nach WEG, 4. Aufl. 2009; *Greiner,* Wohnungseigentumsrecht, 2007; *Gottschalg,* Die Haftung von Verwalter und Beirat in der Wohnungseigentümergemeinschaft, 3. Aufl. 2009; *Harz/Kääb/Riecke/Schmid,* Handbuch des Fachanwalts Miet- und Wohnungseigentumsrecht, 2. Aufl. 2008; *Hügel/Elzer,* Das neue WEG-Recht, 2007; *Hügel/Scheel,* Rechtshandbuch Wohnungseigentum, 2. Aufl. 2007; *Hogenschurz,* Das Sondernutzungsrecht nach dem Wohnungseigentumsgesetz, 2008; *Jennißen,* Die Verwalterabrechnung nach dem Wohnungseigentumsgesetz, 6. Aufl. 2009; *Jennißen,* Der WEG-Verwalter, 2008; *Klaßen/Eiermann,* Das Mandat in WEG-Sachen, 3. Aufl. 2008; *Müller,* Praktische Fragen des Wohnungseigentums, 5. Aufl. 2009; *Müller,* Beck'sches Formularbuch Wohnungseigentumsrecht, 2007; *Riecke/Schmidt/Elzer,* Die erfolgreiche Eigentümerversammlung, 4. Aufl. 2006; *Röll/Sauren,* Handbuch für Wohnungseigentümer und Verwalter, 9. Aufl. 2008.

Anmerkungen

1. Die Bestimmungen der §§ 43–50 WEG ergänzen die Vorschriften der ZPO für das Erkenntnis- oder Zwangsvollstreckungsverfahren, soweit und solange es die Eigenarten des Wohnungseigentumsrechts gebieten. Die Abweichungen erlauben es, von einem „Wohnungseigentumsverfahren" zu sprechen (Bärmann/*Wenzel* § 43 Rdn. 1). Die wichtigsten Besonderheiten einer § 43 WEG unterfallenden Sache (WEG-Sache) liegen darin, dass

- es nach § 21 Abs. 8 WEG Regelungsstreitigkeiten gibt, in denen dem Gericht für den Ausspruch (Tenor) ein weites Ermessen eingeräumt ist;
- der Kläger – auch klagende Wohnungseigentümer – sich gem. § 44 Abs. 1 WEG in der Klageschrift zur Bezeichnung der beklagten anderen Wohnungseigentümer einer Sammelbezeichnung bedienen darf;
- nach § 45 WEG die Zustellung der Zustellstücke – auch einer Beiladung – an den Verwalter oder einen Ersatzzustellungsvertreter zu erfolgen hat;
- § 46 WEG eine der ZPO unbekannte Gestaltungsklage enthält;
- § 47 abweichend von § 147 ZPO zu einer Verfahrensverbindung zwingt;
- § 48 besondere Rechtskraftwirkungen kennt und eine in der übrigen ZPO fast unbekannte Beiladung verlangt;
- §§ 49 und 50 WEG Besonderheiten der Kostenentscheidung und Kostenerstattung ggü. §§ 91 ff. ZPO anordnen.

Ob ein Verfahren §§ 43–50 WEG unterfällt, misst sich an § 43 WEG. Die Zuständigkeitszuweisung in § 43 WEG ist – wie früher – weit auszulegen (BGH NJW 2009, 1282), um die Gefahr sich widersprechender oder unzutreffender Entscheidungen zu verringern und darüber hinaus sicherzustellen, dass mit spezieller Sachkunde ausgestattete Wohnungseigentumsgerichte bei allen gemeinschaftsbezogenen Verfahrensgegenständen entscheiden. Im Zweifel spricht eine Vermutung für die Zuständigkeit der Wohnungseigentumsgerichte bei allen gemeinschaftsbezogenen Streitgegenständen (BGH BGHZ 152, 136 = ZMR 2002, 941, 943). Ausreichend ist, dass ein Recht oder eine Pflicht in einem inneren Zusammenhang mit einer Angelegenheit steht, die aus dem Gesamtverhältnis der Wohnungseigentümer oder aus der Verwaltung des gemeinschaftlichen Eigentums erwachsen ist (BGH BGHZ 152, 136 = ZMR 2002, 941, 943; BGHZ 130, 159, 165 = ZMR 1995, 521 = NJW 1995, 2851). Maßgebend ist die Klagebegründung (sachbezogene Prüfung). Ein Kläger kann bestimmen, welchen Anspruch er der gerichtlichen Entscheidung zur Überprüfung stellt. Indiz für die Zuständigkeit des Wohnungseigentumsgerichts ist neben der jeweiligen Anspruchsgrundlage, aus der die Ansprüche hergeleitet werden, der Umstand, ob das von einem Wohnungseigentümer in Anspruch genommene Recht oder die ihn treffende Pflicht in einem inneren Zusammenhang mit einer Angelegenheit steht, die aus dem Gemeinschaftsverhältnis der Wohnungseigentümer erwachsen ist (BGH NJW-RR 1991, 907 = ZMR 1991, 310; BGHZ 59, 58, 62 = NJW 1972, 1318).

2. Die örtliche Zuständigkeit für eine Klage einer Gemeinschaft von Wohnungseigentümern gegen einen Wohnungseigentümer bestimmt § 43 Nr. 2 WEG. Danach ist für Streitigkeiten über die Rechte und Pflichten zwischen der Gemeinschaft der Wohnungseigentümer und Wohnungseigentümern das Gericht örtlich ausschließlich zuständig, in dessen Bezirk das Grundstück liegt. Zu Streitigkeiten iSv. § 43 Nr. 2 WEG gehören Wohngeldklagen (Bärmann/*Wenzel* § 43 Rdn. 69). Die sachliche Zuständigkeit bestimmt sich nach dem GVG. Für Rechtsstreitigkeiten nach § 43 Nr. 1 bis Nr. 4 und Nr. 6 sind gem. § 23 Nr. 2 Buchstabe c) GVG im ersten Rechtszug ohne Rücksicht auf den Wert des Streitgegenstandes die AGe ausschließlich sachlich zuständig. Die Wohnungseigentümer können gem. § 40 Abs. 2 S. 1 Nr. 2 ZPO abweichend die Zuständigkeit des LG weder vereinbaren noch nach § 39 ZPO durch rügelose Verhandlung begründen, § 40 Abs. 2 S. 2 ZPO. Verklagt ein Dritter die Gemeinschaft der Wohnungseigentümer oder einen Wohnungseigentümer und bezieht sich der Streitgegenstand auf das gemeinschaftliche Eigentum, seine Verwaltung oder das Sondereigentum iSv. § 43 Nr. 5 WEG, richtet sich die sachliche Zuständigkeit nach den allgemeinen Vorschriften. Eine ausschließliche sachliche Zuständigkeit besteht dann nicht. Für Streitigkeiten über Ansprüche, deren Gegenstand an Geld oder Geldeswert die Summe von EUR 5.000,00 nicht übersteigt, sind danach gem. § 23 Nr. 1 GVG die AGe zuständig. Für Streitigkeiten über Ansprüche, deren Gegenstand an Geld oder Geldeswert die Summe von EUR 5.000,00 übersteigt, sind hingegen gem. § 71 Abs. 1 GVG die LGe zuständig, es sei denn, die Parteien hätten eine Gerichtsstandsvereinbarung geschlossen oder der Beklagte hat – ggf. belehrt nach § 504 ZPO – ohne die Unzuständigkeit des angerufenen Gerichts geltend zu machen, mündlich zur Hauptsache verhandelt.

Die Klageschrift muss gem. § 253 Abs. 2 Nr. 1 ZPO das Gericht bezeichnen. Das für Wohnungseigentumssachen zuständige Eingangsgericht ist entweder das AG oder das LG. Das GVG schreibt diesen Gerichten nicht vor, für Wohnungseigentumssachen besondere Spruchkörper einzurichten. Anders als §§ 23 b Abs. 1, 23 c Abs. 1 GVG, die bestimmen, dass bei jedem Amtsgericht – abgesehen vom Fall der Konzentration gem. § 23 d GVG – eine Abteilung für Familiensachen (Familiengericht) und Abteilungen für Betreuungssachen, Unterbringungssachen und betreuungsgerichtliche Zuweisungssachen (Betreuungsgerichte) zu bilden sind, müssen die Gerichte für Wohnungseigentumssachen keine besonderen Spruchkörper einrichten (OLG München ZMR 2008, 818 = NJW-RR 2008, 1466; *Niedenführ* NJW 2008, 1768, 1769). Es ist allein Sache des Präsidiums, wie es die Richtergeschäftsaufgaben hinsichtlich der WEG-Sachen und der sonstigen streitigen Zivilsachen verteilt und ob es überhaupt eine spezielle Sachgebietszuständigkeit für WEG-Sachen vorsieht (was bei größeren Amtsgerichten im Hinblick auf die erforderlichen Spezialkenntnisse sinnvoll ist). Die Praxis ist insoweit auch uneinheitlich (*Ott* IMR 2008, 435; *Niedenführ* NJW 2008, 1768, 1769). Für eine § 253 Abs. 2 Nr. 1 ZPO genügende Bezeichnung reichte es demnach aus, die Klage an das örtlich zuständige AG oder LG Landgericht ohne Adressierung an das „Wohnungseigentumsgericht" oder die „Abteilung für Wohnungseigentumssachen" zu richten. Soweit indes bei einem Gericht besondere Spruchkörper für Wohnungseigentumssachen eingerichtet wurden, empfiehlt es sich, die Klage für eine klare Zuordnung bereits in der Briefannahmestelle des Gerichts ausdrücklich an die für Wohnungseigentumssachen zuständige Abteilung oder Kammer zu adressieren (so auch Köhler/Bassenge/*Wolicki* Teil 16 Rdn. 280 a). Fehlt diese Angabe, ist eine Klage aber nicht unzulässig.

Ein Schriftsatz ist im Übrigen bei dem Gericht eingereicht, an das er „gerichtet" ist. Nur dieses Gericht erlangt die tatsächliche Verfügungsgewalt. Ein bei einer gemeinsamen Einlaufstelle mehrerer Gerichte eingehender Schriftsatz einer Partei ist mit der Einreichung bei der Einlaufstelle bei dem Gericht eingereicht worden, an das er adressiert ist (BGH NJW-RR 1997, 892; BAG NJW 2002, 845, 846). Bei Einrichtung eines gemeinsamen Telefaxanschlusses gilt dasselbe (BGH BRAK-Mitt 1998, 151; BGHZ 101, 276, 280 = NJW 1987, 2586).

3. Auch in einer WEG-Sache muss die Klageschrift gem. § 253 Abs. 2 Nr. 1 ZPO die Bezeichnung der Parteien enthalten. Kläger wie Beklagter – und ggf. ihre gesetzlichen Vertreter – sind dabei gem. §§ 253 Abs. 4, 130 Nr. 1 ZPO nach Namen, Stand oder Gewerbe, Wohnort und Parteistellung zu bezeichnen. Für das Wohnungseigentumsverfahren kann es sich wegen der Vielzahl der möglichen Kläger oder Beklagten zu Beginn des Verfahrens als schwierig erweisen, alle Wohnungseigentümer von Anfang an namentlich und mit der vollständigen Adresse zu bezeichnen. Um diesen Erschwernissen zu begegnen, besteht nach § 44 Abs. 1 S. 1 Hs. 1 WEG in bestimmten Fällen die Möglichkeit einer vorläufigen Sammelbezeichnung (s. Form. II. H. 2 Anm. 8).

Für Wohngeldklagen ist gem. § 592 ZPO im Übrigen auch ein Urkundenprozess möglich (vgl. *Schmid* DWW 2007, 324; Köhler/Bassenge/*Scheuer* Teil 14 Rdn. 318 ff.). Dieser Weg kann sich anbieten, um eine schnelle Durchsetzung und Titulierung zu erreichen. Die Klage muss dann nach § 593 Abs. 1 ZPO die Erklärung enthalten, dass im Urkundenprozess geklagt werde.

4. Die von den Wohnungseigentümern rechtlich, aber auch wirtschaftlich und sozial zu unterscheidende Gemeinschaft der Wohnungseigentümer ist nach § 10 Abs. 6 S. 1 WEG mit der Fähigkeit ausgestattet, Rechte zu erwerben und Verbindlichkeiten einzugehen. Nach § 10 Abs. 7 WEG ist ihr ua. das Verwaltungsvermögen zugewiesen. Zum Verwaltungsvermögen gehören nach § 10 Abs. 7 S. 3 WEG insbesondere nach §§ 16 Abs. 2, 28 Abs. 5 WEG durch Beschluss (s. Anm. 29) begründete Zahlungsansprüche gegen die Wohnungseigentümer der entsprechenden Anlage. Um Ihre Rechte einzuklagen – und um Pflichten gegen sie durchzusetzen –, kann die Gemeinschaft der Wohnungseigentümer nach § 10 Abs. 6 S. 5 WEG vor Gericht klagen und verklagt werden, ist also parteifähig. Nach § 10 Abs. 6 S. 4 WEG muss die klagende oder beklagte Gemeinschaft der Wohnungseigentümer die Bezeichnung „Wohnungseigentümergemeinschaft" gefolgt von der bestimmten Angabe des gemeinschaftlichen Grundstücks führen. Die verlangte Bestimmtheit ist iSv. § 15 Grundbuchverfügung zu verstehen. Die Angabe kann deshalb ebenso durch die postalische Anschrift „Wohnungseigentümergemeinschaft A-Allee Nr. ……, Postleitzahl" wie durch die Grundbuchbezeichnung „Wohnungseigentümergemeinschaft Gemarkung ……, …… Flur ……, Flurstücke ……" erfolgen (Riecke/Schmid/*Elzer* § 10 Rdn. 384).

5. Eine Gemeinschaft von Wohnungseigentümern ist nach § 51 ZPO prozessfähig, weil sie zwar Prozesshandlungen nicht selbst, aber durch selbst bestellte Vertreter vornehmen oder entgegennehmen kann. Wird die Gemeinschaft verklagt (Passivverfahren), wird sie nach § 27 Abs. 3 S. 1 Nr. 2 WEG gesetzlich durch den Verwalter vertreten. Will die Gemeinschaft der Wohnungseigentümer klagen, besitzt der Verwalter allerdings keine gesetzliche Vertretungsmacht. Für „Aktivverfahren" – wie eine Wohngeldklage – räumt ihm das Gesetz in § 27 Abs. 3 S. 1 Nr. 1 bis Nr. 6 WEG keine Rechtsmacht ein (Köhler/Bassenge/*Wolicki* Teil 16 Rdn. 185; Riecke/Schmid/*Abramenko* § 28 Rdn. 37). Für die Führung eines Aktivverfahrens müssen die Wohnungseigentümer dem Verwalter durch eine Vereinbarung oder einen Beschluss (§ 27 Abs. 3 S. 1 Nr. 7 WEG) eine Rechtsmacht einräumen, für die Gemeinschaft der Wohnungseigentümer mit Wirkung gegen diese nach außen zu handeln. Fehlt es daran, wird die Gemeinschaft nach § 27 Abs. 3 S. 2 oder S. 3 WEG von den Wohnungseigentümern oder einigen Wohnungseigentümer vertreten.

6. Bis zur WEG-Reform war es vielfach üblich, dass der Verwalter bei einer Wohngeldklage in gewillkürter Prozessstandschaft für die Wohnungseigentümer auftrat (vgl. BGH ZMR 2002, 134; NJW 1988, 1910; KG NZM 2001, 470, 471; BayObLG NJW-RR 1998, 519). Es ist zu beobachten, dass diese Praxis teilweise fortgesetzt wird, wobei der Verwalter nunmehr in Prozessstandschaft für die Gemeinschaft auftritt (OLG München NZM 2008, 653; OLG Hamm ZWE 2008, 354; OLG Hamburg ZMR 2007, 59, 60; AG Wedding ZMR 2008, 751, 752; Köhler/Bassenge/*Wolicki* Teil 16 Rdn. 192). Hiervon ist abzuraten. Nach zwar noch umstrittener, aber vordringender Ansicht besitzt ein Verwalter für eine gewillkürte Prozessstandschaft kein eigenes schutzwürdiges Interesse, als Prozessstandschafter die Rechte geltend zu machen, die der Gemeinschaft der Wohnungseigentümer als Recht oder zur Ausführung zugeordnet sind (*Elzer* ZAP 2007, 325, 335; Ricke/Schmid/*Elzer* § 10 Rdn. 438; Bärmann/*Wenzel* § 43 Rdn. 159). Auch das Interesse eines Dritten ist nicht zu erkennen (aA. wohl BGH v. 28. 5. 2009 – VII ZR 206/07).

7. In einem Parteiprozess können die Parteien den Rechtsstreit selbst führen. Ua. in einer Wohngeldklage ist die Vertretung durch Rechtsanwälte rechtlich nicht iSv. § 79 ZPO „geboten". Die Gemeinschaft der Wohnungseigentümer kann daher eine Wohngeldklage selbst führen. Der Verwalter kann die Gemeinschaft der Wohnungseigentümer vertreten, wenn er eine entsprechende Rechtsmacht besitzt (vgl. Anm. 5 und Anm. 6). § 79 ZPO steht dem nicht entgegen (*Lehmann-Richter* AnwZert MietR 9/2009 Anm. 3). Der Verwalter ist kein „Bevollmächtigter" der Gemeinschaft iSv. § 79 Abs. 2 S. 1 ZPO, sondern Organ der Gemeinschaft der Wohnungseigentümer. Seine Organstellung folgt ua. aus § 27 Abs. 3 S. 1 Nr. 1 bis Nr. 6 WEG. Zu den Bereichen, in denen der Verwalter eine gesetzliche Macht besitzt, die Wohnungseigentümer zu vertreten, gehört nach 27 Abs. 3 S. 1 Nr. 2 WEG auch die Prozessführung in einem Rechtsstreit gem. § 43 Nr. 2 und 5 WEG in einem Erkenntnis- und/oder Vollstreckungsverfahren, soweit die Wohnungseigentümer verklagt sind. Zu diesen Bereichen gehört aber auch die aktive Prozessführung, soweit die Wohnungseigentümer die Rechtsmacht des Verwalters, für den Verband zu handeln, nach § 27 Abs. 3 S. 1 Nr. 7 WEG entsprechend erweitert haben (*Elzer* ZMR 2008, 772, 774; vgl. auch BGH NJW 1993, 1924, 1925 = ZMR 1993, 421). Handelt der Verwalter als „Organ", handelt nicht der Verwalter, sondern die Gemeinschaft der Wohnungseigentümer. Der Verwalter ist nicht Bevollmächtigter, sondern Teil der Handlungsorganisation der Gemeinschaft der Wohnungseigentümer.

Die Ermächtigung des Verwalters, die Gemeinschaft der Wohnungseigentümer zu vertreten, kann ebenso wie seine Amtsstellung durch Vorlage einer Niederschrift über den „Ermächtigungsbeschluss" oder durch einen Auszug aus der Beschluss-Sammlung dargelegt werden (*Lehmann-Richter* AnwZert MietR 9/2009 Anm. 3). Ist die Ermächtigung streitig, ist analog § 26 Abs. 3 WEG eine Niederschrift vorzulegen, bei der die Unterschriften der in § 24 Abs. 6 WEG bezeichneten Personen öffentlich beglaubigt sind. Alternativ können Wohnungseigentümer als Zeugen gehört werden, die bei der Verkündung und Feststellung des Ermächtigungsbeschlusses zugegen waren (zum Wohnungseigentümer als Zeugen im Gemeinschaftsprozess vgl. Anm. 24).

Ist die Ermächtigung Teil des Verwaltervertrages, ist Vorsicht geboten. Eine Regelung des Verwaltervertrages ist regelmäßig keine Vereinbarung der Wohnungseigentümer untereinander iSv. § 10 Abs. 2 S. 2 WEG. Sie stellt aber auch keinen Beschluss dar. Dieses ist nur der Fall, wenn die Wohnungseigentümer den Verwaltervertrag als Ganzes beschlossen haben und die Ermächtigung bewusst in ihre Willensbildung aufgenommen haben. Ferner sollte der Verwalter die Ermächtigung zur Klarheit am besten zusätzlich – also neben dem Beschluss zum Verwaltervertrag – verkündet und festgestellt haben. Besser ist es, die Ermächtigung nicht zum Gegenstand des Verwaltervertrages zu machen, jedenfalls aber die Ermächtigung gesondert zu beschließen.

8. Die Gemeinschaft der Wohnungseigentümer kann sich auch in einem Parteiprozess von einem Rechtsanwalt vertreten lassen. Der Anwaltsvertrag für einen Anwalts- oder

Parteiprozess wird unmittelbar zwischen dem Rechtsanwalt und der Gemeinschaft von Wohnungseigentümern geschlossen. Da es an einer gesetzlichen Vertretungsmacht fehlt, kann die Gemeinschaft vom Verwalter nur dann vertreten werden, soweit die Wohnungseigentümer diesem durch eine Vereinbarung oder einen Beschluss nach § 27 Abs. 3 S. 1 Nr. 7 WEG eine Rechtsmacht eingeräumt haben, für die Gemeinschaft der Wohnungseigentümer mit Wirkung gegen diese nach außen ggü. einem Rechtsanwalt mit dem Ziel eines Anwaltsvertrages zu handeln. Fehlt es an einer solchen Ermächtigung, müssen die Wohnungseigentümer die Gemeinschaft beim Vertragsschluss vertreten.

Eine Vereinbarung nach § 27 Abs. 3 S. 1 Nr. 6, Abs. 2 Nr. 4 WEG, dass sich die Rechtsanwaltsgebühren nach einem höheren als dem gesetzlichen Streitwert bemessen, höchstens nach einem gem. § 49 a Abs. 1 S. 1 GKG bestimmten Streitwert, ist für eine Wohngeldklage und andere bezifferte Klagen nicht möglich, da für die Bestimmung des Gebührenstreitwerts solcher Klagen § 49 a GKG nicht einschlägig ist, sondern § 49 GKG (s. Kosten und Gebühren).

9. Beklagter einer Klage nach § 43 Nr. 2 WEG kann eine Gemeinschaft von Wohnungseigentümern sein (in Betracht kommt auch eine werdende Gemeinschaft, vgl. *Elzer* ZMR 2008, 808, 811), die Wohnungseigentümer oder einzelne von ihnen. In einer Wohngeldklage zu verklagen ist der Eigentümer, auf den die geschuldeten Vorschüsse entfallen. Maßgeblich ist die Eigentümerstellung zum Fälligkeitszeitpunkt (Anm. 23). Daneben ist eine vereinbarte Erwerberhaftung vorstellbar. Zur möglichen Verteidigung eines Wohngeldschuldners s. Form. H.II. 13 Anm. 14 ff.

10. Sind – anders als bei einer Wohngeldklage – sämtliche Wohnungseigentümer Partei des Rechtsstreits oder sind neben streitenden Wohnungseigentümern sämtliche anderen Wohnungseigentümer gem. § 48 Abs. 1 S. 1WEG beizuladen, muss die Klageschrift nach § 44 Abs. 1 S. 1 Hs. 2, Abs. 2 S. 1 WEG auch den Verwalter und den gem. § 45 Abs. 2 S. 1 WEG bestellten Ersatzzustellungsvertreter bezeichnen (s. Form. II. H. 2 Anm. 10).

11. Ein „Betreff" ist in der Praxis weit verbreitet, aber keine gesetzliche Anforderung. Er erleichtert freilich Briefannahmestelle, Eingangsregistratur und Generalprozessliste die Zuordnung einer Klage, insbesondere wenn der Hinweis „Wohnungseigentumsgericht (s. Anm. 2) unterblieben ist.

12. Die Floskel „in (versicherter) Vollmacht" ist nicht falsch, aber auch nicht erforderlich. Bei der Prozessvollmacht handelt es sich um eine Sachurteilsvoraussetzung, deren Vorliegen zwar in jeder Lage des Verfahrens zu prüfen ist (BGH NJW 2002, 1957, 1958), in der Praxis aber jedenfalls bei Rechtsanwälten als Bevollmächtigten nur nach entsprechender Rüge (§ 88 ZPO) geprüft wird. Ist die Vollmacht zu beweisen, reicht eine „anwaltliche Versicherung" als Mittel der Glaubhaftmachung in der Regel nicht aus. Notwendig, aber auch ausreichend ist grundsätzlich eine Urkunde über die Vollmachterteilung.

13. Nach § 253 Abs. 2 Nr. 2 ZPO muss die Klage grundsätzlich einen bestimmten Antrag enthalten. Ein Klageantrag ist idS. bestimmt, wenn er den erhobenen Anspruch konkret bezeichnet, dadurch den Rahmen der gerichtlichen Entscheidungsbefugnis (§ 308 ZPO) absteckt, Inhalt und Umfang der materiellen Rechtskraft der begehrten Entscheidung (§ 322 ZPO) erkennen lässt, das Risiko eines Unterliegens des Klägers nicht durch vermeidbare Ungenauigkeit auf den Beklagten abwälzt und schließlich eine Zwangsvollstreckung aus dem Urteil ohne eine Fortsetzung des Streits im Vollstreckungsverfahren erwarten lässt (BGH NJW 1999, 954; NJW 1991, 1114). Welche Anforderungen an die Konkretisierung des Streitgegenstands in einem Klageantrag zu stellen sind, hängt auch von den Besonderheiten des anzuwendenden materiellen Rechts und den Umständen des Einzelfalls ab. Die Anforderungen an die Bestimmtheit des Klageantrags hängen ab einerseits von dem zu schützenden Interesse des Beklagten, sich gegen die Klage erschöpfend verteidigen zu können, sowie seinem Interesse an Rechtsklarheit und Rechtssicherheit hinsichtlich der Entscheidungswirkungen sowie andererseits vom ebenfalls schutzwürdigen Interesse des Klägers an einem wirksamen Rechtsschutz. Eine Teilklage, die mehrere prozessual selbstständige Ansprüche zum Gegenstand hat, genügt etwa dem Bestimmtheitserfordernis des § 253 Abs. 2 Nr. 2 ZPO nur dann, wenn der Kläger die Reihenfolge angibt, in der das Gericht diese Ansprüche prüfen soll (BGH JA 2006, 564; NJW 2000, 3718). Ein unbestimmter Klageantrag ist grundsätzlich unzulässig, die Klage daher durch Prozessurteil abzuweisen. Unbestimmte Klageanträge sind nur ausnahmsweise in einem Regelungsstreit nach § 21 Abs. 8 WEG zulässig (s. Form. II. H. 5).

14. Soweit ein Land von der Möglichkeit des § 15 a Abs. 1 EGZPO Gebrauch gemacht hat, in bestimmten Sachlagen die Zulässigkeit einer Klage von einem Einigungsversuch vor einer Gütestelle abhängig zu machen, ist nach Maßgabe der jeweiligen Landesgesetze vorstellbar, dass vor einer Klageerhebung ein Einigungsversuch durchlaufen werden muss. Das kommt zwar wegen § 15 a Abs. 2 Nr. 1 EGZPO nicht für Anfechtungsklagen nach § 46 Abs. 1 S. 1 WEG in Betracht, da diese gem. § 46 Abs. 1 S. 2 WEG binnen einer gesetzlichen Frist zu erheben sind. Ein Einigungsversuch ist aber in Wohngeldklagen bis zu EUR 750,00 vorstellbar. Bei diesen Klagen sollte von der Möglichkeit eines Mahnverfahrens Gebrauch gemacht werden (s. dazu Form. II. H. 10). § 15 a Abs. 1 EGZPO findet nämlich keine Anwendung für die Durchführung des streitigen Verfahrens, wenn ein Anspruch im Mahnverfahren geltend gemacht worden ist. Wurde ein Einigungsversuch erfolglos unternommen, ist darauf in der Klageschrift hinzuweisen.

15. Anspruchsgrund und Höhe eines etwaigen Zinsanspruchs richten sich nach den allgemeinen Bestimmungen des bürgerlichen Rechts, §§ 288, 291 BGB. Eine von der gesetzlichen Regelung abweichende Höhe kann durch Vereinbarung iSv. § 10 Abs. 2 S. 2 WEG oder durch einen Beschluss nach § 21 Abs. 7 WEG bestimmt sein.

16. Für die Voraussetzungen der Rechtshängigkeit sind §§ 261, 253, 696 Abs. 3 ZPO anzuwenden.

17. Das zu entrichtende Wohngeld kann ggf. auch geltend gemacht werden, wenn es nicht fällig ist (s. auch Rdn. 35). Es ist vorstellbar, Wohngeldzahlungen als nicht von einer Gegenleistung abhängige Geldforderung anzusehen und die Klage auf künftige Zahlung nach § 257 ZPO zuzulassen (*Börstinghaus* GE 2003, 1538). Eine entsprechende Verurteilung ist aber wohl nur zu erreichen, wenn der betreffende Miteigentümer bereits in der Vergangenheit mehrfach säumig gewesen ist (Köhler/Bassenge/*Klose* Teil 16 Rdn. 535). Ferner ist vorstellbar, Wohngeldzahlungen als wiederkehrende Leistungen iSv. § 258 ZPO anzusehen (Köhler/Bassenge/*Scheuer* Teil 14 Rdn. 163; Köhler/Bassenge/*Wolicki* Teil 16 Rdn. 214). Wiederkehrende Leistungen sind nämlich solche einseitigen Verpflichtungen, die sich in ihrer Gesamtheit als Folge eines und desselben Rechtsverhältnisses ergeben, so dass die einzelne Leistung nur noch vom Zeitablauf abhängig ist, ohne dass aber der Umfang der Schuld von vornherein feststeht (BGH NJW 1986, 3142). Vorteil ist, dass nicht jeden Monat eine Klageerweiterung wegen des fällig gewordenen Wohngeldes eingereicht werden muss. Der zukünftige Zeitraum, für den Leistung verlangt wird, darf nur in zumutbaren und überschaubaren Grenzen einbezogen werden. Der Zahlungsantrag kann sich zB. auf das Wirtschaftsjahr beschränken, für das der Wirtschaftsplan beschlossen wurde (Köhler/Bassenge/*Wolicki* Teil 16 Rdn. 215). Sollte ein säumiger Miteigentümer ausdrücklich erklären, dass er zukünftig keine Vorauszahlungen mehr erbringen werde, ist gem. § 259 ZPO auch ein Klageantrag auf künftige Leistung gerechtfertigt (*Boeckh* Wohnungseigentumsrecht, § 4 Rdn. 51; Köhler/Bassenge/*Wolicki* Teil 16 Rdn. 216).

18. Das Gericht hat nach § 308 Abs. 2 ZPO über die Verpflichtung, die Prozesskosten zu tragen, auch ohne Antrag zu erkennen. Eines dahingehenden Antrages bedarf es nicht. Eine „Antragstellung" ist dennoch sinnvoll. Sie erlangt nämlich Bedeutung für den Fall, dass die Hauptsache wegfällt (s. Form. I. D. 1 Anm. 9). Eine Kostenentscheidung in einem Verfahren nach §§ 43 ff. WEG erfolgt nach den Bestimmungen der §§ 91 ff. ZPO, soweit nicht § 50 WEG etwas anderes anordnet oder das Gericht von den Möglichkeiten des § 49 WEG Gebrauch macht (s. dazu Kosten und Gebühren).

Eines Antrages, dass das Gericht ein Urteil für „vorläufig vollstreckbar" erklären soll, bedarf es auch nicht. Die Anordnung der vorläufigen Vollstreckbarkeit erfolgt von Amts wegen, vgl. § 704 Abs. 1 ZPO. Anders ist es, soweit der Kläger eine ggf. zu leistende Sicherheit nach § 709 ZPO nicht oder nur unter erheblichen Schwierigkeiten leisten kann. In diesem Falle bietet sich bereits in der Klage ein Antrag nach §§ 714 Abs. 1, 710 ZPO an, das Urteil auch ohne Sicherheitsleistung für vorläufig vollstreckbar zu erklären. Eine solche Anordnung erfolgt, wenn die Aussetzung der Vollstreckung dem Gläubiger einen schwer zu ersetzenden oder schwer abzusehenden Nachteil bringen würde oder aus einem sonstigen Grund für den Gläubiger unbillig wäre, insbesondere weil er die Leistung für seine Lebenshaltung oder seine Erwerbstätigkeit dringend benötigt, vgl. § 710 ZPO. Dies ist vor allem der Fall, wenn die Gemeinschaft die eingeklagten Wohngelder dringend zur Bewirtschaftung der Anlage benötigt. Antrag: *„Es wird beantragt, das Urteil ohne Sicherheitsleistung für vorläufig vollstreckbar zu erklären, weil die Aussetzung der Vollstreckung der Klägerin einen schwer zu ersetzenden oder schwer abzusehenden Nachteil bringen würde"*. Zur Begründung bedarf es eines konkreten Vertrags; Floskeln oder Textbausteine sind ungenügend.

19. Hat die beklagte Partei entgegen § 276 Abs. 1 S. 1, Abs. 2 ZPO nicht rechtzeitig angezeigt, dass sie sich gegen die Klage verteidigen wolle, so trifft auf Antrag des Klägers das Gericht die Entscheidung ohne mündliche Verhandlung, § 331 Abs. 1 S. 1 ZPO. Der Antrag kann – und sollte – schon in der Klageschrift gestellt werden, § 331 Abs. 1 S. 2 ZPO.

20. Erkennt die beklagte Partei den gegen sie geltend gemachten Anspruch ganz oder zum Teil an, so ist sie dem Anerkenntnis gemäß zu verurteilen. Für die Verurteilung bedarf es nach § 307 ZPO weder einer mündlichen Verhandlung noch eines dahingehenden Antrages.

21. Der mündlichen Verhandlung geht nach § 278 Abs. 2 S. 1 ZPO zum Zwecke der gütlichen Beilegung des Rechtsstreits grundsätzlich eine Güteverhandlung voraus. Etwas anderes gilt, wenn bereits ein Einigungsversuch vor einer außergerichtlichen Gütestelle stattgefunden hat oder die Güteverhandlung erkennbar aussichtslos erscheint. Aussichtslosigkeit liegt bei Wohngeldklagen regelmäßig vor, da die Forderungen der Gemeinschaft meist unstreitig sind und es den Beklagten allenfalls um eine Verzögerung des Rechtsstreits geht. Um dies zu vermeiden, sollte angeregt werden – ein Antragsrecht besteht nicht –, dass das Gericht wegen Aussichtslosigkeit von einer Güteverhandlung absieht.

22. Die Klageschrift muss nach § 253 Abs. 2 Nr. 2 ZPO begründet werden. Die Begründung erfolgt durch die bestimmte Angabe des „Gegenstandes" und des „Grundes" des erhobenen Anspruchs. Dies bezweckt ua., dem Schuldner den Willen des Gläubigers zur Durchsetzung seiner Forderungen zu verdeutlichen (BGH NJW-RR 2005, 216). Für eine § 43 WEG unterfallende Klage bestehen grundsätzlich keine Besonderheiten. Gegenstand und Grund sind der Lebenssachverhalt, auf den der Klageantrag gestützt werden soll und aus dem sich gemeinsam mit dem Antrag der Streitgegenstand ergibt (vgl. auch Musielak/*Foerste* § 253 Rdn. 25). Zur Skizzierung des Lebenssachverhalts ist in der Regel eine Konkretisierung nach Beteiligten, Ort und Zeit nötig. Die gebotene Individualisierung kann grundsätzlich auch durch eine konkrete Bezugnahme auf andere Schriftstücke erfolgen (BGH NJW-RR 2005, 216; NJW-RR 2004, 639). Die Gerichte sind zwar nicht verpflichtet, umfangreiche ungeordnete Anlagenkonvolute von sich aus durchzuarbeiten, um so die erhobenen Ansprüche zu konkretisieren. Es wäre aber eine durch nichts zu rechtfertigende Förmelei, wenn man den Prozessbevollmächtigten für verpflichtet halten würde, die in Anlagen enthaltenen Informationen noch einmal schreiben zu lassen, um sie dann in der Form einer unterschriebenen Klageschrift dem Gericht unterbreiten zu können. In der Klageschrift kann daher der streitgegenständliche Lebenssachverhalt gekennzeichnet und durch die konkrete Bezugnahme auf Anlagen deutlich zum Ausdruck gebracht werden, dass deren gesamter Inhalt zum Gegenstand der Klagebegründung gemacht werden soll.

Bleibt die Begründung unklar, ist die Klage durch Prozessurteil abzuweisen. Eine besondere, durch die Klagebegründungfrist noch herausgestrichene Anforderung ist die Begründung einer Anfechtungsklage. Nach hM. können Anfechtungsgründe nicht nachgeschoben werden (s. Form. II. H. 3 Anm. 21).

23. Gläubigerin der nach §§ 16 Abs. 2, 28 Abs. 5 WEG durch Beschluss (s. Anm. 29) begründeten Forderungen auf Wohngeld, Sonderumlagen oder der Nachschüsse gemäß einer Abrechnung ist nach § 10 Abs. 7 WEG die Gemeinschaft der Wohnungseigentümer. Schuldner ist, wer bei Eintritt der Fälligkeit der jeweiligen Forderung Wohnungseigentümer ist. Wohnungseigentümer idS. ist, wer zu Recht im Wohnungsgrundbuch eingetragen ist (BGH BGHZ 87, 138, 140 = NJW 1983, 1615 = MDR 1983, 747). Wird Wohnungseigentum durch Erbfall oder durch Zuschlag in der Zwangsversteigerung gem. § 90 Abs. 1 ZVG außerhalb des Grundbuchs erworben, ist der Erbe oder Ersteigerer auch ohne Eintragung Wohnungseigentümer. Wer lediglich Bucheigentümer ist, haftet hingegen nicht (BGH ZMR 1995, 37, 38 = NJW 1994, 3352). Besteht an einem Wohnungseigentum ein Nießbrauch, schuldet der Wohnungseigentümer das Wohngeld, nicht der Nießbraucher (BGH Rpfleger 1979, 58); entsprechendes gilt bei einem Dauerwohn- oder Dauernutzungsrecht sowie bei einem Wohnungsberechtigten iSv. § 1093 BGB. Für Beitragsschulden einer Personengesellschaft gilt § 128 HGB (BayObLG BayObLGZ 1988, 368). Ein ehemaliger Wohnungseigentümer ist für die Forderungen Verpflichteter, die während seiner Eintragung im Wohnungsgrundbuch als Wohnungseigentümer fällig geworden sind. Hat der vormalige Alleineigentümer noch vor Entstehung einer Gemeinschaft der Wohnungseigentümer ein Wohnungs- oder Teileigentum an einen Erwerber veräußert (Ersterwerber) und sind die Voraussetzungen eines werdenden Wohnungseigentümers erfüllt, kann auch ein werdender Wohnungseigentümer entsprechend § 16 Abs. 2 WEG Wohngeldschuldner sein (BGH NJW 2008, 2639). Seine Zahlungsverpflichtung entfällt nicht dadurch, dass eine Wohnungseigentümergemeinschaft im Rechtssinne entsteht (BGH NJW 2008, 2639). Ein Sondernachfolger haftet für solche Verbindlichkeiten, die nach seiner Eintragung im Wohnungsgrundbuch fällig geworden sind (BGH BGHZ 142, 290, 299 = ZMR 1999, 834).

In einer kurzen Sachverhaltsdarstellung im Rahmen der Klagebegründung sollte erläutert werden, welches Sondereigentum und welcher Sondereigentümer betroffen sind. Um die Zuordnung der geltend gemachten Forderungen zu einem betroffenen Sondereigentum zu erleichtern, sollte die Wohnungs- oder Buchhaltungsnummer angegeben werden, unter der das Sondereigentum vom Verwalter geführt wird und die es erlaubt, eine inhaltliche Verbindung zwischen Abrechnung und Sondereigentum herzustellen (Köhler/Bassenge/*Wolicki* Teil 16 Rdn. 242).

24. In der Regel gelten auch in WEG-Sachen die allgemeinen und besonderen Vorschriften über die Beweisaufnahme nach §§ 355 ff. ZPO. Besonderheiten gelten allerdings für Anfechtungsklagen und für formelle Beschlussmängel (s. dazu Form. H. II. 3 Anm. 26). Ist die Eigentümerstellung eines Wohnungseigentümers streitig, kann sie in der Regel nur durch einen Grundbuchauszug oder die Grundakten selbst bewiesen werden. Der Zeugenbeweis ist für diese Tatsache ungeeignet. Allerdings kann in einem Verfahren zwischen der Gemeinschaft der Wohnungseigentümer und einem Wohnungseigentümer ein anderer Wohnungseigentümer grundsätzlich Zeuge sein. Dem steht nicht der Umstand entgegen, dass ein Wohnungseigentümer nach § 27 Abs. 3 S. 2 WEG potenziell zur Vertretung der Gemeinschaft berechtigt ist (AG Lichtenberg ZMR 2008, 576). Etwas anderes muss gelten, wenn ein Verwalter fehlt (vgl. zu den Personengesellschaften BGH BGHZ 42, 230, 231 = NJW 1965, 106).

25. Mehrere Inhaber eines Wohnungseigentums haften für die geschuldeten Beiträge gemeinsam und als Gesamtschuldner (OLG Hamm OLGZ 1989, 167 = MittBayNot 1898, 152; OLG Stuttgart OLGZ 1969, 232; Beck'sches Notarhandbuch/*Rapp* A III Rn. 75).

26. In der Begründung der Klage ist im Einzelnen klarzustellen, welche Teilbeträge offen sind. Wie auch im übrigen Recht, ist eine Saldoklage (s. dazu *Junglas* ZMR 2008, 673), die nur den Schuldsaldo zu einem bestimmten Tag, nicht aber die einzelnen offenen Wohngeldforderungen bezeichnet, unschlüssig und damit bereits unzulässig.

27. Als „Wohngeld" (auch: Hausgeld) werden im allgemeinen Sprachgebrauch alle auf die Wohnungseigentümer umzulegenden Gemeinschaftskosten bezeichnet. Eine Wohngeldforderung beruht entweder auf einem Wirtschafts- und einem Einzelwirtschaftsplan und stellt sich dann als eine Vorschusszahlung auf die erwarteten Kosten und Lasten dar (Wohngeld im engeren Sinne). Oder sie beruht auf einer Sonderumlage als Nachtragshaushalt zum Wirtschaftsplan oder auf einer Nachforderung aus einer Jahres- und einer Einzeljahresabrechnung (Riecke/Schmid/*Elzer* § 16 Rdn. 186). Zum Teil werden auch Wohngeldrückstände in Gestalt von Abrechnungsfehlbeträgen in der Einzeljahresabrechnung als Wohngeld verstanden.

28. Die Wohnungseigentümer haben gem. § 28 Abs. 5 WEG über die „Abrechnung" zu beschließen. Üblich und richtig ist es, über eine Gesamtjahresabrechnung und über die jeweiligen Einzelabrechnungen zu beschließen (OLG München ZMR 2009, 64; BayObLG NJOZ 2001, 2018; Köhler/Bassenge/*Köhler* Teil 6 Rdn. 234). Eine Zahlungspflicht nach §§ 16 Abs. 2, 28 Abs. 5 WEG setzt einen Beschluss über die Jahresabrechnung, den Wirtschaftsplan oder eine Sonderumlage voraus. Erst durch ihn wird die konkrete Zahlungspflicht des einzelnen Wohnungseigentümers verbindlich festgelegt. Dies hat wiederum zur Voraussetzung, dass sich der Eigentümerbeschluss nicht nur auf eine Jahresgesamtabrechnung beschränkt, sondern auch die Einzelabrechnungen für jeden Wohnungseigentümer zum Gegenstand hat (BayObLG NJOZ 2001, 2018); entsprechendes gilt für den Eigentümerbeschluss über den Wirtschaftsplan oder eine Sonderumlage. Wie beim Wirtschaftplan ist eine bloße Gesamtjahresabrechnung daher nicht ordnungsmäßig. Ein Beschluss über eine Gesamtjahresabrechnung wird freilich ggf. nicht wegen der fehlenden Einzelabrechnungen für ungültig erklärt, weil der Kläger nur einen Ergänzungsanspruch wegen der fehlenden Einzelabrechnungen besitzt (OLG München ZMR 2009, 64 mwN.). Umgekehrt reichen nur Einzelabrechnungen auch nicht aus. Die Einzelabrechnungen sind aus der Gesamtabrechnung abzuleiten; deshalb können sie ohne beschlossene Gesamtabrechnung in der Regel keinen Bestand haben (BayObLG WuM 1994, 568; NJW-RR 1990, 1107, 1108). Über die Einzelabrechnungen kann nicht wirksam beschlossen werden, wenn nicht spätestens gleichzeitig über die Gesamtabrechnung Beschluss gefasst wird (BayObLG WuM 1994, 568). Legt der Verwalter lediglich Einzelabrechnungen vor, so beinhaltet ein sich hierauf beziehender Genehmigungsbeschluss auch bei unterbliebener Anfechtung nicht die Genehmigung der Jahresabrechnung (OLG Düsseldorf ZWE 2001, 114).

29. Der Zahlungsanspruch der Gemeinschaft der Wohnungseigentümer folgt nicht unmittelbar aus § 16 Abs. 2 WEG, sondern aus einem auf §§ 16 Abs. 2, 28 Abs. 5 WEG beruhenden Beschluss (BGH BGHZ 131, 228, 230 = ZMR 1996, 215; BGHZ 104, 197, 202 = NJW 1988, 1910; OLG Köln ZMR 2008, 478, 479). Vor Beschlussfassung fehlt es nicht nur an der Fälligkeit, sondern an einer vollwirksamen Forderung überhaupt (BGH BGHZ 120, 261, 266 = ZMR 1993, 176, 177). In einer Wohngeldklage sind daher die entsprechenden Beschlüsse darzulegen und – soweit darüber Streit besteht – auch zu beweisen (OLG Hamm BeckRS 2009, 20261).

Streitig ist, ob die Wohnungseigentümer in der Lage sind, neben auf §§ 16 Abs. 2, 28 Abs. 5 WEG fußenden Beschlüssen weitere Ansprüche durch Beschluss zu begründen. Richtig ist wohl, dass die Wohnungseigentümer nicht legitimiert sind, außerhalb des Bereichs der Kosten und Lasten des gemeinschaftlichen Eigentums Ansprüche durch Beschluss der Mehrheit von ihnen entstehen zu lassen (OLG München NZM 2009, 402; OLG Zweibrücken NJW 2007, 2417; *Schmidt/Riecke* ZMR 2005, 252, 260; *Wenzel* NZM 2004, 542, 544).

30. Der Einzelwirtschaftsplan gehört zu den unverzichtbaren Bestandteilen des Wirtschaftsplans. Die Genehmigung eines Wirtschaftsplans ohne Einzelwirtschaftsplan ist nicht ordnungsmäßig und auf Antrag für ungültig zu erklären (BGH BGHZ 163, 154 = NJW 2005, 2061 = ZMR 2005, 547).

31. Eine Sonderumlage ist die Ergänzung eines Wirtschaftsplans für ein bestimmtes Wirtschaftsjahr durch Erhebung weiterer Beiträge (BGH BGHZ 163, 154 = NJW 2005, 2061 = ZMR 2005, 547, 551; MDR 1989, 898; *Elzer* MietRB 2005, 141). Eine Sonderumlage kann als ein Nachtragshaushalt verstanden werden (KG ZMR 2003, 292; KG ZMR 2002, 699, 701). Ihre Erhebung bezweckt grundsätzlich, Kosten zu decken, die allein mit den aus dem Wirtschaftsplan geschuldeten Wohngeldern nicht (mehr) beglichen werden könnten. Ein Sonderumlagenbeschluss muss grundsätzlich den Kostenverteilungsschlüssel, die Gesamthöhe der Sonderumlage und die betragsmäßige Bestimmung enthalten (*Elzer* MietRB 2005, 141, 144).

32. Dass ein Wohngeldbeschluss bestandskräftig ist, ist für die Wohngeldklage rechtlich ohne Belang. Das Wohngeld wird auch geschuldet, wenn der entsprechende Beschluss angefochten wurde. Nach bestandskräftiger Beschlussfassung sind indes gegen die Höhe der geleisteten Zahlungen überhaupt keine Einwendungen mehr möglich (LG Köln ZMR 2008, 830), sodass die Mitteilung der Bestandskraft die Durchetzung der Wohngeldklage fördern kann.

33. Gemäß § 16 Abs. 2, Abs. 1 S. 2 WEG sind – soweit nichts anderes bestimmt ist –, die Wohnlasten nach dem Verhältnis der im Grundbuch eingetragenen Miteigentumsanteile zu tragen; in der Regel ist die Größe der Miteigentumsanteile nach Hundertsteln, Tausendsteln oder Zehntausendsteln in der Teilungserklärung angegeben. Abweichungen von § 16 Abs. 2, Abs. 1 S. 2 WEG sind durch eine Vereinbarung oder einen auf § 16 Abs. 3 oder Abs. 4 WEG oder auf einer Öffnungsklausel iSv. § 23 Abs. 1 WEG fußenden Beschluss möglich. In solchen Fällen muss zur Schlüssigkeit der Klage die entsprechende Vereinbarung oder der entsprechende Beschluss dargelegt und – wenn sie streitig sind – etwa durch Vorlage einer Urkunde nach § 420 ZPO oder ein anderes Beweismittel bewiesen werden.

34. Wann eine Forderung aus einem Wirtschaftsplan, einer Sonderumlage oder einer Jahresabrechnung fällig ist, können die Wohnungseigentümer durch einen auf § 21 Abs. 7 WEG gestützten Beschluss oder durch eine Vereinbarung allgemein und abstrakt bestimmen (*Merle* ZWE 2007, 321, 322; Riecke/Schmid/*Elzer* § 16 Rdn. 188). Es kann etwa angeordnet sein, dass die Wohngeldvorschüsse zu Beginn des Wirtschaftsjahres insgesamt fällig werden, den Wohnungseigentümern jedoch die Möglichkeit monatlicher Teilzahlungen eingeräumt wird, solange sie nicht mit einem näher bestimmten Teilbetrag (zB. mehr als einer Monatsrate) in Rückstand geraten (Verfallklausel). Die Wohnungseigentümer können ferner eine Vorfälligkeitsregelung beschließen. Danach werden die Wohngeldvorschüsse für das Wirtschaftsjahr nicht auf einmal zu Jahresbeginn mit gleichzeitiger Stundung fällig, sondern in monatlichen Teilbeträgen. Allerdings tritt bei einem näher qualifizierten Zahlungsverzug (zB. zwei Monatsraten) Fälligkeit für den gesamten noch offenen Jahresbeitrag ein. Fehlt eine Bestimmung, werden Zahlungsansprüche nach § 28 Abs. 2 WEG subsidiär durch Abruf des Verwalters fällig (*Greiner* ZMR 2002, 647, 648), der § 271 Abs. 1 BGB verdrängt (Köhler/Bassenge/*Wolicki* Teil 16 Rdn. 127; Riecke/Schmid/*Elzer* § 16 Rdn. 190; aA. Bärmann/*Merle* § 28 Rdn. 116).

35. Die Gemeinschaft der Wohnungseigentümer kann ggf. auch erst künftig fällig werdende Forderungen gegen einen Wohnungseigentümer einklagen (s. bereits Rdn. 17).

Gem. § 259 ZPO ist eine Klage auf zukünftige Leistung zulässig, wenn den Umständen nach die Besorgnis gerechtfertigt ist, dass der Schuldner sich der rechtzeitigen Leistung entziehen werde. Dies ist regelmäßig der Fall, wenn der Schuldner den Anspruch ernsthaft bestreitet (BGH NJW-RR 2005, 1518; NJW 1999, 954). Dass einem Wohnungseigentümer ggf. ein Zurückbehaltungsrecht zusteht und er daher zur Herausgabe nur Zug um Zug gegen Zahlung verurteilt werden könnte, steht der Zulässigkeit einer Klage gem. § 259 ZPO nicht entgegen (BGH NJW-RR 2005, 1518; BGHZ 43, 28, 31 = NJW 1965, 440).

36. Bestreitet der Wohngeldschuldner, dass gegen ihn durch Beschluss Ansprüche begründet wurden, dass diese fällig sind oder/und bestreitet er die verlangte, ggf. übergesetzliche Zinshöhe, sind die anspruchsbegründenden Beschlüsse oder Vereinbarungen zu beweisen. In der Praxis werden dazu in der Regel Fotokopien vorgelegt, was gem. § 420 ZPO zwar nicht ausreicht, meist aber dazu führt, dass die Tatsache unstreitig wird. Neben den genannten Urkunden kann auch ein Auszug aus der Beschluss-Sammlung iSv. § 24 Abs. 7 WEG vorlegt werden.

37. Voraussetzung für das Entstehen der Zahlungsverpflichtung oder auch für den Eintritt der Fälligkeit ist eine Zahlungsaufforderung nicht. Wenn Wohngeldrückstände aus Abrechnungssalden geltend gemacht werden sollen, müssen sie – meist durch Zusenden einer Einzelabrechnung – dem Wohngeldschuldner aber mitgeteilt werden. Für die Vorauszahlungen sieht dies § 28 Abs. 2 WEG ausdrücklich vor. Ein zusätzliches Mahnschreiben mit Fristsetzung empfiehlt sich vor Einleitung eines gerichtlichen Verfahrens deshalb, weil so am einfachsten und ggf. auch beweisbar die Voraussetzungen dafür geschaffen werden, dass einerseits Verzugszinsen ab einem früheren Zeitpunkt als dem Eintritt der Rechtshängigkeit (entsprechend § 291 BGB), nämlich dem Zeitpunkt des erfolglosen Ablaufs der Zahlungsfrist (§ 284 Abs. 1 BGB) geltend gemacht werden können – wenn nicht ohnehin schon früher Verzug zu einem etwa durch eine Vereinbarung oder einen Beschluss festgelegten kalendermäßig bestimmten Fälligkeitszeitpunkt eingetreten ist (§ 284 Abs. 2 BGB).

38. Gem. § 10 Abs. 3 S. 2 ZVG muss der Titel, aufgrund dessen die Vollstreckung nach § 10 Abs. 1 Nr. 2 ZVG betrieben wird, die Verpflichtung des Schuldners zur Zahlung, die Art und der Bezugszeitraum des Anspruchs sowie seine Fälligkeit erkennen lassen. Es ist sinnvoll, dass diese Angaben bereits dem Tenor entnommen werden können, weil aus der vollstreckbaren Ausfertigung des Urteils nicht erkennbar ist, dass es sich um Ansprüche nach § 10 Abs. 1 Nr. 2 ZVG und um welchen Beitragszeitraum es sich handelt. Ein Gericht ist nicht gezwungen, den Einschub zu tenorieren. Die Gerichte kommen einer Anregung aber häufig nach. Benennt der Titel versehentlich einen anderen Schuldgrund, ist das Vollstreckungsgericht an die Falschbezeichnung gebunden, ohne dass eine anderweitige Glaubhaftmachung gem. § 10 Abs. 3 S. 3 ZVG möglich wäre (LG Mönchengladbach Rpfleger 2009, 257).

39. Die Klageschrift soll nach § 253 Abs. 3 ZPO die Angabe des Wertes des Streitgegenstandes enthalten, wenn hiervon die Zuständigkeit des Gerichts abhängt und der Streitgegenstand nicht in einer bestimmten Geldsumme besteht. Das ist bei WEG-Klagen regelmäßig nicht der Fall, sodass eine Angabe meist entbehrlich ist. Anders ist es bei Klagen nach § 43 Nr. 5 WEG (s. Form. II. H. 9). Die Angabe des Wertes des Streitgegenstandes kann Bedeutung für § 167 ZPO „demnächst" haben. Bislang sieht es die Rechtsprechung allerdings als unschädlich an, dass eine Partei eine Streitwertanfrage des Gerichts abwartet. Eine Streitwertanfrage muss allerdings zügig beantwortet werden (BGH VersR 1994, 455, 456; VersR 1987, 39, 41; NJW 1972, 1948, 1949; LG Berlin ZMR 2009, 390). Für die Streitwertfestsetzung gilt das GKG (s. Kosten und Gebühren).

40. Die Klageschrift sowie sonstige Anträge und Erklärungen einer Partei, die zugestellt werden sollen, sollen – sofern sie nicht elektronisch eingereicht werden, vgl. § 253

Abs. 5 S. 2 ZPO – nach § 253 Abs. 5 S. 1 ZPO nicht einfach, sondern in Abschrift in der „erforderlichen Zahl" eingereicht werden. Sind – wie hier – zwei Wohnungseigentümer beklagt, müssen Klage und sonstige Anträge und Erklärungen einer Partei, die zugestellt werden sollen, jeweils dreifach (original und jeweils eine beglaubigte und eine einfache Abschrift) eingereicht werden. Der Verwalter ist nach § 45 Abs. 1 WEG nicht Zustellungsvertreter der Beklagten, weil nicht „die" Wohnungseigentümer verklagt sind. Unterbleibt die Einreichung von Abschriften, werden diese gegen Auslagenberechnung bei Gericht gefertigt oder vom Kläger angefordert; letzteres kann die Zustellung der Klage verzögern und die Vorwirkung nach § 167 ZPO gefährden.

41. Die Klageschrift soll sich nach § 253 Abs. 3 ZPO dazu äußern, ob einer Entscheidung der Sache durch den Einzelrichter Gründe entgegenstehen. Diese Äußerung ist für eine Wohngeldklage entbehrlich, da es beim sachlich ausschließlich zuständigen Amtsgericht den Einzelrichter als besondere Institution nicht gibt. Eine entsprechende Äußerung ist indes nicht schädlich. Erforderlich wird sie erst mit Einreichung einer Berufung (s. Form. II. H. 13 Anm. 21).

42. Das Gericht kann in sämtlichen Verfahren des § 43 WEG, auch bei Anfechtungsklagen (s. Form. II. H. 2 Anm. 29) einen Gerichtskostenvorschuss verlangen (Palandt/*Bassenge* Vorb. v. § 43 Rdn. 10). Ist der Kläger vermögenslos, können sowohl ein Wohnungseigentümer als auch die Gemeinschaft der Wohnungseigentümer (vgl. LG Berlin NZM 2007, 493; Riecke/Schmid/*Elzer* § 10 Rdn. 445) unter den Voraussetzungen der §§ 114 ff. ZPO Prozesskostenhilfe erhalten. Der Gemeinschaft der Wohnungseigentümer kann Prozesskostenhilfe als parteifähiger Vereinigung iSd. § 116 ZPO Ziff. 2 ZPO nur unter den dort genannten Voraussetzungen gewährt werden (LG Berlin NZM 2007, 493). Das setzt neben der gem § 114 ZPO erforderlichen Erfolgsaussicht der Rechtsverfolgung oder Rechtsverteidigung und dem Fehlen von Mutwillen voraus, dass weder der Verband noch die wirtschaftlich Beteiligten – die Wohnungseigentümer – die Kosten aufbringen können. Darüber hinaus darf Prozesskostenhilfe nur bewilligt werden, wenn die Unterlassung der Rechtsverfolgung oder Rechtsverteidigung dem allgemeinen Interesse zuwider laufen würde.

43. Zur Unterschrift s. Form. I. D. 1 Anm. 24.

Kosten und Gebühren

Die Kostenentscheidung in einer WEG-Sache ergeht wie in einem „normalen" ZPO-Verfahren nach den Bestimmungen der §§ 91 ff. ZPO, soweit § 50 WEG nichts anderes bestimmt und soweit das Gericht nicht von den Möglichkeiten des § 49 Abs. 1 WEG (s. dazu Form. II. H. 5 Anm. 14) oder § 49 Abs. 2 WEG (s. dazu Form. II. H. 14 Anm. 14 und II. H. 2 Anm. 19) Gebrauch macht. Streit besteht zurzeit, ob § 100 Abs. 1 oder Abs. 4 ZPO anzuwenden ist, wenn die beklagten Wohnungseigentümer den Rechtsstreit verlieren (s. dazu Form. H. II. 2 Anm. 19).

Für den Gebührenstreitwert ist zu unterscheiden (s. ausführlich *Einsiedler* ZMR 2008, 765): bei bezifferten Geldforderungen bemisst er sich gem. § 48 GKG nach der Höhe der geltend gemachten Forderung. Ist eine Klageforderung hingegen unbeziffert, richtet sich der Streitwert nach § 49 a GKG. Gem. § 49 a Abs. 1 S. 1 GKG ist er grundsätzlich auf 50% des Interesses der Parteien und aller Beigeladenen an der Entscheidung festzusetzen (Normalstreitwert). Der Gebührenstreitwert darf das Interesse des Klägers und der auf seiner Seite Beigetretenen an der Entscheidung allerdings nicht unterschreiten (Mindeststreitwert) und das Fünffache des Wertes ihres Interesses nicht überschreiten (Höchststreitwert), § 49 a Abs. 1 S. 2 GKG. Der Wert darf außerdem in keinem Fall den Verkehrswert des Wohnungseigentums des Klägers und der auf seiner Seite Beigetretenen übersteigen, § 49a Abs. 1 S. 3 GKG. Richtet sich eine Klage nur gegen einzelne Wohnungseigentümer, darf der Streitwert das Fünffache des Wertes ihres Interesses sowie des Interesses der auf ihrer Seite Beigetretenen nicht übersteigen, § 49a Abs. 2 S. 1 GKG; § 49a Abs. 1 S. 3 GKG gilt dann entsprechend. Bei Ermittlung des Interesses ist nicht allein auf den Wortlaut des Klageantrags abzustellen, sondern durch Auslegung der wirkliche Wille des Klägers (§ 133 BGB) zu ermitteln (LG Saarbrücken NZM 2009, 323). Bei nichtvermögensrechtlichen Streitigkeiten bietet sich ein Wert von bis zu 3.000,00 EUR an (*Merle* ZWE 2009, 168, 169).

Streitig ist, ob Ausgangspunkt für die von § 49a GKG geforderten Berechnungen die Rechtsprechung vor der WEG-Reform zum Gebührenstreitwert in WEG-Sachen Platz hat (bejahend LG Hamburg ZMR 2009, 71, 72; LG Nürnberg-Fürth ZMR 2008, 737, 738; LG Karlsruhe v. 31. 1. 2008 – 11 T 53/08; *Einsiedler* ZMR 2008, 765, 769; verneinend Riecke/Schmid/*Abramenko* Anhang § 50 Rdn. 4). Die zurzeit hM. hat zur Folge, dass die Gebührenstreitwerte ggü. dem früheren Recht geringer wären. Das scheint aber nicht billig und auch nicht vom Gesetzgeber beabsichtigt. Eine im Einzelfall notwendige Reduzierung des Streitwerts kann indes aus Gründen des Verfassungsrechts notwendig sein (*Elzer* NZM 2008, 432, 434). Streit besteht ferner noch, ob § 49a GKG auch für Verfahren nach § 43 Nr. 5 WEG anwendbar ist (verneinend *Briesemeister* NZM 2008, 345, 347).

Die Rechtsanwaltsgebühren für ein WEG-Verfahren unterscheiden sich grundsätzlich nicht von einem „normalen" Zivilprozess und bestimmen sich nach dem RVG iVm. seinem Vergütungsverzeichnis-VV (Anl. 1 zu § 2 Abs. 2 RVG). Für das Einleiten einer Klage entsteht eine 1,3 Verfahrensgebühr gem. Nr. 3100 VV, § 13 RVG, für die mündliche Verhandlung eine 1,2 Terminsgebühr nach Nr. 3104 VV, § 13 RVG und im Falle eines Vergleichsabschlusses eine 1,0 Einigungsgebühr gem. Nr. 1003 VV, § 13 RVG. Für die Berufung zum Landgericht entsteht eine erhöhte 1,6 Verfahrensgebühr gem. Nr. 3200 VV, § 13 RVG, die Terminsgebühr entsteht in Höhe 1,2 gem. Nr. 3202 VV, § 13 RVG. Besonderheiten können aus § 27 Abs. 2 Nr. 4 WEG und Abs. 3 S. 1 Nr. 6 WEG sowie aus § 50 WEG folgen. Eine Mehrvertretungsgebühr (Erhöhungsgebühr nach Nr. 1008 VV RVG: Erhöhung der normalen Prozess- oder Geschäftsgebühr um 0,3 pro weiteren Auftraggeber auf höchstens 2,0 Gesamtgebühr) fällt an, wenn ein Rechtsanwalt ausnahmsweise nicht die Gemeinschaft der Wohnungseigentümer, sondern mehrere Wohnungseigentümer vertritt. Dies ist zum einen der Fall, wenn mehrere oder sämtliche Wohnungseigentümer (ggf. mit Ausnahme des Beklagten) mit einem Rechtsanwalt einen Anwaltsvertrag schließen. Etwa bei der Vollstreckung von individuellen Beseitigungsansprüchen oder Unterlassungstiteln können die einzelnen Wohnungseigentümer und nicht der Verband Wohnungseigentümergemeinschaft Gläubiger sein; deshalb fällt die Erhöhungsgebühr an (LG München I ZMR 2008, 489). Eine Mehrvertretungsgebühr fällt zum anderen an, wenn der Verwalter nach § 27 Abs. 2 Nr. 3 WEG ermächtigt ist, die Wohnungseigentümer ggü. einem Anwalt zu vertreten und im Namen der Wohnungseigentümer mit einem Rechtsanwalt einen Vertrag zu schließen. Ferner ist das nach hM. der Fall, wenn der Verwalter einen Rechtsanwalt im Namen der Wohnungseigentümer bei einer Anfechtungsklage gestützt auf § 27 Abs. 2 Nr. 2 WEG beauftragt.

Fristen und Rechtsmittel

In Streitigkeiten nach § 43 Nr. 1 bis 4 und 6 WEG ist nach § 72 Abs. 2 S. 1 GVG grundsätzlich das für den Sitz des OLG zuständige LG gemeinsames Berufungs- und Beschwerdegericht für den Bezirk des OLG, in dem das AG seinen Sitz hat. Dies gilt auch für ein Rechtsmittel oder einen Rechtsbehelf – etwa einer Berufung bei einem Urteil nach § 767 ZPO (BGH NJW 2009, 1282), einer sofortigen Beschwerde nach § 793 ZPO gegen einen Beschluss nach §§ 887ff. ZPO (OLG Oldenburg NJW 2009, 859, 860) oder einer Beschwerde nach § 71 Abs. 1 GBO – in Zwangsvollstreckungsverfahren gegen einen in einem Verfahren nach § 43 Nr. 1 bis 4 und 6 WEG ergangenen Titel (BGH NJW 2009, 1282; OLG Oldenburg NJW 2009, 859, 860). Die Landesregierungen sind durch § 72 Abs. 2 S. 3 GVG ermächtigt worden, selbst oder durch ihre Landesjustizverwaltungen anstelle des nach § 72 Abs. 2 S. 1 GVG zuständigen Gerichts ein anderes Landgericht im Bezirk des Oberlandesgerichts zu bestimmen. Von dieser Möglichkeit haben bislang sechs Länder Gebrauch gemacht. Übersicht:

Land	OLG-Bezirk	Landgericht
Baden-Württemberg (auf § 4 Abs 1 BW-AGGVG (Gesetz zur Ausführung des Gerichtsverfassungsgesetzes und von Verfahrensgesetzen der ordentlichen Gerichtsbarkeit vom 16. 12. 1975, GBl 868, zuletzt geändert durch Gesetz vom 7. 3. 2006, GBl 77, mit weiteren Änderungen vom 14. 3. 2006) gestützter Erlass des Justizministeriums vom 20. 2. 2007)	OLG Karlsruhe	LG Karlsruhe
	OLG Stuttgart	LG Stuttgart
Bayern	OLG Bamberg	LG Bamberg
	OLG München	LG München I
	OLG Nürnberg	LG Nürnberg-Fürth
Berlin	KG	LG Berlin
Brandenburg (Zweite Verordnung über gerichtliche Zuständigkeiten und Zuständigkeitskonzentrationen (Zweite Gerichtszuständigkeits-Verordnung – 2. GerZV) vom 8. Mai 2007 (GVBl II/07, [Nr 09], S 113), geändert durch Artikel 1 der Verordnung vom 10. Juli 2007 (GVBl II 07, [Nr 14], S 158). § 3 a (Zuständigkeitskonzentration in Streitigkeiten nach dem Wohnungseigentumsgesetz): Das Landgericht Frankfurt (Oder) ist in Streitigkeiten nach § 43 Nr 1 bis 4 und 6 des Wohnungseigentumsgesetzes gemeinsames Berufungs- und Beschwerdegericht für den Bezirk des Brandenburgischen Oberlandesgerichts. Dies gilt auch für die in § 119 Abs 1 Nr 1 Buchstabe b und c des Gerichtsverfassungsgesetzes genannten Sachen)	OLG Brandenburg	LG Frankfurt/Oder
Bremen	OLG Bremen	LG Bremen
Hamburg	OLG Hamburg	LG Hamburg
Hessen	OLG Frankfurt	LG Frankfurt/Main
Mecklenburg-Vorpommern	OLG Rostock	LG Rostock

Land	OLG-Bezirk	Landgericht
Niedersachsen (Verordnung zur Regelung von Zuständigkeiten in der Gerichtsbarkeit und der Justizverwaltung (ZustVO-Justiz) vom 22. 1. 1998 (Nds. GVBl S 66), zuletzt geändert durch Verordnung vom 7. 8. 2007 (Nds. GVBl S 420). § 2 a (Streitigkeiten nach dem Wohnungseigentumsgesetz): Abweichend von § 72 Abs 2 Satz 1, auch in Verbindung mit Satz 2, GVG ist in Streitigkeiten nach § 43 Nr 1 bis 4 und 6 des Wohnungseigentumsgesetzes, auch wenn diese unter § 119 Abs 1 Nr 1 Buchst. b und c GVG fallen, für den Oberlandesgerichtsbezirk Oldenburg das Landgericht Aurich gemeinsames Berufungs- und Beschwerdegericht)	OLG Braunschweig	LG Braunschweig
	OLG Celle	LG Lüneburg
	OLG Oldenburg	LG Aurich
Nordrhein-Westfalen	OLG Hamm	LG Dortmund
	OLG Düsseldorf	LG Düsseldorf
	OLG Köln	LG Köln
Rheinland-Pfalz (Landesverordnung zur Bestimmung des gemeinsamen Berufungs- und Beschwerdegerichts in Streitigkeiten nach § 43 Nr 1 bis 4 und 6 des Wohnungseigentumsgesetzes für den Bezirk des Pfälzischen Oberlandesgerichts Zweibrücken vom 22. 8. 2007. § 1: In Streitigkeiten nach § 43 Nr 1 bis 4 und 6 des Wohnungseigentumsgesetzes ist das Landgericht Landau in der Pfalz gemeinsames Berufungs- und Beschwerdegericht für den Bezirk des Pfälzischen Oberlandesgerichts Zweibrücken. Dies gilt auch für die in § 119 Abs 1 Nr 1 Buchst. b und c des Gerichtsverfassungsgesetzes genannten Sachen)	OLG Koblenz	LG Koblenz
	OLG Zweibrücken	LG Landau
Saarland	OLG Saarbrücken	LG Saarbrücken
Sachsen	OLG Dresden	LG Dresden
Sachsen-Anhalt (Verordnung zur Bestimmung des gemeinsamen Berufungs- und Beschwerdegerichts in Streitigkeiten nach § 43 Nrn. 1	OLG Naumburg	LG Dessau-Roßlau

Land	OLG-Bezirk	Landgericht
bis 4 und 6 des Wohnungseigentumsgesetzes vom 2. 7. 2007 (GVBl LSA 2007, S 212). § 1: In Streitigkeiten nach § 43 Nr 1 bis 4 und 6 des Wohnungseigentumsgesetzes ist das Landgericht Dessau-Roßlau gemeinsames Berufungs- und Beschwerdegericht für den Bezirk des Oberlandesgerichts Naumburg)		
Schleswig-Holstein (Landesverordnung zur Bestimmung des Landgerichts Itzehoe als gemeinsames Berufungs- und Beschwerdegericht für Streitigkeiten nach § 43 Nr 1 bis 4 und 6 des Wohnungseigentumsgesetzes und zur Änderung der Justizermächtigungsübertragungsverordnung vom 11. Juli 2007 (GVOBl 2007, S 340). § 1: Als gemeinsames Berufungs- und Beschwerdegericht für den Bezirk des Schleswig-Holsteinischen Oberlandesgerichts für Streitigkeiten nach § 43 Nr 1 bis 4 und 6 des Wohnungseigentumsgesetzes in der im Bundesgesetzblatt Teil III, Gliederungsnummer 403–1, veröffentlichten bereinigten Fassung, zuletzt geändert durch Artikel 1 des Gesetzes vom 26. 3. 2007 (BGBl I 370), wird das Landgericht Itzehoe bestimmt)	OLG Schleswig	LG Itzehoe
Thüringen	OLG Jena	LG Gera

Wohin Berufungen und Beschwerden in Verfahren nach § 43 Nr. 5 WEG zu richten sind, bestimmen § 72 Abs. 1, Abs. 2 GVG. Beträgt der Zuständigkeitsstreitwert EUR 5.000,00 oder weniger, ist gem. § 23 Abs. 1 GVG erstinstanzlich das AG zuständig. Nach § 72 Abs. 1 GVG ist in diesem Falle daher grundsätzlich das örtlich zuständige LG das funktionell zuständige Berufungsgericht. War nach dem Zuständigkeitsstreitwert gem. § 71 Abs. 1 GVG das LG erstinstanzlich zuständig, in dem das Grundstück liegt, sind nach § 119 Abs. 1 Nr. 2 GVG für Berufungen die OLGe funktionell zuständig.

2. Anfechtungsklage nach § 46 Abs. 1 S. 1 WEG ohne Begründung[1]

Klageschrift[2]

An das Amtsgericht[3]
Abteilung für Wohnungseigentumssachen[4]

Klage[5]

des Wohnungseigentümers A., X.-Straße Nr. ……, …… (PLZ, Ort),

– Kläger[6] –

Prozessbevollmächtigter: V., W.-Straße Nr. ……, …… (PLZ, Ort),

gegen

die Eigentümer[7] der Wohnungseigentumsanlage X.-Straße Nr. ……, …… (PLZ, Ort), namentlich aufgeführt in der anliegenden Eigentümerliste[8],

– Beklagte –

Prozessbevollmächtigter: V., W.-Straße Nr. ……, …… (PLZ, Ort)[9],

Verwalter der Wohnungseigentumsanlage[10]: B., Y.-Straße Nr. ……, …… (PLZ, Ort),

Ersatzzustellungsvertreter: T., Y.-Straße Nr. ……, …… (PLZ, Ort),

wegen Ungültigkeit eines Beschlusses[11]
Vorläufiger Streitwert[12]: ……
Namens und in Vollmacht[13] des Klägers erhebe ich Klage und beantrage[14]:

1. **Dem Kläger wird vorsorglich Wiedereinsetzung wegen etwaiger Versäumung der Frist[15] zur Anfechtung des Eigentümerbeschlusses vom …… zu Tagesordnungspunkt …… (……) der Eigentümerversammlung vom …… (……) – Nr. …… der Beschluss-Sammlung der …… gewährt.**
2. **Der „Beschluss"[16] der Eigentümerversammlung vom …… zu Tagesordnungspunkt …… (……) der Eigentümerversammlung vom …… (……) – Nr. …… der Beschluss-Sammlung der …… wird für ungültig erklärt[17], hilfsweise, es wird festgestellt, dass der Beschluss der Eigentümerversammlung vom …… zu Tagesordnungspunkt …… (……) der Eigentümerversammlung vom …… (……) – Nr. …… der Beschluss-Sammlung der …… nichtig ist[18].**
3. **Dem Verwalter werden die Prozesskosten auferlegt,**
   hilfsweise, den Beklagten werden die Kosten des Rechtsstreits auferlegt[19].
4. **Für den Fall, dass das Gericht ein schriftliches Vorverfahren anordnet und die Beklagten ihre Verteidigungsbereitschaft nicht rechtzeitig anzeigen, den Erlass eines Versäumnisurteils[20, 21, 22].**

Hinweise

Eine nähere Begründung bleibt der Begründungsschrift[23] vorbehalten. Der Verwalter lud den Kläger nicht zur der Eigentümerversammlung vom …… . Der Kläger erfuhr von der Versammlung erst drei Wochen später. Eine Niederschrift der Versammlung liegt noch nicht vor.
Bereits jetzt wird vorsorglich gerügt, dass sämtliche in der Versammlung gefassten Beschlüsse wegen der Nichtladung des Klägers unter einem formellen Beschlussmangel leiden[24]. Jedenfalls der mit der Klage allein[25] angegriffene, die Jahresabrechnung genehmigende Beschluss beruht – soweit er Kosten iHv. 3.400,00 EUR für die Fällung eines Baums enthält – auch auf diesem Mangel. Welche Mehrheiten für den Genehmigungsbeschluss bestanden, kann der Kläger der Beschluss-Sammlung nicht entnehmen[26]. Der

Kläger hätte jedenfalls wegen der Baumfällungskosten gegen den Beschluss gestimmt und in der Versammlung die Gründe für seine ablehnende Haltung dargetan. Der Kläger muss davon ausgehen, dass der Beschluss dann nicht zustande gekommen[27].
Beglaubigte und einfache Abschrift liegen bei[28]. Ein Kostenvorschuss von ...... ist eingezahlt[29].

Rechtsanwalt[30]

Anmerkungen

1. Das Formular stellt eine Anfechtungsklage ohne Begründung vor. Anders als nach § 253 Abs. 2 Nr. 2 ZPO muss nach § 46 Abs. 1 S. 2 WEG eine Anfechtungsklage nicht schon mit der Klageschrift, sondern erst innerhalb zweier Monate nach der Beschlussfassung begründet werden. Die Klageschrift in einer Anfechtungsklage – die schon aus Gründen der Fristwahrung natürlich unumgänglich ist – kann sich wie eine Berufungsschrift (s. Form. II. H. Anm. 12) auf Aktiv- und Passivrubrum und die indes hier schon notwendige Ankündigung der Anträge beschränken. Welchen Weg der Anwalt beschreitet, hängt ua. davon ab, ob er bereits mit Klageerhebung die Klage auch begründen kann. Dies empfiehlt sich, da die Begründungsfrist des § 46 Abs. 1 S. 2 WEG leicht verpasst werden kann. Auch steht bei einer sofortigen Begründung der Streitgegenstand von Anfang an fest und es können sich keine Probleme mit dem „Nachschieben" von Gründen ergeben (s. dazu BGH NJW 2009, 2132; NJW 2009, 999, 1001; s. Form. II. H. 3 Anm. 21). Eine Begründung ist allerdings aussichtslos, wenn der Kläger diese noch nicht geben kann, zB. weil er nicht zur Versammlung geladen wurde und weder eine Niederschrift noch Informationen zur Versammlung vorliegen (auf ein Verschulden kommt es freilich nicht an – von einer Begründung kann auch abgesehen werden, wenn sie bereits gegeben werden könnte; ein Verstoß gegen § 282 ZPO kann darin nicht liegen).

2. S. zunächst Form. II. H. 1 Anm. 3. Der Klage muss, nicht wenn sie – wie hier – bereits mit der Klageschrift begründet wird, eine Klagebegründungsschrift folgen. Die Klagebegründungsschrift sollte aus Gründen der Klarstellung als solche überschrieben werden. Eine gesetzliche Anforderung ist dies nicht. Ein Schriftsatz muss nicht ausdrücklich als Begründungsschrift bezeichnet werden muss, um dem Begründungserfordernis zu genügen (BGH NJW 2009, 2132). Ob ein Schriftsatz die erforderliche Begründung darstellt, bestimmt sich nach dem durch Auslegung zu ermittelnden Willen des klagenden Wohnungseigentümers. Bei der Einordnung eines Schriftsatzes als Klagebegründungsschrift ist davon auszugehen, dass im Zweifel dasjenige gewollt ist, was nach den Maßstäben der Rechtsordnung vernünftig ist und dem recht verstandenen Interesse entspricht (BGH NJW 2009, 2132; NJW 2003, 3418, 3419).

3. Bei Streitigkeiten über die Gültigkeit von Beschlüssen der Wohnungseigentümer ist gem. § 43 Nr. 4 WEG das Gericht, in dessen Bezirk das Grundstück liegt, ausschließlich örtlich zuständig. Unter § 43 Nr. 4 WEG fallen vor allem Anfechtungsklagen nach § 46 WEG. Unter § 43 Nr. 4 WEG fallen aber nicht nur Anfechtungsklagen, sondern sämtliche Klagen „über die Gültigkeit von Beschlüssen". Das sind zB. Klagen auf Feststellung der Nichtigkeit eines Beschlusses (BGH BGHZ 107, 268 = NJW 1989, 2059; BayObLG NJW-RR 2003, 950), auf Feststellung der Gültigkeit eines Beschlusses und auf Feststellung, mit welchem Inhalt ein Beschluss gefällt wurde. § 43 Nr. 4 WEG unterfallen ferner solche Klagen, durch die ein Beschluss erst entstehen soll, indem das Gericht anstelle des Versammlungsleiters ein Abstimmungsergebnis feststellt und verkündet (vgl. zu allem Bärmann/*Wenzel* § 43 Rdn. 99 ff.). Zur sachlichen Zuständigkeit s. Form. II. H. 1 Anm. 1.

Das zuerkennende Urteil ist Gestaltungsurteil und beraubt den (ggf. teilweise) angefochtenen Beschluss ex tunc seiner Wirkungen. Hat der Verwalter den Beschluss nach

§ 27 Abs. 1 Nr. 1 WEG bereits ausgeführt, kommt ein Folgenbeseitigungsanspruch in Betracht (LG München I IMR 2008, 422; Jennißen/*Elzer* Vor §§ 23 bis 25 Rdn. 29 ff.). Wird eine Anfechtungsklage rechtskräftig als unbegründet abgewiesen, erwächst der angegriffene Beschluss in Bestandskraft. Darüber hinaus kann nach § 48 Abs. 4 WEG auch nicht mehr geltend gemacht werden, der Beschluss sei nichtig.

4. S. Form. II. H. 1 Anm. 2.

5. Die Klage mit dem Ziel, dass das Gericht einen Beschluss für ungültig erklären soll, ist eine Anfechtungsklage, vgl. § 46 Abs. 1 S. 1 WEG. Sie muss innerhalb eines Monats nach der Beschlussfassung erhoben und innerhalb zweier Monate nach der Beschlussfassung begründet werden. Die Anfechtungsklage ist die einzige Möglichkeit eines Wohnungseigentümers, einem ordnungswidrigen, aber jedenfalls nicht nichtigen Beschluss mit Eintritt der rechtskräftigen Entscheidung seiner Bindungskraft zu entkleiden. Streitgegenstand einer Anfechtungsklage ist vor allem die Prüfung formeller und materieller Mängel eines Beschlusses. Streitgegenstand ist daneben, ob der angegriffene Beschluss nichtig ist und deshalb keine Wirkungen entfaltet (dazu Anm. 18). Haben verschiedene Wohnungseigentümer Klagen auf Erklärung oder Feststellung der Ungültigkeit desselben Beschlusses erhoben, sind diese nach § 47 S. 1 WEG zur gleichzeitigen Verhandlung und Entscheidung zu verbinden. Die Verbindung bewirkt, dass die Kläger der vorher selbständigen Prozesse als Streitgenossen anzusehen sind.

6. Anfechtungsbefugt iSv. § 46 Abs. 1 S. 1 WEG sind sämtliche Wohnungseigentümer. Auf die Frage des Stimmrechts kommt es nicht an (KG NJW-RR 1996, 642, 643). Verfahrensrechte können verwirkt werden (BGH NJW 2009, 81, 83). Die Anfechtungsbefugnis kann aber grundsätzlich nicht verwirkt werden (aA. LG Köln NZM 2008, 896). Es ist auch nicht erforderlich, dass der Anfechtende durch den Beschluss persönlich betroffen ist oder sonst Nachteile erleidet (BGH BGHZ 156, 19, 22 = NJW 2003, 3124). Ein Wohnungseigentümer verliert sein Anfechtungsrecht nicht dadurch, dass er während des Verfahrens seine Eigentümerstellung verliert (BGH ZMR 2002, 941, 943). Auch ein werdender Wohnungseigentümer ist anfechtungsberechtigt (Bärmann/*Wenzel* § 46 Rdn. 27). Bei einer juristischen Person steht das Anfechtungsrecht der Gesellschaft zu. Für eine OHG sind nach § 114 Abs 1 HGB sämtliche Gesellschafter anfechtungsbefugt. Für eine KG handelt der Komplementär. Ist eine rechtsfähige GbR Eigentümerin eines Wohnungs- oder Teileigentums, ist diese anfechtungsbefugt (Jennißen/*Suilmann* § 46 Rdn. 27). Eine Anfechtungsbefugnis für einen Gesellschafter kommt in Notfällen analog § 744 Abs. 2 BGB in Betracht (BGH BGHZ 17, 181, 183 = NJW 1955, 1027). Bei einer Innengesellschaft ist der einzelne Gesellschafter außer in Notfällen wegen § 709 BGB allein nicht anfechtungsbefugt (aA. *Becker* ZWE 2008, 405, 407). Steht ein Recht Mehreren gemeinschaftlich zu, ist jeder Gemeinschafter potenziell anfechtungsbefugt (OLG Frankfurt NZM 2007, 490 = ZMR 2007, 291; KG NJW-RR 1994, 278, 279 = ZMR 1993, 430). Klagebefugt sind auch gesetzliche Verwalter eines Wohnungseigentums; das sind zB. der Insolvenzverwalter, der Zwangsverwalter oder der Nachlassverwalter. Mietern steht auf Grund ihrer bloß schuldrechtlichen Beziehungen kein originäres eigenes Antragsrecht zu, auch wenn sie von einem Beschluss betroffen sind. Auch dinglich Berechtigten wie Grundpfandrechtsgläubigern oder Nießbrauchern steht keine Klagebefugnis zu (OLG Düsseldorf ZMR 2005, 469; BayObLG ZMR 1998, 709).

Nach § 46 Abs. 1 S. 1 WEG besitzt auch der Verwalter ein Anfechtungsrecht. Der abberufene Verwalter besitzt eine Anfechtungsbefugnis, wenn er gegen seine Abberufung im Wege der Anfechtungsklage vorgeht. Der Verwalter ist jedenfalls befugt, den Beschluss über seine Abberufung anzufechten (BGH ZMR 2007, 798 = NJW 2007, 2776; BGHZ 151, 164, 169 ff = NJW 2002, 3240; s. auch *Briesemeister,* ZWE 2008, 416 ff.). Ebenso ist er berechtigt, einen gerichtlichen Beschluss anzufechten, der den Bestellungsbeschluss für ungültig erklärt (BGH ZMR 2007, 798 = NJW 2007, 2776). Entsprechendes gilt allgemein für sämtliche Gegenstände, die das An- oder Bestellungsverhältnis des

Verwalters zum Verband und/oder zu den Wohnungseigentümern betreffen (*Hügel/Elzer* § 13 Rdn. 120; Bärmann/*Wenzel* § 46 Rdn. 32). Ob ein hierüber hinaus bestehendes altruistisches Anfechtungsrecht besteht, ist strittig.

7. Die Anfechtungsklage ist gem. § 46 Abs. 1 S. 1 Var. 1 WEG zu richten gegen sämtliche bei Erhebung der Klage übrigen Wohnungseigentümer (auch die werdenden) in notwendiger Streitgenossenschaft, § 62 Abs. 1 Fall 1 ZPO. Ist ein Dritter über das Sondereigentum verfügungsbefugt, zB. ein Insolvenz- oder Zwangsverwalter oder ein Testamentsvollstrecker, ist anstelle des Wohnungseigentümers der Dritte zu verklagen. Klagt der Verwalter, ist die Klage nach § 46 Abs. 1 S. 1 Var. 2 WEG gegen alle Wohnungseigentümer zu richten. Fechten sämtliche Wohnungseigentümer einen Beschluss an, ist die Rechtslage noch unklar. Wahrscheinlich ist die Klage nicht wegen des Verbots des Insichprozesses und mangels Rechtsschutzbedürfnisses als unzulässig abzuweisen (*Abramenko* ZMR 2008, 689, 690; aA. AG Bingen am Rhein ZMR 2008, 739, 740; *Bonifacio* ZMR 2007, 592, 594; s. auch BGH NJW-RR 1999, 1152). In der Klageerhebung durch sämtliche Wohnungseigentümer kann ggf. eine konkludente Vereinbarung liegen, mit der der Beschluss aufgehoben wird. Ungeklärt ist, ob die Wohnungseigentümer eine Übernahme des kapitalgesellschaftsrechtlichen Systems vereinbaren können mit der Folge, dass an ihrer Stelle die Gemeinschaft der Wohnungseigentümer Beklagter der Anfechtungsklage ist.

Wird versehentlich die Gemeinschaft im Passivrubrum aufgeführt, neigen die Untergerichte zurzeit dazu, eine Berichtigung nach Ablauf der Anfechtungsfrist des § 46 Abs. 1 S. 2 WEG nicht für möglich zu achten. Diese Ansicht ist freilich bei einer Anfechtungsklage zu streng (vgl. OLG Karlsruhe ZMR 2008, 902, 903; sa. *Schuschke* NZM 2009, 417ff.; allgemein *Burbulla* MDR 2007, 439ff.). Ergibt die Auslegung, dass eine Partei lediglich unrichtig oder ungenau bezeichnet ist, ist diese Falschbezeichnung unschädlich (BGH NJW-RR 2008, 582, 583). Das müsste bei einer gegen die Gemeinschaft gerichteten Anfechtungsklage der Regelfall sein. Anders ist es dort, wo sich die Klage sowohl gegen die Gemeinschaft als auch die Wohnungseigentümer richten kann, zB. in einer nach § 43 Nr. 2 WEG geführten Klage.

8. Die beklagten Wohnungseigentümer sind grundsätzlich nach den allgemeinen Regeln zu bezeichnen (s. Form. II. H. 1 Anm. 3). Wegen der Vielzahl der möglichen Beklagten kann es sich ua. bei der fristbedingten Anfechtungsklage allerdings als schwierig erweisen, alle Wohnungseigentümer von Anfang an namentlich und mit der vollständigen Adresse zu bezeichnen. Um diesen Erschwernissen zu begegnen, besteht nach § 44 Abs. 1 S. 1 Hs. 1 WEG die Möglichkeit einer vorläufigen „Sammelbezeichnung". Für die nähere Bezeichnung der Beklagten genügt in der Klageschrift noch die bestimmte Angabe des gemeinschaftlichen Grundstücks. Diese Angabe kann nach der postalischen Anschrift oder nach der Grundbucheintragung erfolgen.

Nach dem – nicht überzeugenden – Schrifttum kann sich der Kläger keiner Sammelbezeichnung bedienen, wenn ein Verwalter und ein Ersatzzustellungsvertreter fehlen (Jennißen/*Suilmann* § 44 Rdn. 7; Riecke/Schmid/*Abramenko* § 44 Rdn. 2; Bärmann/*Wenzel* § 44 Rdn. 9). Bis zu einer Klärung, sollte in diesen Fällen zurzeit jedenfalls versucht werden, sämtliche beklagten Wohnungseigentümer von Anfang an vollständig zu bezeichnen. Kann der Kläger die Wohnungseigentümer nicht von sich aus namentlich benennen, ist der Verwalter verpflichtet, ihm eine aktuelle und vollständige Eigentümerliste zur Verfügung zu stellen (OLG Saarbrücken ZMR 2007, 141). Sofern die zustellungsfähigen Anschriften anders nicht zu erlangen sind, kann das Gericht dem Verwalter in entsprechender Anwendung von § 142 Abs 1 ZPO ggf. auch aufgeben, eine Eigentümerliste vorzulegen (LG Stuttgart ZMR 2009, 77, 78; Riecke/Schmid/*Abramenko* § 44 Rdn. 7; aA. Bärmann/*Wenzel* § 44 Rdn. 11). Der Kläger kann auch die Wohnungsgrundbücher einsehen, um die Beklagten namentlich zu bezeichnen (*Bergerhoff* NZM 2007, 425, 426). Das nach § 12 Abs. 1 S. 1 GBO erforderliche berechtigte Interesse folgt aus der Klageerhebung (*Bergerhoff* NZM 2007, 425, 426; Bamberger/Roth/*Scheel* § 44

Rdn. 5.1). Aus den Grundakten können sich die ladungsfähigen Adressen der Wohnungseigentümer ergeben.

Die namentliche Bezeichnung der Wohnungseigentümer hat spätestens bis zum Schluss der mündlichen Verhandlung zu erfolgen, § 44 Abs. 1 S. 2 WEG. Die Bezeichnung erfolgt häufig durch eine „Eigentümerliste", eine meist nummerierte Auflistung der Parteien zur Entlastung des Aktiv- oder Passivrubrums der Klageschrift. Diese muss nicht genutzt werden: angemessen und prozessual richtig ist es, sämtliche Beklagten im Passivrubrum der Klageschrift aufzuführen. Wird eine Eigentümerliste genutzt, so ist auf sie jedenfalls große Sorgfalt zu verwenden (vom Verwalter geführte Listen sind häufig fehlerhaft und sollten vom Rechtsanwalt sorgfältig geprüft werden). Sie muss den allgemeinen Regeln nach §§ 253 Abs. 4, 130 Nr. 1 ZPO entsprechen, also die Beklagten und ggf. ihre gesetzlichen Vertreter, zB. wenn ein Wohnungseigentümer eine jur. Person ist, nach Namen, Stand oder Gewerbe, Wohnort und Parteistellung bezeichnen.

9. Jeder Wohnungseigentümer ist im Prinzip berechtigt wie verpflichtet, sich für die Verteidigung gegen eine Anfechtungsklage selbst um einen Bevollmächtigten im Prozess zu kümmern. Wegen der indes kurzen prozessualen Fristen, zB. der Verteidigungsanzeige nach § 276 Abs. 1 S. 1 Hs. 1 ZPO, weil die beklagten Wohnungseigentümer zumeist ein gemeinsames Interesse an der Verteidigung haben, und weil die Anfechtungsklage zumeist nicht den beklagten Wohnungseigentümern, sondern nach § 45 Abs. 1 WEG dem Verwalter als Zustellungsvertreter zugestellt wird, ist allerdings auch der Verwalter durch § 27 Abs. 2 Nr. 2 WEG von Gesetzes wegen ermächtigt, die Maßnahmen zu treffen, die zur Wahrung einer Frist oder zur Abwendung eines sonstigen Rechtsnachteils erforderlich sind, insbesondere eine Anfechtungsklage selbst zu führen (OLG München MDR 2008, 620; *Müller* ZWE 2008, 226; *Bergerhoff* GE 2008, 653; *Hügel/Elzer* § 11 Rdn. 67ff.; aA. *Merle* ZWE 2008, 109). Dem steht § 79 Abs. 2 ZPO nicht entgegen. Denn es ist davon auszugehen, dass § 27 Abs. 2 Nr. 2 WEG als Sondervorschrift in seinem Anwendungsbereich diese Vorschrift verdrängt (*Elzer* ZMR 2008, 772, 774/775).

Der Verwalter darf § 27 Abs. 2 Nr. 2 WEG im Namen und in Vollmacht der Wohnungseigentümer Schriftsätze fertigen, vor Gericht auftreten, Anträge formulieren und auch Rechtsmittel einlegen. Nach §§ 88 Abs. 2, 80 ZPO müsste er seine Vollmacht schriftlich zu den Gerichtsakten einreichen. Ein schriftlicher Nachweis sollte allerdings entbehrlich sein, weil die Vertretungsmacht aus § 27 Abs. 2 Nr. 2 WEG folgt. Im Falle des § 27 Abs. 2 Nr. 3 WEG (und auch nach Abs. 3 S. 1 Nr. 7 WEG) ist der Nachweis durch die Niederschrift des Ermächtigungsbeschlusses oder – falls die Ermächtigung aus einer Vereinbarung oder aus einem Beschluss folgt – durch Vorlage dieser zu führen. Ob die durch das Gesetz eingeräumte Ermächtigung so weit wie § 81 ZPO zu verstehen ist und ob der Verwalter ggf. auch materiell-rechtliche Erklärungen abgeben darf, ist ungeklärt (für ein enges Verständnis und nur die Möglichkeit prozessualer Erklärungen *Schmid* MDR 2009, 12, 13). Die in § 81 ZPO vorgesehene Verzichtsleistung auf den Streitgegenstand oder Anerkennung des von dem Gegner geltend gemachten Anspruchs soll die Verfahrensvollmacht des Verwalters jedenfalls nicht umfassen (BayObLG ZMR 2004, 839, 840; ZWE 2001, 593; ZMR 1997, 325, 326).

Statt der Führung der Verteidigung, kann der Verwalter einen Rechtsanwalt im Namen der Wohnungseigentümer (BGH NJW 1987, 2240; LG Hamburg ZMR 2003, 232; Köhler/Bassenge/*Greiner* Teil 11 Rdn. 322; str.) mit der Prozessführung betrauen (Bärmann/*Merle* § 27 Rdn. 160; Jennißen/*Heinemann* § 27 Rdn. 74). In diesem Falle ist vom Rechtsanwalt zu überlegen, eine Vereinbarung nach § 27 Abs. 2 Nr. 4 WEG zu schließen, dass sich die Rechtsanwaltsgebühren nach einem höheren als dem gesetzlichen Streitwert bemessen, höchstens nach einem gem. § 49a Abs. 1 S. 1 GKG bestimmten Streitwert (s. dazu Bärmann/*Merle* § 27 Rdn. 162; Jennißen/*Heinemann* § 27 Rdn. 80).

Ebenso wie die Zustellungsvertretung nach § 45 Abs. 1 WEG, endet der vom Verwalter geschlossene Rechtsanwaltsvertrag zu einem Wohnungseigentümer, wenn dieser selbst eine Verteidigung auf die Beine stellt und einen anderen Rechtsanwalt mit der Wahrnehmung betraut. In diesem Falle kann es im Falle des Obsiegens bei der Erstattung der außergerichtlichen Kosten zu Problemen kommen. Nach § 50 WEG sind den Wohnungseigentümern als zur zweckentsprechenden Rechtsverfolgung oder Rechtsverteidigung notwendige Kosten grundsätzlich nur die Kosten eines bevollmächtigten Rechtsanwalts zu erstatten. Hat der Verwalter einen Rechtsanwalt beauftragt, die beklagten Wohnungseigentümer zu vertreten, und lassen sich einzelne dieser Eigentümer, ohne dass dies geboten ist, durch weitere Anwälte vertreten, sind die Kosten des von dem Verwalter beauftragten Anwalts vorrangig zu erstatten (BGH, BeckRS 2009, 23982). Dies muss wohl auch dann gelten, wenn ein Wohnungseigentümer „seinen" Anwalt beauftragt hat, bevor der Verwalter handelte. Noch ungeklärt ist, was gilt, wenn nicht der Verwalter, sondern mehrere Wohnungseigentümer nebeneinander einen eigenen Anwalt beauftragt haben. Hier bietet sich – wenn die Beauftragung i. S. v. § 50 WEG geboten war, eine quotale Aufteilung an.

10. In der Klageschrift über eine Anfechtungsklage sind nach § 44 Abs. 1 S. 1 Hs. 2 WEG der Verwalter und der gem. § 45 Abs. 2 S. 1 WEG bestellte Ersatzzustellungsvertreter zu bezeichnen. Die Nennung des Verwalters ist einerseits notwendig, damit das Gericht, wenn es von der Zustellungsvertretungsmacht des Verwalters nach § 45 Abs. 1 WEG Gebrauch machen will und kein Ausschlussgrund vorliegt, um dessen Daten weiß. Um die Rechtskrafterstreckung des § 48 Abs. 3 WEG zu rechtfertigen ist die Nennung andererseits notwendig, um den Verwalter nach § 48 Abs. 1 S. 2 WEG beizuladen, soweit er nicht ohnehin Partei ist. Die Nennung des Ersatzzustellungsvertreters ist notwendig, damit das Gericht, wenn es von seiner Zustellungsvertretungsmacht nach § 45 Abs. 2 S. 1 WEG Gebrauch machen will und kein Ausschlussgrund vorliegt, um dessen Daten weiß. Haben die Wohnungseigentümer weder einen Verwalter noch einen Ersatzzustellungsvertreter bestellt, genügt in der Klageschrift die Verweisung darauf, dass weder der Verwalter noch einen Ersatzzustellungsvertreter vorhanden sind (*Bergerhoff* NZM 2007, 425, 426; „In der Wohnungseigentumsanlage ist kein Verwalter bestellt worden"). Zur Nutzung einer Sammelbezeichnung in diesem Falle s. Anm. 6.

Der Verwalter besitzt gem. § 45 Abs. 1 S. 1 WEG keine Zustellungsvertretungsmacht, wenn eine Kollision zwischen den Interessen der Wohnungseigentümer und denen des Verwalters zu befürchten steht. Eine Interessenskollision wird vom Gesetz dann unwiderleglich fingiert, wenn der Verwalter als Gegner der Wohnungseigentümer an einem Verfahren beteiligt ist (zum alten Recht OLG München MietRB 2008, 45). Die Frage, ob neben den gesetzlich benannten Interessenskollisionen im Übrigen in der Sache ein begründeter Interessenskonflikt iSv. § 45 Abs. 1 S. 1 Var. 2 WEG vorliegt, muss sich aus dem Streitgegenstand ergeben und ist nach heute hM. nur im Einzelfall und also nicht formal, sondern konkret zu beantworten (KG ZMR 2004, 142 = NZM 2003, 604; BayObLG ZMR 2002, 532, 533). Eine bloß behauptete oder unstreitige allgemeine (abstrakte) Unzuverlässigkeit genügt also nicht (Palandt/*Bassenge* § 45 Rdn. 4). Eine Interessenskollision liegt insbesondere nahe, wenn über die Ungültigkeit von Beschlüssen gestritten wird, die die Rechtsstellung des Verwalters betreffen, also bei Anfechtung eines Bestellungs- und/oder Abberufungsbeschlusses (OLG Düsseldorf ZMR 1994, 520; BayObLG WuM 1991, 131), bei Anfechtung des Beschlusses zum Anstellungsvertrag, wenn konkrete Pflichtwidrigkeiten des Verwalters in Frage stehen (BayObLG ZMR 1997, 613, 614), bei Streit über die Rechte und Pflichten des Verwalters (OLG München MietRB 2008, 45) oder wenn der Verwalter Wohnungseigentümer nicht beteiligen will (OLG Düsseldorf ZMR 2007, 126, 127).

11. S. Form. II. H. 1 Anm. 11.

12. Ebenso wie für eine Wohngeldklage (s. Form. II. H. 1 Anm. 39), ist für eine Anfechtungsklage die Angabe des Wertes des Streitgegenstandes möglich, aber entbehrlich, da die sachliche Zuständigkeit des Gerichts nicht vom Gegenstandswert abhängt.

13. S. Form. II. H. 1 Anm. 12.

14. Auf Grund der Klageschrift und des in ihr zwingend enthaltenen Antrags (s. Form. II. H. 1 Anm. 13) muss innerhalb der Klagefrist (s. Anm. 5 und Anm. 15) feststehen, welche konkretisierbar bezeichneten Beschlüsse angegriffen werden (*Dötsch* ZMR 2008, 433, 436). Ein Beschlussanfechtungsantrag muss deshalb unter Berücksichtigung aller erkennbaren Umstände und der allgemeinen Auslegungsgrundsätze klar erkennen lassen, welche Beschlüsse im Einzelnen angefochten werden sollen (OLG Frankfurt OLGReport Frankfurt 2005, 80; *Bonifacio* ZMR 2005, 327, 328; *Hügel/Elzer* § 13 Rdn. 144). Eine wirksame Beschlussanfechtung liegt nur vor, wenn sich dem Antrag unter Berücksichtigung aller erkennbaren Umstände sowie nach Maßgabe der allgemeinen Auslegungsgrundsätze entnehmen lässt, welche Beschlüsse im Einzelnen angefochten sein sollen (OLG München ZMR 2006, 949; BayObLG ZMR 2005, 969; KG ZMR 2003, 874, 875). Der angefochtene Beschluss muss so bezeichnet werden, dass sich ohne weiteres beurteilen lässt, welche sonstigen von den Wohnungseigentümern gefassten Beschlüsse demgegenüber unanfechtbar geworden sind. Ein unbestimmter Klageantrag ist grundsätzlich unzulässig (s. aber Form II. H. 5 Anm. 13), die Klage daher durch Prozessurteil abzuweisen. Um dies zu vermeiden, sollte der Klageantrag einer Anfechtungsklage neben der Nummer des Beschlusses ggf. den Ort und das Datum der Versammlung, den Gegenstand des Beschlusses sowie den entsprechenden Tagesordnungspunkt bezeichnen, zu dem der Beschluss gefasst wurde.

Der Anfechtungskläger kann einen Beschluss – sofern er iSv. § 301 Abs. 1 S. 1 ZPO teilbar ist – auch nur teilweise angreifen (BGH ZMR 2007, 975 = NJW 2007, 3492; BGHZ 171, 335 = ZMR 2007, 623 = NJW 2007, 1869; OLG München IMR 2008, 312; OLG Saarbrücken NZM 2006, 228). Diese Möglichkeit besteht vor allem bei der Jahresabrechnung. Sie besteht ferner bei Beschlüssen, die mehrere Gegenstände haben. Soll bei einem Beschluss nur ein einzelner Gegenstand angefochten werden, ist das klarzustellen. Fehlt es hieran, ist der gesamte Beschluss zur Überprüfung gestellt (OLG München ZMR 2006, 949).

15. Eine Anfechtungsklage muss gem. § 46 Abs. 1 S. 2 WEG innerhalb eines Monats nach der Beschlussfassung erhoben werden (Klagefrist). Durch Verwendung des Begriffs „Erhebung" wird auf die Rechtshängigkeit der Klage (§§ 253 Abs. 1 iVm. § 261 Abs. 1 ZPO) und damit auf die erfolgte Zustellung der Klageschrift abgestellt (AG Charlottenburg BeckRS 2008, 09065; AG Bonn ZMR 2008, 245, 246), wobei § 167 ZPO anwendbar ist. Die Anfechtungsfrist wird als materiell-rechtliche Frist verstanden (BGH NJW 2009, 2132, 2133; NJW 2009, 999). Wird die Klagefrist versäumt, ist eine Anfechtungsklage als unbegründet, nicht als unzulässig abzuweisen (BGH NJW 2009, 999; ZMR 1999, 44, 45; BayObLG ZMR 2001, 292, 293). Das Gericht hat die Einhaltung der Frist anhand der aus Akte und Antrag ersichtlichen Tatsachen von Amts wegen zu prüfen (*Dötsch* ZMR 2008, 433, 436). Ein einredeweises „Berufen" auf den Ablauf der Frist durch die Beklagten ist nicht erforderlich; rügeloses Einlassen (§ 295 ZPO) der Beklagten ist wegen des materiell-rechtlichen Charakters der Frist unschädlich. Die Monatsfrist beginnt mit dem Tag der Beschlussfassung zu laufen (BayObLG NJW-RR 1989, 656 = BayObLGZ 1989, 13; OLG Hamm OLGZ 1985, 147; LG Bonn ZMR 2003, 784). Der Fristbeginn ist nicht davon abhängig, wann ein Wohnungseigentümer Kenntnis von den in der Versammlung gefassten Beschlüssen nimmt, ob er an der Eigentümerversammlung teilgenommen oder wann ihn die Niederschrift über die Versammlung erreicht hat. Da jeder Wohnungseigentümer damit rechnen muss, dass auf einer Versammlung Beschlüsse gefasst werden, muss er sich bei Nichtteilnahme selbst Kenntnis vom Ergebnis der Versammlung verschaffen, wenn er nicht eine Fristversäumung riskieren will (BayObLG ZMR 2005, 559, 560). Enthält der Beschluss eine aufschiebende Bedingung, beginnt die Anfechtungsfrist gleichwohl mit der Beschlussfassung, da die aufschiebende Bedingung lediglich die Rechtswirkungen hinausschiebt, nicht aber das Zustandekommen des Beschlusses selbst (*Jennißen* NJW 1998, 2253, 2256). Die Einhaltung der Anfechtungsfrist ist für jeden klagenden Wohnungseigentümer selbstständig zu beurteilen (LG Köln NZM 2008, 896).

Nach § 46 Abs. 1 S. 3 WEG finden §§ 233 bis 238 ZPO entsprechend auf die Versäumung der Klagefrist und auf die Versäumung der Klagebegründungsfrist Anwendung. Zur Wiedereinsetzung s. Form II. H. 3 Anm. 33 ff.

16. Ein Beschluss ist die rechtliche Fassung eines einheitlichen Willens aus den Einzelwillen der Abstimmenden. Der Eigentümerbeschluss ist weder Vertrag noch Kontrakt, sondern mehrseitiges Rechtsgeschäft eigener Art. Zweck ist es, mehrere identische und gleichgerichtete Willenserklärungen („Ja-Stimmen") zur Bestimmung der Willensbildung und zur Klärung, was gilt, zu kanalisieren und zu bündeln (*Wenzel* ZWE 2000, 382, 383). Beschlüsse dienen der innerorganisatorischen Willensbildung der Wohnungseigentümer sowie der Willensbildung der Gemeinschaft der Wohnungseigentümergemeinschaft (Jennißen/*Elzer* § 23 Rdn. 38). Durch einen Beschluss wollen die Wohnungseigentümer ihre Beziehungen als „Wohnungseigentümer" und Mitinhaber des gemeinschaftlichen Eigentums oder als Inhaber des Sondereigentums innerhalb des durch das Gesetz bereits abstrakt bestimmten Rahmens konkret-individuell und angepasst gerade auf die Verhältnisse einer bestimmten Anlage regeln.

17. Der Antrag einer Anfechtungsklage muss auf Ungültigkeitserklärung lauten. Ziel einer Anfechtungsklage ist eine richterliche Gestaltung. Das Gericht soll einen zwar nicht nichtigen, aber auch nicht ordnungsmäßigen Beschluss für ungültig erklären. Die Erklärung ist notwendig, weil nach § 23 Abs. 4 S. 2 WEG ein Beschluss solange gültig ist, die ihm Unterworfenen bindet und vom Verwalter nach § 27 Abs. 1 Nr. 1 WEG auszuführen ist, solange er nicht durch rechtskräftiges Urteil für ungültig erklärt ist.

18. Streitgegenstand einer Anfechtungsklage ist neben der Rechtswidrigkeit eines Beschlusses (Ordnungsmäßig- oder Ordnungswidrigkeit) auch die Frage, ob der angegriffene Beschluss nichtig ist und deshalb keine Wirkungen entfaltet (BGH NJW 2009, 2132, 2134; NJW 2009, 999, 1001). Die Gründe für eine Anfechtungsklage können bei Vorliegen der sachlichen Voraussetzung zur Nichtigkeit des angefochtenen Beschlusses führen (BGH NJW 2009, 2132, 2134; NJW 2009, 999, 1001). Die Begründungsfrist des § 46 Abs. 1 S. 2 WEG gilt nicht (BGH NJW 2009, 2132, 2134). Dieses weite Streitgegenstandsverständnis folgt aus § 46 Abs. 2 WEG, wonach das Gericht, wenn der Kläger erkennbar eine Tatsache übersehen, aus der sich ergibt, dass der Beschluss nichtig ist, auf die Nichtigkeit hinzuweisen hat. Ferner ergibt es sich aus § 48 Abs. 4 WEG, nach dem dann, wenn durch ein Urteil eine Anfechtungsklage als unbegründet abgewiesen wird, auch nicht mehr geltend gemacht werden kann, der Beschluss sei nichtig. Der Kläger sollte aus diesem Grunde und wegen der Unsicherheit, ob das Gericht den angegriffenen Beschluss nur für ordnungswidrig hält, grundsätzlich hilfsweise die Feststellung der Nichtigkeit beantragen (so auch *Waclawik*, Prozessführung im Gesellschaftsrecht, Rdn. 48 für die aktienrechtliche Anfechtungsklage). Allerdings ist das Gericht im Falle der Nichtigkeit eines Beschlusses nicht gem. § 308 Abs. 1 S. 1 ZPO an den Antrag auf Ungültigkeiterklärung gebunden (*Dötsch* ZMR 2008, 433, 434; Jennißen/*Suilmann* § 46 Rdn. 160), so dass der Antrag nur der Vorsicht halber gestellt ist. Voraussetzung für eine Feststellung der Nichtigkeit ist im Übrigen, dass der Kläger die zur Nichtigkeit des angefochtenen Beschlusses führenden Tatsachen in den Prozess einführt oder sich die von Dritten oder vom Gericht nach § 46 Abs. 2 WEG genannten Gründe hilfsweise „zu eigen macht". Denn es ist Sache der klagenden Partei, ob sie ihrer Klage Nichtigkeitsgründe zu Grunde legen möchte oder nicht (BGH NJW 2009, 999, 1001). Der BGH wies eine Berufung auf Nichtigkeit ab, weil weder der Kläger noch seine Streitgenossen die Nichtigkeit schlüssig vorgetragen hatten (BGH NJW 2009, 2132).

Ein Beschluss ist nach § 23 Abs. 4 S. 1 WEG nichtig, wenn er gegen Vorschriften des WEG verstößt, auf deren Einhaltung nicht verzichtet werden kann. Die Nichtigkeit kann sich ferner daraus ergeben, dass der Beschluss seinem Inhalt nach gegen andere zwingende Vorschriften oder die guten Sitten verstößt, in den Kernbereich des Wohnungseigentums eingreift oder die Grenzen der Beschlusskompetenz überschreitet (BGH NJW 2009, 2132, 2134).

19. Nach § 91 Abs. 1 S. 1 ZPO hat grundsätzlich die unterliegende Partei die Kosten des Rechtsstreits zu tragen. Hiervon abweichend bestimmt § 49 Abs. 2 WEG, dass in einem Verfahren nach § 43 WEG die Prozesskosten – was wohl synonym mit Kosten des Rechtsstreits zu lesen ist – dem Verwalter ganz oder teilweise dann auferlegt werden, auch wenn er nicht Kläger, Beklagter oder Nebenintervenient ist. Für eine Kostenentscheidung zu Lasten des Verwalters notwendig, aber auch ausreichend ist, dass die Tätigkeit des Gerichts durch den Verwalter veranlasst wurde. Unter Veranlassung ist zu verstehen, dass ein nicht ordnungsmäßiges Tun oder Unterlassen oder ein Fehler des Verwalters einen Wohnungseigentümer dazu aufgerufen haben, ein Verfahren nach § 43 WEG zu suchen und das Gericht durch Erhebung einer Klage anzurufen (*Skrobek* ZMR 2008, 173, 175). Um den Verwalter zu schützen, reicht allerdings nicht jedes Verschulden. Das Gesetz verlangt, dass den Verwalter ein grobes Verschulden trifft. Grobes Verschulden liegt vor, wenn der Verwalter nach einer wertenden Gesamtschau die im Verkehr erforderliche Sorgfalt in besonders schwerem und ungewöhnlich hohem Maße unbeachtet lässt (BGH MDR 2006, 1188 = NZI 2006, 299; MDR 2003, 505, 506). Vorausgesetzt ist eine das gewöhnliche Maß der Fahrlässigkeit erheblich übersteigende Schwere des Sorgfaltsverstoßes (BGH MDR 2006, 1188 = NZI 2006, 299; BGHZ 119, 147, 149 = MDR 1992, 945; NJW 1988, 1265, 1266). Im Gegensatz zur einfachen Fahrlässigkeit muss es sich bei einem grob fahrlässigen Verhalten um ein auch in subjektiver Hinsicht unentschuldbares Fehlverhalten handeln, das ein gewöhnliches Maß erheblich übersteigt (BGH MDR 2003, 505, 506; MDR 1998, 29, 30). Verwalter iS. von § 49 WEG ist der aktuelle (bestellte) Verwalter. Als Kostenschuldner kommt aber auch ein ehemaliger Verwalter in Betracht (LG Hamburg ZMR 2009, 477, 478).

Die Kostenentscheidung in einem Verfahren nach §§ 43 ff. WEG ist im Übrigen und wenn das Gericht nicht von § 49 WEG Gebrauch macht oder wenn § 50 WEG nicht einschlägig ist, nach §§ 91 ff. ZPO zu fällen. Für die Kosten der Anfechtungsklage gelten dabei keine prozessualen Besonderheiten. Unterliegt der Anfechtungskläger, sind ihm nach § 91 Abs 1 S. 1 ZPO die Kosten des Rechtsstreits aufzuerlegen. Unterliegen die beklagten Wohnungseigentümer, haben sie nach § 100 Abs. 1 ZPO die Kosten des Rechtsstreits zu tragen (*Niedenführ* NJW 2008, 1768, 1771; *Schmid* NZM 2008, 385, 386); § 100 Abs. 4 ZPO ist nicht anwendbar (*Tank* MietRB 2008, 274; aA. AG Dortmund NJW 2008, 1089; *Wolicki* NZM 2008, 717, 719; s. auch *Dötsch* ZMR 2009, 183).

20. Sind die beklagten Wohnungseigentümer säumig, kann das Gericht im schriftlichen Vorverfahren, sofern die Parteien bekannt sind (Anm. 6), auf Antrag des Klägers ein Versäumnisurteil zu seinen Gunsten erlassen. Allerdings müssen sämtliche Wohnungseigentümer säumig sein. Dabei ist zu beachten, dass gem. § 62 Abs. 1 Fall 1 ZPO jeder Wohnungseigentümer die Säumnis der anderen Wohnungseigentümer abwenden kann (AG Bernau WuM 2008, 621, 622; AG Wiesbaden ZMR 2008, 164, 165).

Wird eine Klage zunächst nicht begründet, kann ein Versäumnisurteil nicht ergehen. Dem Gericht ist ohne Begründung eine Schlüssigkeitsprüfung nach § 331 Abs. 1 ZPO verwehrt. Da es keines Antrages bedarf, es sich nur um eine Anregung handelt, ist die Formulierung aber unschädlich und sollte aus Gründen der Vorsicht gewählt werden.

21. Erkennen die beklagten Wohnungseigentümer an, hat das Gericht auch ohne Antrag ein Anerkenntnisurteil zu erlassen. Ein Anerkenntnis kann nur von allen verklagten Wohnungseigentümern als notwendigen Streitgenossen iSv. § 62 Abs. 1 Fall 1 ZPO gemeinsam abgegeben werden (AG Wiesbaden ZMR 2008, 164, 165; *Hügel/Elzer* § 13 Rdn. 159). Das Anerkenntnis eines einzelnen Wohnungseigentümers ermöglicht kein Teilanerkenntnisurteil (*Müller* ZWE 2005, 158).

22. Der mündlichen Verhandlung geht nach § 278 Abs. 2 S. 1 ZPO zum Zwecke der gütlichen Beilegung des Rechtsstreits grundsätzlich eine Güteverhandlung voraus (s. Form. II. H. 1 Anm. 21). Ob ein Ausnahmefall des § 278 Abs. 2 S. 1 ZPO vorliegt, der es dem Gericht erlaubt von einer Güteverhandlung abzusehen, sollte der Kläger vortragen. Im Regelfall ist bei Anfechtungsklagen eine Güteverhandlung mit dem Ziel eines auch in WEG-Sachen möglichen Prozessvergleichs (Köhler/Bassenge/*Scheuer* Teil 14 Rdn. 282) sinnvoll und richtig.

23. Anders als nach § 253 Abs. 2 Nr. 2 ZPO, muss nach § 46 Abs. 1 S. 2 WEG eine Anfechtungsklage nicht schon mit der Klageschrift, sondern erst innerhalb zweier Monate nach der Beschlussfassung begründet werden. Die Klageschrift in einer Anfechtungsklage – die schon aus Gründen der Fristwahrung natürlich unumgänglich ist – kann sich wie eine Berufungsschrift (s. Form. II. H. 12) auf Aktiv- und Passivrubrum und die indes hier schon notwendige Ankündigung der Anträge beschränken. Eine Anfechtungsklage ohne Begründung entspricht in ihrem Aufbau im Wesentlichen dem einer Anfechtungsklage mit Begründung. Anstelle der Begründung empfiehlt sich wie hier ein – nicht notwendiger – kurzer Hinweis, warum eine Begründung noch fehlt.

24. Zu formellen und materiellen Beschlussmängeln s. Form. II. H. 3 Anm. 21.

25. Eine „Globalanfechtung" empfiehlt sich in der Regel nicht. Sie bedroht den Kläger mit hohen Kosten. Der Kläger wird sich wegen der Beschluss-Sammlung, wenn diese ordnungsmäßig geführt ist, in der Regel nicht auf das Fehlen einer Niederschrift für die Notwendigkeit einer Globalanfechtung berufen können (LG München I NJW 2008, 1823).

26. Das Gesetz verlangt weder vom Führer der Beschluss-Sammlung noch vom Abfasser der Niederschrift die Beurkundung der Anzahl der für und gegen einen Beschluss abgegebenen Stimmen. In der Praxis werden jedoch in aller Regel in der Niederschrift als Kann-Inhalt die Stimmenverhältnisse mitgeteilt.

27. Zur Beruhensvermutung s. Form. II. H. 3 Anm. 26.

28. S. zunächst Form. I. D. 1 Anm. 42. Das Zustellungsrecht der ZPO enthält über die Anzahl der zuzustellenden Ausfertigungen oder Abschriften in WEG-Sachen keine ausdrücklichen Vorschriften. Nach allgemeinen Grundsätzen ist anzunehmen, dass entsprechend dem aufgehobenen § 189 Abs. 1 ZPO aF. (vgl. dazu BGH BGHZ 78, 166, 171/172 = NJW 1981, 282) zur Zustellung an die Wohnungseigentümer die Übergabe einer Ausfertigung oder Abschrift genügt (*Hügel/Elzer* § 13 Rdn 94; Palandt/*Bassenge* § 45 Rdn. 3; Jennißen/*Suilmann* § 45 Rdn. 4).

29. Auch bei Anfechtungsklagen kann das Gericht nach § 12 Abs. 1 S. 1 GKG einen Gerichtskostenvorschuss verlangen (BGH NJW 2009, 999, 1001). Der Vorschuss muss nach seiner Anforderung innerhalb eines Zeitraumes eingezahlt werden, der sich um zwei Wochen bewegt oder nur geringfügig darüber liegt (BGH NJW 2009, 999, 1001). Kann eine Klage wegen des fehlenden Kostenvorschusses nicht „demnächst" iSv. § 167 ZPO zugestellt werden, ist sie als unbegründet abzuweisen.

Ist der Kläger vermögenslos, können sowohl ein Wohnungseigentümer als auch die Gemeinschaft der Wohnungseigentümer unter den Voraussetzungen der §§ 114 ff. ZPO Prozesskostenhilfe erhalten (s. Form. II. H. 1 Anm. 43). Ob ein Prozesskostenhilfegesuch die Anfechtungsfrist des § 46 Abs. 1 S. 2 WEG wahrt, ist noch streitig (dafür Riecke/Schmid/*Abramenko* § 46 Rdn. 6; Jennißen/*Suilmann* § 46 Rdn. 98 ff; dagegen *Bonifacio* ZMR 2007, 592, 593; Palandt/*Bassenge* § 46 Rdn. 4; Bärmann/*Wenzel* § 46 Rdn. 46; differenzierend *Dötsch* NZM 2008, 309, 311 ff.). Problemen ist durch die nach § 46 Abs. 1 S. 3 WEG für anwendbar erklärten Vorschriften über die Wiedereinsetzung zu begegnen (Bärmann/*Wenzel* § 46 Rdn. 46).

30. S. Form. I. D. 1 Anm. 24.

Gebühren und Kosten

Der Gebührenstreitwert einer Anfechtungsklage bemisst sich nach § 49 a GKG. Bei der Anfechtung von Beschlüssen ist grundsätzlich der Gegenstand des angefochtenen Beschlusses maßgeblich (BayObLG ZMR 2001, 127, 128 = NZM 2001, 246; KG ZMR 1997, 492, 493 = WuM 1997, 523). Wird die Genehmigung der gesamten Jahresabrechnung angegriffen, wird bislang ein Bruchteil des Gesamtvolumens (meist 20% bis 25%) angesetzt (KG NJW-RR 2004, 878; BayObLG ZMR 2002, 66; BayObLG NJW-RR 1997, 715, 717; OLG Hamm NZM 2001, 549, 550; OLG Zweibrücken ZMR 1999, 663). Wird die Anfechtung auf einzelne Positionen beschränkt, so sind diese maßgeblich (BGH BGHZ 163, 154 = ZMR 2005, 547, 557; BayObLG BayObLGZ 1988, 328). Für den Wirtschaftsplan gelten dieselben Grundsätze wie bei der Jahresabrechnung (BayObLG ZMR 2001, 566). Wendet sich ein Wohnungseigentümer gegen eine beschlossene Instandhaltungs- und/oder Instandsetzungsmaßnahme oder bauliche Veränderung, richtet sich das Interesse nach dem Gesamtwert der beabsichtigten Instandhaltungskosten, wenn die Notwendigkeit der Maßnahme überhaupt in Abrede gestellt wird. Im Übrigen dürften die auf den Anfechtenden entfallenden Kosten für die Berechnung nach § 49 a GKG maßgeblich sein. S. dazu auch Form. II. H. 1 Kosten und Gebühren.

Fristen und Rechtsmittel

Zu den Rechtsmitteln vgl. Form. II. H. 1 Fristen und Rechtsmittel.

3. Anfechtungsklage nach § 46 Abs. 1 S. 1 WEG mit Begründung

An das Amtsgericht[1]
Abteilung für Wohnungseigentumssachen[2]

Klage[3]

des Wohnungseigentümers A., X.-Straße Nr. ……, …… (PLZ, Ort),

– Kläger[4] –

Prozessbevollmächtigter: V., W.-Straße Nr. ……, …… (PLZ, Ort),

gegen

die Eigentümer[5] der Wohnungseigentumsanlage X.-Straße Nr. ……, …… (PLZ, Ort), namentlich aufgeführt in der anliegenden Eigentümerliste[6],

– Beklagte –

Prozessbevollmächtigter: V., W.-Straße Nr. ……, …… (PLZ, Ort)[7],

Verwalter der Wohnungseigentumsanlage[8]: B., Y.-Straße Nr. ……, …… (PLZ, Ort),

Ersatzzustellungsvertreter[8]: T., Y.-Straße Nr. ……, …… (PLZ, Ort),

wegen Ungültigkeit eines Beschlusses[9]
Vorläufiger Streitwert[10]: ……

Namens und in Vollmacht[11] des Klägers erhebe ich Klage und beantrage[12]:

1. **Dem Kläger wird vorsorglich Wiedereinsetzung wegen etwaiger Versäumung der Frist[13] zur Anfechtung des Eigentümerbeschlusses vom …… zu Tagesordnungspunkt …… (……) der Eigentümerversammlung vom …… (……) – Nr. …… der Beschluss-Sammlung der …… gewährt.**

2. Der „Beschluss“[14] der Eigentümerversammlung vom ...... zu Tagesordnungspunkt ...... (......) der Eigentümerversammlung vom ...... (......) – Nr. ...... der Beschluss-Sammlung der ...... wird für ungültig erklärt[15], hilfsweise, es wird festgestellt, dass der Beschluss der Eigentümerversammlung vom ...... zu Tagesordnungspunkt ...... (......) der Eigentümerversammlung vom ...... (......) – Nr. ...... der Beschluss-Sammlung der ...... nichtig ist[16].
3. Dem Verwalter werden die Prozesskosten auferlegt,
hilfsweise, den Beklagten werden die Kosten des Rechtsstreits auferlegt[17].
4. Für den Fall, dass das Gericht ein schriftliches Vorverfahren anordnet und die Beklagten ihre Verteidigungsbereitschaft nicht rechtzeitig anzeigen, den Erlass eines Versäumnisurteils[18, 19, 20].

Begründung[21]

Die Niederschrift über die Versammlung der Wohnungseigentümer der Eigentumswohnanlage X.-Straße Nr. ......, vom ......, in der dem Kläger die Wohnung Nr. ...... gehört, weist zu Tagesordnungspunkt ...... folgende Beschlussfassung aus[22]:

„Auf einem Teil der Grünfläche neben dem Wohngebäude werden 10 Garagen in Fertigbauweise errichtet; die Finanzierung der Gesamtbaukosten von ...... erfolgt je zur Hälfte aus der Instandhaltungsrücklage bzw. aus einer von den Wohnungseigentümern entsprechend der Größe ihrer Miteigentumsanteile aufzubringenden Umlage.“

An der Versammlung, zu der der Verwalter mit Schreiben vom ...... unter Hinweis auf den einzigen Tagesordnungspunkt „Verschiedenes“ eingeladen hatte[23], haben laut Versammlungsniederschrift 46 von 85 Wohnungseigentümern teilgenommen, die 478/1000 der gesamten Miteigentumsanteile repräsentierten. Teilungserklärung und Gemeinschaftsordnung enthalten keine Abweichung von der gesetzlichen Regelung zur Beschlussfähigkeit[24]. Bei der Abstimmung über den beanstandeten Beschluss haben 16 Eigentümer mit Ja, 17 mit Nein gestimmt und 13 haben sich der Stimme enthalten[25].

Beweis[26]: Einladungsschreiben vom ......;
Versammlungsprotokoll vom ......;
Teilungserklärung mit Gemeinschaftsordnung;
jeweils in Fotokopie.

Nach der Teilungserklärung mit Gemeinschaftsordnung ist zwar richtig nach Köpfen abgestimmt worden[27]. Die erforderliche Mehrheit für eine Beschlussfassung lag aber nicht vor, ein Beschluss ist daher überhaupt nicht zustande gekommen[28]. Darüber hinaus war auch die Bezeichnung des Gegenstands der Abstimmung in der Einladung nicht ausreichend[29]. Vor allem aber durfte die Eigentümerversammlung ohne Zustimmung aller Miteigentümer über den Garagenbau gar nicht beschließen[30] und zur Finanzierung nicht den Kläger in Anspruch nehmen[31]. Im Übrigen wäre die Eigentümerversammlung gar nicht beschlussfähig gewesen[32].

Der Antrag auf Wiedereinsetzung wird vorsorglich[33] gestellt, weil der Kläger ohne sein Verschulden von dem angeblichen Beschluss erst nach Ablauf eines Monats seit der Abstimmung Kenntnis erhielt[34], als der Verwalter ihn zur Bezahlung der Umlage aufforderte. Der Kläger selbst hatte an der entscheidenden Versammlung nicht teilgenommen; er brauchte auch nach der unzureichenden Angabe der Tagesordnung im Einladungsschreiben nicht mit einer Beschlussfassung von so weit reichender Bedeutung zu rechnen[35]. Er hat das Protokoll der Eigentümerversammlung erst innerhalb der vergangenen zwei Wochen[36] erhalten.

Beweis[37]: Einladungsschreiben vom ......
Anwesenheitsliste zur Eigentümerversammlung vom ......
Anhörung der Wohnungseigentümer ......[38]

Der eingangs genannte „Beschluss" wird wegen der dargestellten Mängel bei der Beschlussfassung angefochten für den Fall, dass der Beschluss als zustande gekommen angesehen würde[39].
Für den Kläger steht fest, dass die Tätigkeit des Gerichts durch den Verwalter veranlasst wurde und ihn ein grobes Verschulden trifft. Die Beschlussfeststellung war offensichtlich unzutreffend. Auch die unzureichende Ladung und die Beschlussfassung unter Verschiedenes hat allein der Verwalter zu vertreten. Es wird daher beantragt, dem Verwalter gem. § 49 Abs. 2 WEG die Kosten des Rechtsstreits aufzuerlegen[40]. Macht das Gericht von der Möglichkeit, dem Verwalter die Prozesskosten aufzuerlegen keinen Gebrauch, wird gebeten klarzustellen, aus welchem Grunde[41].
Beglaubigte und einfache Abschrift liegen bei[42]. Ein Kostenvorschuss von ...... ist eingezahlt[43].

Rechtsanwalt[44]

Anmerkungen

1. bis 20. S. Form. II. H. 2 Anm. 3. bis Anm. 22.

21. Der Kläger muss nach § 46 Abs. 1 S. 2 WEG begründen, warum er einen Beschluss angreift. Diese Begründung ist Voraussetzung einer ordnungsgemäßen Klagerhebung (LG Hamburg ZMR 2008, 414, 415). Der Kläger muss für eine Begründung die Gründe vortragen, auf die die Anfechtung gestützt wird (BGH NJW 2009, 2132, 2133; NJW 2009, 999, 1001). Der Lebenssachverhalt, aus dem sich Anfechtungsgründe ergeben sollen, muss zumindest in seinem wesentlichen Kern aus den innerhalb der Frist eingegangenen Schriftsätzen selbst, und nicht nur aus den Anlagen ergeben (BGH NJW 2009, 999, 1001). Es bedarf einer einzelfallbezogenen und auf den Streitfall zugeschnittenen Begründung, anhand derer man erkennen kann, aus welchen tatsächlichen und rechtlichen Gründen der angegriffene Beschluss anfechtbar sein soll (*Dötsch* ZMR 2008, 433, 437).

Für eine Begründung muss der Kläger konkret darlegen, warum seiner Meinung nach der von ihm angegriffene Beschluss bemakelt und aufzuheben ist (LG Hamburg ZMR 2008, 414; AG Bonn ZMR 2008, 245, 246). Die Klageschrift muss dazu den Beschlussgegenstand nennen – den angefochtenen Beschluss. Die Klageschrift – oder die Klagebegründungsschrift – muss ferner sämtliche ernsthaft in Betracht kommenden formellen und materiellen Beschlussmängel ihrem Kern nach selbst und nicht unter Verweisung auf Anlagen, etwa die Niederschrift, auf- und ausführen. Als Beschlussmängel kommen neben diversen Ladungsmängeln und Mängeln des Ablaufs der Versammlung vor allem dem Beschluss anhaftende Ermessensfehler, Verstöße gegen § 21 Abs. 4 WEG sowie die Beschlussunbestimmtheit in Betracht (s. a. Form. II. H. 11 Anm. 15). Die Beschreibung eines Beschlussmangels darf sich nicht in Worthülsen und Wertungen erschöpfen. Eine Begründung ist daher noch nicht darin zu sehen, dass ein Antrag formuliert und einige Anlagen eingereicht werden (LG Hamburg ZMR 2008, 414). Nicht ausreichend ist auch der formelhafte Vortrag, ein Beschuss sei „nicht ordnungsmäßig" oder „rechtswidrig" (AG Bonn ZMR 2008, 245, 246; *Briesemeister* ZMR 2008, 253, 254), „ermessensfehlerhaft" oder „schwer mangelhaft" (Elzer, NJW 2009, 2098, 2100). Zu nennen sind vielmehr der konkrete Mangel und seine Auswirkungen auf den Beschluss (Elzer, ZMR 2009, 256, 257). Zur Auslegung, ob eine ausreichende Begründung vorliegt, kann ggf. auf die zu § 520 Abs. 3 ZPO ergangene Rechtsprechung zurückgegriffen werden (AG Bonn ZMR 2008, 245, 246; *Hügel/Elzer* § 13 Rdn. 157).

Die Begründungsfrist ist nur gewahrt, wenn der klagende Wohnungseigentümer die Anfechtungsklage selbst rechtzeitig erhebt. § 62 Abs. 1 ZPO findet auf die Wahrung der Begründungsfrist keine, auch keine entsprechende Anwendung (BGH NJW 2009, 2132,

2134). Ein Kläger kann sich die von anderen Klägern geltend gemachten Anfechtungsgründe auch nicht „zu eigen" machen (BGH NJW 2009, 2132, 2134). Es bietet sich für den Anfechtungskläger allerdings an, die Schriftsätze anderer Anfechtungskläger auf dort geltend gemachte Beschlussmängel durchzusehen und – wenn noch möglich – diese selbst ins Verfahren einzuführen.

Wenn eine Klageschrift in einem Anfechtungsverfahren zunächst nicht ausreichend begründet ist, kann der Kläger die bislang eingebrachten Gründe weiter ausführen. Eine vertiefende Substanziierung innerhalb der Begründungsfrist vorgetragener Gründe ist auch nach Fristablauf denkbar (*Bergerhoff* NZM 2007, 425, 428). Ein Nachschieben weiterer Anfechtungsgründe, die ggf. auch geeignet sind, den angefochtenen Beschluss zu bemakeln, ist hingegen nach hM. nicht möglich (BGH NJW 2009, 2132, 2133; NJW 2009, 999, 1001).

Wird eine Anfechtungsklage nicht oder nicht ausreichend begründet, ist die Klage als unbegründet abzuweisen (BGH NJW 2009, 2132, 2133; NJW 2009, 999, 1001). Die Begründung kann, muss aber nicht mit Erhebung der Klage erfolgen (s. Form. II. H. 2 Anm. 1 und Anm. 2). Das Gesetz räumt dem Kläger durch § 46 Abs. 1 S. 2 WEG die Möglichkeit ein, eine Anfechtungsklage binnen der materiellen Ausschlussfrist zunächst nur zu erheben und erst später, nämlich binnen zweier Monate nach Beschlussfassung, zu begründen (Begründungsfrist). Zur Wahrung der Frist genügt der Eingang bei Gericht; eine auch fristgerechte Zustellung ist nicht erforderlich. Die Frist ist keine besondere Sachurteilsvoraussetzung, sondern Ausschlussfrist des materiellen Rechts. Bleibt einer Anfechtungsklage der Erfolg versagt, darf nicht offen gelassen werden, ob die Klage als unzulässig oder als unbegründet abgewiesen wird (BGH NJW 2009, 999).

Das Gericht kann die Begründungsfrist nicht analog § 520 Abs. 1 S. 2 ZPO verlängern (LG Hamburg ZMR 2008, 414, 415; LG Dessau-Roßlau ZMR 2008, 324, 325). Auch eine Verlängerung nach § 224 Abs. 2 ZPO ist nicht möglich (AG Wernigerode ZMR 2008, 88). Wegen Versäumung der Begründungsfrist kann nach §§ 233 ff. ZPO hingegen Wiedereinsetzung in den vorigen Stand beantragt werden (Riecke/Schmid/*Abramenko* § 46 Rdn. 9; Jennißen/*Suilmann* § 46 Rdn. 105). Versäumt der Kläger schuldhaft die Klagebegründungsfrist, geht das Anfechtungsrecht unter und die Klage ist abzuweisen. Hat der Kläger ohne sein Verschulden zunächst einen Anfechtungsgrund nicht präsentiert, ist auch eine Wiedereinsetzung wegen Versäumung dieses Grundes möglich (*Elzer* ZMR 2009, 256, 257; *Suilmann* MietRB 2009, 134, 135; Jennißen/*Suilmann* § 46 Rdn. 110; BeckOK Timme/*Elzer* WEG § 46 Rdn. 183).

22. Über die in einer Eigentümerversammlung gefassten Beschlüsse ist gem. § 24 Abs. 6 S. 1 WEG eine Niederschrift (auch Protokoll genannt) aufzunehmen. Sie dient dazu, die Inhalte der Beschlüsse für die Zukunft zu „sichern" und soll die Wohnungseigentümer, die an der Versammlung nicht teilgenommen haben, über deren Inhalte unterrichten (BayObLG NZM 2004, 108).

23. Unter dem TOP „Verschiedenes/Sonstiges" können keine wesentlichen Angelegenheiten beschlossen werden, sondern allenfalls Gegenstände von untergeordneter Bedeutung (OLG München ZMR 2006, 68, 70). Welche Beschlussgegenstände von „untergeordneter Bedeutung" sind, ist nach den konkreten Umständen des Einzelfalls zu beurteilen.

24. Nach § 25 Abs. 2 S. 1 WEG ist in einer Eigentümerversammlung das Kopfstimmrecht angeordnet. Nach diesem Grundsatz besitzt jeder Wohnungseigentümer ohne Rücksicht auf Größe und Wert seines Miteigentumsanteils – oder die Anzahl der von ihm gehaltenen Wohnungs- oder Teileigentumsrechte – eine Stimme (BGH BGHZ 106, 113, 121 = NJW 1989, 1087). Die Wohnungseigentümer können sich für eine andere Gewichtung ihrer Stimmen entscheiden und gem. § 10 Abs. 2 S. 2 WEG anstelle des Kopfstimmrechtes ein anderes Stimmrechtsprinzip vereinbaren (BGH ZMR 2002, 930, 933). Gängig sind das Objektprinzip (Wertung der Stimmen nach Einheiten) und das Wertprinzip (Wertung der Stimmen nach Miteigentumsanteilen).

25. Für das Zustandekommen eines Beschlusses bedarf es – sofern keine gesetzliche oder vereinbarte Qualifizierung zu erfüllen ist – einer einfachen Mehrheit von „Ja-Stimmen". Bei der Auszählung ist zu prüfen, ob mehr „Ja-Stimmen" als „Nein-Stimmen" für einen Beschlussantrag abgegeben worden sind. Stimmenthaltungen gelten als nicht abgegebene Stimmen und sind nicht mitzuzählen (BGH BGHZ 106, 179, 183 = NJW 1989, 1090).

26. Zum Beweis in WEG-Verfahren s. zunächst allgemein Form. II. H. 1 Anm. 24. Für die Anfechtungsklage gilt nach den allgemeinen Grundsätzen des Prozessrechts, dass der Kläger die Darlegungs- und Beweislast sowohl hinsichtlich der Anfechtungsbefugnis als auch – bis auf die Ladung, vgl. Köhler/Bassenge/*Vandenhouten* Teil 5 Rdn. 51 – hinsichtlich des Anfechtungsgrundes, auf den er seine Klage stützen will, hat (*Hügel/Elzer* § 13 Rdn. 181; Jennißen/*Suilmann* § 46 Rdn. 144; zur Beschlussmängelklage im Aktienrecht vgl. BGH BGHZ 167, 204, 212 = NJW-RR 2006, 1110; BGHZ 71, 40, 48 = NJW 1978, 1316). Jedenfalls für die Beschlussmängelklage im Aktienrecht soll es indes nach verbreiteter Ansicht vor allem, aber nicht nur bei Verfahrensverstößen nach dem „Grundsatz der größeren Tatsachennähe" für den Kläger Beweiserleichterungen geben, wenn es um Umstände geht, die sich in der Sphäre oder im Wahrnehmungsbereich der Gesellschaft abgespielt haben (vgl. OLG Stuttgart OLGReport Stuttgart 2009, 103). Angesichts der Schwierigkeit, einen Beschlussmangel zu beweisen, sowie der Tatsache, dass die Gesellschaft über alle zur Klärung erforderlichen Unterlagen und Informationen verfügt, kann es deren Sache sein, die für die angefochtene Entscheidung maßgebenden Gründe im Einzelnen darzulegen, die der Anfechtungskläger dann ggf. zu widerlegen hat (BGH BGHZ 71, 40, 48). Ggf. obliegt der beklagten Gesellschaft nach § 138 Abs. 2 ZPO auch eine „sekundäre Darlegungslast" (s. dazu ua. BGH NJW 2005, 2614, 2615 mwN.), wenn nämlich der primär darlegungspflichtige Kläger substanziiert ernsthafte Anhaltspunkte für die behauptete Tatsache aus dem Wahrnehmungsbereich der Gesellschaft vorträgt und es ihr zumutbar ist, zu diesen Umständen, die sie kennt oder kennen muss, nähere Angaben zu machen. In Bezug auf Klagen nach § 46 Abs. 1 WEG könnten diese Grundsätze dazu führen, dass – jedenfalls im Einzelfall – zunächst die beklagten Wohnungseigentümer die formelle und materielle Ordnungsmäßigkeit eines Beschlusses darlegen müssen und es erst dann am Kläger ist, diesen Vortrag zu widerlegen. Ferner ist vorstellbar, dass die beklagten Wohnungseigentümer nur dann den Vortrag des Klägers beachtlich bestreiten, wenn sie auf Behauptungen des Klägers substanziiert, das heißt mit näheren Angaben, erwidern. Eine solche Pflicht besteht zwar nicht schlechthin. Sie ist aber nach den Grundsätzen der sekundären Darlegungslast dann zu bejahen, wenn – wie ggf. bei einer Anfechtungsklage – ein Beklagter alle wesentlichen Tatsachen kennt oder kennen muss und es ihm zumutbar ist, nähere Angaben zu machen (BGH NJW 2005, 2614, 2615 mwN.).

Berufen sich die Wohnungseigentümer, die die Wirksamkeit eines Beschlusses verteidigen, darauf, dass nur ein formeller Beschlussmangel vorliege und dieser unbeachtlich sei, haben im Übrigen sie diese Tatsachen darzulegen und zu beweisen. Nach der Rechtsprechung gilt die „Vermutung" (der Erfahrungssatz), dass ein Beschluss auf einem formellen Mangel beruht (KG ZMR 2006, 794, 795; OLG Köln OLGReport Köln 1996, 209, 210; Jennißen/*Elzer* § 23 Rdn. 96 ff.). Von der Ursächlichkeit eines formellen Beschlussmangels ist so lange auszugehen, bis der Beweis des Gegenteils zweifelsfrei festgestellt ist (BGH ZMR 2002, 440, 445 = NJW 2002, 1647; BayObLG ZMR 2004, 766, 767).

27. S. Anm. 25.

28. Damit der „Tatbestand" eines Beschlusses erfüllt ist, müssen bestimmte Wirksamkeitsvoraussetzungen gegeben sein. Diese Voraussetzungen sind die Bedingungen, die vorliegen müssen, damit überhaupt ein Beschluss zustande kommen kann. In Rechtsprechung und Schrifttum werden für einen Versammlungsbeschluss verschiedene Wirksamkeitsvoraussetzungen benannt. Zumeist wird gefordert, dass es für eine Beschlussfassung eines dafür geeigneten Ortes und einer Ladung der Stimmberechtigten zur Eigentümerversammlung bedarf. Ferner wird verlangt, dass es eines hinreichend bestimmten Beschlussantrages, einer Abstimmung und einer Beschlussmehrheit bedarf. Schließlich muss das Abstimmungsergebnis vom Versammlungsleiter festgestellt und als Beschluss verkündet werden.

Wenn der Versammlungsleiter zu Unrecht ein positives Beschlussergebnis verkündet, muss dieses Ergebnis nach hM. im Wege der Anfechtungsklage vernichtet werden. Wird entgegen der wahren Rechtslage ein (positives) Abstimmungsergebnis festgestellt und ein „Beschluss" verkündet, entsteht nach hM. durch die bloße Verkündung eines falschen Abstimmungsergebnisses ein (freilich anfechtbarer) Beschluss (BGH NJW 2009, 2132, 2134/2135; OLG München ZMR 2007, 480, 481; LG München ZMR 2008, 915, 916; aA. *Elzer* ZWE 2007, 165 ff.).

29. Nach § 23 Abs. 2 WEG ist es zur Gültigkeit eines Beschlusses notwendig, dass sein Gegenstand bei der Einberufung ausreichend und angemessen „bezeichnet" ist. Durch die Bezeichnung sollen die Wohnungseigentümer vor allem vor überraschenden Beschlüssen geschützt werden. Die Wohnungseigentümer sollen durch die frühzeitige Bezeichnung die Möglichkeit haben, sich bereits anhand der Tagesordnung auf die Beratung und Beschlussfassung sämtlicher in der Eigentümerversammlung anstehender Punkte vorzubereiten und sich zu entscheiden, ob sie wegen eines bestimmten Punktes an der Eigentümerversammlung teilnehmen oder nicht. „Bezeichnung" meint Benennung und Kennzeichnung, dem Beschlussgegenstand soll „ein Name" gegeben werden. Eine Erläuterung und/oder Begründung, was sich hinter einem Beschlussgegenstand verbirgt und warum er auf die Tagesordnung gesetzt worden ist, ist grundsätzlich nicht erforderlich. Was der Ladende für die ausreichende Bezeichnung eines Beschlussgegenstandes leisten muss und wann er im Einzelfall den Anforderungen des § 23 Abs. 2 WEG (noch) genügt, ist weitgehend Tatfrage (OLG Zweibrücken OLGReport Zweibrücken 2003, 121; OLG Hamm NJW-RR 1993, 468; *Elzer* MietRB 2006, 73). In aller Regel genügt eine schlagwortartige Bezeichnung (OLG München OLGReport 2005, 606, 607; BayObLG NZM 2000, 1239; AG Rastatt ZMR 2008, 922, 923).

30. Einer baulichen Veränderung iSv. § 22 Abs. 1 WEG müssen jedenfalls sämtliche Wohnungseigentümer zustimmen, deren Rechte durch die Maßnahme über das in § 14 Nr. 1 WEG bestimmte Maß hinaus beeinträchtigt werden.

31. Ein Wohnungseigentümer, der einer Maßnahme nach § 22 Abs. 1 WEG nicht zugestimmt hat, ist nach § 16 Abs. 6 S. 1 Hs. 2 WEG nicht verpflichtet, Kosten, die durch eine solche Maßnahme verursacht sind, zu tragen. Etwas anderes kann vereinbart oder nach § 16 Abs. 4 S. 1 WEG mit der erforderlichen Mehrheit beschlossen werden.

32. Eine Versammlung ist gem. § 25 Abs. 3 WEG „beschlussfähig", wenn die erschienenen oder vertretenen stimmberechtigten Wohnungseigentümer mehr als die Hälfte der im Grundbuch eingetragenen Miteigentumsanteile repräsentieren. Die Beschlussfähigkeit muss bei jeder einzelnen Abstimmung gegeben sein und kann sich ändern. Die Beschlussfähigkeit ist daher vor jeder einzelnen Beschlussfassung erneut zu prüfen (OLG Zweibrücken ZWE 2002, 283, 284).

33. Die Frist für einen Antrag auf Wiedereinsetzung ist innerhalb von zwei Wochen ab Beseitigung des Hindernisses zu stellen. Die Frist beginnt mit dem Tag, an dem das Hindernis behoben ist, dh. ab Kenntnis bzw. kennen müssen der Nichtrechtzeitigkeit der Anfechtung (BGH NJW-RR 2005, 76, 77). Der Antragsteller muss die Tatsachen, die eine Wiedereinsetzung begründen, darlegen und glaubhaft machen. Nach Ablauf eines Jahres, von dem Ende der versäumten Anfechtungsfrist an gerechnet, kann Wiedereinsetzung nicht mehr beantragt werden, selbst wenn bis zu diesem Zeitpunkt weder die Einladung zur Eigentümerversammlung noch die Niederschrift bekannt gegeben worden sind (KG NZM 1999, 569).

34. Für eine erfolgreiche Wiedereinsetzung muss der Anfechtende ohne sein Verschulden verhindert gewesen sein, die Anfechtungsfrist des § 46 Abs. 1 S. 2 WEG einzuhalten, und einen Antrag innerhalb von zwei Wochen ab Beseitigung des Hindernisses stellen. Ob die Versäumung unverschuldet ist, hängt davon ab, ob der Anfechtende hinsichtlich der Rechtzeitigkeit der Anfechtung die den Umständen nach gebotene und ihm nach seinen persönlichen Verhältnissen zumutbare Sorgfalt hat walten lassen. Die fehlende Kenntnis von einem Beschluss kann eine Wiedereinsetzung stützen, wenn der anfechtende Wohnungseigentümer nicht zur Eigentümerversammlung geladen wurde und deshalb von ihr und den dort gefassten Beschlüssen keine Kenntnis erlangt hat (BayObLG NZM 1998, 815, 816). Ein Wohnungseigentümer, der trotz ordnungsmäßiger Einladung an einer Eigentümerversammlung nicht teilgenommen hat, muss sich hingegen rechtzeitig vor Ablauf der Anfechtungsfrist danach erkundigen, welche Beschlüsse gefasst worden sind (OLG Hamm ZMR 1999, 199, 200; KG ZMR 1997, 254, 256). Unterlässt der Wohnungseigentümer die gebotene Erkundigung, ist die Versäumung der Anfechtungsfrist nicht unverschuldet. Ein objektives Hindernis stellt es dar, wenn die Niederschrift innerhalb der Frist des § 46 Abs. 1 S. 2 WEG noch nicht vorliegt oder dem Wohnungseigentümer eine Einsichtnahme nicht ermöglicht wurde (BayObLG ZMR 2003, 435).

35. S. Anm. 29.

36. Der Verwalter ist vorbehaltlich einer anderweitigen Regelung zur Übersendung einer Niederschrift nicht verpflichtet (BayObLG ZMR 2003, 435). Es ist Sache des anfechtungswilligen Wohnungseigentümers, sich durch Einsicht in die Niederschrift oder in die Beschluss-Sammlung Kenntnis über die gefassten Beschlüsse zu verschaffen (BayObLG ZMR 2003, 435). Eine Wiedereinsetzung in den vorigen Stand kann daher nicht bewilligt werden, wenn der Eigentümer unter Beigabe der Tagesordnung zur Eigentümerversammlung geladen wurde und die Möglichkeit bestand, dass er innerhalb der Anfechtungsfrist die Niederschrift oder Beschluss-Sammlung hätte einsehen können (BayObLG ZMR 2005, 559, 560).

37. S. Form. I. D. 1 Anm. 36.

38. Bei der Anfechtungsklage eines Wohnungseigentümers stehen sich sämtliche Wohnungseigentümer als Partei gegenüber. Ein Wohnungseigentümer kann daher nicht Zeuge sein. Eine Anhörung nach § 141 Abs. 3 ZPO ist aber möglich.

39. Der Zusatz „für den Fall ......" entfällt bei der bloßen Beschlussanfechtung.

40. S. Anm. 17.

41. S. zunächst Anm. 17. Das Gericht muss von § 49 Abs. 2 WEG keinen Gebrauch machen (Bärmann/*Wenzel* § 49 Rdn. 19). Das Gericht sollte daher bereits in der Klage vorsorglich auf § 49 Abs. 2 WEG hingewiesen werden. Es kann zwar kein wirklicher Antrag gestellt werden, dem Verwalter die Kosten des Rechtsstreits aufzuerlegen; eine Anregung ist aber möglich. Hat das Gericht gegen den Verwalter gerichtete materiellrechtliche Erstattungsansprüche geprüft und ausdrücklich verneint oder lässt sich diese Prüfung im Wege der Auslegung erschließen, können diese Ansprüche wegen der Rechtskraft der Entscheidung in einem weiteren Verfahren nicht mehr geltend gemacht werden (Jennißen/*Suilmann* § 49 Rdn. 30; Riecke/Schmid/*Abramenko* § 49 Rdn. 3). Eine Kostenentscheidung, die mögliche Schadensersatzansprüche gegen den Verwalter hingegen ausdrücklich oder jedenfalls im Wege der Auslegung außer Acht lässt, steht einer Geltendmachung weiterer Ansprüche in einem weiteren Verfahren hingegen nicht entgegen. Um diese Klarheit, wie das Gericht verfahren wird, zu erreichen, sollte vorsorglich eine Klarstellung des Gerichts angeregt werden. Anderenfalls droht im Regressverfahren der Einwand, die Kostentragungspflicht sei im Anfechtungsverfahren rechtskräftig verneint worden. Streitig ist noch, ob das Haftungsprivileg des Verwalters (grobes Verschulden) auch für den Regressprozess gilt.

42. S. Form. II. H. 2 Anm. 28.

43. S. Form. II. H. 2. Anm. 29.

44. S. Form. I. D. 1 Anm. 24.

Gebühren und Kosten

S. Form. II. H. 2 Gebühren und Kosten.

Fristen und Rechtsmittel

Zu den Rechtsmitteln vgl. Form. II. H. 1 Fristen und Rechtsmittel.

4. Klage eines Wohnungseigentümers auf Unterlassung

An das Amtsgericht[1]

Abteilung für Wohnungseigentumssachen[2]

Klage

Wohnungseigentümer A., X.-Straße Nr. ……, (PLZ, Ort),

– Kläger[3] –

Prozessbevollmächtigter: V., W.-Straße Nr. ……, (PLZ, Ort),

gegen

1) Wohnungseigentümer B., X.-Straße Nr. ……, (PLZ, Ort),
2) Mieter M., X.-Straße Nr. ……, (PLZ, Ort),

– Beklagte[4] –

Beizuladende[5]: die Eigentümer der Wohnungseigentumsanlage X.-Straße Nr. ……, …… (PLZ, Ort), namentlich aufgeführt in der anliegenden Eigentümerliste[6]

Verwalter der Wohnanlage[7]: D., Y.-Straße Nr. ……, (PLZ, Ort),

wegen Unterlassung[8]
vorläufiger Streitwert[9]: ……

Unter Einzahlung eines Kostenvorschusses von EUR ……[10] beantrage ich im Namen und mit Vollmacht[11] des Klägers:

1. **Den Beklagten zu verurteilen, es zu unterlassen, durch eine Geräuschentwicklung über 35 Dezibel (A) am Tag und 25 Dezibel (A) in der Nacht der zu seinem Teileigentum gehörenden Klimaanlage den Kläger in der Nutzung seines Wohnungseigentums zu stören[12].**
2. **Dem Beklagten wird angedroht, dass für jeden Fall der Zuwiderhandlung ein Ordnungsgeld bis zur Höhe von EUR 250.000,00 und für den Fall, dass dieses nicht beigetrieben werden kann, Ordnungshaft oder Ordnungshaft bis zu 6 Monaten festgesetzt wird[13].**
3. **Den Beklagten die Kosten des Rechtsstreits aufzuerlegen[14].**
4. **Für den Fall, dass das Gericht ein schriftliches Vorverfahren anordnet und die Beklagten ihre Verteidigungsbereitschaft nicht rechtzeitig anzeigen, den Erlass eines Versäumnisurteils[15].**

Begründung[16]

Die Parteien sind Mitglieder der Wohnungseigentümergemeinschaft X.-Straße Nr. …… in Z.-Stadt. Der Kläger ist Eigentümer der im x-ten Stock der Wohnungseigentumsanla-

ge X.-Straße Nr. ...... in Z.-Stadt gelegenen Wohnung Nr. ......, der Beklagte zu 1) der in seinem Teileigentum[17] stehenden Geschäfts- und Lagerräume im Keller- und Erdgeschoss mit der Nr. .... Diese gewerblichen Räume sind an den Beklagten zu 2) zum Zweck des Betriebs einer Bäckerei vermietet.

Der Betrieb der Bäckerei beginnt in den Morgenstunden um 2.00 Uhr. Er verursacht so starke Geräusche, dass der Kläger und alle übrigen Miteigentümer tagsüber und auch nachts in einem Maß gestört werden, das erheblich über das Ortsübliche hinausgeht[18]. In der Gemeinschaftsordnung ist darüber hinaus festgelegt, das im Teileigentum des Beklagten zu 1) nur ein Laden zulässig ist[19].

Beweis[20]: Vernehmung von D., Verwalter der Wohnanlage;
Teilungserklärung und Gemeinschaftsordnung in Kopie;
Einholung eines schalltechnischen Gutachtens.

Der Beklagte zu 1) wurde am ...... aufgefordert Abhilfe zu schaffen. Da der Beklagte zu 1) und der Beklagte zu 2) sich mit Schreiben vom ..... weigern, Abhilfe zu schaffen, sind weitere Beeinträchtigungen zu erwarten, so dass der gestellte Antrag auf Unterlassung der Störungen gerechtfertigt ist[21].

Beglaubigte und einfache Abschrift liegen bei[22].

Rechtsanwalt[23]

Anmerkungen

1. Bei Streitigkeiten über die sich aus der Gemeinschaft der Wohnungseigentümer und aus der Verwaltung des gemeinschaftlichen Eigentums ergebenden Rechte und Pflichten der Wohnungseigentümer untereinander ist gem. § 43 Nr. 1 WEG das Gericht, in dessen Bezirk das Grundstück liegt, ausschließlich zuständig. Die Zuständigkeitszuweisung in § 43 WEG ist weit auszulegen, um die Gefahr sich widersprechender oder unzutreffender Entscheidungen zu verringern und darüber hinaus sicherzustellen, dass mit spezieller Sachkunde ausgestattete Wohnungseigentumsgerichte bei allen gemeinschaftsbezogenen Verfahrensgegenständen entscheiden (BGH NJW 2009, 1282). Streitigkeit iSv. § 43 Nr. 1 WEG ist zB. die Frage, ob eine Vereinbarung nach § 10 Abs. 2 S. 3 WEG zu ändern ist, wenn keine Öffnungsklausel besteht (OLG München ZMR 2006, 156), oder wie eine Vereinbarung auszulegen ist. Auch ein Unterlassungs- oder Beseitigungsanspruch eines Wohnungseigentümers aus einem Tatbestand, der zugleich eine Verletzung von Gemeinschaftspflichten darstellt, ist nach § 43 Nr. 1 WEG geltend zu machen, gleichviel, ob der Anspruch zugleich unmittelbar auf Bestimmungen des BGB (zB. §§ 823, 1004) gestützt ist. § 43 unterfällt auch eine Vollstreckungsabwehrklage nach § 767 ZPO iVm. §§ 794 Abs. 1 Nr. 2, 795 ZPO, wenn der Vollstreckungstitel in einem WEG-Verfahren ergangen ist (BGH NJW 2009, 1282). Zur sachlichen Zuständigkeit s. Form. II. H. 1 Anm. 1.

2. S. Form. II. H. 1 Anm. 2.

3. Die Abwehr von Störungen des Sonder-, aber auch des Gemeinschaftseigentums ist Angelegenheit der Wohnungseigentümer als Einzelpersonen. Nur die Eigentümer selbst sind Anspruchsinhaber oder -gegner und damit im Prozess aktiv- oder passiv legitimiert (BGH NJW 2006, 2187). Die Wohnungseigentümer können die Verfolgung eines Abwehranspruchs wegen des Gemeinschaftseigentums durch eine Vergemeinschaftung freilich zu einer Aufgabe der Gemeinschaft der Wohnungseigentümer machen (s. dazu Form. II. H. 5 Anm. 33).

4. Beklagter einer auf § 43 Nr. 1 WEG fußenden Klage sind einer oder mehrere Wohnungseigentümer mit Ausnahme des Klägers. Abwehransprüche (einschließlich nachbarrechtlicher) gegen Dritte, zB. Mieter, sind hingegen keine WEG-Sachen. Die örtliche und sachliche Zuständigkeit für eine Klage gegen den störenden Mieter eines vermietenden Wohnungseigentümers folgt daher aus den allgemeinen Vorschriften (Jennißen/*Suilmann* § 43 Rdn. 25). Vorstellbar ist, dass danach dasselbe Gericht und ggf. sogar dieselbe Abteilung des Amtsgerichts örtlich und sachlich zuständig sind. Örtliche wie sachliche Zuständigkeit können aber auch auseinander fallen. In diesem Falle kann eine Bestimmung nach § 36 Abs. 1 Nr. 3 ZPO angeregt werden. Denn diese Regelung soll auch bei einer Zuständigkeitsbestimmung für eine gemeinsame Klage gegen einen Wohnungseigentümer und dessen Mieter anwendbar sein (OLG München ZMR 2008, 818 = NJW-RR 2008, 1466; *Hogenschurz* AnwZert MietR 15/2008 Anm. 3). Wird dieser Weg beschritten und wird das AG als gemeinsames Gericht bestimmt, kann freilich nicht angeordnet werden, dass die „Abteilung für Wohnungseigentumssachen" innerhalb des AG zuständig ist (*Ott* ZWE 2008, 488, 489). Denn die Abteilung für Wohnungseigentumssachen ist kein gesetzlich bestimmter besonderer Spruchkörper (s. Form. II. H. 1 Anm. 4). Wenn das nach §§ 43 Nr. 1 WEG, 23 Nr. 2 lit. c) GVG für die Klage gegen den vermietenden Wohnungseigentümer zuständige AG zum gemeinsamen Gericht bestimmt worden ist, ist noch offen, welches LG für eine Berufung zuständig wäre. Vertreten wird, dass es das nach § 72 Abs. 2 GVG zuständige LG ist (OLG München ZMR 2008, 818 = NJW-RR 2008, 1466; *Hogenschurz* AnwZert MietR 15/2008 Anm. 3). Dass sich durch die Bestimmung eines sachlich gemeinsam zuständigen Gerichts nach § 36 I Nr. 3 ZPO für eine der Klagen die Eingangszuständigkeit und als deren Folge auch der Rechtmittelzug ändert, sei der Bestimmung immanent (OLG München ZMR 2008, 818 = NJW-RR 2008, 1466).

Soll der Mieter oder ein sonstiger Nichtwohnungseigentümer in ein Verfahren einbezogen werden, kann dies alternativ durch eine Streitverkündung nach § 72ff. ZPO geschehen (LG Hamm ZMR 1996, 41 = NJW-RR 1996, 335).

5. Richtet sich die Klage eines Wohnungseigentümers, der in einem Rechtsstreit gem. § 43 Nr. 1 WEG einen ihm allein zustehenden Anspruch geltend macht, nur gegen einen oder einzelne Wohnungseigentümer oder nur gegen den Verwalter, so sind gem. § 48 Abs. 1 S. 1 WEG die übrigen Wohnungseigentümer beizuladen, es sei denn, dass ihre rechtlichen Interessen erkennbar nicht betroffen sind. Die Beiladung will aus Gründen der in § 48 Abs. 3 WEG angeordneten Rechtskrafterstreckung sicherstellen, dass formell diejenigen Personen beteiligt werden, die auch materiell „betroffen" sind (vgl. BGH BGHZ 115, 253, 256 = NJW 1992, 182; OLG Hamm ZMR 1996, 41). Beigeladene haben von Gesetzes wegen keine Pflichten. Sie müssen sich weder prozessual äußern noch müssen sie zu einem Termin erscheinen. Auch an den Kosten des Rechtsstreits sind sie außer im Falle des § 49 Abs. 2 WEG nicht zu beteiligen (Jennißen/*Suilmann* § 48 Rdn. 33). Den Beigeladenen sind die Klageschrift und die Verfügungen des Vorsitzenden zuzustellen. Weitere (Beteiligungs-)Rechte besitzen sie nicht. Der Beigeladene ist nicht anzuhören, es sei denn, er wäre Zeuge oder ein anderes Beweismittel. Eine Ladung ist nicht erforderlich (aA. Bärmann/*Wenzel* § 48 Rdn. 33). Will sich ein Beigeladener prozessuale Rechte sichern und sich die Möglichkeit verschaffen, selbst auf den Streitgegenstand einzuwirken, kann er nach § 48 Abs. 2 S. 2 WEG der einen oder anderen Partei zu deren Unterstützung beitreten.

6. Auch wenn an dem Rechtsstreit nicht alle Wohnungseigentümer als Partei beteiligt, sondern nur beizuladen sind, sind sie gem. § 44 Abs. 2 S. 1 WEG nach §§ 253 Abs. 2 Nr. 1, 130 Nr. 1 ZPO zu bezeichnen. Der namentlichen Bezeichnung bedarf es nur dann nicht, wenn das Gericht von ihrer Beiladung gem. § 48 Abs. 1 S. 1 WEG absieht. Zur Bezeichnung in der Klageschrift kann der Kläger sich nach § 44 Abs. 2 S. 1 WEG zunächst einer bloßen Sammelbezeichnung bedienen (s. dazu Form. II. H. 2 Anm. 8).

7. Nach § 45 Abs. 1 WEG ist der Verwalter Zustellungsvertreter der beizuladenden Wohnungseigentümer und daher in der Klageschrift zu benennen, auch wenn § 44 Abs. 1 WEG eine solche Anordnung nicht trifft.

8. S. Form. II. H. 1 Anm. 11.

9. S. Form. I. D. 6 Anm. 7.

10. S. Form. II. H. 1 Anm. 42.

11. S. Form. II. H. 1 Anm. 12.

12. S. zunächst Form. I. D. 6 Anm. 5. Wohnungseigentümer untereinander haben Anspruch auf Unterlassung jeglicher Lärmbelästigungen, die über das zumutbare Maß hinausgehen und die durch sie selber verursacht werden. Maßgebliche Anspruchsgrundlage ist der Unterlassungsanspruch aus §§ 1004, 906 BGB iVm. § 14 Nr. 1 WEG. Wohnungseigentümer müssen nur diejenigen Lärmbelästigungen hinnehmen, die sie nicht wesentlich beeinträchtigen. Der Kläger muss auch in einer WEG-Sache die zu unterlassende Beeinträchtigung und die Grenze des zulässigen Lärms möglichst genau beschreiben. Dem Antrag muss der Umfang des Verbots eindeutig zu entnehmen sein. Die hier gewählten Dezibel-Werte orientieren sich an den Richtwerten der Technischen Anleitung zum Schutz gegen Lärm – TA Lärm – für Immissionsorte innerhalb von Gebäuden. Gängig ist daneben eine Ausrichtung an DIN-Vorschriften. Zur Frage, wann Lärmbelästigungen als ein das in § 14 WEG bestimmte Maß überschreitender Nachteil zu werten sind, vgl. ferner OLG Düsseldorf NZM 2008, 288, 290; OLG Schleswig OLG-Report 2007, 935; BayObLG NZM 2005, 509 = ZMR 2005, 650; OLG München NJOZ 2005, 3952; OLG Köln NZM 2001, 53.

13. Die nach § 890 Abs. 2 ZPO notwendige Androhung eines Ordnungsmittels kann bereits in dem die Verpflichtung aussprechenden Urteil enthalten sein. Wird der Antrag im Erkenntnisverfahren vergessen, ist die Androhung im Rahmen der Zwangsvollstreckung auf Antrag des Gläubigers von dem Prozessgericht des ersten Rechtszuges zu erlassen, § 890 Abs. 2 ZPO. S. auch Form. I. D. 6 Anm. 6.

14. S. Form. II. H. 1 Anm. 18.

15. S. Form. II. H. 1 Anm. 19.

16. S. Form. II. H. 1 Anm. 22.

17. Nach §§ 3 und 8 WEG ist für jedes Sondereigentum zu bestimmen, ob es an einer bestimmten Wohnung (Wohnungseigentum), oder an Räumen, die nicht Wohnzwecken dienen sollen (Teileigentum), begründet werden soll (BayObLG WE 1994, 153; *Rapp* MittBayNot 1998, 77; aA. KG WuM 2008, 165 = MittBayNot 2008, 209). Nach hM. ist die Einordnung eine schuldrechtliche Bestimmung iSv. § 10 Abs. 2 WEG (OLG Hamburg ZMR 2000, 627; BayObLG Rpfleger 1998, 19; *Hügel* FS Bub [2007], S. 137, 142; *Armbrüster* ZMR 2005, 244, 246, 247).

18. Jeder Wohnungseigentümer hat nach § 14 Nr. 2 WEG dafür zu sorgen, dass die in § 14 Nr. 1 WEG genannten Pflichten der Wohnungseigentümer untereinander auch durch die Personen eingehalten werden, denen er die Benutzung seines Wohnungseigentums ganz oder teilweise überlässt. Da die Haftung aus § 14 WEG eine Haftung aus Vertrag ist, gibt § 14 Nr. 2 WEG eine nähere Umschreibung des Personenkreises, für den der Wohnungseigentümer nach § 278 BGB einzustehen hat.

19. Die Mit- oder der Alleineigentümer können über die Bestimmung eines Sondereigentums als Wohnungs- oder Teileigentum gem. §§ 5 Abs. 4, 10 Abs. 2 S. 2, 15 Abs. 1, Abs. 2 WEG weiter gehende Einschränkungen des Gebrauchs bestimmen, etwa die Bestimmung „Laden". Nach allgemeinem Sprachgebrauch wird darunter eine Verkaufsstätte zum Vertrieb von Waren an jedermann verstanden (KG KGReport Berlin 2007, 521). Das typische Geschäft für einen Laden ist der Warenkleinverkauf durch den Einzelhandel und das Waren verkaufende Handwerk (OLG München GuT 2007, 40). Die gewerbliche Nutzung muss aber nicht in einem Ladengeschäft bestehen. Nach der herrschenden, typisierenden Betrachtungsweise (s. II. H. 6 Anm. 19) ist auch eine Nutzung zulässig, die die Eigentümer jedenfalls nicht mehr als ein Laden stört oder beeinträchtigt (KG KGReport

Berlin 2007, 521). Die Rechtsprechung knüpft für die Frage einer Störung vor allem an die Öffnungszeiten und die Lärm- und Geruchsbeeinträchtigung an. Die Nutzung eines als Laden gewidmeten Teileigentums lässt grundsätzlich die Nutzung als Bäckerei zu (OLG München ZMR 2006, 884, 885). Jeder Wohnungseigentümer kann aber verlangen, dass eine Nutzung unterbleibt, die mit der Zweckbestimmung nicht vereinbar ist oder mehr stört als eine der Zweckbestimmung entsprechende Nutzung (§§ 14 Nr. 1, 15 Abs. 3 WEG, 1004 Abs. 1 BGB). Die Zweckbestimmung als Laden hat zur Folge, dass nur die typischerweise mit einem Laden verbundenen Beeinträchtigungen und diese insbesondere nur während der üblichen Ladenöffnungszeiten hingenommen werden müssen. Ein auch nachts stattfindender Bäckereibetrieb, der mit einer regen Liefertätigkeit verbunden ist, muss nicht geduldet werden, wenn die Lärmstörungen und Gerüche das hinzunehmende Maß erheblich übersteigen (LG Berlin ZMR 2003, 58).

20. S. Form. II. H. 1 Anm. 24.

21. S. Form. I. D. 6 Anm. 1 und 7.

22. S. Form. II. H. 1 Anm. 40.

23. S. Form. II. H. 1 Anm. 43.

Kosten und Gebühren

S. Form. II. H. 1 Kosten und Gebühren.

Fristen und Rechtsmittel

S. Form. II. H. 1 Fristen und Rechtsmittel.

5. Klage eines Wohnungseigentümers auf Ermessensentscheidung des Gerichts (hier: Verwalterbestellung)

An das Amtsgericht[1]
Abteilung für Wohnungseigentumssachen[2]

Klage[3]

Wohnungseigentümer A., X.-Straße Nr. ……, (PLZ, Ort),

– Kläger[4] –

Prozessbevollmächtigter: V., W.-Straße Nr. ……, (PLZ, Ort),
gegen

die Eigentümer der Wohnungseigentumsanlage X.-Straße Nr. ……, …… (PLZ, Ort), namentlich aufgeführt in der anliegenden Eigentümerliste[5],

– Beklagte[6] –

Es gibt zurzeit keinen Verwalter der Wohnungseigentumsanlage[7].

Es gibt zurzeit keinen Ersatzzustellungsvertreter[8].

wegen Ausfalls des Selbstorganisationsrechts der Wohnungseigentümer[9]

vorläufiger Streitwert[10]: ……

Unter Einzahlung eines Kostenvorschusses von EUR ……[11] beantrage ich im Namen und mit Vollmacht[12] des Klägers:

1. Das Gericht bestimmt nach billigem Ermessen einen Verwalter für die Wohnungseigentumsanlage X.-Straße Nr. ……, …… (PLZ, Ort)[13].

2. Die Kosten des Rechtsstreits werden den Beklagten auferlegt[14].

3. Für den Fall, dass das Gericht ein schriftliches Vorverfahren anordnet und die Beklagten ihre Verteidigungsbereitschaft nicht rechtzeitig anzeigen, den Erlass eines Versäumnisurteils[15].

Begründung[16]

Kläger und Beklagte sind Miteigentümer der Wohnungseigentumsanlage X.-Straße Nr. ……, …… (PLZ, Ort). Die Parteien haben die Anlage seit der Entstehung im Jahre …… reihum selbst verwaltet[17]. Zwischenzeitlich ist es über die Führung der Verwaltung und die Ordnungsmäßigkeit der Verwaltung zu Streit gekommen. Auf mehreren Eigentümerversammlungen, zuletzt in der vom ……, haben sich die Wohnungseigentümer mit dem Beschlussantrag des Klägers, einen Verwalter zu bestellen, befasst. Ein Beschluss kam jeweils nicht zustande[18, 19].

Beglaubigte und einfache Abschrift liegen an[20]. Ein Kostenvorschuss von …… ist eingezahlt[21].

Rechtsanwalt[22]

Anmerkungen

1. Der Streit, ob und ggf. welcher Verwalter zu bestellen ist, ist eine Streitigkeit über die sich aus der Gemeinschaft der Wohnungseigentümer und aus der Verwaltung des gemeinschaftlichen Eigentums ergebenden Rechte und Pflichten der Wohnungseigentümer untereinander. Nach § 43 Nr. 1 WEG ist deshalb örtlich ausschließlich zuständig das Gericht, in dessen Bezirk das Grundstück liegt. Zur sachlichen Zuständigkeit s. Form. II. H. 1 Anm. 1.

2. S. Form. II. H. 1 Anm. 2.

3. Sind über die gesetzlichen Bestimmungen hinaus Regelungen zum Gemeinschaftsverhältnis der Wohnungseigentümer erforderlich und können sich die Wohnungseigentümer darüber nicht einigen, kann hierüber nach § 21 Abs. 4 und Abs. 8 WEG eine Entscheidung des Gerichts nach billigem Ermessen verlangt werden. § 21 Abs. 8 WEG ist gesetzliche Grundlage für sämtliche Ermessensentscheidungen des Gerichts, wenn in einer Streitigkeit über eine nach dem Gesetz „erforderliche", aber von den Wohnungseigentümern unterlassene Maßnahme bindende Vorgaben für die Entscheidung fehlen. Klageart ist eine Gestaltungsklage. Eine Klage auf Zustimmung der widerstrebenden Wohnungseigentümer, also auf Abgabe einer Willenserklärung, empfiehlt sich nicht (*Briesemeister* NZM 2009, 64, 65). Während sich eine Klage nach § 745 Abs. 2 BGB auf eine konkrete Maßnahme beziehen muss, kann nach § 21 Abs. 8 WEG ein unbestimmter Antrag gestellt werden.

Da die gerichtliche Entscheidung für ihre vollen Wirkungen der Rechtskraft bedarf, kann es sich anbieten, die Klage mit einem Antrag auf Erlass einer einstweiligen Verfügung nach §§ 935, 940 ZPO mit dem Antrag, bis zum rechtskräftigen Abschluss des Hauptsacheverfahrens einen Verwalter zu bestellen, zu flankieren (*Briesemeister* NZM 2009, 64 ff.; *Bonifacio* MietRB 2007, 216, 219; Jennißen/*Suilmann* § 21 Rdn. 135 und Rdn. 159; Riecke/Schmid/*Elzer* § 20 Rdn. 124).

4. Kläger kann jeder Wohnungseigentümer sein (Jennißen/*Suilmann* § 21 Rdn. 127). Die Gemeinschaft der Wohnungseigentümer ist nach hM. hingegen nicht prozessführungsbefugt; jedenfalls hat sie keinen Anspruch aus § 21 Abs. 4 WEG auf ordnungsmäßige Verwaltung. Auch der Verwalter (Jennißen/*Suilmann* § 21 Rdn. 127) oder ein Dritter sind nicht aktivlegitimiert.

5. S. zunächst Form. II. H. 2 Anm. 8. Wird die Klage gegen alle Wohnungseigentümer (mit Ausnahme des Klägers) erhoben, so genügt nach § 44 Abs. 1 S. 1 Hs. 1 WEG für die nähere Bezeichnung der Wohnungseigentümer in der Klageschrift eigentlich die bestimmte Angabe des gemeinschaftlichen Grundstücks. Noch zweifelhaft ist indes, ob sich der Kläger einer Kurzbezeichnung auch dann bedienen kann, wenn ein Verwalter oder ein Ersatzzustellungsvertreter fehlen. Wortlaut und Begründung von § 44 Abs. 1 WEG setzen ggf. die Existenz eines Verwalters bzw. zumindest eines Ersatzzustellungsvertreters voraus (BT-Drucksache 16/887 S. 35). Dennoch ist vorstellbar, dass die jeweiligen Bestellungen keine formale Voraussetzung für die vereinfachte Bezeichnung der Beklagten nach § 44 Abs. 1 S. 1 WEG sind (s. aber Riecke/Schmid/*Abramenko* § 44 Rdn. 2; Jennißen/*Suilmann* § 44 Rdn. 7). Bis zu einer Klärung sollten sämtliche Wohnungseigentümer ausreichend iSv. §§ 253, 130 ZPO bezeichnet werden.

6. Beklagte einer Klage nach § 21 Abs. 4/Abs. 8 WEG sind sämtliche anderen Wohnungseigentümer (*Boeckh,* Wohnungseigentumsrecht, § 6 Rdn. 97) in notwendiger Streitgenossenschaft, § 62 Abs. 1 Fall 1 ZPO (BGH NJW 2009, 2132, 2133; *Hügel/Elzer* § 10 Rdn. 10; Jennißen/*Suilmann* § 21 Rdn. 128; aA. *Bonifacio* MietRB 2007, 216, 219).

7. Sind die Wohnungseigentümer Beklagte, sind in der Klageschrift der Verwalter und der gem. § 45 Abs. 2 S. 1 WEG bestellte Ersatzzustellungsvertreter zu bezeichnen. Ist die Bestellung unterblieben, sollte hierauf im Rubrum der Klage jedenfalls hingewiesen werden. Das Gericht muss dann erwägen, nach § 45 Abs. 3 WEG einen Ersatzzustellungsvertreter zu bestellen. Alternativ kommt die Zustellung an die beklagten Wohnungseigentümer in Betracht.

8. S. Anm 7.

9. S. Form. II. H. 1 Anm. 11.

10. S. Form. II. H. 2 Anm. 2. Bei der Bestimmung ist ggf. auf die Vergütung des Verwalters – also die Anstellung – für 1 Jahr abzustellen (OLG Stuttgart ZMR 2003, 782, 783). Sachgerechter erscheint, an das Interesse anzuknüpfen, einen „Verwalter zu haben" (*Elzer* NZM 2008, 432, 433).

11. S. Form. II. H. 1 Anm. 42.

12. S. Form. II. H. 1 Anm. 12.

13. Der Antrag auf Bestellung eines Verwalters kann auf § 21 Abs. 4 WEG, aber auch auf § 21 Abs. 8 WEG gestützt werden (*Briesemeister* NZM 2009, 64, 66; *Drasdo* in Deckert, ETW, März 2009 Gruppe 11, S. 313 und 316c; *Hügel/Elzer* § 10 Rdn. 9). Die Klage nach § 21 Abs. 8 WEG erlaubt es dabei gegenüber § 21 Abs. 4 WEG, abweichend von § 253 Abs. 2 Nr. 2 ZPO einen unbestimmten Klageantrag zu stellen (*Briesemeister* NZM 2009, 64, 66; Jennißen/*Suilmann* § 21 Rdn. 126) und den Ausspruch in das billige Ermessen des Gerichts zu stellen (*Boeckh* Wohnungseigentumsrecht § 6 Rdn. 94). Ein unbestimmter Klageantrag besitzt den Vorteil, dass der Kläger keinen Verwaltervorschlag machen muss. In der Praxis wird der vom Kläger vorgeschlagene neue Verwalter häufig (grundlos) als parteiisch abgelehnt. Es bietet sich daher an, die Auswahl des Verwalters in das Ermessen des Gerichts zu stellen, um dem Verwalter nicht von Anfang an eine angegriffene Stellung zu verschaffen. Die Bestellung kommt nur in Betracht, sofern sich die vom Gericht ausgewählte Person zur Übernahme des Amtes bereit erklärt und Einvernehmen über die Höhe der dem Verwalter zu zahlenden Vergütung besteht. Streitig ist, ob das Gericht anstelle der dafür zuständigen Wohnungseigentümer als Willensbildungsorgan der Gemeinschaft der Wohnungseigentümer eine Vergütung festsetzen kann (dafür *Briesemeister* NZM 2009, 64, 69). Jedenfalls für den Abschluss des Verwaltervertrages (die Anstellung) ist das Gericht zunächst nicht zuständig (*Elzer* ZMR 2004, 229). Dies bereits deshalb, weil die beklagten Wohnungseigentümer nicht Partei des Verwaltervertrages sind.

Ein auf § 21 Abs. 4 WEG gestützter Antrag auf eine ordnungsmäßige Verwaltung setzte demgegenüber die konkrete Benennung eines künftigen Verwalters voraus (*Elzer* ZMR 2004, 229, 230). Das Gericht wäre gem. § 308 ZPO an diesen Antrag gebunden. Ein Auswahlermessen ist ihm insoweit nicht eingeräumt. Der Antrag sollte nicht auf Zustimmung der anderen Wohnungseigentümer zu dem benannten Verwalter lauten (aA. *Drasdo* in Deckert, ETW, März 2009 Gruppe 11, S. 313 und 316c; *Bonifacio* MietRB 2007, 216, 218) also nicht „die Beklagten zu verurteilen, der Bestellung der V.-GmbH, gesetzlich vertreten durch den Geschäftsführer A. Mustermann, ... (PLZ, Ort), als Verwalterin der Gemeinschaft der Wohnungseigentumsanlage X.-Straße Nr. ......, ... (PLZ, Ort), ab dem ...... bis zum ...... zuzustimmen", sondern auf Bestellung eines bestimmten Verwalters durch das Gericht (*Briesemeister* NZM 2009, 64, 65).

Die in der Praxis übliche Beschränkung der Verwalterbefugnisse sollte nicht beantragt werden. Etwa für eine nach hM. mögliche Begrenzung der Amtszeit des Verwalters besteht kein Anlass (BayObLG NJW-RR 1989, 461). Bei gerichtlicher Bestellung eines Verwalters ist vom Gesetz weder vorgesehen, dass der Richter diesen Verwalter zur baldigen Abhaltung einer Eigentümerversammlung zur Neuwahl eines „ordentlichen" Verwalters zu verpflichten hat, noch wird vom Gesetz eine gerichtliche Begrenzung der Amtszeit verlangt. Umgekehrt überschreitet das Gericht sein Rechtsfolgeermessen, wenn es ohne sachliche Notwendigkeit die gesetzlich geregelten Kompetenzen des Verwalters erweitert (OLG München NZM 2007, 649). Im Rahmen der Ermessensentscheidung hat das Gericht den Grundsatz der Verhältnismäßigkeit zu wahren und darf nicht ohne Grund in die Privatautonomie der Wohnungseigentümer eingreifen, indem es Regelungen trifft, die deren Entscheidungsfreiheit über das erforderliche Maß hinaus einschränken.

14. Bei einer Klage nach § 21 Abs. 8 WEG ist häufig nicht feststellbar, warum die Wohnungseigentümer ihr Selbstorganisationsrecht nicht ordnungsmäßig wahrgenommen haben und wer hierfür die „Verantwortung" trägt. § 49 Abs. 1 WEG räumt den Gerichten daher die Möglichkeit ein, die Kosten des Rechtsstreits nach billigem Ermessen zu verteilen. Nach allgemeinen Grundsätzen wird sich die Ermessensentscheidung daran auszurichten haben, wer das Verfahren veranlasst und die Tätigkeit des Gerichts herausgerufen hat.

15. S. Form. II. H. 1 Anm. 19.

16. Eine Klage nach § 21 Abs. 8 WEG ist begründet, wenn drei Voraussetzungen dargelegt und bewiesen werden können: Die Wohnungseigentümer haben ihr Selbstorganisationsrecht nicht wahrgenommen (vgl. BGH ZMR 1999, 41, 43). Die vom Kläger verlangte Entscheidung muss „erforderlich" sein. Und die notwendige Entscheidung darf sich nicht bereits aus dem Gesetz, einer Vereinbarung oder einem Beschluss der Wohnungseigentümer ergeben.

17. Die Wohnungseigentümer können nach ihrem Ermessen zwar von der Bestellung eines Verwalters absehen. Nach § 20 Abs. 2 WEG kann aber die Bestellung eines Verwalters nicht ausgeschlossen werden. § 20 Abs. 2 WEG verbietet damit mittelbar eine Sachprüfung, ob die Bestellung eines Verwalters im konkreten Fall nach den Grundsätzen ordnungsmäßiger Verwaltung erforderlich ist. Ist kein Verwalter bestellt, kann von jedem Wohnungseigentümer jederzeit die Verwalterbestellung verlangt werden (OLG Düsseldorf FGPrax 2008, 14, 16; OLG München NZM 2007, 649; LG Stuttgart ZWE 2008, 357). Die Wohnungseigentümer dürfen sich nach hM. dem berechtigten Begehren eines Wohnungseigentümers, in Abkehr von der bisherigen Praxis einen Verwalter zu bestellen, nicht verschließen (OLG Saarbrücken OLGReport Saarbrücken 2004, 203 = MietRB 2004, 174). Fehlt ein Verwalter, liegt ein Verstoß gegen eine ordnungsmäßige Verwaltung vor (*Bonifacio* MietRB 2007, 216, 217/218; Riecke/Schmid/*Elzer* § 20 Rdn. 121). Der Kläger muss ein aktuelles Bedürfnis für eine Bestellung nicht darlegen. Dieses liegt bereits darin, dass ein Verwalter „fehlt" oder nicht zur Vertretung berechtigt ist.

Ein Verwalter kann aus rechtlichen und aus tatsächlichen Gründen fehlen (s. *Hügel/Elzer* § 11 Rdn. 99ff.). Beide Gründe sind regelmäßig eng auszulegen. Eine bloße Unsicherheit oder eine treuwidrige oder unzweckmäßige Ausübung des Verwalteramtes genügen nicht. Ein Verwalter fehlt aus rechtlichen Gründen, wenn ein Verwalter nicht bestellt wurde, die Amtszeit des ordentlich Bestellten abgelaufen ist, § 26 Abs. 1 S. 2 WEG, der alte Verwalter seine Bestellung niederlegt, der alte Verwalter wegen Todes, Abberufung oder einer auflösenden Bedingung seine Eigenschaft als Verwalter rechtlich verloren hat oder wenn der alte Verwalter geschäftsunfähig oder beschränkt geschäftsfähig (geworden) ist. Ein Verwalter fehlt auch dann, wenn er zwar bestellt wurde, der bestellte Verwalter im Einzelfall seine Aufgaben aber aus tatsächlichen Gründen dauerhaft nicht wahrnimmt oder wahrnehmen kann. Sowohl nach Sinn und Zweck der gesetzlichen Regelung, die eine verwalterlose Zeit beenden will, als auch nach dem Wortlaut des Gesetzes müssen die Fälle des rechtlichen und tatsächlichen „Fehlens" gleich behandelt werden. Auch dann, wenn der ordnungsgemäß bestellte Verwalter seine Aufgaben dauerhaft und vorsätzlich in großen Umfang nicht wahrnimmt, und also die Ausübung seines Amtes verweigert, fehlt ein Verwalter aus tatsächlichen Gründen.

18. Der Kläger hätte diese jeweiligen „Negativbeschlüsse" anfechten können. Dazu bestand aus prozessualer Sicht kein Anlass. Ein Negativbeschluss lässt die Rechtslage unverändert (BGH BGHZ 148, 335, 349 = ZMR 2001, 809; OLG Düsseldorf ZMR 2006, 459, 460; Jennißen/*Elzer* vor §§ 23 bis 25 Rdn. 124). Lehnen die Wohnungseigentümer einen Beschlussantrag ab, kann grundsätzlich nicht auf ihren Willen geschlossen werden, das Gegenteil des Beschlussantrags zu wollen (BGH BGHZ 148, 335, 349 = ZMR 2001, 809). Die Bestandskraft eines Negativbeschlusses kann der Durchsetzung einer begehrten, aber abgelehnten Regelung in einem Verfahren nach § 43 Nr. 1 WEG nicht entgegenstehen. Vielmehr ergibt sich erst aus der Ablehnung des Beschlussantrages gerade das für die Anrufung des Gerichts erforderliche Rechtsschutzinteresse (*Wenzel* ZMR 2005, 413, 415).

19. Gerichtliches Ermessen ist subsidiär (KG ZMR 1999, 509). Für eine gerichtliche Geltendmachung und einen Antrag auf richterliche Gestaltung besteht kein Rechtsschutzbedürfnis, solange die Eigentümer mit der Maßnahme nicht befasst waren (OLG Hamm WE 1996, 33; LG Köln ZMR 2005, 311). Der Kläger eines Verfahrens nach § 21 Abs. 8 WEG muss zuvor im Rahmen des Möglichen und Zumutbaren alles versucht haben, eine dem Gesetz entsprechende Tätigkeit der Wohnungseigentümerversammlung zu erreichen. Bevor ein Wohnungseigentümer einen Antrag auf gerichtliche Bestellung eines Verwalters stellt, muss er daher auf einer Eigentümerversammlung einen Antrag auf Bestellung stellen (*Bonifacio* MietRB 2007, 216, 218; Riecke/Schmid/*Elzer* § 20 Rdn. 121). Erst wenn dieser Antrag keine Mehrheiten findet oder eine bloße Förmelei wäre, weil das Abstimmungsergebnis vorher feststeht, kann das Gericht ersatzweise einen Verwalter bestellen.

20. S. Form. II. H. 1 Anm. 40.

21. S. Form. II. H. 1 Anm. 42.

22. S. Form. I. D. 1 Anm. 24.

Kosten und Gebühren

S. Form. II. H. 1 Kosten und Gebühren.

Fristen und Rechtsmittel

S. zunächst S. Form. II. H. 1 Fristen und Rechtsmittel. Fraglich ist, ob eine Kostenentscheidung isoliert angegriffen werden kann. Gem. § 99 Abs. 1 ZPO ist die Anfechtung einer Kostenentscheidung zwar unzulässig, wenn nicht gegen die Entscheidung in der

Hauptsache ein Rechtsmittel eingelegt wird. Dies ist für eine Ermessensentscheidung nur über die Kosten nach § 49 Abs. 1 WEG ggf. aber nicht angemessen. Will sich eine Partei nur gegen die Kostenentscheidung wehren, böte es sich vielmehr an, §§ 91 a Abs. 2 S. 1, 99 Abs. 2 S. 1 ZPO analog anzuwenden (*Skrobek,* ZMR 2008, 173, 175; *Hügel/Elzer* § 13 Rdn. 234; aA. Palandt/*Bassenge* § 49 Rdn. 2; Jennißen/*Suilmann* § 49 Rdn. 36; Bärmann/*Wenzel* § 49 Rdn. 12).

6. Klage einer Gemeinschaft von Wohnungseigentümern gegen Störer

An das Amtsgericht[1]
Abteilung für Wohnungseigentumssachen[2]

Klage[3]

der Wohnungseigentümergemeinschaft Y.-Straße Nr. ……, …… (PLZ, Ort), vertreten durch den Verwalter, Z.-Straße Nr. ……, …… (PLZ, Ort),

– Klägerin[4] –

Prozessbevollmächtigter: V., W.-Straße ……, …… (PLZ, Ort),

gegen

Wohnungseigentümer B., wohnhaft X.-Straße Nr. ……, …… (PLZ, Ort),

– Beklagter[5] –

wegen Unterlassung[6]
vorläufiger Streitwert[7]: ……

Unter Einzahlung eines Kostenvorschusses von EUR …… [8] beantrage ich im Namen und mit Vollmacht[9] der Klägerin:

1. **Den Beklagten zu verurteilen, es zu unterlassen, die Kellerräume seines Wohnungseigentums Nr. ……, Y.-Straße Nr. ……, …… (PLZ, Ort), eingetragen im Grundbuch von ……, als Wohn- und Schlafräume zu nutzen[10].**
2. **Dem Beklagten wird angedroht, dass für jeden Fall der Zuwiderhandlung ein Ordnungsgeld bis zur Höhe von EUR 250.000,00 und für den Fall, dass dieses nicht beigetrieben werden kann, Ordnungshaft oder Ordnungshaft bis zu 6 Monaten festgesetzt wird[11].**
3. **Den Beklagten die Kosten des Rechtsstreits aufzuerlegen[12].**
4. **Für den Fall, dass das Gericht ein schriftliches Vorverfahren anordnet und der Beklagte seine Verteidigungsbereitschaft nicht rechtzeitig anzeigt, den Erlass eines Versäumnisurteils[13].**

Begründung[14]

A. Der Beklagte ist Mitglied der Wohnungseigentümergemeinschaft Y.-Straße Nr. ……, …… (PLZ, Ort). Die Klägerin ist die Gemeinschaft der Wohnungseigentümer der Anlage. Die Wohnungseigentümer haben auf der Eigentümerversammlung vom …… zu TOP …… beschlossen, Unterlassungsansprüche wegen Störung des Gemeinschaftseigentums gegen den Beklagten durch die Gemeinschaft der Wohnungseigentümer wahrzunehmen. Zugleich wurde der Verwalter gem. § 27 Abs. 3 S. 1 Nr. 7 WEG ermächtigt, die Gemeinschaft zu vertreten und einen Anwalt zu beauftragen[15].

Beweis: Niederschrift der Eigentümerversammlung vom …… in Fotokopie;
Auszug aus der Beschluss-Sammlung.

Die Anlage besteht aus einem Haus mit 8 Eigentumswohnungen. Der Beklagte erwarb die im Antrag näher genannte Einheit …… Sie besteht aus einem Wohnzimmer mit integrierter Küche, einem Schlafzimmer, einem Sanitärraum und einem Flur.

Beweis: Vorlage des Grundbuchauszuges in Fotokopie

In der Teilungserklärung vom ...... heißt es unter Ziffer II. zur Einheit:

„Im Einzelnen erfolgt die Aufteilung in Wohnungseigentumsrechte wie folgt: 1. 125/1000 Miteigentumsanteile, verbunden mit dem Sondereigentum an der Wohnung belegen im Erdgeschoss und Keller mit einer Nutzfläche von 154,33 qm, die in der Abgeschlossenheitserklärung mit Ziffer 1 bezeichnet ist, sowie dem Sondernutzungsrecht ......"

Beweis: Teilungserklärung und Gemeinschaftsordnung in Fotokopie.

Die teilende Eigentümerin stattete bei Errichtung des Hauses die Kellerräume zur Wohnung, die baurechtlich nicht als Wohnung zugelassen waren, mit einer Dusche, einem Waschbecken, Anschlüssen für (eine später eingebaute) Toilette, Fernseher und Telefon sowie Heizkörpern, in der Folgezeit auch mit einer Wendeltreppe zur Wohnung aus. Der Beklagte nutzt die Kellerräume als Wohn- und Schlafräume für seine Kinder.

Beweis: Teilungserklärung und Gemeinschaftsordnung in Fotokopie;
Anhörung des Verwalters.

Diese Nutzung ist unzulässig. Den anderen Wohnungseigentümern steht ein Unterlassungsanspruch aus §§ 15 Abs. 3 WEG, 1004 BGB zu[16]. Die Bezeichnung in der Teilungserklärung, das Sondereigentum im Keller sei „Keller", stellt eine Zweckbestimmung (im Sinne von Kellerräumen) mit Vereinbarungscharakter dar[17]. Die Teilungserklärung ist nicht dahin zu verstehen, dass die Wohnung „im Erdgeschoss und Keller" belegen ist, sondern vielmehr jeweils dahin, dass das Sondereigentum an der Wohnung, belegen im Erdgeschoss, und an dem Keller besteht (vgl. § 1 Abs. 2, Abs. 3 WEG). Die Einordnung hat zur Folge, dass die so bezeichneten Räume nur als Keller (Lager- und Abstellraum) oder nur in einer Weise genutzt werden dürfen, die nicht mehr stört oder beeinträchtigt als eine Nutzung als Keller[18]. Dabei gilt nach hM. eine typisierende – also nicht auf die Beeinträchtigungen im konkreten Fall abgestellte – Betrachtungsweise[19].
Der Beklagte wurde am ...... erfolglos aufgefordert, die Nutzung des Kellers als Wohnung zu unterlassen[20].

B. Die außerprozessual vom Beklagten geltend gemachte Verteidigung überzeugt nicht[21].

1. Soweit sich der Beklagte auf Verwirkung berufen hat, ist ihm nicht zu folgen; es fehlt jedenfalls am Umstandsmoment[22]. Der Beklagte kann keine besondere Umstände benennen, aufgrund derer er sich nach Treu und Glauben darauf einrichten durfte und eingerichtet hat, dass die Wohnungseigentümer ihr Recht auf Unterlassung nicht mehr geltend machen werden.

2. Ferner ist der Anspruch nicht verjährt. Der Beklagte nutzt den Keller nur zeitweise zu Wohnzwecken. Sollen wiederholte gleichartige Störungen abgewehrt werden, die zeitlich unterbrochen auftreten, löst indes jede neue Einwirkung einen neuen Anspruch aus[23].

3. Schließlich besitzt der Beklagte auch keinen Änderungsanspruch nach § 10 Abs. 2 S. 3 WEG; jedenfalls kann er diesen nicht in diesem Verfahren geltend machen[24].

Beglaubigte und einfache Abschrift liegen bei[25].

Rechtsanwalt[26]

Anmerkungen

1. Ausschließlich örtlich zuständig für die Klage auf Unterlassung einer Störung durch einen Wohnungseigentümer ist gem. § 43 WEG das Gericht, in dessen Bezirk das Grundstück liegt. Nimmt die Gemeinschaft der Wohnungseigentümer Ansprüche der Wohnungseigentümer gegen einen Wohnungseigentümer nach § 10 Abs. 6 S. 3 WEG wahr,

die – würden sie die Wohnungseigentümer wahrnehmen – § 43 Nr. 1 WEG unterfallen würden, ist allerdings streitig, ob § 43 Nr. 1 WEG (Riecke/Schmid/*Abramenko* § 43 Rdn. 12) oder § 43 Nr. 2 WEG einschlägig ist (Bärmann/*Wenzel* § 43 Rdn. 72; Jennißen/*Suilmann* § 43 Rdn. 31; Köhler/Bassenge/*Kreuzer* Teil 10 Rdn. 42, zitiert parallel § 43 Nr. 1, 2 und Nr. 4 WEG); diese Frage kann aber stets offen bleiben, da eine Klage der Gemeinschaft gegen einen Wohnungseigentümer jedenfalls dann eine WEG-Sache iSv. § 43 WEG ist, wenn sich diese nicht wie „Dritte" gegenüberstehen. Zur sachlichen Zuständigkeit s. Form. II. H. 1 Anm. 1.

2. S. Form. II. H. 1 Anm. 2.

3. Die Abwehr von Störungen des Sonder-, aber auch des Gemeinschaftseigentums ist Angelegenheit der Wohnungseigentümer als Einzelpersonen. Die Wohnungseigentümer können die Verfolgung eines Abwehranspruchs jedenfalls wegen Störung des Gemeinschaftseigentums durch eine „Vergemeinschaftung" (dh. einen Beschluss, der die Verfolgung individueller Ansprüche der Wohnungseigentümer gem. § 10 Abs. 6 S. 3 Var. 2 WEG der Gemeinschaft zuweist, vgl. BGH NJW 2006, 2187, 2188; s. auch BGHZ 172, 42 = NJW 2007, 1952) freilich zu einer Aufgabe der Gemeinschaft der Wohnungseigentümer machen (BGH NJW 2006, 2187, 2188; OLG Köln NJOZ 2008, 4567). Für eine Vergemeinschaftung der aus der Störung des Sondereigentums folgenden Abwehransprüche fehlte es hingegen bereits an einer Beschlusskompetenz; ein entsprechender Beschluss wäre nichtig. Eine Vergemeinschaftung kommt außer bei Unterlassungs- und Beseitigungsansprüchen vor allem bei der Verfolgung von nicht geborenen Mängelrechten wegen Mängeln des Gemeinschaftseigentums in Betracht (BGH ZMR 2007, 627, 629 = NJW 2007, 1952). Für die Frage, ob ein Recht vergemeinschaftet wird, besitzen die Wohnungseigentümer zwar Ermessen. Eine ordnungsmäßige Verwaltung erfordert es allerdings in aller Regel, einen gemeinschaftlichen Willen darüber zu bilden, wie die ordnungsgemäße Herstellung des Gemeinschaftseigentums zu bewirken ist (BGH ZMR 2007, 627, 629 = NJW 2007, 1952; OLG Düsseldorf NZM 2008, 844, 846). Eine ordnungsmäßige Verwaltung wird eine andere Entscheidung als gerade eine Vergemeinschaftung in der Regel nicht zulassen (Ermessensreduktion).

Im Prozess ist die Gemeinschaft der Wohnungseigentümer gem. § 10 Abs. 6 S. 3 WEG gesetzliche Prozessstandschafterin, die als eigenes Rechtssubjekt ihr fremde Abwehrrechte geltend macht (OLG München ZMR 2006, 386). Noch ungeklärt ist, wie sich eine Vergemeinschaftung eines Störungsrechts in Bezug auf das Gemeinschaftseigentum auf das Recht eines Wohnungseigentümers auswirkt, selbst gegen eine Störung des Gemeinschaftseigentums vorzugehen. Sieht man in einer Vergemeinschaftung eine teilweise Rechteübertragung iS. einer Kompetenzübertragung, verliert ein Wohnungseigentümer durch eine Vergemeinschaftung das Recht, seinen Unterlassungsanspruch durchzusetzen (*Wenzel* NZM 2008, 74, 75; aA. OLG München NJW-RR 2008, 247). Im Prozess müsste der bereits klagende Wohnungseigentümer seine Klage dann als nicht (mehr) prozessführungsbefugt für erledigt erklären oder einen gewillkürten Klägerwechsel auf die Gemeinschaft der Wohnungseigentümer bewirken (*Elzer* AnwZert MietR 3/2008, Anm. 2).

4. S. Form. II. H. 1 Anm. 4.

5. S. Form. II. H. 1 Anm. 9.

6. S. Form. II. H. 1 Anm. 11.

7. Beim Streit um die Unterlassung einer Störung und/oder deren Beseitigung ist unsicher, ob sowohl das Interesse des Klägers an der Unterlassung als auch dasjenige des Beklagten an der Möglichkeit der Fortsetzung maßgeblich sind (OLG Frankfurt OLGReport Frankfurt 2005, 58; BayObLG ZMR 2001, 557; BayObLG WuM 1994, 157, 159; OLG Karlsruhe NJW-RR 2000, 89) oder nur das Interesse des Klägers an der Unterlassung (OLG Frankfurt ZMR 1997, 667, 668; KG ZMR 1993, 346), etwa bei Unterlassung der Prostitution die Mietmehreinnahmen und die Wertminderung der anderen

Wohnungen. Bei „normalen“ Unterlassungsansprüchen werden häufig niedrige Pauschalen von EUR 1.000,00 bis EUR 1.500,00 angesetzt, etwa beim Verbot der Haustierhaltung (OLG Karlsruhe WE 1988, 97) oder Lärm (LG Bonn JurBüro 2001). Bei Anträgen auf Unterlassung der Wohnnutzung sind die Vorteile dieser Nutzung etwa in Form eines Mehrerlöses bei der Vermietung (BayObLG NZM 2001, 150; ZMR 2000, 777) zu berücksichtigen.

8. S. Form. II. H. 1 Anm. 42.

9. S. Form. II. H. 1 Anm. 12.

10. S. zunächst Form. II. H. 4 Anm. 12. Ein Unterlassungsantrag muss ebenso wie der auf ihm beruhende Unterlassungstenor den Gegenstand des Verbots deutlich bezeichnen, um eine geeignete Grundlage für das Vollstreckungsverfahren bilden zu können (BGH NJW 1992, 1691, 1692; NJW 1991, 296; NJW 1991, 1114).

11. S. Form. II. H. 4 Anm. 13.

12. S. Form. II. H. 1 Anm. 18.

13. S. Form. II. H. 1 Anm. 19.

14. Eine Klage auf Unterlassung ist begründet, wenn der Kläger darlegen und ggf. beweisen kann, dass der Beklagte das Gemeinschafts- oder/und das Sondereigentum iSv. § 15 Abs. 3 WEG unzulässig nutzt.

15. Der Verwalter bedarf für die Vertretung der Gemeinschaft im Prozess einer Ermächtigung nach § 27 Abs. 3 S. 1 Nr. 7 WEG.

16. Jeder Wohnungseigentümer kann nach § 15 Abs. 3 WEG einen Gebrauch der im Sondereigentum stehenden Gebäudeteile und des gemeinschaftlichen Eigentums verlangen, der dem Gesetz, den Vereinbarungen und Beschlüssen und, soweit sich die Regelung hieraus nicht ergibt, dem Interesse der Gesamtheit der Wohnungseigentümer nach billigem Ermessen entspricht. Sofern der Gebrauch einzelner anderer Wohnungs- oder Teileigentumsrechte hiergegen verstößt, kann jeder Wohnungs- oder Teileigentümer gem. § 15 Abs. 3 seinen Anspruch auf Unterlassung des gemeinschaftswidrigen Gebrauchs geltend machen (BayObLG NZM 2004, 344; KG ZWE 2002, 324). Daneben kann ein Anspruch kumulativ auf § 1004 BGB gestützt werden. In der Praxis werden die Vorschriften in der Regel gemeinsam zitiert.

17. Die Wohnungseigentümer können durch eine Zweckbestimmung den nach § 14 Nr. 1 WEG zulässigen Gebrauch des Gemeinschafts- und Sondereigentums konkretisieren. Jedenfalls dogmatisch zu unterscheiden sind Zweckbestimmungen im engeren und weiteren Sinne. Zweckbestimmung iwS. ist nach hM. die Bestimmung nach §§ 3 und 8 WEG, dass ein Sondereigentum Wohnungs- oder Teileigentum ist. Eine Zweckbestimmung ieS. nach § 15 Abs. 1 WEG beschäftigt sich hingegen mit der erlaubten Intensität eines durch § 3 oder § 8 WEG bereits rahmenartig festgelegten Gebrauchs. Die Rechtsprechung spricht im Zusammenhang mit § 15 Abs. 1 WEG von „Zweckbestimmungen mit Vereinbarungscharakter“ (BGH ZMR 2004, 278; OLG Frankfurt NJW-RR 2008, 1396; OLG Hamm NZM 2007, 805; OLG Celle OLGReport Celle 2007, 756; OLG München OLGReport München 2007, 462).

18. Kellerräume dürfen nur als „Keller“ oder in einer Weise genutzt werden, die nicht mehr stört oder beeinträchtigt als eine Nutzung gerade als ein Keller (OLG Schleswig ZMR 2006, 891). Kellerräume dürfen daher nur als Lager- oder Abstellraum oder nur in einer Weise genutzt werden, die nicht mehr stört oder beeinträchtigt als ein solcher (OLG Zweibrücken ZMR 2006, 316, 317; OLG Düsseldorf ZMR 1997, 373, 374 = NJW-RR 1997, 907). Eine Nutzung als Wohnung scheidet wegen der intensiveren Nutzung aus (BayObLG WE 1998, 398; BayObLG ZMR 1993, 29). Werden in einem Keller Sanitäreinrichtungen (Waschbecken, Dusche, WC) und am Gemeinschaftseigentum ein Briefkasten angebracht, rechtfertigt dies den Schluss auf eine Nutzung zu Wohnzwecken

(BayObLG WE 1998, 398). Zu Hobbyzwecken dürfen Kellerräume genutzt werden, wenn dies – was regelmäßig anzunehmen ist – nicht mehr stört als die bestimmungsgemäße Nutzung (OLG Düsseldorf ZMR 1997, 373, 374 = NJW-RR 1997, 907). Auch eine Nutzung als Partyraum, Werkraum, Abstellraum oder Waschküche ist zulässig; die Nutzung als Büro ist hingegen unzulässig (BayObLG ZMR 1993, 530, 531).

19. Für die Entscheidung, ob eine Nutzung zulässig ist, ist nach hM. nicht darauf abzustellen, ob sie im Einzelfall stört. Zu fragen ist vielmehr, ob die „typische" Nutzung stören würde. Entscheidend ist, ob bei einer „normalen" Nutzung unzulässige Störungen zu erwarten sind. Eine typisierende Betrachtungsweise bedeutet allerdings nicht, dass die konkreten Umstände des Einzelfalls für die Beurteilung einer Mehrbelastung gänzlich außer Betracht zu bleiben haben (OLG München MDR 2005, 1102, 1103). Auch diese Umstände sollen von Bedeutung sein, da die Beantwortung der Frage, ob eine Mehrbeeinträchtigung gegenüber dem vereinbarten Nutzungszweck zu bejahen ist, nicht unerheblich davon abhängt, welches Gepräge und welchen Zuschnitt das abweichend von der Zweckbestimmung betriebene Unternehmen oder eine freiberufliche Tätigkeit aufweisen (OLG Hamm ZMR 2005, 219, 220).

20. Ohne Mahnung dürfte es an einem Rechtsschutzbedürfnis fehlen; jedenfalls droht ein sofortiges Anerkenntnis mit der Kostenfolge des § 93 ZPO.

21. Es ist eine Frage des Geschmacks, ob bereits der Kläger die Einwendungen des Beklagten darstellt. Ist klar, dass eine Verteidigung erfolgen wird und ist ferner klar, was der Beklagte einwenden wird, ist es angesichts des § 283 ZPO aber keinesfalls falsch, sich frühzeitig mit den Positionen der Gegenseite auseinanderzusetzen.

22. Der Unterlassungsanspruch gegen eine rechtswidrige Nutzung ist verwirkbar (Riecke/Schmid/*Abramenko* § 15 Rdn. 28). Ein Recht ist verwirkt, wenn der Berechtigte es längere Zeit hindurch nicht geltend gemacht und der Verpflichtete sich darauf eingerichtet hat und sich nach dem gesamten Verhalten des Berechtigten auch darauf einrichten durfte, dass dieser das Recht in Zukunft nicht geltend machen werde (BGH NJW 2003, 824). Entscheidend ist, dass ein Wohnungseigentümer sein Recht nicht geltend macht, obwohl er dazu in der Lage wäre (BGH NJW-RR 2004, 649). Teilweise löst jede Handlung einen eigenständigen Unterlassungsanspruch aus. Die Annahme einer Verwirkung scheitert dann schon an dem dafür erforderlichen Zeitmoment (BGH GuT 2007, 161, 162; NJW-RR 2006, 236). Zu dem Zeitablauf müssen besondere, auf dem Verhalten des Berechtigten beruhende Umstände hinzutreten, die das Vertrauen des Verpflichteten rechtfertigen, der Berechtigte werde seinen Anspruch nicht mehr geltend machen (BGH GE 2005, 662) und nach denen die späte Geltendmachung eines Rechts als Verstoß gegen Treu und Glauben erscheint (Umstandsmoment; s. etwa BayObLG ZWE 2002, 35; OLG Zweibrücken ZWE 2002, 47). Die Umstände müssen außerdem in einem Zusammenhang stehen. Das setzt voraus, dass der Verpflichtete sich wegen der Duldung darauf eingerichtet hat, der Berechtigte werde sein Recht nicht mehr geltend machen, und dass es gerade deshalb wider Treu und Glauben ist, wenn er später doch noch damit hervortritt (BGH NJW-RR 2004, 649). Eine Verwirkung kann sich immer nur auf einen bestimmten Zustand beziehen.

23. Ein Anspruch auf Unterlassung einer unzulässigen Nutzung verjährt nach Entstehung der Zuwiderhandlung (§ 199 Abs. 5 BGB) gem. § 195 BGB in 3 Jahren (*Schoch* ZMR 2007, 427 f.; Riecke/Schmid/*Abramenko* § 15 Rdn. 27; Jennißen/*Hogenschurz* § 22 Rdn. 55). Sollen wiederholte gleichartige Störungen abgewehrt werden, die zeitlich unterbrochen auftreten, löst allerdings jede neue Einwirkung einen neuen Anspruch aus (BGH GuT 2007, 161, 162; NJW-RR 2006, 235, 236).

24. Verletzt ein Wohnungseigentümer eine Gebrauchsregelung, hat er aber nach § 10 Abs. 2 S. 3 WEG einen Anspruch auf Änderung dieser Regelung, kann er ggü. einem Unterlassungsanspruch ggf. seinen Änderungsanspruch geltend machen (OLG Hamburg

NZM 2001, 133, 1134 = ZMR 2001, 843; Riecke/Schmid/*Elzer* § 10 Rdn. 202; aA. BayObLG ZMR 2002, 64, 65; BayObLG ZMR 2002, 949, 951; Riecke/Schmid/*Abramenko* § 15 Rdn. 22). Durch die grundsätzliche Beiladung der anderen Wohnungseigentümer nach § 48 WEG ist tatsächlich außer in Klagen der Gemeinschaft der Wohnungseigentümer – wo eine Einrede vor allem ggü. Zahlungsansprüchen ausscheiden muss – grundsätzlich sichergestellt, dass alle Wohnungseigentümer an dem Diskurs, ob es einen Anspruch auf Abänderung gibt und welchen Inhalt das reformierte gewillkürte Recht haben soll, beteiligt werden (Riecke/Schmid/*Elzer* § 10 Rdn. 202).

25. S. Form. II. H. 1 Anm. 40.

26. S. Form. II. H. 1 Anm. 43.

Kosten und Gebühren

S. Anm. 7 und Form. II. H. 1 Kosten und Gebühren.

7. Klage auf Entziehung von Wohnungseigentum

An das Amtsgericht[1]
Abteilung für Wohnungseigentumssachen[2]

Klage[3]

der Wohnungseigentümergemeinschaft Y.-Straße Nr. ……, …… (PLZ, Ort), vertreten durch den Verwalter, Z.-Straße Nr. ……, …… (PLZ, Ort),

– Klägerin[4] –

Prozessbevollmächtigter: V., W.-Straße ……, …… (PLZ, Ort),
gegen
Wohnungseigentümer B., wohnhaft X.-Straße Nr. ……, …… (PLZ, Ort),

– Beklagter[5]–

wegen Entziehung des Wohnungseigentums[6]
vorläufiger Streitwert[7]: ……
Namens und in Vollmacht der Klägerin erhebe ich Klage und beantrage:

1. **Der Beklagte wird verurteilt, sein in der Wohnungseigentumsanlage Y.-Straße Nr. ……, …… (PLZ, Ort), gelegenes Wohnungseigentum mit der Nr. ……, bestehend aus einem 13/1.000stel Miteigentumsanteil, verbunden mit dem Sondereigentum an der Wohnung Obergeschoss links, im Aufteilungsplan bezeichnet mit Nr. ……, eingetragen im Grundbuch des Amtsgerichts (……), Blatt (……), nach § 19 WEG zu veräußern[8].**
2. **Die Kosten des Rechtsstreits werden dem Beklagten auferlegt.**
3. **Das Urteil ist vorläufig vollstreckbar[9].**
4. **Für den Fall, dass das Gericht ein schriftliches Vorverfahren anordnet und der Beklagte seine Verteidigungsbereitschaft nicht rechtzeitig anzeigt, den Erlass eines Versäumnisurteils[10].**

Es wird angeregt, von einer Güteverhandlung abzusehen, da sie erkennbar aussichtslos erscheint. Der Beklagte hat außerprozessual keine oder nur unzulässige Einwendungen erhoben[11].

Begründung[12]

Die Klägerin ist die Gemeinschaft der Wohnungseigentümer der Eigentumswohnanlage X.-Straße Nr. …… in Z.-Stadt. Der Beklagte ist Eigentümer der in dieser Wohnanlage

gelegenen Wohnung Nr. ......, bestehend aus einem Miteigentumsanteil von ....../1000, verbunden mit dem Sondereigentum an der Wohnung Nr. ...... laut amtlichem Aufteilungsplan.

Beweis: Auszug aus dem Wohnungsgrundbuch in Fotokopie.

Der Beklagte erbringt seit zwei Jahren keine monatlichen Vorausleistungen zu den Lasten des Gemeinschaftseigentums nach Maßgabe der Gemeinschaftsordnung mehr. Er schuldet der Klägerin folgende Wohngeldbeträge[13]:

EUR ...... aus der Gesamt- und Einzelabrechnung für das Wirtschaftsjahr ...... und zwar für
a) die Wohnung Nr. EUR ....,
b) die Wohnung Nr. EUR ....;

EUR ...... Wohngeldvorauszahlungen für die Zeit vom ...... bis ...... insgesamt in Höhe von EUR ...... und zwar für
a) die Wohnung Nr. EUR .... (monatlich EUR ......),
b) die Wohnung Nr. EUR .... (monatlich EUR ......);

EUR ...... Sonderumlage gemäß Beschluss der Eigentümerversammlung vom ......, davon entfallend auf
a) die Wohnung Nr. EUR .... (entspricht EUR ...... je $^1/_{1000}$ Miteigentumsanteil, hier $^x/_{1000}$);
b) die Wohnung Nr. EUR .... (entspricht EUR ...... je $^1/_{1000}$ Miteigentumsanteil, hier $^y/_{1000}$).

Gesamtbetrag EUR ......

Die für die Eigentumswohnanlage vom Verwalter für das Wirtschaftsjahr ...... erstellte Gesamtjahresabrechnung und die jeweiligen Einzelabrechnungen sind durch Beschluss zu TOP ......, der Wirtschaftsplan und die Einzelwirtschaftspläne für das Wirtschaftsjahr ...... in der Eigentümerversammlung vom ...... beschlossen worden. Schließlich ist in dieser Versammlung zu TOP ...... auch die Sonderumlage beschlossen worden. Sämtliche Beschlüsse sind mittlerweile bestandskräftig.

Aus den jeweiligen Beschlüssen in Verbindung mit Abschnitt ...... der Gemeinschaftsordnung vom ...... ergeben sich die vom Beklagten nach der Größe seines Miteigentumsanteils (....../1000) zu zahlenden Wohngeldvorauszahlungen.

In den jeweiligen Beschlüssen ist festgelegt, dass die Forderungen sofort fällig sind.

Beweis: Jahresgesamt- und -einzelabrechnung für das Wirtschaftsjahr ......;
Wirtschaftsplan für das laufende Wirtschaftsjahr mit Wohngeldberechnung;
Protokoll der Eigentümerversammlung vom ......;
Mitteilung des Verwalters an den Beklagten vom ......;
Teilungserklärung mit Gemeinschaftsordnung;
alle in Fotokopie vorgelegt.

Der Einheitswert seines Wohnungseigentums beträgt EUR ....

Beweis: Einheitswertbescheid vom ......[14]

Der Beklagte befindet sich nach dem Vorstehenden mit der Erfüllung seiner Verpflichtungen zur Lasten- und Kostentragung (§ 16 Abs. 2 WEG) in Höhe eines Betrages, der drei vom Hundert des Einheitswertes seines Wohnungseigentums übersteigt, länger als drei Monate in Verzug[15]. Die Klägerin musste ihre Ansprüche auf das vom Beklagten zu zahlende Wohngeld jeweils in – bisher insgesamt ...... – Verfahren nach § 43 Nr. 2 WEG gerichtlich geltend machen, teils durch den Gerichtsvollzieher beitreiben lassen. Damit hat der Beklagte so schwer gegen Gemeinschaftspflichten verstoßen, dass den anderen Wohnungseigentümern eine Fortsetzung des Gemeinschaftsverhältnisses mit dem Beklagten nicht mehr zuzumuten ist.

Der Verwalter hat den Beklagten im Namen der Wohnungseigentümer und der Gemeinschaft der Wohnungseigentümer wegen seiner fortlaufend unpünktlichen Erfüllung der Lasten- und Kostentragungspflicht mit Schreiben vom ...... und ...... abgemahnt[16].

Beweis: Schreiben vom ...... und ...... in Fotokopie;
Zeugnis von A. ., W.-Straße ......, ... (PLZ, Ort), Mitarbeiter des Verwalters.

In der Eigentümerversammlung vom ...... zu TOP ...... haben die Wohnungseigentümer mit 23 von insgesamt 45 vorhandenen Stimmen beschlossen, vom Beklagten die Veräußerung seines Wohnungseigentums zu verlangen[17].

Beweis: Niederschrift der Versammlung vom ......, in Kopie.

Mit Beschluss der Eigentümerversammlung vom ...... bevollmächtigten die Wohnungseigentümer den Verwalter, im Namen der Gemeinschaft der Wohnungseigentümer gegen den Beklagten Entziehungsklage gemäß § 18 WEG zu erheben[18].

Beweis: Niederschrift der Versammlung vom ......, in Kopie.

Der Verkehrswert der Wohnung wird mit EUR ...... beziffert[19].

Beglaubigte und einfache Abschrift liegen an[20]. Ein Kostenvorschuss von ...... ist eingezahlt[21].

Rechtsanwalt[22, 23]

Anmerkungen

1. Ausschließlich örtlich zuständig für die Klage auf Entziehung des Wohnungseigentums nach § 18 WEG ist gem. § 43 Nr. 1 oder Nr. 2 WEG das Gericht, in dessen Bezirk das Grundstück liegt (s. dazu Form. II. H. 4 Anm. 1). Zur sachlichen Zuständigkeit s. Form. II. H. 1 Anm. 1.

2. S. Form. II. H. 1 Anm. 2.

3. Hat sich ein Wohnungseigentümer einer so schweren Verletzung der ihm ggü. anderen Wohnungseigentümern obliegenden Verpflichtungen schuldig gemacht, dass diesen die Fortsetzung der Gemeinschaft mit ihm nicht mehr zugemutet werden kann, können die Wohnungseigentümer nach § 18 Abs. 1 S. 1 WEG von ihm im Wege der Klage die Veräußerung seines Wohnungseigentums verlangen (Entziehungsklage). Eine Entziehungsklage darf als letztes Mittel gegen einen gemeinschaftsschädigenden Wohnungseigentümer eingesetzt werden (BVerfG NJW 1994, 241, 242; BGH NJW 2007, 1353, 1355; OLG München NJW 2008, 856, 859). Die anderen Wohnungseigentümer haben vor Erhebung der Klage die bestehenden und ihnen zumutbaren Möglichkeiten zur Unterbindung störenden Verhaltens auszuschöpfen, wozu auch die Abmahnung des betroffenen Wohnungseigentümers gehört (Anm. 16). Unterbleibt eine Mahnung, ist die Klage zwar nicht unzulässig, aber zurzeit unbegründet. Wird die Klage auf eine schwere Pflichtverletzung iSv. § 18 Abs. 1 S. 1 WEG gestützt, ist das ggf. in einer Gewalttätigkeit, in Beleidigungen oder einem störenden Gebrauch des Gemeinschaft- oder Sondereigentums zu sehen.

Ist ein Wohnungseigentümer mit seinen Wohngeldern iwS. säumig und übersteigt die Klageforderung die Höhe des Verzugsbetrages nach § 18 Abs. 2 Nr. 2 WEG, kann eine Entziehung auch über eine Wohngeldklage bewirkt werden und ist dieser ggf. vorzuziehen (*Klose* MietRB 2009, 183, 187). Denn auch ein in einem Wohngeldrechtsstreit erlangter Titel kann Grundlage einer Zwangsvollstreckung nach § 10 Abs. 1 Nr. 2 ZVG sein, sofern die Anforderungen des § 10 Abs. 3 S. 3 ZVG erfüllt sind (vgl. LG Mönchengladbach Rpfleger 2009, 257). Für diesen, hier nicht vorgestellten Weg spricht, dass der Entziehungsbeschluss angefochten werden kann, so dass ggf. zwei Prozesse zu führen sind (der Anfechtungsrechtsstreit und die Entziehungsklage). Auch wenn der Streitwert der Anfechtungsklage nur einen Bruchteil des Streitwertes der Entziehungsklage ausmacht, ist zu bedenken, dass im Anfechtungsverfahren auf der Beklagtenseite regelmäßig eine anwaltliche Mehrvertretungsgebühr anfällt. Dagegen bemisst sich der Gebührenstreitwert der Wohngeldklage nur nach dem geltend gemachten Betrag; eine Mehrvertretungsgebühr fällt nicht an. Außerdem haben titulierte Hausgeldansprüche einen „dinglichen Charakter". Sie ruhen nach § 10 Abs. 1 Nr. 2 ZVG auf dem Wohnungseigentum. Der Neueigentümer muss daher eine Zwangsversteigerung in sein Eigentum wegen „Altschulden" ggf. dulden (*Schneider* ZMR 2009, 165, 169; *Elzer* MietRB 2009, 136, 137; aA. *Kessler* NJW 2009, 121, 124).

4. Die Ausübung des Entziehungsrechts steht nach § 18 Abs. 1 S. 2 WEG von Gesetzes wegen grundsätzlich der Gemeinschaft der Wohnungseigentümer iSv. § 10 Abs. 6 S. 3 Var. 1 WEG als geborenes Ausübungsrecht zu. Sie nimmt die Rechte der Wohnungseigentümer als Rechteinhaber als gesetzliche Prozessstandschafterin wahr. Die Wohnungseigentümer als Anspruchsinhaber sind – soweit es sich nicht um eine Gemeinschaft handelt, die nur aus zwei Wohnungseigentümern besteht –, für eine Entziehungsklage nicht prozessführungsbefugt. Die Gemeinschaft der Wohnungseigentümer kann allerdings einzelne Wohnungseigentümer ermächtigen, ihr zustehende Ansprüche geltend zu machen (BGH NJW 2007, 1353, 1354); dies braucht nicht ausdrücklich zu geschehen (BGH NJW 2005, 3146). In bereits vor dem 1. 7. 2007 anhängigen Entziehungsverfahren können die Wohnungseigentümer den geltend gemachten Entziehungsanspruch weiter verfolgen (OLG München NJW 2008, 856).

5. Zu verklagen ist der Miteigentümer, der sich einer schweren Verletzung der ihm gegenüber anderen Wohnungseigentümern obliegenden Verpflichtungen schuldig gemacht hat. Steht ein Sondereigentum Mehreren gesamthänderisch zu und stört nur einer von ihnen, kann die Entziehung der ganzen Einheit von allen verlangt werden (LG Köln ZMR 2002, 227; offen gelassen von BayObLG NJW-RR 1999, 887, 888). Bei Bruchteilseigentum ist streitig, ob nur die Veräußerung des Anteils iSv. § 747 S. 1 BGB verlangt werden kann. Die Miteigentümer können die Entziehung jedenfalls dadurch abwehren, dass sie den Störer aus der Gemeinschaft ausschließen (Staudinger/*Kreuzer* 2005, § 18 Rdn. 21).

6. S. Form. II. H. 1 Anm. 11.

7. Der Gebührenstreitwert der Eigentumsentziehungsklage bestimmt sich nach dem Verkehrswert des zu veräußernden Wohnungs- oder Teileigentums (BGH NJW 2006, 3428 = ZMR 2007, 791) und nicht nach dem Interesse des Sondereigentümers am Behaltendürfen seines Eigentums oder nach seiner Wohngeldschuld, wegen derer das Verfahren betrieben wird (differenzierend *Heinemann* MietRB 2008, 90, 91/92).

8. Gegenstand des Eigentumsentziehungsverfahrens ist die Frage, ob der Sondereigentümer sein Eigentum veräußern muss (BGH NJW 2006, 3428). Der Klageantrag ist auf Veräußerung des Wohnungseigentums gerichtet (*Böttcher* Rpfleger 2009, 181, 191; *Köhler,* Das neue WEG, 2007, Rdn. 278). Alternativ kann ein Antrag auf Veräußerung des Wohnungseigentums ...... „durch Duldung der Zwangsvollstreckung entsprechend den Vorschriften des Ersten Abschnitts des ZVG/Gesetzes über die Zwangsversteigerung und die Zwangsverwaltung" und – in Fällen der Eigennutzung – zur Räumung des Objekts gestellt werden (zum Antrag s. auch Köhler/Bassenge/*Kreuzer* Teil 10 Rdn. 45).

9. Das Urteil ist für vorläufig vollstreckbar zu erklären. Der Anspruch der Wohnungseigentümer auf Veräußerung des Wohnungseigentums wird wie ein auf eine Geldforderung gerichtetes Leistungsurteil nach dem ZVG vollstreckt. Das Entziehungsurteil ist nach § 19 Abs. 1 S. 1 WEG Vollstreckungstitel. Durch § 18 WEG wird die Verpflichtung des Wohnungseigentümers zur Veräußerung begründet, nicht jedoch die Wirkung der Entziehung selbst erzeugt. Entspricht der Störer einem Entziehungsurteil nicht freiwillig, muss er nach § 19 WEG verurteilt werden (*Hügel/Elzer* § 6 Rdn. 9). Der Veräußerungsanspruch kann durch Eintragung einer Vormerkung oder eines einstweiligen Verfügungsverbots abgesichert werden (Jennißen/*Heinemann* § 19 Rdn. 59). Die Eintragung der Vormerkung setzt ein vorläufig vollstreckbares Urteil voraus (s. § 895 S. 1 ZPO).

10. S. Form. II. H. 1 Anm. 19.

11. S. Form. II. H. 1 Anm. 21.

12. Die nach § 253 Abs. 2 Nr. 2 ZPO erforderliche Begründung muss alle anspruchsbegründenden Tatsachen umfassen, aus denen sich die Berechtigung zum Begehren nach § 18 WEG ergibt. Dazu gehören nach dem Gesetz erstens, dass den Wohnungseigentümern eine Fortsetzung der Gemeinschaft mit dem Beklagten nicht mehr zugemutet werden kann – wobei die Unzumutbarkeit vor allem aus den in § 18 Abs. 2 Nr. 1 und Nr. 2 WEG genannten Gründen (gröblicher Verstoß gegen Pflichten aus § 14 WEG oder Verzug mit Wohngeld iwS.) folgt – zweitens ist darzulegen, dass über das Entziehungsverlangen mit der in § 18 Abs. 3 WEG erforderlichen Mehrheit beschlossen und drittens der Beklagte zuvor abgemahnt wurde. Für sämtliche Voraussetzungen trägt die Gemeinschaft die Darlegungs- und Beweislast (Köhler/Bassenge/*Kreuzer* Teil 10 Rdn. 48; Jennißen/*Heinemann* § 19 Rdn. 14).

13. Stützt sich die Entziehungsklage auf § 18 Abs. 2 Nr. 2 WEG, so ist im Einzelnen und detailliert darzulegen, dass sich der Beklagte mit der Erfüllung seiner gem. § 16 Abs. 2, 28 Abs. 5 WEG beschlossenen Verpflichtungen zur Lasten- und Kostentragung (s. dazu im Einzelnen Form. II. H. 1 Anm. 23 ff.) in Höhe eines Betrages, der drei vom Hundert des Einheitswertes seines Wohnungseigentums übersteigt, länger als drei Monate in Verzug befindet.

14. Nach § 18 Abs. 2 Nr. 2 WEG ist darzulegen, dass der Rückstand des Beklagten drei vom Hundert des Einheitswertes (§ 93 BewG) seines Wohnungseigentums übersteigt. Der Wert ist vor Erhebung der Klage beim Finanzamt zu erfragen. Nach § 18 Abs. 2 Nr. 2 HS 2 WEG steht der Mitteilung § 30 AO nicht entgegen. Der Einheitswertbescheid ist der Klage als Anlage beizufügen.

15. Der nach § 18 Abs. 2 Nr. 2 WEG behauptete Rückstand muss länger als 3 Monate betragen.

16. Der säumige Wohnungseigentümer muss vor Erhebung einer Beschlussfassung über eine Entziehungsklage abgemahnt werden (BGH NJW 2007, 1353, 1354; OLG München NJW 2008, 856, 859). Von einer Abmahnung kann nur abgesehen werden, wenn sie den anderen Wohnungseigentümern unzumutbar ist oder keinen Erfolg verspricht. Eine Abmahnung setzt keinen Beschluss voraus (BGH NJW 2007, 1353, 1355). Es genügt, dass der Verwalter oder ein Wohnungseigentümer sie ausspricht.

17. Die Entscheidung darüber, ob einem säumigen Wohnungseigentümer das Wohnungseigentum entzogen werden soll, gehört nicht zur Kompetenz der Gemeinschaft der Wohnungseigentümer (BGH NJW 2007, 1353), sondern ist von den Wohnungseigentümern als Miteigentümern – nicht als Mitglieder der Gemeinschaft zur Bildung des Verbandswillens – zu entscheiden. Erforderlich ist von Gesetzes wegen eine qualifizierte Beschlussmehrheit. Für einen Beschlussantrag iSv. § 18 Abs. 3 S. 1 WEG muss eine Mehrheit aller stimmberechtigten Wohnungseigentümer iSv. § 25 Abs. 2 WEG mit „Ja" stimmen. Wie bei §§ 16 Abs. 4 S. 1, 22 Abs. 2 S. 1 WEG kommt es auf die Mehrheit der stimmberechtigten, nicht der in einer Versammlung anwesenden Wohnungseigentümer an (OLG Rostock ZMR 2009, 470; Jennißen/*Elzer* vor §§ 23 bis 25 Rdn. 91). Auch dann, wenn für die übrigen Abstimmungen ein anderes als das gesetzliche Kopfstimmrecht gilt, besitzt jeder Wohnungseigentümer eine Stimme (BayObLG NZM 1999, 868, 869 = ZMR 1999, 724). Einer besonderen Mehrheit der Miteigentumsanteile bedarf es aber nicht. Durch den Beschluss wird nur die Frage entschieden, ob Veräußerung verlangt werden soll, nicht, ob der Anspruch besteht. Der Beschluss ist besondere Sachurteilsvoraussetzung für die Entziehungsklage (BayObLG NJW-RR 1999, 887, 888; OLG Hamm MDR 1990, 343).

Das Gericht prüft für die Begründetheit der Entziehungsklage, ob das beschlossene und nicht nichtige Veräußerungsverlangen materiell gerechtfertigt ist (OLG Rostock ZMR 2009, 470; BayObLG NJW-RR 1996, 12, 13), ob also der Beklagte sich einer Verletzung der ihm ggü. anderen Wohnungseigentümern obliegenden Verpflichtungen schuldig gemacht hat – wobei meist eines der Regelbeispiele des § 18 Abs. 2 WEG im Raum stehen wird. Hält der Beklagte oder ein anderer Wohnungseigentümer den Beschluss über das Veräußerungsverlangen formell nicht für ordnungsmäßig, muss er ihn nach §§ 43 Nr. 4, 46 Abs. 1 S. 1 WEG anfechten (OLG Rostock ZMR 2009, 470). Nur mit der Anfechtungsklage können formelle Mängel beim Zustandekommen des Beschlusses geprüft werden sowie, ob der Beschluss seinem Inhalt nach überhaupt dahin ausgelegt werden kann, dass mit ihm die Veräußerung des Wohnungseigentums verlangt wird (BayObLG NJW-RR 1999, 887, 888; OLG Hamm MDR 1990, 343). Da eine Anfechtungsklage gem. § 23 Abs. 4 WEG keinen Suspensiveffekt besitzt, sollte sie durch eine einstweilige Verfügung nach §§ 935, 940 ZPO flankiert werden (s. dazu Form. II. H. 11).

Aufgrund des Entziehungsbeschlusses kommt – zur Verhinderung von Belastungen – der Erlass eines Verfügungsverbots im Wege einer einstweiligen Verfügung in Betracht (Jennißen/*Heinemann* § 18 Rdn. 39).

18. Der Verwalter ist von Gesetzes wegen nicht befugt, die Gemeinschaft der Wohnungseigentümer nach § 27 Abs. 3 S. 1 WEG bei einer Entziehungsklage zu vertreten. Er bedarf einer besonderen Ermächtigung nach § 27 Abs. 3 S. 1 Nr. 7 WEG durch Beschluss oder Vereinbarung.

19. Die Angabe des Verkehrswertes iSv. § 74 a Abs. 5 S. 1 ZVG – der in der Regel zu Beginn des Verfahrens zu schätzen ist – ist notwendig für die Berechnung des Streitwertes, s. Anm. 7. Der Verkehrswert wird vom Gericht, nötigenfalls nach Anhörung von Sachverständigen, festgesetzt.

20. S. Form. II. H. 1 Anm. 40.

21. S. Form. II. H. 1 Anm. 42.

22. S. Form. II. H. 1 Anm. 43.

23. Vollstreckung. Das Urteil nach §§ 18, 19 WEG entzieht nicht Wohnungseigentum, sondern ermöglicht dessen Versteigerung nach den Vorschriften des ZVG (s. bereits Anm. 9). Das Entziehungsurteil oder ein gerichtlicher oder vor einer Gütestelle geschlossener Vergleich, durch den sich der Wohnungseigentümer zur Veräußerung seines Wohnungseigentums verpflichtet, berechtigt jeden Miteigentümer zur Zwangsvollstreckung entsprechend den Vorschriften des ZVG, § 19 Abs. 1 S. 1 WEG. Die Ausübung dieses Rechts steht allerdings der Gemeinschaft der Wohnungseigentümer zu, soweit es sich nicht um eine Gemeinschaft handelt, die nur aus zwei Wohnungseigentümern besteht, § 19 Abs. 1 S. 2 WEG. Im Falle des § 18 Abs. 2 Nr. 2 WEG kann der Beklagte bis zur Erteilung des Zuschlags die in Absatz 1 bezeichnete Wirkung des Urteils dadurch abwenden, dass er die Verpflichtungen, wegen deren Nichterfüllung er verurteilt ist, einschließlich der Verpflichtung zum Ersatz der durch den Rechtsstreit und das Versteigerungsverfahren entstandenen Kosten sowie die fälligen weiteren Verpflichtungen zur Lasten- und Kostentragung erfüllt. Aus dem Veräußerungsurteil kann 30 Jahre lang vollstreckt werden (§ 197 Abs. 1 Nr. 3 BGB).

Die Vollstreckung erfolgt im Wege der Zwangsversteigerung entsprechend §§ 1 bis 161 ZVG. Da diese Vorschriften auf Zwangsversteigerungen wegen Geldforderungen konzipiert sind und nicht auf die Zwangsversteigerung wegen einer Handlung (Veräußerung) passen, ist für jede Vorschrift sorgfältig zu prüfen, ob sie entsprechend angewendet werden kann (Jennißen/*Heinemann* § 19 Rdn. 25). Für das Entziehungsurteil ist zu unterscheiden, ob es sich auf § 18 WEG gründet oder auf einer Wohngeldklage beruht. Handelt es sich um einen Wohngeldtitel, handelt es sich um einen Titel im Rang des § 10

Abs. 1 Nr. 2 ZVG. Belastungen des Grundstücks sind dann im geringsten Gebot nicht zu berücksichtigen und erlöschen (*Hügel/Elzer* § 6 Rdn. 17/19). Stützt es sich auf § 18 Abs. 2 Nr. 1 oder Nr. 2 WEG, ist streitig, ob es der Titel im Rang des § 10 Abs. 1 Nr. 5 ZVG steht (*Böttcher* Rpfleger 2009, 181, 191; *Hügel/Elzer* § 6 Rdn. 16; BT-Drucksache 16/887, 26) oder ranglos ist (*Klose,* MietRB 2009, 183, 187; Jennißen/*Heinemann* § 19 Rdn. 29). In der Regel sind jedenfalls sämtliche Belastungen des Grundstücks im geringsten Gebot zu berücksichtigen und vom Ersteher zu übernehmen (*Böttcher* Rpfleger 2009, 181, 191; *Hügel/Elzer* § 6 Rdn. 18; Jennißen/*Heinemann* § 19 Rdn. 29).

Das Urteil ersetzt nicht zur Veräußerung erforderliche Erklärungen Dritter, etwa die Genehmigung des Vormundschaftsgerichts bei Minderjährigen oder unter Betreuung stehenden Personen oder die Zustimmung nach § 12 WEG (Köhler/Bassenge/*Kreuzer* Teil 10 Rdn. 48).

Für die Zwangsversteigerung werden Gerichtskosten nach Maßgabe von § 54 GKG iVm. Nr. 2210 ff. KV-GKG erhoben. Hinzu kommen Auslagen des Gerichts.

Kosten und Gebühren

S. Form. II. H. 1 Kosten und Gebühren. Kosten eines Rechtsstreits gem. § 18 sind Kosten der Verwaltung iSv. § 16 Abs. 2 WEG, § 16 Abs. 7 WEG.

Fristen und Rechtsmittel

Zu den Rechtsmitteln vgl. Form. II. H. 1 Fristen und Rechtsmittel.

8. Klage gegen Verwalter auf Herausgabe von Verwaltungsunterlagen

An das Amtsgericht[1]
Abteilung für Wohnungseigentumssachen[2]

Klage[3]

der Wohnungseigentümergemeinschaft Y.-Straße Nr. ……, …… (PLZ, Ort), vertreten durch den Verwalter[4], Z.-Straße Nr. ……, …… (PLZ, Ort),

– Klägerin[5] –

Prozessbevollmächtigter[6]: V., W.-Straße ……, …… (PLZ, Ort),
gegen
A., Y.-Straße Nr. ……, (PLZ, Ort),

– Beklagter –[7]

wegen Herausgabe der Verwalterunterlagen und Rechnungslegung[8]
vorläufiger Streitwert[9]: ……

Namens und in Vollmacht[10] der Klägerin erhebe ich Klage und beantrage:

1. **Der Beklagte wird verpflichtet, sämtliche Verwalterunterlagen betreffend die Eigentumswohnanlage X.-Straße Nr. …… in Z.-Stadt im Original an die Klägerin herauszugeben[11], insbesondere**
   a) **die Liste mit Namen und Anschriften aller Wohnungseigentümer[12];**
   b) **alle Versammlungsniederschriften mit Eigentümerbeschlüssen nebst Einberufungsschreiben[13];**
   c) **Jahresgesamt- und Einzelabrechnungen[14];**

d) Wohngeldkonten und etwaige Gelder der Gemeinschaft[15];
e) Wirtschaftspläne[16];
f) Kontoauszüge und sonstige Unterlagen für das Konto der Wohnungseigentümergemeinschaft[17] bei …… (Name des Kreditinstituts) Nr. ……;
g) Rechnungen, Überweisungsträger, sonstige Belege;
h) die Beschluss-Sammlung[18];
i) alle sonstigen aus der Verwaltung der Eigentumswohnanlage herrührenden Unterlagen[19];

2. Rechnung zu legen durch Erstellung einer Schlussrechnung zum …… ferner die Abrechnung für die Zeit vom …… bis …… (Jahresabrechnung ……)[20] zu erstellen und vorzulegen.
3. Der Beklagte hat die Kosten des Rechtsstreits zu tragen[21].
4. Für den Fall, dass das Gericht ein schriftliches Vorverfahren anordnet und der Beklagte seine Verteidigungsbereitschaft nicht rechtzeitig anzeigt, den Erlass eines Versäumnisurteils[22].

Begründung[23]

Der Beklagte wurde zum …… (Datum) durch Beschluss der Eigentümerversammlung vom …… mit Stimmenmehrheit als Verwalter abberufen; gleichzeitig wurde der Verwaltervertrag gekündigt[24].

Beweis[25]: Versammlungsniederschrift vom ……, in Fotokopie.

Die Wohnungseigentümer beschlossen ferner, Herrn A. …… (Name, Adresse) zum neuen Verwalter zu bestellen und den Beklagten zur Herausgabe der in der Klage aufgeführten Verwaltungsunterlagen und zur Rechnungslegung aufzufordern[26].

Beweis[27]: Versammlungsniederschrift vom ……, in Fotokopie.

In Ausführung des Beschlusses forderte der neue Verwalter den Beklagten mehrfach auf. Dieser hat indes sämtliche Verwalterunterlagen aus dem beendeten Verwalterverhältnis noch in Besitz und die Aufforderung durch den neuen Verwalter, sie herauszugeben, nicht befolgt[28].

Beweis[29]: Anhörung von A., Verwalter der Wohnanlage.

Der Beklagte hat bisher auch noch keine Schlussrechnung[30] erstellt; auch die Jahresabrechnung für das Vorjahr (……) fehlt noch.

Beweis: Vernehmung der Verwaltungsbeiratsmitglieder C., D., E., alle X.-Straße Nr. ……, …… (PLZ, Ort), als Zeugen[31].

Der Beklagte ist gemäß Verwaltervertrag zur Erstellung der letzten Jahresabrechnung auch im Falle seiner Abberufung verpflichtet[32].

Beweis: Vorlage des Verwaltervertrags vom …… in Fotokopie.

Der Beklagte kann nicht damit gehört werden, er verfüge über die Unterlagen nicht mehr oder könne jedenfalls daran ein Zurückbehaltungsrecht ausüben[33]. Keine Rolle spielt auch, dass der Abberufungsbeschluss vom Beklagten anfochten wurde[34].
Beglaubigte und einfache Abschrift liegen bei[35].

Rechtsanwalt[36]

Anmerkungen

1. Die örtliche Zuständigkeit für eine Klage bei der über die Rechte und Pflichten des Verwalters bei der Verwaltung des gemeinschaftlichen Eigentums gestritten wird, bestimmt § 43 Nr. 3 WEG. Danach ist das Gericht örtlich ausschließlich zuständig, in dessen Bezirk das Grundstück liegt. Für die Zuweisung ist allein ausschlaggebend, dass das vom Verwalter in Anspruch genommene Recht oder die ihn treffende Pflicht in einem inneren Zusammenhang mit der ihm übertragenen Verwaltung des gemeinschaftlichen Eigentums steht (BGH BGHZ 78, 57, 63 = NJW 1980, 2466). Die Zuweisungsnorm des § 43 Nr. 3 WEG ist sachbezogen (BayObLG NJW-RR 1987, 1368; BayObLG BayObLGZ 1986, 348, 350 = NJW-RR 1987, 270) und weit zu verstehen. Es spielt keine entscheidende Rolle, worauf die Rechte und Pflichten eines Verwalters, um die gestritten wird, beruhen, ob auf dem Gesetz (auch dem BGB) oder auf Vertrag (OLG Köln NJW-RR 2005, 1096). Zur sachlichen Zuständigkeit s. Form. II. H. 1 Anm. 1.

2. S. Form. II. H. 1 Anm. 2.

3. Eine Klage auf Herausgabe der Verwaltungsunterlagen wird häufig nicht ausreichen. Da die neue Verwaltung ebenso wie die Wohnungseigentümer sofort auf die Unterlagen angewiesen ist, sollte die Herausgabeklage stets mit einem Antrag auf Erlass einer einstweiligen Verfügung flankiert werden. Zwar kann wegen des Verbots der Vorwegnahme der Hauptsache idR. keine endgültige Herausgabe verlangt werden (s. auch *Bonifacio* ZMR 2007, 592, 596). Es kann aber beantragt werden, dass der Verwalter die Unterlagen für die Dauer von zB. 6 Wochen an die Gemeinschaft der Wohnungseigentümer zwecks Einsichtnahme zu übergeben hat (AG Kehlheim ZMR 2008, 83).

4. S. Form. II. H. 1 Anm. 5.

5. Kläger eines Verfahrens nach § 43 Nr. 3 WEG können neben dem jetzigen und ehemaligen Verwalter die Gemeinschaft der Wohnungseigentümer, die Wohnungseigentümer oder einzelne Wohnungseigentümer sein. Da der Verwaltervertrag zwischen der Gemeinschaft der Wohnungseigentümer geschlossen wird und die Pflichten des Verwalters auf Herausgabe und Rechnungslegung vornehmlich vertragliche bzw. nachvertragliche sind, ist richtiger Kläger die Gemeinschaft der Wohnungseigentümer (*Jennißen* Verwalterabrechnung, Rdn. 548). Die Geltendmachung eines Anspruchs gegen den Verwalter auf Herausgabe der Verwaltungsunterlagen nach § 667 BGB gehört zur Verwaltung des gemeinschaftlichen Eigentums der Wohnungseigentümer. Die Gemeinschaft der Wohnungseigentümer ist insoweit rechts- und parteifähig (OLG Hamburg ZMR 2008, 148, 150; OLG München NJW-RR 2006, 1024).

6. S. Form. II. H. 1 Anm. 7 und Anm 8.

7. Nach § 43 Nr. 3 WEG kann Beklagter ua. ein „Verwalter" sein. Verwalter idS. ist grundsätzlich der nach § 26 Abs. 1 S. 1 WEG bestellte Verwalter. Aber auch Ansprüche gegen einen früheren Verwalter sind grundsätzlich nach § 43 Nr. 3 WEG zu verfolgen, nämlich dann, wenn sie ihre Grundlage in der früheren Verwaltertätigkeit haben oder mit der Abwicklung der Verwaltung zusammenhängen (BGH BGHZ 59, 63 = NJW 1972, 1318; OLG München NZM 2008, 850; OLG Oldenburg ZMR 2008, 243; BayObLG NJW-RR 1987, 1368). Hierher gehören ua. Ansprüche auf Auskunft, Rechnungslegung oder Herausgabe (OLG Hamm NZM 2008, 850).

8. S. Form. II. H. 1 Anm. 11.

9. S. Form. II. H. 2 Anm. 12.

10. S. Form. II. H. 1 Anm. 12.

11. Bei Beendigung des Verwalteramtes hat der Verwalter alles, was er zur Ausführung seiner Verwaltertätigkeit erlangt hat, gem. §§ 667, 675 BGB herauszugeben, insbesondere alle Verwaltungsunterlagen im Original (OLG Hamburg ZMR 2008, 148, 150). Verwaltungsunterlagen sind alle Unterlagen, die aus der Geschäftsbesorgung für die Wohnungseigentümer entstanden sind (BayObLG ZMR 2001, 819 = NJW-RR 2001, 1667; BayObLG WuM 1996, 661 mwN.). Der Verwalter, der zugleich Bauträger war, muss auch die Bauunterlagen herausgeben, soweit sie die Errichtung der Wohnanlage betreffen und insbesondere für Gewährleistungs- und sonstige Ansprüche gegenüber den am Bau

Beteiligten von Bedeutung sind (BayObLG ZMR 2001, 819 = NJW-RR 2001, 1667; OLG Hamm NJW-RR 1988, 268).

12. Der Verwalter ist rechtlich nicht verpflichtet, eine Eigentümerliste zu führen. Da die Führung praktisch aber unentbehrlich ist, sollte sie beantragt werden. Die Liste ist nicht Eigentum der Gemeinschaft der Wohnungseigentümer. Dennoch wird sie ihr in der Rechtsprechung grundsätzlich zugesprochen.

13. Über die in jeder Eigentümerversammlung gefassten Beschlüsse ist gem. § 24 Abs. 6 S. 1 WEG eine Niederschrift (auch Protokoll genannt) aufzunehmen. Sie dient dazu, die Inhalte der Beschlüsse für die Zukunft zu „sichern". Und sie soll die Wohnungseigentümer, die an der Versammlung nicht teilgenommen haben, über deren Inhalte unterrichten (BayObLG BayObLGReport 2004, 759).

14. Die Verpflichtung zur Aufstellung einer Jahresabrechnung (Gesamt- und Einzelabrechnungen) für jedes abgelaufene Kalenderjahr ergibt sich aus § 28 Abs. 3 WEG.

15. Konten der Gemeinschaft der Wohnungseigentümer sind vom Verwalter als Fremdkonten anzulegen (*Hügel* DNotZ 2005, 753, 760; *Jennißen* Verwalterabrechnung, Rdn. 32), Barmittel sind von ihm herauszugeben. Verlangt ein Auftraggeber von dem Geschäftsbesorger nach Beendigung des Vertragsverhältnisses nach §§ 675, 667 BGB Herausgabe des zur Durchführung der Geschäftsbesorgung Erhaltenen und nicht bestimmungsgemäß Verbrauchten, kann er dabei ohne weiteres auf Rückzahlung des dem Geschäftsbesorger überlassenen Geldbetrages klagen (BGH NJW 1993, 2106, 2108). Im Prozess ist es dann Sache des Verwalters, im Einzelnen darzulegen und zu beweisen, dass das Geld in Erledigung des Auftrags verbraucht worden ist.

16. Die Aufstellung eines Wirtschaftsplans für jedes Kalenderjahr ist durch § 28 Abs. 1 WEG vorgeschrieben. Zum Wirtschaftplan gehört auch unverzichtbar der Einzelwirtschaftsplan, aus dem sich die Umlage der Kosten auf die einzelnen Eigentümer.

17. Forderungen ggü. Banken sind Teil des der Gemeinschaft der Wohnungseigentümer nach § 10 Abs. 7 S. 1 WEG zugeordneten Verwaltungsvermögens.

18. Der Verwalter muss nach § 24 Abs. 8 S. 1 WEG eine Beschluss-Sammlung führen. Sie ist Teil des Verwaltungsvermögens (Jennißen/*Elzer* § 24 Rdn. 146) und bei Beendigung des Amtes vom Verwalter herauszugeben. Wird die Sammlung elektronisch geführt, ist ein Ausdruck oder ein Datensatz herauszugeben. Der Verwalter besitzt an der Beschluss-Sammlung kein Zurückbehaltungsrecht (Jennißen/*Elzer* § 24 Rdn. 146).

19. In Betracht kommen zB. Vollmachtsurkunden, Pläne, Kostenangebote, behördliche Genehmigungen ua. Diese Verwaltungsunterlagen müssen nicht zwingend im Einzelnen bezeichnet werden, da ein diesbezüglicher Vollstreckungstitel gem. § 888 ZPO vollstreckt wird (OLG Hamburg ZMR 2008, 148, 150); eine Konkretisierung ist nur dann unerlässlich, wenn nicht die Herausgabe aller Verwaltungsunterlagen, sondern nur aller zur Verwaltung erforderlichen Unterlagen verlangt wird (OLG Hamburg ZMR 2008, 148, 150).

20. Die Rechnungslegung dient der Prüfung der ordnungsmäßigen Verwaltertätigkeit und der Vorbereitung des Herausgabeanspruchs nach § 667 BGB (BGH NJW 1997, 2106, 2108). Ob der Verwalter Rechnung zu legen hat, können die Wohnungseigentümer nach § 28 Abs. 4 WEG und abweichend von § 666 BGB – nämlich jederzeit – ohne Angabe von Gründen beschließen. Begrenzt wird der Anspruch nur durch das Schikaneverbot, § 226 BGB. Der Anspruch ist deshalb ausgeschlossen, wenn bereits die Aufstellung der Jahresabrechnung verlangt werden kann (BayObLG WE 1994, 280; KG WE 1988, 17); für die Aufstellung diskutiert werden 3 bis 6 Monate nach Ablauf des Kalenderjahres. Für die Einzelheiten, vor allem die Art und Weise der Rechnungslegung, gelten §§ 259 ff. BGB (Riecke/Schmid/*Abramenko* § 28 Rdn. 124; Bärmann/*Merle* § 28 Rdn. 138). Die Rechnungslegung ist auf die Erstellung einer „abgebrochenen" Einnahmen- und Ausgabenabrechnung gerichtet, enthält aber keine Kostenverteilung, Abgrenzungen oder eine Entwicklung der Bankkonten (*Jennißen* Verwalterabrechnung, Rdn. 551 ff.).

21. S. Form. II. H. 1 Anm. 18.

22. S. Form. II. H. 1 Anm. 19.

23. S. Form. II. H. 1 Anm. 22.

24. Die Entscheidung über die Abberufung des Verwalters erfolgt – wie die Bestellung – nach der gesetzlichen Regelung des § 26 Abs. 1 S. 1 WEG durch Mehrheitsbeschluss, nur in Ausnahmefällen durch das Gericht, niemals aber im Wege einstweiliger Verfügung. Neben der Willensbildung durch Beschluss bedarf es einer Ausführung durch Willenserklärung.

Die Abberufung durch Eigentümerbeschluss ist zu trennen von der Beendigung des zugrunde liegenden Vertragsverhältnisses zwischen der Gemeinschaft der Wohnungseigentümer und dem Verwalter. Diese erfolgt durch Kündigung. Die Beendigungsgründe sind allerdings häufig identisch.

25. S. Form. II. H. 1 Anm. 24.

26. Die gerichtliche Geltendmachung eines Herausgabeanspruchs setzt einen Beschluss der Wohnungseigentümer voraus (OLG Hamburg ZMR 2008, 148, 150). Nach den §§ 666 S. 2, 259 BGB ist der Verwalter zur Rechnungslegung nebst Vorlage der üblichen Belege verpflichtet, die im Rahmen der Verwaltertätigkeit erlangten Belege und Unterlagen sind zudem nach § 667 BGB herauszugeben. Diese Ansprüche sind umfänglich; sie sind nicht auf solche Unterlagen beschränkt, die die Gemeinschaft der Wohnungseigentümer zur Prüfung ihrer Ansprüche benötigt. Vielmehr erfassen die Ansprüche sämtliche Unterlagen und Konten, in denen Vorgänge betreffend die Wohnungseigentumsanlage gebucht sind (OLG Hamm NZM 2008, 850; BayObLG NJWE-MietR 1997, 14).

27. S. Form. II. H. 1 Anm. 24.

28. Dem Verwalter muss die Willensbildung der Wohnungseigentümer, eine Rechnungslegung und eine Herausgabe der Verwaltungsunterlagen zu verlangen, mitgeteilt werden. Der Beschluss als Instrument der Willensbildung ist dazu ungeeignet (aA. *Greiner* ZWE 2008, 454 ff.). Vielmehr muss der Beschluss vom neuen Verwalter gem. § 27 Abs. 1 Nr. 1 WEG ausgeführt werden.

29. Der neue Verwalter ist Teil der Handlungsorganisation der Gemeinschaft der Wohnungseigentümer und kann als deren originäres Organ nicht Zeuge sein. Es spricht aber nichts dagegen, den neuen Verwalter nach § 141 Abs. 3 ZPO anzuhören.

30. S. Anm. 20.

31. Sofern dem Beirat nicht ausnahmsweise Nichteigentümer angehören – die Wahl von Nichteigentümern ist nach hM. nur anfechtbar, aber nicht nichtig (BayObLG NJW-RR 1992, 210; LG Karlsruhe ZWE 2009, 168; *Wenzel* ZWE 2001, 226, 236; Riecke/Schmid/*Abramenko* § 29 Rdn. 31; aA. *Elzer* ZMR 2009, 411) – können die Mitglieder als Zeugen ausscheiden, wenn die Gemeinschaft klagt. Das ist der Fall, wenn alle Wohnungseigentümer die Gemeinschaft nach § 27 Abs. 3 S. 2 WEG vertreten (s. Form. II. H. 1 Anm. 24).

32. Die Gemeinschaft kann mit dem Verwalter über seine gesetzlichen Pflichten hinausgehende Pflichten vereinbaren. In diesem Falle schulden ggf. zwei Verwalter die Erstellung der Jahresabrechnung.

33. Der Verwalter kann dem Anspruch nicht entgegenhalten, die Herausgabe sei nicht möglich, da er die verlangten Unterlagen nicht mehr im Besitz habe. Der Vortrag, nicht mehr im Besitz der Unterlagen zu sein, ist nicht hinreichend, eine entlastende Unmöglichkeit darzutun, jedenfalls nicht dann, wenn feststeht, dass der Verwalter im Besitz der Unterlagen war (OLG Hamm ZMR 2007, 982). Im Übrigen gilt, dass der Anspruch auf

Rechnungslegung (§ 28 Abs. 4 WEG, § 666 S. 2 BGB), der gem. § 259 BGB die Vorlage von Belegen mit umfasst, nicht allein dadurch eingeschränkt wird, dass der Schuldner die (Original-)Belege weggegeben oder sonst verloren hat. Vielmehr muss der Schuldner in diesen Fällen von den Empfängern der Belege Kopien anfordern oder sich sonst um den Ersatz derselben bemühen (Staudinger/*Bub* 2005, § 26 Rdn. 403).

Gegenüber dem Anspruch auf Herausgabe von Verwaltungsunterlagen steht dem früheren Verwalter auch kein Zurückbehaltungsrecht wegen Vergütungsansprüchen zu (OLG Hamm ZMR 2007, 982).

34. Der abberufene Verwalter ist verpflichtet, die Verwaltungsunterlagen sofort und vollständig herauszugeben, auch wenn er den Abberufungsbeschluss angefochten hat und das Anfechtungsverfahren noch nicht rechtskräftig abgeschlossen ist (OLG Celle NZM 2005, 748 = OLGReport Celle 2006, 161; AG Syke ZWE 2008, 489 = IMR 2008, 423).

35. S. Form. II. H. 1 Anm. 40.

36. S. Form. II. H. 1 Anm. 43.

Kosten und Gebühren

S. zunächst Form. II. H. 1 Kosten und Gebühren. Der Gebührenstreitwert beträgt nach neuerer Rechtsprechung 2.000,00 EUR (AG Hamburg ZMR 2009, 232, 233; im einstweiligen Rechtsschutz ½ der Hauptsache).

Fristen und Rechtsmittel

Zu den Rechtsmitteln vgl. Form. II. H. 1 Fristen und Rechtsmittel.

9. Klage eines Dritten gegen die Gemeinschaft der Wohnungseigentümer nach § 43 Nr. 5 WEG und die Wohnungseigentümer

An das Amtsgericht[1]
Abteilung für Wohnungseigentumssachen[2]

Klage[3]

der A.-GmbH, gesetzlich vertreten durch ihren Geschäftsführer, Y.-Straße Nr. ……, (PLZ, Ort), ebenda,

– Kläger[4] –

Prozessbevollmächtigter: V., W.-Straße ……, …… (PLZ, Ort),

gegen

1) die Wohnungseigentümergemeinschaft Y.-Straße Nr. ……, …… (PLZ, Ort), vertreten durch den Verwalter V., Z.-Straße Nr. ……, …… (PLZ, Ort)[5],
2) die Eigentümer der Wohnungseigentumsanlage X.-Straße Nr. ……, …… (PLZ, Ort), namentlich aufgeführt in der anliegenden Eigentümerliste[6],

– Beklagte –

wegen Werklohn[7]
Vorläufiger Streitwert[8]: ……

Namens und in Vollmacht[9] des Klägers erhebe ich Klage und beantrage[10]:

1. **Die Beklagten werden wie Gesamtschuldner[11] verurteilt, an den Kläger EUR 1.000 nebst Zinsen iHv. 5 Prozentpunkten über dem jeweiligen Basiszinssatz zu zahlen.**

2. **Die Beklagte zu 1) wird darüber hinaus verurteilt, an die Klägerin weitere 9.000,00 EUR nebst Zinsen iHv. 5 Prozentpunkten über dem jeweiligen Basiszinssatz zu zahlen.**
3. **Die Beklagten haben die Kosten des Rechtsstreits wie Gesamtschuldner zu tragen[12].**
4. **Für den Fall, dass das Gericht ein schriftliches Vorverfahren anordnet und die Beklagten ihre Verteidigungsbereitschaft nicht rechtzeitig anzeigen, den Erlass eines Versäumnisurteils[13].**

Begründung[14]

Der Kläger schloss mit der Beklagten zu 1), vertreten durch den Verwalter V, am ...... einen Werkvertrag. Inhalt war die umfassende Renovierung des Treppenhauses der Anlage zu einem Werklohn von EUR 10.000,00[15].

Beweis: Kopie des Werkvertrages vom ......

Der Verwalter war nach dem Beschluss der Wohnungseigentümer zu TOP ...... der Eigentümerversammlung vom ...... berechtigt, die Beklagte zu 1) ggü. dem Kläger im Zusammenhang mit dem Werkvertrag auch mit der Abnahme[16] zu vertreten.

Beweis[17]: Kopie der Niederschrift der Eigentümerversammlung vom ......

Die Arbeiten wurden von der Beklagten zu 1), vertreten durch V., am ...... beanstandungsfrei abgenommen[18].

Beweis: Kopie des Abnahmeprotokolls vom ......;
Vernehmung des B. A.-Straße ......, ... (PLZ, Ort), Bauleiter der Klägerin.

Trotz Mahnungen kam es bis heute zu keinem Ausgleich.

Die Beklagten zu 2) haften dem Kläger neben der Beklagten gesetzlich nach § 10 Abs. 8 S. 1 Hs. 1 WEG entsprechend ihrem Miteigentumsanteil[19].

Beglaubigte und einfache Abschrift liegen bei[20].

Rechtsanwalt[21]

Anmerkungen

1. Die örtliche Zuständigkeit für die Klage eines Dritten gegen eine Gemeinschaft von Wohnungseigentümern bestimmt sich nach § 43 Nr. 5 WEG. Danach ist das Gericht ausschließlich örtlich zuständig für Klagen Dritter, die sich gegen die Gemeinschaft der Wohnungseigentümer oder gegen Wohnungseigentümer richten und sich auf das gemeinschaftliche Eigentum, seine Verwaltung oder das Sondereigentum beziehen. Unter § 43 Nr. 5 Var. 1 WEG (Bezug auf das Gemeinschaftseigentum) fallen vor allem Klagen gegen die Gemeinschaft wegen Forderungen auf Grund Herstellung, Reparatur oder Modernisierung von denjenigen Teilen der Wohnungseigentumsanlage, die nicht im Sondereigentum oder im Eigentum Dritter stehen. Unter § 43 Nr. 5 Var. 2 WEG (Bezug auf die Verwaltung) fallen Klagen gegen die Gemeinschaft, die sich aus ihren Verwaltungsaufgaben, aus Verwaltungsaufgaben des Verwalters, des Beirats oder der Wohnungseigentümer für das gemeinschaftliche Eigentum ergeben. Dazu gehören etwa Klagen eines Dritten wegen Vernachlässigung der Verkehrspflichten oder die Klage eines Mieters von Gemeinschaftseigentum. Unter § 43 Nr. 5 Var. 3 WEG fallen hingegen Klagen gegen einen Wohnungseigentümer, die sich auf das Sondereigentum beziehen (Bezug auf ein Sondereigentum). Nach wohl hM. unterfallen dabei sämtliche Streitigkeiten mit Bezug auf das Sondereigentum § 43 Nr. 5 WEG (Jennißen/*Suilmann* § 43 Rdn. 46). Hierher gehören deshalb zB. das Sondereigentum betreffende Vergütungsansprüche des Sondereigentumsverwalters, Vergütungsansprüche eines Rechtsanwalts in einer WEG-Sache oder der Auflassungsanspruch aus einem Kaufvertrag mit einem Wohnungseigentümer, aber auch Werk- oder Dienstverträge mit einem Wohnungseigentümer in Bezug auf das Sondereigentum (*Briesemeister* NZM 2007, 345, 346). Nach aA. unterfallen Streitgegenstände mit Bezug auf die *Verwaltung* des Sondereigentums hingegen den allgemeinen Regelungen (Bärmann/*Wenzel* § 43 Rdn. 120).

Die Zuständigkeit gegen die verklagten Wohnungseigentümer richtet sich nach den allgemeinen Vorschriften. Unterfällt der gegen die Gemeinschaft geltend gemachte Anspruch § 71 Abs. 1 GVG, der gegen einen oder mehrere daneben verklagte Wohnungseigentümer hingegen § 23 Abs. 1 GVG, kann das zuständige Gericht auf Antrag entsprechend § 36 Abs. 1 Nr. 3 ZPO vom durch das im Rechtszug zunächst höhere Gericht bestimmt werden (OLG München NZM 2008, 777, 778 = ZMR 2008, 818). Die sachliche Zuständigkeit bestimmt sich jeweils nach den allgemeinen Regelungen (s. Form. II. H. 1 Anm. 1).

2. S. Form. II. H. 1 Anm. 2.

3. Sachliche Voraussetzung einer Klage nach § 43 Nr. 5 WEG ist, dass sie sich auf das gemeinschaftliche Eigentum, seine Verwaltung oder das Sondereigentum bezieht. Damit ist gemeint, dass die Leistung des Dritten ihren Schwerpunkt im Gemeinschafts- oder Sondereigentum hatte oder für dieses bzw. die Verwaltung des Gemeinschaftseigentums erbracht wurde (s. Anm. 1).

4. Kläger nach § 43 Nr. 5 WEG können nur „Dritte" sein. Klagt die Gemeinschaft der Wohnungseigentümer und/oder die Wohnungseigentümer aktiv gegen Dritte, bleibt es bei den allgemeinen Zuständigkeitsregeln, auch bei negativen Feststellungsklagen (*Abramenko* AGS 2006, 281, 282). Dritter ist, wer nicht „als" Wohnungseigentümer oder „als" Verwalter klagt. Dritter kann zB. ein Werkunternehmer, ein Versicherer oder ein Dienstleister sein. Der Verwalter ist Dritter, soweit der Streitgegenstand nicht § 43 Nr. 3 WEG unterfällt (LG Karlsruhe NJW 1996, 1481; Palandt/*Bassenge* § 43 Rdn. 10). Ein Wohnungseigentümer ist Dritter, soweit er dem Verband oder den anderen Wohnungseigentümern nicht „als Wohnungseigentümer", sondern als „Jedermann" gegenübertritt, zB. wenn er Werk- oder Dienstlohn einklagt.

5. Die Gemeinschaft der Wohnungseigentümer kann nach § 10 Abs. 6 S. 1 WEG im Rahmen der gesamten Verwaltung des gemeinschaftlichen Eigentums ggü. Dritten Pflichten eingehen. Tritt sie im Rechtsverkehr auf, obwohl ihr Handeln nicht vom Verbandszweck gedeckt ist (dazu Riecke/Schmid/*Elzer* § 10 Rdn. 380), ist sie dennoch als rechtsfähig zu behandeln. Die aus dem angloamerikanischen Rechtskreis stammende „ultra-vires-Lehre" ist nicht anzuwenden (*Rühlicke* ZWE 2007, 261, 269; *Elzer* WuM 2007, 295, 296). Wird die Gemeinschaft der Wohnungseigentümer verklagt – was nach § 10 Abs. 6 S. 5 WEG zulässig ist –, führt sie die Bezeichnung „Wohnungseigentümergemeinschaft" gefolgt von der bestimmten Angabe des gemeinschaftlichen Grundstücks, § 10 Abs. 6 S. 4 WEG. Wenn die Gemeinschaft nach § 43 Nr. 5 WEG verklagt wird, wird sie gem. § 27 Abs. 3 S. 1 Nr. 2 WEG vom Verwalter vertreten. Dieser kann das Verfahren selbst führen oder einen Anwalt beauftragen.

6. Neben der Gemeinschaft der Wohnungseigentümer haftet nach § 10 Abs. 8 S. 1 Hs. 1 WEG jeder Wohnungseigentümer einem Gläubiger für Verbindlichkeiten der Gemeinschaft der Wohnungseigentümer, die während seiner Zugehörigkeit zur Gemeinschaft entstanden oder während dieses Zeitraums fällig geworden sind, nach dem Verhältnis seines Miteigentumsanteils (s. Anm. 18). Die Klage gegen die neben der Gemeinschaft haftenden Wohnungseigentümer ist vor allem sinnvoll, wenn eine Vollstreckung auch gegen die Wohnungseigentümer geplant ist. Ein nur gegen die Gemeinschaft der Wohnungseigentümer erstrittener Titel erlaubt keine Vollstreckung gegen einen Wohnungseigentümer (Jennißen/*Grziwotz/Jennißen* § 10 Rdn. 100).

7. S. Form. II. H. 1 Anm. 11.

8. S. Form. II. H. 2 Anm. 12.

9. S. Form. II. H. 1 Anm. 12.

10. S. Form. II. H. 1 Anm. 13.

11. Die Wohnungseigentümer und die Gemeinschaft der Wohnungseigentümer sind nach § 10 Abs. 1 S. 1 Hs. 1 WEG zwar nicht Gesamtschuldner, haften aber „wie" Gesamtschuldner (*Derleder/Fauser* ZWE 2007, 2, 5; Niedenführ/*Kümmel*/Vandenhouten § 10 Rdn. 80; Bärmann/*Wenzel* § 10 Rdn. 332). Die einzelnen Wohnungseigentümer sind – als einfache Streitgenossen nach § 59 ZPO – als Teil-Gesamtschuldner zu verklagen (*Briesemeister* NZM 2007, 225, 229).

Noch streitig ist, was gilt, wenn einer der Wohnungseigentümer seinen Anteil vorprozessual oder prozessual erfüllt oder wenn die Gemeinschaft erfüllt (sa. BGH BGHZ 134, 224 = NJW 1997, 1580; *K. Schmidt* NJW 1997, 2201). Entweder bezieht sich die Haftung der anderen Wohnungseigentümers dann nur auf die restliche Verbindlichkeit (Riecke/Schmid/*Elzer* § 10 Rdn. 491) oder man differenziert. Vorstellbar wäre, dass Eigenleistungen voll angerechnet werden (dann müsste die Klage nach § 91 a ZPO insoweit für erledigt erklärt werden), Eigenleistungen, die ein anderer Wohnungseigentümer erbringt, zwar auf dessen Quotenhaftung, auf die Haftung anderer Wohnungseigentümer aber nicht (Niedenführ/*Kümmel*/Vandenhouten § 10 Rdn. 80; Bärmann/*Wenzel* § 10 Rdn. 335 mwN.). Unsicher ist weiter, ob Teilleistungen aus dem Verwaltungsvermögen die Haftung der Wohnungseigentümer berühren (siehe dazu Bärmann/*Wenzel* § 10 Rdn. 334).

12. S. Form. II. H. 1 Anm. 19.

13. S. Form. II. H. 1 Anm. 22.

14. Die Klage des Dritten ist begründet, wenn er darlegen – und ggf. beweisen – kann, dass die Gemeinschaft der Wohnungseigentümer mit ihm einen Vertrag geschlossen hat, der Anspruch entstanden ist, nicht untergegangen und durchsetzbar ist.

15. Der Verwalter besitzt nach § 27 Abs. 3 S. 1 Nr. 3 WEG eine gesetzliche Vertretungsmacht, die Gemeinschaft der Wohnungseigentümer zu vertreten, wenn es sich um einen Vertragsschluss für die ordnungsmäßige Instandhaltung und Instandsetzung des gemeinschaftlichen Eigentums handelt. Geht eine Maßnahme darüber hinaus – was nur im Einzelfall geklärt werden kann –, bedarf es einer gewillkürten Ermächtigung. Dass die Gemeinschaft nach außen tätig wird, müssen die Wohnungseigentümer beschließen. Fehlt ein Beschluss, berührt das die Vertretungsmacht des Verwalters nicht. Er macht sich aber ggf. schadensersatzpflichtig.

16. Der Verwalter besitzt von Gesetzes wegen keine Rechtsmacht, von der Gemeinschaft beauftragte Arbeiten rechtlich abzunehmen. Die Wohnungseigentümer müssen den Verwalter für die Abnahme als Willenserklärung (s. Anm. 18) nach § 27 Abs. 3 S. 1 Nr. 7 WEG ermächtigen.

17. Neben der Niederschrift kommt ein Auszug aus der Beschluss-Sammlung in Betracht. Beide sind dem Dritten in der Regel nicht zugänglich. Es ist aber anzunehmen, dass der Dritte gegen die Gemeinschaft nach §§ 280, 241 BGB einen Anspruch auf Auskunft hat.

18. Die Abnahme nach § 640 Abs. 1 S. 1 BGB ist nach hM. eine Willenserklärung (*Hartung* NJW 2007, 1099, 1100), jedenfalls eine geschäftsähnliche Handlung. Soll der Verwalter sie erklären, bedarf er daher einer gewillkürten Vertretungsmacht.

19. Ein Gläubiger der Gemeinschaft hat für deren Verbindlichkeiten die Wahl, in dem nach § 10 Abs. 8 S. 1 Hs. 1 WEG gesetzlich bestimmten Maße neben der Gemeinschaft auch jetzige und sogar frühere Miteigentümer des Gemeinschaftseigentums samtverbindlich anteilig in Anspruch zu nehmen. § 10 Abs. 8 S. 1 Hs. 1 WEG ordnet als Parallelvorschrift zu § 128 S. 1 HGB die Haftung der Eigentümer neben der Gemeinschaft der

Wohnungseigentümer an. „Haftung" meint, dass der in Anspruch genommene jetzige oder ehemalige Wohnungseigentümer für eine Verpflichtung des Verbandes einstehen muss. Als „Verbindlichkeit" sind sowohl rechtsgeschäftlich begründete als auch gesetzliche Ansprüche anzusehen (Riecke/Schmid/*Elzer* § 10 Rdn. 477; Bärmann/*Wenzel* § 10 Rdn. 314). Eine Inanspruchnahme der Wohnungseigentümer persönlich ist stets möglich und nicht nur dann, wenn die Gemeinschaft nicht liquide ist (*Armbrüster* GE 2007, 420, 426).

Der Kläger als Werkunternehmer hat gegen die Eigentümer ferner einen Anspruch auf Eintragung einer Bauhandwerkersicherungshypothek auf deren Einheiten. Aus der anteiligen Außenhaftung folgt, dass sich die Wohnungseigentümer als Eigentümer des Grundstücks von einem Bauwerkunternehmer im Bereich der dinglichen Haftung nach § 242 BGB wie ein Besteller behandeln lassen müssen (*Armbrüster* ZWE 2008, 167, 168; Niedenführ/*Kümmel*/Vandenhouten § 10 Rdn. 83; Riecke/Schmid/*Elzer* § 10 Rdn. 520; Bärmann/*Wenzel* § 10 Rdn. 345; aA. *Drasdo* NJW-Spezial 2008, 513, 514). Dem steht nicht entgegen, dass die Gemeinschaft nicht Grundstückseigentümerin ist. Notwendig, aber auch ausreichend ist, dass zwischen dem Auftraggeber und dem Grundstückseigentümer ein wirtschaftliches Beherrschungsverhältnis bestand und dieser aus der Werkleistung einen wirtschaftlichen Vorteil ohne Erbringung einer Gegenleistung erlangt hat (s. auch OLG Hamm NZBau 2008, 118). Die Identität von Grundstückseigentümer und Besteller muss zurücktreten, wenn „die Wirklichkeit des Lebens und die Macht der Tatsachen" es gebieten, die personen- und vermögensrechtliche Selbstständigkeit von Besteller und Eigentümer hintanzusetzen (BGH BGHZ 102, 95, 103 = MDR 1988, 220 = NJW 1988, 255; BGHZ 78, 318, 333; BGHZ 54, 222, 224).

20. S. Form. II. H. 1 Anm. 40.

21. S. Form. II. H. 1 Anm. 43.

Kosten und Gebühren

S. Form. II. H. 1 Kosten und Gebühren.

Fristen und Rechtsmittel

Zu den Rechtsmitteln vgl. Form. II. H. 1 Fristen und Rechtsmittel.

10. Mahnverfahren der Gemeinschaft der Wohnungseigentümer nach § 43 Nr. 6 WEG

Antrag auf Erlass eines Mahnbescheids **- Deckblatt -** **Seite 1 von 4**

Wohnungseigentümergemeinschaft Elßholzstraße 35
gegen Karin Meier

- maschinell lesbarer Antrag für das automatisierte Verfahren - 001 BARC0001 126851 341C9DD

B

An das
Amtsgericht Wedding
Zentrales Mahngericht Berlin-Brandenburg
13343 Berlin

11.06.2009

Ich beantrage, aufgrund der im beigefügten Barcode verschlüsselten Daten einen Mahnbescheid zu erlassen und in diesen die Kosten des Verfahrens aufzunehmen. Die unten aufgeführten Hinweise des Gerichts habe ich beachtet.

Absender (Antragsteller / ges. Vertreter / Prozessbevollmächtigter):

Rechtsanwalt
Peter Mustermann
Elßholzstraße 33
10781 Berlin

Ordnungsgemäße Bevollmächtigung versichere ich.

___________________ ___________________ ______________________________

Ort Datum Unterschrift des Antragstellers/Vertreters/Prozessbevollm.

Hinweise des Gerichts:

1. Dieses Anschreiben muss unterschrieben und zusammen mit dem Kontrollausdruck (Seiten 2 bis 3) sowie dem anschließenden Barcode-Ausdruck (Seiten 4 bis 4) beim zuständigen Mahngericht eingereicht werden. Die Übermittlung des Antrags per Fax oder E-Mail ist unzulässig. Verwenden Sie zum Druck ausschließlich weißes Standardpapier der Größe DIN A 4 (80g/qm) und versenden Sie die Unterlagen, ohne sie zu knicken.

2. Die rechts oben angegebene Nummer (001 BARC0001 126851 341C9DD) muss auf allen Seiten identisch sein, der Antrag darf nur aus 4 Seiten bestehen. Nachträgliche Ergänzungen, Veränderungen oder Streichungen des Textes oder Barcodes sind unzulässig. Bei erforderlichen Änderungen geben Sie bitte die Daten neu ein und drucken den Antrag für das Gericht erneut aus.

3. Ist eine Druckseite fehlerhaft gedruckt, verschmutzt oder nicht lesbar, so drucken Sie bitte den gesamten Antrag erneut aus.

4. Beachten Sie auch die Hinweise in der Internetanwendung www.online-mahnantrag.de zu Papier, Druck und Versand.

Die Nichtbeachtung der Hinweise gefährdet die maschinelle Lesbarkeit (§ 690 Abs. 3 ZPO) und kann damit die Bearbeitung des Antrags verzögern, zu Beanstandungen oder zur Zurückweisung führen (§ 691 ZPO).

Antrag auf Erlass eines Mahnbescheids **Seite 1**

Antrag auf Erlass eines Mahnbescheids **Seite 2 von 4**

Wohnungseigentümergemeinschaft Elßholzstraße 35

gegen Karin Meier

- maschinell lesbarer Antrag für das automatisierte Verfahren - 001 BARC0001 126851 341C9DD

Verfahrenswährung: **EUR**

Prozessbevollmächtigter

Beauftragungsdatum: **01.06.2009**
Funktion: **Rechtsanwalt**
Name/Bezeichnung: **Peter Mustermann**
Straße: **Elßholzstraße 33**
PLZ/Ort/Nation: **10781 Berlin**

Antragsteller

1. Antragsteller

Rechtsform: **WEG**
Name: **Wohnungseigentümergemeinschaft Elßholzstraße 35**
Straße: **Elßholzstraße 35**
PLZ/Ort/Nation: **10781 Berlin**

1. Gesetzlicher Vertreter

Funktion: **Verwalter**
Name: **Peter Wassermann**
Straße: **Brahmsstraße 3**
PLZ/Ort/Nation: **12203 Berlin**

Antragsgegner

1. Antragsgegner

Anrede: **Frau**
Vorname: **Karin**
Nachname: **Meier**
Straße: **Elßholzstraße 35**
PLZ/Ort/Nation: **10781 Berlin**

Prozessgericht

Anschrift: **Amtsgericht Schöneberg**
10820 Berlin

Ansprüche

Summe der Hauptforderungen: **1.500,00 EUR**

1. Katalogisierbarer Anspruch

Anspruch: **Wohn-/Hausgeld für Wohnungseigentümergemeinschaft (Katalog-Nr. 90)**
Mitteilungsform: **Beschluss vom 5.4.2009**
Rechnungsnummer: **Einheit Nr. 3**
ab/vom: **01.01.2009**
bis: **01.05.2009**
Betrag: **1.500,00 EUR**

Anspruchszusatz

PLZ/Ort/Nation: **10781 Berlin**
Straße/Hausnummer: **Elßholzstraße 35**

Antrag auf Erlass eines Mahnbescheids **Seite 2**

Antrag auf Erlass eines Mahnbescheids **Seite 3 von 4**

Wohnungseigentümergemeinschaft Elßholzstraße 35

gegen Karin Meier

- maschinell lesbarer Antrag für das automatisierte Verfahren - 001 BARC0001 126851 341C9DD

1. Zinsangaben: Laufende Zinsen

Zinssatz: **5,000 %-Punkte jährlich über dem Basiszinssatz**

aus Betrag: **Anspruchsbetrag**

ab/vom: **ab Zustelldatum des Mahnbescheids**

Auslagen/Nebenforderungen

Auslagen des Antragstellers

Vordruck/Porto: **20,00 EUR**

Andere Nebenforderungen

Mahnkosten: **5,00 EUR**

zuzüglich Zinsen 5,000 %-Punkte über dem Basiszins ab Zustellung des Mahnbescheids

Allgemeine Angaben

Geschäftszeichen: **Einheit 3**

Ich erkläre, dass der Anspruch von einer Gegenleistung nicht abhängt.

Im Falle eines Widerspruchs beantrage ich die Durchführung des streitigen Verfahrens.

Zuständiges Mahngericht

Amtsgericht Wedding
Zentrales Mahngericht Berlin-Brandenburg
13343 Berlin

Antrag auf Erlass eines Mahnbescheids **Seite 3**

Antrag auf Erlass eines Mahnbescheids **Seite 4 von 4**

Wohnungseigentümergemeinschaft Elßholzstraße 35

gegen Karin Meier

- maschinell lesbarer Antrag für das automatisierte Verfahren - 001 BARC0001 126851 341C9DD

001BARC0001126851341C9DD001002002004

Vermerke des Gerichts:

Dezernat	Eingangsdatum (TT.MM.JJ)	Bearbeitungsdatum

Bearbeitungsschlüssel	Zusatzschl.

Betrag EUR (Schlüssel 16/17)	Früheres Eingangsdatum (Schl. 52)
,	

Antrag auf Erlass eines Mahnbescheids **Seite 4**

Schrifttum: S. Form. I. B. 1 Schrifttum.

Anmerkungen

1. S. zunächst Form. I. B. 1. Wird der Antrag auf Erlass eines Mahnbescheids von einem Rechtsanwalt oder einer registrierten Person nach § 10 Abs. 1 S. 1 Nr. 1 des RDG gestellt, muss der Antrag nach § 690 Abs. 3 S. 2 ZPO in einer maschinell lesbaren Form übermittelt werden. Dafür stehen mehrere Möglichkeiten zur Verfügung: die Übermittlung der Anträge über das Elektronische Gerichts- und Verwaltungspostfach (EGVP), die Einreichung von Datenträgern oder die Einreichung eines Antrags auf Papier unter Einsatz des Barcode-Verfahrens. Während die Nutzung des EGVP eine Signaturkarte und ein Kartenlesegeräte bedingt, kann der Barcodeantrag auch ohne zusätzliche Hardware gestellt werden. Der Barcodeantrag wird mit Hilfe der Anwendung „online-Mahnantrag" (www.online-mahnantrag.de) erstellt. Die dabei erstellte Datei wird in einem Barcode verschlüsselt, der vom Gericht ausgelesen werden kann. Das vorgestellte Formular ist eine solche Datei.

2. Ist die Gemeinschaft der Wohnungseigentümer Antragstellerin in einem Mahnverfahren, ist nach § 43 Nr. 6 S. 1 WEG – soweit nach § 689 Abs. 3 S. 1 ZPO keine spezialgesetzliche Zuständigkeit besteht – grundsätzlich das Gericht, in dessen Bezirk das Grundstück liegt, örtlich ausschließlich zuständig; § 689 Abs. 2 ZPO ist insoweit nicht anzuwenden. Nach § 689 Abs. 1 S. 1 ZPO sind die AGe sachlich zuständig. Das Mahnverfahren bietet sich vor allem für ausstehende Wohngelder iwS. an. Es ist nicht zu empfehlen, wenn mit einem Widerspruch des Antragsgegners zu rechnen ist. Ferner dann nicht, wenn die geltend zu machende Forderung einer spezifizierten Begründung bedarf, etwa wenn sie mehrfach aus unterschiedlichen Zahlungsansprüchen zusammengesetzt ist, und vor allem dann, wenn diese verschiedene Wohn- bzw. Teileigentumseinheiten betreffen. In solchen Fällen sollte gleich eine Wohngeldklage erhoben werden (vgl. Form. II. H. 1). Andernfalls wird das Verfahren mit Überleitung vom Mahnverfahren nach Widerspruch in das streitige Verfahren oder gar infolge Zurückweisung des Mahnantrags wegen nicht genügend genauer Bezeichnung des geltend gemachten Anspruchs ggf. umständlicher und jedenfalls langwieriger.

Stellt der Verwalter gegen die Gemeinschaft der Wohnungseigentümer oder stellt ein Wohnungseigentümer einen Mahnantrag, gelten keine Besonderheiten. Es finden vielmehr die allgemeinen Vorschriften Anwendung.

3. Wie auch sonst, müssen für Mahnanträge die nach § 703c Abs. 1 S. 1 ZPO vorgeschriebenen Vordrucke für die nicht maschinelle bzw. die maschinelle Bearbeitung verwendet werden (s. Form. I. B. 1 Anm. 5).

4. Nach § 690 Abs. 3 S. 2 ZPO können Anwälte oder nach § 10 Abs. 1 S. 1 Nr. 1 RDG registrierte Personen Mahnanträge nur auf elektronischen Weg einreichen. Hierfür stehen mehrere Möglichkeiten zur Verfügung, s. Anm. 1 und Form. I. B. 1.

Wird die Gemeinschaft der Wohnungseigentümer von den Wohnungseigentümern nach § 27 Abs. 3 S. 2 oder S. WEG vertreten, kann der Antrag auch nicht-elektronisch erfolgen. Auch für manuelle „Papier-Anträge" besteht allerdings einen Vordruckzwang. Ab dem 1. 1. 2009 sind Vordrucke für das automatisierte Verfahren in der Fassung vom 1. 1. 2009 zu verwenden. Die im Schreibwarenhandel erhältlichen Vordrucke sind entsprechend gekennzeichnet. Zum Ausfüllen und Bedrucken kann der „Online-Mahnantrag" genutzt werden („Papiervordrucke").

5. Für die Einreichung des Mahnantrags gem. §§ 690 ZPO, 43 Nr. 6 S. 1 WEG gelten für die Antragsberechtigung, die Bezeichnung der Antragsteller, die Verfahrensvollmacht, einer eventueller Prozessstandschaft usw. dieselben Grundsätze wie bei einer Klage (vgl. Anm. 3 bis 7 zu Form. II. H. 1, sowie Form. II. H. 2). Im Übrigen sind auch die Voraussetzungen des § 690 ZPO zu erfüllen (s. dazu im Einzelnen die folgenden Anmerkungen). Als zuständiges Gericht ist – abweichend von § 689 Abs. 2 ZPO – das ausschließlich zuständige AG der belegenen Sache zu bezeichnen (§ 43 Nr. 6 WEG).

6. Der Mahnantrag ist sorgfältig und vollständig auszufüllen. Der Rechtspfleger hat den Antrag auf offensichtliche Fehler und Unstimmigkeiten bei den gesetzlich geforderten Angaben zu überprüfen und ggf. ihre Richtigstellung zu veranlassen. Unvollständige oder ungenaue Angaben können zu Rückfragen des Mahngerichts und damit zu einer Verzögerung oder gar zu einer Zurückweisung des Mahnantrags führen.

7. Unabhängig davon, welcher Weg zur Antragstellung gewählt wird, ist die Gemeinschaft der Wohnungseigentümer als Antragstellerin einzutragen, vgl. § 690 Abs. 1 Nr. 1 ZPO. Sie muss die Bezeichnung „Wohnungseigentümergemeinschaft" gefolgt von der bestimmten Angabe des gemeinschaftlichen Grundstücks führen (s. Form II. H. 1 Anm. 4). Wird die Gemeinschaft vom Verwalter vertreten (das ist vorstellbar, wenn ihn die Wohnungseigentümer dazu nach § 27 Abs. 3 S. 1 Nr. 7 WEG durch Vereinbarung oder Beschluss ermächtigt haben), ist er mit vollständiger Anschrift einzutragen. Wird die Gemeinschaft nach § 27 Abs. 3 S. 2 oder S. 3 von allen oder von einzelnen Wohnungseigentümern vertreten, sind diese einzutragen. Auch in diesem Falle ist der Verwalter allerdings wegen seiner grundsätzlich gegebenen Zustellvertretungsmacht nach § 27 Abs. 3 S. 1 Nr. 1 WEG aufzuführen.

8. Bei der Bezeichnung des Antragsgegners nach § 690 Abs. 1 Nr. 1 ZPO bestehen keine Unterschiede zum allgemeinen Mahnverfahren. Bei Inanspruchnahme mehrerer Personen ist zweckmäßigerweise für jeden Antragsgegner ein eigener Formularsatz auszufüllen, weil das Mahnverfahren unterschiedlich verlaufen kann. Bei einer etwaigen Inanspruchnahme mehrerer Antragsgegner als Gesamtschuldner mit Hilfe eines Formulars ist dies zu vermerken. Überwiegend wird angenommen, dass mehrere Miteigentümer (auch solche nach Bruchteilen) einer Wohnungs- bzw. Teileigentumseinheit gesamtschuldnerisch für die Erfüllung ihrer Kosten- und Lastentragungspflicht, also insbesondere auch für ihre Wohngeldverpflichtungen, haften (s. Form. II. H. 1 Anm. 25).

9. Der Antrag muss nach § 690 Abs. 1 Nr. 3 ZPO vor allem die Bezeichnung des Anspruchs unter bestimmter Angabe der verlangten Leistung enthalten; Haupt- und Nebenforderungen sind gesondert und einzeln zu bezeichnen. Der geltend gemachte Anspruch muss durch seine Kennzeichnung von anderen Ansprüchen so unterschieden und abgegrenzt werden, dass er Grundlage eines der materiellen Rechtskraft fähigen Vollstreckungstitels sein und der Schuldner beurteilen kann, ob und in welchem Umfang er sich zur Wehr setzen will (BGH NJW 2008, 3498, 3499). Bei der Geltendmachung einer Mehrzahl von Einzelforderungen muss deren Bezeichnung im Mahnbescheid dem Antragsgegner ermöglichen, die Zusammensetzung des verlangten Gesamtbetrags aus für ihn unterscheidbaren Ansprüchen zu erkennen (BGH NJW 2008, 3498, 3499 mwN.).

Zur Bezeichnung des geltend gemachten Anspruchs kann auch auf Rechnungen oder andere Schriftstücke Bezug genommen werden, zB. auf Einzeljahresabrechnungen. Stammen solche Schriftstücke vom Gläubiger, müssen sie dem Schuldner zugegangen sein (BGH NJW 2008, 3498, 3499). Nur dann, wenn ein solches Schriftstück dem Schuldner bereits bekannt ist, braucht es dem Mahnbescheid nicht in Abschrift beigefügt zu werden (BGH NJW 2008, 3498, 3499; NJW 2008, 1220, 1221). Bei Wohngeldforderungen ist wichtig, dass bei ihnen (als Hauptforderung) die jeweilige Einzelforderung nach ihrem Entstehungsgrund (zB. Wohngeldrückstand auf Grund Einzelabrechnung vom ......, anteilige Sonderumlage gem. Beschluss vom ...... rückständige Wohngeldvorauszahlungen für die Monate ......) und ebenso unverwechselbar die Zuordnung der Wohnungs- bzw. Teileigentumseinheit (mindestens mit Bezeichnung der Wohnanlage und Angabe der Nr. der Einheit nach der Teilungserklärung) genau bezeichnet werden. Deutlich werden muss, ob es sich um Wohngeldrückstände auf Grund Abrechnung oder um rückständige Wohngeldvorauszahlungen oder sonstige Forderungen handelt. Bei Wohngeldvorauszahlungen ist der Zeitraum genau anzugeben, für den Rückstände verlangt werden, mit Hinweis auf den beschlossenen Wirtschaftsplan und den angewandten Verteilungsschlüssel, etwa entsprechend der Größe der Miteigentumsanteile (zB. ....../1000) nach § 16 Abs. 1 S. 2, Abs. 2 WEG. Nicht ausreichend ist etwa: „Wohngeldforderung gemäß Kontoauszug oder gemäß Mahnschreiben vom ......“.

Falls mehrere Einzelposten aufgeführt wurden, sollte ihre Summe als solche deutlich gemacht angegeben werden. Für alle unter dem Oberbegriff Wohngeld/Hausgeld geltend gemachten Forderungen ist als Katalog-Nr. die Nummer 90 einzutragen. Nebenkosten, etwa vorgerichtliche Kosten, müssen wenigstens knapp erläutert werden. Hinsichtlich der Kosten der Rechtsverfolgung mit Hilfe eines Rechtsanwalts oder Rechtsbeistands gibt es keine Besonderheiten gegenüber dem allgemeinen Mahnverfahren; sie berechnet das Gericht. Geltend gemachte Wohngeldansprüche werden praktisch nie von einer Gegenleistung abhängen. Das Ankreuzen des betreffenden Feldes sollte jedenfalls nicht übersehen werden.

10. Nach § 43 Nr. 6 WEG ist, wenn die Gemeinschaft der Wohnungseigentümer Antragstellerin ist, für Mahnverfahren das Gericht, in dessen Bezirk das Grundstück liegt, ausschließlich zuständig. Insoweit ist § 689 Abs. 2 ZPO nicht anzuwenden. Der Antrag auf Durchführung des streitigen Verfahrens im Falle des Widerspruchs sollte zur Beschleunigung des Verfahrens stets gestellt werden. Durch Ergänzung der Nummer 1210 des KV-GKG ist klargestellt, dass die Verfahrensgebühr erst mit dem Eingang der Akten bei dem für das streitige Verfahren als zuständig bezeichneten Gericht entsteht.

11. Bei der Angabe eines Rechtsanwalts als Prozessbevollmächtigten bestehen keine Besonderheiten ggü. dem allgemeinen Mahnverfahren. Der Verwalter kann einen Anwalt beauftragen, wenn er dazu nach § 27 Abs. 3 S. 1 Nr. 7 WEG ermächtigt ist.

12. Für den Widerspruch, den Antrag auf Erlass eines Vollstreckungsbescheids und den Einspruch gegen einen Vollstreckungsbescheid ergeben sich ggü. dem allgemeinen Mahnverfahren keine größeren Besonderheiten. Vgl. insoweit Form. I. B. 2 und Form. I. B. 4. Im Falle eines Widerspruchs und wenn Antragsteller oder Antragsgegner die Durchführung des streitigen Verfahrens nach § 696 ZPO beantragt haben oder im Falle des Einspruchs gegen einen Vollstreckungsbescheid, gibt das Mahngericht das Verfahren unanfechtbar an das nach § 690 Abs. 1 Nr. 5 ZPO bezeichnete Gericht ab. Mit Eingang der Akten bei diesem Gericht wird der Mahnantrag als Klage nach § 43 Nr. 2 WEG angesehen, das weitere Verfahren ist gewöhnliches Verfahren nach §§ 43 ff. WEG. Wenn der Widerspruch zurückgenommen wird, erlässt das WEG-Gericht den Vollstreckungsbescheid nach § 699 Abs. 1 S. 3 ZPO.

Kosten und Gebühren

S. Form. I. B. 1 Kosten und Gebühren, Form. I. B. 2 Kosten und Gebühren und Form. I. B. 4 Kosten und Gebühren.

Fristen und Rechtsmittel

S. zunächst Form. I. B. 1 Fristen und Rechtsmittel, Form. I. B. 2 Fristen und Rechtsmittel und Form. I. B. 4 Fristen und Rechtsmittel. Gibt das Gericht, das den Mahnbescheid erlassen hat, den Rechtsstreit nach § 696 Abs. 1 S. 1 ZPO oder das Gericht, das den Vollstreckungsbescheid erlassen hat, den Rechtsstreit nach § 700 Abs. 1 S. 1 ZPO ab, handelt es sich um eine WEG-Sache iSv. § 43 Nr. 2 WEG, s. Form. II. H. 1 Anm. 2.

11. Antrag auf Erlass einer einstweiligen Verfügung gegen Beschluss

An das Amtsgericht[1]
Abteilung für Wohnungseigentumssachen[2]
E I L T ! ! Bitte sofort vorlegen!

Antrag auf Erlass einer einstweiligen Verfügung[3]

des Wohnungseigentümers W. Z.-Straße Nr. ……, …… (PLZ, Ort),

– Antragsteller[4] –

Verfahrensbevollmächtigter[5]: V., W.-Straße ….., …… (PLZ, Ort),
gegen
die Eigentümer der Wohnungseigentumsanlage X.-Straße Nr. ……, …… (PLZ, Ort), namentlich aufgeführt in der anliegenden Eigentümerliste[6],

– Antragsgegner –

Verwalter[7]: V. T.-Straße Nr. ……, …… (PLZ, Ort),

Ersatzzustellungsvertreter[8]: WE. Z.-Straße Nr. ……, …… (PLZ, Ort),

Beizuladender[9]: Verwalter V. T.-Straße Nr. ……, …… (PLZ, Ort),

vorläufiger Streitwert[10]: ……

Ich beantrage – wegen der Dringlichkeit der Angelegenheit ohne mündliche Verhandlung durch Beschluss[11] – den Erlass folgender einstweiliger Verfügung:

1. **Der auf der Eigentümerversammlung der Wohnungseigentumsanlage X.-Straße Nr. ……, …… (PLZ, Ort), zu TOP …… gefasste Beschluss, die Berechnungsgrundlage für die Betriebskosten ab Wirtschaftsjahr 2010 abzuändern, die Penthäuser der Eigentumswohnanlage neu zu vermessen und auf Grund des Vermessungsergebnisses die Umlage der Betriebskosten neu zu berechnen, Nr. …… der Beschluss-Sammlung der Wohnungseigentümergemeinschaft X.-Straße Nr. ……, …… (PLZ, Ort), wird bis zum rechtskräftigen Abschluss der Anfechtungsklage im Verfahren Amtsgericht ….., Aktenzeichen ….., außer Kraft gesetzt[12].**
2. **Den Antragsgegnern werden die Verfahrenskosten auferlegt[13].**

Begründung[14]

Antragsteller und Antragsgegner bilden die Wohnungseigentümergemeinschaft Z.-Straße Nr. ……, …… (PLZ, Ort). Auf der Eigentümerversammlung vom …… wurde zu TOP …… mit 6 gegen 5 Stimmen beschlossen (Nr. …… der Beschluss-Sammlung), die Berechnungsgrundlage für die Betriebskosten ab Wirtschaftsjahr 2010 abzuändern, die Penthäuser der Eigentumswohnanlage neu zu vermessen und auf Grund des Vermessungsergebnisses die Umlage der Betriebskosten neu zu berechnen. Der Antragsteller hat diesen Beschluss vor dem Amtsgericht ….., Aktenzeichen ….., fristgemäß angefochten. Der Beschluss leidet unter einem formellen Mangel. Der Antragsteller ist nicht zur Eigentümerversammlung geladen worden.

Beweis: Eidesstattliche Versicherung des Antragstellers (Anlage A 1)[15].

Wäre der Antragsteller geladen worden, hätte er gegen den Beschluss gestimmt, so dass eine Mehrheit nicht zustande gekommen wäre.

Beweis: Eidesstattliche Versicherung des Antragstellers (Anlage A 2)[16].

Den Wohnungseigentümern würden durch die Anwendung des Eigentümerbeschlusses erhebliche Kosten entstehen, die im Fall seiner Ungültigerklärung vergebens aufgewen-

det wären. Für eine Abrechnung auf der Grundlage des Eigentümerbeschlusses müssten zunächst durch einen Sachverständigen die Spitzböden vermessen und die „Quadratmeter der einzelnen Wohnungen" berechnet werden. Die Kosten dieser Maßnahme sind nach Angabe des Verwalters mit ca. EUR 5.000,00 zu veranschlagen. Weitere Kosten von rund EUR 3.000,00 würden nach Angabe des Verwalters entstehen, wenn die Jahresabrechnung unter Anwendung eines anderen Kostenverteilungsschlüssels wiederholt werden müsste. Es erscheint daher angemessen, dass die Abrechnung der Betriebskosten nach den maßgebenden Bestimmungen der Teilungserklärung vorgenommen wird, bis über den Antrag auf Ungültigerklärung des angefochtenen Eigentümerbeschlusses entschieden ist.

Der Antragsteller hat den Verwalter gebeten, den Beschluss wegen der Anfechtung nicht auszuführen. Der Verwalter verweigert dies. Er hat dem Antragsteller erklärt, zur Ausführung verpflichtet zu sein. Er werde in den nächsten Tagen einen Sachverständigen mit der Vermessung beauftragen. Um Schaden von der Gemeinschaft abzuwenden, ist daher eine einstweilige Verfügung wegen der Dringlichkeit der Angelegenheit ohne mündliche Verhandlung durch Beschluss geboten.

Beweis: Eidesstattliche Versicherung des Antragstellers (Anlage A 3)[17].

Beglaubigte und einfache Abschrift liegen bei[18].

Rechtsanwalt[19]

Anmerkungen

1. Für den Erlass einer einstweiligen Verfügung ist nach §§ 937 Abs. 1 ZPO, 43 WEG das Gericht, in dessen Bezirk das Grundstück liegt, örtlich ausschließlich zuständig. Die Frage, ob ein Beschluss außer Kraft zu setzen ist, ist eine Streitigkeit über die Gültigkeit von Beschlüssen der Wohnungseigentümer iSv. § 43 Nr. 4 WEG, jedenfalls eine Streitigkeit über die sich aus der Gemeinschaft der Wohnungseigentümer und aus der Verwaltung des gemeinschaftlichen Eigentums ergebenden Rechte und Pflichten der Wohnungseigentümer untereinander iSv. § 43 Nr. 1 WEG. Die sachliche Zuständigkeit folgt den allgemeinen Vorschriften (s. Form. II. H. 1 Anm. 2).

2. S. Form. II. H. 1 Anm. 2.

3. Wie in jedem anderen, der ZPO unterworfenen Verfahren kommt auch in WEG-Verfahren einstweiliger Rechtsschutz nach §§ 916 ff. ZPO in Betracht (Bärmann/*Wenzel* § 43 Rdn. 206 ff.). Vorstellbar ist neben Arrest, Sicherungs- und Regelungsverfügung im Einzelfall auch eine Leistungsverfügung (etwa wenn ein Unterlassungs- oder/und Beseitigungsanspruch geltend gemacht werden). Die Durchsetzung setzt neben dem Verfügungsanspruch einen -grund voraus (Arrestanspruch und -grund), also ein besonderes Bedürfnis an einer Eilentscheidung. Ein Arrest kommt vor allem gegen einen Wohngeld schuldenden Wohnungseigentümer in Betracht. Einstweilige Verfügungen kommen vor allem in den Blick, um die Bindungskraft eines Beschlusses vorläufig aufzuheben (Anm. 12). Daneben kommen zB. die vorläufige Bestellung eines Verwalters (LG Stuttgart ZWE 2008, 357), die Herausgabe und die befristete Einsichtnahme in die Verwalterunterlagen (AG Kelheim ZMR 2008, 82, 83; s. Form. II. H. 8 Anm. 3) oder in die Beschluss-Sammlung (Jennißen/*Elzer* § 24 Rdn. 193), die Sicherung oder die Regelung des Gebrauchs nach § 15 WEG in Betracht.

Das Gesuch hat entsprechend § 253 Abs. 2 ZPO den allgemeinen Anforderungen zu genügen; die Beteiligten sind grundsätzlich genau zu bezeichnen (Anm. 6); erforderlich ist auch ein bestimmter Antrag (Anm. 11). Ferner muss der Antragsteller Verfügungsanspruch und -grund bezeichnen (Anm. 14).

4. Antragsteller eines Antrages auf Erlass einer einstweiligen Verfügung nach §§ 935, 940 ZPO, 43 WEG kann jeder Wohnungseigentümer, die Gemeinschaft der Wohnungseigentümer, nach § 43 Nr. 5 WEG aber auch ein Dritter sein.

5. Für die Antragstellung besteht kein Anwaltszwang, §§ 936 Abs. 2, 920 Abs. 3, 78 Abs. 5 ZPO.

6. Zu verklagen sind – wie bei der Anfechtungsklage – sämtliche Wohnungseigentümer mit Ausnahme des Antragstellers, nicht der Verwalter (Jennißen/*Suilmann* § 46 Rdn. 183) oder die Gemeinschaft der Wohnungseigentümer. Ob die Antragsgegner nach den allgemeinen Bestimmungen zu bezeichnen sind, vgl. §§ 253 Abs. 2 Nr. 2, 130 Nr. 1 WEG, ist noch unsicher. Soweit möglich, sollten die in Anspruch genommenen Wohnungseigentümer jedenfalls vorübergehend vollständig benannt werden (zur Ermittlung der Wohnungseigentümer s. Form. II. H. 2 Anm. 8). Allerdings ist wahrscheinlich, dass die Bestimmungen des § 44 WEG grundsätzlich auch für einen Antrag auf Erlass einer einstweiligen Verfügung oder eines Arrestes gelten. Dies liegt auf der Hand, soweit diese Entscheidungen durch Urteil nach mündlicher Verhandlung ergehen (Palandt/*Bassenge* § 44 Rdn. 6; Jennißen/*Suilmann* § 44 Rdn. 22). Aber auch in dringenden Fällen (s. Anm. 10) ist eine Anwendung nicht grundsätzlich ausgeschlossen (Palandt/*Bassenge* § 44 Rdn. 6; Jennißen/*Suilmann* § 44 Rdn. 22; aA. Bärmann/*Wenzel* § 44 Rdn. 13). Bei einer vom Rechtssuchenden beantragten Beschlussverfügung oder einem Beschlussarrest steht die mangelnde mündliche Verhandlung einer Anwendung des § 44 WEG zwar in der Regel entgegen. Etwas anderes muss aber für Gestaltungsbeschlüsse nach §§ 935, 940 ZPO gelten, wenn diese Anfechtungsklagen begleiten (Palandt/*Bassenge* § 44 Rdn. 6; Jennißen/*Suilmann* § 44 Rdn. 23).

7. „Klage" iSv. § 44 Abs. 1 S. 1 Hs. 1 WEG ist auch ein Verfahren auf Erlass einer einstweiligen Verfügung. Der Verwalter ist daher nach § 45 Abs. 1 WEG Zustellvertreter der Wohnungseigentümer und gem. § 44 Abs. 1 S. 1 Hs. 2 WEG im Antrag zu benennen.

8. S. Form. II. H. 2 Anm. 10.

9. Gem. § 48 Abs. 1 S. 2 WEG ist der Verwalter zwar nur beizuladen, soweit er in einem Rechtsstreit gem. § 43 Nr. 3 oder Nr. 4 WEG nicht Partei ist. Eine Beiladung sollte analog dieser Bestimmung aber auch für einen eine Anfechtungsklage flankierenden oder vorbereitenden Antrag auf Erlass einer einstweiligen Verfügung angenommen werden (Jennißen/*Suilmann* § 46 Rdn. 183; s. auch Bärmann/*Wenzel* § 43 Rdn. 212; aA. FA-Formularbuch/*Bottenberg/Kühnemund* II. 20.1 3). Die Entscheidung trifft ohnehin das Gericht, sodass die Nennung im Rubrum des Antrages jedenfalls nicht schadet.

10. Die Angabe des Gebührenstreitwerts ist nicht unbedingt erforderlich, da § 12 GKG nur Klagen betrifft. Der Gebührenstreitwert für eine einstweilige Verfügung wird gem. §§ 53 Abs. 1 Nr. 1 GKG, 3 ZPO festgesetzt. Es bemisst sich nach dem Interesse des Antragstellers an der Sicherung des Anspruchs (Musielak/*Heinrich* § 3 ZPO Rdn. 39). Die Rechtsprechung setzt regelmäßig $^1/_3$ bis $^1/_2$ des Werts der Hauptsache an.

11. Das angerufene Gericht kann nach § 937 Abs. 2 ZPO in dringenden Fällen sowie dann, wenn der Antrag auf Erlass einer einstweiligen Verfügung zurückzuweisen ist, ausnahmsweise auf Antrag ohne mündliche Verhandlung durch Beschluss entscheiden. Ein dringender Fall setzt voraus, dass die Durchführung eines selbst kurzfristig anberaumten Termins wegen der daraus folgenden Verzögerung den Zweck des einstweiligen Rechtsschutzes gefährden würde (Musielak/*Huber* § 937 ZPO Rdn. 4).

12. Ein Gesuch auf Erlass einer einstweiligen Verfügung bedarf nach §§ 936 Abs. 2, 920 Abs. 1 ZPO eines Antrags. Soll eine laufende oder geplante Anfechtungsklage durch eine einstweilige Verfügung flankiert werden, empfiehlt sich, den angefochtenen Beschluss für die Dauer des Verfahrens „außer Kraft" setzen zulassen. Dieser Antrag ist möglich (LG München I GE 2008, 1501; AG Wangen ZWE 2008, 146; Jennißen/*Elzer* § 23 Rdn. 89) und sehr sinnvoll, da ein Beschluss gem. § 23 Abs. 4 S. 2 WEG solange gültig und auszuführen ist, bis er von einem Gericht für ungültig erklärt wird (Bärmann/*Merle*

§ 27 Rdn. 18; Jennißen/*Elzer* vor §§ 23 bis 25 Rdn. 16). Der Antrag „dem Verwalter die Durchführung eines Beschlusses vorläufig zu untersagen" ist hingegen nicht befriedigend, da statt des Verwalters auch die anderen Wohnungseigentümer den Beschluss durchführen könnten. Der Antrag, den angefochtenen Beschluss im Wege einstweiliger Verfügung „für ungültig" zu erklären, stellte hingegen die Vorwegnahme der Hauptsache dar und wäre nicht möglich (Jennißen/*Suilmann* § 46 Rdn. 175).

Ist die Anfechtungsklage noch nicht anhängig, hat das Gericht nach §§ 936, 926 Abs. 1 BGB auf Antrag ohne mündliche Verhandlung anzuordnen, dass der Antragsteller binnen einer zu bestimmenden Frist Klage zu erheben habe. Bei der Fristbestimmung wird sich das Gericht an der Anfechtungsfrist (s. Form. II. H. 2 Anm. 13) orientieren (Jennißen/*Suilmann* § 46 Rdn. 178).

13. S. Form. II. H. 1 Anm. 18.

14. Der Antrag auf Erlass einer einstweiligen Verfügung muss nach §§ 936 Abs. 2, 920 Abs. 1 ZPO die Bezeichnung des Verfügungsanspruchs sowie die Bezeichnung des Verfügungsgrundes enthalten. „Bezeichnung" meint, dass der Antragsteller für eine Schlüssigkeitsprüfung alle anspruchsbegründenden Tatsachen von Verfügungsanspruch und -grund darlegt, seinen Antrag also begründet.

15. Nach §§ 936, 920 Abs. 2 ZPO ist der Verfügungsanspruch glaubhaft zu machen. Soll ein Beschluss seiner Wirkungen vorübergehend entkleidet werden, muss der Antragsteller zur Darlegung seines Verfügungsanspruchs einen formellen oder materiellen Beschlussmangel darlegen und glaubhaft machen oder darlegen und glaubhaft machen, dass der Beschluss nichtig ist. Grundsätzlich trifft den Antragsteller die Darlegungs- und Beweislast dafür, dass ein Beschluss nicht ordnungsmäßig ist. Denn wie für eine Anfechtungsklage (vgl. *Hügel/Elzer* § 13 Rdn. 181; Jennißen/*Suilmann* § 46 Rdn. 144) gilt der allgemeine Grundsatz, dass jede Partei die ihr günstigen Haupt- und Hilfstatsachen zu beweisen hat. Steht ein formeller Beschlussmangel im Raum, haben allerdings die beklagten Wohnungseigentümer bzw. die Antragsgegner im Verfahren nach §§ 935 ff. ZPO darzulegen und zu beweisen, dass der angegriffene Beschluss nicht auf dem formellen Beschlussmangel beruht. Nach der Rechtsprechung streitet nämlich für den Kläger/Antragsteller die „Vermutung" (der Erfahrungssatz), dass ein Beschluss auf einem formellen Mangel beruht (KG ZMR 2006, 794, 795; OLG Köln OLGReport Köln 1996, 209, 210; Jennißen/*Elzer* § 23 Rdn. 96 ff.). Von der Ursächlichkeit eines formellen Beschlussmangels ist so lange auszugehen, bis der Beweis des Gegenteils zweifelsfrei festgestellt ist (BGH ZMR 2002, 440, 445 = NJW 2002, 164; BayObLG ZMR 2004, 766, 767). Der Antragsteller kann sich zur ggf. notwendigen Glaubhaftmachung seines Verfügungsanspruchs aller Beweismittel bedienen, auch der Versicherung an Eides statt, vgl. § 294 Abs. 1 ZPO. Eine Beweisaufnahme, die nicht sofort erfolgen kann, ist unstatthaft, § 294 Abs. 2 ZPO.

Ein Beschluss ist formell mangelhaft, wenn auf dem „Weg" zu seinem Zustandekommen gegen das Gesetz oder eine von den Wohnungseigentümern durch Vereinbarung oder Beschluss gesetzte Bestimmung verstoßen wird, der Fehler aber nicht zur Nichtigkeit führt und auch die Wirksamkeitsvoraussetzungen nicht berührt. Ein formeller Beschlussmangel besteht etwa darin, dass ein Wohnungseigentümer versehentlich nicht geladen wird (BGH ZMR 1999, 834). Wird ein Wohnungseigentümer absichtlich nicht eingeladen, ist ein dennoch gefasster Beschluss sogar nichtig (Jennißen/*Elzer* § 23 Rdn. 95).

Ein materieller Beschlussmangel liegt vor, wenn der angefochtene Beschluss gegen das Gesetz oder eine Vereinbarung verstößt oder wenn er einen Beschluss unzulässig ändern will. Ein Beschlussmangel liegt auch vor, wenn die Wohnungseigentümer bei ihrer Abwägung für oder gegen eine Maßnahme ihr Ermessen nicht, falsch oder unzureichend ausgeübt haben. Zur Beweislast s. Form. H. II. 3 Anm. 26.

16. Nach §§ 936, 920 Abs. 2 ZPO ist der Verfügungsgrund glaubhaft (s. Anm. 15) zu machen. Für die Darlegung des Verfügungsgrundes ist zwischen den verschiedenen Arten der einstweiligen Verfügung zu unterscheiden. Geht es darum, nach §§ 935, 940 ZPO ein streitiges Rechtsverhältnis vorläufig zu regeln, muss dies zur Abwendung wesentlicher Nachteile oder zur Verhinderung drohender Gewalt oder aus anderen Gründen nötig erscheinen. Soll ein Beschluss seiner Wirkungen vorübergehend entkleidet werden, muss der Antragsteller darlegen und glaubhaft machen, warum die trotz der Anfechtung (s. Anm. 11) gebotene Ausführung des Beschlusses nach § 27 Abs. 1 Nr. 1 WEG zu einem wesentlichen Nachteil führen würde. Für die Prüfung sind die schutzwürdigen Interessen beider Seiten im Rahmen des gerichtlichen Beurteilungsspielraums gegeneinander abzuwägen (LG München I GE 2008, 1501). Ein Verfügungsgrund fehlt, wenn der Antragsteller in Kenntnis der maßgeblichen Umstände untätig bleibt und einen Rechtsverstoß über längere Zeit hinnimmt. Kann ein wesentlicher Nachteil nicht festgestellt werden, ist ein Antragsteller auf den grundsätzlich möglichen Folgenbeseitigungsanspruch (Jennißen/*Elzer* Vor §§ 23 bis 25 Rdn. 29 ff.) zu verweisen (LG München I IMR 2008, 422 = ZMR 2009, 73).

Nach einer vereinzelten Ansicht (LG München I GE 2008, 1501 = NJW-Spezial 2009, 2 = ZMR 2009, 146; LG München I GE 2008, 1503; *Spielbauer/Then* § 27 Rdn. 5) ist bei der Anfechtung von Beschlüssen ein Verfügungsgrund regelmäßig nicht gegeben. Nur dann, wenn der Beschluss nichtig oder der Fehler offensichtlich ist, soll ein Verfügungsgrund gegeben sein. Das ist abzulehnen (*Bub/Bernhard* FD-MietR 2009, 273, 202; sa. *Briesemeister* ZWE 2009, 87). Bei einer Anfechtung von Beschlüssen ist der Erlass einer einstweiligen Verfügung gerade deshalb erforderlich, weil einer Anfechtungsklage keine aufschiebende Wirkung zukommt.

17. Der Antragsteller muss den dringenden Fall iSv. § 937 Abs. 1 ZPO glaubhaft machen (Musielak/*Huber* § 937 ZPO Rdn. 4). Dieser ist nicht mit dem Verfügungsgrund noch mit der von § 942 ZPO geforderten Dringlichkeit zu verwechseln.

18. S. Form. II. H. 1 Anm. 40.

19. S. Form. II. H. 1 Anm. 43.

Kosten/Gebühren/Rechtsmittel/Fristen

Zu Kosten und Gebühren s. Form. II. H. 1 Kosten und Gebühren. Zu den Rechtsmitteln vgl. Form. II. H. 1 Fristen und Rechtsmittel.

12. Berufungsschrift gegen Wohngeldurteil[1]

An das Landgericht[2]
Kammer für Wohnungseigentumssachen[3]

Berufung[4]

des Wohnungseigentümers W., Y.-Straße Nr. ……, …… (PLZ, Ort),

– Berufungskläger und Beklagter –

Prozessbevollmächtigter: V., W.-Straße ……, …… (PLZ, Ort)

gegen

die Wohnungseigentümergemeinschaft Y.-Straße Nr. ……, …… (PLZ, Ort), vertreten durch den Verwalter[5], Z.-Straße Nr. ……, …… (PLZ, Ort),

– Berufungsbeklagte und Klägerin –

Prozessbevollmächtigter[6]: V., W.-Straße ……, …… (PLZ, Ort),

Beschwer: ……[7]

Namens und in Vollmacht[8] des Beklagten und Berufungsklägers lege ich gegen das am …… verkündete und am …… zugestellte Urteil des Amtsgerichts[9] …… Aktenzeichen ……

Berufung[10]

ein. Anträge und Begründung bleiben der Berufungsbegründungsschrift vorbehalten[11]**. Die Urteilsausfertigung, deren Rückgabe erbeten wird**[12]**, sowie 2 beglaubigte Abschriften sind beigefügt**[13]**.**

Rechtsanwalt[14]

Anmerkungen

1. Die Berufung in einer WEG-Sache weist grundsätzlich keine Besonderheiten auf. Wie jedes Rechtsmittel muss sie als solches statthaft sein sowie zulässig – wozu neben der gesetzlich vorgesehenen Form und Frist auch die übrigen Sachurteilsvoraussetzungen gehören. Außerdem muss der Rechtsmittelführer die Prozesshandlungsvoraussetzungen erfüllen. Die Berufung in einem WEG-Verfahren weicht allerdings teilweise vom Allgemeinen auch ab (s. dazu *Elzer* MietRB 2008, 156). Die wichtigste Besonderheit besteht darin, dass in Verfahren nach § 43 Nr. 1 bis Nr. 4 und Nr. 6 WEG eine Beschwerde oder Berufung nur an eines der 24 nach § 72 Abs. 2 GVG als gemeinsames Berufungs- und Beschwerdegericht funktionell zuständigen LGe gerichtet werden kann (s. dazu die Tabelle Form. II. H. 1 Fristen und Rechtsmittel). S. im Übrigen Anm. 2.

2. S. zur Berufung allgemein Form. I. O. 1. Anm. 2. Die Berufungsschrift muss nach § 519 Abs. 1 ZPO beim Berufungsgericht eingelegt werden. Zum Berufungsgericht s. Form II. H. 1. Fristen und Rechtsmittel. Wird eine Berufung versehentlich bei einem unzuständigen LG eingelegt und leitet dieses die Berufung nicht innerhalb der Frist des § 517 Hs. 1 ZPO weiter, wahrt das die Berufungsfrist nicht. Zwar ist anerkannt, dass, soweit es um die Wahrung materiell-rechtlicher Ausschlussfristen durch Klageerhebung geht, die Frist gewahrt wird, falls die Klage vor Fristablauf bei einem örtlich oder sachlich unzuständigen Gericht erhoben und auf Antrag an das zuständige Gericht verwiesen worden ist (BGH NJW 2000, 1574, 1575; BGHZ 97, 155, 160 = NJW 1986, 2255). Auf die Einhaltung der durch das Verfahrensrecht vorgeschriebenen Rechtsmittelfrist lässt sich dies jedoch im Allgemeinen nicht übertragen (BGH NJW 2000, 1574, 1575). Auch dann nicht, wenn es sich um eine Zuständigkeitskonzentration handelt (BGH NJW 2000, 1574, 1575).

Das unzuständige Gericht ist nicht verpflichtet, durch sofortige Weiterleitung an das Berufungsgericht oder sonst mit besonderem Aufwand zur Heilung des Mangels beizutragen (BGH NJW 2005, 3776, 3777). Für eine Übergangszeit ist vorstellbar, eine Wiedereinsetzung zu gestatten, weil das Gesetz – anders als in § 119 Abs. 4 GVG – keine Rechtsmittelbelehrung vorsieht.

3. Für WEG-Streitigkeiten gibt es am LG – anders als nach § 93 Abs. 1 S. 1 GVG für Handelssachen – keine besonderen „WEG-Kammern". Für eine genügende Bezeichnung des angerufenen Gerichts reichte es demnach aus, die Berufung an das örtlich zuständige LG ohne besondere Adressierung zu richten. Soweit indes dort besondere Spruchkörper für Wohnungseigentumssachen eingerichtet wurden, empfiehlt es sich auch für die Berufung, diese für eine klare Zuordnung bereits in der Briefannahmestelle des Gerichts ausdrücklich an die für Wohnungseigentumssachen zuständige Kammer zu adressieren. Fehlt diese Angabe, ist eine Berufung aber nicht unzulässig.

4. Die Berufungsschrift sollte – auch wenn dies nicht vorgeschrieben ist – mit „Berufung" überschrieben sein.

5. Nach § 27 Abs. 3 S. 1 Nr. 1 WEG ist der Verwalter berechtigt, im Namen der Gemeinschaft der Wohnungseigentümer und mit Wirkung für und gegen sie Willenserklärungen und Zustellungen entgegenzunehmen. Die Klage ist daher dem Verwalter zuzustellen.

6. Nach § 27 Abs. 3 S. 1 Nr. 2 WEG ist der Verwalter befugt, im Namen der Gemeinschaft der Wohnungseigentümer einen gegen sie gerichteten Rechtsstreit gem. § 43 Nr. 2 WEG im Erkenntnis- und Vollstreckungsverfahren zu führen. In diesem Rahmen kann er nach hM. im Namen der Gemeinschaft und ohne Rücksprache mit den Wohnungseigentümern einen Rechtsanwalt beauftragen.

7. Auch eine Berufung in WEG-Sachen ist nur zulässig, wenn sie zugelassen oder die Beschwer des Berufungsklägers mehr als EUR 600,00 ist, § 511 Abs. 2 ZPO. Maßgebend für die Beschwer eines Berufungsklägers ist sein individuelles vermögenswertes Interesse an der Änderung der angefochtenen Entscheidung (BGH BGHZ 119, 216 = NJW 1992, 3305). Ist der Berufungsführer zB. zur Herausgabe von Unterlagen verpflichtet, ist für die Berechnung der Beschwer allein der Aufwand an Zeit und Kosten maßgeblich, der die Erfüllung des titulierten Anspruchs auf Herausgabe erfordert (OLG Frankfurt IMR 2008, 296 = ZWE 2008, 398). Vergleichbares gilt für die Einsichtsgewährung in Unterlagen und für die Abgabe einer eidesstattlichen Versicherung über erteilte Auskünfte (OLG Frankfurt IMR 2008, 296 = ZWG 2008, 398). Vorsicht ist geboten bei einer – zulässigen – Teilanfechtung gegen eine Jahresabrechnung. Soweit die Genehmigung einer Jahresabrechnung von einem Wohnungseigentümer angefochten wird, kann die Anfechtung auf die Positionen beschränkt werden, die der Anfechtende für fehlerhaft hält (BGH NJW 2007, 3492; BGHZ 171, 335 = NJW 2007, 1869, 1870). Die Beschwer berechnet sich dann nach dem angegriffenen Teil, nicht nach der Höhe der Jahresabrechnung (BGH NJW 2007, 3492).

Die Beschwer ist zu unterscheiden von dem Streitwert des Verfahrens (BGH BGHZ 119, 216 = NJW 1992, 3305).

8. S. Form. II. H. 1 Anm. 12.

9. Die Berufungsschrift muss nach § 519 Abs. 2 Nr. 1 ZPO das Urteil „bezeichnen", gegen das die Berufung gerichtet wird. Eine vollständige Bezeichnung erfordert die Angabe der Parteien, des Gerichts, das das angefochtene Urteil erlassen hat, des Verkündungsdatums und des Aktenzeichens (BGH NJW-RR 2007, 935; NJW 2003, 1950). Nicht jede Ungenauigkeit, die eine Berufungsschrift bei einzelnen Angaben enthält, führt jedoch zur Unzulässigkeit des Rechtsmittels. Fehlerhafte oder unvollständige Angaben schaden nicht, wenn auf Grund der sonstigen erkennbaren Umstände für Gericht und Prozessgegner nicht zweifelhaft bleibt, welches Urteil angefochten ist (BGH NJW 2003, 1950 mwN.). Ob ein solcher Fall gegeben ist, hängt von den Umständen des Einzelfalls ab. Etwa die versehentlich falsche Angabe des Aktenzeichens ist unschädlich, wenn das Berufungsgericht anhand der im Übrigen richtigen und vollständigen Angaben in der Berufungsschrift in der Lage ist, seine prozessvorbereitende Tätigkeit aufzunehmen (BGH BGHZ 165, 371, 373 = NJW 2006, 1003).

10. Die Berufungsschrift muss nach § 519 Abs. 2 Nr. 2 ZPO die Erklärung enthalten, dass gegen das in der Berufungsschrift genannte Urteil „Berufung" eingelegt werde. Die Berufungsschrift sollte sich dieses Wortlauts bedienen, jedenfalls aber erkennen lassen, dass der Berufungskläger die Überprüfung und Abänderung des angefochtenen Urteils durch die nächst höhere Instanz anstrebt (Musielak/*Ball* § 519 Rdn. 5; s. auch Form. I. O. 1. Anm. 8). Die Formulierung von Berufungsanträgen ist in der Berufungsschrift noch nicht erforderlich.

11. Die Berufungsbegründung ist, sofern sie nicht bereits in der Berufungsschrift enthalten ist, gem. § 520 Abs. 3 S. 1 ZPO in einem Schriftsatz bei dem Berufungsgericht einzureichen. S. Form. II. H. 13.

12. Gem. § 519 Abs. 3 ZPO soll mit der Berufungsschrift eine Ausfertigung oder beglaubigte Abschrift des angefochtenen Urteils vorgelegt werden. Ein Verstoß ist zwar unschädlich. Die Beifügung sollte aber nie unterbleiben, da sie ua. dazu dienen kann, Unklarheiten der Berufungsschrift zu beheben (vgl. BGH BGHZ 165, 371, 373 = NJW 2006, 1003).

13. Nach §§ 519 Abs. 4, 133 Abs. 1 S. 1 ZPO soll der Berufungsführer die für die Zustellung erforderliche Zahl von Abschriften der Schriftsätze und deren Anlagen beifügen.

14. S. Form. I. O. 1. Anm. 11.

Kosten und Gebühren

S. Form. I. O. 1 Kosten und Gebühren.

Fristen und Rechtsmittel

S. zunächst Form. I. O. 1 Fristen und Rechtsmittel; ferner Form. II. H. 1 Fristen und Rechtsmittel sowie Form II. H. II. 13 Fristen und Rechtsmittel.

13. Berufungsbegründungsschrift gegen Wohngeldurteil

An das Landgericht[1]

Kammer für Wohnungseigentumssachen[2]

Aktenzeichen Berufungsinstanz

Berufungsbegründungsschrift[3]

des Wohnungseigentümers W., Y.-Straße Nr. ……, …… (PLZ, Ort),

– Berufungskläger und Beklagter –

Prozessbevollmächtigter: V., W.-Straße ……, …… (PLZ, Ort)

gegen

die Wohnungseigentümergemeinschaft Y.-Straße Nr. ……, …… (PLZ, Ort), vertreten durch den Verwalter, Z.-Straße Nr. ……, …… (PLZ, Ort),

– Berufungsbeklagte und Klägerin –

Prozessbevollmächtigter: V., W.-Straße ……, …… (PLZ, Ort),

Aktenzeichen: LG ……[4]

Beschwerwert: ……[5]

Namens und in Vollmacht des Berufungsklägers begründe ich die Berufung und beantrage:

> **Unter Abänderung des am …… verkündeten Urteils des AG …… (Aktenzeichen) wird die Klage abgewiesen[6].**

Begründung[7]

Das Amtsgericht hat der Klage iHv. EUR 5.500,00 zu Unrecht stattgegeben. Es wird die Verletzung materiellen Rechts gerügt[8].

A. Das Amtsgericht hat übersehen (Seite 5 des Urteils), dass die Klageforderung nicht entstanden ist, weil der Beklagte den Beschluss über die Jahresabrechnung …… angefochten hat, weil er nicht zur Eigentümerversammlung geladen worden war.

Beweis: Beiziehung der Akten …… AG …… (Aktenzeichen).

Bevor der Beschluss nicht bestandskräftig ist, ist der Beklagte zu keinen Zahlungen verpflichtet[9].

B. Der Beklagte ist als Eigentümer der Eigentumswohnung erst am ...... im Grundbuch eingetragen worden[10].

Beweis: Auszug aus dem Grundbuch in Kopie.

Er haftet daher nicht – wie es das Amtsgericht aber angenommen hat (Seite 6 des Urteils) – für die Monate ...... bis ......[11]. Das Amtsgericht hat weiter übersehen, dass die Einzeljahresabrechnung im Kopf den Voreigentümer ...... nennt und daher noch gar nicht fällig ist[12].

Beweis: Einzeljahresabrechnung vom ...... in Kopie.

C. Der in der Einzeljahresabrechnung auf den Beklagten entfallende Saldo ist jedenfalls durch Aufrechnung ausnahmsweise erloschen. Der Beklagte hat – wie in erster Instanz vorgetragen, aber unbeachtet blieb (Seiten 3 und 7 des Urteils) –[13] iHv. ...... die Gaswerke ...... wegen einer gegen die Klägerin gerichteten Forderung nach § 10 Abs. 8 S. 1 Hs. 1 WEG befriedigt[14, 15].

Beweis: Schreiben der Gaswerke vom ...... in Kopie;
Vernehmung des Sachbearbeiters der Gaswerke, N. N.[16]

Auf das gesamte erstinstanzliche Vorbringen des Beklagten, insbesondere in den Schriftsätzen vom ......, und den dortigen Beweisantritten wird ergänzend Bezug genommen[17].

D. Der Anspruch der Klägerin ist auch durch Erfüllung erloschen. Der Beklagte hat die von ihm auf den Wirtschaftsplan ...... geschuldeten Wohngelder vollständig erbracht.

Beweis: Kontoauszüge vom ...... in Kopie;
Anhörung des Verwalters.

Die bestandskräftige Jahresabrechnung ...... weist zwar aus, dass der Beklagte nur in ...... Monaten Zahlungen geleistet hat. Dies ist aber unzutreffend. Die Erfüllungswirkung ist bereits zum Zeitpunkt des Zahlungseingangs auf dem Wohngeldkonto eingetreten und hat seine Wohngeldschuld verringert. Diese Schuld wird durch einen Abrechnungsfehler nicht erneuert, abgesehen davon wäre es rechtsmissbräuchlich und würde gegen Treu und Glauben verstoßen, wenn eine Eigentümergemeinschaft unter Hinweis auf ein bestandskräftig gewordenes Zahlenwerk einen Anspruch geltend machen würde, der in Wirklichkeit in dieser Höhe gar nicht mehr besteht[18].

E. Der Beklagte geht schließlich davon aus, dass die Klageforderung verjährt ist[19] ...... (näher ausführen). Sollte das Berufungsgericht eine Ergänzung für erforderlich halten, wird nach § 139 ZPO um einen Hinweis gebeten[20].

Einer Entscheidung der Sache durch den Einzelrichter stehen keine Gründe entgegen[21].
Beglaubigte und einfache Abschrift liegen bei[22].

Rechtsanwalt[23]

Anmerkungen

1. S. Form. II. H. 12 Anm. 2.

2. S. Form. II. H. 12 Anm. 3.

3. Die Berufungsbegründungsschrift sollte – auch wenn dies nicht vorgeschrieben ist – mit „Berufungsbegründung" überschrieben sein oder jedenfalls einen Hinweis enthalten, dass mit ihr die Berufung begründet wird (*Schuhmacher/Kramer*, Die Berufung in Zivilsachen, 7. Aufl. 2007, Rdn. 203). Die Berufungsbegründungsschrift muss gem. § 520 Abs. 3 S. 1 Nr. 1 bis Nr. 2 ZPO enthalten die Erklärung, inwieweit das Urteil angefochten wird und welche Abänderungen des Urteils beantragt werden (Berufungsanträge; s. Anm. 6), die Bezeichnung der Umstände, aus denen sich die Rechtsverletzung und de-

ren Erheblichkeit für die angefochtene Entscheidung ergibt; darüber hinaus ggf. die Bezeichnung konkreter Anhaltspunkte, die Zweifel an der Richtigkeit oder Vollständigkeit der Tatsachenfeststellungen im angefochtenen Urteil begründen und deshalb eine erneute Feststellung gebieten, und die Bezeichnung der neuen Angriffs- und Verteidigungsmittel sowie der Tatsachen, auf Grund derer die neuen Angriffs- und Verteidigungsmittel nach § 531 Abs. 2 ZPO zuzulassen sind.

Die Berufungsbegründung muss jeweils auf den Einzelfall zugeschnitten sein und im Einzelnen erkennen lassen, in welchen Punkten tatsächlicher oder rechtlicher Art das angefochtene Urteil nach Ansicht des Berufungsführers unrichtig ist (BAG NZA 2008, 1429 mwN.). Ist die Klageabweisung hinsichtlich eines prozessualen Anspruchs auf zwei voneinander unabhängige, selbstständig tragende rechtliche Erwägungen gestützt, muss die Berufungsbegründung geeignet sein, das Urteil insgesamt in Frage zu stellen. Sie hat deshalb für jede der beiden Erwägungen darzulegen, warum sie die Entscheidung nicht trägt (BGH NJW 1998, 3126; NJW 1998, 1081, 1082). Die Berufungsbegründung muss im Übrigen Ergebnis der geistigen Arbeit des Berufungsanwalts sein (BGH NJW 2005, 2709; NJW 1989, 3022). Zwar ist der Anwalt nicht gehindert, die Berufungsbegründung von anderen Personen vorbereiten zu lassen. Erforderlich ist aber, dass der unterzeichnende Anwalt die Berufungsbegründung selbstständig prüft und auf Grund der Prüfung die volle Verantwortung für den Schriftsatz übernimmt (BGH NJOZ 2008, 3058, 3059; NJW 2005, 2709; NJW 1989, 394 mwN.).

Im Übrigen sind die allgemeinen Vorschriften über die vorbereitenden Schriftsätze nach § 130 ZPO auch auf die Berufungsbegründungsschrift anzuwenden, § 520 Abs. 5 ZPO.

4. Zur leichteren Zuordnung sollte stets das Aktenzeichen des Berufungsgerichts benannt werden. Erfolgen Berufung und Begründung der Berufung in einem Schriftsatz, ist das Aktenzeichen der I. Instanz zu nennen.

5. Die Berufungsbegründungsschrift soll gem. § 520 Abs. 4 Nr. 1 ZPO die Angabe des Wertes des nicht in einer bestimmten Geldsumme bestehenden Beschwerdegegenstandes enthalten, wenn von ihm die Zulässigkeit der Berufung abhängt. Eine in jedem Falle gemachte Angabe ist freilich unschädlich.

6. Nach § 520 Abs. 3 S. 2 Nr. 1 ZPO muss die Berufungsbegründung die Erklärung enthalten, inwieweit das Urteil angefochten wird und welche Abänderungen des Urteils beantragt werden (Berufungsanträge). Außerdem muss die Berufungsbegründung erkennen lassen, eine eingelegte Berufung begründen zu wollen (BGH MDR 2005, 944). War der Beklagte – wie hier – in erster Instanz vollständig unterlegen, muss er die Abänderung des zuerkennenden Urteils und die Abweisung der Klage beantragen. Zu weiteren Berufungsanträgen sowie Anträgen zum Vollstreckungsschutz s. Form. I. O. 2 Anm. 3 bis 6. Fehlt ein Antrag, reicht es aus, dass die Berufungsbegründung erkennen lässt, in welcher Weise das angegriffene Urteil abgeändert werden soll (BGH MDR 2006, 1249).

7. S. zunächst Form. I. O. 2 Anm. 7. Die Berufungsbegründung muss auf den konkreten Streitfall zugeschnitten sein und im Einzelnen erkennen lassen, in welchen Punkten tatsächlicher oder rechtlicher Art der Berufungskläger das angefochtene Urteil für unrichtig hält (BGH MDR 2008, 994; NJW-RR 2007, 1363; NJW-RR 2006, 499). Es ist klar anzugeben, gegen welche Ausführungen des Urteils der Angriff sich richtet und wie er begründet wird (BGH NJW-RR 2007, 1363; NJW 1992, 3243). Das Berufungsgericht muss aufgrund der Berufungsbegründungsschrift einen relevanten Fehler des Ersturteils feststellen können. Prüfungsgrundlagen sind das Ersturteil und die Sachakte erster Instanz. In begründeten Einzelfällen, zB. bei einer Vielzahl von Klägern mit verschiedenen Angriffen, kann es sich empfehlen, vor der Begründung eine Gliederung/Inhaltsverzeichnis zu fertigen bzw. einleitende Bemerkungen zu machen (s. auch *Stackmann* NJW 2008, 3665, 3666).

Der Berufungskläger muss gem. § 520 Abs. 3 S. 2 Nr. 2 ZPO die Umstände bezeichnen, aus denen sich die Rechtsverletzung und deren Erheblichkeit für die angefochtene Entscheidung ergeben. Eine Berufungsbegründung genügt diesen Anforderungen, wenn sie erkennen lässt, in welchen Punkten tatsächlicher oder rechtlicher Art das angefochtene Urteil nach Ansicht des Berufungsklägers unrichtig ist und auf welchen Gründen diese Ansicht im Einzelnen beruht (BGH NJW-RR 2007, 414, 415; NJW 2002, 682; BGHZ 143, 169, 171 = NJW 2000, 590). Zur Darlegung der Fehlerhaftigkeit ist lediglich die Mitteilung der Umstände erforderlich, die das Urteil aus der Sicht des Berufungsklägers in Frage stellen. Besondere formale Anforderungen gibt es nicht. Für die Zulässigkeit der Berufung ist insbesondere ohne Bedeutung, ob die Ausführungen in sich schlüssig oder auch nur vertretbar sind (BGH NZI 2006, 345, 346). § 520 Abs. 3 S. 2 Nr. 2 ZPO dient allerdings dem Zweck, eine Klarstellung und Konzentration des Streitstoffs für die Berufungsinstanz zu erreichen. Deshalb muss der Berufungsführer mit der Berufungsbegründung wenigstens klarstellen, in welchen Punkten und mit welcher Begründung er das Berufungsurteil angreift. Im Falle der uneingeschränkten Anfechtung muss die Berufungsbegründung geeignet sein, das gesamte Urteil in Frage zu stellen; bei einem teilbaren Streitgegenstand oder bei mehreren Streitgegenständen muss sie sich grundsätzlich auf alle Teile des Urteils erstrecken, hinsichtlich derer eine Änderung beantragt wird (BGH NJW-RR 2007, 414, 415; NJW-RR 2004, 641). Auch wenn sich der Rechtsmittelführer nicht mit allen für ihn nachteilig beurteilten Punkten in seiner Berufungsbegründung auseinander setzen muss, genügt es nicht, um das angefochtene Urteil insgesamt in Frage zu stellen, wenn er sich nur mit einem Berufungsgrund befasst, der nicht den ganzen Streitstoff betrifft (BGH NJW-RR 2007, 414, 415; NJOZ 2001, 243). Die Angaben des § 520 Abs. 3 S. 2 Nr. 2 ZPO sollen gewährleisten, dass der Rechtsstreit für die Berufungsinstanz ausreichend vorbereitet wird, formelhaften Berufungsbegründungen entgegen wirken und dazu führen, dass der Rechtsstoffs im Berufungsverfahren zusammengefasst und begrenzt wird. Gericht und Gegner sollen schnell und sicher erfahren, wie der Berufungsführer den Streitfall beurteilt wissen will, damit sie sich auf die Angriffe erschöpfend vorbereiten können. § 520 Abs. 3 S. 2 Nr. 2 ZPO erfordert indes weder, dass der Berufungskläger in der Begründung des Rechtsmittels zu allen für ihn nachteilig beurteilten Streitpunkten im erstinstanzlichen Urteil Stellung nimmt (BGH NJW 2007, 1534; NJW-RR 1991, 1186, 1187), noch gebietet die Vorschrift eine inhaltliche Trennung der Angriffe nach den Gründen der erstinstanzlichen Entscheidung (BGH NJW 2007, 1534; NJW 2002, 682, 683). Der gesetzlichen Anforderung an die Berufungsbegründung, den Rechtsfehler und dessen Entscheidungserheblichkeit zu bezeichnen, ist auch bei einer auf zwei selbstständige Gründe gestützten klageabweisenden erstinstanzlichen Entscheidung genügt, wenn der nur auf eine Begründung bezogene Angriff aus Rechtsgründen auch den anderen Abweisungsgrund im angefochtenen Urteil zu Fall bringt.

Die Berufungsbegründung kann auch dadurch erfolgen, dass auf andere Schriftsätze, zum Beispiel solche im Prozesskostenhilfeverfahren, Bezug genommen wird, wenn diese von einem bei dem Berufungsgericht zugelassenen Rechtsanwalt unterzeichnet sind und inhaltlich den Anforderungen der Berufungsbegründung gerecht werden. Dafür ist nicht erforderlich, dass innerhalb der Begründungsfrist ausdrücklich auf solche Schriftsätze verwiesen wird, wenn sich eine entsprechende Bezugnahme aus den Begleitumständen und aus dem Zusammenhang ergibt (BGH NJW 2008, 1740).

8. Die Berufung ist als unzulässig zu verwerfen, wenn der Berufungskläger zwar einen Berufungsantrag angekündigt hat, der die Berufungssumme erreicht, die Berufung aber bis zum Ablauf der Berufungsbegründungsfrist nur hinsichtlich eines Teils der beantragten Abänderung des angefochtenen Urteils, der die Berufungssumme nicht erreicht, in einer den Anforderungen des § 520 Abs. 3 S. 2 Nr. 2 ZPO genügenden Weise begründet hat (BGH NJW 2008, 584).

9. Ob ein Wohngeldbeschluss ordnungsmäßig und der Beschluss angefochten ist, ist für die Wohngeldklage und die Verpflichtung, Zahlungen leisten zu müssen, unerheblich (BayObLG ZWE 2001, 593, 594; BayObLG ZWE 2000, 128). Ein Schuldner kann nach hM. nicht geltend machen, dass der entsprechende Beschluss ggf. angefochten wurde oder anfechtbar bzw. nicht ordnungsmäßig sei (OLG Frankfurt ZMR 2007, 291, 293; OLG Frankfurt ZMR 2006, 873, 874). Wird ein Beschluss auf Zahlung von Wohngeld im weiteren Sinne rechtskräftig für ungültig erklärt, entfällt der Rechtsgrund für eine Zahlung. Bereits bezahlte Wohngelder sind nach §§ 812 ff. BGB zurückzuerstatten. Sind Beitragsansprüche aufgrund einer später rechtskräftig für ungültig erklärten Jahresabrechnung bereits tituliert, kann die Vollstreckung nur insoweit fortgesetzt werden, als die Ansprüche auf dem bestandskräftig beschlossenen Wirtschaftsplan beruhen (OLG Düsseldorf NJW-RR 1997, 1235); wird der Genehmigungsbeschluss rechtskräftig teilweise für ungültig erklärt, gilt dies nur hinsichtlich der für ungültig erklärten Positionen. Einwendungen müssen im Verfahren der Anfechtung der Jahresabrechnung geltend gemacht werden (LG Köln ZMR 2008, 830).

10. Primärer Schuldner der Kosten und Lasten nach § 16 Abs. 2 WEG ist, wer bei Fälligkeit Wohnungseigentümer ist. Wohnungseigentümer idS. ist, wer zu Recht im Wohnungsgrundbuch eingetragen ist (BGH BGHZ 87, 138, 140 = NJW 1983, 1615; OLG Karlsruhe ZMR 2005, 310 = OLGReport Karlsruhe 2005, 497, 498). Wird Wohnungseigentum durch Erbfall oder durch Zuschlag in der Zwangsversteigerung gem. § 90 Abs. 1 ZVG außerhalb des Grundbuchs erworben, ist der Erbe oder Ersteigerer auch ohne Eintragung Wohnungseigentümer.

11. Ein Sondernachfolger haftet grundsätzlich nur für solche Verbindlichkeiten, die nach seiner Eintragung im Wohnungsgrundbuch fällig geworden sind (BGH BGHZ 142, 290, 299 = ZMR 1999, 834, 837; BGHZ 107, 285, 288 = ZMR 1989, 434). Dem Gesetz ist eine Erwerberhaftung unbekannt. Ein Haftungsübergang für bereits gegen den Rechtsvorgänger fällig gestellte rückständige Verbindlichkeiten ist gesetzlich nicht vorgesehen (BGH NJW 1994, 2950, 2952; BGHZ 99, 358, 360 = NJW 1987, 1638). Etwas anderes gilt allerdings in der Zwangsversteigerung. Titulierte Hausgeldansprüche haben einen dinglichen Charakter und ruhen auf dem Wohnungseigentum (*Schneider* ZMR 2009, 165, 169; aA. *Kessler* NJW 2009, 121 ff.).

12. Die sich aus dem Wohnungseigentum ergebenden Rechte und Pflichten nach § 16 Abs. 2 WEG sind nicht personenbezogen, sondern an die jeweilige Einheit geknüpft (BGH BGHZ 131, 228, 231 = NJW 1996, 725). Welche Person in einer Abrechnung steht, ist für deren Fälligkeit daher unbeachtlich. Wann eine einheitenbezogene Forderung fällig ist, haben primär die Wohnungseigentümer durch einen auf § 21 Abs. 7 WEG gestützten Beschluss oder durch eine Vereinbarung allgemein und abstrakt zu bestimmen (*Hügel/Elzer* § 8 Rdn. 58). Fehlt es an einer Bestimmung, werden Zahlungsansprüche nach § 28 Abs. 2 WEG durch Abruf des Verwalters fällig (*Greiner* ZMR 2002, 647, 648), der § 271 Abs. 1 BGB verdrängt, im Übrigen gilt § 271 Abs. 1 BGB.

13. Nach § 533 ZPO ist eine Aufrechnungserklärung zulässig, wenn diese auf Tatsachen gestützt werden können, die das Berufungsgericht seiner Verhandlung und Entscheidung über die Berufung ohnehin nach § 529 ZPO zugrunde zu legen hat.

14. Gegen nach §§ 16 Abs. 2, 28 Abs. 5 WEG begründete Forderungen auf Wohngeld im weiteren Sinne kann der schuldende Wohnungseigentümer grundsätzlich nicht aufrechnen (OLG München NJW-RR 2007, 735; OLG Frankfurt NZM 2007, 367, 368; KG ZMR 2005, 470, 471). Über die gesetzlich oder vertraglich ausdrücklich geregelten Fälle hinaus verbietet sich nach hM. eine Aufrechnung, weil die Natur der Rechtsbeziehung und dem Zweck der geschuldeten Leistung eine Erfüllung im Wege der Aufrechnung als mit Treu und Glauben unvereinbar erscheinen lässt (s. allgemein BGH BGHZ 95, 109, 113 = MDR 1986, 30). Das Aufrechnungsverbot gegenüber Beitragsansprüchen der Gemeinschaft der Wohnungseigentümer folgt ferner aus den zwischen den Wohnungseigentümern bestehenden besonderen Schutz- und Treuepflichten. Da die Gemeinschaft der Wohnungseigentümer zur Erhaltung ihrer Liquidität auf die pünktliche Zahlung der fälligen Beiträge angewiesen ist, darf diese durch die Auseinandersetzung mit Gegenansprüchen nicht gefährdet werden (vgl. auch OLG Köln OLGReport Köln 2004, 322).

Ausnahmen werden einerseits für anerkannte oder unbestrittene oder rechtskräftig festgestellte Gegenforderungen des Wohngeldschuldners gegen die Gemeinschaft der Wohnungseigentümer gemacht (OLG Hamburg ZMR 2006, 791, 794; OLG Köln OLGReport Köln 2004, 322; BayObLG ZMR 2005, 214, 215). Diesen Gegenforderungen werden Ansprüche aus Notgeschäftsführung gem. § 21 Abs. 2 WEG, insbesondere unstreitige Erstattungsansprüche wegen der Bezahlung von Verbindlichkeiten der Gemeinschaft der Wohnungseigentümer ggü. Versorgungsunternehmen (KG ZMR 2004, 618, 619; KG ZMR 2002, 861) sowie Ansprüche aus §§ 670, 680, 683, 812 ff. BGB gleichgestellt (OLG München NJW-RR 2007, 735 = ZMR 2007, 397, 398). Etwas anderes kann ggf. auch dann gelten, wenn die Gegenforderung infolge eines pflichtwidrigen Verhaltens der Gemeinschaft der Wohnungseigentümer, vor allem seiner Organe, entstanden ist (*Elzer* ZMR 2005, 730, 733).

15. Gegenüber einem Anspruch der Gemeinschaft der Wohnungseigentümer auf Zahlung von Wohngeld oder eines Saldos aus einer Abrechnung oder einer Sonderumlage ist aus denselben Gründen wie bei der Aufrechnung (Anm. 14) jedes Zurückbehaltungsrecht ausgeschlossen (OLG München ZMR 2006, 881, 882; OLG München ZMR 2006, 647). Ein Wohngeldschuldner kann ein Zurückbehaltungsrecht auch nicht darauf stützen, dass der gesetzliche oder vereinbarte Kostenverteilungsschlüssel grob unbillig sei und deshalb gegen die übrigen Wohnungseigentümer ein Anspruch auf Abänderung des Kostenverteilungsschlüssels bestehe (*Elzer* ZMR 2005, 730, 733). Ein Zurückbehaltungsrecht kann ferner bereits im Wege der Vereinbarung zur Klarstellung ausgeschlossen werden (BayObLG ZWE 2001, 485).

16. Muss ein Zeuge zunächst mit „N.N." benannt werden („nomen nominandum", „nihil nomen", „nomen nescio", „nullum nomen"), ist seine ladungsfähige Adresse nachzureichen. Ggf. muss das Gericht nach einer Klärung, warum eine namentliche Benennung noch nicht möglich ist, dem Beweisführer eine Frist zur Beibringung des Namens nach § 356 ZPO setzen (*Gottschalk* NJW 2004, 2939, 2940).

17. S. Form. I. O. 1 Anm. 10.

18. Nach hM. ist es dem in Anspruch genommenen Wohnungseigentümer verwehrt, eine Tilgung der Wohngeldschuld durch Zahlungen im Abrechnungszeitraum einzuwenden, wenn eine Jahreseinzelabrechnung, die Zahlungen eines Wohnungseigentümers während des Abrechnungszeitraums nicht aufführt, bestandskräftig ist (BayObLG ZMR 2005, 65, 66 = NZM 2004, 711; BayObLG ZMR 2003, 587 = NJOZ 2003, 812; LG Köln IMR 2009, 59; *Jennißen* Verwalterabrechnung, Rdn. 545 und 762). Es wird aber ua. mit der angebrachten, gut vertretbaren Begründung auch das Gegenteil vertreten (LG Hamburg ZMR 2006, 77, 78; AG Kerpen, ZMR 2008, 84; Köhler/Bassenge/*Wolicki* Teil 16 Rdn. 46 und 257; s. auch *Schmidt/Riecke* ZMR 2005, 252, 264, die Ansprüche nach §§ 812 ff. BGB befürworten). Dies überzeugt auch, weil die Wohnungseigentümer keine Kompetenz haben, geleistete Zahlungen durch Beschluss zu „vernichten".

19. Die Ansprüche auf Zahlung von Wohngeldern, Sonderumlagen und Fehlbeträgen können verjähren (BGH ZMR 2005, 884, 885; OLG Dresden ZMR 2006, 543, 544 = MietRB 2006, 168; *Schoch* ZMR 2007, 427). Die Ansprüche verjähren in 3 Jahren (§ 195 BGB). Die Verjährung beginnt nach § 199 Abs. 1 BGB mit dem Schluss des Jahres, in dem der Anspruch entstanden ist und die Gemeinschaft der Wohnungseigentümer durch den Verwalter (OLG Hamm v. 3. 3. 2009 – 15 Wx 96/08) – oder wenn dieser nicht existiert oder eine Zurechnung seines Wissens untunlich ist, durch die Wohnungseigentümer – von dem Entstehen des Anspruchs Kenntnis erlangt oder ohne grobe Fahrlässigkeit hätte erlangen müssen (OLG München NJW-RR 2007, 1097). Unter dem Zeitpunkt der erstmaligen Entstehung ist der Zeitpunkt zu verstehen, in welchem der Anspruch aus der Jahresabrechnung erstmalig geltend gemacht und notfalls im Wege der Klage durchgesetzt werden kann (*BGH* NJW-RR 2000, 647, 648). Ein Abrechnungsbeschluss stellt für den gesamten von ihm festgestellten Saldo einen neuen Rechtsgrund dar (OLG Hamm ZMR 2009, 467 = ZWE 2009, 216; OLG Dresden ZMR 2006, 543, 544; *Elzer* MietRB 2006, 168, 169).

20. S. Form. I. O. 2 Anm. 11.

21. Die Berufungsbegründung soll gem. § 520 Abs. 4 Nr. 2 ZPO eine Äußerung dazu enthalten, ob einer Entscheidung der Sache durch den Einzelrichter Gründe entgegenstehen.

22. Nach §§ 520 Abs. 5, 133 Abs. 1 S. 1 ZPO soll der Berufungsführer die für die Zustellung erforderliche Zahl von Abschriften der Schriftsätze und deren Anlagen beifügen.

23. Als bestimmender Schriftsatz muss die Berufungsbegründung grundsätzlich von einem zur Vertretung bei dem Berufungsgericht berechtigten Rechtsanwalt eigenhändig unterschrieben sein (BGH MDR 2008, 644; NJW 2005, 2709; NJW-RR 2005, 435, 436). Die Unterzeichnung ist äußerer Ausdruck für die von dem Gesetz geforderte eigenverantwortliche Prüfung des Inhalts der Begründungsschrift durch den Anwalt (BGH NJW-RR 1998, 574). S. im Übrigen Form. I. O. 2 Anm. 13.

Kosten/Gebühren/Rechtsmittel/Fristen

S. zunächst Form. I. O. 2. Fristen, ferner Form. II. H. 1 Fristen und Rechtsmittel. Die Berufungsentscheidungen der LG und der OLG können mit der Revision angegriffen werden. Als Revisionsgericht zuständig ist nach § 133 GVG der BGH. Zulässigkeitsvoraussetzung ist, dass die Revision vom Berufungsgericht gem. § 543 Abs. 1 Nr. 1 ZPO zugelassen worden ist. Bei Streitigkeiten iSv. § 43 Nr. 5 WEG kann gegen eine nicht erfolgte Zulassung eine Nichtzulassungsbeschwerde nach § 544 Abs. 1 S. 1 ZPO eingelegt werden. Gem. § 26 Nr. 8 EGZPO ist diese bis einschließlich 31. 12. 2011 zulässig, wenn der Wert der mit der Revision geltend zu machenden Beschwer EUR 20.000,00 übersteigt – es sei denn, das Berufungsgericht hat die Berufung verworfen. Etwas anderes gilt für Binnenrechtsstreitigkeiten iSv. § 43 Nr. 1 bis 4 WEG. Um einer Überlastung des BGH vorzubeugen, schließt für diese § 62 Abs. 2 WEG für bis Ende Juni 2012 verkündete Entscheidungen aus, eine Nichtzulassungsbeschwerde zu erheben.

Rügt eine Partei die Verletzung ihres rechtlichen Gehörs – die Verletzung anderer Verfahrens(grund)rechte, zB. des Rechts auf ein faires Verfahren (Artt. 2 Abs. 1, 20 Abs. 3 GG), des Gebots des gesetzlichen Richters (Art 101 Abs. 1 S. 2 GG) oder des Willkürverbots (Art. 3 GG), ist unbeachtlich – und sind andere Rechtsmittel nicht gegeben, ist gem. § 321 a ZPO eine Anhörungsrüge möglich. Sie ist begründet, wenn das Gericht den Anspruch des Rügeführers auf rechtliches Gehör in entscheidungserheblicher Weise verletzt hat (Rügevoraussetzungen) und der Rügeführer diese Fehler benennt und rügt. Auf ein Verschulden des Gerichts kommt es nicht an. Die fachgerichtliche Kontrolle bei Verstößen gegen andere Verfahrensrechte kann mit einer Gegenvorstellung gerügt werden. Neben Anhörungsrüge und Gegenvorstellung kommt eine außerordentliche Beschwerde nicht in Betracht (BGH MDR 2007, 1276; BauR 2006, 1019; BGH BGHZ 150, 133, 135 ff.; OLG München OLGReport München 2008, 407; OLG Jena FGPrax 2006, 115).

14. Beschwerde eines Verwalters gegen Kostenentscheidung

An das
Landgericht[1]
Kammer für Wohnungseigentumssachen[2]

Sofortige Beschwerde[3, 4]

des Verwalters V., Y.-Straße Nr. ……, …… (PLZ, Ort),

– Beschwerdeführer[5] **–**

Prozessbevollmächtigter: V., W.-Straße ……, …… (PLZ, Ort),

gegen

die Eigentümer …… bis …… der Wohnungseigentumsanlage X.-Straße Nr. ……, …… (PLZ, Ort), namentlich aufgeführt in der anliegenden Eigentümerliste,

– Beschwerdegegner[6] **–**

Aktenzeichen I. Instanz: AG ……[7]

Beschwerdewert: ……[8]

Namens und in Vollmacht des Beschwerdeführers lege ich gegen das am …… verkündete und am …… zugestellte[9] **Urteil Beschwerde**[10] **ein und beantrage:**

1) Die Kostenentscheidung im Urteil des AG …… (Aktenzeichen) wird abgeändert[11]**.**

2) Die Vollziehung der angefochtenen Entscheidung wird ausgesetzt[12]**.**

Begründung[13]

Das AG …… (Aktenzeichen) hat im Rahmen einer Anfechtungsklage nach § 49 Abs. 2 WEG dem Beschwerdeführer die Prozesskosten auferlegt. Es ging zu Unrecht davon aus, dass die Tätigkeit des Gerichts durch den Beschwerdeführer veranlasst wurde und ihn ein grobes Verschulden trifft[14]**.**

Zwar ist zutreffend, dass der angegriffene Beschluss zu TOP …… unter einem Ladungsmangel leidet, weil der Beschwerdegegner zu …… nicht zur Versammlung geladen wurde[15]**. Dies ist dem Beschwerdeführer aber nicht anzulasten. Der Voreigentümer des Beschwerdegegners zu …… teilte dem Beschwerdeführer nicht mit, dass die die Einheit mittlerweile im Eigentum des Beschwerdegegners zu …… steht**[16]**.**

Beweis: Vernehmung des S., T.-Straße ……, …… (PLZ, Ort).

Der Beschwerdeführer war nicht von sich aus verpflichtet, regelmäßig durch Einsichtnahme in das Grundbuch zu überprüfen, wer Wohnungseigentümer ist[17]**. Im Übrigen träfe den Beschwerdeführer allenfalls leichte Fahrlässigkeit**[18]**.**

Der Antrag zu 2) beruht auf § 570 Abs. 3 Hs. 1 und Hs. 2 ZPO. Ohne Aussetzung droht eine Vollstreckung der Kosten beim Beschwerdeführer, die – wie aufgezeigt – rechtswidrig wäre[19]**.**

Beglaubigte und einfache Abschrift liegen bei[20]**.**

Rechtsanwalt[21]

Anmerkungen

1. S. Form. H. 12 Anm. 2.
2. S. Form. H. 12 Anm. 3.

3. Beschwerdegericht ist im Verhältnis zum AG grundsätzlich das LG (§ 72 GVG), in Familiensachen und in den meisten FamFG-Verfahren das OLG (§ 119 Abs. 1 Nr. 1 Buchstabe b) GVG), im Verhältnis zum LG das OLG (§ 119 GVG). Hiervon weicht § 72 Abs. 2 GVG ab. Eine sofortige Beschwerde iSv. § 567 ZPO in einem Verfahren nach § 43 Nr. 1 bis Nr. 4 und Nr. 6 WEG ist danach an das zuständige Konzentrations-LG zu erheben. An welches Gericht in einem Verfahren nach § 43 Nr. 5 WEG eine Beschwerde zu erheben ist, richtet sich hingegen an der erstinstanzlichen Zuständigkeit aus. Ist das Verfahren in erster Instanz am AG rechtshängig, ist die sofortige Beschwerde wie eine Berufung an das örtlich zuständige LG zu erheben. Ist in erster Instanz hingegen das LG zuständig gewesen, ist die Beschwerde zum jeweils zuständigen OLG zu erheben.

Ohne dass dies ausdrücklich bestimmt wäre, ist der Verwalter in Analogie zu § 99 Abs. 2 S. 1 ZPO befugt, eine Kostenentscheidung nach § 49 Abs. 2 WEG im Wege der sofortigen Beschwerde gem. §§ 567 ff. ZPO anzufechten (LG Berlin GE 2009, 388, 389; LG Frankfurt aM NJW 2009, 924). § 99 Abs. 1 ZPO findet bei einer Kostenentscheidung gegenüber einem Dritten, der nicht Prozesspartei ist, keine (entsprechende) Anwendung (BGH NJW 1988, 49, 50; *Elzer,* Info M 2008, 345; s. auch BGH VersR 1975, 343, 344; OLG Stuttgart ZZP 68, 62). Lehnt das Gericht es ab, dem Verwalter die Kosten aufzuerlegen, können hingegen die Wohnungseigentümer die Entscheidung abweichend von § 99 Abs. 1 ZPO nur wegen der Kosten anfechten (Jennißen/*Suilmann* § 49 Rdn. 38; str.). Weil diese Entscheidung die Geltendmachung weiteren Schadensersatzes ausschließt, muss es den Wohnungseigentümern möglich sein, diese Entscheidung isoliert anzufechten (aA. *Drasdo* FS Bub [2007], S. 59, 68; s. auch BGH NJW-RR 2001, 929, 930). Eine Anfechtung scheidet in Ermangelung eines Rechtsschutzbedürfnisses hingegen aus, wenn das Gericht die Pflicht des Verwalters, die Prozesskosten zu tragen, nicht geprüft hat.

4. Die Beschwerde wird gem. § 569 Abs. 2 S. 1 ZPO grundsätzlich durch Einreichung einer Beschwerdeschrift eingelegt. Sie kann unter den Voraussetzungen des § 569 Abs. 3 ZPO auch durch Erklärung zu Protokoll der Geschäftsstelle eingelegt werden.

5. Beschwerdeführer ist der „Verwalter", dem das Gericht nach § 49 Abs. 2 WEG die Prozesskosten auferlegt hat. Verwalter iSv. § 49 WEG ist vor allem der aktuelle (bestellte) Verwalter. Als Kostenschuldner und damit als Beschwerdeführer kommt aber auch ein ehemaliger Verwalter in Betracht (Riecke/Schmid/*Abramenko* § 49 Rdn. 5; Jennißen/*Suilmann* § 49 Rdn. 15; Bärmann/*Wenzel* § 49 Rdn. 18), sofern er noch während seiner Amtszeit den streitgegenständlichen Fehler gesetzt hat. Ferner können nach Sinn und Zweck auch einem faktischen Verwalter gem. § 49 Abs. 2 WEG die Kosten auferlegt werden (Bärmann/*Wenzel* § 49 Rdn. 18). Im Einzelfall kann ein Verwalter zugleich Partei des Verfahrens erster Instanz sein. Das ist vor allem vorstellbar, wenn der Verwalter zugleich Wohnungseigentümer ist. In diesem Falle erlaubt es § 49 Abs. 2 WEG als Spezialvorschrift, die Prozesskosten abweichend von § 100 Abs 1, Abs 4 ZPO allein dem Verwalter aufzuerlegen aus (aA. *Drasdo* FS Bub [2007], S. 59, 65). Dies folgt bereits aus § 100 Abs. 2 ZPO.

6. Wer Beschwerdegegner ist, ist noch unsicher. Man kann die Rechtsprechung zur Kostenbeschwerde eines mit den Kosten des Rechtsstreits belasteten Dritten auf die Kostenbeschwerde des Verwalters zu übertragen (BGH NJW 1988, 49, 50). Dann hätte die Kostenbeschwerde keinen Beschwerdegegner. Dieser Weg übersieht indes, dass sich die Sachlagen grundsätzlich unterscheiden. Der wesentliche Unterschied liegt darin, dass die Kosten dem Verwalter eben nicht als bloßem Dritten und Veranlasser übertragen werden (*Elzer* AnwZert MietR 3/2009 Anm. 2). Denn der Verwalter steht nicht zusammenhanglos neben den Parteien. Das Gericht befindet vielmehr bereits im Rechtsstreit zwischen den Parteien (auch) über einen den Parteien gegen ihn zustehenden materiell-rechtlichen Schadensersatzanspruch. Gegner mit Blick auf die Kostenauferlegung ist daher die Partei, die die Kosten des Rechtsstreits tragen müsste, wenn sie nicht dem Verwalter aufgebürdet worden wären. Daneben gilt es zu erkennen, dass § 49 Abs. 2 WEG prozessverkürzend ist. Die Norm vermeidet einen weiteren Rechtsstreit zwischen der Partei, die die Kosten des Rechtsstreits tragen müsste, und dem Verwalter. Dieses weitere Prozessrechtsverhältnis wird durch § 49 Abs. 2 WEG in den Erstprozess hineingezogen und tritt im Beschwerdeverfahren deutlich in Erscheinung. Auf versteckte Weise stehen die Parteien daher mit dem Verwalter – auch wenn er nicht Partei ist – von Anfang an wegen ihres im Raum stehenden materiell-rechtlichen Schadensersatzanspruchs im Rechtsstreit. Der Verwalter ist „Quasipartei". Dann aber spricht nichts dagegen, die eigentlich kostenbelastete Partei als Beschwerdegegner anzuerkennen. Eine letzte Möglichkeit besteht darin, sämtliche Wohnungseigentümer als Gegner anzusehen, wenn diese „Partei" waren. Grund hierfür ist, dass jedenfalls denklogisch vorstellbar war, dass entweder die klagenden oder die beklagten Wohnungseigentümer als unterliegende Partei die Kosten des Rechtsstreits gem. § 91 Abs. 1 S. 1 ZPO zu tragen hatten. Der Anwalt kann den Beschwerdegegner bis zu einer Klärung der Rechtsfrage ggf. auch offen lassen, weil § 569 Abs. 2 S. 1 ZPO nicht verlangt, den Beschwerdegegner zu benennen. Das Beschwerdegericht wird – wenn es das Verfahren nicht ohne Gegner sieht – im Übrigen selbst über die Kosten entscheiden müssen, und zwar abschließend (*Elzer* AnwZert MietR 3/2009 Anm. 2).

7. Die Beschwerdeschrift muss die Bezeichnung der angefochtenen Entscheidung enthalten, § 569 Abs. 2 S. 2 ZPO.

8. Gegen Entscheidungen über Kosten ist die Beschwerde nur zulässig, wenn der Wert des Beschwerdegegenstands EUR 200,00 übersteigt, § 567 Abs. 2 ZPO.

9. Die sofortige Beschwerde ist, soweit keine andere Frist bestimmt ist, gem. § 569 Abs. 1 S. 1 ZPO binnen einer Notfrist von 2 Wochen bei dem Gericht, dessen Entscheidung angefochten wird, oder bei dem Beschwerdegericht einzulegen. Die Notfrist beginnt, soweit nichts anderes bestimmt ist, mit der Zustellung der Entscheidung, spätestens mit dem Ablauf von 5 Monaten nach der Verkündung des „Beschlusses" (hier: des Urteils).

10. Die Beschwerdeschrift muss gem. § 569 Abs. 2 S. 2 ZPO die Erklärung enthalten, dass „Beschwerde" eingelegt wird.

11. Die Beschwerdeschrift muss keinen bestimmten Antrag enthalten (Musielak/*Ball* § 571 Rdn. 2). Bei der Beschwerde des Verwalters gegen eine Kostenentscheidung in einem WEG-Verfahren sollte aber bereits im Antrag klar werden, dass der Verwalter die Entscheidung, die Prozesskosten des erstinstanzlichen Verfahrens tragen zu müssen, angreift.

12. Die Beschwerde hat gem. § 570 Abs. 1 ZPO nur dann aufschiebende Wirkung, wenn sie die Festsetzung eines Ordnungs- oder Zwangsmittels zum Gegenstand hat. Allerdings kann das Beschwerdegericht auf Antrag vor seiner Entscheidung eine einstweilige Anordnung erlassen, insbesondere die Vollziehung der angefochtenen Entscheidung aussetzen, § 570 Abs. 3 Hs. 1 und Hs. 2 ZPO. Durch den Erlass einer einstweiligen Anordnung kann das Rechtsmittelgericht verhindern, dass die angegriffene, noch nicht rechtskräftige Entscheidung Wirkungen entfaltet, die durch eine von dem Rechtsmittelgericht später zu treffende ersetzende Sachentscheidung nicht mehr beseitigt werden könnten. Die Funktion des § 570 Abs. 3 ZPO (ggf. iVm. § 575 Abs. 5 ZPO) entspricht daher in seinem Kern derjenigen des § 707 ZPO (BGH NJW-RR 2006, 332, 333).

13. Die Beschwerde soll nach § 571 Abs. 1 ZPO begründet werden. In der Begründung ist darzulegen, warum die Voraussetzungen des § 49 Abs. 2 WEG nicht vorlagen. Der Beschwerdeführer kann zunächst geltend machen, nicht „Verwalter" gewesen zu sein. Weiter kann der Beschwerdeführer anführen, dass die Tätigkeit des Gerichts durch ihn nicht veranlasst wurde oder ihn jedenfalls kein grobes Verschulden trifft.

14. § 49 Abs. 2 WEG erlaubt es dem Gericht, dem Verwalter die Prozesskosten aufzuerlegen, soweit die Tätigkeit des Gerichts durch ihn veranlasst wurde und ihn ein grobes Verschulden trifft, auch wenn er nicht Partei des Rechtsstreits ist. Unter Veranlassung ist zu verstehen, dass ein nicht ordnungsmäßiges Tun oder Unterlassen oder ein Fehler des Verwalters einen Wohnungseigentümer dazu aufgerufen haben, ein Verfahren nach § 43 WEG zu suchen und das Gericht durch Erhebung einer Klage oder im Rahmen eines anderen Verfahrens, zB. einer einstweiligen Verfügung nach §§ 935, 940 ZPO anzurufen (*Skrobek* ZMR 2008, 173, 175). Zum groben Verschulden s. Anm. 18.

15. Zur Eigentümerversammlung ist zu laden, wer dort ein Stimmrecht besitzt. Ferner der, der zwar kein Stimmrecht, in der Eigentümerversammlung aber ein Rede-, Teilnahme- und ein Antragsrecht besitzt. Zu laden sind jedenfalls sämtliche, dem Einladenden zum Zeitpunkt der Ladung bekannten – meist im Grundbuch eingetragenen – Wohnungs- und Teileigentümer. Wird in einer Eigentümerversammlung abgestimmt, obwohl nicht alle Stimmberechtigten beteiligt wurden, leidet ein Beschluss deshalb an einem Mangel. Wird ein Stimmberechtigter allerdings nur versehentlich nicht geladen, zB. weil ihn der Verwalter nicht kennt, führt das nach jedenfalls hM. freilich nicht dazu, dass der entsprechende Beschluss unwirksam (nichtig) ist. Der Ladungsmangel führt aber dazu, dass ein ohne den eigentlich Stimmberechtigten gefasster Beschluss anfechtbar ist (BGH BGHZ 142, 190, 194 = NJW 1999, 3713; OLG München NZM 2006, 934, 935; Jennißen/*Elzer* § 24 Rdn. 51 mwN.). Hat es ein Wohnungseigentümer versäumt, dem Verwalter den Wechsel im Eigentum anzuzeigen (s. noch Anm. 16), kann er ggf. sogar die Nichtladung wegen Rechtsmissbrauchs nicht rügen (Köhler/Bassenge/*Vandenhouten* Teil 4 Rdn. 52; s. auch Bärmann/*Merle* § 24 Rdn. 40). Liegt ein Ladungsmangel vor, ist anerkannt, dass das Gericht dem Verwalter die Kosten des Rechtsstreits (= Prozesskosten iSv. § 49 Abs. 2 WEG) auferlegen kann (OLG München NZM 2006, 934, 935).

16. Das WEG hat keine gesetzlichen Vorkehrungen getroffen, dass der Verwalter von Amts wegen Kenntnis über einen Eigentümerwechsel erhält. Damit ist die Initiative zur Mitteilung und zum Nachweis des Eigentümerwechsels in die Hände sowohl des Veräußerers sowie des Erwerbers gelegt, bei denen ein Interesse an der Anzeige des Eigentumsüberganges anzunehmen ist (KG ZMR 1997, 318, 319 = NJW-RR 1997, 1033; Köhler/Bassenge/*Vandenhouten* Teil 4 Rdn. 75).

17. Der Verwalter hat iSv. § 12 Abs. 1 S. 1 GBO ein berechtigtes Interesse, Einsicht in das Grundbuch zu nehmen. Ein berechtigtes Interesse besteht, wenn der Antragsteller ein verständiges, durch die Sachlage gerechtfertigtes Interesse darlegt (Hügel/*Wilsch* § 12 GBO Rdn. 2). Für eine Einsichtnahme muss der Verwalter indes einen Anlass haben. Die jährlich einzuberufende Versammlung ist grundsätzlich kein solcher Anlass.

18. Grobes Verschulden liegt nur vor, wenn der Verwalter nach einer wertenden Gesamtschau die im Verkehr erforderliche Sorgfalt in besonders schwerem und ungewöhnlich hohem Maße unbeachtet lässt (BGH MDR 2006, 1188; MDR 2003, 505, 506; LG Berlin GE 2009, 388, 390). Vorausgesetzt ist eine das gewöhnliche Maß der Fahrlässigkeit erheblich übersteigende Schwere des Sorgfaltsverstoßes (BGH MDR 2006, 1188; BGHZ 119, 147, 149 = MDR 1992, 945; LG Berlin GE 2009, 388, 390). Im Gegensatz zur einfachen Fahrlässigkeit muss es sich bei einem grob fahrlässigen Verhalten ferner um ein auch in subjektiver Hinsicht unentschuldbares Fehlverhalten handeln, das ein gewöhnliches Maß erheblich übersteigt (BGH MDR 2003, 505, 506; MDR 1998, 29, 30; LG Berlin GE 2009, 388, 390).

19. S. Anm. 12.

20. S. Form. H. 1 Anm. 40.

21. S. Form. H. 1 Anm. 43.

Kosten und Gebühren

S. zunächst Form. I. O. Kosten und Gebühren. Auch die Kostenentscheidung im Beschwerdeverfahren richtet sich nach §§ 91 ff. ZPO. Die Kosten einer erfolglosen Beschwerde sind nach § 97 Abs. 1 ZPO regelmäßig dem Beschwerdeführer aufzuerlegen. Hat die Beschwerde ganz oder teilweise Erfolg, so ist unter Einschluss der vorinstanzlichen Kosten nach §§ 91, 92, 97 Abs. 2 ZPO zu entscheiden (Musielak/*Ball* § 572 Rdn. 23).

Fristen und Rechtsmittel

S. zunächst Form. II. H. 1 Fristen und Rechtsmittel sowie Form. II. H. II. 13 Fristen und Rechtsmittel. In WEG-Verfahren sind Rechtsbeschwerden zum BGH nach § 574 Abs. 1 ZPO zulässig, wenn dies im Gesetz ausdrücklich bestimmt ist oder nach Zulassung durch das jeweilige Berufungsgericht.

I. Familiensachen; Lebenspartnerschaftssachen

Abstammungssachen und Verfahren auf Kindesunterhalt

1. Vaterschaftsanfechtung

An das **……, den ……**
Amtsgericht[1]
– Familiengericht –

Antrag

der …… **– Antragstellerin –**[2]
Verfahrensbevollmächtigte: Rechtsanwälte ……[3]

gegen

…… **– Antragsgegner –**

wegen Vaterschaftsanfechtung

vorläufiger Gegenstandswert: EUR ……[5]

Gerichtskosten in Höhe von EUR …… sind beigefügt in ……

Namens und im Auftrag der Antragstellerin wird unter Vorlage besonderer Verfahrensvollmacht beantragt:

I. Es wird festgestellt, dass das Kind ……, geb. am 1. 7. 2009, nicht das Kind des Antragsgegners ist.[4]
II. Die Kosten des Verfahrens werden gegeneinander aufgehoben.[6]

Begründung:

1. Die Beteiligten haben am …… die Ehe geschlossen. Die Antragstellerin hat den Antragsgegner jedoch im September 2007 verlassen, um mit Herrn X. Y. in ständiger ehelicher Gemeinschaft zusammenzuleben. Aus dieser Verbindung stammt das im Antrag genannte, am 1. 7. 2009 geborene Kind, welches nach § 1592 BGB noch als Kind des Antragsgegner als Vater gilt.[8]

2. Die Antragstellerin hat im Dezember 2008 Scheidung ihrer Ehe mit dem Antragsgegner beantragt, das Scheidungsverfahren ist beim Familiengericht …… unter Az.: …… noch anhängig. Der Antragsgegner widersetzt sich dort der Ehescheidung und behauptet, entgegen dem auch dortigen Sachvortrag der Antragstellerin, der Vater des Kindes zu sein.
Herr X. Y., von dem das Kind stammt, ist bereit, seine Vaterschaft anzuerkennen; der Antragsgegner lehnte jedoch Zustimmung hierzu außergerichtlich ab.
Beweis: Schreiben des Antragsgegners vom ……

3. Eine Abstammung des im Antrag genannten Kindes vom Antragsgegner als Vater ist aus den folgenden Gründen unmöglich. Vielmehr ist Herr X. Y. der genetische Vater[9]**.**
– Beiwohnung?
– Empfängniszeit-Vermutung?
– Erbbiologische Fragen.

4. Die Antragstellerin ist selbst anfechtungsberechtigt[7] (§ 1600 Abs. 1 Nr. 3 BGB). Die Anfechtungsfrist des § 1600b Abs. 1 und 2 BGB ist eingehalten.
5. Es wird angeregt, dem beteiligten Kind einen Pfleger zu bestellen.[10]
6. Der Kostenantrag entspricht § 183 FamFG.

Rechtsanwalt

Anmerkungen

1. Für die sog. Abstammungssachen (Katalog in § 169 FamFG: Feststellung des Bestehens oder Nichtbestehens eines Eltern-Kindes-Verhältnisses, insbesondere der Wirksamkeit oder Unwirksamkeit einer Vaterschaftsanerkennung; Vaterschaftsanfechtung, Ersetzung der Einwilligung in eine genetische Abstammungsuntersuchung und Anordnung der Probeentnahme, auf Einsicht in ein Abstammungsgutachten oder Aushändigung einer Abschrift) ist ausschließlich zuständig das **Familiengericht** (sachliche Zuständigkeit: § 23a Abs. 1 Nr. 1 GVG, § 111 Nr. 3 FamFG, örtliche Zuständigkeit § 170 FamFG), in dessen Bezirk das Kind seinen gewöhnlichen Aufenthalt hat (§ 170 Abs. 1 FamFG, Ersatzzuständigkeiten ergeben sich aus § 170 Abs. 2 u. 3. FamFG). Das Abstammungsverfahren ist eine (selbstständige) Familiensache. Eine förmliche Verbindung beim Gericht der Ehesache (im vorgestellten Fall: Scheidung) ist nicht vorgesehen.

2. Antragstellerin ist im vorliegenden Fall die Mutter. Das Anfechtungsrecht, ist verfassungskonform gem. § 1600 Abs. 1 Nr. 3 BGB auf die Mutter ausgedehnt; zu den Fristen und Formalien s. §§ 1600 bis 1600d BGB.

3. Wie bisher kein Anwaltszwang beim Familiengericht (§§ 114 FamFG), aber vor den Gerichten des höheren Rechtszuges (su. „Fristen und Rechtsmittel").

4. Verfahren nach dem FamFG. Es gilt ein eingeschränkter Amtsermittlungsgrundsatz, § 177 FamFG. In Anfechtungsverfahren dürfen von den Beteiligten nicht vorgebrachte Tatsachen nur berücksichtigt werden, wenn sie geeignet sind, dem Fortbestand der Vaterschaft zu dienen oder der Anfechtende ihrer Berücksichtigung nicht widerspricht. Gemäß § 177 Abs. 2, 3 FamFG ist eine förmliche Beweisaufnahme durchzuführen, der Freibeweis ist ausgeschlossen. Neben der Einvernahme der Beteiligten ist i. d. R. ein Abstammungsgutachten einzuholen (*Musielak/Borth* FamFG § 177 Rdn. 2). Es besteht aber auch die Möglichkeit, ein von den Beteiligten einvernehmlich erholtes Gutachten mit deren Zustimmung zur Entscheidungsgrundlage zu machen (s. i. e. *Musielak/Borth* FamFG § 177 Rdn. 4). Beteiligte sind gem. § 172 FamFG die Mutter (§ 1591 BGB), das Kind und der Vater (§ 1592 Nr. 1–3 BGB). Der Mann i. S. des § 1600 Abs. 1 Nr. 2 BGB ist in einem Verfahren zwischen Kind, Mutter und rechtlichem Vater nicht Verfahrensbeteiligter, weil das Anfechtungsrecht nur die Eltern unmittelbar betrifft (BGH NJW 2007, 3063).

5. Regelwert für das Verfahren: EUR 2.000,–, § 47 FamGKG; bei Unbilligkeit kann erhöht oder ermäßigt werden, § 47 Abs. 2 FamGKG.

6. Bei Erfolg des Anfechtungsantrages gilt § 183 FamFG; die Regelung entspricht § 93c ZPO aF.; das minderjährige Kind trägt keine Kosten. Bei Zurückweisung des Antrages gelten die allgemeinen Vorschriften der §§ 80, 81 FamFG. Bei Verfahren nach § 169 Nr. 1–3 FamFG ist § 183 FamFG ebenfalls nicht anwendbar, sondern §§ 81, 82 FamFG.

7. Die Anfechtung muss höchstpersönlich erklärt werden, bei erweiterter Geschäfts- und Prozessfähigkeit für ein in der Geschäftsfähigkeit beschränktes oder geschäftsunfähiges Kind jedoch nur durch den gesetzlichen Vertreter. Zur Möglichkeit einer Beistandschaft durch das Jugendamt vgl. § 1712 BGB und ferner § 174 FamFG (Verfahrensbeistand für das Kind) und näher Anm. 3 zu Form. II. I. 2.

8. Die gesetzliche Vaterschaftsvermutung auf den im Zeitpunkt der Geburt mit der Mutter des Kindes verheirateten Mann (§ 1592 Nr. 1 BGB) gilt grundsätzlich nur dann, wenn die Ehe durch Tod aufgelöst und innerhalb von 300 Tagen nach der Auflösung ein Kind geboren wurde (§ 1593 Abs. 1 BGB mit Sonderregelungen, insbesondere bei weiterer Eheschließung der verwitweten Mutter). Für Kinder, die nach Anhängigkeit eines Scheidungsantrags geboren werden, soll wegen des zu vermutenden, vorausgegangenen Zerwürfnisses zwischen den Ehegatten (ebenso wohl bei Eheaufhebungsantrag) die gesetzliche Vaterschaft nicht mehr vermutet werden, um den Beteiligten das uU. kostspielige förmliche Abstammungsverfahren zu ersparen (§ 1599 BGB). Diese Erleichterung greift jedoch nicht bei bloßem Getrenntleben und ferner nicht (so im vorgestellten Fall), wenn die weiteren Erfordernisse nicht erfüllt sind, welche § 1599 Abs. 2 BGB aufstellt, nämlich

- Vaterschaftsanerkennung durch den genetischen Vater mit Zustimmung der Mutter, ggf. auch des Kindes (§§ 1592 Nr. 2, 1594 mit 1598 BGB), welche hier in diesem Stadium bereits entgegen § 1594 Abs. 2 BGB wirksam abgegeben werden kann (§ 1599 Abs. 2 S. 1 a. E. BGB), **und**
- Zustimmung zur Anerkennung durch den noch mit der Mutter verheirateten Ehemann (wobei die Anerkennung frühestens mit Rechtskraft des dem Scheidungsantrag stattgebenden Urteils wirksam wird, § 1599 Abs. 2 S. 3 und 4 BGB).

Dieses bei Einigkeit aller Beteiligter vereinfachte Verfahren wird im vorgestellten Fall aber gerade vom Ehemann abgelehnt.

9. Zu den Beweismitteln vgl. etwa Palandt/*Diederichsen,* 68. Auflage 2009, Rdn. 6–12 vor §§ 1591 BGB mN.).

10. Erfolgt die Vaterschaftsanfechtung durch den Vater oder die Mutter als Antragstellerin, ist das Kind Muss-Beteiligter gem. § 172 FamFG. Ist der Vater i. S. der §§ 1592 Nr. 1, 2, 1593 BGB der Antragsteller, ist die Vertretungsbefugnis der Mutter als gesetzliche Vertreterin des Kindes gegeben. Bei Antragstellung durch die Mutter sind die Eltern von der gesetzlichen Vertretung gem. §§ 1629 Abs. 2 S. 1, 1795 Abs. 2, 181 BGB ausgeschlossen und es muss ein Pfleger bestellt werden (BGH NJW 2002, 2109; *Musielak/Borth* FamFG § 172 Rdn. 4); das gilt auch für den Fall, dass das Kind Antragsteller ist.

Kosten und Gebühren

Gerichtskosten: Nr. 1320 ff. KV FamGKG; Rechtsanwaltsgebühren: Nr. 3100 ff. VV RVG.

Fristen und Rechtsmittel

Wie nach bisherigem Recht wird die Endentscheidung in Abstammungssachen mit Rechtskraft wirksam, § 184 Abs. 1 FamFG. Die materielle Rechtskraft wirkt für und gegen alle, § 184 Abs. 2 FamFG. Gegen den Beschluss des Familiengerichts findet Beschwerde statt (§ 58 Abs. 1 FamFG); die Beschwerdefrist beträgt einen Monat ab Bekanntgabe des Beschlusses, spätestens mit Ablauf von 5 Monaten nach Erlass des Beschlusses, § 63 Abs. 1, 3 FamFG. Die Beschwerde muss zum Familiengericht, das den Beschluss erlassen hat, eingelegt werden, S. 64 Abs. 1 FamFG. Beschwerdeberechtigt sind alle Verfahrensbeteiligten, gegen deren Begehren entschieden wurde, darüber hinaus aber auch Personen, die am Verfahren nicht beteiligt waren, aber zu beteiligen gewesen wären, § 184 Abs. 3 FamFG.

2. Antrag auf Feststellung eines Eltern-Kind-Verhältnisses und Kindesunterhalt

An das ……, den ……
Amtsgericht[1]
– Familiengericht –

Antrag

des minderjährigen Kindes ……, geb. am ……, vertreten durch[2] das Kreisjugendamt …… als Beistand[3]

– Antragsteller –

gegen

…… – Antragsgegner –

wegen Feststellung der Vaterschaft und Kindesunterhalt[4]
vorläufiger Gegenstandswert: EUR ……[6]

Namens des Antragstellers wird beantragt:[5]

I. Es wird festgestellt, dass der Antragsgegner der Vater des Antragstellers ist.
II. Der Antragsgegner wird verpflichtet, an den Antragsteller zu Händen seiner Mutter, der Beteiligten ……, als gesetzliche Vertreterin ab dem ……[7] einen monatlichen Kindesunterhalt in Höhe des Mindestunterhalts der 1. Altersstufe zu bezahlen, abzüglich des hälftigen Kindergeldes, derzeit monatlich ……, fällig monatlich im Voraus zum Ersten eines Monats.
III. Der Antragsgegner hat die Kosten des Verfahrens zu tragen.[8]

Begründung:

1. Die Mutter des am …… geborenen Antragstellers, Frau ……, ist alleinige Inhaberin der elterlichen Sorge für den Antragsteller. Eine Sorgeerklärung, die Sorge für den Antragsteller gemeinsam zu übernehmen, wollte der Antragsgegner nicht abgeben, der die Vaterschaft leugnet. Auf ihren Antrag hat jedoch das eingangs erwähnte Jugendamt für die Durchsetzung der hier geltend gemachten Ansprüche die Beistandschaft übernommen (§§ 1626 a, 1712 BGB).
2. Die Mutter des Antragstellers hat mit dem Antragsgegner in den Jahren …… (Daten) …… in eheähnlicher Gemeinschaft zusammen gelebt, bis sie vom Antragsgegner am …… (Datum) …… verlassen wurde. Innerhalb der gesetzlichen Empfängniszeit des § 1600 d Abs. 3 BGB hat der Antragsgegner der Mutter des Antragstellers, damals und bis heute unverheiratet, jedoch als einziger beigewohnt. Schwerwiegende Zweifel an seiner damit vermuteten Vaterschaft bestehen nicht.[7]

   Beweis: ……

   Weiterer Sachvortrag mit Beweisanregungen zur Abstammung des Antragstellers bleibt vorbehalten.
3. Da der Antragsgegner die Vaterschaft bestreitet, ist er im Klagewege gemäß §§ 1600 d Abs. 1 BGB als Vater des Antragstellers festzustellen.
4. Die Zuständigkeit des angerufenen Gerichts ergibt sich aus §§ 23 a Abs. 1 Nr. 1 GVG, 170 FamFG.
5. Der Antragsgegner lehnt die Zahlung von Kindesunterhalt ab, und verweigert auch jegliche Auskunft über seine Einkommensverhältnisse, obwohl er hierzu mehrfach mündlich und schriftlich, zuletzt mit Schreiben des Jugendamts vom …… unter Fristsetzung auf den …… (Datum) aufgefordert worden war.[7] Daher wird in Verbindung

mit dem Antrag auf Vaterschaftsfeststellung zugleich beantragt, den Antragsgegner zur Zahlung des Mindestunterhalts abzüglich des hälftigen Kindergeldes zu verpflichten.[9, 10] Die Mutter des Antragstellers bezieht das staatliche Kindergeld. Daher ergibt sich derzeit ein monatlich zu zahlender Kindesunterhalt in Höhe von EUR......

6. Gerichtskosten in Höhe von EUR ...... sind beigefügt.[11]

Jugendamt ......

Anmerkungen

Vorbemerkung

Die durch § 237 FamFG ermöglichte Verbindung des Status – mit dem Kindesunterhaltsantrag ist – wenn die Vaterschaft und damit schon der Unterhaltsanspruch dem Grunde nach strittig sind – nur eine mögliche Alternative für die wenigstens vorläufige, rasche Schaffung eines (minimalen) Kindesunterhaltstitels. Stets sorgfältig zu prüfen sind die Alternativen einer Kindesunterhaltsfestsetzung im Vereinfachten Verfahren (§§ 249 ff. FamFG, vgl. hierzu auch Form. II. I. 3) oder eines selbstständigen Unterhaltsantrages (§ 231 Abs. 1 Nr. 1 FamFG), jeweils mit eigenen Möglichkeiten des einstweiligen Rechtsschutzes. Zur Abwägung vgl. Anmerkung 5 und Anmerkung zu Form. II. I. 3 und II. I. 4.

1. Für Abstammungssachen auf Vaterschaftsfeststellung ist ausschließlich das Familiengericht zuständig (sachlich gem. § 23 a Abs. 1 Nr. 1 GVG, § 111 Nr. 3 FamFG; örtlich gem. § 170 FamFG). Das Verfahren nach § 237 FamFG ist grundsätzlich ein selbständiges Verfahren (s. § 179 Abs. 1 S. 2 FamFG; *Musielak/Borth* FamFG § 237 Rdn. 1). Zuständig ist ausschließlich das Familiengericht, bei dem das Verfahren auf Feststellung der Vaterschaft im ersten Rechtszug anhängig ist, § 237 Abs. 2 FamFG. Das Gericht kann beide Verfahren gem. § 179 Abs. 1 S. 2 verbinden.

2. In Abstammungssachen besteht kein Anwaltszwang in I. Instanz (vgl. Form. II. I. 1 und Anm. 3). Dagegen besteht für Kindesunterhaltsverfahren grundsätzlich Anwaltszwang (§§ 114 Abs. 1, 111 Nr. 8, 231 Abs. 1 Nr. 1). Für einen Beteiligten (hier der Antragsteller), der durch das Jugendamt als Beistand vertreten ist, bedarf es der Vertretung durch einen Anwalt nicht (§ 114 Abs. 4 Nr. 2 FamFG). Für den Antragsgegner dagegen dürfte für das Unterhaltsverfahren Anwaltszwang bestehen auch wenn es mit dem Verfahren auf Vaterschaftsfeststellung verbunden ist. Denn es bleibt ein selbständiges Verfahren, § 179 Abs. 1 S. 2 FamFG.

3. Das KindRG hatte die Möglichkeit einer gemeinsamen Sorge der beiden nichtverheirateten Elternteile für das gemeinschaftliche Kind durch § 1626 a BGB eingeführt, wenn die Eltern gemeinsame Sorgeerklärungen abgeben oder einander heiraten. Deshalb musste § 1629 Abs. 2 S. 2 BGB. klarstellen, dass auch in diesen Fällen nur der Elternteil, in dessen Obhut sich das Kind befindet (im vorgestellten Fall: die Mutter) Unterhaltsansprüche des Kindes gegen den anderen Elternteil als insoweit alleiniger gesetzlicher Vertreter geltend machen kann. Für die Vaterschaftsfeststellung hat die Mutter notfalls ein eigenes Klagerecht (§ 1600 e Abs. 1 BGB).

Im vorgestellten Fall hat die Mutter jedoch von der durch das Beistandsgesetz geschaffenen – auf Antrag einzurichtenden und wieder zu beendenden, also freiwilligen – Beistandschaft gemäß Neufassung der §§ 1712 bis 1717 BGB durch das Jugendamt Gebrauch gemacht; dessen Vertretung geht, so lange der beantragende Elternteil das will, im Verfahren der Vertretung durch den sorgeberechtigten Elternteil vor.

Eigene Ansprüche der Mutter (Entbindungskosten, Mutterschaftsbetreuungsunterhalt), welche in Anpassung an die neuere Sozialgesetzgebung einschließlich der neuen Bundesländer durch das KindRG deutlich erweitert worden sind, werden hier nicht näher behandelt (§§ 1615 k bis 1615 m BGB), wären aber ebenfalls Familiensachen (§ 231 Abs. 1 Nr. 3 FamFG).

4. Allgemein zur Ausgestaltung des Verfahrens vgl. Anm. 1–4 zu Form. II. I. 1, dort auch zu den Möglichkeiten der Beteiligung Dritter. Geltend gemacht werden kann höchstens der Mindestunterhalt unter Abzug des hälftigen Kindergeldes. Einwendungen des Schuldners (mangelnde Leistungsfähigkeit, Erfüllung) sind ausgeschlossen und im Abänderungsverfahren gem. § 238 FamFG vorbehalten (BGH FamRZ 2003, 304; BGH FamRZ 2003, 1095).

Die Anordnung der sofortigen Wirksamkeit des Unterhaltsanspruchs (§ 116 Abs. 3 FamFG) scheidet aus, weil diese von dem Wirksamwerden der Vaterschaftsfeststellung bzw. deren Anerkennung abhängig ist (§§ 1600 d Abs. 4, 1594 Abs. 1 BGB; *Musielak/Borth* FamFG, § 237 Rdn. 4).

5. Als Alternativen zum hier vorgestellten Kindesunterhalt-Annexverfahren sind aber stets zu prüfen, zumal der Unterhalt oft hinter dem gesetzlichen Anspruch zurückbleiben wird:

a) Antrag des Kindes oder der Mutter auf Unterhaltsregelung durch einstweilige Anordnung (oder Unterhaltssicherung) gemäß § 248 FamFG, schon nach Anhängigkeit des Verfahrens auf Vaterschaftsfeststellung (oder VKH-Antrag) möglich, wobei bei Antrag des Kindes die Mutter im gleichen Verfahren sogar für ihren eigenen Unterhalt (Entbindungskosten, Betreuungsunterhalt) eine eAO erwirken kann;

b) getrennter Antrag auf Verurteilung im vereinfachten Verfahren bis zum 1,2-fachen des Mindestunterhalts gemäß §§ 249 ff. FamFG. (was für viele Normalfälle gegenüber der früheren Rechtslage eine wichtige Vereinfachung und Erleichterung schafft. Das Verfahren hat in der Praxis allerdings keine große Bedeutung, vgl. im Einzelnen Anm. 3 zu Form. II. I. 3);

c) Schließlich steht (weiterhin) die normale Kindesunterhaltsklage gem. § 231 Abs. 1 Nr. 1 FamFG auf bestimmte, dem Einzelfall angepasste Beträge zur Verfügung, die aber wiederum praktisch die vorherige Vaterschaftsfeststellung voraussetzt.

6. Regelwert für das Verfahren auf Vaterschaftsfeststellung: EUR 2.000,–, § 47 FamGKG; für Kindesunterhalt: § 51 FamGKG. Zu beachten ist, dass bei Verbindung des nichtvermögensrechtlichen Verfahrens auf Vaterschaftsfeststellung mit dem vermögensrechtlichen Anspruch auf Unterhalt nur ein Gegenstandswert und zwar der höhere von beiden maßgebend ist, also keine Addition erfolgt, § 33 Abs. 1 S. 2 FamGKG.

7. In Abweichung von § 1613 Abs. 1 BGB kann gem. § 1613 Abs. 2 Nr. 2 a BGB der Kindesunterhalt auch für die Zeit vor der gerichtlichen Vaterschaftsfeststellung oder der Anerkennung der Vaterschaft geltend gemacht werden (Fall der rechtlichen Verhinderung wegen §§ 1594 Abs. 1, 1600 d Abs. 4 BGB).

8. Die Kostenverteilung erfolgt nach allgemeinen Grundsätzen der §§ 81, 243 FamFG. Eine anderweitige Kostenverteilung nach billigem Ermessen kann insbesondere dann eingreifen, wenn der Gegner des Unterhaltsanspruchs durch verzögerte oder nicht ausreichende Auskunftserteilung das Verfahren erschwert hat.

9. Für den Antragsgegner käme in Betracht die außergerichtliche, wirksame Anerkennung der Vaterschaft, §§ 1594 ff. BGB, welche auch der Zustimmung der Mutter bedarf (§ 1595 Abs. 1 BGB): zu den Formalitäten einschließlich des nunmehr möglichen Widerrufs des Mannes vgl. § 1597 Abs. 3, § 1598 BGB.

10. Auch hier kann der Antragsgegner Rechtsschutzbedürfnis außergerichtlich durch Verpflichtungsurkunde beseitigen, vgl. §§ 59 Abs. 1 Nr. 1, 60 SGB VIII (kostenlose Titulierung durch Jugendamt).

11. In der Regel jedoch, jedenfalls stets zu prüfen, Antrag auf Verfahrenskostenhilfe.

Kosten und Gebühren

Gerichtskosten: Nr. 1320 ff. KV FamGKG; Rechtsanwaltsgebühren: Nr. 3100 ff. VV RVG.

Fristen und Rechtsmittel

Befristete Beschwerde, §§ 58, 63 FamFG, einzulegen beim Gericht erster Instanz binnen eines Monats § 64 Abs. 1 FamFG; für die Beschwerde gegen die Unterhaltsanordnung gilt die zweimonatige Begründungsfrist des § 117 Abs. 1 S. 3 FamFG; zuständig für das Beschwerdeverfahren ist das OLG, § 119 Abs. 1 Nr. 1 a GVG; vgl. im Einzelnen Form. II. I. 30. Richtet sich die Beschwerde nur gegen die Vaterschaftsfeststellung, wird der Beschluss zur Unterhaltszahlung auch erst mit Rechtskraft der Vaterschaftsfeststellung wirksam § 237 Abs. 4 FamFG.

3. Antrag auf dynamisierten Kindesunterhalt im vereinfachten Verfahren (streitiges Verfahren)

An das ……, den (Datum)
Amtsgericht
– Familiengericht –[1]

In Sachen
des minderjährigen Kindes ……, geb. am ……, gesetzlich vertreten durch seine Mutter, Frau ……
…… – Antragsteller –
Verfahrensbevollmächtigter: Rechtsanwalt ……[2]
gegen
Herrn ……
…… – Antragsgegner –
Verfahrensbevollmächtigte: Rechtsanwälte ……
wegen Kindesunterhalt im vereinfachten Verfahren[3]
Gegenstandswert: ……[4]
wird namens und in bereits vorgelegter Vollmacht des Antragstellers im bisherigen vereinfachten Verfahren (Az.: ……) nunmehr beantragt:

I. Das streitige Verfahren nach § 254 Abs. 1 FamFG wird durchgeführt.
II. Der Unterhalt für den Antragsteller wird entsprechend dem im vereinfachten Verfahren gestellten Festsetzungsantrag des Antragstellers festgesetzt.
Ferner beantragen wir, dem Antragsteller für das streitige Verfahren Verfahrenskostenhilfe unter Beiordnung seines bisherigen Verfahrensbevollmächtigten zu bewilligen.
Im Einzelnen: ……

Begründung:

1. **Der minderjährige Antragsteller, Kind des Antragsgegners, hat unter dem …… im vereinfachten Verfahren (Az.: ……) gemäß § 249 Abs. 1 FamFG die Erstfestsetzung seines Unterhalts beantragt. Der Antragsgegner hat hiergegen zulässige Einwendungen erhoben, gemäß gerichtlicher Mitteilung vom ……[5]**
2. **Das Verfahren gilt daher als mit der Zustellung des Feststellungsantrags rechtshängig gewordene Familienstreitsache, auch hinsichtlich der Kosten des vereinfachten Verfahrens als Teil der Kosten des nunmehrigen streitigen Verfahrens, da der heutige An-**

trag vor Ablauf von 6 Monaten nach Zugang der genannten Mitteilung gestellt ist (§§ 254, 255 Abs. 6 FamFG).[6]

3. Die vom Antragsgegner in zulässiger Weise erhobenen Einwände, insbesondere wegen mangelnder Leistungsfähigkeit, sind nicht zutreffend, weil ......[7, 8]

Einzelheiten: ......

Beweismittel: ......

Rechtsanwalt

Anmerkungen

1. Grundsätzlich ist das Familiengericht am gewöhnlichen inländischen Aufenthaltsort des Kindes oder des gesetzlich vertretenden Elternteils (§ 232 Abs. 1 Nr. 2 FamFG) für das vereinfachte Verfahren zuständig. § 260 FamFG erlaubt den Ländern davon abweichende Zuständigkeiten. Das Kind kann aber dennoch den Antrag nach § 249 FamFG auch bei dem Gericht seines Aufenthalts einreichen, § 260 Abs. 2 FamFG. Bei Einwendungen, die nicht im vereinfachten Verfahren behandelt werden können, schließt sich auf Antrag das dortige Verfahren nach § 255FamFG an. Dafür richtet sich die örtliche Zuständigkeit wieder nach § 232 Abs. 1 Nr. 1, 2 FamFG (*Musielak/Borth* FamFG § 232 Rdn. 3.

2. Hier Klage des Kindes im eigenen Namen, gesetzlich vertreten durch die alleinsorgeberechtigte Mutter (wichtig ua. wegen PKH/VKH).

Es besteht Anwaltszwang im streitigen Verfahren gem. § 255 FamFG. Anträge und Erklärungen im vereinfachten Verfahren können zwar vor dem Urkundsbeamten der Geschäftsstelle abgegeben werden (§ 257 FamFG). Nach dem Übergang ins streitige Verfahren besteht diese Möglichkeit aber nicht mehr, vgl. näher Anm. 2 zu Form. II. I. 2.

3. Das vereinfachte Verfahren über den Unterhalt Minderjähriger hat keine große praktische Bedeutung erlangt. Es können höchstens 120% des Mindestunterhalts zur Festsetzung beantragt werden. Obwohl der festsetzbare Unterhalt damit im Einzelfall hinter den gesetzlichen Kindesunterhaltsansprüchen zurückbleiben kann, bietet dieses Verfahren verschiedene, alternativ zu prüfende Verbesserungen gegenüber Verfahren anderer Art (zB. Annex-Verfahren zur Vaterschaftsfeststellung, § 237 FamFG und Form. II. I. 2), nämlich

a) etwas über dem Existenzminimum liegende feste Unterhaltsbeträge in drei Altersstufen;
b) rasche Titulierung oder Erlangung der Einkommensauskünfte des Unterhaltsschuldners
c) verstärkt durch den sehr weitgehenden Ausschluss von Einwendungen des Antragsgegners und uU. Beweiserleichterungen für das Kind (Anm. 5).

4. Vgl. 51 Abs. 1, 2 S. 3 FamGKG (Jahresbetrag des zur Festsetzung beantragten laufenden Kindesunterhalts zuzüglich der Rückstände).

5. Ist das vereinfachte Verfahren statthaft (§ 249 FamFG: Unterhalt minderjähriger Kinder, die mit dem in Anspruch genommenen Elternteil nicht in einem Haushalt leben, nicht mehr als das 1,2fache des Mindestunterhalts), greift es nicht in andere Unterhaltsregelungen ein (§ 249 Abs. 2 FamFG) und enthält der Antrag den in § 250 Abs. 1 Nr. 1 bis 13 FamFG genau festgelegten Mindestinhalt, so stehen dem Antragsgegner nur zwei eng gefasste Arten von Einwendungen zu:

a) nicht zurückzuweisende Einwendungen gemäß § 252 Abs. 1 Nr. 1 bis 3 FamFG (durchgehend fast vollständig liquide Einwendungen);

b) andere Einwendungen **nur** dann, wenn der Unterhaltsschuldner gewissermaßen die dort bestimmten Gegenleistungen erbringt (Bereiterklärung und Verpflichtung zur Unterhaltsleistung; Erfüllungseinwand nur bei konkreter Darlegung und ggf. Verpflichtung zur Begleichung von Unterhaltsrückständen; Einwand eingeschränkter oder fehlender Leistungsfähigkeit nur, wenn zugleich „unter Verwendung des eingeführten Formulars" umfassende Einkünfte- und Vermögensauskunft nebst Belegen vorgelegt wird).

6. Dem summarischen, zugleich aber für die Vergangenheit insoweit präkludierenden Verfahren trägt § 255 FamFG Rechnung (Möglichkeit eines streitigen Anschluss-Verfahrens auf Antrag einer Partei). Das spezielle Abänderungsverfahren im vereinfachten Verfahren (§ 655 ZPO a.F.) kennt das FamFG nicht mehr. Die Abänderung erfolgt im normalen Verfahren gem. § 240 FamFG. Hier wird das Anschlussverfahren nach § 255 FamFG dargestellt, das bei fristgerechter Einleitung (vgl. Text) Rückwirkung und erleichterte Kostenwirkung entfaltet. Der vorangegangene Festsetzungsantrag gemäß Vordruck gilt dabei als Klageschrift (§ 255 Abs. 3 FamFG), die vorher gemäß Vordruck erhobenen Einwendungen (soweit zulässig) als Klageerwiderung (§ 255 Abs. 2 S. 2 FamFG).

7. Das Vereinfachte Verfahren mit seinen beschränkten Maximalbeträgen dürfte sich allenfalls bei selbstständigen Kindesunterhaltssachen außerhalb des Scheidungsverbunds (zu Letzterem vgl. Form. II. I. 12 und 13) auch als ein das einstweilige Anordnungsverfahren zum Teil ersetzendes Verfahren einsetzen lassen, das kompliziertere Unterhaltsfragen dem streitigen Anschlussverfahren überlässt. Ferner ist es im Einzelfall zur Beschleunigung der Auskunftsbereitschaft von Unterhaltsschuldnern geeignet.

8. Außergerichtlich kann der Unterhaltsschuldner natürlich auch hier, wie bisher vereinfacht und kostengünstig, einen vollstreckbaren Schuldtitel errichten oder in den gesetzlichen Grenzen Unterhaltsvereinbarungen mit dem Kind treffen.

Kosten und Gebühren

Gerichtskosten: Für das vereinfachte Verfahren nach § 249 Abs. 1 FamFG: Nr. 1210 KV FamGKG (0,5 Verfahrensgebühr), bei Beschwerden gegen Endentscheidungen Nr. 1211 ff. KV FamGKG; bei Durchführung des streitigen Verfahrens gem. § 255 FamFG: es fällt die Gebühr der Nr. 1220 KV FamGKG an (BT-Drucks. 16/6308 S. 310; Rechtsanwaltsgebühren: 1,3 Nr. 3100 VV RVG; das vereinfachte Verfahren und ein sich anschließendes Streitverfahren sind zwei Angelegenheiten mit Anrechnung der Verfahrensgebühr, s. Nr. 3100 Abs. 1 VV RVG.

Fristen und Rechtsmittel

Gegen Festsetzungsbeschluss (wohl auch gegen Antragszurückweisung gemäß § 250 Abs. 2 FamFG): befristete Beschwerde, § 58, 256 FamFG (Einschränkung zulässiger Einwendungen dauert fort). Gegen Entscheidungen im streitigen Anschluss- oder Abänderungsverfahren: Rechtsmittel wie in anderen Familienstreitsachen: befristete Beschwerde; s. auch Form. II. I. 30.

4. Abänderungsantrag gegen Unterhaltstitel

An das ……, den ……
Amtsgericht[1]
– Familiengericht –

Antrag

der Frau ……, …… – Antragstellerin –
Verfahrensbevollmächtigter: Rechtsanwalt ……[2]
gegen
Herrn …… – Antragsgegner –
wegen Abänderung eines Unterhaltstitels[3]
vorläufiger Gegenstandswert: EUR ……[4]

Namens und im Auftrag der Antragstellerin stellen wir hiermit gegen den Antragsgegner folgende Anträge:

I. Das Urteil des Amtsgerichts – Familiengericht – …… vom 17. 12. 2005, AZ: ……, wird dahin abgeändert, dass der Antragsgegner mit Wirkung vom 1. 5. 2009 an die Antragstellerin für das Kind Martin, geb. …… einen monatlich im Voraus zu entrichtenden monatlichen Unterhalt in Höhe von EUR …… zu bezahlen hat.[5, 11]
II. Der Antragsgegner hat die Kosten des Verfahrens zu tragen[6].
III. Die sofortige Wirksamkeit der Entscheidung in Ziff. I wird angeordnet.[7]

Begründung:

1. Die Antragstellerin und der Antragsgegner sind noch verheiratet, leben jedoch seit September 2002 vollständig getrennt. Ein Scheidungsverfahren ist nicht anhängig. Die Antragstellerin betreut die bei ihr lebenden gemeinschaftlichen ehelichen Kinder Paul, geb. am …… und Martin, geb. am ……, deren Unterhaltsansprüche die Antragstellerin hier in Verfahrensstandschaft gemäß § 1629 Abs. 3 BGB geltend macht.[8]
2. Durch Endurteil des Amtsgerichts – Familiengerichts – …… vom 17. 12. 2005, Aktenzeichen ……, ergangen auf Grund der mündlichen Verhandlung vom 10. 12. 2005[9], wurde der Antragsgegner auf Antrag der Antragstellerin rechtskräftig verurteilt, an die beiden Kinder zu Händen der Antragstellerin einen monatlichen Kindesunterhalt von jeweils EUR …… zu bezahlen. Mit dem vorliegenden Antrag wird gemäß § 238 FamFG nicht lediglich eine Anpassung an die Veränderung der allgemeinen wirtschaftlichen Verhältnisse, sondern die Anpassung an einen nach der letzten mündlichen Verhandlung im vorangegangenen Verfahren eingetretenen wesentlich gestiegenen Unterhaltsbedarf geltend gemacht.
3. Im vorangegangenen Unterhaltsverfahren wurde der Unterhaltsanspruch für die Kinder Martin und Paul, die zum Zeitpunkt der damaligen Erstentscheidung 5 Jahre alt waren, aus einem damaligen, durch eine Gehaltsauskunft des Arbeitgebers des Antragsgegners vom 30. 10. 2005 mit EUR 2.875,–/Monat angegebenen Nettoeinkommen des Antragsgegner, allein mit den damals geltenden Sätzen der Düsseldorfer Tabelle (Altersstufe 1) abgeleitet. Im Urteil vom 17. 12. 2005 wird auch hierauf allein abgestellt.

Beweis im Bestreitensfall: Beiziehung der Akten des Amtsgerichts – Familiengericht – ……, Aktenzeichen ……, insbesondere des Terminsprotokolls vom …… und des Urteils vom 17. 12. 2005.

4. Inzwischen haben sich nicht nur die Sätze der Düsseldorfer Tabelle zum Kindesunterhalt deutlich erhöht. Vielmehr sind seitdem weitere wesentliche Änderungen der besonderen Unterhaltsverhältnisse eingetreten, im Einzelnen:
(zB. gestiegener Unterhaltsbedarf, Alterstufen-Wechsel oä.)
(zB. wesentlich höhere Leistungsfähigkeit des Unterhaltsschuldners, Gehaltserhöhungen oä.)

Beweis im Bestreitensfall: ......

5. Der Antragsgegner ist vom Unterfertigten mit dem in der Anlage beigefügten Schreiben vom 24. 5. 2009 zu dieser erhöhten Zahlung und zur Auskunftserteilung über seine Einkommens- und Vermögensverhältnisse zum Zwecke der Unterhaltsfeststellung unter Fristsetzung auf den 15. 6. 2009 zunächst außergerichtlich aufgefordert worden. Er hat zwar seine Bereitschaft erklärt, „künftig über eine angemessene Unterhaltsanpassung mit sich reden zu lassen", verweigert sich aber einer konkret bezifferten Titulierung, so dass dieser Antrag geboten war.

6. Gerichtskosten in Höhe von EUR ...... sind beigefügt.[10]

Rechtsanwalt

Anmerkungen

1. Der im Formular vorgestellte Antrag auf Abänderung eines den gesetzlichen Kindesunterhalt regelnden „isolierten" Unterhaltsurteils des Familiengerichts gem. § 238 FamFG bei getrennt lebenden Eltern ohne Scheidungsverfahren wird hier wegen des Sachzusammenhanges im Teil „Kindschaftssachen und Kindesunterhalt" gebracht. Es handelt sich um eine selbständige Familienstreitsache (§§ 111 Nr. 8, 112 Nr. 1 FamFG). Abänderungsverfahren, die nachdem 1. 9. 2009 eingeleitet werden, folgen den Regeln des FamFG, auch wenn es sich um die Abänderung eines Titels nach altem Recht handelt, Art. 111 S. 2 FGG-RG. Ausschließlich zuständig ist daher das Familiengericht, bei dem die Ehesache im ersten Rechtszug anhängig ist oder war, andernfalls das Familiengericht am gewöhnlichen Aufenthaltsort des Kindes oder seines gesetzlich vertretenden Elternteils, § 232 Abs. 1 FamFG. Ergibt sich aus § 232 Abs. 1 FamFG keine ausschließliche Zuständigkeit, sind Wahlzuständigkeiten gem. § 232 Abs. 3 FamFG eröffnet. Familiensache ist – alternativ – auch das Vereinfachte Verfahren, allerdings mit Besonderheiten (keine Verbindung mit einer anhängigen Ehesache, § 232 Abs. 1 Nr. 1 FamFG; besondere, enge Statthaftigkeitsvoraussetzungen, insbesondere eine – im vorgestellten Fall nicht angenommene – Begrenzung auf maximal das 1,2fache des Mindestunterhalts; umfangreicher Ausschluss von Einwendungen des Unterhaltsschuldners; vgl. im Einzelnen Form. II. I. 3).

2. Es besteht Anwaltszwang auch in I. Instanz gem. §§ 114 Abs. 1, 112 Nr. 1, 231 Abs. 1 Nr. 1 FamFG. § 114 FamFG verdrängt § 78 ZPO vollständig (*Folsch,* Das neue FamFG in Familiensachen, § 3 Rdn. 28).

3. Das Abänderungsverfahren über Unterhalt ist eine selbständige Familienstreitsache (zur Abgrenzung vgl. auch Anm. 4 zu Form. II. I. 10). Zusätzliche Erfordernisse und Besonderheiten ergeben sich für das Rechtsschutzbedürfnis und die Präklusion des Tatsachenvortrags zunächst – wie schon lange – aus § 238 FamFG selbst (so schon OLG Düsseldorf FamRZ 1981, 587: alle für alten Titel maßgeblichen Bemessungsfaktoren sind vom Kl. darzulegen und zu beweisen; OLG Zweibrücken FamRZ 1981, 1189: auch seinerzeit vorhandene unbekannte Umstände präkludiert; bei Quotenbemessung keine Änderung bei Änderung einzelner Bedarfsposten, so BGH NJW 1983, 1118; auch bei fiktivem Arbeitseinkommen, OLG Karlsruhe FamRZ 1983, 931; ferner jetzt aus § 240 FamFG. Die Rspr. u. Lit. zur Abgrenzung des Abänderungsverfahrens von ähnlichen Ver-

fahren, auch zur sog. Nachforderungsklage, und zu den Feinheiten der Präklusion ist kaum mehr überschaubar, Überblick bei *Finke/Garbe,* 5. Auflage 2003, § 3 Rdn. 417ff. mN. Grundsatz stets: kein Wiederaufrollen des alten Sachverhalts (vgl. etwa BGH FamRZ 1987, 259; instruktiv auch OLG Köln NJW-RR 1996, 1349 und mit zahlr. wN. BGH NJW 1998, 161: grundsätzlich alles präkludiert, was bis zur letzten mündlichen Tatsachenverhandlung des letzten vorangegangenen Verfahrens, auch früheren Abänderungsverfahrens, in irgendeiner Form – selbst durch Abänderungswiderklage – hätte geltend gemacht werden können). Ist Verpflichtung zu Kindesunterhalt durch Verbundentscheidung ergangen, ist der Abänderungsantrag trotz § 1629 BGB gegen das Kind zu richten, OLG Hamburg FamRZ 1981, 589. Vorläufigen Rechtsschutz kann der Unterhaltsschuldner andererseits in entsprechender Anwendung des § 769 ZPO anstreben, vgl. § 242 FamFG.

Interessante Möglichkeiten – auch zur Verminderung des Kostenrisikos – bietet die Ausgestaltung des Abänderungsantrages als Stufenantrag, vgl. Anm. 12.

4. Berechnung (Jahresbetrag der Abweichung) nach § 51 FamGKG.

5. Bei einer Abänderung gerichtlicher Entscheidungen gilt: Grundsätzlich kann nur für die Zeit ab Rechtshängigkeit des Abänderungsantrages abgeändert werden. Sowohl für die Erhöhung als auch die Herabsetzung sieht das Gesetz aber praktisch wichtige Ausnahmen vor: Die **Erhöhung** kann schon ab dem Zeitpunkt verlangt werden, ab dem die Voraussetzungen des § 1613 BGB erfüllt sind. Ab dem Ersten des Monats, in dem dem Schuldner ein Auskunftsverlangen oder eine Zahlungsaufforderung zugegangen ist, kann nachverlangt werden, § 1613 Abs. 1 S. 2 BGB. Eine Herabsetzung kann rückwirkend ab dem Ersten des Folgemonats, in dem ein entsprechendes Auskunfts- oder Verzichtsverlangen gestellt worden ist, längstens für ein Jahr vor Rechtshängigkeit des Abänderungsantrages, Bei einem rückwirkenden Herabsetzungsantrag ist aber stets zu prüfen, ob dieser angesichts des drohenden Einwandes der Entreicherung (§ 818 Abs. 3 BGB) hinsichtlich schon gezahlten Unterhalts sinnvoll ist.

6. Kostenentscheidung folgt allgemeinen Regeln, s. auch u. Anm. 12.

7. Entscheidungen in Familienstreitsachen werden gem. § 116 Abs. 3 S. 1 FamFG mit Rechtskraft wirksam und vollstreckbar. Das Gericht kann die sofortige Wirksamkeit anordnen (§ 116 Abs. 3 S. 2 FamFG); bei Endentscheidungen mit der Verpflichtung zu Unterhaltszahlungen soll die sofortige Wirksamkeit angeordnet werden. Für den Antragsteller empfiehlt sich ein entsprechender Antrag. Werden länger zurückreichende Unterhaltsrückstände verlangt oder werden UVG-Leistungen erbracht, soll nach dem Regierungsentwurf (BT-Drucks. 16/6308 S. 224) auf die Anordnung der sofortigen Wirksamkeit verzichtet werden; ebenso auch *Musielak/Borth* FamFG § 116 Rdn. 5 für den Fall, dass schon eine einstweilige Anordnung besteht. Der Antragsteller muss die Umstände vortragen, die für die Anordnung der sofortigen Wirksamkeit sprechen. Der Schuldner muss bereits im Erkenntnisverfahren darlegen und glaubhaft machen, ihm die sofortige Wirksamkeit einen nicht zu ersetzenden Nachteil bringen würde, um mit Erfolg beantragen zu können, dass die Vollstreckung der Entscheidung vor Rechtskraft eingestellt oder beschränkt wird, § 120 Abs. 2 S. 2 FamFG (vgl. i. Einzelnen *Musielak/Borth* FamFG § 120 Rdn. 3f.)

8. Zu den Vertretungsverhältnissen für das minderjährige Kind allgemein vgl. § 1629 Abs. 2 und 3 BGB.

9. Wegen etwaiger Präklusion in § 238 Abs. 2 FamFG; hierzu und zum Begriff der „wesentlichen Änderung der für die Verurteilung maßgebenden Verhältnisse" (Faustregel: 10% Änderung) s. Anm. 3, 10 sowie BGH NJW 1986, 383 zur Änderung der Verhältnisse während des Beschwerdeverfahrens s. *Musielak/Borth* FamFG § 238 Rdn. 28ff.; zur Anwendung des § 239 FamFG auf gerichtliche Vergleiche vgl. ferner *Musielak/Borth* FamFG § 239 Rdn. 1ff.

10. Prüfung zweckmäßig, ob stattdessen besser Antrag auf Verfahrenskostenhilfe (vgl. Form. I. C. 1–3) oder auf Verfahrenskostenvorschuss über einstweilige Anordnung nach § 246 Abs. 1 FamFG zulässig wäre.

11. Die Rspr. erlaubt auch die Abänderungsklage in Form der *Stufenklage* (aA. noch OLG Hamburg FamRZ 1982, 935; bejahend BGH NJW 1985, 195, 196; BGH NJW 1993, 1920): dies ermöglicht eine Minderung des Kostenrisikos, vor allem aber frühere Rechtshängigkeit des Unterhaltsanspruch (wichtig wegen § 1613 BGB); zur Stufenklage bei beziffertem Mindestbetrag vgl. BGH NJW-RR 2003, 68. Zu Form und Inhalt des Auskunftsanspruchs vgl. allgemein Form. II. I. 12.

Kosten und Gebühren

Gerichtskosten: 3,0 Gerichtsgebühren Nr. 1220 KV FamGKG; Rechtsanwaltsgebühren: 1,3 Verfahrensgebühr Nr. 3100 VV RVG; 1,2 Terminsgebühr Nr. 3104 VV RVG.

Fristen und Rechtsmittel

Grundsätzlich befristete Beschwerde, §§ 58, 63 FamFG, einzulegen bei Gericht der ersten Instanz, § 64 Abs. 1 FamFG; die Frist zur notwendigen Beschwerdebegründung beträgt in Familienstreitsachen zwei Monate § 117 Abs. 1 S. 3 FamFG. Die Beschwerdebegründung ist beim Beschwerdegericht einzureichen, § 117 Abs.1 S. 2 FamFG. Zuständig für das Beschwerdeverfahren ist das OLG, § 119 Abs. 1 Nr. 1 a GKG; s. Form. II. I. 30.

Ehesachen, insbesondere Scheidung

5. Eheaufhebungsantrag

An das **……, den ……**
Amtsgericht[1]
– Familiengericht –

Antrag

des …… **– Antragsteller –**

Verfahrensbevollmächtigte: Rechtsanwälte ……[2]

gegen

…… **Antragsgegnerin –**

wegen Aufhebung der Ehe[3]

vorläufiger Streitwert: EUR ……[4]

Unter Vorlage besonderer Verfahrensvollmacht[5] wird namens und im Auftrag des Antragstellers folgendes beantragt:

I. Die am …… vor dem Standesbeamten des Standesamtes Augsburg, Heiratsregister Nr. ……/……, geschlossene Ehe der Beteiligten wird aufgehoben[6].

II. Die Antragsgegnerin trägt die Kosten des Verfahrens[7].

Begründung:

1. Der Antragsteller, dessen erste langjährige glückliche, aber zu seinem größten Bedauern kinderlos gebliebene Ehe Mitte 2005 durch den Tod seiner Ehefrau getrennt wurde, hat nach mehrmonatiger Bekanntschaft und Liebesbeziehung die Ehe gemäß Antrag mit der wesentlich jüngeren Antragsgegnerin geschlossen. Der Antragsteller wollte an sich keine neue Ehe eingehen und hat dies der Antragsgegnerin zu Beginn ihrer Beziehung auch mehrfach, zum Teil vor Zeugen, unter Darlegung der Gründe offen gesagt. Im Einzelnen ......

   Beweis: ......

   Zur dennoch erfolgten Eheschließung der Beteiligten, beide deutsche Staatsangehörige,[8] kam es ausschließlich deshalb, weil die Antragsgegnerin dem Antragsteller selbst und dem größten Teil seiner Freunde, Bekannten und Verwandten ab ...... eröffnete, dass sie vom Antragsteller ein Kind erwarte. Der Antragsteller hat die Ehe dann doch geschlossen, nicht nur wegen des gesellschaftlichen Drucks auf Grund der Erklärungen der Antragsgegnerin, sondern auch zur Erfüllung seines viele Jahre gehegten Kinderwunsches und in der Hoffnung, doch eine Familie mit Kindern gründen zu können.

   Beweis: ......

2. Nur wenige Wochen nach der Geburt des am ...... geborenen Kindes musste der Antragsteller zunächst vermuten und dann feststellen, dass das Kind in Wirklichkeit von einem anderen Mann stammt, mit dem die Antragsgegnerin seit mehreren Jahren eine ständige intime Beziehung hat. Dieser und inzwischen auch die Antragsgegnerin haben das nunmehr eingeräumt. Das Familiengericht ...... hat durch die vor zwei Monten ergangene Entscheidung vom ...... rechtskräftig festgestellt, dass dieses Kind nicht vom Antragsteller stammt, ja nicht einmal in der Zeit empfangen wurde, in der der Antragsteller vor der Ehe der Antragsgegnerin bereits beigewohnt hatte.

   Beweis: ......

3. Der Antragsteller hat sich also bei der Eheschließung über solche Umstände geirrt, die ihn bei Kenntnis der Sachlage und bei richtiger Würdigung des Wesens der Ehe – unabhängig von den ebenfalls sehr unterschiedlichen Vermögensverhältnissen der Beteiligten – von der Eingehung der Ehe abgehalten hätten. Er ist zur Eingehung der Ehe durch arglistige Täuschung der Antragsgegnerin bestimmt worden, die inzwischen selbst eingeräumt hat, dass sie dies aus kaltblütiger Berechnung getan hat, um sich ein luxuriöses Leben im Kreise der sehr wohlhabenden Familie des Antragstellers zu verschaffen (§ 1314 Abs. 2 Nr. 3 BGB).

   Beweis: ......

   Die Antragsfrist des § 1317 Abs. 1 BGB ist gewahrt.[9] Der Antragsteller hat sich sofort von der Antragsgegnerin getrennt als er von den geschilderten Umständen Kenntnis erlangt hatte.

4. Kostenvorschuss in Höhe von EUR ...... ist beigefügt in ......

Rechtsanwalt

Anmerkungen

1. Die Eheaufhebungsklage kommt praktisch fast nur noch vor in Fällen arglistiger Täuschung (§ 1314 Abs. 2 Nr. 3 BGB, wie hier), und den durch EheschlRG eingeführten Fällen der Scheinehe (§ 1314 Abs. 2 Nr. 5 BGB: Hauptmotiv ist die Verhinderung von Scheinehen mit Ausländern zwecks Aufenthaltserlaubnis/Verhinderung der Abschiebung,

Erstreckung auf andere (Inlands-)Fälle zT. strittig, vgl. Palandt/*Brudermüller,* 68. Auflage 2009, § 1314 BGB Rdn. 14 mN.). Ausschließlich zuständig in dieser Ehesache (zum Katalog und Verfahren in Ehesachen vgl. u. Anm. 3.) das Familiengericht; zur örtlichen Zuständigkeit vgl. § 122 FamFG und näher Anm. 1 zu Form. II. I. 6. Die Aufhebung der Ehe wird durch Gestaltungsbeschluss mit Wirkung ex nunc ausgesprochen. Der wirtschaftlich wichtigste Gesichtspunkt der Wahl des Aufhebungs- gegenüber des Scheidungsantrags, nämlich die Beseitigung der vor allem vermögensrechtlichen Wirkungen der Ehe (bisher § 37 Abs. 2 EheG), wird stark eingeschränkt und durch Billigkeitsgesichtspunkte überlagert, vor allem im Interesse gemeinschaftlicher Kinder (§ 1318 BGB).

2. Anwaltszwang, § 114 Abs. 1, 121 Nr. 2 FamFG.

3. Katalog der Ehesachen (Scheidung, Eheaufhebung, Feststellung des Bestehens oder Nichtbestehens einer Ehe) ist in § 121 FamFG geregelt. die Klage auf Herstellung des ehelichen Lebens, die in der Praxis bedeutungslos ist, gehört nicht mehr dazu. Bis auf die Ehesache „Scheidung" ist kein Verbund möglich; einstweilige Anordnungen nach §§ 49 ff. FamFG sind jedoch auch hier grundsätzlich möglich. Oft ist eine Verbindung mit dem Scheidungsantrag (dann Verbund) zweckmäßig und – im Hilfsverhältnis – möglich (§ 126 FamFG). Schon nach früherem Recht hielt die Rspr. nach rechtskräftiger Ehescheidung eine nachträgliche Eheaufhebungsklage mangels Rechtsschutzinteresse für unzulässig; folgerichtig hat der BGH aber einen klagbaren Anspruch des (auch dort) betroffenen Ehemannes anerkannt, der Auflösung seiner Ehe durch das vorangegangene Scheidungsurteil nunmehr (nachträglich von den Eheaufhebungsgründen in Kenntnis gesetzt) die – anderen – Rechtsfolgen der Eheaufhebung (§ 37 Abs. 2 EheG) beigeben zu lassen (BGH FamRZ 1997, 1209 f.; Palandt/*Brudermüller* 1318 Rdn. 17).

4. § 43 FamGKG (mindestens EUR 2.000,–), 3-Monats-Nettoeinkommen der Eheleute.

5. Vgl. § 114 Abs. 5 FamFG.

6. Fall nachgebildet der Entscheidung BGH FamRZ 1997, 1209 (zum Unterschieben eines außerehelichen Kindes als Grund für Unterhaltsverwirkung nach § 1579 BGB vgl. auch OLG Saarbrücken FuR 1997, 350).

7. § 132 Abs. 1 FamFG; hier weitergehende Kostenentscheidung zu Lasten der Antragsgegnerin nach der Regelung des § 132 Abs. 1 S. 2 FamFG denkbar.

8. Sachvortrag dazu ist zweckmäßig wegen hiervon uU. abhängender internationaler Zuständigkeit (vgl. §§ 97, 98 FamFG) und nach IPR anzuwendender materieller Rechtsnormen (Art. 17 EGBGB).

9. Das Institut der Bestätigung an sich nach § 1314 Abs. 2 BGB aufhebbarer Ehen (hier insbesondere durch Fortsetzung der Ehe nach Kenntnis) ist in (§ 1315 Abs. 1 Nr. 4 BGB) geregelt und unterliegt allgemeinen Beweislastregeln.

Die Klagefrist beträgt ein Jahr ab Entdeckung (§ 1317 Abs. 1 BGB). In Scheinehe-Fällen (§ 1314 Abs. 2 Nr. 5 BGB, vgl. auch Anm. 1) dagegen keine Klage-(Antrags-)Frist, dagegen „Heilung" (Bestätigung) auch hier möglich über § 1315 Abs. 1 Nr. 5 BGB (Miteinanderleben „als Ehegatten"), vgl. etwa OLG Celle FamRZ 2004, 949.

Kosten und Gebühren

Gerichtskosten: 2,0 Gebühren Nr. 1110 KV FamGKG; Rechtsanwaltsgebühren: 1,3 Verfahrensgebühr Nr. 3100 VV RVG, 1,2 Terminsgebühr Nr. 3104 VV RVG. Strittig weiterhin, ob bei Scheinehen PKH zu gewähren ist (ja: OLG Karlsruhe, FamRZ 2004, 1760; nein: OLG Koblenz, FamRZ 2004, 548 und OLG Naumburg, FamRZ 2004, 548).

Fristen und Rechtsmittel

Befristete Beschwerde, §§ 58, 63 FamFG, einzulegen beim Gericht erster Instanz binnen eines Monats § 64 Abs. 1 FamFG; die Frist zur notwendigen Beschwerdebegründung beträgt 2 Monate ab Bekanntgabe des Beschlusses, § 117 Abs. 1 S. 3 FamFG; s. auch Form II. I. 30.

6. Antrag auf streitige Härtescheidung (auch bei Getrenntleben von weniger als 1 Jahr)

An das **……, den ……**
Amtsgericht[1]
– Familiengericht –

Antrag

der …… **– Antragstellerin –**
Verfahrensbevollmächtigte: Rechtsanwälte ……[2]
gegen
den …… **– Antragsgegner –**
Verfahrensbevollmächtigte: RAe ……[15]
wegen streitiger Ehescheidung[3]
vorläufiger Gegenstandswert: EUR ……[4]

Unter Vorlage besonderer Verfahrensvollmacht[2] bitten wir namens der Antragstellerin um Anberaumung eines möglichst nahen Termins zur mündlichen Verhandlung[5] und stellen gegen den Antragsgegner folgende Anträge:

I. Die am 15. 2. 2003 vor dem Standesbeamten in ……, Heiratsregister Nr. ……/ ……, geschlossene Ehe der Beteiligten wird geschieden.
II. Die Kosten des Verfahrens trägt der Antragsgegner[6].

Begründung:

I. Persönliche Verhältnisse der Beteiligten[7]
1. Die Antragstellerin, geb. am ……, und der Antragsgegner, geb. am ……, beide Deutsche Staatsangehörige[7], haben wie im Antrag bezeichnet die Ehe geschlossen. Der letzte gemeinsame gewöhnliche Aufenthalt der Ehegatten befand sich unter der Anschrift der Antragstellerin im Bezirk des angerufenen Familiengerichts[1].
2. Aus der Ehe sind keine Kinder hervorgegangen[8].
Beweis zu 1–2: Familienstammbuch;
Reisepässe, im Termin vorzulegen.
3. Familiensachen iS. des § 111 FamFG sind anderweitig nicht anhängig[8].

II. Wirtschaftliche Verhältnisse der Beteiligten[7]:
1. Die Antragstellerin ist Miteigentümerin zu 1/2 der Eigentumswohnung (frühere Ehewohnung) der Beteiligten in ……, …… mit einem derzeitigen Verkehrswert von EUR …… und einer derzeitigen Belastung von noch ca. EUR ……, die sie selbst bewohnt; sie ist seit Eheschließung nicht mehr berufstätig und verfügt derzeit über kein eigenes Einkommen.
2. Der Antragsgegner hat derzeit ein monatliches Nettoeinkommen von EUR …… und ist ebenfalls Miteigentümer zu 1/2 dieser Eigentumswohnung.
Beweis zu 1–2: ……

III. Ehescheidung:

1. Die Ehe der Beteiligten ist gescheitert[9].

a) Die Lebensgemeinschaft der Ehegatten besteht nicht mehr, ihre Wiederherstellung ist ausgeschlossen: die Ehegatten, zwischen denen bereits seit …… kein ehelicher Verkehr mehr stattgefunden hat, haben seit dem …… bereits innerhalb der ehelichen Wohnung getrennt gelebt und getrennte Haushalte geführt; seit dem …… ist der Antragsgegner aus der Ehewohnung ausgezogen.

b) Der Antragsgegner will die eheliche und häusliche Gemeinschaft nicht wiederherstellen, weil er die eheliche Lebensgemeinschaft ablehnt. Er strebt dringend die Scheidung und eine neue eheliche Verbindung mit einer anderen Frau an, mit der er seit etwa …… ständige und fortdauernde ehewidrige Beziehungen unterhält.

2. Die Fortsetzung der Ehe würde für die Antragstellerin aus Gründen, die allein in der Person des Antragsgegners liegen, eine unzumutbare Härte darstellen (§ 1565 Abs. 2 BGB).

Die Antragstellerin hatte sich bisher völlig ehegemäß verhalten und ahnte von dem heimlichen ehewidrigen Verhältnis des Antragsgegners zu dieser anderen Frau nichts. Sie erfuhr erst am …… hiervon und musste feststellen, dass es sich um eine gemeinsame Bekannte der Ehegatten handelte, welche die Antragstellerin bisher zudem als ihre beste Freundin betrachtet hatte. Im Rahmen einer schweren ehelichen Auseinandersetzung am …… gestand der Antragsgegner das bereits seit Anfang Juni …… andauernde ehebrecherische Verhältnis in allen Einzelheiten. Er gestand ferner ein, dass diese andere Frau „die große Liebe seines Lebens" sei, die er als seine zukünftige Frau auch mehreren – zum Teil gemeinsamen – Bekannten der Ehegatten sowie seiner Mutter vorgestellt hatte. Auf die Bitte der Antragstellerin, sich diesen Entschluss nochmals zu überlegen, lehnte der Antragsgegner brüsk ab und bekräftigte seinen Entschluss, sich unbedingt scheiden zu lassen, um jene andere Frau zu heiraten. Er zog – nach kurzem Getrenntleben innerhalb der ehelichen Wohnung[10] – am …… zu dieser anderen Frau in deren Appartement.

Beweis zu 1–3: Parteieinvernahme

3. Der Antragsgegner, der auch in der Folgezeit ständig erklärt hat, er wolle keine Fortsetzung der Ehe, sondern die Scheidung zwecks Heirat seiner Freundin, wird diesen Sachverhalt im Scheidungstermin zugeben[11].

IV. Folgesachen[12]

1. Elterliche Sorge/Umgang/Kindesunterhalt.
Anträge hierzu entfallen.

2. Versorgungsausgleich
Die Beteiligten streben die möglichst rasche Regelung des gesetzlichen Versorgungsausgleichs durch Vereinbarung an; insoweit darf auf unseren gesonderten, gleichzeitigen Schriftsatz zu diesem Punkt verwiesen werden.[14]

3. Auch sonstige Folgesachen (Ehegattenunterhalt/Ehewohnung/Hausrat/Zugewinn) wollen die Beteiligten nicht anhängig machen. Sie haben sich hierüber bereits gemäß der als Anlage 1 beigefügten Scheidungsvereinbarung verständigt, die gerichtlich protokolliert werden soll.[13, 16]

V. Kosten/Hilfs- und Verfahrensanträge/Sonstiges

1. Der eingangs gestellte Antrag, allein dem Antragsgegner die Kosten des Scheidungsverfahrens aufzuerlegen, rechtfertigt sich gemäß § 150 Abs. 4 S. 3 FamFG aus der in Anlage 1 vorgelegten Scheidungsvereinbarung (dortige Ziff. 7).

2. Hilfs- oder Verfahrensanträge werden derzeit nicht gestellt.

3. Kostenvorschuss in Höhe von EUR …… ist beigefügt.

Rechtsanwalt

Anmerkungen

1. Ausschließliche Zuständigkeit nach § 122 FamFG, jeweils Amtsgericht – Familiengericht – in folgender Reihenfolge:
- gewöhnlicher Aufenthalt eines Ehegatten mit den (allen) gemeinsamen minderjährigen Kindern, also nicht, wenn Kinder verteilt leben (BGH NJW-RR 1987, 1348);
- gewöhnlicher Aufenthalt eines Ehegatten
- mit einem Teil der gemeinschaftlichen minderjährigen Kinder, sofern bei dem anderen Ehegatten keine gemeinsamen minderjährigen Kinder ihren gewöhnlichen Aufenthalt haben.
- letzter gemeinsamer gewöhnlicher Aufenthalt, wenn einer der Ehegatten diesen bei Rechtshängigkeit noch hat;
- gewöhnlicher Aufenthalt des Antragsgegners, wenn im Inland;
- gewöhnlicher Aufenthalt des Antragstellers;
- Amtsgericht – Familiengericht – Berlin-Schöneberg.

Zur internationalen Zuständigkeit vgl. § 98 FamFG.

2. Grundsätzlich besteht Anwaltszwang vor dem Familiengericht in Ehesachen, Folgesachen und selbständigen Familienstreitsachen, § 114 Abs. 1 FamFG. Die Ausnahmen sind in § 114 Abs. 4 FamFG geregelt. Besondere Vollmacht ist erforderlich in Ehesachen (sie erstreckt sich auch auf Folgesachen, § 114 Abs. 5 FamFG).

3. Die Durchführung eines streitigen Scheidungsverfahrens ist ohne zweiten Anwalt uU. möglich, zur einvernehmlichen Scheidung vgl. unten und die Anm. bei Form. II. I. 7. Nur kann der Antragsgegner dann keine Verfahrenshandlungen vornehmen. Hier wollen die Beteiligten einen umfassenden gerichtlichen Vergleich schließen, auch zum Versorgungsausgleich, was ohne beiderseitige anwaltliche Vertretung nicht möglich ist (vgl. etwa OLG Köln FamRZ 1998, 373: VA-Vergleich trotz familiengerichtlicher Genehmigung deshalb unwirksam). Eingeschränktes Amtsermittlungsverfahren mit den sich aus §§ 133 ff. FamFG ergebenden Besonderheiten; zum Antragsinhalt, § 133 FamFG.

4. Gegenstandswert: § 43 FamGKG, nicht unter EUR 2.000,–.

5. Eine rasche Terminsansetzung, auch wenn für eine Partei vorteilhaft, ist nicht erzwingbar. Selbst unschlüssige Härtescheidungsanträge können aber durch Hinausschieben der Terminierung, Vorziehen der Ermittlungen zum VA etc. trotz Widerspruchs des (scheidungsunwilligen) Antragsgegners oder über Beschwerdeeinlegung über das Trennungsjahr gebracht werden.

6. In der Regel Kostenaufhebung, jedoch nach billigem Ermessen des Gerichts unter – nicht bindender, aber tunlicher – Beachtung der Einigung der Ehegatten (§ 150 Abs. 4 FamFG).

7. Allgemeine Angaben zu persönlichen und wirtschaftlichen Verhältnissen in vielfacher Richtung zweckmäßig, vgl. u. Anm. 7 zu Form. II. I. 8.

Angaben zur Staatsangehörigkeit sind erforderlich, weil hiervon unter Umständen die internationale Zuständigkeit (vgl. §§ 97, 98 FamFG) sowie das nach IPR anzuwendende materielle Recht abhängt (Art. 17 EGBGB).

8. Diese Angaben sind bei jeder Scheidung zwingend erforderlich (§ 133 FamFG), Verstoß kann jedoch durch Nachreichung eines Schriftsatzes geheilt werden.

9. An die Gründe des § 1565 Abs. 2 BGB stellte die Rechtsprechung zT. strenge Anforderungen. Erforderlich sind insbesonders schwere Eheverfehlungen des anderen Ehegatten oder schikanöses Verhalten (vgl. zB. OLG Hamm FamRZ 1979, 586: völlig mittelloses Dastehen lassen der Ehefrau, Eintreten der Wohnungstür; andererseits OLG Celle NJW 1982, 586 und OLG Köln FamRZ 1997, 24: „einfache" Homosexualität soll nicht genügen; str. sogar, ob ehebrecherisches Verhältnis erst bei öffentlichem Bekanntwerden ausreicht, vgl.

OLG Düsseldorf FamRZ 1986, 998; OLG Köln FamRZ 2003, 1565), auch wenn langandauerndes, sich steigerndes Fehlverhalten die Ehe allmählich zerstört („Fassprinzip", vgl. zB. OLG München NJW 1978, 49); str. auch, ob ein Zusammenleben mit einem neuen Partner in früherer Ehewohnung ausreicht (bejahend OLG Köln FamRZ 1999, 723; OLG Saarbrücken FamRZ 2005, 809; kritisch *Weber* NJW 2006, 3039. Sind Härtefallgründe bekannt und ist eine schnelle Scheidung gewünscht, sollte der Scheidungsantrag auch unverzüglich eingereicht werden. Je länger zugewartet wird, desto eher wird dem Antragsteller ein weiteres Zuwarten bis zum Ablauf des Trennungsjahres zuzumuten sein.

Die „positive" Härteklausel hat in der Praxis inzwischen sehr stark an Bedeutung verloren wegen der Neigung, auch unschlüssige oder unrichtige Scheidungsanträge irgendwie doch über das Trennungsjahr zu bringen, vgl. Anm. 3, 6 zu Form. II. I. 8. Im vorgestellten, nicht seltenen Fall aus der Praxis sind aber beide Ehegatten an schnellstmöglicher Scheidung interessiert, der Ehemann insbesondere zur Einräumung aller Vorwürfe und finanzieller Großzügigkeit bereit.

10. Zum Begriff des Getrenntlebens, speziell innerhalb der ehelichen Wohnung, vgl. u. Anm. 9 zu Form. II. I. 7.

11. Beschränkung des Tatsachen- und Beweisvorbringens bei Aussicht auf Einigung der Ehegatten weiterhin zweckmäßig, zulässig und erwünscht.

12. Anträge in Folgesachen können in die Antragsschrift bezüglich der Ehescheidung aufgenommen werden. Es empfiehlt sich jedoch schriftsatzmäßige Trennung und Anlage gesonderter Akten für Anwalt und Gericht, weil jede Folgesache bei Gericht ein eigenes Unterheft erhält, unter Umständen ein anderes Schicksal haben kann und insbesondere an manchen Folgesachen Dritte beteiligt sind (vgl. §§ 139 FamFG; ferner u. Anm. 12. zu Form. II. I. 8).

13. Zu beachten: Ein Verzicht auf künftigen Unterhalt während des Bestehens der Ehe ist nicht möglich (§ 1614 BGB), er ist lediglich möglich für den Zeitraum nach Scheidung (§ 1585 c BGB). Wegen Getrenntlebenvereinbarungen vgl. u. Anm. 16.

14. Vereinbarungen über den Versorgungsausgleich, die vor Rechtskraft der Scheidung geschlossen werden, bedürfen der notariellen Beurkundung oder der gerichtlichen Protokollierung, jedoch nicht mehr der Genehmigung des Gerichts, §§ 7 VersAusglG, 127 a BGB.

15. Lässt sich eine Partei (in der Regel Antragsgegner) nicht oder nicht mehr vertreten, so kommt Beiordnung eines Rechtsanwalts infrage (§§ 138 FamFG; vgl. auch Form. I. C. 2) und ist häufig, gerade in PKH-Fällen zur Herstellung der „Waffengleichheit" auch geboten (vgl. etwa OLG Köln FamRZ 1998, 251 zu § 121 Abs. 2 S. 1 ZPO).

16. Wegen Vereinbarungen vgl. auch Beck'sches Formularbuch z. Bürgerlichen, Handels- u. Wirtschaftsrecht, 9. Aufl. 2006 u. dort V. 22 und 23. (Unterhalt Ehegatten und Kinder).

Kosten und Gebühren

Gerichtskosten: 2,0 Gerichtsgebühren Nr. 1110 KV FamGKG, Rechtsanwaltsgebühren: 1,3 Verfahrensgebühr Nr. 3100 und 1,2 Terminsgebühr Nr. 3104 VV RVG. Zur Berechnung der Einkommens- und Vermögensverhältnisse für den Gegenstandswert einer Ehesache – § 43 FamGKG – wird meist abgestellt auf das 3-Monats-Nettoeinkommen beider Ehegatten minus 250,– EUR für jedes unterhaltsberechtigte Kind. Vermögen der Ehegatten wird i. d. R. mit 5% (nach Abzügen) angesetzt, dazu Gerold/Schmidt/*Müller-Rabe,* RVG, 18. Auflage 2008 § 16 RVG Rdn. 71 ff.

Fristen und Rechtsmittel

Vgl. im Einzelnen Form. II. I. 30.

7. Antrag auf einverständliche Scheidung (Getrenntleben von mindestens 1 Jahr)

An das
Amtsgericht[1]
– Familiengericht –

……, den ……

Antrag

der …… – Antragstellerin –
Verfahrensbevollmächtigte: Rechtsanwälte ……[2]
gegen
den …… – Antragsgegner –
Verfahrensbevollmächtigte: Rechtsanwälte ……[3]
wegen einverständlicher Ehescheidung
vorläufiger Gegenstandswert: EUR ……[4]

Unter Vorlage besonderer Verfahrensvollmacht[2] bitten wir namens der Antragstellerin um Anberaumung eines möglichst nahen Termins zur mündlichen Verhandlung[5] und stellen gegen den Antragsgegner folgende Anträge:

I. Die am 1. 4. 1996 vor dem Standesbeamten in ……, Heiratsregister Nr. ……/……, geschlossene Ehe der Beteiligten wird geschieden.
II. Die Kosten des Verfahrens werden gegeneinander aufgehoben[6].

Begründung:

I. Persönliche Verhältnisse der Beteiligten[7]
1. Die Antragstellerin, geb. am ……, und der Antragsgegner, geb. am ……, beide Deutsche Staatsangehörige, haben wie im Antrag bezeichnet die Ehe geschlossen. Die Beteiligten haben ihren derzeitigen gewöhnlichen Aufenthalt zwar im Bezirk verschiedener Familiengerichte, jedoch hat ihn die Antragstellerin mit den gemeinsamen minderjährigen Kindern (su. 2.) im Bezirk des angerufenen Familiengerichts[1].
2. Aus der Ehe sind folgende gemeinschaftliche Kinder hervorgegangen:
a) ……, geb. ……
b) ……, geb. ……[7]

Beweis zu 1–2: Familienstammbuch anbei

3. Familiensachen iSd. § 111 FamFG sind anderweitig nicht anhängig[7].

II. Wirtschaftliche Verhältnisse der Beteiligten
1. Die Antragstellerin, in den ersten 10 Monaten nach Eheschließung zunächst noch berufstätig, sodann Hausfrau ohne Einkommen, ist seit dem …… wieder halbtags berufstätig als Friseurin mit einem monatlichen Nettoeinkommen von EUR …… Sie verfügt über kein nennenswertes Vermögen.
2. Der Antragsgegner hat derzeit ein monatliches Nettoeinkommen als angestellter Kraftfahrer von EUR …… Auch er verfügt über kein nennenswertes Vermögen.

III. Ehescheidung
1. Die Ehe der Beteiligten ist gescheitert[8].
a) Die Lebensgemeinschaft der Ehegatten besteht nicht mehr: die Beteiligten leben seit Anfang April 2008 zunächst innerhalb der ehelichen Wohnung (3-Zim-

mer-Wohnung mit Wohnzimmer, Elternschlafzimmer, Kinderzimmer, Küche und Bad mit Toilette) räumlich getrennt in der Form, dass die Antragstellerin das Schlafzimmer, der Antragsgegner gelegentlich das Wohnzimmer benutzten. Der Antragsgegner versorgte sich selbst, die Antragstellerin führte nur für sich und die gemeinsamen ehelichen Kinder den Haushalt. Soweit die Ehegatten hierbei zusammenkamen, handelte es sich nur um ein durch die Umstände bedingtes Nebeneinander ohne persönliche Beziehungen.[9]

b) Der Antragsgegner hat eine ständige Freundin, mit der er mindestens seit Anfang April 2008 den größten Teil seiner Freizeit und die Wochenenden verbrachte. Nachdem er aus der ehelichen Wohnung zunächst nur deshalb nicht ausgezogen ist, weil die Wohnung seiner Freundin zu klein ist, hat er sich seit ...... ein möbliertes Zimmer gemietet, bis er mit dieser Freundin eine neue Wohnung findet; die Wiederherstellung der ehelichen Lebensgemeinschaft lehnt er auf Grund der Beziehung zur Freundin ab.[10]

c) Die Beteiligten haben zwar über kürzere Zeit, und zwar vom ...... bis zum ...... im Zusammenhang mit einer gemeinsamen Urlaubsreise wieder zusammengelebt. Dies sollte der Versöhnung der Ehegatten dienen, der Versuch ist jedoch gescheitert, weil der Antragsgegner von seiner Freundin nicht lassen will.[11]

Beweis zu 1. a)–1. b): Parteieinvernahme beider Ehegatten.

2. Der Antragsgegner wird durch seine Verfahrensbevollmächtigten sowie bei seiner Vernehmung die Zustimmung zur Scheidung, wie sie bereits in der als Anlage 1 hiermit vorgelegten Scheidungsvereinbarung zum Ausdruck kommt, erneut erklären[8]. Da die Ehegatten seit 1 Jahr getrennt leben, die Antragstellerin Scheidung begehrt und der Antragsgegner der Scheidung zustimmt, ist das Scheitern der Ehe und deren Zerrüttung unwiderlegbar zu vermuten (§ 1566 Abs. 1 BGB).

IV. Folgesachen[12]

1. Elterliche Sorge/Umgang/Kindesunterhalt[13]

Gemäß § 133 Abs. 1 Nr. 2 FamFG wird erklärt, dass die Beteiligten folgende Scheidungsvereinbarung im Termin protokollieren wollen:

a) Die Beteiligten sind sich darüber einig, dass Anträge zur Übertragung der elterlichen Sorge für die gemeinsamen Kinder auf einen Elternteil und zur Regelung des Umgangs der Eltern mit den Kindern nicht gestellt werden sollen, weil sich diese über das Fortbestehen der gemeinsamen elterlichen Sorge und über den Umgang einig sind[14].

b) In Ziff. 1 der Scheidungsvereinbarung haben sich die Beteiligten auch über den Unterhalt gegenüber den gemeinsamen ehelichen Kindern geeinigt[15].

2. Ehegattenunterhalt/Ehewohnung/Hausrat

a) Die Einigung der Beteiligten über den Ehegattenunterhalt ist in Ziff. 2 der Scheidungsvereinbarung enthalten.

b) Eine Einigung der Beteiligten über die Rechtsverhältnisse an der Ehewohnung und am Hausrat liegt vor gemäß der beigefügten Scheidungsvereinbarung für die Ehewohnung (Ziff. 3) und den gemeinsamen Hausrat (Ziff. 4)[16].

3. Zugewinnausgleich/sonstige Vermögensfragen

Anträge zum ehelichen Güterrecht sind nicht veranlasst (vgl. auch Ziff. 5 der vorgelegten Scheidungsvereinbarung[17]).

4. Versorgungsausgleich

Für den Versorgungsausgleich, über den von Amts wegen zu entscheiden ist, bitten wir um Übersendung der entsprechenden Formulare[18].

V. Kosten/Hilfs- und Verfahrensanträge/Sonstiges

1. Bei den geschilderten Einkommens- und Vermögensverhältnissen ist eine Abweichung von der gesetzlichen Kostenregelung nicht veranlasst.

2. Die anfangs aufgeführten Verfahrensbevollmächtigten des Antragsgegners, mit denen die vorgelegte Scheidungsvereinbarung[19] ausgehandelt wurde, sind unmittelbar zustellungsbevollmächtigt.

3. Kostenvorschuss in Höhe von EUR ...... ist beigefügt.

Rechtsanwalt

Anmerkungen

1.–7. Vgl. hierzu Anm. 1–8 zu Form. II. I. 6.

8. Grundtatbestand des § 1565 Abs. 1 BGB ergänzt durch die beiden zusätzlichen Merkmale des § 1566 Abs. 2 BGB (1 Jahr Getrenntleben/Zustimmung bzw. beiderseitiger Scheidungsantrag). Die Angabe, dass der Antragsgegner zustimmen wird, ist bei der einverständlichen Scheidung nach §§ 1566 BGB, nicht mehr erforderlich (vgl. § 133 Abs. 1 FamFG), aber zweckmäßig. Ein einverständliches Scheidungsverfahren kann auch aus einem zunächst streitigem Scheidungsverfahren hervorgehen. Der Antragsgegner kann aber auch dann, wenn er sich zur Zustimmung verpflichtet hat, diese Erklärung bis zum Schluss der mündlichen Verhandlung, selbst noch in der Berufungsinstanz, frei widerrufen (§ 134 Abs. 2 FamFG). Der Antragsteller muss dann zur streitigen Scheidung übergehen, vgl. BGH NJW 1984, 1303.

9. Zum Begriff des Getrenntlebens (objektive, totale Trennung und Trennungsabsicht) vgl. *Palandt/Brudermüller* § 1567 Rdn. 2 ff. Erfolgt die Trennung innerhalb der ehelichen Wohnung, ist die Aufgabe des gemeinsamen Haushalts und der wesentlichen persönlichen Beziehungen erforderlich; bloß räumliches „Nebeneinander" schadet nicht, wenn aus objektiv erkennbaren Umständen (vor allem Sorge für Kinder) erklärbar, vgl. zB. BGH NJW 1979, 1360 oder OLG Köln NJW 1987, 1561. Auch ein nicht völliges Getrenntleben kann bei ersichtlich unheilbarer Zerrüttung ausreichen, vgl. OLG München FamRZ 1978, 596, jedoch kann erneutes Zusammenleben über mehr als 3 Monate die Trennung unterbrechen, OLG Hamm NJW-RR 1986, 554.

10. In der Praxis genügt häufig der Vortrag, die Ehe sei zerrüttet oder das Trennungsjahr abgelaufen. Manche Gerichte verlangen aber auch substantiierten Sachvortrag, aus dem sich die Zerrüttung ableitet.

11. Zum Begriff der „Versöhnung" su. Anm. 7 zu Form. II. I. 9.

12. Vgl. Anm. 12 zu Form. II. I. 8 und Anm. 4 zu Form. II. I. 10.

13. Bei streitiger Scheidung oder Streit zu diesen Einzel-Familiensachen su. Form. II. I. 10.

14. Gemäß § 133 Abs. 1 FamFG muss der Scheidungsantrag folgende Angaben enthalten:
- Namen und Geburtsdaten der gemeinschaftlichen minderjährigen Kinder sowie die Mitteilung ihres gewöhnlichen Aufenthalts
- die Erklärung, ob die Ehegatten eine Regelung über die elterliche Sorge, den Umgang, und die Unterhaltspflicht gegenüber den gemeinschaftlichen minderjährigen Kindern sowie die durch die Ehe begründete gesetzliche Unterhaltspflicht, die Rechtsverhältnisse an der Ehewohnung und am Hausrat getroffen haben
- die Angabe, ob Familiensachen, an denen beide Ehegatten beteiligt sind, anderweitig anhängig sind

Werden die Angaben auch auf Nachfrage des Gerichts nicht gemacht, ist der Scheidungsantrag als unzulässig abzuweisen (*Musielak/Borth* FamFG § 133 Rdn. 2). Es ist nicht Voraussetzung, dass eine Einigung in den von § 133 Abs. 1 Nr. 2 FamFG genannten Punkten erfolgt ist. Die Mitteilung, dass dies nicht erfolgt ist, reicht aus und bleibt folgenlos (*Musielak/Borth* FamFG § 133 Rdn. 3).

15. Im Falle einer Einigung kann der Titel entweder durch einen Verfahrensvergleich herbeigeführt werden (in diesem Falle – da Verfahrenshandlung – ist Mitwirkung eines Rechtsanwalts auf Seiten des Antragsgegners nötig, so BGH NJW 1991, 1743, str.) oder aber durch notarielle Urkunde oder durch Anwaltsvergleich, § 796 a ZPO. Bei streitiger Scheidung oder Einzelstreit zu diesem Punkt vgl. u. Form. II. I. 12 und die dortigen Anm. sowie u. Anm. 19.

16. Eine Einigung über Ehewohnung und Hausrat ist nicht Voraussetzung für eine einverständliche Scheidung, s. Anm. 14.

17. Anträge zum ehelichen Güterrecht (alle Güterstände) stehen – auch bei einverständlicher Scheidung – im Belieben der Beteiligten. Ob eine Einigung in güterrechtlichen Fragen erzielt wurde, gehört auch nicht zu den Mitteilungspflichten des § 133 Abs. 1 Nr. 2 FamFG; vgl. hierzu insbes. Form. II. I. 15 und die dortigen Anm. sowie Anm. 19.

18. Vgl. hierzu insbes. die Form. II. I. 19 und 20 und die dortigen Anm.

19. Hinweise auf Gestaltungsmuster bei Anm. 16 zu Form. II. I. 6.

Kosten und Gebühren

Vgl. Form. II. I. 6

Fristen und Rechtsmittel

Vgl. im Einzelnen Form. II. I. 30; befristete Beschwerde, §§ 58, 63 FamFG, einzulegen beim Gericht erster Instanz binnen eines Monats, § 64 Abs. 1 FamFG; die Frist zur notwendigen Beschwerdebegründung beträgt zwei Monate ab Bekanntgabe des Beschlusses, § 117 Abs. 1 S. 3 FamFG; die Beschwerdebegründung ist beim Beschwerdegericht einzureichen, § 117 Abs. 1 S. 2 FamFG; zuständig für das Beschwerdeverfahren ist das OLG; § 119 Abs. 1 Nr. 1 a GVG: zur Anschlussbeschwerde vgl. § 145 FamFG.

8. Antrag auf streitige Scheidung (Getrenntleben ab 1 Jahr)

An das **……, den ……**
Amtsgericht[1]
– Familiengericht –

Antrag

des …… **– Antragsteller –**
Verfahrensbevollmächtigter: Rechtsanwalt ……[2]
gegen
…… **– Antragsgegnerin –**
wegen streitiger Ehescheidung[3]
vorläufiger Gegenstandswert: EUR ……[4]

Unter Vorlage besonderer Verfahrensvollmacht[5] bitten wir namens und im Auftrag des Antragstellers um Termin[6] zur mündlichen Verhandlung und stellen für diesen gegen die Antragsgegnerin folgende Anträge:

I. Die am …… vor dem Standesamt ……, Heiratsregister Nr. ……/…… geschlossene Ehe der Beteiligten wird geschieden.
II. Die Kosten des Verfahrens werden gegeneinander aufgehoben.

Begründung:

I. Persönliche Verhältnisse der Beteiligten[7]

1. Der Antragsteller, geb. am ……, und die Antragsgegnerin, geb. am ……, beide Deutsche Staatsangehörige[8], haben die im Antrag bezeichnete Ehe geschlossen. Die Antragsgegnerin, bei der die gemeinsamen minderjährigen Kinder derzeit noch leben, hat ihren gewöhnlichen Aufenthalt im Bezirk des angerufenen Familiengerichts[1].
2. Aus der Ehe der Beteiligten sind folgende gemeinsame minderjährige Kinder hervorgegangen
   a) Paul, geb. am 1. 12. 1994;
   b) Michael, geb. am 7. 6. 2001.

   Beweis zu 1. u. 2.: Familienstammbuch ……
3. Familiensachen iS. des § 111 FamFG sind anderweitig nicht anhängig.

II. Wirtschaftliche Verhältnisse der Beteiligten[7]

1. Der Antragsteller, früher Ingenieur im Anstellungsverhältnis mit einem monatlichen Nettoeinkommen von EUR 3.500,–, ist seit 1. 1. 2008 als selbstständiger Handelsvertreter mit sehr unregelmäßigem Einkommen, im Durchschnitt derzeit EUR 1.000,– netto/Monat, tätig. Er verfügt über kein nennenswertes Vermögen.
   Er hat in der Vergangenheit für die Antragsgegnerin und die gemeinsamen ehelichen Kinder monatlich ca. EUR 1.050,– geleistet, diese Beträge aber infolge eines niedrigeren Einkommens in den letzten Monaten erheblich einschränken müssen, zumal er seit Januar 2009 für ein weiteres (außereheliches) Kind unterhaltspflichtig ist.
2. Die Antragsgegnerin soll nach ihren Angaben derzeit ohne Arbeitseinkommen sein. Sie verfügt aber über zinsbringende Ersparnisse in Höhe von mindestens EUR 20.000,– jährlich.

III. Ehescheidung

1. Die Ehe der Beteiligten ist gescheitert[9].
   a) Die eheliche Lebensgemeinschaft besteht nicht mehr: die Beteiligten leben bereits seit Mai 2005 getrennt, zunächst bis Oktober 2005 unter Aufhebung der persönlichen, insbesondere ehelichen, Beziehungen und bei getrennter Haushaltsführung in der damaligen ehelichen Wohnung in ……, ab Ende Oktober 2005 in der Weise, dass der Antragsteller aus der damaligen ehelichen Wohnung auszog und seitdem in …… mit seiner Lebensgefährtin, Frau X, ständig zusammenlebt, mit der er inzwischen das am 1. 1. 2009 geborene Kind …… hat.
   b) Da die Beteiligten im Zeitpunkt der letzten mündlichen Verhandlung[6] über den Scheidungsantrag mindestens 3 Jahre getrennt leben werden, ist das Scheitern der Ehe unwiderlegbar zu vermuten (§ 1566 Abs. 2 BGB).
2. Rein vorsorglich wird darauf hingewiesen[10], dass die Ehe der Beteiligten unabhängig von der genauen Dauer der Trennungszeit schon jetzt als endgültig und unwiderruflich gescheitert anzusehen ist:
   Der Antragsteller hat sich schon Anfang 2005 von der Antragsgegnerin abgewandt, mit der er ständig Auseinandersetzungen hatte. Mit einer anderen Frau, nämlich Frau X., besteht seitdem ein Liebesverhältnis und seit Ende Oktober 2005 darüber hinaus ständiges Zusammenleben in häuslicher Gemeinschaft. Schon vor seinem Auszug aus der damaligen ehelichen Wohnung in ……, erst recht nach dem Zusammenziehen mit Frau X. hat der Antragsteller der Antragsgegnerin immer wieder klar und deutlich erklärt, dass er die Wiederherstellung der Lebensgemeinschaft mit ihr ablehne und dringend die Scheidung wolle, um Frau X. zu heiraten, auch weil er noch gemeinsame Kinder mit ihr wünsche. Die

fortbestehenden Kontakte zwischen den Beteiligten basieren nur noch auf dem Umgang mit den gemeinsamen ehelichen Kindern.

Beweis zu 1–2: Parteieinvernahme;

Die bisherige Ablehnung der Scheidung durch die Antragsgegnerin erfolgt seit langem nicht mehr aus innerer Bindung der Antragsgegnerin an diese gescheiterte Ehe, sondern allein aus Feindseligkeit gegenüber dem Antragsteller und seiner Freundin.

IV. Folgesachen[11, 12]

1. Elterliche Sorge/Umgang/Kindesunterhalt

a) Zur elterlichen Sorge für das Kind Paul, geb. am 1. 12. 1994, wird Antrag auf Übertragung der elterlichen Sorge auf den Antragsteller in gesondertem Schriftsatz gestellt. Ein Antrag für das Kind Michael, geb. am 7. 6. 2001, wird derzeit nicht gestellt, wenngleich eine Einigung zwischen den Beteiligten bislang nicht erzielt werden konnte[13].

b) Eine Einigung in der Frage des Umgangsrechts mit beiden Kindern konnte bislang nicht erreicht werden[14].

c) Über die Höhe des Kindesunterhalts konnte bislang keine Einigung der Parteien für die Zeit ab 1. 1. 2009 erzielt werden.[15].

2. Ehegattenunterhalt/Ehewohnung/Hausrat

a) Seitens des Antragstellers sind Anträge zum Ehegattenunterhalt derzeit nicht veranlasst[15]. Eine Einigung wurde bislang nicht erzielt.

b) Anträge zur Ehewohnung entfallen, zumal die Antragsgegnerin die frühere eheliche Wohnung, von ihr seit Ende Oktober 2005 allein bewohnt, im Jahre 2009 aufgelöst hat und mit dem Hausrat in eine eigene Wohnung gezogen ist.

c) Anträge zum Hausrat bleiben jedoch vorbehalten,[16] da noch keine vollständige Einigung herbeigeführt werden konnte.

3. Zugewinn/sonstige Vermögensfragen

Anträge zum Zugewinn will der Antragsteller, obwohl möglicherweise ein Zugewinn seitens der Antragsgegnerin vorliegt, derzeit ebenfalls nicht stellen[16].

4. Versorgungsausgleich

Dieser ist hier an sich von Amts wegen durchzuführen[17]. Jedoch beantragt der Antragsteller insoweit Vorwegentscheidung über den Scheidungsantrag (su. V. 2. mit weiterer Begründung).

V. Kosten/Hilfs- und Verfahrensanträge/Sonstiges

1. Die gesetzliche Kostenfolge gemäß § 150 Abs. 1 FamFG erscheint angemessen.

2. Vorwegentscheidung über Scheidung vor Versorgungsausgleich:

Der Antragsteller war während der Ehezeit[18] mehrfach selbstständig, dann wieder in verschiedenen Bereichen als Angestellter tätig und bei verschiedenen Versorgungsträgern versichert, so dass sich ein sehr komplizierter Versicherungsverlauf ergibt. Über Teilaspekte, insbesondere die Zulässigkeit und Bewertung von durch den Antragsteller während Zeiten selbstständiger Tätigkeit entrichteten freiwilligen Einzahlungen und Nachzahlungen zur Sozialversicherung, muss der Antragsteller einen Rechtsstreit in der Sozialgerichtsbarkeit möglicherweise noch anstrengen[19]; dies wird vom Ausgang eines derzeit beim Landesarbeitsgericht ……, Aktenzeichen …… anhängigen Arbeitsgerichtsprozesses des Antragstellers mit seiner früheren Arbeitgeberin, der Fa. ……, abhängen, in welchem es unter anderem um die Frage geht, ob das letzte Anstellungsverhältnis des Antragstellers zu dieser Firma bis zum 31. 12. 2007 Bestand hatte oder auf Grund fristloser Arbeitgeberkündigung bereits im Januar 2007 beendet wurde, mit Auswirkungen auf die Versorgungsanwartschaften des Antragstellers in der Angestelltenversicherung.[19]

Beweis: ……

……

Die gleichzeitige Entscheidung über den Versorgungsausgleich würde daher den Scheidungsausspruch so außergewöhnlich verzögern, dass der Aufschub, bei vergleichsweise geringerer Bedeutung der Folgesache, im Hinblick auf die langjährige Trennung und die Notwendigkeit baldiger Legitimierung des nichtehelichen Kindes des Antragstellers mit X. eine unzumutbare Härte darstellen würde[20].

Es wird daher die Abtrennung der Folgesache Versorgungsausgleich gem. § 140 Abs. 2 Nr. 5 FamFG beantragt.

3. **Bereits jetzt wird gemäß § 142 Abs. 2 FamFG beantragt, dem Antragsteller vorzubehalten, im Falle einer Abweisung seines Scheidungsantrages das Verfahren über die elterliche Sorge für das Kind Paul als selbstständige Familiensache fortzuführen[21, 22].**
4. **Kostenvorschuss in Höhe von EUR ...... ist beigefügt.**

Rechtsanwalt

Anmerkungen

1.–2. Vgl. Anm. 1, 2 zu Form. II. I. 6.

3. Zum Begriff der Trennung vgl. Anm. 9 zu Form. II. I. 7; zu möglichen Einwendungen des scheidungsunwilligen Ehegatten vgl. Form. II. I. 9, insbes. Text III. 1. und Anm. 9 und 10). Die Ehe kann geschieden werden, wenn sie gescheitert ist, § 1565 Abs. 1 BGB. Das Scheitern wird unwiderlegbar vermutet, wenn die Eheleute seit einem Jahr getrennt leben und der andere Ehegatte dem Scheidungsantrag zustimmt oder die Scheidung selbst beantragt, § 1566 Abs. 1 BGB. Das Scheitern wird unwiderlegbar vermutet, wenn die Eheleute drei Jahre getrennt leben, § 1566 Abs. 2 BGB.

Allerdings werden in der Praxis die Anforderungen an das Vorliegen der Zerrüttung und deren Nachweis ständig herabgesetzt, so dass heute in aller Regel trotz Abweisungsantrag des Ag. nach 1 Jahr Trennung streitig geschieden wird (falls nicht Folgesachen Verzögerung bringen).

4.–5. Vgl. Anm. 3, 4 zu Form. II. I. 6.

6. Wann das Familiengericht ersten – und bei Beweisschwierigkeiten zur Trennungszeit möglicherweise letzten – Scheidungstermin vor Antragsabweisung ansetzt, liegt in dessen pflichtgemäßem Ermessen. Die Praxis ist auch bei eindeutig verfrühten Scheidungsanträgen sehr unterschiedlich; nicht immer erfolgt im Interesse des scheidungsunwilligen Antragsgegners sehr kurzfristige Terminierung mit Antragsabweisung.

Häufiger sind geduldete oder vom FamG selbst veranlasste Verzögerungen (zB. Vorermittlungen zum VA, denen sich der Ag. nicht entziehen kann und die den Scheidungsantrag hinsichtlich der Trennungsfrist irgendwann schlüssig bzw. beweisbar machen. BGH NJW 1997, 1007f. stellt die lange strittige Frage nunmehr klar, dass verfrühte Anträge nach Zeitablauf im Verfahren nach dem Stand der letzten m. V. zu beurteilen und damit (selbst bei Verdacht auf Manipulation zB. des Zugewinn-Stichtags) letztlich zur Scheidung führen können, dies insbesondere auch noch in der Berufung; immerhin drohen dem voreiligen Ast. dann aber *Kostennachteile* (für das Beschwerdeverfahren § 113 Abs. 1 S. 2, 150 Abs. 4 FamFG i. V. m. § 97 ZPO analog; BGH NJW 1997, 1007).

7. Genauer Vortrag zu den persönlichen und wirtschaftlichen Verhältnissen über die Mindestanforderungen des § 133 FamFG hinaus empfiehlt sich normalerweise als Check-Liste für den bearbeitenden Anwalt und zur Vermeidung späterer Rückfragen und Verzögerungen, für rasche Ermittlung von Gegenstandswert und Kosten einschließlich Kostenvorschüssen, aber auch als Bezugsbasis für spätere Einzelausführungen zu einzelnen Sachanträgen (einschließlich Folgesachen).

8. Bedeutsam für internationale Zuständigkeit (§§ 97, 98 FamFG) und das nach IPR anzuwendende materielle Recht (Art. 17 EGBGB).

9. Wegen der Unbestimmtheit der Rechtsbegriffe in § 1567 Abs. 1, insbesondere bei Getrenntleben innerhalb der ehelichen Wohnung und kürzeren „Versöhnungszeiten" gemäß § 1567 Abs. 2 BGB (vgl. zB. OLG Hamm NJW-RR 1986, 554: erneutes Zusammenleben von mehr als 3 Monaten unterbricht Trennung; OLG Köln FamRZ 1982, 1015; 4 Monate), ist bei echter streitiger Scheidung substantiierter Vortrag zur Trennung erforderlich. Das „Scheitern der Ehe" ist Grundtatbestand für alle Scheidungsvarianten.

10. Wegen Anm. 9 (Chancen für scheidungsunwillige Antragsgegner beim Bestreiten ausreichender Trennungszeiten, vgl. Form. II. I. 9) und als Vor-Abwehr gegnerischer Aussetzungsanträge nach § 136 FamFG (ggf. auch als Vorbereitung einer Vorwegentscheidung aus § 140 FamFG) empfiehlt sich häufig mindestens sofortige Ermittlung, oft auch baldiger schriftsätzlicher Vortrag weiterer das Scheitern der Ehe begründender Umstände mit Beweismitteln.

11. Gemäß § 133 Abs. 1 FamFG muss der Scheidungsantrag folgende Angaben enthalten:
- Namen und Geburtsdaten der gemeinschaftlichen minderjährigen Kinder sowie die Mitteilung ihres gewöhnlichen Aufenthalts
- die Erklärung, ob die Ehegatten eine Regelung über die elterliche Sorge, den Umgang, und die Unterhaltspflicht gegenüber den gemeinschaftlichen minderjährigen Kindern sowie die durch die Ehe begründete gesetzliche Unterhaltspflicht, die Rechtsverhältnisse an der Ehewohnung und am Hausrat getroffen haben
- die Angabe, ob Familiensachen, an denen beide Ehegatten beteiligt sind, anderweitig anhängig sind

Werden die Angaben auch auf Nachfrage des Gerichts nicht gemacht, ist der Scheidungsantrag als unzulässig abzuweisen (*Musielak/Borth* FamFG § 133 Rdn. 2). Es ist nicht Voraussetzung, dass eine Einigung in den von § 133 Abs. 1 Nr. 2 FamFG genannten Punkten erfolgt ist. Die Mitteilung, dass dies nicht erfolgt ist, reicht aus und bleibt folgenlos (*Musielak/Borth* FamFG § 133 Rdn. 3).

12. Folgesachen sind die in § 137 Abs. 2 und 3 FamFG genannten Verfahren, wenn eine Entscheidung für den Fall der Scheidung zu treffen ist. Der Versorgungsausgleich ist Folgesache von Amts wegen. Weitere Voraussetzung ist, dass die Anträge in Unterhaltssachen, Ehewohnungs- und Haushaltssachen sowie Güterrechtssachen zwei Wochen vor der mündlichen Verhandlung in der Scheidungssache anhängig gemacht werden, § 137 Abs. 2 S. 1 FamFG. Anträge auf elterliche Sorge, Umgangsrecht oder Kindesherausgabe können bis zum Schluss der mündlichen Verhandlung in der Scheidungssache erster Instanz noch anhängig gemacht werden. Das Gericht kann aber die Einbeziehung in den Verbund ablehnen, wenn sie dem Kindeswohl widerspricht, § 137 Abs. 3 FamFG. Wird die Zwei-Wochen-Frist des § 137 Abs. 2 FamFG versäumt, kann keine Abtrennung erfolgen, sondern es muss der Antrag als unzulässig abgewiesen werden, da neben einem Scheidungsverfahren keine isolierte Folgesache zulässig ist (ebenso *Musielak/Borth* FamFG § 137 Rdn. 28).

13. Jeder Ehegatte kann rechtzeitig, dh. vor Schluss der mV. durch entsprechende Anträge Aufnahme in den Scheidungsverbund erreichen, auch über Umgang oder Herausgabe (§ 137 Abs. 3 FamFG). Inzwischen besteht die Tendenz der Rspr., es möglichst bei gemeinsamer elterlicher Sorge zu belassen, wenn wenigstens minimaler Konsens zwischen den Eltern möglich erscheint (vgl. *Weber* NJW 2004, 3084, 3086 ff.; in den Grenzen der Entscheidung des BVerfG, FamRZ 2004, 354). In der Praxis sind Verfahren in Kindschaftssachen nur selten Folgesachen, weil in aller Regel eine sofortige Entscheidung begehrt wird und nicht erst für die Zeit nach der Scheidung.

14. § 133 Abs. 1 Nr. 2 FamFG verlangt eine Erklärung, ob über das Umgangsrecht eine Einigung der Eheleute gefunden werden konnte.

15. Unterhaltsansprüche des Kindes für die Zeit der noch bestehenden Ehe und Unterhaltsansprüche des Ehegatten aus § 1361 BGB sind, obwohl Familiensachen, keine Folgesachen. Die Zeit bis zur Rechtskraft des Scheidungsurteils kann mit einstweiligen Anordnungen überbrückt werden (zum einstweiligen Rechtsschutz in Unterhaltssachen außerhalb des Scheidungsverfahrens s. Form. II. I. 26). In der Praxis wird daher empfohlen, den gesamten Kindesunterhalt von Anfang an (nicht erst „ab Rechtskraft der Scheidung") in einem selbstständigen Verfahren (vgl. etwa Form. II. I. 12) und nicht im Verbund geltend zu machen (mit Ausnahmen, so wenn wegen Sorgerechtsstreit auch die Barunterhaltspflicht schon dem Grunde nach strittig ist.

16. Nach §§ 1361 a, 1568 b BGB auch als isolierte Familiensache ohne Scheidungsverfahren möglich für Ehewohnung und Hausrat. Isolierte eAOen gemäß § 49 FamFG zulässig, vgl. auch Anm. zu Form. II. I. 18 und 25, dort auch zu erweiterten Möglichkeiten durch das GewaltschutzG. Angaben, ob eine Einigung über güterrechtliche Ansprüche erzielt wurde, schreibt § 133 FamFG nicht vor.

17. Obwohl der Versorgungsausgleich von Amts wegen betrieben wird, erfordern zahlreiche Sondervorschriften zusätzliche förmliche Anträge der Beteiligten, andere mindestens speziellen Tatsachenvortrag, su. Form. II. I. 19 u. 20, insbes. Anm. 4 zu Form. II. I. 19.

18. Legaldefinition in § 3 VersAusglG: endet am Ende des der Zustellung des Scheidungsantrages vorausgegangenen Monats auch dann, wenn Scheidungsverfahren später längere Zeit zum Ruhen kommt (aA. AG Stuttgart NJW 1978, 646 f.; dagegen *Parche* NJW 1979, 139/140, in diesem Sinne – wenn auch zum Zugewinn – auch BGH FamRZ 1983, 350: alter Stichtag bleibt); differenzierend jetzt BGH NJW-RR 2004, 1297 bei zwischenzeitlicher Versöhnung.

19. Reicht nicht für § 140 Abs. 2 Nr. 2 FamFG, da dort Aussetzung der Folgesache Versorgungsausgleich durch das Familiengericht gemäß § 221 FamFG wegen bereits anhängigem Verfahren (zB. Sozialgericht, Verwaltungsgericht, Arbeitsgericht) vorangegangen sein muss, so *Musielak/Borth* FamFG § 140 Rdn. 5.

20. Abwägung gegen die Interessen des anderen Ehegatten und der Kinder, für eine Fallgestaltung ähnlich wie im Text als unzumutbare Härte anerkannt zB. durch OLG Frankfurt FamRZ 1978, 363; noch weitergehend BGH NJW 1987, 1772 bei Verzögerung des Zugewinnverfahrens wegen nötiger Grundstücksachverständiger: die dort angenommene durchschnittliche Verbundverfahrensdauer von 2 Jahren dürfte bei umfangreichem Zugewinnausgleich selten zutreffen (dort allerdings: erwartetes Kind aus neuer Partnerschaft führt zu Härte, vgl. auch BGH FamRZ 1996, 1333; OLG Köln FuR 1997, 355).

Zur Abtrennung gemäß § 140 FamFG vgl. Rdn. 22.

21. Bei **Abweisung** des Scheidungsantrages werden die Folgesachen gem. § 142 Abs. 2 S. 1 FamFG gegenstandslos. Dies gilt nicht für Folgesachen des § 137 Abs. 3 FamFG und für solche Folgesachen, für die ein Beteiligter vor der Entscheidung ausdrücklich erklärt hat, sie fortführen zu wollen, § 142 Abs. 2 FamFG. Diese Verfahren werden dann als selbständige Verfahren fortgeführt. Einer Entscheidung darüber bedarf es nicht. Auch eine **Rücknahme** des Scheidungsantrages erstreckt sich auf die Folgesachen, § 141 FamFG. Auch hier besteht die Möglichkeit, die Folgesachen als selbständige Verfahren fortzusetzten, wenn dies von einem Beteiligten vor Wirksamwerden der Rücknahme erklärt wird, § 141 S. 2 FamFG. Ausgenommen davon sind die nicht zur Disposition der Beteiligten stehenden Sorgerechtsverfahren wegen Gefährdung des Kindeswohls, § 141 S. 2 FamFG, die auch ohne Fortsetzungserklärung fortgeführt werden. Die Folgesache Versorgungsausgleich kann ohne Scheidungsverfahren nicht fortgesetzt werden. Eine Folgsache nachehelicher Unterhalt kann auf Trennungsunterhalt umgestellt werden (*Musielak/Borth*, FamFG § 142 Rdn. 7). Die derart verselbstständigte Familiensache erfährt regelmäßig zugleich eine Änderung nach prozessualem Streitgegenstand und materieller Rechtsgrundlage, schon deshalb, weil sie nun nicht mehr „für den Fall der Scheidung" beantragt wird.

22. Eine Abtrennung einer Folgesache aus dem Verbund ermöglicht auf Antrag jedes Ehegatten § 140 FamFG. Abgetrennte Verfahren auf Kindes- und Ehegattenunterhalt bleiben Folgesachen, § 137 Abs. 5 S. 1 FamFG. Im übrigen werden abgetrennte Folgesachen als selbstständige Familiensachen mit besonderer Kostenentscheidung fortgeführt, § 137 Abs. 5 S. 2 FamFG. Diese Hauptsacheentscheidung (zB. nach § 1671 BGB) kann dann über den Scheidungsausspruch hinaus fortgelten.

Kosten und Gebühren

Wie Form. II. I. 6. Zur Verfahrenskosten-Vorschusspflicht vgl. auch Form. II. I. 23.

Fristen und Rechtsmittel

Vgl. im Einzelnen Form. II. I. 30.

9. Antrag auf streitige Scheidung (hier: Einwendungen der Antragsgegnerin)

An das **……, den ……**
Amtsgericht[1]
– Familiengericht –

Antrag

in der Ehesache
…… **– Antragsteller –**
Verfahrensbevollmächtigter: Rechtsanwalt ……[2]
gegen
…… **– Antragsgegnerin –**
Verfahrensbevollmächtigte: Rechtsanwälte ……[2]
wegen streitiger Ehescheidung[3]
Az.: ……

bestellen wir uns unter Vorlage besonderer Verfahrensvollmacht[4] **für die Antragsgegnerin, in deren Namen und Auftrag wir dem Scheidungsantrag des Antragstellers entgegentreten mit folgenden Anträgen:**

I. Der Ehescheidungsantrag wird abgewiesen.
II. Hilfsweise: Das Verfahren wird gemäß § 136 Abs. 1 FamFG auf die Dauer von 6 Monaten ausgesetzt.
III. Der Antragsteller hat die Kosten des Verfahrens zu tragen.

Begründung:

I. Persönliche Verhältnisse der Beteiligten
1. Die Angaben des Antragstellers zur Eheschließung und den gemeinsamen ehelichen Kindern sind richtig.

2. Auch sind Familiensachen zurzeit anderweitig nicht anhängig, jedoch hat der Antragsteller bereits im Jahre 2002 versucht, sich von der Antragsgegnerin wegen angeblicher unzumutbarer Härte gemäß § 1565 Abs. 1 und Abs. 2 BGB scheiden zu lassen, diesen Scheidungsantrag jedoch im seinerzeitigen Verfahren kurz nach Einreichung vorbehaltslos zurückgenommen.

Beweis: Scheidungsakten des Amtsgerichts – Familiengerichts – ……, Aktenzeichen ……, deren Beiziehung hiermit beantragt wird.

II. Wirtschaftliche Verhältnisse der Beteiligten

1. Die Angaben des Antragstellers zu seinen wirtschaftlichen Verhältnissen müssen bestritten werden. Die Antragsgegnerin muss davon ausgehen, dass der Antragsteller derzeit auch als selbstständiger Handelsvertreter über ein monatliches Nettoeinkommen von mindestens EUR 2.000,– verfügt und erhebliches Vermögen[5] hat, insbesondere aus Lebensversicherungsverträgen (Kapitallebensversicherungen), Aktien und anderen Wertpapieren, mindestens einem Bausparvertrag, ferner zwei Beteiligungen an Handelsgesellschaften, welche die Antragsgegnerin nicht nennen kann (im übrigen su. IV. 3.).

   Auch die Angaben über vom Antragsteller geleistete Unterhaltszahlungen sind so nicht richtig (im übrigen su. IV. 1.).

2. Die Antragsgegnerin ist ohne eigenes Arbeitseinkommen, nicht erwerbstätig. Sie betreut die beiden gemeinsamen ehelichen Kinder Paul und Michael, die bei ihr leben. Die Antragsgegnerin ist wegen einer nach der Trennung diagnostizierten psychischen Erkrankung erwerbsunfähig. Bei ihr wurde eine schwere depressive Erkrankung festgestellt. Infolge der völlig unzureichenden Unterhaltsleistungen des Antragstellers hat sie die von diesem behaupteten Ersparnisse bereits verbrauchen müssen, den Rest, derzeit höchstens noch EUR 3.500,– benötigt sie als Notreserve.

III. Ehescheidung

1. Die Ehe zwischen den Beteiligten ist nicht endgültig gescheitert, obwohl die Lebensgemeinschaft der Ehegatten derzeit nicht besteht. Aus der Sicht der Antragsgegnerin kann vielmehr durchaus erwartet werden, dass die Ehegatten die eheliche Lebensgemeinschaft eines Tages wiederherstellen werden[6].

   a) Soweit der Antragsteller seinen Scheidungsantrag auf §§ 1566 Abs. 2, 1567 BGB stützt, scheitert dieser schon daran, dass die gesetzliche Trennungszeit von 3 Jahren in Wirklichkeit noch nicht abgelaufen ist. Die angeführten Streitigkeiten im Jahre 2005 waren durch Seitensprünge des Antragstellers mit anderen Frauen verursacht, welche die Antragsgegnerin dem Antragsteller jedoch aus ehelicher Gesinnung und im Interesse eines geborgenen Zuhauses der gemeinsamen Kinder in einer intakten Familie verziehen hat. Auch haben die Beteiligten zwischen Mai und Oktober 2006 in der damaligen ehelichen Wohnung in …… noch nicht im Sinne des § 1567 BGB vollständig getrennt gelebt; vielmehr ……[7]

      Beweis: ……

      – als Zeugen –.

   b) Ferner kam es zwischen den Beteiligten im Januar 2008 anlässlich eines gemeinsamen Skiurlaubs mit den Kindern zu einer Versöhnung und einem erneuten Zusammenleben über einen Zeitraum, der über ein Zusammenleben im Sinne des § 1567 Abs. 2 BGB deutlich hinausging. Im Einzelnen ……[7]

      Der Antragsteller äußerte damals mehrfach die Absicht, zur Antragsgegnerin zurückzukehren.

      Beweis: Parteieinvernahme;

      ……

      – als Zeugen –.

2. Aussetzungsantrag
   a) Auch das Verhalten des Antragstellers nach seinem Auszug aus der damaligen ehelichen Wohnung in ...... im März 2008 (nicht: Oktober 2005) zeigt, dass die Ehe der Beteiligten durchaus noch zu retten ist. Jedenfalls erscheint die hilfsweise beantragte Aussetzung des Verfahrens gemäß § 136 Abs. 1 FamFG gerechtfertigt, weil Aussicht auf Fortsetzung der Ehe trotz der derzeitigen Verbindung des Antragstellers zu jener Frau X. und des angeblich vom Antragsteller stammenden Kindes dieser Frau X. besteht. Dies ergibt sich im Einzelnen aus folgenden Umständen: ......

      Beweis: ......

      Der Antragsteller hat noch im Jahre 2009 wiederholt seine Bereitschaft zum Ausdruck gebracht, zur Antragsgegnerin und den gemeinsamen Kindern zurückzukehren: ......

      Beweis: ......

      Die Antragsgegnerin ist bereit, mit dem Antragsteller zusammen eine Eheberatungsstelle in Anspruch zu nehmen (§ 136 Abs. 4 FamFG).
   b) Eine Aussetzung des Verfahrens auf die Dauer von mindestens 6 Monaten ist danach selbst dann gesetzlich möglich (§ 136 Abs. 3 S. 2 FamFG) und hier auch sachlich begründet, wenn das Gericht von einer Trennung von bereits 3 Jahren als erweisbar ausgehen würde[8].
3. Rein vorsorglich beruft sich die Antragsgegnerin auf die Härteklausel des § 1568 BGB[9].
   a) Die Aufrechterhaltung dieser Ehe ist notwendig im Interesse der beiden minderjährigen Kinder Paul und Michael, wie sich insbesondere aus Folgendem ergibt: ......

      Beweis: ......
   b) Darüber hinaus würde eine Scheidung im derzeitigen Zeitpunkt für die Antragsgegnerin auf Grund außergewöhnlicher Umstände eine so schwere Härte darstellen, dass die Aufrechterhaltung der Ehe auch unter Berücksichtigung der Belange des Antragstellers hier ausnahmsweise geboten erscheint (§ 1568 Abs. 1 2. Alt. BGB).[10] Die Antragsgegnerin, heute 46 Jahre, hat sich für den Antragsteller, heute 58 Jahre, menschlich und wirtschaftlich aufgeopfert, der jetzt wegen seiner ehewidrigen Verbindung zu Frau X., 22 Jahre, aus der Ehe fortstrebt. Die geltend gemachten Umstände vornehmlich menschlich-psychologischer, sind insbesondere folgende: ......

      Beweis: ......
   c) Die vom Antragsteller – der immerhin die derzeitige Krise dieser Ehe allein verschuldet hat – geltend gemachten Belange sind nicht so schwerwiegend, dass sie die Anwendung des § 1568 Abs. 1 BGB im vorliegenden Falle ausschließen würden; denn ......

      Beweis: ......

IV. Folgesachen und weitere selbständige Familiensachen:[12]

Da der Scheidungsantrag abzuweisen, mindestens das Verfahren auszusetzen ist, kommt eine Entscheidung über die vom Antragsteller für den Fall der Scheidung beantragten anderen Familiensachen nicht in Betracht (§ 142 Abs. 2 S. 1 FamFG).

Die Antragsgegnerin macht auf Rat ihrer Anwälte lediglich rein vorsorglich für den Fall, dass das Gericht dem Scheidungsantrag dennoch stattgeben sollte, zu anderen Familiensachen iS. des § 137 FamFG, soweit erforderlich, folgende Ausführungen:

1. Elterliche Sorge
   a) Dem Antrag des Antragstellers, ihm allein die elterliche Sorge für das gemeinsame eheliche Kind Paul zu übertragen, wird die Antragsgegnerin in gesonder-

tem Schriftsatz entgegentreten. Für beide Kinder wird Übertragung auf die Mutter allein beantragt werden[11].

b) Es trifft zu, dass bisher eine einvernehmliche Regelung über den Umgangs des Antragstellers mit den Kindern nicht erzielt werden konnte.

2. Ehegattenunterhalt
Die Antragsgegnerin hat zwischenzeitlich einen Antrag auf Erlass einer einstweiligen Anordnung[15] Ehegattenunterhalt[14] gestellt. Das Verfahren ist beim Familiengericht unter dem Aktenzeichen ...... anhängig.

3. Die Antragsgegnerin hat auch zum Kindesunterhalt[5] gleichzeitig einen Antrag als Hauptsacheverfahren eingereicht. Dieses Verfahren trägt das Aktenzeichen ......[13].

3. Zugewinn/sonstige Vermögensfragen
Rein vorsorglich für den Fall, dass dem Scheidungsantrag dennoch stattgegeben werden sollte, wird die Antragsgegnerin in gesondertem Schriftsatz Stufenklage auf Zugewinnausgleich als Folgesache noch anhängig machen[15].

4. Versorgungsausgleich
Die Antragsgegnerin widersetzt sich dem Antrag auf Vorwegentscheidung, weil die vom Antragsteller behaupteten Verzögerungsumstände so nicht zutreffen, für den Antragsteller auch keine unzumutbare Härte darstellen, jedenfalls das Interesse der Antragsgegnerin an einer Regelung aller Folgesachen im Verbund, wenn schon geschieden werden soll, überwiegt. Im Einzelnen ......[16]
Beweis: ......

V. Kosten/Verfahrens- und Hilfsanträge/Sonstiges

1. Hinsichtlich des Kostenantrages wird gebeten zu prüfen, ob bei den dargestellten, ggf. näher aufzuklärenden wirtschaftlichen Verhältnissen beider Beteiligten nicht eine die Antragsgegnerin stärker entlastende Kostenverteilung billig erscheint (§ 150 Abs. 4 S. 1 FamFG).[18]

2. Ein Antrag auf einstweilige Anordnung eines Verfahrenskostenvorschusses wird noch mit gesondertem Schriftsatz gestellt werden.[17]

Rechtsanwalt

Anmerkungen

1.–2. Der zugrundeliegende Sachverhalt ist in Form. II. I. 8 zu ersehen. Vgl. je Anm. 1, 2 zu Form. II. I. 6. Dort auch (Anm. 3) zu streitigem Scheidungsverfahren ohne zweiten Anwalt, was bei Einwendungen der in diesem Muster vorgesehenen Art von vorneherein ausscheidet.

3. Sowohl bei – wie hier – einseitig streitigem Scheidungsantrag wie beiderseits streitigem, dh. nur auf Scheitern der Ehe, ggf. zusätzlich auf § 1565 Abs. 2 BGB gestützten Scheidungsanträgen liegt streitige Scheidung mit nunmehr nur noch einheitlichem Streitgegenstand (Bestand der Ehe) vor (str.), vgl. etwa OLG Stuttgart NJW 1979, 167 mit Nachweisen.

4. § 114 Abs. 5 FamFG; gilt automatisch auch für die – hier nur hilfsweise – geltendgemachten Folgesachen, § 114 Abs. 5 S. 2 FamFG. Auch in diesem Antrags-Erwiderungsschriftsatz wird das Schema teilweise getrennter Aktenführung beibehalten, Anm. 12 zu Form. II. I. 6.

5. Zur erweiterten Unterhaltspflicht (auch mit dem Stamm des Vermögens) der Eltern gegenüber minderjährigen unverheirateten Kindern vgl. § 1603 Abs. 2 BGB.

6. Angegriffen wird also die 2. Voraussetzung des Grundtatbestandes in § 1565 Abs. 1 S. 2 BGB („Prognose“; zu den Einzelkriterien vgl. Palandt/*Brudermüller* § 1565 Rdn. 4–9 insbesondere auch zur Beweislast für ehegünstige Umstände und zur besonderen Bedeutung des Zeitmoments). Zugleich wichtig für Aussetzungsantrag nach § 136 FamFG, su. Anm. 8. Zusammenstellung möglicher Einwendungen vgl. auch bei *Wohlnick/Rahm* III. Rdn. 71 ff. mN.

7. Zum Begriff des Getrenntlebens vgl. Anm. 9 zu Form. II. I. 7 und Anm. 9 zu Form. II. I. 8; Trennungsfristen sind genau festzustellen. Zum „Zusammenleben über kürzere Zeit, das der Versöhnung der Ehegatten dienen soll" (Beweislast: Scheidungsantragsgegner, OLG Celle FamRZ 1979, 234) und der Abgrenzung von der „echten Versöhnung" und „Zusammenleben über längere Zeit" Palandt/*Brudermüller* § 1567 Rdn. 2–8.

8. Aussetzung nach § 136 FamFG ist für den an der Ehe festhaltenden Ehegatten formell uU. leichter erreichbar als Durchdringen mit der Härteklausel des § 1568 Abs. 1 BGB. Die Aussetzung ist theoretisch auch nach mehr als einjährigem Getrenntleben noch gegen erklärten Willen des scheidungswilligen Partners, ja sogar nach mehr als dreijähriger Trennung (arg. aus § 136 Abs. 3 S. 2 FamFG) möglich, zumal in die freie, von Beweisergebnissen weitgehend entbundene Überzeugung des Gerichts gestellt. In der Praxis kann es daher gefährlich sein, Antrag nach § 136 FamFG und Berufung auf § 1568 BGB – wie hier aus Platzgründen vorgenommen – im gleichen Verfahrenszeitpunkt hilfsweise hintereinander zu schalten, da die Berufung auf die Härteklausel, wenn sie überhaupt Erfolgsaussicht haben soll (su. Anm. 9), häufig zum Eingeständnis der Zerrüttung, uU. zu schwerwiegenden Angriffen gegen Person und Verhalten des scheidungswilligen Partners führen muss.

9. Härteklauseln nach § 1568 BGB (sogenannte „negative Härteklauseln" im Gegensatz zur „positiven Härteklausel" des § 1565 Abs. 2 BGB) stellen eine eng auszulegende Ausnahme dar (*Ambrock* FamRZ 1978, 314, 318), die Vorschrift muss, obwohl als „Sollvorschrift" ausgestaltet, als zwingende Vorschrift interpretiert werden (hierzu und zu den Varianten des § 1568 BGB Palandt/*Brudermüller* § 1568 Rdn. 1 und BVerfG NJW 1981, 108: nicht die Scheidung schlechthin soll verhindert werden, sondern die Scheidung *zur Unzeit*). Etwas günstiger für die Anwendung BGH NJW 1979, 1042 (ähnlicher Fall wie im Text, wobei die Argumentation stark an die moralisch-wirtschaftliche Betrachtungsweise zum alten § 48 Abs. 2 EheG erinnert), sehr „scheidungsfreundlich" aber wieder BGH FamRZ 1981, 1161 (durch Ehekrise, aber nicht Scheidungsausspruch ausgelöste Gemütskrankheit mit Selbstmordversuch noch nicht völlig ausreichend). In der 2. Alternative wird die Härteklausel also äußerst selten durchdringen, erst recht nach der Beseitigung der 5-Jahres-Frist als absoluter Grenze durch UÄndG vom 20. 2. 1986; erfolgreich zB. bei jahrzehntelanger Ehe und trotz langjähriger Trennung bestehender Suizidgefahr vgl. bei KG FamRZ 1983, 1133, anders wieder OLG Hamm FamRZ 90, 60 (Möglichkeit psychotherapeutischer Behandlung).

10. Der scheidungsunwillige, sich auf Härteklausel berufende Ehegatte muss die Scheidung ausdrücklich (Antrag) ablehnen und zur Wiederherstellung der Ehe bereit sein (BGH FamRZ 1985, 905); nicht ganz ungefährlich daher auch die – hier aus Platzgründen zusammengefasste – Antragstellung zu Folgesachen für den Fall der Scheidung im gleichen Verfahrenszeitpunkt.

11. Vgl. im Einzelnen Form. II. I. 10 und u. Rdn. 13. Kindschaftssachen über elterliche Sorge, Umgang und Herausgabe sind nur dann Verbundverfahren, wenn ein Ehegatte rechtzeitig die Einbeziehung in den Verbund beantragt und nicht eine sofortige Regelung, sondern eine Entscheidung für den Fall der Scheidung begehrt wird, § 137 Abs. 3 FamFG. Deswegen sind Kindschaftssachen in der Praxis selten Folgesachen.

12. Für Folgesachen sollten jeweils gesonderte Schriftsätze eingereicht werden, da für Folgesachen in den Gerichtsakten in aller Regel eigene Unterhefte eingerichtet werden.

13. Vgl. hierzu u. Form. II. I. 12, dort auch zur Abgrenzung von Unterhaltssachen als Folgesachen (nur ab Scheidung) und als – nicht im Verbund laufende – andere Familiensachen (für die Zeit des Getrenntlebens). Der scheidungsunwillige Ehegatte wird versuchen, durch Belassen im Verbund baldigen Scheidungsausspruch zu erschweren.

14. Auch beim Ehegattenunterhalt muss verfahrensmäßig genau zwischen Unterhalt für die Zeit des Getrenntlebens bis zur Scheidung und die Zeit danach unterschieden werden, so. Anm. 13 und u. Form. II. I. 12, insbes. Anm. 4. In der Praxis dürften auch Hauptsache-Anträge zu Ehewohnung und Hausrat, zumal bei Beteiligung Dritter an solchen Verfahren, zu erheblichen Verzögerungen des Scheidungsausspruches führen, su. Form. II. I. 18 und dort Anm. 3.

15. Vgl. u. Form. II. I. 15. Das Verfahren auf Erlass einer einstweiligen Anordnung ist im FamFG neu geregelt. Einstweilige Anordnungen sind selbständige Verfahren. Sie setzen kein Hauptsacheverfahren mehr voraus, § 51 Abs. 3 FamFG. Zuständig für eine einstweilige Anordnung auf Unterhalt ist das Gericht, das für die Hauptsache zuständig wäre, § 50 Abs. 1 S. 1 FamFG oder – bei anhängiger Hauptsache – das Gericht des ersten Rechtszuges bzw das Beschwerdegericht bei anhängigem Beschwerdeverfahren, § 50 Abs. 1 S. 2 FamFG. Eine Ausnahmezuständigkeit für besonders dringende Fälle enthält § 50 Abs. 2 FamFG. Für Unterhaltssachen sieht § 232 Abs. 1 Nr. 1 FamFG vorrangig die ausschließliche örtliche Zuständigkeit des Gerichts vor, bei dem die Ehesache anhängig ist oder war.

16. Zu Interessenabwägung und Voraussetzungen so. Form. II. I. 8, dort insbes. Anm. 19.

17. Vgl. als Beispiel u. Form. II. I. 23. Dort auch näher zu Verfahrenskostenhilfe und Verfahrenskostenvorschuss.

18. Anders als im früheren § 93 a Abs. 1 S. 2 Nr. 1 ZPO ist in § 150 Abs. 4 FamFG das Kriterium der unverhältnismäßigen Beeinträchtigung der Lebensführung nicht enthalten. Dieser Gesichtspunkt ist jedoch weiterhin beachtlich, falls dessen Voraussetzungen vorliegen (*Musielak/Borth,* FamFG § 150 Rdn. 10).

Kosten und Gebühren

Wie Form. II. I. 6 und 8. Zur PKH vgl. Form. I. C. 1–3, ferner Anm. zu Form. II. I. 23.

Fristen und Rechtsmittel

Vgl. im Einzelnen Form. II. I. 30.

Elterliche Sorge und Umgangsrecht

10. Antrag auf Regelung der elterlichen Sorge im Verbund

An das ……, den ……
Amtsgericht[1]
– Familiengericht –

Antrag

der …… – Antragsgegnerin –
Verfahrensbevollmächtigte: Rechtsanwälte ……[3]
gegen
…… – Antragsteller –
Verfahrensbevollmächtigter: Rechtsanwalt ……[3]

wegen streitiger Ehescheidung

hier: Folgesache elterliche Sorge über die gemeinsamen ehelichen Kinder der Beteiligten[4]
a) Paul, geb. 1. 12. 1994;
b) Michael, geb. 7. 6. 2001;

Aktenzeichen: ……
vorläufiger Streitwert: EUR ……[5]

Namens und in bereits vorgelegter besonderer Verfahrensvollmacht (§ 114 Abs. 5 FamFG) der Antragsgegnerin im obigen Scheidungsverfahren nehmen wir Bezug auf die Scheidungsantragsschrift des Antragstellers vom …… und seinen Antragsschriftsatz vom gleichen Tag in diesem Verfahren. Danach beantragt der Antragsteller im Rahmen des anhängigen Scheidungsverfahren die Übertragung der elterlichen Sorge für das gemeinsame eheliche Kind Paul der Beteiligten auf sich allein, während er für das gemeinsame eheliche Kind Michael der Beteiligten keinen Vorschlag unterbreiten will.
Für die Antragsgegnerin treten wir dem entgegen mit folgenden Anträgen:

I. Die elterliche Sorge für die gemeinsamen ehelichen Kinder Paul, geb. am 1. 12. 1994 und Michael, geb. am 7. 6. 2001 der Beteiligten wird für die Zeit nach der Scheidung der Mutter allein übertragen.
II. Es wird beantragt, das Verfahren in den Verbund aufzunehmen.[2]
III. Die Kosten folgen der Scheidungssache[6].

Begründung:

1. Die Beteiligten können sich zur elterlichen Sorge für das gemeinsame Kind Michael, geb. am 7. 6. 2001, leider nicht einigen[10]; auch zum Sorgerecht für das Kind Paul, geb. am 1. 12. 1994, bestehen Gegensätze. Die Übertragung der elterlichen Sorge für die Kinder auf die Mutter allein entspricht jedoch dem Kindeswohl am besten. Von der Entwicklung her ist insbesondere Michael noch sehr kindlich, es besteht eine besonders enge Bindung zur Mutter und eine ausgesprochene Angst vor dem Vater. Die Kinder, auch Paul, sollten ferner zusammenbleiben können.

Hierfür sprechen ferner folgende Einzelumstände ……

Beweis: ……

Die Kinder werden bei der Mutter, wie das Jugendamt bestätigen wird, auch bestens betreut (§ 1671 Abs. 2 BGB).

Eine persönliche Anhörung von Michael erscheint zweckmäßig und wird angeregt (§ 159 Abs. 2 FamFG)[7].

2. Aber auch dem Wohl des gemeinsamen ehelichen Kindes Paul, geb. am 1. 12. 1994, entspricht am besten die beantragte Sorgerechtsentscheidung. Der mit Schriftsatz des Antragstellers vom ...... vorgelegte handschriftliche Brief von Paul, welcher einen „Vorschlag zur elterlichen Sorge für mich" an den „sehr geehrten Herrn Familienrichter" enthält, ist so unkindlich abgefasst, dass er offenbar unter dem Einfluss des Vaters zustande gekommen ist. Ein Widerspruchsrecht steht ihm zwar aus Altersgründen bereits zu (§ 1671 Abs. 2 Nr. 1 BGB). Selbst wenn Paul diesen seinen Vorschlag aufrechterhalten sollte, ist das Familiengericht hieran jedoch nicht gebunden, sondern hat hier allein nach dem Kindeswohl gemäß § 1671 Abs. 2 Nr. 2 BGB zu entscheiden[8]. Eine andere als die hier beantragte Regelung würde insbesondere der starke Bindung von Paul an seinen jüngeren Bruder Michael und der fortbestehenden Bindung an die Mutter entgegen § 1671 Abs. 2 Nr. 2 2. Halbs. BGB nicht hinreichend gerecht werden. Ferner sind folgende Einzelumstände zu berücksichtigen:
......

Beweis: ......

Eine ausführliche Anhörung von Paul durch das Familiengericht gemäß § 159 Abs. 1 FamFG, ggf. unter Zuziehung eines Jugendpsychologen, wird dringend angeregt, da auch die Antragsgegnerin nicht ausschließen will, dass sein Wille für diese Entscheidung von Bedeutung ist[7].

3. Die Kostenentscheidung folgt aus § 150 FamFG.
4. Wie schon in der Antragserwiderung zum Scheidungsantrag selbst ausgeführt, erfolgen die vorstehenden Anträge und Ausführungen nur hilfsweise für den Fall, dass dem Scheidungsantrag des Antragstellers – gegen den Willen der Antragsgegnerin – stattgegeben werden sollte[9].

Rechtsanwalt

Anmerkungen

1. Zugrundeliegender Sachverhalt wie Form. II. I. 8 und 9. Ausschließlich sachlich und örtlich zuständig für Kindschaftssachen gemeinschaftlicher Kinder ist das Familiengericht (Fälle der §§ 1671, 1672, 1678, 1681, 1696 BGB), bei dem die Ehesache im ersten Rechtszug anhängig war oder ist (§ 152 Abs. 1 FamFG), sonst das Familiengericht, in dessen Bezirk das Kind seinen gewöhnlichen Aufenthalt hat (§ 152 Abs. 2 FamFG). Bei Verbundverfahren kommt nur das Gericht der Ehesache in Betracht. Kindschaftssachen im Verbund sind in der Praxis selten, da meist eine Regelung schon für die Zeit der Trennung erforderlich ist.

2. Eine Kindschaftssache über die elterliche Sorge, das Umgangsrecht oder die Herausgabe eines gemeinschaftlichen Kindes oder den Umgang eines Ehegatten mit dem Kind des anderen, kann als selbständiges Verfahren oder als Verbundsache geführt werden (§ 137 Abs. 3 FamFG). Zur Aufnahme in den Verbund ist erforderlich, dass ein Ehegatte die Einbeziehung in den Verbund beantragt und die Entscheidung für die Zeit nach der Scheidung begehrt wird, also nicht schon für die Trennungszeit. Im letzteren Fall erfolgt eine Abtrennung gem. § 145 ZPO. Für die Antrag auf Aufnahme in den Verbund müsste es ausreichen, wenn sich aus dem Antrag ergibt, dass die Entscheidung für den Fall der Scheidung beantragt ist und der Schriftsatz zum Aktenzeichen des Scheidungsverfahrens eingereicht wird. Vorsorglich könnte es sich empfehlen, einen ausdrücklichen Einbeziehungsantrag zu stellen. Die Zwei-Wochen-Frist des § 137 Abs. 2 FamFG gilt für Kindschaftssachen des § 137 Abs. 3 FamFG nicht (*Musielak/Borth* FamFG § 137

Rdn. 27). Ein selbständiges Verfahren neben der Scheidungssache mit dem Ziel einer Entscheidung über die elterliche Sorge erst für die Zeit nach der Scheidung ist nicht denkbar. Ein solcher Antrag wäre unzulässig, wenn er nicht umgestellt wird auf eine sofortige Regelung schon für die Trennungszeit.

3. Soweit – wie hier – im Verbund, Anwaltszwang, § 114 Abs. 1 FamFG. Zu den Einzelheiten vgl. bereits Form. II. I. 6 Anm. 2.

4. Das auf ein „typisches Scheidungsverfahren" zugeschnittene Verbundprinzip führt zu teilweise unklaren Überschneidungen. Überblick:

a) Die meisten Familiensachen sind sowohl als Folgesachen wie als selbstständige Familiensachen (ggf. mit anderer materieller Rechtsgrundlage) möglich, nämlich elterliche Sorge, Umgangsregelung, Kindesherausgabe, ferner Unterhalt gegenüber gemeinschaftlichen Kindern und Ehegattenunterhalt, schließlich Ehewohnung und Hausrat und eheliches Güterrecht (außer den Fällen der §§ 1385, 1386 BGB, die nicht „für den Fall der Scheidung" gedacht sind).

b) Versorgungsausgleichssachen sind von Gesetzes wegen Folgesachen.

c) Schließlich sind einzelne Familiensachen (andere Ehesachen als Scheidung, Ehegatten- und Kindesunterhalt für Trennungszeit bis zur Scheidung, ferner Abänderungsklagen hieraus) grundsätzlich nur „isoliert" denkbar, also außerhalb des Verbundes.

Wegen des im Rahmen des Verbundes geltenden „Mischverfahrens" (gegenseitige Überlagerung von Vorschriften der ZPO und des FamFG), des Anwaltszwangs und der Rechtsmittel, der Frage nach Lösbarkeit oder Nichtlösbarkeit des Verbundes sind diese Unterscheidungen weiterhin auch praktisch von Bedeutung.

5. Bei Kindschaftssachen im Verbund erhöht sich für jede Kindschaftssache der Verfahrenswert der Scheidungssache um 20%, höchstens um 3.000,– EUR, § 44 Abs. 2 S. 1 FamGKG; eine Kindschaftssache ist auch dann, wenn sie mehrere Kinder betrifft, nur ein Verfahrensgegenstand, § 44 Abs. 1 S. 1 2. Hs FamGKG (in isolierten Verfahren beträgt der Gegenstandswert 3.000,– EUR, wobei der Wert nach den Umständen des Einzelfalls erhöht oder ermäßigt werden kann, § 46 Abs. 1, 3 FamGKG).

6. Der Kostenverbund des § 150 FamFG ist eine nicht ausdehnbare Sonderregelung für Scheidungs- und Folgesachen; hier auch abweichender Kostenantrag gemäß § 150 Abs. 4 FamFG denkbar.

7. In den Kindschaftssachen gilt auch im Verbund das Vorrang- und Beschleunigungsgebot gem. § 155 FamFG (*Musielak/Borth* FamFG § 137 Rdn. 34). Es ist daher dann sofort Termin zu bestimmen, wenn die Scheidung streitig ist. Das Gleiche gilt, wenn der Scheidungsantrag abweisungsreif ist (*Musielak/Borth* FamFG § 137 Rdn. 34).

§ 159 FamFG regelt die persönliche Anhörung des Kindes. Das Gericht muss das Kind, das 14 Jahre oder älter ist, anhören, es sei denn das Verfahren betrifft ausschließlich das Vermögen des Kindes (Streit um die Vermögenssorge). Auch Kinder unter 14 Jahren sind gem. § 159 Abs. 2 FamFG anzuhören, wenn sie aufgrund ihres persönlichen Entwicklungsgrades in der Lage sind, die Vorgänge im Zusammenhang mit der Trennung ihrer Eltern zu verstehen (*Musielak/Borth* FamFG § 159 Rdn. 3).

Das Gericht kann zur Wahrung der subjektiven Rechte des Kindes eine Verfahrenspfleger bestellen, § 158 FamFG. Er soll auch bei der gerichtlichen Anhörung des Kindes anwesend sein, § 159 Abs. 4 S. 3 FamFG.

8. Maßstab für die Entscheidung ist § 1671 Abs. 2 Nr. 2 FamFG. Die Beibehaltung der gemeinsamen elterlichen Sorge hat nicht grundsätzlich Vorrang vor der Alleinsorge. Letztere ist auch nicht ultima ratio (BVerfG FamRZ 2004, 354; BGH NJW 2000, 203). Nach BGH NJW 2008, 994 lässt sich aus der gesetzlichen Regelung keine Vermutung ableiten, dass die gemeinsame elterliche Sorge die beste Form der Wahrnehmung von Elternverantwortung ist (s. a. Palandt/*Diederichsen* § 1671 Rdn. 16). Die Übertragung der alleinigen Sorge setzt aber voraus, dass dies dem Kindeswohl am besten entspricht. Dazu ist konkreter Sachvortrag erforderlich, zum einen hinsichtlich des Scheiterns der gemeinsamen Sorgeverantwortung und zum anderen dazu, warum eine alleinige Sorge dem Kindeswohl besser entspricht und ob dazu die elterliche Sorge im Ganzen oder nur Teilbereiche der elterlichen Sorge übertragen werden müssen (z. B. Aufenthaltsbestimmungsrecht, Gesundheitsfürsorge, schulische Angelegenheiten, Vermögenssorge). Dazu müssen konkrete tatrichterliche Feststellungen getroffen werden (BGH NJW 2005, 2080). Kriterien für die Beurteilung sind u. a.:

– Kooperationsfähigkeit und -bereitschaft der Eltern
– Kontinuität der Betreuung
– Bindungen des Kindes und Wille des Kindes
– Bindungstoleranz, d. h. die Bereitschaft eines Elternteils, den Umgang des Kindes mit dem anderen Elternteil zuzulassen und zu fördern

Der Grundsatz der Verhältnismäßigkeit gebietet es, sich auf die Übertragung von Teilbereichen der elterlichen Sorge zu beschränken, wenn dadurch das Kindeswohl gewahrt ist (BVerfG FamRZ 2004, 1015). Sehr häufig wird daher vom Gericht nur eine Entscheidung zum Aufenthaltsbestimmungsrecht getroffen, während es im übrigen bei der gemeinsamen elterlichen Sorge verbleibt.

9. Eine Erklärung über die Fortsetzung der Kindschaftssache bei Abweisung des Scheidungsantrages als selbstständige Familiensache ist gem. § 142 Abs. 2 S. 2 FamFG (anders bei Rücknahme des Scheidungsantrages, s. § 141 S. 2 FamFG) nicht erforderlich, aber dennoch zweckmäßig. Das Verfahren wird dann als eigenständiges Verfahren mit eigener Kostenentscheidung fortgesetzt. Daneben kann ein Verfahren auf einstweilige Anordnung anhängig sein, das als selbständiges Verfahren von der Beendigung des Scheidungsverfahrens unberührt bleibt.

Die Abtrennung einer Kindschaftsfolgesache aus einem anhängigen Scheidungsverfahren ist in § 140 Abs. 2 Nr. 3 i. V. m. § 137 Abs. 3 FamFG geregelt. Damit wird dem besonderen Beschleunigungsgebot zur Wahrung des Kindeswohls Rechnung getragen. Eine Abtrennung kommt aber auch in Betracht, um eine dem Kindeswohl im Einzelfall dienliche Aussetzung der Kindschaftssache zu ermöglichen und das Scheidungsverfahren weiter betreiben zu können (*Musielak/Borth* FamFG § 140 Rdn. 6).

10. Zum Inhalt möglicher Vereinbarungen vgl. Bergschneider/*Finger*, Beck'sches Formularbuch Familienrecht, S. 85 ff.

Kosten und Gebühren

Gerichtskosten: bei Entscheidung im Verbund aus Nr. 1100 ff. KV FamGKG (einheitl. Gegenstandswert, § 44 Abs. 1 FamGKG); der Gegenstandswert für die Ehesache ergibt sich aus § 43 FamGKG; für jede Kindschaftssache regelt § 44 Abs. 2 FamGKG eine prozentuale Erhöhung um 20%, höchstens um 3.000,– EUR. Bei Abtrennung und Fortführung als selbständige Verfahren in den Fällen der §§ 137 Abs. 5 S. 2 FamFG oder gem. §§ 141 S. 2, 3, 142 Abs. 2 S. 2, 3 FamFG gelten die Kostenbestimmungen für das jeweilige Verfahren; Rechtsanwaltsgebühren: Nr. 3100 ff. VV RVG, vgl. auch *Bonefeld* aaO. S. 43 f. Amtsermittlungsgrundsatz schließt PKH/VKH für Teilnahme des bedürftigen Elternteils am Verfahren nicht aus, OLG München, OLG-Report 1994, 127.

Fristen und Rechtsmittel

Vgl. Form. II. I. 30 und 31. Das betroffene Kind hat ab Vollendung des 14. Lebensjahres ein eigenes Beschwerderecht (§ 60 FamFG).

11. Antrag auf Regelung des Umgangs mit Kindern

An das **……, den ……**
Amtsgericht[1]
– Familiengericht –

Antrag

des …… **– Antragstellers –**
Verfahrensbevollmächtigter: Rechtsanwalt ……[2]
gegen
…… **– Antragsgegnerin –**
wegen Umgangsrecht[3]

vorläufiger Gegenstandswert: EUR ……[4]

zeigen wir an, dass wir den Antragsteller vertreten; Bevollmächtigung wird versichert. Namens des Antragstellers stellen wir für diesen folgende Anträge:

I. Dem Antragsteller wird der persönliche Umgang ohne Anwesenheit der Antragsgegnerin mit dem gemeinsamen ehelichen Kind Michael wie folgt gewährt:
a) jeden 2. Samstag von vormittags 9.00 Uhr bis abends 18.00 Uhr;
b) 3 Wochen während der Sommer-Schulferien von Michael;
c) an den hohen Feiertagen abwechselnd mit der Mutter jeweils an zwei aufeinander folgenden Feiertagen mit dem davor liegenden schulfreien Nachmittag.

II. Die Antragsgegnerin wird angewiesen, das Kind Michael zu dieser Zeit pünktlich zur Abholung durch den Antragsteller bereitzuhalten und es ggf. durch geeignete erzieherische Maßnahmen anzuhalten, mit dem Antragsteller mitzugehen.

III. Dem Antragsteller wird der persönliche Umgang mit dem gemeinsamen ehelichen Kind Paul gewährt wie folgt:
a) jedes 2. Wochenende, abwechselnd mit den für Michael vorgesehenen Samstagen, von Samstag, 8.00 Uhr bis Sonntag, 19.00 Uhr;
b) einmal monatlich an einem Nachmittag der Woche nach der Schule bis abends, 20.00 Uhr;
c) jeweils für die Hälfte der jeweiligen Schulferien.

IV. Die Antragsgegnerin wird angewiesen, sich gegenüber den Kindern aller moralisch abwertenden Äußerungen über die Erziehungsqualitäten und die Vaterbindung des Antragstellers gegenüber seinen Kindern, sowie über dessen Freundin, Frau X., und das gemeinsame Kind mit dieser zu enthalten.

V. Die Kosten des Verfahrens werden gegeneinander aufgehoben[5]**.**

Begründung:

1. Die Beteiligten haben am …… vor dem Standesamt …… die Ehe geschlossen.
Aus der Ehe sind zwei gemeinschaftliche Kinder hervorgegangen wie folgt:
Paul, geb. am 1. 12. 1994
Michael, geb. am 7. 6. 2001
Der Antragsteller lebt von der Antragsgegnerin seit dem …… getrennt. Beide Kinder leben bei der Antragsgegnerin.
Im anhängigen Scheidungsverfahren der Beteiligten, anhängig beim Familiengericht …… unter dem Aktenzeichen …… strebt der Antragsteller die alleinige elterliche Sorge für das gemeinsame eheliche Kind Paul für die Zeit nach der Scheidung an,

während er hinsichtlich des gemeinsamen weiteren ehelichen Kindes Michael ein gemeinsames Sorgerecht für möglich hält.

2. Da der elterliche Umgang des Antragstellers mit den Kindern bisher nicht gerichtlich geregelt und ihm von der Antragsgegnerin nur völlig unzureichend gewährt wird, ist dieser Antrag gemäß § 1684 BGB[6] – ferner der gleichzeitig eingereichte Antrag auf einstweilige Anordnung – erforderlich:

   a) Seinen Sohn Michael darf der Antragsteller derzeit nach dem Willen der Antragsgegnerin nur einmal monatlich am Samstag nachmittag in der Wohnung der Antragsgegnerin besuchen, die dabei mehr oder weniger ständig anwesend bleibt, sich einmischt und selbst Spaziergänge in der näheren Umgebung der Wohnung nur selten erlaubt.

   Das Kind Michael ist hierdurch und durch ständige moralisch abwertende Redensarten der Mutter über den Vater, der ein Versager sei und nicht einmal sich selbst, geschweige denn Kinder erziehen könne, ferner mit einer Schlampe und deren Bankert zusammenlebe (gemeint sind die Freundin X. des Antragstellers und das gemeinsame Kind mit dieser), völlig verwirrt und verängstigt. Er weigert sich nur deshalb häufig, den Antragsteller überhaupt zu begrüßen oder mit ihm mitzugehen. Wiederholt wurde dem Antragsteller selbst an diesen wenigen Besuchstagen der Zutritt durch die Antragsgegnerin mit Ausreden über angebliche Verhinderungen oder angebliche Ablehnung des Besuches durch Michael verweigert. Wegen der näheren Einzelheiten darf auf die im bereits eingeleiteten Verfahren einstweiligen Anordnung eingereichte eidesstattliche Versicherung des Antragstellers vom ...... (dortige Ziff. 1.) Bezug genommen werden.

   Das Verfahren auf einstweilige Anordnung ist beim Familiengericht unter dem Aktenzeichen ...... anhängig. Im dortigen Verfahren erstrebt der Antragsteller eine einstweilige Anordnung, die es ihm gestattet, beide Kinder am Wochenende in drei Wochen von Freitag abend bis Sonntag abend zu sich nehmen zu können, um mit ihnen gemeinsam zu den Großeltern des Antragstellers reisen zu können. Der Vater des Antragstellers feiert an dem bezeichneten Wochenende seinen 70. Geburtstag.

   Beweis: ......[7]

   Die mit diesem Hauptsacheantrag beantragte Umgangsregelung ist – bei richtigem Verhalten der Mutter – für ein Kind dieser Altersstufe nicht abträglich, sondern angemessen und der fortbestehenden Vater-Kind-Beziehung förderlich (§ 1684 BGB), die weiteren hierzu beantragten Anordnungen nach den Umständen geboten (§ 1684 Abs. 3 BGB).

   b) Der Sohn Paul steht, wie bereits im gleichzeitigen Antrag auf Übertragung der elterlichen Sorge für ihn auf den Antragsgegner vom ...... dargelegt, seinem Vater persönlich sehr nahe, will selbst die Übertragung der elterlichen Sorge für ihn auf den Antragsteller allein und teilt mit ihm seit Jahren dessen technische und sportliche Interessen, insbesondere das Interesse an Wochenendausflügen ins Gebirge.

   Er ist altersbedingt auch sonst häufig, zum Beispiel mit Freunden und Schulkameraden selbstständig unterwegs und selten zu Hause bei der Antragsgegnerin. Deren Aversionen gegen den Antragsteller, die auch ihm gegenüber häufig in Ausdrucksweisen wie den unter a) angeführten zum Ausdruck kommen, lehnt er ab. Die beantragte Umgangsregelung entspricht daher dem Willen, den Neigungen und den Bindungen an den Vater für diesen fast 15jährigen Jugendlichen am besten und ist für ihn angemessen und förderlich. Wegen der weiteren Einzelheiten darf erneut auf die im gleichzeitigen einstweiligen Anordnungsverfahren vom Antragsteller vorgelegte eidesstattliche Versicherung vom ...... (insbesondere die dortige Ziff. 2.) Bezug genommen werden.

   Beweis: ......

c) Es ist gesetzlich zwingend vorgesehen, den Jugendlichen Paul in diesem Zusammenhang ausführlich anzuhören (§ 159 FamFG). Dagegen wird beantragt, von einer Anhörung des Kindes Michael zur Frage der Umgangsregelung gemäß § 159 Abs. 3 FamFG abzusehen,[8] da diese Anhörung seine Verwirrung – zumal in dieser Frage der konkreten Ausgestaltung des Umgangsrechts – nur erhöhen und nachteilige psychische Folgen für ihn haben würde.

3. Ein förmliches Vermittlungsverfahren nach § 165 FamFG halten wir für aussichtslos, weil …… (Einzelheiten).[9]

4. Die Kostenfolge ergibt sich aus § 81 FamFG, wobei berücksichtigt werden möge, dass die Antragsgegnerin durch grobes Verschulden Anlass zu diesem Verfahren gegeben hat[7].

Rechtsanwalt

Anmerkungen

1.–3. Zugrundeliegender Sachverhalt wie Form. II. I. 8, 9 und 10. Vgl. zunächst Anm. 1–4 zu Form. II. I. 10; Ein Antrag auf Umgangsregelung ist in der Praxis kaum je eine Folgesache im Scheidungsverbund, weil keine Regelung für die Zeit nach der Scheidung, sondern ab der Trennung erstrebt wird, § 137 Abs. 2 S. 1 FamFG. Als selbständiges Verfahren unterliegt es den Regelungen der §§ 151 ff. FamFG.

Ausschließlich örtlich zuständig ist vorrangig das Familiengericht, bei dem die Ehesache anhängig ist oder war, § 152 Abs. 1 FamFG. Ansonsten ist das Gericht zuständig, in dessen Bezirk das Kind seinen gewöhnlichen Aufenthalt hat, § 152 Abs. 2 FamFG.

Das Verfahren der einstweiligen Anordnung setzt kein anhängiges Hauptsacheverfahren mehr voraus. Die einstweilige Anordnung ist ein selbständiges Verfahren mit eigenem gerichtlichen Aktenzeichen. Die Abgrenzung zum Hauptsacheverfahren ergibt sich zum einen daraus, dass die einstweilige Anordnung grundsätzlich nur zu vorläufigen Regelungen führt und grundsätzlich (Ausnahmen z. B. § 246 FamFG: In Unterhaltssachen genügt ein einfaches Regelungsbedürfnis, *Musielak/Borth* FamFG § 246 Rdn. 1) ein dringendes Bedürfnis für ein sofortiges Tätigwerden des Gerichts bestehen muss, § 49 Abs. 1 FamFG. Unklar ist, ob dieser hohe Eingriffsmaßstab auch für einstweilige Anordnungen in Kindschaftssachen gilt (zum Problem s. *Musielak/Borth* FamFG § 49 Rdn. 7). Wenn umgekehrt eine fortlaufende Umgangsregelung bereits über eine einstweilige Anordnung besteht, wird sich die Frage stellen, ob für ein Hauptsacheverfahren mit gleichem Regelungsziel noch ein Regelungsbedürfnis besteht

4. Regelmäßig EUR 3000,–; der Regelwert kann nach den Umständen des Einzelfalles erhöht oder ermäßigt werden, § 45 Abs. 1, 3 FamGKG.

5. Die Kostenentscheidung richtet sich nach § 81 FamFG. Er umfasst sowohl die Gerichtskosten wie auch die außergerichtlichen Kosten, die nach billigem Ermessen den Beteiligten aufzuerlegen sind. Das Ermessen wird durch § 81 Abs. 2 FamFG eingeschränkt.

6. Durch das KindRG wurde die materielle Rechtsgrundlage neu gefasst und auf Umgangspflichten der Eltern sowie ein ausdrückliches Recht des Kindes auf Umgang mit den Eltern erweitert (§ 1684 BGB und § 1626 Abs. 3 BGB). Die Regelungsmöglichkeiten sind erweitert, insbesondere in Form des sog. beschützten Umfangs (§ 1684 Abs. 4 S. 3 und 4 BGB) zumal das Umgangsrecht auf weitere nahe Verwandte (und den nichtehelichen Vater) ausgedehnt wurde (§§ 1626 Abs. 2 und 1685 BGB).

7. Zu unterscheiden sind Anhörung zB. nach § 160 FamFG, und Beweis (Zeugeneinvernahme).

8. Vgl. § 159 Abs. 2, 3 FamFG, ferner Anm. 7 zu Form. II. I. 10 mwN. Antrag, von Anhörung abzusehen, ist nach der Gesetzeslage und der Rechtsprechung wenig aussichtsreich, in der erstinstanzlichen Praxis jedoch einen Versuch wert.

9. Das FamFG hat in § 165 über die Betonung der besonderen Vermittlungsrolle des Richters und der Beratungsstellen in Kinder berührenden Verfahren hinaus ein konkret ausgestaltetes gerichtliches Vermittlungsverfahren in Umgangsangelegenheiten vorgesehen, das dem früheren § 52 a FGG a. F. entspricht. Das Vermittlungsverfahren hatte bisher keine praktische Bedeutung; ob VKH unter Beiordnung eines Bevollmächtigten bewilligt werden kann, ist streitig (vgl. *Musielak/Borth* FamFG § 165 Rdn. 2).

Kosten und Gebühren

Wie Form. II. I. 10, Gegenstandswert: 3.000,– EUR als Regelbetrag, der nach den Umständen des Einzelfalles angepasst werden kann, § 45 Abs. 1, 3 FamGKG; Gerichtskosten: 0,5 Verfahrensgebühr gem. Nr. 1310 KV FamGKG; die Kosten des gerichtlichen Vermittlungsverfahrens sind Kosten des anschließenden Erkenntnisverfahrens, soweit vAw oder auf Antrag *binnen eines Monats* eingeleitet (§ 165 Abs. 5 S. 3 FamFG); Rechtsanwaltsgebühren: Nrn. 3100 ff. VV RVG.

Fristen und Rechtsmittel

Vgl. Anm. bei Form. II. I. 10 und Form. II. I. 31. Auch hier hat das betroffene Kind ab Vollendung des 14. Lebensjahres ein eigenes Beschwerderecht (§ 60 FamFG).

Unterhaltssachen

12. Antrag (Stufenantrag) auf Ehegatten- und Kindesunterhalt

An das **……, den ……**
Amtsgericht[1]
– Familiengericht –

Antrag

der …… **– Antragstellerin –[2]**
Verfahrensbevollmächtigter: Rechtsanwalt ……[3]
gegen
…… **– Antragsgegner –**
wegen Ehegatten- und Kindesunterhalt[4]
vorläufiger Gegenstandswert: EUR ……[5]

Wir zeigen an, dass wir die Antragstellerin vertreten; Bevollmächtigung wird versichert. Namens und im Auftrag der Antragstellerin wird beantragt:[7]

I. Der Antragsgegner wird verurteilt, der Antragstellerin
1. Auskunft[17] zu erteilen durch Vorlage einer schriftlichen, systematischen Aufstellung über
a) seine Bruttoeinkünfte einschließlich Sonderzuwendungen aus dem Anstellungsverhältnis mit der Firma …… und die hierauf vorgenommenen Abzüge für

Kranken-, Pflege-, Alters- und Erwerbsunfähigkeitsvorsorge (einschließlich Arbeitslosigkeit) sowie für Steuern, nebst Erläuterung dieser Abzüge für die Zeit vom 1. 12. 2008 bis zum 30. 11. 2009;

b) seine Bruttoeinkünfte nebst Abzügen für Steuern und Erläuterungen dieser Abzüge aus seinem Gewerbebetrieb „Unternehmensberatung X" für den Zeitraum 2006–2008;

c) seine sonstigen Einkünfte und Steuererstattungen, insbesondere aus Kapitalvermögen, unter Darlegung der Bruttoeinnahmen und der Abzüge nebst Erläuterungen dieser Abzüge für die Jahre 2006–2008;

2. die erteilten Auskünfte gemäß Ziff. I. 1. zu belegen durch

a) Vorlage der vollständigen, auch die Sonderzuwendungen und alle Abzüge erfassenden Gehaltsbescheinigungen für die Zeit vom 1. 12. 08 bis zum 30. 11. 2009 und der Lohnsteuerkarte 2008;

b) Vorlage der Bilanzen nebst Gewinn- und Verlustrechnungen der Firma „Unternehmensberatung X" für die Jahre 2006–2008 sowie der für diese Jahre hierfür abgegebenen Umsatzsteuererklärungen;

c) Vorlage der Einkommenssteuererklärungen 2006–2008 nebst vollständigen, gesetzlich vorgeschriebenen Anlagen hierzu (soweit nicht bereits Gegenstand vorstehender Anträge) sowie der Steuerbescheide für die Veranlagungsjahre 2006 bis 2008.

II. Der Antragsgegner wird erforderlichenfalls verurteilt, die Richtigkeit und Vollständigkeit der Auskünfte gemäß Ziff. I. eidesstattlich zu versichern[9].

III. Der Antragsgegner wird, gegebenenfalls nach Erledigung von Ziff. II., verurteilt, an die Antragstellerin folgenden jeweils monatlich im Voraus zu entrichtenden monatlichen Unterhalt, rückwirkend ab dem ……[10] zu bezahlen:

1. in Höhe der sich aus Ziff. I. und gegebenenfalls Ziff. II. ergebenden Beträge für Elementarunterhalt und Vorsorgeunterhalt[11] der Antragstellerin;

2. in Höhe der sich aus Ziff. I. und gegebenenfalls Ziff. II. ergebenden Beträge für das gemeinsame eheliche Kind …… geb. am ……;

3. in Höhe der sich aus Ziff. I. und gegebenenfalls Ziff. II. ergebenden Beträge für das gemeinsame eheliche Kind …… geb. am ……

IV. Der Antragsgegner hat die Kosten des Verfahrens zu tragen[12].

Begründung:

1. Die vom Antragsgegner seit …… getrennt lebende Antragstellerin macht hiermit im Wege der Stufenklage zunächst die ihr selbst und den gemeinsamen ehelichen Kindern[2] (§ 1629 BGB) zustehenden Auskunftsansprüche (§§ 1605, 1580 BGB) geltend, zur Klärung der Unterhaltsansprüche für sich und die von ihr allein betreuten gemeinsamen Kinder ……, geb. am ……, und ……, geb. am ……

Die Antragstellerin ist nicht erwerbsfähig, ohne Einkommen oder Vermögen, ferner ohne jede Sicherung für Alter, Erwerbsunfähigkeit und Krankheit. Im Einzelnen ist ihre wirtschaftliche Situation derzeit wie folgt: ……

2. Der Antragsgegner zahlt derzeit keinerlei Unterhalt für Ehefrau und Kinder, nicht einmal für die früher gemeinsame eheliche Mietwohnung, erklärt vielmehr, die Antragstellerin solle lieber arbeiten gehen.

Er hat jedoch derzeit ein monatliches Nettoeinkommen aus einem Anstellungsverhältnis bei der Firma ……, ferner Einkünfte aus Kapitalvermögen und aus einer von ihm schon vor dem Zeitpunkt der Trennung Anfang 2002 gegründeten, bis heute betriebenen selbstständigen Tätigkeit als Unternehmensberater. Genauere Kenntnisse hierüber hat die Antragstellerin nicht. Der Antragsgegner hat ihr letztmals vor fast einem Jahr lediglich eine „Verdienstbescheinigung" für einen konkreten Monat (Juli 2008) über seine damaligen Bezüge bei der Firma …… vorgelegt. Über seine jährli-

chen Gesamtbezüge und gesetzlichen Abzüge sowie über seine sonstigen Einkünfte gemäß Klageantrag zu I. hat er Belege nicht vorgelegt und Auskunft hierüber mit unzutreffenden Gründen – ua. der Behauptung, die Antragstellerin sei selbst mit eigenen angeblichen Auskunftspflichten in Verzug – verweigert.
Die Antragstellerin hat jedoch in Erfahrung bringen können, dass seine Bezüge bei der Firma ...... erst kürzlich angehoben wurden: ......

Beweis[8]: ......

3. **Soweit die Auskunftsanträge nicht nur auf die Bruttoeinnahmen, sondern auch auf die Erläuterungen der hiervon durch den Antragsgegner sicherlich vorgenommenen Abzüge, insbesondere steuerlicher Art, gerichtet sind, sind die Anträge auch deshalb gerechtfertigt, weil erfahrungsgemäß bei Personen vom Lebensstandard des Antragsgegners häufig erhebliche steuerlich wirksame Abzüge zB. für Verluste aus Beteiligungen oder Absetzungen für Immobilienanlagen vorgenommen werden, welche in der Regel zu einer Korrektur der steuerlichen Nettoeinkünfte nach unterhaltsrechtlichen Grundsätzen führen müssen.**
4. **Der Antragsgegner[13] dürfte allein bei der Firma ......, bei der er als Prokurist in leitender Position tätig ist, nach der dort gegebenen Gehaltsregelung inzwischen ein Nettoeinkommen nach Gruppe 8 der Düsseldorfer Tabelle (Stand: 1. 1. 2009)[14] erzielen; jedenfalls steht eine solche Gehaltserhöhung für den Antragsgegner dort unmittelbar bevor. Eine derartige, absehbare Erhöhung der daraus folgenden Unterhaltsverpflichtung des Antragsgegners ist bereits jetzt zu berücksichtigen[15].**
5. **Eine genaue Bezifferung des Ehegattenunterhalts für die Antragstellerin und insbesondere dessen Aufteilung in Elementarunterhalt und Altersvorsorgeunterhalt ist derzeit mangels hinreichender Auskünfte noch nicht möglich. Speziell zum Vorsorgeunterhalt wird jedoch rein vorsorglich bereits jetzt ausgeführt ......[16]**
6. **Das Scheidungsverfahren ist beim hiesigen Familiengericht seit dem ...... Unter dem Aktenzeichen ...... rechtshängig. Unter dem Aktenzeichen ...... ist ein Verfahren auf einstweilige Anordnung Kindesunterhalt anhängig.[6]**
7. **Der Kostenantrag ist hier gerechtfertigt gem. § 243 Nr. 1 und 2 FamFG.**

Rechtsanwalt

Anmerkungen

1. Zugrundegelegt ist ein Stufenklageantrag auf Ehegatten- und Kindesunterhalt Scheidung als selbständige Familienstreitsache. Ausschließlich sachlich zuständig das Amtsgericht als Familiengericht, §§ 23 a Abs. 1 Nr. 1, 23 b Abs. 1 Nr. 5 und 6 GVG, 111 Nr. 8 FamFG; für selbständige Unterhaltsverfahren ergibt sich die ausschließliche örtliche Zuständigkeit aus § 232 FamFG: Vorrangig ist das Gericht der Ehesache zuständig, bei dem die Ehesache im ersten Rechtszug anhängig ist oder war, § 232 Abs. 1 Nr. 1 FamFG; ansonsten ist für den Kindesunterhalt Minderjähriger oder privilegierter Volljähriger i. S. des § 1603 Abs. 2 BGB das Gericht ausschließlich zuständig, in dessen Bezirk das Kind oder der Elternteil, der für das Kind zu handeln befugt ist, seinen gewöhnlichen (inländischen) Aufenthalt hat, § 232 Abs. 1 Nr. 2 FamFG. Für den Ehegattenunterhalt gilt folgende örtliche Zuständigkeit:
– Gericht, bei dem die Ehesache anhängig ist oder war, § 232 Abs. 1 Nr. 1 FamFG
– ansonsten gelten die Vorschriften der §§ 12, 13 ff. ZPO, § 232 Abs. 2 FamFG, wobei an die Stelle des Wohnsitzes der gewöhnliche Aufenthaltsort tritt
– wahlweise auch das Gericht, bei dem ein Verfahren über Kindesunterhalt in erster Instanz anhängig ist, § 232 Abs. 3 Nr. 1 FamFG
– wahlweise das Gericht des gewöhnlichen Aufenthalts des Antragstellers, falls der Antragsgegner keinen inländischen Gerichtsstand hat.

Für Familienstreitsachen gelten die Vorschriften der ZPO-Verfahren mit Besonderheiten aus §§ 113, 231 ff. FamFG.

Gem. § 246 FamFG besteht die Möglichkeit, eine einstweilige Anordnung auf Getrenntlebensunterhalt (§ 1361 BGB) und laufenden Kindesunterhalt zu beantragen. Das Verfahren der einstweiligen Anordnung setzt kein anhängiges Hauptsachverfahren bzw. VKH-Verfahren mehr voraus.

Zur funktionellen Zuständigkeit und Verfahrensbesonderheiten im „Vereinfachten Verfahren" über den Unterhalt minderjähriger Kinder vgl. Form. II. I. 3, dort auch zur Frage, für welche Fallgestaltungen sich das jeweilige Verfahren anbietet.

2. Zur Vertretungsbefugnis der Antragstellerin gemäß § 1629 Abs. 2 und 3 BGB vgl. o. Form. II. I. 3 Anm. 2.

3. Es besteht auch für das selbständige Unterhaltsverfahren als Hauptsacheverfahren Anwaltszwang, § 114 Abs. 1 FamFG.

4. Zum Verfahren innerhalb und außerhalb des Verbundes und zur Vertretungsbefugnis des Elternteils, der die Obhut hat, vgl. o. Anm. 1 und 2 mwN. Die Verfahrensstandschaft gemäß § 1629 BGB soll nach rechtskräftiger Scheidung erlöschen (Titelumschreibung nach § 727 ZPO), vgl. etwa OLG Hamburg FamRZ 2000, 365 und 1590, str. vgl. auch Palandt/*Diederichsen* § 1629 Rdn. 37.

5. Rspr. differenziert: bei Antragsabweisung $^1/_{10}$ bis $^1/_5$ des Leistungsanspruchs (BGH FamRZ 1999, 1497); sonst Wert des Interesses des Bekl. = Aufwand für Auskunftserstellung (BGH NJW-RR 1993, 1028) bei isoliertem Auskunftsantrag, anders jedoch wegen § 38 FamGKG bei Stufenklageantrag, wo (wegen sofortiger Rechtshängigkeit aller Stufen) der maßgebliche höhere Wert (regelmäßig der noch unbezifferte Leistungsantrag) nach den „mutmaßlichen Klageerwartungen" geschätzt werden soll, somit nach § 51 FamGKG (12-Monats-Unterhalt).

6. Eigenes eAO-Muster wird behandelt bei Form. II. I. 26 mN. Rechtsschutzbedürfnis für Hauptsacheverfahren durch eAO-Anordnung grundsätzlich nicht ausgeschlossen aus folgenden Gründen:

- rückständiger Unterhalt kann im eA-Verfahren nicht geltend gemacht werden
- der in der eA zugesprochene Unterhalt ist wegen nur summarischer Prüfung nicht der volle zustehende Unterhalt
- häufig notwendige Sachverständigengutachten können im eA-Verfahren nicht erholt werden
- gleiches gilt für Zeugenbeweis nicht präsenter Zeugen
- eA Beschlüsse erwachsen nicht in formelle Rechtskraft
- keine Präklusionswirkung bei eA Beschlüssen
- wenn der Antragsgegner keine Einstellung der Vollstreckung erreichen kann, bleibt ihm nur die negative Feststellungsklage in der Hauptsache.

Aus den genannten Gründen kann auch eine Verfahrenskostenhilfe für ein gleichzeitiges oder nachfolgendes Hauptsacheverfahren nicht wegen Mutwilligkeit versagt werden.

7. Der Stufenantrag empfiehlt sich uU. zur Verminderung des Kostenrisikos, aber auch zwecks baldiger Rechtshängigkeit (§ 1613 BGB), die hier bereits mit zunächst unbezifferten Stufenklageantrag eintritt und Mahnung bewirkt, BGH FamRZ 1990, 283, 285; Zu Möglichkeiten späterer Erledigterklärungen und Kostenfolgen vgl. etwa *Finke/Garbe* § 3 Rdn. 394 ff. mwN.

Trotz der §§ 259 ff. BGB herrscht in der Praxis oft Unklarheit über Art und Umfang der Auskunftspflicht, weshalb die neuere Rspr. wiederholt darauf hingewiesen hat, die Lieferung von „Mosaiksteinchen" oder nur von Belegen ohne Aufstellung genüge nicht, es sei vielmehr ein „geschlossenes Auskunftswerk" vorzulegen, jedoch: Auskunftsantrag muss vollstreckungsfähigen Inhalt haben, insbes. Zeitraumangaben, vgl. *Finke/Garbe* § 3 Rdn. 395 mN., Belege zur Auskunft müssen im Klageantrag bezeichnet werden, BGH NJW-RR 1993, 1027 und *Finke/Garbe* aaO. und § 3 Rdn. 386.

Anerkannt ist die Pflicht unselbstständiger Schuldner zur Auskunft über mindestens 1 Jahr, selbstständiger Schuldner über regelmäßig 3 Jahre, vgl. etwa OLG Koblenz FamRZ 2000, 605 und BGH FamRZ 1983, 996, mit engen Ausnahmen zur Vorlagepflicht von ESt.-Bescheiden bei Zusammenveranlagung mit neuem Ehegatten.

Eine Zurückhaltung eigener wegen Fehlens gegnerischer Auskunft ist regelmäßig unzulässig, auch bei Härtegründen gemäß § 1579 BGB (vgl. OLG München FuR 1997, 274). Die strittige Frage, ob die Auskunft vom Schuldner persönlich zu unterzeichnen ist, ist vom BGH dahingehend entschieden worden, dass es sich um eine sog. Wissenserklärung handelt, die zwar nicht durch einen Stellvertreter, wohl aber über einen Boten abgegeben werden kann. Daher ist eine persönliche Unterschrift nicht erforderlich (BGH FamRZ 2008, 600, 601).

8. Der Unterhaltsgläubiger, speziell beim Ehegatten-Trennungs- und Scheidungsunterhalt, hat die *Darlegungs- und Beweislast* für seine eigene Bedürftigkeit (konkrete Angaben über Lebenssituation und wirtschaftliche Verhältnisse, BGH FamRZ 1986, 244 ff.), für eheliche Lebensverhältnisse als Maß des Unterhaltsbedarfs und Leistungsfähigkeit des U-Schuldners (vgl. BGH NJW-RR 1987, 194 f.), bei Unterhalt aus § 1573 BGB ferner für ausreichende Erfüllung eigener Erwerbsobliegenheit (BGH aaO.), hilfsweise dafür, dass deren Nichterfüllung nicht kausal für die Erwerbslosigkeit ist (BGH FamRZ 1986, 885 und BGH NJW-RR 1987, 962 mN.), in Fällen des § 1573 Abs. 4 ferner dafür, dass nachhaltige Unterhaltssicherung fehlschlug (BGH FamRZ 1985, 1234). Die Rspr. gewährt gewisse Beweiserleichterungen, vor allem beim Vortrag außergewöhnlicher Umstände durch U-Schuldner (BGH FamRZ 1983, 352) und uU. Beweislastumkehr bei früherer Einräumung von Einkommen (BGH FamRZ 2004, 496). Der Unterhaltsschuldner ist dagegen darlegungs- und beweispflichtig für neg. Härteklausel (§ 1579 BGB; vgl. bei Form. II. I. 13) und für die Voraussetzungen zeitlicher oder betragsmäßiger Begrenzungen aus § 1578 b BGB.

Zu Einwendungen des Unterhaltsschuldners und seiner Darlegungs- und Beweislast vgl. auch Form. II. I. 13.

9. Zusätzliche Voraussetzung (§ 260 BGB) ist der Nachweis (Beweislast: Auskunftsgläubiger) nicht vollständiger/richtiger Auskunft. Gelegentlich wird daher empfohlen, dass der Auskunftsgläubiger an sich jetzt schon beweisbare Auskunftspositionen bei eigenem Vortrag zunächst zurückhält. Die Strafdrohung als wichtigste Sanktion falscher/unvollständiger Auskunft bleibt dennoch ein stumpfes Schwert, solange der Auskunftsgläubiger keine anderen konkreten Nachweise liefern kann (zumal der für Strafbarkeit notwendige Vorsatz regelmäßig später abgestritten wird).

In der Rspr. finden sich verstärkt Tendenzen, bei Auskunftspflichtverletzung als weitere Sanktion *Verwirkung* oder Teilverwirkung anzunehmen (vgl. etwa OLG München vom 7. 5. 1997, FuR 1997, 274: Verschweigen eigener Einkünfte durch U-Gläubiger als versuchter Prozessbetrug: Teilverwirkung 20%; BGH FamRZ 2007, 1532 zur grob falschen Darstellung der Eigeneinkünfte).

10. Der Trennungsunterhalt kann – ebenso wie der Kindesunterhalt – rückwirkend unter den Verzugsvoraussetzungen des § 1613 Abs. 1, 1361 Abs. 4 S. 1360 a Abs. 3 BGB verlangt werden. Es genügt für den Eintritt der Verzugsvoraussetzungen, dass Auskunft über die Einkommensverhältnisse des Schuldners verlangt wurde. Der nachehliche Unterhalt im Verbund kann nur ab dem Zeitpunkt der Rechtskraft der Scheidung (§ 137 Abs. 2 S. 1 FamFG) geltend gemacht werden. Nach Rechtskraft der Scheidung kann der nacheheliche Unterhalt im isolierten Verfahren eingeklagt werden, u. U. rückwirkend ab dem Zeitpunkt der rechtskräftigen Scheidung. Voraussetzung ist auch hier, dass sich der Schuldner nach Rechtskraft der Scheidung in Zahlungsverzug befunden hat oder ein Auskunftsverlangen gestellt wurde, §§ 1585 b Abs. 2, 1613 Abs. 1 BGB. Wegen der fehlenden Identität zwischen Trennungs- und nachehelichem Unterhalt wirkt ein Verzug bzgl. des Trennungsunterhalts nicht fort. Die Voraussetzungen der §§ 1613 Abs. 1,

1585b Abs. 2 BGB müssen vielmehr erneut geschaffen werden (i.E. s. Palandt/*Brudermüller* § 1585b Rdn. 2).

11. Nicht erst nach Rechtskraft der Scheidung kann Altersvorsorgeunterhalt verlangt werden, sondern schon als Trennungsunterhalt, allerdings erst ab Rechtshängigkeit des Scheidungsantrages, § 1361 Abs. 1 S. 2 BGB.

12. Hier bessere Möglichkeiten anderweitiger Kostenverteilung als Kostenaufhebung da beide Alternativen von § 243 S. 2 Nr. 1 u. 2 FamFG in Frage kommen. § 243 FamFG verdrängt als Spezialregelung die eigentlich gem. § 113 FamFG anzuwendenden §§ 91 ff. ZPO. Grundsätzlich entscheidet das Gericht nach billigem Ermessen. Allerdings wird der Ermessensspielraum durch die Regelung in § 243 S. 2 FamFG („insbesondere") stark eingeschränkt. Der Ermessensspielraum wird sich daher vor allem bei der Berücksichtigung von Teilunterliegen außerhalb des maßgeblichen Zwölf-Monats-Zeitraumes (§ 51 Abs. 1 S. 1 FamGKG) auswirken (z.B. Befristung eines unbefristet eingeklagten nachehelichen Unterhalts). Daneben (außer Verfahrenskostenhilfe) eAO auf Verfahrenskostenvorschuss nach § 246 FamFG, su. Form. II. I. 23.

13. Wichtig wegen der teilweise eingeschränkten Möglichkeiten späterer Abänderung über § 238 FamFG, vgl. hierzu *Finke/Garbe* § 3 Rdn. 417 ff., dort auch allgemein zu den schwierigen Abgrenzungen zwischen Abänderungsklage (§ 238 FamFG), Zusatzklage und Vollstreckungsabwehrklage, vgl. auch Anm. 9 zu Form. II. I. 4 mN.

14. Die Düsseldorfer Tabelle nebst ergänzenden Erläuterungen knüpft an den gesetzlich in § 1612a BGB geregelten Mindestunterhalt an. Sie ist eine Unterhaltsbedarfstabelle zur Vereinheitlichung des Unterhaltsrechts. Daneben haben die einzelnen OLG eigene Leitlinien herausgegeben, s. die Zusammenstellung in der Beilage zu Heft 10 der NJW 2008 und Änderung OLG Frankfurt FamRZ 2008, 1504. Zu den Unterhaltsverwirkungsklauseln des § 1579 Abs. 1 Nrn. 2–4 aus, vgl. ausführlich Form. II. I. 13 und dortige Anm.

15. Auf Umstände, die bereits im Vorprozess zuverlässig voraussehbar waren, aber nicht vorgetragen worden sind, kann ein späterer Abänderungsantrag nicht gestützt werden, BGH NJW 2004, 3108; OLG München OLGR 2008, 133.

16. Zur Unterscheidung Elementarunterhalt/Vorsorgeunterhalt vgl. §§ 1361 Abs. 1 S. 1, 1578 Abs. 3 BGB; zu den Kosten einer angemessenen Altersvorsorge s. *Bergschneider* FamRZ 2003, 1609, *Borth* FPR 2004, 549. Die Berechnung des Altervorsorgeunterhalts erfolgt durch Anknüpfung an den errechneten laufenden Elementarunterhalt, der so behandelt wird als sei er ein sozialversicherungspflichtiges Netto-Erwerbseinkommen, das unter Berücksichtigung der Sozialabgaben mittels der „Bremer Tabelle" auf ein Bruttoeinkommen hochgerechnet wird. Aus dem auf diese Weise ermittelten Bruttoeinkommen wird der jeweilige Anteil zur gesetzlichen Rentenversicherung (ohne Berücksichtigung einer Beitragsbemessungsgrenze, BGH NJW 2007, 144) herausgerechnet (derzeit 19,9%). In einem zweiten Schritt wird der Elementarunterhalt neu berechnet. Dieser ermäßigt sich dadurch, dass der Altersvorsorgeunterhalt vorab vom Einkommen des Verpflichteten in Abzug gebracht wird (*Grandel,* in: MAH Familienrecht (Hrsg. Schnitzler) § 8 Rdn. 102 ff.; zur sog. *Bremer Tabelle,* fortgeführt von *Gutdeutsch,* vgl. FamRZ 2008, 328 ff. zum Stand 1. 1. 2008). Zur getrennten Geltendmachung (zulässig nach BGH NJW 2007, 144, BGH FamRZ 1982, 1187) und zur Substantiierung (vgl. BGH NJW 1982, 1986) ist ferner stets zu beachten, dass fehlende oder undeutliche *Trennung* beider Unterhaltsformen in Antrag/Schriftsätzen spätere Nachforderungen ausschließen, mindestens gefährden kann (nur erschwerte Abänderungsklage! vgl. BGH FamRZ 1985, 690). Wird der Vorsorgeunterhalt erstmals mit der Abänderungsklage geltend gemacht, ist für die Berechnung der Betrag maßgebend, auf den der Elementarunterhalt zu erhöhen ist, BGH NJW 1988, 1875. Die Unterscheidung zwischen Elementar- und Vorsorgeunterhalt muss auch in (Klage-)Antrag und Tenor vorgenommen werden, der Altersvorsorgeunterhalt gesondert beziffert werden (vgl. daher Ziff. III der Anträge im Text), BGH FamRZ 1983, 152; OLG Hamm FamRZ 1997, 1278.

17. Vollstreckung des Auskunftsurteils: §§ 120 Abs. 1 FamFG, 888, 889 ZPO.

Kosten und Gebühren

Entscheidung im selbständigen Verfahren: GK aus Nr. 1220 KV FamGKG; RA aus Nrn. 3100ff. VV RVG.

Fristen und Rechtsmittel

Befristete Beschwerde, §§ 58, 63 FamFG, einzulegen beim Gericht erster Instanz binnen eines Monats § 64 Abs. 1 FamFG; die Frist zur notwendigen Beschwerdebegründung beträgt 2 Monate ab Bekanntgabe des Beschlusses, § 117 Abs. 1 S. 3 FamFG; die Beschwerdebegründung ist beim Beschwerdegericht einzureichen, § 117 Abs. 1 S. 2 FamFG; zuständig für das Beschwerdeverfahren ist das OLG, § 119 Abs. 1 Nr. 1 a GVG; vgl. im Einzelnen Form. II. I. 30.

13. Erwiderung auf einen Antrag wegen Unterhalt

An das **……, den ……**
Amtsgericht
– Familiengericht[1] –

In der Familiensache

der …… **– Antragstellerin –**
Verfahrensbevollmächtigte[1]: RA ……

gegen

…… **– Antragsgegner –**

wegen Ehegatten- und Kindesunterhalt (Stufenklage)

Az.: ……

wird namens und im Auftrag des Antragsgegners auf den Stufenklageantrag der Antragstellerin wie folgt erwidert:

I. Der Antrag wird abgewiesen[10].
II. Die Antragstellerin hat die Kosten des Verfahrens zu tragen.

Begründung:

1. Der Auskunftsanspruch ist schon als solcher, zumindest teilweise, nicht begründet:
a) Der Anspruch auf Auskunft und Belege für das Kalenderjahr 2008 ist bereits erfüllt. Denn die Beteiligten haben für das Jahr 2008 noch eine gemeinsame Veranlagung durchgeführt, in deren Verlauf der Antragstellerin sämtliche begehrten Auskünfte für dieses Jahr erteilt und sämtliche von ihr hier begehrten Unterlagen zugänglich gemacht worden sind[2]. Im Einzelnen ……
b) Soweit die Antragstellerin darüber hinaus für die Jahre 2007 und 2006 Auskünfte und Belege über Einkünfte aus der „Unternehmensberatung X" und sonstige Einkünfte, insbesondere aus Kapitalvermögen, begehrt, ist dieses Verlangen rechtsmissbräuchlich. Der Antragsgegner hat seine Einkünfte insoweit bereits in anderer

Weise ausreichend belegt und kann ein schutzwürdiges Interesse an der Zurückhaltung der hierauf bezogenen Steuerunterlagen geltend machen. Denn auf Grund besonderer Umstände besteht hier die Gefahr einer missbräuchlichen Verwendung dieser Unterlagen durch die Antragstellerin[3]. Im Einzelnen ......

c) Rein vorsorglich macht der Antragsgegner gegenüber dem Auskunftsverlangen der Antragstellerin ein Leistungsverweigerungsrecht[4] geltend. Entgegen dem Vortrag der Antragstellerin ist nämlich nicht nur, wenn überhaupt, der Antragsgegner dieser gegenüber auskunftspflichtig. Auskunftspflichtig ist vielmehr umgekehrt auch die Antragstellerin, nämlich über die von ihr schwarz bezogenen Nebeneinkünfte aus „freiberuflicher" Übersetzertätigkeit und außerdem über die von ihr bezogenen Kapitaleinkünfte. Der Antragsgegner hat die Antragstellerin mehrfach vergeblich aufgefordert, darüber Auskunft nebst Belegen zu erteilen. Im Einzelnen ......
In Wirklichkeit kommt hier die Antragstellerin ihrer eigenen Darlegungs- und Beweispflicht nicht hinreichend nach.[5]

d) Schließlich ist der geltend gemachte Auskunftsanspruch unzulässig, jedenfalls unbegründet. Denn die begehrte Auskunft kann für die Bemessung eines Unterhaltsanspruchs der Antragstellerin gegenüber dem Antragsgegner nicht von Bedeutung sein, weil der Antragstellerin aus keinem rechtlichen oder tatsächlichen Gesichtspunkt derzeit ein Unterhaltsanspruch zusteht. Dies gilt insbesondere für die behaupteten Einkünfte, die der Antragsgegner aus der „Unternehmensberatung X" erzielt, deren Aufbau erst nach der Trennung der Beteiligten, nämlich erst ab ...... begonnen hat. Diese Einkünfte stellen sich dar als eine unerwartete, vom Normalverlauf abweichende Entwicklung, die nicht geeignet ist, die ehelichen Lebensverhältnisse und damit das Maß des Unterhalts der Antragstellerin zu prägen[6]. Im Einzelnen: ......

e) Ferner hat die Antragstellerin jeden Ehegatten-Unterhaltsanspruch gegen den Antragsgegner verwirkt. Wegen der Einzelheiten darf insoweit auf die Ausführungen zu Ziff. 2. verwiesen werden.

f) Den Kindesunterhalt leistet der Antragsgegner in Wirklichkeit nach seinen Möglichkeiten durchaus. Im Einzelnen: ......

Beweis: ......

2. Der Antragstellerin steht schon dem Grunde nach derzeit keinerlei Ehegatten-Unterhaltsanspruch zu.

a) Die Antragstellerin hat sich schon vor der endgültigen Trennung der Beteiligten und weiter bis heute wiederholt schwerer vorsätzlicher Vergehen gegen den Antragsgegner schuldig gemacht (§ 1579 Abs. 1 Nr. 3 BGB). Sie hat insbesondere am ...... den Antragsgegner bei einer Party im Hause seines Chefs, zu der sie unerlaubt eingedrungen war, mit einem Messer angefallen und verletzt, ferner bereits seit Ende 2008 wiederholt bis in jüngste Zeit hinein immer wieder versucht, durch fortgesetzte schwere Beleidigungen und Verleumdungen sowie durch schwerwiegende falsche Anschuldigungen den Antragsgegner bei seinem Chef und verschiedenen Geschäftspartnern zu schädigen. Im Einzelnen: ......[7]

b) Nach Auffassung des Antragsgegners verfügt die Antragstellerin in Wirklichkeit über erhebliche Einkünfte aus – möglicherweise schwarz betriebener – „freiberuflicher" Übersetzertätigkeit und aus Kapitalvermögen. Dieses stammt aus einer im Jahre 2008 zwischen den Beteiligten vorgezogenen Auseinandersetzung des Zugewinnausgleichs, in dessen Rahmen ein gemeinsames Ferienhaus der Beteiligten verkauft und hieraus der Antragstellerin ein ganz erheblicher Erlösanteil zugewiesen wurde. Im Einzelnen: ......

Beweis: ......

Sollte sich jedoch in diesem Rechtsstreit herausstellen, dass die Antragstellerin diesen ganz erheblichen Erlösanteil nicht mehr zur Verfügung hat – die Antragstellerin

hat solches außergerichtlich dem Antragsgegner gegenüber bereits angedeutet – und es tatsächlich böswillig unterlässt, ihre bereits vor der Ehe erworbenen und während der ersten Jahre der Ehe auch eingesetzten Fähigkeiten und Erwerbsmöglichkeiten als Übersetzerin zur Einkommenserzielung einzusetzen, so hätte die Antragstellerin ihre behauptete Bedürftigkeit mutwillig herbeigeführt (§ 1579 Abs. 1 Nr. 4 BGB). Unterhaltsrechtlich würde sich hieraus folgendes ergeben: ……[8]

c) Darüber hinaus ist die Antragstellerin schon vor der endgültigen Trennung der Beteiligten, wahrscheinlich schon Ende 2007, mutwillig und ohne Anlass durch den Antragsgegner aus der bis dahin intakten Ehe der Beteiligten ausgebrochen, indem sie sich ehebrecherisch einem anderen Partner zuwandte und mit diesem mehrere Monate in …… unter Zurücklassung des Antragsgegners und der beiden gemeinsamen ehelichen Kinder zusammenlebte. Zwar ist die Antragstellerin anlässlich der endgültigen Trennung der Beteiligten Mitte 2008 wieder in die damals eheliche Wohnung zurückgekehrt, dies aber nur, weil ihr dies von ihrem damaligen Anwalt zwecks Erhaltung etwaiger eigener Unterhaltsansprüche geraten worden war. In Wirklichkeit hat die Antragstellerin das Verhältnis zu jenem anderen Partner auch damals nicht aufgegeben. Sie hat dieses Verhältnis sofort nach der endgültigen Trennung der Beteiligten – der Antragsgegner musste damals notgedrungen ausziehen – fortgesetzt, hat diesen Partner spätestens seit Anfang 2009 in die frühere eheliche Wohnung aufgenommen, führt ihm den Haushalt und lebt mit ihm in eheähnlicher Lebensgemeinschaft zusammen. Im Einzelnen: ……[7]

Beweis: ……

Damit hat die Antragstellerin auch aus „anderen Gründen" im Sinne des § 1579 Abs. 1 Nr. 2 BGB jeden eigenen Unterhaltsanspruch verwirkt.

d) Einwendungen zur Höhe des etwa verbleibenden Unterhaltsanspruchs der Antragstellerin bleiben ausdrücklich vorbehalten.[9]

3. Richtig ist, dass ein gesondertes Verfahren auf einstweilige Anordnung Kindesunterhalt anhängig ist. Sollte einstweilige Anordnung zunächst ergehen, müsste sich der Antragsgegner insoweit Rechtsmittel vorbehalten.[10]

Rechtsanwalt

Anmerkungen

1. Sachverhalt wie Form. II. I. 12. Zur Zuständigkeit, Verfahrensvollmacht, Anwaltszwang und Zulässigkeit der Stufenklage vgl. die Anm. zu Form. II. I. 12.

2. Einwand der Erfüllung; ggf. müsste der hier auf Auskunft klagende Ehegatte nach allgemeinen Grundsätzen den Zusatzantrag auf eidesstattliche Versicherung der Richtigkeit und Vollständigkeit geltend machen, vgl. Form. II. I. 12 mit dort. Anm.

3. Einwand sehr str. und unsicher, Auskunftsanspruch geht grundsätzlich sehr weit (zB. gegenüber einem Rechtsanwalt als Mitglied einer Sozietät auch auf die wirtschaftlichen Verhältnisse der Sozietät, damit indirekt der Mitgesellschafter, so – für Auskunftsanspruch zum Zugewinn, § 1379 BGB – OLG Hamm NJW 1983, 1914). Vgl. auch BGH NJW 1993, 3262 (3269) mwN.

4. Ein Zurückbehaltungsrecht wird allerdings von der ganz hM. abgelehnt, vgl. etwa OLG Hamm NJW-RR 1996, 4. Verzögerte Auskunftserteilung oder Unterschlagen von Bezügen kann Schadensersatzpflicht auslösen, BGH FamRZ 1985, 155/158, uU. Verwirkung von Ansprüchen (vgl. Anm. 9 zu Form. II. I. 12 mN.), uU. sogar passives Verschweigen von Veränderungen (zB. Arbeitsaufnahme, BGH NJW 1988, 1965).

5. Die Rspr. zum Umfang der eigenen Darlegungs- und Beweislast des Unterhaltsgläubigers ist unklar; sie wird grundsätzlich bejaht (vgl. ie. Anm. 8 zu Form. II. I. 12 mN.), aber zum Teil auf „abstrakten Vortrag" reduziert, so zB. auch zum Vorsorgeunterhalt, vgl. BGH FamRZ 1983, 152; nach aA. Darlegungs- und Beweislast für eine – unterhaltsrechtlich relevante – „unerwartete, vom Normalverlauf erheblich abweichende Entwicklung der ehelichen Lebensverhältnisse" bei dem Ehegatten, der hieraus Rechte herleitet, BGH FamRZ 1983, 352 mN. Die Darlegungs- und Beweislast für Verwirkungstatbestände trägt der Unterhaltsschuldner, und zwar – bei § 1579 Nr. 7 – sowohl für offensichtlich schwerwiegendes Fehlverhalten des Unterhaltsgläubigers wie auch dafür, dass er selbst daran unschuldig war (Einseitigkeit); der Antragsteller kann relativ leicht durch zeitlich und räumlich konkretisierten Gegenvortrag zum eigenen „Sündenregister" des Bekl. diesem die Widerlegung wieder aufbürden (vgl. OLG Bamberg FamRZ 1985, 598; BGH FamRZ 1982, 779 und FamRZ 1983, 670). Darlegungs- und Beweislastverschärfung für Unterhaltsgläubiger uU. aber dann, wenn dieser nach Scheidung mit einem anderen eine „Lebensgemeinschaft" eingeht, vgl. BGH FamRZ 1983, 151 u. Anm. 6 und 7. Vgl. im Übrigen Anm. 8 zu Form. II. I. 12 und *Kalthoener/Büttner* NJW 1994, 1829, 1835.

6. Die Höhe des Unterhaltsbedarfs bemisst sich auch beim Trennungsunterhalt nach den ehelichen Lebensverhältnissen. Der Begriff entspricht demjenigen aus § 1578 Abs. 1 S. 1 BGB. Die – materiell-rechtliche – Frage, welche konkreten Umstände (in der Praxis vor allem: Einkommensverhältnisse) die „ehelichen Lebensverhältnisse bestimmen", ist für den Trennungs- wie Nachscheidungsunterhalt des Ehegatten von entscheidender Bedeutung. Der maßgebliche Zeitpunkt für die Ermittlung ist nicht starr der Zeitpunkt der Trennung oder Scheidung. Die ehelichen Lebensverhältnisse sind beim Trennungsunterhalt jedenfalls durch die Entwicklungen bis zur Scheidung geprägt (BGH FamRZ 1999, 367, 368f.). Die Rechtsprechung des BGH zu den Surrogationseinkünften führte dazu, dass auch Veränderungen nach der Trennung in weitem Umfang die maßgeblichen ehelichen Lebensverhältnisse beeinflussen. Ausgenommen davon sind Veränderungen, die auf einer unerwarteten und vom Normalverlauf erheblich abweichenden Entwicklung beruhen (Palandt/*Brudermüller* § 1361 Rdn. 63) oder verschuldete Einkommensrückstände (BGH FamRZ 2007, 793, 795; BGH FamRZ 2003, 590, 591). Vgl. den Rechtsprechungsüberblick bei *Grandel,* in: MAH Familienrecht (Hrsg. Schnitzler) § 8 Rdn. 63ff. Dabei hat Darlegungs- und Beweislast derjenige Ehegatte, der sich auf eine unerwartete Entwicklung beruft (BGH FamRZ 1983, 352 m. Anm.). Besonders sorgfältiger Tatsachenvortrag ist hier also stets erforderlich.

7. Die – gänzliche oder teilweise – „Verwirkung" des Ehegatten-Unterhaltsanspruchs aus den verschiedenen Gesichtspunkten des § 1579 BGB wegen grober Unbilligkeit kann auch beim Trennungsunterhalt eine Rolle spielen, §§ 1361 Abs. 3, 1579 Nr. 2–8 BGB. Sie zwingt beide Seiten zu besonders ausführlichem Sachvortrag nebst Beweisantritten. Dies gilt insbesondere für die „anderen, ebenso schwerwiegenden Gründe" des § 1579 Abs. 1 Nr. 8 BGB und Nr. 7 BGB: Von besonderer Praxisrelevanz ist der jetzt in § 1579 Nr. 2 BGB geregelte Fall des Zusammenlebens des getrennten oder geschiedenen Ehepartners mit einem anderen Partner in „eheähnlicher Lebensgemeinschaft" ohne – offizielle – Unterhaltung durch diesen auf Kosten des Unterhaltsschuldners, auch wenn der Ehepartner die Kinder betreuen muss, vgl. etwa BGH NJW 1984, 297, ferner (Fall der schweren Verfehlung gemäß § 1579 Abs. 1 Nr. 7 BGB) BGH NJW 1984, 296, je mit Nachw.) Zu § 1579 BGB s. auch Schnitzler, Familienrecht § 9 mit „Checkliste" der Prüfungskriterien für das Vorliegen einer verfestigten Lebensgemeinschaft.

Unabhängig und in Kombination mit einer Teilverwirkung rechnet die Rechtsprechung der unterhaltsberechtigten Ehefrau, die mit einem neuen Partner zusammenlebt, fiktive Einkünfte für die vermutete Erbringung hausfraulicher Leistungen zu (dogmatisch z.T. auch über ersparte Aufwendungen begründet).

8. Einwand, dass der Unterhaltsgläubiger seine Bedürftigkeit mutwillig herbeigeführt hat, § 1579 Abs. 1 Nr. 4 BGB, bei vorzeitiger Verschwendung des Zugewinnausgleichs sehr einschränkend OLG Karlsruhe FamRZ 1983, 506; zur Berücksichtigung des durch Zugewinnausgleich erhaltenen Vermögens ferner allgemein BGH NJW 1985, 909.

9. Da der Ag. im vorgestellten Fall schon jede Auskunftspflicht, erst recht Unterhaltspflicht dem Grunde nach bestreiten will, wird er sich mit der Höhe des Anspruchs kaum jetzt schon auseinandersetzen können. Gegen den hier – kombiniert – geltend gemachten Anspruch auf Auskunft und Zahlung von *Kindesunterhalt* helfen seine hier behandelten Einwendungen (in der Regel) ohnehin nicht. Die häufigsten Einwendungen zur Höhe sind

- Einwand des geminderten Unterhaltsbedarfs (zB. durch anderweitige Einkünfte);
- Einwand der geminderten/entfallenen eigenen Leistungsfähigkeit;
- Einwand, dass eigene Einkünfte des Unterhaltsschuldners (ganz oder teilweise) die ehelichen Lebensverhältnisse vor Trennung/Scheidung nicht „geprägt" haben (vgl. Anm. 6). Hierzu gehört auch der Einwand der sog. „Sättigungsgrenze", welcher – obwohl vom BGH bisher nicht voll bestätigt – bei den Obergerichten mit ähnlichen Formulierungen wie in der Formularbegründung zT. praktiziert wird, vgl. zB. OLG Düsseldorf FamRZ 1983, 928 oder OLG München FamRZ 1983, 925 (bei Einkommen des Unterhaltsverpflichteten über EUR 10.000,– netto pro Monat).

10. Negativer Feststellungsantrag gegen einen Unterhaltsantrag ist unzulässig (OLG Düsseldorf FamRZ 1985, 1149), anders jedoch als negativer Feststellungsantrag gegen Unterhaltsverpflichtung aus eAO, z. B. wenn Bedürftigkeit des Berechtigten entfallen ist: zulässig auch für die Vergangenheit (OLG Düsseldorf FamRZ 1985, 1147).

Kosten und Gebühren

Wie Form. II. I. 12., insbes. dort Anm. 5 (differenzierender Streitwert bei isolierter Auskunft/bei Stufenantrag).

Fristen und Rechtsmittel

Wie Form. II. I. 12.

14. Antrag auf Zustimmung zum begrenzten Real-Splitting

An das **……, den ……**
Amtsgericht
– Familiengericht[1] –

Antrag

des …… **– Antragsteller –**
Verfahrensbevollmächtigter: RA ……
gegen
…… **– Antragsgegnerin –**
wegen Zustimmung zum begrenzten Realsplitting
vorläufiger Gegenstandswert[2]: EUR ……

Namens und in Vollmacht des Antragstellers wird beantragt[3]:

I. Die Antragsgegnerin wird verpflichtet, gegenüber dem Finanzamt …… zur Steuernummer …… eine Willenserklärung mit dem Inhalt abzugeben, dass die Antragsgegnerin dem sogenannten begrenzten Realsplitting gem. §§ 10Abs. 1 Nr. 1, 22 Nr. 1 a

EStG für den Veranlagungszeitraum 2008 im Rahmen der Veranlagung zur Einkommen-, Kirchensteuer und zum Solidaritätszuschlag für einen Unterhaltsbetrag von …… EUR zustimmt.

II. Die Antragsgegnerin hat die Kosten des Verfahrens zu tragen.

Begründung

1. Die Ehe der Beteiligten ist durch Verbundurteil des Familiengerichts …… vom 17. 12. 2006 rechtskräftig geschieden worden. Hierbei wurde der Antragsteller zugleich rechtskräftig verurteilt, an die Antragsgegnerin einen monatlichen nachehelichen Ehegattenunterhalt von EUR 1.100,– wegen damals angeblich bestehender krankheitsbedingter Erwerbsunfähigkeit der Antragsgegnerin zu bezahlen mit Wirkung ab Scheidung. Dem ist der Antragsteller nachgekommen. Er hat in 2008 Ehegattenunterhalt in Höhe von …… EUR bezahlt.

Beweis: ……

2. Der Antragsteller befindet sich einkommensbedingt in einer hohen Steuerprogression. Er hat deshalb die Antragsgegner mit Schreiben vom …… und Anwaltschreiben vom …… unter Fristsetzung aufgefordert, ihre Zustimmung zur Angabe der an die Antragsgegnerin geleisteten und noch zu leistenden laufenden Unterhaltszahlungen als Sonderausgabe bei seinem zuständigen Einkommensteuerfinanzamt, zunächst für den Veranlagungszeitraum 2008 zu erklären. Der Antragsteller hat sich dabei zugleich verpflichtet, der Antragsgegnerin alle Nachteile auszugleichen, die ihr durch Ansatz seiner Unterhaltsleistungen in 2008 und folgende als Sonderausgaben nach § 10 Abs. 1 EStG entstehen. Der Antragsteller hat aufgrund seiner Einkommensverhältnisse eine Steuerbelastung von ca. 38% aus einem zu versteuernden Einkommen von …… EUR. Die Antragsgegnerin liegt aufgrund ihres deutlich niedrigeren Einkommens von …… EUR bei einer Steuerbelastung von nur 26%. Nach Ausgleich der Steuermehrbelastung der Antragsgegnerin verbleibt dem Antragsteller eine Steuerersparnis von ca. …… EUR.

3. Die Antragsgegnerin hat zunächst nicht reagiert, sodann mit Schreiben vom …… ihres Anwalts dieses Verlangen des Antragstellers endgültig abgelehnt mit der Behauptung, sie, die Antragsgegnerin, erleide hierdurch „unübersehbare steuerliche Nachteile", außerdem stehe die vom Antragsteller in den vorgenannten Schreiben gleichzeitig erklärte Bereitschaft zur Freistellung der Antragsgegnerin von steuerlichen Nachteilen wegen seines „undurchsichtigen Finanzgebarens" nur auf dem Papier.

Beweis: Die vorbezeichneten Schreiben, insbesondere ……

4. Die gerichtliche Klärung ist daher geboten, und zwar wegen ernstlicher und endgültiger Weigerung der Antragsgegnerin zunächst für den nunmehr laufenden steuerlichen Veranlagungszeitraum 2008. Der Anspruch auf Zustimmung ist nach der nunmehr hM. der höchstrichterlichen Rechtsprechung als Nebenpflicht aus dem bestehenden gesetzlichen Unterhaltsverhältnis auch in der obigen Form begründet.
Insbesondere ist der Antragsteller nicht verpflichtet, ohne besondere, von der Antragsgegnerin darzulegende und gegebenenfalls zu beweisende Umstände schon jetzt eine Sicherheitsleistung für die von ihm gleichzeitig einzugehende Freistellungsverpflichtung anzubieten oder zu übernehmen.

5. Die Antragsgegnerin schädigt durch ihr Verhalten nicht nur den Antragsteller, der sich wegen seiner daraus resultierenden überhöhten Steuerbelastung weitergehende Schadensersatzansprüche ausdrücklich vorbehält. Bei ordnungsgemäßem Verhalten der Antragsgegnerin hätte der Antragsteller seine Unterhaltsleistungen bis zum 30. 11. 2008 noch lohnsteuerabzugsmindernd auf seiner Lohnsteuerkarte 2009 eintragen lassen können, da er seine Einkünfte im Wesentlichen aus unselbstständiger Tätigkeit als Angestellter bezieht. Die Antragsgegner schmälert vielmehr hierdurch auch die Be-

messungsgrundlage (Nettoeinkommen des Antragstellers) für ihren eigenen Unterhaltsanspruch.

6. Die beantragte Kostenentscheidung ist hier nach allgemeinen Grundsätzen gerechtfertigt.

Rechtsanwalt

Anmerkungen

1. Der Anspruch auf Zustimmung zum begrenzten Realsplitting war nach altem Recht ebenso wie der Anspruch auf Schadensersatz bei unberechtigter Verweigerung der Zustimmung als Familiensache aus dem Gesichtspunkt des Sachzusammenhangs mit dem Unterhaltsanspruch angesehen worden. vgl. zum alten Recht OLG Hamm FamRZ 1987, 489 und Thomas/Putzo/*Hüßtege* 29. Aufl. § 621 ZPO Rdn. 28 a. Nunmehr gehört das Verfahren zu den sonstigen Familiensachen des § 266 Abs. 1 Nr. 2 FamFG (*Musielak/Borth* FamFG § 266 Rdn. 10). Das Verfahren ist Familienstreitsache; die örtliche Zuständig richtet sich nach § 267 FamFG (ausschließlich örtlich zuständig ist vorrangig das Gericht, bei dem die Ehesache im ersten Rechtszug anhängig ist oder war, § 267 Abs. 1 FamFG; im übrigen richtet sich die örtliche Zuständigkeit nach den Vorschriften der ZPO, wobei an die Stelle des Wohnsitzes der gewöhnliche Aufenthalt tritt, § 267 Abs. 2 FamFG).

2. Der Streitwert sollte der angestrebten Steuerersparnis beim Antragsteller entsprechen.

3. Zu den materiellen Rechtsgrundlagen und zur Ausgestaltung der Anträge des hier geltend gemachten Anspruchs vgl. zB. *Arens,* in: MAH Familienrecht (Hrsg. Schnitzler) § 31 Rdn. 81 ff. mN. und insb. ausführlich mwN. BGH NJW-RR 2005, 225 (Zustimmung zu – noch – gemeinsamer ESt-Veranlagung) und FamRZ 1998, 954 (Realsplitting, dort auch zu den – eingeschränkten – Voraussetzungen, zu denen der Unterhaltsgläubiger Sicherheit für den Freistellungsanspruch verlangen kann), ferner BGH FamRZ 1988, 820, 821. Bei Zustimmung des unterhaltsberechtigten Ehepartners zum begrenzten Realsplitting – § 10 I Nr. 1 EStG – besteht Anspruch auf Erstattung aller daraus erwachsenden wirtschaftlichen Nachteile, nicht nur der steuerlichen Nachteile. Andere Nachteile des Unterhaltsberechtigten können z. B. der Verlust sozialrechtlicher Leistungsansprüche oder der Wegfall in der Mitversicherung in der Krankenversicherung des Ehegatten sein, Einzelheiten mit weiteren Beispielen s. *Arens,* in: MAH Familienrecht (Hrsg. Schnitzler)) § 31 Rdn. 100 ff.

Kosten und Gebühren

GK aus Nr. 1220 ff.; Rechtsanwaltsgebühren: Nrn. 3100 ff. VV RVG.

Fristen und Rechtsmittel

Befristete Beschwerde, §§ 58, 63 FamFG, einzulegen beim Gericht erster Instanz binnen eines Monats § 64 Abs. 1 FamFG; die Frist zur notwendigen Beschwerdebegründung beträgt 2 Monate ab Bekanntgabe des Beschlusses, § 117 Abs. 1 S. 3 FamFG; zuständig für das Beschwerdeverfahren ist das OLG, § 119 Abs. 1 Nr. 1 a GVG; vgl. im Einzelnen Form. II. I. 30.

Güterrechtssachen, Ehewohnung und Hausrat

15. Antrag auf Zugewinnausgleich (Stufenantrag)

An das **……, den ……**
Amtsgericht[1]
– Familiengericht –

Antrag[2]

der …… **– Antragstellerin –[2]**
Verfahrensbevollmächtigte: Rechtsanwälte ……[3]
gegen
…… **– Antragsgegner –[2]**
Verfahrensbevollmächtigter: Rechtsanwalt ……[3]
wegen Zugewinnausgleich (Auskunft und Zahlung)[1, 2]
vorläufiger Streitwert: EUR ……[4]

Wir zeigen an, dass wir die Antragstellerin vertreten; Bevollmächtigung wird versichert[5].
Namens und im Auftrag der Antragstellerin stellen wir folgende Anträge:

I. Der Antragsgegner wird verurteilt, der Antragstellerin

1. Auskunft[9] zu erteilen über sein Endvermögen[7] per 31. 7. 2008[6] mit allen zu diesem Zeitpunkt vorhandenen Aktivposten und Schuldposten,

a) durch Vorlage eines schriftlichen, systematisch gegliederten Bestandsverzeichnisses;

b) unter Angabe von Art und Umfang der Einzelposten, ferner folgender wertbildender Faktoren:

aa) zum bebauten Grundbesitz in …… Angaben über Grundstücksgröße, Belastungen, Baujahr, Bauweise, Nutzungsarten, Nutzflächen und Einnahmen sowie Ausgaben der Jahre 2006–2008;

bb) zum Einzelunternehmen „Unternehmensberatung X" Angaben zu deren Aktiva und Passiva per 31. 12. 2007 und zu deren Umsätzen und Gewinnen/Verlusten der Jahre 2006–2008;

cc) zu der für den Antragsteller bei der Z-Lebensversicherung …… bestehenden Kapitallebensversicherung …… Angaben über Deckungskapital, Zinsen, Gewinnbeteiligung und Beteiligung am voraussichtlichen kollektiven Schlussgewinn (Zeitwertermittlung);

dd) zu dem vom Antragsteller beruflich genutzten Kraftfahrzeug Angaben zu Alter, Kilometerstand, Ausstattung und Erhaltungszustand; und

c) diese Auskünfte zu belegen[10] durch

aa) Grundbuchauszug und Kontoauszüge über Belastungsstände per 31. 7. 2008, sowie Vorlage der Einnahmen-Ausgaben-Überschussrechnungen 2006–2008 zum obigen Grundbesitz;

bb) Anlagenverzeichnisse, Jahresumsatzsteuererklärungen und Jahresabschlüsse 2006–2008 zur obigen „Unternehmensberatung X";

2. Auskunft zu erteilen über die ihm zum 1. 12.2001 von seinen Eltern schenkweise zugewendete Beteiligung[7] an der Handelsgesellschaft in Firma „ABC-KG"

a) durch Vorlage einer schriftlichen Aufstellung;

b) unter Angabe von Art und Umfang dieser Beteiligung, ferner folgender wertbildender Faktoren:[8]

– Aktiva und Passiva per 31. 12. 2000 sowie Umsätze und Gewinne/Verluste der Jahre 1998–2000 dieses Unternehmens;

c) diese Auskünfte zu belegen[10] durch

– Vorlage der Jahresabschlüsse (Bilanzen, Gewinn- und Verlustrechnungen, Anhänge und Anlagenverzeichnisse) dieses Unternehmens für die Jahre 1998–2000.

II. Der Antragsteller wird ggf. verpflichtet, die Richtigkeit der vorgelegten Verzeichnisse und Aufstellungen gemäß Ziff. I. an Eides Statt zu versichern.

III. Der Antragsgegner wird verpflichtet, einen sich aus der Auskunftsergebenden noch zu berechnenden Zugewinnausgleich an die Antragstellerin zu bezahlen.

IV. Der Antragsgegner trägt die Kosten des Verfahrens.

Begründung:

1. Die Beteiligten hatten am ...... vor dem Standesamt Augsburg die Ehe geschlossen. Die Beteiligten leben seit Mitte 2007 getrennt. Der Scheidungsantrag des Antragsgegners wurde über das Familiengericht Augsburg der Antragstellerin am 3. 8. 2008 zugestellt. Die Ehe wurde durch Urteil des Familiengerichts Augsburg vom 10. 12. 2008 geschieden. Die Scheidung ist seit dem 10. 12. 2008 auch rechtskräftig.

   Beweis: Scheidungsurteil des Familiengerichts Augsburg mit Rechtskraftvermerk in Kopie anbei, Anlage 1

2. Die Beteiligten lebten im gesetzlichen Güterstand. Über den Zugewinnausgleich zwischen den Beteiligten konnte außergerichtlich keine Einigung erzielt werden. Die Antragstellerin hat dem Antragsgegner bereits das in Anlage 2 beigefügte eigene Vermögensverzeichnis über ihr Anfangsvermögen und Endvermögen vorgelegt und ihn unter Fristsetzung bis zum ...... aufgefordert, ebenfalls über sein Anfangs- und Endvermögen in der Ehezeit in der Form des § 260 BGB Auskunft zu erteilen.

   Beweis: ......

   Der Antragsgegner, welcher schon während der Ehezeit sich alleine um die wirtschaftlichen Angelegenheiten der Familie gekümmert, seine eigenen vermögensmäßigen Dispositionen stets für sich selbst erledigt und der Antragstellerin keinen näheren Einblick gegeben hat, weigert sich jedoch, gemäß §§ 1379 Abs. 1 S. 1 Nr. 2, 260 BGB die erforderlichen Auskünfte zu erteilen; dies, obwohl er sie unschwer erteilen könnte, während die Antragstellerin schuldlos zur eigenen, hinreichend sicheren Erstellung eines solchen Bestandsverzeichnisses außer Stande ist. Sie kann insbesondere auch die näheren Umstände und den Wert der dem Antragsgegner am ...... von seinen Eltern schenkweise zugewendeten KG- Beteiligung an der ABC-KG, welche das Anfangsvermögen des Antragstellers erhöht (§ 1375 Abs. 2 BGB), schuldlos nicht selbst feststellen, weil ......

   Beweis: ......

3. Die Antragstellerin hat gemäß der obigen Anlage 1, welche vom Antragsgegner bisher in keiner Weise beanstandet wurde, während der Ehezeit keinen Zugewinn erzielt.

   Beweis im Bestreitensfall: ......

   Antrag auf Zugewinnausgleich in der obigen Form, nämlich in der Form der Stufenklage, war daher geboten[11].

4. Der Kostenantrag ergibt sich aus[12].

5. Der Gerichtskostenvorschuss in Höhe von ..... EUR ist beigefügt. Die Antragstellerin schätzt den sich ergebenden Zugewinnausgleich auf ca. ...... EUR.[13]

Rechtsanwalt

Anmerkungen

1. Ausschließlich sachlich und nach der gesetzlichen Geschäftsverteilung zuständig für alle güterrechtlichen Auseinandersetzungen (alle Güterstände, also nicht nur für Zugewinnausgleich, sondern auch für alle Sonderfragen und -verfahren, auch die Verfahren der §§ 1382, 1383 BGB ist das Familiengericht, §§ 23a Abs. 1 Nr. 1, 23b Abs. 1 GVG, 111 Nr. 8, 261 FamFG. Ausschließlich örtlich zuständig ist vorrangig das Gericht, bei dem die Ehesache im ersten Rechtszug anhängig ist oder war, § 262 Abs. 1 FamFG. Der Gerichtstand der Ehesache geht anderen ausschließlichen Gerichtsständen vor, z. B. dem aus §§ 767, 802 ZPO für die Vollstreckungsgegenklage, § 262 Abs. 1 S. 2 FamFG. Im übrigen richtet sich die örtliche Zuständigkeit nach den Vorschriften der ZPO, wobei an die Stelle des Wohnsitzes der gewöhnliche Aufenthalt tritt, § 262 Abs. 2 FamFG.

2. Es handelt sich um eine Familienstreitsache, § 112 Nr. 2 FamFG. Das Verfahren kann in den Verbund einbezogen werden oder als selbständiges Verfahren nach Rechtskraft der Scheidung geführt werden, § 137 Abs. 2 Nr. 4 FamFG. Als Verbundverfahren kommt eine Abtrennung unter den Voraussetzungen des § 140 Abs. 1, 2 Nr. 1, 4 oder 5 FamFG. (vgl. aber BGH NJW 1987, 1772, wonach eine Verfahrensdauer von etwa 2 Jahren noch normal ist). Bei Getrenntleben kommt ein Verfahren aus §§ 1385, 1386 BGB in Betracht.

3. Es besteht Anwaltszwang sowohl für ein selbständiges Zugewinnausgleichsverfahren als auch als Folgesache, § 114 Abs. 1 FamFG.

4. Der Gegenstandswert sollte bei unbeziffertem Klagantrag – wie hier – angegeben werden. Zur Bemessung vgl. Form. II. I. 12 Anm. 5 und BGH NJW 1994, 2895: bei Stufenklage – wie hier – ist wegen §§ 38 FamGKG von den (vermuteten) Erwartungen des Antragstellers auszugehen, ggf. durch – später zu korrigierende – Schätzung. Eine gewisser Ausgleich des Kostenrisikos ist über § 80 Abs. 2 FamFG möglich.

5. Da es sich hier nicht um eine Folgesache handelt, bedarf der Anwalt keiner besonderen Vollmacht gem. § 114 Abs. 5 FamFG.

6. Im neueren Recht wird im Scheidungsfall sowohl für die Berechnung des Zugewinns als auch für die Höhe der Ausgleichsforderung auf den Zeitpunkt der Rechtshängigkeit der Scheidung abgestellt, § 1384 BGB. Das bedeutet, dass Vermögensänderungen nach Zustellung des Scheidungsantrages die Höhe des Ausgleichsanspruchs nicht mehr beeinflussen können. Zu beachten ist eine neu gefasste Kappungsgrenze in § 1378 Abs. 2 BGB: Die Höhe der Ausgleichsforderung wird durch den Wert des Vermögens des ausgleichspflichtigen Ehegatten begrenzt, das nach Abzug der Verbindlichkeiten bei Beendigung des Güterstandes vorhanden ist. Gemeint ist mit der „Beendigung des Güterstandes" in § 1378 Abs. 2 BGB aber nicht die Rechtskraft der Scheidung, sondern wegen § 1384 BGB der Zeitpunkt der Rechtshängigkeit des Scheidungsantrages (BR-Drucks. 635/08 S. 35 f.). Diese Neuregelung ist Folge der Anerkennung eines negativen Anfangsvermögens und soll sicherstellen, dass der ausgleichspflichtige Ehegatten jedenfalls keine Verbindlichkeiten aufnehmen muss, um den Zugewinnausgleich bezahlen zu können. Das gilt jedoch nicht in den Fällen der illoyalen Vermögensminderungen des § 1375 Abs. 2 S. 1 BGB. Die Kappungsgrenze erhöht sich in diesem Fall um den Betrag, der gem. § 1375 Abs. 2 S. 1 BGB dem Endvermögen wieder hinzuzurechnen ist, § 1378 Abs. 2 S. 2 BGB. Insoweit muss der Ausgleichspflichtige dann auch, ggf. ein Darlehen zur Finanzierung des Zahlungsbetrages aufnehmen. Berechnungszeitpunkt für das Anfangsvermögen ist der Tag der Eheschließung; Berechnungszeitpunkt für das Endvermögen bei Scheidung gemäß § 1384 BGB ist der Zeitpunkt der Rechtshängigkeit des Scheidungsantrages. Auch längeres Ruhen ein und desselben Verfahrens führt nicht zur

Abänderung des ursprünglichen Berechnungszeitpunkts, selbst bei zwischenzeitiger Versöhnung (str. vgl. BGH FamRZ 1983, 350; BGH FamRZ 2006, 260; OLG Frankfurt FamRZ 1982, 1013; a. A. OLG Karlsruhe FamRZ 1980, 1119). Ruht ein Scheidungsverfahren trotz jahrelangem Getrenntleben und wird dann im selben Verfahren vom Antragsteller ein neuer Scheidungsantrag gestellt, ist dieser nur als weiterer Antrag im noch anhängigen Verfahren anzusehen, der das ursprüngliche Verfahren fortsetzt und den früheren Stichtag nicht beseitigt (BGH FamRZ 2006, 260). Anderes kann gelten, wenn die Berufung auf den früheren Stichtag als Verstoß gegen Treu und Glauben anzusehen wäre, z. B. wenn die Ehegatten langjährig wieder zusammengelebt hatten (Johannsen/Henrich/*Hahne* Eherecht § 1587 Rdn. 30).

Hatten beide Eheleute in demselben Verfahren Scheidungsantrag gestellt und nimmt der frühere Antragsteller später seinen Scheidungsantrag wieder zurück oder wird dieser abgewiesen, verbleibt es bei dem Stichtag der ersten Zustellung, wenn die Ehe auf den Gegenantrag hin geschieden worden ist (BGH FamRZ 1996, 1142). Sind mehrere Scheidungsverfahren rechtshängig, ist für den Stichtag das Verfahren maßgebend, das zur Scheidung geführt hat, auch wenn der Antrag im anderen Verfahren nicht zurückgenommen wurde (BGH FamRZ 1983, 350).

7. Gemäß § 1379 BGB kann nunmehr sowohl Auskunft über das Endvermögen als auch das Anfangsvermögens des anderen Ehegatten verlangt werden. Neu geregelt wurde auch die für die Praxis dringend erforderliche Verpflichtung, auf Verlangen auch Belege zur Auskunft vorzulegen. Die Auskunftsverpflichtung besteht nicht nur bei Scheidungsverfahren, sondern auch bei Verfahren auf Aufhebung der Ehe, auf vorzeitigen Ausgleich des Zugewinns bei vorzeitiger Aufhebung der Zugewinngemeinschaft oder auf vorzeitige Aufhebung der Zugewinngemeinschaft, § 1379 Abs. 1 S. 1 Nr. 2 BGB. Problematisch ist die Formulierung in § 1379 Abs. 1 S. 1 Nr. 2 BGB, dass die Auskunft erteilt werden muss „soweit es für die Berechnung des Anfangs- und Endvermögens maßgeblich ist." Es kann damit nicht gemeint sein, dass der Auskunftsverpflichtete einen eigenen Beurteilungsspielraum haben soll, was rechtlich für den Zugewinn maßgeblich ist (problematisch z. B. für treuhänderisch gehaltenes Vermögen oder Bewertung einer Vorerbschaft). Vielmehr muss über alle Vermögensbestandteile Auskunft gegeben werden, auch die rechtlich streitigen, damit der Auskunftsberechtigte in die Lage versetzt wird, eine eigene rechtliche Beurteilung vornehmen zu können.

Darüber hinaus hat der Gesetzgeber nunmehr auch einen neuen Anspruch auf Auskunft und Belegvorlage über das Vermögen zum Zeitpunkt der Trennung eingeführt, § 1379 Abs. 1 S. 1 Nr. 1 BGB. Der Anspruch entsteht bereits mit der Trennung, setzt also keinen Scheidungsantrag voraus, § 1379 Abs. 2 BGB. Damit sollen Vermögensverschiebungen nach der Trennung verhindert oder jedenfalls nachweisbar gemacht werden. § 1375 Abs. 2 S. 2 BGB beinhaltet eine Umkehr der Darlegungs- und Beweislast zu Lasten des Auskunftspflichtigen, wenn seine Auskunft zum Trennungszeitpunkt ein höheres Vermögen ausweist als zum Endstichtag.

Zum Umfang der Auskunft vgl. OLG Hamm NJW 1983, 1914 (ua. Pflicht zur Vorlage des RA-Sozietätsvertrages). Leider immer noch nicht unstreitig, ob Zurückbehaltungsrecht nach § 273 BGB bei Gegen-Auskunftsanspruch besteht: bejahend OLG Stuttgart FamRZ 1982, 292; verneinend aber die herrschende Meinung, z. B. OLG Stuttgart FamRZ 1984, 273, OLG Jena, NJW-RR 1997, 578; *Büte* FuR 2004, 342, 344). Entschieden ist vom BGH, dass die Auskunft (Wissenserklärung) vom Auskunftsschuldner nicht persönlich unterzeichnet werden muss (BGH NJW 2008, 917). *Hausrat,* der nach den Vorschriften über die Verteilung von Haushaltssachen verteilt wird, ist kein Bestandteil des Endvermögens. Daher besteht auch keine Auskunftspflicht zum Endvermögen nach § 1379 BGB, vgl. BGH FamRZ 1984, 144 m. w. Nachw. zu Haushaltssachen, die im Alleineigentum eines Ehegatten stehen.

8. Der Anspruch auf Auskunft zum Anfangsvermögen muss auch einen Anspruch auf Auskunft über das dem Anfangsvermögen hinzuzurechende Vermögen i. S. des § 1374 Abs. 2 BGB umfassen, weil auch die es „maßgeblich“ gem. § 1379 Abs. 1. S. 1 Nr. 2 BGB ist.

9. Das neue Recht unterscheidet nunmehr drei Zeiträume mit Auskunftsansprüchen zwischen den Ehegatten (s. auch Form. II. I. 16):
- während der Ehe bis zur Trennung der Ehegatten: ein Auskunftsanspruch über das Vermögen „im Großen und Ganzen“ wird abgeleitet aus §§ 1353, 242 BGB (BGH FamRZ 1976, 516; BGH FamRZ 1978, 677; Palandt/*Brudermüller* § 1353 Rdn. 13)
- nach der Trennung: aus § 1379 Abs. 2 BGB
- nach Rechtshängigkeit des Scheidungsantrages oder anderer in § 1379 Abs. 1 genannter Verfahren: aus § 1379 Abs. 1 S. 1 BGB: über das Vermögen zur Zeit der Trennung und das Anfangs- (nebst Hinzurechnungsvermögen) und Endvermögen zu den maßgeblichen Stichtagen.

10. Zur Belegvorlage s. Form II. I. 16 Anm. 9

11. Vorabentscheidung (Teilbeschluss) über Auskunft, Endentscheidung in Endbeschluss.

12. Der Kostenantrag stützt sich auf § 91 ZPO, § 113 Abs. 1 FamFG.

13. Auch hier wäre ggf. Verfahrenskostenhilfe möglich; eine einstweilige Anordnung auf Kostenvorschuss, abgeleitet aus § 246 FamFG, wäre nicht möglich, da die Beteiligten bereits rechtskräftig geschieden sind. Der materiell rechtliche Anspruch aus §§ 1360a Abs. 4, 1361 Abs. 4 BGB besteht nur bis zum Eheende.

Kosten und Gebühren

Bei – wie hier – isolierter Entscheidung GK aus Nr. 1220 ff.; Rechtsanwaltsgebühren: Nrn. 3100 ff. VV RVG.

Zur Verfahrenskostenhilfe vgl. Form. I. C. 1–3 und Anm. zu Form. II. I. 23 zur eAO Verfahrenskostenvorschuss.

Fristen und Rechtsmittel

Befristete Beschwerde, §§ 58, 63 FamFG, einzulegen beim Gericht erster Instanz binnen eines Monats § 64 Abs. 1 FamFG; die Frist zur notwendigen Beschwerdebegründung beträgt zwei Monate ab Bekanntgabe des Beschlusses, § 117 Abs. 1 S. 3 FamFG; zuständig für das Beschwerdeverfahren ist das OLG, § 119 Abs. 1 Nr. 1 a GVG; vgl. im Einzelnen Form. II. I. 30. Problematisch kann im Einzelfall der Beschwerdewert aus § 61 Abs. 1 FamFG sein. Der Beschwerdewert bei Entscheidung nur über die Auskunftsstufe bemisst sich allein nach dem Auskunftsanspruch (BGH NJW 2000, 1724).

16. Auskunftsantrag im Zugewinnausgleich

An das ......, den ......
Amtsgericht
– Familiengericht –[1]

Antrag

der ...... – Antragstellerin –
Verfahrensbevollmächtigte: Rechtsanwälte[2] ......
gegen
...... – Antragsgegner –
Verfahrensbevollmächtigter: Rechtsanwalt ......

wegen Auskunft Zugewinnausgleich

Vorläufiger Gegenstandswert: EUR ......[4]

Wir zeigen an, dass wir die Antragstellerin vertreten; Bevollmächtigung wird versichert. Namens und im Auftrag der Antragstellerin wird beantragt:

I. Der Antragsgegner wird verpflichtet, der Antragstellerin Auskunft[3] zu erteilen
1. über sein Endvermögen[5] zum 5. 9. 2008 durch Übersendung einer geordneten Aufstellung aller Aktiva und Passiva.
2. über sein Vermögen zum 9. 1. 2007[6] durch Vorlage einer geordneten Aufstellung aller Aktiva und Passiva.
3. über sein Anfangsvermögen[7] zum 8. 7. 1985 durch Übersendung einer geordneten Aufstellung aller Aktiva und Passiva.
4. über alle Vermögenswerte, die der Antragsgegner zwischen dem 8. 7. 1985 und dem 5. 9. 2008 von Todes wegen oder mit Rücksicht auf ein künftiges Erbrecht, durch Schenkung oder als Ausstattung erworben hat unter Angabe des Wertes und Abzug der Verbindlichkeiten.[8]

II. Der Antragsgegner wird verpflichtet, die Auskunft durch Vorlage folgender Unterlagen zu belegen:[9]

Zu I. 1.:

- Hinsichtlich des im Endvermögen befindlichen Hausgrundstücks Am Anger 7, Augsburg, durch Vorlage des Einheitswertbescheides des Finanzamts Augsburg und durch Vorlage der Brandversicherungsurkunde für das Jahr 2008.
- Hinsichtlich des Girokontos und des Sparguthabens sowie der weiteren Konten bei der Stadtsparkasse Augsburg durch Vorlage einer Kontostandsbestätigung der Stadtsparkasse Augsburg zum 5. 9. 2008.

Zu I. 2.:

- Hinsichtlich des Wertpapierdepots Nr. 39764 bei der Stadtsparkasse Augsburg durch Vorlage einer Bestätigung der Stadtsparkasse Augsburg über den Wert der im Depot befindlichen Wertpapiere zum 9. 1. 2007.
- Hinsichtlich der Kapitallebensversicherung bei der Allianz Lebensversicherungs AG durch Vorlage einer Zeitwertauskunft der Allianz Lebensversicherungs AG zum 31. 12. 2006.

Zu I. 3.:

- Zum Darlehen bei der Stadtsparkasse Augsburg eine Bestätigung über den Darlehensstand der Stadtsparkasse Augsburg zum 8. 7. 1985.

II. Der Antragsgegner trägt die Kosten des Verfahrens.[10]

III. Die sofortige Wirksamkeit des Beschlusses wird angeordnet.[11]

Begründung:

Die Beteiligten sind rechtskräftig geschiedene Eheleute. Sie haben am 8. 7. 1985 vor dem Standesbeamten in Augsburg die Ehe geschlossen. Sie lebten im gesetzlichen Güterstand. Aufgrund des Scheidungsantrags der Antragstellerin, der dem Antragsgegner durch das Familiengericht Augsburg am 5. 9. 2008 zugestellt worden war, wurde die Ehe durch Urteil des Familiengerichts Augsburg vom 15. 3. 2009 geschieden. Aufgrund beiderseits erklärten Rechtsmittelverzichts ist die Scheidung am 15. 3. 09 rechtskräftig geworden. Die Trennung der Beteiligten erfolgte am 9. 1. 2007. Zum damaligen Zeitpunkt zog der Antragsgegner in Trennungsabsicht aus der Ehewohnung aus. Seither lebten die Beteiligten getrennt.

Beweis: Beiziehung der Akten des Familiengerichts Augsburg, Az: ......

Mit Schreiben vom 12. 9. 2009 wurde der Antragsgegner aufgefordert, der Antragstellerin Auskunft zu erteilen über sein Vermögen zum Zeitpunkt des Endstichtags am 5. 9. 08, zum Anfangsstichtag am 8. 7. 1985 sowie zum Zeitpunkt der Trennung am 9. 1. 07. Er wurde außerdem aufgefordert, Auskunft zu erteilen über die Schenkungen und Erbschaften, die er während der Ehe von Dritten erhalten hat.

Beweis: Schreiben vom 12. 9. 09 in Kopie anbei.

Der Antragsgegner beantwortet das Schreiben nicht. Es erfolgte keine Auskunftserteilung. Da die Antragstellerin nur ungefähre Kenntnis über die Vermögenssituation des Antragsgegners zu den Stichtagen hat, muss der Auskunftsanspruch gerichtlich geltend gemacht werden.
Die Antragstellerin weiß, dass zum Endstichtag am 5. 9. 08 der Antragsgegner Alleineigentümer des Hausgrundstücks Am Anger 7 in Augsburg war. Sie hat darüber hinaus Kenntnis, dass der Antragsgegner bei der Stadtsparkasse Augsburg ein Girokonto und ein Sparguthaben unterhalten hat. Insoweit werden die im Antrag geltend gemachten Belege verlangt.
Die Antragstellerin weiß auch, dass der Antragsgegner zum Trennungszeitpunkt ein Wertpapierdepot mit der Nr. 39764 bei der Stadtsparkasse Augsburg unterhalten hat und darüber hinaus jedenfalls noch eine Lebensversicherung bei der Allianz Lebensversicherungs AG vorhanden war.
Die Antragstellerin hat auch Kenntnis darüber, dass am Tag der Eheschließung der Antragsgegner noch ein Darlehen bei der Stadtsparkasse Augsburg abzubezahlen hatte. Insoweit wird als Beleg die Darlehensbestätigung mit dem Darlehensstand am Tag der Eheschließung geltend gemacht.
Die Antragstellerin behält sich vor, weitere Belege anzufordern, sobald die Auskünfte des Antragsgegners mit den einzelnen Vermögenspositionen vorliegen.
Gerichtskosten in Höhe von EUR ...... sind beigefügt.

Rechtsanwalt

Anmerkungen

1. Zur Zuständigkeit vgl. Form. I. 15 Anm. 1. Die Geltendmachung des Auskunftsanspruchs zur Berechnung von Zugewinnausgleichsansprüchen ist eine Güterrechtssache i. S. d. § 261 Abs. 1 FamFG. Eine Ehesache ist nicht mehr anhängig. Derartige Zuständigkeit bestimmt sich daher nach den §§ 12, 13 ff. ZPO, § 262 FamFG. Anstelle des Wohnsitzes tritt der gewöhnliche Aufenthalt des Antragsgegners.

2. Es besteht Anwaltszwang gem. §§ 114 Abs. 1, 112 Nr. 2 FamFG.

3. Ein isolierter Auskunftsantrag anstelle einer Stufenklage kann sinnvoll sein, wenn erhebliche Zweifel daran bestehen, ob sich rechnerisch ein Zugewinnausgleich ergeben

wird. Zu beachten ist, dass ein isolierter Auskunftsantrag im Verbundverfahren nicht möglich ist. Er kann nur als isoliertes Verfahren geltend gemacht werden. Der isolierte Auskunftsantrag hemmt auch nicht die Verjährungsfrist für den Anspruch auf Zugewinnausgleich, selbst wenn spätere Erhebung eines Leistungsantrags angekündigt wird (OLG Celle NJW-RR 1995, 1411; Palandt/*Heinrichs* § 204 Rdn. 2, 13).

4. Der Gegenstandswert des reinen Auskunftsantrags wird in aller Regel gemäß § 23 Abs. 1 RVG, § 42 Abs. 1 FamGKG, § 3 ZPO mit $1/10$ bis $1/3$ des zu erwartenden Zahlungsanspruchs anzusetzen seien (*Groß,* Anwaltsgebühren in Ehe- und Familiensachen, Rdn. 413); darin wird auf die Sicht des Antragstellers zum Zeitpunkt der Einreichung des Antrags abgestellt, BGH FamRZ 1993, 1189. Streitig ist, ob es darauf ankommt, was der Antragsteller bei Einreichung des Antrags subjektiv erhofft hat (so OLG München JurBüro 1989, 1164) oder ob es darauf ankommt, was zu diesem Zeitpunkt objektiv als Zahlungsanspruch zu erwarten war (so OLG Düsseldorf JurBüro 1986, 1685).

5. In der Reform des Zugewinnausgleichs hat der Gesetzgeber zum 1. 1. 09 auch das System der Auskunftsansprüche im Zugewinnausgleich erweitert und um eine Pflicht zur Belegvorlage ergänzt. Auskunftsansprüche bestehen nunmehr auch über das Anfangsvermögen und das Vermögen zum Trennungszeitpunkt. Alle Auskunftsansprüche werden ergänzt um einen Anspruch auf Belegvorlage. Es gibt nunmehr auch Ansprüche auf Auskunft und Belegvorlage bei vorzeitigem Zugewinnausgleich (zur Ausgestaltung der Auskunftsansprüche s. *Büte,* FPR 2009, 283 ff.). Der Anspruch auf Auskunft über das Endvermögen zum Zeitpunkt der Zustellung des Scheidungsantrags ergibt sich aus § 1379 Abs. 1 S. 1 Nr. 2 BGB. Auch wenn § 260 BGB in der neuen Fassung des § 1379 BGB nicht mehr ausdrücklich erwähnt ist, gilt diese Vorschrift für alle Auskunftsfälle, in denen der Schuldner ein Bestandsverzeichnis vorzulegen hat (Palandt/*Heinrichs* §§ 260/261 Rdn. 6). Vorzulegen ist ein geordnetes Verzeichnis für den Bestand aller Aktiva und Passiva zum Stichtag. Soweit Wertangaben nicht ohne weiteres möglich sind, sind die wertbildenden Merkmale anzugeben (BGH NJW 1982, 1643). Dazu gehören bei Grundstücken die Lage, Größe, Art der Bebauung, bei Unternehmen die sich aus den Jahresabschlüssen der letzten 3 bis 5 Jahre ergebenden Zahlen, beim Pkw Angaben über Modell, Typ, Kilometerstand und Baujahr, bei Kapitallebensversicherungen (soweit nicht eine Berechnung der Versicherungsgesellschaft vorgelegt werden kann, die Angabe des Abschlussjahres, des Fälligkeitszeitpunkts, der Prämienhöhe, der Versicherungssumme und des Beginns der Beitragszahlung (*Haußleiter/Schulz* Kap. 1 Rdn. 475).

6. § 1379 Abs. 1 S. 1 Nr. 1 BGB begründet nunmehr auch einen Auskunftsanspruch über das Vermögen zum Zeitpunkt der Trennung. Die Erweiterung des Auskunftsanspruchs über das Vermögen zum Zeitpunkt der Trennung hat das Ziel, Vermögensverschiebungen zwischen der Trennung der Ehegatten und der Rechtshängigkeit des Scheidungsantrages zu vermeiden (BT-Drucks. 16/13027 S. 11). Der Anspruch kann bereits nach Trennung der Eheleute geltend gemacht werden. Er setzt nicht voraus, dass bereits das Scheidungsverfahren eingeleitet ist, § 1379 Abs. 2 BGB. Der Anspruch umfasst gem. §§ 260, 261 BGB ebenfalls die Erstellung eines geordneten und übersichtlichen Verzeichnisses aller Aktiva und Passiva zum Trennungszeitpunkt. Ist das Endvermögen geringer als das Vermögen zum Trennungszeitpunkt, muss der Auskunftspflichtige darlegen und beweisen, dass keine illegale Vermögensminderung vorgelegen hat, § 1375 Abs. 2 S. 2 BGB. Problematisch ist, wie der Anspruch durchgesetzt werden kann, wenn der Trennungszeitpunkt zwischen den Eheleuten streitig ist. Es besteht auch die Gefahr, dass ein Ehegatte, der eine Trennungsabsicht hat, illoyale Vermögensverschiebungen jetzt schon vor Einleitung der Trennung vornimmt, so dass auch der Auskunftsanspruch des § 1379 Abs. 2 BGB nicht vermeiden wird, dass ein Ehegatte ggf. derartige Vermögensminderungen des anderen Ehegatten nicht wird beweisen können. Ergänzend steht weiterhin ein Auskunftsanspruch aus § 242 BGB im Raume. Er besteht nach der Rechtsprechung für denjenigen Ehegatten, der entschuldbar über das Bestehen oder den Umfang seines Anspruchs im Unklaren ist, wenn der andere Ehegatte die notwendige Auskunft unschwer erteilen kann (BGH NJW 2005, 1492; BGH NJW 2000, 2347; BGH NJW 1997, 2239). Der Auskunftsanspruch aus § 242 BGB setzt voraus, dass der Auskunft verlangende Ehegatte Umstände belegen kann, aus denen sich ergibt, dass eine illoyale Vermögensminderung des anderen Ehegatten in Betracht kommt und erfasst damit meist nur einen begrenzten zeitlichen Rahmen vor der Trennung (BGH NJW 2000, 2347, BGH NJW 1982, 176; *Büte* FPR 2009, 283 f.). Während der Ehezeit bis zur Trennung ergibt sich ein Auskunftsanspruch eines Ehegatten gegen den anderen auf Unterrichtung über Vermögensbewegungen „in groben Zügen" (BGH FamRZ 1978, 677; BGH FamRZ 1976, 516).

7. Der Anspruch auf Auskunft über das Vermögen zum Tag der Eheschließung ergibt sich aus § 1379 Abs. 1 Nr. 2 BGB; im übrigen s. o. Anm. 5.

8. § 1379 Abs. 1 S. 1 Nr. 2 regelt einen Auskunftsanspruch über das Vermögen, „soweit es für die Berechnung des Anfangs- und Endvermögens maßgeblich ist". Daraus ist abzuleiten, dass auch ein Anspruch auf Auskunft über Vermögenserwerb besteht, der Hinzurechnungsvermögen i. S. des § 1374 Abs. 2 BGB ist. Die Formulierung ist nach diesseitiger Auffassung nicht so zu verstehen, dass der Auskunftsverpflichtete darüber zu entscheiden hätte, ob ein Vermögenserwerb „maßgeblich" für die Zugewinnberechnung ist. Es sind vielmehr alle Erwerbsvorgänge offenzulegen, damit der Auskunftsberechtigte eine eigene Prüfungsmöglichkeit hat, ob ein Vermögenserwerb zugewinnrechtlich relevant ist oder nicht.

9. In allen Fällen des Auskunftsanspruchs sind auf Anforderung nunmehr Belege vorzulegen, § 1379 Abs. 1 S. 3 BGB. Damit wird die bereits im Unterhaltsrecht bestehende Pflicht zur Vorlage von Belegen auch auf den Zugewinnausgleich erstreckt und eine wesentliche Schwäche des bisherigen Rechts zum Zugewinnausgleichs beseitigt. Die Pflicht zur Vorlage von Belegen besteht nur in dem Umfang, in dem solche Belege noch vorhanden sind. Die Belegvorlage gilt auch für Belege, die leicht zu beschaffen sind (z. B. Bankbestätigungen, Zeitwertberechnungen der Lebensversicherungsgesellschaften). Wie im Unterhaltsrecht dürfte auch hier streitig sein, ob grundsätzlich die Vorlage des Originals verlangt werden kann, von dem der Gläubiger eine Kopie erstellen kann (so KG FamRZ 1982, 614) oder ob lediglich ein Anspruch auf eine Belegkopie besteht (so OLG Frankfurt FamRZ 1997, 1296; s. auch Palandt/*Diederichsen* § 1605 Rdn. 13). Bereits mit der Geltendmachung des Auskunftsanspruchs kann beantragt werden, bestimmte Belege vorzulegen, wenn der Antragsteller von bestimmten Vermögensgegenständen sichere Kenntnis hat. Die Belege sind jedoch im Antrag genau zu bezeichnen (BGH NJW 1983, 1056). Sobald die Auskunft des Schuldners vorliegt, können hinsichtlich der sich daraus ergebenden weiteren Vermögensgegenstände oder Verbindlichkeiten weitere Belege angefordert werden.

10. Die Kostenentscheidung folgt aus § 91 ZPO, § 113 Abs. 1 FamFG.

11. Der Beschluss auf Auskunftserteilung und Belegvorlage wird gemäß § 116 Abs. 3 FamFG erst mit Rechtskraft wirksam. Das Gericht kann aber die sofortige Wirksamkeit anordnen. Die Vollstreckung erfolgt gemäß § 120 FamFG, § 888 ZPO bezüglich des Auskunftsanspruchs (h. M.: s. OLG Rostock OLG-NL 2006, 161; Thomas/Putzo/*Hüßtege* § 888 Rdn. 2).

Kosten und Gebühren

Bei – wie hier – isolierter Entscheidung GK aus Nr. 1220 ff.; Rechtsanwaltsgebühren: Nrn. 3100 ff. VV RVG.

Zur Verfahrenskostenhilfe vgl. Form. I. C. 1–3 und Anm. zu Form. II. I. 23.

Fristen und Rechtsmittel

Befristete Beschwerde, §§ 58, 63 FamFG, einzulegen beim Gericht erster Instanz binnen eines Monats § 64 Abs. 1 FamFG; die Frist zur notwendigen Beschwerdebegründung beträgt zwei Monate ab Bekanntgabe des Beschlusses, § 117 Abs. 1 S. 3 FamFG; zuständig für das Beschwerdeverfahren ist das OLG, § 119 Abs. 1 Nr. 1 a GVG; die nachfolgende Beschwerdebegründung ist beim Beschwerdegericht einzureichen. Ungeklärt erscheint, ob die Begründungsfrist gewahrt ist, wenn die Begründung bereits im Einlegungsschriftsatz erfolgt ist, das Erstgericht den Schriftsatz aber nicht innerhalb der Begründungsfrist an das Beschwerdegericht weitergeleitet hat, vgl. im Einzelnen Form. II. I. 30. Problematisch kann im Einzelfall der Beschwerdewert aus § 61 Abs. 1 FamFG sein. Der Beschwerdewert bei Entscheidung nur über die Auskunftsstufe bemisst sich allein nach dem Auskunftsanspruch (BGH NJW 2000, 1724).

17. Antrag auf vorzeitigen Zugewinnausgleich

An das **……, den ……**
Amtsgericht[1]
– Familiengericht –

Antrag

der …… **– Antragstellerin –**

Verfahrensbevollmächtigte[2]**: Rechtsanwälte ……**

gegen

…… **– Antragsgegner –**

Verfahrensbevollmächtigter[2]**: Rechtsanwalt ……**

wegen vorzeitigem Zugewinnausgleich[4]

Vorläufiger Gegenstandswert: EUR ……[3]

Wir zeigen an, dass wir die Antragstellerin vertreten; Bevollmächtigung wird versichert. Namens und im Auftrag der Antragstellerin wird beantragt:

I. Der Zugewinn der Beteiligten wird vorzeitig ausgeglichen.[4, 5]

II. Der Antragsgegner wird verpflichtet, Auskunft zu erteilen über den Bestand seines Endvermögens zum Zeitpunkt der Zustellung dieses Antrags durch Vorlage einer geordneten Aufstellung aller Aktiva und Passiva.

III. Der Antragsgegner wird verpflichtet, die nach Auskunftserteilung noch zu bezeichnenden Belege vorzulegen.[6]

IV. Der Antragsgegner wird verpflichtet, an Eides Statt zu versichern, dass er nach bestem Wissen die Auskunft so vollständig erteilt hat, wie er dazu imstande ist.

V. Der Antragsgegner wird verpflichtet, an die Antragstellerin einen noch zu beziffernden Zugewinnausgleich zu bezahlen.

VI. Der Antragsgegner trägt die Kosten des Verfahrens.[8]

VII. Die sofortige Wirksamkeit des Beschlusses wird angeordnet.[9]

Begründung:

Die Beteiligten sind getrenntlebende Eheleute. Sie haben am 8. 7. 1985 vor dem Standesbeamten in Augsburg die Ehe geschlossen. Sie leben im gesetzlichen Güterstand. Die

Parteien leben seit 8. 1. 2009 getrennt. Damals ist der Antragsgegner aus der Ehewohnung ausgezogen. Seitdem besteht keine Lebensgemeinschaft zwischen den Beteiligten mehr.

Das Scheidungsverfahren ist noch nicht anhängig.

Die Antragstellerin macht vorzeitigen Zugewinnausgleich geltend in Form des Gestaltungsantrages kombiniert mit dem Stufenantrag auf Leistung des vorzeitigen Zugewinnausgleichs.

1. **Der Antragsgegner wurde sowohl vor der Trennung wie nach der Trennung aufgefordert, über sein Vermögen zu unterrichten und Auskunft zu erteilen.**

   Die ersten Schreiben erfolgten noch vor der Trennung. Mit Schreiben vom 15. 9. 2008 war der Antragsgegner aufgefordert worden, die Antragstellerin über sein Vermögen, das heißt die wesentlichen Vermögensgegenstände zu unterrichten. Ihm wurde in dem Schreiben Frist zur Auskunftserteilung bis 6. 10. 2008 gesetzt.

   Beweis: Schreiben vom 15. 9. 08 in Kopie anbei.

   Eine Antwort des Antragsgegners erfolgte nicht. Daher wurde der Antragsgegner mit einem weiteren Schreiben vom 27. 10. 08 unter Fristsetzung bis 10. 11. 08 erneut aufgefordert, die Antragstellerin über sein Vermögen zu unterrichten.

   Beweis: Schreiben vom 27. 10. 08 in Kopie anbei.

   Auch hierauf erfolgte keinerlei Antwort des Antragsgegners. Nach der Trennung am 15. 1. 09 wurde der Antragsgegner mit Schreiben vom 22. 1. 09 aufgefordert, über sein Vermögen zum Trennungszeitpunkt Auskunft zu erteilen. Ihm wurde dabei Frist bis 5. 2. 2009 gesetzt.

   Beweis: Schreiben vom 22. 1. 09 in Kopie anbei.

   Auch auf dieses Schreiben erfolgte keinerlei Reaktion des Antragsgegners.

   Auch ein weiteres Schreiben vom 26. 2. 09 mit Fristsetzung zum 12. 3. 09 mit der Bitte um Auskunftserteilung über das Vermögen des Antragsgegners am Tag der Trennung blieb ohne jede Antwort.

   Beweis: Schreiben vom 26. 2. 09 in Kopie anbei.

2. **Die Antragstellerin hat am 27. 8. 09 ein versehentlich an sie adressiertes Schreiben der Deutschen Bank, Filiale Augsburg, erhalten. Darin befand sich ein Depotauszug über das Wertpapierdepot des Antragsgegners bei der Deutschen Bank mit der Depot-Nr. 435170. Aus dem Depotauszug ergibt sich, dass der Antragsgegner am 24. 8. 09 sämtliche im Depot befindlichen Wertpapiere im Wert von EUR 43.287,20 veräußert hat und das Wertpapierdepot nunmehr auf Null steht.**

   Beweis: Schreiben des Stadtsparkasse Augsburg vom 27. 8. 09 in Kopie anbei.

3. **Es liegen somit die Voraussetzungen für die Durchführung des vorzeitigen Zugewinnausgleichs nach § 1385 Nr. 2 und 4 BGB vor. Der Antragsgegner hat sich, wie sich aus obigen Ausführungen ergibt, ohne Grund beharrlich geweigert, die Antragstellerin über den Bestand seines Vermögens zu unterrichten[5]. Das Wertpapierdepot bei der Deutschen Bank stellt nach Kenntnis der Antragstellerin das wesentliche Barvermögen des Antragsgegners dar. Er hat alle Wertpapiere und damit seine gesamten Ersparnisse auf einen Schlag veräußert und das Geld auf sein Girokonto transferieren lassen. Einen wirtschaftlichen Grund dafür gibt es nicht. Die Antragstellerin kann es sich nur so erklären, dass zu befürchten ist, dass der Antragsgegner seine Ersparnisse verfügbar macht, um sie leichter beiseite zu schaffen und dadurch sein Vermögen zum Nachteil der Antragstellerin zu vermindern.[7]**

4. **Mit der gleichzeitig erhobenen Leistungsklage wird Zahlung des vorzeitigen Zugewinnausgleichs im Wege der Stufenklage geltend gemacht. Die Antragstellerin selbst hat in der Ehe keinen Zugewinnausgleich erwirtschaftet. Sie besaß zu Ehebeginn Ersparnisse in Höhe von EUR 5.400,–. Zum Zeitpunkt der Trennung hatte sie lediglich**

ein Girokonto, das am Tag der Trennung einen Betrag von EUR 324,81 aufwies und noch das Sparbuch, auf dem sich noch Ersparnisse von EUR 2.843,85 befanden. Der Antragsgegner, der, soweit bekannt, bei Ehebeginn seinerseits vermögenslos war, hat während der Ehe erhebliches Vermögen dazu gewonnen. Neben dem oben genannten Wertpapierdepot ist er zumindest noch Alleineigentümer einer vermieteten Eigentumswohnung in der Schäfflerstraße 5 in Augsburg, deren Verkehrswert deutlich über dem noch abzubezahlenden Restdarlehen liegen dürfte. Die Antragstellerin geht von einem Zugewinnausgleichsanspruch in der Größenordnung von ca. EUR 50.000,– aus.

Gerichtskosten in Höhe von EUR ...... sind beigefügt.

Rechtsanwalt

Anmerkungen

1. Zur Zuständigkeit vgl. Form. II. I. 16; die Geltendmachung des vorzeitigen Zugewinnausgleichs verbunden mit der Leistungsklage auf Zahlung des vorzeitigen Zugewinnausgleichs ist eine Güterrechtssache im Sinne des § 261 Abs. 1 FamFG. Eine Ehesache ist noch nicht rechtshängig. Die Zuständigkeit bestimmt sich nach §§ 12, 13 ff. ZPO, § 262 FamFG. Anstelle des Wohnsitzes tritt der gewöhnliche Aufenthalt des Antragsgegners.

2. Es besteht Anwaltszwang gem. §§ 114 Abs. 1, 112 Nr. 2 FamFG.

3. Es handelt sich um zwei Klageanträge. Der Gegenstandswert richtet sich nach dem Interesse des Antragstellers an der vorzeitigen Beendigung des Güterstands und der Zahlung eines vorzeitigen Zugewinnausgleichs. Der Betrag ist gemäß § 113 Abs. 1 FamFG, § 3 ZPO zu schätzen. Der Gegenstandswert für den Gestaltungsantrag dürfte im Regelfall mit einem Viertel des künftigen Ausgleichsanspruchs anzusetzen sein, wenn der Scheidungsantrag nicht rechtshängig ist (BGH NJW 1973, 369). Der Gegenstandswert der Stufenklage richtet sich nach der in Betracht kommenden Höhe des Zugewinnausgleichsanspruchs. Die Gegenstandswerte beider Anträge sind zu addieren (§ 33 Abs. 1 S. 1 FamGKG). Gelangt der Stufenantrag über die Auskunftsstufe nicht hinaus, wird für den reinen Auskunftsantrag in der Regel $^1/_{10}$ bis zu $^1/_3$ des zu erwartenden Zahlungsanspruchs anzusetzen sein, vgl. Form. II. I. 16 Anm. 4.

4. Mit der Reform des Zugewinnausgleichs zum 1. 9. 2009 ist auch das System des vorzeitigen Zugewinnausgleichs geändert worden. Nach altem Recht war zunächst nur die Klage auf vorzeitigen Ausgleich des Zugewinns in Form einer Gestaltungsklage möglich. Erst mit Rechtskraft des Gestaltungsurteils mit dem Inhalt, dass der Zugewinn der Parteien vorzeitig ausgeglichen wird, war danach die Erhebung einer Auskunfts-, Stufen- oder Leistungsklage möglich. Zwar konnten auch schon nach altem Recht die Gestaltungsklage und die Leistungsklage miteinander verbunden werden. Über die Leistungsklage durfte aber erst nach Rechtskraft des Teilurteils auf vorzeitigen Zugewinnausgleich entschieden werden (vgl. zum alten Recht OLG Celle FamRZ 1983, 171; Palandt/*Brudermüller* § 1386 Rdn. 9). Nach neuem Recht erhält der ausgleichsberechtigte Ehegatte bei Vorliegen der Voraussetzungen für den vorzeitigen Zugewinnausgleich auch einen Anspruch auf Zahlung des Zugewinnausgleichs, der gleichzeitig mit dem Anspruch auf Aufhebung der Zugewinngemeinschaft geltend gemacht werden kann (BR-Drucks. 635/08 S. 36 f.). Ein Leistungsantrag ohne Stellung des Gestaltungsantrages auf vorzeitigen Zugewinnausgleich dürfte nicht zulässig sein. Dagegen spricht der Wortlaut des § 1385 BGB („bei vorzeitiger Aufhebung der Zugewinngemeinschaft"). Dagegen sprechen auch die Gesetzesmaterialien, in denen es heißt, dass der Anspruchsinhaber „gleichzeitig" Leistung und Rechtsgestaltung verlangen kann (BR-Drucks. 635/08 S. 37).

Es empfiehlt sich in jedem Falle, außer dem Leistungsantrag auch den Gestaltungsantrag mit anhängig zu machen.

5. Der Antrag ist ein Gestaltungsantrag. Der Antrag auf vorgezogenen Zugewinnausgleich kann nicht im Verbund geltend gemacht werden (KG FamRZ 2001, 166). Der Antrag auf vorgezogenen Zugewinnausgleich ist unter folgenden Voraussetzungen möglich:

a) Wenn die Ehegatten mindestens 3 Jahre getrennt leben. Der Begriff der Trennung entspricht dem aus § 1567 BGB. Die 3-Jahres-Frist muss bis zum Schluss der mündlichen Verhandlung abgelaufen sein (*Groß,* Anwaltskommentar BGB, Familienrecht, § 1386 Rdn. 5). Meist wird innerhalb der 3-jährigen Trennungsfrist schon der Scheidungsantrag rechtshängig sein, so dass der Endstichtag nach § 1384 BGB schon gesetzt ist. Es kann aber der Fall eintreten, dass das Scheidungsverfahren wegen sonstiger Folgesachen so lange dauert, dass die 3-Jahres-Frist ab Trennung verstrichen ist. Hier empfiehlt es sich, den Antrag auf vorzeitigen Zugewinnausgleich (außerhalb des Verbundes) einzureichen, denn mit der Rechtskraft des Gestaltungsbeschlusses beginnt dann bereits die Verzinsung des sich ergebenden Zugewinnausgleichs und nicht erst mit Rechtskraft der Scheidung (*Kogel* FPR 2009, 279, 280). Wird das Verfahren auf vorzeitigen Zugewinnausgleich parallel zum Scheidungsverfahren betrieben, ist der frühere Zustellungstag für die Berechnung maßgebend. Nicht maßgebend ist dabei, welches Verfahren das Ende des Güterstandes schließlich herbeiführt (OLG Bamberg, FamRZ 1997, 91; OLG Hamm FamRZ 1982, 609; MünchKommBGB/*Koch* § 1384 Rdn. 7).

b) Wenn Handlungen der in § 1365 BGB (Verfügungen über das Vermögen im Ganzen oder einen Vermögensgegenstand, der im wesentlichen das ganze Vermögen ausmacht) oder § 1375 Abs. 2 BGB (illoyale Vermögensminderungen) bezeichneten Art zu befürchten sind und dadurch eine erhebliche Gefährdung der Erfüllung der Ausgleichsforderung zu besorgen ist. Im Gegensatz zum bisherigen Recht müssen nach neuem Recht solche Handlungen nicht bereits vorgenommen sein. Es genügt, dass deren künftige Vornahme zu befürchten ist. Damit werden die engen Voraussetzungen des alten Rechts erweitert. Zu den Fällen des § 1365 BGB vgl. Palandt/*Brudermüller* § 1365 Rdn. 2ff. Darunter kann auch ein mangels Zustimmung unzulässiger Antrag auf Durchführung einer Teilungsversteigerung fallen (ständige Rechtsprechung des BGH vgl. BGH NJW 2007, 3124; *Wever* FamRZ 2008, 1485, 1487). Die Möglichkeit des Gestaltungsantrags auf vorzeitigen Zugewinnausgleich besteht in den Fällen des § 1385 Nr. 2 BGB nur für den Zugewinnausgleichsberechtigten. Denn nur bei ihm kann eine erhebliche Gefährdung der Erfüllung der Ausgleichsforderung zu besorgen sein (*Kogel* FPR 2009, 279, 281).

c) Wenn der andere Ehegatte längere Zeit hindurch die wirtschaftlichen Verpflichtungen, die sich aus dem ehelichen Verhältnis ergeben, schuldhaft nicht erfüllt hat und anzunehmen ist, dass er sie auch in Zukunft nicht erfüllen wird. Praktisch relevant wird das meist in den Fällen sein, in denen eine Unterhaltsverpflichtung nicht erfüllt wird.

d) Wenn der andere Ehegatte sich ohne ausreichenden Grund beharrlich weigert oder sich ohne ausreichenden Grund bis zur Erhebung der Klage auf Auskunft beharrlich geweigert hat, ihn über den Bestand seines Vermögens zu unterrichten. Aus § 1353 BGB wird von der Rechtsprechung eine Verpflichtung zur Unterrichtung über das Vermögen „im Großen und Ganzen" abgeleitet. Wird ein solcher Unterrichtungsanspruch geltend gemacht und – wie in der Praxis häufig – vom anderen Ehegatten verweigert, können diese Voraussetzungen vorliegen. Das Gleiche gilt für den Auskunftsanspruch nach neuem Recht über das Vermögen zum Zeitpunkt der Trennung gemäß § 1379 Abs. 2 BGB; s. zu den Auskunftsansprüchen auch Form. II. I. 16.

6. Zur Stufenklage s. Form. II. I. 15.

7. In Fällen erfolgter oder zu befürchtender illoyaler Vermögensverfügungen i. S. d. § 1375 Abs. 2 BGB dient der Antrag auf vorzeitigen Ausgleich des Zugewinns auch als

Grundlage für die Beantragung eines Arrestes. Zum alten Recht war streitig, ob bei Vorliegen eines Arrestgrundes als Arrestanspruch der künftige Anspruch auf Zugewinnausgleich in Betracht kam oder nur der Anspruch auf Sicherheitsleistung nach § 1389 BGB a.F. (vgl. zum Meinungsstand *Gerhardt/v. Heintschel-Heinegg/Klein,* Hdb. FAFamR, Kap. 1 Rdn. 244f.). Die Vorschrift des § 1389 BGB ist im neuen Recht nunmehr ersatzlos entfallen. Wenn die Voraussetzungen des Anordnungsgrundes und der Geltendmachung des vorzeitigen Zugewinnausgleichs vorliegen, kann nunmehr dieser künftige Zugewinnausgleichsanspruch auch im Wege des Arrestes nach § 916 ZPO gesichert werden (BR-Drucks. 635/08 S. 37). *Kogel* FPR 2009, 279, 282 weist auf die Problematik hin, wenn gerade kein vorzeitiger Zugewinnausgleich verlangt wird und sich beispielsweise im Rahmen eines schon laufenden Scheidungsverfahrens plötzlich eine Situation auftut, bei der sofortiges Handeln gefordert wird, also ein Arrestgrund vorliegt. In diesen Fällen wird auf die herrschende Meinung in der Rechtsprechung zurückzugreifen sein, nach der auch schon der künftige Zugewinnausgleichsanspruch durch Arrest gesichert werden kann (OLG Karlsruhe FamRZ 2007, 408; OLG München FamRZ 2007, 1101; *Haußleiter/Schulz,* Vermögensauseinandersetzung bei Trennung und Scheidung, 4. Auflage, S. 148ff.).

8. Die Kostenentscheidung richtet sich nach §§ 113 Abs. 1 FamFG, 91ff. ZPO.

9. Der Beschluss wird mit Rechtskraft wirksam § 116 Abs. 3 S. 1 FamFG. § 116 Abs. 3 S. 2 FamFG sieht die Möglichkeit vor, die sofortige Wirksamkeit anzuordnen. Allerdings tritt die Gütertrennung im Sinne von § 1388 BGB erst mit Rechtskraft des Beschlusses auf Anordnung des vorzeitigen Zugewinnausgleichs ein.

Kosten und Gebühren

Bei – wie hier – isolierter Entscheidung GK aus Nr. 1220ff.; Rechtsanwaltsgebühren: Nrn. 3100ff. VV RVG; zum Gegenstandswert s. oben Anm. 3; zur Verfahrenskostenhilfe vgl. Form. I. C. 1–3 und Anm. zu Form. II. I. 23.

Fristen und Rechtsmittel

Befristete Beschwerde, §§ 58, 63 FamFG, einzulegen beim Gericht erster Instanz binnen eines Monats § 64 Abs. 1 FamFG; die Frist zur notwendigen Beschwerdebegründung beträgt zwei Monate ab Bekanntgabe des Beschlusses, § 117 Abs. 1 S. 3 FamFG; zuständig für das Beschwerdeverfahren ist das OLG, § 119 Abs. 1 Nr. 1a GVG; die nachfolgende Beschwerdebegründung ist beim Beschwerdegericht einzureichen. Ungeklärt erscheint, ob die Begründungsfrist gewahrt ist, wenn die Begründung bereits im Einlegungsschriftsatz erfolgt ist, das Erstgericht den Schriftsatz aber nicht innerhalb der Begründungsfrist an das Beschwerdegericht weitergeleitet hat; vgl. im Einzelnen Form. II. I. 30. Problematisch kann im Einzelfall der Beschwerdewert aus § 61 Abs. 1 FamFG sein. Der Beschwerdewert bei Entscheidung nur über die Auskunftsstufe bemisst sich allein nach dem Auskunftsanspruch (BGH NJW 2000, 1724).

18. Antrag auf Zuteilung von Ehewohnung und Haushaltssachen

An das **……, den ……**
Amtsgericht[1]
– Familiengericht –

Antrag

der …… **– Antragstellerin –**

Verfahrensbevollmächtigter: Rechtsanwalt ……[2]

gegen

…… **– Antragsgegner –**

Verfahrensbevollmächtigter: Rechtsanwalt ……[2]

wegen Ehewohnung und Haushaltssachen[3]

vorläufiger Gegenstandswert: ……[4]

Beteiligter: (Vermieter der Ehewohnung): Herr ……, ……[5]

Ich zeige an, dass ich die Antragstellerin vertrete; Bevollmächtigung wird versichert.
Namens und im Auftrag der Antragstellerin werden folgende Anträge gestellt:

I. Die Ehewohnung[6] **(Wohnung Nr. …… im Anwesen ……) wird der Antragstellerin zur alleinigen Nutzung zugewiesen.**

II. Das zwischen den Beteiligten und dem Vermieter …… aufgrund des Mietvertrages vom …… bestehende Mietverhältnis über die in Ziff. I bezeichnete Wohnung wird von der Antragstellerin alleine fortgesetzt. Der Antragsgegner scheidet aus dem Mietverhältnis aus.[7]

III. Der eheliche Hausrat[8] **wird zwischen den Beteiligten wie folgt aufgeteilt:**[9]

1. Die Antragstellerin erhält:

a) ……
b) ……
……

2. Der Antragsgegner erhält:

a) ……
b) ……
……

IV. Die sofortige Wirksamkeit der Anordnungen nach Ziff. I und II wird angeordnet[10]

V. Der Antragsgegner trägt die Kosten des Verfahrens.

Begründung:

1. Die Beteiligten haben am …… die Ehe geschlossen. Die Beteiligten sind auf Grund des kurz nach Eheschließung gemeinschaftlich abgeschlossenen Mietvertrages vom …… mit dem Beteiligten …… als Vermieter[5]**, Mieter der Wohnung Nr. …… im Anwesen …… (Ehewohnung). Auf den Mietvertrag hat der Antragsgegner bei Mietbeginn aus eigenen Mitteln eine Kaution an den Vermieter in Höhe von EUR …… geleistet. Die Ehe der Beteiligten wurde durch Urteil des Familiengerichts …… vom …… rechtskräftig geschieden. Aus der Ehe sind die beiden minderjährigen Kinder Michael, geb. …… und Sophie, geb. …… hervorgegangen. Beide Kinder leben seit der Trennung bei der Antragstellerin.**

2. Seit dem Auszug des Antragsgegners am …… aus der bisher gemeinsamen ehelichen Mietwohnung wird diese von der Antragstellerin mit den gemeinsamen ehelichen Kindern alleine bewohnt. Der Antragsgegner lebt seit seinem Auszug bei seinen Eltern. Obwohl der Antragsgegner sich dem widersetzt und vehement fordert, dass die An-

tragstellerin ihm die Wohnung wieder alleine überlassen müsse, kann der Antragstellerin und den Kindern wegen schlechter finanzieller Verhältnisse und günstiger Lage dieser Wohnung zu Schule und Kindergarten ein Umzug auf absehbare Zeit nicht zugemutet werden. Folgende Gründe sind maßgeblich: ......

Beweis: ......

Der Antragsgegner ist räumlich und finanziell unabhängig. Er findet für sich alleine und mit seinen Einkommensverhältnissen wesentlich leichter eine eigene Wohnung.

3. Ferner hat der Antragsgegner damit begonnen, nach seinem freien Belieben und gegen den Widerspruch der Antragstellerin einzelne Stücke des durchgehend in gemeinsamem Miteigentum der Beteiligten stehende Haushaltssachen wegzubringen, darunter ......, und ......, welche die Antragstellerin für den Haushalt mit den Kindern dringend benötigt. Antrag auf einstweilige Anordnung erfolgt insoweit gesondert gestellt.
4. Der gesamte Hausrat der Beteiligten ergibt sich aus der als Anlage 1 beigefügten Hausratsliste mit ungefähren Anschaffungsdaten, wobei die Wertangaben zum Neuwert laut Rechnungen erfolgt sind. Davon kommen höchstens 30% als derzeitiger Wert in Betracht; zT. sind sie wertlos.

   Beweis im Bestreitensfall: Sachverständigengutachten
5. Die beantragte Entscheidung zur Ehewohnung, nämlich Zuweisung der Mietwohnung an die Antragstellerin allein entspricht § 1568 a Abs. 1 BGB. Die Antragstellerin und die bei ihr lebenden Kinder sind auf die Nutzung der Wohnung aus den oben genannten Gründen in stärkerem Maße angewiesen als der Antragsgegner.
   Gleiches gilt für die vorgeschlagene Aufteilung der durchweg im gemeinsamen Eigentum beider Ehegatten stehenden Haushaltsgegenstände (§ 1568 b Abs. 1 BGB). Die Antragstellerin ist bereit, dem Antragsgegner eine Ausgleichszahlung in Höhe des Zeitwertes derjenigen Haushaltsgegenstände, welche über den Hälfteanteil der Antragstellerin hinaus bei der Antragstellerin bleiben sollen, gemindert um jeweils 50% zu zahlen. Im Einzelnen ist hierzu vorzutragen: ......
6. Die Kostenentscheidung sollte die schlechte finanzielle Lage der Antragstellerin mit den von ihr betreuten Kindern berücksichtigen.

Rechtsanwalt

Anmerkungen

1. Das Verfahren ist Familiensache, § 111 Nr. 5 FamFG. Ausschließlich sachlich und nach der gesetzlichen Geschäftsverteilung zuständig ist das Familiengericht, § 23 b Abs. 1 Nr. 1 GVG. Örtlich ausschließlich zuständig ist in vorgegebener Rangfolge primär das Gericht, bei dem die Ehesache im ersten Rechtszug anhängig ist oder war, danach das Gericht, in dessen Bezirk sich die gemeinsame Wohnung der Eheleute befindet, § 201 Nr. 1 u. 2 FamFG, andernfalls das Gericht des persönlichen Aufenthalts des Antragsgegners und an letzter Stelle das Gericht des persönlichen Aufenthalts des Antragstellers, § 201 Nr. 3, 4 FamFG. Zu den Familiensachen gehört auch der Anspruch auf Rückschaffung entzogener Haushaltsgegenstände (BGH in FamRZ 1982, 1200); auch Schadensersatzansprüche wegen nicht herausgegebener Gegenstände sind jetzt sonstige Familiensachen gem. § 266 Abs. 1 Nr. 2, 3 FamFG (anders zum alten Recht BGH FamRZ 1980, 45). Die Auskunftsklage bezüglich der Personen, an die Hausrat verkauft worden ist, zur Geltendmachung der Unwirksamkeit der Veräußerung ist ebenfalls eine sonstige Familiensache nach § 266 Abs. 1 Nr. 2, 3 FamFG (so schon zum alten Recht OLG Düsseldorf FamRZ 1985, 721).

2. Es besteht kein Anwaltszwang gem. § 114 Abs. 1 FamFG.

3. Mit dem Antrag wird eine endgültige Regelung von Ehewohnung und Haushaltssachen nach der Scheidung angestrebt. Nach Aufhebung der Hausratsverordnung sind die

Regelungen über die Überlassung der Ehewohnung (§ 1568 a BGB) und die Verteilung der Haushaltssachen nach der Scheidung (§ 1368 b BGB) im BGB geregelt. In der Praxis oft viel wichtiger und häufiger ist jedoch die Erlangung eines vorläufigen Nutzungsrechts aus § 1361 a (Hausrat) und insbesondere § 1361 b (Ehewohnung) mit seiner bisher nach der Praxis vieler Familiengerichte oft sehr hoch angesetzten Eingriffsschwelle (schwere Härte; ohne Berücksichtigung von Kindesinteressen). Die hierzu durch das Gesetz zur Verbesserung des zivilgerichtlichen Schutzes bei Gewalttaten und Nachstellung (insoweit jetzt: Gewaltschutzgesetz – GewSchG) sowie zur Erleichterung der Überlassung der Ehewohnung bei Trennung vom 11. 12. 2001 (BGBl. I, Seite 3513) eingeführten Änderungen behandelt (für Ehewohnung) ausführlicher Form. II. H. 25. Die Anträge aus §§ 1568 a, 1568 b BGB können auch im Verbund gestellt werden, § 137 Abs. 2 Nr. 3 BGB. Bei Rücknahme des Scheidungsantrags ist dann die Folgesache gegenstandslos. Sie können als selbständige Familiensachen (dann mit dem Ziel einer vorläufigen Regelung für die Zeit der Trennung) fortgesetzt werden, wenn vor der Wirksamkeit der Rücknahme eine Fortsetzungserklärung abgegeben wird, § 141 S. 2 FamFG.

4. Der Gegenstandswert ermittelt sich gem. § 48 FamGKG wie folgt: **Ehewohnung:** vorläufige Regelung nach § 1361 b BGB: 3.000,– EUR; endgültige Regelung nach § 1568 a BGB: 4.000,– EUR; **Haushaltssachen:** vorläufige Regelung nach § 1361 a BGB: 2.000,– EUR; endgültige Regelung nach § 1568 b BGB: 3.000,– EUR. Die Werte können nach den Umständen des Einzelfalles aber auch höher oder niedriger festgesetzt werden, § 48 Abs. 3 FamGKG.

5. Der Vermieter der Ehewohnung ist Muss-Beteiligter, § 204 Abs. 1 FamFG, mit Anspruch auf rechtliches Gehör. Für diesen besteht, auch soweit Folgesache, insoweit kein Anwaltszwang (§ 114 Abs. 1 FamFG). Das Jugendamt ist in Ehewohnungssachen auf Antrag zu beteiligen, wenn minderjährige Kinder im Haushalt leben, § 204 Abs. 2 FamFG.

6. Zum Begriff der Ehewohnung vgl. *Götz/Brudermüller,* Die gemeinsame Wohnung Rdn. 165 ff. Er ist weit auszulegen und umfasst alle Räume, die die Ehegatten gemeinsam zu Wohnzwecken genutzt haben oder die zumindest zu gemeinsamen Wohnzwecken bestimmt waren (BGH FamRZ 1990, 987, 988). Dazugehören auch die gemeinsam genutzten Nebenräume wie Keller, Garage und ein dazugehöriger Garten. Nicht zur Ehewohnung gehören Räume, die ausschließlich beruflich genutzt werden.

Die Anordnung einer Ausgleichszahlung an den weichenden Ehegatten für besondere Aufwendungen für die Anmietung und Einrichtung der Ersatzwohnung, Kaution oder Kosten des Umzugs sieht auch das neue Recht nicht vor. Da der Gesetzgeber den Meinungsstreit darüber im alten Recht nicht zum Anlass einer gesetzlichen Regelung dazu genommen hat, scheint er sich wohl gegen die Möglichkeit einer Ausgleichszahlung ausgesprochen zu haben (s. auch *Götz/Brudermüller* Rdn. 300).

Wenn der Antragsgegner noch in der Wohnung wohnt, sollte der Zuweisungsantrag mit einem Antrag auf Räumung und Herausgabe verbunden werden. Der Beschluss auf Zuweisung ist kein Vollstreckungstitel hinsichtlich der Räumung und Herausgabe (OLG Stuttgart FamRZ 2002, 559). Die Räumungsanordnung muss zwar grundsätzlich von Amts wegen ausgesprochen werden (§ 209 Abs. 1 FamFG); es empfiehlt sich aber dennoch ein entsprechender Antrag wie folgt:

„I. Der Antragsgegner wird verpflichtet, die in Ziff. ...... genannte Wohnung ...... sofort zu räumen und an die Antragstellerin herauszugeben; § 885 Abs. 2 bis4 ZPO sind nicht anzuwenden.

II. Der Antragsgegner wird verpflichtet, seine persönlichen Sachen mitzunehmen, insbesondere seine sämtlichen Bekleidungsstücke aus dem Schlafzimmerschrank und ......

III. Der Antragsgegner wird verpflichtet, der Antragstellerin sämtliche Wohnungsschlüssel und den Schlüssel zum Briefkasten zu übergeben.

IV. Der Antragsgegner wird verpflichtet, es zu unterlassen, die in Ziff. ...... bezeichnete Wohnung nach der Räumung ohne vorherige Zustimmung der Antragstellerin wieder zu betreten.

V. Dem Antragsgegner wird verboten, das Mietverhältnis über die in Ziff ...... bezeichnete Wohnung zu beenden."

Das Gericht wird i. d. R. dem Antragsgegner eine Räumungsfrist zubilligen.

7. Der Ehegatte, dem die Wohnung überlassen wird, tritt an Stelle des weichenden Ehegatten in das Mietverhältnis ein, § 1568 a Abs. 3 BGB.

Ist der weichende Ehegatte der alleinige Mieter, lautet der Antrag wie folgt:

„Die Antragstellerin tritt an Stelle des Antragsgegners in das vom Antragsgegner mit dem Vermieter ...... aufgrund Mietvertrages vom ..... bestehende Mietverhältnis über die in Ziff. ...... bezeichnete Wohnung ein. Der Antragsgegner scheidet aus dem Mietverhältnis aus". Zu den Einzelheiten s. *Götz/Brudermüller* Rdn. 84 ff.

Besteht kein Mietverhältnis an der Ehewohnung, z. B. weil der weichende Ehegatte Allein- oder Miteigentümer ist, kann ein – ggf. befristetes Mietverhältnis – begründet werden, § 1568 a Abs. 5 BGB.

8. Zum Begriff der Haushaltssachen vgl. Palandt/*Brudermüller,* § 1361 a Rdn. 3 ff.; Die neue gesetzliche Regelung übernimmt im Wesentlichen die Regelung aus § 8 HausratsVO. Eine dem § 9 HausratsVO entsprechende Regelung fehlt in § 1368 b BGB, weil Hausrat im Alleineigentum nur noch im Rahmen eines güterrechtlichen Ausgleichs berücksichtigt werden soll. Einen klagbaren Auskunftsanspruch über den Bestand des Hausrats soll es nicht geben, wegen § 203 Abs. 2 FamFG sehr zweifelhaft, vgl. aber OLG Düsseldorf FamRZ 1985, 1152: Amtsermittlungsgrundsatz, der zu ähnlichem Ergebnis führe. Außerdem kann das Gericht eine Auflage machen, eine Aufstellung sämtlicher Haushaltsgegenstände zu machen, s. § 206 Abs. 1 Nr. 2 FamFG.

Nach jetzt gefestigter Rspr. gehört Hausrat nicht in den Zugewinn (daher insoweit zB. auch keine Auskunftspflicht aus § 1379 BGB), vgl. BGH FamRZ 1984, 144 mN. und Besprechung dazu von *Smid* NJW 1985, 173.

9. Das Verfahren erfasst die Aufteilung der im gemeinsamen Eigentum der Eheleute stehenden Haushaltsgegenstände, § 1568 b Abs. 1 BGB. Während der Trennungszeit kann eine vorläufige Nutzungsüberlassung gem. § 1361 a BGB vorgenommen werden. Die Verteilung erfolgt am Maßstab der Billigkeit und danach, wer – unter Berücksichtigung des Wohl der Kinder – stärker auf den Gegenstand angewiesen ist, § 1568 b Abs. 1 BGB. Um diesem Maßstab gerecht werden zu können, ist eine umfassende Darstellung aller Haushaltsgegenstände nebst Bestimmung des Wiederbeschaffungswertes (so *Musielak/Borth* FamFG § 206 Rdn. 2; OLG Zweibrücken FamRZ 1993, 82, 84) erforderlich. Der Antrag soll die Gegenstände enthalten, deren Zuteilung der Antragsteller begehrt, außerdem soll eine Aufstellung sämtlicher Haushaltsgegenstände mit genauer Bezeichnung beigefügt werden § 203 Abs. 2 FamFG Diese Sollvorschrift wird ergänzt durch die Möglichkeit des Gerichts, unter Fristsetzung anzuordnen, dass jeder Ehegatte eine Liste aller Haushaltssachen vorlegen muss, die Gegenstände anzugeben hat, die er zugeteilt haben möchte oder bestimmte Belege vorzulegen hat, § 206 Abs. 1 FamFG, wobei die Fristversäumung mit den Präklusionsfolgen aus § 206 Abs. 2 BGB verbunden ist. Als Durchführungsanordnungen (§ 209 Abs. 1 FamFG) kommen Herausgabeanordnungen in Betracht für Haushaltsgegenstände, die nicht im Besitz des künftigen Berechtigten sind.

10. Die Endentscheidung in Ehewohnungs- und Haushaltssachen wird erst mit der Rechtskraft wirksam (§ 209 Abs. 2 FamFG). Das Gericht kann aber die sofortige Wirksamkeit des Beschlusses anordnen. Ein entsprechender Antrag empfiehlt sich. Bei einer vorläufigen Nutzungszuweisung der Ehewohnung während der Trennungszeit nach § 1361 b BGB soll die sofortige Wirksamkeit angeordnet werden, um eine einstweilige

Anordnung zu vermeiden (§ 209 Abs. 2 S. 2 FamFG). Eine angeordnete Räumungsverpflichtung oder die Verpflichtung zur Herausgabe von Haushaltsgegenständen wird nach §§ 86 Abs. 1, 95 Abs. 1, 2 FamFG i. V. m. §§ 883 ff. ZPO vollstreckt.

Kosten und Gebühren

Für den Gegenstandswert unterscheidet § 48 FamGKG danach, ob es sich um ein vorläufiges Verfahren nach §§ 1361 a, b BGB oder ein Verfahren nach §§ 1568 a, b BGB handelt:

Ehewohnung: Verfahren nach § 1361 b BGB: 3.000,– EUR; Verfahren nach § 1568 a BGB: 4.000,– EUR

Haushaltssachen: Verfahren nach § 1361 a BGB: 2.000,– EUR; Verfahren nach § 1568 b BGB: 3.000,– EUR jeweils als fester Wert; Gerichtskosten: Nr. 1320 KV FamGKG; Rechtsanwaltsgebühren: Nr. 3100 ff. VV RVG.

Fristen und Rechtsmittel

Befristete Beschwerde, §§ 58, 63 FamFG, einzulegen beim Gericht erster Instanz binnen eines Monats § 64 Abs. 1 FamFG; die Beschwerde muss nicht begründet werden, § 65 Abs. 1 FamFG; eine Begründung ist aber empfehlenswert; zuständig für das Beschwerdeverfahren ist das OLG, § 119 Abs. 1 Nr. 1 a GVG; vgl. im Einzelnen Form. II. I. 31.

Versorgungsausgleichssachen

19. Versorgungsausgleich – Antrag auf Nichtstattfinden und gerichtliche Protokollierung einer Vereinbarung nach § 7 VersAusglG

An das **……, den ……**
Amtsgericht[1]
– Familiengericht –

Antrag

In der Ehesache

…… **– Antragstellerin –**

Verfahrensbevollmächtigter: Rechtsanwalt ……[2]

gegen

den …… **– Antragsgegner –**

– noch nicht vertreten –[2]

wegen Ehescheidung

hier: Versorgungsausgleich[3] – Antrag auf Nichtstattfinden und Genehmigung nach § 7 VersAusglG

vorläufiger Gegenstandswert: EUR ……[5]

Aktenzeichen: ……

nehme ich Bezug auf meine besondere Verfahrensvollmacht für die Antragstellerin, eingereicht mit Antragsschriftsatz auf Ehescheidung vom heutigen Tage, in welchem ich als

dortige Anlage 1 eine umfassende Scheidungsvereinbarung der Beteiligten mit (insbesondere in Ziff. 4 und 6) einer ausführlichen Vereinbarung auch über den Versorgungsausgleich vorgelegt habe. Ich stelle für die Antragstellerin folgende Anträge[4]:

I. Ein Versorgungsausgleich zwischen den Beteiligten findet nicht statt[8].

II. Ferner wird die gerichtliche Protokollierung der Vereinbarung der Beteiligten über den Versorgungsausgleich durch das Familiengericht hiermit beantragt[6].
Der Antragsgegner wird sich anwaltlich vertreten lassen[2].

Begründung:

1. Die vorgelegte Vereinbarung der Beteiligten über den Versorgungsausgleich soll durch Protokollierung im Scheidungstermin über §§ 7 Abs. 2 VersAusglG, 127a BGB die erforderliche Form erhalten. Die geplante Vereinbarung der Beteiligten ist inhaltlich nicht zu beanstanden. Die vereinbarte Leistung des Antragsgegners, die danach an die Stelle der möglichen Teilung von Versorgungsanwartschaften zwischen den Beteiligten treten soll, ist auch unter Einbeziehung der Unterhaltsregelung und der Vermögensauseinandersetzung zwischen den Beteiligten zur Sicherung der Antragstellerin für den Fall der Erwerbsunfähigkeit und des Alters geeignet und führt außerdem zu einem nach Art und Höhe angemessenen Ausgleich unter den Ehegatten, so dass keine Wirksamkeits- oder Durchsetzungshindernisse entgegenstehen (§ 1 Abs. 2 VersAusglG).

   a) Wie bereits im Antrag auf Ehescheidung (vgl. dort Ziff. I. und II.) dargelegt, war die Ehe der Beteiligten nur von sehr kurzer Dauer und kinderlos; beide Beteiligten sind relativ jung, wobei der Antragsgegner erfolgreich im Erwerbsleben steht und die durch mich vertretene Antragstellerin bereits am ...... wieder ihren bis zur Eheschließung ausgeübten Beruf als angestellte Steuerbevollmächtigte mit einem monatlichen Nettoeinkommen von EUR 2.800,–/Monat aufnehmen wird. Bei ihrem Alter hat sie daher noch ausreichend Zeit, sich selbst eine ausreichende Sicherung für den Fall der Erwerbsunfähigkeit und des Alters mit den auch schon vor der Ehe erworbenen Anwartschaften zu schaffen.

   b) Darüber hinaus soll für die Antragstellerin in Ziff. I. und II. der vorgelegten Scheidungsvereinbarung ein relativ großzügiger Ehegattenunterhalt, unabhängig von diesem bevorstehenden Erwerbseinkommen, bis einschließlich 31. 12. 2014 bezahlt werden.

   c) Auch die in der Scheidungsvereinbarung (Ziff. III.) vorgesehene Regelung aller Ansprüche aus dem ehelichen Güterrecht ist, wie sich hieraus und den der Vereinbarung beigefügten Aufstellungen über den beiderseitigen Zugewinn beider Ehegatten ergibt, für beide, insbesondere die Antragstellerin, angemessen.

   d) Die beiderseits während der Ehezeit[7] erworbenen Versorgungsanwartschaften, die auszugleichen wären, sind – insbesondere im Vergleich mit den außerhalb der Ehe erworbenen Versorgungsanwartschaften – relativ gering.

      Beweis: Ausrechnung des Rentenberaters ...... vom ...... für beide Beteiligten.

   e) Darüber hinaus soll (vgl. Ziff. 4.–6. der vorgelegten Scheidungsvereinbarung) als Anlage 1 der Antragstellerin als zusätzliche Gegenleistung des Antragsgegners anstelle des gesetzlichen Versorgungsausgleichs die noch dem Antragsgegner gehörende Hälfte der gemeinsamen Eigentumswohnung (vgl. hierzu bereits Ziff. II. der Scheidungsantragsschrift) übereignet werden, bei einem derzeitigen Verkehrswert von EUR ...... und einer derzeitigen Belastung von nur ca. EUR ......

      Beweis: Schätzgutachten hierzu.

2. Da die vorgelegte Vereinbarung inhaltlich nicht zu beanstanden ist, ist für die Einholung von Rentenauskünften kein Raum und auszusprechen, dass der Versorgungsaus-

gleich nicht stattfindet[8]; die Vereinbarung ist für die Antragstellerin sogar insgesamt wesentlich günstiger, weil ......[9]

3. Die Beteiligten haben in der beigefügten Vereinbarung geregelt, dass die Kosten der Vereinbarung gegeneinander aufgehoben werden.[10]

Rechtsanwalt

Vorbemerkung

Zum 1. 1. 2009 ist das Gesetz zur Strukturreform des Versorgungsausgleiches (BR-Drucks. 128/09) in Kraft getreten. Die über mehrere Einzelgesetze verteilten Vorschriften wurden im VersAusglG zusammengefasst. Inhaltlich wurde der Versorgungsausgleich völlig neu strukturiert. Das zentrale Element ist die Abkehr vom bilanzierenden und saldierenden Ausgleich in eine Richtung hin zur realen Teilung jeder einzelnen Versorgung. Das Prinzip des Ausgleichs über die gesetzliche Rentenversicherung besteht nicht mehr. Jeder Ehegatte kann zugleich Berechtigter wie Verpflichteter eines Ausgleichs sein. Für nicht ausgleichsreife Anrechte, die bei der Teilung nicht berücksichtigt werden, gibt es weiterhin einen schuldrechtlichen Ausgleichsanspruch mit entsprechenden Verfahrensregelungen (s. Form II. I. 21); s. als Überblick zum neuen Recht *Schulz/Hauß* Familienrecht Anhang zu §§ 1587 ff. Rdn. 1 ff.

Wegen der Übergangsregelung wird es für eine Übergangszeit hinaus auch Verfahren des Versorgungsausgleichs nach altem Recht geben. Die nachfolgenden Schriftsatzmuster beziehen sich auf das neue Recht. Wegen der Anwendung zum alten Recht wird auf die Muster in der Vorauflage Bezug verwiesen.

Die Übergangsregelung der §§ 48 ff. VersAusglG sieht hinsichtlich der Anwendung des neuen materiellen Rechts und Verfahrensrechts folgendes vor:

- In Verfahren, die vor dem 1. 9. 09 eingeleitet worden sind ist das bis dahin geltende Recht anzuwenden
- Anwendung des neuen Rechts für Versorgungsausgleichsverfahren, die am oder nach dem 1. 9. 09 eingeleitet worden sind
- Anwendung des neuen Rechts auch für Verfahren, die am oder nach dem 1. 9. 09 abgetrennt oder ausgesetzt oder deren Ruhen angeordnet ist oder wird.
- Neues Recht gilt ab dem 1. 9. 2010 in Altverfahren, in denen am 31. 8. 2010 im ersten Rechtszug noch keine Entscheidung erlassen wurde. Damit ist sichergestellt, dass für alle erstinstanzlich noch nicht entschiedenen Verfahren ein Jahr nach Inkrafttreten des VersAusglG das neue Recht gilt.
- Altes Recht gilt für Verfahren gem. §§ 4–10 VAHRG, in denen der Antrag beim Versorgungsträger vor dem 1. 9. 09 eingegangen ist. Damit kann vom Rückfall- wie vom Rentnerprivileg noch bis zum 1. 9. 09 Gebrauch gemacht werden, aber nicht darüber hinaus (*Weil* FF 2009, 149, 154).
- Abänderungsverfahren nach § 10 a VAHRG, die vor dem 1. 9. 09 eingeleitet wurden, unterliegen dem alten Recht; Abänderungsverfahren gem. §§ 51, 52 VersAusglG, die nach dem 1. 9. 09 eingeleitet werden, unterliegen grundsätzlich dem neuen Recht, auch wenn die abzuändernde Entscheidung noch nach altem Recht ergangen war (*Weil* FF 2009, 149, 155).

Anmerkungen

1. Die Verfahren, die den Versorgungsausgleich betreffen sind Familiensachen und den Familiengerichten zugeordnet gem. § 217, 111 Nr. 7 FamFG, § 23 b Abs. 1 GVG (zur Abgrenzung zu anderen Verfahren, die hinsichtlich der Auswirkungen des Versorgungsausgleichs dem Verwaltungs- oder Sozialgericht zugeordnet sein können (s. *Musielak/*

Borth FamFG § 217 Rdn. 1). Ausschließlich zuständig für den dinglichen Versorgungsausgleich ist das Familiengericht der Ehesache, da es sich um eine Folgesache handelt, § 137 Abs. 2 Nr. 1, 218 Nr. 1 FamFG sonst – soweit isoliert überhaupt möglich, su. Anm. 3 – richtet sich die örtliche Zuständigkeit nach § 218 FamFG.

2. Anwaltszwang und Erfordernis zu besonderer Verfahrensvollmacht, § 114 Abs. 1, 5 FamFG (soweit Folgesache, s. u. Anm. 3). Eine angestrebte Vereinbarung zu gerichtlichem Protokoll führt zu Anwaltszwang für beide Beteiligten, Formmangel zur Nichtigkeit. Vom Anwaltszwang befreit sind nach § 114 Abs. 3 FamFG die Träger der gesetzlichen Rentenversicherung, der Beamtenversorgung und der berufsständischen Versorgungen, dagegen nicht die privatrechtlich organisierten Versorgungsträger (private Rentenversicherungen, Träger betrieblicher Altersversorgungen).

3. Der eigentliche sog. dingliche Versorgungsausgleich ist als isolierte Familiensache jedenfalls bei Scheidung nach deutschem Recht nicht denkbar (Zwangsverbund). Selbständige Verfahren nach der Scheidung können sein (s. *Musielak/Borth* FamFG § 217 Rdn. 3 ff.):

- Dinglicher Versorgungsausgleich, wenn die Ehe im Ausland geschieden wurde, unter den Voraussetzungen des Art. 17 Abs. 3 EGBGB
- Abänderungsverfahren gem. §§ 225 ff. FamFG
- Verfahren des schuldrechtlichen und verlängerten schuldrechtlichen Versorgungsausgleichs gem. §§ 20 bis 26 VersAusglG
- Verfahren zum Versorgungsausgleich (VA) bei Ausschluss eines Versorgungsausgleichs im Ehevertrag, der sich nach der Scheidung als unwirksam herausstellt (BGH FamRZ 2009, 215, BGH FamRZ 1991, 681).

4. Bei der Vielfalt der versorgungsrechtlichen Möglichkeiten kommt – mit entsprechend erhöhter Haftungsgefahr für den beratenden Anwalt – eine große Anzahl von Verfahrens- und Antragsmöglichkeiten in Betracht oder es besteht das Erfordernis zu erweitertem Sachvortrag:

(1) Besonders wichtig ist die sorgfältige und ggf. beschleunigte *Ermittlung* aller bestehender Anwartschaften. Das ist nach neuem Recht von besonderer Bedeutung, da – anders als beim alten § 10 a VAHRG – im Abänderungsverfahren nach §§ 51, 52 VersAusglG nur die Anrechte mit einbezogen werden, die auch Grundlage der abzuändernden Entscheidung waren (*Weil* FF 2009, 149, 155). Anrechte, die in der Ausgangsentscheidung vergessen wurden, bleiben außen vor. *Vor* Verfahrensbeginn kann sich (auch für bessere Prognose) eine Rentenauskunft lohnen (§ 109 Abs. 1, 5 SGB VI, uU. auch für Ehegatten über § 74 Nr. 2 b SGB X). Eine entsprechende Regelung sieht § 79 BBG vor. *Nach* Verfahrensbeginn beginnt die Ermittlung insbes. durch beiderseitige Ausfüllung der vom Familiengericht vermittelten Formulare, ferner durch sorgfältige Prüfung erteilter Auskünfte (Mandant und Gegner).

Ist einer der Eheleute dabei säumig, so sind alternativ möglich: gerichtliche Aufforderungs- und ggf. Zwangsmaßnahmen gemäß § 220 Abs. 3, 5, § 35 FamFG (verfahrensrechtliche Auskunftspflicht) oder auch auf Antrag einer Partei die Auskunftsklage nach §§ 4 Abs. 1, 5 VersAusglG, 1605 Abs. 1 S. 2, 3 BGB (materiell rechtliche Auskunftspflicht), ggf. im Wege des Stufenantrags (Vorabentscheidung durch Teilbeschluss über Auskunftsanspruch, Endentscheidung im Verbundbeschluss, vgl. die Grundsätze bei Form. II. I. 15, insbes. Anm. 8), zu vollstrecken über § 95 Abs. 1 Nr. 3 FamFG, § 888 ZPO.

(2) Spezifizierter *Tatsachenvortrag* ist erforderlich für die Darlegung der groben Unbilligkeit im Rahmen der Ausschluss- und Beschränkungsfälle des § 27 VersAusglG (vgl. Form. II. I. 20).

(3) *Antrag* (und *Tatsachenvortrag*) ist erforderlich, wenn dargelegt werden soll, dass ein Anrecht nicht auszugleichen ist, weil es weder durch Arbeit noch Vermögen geschaffen oder aufrechterhalten worden ist i. S. des § 2 Abs. 2 Nr. 1 VersAusglG.

(4) Bei einer Ehezeit von bis zu drei Jahren findet ein Versorgungsausgleich nur statt, wenn ein Ehegatte dies beantragt, § 3 Abs. 3 VersAusglG. Es muss also an die erforderliche Antragsstellung gedacht werden.
(5) Der ausgleichsberechtigte Ehegatte können gem. § 14 Abs. 2 VersAusglG eine externe Teilung eines Anrechts vereinbaren, wobei der Berechtigte gem. § 15 Abs. 1 VersAusglG ein Wahlrecht hat, ob ein bestehendes Anrecht ausgebaut werden soll oder ein neues begründet werden soll. Hier gilt es, ggf. die Vereinbarung mit dem Versorgungsträger zu treffen und das Wahlrecht auszuüben.
(6) Obwohl von Amts wegen zu berücksichtigen, empfiehlt sich ein entsprechender Sachvortrag, wenn ein Ausgleich eines Anrechtes für den berechtigten Ehegatten unwirtschaftlich wäre und somit das Anrecht nicht ausgleichsreif gem. § 19 Abs. 2 Nr. 3 VersAusglG ist. Gleiches gilt für die Fälle des § 19 Abs. 3 VersAusglG. Anrechte eines Ehegatten bei einem ausländischen Versorgungsträger können im Verfahren des Versorgungsausgleichs nicht ausgeglichen werden. Umgekehrt findet dann ein Ausgleich auch der sonstigen Anrechte der Ehegatten nicht statt, soweit dies für den anderen Ehegatten unbillig wäre (§ 19 Abs. 3 VersAusglG). Die Gründe für die Unbilligkeit sollten ggf. von dem betroffenen Ehegatten dargelegt werden.
(7) Bezieht der ausgleichspflichtige Ehegatte eine laufende Versorgung aus einem im Versorgungsausgleich bei Scheidung noch nicht ausgeglichenen Anrecht, kann der ausgleichsberechtigte Ehegatte den Ausgleichswert als Rente (schuldrechtliche Ausgleichsrente) im isolierten Verfahren nach der Scheidung verlangen (zu den Voraussetzungen i.e. siehe § 20 VersAusglG). Ggf. muss also dieses Verlangen gestellt werden und Abtretung des Anspruchs gegen den Versorgungsträger in Höhe der Ausgleichsrente verlangt werden, § 21 Abs. 1 VersAusglG; entsprechendes gilt bei dem Bezug von Kapitalzahlungen aus einem noch nicht ausgeglichenen Anrecht, § 22 VersAusglG.
(8) Nach § 23 VersAusglG kann in bestimmten Fällen statt einer Teilung eine Abfindung verlangt werden, was ggf. zu prüfen und vorzutragen ist; auch das Wahlrecht bzgl. der Zielversorgung ist auszuüben.

5. Der Gegenstandswert für das Versorgungsausgleichsverfahren beträgt für den Regelfall 2.000,– EUR bzw. 1.000,– EUR je nach Art der im Verfahren zu berücksichtigenden Anrechte, kann aber bei Unbilligkeit erhöht oder ermäßigt werden, § 50 Abs. 1, 4 FamGKG. Wenn eine Vereinbarung zum Versorgungsausgleich geschlossen und die Genehmigung des Gerichts eingeholt werden soll, wird ebenfalls von einem Gegenstandswert von 1.000,– EUR bzw. 2.000,– EUR auszugehen sein.

6. Eine Vereinbarung der Beteiligen über den Versorgungsausgleich bedarf vor Rechtskraft der Scheidung der notariellen Beurkundung oder ersatzweise der gerichtlichen Protokollierung gem. § 127a BGB, vgl. § 7 VersAusglG. Die Jahresgrenze des § 1408 Abs. 2 S. 2 BGB a.F. für die Wirksamkeit des Ausschlusses des Versorgungsausgleichs gibt es nicht mehr, soweit das neue Recht des Versorgungsausgleichs anwendbar ist. Eine gerichtliche Genehmigung ist für Vereinbarungen zum Versorgungsausgleich im Rahmen der Scheidung nicht mehr erforderlich. Allerdings ist in § 6 Abs. 2, § 8 VersAusglG ausdrücklich geregelt, dass die Vereinbarung einer Inhalts- und Ausübungskontrolle standhalten muss. Das knüpft an die Rechtsprechung des BGH zur Wirksamkeit ehevertraglicher Vereinbarungen an. Das Gericht muss im Rahmen des Scheidungsverfahrens diese Voraussetzungen prüfen, sonst ist der Versorgungsausgleich ganz oder eingeschränkt im Rahmen der Ausübungskontrolle durchzuführen. Es empfiehlt sich entsprechender Sachvortrag der Beteiligten.

7. Legaldefinition in § 3 Abs. 1 VersAusglG. Die Ehezeit verlängert sich auch nicht deshalb, weil das Verfahren – uU. längere Zeit – zum Ruhen gekommen ist (aA. AG Stuttgart NJW 1978, 646f.; dagegen *Parche* NJW 1979, 139/140). Anwartschaften, die durch Nachentrichtung für die Ehezeit nach Ablauf der Ehezeit erworben werden, fallen nicht in den Versorgungsausgleich, wohl aber solche während der Ehe für Zeiten vor der Ehe (sog. In-Prinzip), vgl. BGH NJW 1985, 2024.

8. In § 224 Abs. 3 FamFG ist geregelt, dass das Gericht in den entsprechenden Fällen in der Beschlussformel ggf. feststellt, dass ein Wertausgleich über den Versorgungsausgleich nicht stattfindet.

9. In der Regel wird das Familiengericht, um die Rechtsfolgen des gesetzlichen VA mit denen der Beteiligtenvereinbarung vergleichen zu können, dennoch Auskünfte der Versorgungsträger einholen. Verzögerung hierdurch ist kein Grund für eine Abtrennung. Die Beteiligten können noch im Verfahren Änderungsanregungen des Familiengerichts aufgreifen und die ursprünglich vorgelegte Vereinbarung abändern.

10. Haben die Beteiligten eine Vereinbarung über die Kosten getroffen, soll das Gericht sie übernehmen, § 150 Abs. 4 S. 3 FamFG.

Kosten und Gebühren

Bei Verbundverfahren Gegenstandswert einheitlich nach § 44 Abs. 1 FamGKG, für den Versorgungsausgleich nach § 50 FamGKG. Gerichtskosten: Nr. 1110 KV FamGKG; soweit isoliert möglich: Gerichtskosten nach Nr. 1320 KV FamGKG; Rechtsanwaltsgebühren: Nr. 3100ff. VV RVG.

Fristen und Rechtsmittel

Vgl. bei Verbundurteil Form. II. I. 30, bei isolierter Entscheidung Form. II. I. 31.

20. Versorgungsausgleich – Antrag auf Ausschluss wegen Unbilligkeit

An das **……, den ……**
Amtsgericht[1]
– Familiengericht –

Antrag

In der Ehesache
der …… – Antragstellerin –
Verfahrensbevollmächtigte: Rechtsanwälte ……[1]
gegen
…… – Antragsgegner –
wegen Ehescheidung
hier: Versorgungsausgleich – Ausschluss gemäß § 27 VersAusglG[2]
vorläufiger Gegenstandswert: EUR ……[3]
Aktenzeichen: ……

nehmen wir Bezug auf unsere besondere Verfahrensvollmacht[4] für die Antragstellerin, vorgelegt mit deren Antragsschrift auf Ehescheidung vom ……, in deren Ziff. I. und II. wir bereits auf die persönlichen und wirtschaftlichen Verhältnisse der Beteiligten eingegangen sind, insbesondere deren Erwerbsleben während der Ehe und die sich hieraus für den Versorgungsausgleich ergebenden Umstände. Im Rahmen des anhängigen Scheidungsverfahrens stellen wir für die Antragstellerin folgende Anträge:

I. Ein Versorgungsausgleich zwischen den Beteiligten findet nicht statt.
II. Die Kosten des Verfahrens werden gegeneinander aufgehoben.

Begründung:

1. Die Antragstellerin, damals gerade fertig ausgebildete Fremdsprachensekretärin, und der Antragsgegner, damals Professor für Weltraumtechnik mit einem Gastschuljahr am New Yorker Institut für ......, beide Deutsche, haben vor mehr als 5 Jahren in New York geheiratet und gelebt; der Antragsgegner hat die Antragstellerin jedoch ein Jahr nach Eheschließung und wenige Wochen nach Geburt des einzigen gemeinsamen Kindes ......, geb. am ......, nachdem diese mit Eheschließung ihre dortige Erwerbstätigkeit aufgegeben hatte, verlassen, um als freier Berater eines Raketenprojekts in Zaire tätig zu sein. Er hat in den folgenden 5 Jahren nichts mehr von sich hören lassen und insbesondere für die Antragstellerin und das Kind keinerlei Unterhalt mehr geleistet.
Der Antragstellerin blieb nichts anderes übrig, als nach Deutschland zurückzukehren, wo sie schließlich vor 4 Jahren glücklicherweise eine sehr gut bezahlte Stellung als Chefsekretärin mit Rentenversicherungspflicht bei der Deutschen Rentenversicherung Bund fand. Sie hat aus beiden Versorgungen inzwischen nicht unerhebliche Versorgungsanwartschaften erworben. Sie hat außerdem vor 4 Jahren eine private Rentenversicherung abgeschlossen, in die sie erhebliche Beträge einbezahlt hat. Scheidungsantrag gegen den Antragsgegner war aus verschiedenen Gründen erst jetzt möglich.
Beweis: Anstellungsvertrag der Antragstellerin bei ......;
......

2. Der Antragsgegner, der übrigens inzwischen in Deutschland ein selbstständiges Ingenieurbüro betreibt und auch aus dieser Tätigkeit keine Versorgungsanwartschaften erwirbt, macht geltend – was ihm nicht zu widerlegen ist – auch in der früheren Ehezeit weder in den USA noch anderswo ausgleichsfähige Versorgungsanwartschaften erworben zu haben.
Beweis: Schreiben des Antragsgegners an die Antragstellerin vom ......

3. Da der Antragsgegner, wie oben dargelegt, seine Unterhaltspflicht gegenüber der Antragstellerin und dem gemeinsamen ehelichen Kind seit Jahren gröblich verletzt hat, muss ein Versorgungsausgleich zugunsten des Antragsgegners in diesem Falle ausgeschlossen werden.

4. Die Kostenfolge ergibt sich aus § 150 Abs. 1 FamFG.

Rechtsanwalt

Vorbemerkung

Zum 1. 1. 2009 ist das Gesetz zur Strukturreform des Versorgungsausgleiches (BR-Drucks. 128/09) in Kraft getreten. Die über mehrere Einzelgesetze verteilten Vorschriften wurden im VersAusglG zusammengefasst. Inhaltlich wurde der Versorgungsausgleich völlig neu strukturiert. Das zentrale Element ist die Abkehr vom bilanzierenden und saldierenden Ausgleich in eine Richtung hin zur realen Teilung jeder einzelnen Versorgung. Das Prinzip des Ausgleichs über die gesetzliche Rentenversicherung besteht nicht mehr. Jeder Ehegatte kann zugleich Berechtigter wie Verpflichteter eines Ausgleichs sein. Für nicht ausgleichsreife Anrechte, die bei der Teilung nicht berücksichtigt werden, gibt es weiterhin einen schuldrechtlichen Ausgleichsanspruch mit entsprechenden Verfahrensregelungen (s. Form II. I. 21); s. als Überblick zum neuen Recht *Schulz/Hauß* Familienrecht Anhang zu §§ 1587ff. Rdn. 1ff.

Wegen der Übergangsregelung wird es für eine Übergangszeit hinaus auch Verfahren des Versorgungsausgleichs nach altem Recht geben. Die nachfolgenden Schriftsatzmuster beziehen sich auf das neue Recht. Wegen der Anwendung zum alten Recht wird auf die Muster in der Vorauflage Bezug verwiesen.

Die Übergangsregelung der §§ 48 ff. VersAusglG sieht hinsichtlich der Anwendung des neuen materiellen Rechts und Verfahrensrechts folgendes vor:

- In Verfahren, die vor dem 1. 9. 09 eingeleitet worden sind ist das bis dahin geltende Recht anzuwenden
- Anwendung des neuen Rechts für Versorgungsausgleichsverfahren, die am oder nach dem 1. 9. 09 eingeleitet worden sind
- Anwendung des neuen Rechts auch für Verfahren, die am oder nach dem 1. 9. 09 abgetrennt oder ausgesetzt oder deren Ruhen angeordnet ist oder wird.
- Neues Recht gilt ab dem 1. 9. 2010 in Altverfahren, in denen am 31. 8. 2010 im ersten Rechtszug noch keine Entscheidung erlassen wurde. Damit ist sichergestellt, dass für alle erstinstanzlich noch nicht entschiedenen Verfahren ein Jahr nach Inkrafttreten des VersAusglG das neue Recht gilt.
- Altes Recht gilt für Verfahren gem. §§ 4–10 VAHRG, in denen der Antrag beim Versorgungsträger vor dem 1. 9. 09 eingegangen ist. Damit kann vom Rückfall- wie vom Rentnerprivileg noch bis zum 1. 9. 09 Gebrauch gemacht werden, aber nicht darüber hinaus (*Weil* FF 2009, 149, 154).
- Abänderungsverfahren nach § 10a VAHRG, die vor dem 1. 9. 09 eingeleitet wurden, unterliegen dem alten Recht; Abänderungsverfahren gem. §§ 51, 52 VersAusglG, die nach dem 1. 9. 09 eingeleitet werden, unterliegen grundsätzlich dem neuen Recht, auch wenn die abzuändernde Entscheidung noch nach altem Recht ergangen war (*Weil* FF 2009, 149, 155).

Anmerkungen

1. Zu Zuständigkeit, Verfahren, Anwaltszwang und Vollmacht vgl. Anm. 1, 2 zu Form. II. I. 19.

2. Während § 1587c BGB a.F. die Ausschlussgründe noch nach Fallgruppen unterschieden hat, enthält § 27 VersAusglG lediglich eine Generalklausel. Der Anwendungsbereich ist im wesentlichen deckungsgleich, so dass auf die Rspr. zu § 1587c BGB a.F. zurückgegriffen werden kann. Die neue Regelung ist aber deutlich flexibler. Da es einen Einmalausgleich in nur eine Richtung nicht mehr gibt, kann die Ausschlussnorm nunmehr auch bei treuwidrigem Verhalten des Ausgleichspflichtigen Anwendung finden und sich auf einzelne auszugleichende Anrechte beschränken (*Weil* FF 2009 149, 152). Die Vorschrift ist als eine Art Verwirkungstatbestand aus Billigkeitsgründen von Amts wegen zu beachten, ein Antrag ist nicht erforderlich, wohl aber spezifizierter *Tatsachenvortrag*, vgl. im Übrigen die Übersicht in Form. II. I. 19 Anm. 4. Grundsätzlich sind an die „grobe Unbilligkeit" strenge Anforderungen zu stellen. Andererseits kann das Gericht stark differenzieren („soweit"), also zB. Teilausschluss oder Teilentscheidungen vornehmen, vgl. hierzu auch Form. II. I. 19, Palandt/*Brudermüller* aaO. Rdn. 6–8 zu § 1587c BGB. Neben dem hier vorgestellten Fall einer zum Ausschluss führenden gröblichen Unterhaltspflichtverletzung, vgl. zB. OLG Stuttgart NJW 1982, 241; ähnlich BGH NJW-RR 1987, 578 kann eine Vereitelung von Versorgungsansprüchen oder ein erhebliches wirtschaftliches Ungleichgewicht zum gänzlichen oder teilweisen Ausschluss des Versorgungsausgleichs führen, vgl. zB. BGH NJW-RR 1987, 324 mN. Es können auch rein objektive Gesichtspunkte ausreichen, uU. (so jedenfalls OLG Celle NJW 1979, 1659) sogar entgegenstehender ausdrücklich erklärter und wohl überlegter Parteiwille (anderweitige private Vermögensauseinandersetzung mit Ausgleichsregelung) oder langjährige Trennung (zB.

BGH NJW-RR 2004, 1231); nach BGH NJW-RR 1987, 322 sind auch ggs. Auswirkungen zwischen VA und Zugewinnausgleich zu berücksichtigen, zB. bei freiwilliger, späterer Nachentrichtung; vgl. zusammenfassend auch *Brudermüller* NJW 2004, 3239.

3. Jetzt Festwerte gemäß § 50 FamGKG für den Regelfall, die aber nach den Umständen des Einzelfalls auch erhöht oder ermäßigt werden können, vgl. oben Form. II. I. 19 Anm. 5.

4. § 114 Abs. 5 FamFG.

Kosten und Gebühren

Wie Form. II. I. 19. Denkbar sind ferner – meist spätere – Einzel- und Nebenverfahren, zB. aus §§ 20 ff. VersAusglG auf schuldrechtliche Ausgleichszahlungen oder Abänderungsverfahren nach §§ 225 ff. FamFG; Gegenstandswert: § 50 FamGKG: Gerichtskosten bei isolierten Verfahren: Nr. 1320 KV FamGKG, für Rechtsanwaltsgebühren: Nr. 3100 VV RVG.

Fristen und Rechtsmittel

Vgl. zunächst Form. II. I. 19 aE. „Rechtsmittel", ferner Form. II. I. 30 (Verbund) und Form. II. I. 31 (isolierte Entscheidungen).

21. Versorgungsausgleich – Antrag auf schuldrechtliche Ausgleichsrente (§ 20 VersAusglG)

An das
Amtsgericht
– Familiengericht[2] –

Antrag

In der Ehesache

der ...... – Antragstellerin –
Verfahrensbevollmächtigte[3]: RA ......

gegen

...... – Antragsgegner –
Verfahrensbevollmächtigte[3]: RAe ......

wegen schuldrechtlicher Ausgleichszahlung[1]
vorläufiger Gegenstandswert[4]: ......

stelle ich für die Antragstellerin zum Versorgungsausgleich folgenden

Antrag[5]:

I. Der Antragsgegner wird verpflichtet, an die Antragstellerin eine monatliche schuldrechtliche Ausgleichsrente hinsichtlich der von der Antragsgegnerin bezogenen ausländischen Betriebsrente der Fa ......, Schweiz zu bezahlen, zahlbar ab dem ......, jeweils monatlich im Voraus zum Ersten eines Monats[5].
II. Die Kosten des Verfahrens werden gegeneinander aufgehoben[7].

Begründung:

1. Die Beteiligten hatten am 10. 8. 1982 vor dem Standesbeamten in Augsburg die Ehe geschlossen. Beide Beteiligte waren in der in der kinderlos gebliebenen Ehe fast durchgängig berufstätig.

Der Scheidungsantrag des Antragstellers wurde der Antragsgegnerin am 15. 9. 2009 zugestellt. Das Scheidungsverfahren war beim Familiengericht Augsburg unter dem AZ: ...... anhängig. Die Ehe wurde mit Beschluss des Gerichts vom ...... geschieden. Der Beschluss ist seit demselben Tag rechtskräftig.

Beweis: Beiziehung der Akten des Familiengerichts Augsburg AZ ......

Im Scheidungsverfahren wurden im Rahmen des Versorgungsausgleichs folgende Anrechte der Beteiligten durch den dinglichen Versorgungsausgleich im Wege der internen Teilung ausgeglichen.

Anrechte der Antragstellerin:

a) ......

b) ......

Anrechte des Antragsgegners:

a) ......

b) ......

Darüber hinaus hatte der Antragsgegner noch eine ausländische Anwartschaft auf eine betriebliche Altersrente bei der Fa ...... mit Sitz in der Schweiz. Aus diesem Anrecht bezog der Antragsgegner zur Zeit der Scheidung noch keine Rente.

Beweis: Beiziehung der Akten des Familiengerichts wie oben, Rentenauskunft der Fa ......

Dieses Anrecht war daher nicht ausgleichungsreif i. S. der §§ 5, 19 VersAusglG und wurde daher in den Wertausgleich bei Scheidung nicht einbezogen.

2. Die Antragstellerin bezieht seit dem ...... Leistungen auf Altersrente. Sie hat am ...... die Regelaltersgrenze der gesetzlichen Rentenversicherung erreicht. Auch der Antragsgegner bezieht seit Beginn dieses Monats Versorgungsleistungen u. a. aus der genannten betrieblichen Altersversorgung der Fa ......

Es ist daher der schuldrechtliche Ausgleich dieser Betriebsrente durchzuführen[6].

Rechtsanwalt

Anmerkungen

1. In den Versorgungsausgleich bei Scheidung werden nur ausgleichsreife Anrechte einbezogen, §§ 19 Abs. 1 VersAusglG. Nicht ausgleichungsreif ist ein Anrecht

– wenn es dem Grund oder der Höhe nach nicht hinreichend verfestigt ist, insbes. noch verfallbar
– soweit es auf eine abzuschmelzende Leistung gerichtet ist
– soweit sein Ausgleich für den Ausgleichsberechtigten unwirtschaftlich wäre
– wenn es bei einem ausländischen, zwischenstaatlichen oder überstaatlichen Versorgungsträger besteht.

Für solche nicht ausgleichsreifen Anrechte ist der schuldrechtliche Ausgleich vorgesehen, §§ 20 ff. VersAusglG. Ausländische Versorgungen sind häufig sehr werthaltig.

2. Das Verfahrens des schuldrechtlichen Versorgungsausgleichs ist eine isolierte Versorgungsausgleichssache gem. § 217 VersAusglG. Ausnahmsweise können die Ansprüche (außer § 26 VersAusglG) im Verbund geltend gemacht werden, wenn sie bereits fällig sind (zur Fälligkeit s. u. Nr. 6), *Musielak/Borth* FamFG § 223 Rdn. 1. Im isolierten Verfahren nach abgeschlossenem Scheidungsverfahren wie hier gilt für örtliche Zuständigkeit die Stufenregelung in § 218 Nr. 2 bis 5 FamFG.

3. Im selbständigen Verfahren des Versorgungsausgleichs außerhalb des Verbunds besteht Anwaltszwang für die Ehegatten und die sonstigen Beteiligten nur im Rechtsbeschwerdeverfahren, § 114 Abs. 1–3 FamFG.

4. Zum Gegenstandswert vgl. § 50 FamGKG, Festwert für Regelfälle mit Anpassungsmöglichkeit, i. d. R. 1.000,– bzw. 2.000,– EUR.

5. Über Ausgleichsansprüche nach der Scheidung im schuldrechtlichen Versorgungsausgleich entscheidet das Gericht nur auf Antrag, § 223 FamFG. Der Antrag ist ein Leistungsantrag (*Musielak/Borth* FamFG § 224 Rdn. 17). Die Höhe der monatlichen Ausgleichsrente muss nicht beziffert werden.

6. Die Fälligkeitsvoraussetzungen für den Anspruch auf schuldrechtliche Ausgleichsrente sind wie im alten Recht geregelt:
– Der ausgleichspflichtige Ehegatte bezieht eine noch nicht ausgeglichene Rente
– Der ausgleichsberechtigte Ehegatte bezieht selbst eine Versorgung oder er hat die Regelaltersgrenze der gesetzlichen Rentenversicherung erreicht oder er erfüllt die gesundheitlichen Voraussetzungen für eine laufende Versorgung wegen Invalidität, § 20 Abs. 2 VersAusglG.

7. Zu einstweiligen Anordnungen auf Kostenvorschuss und zu Vereinbarungen vgl. Form. II. I. 26 und II. I. 19 Anm. 6.

Kosten und Gebühren

Die Kostenentscheidung richtet sich nach § 81 FamFG; zu den Gerichts- und Rechtsanwaltskosten vgl. Form. II. I. 19 und 20.

Fristen und Rechtsmittel

Wie Form. II. I. 19 und 20.

Lebenspartnerschaftssachen

22. Antrag auf Aufhebung der Lebenspartnerschaft[1]

An das
Amtsgericht
– Familiengericht[2] –

Anträge

In der Lebenspartnerschaftssache
des ……, – Antragsteller –
Verfahrensbevollmächtigte[3]: RA ……
gegen
……, – Antragsgegner –
Verfahrensbevollmächtigter: RA ……
Beteiligter: Herr X (Vermieter der Partnerwohnung)[7]
wegen Aufhebung der Lebenspartnerschaft ua.
vorläufiger Gegenstandswert[4]: EUR ……
stellen wir für den Antragsteller in besonderer Verfahrensvollmacht folgende Anträge[5]:

I. Die zwischen den Beteiligten am 10. 8. 2004 in …… vor dem Standesbeamten begründete Lebenspartnerschaft (Reg. Nr. ……) wird aufgehoben.

II. Der Antragsgegner wird verpflichtet, an den Antragsteller einen nachpartnerschaftlichen Unterhalt ab Rechtskraft des Aufhebungsbeschlusses von EUR ...... pro Monat, zahlbar jeweils am Monatsersten, zunächst bis zum ......, zu bezahlen.
III. Die von den Beteiligten gemeinsam in ...... im Anwesen ...... erster Stock links angemietete Wohnung, zu ca. 65 qm, bestehend aus einem Wohnzimmer, einem Schlafzimmer, einer Küche, einem Bad, Kellerabteil, wird dem Antragsteller ab Rechtskraft des Aufhebungsbeschlusses zur alleinigen Nutzung zugewiesen.
IV. Das zwischen den Beteiligten und dem Vermieter ...... aufgrund des Mietvertrages vom ...... bestehende Mietverhältnis über die in Ziff. III bezeichnete Wohnung wird vom Antragsteller ab Rechtskraft des Aufhebungsbeschlusses alleine fortgesetzt. Der Antragsgegner scheidet aus dem Mietverhältnis aus.
V. Ein Versorgungsausgleich findet nicht statt.
VI. Der Antragsgegner hat die Kosten des Verfahrens zu tragen.
VII. Anträge auf einstweilige Anordnungen/Schutzmaßnahmen erfolgen gesondert.[6]

Begründung:

1. Die Beteiligten, beide deutsche Staatsangehörige und volljährig, haben sich Anfang 2004 kennen und lieben gelernt und ihre Lebenspartnerschaft wie im Antrag angegeben am 10. 8. 2004 begründet und eintragen lassen. Sie haben unmittelbar darauf die in Antrag III. bezeichnete Wohnung gemeinsam von Herrn ...... (Vermieter)[7] angemietet und in dieser einen auf Dauer angelegten gemeinsamen Haushalt geführt. Wohnungs- und Lebensunterhalt wurden im Wesentlichen finanziert aus dem erheblichen Einkommen des Antragsgegners als Computergrafiker, da der Antragsteller unter anderem aus Gesundheitsgründen nur gelegentlich erwerbstätig sein konnte.
2. Vor etwa drei Monaten verlor der Antragsgegner (vorübergehend) seinen gut bezahlten Arbeitsplatz und veränderte sein Verhalten gegenüber dem Antragsteller radikal, wobei auch eine vom Antragsgegner immer stärker entwickelte Eifersucht wegen eher harmloser Kontakte des Antragstellers zu anderen Männern mitspielte. Mit der Behauptung, der Antragsteller sei „sein Eigentum" und müsse „gesetzlich für ihn sorgen", zwang der Antragsgegner den Antragsteller durch Drohungen und vielfache Misshandlungen zur Prostitution und zur Ablieferung des hieraus erlangten Geldes. Als der Antragsteller dies schließlich verweigerte, wurde er vom Antragsgegner in der gemeinsamen Wohnung eingesperrt, deren Schlüssel alleine der Antragsgegner hat.
Im Einzelnen:
......
Beweismittel: ......
3. Dem Antragsteller gelang erst vor einigen Tagen die Flucht, er ist zurzeit mittellos, da seine Ausweispapiere noch in der Wohnung sind, auch ohne Zugriff auf sein eigenes Bankkonto, und nur vorübergehend bei Freunden untergekommen.
Er hat durch unser Anwaltsschreiben vom ...... vom Antragsgegner unverzüglich die alleinige Überlassung der Wohnung gemäß Antrag III. an sich verlangt, ohne Reaktion des Antragsgegners. Dieser hat ihn vielmehr bereits aufgespürt und droht, ihn „mit seinem Messer aufzuschlitzen", auch im Stammlokal der Beteiligten („Chez Rone").
......
Beweismittel: ......
4. Aufhebung der Lebenspartnerschaft
Die Fortsetzung dieser Lebenspartnerschaft wäre aus den oben dargestellten, allein in der Person des Antragsgegners liegenden Gründen für den Antragsteller eine unzumutbare Härte (§ 15 Abs. 2 Nr. 3 LPartG), eine Wartezeit für ihn nicht mehr erträglich.
5. Partnerschaftlicher Unterhalt[5]
Der Antragsteller, schon vorher gesundheitlich nicht stabil und ohne festes Erwerbseinkommen, ist durch die monatelangen Misshandlungen und Nachstellungen phy-

sisch und psychisch so schwer erkrankt, dass von ihm für mindestens ein Jahr eine Erwerbstätigkeit nicht erwartet werden kann. Der Unterhalt nach Antrag zu II. erscheint auch angemessen (§ 5 LPartG).

Im Einzelnen:

……

Beweismittel: ……

6. Wohnungszuweisung[5]

Aus den gleichen Gründen ist der Antragsteller auf die Wohnung gemäß Antrag zu III. angewiesen (§ 18 LPartG mit § 1568 a BGB analog). Die Miete könnte vom Sozialamt bezahlt werden.

Im Einzelnen: ……

7. Eine notarielle Erklärung gegenüber dem Amtsgericht, dass im Falle der Aufhebung der Lebenspartnerschaft der Versorgungsausgleich durchgeführt werden soll, haben die Beteiligten nicht abgegeben[5].

8. Einstweilige Anordnungen werden gesondert beantragt werden.

Rechtsanwalt

Anmerkungen

1. § 270 FamFG stellt nunmehr die dort bezeichneten Lebenspartnerschaftssachen (Statussachen, Fürsorge und Unterhalt, Partner-Güterrecht, aber auch Hausrat und gemeinsame Wohnung) – also auch hier sowohl Familiensachen wie Familienstreitsachen – durch Verweisung auf die für diese Verfahren unter Ehegatten geltenden Vorschriften verfahrensmäßig weitgehend gleich. Dazu gehört auch der Verweis auf die Vorschriften zum Verbundverfahren, die entsprechend anzuwenden sind (*Musielak/Borth* FamFG § 270 Rdn. 2). Zur Abgrenzung von einstweiligen Regelungen su. Anm. 6.

2. Zuständig ist also auch hier das Familiengericht (vgl. Form. II. I. 6 ff. und Form. II. I. 12 ff. mwN.).

3. Anwaltszwang gemäß §§ 114 Abs. 1, 270 FamFG. (für Statussachen und „Folgesachen in allen Rechtszügen").

4. Auf die Streitwert-Anmerkungen zu Form. II. I. 6. ff. und Form. II. I. 12. ff. kann verwiesen werden.

5. Das Form. beinhaltet ein Verbundverfahren: die §§ 137 ff. FamFG gelten kraft Verweisung in § 270 FamFG. Zu den einzelnen Verbundanträgen:

a) Entsprechend zur Scheidung der Ehe wird durch Beschluss die Lebenspartnerschaft aufgehoben, vgl die Formulierung in § 15 Abs. 1 LPartG; welche Behörde zur Entgegennahme der Erklärungen zur Begründung einer Lebenspartnerschaft zuständig ist, regelte ursprünglich das Landesrecht; teilweise waren die Standesämter zuständig, teilweise die Notare (Bayern); seit 1. 1. 09 ist durch § 17 S. 2 PStRG, §§ 22, 23 LPartG einheitlich das Standesamt zuständig, vorbehaltlich einer Landesöffnungsklausel (s. Palandt/*Brudermüller* Einl. LPartG Rdn. 3).

b) Das LPartG enthält Regelungen zum Trennungs- (§ 12 LPartG)und nachpartnerschaftlichen Unterhalt (§ 16 LPartG). § 16 LPartG verweist zum nachpartnerschaftlichen Unterhalt auf §§ 1570–1586 b und 1609 BGB.

c) § 18 LPartG ermöglicht Regelungen zur gemeinsamen Wohnung der Lebenspartner für die Zeit nach der Aufhebung der Lebenspartnerschaft unter Verweis auf § 1568 a BGB; zu ggf. weiter erforderlicher Durchsetzungsanträge vgl. Form. II. I. 18 m. Anm. 6, 7. Der Vermieter ist am Verfahren zu beteiligen, §§ 204, 270 FamFG.

d) Das LPartG kannte ursprünglich keinen Versorgungsausgleich unter Lebenspartnern. Die Vorschriften zum VA sind erst durch das Gesetz zur Überarbeitung des Lebenspartnerschaftsrechts vom 15. 12. 04 aufgenommen worden. Die Übergangsvorschrift des § 21 Abs. 4 LPartG sieht vor, dass Lebenspartner, deren Partnerschaft vor dem 1. 1. 05 begründet worden war, durch notarielle Erklärung gegenüber dem Amtsgericht bis 31. 12. 05 erklären konnten, dass bei einer Aufhebung ihrer Lebenspartnerschaft ein Versorgungsausgleich durchgeführt werden soll.

6. Die Verweisung in § 270 FamFG eröffnet ferner auch in Lebenspartnerschaftssachen die gesamte Palette des einstweiligen Rechtsschutzes in den jeweiligen Familien- und Familienstreitsachen.

7. Zur Verbundproblematik bei Einbeziehung Dritter (Vermieter) vgl. Anm. 5.

Kosten und Gebühren

Vgl. Form. II. I. 6 ff. und Form. II. I. 12 bzw. II. I. 16. In Verfahren des einstweiligen Rechtsschutzes wie Form. II. I. 25 und 26.

Fristen und Rechtsmittel

Befristete Beschwerde, §§ 58, 63 FamFG i. V. m., § 270 FamFG einzulegen beim Gericht erster Instanz binnen eines Monats § 64 Abs. 1 FamFG; die Frist zur notwendigen Beschwerdebegründung beträgt 2 Monate ab Bekanntgabe des Beschlusses, § 117 Abs. 1 S. 3, 270 FamFG. Die Beschwerdebegründung ist beim Beschwerdegericht einzureichen, § 117 Abs. 1 S. 2 FamFG; Anschlussrechtsmittel im Verbund gem. §§ 145, 270 FamFG.

Einstweilige Regelungen

23. Antrag auf einstweilige Anordnung wegen Verfahrenskostenvorschuss

An das
Amtsgericht[1]
– Familiengericht –

……, den ……

Antrag auf einstweilige Anordnung

der …… **– Antragstellerin –**
Verfahrensbevollmächtigter: Rechtsanwalt ……[2]
gegen
…… **– Antragsgegner –**
– derzeit noch nicht vertreten –

wegen einstweilige Anordnung eines Verfahrenskostenvorschusses[3]

vorläufiger Gegenstandswert: EUR ……[4]

Ich nehme Bezug auf die im vorbezeichneten Scheidungsverfahren von mir für die Antragstellerin mit deren Ehescheidungsantrag vom …… eingereichte besondere Verfahrensvollmacht. Namens und im Auftrag der Antragstellerin wird der Erlass folgender einstweiliger Anordnung – wegen Dringlichkeit ohne mündliche Verhandlung[5] – beantragt:

I. Der Antragsgegner wird im Wege der einstweiligen Anordnung verpflichtet an die Antragstellerin einen Verfahrenskostenvorschuss in Höhe von 2529,43 EUR zu bezahlen[6, 7].

II. Der Antragsgegner trägt die Kosten des Verfahrens[12].

Begründung:

1. Die Antragstellerin macht einen Anspruch auf Verfahrenskostenvorschuss für die Kosten eines Scheidungsverfahrens[6] und die Kosten für diesen Antrag auf einstweilige Anordnung[11] geltend. Mit Schriftsatz vom ...... wurde für die Antragstellerin der in Anlage beigefügte Scheidungsantrag beim Familiengericht ...... eingereicht. Das Verfahren trägt das Aktenzeichen ......

Zur Glaubhaftmachung: Scheidungsantrag vom ...... in Kopie anbei

Da noch kein Gerichtskostenvorschuss eingezahlt wurde, wurde der Antrag dem Antragsgegner noch nicht zugestellt.

2. Der Gegenstandswert für das Scheidungsverfahren berechnet sich wie folgt:

Monatliches Einkommen der Antragstellerin:	**EUR**	**0,00**
Monatliches Einkommen des Antragsgegners:	**EUR**	**4.000,00**
Summe	**EUR**	**4.000,00**
Abzüglich Freibetrag für zwei Kinder	**– EUR**	**500,00**
Verbleiben	**EUR**	**3.500,00**
Für drei Monate also	**EUR**	**10.500,00**
Zuzüglich Versorgungsausgleich	**EUR**	**2.000,00**
Ergibt Gegenstandswert	**EUR**	**12.500,00**

Der Antragsgegner verfügt noch über Barvermögen von EUR 50.000,00, das den Freibetrag nicht übersteigt. Es ergibt sich also ein Gegenstandswert für die Scheidung in Höhe von EUR 12.500,00[9].

Daraus errechnen sich die Kosten des Scheidungsverfahrens wie folgt[10]:

Anwaltskosten wie folgt:	**1,3 Verfahrensgebühr**	**EUR**	**683,80**
	1,2 Terminsgebühr	**EUR**	**631,20**
	Postpauschale	**EUR**	**20,00**
	19% MWSt	**EUR**	**253,65**
Einzubezahlender Gerichtskostenvorschuss		**EUR**	**438,00**
Gesamt		**EUR**	**2.026,65**

3. Für das Verfahren auf Erlass der einstweiligen Anordnung entstehen folgende Kosten, für die ebenfalls ein Vorschussanspruch geltend gemacht wird:[11]

Gegenstandswert:		**EUR**	**2.026,65**
	1,3 Verfahrensgebühr	**EUR**	**209,30**
	1,2 Terminsgebühr	**EUR**	**193,20**
	Postpauschale	**EUR**	**20,00**
	19% MWSt	**EUR**	**80,28**
	Gesamt	**EUR**	**502,78**

4. Die Antragstellerin ist bedürftig. Sie ist wie bisher während der Ehezeit nicht erwerbstätig, mit der Betreuung der beiden gemeinsamen minderjährigen ehelichen Kinder im Alter von zwei und fünf Jahren voll ausgelastet und ohne eigenes Einkommen oder Vermögen, erhält vom Antragsgegner derzeit lediglich die Wohnungsmiete und einen unzureichenden Unterhaltszuschuss für sich und die Kinder von insgesamt ca. EUR 1.100,00.

Glaubhaftmachung: Eidesstattliche Versicherung Ast. vom ......

Sie ist daher derzeit ohne erhebliche Beeinträchtigung eines angemessenen Lebensunterhaltes für sich und die Kinder außerstande, die erforderlichen Verfahrenskosten selbst zu tragen, so dass der Antrag nach §§ 1360 a BGB, 246 Abs. 2 FamFG begründet ist[8]. Scheidungsantrag und Folgesachen sind auch hinreichend aussichtsreich.

5. Der Antragsgegner ist leistungsfähig für den Verfahrenskostenvorschuss. Er verfügt über ein monatliches Einkommen von EUR 4.000,00. Davon bezahlt er der Antragstellerin lediglich einen Kindes- und Ehegattenunterhalt von zusammen derzeit EUR 1.100,00. Der Antragsgegner hat außerdem ein Barvermögen von EUR 50.000,00, über das er jederzeit verfügen kann
Glaubhaftmachung: eidesstattliche Versicherung Ast. vom ......
Gehaltsbescheinigungen des Antragsgegners von ...... bis ...... anbei
Der Antragsgegner war mit Schreiben vom ...... aufgefordert worden, diesen Kostenvorschuss zu bezahlen. Der Antragsgegner lehnte mit Schreiben vom ...... die Zahlung ab.
Glaubhaftmachung: Schreiben des anwaltlichen Vertreters der Antragstellerin vom ...... in Kopie anbei
Schreiben des Antragsgegners vom ...... in Kopie anbei.
6. Der Antragsgegner hat die Kosten des Verfahrens gem. § 243 Nr. 1 FamFG zu tragen.[12]

Rechtsanwalt

Anmerkungen

1. Zuständigkeit: Das Verfahren ist eine Familienstreitsache, weil der Anspruch auf Verfahrenskostenvorschuss dem Unterhaltsrecht zuzuordnen ist, §§ 112 Nr. 1, 231 Abs. 1 Nr. 2 FamFG. Die örtliche und sachliche Zuständigkeit richtet sich nach § 50 FamFG i.V.m. § 113 Abs. 1, 119 Abs. 1 FamFG. Zuständig ist das Gericht, das für die Hauptsache im ersten Rechtszug zuständig wäre bzw. das Gericht, bei dem die Hauptsache anhängig ist. Während des Beschwerdeverfahrens in der Hauptsache ist das Beschwerdegericht zuständig. Für besonders dringende Fälle enthält § 50 Abs. 2 FamFG eine Eilzuständigkeit des Gerichts, in dessen Bezirk das Bedürfnis für ein gerichtliches Tätigwerden bekannt ist. Die Voraussetzungen des § 50 Abs. 2 FamFG sind besonders streng zu prüfen (*Musielak/Borth* FamFG § 50 Rdn. 4). Ist die Hauptsache in der Rechtsbeschwerdeinstanz anhängig, ist für den Erlass einer einstweiligen Anordnung wiederum das erstinstanzliche Gericht zuständig (Umkehrschluss aus § 50 Abs. 1 S. 2, 2. Hs; so auch *Musielak/Borth* FamFG § 50 Rdn. 3 unter Hinweis auf die Begründung RegE, BT-Drucks. 16/6308 S. 200 (kein Vorschussanspruch bei geschiedenen Ehegatten) sowie BGH NJW 1985, 2265 (kein Vorschuss mehr nach Rechtskraft); offen, ob doch bei vorher eingetretenem Verzug noch ein Anspruch besteht (bejahend zB. *Gießler,* Vorläufiger Rechtsschutz in Ehe-, Familien- und Kindschaftssachen, 4. Aufl. 2005).

2. Das einstweilige Anordnungsverfahren auf Verfahrenskostenvorschuss unterliegt nicht dem Anwaltszwang, obwohl für selbständige Familienstreitsachen grundsätzlich Anwaltszwang gilt (§ 114 Abs. 1 FamFG). § 114 Abs. 4 Nr. 1 FamFG nimmt jedoch Verfahren der einstweiligen Anordnung vom Anwaltszwang aus.

3. Im FamFG hat der Gesetzgeber das Recht der einstweiligen Anordnung völlig neu geregelt. Einstweilige Anordnungsverfahren sind jetzt selbständige Verfahren. Die Anhängigkeit eines gleichartigen Hauptsacheverfahrens ist nicht mehr erforderlich. Auch wenn parallel ein Hauptsacheverfahren anhängig ist, bleibt es ein selbständiges Verfahren, ähnlich dem Arrest und der einstweiligen Verfügung. Damit wird die einstweilige Anordnung in der Praxis einen noch breiteren Raum einnehmen als bisher schon.

4. Für den Gegenstandswert bei der einstweiligen Anordnung auf Verfahrenskostenvorschuss gilt § 35 FamGKG: Maßgebend ist der verlangte Betrag.

5. Das Gericht kann ohne mündliche Verhandlung entscheiden, §§ 51 Abs. 2 S. 2, 119 Abs. 1 S. 1 FamFG; in Eilfällen, die bei einem Verfahren wegen Verfahrenskostenvor-

schuss kaum je vorliegen werden, kann auch ohne vorherige Anhörung des Gegners entschieden werden; zur Wahrung des rechtlichen Gehörs ist sie dann unverzüglich nachzuholen.

6. Der Erlass einer einstweiligen Anordnung setzt eine materielle Anspruchsgrundlage und eine verfahrensmäßige Grundlage voraus. Materiell rechtlich kann der Anspruch auf Verfahrenskostenvorschuss wie folgt abgeleitet werden:
- Unter nicht getrennt lebenden Eheleuten im Rahmen des Anspruchs auf Familienunterhalt aus § 1360a Abs. 4 BGB
- Unter getrennt lebenden Eheleuten aus §§ 1361 Abs. 4, 1360a Abs. 4 BGB
- Minderjährige und volljährige, noch in der Ausbildung befindliche Kinder haben einen Anspruch gegen ihre Eltern (BGH NJW 2005, 1722, der die streitige Frage für volljährige Kinder in diesem Sinne entschieden hat) aus §§ 1603 Abs. 1, 1610 BGB
- der minderjährigen Kinder ggf. gegen ihre Großeltern gem §§ 1607, 1603 Abs. 1 BGB
- unter zusammen oder getrennt lebenden Lebenspartnern aus §§ 5 und 12 LPartG i. V. m. §§ 1360a, 1361 BGB.

Keinen Anspruch auf Verfahrenskostenvorschuss gibt nach rechtskräftiger Scheidung der Ehe bzw. Aufhebung der Lebenspartnerschaft.

Neben Bedürftigkeit des Anspruchsstellers und Leistungsfähigkeit des Verpflichteten ist Voraussetzung, dass der Vorschuss die Kosten eines gerichtlichen Verfahrens (vgl. § 246 Abs. 1 FamFG) in einer persönlichen Angelegenheit (s. dazu jurisPK-BGB/*Grandel* § 1360a Rdn. 34 m. w. N.) betrifft. Kosten einer außergerichtlichen Rechtsverfolgung können nicht verlangt werden (so schon zum alten Recht *Büte* FF 2004, 272, 273; a. A. zum alten Recht *Kleinwegener* FamRZ 1992, 755). Im Übrigen muss der Anspruch der Billigkeit entsprechen; dazu gehört, dass die beabsichtigte Rechtsverfolgung eine hinreichende Erfolgsaussicht hat.

Der Anspruch richtet sich auf die künftig anfallenden Kosten des gerichtlichen Verfahrens. Nach Ende des Prozesses, für dessen Kosten der Vorschussanspruch verlangt wird, besteht kein Anspruch mehr auf vorher nicht geltend gemachten Prozesskostenvorschuss, BGH NJW 1985, 2265; *Musielak/Borth* FamFG § 246 Rdn. 31 (bejahend jedoch, falls vorher Verzug, OLG Bamberg FamRZ 1986, 484). Die Vollstreckung aus einem schon ergangenen Beschluss ist aber weiterhin möglich. Spätere Rückforderung bei erheblicher Verbesserung der wirtschaftlichen Verhältnisse des anderen Ehegatten oder bei Aufhebung der einstweiligen Anordnung kommt als familienrechtlicher Anspruch eigener Art am Maßstab der Billigkeit in Betracht, auf den §§ 814 und 818 Abs. 3 keine Anwendung finden (BGHZ 110, 247). Zur Problematik im Zusammenspiel mit einem späteren Kostenerstattungsanspruch des Vorschussempfängers gegen einen Dritten s. *Grandel,* in: MAH Familienrecht (Hrsg. Schnitzler) § 8 Rdn. 115, OLG Nürnberg FuR 2002, 287).

Die verfahrensmäßige Grundlage für eine einstweilige Anordnung auf Verfahrenskostenvorschuss für ein gerichtliches Verfahren ergibt sich in allen Unterhaltsfällen des § 231 FamFG aus § 246 FamFG, also für Ansprüche der Kinder und Ehegatten. Für Lebenspartner ist § 246 FamFG kraft Verweisung über §§ 269 Abs. 1, 111 Nr. 9 FamFG.

Ein dringendes Bedürfnis gem. § 49 FamFG ist für die einstweilige Anordnung aus § 246 FamFG nicht erforderlich, da § 246 FamFG die Voraussetzungen insoweit abweichend regelt (*Musielak/Borth* FamFG § 246 Rdn. 1). Es genügt ein einfaches Regelungsbedürfnis. Das Anordnungsverfahren verlangt einen bezifferten Antrag.

7. Eines Antrags auf Anordnung der sofortigen Wirksamkeit des Beschlusses bedarf es im vorliegenden Fall nicht. Zwar werden Endentscheidungen in Familienstreitsachen erst mit Rechtskraft wirksam, § 116 Abs. 3 FamFG, so dass es ggf. des Antrags auf Anordnung der sofortigen Wirksamkeit bedarf, die das Gericht in Unterhaltssachen auch anordnen soll, § 116 Abs. 3 S. 2, 3 FamFG. Da gegen eine einstweilige Anordnung in Unterhaltssachen aber gem. § 57 FamFG kein Rechtsmittel gegeben ist, ist es nicht notwendig, die sofortige Wirksamkeit anzuordnen.

8. Das Verhältnis zur (staatlichen) Verfahrenskosten-Hilfe ist in der Praxis oft schwierig: grundsätzlich soll ein Anspruch auf Vorschuss als „vorhandenes Vermögen" (§§ 115 Abs. 2 ZPO, 76 Abs. 1 FamFG) Anspruch gegen den Staat auf Hilfe ausschließen bzw. beschränken (Subsidiarität), was langwierige Vorwegbeurteilungen der Rechtslage (Unterhaltsanspruch gegeben?) mit ungeklärten zusätzlichen Kostenrisiken verursachen kann, vgl. Thomas/Putzo/*Reichold* § 115 Rdn. 19 ff. und wohl hM.: VKV muss „zweifelsfrei und wirtschaftlich durchsetzbar" sein und aus der Rspr. zB. OLG Frankfurt FamRZ 1982, 418; OLG Bamberg FamRZ 1983, 204, OLG Frankfurt/M. FamRZ 1985, 826; Verfahrenskostenvorschuss kann auch in Raten geschuldet werden , vgl. BGH NJW-RR 2004, 1662. Praktische Hinweise bei *Finke/Garbe* aaO. § 8 Rdn. 394 und Rdn. 116 ff. mN. Für das Verfahrenskostenhilfeverfahren selbst gibt es keine Verfahrenskostenhilfe, hier sollte Antrag nach dem Beratungshilfegesetz gestellt werden, BGH FamRZ 1985, 690. Vgl. Näheres bei „Kosten und Gebühren".

9. Der Gegenstandswert des Scheidungsverfahrens ergibt sich aus § 43 FamGKG; grundsätzlich 3-monatiger Nettoverdienst der Ehegatten; bei der Berechnung des monatlichen Nettoeinkommens der Eheleute wird i. d. R. ein Freibetrag von 250,– EUR für jedes gemeinsame minderjährige Kind in Abzug gebracht; Vermögen wird i. d. R. in der Weise berücksichtigt, dass vom gemeinsamen Vermögen der Eheleute zunächst Freibeträge abgezogen werden in Höhe von 60.000,- EUR je Ehegatte und weitere 30.000,– EUR für jedes gemeinschaftliche Kind; die Handhabung kann in den Bereichen der einzelnen OLGs aber unterschiedlich sein; der Mindestgegenstandswert beträgt 2.000,– EUR.

10. Zur Höhe des Verfahrenskostenvorschusses: OLG München FamRZ 1987, 301: Wie nach §§ 9 RVG, also: in der Regel jetzt zwei Anwaltsgebühren zuzüglich Unkostenpauschale und MWSt, zuzüglich des einzubezahlenden Gerichtskostenvorschusses oder der anfallenden Gerichtskosten einschl. ggf. anfallender Sachverständigenkosten o. ä.; für den beabsichtigten Scheidungsantrag müssen zwei Gerichtsgebühren als Gerichtskostenvorschuss einbezahlt werden, § 14 Abs. 1 FamGKG, 1110 KV FamGKG.

11. Es können zugleich auch die Kosten, die für das einstweilige Anordnungsverfahren selbst anfallen, geltend gemacht werden, OLG Frankfurt FamRZ 1979, 732; *Musielak/Borth* FamFG § 246 Rdn. 32.

12. Als selbständiges Verfahren enthält der Beschluss auch eine selbständige Kostenentscheidung, § 51 Abs. 4 FamFG. Die Kostenentscheidung folgt nicht mehr- wie zum alten Recht – der Hauptsache. Die Kostenverteilung folgt dem § 243 FamFG, der die nach § 113 Abs. 1 FamFG eigentlich anzuwendenden §§ 91 ff. ZPO verdrängt.

Kosten und Gebühren

Gerichtskosten: 1,5 Gebühren gem. Nr. 1420 KV FamGKG. Für Verfahren über den Erlass einer einstweiligen Anordnung und über deren Aufhebung oder Änderung werden die Gerichtsgebühren nur einmal erhoben, Vorbem. 1.4 KV FamGKG. Rechtsanwaltsgebühren: Jede einstweilige Anordnung ist ein selbständiges Verfahren und eine eigene gebührenrechtliche Angelegenheit. Zum Verfahren gehören alle Abschnitte über der Antrag, über die mündliche Verhandlung bis zu allen Abänderungs- und Aufhebungsanträgen (§ 16 Nr. 5 RVG). Mehrere Verfahren der e. A. bilden jeweils eine eigene Angelegenheit, § 15 Abs. 2 S. 2 RVG. Es fallen die gleichen Gebühren an wie in den Hauptsacheverfahren, also aus Nrn. 3100 ff. VV RVG. Anträge auf Aussetzung der Vollziehung (§ 55 FamFG) und auf Feststellung des Außer-Kraft-Tretens (§ 56 FamFG) sind von der Verfahrensgebühr abgegolten. Eine erhöhte Terminsgebühr aus der Summe der Gegenstandswerte der Hauptsache und der e. A. fällt an, wenn in einem Termin in der Hauptsache auch über die e. A. verhandelt wird; zur Anrechnung in diesem Fall vgl. Nr. 3104

Abs. 2, Vorbem. 3 Abs. 3 VV RVG. Abänderungs- und Aufhebungsverfahren bilden im Verhältnis zum Anordnungsverfahren dieselbe Angelegenheit. Sie bilden – anders als im alten Recht – nunmehr keinen weiteren gebührenrechtlichen Gegenstand mehr, weil § 18 Nr. 1, 2 RVG a. F. entfallen ist. Wird über die e. A. schriftlich entschieden und dann Antrag auf mündliche Verhandlung (§ 54 FamFG) gestellt, bleibt es ein gebührenrechtlicher Gegenstand. Werden e. A. und Hauptsache in einem Vergleich erledigt, werden die Werte für die Berechnung der Einigungsgebühr zusammengerechnet. Wird eine e. A. in erster Instanz und später eine weitere in zweiter Instanz beantragt, liegen zwei Angelegenheiten vor (§ 15 Abs. 2 S. 2 RVG). Die Gegenstandswerte ergeben sich aus §§ 41, 43 FamGKG, § 23 Abs. 1 RVG.

Fristen und Rechtsmittel

Beschlüsse in Verfahren der e. A. sind grundsätzlich nicht mit der Beschwerde anfechtbar, § 57 S. 1 FamFG. Eine Ausnahme besteht nur für Entscheidungen erster Instanz aufgrund mündlicher Verhandlung in den in § 57 S. 2 FamFG genannten Fällen. E. A. in Unterhaltssachen sind nicht mit der Beschwerde anfechtbar. Hat das Gericht ohne mündliche Verhandlung entschieden, kann stets nur Antrag gestellt werden, über die e. A. nach mündlicher Verhandlung erneut zu beschließen (§ 54 Abs. 2 FamFG). Falls Beschwerde möglich, ist sie beim Familiengericht einzulegen, § 64 FamFG. Für die früher von der Rspr. entwickelte Beschwerdemöglichkeit wegen greifbarer Gesetzeswidrigkeit bleibt infolge der Einführung der Verfahrensrüge nach § 321 a ZPO, die sich auch in § 44 FamFG wieder findet, kein Raum mehr (BVerfG NJW 2007, 2538; Thomas/Putzo/*Reichold* § 567 Rdn. 7; *Musielak/Borth* FamFG § 57 Rdn. 10 f.).

24. Antrag auf einstweilige Anordnung wegen elterlicher Sorge und Herausgabe eines Kindes

An das ……, den ……
Amtsgericht[1]
– Familiengericht –

Antrag auf einstweilige Anordnung

des …… **– Antragsteller –**
Verfahrensbevollmächtigter: Rechtsanwalt ……[2]
gegen
…… **– Antragsgegnerin –**
wegen einstweiliger Anordnung[4] **elterliche Sorge und Kindesherausgabe**[3]

vorläufiger Gegenstandswert: EUR ……[6]

Ich zeige an, dass ich den Antragsteller vertrete; Bevollmächtigung wird versichert. Es wird namens und im Auftrag des Antragstellers der Erlass folgender einstweiliger Anordnung – wegen Dringlichkeit ohne mündliche Verhandlung[7]**– beantragt:**

I. Das Aufenthaltsbestimmungsrecht für das gemeinsame eheliche Kind …… der Beteiligten, geb. am ……, wird einstweilen dem Antragsteller übertragen.
II. Die Herausgabe des gemeinsamen ehelichen Kindes …… der Beteiligten, geb. am ……, an den Antragsteller wird angeordnet.
III. Für den Fall der Zuwiderhandlung gegen die unter Nr. II angeordnete Herausgabeverpflichtung kann gegen die Antragsgegnerin ein Ordnungsgeld bis zu 25.000 EUR,

ersatzweise Ordnungshaft oder für den Fall, dass die Anordnung des Ordnungsgeldes keinen Erfolg verspricht, Ordnungshaft bis zu sechs Monaten angeordnet werden[5].

IV. Die Anwendung unmittelbaren Zwangs zur Durchsetzung der Herausgabeanordnung wird zugelassen[5]

V. Die Durchsuchung der Wohnung der Antragsgegnerin unter der Anschrift ...... wird zum Zwecke der Durchsetzung der Herausgabeanordnung genehmigt[5].

VI. Die Antragsgegnerin trägt die Kosten des Verfahrens.[8]

Begründung:

1. Die Ehe der Beteiligten, aus der das gemeinsame eheliche Kind ......, geb. am ......, hervorgegangen ist, wurde nach Getrenntleben der Beteiligten durch Endurteil des Amtsgerichts – Familiengericht – ...... am ...... (Aktenzeichen: ......) rechtskräftig geschieden. In Übereinstimmung mit dem damals vorgelegten Vorschlag beider Beteiligten wurde im Scheidungsurteil die elterliche Sorge für das Kind ...... der Antragsgegnerin allein übertragen. Der Scheidung vorausgegangen war der Wegzug der Antragsgegnerin mit dem Kind aus der früheren Ehewohnung nach ...... zu ihrer Mutter. Diese werde sich, wie die Antragsgegnerin damals vortragen ließ, während der Zeit ihrer Berufstätigkeit zusätzlich um das Kind kümmern.

Glaubhaftmachung: Akten des Scheidungsverfahrens ......, insbesondere von den Beteiligten vorgelegte Scheidungsvereinbarung vom ...... und Schriftsatz der Antragsgegnerin, dortigen Antragstellerin, vom ...... an das Familiengericht ......

2. Im Scheidungsverfahren hat der Antragsteller den eigentlichen Grund für die Zerrüttung der Ehe nicht vorgetragen, nämlich ständigen, trotz zweimaliger Entziehungskuren wiederholten Alkoholmissbrauch durch die Antragsgegnerin, welche hierdurch mehrere Arbeitsstellen alsbald wieder verlor; ferner hat er nicht vorgetragen den eigentlichen Grund seiner Zustimmung zu dem übereinstimmenden Vorschlag der Beteiligten, die elterliche Sorge auf die Antragsgegnerin zu übertragen, nämlich wiederholte Selbstmorddrohungen der Antragsgegnerin ihm gegenüber für den Fall, dass sie das Kind nicht erhalte, verbunden mit ausdrücklicher Zusicherung, dem Alkohol zu entsagen und sich besser als früher um das Kind zu kümmern.

Glaubhaftmachung: Schreiben der Antragsgegnerin an Antragsteller vom ...... und vom ...... (also während des Scheidungsverfahrens); eidesstattliche Versicherung des Antragstellers vom ...... (insbesondere Ziff. 1.), beigefügt.

Die nachstehenden Feststellungen über die Lebensverhältnisse des gemeinsamen Kindes ...... bei der Antragsgegnerin und ihrer Mutter seit Scheidung, welche der Antragsteller in den letzten Monaten treffen musste, zwingen ihn, seine damalige Zustimmung zur Übertragung der elterlichen Sorge auf die Antragsgegnerin zu widerrufen und eine andere Regelung der elterlichen Sorge anzustreben.

3. Bei seinen Besuchen beim Kind, erstmals möglich geworden durch Regelung des elterlichen Umgangs im vorbezeichneten Scheidungsurteil, musste der Antragsteller feststellen, dass die Antragsgegnerin unmittelbar nach dem Scheidungsurteil wieder rückfällig und nach einer einwöchigen „Sauftour" in Gaststätten der Umgebung dringlich zur Alkoholentziehung in die Klinik ...... am ...... eingeliefert wurde, in der sie nach Mitteilung ihrer Mutter mindestens 6 Monate ständig verbleiben wird. Die Mutter der Antragsgegnerin beklagte sich beim Antragsteller mehrfach, dass sie, zumal als Rentnerin mit Nebentätigkeit, des damals zweieinhalbjährigen Kindes ......, das „zu frech" sei, nicht Herr werde und es immer wieder schlagen müsse; ein Versuch, das nunmehr dreijährige Kind ganztägig in einem Kindergarten am Ort unterzubringen, scheiterte daran, dass das Kind dort nach nur 3 Wochen als störend zurückgewiesen

wurde. Auf Befragen erklärten die dortigen beiden Kindergärtnerinnen dem Antragsteller, das Kind habe wiederholt Spuren von Schlägen aufgewiesen, sei verwahrlost und offensichtlich verhaltensgestört, während des 3-wöchigen Kindergartenbesuches ferner nur unregelmäßig hergebracht und abgeholt worden; der Antragsteller solle dringend richterliche Hilfe in Anspruch nehmen.

Glaubhaftmachung: Eidesstattliche Versicherung Ast. vom ...... (Ziff. 2. und 3.); Schreiben Kindergarten ...... an Ast. vom ......, in beglaubigter Fotokopie beigefügt.

Gleichwohl verweigern die Antragsgegnerin, die der Antragsteller deshalb persönlich aufsuchte, wie auch ihre Mutter hartnäckig jede Änderung des bisherigen Zustandes.

4. Der frühere übereinstimmende Vorschlag der Beteiligten über die elterliche Sorge bindet das Familiengericht nicht. Die angestrebte Entscheidung ist zur Wahrung des Wohls des Kindes, das weder von seiner Mutter noch von deren Mutter hinreichend betreut werden kann und bereits deutliche Zeichen von Verwahrlosung und Verhaltensstörungen zeigt, dringend erforderlich.

5. Beim Alter des Kindes erscheint eine Anhörung des Kindes selbst, jedenfalls im Eilverfahren, nicht angezeigt. Die besondere Eilbedürftigkeit der Sache – insbesondere, da das Kind bei der Mutter der Antragsgegnerin häufig geschlagen, häufig vernachlässigt und von ihr offensichtlich auch innerlich nicht akzeptiert wird – rechtfertigt eine sofortige einstweilige Anordnung des Familiengerichts vor Anhörung des Jugendamtes und persönlicher Anhörung durch das Gericht, bevor Schlimmeres geschieht[7]. Beides kann nachgeholt werden, sobald sich das Kind in der Obhut des Antragstellers befindet.

6. Dieser hat durch Übernahme einer Teilzeitbeschäftigung und Vormerkung eines Halbtagsplatzes in einer nahe seiner Wohnung gelegenen Kinderkrippe seinerseits Vorsorge für eine intensive Betreuung des Kindes getroffen.

Glaubhaftmachung: Eidesstattliche Versicherung Ast. vom ...... (insbesondere Ziff. 4) wie vor.

7. Die Festsetzung von Ordnungsmitteln verspricht keinen Erfolg. Die Antragsgegnerin und auch deren Mutter erklärten schon im Vorfeld mehrmals, sie werden eine gerichtliche Entscheidung, die zu ihren Ungunsten ausfalle, unter keinen Umständen befolgen. Ordnungsgeld sei bei ihnen ohnehin nicht vollstreckbar. Sie gehen lieber in Haft als dass sie das Kind freiwillig herausgeben.

Glaubhaftmachung: Eidesstattliche Versicherung des Zeugen ...... anbei.

Wegen der bestehenden Kindeswohlgefährdung ist eine schnelle Durchsetzung erforderlich

8. Die Kostenentscheidung folgt aus § 81 FamFG[8].

Rechtsanwalt

Anmerkungen

1. Für selbständige Verfahren auf Regelung der elterlichen Sorge oder Teilbereichen davon und wenn es um Ansprüche auf Herausgabe des Kindes zwischen Eltern oder von Dritten geht, ist ausschließlich das Familiengericht zuständig. Die ausschließliche örtliche Zuständigkeit folgt aus § 152 FamFG. Ist eine Ehesache anhängig, ist vorrangig das Gericht der Ehesache ersten Instanz zuständig, soweit es um gemeinschaftliche Kinder der Ehegatten geht, ansonsten das Gericht am gewöhnlichen Aufenthalt des Kindes. Als Auffangzuständigkeit ist § 152 Abs. 3, 4 FamFG zu beachten (Ort des Bekanntwerdens eines Fürsorgebedürfnisses).

2. Für ein selbständiges Verfahren außerhalb des Verbunds besteht kein Anwaltszwang, weder für ein Hauptsacheverfahren (§ 114 Abs. 1 FamFG) noch für eine Verfahren der einstweiligen Anordnung (§ 114 Abs. 4 Nr. 1 FamFG).

3. Materielle Rechtsgrundlagen: § 1671 BGB ist nicht einschlägig, da die elterliche Sorge im Rahmen der einvernehmlichen Sorgeentscheidung bereits auf die Mutter alleine übertragen war. Es liegt auch kein Anwendungsfall des § 1672 BGB vor (Palandt/*Diederichsen* § 1672 Rdn. 2). Die Abänderung der nach § 1671 BGB getroffenen Entscheidung erfolgt gem. § 1696 BGB und ggf. auch § 1666 BGB (Palandt/*Diederichsen* § 1696 Rdn. 2; s. auch § 166 Abs. 1 FamFG). Der Maßstab des § 1696 BGB („aus triftigen, das Wohl des Kindes nachhaltig berührenden Gründen") ist strenger als der Maßstab des § 1671 BGB. Die Vorteile der Neuregelung müssen die Nachteile, die mit der Änderung verbunden sind, deutlich überwiegen (OLG Köln FamRZ 2005, 1276; *Knittel,* in: MAH Familienrecht (Hrsg. Schnitzler) § 13 Rdn. 230). Andererseits darf die Hürde nicht zu hoch angesetzt werden, insbesondere wenn es um die Wahrung des Kinderwillens geht (OLG Hamm FamRZ 2005, 746).

Der Anspruch auf Herausgabe des Kindes folgt aus § 1632 BGB.

4. Das Verfahren der einstweiligen Anordnung ist nunmehr ein selbständiges Verfahren. Der gleichzeitigen Anhängigkeit eines Hauptsacheverfahrens bedarf es nicht mehr (§ 51 Abs. 3 S. 1 FamFG). Auf Antrag eines Beteiligten muss das Gericht das Hauptsacheverfahren einleiten (§ 52 Abs. 1 S. 1 FamFG). Für eine einstweilige Anordnung bedarf es grundsätzlich eines dringenden Bedürfnisses für ein sofortiges Tätigwerden (Anordnungsgrund). Das liegt vor, wenn ein Zuwarten bis zur Hauptsacheentscheidung nicht ohne Eintritt erheblicher Nachteile möglich wäre (*Musielak/Borth* FamFG § 49 Rdn. 3); auf die bisherige Rspr. zu § 621g ZPO aF kann zurückgegriffen werden. Ein allgemeines Regelungsbedürfnis genügt in Unterhaltssachen (§ 246 Abs. 1 FamFG) und in Umgangsverfahren, in denen die Teilnahme an einer Beratung oder ein schriftliches Gutachten angeordnet wird (§ 156 Abs. 3 S. 2 FamFG: Das Gericht soll eine einstweilige Anordnung zum Umgangsrecht erlassen). Ob in den Kindschaftssachen des § 151 Nrn. 1–3 FamFG auch stets ein dringendes Regelungsbedürfnis vorliegen muss, ist unklar. Zwar gilt § 49 FamFG auch ohne besondere Bezugnahme, andererseits ist nicht klar, welcher Maßstab gelten soll, wenn das Gericht mit den Beteiligten des Hauptsacheverfahrens den Erlass einer einstweiligen Anordnung zu erörtern hat, falls eine Einigung im Termin nicht erzielt werden konnte (s. zur Problematik *Musielak/Borth* FamFG § 49 Rdn. 7).

5. Der Beschluss in Kindschaftssachen wird mit der Bekanntgabe wirksam, § 40 Abs. 1 FamFG. Die Vollziehung der Herausgabeanordnung erfolgt über §§ 88ff. FamFG. Der Beschluss der einstweiligen Anordnung bedarf der Vollstreckungsklausel nur, wenn für oder gegen einen anderen als in dem Beschluss bezeichneten Beteiligten vollstreckt werden soll, § 53 Abs. 1 FamFG. Die Herausgabeanordnung erfolgt durch Festsetzung von Ordnungsgeld oder Ordnungshaft, § 89 FamFG. Im Herausgabebeschluss muss von Amts wegen auf die Folgen der Zuwiderhandlung hingewiesen werden, § 89 Abs. 2 FamFG. Die Ordnungshaft darf die Dauer von sechs Monaten nicht übersteigen, §§ 89 Abs. 3, 913 ZPO (s. dazu Musielak/*Voit* Kommentar zur ZPO Rdn. 1f.). Es empfiehlt sich dennoch ein entsprechender Antrag in der Antragsschrift. Die Anwendung unmittelbaren Zwangs bedarf der gerichtlichen Anordnung, § 90 FamFG und ist aus Gründen der Verhältnismäßigkeit nicht zulässig zur Durchsetzung des Umgangsrechts, § 90 Abs. 2 FamFG. Die Durchsuchung der Wohnung bedarf wiederum einer eigenen richterlichen Genehmigung, § 91 FamFG. Personen, die Mitgewahrsam an der Wohnung haben, haben die Durchsuchung dann zu dulden, § 91 Abs. 3 S. 1 FamFG.

6. Für Kindschaftssachen sieht § 45 FamGKG einen Verfahrenswert von 3.000,– EUR vor, der nach den Umständen des Einzelfalles erhöht oder ermäßigt werden kann. Die Anträge auf Aufenthaltsbestimmung und Herausgabe stellen zwei verschiedene Gegenstände dar, deren Wert zu addieren ist. Für die einstweilige Anordnung ist gem. § 41 FamGKG im Regelfall aber nur der hälftige Wert anzusetzen. Im vorliegenden Fall ergibt sich dann ein Regelwert von 3.000,– EUR ((3.000 + 3.000) : 2).

7. Vgl. Form. II. I. 23 Anm. 5. Das Gericht kann ohne mündliche Verhandlung entscheiden, § 51 Abs. 2 S. 2 FamfG. In Kindschaftssachen verlangen allerdings die speziellen Verfahrensregelungen, dass in aller Regel ein Termin mit den Beteiligten stattfindet, s. § 155 Abs. 2 S. 1 FamFG; *Musielak/Borth* FamFG § 51 Rdn. 6).

8. Die Kostenentscheidung ist nach den Grundsätzen des § 81 FamFG zu treffen; in der Praxis wird wohl in Kindschaftssachen i. d. R. Kostenaufhebung erfolgen.

Kosten und Gebühren

Vgl. zunächst Anm. zu Form. II. I. 23 Gerichtskosten: es entsteht im Verfahren der eA in Kindschaftssachen eine 0,3 Verfahrensgebühr gem. Nr. 1410 KV FamGKG; sie entsteht nicht in Verfahren, die in den Rahmen einer Vormundschaft oder Pflegschaft fallen. Für die Anordnung von Zwangs- und Ordnungsmitteln fällt je Anordnung eine Gebühr von 15,– EUR an, Nrn. 1601, 1602 KV FamGKG. Rechtsanwaltsgebühren: Jede einstweilige Anordnung ist ein selbständiges Verfahren und eine eigene gebührenrechtliche Angelegenheit. Mehrere Verfahren der e. A. bilden jeweils eine eigene Angelegenheit, § 15 Abs. 2 S. 2 RVG. Es fallen die gleichen Gebühren an wie in den Hauptsacheverfahren, also aus Nrn. 3100 ff. VV RVG. Abänderungs- und Aufhebungsverfahren bilden im Verhältnis zum Anordnungsverfahren dieselbe Angelegenheit. Sie bilden – anders als im alten Recht – nunmehr keinen weiteren gebührenrechtlichen Gegenstand mehr, weil § 18 Nr. 1, 2 RVG a. F. entfallen ist. Wird über die e. A. schriftlich entschieden und dann Antrag auf mündliche Verhandlung (§ 54 FamFG) gestellt, bleibt es ein gebührenrechtlicher Gegenstand. Wird eine e. A. in erster Instanz und später eine weitere in zweiter Instanz beantragt, liegen zwei Angelegenheiten vor (§ 15 Abs. 2 S. 2 RVG). Die Gegenstandswerte ergeben sich aus §§ 41, 45 FamGKG, § 23 Abs. 1 RVG.

Fristen und Rechtsmittel

Beschlüsse in Verfahren der e. A., die in erster Instanz aufgrund mündlicher Erörterung in den in § 57 S. 2 FamFG genannten Fällen (u. a. Beschlüsse zur elterlichen Sorge und Herausgabe des Kindes an den anderen Elternteil) sind mit der Beschwerde anfechtbar. Hat das Gericht ohne mündliche Erörterung entschieden, kann stets nur Antrag gestellt werden, über die e. A. nach mündlicher Verhandlung erneut zu beschließen (§ 54 Abs. 2 FamFG). Falls Beschwerde möglich, ist sie beim Familiengericht einzulegen, § 64 FamFG. Die Frist beträgt zwei Wochen, § 63 Abs. 2 FamFG. Für die früher von der Rspr. entwickelte Beschwerdemöglichkeit wegen greifbarer Gesetzeswidrigkeit bleibt infolge der Einführung der Verfahrensrüge nach § 321 a ZPO, die sich auch in § 44 FamFG wieder findet, kein Raum mehr (BVerfG NJW 2007, 2538; Thomas/Putzo/*Reichold* § 567 Rdn. 7; *Musielak/Borth* FamFG § 57 Rdn. 10 f.

25. Antrag auf einstweilige Anordnung wegen Gewaltschutz und persönlichen Gebrauchsgegenständen

An das ……, den ……
Amtsgericht[1]
– Familiengericht –

Antrag auf einstweilige Anordnung

der …… – Antragstellerin –
Verfahrensbevollmächtigter: Rechtsanwalt ……[2]
gegen
…… – Antragsgegner –
Wegen einstweiliger Anordnung Gewaltschutz und Herausgabe persönlicher Gebrauchsgegenstände[3]
vorläufiger Gegenstandswert: EUR ……[5]

Namens und im Auftrag der Antragstellerin wird der Erlass folgender einstweiliger Anordnung – wegen Dringlichkeit ohne mündliche Verhandlung –[7] beantragt[3]:

I. Dem Antragsgegner wird verboten, die eheliche Wohnung der Antragstellerin in …… ohne Zustimmung der Antragstellerin zu betreten.
II. Dem Antragsgegner wird verboten, sich der Antragstellerin näher als 100 m zu nähern.
III. Der Antragsgegner wird verpflichtet, sich bei einem zufälligen Zusammentreffen mit der Antragstellerin unverzüglich bis auf einen Abstand von mindestens 100 m zu entfernen.
IV. Dem Antragsgegner wird verboten, mit der Antragstellerin über Telefon, Telefax, Handy, Internet oder e-mail Kontakt aufzunehmen.
V. Der Antragsgegner wird verpflichtet, an die Antragstellerin, hilfsweise an einen Gerichtsvollzieher als Sequester folgende persönliche Sachen herauszugeben:
a) eine Damenarmbanduhr Marke Dugena Modell …… Farbe silber mit silbernem Metallarmband
b) ein Paar goldene Ohrringe in Herzform, Durchmesser ca. 2 cm
c) ein Damenhalsband (Goldkette und Anhänger mit Brillantsplittern Motiv ……
d) einen Kleinkühlschrank zu 50 l, Marke Siemens, Modell …… weiß.
VI. Die sofortige Wirksamkeit der Anordnungen nach Nrn. I bis IV wird angeordnet, ebenso die Zulässigketi der Vollstreckung vor der Zustellung an den Antragagegner[6].
VII. Die Anträge I bis IV werden auf die Dauer von sechs Monaten befristet[4].
VIII. Dem Antragsgegner wird für jeden Fall der Zuwiderhandlung gegen die unter Nrn. I bis IV getroffenen Anordnungen die Verhängung eines Ordnungsgeldes bis zu 250.000 EUR, ersatzweise Ordnungshaft oder Ordnungshaft bis zu sechs Monaten angedroht.
IX. Der Antragsgegner trägt die Kosten des Verfahrens.

Begründung:

1. Zwischen den Beteiligten ist beim Familiengericht …… bereits das Scheidungsverfahren als Härtefallscheidung anhängig. Die Beteiligten leben derzeit getrennt wie folgt: Der Antragsgegner ist vor 4 Monaten aus der bisher gemeinsamen ehelichen Wohnung der Beteiligten in ……, bestehend aus 1 Wohnzimmer, 1 Schlafzimmer, 1 Küche und 1 Bad mit Toilette, ausgezogen und hat mit seiner ständigen Freundin eine neue

Wohnung genommen. Die Antragstellerin bewohnt die Wohnung nunmehr allein mit den von ihr betreuten gemeinsamen Kindern ...... und ...... und ist auf diese auch angewiesen. Die Ehewohnung war von den Beteiligten gemeinsam gemietet, die Gegenstände gemäß Ziff. V a) bis c) hatte die Antragstellerin während der Ehe von ihrer verstorbenen Mutter geerbt. Für die Antragstellerin sind es wertvolle Erinnerungsstücke an ihre verstorbene Mutter. Der Kühlschrank wurde gemeinsam während der Ehe angeschafft.

Glaubhaftmachung: Mietvertrag vom ......;
eidesstattliche Versicherung Ast. vom ...... (Ziff. 1.), beigefügt.

2. **Wie in der beigefügten eidesstattlichen Versicherung der Antragstellerin vom ...... (insbesondere Ziff. 2. und 3.) näher dargelegt, hat der Antragsgegner die Antragstellerin vor seinem Auszug wiederholt schwer verprügelt. Er kommt jedoch auch nach seinem Auszug immer wieder unangemeldet, teilweise mitten in der Nacht, in die Wohnung zurück, um die Antragstellerin zu belästigen, die nichts mehr von ihm wissen will. Bei solchen Gelegenheiten hat er sie, besonders wenn er angetrunken war, mehrfach grob beschimpft und misshandelt, zweimal so stark, dass ärztliche Hilfe in Anspruch genommen werden musste. In die Wohnung dringt er jeweils ein mit einem von ihm zurückbehaltenen Haus- und Wohnungsschlüssel. Im Einzelnen: ......**

   Glaubhaftmachung: Eidesstattliche Versicherung Ast., wie vor;
   Ärztliche Atteste des ...... vom ...... und ......

3. **Am letzten Samstag ist der Antragsteller auf diese Weise erneut in die eheliche Wohnung eingedrungen und hat von dort die in Ziff. V. a), b) und c) bezeichneten Gegenstände, welche der Antragstellerin zum persönlichen Gebrauch dienen, in seine neue Wohnung mitgenommen. Der Antragstellerin hat er nur erklärt, daran sei sie selber schuld, die Gegenstände gehörten ferner ihm; er nehme sie ihr wegen des undankbaren Verhaltens der Antragstellerin ihm gegenüber weg. Er kündigte an, die Schmuckstücke und den Kühlschrank an Unbekannte zu veräußern, Hauptsache die Antragstellerin finde sie nie wieder auf. Als die Antragstellerin sich der Wegnahme widersetzte, hat sie der Antragsgegner erneut geschlagen.**

   Glaubhaftmachung: Eidesstattliche Versicherung Ast., und ärztliche Atteste wie vor (Ziff. 4.).

4. **Die Anträge der Nrn. I bis IV, VI und VII sind §§ 1, 2 GewSchG begründet. Das besondere Regelungs- und Eilbedürfnis ergibt sich aus dem für die Antragstellerin bedrohlichen und grob rechtswidrigen, völlig uneinsichtigen Verhalten des Antragsgegners.**
   Die Anträge auf Rückgabe der Schmuckstücke ergeben sich aus § 985 Abs. 1 BGB. Das Eilbedürfnis ergibt sich aus der Ankündigung des Antragsgegners, die Sachen an unbekannte Dritte zu veräußern, so dass sie dann realistischerweise nicht mehr wiedererlangt werden können.
   Der Antrag auf Rückgabe des Kühlschrankes stützt sich auf § 1361 a BGB. Die Antragstellerin ist auf den Kühlschrank für sich und die Kinder dringend angewiesen. Es gibt keinen zweiten Kühlschrank in der Wohnung.
   Glaubhaftmachung: Eidesstattliche Versicherung der Antragstellerin.
5. **Die Kostenentscheidung folgt aus § 81 FamFG.**

Rechtsanwalt

Anmerkungen

1. Das Form. enthält Anträge, die sich aus dem Gewaltschutzgesetz ableiten (Anträge I bis IV, VI, VII), Ansprüche auf Herausgabe aus § 985 BGB (Schmuckstücke) und einen Antrag auf vorläufige Nutzungsüberlassung von Hausrat (Kühlschrank). Alle Anträge gehören zu den Familiensachen, § 111 FamFG. Der sich auf § 985 BGB stützende Antrag auf Herausgabe der Schmuckstücke ist sonstige Familiensache gem. § 111 Nr. 10 FamFG. Dieser Anspruch ist mit der Einführung des „Großen Familiengerichts" nicht mehr dem allgemeinen Zivilgericht, sondern kraft Sachzusammenhangs dem Familiengericht zugewiesen. Der Anspruch unterfällt dem § 266 Abs. 1 Nr. 3 FamFG (s. zum Umfang des § 266 *Musielak/Borth* FamFG § 266 Rdn. 6 ff.). Allgemein zu einstweiligen Regelungen durch einstweilige richterliche Anordnung (eAO) vgl. Form. II. I. 23 Anm. 1, ferner Form. II. I. 24 mwN. Die streitige Frage, ob ein Eilverfahren um den Zutritt zur Ehewohnung zwischen getrennt lebenden Ehegatten ebenfalls Familiensache ist, ist durch die Einführung des Großen Familiengerichts obsolet. Solche Verfahren sind sonstige Familiensachen gem. § 266 Abs. 1 Nr. 2 FamFG, ebenso Ehestörungsanträge wegen Verletzung der räumlich-gegenständlich geschützten Bereichs der Ehe, auch wenn sie gegen Dritte gerichtet sind (*Musielak/Borth* FamFG § 266 Rdn. 10 m. w. N.).

Örtlich zuständig ist für die Gewaltschutzanträge (Anträge I bis IV) das nach § 201 FamFG zuständige Gericht. Für den Antrag auf Herausgabe persönlicher Gegenstände (Antrag V a-c) regelt sich die örtliche Zuständigkeit nach § 267 FamFG, für Verfahren auf vorläufige Nutzungszuweisung von Haushaltsgegenständen nach § 201 FamFG. Die Zuständigkeit muss nicht zwingend für alle Anträge bei demselben Gericht gegeben sein. Im vorliegenden Fall ergibt sich eine einheitliche örtliche Zuständigkeit aus der Anhängigkeit der Ehesache.

2. Form. II. I. 23 Anm. 2.

3. Das Verfahren für Maßnahmen nach dem GewSchG ist ein Antragsverfahren, das Gericht wird nicht von Amts wegen tätig. Die einzelnen Maßnahmen gem. § 1 GewSchG brauchen allerdings im Antrag nicht konkretisiert werden, es empfiehlt sich aber ein Antrag mit dem Umfang der gewünschten Anordnungen. Materiell rechtliche Anspruchsgrundlage für Anordnungen nach § 1 GewSchG sind die Ansprüche aus § 823 Abs. 1 BGB wegen Verletzung der dort genannten Schutzgüter (s. i. e. Palandt/*Brudermüller* § 1 GewSchG Rdn. 4). Es muss eine vorsätzliche Verletzungshandlung vorliegen, wobei ein vorübergehender Ausschluss der Steuerungsfähigkeit den Vorsatz nicht beseitigt, § 1 Abs. 3 GewSchG. Wegen des präventiven Charakters des GewSchG muss Wiederholungsgefahr hinsichtlich der Rechtsgutsverletzung oder deren Androhung bestehen (*Weinreich,* in: FA Hdb FamR Kap. 8 Rdn. 330).

Ein Betretungsverbot kann nach § 1 GewSchG ausgesprochen werden. Bestand zwischen Opfer und Täter zur Zeit der Tat ein auf Dauer angelegter gemeinsamer Haushalt, kann weitergehend nach § 2 GewSchG eine zeitliche befristete Nutzungsüberlassung der Wohnung verlangt werden. Diese Voraussetzungen sind nicht gegeben, wenn die Eheleute schon getrennt gelebt haben oder Trennungsabsicht besteht (*Müller,* in: MAH Familienrecht (Hrsg. Schnitzler) § 15 Rdn. 38; *Hoppenz/Müller* GewSchG § 2 Rdn. 3). Dann ist § 1361 b BGB maßgebend. Das GewSchG erlaubt nur vorläufige Regelungen (also zB. keine Neugestaltung des Mitverhältnisses unter Einbeziehung des Vermieters).

4. Die Anordnungen nach § 1 GewSchG sollen befristet werden, wobei die Frist dann auch verlängert werden kann, § 1 Abs. 1 S. 2 GewSchG. In der Regel werden die Anordnungen auf maximal sechs Monate befristet. Maßgebend sind die Umstände des Einzelfalles (OLG Brandenburg ZKJ 2006, 376, OLG Köln FamRZ 2003, 1281). Zu Schutzmöglichkeiten bei Lebenspartnern vgl. Form. II. I. 22 Anm. 6.

5. Gegenstandswert für die Verfahren der einstweiligen Anordnung: Der Wert ist niedriger anzusetzen als der Wert eines Hauptsacheverfahrens, im Regelfall um die Hälfte: In Gewaltschutzsachen nach § 1 GewSchG beträgt der Regelwert für die e. A. daher 1.000,– EUR, nach § 2 GewSchG 1.500,– EUR; nach den Umständen des Einzelfalls kann der Wert höher oder niedriger angesetzt werden, §§ 49, 41 FamGKG. Der Verfahrenswert für die Herausgabe persönlicher Sachen, die nicht Haushaltsgegenstände sind, ist der Zeitwert der Gegenstände maßgebend. In Verfahren nach § 1361 a BGB beträgt der Regelwert für die e. A. 1.000,– EUR, der wiederum im Einzelfall abweichend festgesetzt werden kann, §§ 48 Abs. 2 2. Hs, 48 FamGKG. Werden in einem Verfahren auf einstweilige Anordnung zu mehreren Familiensachen beantragt und vom Gericht als einheitliches Verfahren behandelt, liegt gebührenrechtlich nur eine Angelegenheit vor, § 15 Abs. 2 S. 2 RVG. Wie bei Hauptsacheverfahren, können auch bei einstweiligen Anordnungen mehrere Verfahren miteinander verbunden werden. Die Gegenstandswerte werden zusammengerechnet. Mehrere getrennte Verfahren auf Erlass einer e. A. in Familiensachen bleiben getrennte Angelegenheiten, die separat abgerechnet werden.

6. Entscheidungen in Gewaltschutzsachen werden erst mit Rechtskraft wirksam, § 216 Abs. 1 FamFG; wegen des meist gegebenen dringenden Bedürfnisses der sofortigen Vollziehbarkeit soll das Gericht die sofortige Wirksamkeit von Amts wegen anordnen, § 216 Abs. 1 S. 2 FamFG. Weitergehend kann das Gericht nach § 216 Abs. 2 FamFG hinsichtlich der Anordnungen zum Gewaltschutz auch die Zulässigkeit der Vollstreckung vor der Zustellung an den Antragsgegner anordnen. Für einstweilige Anordnungen entspricht dies der allgemeinen Regelung des § 53 Abs. 2 FamFG. Es empfiehlt sich eine entsprechende Antragstellung. Bei Beschwerdeeinlegung kann das Beschwerdegericht nach pflichtgemäßem Ermessen eine einstweilige Anordnung auf Aussetzung der Vollziehung erlassen, § 64 Abs. 3 FamFG. Ein Antrag ist von Gesetzes wegen nicht erforderlich, in der Praxis aber wohl schon. Die Vollstreckung der Anordnungen nach dem GewSchG ist in § 96 FamFG geregelt. In Betracht kommt neben der Verhängung von Ordnungsgeld (§§ 95 Abs. 1 Nr. 4 FamFG, 890 ZPO) die Beiziehung eines Gerichtsvollziehers bei Verstößen gegen Anordnungen nach § 1 GewSchG (§ 96 Abs. 1 FamFG; zu den Einzelheiten vgl. *Musielak/Borth* FamFG § 96 Rdn. 2 f.).

7. Vgl. Form. II. I. 23 Anm. 5.

Kosten und Gebühren

Gerichtskosten: eAO 1,5 Verfahrensgebühr Nr. 1420 KV FamGKG Rechtsanwaltsgebühren: Nrn. 3100 ff. VV RVG. Es muss VKH für jedes Verfahren auf e. A. gesondert ausdrücklich beantragt und bewilligt werden.

Fristen und Rechtsmittel

Beschlüsse in Verfahren der e. A., die in erster Instanz aufgrund mündlicher Erörterung ergangen sind, sind nur in den in § 57 S. 2 FamFG genannten Fällen (u. a. Beschlüsse über einen Antrag nach §§ 1, 2 GewSchG) mit der Beschwerde anfechtbar. Hat das Gericht ohne mündliche Erörterung entschieden, kann stets nur Antrag gestellt werden, über die e. A. nach mündlicher Verhandlung erneut zu beschließen (§ 54 Abs. 2 FamFG). Soweit Beschwerde möglich, ist sie beim Familiengericht einzulegen, § 64 FamFG; die Frist beträgt zwei Wochen, § 63 Abs. 2 FamFG. Für die früher von der Rspr. entwickelte Beschwerdemöglichkeit wegen greifbarer Gesetzeswidrigkeit bleibt infolge der Einführung der Verfahrensrüge nach § 321 a ZPO, die sich auch in § 44 FamFG wieder findet, kein Raum mehr (BVerfG NJW 2007, 2538; Thomas/Putzo/*Reichold* § 567 Rdn. 7; *Musielak/Borth* FamFG § 57 Rdn. 10 f.

26. Antrag auf einstweilige Anordnung wegen Kindes- und Ehegatten-Trennungsunterhalt

An das **……, den ……**
Amtsgericht
– Familiengericht[1] –

Antrag auf einstweilige Anordnung[2]

der …… – Antragstellerin –
Verfahrensbevollmächtigte[3]: RA ……
gegen
…… – Antragsgegner –
wegen einstweiliger Anordnung auf Trennungs- und Kindesunterhalt
vorläufiger Gegenstandswert[4]: EUR ……

zeige ich an, dass ich die Antragstellerin vertrete, Bevollmächtigung wird versichert. Namens der Antragstellerin wird im Wege der einstweiligen Anordnung – ohne mündliche Verhandlung – beantragt[5, 8]:

I. Der Antragsgegner wird verpflichtet, an die Antragstellerin ab Rechtshängigkeit des Antrages[6] einen Ehegattenunterhalt[10] in Höhe von monatlich …… EUR zu bezahlen, zahlbar monatlich im Voraus zum Ersten eines Monats zuzüglich 5% Zinsen über Basiszinssatz ab Fälligkeit der jeweiligen Monatsrate.

II. Der Antragsteller wird verpflichtet, an die Antragstellerin[7] für das Kind Peter geb. am …… ab Rechtshängigkeit des Antrages[6] einen monatlichen Kindesunterhalt in Höhe von 120% des Mindestunterhalts der jeweiligen Altersstufe abzüglich des hälftigen Kindergeldes, derzeit monatlich …… EUR zu bezahlen, zahlbar monatlich im Voraus zum Ersten eines Monats zuzüglich 5% Zinsen über Basiszinssatz ab Fälligkeit der jeweiligen Monatsrate.

III. Der Antragsteller wird verpflichtet, an die Antragstellerin[7] für das Kind Claudia geb. am …… ab Rechtshängigkeit des Antrages[6] einen monatlichen Kindesunterhalt in Höhe von 120% des Mindestunterhalts der jeweiligen Altersstufe abzüglich des hälftigen Kindergeldes, derzeit monatlich …… EUR zu bezahlen, zahlbar monatlich im Voraus zum Ersten eines Monats zuzüglich 5% Zinsen über Basiszinssatz ab Fälligkeit der jeweiligen Monatsrate.

IV. Der Antragsgegner trägt die Kosten des Verfahrens.[11, 12]

Begründung:

1. Die Antragstellerin und der Antragsgegner haben am …… vor dem Standesamt Augsburg die Ehe geschlossen. Aus der Ehe sind die beiden Kinder Peter geb. am …… und Claudia geb. am …… hervorgegangen.
Der Antragsgegner hat sich am …… von der Antragstellerin getrennt und ist am gleichen Tag aus der gemeinsam gemieteten Ehewohnung ausgezogen. Die beiden Kinder leben bei der Antragstellerin. Sie sind beide Schüler und ohne eigene Einkünfte und Vermögen.

2. Mit Schreiben vom …… wurde der Antragsgegner unmittelbar nach der Trennung aufgefordert, Auskunft über seine Einkünfte zur Berechnung des Ehegatten- und Kindesunterhalts zu erteilen und seine Gehaltsbescheinigungen nebst aktuellem Steuerbescheid zu übersenden[9]. Dem kam der Antragsgegner auch nach. Mit Schreiben vom …… wurde daraufhin ein Trennungsunterhalt in Höhe von …… EUR und ein Kin-

desunterhalt in Höhe von 120% des Mindestunterhalts abzüglich des hälftigen Kindergeldes geltend gemacht.

Glaubhaftmachung: Schreiben vom ...... als Anlage Ast 1 in Kopie anbei.

Der Antragsgegner antwortete, dass sich seiner Ansicht nach kein Unterhaltsanspruch ergebe und leistete keine Unterhaltszahlungen.

Glaubhaftmachung: Schreiben des Antragsgegners vom ...... als Anlage Ast 2 in Kopie anbei.

3. Die Antragsstellerin ist bedürftig. Sie verfügt nur über eine Rente wegen Erwerbsunfähigkeit in Höhe von 300,– EUR monatlich. Sie betreute seit deren Geburt die beiden gemeinsamen ehelichen Kinder Peter geb ...... und Claudia geb ...... Während des ersten Trennungsjahres wäre die Antragstellerin entgegen der Ansicht des Antragsgegners nicht zur Aufnahme einer Erwerbstätigkeit verpflichtet. Aber auch nach Ablauf des Trennungsjahres ist die Antragstellerin bedürftig. Wie dem Antragsgegner bekannt ist, leidet die Antragstellerin seit vielen Jahren an Multipler Sklerose. Die Antragstellerin ist inzwischen an den Rollstuhl gebunden. Auch die Beweglichkeit der Arme ist stark eingeschränkt. Die Antragstellerin ist zu 100% schwerbehindert. Die Ausübung einer Berufstätigkeit ist nicht mehr möglich. Sie bezieht eine Rente wegen Erwerbsunfähigkeit von 300,– EUR monatlich.

Glaubhaftmachung: Bescheid des Versorgungsamtes vom ...... über die Schwerbehinderung als Anlage Ast 3 in Kopie anbei
Ärztliches Gutachten der Uni Klinik ...... vom ...... als Anlage Ast 4 in Kopie anbei
Rentenbescheid der Dt. Rentenversicherung Bund vom ...... als Anlage Ast 5 in Kopie anbei.

4. Aus den vorgelegten Gehaltsbescheinigungen des Antragsgegners ergibt sich ein monatliches Einkommen nach Abzug der Kosten für Krankenkasse/Pflegeversicherung und Altersvorsorge von netto 2.800,– EUR. Hinzu kommt eine Steuerrückzahlung im letzten Jahr von 720,– EUR.

Glaubhaftmachung: Gehaltsbescheinigungen des Antragsgegners von ...... bis ...... als Anlagen Ast 6 in Kopie anbei
Einkommensteuerbescheid für das Jahr ...... als Anlage Ast 7 in Kopie anbei.

Sonstige Unterhaltspflichten hat der Antragsgegner nicht.

5. Daraus ergibt sich folgende Unterhaltsberechnung

Einkommen des Antragsgegners	**EUR 2.800,00**
abzügl. 5% berufsbed. Aufwendungen	**– EUR 140,00**
verbleiben	**EUR 2.660,00**
zuzüglich anteilige Steuerrückzahlung	**EUR 60,00**
Summe	**EUR 2.720,00**
abzüglich Kindesunterhalt Peter (453–82)	**– EUR 371,00**
abzüglich Kindesunterhalt Claudia (387–82)	**– EUR 305,00**
verbleiben	**EUR 2.044,00**
nach Abzug 1/10 Erwerbstätigenbonus	**EUR 1.840,00**
zuzüglich Einkünfte Antragstellerin	**EUR 300,00**
Summe beider Einkünfte	**EUR 2.140,00**
daraus Bedarf der Antragstellerin ½	**EUR 1.070,00**
abzüglich eigene Einkünfte	**– EUR 300,00**
ergibt Unterhaltsanspruch	**EUR 770,00**

6. Dynamisiert ergibt sich ein Kindesunterhalt von 120% des Mindestunterhalts für jedes Kind. Für die Antragstellerin verbleibt ein Trennungsunterhalt von EUR 770,00

monatlich. Die Zahlung dieser Unterhaltsbeträge wird für den Monatsersten ab Zustellung dieses Antrags vorläufig verlangt. Weitergehende, in der Hauptsache verfolgte Unterhaltsansprüche sowie die gesonderte Geltendmachung von Unterhaltsrückständen für die Vergangenheit, wegen derer der Antragsgegner bereits in Verzug gesetzt wurde, bleiben vorbehalten.

Rechtsanwalt

Anmerkungen

1. Das Verfahren ist eine Familienstreitsache, weil der Anspruch auf Kindes- und Trennungsunterhalt gerichtet ist, §§ 112 Nr. 1, 231 Abs. 1 Nr. 1, 2 FamFG. Die örtliche und sachliche Zuständigkeit richtet sich nach § 50 FamFG i.V.m. § 113 Abs. 1, 119 Abs. 1 FamFG. Zuständig ist das Gericht, das für die Hauptsache im ersten Rechtszug zuständig wäre bzw. das Gericht, bei dem die Hauptsache anhängig ist. Während des Beschwerdeverfahrens in der Hauptsache ist das Beschwerdegericht zuständig. Für besonders dringende Fälle enthält § 50 Abs. 2 FamFG eine Eilzuständigkeit des Gerichts, in dessen Bezirk das Bedürfnis für ein gerichtliches Tätigwerden bekannt ist. Die Voraussetzungen des § 50 Abs. 2 FamFG sind besonders streng zu prüfen (*Musielak/Borth* FamFG § 50 Rdn. 4). Ist die Hauptsache in der Rechtsbeschwerdeinstanz anhängig, ist für den Erlass einer einstweiligen Anordnung wiederum das erstinstanzliche Gericht zuständig (Umkehrschluss aus § 50 Abs. 1 S. 2, 2. Hs; so auch *Musielak/Borth* FamFG § 50 Rdn. 3 unter Hinweis auf die Begründung RegE, BT-Drucks. 16/6308 S. 200).

2. Im FamFG hat der Gesetzgeber das Recht der einstweiligen Anordnung völlig neu geregelt. Einstweilige Anordnungsverfahren sind jetzt selbständige Verfahren. Die Anhängigkeit eines gleichartigen Hauptsacheverfahrens ist nicht mehr erforderlich. Auch wenn parallel ein Hauptsacheverfahren anhängig ist, bleibt es ein selbständiges Verfahren, ähnlich dem Arrest und der einstweiligen Verfügung. Der Erlass einer einstweiligen Anordnung setzt eine materielle Anspruchsgrundlage und eine verfahrensmäßige Grundlage voraus.

3. Ein Anwaltszwang besteht in Verfahren der einstweiligen Anordnung nicht, § 114 Abs. 4 Nr. 1 FamFG.

4. Für den Gegenstandswert bei der einstweiligen Anordnung gilt § 51 i.V.m. § 41 FamGKG: Maßgebend ist für ein Hauptsacheverfahren Ehegattenunterhalt die Hälfte des für die ersten zwölf Monate nach Einreichung verlangten Betrages oder die Hälfte des Gesamtbetrages des künftig geforderten Unterhalts, falls dieser niedriger ist. Rückstände können mit der einstweiligen Anordnung nicht verlangt werden, so dass § 51 Abs. 2 FamGKG in der Praxis bei richtiger Handhabung keine Rolle spielt. Wird der Antrag später für eine Zeit nach Ablauf der ersten zwölf Monate erhöht oder ermäßigt, hat dies keinen Einfluss auf den Gegenstandswert. Beim Kindesunterhalt ist für den Fall, dass ein dynamisierter Kindesunterhalt geltend gemacht wird, der sich bei Einreichung des Antrags daraus errechnende Zahlbetrag für die Berechnung maßgebend. Beispiel: Werden 120% des Mindestunterhalts der zweiten Altersstufe geltend gemacht, ergibt sich daraus ein monatlicher Unterhalt von 305,00 EUR (387–82). Entgegen dem missverständlichen Wortlaut wird nicht der Mindestunterhalt in Ansatz gebracht, sondern der verlangte Unterhalt (so schon zum alten Recht OLG Karlsruhe JurBüro 2001, 254; OLG Köln FamRZ 2002, 684). Der Gegenstandswert für ein Hauptsacheverfahren beträgt dann 3.660,00 EUR (305 × 12) und für die einstweilige Anordnung die Hälfte daraus, somit 1.830,00 EUR.

5. Die Möglichkeit einer einstweiligen Anordnung Unterhalt beruht auf §§ 49, 246 FamFG. Aus § 246 FamFG ergibt sich, dass kein dringendes Bedürfnis für ein sofortiges

Tätigwerden des Gerichts erforderlich ist, sondern der Anordnungsgrund schon bei einem einfachen Regelungsbedürfnis erfüllt ist (*Musielak/Borth* FamFG § 246 Rdn. 1). Aus § 246 FamFG ergibt sich auch, dass nicht nur eine Sicherungsanordnung oder ein Notunterhalt möglich ist, sondern im Wege der Leistungsverpflichtung der volle Unterhalt zugesprochen werden kann. Eine einstweilige Anordnung Unterhalt wirkt über die Rechtskraft der Ehescheidung hinaus fort. Die Nicht-Identität von Trennung- und nachehelichem Unterhalt wirkt sich im Verfahren der einstweiligen Anordnung nicht aus. Die Fälle des Außer-Kraft-Tretens der e. A. sind in § 56 FamFG geregelt. Zur negativen Feststellungsklage s. Form. II. I. 28. Die e. A. muss nicht zeitlich befristet werden. Eine Befristung kann sich allerdings aus materiell rechtlichen Vorschriften ergeben, z. B. aus §§ 1579, 1578 b BGB. Im Regelfall wird eine mündliche Verhandlung durchzuführen sein, § 246 Abs. 2 FamFG.

Die materiell rechtliche Grundlage für den Trennungsunterhalt ergibt sich aus § 1361 BGB und für den Kindesunterhalt aus §§ 1601, 1612 a BGB.

6. Mit der einstweiligen Anordnung können grundsätzlich keine Unterhaltsrückstände geltend gemacht werden (ganz h. M. s. *Musielak/Borth* FamFG § 246 Rdn. 6 m. w. N.; OLG Hamm FamRZ 1980, 816, 817). Ganz ausnahmsweise kann anderes gelten, wenn Verzug mit Unterhaltszahlungen besteht und der fehlende Unterhalt zur Zahlung rückständiger Miete verwendet werden soll (OLG Düsseldorf FamRZ 1987, 611; *Musielak/Borth* FamFG § 246 Rdn. 6). Unterhalt kann über die einstweilige Anordnung ab dem Monatsersten nach Zustellung des Antrags zugesprochen werden, so wohl die überw. Meinung wegen § 1613 Abs. 1 Satz 2 BGB. Rückstände für die Zeit bis dahin müssen im Wege eines gesonderten, nicht in den Verbund fallenden Hauptsacheantrages geltend gemacht werden.

7. Nach Trennung bis zur Rechtskraft der Scheidung kann der betreuende Elternteil den Unterhaltsanspruch des minderjährigen Kindes gegen den anderen Elternteil nur im eigenen Namen geltend machen (gesetzliche Prozessstandschaft, § 1629 Abs. 3 BGB). Der Antrag kann lauten auf Zahlung an das Kind ...... zu Händen des klagenden Elternteils (so OLG Frankfurt FamRZ 1994, 1041) oder auf Zahlung an den klagenden Elternteil für das Kind (so OLG Hamm FamRZ 1990, 1375).

8. Endentscheidungen in Familienstreitsachen werden erst mit Rechtskraft wirksam und wären dann erst vollstreckbar, § 116 Abs. 3 S. 1 FamFG. Vergleichbar mit der vorläufigen Vollstreckbarkeit kennt das FamFG die Anordnung der sofortigen Wirksamkeit von Endentscheidungen, die in Unterhaltssachen angeordnet werden soll, § 116 Abs. 3 S. 3 FamFG. Für eine einstweilige Anordnung Unterhalt erübrigt sich eine solche Anordnung, da eine Beschwerde dagegen nicht möglich ist, § 57 FamFG.

9. Neben den materiell rechtlichen Auskunftsansprüchen kennt das FamFG erweiterte verfahrensrechtliche Auskunftspflichten der Beteiligen (§ 235 FamFG) und Dritter (§ 236 FamFG). Ob sich solche Anordnungen des Gerichts für das summarische, auf eine schnelle Titelerlangung gerichtete Verfahren der einstweiligen Anordnung eignen, erscheint fraglich (ebenso *Musielak/Borth* FamFG § 235 Rdn. 1 für das vereinfachte Verfahren nach § 249 FamFG).

10. Während es sich im Unterhalts-Hauptsacheverfahren uU. empfiehlt, den Elementar- und Vorsorgeunterhalt gesondert zu beziffern und zu begründen, ist es eine Frage des jeweiligen örtlichen Gerichtsgebrauchs, ob dies im eAO-Verfahren notwendig, überhaupt möglich oder zweckmäßig ist: An sich handelt es sich um ein summarisches Verfahren, das einstweilige, dafür aber möglichst rasche Abhilfe schaffen soll. Viele Familienrichter halten eAO-Regelung für Vorsorge-Unterhalt nicht für „dringend", andere ermitteln jedoch bereits im einstweiligen Anordnungsverfahren (fast) genauso sorgfältig wie im Hauptsacheprozess, so dass die einstweilige Anordnung oft einer Endentscheidung gleichkommt.

11. Als selbständiges Verfahren enthält der Beschluss über die einstweilige Anordnung eine eigene Kostenentscheidung am Maßstab der Sonderregelung des § 243 FamFG, der die §§ 91 ff. ZPO, die gem. § 113 Abs. 1 FamFG eigentlich anzuwenden wären, verdrängt. § 243 Nr. 1 FamFG entspricht §§ 91, 92 ZPO; § 243 Nr. 2 FamFG gibt § 93 d ZPO aF wieder.

12. Für die Vollstreckung der einstweiligen Anordnung bedarf es grundsätzlich keiner Vollstreckungsklausel, es sei denn, es soll für oder gegen andere als im Beschluss bezeichnete Beteiligte vollstreckt werden, § 53 FamFG. Da es kein Rechtsmittel gegen die einstweilige Anordnung in Unterhaltssachen gibt (§ 57 S. 1 FamFG), ist die Anordnung der sofortigen Wirksamkeit (§ 116 Abs. 3 FamFG) nicht erforderlich.

Kosten und Gebühren

Vgl. Form. II. I. 23.

Fristen und Rechtsmittel

Vgl. obige Anm. 8 sowie § 57 FamFG (also keine weiterführenden Rechtsmittel bei Unterhalts-eAO) und Form. II. I. 27, 28 und 29. Ist sie ohne mündliche Verhandlung ergangen, kann Antrag auf erneute Entscheidung nach mündlicher Verhandlung gestellt werden, § 54 Abs. 2 FamFG. Ansonsten bleibt nur der Abänderungsantrag innerhalb der Instanz gem. § 54 Abs. 1 FamFG. Für den Antragsgegner bleibt als Ausgleich dafür, dass die einstweilige Anordnung kein Hauptsacheverfahren mehr voraussetzt und die fehlende Beschwerdemöglichkeit der Weg, zu beantragen, dass der Beteiligte, zu dessen Gunsten die einstweilige Anordnung ergangen ist, binnen einer vom Gericht bestimmten Frist das Hauptsacheverfahren einleiten bzw. einen Verfahrenskostenhilfeantrag stellen muss. In Unterhaltssachen, die nur auf Antrag eingeleitet hat, muss das Gericht einem solchen Antrag nachkommen, § 53 Abs. 2 FamFG. Die Frist für die Einleitung der Hauptsache darf drei Monate nicht übersteigen. Bei Nichteinhaltung der gesetzten Frist ist die einstweilige Anordnung aufzuheben, § 52 Abs. 2 S. 3 FamFG. Wird im Hauptsacheverfahren ein geringerer Unterhalt als in der einstweiligen Anordnung geltend gemacht, tritt die einstweilige Anordnung im überschießenden Betrag außer Kraft gem. § 56 Abs. 2 Nr. 2 FamFG (*Musielak/Borth* FamFG § 52 Rdn. 4). Eine einstweilige Unterhaltsanordnung gilt auch nach rechtskräftiger Scheidung fort, soweit keine „anderweitige Regelung" in Kraft tritt, § 56 Abs. 1 FamFG. Die anderweitige Entscheidung muss den Unterhalt betreffen, der in der einstweiligen Anordnung geregelt ist. Die anderweitige Endentscheidung muss in Familienstreitsachen wirksam sein, d. h. rechtskräftig sein, soweit ihre Wirksamkeit nicht später eintritt, § 56 Abs. 1 FamFG. Eine anderweitige Endentscheidung ist ein Beschluss, in dem festgestellt wird, dass der Unterhaltsanspruch nicht besteht. Zu diesem sog. negativen Feststellungsantrag s. Form. II. I. I. 28. Ein Abänderungsantrag nach § 238 FamFG gegen eine einstweilige Anordnung ist nicht zulässig, da § 238 FamFG nur für Endentscheidungen, die eine abschließende Regelung zum Unterhalt beinhalten, anwendbar ist (vgl. zu § 323 ZPO: BGH FamRZ 1983, 892).

Rechtsbehelfe, insbesondere Rechtsmittel

27. Antrag auf Abänderung und mündliche Verhandlung über einstweilige Anordnung

An das **……, den ……**
Amtsgericht[1]
– Familiengericht –

Antrag

In der Familiensache
der …… – Antragstellerin –
Verfahrensbevollmächtigter: Rechtsanwalt ……[2]
gegen
…… – Antragsgegner –
Verfahrensbevollmächtigter: Rechtsanwalt ……[2]
wegen Abänderung einstweiliger Anordnung über Ehegatten- und Kindesunterhalt[3]
Aktenzeichen: ……

zeige ich an, dass ich den Antragsgegner vertrete; Bevollmächtigung wird versichert. Namens und im Auftrag des Antragsgegners wird mündliche Verhandlung und der Erlass folgenden Abänderungsbeschlusses beantragt:

I. Der Beschluss des Amtsgerichts – Familiengerichts – …… vom …… wird in Ziff. III. aufgehoben.
II. In Ziff. I. und II. wird der vorbezeichnete Beschluss dahin abgeändert, dass der Antragsgegner an die Antragstellerin als Ehegattenunterhalt monatlich EUR …… und für das gemeinsame eheliche minderjährige Kind …… monatlich EUR …… zu bezahlen hat.
III. Die Antragstellerin trägt die Kosten des Verfahrens.[5]
IV. Die Vollstreckung des Beschlusses gemäß Ziff. I. im Übrigen wird ausgesetzt.[10]

Begründung:

1. Das Familiengericht hat dem Antragsgegner im Wege einstweiliger Anordnung durch ohne mündliche Verhandlung ergangenen Beschluss[6] **vom …… die Zahlung eines monatlichen Unterhalts auferlegt von EUR …… an seine getrennt lebende Ehefrau, die Antragstellerin, und von EUR …… an das bei dieser lebende gemeinsame eheliche, minderjährige Kind ……, geb. am …… (Ziff. I. und II.), ferner die Leistung eines Verfahrenskostenvorschusses für ein von der Antragstellerin beabsichtigtes Hauptsacheverfahren Unterhalt in Höhe von EUR …… (Ziff. III. des Beschlusses). Gemäß § 54 Abs. 2 FamFG wird hiermit beantragt, nach mündlicher Verhandlung erneut zu entscheiden.**[4]

2. Dem ohne mündliche Verhandlung ergangenen Beschluss wurde eine eidesstattliche Versicherung der Antragstellerin zugrunde gelegt, wonach der Antragsgegner derzeit über ein monatliches Nettoeinkommen von EUR …… verfüge, während die Antragstellerin kein nennenswertes Einkommen habe.

3. Diese Angaben der Antragstellerin mögen im Zeitpunkt ihres Antrages auf einstweilige Anordnung zutreffend gewesen sein; inzwischen sind jedoch in den Einkommens-

verhältnissen des Antragsgegners und in den Vermögensverhältnissen der Antragstellerin wesentliche Veränderungen eingetreten:[7]

a) Der Antragsgegner wurde aus seiner Arbeitsstelle fristlos entlassen. Ob und wann er – nach Ablauf der vom Arbeitsamt gegen ihn verhängten Sperrfrist von ...... – überhaupt Arbeitslosengeld und in welcher Höhe beziehen wird, ist derzeit zwischen dem Antragsgegner und dem zuständigen Arbeitsamt strittig, jedenfalls ist der Antragsgegner derzeit ohne Einkommen.

   Glaubhaftmachung: Schreiben Arbeitsamt ...... an Ag. vom ......;
   eidesstattliche Versicherung Ag. vom ...... (insbes. Ziff. 1.).

b) Dagegen hat die Antragstellerin einige Tage nach Erlass des angefochtenen Beschlusses den oberen Teil des von den Beteiligten gemeinsam gemieteten, vom Antragsgegner nicht mehr bewohnten Reihenhauses an ein Ehepaar ...... für monatlich ...... untervermietet und von ihren Eltern inzwischen eine Geldzuwendung in der stattlichen Höhe von EUR ...... erhalten und nach eigener Aussage zinsbringend angelegt. Der Antragsgegner, obwohl derzeit ohne jedes Einkommen, ist zwar bemüht, immerhin einen geminderten Unterhalt zu bezahlen. Bei den jetzt gegebenen eigenen Einkünften ist jedoch auch die Antragstellerin verpflichtet, auf diese Einkünfte und Vermögenswerte für sich und das gemeinsame Kind zurückzugreifen.[8]

4. Ferner entspricht die Leistung eines Verfahrenskostenvorschusses durch den Antragsgegner bei dieser Situation nicht mehr der Billigkeit und den Grundsätzen der §§ 1361 Abs. 4, 1360 a Abs. 4 BGB.[9]
   Der ohne mündliche Verhandlung ergangene Beschluss ist daher antragsgemäß abzuändern.

Rechtsanwalt

Anmerkungen

1. Für das Verfahren auf erneute Entscheidung über die einstweilige Anordnung nach mündlicher Verhandlung gem. § 54 Abs. 2 FamFG ist das Gericht weiter zuständig, das den Beschluss erlassen hat.

2. Ein Anwaltszwang besteht im Verfahren der einstweiligen Anordnung und im Abänderungsverfahren nicht, § 114 Abs. 4 Nr. 1 FamFG.

3. Der Antrag auf erneute Entscheidung nach mündlicher Verhandlung setzt voraus, dass über den Anordnungsantrag ohne mündliche Verhandlung entschieden worden ist, § 54 Abs. 2 FamFG. Ansonsten bleibt der allgemeine Abänderungsantrag nach § 54 Abs. 1 FamFG, der jederzeit gestellt werden, auch wiederholt, falls neue Tatsachen vorliegen (sonst fehlt das Rechtsschutzbedürfnis für eine wiederholte Überprüfung *Musielak/Borth* FamFG § 54 Rdn. 8 unter Hinweis auf OLG Karlsruhe FamRZ 1989, 642; OLG Zweibrücken FamRZ 1986, 1229, 1230). Die Aufhebung oder Abänderung der einstweiligen Anordnung setzt nicht voraus, dass eine nachträgliche Änderung der Sach- oder Rechtslage eingetreten ist. Es findet eine umfassende Überprüfung der Ausgangsentscheidung statt (*Musielak/Borth* FamFG § 54 Rdn. 6). Eine abändernde oder aufhebende Entscheidung kann auch rückwirkend erfolgen. Die Anträge nach § 54 FamFG sind zu unterscheiden von anderen Vorgehenweisen. Hat der Antragsteller mit seinem Antrag keinen (vollen) Erfolg kann er statt einer Abänderung oder Neuentscheidung nach mündlicher Verhandlung auch einen Hauptsacheantrag stellen.

Dem Antragsgegner bleiben folgende Möglichkeiten:
- Anträge nach § 54 FamFG
- Antrag nach § 52 Abs. 2 FamFG, so dass das Gericht dem Antragsteller eine Frist zur Einleitung des Hauptsacheverfahrens setzen wird

– Einleitung eines Hauptsacheverfahrens auf Feststellung, dass ein Unterhaltsanspruch nicht oder nicht in voller Höhe besteht (negativer Feststellungsantrag), ggf. verbunden mit einem hilfsweisen Antrag auf Rückzahlung des gezahlten Unterhalts (zum Ausschluss des Entreicherungseinwandes nach § 818 Abs. 3 BGB, s. Form. II. I. 28; fraglich ist, ob für einen negativen Feststellungsantrag das Rechtsschutzbedürfnis besteht, wenn die einstweilige Anordnung ohne mündliche Verhandlung erlassen wurde. Denn insoweit sei der Antrag nach § 54 Abs. 2 FamFG vorrangig (*Musielak/Borth* FamFG § 55 Rdn. 14).
– Denkbar ist auch die Vollstreckungsgegenklage nach § 767 ZPO, wenn rechtsvernichtende oder rechtshemmende Einwendungen (Erfüllung, Stundung, Verzicht auf die Rechte aus dem Titel) bestehen.

4. Das Abänderungsverfahren nach § 54 Abs. 2 FamFG setzt das ursprüngliche Anordnungsverfahren fort.

5. Die Kostenentscheidung richtet sich nach § 243 FamFG.

6. Zulässigkeitsvoraussetzung des Abänderungsantrages nach § 54 Abs. 2 FamFG ist vorherige Entscheidung ohne mündliche Verhandlung; S. ergänzend Form. II. I. 23 Anm. 5.

7. Vgl. Anm. 3.

8. Auf die Verwertung des Stammes des Vermögens darf der getrennt lebende unterhaltsberechtigte Ehegatte nur ausnahmsweise verwiesen werden (vgl. Palandt/*Brudermüller* § 1361 Rdn. 21 mwN.).

9. Da eAO auf Verfahrenskostenvorschuss nur eine vorläufige Regelung ist, kann diese – nach § 54 FamFG überprüfbar – bei Änderung der tatsächlichen Voraussetzungen wieder entfallen oder gar rückzahlbar werden (vgl. Palandt/*Brudermüller* § 1360 a Rdn. 16–20 mN.). Dies ist insbesondere der Fall, wenn der Rechtsstreit vor Zahlung beendet ist (BGH NJW 1985, 2265), offen, ob auch dann, wenn vorher Verzug eingetreten ist, vgl. auch Form. II. I. 23 m. Anm. 6. Zur Höhe des Verfahrenskostenvorschusses: OLG München FamRZ 1987, 301: wie nach §§ 9 RVG, also: in der Regel jetzt Verfahrens- und Terminsgebühr zuzüglich Unkostenpauschale und MWSt, zuzüglich des einzubezahlenden Gerichtskostenvorschusses oder der anfallenden Gerichtskosten einschl. ggf. anfallender Sachverständigenkosten o. ä.; für den beabsichtigten Scheidungsantrag müssen zwei Gerichtsgebühren als Gerichtskostenvorschuss einbezahlt werden, § 14 Abs. 1 FamGKG, 1110 KV FamGKG. Es können zugleich auch die Kosten, die für das einstweilige Anordnungsverfahren selbst anfallen, geltend gemacht werden, OLG Frankfurt FamRZ 1979, 732; *Musielak/Borth* FamFG § 246 Rdn. 32.

10. Ein Abänderungsantrag hemmt die Vollstreckung der einstweiligen Anordnung nicht. Gem. § 55 FamFG kann beantragt werden, die Vollstreckung der einstweiligen Anordnung auszusetzen oder zu beschränken. Die Entscheidung ergeht nach pflichtgemäßem Ermessen des Gerichts, insbesondere unter Berücksichtigung der Erfolgsaussichten des Abänderungsantrages. Das Gericht kann die weitere Vollstreckung von einer Sicherheitsleistung oder der Erfüllung von Auflagen abhängig machen (*Musielak/Borth* FamFG § 56 Rdn. 2). Gegen den Aussetzungsbeschluss ist kein Rechtsmittel möglich.

Kosten und Gebühren

Da auch dieser Verfahrensabschnitt zum gleichen Rechtszug gehört: Keine zusätzlichen Gebühr GK und RA (also hier wie Form. II. I. 23), aber uU. jetzt als weitere RA-Gebühr die Terminsgebühr nach Nr. 3104 VV RVG.

Fristen und Rechtsmittel

Gegen eAOs auf Grund mündlicher Verhandlung in Unterhaltssachen gibt es keine Beschwerdemöglichkeit. Sie besteht nur in den in § 57 FamFG genannten Verfahren. Möglich ist eine negative Feststellungsklage mit der die Unterhaltsanordnung außer Kraft gesetzt werden kann (anderweitige Regelung i. S. des § 56 Abs. 1 S. 1 FamFG); vgl. Form. II. I. 28.

28. Negativer Feststellungsantrag bei Fortbestand einstweiliger Anordnung und Antrag auf Rückzahlung überzahlten Unterhalts

An das
Amtsgericht
Familiengericht[1] –

……, den ……

Feststellungs[2]- mit Rückforderungsantrag[3] und Antrag auf einstweilige Einstellung der Vollstreckung

In Sachen

des …… **– Antragstellers –**

Verfahrensbevollmächtigte[4]: RA ……

gegen

…… **– Antragsgegnerin –**

wegen Feststellung und Rückforderung[2, 3]

vorläufiger Gegenstandswert[5]: EUR ……

wird namens und im Auftrag des Antragstellers unter Vorlage einer Originalvollmacht gegen die Antragsgegnerin folgendes beantragt:

I. Es wird festgestellt, dass der Antragsteller der Antragsgegnerin aus der einstweiligen Anordnung des Amtsgerichts – Familiengerichts – …… vom 21. 1. 2008 mit Wirkung ab …… keinen Unterhalt mehr schuldet.

II. Hilfsweise[3] für den Fall und im Umfang der Begründetheit des Antrages nach Nr. 1 wird beantragt, die Antragsgegnerin zu verpflichten, den vom Antragsteller an die Antragsgegnerin für die Zeit ab …… monatlich bezahlten Ehegattenunterhalt in Höhe von monatlich EUR 900,– an den Antragsteller zurückzubezahlen.

III. Die Antragsgegnerin hat die Kosten[6] des Verfahrens zu tragen.

IV. Die sofortige Wirksamkeit des Beschlusses wird angeordnet[7].

Zugleich stelle ich für den Antragsteller folgenden Antrag[8]:

Die Vollstreckung aus der einstweiligen Anordnung des Amtsgerichts – Familiengerichts – …… vom 21. 1. 2008 wird, soweit sie sich auf Ansprüche ab dem …… bezieht, einstweilen ohne Sicherheitsleistung ausgesetzt.

Begründung:

1. Die kinderlose Ehe der Beteiligten wurde am 2. 5. 2008 durch am gleichen Tag rechtskräftig gewordenes Endurteil des Amtsgerichts – Familiengerichts – …… geschieden und im Scheidungsurteil der Versorgungsausgleich geregelt. Eine Entscheidung über nachehelichen Ehegattenunterhalt wurde mangels Antrags der Antragsgeg-

nerin und dortigen Antragstellerin nicht getroffen. Jedoch hatte das Amtsgericht – Familiengericht – ...... im vorangegangenen Scheidungsverfahren auf Antrag der Antragsgegner dem Antragsteller durch einstweilige Anordnung vom 21. 1. 2008 nach mündlicher Verhandlung auferlegt, an die Antragsgegnerin einen monatlichen Ehegattenunterhalt von EUR 900,– mit Wirkung ab 1. 12. 2007 zu bezahlen. Dieser Beschluss besteht fort bis heute und konnte bisher auch nicht durch eine anderweitige Regelung ersetzt werden.

2. Das Familiengericht ging damals davon aus, dass die seinerzeit nicht erwerbstätige Antragsgegnerin trotz Bemühungen eine Erwerbstätigkeit in naher Zukunft nicht finden werde und dass der Antragsteller damals über ein monatliches Durchschnitts-Nettoeinkommen von (umgerechnet) EUR 2.100,– verfügte. Der Antragsteller zahlte diese monatliche Unterhaltsrente von EUR 900,– auch nach Rechtskraft des Scheidungsurteils zunächst weiter, da er von der Antragsgegnerin hierzu mehrfach unter Androhung der Vollstreckung aufgefordert wurde.

3. Er musste jedoch dann vor drei Monaten seine Zahlungen einstellen, weil sich die beiderseitigen wirtschaftlichen Verhältnisse nach der Scheidung wesentlich geändert haben. Insbesondere hat die Antragsgegnerin seit vier Monaten, wie der Antragsteller inzwischen erfahren hat, eine Ganztagsbeschäftigung für monatlich netto EUR 1.500,– aufgenommen. Außerdem ist der Antragsteller wegen Konkurses des Arbeitgebers vor drei Monaten arbeitslos geworden und bezieht bis heute lediglich ca. EUR 600,– netto an Arbeitslosengeld. Zudem ist er mit erheblichen Rückzahlungsverpflichtungen aus der Ehezeit zusätzlich belastet. Im Einzelnen: ......

Beweis und Glaubhaftmachung: ......

4. Obwohl der Antragsgegner daher spätestens seit dem ...... gegenüber dem Antragsteller kein Ehegatten-Unterhalt nach Scheidung mehr zusteht, hat diese trotz Gegenvorstellungen des Antragstellers aus der einstweiligen Anordnung vom ...... die Vollstreckung eingeleitet. Sie hat insbesondere ......

Da nach herrschender Meinung die Rechtsbehelfe der Vollstreckungsgegenklage (§ 767 ZPO) und des Abänderungsantrags (§ 238 FamFG) gegen diese fortbestehende einstweilige Anordnung nicht gegeben sind, steht dem Antragsteller hiergegen der hier erhobene negative Feststellungsantrag zur Verfügung, und zwar auch rückwirkend[3].

5. Zugleich wird hilfsweise für den Fall der Begründetheit des Feststellungsantrages der Anspruch auf Rückzahlung des ab dem ...... monatlich zur Abwendung der Vollstreckung bis zum Abschluss des Verfahrens weiter gezahlten Unterhalts geltend gemacht.

6. Unabhängig davon, welche der in Betracht kommenden Vorschriften (§§ 707, 719, 769 ZPO i. V. m. § 120 FamFG)[8] insoweit entsprechend anzuwenden sind, ist im Rahmen dieses negativen Feststellungsantrages auch vorläufiger Rechtsschutz auf einstweilige Einstellung der Vollstreckung aus der einstweiligen Anordnung möglich[6] und hier nach Sachlage auch ohne Sicherheitsleistung geboten, weil ......

Gerichtskosten in Höhe von EUR ...... sind beigefügt.

Rechtsanwalt

Anmerkungen

1. Der Fall des Formulars betrifft materiell rechtlich die gesetzliche Unterhaltspflicht zwischen Ehegatten nach Scheidung (§§ 1570 ff. BGB), über welche im rechtskräftigen Scheidungs- Verbundbeschluss – wie in der Praxis nicht selten – in der Hauptsache selbst nicht entschieden wurde, wohl aber vorher durch – an sich auf den Getrenntleben-Unter-

halt gerichtete – einstweilige Anordnung (vgl. Form. II. I. 26). Die Besonderheit liegt darin, dass die ursprüngliche einstweilige Anordnung nach altem Recht, also vor dem 1. 9. 2009 ergangen war. Nach der Übergangsvorschrift des Art. 111 FGG-Reformgesetz ist auf alle Verfahren, die ab dem 1. 9. 09 eingeleitet werden, das FamFG anzuwenden. Das gilt auch für Abänderungsverfahren und negative Feststellungsanträge, die sich auf Alttitel beziehen. Der Antrag auf Feststellung, dass kein Unterhaltsanspruch (mehr) besteht, ist Unterhaltssache i. S. des § 231 FamFG, ebenso der Antrag auf Rückzahlung überzahlten Unterhalts aus ungerechtfertigter Bereicherung, weil die Anträge ihre Wurzeln im materiellen Unterhaltsrecht (Sachzusammenhang) haben, auch wenn die konkrete Anspruchsgrundlage nicht unmittelbar zum Familienrecht gehört (z. B. § 812 BGB), s. auch *Musielak/Borth* FamFG § 231 Rdn. 6. Sachlich zuständig ist das Amtsgericht, § 23a Abs. 1 Nr. 1 GVG, § 111 Nr. 8 FamFG, dort das Familiengericht, § 23b GVG. Die ausschließliche örtliche Zuständigkeit ergibt sich aus § 232 FamFG.

2. Die hier fortbestehende (§ 56 FamFG) einstweilige Anordnung ist nicht Endentscheidung, so dass kein Abänderungsantrag gem. § 238 FamFG möglich ist und gemäß § 57 FamFG unanfechtbar. Die – normalerweise stets offene – Möglichkeit eines Abänderungsantrags über § 54 Abs. 1 FamFG bleibt in der ersten Instanz, weil auch die Abänderungsentscheidung unanfechtbar ist. Die einstweilige Anordnung über Trennungsunterhalt bleibt auch nach Rechtskraft der Scheidung in Kraft. Denn der Wechsel der materiell rechtlichen Anspruchsgrundlage ist noch keine anderweitige Regelung i. S. des § 56 FamFG (*Musielak/Borth* FamFG § 54 Rdn. 13). Die einstweilige Anordnung erwächst nicht in materielle Rechtskraft. Der BGH lässt seit der Entscheidung vom 9. 2. 1983, NJW 1983, 1330 (vgl. auch BGH NJW 1991, 705, ferner OLG Zweibrücken, NJW-RR 1997, 1166 und NJW BGH 1997, 2320) die negative Feststellungsklage für den eine Herabsetzung oder Beseitigung begehrenden Unterhaltsschuldner, aber auch Leistungsklage (Nachforderungsklage) für den Unterhaltsgläubiger zu, und zwar auch rückwirkend für vergangene Zeiträume (wegen fehlender materieller Rechtskraftwirkung s. § 54 Rdn. 12), ebenso BGH FamRZ 1989, 850, aber: erst mit Rechtskraft nach BGH FamRZ 1989, 180. Diese Hauptsacheverfahren führen dann zu der „anderweitigen Regelung" durch welche die eAO außer Kraft tritt (§ 56 Abs. 1 S. 1 FamFG; s. auch *Musielak/Borth* FamFG § 54 Rdn. 12 f.).

3. Die gleiche Wirkung hat der Rückforderungsantrag über §§ 812, 818 Abs. 4 BGB. Die Vollstreckungsabwehrklage (§§ 767, 795 ZPO) gegen eAO nach mündlicher Verhandlung bleibt zwar erhalten, ist aber auf bestimmte Arten von Einwendungen begrenzt, die uU. auch von der Präklusion bedroht sind, vgl. zB. BGH FamRZ 1985, 802, vgl. Form. II. I. 27 Anm. 3. Nach bisheriger Gesetzeslage vor dem 1. 9. 09 war die Erhebung der negativen Feststellungsklage nicht auseichend, um die verschärfte Haftung nach § 814 Abs. 4 BGB und damit den Ausschluss des Entreicherungseinwandes gem. § 818 Abs. 3 BGB auszuschließen. Vielmehr musste die Rückforderungsklage rechtshängig sein. Ob in analoger Anwendung des § 241 FamFG nunmehr schon der negative Feststellungsantrag ausreicht (so wohl *Musielak/Borth* FamFG § 54 Rdn. 12), ist ungeklärt, so dass sich weiterhin der zusätzliche Rückforderungsantrag empfiehlt. Jedenfalls erspart dies ein später u. U. notwendig werdendes zweites Gerichtsverfahren. Den Antrag auf Rückforderung erst künftig gezahlter wiederkehrender Leistungen hat der BGH gem. § 258 ZPO als zulässig erachtet (BGH NJW 1992, 2415, 2417). Zur Vermeidung von Kostennachteilen kann dies hilfsweise für den Fall der Begründetheit des Feststellungsantrages geschehen (BGH NJW 1992, 2415, 2417). Der Hilfsantrag wird rechtshängig i. S. des § 818 Abs. 4 BGB (Musielak/*Foerste* § 260 Rdn. 4). Ist der Feststellungsantrag unbegründet, tritt die Bedingung nicht ein, so dass über den Hilfsantrag nicht entschieden werden muss und er sich nicht streitwerterhöhend auswirkt (§ 39 Abs. 1 S. 2 FamGKG).

4. Es besteht Anwaltszwang gem. §§ 114 Abs. 1, 112 Nr. 1, 231 Abs. 1 Nr. 2 FamFG.

5. Für den Gegenstandswert gilt § 51 FamGKG. Der Hilfsantrag erhöht den Gegenstandswert nur, wenn über ihn entschieden wird, § 39 Abs. 1 S. 2 FamGKG. Soweit der Zeitraum der Feststellung und der Rückforderung identisch ist, erfolgt keine Zusammenrechnung; es wird der höhere Wert zugrundegelegt. Für Zeiträume, die nicht identisch sind, sich also nur einer der Anträge darauf bezieht (z. B. rückwirkende Feststellung) wird addiert, § 39 Abs. 1 S. 3 FamGKG; vgl. *Groß,* Anwaltsgebühren in Ehe- und Familiensachen Rdn. 343 m. w. N.

6. Die Kostenregelung folgt § 243 FamFG, weil beide Anträge zu den Unterhaltssachen gehören. S. oben Anm. 1.

7. Es ist ungeklärt, ob die sofortige Wirksamkeit der negativen Feststellung angeordnet werden kann. Die Entscheidung über das Bestehen oder Nichtbestehen des Unterhaltsanspruchs wird erst mit Rechtskraft wirksam (§ 116 Abs. 3 FamFG); für Unterhaltssachen, zu denen auch dieser Feststellungsantrag gehört sieht § 116 Abs. 3 FamFG die Möglichkeit vor, die sofortige Wirksamkeit anzuordnen. Das spricht grundsätzlich für die Zulässigkeit einer solchen Anordndung. Nach anderer Ansicht widerspreche es jedoch dem Regelungszweck des § 56 FamFG einen regelungslosen Zeitraum zu vermeiden, der dann entstehen könne, wenn gegen den für sofort wirksam erklärten Feststellungsbeschluss, der das Nichtbestehen des Unterhaltsanspruchs feststellt, Beschwerde eingelegt wird. Deswegen gelte die Rspr. des BGH zum alten Recht, dass auf die Rechtskraft der Hauptsacheentscheidung abzustellen sei, weiter (*Musielak/Borth* FamFG § 56 Rdn. 11 und § 54 Rdn. 12 unter Verweis auf BGH NJW 1991, 705). Es empfiehlt sich für den Antragsteller jedoch wegen der ungeklärten Rechtsfrage sehr, einen entsprechenden Antrag zu stellen, zumal er nicht sicher davon ausgehen kann, dass das Gericht seinem Antrag auf einstweilige Einstellung der Vollstreckung stattgeben wird.

8. Die Möglichkeit des Einstellungsantrages ergibt sich aus §§ 120 Abs. 2 FamFG i. V. m. §§ 707, 719, 769 ZPO analog. Schon zum alten Recht hat der BGH für die negative Feststellungsklage die Möglichkeit der einstweiligen Einstellung analog §§ 707, 719, 769 ZPO bejaht (BGH FamRZ 1983, 355).

Kosten und Gebühren

Vgl. Form. II. I. 4 und 12.

Fristen und Rechtsmittel

Befristete Beschwerde, §§ 58, 63 FamFG, einzulegen beim Gericht erster Instanz binnen eines Monats § 64 Abs. 1 FamFG; die Frist zur notwendigen Beschwerdebegründung beträgt 2 Monate ab Bekanntgabe des Beschlusses, § 117 Abs. 1 S. 2 FamFG; die Beschwerdebegründung ist beim Beschwerdegericht einzureichen, § 117 Abs. 1 S. 2 FamFG; zuständig für das Beschwerdeverfahren ist das OLG, § 119 Abs. 1 Nr. 1 a GVG; vgl. im Einzelnen Form. II. I. 30.

29. Befristete Beschwerde gegen einstweilige Anordnung in Familiensachen des FamFG

An das
AG ......
– Familiengericht[2] –

......, den ......

Befristete Beschwerde[1]

In der Ehesache

...... – Antragstellerin und Beschwerdegegnerin –
Verfahrensbevollmächtigter: RA ......[3]
gegen
...... – Antragsgegner und Beschwerdeführer –
Verfahrensbevollmächtigte[3]: RAe ......
wegen Zuweisung der Ehewohnung
Beschwerdewert: EUR ......[4]
Az. des Familiengerichts: ......

lege ich namens und in vorgelegter Verfahrensvollmacht für den Antragsgegner und Beschwerdeführer gegen die einstweilige Anordnung des Amtsgerichts – Familiengerichts – ...... obigen Aktenzeichens vom ......, zugestellt am ......, befristete Beschwerde ein mit folgenden Anträgen:

I. Die einstweilige Anordnung des Amtsgerichts – Familiengerichts – ...... vom ...... wird aufgehoben.
II. Die Antragstellerin und Beschwerdegegnerin hat die Kosten[7] des Verfahrens zu tragen.

Begründung:[1]

1. Zwischen den Beteiligten, kinderlose Eheleute, welche seit dem ...... in der gemeinsamen ehelichen Wohnung in ...... im Anwesen ...... getrennt leben, ist seit dem ...... unter dem Aktenzeichen ...... beim Familiengericht ...... das Scheidungsverfahren anhängig. Unter dem oben genannten Aktenzeichen war auf Betreiben der Antragstellerin auch ein Verfahren auf vorläufige Zuweisung der ehelichen Wohnung (Mietwohnung) auf die Antragstellerin allein anhängig.
   Das Getrenntleben in der gemeinsamen ehelichen Wohnung gestaltete sich zwar schwierig, weil insbesondere die Antragstellerin wiederholt in den getrennten Wohnungsbereich des Antragsgegners einzudringen versuchte.
   Einzelheiten: ......
   Der Antragsgegner hat sich aber trotz aller Differenzen sehr bemüht, die Situation so erträglich wie möglich zu halten, und sich hierbei nichts zu schulden kommen lassen.
2. Die Antragstellerin hat es jedoch unter Berufung auf § 1361b BGB und das Gewaltschutzgesetz, für richtig gehalten, mit Antrag vom ...... sowie einem inhaltlich unzutreffenden, nur durch ihre eigene eidesstattliche Versicherung vom gleichen Tag belegten Tatsachenvortrag, das Familiengericht zu veranlassen, durch eine hiermit angegriffene einstweilige Anordnung nach mündlicher Verhandlung[5] am ...... die gemeinsame Ehewohnung der Antragstellerin alleine zuzuweisen und dem Antragsgegner jegliches Betreten der Wohnung mit sofortiger Wirkung zu untersagen.
   Im Einzelnen: ......
3. Die von der Antragstellerin dabei behaupteten angeblichen Übergriffe des Antragsgegners (mehrfache schwere körperliche Misshandlungen und Bedrohungen) haben

jedoch entweder nicht stattgefunden oder sich so wie von der Antragstellerin behauptet nicht abgespielt, vielmehr ……
Einzelheiten: ……
Beweismittel: ……
In der sehr kurzfristig anberaumten mündlichen Verhandlung[5] vom …… des Familiengerichts war der Antragsgegner außer Stande, sich ordnungsgemäß zu verteidigen und den obigen Tatsachenvortrag[6] nebst Beweismitteln vorzubringen, weil ……

4. Der Antragsgegner ist wirtschaftlich und praktisch außer Stande, sich auch nur im weiteren Bereich seiner Teilzeitarbeitsstelle in …… mit unregelmäßigem Schichtdienst kurzfristig eine andere Wohnung zu nehmen oder auch nur zu finden. Eine vorübergehende Unterkunft zB. in einer Pension kann er sich wirtschaftlich ebenfalls nicht leisten. Zudem hat er wegen des gerichtlichen Betretungsverbots nicht einmal Zugang zu seinen persönlichen Gegenständen in der Ehewohnung.
Im Einzelnen: ……

5. Die angefochtene einstweilige Anordnung ist daher auf Grund unrichtiger Tatsachen und unter fehlerhafter Beurteilung des Begriffs der „unbilligen Härte", sowie unter Verletzung der Grundsätze eines ausreichenden rechtlichen Gehörs ergangen und insgesamt aufzuheben.

6. Eine selbstständige Kostenentscheidung ist hier möglich und erforderlich, weil ……[7]

Rechtsanwalt

Anmerkungen

1. Im Grundsatz gilt: Gegen erstinstanzliche Endentscheidungen des Familiengerichts findet die befristete Beschwerde statt, sofern durch Gesetz nichts anderes bestimmt ist. Die einfache, unbefristete Beschwerde nach altem Recht gibt es nicht mehr. Im Gegensatz zu Endentscheidungen sind bloße Zwischen- und Nebenentscheidungen nicht anfechtbar, es sei denn, das FamFG lässt eine Beschwerde ausdrücklich zu (z.B. gegen einen Beschluss auf Abweisung eines Befangenheitsantrages gem. § 6 Abs. 2 FamFG). Die Beschwerdefrist beträgt – soweit gesetzlich keine andere Frist bestimmt ist – einen Monat, § 63 Abs. 1 FamFG. Beschwerden gegen eine einstweilige Anordnung oder gegen einen Beschluss, der die Genehmigung eines Rechtsgeschäftes zum Gegenstand hat, können nur binnen zwei Wochen angefochten werden, § 63 Abs. 2 FamFG. Die Frist beginnt mit schriftlicher Bekanntgabe des Beschlusses an den jeweiligen Beteiligten, also nicht erst mit der Zustellung, selbst wenn diese vorgeschrieben sein sollte, §§ 63 Abs. 3, 41 Abs. 1 S. 2 FamFG (*Zimmermann,* Das neue FamFG Rdn. 162). In vermögensrechtlichen Streitigkeiten ist die Beschwerde nur zulässig, wenn der Wert des Beschwerdegegenstandes EUR 600,- übersteigt oder das Erstgericht die Beschwerde zugelassen hat (§ 61 FamFG). Die Beschwerde wird immer bei dem Gericht eingelegt, dessen Entscheidung angefochten wird, § 64 Abs. 1 FamFG. Das unterscheidet das FamFG wesentlich vom alten Recht, bei dem in vielen Fällen das Rechtsmittel beim Rechtsmittelgericht (vgl. § 621e Abs. 3 oder § 629a Abs. 2 ZPO aF) einzulegen war. Endentscheidung i.S. des § 58 Abs. 1 FamFG ist ein Beschluss, durch den ein Verfahrensgegenstand ganz oder teilweise erledigt wird, § 28 Abs. 1 FamFG. Dazu zählt auch ein Beschluss, in dem über eine beantragte einstweilige Anordnung entschieden wird. Allerdings sind diese Entscheidungen in Verfahren der einstweiligen Anordnung gem. § 57 FamFG nur in den dort genannten Fällen anfechtbar, sonst nicht. Im vorliegenden Fall war eine einstweilige Anordnung gem. § 1361b BGB ergangen, die beschwerdefähig ist, §§ 57 Nr. 5, 200 Abs. 1 Nr. 1 FamFG. Vom Ausnahmefall des § 117 FamFG (Ehe- und Familienstreitsachen) abgesehen, muss die Beschwerde nicht begründet werden. Eine Begründung soll jedoch nach Möglichkeit erfolgen und ist in jedem Falle zweckmäßig und empfehlenswert. Zu § 571 ZPO wird

z. T. die Ansicht vertreten, dass eine fehlenden Begründung i. d. R. zur Unbegründetheit der Beschwerde führt (Thomas/Putzo/*Reichold* § 571 Rdn. 1). Das Gericht kann auch eine Frist zur Begründung setzten, § 65 Abs. 2 FamFG. Die Beschwerdeberechtigung ergibt sich aus §§ 59, 60 FamFG. Zum Beschwerdeverfahren s. auch Form. II. I. 30 und Form. II. I. 31. Zum Übergangsrecht: Auf Verfahren, die vor dem 1. 9. 2009 eingeleitet worden sind oder deren Einleitung bis dahin beantragt worden ist, gilt weiter das alte Recht (Art. 111 S. 1 FGG-Reformgesetz). Das gilt auch für die Rechtsmittelinstanz. War also für die erste Instanz noch das alte Recht anwendbar, ist das alte Recht auch noch für die Rechtsmittelinstanz maßgebend (BT-Drucks. 16/6308 S. 359; *Zimmermann*, Das neue FamFG Rdn. 824).

2. Die Beschwerde wird stets beim Ausgangs- und nicht beim Rechtsmittelgericht eingelegt (s. Anm. 1). Von dort wird das Verfahren an das zuständige Rechtsmittelgericht weitergeleitet. Über die Beschwerde gegen familiengerichtliche Entscheidungen entscheidet das OLG (§ 119 Abs. 1 Nr. 1 a GVG).

3. Zum Anwaltszwang: Für das Beschwerdeverfahren besteht nur in Ehesachen und Folgesachen sowie Familienstreitsachen gem. § 112 FamFG Anwaltszwang, § 114 Abs. 1 FamFG, im vorliegenden Verfahren also nicht. Anders als in Ehe- und Familienstreitsachen (vgl. § 64 Abs. 2 S. 1 FamFG) kann daher in den sonstigen Familiensachen die Beschwerde auch zur Niederschrift der Geschäftsstelle eingelegt werden.

4. Der Beschwerdewert beträgt im Regelfall bei einer einstweiligen Anordnung gem. § 1361 b BGB EUR 1.500,– (§§ 48 Abs. 1, 41 FamGKG).

5. Die Beschwerde ist nur statthaft, wenn die einstweilige Anordnung nach mündlicher Verhandlung ergangen ist. Ansonsten bleibt nur der vorrangige Antrag auf erneute Entscheidung gem. § 54 Abs. 2 FamFG; eine Beschwerde wäre unzulässig (*Musielak/Borth* FamFG § 57 Rdn. 1).

6. Die Beschwerde kann auch auf neue Tatsachen und Beweismittel gestützt werden, § 65 Abs. 3 FamFG. In Ehesachen und Familienstreitsachen ist die Beschränkung des § 115 FamFG zu beachten.

7. In FG-Familiensachen ist § 84 FamFG anzuwenden und im übrigen § 81 Abs. 1, in Ehe- und Familienstreitsachen ist § 97 ZPO über § 113 Abs. 1 S. 2 FamFG anzuwenden.

Kosten und Gebühren

Gerichtskosten: 2.0 Gebühr nach Nr. 1422 KV FamGKG; Rechtsanwaltsgebühren: Es fällt nicht mehr wie nach altem Recht die 0,5 Gebühr der Nr. 3500 VV RVG an, sondern die 1,6 Verfahrensgebühr aus Nr. 3200 VV RVG (vgl. Vorbem. 3.2.1 Nr. 2 b); ggf. (eine mündliche Verhandlung ist nicht zwingend, § 68 Abs. 3 S. 2 FamFG) kann die 1,2 Terminsgebühr der Nr. 3202 VV RVG entstehen.

Fristen und Rechtsmittel

Gegen einen Beschluss im Verfahren über die Anordnung, Abänderung oder Aufhebung einer einstweiligen Anordnung ist keine Rechtsbeschwerde möglich, § 70 Abs. 4 FamFG. Das gilt auch dann, wenn die irrtümlich vom Beschwerdegericht zugelassen worden war (BGH NJW 2003, 1531).

30. Befristete Beschwerde gegen Verbundbeschluss

An das **……, den ……**
Amtsgericht[1]
– Familiengericht –

Beschwerde[2]

der …… – Antragstellerin und Beschwerdeführerin –
Verfahrensbevollmächtigter: Rechtsanwalt ……[3]
gegen
…… – Antragsgegner und Beschwerdegegner[2] **–**
Verfahrensbevollmächtigte I. Instanz: Rechtsanwälte ……[3]
wegen Ehescheidung
hier: Versorgungsausgleich und Zugewinnausgleich[4]
vorläufiger Gegenstandswert: EUR ……[5]
Aktenzeichen I. Instanz: ……
Ich nehme Bezug auf die im Scheidungsverfahren I. Instanz für die Antragstellerin vorgelegte besondere Verfahrensvollmacht[7]**. Namens und im Auftrag der Antragstellerin und Beschwerdeführerin lege ich hiermit gegen den anliegenden Beschluss des Amtsgerichts – Familiengerichts – …… vom …… Aktenzeichen ……, zugestellt am ……,**[6]

befristete Beschwerde

ein mit folgenden

Anträgen:[4]

I. Der Beschluss des Amtsgerichts – Familiengerichts – …… vom ……, Aktenzeichen: ……, wird in Ziff. II. dahingehend abgeändert, dass ein Versorgungsausgleich nicht stattfindet[8]**.**
II. Der Beschluss des Amtsgerichts – Familiengerichts – …… vom ……, Aktenzeichen: ……, wird in Ziff. III. wird aufgehoben. Der Antrag des Antragsgegners und Beschwerdegegners auf Zahlung von Zugewinnausgleich wird abgewiesen[9]**.**
III. Der Antragsgegner und Beschwerdegegner hat die Kosten des Beschwerdeverfahrens zu tragen[13]**.**

Begründung:

I. Verfahrens- und Sachstand:
1. Durch den angegriffenen Beschluss des Familiengerichts (Ziff. I.) wurde auf Antrag der Antragstellerin, welchem sich der Antragsgegner angeschlossen hat, die kinderlose Ehe der Beteiligten geschieden. Die Beteiligten haben sich trotz der noch offenen Streitpunkte (Versorgungsausgleich und Zugewinnausgleich) hinsichtlich des Scheidungsausspruches dahin verständigt, dass der Antragsgegner insoweit Rechtsmittel nicht einlegen und insoweit auch auf Anschlussbeschwerde und sein Antragsrecht nach § 147 FamFG verzichten wird; auch die Antragstellerin erklärt hiermit, beschränkt auf Ziff. I. (Scheidungsausspruch) des angegriffenen Beschlusses des Familiengerichts …… vom ……, Verzicht auf Beschwerde und Anschlussbeschwerde und vorsorglich auch auf das Antragsrecht nach § 147 FamFG.[10]
2. Jedoch hat der angefochtene Beschluss auf förmlichen Anschlussantrag des Antragsgegners in Ziff. II. den Versorgungsausgleich gemäß § 1 VersAusglG zwischen

den Beteiligten zu Lasten der Antragstellerin durchgeführt und dabei zu Unrecht den Tatsachenvortrag der Antragstellerin gemäß § 27 VersAusglG nicht hinreichend gewürdigt, wonach die Inanspruchnahme der Antragstellerin hier grob unbillig wäre[13].

3. Ferner hat der angegriffene Beschluss des Familiengerichts in Ziff. III. auf Antrag des Antragsgegners die Antragstellerin zu Unrecht zur Zahlung eines Zugewinnausgleichs in Höhe von EUR ......, verpflichtet.
Hiergegen richtet sich die fristgerecht eingelegte und hiermit zugleich begründete[12] Beschwerde der Antragstellerin.

II. Beschwerdeanträge:

1. Versorgungsausgleich (Ziff. II. des angefochtenen Beschlusses)
Entgegen der Auffassung des Erstgerichts kann ein Versorgungsausgleich nicht stattfinden, weil die Inanspruchnahme der Antragstellerin hier gemäß § 27 VersAusglG grob unbillig wäre:
......[11]

2. Zugewinnausgleich (Ziff. III. des angefochtenen Urteils)
Ferner hat das Erstgericht zu Unrecht einen den unstreitigen Zugewinn des Antragsgegners übersteigenden Zugewinn der Antragstellerin angenommen und zwar durch zu niedrigen Ansatz des Anfangsvermögens der Antragstellerin. Außerdem hat das Gericht zu Unrecht in das Endvermögen der Antragstellerin eine angebliche Vermögensminderung gemäß § 1375 Abs. 2 Nr. 1 BGB einbezogen. Schließlich hat das Erstgericht zu Unrecht ein Recht der Antragstellerin auf Leistungsverweigerung wegen grober Unbilligkeit (§ 1381 BGB) verneint. Es hat den hierzu von der Antragstellerin dargelegten, spezifizierten Tatsachenvortrag unzureichend gewürdigt und hierzu von der Antragstellerin angebotene Beweise nicht erhoben.
Im Einzelnen:
......[12]

3. Der Kostenantrag wird auf § 97 ZPO i. V. m. § 113 Abs. 1 FamFG gestützt[13].

4. Vorsorglich: Antrag auf Zulassung der Rechtsbeschwerde[14] und Begründung.

Rechtsanwalt

Anmerkungen

1. Die Beschwerde wird immer bei dem Gericht eingelegt, dessen Entscheidung angefochten wird, § 64 Abs. 1 FamFG. Das unterscheidet das FamFG wesentlich vom alten Recht, bei dem in vielen Fällen das Rechtsmittel beim Rechtsmittelgericht (vgl. § 621 e Abs. 3 oder § 629 a Abs. 2 ZPO aF) einzulegen war. Eine Abhilfemöglichkeit besteht für das Erstgericht in Familiensachen nicht, § 68 Abs. 1 S. 2 FamFG.

2. Im Grundsatz gilt: Gegen erstinstanzliche Endentscheidungen des Familiengerichts findet die befristete Beschwerde statt, sofern durch Gesetz nichts anderes bestimmt ist. Die einfache, unbefristete Beschwerde nach altem Recht gibt es nicht mehr. Im Gegensatz zu Endentscheidungen sind bloße Zwischen- und Nebenentscheidungen nicht anfechtbar, es sei denn, das FamFG lässt eine Beschwerde ausdrücklich zu (z. B. gegen einen Beschluss auf Abweisung eines Befangenheitsantrages gem. § 6 Abs. 2 FamFG). Die Beschwerdefrist beträgt- soweit gesetzlich keine andere Frist bestimmt ist – einen Monat, § 63 Abs. 1 FamFG. Beschwerden gegen eine einstweilige Anordnung oder gegen einen Beschluss, der die Genehmigung eines Rechtsgeschäftes zum Gegenstand hat, können nur binnen zwei Wochen angefochten werden, § 63 Abs. 2 FamFG. Die Frist beginnt mit schriftlicher Bekanntgabe des Beschlusses an den jeweiligen Beteiligten, also nicht erst mit der Zustellung, selbst wenn diese vorgeschrieben sein sollte, §§ 63 Abs. 3, 41 Abs. 1 S. 2 FamFG (*Zimmermann,* Das neue FamFG Rdn. 162). In vermögensrechtlichen Streitigkeiten ist die Beschwerde nur zulässig, wenn der Wert des Beschwerdegegenstandes EUR 600,– übersteigt oder das Erstgericht die Beschwerde zugelassen hat (§ 61 FamFG). Endentscheidung i. S. des § 58 Abs. 1 FamFG ist ein Beschluss, durch den ein Verfahrensgegenstand ganz oder teilweise erledigt wird, § 28 Abs. 1 FamFG. Abweichend vom Grundsatz, dass eine Beschwerde nicht begründet werden muss, bedürfen Beschwerden - wie hier vorliegend – in Ehe- und Familienstreitsachen zwingend der Begründung und eines bestimmten Sachantrages (§ 117 FamFG). Die Begründungsfrist beträgt zwei Monate. Sie beginnt mit der schriftlichen Bekanntgabe des Beschlusses, hier der Verbundentscheidung, § 117 Abs. 1 S. 2 FamFG. Sie kann gem. § 520 Abs. 2 ZPO, § 117 Abs. 1 S. 3 FamFG verlängert werden. Die dazu ergangene Rspr. ist weiterhin maßgebend (s. dazu Musielak/*Ball* § 520 ZPO Rdn. 7 ff.). Die Beschwerdebegründung ist beim Beschwerdegericht einzureichen, § 117 Abs. 1 S. 2 FamFG. Die Beschwerdeberechtigung ergibt sich aus §§ 59, 60 FamFG. Zum Beschwerdeverfahren s. auch Form. II. I. 29 und Form. II. I. 31. Zum Übergangsrecht: Auf Verfahren, die vor dem 1. 9. 2009 eingeleitet worden sind oder deren Einleitung bis dahin beantragt worden ist, gilt weiter das alte Recht (Art. 111 S. 1 FGG-Reformgesetz). Das gilt auch für die Rechtsmittelinstanz. War also für die erste Instanz noch das alte Recht anwendbar, ist das alte Recht auch noch für die Rechtsmittelinstanz maßgebend (BT-Drucks. 16/6308 S. 359; *Zimmermann,* Das neue FamFG Rdn. 824).

3. Zum Anwaltszwang: Für das Beschwerdeverfahren besteht nur in Ehesachen und Folgesachen sowie Familienstreitsachen gem. § 112 FamFG Anwaltszwang, § 114 Abs. 1 FamFG. Für das vorliegende Beschwerdeverfahren besteht also Anwaltszwang. Anders als in Ehe- und Familienstreitsachen (vgl. § 64 Abs. 2 S. 1 FamFG) kann in den sonstigen Familiensachen die Beschwerde auch zur Niederschrift der Geschäftsstelle eingelegt werden.

4. Die Einlegung der Beschwerde und ihre Begründung können gesondert innerhalb der unterschiedlichen Fristen erfolgen. Schon die Einlegung der Beschwerde kann sich auf eine Teilanfechtung beschränken, muss es aber nicht. Der Umfang der Anfechtung ergibt sich dann erst aus den Sachanträgen der Beschwerdebegründung, § 117 Abs. 1 FamFG. Bei unbeschränkter Einlegung liegt dann keine teilweise Rücknahme der Beschwerde vor (vgl. zum entsprechenden § 520 ZPO Musielak/*Ball* § 520 ZPO Rdn. 19). Die Einlegung erfolgt beim Erstgericht, ein nachfolgender Begründungsschriftsatz ist beim Beschwerdegericht einzureichen (s. o. Anm. 2). Ungeklärt erscheint, ob die Begründungsfrist gewahrt ist, wenn die Begründung bereits im Einlegungsschriftsatz erfolgt ist, das Erstgericht den Schriftsatz aber nicht innerhalb der Begründungsfrist an das Beschwerdegericht weitergeleitet hat.

5. In vermögensrechtlichen Sachen ist die Beschwerde zulässig, wenn der Beschwerdewert EUR 600,– übersteigt, darunter nur bei Zulassung. In nichtvermögensrechtlichen Sachen ist die Beschwerde unabhängig von einem Beschwerdewert zulässig. In Versorgungsausgleichssachen gilt der Beschwerdewert nur im Fall der Anfechtung einer Kostenentscheidung, § 228 FamFG. In der Folgesache Zugewinn entspricht der streitige Betrag dem Beschwerdewert, § 35 FamGKG; vgl. auch o. Form. II. I. 15 Anm. 4. Der Beschwerdewert muss nicht immer mit dem Gegenstandswert für die Gebühren identisch sein, §§ 40, 54 FamGKG. In Unterhaltssachen ergibt sich der Gebührenwert aus § 51 FamGKG (12-facher Monatsbetrag), der Beschwerdewert jedoch aus dem 3,5-fachen Wert des Jahresbetrages des mit der Beschwerde angefochtenen laufenden monatlichen Unterhalts (§§ 9 ZPO, 113 Abs. 1 FamFG i. V. m. § 54 FamGKG; *Musielak/Borth* FamFG § 117 Rdn. 15). Im Unterschied zu § 99 ZPO ist bei Erreichen des Beschwerdewertes in vermögensrechtlichen Streitigkeiten auch eine isolierte Anfechtung der Kostenentscheidung zulässig; bei nichtvermögensrechtlichen Sachen ist auch die Anfechtung der Kostengrundentscheidung unabhängig vom Beschwerdewert statthaft (so *Fölsch,* Das neue FamFG in Familiensachen Rdn. 15 f.; BT-Drucks. 16/6308 S. 204).

6. Für die Zustellung des Beschlusses über die Verbundentscheidung gilt § 317 Abs. 1 ZPO gem. § 113 Abs. 1 FamFG.

7. Vgl. § 114 Abs. 5 FamFG.

8. Vgl. hierzu o. Form. II. I. 20.

9. Vgl. hierzu o. Form. II. I. 15.

10. Über Scheidungs- und Folgesachen ist gem. § 142 Abs. 1 FamFG durch einheitlichen Beschluss zu entscheiden. Die Endentscheidung in einer Ehesache wird erst mit Rechtskraft wirksam, § 116 Abs. 2 FamFG. Umgekehrt werden Entscheidungen in Folgesachen vor Rechtskraft der Scheidung nicht wirksam, § 148 FamFG. Werden Teile der Endentscheidung angefochten, können im Wege der Anschlussbeschwerde oder durch Erweiterung des Rechtsmittels andere Familiensachen (u.a. auch der Scheidungsausspruch) ebenso noch angefochten werden und zwar jeweils bis zum Ablauf eines Monats nach Zustellung der letzten Rechtsmittelbegründung, § 145 FamFG. Um ein dadurch bedingtes Hinausschieben der Rechtskraft der Ehescheidung zu vermeiden, können die Eheleute gem. § 144 FamFG auf Rechtsmittel gegen den Scheidungsausspruch und auf die Anschlussbeschwerde gegen den Scheidungsausspruch verzichten. Dann tritt Rechtskraft der Scheidung ein unabhängig vom Beschwerdeverfahren in den Folgesachen. Die Verzichtserklärung kann erst nach Bekanntgabe des Scheidungsbeschlusses wirksam erklärt werden, § 67 Abs. 1 FamFG. Der Anwaltszwang (§ 114 Abs. 1 FamFG) ist zu beachten. Eines zusätzlichen Verzichtes auf das Antragsrecht nach § 147 FamFG bzgl. des Scheidungsausspruchs bedarf es dagegen an sich nicht, um in erster Instanz die Scheidung rechtskräftig werden zu lassen. Denn durch den Verzicht nach § 144 FamFG kann die Scheidungssache nicht mehr in die Beschwerdeinstanz kommen. Damit entfällt für den BGH in der Rechtsbeschwerdeinstanz die Möglichkeit, den Scheidungsausspruch über § 147 FamFG aufzuheben (*Musielak/Borth* FamFG § 145 Rdn. 3; *Baumbach/Lauterbach/Albers/Hartmann* § 147 FamFG Rdn. 3; OLG Frankfurt FamRZ 1985, 821). Es empfiehlt sich dennoch eine entsprechende, jeden Zweifel beseitigende ergänzende Verzichtserklärung. Ist die Scheidungssache aber noch in der Beschwerdeinstanz im Verbund verhaftet und wegen einer Folgesache die Rechtsbeschwerde zugelassen, ist der Verzicht auf das Antragsrecht nach § 147 FamFG zur Herbeiführung der Rechtskraft der Scheidung in jedem Falle notwendig.

11. Vgl. hierzu u. Form. II. I. 20.

12. Vgl. hierzu u. Form. II. I. 15 und die dortigen Anm.

13. Die Kostenentscheidung im Beschwerdeverfahren bei Verbundentscheidungen sowie in isolierten Ehesachen und Familienstreitsachen erfolgt nach § 97 ZPO i.V.m. § 113 Abs. 1 FamFG.

14. Über die Zulassung der Rechtsbeschwerde muss das Gericht von Amts wegen (§ 70 Abs. 2 FamFG) entscheiden. Ein entsprechender Antrag nebst Begründung ist aber sehr empfehlenswert. Eine Nichtzulassungsbeschwerde gibt es im FamFG nicht. Ohne Zulassung ist die Rechtsbeschwerde in den in § 70 Abs. 3 FamFG genannten Fällen statthaft. Bei einstweiligen Anordnungen und Arrestverfahren gibt es generell keine Rechtsbeschwerde. Die Rechtsbeschwerde muss binnen eines Monats nach schriftlicher Bekanntgabe der Beschwerdeentscheidung eingelegt und begründet sein, § 71 FamFG. Die Einlegung erfolgt beim Rechtsbeschwerdegericht (BGH gem. § 133 GVG). Es besteht Anwaltszwang, § 114 Abs. 2 FamFG.

Kosten und Gebühren

Gerichtskosten: 3,0 Verfahrensgebühr Nr. 1120 KV FamGKG; Rechtsanwaltsgebühren: Nr. 3200ff. VV RVG.

Fristen und Rechtsmittel

Das FamFG kennt keine weitere Beschwerde. Es gibt nur die Möglichkeit einer Rechtsbeschwerde. In Familiensachen ist sie nur statthaft, wenn sie vom Beschwerdegericht zugelassen wurde, gleichgültig, ob die Beschwerde als unbegründet oder nach § 68 Abs. 2 S. 2 FamFG bereits als unzulässig zurückgewiesen wurde, vgl. § 70 Abs. 1 FamFG. Eine Nichtzulassungsbeschwerde gibt es nicht. Zuständig für die Rechtsbeschwerde ist der BGH (§ 133 GVG).

31. Befristete Beschwerde gegen einen Beschluss in einer FG-Familiensache

An das **......, den ......**
Amtsgericht[1]
– Familiengericht –

Beschwerde[2]

des ...... **– Antragstellers und Beschwerdeführers –**
Verfahrensbevollmächtigte: Rechtsanwälte ......[3]
gegen
...... **– Antragsgegnerin und Beschwerdegegnerin –**
wegen elterlicher Sorge[2]
vorläufiger Gegenstandswert: EUR ......[4]
Aktenzeichen I. Instanz: ......
Unter Bezugnahme auf die von uns für den Antragsteller und Beschwerdeführer bereits in I. Instanz vorgelegte Verfahrensvollmacht legen wir hiermit für diesen gegen den beigefügten Beschluss des Amtsgerichts – Familiengerichts – ...... vom ......, Aktenzeichen ......, zugestellt am ......,

Beschwerde

ein mit folgenden

Anträgen:

I. Der Beschluss des Amtsgerichts – Familiengerichts – ...... vom ......, Aktenzeichen ......, wird aufgehoben.
II. Die elterliche Sorge für das gemeinsame eheliche Kind der Beteiligten ......, geb. am ......, wird auf den Antragsteller und Beschwerdeführer allein übertragen.
III. Die Antragsgegnerin trägt die Kosten des Beschwerdeverfahrens[5]**.**

Begründung erfolgt in einem gesonderten Schriftsatz[7]**.**

Rechtsanwalt

Anmerkungen

1. Die Beschwerde wird immer bei dem Gericht eingelegt, dessen Entscheidung angefochten wird, § 64 Abs. 1 FamFG. Das unterscheidet das FamFG wesentlich vom alten Recht, bei dem in vielen Fällen das Rechtsmittel beim Rechtsmittelgericht (vgl. § 621 e Abs. 3 oder § 629 a Abs. 2 ZPO aF) einzulegen war. Eine Abhilfemöglichkeit besteht für das Erstgericht in Familiensachen nicht, § 68 Abs. 1 S. 2 FamFG. Zuständig für die Beschwerde ist das OLG, § 119 Abs. 1 Nr. 1 a GVG mit §§ 111 Nr. 2, 151 Nr. 1 FamFG.

2. Vgl. zunächst o. Form. II. I. 30, insbes. Anm. 2: Gegen erstinstanzliche Endentscheidungen des Familiengerichts findet die befristete Beschwerde statt, sofern durch Gesetz nichts anderes bestimmt ist. Die einfache, unbefristete Beschwerde nach altem Recht gibt es nicht mehr. Im Gegensatz zu Endentscheidungen sind bloße Zwischen- und Nebenentscheidungen nicht anfechtbar, es sei denn, das FamFG lässt eine Beschwerde ausdrücklich zu (z. B. gegen einen Beschluss auf Abweisung eines Befangenheitsantrages gem. § 6 Abs. 2 FamFG). Die Beschwerdefrist beträgt – soweit gesetzlich keine andere Frist bestimmt ist – einen Monat, § 63 Abs. 1 FamFG. Beschwerden gegen eine einstweilige Anordnung oder gegen einen Beschluss, der die Genehmigung eines Rechtsgeschäftes zum Gegenstand hat, können nur binnen zwei Wochen angefochten werden, § 63 Abs. 2 FamFG. Die Frist beginnt mit schriftlicher Bekanntgabe des Beschlusses an den jeweiligen Beteiligten, also nicht erst mit der Zustellung, selbst wenn diese vorgeschrieben sein sollte, §§ 63 Abs. 3, 41 Abs. 1 S. 2 FamFG (*Zimmermann,* Das neue FamFG Rdn. 162). Kindschaftssachen sind keine vermögensrechtlichen Streitigkeiten; daher kommt es auf die Beschwerdesumme des § 61 FamFG nicht an.

3. Es besteht kein Anwaltszwang für ein Beschwerdeverfahren in Familiensachen, da es sich hier nicht um eine Ehe-, Folge- oder Familienstreitsache handelt, § 114 Abs. 1 FamFG.

4. Im isolierten Verfahren wegen elterlicher Sorge beträgt der Gegenstandswert im Regelfall EUR 3.000,–, auch wenn das Verfahren mehrere Kinder betrifft, § 45 Abs. 1 Nr. 1 FamGKG. Im Verbund erhöht sich der Gegenstandswert der Ehesache um 20%, höchstens um EUR 3.000,–, § 44 Abs. 2 FamGKG.

5. Da es sich in diesem Muster nicht um eine Scheidungsfolgesache, sondern ein isoliertes Verfahren handelt, ist nicht § 150 FamFG anzuwenden, sondern §§ 81, 84 FamFG.

7. Vom Ausnahmefall des § 117 FamFG (Ehe- und Familienstreitsachen) abgesehen, muss die Beschwerde nicht begründet werden. Eine Begründung soll jedoch nach Möglichkeit erfolgen und ist in jedem Falle zweckmäßig und empfehlenswert. Zu § 571 ZPO wird z. T. die Ansicht vertreten, dass eine fehlenden Begründung i. d. R. zur Unbegründetheit der Beschwerde führt (Thomas/Putzo/*Reichold* § 571 Rdn. 1). Das wird für die vom Amtsermittlungsgrundsatz geprägten Kindschaftssachen nicht zulässig sein. Das Gericht kann auch eine Frist zur Begründung setzten, § 65 Abs. 2 FamFG. Die Beschwerdeberechtigung ergibt sich aus §§ 59, 60 FamFG.

Kosten und Gebühren

Gerichtskosten: im hier vorgestellten Fall (Beschwerde gegen isolierte Sorgerechtsentscheidung in I. Instanz) 1,0 Gebühr für Beschwerdeverfahren Nr. 1314 KV FamGKG; Ermäßigung auf 0,5 bei Beendigung des Beschwerdeverfahrens ohne Endentscheidung; für einzelne kindschaftsrechtliche Verfahren werden keine Gerichtsgebühren erhoben, s. Vorbem. 1.3.1 FamGKG; Rechtsanwaltsgebühren: Nr. 3200 ff. VV RVG.

Fristen und Rechtsmittel

Das FamFG kennt keine weitere Beschwerde. Es gibt nur die Möglichkeit einer Rechtsbeschwerde. In Familiensachen ist sie nur statthaft, wenn sie vom Beschwerdegericht zugelassen wurde, gleichgültig, ob die Beschwerde als unbegründet oder nach § 68 Abs. 2 S. 2 FamFG bereits als unzulässig zurückgewiesen wurde, vgl. § 70 Abs. 1 FamFG. Eine Nichtzulassungsbeschwerde gibt es nicht. Zuständig für die Rechtsbeschwerde ist der BGH (§ 133 GVG).

J. Erbrecht

1. Klage auf Feststellung des Erbrechts[4] (nach Testamentsanfechtung)

An das
Landgericht[1]

Klage

des …… (Klägers)
……[2]

wegen

Feststellung des Erbrechts

Vorläufiger Streitwert: ……[3]

Namens und mit Vollmacht des Klägers erhebe ich Klage und werde beantragen:

I. Es wird festgestellt[4], dass der Kläger Miterbe zur Hälfte nach der am …… (Datum) in …… (Ort) verstorbenen Mutter der Parteien, Frau …… (Name), geworden ist.

II. Der Beklagte hat die Kosten des Rechtsstreits zu tragen.

Begründung:

Die Parteien sind die einzigen Kinder der Eheleute …… (Name). Ihr Vater verstarb im Jahre …… Zu seinem Nachlass gehörte das bebaute Grundstück ……, ……, eingetragen im Grundbuch von …… (Ort) Blatt …… Der Vater der Parteien hatte keine letztwillige Verfügung errichtet.

Nach dem Tode des Vaters erhielt der Kläger von seiner Mutter einen Betrag von …… EUR. Damit schied er aus der Erbengemeinschaft mit seiner Mutter und dem Beklagten aus.

Am …… (Datum) errichtete die Mutter der Parteien vor dem Notar …… (Name) in …… (Ort) ein öffentliches Testament. Darin setzte sie den Beklagten als ihren Alleinerben ein. Ferner erklärte sie, der Kläger sei bereits abgefunden.

Beweis: Testament vom …… (Datum) – URNr. ……/(Jahr) des Notars …… (Name) in …… (Ort)

Das Testament wurde am …… (Datum) von dem Nachlassgericht in …… (Ort) eröffnet[5]. Am …… (Datum)[6] hat der Kläger dieses Testament durch Erklärung gegenüber dem Nachlassgericht[7] angefochten.

Beweis: Beiziehung der Akten …… Amtsgericht …… (Ort)

Die Mutter der Parteien hat sich bei Errichtung des Testaments in einem Irrtum[8] befunden. Sie hat angenommen, der Kläger sei durch die Zahlung des Betrages von EUR …… auch bezüglich ihres Nachlasses abgefunden. Diese Zahlung hat sich jedoch nur auf den Nachlass nach dem Vater der Parteien bezogen. Das ergibt sich aus der Vereinbarung der Parteien und ihrer Mutter vom …… (Datum).

Beweis: Vertragsurkunde vom …… (Datum) (Fotokopie anbei)

Gegenüber dem beurkundenden Notar hat die Mutter der Parteien nur erwähnt, dass der Kläger durch die Zahlung des Betrages von EUR ......abgefunden sei.

Beweis: Zeugnis des Notars ...... (Name) in ...... (Ort)

Rechtsanwalt

Schrifttum: Jussen, Die erbrechtliche Anfechtung des Minderjährigen, ZEV 2003, 181; *Jülicher/Klinger,* Selbstanfechtung zur Beseitigung der Bindungswirkung gemeinschaftlicher Testamente und Erbverträge, NJW-Spezial 2007, 567; *Kreber,* Die Anfechtbarkeit des Erbvertrags wegen Motivirrtums, DNotZ 2003, 20; *Klinger/Gregor,* Münchener Prozessformularbuch Erbrecht, 2. Aufl. 2009, Form. H. I. 1–7; *Klinger/Stahl,* Münchener Prozessformularbuch Erbrecht, 2. Aufl. 2009, Form. D. III.–V.; *Mankowski,* Selbstanfechtungsrecht des Erblassers beim Erbvertrag und Schadensersatzpflicht nach § 122 BGB, ZEV 1998, 46; *Rohlfing/Mittenzwei,* Der Erklärungsgegner bei der Anfechtung eines Erbvertrags oder gemeinschaftlichen Testaments, ZEV 2003, 49.

Anmerkungen

1. Zur Bezeichnung des Gerichts vgl. Form. I. D. 1 Anm. 1. Die sachliche Zuständigkeit des Landgerichts ergibt sich aus §§ 71, 23 GVG. Hinsichtlich der örtlichen Zuständigkeit gibt § 27 ZPO den besonderen Wahlgerichtsstand der Erbschaft.

2. Zum Rubrum vgl. Form. I. D. 1 Anm. 2-5.

3. Allg. zur Angabe des Streitwerts vgl. Form. I. D. 1 Anm. 6-7. Für die Höhe des Streitwertes ist nach § 3 ZPO das Interesse an der Feststellung maßgebend. Bei der behauptenden Feststellungsklage ist im Allgemeinen ein Abschlag von 20% gegenüber der entsprechenden Leistungsklage zu machen (BGH NJW-RR 1988, 689).

4. Es müssen die Voraussetzungen für die Zulässigkeit einer positiven Feststellungsklage nach § 256 ZPO erfüllt sein (vgl. dazu Form. I. D. 3 Anm. 1). Für die Feststellungsklage fehlt ein Rechtsschutzbedürfnis nicht schon deswegen, weil ein Erbscheinsverfahren anhängig gemacht werden könnte. Der Rechtsstreit ist gem. § 2354 Abs. 1 Nr. 5 BGB dem Nachlassgericht mitzuteilen. Folge dieser Mitteilung kann die Aussetzung des Erbscheinsverfahrens sein (*Palandt/Edenhofer,* 68. Aufl. 2009, Überbl. vor § 2353 Rdn. 6).

Die Wahl der Verfahrensart – Erbschein oder Feststellungsklage – hängt von folgenden Erwägungen ab: Ein erteilter Erbschein erleichtert im Prozess zwar die Beweisführung (*Palandt/Edenhofer,* a. a. O., § 2365 Rdn. 2), bindet den Prozessrichter aber nicht (BGHZ 86, 41). Ein rechtskräftiges Feststellungsurteil ist dagegen im Erbscheinsverfahren zu beachten (*Palandt/Edenhofer,* a. a. O., Überbl. vor § 2353 Rdn. 7). Nur ein Feststellungsurteil erwächst in Rechtskraft; der Erbschein ist dagegen bei Unrichtigkeit gem. § 2361 BGB von Amts wegen einzuziehen. Die Feststellungsklage erfordert einen Prozesskostenvorschuss (§ 65 GKG). Im FGG-Verfahren vor dem Nachlassgericht herrscht der Grundsatz der Amtsermittlung.

Zum Erbscheinsantrag vgl. Form. II. J. 20–23.

5. § 2260 BGB.

6. Die Anfechtungsfrist beträgt nach § 2082 Abs. 1 BGB ein Jahr. Sie beginnt mit dem Zeitpunkt, in welchem der Anfechtungsberechtigte von dem Anfechtungsgrund Kenntnis erlangt. Die Frist läuft nicht, solange der Anfechtungsberechtigte die letztwillige Verfügung für unwirksam hält, zB. für wirksam angefochten oder widerrufen. Dagegen ist der Fristablauf nicht gehemmt, wenn sich der Anfechtungsberechtigte infolge Rechtsunkenntnis in einem Irrtum über die Möglichkeit und Notwendigkeit einer Anfechtung befindet (*Palandt/Edenhofer,* a. a. O., § 2082 Rdn. 4).

7. Die Anfechtung einer letztwilligen Verfügung hat in den in § 2081 Abs. 1 BGB aufgeführten Fällen gegenüber dem Nachlassgericht zu erfolgen. Als amtsempfangsbedürftige Willenserklärung wird eine solche Anfechtung mit ihrem Zugang beim örtlich und sachlich zuständigen Nachlassgericht wirksam (*Palandt/Edenhofer,* a. a. O., § 2081 Rdn. 3). Eine besondere Form ist nicht vorgeschrieben. Der Anfechtungsgrund braucht nicht angegeben zu werden, so dass die Anfechtung jederzeit auch auf andere Tatsachen gestützt werden kann, die schon vor der Anfechtung gegeben waren. Jedoch können später entstandene Anfechtungsgründe nur in einer neuen Anfechtungserklärung geltend gemacht werden (*Palandt/Edenhofe,* a. a. O., § 2081 Rdn. 2).

8. Nach § 2078 BGB berechtigt ein Irrtum des Erblassers über die Erklärungshandlung, den Erklärungsinhalt der letztwilligen Verfügung und im Beweggrunde zur Anfechtung. Ein Anfechtungsrecht besteht auch, wenn der Erblasser widerrechtlich durch Drohung zu der Verfügung bestimmt worden ist. Eine Anfechtung wegen Irrtums kann nur auf Vorstellungen und Erwartungen gestützt werden, die der Erblasser bei Errichtung der letztwilligen Verfügung gehabt hat, nicht auf solche, die er bei Kenntnis von damals unbekannten Umständen gehabt haben würde (*Palandt/Edenhofer,* a. a. O., § 2078 Rdn. 5). Der Beweis für den Anfechtungsgrund obliegt dem, der sich auf die Anfechtung der letztwilligen Verfügung beruft. Das gilt auch für den Nachweis, dass ein etwaiger Irrtum ursächlich für die Verfügung war (*Palandt/Edenhofer,* a. a. O., § 2078 Rdn. 11). Ein Sonderfall des Irrtums im Beweggrund ist in § 2079 BGB geregelt, die Anfechtung wegen Übergehung eines Pflichtteilsberechtigten.

9. Zur Feststellung der Vollerbenstellung statt Vorerbenstellung bei auslegungsbedürftigem Testament vgl. *Klinger/Gregor,* Münchener Prozessformularbuch Erbrecht, a. a. O., Form. L. I. 3.

10. Zur Klage auf Feststellung der Rechtsstellung als Vorerbe vgl. *Klinger/Gregor,* Münchener Prozessformularbuch Erbrecht, a. a. O., Form. L. I. 4.

11. Zur Klage auf Feststellung des Vollerbrechts bei Wegfall des Nacherben vgl. *Klinger/Gregor,* Münchener Prozessformularbuch Erbrecht, a. a. O., Form. L. I. 5.

12. Zur Klage auf Feststellung des Bestehens einer befreiten Vorerbschaft vgl. *Klinger/Gregor,* Münchener Prozessformularbuch Erbrecht, a. a. O., Form. L. I. 6.

13. Zur Feststellungsklage des Erblassers auf Feststellung der Wirksamkeit der Pflichtteilsentziehung vgl. *Klinger/Kasper,* Münchener Prozessformularbuch Erbrecht, 2. Aufl. 2009, Form. T. I. 5.

14. Zur Feststellungsklage des Pflichtteilsberechtigten wegen Nichtbestehens eines Pflichtteilsentziehungsrechts vgl. *Klinger/Kasper,* Münchener Prozessformularbuch Erbrecht, a. a. O., Form. T. III. 6.

Kosten und Gebühren

Gerichtskostenvorschuss: 3,0 Verfahrensgebühr (Nr. 1210 KV GKG). Rechtsanwaltsgebühren: Regelgebühren nach Teil 3 Abschnitt 1 VV RVG. Allgemein zum Streitwert und Beschwer bei Erbrechtsprozessen vgl. *Klingelhöffer,* ZEV 2009, 379.

Fristen und Rechtsmittel

Zur Berufungseinlegung und Berufungsbegründung vergleiche Form. O. 1 und O. 2.

2. Anfechtungsklage wegen Erbunwürdigkeit[4]

An das
Landgericht[1]

Klage

des …… (Klägers)[2]

wegen

Erbunwürdigkeit

Vorläufiger Streitwert: ……[3]

Namens und mit Vollmacht des Klägers erhebe ich Klage und werde beantragen:

I. Der Beklagte wird hinsichtlich des Nachlasses der am …… (Datum) in …… (Ort) verstorbenen …… (Erblasser) für erbunwürdig erklärt[4].

II. Der Beklagte hat die Kosten des Rechtsstreits zu tragen.

Begründung:

Der Kläger ist der einzige Abkömmling[5] der am …… (Datum) in …… (Ort) verstorbenen …… Der Vater des Klägers ist bereits im Jahre …… (Datum) verstorben. Im Jahre …… (Datum) heiratete die Erblasserin den Beklagten.

Am …… (Datum) errichtete sie ein eigenhändiges Testament[6], in dem sie den Beklagten als ihren Alleinerben einsetzte.

Beweis: Testament vom …… (Datum)
Beiziehung der Nachlassakten des Amtsgerichts – Nachlassgericht – …… (Ort)

Im Jahre …… (Jahr) nahm der Beklagte ehewidrige Beziehungen zu der Zeugin …… (Name) auf. Die Erblasserin erfuhr davon im Sommer …… (Jahr). Es kam zu einer heftigen Auseinandersetzung zwischen den Eheleuten. Dabei erklärte die Erblasserin, sie werde sich scheiden lassen und ihr Testament zugunsten des Klägers ändern, wenn der Beklagte die Beziehungen zu der Zeugin nicht sofort abbreche. Daraufhin versicherte der Beklagte, dass er die Beziehungen sofort beenden werde. Im Vertrauen auf diese Erklärung änderte die Erblasserin ihr Testament nicht. Der Beklagte setzte jedoch auch nach dieser Unterredung die Beziehungen zu der Zeugin fort.

Beweis: Zeugnis von Frau …… (Name, ladungsfähige Anschrift)

Davon erhielt die Erblasserin keine Kenntnis. Wenige Tage vor ihrem Tode erklärte sie ihrem Bruder gegenüber, dass sie sehr froh darüber sei, dass der Beklagte die Beziehungen zu der Zeugin beendet habe.

Beweis: Zeugnis des Bruders …… (Name, ladungsfähige Anschrift)

Seit dem Tode der Erblasserin lebt der Beklagte mit der Zeugin zusammen.
Die Erblasserin hat demnach ihr Testament nur deswegen nicht geändert, weil der Beklagte sie arglistig getäuscht hat. Er ist erbunwürdig[7].
Der Wert des Nachlasses beträgt etwa EUR ……[3].

Rechtsanwalt

Schrifttum: Klinger/Maulbetsch, Die Erbunwürdigkeitsklage, NJW-Spezial 2006, 349; *Klinger/Roth,* Verzeihung eines Pflichtteilsentziehungsgrundes, NJW-Spezial 2007, 503; *Kuchinke,* Erbunwürdigkeit wegen Urkundenfälschung, ZEV 1999, 317.

Anmerkungen

1. Zur Bezeichnung des Gerichts sowie zur sachlichen und örtlichen Zuständigkeit vgl. Form. II. J. 1 Anm. 1. Die Klage ist auch im Gerichtsstand der Erbschaft (§ 27 ZPO) möglich (*Palandt/Edenhofer,* 68. Aufl. 2009, § 2342 Rdn. 2).

2. Zur Gestaltung des Rubrums vgl. Form. II. J. 1.

3. Der Streitwert ist gem. § 3 ZPO nach der Beteiligung des Beklagten am Nachlass zu bestimmen (BGH NJW 1970, 197).

4. Die Erbunwürdigkeitsklage (§§ 2339–2345 BGB) fristet in der Praxis zu Unrecht ein Schattendasein, obwohl sie in einigen Fällen die Erbfolge ausschlaggebend verändern kann. Anders als in einigen ausländischen Erbrechtsordnungen genügt das bloße Vorliegen eines Erbunwürdigkeitsgrundes nicht für den Wegfall des Erbrechts. Notwendig ist vielmehr gem. § 2342 Abs. 1 BGB eine Klage oder Widerklage des Berechtigten (§ 2341 BGB) gegen den Erbunwürdigen. Da die Wirkung der Anfechtungsklage erst mit Rechtskraft des stattgebenden Urteils eintritt (§ 2342 Abs. 2 BGB), handelt es sich nach h. M. (*Palandt/Edenhofer,* a. a. O., § 2342 Rdn. 1) nicht um eine Feststellungs-, sondern um eine Gestaltungsklage. Erbunwürdigkeitsgründe werden nicht von Amts wegen geprüft und können auch nicht in Form einer Einrede eingewendet werden.

Nach h. M. (*Palandt/Edenhofer,* a. a. O., § 2342 Rdn. 1) ist es zulässig, die Unwürdigkeitsklage mit einer Stufenklage nach § 2018 BGB zu verbinden, sofern die Erbschaftsklage auf Herausgabe nach Rechtskraft des Erbunwürdigkeitsurteils gerichtet ist. Eine Feststellung der Erbunwürdigkeit ist im Erbscheinsverfahren nicht möglich (BayObLG ZEV 2001, 16). Hat der Erbunwürdige bereits einen Erbscheinsantrag gestellt, muss der Berechtigte dem Nachlassgericht das Aktenzeichen des Anfechtungsprozesses mitteilen und Aussetzung des Erbscheinverfahrens analog § 148 ZPO beantragen.

5. Die Anfechtungsberechtigung folgt aus § 2341 BGB. Klageberechtigt ist nur derjenige, dem der Wegfall des Erbunwürdigen zustatten kommt (§ 2341 BGB), sei es auch erst nach dem Wegfall eines weiteren Vorberufenen (BGH NJW 1989, 3214). Vermächtnisnehmer und Auflagenbegünstigte sind dagegen nicht anfechtungsberechtigt. Das Anfechtungsrecht kann rechtsgeschäftlich nicht übertragen und auch nicht gepfändet werden, da es mit der zukünftigen Erbenstellung verbunden ist.

6. § 2247 BGB. Auf Erbunwürdigkeit, die auch Vermächtnis- und Pflichtteilsunwürdigkeit umfasst (§ 2345 BGB), muss sich der Erblasser nicht in einem Testament oder Erbvertrag berufen. Praktische Relevanz kommt der Erbunwürdigkeitsklage also dann zu, wenn der Erblasser keine Kenntnis von den Verfehlungen des Unwürdigen hatte oder von diesem am Widerruf der letztwilligen Verfügung bzw. am Vollzug der Entziehungserklärung gehindert wurde.

7. Bei den in § 2339 Abs. 1 BGB abschließend aufgezählten Gründen hat der Täter immer in die Testierfreiheit des Erblassers eingegriffen. Es reicht jede Form der Beteiligung, also Täterschaft, Anstiftung und Beihilfe. Das Zivilgericht ist dabei an eine Entscheidung im Strafverfahren nicht gebunden, muss sich aber bei seiner Beweiswürdigung mit den Feststellungen des Strafgerichts auseinander setzen (BGH NJW-RR 2005, 1024).

§ 2339 Abs. 1 Nr. 1 BGB umfasst Mord (§ 211 StGB), Totschlag (§ 212 StGB), versuchte Tötung und das Herbeiführen der (bis zum Tod andauernden) Testierunfähigkeit (z. B. durch Vergiften oder körperliche Verstümmelung). Fahrlässige Tötung (§ 222 StGB) oder Tötung auf Verlangen (§ 216 StGB) genügen nicht.

Ein Grund nach § 2339 Abs. 1 Nr. 2 BGB liegt vor, wenn die Errichtung oder Aufhebung einer Verfügung von Todes wegen des Erblassers vorsätzlich (zB. durch körperliche Gewalt oder Bedrohung) verhindert wird. Der bloße Versuch der Verhinderung ist nicht ausreichend.

§ 2339 Abs. 1 Nr. 3 BGB greift ein, wenn eine arglistige Täuschung oder widerrechtliche Drohung zur Errichtung oder Aufhebung einer wirksamen Verfügung von Todes wegen führt. Umstritten ist, ob eine Ehefrau arglistig täuscht, wenn sie ihrem testierenden Ehemann die eheliche Untreue ungefragt verschweigt. Dies dürfte nur bei besonders gravierenden Umständen gerechtfertigt sein: Eine weit zurückliegende Eheverfehlung begründet in der Regel keine Offenbarungspflicht; etwas anderes gilt bei einem fortdauernden ehewidrigen Verhältnis, wenn der Ehegatte sein Testament erkennbar im Vertrauen auf die Beteuerung der ehelichen Treue errichtet (BGH NJW 1968, 642).

Ein Erbunwürdigkeitsgrund nach § 2339 Abs. 1 Nr. 4 BGB liegt vor, wenn der Erbe in Ansehung des Todes des Erblassers eine Urkundenfälschung (§ 267 StGB), eine mittelbare Falschbeurkundung (§ 271 StGB), eine Veränderung von amtlichen Ausweisen (§ 273 StGB) oder eine Urkundenunterdrückung (§ 274 StGB) begeht. Die Fälschungshandlungen können auch nach dem Erbfall begangen werden. Ausreichend ist nach h. M. (*Palandt/Edenhofer,* a. a. O., § 2339 Rdn. 8) auch der bloße Versuch dieser Urkundsdelikte.

Keine Erbunwürdigkeit tritt ein bei Verzeihung des Erblassers (§ 2343 BGB) und in den Fällen des § 2339 Abs. 1 Nr. 3 und 4 BGB bei Unwirksamkeit der Verfügung von Todes wegen vor dem Erbfall (§ 2339 Abs. 2 BGB).

8. Die Anfechtungsklage muss binnen Jahresfrist ab Kenntnis des Anfechtungsberechtigten vom Anfechtungsgrund erhoben werden (§§ 2340 Abs. 3, 2082 BGB). Dabei wird die zuverlässige Kenntnis des Anfechtungsgrundes, objektive Beweisbarkeit und die Zumutbarkeit der Klageerhebung entscheidend (BGH NJW 1989, 3214). Diese Frist kann gem. §§ 2082 Abs. 2 S. 2, 206, 210, 211 BGB gehemmt sein.

Kosten und Gebühren

Gerichtskostenvorschuss: 3,0 Verfahrensgebühr (Nr. 1210 KV GKG). Rechtsanwaltsgebühren: Regelgebühren nach Teil 3 Abschnitt 1 VV RVG. Allgemein zum Streitwert und Beschwer bei Erbrechtsprozessen vgl. *Klingelhöffer,* ZEV 2009, 379.

Fristen und Rechtsmittel

Zur Berufungseinlegung und Berufungsbegründung vergleiche Form. O. 1 und O. 2.

3. Antrag auf Einleitung der Nachlasspflegschaft[1] bei unklarer[4] Erbfolge

An das
Amtsgericht[2]

In der Nachlasssache
der am ...... geborenen und am ...... verstorbenen ...... (Erblasserin)
zuletzt wohnhaft gewesen ......[3]
vertreten wir Herrn ...... (Name, Anschrift), den einzigen Sohn der verwitweten Erblasserin, als deren gesetzlichen Erben. Das Nachlassgericht ...... (Ort) hat eine letztwillige Verfügung der Erblasserin, datierend vom ......, unter dem Geschäftszeichen ...... eröffnet, in der eine Nichte der Erblasserin, Frau ...... (Name), derzeit wohnhaft in ...... (Anschrift), als Alleinerbin eingesetzt wurde.

Zwischen unserem Mandanten und der vermeintlichen testamentarischen Erbin besteht Streit über die Testierfähigkeit der Erblasserin zum Zeitpunkt der Testamentserrichtung.

Nach Aussagen des behandelnden Arztes bestehen aufgrund fortgeschrittener Demenz erhebliche Zweifel an der Wirksamkeit der letztwilligen Verfügung vom ...... Da das Nachlassgericht zur Klärung dieser Frage Betreuungsakten beigezogen hat und voraussichtlich eine umfangreiche Beweisaufnahme einschließlich der Einholung eines Sachverständigengutachtens erforderlich werden wird, ist mit einer alsbaldigen Entscheidung zur Frage der Testierfähigkeit nicht zu rechnen.

Die erforderlichen Sicherungs- und Fürsorgemaßnahmen für den Nachlass können derzeit weder von unserem Mandanten als gesetzlichen Erben noch von der vermeintlichen testamentarischen Erbin ergriffen werden: So muss das Mietverhältnis der Erblasserin beendet und der Haushalt aufgelöst werden. Weiter müssen verschiedene Nachlassverbindlichkeiten berichtigt und das Aktiendepot umgeschichtet werden.

Damit ist sowohl die Person des Erben ungewiss[4] als auch der Nachlass sicherungsbedürftig[5] i. S. d. § 1960 BGB.

Das Nachlassgericht wird gebeten, einen ihm bekannten und zuverlässigen Rechtsanwalt als Nachlasspfleger auszuwählen[6].

Rechtsanwalt

Schrifttum: Jochum/Pohl, Nachlasspflegschaft, 4. Aufl. 2009; *Klinger/Jochum/Pohl,* Münchener Prozessformularbuch Erbrecht, 2. Aufl. 2009, Form. F. II. 1; *Zimmermann,* Die Nachlaßpflegschaft, 2001.

Anmerkungen

1. Die Nachlasspflegschaft i. S. d. § 1960 BGB dient der Ermittlung der unbekannten Erben und/oder der Erhaltung bzw. Sicherung des Nachlasses für den Erben (BGH NJW 2005, 756; BGH NJW 1968, 353), nicht der Befriedigung der Nachlassgläubiger (*Palandt/Edenhofer,* 68. Aufl. 2009, § 1960 Rdn. 9, 11). Die Nachlasspflegschaft ist ein Unterfall der Pflegschaft. Gem. §§ 1915 Abs. 1, 1897 BGB sind die Vorschriften der §§ 1773 ff. BGB entsprechend anwendbar.

2. Sachlich zuständig ist das Amtsgericht (§ 23 a Abs. 1 Nr. 2, Abs. 2 Nr. 2 GVG iVm. § 342 FamFG), das als Nachlassgericht für die Sicherung des Nachlasses zu sorgen hat (§ 1960 Abs. 1, Abs. 2 BGB).

3. Örtlich zuständig ist das Amtsgericht (Nachlassgericht), in dessen Bezirk der Erblasser seinen Wohnsitz zur Zeit des Erbfalls hatte (§ 343 Abs. 1 Hs. 1 FamFG). Hatte der Erblasser keinen inländischen Wohnsitz, ist das Gericht zuständig, in dessen Bezirk er zur Zeit des Erbfalls seinen Aufenthalt hatte. War der Erblasser Deutscher und hatte er zur Zeit des Erbfalls im Inland weder Wohnsitz noch Aufenthalt, ist das Amtsgericht Schöneberg in Berlin zuständig (§ 343 Abs. 2 FamFG). Funktionell zuständig ist der Rechtspfleger (§ 3 Nr. 2 c RPflG).

4. Ungewissheit über die Person des Erben kann bestehen bei konkreten Zweifeln an der Gültigkeit einer Verfügung von Todes wegen (BayObLG NJW-RR 2004, 939), ernstlichen Zweifeln an der Testierfähigkeit des Erblassers (BayObLG FamRZ 1996, 308), bei Erbscheinseinziehung (BayObLGZ 1962, 307), bei verwickelter oder weitläufiger Erbfolge (BayObLG Rp 1984, 102), vor Feststellung der nichtehelichen Vaterschaft (OLG Stuttgart NJW 1975, 880) und bei Ungewissheit über die Wirksamkeit von Annahme oder Ausschlagung. Steht nach den klaren tatsächlichen oder rechtlichen Verhältnissen im Zeitpunkt der gerichtlichen Entscheidung mit hoher Wahrscheinlichkeit fest, wer Erbe ist, ist der Erbe nicht „unbekannt" i. S. d. § 1960 Abs. 1 BGB (KG NJW-RR 1999, 157; OLG Köln NJW-RR 1989, 454). Kein Sicherungsbedürfnis besteht bei bekannten zerstrittenen Erben (OLG Zweibrücken Rp 1986, 433). Bei nur unbekanntem Aufenthalt kann nur Abwesenheitspflegschaft (§ 1911 BGB) angeordnet werden.

5. Ein Sicherungsbedürfnis besteht bei Gefährdung des Nachlasswertes (OLG Karlsruhe FGPrax 2003, 229), wobei die Entscheidung hierüber im pflichtgemäßen Ermessen des Nachlassgerichts steht (BayObLG Rp 2004, 218). Ein Sicherungsbedürfnis besteht grundsätzlich nicht, wenn die Nachlassverwaltung durch eine zuverlässige und handlungsfähige Person gesichert ist (z. B. vorläufiger Erbe, Testamentsvollstrecker, Bevollmächtigter des Erblassers). Dies gilt aber nicht, wenn der Nachlass nach Art und Umfang eine ungewöhnlich schwierige und bedeutsame Verwaltung notwendig macht und wenn nach den Umständen eine den Belangen des noch unbekannten Erben gerecht werdende Verwaltung durch einen vom Erblasser über den Tod hinaus Bevollmächtigten nicht als gewährleistet angesehen werden kann (OLG Karlsruhe FGPrax 2003, 229; KG ZEV 1999, 395).

6. Im Hinblick darauf, dass die Parteien zerstritten sind, empfiehlt es sich hier nicht, dem Nachlassgericht einen bestimmten Nachlasspfleger vorzuschlagen.

Kosten und Gebühren

Für die Anordnung der Nachlasspflegschaft fällt eine volle Gebühr an (§§ 108, 18 Abs. 1, Abs. 3, 32 KostO). Geschäftswert ist der Wert des aktiven Nachlasses, also ohne Schuldenabzug. Der Rechtsanwalt erhält eine 1,3 Verfahrensgebühr (Nr. 3100 VV RVG). Der Gegenstandswert entspricht gem. § 23 Abs. 1 S. 1 RVG dem Geschäftswert.

Fristen und Rechtsmittel

Die Rechtsmittel im nachlassgerichtlichen Verfahren nach dem mit Wirkung zum 1. 9. 2009 geltendem FamFG werden in Form. II. J. 20 unter Rechtsmittel und Fristen näher erläutert.

4. Stufenklage des Erben gegen den Erbschaftsbesitzer[4] auf Auskunft, Feststellung des Erbrechts und Herausgabe des Nachlasses

An das
Landgericht[1]

Stufenklage

der Frau F ...... (Klägerin)
......[2]

wegen

Auskunft, Feststellung des Erbrechts und Herausgabe

Vorläufiger Streitwert: ......[3]

Namens und mit Vollmacht der Klägerin erhebe ich Klage und werde beantragen:

I. Der Beklagte wird verurteilt, der Klägerin Auskunft[4] über den Bestand der Erbschaft nach dem am ...... (Datum) verstorbenen ...... (Name) und über den Verbleib der Erbschaftsgegenstände zu erteilen.

II. Es wird festgestellt, dass die Klägerin Alleinerbin nach dem am ...... (Datum) in ...... (Ort) verstorbenen ...... (Erblasser) geworden ist.

III. Der Beklagte wird verurteilt, an die Klägerin die nach Erteilung der Auskunft noch zu bezeichnenden Nachlassgegenstände herauszugeben[4].

IV. Der Beklagte hat die Kosten des Rechtsstreits zu tragen.

Begründung:

Am ...... (Datum) verstarb in ...... (Ort), seinem letzten Wohnsitz, der ...... (Name), dessen einziger Abkömmling der Beklagte ist. Die Mutter des Beklagten und Ehefrau des ...... (Name) verstarb vor etwa fünf Jahren. In den letzten Jahren verschlechterten sich die Beziehungen zwischen ...... (Name) und dem Beklagten erheblich. Schließlich wurde der Kontakt völlig abgebrochen. Seitdem hat sich nur noch die Klägerin, eine Nichte des Erblassers, um diesen gekümmert. Sie hat ihn auch allein versorgt, als er vor etwa einem Jahr bettlägerig erkrankte.

Am ...... (Datum) errichtete der Erblasser ein eigenhändiges Testament[5]. Darin traf er folgende Bestimmungen:
„Mein Haus und meine Möbel vermache ich der Frau F. Diese hat mich allein betreut, als es mir sehr schlecht ging. Dafür soll sie belohnt werden. Von meinem Bargeld sollen die Beerdigungskosten bezahlt werden. Außerdem soll meine Nichte F einen angemessenen Betrag für die Grabpflege festlegen. Den Restbetrag (höchstens EUR ......) soll sie an meinen Sohn auszahlen[6].
Beweis: Testament vom ...... (Datum)
Beiziehung der Nachlassakten des Amtsgerichts – Nachlassgericht – ...... (Ort)

Der Beklagte hat bislang die Auffassung vertreten, dieses Testament enthalte keine Erbeinsetzung. Demgegenüber ist der Klägerin bekannt, dass der Erblasser sie als seine Alleinerbin hat einsetzen wollen. Er hat noch wenige Tage vor seinem Tode gegenüber dem nachbenannten Zeugen geäußert, dass die Klägerin alles erhalten werde, was er hinterlasse.
Beweis: Zeugnis des ...... (Name)

Inzwischen hat der Beklagte den gesamten Nachlass in Besitz genommen und verweigert die Herausgabe[7]. Der Klägerin ist der genaue Bestand der Erbschaft nicht bekannt.

Rechtsanwalt

Schrifttum: Klinger/Erker/Oppelt, Münchener Prozessformularbuch Erbrecht, 2. Aufl. 2009, Form. J. II. 3; *Peters,* Die Entscheidungen der Stufenklage, ZZP 1998, 67; *Klinger/Scheuber,* Testamentsauslegung bei Zuwendung von Einzelgegenständen, NJW-Spezial 2008, 135; *Schulte,* Verurteilung zur Auskunftserteilung – Bemessung von Rechtsmittelbeschwer und Kostenstreitwert, MDR 2000, 805.

Anmerkungen

1. Zur Bezeichnung des Gerichts sowie zur sachlichen und örtlichen Zuständigkeit vgl. Form. II. J. 1 Anm. 1.

2. Zur Gestaltung des Rubrums vgl. Form. II. J. 1.

3. Obwohl die Stufenklage mehrere prozessuale Ansprüche umfasst, werden deren Werte nicht addiert, denn nach § 18 GKG zählt nur der wertvollste Anspruch und das ist stets der Anspruch auf Zahlung. Solange der Kläger bei einer Stufenklage den Zahlungsanspruch nicht beziffert, muss dieser geschätzt werden. Maßgeblich ist das wirtschaftliche Interesse des Klägers, also seine Erwartung, die er mit der Stufenklage verbindet.

4. Nach § 2018 BGB kann der Erbe von dem Erbschaftsbesitzer die Herausgabe des Erlangten verlangen. Dabei handelt es sich um einen erbrechtlichen Gesamtanspruch. Wegen der Regelung in § 253 Abs. 2 Nr. 2 ZPO sind aber auch bei dieser Klage die einzelnen Gegenstände, deren Herausgabe verlangt wird, bestimmt zu bezeichnen.

Wenn der Erbe dazu nicht in der Lage ist, bleibt ihm die Möglichkeit, die Herausgabeklage in der Form der Stufenklage (§ 254 ZPO) mit einer Auskunftsklage zu verbinden. Der Auskunftsanspruch steht ihm nach § 2027 BGB zu.

Zweckmäßig ist es, diese Klage mit einer Klage auf Feststellung des Erbrechts zu verbinden, weil sich andernfalls die Rechtskraft des Urteils nur auf den Anspruch auf Herausgabe der einzelnen Gegenstände erstreckt (vgl. *Palandt/Edenhofer,* 68. Aufl. 2009, Einf. vor § 2018 Rdn. 2 und 3). Gegenüber der bloßen Auskunftsklage bringt § 254 ZPO den Vorteil, dass trotz fehlender Bestimmtheit des Klageantrags auf der letzten Stufe die Verjährung des geltend gemachten Leistungsanspruchs gem. § 204 Abs. 1 Nr. 1 BGB gehemmt wird (OLG Hamm NJW-RR 1990, 709).

5. § 2247 BGB.

6. Jede letztwillige Verfügung ist eine Willenserklärung und nach § 133 BGB auszulegen. Die Testamentsauslegung hat das Ziel, den wirklichen (realen) Willen des Erblassers zu erforschen. Da seine Erklärung nicht empfangsbedürftig ist, bedarf es keines Vertrauensschutzes durch Berücksichtigung der objektiven Erklärungsbedeutung. Nur bei vertragsmäßigen Verfügungen im Erbvertrag (§ 2078 BGB) und bei wechselbezüglichen Verfügungen im gemeinschaftlichen Testament (§ 2270 BGB) ist gem. §§ 157, 242 BGB auch auf den Erklärungsempfänger abzustellen (*Palandt/Edenhofer,* a. a. O., § 2084 Rdn. 1). Ein bestimmter Wortlaut ist für eine Erbeinsetzung nicht entscheidend. § 2087 BGB stellt nur eine Auslegungsregel dar. Ausführlich dazu *Klinger/Scheuber,* Testamentsauslegung bei Zuwendung von Einzelgegenständen, NJW-Spezial 2008, 135.

7. Die Herausgabeansprüche der §§ 2018, 2130 und 2362 BGB unterliegen nach dem Gesetz zur Änderung des Erb- und Verjährungsrechts, das zum 1. 1. 2010 in Kraft tritt, auch weiterhin der 30-jährigen Verjährungsfrist des § 197 Abs. Nr. 1 BGB. Für alle sonstigen erbrechtlichen Ansprüche, insb. auch für Vermächtnisansprüche, gilt zukünftig die 3-jährige Regelverjährung des § 195 BGB.

Die Verjährung erbrechtlicher Ansprüche beginnt mit dem Schluss des Kalenderjahres, in welchem der erbrechtliche Anspruch entstanden ist und der Gläubiger davon Kenntnis erlangt hat oder ohne grobe Fahrlässigkeit erlangen musste (§ 199 Abs. 1 BGB). Die Verjährungsfrist des Anspruchs aus § 2287 BGB beginnt – wie bisher – dagegen mit dem Anfall der Erbschaft (§ 2287 Abs. 2 BGB). Auch die Verjährung des Anspruchs aus § 2329 BGB, der sich nicht gegen den Erben, sondern gegen den Beschenkten richtet, beginnt unverändert gem. § 2332 Abs. 1 BGB mit dem Erbfall.

Kosten und Gebühren

Gerichtskostenvorschuss: 3,0 Verfahrensgebühr (Nr. 1210 KV GKG). Rechtsanwaltsgebühren: Regelgebühren nach Teil 3 Abschnitt 1 VV RVG. Allgemein zum Streitwert und Beschwer bei Erbrechtsprozessen vgl. *Klingelhöffer,* ZEV 2009, 379.

Fristen und Rechtsmittel

Zur Berufungseinlegung und Berufungsbegründung vergleiche Form. O. 1 und O. 2.

5. Stufenklage des Pflichtteilsberechtigten[1] gegen den Erben auf Auskunft, Wertermittlung, eidesstattliche Versicherung und Zahlung des Pflichtteils

An das
Landgericht[2]

Klage

des …… (Klägers)[3]

wegen

Pflichtteils

Vorläufiger Streitwert: ……[4]

Namens und mit Vollmacht des Klägers erhebe ich Klage und werde beantragen:

I. Die Beklagte wird im Wege der Stufenklage verurteilt,

1. in der ersten Stufe
   a) Auskunft[5] über den Bestand des Nachlasses des am …… (Datum) verstorbenen …… (Erblasser) zu erteilen, und zwar durch Vorlage eines durch einen Notar aufgenommenen Verzeichnisses[6], das im Einzelnen umfasst:
      aa) Alle beim Erbfall vorhandenen Sachen und Forderungen (Aktiva).
      bb) Alle beim Erbfall vorhandenen Nachlassverbindlichkeiten (Passiva).
      cc) Alle ergänzungspflichtigen Schenkungen[12], die der Erblasser zu seinen Lebzeiten getätigt hat.
      dd) Alle unter Abkömmlingen ausgleichspflichtigen Zuwendungen gem. §§ 2050 ff. BGB, die der Erblasser zu Lebzeiten an seine Abkömmlinge getätigt hat.
      ee) Den Güterstand, in dem der Erblasser verheiratet gewesen ist.
   b) den Wert des im Grundbuch von …… (Ort) Blatt …… eingetragenen Grundstücks durch Vorlage eines Sachverständigengutachtens[7] zum Stichtag …… (Datum) zu ermitteln,
2. in der zweiten Stufe für den Fall, dass das Verzeichnis nicht mit der erforderlichen Sorgfalt errichtet worden sein sollte, zu Protokoll an Eides Statt zu versichern, dass sie nach bestem Wissen den Bestand des Nachlasses so vollständig angegeben hat, als sie dazu im Stande ist[8],
3. in der dritten Stufe an den Kläger den Pflichtteil in Höhe von $^1/_8$ des sich aus der Auskunft ergebenden Nachlasswertes nebst Zinsen in Höhe von fünf Prozentpunkten über dem Basiszinssatz seit Rechtshängigkeit der Klage zu zahlen.

II. Die Beklagte hat die Kosten des Rechtsstreits zu tragen.

Begründung:

Am …… (Datum) verstarb in …… (Ort) der …… (Name). Er war der Ehemann der Beklagten. Der Kläger ist eines von zwei Kindern des Erblassers und der Beklagten.

Der Erblasser hat am …… (Datum) ein öffentliches Testament errichtet, in dem er die Beklagte zu seiner Alleinerbin eingesetzt hat.

Beweis: Testament vom …… (Datum) – URNr. ……/…… des Notars …… (Name) in …… (Ort) – (Fotokopie liegt an)
Beiziehung der Nachlassakten des Amtsgerichts – Nachlassgericht – …… (Ort)

Zum Nachlass des Erblassers gehören u. a. das Grundstück, eingetragen im Grundbuch von ......, Blatt ......, und verschiedene Sparguthaben. Bestand und Wert des Nachlasses im Einzelnen sind dem Kläger nicht bekannt.

Durch Schreiben vom ...... (Datum) hat der Kläger gegenüber der Beklagten seinen Pflichtteilsanspruch geltend gemacht und sie um Auskunft über den Bestand des Nachlasses gebeten. Die Beklagte hat mit Schreiben vom (Datum) erwidert, dem Kläger stehe kein Pflichtteil zu, weil er von seinem Vater etwa zwei Jahre vor dessen Tode EUR ...... erhalten habe. Eine Auskunftserteilung wurde abgelehnt. Der Kläger ist der Auffassung, dass dieser Betrag nicht auf seinen Pflichtteil anzurechnen ist, weil der Erblasser keine entsprechende Bestimmung getroffen hat[9]. Auf jeden Fall ist aber damit der Pflichtteilsanspruch noch nicht erfüllt. Als Pflichtteil verlangt der Kläger $^1/_8$ des Nachlasswertes[10].

Rechtsanwalt

Schrifttum: Herrler, Anlauf der Frist nach § 2325 Abs. 3 Halbs. 1 BGB bei Rückbehalt eines teilweisen Wohnungsrechts verbunden mit einem dinglich gesicherten Rückerwerbsrecht?, ZEV 2008, 461; *Jülicher/Klinger,* Die Ausschlussfrist beim Pflichtteilsergänzungsanspruch, NJW-Spezial 2004, 253; *Jülicher/Klinger,* Der Pflichtteil des Ehegatten, NJW-Spezial 2008, 647; *Klinger,* Notarielles Nachlassverzeichnis – sinnvolles Mittel zur Feststellung des pflichtteilsrelevanten Nachlasses?, NJW-Spezial 2004, 61; *Klinger/Kasper,* Münchener Prozessformularbuch Erbrecht, 2. Aufl. 2009, Form. P. V. 3; *Klinger/Mörtl,* Pflichtteilsergänzungsanspruch bei Lebensversicherung des Erblassers, NJW-Spezial 2008, 583; *Klinger/Mohr,* Der Pflichtteilsergänzungsanspruch des Erben, NJW-Spezial 2007, 13; *Klinger/Mohr,* Der Belegvorlageanspruch des Pflichtteilsberechtigten, NJW-Spezial 2008, 71; *Roth/Maulbetsch,* Geltendmachung von Pflichtteilsansprüchen bei Testamentsvollstreckung, NJW-Spezial 2008, 711; *Sarres,* Auskunftsansprüche des Pflichtteilsberechtigten, ZEV 1998, 4; *Schreinert,* Das notarielle Nachlassverzeichnis, RNotZ 2008, 61.

Anmerkungen

1. Der Pflichtteil besteht in der Hälfte des Wertes des gesetzlichen Erbteils. Pflichtteilsberechtigt sind Abkömmlinge, Eltern und der Ehegatte des Erblassers (§§ 2303, 2309 BGB). Nach § 10 Abs. 6 LPartG ist auch der eingetragene Lebenspartner seit dem 1. 8. 2001 pflichtteilsberechtigt.

2. Zur Bezeichnung des Gerichts sowie zur sachlichen und örtlichen Zuständigkeit vgl. Form. II. J. 1 Anm. 1. Für den Streitwert ist nur der höchste Anspruch maßgebend (*Baumbach/Lauterbach/Albers/Hartmann,* 67. Aufl. 2009, Anh. § 3 Stichwort: Stufenklage Rdn. 108).

3. Zur Gestaltung des Rubrums vgl. Form. II. J. 1.

4. Zum Streitwert vgl. Form. II. J. 4 Anm. 3.

5. Der Erbe hat dem Pflichtteilsberechtigten gem. § 2314 Abs. 1 S. 1 BGB über den Bestand des beim Erbfall tatsächlich vorhandenen Nachlasses (Aktiva und Passiva) Auskunft zu erteilen. Weiter muss er den so genannten fiktiven Nachlass, also alle ausgleichungspflichtigen Zuwendungen i. S. d. §§ 2316, 2052, 2055 BGB sowie ergänzungspflichtigen Schenkungen i. S. d. § 2325 BGB (vgl. dazu Form. II. J. 6 Anm. 6) mitteilen. Hierbei sind die Nachlassgegenstände nach Anzahl, Art und wertbildenden Faktoren zu bezeichnen (BGH NJW 1982, 1644); den Wert selbst hat er hingegen nicht anzugeben, da hierfür der selbstständige Wertermittlungsanspruch gem. § 2314 Abs. 1 S. 2 BGB zur Verfügung steht.

Urkunden oder Belege müssen vom Erben grundsätzlich nicht vorgelegt werden (vgl. *Bartsch,* ZEV 2004, 176; *Klinger/Mohr,* NJW-Spezial 2008, 71), da gem. § 260 BGB nur

Auskunft, also keine Rechnungslegung i. S. d. § 259 BGB geschuldet ist (Staudinger/*Haas*, BGB, Bearb. 2006, § 2314 Rdn. 12). Eine Ausnahme hiervon lässt der BGH (NJW 1961, 602) nur dann zu, wenn sich im Nachlass ein Unternehmen oder eine Unternehmensbeteiligung befindet.

Weiter kann der Pflichtteilsberechtigte gem. § 2314 Abs. 1 S. 2 BGB verlangen, bei der Aufnahme des Bestandsverzeichnisses hinzugezogen zu werden. Darüber hinaus hat er Anspruch auf Vorlage eines amtlichen Nachlassverzeichnisses. Dieses wird durch die zuständige Behörde oder durch einen zuständigen Beamten oder Notar aufgenommen. Der Pflichtteilsberechtigte kann nach Vorlage eines privatschriftlichen Nachlassverzeichnisses nachträglich ein notarielles Verzeichnis einfordern (OLG Köln FamRZ 1992, 1104; OLG Oldenburg NJW-RR 1993, 782). Weiterhin kann der Pflichtteilsberechtigte Wertermittlung auf Kosten des Nachlasses gem. § 2314 Abs. 1 S. 2 BGB verlangen. Die Ansprüche sind voneinander unabhängig und schließen sich nicht gegenseitig aus (BGHZ 33, 373).

6. Die Verpflichtungen des Notars bei der Aufnahme eines amtlichen Nachlassverzeichnisses i. S. d. § 2314 Abs. 1 S. 3 BGB sind nur in Teilaspekten geklärt. Das OLG Celle (DNotZ 2003, 62) betont, dass der Notar den Nachlassbestand selbst ermitteln muss. Kein notarielles Nachlassverzeichnis liegt damit vor, wenn lediglich Erklärungen des Erben oder ein schon vorhandenes privates Verzeichnis beurkundet werden (LG Aurich NJW-RR 2005, 1464). Der Notar muss die Verantwortung für das Nachlassverzeichnis übernehmen und kann diese nicht auf den Erben abwälzen. In der Regel wird deshalb die Begehung der Erblasserwohnung nebst Verzeichnung der dort befindlichen Gegenstände und die Durchsicht von Unterlagen im Hinblick auf das Vorhandensein von Guthaben und Verbindlichkeiten bzw. Grundbesitz angezeigt sein (DNotI-Report 2003, 137). Der Notar darf dabei Hilfspersonen einschalten (*Reithmann* DNotZ 1974, 6). Geboten kann auch eine Anfrage beim zuständigen Grundbuchamt oder den Banken vor Ort sein. Dem Notar ist dringend zu empfehlen, vor der Aufnahme eines Nachlassverzeichnisses zumindest den Versuch eigener Ermittlungen hinsichtlich des Nachlassbestandes zu machen und dies in der Urkunde auch zum Ausdruck zu bringen. Ansonsten besteht die Gefahr, dass ein Gericht das erstellte Verzeichnis nicht als ordnungsgemäße Erfüllung des Auskunftsanspruchs anerkennt (so das OLG Celle DNotZ 2003, 62) und dadurch dem Auskunftsverpflichteten Kosten entstehen, die er im Wege des Regresses vom Notar einfordern kann. Sind weitere Ermittlungen zum Nachlassbestand nach pflichtgemäßem Ermessen des Notars nicht erfolgversprechend oder nicht möglich, muss er sich mit den Angaben und Auskünften des Erben begnügen (OLG Oldenburg, NJW-RR 1993, 782). Hat der Notar Zweifel an der Richtigkeit der Auskünfte, muss er den Auskunftsberechtigten hierüber informieren (*Nieder* ZErb 2004, 63), der dann auf prozessualem Weg – gegebenenfalls über den Anspruch auf Abgabe einer eidesstattlichen Versicherung (§§ 2314 Abs. 1 S. 2, 260 Abs. 2 BGB) – seinen Auskunftsanspruch erzwingen kann.

7. Der Pflichtteilsberechtigte kann nach § 2314 Abs. 1 S. 2 BGB verlangen, dass der Wert der Nachlassgegenstände ermittelt wird. Die Kosten fallen nach § 2314 Abs. 2 BGB dem Nachlass zur Last. Der Erbe muss den Wert der Nachlassgegenstände einschließlich derjenigen, die dem realen Nachlass hinzuzurechnen sind, durch Gutachten eines unparteiischen Sachverständigen ermitteln lassen (BGHZ 89, 27; *Palandt/Edenhofer,* a. a. O., § 2314 Rdn. 14).

8. Nach § 260 Abs. 2 BGB ist auf Verlangen die eidesstattliche Versicherung zu leisten, wenn Grund zu der Annahme besteht, das Verzeichnis sei nicht mit der erforderlichen Sorgfalt aufgestellt worden. Unvollständige und mehrfach berichtigte Angaben können die Annahme mangelnder Sorgfalt begründen (*Palandt/Heinrichs,* a. a. O., § 260 Rdn. 30). Diese Voraussetzungen muss der Kläger darlegen, wenn er nach Erledigung der ersten Stufe das Verfahren fortsetzen und den Anspruch auf Abgabe der eidesstattlichen Versicherung geltend machen will.

Der Klage steht nicht entgegen, dass der Pflichtteilsberechtigte nach § 2006 BGB als Nachlassgläubiger die Abgabe der eidesstattlichen Versicherung vor dem Nachlassgericht verlangen kann. Die Zwangsvollstreckung hinsichtlich der Auskunftserteilung erfolgt nach § 888 ZPO.

9. Nach § 2315 BGB sind Leistungen des Erblassers auf den Pflichtteil anzurechnen, wenn der Erblasser eine entsprechende Anrechnungsbestimmung durch einseitige, empfangsbedürftige Willenserklärung getroffen hat. Die Anrechnungsbestimmung braucht nicht ausdrücklich erklärt worden zu sein. Der Pflichtteilsberechtigte muss sich aber der Anrechnungspflicht bewusst geworden sein. Die Anrechnungsbestimmung darf sich auch nicht nur auf den Erbteil beziehen (*Palandt/Edenhofer,* a.a.O., § 2315 Rdn. 2; *Klinger/Maulbetsch,* Anrechnung und Ausgleichung lebzeitiger Zuwendungen des Erblassers, NJW-Spezial 2006, 253).

Die Pflichtteilsreform, die zum 1. 1. 2010 in Kraft tritt, sieht – entgegen ursprünglicher Vorschläge im Gesetzgebungsverfahren – keine nachträgliche Anrechnungsbestimmung mittels letztwilliger Verfügung vor.

10. Ist der Ehegatte des Erblassers Alleinerbe und hat er mit dem Erblasser im Güterstand der Zugewinngemeinschaft gelebt, so steht bei Abkömmlingen dem Kläger unter Zugrundelegung der §§ 2303 Abs. 2 S. 2, 1371 Abs. 1 BGB als Pflichtteil $^1/_8$ des Nachlasswertes zu (*Jülicher/Klinger,* Der Pflichtteil des Ehegatten, NJW-Spezial 2008, 647; *Palandt/Edenhofer,* a.a.O., § 2303 Rdn. 8).

11. § 2326 BGB stellt klar, dass der Pflichtteilsergänzungsanspruch (§ 2325 BGB) auch dem – gesetzlichen oder testamentarischen – Erben und dem Vermächtnisnehmer zusteht. Das Bestehen eines ordentlichen Pflichtteilsanspruchs (§§ 2303, 2305 BGB) ist nicht erforderlich; es genügt, dass der Anspruchsgläubiger im Falle einer – fiktiv unterstellten – Enterbung zum Kreis der nach § 2303 Abs. 1, 2 BGB pflichtteilsberechtigten Personen gehört. Voraussetzung ist aber, dass die Pflichtteilsberechtigung bereits zum Zeitpunkt der Schenkung bestanden hat (so genannte Doppelberechtigung, BGH NJW 1997, 2676). Ergänzungsberechtigt ist sogar der Alleinerbe, der dann allerdings nur den Beschenkten gem. § 2329 Abs. 1 S. 2 BGB in Anspruch nehmen kann.

12. Gem. § 2325 Abs. 3 BGB bleiben Schenkungen beim Pflichtteilsergänzungsanspruch unberücksichtigt, wenn zur Zeit des Erbfalls zehn Jahre seit der Leistung des verschenkten Gegenstandes verstrichen sind. Dieses „Alles-oder-Nichts"-Prinzip führt allerdings zu willkürlichen Ergebnissen: Erfolgt die Schenkung z.B. zehn Jahre und ein Monat vor dem Erbfall, ist sie pflichtteilsergänzungsfest, d.h. dem Pflichtteilsberechtigten steht hieraus kein Anspruch zu. Erfolgt die Schenkung stattdessen neun Jahre und 11 Monate vor dem Erbfall, ist der volle Betrag der Schenkung entsprechend der Quote des Pflichtteilsberechtigten in Ansatz zu bringen.

Die Pflichtteilsreform, die zum 1. 1. 2010 in Kraft tritt, sieht demgegenüber eine gleitende „Pro-Rata"-Lösung vor: Die Schenkung wird nur noch im ersten Jahr vor dem Erbfall mit 100% berücksichtigt. Für jedes weitere Jahr vor dem Erbfall wird der Wertansatz um $^1/_{10}$ reduziert.

Die Frist von zehn Jahren nach § 2325 Abs. 3 BGB beginnt bei beweglichen Sachen mit Vollendung des Eigentumsübergangs und bei Grundstücken mit der Umschreibung im Grundbuch (BGH NJW 1988, 821; *Palandt/Edenhofer,* a.a.O., § 2325 Rdn. 22). Die Eintragung einer Auflassungsvormerkung genügt dagegen nicht, da sie noch keine dingliche Rechtsänderung bewirkt.

Behielt sich der Erblasser bei der Schenkung eines Grundstückes den Nießbrauch vor, so hat er den Genuss des verschenkten Gegenstandes nicht aufgegeben. Eine Leistung des verschenkten Gegenstandes i.S.d. § 2325 Abs. 3 Hs. 1 BGB und damit ein Fristbeginn liegt dann trotz Umschreibung im Grundbuch nicht vor (BGH NJW 1987, 122; NJW 1994, 1791). Diese Rechtslage wird durch die Pflichtteilsreform nicht geändert. Nach h.M. ist der Vorbehalt eines umfassenden Wohnungsrechts dem Nießbrauch gleichzustellen. Umstritten ist aber, wie im Rahmen des § 2325 Abs. 3 BGB ein nur anteiliges Wohnrecht zu behandeln ist. Die Rechtsprechung der einzelnen Oberlandesgerichte (OLG München ZEV 2008, 480; OLG Düsseldorf NJWE-FER 1999, 279; OLG Bremen NJW 2005, 1726; OLG Karlsruhe, FamRZ 2008, 1377) dazu ist noch uneinheitlich (einen Überblick bringt *Herrler* ZEV 2008, 461); eine Entscheidung des BGH steht derzeit noch aus.

Bei Schenkungen an Ehegatten beginnt gem. § 2325 Abs. 3 Hs. 2 BGB die Zehnjahresfrist nicht vor Auflösung der Ehe. Wird also die Ehe erst durch den Tod des einen Ehegatten beendet, sind alle während der gesamten Ehezeit vom Erblasser an den überlebenden Ehegatten gemachten Schenkungen ergänzungspflichtig, mögen diese auch Jahrzehnte zurückliegen. Diese Rechtslage wird durch die Pflichtteilsreform nicht geändert.

Nach § 2325 Abs. 2 S. 2 BGB ist bei einem Grundstück von den Werten zur Zeit der Schenkung und zur Zeit des Erbfalls der niedrigere Wert in Ansatz zu bringen. Dabei ist der für den Zeitpunkt der Schenkung ermittelte Wert nach den Grundsätzen über die Berücksichtigung des Kaufkraftschwundes (BGHZ 65, 75) auf den Tag des Erbfalls umzurechnen (*Palandt/Edenhofer,* a. a. O., § 2325 Rdn. 19). Auch wenn der Erblasser den Genuss des verschenkten Gegenstandes bis zum Erbfall nicht entbehrt hat, kommt es für die Höhe des Pflichtteilsergänzungsanspruches auf den (den Wert der vorbehaltenen Rechte übersteigenden) wirtschaftlichen Wert des im Zeitpunkt der Schenkung übertragenen Eigentums an (BGH NJW 1994, 1791).

13. Nach § 2332 BGB verjährt der Pflichtteilsanspruch in drei Jahren von dem Zeitpunkt an, in welchem der Pflichtteilsberechtigte von dem Eintritt des Erbfalls und der ihn belastenden Verfügung Kenntnis erlangt, spätestens jedoch in dreißig Jahren von dem Eintritt des Erbfalls an. Rechtliche Zweifel können die Kenntnis ausschließen. Auf die Kenntnis vom Nachlassbestand kommt es nicht an (*Klinger/Ruby,* Verjährung im Pflichtteilsrecht, NJW-Spezial 2005, 493; *Palandt/Edenhofer,* a. a. O., § 2332 Rdn. 2). Die Verjährung wird durch die bloße Klage auf Auskunft nicht unterbrochen, jedoch durch eine Stufenklage (§ 254 ZPO) auf Auskunft, Leistung einer eidesstattlichen Versicherung und Zahlung (*Palandt/Edenhofer,* a. a. O., § 2332 Rdn. 11).

Der Pflichtteilergänzungsanspruch gegen den Erben verjährt als selbstständiger Anspruch eigenständig neben dem ordentlichen Pflichtteilsanspruch (BGH NJW 1995, 1157). Für eine Kenntnis i. S. v. § 2332 Abs. 1 BGB reicht es aus, dass die Schenkung „dem Grunde nach" bekannt ist (also nicht nach Umfang oder Wert); denn schon bei einer solchen „Grundkenntnis" kann vom Pflichtteilsberechtigten ein verjährungshemmendes Handeln erwartet werden (BGH NJW 1964, 297). Hatte der Pflichtteilsberechtigte bereits zu Lebzeiten des Erblassers Kenntnis von dessen Schenkung erlangt, kann die Verjährung des Pflichtteilsergänzungsanspruchs bereits mit dem Erbfall beginnen (OLG Koblenz NJOZ 2005, 935). Wird der Pflichtteilsberechtigte durch verschiedene Schenkungen benachteiligt und erfährt dieser davon nacheinander, können sich daraus verschiedene Ergänzungsansprüche mit unterschiedlich laufenden Verjährungsfristen ergeben (BGH NJW 1988, 1667).

Nach der Pflichtteilsreform, die zum 1. 1. 2010 in Kraft tritt, beginnt die Verjährung von Pflichtteilsansprüchen erst mit dem Schluss des Kalenderjahres, in welchem der Pflichtteilsanspruch entstanden ist und der Pflichtteilsberechtigte davon Kenntnis erlangt hat (§ 199 Abs. 1 BGB). Die Verjährung des Anspruchs aus § 2329 BGB, der sich nicht gegen den Erben, sondern gegen den Beschenkten richtet, beginnt weiterhin gem. § 2332 Abs. 1 BGB n. F. mit dem Erbfall.

Kosten und Gebühren

Gerichtskostenvorschuss: 3,0 Verfahrensgebühr (Nr. 1210 KV GKG). Rechtsanwaltsgebühren: Regelgebühren nach Teil 3 Abschnitt 1 VV RVG. Allgemein zum Streitwert und Beschwer bei Erbrechtsprozessen vgl. *Klingelhöffer,* ZEV 2009, 379.

Fristen und Rechtsmittel

Zur Berufungseinlegung und Berufungsbegründung vergleiche Form. O. 1 und O. 2.

6. Klage des Pflichtteilsergänzungsberechtigten gegen den Beschenkten[1] wegen Duldung der Zwangsvollsteckung

An das
Landgericht[2]

Klage

der …… (Klägerin)[3]

wegen

Duldung der Zwangsvollstreckung

Vorläufiger Streitwert: ……[4]

Namens und mit Vollmacht der Klägerin erhebe ich Klage und werde beantragen:

I. Der Beklagte wird verurteilt, wegen einer Forderung in Höhe von EUR …… nebst Zinsen in Höhe von fünf Prozentpunkten über dem jeweiligen Basiszinssatz seit Rechtshängigkeit die Zwangsvollstreckung in das im Grundbuch von …… (Ort), Blatt ……, eingetragene Grundstück zugunsten der Klägerin zu dulden[5].

II. Der Beklagte hat die Kosten des Rechtsstreits zu tragen.

Begründung:

Am …… (Datum) verstarb in …… (Ort) die Frau …… (Erblasser). Sie war die Mutter der Klägerin und Großmutter des Beklagten. Der Beklagte ist ein Sohn der einzigen Schwester der Klägerin, der Frau …… (Name). Die Erblasserin hinterließ keine letztwillige Verfügung. Ihre gesetzlichen Erben sind die Klägerin und die Mutter des Beklagten.

Durch notariellen Vertrag vom …… (Datum) übertrug die Mutter der Klägerin ihr Grundstück, eingetragen im Grundbuch von …… (Ort), Blatt ……, mit einem im Jahre …… (Datum) erbauten Haus „im Wege der vorweggenommenen Erbfolge" auf den Beklagten.

In § 4 dieses Vertrages erklärte die Mutter des Beklagten einen Verzicht auf Erb- und Pflichtteilsansprüche nach ihrer Mutter.

Beweis: Vertrag vom …… (Datum) – URNr. ……/…… des Notars …… (Name) in …… (Ort) (Fotokopie liegt an)

Der Beklagte wurde am …… (Datum)[6] als Eigentümer dieses Grundstückes im Grundbuch eingetragen.

Bei dem Tode der Mutter der Klägerin war ein Nachlass nicht vorhanden.

Die Übertragung des Hausgrundstückes auf den Beklagten ist unentgeltlich erfolgt[1]. Das Grundstück hatte im Zeitpunkt der Schenkung einen Wert in Höhe von mindestens …… EUR[7].

Beweis: Gutachten eines Sachverständigen

Da die Mutter des Beklagten in dem Vertrag auf ihre Erb- und Pflichtteilsansprüche verzichtet hat[8], steht der Klägerin ein Pflichtteilsanspruch in Höhe der Hälfte des Nachlass-

wertes zu. Dem Nachlass ist insofern der Wert des an den Beklagten verschenkten Grundstückes hinzuzurechnen. Da der Nachlass tatsächlich beim Tode der Erblasserin wertlos war[9], kann die Klägerin von dem Beklagten wegen ihres Pflichtteilsergänzungsanspruches die Duldung der Zwangsvollstreckung in das geschenkte Grundstück verlangen.[5]
Rechtsanwalt

Schrifttum: Fischl/Klinger, Ehebezogene Zuwendungen im Pflichtteilsrecht, NJW-Spezial 2008, 327; *Herrler,* Anlauf der Frist nach § 2325 Abs. 3 Halbs. 1 BGB bei Rückbehalt eines teilweisen Wohnungsrechts verbunden mit einem dinglich gesicherten Rückerwerbsrecht?, ZEV 2008, 461; *Jülicher/Klinger,* Die Ausschlussfrist beim Pflichtteilsergänzungsanspruch, NJW-Spezial 2004, 253; *Klinger/Kasper,* Münchener Prozessformularbuch Erbrecht, 2. Aufl. 2009, Form. P. VI. 2; *Klinger/Mörtl,* Pflichtteilsergänzungsanspruch bei Lebensversicherung des Erblassers, NJW-Spezial 2008, 583; *Klinger/Mohr,* Der Pflichtteilsergänzungsanspruch des Erben, NJW-Spezial 2007, 13; *Klinger/Mohr,* Der Belegvorlageanspruch des Pflichtteilsberechtigten, NJW-Spezial 2008, 71; *Pentz,* Haftung des Beschenkten nach § 2329 BGB, MDR 1998, 132; *Roth/Maulbetsch,* Geltendmachung von Pflichtteilsansprüchen bei Testamentsvollstreckung, NJW-Spezial 2008, 711.

Anmerkungen

1. Nach § 2325 BGB kann ein Pflichtteilsberechtigter eine Ergänzung des Pflichtteils wegen aller Schenkungen verlangen, die der Erblasser in den letzten zehn Jahren vor seinem Tode geleistet hat. Ausgenommen sind Anstandsschenkungen i. S. d. § 2330 BGB. Dagegen können belohnende Schenkungen und auch gemischte Schenkungen unter Abzug des nicht als Schenkung anzusehenden Betrags darunter fallen (*Palandt/Edenhofer,* 68. Aufl. 2009, § 2325 Rdn. 7, 8). Bewertungen der Vertragsparteien über Leistung und Gegenleistung müssen dabei grundsätzlich anerkannt werden, wenn sie, auch unter Berücksichtigung eines Verwandtschaftsverhältnisses, noch im vernünftigen Rahmen bleiben (*Palandt/Edenhofer,* a. a. O., § 2325 Rdn. 8). Bei einem groben Missverhältnis zwischen Leistung und Gegenleistung spricht eine tatsächliche Vermutung für eine Einigung über die Unentgeltlichkeit (BGHZ 59, 132).

2. Zur Bezeichnung des Gerichts sowie zur sachlichen und örtlichen Zuständigkeit vgl. Form. II. J. 1 Anm. 1.

3. Zum Rubrum vgl. Form. II. J. 1.

4. Der Streitwert bemisst sich nach dem vollen Wert der Forderung oder der Haftungsmasse, je nachdem, welche kleiner ist (*Baumbach/Lauterbach/Albers/Hartmann,* 67. Aufl. 2009, Anh. § 3 Stichwort: Duldung der Zwangsvollstreckung Rdn. 31).

5. Der Pflichtteilsergänzungsanspruch richtet sich grundsätzlich gegen den Erben und nur, soweit dieser zur Ergänzung nicht verpflichtet ist, gegen den Beschenkten, der die Zwangsvollstreckung in den geschenkten Gegenstand in Höhe der Ergänzungsforderung zu dulden hat (BGH NJW 1983, 1485). Bei Geldgeschenken bzw. beim Vorliegen eines bereicherungsrechtlichen Wertersatzanspruches nach § 818 Abs. 2 BGB ist der Anspruch ausnahmsweise auf Zahlung gerichtet (*Palandt/Edenhofer,* a. a. O., § 2329 Rdn. 6).

Ist der Pflichtteilsberechtigte der Alleinerbe, so geht der Anspruch von vornherein gegen den Beschenkten (§ 2329 Abs. 1 S. 2 BGB). In diesem Fall kann dem pflichtteilsberechtigten Erben gegen den Beschenkten auch ein Auskunfts- und Wertermittlungsanspruch zustehen. Die Grundlage dafür kann allerdings nicht aus § 2314 BGB, sondern nur aus § 242 BGB hergeleitet werden (BGH FamRZ 1985, 1249 f.). Bei Geldgeschenken wird der Beschenkte auf Zahlung in Anspruch genommen, im Übrigen im Wege der Klage auf Duldung der Zwangsvollstreckung in den geschenkten Gegenstand in Höhe der verbleibenden Ergänzungsforderung (*Palandt/Edenhofer,* a. a. O., § 2329 Rdn. 6).

Die Zinsforderung ergibt sich aus §§ 291, 288 BGB.

6. Zur Begrenzung des Pflichtteilsergänzungsanspruchs auf die Zehn-Jahresfrist des § 2325 Abs. 3 BGB und seinen Ausnahmen vgl. Form. II. J. 5 Anm. 12.

7. Zur Bewertung ergänzungspflichtiger Zuwendungen vgl. Form. II. J. 5 Anm. 12.

8. Der Erbverzichtsvertrag bedarf nach § 2348 BGB der notariellen Beurkundung. Der Verzichtende ist von der gesetzlichen Erbfolge ausgeschlossen und hat auch kein Pflichtteilsrecht (§ 2346 BGB). Der Verzicht erstreckt sich nach § 2349 BGB grundsätzlich auch auf die Abkömmlinge des Verzichtenden. Der Verzicht kann auch zugunsten eines anderen erklärt werden. Dann gilt er im Zweifel nur, wenn der andere Erbe wird (§ 2350 BGB). Ausführlich *Becker/Klinger,* Verzichtsverträge im Erbrecht, NJW-Spezial 2007, 61.

9. Der Anspruch aus § 2329 BGB gegen den Beschenkten ist subsidiär und findet nur dann Anwendung, wenn der Erbe gem. § 2325 BGB zur Ergänzung nicht verpflichtet ist. Dies ist der Fall, wenn die Haftung des Erben gem. §§ 1975, 1990 BGB beschränkt ist und der Nachlass für die Pflichtteilsergänzung nicht ausreicht, oder wenn der Anspruch gegen den Erben in voller Höhe wegen des eigenen Pflichtteilsrechts des Erben nicht erfüllt werden kann. In diesen Fällen trifft die subsidiäre Haftung den Beschenkten. Der Pflichtteilsberechtigte hat folglich darzulegen und zu beweisen, dass der Nachlass für die Pflichtteilsergänzung nicht ausreicht bzw. den Erben keine Zahlungspflicht trifft (OLG Düsseldorf FamRZ 1996, 445).

§ 2326 BGB stellt klar, dass der Pflichtteilsergänzungsanspruch (§ 2325 BGB) auch dem – gesetzlichen oder testamentarischen – Erben und dem Vermächtnisnehmer zusteht. Das Bestehen eines ordentlichen Pflichtteilsanspruchs (§§ 2303, 2305 BGB) ist nicht erforderlich; es genügt, dass der Anspruchsgläubiger im Falle einer – fiktiv unterstellten – Enterbung zum Kreis der nach § 2303 Abs. 1, 2 BGB pflichtteilsberechtigten Personen gehört. Voraussetzung ist aber, dass die Pflichtteilsberechtigung bereits zum Zeitpunkt der Schenkung bestanden hat (so genannte Doppelberechtigung, BGH NJW 1997, 2676). Ergänzungsberechtigt ist sogar der Alleinerbe, der dann allerdings nur den Beschenkten gem. § 2329 Abs. 1 S 2 BGB in Anspruch nehmen kann.

10. Die Verjährung des Anspruchs gegen den Beschenkten beginnt – auch nach dem Inkrafttreten der Pflichtteilsreform zum 1. 1. 2010 – gem. § 2332 Abs. 1 BGB n. F. stets mit dem Erbfall, also auch ohne Kenntnis des Anspruchsberechtigten (BGH FamRZ 1968, 150). Dies gilt selbst dann, wenn der Beschenkte gleichzeitig Erbe ist (BGH NJW 1986, 1610). Da beim Pflichtteilsergänzungsanspruch gilt „zuerst gegen den Erben, dann gegen den Beschenkten", stellt sich zuweilen erst gegen Ende eines mehrjährigen Prozesses gegen den Erben heraus, dass dieser mangels Nachlassmasse überhaupt nicht oder wegen Verteidigung des eigenen Pflichtteils (§ 2328 BGB) nur zur teilweisen Pflichtteilsergänzung verpflichtet ist und somit die Voraussetzungen des § 2329 BGB vorliegen. Häufig übersehen wird dabei, dass die Klage aus § 2325 BGB gegen den Erben nicht zur Hemmung der Verjährung des Anspruchs aus § 2329 BGB gegen den Beschenkten führt, wenn es sich beim Erben nicht „zufällig" zugleich um den Beschenkten handelt (BGH NJW 1989, 2887). Eine Verjährungshemmung muss deshalb entweder durch Feststellungsklage gegen den unwägbar haftenden Beschenkten (OLG Düsseldorf FamRZ 1996, 445) oder durch Streitverkündung des Ergänzungsberechtigten gegen den Beschenkten analog § 72 Abs. ZPO bewirkt werden (*Klinger/Ruby,* Verjährung im Pflichtteilsrecht, NJW-Spezial 2005, 493). Letztere hat für den Folgeprozess zudem den Vorteil der Interventionswirkung gem. §§ 74 Abs. 3, 68 ZPO.

Kosten und Gebühren

Gerichtskostenvorschuss: 3,0 Verfahrensgebühr (Nr. 1210 KV GKG). Rechtsanwaltsgebühren: Regelgebühren nach Teil 3 Abschnitt 1 VV RVG. Allgemein zum Streitwert und Beschwer bei Erbrechtsprozessen vgl. *Klingelhöffer,* ZEV 2009, 379.

Fristen und Rechtsmittel

Zur Berufungseinlegung und Berufungsbegründung vergleiche Form. O. 1 und O. 2.

7. Klage des Vertragserben bzw. Schlusserben gegen den Beschenkten auf Herausgabe des Geschenkes bei böswilliger Schenkung[1]

An das
Landgericht[2]

Klage

des ...... (Klägers)[3]

wegen

Herausgabe[5]

Vorläufiger Streitwert: ......[4]

Namens und mit Vollmacht des Klägers erhebe ich Klage und werde beantragen[5]:

I. Die Beklagte wird verurteilt, das im Grundbuch von ...... (Ort), Blatt ......, eingetragene Grundstück 11 an den Kläger aufzulassen und in die entsprechende Änderung des Grundbuches einzuwilligen, und zwar Zug um Zug gegen Zahlung von ...... EUR[5].

II. Die Beklagte hat die Kosten des Rechtsstreits zu tragen.

Begründung:

Die Parteien sind Geschwister. Ihre Eltern, die Eheleute ...... (Namen) errichteten am ...... (Datum) ein gemeinschaftliches Testament, in dem sie sich gegenseitig als Erben einsetzten. Zugleich bestimmten sie, dass nach dem Tode des Längstlebenden der beiderseitige Nachlass an den Kläger fallen sollte[6].

Beweis: Testament vom ...... (Datum) – (Fotokopie anbei)
Beiziehung der Nachlassakten des Amtsgerichts – Nachlassgericht – ...... (Ort)

Die Mutter der Parteien verstarb am ...... (Datum). Nach dem Tode der Mutter zog die Beklagte mit ihrer Familie in das Haus des Vaters. In der Folgezeit verschlechterten sich die Beziehungen des Klägers zu seinem Vater merklich. Es kam wiederholt zu heftigen Wortwechseln, weil der Vater dem Kläger unbegründete Vorwürfe machte. Daran beteiligte sich auch die Beklagte. Dem Kläger drängte sich der Eindruck auf, dass die Beklagte den Vater gegen ihn aufhetzte.

Unter dem ...... (Datum) errichtete der Vater ein privatschriftliches Testament, in dem er die Beklagte als seine Alleinerbin einsetzte. Dieses Testament ist unwirksam[7].

Beweis: Testament vom ...... (Datum) – (Fotokopie anbei)
Beiziehung der Nachlassakten des Amtsgerichts – Nachlassgericht – ...... (Ort)

Durch notariellen Vertrag vom ...... (Datum) übertrug der Vater das Hausgrundstück[11] an die Beklagte. Diese wurde am ...... (Datum) als Eigentümerin im Grundbuch eingetragen[8].

Beweis: Notarieller Vertrag vom ...... (Datum) – URNr. ....../...... des Notars ...... (Name) in ...... (Ort) – (Fotokopie anbei)

Bei der Übertragung verfolgte der Vater lediglich die Absicht[9], dem Kläger die Vorteile der Erbeinsetzung in dem gemeinschaftlichen Testament der Eltern zu entziehen. Das er-

gibt sich auch aus dem privatschriftlichen Testament von ...... (Jahr). Ein beachtenswertes Interesse des Erblassers an der Übertragung des Grundstücks ist nicht ersichtlich. Er verfügte über ein monatliches Renteneinkommen von über EUR ...... Bei seinem Tode waren keine Ersparnisse vorhanden. Hinzu kommt, dass der Erblasser überraschend verstorben ist und bis zu seinem Tode nicht pflegebedürftig war.

Der Wert des Grundstückes wird mit EUR ...... angegeben[4].

Rechtsanwalt

Schrifttum: Klinger/Roth, Beweislastverteilung bei „böswilliger Schenkung" iSd. § 2287 BGB, NJW-Spezial 2008, 519; *Klinger/Schlitt,* Münchener Prozessformularbuch Erbrecht, 2. Aufl. 2009, Form. N. II. 2; *Kohler,* Erblasserfreiheit oder Vertragserbenschutz und § 826 BGB, FamRZ 1990, 464; *Waltermann,* Benachteiligende Schenkungen des testamentarisch gebundenen Erblassers, NJW-RR 1991, 1157.

Anmerkungen

1. Nach § 2287 BGB kann ein Vertragserbe von einem Beschenkten die Herausgabe des Geschenkes nach den Vorschriften über die ungerechtfertigte Bereicherung verlangen, wenn der Erblasser die Schenkung in der Absicht gemacht hat, den Vertragserben zu beeinträchtigen. Diese Bestimmung gilt auch für bindend gewordene Verfügungen in einem gemeinschaftlichen Testament (BGHZ 82, 274; *Palandt/Edenhofer,* 68. Aufl. 2009, § 2287 Rdn. 3). Die Beweislast für das Vorliegen einer wechselbezüglichen (§ 2270 BGB) bzw. vertragsmäßigen (§ 2278 BGB) Verfügung trägt im Herausgabeprozess der Vertrags- bzw. Schlusserbe, dem dabei die Auslegungsregel des § 2270 Abs. 2 BGB zugute kommt. Die Rückforderung scheitert, wenn der Ehegatte des Schenkers zum Zeitpunkt der Schenkung noch lebte, weil in diesem Fall die wechselbezügliche Verfügung des Erblassers noch nicht bindend geworden war (allg. zur Bindungswirkung erbrechtlicher Verfügungen vgl. *Klinger/Scheuber,* NJW-Spezial 2006, 157).

Bei einer Erbengemeinschaft steht der Anspruch nicht der Erbengemeinschaft als solcher, sondern den einzelnen Erben entsprechend ihrer Erbquote zu (*Palandt/Edenhofer,* a. a. O., § 2287 Rdn. 12). Ein Testamentsvollstrecker kann ihn nicht geltend machen.

2. Zur Bezeichnung des Gerichts sowie zur sachlichen und örtlichen Zuständigkeit vgl. Form. II. J. 1 Anm. 1.

3. Zum Rubrum vgl. Form. II. J. 1.

4. Nach § 6 ZPO ist für den Streitwert der Verkehrswert des Grundstücks maßgeblich. Lasten, z. B. valutierende Grundpfandrechte, können den Wert mindern (*Baumbach/Lauterbach/Albers/Hartmann,* 67. Aufl. 2009, § 6 Rdn. 5, str.).

5. Der Anspruch aus § 2287 BGB entsteht erst mit dem Anfall der Erbschaft und ist ein persönlicher Anspruch des Vertrags- bzw. Schlusserben, er gehört also nicht zum Nachlass (BGH NJW 1989, 2389). Mehrere Vertrags- oder Schlusserben können deshalb Herausgabe des Geschenks nur zu einem der Erbquote entsprechenden Anteil (*Palandt/Edenhofer,* a. a. O., § 2287 Rdn. 12), nicht also Herausgabe an die Erbengemeinschaft verlangen (BGH NJW 1982, 43). Ausnahmsweise kann Übertragung des Alleineigentums begehrt werden, wenn dem Miterben der verschenkte Gegenstand in der letztwilligen Verfügung durch Teilungsanordnung zugedacht war (OLG Frankfurt a. M. NJW-RR 1991, 1157).

§ 2287 BGB enthält einen Rechtsfolgenverweis auf die §§ 818-822 BGB. Soweit sich der Beschenkte auf den Entreicherungseinwand des § 818 Abs. 3 BGB beruft, trägt er hierfür die Beweislast (BGH NJW 1999, 1181). Dieser Einwand entfällt jedoch, wenn die Herausgabeklage bereits rechtshängig war (§ 818 Abs. 4 BGB) oder der Beschenkte die Benachteiligungsabsicht des Erblassers kannte bzw. später davon erfuhr (§ 819 BGB). Hierfür ist der Vertrags- bzw. Schlusserbe beweispflichtig (BGH NJW 1958, 1725).

Bei einer gemischten Schenkung kann der Beschenkte den Einwand erheben, dass seine von ihm erbrachte Gegenleistung Zug-um-Zug zu erstatten ist (BGH NJW 1980, 2307). Ist der Beschenkte zugleich pflichtteilsberechtigt, ist der Bereicherungsanspruch aus § 2287 BGB auf das beschränkt, was nach Begleichung des Pflichtteils übrig bleibt. Verlangt der Vertrags- bzw. Schlusserbe die Herausgabe des Geschenks, so muss er Zug-um-Zug zugleich den fiktiven Pflichtteil des Beschenkten auskehren. Einer dahingehenden Einrede des Beschenkten bedarf es im Prozess nicht (BGH NJW 1984, 121).

Ist der Beschenkte zugleich pflichtteilsberechtigt, kann der Vertragserbe den Herausgabeanspruch nur Zug um Zug gegen Zahlung des Pflichtteilsbetrages geltend machen (BGHZ 88, 269; *Palandt/Edenhofer,* a. a. O., § 2287 Rdn. 15). Gleiches gilt beim zugewinnausgleichsberechtigten Ehegatten (*Palandt/Edenhofer,* a. a. O., § 2287 Rdn. 15).

6. Bei einem sogenannten Berliner Testament ist der überlebende Ehegatte Vollerbe des Erstversterbenden. Der Dritte ist Erbe des Längstlebenden (§ 2269 BGB).

7. Nach §§ 2271, 2296 BGB kann bei wechselbezüglichen Verfügungen jeder Ehegatte zu Lebzeiten des anderen Ehegatten durch notarielle Erklärung diesem gegenüber seine Verfügung widerrufen. Mit dem Tode des anderen Ehegatten erlischt jedoch dieses Widerrufsrecht. Damit wird auch die Testierfreiheit des Überlebenden eingeschränkt (*Palandt/Edenhofer,* a. a. O., § 2271 Rdn. 9).

8. Der Schenkungsbegriff in § 2287 BGB entspricht dem des § 516 BGB. Erforderlich ist also eine Zuwendung des Erblassers, durch die objektiv die Substanz seines Vermögens vermindert und das Vermögen des Empfängers entsprechend vermehrt wird. Notwendig ist weiter eine Einigung über die Unentgeltlichkeit der Zuwendung (*Palandt/Edenhofer,* a. a. O., § 2287 Rdn. 5).

Erfasst werden auch Pflicht- und Anstandsschenkungen (§ 2330 BGB), gemischte Schenkungen (BGH NJW-RR 1996, 133) und unbenannte Zuwendungen zwischen Ehegatten (BGH NJW 1992, 564). Eine Schenkung kann entfallen, wenn die Zuwendung als Entgelt für die Übernahme einer Pflegepflicht oder für geleistete Mitarbeit erbracht worden ist (BGH NJW-RR 1986, 1135). Der Nachweis einer vollentgeltlichen Gegenleistung wird dem Beschenkten im Herausgabeprozess aber nur gelingen, wenn im Schenkungsvertrag Art und Höhe der Gegenleistungen präzise beschrieben werden und der Beschenkte bis zum Tod des Schenkers jede erbrachte Leistung lückenlos dokumentiert hat.

Die Beweislast dafür, dass eine Einigung über die Unentgeltlichkeit der Zuwendung vorliegt, trägt der Vertrags- bzw. Schlusserbe. Bei einem auffallend groben Missverhältnis von Leistung und Gegenleistung, das über ein geringes Maß deutlich hinaus gehen muss (BGH NJW 1982, 43), spricht jedoch eine tatsächliche Vermutung für eine solche Einigung. Diese Beweiserleichterung stellt aber keine Beweislastumkehr dar mit der Folge, dass der Beschenkte lediglich Tatsachen vortragen und beweisen muss, die geeignet sind, die Vermutung auszuräumen (BGH, WM 1973, 680). Ist der Wertunterschied so groß, dass die Annahme der Entgeltlichkeit von vornherein als abwegig erscheint, geht die Rechtsprechung (BGH NJW 1982, 43) ohne Weiteres von einer Unentgeltlichkeitsvereinbarung aus.

9. Die Absicht des Erblassers, dem Vertrags- bzw. Schlusserben die Vorteile der Erbeinsetzung zu entziehen oder zu schmälern, muss nach neuerer Rechtsprechung nicht mehr das einzige oder das treibende Motiv für die Schenkung gewesen sein. Dies hat zur Folge, dass die inneren Motive des Erblassers nicht bis zum Letzten aufgeklärt zu werden brauchen (*Palandt/Edenhofer,* a. a. O., § 2287 Rdn. 6). Um den Vertrags- bzw. Schlusserben vor zu großen Beweisschwierigkeiten zu bewahren, nimmt der BGH (NJW 1984, 121) eine Beeinträchtigungsabsicht des Erblassers bereits dann an, wenn dieser kein anerkennenswertes Eigeninteresse (wirtschaftlicher oder auch ideeller Natur) an der Zuwendung hatte. Eine Kenntnis des Beschenkten von der Beeinträchtigungsabsicht ist nicht erforderlich; sie kann aber im Rahmen der §§ 2287, 819 BGB Bedeutung gewinnen und Grundlage für eine Haftung aus § 826 BGB sein (BGH NJW 1980, 2307).

Da die Motivationslage des Erblassers für den Vertrags- bzw. Schlusserben meist im Dunkeln bleibt, ist es nach der Rechtsprechung (BGH NJW 1986, 1755) zulässig, im Herausgabeprozess ohne weitere Begründung das Fehlen des lebzeitigen Eigeninteresses zu behaupten. Auf diesen Vortrag hin muss der Beschenkte schlüssig die Umstände darlegen, die für ein solches Interesse sprechen. Erst dann muss der Vertrags- bzw. Schlusserbe die angeführten Motive widerlegen und das Fehlen der behaupteten Absicht beweisen. Ein lebzeitiges Eigeninteresse wurde z. B. in folgenden Fällen bejaht (*Palandt/Edenhofer,* a. a. O., § 2287 Rdn. 7): Der Erblasser nimmt die Schenkung vor, um seine Altersversorgung zu verbessern (BGH NJW 1992, 2630; OLG Köln ZEV 2000, 317; OLG München NJW-RR 1987, 1484). Der Erblasser möchte den Beschenkten zwecks Betreuung und Pflege im Alter an sich binden (BGH NJW 1992, 2630). Der Vertrags- bzw. Schlusserbe hat sich schwerer Verfehlungen gegen den Erblasser schuldig gemacht (LG Gießen MDR 1981, 582).

Der klagende Vertrags- bzw. Schlusserbe kann aber darlegen und unter Beweis stellen, dass ungeachtet des angegebenen Motivs der beeinträchtigende Charakter des Geschäfts überwiegt oder die angestrebten Beweisgründe nur vorgeschoben wurden (BGH NJW 1982, 43). Bei der Prüfung des lebzeitigen Eigeninteresses steht dem Tatrichter ein revisionsrechtlich nicht nachprüfbarer Beurteilungsspielraum zu, wenn erkennbar alle relevanten Wertungsgesichtspunkte berücksichtigt sind und keine deutlichen Wertungsfehler vorliegen (BGH NJW 1986, 1755).

Nach herrschender Meinung (*Palandt/Edenhofer,* a. a. O., § 2287 Rdn. 8) führt die Zustimmung des Vertragserben zu beeinträchtigenden Schenkungen zu einem Verlust der Rechte aus § 2287 BGB, wenn die Zustimmung in notarieller Form erklärt ist.

10. Im Falle des § 2287 BGB kann sich zu Gunsten des Vertragserben aus § 242 BGB ein Auskunftsanspruch gegen den vom Erblasser Beschenkten ergeben (BGH NJW 1986, 1755). Gleiches muss bei einem gem. § 2271 Abs. 2 BGB bindend gewordenen Ehegattentestament zu Gunsten des Schlusserben gelten. Der durch die lebzeitige Verfügung beeinträchtigte Miterbe kann damit vom beschenkten Miterben Auskunft verlangen, wenn er hinreichende Anhaltspunkte für eine Zuwendung dartut.

11. Der Anspruch aus § 2287 BGB verjährt auch nach dem Gesetz zur Änderung des Erb- und Verjährungsrechts, das zum 1. 1. 2010 in Kraft tritt, weiterhin in drei Jahren von dem Anfall der Erbschaft an (§ 2287 Abs. 2 BGB).

12. Ist der Vertragserbe zugleich Pflichtteilsberechtigter, wird er primär den Anspruch aus § 2287 BGB geltend machen, weil dieser auf Herausgabe des gesamten Geschenkes gerichtet ist. Wenn dieser Anspruch scheitern sollte, verbleibt ihm dennoch der Pflichtteilsergänzungsanspruch aus § 2325 BGB iVm. § 2329 BGB in Höhe seiner Pflichtteilsquote, wenn dessen Voraussetzungen vorliegen (vgl. dazu Form. II. J. 6).

Kosten und Gebühren

Gerichtskostenvorschuss: 3,0 Verfahrensgebühr (Nr. 1210 KV GKG). Rechtsanwaltsgebühren: Regelgebühren nach Teil 3 Abschnitt 1 VV RVG. Allgemein zum Streitwert und Beschwer bei Erbrechtsprozessen vgl. *Klingelhöffer,* ZEV 2009, 379.

Fristen und Rechtsmittel

Zur Berufungseinlegung und Berufungsbegründung vergleiche Form. O. 1 und O. 2.

8. Klage des Vermächtnisnehmers gegen den Erben auf Erfüllung des Vermächtnisses[1]

An das
Landgericht[2]

Klage

des …… (Klägers)[3]

wegen
Auflassung

Vorläufiger Streitwert: ……

Namens und mit Vollmacht des Klägers erhebe ich Klage und werde beantragen:

I. Der Beklagte wird verurteilt, das im Grundbuch von …… (Ort), Band ……, Blatt ……, eingetragene Grundstück, lfd. Nr. ……, Flur ……, Flurstück ……, an den Kläger aufzulassen und in die entsprechende Eigentumsänderung im Grundbuch zu bewilligen[4].

II. Der Beklagte hat die Kosten des Rechtsstreits zu tragen.

Begründung:

Die Parteien sind Brüder. Ihre Eltern errichteten am ….. (Datum) ein gemeinschaftliches Testament, in dem sie sich gegenseitig als Erben einsetzten. Zugleich bestimmten sie, dass nach dem Tode des Längstlebenden der beiderseitige Nachlass an den Beklagten fallen sollte[5]. Ferner sollte dem Überlebenden vorbehalten bleiben, über sein Vermögen anderweitig letztwillig zu verfügen[6].

Beweis: Testament vom …… (Datum) – URNr. ……/…… des Notars ….. (Name) in …… (Ort) – (Fotokopie anbei)
Beiziehung der Nachlassakten des Amtsgerichts – Nachlassgericht – …… (Ort)

Dem Vater der Parteien gehörte das im Grundbuch von A, Blatt ….. (Ort), eingetragene Grundstück. Außerdem besaß er ein beträchtliches Sparguthaben. Der Mutter der Parteien gehörte das im Grundbuch von B, Blatt ……, eingetragene Grundstück.

Die Mutter der Parteien verstarb im Jahre …… (Datum).

Durch notarielles Testament vom …… (Datum) bestimmte der Vater der Parteien m Wege des Vermächtnisses, dass nach seinem Tode der Beklagte als sein Erbe verpflichtet sein sollte, das im Grundbuch von A, Blatt ……, eingetragene Grundstück auf den Kläger zu übertragen.[6]

Beweis: Testament vom …… (Datum) – URNr. ……/…… des Notars …… (Name) in …… (Ort) – (Fotokopie liegt an)
Beiziehung der Nachlassakten des Amtsgerichts – Nachlassgericht – …… (Ort)

Der Beklagte weigert sich, diesen letzten Willen seines Vaters zu erfüllen[7].

Das Grundstück hat einen Verkehrswert von EUR ……

Rechtsanwalt

Schrifttum: Bengel, Rechtsfragen zum Vor- und Nachvermächtnis, NJW 1990, 1826; *Hofstetter,* Dinglich gesichertes Wohnrecht oder schuldrechtliches Wohnrecht als Gegenstand eines Vermächtnisses, ZEV 1996, 17; *Klinger/Roth,* Abgrenzung von Teilungsanordnung und Vorausvermächtnis, NJW-Spezial 2008, 263; *Klinger/Schlitt,* Münchener

Prozessformularbuch Erbrecht, 2. Aufl. 2009, Kap. O.; *Kornexel,* Geld-, Immobilien- und Hausratsvermächtnisse, ZEV 2002, 173; *Sarres,* Erbrechtliche Auskunftsansprüche aus Treu und Glauben, ZEV 2001, 225; *Schlichting,* Der Verwendungsersatzanspruch des Vorvermächtnisnehmers gegen den Nachvermächtnisnehmer, ZEV 2000, 385; *Schlitt,* Der mit einem belasteten Erbteil und einem Vermächtnis bedachte Pflichtteilsberechtigte, ZEV 1998, 216; *Spall,* Vollzug eines Nachvermächtnisses durch den Testamentsvollstrecker, ZEV 2002, 5.

Anmerkungen

1. Durch ein Vermächtnis wird nach § 2174 BGB für den Bedachten nur ein Forderungsrecht gegen den Beschwerten begründet. Durch ein Vermächtnis beschwert werden kann der Erbe und auch ein Vermächtnisnehmer (§ 2186 BGB). Die Höhe des Vermächtnisses ist nicht beschränkt; es kann also den ganzen Nachlass aufzehren (*Palandt/Edenhofer,* 68. Aufl., 2009, Einf. vor § 2147 Rdn. 7).

2. Zur Bezeichnung des Gerichts sowie zur sachlichen und örtlichen Zuständigkeit vgl. Form. II. J. 1 Anm. 1.

3. Zum Rubrum vgl. Form. II. J. 1.

4. Der Beschwerte muss die vermachte Sache übereignen. Bei einem Grundstückvermächtnis muss er auch die Kosten der Umschreibung des Grundbuchs tragen (*Palandt/Edenhofer,* a. a. O., § 2174 Rdn. 5). Das Urteil auf Erfüllung des Vermächtnisses ersetzt gem. § 894 ZPO nur die Einigungserklärung des Beschwerten nach § 925 BGB. Um die Formerfordernisse einer Auflassung zu erfüllen, ist nach Rechtskraft des Urteils noch zusätzlich die Beurkundung der Erklärung des Vermächtnisnehmers notwendig.

5. § 2269 BGB.

6. Da die Ehegatten frei darüber bestimmen können, ob und inwieweit ihre Verfügungen wechselbezüglich sein sollen, können sie dem Überlebenden auch ein freies Widerrufsrecht einräumen (BGHZ 2, 35). Es kann dem Überlebenden gestattet werden, über seinen Nachlass anderweitig zu verfügen, und zwar durch eine letztwillige Verfügung (*Palandt/Edenhofer,* a. a. O., § 2271 Rdn. 19).

7. Zur Verjährung erbrechtlicher Ansprüche nach dem Gesetz zur Änderung des Erb- und Verjährungsrechts, das zum 1. 1. 2010 in Kraft tritt, vgl. Form. II. J. 4 Anm. 7.

Kosten und Gebühren

Gerichtskostenvorschuss: 3,0 Verfahrensgebühr (Nr. 1210 KV GKG). Rechtsanwaltsgebühren: Regelgebühren nach Teil 3 Abschnitt 1 VV RVG. Allgemein zum Streitwert und Beschwer bei Erbrechtsprozessen vgl. *Klingelhöffer,* ZEV 2009, 379.

Fristen und Rechtsmittel

Zur Berufungseinlegung und Berufungsbegründung vergleiche Form. O. 1 und O. 2.

9. Klage des Erben gegen den Zuwendungsempfänger beim Vertrag zugunsten Dritter auf den Todesfall[1]

An das
Landgericht[2]

Klage

des …… (Klägers)[3]

Namens und mit Vollmacht des Klägers erhebe ich Klage und werde beantragen:

I. Der Beklagte wird verurteilt, an den Kläger EUR …… nebst Zinsen in Höhe von fünf Prozentpunkten über dem jeweiligen Basiszinssatz ab Rechtshängigkeit[4] zu zahlen.

II. Der Beklagte hat die Kosten des Rechtsstreits zu tragen.

Begründung:

Die Eltern des Klägers, die Eheleute …… (Namen), errichteten am …… (Datum) ein gemeinschaftliches Testament, in dem sie sich gegenseitig als Erben einsetzten. Erbe des Längstlebenden sollte der Kläger werden[5].

Beweis: Testament vom …… (Datum) – URNr. ……/…… des Notars …… (Name) in …… (Ort) – (Fotokopie anbei)
Beiziehung der Nachlassakten des Amtsgerichts – Nachlassgericht – …… (Ort)

Der Vater des Klägers verstarb im Jahre …… (Jahr)[6]. Nach seinem Tode nahm die Mutter des Klägers den Beklagten in ihre Wohnung auf.

Sie war Inhaberin des Sparkontos mit der Nr. …… bei der Sparkasse in …… (Ort) Am …… (Datum) unterzeichnete die Mutter eine schriftliche Vereinbarung mit der Sparkasse, wonach mit ihrem Tode alle Rechte aus diesem Konto unmittelbar auf den Beklagten übergehen sollten. Die Mutter sollte berechtigt sein, diese Vereinbarung durch einseitige schriftliche Erklärung gegenüber der Sparkasse zu widerrufen. Mit ihrem Tode sollte das Widerrufsrecht erlöschen[7].

Die Mutter verstarb am …… (Datum). Der Kläger erfuhr erst kurz nach dem Tode seiner Mutter, dass diese die Vereinbarung vom …… (Datum) mit der Sparkasse getroffen hatte. Daraufhin hat er durch Schreiben seiner Prozessbevollmächtigten vom …… (Datum) sämtliche Erklärungen seiner Mutter hinsichtlich des Sparguthabens gegenüber dem Beklagten widerrufen. Trotzdem ließ sich der Beklagte anschließend das Sparguthaben auszahlen. Es handelte sich um einen Betrag von EUR ……

Der Kläger ist der Auffassung, dass ihm dieser Betrag als Erben seiner Mutter auf jeden Fall zusteht[8].

Rechtsanwalt

Schrifttum: Klinger/Mörtl, Pflichtteilsergänzungsanspruch bei Lebensversicherung des Erblassers, NJW-Spezial 2008, 583; *Klinger/Stahl,* Münchener Prozessformularbuch Erbrecht, 2. Aufl. 2009, Form. Q. II. 2; *Lautner,* Besondere Nachfolgeregelungen in der GmbH-Satzung, DNotZ 2003, 718; *Mayer,* Der Abfindungsausschluss im Gesellschaftsrecht: pflichtteilsfester Vermögenstransfer am Nachlass vorbei?, ZEV 2003, 355; Ausgewählte erbrechtliche Fragen des Vertrages zugunsten Dritter auf den Todesfall?, DNotZ 2000, 905; *Reimann,* Die qualifizierte Nachfolgeklausel – Gestaltungsmittel und Störfaktor, ZEV 2002, 487; *Schulz,* Widerruf und Missbrauch der postmortalen Vollmacht bei der Schenkung unter Lebenden, NJW 1995, 3345; *Trapp,* Die post- und transmortale Vollmacht zum Vollzug lebzeitiger Zuwendungen, ZEV 1995, 314; *Vollkommer,* Erbrechtliche Gestaltung des Valutaverhältnisses beim Vertrag zugunsten Dritter auf den Todesfall?, ZEV 2000, 905.

Anmerkungen

1. Der Erblasser kann durch Vertrag mit seinem Schuldner vereinbaren, dass die Leistung nach seinem Tode an einen Dritten erfolgen soll. Ein solcher Vertrag ist grundsätzlich formfrei. Insbesondere greift nicht die Vorschrift des § 2301 BGB ein (*Palandt/Edenhofer,* 68. Aufl. 2009, § 2301 Rdn. 17). Der Dritte erwirbt das Recht auf die Leistung im Zweifel mit dem Tode des Gläubigers (§ 331 BGB).

2. Zur Bezeichnung des Gerichts sowie zur sachlichen und örtlichen Zuständigkeit vgl. Form. II. J. 1 Anm. 1.

3. Zum Rubrum vgl. Form. II. J. 1.

4. Die Zinsforderung ergibt sich aus §§ 291, 288 BGB.

5. § 2269 BGB.

6. Mit dem Tode des erstversterbenden Ehegatten ist die wechselbezügliche Verfügung bindend geworden (§ 2271 BGB).

7. Der überlebende Ehegatte kann auch bei einer wechselbezüglichen Verfügung durch Rechtsgeschäft unter Lebenden entsprechend § 2286 BGB frei verfügen.

8. Wenn der Erblasser dem Dritten die Zuwendung schenkweise hat machen wollen, so ist der Rechtserwerb im Verhältnis zu dem Erben nur dann gesichert, wenn die Voraussetzungen der §§ 516 ff. BGB gewahrt sind. Hat der Dritte von seiner Begünstigung noch keine Kenntnis erlangt, so fehlt es an einer Einigung über die Unentgeltlichkeit. Zwar kann der Dritte das Schenkungsangebot noch nach dem Tode des Erblassers annehmen; der Erbe kann dies jedoch durch Widerruf des Angebots verhindern. Erhält der Dritte die Leistung trotzdem, so steht dem Erben ein Bereicherungsanspruch zu (BGH NJW 1975, 383; *Palandt/Heinrichs,* a. a. O., § 331 Rdn. 4), evtl. auch ein Anspruch aus § 2287 BGB (vgl. dazu Form. II. J. 7).

Kosten und Gebühren

Gerichtskostenvorschuss: 3,0 Verfahrensgebühr (Nr. 1210 KV GKG). Rechtsanwaltsgebühren: Regelgebühren nach Teil 3 Abschnitt 1 VV RVG. Allgemein zum Streitwert und Beschwer bei Erbrechtsprozessen vgl. *Klingelhöffer,* ZEV 2009, 379.

Fristen und Rechtsmittel

Zur Berufungseinlegung und Berufungsbegründung vergleiche Form. O. 1 und O. 2.

10. Klage des Vorerben gegen den Nacherben auf Einwilligung in eine Grundstücksveräußerung

An das
Landgericht[1]

Klage

der ...... (Klägerin)
......[2]

wegen

Einwilligung

Vorläufiger Streitwert: ......[3]

Namens und mit Vollmacht der Klägerin erhebe ich Klage und werde beantragen:

I. Der Beklagte wird verurteilt, in die Eigentumsübertragung des im Grundbuch von ...... (Ort) Blatt ...... eingetragenen Grundstücks auf den ...... (Name und Anschrift) einzuwilligen.

II. Der Beklagte hat die Kosten des Rechtsstreits zu tragen.

Begründung:

Die Klägerin ist die Witwe des am ...... (Datum) in ...... (Ort) verstorbenen Kaufmanns K ...... (Erblasser) mit letztem Wohnsitz in ...... (Ort). Dieser war Eigentümer mehrerer Grundstücke, insbesondere des im Grundbuch von ...... Blatt ...... eingetragenen unbebauten Grundstücks. Bei seinem Tode hinterließ er außerdem Bargeld in Höhe von EUR ...... Demgegenüber bestanden Schulden in Höhe von EUR ......

Am ...... (Datum) haben der Erblasser und die Klägerin vor dem Notar ...... in ...... (Ort) ein gemeinschaftliches Testament errichtet. Darin haben sie sich gegenseitig als Erben eingesetzt. Nach dem Tode des Längstlebenden soll der Nachlass des Kaufmanns K auf den Beklagten übergehen, der der einzige Abkömmling des K aus dessen erster Ehe ist. Der Nachlass der Klägerin soll deren nichtehelichen Tochter T zufallen[4]**. Hierin ist die Anordnung einer Vor- und Nacherbschaft zu sehen.**

Beweis: Testament vom ...... (Datum)
Beiziehung der Nachlassakten des Amtsgerichts – Nachlassgericht – ...... (Ort)

Die Klägerin beabsichtigt, die Schulden des Erblassers zu begleichen. Da das hinterlassene Bargeld dazu nicht ausreicht, muss ein Grundstück veräußert werden.
Das im Grundbuch von ...... (Ort) Blatt ...... eingetragene Grundstück ist zum Preise von EUR ...... an ...... (Name und Anschrift) verkauft worden.

Beweis: Kaufvertrag vom ...... (Datum)

Der vereinbarte Kaufpreis entspricht dem tatsächlichen Wert des Grundstücks.

Beweis: Anliegendes Wertgutachten vom ...... (Datum)

Der Beklagte weigert sich, der Veräußerung zuzustimmen[5, 6]**. Deshalb ist Klage geboten.**

Rechtsanwalt

Schrifttum: Becker/Klinger, Die Rechte des Nacherben während der Vorerbschaft, NJW-Spezial 2005, 205; *Becker/Klinger,* Die Rechtstellung des Nacherben bei Eintritt der Nacherbfolge, NJW-Spezial 2005, 445; *Daragan,* Die Vor- und Nacherbschaft aus zivilrechtlicher und steuerrechtlicher Sicht, ZErb 2001, 43; *Harder,* Unentgeltliche Verfügungen und ordnungsgemäße Nachlassverwaltung des Vorerben, DNotZ 1994, 822; *Heider,* Die Befugnis des Vorerben zu unentgeltlichen Verfügungen über Nachlassgegenstände, ZEV 1995, 1; *Klinger/Roth*, Der befreite Vorerbe, NJW-Spezial 2008, 391; *Klinger/Roth*, Abgrenzung der Vor- und Nacherbschaft zu verwandten Rechtsinstituten, NJW-Spezial 2009, 135; *Klinger/de Leve*, Münchener Prozessformularbuch Erbrecht, 2. Aufl. 2009, Form. L. II. 1; *Mayer*, Der superbefreite Vorerbe? – Möglichkeiten und Grenzen der Befreiung des Vorerben, ZEV 2000, 1; *G. Müller*, Möglichkeiten der Befreiung des Vorerben über § 2136 BGB hinaus, ZEV 1996, 179.

Anmerkungen

1. Zur Bezeichnung des Gerichts sowie zur sachlichen und örtlichen Zuständigkeit vgl. Form. II. J. 1 Anm. 1.

2. Zur Gestaltung des Rubrums vgl. Form. II. J. 1.

3. Vgl. SchlOLG Rpfleger 1968, 325.

4. Wenn Ehegatten sich in einem gemeinschaftlichen Testament gegenseitig als Erben eingesetzt und bestimmt haben, dass nach dem Tode des Überlebenden der beiderseitige Nachlass an einen Dritten fallen soll, so ist nach § 2269 BGB der Dritte im Zweifel als so genannter Schlusserbe eingesetzt. Bei § 2269 BGB handelt es sich um eine Auslegungsregel. Für die Annahme eines Berliner Testamentes i. S. d. § 2269 BGB ist entscheidend, ob die Eheleute das beiderseitige Vermögen ersichtlich als Einheit angesehen und eine verschiedene Rechtsstellung des Überlebenden zu den beiden ursprünglichen Vermögensmassen und die Möglichkeit einer Trennung der Massen beim Tode des Längstlebenden haben ausschließen wollen (vgl. RG 113, 240; *Palandt/Edenhofer*, 68. Aufl. 2009, § 2269 Rdn. 6). Nach dem den Klagegrund bildenden Testament sollen nach dem Tode des Längstlebenden die beiden ursprünglichen Vermögensmassen der Eheleute getrennt verschiedenen Personen zufallen. Deshalb dürfte das Testament die Anordnung von Vor- und Nacherbschaft enthalten.

Zum Antrag des Vorerben auf Erteilung eines Erbscheins vgl. Form. II. J. 18.

5. Der Vorerbe ist grundsätzlich in seiner Befugnis zur freien Verfügung über den Nachlass nach §§ 2113–2115 BGB beschränkt (§ 2112 BGB), der Nacherbe kann weitere beschränkende Rechte geltend machen (§§ 2116–2118 BGB). Dafür ist der Nacherbe nach § 2120 S. 1 BGB verpflichtet, seine Zustimmung zu solchen Verfügungen des Vorerben zu erteilen, die zur ordnungsgemäßen Verwaltung des Nachlasses erforderlich sind. Die Zustimmung kann als vorherige Einwilligung (§ 183 BGB) oder nachträgliche Genehmigung (§ 185 BGB) erteilt werden. Praxisrelevant ist dabei häufig die Versilberung eines nachlasszugehörigen Grundstücks, insbesondere zur Berichtigung von Nachlassverbindlichkeiten (vgl. *Palandt/Edenhofer*, a. a. O., § 2120 Rdn. 2).

Die Zustimmungspflicht des Nacherben nach § 2120 S. 1 BGB ist nur für den nicht befreiten Vorerben von Bedeutung. Der vollständig befreite Vorerbe braucht allein für unentgeltliche Verfügungen i. S. v. § 2113 Abs. 2 S. 1 BGB die Zustimmung des Nacherben (*Palandt/Edenhofer*, a. a. O., § 2113 Rdn. 6, 11). In der Praxis dürfte aber kaum ein Fall denkbar sein, in welchem die unentgeltliche Veräußerung eines Grundstücks einer ordnungsgemäßen Verwaltung entspricht (vgl. hierzu *Klinger/de Leve*, Münchener Prozessformularbuch Erbrecht, 2. Aufl. 2009, Form. L. II. 1 Anm. 3).

6. Zur Verjährung erbrechtlicher Ansprüche nach dem Gesetz zur Änderung des Erb- und Verjährungsrechts, das zum 1. 1. 2010 in Kraft tritt, vgl. Form. II. J. 4 Anm. 7.

Kosten und Gebühren

Gerichtskostenvorschuss: 3,0 Verfahrensgebühr (Nr. 1210 KV GKG). Rechtsanwaltsgebühren: Regelgebühren nach Teil 3 Abschnitt 1 VV RVG. Allgemein zum Streitwert und Beschwer bei Erbrechtsprozessen vgl. *Klingelhöffer*, ZEV 2009, 379.

Fristen und Rechtsmittel

Zur Berufungseinlegung und Berufungsbegründung vergleiche Form. O. 1 und O. 2.

11. Klage des Nacherben gegen den Vorerben auf Vorlage eines Nachlassverzeichnisses[1]

**An das
Landgericht[2]**

Klage

**des ...... (Klägers)
......[3]**

wegen

Auskunft durch Vorlage eines Nachlassverzeichnisses

Vorläufiger Streitwert: ......[4]

Namens und mit Vollmacht des Klägers erhebe ich Klage und werde beantragen:

I. Der Beklagte wird verurteilt, dem Kläger Auskunft zu erteilen über die zum Nachlass des am ...... (Datum) mit letztem Wohnsitz in ...... (Ort) gestorbenen Herrn ...... (Erblasser) gehörenden Gegenstände, einschließlich etwaiger Surrogate[5] durch Vorlage eines von einem Notar[6] aufgenommenen Verzeichnisses[7].

II. Der Beklagte hat die Kosten des Rechtsstreits zu tragen.

Begründung:

Am ...... (Datum) verstarb in ...... (Ort) der Großvater des Klägers, Herr ...... (Erblasser). Der Erblasser war verwitwet und hat als einziges Kind den Beklagten hinterlassen. Mit privatschriftlichem Testament vom ...... (Datum) hat der Erblasser den beklagten Sohn als nicht befreiten Vorerben[8] und den klagenden Enkelsohn als Nacherben[9] eingesetzt.

**Beweis: Testament vom ...... (Datum)
Beiziehung der Nachlassakten des Amtsgerichts – Nachlassgericht – ...... (Ort)**

Mit Schreiben vom ...... (Datum) hat der Kläger den Beklagten aufgefordert, Auskunft über die zur Erbschaft gehörenden Gegenstände durch Vorlage eines notariellen Verzeichnisses zu erteilen.

Beweis: Schreiben des Klägers vom ...... (Datum)

Da der Beklagte dieser Aufforderung bisher nicht nachgekommen ist[10], ist Klage geboten.

Rechtsanwalt

Schrifttum: Becker/Klinger, Die Rechte des Nacherben während der Vorerbschaft, NJW-Spezial 2005, 205; *Becker/Klinger,* Die Rechtstellung des Nacherben bei Eintritt der Nacherbfolge, NJW-Spezial 2005, 445; *Daragan,* Die Vor- und Nacherbschaft aus zivilrechtlicher und steuerrechtlicher Sicht, ZErb 2001, 43; *Klinger/de Leve,* Münchener Prozessformularbuch Erbrecht, 2. Aufl. 2009, Form. M. I. 1; *Klinger/Roth,* Der befreite Vorerbe, NJW-Spezial 2008, 391; *Klinger/Roth,* Abgrenzung der Vor- und Nacherbschaft zu verwandten Rechtsinstituten, NJW-Spezial 2009, 135.

Anmerkungen

1. Die Kontroll- und Sicherungsrechte der §§ 2121–2123, 2127–2129 BGB, die sofort nach Eintritt des Vorerbfalls geltend gemacht werden können, stellen damit die schärfste Waffe des Nacherben dar, dem Vorerben die Grenzen seiner Rechtsmacht aufzuzeigen. Der Nacherbe kann gem. § 2121 BGB vom Vorerben zu beliebiger Zeit – jedoch nur einmal (BGH NJW 1995, 456) – auf Kosten des Nachlasses die Erstellung eines Bestandsverzeichnisses der Erbschaftsgegenstände verlangen. Hierdurch soll der Nacherbe ein Beweismittel für die Durchsetzung seiner Rechte im Nacherbfall erhalten. Der so bewirkte psychologische Druck auf den Vorerben kann noch verstärkt werden, wenn der Nacherbe eine behördliche bzw. notarielle Verzeichnisaufnahme und seine Hinzuziehung einfordert (§ 2121 Abs. 2, 3 BGB). Besteht Grund zur Annahme, dass der Vorerbe durch seine Verwaltung den Nachlass und damit den späteren Herausgabeanspruch des Nacherben (§ 2130 BGB) gefährdet, kann der Nacherbe gem. § 2127 BGB jederzeit – auch mehrfach – Auskunft über den Bestand (nicht auch über den Verbleib) des Nachlasses verlangen.

2. Zur Bezeichnung des Gerichts vgl. Form. I. D. 1 Anm. 1. Die sachliche Zuständigkeit des Landgerichts ergibt sich aus §§ 71, 23 GVG. Hinsichtlich der örtlichen Zuständigkeit gibt § 27 ZPO den besonderen Wahlgerichtsstand der Erbschaft.

3. Zum Rubrum vgl. Form. I. D. 1 Anm. 2–5.

4. Der Wert der Auskunftsklage und der Klage auf Vorlage eines Nachlassverzeichnisses richtet sich nicht nach dem Wert des Nachlasses, sondern gem. § 3 ZPO nach dem Interesse des Klägers, das regelmäßig mit 25% der Hauptforderung bewertet wird.

5. Maßgeblicher Zeitpunkt für den Inhalt des Verzeichnisses ist nicht der Erbfall, sondern der Tag der Aufnahme des Verzeichnisses (BGH NJW 1995, 456). Nach dem Erbfall zum Nachlass gekommene Surrogate (§ 2111 BGB) sind daher in das Verzeichnis aufzunehmen, nicht aber inzwischen ausgeschiedene Gegenstände.

Entzieht sich der Vorerbe seiner Auskunftspflicht aus § 2121 BGB oder legt er ein unrichtiges oder unvollständiges Verzeichnis vor, so kann das den Anspruch auf Sicherheitsleistung nach § 2128 BGB begründen. Eine Verpflichtung des Vorerben zur Abgabe einer eidesstattlichen Versicherung über die Richtigkeit und Vollständigkeit des Verzeichnisses besteht nicht (*Palandt/Edenhofer,* 68. Aufl. 2009, § 2121 Rdn. 4). Hat der Vorerbe durch seine Verwaltung die Rechte des Nacherben erheblich verletzt, steht diesem neben dem Auskunftsanspruch aus § 2121 BGB auch ein solcher aus § 2177 BGB zu.

6. Auf Verlangen des Nacherben muss der Vorerbe gem. § 2121 Abs. 3 BGB ein amtliches Verzeichnis aufnehmen lassen. Gem. § 20 Abs. 1 BNotO sind Notare allgemein hierfür zuständig.

7. Das vorzulegende Verzeichnis kann sich auf die zum Zeitpunkt seiner Errichtung vorhandene Aktiva beschränken, braucht also nicht die Passiva oder Wertangaben zu enthalten (*Palandt/Edenhofer,* a. a. O., § 2121 Rdn. 2).

8. Für den Klageanspruch aus § 2121 Abs. 1 BGB ist die Frage, ob eine befreite oder nicht befreite Vorerbschaft vorliegt (vgl. dazu *Klinger/Roth,* Der befreite Vorerbe, NJW-Spezial 2008, 391) ohne Bedeutung, da der Erblasser den Vorerben von den Verpflichtungen aus § 2121 BGB nicht befreien kann (vgl. § 2136 BGB).

9. Hat der Erblasser es unterlassen, das Ereignis zu bestimmen, mit dem der Nacherbfall eintritt (z. B. Wiederverheiratung des Ehepartners; bestimmtes Alter des Vorerben), regelt § 2106 Abs. 1 BGB, dass die Nacherbfolge mit dem Tod des Vorerben eintritt. Das Vermögen des Erblassers geht als Ganzes gem. § 2139 BGB mit dinglicher Wirkung auf den Nacherben über. Schlägt dieser die Nacherbschaft aus (§ 2142 Abs. 1 BGB), wird – sofern der Erblasser nichts anderes angeordnet hat – der Vorerbe zum Vollerben.

10. Zur Verjährung erbrechtlicher Ansprüche nach dem Gesetz zur Änderung des Erb- und Verjährungsrechts, das zum 1. 1. 2010 in Kraft tritt, vgl. Form. II. J. 4 Anm. 7.

Kosten und Gebühren

Gerichtskostenvorschuss: 3,0 Verfahrensgebühr (Nr. 1210 KV GKG). Rechtsanwaltsgebühren: Regelgebühren nach Teil 3 Abschnitt 1 VV RVG. Allgemein zum Streitwert und Beschwer bei Erbrechtsprozessen vgl. *Klingelhöffer,* ZEV 2009, 379.

Fristen und Rechtsmittel

Zur Berufungseinlegung und Berufungsbegründung vergleiche Form. O. 1 und O. 2.

12. Klage des Nacherben gegen einen beschenkten Dritten auf Einwilligung in eine Grundbuchberichtigung[1]

An das
Landgericht[2]

Klage

des ...... (Klägers)
......[3]

wegen
Einwilligung

Vorläufiger Streitwert: ......[4]

Namens und mit Vollmacht des Klägers erhebe ich Klage und werde beantragen:

I. Der Beklagte wird verurteilt, darin einzuwilligen, dass das Grundbuch von ...... (Ort) Blatt ...... dahin berichtigt wird, dass Eigentümer des eingetragenen Grundstücks der Kläger ist, und zwar Zug um Zug gegen Zahlung von ...... EUR[5].

II. Der Beklagte hat die Kosten des Rechtsstreits zu tragen.

Begründung:

Der am ...... (Datum) in ...... (Ort) verstorbene Rentner ...... (Erblasser) wurde auf Grund eines privatschriftlichen Testamentes[6] vom ...... (Datum) von seiner Ehefrau als befreiter Vorerbin[7] beerbt. Die Parteien sind Söhne der Eheleute R. Aufgrund des bereits erwähnten Testamentes wurde nach dem Tode der Frau R am ...... (Datum) der Kläger Erbe des Rentners R.

Beweis: Testament vom ...... (Datum)
Beiziehung der Nachlassakten des Amtsgerichts – Nachlassgericht – ...... (Ort)

Zum Nachlass des Erblassers gehörte das im Klageantrag erwähnte Grundstück. Aufgrund eines notariellen Vertrages vom ...... (Datum) übertrug Frau R dieses Grundstück auf den Beklagten. Sie behielt sich ein unentgeltliches Wohnrecht vor. Außerdem verpflichtete sich der Beklagte, Frau R in kranken Tagen zu pflegen und zu verpflegen.
Das Grundstück hatte im Zeitpunkt der Übertragung einen Wert von EUR ...... Der Wert der Gegenleistungen des Beklagten[5] betrug allenfalls EUR ......

Beweis: Sachverständigengutachten

Der Beklagte weigert sich[10], in die Berichtigung des Grundbuches einzuwilligen, obwohl es sich zumindest um eine gemischte Schenkung gehandelt hat[8], so dass die Verfügung über das Grundstück mit Eintritt des Nacherbfalles unwirksam geworden ist[9].

Rechtsanwalt

Schrifttum: Becker/Klinger, Die Rechte des Nacherben während der Vorerbschaft, NJW-Spezial 2005, 205; *Becker/Klinger,* Die Rechtstellung des Nacherben bei Eintritt der Nacherbfolge, NJW-Spezial 2005, 445; *Daragan,* Die Vor- und Nacherbschaft aus zivilrechtlicher und steuerrechtlicher Sicht, ZErb 2001, 43; *Harder,* Unentgeltliche Verfügungen und ordnungsgemäße Nachlassverwaltung des Vorerben, DNotZ 1994, 822; *Heider,* Die Befugnis des Vorerben zu unentgeltlichen Verfügungen über Nachlassgegenstände, ZEV 1995, 1; *Klinger/de Leve,* Münchener Prozessformularbuch Erbrecht, 2. Aufl. 2009, Form. N. II. 2; *Klinger/Roth,* Der befreite Vorerbe, NJW-Spezial 2008, 391; *Klinger/Roth,* Abgrenzung der Vor- und Nacherbschaft zu verwandten Rechtsinstituten, NJW-Spezial 2009, 135; *Mayer,* Der superbefreite Vorerbe? – Möglichkeiten und Grenzen der Befreiung des Vorerben, ZEV 2000, 1; *G. Müller,* Möglichkeiten der Befreiung des Vorerben über § 2136 BGB hinaus, ZEV 1996, 179.

Anmerkungen

1. Der Anspruch auf Grundbuchberichtigung folgt aus § 894 BGB. Eine Unrichtigkeit des Grundbuchs liegt darin, dass die grundbuchliche Eigentumssituation seit dem Nacherbfall nicht mehr mit der materiellen Eigentumslage übereinstimmt. Für den Anspruch aus § 894 BGB ist es ausreichend, dass die Unrichtigkeit nachträglich eingetreten ist (*Palandt/Bassenge,* 68. Aufl. 2009, § 894 Rdn. 2). Eine Verfügung des Vorerben wäre trotz Verstoßes gegen die Verbote in § 2113 BGB wirksam, wenn der Dritte gutgläubig erworben hat (§ 2113 Abs. 3 BGB). Das wäre der Fall, wenn die Nacherbfolge nicht im Grundbuch vermerkt (§ 51 GBO) und auch sonst dem Erwerber nicht positiv bekannt ist. Der Nacherbenvermerk bewirkt aber keine Grundbuchsperre.

Zur Stufenklage des Nacherben gegen den Vorerben nach Eintritt des Nacherbfalls auf Rechnungslegung, Vorlage eines Bestandsverzeichnisses, eidesstattliche Versicherung, Herausgabe der Erbschaft und Zustimmung zur Grundbuchberichtigung vgl. *Klinger/de Leve,* Münchener Prozessformularbuch Erbrecht, 2. Aufl. 2009, Form. M. II. 1.

2. Zur Bezeichnung des Gerichts sowie zur sachlichen und örtlichen Zuständigkeit vgl. Form. II. J. 1 Anm. 1. Für die sachliche Zuständigkeit ist der Streitwert maßgeblich, der sich nach dem Verkehrswert des Grundstücks bemisst (BGH NJW 1958, 1397). Nach § 24 Abs. 1 ZPO ist örtlich das Gericht ausschließlich zuständig, in dessen Bezirk das Grundstück belegen ist.

3. Zum Rubrum vgl. Form. II. J. 1.

4. Die Gegenleistung des Klägers („Zahlung von EUR ......") bleibt grundsätzlich außer Betracht (vgl. *Baumbach/Lauterbach/Albers/Hartmann,* 67. Aufl. 2009, § 6 Rdn. 6 str.).

5. Die Zwangsvollstreckung richtet sich nach § 894 ZPO. Wenn die Willenserklärung von einer Gegenleistung abhängig gemacht ist, so tritt die Vollstreckungswirkung erst ein, wenn eine vollstreckbare Ausfertigung des rechtskräftigen Urteils erteilt ist. Diese darf aber erst dann erteilt werden, wenn der Nachweis der Erfüllung oder des Annahmeverzuges erbracht ist (vgl. § 726 ZPO).

6. § 2247 BGB.

7. Nach § 2136 BGB kann der Erblasser den Vorerben nicht von allen gesetzlich vorgesehenen Beschränkungen befreien. Eine Befreiung ist insbesondere nicht für unentgeltliche Verfügungen zulässig (§ 2113 Abs. 2 BGB).

8. Eine Verfügung ist unentgeltlich, wenn nach wirtschaftlichen Gesichtspunkten der Vorerbe objektiv ohne gleichwertige Gegenleistung aus der Erbmasse Opfer bringt und subjektiv die Ungleichwertigkeit erkennt oder bei ordnungsmäßiger Verwaltung hätte erkennen müssen (BGH NJW 1984, 366; *Palandt/Edenhofer,* a. a. O., § 2113 Rdn. 10).

9. Die Verfügung des Vorerben ist mit Eintritt des Nacherbfalles insoweit unwirksam, als das Recht des Nacherben vereitelt oder beeinträchtigt würde. Wenn die Verfügung teilweise unentgeltlich erfolgt ist, liegt die Beeinträchtigung lediglich in der Differenz, um die die Gegenleistung wertmäßig hinter dem weggegebenen Nachlassgegenstand zurückbleibt. Dabei ist es bei der befreiten Vorerbschaft gleichgültig, ob die Gegenleistung in den Nachlass gelangt oder nur dem Vorerben zugute gekommen ist. Der Nacherbe kann daher die Einwilligung in die Grundbuchberichtigung nur gegen Rückerstattung der Gegenleistung verlangen (vgl. BGH NJW 1985, 382; *Palandt/Edenhofer,* a. a. O., § 2113 Rdn. 12).

10. Zur Verjährung erbrechtlicher Ansprüche nach dem Gesetz zur Änderung des Erb- und Verjährungsrechts, das zum 1. 1. 2010 in Kraft tritt, vgl. Form. II. J. 4 Anm. 7.

Kosten und Gebühren

Gerichtskostenvorschuss: 3,0 Verfahrensgebühr (Nr. 1210 KV GKG). Rechtsanwaltsgebühren: Regelgebühren nach Teil 3 Abschnitt 1 VV RVG. Allgemein zum Streitwert und Beschwer bei Erbrechtsprozessen vgl. *Klingelhöffer,* ZEV 2009, 379.

Fristen und Rechtsmittel

Zur Berufungseinlegung und Berufungsbegründung vergleiche Form. O. 1 und O. 2.

13. Auskunftsklage[1] unter Miterben (wegen Verwaltungsmaßnahmen)

An das
Landgericht[2]

Klage

des …… (Klägers)
……[3]

wegen

Auskunft

Vorläufiger Streitwert: ……[4]

Namens und mit Vollmacht des Klägers erhebe ich Klage und werde beantragen:

I. Der Beklagte wird verurteilt, dem Kläger Rechnung zu legen, über die von ihm zwischen dem …… (Datum) und dem …… (Datum) getätigten Geschäfte für den Nachlass des am …… (Datum) verstorbenen Herrn …… (Erblasser) unter Vorlage einer geordneten Zusammenstellung der Einnahmen und Ausgaben.[5]

II. Der Beklagte hat die Kosten des Rechtsstreits zu tragen.

Begründung:

Am ...... (Datum) ist Herr ...... (Erblasser) mit letztem Wohnsitz in ...... (Ort) verstorben. Der Erblasser war zum Zeitpunkt seines Todes verwitwet und wurde aufgrund gesetzlicher Erbfolge von den Parteien als einzige Abkömmlinge zu gleichen Teilen beerbt.

Beweis: Erbschein des Amtsgerichts – Nachlassgericht – ...... (Ort) vom ...... (Datum)

Zum Nachlass des Verstorbenen gehört ein Zweifamilienhaus in ...... (Anschrift), das vor dem Erbfall vom Beklagten und dem Erblasser gemeinsam bewohnt wurde. Im Einverständnis mit dem Kläger kümmerte sich der Beklage nach dem Erbfall um die Nachlassabwicklung. Er veräußerte den gesamten Hausrat des Verstorbenen, verkaufte ein Wertpapierdepot und löste mehrere Konten des Erblassers auf.

Zur Vorbereitung der Nachlassteilung hat der Kläger den Beklagten gebeten, eine Aufstellung über die von ihm getätigten Geschäfte für den Nachlass zukommen zu lassen. Dies verweigerte der Beklagte mit der Begründung, dass eine derartige Rechenschaftslegung[6] für ihn zu viel Arbeit bedeute und der Kläger sich auch selbst um die Nachlassangelegenheiten hätte kümmern können.

Nachdem der Klägern den Beklagten nochmals durch anwaltliches Schreiben vom ...... (Datum) unter Fristsetzung zum ...... (Datum) hat auffordern lassen, Rechnung über die für den Nachlass getätigten Geschäfte zu legen und der Beklagte hierauf nicht reagiert hat, ist Klage geboten.

Der Anspruch des Klägers auf Rechnungslegung ergibt sich aus §§ 666, 259 BGB, da der Beklagte die Verwaltung des Nachlasses mit Zustimmung des Klägers als Beauftragter i. S. d. § 662 BGB geführt hat.

Rechtsanwalt

Schrifttum: Bornewasser/Klinger, Können Miterben untereinander Auskunft über den Nachlassbestand verlangen?, NJW-Spezial 2004, 349; *Klinger/Erker/Oppelt,* Münchener Prozessformularbuch Erbrecht, 2. Aufl. 2009, Form. K. I. 1–3; *Sarres,* Auskunftspflichten zwischen Miterben über lebzeitige Zuwendungen gemäß § 2057 BGB, ZEV 2000, 349.

Anmerkungen

1. Nach einer Grundsatzentscheidung des BGH (NJW-RR 1989, 450) begründet die Miterbenstellung als solche keine für die Bejahung einer generellen Auskunftspflicht genügende Sonderbeziehung. In verschiedenen Einzelvorschriften sind aber Auskunfts- und Rechenschaftspflichten der Miterben geregelt (vgl. dazu unten Form. II. J. 1 Anm. 7–11).

Ansprüche, die nur der Erbengemeinschaft insgesamt zustehen, können dabei von jedem einzelnen Miterben durchgesetzt werden (§ 2039 BGB); die Auskunft muss aber allen Erben gegenüber erteilt werden.

2. Zur Bezeichnung des Gerichts sowie zur sachlichen und örtlichen Zuständigkeit vgl. Form. II. J. 1 Anm. 1. Für die sachliche Zuständigkeit ist der Streitwert maßgeblich, der sich nach dem Verkehrswert des Grundstücks bemisst (BGH NJW 1958, 1397). Nach § 24 Abs. 1 ZPO ist örtlich das Gericht ausschließlich zuständig, in dessen Bezirk das Grundstück belegen ist.

3. Zum Rubrum vgl. Form. II. J. 1.

4. Der Streitwert des Auskunftsanspruchs hängt vom Interesse des Klägers an der erteilten Auskunft ab (§ 3 ZPO). Im Regelfall beträgt er einen Bruchteil vom Wert des Anspruchs, dessen Geltendmachung er vorbereiten bzw. erleichtern soll. In der Praxis werden dabei zwischen 10 und 25% angesetzt (*Thomas/Putzo,* ZPO, 30. Aufl. 2009, § 3 Rdn. 21).

5. Der Antrag kann gegebenenfalls mit einem Antrag auf Abgabe der eidesstattlichen Versicherung verbunden werden (§ 259 Abs. 2 BGB).

6. Derjenige Miterbe, der noch vom Erblasser mit der Verwaltung beauftragt oder dem Vollmacht erteilt wurde, ist gegenüber der Erbengemeinschaft zur Auskunft und Rechenschaft verpflichtet (§ 666 BGB). Gleiches gilt für Miterben, die nach dem Erbfall Notverwaltungsmaßnahmen i. S. d. § 2038 Abs. 1 BGB getroffen haben. Bei einer dauerhaften Verwaltung gemeinsamer Grundstücke durch einen Miterben (§ 745 BGB) kann konkludent Auftragsrecht zur Anwendung kommen (BGH NJW 2001, 1131).

7. Ein Miterbe, der als „Erbschaftsbesitzer" i. S. d. § 2027 Abs. 1 BGB zu qualifizieren ist (z. B. weil er sich ein Alleinerbrecht angemaßt und deshalb etwas aus dem Nachlass erlangt hat), ist verpflichtet, den anderen Miterben Auskunft über den Nachlassbestand und den Verbleib von Nachlassgegenständen zu erteilen. Behauptet dieser Miterbe, er habe aus dem Nachlass nichts in Besitz genommen, kann sich eine Auskunftspflicht aus § 2362 Abs. 2 BGB ergeben, falls ihm ein unrichtiger Erbschein erteilt wurde (MünchKommBGB/*Promberger,* 5. Aufl. 2009, § 2362 Rdn. 9). Gem. § 2027 Abs. 2 BGB schuldet Auskunft auch derjenige Miterbe, der eine Sache aus dem Nachlass – egal, ob gut- oder bösgläubig – in Besitz genommen hat, bevor die Miterben den Besitz ergriffen haben.

8. Lebte ein Miterbe mit dem Erblasser in „häuslicher Gemeinschaft", ist er gem. § 2028 Abs. 1 BGB den anderen Miterben gegenüber auskunftspflichtig (OLG Braunschweig OLGE 26, 296). Zu beachten ist jedoch, dass Auskunft „nur" über geführte erbschaftliche Geschäfte und den Verbleib von Erbschaftsgegenständen, nicht also über den Nachlassbestand zu erteilen ist (OLG München OLGE 40, 134).

9. Nach § 2057 BGB sind Miterben untereinander zur Auskunft über Zuwendungen verpflichtet, die gem. §§ 2050–2053 BGB ausgleichspflichtig sein könnten. Geschuldet ist eine zeitlich und gegenständlich unbeschränkte „Totalaufklärung" (*Sarres,* ZEV 2000, 349), wobei aber nicht jede „Kleinigkeit" anzugeben ist (*Bamberger/Roth/Lohmann,* 2. Aufl. 2008, § 2057 Rdn. 4).

10. Der BGH (NJW 1993, 2737) hat aus § 242 BGB einen Auskunfts- und Wertermittlungsanspruch des pflichtteilsberechtigten Erben gegen den vom Erblasser beschenkten Miterben abgeleitet.

11. Im Falle des § 2287 BGB kann sich zu Gunsten des Vertragserben aus § 242 BGB ein Auskunftsanspruch gegen den vom Erblasser Beschenkten ergeben (BGH NJW 1986, 1755). Gleiches muss bei einem gem. § 2271 Abs. 2 BGB bindend gewordenen Ehegattentestament zu Gunsten des Schlusserben gelten. Der durch die lebzeitige Verfügung beeinträchtigte Miterbe kann damit vom beschenkten Miterben Auskunft verlangen, wenn er hinreichende Anhaltspunkte für eine Zuwendung dartut.

12. Zur Verjährung erbrechtlicher Ansprüche nach dem Gesetz zur Änderung des Erb- und Verjährungsrechts, das zum 1. 1. 2010 in Kraft tritt, vgl. Form. II. J. 4 Anm. 7.

Kosten und Gebühren

Gerichtskostenvorschuss: 3,0 Verfahrensgebühr (Nr. 1210 KV GKG). Rechtsanwaltsgebühren: Regelgebühren nach Teil 3 Abschnitt 1 VV RVG. Allgemein zum Streitwert und Beschwer bei Erbrechtsprozessen vgl. *Klingelhöffer,* ZEV 2009, 379.

Fristen und Rechtsmittel

Zur Berufungseinlegung und Berufungsbegründung vergleiche Form. O. 1 und O. 2.

14. Klage eines Miterben wegen Geltendmachung einer Nachlassforderung[1]

An das
Landgericht

Klage

des ...... (Klägers)
......[2]

wegen

Kaufpreisforderung

Vorläufiger Streitwert: ......[3]

Namens und mit Vollmacht des Klägers erhebe ich Klage und werde beantragen:

I. Der Beklagte wird verurteilt, an die Erbengemeinschaft[4] nach dem am ...... (Datum) verstorbenen ...... (Name) bestehend aus:
a) dem Kläger,
b) dem ...... (Name und Anschrift),
c) dem ...... (Name und Anschrift)
EUR ...... nebst Zinsen in Höhe von fünf Prozentpunkten über dem jeweiligen Basiszinssatz ab Rechtshängigkeit[5] zu zahlen.

II. Der Beklagte hat die Kosten des Rechtsstreits zu tragen.

Begründung:

Am ...... (Datum) verstarb in ...... (Ort) der Vater des Klägers. Er wurde kraft Gesetzes von dem Kläger und seinen beiden Brüdern beerbt[6]. Die Aktivlegitimation des Klägers ergibt sich aus § 2039 BGB.

Der Vater hatte durch notariellen Vertrag vom ...... (Datum) sein im Grundbuch von ...... (Ort) Blatt ...... eingetragenes Grundstück an den Beklagten verkauft.

Beweis: Kaufvertrag vom ...... (Datum)

Einen Restbetrag des vereinbarten Kaufpreises in Höhe von EUR ...... hat der Beklagte noch nicht gezahlt. Mit Schreiben vom ...... (Datum) hat der Beklagte erklärt, er rechne mit einer Forderung in gleicher Höhe gegen den Kläger auf. Diese Aufrechnung ist unzulässig[7].

Rechtsanwalt

Schrifttum: Klinger/Erker/Oppelt, Münchener Prozessformularbuch Erbrecht, 2. Aufl. 2009, Form. K. III. 6.

Anmerkungen

1. Der einzelne Erbe handelt im Rahmen des § 2039 BGB als gesetzlicher Prozessstandschafter. Einer Mitwirkung der übrigen Erben bedarf es hierzu nicht. Er, und nicht die Erbengemeinschaft, ist daher als Partei im Rubrum aufzuführen. Da nur der klagende Miterbe Partei des Verfahrens wird, ist es den übrigen Erben möglich, als Zeugen im Verfahren aufzutreten. Das Ziel des Beklagten wird es dann allerdings sein, diese in Form einer Drittwiderklage aus ihrer Zeugenrolle zu drängen.

2. Zur Bezeichnung des Gerichts sowie zur sachlichen und örtlichen Zuständigkeit vgl. Form. II. J. 1 Anm. 1. Zur Gestaltung des Rubrums vgl. Form. II. J. 1.

3. Maßgeblich ist der Wert der ganzen eingeklagten Forderung und nicht nur das anteilige Interesse des klagenden Miterben (BGH LM § 3 Nr. 9), da der klagende Erbe als Prozessstandschafter für die gesamte Erbengemeinschaft handelt.

4. Ansprüche, die zum Nachlass gehören, kann nach § 2039 BGB ein einzelner Miterbe allein und im eigenen Namen geltend machen. Er kann aber regelmäßig nur Leistung an alle Miterben fordern. Grundsätzlich kann er auch nicht Leistung an sich in Höhe des seinem Erbteil entsprechenden Teils der Forderung verlangen. Wenn die Miterben zur Annahme nicht bereit sind, muss er Hinterlegung für alle erwirken (vgl. *Palandt/Edenhofer,* 68. Aufl. 2009, § 2039 Rdn. 9).

Das für oder gegen einen Miterben ergangene rechtskräftige Urteil schafft für und gegen die anderen Miterben keine Rechtskraft (RGZ 93, 127; *Palandt/Edenhofer,* a. a. O., § 2039 Rdn. 7). Die Klage des einzelnen Miterben hemmt die Verjährung (§ 204 Abs. 1 Nr. 1 BGB) auch für die Übrigen (*Palandt/Edenhofer,* a. a. O., § 2039 Rdn. 7; str.).

5. §§ 291, 288 BGB.

6. § 1924 BGB.

7. Gegen eine Nachlassforderung kann der Schuldner nicht mit der Forderung gegen einen einzelnen Miterben aufrechnen (§ 2040 Abs. 2 BGB).

8. Zur Verjährung erbrechtlicher Ansprüche nach dem Gesetz zur Änderung des Erb- und Verjährungsrechts, das zum 1. 1. 2010 in Kraft tritt, vgl. Form. II. J. 4 Anm. 7.

Kosten und Gebühren

Gerichtskostenvorschuss: 3,0 Verfahrensgebühr (Nr. 1210 KV GKG). Rechtsanwaltsgebühren: Regelgebühren nach Teil 3 Abschnitt 1 VV RVG. Allgemein zum Streitwert und Beschwer bei Erbrechtsprozessen vgl. *Klingelhöffer,* ZEV 2009, 379.

Fristen und Rechtsmittel

Zur Berufungseinlegung und Berufungsbegründung vergleiche Form. O. 1 und O. 2.

15. Klage eines Nachlassgläubigers gegen Miterben[3] bei Testamentsvollstreckung

An das
Landgericht[1]

Klage

des …… (Klägers)

gegen

1. den …… (Miterbe)
2. den …… (Miterbe)
3. den Rechtsanwalt …… (Testamentsvollstrecker), als Testamentsvollstrecker hinsichtlich des Nachlasses des am …… (Datum) verstorbenen Herrn …… (Erblasser)[2]

wegen

Darlehen

Vorläufiger Streitwert: ……

Namens und mit Vollmacht des Klägers erhebe ich Klage und werde beantragen:

I. Die Beklagten zu 1. und 2. werden als Gesamtschuldner verurteilt, an den Kläger …… EUR nebst Zinsen in Höhe von fünf Prozentpunkten über dem jeweiligen Basiszinssatz ab Rechtshängigkeit zu zahlen.

II. Der Beklagte zu 3. wird verurteilt, die Zwangsvollstreckung wegen der vorstehenden Forderung in den Nachlass des am ...... (Datum) verstorbenen ...... (Erblasser) zu dulden.

III. Die Beklagten haben die Kosten des Rechtsstreits als Gesamtschuldner zu tragen.

Begründung[3]:

Der Kläger hat am ...... (Datum) dem Landwirt L ein Darlehen in Höhe von EUR ...... gewährt, das am ...... (Datum) zur Rückzahlung fällig sein sollte.

Beweis: Darlehensvertrag vom ...... (Datum)

Eine Rückzahlung ist noch nicht erfolgt. L verstarb am ...... (Datum). Er wurde von den Beklagten zu 1. und 2. auf Grund eines privatschriftlichen Testaments[4] vom ...... (Datum) zu je $^1/_2$ beerbt. Der Beklagte zu 3. ist in diesem Testament zum Testamentsvollstrecker ernannt worden[5]. Eine Beschränkung seiner Rechte ist nicht erfolgt[6].

Beweis: Testament vom ...... (Datum)
Beiziehung der Nachlassakten des Amtsgerichts – Nachlassgericht – ...... (Ort)

Der Beklagte zu 3. hat das Amt angenommen[7].

Die Beklagten haben geltend gemacht, der Nachlass sei dürftig[8]. Dies wird bestritten.

Rechtsanwalt

Schrifttum: Garlichs/Mankel, Die passive Prozessführungsbefugnis des Testamentsvollstreckers bei Teilverwaltung, MDR 1998, 511; *Garlichs,* Der Testamentsvollstrecker privat, ZEV 1996, 447; *Klinger/Zimmermann,* Münchener Prozessformularbuch Erbrecht, 2. Aufl. 2009, Form. R. IV. 3.

Anmerkungen

1. Zur Bezeichnung des Gerichts sowie zur sachlichen und örtlichen Zuständigkeit vgl. Form. II. J. 1 Anm. 1. Die Bestimmung des zuständigen Gerichts muss nach § 36 Nr. 3 ZPO beantragt werden, wenn die Beklagten bei verschiedenen Gerichten ihren allgemeinen Gerichtsstand haben.

2. Der Beklagte zu 3. ist Partei kraft Amtes. Zur Gestaltung des Rubrums vgl. Form. II. J. 1.

3. Bei Verwaltung des ganzen Nachlasses kann nach § 2213 Abs. 1 S. 1 BGB ein Nachlassanspruch sowohl gegen die Erben als gegen den Testamentsvollstrecker gerichtlich geltend gemacht werden. Nach § 748 Abs. 1 ZPO ist zur Zwangsvollstreckung in den Nachlass ein gegen den Testamentsvollstrecker ergangenes Urteil erforderlich. Zweckmäßig ist eine Klage gegen die Erben auf Leistung und zugleich gegen den Testamentsvollstrecker auf Leistung oder auf Duldung der Zwangsvollstreckung (*Palandt/Edenhofer,* 68. Aufl. 2009, § 2213 Rdn. 2).

Nach § 2213 Abs. 1 S. 3 BGB können Pflichtteilsansprüche nur gegen die Erben geltend gemacht werden. Dies gilt auch dann, wenn dem Testamentsvollstrecker die Verwaltung des ganzen Nachlasses zusteht (*Palandt/Edenhofer,* a. a. O., § 2213 Rdn. 6).

Nach § 2058 BGB haften Miterben für die Nachlassverbindlichkeiten als Gesamtschuldner. Zur Zwangsvollstreckung in den Nachlass ist nach § 747 ZPO ein gegen alle Erben ergangenes Urteil erforderlich. Bis zur Teilung des Nachlasses hat der Gläubiger grundsätzlich die Wahl zwischen der Gesamtschuldklage nach § 2058 BGB und der Gesamthandklage nach § 2059 Abs. 2 BGB, die gegen die Erbengemeinschaft als solche zu richten ist.

Zum Antrag des Nachlassgläubigers auf Erteilung eines Erbscheins vgl. Form. II. J. 20.

4. § 2247 BGB.

5. § 2197 Abs. 1 BGB.

6. § 2208 BGB.

7. § 2202 BGB.

8. Dem vorläufig unbeschränkt haftenden Erben stehen nach §§ 1975, 1990–1992 BGB Haftungsbeschränkungsrechte zu. In § 2059 BGB ist außerdem für jeden Miterben bis zur Teilung ein besonderes Verweigerungsrecht vorgesehen. In diesen Fällen werden grundsätzlich im Urteil die Rechte nicht ausgesprochen, sondern nur nach § 780 ZPO vorbehalten. Ohne den Vorbehalt im Urteil kann die beschränkte Haftung in der Zwangsvollstreckung nicht geltend gemacht werden. Der Vorbehalt kann nur dann im Urteil ausgesprochen werden, wenn der Erbe die Einrede einer beschränkten Haftung (§ 780 ZPO) geltend gemacht hat (vgl. *Baumbach/Lauterbach/Albers/Hartmann,* 67. Aufl. 2009, § 780 Rdn. 3).

Zur Klageerwiderung der Miterben mit Herbeiführung des vorläufigen Haftungsbeschränkungsvorbehalts aus § 2059 Abs. 1 S. 1 BGB vgl. *Klinger/Joachim,* Münchener Prozessformularbuch Erbrecht, 2. Aufl. 2009, Form. S. II. 1.

Kosten und Gebühren

Gerichtskostenvorschuss: 3,0 Verfahrensgebühr (Nr. 1210 KV GKG). Rechtsanwaltsgebühren: Regelgebühren nach Teil 3 Abschnitt 1 VV RVG. Allgemein zum Streitwert und Beschwer bei Erbrechtsprozessen vgl. *Klingelhöffer,* ZEV 2009, 379.

Fristen und Rechtsmittel

Zur Berufungseinlegung und Berufungsbegründung vergleiche Form. O. 1 und O. 2.

16. Antrag eines Miterben auf Teilungsversteigerung[1]

An das
Amtsgericht[2]
– Versteigerungsgericht –

Antrag auf Teilungsversteigerung[2]

Zum Zwecke der Aufhebung der Erbengemeinschaft entstanden auf Ableben des …… (Erblasser), geboren am …… (Geburtsdatum) in …… (Geburtsort), verstorben am …… (Datum) in …… (Ort), bestehend aus folgenden Miterben:

1) …… (Name, Anschrift)
2) …… (Name, Anschrift)
3) …… (Name, Anschrift)

Hiermit stelle ich unter Vorlage einer auf mich lautenden Vollmacht namens und im Auftrag des Miterben

…… (Name, Anschrift)

– Antragsteller –

den Antrag, für das im Grundbuch von …… (Ort) verzeichnete Grundstück[3], Flurstücks-Nr. ……, zum Zwecke der Aufhebung der Gemeinschaft die Zwangsversteigerung anzuordnen.

……

Begründung:

Die oben aufgeführten Beteiligten sind Miterben des am ...... (Datum) verstorbenen Herrn ...... (Erblasser), mit letztem Wohnsitz in ...... (Ort).

Beweis: Erbschein[4] des Amtsgerichts – Nachlassgericht – ...... (Ort) vom ...... (Datum)

Der Erblasser war Alleineigentümer des im obigen Antrag näher bezeichneten Grundbesitzes.

Beweis: Beglaubigter Grundbuchauszug[4] vom ...... (Datum)

Zur Vorbereitung der Erbauseinandersetzung soll der Grundbesitz veräußert werden. Teilungsanordnungen des Erblassers liegen nicht vor.

Rechtsanwalt

Schrifttum: Kiderlen/Roth, Taktisches Verhalten des Miterben in der Teilungsversteigerung, NJW-Spezial 2008, 455; *Klinger/Erker/Oppelt,* Münchener Prozessformularbuch Erbrecht, 2. Aufl. 2009, Form. K. VIII. 1.–2.; *Storz/Kiderlen,* Praxis der Teilungsversteigerung, 4. Aufl. 2008.

Anmerkungen

1. Die Teilungsversteigerung von Grundstücken dient dazu, die für die Begleichung der Nachlassverbindlichkeiten erforderlichen Barmittel zu beschaffen sowie einen in wertgleiche Teile spaltbaren Nachlassbestand zu erhalten.

2. Die Teilungsversteigerung kann von jedem der Miterben jederzeit verlangt werden. Zur Versteigerung bedarf es nicht der Zustimmung der übrigen Miterben. Sämtliche Miterben sowie diejenigen Personen, denen Nießbrauchs- oder Pfandrechte an Erbteilen zustehen, sind am Verfahren zu beteiligen.

3. Im Zuge einer Teilungsversteigerung ist es ohne weiteres möglich, einzelne, von mehreren zum Nachlass gehörenden Grundstücken zur Versteigerung zu bringen. Hierin ist keine unzulässige Teilerbauseinandersetzung zu sehen. Den Erben steht es nämlich frei, die Reihenfolge festzulegen, in welcher sie Einzelne, in der Natur nicht wertgleich teilbare Nachlassgegenstände, veräußern.

4. Dem Antrag auf Teilungsversteigerung ist eine beglaubigte Abschrift des öffentlichen Testamentes mit Ausfertigung des Eröffnungsprotokolls oder eine Ausfertigung des Erbscheins beizufügen. Beizufügen ist weiter ein beglaubigter Grundbuchauszug, der nicht älter als eine Woche sein sollte und aus welchem sich das Eigentumsrecht des Erblassers bzw. der Erbengemeinschaft ergeben muss.

17. Erbauseinandersetzungsklage[1] unter Miterben

An das
Landgericht[2]

Klage

des …… (Klägers)[3]

gegen

…… (Beklagter)[4]

wegen

Erbauseinandersetzung

Vorläufiger Streitwert: ……[5]

Namens und mit Vollmacht des Klägers erhebe ich Klage und werde beantragen:

I. Der Beklagte wird verurteilt, zur Herbeiführung der Erbauseinandersetzung nach dem am …… (Datum) verstorbenen Vater der Parteien, dem …… (Erblasser) folgenden Teilungsplan zuzustimmen:[6]

1. Das im Grundbuch des Amtsgerichts …… von …… (Ort), Blatt …… – Gemarkung ……. FlNr. ……, FLStNr. ……, Liegenschaftsnummer …… – eingetragene Grundstück erhält der Kläger mit Inventar zum Alleineigentum.

2. Der Beklagte erhält das Guthaben auf dem Konto mit der Nr. …… bei der Sparkasse in …… (Ort).[7]

II. Der Beklagte wird verurteilt, das im Grundbuch von ….. (Ort), Blatt ……, eingetragene Grundstück an den Kläger als Alleineigentümer aufzulassen und in die entsprechende Umschreibung des Grundbuchs einzuwilligen.[8]

III. Der Beklagte hat die Kosten des Rechtsstreits zu tragen.

Begründung:

Die Parteien sind Brüder. Ihre Mutter ist schon im Jahre …… verstorben. Am …… (Datum) verstarb auch ihr Vater, …… (Erblasser). Dieser war Eigentümer des im Grundbuch von …… (Ort), Blatt ……, eingetragenen Grundstückes. Außerdem hinterließ er bei seinem Tode ein Sparguthaben bei der Sparkasse in …… (Ort) in Höhe von EUR ……

Am ……(Datum) errichtete der Vater der Parteien ein privatschriftliches Testament. Darin bestimmte er, dass nach seinem Tode der Kläger das im Grundbuch von …… (Ort), Blatt ……, eingetragene Grundstück und der Beklagte das Sparguthaben erhalten sollten[9].

Beweis: Testament vom …… (Datum)
Beiziehung der Nachlassakten des Amtsgerichts – Nachlassgericht – …… (Ort)

Mit Schreiben vom …… (Datum) hat der Kläger die Aufteilung des Nachlasses entsprechend dem letzten Willen des Vaters verlangt. Der Beklagte weigert sich.

Nachlassverbindlichkeiten sind nicht vorhanden.[10] Der Nachlass ist teilungsreif.[11]

Rechtsanwalt

Schrifttum: Damrau, Die Abschichtung, ZEV 1996, 361; *Keller,* Ausscheiden eines Miterben aus der Erbengemeinschaft durch „Abschichtung"?, ZEV 1998, 281; *Klinger/Erker/Oppelt,* Münchener Prozessformularbuch Erbrecht, 2. Aufl. 2009, Form. K. VI.; *Klinger/Maulbetsch,* Abschichtung – Formfreier Eigentumserwerb von Nachlassimmobilien durch einen Miterben, NJW-Spezial 2005, 397; *Klinger/Maulbetsch,* Die Erbteilungsklage, NJW-Spezial 2007, 349; *Klinger/Roth,* Teilauseinandersetzung durch den Testamentsvollstrecker?, NJW-Spezial 2006, 541; *Reimann,* Erbauseinandersetzung durch Abschichtung, ZEV 1998, 213; *Steiner,* Die Praxis der Klage auf Erbauseinandersetzung, ZEV 1997, 89; *Winkler,* Verhältnis von Erbteilsübertragung und Erbauseinandersetzung – Möglichkeiten der Beendigung der Erbengemeinschaft, ZEV 2001, 435.

Anmerkungen

1. Nach § 2042 BGB kann grundsätzlich jeder Erbe jederzeit die Auseinandersetzung verlangen.

2. Zur Bezeichnung des Gerichts sowie zur sachlichen und örtlichen Zuständigkeit vgl. Form. II. J. 1 Anm. 1.

3. Zum Rubrum vgl. Form. II. J. 1.

4. Bei der Erbteilungsklage ist eine Beschränkung auf diejenigen Miterben zulässig, die der geplanten Auseinandersetzung nicht zustimmen. Bei einer Erbauseinandersetzungsklage besteht zwischen den Erben weder eine prozessual notwendige noch eine materiell-rechtlich notwendige Streitgenossenschaft (MünchKommBGB/*Dütz,* 5. Aufl. 2009, § 2042 Rdn. 62). Sind nicht sämtliche Miterben am Verfahren beteiligt, können diejenigen Miterben, welche nicht Partei der Erbauseinandersetzungsklage sind, im Prozess als Zeugen gehört werden. Befindet man sich in der Rolle des Beklagten, sollte man versuchen, mögliche „Parteizeugen" des Klägers in das Verfahren über eine Widerklage mit einzubeziehen (vgl. *Klinger/Erker/Oppelt,* Münchener Prozessformularbuch Erbrecht, 2. Aufl. 2009, Form. K. VI. 8). Befindet man sich in der Rolle des Klägers, sollte man von vornherein Klage gegen sämtliche einem nicht wohlgesonnene Miterben erheben.

5. Für den Streitwert ist das Interesse des Klägers maßgeblich (*Thomas/Putzo,* ZPO, 30. Aufl. 2009, § 3 Anm. 2 Stichwort: Erbauseinandersetzung). Dieses richtet sich nach dem Wert der Erbquote, welche der auf Teilung klagende Erbe für sich beanspruchen kann (BGH NJW 1975, 1415, 1416).

6. Die Auseinandersetzungsklage ist auf den Abschluss eines Auseinandersetzungsvertrages zu richten; der Klageantrag lautet dementsprechend auf Zustimmung zu der begehrten Auseinandersetzung. Das gerichtliche Urteil ersetzt gem. § 894 ZPO die Zustimmung der anderen, nicht teilungswilligen Miterben zum vorgelegten Teilungsplan. Ob der Kläger sogleich Erbauseinandersetzungsklage erhebt oder aber zunächst den Antrag auf gerichtliche Vermittlung der Erbauseinandersetzung (§§ 86 ff. FGG) stellt, steht in seinem Belieben (*Palandt/Edenhofer,* 68. Aufl. 2009, § 2042 Rdn. 16).

Mit der Auseinandersetzungsklage muss ein Teilungsplan vorgelegt werden. Es müssen bestimmte Anträge gestellt werden (vgl. *Palandt/Edenhofer,* a. a. O., § 2042 Rdn. 16). Das Gericht ist nicht befugt, den Teilungsplan von sich aus abzuändern. Kleinste Ungereimtheiten des Teilungsplans können deshalb zur Gesamtabweisung der Erbauseinandersetzungsklage führen. Zur Begrenzung dieses Prozessrisikos sollten für sämtliche vernünftigerweise in Betracht zu ziehenden Konstellationen Hilfsanträge gestellt werden (vgl. *Klinger/Erker/Oppelt,* Münchener Prozessformularbuch Erbrecht, a. a. O., Form. K. VI. 2). Das Gericht hat aber auf eine sachgemäße Antragstellung hinzuwirken (KG NJW 1961, 733). Formularmuster zu Haupt-, Hilfs-, Feststellungs- und Leistungsanträgen bei einer Erbteilungsklage finden sich bei *Klinger/Erker/Oppelt* Münchener Prozessformularbuch ErbR, a. a. O., Form. K. VI.

Bestehen Unklarheiten über Umfang und Teilbarkeit des Nachlasses nach §§ 752, 753 BGB, kann der teilungswillige Miterbe eine Feststellungsklage hinsichtlich einzelner Streitpunkte erheben, wenn dies einer sinnvollen Klärung der Grundlagen der Erbauseinandersetzung dient. Die Rechtsprechung hat hierfür ein Feststellungsinteresse anerkannt (BGH NJW-RR 1990, 1220). Vorfragen, die mittels Feststellungsklage geklärt werden können, sind z. B. Ausgleichungspflichten gem. §§ 2050 ff. BGB (BGH FamRZ 1992, 665; OLG Koblenz NJOZ 2002, 1280), Verwaltungsmaßnahmen der Miterben (§ 2038 BGB), die dingliche Surrogation (§ 2041 BGB), Nachlassforderungen (§ 2039 BGB), Teilungsanordnungen (§ 2048 BGB) oder Vorausvermächtnisse (§ 2150 BGB). Die Feststellungsklage kann auch auf einzelne, widerstrebende Miterben beschränkt werden (*Palandt/Edenhofer,* a. a. O., § 2042 Rdn. 16).

7. Nach allgemeiner Ansicht können mit der Teilungsklage auch Anträge auf dinglichen Vollzug verbunden werden; dieses Vorgehen ist auch empfehlenswert, um das etwas umständliche Verfahren nach § 2042 BGB effizienter zu gestalten.

8. Ein Anspruch auf Teilerbauseinandersetzung gegen den Willen eines Miterben besteht nur ausnahmsweise für den Fall, dass besondere Gründe vorliegen und die Belange der Erbengemeinschaft nicht beeinträchtigt werden (BGH WM 1965, 1155; zur Teilauseinandersetzung vgl. *Klinger/Roth,* NJW-Spezial 2006, 541). In einer begrüßenswert pragmatischen Entscheidung hat das OLG Frankfurt a. M. (NJW 1977, 235) statt einer Auseinandersetzungsklage die Zahlungsklage für zulässig angesehen, wenn der Sachverhalt weitgehend geklärt ist und der Erblasser durch seine testamentarischen Verfügungen einen Auseinandersetzungsvertrag antizipiert hat und deshalb die schuldrechtliche Bindung der Parteien bereits durch das Testament begründet worden ist.

9. Wird in der letztwilligen Verfügung der Nachlass unter mehreren nach Vermögensgruppen verteilt, so ist von einer entsprechenden Erbeinsetzung mit Teilungsanordnung auszugehen (*Klinger/Scheuber,* Testamentsauslegung bei Zuwendung von Einzelgegenständen, NJW-Spezial 2008, 135; *Palandt/Edenhofer,* a. a. O., § 2087 Rdn. 4).

10. Der Teilungsplan kann sich nur auf Anordnungen des Erblassers, Vereinbarungen der Miterben oder auf die gesetzlichen Teilungsregeln (§§ 2046 ff.; 752 ff. BGB) stützen. Nach den gesetzlichen Teilungsregeln sind zunächst die Nachlassverbindlichkeiten zu tilgen. Der Nachlass ist, soweit erforderlich, zu versilbern. Das geschieht nach den Vorschriften über den Pfandverkauf bzw. bei Grundstücken durch Zwangsversteigerung. Sodann erfolgt Teilung im Verhältnis der Erbteile (*Palandt/Edenhofer,* a. a. O., § 2042 Rdn. 3).

11. Eine Erbteilungsklage, deren Ziel die Auseinandersetzung des gesamten Nachlasses ist, hat nur dann Aussicht auf Erfolg, wenn der Nachlass teilungsreif ist. Dies ist der Fall, wenn sämtliche Nachlassverbindlichkeiten erfüllt sind (§ 2046 BGB) und der dann noch vorhandene Rest des Nachlasses entsprechend den Erbquoten in gleichartige Teile ohne Wertverlust aufgeteilt werden kann (§§ 2042 Abs. 2, 752 BGB). Dabei müssen vorrangig Teilungsanordnungen des Erblassers und ausgleichungspflichtige Vorempfänge gem. §§ 2050 ff. BGB berücksichtigt werden (Berechnungsschema bei *Enzensberger/Klinger,* NJW-Spezial 2006, 61). Ist eine Teilung des Nachlasses in Natur (§ 2042 Abs. 2 iVm. § 752 S. 1 BGB) ausgeschlossen und sind sich die Erben über einen freihändigen Verkauf nicht einig, ist der Nachlass noch nicht teilungsreif. Deshalb muss vor Erhebung der Teilungsklage bei Nachlassimmobilien die Teilungsversteigerung (§§ 180 ff. ZVG) und bei beweglichen Sachen der Pfandverkauf (§§ 1233 ff. BGB) durchgeführt werden. Für die Teilungsreife soll es nach überwiegender Ansicht ausreichend sein, wenn sich die Frage der Nachlasszugehörigkeit von Aktiva und Passiva des Nachlasses zumindest als Vorfrage im Auseinandersetzungsprozess klären lässt (LG Karlsruhe NJW 1974, 956; KG NJW 1961, 733; LG Münster NJOZ 2004, 257; *Steiner,* ZEV 1997, 89, 90).

12. Für die Zulässigkeit der Erbteilungsklage dürfen keine Klageausschlussgründe gem. den §§ 2043-2045 BGB vorliegen. Vor Klageerhebung muss weder das Vermittlungsverfahren beim Nachlassgericht nach §§ 86 FGG (*Palandt/Edenhofer,* a. a. O., § 2042 Rdn. 16) noch ein Erbscheinserteilungsverfahren (*Steiner,* ZEV 1997, 89, 90) durchgeführt werden.

13. Zur eventuellen Zustimmungserfordernis des Ehegatten und des Vormundschaftsgerichts vgl. *Klinger/Erker/Oppelt,* Münchener Prozessformularbuch Erbrecht, a. a. O., Form. K. VI. 3 und Form. K. VII. 2 und 3. Sind minderjährige Erben beteiligt, ist unter Umständen nach § 1821 Nrn. 1, 3 BGB eine vormundschaftsgerichtliche Genehmigung vor der Entscheidung beizubringen (*Palandt/Edenhofer,* a. a. O., § 2042 Rdn. 16). Bei unbekannten Miterben ist ein Pfleger zu bestellen, sofern die Voraussetzungen einer Abwesenheitspflegschaft (§ 1961 BGB) vorliegen (dazu *Steiner,* ZEV 1997, 89, 90).

14. Zur Verjährung erbrechtlicher Ansprüche nach dem Gesetz zur Änderung des Erb- und Verjährungsrechts, das zum 1. 1. 2010 in Kraft tritt, vgl. Form. II. J. 4 Anm. 7.

Kosten und Gebühren

Gerichtskostenvorschuss: 3,0 Verfahrensgebühr (Nr. 1210 KV GKG). Rechtsanwaltsgebühren: Regelgebühren nach Teil 3 Abschnitt 1 VV RVG. Allgemein zum Streitwert und Beschwer bei Erbrechtsprozessen vgl. *Klingelhöffer,* ZEV 2009, 379.

Fristen und Rechtsmittel

Zur Berufungseinlegung und Berufungsbegründung vergleiche Form. O. 1 und O. 2.

18. Klage eines Erben gegen Testamentsvollstrecker auf Erstellung des Nachlassverzeichnisses[1]

**An das
Landgericht[2]**

Klage

des ...... (Klägers)[3]

gegen

...... (Beklagter), als Testamentsvollstrecker[3] über den Nachlass des am ...... (Datum) verstorbenen Herrn ...... (Erblasser)

wegen

Erstellung eines Nachlassverzeichnisses

Vorläufiger Streitwert: ......[4]

Namens und mit Vollmacht des Klägers erhebe ich Klage und werde beantragen:

I. Der Beklagte wird verurteilt, dem Kläger ein Verzeichnis[5] über den Nachlass des am ...... (Datum) in ...... (Ort) verstorbenen Erblassers ...... mitzuteilen, wobei das Verzeichnis durch einen Notar[6] aufzunehmen ist.[7,8]

II. Der Beklagte hat die Kosten des Rechtsstreits zu tragen.

Begründung:

Am ...... (Datum) verstarb in ...... (Ort) Herr ...... (Erblasser). Die Ehefrau des Erblassers ist vorverstorben. Aus seiner Ehe ist der Kläger als einziger Abkömmling hervorgegangen.

Beweis: Erbschein des Amtsgerichts – Nachlassgericht – ...... (Ort) vom ...... (Datum)

Der Erblasser hat den Beklagten als seinen langjährigen Steuerberater testamentarisch zum Testamentsvollstrecker ernannt.

Beweis: Privatschriftliches Testament vom ...... (Datum)
Testamentsvollstreckerzeugnis des Amtsgerichts – Nachlassgericht – ...... (Ort) vom ..... (Datum)

Der Beklagte hat sein Amt als Testamentsvollstrecker durch Erklärung gegenüber dem Nachlassgericht am ..... (Datum) angenommen.

Beweis: Beiziehung der Akten des Amtsgerichts – Nachlassgericht – ...... (Ort) mit dem Geschäftszeichen ......

Nachdem der Beklagten dem Kläger ca. zwei Monate nach Amtsannahme immer noch kein Nachlassverzeichnis zugeleitet hat, hat dieser mit Schreiben vom ...... (Datum) den Beklagten aufgefordert, ein durch einen Notar aufgenommenes Nachlassverzeichnis vorzulegen.

Beweis: Schreiben des Klägers vom ...... (Datum)

Da der Beklagte hierauf nicht reagiert hat[9], ist Klage geboten[10].

Die Verpflichtung des Beklagten ergibt sich aus § 2215 Abs. 1 und 4 BGB.

Rechtsanwalt

Schrifttum: Klinger/Zimmermann, Münchener Prozessformularbuch Erbrecht, 2. Aufl. 2009, Form. R. III. 1; *Sarres,* Die Auskunftspflichten des Testamentsvollstreckers, ZEV 2000, 92; *ders.,* Die Auskunfts- und Rechenschaftspflicht nach § 666 BGB im System der erbrechtlichen Auskunftsansprüche, ZEV 2008, 512.

Anmerkungen

1. Das Nachlassverzeichnis i. S. d. § 2215 BGB ist unverzichtbare Grundlage für die ordnungsgemäße Amtsführung und Abwicklung durch den Testamentsvollstrecker und wichtiges Kontrollmittel der Erben. Die Verpflichtung zur Nachlassherausgabe und zur Rechnungslegung nach §§ 2218, 666, 667 BGB ergibt sich ihrem Umfang nach aus dem Nachlassverzeichnis. Da dadurch Vermögensänderungen dokumentiert werden, ist es auch es für die Haftung des Testamentsvollstreckers nach § 2219 BGB bedeutsam.

2. Zur Bezeichnung des Gerichts sowie zur sachlichen und örtlichen Zuständigkeit vgl. Form. II. J. 1 Anm. 1.

3. Allg. zum Rubrum vgl. Form. II. J. 1. Die Klage richtet sich gegen den Testamentsvollstrecker in seiner Amtseigenschaft (OLG Koblenz NJW-RR 1993, 462); insoweit liegt also kein Fall des § 2213 BGB vor.

4. Bei einer Auskunftsklage richtet sich der Streitwert gem. § 3 ZPO nach dem Interesse des Klägers. Dieses liegt zwischen 10 und 25% des Nettonachlasses. Für die Kosten von Prozessen über die persönlichen Verpflichtungen des Testamentsvollstreckers aus §§ 2215, 2218, 666 BGB haftet der Testamentsvollstrecker persönlich, nicht der Nachlass (KG OLGE 10, 303).

5. Die Erstellung und Übermittlung des Nachlassverzeichnisses an die Erben ist eine der zentralen Pflichten des Testamentsvollstreckers (BayObLG ZEV 1998, 381). Ein Verstoß stellt regelmäßig eine grobe Pflichtverletzung dar (OLG Koblenz NJW-RR 1993, 462). Nach der Annahme des Amtes ist der Testamentsvollstrecker unaufgefordert verpflichtet, dem Erben unverzüglich, das heißt ohne schuldhaftes Zögern (§ 121 BGB), ein

Nachlassverzeichnis vorzulegen (§ 2215 Abs. 1 BGB). Diese Verpflichtung endet mit der Kündigung des Amtes, und zwar auch dann, wenn bisher noch gar kein Verzeichnis erstellt wurde (OLG Koblenz NJW-RR 1993, 462).

Das Verzeichnis hat eine Aufstellung der Nachlassgegenstände und der Nachlassverbindlichkeiten zu enthalten. Der Testamentsvollstrecker ist nicht verpflichtet, den Wert der Nachlassgegenstände zu ermitteln oder z. B. durch Einschaltung eines Sachverständigen ermitteln zu lassen, soweit er selbst dazu nicht in der Lage ist (BayObLG ZEV 1997, 381). Das Verzeichnis braucht nur die Nachlassgegenstände zu umfassen, die der Verwaltung des Testamentsvollstreckers unterliegen. Auch Gegenstände und Verbindlichkeiten, deren Zugehörigkeit zum Nachlass zweifelhaft ist, sind aufzuführen (OLG Karlsruhe NJWE-FER 1998, 255).

6. Der Erbe kann auch verlangen, dass das Verzeichnis durch einen Notar aufgenommen wird (§ 2215 Abs. 4 BGB). Die hierdurch zusätzlich anfallenden Kosten hat gem. § 2215 Abs. 5 BGB der Nachlass zu tragen.

7. Besteht Grund zur Annahme, dass der Testamentsvollstrecker das Verzeichnis nicht mit der erforderlichen Sorgfalt erstellt hat, kann von ihm eine eidesstattliche Versicherung verlangt werden. Dieser Antrag kann vorsorglich schon in der Klage angekündigt werden und könnte lauten: „Der Beklagte wird verurteilt, an Eides statt zu versichern, die Zusammenstellung nach bestem Wissen so vollständig vorgenommen zu haben, wie er hierzu imstande war."

8. Gem. § 2215 Abs. 3 BGB kann der Erbe verlangen, dass er bei der Aufnahme des Verzeichnisses zugezogen wird. Der entsprechende Klageantrag könnte dann lauten: „Der Beklagte wird verurteilt, dem Kläger ein in Anwesenheit des Klägers aufgenommenes Verzeichnis über den Nachlass des am ...... (Datum) in ...... (Ort) verstorbenen Erblassers mitzuteilen."

9. Im Hinblick auf die Kostenregelung des § 93 ZPO ist es ratsam, den Testamentsvollstrecker vorprozessual zur Abgabe des Verzeichnisses aufzufordern.

10. Zur Verjährung erbrechtlicher Ansprüche nach dem Gesetz zur Änderung des Erb- und Verjährungsrechts, das zum 1. 1. 2010 in Kraft tritt, vgl. Form. II. J. 4 Anm. 7.

Kosten und Gebühren

Gerichtskostenvorschuss: 3,0 Verfahrensgebühr (Nr. 1210 KV GKG). Rechtsanwaltsgebühren: Regelgebühren nach Teil 3 Abschnitt 1 VV RVG. Allgemein zum Streitwert und Beschwer bei Erbrechtsprozessen vgl. *Klingelhöffer,* ZEV 2009, 379.

Fristen und Rechtsmittel

Zur Berufungseinlegung und Berufungsbegründung vergleiche Form. O. 1 und O. 2.

19. Klage eines Erben gegen Testamentsvollstrecker auf Rechnungslegung[1]

An das
Landgericht[2]

Klage

des ...... (Klägers)[3]

gegen

...... (Beklagter), als Testamentsvollstrecker[3] über den Nachlass des am ...... (Datum) verstorbenen Herrn ...... (Erblasser)

wegen
Rechnungslegung

Vorläufiger Streitwert: ......[4]
Namens und mit Vollmacht des Klägers erhebe ich Klage und werde beantragen:

I. Der Beklagte wird verurteilt, dem Kläger eine geordnete Zusammenstellung[5] aller Einnahme und Ausgaben des seiner Verwaltung unterliegenden Nachlasses des am ...... (Datum) verstorbenen ...... (Erblasser) nebst Belegen für die Zeit vom ...... (Datum) bis ...... (Datum) zu erteilen[6].

II. Für den Fall, dass die Zusammenstellung nicht mit der erforderlichen Sorgfalt errichtet sein sollte, wird der Beklagte verurteilt, an Eides statt zu versichern, die Zusammenstellung nach bestem Wissen und so vollständig vorgenommen zu haben, wie er hierzu imstande war[7].

III. Der Beklagte hat die Kosten des Rechtsstreits zu tragen.

Begründung:

Am ...... (Datum) verstarb in ...... (Ort) Herr ...... (Erblasser). Die Ehefrau des Erblassers ist vorverstorben. Aus seiner Ehe ist der Kläger als einziger Abkömmling hervorgegangen.

Beweis: Erbschein des Amtsgerichts – Nachlassgericht – ...... (Ort) vom ...... (Datum)

Der Erblasser hat den Beklagten als seinen langjährigen Steuerberater testamentarisch zum Testamentsvollstrecker ernannt.

Beweis: Privatschriftliches Testament vom ...... (Datum)
Testamentsvollstreckerzeugnis des Amtsgerichts – Nachlassgericht – ...... (Ort) vom ...... (Datum)

Der Beklagte hat sein Amt als Testamentsvollstrecker durch Erklärung gegenüber dem Nachlassgericht am ...... (Datum) angenommen.

Beweis: Beiziehung der Akten des Amtsgerichts – Nachlassgericht – ...... (Ort) mit dem Geschäftszeichen ......

Der Beklagte hat dem Kläger ca. zwei Monate nach Amtsannahme ein Nachlassverzeichnis zugeleitet.

Beweis: Schreiben des Beklagten mit Nachlassverzeichnis vom ...... (Datum)

Da der Kläger in der Folgezeit vom Beklagten nichts mehr hörte, hat er den Beklagten mit Schreiben vom ...... (Datum) aufgefordert, für die Zeit vom ...... (Datum) bis ...... (Datum) Rechenschaft zu legen.

Beweis: Schreiben des Klägers vom ...... (Datum)

Nachdem der Beklagte hierauf nicht reagiert hat, ist Klage geboten.

Die Verpflichtung des Beklagten ergibt sich aus §§ 2218 Abs. 2, 259 BGB.

Rechtsanwalt

Schrifttum: Klinger/Zimmermann, Münchener Prozessformularbuch Erbrecht, 2. Aufl. 2009, Form. R. III. 2; *Sarres,* Die Auskunftspflichten des Testamentsvollstreckers, ZEV 2000, 92; *ders.,* Die Auskunfts- und Rechenschaftspflicht nach § 666 BGB im System der erbrechtlichen Auskunftsansprüche, ZEV 2008, 512.

Anmerkungen

1. Der Testamentsvollstrecker ist verpflichtet, dem Erben die erforderlichen Nachrichten zukommen zu lassen, auf Verlangen über den Stand der Testamentsvollstreckung Auskunft zu erteilen und nach der Beendigung seines Amtes Rechenschaft abzulegen. Diese Pflichten dienen dazu, dass der Erbe seine jeweilige Situation im Rahmen der Testamentsvollstreckung stets richtig und vollständig beurteilen kann. Kommt der Testamentsvollstrecker diesen Verpflichtungen nicht oder nicht in ausreichendem Maße nach, so kann darin gem. § 2227 BGB ein wichtiger Grund für seine Entlassung liegen (BayObLG NJW-RR 1988, 645).

2. Zur Bezeichnung des Gerichts sowie zur sachlichen und örtlichen Zuständigkeit vgl. Form. II. J. 1 Anm. 1.

3. Zum Rubrum, insb. zur Stellung des Testamentsvollstreckers im Passivprozess vgl. Form. II. J. 18.

4. Wie die Auskunft dient die Rechnungslegung der Vorbereitung des Hauptanspruches, so dass der Streitwert mit 20–25% des Hauptsacheanspruches angesetzt wird. Hängt die Durchsetzung des Zahlungsanspruches von der Rechnungslegung ab, wird der Streitwert in der Nähe des Hauptsachewertes liegen.

5. Art und Ausmaß der Rechnungslegung sind stets einzelfallbezogen zu ermitteln. Als Faktoren können Umfang des Nachlasses, Anzahl der Nachlasspositionen, Aufwand der Dokumentation von Aktiva und Passiva sowie Umfang der Geschäftstätigkeit bzw. Informationsinteressen der Erben genannt werden (*Sarres* ZEV 2000, 92 f.). Sofern die Belege über die Verwaltung des Nachlasses versehentlich vernichtet worden sind, besteht kein Unvermögen des Testamentsvollstreckers zur Rechnungslegung. Auch bei umfangreichen Verwaltungen müssen alle Einnahmen und Ausgaben nachgewiesen werden; jedoch wird es bei solchen im allgemeinen genügen, wenn die Einnahmen und Ausgaben in großen Posten angegeben und erläutert werden und wegen der Einzelbeträge auf die Bücher verwiesen wird.

Der Testamentsvollstrecker ist auch dann zur Rechnungslegung verpflichtet, wenn er entlassen ist, wenn ihm ein erheblicher Teil der Einnahmen als Vorausvermächtnis zufällt und er dafür die Nachlassverbindlichkeiten persönlich zu tragen hat oder wenn der Nachlass durch die angeordneten Vermächtnisse und Auflagen aufgezehrt werden sollte (*Staudinger/Reimann,* Bearb. 2003, § 2218 Rdn. 20).

6. Ein Klageantrag auf „Rechnungslegung" ist nicht ausreichend; er muss vielmehr einen Inhalt haben, der für die Zwangsvollstreckung geeignet ist.

7. Der Testamentsvollstrecker ist verpflichtet, die Richtigkeit der vorgelegten Rechnungslegung gem. §§ 259 Abs. 2, 260 Abs. 2 BGB eidesstattlich zu versichern, wenn Grund zu der Annahme besteht, dass die Angaben nicht mit der erforderlichen Sorgfalt gemacht worden sind.

8. Zur Verjährung erbrechtlicher Ansprüche nach dem Gesetz zur Änderung des Erb- und Verjährungsrechts, das zum 1. 1. 2010 in Kraft tritt, vgl. Form. II. J. 4 Anm. 7.

Kosten und Gebühren

Gerichtskostenvorschuss: 3,0 Verfahrensgebühr (Nr. 1210 KV GKG). Rechtsanwaltsgebühren: Regelgebühren nach Teil 3 Abschnitt 1 VV RVG. Allgemein zum Streitwert und Beschwer bei Erbrechtsprozessen vgl. *Klingelhöffer,* ZEV 2009, 379.

Fristen und Rechtsmittel

Zur Berufungseinlegung und Berufungsbegründung vergleiche Form. O. 1 und O. 2.

20. Antrag auf Erteilung eines Erbscheins bei gesetzlicher Erbfolge[1]

An das
Amtsgericht .....[2]

Antrag auf Erbscheinserteilung[3]

des ..... (Namen und Anschrift des Antragstellers)

Am ..... (Datum) verstarb in ..... (Ort), seinem letzten Wohnsitz, Herr ..... (Erblasser). Er war verheiratet mit der Frau F ..... (Name). Diese ist vor ihm verstorben, und zwar am ..... (Datum). Sein einziger Abkömmling bin ich, der Antragsteller.

Andere Personen, durch die ich von der Erbfolge ausgeschlossen oder mein Erbteil gemindert werden würde, sind und waren nicht vorhanden.
Eine Verfügung von Todes wegen hat der Verstorbene nicht hinterlassen.

Ein Rechtsstreit über mein Erbrecht ist nicht anhängig[4].

Ich bin bereit, an Eides Statt zu versichern, dass mir nichts bekannt ist, das der Richtigkeit meiner Angaben entgegensteht[5].

Ich beantrage,

1. **einen Termin zur Abgabe der eidesstattlichen Versicherung anzuberaumen,**
2. **mir den Erbschein zu erteilen, wonach ich Alleinerbe geworden bin[6].**

Ich überreiche:
1 Sterbeurkunde meines Vaters
1 Sterbeurkunde meiner Mutter
1 Heiratsurkunde
1 Geburtsurkunde[7]

Der Wert des Nachlasses nach Abzug der Schulden beträgt EUR .....

Unterschrift

Schrifttum: Dressler, Der erbrechtliche Auslegungsvertrag – Gestaltungshilfe bei einvernehmlichen Nachlassregelungen, ZEV 1999, 289; *Edenfeld,* Der deutsche Erbschein nach ausländischem Erblasser, ZEV 2000, 482; *Klinger/Gregor,* Münchener Prozessformularbuch Erbrecht, 2. Aufl. 2009, Kap. G; *Pentz,* Der Vorbescheid im Erbscheinsverfahren, NJW 1996, 2559; *Zimmermann,* Das Erbscheinsverfahren und seine Ausgestaltung, ZEV 1995, 275.

Anmerkungen

1. Der Erbschein ist gem. § 2353 BGB ein Zeugnis über erbrechtliche Verhältnisse (zum Verhältnis zur Erbenfeststellungsklage vgl. Form. II. J. 1 Anm. 4). Nach § 2365 BGB besteht eine Vollständigkeitsvermutung. Sie gilt positiv nur für das bezeugte Erbrecht und negativ dafür, dass der Erbe nicht durch andere als die angegebenen Anordnungen beschränkt ist.

Im Prozess bringt der Erbschein dem durch ihn ausgewiesenen Kläger eine Erleichterung in der Beweisführung. Allerdings ist die Vermutung mit allen Beweismitteln widerlegbar (vgl. *Palandt/Edenhofer,* 68. Aufl. 2009, § 2365 Rdn. 2). Im Grundbuchverkehr ist der Nachweis der Erbfolge grundsätzlich durch einen Erbschein zu führen (§ 35 Abs. 1 S. 1 GBO).

Der Erbschein genießt öffentlichen Glauben (§ 2366 BGB). Der öffentliche Glaube bezieht sich aber nicht darauf, dass ein Gegenstand zum Nachlass gehört (vgl. *Palandt/Edenhofer,* a. a. O., § 2366 Rdn. 1).

Die Erteilung des Erbscheins setzt die Annahme der Erbschaft voraus, die aber regelmäßig in dem Antrag liegt (*Palandt/Edenhofer,* a. a. O., § 2353 Rdn. 10).

2. Die örtliche Zuständigkeit bestimmt sich nach dem letzten Wohnsitz oder Aufenthalt des Erblassers (§ 343 FamFG). Sachlich zuständig ist das Amtsgericht (§ 23 a Abs. 2 Nr. 2 GVG).

3. Der Antrag ist formfrei (*Palandt/Edenhofer,* a. a. O., § 2353 Rdn. 11). Im Allgemeinen wird er allerdings zu Protokoll des Nachlassgerichts oder zur Niederschrift eines Notars gestellt, wobei zugleich die Versicherung an Eides Statt (§ 2356 Abs. 2 BGB) abgegeben werden kann.

4. In § 2354 BGB sind die Angaben vorgeschrieben, die ein gesetzlicher Erbe für die Erteilung des Erbscheins machen muss. Wenn ein Rechtsstreit über das Erbrecht anhängig ist, soll nach § 2360 BGB vor Erteilung des Erbscheins der Gegner des Antragstellers gehört werden.

5. Vgl. § 2356 Abs. 2 BGB.

6. Der Erbscheinsantrag muss das beanspruchte Erbrecht genau bezeichnen (*Palandt/Edenhofer,* a. a. O., § 2353 Rdn. 7). Er bindet das Gericht, das nur stattgeben oder ablehnen kann (vgl. *Palandt/Edenhofer,* a. a. O., § 2353 Rdn. 14). Haupt- und Hilfsantrag mit sachlich unterschiedlichen Inhalten sind zulässig, wenn jeder Antrag für sich das damit beanspruchte Erbrecht bestimmt bezeichnet und dem Nachlassgericht die Reihenfolge der Prüfung und Entscheidung angegeben wird (OLG Hamm FamRZ 93, 111; BayObLGZ 72, 30).

7. Nach § 2356 BGB hat der Antragsteller förmliche Nachweise zu erbringen, soweit die Tatsachen bei dem Nachlassgericht nicht offenkundig sind. Als Beweismittel kommen öffentliche Urkunden, insbesondere Personenstandsurkunden, Verfügungen von Todes wegen und die eidesstattliche Versicherung in Betracht (*Palandt/Edenhofer,* a. a. O., § 2356 Rdn. 6–11).

8. Das zum 1. 9. 2009 in Kraft getretene FGG-Reformgesetz (FamFG) bringt für das Erbscheinsverfahren eine besondere Neuregelung: Bevor ein Erbschein erteilt wird, ergeht künftig ein Feststellungsbeschluss (§ 352 Abs. 1 FamFG). Abgeschafft wurde damit die Möglichkeit, vor der endgültigen Erteilung des Erbscheins einen so genannten Vorbescheid zu erlassen. Dafür sieht § 352 Abs. 2 FamFG vor, dass das Gericht bei widersprüchlichen Anträgen, die sofortige Wirksamkeit des Beschlusses auszusetzen und die Erteilung des Erbscheins bis zur Rechtskraft des Beschlusses zurückzustellen hat.

Kosten und Gebühren

Für die Kosten ist nach § 107 Abs. 2 KostO der Wert des reinen Nachlasses nach Abzug der Nachlassverbindlichkeiten maßgeblich (BayObLG NJW-RR 2001, 438). Im nachlassgerichtlichen Verfahren erhält der Anwalt dieselben Gebühren wie in bürgerlichen Rechtsstreitigkeiten nach Teil 3 des Vergütungsverzeichnisses zum RVG. Soweit in Verfahren der Freiwilligen Gerichtsbarkeit lediglich ein Antrag gestellt oder eine Entscheidung entgegengenommen wird, beträgt die Gebühr nach Nr. 3101 VV RVG lediglich 0,8. Ist mit dem Erbscheinsantrag aber, was regelmäßig der Fall sein dürfte, ein Sachvortrag verbunden, findet Nr. 3100 VV RVG Anwendung, d.h. die Verfahrensgebühr beträgt dann gleichwohl 1,3. Neben der Verfahrengebühr kann auch im Nachlassverfahren eine Terminsgebühr i.H.v. 1,2 nach Nr. 3104 VV RVG entstehen, wenn z.B. eine Beweisaufnahme stattfindet oder die Angelegenheit mit den Beteiligten in mündlicher Verhandlung erörtert wird. Für das Beschwerdeverfahren in Nachlassverfahren betragen sowohl die Verfahrens- als auch die Terminsgebühr nach dem Gesetzeswortlaut lediglich 0,5 gem. Nr. 3500 bzw. 3513 VV RVG. Die Frage einer möglichen Kostenerstattung in Nachlassverfahren wird künftig durch die §§ 80–85 FamFG geregelt.

Fristen und Rechtsmittel

Mit dem FGG-Reformgesetz (FamFG), das zum 1. 9. 2009 in Kraft getreten ist, wird auch das nachlassgerichtliche Verfahren neu geregelt. Allgemein hierzu *Zimmermann,* ZEV 2009, 53; *Kroiß,* ZEV 2009, 224; *ders.,* AnwBl 2009, 592; *ders.,* ZErb 2008, 300. Die Verfahrensvorschriften für Nachlasssachen, wie z.B. die amtliche Verwahrung von Testamenten, die Testamentseröffnung, die Erbenermittlung, die Ausschlagung der Erbschaft, das Erbscheinsverfahren, die Testamentsvollstreckung und die Nachlassverwaltung, finden sich zukünftig in den §§ 342ff. FamFG.

Sachliche Zuständigkeit: Eine streitwertabhängige Zuständigkeitsabgrenzung zwischen Amts- und Landgericht kennt das Verfahren der Freiwilligen Gerichtsbarkeit nicht. Die sachliche Zuständigkeit der Amtsgerichte (Nachlassgerichte) ergibt sich aus § 23a Abs. 2 Nr. 2 GVG. Die Aufgaben des Nachlassgerichts nimmt in Württemberg der Bezirksnotar und in Baden der Notar wahr. Künftig wird das Landgericht als Beschwerdegericht in Nachlasssachen durch das Oberlandesgericht als zweite Tatsacheninstanz ersetzt (§ 119 Abs. 1 Nr. 1b GVG). Entscheidungen der Oberlandesgerichte sind künftig mit der Rechtsbeschwerde zum BGH gem. §§ 70–75 FamFG anfechtbar (ein Muster einer Rechtsbeschwerde findet sich bei *Kroiß,* ZEV 2009, 224, 226).

Beschwerde im nachlassgerichtlichen Verfahren: Gegen Entscheidungen des Amtsrichters in Nachlassverfahren war bislang die Beschwerde (§ 19 Abs. 1 FGG) der statthafte Rechtsbehelf. Künftig findet nach § 58 Abs. 1 FamFG die Beschwerde gegen die im ersten Rechtszug ergangenen Entscheidungen statt. Die Beschwerde konnte bisher sowohl beim AG als auch beim LG eingelegt werden (§ 21 Abs. 1 FGG). Künftig muss die Beschwerde bei dem Gericht eingelegt werden, dessen Beschluss angefochten wird (§ 64 Abs. 1 FamFG). Damit entfällt die Möglichkeit, auch beim Beschwerdegericht Beschwerde einzulegen. Gem. § 64 Abs. 1 S. 1 FamFG kann die Beschwerde entweder durch Einreichen einer Beschwerdeschrift oder durch Erklärung zu Protokoll der Geschäftsstelle eingelegt werden. § 65 Abs. 1 FamFG sieht vor, dass die Beschwerde begründet werden soll. Das Gericht kann dem Beschwerdeführer eine Frist zur Begründung der Beschwerde einräumen (§ 65 Abs. 2 FamFG). Bisher war die Beschwerde in FG-Verfahren nicht fristgebunden. Zukünftig bestimmt § 63 Abs. 1 S. 1 FamFG, dass die Beschwerde gegen eine erstinstanzliche Entscheidung binnen einer Frist von einem Monat zu erheben ist. Ein Vertretungserfordernis durch einen Anwalt besteht für das Beschwerdeverfahren nicht (§ 10 FamFG). § 68 Abs. 1 S. 1 Hs. 1 FamFG gibt dem Ausgangsgericht das Recht, einer Beschwerde abzuhelfen. Im Falle der Nichtabhilfe legt das Ausgangsgericht die Beschwerde dem Beschwerdegericht vor.

Übergangsrecht: Für bereits anhängige Verfahren gilt das bisherige Recht fort (Art. 111 FGG-Reformgesetz). Das alte FGG-Recht wird also noch längere Zeit von Bedeutung sein (*Zimmermann,* ZEV 2009, 53).

21. Antrag auf Erteilung eines gemeinschaftlichen Erbscheins bei testamentarischer Erbfolge[1]

An das
Amtsgericht ......[2]

Verhandelt am ...... (Datum)
in ...... (Ort)

Vor mir

...... (Name)
Notar in ...... (Ort)

erschienen in meinen Amtsräumen in ......
1. Frau ...... (Name, Anschrift),
2. Herr ...... (Name, Anschrift),
beide mir persönlich bekannt.

Die Erschienenen erklärten:

Am ...... (Datum) verstarb in ...... (Ort) unser Vater, der Architekt ...... (Name). In seinem am ...... (Datum) eröffneten eigenhändigen Testament[3] vom ...... (Datum) hat er uns zu gleichen Teilen als Erben eingesetzt. Unsere Mutter ist in dem Testament nicht bedacht.

Auf die Akten ...... (Aktenzeichen) wird Bezug genommen[4].

Weitere Verfügungen von Todes wegen sind nicht vorhanden. Ein Rechtsstreit über unser Erbrecht ist nicht anhängig[5].

Wir versichern an Eides Statt, dass uns nichts bekannt ist, das der Richtigkeit unserer Angaben entgegensteht[6].

Wir beantragen,

uns zu Händen des Erschienenen zu 2) einen gemeinschaftlichen Erbschein zu erteilen, wonach wir Erben zu je 1/2 geworden sind.

Wir überreichen:
1 Sterbeurkunde,
2 Geburtsurkunden.

Der Wert des Nachlasses nach Abzug der Schulden beträgt EUR ......[7].

Unterschrift

Schrifttum: Dressler, Der erbrechtliche Auslegungsvertrag – Gestaltungshilfe bei einvernehmlichen Nachlassregelungen, ZEV 1999, 289; *Edenfeld,* Der deutsche Erbschein nach ausländischem Erblasser, ZEV 2000, 482; *Klinger/Gregor,* Münchener Prozessformularbuch Erbrecht, 2. Aufl. 2009, Kap. G; *Pentz,* Der Vorbescheid im Erbscheinsverfahren, NJW 1996, 2559; *Zimmermann,* Das Erbscheinsverfahren und seine Ausgestaltung, ZEV 1995, 275.

Anmerkungen

1. Nach § 2357 BGB kann auf Antrag ein *gemeinschaftlicher Erbschein* erteilt werden, wenn mehrere Erben vorhanden sind. In dem Antrag sind die Erben und ihre Erbteile anzugeben. Antragsberechtigt sind alle Miterben gemeinsam sowie jeder einzelne Miterbe. Wird der Antrag nicht von allen Erben gestellt, so hat er die Angabe zu enthalten, dass die übrigen Erben die Erbschaft angenommen haben (§ 2357 Abs. 3 S. 1 BGB).

Haben die übrigen Miterben ihr Erbe noch nicht angenommen, kann vom endgültigen Miterben ein *Teilerbschein* beantragt werden (vgl. *Klinger/Gregor,* Münchener Prozessformularbuch Erbrecht, 2. Aufl. 2009, Form. G. I. 5). Dies ist dann sinnvoll, wenn der Miterbe über seinen Anteil am Nachlass verfügen will (§ 2033 Abs. 1 S. 1 BGB). Für die Grundbuchberichtigung genügt der Teilerbschein nicht (§§ 22, 47 GBO).

Möglich ist auch die Beantragung eines *Sammelerbscheins* über mehrere aufeinander folgende Erbfälle. Er stellt die äußere Zusammenfassung der mehreren, für jeden Erbfall und Erblasser notwendigen Erbscheine dar (vgl. *Klinger/Gregor,* Münchener Prozessformularbuch Erbrecht, a. a. O., Form. G. I. 7).

2. Vgl. §§ 72, 73 FGG.

3. Vgl. § 2247 BGB.

4. Die Eröffnung des Testaments (§§ 2260, 2300 BGB) ist Voraussetzung für die Erteilung des Erbscheins (vgl. *Palandt/Edenhofer,* 68. Aufl. 2009, § 2353 Rdn. 10). Grundsätzlich ist es erforderlich, die Verfügung von Todes wegen in Urschrift vorzulegen. Eine Bezugnahme reicht aber aus, wenn sich die Urschrift infolge der Eröffnung schon bei dem angegangenen Gericht befindet (vgl. *Palandt/Edenhofer,* a. a. O., § 2356 Rdn. 9).

5. Bei gewillkürter Erbfolge muss der Antragsteller außer den in § 2354 Abs. 1 Nr. 1, 5, Abs. 2 BGB vorgeschriebenen Angaben auch die Verfügung bezeichnen, auf der sein Erbrecht beruht. Außerdem muss er angeben, ob und welche Verfügungen des Erblassers von Todes wegen außerdem noch vorhanden sind (§ 2355 BGB).

6. Die eidesstattliche Versicherung kann nach § 2356 Abs. 2 BGB vor einem Notar abgegeben werden.

7. Vgl. Form. II. J. 16 Anm. 8.

8. Zur Reform des FGG-Verfahrens vgl. Form. II. J. 20 Anm. 8.

Kosten und Gebühren

Vgl. dazu Form. II. J. 20 Kosten und Gebühren.

Fristen und Rechtsmittel

Vgl. dazu Form. II. J. 20 Fristen und Rechtsmittel.

22. Antrag auf Erteilung eines Erbscheins bei Vor- und Nacherbfolge[1]

An das
Amtsgericht ......[2]

Verhandelt am ...... (Datum)
in ...... (Ort)

Vor mir

...... (Name)
Notar

erschien in meinen Amtsräumen in ...... (Ort)

Frau ...... (Name, Anschrift), mir persönlich bekannt.

Sie erklärte:

Am ...... (Datum) verstarb in ...... (Ort), seinem letzten Wohnsitz, mein Ehemann, der Bauingenieur ...... (Erblasser). In seinem privatschriftlichen Testament vom ...... (Datum) hat er mich als Vorerbin eingesetzt. Nacherbe im Falle meines Todes soll unser Sohn ...... (Name) werden. Mein Schwager ...... (Name) soll Testamentsvollstrecker sein[3].

Mein Mann hat das Testament, das am ...... (Datum) eröffnet worden ist, eigenhändig geschrieben und unterschrieben[4].

Ich nehme Bezug auf die Akten ...... (Aktenzeichen)[5].

Andere Verfügungen von Todes wegen hat mein Mann nicht hinterlassen.

Ein Rechtsstreit über mein Erbrecht ist nicht anhängig[6].

Ich versichere an Eides Statt, dass mir nichts bekannt ist, das der Richtigkeit meiner Angaben entgegensteht[7].

Ich beantrage,

> **mir einen Erbschein dahingehend zu erteilen, dass ich Vorerbin bin und unser Sohn für den Fall meines Todes Nacherbe sein soll. Außerdem ist ein Testamentsvollstrecker ernannt.**

Ich füge bei:
1 Sterbeurkunde,
1 Heiratsurkunde,
1 Geburtsurkunde.

Der Wert des Nachlasses nach Abzug der Nachlassverbindlichkeiten beträgt EUR ......[8].

Unterschrift

Schrifttum: Dressler, Der erbrechtliche Auslegungsvertrag – Gestaltungshilfe bei einvernehmlichen Nachlassregelungen, ZEV 1999, 289; *Edenfeld,* Der deutsche Erbschein nach ausländischem Erblasser, ZEV 2000, 482; *Klinger/Gregor,* Münchener Prozessformularbuch Erbrecht, 2. Aufl. 2009, Kap. G; *Pentz,* Der Vorbescheid im Erbscheinsverfahren, NJW 1996, 2559; *Zimmermann,* Das Erbscheinsverfahren und seine Ausgestaltung, ZEV 1995, 275.

Anmerkungen

1. Nach § 2363 BGB sind in dem Erbschein, der einem Vorerben erteilt wird, die Anordnung der Nacherbfolge, ihre Voraussetzungen und der Zeitpunkt ihres Eintritts anzugeben. Ferner ist der Nacherbe möglichst genau zu bezeichnen. Während der Vorerbschaft ist der Nacherbe nicht berechtigt, die Erteilung eines Erbscheins zu beantragen (vgl. *Palandt/Edenhofer,* 68. Aufl. 2009, § 2363 Rdn. 9, 10).

Zum Antrag des Nacherben auf Erteilung eines Erbscheins nach Eintritt des Nacherbfalls vgl. *Klinger/Gregor,* Münchener Prozessformularbuch Erbrecht, 2. Aufl. 2009, Form. G. I. 11.

2. Vgl. §§ 72, 73 FGG.

3. Nach § 2364 BGB ist die Ernennung eines Testamentsvollstreckers durch den Erblasser in dem Erbschein anzugeben. Der Name des Testamentsvollstreckers gehört allerdings nicht in den Erbschein, sondern in das Testamentsvollstreckerzeugnis nach § 2368 BGB (*Palandt/Edenhofer,* a. a. O., § 2364 Rdn. 1).

4. Vgl. § 2247 BGB.

5. Die Bezugnahme ist zulässig, wenn sich die Urschrift schon bei dem angegangenen Gericht befindet.

6. Vgl. §§ 2354, 2355 BGB.

7. § 2356 Abs. 2 BGB.

8. Vgl. Form. II. J. 16 Anm. 8.

9. Zur Reform des FGG-Verfahrens vgl. Form. II. J. 20 Anm. 8.

Kosten und Gebühren

Vgl. dazu Form. II. J. 20 Kosten und Gebühren.

Fristen und Rechtsmittel

Vgl. dazu Form. II. J. 20 Fristen und Rechtsmittel.

23. Antrag auf Einziehung eines unrichtigen Erbscheins[1]

An das
Amtsgericht ……[2]

Das Amtsgericht hat am …… (Datum) unter dem Aktenzeichen …… einen Erbschein erteilt, wonach meine Mutter …… (Name) Vorerbin meines am …… (Datum) verstorbenen Vaters …… (Erblasser) geworden ist und ich Nacherbe bin. Nach dem Inhalt des Erbscheins konnte der Nacherbfall auch mit der Vollendung meines 30. Lebensjahres eintreten[3]. Dieser Zeitpunkt ist inzwischen verstrichen.

Beweis: Anliegende Geburtsurkunde.

Ich beantrage,

den unrichtig gewordenen Erbschein einzuziehen[4].

……[5]
Unterschrift

Schrifttum: Dressler, Der erbrechtliche Auslegungsvertrag – Gestaltungshilfe bei einvernehmlichen Nachlassregelungen, ZEV 1999, 289; *Edenfeld,* Der deutsche Erbschein nach ausländischem Erblasser, ZEV 2000, 482; *Klinger/Gregor,* Münchener Prozessformularbuch Erbrecht, 2. Aufl. 2009, Kap. G; *Pentz,* Der Vorbescheid im Erbscheinsverfahren, NJW 1996, 2559; *Zimmermann,* Das Erbscheinsverfahren und seine Ausgestaltung, ZEV 1995, 275.

Anmerkungen

1. Nach § 2361 BGB hat das Nachlassgericht einen unrichtigen Erbschein einzuziehen. Mit seiner Einziehung wird der Erbschein kraftlos. Wenn er nicht sofort erlangt werden kann, ist er durch Beschluss für kraftlos zu erklären. Das Nachlassgericht hat von Amts wegen zu ermitteln. Für die Einleitung des Verfahrens ist ein Antrag nicht erforderlich. Die Anregung kann von jedem Beeinträchtigten ausgehen und mit einem neuen Erbscheinsantrag verbunden werden (vgl. *Palandt/Edenhofer,* 68. Aufl. 2009, § 2361 Rdn. 7).

Zum Antrag auf Berichtigung eines Erbscheins vgl. *Klinger/Gregor,* Münchener Prozessformularbuch Erbrecht, 2. Aufl. 2009, Form. G. II. 4.

Zur Klage auf Herausgabe eines unrichtigen Erbscheins gem. § 2362 Abs. 1 BGB vgl. *Klinger/Gregor,* Münchener Prozessformularbuch Erbrecht, a. a. O., Form. G. II. 5.

Zum Antrag auf Kraftlosigkeitserklärung eines erteilten Erbscheins gem. § 2361 Abs. 2 BGB vgl. *Klinger/Gregor,* Münchener Prozessformularbuch Erbrecht, a. a. O., Form. G. II. 6.

2. Zuständig ist das Nachlassgericht (§ 2361 BGB).

3. Vgl. §§ 2106, 2109 BGB.

4. Mit dem Eintritt der Nacherbfolge wird der dem Vorerben erteilte Erbschein unrichtig und ist deshalb einzuziehen (vgl. *Palandt/Edenhofer,* a. a. O., § 2361 Rdn. 3).

5. Vollständiger Name und Anschrift sowie Unterschrift.

6. Für die Einziehung eines Erbscheins wird die Hälfte der vollen Gebühr erhoben (§ 108 Abs. 1 S. 1 KostO).

7. Zur Reform des FGG-Verfahrens vgl. Form. II. J. 20 Anm. 8.

Kosten und Gebühren

Vgl. dazu Form. II. J. 20 Kosten und Gebühren.

Fristen und Rechtsmittel

Vgl. dazu Form. II. J. 20 Fristen und Rechtsmittel.

24. Antrag eines Nachlassgläubigers auf Erteilung eines Erbscheins[1]

An das
Amtsgericht ......[2]

Am ...... (Datum) verstarb in ...... (Ort), seinem letzten Wohnsitz, der Kaufmann ...... (Erblasser). Eine Verfügung von Todes wegen hat er nicht hinterlassen. Seine Ehefrau ist schon vor ihm verstorben. Seine einzigen Abkömmlinge sind sein Sohn ...... (Name) und seine Tochter ...... (Name).

Die Tochter hat durch form- und fristgerecht eingereichte Erklärung gegenüber dem Nachlassgericht die Erbschaft ausgeschlagen[3].

Beweis: Akten ...... (Aktenzeichen)

Der Sohn hat durch Erklärung gegenüber dem Nachlassgericht die Erbschaft angenommen[4].

Beweis: Akten ...... (Aktenzeichen)

Der Sohn ist damit Alleinerbe. Andere Personen, durch die er von der Erbfolge ausgeschlossen oder sein Erbteil gemindert werden würde, sind und waren nicht vorhanden. Ein Rechtsstreit über sein Erbrecht ist nicht anhängig[5].

Der Antragsteller ist bereit, an Eides Statt zu versichern, dass ihm nichts bekannt ist, was der Richtigkeit seiner Angaben entgegensteht[6].

Durch rechtskräftiges Urteil des Landgerichts ...... vom ...... (Datum) ist der Kaufmann ...... (Name), der Erblasser, verurteilt worden, an den Antragsteller EUR ...... zu zahlen. Um eine vollstreckbare Ausfertigung dieses Urteils gegen den Sohn des Verstorbenen zu erlangen, benötigt der Antragsteller einen Erbschein, aus dem sich ergibt, dass der Sohn Alleinerbe ist[7].

Unter Vorlage einer Urteilsabschrift wird Erteilung eines entsprechenden Erbscheins beantragt.

......[8]
Unterschrift

Schrifttum: Dressler, Der erbrechtliche Auslegungsvertrag – Gestaltungshilfe bei einvernehmlichen Nachlassregelungen, ZEV 1999, 289; *Edenfeld,* Der deutsche Erbschein nach ausländischem Erblasser, ZEV 2000, 482; *Klinger/Gregor,* Münchener Prozessformularbuch Erbrecht, 2. Aufl. 2009, Kap. G; *Klinger/Gutbell,* Münchener Prozessformularbuch Erbrecht, 2. Aufl. 2009, Form. U. II. 1; *Pentz,* Der Vorbescheid im Erbscheinsverfahren, NJW 1996, 2559; *Zimmermann,* Das Erbscheinsverfahren und seine Ausgestaltung, ZEV 1995, 275.

Anmerkungen

1. Ein Gläubiger des Erblassers kann nach den Regeln der Erbenhaftung gegen den oder die Erben vorgehen. Liegt bereits ein vollstreckbarer Titel gegen den Erblasser vor, kann der Titel gem. § 727 ZPO unter Vorlage eines Erbscheins gegen den Erben umgeschrieben werden. Zur Titelumschreibung vgl. *Klinger/Gutbell,* Münchener Prozessformularbuch Erbrecht, 2. Aufl. 2009, Form. U. II. 1.

Den für die Titelumschreibung erforderlichen Erbschein kann der Gläubiger nach § 792 ZPO anstelle des Schuldners beantragen. Gleiches regelt § 896 ZPO für den Fall, dass aufgrund eines Urteils, das eine Willenserklärung des Schuldners ersetzt, eine Eintragung in ein öffentliches Buch oder Register vorgenommen werden soll. In diesen Fällen richtet sich die Erbscheinserteilung nicht nach der ZPO, sondern nach dem FGG.

2. Vgl. §§ 72, 73 FGG.

3. Vgl. §§ 1944, 1945 BGB.

4. Die Annahme der Erbschaft ist eine formlose und nicht empfangsbedürftige Willenserklärung. Sie kann auch dem Nachlassgericht gegenüber erfolgen (vgl. *Palandt/Edenhofer,* 68. Aufl., 2009, § 1943 Rdn. 2). Wenn der Gläubiger den Antrag stellt, muss er die Annahme nachweisen (*Palandt/Edenhofer,* a. a. O., § 2353 Rdn. 10).

5. Vgl. § 2354 BGB.

6. Der Nachlassgläubiger, der einen Erbschein beantragt, kann die nach § 2356 Abs. 2 BGB erforderliche eidesstattliche Versicherung selbst abgeben. Er muss den Titel, nicht aber eine vollstreckbare Ausfertigung des Titels vorlegen (*Baumbach/Lauterbach/Albers/Hartmann,* 67. Aufl. 2009, § 792 Rdn. 3).

7. Nach § 727 ZPO kann u. a. eine vollstreckbare Ausfertigung gegen den Rechtsnachfolger erteilt werden, wenn die Rechtsnachfolge durch öffentliche Urkunde nachgewiesen wird.

8. Vollständiger Name und Anschrift sowie Unterschrift.

9. Zur Reform des FGG-Verfahrens vgl. Form. II. J. 20 Anm. 8.

Kosten und Gebühren

Vgl. dazu Form. II. J. 20 Kosten und Gebühren.

Fristen und Rechtsmittel

Vgl. dazu Form. II. J. 20 Fristen und Rechtsmittel.

K. Gesellschaftsrecht

1. Auflösungsklage nach § 133 HGB

An das
Landgericht
Kammer für Handelssachen[1]

Klage

des ...... (Kläger[2])

Prozessbevollmächtigter: ......

gegen

den ...... (Beklagter[3])

wegen

Auflösung einer Kommanditgesellschaft (§§ 161 Abs. 2, 133 HGB)
Vorläufiger Streitwert[4]: EUR ......

Namens und mit Vollmacht des Klägers erhebe ich Klage und werde beantragen:

I. Die im Handelsregister des Amtsgerichts ...... unter der Register-Nr. HRA ...... eingetragene Kommanditgesellschaft in Firma ...... wird aufgelöst[5].

II. Der Beklagte trägt die Kosten des Rechtsstreits.

Zur

Begründung

trage ich vor:

I.

Die Parteien sind die einzigen Gesellschafter der Kommanditgesellschaft in Firma ......
Der Kläger ist der persönlich haftende Gesellschafter mit einer Einlage von EUR ......,
der Beklagte ist Kommanditist
mit einem Kommanditanteil von EUR ......
des insgesamt EUR ......
betragenden Kapitals.

Zwischen den Parteien besteht der zum 1. 1. 20...... abgeschlossene und als Anlage K 1 dieser Klage beigefügte Gesellschaftsvertrag[6].

II.

Der Kläger begehrt die Auflösung der Kommanditgesellschaft nach § 133 HGB aus wichtigem Grund. Zwischen den Parteien besteht ein dauerndes tiefgehendes Zerwürfnis, das jede gedeihliche Zusammenarbeit sowohl im privaten Bereich (dazu III. 1.)[7] als auch innerhalb der Gesellschaft ausschließt. Der Beklagte stört fortgesetzt den Kläger in der Geschäftsführung. Der Beklagte maßt sich ihm nach dem Gesellschaftsvertrag nicht zustehende Rechte an (dazu III. 2.)[8]. Überdies ist dem Kläger als dem alleinigen persönlich haftenden Gesellschafter der Kommanditgesellschaft ein Festhalten am Gesellschaftsvertrag auch deswegen nicht mehr zumutbar, weil die Gesellschaft von Anbeginn an mit Verlust arbeitet und eine Änderung der Ertragslage auch nicht zu erwarten ist (dazu III. 3.)[9].

III.

1. Das Zerwürfnis zwischen den Parteien:
Die Parteien sind Geschwister. Sie haben das Geschäft, das sie als Kommanditgesellschaft betreiben, von ihrem Vater geerbt. Da der Kläger sich auf die Führung der Geschäfte des väterlichen Betriebes beruflich vorbereitet, der Beklagte indes einen ganz anderen Berufsweg eingeschlagen hatte, haben sich die Parteien auf die Rechtsform einer Kommanditgesellschaft geeinigt. Der Beklagte sollte nach dem übereinstimmenden Willen beider Parteien nur die gesetzlichen Rechte des Kommanditisten haben. Während sich die beiden Geschwister nach Gründung der Gesellschaft zunächst verstanden und der Beklagte mit der Geschäftsführung des Klägers zufrieden war, ist der Beklagte seit einiger Zeit dazu übergegangen, den Kläger ständig zu kritisieren, ohne Gründe dafür anzugeben. Der Beklagte hat den Kläger wiederholt vor Angestellten der Gesellschaft schwer beleidigt. Er hat ihn am …… als Taugenichts und am …… als Betrüger bezeichnet. Versuche des Klägers, den Beklagten dazu zu bewegen, diese schweren Beleidigungen zurückzunehmen, sind fehlgeschlagen. Der Beklagte hat vielmehr noch vor wenigen Tagen seine Beschimpfungen des Klägers wiederholt.

Beweis: Zeugnis ……

2. Die misslichen Beziehungen zwischen den Parteien beschränken sich nicht nur auf den privaten Bereich. Auch in geschäftlichen Dingen ist mit dem Beklagten kein Auskommen mehr. Der Beklagte stört die Geschäftsführung ständig. Er maßt sich Rechte an, die er nicht hat und er schädigt aus reiner Abneigung gegen den Kläger die Gesellschaft. So hat der Beklagte dem Kläger den Einkauf günstiger Rohstoffe für die Gesellschaft nicht nur untersagt, sondern den Exporteur X durch unmittelbare Intervention – durch einen Anruf am …… – an der Belieferung der Gesellschaft gehindert. Der Gesellschaft ist damit ein erheblicher Gewinn entgangen.

Beweis: 1. Zeugnis ……,
2. Gutachten eines Sachverständigen.

Von Angestellten der Gesellschaft verlangt der Beklagte ständig Auskunft über Umsätze und er begehrt fortgesetzt die Aufschlüsselung nach Geschäften ab Lager, Direktgeschäften und Geschäften mit bestimmten Abnehmern. Er fordert Bekanntgabe der gesamten Korrespondenz mit Kunden und schreibt Geschäftspartner der Gesellschaft auch unmittelbar an. Der Beklagte verlangt von Prokuristen der Gesellschaft die Aushändigung von Aktenstücken und bringt ihm ausgehändigte Aktenstücke auch auf mehrmalige Aufforderung hin nicht zurück[10]. Er widersetzt sich der Anschaffung der notwendigsten Geräte für die Gesellschaft und bemerkt gegenüber Lieferanten der Gesellschaft, mit der Gesellschaft gehe es unter der Herrschaft des Klägers abwärts. Obwohl das Entnahmerecht im Gesellschaftsvertrag ausdrücklich ausgeschlossen ist[11], hat der Beklagte wiederholt größere Beträge der Gesellschaftskasse entnommen und sich geweigert, die Beträge unverzüglich wieder einzuzahlen. Der Kläger hat zwar wiederholt versucht, den Beklagten durch einstweilige Verfügungen an bestimmten gesellschaftsvertragswidrigen Verhaltensweisen zu hindern. Der Beklagte entwickelt jedoch immer neue Methoden zur Störung der Geschäftsführung, so dass der Kläger zu dem letzten Mittel der Auflösungsklage greifen muss[12].
Beweis: Zeugnis ……

3. Die Gesellschaft arbeitet von Anbeginn an mit erheblichen Verlusten. In den Anlagen K 2–K 5 lege ich die Bilanzen für die Geschäftsjahre 20…… bis 20…… vor, aus denen sich ergibt, dass die Gesellschaft in den Jahren 20…… bis 20…… Verluste von jährlich etwa gleich bleibend EUR …… erlitten hat. Dem Kläger ist bekannt geworden, dass auch schon vor Gründung der Gesellschaft der Vater der Parteien viele Jahre mit einem negativen Betriebsergebnis gearbeitet hat.

Der Vater der Parteien hat damals die Verluste jeweils aus privaten Mitteln ausgeglichen, so dass eine Liquidierung des Unternehmens nicht notwendig wurde.

In Anlage K 6 lege ich Kopie eines Schreibens der Wirtschaftsprüfungsgesellschaft ...... vom ...... vor. Aus diesem Bericht ergibt sich eindeutig, dass eine Verbesserung der Ertragslage nicht zu erwarten ist.

Dem Kläger ist es bei dieser Sachlage als dem alleinigen persönlich haftenden Gesellschafter nicht zuzumuten, abzuwarten, bis das Kapital vollständig aufgezehrt ist und bis die Gläubiger der Gesellschaft den Kläger persönlich in Anspruch nehmen.

IV.

Die Sache ist Handelssache.

Den Streitwert gebe ich mit EUR ...... an.

Ich füge einen auf mich lautenden Verrechnungsscheck über EUR ...... (Gerichtskosten) bei.

Rechtsanwalt

Anmerkungen

1. Nach § 95 Abs. 1 Nr. 4 a GVG ist die Kammer für Handelssachen funktionell zuständig, sofern gem. § 71 GVG die Zuständigkeit des Landgerichts eröffnet ist (MünchKomm. HGB/*Schmidt* § 133 Rdn. 43). Eine Schiedsgerichtsabrede ist zulässig (BayObLG WM 1984, 809; *Baumbach/Hopt* § 133 Rdn. 19; Großkomm. HGB/*Schäfer* § 133 Anm. 74).

2. Die Auflösungsklage kann durch jeden Gesellschafter der OHG bzw. KG erhoben werden (*Baumbach/Hopt* § 133 Rdn. 13; Beck. HdbPers. Gesell./*Erle/Eberhard* § 11 Rdn. 41; MünchKomm. HGB/*Schmidt* § 133 Rdn. 45). Mehrere Kläger sind notwendige Streitgenossen iSv. § 62 Abs. 1 Alt. 2 ZPO (BGHZ 30, 195, 197 = NJW 1959, 1638; MünchKomm. HGB/*Schmidt* § 133 Rdn. 47 mwN.).

3. Die Gesellschafter sind notwendige Streitgenossen, es müssen deswegen alle anderen Gesellschafter verklagt werden (BGHZ 30, 195, 197; BGH ZIP 1997, 1919; *Baumbach/Hopt* § 133 Rdn. 13; MünchKomm. HGB/*Schmidt* § 133 Rdn. 48; es sei denn, sie haben mit bindender Wirkung dem Kläger gegenüber in die Auflösung eingewilligt (BGH NJW 1998, 146; BGH WM 2002, 293, 294; *Baumbach/Hopt* § 133 Rdn. 13; Großkomm. HGB/*Schäfer* § 133 Anm. 52 f.; kritisch MünchKomm. HGB/*Schmidt* § 133 Rdn. 48). Im Gesellschaftsvertrag kann festgelegt werden, dass die Klage gegen die Gesellschaft zu richten ist (*Ebenroth/Boujong/Joost/Strohn/Lorz* § 133 Rdn. 35; *Röhricht/v. Westphalen/v. Gerkan/Haas* § 133 Rdn. 24). Dies empfiehlt sich insbesondere bei Publikumsgesellschaften (für bei dieser per se gegebene passive Prozessführungsbefugnis durch die Gesellschaft MünchKomm. HGB/*Schmidt* § 133 Rdn. 50).

4. Der Streitwert richtet sich nach dem Interesse des Klägers an der Auflösung. Als Anhaltspunkt für das Interesse dient der Wert der Beteiligung des Klägers (*Hillach/Rohs,* S. 402; *Oestreich/Winter/Hellstab,* Stichwort: Auflösung einer Gesellschaft, S. 25).

5. Die Klage nach § 133 HGB ist Gestaltungsklage. Die Wirkung tritt mit der Rechtskraft des Urteils ein (Großkomm. HGB/*Schäfer* § 133 Anm. 64; MünchKomm. HGB/*Schmidt* § 133 Rdn. 58 f.). Zur Frage, ob Beendigung der Gesellschaft zu einem späteren Zeitpunkt im Urteil ausgesprochen werden kann vgl. Großkomm. HGB/*Schäfer* § 133 Anm. 65; MünchKomm. HGB/*Schmidt* § 133 Rdn. 55; *Ebenroth/Boujong/Joost/Strohn/Lorz* § 133 Rdn. 40.

6. Die Auflösungsklage kann nach HGB nicht ausgeschlossen und auch nicht den Regelungen des § 133 HGB zuwider beschränkt werden, § 133 Abs. 3 HGB; jedoch kann der Gesellschaftsvertrag in einigen Beziehungen Regelungen treffen, so über Ausscheiden dessen, der Auflösungsklage erhebt oder ein Auflösungsurteil erwirkt (BGH LM 20 zu § 142 HGB; aA. Großkomm. HGB/*Schäfer* § 133 Anm. 75 mwN) oder über den wichtigen Grund selbst (*Baumbach/Hopt* § 133 Rdn. 18f.; MünchKomm. HGB/*Schmidt* § 133 Rdn. 67); zweifelhaft ist, ob für den Fall, dass die Klage auf einen wichtigen Grund in der Person eines anderen Gesellschafters gestützt werden soll, Ausschließungsklage statt Auflösungsklage vorgeschrieben werden kann (Großkomm. HGB/*Schäfer* § 133 Anm. 76). Zu weiteren gesellschaftsvertraglichen Regelungen vgl. MünchKomm. HGB/*Schmidt* § 133 Rdn. 67ff.

7. Unter einem wichtigen Grund zur Auflösung versteht man einen Sachverhalt, der das Zusammenwirken der Gesellschafter zur Erreichung des Gesellschaftszwecks nachhaltig beeinträchtigt und dem Kläger die Fortsetzung der Gesellschaft unzumutbar macht (BGHZ 4, 108, 113; MünchKomm. HGB/*Schmidt* § 133 Rdn. 11 mwN.; *Baumbach/Hopt* § 133 Rdn. 5 mwN.; *Heymann/Emmerich* § 133 Rdn. 3).

Nach ständiger Rechtsprechung ist ein dauerndes tiefgehendes Zerwürfnis zwischen den Gesellschaftern einer Personenhandelsgesellschaft ein wichtiger Grund im Sinne des § 133 HGB (BGHZ 4, 108, 113; BGH LM Nr. 4 u. Nr. 6 zu § 133 HGB; BGH NJW 1985, 1901; OLG Düsseldorf NJW 1989, 172; Großkomm. HGB/*Schäfer* § 133 Anm. 26).

8. Darin liegt die Verletzung einer nach dem Gesellschaftsvertrag bestehenden wesentlichen Verpflichtung im Sinne von § 133 Abs. 2 HGB (vgl. Großkomm. HGB/*Schäfer* § 133 Anm. 25; MünchKomm. HGB/*Schmidt* § 133 Rdn. 30). Weitere Beispiele für Pflichtverstöße: Straftaten, Veruntreuung, Wettbewerbsverstöße (MünchKomm. HGB/*Schmidt* § 133 Rdn. 27ff.; *Röhricht/v. Westphalen/v. Gerkan/Haas* § 133 Rdn. 9f.). Auch unverschuldete Pflichtverstöße können einen wichtigen Grund darstellen (*Baumbach/Hopt* § 133 Rdn. 8).

9. Nach ständiger Rechtsprechung ist die dauernde Ertragslosigkeit einer Gesellschaft Auflösungsgrund im Sinne des § 133 HGB (vgl. RG JW 1913, 265/266; RG JW 1927, 1684; RG JW 1927, 1350; Großkomm. HGB/*Schäfer* § 133 Anm. 36; *Baumbach/Hopt* § 133 Rdn. 10; MünchKomm. HGB/*Schmidt* § 133 Rdn. 17; *Ebenroth/Boujong/Joost/Strohn/Lorz* § 133 Rdn. 19).

10. Zum Ausschluss des Kommanditisten von der Geschäftsführung s. § 164 HGB, zum Umfang seines Prüfungsrechts § 166 HGB.

11. So auch nach Gesetz: § 169 HGB.

12. Die Auflösungsklage ist als äußerstes Mittel anzusehen, sie setzt deswegen voraus, dass weniger einschneidende Maßnahmen (zB. Kündigung, Zeitablauf oder Entziehung der Geschäftsführungs- und Vertretungsbefugnis) nicht auch Abhilfe schaffen könnten (vgl. BGH NJW 1996, 2573; BGHZ 69, 160, 169; vgl. auch Beck. HdbPers. Gesell./*Erle/Eberhard* § 11 Rdn. 39; Großkomm. HGB/*Schäfer* § 133 Anm. 13; MünchKomm. HGB/*Schmidt* § 133 Rdn. 13 mwN.; zur Rangfolge von Maßnahmen vgl. *Heymann/Emmerich* § 133 Rdn. 6).

2. Ausschließungsklage nach § 140 HGB

**An das
Landgericht
Kammer für Handelssachen[1]**

Klage

**der
1. ...... (Kläger Nr. 1)
2. ...... (Kläger Nr. 2)[2]
Prozessbevollmächtigter: ......**

gegen

den ...... (Beklagter)[3]

wegen

Ausschließung aus einer offenen Handelsgesellschaft (§ 140 HGB)

Vorläufiger Streitwert[4]: EUR ......

Namens und mit Vollmacht der Kläger erhebe ich Klage und werde beantragen:

I. Der Beklagte wird aus der offenen Handelsgesellschaft in Firma ...... ausgeschlossen[5].

II. Der Beklagte trägt die Kosten des Rechtsstreits.

Zur

Begründung

trage ich vor:

I.

Die Parteien sind Gesellschafter der Firma ......OHG. Dem Beklagten ist gesellschaftsvertraglich die Geschäftsführung übertragen. Die Kläger sind von der Geschäftsführung ausgeschlossen[6].

Eine Kopie des Gesellschaftsvertrages der unter HRA des Amtsgerichts – Registergerichts – ...... eingetragenen Firma ...... OHG füge ich in Anlage K 1 bei.

II.

Gegen den Beklagten läuft ein Ermittlungsverfahren bei der Staatsanwaltschaft ......, in welchem der Vorwurf erhoben ist, der Beklagte habe seine Geliebte am ...... ermordet. Aufgrund eines Haftbefehls des Amtsgerichts ...... befindet sich der Beklagte seit über drei Monaten in Untersuchungshaft. Die Massenmedien haben sich des Kriminalfalls wiederholt angenommen und dabei auch die Zugehörigkeit des Beklagten zur ...... OHG wiederholt erwähnt.

Beweis: Presseberichte (Kopien einschlägiger Pressemeldungen sind in Anlagen K 2 bis K 10 beigefügt).

Im Verhalten von Geschäftspartnern und in der Auftragsentwicklung hat die Gesellschaft seit Bekanntwerden des Verdachts gegen den Beklagten schon empfindliche wirtschaftliche Nachteile erlitten.

Beweis: Zeugnis des Prokuristen ......

III.

Die Kläger begehren die Ausschließung des Beklagten aus der Gesellschaft nach § 140 HGB[7].

Um die Gesellschaft wirksam vor weiteren schweren Vermögensschäden zu schützen, ist es erforderlich, dass der Beklagte aus der Gesellschaft ausgeschlossen und die Öffentlichkeit alsbald über diesen Ausschluss informiert wird[8].

Den Klägern kann nicht zugemutet werden abzuwarten, bis der Beklagte im Strafverfahren rechtskräftig verurteilt ist, da in der Zwischenzeit die Existenz der Gesellschaft bedroht wäre und der für §§ 140, 133 HGB erforderliche wichtige Grund durch das Ermittlungsverfahren, insbesondere den Haftbefehl, schon gegeben ist. Bereits ein begründeter Verdacht stellt einen wichtigen Grund im Sinne des § 140 HGB dar[9].

Die Entziehung von Geschäftsführungs- und Vertretungsbefugnis kann unter diesen Umständen den Belangen der Gesellschaft nicht genügen[10].

Die Kläger sind auch nicht in erster Linie gehalten, auf Auflösung der Gesellschaft nach § 133 HGB zu klagen, da der einzige Grund in der Person des Beklagten liegt, § 140 HGB[11].

IV.

Die Sache ist Handelssache.

V.

Den Streitwert gebe ich mit EUR ...... an.

Ich füge einen auf mich lautenden Verrechnungsscheck über EUR ...... (Gerichtskosten) bei.

Rechtsanwalt

Anmerkungen

1. Nach § 95 Abs. 1 Nr. 4a GVG ist – bei Zuständigkeit des Landgerichts gem. § 71 GVG – die Kammer für Handelssachen funktionell zuständig. Eine Schiedsgerichtsabrede ist zulässig (*Baumbach/Hopt* § 140 Rdn. 22, § 133 Rdn. 19); MünchKomm. HGB/*Schmidt* § 140 Rdn. 90 mwN.

2. Mehrere Kläger sind notwendige Streitgenossen (BGHZ 30, 195, 197; MünchKomm. HGB/*Schmidt* § 140 Rdn. 73).

3. Eine Klage gegen mehrere auszuschließende Gesellschafter gleichzeitig ist möglich (BGHZ 64, 253; BGHZ 68, 81, 84; *Baumbach/Hopt* § 140 Rdn. 19; Großkomm. HGB/*Schäfer* § 140, Anm. 38). Diese sind nach hM. notwendige Streitgenossen (*Baumbach/Hopt* § 140 Rdn. 19; Großkomm. HGB/*Schäfer* § 140, Anm. 41; anders MünchKomm. HGB/*Schmidt* § 140 Rdn. 74).

Nicht auf Klägerseite beteiligte Gesellschafter müssen nach hM. – wie bei der Auflösungsklage nach § 133 HGB, vgl. Anm. 2 und 3 zu Form. II. K. 1 – dann nicht mitverklagt werden, wenn ihr bindendes Einverständnis mit dem Klageziel vorliegt (so die Rspr., vgl. BGHZ 68, 81; BGH NJW 1998, 146; BGH ZIP 2002, 710, 711, und die überwiegende Meinung, vgl. *Baumbach/Hopt* § 140 Rdn. 17; *Heymann/Emmerich* § 140 Rdn. 23; Großkomm. HGB/*Schäfer* § 140 Anm. 37; verneinend MünchKomm. HGB/*Schmidt* § 140 Rdn. 71 mwN.). Liegt ein solches nicht vor, opponiert also ein nicht auszuschließender Gesellschafter gegen den Ausschluss, ist fraglich, ob dieser notwendiger Streitgenosse des auszuschließenden Gesellschafters ist. Die Rspr. verneint dies (BGHZ 64, 253, 259; BGHZ 68, 81, 85; anders etwa MünchKomm. HGB/*Schmidt* § 140 Rdn. 74).

4. Der Streitwert ist gem. § 3 ZPO nach freiem Ermessen zu bestimmen. Maßgebend ist grundsätzlich das Interesse des Klägers, welches anhand des Wertes seiner Beteiligung zu ermitteln ist (*Schneider/Herget* Rdn. 739).

5. Die Ausschließungsklage ist wie die Auflösungsklage nach § 133 HGB Gestaltungsklage; wie bei jener tritt die Wirkung mit der Rechtskraft des Urteils ein (Großkomm. HGB/*Schäfer* § 140 Anm. 45; MünchKomm. HGB/*Schmidt* § 140 Rdn. 83; *Baumbach/Hopt* § 140 Rdn. 22; *Ebenroth/Boujong/Joost/Strohn/Lorz* § 140 Rdn. 34).

6. Möglich ist auch die Ausschließung des einzigen vertretenden OHG-Gesellschafters. Das führt dann zu Gesamtvertretung der anderen, vgl. *Baumbach/Hopt* § 140 Rdn. 8.

Auch der einzige Komplementär einer KG kann nach hM. ausgeschlossen werden, vgl. BGHZ 68, 81, 82; *Baumbach/Hopt* § 140 Rdn. 8; Großkomm. HGB/*Schäfer* § 140 Anm. 27.

7. § 140 HGB ist abdingbar (*Baumbach/Hopt* § 140 Rdn. 28; *Heymann/Emmerich* § 140 Rdn. 30; differenzierend MünchKomm. HGB/*Schmidt* § 140 Rdn. 89); so kann auch im Gesellschaftsvertrag geregelt sein, dass an die Stelle der Klage ein Ausschließungsbeschluss tritt (Nachprüfung durch Feststellungsklage), vgl. BGHZ 31, 295 ff.; BGHZ 68, 212, 214; BGHZ 81, 263, 265 f.; BGHZ 107, 351, 256; BGH NJW 1981, 2565; *Baumbach/Hopt* § 140 Rdn. 30; Großkomm. HGB/*Schäfer* § 140 Anm. 52 mwN.; Beschlussbeispiel in Münchener Vertragshandbuch Bd. 1/*Oldenburg* Form. II. 28. Sieht der Gesellschaftsvertrag einen Ausschluss durch Gesellschafterbeschluss vor, führt dies nach hM. zur Unzulässigkeit einer Ausschließungsklage (BGH DStR 2001, 495 mit Anm. *Goette;* Beck.HdbPers.Gesell./*Sauter* § 7 Rdn. 102).

Eine Regelung im Gesellschaftsvertrag, nach welcher der Ausschluss eines Gesellschafters durch die übrigen auch ohne wichtigen Grund vorgesehen ist, bzw. der darauf beruhende Gesellschafterbeschluss – sog. „Hinauskündigung" – unterliegt nach der Rechtsprechung und (zurückhaltenderen) Lehre sachlichen Einschränkungen vgl. BGHZ 68, 212; BGHZ 112, 103; BGHZ 125, 74; eine Klausel, die das Hinauskündigen nach freiem Ermessen zulässt, ist unwirksam. Kündigungsbeispiel in Münchener Vertragshandbuch Bd. 1/*Oldenburg* Form. II. 30. Eine Ausschließung auch ohne wichtigen Grund kann nur dann wirksam im Vertrag vereinbart werden, wenn hierfür sachlich gerechtfertigte Gründe bestehen (BGHZ 68, 212, 215; BGHZ 105, 213; BGHZ 107, 351; BGHZ 112, 103; BGHZ 125, 74; OLG Hamm NZG 1999, 712, 714; kritisch, im Ergebnis jedoch zustimmend MünchKomm. HGB/*Schmidt* § 140 Rdn. 00. Zu der in diesem Zusammenhang diskutierten Frage der Wirksamkeit von Buchwertabfindungsklauseln vgl. Form. II. K. 6.

8. Nach BGHZ 31, 295, 304 ist ein wichtiger Grund zur Ausschließung eines Gesellschafters „immer dann gegeben, wenn in der Person dieses Gesellschafters Umstände vorliegen, die den anderen Gesellschaftern bei verständiger Abwägung aller in Betracht kommenden Tatsachen die Fortsetzung des Gesellschaftsverhältnisses mit gerade diesem Gesellschafter unzumutbar machen"; es bedarf der „Berücksichtigung aller Umstände des Falles", BGH NJW 1998, 146; BGH ZIP 1999, 1355; Großkomm. HGB/*Schäfer* § 140 Anm. 9 mwN.; MünchKomm. HGB/*Schmidt* § 140 Rdn. 18 mwN.; es hat eine Interessenabwägung stattzufinden (Hdb.PersGes./*Westermann* Rdn. 1104). Persönliche Spannungen und gesellschaftsbezogene Meinungsverschiedenheiten können die Ausschließung eines Kommanditisten aus der Gesellschaft nur in besonders schwerwiegenden Fällen rechtfertigen, vgl. BGH GmbHR 1995, 131 f.; BGH NJW 1998, 146. Spannungen unter den Gesellschaftern reichen nur aus, wenn sie nachhaltig sind und wenn Einseitigkeit des Ausschließungsgrundes vorliegt, also die Spannungen auf das Verhalten allein bzw. überwiegend des Auszuschließenden zurückgehen (BGH NJW-RR 1991, 1249, 1251). Da der Kommanditist von Gesetzes wegen eher als Kapitalgeber denn als Mitunternehmer gilt, sind für diesen an eine Ausschließung höhere Anforderungen zu stellen als bei einem Komplementär (BGH GmbHR 1995, 131 f.; BGH NJW 1998, 146, 147). Zu Fallgruppen vgl. ausf. MünchKomm. HGB/*Schmidt* § 140 Rdn. 16 ff.; Großkomm. HGB/*Schäfer* § 140 Anm. 6 ff.

In geeigneten Fällen kann die Klage unbegründet sein, wenn der Beklagte eine weniger harte Regelung vorgeschlagen, die Gesellschafter diese aber abgelehnt haben, vgl. hierzu *Baumbach/Hopt* § 140 Rdn. 23.

9. Ein Verschulden ist nicht notwendige Voraussetzung für den wichtigen Grund, vgl. BGH WM 1977, 500, 502; *Baumbach/Hopt* § 140 Rdn. 7; Großkomm. HGB/*Schäfer* § 140 Anm. 9.

10. Wie bei der Auflösungsklage ist auch hier zu prüfen, ob das mildere Mittel der Entziehung von Vertretungs- und Geschäftsführungsbefugnis nach §§ 117, 127 HGB genügt; vgl. BGHZ 4, 108, 112; BGH BB 2003, 1198 (zu § 737 BGB); Großkomm. HGB/*Schäfer* § 140 Anm. 16; Hdb. PersGes./*Westermann* Rdn. 1108; zur Rangfolge von Maßnahmen vgl. *Heymann/Emmerich* § 133 Rdn. 6.

11. Ob zwischen der Auflösungsklage und der Ausschließungsklage ein Rangverhältnis besteht, ist streitig, vgl. Großkomm. HGB/*Schäfer* § 140 Anm. 15; MünchKomm. HGB/*Schmidt* § 140 Rdn. 13; überwiegend wird dies abgelehnt; vgl. auch Anm. 6. zu Form. II. K. 1.

3. Geschäftsführungsbefugnis- und Vertretungsmachtentziehungsklage nach §§ 117, 127 HGB

An das
Landgericht
Kammer für Handelssachen[1]

Klage

der

1. ...... **(Kläger Nr. 1)**
2. ...... **(Kläger Nr. 2)**
3. ...... **(Kläger Nr. 3)**[2]

Prozessbevollmächtigter: ......

gegen

den ...... **(Beklagter)**

wegen

Entziehung der Geschäftsführungsbefugnis und der Vertretungsmacht

Vorläufiger Streitwert[3]**: EUR ......**

Namens und mit Vollmacht der Kläger erhebe ich Klage und werde beantragen:

I. Dem Beklagten wird die Befugnis, die Geschäfte der Firma ...... OHG zu führen und diese Gesellschaft zu vertreten, entzogen[4]**.**

II. Der Beklagte trägt die Kosten des Verfahrens.

Zur

Begründung

trage ich vor:

I.

Die Parteien sind die Gesellschafter der Firma ...... OHG. Dem Kläger Nr. 1 und dem Beklagten ist gesellschaftsvertraglich die Geschäftsführung übertragen, und zwar jedem einzeln[5]**. Die Kläger Nr. 2 und Nr. 3 sind von der Geschäftsführung ausgeschlossen.**
Eine Kopie des Gesellschaftsvertrages[6] **der unter HRA des Amtsgerichts – Registergerichts – ...... eingetragenen Firma ...... OHG füge ich in Anlage K 1 bei.**

II.

Der 75 Jahre alte Beklagte ist seit drei Jahren bettlägerig. Die mit der Geschäftsführung verbundenen Handlungen sind dem Beklagten infolge dessen unmöglich. Insbesondere kann er keine Korrespondenz erledigen, keine Termine wahrnehmen und keine Verhandlungen führen. Mit einer Wiederherstellung seiner Arbeitsfähigkeit kann nicht gerechnet werden.

Beweis: Gutachten eines Sachverständigen

Er kann daher die Tätigkeit eines Geschäftsführers der ...... OHG nicht mehr ausüben.

III.

Die beim Beklagten gegebene Unfähigkeit zur ordnungsgemäßen Geschäftsführung ist ein wichtiger Grund zur Entziehung[7] der Geschäftsführungsbefugnis auf Grund § 117 HGB und der Vertretungsmacht auf Grund § 127 HGB.

IV.

Den Streitwert gebe ich mit EUR ...... an.

Ich füge einen auf mich lautenden Verrechnungsscheck über EUR ...... (Gerichtskosten) bei.

Rechtsanwalt

Anmerkungen

1. Die Zuständigkeit ergibt sich sowohl aus § 12 ZPO als auch aus § 22 ZPO. Die Sache ist Handelssache (§ 95 Abs. 1 Nr. 4a HGB). Eine Schiedsgerichtsabrede ist zulässig, vgl. *Baumbach/Hopt* § 117 Rdn. 8.

2. Die Klage muss von allen Mitgesellschaftern erhoben werden; die Kläger sind notwendige Streitgenossen, vgl. *Baumbach/Hopt* § 117 Rdn. 6f.; Großkomm. HGB/*Ulmer* § 117 Anm. 61; MünchKomm. HGB/*Jickeli* § 117 Rdn. 67, und zwar auch dann, wenn im Gesellschaftsvertrag vorgesehen ist, dass ein Mehrheitsbeschluss als Entziehungsgrund genügt, Großkomm. HGB/*Ulmer* § 117 Anm. 70. Ausnahmen sollen gelten, wenn die Vertretungsbefugnis mehrerer geschäftsführender Gesellschafter entzogen werden soll – diese können zugleich verklagt werden – und wenn ein Gesellschafter bindend sein Einverständnis mit der Vorgehensweise erklärt hat (MünchKomm. HGB/*Jickeli* § 117 Rdn. 60f.; Großkomm. HGB/*Ulmer* § 177 Rdn. 50).

Bei Weigerung eines Gesellschafters kann gegen diesen zugleich auf Zustimmung geklagt werden (BGH BB 1977, 615; BGHZ 68, 81, 84; MünchKomm. HGB/*Jickeli* § 117 Rdn. 64; *Baumbach/Hopt* § 117 Rdn. 6f.; Großkomm. HGB/*Ulmer* § 117 Rdn. 53). Streitig ist, ob die Gesellschafter aus dem Gesellschaftsvertrag zur Mitwirkung verpflichtet sind, vgl. *Baumbach/Hopt* § 117 Rdn. 6; MünchKomm. HGB/*Jickeli* § 117 Rdn. 62 mwN.

3. Der Streitwert ist gem. § 3 ZPO zu schätzen.

4. Die Klage ist Gestaltungsklage. Mit der Rechtskraft des Urteils wird die Entziehung wirksam (MünchKomm. HGB/*Jickeli* § 117 Rdn. 65; MünchKomm. HGB/*Schmidt* § 127 Rdn. 24).

Gesetzliche Grundlagen sind die §§ 117, 127 HGB, die nicht zwingend sind, vgl. *Heymann/Emmerich* § 127 Rdn. 9; MünchKomm. HGB/*Jickeli* § 117 Rdn. 79. Zur „Kündigung der Geschäftsführung und Vertretung" durch den Personengesellschafter vgl. *K. Schmidt* Betr. 1988, 2241. Die Anträge auf Entziehung der Geschäftsführungsbefugnis und Entziehung der Vertretungsmacht werden meistens verbunden (Münch-

Komm. HGB/*Schmidt* § 127 Rdn. 23). Fehlt der ausdrückliche Antrag auf Entziehung der Vertretungsmacht, so kann die Auslegung des Antrags auf Entziehung der Geschäftsführungsbefugnis ergeben, dass er in diesem enthalten ist; vgl. BGHZ 51, 198, 199; *Baumbach/Hopt* § 127 Rdn. 8; Großkomm. HGB/*Ulmer* § 117 Anm. 59; MünchKomm. HGB/*Schmidt* § 127 Rdn. 23.

Auch eine teilweise Entziehung ist möglich, zB. nur der Vertretungsmacht oder von Teilen der Geschäftsführungsbefugnis, sei es, dass dies beantragt ist, sei es, dass das Urteil hinter dem Antrag zurückbleibt (str., vgl. BGH WM 2002, 342, 343; Großkomm. HGB/*Ulmer* § 117 Rdn. 15; *Baumbach/Hopt* § 117 Rdn. 5 mwN.; MünchKomm. HGB/*Jickeli* § 117 Rdn. 19).

Entsprechend § 117 HGB sind auch einzelne die Geschäftsführung betreffende Rechte eines nicht geschäftsführenden Gesellschafters entziehbar, *Baumbach/Hopt* § 117 Rdn. 3; MünchKomm. HGB/*Jickeli* § 117 Rdn. 19.

Für die KG ist in diesem Zusammenhang zu beachten, dass nach BGHZ 51, 198 die Entziehung der Vertretungsmacht (anders Geschäftsführungsbefugnis) beim einzigen persönlich haftenden Gesellschafter nicht möglich sein soll (ebenso BGH NJW 1998, 1225; BGH NJW-RR 2002, 540; *Heyman/Emmerich* § 127 Rdn. 4a; kritisch MünchKomm. HGB/*Schmidt* § 127 Rdn. 7). Die Kommanditisten können nach §§ 133, 140 HGB vorgehen (*Baumbach/Hopt* § 127 Rdn. 3; Beck.HdbPers.Gesell./*Stengel* § 3 Rdn. 340).

Eine vorläufige Entziehung ist durch einstweilige Verfügung möglich (vgl. Form. II. K. 4; *Baumbach/Hopt* § 117 Rdn. 7; Großkomm. HGB/*Ulmer* § 117 Rdn. 65).

5. Die Klagemöglichkeit ist unabhängig davon, ob der Beklagte der alleinige Geschäftsführer ist oder nicht, und auch davon, ob er Einzelgeschäftsführungsbefugnis oder Gesamtgeschäftsführungsbefugnis hat. Im letzten Fall wandelt sich die Geschäftsführungsbefugnis des Verbleibenden nicht automatisch in Einzelbefugnis um, vgl. *Baumbach/Hopt* § 117 Rdn. 10; Großkomm. HGB/*Ulmer* § 117 Rdn. 77; es besteht vielmehr ein Anspruch gegen alle Beteiligten auf Neuordnung, der gegen einen Widersprechenden (in der Regel den hier Beklagten) auch im Klagewege (Verbindung der Klagen) geltend gemacht werden kann, *Baumbach/Hopt* § 117 Rdn. 10; MünchKomm. HGB/*Jickeli* § 117 Rdn. 77; Großkomm. HGB/*Ulmer* § 117 Rdn. 79.

6. Zu achten ist auf abweichende Bestimmungen im Gesellschaftsvertrag. Dieser kann die Entziehung von Geschäftsführungsbefugnis und Vertretungsbefugnis sowohl erschweren als auch erleichtern (MünchKomm. HGB/*Jickeli* § 117 Rdn. 79), er kann zB. einen Gesellschafterbeschluss zur Entziehung selbst genügen lassen (das ist ein anderer Fall als der in Anm. 2 genannte), so dass eine Gestaltungsklage nicht mehr erforderlich ist, vgl. BGHZ 86, 177, 180; BGHZ 31, 295, 298 ff.; MünchKomm. HGB/*Jickeli* § 117 Rdn. 83; Beck.HdbPers.Gesell./*Stengel* § 3 Rdn. 348 ff.; Großkomm. HGB/*Ulmer* § 117 Rdn. 70; Hdb. PersGes./*Westermann* Rdn. 357.

7. Unfähigkeit durch Krankheit und Alter sind nicht in jedem Fall ausreichender Entziehungsgrund. Die Gesamtumstände im Zusammenhang mit der gesellschaftsvertraglichen Treuepflicht sind zu berücksichtigen, vgl. Großkomm. HGB/*Ulmer* § 117 Rdn. 36; MünchKomm. HGB/*Jickeli* § 117 Rdn. 29 ff.; MünchKomm. HGB/*Schmidt* § 127 Rdn. 15.

Der im Gesetz weiter genannte wichtige Grund, grobe Pflichtverletzung, setzt Verschulden voraus, zB. Unterlassung ordnungsgemäßer Buchführung, ungerechtfertigter Insolvenzantrag oder Schikane der Mitgesellschafter, vgl. BGH NJW 1984, 173; BGH WM 1977, 500, 502; *Heymann/Emmerich* § 117 Rdn. 7.

4. Antrag auf Erlass einer einstweiligen Verfügung zur vorläufigen Entziehung der Geschäftsführungsbefugnis und Vertretungsmacht nach §§ 117, 127 HGB, §§ 935 ff. ZPO

An das
Landgericht
Kammer für Handelssachen

Antrag

der

1. ...... **(Antragsteller Nr. 1)**
2. ...... **(Antragsteller Nr. 2)**

Prozessbevollmächtigter: ......

gegen

den ...... **(Antragsgegner)**

wegen

vorläufiger Entziehung der Geschäftsführungsbefugnis und Vertretungsmacht (§§ 117, 127 HGB)

Namens und mit Vollmacht der Antragsteller stelle ich den Antrag, gegen den Antragsgegner ohne vorgängige mündliche Verhandlung durch

Beschluss

folgende

einstweilige Verfügung

zu erlassen:

Dem Antragsgegner wird bis zur rechtskräftigen Entscheidung über die Klage der Antragsteller gegen den Antragsgegner auf Ausschließung des Antragsgegners aus der offenen Handelsgesellschaft in Firma ...... die Befugnis, die Geschäfte der Firma ..... OHG zu führen und diese Gesellschaft zu vertreten, entzogen[1]. Geschäftsführungsbefugnis und Vertretungsmacht werden Herrn Rechtsanwalt ...... übertragen[2].

Zur

Begründung

trage ich vor:

I.

(Hier zunächst derselbe Sachverhalt wie in Form. II. K. 2 unter I. und II. dargestellt).

Die Antragsteller[3] haben auf Grund dieses Sachverhalts am ...... beim angerufenen Gericht Klage mit dem Antrag erhoben, den Antragsgegner aus der offenen Handelsgesellschaft in Firma ...... auszuschließen.

II.

Zur Glaubhaftmachung des vorgetragenen Sachverhalts nehme ich Bezug auf:

1. **Ausschließungsklage gegen den Antragsgegner, als Kopie in Anlage K 1,**
2. **eidesstattliche Versicherung des Antragstellers zu 1 vom ...... in Anlage K 2,**
3. **Kopien einschlägiger Pressemeldungen in Anlagen K 3–K ......**

III.

Den Antragstellern kann bei der glaubhaft gemachten Sachlage nicht zugemutet werden, abzuwarten, bis über die Ausschließungsklage entschieden ist. Nur die sofortige Entziehung von Geschäftsführungs- und Vertretungsbefugnis kann die Gesellschaft vor weiteren schweren Schäden schützen. Die Übertragung der Geschäftsführungs- und Vertretungsbefugnis bis zur rechtskräftigen Entscheidung über die Ausschließungsklage an einen Dritten liegt auch im Interesse des Antragsgegners.

IV.

Die Sache ist Handelssache. Das besondere Eilbedürfnis ergibt sich aus dem glaubhaft gemachten Sachvortrag.

Rechtsanwalt

Anmerkungen

1. Die Möglichkeit der vorläufigen Entziehung von Geschäftsführungsbefugnis und Vertretungsmacht durch einstweilige Verfügung ist von der hM. anerkannt; vgl. BGHZ 33, 105, 107ff; MünchKomm. HGB/*Jickeli* HGB § 117 Rdn. 69; Großkomm. HGB/*Ulmer* § 117 Rdn. 65ff. Es gelten in Ermangelung von Spezialregelungen die §§ 935ff. ZPO (MünchKomm. HGB/*Jickeli* HGB § 117 Rdn. 69).

Die vorläufige Entziehung der Geschäftsführungs- und Vertretungsbefugnis durch einstweilige Verfügung kommt in Frage sowohl beim Hauptprozess über die (endgültige) Entziehung als auch bei Auflösungs- und Ausschließungsklage, vgl. Großkomm. HGB/*Ulmer* § 117 Rdn. 65. Zur vorläufigen Entziehung durch ein Schiedsgericht durch Anordnung einer Enthaltungspflicht bei Verfahrensbeginn vgl. *Baumbach/Hopt* § 117 Rdn. 8; MünchKomm. HGB/*Jickeli* § 117 Rdn. 87; MünchKomm. HGB/*Schmidt* § 127 Rdn. 35. Ob vorläufige Entziehung oder eine andere einstweilige Maßnahme angeordnet wird, ist Sache des richterlichen Ermessens, vgl. *Baumbach/Hopt* § 117 Rdn. 7; MünchKomm. HGB/*Jickeli* HGB § 117 Rdn. 72.

2. Nach BGHZ 33, 105 (Ausschließungsprozess gegen den einzigen geschäftsführungsbefugten und vertretungsberechtigten Gesellschafter einer OHG) ist die Übertragung der Befugnisse auf einen Nichtgesellschafter zulässig, wenn diese einstweilige Regelung erforderlich ist; zustimmend *Baumbach/Hopt* § 125 Rdn. 8; Großkomm. HGB/*Ulmer* § 117 Rdn. 65; Hdb. PersGes./*Westermann* Rdn. 344; MünchKomm. HGB/*Jickeli* § 117 Rdn. 72.

3. Bei einer einstweiligen Verfügung muss wie bei der Hauptsache der Antrag von allen übrigen Gesellschaftern gestellt werden; vgl. MünchKomm. HGB/*Jickeli* § 117 Rdn. 71; Großkomm. HGB/*Ulmer* § 117 Rdn. 66; vgl. im Übrigen die Anm. 3 zu Form. II. K. 2.

Nach der Judikatur des BGH – vgl. BGHZ 102, 172 = BGH BB 1988, 159 = WM 1988, 23 – wird bei der PublikumsKG eine Mehrheitsentscheidung statt der Mitwirkung aller Gesellschafter für ausreichend erachtet (zustimmend MünchKomm. HGB/*Jickeli* § 117 Rdn. 5; dagegen *Ebenroth/Boujong/Joost/Strohn/Mayen* § 117 Rdn. 15). Wegen der von § 108 HGB verlangten Mitwirkung aller Gesellschafter bei der Anmeldung zur Eintragung in das Handelsregister ist in solchem Fall ein weiterer Antrag an das Prozessgericht zu empfehlen, dass Eintragung angeordnet werde, vgl. dazu *Reichert/Winter* BB 1988, 981/991.

5. Klage auf Bilanzmitteilung nach § 166 HGB

An das
Landgericht
Kammer für Handelssachen[1]

Klage

des ...... (Kläger)

Prozessbevollmächtigter: ......

gegen

die ...... KG (Beklagte)[2]

wegen

Bilanzmitteilung

Vorläufiger Streitwert: EUR ......[3].

Namens und mit Vollmacht des Klägers erhebe ich Klage und werde beantragen:

I. Die Beklagte wird verurteilt, dem Kläger eine Abschrift des steuerlichen Jahresabschlusses der ...... Kommanditgesellschaft in ...... für das Geschäftsjahr. ...... bestehend aus der Steuerbilanz zum 30. 9. ...... und der steuerlichen Gewinn- und Verlustrechnung für die Zeit vom 1. 10. ...... bis 30. 9. ...... mitzuteilen.

II. Die Beklagte trägt die Kosten des Rechtsstreits.

Zur

Begründung

trage ich vor:

I.

Der Kläger ist Kommanditist der beklagten ...... KG in ...... (HRA ...... des Handelsregisters des AG ......)

Eine Kopie des Gesellschaftsvertrages der Beklagten füge ich in Anlage K 1 und einen unbeglaubigten Auszug aus dem Handelsregister betreffend die Beklagte in Anlage K 2 bei.

II.

Der Jahresabschluss ist für das im Antrag genannte Geschäftsjahr von der Beklagten nach Handels- und Steuerrecht erstellt worden.

Die geschäftsführenden Komplementäre ...... und ...... der Beklagten haben dem Kläger lediglich eine Abschrift der Handelsbilanz zur Verfügung gestellt. Die geschäftsführenden Komplementäre weigern sich, dem Kläger eine Abschrift der Gewinn- und Verlustrechnung und der Steuerbilanz zu überlassen mit der Begründung, sie hätten Aktennotizen über die Umsätze des Geschäftsjahres zugeschickt und dem Kläger anheim gestellt, die Bücher einzusehen.

III.

Der Kläger hat als Kommanditist nach § 166 Abs. 1 HGB einen Anspruch auf die abschriftliche Mitteilung des Jahresabschlusses.

Hierzu gehört außer dem handelsrechtlichen Jahresabschluss auch der steuerliche Jahresabschluss[4].

Mit der Überlassung der genannten Unterlagen ist der Anspruch daher nicht erfüllt.

IV.

Den Streitwert gebe ich mit EUR ...... an.

Ich füge einen auf mich lautenden Verrechnungsscheck über EUR ...... (Gerichtskosten) bei.

Rechtsanwalt

Anmerkungen

1. § 95 Abs. 1 Nr. 4a GVG.

2. Der Anspruch richtet sich gegen die Kommanditgesellschaft (BGHZ 25, 115, 118; BGH WM 1962, 883; BayObLG BB 1991, 1589; OLG Celle ZIP 1983, 944; MünchKomm. HGB/*Grunewald* § 166 Rdn. 27; *Baumbach/Hopt* § 166 Rdn. 1).

3. Der Streitwert ist gem. § 3 ZPO anhand des Interesses des Klägers zu schätzen.

4. Dass der Kommanditist nicht nur den handelsrechtlichen, sondern auch den steuerlichen Jahresabschluss in Abschrift verlangen kann, ist herrschende Lehre, vgl. *Baumbach/Hopt* § 166 Rdn. 3; MünchKomm. HGB/*Grunewald* § 166 Rdn. 9; Beck.HdbPers. Gesell./*W. Müller* § 4 Rdn. 101.

Zu den Kontrollrechten in der GmbH & Co. KG und im Konzern vgl. *Heymann/Horn* § 166 Rdn. 22 ff.; MünchKomm. HGB/*Grunewald* § 166 Rdn. 24 ff., 43 ff.

6. Klage des ausgeschiedenen Gesellschafters auf Abfindung nach §§ 161 Abs. 2, 105 Abs. 3 HGB, § 738 BGB

An das
Landgericht
Kammer für Handelssachen[1]

Klage

des ...... **(Kläger)**

Prozessbevollmächtigter ......

gegen

die ...... KG **(Beklagte Nr. 1)**

und

den ...... **(Beklagter Nr. 2)**

wegen

Abfindung nach §§ 161 Abs. 2, 105 Abs. 3 HGB, § 738 BGB

Streitwert: EUR ......

Namens und mit Vollmacht der Klägerin erhebe ich Klage und werde beantragen:

I. Die Beklagten werden wie Gesamtschuldner[2] verurteilt, an den Kläger EUR ...... zu zahlen.

II. Die Beklagten tragen wie Gesamtschuldner die Kosten des Rechtsstreits.

Zur

Begründung

trage ich vor:

I.

1. Der Kläger war Kommanditist der Beklagten Nr. 1, deren persönlich haftender Gesellschafter der Beklagte Nr. 2 ist. Der Kläger ist auf Grund einer „Kündigung" durch die Beklagte Nr. 1 vom ....., zu der er keinen Grund gegeben, die er aber hingenommen hat[3] und der er auch nicht mehr entgegentreten will, zum 31. 12. 20..... aus der Beklagten Nr. 1 ausgeschieden. Eine Kopie des Gesellschaftsvertrages lege ich in Anlage K 1, die Kopie eines Handelsregisterauszuges der Beklagten Nr. 1 lege ich in Anlage K 2 vor.
   Die Beklagte Nr. 1 hat das sich aus § ...... des Gesellschaftsvertrages in Verbindung mit der Bilanz zum 31. 12. 20...... ergebende Auseinandersetzungsguthaben des Klägers in Höhe von EUR ...... am ...... an den Kläger ausbezahlt. Die Parteien sind sich darüber einig, dass der bezahlte Betrag nach der in § ...... des Gesellschaftsvertrages vorgesehenen Buchwertabfindungsklausel richtig berechnet ist. Die Buchwertabfindungsklausel wurde im Jahre 19...... durch Beschluss der Gesellschafterversammlung der Beklagten Nr. 1, von dem ich eine Kopie in Anlage K 3 beifüge, in den Gesellschaftsvertrag der Beklagten Nr. 1 aufgenommen. Bereits damals überstieg der – seither weiter gestiegene – wahre Wert des Unternehmens der Beklagten Nr. 1 den Buchwert erheblich, nämlich um das Fünffache.
   Beweis: Gutachten eines Sachverständigen
2. Der Kläger begehrt von den Beklagten den im Klageantrag I genannten Betrag. Dieser Betrag ergibt sich, wenn man den Abfindungsanspruch unter Berücksichtigung der stillen Reserven und des Firmenwerts (good will) der Beklagten Nr. 1 berechnet. Über die Berechnung des Betrages sind sich die Parteien einig.[4] Das vom Kläger vorgelegte Gutachten der Wirtschaftsprüfungsgesellschaft ...... ist von der Beklagten Nr. 1 nicht in Zweifel gezogen worden. Fürsorglich beruft sich der Kläger zum Beweis für die Richtigkeit der Berechnung der stillen Reserven und des Firmenwerts in dem der Klage als Anlage K 4 beigefügten Gutachten der genannten Wirtschaftsprüfungsgesellschaft auf das Gutachten eines Sachverständigen.

II.

1. Die Beklagte Nr. 1 schuldet den eingeklagten Betrag nach § 738 Abs. 1 BGB iVm. §§ 161 Abs. 2, 105 Abs. 3 HGB. Zu dem nach § 738 Abs. 2 BGB zu schätzenden Wert des Gesellschaftsvermögens gehören sowohl die stillen Reserven als auch der Firmenwert[5]. Die Buchwertabfindungsklausel ist sittenwidrig und nach § 138 BGB bzw. § 723 Abs. 3 BGB, § 133 Abs. 3 HGB nichtig[6]. Der Kläger, der der Gesellschaft als Kommanditist seit 25 Jahren angehört und zur Thesaurierung des Gewinns bei allen Gewinnverwendungsbeschlüssen beigetragen hat, wurde von der Beklagten Nr. 1 grundlos „hinausgekündigt".
2. Der Beklagte Nr. 2 haftet neben der Beklagten Nr. 1 wie ein Gesamtschuldner (§§ 161 Abs. 2, 128 HGB).

III.

Die Sache ist Handelssache.

IV.

Den Streitwert gebe ich mit EUR ...... an. Ich füge einen auf mich lautenden Verrechnungsscheck über EUR ...... bei.

Rechtsanwalt

Anmerkungen

1. Handelssache nach § 95 Abs. 1 Nr. 4 a GVG.

2. Gesellschaft und haftender Gesellschafter sind keine echten Gesamtschuldner, vgl. BGHZ 39, 319, 323 f.; *Ebenroth/Boujong/Joost/Strohn/Hillmann* § 128 Rdn. 21; *Baumbach/Hopt* § 128 Rdn. 19–21 und – zur Art der Streitgenossenschaft – Rdn. 39; hierzu auch MünchKomm. HGB/*Schmidt* § 128 Rdn. 19, 21. In der Praxis ist die Formulierung „wie Gesamtschuldner" häufig.

3. Zur Frage der Wirksamkeit der „Hinauskündigung" vgl. Form. II. K. 2 Anm. 7 und die dort genannte Literatur.

4. Andernfalls kann Kläger auch auf Aufstellung der Abschichtungsbilanz klagen (Stufenklage), vgl. BGH WM 2009, 76 ff.; BGH NJW-RR 1994, 1185, 1186; MünchKomm. HGB/*Schmidt* § 131 Rdn. 136; *Baumbach/Hopt* § 131 Rdn. 51; Muster bei *Vorwerk/Parigger* M 102.11, wofür ein über den Buchwert hinausgehender Abfindungsanspruch Voraussetzung ist, vgl. BGH WM 1980, 1362.

Zur Frage, ob ein Anspruch auf Feststellung der Abschichtungsbilanz gegen die anderen Gesellschafter besteht und ob eine dahingehende Leistungsklage oder eine Feststellungsklage bezüglich der gesamten Bilanz gegeben ist, oder ob nur einzelne Bilanzansätze oder Berechnungsmethoden durch Feststellungsklage angreifbar sind vgl. *Baumbach/Lauterbach* § 256 Rdn. 60 – Auseinandersetzung; MünchKomm. HGB/*Schmidt* § 131 Rdn. 136.

5. BGH ZIP 2002, 1148; OLG Celle NZG 2002, 862; *Palandt/Sprau* § 738 Rdn. 5, § 718 Rdn. 5, jeweils mwN.

6. Zur Beurteilung von Buchwertklauseln allgemein vgl. *Baumbach/Hopt* § 131 Rdn. 58 ff.; *Heymann/Emmerich* § 138 Rdn. 46 u. *Heymannn/Horn* § 161 Rdn. 112; MünchKomm. BGB/*Ulmer/Schäfer* § 738 Rdn. 63 f.

Buchwertklauseln sind nicht grundsätzlich unzulässig (BGH NJW 1989, 2685; BGH NJW 1985, 192; OLG Naumburg NZG 2000, 698; Beck.HdbPers.Gesell./*Sauter* § 7 Rdn. 157; MünchKomm. HGB/*Schmidt* § 131 Rdn. 167). Besteht allerdings bereits bei Aufnahme der Klausel in den Gesellschaftsvertrag ein erhebliches Missverhältnis zwischen Buchwert und wahrem Wert, ist die Klausel nach heute hM. unwirksam (*Baumbach/Hopt* § 131 Rdn. 64; MünchKomm. HGB/*Schmidt* § 131 Rdn. 168). Die Unwirksamkeit der Buchwertklausel wird mit unterschiedlichen Begründungen angenommen: nach BGH LM 8 zu § 738 BGB Sittenwidrigkeit der Vertragsklausel gem. § 138 BGB (zustimmend MünchKomm. HGB/*Schmidt* § 131 Rdn. 156; nach *Baumbach/Hopt* § 131 Rdn. 61, 64 eher gem. § 723 Abs. 3 BGB; ebenso BGHZ 116, 359, 369 für die GmbH). Für das „erhebliche Missverhältnis" gibt es keine festen Prozentsätze (BGH NJW 1993, 2101, 2103; *Baumbach/Hopt* § 131 Rdn. 64; *Hülsmann* NJW 2002, 1673). Tritt erst im Laufe der Zeit das grobe Missverhältnis ein und wird dadurch das Kündigungsrecht des Gesellschafters in tatsächlicher Hinsicht beeinträchtigt, wird die gesellschaftsvertragliche Abfindungsklausel nicht unwirksam (BGHZ 123, 281 = NJW 1993, 3193 = WM 1993, 2008, anders noch BGH WM 1993, 1412). Nach der Rechtsprechung ist jedoch eine ergänzende Vertragsauslegung der vertraglichen Abfindungsregelung geboten (BGHZ 123, 281 = NJW 1993, 3193; BGHZ 126, 226, 233 f.; OLG Naumburg NZG 1999, 698; Beck.HdbPers.Gesell./*Sauter* § 7 Rdn. 157; vgl. MünchKomm.BGB/*Ulmer/Schäfer* § 738 Rdn. 53 f.).

7. Klage auf Mitwirkung bei der Eintragung einer offenen Handelsgesellschaft nach §§ 108, 16 HGB

An das
Landgericht
Kammer für Handelssachen[1]

Klage

der ...... (Klägerin[2])
Prozessbevollmächtigter: ......
gegen
die ...... (Beklagte)
wegen
Mitwirkung bei der Eintragung einer offenen Handelsgesellschaft (§§ 108, 16 HGB)
Vorläufiger Streitwert: EUR ......[3]

Namens und mit Vollmacht der Klägerin erhebe ich Klage und werde beantragen:

I. Die Beklagte wird verurteilt, die Firma ...... GmbH & Co. OHG zum Handelsregister des Amtsgerichts ...... anzumelden[4].
II. Die Beklagte trägt die Kosten des Rechtsstreits.

Zur

Begründung

trage ich vor

I.

Die Parteien sind Gesellschaften mit beschränkter Haftung. Sie haben am ...... eine offene Handelsgesellschaft unter der Firma ...... GmbH & Co. OHG[5] errichtet. Nach § ...... des Gesellschaftsvertrages hat die Gesellschaft am ...... begonnen. Eine Kopie des Gesellschaftsvertrages füge ich als Anlage K 1 bei.

Die Klägerin hat am ...... die ...... GmbH & Co. OHG zur Eintragung in das Handelsregister des Amtsgerichts ...... angemeldet. Die Beklagte hat sich gemäß dem in Kopie als Anlage K 2 beigefügten Schreiben ohne Angabe von Gründen geweigert, bei der Anmeldung zum Handelsregister mitzuwirken.

II.

Zur Mitwirkung ist die Beklagte verpflichtet (§ 108 HGB)[6]. Die Klägerin ist auf die Verurteilung der Beklagten nach § 16 Abs. 1 HGB[7] angewiesen.

III.

Den Streitwert gebe ich mit EUR ...... an.

Ich füge einen auf mich lautenden Verrechnungsscheck über EUR ...... bei.

Rechtsanwalt

Anmerkungen

1. Zuständigkeit sowohl nach § 17 ZPO als auch nach § 29 ZPO (Erfüllungsort ist Sitz des Registergerichts). Handelssache nach § 95 Abs. 1 Nr. 4 a GVG.

2. Kläger sind die übrigen Gesellschafter, nicht die Gesellschaft (BGH WM 1983, 786; *Baumbach/Hopt* § 108 Rdn. 6; MünchKomm. HGB/*Langhein* § 108 Rdn. 5).

3. Der Streitwert ist gem. § 3 ZPO zu schätzen. Dabei ist die Bedeutung des anzumeldenden Vorgangs für den Kläger maßgebend (*Hillach/Rohs,* S. 397 mwN.; *Oestreich/Winter/Hellstab,* Stichwort: Handelsregister, S. 146).

4. Zur Anmeldepflicht und zum Inhalt der Anmeldung vgl. § 106 HGB. Nach § 108 HGB ist die Anmeldung von allen Gesellschaftern zu bewirken, auch bei der Kommanditgesellschaft (vgl. OLG Hamm WM 1989, 830, 831; BayObLG WM 1988, 710; *Baumbach/Hopt* § 108 Rdn. 1. Die Anmeldung hat gem. § 12 Abs. 1 HGB elektronisch in öffentlich beglaubigter Form zu erfolgen.

5. Zur Firma einer OHG, in der keiner der Gesellschafter eine natürliche Person ist, vgl. BGHZ 68, 12/14; BGHZ 65, 103/105; BGHZ 62, 216/227; danach ist der auf die beschränkte Haftung hinweisende Zusatz „GmbH" in jedem Falle geboten.

6. Zur gesellschaftsrechtlichen Anmeldeverpflichtung vgl. BGHZ 30, 195, 197 f.; BGH NJW 1974, 498, 499; *Baumbach/Hopt* § 108 Rdn. 6.

7. Die rechtskräftige Verurteilung zur Anmeldung ersetzt die Anmeldung (§ 894 ZPO; § 16 Abs. 1 HGB; *Baumbach/Hopt* § 108 Rdn. 6).

8. Klage gegen einen Gesellschafter nach §§ 176, 128 HGB

An das
Landgericht
Kammer für Handelssachen[1]

Klage

der ...... GmbH, vertreten durch den Geschäftsführer ...... **(Klägerin)**

Prozessbevollmächtigter: ......

gegen

den ...... **(Beklagter)**

wegen

Kaufpreiszahlung (gegen einen Gesellschafter)

Vorläufiger Streitwert: EUR 97.560,50

Namens und mit Vollmacht des Klägers erhebe ich Klage und werde beantragen:

I. Der Beklagte wird verurteilt, an die Klägerin EUR 97.560,50 nebst 5% Zinsen hieraus von ...... bis ...... und nebst 8% Zinsen über dem jeweils gültigen Basiszinssatz hieraus seit ...... zu zahlen.

II. Der Beklagte trägt die Kosten des Rechtsstreits.

Zur

Begründung

trage ich vor:

I.

Die Klägerin betreibt einen KFZ-Handel. Sie verkauft Nutzfahrzeuge der Marke ...... Der Beklagte ist (Gründungs-)Gesellschafter (Kommanditist) der ...... KG. Die ...... KG betreibt eine Spedition. Sie hat mit Vertrag vom ...... bei der Klägerin drei LKW der Marke ......, Typ ...... zu einem Gesamtpreis von EUR 97.560,50 gekauft.

Beweis: Kaufvertrag vom ......, Anlage K 1
Zeugnis ......

Zum Zeitpunkt des Vertragsschlusses war die ...... KG noch nicht in das Handelsregister eingetragen. Die Eintragung erfolgte erst am ......, wie sich aus dem Handelsregisterauszug HRA ...... des Handelsregisters ......, ergibt, welchen ich als Anlage K 2 beifüge.
Der Beklagte hat der Geschäftsaufnahme durch die ...... KG vor Eintragung zugestimmt.

Beweis: Zeugnis ......
Beweis: Zeugnis ......

Die Klägerin wusste bei Abschluss des Kaufvertrages nicht, dass der Beklagte lediglich Kommanditist der ...... KG ist.

Beweis: Zeugnis ......

Die drei Fahrzeuge wurden vereinbarungsgemäß am ...... an die ...... KG übergeben und übereignet.

Beweis: Zeugnis ......

Am ...... wurde der ...... KG von der Klägerin eine Rechnung über EUR 97.560,50 zugeschickt, die ich in Kopie als Anlage K 3 beifüge.

Da keine Zahlung seitens der ...... KG erfolgte, hat die Klägerin mit Schreiben vom ......, das ich als Anlage K 4 beifüge, gemahnt. Die ...... KG antwortete mit Schreiben vom ......, beigefügt als Anlage K 5, dass Sie die Forderung in voller Höhe anerkenne und unverzüglich begleichen werde.
Bis zum heutigen Tag ist keine Zahlung erfolgt.

Beweis: Zeugnis ......

Die ...... KG ist inzwischen nicht mehr zur Zahlung des geschuldeten Betrages in der Lage, da über ihr Vermögen das Insolvenzverfahren eröffnet worden ist.

Beweis: Eröffnungsbeschluss des AG ...... vom ......, Anlage K 6

Der Kläger hat den Beklagten zur Zahlung aufgefordert und am ...... gemahnt, die jeweiligen Schreiben füge ich als Anlage K 7 und K 8 bei. Der Beklagte hat bestritten, selbst zur Zahlung verpflichtet zu sein.

II.

Die ...... KG betreibt ein Handelsgewerbe iSv. § 1 HGB[2]. Sie hat ihren Geschäftsbetrieb vor der Eintragung im Handelsregister aufgenommen. Nach § 123 Abs. 2 HGB ist die ...... KG folglich mit Aufnahme ihres Geschäftsbetriebes entstanden, auch wenn sie zu diesem Zeitpunkt noch nicht im Handelsregister eingetragen war. Der Beklagte hat der Geschäftsaufnahme vor Eintragung zugestimmt[3]. Unter diesen Voraussetzungen haftet der Beklagte gem. §§ 176 Abs. 1, 128 HGB auch als Kommanditist für die Verbindlichkeiten der ..... KG, die vor Eintragung begründet wurden, wie ein persönlich haftender Gesellschafter, es sei den, dem Gläubiger war die Kommanditistenstellung bekannt[4].

Die Klägerin hat gegen die ...... KG aus dem zwischen der Klägerin und der ...... KG geschlossenen Kaufvertrag vom ...... unstreitig einen Kaufpreisanspruch gem. § 433 Abs. 2 BGB. Dieser Anspruch ist mit Abschluss des Kaufvertrages, also vor der Eintragung im Handelsregister entstanden[5]. Der Klägerin war die Kommanditistenstellung des Beklagten zum Zeitpunkt der Entstehung der Forderung, also bei Abschluss des Kaufvertrages, nicht bekannt[6]. Folglich haftet der Beklagte gegenüber der Klägerin für den Kaufpreisanspruch in Höhe von EUR 97.560,50 persönlich. Die später erfolgte Eintragung der ...... KG in das Handelsregister berührt die Haftung nicht[7].

Für die Klägerin und die ...... KG war der Kaufvertrag beiderseitiges Handelsgeschäft. Daher kann die Klägerin vom Tage der Fälligkeit an Zinsen in Höhe von 5% fordern, §§ 352 Abs. 1, 353 HGB. Seit dem ...... ist der Beklagte in Zahlungsverzug. Er hat des-

wegen ab diesem Zeitpunkt die Hauptforderung mit 8% über dem jeweils gültigen Basiszinssatz zu verzinsen, § 288 Abs. 2 BGB.[8]

III.

Den Streitwert gebe ich mit EUR ...... an.

Ich füge einen auf mich lautenden Verrechnungsscheck über EUR ...... (Gerichtskosten) bei.

Rechtsanwalt

Anmerkungen

1. Die Zuständigkeit der Kammer für Handelssachen richtet sich nach § 95 GVG. Eine Klage gegen einen Gesellschafter nach § 128 HGB ist Handelssache, wenn das der Klage zugrundeliegende Geschäft ein beiderseitiges Handelsgeschäft ist (*Zöller/Lückemann,* § 95 GVG Rdn. 5). Ist das Geschäft kein beiderseitiges Handelsgeschäft, ist die Zivilkammer zuständig.

2. Betreibt die Gesellschaft kein Handelsgewerbe iSv. § 1 HGB, ist § 176 Abs. 1 HGB nicht anwendbar, da bis zur Eintragung keine KG sondern eine GbR vorliegt, die zukünftigen Kommanditisten haften grundsätzlich persönlich und unbeschränkt (*Heymann/Horn* § 176 Rdn. 8ff.; *Röhricht/v. Westphalen/v. Gerkan/Haas* § 176 Rdn. 3; MünchKomm. HGB/*Schmidt* § 176 Rdn. 6). Übernimmt die Gesellschaft allerdings ein bereits eingetragenes Einzelkaufmannsgeschäft, so ist § 176 Abs. 1 HGB anwendbar (*Baumbach/Hopt* § 176 Rdn. 5).

3. Die Zustimmung kann auch in schlüssiger Weise erteilt werden, zB. im Falle der Einbringung eines werbenden Unternehmens in die Gesellschaft (BGHZ 82, 209, 211 = NJW 1983, 2259; RGZ 128, 172, 180; MünchKomm. HGB/*Schmidt* § 176 Rdn. 12; *Röhricht/v. Westphalen/v. Gerkan/Haas* § 176 Rdn. 15). Die unbeschränkte Haftung besteht nur für Verbindlichkeiten, die nach der Zustimmung entstanden sind (Münch Komm. HGB/*Schmidt* § 176 Rdn. 12; *Heymann/Horn* § 176 Rdn. 3). Der Kommanditist kann der Haftung entgehen, wenn er seinen Beitritt unter der aufschiebenden Bedingung der Handelsregistereintragung stellt (BGHZ 82, 209, 212, 215 = NJW 1983, 883, 884; BGH NJW 1983, 2258, 2259; *Baumbach/Hopt* § 176 Rdn. 9).

4. Der Kommanditist haftet gem. § 128 HGB. Da es sich jedoch um eine Vertrauenshaftung handelt, kommt eine unbeschränkte Haftung nur bei Rechtsgeschäften und rechtsgeschäftsähnlichen Tatbeständen in Betracht, nicht bei deliktischen Ansprüchen (BGHZ 82, 209, 215; *Röhricht/v. Westphalen/v. Gerkan/Haas* § 176 Rdn. 24; MünchKomm. HGB/*Schmidt* § 176 Rdn. 37; abw. wohl BSG MDR 1976, 259f.; BSG MDR 1976, 962). Nach § 176 Abs. 2 HGB haftet auch ein in die Gesellschaft eintretender Kommanditist bis zur Eintragung unbeschränkt (vgl. dazu *Baumbach/Hopt* § 176 Rdn. 9; MünchKomm. HGB/*Schmidt* § 176 Rdn. 17ff. mwN.).

5. Für die Haftung aus einem von der KG abgeschlossenen Vertrag kommt es auf den Zeitpunkt des Vertragsabschlusses, nicht auf den einer später eingetretenen Bedingung an (BGH DB 1979, 1123).

6. Kennt der Gläubiger die Kommanditistenstellung zum Zeitpunkt der Begründung der Verbindlichkeit, haftet der Kommanditist nur beschränkt iSd. §§ 171–173 HGB auf die im Gesellschaftsvertrag festgesetzte Haftsumme bzw. Pflichteinlage (BGH NJW 1977, 1820, 1821; MünchKomm. HGB/*Schmidt* § 176 Rdn. 33). Voraussetzung ist dabei die positive Kenntnis der Kommanditistenstellung des konkret in Anspruch genommenen Kommanditisten, nicht ausreichend ist die Kenntnis, dass die Gesellschaft eine KG ist (*Baumbach/Hopt* § 176 Rdn. 4; *Röhricht/v. Westphalen/v. Gerkan/Haas* § 176

Rdn. 18). Kennen müssen, auch schuldhaftes, schadet dem Gläubiger nicht (RGZ 128, 172, 182; MünchKomm. HGB/*Schmidt* § 176 Rdn. 13). Ausreichend ist aber, wenn der Gläubiger Kenntnis über alle persönlich haftenden Gesellschafter hat (BGH WM 1986, 1280; *Baumbach/Hopt* § 176 Rdn. 4; *Heymann/Horn* § 176 Rdn. 4). Bei einer GmbH & Co. KG verneint die hM. regelmäßig auch vor Eintragung eine unbeschränkte Haftung der Kommanditisten, da der Rechtsverkehr davon ausgehen müsse, dass neben der GmbH kein persönlich haftender Gesellschafter besteht (*Baumbach/Hopt* Anh. § 177a Rdn. 19; *Ebenroth/Boujong/Joost/Strohn/Henze* § 177a Anh. A Rdn. 45; unklar BGH NJW 1983, 2258 = WM 1983, 651).

7. Die Haftung entfällt – im Gegensatz zur Handelndenhaftung nach § 11 Abs. 2 GmbHG, vgl. Form. II K. 11 – nicht mit der Eintragung (*Baumbach/Hopt* § 176 Rdn. 13; MünchKomm. HGB/*Schmidt* § 176 Rdn. 42; *Heymann/Horn* § 176 Rdn. 7, 17). Die unbeschränkte Haftung entfällt allerdings gem. §§ 159, 160 HGB, der auf § 176 HGB entsprechend anwendbar ist, nach fünf Jahren (BGHZ 78, 114, 117; *Baumbach/Hopt* § 176 Rdn. 13; *Ebenroth/Boujong/Joost/Strohn* § 176 Rdn. 20). Die Ausschlussfrist beginnt mit der Eintragung zu laufen (MünchKomm. HGB/*Schmidt* § 176 Rdn. 43).

8. Verzugszinsen nach § 288 BGB (fünf bzw. – bei ausschließlicher Beteiligung von Unternehmern – acht [§ 288 Abs. 2 BGB] Prozentpunkte über dem Basiszinssatz, oder mehr als Verzugsschaden); gegebenenfalls schon ab Fälligkeit 5% Fälligkeitszinsen gemäß §§ 352, 353 HGB.

9. Klage auf Aufwendungsersatz eines Gesellschafters nach § 110 HGB

An das
Landgericht
Kammer für Handelssachen[1]

Klage

des ...... (Kläger)

Prozessbevollmächtigter: ......

gegen

die ...... KG (Beklagte)

wegen

Forderung (Ersatz von Aufwendungen nach § 110 HGB)

Vorläufiger Streitwert: EUR ......

Namens und mit Vollmacht des Klägers erhebe ich Klage und werde beantragen:

I. Die Beklagte wird verurteilt, an den Kläger EUR ...... nebst 5% Zinsen hieraus seit ...... zu zahlen.

II. Die Beklagte trägt die Kosten des Rechtsstreits.

Zur

Begründung

trage ich vor:

I.

Der Kläger war bis zum 31. 12. 20...... der einzige geschäftsführungs- und vertretungsberechtigte persönlich haftende Gesellschafter der Beklagten. Zum 1. 1. 20...... schied

er infolge einer Übertragung seiner Beteiligung an der Beklagten auf Herrn …… als neuen persönlich haftenden Gesellschafter aus der Beklagten aus. Einen aktuellen Handelsregisterauszug über die Beklagte lege ich in Anlage K 1 vor.

Die Beklagte hatte für den Kaufmann A gegenüber der B-Bank wegen einer Darlehensforderung über EUR 100.000,– selbstschuldnerisch gebürgt, siehe die Kopie der Bürgschaftsurkunde in Anlage K 2. Die B-Bank nahm nach Fälligkeit des Anspruchs auf Rückzahlung des Darlehens und Zahlungsverweigerung durch den Kaufmann A die Beklagte in Anspruch. Da diese ihrerseits über liquide Mittel nicht verfügte, befriedigte der Kläger am 15. 12. 20…… aus privaten Mitteln die B-Bank. Ich lege eine Kopie des Kontoauszugs über das Konto des Klägers, aus dem die Überweisung ersichtlich ist, in Anlage K 3 vor. Zu diesem Zeitpunkt war der Kläger noch persönlich haftender Gesellschafter der Beklagten (siehe den Handelsregisterauszug in Anklage K 1)[2].

II.

Zur Zahlung der Bürgschaftssumme an die B-Bank war der Kläger nach § 765 BGB, § 128 HGB verpflichtet. Die Beklagte hat dem Kläger den Betrag nach § 110 HGB zu erstatten[3]. Die Beklagte hat den zu erstattenden Betrag seit dem ……, dem Tag der Zahlung der Bürgschaftssumme an die B-Bank, mit 5% zu verzinsen[4].

III.

Die Beklagte hat ihren Sitz in ……, wodurch nach § 17 ZPO der Gerichtsstand bei dem angerufenen Gericht begründet wird.

Rechtsanwalt

Anmerkungen

1. Die Sache ist Handelssache nach § 95 Abs. 1 Nr. 4a GVG.

2. Ersatzberechtigt sind alle (auch die nichtgeschäftsführenden) Gesellschafter mit Bezug auf Aufwendungen aus der Zeit ihrer Zugehörigkeit zur Gesellschaft. Nicht ersatzberechtigt sind jedoch ausgeschiedene Gesellschafter, die nach Ausscheiden Aufwendungen im Gesellschaftsinteresse tätigen (vgl. *Baumbach/Hopt* § 110 Rdn. 2).

3. Aufwendungen in Gesellschaftsangelegenheiten sind vermögenswerte Opfer, die der Gesellschafter im Interesse der Gesellschaft freiwillig, dh. ohne nach dem Verhältnis der Gesellschafter untereinander dazu verpflichtet zu sein, gemacht hat (vgl. *Baumbach/Hopt* § 110 Rdn. 7; MünchKomm. HGB/*Langhein* § 110 Rdn. 11); dazu gehört auch das Eintreten für Gesellschaftsschulden, für die der Gesellschafter dem Gläubiger gegenüber nach § 128 HGB haftet (vgl. *Baumbach/Hopt* § 110 Rdn. 7, 10). Zum Anspruch auf Aufwendungsersatz vgl. *Baumbach/Hopt* § 110 Rdn. 7ff; BGHZ 37, 299/301 mwN.

4. Die Zinspflicht ergibt sich aus § 110 Abs. 2 HGB, auch aus § 256 BGB, die Zinshöhe aus § 352 Abs. 2 HGB, vgl. *Baumbach/Hopt* § 110 Rdn. 15; Großkomm. HGB/*Ulmer* § 110 Rdn. 26. Das Gleiche gilt für die Zahlung eines Kommanditisten, der nach § 128 BGB nicht verpflichtet wäre, vgl. *Baumbach/Hopt* § 110 Rdn. 2.

10. Klage auf Unterlassung von Wettbewerb nach § 112 HGB

An das
Landgericht
Kammer für Handelssachen[1]

Klage

der

1. ...... (Kläger Nr. 1)
2. ...... (Kläger Nr. 2)
3. ...... (Kläger Nr. 3)

Prozessbevollmächtigter: ......

gegen

den ...... (Beklagter)

wegen

Unterlassung von Wettbewerb (§ 112 HGB)

Vorläufiger Streitwert: EUR ......[2]

Namens und mit Vollmacht der Kläger erhebe ich Klage und werde beantragen:

I.

Dem Beklagten wird bei Vermeidung von Ordnungsgeld oder Ordnungshaft verboten, als Geschäftsführer oder Gesellschafter der ...... GmbH Personenkraftwagen zu vermieten.

II.

Der Beklagte trägt die Kosten des Rechtsstreits.

Zur

Begründung

trage ich vor:

I.

1. Die Kläger sind Kommanditisten[3]**, der Beklagte ist der persönlich haftende Gesellschafter der ...... KG.**
Zweck der im Handelsregister des Amtsgerichts ...... unter HRA ...... eingetragenen ...... KG ist die gewerbliche Vermietung von Kraftfahrzeugen aller Art, die seit Jahren ausgeübt wird.
Eine Kopie des Gesellschaftsvertrages füge ich als Anlage K 1 bei.

2. Der Beklagte hat zusammen mit seiner Ehefrau am ......[4] **die ...... GmbH gegründet. Die Gesellschaft ist im Handelsregister des Amtsgerichts ...... unter HRB ...... eingetragen. Der Beklagte ist der alleinvertretungsberechtigte Geschäftsführer der ...... GmbH, deren Unternehmenszweck die gewerbliche Vermietung von Kraftfahrzeugen aller Art ist.**
Einen Handelsregisterauszug, die Firma ...... GmbH betreffend, lege ich in Anlage K 2, eine Kopie der Satzung der ...... GmbH in Anlage K 3 vor.

3. Die Kläger haben die vom Beklagten nachgesuchte Einwilligung, im Handelszweig der ...... KG geschäftlich tätig zu werden, verweigert.

Beweis: Zeugnis ......,
Ehefrau des Beklagten.

II.

1. **Der Beklagte, der ohne Einwilligung als Gesellschafter und Geschäftsführer der ...... GmbH Kraftfahrzeuge vermietet, verstößt gegen § 112 HGB.**
2. **Auf § 1 GWB kann sich der Beklagte nicht berufen. Das gesetzliche Wettbewerbsverbot des § 112 HGB ist Ausfluss und notwendiger Bestandteil der Verpflichtung des Beklagten in seiner Eigenschaft als geschäftsführender Gesellschafter, seine Tätigkeit am Gesellschaftszweck auszurichten und sich für das gemeinsame Ziel einzusetzen. Ob und in welchen Fällen § 1 GWB zumindest eine einschränkende Auslegung des § 112 HGB gebietet, braucht hier nicht untersucht zu werden, da der Beklagte der einzige persönlich haftende Gesellschafter der ...... KG ist[5, 6].**

III.

Den Streitwert gebe ich mit EUR ...... an.

Ich füge einen auf mich lautenden Verrechnungsscheck über EUR ...... (Gerichtskosten) bei.

Rechtsanwalt

Anmerkungen

1. Die Sache ist Handelssache nach § 95 Abs. 1 Nr. 4 a GVG.

2. Der Streitwert bemisst sich gem. § 3 ZPO nach dem Interesse des Klägers an der Unterlassung des Wettbewerbs, insbesondere nach der Beeinträchtigung, die von dem beanstandeten Verhalten verständigerweise zu besorgen ist, vgl. *Zöller/Herget* § 3 Rdn. 16 – Unterlassung –.

3. Der Unterlassungsanspruch nach § 112 HGB kann von jedem Mitgesellschafter – nicht notwendig von allen gemeinsam – geltend gemacht werden (vgl. BGH BB 1978, 467; Großkomm. HGB/*Schilling* § 161 Anm. 32; Großkomm. HGB/*Ulmer* § 112 Rdn. 38), ohne dass es eines Beschlusses über die Geltendmachung des Anspruchs bedarf. § 113 Abs. 2 HGB gilt für den Unterlassungsanspruch nicht (*Baumbach/Hopt* § 113 Rdn. 9; Beck. HdbPers.Gesell./*W. Müller* § 4 Rdn. 169; *Heymann/Emmerich* § 113 Rdn. 16; dagegen *Ebenroth/Boujong/Joost/Strohn/Goette* § 113 Rdn. 34).

Außer Unterlassung kann nach § 113 HGB Schadensersatz oder statt dessen von dem das Wettbewerbsverbot verletzenden Gesellschafter gefordert werden, dass er die für eigene Rechnung gemachten Geschäfte als für Rechnung der Gesellschaft eingegangen gelten lässt und die aus Geschäften für fremde Rechnung bezogene Vergütung herausgibt oder seinen Anspruch auf die Vergütung abtritt (§ 113 Abs. 1 HGB).

4. Wesentlich ist uU. die zeitliche Reihenfolge (vgl. § 112 Abs. 2 HGB u. *Baumbach/Hopt* § 112 Rdn. 9 ff.; MünchKomm. HGB/*Langhein* § 112 Rdn. 28).

5. Dass der Beklagte die Wettbewerbstätigkeit nicht im eigenen Namen ausübt, sondern als Geschäftsführer und Gesellschafter einer Kapitalgesellschaft, ist für die Anwendung des § 112 HGB ohne Belang (BGH BB 1978, 467; BGH NJW 1984, 1351; *Baumbach/Hopt* § 112 Rdn. 4).

6. § 1 GWB könnte nur eingreifen, wenn die den persönlich haftenden Gesellschafter treffenden Wettbewerbsbeschränkungen geeignet wären, die Marktverhältnisse zu beeinflussen (BGHZ 68, 6/10 ff.; ebenso BGH BB 1978, 467; BGH NJW 1994, 384, 386). Aber auch dann wäre das gesetzliche Wettbewerbsverbot des § 112 HGB nur unwirksam, wenn es sich bei der in Rede stehenden Personalhandelsgesellschaft nicht um den gesetzlichen Regelfall einer umfassenden Arbeits- und Haftungsgemeinschaft handeln würde (BGH BB 1978, 467; MünchKomm. HGB/*Langhein* § 112 Rdn. 32 f.). § 1 GWB greift trotz der Regelung in § 112 HGB ein, wenn ein rein kapitalistisch beteiligter Gesellschafter auf Unterlassung wettbewerblicher Tätigkeit in Anspruch genommen wird (BGHZ 38, 306, 314; BGHZ 70, 331; BGHZ 89, 162, 165 f.; zum Ganzen vgl. auch *Baumbach/Hopt* § 112 Rdn. 15 ff. mwN.; *Ebenroth/Boujong/Joost/Strohn/Goette* § 112 Rdn. 35 ff.).

11. Klage gegen einen handelnden Gründer einer GmbH nach § 11 Abs. 2 GmbHG

An das
Landgericht
Zivilkammer

Klage

des ...... (Kläger)

Prozessbevollmächtigter: ......

gegen

den ...... (Beklagter)

wegen

Forderung gegen einen Geschäftsführer einer noch nicht eingetragenen GmbH

Streitwert: EUR 15.000,–

Namens und mit Vollmacht der Klägerin erhebe ich Klage und werde beantragen:

I. Der Beklagte wird verurteilt, an den Kläger EUR 15.000,– nebst 5% Zinsen über dem jeweils gültigen Basiszinssatz hieraus seit ...... zu bezahlen.

II. Der Beklagte trägt die Kosten des Rechtsstreits.

Zur

Begründung

trage ich vor:

I.

Durch notariellen Vertrag vom ...... gründete der Beklagte zusammen mit A die B GmbH. Auf das Stammkapital von EUR 50.000,– sollten der Beklagte EUR 40.000,– und A EUR 10.000,– einlegen. Gesellschaftszweck sollte der An- und Verkauf von Gebrauchtwagen sein. Zum Geschäftsführer ist der Beklagte bestellt worden. Die B GmbH ist in das Handelsregister nicht eingetragen worden.

Alsbald nach der Gründung der B GmbH hat der Beklagte im Namen der B GmbH vom Kläger ein Kraftfahrzeug gekauft. Der vereinbarte Kaufpreis von EUR 15.000,– wurde nicht bezahlt.

Dieser Sachvortrag ist unstreitig.

II.

Der Kläger hat den Beklagten mit dem in Kopie als Anlage K 1 beigefügten Schreiben erstmalig zur Zahlung aufgefordert und mit dem in Kopie als Anlage K 2 beigefügten Schreiben gemahnt. Der Beklagte hat bestritten, selbst zur Zahlung verpflichtet zu sein. Die Gesellschaftskasse sei zwar erschöpft. Seine Haftung entfalle aber deswegen, weil er

seine Einlage bereits geleistet habe. Für den „Verbrauch" seiner Einlage im Zusammenhang mit anderen Geschäften der B GmbH habe er nicht einzustehen.

III.

Der Anspruch ist nach § 11 Abs. 2 GmbHG begründet[1]. Der Beklagte ist als bestellter Geschäftsführer für die künftige GmbH tätig geworden. Er haftet als Handelnder im Sinne des § 11 Abs. 2 GmbHG[2]. Es kann dahingestellt bleiben, ob die Behauptung des Beklagten zutrifft, wonach dieser seiner Einlageverpflichtung nachgekommen ist. Die persönliche Haftung als handelnder Geschäftsführer der im Entstehen begriffenen GmbH besteht unabhängig von der Einlageverpflichtung als Mitglied der künftigen GmbH[3].

Der Beklagte ist in Zahlungsverzug. Er hat deswegen die Hauptforderung mit 5% über dem jeweils gültigen Basiszinssatz zu verzinsen[4].

Rechtsanwalt

Anmerkungen

1. § 11 Abs. 2 GmbHG regelt nur einen Ausschnitt aus der Haftung in der Vorgesellschaft; zu dieser grundlegend *Scholz/K. Schmidt* § 11 Rdn. 70ff. Die Handlungshaftung nach § 11 Abs. 2 GmbHG besteht nur für die Zeit nach Beurkundung des Gesellschaftsvertrags (Vorgesellschaft) und nicht für Rechtsgeschäfte der Vorgründungsgesellschaft, so BGHZ 91, 148 = NJW 1984, 2164 = Betr. 1984, 1716; BGH WM 1985, 479; dazu *Baumbach/Hueck/Fastrich* § 11 Rdn. 46; *Scholz/K. Schmidt* § 11 Rdn. 97; sie endet mit der Eintragung der GmbH, BGHZ 69, 95, 103f.; BGHZ 80, 129, 137ff.; BGHZ 80, 182; dazu insbesondere *Scholz/K. Schmidt* § 11 Rdn. 97, 118; *Baumbach/Hueck/Fastrich* § 11 Rdn. 53. Wird die Gesellschaft während des Rechtsstreits im Handelsregister eingetragen, muss der Kläger zur Vermeidung einer Klagabweisung die Klage zurücknehmen oder die Hauptsache für erledigt erklären (BGHZ 61, 140, 144 – eine Anwendung des § 265 Abs. 2 ZPO auf die befreiende Schuldübernahme nach § 414 BGB hält der BGH nicht für möglich; zum Meinungsstreit vgl. *Zöller/Greger* § 265 Rdn. 5a); ob der Kläger den neuen Schuldner im Wege des gewillkürten Parteiwechsels in den Rechtsstreit einbeziehen kann, ließ BGH aaO. offen.

2. Dass die Haftung nach § 11 Abs. 2 GmbHG nur die mit der Geschäftsführung befassten Personen betrifft, wird heute im Gegensatz zur früheren Meinung überwiegend angenommen (vgl. BGHZ 65, 378 = NJW 1976, 419; BGHZ 72, 45 = NJW 1978, 1978; BGHZ 91, 150f.; *Baumbach/Hueck/Fastrich* § 11 Rdn. 47; *Ulmer/Ulmer* § 11 Rdn. 133ff.; *Scholz/K. Schmidt* § 11 Rdn. 94, 101ff.).

3. Der Einwand, die Einlage sei geleistet, könnte allenfalls gegenüber der von § 11 Abs. 2 GmbHG unabhängigen Haftung als Vorgesellschafter relevant sein und wird je nach Ansicht über den Umfang der Vertretungsmacht des Geschäftsführers in der Vorgesellschaft unterschiedlich beurteilt, vgl. dazu *Ulmer/Ulmer* § 11 Rdn. 77ff.

4. Verzugszinsen nach § 288 BGB (fünf bzw. – bei ausschließlicher Beteiligung von Unternehmern – acht [§ 288 Abs. 2 BGB] Prozentpunkte über dem Basiszinssatz, oder mehr als Verzugsschaden); gegebenenfalls schon ab Fälligkeit 5% Fälligkeitszinsen gemäß §§ 352, 353 HGB.

12. Klage auf Nachschuss gegen einen GmbH-Gesellschafter nach § 26 GmbHG

An das
Landgericht
Kammer für Handelssachen[1]

Klage

der ...... GmbH (Klägerin)

Prozessbevollmächtigter: ......

gegen

den ...... (Beklagter)

wegen

Zahlung eines Nachschusses nach § 26 GmbHG

Streitwert: EUR 15.000,–

Namens und mit Vollmacht der Klägerin erhebe ich Klage und werde beantragen:

I. Der Beklagte wird verurteilt, an die Klägerin den in der Gesellschafterversammlung vom ...... beschlossenen, auf ihn entfallenden Nachschuss von EUR 15.000 zu bezahlen[2].

II. Der Beklagte trägt die Kosten des Rechtsstreits.

Zur

Begründung

trage ich vor:

I.

Der Beklagte ist mit einem Geschäftsanteil von EUR 100.000,– Gesellschafter der Klägerin, deren Stammkapital EUR 500.000,– beträgt. Nach § ...... der Satzung[3] der Klägerin können die Gesellschafter mit einfacher Mehrheit[4] die Einforderung von Nachschüssen beschließen, wenn alle Geschäftsanteile voll eingezahlt sind. Die Nachschusspflicht ist auf einen Betrag beschränkt, der 20% der Geschäftsanteile entspricht[5].

Die Nachschüsse sind drei Monate nach Beschlussfassung fällig.

Beweis: Satzung der Beklagten, die ich als Anlage K 1 vorlege.

Am ...... haben die Gesellschafter der Beklagten in einer ordnungsgemäß einberufenen Gesellschafterversammlung gegen die Stimmen des Beklagten beschlossen, Nachschüsse von allen Gesellschaftern in Höhe von 15% der Geschäftsanteile anzufordern. Die Klägerin hat den Beklagten drei Monate nach Beschlussfassung aufgefordert, EUR 15.000,– in die Gesellschaftskasse einzuzahlen. Der Beklagte hat sich geweigert, seiner Verpflichtung nachzukommen.

Beweis: 1. Einladung vom ...... zur Gesellschafterversammlung vom ...... (Kopie in Anlage K 2);
2. Protokoll über die Gesellschafterversammlung vom ...... (Kopie in Anlage K 3);
3. Aufforderungsschreiben der Klägerin vom ...... (Kopie in Anlage K 4).

II.

Der geltend gemachte Anspruch ergibt sich aus § 26 GmbHG in Verbindung mit § ...... der Satzung der Beklagten[6].

III.

Die Sache ist Handelssache.

Rechtsanwalt

Anmerkungen

1. § 95 Abs. 1 Nr. 4 a GVG.

2. Ausreichend ist – da Zahlungsklage – ein einfacher Zahlungsantrag; von der Beschlussfassung an gehört der Anspruch zu den Aktiva der Gesellschaft (*Ulmer/W. Müller* § 26 Rdn. 47; *Scholz/Emmerich* § 26 Rdn. 3).

3. Eine nachträgliche Einführung der Nachschusspflicht durch Änderung der Satzung erfordert Zustimmung aller von der Nachschusspflicht betroffenen Gesellschafter und muss notariell beurkundet werden, § 53 Abs. 2, 3 GmbHG, vgl. dazu KG NZG 2000, 688; *Baumbach/Hueck/Fastrich* § 26 Anm. 7; *Ulmer/W. Müller* § 26 Rdn. 29; *Scholz/Emmerich* § 26 Rdn. 9 a.

4. Das wäre auch die ohne besondere Regelung ausreichende Mehrheit, §§ 47, 45 GmbHG, vgl. OLG Frankfurt/M. GmbHR 1992, 665; *Baumbach/Hueck/Fastrich* § 26 Rdn. 8; *Ulmer/W. Müller* § 26 Rdn. 42.

5. Die Nachschusspflicht kann durch die Satzung begrenzt werden, § 26 Abs. 3 GmbHG. Dies kann durch Festlegung von Höchstbeträgen oder durch Festlegung von Quoten der Stammeinlage erfolgen (*Scholz/Emmerich* § 26 Rdn. 11; *Ulmer/W. Müller* § 26 Rdn. 52).

6. Zur Nachschusspflicht nach den §§ 26–28 GmbHG vgl. *Baumbach/Hueck/ Fastrich* § 26 Anm. 1 ff.; *Ulmer/W. Müller* zu §§ 26–28. Zur Frage der Rückzahlung vgl. §§ 46 Nr. 3, 30 Abs. 2 GmbHG.

13. Anfechtungsklage und positive Beschlussfeststellungsklage bei der GmbH

An das
Landgericht ......
Kammer für Handelssachen[1]

Klage

des ...... **(Kläger)**
gegen
die ...... GmbH **(Beklagte[2])**
wegen
Anfechtung eines Gesellschafterbeschlusses und Beschlussfeststellung
vorläufiger Streitwert: EUR ......[3]
namens und mit Vollmacht des Klägers erhebe ich Klage und werde beantragen:

I. Der Beschluss der Gesellschafterversammlung der Beklagten vom ...... wonach der Antrag mit dem Inhalt: „Die Bestellung von Herrn B zum Geschäfts-

führer der Gesellschaft wird mit sofortiger Wirkung widerrufen." abgelehnt worden ist, wird für nichtig erklärt[4].

II. Es wird festgestellt, dass in der Gesellschafterversammlung der Beklagten vom ...... der folgende Beschluss gefasst worden ist: „Die Bestellung von Herrn B zum Geschäftsführer der Gesellschaft wird mit sofortiger Wirkung widerrufen."[5].

III. Die Beklagte trägt die Kosten des Rechtsstreits.

Zur

Begründung

trage ich vor:

I.

Der Kläger ist Gesellschafter der Beklagten mit einem Geschäftsanteil von EUR 15.000,–. Das Stammkapital der Beklagten beträgt insgesamt EUR 50.000,–. Davon halten neben dem Kläger dessen Mitgesellschafter A einen Geschäftsanteil von EUR 10.000,– und B einen Geschäftsanteil von EUR 25.000,–. Der Gesellschafter B war alleiniger Geschäftsführer der Beklagten. Ich lege in Kopie als Anlage K 1 einen unbeglaubigten Handelsregisterauszug der Beklagten, als Anlage K 2 die derzeit gültige Satzung der Beklagten und als Anlage K 3 deren letzte zum Handelsregister gereichte Gesellschafterliste vor.

Der Gesellschafter B hat den Kläger u. a. in den Gesellschafterversammlungen vom ......, vom ...... und vom ...... mehrfach beleidigt und in der Gesellschafterversammlung vom ...... darüber hinaus mittels Schlägen und Tritten tätlich angegriffen.

Beweis: Zeugnis des A

Die gravierenden gesundheitlichen Folgen des tätlichen Angriffes für den Kläger sind aus dem in Anlage K 4 beigefügten ärztlichen Attest ersichtlich.

In der zwischen den Parteien unstreitig ordnungsgemäß einberufenen Gesellschafterversammlung der Beklagten vom ......, in der sämtliche Gesellschafter der Beklagten anwesend waren, wurde über den ebenfalls unstreitig ordnungsgemäß angekündigten Antrag mit folgendem Wortlaut abgestimmt:

> „Die Bestellung von Herrn B zum Geschäftsführer der Gesellschaft wird mit sofortiger Wirkung widerrufen."

Bei der Beschlussfassung stimmte der Kläger für den Antrag, die Gesellschafter A und B stimmten gegen den Antrag. Daraufhin stellte der seinerzeitige alleinige Geschäftsführer, der Gesellschafter B, als Versammlungsleiter fest, dass der Antrag abgelehnt wurde[6], siehe das Protokoll der Gesellschafterversammlung, Kopie als Anlage K 5.

II.

Dieses Beschlussergebnis ist rechtswidrig zustande gekommen. Der Gesellschafter B hatte bei der Beschlussfassung kein Stimmrecht. Bei der Beschlussfassung über die Abberufung eines Geschäftsführers aus wichtigem Grund ist der Abzuberufende vom Stimmrecht ausgeschlossen[7]. Ein wichtiger Grund liegt in den beleidigenden Äußerungen des Gesellschafters B gegenüber dem Kläger und insbesondere in dem tätlichen Angriff[8]. Die Stimme des Gesellschafters B hätte aus diesem Grund von dem Versammlungsleiter nicht mitgezählt werden dürfen. Der Beschluss ist daher anfechtbar[9].

Die Satzung der Beklagten enthält keine Regelung über die Mehrheitserfordernisse bei der Abberufung von Geschäftsführern. Folglich genügt für einen Abberufungsbeschluss die einfache Mehrheit der abgegebenen Stimmen[10]. Bei korrekter Stimmzählung ist dem Antrag mit der Mehrheit der abgegebenen Stimmen zugestimmt worden. Das Beschlussergebnis ist daher gerichtlich wie beantragt festzustellen.

Die Sache ist Handelssache gemäß § 95 Abs. 1 Nr. 4 a GVG.

Rechtsanwalt

Anmerkungen

1. § 95 Abs. 1 Nr. 4a GVG. Zuständig ist analog § 246 Abs. 3 S. 1 AktG ausschließlich das Landgericht, in dessen Bezirk die Gesellschaft ihren Sitz hat (*Baumbach/Hueck/Zöllner* Anh. § 47 Rdn. 168; *Rowedder/Schmidt-Leithoff/Koppensteiner* § 47 Rdn. 143; *Scholz/K. Schmidt* § 45 Rdn. 150). Die Zulässigkeit von Schiedsgerichtsabreden ist umstritten (vgl. BGH WM 2009, 991; BGH Betr. 2001, 1773; BGHZ 132, 278 = NJW 1996, 1753; *Baumbach/Hueck/Zöllner* Anh. § 47 Rdn. 32ff.; *Rowedder/Schmidt-Leithoff/Koppensteiner* § 47 Rdn. 143; *Ulmer/Raiser* Anh. § 47 Rdn. 228ff.).

2. Die Klage ist immer gegen die Gesellschaft zu richten (*Baumbach/Hueck/Zöllner* Anh. § 47 Rdn. 163; *Ulmer/Raiser* Anh. § 47 Rdn. 220 jeweils mwN; aA. *Joost* ZGR 1984, 71ff. für personalistische Gesellschaft). Anders als bei der Aktiengesellschaft (vgl. Anm. 2 zu Form. II. K. 21) wird die Gesellschaft nur durch die Geschäftsführer und nicht durch den Aufsichtsrat vertreten (*Baumbach/Hueck/Zöllner* Anh. § 47 Rdn. 165; *Rowedder/Schmidt-Leithoff/Koppensteiner* § 47 Rdn. 149; *Scholz/K. Schmidt* § 45 Rdn. 149).

3. Für die Streitwertbemessung gilt § 247 Abs. 1 S. 1 AktG, wobei die Begrenzung aus § 247 Abs. 1 S. 2 AktG auf die GmbH nicht anwendbar ist (OLG Karlsruhe GmbHR 1995, 302; *Baumbach/Hueck/Zöllner* Anh. § 47 Rdn. 171; *Emde* Betr. 1996, 1557).

4. Für die Anfechtung von Gesellschafterbeschlüssen der GmbH gelten die aktienrechtlichen Vorschriften der §§ 243ff. AktG entsprechend (*Ulmer/Raiser* Anh. § 47 Rdn. 3; *Rowedder/Schmidt-Leithoff/Koppensteiner* § 47 Rdn. 143). Wie bei der Aktiengesellschaft verfolgen Anfechtungs- und Nichtigkeitsklage dasselbe Rechtsschutzziel (vgl. Anm. 4 bei Form. II. K. 21).

5. Die Verbindung einer Anfechtungsklage mit einer positiven Beschlussfeststellungsklage ist zulässig (BGHZ 88, 320 = NJW 1984, 489; BGHZ 97, 28 = NJW 1986, 2051; BGH Betr. 2001, 1773, 1774; OLG Hamm NZG 200, 1036; *Baumbach/Hueck/Zöllner* Anh. § 47 Rdn. 186; *Lutter/Hommelhoff/Bayer* Anh. § 47 Rdn. 40; *Rowedder/Schmidt-Leithoff/Koppensteiner* § 47 Rdn. 153; *Bauschatz* NZG 2002, 317). Der Feststellungsantrag muss dabei aber auch innerhalb der Anfechtungsfrist (siehe hierzu unten Rechtsmittel und Fristen) gestellt werden (*Baumbach/Hueck/Zöllner* Anh. § 47 Rdn. 188). Dies gilt nicht für eine isolierte Beschlussfeststellungsklage, wenn in der Gesellschafterversammlung vom Versammlungsleiter kein förmliches Beschlussergebnis festgestellt wurde (BGH GmbHR 1999, 477 = Betr. 1999, 956). Stellt das Gericht den Beschluss fest, gilt diese Entscheidung gegenüber der Gesellschaft und allen Gesellschaftern und Gesellschaftsorganen (BGHZ 76, 199; BGHZ 97, 28, 31; *Lutter/Hommelhoff/Bayer* Anh. § 47 Rdn. 40). Eine erneute Anfechtung des festgestellten Beschlusses ist nach hM. nicht möglich (BGH AG 1980, 187, 189; kritisch dazu *Bauschatz* NZG 2002, 317, 319ff.). Um hinreichende Rechtschutzmöglichkeiten der anderen Gesellschafter zu gewährleisten, haben die Geschäftsführer oder das Gericht alle Gesellschafter unverzüglich über die Klageerhebung zu informieren; die Gesellschafter können dem Verfahren als Nebenintervenienten beitreten (BGHZ 97, 28, 31; *Baumbach/Hueck/Zöllner* Anh. § 47 Rdn. 169f.; *Emde* ZIP 1998, 1475, 1477).

6. Ein Beschluss der Gesellschafterversammlung, der vom Versammlungsleiter festgestellt wurde, ist vorläufig verbindlich; formelle oder materielle Mängel können nur durch Erhebung der Anfechtungsklage geltend gemacht werden (BGHZ 104, 66; Hans. ObLG GmbHR 1992, 43; *Ulmer/Raiser* Anh. § 47 Rdn. 3).

7. Zwar besteht bei der Abberufung eines Gesellschaftergeschäftsführers für diesen grundsätzlich kein Stimmverbot nach § 47 Abs. 4 GmbHG. Erfolgt die Abberufung allerdings aus wichtigem Grund, hat der Abzuberufende kein Stimmrecht (BGHZ 86, 177; OLG Frankfurt GmbHR 1999, 551; *Baumbach/Hueck/Zöllner/Noack* § 38 Rdn. 30, § 47 Rdn. 53ff.; *Ulmer/Hüffer* § 47 Rdn. 175).

8. Zu einem ähnlichen Sachverhalt vgl. BGHZ 20, 246; BGH DStR 1994, 1746; vgl. zu wichtigen Gründen auch Hans. ObLG GmbHR 1992, 43; *Lutter/Hommelhoff/Kleindiek* § 38 Rdn. 20ff.; *Scholz/Schneider* § 38 Rdn. 43ff.

9. Die unrichtige Feststellung des Abstimmungsergebnisses auf Grund Nichtbeachtung eines Stimmrechtsausschlusses führt zur Anfechtbarkeit des Beschlusses (BGHZ 104, 66, 69; *Baumbach/Hueck/Zöllner* Anh. § 47 Rdn. 116; *Lutter/Hommelhoff/Bayer* § 47 Rdn. 48).

10. Die Abberufung eines Geschäftsführers erfolgt durch Gesellschafterbeschluss, § 46 Nr. 5 GmbHG. Solange keine abweichenden Satzungsbestimmungen bestehen, genügt dabei die einfache Mehrheit der abgegebenen Stimmen (*Baumbach/Hueck/Zöllner/Noack* § 38 Rdn. 26).

Fristen und Rechtsmittel

Auch bei der GmbH muss die Anfechtungsklage innerhalb einer angemessenen Frist erhoben werden. Nach der hM ist die einmonatige Frist des § 246 Abs. 1 AktG nicht unmittelbar anzuwenden, sondern dient lediglich als Leitbild (so BGHZ 104, 66, 71; *Baumbach/Hueck/Zöllner* Anh. § 47 Rdn. 145; *Ulmer/Raiser* Anh. § 47 Rdn. 195ff.). Für die Praxis empfiehlt es sich jedenfalls, diese Frist zu wahren, schon da der BGH in einer neueren Entscheidung von der Geltendmachung der Monatsfrist des § 246 AktG auch im Recht der GmbH auszugehen scheint (BGH NZG 2005, 479, 480f.). Innerhalb der Frist sind auch die Anfechtungsgründe geltend zu machen, eine spätere Geltendmachung führt zur Verfristung (BGH NZG 2005, 479, 480f.).

14. Antrag auf Feststellung nach §§ 51a, 51b GmbHG

An das
Landgericht
Kammer für Handelssachen[1]

Antrag

des ...... (Antragsteller)

Verfahrensbevollmächtigter: ......

gegen

die ...... GmbH (Antragsgegnerin)[2]

auf gerichtliche Entscheidung über das Informationsrecht nach §§ 51a, 51b GmbHG

Geschäftswert: EUR 5.000,–[3]

Namens und mit Vollmacht des Antragstellers stelle ich den

Antrag,

festzustellen[4], dass die Geschäftsführer der Antragsgegnerin Auskunft darüber zu geben haben, ob und zu welchen Bedingungen sich die Antragsgegnerin durch Vertrag mit der Firma ...... verpflichtet hat, ihren gesamten Bedarf an Sand für die Dauer von 10 Jahren bei der Firma X zu decken.

Zur

Begründung

trage ich vor:

I.

Die Antragsgegnerin ist eine Gesellschaft mit beschränkter Haftung, die sich satzungsgemäß mit der Herstellung und dem Vertrieb von Zement befasst. Der Antragsteller ist

Gesellschafter der Antragsgegnerin. Er ist Inhaber eines Unternehmens, das sich mit der Gewinnung und dem Vertrieb von Sand befasst.

In der Gesellschafterversammlung vom ...... hat der Antragsteller die Geschäftsführer der Antragsgegnerin gebeten, Auskunft darüber zu geben, ob die Antragsgegnerin gegenüber der Firma X die vertragliche Verpflichtung übernommen hat, den gesamten Bedarf an Sand bei der Firma X zu decken und welche Bedingungen in diesem Vertrag vereinbart worden sind.

Die Geschäftsführer haben die Auffassung vertreten, sie könnten dem Antragsteller hierüber keine Auskunft geben, da der Antragsteller sich mit der Gewinnung und dem Vertrieb von Sand gewerblich befasse und der Antragsteller somit die erbetene Auskunft zu gesellschaftsfremden Zwecken verwenden und dadurch der Antragsgegnerin einen nicht unerheblichen Nachteil zufügen werde. Die Gesellschafter haben die Auffassung der Geschäftsführer mehrheitlich geteilt und die Erteilung der begehrten Auskunft durch Beschluss verweigert[5].

Eine Kopie des Beschlusses füge ich in Anlage K 1 bei.

II.

Der Antragsteller begehrt die gerichtliche Entscheidung über das Auskunftsrecht nach § 51 b GmbHG, § 132 AktG. Die Antragsberechtigung des Antragstellers folgt aus § 51 b S. 2 GmbHG. Die Verpflichtung der Geschäftsführer, dem Antragsteller die gewünschte Auskunft zu geben, folgt aus § 51 a Abs. 1 GmbHG[6]. Zur Verweigerung der erbetenen Auskunft besteht kein Grund. Die Antragsgegnerin kann weder schlüssig dartun noch beweisen, dass der Antragsteller die erbetene Auskunft zu gesellschaftsfremden Zwecken verwenden und dadurch der Gesellschaft einen nicht unerheblichen Nachteil zufügen wird[7]. Gerade weil der Antragsteller Konkurrent der Firma X ist, liegt die Erteilung der erbetenen Auskunft im Interesse der Antragsgegnerin. Der Antragsteller ist der Überzeugung, dass er schon auf Grund der geographischen Nähe seines Unternehmens zur Antragsgegnerin in der Lage wäre, Sand an die Antragsgegnerin zu günstigeren Konditionen zu liefern als die Firma X.

Rechtsanwalt

Anmerkungen

1. Die Zuständigkeit des Landgerichts und hier der Kammer für Handelssachen ergibt sich aus der Verweisung von § 51 b GmbHG auf § 132 AktG, für den die Regelungen der §§ 71 Abs. 2 Nr. 4 (b), 95 Abs. 2 Nr. 2, 94 GVG gelten. Hat eine Landesregierung von ihrer Konzentrationsermächtigung nach § 71 Abs. 4 GVG durch Verordnung Gebrauch gemacht, so gilt diese Verordnung nicht automatisch für das Verfahren nach § 51 b GmbHG (so für die entsprechende Vorgängerregelung des § 132 Abs. 1 S. 3 AktG a. F. BGH WM 1987, 870; OLG Hamm ZIP 1982, 840; zustimmend *Baumbach/Hueck/Zöllner* § 51 b Rdn. 2; *Lutter/Hommelhoff/Lutter* § 51 b Rdn. 1; vgl. Anm. 1 zu Form. II. K. 20). Das Verfahren ist ein Verfahren der Freiwilligen Gerichtsbarkeit (§ 132 Abs. 3 i. V. m. § 99 AktG).

Über den ausschließlich im Verfahren der freiwilligen Gerichtsbarkeit geltend zu machenden Auskunftsanspruch kann selbst dann durch Beschluss entschieden werden, wenn zunächst das Verfahren als Klageverfahren eingeleitet worden und das Gericht als Gericht der ordentlichen streitigen Gerichtsbarkeit tätig geworden ist (BGH NJW-RR 1995, 1183 = GmbHR 1995, 905; *Ulmer/Hüffer* GmbHG § 51 b Rdn. 4). Es besteht kein Anwaltszwang, der Antrag kann auch zu Protokoll der Geschäftsstelle erklärt werden, §§ 10 Abs. 1, 25 FamFG; zur Vollstreckbarkeit des Beschlusses und zur Art und

Weise der Zwangsvollstreckung vgl. *Ulmer/Hüffer* § 51b Rdn. 20f.; die Vollstreckung erfolgt nach § 888 ZPO, vgl. § 132 Abs. 4 S. 2 AktG und OLG Frankfurt NJW-RR 1992, 171 sowie BayObLG NJW-RR 1997, 489. Eine Schiedsgerichtsvereinbarung ist zulässig (*Baumbach/Hueck/Zöllner* § 51b Rdn. 3; *Ulmer/Hüffer* § 51b Rdn. 25f.).

2. Antragsgegner ist die Gesellschaft, vertreten durch den Geschäftsführer (*Baumbach/Hueck/Zöllner* § 51b Rdn. 7).

3. Vgl. § 132 Abs. 5 S. 5 u. 6 AktG. Werden von einem Antragsteller mehrere Anträge auf Informationserteilung gestellt, kann nicht einfach der Regelstreitwert mit der Zahl der Anträge multipliziert werden; vielmehr ist der einfache Regelstreitwert angemessen zu erhöhen (str.; wie hier BayObLG BB 2000, 1155 = GmbHR 2000, 491; BayObLG WM 1994, 66f.; *Scholz/Schmidt* § 51b Rdn. 30; aA. OLG Frankfurt AG 1992, 461; OLG Frankfurt WM 1992, 1851; *Hüffer* AktG § 132 Rdn. 10).

4. Antrag und Beschlusstenor sollen auf Feststellung lauten, vgl. *Baumbach/Hueck/Zöllner* § 51b Rdn. 1; aA. *Ulmer/Hüffer* § 51b Rdn. 5 (Leistungsantrag, auf Feststellung gerichteter Antrag sei aber zulässig und als Leistungsantrag auszulegen). Siehe zur Antragstellung, insbesondere zum Bestimmtheitserfordernis, OLG Düsseldorf NJW-RR 1996, 414 und OLG Frankfurt NJW-RR 1996, 415. Der Antrag muss sich nicht auf konkrete Informationen beziehen, sondern kann allgemein gehalten werden (OLG Düsseldorf GmbHR 1995, 902, 904; OLG Frankfurt GmbHR 1997, 130). Einen vorläufigen Rechtschutz gibt es nach hM. bei Informationsrechten nicht (*Baumbach/Hueck/Zöllner* § 51b Rdn. 10; *Scholz/Schmidt* § 51b Rdn. 32; aA. *Emde* ZIP 2001, 820ff.).

5. Ein Verweigerungsbeschluss ist nicht Antragsvoraussetzung (BGH GmbHR 1997, 705; *Baumbach/Hueck/Zöllner* § 51b Rdn. 4; *Lutter/Hommelhoff/Lutter* § 51b Rdn. 8; *Scholz/Schmidt* § 51b Rdn. 12).

6. Erwogen wird, ob als einschränkende Voraussetzung des Auskunfts- und Einsichtsrechts des Gesellschafters ein Informationsbedürfnis verlangt werden könnte (so BayObLG BB 1993, 1547; *Scholz/Schmidt* § 51a Rdn. 8; *Baumbach/Hueck/Zöllner* § 51a Rdn. 27ff., ablehnend *Roth/Altmeppen/Roth* § 51a Rdn. 6f.; OLG Stuttgart GmbHR 1983, 242 = ZIP 1983, 306; KG ZIP 1988, 714) oder ob sich die Grenzen nur aus der Treupflicht gegenüber der Gesellschaft (*Hachenburg/Hüffer* § 51a Rdn. 56f., 60; *Lutter/Hommelhoff/Lutter* § 51a Rdn. 2) ergeben. Die Rechte (Auskunft und Einsicht) können auch durch Bevollmächtigte, die zur Berufsverschwiegenheit verpflichtet sind, ausgeübt werden, vgl. OLG Frankfurt BB 1995, 1867, 1868 = Betr. 1995, 1995, 1908 = GmbHR 1995, 904, 905; *Lutter/Hommelhoff/Lutter* § 51a Rdn. 4; *Scholz/Schmidt* § 51a Rdn. 15; auch der Gesellschafter selbst soll zu Vertraulichkeit verpflichtet sein, *Scholz/Schmidt* § 51a Rdn. 6; *Lutter/Hommelhoff/Lutter* § 51a Rdn. 24.

Zur Frage der Zulässigkeit der Anfechtungsklage gegen den Gesellschafterbeschluss nach § 51a Abs. 2 S. 2 GmbHG neben dem Antrag auf gerichtliche Entscheidung gemäß § 51b GmbHG vgl. BGH WM 1988, 121 = Betr. 1988, 327; *Baumbach/Hueck/Zöllner* § 51a Rdn. 46ff.; zum Informationsrecht in der GmbH & Co. KG vgl. BGH ZIP 1988, 1175; *Ulmer/Hüffer* § 51a Rdn. 77f; zum Informationsrecht bezüglich verbundener Unternehmen vgl. *Ulmer/Hüffer* § 51a Rdn. 23ff.

7. Vgl. § 51a Abs. 2 GmbHG; nach BayObLG GmbHR 1999, 1296 und OLG Stuttgart GmbHR 1983, 242 kann die Information verweigert werden, wenn die Gefahr der gesellschaftsfremden Verwendung mit der Folge nicht unerheblicher Nachteilszufügung wahrscheinlich ist; im Regierungsentwurf vorgesehene weitere Verweigerungsgründe sind nicht in das Gesetz übernommen worden; dass die Geschäftsführer zur Auskunft nicht verpflichtet sein können, wenn sie sich durch die Erteilung strafbar machen würden, versteht sich auch ohne gesetzliche Regelung, so Bericht des Rechtsausschusses, abgedruckt bei *Deutler,* Das neue GmbH-Recht, GmbH-Novelle 1980, S. 96; *Lutter/Hommelhoff/Lutter* § 51a Rdn. 28.

Kosten und Gebühren

Zur Kostenentscheidung und zu den Kosten des Verfahrens vgl. § 132 Abs. 5 AktG; s. auch Anm. 3 sowie ausführlich *Scholz/Schmidt* § 51 b Rdn. 30 f.

15. Klage auf Ausschluss eines Gesellschafters einer GmbH

An das
Landgericht
Kammer für Handelssachen[1]

Klage

der ...... GmbH **(Klägerin)[2]**
Prozessbevollmächtigter: ......
gegen
den ...... **(Beklagter)**
wegen
Ausschluss aus einer GmbH
Vorläufiger Streitwert: EUR ......[3]

Namens und mit Vollmacht der Klägerin erhebe ich Klage und werde beantragen:

I. Der Beklagte wird aus der im Handelsregister des Amtsgerichts ...... unter HRB ...... eingetragenen ...... Gesellschaft mit beschränkter Haftung (Klägerin) unter der Bedingung ausgeschlossen, dass die Klägerin innerhalb eines Zeitraumes von höchstens sechs Monaten ab Rechtskraft dieser Entscheidung an den Beklagten EUR ...... bezahlt. Unter dieser Bedingung wird die Klägerin für befugt erklärt, nach ihrer Wahl die Einziehung oder die Abtretung des Geschäftsanteils des Beklagten an sich, einen Mitgesellschafter oder einen Dritten herbeizuführen[4].

II. Der Beklagte trägt die Kosten des Rechtsstreits.

Zur

Begründung

trage ich vor:

I.

Die Klägerin ist eine Gesellschaft mit beschränkter Haftung, deren Stammkapital EUR 100.000,– beträgt. An dieser sind A und B jeweils mit einem Geschäftsanteil von EUR 20.000,– beteiligt. Der Beklagte, der zugleich alleiniger Geschäftsführer der Klägerin war, ist an dieser mit einem Geschäftsanteil von EUR 60.000,– beteiligt.

Die Klägerin betreibt in der Innenstadt von ...... einen erstklassigen Hotel- und Restaurantbetrieb. Der Beklagte hatte sich an der Klägerin ...... Monate vor Klageerhebung beteiligt und auf Wunsch seiner Mitgesellschafter auch die alleinige Geschäftsführung übernommen. Er hatte sich – unzutreffend – als erfahrener Gastronom und Hotelier beworben. Der Beklagte hatte verschwiegen, dass er wiederholt wegen Meineides, Diebstahls und Hehlerei bestraft worden war und dass er deswegen mehrere Freiheitsstrafen verbüßt hatte. Nach Eintritt des Beklagten als Gesellschafter-Geschäftsführer der Klägerin hat er in mindestens 10 Fällen die gesamten Tageseinnahmen des Hotel- und Restau-

rantbetriebes der Klägerin aus der Kasse entnommen, in der Spielbank ...... verspielt und trotz mehrmaliger Aufforderung den Betrag nicht zurückbezahlt. Auf Antrag der Staatsanwaltschaft bei dem Landgericht ...... hat das Amtsgericht ...... Haftbefehl gegen den Beklagten erlassen. Dem Vollzug hat er sich durch die Flucht ins Ausland entzogen.

In mehreren Briefen hat sich der Beklagte geweigert, seinen Geschäftsanteil an einen von A und B benannten Dritten gegen Vergütung des Verkehrswerts zu übertragen. Auch den Vorschlag von A und B, den Geschäftsanteil zunächst auf einen Treuhänder zu übertragen, hat der Beklagte schriftlich abgelehnt.

In der Gesellschafterversammlung vom ...... haben A und B den Beklagten abberufen und beschlossen, Ausschlussklage gegen ihn zu erheben.

Den Verkehrswert der Beteiligung des Beklagten hat die Klägerin von der Wirtschaftsprüfungsgesellschaft ...... schätzen lassen. Die Klägerin ist bereit, den ermittelten und im Klageantrag genannten Betrag innerhalb von sechs Monaten nach Rechtskraft des Urteils an den Beklagten zu zahlen.

Ich lege die Satzung der Klägerin, die letzte Gesellschafterliste, einen Handelsregisterauszug, das Protokoll mit dem Wortlaut des Beschlusses, wonach Ausschlussklage erhoben werden soll, die erwähnten Schreiben des Beklagten und das Bewertungsgutachten der Wirtschaftsprüfungsgesellschaft ...... in Anlagen K 1–K ...... vor und berufe mich zum Beweis für die Richtigkeit des vorgetragenen Sachverhalts auf das Zeugnis ...... sowie für die Richtigkeit des ermittelten Wertes der Beteiligung des Beklagten auf das Gutachten eines Sachverständigen.

II.

Die Ausschließung eines Gesellschafters ist zwar in der Satzung der Klägerin nicht vorgesehen[5]. Sie ist aber nach ständiger Rechtsprechung und herrschender Lehre auch ohne entsprechende Satzungsbestimmung zulässig[6].

Der Ausschluss des Beklagten ist geboten, weil der Beklagte durch seine Person und durch sein Verhalten die Erreichung des Gesellschaftszweckes zumindest erheblich gefährdet und das Verbleiben des Beklagten in der Gesellschaft im Hinblick auf seine Person und sein Verhalten für diese untragbar ist[7].

Der Ausschluss des Beklagten ist das Einzige in Betracht kommende Mittel, da sich der Beklagte beharrlich weigert, seinen Anteil an einen Dritten, zumindest an einen Treuhänder, zu übertragen[8].

Der Ausschlussklage ist ein einstimmiger Gesellschafterbeschluss vorausgegangen, an welchem der Beklagte nicht mitgewirkt hat[9].

Die Klägerin bietet dem Beklagten den Verkehrswert seiner Beteiligung[10].

III.

Die Sache ist Handelssache.

IV.

Den Streitwert gebe ich mit EUR ...... an. Ich füge einen Verrechnungsscheck über EUR ...... bei.

Rechtsanwalt

Anmerkungen

1. § 61 Abs. 3 GmbHG findet auf die Ausschließungsklage keine analoge Anwendung (*Scholz/Winter/Seibt* Anhang § 34 Rdn. 38), Klage kann daher beim Gerichtsstand des

Gesellschaftssitzes (§§ 22, 17 ZPO) wie auch bei dem des Beklagten erhoben werden. Sachlich kann – streitwertabhängig (§§ 23, 71 GVG) – das Amtsgericht oder das Landgericht zuständig sein. In letzterem Falle ergibt sich die funktionelle Zuständigkeit der Kammer für Handelssachen aus § 95 Abs. 1 Nr. 4a GVG.

2. Für den Ausschluss aus einer Zweimann-Gesellschaft wird verbreitet eine Klagebefugnis nicht nur der Gesellschaft, sondern auch des verbleibenden Gesellschafters anerkannt (*Baumbach/Hueck/Fastrich* Anh. § 34 Rdn. 8; *Ulmer/Ulmer* Anh. § 34 Rdn. 33, jeweils mwN.; offengelassen in BGHZ 9, 157, 177; BGHZ 16, 317, 322).

3. Der Streitwert ist gem. § 3 ZPO nach freiem Ermessen zu bestimmen. Maßgebend soll nach der herrschenden Meinung das Interesse der die Ausschließung betreibenden Gesellschafter sein, welches anhand des Wertes ihrer Beteiligung zu ermitteln sei (OLG Neustadt MDR 1964, 605; OLG Frankfurt am Main MDR 1967, 138; *Zöller/Herget* § 3 Rdn. 16, jeweils im Anschluss an BGHZ 19, 173, 175 [zur OHG]).

4. Antrag angelehnt an den Vorschlag bei *Ulmer/Ulmer* Anh. § 34 Rdn. 38.

5. Der Gesellschaftsvertrag kann den Ausschluss eines Gesellschafters aus wichtigem Grund durch Gesellschafterbeschluss vorsehen (BGHZ 9, 157, 160; BGHZ 32, 17, 22; *Ulmer/Ulmer* Anh. § 34 Rdn 21). Dann ist eine Ausschlussklage nicht mehr erforderlich (BGH GmbHR 1991, 362) und auch nicht mehr zulässig (OLG Stuttgart GmbHR 1989, 466 = WM 1989, 1252; *Baumbach/Hueck/Fastrich* Anh. § 34 Rdn. 16), der ausgeschlossene Gesellschafter muss vielmehr im Wege der Beschlussanfechtungsklage vorgehen. Allein die Möglichkeit der Einziehung macht die Ausschlussklage indes nicht unstatthaft (OLG Düsseldorf GmbHR 1999, 543).

6. Die Ausschlussklage, die im Gesetz nicht vorgesehen ist, ist von der Rechtsprechung des BGH (im Anschluss an RGZ 169, 330) anerkannt; vgl. die in Anm. 2 zitierten Urteile sowie BGH NZG 2003, 286ff. Wie BGH die einhellige Lehre (*Baumbach/Hueck/Fastrich* Anh. § 34 Rdn. 2ff.; *Ulmer/Ulmer* Anh. § 34 Rdn. 9 mwN.). Dieser Komplex wurde entgegen dem Entwurf in der GmbH-Novelle nicht geregelt. Zum einstweiligen Rechtsschutz vgl. *Lutz* BB 2000, 833.

7. Der wichtige Grund muss in der Person des auszuschließenden Gesellschafters gegeben sein, vgl. BGHZ 9, 157, 159; BGHZ 16, 317, 322; *Ulmer/Ulmer* Anh. § 34 Rdn. 11; *Scholz/Winter/Seibt* Anh. § 34 Rdn 25f.; zur Frage, wann bei Mitverschulden des Klägers die Ausschließung noch gerechtfertigt ist, vgl. BGHZ 80, 346 = NJW 1981, 2302; vgl. auch BGH NJW-RR 1990, 530; BGH ZIP 1995, 567; BGH BB 1997, 2339, 2340f. Ein wichtiger Grund liegt vor, wenn den übrigen Gesellschaftern die Fortsetzung der Gesellschaft nicht mehr zuzumuten ist und die Mitgliedschaft des Gesellschafters den Fortbestand der Gesellschaft gefährdet (Beispiele bei *Baumbach/Hueck/Fastrich* Anh. § 34 Rdn. 3).

8. BGHZ 16, 317/322 („... Ausschließung nur das letzte und äußerste Mittel"); *Baumbach/Hueck/Fastrich* Anh. § 34 Rdn. 6; *Ulmer/Ulmer* Anh. § 34 Rdn. 17f.

9. Über die Notwendigkeit eines Gesellschafterbeschlusses zur Erhebung der Ausschlussklage besteht Einvernehmen (BGHZ 16, 317, 322; BGH NZG 2003, 284, 285). Der Beklagte wirkt bei der Beschlussfassung nicht mit (BGHZ 9, 157; OLG Düsseldorf GmbHR 1999, 543; *Baumbach/Hueck/Fastrich* Anh. § 34 Rdn. 9; *Ulmer/Ulmer* Anh. § 34 Rdn. 27). Umstritten ist, welche Mehrheit für die Beschlussfassung erforderlich ist (für Dreiviertelmehrheit: hM. BGHZ 9, 157; BGH NZG 2003, 284, 285 [anders noch die Vorinstanz: OLG Köln GmbHR 2001, 110 = NZG 2001, 28]; *Ulmer/Ulmer* Anh. § 34 Rdn. 25ff.; für einfache Mehrheit: *Scholz/Winter/Seibt* Anh. § 34 Rdn. 35).

10. Zur Frage der Koppelung von Ausschließungsurteil mit der Zahlung der Vergütung für den Geschäftsanteil vgl. BGHZ 9, 157ff.; 16, 317ff.; OLG Hamm BB 1992, 2311f. = Betr. 1992, 2181f.; *Ulmer/Ulmer* Anh. § 34 Rdn. 38; *Scholz/Winter/Seibt* Anh.

§ 34 Rdn. 39; *Baumbach/Hueck/Fastrich* Anh. § 34 Rdn. 12ff.; zur Frage der Regelung der Abfindungsberechnung im Gesellschaftsvertrag vgl. BGHZ 65, 22, 26ff.; BGHZ 116, 359; BGH Betr. 1993, 1614; BGHZ 123, 2181; BGHZ 126, 226; zur Rechtsprechung und Literatur zum Thema Abfindung bei Personengesellschaften vgl. Form. II. K. 6 Anm. 6.

16. Klage auf Auflösung einer GmbH nach § 61 GmbHG

An das
Landgericht
Kammer für Handelssachen[1]

Klage

des ...... **(Kläger)**

Prozessbevollmächtigter: ......

gegen

die ...... **(Beklagte)**[2]

wegen

Auflösung einer GmbH (§ 61 GmbHG)

Vorläufiger Streitwert: EUR ...... [3]

Namens und mit Vollmacht des Klägers erhebe ich Klage und werde beantragen:

I. Die im Handelsregister des Amtsgerichts ...... unter HRB ...... eingetragene Gesellschaft mit beschränkter Haftung wird aufgelöst[4]**.**

II. Die Beklagte trägt die Kosten des Rechtsstreits.

Zur

Begründung

trage ich vor:

I.

Der Kläger ist mit einem Geschäftsanteil von EUR 25.000,– Gesellschafter der Beklagten, an der noch die beiden Brüder des Klägers mit Geschäftsanteilen von EUR 50.000,– und EUR 25.000,– beteiligt sind. Die beiden Mitgesellschafter des Klägers sind Geschäftsführer, der Kläger selbst ist es nicht. Kopie der Satzung der Beklagten, Kopie der letzten Gesellschafterliste der Beklagten und ein Handelsregisterauszug werden in Anlagen K 1 bis K 3 vorgelegt.

Der Kläger und seine Mitgesellschafter haben vor ...... Jahren die Beklagte mit dem Zweck gegründet, ein am Altrhein in ...... gelegenes Grundstück zu pachten und den dort damals vorhandenen Kies abzubauen und an die Zementindustrie zu verkaufen. Demgemäß heißt es in § 2 der Satzung der Beklagten:

„Gegenstand des Unternehmens ist der Abbau von Kies auf dem Grundstück ...... (Grundbuch von ......, Bd. ...... Bl. ......) und der Handel mit dem gewonnenen Kies".

Seit ...... sind die Kiesvorräte erschöpft und sämtliche Lagerbestände verkauft.

Beweis: Augenschein;
Gutachten eines Sachverständigen;
Zeugnis des ......

Der Verpächter hat den Pachtvertrag zum ...... gekündigt. Die Wirksamkeit der Kündigung steht außer Streit.

Der Kläger hat sich vergeblich bemüht, die Mitgesellschafter zu einem Auflösungsbeschluss zu bewegen. Die Mitgesellschafter haben sich geweigert, an einem Auflösungsbeschluss mitzuwirken.

II.

Da der Gesellschaftszweck unmöglich geworden ist[5], ist die Gesellschaft auf Antrag des Klägers, dessen Geschäftsanteil 10% des Stammkapitals übersteigt[6], aufzulösen.

III.

Das angerufene Gericht ist ausschließlich zuständig[7]. Die Sache ist Handelssache.

IV.

Den Streitwert gebe ich mit EUR ...... an. Ich füge einen Verrechnungsscheck über EUR ...... bei.

Rechtsanwalt

Anmerkungen

1. § 61 Abs. 3 GmbHG, § 95 Abs. 1 Nr. 4a GVG, vgl. auch *Baumbach/Hueck/Schulze-Osterloh/Fastrich* § 61 Rdn. 19.

2. Die Auflösungsklage ist gegen die Gesellschaft zu richten (§ 61 Abs. 2 S. 1 GmbHG). Vertreten wird die Gesellschaft durch ihre Geschäftsführer (vgl. *Ulmer/Casper* § 61 Rdn. 31).

3. Für den Streitwert maßgeblich ist das nach § 3 ZPO zu schätzende Interesse des Klägers an der Auflösung, d.h. im Regelfall der Wert seines Geschäftsanteils (hM., vgl. *Baumbach/Hueck/Schulze-Osterloh/Fastrich* § 61 Rdn. 25; *Ulmer/Casper* § 61 Rdn. 48).

4. Gestaltungsklage. Mit Rechtskraft ist die Gesellschaft aufgelöst (*Baumbach/Hueck/Schulze-Osterloh/Fastrich* § 61 Rdn. 22).

5. Das Unmöglichwerden der Erreichung des Gesellschaftszwecks – und hier speziell die Zweckerreichung selbst – ist nach § 61 GmbHG ein wichtiger Grund zur Auflösung kraft Gesetzes, vgl. *Ulmer/Casper* § 61 Rdn. 13ff.

Ein wichtiger Grund im Sinne von § 61 GmbHG liegt außerdem vor, wenn dem Kläger nicht zugemutet werden kann, die Gesellschaft fortzusetzen (*Ulmer/Casper* § 61 Rdn. 10) bzw. das Verhältnis zwischen den Gesellschaftern tiefgreifend und unheilbar zerrüttet ist (BGHZ 80, 346; BGH NJW 1985, 1901; RGZ 98, 66; 164, 257; unter Berücksichtigung des Verschuldens, RGZ 164, 257/263; *Baumbach/Hueck/Schulze-Osterloh/Fastrich* § 61 Rdn. 6ff., 11; *Ulmer/Casper* § 61 Rdn. 22).

Hinsichtlich des Anwendungsbereichs des § 61 GmbHG ist gegenüber der früheren Literatur und Rechtsprechung einschränkend zu berücksichtigen, dass Austritt und Ausschließung, gegenüber denen die Auflösung subsidiär ist, heute allgemein anerkannt sind (vgl. auch *Lutter/Hommelhoff/Kleindiek* § 61 Rdn. 1); heute sind daher nur noch wenige Fälle denkbar, in denen die Auflösung in Betracht kommt, vgl. *Lutter/Hommelhoff/Kleindiek* § 61 Rdn. 8f. mit Beispielen u. das Form. II. K. 16.

Zu den bei der Personenhandelsgesellschaft sehr ähnlichen Problemen und zur Frage des Rangverhältnisses der möglichen Klagen vgl. die Form. II. K. 1 und II. K. 2 mit Anm. aus der neueren Literatur.

6. § 61 Abs. 2 S. 2 GmbHG. Klagen mehrere Gesellschafter, sind ihre Geschäftsanteile zusammenzurechnen. Die Gesellschafter sind notwendige Streitgenossen gem. § 62 ZPO

(*Baumbach/Hueck/Schulze-Osterloh/Fastrich* § 61 Rdn. 16; *Lutter/Hommelhoff/Kleindiek* § 61 Rdn. 3).

7. § 61 Abs. 3 GmbHG; in Betracht kommt nach ganz herrschender Ansicht auch eine Schiedsgerichtsabrede im Gesellschaftsvertrag, vgl. *Baumbach/Hueck/Schulze-Osterloh/Fastrich* § 61 Rdn. 20; *Ulmer/Casper* § 61 Rdn. 38f. mwN.

17. Antrag auf Bestellung eines Vorstandes nach § 85 AktG

An das
Amtsgericht[1]

Antrag

des ...... (Antragstellers)

Verfahrensbevollmächtigter: ......[2]

auf Bestellung eines Vorstandes für die ...... AG nach § 85 AktG.

Namens und mit Vollmacht des Antragstellers stelle ich folgende Anträge:

I. Für die ...... AG (HRB ...... des Amtsgerichts – Registergerichts –) ...... wird ein Vorstand bestellt.

II. Die Beteiligte ...... AG trägt die Verfahrenskosten[3].

Zur

Begründung

trage ich vor:

I.

Die im Antrag II genannte Beteiligte ist eine Aktiengesellschaft, die ihre aquisitorische Tätigkeit eingestellt hat. Sie verfügt über erhebliches Umlaufvermögen. Der Antragsteller hatte der Beteiligten am ...... ein Darlehen über EUR ...... gewährt, das am ...... zur Rückzahlung fällig war. Der Antragsteller hat die Beteiligte wiederholt zur Rückzahlung aufgefordert. Das letzte Mahnschreiben des Antragstellers, das dieser eingeschrieben gegen Rückschein abgeschickt hatte, kam mit dem Vermerk „unzustellbar" zurück. Recherchen des Antragstellers haben ergeben, dass die Beteiligte keine Bevollmächtigten hat und dass der einzige Vorstand A am ...... gestorben ist. Aufforderungen des Antragstellers an den Aufsichtsrat der Beteiligten wurden nicht beantwortet.

Der Antragsteller hat ein dringendes Interesse daran, mit der Beteiligten über die rasche Rückzahlung des Darlehens zu verhandeln, entsprechende Vereinbarungen zu treffen und gegebenenfalls Klage gegen die Beklagte zu erheben und zu vollstrecken.

II.

Der Antrag ist nach § 85 AktG begründet[4]. Die Beteiligte hat keinen Vorstand. Es fehlt daher das erforderliche Vorstandsmitglied. Die Bestellung eines Vorstandes durch das Gericht ist dringend geboten, da der Aufsichtsrat seiner Pflicht, einen Vorstand zu bestellen, nicht nachkommt und dem Antragsteller wesentlicher Nachteil droht, wenn er nicht alsbald gegen die Beteiligte Klage erheben und in das im Augenblick noch vorhandene Umlaufvermögen vollstrecken kann[5].

Rechtsanwalt

Anmerkungen

1. Zuständig ist grundsätzlich das Amtsgericht in dessen Bezirk das Landgericht seinen Sitz hat, zu dessen Bezirk der Sitz der Gesellschaft gehört (§§ 23 a Abs. 1 Nr. 2, Abs. 2 Nr. 4 GVG iVm. §§ 375 Nr. 3, 376 Abs. 1, 377 Abs. 1 FamFG, 14 AktG). Die Landesregierungen können durch Rechtsverordnung die Zuständigkeit anderer Amtsgerichte begründen, § 376 Abs. 2 FamFG.

2. Antrag nach § 23 FamFG, der zu Protokoll des Gerichts erklärt werden kann, § 25 Abs. 1 FamFG. Nach § 10 FamFG mögliche Vertretung durch einen Rechtsanwalt nicht notwendig.

3. Die Aktiengesellschaft ist Beteiligte gemäß § 7 FamFG mit Beschwerderecht nach § 59 FamFG. Die Anhörung des Aufsichtsrats ist zulässig und wird von MünchKomm. AktG/*Spindler* § 85 Rdn. 13 empfohlen (vgl. § 34 FamFG).

4. Zu den Voraussetzungen des § 85 AktG vgl. *Hüffer* § 85 Rdn. 2; Kölner Komm. AktG/*Mertens* § 85 Rdn. 2 ff.; MünchKomm. AktG/*Spindler* § 85 Rdn. 4 ff.; Antragsteller kann auch ein Dritter sein, insbesondere ein Dritter, der gegen die Aktiengesellschaft Klage erheben oder vollstrecken will, so MünchKomm. AktG/*Spindler* § 85 Rdn. 9.

5. Zur Dringlichkeit vgl. MünchKomm. AktG/*Spindler* § 85 Rdn. 7; *Hüffer* § 85 Rdn. 3.

18. Antrag auf Abberufung eines Aufsichtsratsmitgliedes nach § 103 AktG

An das
Amtsgericht[1]

Antrag

des Aufsichtsrats[2] **der ...... AG** **(Antragstellers)**
Verfahrensbevollmächtigter[3]**: ......**
gegen
den ......[4] **(Antragsgegner)**
wegen
Abberufung eines Aufsichtsratsmitgliedes

Namens und mit Vollmacht des Antragstellers stelle ich folgende Anträge:
1. Der Antragsgegner wird als Aufsichtsratsmitglied der ...... AG abberufen.
2. Der Antragsgegner trägt die Verfahrenskosten.

Zur

Begründung

trage ich vor:

Der Antragsteller besteht aus drei Mitgliedern[5] **und ist Aufsichtsrat der ...... AG. Der Antragsteller hat in seiner Sitzung vom ...... gegen die schriftlich abgegebene Stimme des Antragsgegners beschlossen**[6]**, dessen gerichtliche Abberufung zu beantragen, weil in dessen Person folgender wichtiger Grund**[7] **vorliegt:**

Gegen den Antragsgegner wurde wegen des Verdachts strafbarer Handlungen vor vier Monaten ein Haftbefehl durch das Amtsgericht ...... auf Antrag der Staatsanwaltschaft in ...... erlassen, dessen Vollziehung sich der Antragsgegner durch die Flucht ins Ausland entziehen konnte. Über die Vorwürfe gegen den Antragsgegner wurde in den Massenmedien wiederholt berichtet. In diesen Berichten wurde auch darauf hingewiesen, dass der Antragsgegner Mitglied des Aufsichtsrates der ...... AG sei.

Selbst wenn der Antragsgegner an den Beschlussfassungen des Antragstellers jeweils dadurch teilnehmen würde, dass er seine schriftliche Stimmabgabe überreichen lässt, ist dem Antragsteller die weitere Zusammenarbeit mit dem Antragsgegner nicht zumutbar, weil zum einen die notwendige Beratung aller Mitglieder des Antragstellers nicht möglich ist und zum anderen die weitere Zugehörigkeit des Antragsgegners zum Antragsteller den Ruf und damit die Ertragslage der ...... AG nachhaltig beeinträchtigen würde. Der Antrag beruht auf § 103 Abs. 3 S. 1 und 2 AktG.

Rechtsanwalt

Anmerkungen

1. Zuständig ist grundsätzlich das Amtsgericht in dessen Bezirk das Landgericht seinen Sitz hat, zu dessen Bezirk der Sitz der Gesellschaft gehört (§ 23a Abs. 1 Nr. 2, Abs. 2 Nr. 4 GVG iVm. §§ 375 Nr. 3, 376 Abs. 1, 377 Abs. 1 FamFG, 14 AktG). Die Landesregierungen können durch Rechtsverordnung die Zuständigkeit anderer Amtsgerichte begründen, § 376 Abs. 2 FamFG. Kostenschuldner sind der Antragsgegner und die Gesellschaft (vgl. Kölner Komm. AktG/*Mertens* § 103 Rdn. 39; dagegen MünchKomm. AktG/*Habersack* § 103 Rdn. 45, der die jeweiligen Verfahrensbeteiligten als Kostenschuldner ansieht).

2. Antragsteller ist nicht die AG, sondern der Aufsichtsrat der AG (§ 103 Abs. 3 S. 1 AktG). Ist das Mitglied auf Grund der Satzung in den Aufsichtsrat entsandt worden, sind auch Aktionäre, die 10% des Grundkapitals oder den anteiligen Betrag von 1 Mio. EUR halten antragsberechtigt, § 103 Abs. 3 S. 3 AktG (*Hüffer* § 103 Rdn. 12).

3. Kein Anwaltszwang, § 10 FamFG.

4. Antragsgegner ist das abzuberufende Aufsichtsratsmitglied (vgl. MünchKomm. AktG/*Habersack* § 103 Rdn. 44).

5. Mindestmitgliederzahl bei nicht mitbestimmten Aufsichtsräten (§ 95 Abs. 1 S. 1 AktG); zugleich Mindestzahl für die Beschlussfähigkeit (§ 108 Abs. 2 S. 3 AktG). Mit der Abberufung des Antragsgegners wird der Aufsichtsrat der AG beschlussunfähig. Auf Antrag des Vorstandes, eines Aufsichtsrates oder eines Aktionärs hat das Gericht den Aufsichtsrat auf die notwendige Mitgliederzahl zu ergänzen, § 104 Abs. 1 AktG (vgl. Form. II. K. 19). Über einen solchen Antrag kann hier schon vor Entscheidung über den Abberufungsantrag entschieden werden, da dem Fehlen eines Aufsichtsratsmitgliedes seine längere Zeit dauernde Verhinderung gleichzusetzen ist (Kölner Komm. AktG/*Mertens* § 104 Rdn. 4; MünchKomm. AktG/*Habersack* § 104 Rdn. 12).

6. Dem Antrag hat ein Beschluss des Aufsichtsrats vorauszugehen. Das betroffene Aufsichtsratsmitglied ist hierbei nicht stimmberechtigt (hM., vgl. zB. *Hüffer* § 103 Rdn. 12; Kölner Komm. AktG/*Mertens* § 103 Rdn. 29; MünchHdb. AG/*Hoffmann*-Becking § 30 Rdn. 58; MünchKomm. AktG/*Habersack* § 103 Rdn. 35).

7. Zum wichtigen Grund vgl. MünchKomm. AktG/*Habersack* § 103 Rdn. 39ff.; Großkomm. AktG/*Hopt*/*Roth* § 103 Rdn. 53ff.; *Hüffer* § 103 Rdn. 10f.

19. Antrag auf Ergänzung des Aufsichtsrats nach § 104 AktG

An das
Amtsgericht[1]

Antrag

des ...... (Antragstellers) [2]

auf Ergänzung des Aufsichtsrats der ...... AG nach § 104 Abs. 2 AktG.

Als alleiniges Mitglied des Vorstandes der Gesellschaft beantrage ich, dass

Herr ......, geb. am ...... und wohnhaft in ....

gemäß § 104 Abs. 2 AktG zum Aufsichtsratsmitglied der Gesellschaft bestellt wird[3].

Begründung

Nach § ...... der Satzung der Gesellschaft, Kopie in Anlage K 1, ist eine Amtsniederlegung von Aufsichtsratsmitgliedern mit sofortiger Wirkung zulässig. Das von der Hauptversammlung gewählte Mitglied des Aufsichtsrates der ...... AG, Herr ......, hat sein Amt zum 1. August 20...... niedergelegt[4].

Beweis: Erklärung über die Amtsniederlegung, in Kopie als Anlage K 2.

Seit dem 1. August 20......, also seit mehr als drei Monaten[5], besteht der Aufsichtsrat nur noch aus fünf Mitgliedern. Nach § ...... der Satzung der ...... Gesellschaft müssen dem Aufsichtsrat jedoch mindestens sechs Mitglieder angehören[6]. Die nächste ordentliche Hauptversammlung, auf der die Ergänzungswahl erfolgen soll, kann frühestens zu Beginn des nächsten Jahres erfolgen.

Herr ......, der zur Bestellung vorgeschlagen wird, ist auf Grund seiner langjährigen Mitgliedschaft in weiteren Aufsichtsräten anderer Gesellschaften sowie seiner langjährigen Tätigkeit im Vorstand der Gesellschaft für das Amt eines Aufsichtsratsmitglieds geeignet[7]. Ich füge in Anlage K 3 eine Liste sämtlicher weiterer Mitgliedschaften des Herrn ...... in Aufsichtsräten und in Anlage K 4 einen von ihm unterzeichneten Lebenslauf bei. Hinderungsgründe aus § 100 AktG bestehen nicht[8].

Vorstand

Anmerkungen

1. Das Gericht entscheidet im Verfahren nach dem FamFG (§§ 375 Nr. 3 FamFG, 23 a Abs. 2 Nr. 4 GVG). Zuständig ist grundsätzlich das Amtsgericht in dessen Bezirk das Landgericht seinen Sitz hat, zu dessen Bezirk der Sitz der Gesellschaft gehört (§ 23 a Abs. 1 Nr. 2 GVG iVm. §§ 376 Abs. 1, 377 Abs. 1 FamFG, 14 AktG). Die Landesregierungen können durch Rechtsverordnung die Zuständigkeit anderer Amtsgerichte begründen, § 376 Abs. 2 FamFG. Es besteht kein Anwaltszwang (§ 10 FamFG).

2. Antragsbefugt sind stets der Vorstand, jedes Aufsichtsratsmitglied und jeder Aktionär, § 104 Abs. 1 S. 1 AktG. Der Vorstand ist gem. § 104 Abs. 1 S. 2 AktG zur Antragstellung verpflichtet, wenn der Aufsichtsrat nicht beschlussfähig und vor der nächsten Aufsichtsratssitzung eine Ergänzung nicht zu erwarten ist. Bei mitbestimmten Gesellschaften können gem. § 104 Abs. 1 S. 3 AktG auch bestimmte Arbeitnehmervertretungen den Antrag stellen (vgl. *Hüffer* § 104 Rdn. 4; MünchHdb. AG/*Hoffmann-Becking* § 30 Rdn. 36; MünchKomm. AktG/*Habersack* § 104 Rdn. 19 ff.).

3. § 104 Abs. 1 AktG ermöglicht die gerichtliche Bestellung eines Aufsichtsratsmitglieds wenn er nicht die nach Gesetz oder Satzung zur Beschlussfähigkeit erforderliche Zahl von Mitgliedern hat. Nach § 108 Abs. 2 AktG sind dies grundsätzlich mindestens die Hälfte der Mitglieder des Aufsichtsrats, wenigstens aber drei Mitglieder (vgl. dazu *Hüffer* § 108 Rdn. 10ff.). Demgegenüber genügt für eine Bestellung nach § 104 Abs. 2 AktG, dass die in Gesetz oder Satzung festgesetzte Zahl an Mitgliedern während drei Monaten nicht erreicht wird. Solange das gerichtlich bestellte Mitglied im Amt ist, hat es die gleichen Rechte und Pflichten, wie die anderen Mitglieder des Aufsichtsrats (MünchHdb. AG/*Hoffmann-Becking* § 30 Rdn. 38a; MünchKomm. AktG/*Habersack* § 104 Rdn. 53). Die gerichtlich bestellten Aufsichtsratsmitglieder verlieren ihr Amt automatisch, sobald der Mangel behoben ist, § 104 Abs. 5 AktG, also der Aufsichtsrat beschlussfähig bzw. ordnungsgemäß besetzt ist (*Hüffer* § 104 Rdn. 12). Der Mangel kann behoben werden durch Bestellung eines neuen Mitglieds und ggf. auch durch Herabsetzung der satzungsmäßigen Anforderungen (vgl. *Hüffer* § 104 Rdn. 13; MünchHdb. AG/*Hoffmann-Becking* § 30 Rdn. 38).

4. Die hM. hält die Niederlegung des Aufsichtsratsmandats auch ohne wichtigen Grund für zulässig, solange sie nicht zur Unzeit erfolgt (Kölner Komm. AG/*Mertens* § 103 Rdn. 56; *Hüffer* § 103 Rdn. 17; MünchHdb. AG/*Hoffmann-Becking* § 30 Rdn. 51). Dies gilt erst recht bei einer entsprechenden Satzungsregelung.

5. Nach § 104 Abs. 2 S. 1 AktG hat das Gericht den Aufsichtsrat zu ergänzen, wenn der Aufsichtsrats seit mehr als drei Monaten unterbesetzt ist. In dringenden Fällen kann die Bestellung gem. § 104 Abs. 2 S. 2 AktG bereits vor Ablauf der dreimonatigen Frist erfolgen (vgl. hierzu *Hüffer* § 104 Rdn. 7). Ein dringender Fall ist bei mitbestimmten Gesellschaften immer gegeben, wenn eine Unterbesetzung vorliegt und nicht nur ein sogenanntes weiteres Mitglied fehlt, § 104 Abs. 3 Nr. 2 AktG (MünchKomm. AktG/*Habersack* § 104 Rdn. 26).

6. Der Aufsichtsrat einer AG muss gem. § 95 AktG aus mindestens drei Mitgliedern bestehen, die Zahl der Mitglieder muss durch drei teilbar sein und die am Grundkapital ausgerichteten Höchstzahlen dürfen nicht überschritten werden. Weitere Bestimmungen über die Zahl der Aufsichtsräte enthalten die Mitbestimmungsgesetze (vgl. *Hüffer* § 96 Rdn. 4ff.; MünchHdb. AG/*Hoffmann-Becking* § 28 Rdn. 9ff.).

7. Üblicherweise wird vom Antragsteller ein Vorschlag über die Person des zu bestellenden Aufsichtsratsmitglieds gemacht (*Hüffer* § 104 Rdn. 5). Das Gericht ist an den Vorschlag allerdings nicht gebunden (BayObLGZ 1997, 262; MünchHdb. AG/*Hoffmann-Becking* § 30 Rdn. 37). Bei mitbestimmten Gesellschaften ist auf die Wahrung des Verhältnisses von Arbeitgeber- und Arbeitnehmervertretern zu achten, § 104 Abs. 4 AktG.

8. Das bestellte Mitglied muss, wie alle anderen Mitglieder auch, die persönlichen Voraussetzungen für Aufsichtsratsmitglieder gem. § 100 AktG erfüllen. Insbesondere darf kein Hinderungsgrund aus § 100 Abs. 2 AktG vorliegen (vgl. dazu *Hüffer* § 100 Rdn. 3ff.; MünchKomm. AktG/*Habersack* § 104 Rdn. 33).

20. Antrag im Auskunftserzwingungsverfahren nach § 132 AktG

An das
Landgericht ……
Kammer für Handelssachen[1]

Antrag

des …… (Antragsteller[2])
gegen
die …… AG
vertreten durch den Vorstand[3], nämlich …… (Antragsgegnerin)
wegen
Auskunftserteilung gemäß § 132 AktG[4]
vorläufiger Streitwert: EUR 5.000,–[5]
namens und mit Vollmacht des Antragstellers beantrage ich:

I. Der Vorstand der Antragsgegnerin[6] ist verpflichtet, dem Antragsteller zu folgenden Fragen Auskunft zu geben:
1. ……
2. ……

II. Die Kosten des Verfahrens sowie die Kosten des Antragstellers zur Durchsetzung seines Auskunftsbegehrens werden der Antragsgegnerin auferlegt.

Zur

Begründung

trage ich vor:

I.

Der Antragsteller war zum Zeitpunkt der Hauptversammlung der Antragsgegnerin vom …… deren Aktionär. Er ist es noch heute[7].

Beweis: Bescheinigung der A-Bank in Anlage K 1

In der Hauptversammlung der Antragsgegnerin vom …… sollte über TOP 2 „Entlastung der Mitglieder des Vorstandes" beschlossen werden, siehe die Einladung zur Hauptversammlung am …… gemäß der Bekanntmachung im elektronischen Bundesanzeiger, Kopie in Anlage K 2.

Vor der Beschlussfassung zu TOP 2 stellte der Antragsteller u. a. folgende Fragen an den Vorstand der Antragsgegnerin:

1. ……
2. ……

Ich verweise hierzu auf die Niederschrift der Hauptversammlung vom …… Kopie in Anlage K 3.

Der Vorstand verweigerte die Beantwortung der Fragen 1 und 2 ohne Begründung[8], dies ist ersichtlich aus der Niederschrift der Hauptversammlung vom …… (Anlage K 3), in die der Notar diese Tatsache auf Verlangen des Antragstellers aufgenommen hat[9].

II.

Der Vorstand der Antragsgegnerin war gemäß § 131 Abs. 1 AktG verpflichtet, dem Antragsteller die gestellten Fragen vollständig zu beantworten. Die Fragen waren zur sachgemäßen Beurteilung des Gegenstandes der Tagesordnung erforderlich[10]. Die Frage 1 betrifft

die Ausübung von Mandaten in konzernfremden Unternehmen durch Mitglieder des Vorstands, die Frage 2 bezieht sich auf ein wesentliches Geschäft, das mit ursächlich für den drastischen Rückgang des Jahresüberschusses war[11]. Ein Auskunftsverweigerungsrecht bestand nicht[12]. Insbesondere droht der ...... AG durch die Beantwortung der Fragen kein erheblicher Nachteil[13]. Die begehrte Auskunft wurde bis zum heutigen Tag nicht erteilt[14].

III.

Das angerufene Gericht ist ausschließlich zuständig. Die Sache ist gesetzlich der Kammer für Handelssachen zugewiesen.

Anmerkungen

1. Zuständig für das Auskunftserzwingungsverfahren ist ausschließlich das Landgericht des Gesellschaftssitzes, § 132 Abs. 1 Satz 1 AktG, und zwar – soweit eine solche gebildet ist – die Kammer für Handelssachen (§ 71 Abs. 2 Nr. 4 (b), 95 Abs. 2 Nr. 2 GVG). Die Landesregierungen können durch Rechtsverordnung die Zuständigkeit für die Bezirke mehrerer Landgerichte bei einem Landgericht konzentrieren, § 71 Abs. 4 GVG. Die Vereinbarung eines Schiedsgerichts ist unzulässig (Großkomm. AktG/*Decher,* § 132 Rdn. 15). Das Auskunftserzwingungsverfahren ist ein Verfahren der freiwilligen Gerichtsbarkeit (§§ 132 Abs. 3, 99 Abs. 1 AktG), Es gilt der Amtsermittlungsgrundsatz (§ 26 FamFG; siehe auch Großkomm. AktG/*Decher,* § 132 Rdn. 15; *Hüffer* § 132 Rdn. 7). Der Antragsteller ist weder einem Anwaltszwang (§ 10 FamFG) noch besonderen Anforderungen an die Formulierung des Antrags unterworfen (OLG Dresden AG 1999, 274; OLG Koblenz ZIP 1995, 1336 = NJW-RR 1995, 1378; *Hüffer* § 132 Rdn. 4).

2. Antragsberechtigt ist jeder Aktionär, dem die begehrte Auskunft nicht erteilt worden ist, § 132 Abs. 2 Satz 1 AktG. Weder ein Protokollierungsverlangen gemäß § 131 Abs. 5 AktG noch ein Widerspruch zur Niederschrift sind erforderlich (Großkomm. AktG/*Decher* § 132 Rdn. 16; *Hüffer,* § 132 Rdn. 4 a). Es reicht auch, dass er sich ein Auskunftsbegehren eines anderen Aktionärs zu eigen macht (BayObLG AG 1995, 328 = WM 1996, 119; LG Berlin ZIP 1993, 1632; restriktiv insoweit *Hüffer* § 132 Rdn. 4 a). Auch die übrigen Aktionäre, die an der Hauptversammlung teilgenommen haben, sind antragsberechtigt, wenn über den Tagesordnungspunkt Beschluss gefasst worden ist und sie Widerspruch zur Niederschrift erklärt haben, § 132 Abs. 2 Satz 1 AktG. Ein Aktionär, der in der Hauptversammlung nicht erschienen oder vertreten war, ist nicht antragsberechtigt (*Hüffer* § 132 Rdn. 5). Die Aktionärseigenschaft muss zum Zeitpunkt der Hauptversammlung vorgelegen haben und von der Antragstellung bis zur Entscheidung des Gerichts vorliegen (Großkomm. AktG/*Decher* § 132 Rdn. 21; MünchHdb. AG/*Semler* § 37 Rdn. 49).

3. Antragsgegnerin ist die Gesellschaft. Sie wird ausschließlich durch den Vorstand vertreten (Großkomm. AktG/*Decher* § 132 Rdn. 22; Kölner Komm. AktG/*Zöllner* § 132 Rdn. 16; MünchHdb. AG/*Semler* § 37 Rdn. 50). Eine Doppelvertretung wie bei der Anfechtungsklage (vgl. dazu Anm. 2 zu Form. II. K. 21) ist nicht erforderlich.

4. Nach § 131 AktG hat ein Aktionär Anspruch darauf, dass ihm auf der Hauptversammlung Auskunft über die Angelegenheiten der Gesellschaft erteilt wird. Erhält er die ersuchte Auskunft nicht oder nicht vollständig, kann er seinen Anspruch im sogenannten Auskunftserzwingungsverfahren gemäß § 132 AktG durchsetzen. Daneben ist auch die Erhebung einer Anfechtungsklage gemäß § 243 AktG bzw. – in den gesetzlich vorgesehenen Fällen – ein Antrag im Spruchverfahren gem. §§ 1 ff. SpruchG möglich (zum Verhältnis von Anfechtungsklage und Auskunftserzwingung zueinander vgl. BGHZ 86, 1 = NJW 1983, 878; KG AG 2001, 355 = NZG 2001, 803; Großkomm. AktG/*Decher* § 132 Rdn. 8 ff.; *Hüffer* § 132 Rdn. 2; MünchKomm. AktG/*Hüffer* § 243 Rdn. 114 f.; MünchKomm. AktG/*Kubis* § 132 Rdn. 60; MünchHdb. AG/*Semler* § 37 Rdn. 57 f.). Umstritten ist, ob ein Auskunftserzwingungsverfahren nur zulässig ist, wenn keine oder eine unvollständige Auskunft erteilt wurde (so LG Dortmund AG 1999, 133; LG Köln AG 1991, 38; Kölner Komm. AktG/*Zöllner* § 132 Rdn. 5) oder auch wenn eine unrichtige Auskunft erteilt wird (so Großkomm. AktG/*Decher* § 132 Rdn. 7; *Hüffer* § 132 Rdn. 4a; MünchHdb. AG/*Semler* § 37 Rdn. 51; offengelassen in BayObLGZ 2002, 227, 230).

5. Der Geschäftswert ist regelmäßig auf EUR 5.000,– festzusetzen, § 132 Abs. 5 Satz 6 AktG. Werden mehrere Anträge gestellt, wird nicht für jeden Antrag ein Regelgeschäftswert angesetzt, sondern der einfachere Regelgeschäftswert wird angemessen erhöht (str.; wie hier BayObLG GmbHR 2000, 491 = Betr. 2000, 1116 (zu § 51a GmbHG); BayObLG ZIP 1993, 1617; Großkomm.AktG/*Decher* § 132 Rdn. 70; aA. OLG Frankfurt/M. AG 1992, 461; OLG Stuttgart AG 1992, 460f.; *Hüffer* § 132 Rdn. 10).

6. Träger der Auskunftspflicht ist die AG. Die Erteilung der Auskunft hat jedoch durch den Vorstand als Organ der Gesellschaft zu erfolgen (BVerfG NJW 2000, 349 = ZIP 1999, 1798; OLG Düsseldorf NJW 1988, 1033, 1034; MünchKomm. AktG/*Kubis* § 131 Rdn. 16ff.; *Hüffer* § 131 Rdn. 5f.).

7. Das Auskunftsrecht steht nur den Aktionären der Gesellschaft zu, sofern sie an der Hauptversammlung teilnehmen. Es ist unabhängig vom Stimmrecht, so dass auch stimmrechtslose bzw. vom Stimmrecht ausgeschlossene Aktionäre Auskunft verlangen können (*Hüffer* § 131 Rdn. 3; MünchHdb. AG/*Semler* § 37 Rdn. 2). Zur Aktionärseigenschaft als Antragsvoraussetzung vgl. Anm. 2. Zur verfassungsrechtlichen Bedeutung des Informationsrechts vgl. BVerfG NJW 2000, 349 = ZIP 1999, 1798.

8. Die Verweigerung setzt – vorbehaltlich einer abweichenden Regelung in Satzung oder Geschäftsordnung – einen einstimmigen Vorstandsbeschluss voraus (BGHZ 36, 121; MünchKomm. AktG/*Kubis* § 131 Rdn. 95; *Hüffer* § 131 Rdn. 23). Der Vorstandsbeschluss kann auch konkludent gefasst werden (BGHZ 101, 1 = NJW 1987, 3186, 3187; OLG Frankfurt AG 1986, 233; *Hüffer* § 131 Rdn. 23).

9. Nach § 131 Abs. 5 AktG kann der Aktionär, demgegenüber eine Auskunft verweigert wurde, verlangen, dass seine Frage und der Grund der Auskunftsverweigerung in die Niederschrift über die Verhandlung aufgenommen werden. Die Regelung dient Beweiszwecken (*Hüffer* § 131 Rdn. 43). Dies ist jedoch nicht Voraussetzung für einen Antrag nach § 132 AktG (vgl. Anm. 2).

10. Das Auskunftsrecht betrifft alle Angelegenheiten der Gesellschaft, soweit sie zur sachgemäßen Beurteilung des Gegenstandes der Tagesordnung erforderlich sind, § 131 Abs. 1 Satz 1 AktG. Das Merkmal „Angelegenheiten der Gesellschaft“ ist weit auszulegen (*Hüffer* § 131 Rdn. 11; MünchHdb. AG/*Semler* § 37 Rdn. 6ff.). Bezüglich der Erforderlichkeit kommt es nach herrschender Meinung darauf an, dass die begehrte Auskunft aus Sicht eines objektiv denkenden Aktionärs für die Urteilsfindung wesentlich ist (OLG München NZG 2002, 187, 188; BayObLG WM 1996, 119; OLG Frankfurt AG 1994, 39; KG AG 1996, 421, 423; Großkomm. AktG/*Decher* § 131 Rdn. 132). Für den Tagesordnungspunkt Entlastung soll ein strenger Maßstab gelten (BayObLG NZG 1999, 554 = DB 1999, 970; OLG Düsseldorf WM 1991, 2148, 2153; Kölner Komm. AktG/*Zöllner* § 131 Rdn. 24; *Hüffer* § 131 Rdn. 12a). Eine Auflistung der Einzelfälle findet sich bei *Hüffer* § 131 Rdn. 18ff.; MünchHdb. AG/*Semler* § 37 Rdn. 11ff. Die Darlegungslast für die Erforderlichkeit trägt der Antragsteller (Großkomm. AktG/*Decher* § 132 Rdn. 39).

11. Zu der Auskunftspflicht über Mandate von Vorstandsmitgliedern in konzernfremden Unternehmen vgl. BayObLG WM 1996, 119, 121; KG ZIP 1995, 1592, 1594 = WM 1995, 1920; LG München I AG 1993, 519; OLG Düsseldorf AG 1987, 21. Zur Darlegung von einzelnen Geschäften vgl. BayObLG NZG 1999, 554 = BB 1999, 970 (Geschäfte zwischen AG und Aufsichtsratsmitgliedern); *Hüffer* § 131 Rdn. 18.

12. § 131 Abs. 3 AktG zählt die Umstände auf, unter denen der Vorstand ein Auskunftsverweigerungsrecht hat. Abgesehen von einem missbräuchlichen Auskunftsverlangen oder der Unmöglichkeit der Auskunftserteilung ist § 131 Abs. 3 AktG abschließend (vgl. dazu *Hüffer* § 131 Rdn. 23 ff., 33 ff.; MünchHdb. AG/*Semler* § 37 Rdn. 28 ff., 40 ff.). Das Vorliegen eines Verweigerungsrechts hat die Antragsgegnerin darzulegen (Großkomm. AktG/*Decher* § 132 Rdn. 40; *Hüffer* § 132 Rdn. 7).

13. Zur Nachteilszufügung vgl. Großkomm. AktG/*Decher* § 131 Rdn. 297 ff.; MünchKomm. AktG/*Kubis* § 131 Rdn. 99; *Hüffer* § 131 Rdn. 24; MünchHdb. AG/*Semler* § 37 Rdn. 30. Der Nachteil muss der Gesellschaft oder einem verbundenen Unternehmen iSv. § 15 AktG drohen.

14. Erhält der Antragsteller nachträglich die begehrte Auskunft, wird der Antrag unbegründet (Großkomm. AktG/*Decher* § 132 Rdn. 43).

Kosten und Gebühren

Gem. § 132 Abs. 5 S. 1 AktG gilt die KostO. Für jede Instanz fallen zwei volle Gebühren an, § 132 Abs. 5 S. 2 u. 3 AktG. Gericht bestimmt nach billigem Ermessen, welchem Beteiligten die gerichtlichen und außergerichtlichen Kosten aufzuerlegen sind (§ 132 Abs. 5 S. 7 AktG; *Hüffer* § 132 Rdn. 10).

Fristen und Rechtsmittel

Die Antragsfrist beträgt gemäß § 132 Abs. 2 Satz 2 AktG zwei Wochen und beginnt mit dem Ende der Hauptversammlung. Da es sich um eine materielle Ausschlussfrist handelt, ist eine Wiedereinsetzung in den vorigen Stand nicht möglich (OLG Dresden AG 1999, 274; Großkomm. AktG/*Decher* § 132 Rdn. 23; *Hüffer* § 132 Rdn. 5). Die Entscheidung ergeht durch Beschluss, gegen den gem. § 132 Abs. 3 S. 2 AktG die Beschwerde zulässig ist, wenn das Landgericht sie in seiner Entscheidung zulässt (vgl. dazu *Hüffer* § 132 Rdn. 8; MünchHdb. AG/*Semler* § 37 Rdn. 52).

21. Aktienrechtliche Anfechtungsklage nach § 246 AktG

An das
Landgericht
Kammer für Handelssachen[1]

Klage

des ...... **(Kläger)**
Prozessbevollmächtigter: ......
gegen
die ...... **(Beklagte)**
vertreten durch den Vorstand, nämlich ......
und den Aufsichtsrat[2], nämlich ......
wegen
Anfechtung eines Hauptversammlungsbeschlusses
Vorläufiger Streitwert[3]: EUR ......
Namens und mit Vollmacht des Klägers erhebe ich Klage mit folgenden Anträgen:

I. Die Beschlüsse der Hauptversammlung der Beklagten vom ......, durch welche dem Aufsichtsrat (Punkt 3 der Tagesordnung) und dem Vorstand (Punkt 4 der Tagesordnung) Entlastung erteilt wurde, werden für nichtig erklärt[4].
II. Die Beklagte trägt die Kosten des Rechtsstreits.

Zur

Begründung

trage ich vor:

I.

Der Kläger war zum Zeitpunkt der Bekanntmachung der Tagesordnung für die Hauptversammlung der Beklagten vom ...... deren Aktionär. Er ist es noch heute.

Beweis: Bescheinigung der A-Bank (Anlage K 1).

Die Punkte 3 (Entlastung des Aufsichtsrats) und 4 (Entlastung des Vorstands) der Tagesordnung für die Hauptversammlung vom ...... wurden von dem die Versammlung leitenden Vorsitzenden des Aufsichtsrates B weder aufgerufen, noch wurden Wortmeldungen (des Klägers und des Zeugen C) zugelassen, noch wurden Fragen des Zeugen D zu diesem Tagesordnungspunkt beantwortet. Der Versammlungsleiter schritt zur Abstimmung, ohne den Teilnehmern der Hauptversammlung auch nur die Gelegenheit zur Aussprache zu geben.

Beweis: Zeugnis C und D.

Gegen die beiden mit großer Mehrheit gefassten Beschlüsse hat der Kläger Widerspruch zur Niederschrift des amtierenden Notars erklärt.

Beweis: Niederschrift des Notars ...... über die Hauptversammlung vom ...... (Anlage K 2)

II.

Der Kläger ist als in der Hauptversammlung erschienener Aktionär[5], der Widerspruch zur Niederschrift erklärt hat[6], zur Anfechtung befugt.

Die Klage ist auch begründet. Beide Beschlüsse verletzen das Gesetz[7]. Zur gesetzmäßigen Erledigung der Tagesordnung gehört, dass die Tagesordnungspunkte aufgerufen werden, dass die Aktionäre Gelegenheit erhalten, sachdienliche Ausführungen zu den Verhandlungsgegenständen zu machen und dass sie ihr Fragerecht ausüben können. Diese Rechte der Aktionäre hat der Versammlungsleiter missachtet.

III.

Das angerufene Gericht ist ausschließlich zuständig[8]. Die Sache ist Handelssache.

IV.

Ich stelle vorab den Antrag, anzuordnen, dass sich die Verpflichtung des Klägers zur Zahlung von Gerichtskosten nach einem seiner Wirtschaftslage angepassten Teil des Streitwerts bemisst[9].

Begründung:

Der Kläger ist Student. Er verfügt außer der einen Aktie der Beklagten über keinerlei Vermögen. Da seine Eltern nicht imstande sind, ihn zu unterhalten, ist er ausschließlich auf öffentliche Mittel (nach dem Bundesausbildungsförderungsgesetz) angewiesen.

Glaubhaftmachung: Eidesstattliche Versicherung des Klägers vom ...... (Anlage K 3).

Dass die sogenannten BAföG-Mittel nur für den notwendigsten Unterhalt ausreichen, kann als gerichtsbekannt unterstellt werden.

Rechtsanwalt

Anmerkungen

1. Zuständig für die Klage ist ausschließlich das Landgericht, in dessen Bezirk die Gesellschaft ihren Sitz hat, § 246 Abs. 3 Satz 1 AktG und dort – falls gebildet – die Kammer für Handelssachen, 246 Abs. 3 S. 2 AktG.

2. § 246 Abs. 2 S. 2 AktG. Klagt der Vorstand oder ein Vorstandsmitglied, wird die Gesellschaft durch den Aufsichtsrat, klagt ein Aufsichtsratsmitglied, wird sie durch den Vorstand vertreten (§ 246 Abs. 2 S. 3 AktG). Im Anfechtungsprozess auf Antrag eines Aktionärs wird die Beklagte durch Vorstand und Aufsichtsrat vertreten (über die Gründe für diese Regelung und zur Problematik der Willensbildung bei gemeinsamer Vertretung durch Vorstand und Aufsichtsrat vgl. Kölner Komm. AktG/*Zöllner* § 246 Rdn. 34 u. 35; MünchKomm. AktG/*Hüffer* § 246 Rdn. 52 ff.). Eine Ersatzzustellung an den Aufsichtsrat kann nicht unter der Geschäftsadresse der Gesellschaft erfolgen (BGHZ 106, 296, 299 = NJW 1989, 2689; OLG Stuttgart AG 2001, 315, 316; OLG Hamburg AG 2002, 521, 523). Da die Anfechtungsklage innerhalb eines Monats nach der Beschlussfassung erhoben werden muss (§ 246 Abs. 1 AktG), muss der Kläger im Hinblick auf § 167 ZPO bereits in der Klagschrift die ladungsfähige Anschrift mindestens eines Aufsichtsratsmitglieds angeben, wobei dies die Privatanschrift des Aufsichtsratsmitglieds oder dessen Geschäftsanschrift sein kann (vgl. allgemein zu Fragen der Zustellung auch *Hüffer* § 246 Rdn. 33 ff.).

3. Zum Streitwert vgl. § 247 Abs. 1 AktG; *Hüffer* § 247 Rdn. 4 ff.

4. Die Anfechtungsklage ist eine Gestaltungsklage, die darauf gerichtet ist, einen (oder mehrere) Beschluss (Beschlüsse) der Hauptversammlung für nichtig zu erklären. Da Anfechtungs- und Nichtigkeitsklage das gleiche Ziel verfolgen, hat das Gericht unabhängig von der Antragsformulierung den Beschluss auf Anfechtungs- und Nichtigkeitsgründe zu überprüfen (BGHZ 134, 364 = ZIP 1997, 732; BGH ZIP 1999, 580 = AG 1999, 1638; BGHZ 160, 253; *Hüffer* § 246 Rdn. 14; MünchKomm. AktG/*Hüffer* § 246 Rdn. 20).

5. § 245 Nr. 1 AktG. Der anfechtende Aktionär muss die Aktien schon vor der Bekanntmachung der Tagesordnung erworben haben. Der Kläger verliert die Anfechtungsbefugnis nach hM. auch dann nicht, wenn er seine Aktie während der Dauer des Rechtsstreits veräußert (BGHZ 43, 261, 267 für die GmbH, incidenter jedoch auch für die AG; vgl. auch Großkomm AktG/*Schmidt* § 245 Rdn. 17; *Hüffer* § 245 Rdn. 8). Zur rechtsmissbräuchlichen Anfechtungsklage und Nichtigkeitsklage vgl. BGH AG 1989, 399 = ZIP 1989, 980; OLG Frankfurt/M. Betr. 1991, 644; OLG Stuttgart AG 2003, 456, 457; *Henze* ZIP 2002, 97, 100; *Hüffer* § 245 Rdn. 22 ff.).

6. § 245 Nr. 1 AktG. Der Widerspruch kann schon vor der Beschlussfassung und danach bis zum Schluss der Hauptversammlung geschehen. Er muss nicht beurkundet worden sein. Deswegen ist auch Zeugenbeweis möglich (Großkomm. AktG/*Schmidt* § 245 Rdn. 21; *Hüffer* § 245 Rdn. 15).

7. Die Anfechtungsklage kann wegen Verletzung von Gesetz oder Satzung erhoben werden (§ 243 Abs. 1 AktG). Einen Überblick über die „praktisch" wichtigen Anfechtungsgründe gibt *Hüffer* § 243 Rdn. 5 ff. § 243 Abs. 4 AktG sieht vor, dass wegen unrichtiger, unvollständiger oder verweigerter Erteilung von Informationen ein Hauptversammlungsbeschluss nur angefochten werden kann, wenn ein objektiv urteilender Aktionär die Erteilung der Information als wesentliche Voraussetzung für die sachgerechte Wahrnehmung seiner Teilnahme- und Mitgliedschaftsrechte angesehen hätte. Soweit unrichtige, unvollständige oder unzureichende Informationen die Ermittlung, Höhe oder Angemessenheit von Ausgleich, Abfindung, Zuzahlung oder sonstige Kompensationen betreffen, ist die Anfechtungsklage ausgeschlossen, wenn das Gesetz für Bewertungsrügen ein Spruchverfahren vorsieht. Der Aktionär, der anficht, braucht kein persönliches Interesse an der Vernichtung des Beschlusses darzutun, es sei denn, es handelt sich um einen Beschluss, durch den ein Antrag abgelehnt worden ist (BGHZ 43, 261, 265; BGHZ 70, 117, 118f.; BGHZ 107, 296, 308). Missbrauch des Anfechtungsrechts als privates Gestaltungsrecht des Aktionärs führt nicht zum Fehlen oder Wegfall des Rechtsschutzinteresses, sondern zum Verlust der materiellen Berechtigung und damit zum Verlust der Anfechtungsbefugnis; die Klage ist dann zwar nicht unzulässig, aber unbegründet (BGH NJW-RR 1992, 1388 = AG 1992, 448; OLG Stuttgart AG 2003, 165; *Hüffer* § 245 Rdn. 26). Rechtsmissbräuchlichkeit der Anfechtungsklage ist dadurch gekennzeichnet, dass der Kläger die Gesellschaft in grob eigennütziger Weise zu einer Leistung veranlassen will, auf die er keinen Anspruch hat (BGHZ 107, 296, 311; BGH NJW 1992, 569; MünchKomm. AktG/*Hüffer* § 245 Rdn. 50ff.). Die Anfechtung eines Hauptversammlungsbeschlusses kann auch auf einen Nichtigkeitsgrund gestützt werden, dieser unterliegt nicht der Ausschlussfrist des § 246 Abs. 1 AktG (BGH NJW 1995, 260).

8. § 246 Abs. 3 Satz 1 AktG.

9. Zur Streitwertspaltung vgl. § 247 Abs. 2 AktG sowie *Hüffer* § 247 Rdn. 11ff. Zur Glaubhaftmachung genügt eine eidesstattliche Versicherung, § 294 ZPO. Der Antrag kann nur ausnahmsweise noch nach der Verhandlung zur Hauptsache gestellt werden, § 247 Abs. 3 AktG. Eine in erster Instanz getroffene Entscheidung, nach der sich die Verpflichtung der antragstellenden Partei nach einem ihrer Wirtschaftslage angepassten Teil des Streitwerts bemisst, wirkt nicht für die folgenden Instanzen (BGH Betr. 1992, 2492 = AG 1993, 85; str. vgl. *Hüffer* § 247 Rdn. 18).

Rechtsmittel und Fristen

Die Anfechtungsklage muss innerhalb eines Monats nach der Beschlussfassung erhoben werden, § 246 Abs. 1 AktG. Eine Wiedereinsetzung in den vorigen Stand ist nicht möglich, da es sich um eine materiell-rechtliche Frist handelt (Großkomm. AktG/*Schmidt* § 246 Rdn. 33; *Hüffer* § 246 Rdn. 20). Die Frist beginnt nach hM. mit Ende der Hauptversammlung zu laufen (Großkomm. AktG/*Schmidt* § 246 Rdn. 36; *Hüffer* § 246 Rdn. 22; Kölner Komm. AktG/*Zöllner* § 246 Rdn. 10).

22. Aktienrechtliche Nichtigkeitsklage nach § 249 AktG

An das
Landgericht
Kammer für Handelssachen[1]

Klage

des ...... (Klägers)

Prozessbevollmächtigter: ......

gegen

die ...... (Beklagte)

vertreten durch den Vorstand, nämlich ......

und den Aufsichtsrat[2], nämlich ......

wegen

Feststellung der Nichtigkeit eines Hauptversammlungsbeschlusses

Vorläufiger Streitwert[3]: EUR ......

Namens und mit Vollmacht des Klägers erhebe ich Klage mit folgenden Anträgen:

I. Es wird festgestellt, dass die Beschlüsse der Hauptversammlung der Beklagten vom ......, durch welche dem Aufsichtsrat (Punkt 3 der Tagesordnung) und

dem Vorstand (Punkt 4 der Tagesordnung) Entlastung erteilt wurde, nichtig sind[4].

II. Die Beklagte trägt die Kosten des Rechtsstreits.

Zur

Begründung

trage ich vor:

I.

Der Kläger war zum Zeitpunkt der Hauptversammlung der Beklagten vom ...... deren Aktionär. Er ist es noch heute.

Beweis: Bescheinigung der A-Bank (Anlage K 1).

Die Punkte 3 (Entlastung des Aufsichtsrats) und 4 (Entlastung des Vorstands) der Tagesordnung für die Hauptversammlung vom ...... wurden von dem die Versammlung leitenden Vorsitzenden des Aufsichtsrates B. ordnungsgemäß aufgerufen und behandelt. Nach mehreren Wortmeldungen schritt der Versammlungsleiter zur Abstimmung. Auf Vorschlag des Versammlungsleiters wurde offen abgestimmt. Weder bei der Beschlussfassung über die Entlastung des Aufsichtsrats noch bei der Beschlussfassung über die Entlastung des Vorstandes waren deutliche Mehrheiten erkennbar. Der Vorsitzende verzichtete darauf, die Stimmen zählen zu lassen. In der Niederschrift des Notars C ist zu beiden Punkten der Tagesordnung lediglich protokolliert: „Entlastung erteilt".

II.

Beide Beschlüsse sind nichtig. Dies folgt aus §§ 241 Nr. 2[5], 130 Abs. 2 AktG. Entgegen der Vorschrift des § 130 Abs. 2 AktG ist in der Niederschrift über die Beschlüsse der Hauptversammlung zu den hier interessierenden beiden Tagesordnungspunkten weder die Art noch das Ergebnis der Abstimmung, noch die Feststellung des Vorsitzenden über die Beschlussfassung angegeben.

Der Kläger ist als Aktionär zur Erhebung der Nichtigkeitsklage nach § 249 AktG befugt[6]. Der Kläger hat auch ein besonderes Feststellungsinteresse[7]. Die Beklagte bestreitet die Nichtigkeit des Beschlusses. Der Kläger ist der Auffassung, dass mit ihm die Mehrheit gegen Entlastung von Aufsichtsrat und Vorstand gestimmt hat.

III.

Das angerufene Gericht ist ausschließlich zuständig[8]. Die Sache ist Handelssache.

IV.

Ich stelle vorab den Antrag, anzuordnen, dass sich die Verpflichtung des Klägers zur Zahlung von Gerichtskosten nach einem seiner Wirtschaftslage angepassten Teil des Streitwerts bemisst[9].

Begründung

Der Kläger ist Student. Er verfügt außer der einen Aktie der Beklagten über keinerlei Vermögen. Da seine Eltern nicht imstande sind, ihn zu unterhalten, ist er ausschließlich auf öffentliche Mittel (nach dem Bundesausbildungsförderungsgesetz) angewiesen.

Glaubhaftmachung: Eidesstattliche Versicherung des Klägers vom ...... (Anlage K 2).

Dass die sogenannten BAföG-Mittel nur für den notwendigsten Unterhalt ausreichen, kann als gerichtsbekannt unterstellt werden.

Rechtsanwalt

Anmerkungen

1. Sachlich und örtlich ausschließlich zuständig ist das Landgericht des Gesellschaftssitzes, § 249 Abs. 1 S. 1 AktG iVm. § 246 Abs. 3 S. 1 AktG; falls gebildet, ist dort dir Kammer für Handelssachen zuständig, § 249 Abs. 1 S. 1 AktG iVm. § 246 Abs. 3 S. 2 AktG.

2. § 249 Abs. 1 S. 1 AktG iVm. § 246 Abs. 2 S. 2 AktG; vgl. Anm. 2 bei Form. II. K. 21.

3. §§ 249 Abs. 1 S. 2, 247 Abs. 1 AktG; vgl. auch die Anm. 3 zu Form. II. K. 21.

4. Feststellungsklage nach § 249 AktG; zum Verhältnis von Nichtigkeits- und Anfechtungsklage vgl. Anm. 4 zu Form. II. K. 21.

5. Zu den Nichtigkeitsgründen außerhalb des § 241 AktG vgl. Großkomm. AktG/*Schmidt* § 241 Rdn. 20; Kölner Komm. AktG/*Zöllner* § 241 Rdn. 27–31. Zur Heilung der Nichtigkeit vgl. OLG Düsseldorf Betr. 2001, 2086; zur Heilung von nichtigen Bestimmungen der Ursprungssatzung vgl. BGH WM 2000, 1544.

6. Vgl. § 249 AktG; hier ist streitig, ob der Kläger schon zum Zeitpunkt der Hauptversammlung Aktionär gewesen sein muss; hM. lässt es genügen, wenn die Aktionärstellung zum Schluss der mündlichen Verhandlung vorliegt; eine Aktionärsstellung bei der Beschlussfassung wird nicht verlangt (OLG Stuttgart AG 2001, 315, 316 = ZIP 2001, 650; *Hüffer* § 249 Rdn. 5; Großkomm. AktG/*Schmidt* § 249 Rdn. 13). Zur rechtsmissbräuchlichen Nichtigkeitsklage vgl. Form. II. K. 21 Anm. 5 und 7.

7. Das Feststellungsinteresse nach § 256 ZPO ist auch hier erforderlich, aber in der Regel zu bejahen; vgl. *Hüffer* § 249 Rdn. 11; Kölner Komm. AktG/*Zöllner* § 249 Rdn. 20 u. Rdn. 21 mwN.

8. §§ 249 Abs. 1 S. 1, 246 Abs. 3 S. 1 AktG.

9. §§ 249 Abs. 1 S. 1, 247 Abs. 2 AktG; vgl. auch Anm. 9 zu Form. II. K. 21.

23. Antrag auf gerichtliche Feststellung des angemessenen Ausgleichs und der angemessenen Abfindung nach §§ 304, 305 AktG und dem Spruchverfahrensgesetz[1]

An das
Landgericht
Kammer für Handelssachen[2]

Antrag

des ......

Prozessbevollmächtigter: ...... (Antragsteller)[3]

gegen

Y-AG, vertreten durch den Vorstand, nämlich ......,

(Antragsgegner)[4]

auf gerichtliche Feststellung des angemessenen Ausgleichs und der angemessenen Abfindung nach §§ 304, 305 AktG[5].

Namens und mit Vollmacht des Antragstellers stelle ich den Antrag,

den geschuldeten Ausgleich und die vertraglich zu gewährende Abfindung zu bestimmen.

Zur

Begründung

trage ich vor:

I.

Die Antragsgegnerin ist mit 76% beteiligte Muttergesellschaft der X-AG – einer Aktiengesellschaft mit Sitz in ...... Die X-AG befasst sich mit der Herstellung und dem Vertrieb von ...... und erzielte 20...... einen Jahresumsatz von ......

Der Antragsteller ist seit ...... Jahren Aktionär der X-AG[6].

Beweis: Bescheinigung der A-Bank in Anlage A 1

II.

X und die Antragsgegnerin haben am ...... einen Beherrschungsvertrag abgeschlossen, auf Grund dessen X die Leitung der Gesellschaft der Antragsgegnerin unterstellt.

Der Beherrschungsvertrag sieht für die außenstehenden Aktionäre einen Ausgleich in Form einer jährlichen Zahlung in Höhe von EUR ...... vor. Die Barabfindung für die außenstehenden Aktionäre soll nach diesem Vertrag EUR ...... je Aktie zum Nennbetrag von ...... betragen.

Wegen der Einzelheiten nehme ich Bezug auf den in Anlage ASt 1 beigefügten Beherrschungsvertrag vom ......

Dem Beherrschungsvertrag haben die Hauptversammlungen von X und der Antragsgegnerin zugestimmt. Der Vertrag ist am ...... im Handelsregister des Amtsgerichts ...... eingetragen worden; er wurde am ...... bekanntgemacht (vgl. § 4 Abs. 1 S. 1 Nr. 1 SpruchG iVm. § 10 Abs. 2 HGB).

III.

1. **Der im Beherrschungsvertrag vorgesehene Ausgleich ist nicht angemessen im Sinne des § 304 Abs. 1 S. 2 in Verbindung mit § 304 Abs. 2 AktG. Als Ausgleichszahlung ist nach § 304 Abs. 2 AktG mindestens die jährliche Zahlung des Betrags zuzusichern, der nach der bisherigen Ertragslage der Gesellschaft und ihren künftigen Ertragsaussichten unter Berücksichtigung angemessener Abschreibungen und Wertberichtigungen, jedoch ohne Bildung anderer Gewinnrücklagen, voraussichtlich als durchschnittlicher Gewinnanteil auf die einzelne Aktie verteilt werden könnte. Aus den folgenden Ausführungen ergibt sich, dass der angebotene Ausgleich unangemessen ist.**
   (Hier sind im Regelfall die Feststellungen eines von der Partei beauftragten Gutachters wiederzugeben, mit Beweisantritt[7])
2. **Außer der Verpflichtung zum Ausgleich nach § 304 AktG muss ein Beherrschungsvertrag auch die Verpflichtung des anderen Vertragsteils enthalten, auf Verlangen eines außenstehenden Aktionärs dessen Aktien gegen eine im Vertrag bestimmte angemessene Abfindung zu erwerben. Die im Beherrschungsvertrag vorgesehene Abfindung ist nicht angemessen. Zwar ist eine Barabfindung nach § 305 Abs. 2 Nr. 2 AktG möglich[8], die angebotene Barabfindung ist indes nicht angemessen. Auch dies ergibt sich aus dem beigefügten Gutachten *(vgl. oben).***

IV.

Die Kosten sind nach § 15 Abs. 2 SpruchG der Antragsgegnerin aufzuerlegen. Ich rege an, die Antragsgegnerin auch zu verpflichten, dem Antragsteller seine außergerichtlichen Kosten zu erstatten.

Rechtsanwalt

Anmerkungen

1. Das Verfahren bestimmt sich nach dem Spruchverfahrensgesetz, §§ 304 Abs. 3 S. 3 und 305 Abs. 5 S. 2 AktG, 1 Nr. 1 SpruchG. Das Spruchverfahrensgesetz ist anwendbar auf die gerichtliche Bestimmung von Abfindungen, Ausgleichen und Zuzahlungen im Rahmen von gesellschaftsrechtlichen Strukturmaßnahmen (siehe zu den Anwendungsfällen im Einzelnen § 1 SpruchG).

2. Örtlich und sachlich zuständig ist das Landgericht des Sitzes der Gesellschaft, der antragsbefugte Aktionäre angehören, §§ 2 Abs. 1 S. 1 SpruchG, 71 Abs. 2 Nr. 4e) GVG. Zuständig ist die Kammer für Handelssachen, §§ 94, 95 Abs. 2 Nr. 2 GVG. Insbesondere für den Fall von Verschmelzungen, für den regelmäßig die Zuständigkeit mehrerer Gerichte begründet sein kann, verweist § 2 Abs. 1 S. 2 SpruchG auf § 2 Abs. 1 FamFG, zuständig ist dann das Gericht, welches zuerst in der Sache tätig geworden ist. Gemäß § 71 Abs. 4 GVG sind die Landesregierungen ermächtigt, die Zuständigkeit bei einem Landgericht zu konzentrieren.

3. Die Antragsberechtigung ist in § 3 SpruchG geregelt. Gem. § 3 S. 1 Nr. 1 SpruchG ist im Fall des Spruchstellenverfahrens über die Bemessung eines angemessenen Ausgleichs bzw. einer angemessenen Abfindung gem. §§ 304, 305 AktG jeder außenstehende Aktionäre (nur der beherrschten Gesellschaft, vgl. *Hüffer* Anh § 305 § 3 SpruchG Rdn. 2) antragsbefugt. Gem. § 6 Abs. 1 S. 1 SpruchG hat das Gericht den Antragsberechtigten, die das Verfahren nicht durch eigene Anträge angestrengt haben, einen gemeinsamen Vertreter zu bestellen.

4. Wer Antragsgegner ist, regelt § 5 SpruchG. Hier ist die herrschende Gesellschaft Antragsgegnerin; anders als nach früherem Recht kann der Antrag nicht auch gegen die beherrschte Gesellschaft gerichtet werden (*Büchel* NZG 2003, 794).

5. Durch eine dem Antrag stattgebende Entscheidung wird die jeweilige Strukturänderung umgestaltet; die Gestaltungswirkung tritt mit Rechtskraft der Entscheidung ein (§ 13 SpruchG). Das Gericht entscheidet darüber, ob Ausgleich bzw. Abfindung angemessen sind, einen Zahlungstitel kann der Aktionär jedoch nur im ordentlichen Prozess erwirken (OLG Hamburg WM 2002, 655, 659; *Hüffer* Anh. § 305 § 13 SpruchG Rdn. 2). Hierfür ist gem. § 16 SpruchG das Gericht des ersten Rechtszuges und dort der Spruchkörper zuständig, welcher auch die Entscheidung im Spruchverfahren getroffen hat.

6. Erforderlich ist Aktionärsstellung im Zeitpunkt der Stellung des Antrags; diese ist durch Urkunden nachzuweisen (§ 3 S. 2, 3 SpruchG). Handelt es sich bei den Aktien der Gesellschaft, für die der Antragsteller einen höheren Ausgleich bzw. Abfindung begehrt, um Namensaktien, ist der urkundliche Nachweis der Aktionärsstellung in der Regel durch Vorlage einer schriftlichen Auskunft der Gesellschaft nach § 67 Abs. 6 AktG bzw. § 34 BDSG zu führen, auf deren Ausstellung der Aktionär einen Anspruch hat (LG Frankfurt a. M. Betr 2005, 1449, 1450). Nicht erforderlich ist Aktionärsstellung bereits bei Beschlussfassung oder bei Bekanntmachung der Eintragung des Unternehmensvertrags in das Handelsregister (vgl. MünchKomm. AktG/*Volhard* § 3 SpruchG Rdn. 6). Zur Frage, wie sich Übertragung der Aktien während des Verfahrens auf die Antragsbefugnis auswirkt vgl. *Hüffer* Anh § 305 § 3 SpruchG Rdn. 5 mwN. auch zur Rspr. Zum Missbrauch der Antragsbefugnis vgl. *Hüffer* Anh § 305 § 3 SpruchG Rdn. 8f. mwN.

7. Die Verfahrensregeln sind in §§ 7ff. SpruchG enthalten; ergänzend gilt das FamFG (§ 17 Abs. 1 SpruchG). Der Amtsermittlungsgrundsatz ist durch §§ 9 und 10 SpruchG, die eine aktive Verfahrensförderungspflicht und eine Sanktionierung bei deren Missachtung vorsehen, erheblich eingeschränkt. Vergleiche sind ausdrücklich zugelassen (§ 11 Abs. 2 SpruchG).

8. Der Beherrschungsvertrag kann unter den Voraussetzungen des § 305 Abs. 2 Nr. 2 AktG nach Wahl des herrschenden Unternehmens eine Abfindung entweder durch Gewährung von Aktien der herrschenden oder mit Mehrheit beteiligten Gesellschaft oder eine Barabfindung vorsehen. Hier haben sich die Unternehmen für eine Barabfindung entschieden. Zur Bemessung der Barabfindung vgl. *Hüffer* § 305 Rdn. 26 ff. Bei der Bemessung ist auch der Börsenkurs zu berücksichtigen (BVerfG NJW 1999, 3769 = ZIP 1999, 1436; BGHZ 147, 108, 115; vgl. dazu *Hüffer* § 305 Rdn. 24 a ff.). Die hM. stellt dabei auf einen Durchschnittskurs einer Referenzperiode ab (BGHZ 147, 108, 117 ff. = NJW 2001, 2080; BayObLG FGPrax 2001, 215, 217; OLG Stuttgart NZG 2000, 744; *Hüffer* § 305 Rdn. 24 d; aA. OLG Düsseldorf AG 2000, 422, das auf den Stichtagskurs abstellt). Bezüglich der maßgeblichen Referenzperiode sind sowohl Beginn als auch Dauer umstritten (vgl. zum Meinungsstand *Hüffer* § 305 Rdn. 24 e ff.).

Kosten und Gebühren

Schuldner der Gerichtskosten ist grundsätzlich der Antragsgegner (§ 15 Abs. 2 S. 1 SpruchG). Die Kosten können ganz oder teilweise auch den Antragstellern auferlegt werden (§ 15 Abs. 2 S. 2 SpruchG; vgl. hierzu *Hüffer* Anh § 305 § 15 SpruchG Rdn. 4). Zu den außergerichtlichen Kosten vgl. § 15 Abs. 4 SpruchG und hierzu *Hüffer* Anh § 305 § 15 SpruchG Rdn. 6. § 31 RVG knüpft den Gegenstandswert als Bruchteilswert in Abhängigkeit der Anzahl der Anteile des einzelnen Antragstellers zur Anzahl der Anteile aller Antragsteller an den Geschäftswert für die Gerichtsgebühren und sieht einen minimalen Gegenstandswert von EUR 5.000,– vor (siehe hierzu auch *Hüffer* Anh § 305 § 15 SpruchG Rdn. 7 f.).

Rechtsmittel und Fristen

Siehe § 4 SpruchG: Antragstellung binnen drei Monaten seit dem Tage, an dem die Eintragung des Bestehens oder einer unter § 295 Abs. 2 AktG fallenden Änderung des Vertrags im Handelsregister nach § 10 HGB als bekanntgemacht gilt (hierzu *Hüffer* Anh § 305 § 4 SpruchG Rdn. 2 ff.). Gegen die landgerichtliche Entscheidung ist die Beschwerde möglich (§ 12 Abs. 1 SpruchG).

24. Antrag auf Feststellung der Unbedenklichkeit nach § 16 Abs. 3 UmwG

An das
Oberlandesgericht[1] ......

Antrag

der X-AG,
vertreten durch den Vorstand, nämlich ......
und den Aufsichtsrat, nämlich ......

(Antragstellerin)[2]

Verfahrensbevollmächtigter: ...... gegen

......

(Antragsgegner)[3]

Verfahrensbevollmächtigter: ......

auf Feststellung nach § 16 Abs. 3 UmwG,[4] dass die Erhebung der Unwirksamkeitsklage der Eintragung des Verschmelzungsbeschlusses nicht entgegensteht.

Namens und mit Vollmacht der Antragstellerin beantrage ich:

I. Es wird festgestellt, dass die Erhebung der Anfechtungsklage (Az. des LG ......: ....../......) gegen den Verschmelzungsbeschluss in der Hauptversammlung

der Antragstellerin vom 8. Dezember 20...... der Eintragung der Verschmelzung im Handelsregister nicht entgegensteht.[5]

II. Der Antragsgegner trägt die Kosten des Verfahrens.

Zur

Begründung

trage ich vor:

I.

1. Die Vorstände der Antragstellerin und der Y-AG haben am 24. September 20...... einen Vertrag über die Verschmelzung der Antragstellerin mit der Y-AG durch Aufnahme der Y-AG in die Antragstellerin abgeschlossen (nachfolgend „Verschmelzungsvertrag"). Der Verschmelzungsvertrag wurde den Hauptversammlungen der Antragstellerin am 8. Dezember 20...... sowie der Y-AG am 10. Dezember 20...... zur Zustimmung vorgelegt. Die Hauptversammlung der Antragstellerin fasste mit einer Mehrheit von über drei Vierteln[6] des bei der Beschlussfassung vertretenen Grundkapitals den Beschluss, dem Verschmelzungsvertrag zuzustimmen (nachfolgend „Verschmelzungsbeschluss"). Die Hauptversammlung der Y-AG fasste ebenfalls mit einer Mehrheit von über drei Vierteln des bei der Beschlussfassung vertretenen Grundkapitals den Beschluss, dem Verschmelzungsvertrag zuzustimmen.
2. Der Antragsgegner ist Aktionär der Antragstellerin mit insgesamt 20 Inhaberaktien im Nennbetrag von jeweils EUR 50,–. Er hat mit Klagschrift vom 7. Januar 20......, Einreichung beim Landgericht ...... am selben Tage, Anfechtungsklage gegen den Verschmelzungsbeschluss erhoben.[7] Dieser Rechtsstreit wird bei dem Landgericht ...... unter dem Az.: ....../...... geführt (nachfolgend „Hauptsacheverfahren").
3. Zum Sachverhalt nehme ich in vollem Umfang Bezug auf den Vortrag der Antragstellerin als Beklagte im Hauptsacheverfahren und beantrage vorsorglich die Beiziehung der Akten des Hauptsacheverfahrens.
   Ich weise darauf hin, dass im Hauptsacheverfahren von der Antragstellerin Kopien des Verschmelzungsvertrages und des Verschmelzungsbeschlusses als Anlagen B 1 und B 2 vorgelegt wurden.
4. Der Antragsgegner stützt seine Anfechtungsklage im Hauptsacheverfahren einzig auf die von ihm nicht weiter substantiierte Behauptung, das im Verschmelzungsvertrag (dort unter § 2) gewählte Umtauschverhältnis von je einer Inhaberaktie der Antragstellerin im Nennbetrag von jeweils EUR 50,– nebst einer baren Zuzahlung in Höhe von EUR 0,40 je Inhaberaktie der Y-AG im Nennbetrag von EUR 50,– für je drei Inhaberaktien der Y-AG im Nennbetrag von je EUR 50,– sei zumindest um den Betrag der baren Zuzahlung zu hoch, mithin zu Lasten der Aktionäre der Antragstellerin unangemessen.[8] Dies ist offensichtlich nicht zutreffend. Zur Begründung verweise ich auf den Vortrag der Antragstellerin im Hauptsacheverfahren (dort S. 12 bis 20 der Klagerwiderung) sowie auf das im Hauptsacheverfahren von der Antragstellerin als Anlage B 3 vorgelegte Gutachten der XYZ-Wirtschaftsprüfungsgesellschaft mbH vom 17. September 20...... Zur weiteren Begründung der Angemessenheit des im Verschmelzungsvertrag vorgesehenen Umtauschverhältnisses und deren Glaubhaftmachung[9] lege ich als

   – Anlage ASt 1 –

   die eidesstattliche Versicherung des Vorstands A der Antragstellerin sowie als

   – Anlage ASt 2 –

   die eidesstattliche Versicherung des Vorstands B der Y-AG vor.
5. Wenn die Verschmelzung der Antragstellerin und der Y-AG nicht alsbald wirksam wird, ist dies mit gravierenden Nachteilen für die Antragstellerin und die Y-AG sowie

die Aktionäre beider Gesellschaften verbunden[10]. Zur Darlegung dieser Nachteile verweise ich auf das als

– Anlage ASt 3 –

beigefügte Gutachten der XYZ-Wirtschaftsprüfungsgesellschaft mbH vom 26. Januar 20...... Zur Glaubhaftmachung der Tatsachen, auf die sich dieses Gutachten stützt, nehme ich Bezug auf den zweiten Teil der eidesstattlichen Versicherungen des Vorstands A der Antragstellerin sowie des Vorstands B der Y-AG (Anlagen ASt 1 und ASt 2). Von Bedeutung ist insbesondere die durch den Inhalt der Anlagen ASt 1, ASt 2 und ASt 3 dargelegte und glaubhaftgemachte Tatsache, dass der bei der Y-AG vorhandene Verlustvortrag nur dann noch für dieses Jahr steuerlich wirksam werden kann, wenn die Eintragung der Verschmelzung in das Handelsregister der Antragstellerin bis zum 31. Dezember 20...... stattfindet. Von ganz erheblichem Gewicht sowohl für die Antragstellerin, wie für die Y-AG sind zudem die in den Anlagen ASt 1, ASt 2 und ASt 3 dargelegten und glaubhaftgemachten laufenden nachteiligen Auswirkungen der hängenden Verschmelzung (ausbleibende Synergieeffekte, Abwanderung verunsicherten Personals);[11] zu den hieraus abzuleitenden zu erwartenden mittelbaren Vermögensnachteilen der Aktionäre der Antragstellerin und der Y-AG siehe das Gutachten der XYZ-Wirtschaftsprüfungsgesellschaft vom 26. Januar 20...... (Anlage ASt 3).

II.

1. **Der Antrag ist zulässig. Das angerufene Gericht ist als Oberlandesgericht, in dessen Bezirk die Gesellschaft ihren Sitz hat, zur Entscheidung über den Antrag zuständig. Die Antragstellerin ist als im Hauptsacheverfahren beklagte Rechtsträgerin antragsbefugt, richtiger Antragsgegner ist der Kläger des Hauptsacheverfahrens.**
2. **Der Antrag ist nach § 16 Abs. 3 S. 3 Nr. 1, 2. Alt. und Nr. 3 UmwG begründet.[12] Die Klage des Antragsgegners im Hauptsacheverfahren ist offensichtlich unbegründet; siehe oben unter I. 4.[13] Das alsbaldige Wirksamwerden der Verschmelzung erscheint im Übrigen zur Abwendung der von der Antragstellerin (oben unter I. 5.) dargelegten wesentlichen Nachteile für die an der Verschmelzung beteiligten Rechtsträger und ihre Anteilsinhaber gegenüber allen denkbaren Nachteilen für den Antragsgegner vorrangig.[14] Wenn das Umtauschverhältnis tatsächlich zu Lasten der Aktionäre der Antragstellerin unangemessen sein sollte, so würde dies allenfalls einen geringen Vermögensnachteil für den Antragsgegner bedeuten. Dieser Vermögensnachteil würde im Vergleich zu den durch die verzögerte Eintragung des Verschmelzungsbeschlusses im Handelsregister entstehenden Nachteilen für die Antragstellerin und die Y-AG sowie sämtliche Aktionäre beider Gesellschaften nicht ins Gewicht fallen. Im Übrigen verbliebe dem Antragsgegner in dem Fall, in dem sich das Umtauschverhältnis tatsächlich als unangemessen zu Lasten der Aktionäre der Antragstellerin erweisen sollte, der Schadensersatzanspruch nach § 16 Abs. 3 S. 10 UmwG.[15]**

Rechtsanwalt

Anmerkungen

1. Der Antrag nach § 16 Abs. 3 UmwG ist an das Oberlandesgericht, in dessen Bezirk die Gesellschaft ihren Sitz hat, zu richten (§ 16 Abs. 3 S. 7 UmwG). Es entscheidet ein Senat, eine Übertragung auf den Einzelrichter ist ausgeschlossen (§ 16 Abs. 3 S. 7 und 8 UmwG).

2. Antragsbefugt ist nur der im Hauptsacheverfahren beklagte Rechtsträger, gegen dessen Verschmelzungsbeschluss sich die Klage richtet (§ 16 Abs. 3 S. 1 UmwG). An-

tragsbefugt sind daher weder die übrigen an der Verschmelzung beteiligten Rechtsträger, noch die Anteilsinhaber (vgl. *Lutter/Bork* UmwG § 16 Rdn. 18; *Semler/Stengel/Schwanna* § 16 Rdn. 23). Auch der Erlass eines Unbedenklichkeitsbeschlusses von Amts wegen ist ausgeschlossen; es gilt die Dispositionsmaxime (siehe *Lutter/Bork* UmwG § 16 Rdn. 18). Der Antrag sollte vorsorglich von Vorstand und Aufsichtsrat gemeinsam gestellt werden (mit guten Gründen für Vertretung allein durch Vorstand: OLG Karlsruhe AG 2007, 284 mwN., auch zur Gegenauffassung). Das Gesetz lässt die Frage, ob eine Doppelvertretung erforderlich ist, zwar offen; das Unbedenklichkeitsverfahren steht jedoch notwendig mit einer Anfechtungsklage, bei der die Doppelvertretung gem. § 246 Abs. 2 S. 2 AktG zwingend vorgeschrieben ist (vgl. auch Form. II. K. 21 Anm. 2), im Zusammenhang. Daher sollte vorsorglich vom Erfordernis einer Doppelvertretung ausgegangen werden.

3. Antragsgegner ist der im Hauptsacheverfahren klagende Anteilsinhaber (vgl. *Lutter/Bork* UmwG § 16 Rdn. 18; *Semler/Stengel/Schwanna* § 16 Rdn. 23). § 82 ZPO findet gemäß § 16 Abs. 3 S. 2 UmwG Anwendung, sodass die Zustellung an den Prozessbevollmächtigten des Hauptverfahrens möglich ist.

4. Das Unbedenklichkeitsverfahren nach § 16 Abs. 3 UmwG ist ein Verfahren sui generis, das als summarisches Verfahren neben dem Hauptsacheverfahren auf Antrag eine Rechtsschutzmöglichkeit für den Rechtsträger, gegen dessen Verschmelzungsbeschluss sich die Klage richtet, eröffnet. Soweit § 16 Abs. 3 UmwG keine Sonderregelungen trifft, sind auf das Verfahren gemäß § 16 Abs. 3 S. 2 UmwG die im ersten Rechtszug für das Verfahren vor den Landgerichten geltenden Vorschriften der ZPO anwendbar. In den überwiegenden Fällen setzt das Verfahren nach § 16 Abs. 3 UmwG eine mündliche Verhandlung voraus; jedoch ist es möglich, dass das Gericht in wohl nur selten vorliegenden dringenden Fällen auch im schriftlichen Verfahren entscheidet, § 16 Abs. 3 S. 4 UmwG (siehe hierzu *Lutter/Bork* UmwG § 16 Rdn. 31).

Die §§ 125, 176f. und 198 Abs. 3 UmwG verweisen auf § 16 Abs. 3 UmwG und erweitern damit ausdrücklich den Anwendungsbereich des umwandlungsrechtlichen Freigabeverfahrens. Weitere, aktienrechtliche, Freigabeverfahren sind in § 246a AktG (betreffend Maßnahmen der Kapitalbeschaffung und -herabsetzung sowie Unternehmensverträge), § 319 Abs. 6 AktG (betreffend die Eingliederung) und § 327e Abs. 2 AktG (betreffend den Ausschluss von Minderheitsaktionären) bestimmt.

5. Ein rechtskräftiger Unbedenklichkeitsbeschluss nach § 16 Abs. 3 UmwG ersetzt als Voraussetzung der Eintragung der Verschmelzung im Register die Erklärung der Vertretungsorgane des Rechtsträgers nach § 16 Abs. 2 UmwG bei der Anmeldung, dass eine Klage gegen die Wirksamkeit des Verschmelzungsbeschlusses nicht oder nicht fristgemäß erhoben oder eine solche Klage rechtskräftig abgewiesen oder zurückgenommen worden ist. Liegen weder die Voraussetzungen des § 16 Abs. 2 UmwG (Negativattest oder Verzichtserklärung) noch diejenige des § 16 Abs. 3 UmwG (rechtskräftiger Unbedenklichkeitsbeschluss) vor, hat das Registergericht das Eintragungsverfahren analog § 21 Abs. 1 FamFG bis zur Erledigung des Hauptsacheverfahrens über die Unwirksamkeitsklage oder zum Erlass eines Unbedenklichkeitsbeschlusses auszusetzen (siehe *Lutter/Bork* UmwG § 16 Rdn. 6).

Die Rechtskraft des Unbedenklichkeitsbeschlusses hat keine Auswirkungen auf das Hauptsacheverfahren, führt also insbesondere selbst dann, wenn die Verschmelzung infolge des Unbedenklichkeitsbeschlusses in das Register eingetragen wird, grundsätzlich nicht zur Erledigung der Hauptsache (siehe OLG Düsseldorf ZIP 2001, 1717, 1722; *Lutter/Bork* UmwG § 16 Rdn. 38).

6. Der Verschmelzungsbeschluss der Hauptversammlung bedarf einer Mehrheit, die mindestens drei Viertel des bei der Beschlussfassung vertretenen Grundkapitals umfasst, § 65 Abs. 1 UmwG.

7. § 14 Abs. 1 UmwG sieht einheitlich für alle Klagen, die sich gegen die Wirksamkeit eines Verschmelzungsbeschlusses richten, eine einmonatige Klagefrist vor. Damit soll eine möglichst rasche Klarheit über die Bestandskraft des Verschmelzungsbeschlusses erreicht werden. Es kommt daher insbesondere nicht darauf an, ob es sich um eine aktientrechtliche Nichtigkeits- oder – wie vorliegend im Hauptsacheverfahren – Anfechtungsklage handelt (vgl. *Lutter/Bork* UmwG § 14 Rdn. 5). Dagegen kann ein Spruchverfahren etwa zur Überprüfung einer Abfindung innerhalb von drei Monaten angestrengt werden, § 4 Abs. 1 SpruchG (vgl. im Einzelnen Form. II. K. 23).

8. Die Anteilsinhaber des übernehmenden Rechtsträgers können im Gegensatz zu den Anteilsinhabern des übertragenden Rechtsträgers, für die § 14 Abs. 2 UmwG gilt (vgl. OLG Düsseldorf ZIP 1999, 793, 794; OLG Hamm ZIP 1999, 798), die Wirksamkeit ihres Verschmelzungsbeschlusses mit der Begründung in Frage stellen, das Umtauschverhältnis sei zu ihren Lasten unangemessen (vgl. BGHZ 112, 9, 19; OLG Stuttgart AG 2003, 456, 457; *Lutter/Bork* UmwG § 14 Rdn. 14 mwN.).

9. Der Antragsteller hat in seinem Antrag die entscheidungserheblichen Tatsachen glaubhaft zu machen. Es gilt § 294 ZPO. Damit kann sich der Antragsteller aller Beweismittel bedienen, einschließlich eidesstattlicher Versicherungen (§ 294 Abs. 1 ZPO). Statthaft ist aber nur eine Beweisaufnahme, die sofort erfolgen kann, daher müssen sämtliche Beweismittel präsent sein (§ 294 Abs. 2 ZPO, siehe *Lutter/Bork* UmwG § 16 Rdn. 30; *Semler/Stengel/Schwanna* § 16 Rdn. 26). Im Hauptsacheverfahren unstreitige Tatsachen müssen nicht glaubhaft gemacht werden (vgl. *Lutter/Bork* UmwG § 16 Rdn. 30).

10. Ausreichend ist, dass entweder der Antragstellerin oder einem ihrer Anteilsinhaber Nachteile drohen (§ 16 Abs. 3 S. 3 Nr. 3 UmwG, vgl. zur Vorgängerfassung dieser Bestimmung [vor Inkrafttreten des Gesetzes zur Umsetzung der Aktionärsrechterichtlinie – ARUG – im Jahr 2009] OLG Düsseldorf DNotZ 2002, 308, 313; LG Frankfurt/M. Betr. 2003, 1726, 1727).

11. Vgl. zu diesem Sachverhalt OLG Düsseldorf ZIP 1999, 793, 798; OLG Stuttgart ZIP 1997, 75, 77; OLG Frankfurt ZIP 1996, 379, 381.

12. Begründet ist der Antrag auf Erlass eines Unbedenklichkeitsbeschlusses, „wenn 1. die Klage unzulässig oder offensichtlich unbegründet ist oder 2. der Kläger nicht binnen einer Woche nach Zustellung des Antrags durch Urkunde nachgewiesen hat, dass er seit Bekanntmachung der Einberufung einen anteiligen Betrag von mindestens 1.000,– Euro hält oder 3. das alsbaldige Wirksamwerden der Verschmelzung vorrangig erscheint, weil die vom Antragsteller dargelegten wesentlichen Nachteile für die an der Verschmelzung beteiligten Rechtsträger und ihre Anteilsinhaber nach freier Überzeugung des Gerichts die Nachteile für den Antragsgegner überwiegen, es sei denn, es liegt eine besondere Schwere des Rechtsverstoßes vor." (§ 16 Abs. 3 S. 3 UmwG; siehe zum Stand in Rechtsprechung und Literatur betreffend die zum Teil wortgleiche Vorgängerfassung vor Inkrafttreten des ARUG *Lutter/Bork* § 16 Rdn. 20 ff.).

13. Der Unbedenklichkeitsbeschluss ist – wie vorliegend – möglich, wenn die geltend gemachten Beschlussmängel (offensichtlich) nicht vorliegen, der Beschluss also rechtmäßig ist (siehe OLG Düsseldorf DNotZ 2002, 308; OLG Frankfurt ZIP 2000, 1928; OLG Düsseldorf ZIP 1999, 793; OLG Hamm ZIP 1999, 798; *Lutter/Bork* UmwG § 16 Rdn. 21). „Offensichtlich unbegründet" im Sinne des § 16 Abs. 3 S. 3 UmwG kann die Klage im Übrigen aber auch dann sein, wenn sie wegen Rechtsmissbrauchs als unbegründet abzuweisen ist (siehe OLG Frankfurt ZIP 1996, 379, 380; OLG Stuttgart AG 2001, 315, 316; siehe zur Unbegründetheit rechtsmissbräuchlicher Anfechtungsklagen BGHZ 112, 9, 23 f.: „Rechtsmissbrauch steht niemals unter dem Schutz des Gesetzes"; dazu auch BGH ZIP 1990, 168, 171; OLG Stuttgart ZIP 2001, 315, 316; MünchKomm. AktG/*Hüffer* § 245 Rdn. 47 ff.).

14. Zu fragen ist, ob die mit dem Aufschub der Eintragung verbundenen Nachteile gegenüber den Nachteilen für den Antragsgegner so schwer wiegen, dass gerechtfertigt ist, den unterstellten Mangel zu vernachlässigen, die Verschmelzung dennoch einzutragen und den Antragsgegner auf Schadensersatzansprüche zu verweisen. Seit Inkrafttreten des Gesetzes zur Umsetzung der Aktionärsrechterichtlinie (ARUG) im Jahr 2009 kommt es gemäß der ausdrücklichen Regelung in § 16 Abs. 3 S. 3 Nr. 3 UmwG bei der Abwägung nur noch auf die Nachteile für den Antragsgegner, nicht auch auf andere Nachteile an (vgl. zur Vorgängerfassung *Lutter/Bork* UmwG § 16 Rdn. 24 f.). Als Beispiel wird in der Begründung des Regierungsentwurfs des UmwG (*Schaumburg/Rödder* UmwG/UmwStG § 16 UmwG Rdn. 17) angeführt, dass die „in der Vergangenheit bei Klagen häufig geltend gemachte Behauptung, das Umtauschverhältnis sei nicht ausreichend begründet und erläutert worden, im Einzelfall als geringfügig angesehen werden" kann (vgl. hierzu mittlerweile auch § 243 Abs. 4 AktG). Zur Berücksichtigung von erwarteten Synergieeffekten und Steuervorteilen vgl. OLG Düsseldorf DNotZ 2002, 308, 313 f.; OLG Stuttgart AG 2003, 456, 460.

15. Erweist sich die Klage als begründet, so ist der Antragsteller verpflichtet, dem Antragsgegner den Schaden zu ersetzen, der ihm aus einer auf dem Beschluss beruhenden Eintragung der Verschmelzung entstanden ist; als Ersatz des Schadens kann nicht die Beseitigung der Wirkungen der Eintragung der Verschmelzung im Register des Sitzes des übernehmenden Rechtsträgers verlangt werden (§ 16 Abs. 3 S. 10 UmwG).

Kosten und Gebühren

Die Kosten sind nicht Teil der Kosten der Hauptsache, denn das Unbedenklichkeitsverfahren ist ein Verfahren sui generis mit eigenem Streitgegenstand. Daher muss der Unbedenklichkeitsbeschluss selbst eine Kostenentscheidung enthalten (siehe *Lutter/Bork* UmwG § 16 Rdn. 35).

Streitwert: § 16 Abs. 3 S. 2 iVm. § 247 AktG; danach bestimmt das Oberlandesgericht den Streitwert unter Berücksichtigung aller Umstände des einzelnen Falles, insbesondere der Bedeutung der Sache für die Parteien, nach billigem Ermessen (grundsätzlich Streitwertkappung bei Zehntel des Grundkapitals bzw. 500.000,– Euro; zur Streitwertspaltung siehe Formular II. K. 21, Anm. 9).

Gerichtsgebühr: Eine volle Gebühr, siehe Nr. 1650 Kostenverzeichnis GKG.

Rechtsanwaltsgebühren: 1,3 Verfahrensgebühren (Nr. 3100 V-RVG); 0,75 Terminsgebühren (Nr. 3325 VV-RVG).

Fristen und Rechtsmittel

Der Erlass eines Unbedenklichkeitsbeschlusses kann erst „nach Erhebung einer Klage" gegen die Wirksamkeit eines Verschmelzungsbeschlusses beantragt werden (§ 16 Abs. 3 S. 1 UmwG).

Nach § 16 Abs. 3 S. 5 UmwG soll der Beschluss spätestens drei Monate nach Antragstellung ergehen. Das Unbedenklichkeitsverfahren kennt nur eine Instanz, der Beschluss des Oberlandesgerichts ist gemäß § 16 Abs. 3 Satz 9 UmwG unanfechtbar.

25. Klage auf Schadensersatz nach § 37b Abs. 1 Nr. 1 WpHG[1]

An das Landgericht[2]

Klage

des ...... (Klägers)

Prozessbevollmächtigte: ......
gegen

die ...... AG[3] vertreten durch den Vorstand[4], ... (Beklagte)

wegen Schadensersatz gemäß § 37b Abs. 1 Nr. 1 WpHG[5]

Streitwert: EUR 17.270

Namens und mit Vollmacht des Klägers erhebe ich Klage und werde beantragen:

I. Der Beklagte wird verurteilt, an den Kläger EUR 17.270,– nebst 5% Zinsen über dem jeweils gültigen Basiszinssatz hieraus seit Klageerhebung zu bezahlen.

II. Die Beklagte trägt die Kosten des Rechtsstreits.

Zur

Begründung

trage ich vor:

I.

Die Beklagte ist eine Aktiengesellschaft mit Sitz in ......, deren Aktien unter anderem an der Frankfurter Wertpapierbörse zum Handel zugelassen sind[6].

Der Kläger erwarb am 2. 9. 20...... über die Börse 1000 Stück Inhaberaktien der Beklagten zum Kurs von EUR 45,– je Stück. Die Kosten für den Erwerb beliefen sich auf EUR 150,–.
Beweis: Vorlage einer Bankbescheinigung

Am 5. 9. 20...... um 16:00 Uhr veröffentlichte die überwiegend auf dem Gebiet der Wartung von Computer-Hardware und Software tätige Beklagte eine ad hoc-Mitteilung folgenden Inhalts:

„Der bislang zwischen der ...... AG und der X-GmbH bestehende Vertrag über die regelmäßige Wartung aller Computer-Hardwaregeräte in deren Haus sowie die Wartung der zugehörigen Software ist von der X-GmbH mit sofortiger Wirkung gekündigt worden. Aus diesem Vertrag wurden bei überdurchschnittlich hohen Gewinnmargen bislang ca. 30% der Umsatzerlöse der ...... AG erzielt. Aufgrund dessen steht zu erwarten, dass die auf der Bilanzpressekonferenz vom 1. 6. dieses Jahres avisierten wirtschaftlichen Ziele verfehlt werden“. Der Kläger hat von der Kündigung erstmals durch diese Mitteilung Kenntnis erlangt. Bei Kenntnis dieser Tatsache am 2. 9. 20...... hätte der Kläger die Aktien der Beklagten nicht erworben.

Der Börsenkurs der Beklagten fiel nach Veröffentlichung dieser Mitteilung bis zum Börsenschluss am selben Tag von zuvor EUR 45,– auf EUR 28,–.

Nachdem der Kläger von der in der ad hoc-Mitteilung mitgeteilten Tatsache Kenntnis erlangt hatte, ging er davon aus, dass die wirtschaftliche Entwicklung der Beklagten weit hinter seinen bisherigen Erwartungen zurückbleiben würde und daher eine Beteiligung an der Gesellschaft nicht mehr sinnvoll sei. Am darauf folgenden Tag, dem 6. 9. 20......, veräußerte er daraufhin umgehend die am 2. 9. 20...... erworbenen 1000 Stück Inha-

beraktien der Beklagten über die Börse zu einem Kurs von ebenfalls EUR 28,– je Stück. Die Kosten für die Veräußerung betrugen EUR 120,–.

Beweis: Vorlage einer Bankbescheinigung

Auf der Hauptversammlung der Beklagten am 8. 10. 20...... teilte der Vorstand der Beklagten mit, die Kündigung des Hardware- und Software-Wartungsvertrages durch die X-GmbH sei zum 23. 8. 20...... erfolgt. Die Kündigungserklärung sei der Beklagten am selben Tag zugegangen.

Beweis: beglaubigte Abschrift des Protokolls der Hauptversammlung der Beklagten vom 8. 10. 20......

II.

Die Beklagte ist dem Kläger gem. § 37b WpHG zum Ersatz des durch die Unterlassung der unverzüglichen Veröffentlichung einer Mitteilung über die Kündigung des Wartungsvertrages durch die X-AG am 23. 8. 20...... entstandenen Schadens verpflichtet. Die Kündigung stellt einen nicht öffentlich bekannten Umstand dar, der sich auf einen Emittenten eines Insiderpapiers iSd. § 12 WpHG bezieht und der geeignet ist, im Falle des Bekanntwerdens den Börsenpreis erheblich zu beeinflussen[7], wie sich bereits an dem Kursverfall am Tage des Bekanntwerdens der Kündigung zeigt. Sie ist mithin eine Insiderinformation im Sinne des § 13 Abs. 1 WpHG. Die Beklagte hätte folglich gem. § 15 WpHG unverzüglich eine Mitteilung über diese Tatsache veröffentlichen müssen. Die Tatsache wurde jedoch erst vierzehn Tage später durch die ad hoc-Mitteilung vom 5. 9. 20...... veröffentlicht.

Die Unterlassung der unverzüglichen Mitteilung erfolgte zumindest grob fahrlässig. Die Beweislast dafür, dass die Unterlassung nicht auf Vorsatz oder grober Fahrlässigkeit beruhte, obliegt nach § 37b Abs. 2 WpHG dem mitteilungspflichtigen Emittenten, hier also der Beklagten[8]. Zum Zeitpunkt des Anteilserwerbs hatte der Kläger keine Kenntnis von der Kündigung durch die X-GmbH[9].

Wäre die Beklagte ihrer Pflicht zur unverzüglichen Mitteilung nachgekommen, hätte der Kläger am 2. 9. 20...... die Aktien der Beklagten nicht erworben. Infolgedessen hätte er den durch Veräußerung realisierten Kursverlust von EUR 17,– je Aktie zum 6. 9. 20...... nicht hinnehmen müssen[10]. Außerdem wären ihm die Kosten für den Erwerb in Höhe von EUR 150,– sowie für die Veräußerung in Höhe von EUR 120,– erspart geblieben. Dem Kläger ist somit durch die Unterlassung der unverzüglichen Mitteilung der streitgegenständlichen Tatsache ein Schaden von insgesamt EUR 17.270,– entstanden. Mit der Klage verfolgt der Kläger den Ersatz dieses Schadens durch die Beklagte.

Der geltend gemachte Zinsanspruch ergibt sich aus § 291 iVm. § 288 Abs. 1 BGB.

Anmerkungen

1. Hier dargestellt wird die Klage auf Schadensersatz wegen unterlassener unverzüglicher Veröffentlichung von Insiderinformationen bei Erwerb der Wertpapiere nach Unterlassung der Veröffentlichung gemäß § 37b Abs. 1 Nr. 1 WpHG. Das WpHG gewährt in §§ 37b, c auf der Grundlage anderer Sachverhaltskonstellationen weitere Schadensersatzansprüche des Anlegers gegen den Emittenten. § 37b Abs. 1 Nr. 2 WpHG gewährt demjenigen einen Schadensersatzanspruch, der Wertpapiere vor dem Eintritt eines (den Kurs positiv beeinflussenden) Umstands erwirbt und nach der Unterlassung der Veröffentlichung des Umstands, jedoch vor dessen Bekanntwerden, veräußert; in dieser Fallgestaltung veräußert der Anleger die Wertpapiere zu einem „zu niedrigen" Preis. Für entsprechende Fallkonstellationen bei Veröffentlichung unwahrer Insiderinformationen in einer ad hoc-Mitteilung gewähren § 37c Abs. 1 Nr. 1 und Nr. 2 WpHG Schadensersatzansprüche. Die §§ 37b, 37c WpHG wurden neu eingefügt durch das Gesetz zur weiteren Fortentwicklung des Finanzplatzes Deutschland (4. Finanzmarktförderungsgesetz vom 21. Juni 2002, BGBl. I. 2002, 2010; vgl. hierzu *Barnert* WM 2002, 1473, 1481 ff.; *Hutter/Leppert* NZG 2002, 649 ff.; *Reichert/Weller* ZRP 2002, 49, 54 ff.; *Rössner/Bolkart* ZIP 2002, 1471 ff.) und durch das Gesetz zur Verbesserung des Anlegerschutzes (Anlegerschutzverbesserungsgesetz vom 28. 10. 2004, BGBl. I 2004, 2630; vgl. hierzu *Cahn* Konzern 2005, 5 ff.; *Diekmann/Sustmann* NZG 2004, 929 ff.; *Spindler* NJW 2004, 3449 ff.) modifiziert. Durch das Gesetz zur Einführung von Kapitalanleger-Musterverfahren vom 16. August 2005, BGBl. I. 2005, 2437 wurde das sog. Kapitalanleger-Musterverfahrensgesetz (KapMuG) geschaffen, welches ua. in den vorliegend relevanten Fällen, in denen ein Schadensersatzanspruch wegen falscher, irreführender oder unterlassener öffentlicher Kapitalmarktinformation geltend gemacht wird, die Möglichkeit der Durchführung eines Musterverfahrens zur Feststellung des Vorliegens oder Nichtvorliegens anspruchsbegründender oder anspruchsausschließender Voraussetzungen oder zur Klärung von Rechtsfragen eröffnet (§ 1 Abs. 1 S. 1 Nr. 1 KapMuG). Nach der Bekanntmachung des Musterverfahrens im Klageregister durch das OLG (§ 6 KapMuG) sind alle weiteren Verfahren, deren Entscheidung von der im Musterverfahren zu treffenden Feststellung oder der darin zu klärenden Rechtsfrage abhängt (§ 16 KapMuG), auszusetzen (§ 7 KapMuG).

2. Bei auf die §§ 37b und 37c WpHG gestützten Klagen bestimmt sich die sachliche Zuständigkeit nach § 71 Abs. 2 Nr. 3 GVG. Danach sind die Landgerichte ohne Rücksicht auf den Streitwert für alle Streitigkeiten, mit denen Schadensersatz aufgrund falscher, irreführender oder unterlassener öffentlicher Kapitalmarktinformationen begehrt wird, zuständig (vgl. *Assmann/Schneider/Sethe* WpHG §§ 37b, 37c Rdn. 137). Zuständig sind die Zivilkammern, nicht die Kammer für Handelssachen. Eine Zuständigkeit der Kammer für Handelssachen nach § 95 Abs. 1 Nr. 4a GVG ist nicht gegeben, da es sich nicht um einen Anspruch aus einem Rechtsverhältnis zwischen einer Handelsgesellschaft (der AG) und ihren Mitgliedern (dem Aktionär) handelt. Zum einen ist die Pflicht zur Veröffentlichung und Mitteilung kursbeeinflussender Umstände nach § 15 WpHG originär dem Kapitalmarktrecht und nicht dem Gesellschaftsrecht zuzurechnen (vgl. auch *Assmann/Schneider/Sethe* WpHG § 37b, 37c Rdn. 18, 23: deliktischer Tatbestand). Zum anderen ist der Anleger erst nach der die Schadensersatzpflicht auslösenden Unterlassung in das gesellschaftsrechtliche Verhältnis eingetreten. Nach § 95 Abs. 1 Nr. 4a GVG besteht die Zuständigkeit der Kammer für Handelssachen zwar auch dann, wenn das Gesellschaftsverhältnis – wie hier durch Veräußerung der Aktien – bereits aufgelöst ist. Eine entsprechende Regelung für den Fall, dass das Gesellschaftsverhältnis erst nach Eintritt des anspruchsbegründenden Umstands entsteht, enthält das Gesetz jedoch nicht. Die örtliche Zuständigkeit regelt § 32b Abs. 1 Satz 1 Nr. 1 ZPO. Für derartige Klagen ist das Gericht am Sitz des betroffenen Emittenten ausschließlich zuständig. Als Sitz des Emittenten gilt gemäß § 17 Abs. 1 Satz 1 ZPO der in der Satzung genannte Sitz, hilfsweise der Ort, an dem seine Verwaltung geführt wird (§ 17 Abs. 1 Satz 2 ZPO). Die Landesregierungen sind gemäß § 32b Abs. 2 ZPO ermächtigt, durch Rechtsverordnung die genannten Klagen bei einem Landgericht für die Bezirke mehrerer Landgerichte zu konzentrieren (vgl. zur örtlichen Zuständigkeit *Assmann/Schneider/Sethe* WpHG § 37b, 37c Rdn. 137).

3. Die Schadenersatzforderung ist, wie in der Literatur kritisiert (vgl. *Hutter/Leppert* NZG 2002, 649, 654; *Rössner/Bolkart* ZIP 2002, 1471, 1476 jeweils mwN.), gegen die Gesellschaft selbst und nicht gegen den Vorstand gerichtet (*Assmann/Schneider/Sethe* WpHG §§ 37b, 37c Rdn. 34). Auch über den Regressanspruch der Gesellschaft gegen Vorstandsmitglieder, für den § 37b Abs. 6 WpHG eine Regelung enthält, kann keine Durchgriffshaftung des Vorstandes gegenüber dem geschädigten Anleger hergeleitet werden. Allerdings kann die Verletzung von ad hoc-Mitteilungspflichten durch den Vorstand im Einzelfall die Anspruchsvoraussetzungen weiterer Schadensersatznormen erfüllen (hierzu unter 5.), sodass dann die Klage gegebenenfalls auch gegen die Vorstandsmitglieder erstreckt werden sollte.

4. Die Gesellschaft wird ausschließlich durch den Vorstand vertreten, § 78 Abs. 1 AktG.

5. Weitergehende Ansprüche, die auf Grund von Verträgen oder vorsätzlichen unerlaubten Handlungen erhoben werden können, bleiben von den Schadensersatzansprüchen nach §§ 37b, 37c WpHG unberührt (vgl. § 37b Abs. 5, § 37c Abs. 5 WpHG). Denkbar sind insbesondere Ansprüche gegen den Emittenten (siehe hierzu BGH NZG 2008, 386 mwN.) und auch gegen die Vorstandsmitglieder aus § 826 BGB, wobei nach der Rspr. des BGH dessen Voraussetzung der Sittenwidrigkeit bereits durch eine direkte vorsätzliche Beeinflussung des Sekundärmarktpublikums durch eine grob unrichtige ad hoc-Mitteilung indiziert ist (BGH NJW 2004, 2971 = WM 2004, 1721 = ZIP 2004, 1593, 1599, auch zu den anderen Tatbestandsmerkmalen; hierzu auch *Spindler* WM 2004, 2089ff.; restriktiver noch LG Augsburg, DB 2002, 1230; LG München I ZIP 2001, 1814ff.; AG München DB 2001, 2336f.). Ein Anspruch aus § 823 Abs. 2 BGB iVm. dem Verbot der Kurs- und Marktpreismanipulation nach § 20a WpHG, der die frühere Regelung des § 88 BörsG ablöste, wird von Rspr. und hM. abgelehnt (BGH NJW 2004, 2971 = WM 2004, 1721 = ZIP 2004, 1593, 1595f.; ähnlich (noch zu § 88 BörsG) LG Augsburg, DB 2002, 1230; wohl auch LG München I ZIP 2001, 1814ff.; *Fuchs/Fleischer* WpHG § 20a Rdn. 154; aA. LG Augsburg, DB 2001, 2334ff.). Dagegen kann sich – abhängig von den Umständen des Einzelfalls – eine zivilrechtliche Einstandspflicht des Vorstands für bewusst falsche ad hoc-Meldungen aus § 823 Abs. 2 BGB iVm. § 400 Abs. 1 Nr. 1 AktG ergeben (vgl. einerseits BGH NJW 2004, 2971 = WM 2004, 1721 = ZIP 2004, 1593, 1596; andererseits BGH NZG 2005, 672, 673). Vgl. zu konkurrierenden Schadensersatzansprüchen *Assmann/Schneider/Sethe* WpHG §§ 37b, 37c Rdn. 49ff. sowie *Fuchs/Fuchs* WpHG §§ 37b, 37c Rdn. 45.

6. §§ 37b, 37c WpHG normieren als Anspruchsvoraussetzung die Zulassung der betroffenen Finanzinstrumente (Definition in § 2 Abs. 2b WpHG) zum Handel an einer inländischen Börse. Da die Vorschriften an § 15 WpHG anknüpfen, ist der organisierte Markt im Sinne des § 2 Abs. 5 WpHG gemeint (*Assmann/Schneider/Sethe* WpHG §§ 37b, 37c Rdn. 36).

7. Zu den einzelnen Tatbestandsvoraussetzungen vgl. *Assmann/Schneider/Sethe* WpHG §§ 37b, 37c Rdn. 33ff. sowie *Fuchs/Fuchs* WpHG §§ 37b, 37c Rdn. 6ff.)

8. Zu dieser Beweislastumkehr vgl. *Assmann/Schneider/Sethe* WpHG § 37b, 37c Rdn. 64f.

9. Kennt der Dritte die Insiderinformation bei Erwerb der Aktien, besteht der Anspruch nicht, § 37b Abs. 3 WpHG. Grob fahrlässige Unkenntnis führt hingegen nicht zu einem Anspruchsausschluss (*Assmann/Schneider/Sethe* WpHG §§ 37b, 37c Rdn. 86).

10. Veräußert der Aktionär seine Anteile nicht unverzüglich nach Bekanntwerden der Insiderinformation und verliert die Aktie nach diesem Zeitpunkt weiter an Wert, läuft er Gefahr, dass er für diesen weiteren Kursverfall im Hinblick auf seine Schadensminderungspflicht wegen der Grundsätze zur Ermittlung des Kursdifferenzschaden oder auch eigenen Mitverschuldens gem. § 254 BGB keinen Ersatz verlangen kann (vgl. hierzu *Fleischer/Kalss* AG 2002, 329, 334f.; *Assmann/Schneider/Sethe* WpHG §§ 37b, 37c Rdn. 125). Zudem könnte eine nicht unverzügliche Veräußerung im Widerspruch zu der Argumentation stehen, der Kläger hätte bei Kenntnis der Insiderinformation die Anteile nicht erworben. Die Schadensberechnung sollte bei der vorliegenden Sachverhaltskonstellation auf Grund der unverzüglichen Veräußerung der Wertpapiere durch den Anleger nach Erlangung der Kenntnis von der Insiderinformation wie im Formular dargestellt, unproblematisch sein; denn als Richtgröße für den Kursdifferenzschaden kann die Kursveränderung dienen, die das Wertpapier unmittelbar nach Bekanntwerden der wahren Umstände genommen hat (BGH NZG 2005, 672, 675; *Assmann/Schneider/Sethe* WpHG § 37b, 37c Rdn. 79 mwN.). Bei anderen Sachverhaltskonstellationen mag sich die Schadensermittlung jedoch als problematisch erweisen, vgl. *Assmann/Schneider/Sethe* WpHG § 37b, 37c Rdn. 79ff.; *Hutter/Leppert,* NZG 2002, 649, 654f.; *Rössner/Bolkart* ZIP 2002, 1471, 1475f. jeweils mwN. Ob der Anleger bei Ansprüchen nach §§ 37b, 37c WpHG nicht nur den Differenzschaden (also den Unterschiedsbetrag zwischen dem Transaktionspreis und dem Preis, der sich bei pflichtgemäßem Publizitätsverhalten gebildet hätte), sondern vielmehr auch Naturalrestitution in Form der Erstattung des gezahlten Kaufpreises gegen Übertragung der erworbenen Aktien oder – sofern er die Aktien zwischenzeitlich veräußert hat – gegen Anrechnung des an ihre Stelle getretenen Veräußerungspreises verlangen kann, ist streitig (verneinend *Assmann/Schneider/Sethe* WpHG §§ 37b, 37c Rdn. 76f. sowie *Fuchs/Fuchs* WpHG §§ 37b, 37c Rdn. 33ff. mwN., auch zur Gegenansicht). Für Schadensersatzansprüche nach § 826 BGB und § 823 Abs. 2 BGB (vgl. Anm. 5) wurde dies vom BGH bejaht (BGHZ 160, 149 = BGH NJW 2004, 2971, 2972 = WM 2004, 1721, 1724; BGH NZG 2005, 672, 673). Nach dieser Rspr. sollen sich diese Ansprüche auch auf die betroffene AG erstrecken, da diese analog § 31 für die von ihrem Vorstand begangenen sittenwidrigen Schädigungen und vorsätzlichen Verstöße gegen ein Schutzgesetz einzustehen habe und §§ 57, 71 AktG nicht entgegenstehen sollen (BGH NZG 2005, 672, 673; BGH NZG 2008, 386).

L. Kartellrecht

Verwaltungsverfahren

1. Selbstveranlagung im Fall einer zwischenbetrieblichen Kooperation nach § 2 Abs. 1 GWB[1–3]

Bewertung der kartellrechtlichen Zulässigkeit der Zusammenarbeit der T-GmbH und der Mobil-GmbH nach § 2 Abs. 1 GWB

I. Gegenstand der Selbstveranlagung ist die kartellrechtliche Zulässigkeit der Zusammenarbeit der T-GmbH und der Mobil-GmbH. Die Zusammenarbeit betrifft die gemeinsame Nutzung von Infrastruktureinrichtungen und Inlandsroaming bei der Mobilfunkkommunikation auf dem deutschen Markt. Es gibt gute Gründe, von einer Freistellung dieser Zusammenarbeit nach § 2 Abs. 1 GWB auszugehen. Die Einleitung eines Bußgeldverfahrens ist als unwahrscheinlich anzusehen.

II. An der Zusammenarbeit sind folgende Unternehmen beteiligt:[4]

1. T-GmbH:
   Die vollständige Anschrift der T-GmbH lautet: ……
   Die T-GmbH betreibt in Deutschland digitale Mobilfunknetze …… T-GmbH gehört zu ……% der T-GmbH International AG, einer ……%-igen Tochtergesellschaft der …… Im Geschäftsjahr …… erzielte die Unternehmensgruppe …… einen Gesamtumsatz in Höhe von EUR ……
2. Mobil-GmbH:
   Die vollständige Anschrift der Mobil-GmbH lautet: ……
   Die Mobil-GmbH betreibt in Deutschland ebenfalls ein digitales Mobilfunknetz mit den dazugehörigen Diensten …… Mobil-GmbH ist eine Tochtergesellschaft der ……, die ihrerseits von …… kontrolliert wird. Der Mobil-Konzern erzielte im letzten abgeschlossenen Geschäftsjahr …… einen weltweiten Umsatz von EUR ……

III. Beschreibung des Inhalts des Kooperationsvertrages:[5]

1. Die beteiligten Unternehmen beabsichtigen, Infrastruktureinrichtungen und Inlandsroaming bei der Mobilfunkkommunikation auf dem deutschen Markt gemeinsam zu nutzen. Hierdurch sollen Einsparungen bei den Investitions- und Betriebskosten erzielt werden. Die Zusammenarbeit soll zu einem schnelleren Ausbau der ……-Netzinfrastruktur sowie zur baldigen Einführung der ……-Dienste beitragen.
2. Die Zusammenarbeit der beteiligten Unternehmen umfasst im Einzelnen:
   a) erweiterte Standortmitbenutzung:
   Standorte und Bestandteile der Standortinfrastruktur sollen durch die beteiligten Unternehmen wechselseitig genutzt werden ……
   b) gemeinsame Nutzung des Funkzugangsnetzes:
   Basisstationen, die ……, und Steuereinrichtungen, die ……, sollen von den beteiligten Unternehmen wechselseitig genutzt werden ……

c) Inlandsroaming:
Die beteiligten Unternehmen vereinbaren zunächst ein wechselseitiges Inlandsroaming für die Dauer der Vereinbarung für den Teil Deutschlands, der ......

3. Die Kooperationsvereinbarung beschränkt nicht das Recht der beteiligten Unternehmen, mit Dritten in Form der erweiterten Standortmitbenutzung, der gemeinsamen Nutzung des Funkzugangsnetzes und Inlandsroaming zusammenzuarbeiten.
4. Die beteiligten Unternehmen werden weiterhin getrennte Kernnetze betreiben, unabhängig voneinander Dienste erbringen und keine Frequenzen gemeinsam nutzen ......
5. Die Kooperationsvereinbarung hat eine Laufzeit bis zum ......

IV. Kartellrechtliche Beurteilung: [6]

1. Rechtlicher und technischer Hintergrund der Zusammenarbeit:
Die digitale Mobilfunktechnik ...... Eine gemeinsame Nutzung von Netzen und Inlandsroaming kann ...... Hinsichtlich der Nutzung der Netzebenen kann unterschieden werden zwischen den ......
2. Relevanter Markt:
Die Telekommunikationsmärkte lassen sich im Allgemeinen in Groß- und Endabnehmermärkte einteilen ...... Der Markt der Standorte für digitale Mobilfunkausrüstungen und deren Infrastrukturen ......
3. Vorliegen einer Wettbewerbsbeschränkung im Sinne des § 1 GWB:
Nach Ansicht der beteiligten Unternehmen fallen von den Regelungen des Kooperationsvertrages allein die Bestimmungen über das Inlandsroaming unter das Kartellverbot des § 1 GWB ......
4. Vorliegen der Freistellungsvoraussetzungen des § 2 Abs. 1 GWB: [6]
Nach Auffassung der beteiligten Unternehmen sind die Bestimmungen des Kooperationsvertrages über das Inlandsroaming gemäß § 2 Abs. 1 GWB freigestellt.

a) Beitrag zur Verbesserung der Warenerzeugung und -verteilung sowie zur Förderung des technischen oder wirtschaftlichen Fortschritts:
Der Zugang zum ......-Inlandsroaming wird es der roamenden Partei erlauben, eine bessere Erfassung, Qualität und höhere Übertragungsgeschwindigkeiten bei ......-Großabnehmer- und Endabnehmerdiensten zügiger bereit zu stellen. Der Verkauf des Zugangsroaming wird dem Betreiber des Heimnetzes zusätzliche Mittel verschaffen, um in sein Netz zu investieren, und ihm erlauben, seine Netzkapazität zu einem früheren Zeitpunkt besser und damit effizienter auszuschöpfen ...... Die beteiligten Unternehmen beziffern die möglichen Einsparungen mit EUR ...... Hierbei gehen sie von folgenden Kosten aus ...... Die Netzkapazitäten der beteiligten Unternehmen sind wie folgt strukturiert ......
Selbst wenn nur ein beteiligtes Unternehmen seine Roamingrechte gemäß der Kooperationsvereinbarung ausüben würde, wird die Nutzung der gemeinsamen Netze den Zugang zu einer größeren Netzdichte und einem größeren Erfassungsbereich verschaffen, als es alleine möglich wäre ......
Bei der Bezifferung der Effizienzgewinne muss nach Ansicht der beteiligten Unternehmen zwischen dem Roaming von Mobil-GmbH auf dem ......-Netz der T-GmbH innerhalb des 50%-Erfassungsgebietes und dem gegenseitigen Roaming außerhalb des 50%-Erfassungsgebietes unterschieden werden ....
b) Angemessene Beteiligung der Endabnehmer an dem sich aus der Kooperationsvereinbarung ergebenden Gewinn:
Durch den Kooperationsvertrag wird Mobil-GmbH in die Lage versetzt, während ihrer Ausbauphase einen wirksameren Wettbewerb zu führen und sich zu einem landesweiten Anbieter von ......-Groß- und Endabnehmerdiensten zu entwickeln. Hierdurch wird der Wettbewerb auf den digitalen Mobilfunk-Netz- und Dienstemärkten erhöht. Der Wettbewerb wird sich schneller entwickeln

und die Wettbewerber werden veranlasst, neue Dienste auf den Markt zu bringen ...... Der erhöhte Preisdruck aufgrund des verbesserten Marktzutritts mit einer größeren Versorgungsbreite wird dazu führen, das Verbraucher frühzeitiger eine größere Palette an neuen und technisch fortgeschrittenen ......-Diensten nutzen können ...... Im Vergleich zu den bisherigen ......-Diensten bieten die von der Kooperation betroffenen Dienste eine verbesserte Qualität und eine bessere Wahlmöglichkeit ......
Die sich aus einem verstärkten Marktzutritt für die Verbraucher bei der Preisentwicklung ergebenden Vorteile können nach Ansicht der beteiligten Unternehmen sehr gut durch Vergleich mit der Entwicklung der Wettbewerbsbedingungen auf dem Markt der Vorgängertechnologie aufgezeigt werden. Demnach hat der Markteintritt des 3. und 4. Betreibers in die ......-Mobilfunkmärkte in Deutschland zu einem jährlichen Rückgang des Index für Endabnehmerpreise im Mobilfunk von rund ......% geführt. Infolge des erhöhten Wettbewerbs auf der Endabnehmerebene werden die Vorteile bei der Kosteneinsparung aufgrund des erhöhten Wettbewerbs beim landesweiten Zugang zu Inlandsroaming für Betreiber virtueller Netze und des Weiterverkaufs von Großabnehmer – Übertragungszeit für landesweite Dienste an Diensteerbringer wahrscheinlich an Endabnehmer weitergegeben ......

c) Unerlässlichkeit der auferlegten Beschränkungen:
Nach Ansicht der beteiligten Unternehmen sind die im Kooperationsvertrag enthaltenen Bestimmungen über das Inlandsroaming für die Erzielung der oben dargestellten Effizienzgewinne unerlässlich.
Insbesondere ist das Roaming von Mobil-GmbH im Netz von T-GmbH innerhalb des Gebietes, in dem die Verpflichtung zur Erfassung von 50% der Bevölkerung besteht, für einen begrenzten Zeitraum als angemessen und unerlässlich anzusehen. ...... Mobil-GmbH ist ein Anbieter mit einem relativ kleinen vorhandenen Kundenstamm, der hierdurch einen beschränkteren Zugang zu den Geldquellen als die etablierten Betreiber hat. ...... Da Mobil-GmbH auf dem Markt für die ältere Technologie nur wenig Stammkunden und deshalb erhebliche überschüssige Kapazitäten hat, ist der geschäftliche Anreiz für Investitionen in das neue ......-Netz für andere Zwecke als die Erbringung von Diensten hoher Bandbreite, die eine hohe Netzdichte erfordern, geschmälert ...... Anders als dies bei Betreibern mit einer besser gefestigten Marktstellung der Fall ist, erweist sich das Roaming von Mobil-GmbH im Netz der T-GmbH somit selbst in städtischen Gebieten für einen begrenzten Zeitraum als unerlässlich ......
Die Kooperationsvereinbarung sieht vor, dass die beteiligten Unternehmen im Voraus den Großabnehmerzugang zu ihren ......-Netzen kontrollieren. Durch die Beschränkungen beim Weiterverkauf des Roamingzugangs für die Bereitstellung von Sprachdiensten an die Betreiber virtueller Netze, die nicht in ......-Netzlizenzen oder -Infrastruktureinrichtungen investiert haben, wollen die beteiligten Unternehmen den Ausbau ihrer eigenen ......-Netze schützen und sicherstellen, dass sich ihre Investitionen amortisieren, wenn sie den Endabnehmern technisch fortgeschrittene ......-Dienste erbringen ...... Ohne die Möglichkeit der Kontrolle des Zugangs zu ihren Netzen und dem damit verbundenen Schutz ihrer Investitionen vor einer Aushöhlung der Endabnehmerpreise für Sprachdienste ...... würden die beteiligten Unternehmen einander diese Roaming-Kapazitäten überhaupt nicht anbieten ......
Der Selbstveranlagung sind Berechnungen beigefügt, aus denen hervorgeht, dass ein Verlust im Großabnehmergeschäft aufgrund der gegenseitigen Verweigerung des Zugangs zu Roaming-Leistungen dadurch ausgeglichen wird, dass Einnahmenverluste auf Endabnehmerebene vermieden werden könnten ......

Insbesondere Mobil-GmbH wäre während der Ausbauphase ohne den Zugang zum Inlandsroaming im Netz von T-GmbH ein schwächerer Wettbewerber und würde wohl nicht als landesweiter Wettbewerber in die ......-Groß- und Endabnehmermärkte eintreten ...... Im Falle von ...... gingen erhebliche Leistungsgewinne verloren, die ......

Die im Kooperationsvertrag vorgesehenen Beschränkungen gehen nicht über diejenigen Regelungen hinaus, die zur Erzielung der Effizienzgewinne wirtschaftlich erforderlich sind. Insbesondere ist es den beteiligten Unternehmen nicht verwehrt, Dritten den Großabnehmerzugang zu ihren eigenen Netzen anzubieten ...... Zudem ist der Wirkungsbereich der Beschränkungen insoweit begrenzt, als ...... Zum gegenwärtigen Zeitpunkt gibt es daher zu den Beschränkungen beim Weiterverkauf von Roaming-Kapazitäten für Sprachdienste an Betreiber virtueller Netze keine weniger einschränkende Alternative, die zum gleichen Ergebnis führen würde ......

d) Keine Ausschaltung des Wettbewerbs bei einem wesentlichen Teil der betreffenden Waren und Dienstleistungen:

Die Kooperationsvereinbarung steigert, wie bereits ausgeführt, den Wettbewerb zwischen den über eine Lizenz verfügenden Betreibern von ......-Netzen und -Diensten, die in Deutschland den Ausbau von ......-Netzen planen, sowie zwischen den Diensteanbietern und den Betreibern virtueller Netze, die keine Roamingkapazität für Sprachdienste weiterverkaufen ......

Die Kooperationsvereinbarung lässt genügend Raum für einen wirksamen Wettbewerb zwischen den Parteien. Trotz der Inanspruchnahme von Roaming-Leistungen für einen Teil seiner Erfassung wird der Heimnetzbetreiber sein eigenes Kernnetz kontrollieren und damit unterschiedliche Dienste anbieten können ...... Für den Heimnetzbetreiber erhöht sich die Fähigkeit, die Kontrolle über den von seinen Kunden außerhalb des Heimnetzes ausgehenden Nachrichtenverkehr zu behalten und den Zugang zu Diensten bereit zu stellen, die ......

Darüber hinaus bleibt der vertragliche Heimnetzbetreiber für die Preisgestaltung und Abrechnung verantwortlich. Obwohl der Gastbetreiber den Heimnetzbetreiber detaillierte Abrechnungsdaten zur Verfügung stellt, gibt es zwischen den Geschäftsbedingungen für das Großabnehmer-Roamingangebot und den Endabnehmerdiensten, die auf diesem Angebot aufbauen, keinen direkten Zusammenhang ......

Für das Kernnetz werden die Betreiber unterschiedliche Kosten haben, abhängig von der Übertragungsart im Kernnetz, dem Verhältnis zwischen der Anzahl von Benutzern und der vorhandenen Kapazität, den Betriebskosten sowie der Wartung und dem Betrieb ...... In Anbetracht der Spanne zwischen den Großabnehmerpreisen und den geplanten Endkundenpreisen, sowie der Tatsache, dass für den Großteil des Nachrichtenverkehrs keine Roamingleistungen in Anspruch genommen werden, gehen die beteiligten Unternehmen von einem Spielraum für beträchtliche Preisunterschiede aus ......

Die Ausschaltung des Wettbewerbs seitens der Betreiber virtueller Netze aufgrund des Weiterverkaufs von Roamingkapazitäten für Sprachdienste durch die beteiligten Unternehmen wird im Wesentlichen durch die allgemeinen wettbewerbsfördernden Auswirkungen der Vereinbarung ausgeglichen ......

V. Bewertungsmaßstab und Pflicht zur regelmäßigen Überwachung:[8]

Dieser Selbstveranlagung liegt der von den beteiligten Unternehmen mitgeteilte Sachverhalt zu Grunde, wie er in den Abschnitten I. bis IV. zusammengefasst ist. Diese Selbstveranlagung berührt nicht die Verantwortlichkeit der beteiligten Unternehmen für die Überwachung der Rechtmäßigkeit der Zusammenarbeit, wie sie sich aus dem Gesetz gegen Wettbewerbsbeschränkungen ergibt. Die beteiligten Unternehmen sollten in regelmäßigen Zeitabständen eine Zwischenbilanz über die erzielten Rationali-

sierungen ziehen und insbesondere Kapazitäts- und Preisentwicklungen dokumentieren. Eine erneute vollständige Selbstveranlagung sollte dann eingeholt werden, wenn sich die dieser Selbstveranlagung zu Grunde liegende Sach- oder Rechtslage entscheidend geändert hat.

.....

(Rechtsanwalt)

Verwaltungsgrundsätze: Leitlinien der EG-Kommission zur Anwendung von Art. 81 Abs. 3 EG-Vertrag, ABl. 2004 Nr. C 101/97 („Leitlinien Art. 81 Abs. 3 EG"); Bekanntmachung der EG-Kommission über informelle Beratung bei neuartigen Fragen zu den Art. 81 und 82 des EG-Vertrages, die in Einzelfällen auftreten (Beratungsschreiben), ABl. 2004 Nr. C 101/78 („Bekanntmachung Beratungsschreiben"); Leitlinien der EG-Kommission zur Anwendung von Art. 81 EG-Vertrag auf Vereinbarungen über horizontale Zusammenarbeit (ABl. 2001 Nr. C 3/2 „Horizontalleitlinien").

Anmerkungen

1. Bis zum Inkrafttreten der 7. GWB-Novelle sah das GWB für wettbewerbsbeschränkende zwischenbetriebliche Kooperationen ein Verbot mit Erlaubnisvorbehalt vor. Wettbewerbsbeschränkende Vereinbarungen waren nach § 1 GWB verboten, solange sie nicht durch Anmeldung, Nicht-Widerspruch oder Genehmigung der zuständigen Kartellbehörde von diesem Verbot freigestellt worden sind. Das GWB unterschied dementsprechend Widerspruchs- und Erlaubniskartelle; einen Sonderfall bildete die sogenannte Einkaufskooperation nach § 4 Abs. 2 GWB a.F. Das GWB sah für die verschiedenen Kartellformen (Konditionen-, Normen- oder Typen-, Spezialisierungs-, Mittelstands-, einfaches oder höherstufiges Rationalisierungskartell, Strukturkrisenkartell, sonstiges Kartell) besondere Freistellungstatbestände vor.

Mit Inkrafttreten der 7. GWB-Novelle wurde das System der Legalausnahme eingeführt und das materielle Kartellverbot des Art. 81 Abs. 1 EG angepasst. Wettbewerbsbeschränkende und damit dem Kartellverbot des § 1 GWB unterliegende Vereinbarungen zwischen Unternehmen sind zukünftig kraft Gesetzes und damit automatisch freigestellt, sofern sie die Voraussetzungen eines Freistellungstatbestandes erfüllen. Einer vorherigen Entscheidung der Kartellbehörden bedarf es hierzu nicht. Dementsprechend wurden die Vorschriften über die Anmeldung von Kartellen, das Widerspruch- oder Erlaubnisverfahren (§§ 9, 10 GWB a.F.) ersatzlos gestrichen. Ebenso wurden die Freistellungstatbestände für die verschiedenen Kooperationsformen (§§ 2–8 GWB a.F.) gestrichen. Nunmehr enthält § 2 Abs. 1 GWB in Gestalt einer Generalklausel einen allgemeinen Freistellungstatbestand, der Art. 81 Abs. 3 EG-Vertrag nachempfunden und konform zu diesem auszulegen ist. § 2 Abs. 1 GWB wird durch § 2 Abs. 2 und § 3 Abs. 1 GWB ergänzt. Ersterer verweist dynamisch auf die geltenden Gruppenfreistellungsverordnungen des EG-Kartellrechts, bei deren Vorliegen der Nachweis der Einzelvoraussetzungen des § 2 Abs. 1 GWB entbehrlich ist (vgl. Form. II. L. 2). Letzterer übernimmt den Sonderfreistellungstatbestand für Mittelstandskartelle (§ 4 Abs. 1 GWB a.F.), bei dessen Vorliegen die Voraussetzungen der Generalklausel des § 2 Abs. 1 GWB gesetzlich fingiert werden (vgl. Form. II. L. 3).

2. Bei der Auslegung des § 2 Abs. 1 GWB sind neben den Gerichts- und Kommissionsentscheidungen zu Art. 81 Abs. 3 EG-Vertrag auch die Wertungen zu berücksichtigen, die sich aus den von der EG-Kommission erlassenen Gruppenfreistellungsverordnungen sowie Verwaltungsgrundsätzen (Bekanntmachungen, Leitlinien, etc.) ergeben (*Bechtold* GWB, 5. Auflage 2008, § 33 Rn. 4). Hier kommen insbesondere die Horizontalleitlinien sowie die Leitlinien Art. 81 Abs. 3 EG in Betracht.

§ 2 Abs. 1 GWB stellt wettbewerbsbeschränkende Vereinbarungen zwischen Unternehmen, Beschlüsse von Unternehmensvereinigungen oder aufeinander abgestimmte Verhaltensweisen vom Kartellverbot des § 1 GWB frei, wenn

a) diese geeignet sind, zur Verbesserung der Warenerzeugung- oder -verteilung oder zur Förderung des technischen oder wirtschaftlichen Fortschritts beizutragen (Effizienzgewinne);
b) den Beteiligten keine Beschränkungen auferlegt werden, die für die Verwirklichung dieses Zieles nicht unerlässlich sind;
c) die Verbraucher am entstehenden Gewinn angemessen beteiligt werden;
d) den beteiligten Unternehmen keine Möglichkeit eröffnet werden, für einen wesentlichen Teil der von der Zusammenarbeit betroffenen Waren den Wettbewerb auszuschalten.

3. Der Wegfall des behördlichen Legalisierungsverfahrens bedeutet, dass die Unternehmen selbst für die Kartellrechtmäßigkeit der von ihnen beabsichtigten und praktizierten Kooperationsvereinbarungen verantwortlich sind. Gleichzeitig drohen bei Verstößen gegen das Kartellverbot, die nicht unter die Legalausnahme nach § 2 Abs. 1 GWB fallen, neben der zivilrechtlichen Nichtigkeit erhebliche Bußgelder. § 81 Abs. 4 GWB sieht Geldbußen bis zu EUR 1 Mio., bei Unternehmen oder Unternehmensvereinigungen sogar bis zu 10% des jeweiligen weltweiten Gesamtumsatzes vor. Zudem werden hohe Anforderungen an einen unverschuldeten Rechtsirrtum gestellt, so dass Unternehmen zu empfehlen ist, vor Abschluss einer Kooperationsvereinbarung den Rechtsrat eines Kartellrechtsspezialisten einzuholen.

Die eigenverantwortliche Bewertung der Kartellrechtmäßigkeit einer Kooperationsvereinbarung erfolgt im Wege der sogenannten Selbstveranlagung. Hierbei handelt es sich um eine gutachterliche Stellungnahme, in der die beteiligten Unternehmen, das Kooperationsvorhaben, der wirtschaftliche Hintergrund sowie die kartellrechtliche Bewertung ausführlich dargestellt werden. Ein Merkblatt der EG-Kommission oder des Bundeskartellamtes zum erforderlichen Mindestinhalt einer solchen Selbstveranlagung liegt bislang nicht vor. Da der materiell-rechtliche Prüfungsmaßstab des Art. 81 Abs. 3 EG-Vertrag durch die Neuregelung des Kartellverfahrensrechts im Wesentlichen unverändert bleibt (vgl. dazu *Holm-Hadulla,* Private Kartellrechtsdurchsetzung unter der VO Nr. 1/2003, 2008, S. 50ff.), erscheint es hilfreich, in der Selbstveranlagung zumindest zu den Punkten Stellung zu nehmen, die in einer Anmeldung nach der früheren Form A/B enthalten sein mussten. Aufschluss hierüber gibt die VO 3385/94, ABl. 1994 Nr. L 377/28. Nur von begrenztem Erkenntniswert ist in diesem Zusammenhang die Bekanntmachung Beratungsschreiben der EG-Kommission, die ein besonderes Verfahren vor der EG-Kommission betrifft (vgl. Form. II. L. 6).

4. Die an der zwischenbetrieblichen Zusammenarbeit beteiligten Unternehmen sind mit Gesellschafterstruktur, Tätigkeitsbereich sowie wirtschaftlichen Verhältnissen darzustellen. Bei im Sinne von § 36 Abs. 2 GWB verbundenen Unternehmen sind die Konzernumsätze insgesamt anzugeben. Sofern der Gesamtumsatz in den 2 Kalenderjahren vor der Selbstveranlagung im Wesentlichen konstant geblieben ist, genügt die Angabe für das letzte abgeschlossene Geschäftsjahr. Der Umsatz mit den Vertragserzeugnissen ist gegebenenfalls nur anzugeben, soweit diese in dem von der Kooperation betroffenen räumlichen Markt verkauft wurden.

5. In der Selbstveranlagung sind weiterhin die wesentlichen Regelungen des Kooperationsvertrages darzustellen. Ausführlich zu beschreiben mit Angaben zu Inhalt und Funktionsweise sind vor allem diejenigen Regelungen, die die wirtschaftliche Entscheidungsfreiheit der Beteiligten beschränken könnten. Hierzu gehören insbesondere Angaben zu An- oder Verkaufspreisen, Rabatten oder sonstigen Geschäftsbedingungen, zu den Mengen der zu erzeugenden oder zu vertreibenden Produkte, zu technischen Entwicklungen oder Investitionen, zur Wahl der Märkte oder Versorgungsquellen, zum Bezug von Dritten oder Verkauf an Dritte, zur Anwendung gleicher Bedingungen für die Lieferung gleichwertiger Produkte und zum getrennten oder gemeinsamen Angebot verschiedener Produkte (vgl. die nach der früheren Form A/B für die Anmeldung einer Kooperationsvereinbarung bei der EG-Kommission nach VO 17/62 geforderten Angaben, VO 3385/94, ABl. 1994 Nr. L 377/28, Ziffer 4.2.).

Der Sachverhalt dieses Formulars wurde der Entscheidung der EG-Kommission vom 16. 7. 2003, T-Mobile/02, WuW/E EU-V 975 ff., entnommen. Telekommunikationsrechtliche Aspekte sind im Formular nicht berücksichtigt und gegebenenfalls gesondert zu prüfen.

6. Im Abschnitt zur kartellrechtlichen Beurteilung sollte zunächst der rechtliche und technische Hintergrund der Zusammenarbeit beschrieben werden. Auch eine Beschreibung der relevanten Märkte ist an den Anfang zu stellen. Anschließend ist zu prüfen, ob der Kooperationsvertrag Wettbewerbsbeschränkungen im Sinne des § 1 GWB enthält. Maßgeblich für die Auslegung des § 1 GWB ist die EG-kartellrechtliche Praxis zu Art. 81 Abs. 1 EG-Vertrag. Nach dem Willen des Gesetzgebers sind beide Vorschriften identisch auszulegen (s. o.). Anhaltspunkte für die Auslegungspraxis geben vor allem die Horizontalleitlinien der EG-Kommission sowie die Leitlinien der EG-Kommission Art. 81 Abs. 3 EG (insbesondere Rn. 13–31).

7. Die EG-Kommission stellt neuerdings sehr hohe Anforderungen an die Darlegung der Freistellungsvoraussetzungen des Art. 81 Abs. 3 EG-Vertrag. Es ist anzunehmen, dass sich das Bundeskartellamt sowie die Landeskartellbehörden dieser strengen Herangehensweise anschließen werden. Anhaltspunkte zum Umfang der Darlegung lassen sich den Leitlinien der EG-Kommission Art. 81 Abs. 3 EG, insbesondere Rn. 38 ff. entnehmen, da auch § 2 Abs. 1 GWB im Lichte des Art. 81 Abs. 3 EG-Vertrag auszulegen ist.

a) Wirtschaftlicher Nutzen der Vereinbarung:

Dieses Tatbestandsmerkmal dient der Bestimmung der Effizienzgewinne, die der Prüfung der weiteren Freistellungsvoraussetzungen zugrunde zu legen sind (vgl. Leitlinien Art. 81 Abs. 3 EG, Rn. 50). Die Verbesserung der Warenerzeugung oder -verteilung bezieht sich auf wettbewerbsbeschränkende Vereinbarungen bei der Produktion und dem Absatz von Waren bzw. bei der Erbringung von Dienstleistungen. Hingegen bezieht sich die Förderung des technischen oder wirtschaftlichen Fortschritts auf die Zusammenarbeit von Unternehmen in den Bereichen Forschung und Entwicklung sowie geschäftliche Verwertung gewerblicher Schutzrechte und technischen Know-hows.

Herbeiführung wirtschaftlicher Vorteile bedeutet nichts anderes als Rationalisierung. Gefordert sind objektive wirtschaftliche Effizienzgewinne, die auf allen Stufen der Wertschöpfungskette eintreten können (EG-Kommission, Leitlinien zu Art. 81 Abs. 3 EG, Rn. 59 und 61). Die EG-Kommission hat deutlich gemacht, dass sie Effizienzgewinne im allgemeinen nur anerkennt, wenn sie durch eine „Integration von Vermögenswerten und wirtschaftlichen Tätigkeiten“ erzielt werden (Leitlinien Art. 81 Abs. 3 EG, Rn. 49 und 60).

Zugrunde zu legen ist ein objektiver Maßstab. Unerheblich ist, ob die Vereinbarung aus Sicht der Beteiligten zu wirtschaftlichen Vorteilen führt (Leitlinien Art. 81 Abs. 3 EG, Rn. 49). Dies wurde schon bisher vom Bundeskartellamt so gesehen. Die durch die Vereinbarung herbeigeführten wirtschaftlichen Vorteile müssen spürbar sein. Dies kann vor allem dann zweifelhaft sein, wenn eines der beteiligten Unternehmen im Vertragsgebiet oder an dessen Rand selbständig tätig bleibt. Denn in diesem Fall wird das weiterhin tätige Unternehmen seine bisherige Personal- und Unternehmensstruktur aufrecht erhalten müssen, so dass kein Effizienzgewinn eintritt.

In der Selbstveranlagung ist darzulegen, warum die beabsichtigte Kooperation „geeignet“ ist, einen „Beitrag“ zur Herbeiführung der wirtschaftlichen Vorteile zu leisten. Es kommt mithin auf eine Mitursächlichkeit der Kooperationsvereinbarung für die Effizienzgewinne an (vgl. Leitlinien Art. 81 Abs. 3 EG, Rn. 53).

Effizienzgewinne sind nach Auffassung der EG-Kommission nur dann ausreichend substantiiert, wenn die Selbstveranlagung zu folgenden Punkten Stellung nimmt: Art der geltend gemachten Effizienzgewinne, Verknüpfung zwischen der Vereinbarung und den Effizienzgewinnen, Wahrscheinlichkeit und Ausmaß des geltend gemachten Effizienzgewinns sowie Darlegung, wie und wann jeder geltend gemachte Effizienzgewinn erreicht wird (vgl. Leitlinien Art. 81 Abs. 3 EG, Rn. 51). Die genannten Leitlinien enthalten Ausführungen zu möglichen Effizienzgewinnen, wobei zwischen Kosteneinsparungen und qualitativen Effizienzgewinnen unterschieden wird (a. a. O., Rn. 64 ff.).

b) Unerlässlichkeit der Einschränkungen:
Der Kooperationsvertrag insgesamt und die in ihm enthaltenen einzelnen Wettbewerbsbeschränkungen müssen es den beteiligten Unternehmen ermöglichen, die von der Kooperation erfassten Tätigkeiten effizienter durchzuführen, als dies ohne die Kooperation der Fall wäre (vgl. EG-Kommission, Leitlinien Art. 81 Abs. 3 EG, Rn. 74). Es muss dargelegt werden, dass theoretisch denkbare, den Wettbewerb weniger stark beschränkende Absprachen im Rahmen einer ökonomischen Abwägung unter Zugrundelegung kaufmännischer Gesichtspunkte den beteiligten Unternehmen wirtschaftlich nicht zugemutet werden können. Für das Merkmal der Unerlässlichkeit kommt es nicht darauf an, dass jede in der Vereinbarung enthaltene Wettbewerbsbeschränkung es für sich ermöglicht, die von der Zusammenarbeit betroffenen Bereiche effizienter zu gestalten. Vielmehr liegt der Schwerpunkt der Prüfung auf der Unerlässlichkeit der Vereinbarung insgesamt und ist bei der Unerlässlichkeit der gewählten Kooperationsform von der Unerlässlichkeit der mit dieser verbundenen vertraglichen Regelungen auszugehen (vgl. EuG 15. 7. 1994, Matra Hachette SA/Europäische Kommission, Slg. 1994 II-595, Rn. 138; Leitlinien Art. 81 Abs. 3 EG, Rn. 79).

Die zwischenbetriebliche Kooperation ist insgesamt unerlässlich, wenn eine weniger umfassende, lockere Form der Zusammenarbeit zwischen den beteiligten Unternehmen oder rein innerbetriebliche Maßnahmen oder Rationalisierungen innerhalb eines Konzernverbundes erheblich weniger effizient wären. In keinem Fall stellt ein der Fusionskontrolle unterliegender struktureller Zusammenschluss der beteiligten Unternehmen eine weniger wettbewerbsbeschränkende Alternative dar (vgl. BKartA, Beschluss 15. 7. 2002, entega/Stadtwerke München (Citiworks), B8-40000-Ib-87/01, S. 28 f.). Das Tatbestandsmerkmal der Unerlässlichkeit schreibt den kooperationswilligen Unternehmen keine bestimmte Form der Zusammenarbeit vor. Insbesondere kann die Unerlässlichkeit nicht deshalb verneint werden, weil es andere Formen der Zusammenarbeit gibt, durch die sich die angestrebten Effizienzgewinne noch besser oder schneller erreichen lassen. Die EG-Kommission hat erklärt, dass sie die wirtschaftliche Entscheidung der beteiligten Unternehmen zugunsten einer Form der Zusammenarbeit gerade nicht durch ihre eigene wirtschaftliche Beurteilung ersetzen wird. Sie wird aber dann einschreiten, wenn realistische und erreichbare Alternativen „hinreichend klar" sind (EG-Kommission, Leitlinien Art. 81 Abs. 3 EG, Rn. 75).

Für die Unerlässlichkeit der einzelnen wettbewerbsbeschränkenden Bestimmungen kommt es darauf an, dass die beabsichtigte Kooperation ohne diese Bestimmungen nicht funktionsfähig wäre und die angestrebten Effizienzgewinne nicht verwirklichen könnte. Zudem dürfen die Beschränkungen die Rationalisierungen nicht wieder beseitigen. Hier ist zu beachten, dass die EG-Kommission an die Unerlässlichkeit von besonders schweren Wettbewerbsbeschränkungen wie die horizontale Vereinbarung zur Festlegung von Preisen oder Absatzgebieten sehr hohe Anforderungen stellt (vgl. EG-Kommission, Leitlinien Art. 81 Abs. 3 EG, Rn. 46). Die Selbstveranlagung muss daher ausführlich dazu Stellung nehmen, warum im jeweiligen Einzelfall die Kooperation, wenn diese insgesamt als unerlässlich angesehen wird, ohne diese schweren Wettbewerbsbeschränkungen nicht funktionsfähig wäre.

c) Angemessene Verbraucherbeteiligung:
Die direkten und indirekten Nutzer des von der Kooperation betroffenen Produkts müssen für jede eingetretene oder wahrscheinliche negative Wirkung, die durch die Wettbewerbsbeschränkungen verursacht werden könnte, zumindest entschädigt werden. Aus Verbrauchersicht muss sich die Vereinbarung daher wenigstens „neutral“ auswirken (EG-Kommission, Leitlinien Art. 81 Abs. 3 EG, Rn. 85). Gewinn ist dabei jeder Vorteil, den die Kooperationsvereinbarung herbeizuführen objektiv in der Lage ist. In Betracht kommen in erster Linie die Möglichkeit, Kosteneinsparungen in günstigere Verkaufspreise oder in sonstige finanzielle Vorteile für den Abnehmer umzusetzen, eine höhere Qualität der Vertragserzeugnisse zu gewährleisten, durch die Bündelung von Kapazitäten ein erweitertes Angebot zu stellen, durch die Errichtung einer zentralen Anlaufstelle für den Kunden die Anbahnung und Abwicklung von Aufträgen zu vereinfachen oder eine regelmäßige Belieferung sicherzustellen. Die Kommission legt bei der Beurteilung der Verbraucherbeteiligung in der Praxis einen äußerst strengen Maßstab an (vgl. Kommission 19. 12. 2007, Mastercard, COMP/34.579, Rn. 739 ff.).
Der erforderliche Umfang der Beteiligung des Verbrauchers an den entstehenden Effizienzgewinnen hängt von der Art und Intensität der Wettbewerbsbeschränkung ab, die durch die Vereinbarung bewirkt wird (EG-Kommission, Leitlinien Art. 81 Abs. 3 EG, Rdn. 90). Je größer die Wettbewerbsbeschränkung ist, desto größer müssen die Effizienzgewinne und die Weitergabe an den Verbraucher sein. Die EG-Kommission hat in ihren Leitlinien Art. 81 Abs. 3 EG Kriterien aufgelistet, die die Wahrscheinlichkeit einer Weiterleitung von Effizienzgewinnen an den Verbraucher beeinflussen (a. a. O. Rn. 83 ff.). Insbesondere bei Kosteneinsparungen sind daher Ausführungen zu den Merkmalen und der Struktur des Marktes, zu Art und Ausmaß der Effizienzgewinne, zur Elastizität der Nachfrage und zum Ausmaß der Wettbewerbsbeschränkung erforderlich.

d) Keine Ausschaltung des Wettbewerbs:
In der Selbstveranlagung ist der von der Zusammenarbeit betroffene sachlich und räumlich relevante Markt zu definieren. Dabei sind insbesondere die verschiedenen Wettbewerbsquellen auf dem Markt, das Ausmaß des Wettbewerbsdrucks, der von verschiedenen Quellen auf die beteiligten Unternehmen ausgeht, und die Auswirkungen der Vereinbarung auf den Wettbewerbsdruck zu untersuchen. Es ist zwischen Innen- und Außenwettbewerb zu unterscheiden, die allerdings in Wechselwirkung stehen. In diesem Abschnitt ist die dem Kartellverbot innewohnende „Vermutung“ zu widerlegen, dass der Wettbewerb zwischen den beteiligten Unternehmen der wesentliche Antrieb für ihre wirtschaftliche Effizienz ist.
Im Einzelnen ist zu folgenden Punkten Stellung zu nehmen: Marktanteil der beteiligten Unternehmen, Art des Produkts, Zahl und Stärke der verbleibenden Kunden, Struktur der Marktgegenseite, Verflechtungen mit Wettbewerbern oder Unternehmen auf der vor- und nachgelagerten Wirtschaftsstufe, Fähigkeit und Anreiz der Wettbewerber, zu konkurrieren, Marktverhalten der beteiligten Unternehmen, vergangene wettbewerbliche Wechselwirkung und Bewertung des potenziellen Wettbewerbs.

8. Die Selbstveranlagung sollte schließlich einen Hinweis darauf enthalten, dass der kartellrechtlichen Beurteilung nur der mitgeteilte Sachverhalt sowie die Rechtslage im Zeitpunkt der Erstellung der Selbstveranlagung zugrunde liegt. Auch dann, wenn die Selbstveranlagung – was regelmäßig zu empfehlen ist – von einem Rechtsanwalt erstellt wurde, werden die beteiligten Unternehmen nicht von der Verpflichtung zur kontinuierlichen Überwachung der Einhaltung der Vorschriften des GWB entbunden. Sofern keine wesentliche Veränderung der Sach- oder Rechtslage vorliegt, genügen regelmäßige stichpunktartige Kontrollen der wesentlichen Freistellungsvoraussetzungen wie z. B. Höhe des gemeinsamen Marktanteils oder Änderungen im Gesellschafterkreis.

2. Selbstveranlagung im Fall einer zwischenbetrieblichen Kooperation nach § 2 Abs. 2 GWB[1]

Bewertung der kartellrechtlichen Zulässigkeit der Zusammenarbeit der A-GmbH und der B-GmbH nach § 2 Abs. 2 GWB

I. Gegenstand der Selbstveranlagung ist die kartellrechtliche Zulässigkeit der Zusammenarbeit zwischen der A-GmbH und der B-GmbH. Die Zusammenarbeit betrifft die Abstimmung der Produktion der Vertragserzeugnisse zur Stärkung der Wettbewerbsfähigkeit des Werkstoffs ...... Die Voraussetzungen für eine Freistellung dieser Zusammenarbeit nach § 2 Abs. 2 GWB sind mit hoher Wahrscheinlichkeit erfüllt. Die Einleitung eines Bußgeldverfahrens ist als unwahrscheinlich anzusehen.

II. An der Zusammenarbeit sind folgende Unternehmen beteiligt:[2]

1. A-GmbH:
Die vollständige Anschrift der A-GmbH lautet: ......
Gesellschafter der A-GmbH sind ...... mit einer Beteiligungshöhe von jeweils ......%. Die A-GmbH ist an keinen weiteren Unternehmen mit vergleichbarer Tätigkeit beteiligt. Der Gesamtumsatz der A-GmbH im letzten abgeschlossenen Geschäftsjahr ...... betrug EUR ...... der Umsatz mit dem Vertragswaren EUR ......

2. B-GmbH:
Die vollständige Anschrift der B-GmbH lautet: ......
Gesellschafter der B-GmbH sind ...... mit einer Beteiligungshöhe von jeweils ......%. Die B-GmbH ist an keinen weiteren Unternehmen mit vergleichbarer Tätigkeit beteiligt. Der Gesamtumsatz der B-GmbH im letzten abgeschlossenen Geschäftsjahr ...... betrug EUR ......, der Umsatz mit dem Vertragswaren EUR ......

III. Beschreibung des Inhalts des Kooperationsvertrages:[2]

1. Die A-GmbH und die B-GmbH beabsichtigen, ihr Liefersortiment in der Weise aufeinander abzustimmen, dass die A-GmbH die Produktion der Nennweiten 100–300 einstellt und diese Größe bei der B-GmbH bezieht, die sich ihrerseits zur Lieferung dieser Nennweiten an die A-GmbH verpflichtet. Im Gegenzug wird die B-GmbH auf die Herstellung der Nennweiten 400–700 verzichten, die sie ihrerseits von der A-GmbH beziehen wird.
2. Beide Vertragsparteien verpflichten sich, die von ihnen hergestellten Nennweiten ausschließlich an die jeweils andere Vertragspartei zu verkaufen. Jede Vertragspartei verpflichtet sich zugleich, die von ihr nicht hergestellten Nennweiten ausschließlich von der jeweils anderen Vertragspartei zu beziehen.
3. Der wechselseitige Bezug durch die Vertragsparteien erfolgt zu den in Anlage 1 des Kooperationsvertrages festgelegten Konditionen. Jede Vertragspartei ist in ihrer Preisgestaltung gegenüber den Abnehmern auch hinsichtlich der von der anderen Vertragspartei bezogenen Erzeugnisse frei.

IV. Kartellrechtliche Beurteilung:[3]

1. Vorliegen einer Wettbewerbsbeschränkung im Sinne des § 1 GWB:
Der Kooperationsvertrag enthält wettbewerbsbeschränkende Vereinbarungen im Sinne von § 1 GWB. Die Verpflichtung der Vertragsparteien, für die Laufzeit des Vertrages die hergestellten Erzeugnisse nur noch an die jeweils andere Vertragspartei zu verkaufen, stellt eine Einschränkung des Absatzes im Sinne von § 1 GWB dar. Die angestrebte Aufteilung der Produktion bezweckt ebenfalls eine Beschränkung der wettbewerblichen Handlungsfreiheit der Vertragsparteien.

2. **Vorliegen der Freistellungsvoraussetzungen des § 2 Abs. 2 GWB:**
Die Kooperationsvereinbarung ist gemäß § 2 Abs. 2 GWB i. V. m. Art. 1 Abs. 1 VO 2658/2000 über die Anwendung von Art. 81 Abs. 3 des EG-Vertrages auf Gruppen von Spezialisierungsvereinbarungen (ABl. 2000 Nr. L 304/3) als gegenseitige Spezialisierung vom Kartellverbot freigestellt.
a) **Gegenseitige Spezialisierung:**
Die zwischen der A-GmbH und der B-GmbH geschlossene Kooperationsvereinbarung ist eine Vereinbarung über eine „gegenseitige Spezialisierung" im Sinne des Art. 1 Abs. 1 lit. b VO 2658/2000. Die A-GmbH und die B-GmbH verpflichten sich gegenseitig, die Produktion der Vertragserzeugnisse bestimmter Nennweiten einzustellen und zukünftig von deren Produktion abzusehen. Die von der Spezialisierungsabrede betroffenen Nennweiten sollen vom jeweils anderen Vertragspartner bezogen werden.
b) **Sonstige Freistellungsvoraussetzungen der VO 2658/2000:**
aa) **Die Verpflichtung zum ausschließlichen Bezug der nicht selbst hergestellten Erzeugnisse beim jeweils anderen Vertragspartner (sogenannte Alleinbezugsverpflichtung) ist ebenso wie die korrespondierende Verpflichtung, die jeweils selbst hergestellten Erzeugnisse nur an den anderen Vertragspartner zu verkaufen (sogenannte Alleinbelieferungsverpflichtung) nach Art. 3 lit. a VO 2658/2000 von der Freistellung umfasst.**
bb) **Die Kooperationsvereinbarung enthält im übrigen keine Kernbeschränkung im Sinne des Art. 5 Abs. 1 VO 2658/2000. Die Vertragsparteien sind insbesondere in der Preisgestaltung gegenüber dritten Abnehmern frei. Die Aufteilung des Produktionssortiments stellt keine Beschränkung der Produktion im Sinne des Art. 5 Abs. 1 lit. b VO 2658/2000 dar.**
cc) **Der gemeinsame Marktanteil der Vertragsparteien liegt im Vertrag Vertragsgebiet unterhalb der 20%-Schwelle des Art. 4 VO 2658/2000. Beide Vertragsparteien sind auf dem Markt für ...... tätig, der zumindest das Gebiet der Bundesrepublik Deutschland umfasst. Die Vertragsparteien schätzen das Gesamtmarktvolumen auf etwa ...... t. Die wichtigsten Wettbewerber sind ...... Die Marktanteile verteilen sich nach den Schätzungen der Vertragsparteien wie folgt: ......**
c) **Damit ist die Kooperationsvereinbarung nach § 2 Abs. 2 GWB i. V. m. Art. 1 Abs. 1 VO 2658/2000 freigestellt.**

V. **Bewertungsmaßstab und Pflicht zur regelmäßigen Überwachung:**[4]
Dieser Selbstveranlagung liegt der von den Vertragsparteien mitgeteilte Sachverhalt zugrunde, wie er in den Abschnitten I.–IV. zusammengefasst ist. Diese Selbstveranlagung berührt nicht die Verantwortlichkeit der Vertragsparteien für die Überwachung der Rechtmäßigkeit der Zusammenarbeit, wie sie sich aus dem Gesetz gegen Wettbewerbsbeschränkungen ergibt. Die Vertragsparteien sollten in regelmäßigen Zeitabständen eine Zwischenbilanz über die erzielten Rationalisierungen ziehen und insbesondere Mengen- und Preisentwicklungen dokumentieren. Eine erneute vollständige Selbstveranlagung sollte dann eingeholt werden, wenn sich die dieser Selbstveranlagung zugrundeliegende Sach- oder Rechtslage entscheidend geändert hat.

......
(Rechtsanwalt)

Anmerkungen

1. § 2 Abs. 2 GWB ist eine dynamische Verweisung auf die EG-Gruppenfreistellungsverordnungen („GVO") in ihrer jeweils gültigen Fassung. GVOen sind Verordnungen des Rates oder der Kommission der EG, die bestimmte Gruppen von Vereinbarungen, Be-

schlüssen von Unternehmensvereinigungen oder von aufeinander abgestimmten Verhaltensweisen vom Kartellverbot des Art. 81 Abs. 1 EG-Vertrag ausnehmen. Ist eine Vereinbarung durch eine GVO freigestellt, müssen die Vertragsparteien nicht im Einzelnen nachweisen, dass ihre Kooperationsvereinbarung sämtliche Freistellungsvoraussetzungen des Art. 81 Abs. 3 EG erfüllt. Erforderlich ist lediglich der Nachweis, dass die Kooperationsvereinbarung von einer GVO erfasst wird (vgl. Leitlinien der EG-Kommission zur Anwendung von Art. 81 Abs. 3 EG-Vertrag, ABl. 2004 Nr. C 101/97, Rn. 35).

Der Gesetzgeber der 7. GWB-Novelle übernimmt diese Rechtslage auch für das deutsche Kartellrecht. Damit gelten die GVOen auch für Fälle, in denen der zwischenstaatliche Handel nicht betroffen und das EG-Kartellrecht daher nicht anwendbar ist. Somit tritt § 2 Abs. 2 GWB neben die Generalklausel des § 2 Abs. 1 GWB, ohne dass es auf die zwischenstaatliche Relevanz der Vereinbarung ankommt. (vgl. § 2 Abs. 2 S. 2 GWB).

Das EG-Kartellrecht sieht GVOen für horizontale und vertikale Vereinbarungen vor:

a) horizontale GVOen:
   aa) VO 2658/2000 vom 29. 11. 2000 über die Anwendung von Art. 81 Abs. 3 des EG-Vertrages auf Gruppen von Spezialisierungsvereinbarungen, ABl. 2000 Nr. L 304/3;
   bb) VO 2659/2000 vom 29. 11. 2000 über die Anwendung von Art. 81 Abs. 3 des EG-Vertrages auf Gruppen von Vereinbarungen über Forschung und Entwicklung, ABl. 2000 Nr. L 304/7;
   cc) VO 358/2003 vom 27. 2. 2003 über die Anwendung von Art. 81 Abs. 3 EG-Vertrag auf Gruppen von Vereinbarungen, Beschlüssen und aufeinander abgestimmten Verhaltensweisen im Versicherungssektor, ABl. 2003 Nr. L 53/8.
b) vertikale GVOen:
   aa) VO 2790/1999 vom 22. 12. 1999 über die Anwendung von Art. 81 Abs. 3 des EG-Vertrages auf Gruppen von vertikalen Vereinbarungen und aufeinander abgestimmten Verhaltensweisen, ABl. 1999 Nr. L 336/21;
   bb) VO 1400/2002 vom 31. 7. 2002 über die Anwendung von Art. 81 Abs. 3 des EG-Vertrages auf Gruppen von vertikalen Vereinbarungen und aufeinander abgestimmten Verhaltensweisen im Kraftfahrzeugsektor, ABl. 2002 Nr. L 203/30;
   cc) VO 772/2004 vom 27. 4. 2004 über die Anwendung von Art. 81 Abs. 3 des EG-Vertrages auf Gruppen von Technologietransfer-Vereinbarungen, ABl. 2004 Nr. L 123/11.
c) Bei der Auslegung der GVOen sind die Leitlinien und Bekanntmachungen der EG-Kommission zu berücksichtigen. Von besonderer Bedeutung sind Leitlinien zur Anwendbarkeit von Art. 81 EG-Vertrag auf Vereinbarungen über horizontale Zusammenarbeit, ABl. 2001 Nr. C 3/2; Leitlinien der EG-Kommission für vertikale Beschränkungen, ABl. 2000 Nr. C 291/1; Leitlinien der EG-Kommission zur VO 1400/2002, abrufbar unter http://europa.eu.int/comm/competition/car-sector/; Leitlinien der EG-Kommission zur Anwendung von Art. 81 EG-Vertrag auf Technologietransfer-Vereinbarungen, ABl. 2004 Nr. C 101/2.

2. Das Gesetz macht keine Vorgaben zum erforderlichen Mindestinhalt der Selbstveranlagung. In jedem Fall ist aber eine kurze Darstellung der beteiligten Unternehmen, des wesentlichen Inhalts der Kooperationsvereinbarung sowie der Prüfung der gesetzlichen Freistellungsmerkmale erforderlich (s. o. Rn. 3–6 zu Form. II. L. 1).

3. Die GVOen folgen in ihrem Aufbau weitgehend dem gleichen Schema:

a) Legaldefinition der in der Verordnung verwendeten Begriffe (Art. 2 VO 2658/2000; Art. 2 VO 2659/2000; Art. 2 VO 358/2003; Art. 1 VO 2790/1999; Art. 1 Art. 1 VO 1400/2002; Art. 1 VO 772/2004).
b) Gesetzliche Freistellung vom Kartellverbot (Art. 1 Abs. 1 VO 2658/2000; Art. 1 Abs. 1 VO 2659/2000; Art. 1 VO 358/2003; Art. 2 Abs. 1 VO 2790/1999; Art. 2 Abs. 1 VO 1400/2002; Art. 2 Abs. 1 VO 772/2004).

c) Aufzählung von Wettbewerbsbeschränkungen, bei deren Vorliegen die Freistellung nach der Gruppenfreistellungsverordnung für den gesamten Vertrag entfällt (sogenannte Kernbeschränkungen, Art. 5 Abs. 1 VO 2658/2000; Art. 5 Abs. 1 VO 2659/2000; Art. 6 VO 358/2003; Art. 4 VO 2790/1999; Art. 4 VO 1400/2002; Art. 4 VO 772/2004).

d) Aufzählung von Wettbewerbsbeschränkungen, bei denen die Freistellung für eine konkrete Vereinbarung entfällt, während, die Abtrennbarkeit vorausgesetzt, die Freistellung für die übrigen Vereinbarungen fortgilt (sogenannte graue Klauseln, Art. 5 VO 2790/1999; Art. 5 VO 1400/2002; Art. 5 VO 772/2004).

e) Angabe der Marktanteilsschwelle, bis zu der die Freistellung nach der Gruppenfreistellungsverordnung gilt (Art. 4 VO 2658/2000: 20%; Art. 4 Abs. 2 und 3 VO 2659/2000: 25%; Art. 7 Abs. 2 VO 358/2003: 20% bzw. 25%; Art. 3 VO 2790/1999: 30%; Art. 3 Abs. 1 und 2 VO 1400/2002: 30% bzw. 40%; Art. 3 Abs. 1 und 2 VO 772/2004: 20% bzw. 30%).

Es bietet sich an, der Selbstveranlagung das skizzierte Schema zugrunde zu legen.

4. Siehe Rn. 8 zu Form. II. L. 1.

3. Selbstveranlagung im Fall eines Mittelstandskartells nach § 3 Abs. 1 GWB[1–3, 8]

Bewertung der kartellrechtlichen Zulässigkeit der Zusammenarbeit der X-GmbH und der Y-GmbH in der V-Vertriebs-GmbH nach § 3 Abs. 1 GWB

I. Gegenstand der Selbstveranlagung ist die kartellrechtliche Zulässigkeit der Zusammenarbeit zwischen der X-GmbH und der Y-GmbH. Beide Gesellschaften beabsichtigen, die von ihnen hergestellten Vertragserzeugnisse durch die V-Vertriebs-GmbH zu vertreiben. Die Voraussetzungen für eine Freistellung dieser Zusammenarbeit nach § 3 Abs. 1 GWB sind mit hoher Wahrscheinlichkeit erfüllt. Die Einleitung eines Bußgeldverfahrens ist als unwahrscheinlich anzusehen.

II. An der Zusammenarbeit sind folgende Unternehmen beteiligt:[4]

1. V-Vertriebs-GmbH:
Die vollständige Anschrift der V-Vertriebs-GmbH wird wie folgt lauten: ......
Gesellschafter der V-Vertriebs-GmbH werden die X-GmbH und die Y-GmbH mit einer Beteiligungshöhe von jeweils 50% sein. Die V-Vertriebs-GmbH wird an keinen weiteren Gesellschaften mit vergleichbarer Tätigkeit beteiligt sein. Die V-Vertriebs-GmbH befindet sich derzeit im Gründungsstadium. Angaben zu den Umsätzen, der Bilanzsumme sowie zur Mitarbeiterzahl liegen somit noch nicht vor.

2. X-GmbH:
Die vollständige Anschrift der X-GmbH lautet: ......
Gesellschafter der X-GmbH sind ...... mit einer Beteiligungshöhe von jeweils ......%. Die X-GmbH ist an keinen weiteren Unternehmen mit vergleichbarer Tätigkeit beteiligt. Der Gesamtumsatz der X-GmbH im letzten abgeschlossenen Geschäftsjahr ...... betrug EUR ......, der Umsatz mit dem Vertragswaren EUR ...... Die Bilanzsumme der X-GmbH betrug EUR ......; die X-GmbH hat ...... Mitarbeiter.

3. Y-GmbH:
Die vollständige Anschrift der Y-GmbH lautet: ......
Gesellschafter der Y-GmbH sind ...... mit einer Beteiligungshöhe von jeweils ......%. Die Y-GmbH ist in Höhe von 50% an der D-GmbH beteiligt, die eben-

falls Vertragserzeugnisse im räumlich relevanten Markt anbietet. Der Gesamtumsatz der Y-GmbH (einschließlich D-GmbH) im letzten abgeschlossenen Geschäftsjahr ...... betrug EUR ......, der Umsatz mit den Vertragswaren EUR ...... Die Bilanzsumme der Y-GmbH betrug EUR .....; die Y-GmbH hat ...... Mitarbeiter.

III. Beschreibung des Inhalts des Kooperationsvertrages:[5]

1. Die X-GmbH und die Y-GmbH übertragen gemäß Ziffer 1 des Kooperationsvertrages der V-Vertriebs-GmbH den Alleinvertrieb der von ihnen hergestellten Vertragserzeugnisse. Hierdurch soll die Akquisition, der Vertrieb und die Lagerhaltung rationalisiert sowie die Leistungsfähigkeit der Gesellschafter gefördert werden.
2. Die Regelungen des Kooperationsvertrages beziehen sich auf die Vertragserzeugnisse, die in Ziffer 2 des Kooperationsvertrages definiert sind, und auf folgende Werke der Gesellschafter:
   a) X-GmbH: Werk X-Dorf mit einer Absatzmenge im Vertragsgebiet in Höhe von ...... m^3;
   b) Y-GmbH: Werk Y-Stadt mit einer Absatzmenge im Vertragsgebiet in Höhe von ...... m^3.
3. Die Gesellschafter haben folgende weitere Werke, die nicht von der Zusammenarbeit betroffen sind, aber zum Teil in das Vertragsgebiet einliefern:
   a) X-GmbH: Werk X-Hausen (Einlieferung in Höhe von 25%, entspricht ...... m^3);
   b) Y-GmbH: Werk Y-Feld (Einlieferung in Höhe von 15%, entspricht ...... m^3) und Werk Y-Berg (Einlieferung in Höhe von 20%, entspricht ...... m^3).
4. Die D-GmbH, an der die Y-GmbH in Höhe von 50% ist, betreibt das Werk D-Stadt, das in Höhe von ca. 15% (entspricht ...... m^3) ebenfalls Vertragserzeugnisse in das Vertragsgebiet einliefert.
5. Vertragserzeugnisse im Sinne der Ziffer 2 des Kooperationsvertrages sind die in der Anlage zum Kooperationsvertrag bezeichneten Transportbetonprodukte.
6. Die wesentlichen Regelungen des Kooperationsvertrages sind:
   a) Die Gesellschafter vergemeinschaften den Vertrieb der von ihnen hergestellten Vertragserzeugnisse und übertragen ihn der V-Vertriebs-GmbH. Die Gesellschafter dürfen keine eigenen Angebote mehr abgeben, entsprechende Anfragen sind an den Geschäftsführer der V-Vertriebs-GmbH weiterzuleiten.
   b) Die V-Vertriebs-GmbH ist verpflichtet, die Vertragserzeugnisse ausschließlich von den Gesellschaftern zu beziehen. Die von ihr abgeschlossenen Aufträge sind nach den Kriterien der Ziffer 3 des Kooperationsvertrages in der dort festgelegten Reihenfolge auf die Gesellschafter zu verteilen.
   c) Die V-Vertriebs-GmbH schließt die Lieferverträge mit den Abnehmern im eigenen Namen und auf eigene Rechnung; die Preise und Lieferbedingungen werden ausschließlich durch den Geschäftsführer der V-Vertriebs-GmbH bestimmt.

IV. Kartellrechtliche Beurteilung:[6]

1. Vorliegen einer Wettbewerbsbeschränkung im Sinne des § 1 GWB:
   Der Kooperationsvertrag enthält wettbewerbsbeschränkende Vereinbarungen im Sinne von § 1 GWB.
   a) Der in Ziffer 1 des Kooperationsvertrages geregelte Andienungszwang beschränkt die X-GmbH und die Y-GmbH jeweils in ihrem Absatz der Vertragserzeugnisse, indem die Absatzwege auf einen Abnehmer, die V-Vertriebs-GmbH, verengt werden. Zudem sieht der in Ziffer 3 des Kooperationsvertrages aufgeführte Katalog der Zuteilungskriterien Lieferquoten für jeden Gesellschafter vor. Die Gesellschafter können demzufolge, soweit die Lieferaufträge nach diesem Kriterium zu verteilen sind, nur eine der Lieferquote entsprechende Gesamtmenge absetzen. Hierdurch wird die Produktion der Vertragserzeugnisse der X-GmbH und Y-GmbH eingeschränkt.

b) Keine Wettbewerbsbeschränkung ist die Festlegung der Preishoheit der V-Vertriebs-GmbH hinsichtlich ihrer Verträge mit den Abnehmern. Die Einkaufspreise der V-Vertriebs-GmbH werden zwischen der V-Vertriebs-GmbH und ihren Gesellschaftern individuell ausgehandelt. Die V-Vertriebs-GmbH trägt das wirtschaftliche Risiko eines ungenügenden Absatzes der Vertragserzeugnisse. Dieser Risikoverteilung entspricht es, dass die V-Vertriebs-GmbH die geschäftlichen Konditionen gegenüber den Abnehmern eigenständig festlegt.

2. Vorliegen der Freistellungsvoraussetzungen des § 3 Abs. 1 GWB:

a) Anwendbarkeit:[2]
§ 3 Abs. 1 GWB ist nur dann anwendbar, wenn die Zusammenarbeit der X-GmbH und der Y-GmbH nach dem Kooperationsvertrag nicht geeignet ist, den Handel zwischen den EG-Mitgliedstaaten spürbar zu beeinträchtigen. Die Gesellschafter sind kleine und mittlere Unternehmen im Sinne der KMU-Empfehlung der EG-Kommission, da sie weniger als 250 Mitarbeiter beschäftigen und ihr Jahresumsatz bzw. ihre Bilanzsumme nicht größer als EUR 50 Mio. bzw. EUR 43 Mio. sind. Die Gesellschafter sind zudem nicht grenzüberschreitend tätig. Der Absatz der Vertragserzeugnisse erfolgt üblicherweise in einem Umkreis von …… km um die Werke der Gesellschafter. Das Vertragsgebiet liegt damit nicht in Grenznähe und deckt nur einen unwesentlichen Teil des Bundesgebietes ab. § 3 Abs. 1 GWB ist damit anwendbar.

b) Zwischenbetriebliche Zusammenarbeit zwischen Wettbewerbern:[6]
Die Gesellschafter sind Anbieter der Vertragserzeugnisse und standen bislang sachlich und räumlich im Wettbewerb ……

c) Rationalisierung wirtschaftlicher Vorgänge durch zwischenbetriebliche Zusammenarbeit:[6]
Die Vergemeinschaftung des Vertriebs der Gesellschafter in der V-Vertriebs-GmbH ist geeignet, die Produktion und den Vertrieb der Vertragserzeugnisse wirtschaftlich effizienter zu gestalten und hierdurch erhebliche Einsparungen zu ermöglichen ……

d) Vereinbarung dient der Verbesserung der Wettbewerbsfähigkeit kleiner oder mittlerer Unternehmen:[6]
Die Zusammenarbeit der Gesellschafter in der V-Vertriebs-GmbH dient der optimalen Ausnutzung der Produktionsstätten der Gesellschafter sowie der Bündelung von deren wirtschaftlichen Ressourcen ……
Die Gesellschafter sind auch kleine oder mittlere Unternehmen im Sinne des § 3 Abs. 1 GWB ……

e) Keine wesentliche Beeinträchtigung des Wettbewerbs auf dem betroffenen Markt:[6]
Die Zusammenarbeit der Gesellschafter betrifft den sachlichen Markt für Transportbetonprodukte …… Dieser Markt erstreckt sich in räumlicher Hinsicht in einem Umkreis von …… km um die Werke der Gesellschafter. Die Beteiligten schätzen das Gesamtmarktvolumen aufgrund der eigenen und geschätzten Wettbewerbermengen auf etwa …… m^3. Ein vergleichbares Gesamtmarktvolumen ergibt sich bei Berücksichtigung der Einwohnerzahl im Vertragsgebiet in Höhe von ……, ausgehend von einem Pro-Kopf-Verbrauch in Höhe von …… m^3/Einwohner. Der Marktanteil der Gesellschafter liegt bei etwa ……%. Im Vertragsgebiet sind mit …… weitere starke und größere Anbieter vorhanden.

V. Bewertungsmaßstab und Pflicht zur regelmäßigen Überwachung:[7]
Dieser Selbstveranlagung liegt der von den Gesellschaftern mitgeteilte Sachverhalt zugrunde, wie er in den Abschnitten I.–IV. zusammengefasst ist. Diese Selbstveranlagung berührt nicht die Verantwortlichkeit der Gesellschafter für die Überwachung der Rechtmäßigkeit der Zusammenarbeit, wie sie sich aus dem Gesetz gegen Wett-

bewerbsbeschränkungen ergibt. Die Gesellschafter sollten in regelmäßigen Zeitabständen eine Zwischenbilanz über die erzielten Rationalisierungen ziehen und insbesondere Mengen- und Preisentwicklungen dokumentieren. Eine erneute vollständige Selbstveranlagung sollte dann eingeholt werden, wenn sich die dieser Selbstveranlagung zugrundeliegende Sach- oder Rechtslage entscheidend geändert hat.

......
(Rechtsanwalt)

Verwaltungsgrundsätze: Leitlinien der EG-Kommission über den Begriff der Beeinträchtigung des zwischenstaatlichen Handels in den Art. 81 und 82 EG-Vertrag, ABl. 2004 Nr. C 101/81; Leitlinien der EG-Kommission zur Anwendung von Art. 81 Abs. 3 EG-Vertrag, ABl. 2004 Nr. C 101/97; Empfehlung der EG-Kommission betreffend die Definition der Kleinstunternehmen sowie der kleinen und mittleren Unternehmen, ABl. 2003 Nr. L 124/36; („KMU-Empfehlung") Merkblatt des Bundeskartellamtes über die Kooperationsmöglichkeiten für kleinere und mittlere Unternehmen (Stand: März 2007).

Anmerkungen

1. Die 7. GWB-Novelle hat den Freistellungstatbestand für Mittelstandskartelle (bisher § 4 Abs. 1 GWB a. F.) fast unverändert als § 3 Abs. 1 GWB übernommen. Die Regelung verschafft kleineren und mittleren Unternehmen eine vereinfachte Legalisierungsmöglichkeit und zielt damit auf einen strukturellen Nachteilsausgleich. Die Regierungsbegründung weist ausdrücklich daraufhin, dass § 3 Abs. 1 GWB im Lichte der bisherigen Verwaltungs- und Rechtsprechung auszulegen sei. Gleichwohl kommt auch § 3 Abs. 1 GWB im neuen System der Legalausnahme eine andere rechtliche Wirkung zu als § 4 Abs. 1 GWB a. F. Erfüllen Vereinbarungen zwischen Wettbewerbern die Voraussetzungen des § 3 Abs. 1 GWB, sind sie kraft Gesetzes automatisch vom Kartellverbot des § 1 GWB freigestellt. Eine vorherige Anmeldung bei der zuständigen Kartellbehörde ist weder erforderlich noch möglich. Die Unternehmen müssen im Wege der Selbstveranlagung die Einhaltung der rechtlichen Schranken für die gesetzliche Freistellung eigenständig prüfen und fortlaufend überwachen.

2. § 3 Abs. 1 GWB ist eine deutsche Sonderregelung, die im EG-Kartellrecht kein Vorbild hat. Während eine Freistellung nach EG-Kartellrecht nur in Betracht kommt, wenn entweder die Voraussetzungen einer EG-Gruppenfreistellungsverordnung vorliegen (diese Regelung findet ihre nationale Entsprechung in § 2 Abs. 2 GWB; vgl. Form. II. L. 2) oder die Freistellungsvoraussetzungen des Art. 81 Abs. 3 EG-Vertrag im Einzelfall bejaht werden können (diese Regelung findet ihre Entsprechung in § 2 Abs. 1 GWB; vgl. Form. II. L. 1), fingiert § 3 Abs. 1 GWB – an andere Tatbestandsmerkmale anknüpfend – das Vorliegen der Einzelfreistellungsvoraussetzungen des § 2 Abs. 1 GWB.

Der Gesetzgeber hat vor diesem Hintergrund klargestellt, dass § 3 Abs. 1 GWB nur dann Anwendung findet, wenn die Kooperationsvereinbarung nicht geeignet ist, den Handel zwischen den EG-Mitgliedstaaten spürbar zu beeinträchtigen.

Die gemeinschaftsrechtliche Entscheidungspraxis der EG-Kommission stellt hieran nur sehr geringe Anforderungen. Ausführliche Hinweise lassen sich den Leitlinien über den Begriff der Beeinträchtigung des zwischenstaatlichen Handels entnehmen. Die Kooperationsvereinbarung ist danach nicht geeignet, den zwischenstaatlichen Handel spürbar zu beeinträchtigen, wenn

a) die Vertragsparteien kleine oder mittlere Unternehmen im Sinne der KMU-Empfehlung der EG-Kommission sind. Hierfür müssen sie weniger als 250 Mitarbeiter haben, ihr Jahresumsatz darf nicht größer als EUR 50 Mio. oder ihre Bilanzsumme nicht größer als EUR 43 Mio. sein (EG-Kommission, Leitlinien zur Anwendung von Art. 81

Abs. 3 EG-Vertrag, Rn. 35 und 36). Bei solchen Unternehmen wird eine lokale oder regionale Ausrichtung der wirtschaftlichen Tätigkeit vermutet. Diese Vermutung kann aber durch den Nachweis einer grenzüberschreitenden Tätigkeit widerlegt werden (Leitlinien der EG-Kommission über den Begriff der Beeinträchtigung des zwischenstaatlichen Handels, Rn. 50).

b) oder der gemeinsame Marktanteil der Vertragsparteien auf den von der Vereinbarung betroffenen Märkten nicht größer als 5% ist und der Gesamtumsatz der beteiligten Unternehmen mit den Vertragswaren nicht mehr als EUR 40 Mio. beträgt (sogenannte NAAT-Regel). Auch wenn die Vertragsparteien grenzüberschreitend tätig sind, hat die Vereinbarung bei Unterschreiten dieser Schwellenwerte keine spürbare zwischenstaatliche Relevanz (Leitlinien der EG-Kommission über den Begriff der Beeinträchtigung des zwischenstaatlichen Handels, Rn. 50).

Hingegen wird die zwischenstaatliche Relevanz der Kooperationsvereinbarung positiv vermutet, wenn

a) die Vereinbarung ihrem Wesen nach zur Beeinträchtigung des zwischenstaatlichen Handels geeignet ist, z.B. weil sie Ein- und Ausfuhren betrifft oder sich auf mehrere Mitgliedstaaten erstreckt;

b) und die Umsatz- oder Marktanteilsschwelle der NAAT-Regel überschritten wird (Leitlinien der EG-Kommission über den Begriff der Beeinträchtigung des zwischenstaatlichen Handels, Rn. 53).

3. Das GWB enthält keine Vorschrift zum erforderlichen Mindestinhalt einer Selbstveranlagung. In jedem Fall wird eine Darstellung des geprüften Sachverhalts einschließlich der Beteiligten sowie eine Prüfung der einzelnen Tatbestandsmerkmale geboten sein. Weitere Anhaltspunkte kann das Merkblatt des Bundeskartellamtes über die Kooperationsmöglichkeiten für kleinere und mittlere Unternehmen nach dem Kartellgesetz geben.

4. Die an der zwischenbetrieblichen Zusammenarbeit beteiligten Unternehmen, einschließlich des Gemeinschaftsunternehmens, sind mit Gesellschafterstruktur, Tätigkeitsbereich sowie wirtschaftlichen Verhältnissen darzustellen. Die Angabe der Gesamtumsätze ist für die Frage von Bedeutung, ob die Beteiligten noch als kleine oder mittlere Unternehmen im Sinne des § 3 Abs. 1 GWB anzusehen sind, was sich nach dem Vergleich mit den großen Betrieben der jeweiligen Branche richtet. Bei verbundenen Unternehmen im Sinne von § 36 Abs. 2 GWB sind die Konzernumsätze insgesamt anzugeben. Sofern der Gesamtumsatz in den 2 Kalenderjahren vor der Selbstveranlagung nicht erheblich geschwankt hat, genügt die Angabe für das letzte abgeschlossene Geschäftsjahr. Der Umsatz mit den Vertragserzeugnissen ist nur anzugeben, soweit diese in dem von der Kooperation betroffenen räumlichen Markt abgesetzt wurden. Die weiteren Angaben sind für die Beurteilung der zwischenstaatlichen Relevanz des Kooperationsvertrages von Bedeutung.

5. In der Selbstveranlagung sind weiterhin die wesentlichen Regelungen des Kooperationsvertrages darzustellen. Ausführlich zu beschreiben mit Angaben zu Inhalt und Funktionsweise sind vor allem diejenigen Regelungen, die die wirtschaftliche Entscheidungsfreiheit der Beteiligten beschränken könnten. Hierzu gehören insbesondere Regelungen zu An- oder Verkaufspreisen, Rabatten oder sonstigen Geschäftsbedingungen, zu den Mengen der zu erzeugenden oder zu vertreibenden Produkte, zu technischen Entwicklungen oder Investitionen, zur Wahl der Märkte oder Versorgungsquellen, zum Bezug von Dritten oder Verkauf an Dritte, zur Anwendung gleicher Bedingungen für die Lieferung gleichartiger Produkte und zum getrennten oder gemeinsamen Angebot verschiedener Produkte (vgl. die nach der früheren Form A/B für die Anmeldung einer Kooperationsvereinbarung bei der EG-Kommission nach VO 17/62 geforderten Angaben, VO 3385/94, ABl. 1994 Nr. L 377/28, Ziffer 4.2.).

Anzugeben sind weiterhin die Absatzmengen der Unternehmen mit den Vertragserzeugnissen. Hierbei kommt es nicht nur auf die Absatzmengen der von der Kooperationsvereinbarung erfassten Güter an, sondern auch auf die Mengen, die von weiteren, inner- oder außerhalb des Vertragsgebietes gelegenen Werken der Unternehmen sowie von mit diesen verbundenen Unternehmen im Vertragsgebiet abgesetzt werden. Das Vertragsgebiet sollte in der Kooperationsvereinbarung selbst festgelegt werden. Auszugehen ist vom wirtschaftlichen Markt, d.h. vom Absatzgebiet, wie es sich unter Berücksichtigung der Nachfragestruktur, der Eigenschaften der Vertragserzeugnisse sowie der Transportkosten darstellt. Vereinzelte Lieferungen über den ansonsten typischen Lieferradius hinaus führen nicht zu einer Erweiterung des Absatzgebietes, wie es für die kartellrechtlich Beurteilung zugrunde zu legen ist. Haben die Vertragsparteien unterschiedlich große Absatzgebiete, so ist nach der bisherigen Verwaltungspraxis des Bundeskartellamtes allein dasjenige Teilgebiet der räumlich relevante Markt, auf dem mindestens 2 Kooperationsmitglieder anbieten oder zumindest anbieten können. Das Bundeskartellamt hat im Verfahren Vetra/Danzer klargestellt, dass eine vom wirtschaftlichen Markt abweichende engere Festlegung des Vertragsgebietes zumindest für die Frage einer spürbaren zwischenstaatlichen Relevanz der Vereinbarung unerheblich ist (BKartA 17. 6. 2004, Vetra/Danzer, B 1-26611-Kq-25/04, S. 11ff.).

6. Im Abschnitt zur kartellrechtlichen Beurteilung ist zunächst zu prüfen, ob der Kooperationsvertrag Wettbewerbsbeschränkungen im Sinne von § 1 GWB enthält. Maßgeblich für die Auslegung des § 1 GWB ist die EG-kartellrechtliche Praxis zu Art. 81 Abs. 1 EG-Vertrag. Nach dem Willen des Gesetzgebers sind beide Vorschriften identisch auszulegen (s.o. Rn. 2 zu Form. II. L. 1). Anhaltspunkte für die Auslegungspraxis geben vor allem die Leitlinien der EG-Kommission zur Anwendbarkeit von Art. 81 EG-Vertrag auf Vereinbarungen über horizontale Zusammenarbeit (ABl. 2001 Nr. C 3/2) sowie die Leitlinien der EG-Kommission zur Anwendung von Art. 81 Abs. 3 EG-Vertrag (insbesondere Rn. 13–31).

Soweit die Kooperationsvereinbarung Wettbewerbsbeschränkungen im Sinne von § 1 GWB enthält, sind die tatbestandlichen Voraussetzungen des § 3 Abs. 1 GWB zu prüfen. Bei der Auslegung ist die bisherige deutsche Verwaltungs- und Gerichtspraxis uneingeschränkt weiter verwertbar. Wie bisher auch ist unter Rationalisierung wirtschaftlicher Vorgänge die innerbetriebliche Verbesserung des Verhältnisses zwischen Aufwand und Ertrag zu verstehen (BKartA 21. 3. 1979, Bimsbausteine III, WuW/E BKartA 1794, 1795; BKartA 2. 9. 1994, Fußball-Fernsehübertragungsrechte II, WuW/E BKartA 2696, 2697; BKartA 9. 7. 1999, Fleurop II, WuW/DE-V 127ff., 129; BKartA 3. 12. 2001, System Alliance, B9-63401–194/00). Der Rationalisierungserfolg muss bei allen Kartellmitgliedern zu erwarten sein (KG 18. 5. 1982, Basalt-Union, WuW/E OLG 3279). Zwischen der Rationalisierung und der Förderung der Leistungsfähigkeit muss eine kausale Beziehung bestehen (OLG Frankfurt, 10. 2. 1989, Doppelgenossen, WuW/E OLG 4495). Zu kooperativen Maßnahmen, die eine Rationalisierung bewirken können, gehören insbesondere Maßnahmen in den Bereichen der Produktion, der Forschung und Entwicklung, der Finanzierung, der Verwaltung, der Werbung und beim Einkauf und Vertrieb. Zu beachten ist, dass § 3 Abs. 1 GWB – anders als die neugefasste Verbotsnorm des § 1 GWB – nur horizontale Vereinbarungen erfasst. Vereinbarungen zwischen Nicht-Wettbewerbern können demnach nicht nach § 3 Abs. 1 GWB freigestellt sein. Andererseits ist § 3 Abs. 1 GWB weiter als § 4 Abs. 1 GWB a.F., da er sämtliche Rationalisierungsmaßnahmen zur Verbesserung der Wettbewerbsfähigkeit kleiner oder mittlerer Unternehmen erfasst. Zulässig sind im Rahmen von Vertriebsgemeinschaften Quoten- und Preisregelungen; EG-kartellrechtliche Bewertungen sind insoweit außer acht zu lassen. Auch Spezialisierungsabreden können erfasst sein.

Durch den Kartellvertrag gemäß § 3 Abs. 1 GWB darf der Wettbewerb auf dem relevanten Markt (oder auf den relevanten Märkten) nicht wesentlich beeinträchtigt werden. Nach der Verwaltungspraxis der Kartellbehörden dürfen die Marktanteile der Kartellmitglieder – je nach Intensität der Wettbewerbsbeschränkung – 10–15% nicht übersteigen (vgl. OLG Stuttgart 17. 12. 1982, Gebrochener Muschelkalkstein, WuW/E OLG 2807). Das Bundeskartellamt geht von dieser strengen Grenze nur im Falle von Absprachen über wesentliche Wettbewerbsparameter aus (Merkblatt des Bundeskartellamtes über die Kooperationsmöglichkeiten für kleinere und mittlere Unternehmen, Rn. 35; siehe auch OLG Frankfurt 20. 9. 1982, Betr. 1983, 219 betr. einen Marktanteil von 44%, wenn die Wettbewerbsbeschränkung qualitativ nur eine geringe Marktaußenwirkung hat). KG 10. 7. 1985, Mischguthersteller, WuW/E OLG 3663, 3670, stellt auf quantitative und die qualitative Merkmale ab. BGH 30. 9. 1986, Mischguthersteller, WuW/E BGH 2321, 2325 lässt die Beteiligung von Großunternehmen am Kartell dann zu, wenn dies zur Leistungsförderung der kleinen und mittleren Unternehmen erforderlich ist und keine weiteren Wettbewerbsbeschränkungen bewirkt (so auch BKartA 1. 6. 1989, German Parcel Paket-Logistik, WuW/E BKartA 2384; vgl. zum Ganzen Merkblatt des Bundeskartellamtes über die Kooperationsmöglichkeiten für kleinere und mittlere Unternehmen, Rn. 37). Unklar ist, ob an dieser starren Grenze auch weiterhin festgehalten wird oder ob sie einer Einzelfallbetrachtung der Wettbewerbsbedingungen im betroffenen Markt weichen wird. Für eine Aufweichung der bisherigen Praxis könnte die Regierungsbegründung zur 7. GWB-Novelle sprechen, nach der beim Merkmal der Wettbewerbsbeeinträchtigung im Sinne des § 3 Abs. 1 GWB der „europäische Kontext" und vor allem die Spürbarkeitsschwellen des EG-Kartellrechts zu berücksichtigen sein sollen (vgl. BT-Drucks. 15/3640, S. 28).

Das Bundeskartellamt betrachtet Verflechtungen von Kartellmitgliedern mit anderen Kooperationen als sehr kritisch (vgl. nur Tätigkeitsbericht 1981/82 S. 8 und 43; Tätigkeitsbericht 1989/90 S. 60; Tätigkeitsbericht 1993/94 S. 76; siehe auch Tätigkeitsbericht 1999/2000 S. 111).

7. Die Selbstveranlagung sollte schließlich einen Hinweis darauf enthalten, dass der kartellrechtlichen Beurteilung nur der mitgeteilte Sachverhalt sowie die Rechtslage im Zeitpunkt der Erstellung der Selbstveranlagung zugrunde liegt. Auch dann, wenn die Selbstveranlagung – was regelmäßig zu empfehlen ist – von einem Rechtsanwalt erstellt wurde, werden die Gesellschafter nicht von der Verpflichtung zur kontinuierlichen Überwachung der Einhaltung der Vorschriften des GWB entbunden. Sofern keine wesentliche Veränderung der Sach- oder Rechtslage vorliegt, genügen regelmäßige stichpunktartige Kontrollen der wesentlichen Freistellungsvoraussetzungen wie z. B. Höhe des gemeinsamen Marktanteils oder Änderungen im Gesellschafterkreis.

8. Zu den zivilrechtlichen und bußgeldrechtlichen Auswirkungen einer Selbstveranlagung siehe oben Rn. 3 zu Form. II. L. 1.

4. Selbstveranlagung im Fall einer Kooperation von landwirtschaftlichen Erzeugerbetrieben nach § 28 GWB[1, 2]

Bewertung der kartellrechtlichen Zulässigkeit der Zusammenarbeit der Kristallzucker GmbH, der Z-GmbH und der Union-Zucker GmbH in der V-Vertriebs-GmbH & Co. KG nach § 28 GWB

I. Gegenstand der Selbstveranlagung ist die kartellrechtliche Zulässigkeit der Zusammenarbeit zwischen der Kristallzucker GmbH, der Z-GmbH und der Union-Zucker GmbH. Die beteiligten Unternehmen beabsichtigen, die von ihnen hergestellten Vertragserzeugnisse ausschließlich durch die V-Vertriebs-GmbH & Co. KG zu vertreiben. Die Voraussetzungen für eine Freistellung dieser Zusammenarbeit nach § 28 GWB sind mit hoher Wahrscheinlichkeit erfüllt. Die Einleitung eines Bußgeldverfahrens ist als unwahrscheinlich anzusehen.

II. An der Zusammenarbeit sind folgende Unternehmen beteiligt:

1. V-Vertriebs-GmbH & Co. KG:
   Die vollständige Anschrift der V-Vertriebs-GmbH & Co. KG wird wie folgt lauten:
   ......
   Gesellschafter der V-Vertriebs-GmbH & Co. KG sind die V-Vertriebs-GmbH als Komplementärin sowie die Kristallzucker GmbH (33,3%), die Z-GmbH (33,3%) und die Union-Zucker GmbH (33,3%). Die Kristallzucker GmbH, die Z-GmbH und die Union-Zucker-GmbH sind im gleichen Verhältnis an der Komplementär-GmbH beteiligt. Die V-Vertrieb-GmbH & Co. KG wird an keinen weiteren Gesellschaften mit vergleichbarer Tätigkeit beteiligt sein. Die V-Vertriebs-GmbH & Co. KG befindet sich ebenso wie die V-Vertriebs-GmbH derzeit im Gründungsstadium. Angaben zu den Umsätzen liegen somit noch nicht vor.
2. Kristallzucker GmbH:
   Die vollständige Anschrift der Kristallzucker GmbH lautet: ......
   Gesellschafter der Kristallzucker GmbH sind ...... mit einer Beteiligung von jeweils ......%. Die Kristallzucker GmbH ist an keinen weiteren Unternehmen mit vergleichbarer Tätigkeit beteiligt. Der Gesamtumsatz der Kristallzucker GmbH im letzten abgeschlossenen Geschäftsjahr ...... betrug EUR ......, der Umsatz mit den Vertragserzeugnissen EUR ......
3. Z-GmbH:
   Die vollständige Anschrift der Z-GmbH lautet: ......
   Gesellschafter der Z-GmbH sind ...... (wie bei II. 2.)
4. Union-Zucker GmbH:
   Die vollständige Anschrift der Union-Zucker GmbH lautet: ......
   Gesellschafter der Union-Zucker GmbH sind ...... (wie bei II. 2.)

III. Beschreibung des Inhalts des Kooperationsvertrages:

1. Die Kristallzucker GmbH, die Z-GmbH und die Union-Zucker GmbH übertragen gemäß Ziffer 1 des Kooperationsvertrages der V-Vertriebs-GmbH & Co. KG den Alleinvertrieb der von ihnen hergestellten Vertragserzeugnisse. Hierdurch sollen die Angebote gebündelt und die Marktchancen der beteiligten Unternehmen im Bereich der Vertragserzeugnisse verbessert werden. Gesellschaftszweck der V-Vertriebs-GmbH & Co. KG sind der Handel mit Zucker und die Produktion von Flüssigzucker, Fondant und Fructose.
2. Vertragserzeugnisse sind gemäß Ziffer 2 des Kooperationsvertrages der von den Kommanditistinnen der V-Vertriebs-GmbH & Co. KG hergestellte Zucker und Melassen. Die Regelungen des Kooperationsvertrages beziehen sich auf folgende Zuckerfabriken der Kommanditistinnen:
   a) Kristallzucker GmbH: Werk K-Dorf mit einer Produktionsmenge in Höhe von ......;
   b) Z-GmbH: Werk Z-Stadt mit einer Produktionsmenge in Höhe von ......;
   c) Union-Zucker GmbH: Werk U-Hausen mit einer Produktionsmenge in Höhe von ......
3. Die wesentlichen Regelungen des Kooperationsvertrages sind:
   a) Die V-Vertriebs-GmbH & Co. KG verkauft sämtlichen innerhalb der sogenannten Höchstquote erzeugten und von ihr gemäß Ziffer 3 des Kooperationsvertrages abzunehmenden Zucker sowie Melasse als Eigenhändler. Den über die Höchstquote hinaus erzeugten Zucker verkauft sie als Kommissionär. Die Kommanditistinnen sind verpflichtet, die Vertragsware ausschließlich der V-Vertriebs-GmbH & Co. KG zum Verkauf anzubieten; diese muss die Vertragsware abnehmen (Ziffer 4 des Kooperationsvertrages).
   b) Der V-Vertriebs-GmbH & Co. KG obliegt es, die ihr von den Kommanditistinnen zur Verfügung gestellte Gesamtmenge gemäß den in Ziffer 5 des Koopera-

tionsvertrages genannten Grundsätzen unterzubringen und jede sich bietende Absatzmöglichkeit zur Erreichung dieser Ziele zu nutzen.

c) Die V-Vertriebs-GmbH & Co. KG schließt mit den Kommanditistinnen Vertriebs- und Lieferungsvereinbarungen. Sie gestaltet ihre Preise, Rabatte und Geschäftsbedingungen gegenüber den Abnehmern frei nach den Marktgegebenheiten (Ziffer 6 des Kooperationsvertrages).

IV. Kartellrechtliche Beurteilung:

1. Vorliegen einer Wettbewerbsbeschränkung im Sinne des § 1 GWB:
Der Kooperationsvertrag enthält wettbewerbsbeschränkende Vereinbarungen im Sinne von § 1 GWB. Der in Ziffer 4 des Kooperationsvertrages geregelte Andienungszwang beschränkt die Kommanditistinnen jeweils in ihrem Absatz der Vertragserzeugnisse.

2. Vorliegen der Freistellungsvoraussetzungen des § 28 GWB:[2, 4]

a) Absatz eines landwirtschaftlichen Erzeugnisses:
Der Kooperationsvertrag regelt den Absatz landwirtschaftlicher Erzeugnisse im Sinne des § 28 Abs. 1 S. 1 Nr. 1 GWB. Bei Zucker handelt es sich um im Anhang I zum EG-Vertrag aufgeführte Erzeugnisse (vgl. § 28 Abs. 3 GWB). In Kapitel 17 der Anlage I zum EG-Vertrag ist Zucker verschiedener Provenienz und Erscheinungsform aufgeführt. Rübenzucker gehört in fester und flüssiger Form (Melassen) dazu ......
Absatzbezogene Vereinbarungen im Sinne von § 28 Abs. 1 S. 1 Nr. 1 GWB sind insbesondere Abreden, mit denen, wie hier, Andienungspflichten und Absatzzwänge begründet und durch die Absatz- und Verkaufsbedingungen näher ausgestaltet werden. Dazu gehört typischerweise die Vereinbarung, ein landwirtschaftliches Erzeugnis durch eine gemeinsame Verkaufsstelle zu vertreiben ......

b) Vereinbarung zwischen landwirtschaftlichen Erzeugerbetrieben und einer Vereinigung von Erzeugerbetrieben:
Die Kommanditistinnen sind landwirtschaftliche Erzeugerbetriebe im Sinne des § 28 Abs. 1 S. 1 GWB. Gemäß § 28 Abs. 3 GWB i. V. m. Anhang I zum EG-Vertrag ist der aus Rübenzucker gewonnene Zucker selbst und losgelöst vom Ausgangsprodukt „Zuckerrüben" landwirtschaftliches Urprodukt. Betriebe, die, wie die Kommanditistinnen, Zucker gewinnen, sind daher als landwirtschaftliche Erzeugerbetriebe einzuordnen. Dass Zucker industriell gewonnen wird, ändert hieran nichts ......
Da es sich bei den Kommanditistinnen der V-Vertriebs-GmbH & Co. KG um landwirtschaftliche Erzeugerbetriebe handelt, ist die V-Vertriebs-GmbH & Co. KG selbst als eine Vereinigung dieser Betriebe anzusehen und der Kooperationsvertrag eine von solchen Erzeugerbetrieben geschlossene Vereinbarung im Sinne des § 28 Abs. 1 S. 1 GWB.

c) Kein Verstoß gegen das Preisbindungsverbot im Sinne von § 28 Abs. 1 S. 1 Hs. 2 GWB:
Der Gemeinschaftsverkauf durch die V-Vertriebs-GmbH & Co. KG verstößt nicht gegen das Preisbindungsverbot des § 28 Abs. 1 S. 1 Hs. 2 GWB. Richten mehrere landwirtschaftliche Erzeugerbetriebe einen Gemeinschaftsverkauf als typische absatzbezogene Vereinbarung im Sinne von § 28 GWB ein, dann ist das Einverständnis der Mitglieder der Erzeugervereinigung mit dem Verkauf der Vertragserzeugnisse durch die gemeinsame Vertriebsstelle zu den von dieser kalkulierten Preisen und der hierin liegende Verzicht der Mitglieder auf eine eigene Preisbildung keine Preisbindung im Sinne des § 28 GWB. Dieser Verzicht ist für den Vertrieb durch die gemeinschaftlich betriebene Verkaufsstelle wesensmäßig ......

d) Kein Ausschluss des Wettbewerbs auf den betroffenen Märkten:
Durch die Kooperationsvereinbarung wird der Wettbewerb auf den betroffenen Märkten nicht ausgeschlossen. Sachlich betroffen ist der Markt für Industrie-,

Flüssig- und Haushaltszucker, der sich in räumlicher Hinsicht in einem Lieferradius bis zu 250 km die Werke der Kommanditistinnen erstreckt ......
Aufgrund der Marktanteile der Beteiligten kann davon ausgegangen werden, dass ausreichender Restwettbewerb besteht ...... Zudem müssen die Besonderheiten der durch die gemeinsame Marktordnung für Zucker der EG regulierten Marktbedingungen berücksichtigt werden ...... Auf derart regulierten Märkten sind kartellrechtliche Eingriffe unter Umständen nur geeignet, den Restwettbewerb unbedeutend zu fördern, während sie für die betroffenen Unternehmen einschneidende Auswirkungen nach sich ziehen können ......

V. Bewertungsmaßstab und Pflicht zur regelmäßigen Überwachung:[5]
Dieser Selbstveranlagung liegt der von den beteiligten Unternehmen mitgeteilte Sachverhalt zugrunde, wie er in den Abschnitten I.–IV. zusammengefasst ist. Diese Selbstveranlagung berührt nicht die Verantwortlichkeit der beteiligten Unternehmen für die Überwachung der Rechtmäßigkeit der Zusammenarbeit, wie sie sich aus dem Gesetz gegen Wettbewerbsbeschränkungen ergibt. Die beteiligten Unternehmen sollten in regelmäßigen Zeitabständen eine Zwischenbilanz über die erzielten Rationalisierungen ziehen und insbesondere Mengen- und Preisentwicklungen dokumentieren. Eine erneute vollständige Selbstveranlagung sollte dann eingeholt werden, wenn sich die dieser Selbstveranlagung zugrundeliegende Sach- oder Rechtslage entscheidend geändert hat.

......
(Rechtsanwalt)

Anmerkungen

1. Mit der 7. GWB-Novelle ist auch die bisherige Verpflichtung zur Anmeldung von Kooperationsvereinbarungen über landwirtschaftliche Erzeugnisse im Sinne von § 28 GWB entfallen (vgl. § 28 Abs. 1 S. 2 GWB a. F.). Entsprechende Vereinbarungen sind kraft Gesetzes vom Kartellverbot des § 1 GWB freigestellt, sofern sie die Voraussetzungen des § 28 GWB erfüllen.

2. Der Freistellungstatbestand des § 28 GWB ist materiell-rechtlich unverändert geblieben. Landwirtschaftliche Erzeugerbetriebe sowie Vereinigungen solcher Erzeugerbetriebe können weiterhin Vereinbarungen und Beschlüsse über die Erzeugung oder den Absatz landwirtschaftlicher Erzeugnisse oder die Benutzung landwirtschaftlicher Einrichtungen für die Lagerung, Be- oder Verarbeitung landwirtschaftlicher Erzeugnisse schließen, sofern diese Vereinbarungen keine Preisbindung enthalten und den Wettbewerb nicht ausschließen. Der Begriff der landwirtschaftlichen Erzeugnisse ist in § 28 Abs. 3 GWB definiert. Es wird auf den Anhang I zum EG-Vertrag verwiesen. § 28 GWB steht damit im Einklang mit den im EG-Kartellrecht geltenden Ausnahmeregelungen gemäß Art. 1 der Verordnung (EG) Nr. 1184/2006 des Rates vom 24. Juli 2006 zur Anwendung bestimmter Wettbewerbsregeln auf die Produktion landwirtschaftlicher Erzeugnisse und den Handel mit diesen Erzeugnissen (ABl. L 214 vom 4. 8. 2006, S. 7 ff.).

3. Wie in den anderen Fällen der Selbstveranlagung, sind die beteiligten Unternehmen sowie der wesentliche Inhalt der Kooperationsvereinbarung (insbesondere Wettbewerbsbeschränkungen) ausführlich darzustellen. Zudem sind die gesetzlichen Voraussetzungen des Kartellverbotes sowie des in Betracht kommenden Freistellungstatbestandes ausführlich darzulegen. Vgl. Rn. 4 und 5 zu Form. II. L. 3.

4. Wichtige Anhaltspunkte für die Auslegung des § 28 GWB finden sich in dem Beschluss des KG vom 10. 10. 2001 (Rübenzucker, WuW/E DE-R 816 ff.). Der dieser Entscheidung zugrunde liegende Sachverhalt wurde im Formular verwendet.

5. Vgl. Rn. 7 zu Form. II. L. 3.

5. Antrag auf Erlass einer Entscheidung nach § 32 c iVm § 3 Abs. 2 GWB[1, 3, 7]

Bundeskartellamt[2]
...... Beschlussabteilung
Kaiser-Friedrich-Straße 16
53.113 Bonn

Betr.: Antrag[1] auf Erlass einer Entscheidung nach § 32 c i. V. m. § 3 Abs. 2 GWB

I. Namens und in Vollmacht der V-Vertriebs-GmbH beantrage ich, gemäß § 32 c i. V. m. § 3 Abs. 2 GWB zu entscheiden, dass für das Bundeskartellamt kein Anlass besteht, gegen die Zusammenarbeit der X-GmbH und der Y-GmbH in der V-Vertriebs-GmbH aufgrund des Kooperationsvertrages vom ...... einzuschreiten, da die Zusammenarbeit der X-GmbH und der Y-GmbH die gesetzlichen Freistellungsvoraussetzungen eines Mittelstandskartells im Sinne von § 3 Abs. 1 GWB erfüllt.5 Die beteiligten Unternehmen haben ein erhebliches rechtliches und wirtschaftliches Interesse an dieser Entscheidung.

Im Einzelnen:

II. Darstellung des Kooperationsvorhabens:[4]

1. An der Zusammenarbeit sind folgende Unternehmen beteiligt:

a) V-Vertriebs-GmbH:
Die vollständige Anschrift der V-Vertriebs-GmbH wird wie folgt lauten: ...... Gesellschafter der V-Vertriebs-GmbH werden die X-GmbH und die Y-GmbH mit einer Beteiligungshöhe von jeweils 50% sein. Die V-Vertriebs-GmbH wird an keinen weiteren Gesellschaften mit vergleichbarer Tätigkeit beteiligt sein. Die V-Vertriebs-GmbH befindet sich derzeit im Gründungsstadium. Angaben zu den Umsätzen, der Bilanzsumme sowie zur Mitarbeiterzahl liegen somit noch nicht vor.

b) X-GmbH:
Die vollständige Anschrift der X-GmbH lautet: ......
Gesellschafter der X-GmbH sind ...... mit einer Beteiligungshöhe von jeweils ......%. Die X-GmbH ist an keinen weiteren Unternehmen mit vergleichbarer Tätigkeit beteiligt. Der Gesamtumsatz der X-GmbH im letzten abgeschlossenen Geschäftsjahr ...... betrug EUR ......, der Umsatz mit dem Vertragswaren EUR ...... Die Bilanzsumme der X-GmbH betrug EUR ......; die X-GmbH hat ...... Mitarbeiter.

c) Y-GmbH:
Die vollständige Anschrift der Y-GmbH lautet: ......
Gesellschafter der Y-GmbH sind ...... mit einer Beteiligungshöhe von jeweils ......%. Die Y-GmbH ist in Höhe von 50% an der D-GmbH beteiligt, die ebenfalls Vertragserzeugnisse im räumlich relevanten Markt anbietet. Der Gesamtumsatz der Y-GmbH (einschließlich D-GmbH) im letzten abgeschlossenen Geschäftsjahr ...... betrug EUR ......, der Umsatz mit den Vertragswaren EUR ...... Die Bilanzsumme der Y-GmbH betrug EUR ......; die Y-GmbH hat ...... Mitarbeiter.

2. Beschreibung des Inhalts des Kooperationsvertrages:

a) Die X-GmbH und die Y-GmbH übertragen gemäß Ziffer 1 des Kooperationsvertrages der V-Vertriebs-GmbH den Alleinvertrieb der von ihnen hergestellten Vertragserzeugnisse. Hierdurch soll die Akquisition, der Vertrieb und die Lagerhaltung rationalisiert sowie die Leistungsfähigkeit der beteiligten Unternehmen gefördert werden.

b) Die Regelungen des Kooperationsvertrages beziehen sich auf die Vertragserzeugnisse, die in Ziffer 2 des Kooperationsvertrages definiert sind, und auf folgende Werke der beteiligten Unternehmen:
   aa) X-GmbH: Werk X-Dorf mit einer Absatzmenge im Vertragsgebiet in Höhe von ...... m^3;
   bb) Y-GmbH: Werk Y-Stadt mit einer Absatzmenge im Vertragsgebiet in Höhe von ...... m^3.

c) Die beteiligten Unternehmen haben folgende weitere Werke, die nicht von der Zusammenarbeit betroffen sind, aber zum Teil in das Vertragsgebiet einliefern:
   aa) X-GmbH: Werk X-Hausen (Einlieferung in Höhe von 25%, entspricht ...... m^3);
   bb) Y-GmbH: Werk Y-Feld (Einlieferung in Höhe von 15%, entspricht ...... m^3) und Werk Y-Berg (Einlieferung in Höhe von 20%, entspricht ...... m^3).

III. Kartellrechtliche Beurteilung:

1. Vorliegen einer Wettbewerbsbeschränkung im Sinne des § 1 GWB:
Der Kooperationsvertrag enthält nach Auffassung der beteiligten Unternehmen zumindest teilweise wettbewerbsbeschränkende Vereinbarungen im Sinne von § 1 GWB.

a) Der in Ziffer 1 des Kooperationsvertrages geregelte Andienungszwang beschränkt die X-GmbH und die Y-GmbH jeweils in ihrem Absatz der Vertragserzeugnisse, indem die Absatzwege auf einen Abnehmer, die V-Vertriebs-GmbH, verengt werden. Zudem sieht der in Ziffer 3 des Kooperationsvertrages aufgeführte Katalog der Zuteilungskriterien Lieferquoten für jeden Beteiligten vor. Die beteiligten Unternehmen können demzufolge, soweit die Lieferaufträge nach diesem Kriterium zu verteilen sind, nur eine der Lieferquote entsprechende Gesamtmenge absetzen. Hierdurch wird die Produktion der Vertragserzeugnisse der X-GmbH und Y-GmbH eingeschränkt.

b) Nach Auffassung der beteiligten Unternehmen ist die Festlegung der Preishoheit der V-Vertriebs-GmbH hinsichtlich ihrer Verträge mit den Abnehmern keine Wettbewerbsbeschränkung. Die Einkaufspreise der V-Vertriebs-GmbH werden zwischen der V-Vertriebs-GmbH und ihren Gesellschaftern individuell ausgehandelt. Die V-Vertriebs-GmbH trägt das wirtschaftliche Risiko eines ungenügenden Absatzes der Vertragserzeugnisse, da sie diese im eigenen Namen und auf eigene Rechnung und demzufolge als Eigenhändler verkauft. Die beteiligten Unternehmen räumen zwar ein, dass sie über die Gestaltung ihrer Lieferkonditionen gegenüber der V-Vertriebs-GmbH zumindest theoretisch in der Lage sind, die Verkaufspreise der V-Vertriebs-GmbH zu beeinflussen und – im Falle der Angleichung der Einkaufsbedingungen – sogar weitgehend zu vereinheitlichen. Allerdings ist in den meisten Lieferant-Weiterverkäufer-Beziehungen der Einkaufspreis ein wichtiger Bestandteil des Weiterverkaufspreises, ohne dass die bloße Möglichkeit einer solchen Beeinflussung bereits gegen das Kartellverbot verstößt. Dementsprechend lagen in den entschiedenen Fällen zusätzliche rechtliche oder tatsächliche Umstände vor ...... Maßgeblich ist aus Sicht der beteiligten Unternehmen, dass aufgrund der Zusammenarbeit der X-GmbH und Y-GmbH nur noch ein Anbieter am Markt auftritt, nämlich die V-Vertriebs-GmbH. In diesen Fällen ......

2. Vorliegen der Freistellungsvoraussetzungen des § 3 Abs. 1 GWB:
a) Anwendbarkeit:
§ 3 Abs. 1 GWB ist nur dann anwendbar, wenn die Zusammenarbeit der X-GmbH und der Y-GmbH nach dem Kooperationsvertrag nicht geeignet ist, den Handel zwischen den EG-Mitgliedstaaten spürbar zu beeinträchtigen. Die Beteiligten sind kleine und mittlere Unternehmen im Sinne der KMU-Empfehlung

der EG-Kommission, da sie weniger als 250 Mitarbeiter beschäftigen und ihr Jahresumsatz bzw. ihre Bilanzsumme nicht größer als EUR 50 Mio. bzw. EUR 43 Mio. sind. Die Gesellschafter sind zudem nicht grenzüberschreitend tätig. Der Absatz der Vertragserzeugnisse erfolgt üblicherweise in einem Umkreis von ...... km um die Werke der beteiligten Unternehmen. Das Vertragsgebiet liegt damit nicht in Grenznähe und deckt nur einen unwesentlichen Teil des Bundesgebietes ab. § 3 Abs. 1 GWB ist damit anwendbar.

b) Zwischenbetriebliche Zusammenarbeit zwischen Wettbewerbern:
Die beteiligten Unternehmen sind Anbieter der Vertragserzeugnisse und standen bislang sachlich und räumlich im Wettbewerb ......

c) Rationalisierung wirtschaftlicher Vorgänge durch zwischenbetriebliche Zusammenarbeit:
Die Vergemeinschaftung des Vertriebs der beteiligten Unternehmen in der V-Vertriebs-GmbH ist geeignet, die Produktion und den Vertrieb der Vertragserzeugnisse wirtschaftlich effizienter zu gestalten und hierdurch erhebliche Einsparungen zu ermöglichen ......

d) Vereinbarung dient der Verbesserung der Wettbewerbsfähigkeit kleiner oder mittlerer Unternehmen:
Die Zusammenarbeit der beteiligten Unternehmen in der V-Vertriebs-GmbH dient der optimalen Ausnutzung der Produktionsstätten der Beteiligten sowie der Bündelung von deren wirtschaftlichen Ressourcen ......
Die Beteiligten sind auch kleine oder mittlere Unternehmen im Sinne des § 3 Abs. 1 GWB ......

e) Keine wesentliche Beeinträchtigung des Wettbewerbs auf dem betroffenen Markt:
Die Zusammenarbeit der beteiligten Unternehmen betrifft den sachlichen Markt für Transportbeton ......, der sich in räumlicher Hinsicht in einem Umkreis von ...... km um die Werke der Beteiligten erstreckt. Bei Zugrundelegung der eigenen und geschätzten Wettbewerbermengen ergibt sich ein Gesamtmarktvolumen von etwa ...... m^3. Hieraus ergibt sich ein rechnerischer Marktanteil der Beteiligten von etwa 16,5%. Dies bedeutet, dass ihr gemeinsamer Marktanteil über der Marktanteilsschwelle von 10–15% liegt, die nach der bisherigen Verwaltungspraxis des Bundeskartellamtes für Mittelstandskartelle im Sinne des § 4 Abs. 1 GWB a.F. galt ...... Auch in gerichtlichen Entscheidungen, die mittlerweile viele Jahre zurückliegen, wurde davon ausgegangen, dass ...... Die beteiligten Unternehmen bezweifeln, dass das starre Festhalten an dieser Marktanteilsschwelle im Hinblick auf den von der Kooperation betroffenen Markt gerechtfertigt ist ...... Auch vor dem Hintergrund der Aussage der Regierungsbegründung, dass ...... Zudem sind im Vertragsgebiet mit ...... weitere starke und größere Anbieter vorhanden, die ......

IV. Erhebliches rechtliches oder wirtschaftliches Interesse der beteiligten Unternehmen an einer Entscheidung nach § 32 c GWB:[4]
Die Beteiligten beabsichtigen, im Wege einer mittelständischen Kooperation die Produktion und den Vertrieb der Vertragserzeugnisse effizienter zu gestalten. Dies wird sich in Form einer besseren Versorgung der Abnehmer, der Senkung der Bezugspreise und einer durch Verringerung der Ansprechpartner vereinfachten Auftragsabwicklung zugunsten der Abnehmer auswirken. Angesicht der angespannten Lage auf dem Markt für ...... und der nur begrenzten Einsparmöglichkeiten bei der Transportbetonproduktion sind die Beteiligten auf die Kooperation unbedingt angewiesen ......
Die Beteiligten gehen davon aus, dass sie die Voraussetzungen des § 3 Abs. 1 GWB erfüllen. Unter Zugrundelegung der bisherigen Verwaltungs- und gerichtlichen Entscheidungspraxis nach § 4 Abs. 1 GWB a.F. ergibt sich, dass die beabsichtigte Kooperation in jedem Fall die Tatbestandsmerkmale des § 3 Abs. 1 Hs. 1 und Nr. 2

GWB erfüllt. Allenfalls hinsichtlich des Tatbestandsmerkmals der fehlenden wesentlichen Beeinträchtigung des Wettbewerbs (§ 3 Abs. 1 Nr. 1 GWB) ergibt sich eine nur marginale Überschreitung der in der Anwendungspraxis zugrundegelegten Marktanteilsschwelle. Nach Auffassung der beteiligten Unternehmen kann aufgrund des gemeinschaftsrechtlichen Kontextes, der nach der Regierungsbegründung im Rahmen des § 3 Abs. 1 GWB jedenfalls hinsichtlich des Tatbestandsmerkmals der wesentlichen Wettbewerbsbeeinträchtigung zu berücksichtigen ist, nicht an der bisherigen Praxis festgehalten werden ...... Das starre Abstellen auf die Marktanteilsgrenze ermöglicht es nicht, in der gebotenen Einzelfallbetrachtung die tatsächliche Wettbewerbssituation angemessen zu berücksichtigen ...... Mangels neuerer Entscheidungen zu dieser Frage sind die Gesellschafter nicht in der Lage, mit hinreichender Sicherheit die Rechtmäßigkeit der beabsichtigten Kooperation eigenständig zu beurteilen ...... Ein Merkblatt des Bundeskartellamtes zu diesen Fragen ist bislang ebenfalls nicht veröffentlicht worden ......

V. Bitte teilen Sie uns mit, wenn Sie weitere Informationen und Unterlagen für die Prüfung des Antrags benötigen. Gerne stehen wir auch für eine Besprechung bei Ihnen im Amt zur Verfügung.

......

(Rechtsanwalt)

Anmerkungen

1. Der Gesetzgeber der 7. GWB-Novelle trägt mit der Einführung von § 32c GWB dem Bedürfnis nach einer informellen Abstimmung im System der Legalausnahme mit der zuständigen Kartellbehörde im Interesse der Rechtssicherheit Rechnung. Ob eine Entscheidung nach § 32c GWB ergeht, liegt im pflichtgemäßem Ermessen der zuständigen Behörde. Entscheidet sich die Kartellbehörde das Vorhaben aufzugreifen, kann sie eine Entscheidung nach § 32c GWB erlassen oder das Verfahren durch eine schriftliche Mitteilung an die Beteiligten beenden (vgl. § 61 Abs. 2 GWB). Der Antrag nach § 32c GWB löst damit nicht stets ein behördlichen Handeln aus. Auch Unternehmen, die in Form eines Mittelstandskartells nach § 3 Abs. 1 GWB kooperieren wollen, hatten nur bis zum 30. 6. 2009 gemäß § 3 Abs. 2 S. 1 i. V. m. S. 2 GWB einen Anspruch auf Erlass einer behördlichen Entscheidung nach § 32c GWB, wenn sie ein erhebliches rechtliches oder wirtschaftliches Interesse darlegen konnten.

2. Über den Antrag entscheidet die nach § 48 GWB zuständige Kartellbehörde. Reicht die Wirkung der beabsichtigten Kooperation über das Gebiet eines Bundeslandes hinaus, ist das Bundeskartellamt zuständig; in allen übrigen Fällen ist die Zuständigkeit der Landeskartellbehörde gegeben.

3. Anders als der Wortlaut von § 32c GWB nahe legt, ist eine Entscheidung nach § 32c GWB auch dann einschlägig, wenn die Vereinbarung zwar gegen § 1 GWB verstößt, aber nach § 2 Abs. 1, 2 oder § 3 Abs. 1 GWB freigestellt ist (vgl. auch § 32c S. 3 GWB).

4. Das GWB enthält keine Vorgaben für die Form und den notwendigen Inhalt eines Antrages auf Entscheidung nach § 32c GWB. Wie bei der Selbstveranlagung, erscheint es hilfreich, sich an den Formerfordernissen der früheren Kartellanmeldungen zu orientieren. Hinweise hierzu finden sich vor allem im Merkblatt des Bundeskartellamtes über die Kooperationsmöglichkeiten für kleinere und mittlere Unternehmen nach dem Kartellgesetz vom Dezember 1998, in der Bekanntmachung des Bundeskartellamtes über Verwaltungsgrundsätze für die Behandlung der Anmeldung von Rationalisierungskartellen (§ 5 GWB a. F.), Strukturkrisenkartellen (§ 6 GWB a. F.) und sonstigen Kartellen (§ 7 GWB a. F.) vom 16. Dezember 1998 (Bekanntmachung Nr. 109/98) sowie in der VO

3385/94 über Form, Inhalt und andere Einzelheiten der Anträge und Anmeldungen nach der VO 17/62 (ABl. 1994 Nr. L 377/28, Formblatt A/B). Dementsprechend sind zumindest die Beschreibung des Kooperationsvorhabens, der beteiligten Unternehmen einschließlich deren wirtschaftlichen Daten sowie der rechtlichen Prüfung anhand der Vorschriften des GWB erforderlich.

Da die Beurteilung der Kartellrechtmäßigkeit von Kooperationsvereinbarungen grundsätzlich bei den Unternehmen selbst liegt, muss der Antrag zudem Gründe enthalten, aus denen sich das Interesse der beteiligten Unternehmen an einer behördlichen Entscheidung nach § 32c GWB ergibt. Welche Anforderungen § 32c GWB hieran im Allgemeinen stellt, ergibt sich nicht aus dem Gesetz. Ein rechtliches Interesse an einer Entscheidung wird vor allem dann bestehen, wenn es den beteiligten Unternehmen nicht unter Heranziehung der bisherigen Verwaltungs- und gerichtlichen Entscheidungspraxis mit der erforderlichen Sicherheit möglich ist, die Freistellungsfähigkeit der von ihnen beabsichtigten Kooperation zu beurteilen. In jedem Fall ist auch die wirtschaftliche Bedeutung der beabsichtigten Kooperation für die beteiligten Unternehmen darzustellen, um der Kartellbehörde ausreichende Tatsachen für die Bejahung eines erheblichen wirtschaftlichen Interesses an einer Entscheidung nach § 32c GWB zur Verfügung zu stellen.

5. Die Entscheidung nach § 32c GWB ergeht in Form einer Verfügung nach § 61 Abs. 1 GWB. Sie ist zu begründen und mit einer Rechtsbehelfsbelehrung den Beteiligten zuzustellen. Die Entscheidung kann nach § 62 GWB von der Kartellbehörde bekannt gemacht werden. Gemäß § 32c S. 1 GWB soll die Kartellbehörde entscheiden, „dass für sie kein Anlass besteht, tätig zu werden". Dies wird in § 32c S. 2 GWB inhaltlich dahingehend konkretisiert, dass die Kartellbehörde „vorbehaltlich neuer Erkenntnis von ihren Befugnissen nach den §§ 32, 32a GWB keinen Gebrauch machen wird". Sie stellt eine Zusicherung der Kartellbehörde dar, nicht mehr gegen die mitgeteilte Kooperation vorzugehen, sofern keine Erkenntnisse über Änderungen der tatsächlichen oder rechtlichen Verhältnisse vorliegen. Dritte oder Zivilgerichte bindet diese Entscheidung nicht. Gerichte können sie – ohne dass eine rechtliche Bindung entsteht – bei der Prüfung der Frage berücksichtigen, ob die betreffende Vereinbarung mit § 1 GWB vereinbar ist. Eine Tatbestandswirkung in Schadensersatzprozessen im Sinne von § 33 Abs. 4 GWB kommt Entscheidungen nach § 32c GWB nicht zu. Die Entscheidung bewirkt keine konstitutive Freistellung von einem Verbot im Sinne der §§ 1, 19–21 GWB, Art. 81 Abs. 1 oder Art. 82 EG-Vertrag zum Inhalt (vgl. § 32c S. 3 GWB).

Kosten und Gebühren

Für die Entscheidung nach § 32c GWB fallen gemäß § 80 Abs. 1 S. 2 Nr. 2 GWB Gebühren an. Diese bestimmen sich nach dem personellen und sachlichen Aufwand der Kartellbehörde unter Berücksichtigung der wirtschaftlichen Bedeutung, die der Gegenstand der gebührenpflichtigen Handlung hat (§ 80 Abs. 2 S. 1 GWB). Die Gebührensätze dürfen im Falle von Entscheidungen nach § 32c GWB jedoch einen Betrag von EUR 7.500 nicht übersteigen (§ 80 Abs. 2 S. 2 Nr. 3 GWB). Ausnahmsweise kann die Gebühr bis auf das Doppelte erhöht werden, sofern der personelle oder sachliche Aufwand der Kartellbehörde im Einzelfall außergewöhnlich hoch ist (§ 80 Abs. 2 S. 3 GWB). Sofern die Kartellbehörde die Entscheidung nach § 32c GWB veröffentlicht, was gemäß § 62 S. 2 GWB in ihrem Ermessen steht, werden die Kosten der Veröffentlichung als Auslagen erhoben (§ 80 Abs. 1 S. 3 GWB).

6. Antrag auf Erstellung eines Beratungsschreibens der EG-Kommission[1, 2–4, 7, 9]

Europäische Kommission[10]
Generaldirektion Wettbewerb
1049 Brüssel
Belgien

Betr.: Ersuchen der Architektenkammer des Landes ...... um Erstellung eines Beratungsschreibens

I. Namens und in Vollmacht der Architektenkammer des Landes ......[10] ersuchen wir um die Erstellung eines Beratungsschreibens nach der Bekanntmachung der EG-Kommission über die informelle Beratung bei neuartigen Fragen zu Art. 81 und 82 des EG-Vertrages, die in Einzelfällen auftreten („Bekanntmachung Beratungsschreiben", ABl. 2004 Nr. C 101/78). Wir bitten um Mitteilung, dass die Honorarordnung, deren Erlass von der Architektenkammer beabsichtigt ist und die wir als Entwurf vorlegen,[8] mit Art. 81 EG-Vertrag vereinbar ist.[3]

II. Die vollständige Bezeichnung und Anschrift der Architektenkammer lautet: ......[10] Die Architektenkammer besitzt Rechtspersönlichkeit und wurde am ...... durch Gesetz ...... gegründet. Ihre Aufgaben sind ...... Nach § ...... des Gesetzes ...... gehört zu den Aufgaben der Architektenkammer insbesondere die Festlegung der Standesregeln. Nach Auffassung der Architektenkammer gehört hierzu auch die Regelung von Honorarfragen, weil ...... Dementsprechend beabsichtigt die Architektenkammer, die als Entwurf vorgelegte Honorarordnung zu verabschieden, welche insbesondere eine Tabelle enthält, die als Schlüssel für die Berechnung des Architektenhonorars einen bestimmten Prozentsatz des Auftragswerts nach der Art des Bauwerks und nach der Kostenzone angibt. Der Entwurf der Honorarordnung sieht im Einzelnen vor ......

III. Die Architektenkammer hat die Vereinbarkeit der beabsichtigten Honorarordnung mit dem EG-Kartellrecht geprüft. Auch unter umfassender Heranziehung der Verwaltungs- und gerichtlichen Entscheidungspraxis lässt sich nach Auffassung der Architektenkammer nicht mit der für die endgültige Verabschiedung der Honorarordnung erforderlichen Sicherheit feststellen, ob die Empfehlung von Mindesthonoraren, wie in der Honorarordnung vorgesehen, mit Art. 81 EG-Vertrag vereinbar ist.[2]
Im Einzelnen:[5]

1. Vereinbarkeit mit Art. 81 Abs. 1 EG-Vertrag:

a) Unternehmen oder Unternehmensvereinigung:
Die Architektenkammer unterliegt möglicherweise nicht dem Anwendungsbereich des Art. 81 Abs. 1 EG-Vertrag, da sie weder Unternehmen noch Unternehmensvereinigung ist. Zwar üben Architekten, die ihre Dienstleistungen dauerhaft gegen Entgelt anbieten, eine wirtschaftliche Tätigkeit aus und sind damit Unternehmen ...... Dies bedeutet aber nicht, dass ein Berufsverband wie die Architektenkammer ebenfalls Unternehmen oder eine Vereinigung von Unternehmen ist. Nach der Rechtsprechung des Gerichtshofs unterliegt eine Tätigkeit dann nicht den Wettbewerbsregeln des EG-Vertrages, wenn sie nach ihrer Art, den für sie geltenden Regeln und ihrem Gegenstand keinen Bezug zum Wirtschaftsleben hat oder wenn sie mit der Ausübung hoheitlicher Befugnisse zusammenhängt ...... Zudem ist es nach dem Gesetz zur Einsetzung der Architektenkammer vom ...... Aufgabe der Kammer, Standesregeln festzulegen und ihre Einhaltung zu gewährleisten. Dies bedeutet nach der Gemeinschaftsrechtsprechung ...... Zweifel verbleiben allerdings vor dem Hintergrund der Entscheidungen in Sachen Wouters (......) und Pavlov u. a. (......) ......

b) Beschluss einer Unternehmensvereinigung:
Die Architektenkammer ist weiterhin der Auffassung, dass die Honorarordnung kein Beschluss einer Unternehmensvereinigung ist, da sie ...... Die Architektenkammer ist nach dem Gesetz verpflichtet, Standesregeln festzulegen. Hierzu gehört auch die im öffentlichen Interesse liegende gewissenhafte und verantwortungsvolle Erledigung der Pflichten eines Architekten, die nur bei einer angemessen Vergütung möglich ist. ...... Zudem sieht die Honorarordnung nur die Empfehlung von Mindesthonoraren vor; Sanktionen sind hieran nicht geknüpft. Im Einzelnen ......

c) Wettbewerbsbeschränkungen:
Nach Auffassung der Architektenkammer bewirkt die Empfehlung von Mindesthonoraren auch keine Beschränkung des Wettbewerbs. Nach dem Urteil des Gerichtshofes in der Rechtssache Wouters liegt kein Verstoß gegen Art. 81 Abs. 1 EG-Vertrag vor, wenn der Beschluss einer Unternehmensvereinigung trotz der mit ihm verbundenen wettbewerbsbeschränkenden Wirkungen für die ordnungsgemäße Ausübung des Berufs erforderlich ist ...... Durch die Honorarordnung soll sicher gestellt werden, dass der Architekt ein Honorar verlangt, welches ihm die Ausübung seines Berufes unter Einhaltung der beruflichen Pflichten ermöglicht ......

2. Gesetzliche Freistellung gemäß Art. 81 Abs. 3 EG-Vertrag:
Selbst wenn die Empfehlung von Mindesthonoraren in der Honorarordnung als Wettbewerbsbeschränkung im Sinne des Art. 81 Abs. 1 EG-Vertrag anzusehen sein sollte, kommt jedenfalls eine gesetzliche Freistellung nach Art. 81 Abs. 3 EG-Vertrag in Betracht. Die Honorarordnung trägt zu einer Verbesserung der Erbringung von Architektenrechnungen bei, indem sie ...... Zudem werden Verbraucher in erheblicher Weise durch die Honorarordnung begünstigt, da sie den Leitfaden für die üblichen Honorare darstellt ...... Allerdings hat die Kommission in ...... entschieden, dass ......

IV. Die wirtschaftliche Bedeutung[6] des vom Ersuchen betroffenen Sachverhalts ergibt sich schon daraus, dass die Architektenkammer des Landes ...... über ...... Mitglieder verfügt. Nach den gesetzlichen Vorschriften muss jeder, der in ...... den Architektenberuf ausüben will, Mitglied der Architektenkammer sein. Honorarfragen sind ein üblicher Streitpunkt bei den meisten Bauvorhaben ......
Im Vorfeld zum Entwurf der Honorarordnung gab es zwar auf nationaler Ebene bereits Diskussionen um die Zulässigkeit der Empfehlung von Mindesthonoraren. Der Entwurf der Honorarordnung der Architektenkammer ist jedoch noch nicht Gegenstand eines Verfahrens vor einem nationalen Gericht oder einer nationalen Wettbewerbsbehörde.[6]

V. Bitte teilen Sie uns mit, wenn Sie für die Prüfung dieses Ersuchens weitere Informationen oder Unterlagen benötigen.[4]

......
(Rechtsanwalt)

Verwaltungsgrundsätze: Bekanntmachung der EG-Kommission über informelle Beratung bei neuartigen Fragen zu den Art. 81 und 82 des Vertrages, die in Einzelfällen auftreten (Beratungsschreiben), ABl. 2004 Nr. C 101/78 („Bekanntmachung Beratungsschreiben").

Anmerkungen

1. Im neuen System der Legalausnahmen kann es sowohl nach dem EG-Kartellrecht als auch nach dem GWB keine konstitutiven Freistellungsentscheidungen der Kartellbehörde mehr geben. Die Unternehmen sind vielmehr eigenständig dafür verantwortlich, dass die von ihnen praktizierten Vereinbarungen mit dem Kartellrecht vereinbar sind. Aufgrund der hohen Anforderungen an einen unverschuldeten Rechtsirrtum und der drohenden zivilrechtlichen und bußgeldrechtlichen Konsequenzen eines Kartellverstoßes muss diese eigenständige Prüfung regelmäßig im Wege einer Selbstveranlagung erfolgen (vgl. Rn. 3 zu Form. II. 1.). Die EG-Kommission hat gleichwohl anerkannt, dass auch in einem System der Legalausnahme die Möglichkeit bestehen muss, Zweifelsfragen mit der Kartellbehörde informell abzuklären (vgl. schon Erwägungsgrund 38 der VO 1/2003, ABl. 2003 Nr. L 1/1). Da es ein wesentliches Anliegen der Kartellverfahrensreform war, die Ressourcen der Kommission auf die Verfolgung schwerwiegender Wettbewerbsbeschränkungen zu konzentrieren und diese von der Bearbeitung unproblematischer Sachverhalte, die nach der früheren VO 17/62 bei der EG-Kommission angemeldet werden mussten, zu entlasten, wird sich die EG-Kommission nur in Ausnahmefällen zur Vereinbarkeit derartiger Kooperationsvereinbarungen mit dem EG-Kartellrecht äußern. Voraussetzung ist eine ernsthafte Rechtsunsicherheit durch das Auftauchen neuer oder ungelöster Fragen in Bezug auf die Anwendung der Art. 81 und 82 EG-Vertrag (vgl. Bekanntmachung Beratungsschreiben, Rn. 5). Die EG-Kommission hat in ihrer Bekanntmachung Beratungsschreiben erläutert, in welchen Fällen sie eine informelle Beratung geben wird und welche Wirkungen eine solche informelle Beratung hat.

2. Die EG-Kommission hat ein weites Ermessen bei der Entscheidung, ob sie ein Beratungsschreiben versendet. In erster Linie kommt es auf die Vereinbarkeit einer informellen Beratung mit den von der Kommission gesetzten Prioritäten bei der Durchsetzung der Wettbewerbsregeln an (Bekanntmachung Beratungsschreiben, Rn. 7). Die Kommission hat klargestellt, dass ein Beratungsschreiben nur unter drei kumulativen Voraussetzungen in Betracht kommt:

a) Die materiell-rechtliche Beurteilung der konkreten Vereinbarung muss eine neue oder ungelöste Frage der Anwendung der Art. 81 oder 82 EG-Vertrag betreffen (Bekanntmachung Beratungsschreiben, Rn. 8 lit. a). Die betreffende Frage darf nicht durch den bestehenden EG-Rechtsrahmen einschließlich der Gemeinschaftsrechtsprechung, durch allgemein verfügbare Orientierungshilfen, die Entscheidungspraxis oder frühere Beratungsschreiben geklärt sein. Kein Anlass für ein Beratungsschreiben besteht auch bei Fragen, die in dieser oder ähnlicher Weise bereits in anhängigen Verfahren vor einem der Gemeinschaftsgerichte gestellt wurden oder bei denen die zugrundeliegende Kooperationsvereinbarung bereits Gegenstand eines Verfahrens der Kommission, des Gerichts oder der Wettbewerbsbehörde eines Mitgliedstaates waren (Bekanntmachung Beratungsschreiben, Rn. 9). Die Frage muss sich auf die Rechtsanwendung in einem konkreten und aktuellen Fall beziehen; hypothetische oder nachträglich auftretende Fragen wird die EG-Kommission nicht behandeln (Bekanntmachung Beratungsschreiben, Rn. 10). Dem Formular wurde der Sachverhalt der Entscheidung der EG-Kommission vom 24. 6. 2004 (Barême d'honoraires de l'ordre des Architectes Belges, COMP/38.549-PO) zugrunde gelegt.
b) Bei einer vorläufigen Bewertung des mitgeteilten Sachverhaltes muss die Klärung dieser Fragen im Wege eines Beratungsschreibens als zweckmäßig erscheinen (Bekanntmachung Beratungsschreiben, Rn. 8 lit. b). Die EG-Kommission berücksichtigt hierbei die wirtschaftliche Bedeutung der Vertragswaren aus Sicht der Verbraucher, die Üblichkeit vergleichbarer Vereinbarungen am Markt sowie den Umfang der Investitionen im Zusammenhang mit der Vereinbarung. Daneben werden auch mögliche „strukturelle Elemente" berücksichtigt. Hier ist vor allem an kooperative Gemeinschaftsunternehmen zu denken, die zu wesentlichen Änderungen der Struktur und Organisation des Geschäftsvermögens der beteiligten Unternehmen führen (z. B. weil bisherige Tätigkeiten der Unternehmen übernommen werden; vgl. EG-Kommission, VO 3385/94 zur früheren Form A/B, ABl. 1994 Nr. L 377/28, Einleitung, Abschnitt D. S. 35).

c) Die von den Unternehmen gemachten Angaben zum Sachverhalt müssen die Erstellung des Beratungsschreibens ermöglichen. Eine weitere Tatsachenfeststellung darf nicht erforderlich sein (Bekanntmachung Beratungsschreiben, Rn. 8 lit. c).

3. Die spezifische Frage, zu der eine informelle Beratung erbeten wird, muss angegeben werden. Die Frage darf nicht von vornherein als ungeeignet im Sinne der genannten Anforderungen der Kommission erscheinen. Anders als bei EG-Vorabentscheidungsersuchen nach Art. 234 EG-Vertrag (vgl. zu den praktischen Einschränkungen dieser dogmatischen Grundkonzeption *Holm-Hadulla,* Private Kartellrechtsdurchsetzung unter der VO Nr. 1/2003, 2008, S. 54) hat die EG-Kommission nicht nur die aufgeworfenen Rechtsfragen zu beantworten, sondern eine Stellungnahme zum konkreten Rechtsfall abzugeben. Daher muss das Ersuchen nach unserer Auffassung keine „Vorlagefrage“, losgelöst vom Sachverhalt, formulieren.

4. Das Ersuchen muss vollständige und umfassende Angaben zu allen Aspekten enthalten, die für die sachkundige Beurteilung der aufgeworfenen Frage relevant sind; sachdienliche Unterlagen sind beizufügen. Die Unternehmen sollten hierauf besonderen Wert legen. Die Kommission kann zwar zusätzliche Informationen heranziehen, die ihr z. B. aus öffentlichen Quellen oder früheren Verfahren zur Verfügung stehen, oder die beteiligten Unternehmen um zusätzliche Informationen bitten (Bekanntmachung Beratungsschreiben, Rn. 15). Sofern sie dies allerdings nicht tut, eine weitere Tatsachenfeststellung aber für erforderlich hält, ist die Kommission berechtigt, allein unter Verweis auf das Nichtvorliegen der Voraussetzungen für die Erstellung des Beratungsschreibens das Ersuchen zurückzuweisen (vgl. Bekanntmachung Beratungsschreiben, Rn. 8 lit. c). Eine Verpflichtung der Kommission zu weiteren Nachforschungen oder Fragen besteht aufgrund des gesetzgeberischen Ziels der Kartellverfahrensrechtsreform, die Zuständigkeit der Kommission auf wichtige Fälle zu konzentrieren, gerade nicht. Die entsprechende Bitte am Ende des Formulars ist daher nur eine Anregung ohne rechtliche Wirkung.

5. Im Ersuchen ist ausführlich zu begründen, weshalb die gestellten Fragen „neuartig“ oder „ungelöst“ (vgl. zu diesen Begriffen Erwägungsgrund 38 der VO 1/2003 sowie Bekanntmachung Beratungsschreiben, Rn. 5) sowie konkret und aktuell sind. Dies erfordert eine umfassende Auseinandersetzung mit der Entscheidungspraxis sowie den Merkblättern und Leitlinien der Kartellbehörden.

6. Das Ersuchen muss weiterhin Informationen zur wirtschaftlichen Bedeutung der Vertragserzeugnisse aus Sicht der Verbraucher, zur Üblichkeit der Vereinbarung am Markt, zum Umfang der Investitionen im Verhältnis zur Größe der beteiligten Unternehmen, eine umfangreiche Sachverhaltsdarstellung sowie die Erklärung enthalten, dass die im Ersuchen bezeichnete Vereinbarung oder Verhaltsweise nicht Gegenstand eines Verfahrens vor einem Gericht oder einer Wettbewerbsbehörde eines Mitgliedstaates ist und auch noch nicht Gegenstand des Verfahrens vor den Europäischen Gerichten oder der EG-Kommission oder eines nationalen Gerichts bzw. einer nationalen Wettbewerbsbehörde gewesen ist.

7. Weiterhin ist mitzuteilen, ob bestimmte Informationen als Geschäftsgeheimnisse angesehen werden sollen. Dies ist von besonderer Bedeutung, da die Kommission die im Ersuchen mitgeteilten Informationen an die nationalen Wettbewerbsbehörden weiterleiten kann (vgl. Bekanntmachung Beratungsschreiben, Rn. 16). Zudem ist darauf zu achten, dass eine um Geschäftsgeheimnisse bereinigte Fassung des Beratungsschreibens vor dessen Veröffentlichung auf der Website der Kommission (vgl. Bekanntmachung Beratungsschreiben, Rn. 21) mit der Kommission abgestimmt wird.

8. Dem Ersuchen sind alle sonstigen Unterlagen beizufügen, die für die Beurteilung durch die Kommission relevant sein können.

9. Die Kommission betont in ihrer Bekanntmachung, dass Beratungsschreiben in erster Linie den Unternehmen helfen sollen, selbst eine sachkundige Beurteilung ihrer Vereinbarungen und Verhaltensweisen vorzunehmen (Bekanntmachung Beratungsschreiben, Rn. 22). Für die Unternehmen von größerer Bedeutung ist allerdings die Frage, ob sich die Kommission durch die Erstellung eines Beratungsschreibens in der Weise selbst bindet, dass sie aufgrund des dem Beratungsschreiben zugrundeliegenden Sachverhalts nicht mehr gegen die Vereinbarung vorgehen kann. Die Kommission hat ausdrücklich erklärt, dass sie sich nicht daran gehindert sieht, Vereinbarungen oder Verhaltensweisen, die die materielle Grundlage eines Beratungsschreibens bildeten, später in einem Verfahren erneut zu prüfen (Bekanntmachung Beratungsschreiben, Rn. 24). Die Kommission weist aber auch darauf hin, dass sie in einem solchen Fall einem früheren Beratungsschreiben Rechnung tragen sowie etwaige Änderungen des zugrundeliegenden Sachverhalts, in einer Beschwerde vorgebrachte neue Gesichtspunkte, neue Entwicklungen in der Rechtsprechung der Gemeinschaftsgerichte sowie allgemeine Änderungen in der Politik der Kommission berücksichtigen wird. Die Auswirkungen eines Beratungsschreiben dürften mithin darin liegen, dass den beteiligten Unternehmen kein bußgeldrechtlicher Vorwurf für die Vergangenheit gemacht werden kann, wenn sie sich entsprechend dem im Ersuchen mitgeteilten Sachverhalt verhalten haben.

Da Beratungsschreiben der Kommission nicht als förmliche Entscheidungen gelten, sind die nationalen Wettbewerbsbehörden und die Gerichte an sich nicht gemäß Art. 16 VO 1/2003 gebunden (vgl. Bekanntmachung Beratungsschreiben, Rn. 25; vgl. dazu ausführlich *Holm-Hadulla,* Private Kartellrechtsdurchsetzung unter der VO Nr. 1/2003, 2008, S. 103 ff.). Den Wettbewerbsbehörden und den Gerichten der Mitgliedstaaten soll es freistehen, Beratungsschreiben der Kommission zu berücksichtigen, soweit sie dies in einem bestimmten Fall für zweckmäßig erachten. Eine solche Beachtlichkeit der Beratungsschreiben wird insbesondere dann in Betracht kommen, wenn die EG-Kommission das konkrete Ersuchen vor Erteilung des Beratungsschreibens inhaltlich mit der betreffenden nationalen Wettbewerbsbehörde erörtert hat (zu dieser Möglichkeit vgl. Bekanntmachung Beratungsschreiben, Rn. 16).

Die zivilrechtliche Wirksamkeit der dem Beratungsschreiben zugrundeliegenden Kooperationsvereinbarung wird durch das Beratungsschreiben nicht berührt. Rechte Dritter (insbesondere Schadensersatzansprüche im Falle von Kartellverstößen) richten sich nach den allgemeinen Vorschriften.

10. Das Ersuchen um informelle Beratung kann von einem oder mehreren Unternehmen eingereicht werden, die an einer Vereinbarung beteiligt sind oder sich beteiligen wollen (Bekanntmachung Beratungsschreiben, Rn. 12). In jedem Fall sind im Ersuchen alle beteiligten Unternehmen zu bezeichnen und mit ihrer Anschrift anzugeben. Ersuchen mehrere an ein und derselben Vereinbarung beteiligte Unternehmen die Kommission um ein Beratungsschreiben, ist eine Kontaktperson zu benennen (vgl. Bekanntmachung Beratungsschreiben, Rn. 14). Für Ersuchen ist ausschließlich die EG-Kommission zuständig.

Kosten und Gebühren

Für die Erstellung eines Beratungsschreibens und das entsprechende Ersuchen fallen keine behördlichen Gebühren an.

7. Antrag, die Aufnahme eines Unternehmens in eine Wirtschaftsvereinigung anzuordnen (§ 20 Abs. 6 iVm § 32 GWB)[1-3]

Bundeskartellamt[4]
Kaiser-Friedrich-Str. 16
53113 Bonn

Betr.: Antrag gemäß § 20 Abs. 6 i. V. m. § 32 GWB

I. Ich beantragte die Anordnung des Bundeskartellamts im Wege der Verfügung gem. § 32 GWB, dass die Wirtschaftsvereinigung A das Unternehmen U als Mitglied aufzunehmen hat.

II. Die Wirtschaftsvereinigung A hat den Aufnahmeantrag des Unternehmens U durch Bescheid vom ...... abgelehnt[5]. Der Ablehnungsbescheid wird in der Anlage 1 vorgelegt.

III. Durch die Ablehnung des Aufnahmeantrags behandelt die Wirtschaftsvereinigung das Unternehmen U gegenüber den anderen Mitgliedern der Vereinigung, insbesondere gegenüber den Unternehmen F, G und H ungleich[6], weil ......

IV. Die Ablehnung führt zu einer unbilligen Benachteiligung[6] des Unternehmens U im Wettbewerb, weil ......[6]

V. Die Vereinigung hat im Ablehnungsbescheid nicht nur die Ungleichbehandlung in Abrede gestellt, sondern auch geltend gemacht, die Ungleichbehandlung sei sachlich gerechtfertigt, weil ......
Diese Argumente überzeugen nicht. Die Ungleichbehandlung ist nicht sachlich gerechtfertigt, weil ......[6]

......
(Rechtsanwalt)

Anmerkungen

1. § 20 Abs. 6 GWB verbietet es die Aufnahme eines Unternehmens in Wirtschafts- und Berufsvereinigungen sowie Gütezeichengemeinschaften abzulehnen, sofern dies eine sachlich nicht gerechtfertigte ungleiche Behandlung darstellt und zu einer unbilligen Benachteiligung des Unternehmens im Wettbewerb führen würde. Sanktioniert ist eine einseitige Verhaltensweise (die Ablehnung der Aufnahme); der Gesetzgeber nutzte mit der Beibehaltung der Regelung den gesetzgeberischen Spielraum, den die VO 1/2003 (ABl. 2003 Nr. L 1/1) für die rechtliche Behandlung einseitiger Handlungen von Unternehmen gewährt (vgl. Art. 3 Abs. 2 S. 2 VO 1/2003). § 20 Abs. 6 GWB ist damit auch dann anwendbar, wenn der zu beurteilende Sachverhalt geeignet ist, den Handel zwischen den EG-Mitgliedstaaten spürbar zu beeinträchtigen (vgl. § 22 Abs. 2 S. 2 GWB). Dieses Formular betrifft nur die Aufnahme in eine Wirtschaftsvereinigung; gleichgestellt sind Berufsvereinigungen und Gütezeichengemeinschaften.

2. Die Kartellbehörde kann nicht die Mitgliedschaft des antragstellenden Unternehmens bewirken. Sie kann nur anordnen, dass die Vereinigung die Aufnahme des Antragstellers vorzunehmen hat.

3. Der Antragsteller kann an Stelle des Aufnahmeverfahrens nach § 20 Abs. 6 i. V. m. § 32 GWB sein Verlangen auf Zulassung zu der Wirtschaftsvereinigung auch vor den Zivilgerichten verfolgen. Anspruchsgrundlage ist § 33 Abs. 1 S. 1 GWB. Daneben kann eine Aufnahme bei Vereinigungen in Monopolstellung oder sonstiger wirtschaftlicher

Machtstellung auf der Grundlage von § 826 BGB verlangt werden (BGH 2. 12. 1974, Rad- und Kraftfahrerbund, WuW/E BGH 1347, 1352; BGH 10. 12. 1985, Aikido-Verband, WuW/E BGH 2226; KG 1. 10. 1986, Deutscher Pool-Billard-Bund, WuW/E OLG 4003) oder § 33 Abs. 3 i. V. m. § 20 Abs. 6 GWB (noch zum GWB i. d. F. der 5. GWB-Novelle BGH 25. 2. 1959, Großhändlerverband II, WuW/E BGH 288, 290). Der Klagantrag geht dahin, den Beklagten zu verurteilen, in den Aufnahmeantrag des Klägers einzuwilligen und ihn in die Vereinigung aufzunehmen. Wenn die Wirtschaftsvereinigung Waren oder gewerbliche Leistungen anbietet, kommt als Anspruchsgrundlage auch § 20 Abs. 1 GWB in Betracht (BGH 22. 4. 1980, Taxibesitzervereinigung, WuW/E BGH 1707, 1708).

4. Die meisten Wirtschaftsvereinigungen werden in mehr als nur einem Bundesland tätig. Die Ablehnung der Aufnahme in eine solche Wirtschaftsvereinigung hat damit eine diskriminierende Wirkung über das Gebiet eines Bundeslandes hinaus. Der Antrag ist daher gemäß § 48 Abs. 2 S. 1 GWB in der Regel an das Bundeskartellamt zu richten. Anderenfalls ist der Antrag bei der Kartellbehörde des Landes einzureichen, in dem die Marktbeeinflussung eintritt (§ 48 Abs. 2 S. 2 GWB.

5. Eine Aufnahmeverweigerung liegt auch vor, wenn über den Aufnahmeantrag nicht in zumutbarer Frist entschieden wurde (KG 27. 9. 1978, WuW/E OLG 2028, 2030, BGH 11. 3. 1986, Verband für Deutsches Hundewesen, WuW/E BGH 2269, 2270).

6. Der Antragsteller hat eine Ungleichbehandlung und eine unbillige Benachteiligung darzulegen und zu beweisen. Für die sachliche Rechtfertigung der Ungleichbehandlung ist die Vereinigung darlegungs- und beweispflichtig. Beurteilungsmaßstab ist in erster Linie die Satzung der Wirtschaftsvereinigung. Erfüllt der Antragsteller die satzungsmäßigen Aufnahmevoraussetzungen nicht, ist die sachliche Rechtfertigung der Satzungsbestimmungen selbst und die konsequente Anwendung der entsprechenden Regelungen darzulegen. Erfüllt der Antragsteller hingegen die satzungsgemäßen Aufnahmevoraussetzungen, ist seine Ablehnung nicht nur eine Ungleichbehandlung im Verhältnis zu den aufgenommenen Unternehmen, sondern auch grundsätzlich sachlich nicht gerechtfertigt (BGH 2. 12. 1974, Rad- und Kraftfahrerbund WuW/E; BGH 1347, 1352). Ausnahmsweise können auch außerhalb der Satzung liegende Gründe die Ablehnung rechtfertigen, wofür eine Abwägung zwischen den Interessen des Antragstellers an der Mitgliedschaft und den damit verbundenen Rechten und Vorteilen einerseits und den Interessen der Wirtschaftsvereinigung an der Ablehnung andererseits erforderlich ist.

Zur sachlichen Rechtfertigung des Ausschlusses bei Wettbewerbsverstößen vgl. BGH 11. 3. 1986, Bund für Deutsches Hundewesen, WuW/E BGH 2269, 2270; OLG Karlsruhe 11. 5. 1988, Tankuntersuchung, WuW/E OLG 4313.

Kosten und Gebühren

Das Verfahren ist gebührenpflichtig (§ 80 Abs. 1 Satz 2 Nr. 2 GWB). Die Gebühr, deren Höhe sich nach dem personellen und sachlichen Aufwand der Kartellbehörde bestimmt, darf EUR 25.000 nicht übersteigen (§ 80 Abs. 2 S. 2 Nr. 2 GWB).

8. Antrag auf Anerkennung von Wettbewerbsregeln (§ 24 GWB)[1–4, 6]

Bundeskartellamt[5]
Kaiser-Friedrich-Str. 16
53113 Bonn

Betr.: Antrag auf Anerkennung von Wettbewerbsregeln für ……

I. Die Wirtschaftsvereinigung A hat für ihren Bereich Wettbewerbsregeln[1] aufgestellt. Die Regeln werden in der Anlage 1 beigefügt.

II. Die Wirtschaftsvereinigung beantragt die Anerkennung[3] dieser Wettbewerbsregeln.

III. Die Wirtschaftsvereinigung hat die Rechtsform ……, ihre Anschrift ist ……

IV. Ihr Vertreter ist ……, wohnhaft in ……

V. Die Wettbewerbsregeln erstrecken sich auf folgende sachlichen und örtlichen Anwendungsbereiche ……

VI. Diesem Antrag werden beigefügt:

1. Der Wortlaut der Wettbewerbsregeln;
2. die Satzung der Wirtschaftsvereinigung A;
3. der Nachweis, dass die Wettbewerbsregeln satzungsgemäß aufgestellt sind;
4. eine Aufstellung von außenstehenden Wirtschafts- oder Berufsvereinigungen und Unternehmen der gleichen Wirtschaftsstufe sowie der Lieferanten- und Abnehmervereinigungen und der Bundesorganisationen der beteiligten Wirtschaftsstufen des betreffenden Wirtschaftszweiges.

Die Voraussetzungen für eine Freistellung der Wettbewerbsregeln nach §§ 2, 3 GWB liegen vor.

……
(Geschäftsführer)

Anmerkungen

1. Wettbewerbsregeln sind Bestimmungen, die das Verhalten von Unternehmen im Wettbewerb zu dem Zweck regeln, einem den Grundsätzen des lauteren oder der Wirksamkeit eines leistungsgerechten Wettbewerbs zuwiderlaufenden Verhalten im Wettbewerb entgegenzuwirken und ein diesen Grundsätzen entsprechendes Verhalten im Wettbewerb anzuregen (§ 24 Abs. 2 GWB). Auch zukünftig enthält das GWB in den §§ 24 bis 27 Sonderbestimmungen zu Wettbewerbsregeln. Da Wettbewerbsregeln im EG-Kartellrecht nicht vorgesehen sind, können sie uneingeschränkt nur für rein nationale Sachverhalte gelten. Sofern der Anwendungsbereich des EG-Kartellrechts eröffnet ist, hat die Wirtschaftsvereinigung im Wege der Selbstveranlagung zu prüfen, ob ihre Wettbewerbsregeln gegen das Kartellverbot verstoßen und gegebenenfalls durch einen gesetzlichen Freistellungstatbestand legalisiert sind.

Art. 81 Abs. 1 EG-Vertrag schützt die Wettbewerbsfreiheit der Unternehmen nur in den Grenzen der guten Sitten und anständigen Gepflogenheiten in Gewerbe und Handel (vgl. EuGH 13. 7. 1966, Italienische Klage, Slg. 1966, 457, 483; 13. 2. 1979, Hoffmann-La Roche, Slg. 1979, 461, 541). Deshalb verstoßen Vereinbarungen nicht gegen Art. 81 Abs. 1 EG, wenn sie sich ausschließlich auf die Beachtung dieser Grenzen beziehen. Dieses Ergebnis folgt auch aus Art. 3 Abs. 3 VO 1/2003, wonach das EG-Kartellrecht keinen Vorrang gegenüber nationalen Regeln beansprucht, die andere Zielsetzungen verfolgen. Entscheidend ist die Abgrenzung zwischen Regeln, die ausschließlich den lauteren Wettbewerb betreffen, und Regeln, die nur unter dem Vorwand der Bekämpfung des unlauteren oder leistungsfremden Wettbewerbs unerwünschte Wettbewerbshandlungen verhindern sollen (hierzu EG-Kommission 15. 5. 1974, EFTA-Verpackungsglas, ABl. 1974, Nr. L 160/1, Rn. 34). Für die Beurteilung gelten die EG-rechtlichen Maßstäbe. Wettbewerbsregeln wurden bislang dann beanstandet, wenn sie in Wahrheit ein Verbot von Unter-Kosten-Verkäufen, Preisangleichungspflichten oder gemeinsame Grundlagen der Preiskalkulation enthielten. Als zulässig hingegen wurden Vereinbarungen über die Vermeidung einer Irreführung der Verbraucher angesehen (z. B. Verbot irreführender Werbung, Hinweispflichten bzgl. der Herkunft von Produkten; EG-Kommission 15. 5. 1974, EFTA-Verpackungsglas, ABl. 1974, Nr. L 160/1).

Für die Freistellung wettbewerbsbeschränkender Regeln gelten die allgemeinen Voraussetzungen des § 2 Abs. 1 GWB bzw. Art. 81 Abs. 3 EG mit entsprechend hohen Anforderungen (hierzu Rn. 2 und 7 zu Form. II. L. 1).

2. Den Vereinigungen steht es frei, ob sie die Anerkennung ihrer Regeln beantragen (§ 24 Abs. 3 GWB). Fallen die Wettbewerbsregeln, für die die Anerkennung beantragt wird, unter das Kartellverbot, ist zu empfehlen, im Anerkennungsantrag auch zum Vorliegen der gesetzlichen Freistellungsvoraussetzungen Stellung zu nehmen. Zwar gilt auch im Anerkennungsverfahren der Amtsermittlungsgrundsatz, doch trägt die Wirtschafts- und Berufsvereinigung als Antragstellerin die Beweispflicht für das Vorliegen der Freistellungsvoraussetzungen (vgl. Art. 2 S. 2 VO 1/2003). Zu den hierzu vorzutragenden Tatsachen vgl. Rn. 3–7 zu Form. II. L. 1 und Rn. 3–6 zu Form. II. L. 3.

3. Angesichts der rechtlichen Wirkungen der behördlichen Anerkennung ist eine Antragsstellung zu empfehlen. Die behördliche Anerkennungsverfügung hat, anders als nach bisherigem Recht (vgl. § 26 Abs. 2 GWB a. F.), keine konstitutive Wirkung; eine Freistellung vom Kartellverbot ist nicht möglich. Im System der Legalausnahme sind Wettbewerbsregeln nur dann wirksam und vom Kartellverbot befreit, wenn sie nach § 2 oder § 3 GWB freigestellt sind (§ 26 Abs. 2 GWB). Eine behördliche Prüfung oder Verfügung kann diese gesetzliche Rechtsfolge nicht beeinflussen. Gleichwohl ergibt sich eine gewisse Rechtssicherheit für Wirtschafts- und Berufsvereinigungen im Falle einer Antragstellung dadurch, dass § 26 Abs. 2 GWB die Kartellbehörde verpflichtet, den Anerkennungsantrag unter anderem dann abzulehnen, wenn die gesetzlichen Freistellungsvoraussetzungen der § 2 oder § 3 GWB nicht erfüllt sind. Dies bedeutet, dass Wirtschafts- und Berufsvereinigungen, anders als an zwischenbetrieblichen Kooperationen im Sinne von § 2 GWB beteiligte Unternehmen, durch Antragstellung eine behördliche Stellungnahme zur Freistellungsfähigkeit der Wettbewerbsregeln veranlassen können. An diese Stellungnahme ist die Kartellbehörde gebunden. Beabsichtigt sie, gegen die Wettbewerbsregeln einzuschreiten, ist sie hieran gehindert, solange sie nicht eine Änderung der Sach- oder Rechtslage dargelegt und nachgewiesen hat.

4. Der Anerkennungsantrag, die Anerkennung sowie die Änderungen, Ergänzungen und Löschungen der Regeln sind im (elektronischen) Bundesanzeiger bekanntzumachen (§ 27 Abs. 2 GWB). Die Außerkraftsetzung anerkannter Wettbewerbsregeln ist der Kartellbehörde mitzuteilen (§ 26 Abs. 3 GWB).

5. Vgl. Rn. 2 zu Form. II. L. 5.

6. Durch Verfügung der Kartellbehörde nach bisherigem Recht freigestellte Wettbewerbsregeln wurden am 31. 12. 2007 unwirksam. War die Freistellungsverfügung kürzer befristet, war der frühere Zeitpunkt maßgeblich (§ 131 Abs. 3 GWB).

Kosten und Gebühren

Das Verfahren ist gebührenpflichtig (§ 80 Abs. 1 S. 2 Nr. 2 GWB). Die Gebühr beträgt höchstens EUR 5.000,–, in Ausnahmefällen das Doppelte (§ 80 Abs. 2 S. 2 Nr. 3 und S. 3 GWB).

9. Anmeldung eines Zusammenschlussvorhabens (§ 39 Abs. 2 GWB)[1,2]

Bundeskartellamt[3]
Kaiser-Friedrich-Str. 16
53113 Bonn

Betr.: Anmeldung des Zusammenschlussvorhabens der Unternehmen Er-GmbH (Erwerber) und A-GmbH (erworbenes Unternehmen)

I. Namens und in Vollmacht (Vollmacht in der Anlage 1) des Unternehmens Er-GmbH melde ich[4] ein Zusammenschlussvorhaben der Er-GmbH und der A-GmbH an.

II. Die Er-GmbH beabsichtigt, am ......[5] von der Ve-GmbH (Veräußerer) 30% der stimmberechtigten Geschäftsanteile[6] der A-GmbH zu erwerben[7,8].

III. Am Zusammenschluss sind folgende Unternehmen beteiligt[9]:

1. Auf Seiten der Er-GmbH (Erwerber):
Die Er-GmbH. Diese wird von der Er-AG beherrscht, die am Stammkapital der Er-GmbH mit 75% beteiligt ist. Die Er-AG ihrerseits wird beherrscht von der Er-OHG, die am Grundkapital der Er-AG mit 60% beteiligt ist.

2. Auf Seiten der A-GmbH (erworbenes Unternehmen):
Die A-GmbH. Diese wird beherrscht von der A-AG, die am Stammkapital der A-GmbH mit 51% beteiligt ist. Die A-AG ihrerseits wird zu je 50% des Grundkapitals von F-GmbH und G-GmbH gehalten, die aufgrund einer Stimmbindungsvereinbarung die A-AG gemeinsam beherrschen.

IV. Die beteiligten Unternehmen haben folgende mit ihnen verbundene[10] Unternehmen:

1. Die Er-GmbH ihre 100%ige Tochtergesellschaft Er-Tochter GmbH.
2. Die A-AG ihre 100%ige Tochtergesellschaft A-Tochter GmbH.

V. Für die beteiligten und die mit ihnen verbundenen Unternehmen (eventuell Konzernunternehmen i. S. d. § 18 Aktiengesetz) mache ich gem. § 39 Abs. 3 GWB folgende Angaben:

1. Fa. und Sitz: ......

......

2. Art des Geschäftsbetriebs: ......[11]

......

3. Die folgenden Angaben werden für jedes beteiligte Unternehmen einschließlich der mit ihm verbundenen Unternehmen insgesamt, aber nicht gesondert für jedes einzelne verbundene Unternehmen gemacht.[12]

a) Er-GmbH und verbundene Unternehmen:
aa) Umsatzerlöse im Inland, in der Europäischen Union und weltweit im letzten Geschäftsjahr: ......[13]
bb) Marktanteile im Inland einschließlich der Grundlagen für ihre Berechnung oder Schätzung: ......[14]

b) A-GmbH und verbundene Unternehmen:
aa) Umsatzerlöse im Inland, in der Europäischen Union und weltweit im letzten Geschäftsjahr: ......
bb) Marktanteile im Inland einschließlich der Grundlagen für ihre Berechnung oder Schätzung: ......

VI. Soweit gesetzliche Vermutungen eingreifen: Sachvortrag, der die Vermutungen entkräftet.[15]

VII. Ich erbitte die Bestätigung, dass diese Anmeldung vollständig ist.[8,16]

......
(Rechtsanwalt)

Verwaltungsgrundsätze: BKartA Grundsatzabteilung: Merkblatt zur deutschen Fusionskontrolle vom November 2000; BKartA Merkblatt zur Inlandsauswirkung (§ 130 Abs. 2 GWB) vom Januar 1999; BKartA Grundsatzabteilung E/G4: Auslegungsgrundsätze zur Prüfung von Marktbeherrschung in der deutschen Fusionskontrolle vom Oktober 2000; BKartA Kurzanleitung für die Anmeldung eines Zusammenschlussvorhabens vom 10. 1. 2005; BKartA Grundsatzabteilung: Merkblatt zum Anwendungsbereich der EU-Fusionskontrolle vom Juli 2004; Europäische Wettbewerbsbehörden: ECA Principles vom Januar 2005. Sämtliche Dokumente sind abrufbar unter www.bundeskartellamt.de/wDeutsch/merkblaetter/Fusionskontrolle/MerkblFusion.shtml.

Anmerkungen

1. Zusammenschlussvorhaben, die von den Vorschriften über die Zusammenschlusskontrolle gemäß §§ 35 ff. GWB erfasst werden, sind vor Vollzug beim Bundeskartellamt anzumelden (§ 39 Abs. 1 GWB). Eine Verpflichtung zur Anmeldung besteht nicht; das Zusammenschlussvorhaben darf allerdings ohne Freigabe durch das Bundeskartellamt vor Ablauf der behördlichen Prüfungsfristen im Sinne von § 40 Abs. 1 S. 1 und Abs. 2 S. 2 GWB nicht vollzogen werden (§ 41 Abs. 1 GWB, sog. Vollzugverbot). Der Zusammenschlusskontrolle unterliegen Zusammenschlussvorhaben im Sinne von § 37 GWB (1.1.), wenn die beteiligten Unternehmen die Umsatzschwellen gemäß § 35 GWB erreichen oder überschreiten (1.2.).

1.1. Die Zusammenschlussformen sind abschließend in § 37 GWB aufgelistet. Die wesentlichen Zusammenschlussformen sind dabei:

a) Erwerb des Vermögens eines anderen Unternehmens ganz oder zu einem wesentlichen Teil (§ 37 Abs. 1 Nr. 1 GWB).

b) Der Erwerb der unmittelbaren oder mittelbaren Kontrolle durch ein oder mehrere Unternehmen über die Gesamtheit oder Teile eines oder mehrerer anderer Unternehmen (§ 37 Abs. 1 Nr. 2 GWB).

c) Der Erwerb von Anteilen an einem anderen Unternehmen, wenn die Anteile allein oder zusammen mit anderen den Unternehmen bereits gehörenden Anteilen die Schwelle von 25% oder von 50% des Kapitals oder der Stimmrechte des anderen Unternehmens erreichen (§ 37 Abs. 1 Nr. 3 GWB).

d) Jede sonstige Verbindung von Unternehmen, aufgrund deren ein oder mehrere Unternehmen unmittelbar oder mittelbar einen wettbewerblich erheblichen Einfluss auf ein anderes Unternehmen ausüben können (§ 37 Abs. 1 Nr. 4 GWB).
Erwerben Kreditinstitute, Finanzinstitute oder Versicherungsunternehmen Anteile an einem anderen Unternehmen zum Zwecke der Veräußerung, gilt dies nicht als Zusammenschluss im Sinne von § 37 Abs. 1 GWB, solange sie das Stimmrecht aus den Anteilen nicht ausüben und sofern die Veräußerung innerhalb eines Jahres erfolgt (§ 37 Abs. 3 S. 1 GWB).

1.2. Gemäß § 35 Abs. 1 GWB unterliegt der Zusammenschluss der Zusammenschlusskontrolle, wenn im letzten Geschäftsjahr vor dem Zusammenschluss

a) die beteiligten Unternehmen insgesamt weltweit Umsatzerlöse von mehr als EUR 500 Mio. und

b) mindestens ein beteiligtes Unternehmen im Inland Umsatzerlöse von mehr als EUR 25 Mio. erzielt haben.

c) Neu eingeführt wurde mit dem am 25. 3. 2009 in Kraft getretenen so genannten „3. Mittelstandsentlastungsgesetz" (BGBl. I 2009, S. 550), eine zweite Inlandsumsatzschwelle, wonach ein weiteres beteiligtes Unternehmen Umsatzerlöse von mehr als EUR 5 Mio. in Deutschland erzielt haben muss.

Beteiligte Unternehmen sind das erwerbende Unternehmen unter Einbeziehung aller beherrschenden und abhängigen Unternehmen (§ 36 Abs. 2 GWB) sowie das erworbene Unternehmen, nicht aber das veräußernde Unternehmen (vgl. § 38 Abs. 5 GWB).

Diese Aufgreifschwellen gelten nicht und eine Anmeldung gemäß § 39 Abs. 2 GWB ist nicht erforderlich, wenn

d) sich ein Unternehmen, das nicht im Sinne von § 36 Abs. 2 GWB abhängig ist und das im letzten Geschäftsjahr weltweit Umsatzerlöse von weniger als EUR 10 Mio. erzielt hat, mit einem anderen Unternehmen zusammenschließt. Das gilt nicht für Zusammenschlüsse im Bereich der Presse (§ 35 Abs. 2 S. 2 GWB).

e) oder wenn (ausschließlich) ein Markt betroffen ist, auf dem seit mindestens fünf Jahren Waren oder gewerbliche Leistungen angeboten werden und auf dem im letzten Kalenderjahr weniger als EUR 15 Mio. umgesetzt wurden (§ 35 Abs. 2 S. 1 Nr. 1 und 2 GWB).

1.3. Vorrangig gegenüber der Zusammenschlusskontrolle nach §§ 35 ff. GWB sind die Vorschriften der VO 139/2004 (EG-Fusionskontrollverordnung), nach denen ausschließlich die EG-Kommission für die Prüfung von Zusammenschlüssen mit gemeinschaftsweiter Bedeutung zuständig ist (Art. 21 Abs. 3 S. 1 VO 139/2004). Maßgeblich für die Frage, ob ein Zusammenschluss gemeinschaftsweite Bedeutung hat, sind die in Art. 1 Abs. 2 und Abs. 3 VO 139/2004 aufgeführten Umsatzschwellen. Weitere Informationen zum Anwendungsbereich der EU-Fusionskontrolle sind im Merkblatt des Bundeskartellamtes enthalten.

Die VO 139/2004 sieht zudem Verweisungsmechanismen vor, wonach ein Zusammenschluss mit gemeinschaftsweiter Bedeutung an eine mitgliedstaatliche Wettbewerbsbehörde und ein Zusammenschluss ohne gemeinschaftsweite Bedeutung an die EG-Kommission verwiesen werden kann (Art. 9 und Art. 4 Abs. 5 VO 139/2004). Weitere Einzelheiten hierzu sind dem Merkblatt ECA Principles zu entnehmen. Bei Anmeldungen von Zusammenschlüssen bei der Europäischen Kommission ist zwingend das hierfür vorgesehene Formblatt CO zu verwenden (Art. 3 Abs. 1 der Verordnung (EG) Nr. 802/2004 der Kommission vom 7. April 2004 zur Durchführung der Verordnung (EG) Nr. 139/2004 des Rates über die Kontrolle von Unternehmenszusammenschlüssen, ABl. Nr. L 133 vom 30. 4. 2004, S. 1 ff.).

2. Die Anmeldung eines Zusammenschlussvorhabens wird ebensowenig wie die Freigabe innerhalb der Monatsfrist des § 40 Abs. 1 S. 1 GWB bekannt gegeben. Allerdings veröffentlicht das Bundeskartellamt auf seiner Internetseite die Tatsache der Anmeldung unter Nennung der beteiligten Unternehmen und der betroffenen Märkte. Nur die Einleitung des Hauptprüfverfahrens sowie die im Hauptprüfverfahren ergehenden Verfügungen werden im (elektronischen) Bundesanzeiger bekannt gemacht (§ 43 Abs. 1 und Abs. 2 GWB).

3. Die Anmeldung ist immer an das BKartA zu richten (§ 48 Abs. 2 S. 1 iVm § 39 Abs. 1 GWB). Die Anmeldung sollte – zur Verfahrensbeschleunigung – an die zuständige Beschlussabteilung gerichtet werden. Die Zuweisung kann dem Organigramm entnommen werden, das unter www.bundeskartellamt.de/wDeutsch/bundeskartellamt/Organisation/Organisation.php (25. August 2009) abgerufen werden kann.

4. Zur Anmeldung sind die am Zusammenschluss beteiligten Unternehmen (§ 39 Abs. 2 Nr. 1 GWB) und beim Vermögens- und Anteilserwerb auch der Veräußerer (§ 39 Abs. 2 Nr. 2 GWB) verpflichtet. Die Anmeldung ist bewirkt, wenn eines der verpflichteten Unternehmen eine vollständige Anmeldung herbeiführt.

5. Ein Zeitpunkt, zu dem die Anmeldung beim Bundeskartellamt eingehen muss, ist nicht vorgegeben. Es gibt keine sanktionierte Anmeldepflicht. Die Unterlassung einer Anmeldung ist als solche folgenlos, jedoch dürfen die beteiligten Unternehmen ein Zusammenschlussvorhaben gemäß § 41 Abs. 1 GWB nicht vollziehen, so lange es nicht angemeldet und vom Bundeskartellamt nicht freigegeben worden ist. Für die Anmeldefähigkeit eines Zusammenschlussvorhabens ist zumindest die konkrete Absicht eines beteiligten Unternehmens erforderlich, den Zusammenschluss durchzuführen und, gegebenenfalls im Zusammenwirken mit anderen, die Voraussetzungen hierfür zu schaffen. Ein rechtsverbindlicher Vertrag ist nicht erforderlich; allerdings sollte die Struktur des Zusammenschlusses zumindest in groben Zügen feststehen, um dem Bundeskartellamt eine Prüfung zu ermöglichen (hierzu *Bechtold,* GWB 5. Auflage 2008, § 39 Rn. 6).

6. Beim Anteilserwerb i. S. d. § 37 Abs. 1 Nr. 3 GWB ist die Höhe der zu erwerbenden und der insgesamt gehaltenen Beteiligung anzugeben (§ 39 Abs. 3 S. 2 Nr. 5 GWB). Für die Berechnung der Gesamtbeteiligung ist § 37 Abs. 1 Nr. 3 S. 2 GWB maßgebend.

7. In der Anmeldung ist die Form des Zusammenschlusses anzugeben (§ 39 Abs. 3 S. 1 GWB). Dem ist genüge getan, wenn eine zusammenfassende Beschreibung des Zusammenschlussvorhabens gegeben wird, das einen der in § 37 Abs. 1 GWB aufgelisteten Tatbestände erfüllt. Die Angabe der genauen Alternative des § 37 Abs. 1 GWB, die durch die beabsichtigte Form des Zusammenschlussvorhabens verwirklicht wird, ist nicht erforderlich. Die Beschreibung des Zusammenschlussvorhabens muss jedoch so detailliert sein, dass dem Bundeskartellamt die Feststellung möglich ist, welcher Zusammenschlusstatbestand des § 37 Abs. 1 GWB erfüllt ist. Das Bundeskartellamt gibt in seinem Merkblatt zur deutschen Fusionskontrolle Hinweise zu den einzelnen Zusammenschlusstatbeständen (a. a. O., V. 3. und 4.).

8. Eine gesetzliche Verpflichtung zur Vorlage von Vertragsdokumenten besteht nicht. Auch ist die Vollständigkeit der Anmeldung nicht von der Vorlage von Vertragsdokumenten abhängig. Das BKartA kann jedoch nach Eingang der Anmeldung die Vorlage von Dokumenten verlangen. In der Kurzanleitung weist das Bundeskartellamt sogar darauf hin, dass bei Beteiligung eines Gemeinschaftsunternehmens „fast immer" eine Kopie des Gesellschaftsvertrages oder der sonstigen Regelungen über die Ausübung der Rechte bei diesem Unternehmen benötigt werden (a. a. O., S. 2).

9. Das GWB unterscheidet zwischen materiell-rechtlich an einem Zusammenschluss und formell am Verfahren der Zusammenschlusskontrolle beteiligten Unternehmen (vgl. § 39 Abs. 2 GWB). Diese Unterscheidung ist deshalb von Bedeutung, weil die meisten Angaben, die in der Anmeldung enthalten sein müssen, nur die materiell beteiligten Unternehmen betreffen. Für die nur formell beteiligten Unternehmen (der Veräußerer im Falle des Vermögens- und Anteilserwerbs) sind nur Firma, Ort der Niederlassung oder Sitz sowie eine zustellungsbevollmächtigte Person im Inland (bei Unternehmen mit Sitz im Ausland) anzugeben (§ 39 Abs. 3 S. 3 GWB).

9.1 Materiell-rechtlich beteiligte Unternehmen sind in Abhängigkeit vom Zusammenschlusstatbestand:

a) Vermögenserwerb (§ 37 Abs. 1 Nr. 1 GWB):
Beteiligt sind das erwerbende Unternehmen und das veräußerte Unternehmensvermögen.

b) Anteilserwerb (§ 37 Abs. 1 S. 1 Nr. 3 GWB):
Beteiligt sind der Erwerber und das Unternehmen, an dem die Anteile erworben werden. Der Veräußerer ist nur dann beteiligt, wenn er an dem Zielunternehmen mit mindestens 25% des Kapitals oder der Stimmrechte beteiligt bleibt oder seine verbleibende Beteiligung Mitkontrolle vermittelt.

c) Beteiligung an einem „Gemeinschaftsunternehmen" (§ 37 Abs. 1 Nr. 3 S. 3 GWB):
Erwerben mehrere Unternehmen (A und B) (gleichzeitig oder nacheinander) gem. § 37 Abs. 1 Nr. 3 S. 1 GWB Anteile in Höhe von 25% oder mehr an einem anderen Unternehmen (Gemeinschaftsunternehmen), so gilt dies als Zusammenschluss der Unternehmen A und B, allerdings nur hinsichtlich der Märkte, auf denen das Gemeinschaftsunternehmen tätig ist.

d) Verträge zum Erwerb der unmittelbaren oder mittelbaren Kontrolle (§ 37 Abs. 1 Nr. 2 GWB):

Beteiligt sind das Unternehmen, das die Kontrolle erwirbt, sowie das kontrollierte Unternehmen. Je nach Ausgestaltung der Unternehmenskontrolle können Beteiligte etwa die Vertragspartner von Konzernbildungsverträgen, die Vertragspartner von Betriebsführungs- oder Gewinnabführungsverträgen oder die Vertragspartner von Unternehmenspachtverträgen sein.

e) Unternehmensverbindung mit sonstigem wettbewerblich erheblichen Einfluss (§ 37 Abs. 1 Nr. 4 GWB):

Beteiligt sind das Unternehmen, das diesen Einfluss ausüben kann, und das dieser Einflussmöglichkeit unterworfene Unternehmen.

9.2 Um die wirtschaftlichen Ressourcen der materiell-rechtlich am Zusammenschluss beteiligten Unternehmen zutreffend zu erfassen, sind in der Zusammenschlussanmeldung auch Angaben unter Berücksichtigung der mit den Beteiligten verbundenen Unternehmen zu machen. Dies bedeutet, dass Firma, Sitz und Art des Geschäftsbetriebes auch für die verbundenen Unternehmen und Angaben zu den Umsatzerlösen und Marktanteilen über die am Zusammenschluss beteiligten Unternehmen und die mit ihnen verbundenen Unternehmen insgesamt zu machen sind. Zudem sind die Tatsachen anzugeben, die das Herrschafts-, Abhängigkeits- bzw. Konzernverhältnis begründen (§ 39 Abs. 3 S. 4 GWB). Verbunden sind gemäß § 36 Abs. 2 S. 1 GWB diejenigen Unternehmen, die nach aktienrechtlichen Grundsätzen mit dem unmittelbar beteiligten Unternehmen als abhängiges oder herrschendes Unternehmen im Sinne des § 17 AktG oder als Konzernunternehmen im Sinne des § 18 AktG ein einheitliches Unternehmen bilden. Grundsätzlich gilt, dass die Beherrschung gesellschaftsrechtlich bedingt oder vermittelt sein muss. Einflussfaktoren außerhalb der gesellschaftsrechtlich vermittelten Beherrschungsmöglichkeit werden nur in bestimmten Fallgestaltungen herangezogen, etwa bei der Bewertung des faktischen Gleichordnungskonzerns als einheitliches Unternehmen oder bei der Frage der Zurechenbarkeit einer 50%igen Beteiligung an einem Unternehmen, die weder eine alleinige noch eine gemeinschaftliche Kontrolle vermittelt.

Verbunden in dem Sinne sind auch die Unternehmen, die aufgrund einer Vereinbarung oder in sonstiger Weise dergestalt zusammen wirken, dass sie gemeinsam einen beherrschenden Einfluss ausüben können (§ 36 Abs. 2 S. 2 GWB). Voraussetzung für das Vorliegen dieser „Mehrmütterklausel" ist eine gesicherte gemeinsame Beherrschungsmöglichkeit. Diese kann durch Vereinbarung oder durch tatsächliche Verhältnisse begründet sein (BGH 29. 10. 1985, Morris-Rothmans, WuW/E BGH 2211; BGH 22. 9. 1987, Gruner + Jahr-Zeit, WuW/E BGH 2433; BGH 19. 1. 1993, Zurechnungsklausel, WuW/E BGH 2882). Für eine gemeinsame Beherrschung sind paritätische Beteiligungsverhältnisse allein nicht ausreichend (BGH 8. 5. 1979, Westdeutsche Allgemeine Zeitungsverlagsgesellschaft, WuW/E BGH 1608,; BGH 30. 9. 1986, Mischguthersteller, WuW/E BGH 2321; BGH 18. 11. 1986, Hussel-Mara, WuW/E BGH 2337; vgl. BKartA 3. 8. 2004, G+J/RBA, WuW/E DE-V 955; OLG Düsseldorf 6. 10. 2004, Radio TON-Regional, WuW/E DE-R 1413). In der Praxis geht das Bundeskartellamt bei Beteiligung von mindestens 50% in der Regel davon aus, dass das Unternehmen (mit)beherrschenden Einfluss auf das andere Unternehmen ausüben kann

10. Das Bundeskartellamt empfiehlt, der Anmeldung eine Übersicht über die Verflechtungen der beteiligten Unternehmen beizufügen. In dieser Übersicht sollten alle Unternehmen aufgeführt sein, an denen die Beteiligten einzeln oder gemeinsam 10% oder mehr der Stimmrechte oder Anteile halten. Daneben sollte diejenigen Unternehmen benannt werden, die an den Beteiligten derart beteiligt sind (BKartA Kurzanleitung S. 2).

11. Anzugeben sind: Branche, Wirtschaftsstufe, Waren- bzw. Dienstleistungsangebot. Das Bundeskartellamt weist daraufhin, dass der Anmeldung der Geschäftsbericht beigelegt werden sollte, wenn beteiligte Unternehmen einen solchen herausgeben (BKartA Kurzanleitung S. 2).

12. In den Fällen des § 37 Abs. 1 Nr. 1 und Nr. 3 GWB sind nach § 39 Abs. 3 S. 3 GWB auch Angaben zum Veräußerer erforderlich. Sofern die weltweiten Gesamtumsätze der beteiligten Unternehmen EUR 2,5 Mrd. überschreiten, sollte in der Anmeldung kurz erläutert werden, warum die EG-Fusionskontrolle nicht einschlägig ist (BKartA Kurzanleitung S. 2).

13. Bei Kreditinstituten, Finanzinstituten und Bausparkassen sind anstelle des Umsatzes der Gesamtbetrag der Erträge gemäß § 38 Abs. 4 GWB und bei Versicherungsunternehmen die Prämieneinnahmen anzugeben (§ 39 Abs. 3 S. 2 Nr. 3 Hs. 2 GWB).

14. Die Marktanteile sind nur anzugeben, sofern 20% erreicht werden (§ 39 Abs. 3 S. 2 Nr. 4 GWB). Nach § 39 Abs. 3 S. 4 GWB sind die Marktanteile für jedes an dem Zusammenschluss beteiligte Unternehmen und die mit ihm verbundenen Unternehmen insgesamt anzugeben. Es ist demnach nicht erforderlich, die Marktanteile für die unmittelbar beteiligten Unternehmen und die mit diesen verbundenen Unternehmen jeweils gesondert auszuweisen. In der Anmeldung sind die sachlichen und räumlichen Märkte sowie deren Wettbewerbsbedingungen kurz zu beschreiben, wenn der Zusammenschluss zu Überschneidungen auf diesen Märkten führt. Dies gilt auch dann, wenn die gemeinsamen Marktanteile unter 20% liegen (BKartA Kurzanleitung S. 3).

Zum relevanten Markt gehören solche Waren und gewerblichen Leistungen, die aus der Sicht der Abnehmer bzw. der Lieferanten nach Beschaffenheit, Verwendungszweck und Preis zur Deckung eines bestimmten Bedarfs als austauschbar anzusehen sind (BGH 24. 6. 1980, Mannesmann-Brueninghaus, WuW/E BGH 1711; 25. 6. 1985, Edelstahlbestecke, WuW/E BGH 2150, wonach auf der Abnehmerseite auf den Endabnehmer abzustellen ist; 11. 3. 1986, Metro-Kaufhof, WuW/E BGH 2231; 26. 5. 1987, Inter-Mailand-Spiel, WuW/E BGH 2406; 10. 11. 1987, Singener Wochenblatt, WuW/E BGH 2443; KG 16. 12. 1987, Kampffmeyer-Plange, WuW/E OLG 4167, 4168, wonach auf der Abnehmerseite auf den Handel abzustellen ist; BGH 7. 3. 1989, Kampffmeyer-Plange, WuW/E BGH 2575, 2576, wo die Frage offen blieb, ob es bei den Abnehmern auf die Handels- oder die Endverbraucherstufe ankomme, „weil die Sicht des Lebensmittelhandels weitgehend durch die Sicht der von ihm belieferten privaten Haushalte bestimmt wird"; KG 26. 6. 1991, Radio NRW, WuW/E OLG 4811, 4825; BGH 28. 4. 1992, Kaufhof/Saturn, WuW/E BGH 2771, 2772; KG 20. 10. 1999 Herlitz/Landré, WuW/E DE-R 451 mit der Feststellung, dass sich die Nachfrage des Handels von der Nachfrage der Endverbraucher ableitet; ebenso BKartA 20. 9. 1999 Henkel/Lukas, WuW/E DE-V 177; BKartA 21. 6. 2000 Melitta, WuW/E DE-V 275; allgemein BGH 12. 11. 2002, Ausrüstungsgegenstände für Feuerlöschzüge, WuW/E DE-R 1087, 1091; OLG Düsseldorf 3. 3. 2004 trans-o-flex, WuW/E DE-R 1148, 1152).

Der räumlich relevante Markt ist in gleicher Weise abzugrenzen. Der räumlich relevante Markt kann weiter als der Geltungsbereich des GWB i. S. v. § 130 Abs. 2 GWB sein. Dies stellt § 19 Abs. 2 S. 3 GWB eindeutig fest (anders früher die sog. Backofenmarkt-Rechtsprechung; vgl. BGH 24. 10. 1995, Backofenmarkt, WuW/E BGH 3026, 3029; KG 18. 10. 1995, Fresenius/Schiwa, WuW/E OLG 5549, 5556; BGH 8. 12. 1998 Pirmasenser Zeitung, WuW/E DE-R 243). Es ist das Wettbewerbsgeschehen auf dem wirtschaftlich relevanten Markt bei der Beurteilung der Marktstellung zu berücksichtigen, auch wenn dieser über das Bundesgebiet hinausreicht (BGH 5. 10. 2004, Staubsaugerbeutelmarkt, WuW/E DE-R 1355, 1359 f.).

Zur Beschleunigung des Verfahrens empfiehlt das Bundeskartellamt, dass in der Anmeldung die 5 wichtigsten Abnehmer und Wettbewerber auf den vom Zusammenschluss betroffenen Märkten jeweils mit Anschrift sowie mit Ansprechpartner im Unternehmen (einschließlich Telefon, E-Mail-Adresse, Faxnummer) angegeben werden (BKartA Kurzanleitung S. 3).

15. Die Marktbeherrschungsvermutungen iSd. § 19 Abs. 3 GWB greifen im Sinne einer materiellen Beweislastverteilung erst dann ein, wenn die Kartellbehörde bzw. das Gericht in freier Würdigung des gesamten Verfahrensergebnisses eine marktbeherrschende Stellung des Unternehmens oder des Oligopols weder ausschließen noch bejahen kann (BGH 2. 12. 1980, Klöckner-Becorit, WuW/E BGH 1749, 1754; BGH 11. 3. 1986, Metro-Kaufhof, WuW/E BGH 2231, 2237; BGH 22. 9. 1987, Gruner + Jahr-Zeit, WuW/E BGH 2433, 2441; BGH 19. 12. 1995, Raiffeisen, WuW/E BGH 3037, 3039).

16. Die Fristen für die behördliche Prüfung i. S. d. § 40 Abs. 1 S. 1 und Abs. 2 S. 2 GWB beginnen erst mit Einreichung einer vollständigen Anmeldung (BKartA Kurzanleitung S. 1).

Kosten und Gebühren

Die Anmeldung ist gebührenpflichtig (§ 80 Abs. 1 S. 2 Nr. 1 GWB). Die zulässige Höchstgebühr beträgt EUR 50.000,– (§ 80 Abs. 2 S. 2 Nr. 1 GWB), in Ausnahmefällen das Doppelte (§ 80 Abs. 2 S. 3 GWB). Eine Gebührenpflicht entfällt, wenn das Bundeskartellamt nach Einreichung der Anmeldung feststellt, dass ein fusionskontrollpflichtiger Zusammenschluss nicht vorliegt, sei es, weil bereits die Aufgreifschwellen gemäß § 35 Abs. 1 GWB nicht erfüllt sind oder weil die Anschlussklausel oder die Bagatellmarktklausel gemäß § 35 Abs. 2 GWB eingreift oder weil kein Zusammenschlusstatbestand i. S. v. § 37 Abs. 1 GWB vorliegt. Die Feststellung, dass das Vorhaben fusionskontrollfrei ist, bleibt nur dann gebührenfrei, wenn das Vorhaben offensichtlich nicht in den Geltungsbereich der Zusammenschlusskontrolle fällt und der Anmelder sich über deren Voraussetzungen völlig um Unklaren war (vgl. KG 29. 3. 2000, Hapag Lloyd/TUI, WuW/E DE-R 470, 472). Bloße Vorsorglichkeit ist hingegen kein Grund für eine Ermäßigung der Gebühr (KG 7. 7. 1992, Geringe Anmeldegebühr WuW/E OLG 4995, 4996 f.; OLG Düsseldorf 25. 4. 2000, Tequila, WuW/E DE-R 514, 522). Maßstab für die Bemessung der Gebühren ist gem. § 80 Abs. 2 S. 1 GWB der personelle und sachliche Aufwand der Kartellbehörde unter Berücksichtigung der wirtschaftlichen Bedeutung der gebührenpflichtigen Handlung. Nach ständiger Rechtsprechung kommt der wirtschaftlichen Bedeutung grundsätzlich besonderes Gewicht zu (KG 29. 3. 1988, Objektgesellschaft, WuW/E OLG 4143, 4145; KG 28. 4. 1988, SPAR, WuW/E OLG 4366; KG 10. 4. 1991, Kostenbeschluss, WuW/E OLG 4764; KG 29. 11. 1991, Versicherungsgebühren, WuW/E OLG 4859; KG 7. 7. 1992, geringe Anmeldegebühr, WuW/E OLG 4995; KG 17. 3. 1992, Joint-Venture-Gebühr, WuW/E OLG 5003). Dabei sind die Auswirkungen des Zusammenschlusses auf das Marktgeschehen und auch die Höhe des Umsatzes erheblich. Beim Umsatz sind auch die Gesamtumsätze der am Zusammenschluss beteiligten, in Deutschland ansässigen Unternehmen zu berücksichtigen (KG 13. 5. 1994, Untergeordnete Bedeutung, WuW/E OLG 5339, 5341). Letztlich maßgebend sind das Kostendeckungsprinzip des § 80 Abs. 2 S. 1 GWB und die Umstände des Einzelfalles. Die Untersagungsnähe oder -ferne des Zusammenschlusses hat keine ausschlaggebende Bedeutung (KG 30. 3. 1994, Kleinhammer, WuW/E BGH 5259, 5261).

10. Antrag auf Befreiung vom Vollzugsverbot (§ 41 Abs. 2 GWB)[1]

Bundeskartellamt
Kaiser-Friedrich-Str. 16
53113 Bonn

Betr.: Antrag auf Befreiung vom Vollzugsverbot im Zusammenschlussvorhaben der Unternehmen Er-GmbH (Erwerber) und A-GmbH (erworbenes Unternehmen)[3]

I. Bezug nehmend auf die Anmeldung vom ...... beantrage ich für das Zusammenschlussvorhaben der Unternehmen Er-GmbH und A-GmbH gemäß § 41 Abs. 2 GWB die Befreiung vom Vollzugsverbot.

II. Für eine Befreiung vom Vollzugsverbot liegen wichtige Gründe gemäß § 41 Abs. 2 Satz 1 GWB vor. Zunächst erfüllt das Zusammenschlussvorhaben die fusionskontrollrechtlichen Freigabevoraussetzungen. Zur Begründung verweisen wir auf die Anmeldung des Vorhabens vom ...... Die Befreiung vom Vollzugsverbot ist außerdem erforderlich, da den beteiligten Unternehmen andernfalls erhebliche Nachteile drohen ...... Insbesondere droht ...... schwerer Schaden, da ...... Demgegenüber fallen die möglichen Nachteile, die mit einer vorläufigen Vollziehung verbunden wären nicht ins Gewicht, da ......[2]

Rechtsanwalt

Anmerkungen

1. Durch das Vollzugsverbot gemäß § 41 Abs. 1 Satz 1 GWB sollen die Ziele der präventiven Zusammenschlusskontrolle gesichert werden. Es soll zum einen verhindert werden, dass auch nur vorübergehend ein Zusammenschluss entsteht, der die Freigabevoraussetzungen nicht erfüllt. Zum anderen sollen die nachteiligen Folgen vermieden werden, die eine nachträgliche Entflechtung mit sich bringen würde. § 41 Abs. 2 GWB sieht daher für das Verfahren der Zusammenschlusskontrolle eine spezielle Regelung vor, die nur unter strengen Voraussetzungen eine Ausnahme vom Vollzugsverbot zulässt (vgl. BGH 14. 10. 2008, Faber/Basalt, WUW-E DE-R 2507, 2508; OLG Düsseldorf, 8. 8. 2007, Phonak-ReSound, WUW-E DE-R 2069, 2071 ff.; *Bechtold* GWB, 5. Aufl. 2008, § 41 Rn 6).

2. Das Bundeskartellamt kann eine Befreiung vom Vollzugsverbot erteilen, wenn hierfür wichtige Gründe vorliegen, insbesondere um einen schweren Schaden von einem beteiligten Unternehmen oder einem Dritten abzuwenden. Die Entscheidung, ob ausreichende Gründe für eine Befreiung gegeben sind, erfordert eine Gesamtabwägung. Das Bundeskartellamt hat u. a. die Erfolgsaussichten der fusionskontrollrechtlichen Anmeldung zu berücksichtigen. Bei der Frage, ob den beteiligten Unternehmen oder Dritten schwere Schäden drohen, sind nur wesentliche Beeinträchtigungen von Individualinteressen zu berücksichtigen, die gerade durch die Aufrechterhaltung des Vollzugsverbots entstehen, nicht jedoch die Interessen an der Freigabe des Zusammenschlusses an sich (*Bechtold* GWB, 5. Aufl. 2008, § 41 Rn 7; *Mestmäcker/Veelken* in Immenga/Mestmäcker GWB, 4. Aufl. 2007, § 41 Rn 27). Demgegenüber sprechen gegen eine Befreiung Umstände, die im Falle einer später eventuell notwendigen Entflechtung zu Schwierigkeiten führen würden (vgl. BGH 14. 10. 2008, Faber/Basalt, WUW-E DE-R 2507, 2512). Die Entscheidung ergeht nach pflichtgemäßem Ermessen der Kartellbehörde.

3. Ausreichend ist, wenn der Antrag auf Befreiung vom Vollzugsverbot von einem antragsberechtigten Unternehmen gestellt wird. Dabei ist nicht abschließend geklärt, ob auch Dritte, die selbst nicht anmeldepflichtig sind, einen Antrag stellen können. Dafür könnte der Wortlaut von § 41 Abs. 2 Satz 1 sprechen, dem zufolge eine Befreiung vom Vollzugsverbot auch mit einer Gefahr schwerer Schäden für Dritte begründet werden kann (*Bechtold* GWB, 5. Aufl. 2008, § 41 Rn 9; a. A. *Mestmäcker/Veelken* in Immenga/ Mestmäcker GWB, 4. Aufl. 2007, § 41 Rn 22). Aus § 41 Abs. 2 Satz 2 folgt, dass ein Antrag schon vor Einreichung der Anmeldung gestellt werden kann. Eine Befreiung ist bis zum rechtskräftigen Abschluss des Verwaltungsverfahrens möglich. Die Befreiung vom Vollzugsverbot kann befristet werden. Längstens gilt sie bis zum bestandskräftigen Abschluss des Verfahrens. Die Befreiung kann mit Bedingungen und Auflagen versehen werden.

Kosten und Gebühren

Der Befreiungsantrag ist gebührenpflichtig (§ 80 Abs. 1 Satz 2 Nr. 2 iVm. Abs. 2 Satz 2 Nr. 2).

11. Anzeige eines vollzogenen Zusammenschlusses (§ 39 Abs. 6 GWB)[1]

Bundeskartellamt
Kaiser-Friedrich-Str. 16
53113 Bonn

Betr.: Anzeige des Vollzugs des Zusammenschlusses zwischen A-GmbH und B-GmbH

I. Ich zeige an, dass das mit Schreiben vom ...... angemeldete und mit Schreiben vom ...... durch das Bundeskartellamt freigegebene Zusammenschlussvorhaben am ...... vollzogen worden ist[2].

II. Für die Angaben gemäß § 39 Abs. 6 GWB verweisen wir auf die Anmeldung vom ...... sowie den ergänzenden Schriftverkehr vom ...... mit dem Bundeskartellamt[3, 4].

......
(Rechtsanwalt)

Anmerkungen

1. Die Anzeige des Vollzugs eines Zusammenschlusses ist von den beteiligten Unternehmen unverzüglich nach Vollzug vorzunehmen. Die Anzeige gilt als bewirkt, wenn eines der beteiligten Unternehmen diese gegenüber dem Bundeskartellamt vorgenommen hat. Die Unterlassung der Anzeige ist eine Ordnungswidrigkeit gemäß § 81 Abs. 2 Nr. 4 GWB. Regelmäßig mahnt das Bundeskartellamt bei der anmeldenden Partei nach Ablauf von 3–4 Monaten nach Freigabe des Zusammenschlussvorhabens eine Erklärung über den Stand der Vollzugshandlungen an. Ist der Vollzug bis dahin noch nicht erfolgt, fordert das Bundeskartellamt zu einer Prognose über den möglichen Zeitpunkt des Vollzugs auf.

2. Die Angabe des Vollzugsdatums ist nicht erforderlich.

3. Bei der Vollzugsanzeige kann auf die Wiederholung der in der Anmeldung gemachten Angaben verzichtet und auf die Korrespondenz verwiesen werden.

4. Die Vollzugsanzeige wird nicht mehr im Bundesanzeiger bekannt gemacht (vgl. § 43 GWB).

Kosten und Gebühren

Die Anzeige ist nicht gebührenpflichtig. Da eine Bekanntmachung nicht mehr erfolgt, fallen auch hierfür keine Kosten mehr an.

12. Erlaubnisantrag für einen Zusammenschluss (§ 42 GWB)[1, 2, 5–7]

Bundesministerium für Wirtschaft und Technologie
Der Bundesminister
Scharnhorststraße 34–37
10115 Berlin

Betr.: Erlaubnisantrag für den Zusammenschluss der Er-GmbH und der A-GmbH

I. Die Antragsteller haben am ...... beim BKartA ihren Zusammenschluss angemeldet (Anlage 1).

II. Das BKartA hat durch Beschluss vom ...... den Erwerb von 30% der Geschäftsanteile an der A-GmbH durch die Er-GmbH von der V-GmbH untersagt. Der Beschluss, der in der Anlage 2 vorgelegt wird, wurde am ...... zugestellt.

III. Namens und in Vollmacht (Vollmacht in der Anlage 3) des Unternehmens Er-GmbH[4] beantrage ich die Erlaubnis für den Zusammenschluss dieser Unternehmen.

IV. Die Wettbewerbsbeschränkungen werden von den gesamtwirtschaftlichen Vorteilen des Zusammenschlusses aufgewogen, weil ......[8]
oder:
Der Zusammenschluss wird durch das überragende Interesse der Allgemeinheit gerechtfertigt, weil ......

V. Durch das Ausmaß der Wettbewerbsbeschränkung wird die marktwirtschaftliche Ordnung nicht gefährdet, weil ......

......
(Rechtsanwalt)

Anmerkungen

1. Erlaubnisanträge wurden bislang nur selten gestellt; die überwiegende Zahl der Anträge blieb erfolglos. Die praktische Bedeutung des Ministererlaubnisverfahrens wird vor diesem Hintergrund auch zukünftig gering sein.

Bevor der Erlaubnisantrag gestellt werden kann, muss die Untersagungsverfügung des BKartA den Anmeldern zugestellt sein. Die Unternehmen haben nach der Untersagungsverfügung folgende Möglichkeiten: Sie erheben entweder Beschwerde gegen die Untersagungsverfügung und führen dieses Verfahren bis zur Rechtskraft durch und stellen dann, wenn der Zusammenschluss untersagt ist, den Erlaubnisantrag beim BMWi oder sie stellen den Erlaubnisantrag beim BMWi, ohne zunächst das Beschwerdeverfahren durchzuführen. Die Frist für die Beschwerde gegen die Untersagungsverfügung beginnt dann erst mit der Zustellung der Entscheidung des BMWi (§ 66 Abs. 1 S. 3 GWB). Daneben können die beteiligten Unternehmen das Ministererlaubnisverfahren parallel zum Beschwerdeverfahren gegen die Untersagungsverfügung führen. Beide Verfahren schließen sich gegenseitig nicht aus. Der Ausgang eines Verfahrens kann jedoch zur Erledigung des anderen Verfahrens führen.

2. Der Erlaubnisantrag ist binnen einer Frist von einem Monat seit Zustellung der Untersagungsverfügung des BKartA zu stellen (§ 42 Abs. 3 S. 1 GWB).

Wird die Verfügung des BKartA entsprechend § 66 Abs. 1 GWB angefochten, läuft die Einmonatsfrist erst von dem Zeitpunkt an, zu dem die Verfügung des BKartA unanfechtbar geworden ist (§ 42 Abs. 3 S. 2 GWB).

3. Der Antrag ist an den Bundesminister für Wirtschaft und Technologie zu richten, und zwar schriftlich (§ 42 Abs. 3 S. 1 GWB). Der Bundesminister für Wirtschaft und Technologie hat eine gutachtliche Stellungnahme der Monopolkommission einzuholen (§ 42 Abs. 4 S. 2 GWB). Im Erlaubnisverfahren besteht eine Bindung hinsichtlich der vom BKartA gemäß § 36 Abs. 1 GWB festgestellten Wettbewerbsbeschränkungen sowie der dazugehörigen Feststellungen, die als richtig zu unterstellen sind (KG 7. 2. 1978, Thyssen-Hüller, WuW/E OLG 1937; BMWi 9. 12. 1981, IBH-Wibau, WuW/E BWM 177; BMWi 16. 6. 1992, BayWA/WLZ Raiffeisen AG, WuW/E BWM 213, 219).

4. Der Erlaubnisantrag kann, wie die Beschwerde gegen die Untersagungsverfügung, von allen iSd. § 35 GWB beteiligten Unternehmen und in den Fällen des § 37 Abs. 1 Nr. 1 und 3 GWB von den Veräußerern gestellt werden. Es genügt jedoch, dass ein beteiligtes Unternehmen den Erlaubnisantrag stellt.

5. Zur Beiladung vgl. Verfügung des BMWi vom 30. 3. 1979, WuW/E BWM 173.

6. Der Erlaubnisantrag ist im elektronischen Bundesanzeiger bekanntzumachen (§ 43 Abs. 1 GWB).

7. Gegen die ablehnende Entscheidung des BMWi kann Beschwerde erhoben werden (§ 63 GWB). Das Beschwerdegericht kann die Erwägungen des BMWi zum Gemeinwohl und seine Abwägung zwischen Gemeinwohl und Wettbewerbsbeschränkung nicht nachprüfen. Das Beschwerdegericht prüft aber nach, ob die Tatsachen ohne Verfahrensverstoß richtig und vollständig festgestellt wurden (KG 7. 2. 1978, Thyssen-Hüller, WuW/E OLG 1937). Abweichend OLG Düsseldorf Kart 25/02 vom 12. 7. 2002.

8. Vgl. BMWi 20. 2. 1986, VEW-Ruhrkohle, WuW/E BWM 185; 6. 9. 1989, Daimler-MBB, WuW/E BWM 191; 24. 1. 1990, MAN-Sulzer, WuW/E BWM 207; 16. 6. 1992, BayWA AG/WLZ Raiffeisen AG, WuW/E BWM 213; 22. 7. 1979, Kali + Salz/PCS, WuW/E BMW 225 E. ON/Gelsenberg und E. ON/Bergemann Gz.: BMWT I B1 – 220.840/129).

Kosten und Gebühren

Der Erlaubnisantrag ist gebührenpflichtig (§ 80 Abs. 1 Satz 2 Nr. 2 iVm Abs. 2 Nr. 1 GWB).

13. Beiladungsantrag (§ 54 Abs. 2 Nr. 3 GWB)[1, 2]

Bundeskartellamt[3]
Kaiser-Friedrich-Str. 16
53113 Bonn

Betr.: Beiladungsantrag zum Verfahren ......

I. Beim BKartA ist gegen das Unternehmen A ein Verfahren wegen Missbrauchs einer marktbeherrschenden Stellung i. S. d. § 19 GWB anhängig (Aktenzeichen ......).
Das Unternehmen A verpflichtet seine Abnehmer, mit der Hauptware R auch die sachlich nicht zugehörige Ware S abzunehmen.

II. Zahlreiche Großhandelsabnehmer des Unternehmens A sind Mitglieder des antragstellenden Verbandes.

III. Ich beantrage[4], den Verband ...... e.V. zum Missbrauchsverfahren gegen das Unternehmen A beizuladen.

IV. Die Interessen der Verbandsmitglieder, die Abnehmer von A sind, werden durch die zu erwartende Entscheidung der Kartellbehörde erheblich berührt[5], weil ......

V. Nachdem der Verband beigeladen worden ist, werde ich Akteneinsicht[6] beantragen.

......

(Verbandsgeschäftsführer)

Anmerkungen

1. Die in § 54 Abs. 2 Nrn. 1, 2 und 4 GWB aufgeführten Personen, Personenvereinigungen, Unternehmen und Unternehmensvereinigungen sind kraft Gesetzes am Verfahren vor der Kartellbehörde beteiligt. Sonstige Personen und Personenvereinigungen, sind nach Abs. 2 Nr. 3 nur auf Grund eines Beiladungsantrags und einer entsprechenden Verfügung der Kartellbehörde am Verfahren beteiligt. Seit der 7. GWB-Novelle steht die Antragsmöglichkeit auch Verbraucherzentralen und -verbänden zu.

2. Auch ohne Beiladung können sich Personen und Personenvereinigungen rein faktisch am Verfahren beteiligen. Das kann vor allem dort sinnvoll sein, wo Informationen zur Kenntnis der Behörde gebracht werden sollen, ohne dass die Person, Personenvereinigung usw., von der die Information stammt, im Verfahren in Erscheinung tritt. Allerdings ergibt sich für den nur faktisch Beteiligten keine besondere Rechtsposition. Nur die Beigeladenen können zur Sach- und Rechtslage Ausführungen machen (§ 56 Abs. 1 GWB) und Anträge stellen. Nur sie sind auch beschwerdeberechtigt (§ 63 Abs. 2 GWB).

3. Der Beiladungsantrag ist an die Kartellbehörde zu richten, bei der das Verfahren anhängig ist.

4. Der Antrag ist an keine Form gebunden. Er unterliegt auch keiner zeitlichen Begrenzung. Die Beiladung kann jedoch nur solange erfolgen, wie das Verfahren bei der Kartellbehörde anhängig ist (KG 31. 5. 1968, WuW/E OLG 933, 934; 3. 12. 1974, Saba, WuW/E OLG 1548, 1549; BMWi 30. 3. 1979, WuW/E BWM 173; KG 11. 1. 1984, WuW/E OLG 3217; KG 11. 4. 1997, Großverbraucher, WuW/E OLG 5849, 5850), also auch noch nach Erlass der Verfügung, jedoch bevor Beschwerde eingelegt worden ist (BGH 10. 4. 1984, Coop-Supermagazin, WuW/E BGH 2077, 2078). Es ist ausreichend, dass der Antrag auf Beiladung vor Einlegung der Beschwerde gestellt wurde (KG v. 21. 2. 1989, Wieland-Langenberg, WuW/E OLG 4363, 4365).

Die Beiladung zum Verwaltungsverfahren wirkt bis zum Beschwerde- und Rechtsbeschwerdeverfahren fort (vgl. §§ 67 Abs. 1 Nr. 3, 76 Abs. 1 GWB). Eine erstmalige Beiladung ist im Beschwerde- und im Rechtsbeschwerdeverfahren nicht mehr möglich. Für das Fusionskontrollverfahren hat das Bundeskartellamt in der jüngeren Praxis bestätigt, dass auch nach der förmlichen Freigabeentscheidung eine Beiladung erfolgen kann, jedenfalls dann, wenn bei Einreichung des Beiladungsantrages noch keine Beschwerde eingelegt und noch keine Bestandskraft eingetreten ist (BKartA vom 1. 4. 1999 B 9 – 164/98). Wenn ein Beiladungsantrag jedoch nach Freigabe eines Zusammenschlussvorhabens ohne Einleitung des Hauptprüfverfahrens gestellt wird, ist die Beiladung ausgeschlossen. Das Kammergericht hat diese Auffassung bestätigt (KG 5. 4. 2000, tobaccoland, WuW/E DE-R 641).

Die Beiladung zum Hauptverfahren erstreckt sich auch auf die Zwischenverfahren, z.B. das Verfahren über eine einstweilige Anordnung (KG 3. 12. 1974, Saba, WuW/E OLG 1548, 1549).

Die Kartellbehörde kann unter mehreren potentiell Beizuladenden eine sachgerechte Auswahl treffen (KG 22. 8. 1980, Sonntag Aktuell, WuW/E OLG 2356, 2359; KG 13. 11. 1981, WuW/E OLG 2686).

5. Im Beiladungsantrag ist darzulegen, dass die Interessen des Antragstellers durch die bevorstehende behördliche Entscheidung erheblich berührt werden (§ 54 Abs. 2 Nr. 3 GWB). Eine mittelbare Interessenberührung genügt, nicht jedoch eine entfernte oder absolut geringfügige (KG 13. 1. 1978, Bahnhofsbuchhandel, WuW/E OLG 2021; 22. 8. 1980, Sonntag Aktuell, WuW/E OLG 2356). Es müssen kartellrechtlich relevante wirtschaftliche Interessen betroffen sein. Dies sind Interessen, die mit der Freiheit des Wettbewerbs oder der Wettbewerbsstruktur im relevanten Markt zusammenhängen. Bloß individuelle vertragliche Einzelinteressen genügen nicht (OLG Düsseldorf vom 5. 7. 2002, SPNV, WuW/E DE-R 523, 525). Zum Fusionskontrollverfahren vgl. BKartA 7. 9. 1981, Morris-Rothmans, WuW/E BKartA 1915; KG 13. 11. 1981, WuW/E OLG 2686; KG 26. 6. 1991, Radio NRW, WuW/E OLG 4811; KG 21. 9. 1994, Beiladung RTL 2, WuW/E OLG 5355, 5356.

Der Gesetzgeber hat nunmehr klargestellt, dass Interessen von Verbraucherzentralen und Interessen anderer Verbraucherverbände, die mit öffentlichen Mitteln gefördert werden, auch dann erheblich berührt werden, wenn sich die Entscheidung auf eine Vielzahl von Verbrauchern auswirkt und dadurch die Interessen der Verbraucher insgesamt erheblich berührt werden (§ 54 Abs. 2 Nr. 3 Hs. 2 GWB).

Die Beiladung steht grundsätzlich im pflichtgemäßen Ermessen der Kartellbehörde. Ist zu erwarten, dass der Antragsteller einen Beitrag zur Sachverhaltsaufklärung leisten kann, wird die Kartellbehörde dem Antrag in der Regel stattgeben. Hat der Ausgang des Verfahrens rechtsgestaltende Wirkung für Dritte, dann sind sie zum Verfahren beizuladen (KG 15. 3. 1991, VW-Leasing, WuW/E 4753, 4759). Dies gilt auch, soweit sie von dem Ausgang des Verfahrens betroffen sind (KG 26. 11. 1993, Importarzneimittel-Boykott, WuW/E OLG 5241, 5247). Der Beiladungsantrag wird, um Geschäftsgeheimnisse bereinigt, den übrigen am Verfahren beteiligten Unternehmen bekanntgemacht. Diese haben ein Recht zur Stellungnahme, bevor die Kartellbehörde über den Beiladungsantrag entscheidet.

Unterlässt die Kartellbehörde die Beiladung, obgleich die Voraussetzungen des § 54 Abs. 1 Nr. 3 GWB gegeben sind, dann kann der Betroffene, unabhängig von der Beiladung, Beschwerde einlegen (KG 12. 1. 1982, Gepäckstreifenanhänger, WuW/E OLG 2720). Der Beigeladene muss durch die der Rechtskraft fähigen Entscheidungsformel beschwert sein. Sein Interesse an tatsächlichen oder rechtlichen Vorfragen ist unbeachtlich (KG 19. 1. 1983, Coop-Supermagazin, WuW/E OLG 2970; BGH 10. 4. 1984, Coop-Supermagazin, WuW/E BGH 2077). Die Beiladungsverfügung kann von den anderen Verfahrensbeteiligten nach § 63 GWB angefochten werden.

6. Akteneinsicht

a) Das GWB regelt in § 72 GWB das Recht zur Akteneinsicht im Beschwerdeverfahren. Eine Bestimmung für das Verwaltungsverfahren fehlt.

b) Aus § 72 GWB kann jedoch der Grundsatz abgeleitet werden, dass jedenfalls kein Akteneinsichtsrecht besteht, soweit die Kartellbehörde gem. § 72 Abs. 2 S. 2 GWB verpflichtet ist, ihre Zustimmung zur Einsicht in die ihr gehörigen Unterlagen zu versagen. Dies ist der Fall, soweit wichtige Gründe, insbesondere die Wahrung von Betriebs- oder Geschäftsgeheimnissen der Akteneinsicht entgegenstehen (vgl. KG 2. 10. 1981, WuW/E OLG 2603; 12. 9. 1985, Aldi, WuW/E OLG 3542).

c) Im Übrigen wird § 29 des Verwaltungsverfahrensgesetzes anzuwenden sein. Das Recht zur Akteneinsicht besteht insoweit, als diese zur Geltendmachung oder Verteidigung der rechtlichen Interessen dessen, der Einsicht begehrt, erforderlich ist und berechtigte Geheimhaltungsinteressen der Behörde oder Dritter nicht entgegenstehen (vgl. auch KG 13. 11. 1981, WuW/E OLG 2686; 19. 8. 1986, WuW/E OLG 3908, 3916).
Der nach § 56 GWB gegebene Anspruch auf rechtliches Gehör umfasst nicht das Recht auf Bekanntgabe des vollen Wortlauts eingereichter Schriftsätze der Beteiligten; es genügt vielmehr eine Mitteilung des wesentlichen Inhalts, sofern nur sämtliche Punkte, auf die die Kartellbehörde ihre Entscheidung stützt, bekanntgegeben werden.

Soweit es sich um bloße behördeninterne Überlegungen handelt, besteht kein Anspruch auf vollständige Mitteilung (vgl. § 29 Abs. 1 VwVfG; vgl. OLG Düsseldorf, 5. 7. 1977, Anzeigenpreise, WuW/E OLG 1881, 1882).

d) Ob die Verfahrensbeteiligten Kopien der Amtsakten verlangen können, ist noch nicht geklärt (vgl. KG 21. 6. 1979, Einbauküchen, WuW/E OLG 2140). Soweit schriftliche Zeugenvernehmungen durchgeführt werden, ergibt sich der Anspruch auf Kopien der Protokolle über die Vernehmungen aus § 57 Abs. 2 und § 72 Abs. 3 i. V. m. Abs. 1 S. 2 GWB iVm. § 299 ZPO (KG 21. 6. 1979). Die Verweigerung der Akteneinsicht durch die Kartellbehörde stellt eine Verletzung des Anspruchs auf rechtliches Gehör dar.

14. Antrag auf Erlass einer einstweiligen Anordnung (§ 60 GWB)[1-3]

Bundeskartellamt
Kaiser-Friedrich-Str. 16
53113 Bonn

Betr.: Antrag auf Erlass einer einstweiligen Anordnung der vorübergehenden Duldung der Praktizierung der Wettbewerbsregeln bis zur Entscheidung in der Hauptsache

I. Ich nehme Bezug auf den am ...... beim BKartA gestellten Antrag auf Anerkennung der Wettbewerbsregeln der Wirtschaftsvereinigung A, dem mit Verfügung vom ...... stattgegeben wurde, sowie auf das Schreiben des Bundeskartellamtes über die Einleitung eines Verfahrens nach § 26 Abs. 4 GWB.

II. Ich beantrage, durch einstweilige Anordnung zu beschließen, dass die Praktizierung der Wettbewerbsregeln der Wirtschaftsvereinigung A bis zur endgültigen Entscheidung im Verfahren nach § 26 Abs. 4 GWB geduldet wird.

III. Zur Begründung nehme ich Bezug auf den Anerkennungsantrag vom ...... und seine Begründung. Die dort aufgeführten Gründe für eine Freistellung sind nach wie vor gegeben ......

IV. Die einstweilige Anordnung ist erforderlich, um erhebliche wirtschaftliche Nachteile von den Mitgliedern der Wirtschaftsvereinigung abzuwenden, die darin liegen, dass ......

V. Die Interessen der übrigen Marktbeteiligten (Lieferanten und Abnehmer) und das öffentliche Interesse stehen dem Erlass der einstweiligen Anordnung nicht entgegen, weil ......

......
(Rechtsanwalt)

Anmerkungen

1. § 60 GWB wurde durch die 7. GWB-Novelle geändert. Die Vorchrift fasst die einstweiligen Anordnungsbefugnisse des Bundeskartellamtes in Fusionskontrollverfahren zusammen (Nr. 1) und regelt Anordnungsbefugnisse im Ministererlaubnisverfahren (Nr. 2) sowie im Falle von Untersagungs- und Abschöpfungsverfügungen (Nr. 3).

2. Das Bundeskartellamt zieht als Prüfungsmaßstab § 65 Abs. 1 GWB heran, wonach die sofortige Vollziehung einer Verfügung angeordnet werden kann, wenn dies im öffentlichen Interesse oder im überwiegenden Interesse eines Beteiligten geboten ist, verschärft diesen Maßstab jedoch, weil es sich im Gegensatz zur sofortigen Vollziehung einer Entscheidung um eine vorläufige Entscheidung in der Hauptsache handelt (BKartA 6. 3. 1978, Bimsbausteine II, WuW/E BKartA 1707). Das Kammergericht zieht zur Auslegung allgemeine Regelungen über den Erlass gerichtlicher einstweiliger Anordnungen (§§ 80

Abs. 2, §§ 123 VwGO, 940 ZPO und 32 BVerfGG) heran. Die Anordnung kommt also nur in Betracht, wenn sie aus Gründen des Allgemeinwohls oder im überwiegenden Interesse eines Beteiligten oder Dritten notwendig ist, um wesentliche Nachteile und drohende Gefahren abzuwenden (KG 26. 1. 1977, Kombinationstarif, WuW/E OLG 1767, 1774; 13. 6. 1979, Sonntag Aktuell II, WuW/E OLG 2145, 2146; 10. 12. 1990, Hamburger Benzinpreise, WuW/E OLG 4640, 4642; vgl. auch OLG München 7. 5. 1992, Herr der Gezeiten, WuW/E OLG 4990, 4992). Die endgültige Entscheidung darf nicht vorweggenommen werden (KG 11. 1. 1993, ernstliche Untersagungszweifel, WuW/E OLG 5151, 5164). Eine zeitlich begrenzte Vorwegnahme ist jedoch möglich, wenn das öffentliche Interesse dies unabweisbar gebietet (OLG Düsseldorf 22. 1. 1985, WuW/E OLG 3335; OLG Naumburg v. 9. 7. 1999, Lokalfernsehen, WuW/E DE-R 388).

3. Der Antrag auf Erlass einer einstweiligen Anordnung kann bei der Kartellbehörde nur gestellt werden, solange das Verfahren bei ihr anhängig ist, also nicht mehr, nachdem ihre Entscheidung rechtskräftig wurde oder Beschwerde dagegen eingelegt wurde.

Kosten und Gebühren

Die einstweilige Anordnung ist gebührenpflichtig. Die Regelgebühr ist nicht mehr als ein Fünftel der Gebühr in der Hauptsache (§ 80 Abs. 1 Satz 2 Nr. 2 iVm. Abs. 2 S. 2 Nr. 6 d GWB).

15. Anfechtungsbeschwerde an das OLG (§ 63 Abs. 1 S. 1 GWB)[1, 2, 6, 9]

Bundeskartellamt
Kaiser-Friedrich-Str. 16
53113 Bonn

In der Verwaltungssache ....../...... Gesch.-Z. des BKartA (......)
des Unternehmens ......
wegen Missbrauchs einer marktbeherrschenden Stellung beim Verkauf der Ware G
lege ich gegen den Beschluss der Kartellbehörde vom ....., zugestellt am ......

Beschwerde[3]

ein.

Begründung[4]:

I. Ich beantrage, für Recht zu erkennen:
1. Der Beschluss des BKartA vom ...... wird aufgehoben.
2. Die Gerichtskosten werden dem BKartA auferlegt. Das BKartA hat dem Beschwerdeführer die außergerichtlichen Kosten zu erstatten.
3. Hilfsweise rege ich an, die Rechtsbeschwerde zuzulassen.[7, 8]
II. Die Beschwerde stützt sich auf folgende Tatsachen: ......
Ich benenne dafür folgende Beweismittel: ......
III. Die vertraulichen Angaben betr. ...... sind in dem separaten Beistück A enthalten[5].
IV. Zur Höhe des Verfahrenswertes der Beschwerde mache ich die Angaben, die in dem verschlossenen Beistück B enthalten sind.
V. Ich beantrage Akteneinsicht[6].
VI. Ich bitte, nicht ohne mündliche Verhandlung zu entscheiden.[6]

......
(Rechtsanwalt)

Anmerkungen

1. Die Beschwerde kann sich gegen die Verfügung einer Kartellbehörde richten (Anfechtungsbeschwerde, vgl. diesen Abschnitt). Weiterhin kann sich die Beschwerde gegen die Ablehnung einer begehrten Verfügung richten (Verpflichtungsbeschwerde, vgl. Form II. L. 15). Unterformen der Verpflichtungsbeschwerde sind die Untätigkeitsbeschwerde (vgl. Rn. 2 zu Form. II. L. 15) und die Leistungsbeschwerde (vgl. Rn. 3 zu Form. II. L. 15).

Eine allgemeine Feststellungsbeschwerde kennt das GWB nicht (KG 18. 11. 1985, Aral, WuW/E OLG 3685, 3697; 4. 4. 1990, Blockheizkraftwerk, WuW/E OLG 4589, 4591; KG 3. 11. 1993, Bekanntmachungsgebühren, WuW/E OLG 5225), ausgenommen die sogenannte Fortsetzungsfeststellungsbeschwerde nach § 71 Abs. 2 S. 2 GWB.

2. Die Anfechtungsbeschwerde richtet sich gegen hoheitliche Maßnahmen einer Kartellbehörde (BGH 17. 5. 1973, Asbach-Uralt, WuW/E BGH 1264, 1265; KG 19. 8. 1986, WuW/E OLG 3908, 3909), insbesondere Verfügungen.

a) Verfügungen sind alle Maßnahmen der Kartellbehörden zur Regelung eines Einzelfalles. Dazu gehören insbesondere:
   - Abstellungsverfügung (§ 32 Abs. 1 und 2 GWB)
   - Einstweilige Anordnung (§ 32 a GWB)
   - Verpflichtungszusage (§ 32 b Abs. 1 GWB)
   - Entscheidung, dass kein Anlass zum Tätigwerden besteht (§ 32 c GWB)
   - Entzug der Freistellung (§ 32 d GWB)
   - Missbrauchsverfügung, durch die ein Verhalten untersagt oder ein Vertrag für unwirksam erklärt wird (§ 19 i. V. m. § 32 GWB)
   - Untersagung eines Zusammenschlusses (§§ 36 Abs. 1, 40 Abs. 2 S. 1 GWB)
   - Freigabe eines Zusammenschlusses (vgl. § 40 Abs. 6 GWB)
   - Freigabe eines Zusammenschlusses durch Ministererlaubnis (§ 42 Abs. 1 GWB)
   - Auflösung eines Zusammenschlusses (§ 41 Abs. 3 S. 2 GWB)
   - Anordnung der Aufnahme in eine Wirtschafts- oder Berufsvereinigung (§§ 20 Abs. 6, 32 GWB)
   - Anerkennung von Wettbewerbsregeln sowie ihre Ablehnung, Zurücknahme und Widerruf (§ 26 Abs. 1 S. 1, Abs. 2 und 4 GWB)
   - Untersagungsverfügung (§ 32 Abs. 1 und 2 GWB)
   - Vorteilsabschöpfung (§ 34 Abs. 1 GWB)
   - Auskunftsverlangen (§ 59 Abs. 1 und Abs. 6 GWB)
   - Einsicht und Prüfung geschäftlicher Unterlagen (§ 59 Abs. 2 GWB)
   - Vorabentscheidung über Zuständigkeit (§ 55 Abs. 1 GWB)
   - Beweiserhebung (§ 57 GWB)
   - Beschlagnahme (§ 58 GWB)
   - einstweilige Anordnung (§ 60 GWB)
   - Ablehnung der Akteneinsicht (§ 72 GWB)
   - Bescheide über Gebühren und Auslagen (§ 80 GWB)
   - Bußgeldbescheid (§ 65 OWiG).

b) Keine Verfügungen sind:
   - Einleitung eines Verwaltungsverfahrens (§ 54 GWB)
   - Einstellung eines Verwaltungsverfahrens (§ 61 Abs. 2 GWB)
   - Mitteilung an einen „Antragsteller", dass ein Verfahren nicht eingeleitet werde (KG 10. 11. 1976, Medizinischer Badebetrieb, WuW/E OLG 1813, 1814)
   - Abmahnungen, die einer Missbrauchsverfügung vorangehen
   - Bekanntmachungen im Bundesanzeiger (§§ 27, 43, 62 GWB; vgl. KG 14. 12. 1977, WAZ, WuW/E OLG 1967; 12. 10. 1990, Bayerische Landesbank, WuW/E OLG 4645; 3. 11. 1993, Bekanntmachungsbeschwerde, WuW/E OLG 5267).

– bloße Äußerungen von Rechtsauffassungen (KG 4. 4. 1990, Blockheizkraftwerk, WuW/E OLG 4589, 4592).

3. Beschwerde:

a) Berechtigung

Beschwerdeberechtigt sind die Personen, Personenvereinigungen, Unternehmen und Unternehmensvereinigungen sowie Wirtschafts- und Berufsvereinigungen, die am Verfahren vor der Kartellbehörde beteiligt waren (§ 63 Abs. 2 iVm. § 54 Abs. 2 und 3 GWB; BGH 25. 6. 1985, Edelstahlbestecke, WuW/E BGH 2150, 2151 betr. ein herrschendes Unternehmen beim Zusammenschluss eines abhängigen Unternehmens), sofern bei ihnen eine formelle und materielle Beschwer gegeben ist (BGH 10. 4. 1984, Coop-Supermagazin, WuW/E BGH 2077, 2079).

Über den Wortlaut des § 62 Abs. 2 GWB hinaus ist beschwerdeberechtigt, wer durch eine Verfügung in seinen Rechten verletzt sein kann. Dies ist insbesondere der Fall, wenn Dritte am Verwaltungsverfahren nicht beteiligt waren, diese aber durch die Verfügung materiell beschwert sind (KG 26. 6. 1991, Radio NRW, WuW/E OLG 4811 ff. 4820). Soweit aber die Möglichkeit besteht, über die Beantragung der Beiladung die Stellung eines Verfahrensbeteiligten zu erlangen, wird eine Beschwerdebefugnis allein wegen der Verletzung materieller Rechtspositionen abzulehnen sein. Dies gilt insbesondere für die Beschwerdebefugnis von Dritten im Fusionskontrollverfahren (§ 40 Abs. 6 GWB), die durch eine Freigabe eines Zusammenschlussvorhabens in ihren materiellen Rechten betroffen sind (OLG Düsseldorf 19. 9. 2001, NetCologne, WuW/E DE-R 759, 762). Zusätzlich soll für die Anfechtungsbeschwerde eines Dritten eine materielle Beschwerde erforderlich sein (BGH 25. 9. 2007, Anteilsveräußerung, DE-R 2138 ff.). Diese ergibt sich aus der drohenden Verschlechterung der Wettbewerbsbedingungen auf dem relevanten Markt (OLG Düsseldorf 19. 9. 2001, NetCologne, WuW/E DE-R 759, 764).

b) Frist:

aa) Die Beschwerdefrist ist ein Monat (§ 66 Abs. 1 S. 1 GWB). Sie ist auch dann gewahrt, wenn die Beschwerde innerhalb der Frist beim Beschwerdegericht eingeht (§ 66 Abs. 1 S. 4 GWB).

bb) Die Frist beginnt mit der Zustellung der Verfügung der Kartellbehörde (§ 66 Abs. 1 S. 2 i. V. m. § 61 Abs. 1 Satz 1 GWB). Zustellung ist an alle formell Beteiligten i. S. d. § 54 Abs. 2 und 3 GWB erforderlich. Die Verfügung muss mit einer Begründung und Rechtsmittelbelehrung versehen und nach den Vorschriften des Verwaltungszustellungsgesetzes zugestellt sein (§ 61 Abs. 1 S. 1 GWB). Andernfalls läuft die Beschwerdefrist nicht (BGH 5. 12. 1963, Zigaretten, WuW/E BGH 559, 560; KG 14. 12. 1977, Westdeutsche Allgemeine Zeitungsverlagsgesellschaft, WuW/E OLG 1967, 1968; BGH 24. 3. 1987, Coop Schleswig-Holstein – Deutscher Supermarkt, WuW/E BGH 2389). Zustellungsfehler können gemäß § 9 Abs. 1 VwZG geheilt werden (KG 16. 6. 1981, Veba/Stadtwerke Wolfenbüttel, WuW/E OLG 2507).

c) Form:

Die Beschwerde ist schriftlich einzureichen (§ 66 Abs. 1 S. 1 GWB). Sowohl die Beschwerdeschrift als auch die Beschwerdebegründung müssen durch einen bei einem deutschen Gericht zugelassenen Rechtsanwalt unterzeichnet sein (§ 66 Abs. 5 Hs. 1 GWB); dies gilt nicht für die Beschwerde bei Akteneinsicht (§ 72 Abs. 2 S. 6 GWB) und für die Beschwerde der Kartellbehörde (§ 66 Abs. 5 Hs. 2 GWB).

d) Adressat:

Die Beschwerde ist bei der Kartellbehörde einzureichen (§ 66 Abs. 1 S. 1 GWB). Es genügt, wenn sie innerhalb der Beschwerdefrist beim Beschwerdegericht eingeht (§ 66 Abs. 1 S. 4 GWB).

4. Beschwerdebegründung:

a) Frist:

Die Beschwerde ist innerhalb von zwei Monaten nach Zustellung der angefochtenen Verfügung zu begründen. Im Fall der Untätigkeitsbeschwerde beträgt die Frist einen Monat und beginnt mit der Einlegung der Beschwerde. Die Begründungsfrist kann auf Antrag vom Vorsitzenden des Beschwerdegerichts verlängert werden (§ 66 Abs. 3 GWB).

b) Inhalt:

Sie muss enthalten:

aa) die Erklärung, inwieweit die Verfügung angefochten und ihre Abänderung oder Aufhebung beantragt wird (§ 66 Abs. 4 Nr. 1 GWB). Bei der Anfechtungsbeschwerde geht der Antrag auf Aufhebung oder teilweise Aufhebung der Verfügung der Kartellbehörde (§ 71 Abs. 2 S. 1 GWB). Die Erklärung muss nicht formell als Antrag erfolgen. Sie muss sich aber aus der Begründung entnehmen lassen (KG 29. 11. 1991, Versicherungsgebühren, WuW/E OLG 4859, 4861). Zur Beschwerdebegründung bei mehreren Beschwerdeführern vgl. KG 2. 7. 1982, Springer-Elbe-Wochenblatt II, WuW/E OLG 2753.

bb) Angabe der Tatsachen und Beweismittel, auf die sich die Beschwerde stützt (§ 66 Abs. 4 Nr. 2 GWB; BGH 27. 2. 1969, Papierfiltertüten II, WuW/E BGH 990, 993; KG 8. 11. 1995, Fernsehübertragungsrechte, WuW/E OLG 5565, 5579).
Unter dem Gesichtspunkt des Untersuchungsgrundsatzes (§ 70 Abs. 1 GWB) hat das Beschwerdegericht nicht allen denkbaren Möglichkeiten von Amts wegen nachzugehen; vielmehr obliegt ihm eine Aufklärungs- und Ermittlungspflicht nur insoweit, als der Vortrag der Beteiligten oder der Sachverhalt bei sorgfältiger Überlegung der sich aufdrängenden Gestaltungsmöglichkeiten dazu Anlass gibt (BGH 27. 2. 1969, Papierfiltertüten II, WuW/E BGH 990, 993; 22. 11. 1983, Druckereikonditionen, WuW/E BGH 2044, 2046; KG 5. 3. 1986, WuW/E OLG 3821, 3824).

5. Berechtigt zur Einsicht in die Akten sind der Beschwerdeführer, die Kartellbehörde, deren Verfügung angefochten wird, und das Bundeskartellamt, wenn sich die Beschwerde gegen eine Verfügung einer obersten Landesbehörde richtet, sowie Beigeladene. Der Umfang der Akteneinsicht ergibt sich aus § 72 Abs. 2 GWB (§ 72 Abs. 1 S. 1 iVm. § 67 GWB).

6. Vgl. § 69 Abs. 1 Halbsatz 2 GWB.

7. Die Beschwerde kann bis zur Rechtskraft der Entscheidung des Oberlandesgerichts – und zwar auch noch im Rechtsbeschwerdeverfahren – zurückgenommen werden (BGH 29. 6. 1982, Stuttgarter Wochenblatt, WuW/E BGH 1947).

8. Die Rechtsbeschwerde ist, sofern die gesetzlichen Voraussetzungen vorliegen, von Gerichts wegen zuzulassen. Ein Antrag ist daher nicht erforderlich und auch nicht zulässig. Der Beschwerdeführer kann jedoch anregen, die Rechtsbeschwerde zuzulassen (§ 74 Abs. 2 GWB).

9. Fortsetzungsfeststellungsbeschwerde:

a) Hat sich die Verfügung vorher durch Zurücknahme oder auf andere Weise erledigt, kann der Beschwerdeführer, wenn er ein berechtigtes Interesse hat (vgl. KG 6. 9. 1995, Fortsetzungsfeststellungsinteresse, WuW/E OLG 5497, 5501), beantragen, festzustellen, dass die Verfügung der Kartellbehörde unzulässig oder unbegründet war (§ 71 Abs. 2 S. 2 GWB; OLG München 2. 9. 1982, Kaufmarkt II, WuW/E OLG 2872; KG 12. 2. 1982, WuW/E OLG 2614 zum Feststellungsinteresse nach erteilter Auskunft; KG 11. 1. 1984, WuW/E OLG 3217, 3218; BGH 10. 4. 1984, Coop-Supermagazin, WuW/E BGH 2077; KG v. 6. 9. 1995, Fortsetzungsfeststellungsinteresse, WuW/E OLG 5497, 5502). Das Feststellungsinteresse entfällt nicht dadurch, dass sich die Verfügung der Kartellbehörde bereits vor Einlegung der Beschwerde erledigt hat (KG 18. 6. 1971, Import-Schallplatten, WuW/E OLG 1189, 1190; KG 11. 1. 1984, Kreuzlinger Verträge, WuW/E OLG 3217 ff., 3221).

„Berechtigtes Interesse" ist umfassender als das rechtliche Interesse i. S. d. § 256 ZPO. Darunter fallen auch wirtschaftliche Interessen (BGH 5. 5. 1967, Großgebinde IV, WuW/E BGH 852, 853; OLG München 2. 9. 1982, Kaufmarkt II, WuW/E OLG 2872; KG 7. 12. 1983, Zum bösen Wolf, WuW/E OLG 3213; KG v. 10. 12. 1990, Hamburger Benzinpreise, WuW/E OLG 4640, 4641).

b) Hat sich eine Verfügung nach §§ 32 bis 32 b oder 32 d GWB erledigt, kann der Betroffene, aber auch die Kartellbehörde beantragen, festzustellen, in welchem Umfang und bis zu welchem Zeitpunkt die Verfügung begründet war (§ 71 Abs. 3 GWB).

Kosten und Gebühren

1. Rechtsgrundlage für die Kostentragung und -festsetzung ist § 78 S. 1 GWB.

a) § 78 GWB betrifft die gerichtlichen und die außergerichtlichen Kosten (KG 12. 1. 1982, Gepäckstreifenanhänger, WuW/E OLG 2720, 2721; OLG München 2. 3. 1987, WuW/E OLG 3978).

Der BGH ging grundsätzlich davon aus, dass jeder Beteiligte – unabhängig vom Verfahrensausgang – seine Kosten selbst zu tragen habe (BGH 20. 3. 1984, WuW/E BGH 2084). Das Bundesverfassungsgericht entschied (Beschluss vom 3. 12. 1986 – 1 BvR 872/82, WuW/E VG 313), dass § 78 S. 1 GWB im Hinblick auf Art. 3 Abs. 1 GG nicht dahin ausgelegt werden dürfe, dass ein Beschwerdeführer auch dann, wenn er eine Verletzung in seinen Rechten geltend gemacht und im Verfahren obsiegt hat, im Normalfall seine außergerichtlichen Kosten selbst tragen müsse (BVerfG 5. 10. 1988, Coop-Wandmaker, WuW/E VG 339, 342).

b) Nach Erledigung der Hauptsache muss nach billigem Ermessen ohne nähere Würdigung des zweifelhaften Verfahrensausgangs über die bisherigen Kosten entschieden werden. Die Gerichtskosten sind grundsätzlich zu teilen, es sei denn, der Verfahrensausgang ist eindeutig zu erkennen (KG 25. 5. 1988, WuW/E OLG 4243; OLG München 2. 3. 1987, WuW/E OLG 3978, 3979; a. A. OLG Düsseldorf 30. 12. 1987, Allkauf . /. Nordmende, WuW/E OLG 4149, das § 91 a ZPO anwendet und damit den bisherigen Sach- und Streitstand berücksichtigt).

c) Der Beigeladene hat im Falle des Obsiegens keinen Erstattungsanspruch, wenn hierfür nicht besondere Billigkeitsgründe sprechen (KG 13. 6. 1980, Levi's Jeans, WuW/E OLG 2425, 2428; 8. 7. 1988, Sportübertragungen, WuW/E OLG 4267, 4287; a. A. BGH 14. 3. 1990, Sportübertragungen, WuW/E BGH 2627, 2643).

2. Der Verfahrenswert wurde gem. § 78 a. F. GWB iVm. § 3 ZPO unter Berücksichtigung von § 13 GKG festgesetzt (KG 14. 4. 1978, Rama-Mädchen, WuW/E OLG 1983, 1988). § 78 a. F. GWB wurde ersatzlos gestrichen. Es bleibt aber bei der Behandlung der Beschwerdeverfahren nach gebührenrechtlichen Grundsätzen, wie sie für den Zivilprozess in der Berufungsinstanz gelten. Der Verfahrenswert ist in der Regel nach den wirtschaftlichen Auswirkungen des Obsiegens des Beschwerdeführers zu berechnen (BGH 7. 8. 1978, KVR 4/77, nicht veröffentlicht, in BKartA Tätigkeitsbericht 1978, BT-Drucks. 8/2980, S. 107). Der wirtschaftliche Wert bemisst sich nach den Jahresumsätzen mit der Vertragsware (KG 25. 2. 1981, GUR Rauchtabak, WuW/E OLG 2481, 2485); im Fusionskontrollverfahren ist beim Anteilserwerb vor allem der Kaufpreis der zu erwerbenden Anteile maßgebend (BGH 7. 8. 1978, WuW/E BGH 1804). Dabei wird aber in der Praxis nicht der volle Kaufpreis angesetzt, sondern z. B. nur 25%. Auch der Umsatz des zu erwerbenden Unternehmens spielt eine Rolle. Auch er wird nur mit einem Prozentsatz (z. B. 10%) berücksichtigt.

3. Die Entscheidung über die Gebühren der Kartellbehörde richtet sich nach der Entscheidung des Beschwerdegerichts über die Gerichtskosten (KG 15. 7. 1975, BP, WuW/E OLG 1620).

16. Verpflichtungsbeschwerde an das OLG (§ 63 Abs. 3 S. 1 GWB)[1,2,3,7]

Bundeskartellamt
Kaiser-Friedrich-Str. 16
53113 Bonn

In der Verwaltungssache ....../...... Gesch.-Z. des BKartA (......)

des Unternehmens ......

wegen seiner Aufnahme in die Wirtschaftsvereinigung ...... e. V.

lege ich gegen den Beschluss der Kartellbehörde vom ......, mit dem der Antrag, die Aufnahme des Unternehmens ...... in die Wirtschaftsvereinigung ...... e. V. anzuordnen, abgelehnt wurde,

Beschwerde[4]

ein.

Begründung[5]:

I. Ich beantrage[6], für Recht zu erkennen:
1. Der Beschluss des BKartA vom ...... wird aufgehoben.
2. Das BKartA hat anzuordnen, dass die Wirtschaftsvereinigung ...... e. V. das Unternehmen ...... aufzunehmen hat.
3. Die Gerichtskosten werden dem BKartA auferlegt. Das BKartA hat dem Beschwerdeführer die außergerichtlichen Kosten zu erstatten.
4. Hilfsweise rege ich an, die Rechtsbeschwerde zuzulassen.

II. Die Beschwerde stützt sich auf folgende Tatsachen: ......
Ich benenne dafür folgende Beweismittel: ......

III.–VI. wie Form. II. L. 15, Abschnitte III.–VI.

......
(Rechtsanwalt)

Anmerkungen

1. Die Verpflichtungsbeschwerde ist statthaft, wenn eine Kartellbehörde die beantragte Verfügung nicht oder abweichend vom Antrag (BGH 31. 10. 1978, Air-Conditioning-Anlagen, WuW/E BGH 1562) erlassen hat. Erfasst ist somit insbesondere die Ablehnung einer beantragten Verfügung oder die Nichtvornahme einer beantragten behördlichen Handlung.

a) Die Zulässigkeit der Beschwerde setzt voraus, dass der Beschwerdeführer am Verfahren vor der Kartellbehörde beteiligt war (§ 63 Abs. 2 iVm. § 54 Abs. 2 und 3 GWB) und formell und materiell beschwert ist (BGH 31. 10. 1978, Air-Conditioning-Anlagen, WuW/E BGH 1562, 1563; 10. 4. 1984, Coop-Supermagazin, WuW/E BGH 2077, 2079). Zudem muss der vorgetragene Sachverhalt einen Rechtsanspruch auf die beantragte Verfügung (BGH 14. 11. 1968, Taxiflug, WuW/E BGH 995, 996; BGH 31. 10. 1978, Weichschaum III, WuW/E BGH 1556, 1557) oder auf die Vornahme des beantragten behördlichen Handels (KG 14. 12. 1977, Westdeutsche Allgemeine Zeitungsverlagsgesellschaft, WuW/E OLG 1967, 1968) ergeben können.

Die Beschwerde ist unzulässig, wenn das vom Beschwerdeführer behauptete Recht unter keinem rechtlichen Gesichtspunkt bestehen oder ihm zustehen kann (BGH 14. 11. 1968, Taxiflug, WuW/E BGH 995, 996; 31. 10. 1978, Weichschaum III, WuW/E BGH 1556, 1557). Der Beschwerdeführer muss einen eigenen Rechtsanspruch behaupten, er kann sich nicht Rechtspositionen Dritter zu eigen machen (vgl. KG 31. 3. 1992 Verbandsbeschwerde, WuW/E OLG 4973, 4975, OLG Düsseldorf 19. 9. 2001, NetCologne, WuW/E DE-R 759, 764).

b) Die Beschwerde ist begründet, wenn der Beschwerdeführer ein Recht auf Erlass der beantragten Verfügung oder die Vornahme des behördlichen Handelns hat. Das GWB normiert diese Rechte nicht ausdrücklich. Soweit es jedoch den Unternehmen die Befugnis einräumt, Anträge an die Kartellbehörde zu richten, haben sie das Recht auf Erlass der beantragten Verfügung, sofern die jeweiligen gesetzlichen Voraussetzungen gegeben sind.

- Ein solches Antragsrecht besteht für Entscheidungen nach § 32c GWB im Falle eines Mittelstandskartells nach § 3 Abs. 1 GWB (§ 3 Abs. 2 GWB) oder für eine Ministererlaubnis zu einem Zusammenschluss (§ 42 Abs. 3 GWB).
- Weiter besteht das Antragsrecht bei Ablehnung der Aufnahme in eine Wirtschafts- oder Berufsvereinigung bzw. Gütezeichengemeinschaft (§ 20 Abs. 6 GWB) und auf Anerkennung von Wettbewerbsregeln (§ 24 Abs. 3 GWB).
- Verfahrensmäßig besteht das Recht auf Beiladung gem. § 54 Abs. 2 Nr. 3 GWB.
- Kein Antragsrecht besteht, soweit eine Missbrauchsverfügung der Kartellbehörde begehrt wird (zu § 19 GWB vgl. OLG Celle, 21. 2. 1973, Bauleitplan, WuW/E OLG 1387, 1389; BGH 14. 11. 1968, Taxiflug, WuW/E BGH 995, 996; BGH 22. 10. 1973, Strombezugspreis, WuW/E BGH 1299, 1300; BGH 19. 12. 1995, Nichtzulassungsbeschwerde, WuW/E BGH 3035, 3036; BGH 11. 3. 1997, Rechtsschutz gegen Berufsordnung, WuW/E BGH 3113). Der Verletzte ist auf zivilrechtliche Unterlassungs- und Schadensersatzansprüche beschränkt.

2. Eine Unterform der Verpflichtungsbeschwerde ist die Untätigkeitsbeschwerde (§ 63 Abs. 3 S. 2 und 3 GWB).

Die Zulässigkeit dieser Beschwerde setzt voraus, dass die Kartellbehörde die beantragte Verfügung ohne zureichenden Grund in angemessener Frist nicht beschieden hat und der Beschwerdeführer substanziiert behauptet, ein Recht auf Erlass der beantragten Verfügung oder das behördliche hoheitliche Handeln zu haben, und die Rechtsbeeinträchtigung möglich erscheint (BGH 14. 11. 1968, Taxiflug, WuW/E BGH 995, 996; KG 31. 3. 1992, Verbandsbeschwerde, WuW/E OLG 4973, 4975).

3. Eine weitere Unterform der Verpflichtungsbeschwerde ist die Leistungsbeschwerde. Sie ist zulässig, wenn durch schlichtes Verwaltungshandeln eine Rechtsbeeinträchtigung gegeben ist (KG 14. 12. 1977, WAZ, WuW/E OLG 1967, 1968; BGH 8. 5. 1979, WAZ, WuW/E BGH 1608) oder wenn nur durch sie ein lückenloser Rechtsschutz gewährleistet ist (BGH 18. 2. 1992, Unterlassungsbeschwerde, WuW/E BGH 2760, 2761; KG 3. 11. 1993, Bekanntmachungsbeschwerde, WuW/E OLG 5267, 5270). Die Leistungsbeschwerde kann auch eine vorbeugende Unterlassungsbeschwerde sein (KG 18. 11. 1985, Aral, WuW/E OLG 3685, 3698; KG 12. 10. 1990, Landesbank, WuW/E OLG 4645; BGH 18. 2. 1992, Unterlassungsbeschwerde, WuW/E BGH 2760, 2761).

4. Vgl. Rn. 3 b), c), d) zu Form. II. L. 15.

5. Zur Frist vgl. Rn. 4 a) zu Form. II. L. 15.

6. Der Antrag geht auf Verpflichtung der Kartellbehörde zum Erlass der beantragten, von ihr aber unterlassenen, insbesondere abgelehnten Verfügung (§ 71 Abs. 4 GWB; KG 13. 1. 1978, Bahnhofsbuchhandel, WuW/E OLG 2021, 2023) oder zur Vornahme des behördlichen Handelns.

7. Fortsetzungsfeststellungsbeschwerde: Hat sich der Rechtsanspruch des Beschwerdeführers auf Erlass der Verfügung während des Verfahrens erledigt, kann der Beschwerdeführer, wenn er ein berechtigtes Interesse hat, beantragen festzustellen, dass die Kartellbehörde verpflichtet war, die Verfügung zu erlassen, § 71 Abs. 2 S. 2 GWB analog (vgl. Rn. 9 zu Form. II. L. 15).

Kosten und Gebühren

Vgl. Form. II. L. 15.

17. Antrag an das OLG, die aufschiebende Wirkung einer Beschwerde anzuordnen (§ 65 Abs. 3 S. 3 GWB)[1, 2, 4, 5]

OLG Düsseldorf[6]
– Kartellsenat –
Cecilienallee 3
40474 Düsseldorf

In der Kartellverwaltungssache

des Unternehmens ......[3]

Antragstellerin und Beschwerdeführerin

gegen

das Bundeskartellamt

Antraggegner und Beschwerdegegner

wegen Anfechtung der unbedingten Freigabe eines Zusammenschlusses nach § 40 Abs. 2 GWB beantrage ich,

1. **die aufschiebende Wirkung der am ...... eingelegten Beschwerde gegen den nach § 40 Abs. 2 GWB ergangenen Beschluss des BKartA vom ...... anzuordnen;**
2. **dem BKartA die Gerichtskosten und die außergerichtlichen Kosten des Beschwerdeführers aufzuerlegen.**

Begründung:

1. **Die Beschwerde vom ...... hat keine aufschiebende Wirkung (Gegenschluss aus § 64 Abs. 1 GWB).**
2. **An der Rechtmäßigkeit des angefochtenen Beschlusses des BKartA vom ...... bestehen ernsthafte Zweifel, weil ......**
   oder:
   Die fehlende aufschiebende Wirkung der Beschwerde hat für den Betroffenen eine unbillige Härte zur Folge, weil ......
   Sie ist nicht durch überwiegende öffentliche Interessen geboten, weil ......
3. **Der Beschwerdeführer ist durch den angefochtenen Beschluss des BKartA in seinen Rechten verletzt,[3] weil ...... Die Tatsachen, auf die dieser Antrag gestützt wird, werden wie folgt glaubhaft gemacht[4]: ......**

......
(Rechtsanwalt)

Anmerkungen

1. Soweit die Beschwerde nicht nach § 64 Abs. 1 GWB aufschiebende Wirkung hat, können die Betroffenen beim Beschwerdegericht den Antrag stellen, die aufschiebende Wirkung ganz oder teilweise anzuordnen (§ 65 Abs. 3 S. 3 GWB). Hierfür müssen gemäß Abs. 3 Satz 1 Nr. 2 entweder ernstliche Zweifel an der Rechtmäßigkeit der angefochtenen Verfügung bestehen oder die Vollziehung der Verfügung muss für den Betroffenen nach Abs. 3 Satz 1 Nr. 3 eine unbillige, nicht durch überwiegende öffentliche Interessen gebotene Härte bedeuten. Ist die Verfügung zum Zeitpunkt der Entscheidung des Beschwerdegerichts schon vollzogen, kann beantragt werden, die Aufhebung der Vollziehung anzuordnen (§ 65 Abs. 4 S. 3 GWB).

2. Die Beschwerde hat in den Fällen des § 64 Abs. 1 GWB aufschiebende Wirkung. Auch eine Beschwerde gegen eine Entflechtungsanordnung aus öffentlichrechtlichem Vertrag hat aufschiebende Wirkung (KG 13. 4. 1994, Krupp-Hoesch-Brüninghaus, WuW/E OLG 5263). Im Übrigen sind Verfügungen sofort wirksam, ausgenommen bei der Vorabentscheidung über die Zuständigkeit (§ 55 GWB). In den übrigen Fällen, in denen die Beschwerde keine aufschiebende Wirkung hat, kann die Kartellbehörde die Vollziehung aussetzen (§ 65 Abs. 3 S. 2 GWB).

3. Die 7. GWB-Novelle hat durch die Regelung des § 65 Abs. 3 S. 4 GWB die Antragsbefugnis von Dritten, die gegen eine Verfügung nach § 40 Abs. 2 GWB Beschwerde eingelegt haben, erheblich eingeschränkt. Nunmehr reicht es nicht mehr aus, dass Dritte durch die Entscheidung formell und materiell beschwert sind (so noch OLG Düsseldorf 11. 4. 2001, Net Cologne, WuW/E DE-R 665, 666; OLG Düsseldorf 25. 6. 2001, Trienekens, WuW/E DE-R 681, 683). Erforderlich ist vielmehr die Geltendmachung der Verletzung eigener Rechte des Dritten durch die kartellbehördliche Verfügung (§ 65 Abs. 3 S. 4 GWB). Der Gesetzgeber erkennt damit an, dass Zusammenschlüsse regelmäßig nur innerhalb eines eng begrenzten Zeitrahmens verwirklicht und durch die Aussetzung von Fusionsentscheidungen für längere Zeit zum Zwecke einer gerichtlichen Überprüfung insgesamt verhindert würden. Die grundsätzliche Entscheidung des Gesetzgebers, Beschwerden gegen Zusammenschlüsse keine aufschiebende Wirkung zu verleihen (vgl. § 64 Abs. 1 GWB), war vor der 7. GWB-Novelle wiederholt durch vorläufigen Rechtsschutz zugunsten Dritter, die nur eine Verletzung wettbewerblicher Interessen geltend machen konnten, relativiert worden (vgl. Regierungsbegründung zur 7. GWB-Novelle, BT-Drs. 15/3640, S. 41).

4. Bedeutung hat der Antrag auf Anordnung der aufschiebenden Wirkung auch angesichts der Praxis des Bundeskartellamtes erlangt, in Fällen, in denen es von einem Verstoß gegen das Vollzugsverbot ausgeht, eine Untersagungsverfügung gemäß § 36 Abs. 1 GWB und eine Auflösungsanordnung gemäß § 41 Abs. 3 Satz 1 GWB in einer Verfügung zu verbinden (BKartA 12. 4. 2007, Sulzer/Kelmix, DE-V 1340 ff.). Die Rechtmäßigkeit dieses Vorgehens ist zweifelhaft (*Bechtold* GWB, 5. Aufl. 2008, § 41 Rn 13 ff.). Die praktische Bedeutung dieser Kombination von Untersagung und Auflösung liegt darin, dass die Beschwerde gegen eine Auflösungsverfügung nach § 64 Abs. 1 GWB keine aufschiebende Wirkung hat. Somit kann im Ergebnis die Auflösungsverfügung unmittelbar durchgesetzt werden, ohne dass die Untersagungsverfügung und somit die Voraussetzungen des § 36 Abs. 1 abschließend gerichtlich überprüft wurden. Für Verfügungsadressaten bietet daher der vorliegende Antrag auf Anordnung der aufschiebenden Wirkung die einzige Möglichkeit, sich vor Bestandskraft der Untersagung gegen eine Auflösung zur Wehr zu setzen.

5. Vgl. § 65 Abs. 4 S. 2 GWB.

6. Ist das Verfahren in der Rechtsbeschwerdeinstanz anhängig, ist das Beschwerdegericht für die Anordnung der aufschiebenden Wirkung nicht mehr zuständig (KG 20. 9. 1982, WuW/E OLG 2875).

18. Antrag an das OLG, die aufschiebende Wirkung einer Beschwerde wiederherzustellen (§ 65 Abs. 3 S. 1 GWB)[1, 2, 8, 9]

OLG Düsseldorf
– Kartellsenat –
Cecilienallee 3
40474 Düsseldorf

In der Kartellverwaltungssache

des Unternehmens ......

Antragstellerin und Beschwerdeführerin

gegen

das Bundeskartellamt

Antraggegner und Beschwerdegegner

wegen Untersagungsverfügung gem. § 19 GWB und Anordnung der sofortigen Vollziehung der Untersagungsverfügung gem. § 65 Abs. 1 GWB

beantrage ich:

1. **die aufschiebende Wirkung der am ...... eingelegten Beschwerde[3] gegen die nach § 19 GWB ergangene Untersagungsverfügung des BKartA vom ...... wiederherzustellen;**
2. **dem BKartA die Gerichtskosten und die außergerichtlichen Kosten des Beschwerdeführers aufzuerlegen.**

Begründung:

1. **Das BKartA hat die sofortige Vollziehung der Untersagungsverfügung vom ...... angeordnet (§ 65 Abs. 1 GWB), weil dies im öffentlichen Interesse geboten sei.**
2. **Die aufschiebende Wirkung der Beschwerde ist wiederherzustellen. Die sofortige Vollziehung liegt nicht im öffentlichen Interesse oder im überwiegenden Interesse eines Beteiligten[4], weil ......**
   oder:
   Es bestehen ernsthafte Zweifel an der Rechtsmäßigkeit der angefochtenen Verfügung[5], weil ......
   oder:
   Die sofortige Vollziehung der Verfügung vom ...... hat für den Betroffenen eine unbillige, nicht durch überwiegende öffentliche Interessen gebotene Härte zur Folge[6], weil ......
3. **Die Tatsachen, auf die dieser Antrag gestützt wird, werden wie folgt glaubhaft gemacht[7]: ......**

......
(Rechtsanwalt)

Anmerkungen

1. Hat die Beschwerde aufschiebende Wirkung (§ 64 Abs. 1 GWB) und ordnet die Kartellbehörde die sofortige Vollziehung ihrer Verfügung an (§ 65 Abs. 1 GWB), kann der Betroffene den Antrag stellen, die aufschiebende Wirkung der Beschwerde wiederherzustellen.

2. Ist die Verfügung zum Zeitpunkt der Entscheidung des Beschwerdegerichts schon vollzogen, kann beantragt werden, die Aufhebung der Vollziehung anzuordnen (§ 65 Abs. 4 S. 3 GWB).

3. Sofern die Kartellbehörde die sofortige Vollziehung ihrer Verfügung bereits vor Einreichung der Beschwerde angeordnet hat, kann auch der Antrag, die aufschiebende Wirkung der Beschwerde wiederherzustellen, schon vor Einreichung der Beschwerde gestellt werden (§ 65 Abs. 4 S. 1 GWB).

4. Das öffentliche Interesse an der sofortigen Vollziehung muss über das Interesse hinausgehen, das den Verwaltungsakt selbst rechtfertigt (KG 14. 5. 1974, BP, WuW/E OLG 1467, 1468). Bei der Prüfung der Voraussetzungen der sofortigen Vollziehung sind strenge Anforderungen zu stellen (OLG Stuttgart 22. 10. 1979, Gemeinsamer Anzeigenteil, WuW/E OLG 2297; KG 16. 7. 1993, Empfehlung Ersatzwagenkostenerstattung, WuW/E OLG 5132, 5133). Vgl. KG 3. 5. 1974, Kalkulationsklausel, WuW/E OLG 1465, 1466; 14. 5. 1974, BP, WuW/E OLG 1467, 1468; 7. 6. 1974, Agip I, WuW/E OLG 1497; OLG Stuttgart 22. 10. 1979, Gemeinsamer Anzeigenteil, WuW/E OLG 2297; KG 19. 12. 1979, Basalt-Union, WuW/E OLG 2193, 2194.

Das öffentliche Interesse am Sofortvollzug kann in der Erhaltung der Wettbewerbsstrukturen liegen und sich insbesondere aus Gefahren für den Erhalt einer gesunden Marktstruktur ergeben (KG 16. 7. 1993, Empfehlung Ersatzwagenkostenerstattung. WuW/E OLG 5132, 5133). Daneben reicht es aus, wenn ein überwiegendes Interesse eines individuell Betroffenen gegeben ist; der Begriff des Beteiligten geht hier über den des Verfahrensbeteiligten gemäß § 54 Abs. 2 GWB hinaus (BKartA 19. 7. 2002, Fuchs Gewürze, B2 – 52274 – R – 12/00, Rn. 47).

5. Die ernsthaften Zweifel können rechtlicher oder tatsächlicher Art sein, wobei hohe Anforderungen gestellt werden (vgl. OLG Düsseldorf 27. 3. 2002, Germania, WuW/E DE-R 867 ff., 868). Eine offene Rechtslage genügt nicht (KG 13. 4. 1994, Krupp-Hoesch-Brüninghaus, WuW/E OLG 5263, 5266). Andererseits ist eine abschließende juristische Klärung ebensowenig erforderlich (KG 7. 6. 1974, Agip I, WuW/E OLG 1497, 1498; vgl. KG 15. 11. 1974, Valium-Librium I, WuW/E OLG 1547; 14. 5. 1974, BP, WuW/E OLG 1467, 1468; 5. 1. 1976, WuW/E OLG 1673).

6. Vgl. KG 4. 2. 1975, Brotindustrie, WuW/E OLG 1561.

7. Vgl. § 65 Abs. 4 S. 2 GWB.

8. Zur Wiederherstellung der aufschiebenden Wirkung bei Zusammenschlussvorhaben, deren Untersagung durch das Bundeskartellamt erfolgt ist, mit dem Ziel, sofort das Vorhaben zu vollziehen vgl. KG 26. 11. 1980, Synthetischer Kautschuk II, WuW/E OLG 2419, 2420; 17. 7. 1981, Gaslöschanlagen, WuW/E OLG 2571.

9. Gegen die Entscheidung des Beschwerdegerichts ist keine Rechtsbeschwerde gegeben (KG 19. 12. 1979, Basalt-Union, WuW/E OLG 2193).

19. Antrag an das OLG, eine einstweilige Anordnung zu erlassen (§ 64 Abs. 3 iVm. § 60 GWB)[1, 2, 4]

OLG Düsseldorf
– Kartellsenat –
Cecilienallee 3
40474 Düsseldorf

In der Kartellverwaltungssache

der Wirtschaftsvereinigung A

Antragstellerin und Beschwerdeführerin

gegen

das Bundeskartellamt

Antraggegner und Beschwerdegegner

wegen Widerrufs der Anerkennungsverfügung nach § 26 Abs. 4 GWB

beantrage ich,

1. durch einstweilige Anordnung zu beschließen, dass die mit Verfügung vom ...... anerkannten Wettbewerbsregeln der Antragstellerin ...... bis zur Entscheidung des Senats über die Beschwerde vom ...... gegen den Widerruf der Anerkennungsverfügung durch die Antragsgegnerin praktiziert werden dürfen;
2. der Antragsgegnerin die Gerichtskosten und die außergerichtlichen Kosten der Antragstellerin aufzuerlegen.

Begründung:

1. Ich nehme Bezug auf den Anerkennungsantrag an die Antragsgegnerin vom ......, die Widerrufsverfügung der Antragsgegnerin vom ...... und die Beschwerde hiergegen vom ......
2. Die einstweilige Anordnung ist im überwiegenden Interesse der Antragstellerin notwendig, um wesentliche Nachteile und drohende Gefahren abzuwenden, weil ......[3]

......
(Rechtsanwalt)

Anmerkungen

1. Vgl. die Rn. 1 zu Form. II. L. 14.

2. Die Rechtsprechung zieht die Rechtsvorschriften für den Erlass gerichtlicher einstweiliger Anordnungen (§§ 123 VwGO, 940 ZPO und 32 BVerfGG) zur Auslegung heran. Die Anordnung kommt also nur in Betracht, wenn sie aus Gründen des Allgemeinwohls oder im überwiegenden Interesse eines Beteiligten oder Dritten notwendig ist, um wesentliche Nachteile und drohende Gefahren abzuwenden (KG 26. 1. 1977, Kombinationstarif, WuW/E OLG 1767, 1774; 13. 6. 1979, Sonntag Aktuell II, WuW/E OLG 2145, 2146; 10. 12. 1990, Hamburger Benzinpreise, WuW/E OLG 4640, 4642). Voraussetzung für eine einstweilige Anordnung des Beschwerdegerichts ist das Vorliegen einer Beschwerde.

3. Ist das Verfahren in der Rechtsbeschwerdeinstanz anhängig, dann ist für die einstweilige Anordnung das Beschwerdegericht zuständig (§ 76 Abs. 5 S. 2 GWB).

20. Antrag an das OLG auf Befreiung vom Vollzugsverbot (§ 64 Abs. 3 S. 1 iVm. § 60 Nr. 1 iVm. § 41 Abs. 2 GWB)[1,2]

OLG Düsseldorf
– Kartellsenat –
Cecilienallee 3
40474 Düsseldorf

In der Kartellverwaltungssache

der Er-GmbH

Antragstellerin und Beschwerdeführerin

gegen

das Bundeskartellamt

Antraggegner und Beschwerdegegner

wegen Anfechtung des Beschlusses des Bundeskartellamts vom …… (Geschäftszeichen ……), der Antragstellerin zugestellt am ……

haben wir mit Schriftsatz vom …… für die Antragstellerin und Beschwerdeführerin die mit Beschwerdeschrift vom …… beim Bundeskartellamt eingelegte Beschwerde begründet.

Wir beantragen,

1. **im Wege der einstweiligen Anordnung der Antragstellerin und der Beteiligten zu …… zu gestatten, den mit Beschluss des Bundeskartellamts vom …… (Geschäftszeichen ……) untersagten Zusammenschluss zu vollziehen;**
2. **der Antragsgegnerin die Gerichtskosten und die außergerichtlichen Kosten der Antragstellerin aufzuerlegen.**
3. **Für den Fall, dass dem Antrag nicht stattgegeben wird, beantragen wir, die Rechtsbeschwerde zuzulassen.**

Begründung:

1. **Ich nehme Bezug auf die Anmeldung des Zusammenschlussvorhabens vom ……, den Beschluss des Bundeskartellamts vom …… (Geschäftszeichen ……), die Beschwerde vom …… sowie die Beschwerdebegründung vom ……**
2. **Für eine Befreiung vom Vollzugsverbot liegen wichtige Gründe gemäß § 41 Abs. 2 Satz 1 GWB vor.[3,4] Zunächst erfüllt das Zusammenschlussvorhaben die fusionskontrollrechtlichen Freigabevoraussetzungen. Zur Begründung verweisen wir auf die Anmeldung des Vorhabens vom …… Die Befreiung vom Vollzugsverbot ist außerdem erforderlich, da den beteiligten Unternehmen andernfalls erhebliche Nachteile drohen …… Insbesondere droht …… schwerer Schaden, da …… Demgegenüber fallen die möglichen Nachteile, die mit einer vorläufigen Vollziehung verbunden wären nicht ins Gewicht, da ……**

……
(Rechtsanwalt)

Anmerkungen

1. Die Zulässigkeit einer Befreiung vom Vollzugsverbot im Wege der einstweiligen Anordnung war lange Zeit umstritten. Während das Kammergericht vor Inkrafttreten der 6. GWB-Novelle die Zulässigkeit einer solchen Anordnung angenommen hatte (KG 26. 11. 1980, synthetischer Kautschuk II, WUW-E OLG 2419, 2421; 17. 7. 1981, Gaslöschanla-

gen, WUW-E OLG 2571, 2572), ging das OLG Düsseldorf in seiner Rechtsprechung davon aus, durch die Einfügung des § 41 Abs. 2 GWB im Rahmen der 6. GWB-Novelle stehe die Befugnis zur Befreiung vom Vollzugsverbot nunmehr allein dem Bundeskartellamt zu. Das Beschwerdegericht hingegen könne im Wege der einstweiligen Verfügung § 64 Abs. 3 Satz 1 GWB keine Befreiung vom Vollzugsverbot erteilen (OLG Düsseldorf 8. 8. 2007, Phonak-ReSound, WUW-E DE-R 2069, 2071 ff.).

2. Der BGH ist dem in der Sache Faber/Basalt mit ausführlicher Begründung entgegen getreten (BGH, Faber/Basalt, WUW-E DE-R 2507, 2510 ff.; vgl. hierzu eingehend *Schnelle/Denzel* WUW 2009, 632 ff.). Er stellte zunächst fest, die Befugnis des Beschwerdegerichts zur Befreiung vom Vollzugsverbot folge unmittelbar aus § 64 Abs. 3 Satz 1 i. V. m. § 60 Nr. 1 GWB. Dabei habe sich das Beschwerdegericht an den sachlichen Voraussetzungen des § 41 Abs. 2 GWB zu orientieren (a. a. O. 2511). Vgl. Form. II. L. 10.

3. Zugleich machte der BGH deutlich, dass für Anordnungen im Zusammenhang mit dem Vollzugsverbot § 41 Abs. 2 GWB eine Spezialvorschrift darstelle. Für allgemeine gerichtliche Anordnungen nach § 65 Abs. 3 Satz 3 GWB sei daneben kein Raum (a. a. O. 2508 ff.).

4. Als maßgebliches Kriterium für die Entstehung des Vollzugsverbots und damit für das Eingreifen der Ausschlusswirkung des § 41 Abs. 2 gegenüber Anordnungen nach § 65 Abs. 3 Satz 3 GWB sieht der BGH offensichtlich den Umstand an, dass eine Anmeldung tatsächlich eingereicht wurde, und – zumindest nicht ausschließlich – die Frage der materiellen Anmeldepflicht. So ging er unabhängig von der Frage, ob in dem zur Entscheidung stehenden Fall ein Bagatellmarkt im Sinne von § 35 Abs. 2 Satz 1 Nr. 2 GWB gegeben war, davon aus, das Vollzugsverbot gelte „für alle angemeldeten Zusammenschlussvorhaben [......], gleichgültig, ob letztlich die formellen und materiellen Voraussetzungen für die Untersagung des Zusammenschlusses vorliegen" (a. a. O. 2509). Ob diese Auffassung in allen Fällen aufrecht erhalten werden kann, ist fraglich. Dies würde bedeuten, dass in Fällen, in denen eine Anmeldepflicht nicht besteht, allein die (möglicherweise vorsorglich) vorgenommene Anmeldung das Vollzugsverbot auslösen würde. Auch § 41 Abs. 2 Satz 2 GWB, wonach eine Befreiung vom Vollzugsverbot schon vor der Anmeldung möglich ist, könnte darauf hindeuten, dass die materielle Anmeldepflicht das Vollzugsverbot auslöst und es auf die Tatsache der Anmeldung nicht ankommt.

21. Nichtzulassungsbeschwerde an den BGH (§ 75 GWB)[1, 4]

OLG Düsseldorf
– Kartellsenat –
Cecilienallee 3
40474 Düsseldorf

In der Kartellverwaltungssache
des Unternehmens ......

– Beschwerdeführer –
– Rechtsbeschwerdeführer –

gegen

das Bundeskartellamt,

wegen Aufnahme in die Wirtschaftsvereinigung ...... e. V.

lege ich gegen den Beschluss des Senats vom ......, durch den die Rechtsbeschwerde gegen Beschluss vom ...... nicht zugelassen wurde,

Nichtzulassungsbeschwerde[2]

ein.

Begründung[3]:

I. Ich beantrage, für Recht zu erkennen:

1. Der Beschluss des Kartellsenats des OLG Düsseldorf vom ...... über die Nichtzulassung der Rechtsbeschwerde wird aufgehoben.
Die Rechtsbeschwerde gegen den Beschluss vom ...... wird zugelassen.

2. Die Gerichtskosten der Nichtzulassungsbeschwerde werden dem BKartA auferlegt. Das BKartA hat dem Rechtsbeschwerdeführer die außergerichtlichen Kosten zu erstatten.

II. Der Kartellsenat des OLG Düsseldorf hatte über die Rechtsfrage ...... zu entscheiden.
Sie ist von grundsätzlicher Bedeutung, weil ......

......
(Rechtsanwalt)

Anmerkungen

1. Ist der Beschluss des OLG ergangen und hat es die Rechtsbeschwerde nicht zugelassen, weil nach seiner Auffassung die Voraussetzungen des § 74 Abs. 2 Nr. 1 oder Nr. 2 GWB nicht gegeben sind, oder hat das OLG aus Versehen über die Zulassung nicht entschieden, kann dagegen die Nichtzulassungsbeschwerde erhoben werden (§ 75 GWB).

Bis zur 7. GWB-Novelle war die Rechtsbeschwerde nur gegen „in der Hauptsache erlassene" Beschlüsse des OLG statthaft (§ 74 Abs. 1 GWB a. F.). Diese Beschränkung gilt zukünftig nicht mehr. Ein Beschluss war dann nicht in der Hauptsache erlassen, wenn er sich in der Entscheidung von Neben- und Zwischenfragen erschöpfte, ohne das vor der Kartellbehörde geführte Verfahren über das eigentliche Streitverhältnis ganz oder teilweise zum Abschluss zu bringen (KG 19. 2. 1980, Schulbuch-Vertrieb, WuW/E OLG 2441, 2446). Auskunftsverlangen, auch gegen Dritte, und Beiladungen sowie Prüfungsanordnungen gegen Dritte (KG 4. 2. 1981, Metro-Kaufhof, WuW/E OLG 2433) waren keine Entscheidungen in der Hauptsache.

2. Die Nichtzulassungsbeschwerde ist binnen einer Frist von einem Monat nach Zustellung der OLG-Entscheidung schriftlich beim OLG einzulegen (§ 75 Abs. 3 S. 1 GWB). Sie muss von einem Rechtsanwalt unterzeichnet sein, es sei denn, die Kartellbehörde ist Beschwerdeführerin (§ 75 Abs. 4 S. 1 i. V. m. § 66 Abs. 5 GWB).

3. Die Beschwerde ist innerhalb von zwei Monaten nach Zustellung des Beschlusses über die Nichtzulassung der Rechtsbeschwerde zu begründen (§ 75 Abs. 4 i. V. m. § 66 Abs. 3 S. 1 GWB). Die Begründung kann auch beim Rechtsbeschwerdegericht eingereicht werden (BGH 18. 5. 1993, Pauschalreisen-Vermittlung II, WuW/E BGH 2869, 2871).

Die Begründung muss den Antrag enthalten, den Beschluss über die Nichtzulassung der Beschwerde aufzuheben und die Rechtsbeschwerde zuzulassen (§ 75 Abs. 4 S. 1 i. V. m. § 66 Abs. 4 Nr. 1 GWB).

4. Für die Beurteilung der Frage, ob einer der Zulassungsgründe des § 74 Abs. 2 GWB vorliegt, ist von dem in der angegriffenen Entscheidung festgestellten Sachverhalt auszugehen. Das Ergebnis etwaiger mit der beabsichtigten Rechtsbeschwerde zu erhebender Verfahrensrügen ist nicht zu berücksichtigen (BGH 16. 6. 1981, Levi's Jeans, WuW/E BGH 1867).

22. Rechtsbeschwerde an den BGH (§ 74 GWB)[1,2,6,7]

OLG Düsseldorf
– Kartellsenat –
Cecilienallee 3
40474 Düsseldorf

In der Kartellverwaltungssache

des Unternehmens ......

– Beschwerdeführer –
– Rechtsbeschwerdeführer –

gegen

das Bundeskartellamt,

wegen Aufnahme in die Wirtschaftsvereinigung ...... e. V.
lege ich gegen den Beschluss des Senats vom ......

Rechtsbeschwerde[3]

ein.

Begründung[4]:

I. Ich beantrage für Recht zu erkennen:
 1. Der Beschluss des Kartellsenats des OLG Düsseldorf vom ...... und der Beschluss des BKartA vom ......werden aufgehoben.
 Hilfsweise: Der Beschluss des Kartellsenats des OLG Düsseldorf vom ...... wird aufgehoben und der Rechtsstreit an dieses Gericht zurückverwiesen.
 2. Die Gerichtskosten des Beschwerde- und des Rechtsbeschwerdeverfahrens werden dem BKartA auferlegt. Das BKartA hat dem Rechtsbeschwerdeführer die außergerichtlichen Kosten des Beschwerde- und des Rechtsbeschwerdeverfahrens zu erstatten.
II. Ich rüge die Verletzung folgender Verfahrensvorschriften: ......
 Die Verfahrensverstöße[5] beruhen auf folgenden Tatsachen: ......
III. Ich rüge die Verletzung folgender Vorschriften des materiellen Rechts: ......

......
(Rechtsanwalt)

Anmerkungen

1. Die Rechtsbeschwerde an den BGH ist gegen alle Beschlüsse des OLG statthaft, sofern das OLG die Rechtsbeschwerde zugelassen (§ 74 Abs. 1 GWB) oder der BGH auf die Nichtzulassungsbeschwerde (vgl. Form. II. L. 19) die Rechtsbeschwerde zugelassen hat (§ 75 Abs. 2 GWB) oder eine Zulassung der Rechtsbeschwerde nach § 74 Abs. 4 GWB nicht erforderlich ist (vgl. BGH 25. 10. 1983, Internord, WuW/E BGH 2058). Die frühere Unterscheidung zwischen Hauptsache- und Nicht-Hauptsachebeschlüssen des OLG (vgl. hierzu einerseits BGH 15. 12. 1960, IG Bergbau, WuW/E BGH 415, 417; 16. 11. 1970, Feuerfeste Steine, WuW/E BGH 1161, 1162; 20. 11. 1975, Zementmahlanlage, WuW/E BGH 1377, 1378; 25. 1. 1983, Haribo, WuW/E BGH 1982; 15. 10. 1991,

Rechtsbeschwerde, WuW/E BGH 2739, 2740 und andererseits BGH 6. 12. 1962, WuW/E BGH 547; BGH 25. 1. 1983, Haribo, WuW/E BGH 1982; 15. 10. 1991, Rechtsbeschwerde, WuW/E BGH 2739, 2740) ist nach der Änderung des § 74 Abs. 1 GWB durch die 7. GWB-Novelle nicht mehr notwendig.

Beschwerdebefugt sind die am Beschwerdeverfahren Beteiligten (§ 76 Abs. 1 iVm. § 67 GWB) sowie die Kartellbehörde, sofern der Rechtsbeschwerdeführer durch die Beschwerdeentscheidung beschwert ist. Maßgebend ist, ob seinen Sachanträgen nicht stattgegeben wurde. Zur Zulässigkeit der außerordentlichen Beschwerde vgl. BGH 14. 3. 2000, Gewerbliche Spielgemeinschaften, WuW/E DE-R 492.

2. Beteiligt am Rechtsbeschwerdeverfahren sind die Beteiligten des Beschwerdeverfahrens (§ 76 Abs. 5 S. 1 i.V.m. § 67 GWB; vgl. BGH 14. 3. 1968, Fahrlehrer, WuW/E BGH 941; 28. 6. 1983, Taxi-Funk-Zentrale Kassel, WuW/E BGH 2010).

3. Die Rechtsbeschwerde ist binnen einer Frist von einem Monat nach Zustellung des OLG-Beschlusses durch Anwaltsschriftsatz (ausgenommen die Rechtsbeschwerde durch die Kartellbehörde) beim OLG einzulegen (§ 76 Abs. 3 GWB).

Wird die Verletzung von Verfahrensvorschriften gerügt, sind diese zu bezeichnen und die Tatsachen anzugeben, die den Verfahrensverstoß begründen (BGH 27. 6. 1968, Zementverkaufsstelle Niedersachsen, WuW/E BGH 967, 970).

Soweit der Verstoß materiellen Rechts gerügt wird, sollen die entsprechenden Vorschriften angegeben und die Art ihrer Verletzung bezeichnet werden.

4. Die Rechtsbeschwerde ist innerhalb von zwei Monaten nach Zustellung des Beschlusses des OLG zu begründen (§ 76 Abs. 5 S. 1 i.V.m. § 66 Abs. 3 S. 1 GWB). Die Begründung muss einen Antrag enthalten, aus dem hervorgeht, inwieweit der Beschluss des OLG angefochten und seine Abänderung oder Aufhebung beantragt wird (§ 76 Abs. 5 S. 1 i.V.m. § 66 Abs. 4 Nr. 1 GWB).

Hat sich die angefochtene Verfügung in der Rechtsbeschwerdeinstanz erledigt, kann der Beschwerdeführer beantragen festzustellen, dass die angefochtene Verfügung unzulässig oder unbegründet war (§ 76 Abs. 5 i.V.m. § 71 Abs. 2 S. 2 GWB; BGH 5. 5. 1967, Großgebinde IV, WuW/E BGH 852, 853; 19. 6. 1975, Zementverkaufsstelle Niedersachsen, WuW/E BGH 1367, 1368).

5. Für das Rechtsbeschwerdeverfahren gelten, soweit das GWB keine besonderen Vorschriften enthält, die in anderen Gesetzen enthaltenen Vorschriften und die dazu von der Rechtsprechung aufgestellten Grundsätze (BGH 27. 6. 1968, Zementverkaufsstelle Niedersachsen, WuW/E BGH 967).

Wird das Bundeskartellamt am Beschwerdeverfahren gegen eine Verfügung einer Landeskartellbehörde entgegen § 67 Abs. 2 GWB nicht beteiligt, dann ist dies ein absoluter Rechtsbeschwerdegrund (BGH 28. 6. 1983, Taxi-Funk-Zentrale Kassel, WuW/E BGH 2010).

6. Anträge auf Erlass einstweiliger Anordnungen sind während des Rechtsbeschwerdeverfahrens an das OLG zu richten (§ 76 Abs. 5 S. 2 i.V.m. § 64 Abs. 3 i.V.m. § 60 GWB).

7. Ob Anträge, die aufschiebende Wirkung einer Beschwerde anzuordnen bzw. wiederherzustellen, in der Rechtsbeschwerdeinstanz gestellt werden können, ist streitig.

Kartellordnungswidrigkeitenverfahren

23. Antrag auf Nichtfestsetzung einer Geldbuße nach der Bonusregelung des Bundeskartellamtes[1, 3, 8]

Bundeskartellamt[2]
Sonderkommission Kartellbekämpfung
Herrn Vollmer
Kaiser-Friedrich-Str. 16
53113 Bonn
Fax: 0228–9499400

Betr.: Antrag auf Nichtfestsetzung einer Geldbuße wegen Verstoßes gegen § 1 i. V. m. § 81 Abs. 1 Nr. 1 GWB nach der Bonusregelung des Bundeskartellamtes vom 7. März 2006

I. Wir nehmen Bezug auf das am ...... mit Ihnen geführte Telefonat und zeigen hiermit nochmals die Kooperationsbereitschaft der ...... GmbH[5], vertreten durch die Geschäftsführer ......, an, um in den Genuss der Nichtfestsetzung einer Geldbuße nach Abschnitt A., hilfsweise einer Bußgeldermäßigung nach den Abschnitten B. oder C. der Bekanntmachung Nr. 68/2000 über Richtlinien des Bundeskartellamtes für die Festsetzung von Geldbußen – Bonusregelung – vom 7. März 2006 zu kommen.[4]

II. Wir werden innerhalb der nächsten drei Tage die uns zur Verfügung stehenden Unterlagen, in einem ausführlichen Schriftsatz erläutert, an das Bundeskartellamt übersenden.[7]

III. Zudem bitten wir Sie um die kurzfristige Vereinbarung eines Gesprächstermins.

IV. Entsprechend Ihrer telefonischen Aussage gehen wir davon aus, dass das Bundeskartellamt etwaige Kooperationsangebote anderer Betroffener, die nach diesem Schreiben beim Bundeskartellamt eingehen, als nachrangig betrachten wird.[6]

.....
(Rechtsanwalt)

Anmerkungen

Verwaltungsgrundsätze: Bekanntmachung Nr. 9/2006 über den Erlass und die Reduktion von Geldbußen in Kartellsachen – Bonusregelung – vom 7. März 2006, abrufbar unter http://www.bundeskartellamt.de/wDeutsch/merkblaetter/kartellrecht.php

1. Vorsätzliche oder fahrlässige Verstöße gegen das Kartellverbot des § 1 GWB oder Art. 1 EG-Vertrag sind Ordnungswidrigkeiten (vgl. § 81 Abs. 1 und 2 Nr. 1 GWB). Diese können grundsätzlich mit einer Geldbuße bis zu EUR 1 Mio. geahndet werden. Wird eine Geldbuße gegen ein Unternehmen oder eine Unternehmensvereinigung verhängt, darf die Geldbuße diesen Betrag sogar überschreiten, allerdings für jedes an der Zuwiderhandlung beteiligte Unternehmen oder jede beteiligte Unternehmensvereinigung 10% des jeweiligen im vorausgegangenen Geschäftsjahr erzielten Gesamtumsatzes nicht übersteigen (§ 81 Abs. 4 S. 1 und 2 GWB). Gemäß § 81 Abs. 6 GWB sind im Bußgeldbescheid festgesetzte Geldbußen gegen juristische Personen und Personenvereinigungen zu verzinsen.

2. Die Zuständigkeit für die Ahndung von Ordungswidrigkeiten richtet sich nach der allgemeinen Zuständigkeitsverteilung zwischen Bundeskartellamt und Landeskartellbehörde (§ 81 Abs. 10 GWB). Reicht die Wirkung des wettbewerbswidrigen Verhaltens über das Gebiet eines Bundeslandes hinaus, ist das Bundeskartellamt zuständig; ist dies nicht der Fall, wird die Ordnungswidrigkeit durch die Landeskartellbehörde geahndet (§ 48 Abs. 2 GWB). Zu beachten ist, dass die Landeskartellbehörden keine Bonusregelung erlassen haben und die Bonusregelung des Bundeskartellamtes nicht unmittelbar für Bußgeldverfahren vor den Landeskartellbehörden gilt. Demzufolge können sich kooperationswillige Unternehmen vor den Landeskartellbehörden nicht auf die Bonusregelung des Bundeskartellamtes berufen. Es empfiehlt sich daher, auch in den Fällen, in denen nach der Zuständigkeitsregelung des § 48 GWB die Landeskartellbehörde zuständig wäre, den Antrag auf Nichtfestsetzung oder Ermäßigung einer Geldbuße beim Bundeskartellamt zu stellen. Im Antrag sollte dargestellt werden, dass die Voraussetzungen der Bonusregelung des Bundeskartellamtes vorliegen und der Antragsteller zur Zusammenarbeit nach der Bonusregelung bereit ist, eine vergleichbare Rechtsposition des Antragstellers bei der eigentlich zuständigen Landeskartellbehörde aber nicht besteht. Das Fehlen einer Bonusregelung auf Ebene der Landeskartellbehörden sollte ein ausreichender Grund für die Abgabe des Verfahrens an das Bundeskartellamt nach der Flexibilitätsregelung des § 49 Abs. 3 GWB sein. Hiernach kann die zuständige Landeskartellbehörde auf Antrag des Bundeskartellamtes eine Sache an das Bundeskartellamt abgeben, wenn dies aufgrund der Umstände der Sache angezeigt ist.

3. Die Kartellbehörde hat bei der Festsetzung von Geldbußen Ermessen, das pflichtgemäß auszuüben ist. Das Bundeskartellamt berücksichtigt hierbei auch, dass das Interesse an der Auflösung eines Kartells größer sein kann als das an der Sanktionierung eines einzelnen Kartellmitgliedes. Da die Aufklärung und Auflösung von illegalen Kartellen entscheidend von Hinweisen aus dem Kreis bzw. Umfeld der Kartellmitglieder abhängt, berücksichtigt das Bundeskartellamt einen Aufklärungsbeitrag im Bußgeldverfahren zugunsten des Betreffenden. Mit dem Ziel einer transparenten Gestaltung der Praxis der Bußgeldfestsetzung hat das Bundeskartellamt die sogenannte Bonusregelung erlassen, die sich an den Grundsätzen der EG-Kronzeugenregelung aus dem Jahr 1996 (Mitteilung über die Nichtfestsetzung oder die niedrigere Festsetzung von Geldbußen in Kartellsachen, ABl. 1996 Nr. C 207/4) orientiert.

4. Nach der Bonusregelung wird das Bundeskartellamt einem Kartellbeteiligten ohne Einschränkung die Geldbuße erlassen, der sich als erster Kartellbeteiligter an das Bundeskartellamt wendet, bevor dieses über ausreichende Beweismittel verfügt, um einen Durchsuchungsbeschluss zu erwirken und er das Bundeskartellamt hierzu durch mündliche und schriftliche Informationen und – soweit verfügbar – Beweismittel in die Lage versetzt. Eine Ausnahme gilt allerdings, wenn der Kronzeuge alleiniger Anführer des Kartells war oder andere zur Teilnahme an dem Kartell gezwungen hat. Erforderlich ist außerdem, dass der Kronzeuge ununterbrochen und uneingeschränkt mit dem Bundeskartellamt zusammenarbeitet.

5. Ein vollständiger Bußgelderlass ist nach der Bonusregelung im übrigen identischen Voraussetzungen weiterhin zwar nicht zwingend jedoch in der Regel vorzunehmen, wenn der Antragsteller Informationen preisgibt, durch die ein Tatnachweis möglich ist, und nicht bereits einem anderen Kartellbeteiligten nach den vorgenannten Grundsätzen vollständiger Bußgelderlass zu gewähren ist.

6. Im Übrigen ist eine Reduktion der Geldbuße um bis zu 50% möglich, sofern ein Kartellbeteiligter dem Bundeskartellamt mündliche oder schriftliche Informationen und – soweit verfügbar – Beweismittel vorlegt, die wesentlich dazu beitragen, die Tat nachzuweisen. Eine ununterbrochene und uneingeschränkte Zusammenarbeit ist auch in diesem Fall erforderlich.

7. Die Bonusregelung gilt für die Festsetzung von Geldbußen gegen natürliche Personen und Unternehmen in gleicher Weise. Täter einer Kartellordnungswidrigkeit können gemäß § 130 Abs. 1 S. 1 OWiG nur Inhaber eines Betriebes oder Unternehmens sowie natürliche Personen sein, die eine wirtschaftliche Tätigkeit ausüben und demnach vom GWB als Unternehmen angesehen werden. Hier ist auch an § 36 Abs. 3 GWB zu denken, wonach eine Person oder Personenvereinigung, die nicht Unternehmen ist, aber die Mehrheitsbeteiligung an einem Unternehmen hält, ebenfalls als Unternehmen gilt. Aufklärungsbeiträge von natürlichen Personen werden nur dann zugunsten des Unternehmens berücksichtigt, wenn es sich bei der kooperierenden Person um eine vertretungsberechtigte Person handelt und der Aufklärungsbeitrag im Namen des Unternehmens geleistet wurde.

8. Die Bonusregelung macht keinerlei Vorgaben für die Behandlung des Antrags auf Bußgelderlass/-ermäßigung. Das Bundeskartellamt ist insbesondere nicht verpflichtet, schon während des Bußgeldverfahrens förmlich zu entscheiden, ob der Antragsteller die Bedingungen für den Bußgelderlass oder die Bußgeldermäßigung erfüllt. Ebensowenig ist das Bundeskartellamt verpflichtet mitzuteilen, ob es weitere Antragsteller gibt. Es besteht daher bis zum Abschluss des Bußgeldverfahrens keine Rechtssicherheit für die kooperierenden Unternehmen. Erst in der Bußgeldentscheidung selbst nimmt das Bundeskartellamt dazu Stellung, ob der Antragsteller die Voraussetzungen der Bonusregelung erfüllt.

Auch wenn die Bonusregelung das Ermessen des Bundeskartellamtes bei der Bußgeldfestsetzung begrenzt, bewirkt sie keine automatische Reduktion der Geldbuße. Das Bundeskartellamt genießt auch im Rahmen der Bonusregelung einen gewissen Spielraum, darf allerdings Umstände, die nicht in der Bonusregelung aufgetaucht sind, nicht zum Nachteil des kooperierenden Unternehmens berücksichtigen.

9. Auch wenn das Bundeskartellamt die Vertraulichkeit der Zusammenarbeit grundsätzlich anerkennt, sollten Geschäfts- und Betriebsgeheimnisse unbedingt als vertraulich gekennzeichnet werden. So ist zu beachten, dass die betroffenen Unternehmen im Bußgeldverfahren ein Akteneinsichtsrecht haben (§ 49 OWiG). Es ist nicht in jedem Fall gewährleistet, dass der Antrag nach der Bonusregelung oder mit diesem übersandte Unterlagen außerhalb der Verfahrensakte abgelegt werden. Spätestens bei einer Verwertung der Informationen gegenüber anderen Betroffenen haben diese das Recht, die entsprechenden Informationen oder Dokumente einzusehen.

Noch nicht geklärt, aber zu berücksichtigen bei der Entscheidung über die Kronzeugenzusammenarbeit sind die Auswirkungen, die eine Kooperation für anschließende Schadensersatzprozesse von geschädigten Abnehmern haben kann. „Verletzte" haben gem. § 46 Abs. 1 OWiG i. V. m. § 406 e StPO ein Akteneinsichtsrecht. Es kann nicht ausgeschlossen, dass Zivilkläger auf dieser Grundlage Zugang zu den Kronzeugendokumenten erlangen können.

Verfahren in Bürgerlichen Rechtsstreitigkeiten

24. Klage auf Belieferung gem. § 20 Abs. 2 GWB bei der Kartellkammer des Landgerichts (§§ 87, 89 GWB)

Landgericht[1]
Kammer f. Handelssachen[2]
– Kartellkammer –
Postfach 10 29 55
70025 Stuttgart[3]

Klage

der Firma ...... GmbH, ..., 70000 Stuttgart,
vertreten durch ihren Geschäftsführer, ...

– Klägerin –

Prozessbevollmächtigte: ......

gegen

die Firma ...... GmbH, ..., 74000 Tübingen,
vertreten durch ihren Geschäftsführer, ...

– Beklagte –

wegen Belieferung gem. § 20 Abs. 2 S. 1 GWB.[4]
Streitwert: EUR ...... (vorläufig).

I. Namens und in Vollmacht der Klägerin beantrage ich, für Recht zu erkennen:
1. Die Beklagte wird verurteilt, an die Klägerin die Erzeugnisse ...... Zug um Zug gegen Zahlung der zum Zeitpunkt der Lieferung gültigen Listenpreise des Beklagten zu liefern[5].
2. Die Beklagte hat der Klägerin allen Schaden zu ersetzen, der ihr durch die Nichtbelieferung mit den zu 1. genannten Erzeugnissen seit dem ...... entstanden ist.

II. Hilfsweise beantrage ich Vollstreckungsschutz mit der Maßgabe, dass Sicherheit durch selbstschuldnerische Bürgschaft einer bundesdeutschen Großbank oder öffentlichen Sparkasse erbracht werden kann.

III. Begründung
1. Der mit der Klage geltend gemachte Belieferungsanspruch wird auf §§ 33, 20 Abs. 2 GWB gestützt.
Der Rechtsstreit ergibt sich aus dem GWB. Damit ist das angerufene Landgericht ausschließlich zuständig (§ 87 Abs. 1 S. 1 GWB).[1]
2. An sich wäre das LG Tübingen örtlich zuständig. Die Zuständigkeit des LG Stuttgart ergibt sich jedoch aus der Verordnung des Justizministeriums Baden-Württemberg über die Zuständigkeit der Landgerichte nach dem Gesetz gegen Wettbewerbsbeschränkungen vom 29. 9. 1994, GBl. 1994, 584.[3]
3. Die Voraussetzungen des § 20 Abs. 2 GWB:
a) Die Klägerin ist ein kleines (oder mittleres) Unternehmen[6] und als Nachfragerin von ...... in der Weise von der Beklagten abhängig, dass ausreichende und zumutbare Möglichkeiten, auf andere Unternehmen auszuweichen, nicht bestehen, weil ......[7].
b) Die Klägerin ist mit den von der Beklagten belieferten Unternehmen gleichartig[8], weil ......

c) Der Geschäftsverkehr mit der Beklagten ist Unternehmen, die der Klägerin gleichartig sind, üblicherweise zugänglich[9], weil ......
d) Die Beklagte behandelt die Klägerin gegenüber ihren Abnehmern unterschiedlich, weil sie diese, nicht jedoch die Klägerin, beliefert.
e) Die Beklagte hat keinen sachlich gerechtfertigten Grund[10, 11] dafür, dass sie die Klägerin – im Gegensatz zu ihren anderen Abnehmern – nicht beliefert. Unter Verwahrung gegen die Darlegungs- und Beweislast trage ich hierzu vor: ......
f) Die Beklagte handelt schuldhaft, weil ......[12, 13]

......
(Rechtsanwalt)

Anmerkungen

1. Die Landgerichte sind für bürgerliche Rechtsstreitigkeiten, die die Anwendung des GWB, der Art. 81 oder Art. 82 EG-Vertrag oder der Art. 53 oder 54 EWR-Abkommen betreffen, ohne Rücksicht auf den Wert des Gegenstandes ausschließlich zuständig (§ 87 Abs. 1 S. 1 GWB). Die ausschließliche Zuständigkeit der Landgerichte ist ausdrücklich auch gegeben für die Rechtsstreitigkeiten, deren Entscheidung ganz oder teilweise von einer Entscheidung abhängt, die nach dem GWB zu treffen ist oder von der Anwendbarkeit der Art. 81 oder 82 EG-Vertrag oder der Art. 53 oder 54 EWR-Abkommen abhängt, § 87 Abs. 1 S. 2 GWB. Die Unterscheidung zwischen Rechtsstreitigkeiten aus Kartellvereinbarungen und Kartellbeschlüssen einerseits und kartellrechtlichen Vorfragen andererseits (§ 96 Abs. 2 GWB a. F.) ist aufgegeben. Entgegen der früheren Aussetzung des Rechtsstreits und seiner Fortsetzung nach Klärung der Vorfrage verliert das Nicht-Kartellgericht jetzt seine Zuständigkeit für den Rechtsstreit insgesamt, sobald festgestellt ist, dass die Entscheidung von einer kartellrechtlichen Vorfrage abhängt. Die aus Gesichtspunkten der Verfahrensökonomie wenig wünschenswerte Aufspaltung der Zuständigkeit ist damit entfallen. Für die Übergangsregelung vgl. BGH 14. 3. 2000, Subunternehmervertrag II, WuW/E DE-R 505, 506.

Bürgerliche Rechtsstreitigkeiten aus dem GWB sind Klagen aus § 33 GWB i. V. m.:

aa) § 1 GWB: unwirksamer Kartell- oder Vertriebsvertrag:
Durch die 7. GWB-Novelle wurde in § 1 GWB das Tatbestandsmerkmal „miteinander im Wettbewerb stehende“ Unternehmen gestrichen. Das Verbot wettbewerbsbeschränkender Vereinbarungen erfasst nunmehr sowohl Vereinbarungen zwischen Wettbewerbern (horizontale Vereinbarungen) als auch Vereinbarungen zwischen Unternehmen, die auf einer unterschiedlichen Produktions- oder Vertriebsstufe tätig sind (vertikale Vereinbarungen). Dies ist eine Verschärfung gegenüber dem bisherigen Recht, das für Vertikalbindungsverträge nur eine Missbrauchsaufsicht vorsah. Ein Verstoß gegen das Verbot wettbewerbsbeschränkender Vereinbarungen liegt dann nicht vor, wenn die Vereinbarung unter einen der gesetzlich normierten Freistellungstatbestände (§§ 2, 3 und 30 GWB) fällt. Ob § 1 GWB ein Schutzgesetz ist, kann mit der Neufassung von § 1 GWB als unmittelbar geltendes „Kartellverbot“ bejaht werden. Es umfasst den Personenkreis, der rechtserheblich betroffen ist. Dies sind alle durch den behaupteten Verstoß beeinträchtigten Mitbewerber oder sonstigen Marktbeteiligten (§ 33 Abs. 1 S. 1 GWB). Das Erfordernis der Zielgerichtetheit, das in der Rechtsprechung bislang überwiegend angenommen wurde (vgl. nur OLG Stuttgart 22. 5. 1998, Carpartner II, WuW/E DE-R 161, 163), ist durch die 7. GWB-Novelle gestrichen worden.

bb) § 19 GWB: Missbrauchsverbot für marktbeherrschende Unternehmen:
Seit der sechsten Novelle des GWB von 1998 ist der Missbrauch einer marktbeherrschenden Stellung unmittelbar verboten. Eine Verbotsverfügung der Kartell-

behörde ist für die Geltendmachung eines Anspruchs, der sich auf § 19 GWB stützt, nicht erforderlich. Dies gilt insbesondere auch für den Anspruch auf Zugang zu Netzen und Infrastruktureinrichtungen Dritter gemäß § 19 Abs. 4 S. 4 GWB (OLG Düsseldorf 5. 12. 2001, Linzer Gaslieferant, WuW/E DE-R 847, 851).

cc) § 20 Abs. 1 GWB: unbillige Behinderung und unterschiedliche Behandlung ohne sachlich gerechtfertigten Grund:
Der Schutzzweck der Norm umfasst alle unmittelbaren oder mittelbaren Diskriminierungspraktiken marktbeherrschender Unternehmen oder solcher, die gegenüber ihren Lieferanten oder Abnehmern eine überlegene Marktmacht innehaben. Der Anspruch auf Beseitigung einer verbotenen Behinderung oder Diskriminierung kann auf positives Tun gerichtet werden (Lieferpflicht; Gestattung der Durchleitung; vgl. BGH 12. 5. 1998, Depotkosmetik, WuW/E DE-R 206, 209).

dd) § 20 Abs. 6 GWB: Der Aufnahmezwang in eine Wirtschafts- oder Berufsvereinigung.

ee) § 21 Abs. 1 GWB: Boykottverbot:
Der Anspruch kann sich nur gegen das Unternehmen richten, das den Boykott ausspricht, nicht aber gegen diejenigen, die den Boykottaufruf befolgen (vgl. OLG Stuttgart 18. 12. 1998, Gerüstbau, WuW/E DE-R 256, 257).

ff) § 21 Abs. 2 GWB: Androhen oder Zufügen eines Nachteils:
§ 21 Abs. 2 GWB dient dem Schutz des unter Drohung gesetzten Unternehmens (BGH 24. 6. 1965, Brotkrieg II, WuW/E BGH 690, 693).

gg) § 21 Abs. 3 GWB: Ausübung von Zwang.
Bürgerliche Rechtsstreitigkeiten, die sich aus den Artikeln 81 oder 82 EG-Vertrag und aus den Artikeln 53 oder 54 EWR-Abkommen ergeben, begründen die ausschließliche Zuständigkeit des Landgerichts iSd. § 87 GWB.

2. Die Streitigkeiten iSd. § 87 GWB sind Handelssachen iSd. §§ 93 bis 114 GVG (§ 87 Abs. 2 GWB). Sie müssen nicht von der Kammer für Handelssachen, sondern können auch von der Zivilkammer entschieden werden (BGH 30. 5. 1978, Pankreaplex, WuW/E BGH 1553).

Welche Kammer innerhalb eines Landgerichts „Kartellkammer" ist, entscheidet der Geschäftsverteilungsplan. Entscheidet versehentlich eine Nicht-Kartellkammer als Kartellkammer, dann hat gleichwohl das Landgericht iSd. § 87 Abs. 1 GWB entschieden (OLG Düsseldorf 14. 7. 1975, WuW/E OLG 1618, 1619).

3. Gem. § 89 GWB haben die Bundesländer einem Landgericht für die Bezirke mehrerer Landgerichte die ausschließliche Zuständigkeit zugewiesen. Vgl. die Aufstellung in Schönfelder, Deutsche Gesetze, zu § 89 GWB.

4. Materiell bedeutsam ist die Aufnahme des Regelbeispiels der unbilligen Behinderung bei Verkauf unter Einstandspreisen gemäß § 20 Abs. 4 S. 2 GWB (vgl. OLG Düsseldorf 19. 12. 2001, Wal-Mart, WuW/E DE-R 781, 785 ff.). Im vorliegenden Muster wird der Fall des § 20 Abs. 2 GWB behandelt, d. h. die Klägerin ist ein kleines oder mittleres Unternehmen, das als Nachfrager von einem Lieferanten in der Form abhängig ist, dass es keine ausreichenden und zumutbaren Möglichkeiten hat, auf einen anderen Lieferanten auszuweichen.

5. Zum Klagantrag bei der Leistungsklage vgl. BGH 26. 10. 1961, Gummistrümpfe, WuW/E BGH 442, 448; BGH 9. 11. 1967, Jägermeister II, WuW/E BGH 886; BGH 10. 7. 1969, Flughafenunternehmen, WuW/E BGH 1131, 1133; BGH 24. 9. 1979, Modellbauartikel II, WuW/E BGH 1629; OLG Koblenz 14. 7. 1982, Bitburger Pils, WuW/E OLG 2898; BGH 22. 1. 1985, Technics, WuW/E BGH 2125. Die Leistungsklage ist nur dann zulässig, wenn sie auf eine konkrete, genau bestimmte Leistung gerichtet ist. Andernfalls ist die Feststellungsklage zu wählen (KG 22. 1. 1997, U-Bahn-Buchhandlungen, WuW/E OLG 5875, 5876; OLG Hamburg, 15. 5. 1997, Programmvorschau, WuW/E OLG 5861, 5862).

Zulässig ist es, an Stelle der Leistungsklage die Feststellungsklage zu erheben, wonach der Beklagte verpflichtet ist, den Kläger mit bestimmten Produkten zu beliefern. Das Rechtsschutzinteresse besteht (BGH 20. 11. 1964, Rinderbesamung I, WuW/E BGH 647, 648; 17. 1. 1979, Nordmende, WuW/E BGH 1567; BGH 24. 3. 1981, SB-Verbrauchermarkt, WuW/E BGH 1793, 1794; BGH 22. 1. 1985, Technics, WuW/E BGH 2125; OLG Karlsruhe 10. 2. 1993, Direktabbuchungsklausel, WuW/E OLG 5066, 5068; LG Berlin 27. 6. 2000, Fortum WuW/E DE-R 533, 535).

Der Feststellungsantrag kann lauten: Es wird festgestellt, dass die Beklagte verpflichtet ist, die Klägerin mit ...... in handelsüblichen Mengen zu ihren bei gleicher Mengenabnahme üblichen Preisen und Konditionen zu beliefern (BGH 30. 6. 1981, Adidas, WuW/E BGH 1885; BGH 1. 12. 1981, Dispositionsrecht, WuW/E BGH 1879). Das Feststellungsbegehren braucht nicht zeitlich begrenzt zu werden (KG 13. 10. 1982, Taschenbücher, WuW/E OLG 2825).

Das Unternehmen, das liefern soll, kann die negative Feststellungsklage erheben, wonach es nicht verpflichtet ist, den Lieferauftrag des Beklagten vom ...... anzunehmen (BGH 20. 11. 1975, Rossignol, WuW/E BGH 1391, 1396).

Die Zuständigkeit richtet sich nach dem mit der Klage geltend gemachten Anspruch, nicht nach den Einwänden des Beklagten und auch nicht nach den zu entscheidenden Vorfragen (BGH 11. 11. 1959, Gärungsgetränke, WuW/E BGH 354, 355; BGH 4. 4. 1975, Abschleppunternehmen, WuW/E BGH 1383; BGH 30. 5. 1978, Fertighäuser, WuW/E BGH 1525).

Die Zuständigkeit des Kartellgerichts ist auch für etwa konkurrierende Ansprüche aus Vertrag, Geschäftsführung ohne Auftrag, ungerechtfertigter Bereicherung oder § 6 EnWG begründet (OLG Hamm 17. 11. 1978, Badebetrieb, WuW/E OLG 2043, 2044; LG Magdeburg 14. 4. 2000, EuroPower, WuW/E DE-R 542, 543; OLG Odenburg 14. 7. 1999, Neuenhauser Gasnetz, WuW/E DE-R 393, 394). Eine bürgerliche Rechtsstreitigkeit ist Kartellstreitsache iSd. § 87 Abs. 1 GWB auch dann, wenn die Klage neben anderen Anspruchsgrundlagen auf eine kartellrechtliche gestützt ist (OLG Karlsruhe 9. 1. 1980, Fach-Tonband-Kassetten, WuW/E OLG 2300; OLG Stuttgart 10. 10. 1986, Fiat-Bonus, WuW/E OLG 4001). Dies gilt nicht für kartellrechtlich begründete Ansprüche zwischen Krankenkasse und Leistungserbringer. Auch soweit Rechte Dritter betroffen sind, sind für diese Rechtsverhältnisse gemäß § 69 SGB V die Sozialgerichte zuständig; § 87 Abs. 1 S. 3 GWB (vgl. BGH 14. 3. 2000, Hörgeräteakustik, WuW/E DE-R 469, 470).

Ist das angerufene Gericht nicht das Kartellgericht und damit nicht zuständig, dann ist die Klage wegen Unzuständigkeit abzuweisen, es sei denn, der Kläger stellt den Antrag auf Verweisung (§ 281 ZPO) an das zuständige Kartellgericht (OLG Karlsruhe 9. 1. 1980, Fach-Tonband-Kassetten, WuW/E OLG 2300).

Nach dem Urteil des OLG Stuttgart vom 13. 10. 1978 (WuW/E OLG 2018) ist für eine Diskriminierungsklage auch das Gericht am Sitz des Diskriminierten (§ 32 ZPO) zuständig; a. A. OLG Frankfurt 4. 4. 1986 (WuW/E OLG 3984).

6. Bei der Bestimmung des „kleinen oder mittleren Unternehmens" i. S. d. § 20 Abs. 2 GWB kommt es, je nach Interessenlage dieses Unternehmens, auf den Größenvergleich mit seinen Wettbewerbern (horizontaler Vergleich) oder mit dem marktstarken Unternehmen, von dem das Unternehmen abhängig ist (vertikaler Vergleich), an (vgl. BGH 19. 1. 1993, Herstellerleasing, WuW/E BGH 2875, 2879; BGH 21. 2. 1995, Importarzneimittel, WuW/E BGH 2990, 2993).

7. Muss ein Händler, um wettbewerbsfähig zu sein, zwar keine bestimmten, aber mehrere allgemein anerkannte Markenwaren führen, besteht eine Abhängigkeit iSd. § 20 Abs. 2 GWB grundsätzlich gegenüber den Anbietern, welche die stärkste Stellung am Markt haben, sofern andere Anbieter, deren Markenwaren ebenfalls geeignet sind, die zur Wettbewerbsfähigkeit erforderliche Sortimentsbreite herzustellen, nicht bereit sind, die Nachfrage des Händlers zu befriedigen (BGH 17. 1. 1979, Nordmende, WuW/E

BGH 1567, 1569; BGH 24. 9. 1979, robbe-Modellsport, WuW/E BGH 1671, 1674; BGH 22. 1. 1985, Technics, WuW/E BGH 2125; BGH 16. 12. 1986, belieferungsunwürdige Verkaufsstätten II, WuW/E BGH 2351; BGH 24. 3. 1987, Saba-Primus, WuW/E BGH 2419; BGH 9. 5. 2000, Designer-Polstermöbel, WuW/E DE-R 481, 483).

Eine unternehmensbedingte Abhängigkeit besteht, wenn ein Abnehmer sein Unternehmen so auf die Produkte des Lieferanten ausgerichtet hat, dass er nur unter Inkaufnahme erheblicher Wettbewerbsnachteile auf einen anderen Lieferanten ausweichen kann. Dies gilt unabhängig davon, ob sich die Investitionen des abhängigen Unternehmens amortisiert haben oder nicht (BGH 23. 2. 1988, Opel-Blitz, WuW/E BGH 2491, 2493; KG 11. 4. 1990, Messevertragsspediteur, WuW/E OLG 4566, 4567; BGH 19. 1. 1993, Flaschenkästen, WuW/E BGH 2855, 2856; BGH 21. 2. 1995, Kfz-Vertragshändler, WuW/E BGH 2983, 2988).

Bei der Abhängigkeit eines Lieferanten von einem Abnehmer (nachfragebedingte Abhängigkeit) gelten die gleichen Grundsätze (BGH 13. 11. 1990, Zuckerrübenanlieferungsrecht, WuW/E BGH 2683).

Zur selbstgeschaffenen Abhängigkeit vgl. OLG Karlsruhe, 23. 5. 1990, Trainingszentrale für Rennpferde, WuW/E OLG 4710; BGH 19. 1. 1993, Flaschenkästen, WuW/E BGH 2855.

8. Für die Beurteilung der Gleichartigkeit ist die unternehmerische Tätigkeit und die wirtschaftliche Funktion der zu vergleichenden Unternehmen im Verhältnis zum Adressaten des Diskriminierungsverbotes maßgebend. Sie dienen nur einer verhältnismäßig groben Sichtung (BGH 22. 9. 1981, Original-VW-Ersatzteile II, WuW/E BGH 1829, 1833; BGH 26. 5. 1987, Krankentransporte, WuW/E BGH 2399, 2403; BGH 25. 10. 1988, Lüsterbehangsteine, WuW/E BGH 2535, 2538; BGH 21. 2. 1995, Importarzneimittel, WuW/E BGH 2990, 2994; BGH 19. 3. 1996, Pay-TV-Durchleitung, WuW/E BGH 3058, 3063; KG 4. 6. 1997, Großbildfilmprojektoren, WuW/E DE-R 35, 37).

9. Der üblicherweise zugängliche Geschäftsverkehr richtet sich danach, was sich innerhalb der in Betracht kommenden Kreise in natürlicher Entwicklung als allgemein geübt und als angemessen empfunden herausgebildet hat (BGH 22. 9. 1981, Original-VW-Ersatzteile II, WuW/E BGH 1829, 1833; BGH 23. 2. 1988, Opel-Blitz, WuW/E BGH 2491, 2494; BGH 25. 10. 1988, Lüsterbehangsteine, WuW/E BGH 2535, 2538; BGH 13. 11. 1990, Zuckerrübenanlieferungsrecht, WuW/E BGH 2683, 2686; BGH 6. 10. 1992, Stromeinspeisung, WuW/E BGH 2805, 2807).

10. Bei der Ermittlung, ob eine unbillige Behinderung vorliegt, sind die Interessen des Behinderten und des Behindernden gegeneinander abzuwägen, wobei die auf die Freiheit des Wettbewerbs gerichtete Zielsetzung des GWB zu berücksichtigen ist (BGH 21. 2. 1995, Kfz-Vertragshändler, WuW/E BGH 2983, 2988; BGH 19. 3. 1996, Pay-TV-Durchleitung, WuW/E BGH 3058, 3063).

11. Ob ein sachlich gerechtfertigter Grund für die ungleiche Behandlung vorliegt, ist auf Grund einer Abwägung der Interessen der Beteiligten unter Berücksichtigung der auf die Freiheit des Wettbewerbs gerichteten Zielsetzung des GWB zu entscheiden (BGH 30. 6. 1981, Allkauf-Saba, WuW/E BGH 1814, 1819; BGH 8. 3. 1983, Modellbauartikel II, WuW/E BGH 1995; OLG Hamburg 27. 2. 1986, Polen-Zement, WuW/E OLG 3870; OLG München 30. 4. 1987, Dolmetscherverzeichnis, WuW/E OLG 4030; BGH 26. 5. 1987, Krankentransporte, WuW/E BGH 2399; BGH 8. 5. 1990, Physikalisch-therapeutische Behandlung, WuW/E BGH 2665, 2667; BGH 12. 3. 1991, Krankenhaustransportunternehmen II, WuW/E BGH 2707, 2717; BGH 21. 2. 1995, Kfz-Vertragshändler, WuW/E BGH 2983, 2985; BGH 19. 3. 1996, Pay-TV-Durchleitung, WuW/E BGH 3058, 3064; KG 4. 6. 1997, Großbildfilmprojektoren, WuW/E DE-R 35, 37).

Auch die Kündigung eines Vertragsverhältnisses kann unwirksam sein, wenn kein sachlich gerechtfertigter Grund für die Kündigung vorlag (BGH 7. 3. 1989, Lottvertrieb, WuW/E BGH 2584, 2587; BGH 21. 2. 1995, Kfz-Vertragshändler, WuW/E BGH 2983, 2987).

Dem Normadressaten des § 20 Abs. 2 GWB ist es jedoch nicht verwehrt, den Absatz seiner Erzeugnisse nach eigenem Ermessen so zu gestalten, wie er es für wirtschaftlich richtig und sinnvoll hält (BGH 26. 5. 1987, Krankenhaustransporte, WuW/E BGH 2399, 2404 betr. Nachfrager; BGH 25. 10. 1988, Lüsterbehangsteine, WuW/E BGH 2535, 2539; BGH 7. 3. 1989, Lotterievertrieb, WuW/E BGH 2584, 2587; BGH 13. 11. 1991, Zuckerrübenanlieferungsrecht, WuW/E BGH 2683, 2686 betr. Nachfrager; BGH 12. 11. 1991, Aktionsbeiträge, WuW/E BGH 2755, 2758; BGH 6. 10. 1992, Stromeinspeisung, WuW/E BGH 2805, 2809; BGH 22. 3. 1994, Orthopädisches Schuhwerk, WuW/E BGH 2919, 2922 betr. Nachfrager; OLG Hamburg 11. 4. 1996, fachdental nord 1994, WuW/E OLG 5703, 5709; OLG Celle 22. 7. 2000, VAG Vertrieb, WuW/E DE-R 581, 583).

12. Das Unternehmen, das unterschiedlich behandelt, trägt die Darlegungs- und Beweislast dafür, dass die unterschiedliche Behandlung sachlich gerechtfertigt ist (BGH 1. 7. 1976, BMW-Direkthändler, WuW/E BGH 1455, 1457; BGH 24. 9. 1979, robbe-Modellsport, WuW/E BGH 1671, 1675; 30. 6. 1981, Allkauf-Saba, WuW/E BGH 1814, 1819; BGH 12. 11. 1991, Amtsanzeiger, WuW/E BGH 2762, 2768). (Zum EV-Verfahren vgl. OLG Düsseldorf 14. 4. 1981, WuW/E OLG 2650; OLG Karlsruhe 12. 7. 1989, Müllverbrennung, WuW/E OLG 4619, 4620).

13. Zur Durchsetzung des Lieferanspruchs im einstweiligen Verfügungsverfahren vgl. OLG Düsseldorf 14. 4. 1981, WuW/E OLG 2650; 29. 10. 1985, Renault, WuW/E OLG 3787; OLG Stuttgart 31. 7. 1987, Blaupunkt, WuW/E OLG 4047; OLG Stuttgart, 9. 3. 1990, NJW-RR 1990, 940; KG 12. 9. 1990, Berlin-Ausgabe des Gong, WuW/E OLG 4628; OLG Hamburg 11. 4. 1996, fachdental nord 1994, WuW/E OLG 5703, 5705; OLG Düsseldorf 15. 11. 2000, Fetting, WuW/E DE-R 619, 621. Dem Antragsteller müssen wesentliche Nachteile drohen, die im Hauptverfahren nicht aufgefangen werden können (OLG Stuttgart 8. 3. 1991, Katalysatornachrüstsätze, WuW/E OLG 4829).

25. Schadensersatzklage gemäß § 33 Abs. 3 GWB bei der Kartellkammer des Landgerichts (§§ 87, 89 GWB)

Landgericht[1]
Handelssachen[2]
– Kartellkammer –
Postfach 102955
70025 Stuttgart[3]

Klage

der Firma …… GmbH, ……, 70000 Stuttgart,
vertreten durch ihren Geschäftsführer, ……

– Klägerin –

Prozessbevollmächtigte: ……

gegen

die Firma …… GmbH, ……, 74000 Tübingen,
vertreten durch ihren Geschäftsführer, ……

– Beklagte –

wegen Schadensersatz gem. § 33 Abs. 3 S. 1 GWB.[4]

I. Namens und in Vollmacht der Klägerin beantrage ich, für Recht zu erkennen:
Die Beklagte wird verurteilt, an die Klägerin EUR …… nebst Zinsen in Höhe von 8% über dem jeweiligen Basiszinssatz seit dem …… zu zahlen.

II. Ich beantrage weiterhin, den Streitwert gemäß § 89a GWB auf EUR ...... festzusetzen.[8]

III. Begründung

1. Der mit der Klage geltend gemachte Schadensersatzanspruch wird auf § 33 Abs. 3 GWB gestützt.
Der Rechtsstreit ergibt sich aus dem GWB. Damit ist das angerufene Landgericht ausschließlich zuständig (§ 87 Abs. 1 S. 1 GWB).[1]

2. An sich wäre das LG Tübingen örtlich zuständig. Die Zuständigkeit des LG Stuttgart ergibt sich jedoch aus der Verordnung des Justizministeriums Baden-Württemberg über die Zuständigkeit der Landgerichte nach dem Gesetz gegen Wettbewerbsbeschränkungen vom 29. 9. 1994, GBl. 1994, 584.[3]

3. Die Voraussetzungen des § 33 Abs. 3 GWB:

a) Mit Bescheid vom ...... hat das Bundeskartellamt Kartellverstöße der Beklagten als Mitglied des ...... -Kartells festgestellt. Die Beiziehung der Verfahrensakten des Bundeskartellamts, Geschäftszeichen ......, wird beantragt. Der Bußgeldbescheid ist seit dem ...... bestandskräftig. Damit ist ein Verstoß gegen § 1 GWB mit für das angerufene Gericht bindender Wirkung festgestellt (§ 33 Abs. 4 GWB). Nach den Feststellungen des Bundeskartellamts hat die Beklagte vorsätzlich/fahrlässig gehandelt ......[5]

b) Die Klägerin ist durch den festgestellten Kartellverstoß betroffen. Sie ist direkte Abnehmerin der Beklagten ......[4]

c) Durch den Kartellverstoß der Beklagten ist es zu einem Schaden der Klägerin gekommen. Der Schaden besteht in der Differenz zwischen dem tatsächlich gezahlten Kartellpreis und dem hypothetischen Wettbewerbspreis ohne das Preiskartell ...... Die Klägerin konnte den überteuerten Preis auch nicht ihrerseits an ihre Kunden beim Weiterverkauf weitergeben ......[6]

d) Die Zinsforderung ergibt sich aus § 33 Abs. 3 S. 4 und 5 GWB.[7]

......
(Rechtsanwalt)

Anmerkungen

1. Zur Zuständigkeit der Landgerichte für bürgerliche Rechtsstreitigkeiten, die die Anwendung des GWB, der Art. 81 oder Art. 82 EG-Vertrag oder der Art. 53 oder 54 EWR-Abkommen betreffen, vgl. Anm. 1 zu Form. II. L. 24.

2. Die Streitigkeiten iSd. § 87 GWB sind Handelssachen iSd. §§ 93 bis 114 GVG (§ 87 Abs. 2 GWB). Sie müssen nicht von der Kammer für Handelssachen, sondern können auch von der Zivilkammer entschieden werden (BGH 30. 5. 1978, Pankreaplex, WuW/E BGH 1553).

Welche Kammer innerhalb eines Landgerichts „Kartellkammer" ist, entscheidet der Geschäftsverteilungsplan. Entscheidet versehentlich eine Nicht-Kartellkammer als Kartellkammer, dann hat gleichwohl das Landgericht iSd. § 87 Abs. 1 GWB entschieden (OLG Düsseldorf 14. 7. 1975, WuW/E OLG 1618, 1619).

3. Gem. § 89 GWB haben die Bundesländer einem Landgericht für die Bezirke mehrerer Landgerichte die ausschließliche Zuständigkeit zugewiesen. Vgl. die Aufstellung in Schönfelder, Deutsche Gesetze, zu § 89 GWB.

4. Mit der 7. GWB-Novelle wurde das Schutzgesetzerfordernis des § 33 S. 1 GWB a.F. aufgehoben. Damit hat sich die frühere Rechtsprechung erledigt, wonach der Schutzbereich nur dann eröffnet war, wenn sich ein Kartellverstoß nach § 1 GWB gezielt gegen bestimmte Abnehmer oder Lieferanten richtete (vgl. BGHZ 86, 324,330; OLG Düssel-

dorf 23. 5. 1989, Ennepetal-Verträge, WuW/E OLG 4454; LG Mannheim 11. 7. 2003, Vitamin-Kartell, GRUR 2004, 182, 183; OLG Karlsruhe 28. 1. 2004, Vitaminpreise, WuW/E DE-R 1229, 1230 und 1232). Anspruchsberechtigt ist nunmehr jeder durch einen Verstoß gegen eine Vorschrift des GWB, gegen Art. 81 oder Art. 82 EG-Vertrag oder eine Verfügung der Kartellbehörde „Betroffene". „Betroffen" ist nach der Legaldefinition des § 33 Abs. 1 S. 3 GWB, wer als Mitbewerber oder sonstiger Marktbeteiligter durch den Verstoß beeinträchtigt ist. Die Gesetzesänderung ist darauf gerichtet – im Einklang mit der Rechtsprechung des EuGH – jedem, der durch einen Kartellverstoß zu Schaden gekommen ist, die Möglichkeit zu geben, diesen Schaden ersetzt zu verlangen (RegE BT-Drucks. 15/3640). Anspruchsberechtigt sind damit Wettbewerber, u.U. selbst dann, wenn sie an dem Kartell beteiligt waren. Als „sonstige Marktbeteiligte" sollen neben Mitgliedern der Marktgegenseite grundsätzlich auch Endverbraucher in Betracht kommen. Die Ausweitung des Kreises der Anspruchsberechtigten auch auf Endverbraucher begegnet allerdings im schadensersatzrechtlichen Zusammenhang normativen und systematischen Bedenken (*Bechtold* GWB, 5. Auflage 2008, § 33 Rn. 10). Eine abschließende Klärung steht in der Rechtsprechung noch aus.

5. Für den Kläger eines Schadensersatzprozesses, der nicht über die Ermittlungsbefugnisse der Kartellbehörde verfügt, ist es regelmäßig schwierig, einen Verstoß gegen Vorschriften des GWB oder Art. 81, 82 EG-Vertrag nachzuweisen. Zur Gewinnung von Beweismitteln kann es für den Kläger nützlich sein, im Wege der Stufenklage gemäß § 254 ZPO zu klagen, um auf der ersten Klagestufe die erforderlichen Auskünfte zu erlangen. Ob es daneben möglich ist – wie im Recht des unlauteren Wettbewerbs und des gewerblichen Rechtsschutzes (vgl. BGH 15. 5. 2003, Feststellungsinteresse III, GRUR 2003, 900, 901; 17. 5. 2001, Feststellungsinteresse II, GRUR 2001, 1177, 1178) – alternativ dazu einen Antrag auf Feststellung der Haftung dem Grunde nach mit einem Auskunftsantrag zu verbinden, ist durch die Rechtsprechung bislang nicht geklärt. Aus Sicht des Geschädigten, empfiehlt es sich weiterhin im Falle kartellbehördlicher Ermittlungen deren Abschluss abzuwarten und erst im Anschluss daran Schadensersatzansprüche geltend zu machen (sog. Follow-on-Klagen). Eine Verjährung der Schadensersatzansprüche droht in diesem Fall nicht, da diese durch die Einleitung des kartellbehördlichen Verfahrens gehemmt ist (§ 33 Abs. 5 GWB). Diese Vorgehensweise hat den Vorteil, dass gemäß § 33 Abs. 4 GWB das über den Schadensersatzanspruch entscheidende Gericht an die Feststellungen des Verstoßes in bestandskräftigen Entscheidungen der deutschen Kartellbehörden, der EG-Kommission oder der Kartellbehörde eines anderen EG-Mitgliedstaates sowie an gerichtliche Entscheidungen, die aufgrund der Anfechtung von behördlichen Entscheidungen erlassen wurden, gebunden ist.

6. Die Bindungswirkung nach § 33 Abs. 4 S. 1 GWB bezieht sich allerdings nicht auf Eintritt und Höhe des aus dem Kartellverstoß resultierenden Schadens. Der Kläger muss den Eintritt eines Schadens darlegen und beweisen. Der Vermögensschaden, der hier regelmäßig zu ersetzen ist, wird im Wege der Differenzhypothese ermittelt. Ein Vermögensschaden liegt danach vor, wenn der gegenwärtige tatsächliche Wert des Vermögens des Geschädigten geringer ist als der Wert, den das Vermögen ohne das die Ersatzpflicht begründende Ereignis haben würde. In der Rechtsprechung wurde bislang im Falle eines Preiskartells die Differenz zwischen dem tatsächlich gezahlten Kaufpreis und dem hypothetischen Wettbewerbspreis ohne Kartell als Schaden angesehen (vgl. LG Dortmund 1. 4. 2004, Gesch.-Z. 13 O 55/02 Kart., S. 13). Steht fest, dass dem Kläger durch den Kartellverstoß ein Schaden entstanden ist, kann der Umfang des Schadens nach § 287 ZPO geschätzt werden. Hierbei ist gemäß § 33 Abs. 3 S. 3 GWB insbesondere der anteilige Gewinn, den der Anspruchsgegner durch den Verstoß erlangt hat, zu berücksichtigen. Dieser Gewinn wird errechnet auf Grundlage der Umsatzerlöse, von denen die Herstellungskosten der erbrachten Leistungen und die Betriebskosten abgezogen werden.

7. Bislang nicht abschließend geklärt ist der Regelungsgehalt von § 33 Abs. 3 S. 2 GWB, der sich mit der sog. *passing on defense* befasst, also der Berufung des Anspruchsgegners darauf, der Anspruchsteller habe im Ergebnis keinen Schaden erlitten, da er die von dem Kartell betroffenen Güter an seine Abnehmer zu einem entsprechend erhöhten Preis weitergegeben habe. Ein Ausschluss der *passing on defence* lässt sich aus dem Wortlaut der Vorschrift nicht eindeutig entnehmen. Jedenfalls dürfte es sich um eine Beweislastumkehr handeln, wonach der Anspruchsgegner beweisen muss, dass der Anspruchsteller den Schaden weitergewälzt hat.

8. Der auf Geldzahlung gerichtete Schadensersatzanspruch ist nach § 33 Abs. 3 S. 4 GWB ab Eintritt des Schadens zu verzinsen. Anders als im allgemeinen Zivilrecht ist die Forderung somit nicht erst zu verzinsen, wenn der Schuldner mit der Leistung im Verzug ist. Die §§ 288 und 289 S. 1 BGB finden im Übrigen entsprechende Anwendung (§ 33 Abs. 3 S. 5 GWB).

9. Für die Verjährung kartellrechtlicher Schadensersatzansprüche gilt die allgemeine Verjährungsfrist von drei Jahren gemäß § 195 BGB. § 33 Abs. 5 GWB sieht, wie zuvor erwähnt, eine Hemmung der Verjährung vor, für den Fall, dass eine nationale Kartellbehörde aus Deutschland oder einem anderen EG-Mitgliedstaat oder die Europäische Kommission ein Kartellverfahren einleitet. Wenngleich sich dies aus dem Wortlaut der Vorschrift nicht ergibt, ist davon auszugehen, dass eine Verjährungshemmung bis zum Abschluss des Gerichtsverfahrens eintritt, wenn eine Behördenentscheidung angefochten wird (*Bechtold* GWB, 5. Auflage 2008, § 33 Rn. 34).

10. § 89a GWB sieht vor, dass das Gericht auf Antrag einer Partei anordnen kann, dass sich deren Verpflichtung zur Zahlung von Gerichtskosten nach einem der Wirtschaftslage der Partei angepassten Teil des Streitwerts bemisst. Voraussetzung ist die Glaubhaftmachung, dass die Belastung der Partei mit den Prozesskosten nach dem vollen Streitwert ihre wirtschaftliche Lage erheblich gefährden würde. Das Gericht kann die Anordnung von der Glaubhaftmachung des Umstandes abhängig machen, dass die von der Partei zu tragenden Kosten des Rechtsstreits weder unmittelbar noch mittelbar von einem Dritten übernommen werden. Die Anordnung hat zur Folge, dass die begünstigte Partei die Gebühren ihres Rechtsanwalts ebenfalls nur nach diesem Teil des Streitwerts zu entrichten hat. Soweit ihr die Kosten des Rechtsstreits auferlegt werden oder soweit sie diese übernimmt, hat sie die von dem Gegner entrichteten Gerichtsgebühren und die Gebühren seines Rechtsanwalts nur nach dem Teil des Streitwerts zu erstatten. Soweit die außergerichtlichen Kosten dem Gegner auferlegt oder von ihm übernommen werden, kann der Rechtsanwalt der begünstigten Partei seine Gebühren von dem Gegner nach dem für diesen geltenden Streitwert beitreiben (§ 89a Abs. 1 GWB).

Der Antrag nach § 89a Abs. 1 GWB kann vor der Geschäftsstelle des Gerichts zur Niederschrift erklärt werden. Er ist grundsätzlich vor der Verhandlung zur Hauptsache anzubringen. Danach ist er nur noch zulässig, wenn der angenommene oder festgesetzte Streitwert später durch das Gericht heraufgesetzt wird. Vor der Entscheidung über den Antrag ist der Gegner zu hören.

26. Berufung an den Kartellsenat des OLG (§ 91 GWB)[1–4]

Hinweis: Die Förmlichkeiten der Berufungen in Kartellsachen sind die gleichen wie in Nicht-Kartellsachen. Sie werden daher hier nicht wiedergegeben. Besonderheiten bestehen nur bei der Zuständigkeit der Kartellsenate der OLGe. Sie werden in den Anmerkungen behandelt.

Anmerkungen

1. Zuständigkeit der Kartellsenate beim OLG:
Über die Berufung gegen Endurteile und die Beschwerde gegen sonstige Entscheidungen in bürgerlichen Rechtsstreitigkeiten nach § 87 Abs. 1 GWB entscheiden die Kartellsenate der OLGe (§ 91 S. 2 Hs. 2 GWB).

Die Berufungszuständigkeit der Kartell-OLGe ist gegeben, wenn das LG als Kartellspruchkörper entschieden hat. Auf eine Bezeichnung der entscheidenden Kammer als Kartellkammer kommt es nicht mehr an, seit mit der sechsten Novelle des GWB festgelegt wurde, dass das Kartell-OLG für alle bürgerlichen Rechtsstreitigkeiten nach § 87 Abs. 1 GWB zuständig ist. Die Zuständigkeit richtet sich also danach, ob objektiv das Verfahren in der Vorinstanz einen Rechtsstreit betraf, der ganz oder zu einem Teil nach dem GWB, nach Art. 81 oder 82 EG-Vertrag oder Art. 53, 54 EWR-Abkommen zu entscheiden war.

2. Fristwahrung:
Die Berufung, über die ein Kartell-OLG zu entscheiden hat, kann – entgegen dem Wortlaut des § 91 GWB – fristwahrend auch beim allgemein zuständigen OLG eingelegt werden, das dann auf Antrag die Sache nach § 281 ZPO an das Kartell-OLG zu verweisen hat (BGH 30. 5. 1978, Pankreaplex, WuW/E BGH 1553, 1556).

3. Verweisung:
Ist die Berufung – fälschlich – nicht beim Kartellsenat des OLG, sondern beim allgemein zuständigen OLG-Senat eingelegt worden, kann der Berufungskläger gem. § 281 ZPO die Verweisung des Rechtsstreits an den zuständigen Kartellsenat des OLG beantragen (BGH 9. 11. 1967, Kugelschreiber, WuW/E BGH 873, 876; BGH 30. 5. 1978, Pankreaplex, WuW/E BGH 1553, 1556; OLG Karlsruhe 12. 8. 1992, DB-Versorgung, WuW/E OLG 5063, 5064). Mit dem Verweisungsbeschluss ist der Rechtsstreit beim Kartellsenat des OLG anhängig. Er hat dem Beschluss zu entsprechen.

4. Ausschließliche Zuständigkeit des OLG:
Gem. §§ 92, 93 GWB können die einzelnen Bundesländer, sofern sie mehrere Oberlandesgerichte haben, „einem oder einigen der Oberlandesgerichte oder dem obersten Landesgericht die ausschließliche Zuständigkeit" zuweisen.

Vgl. die Aufstellung in Schönfelder, Deutsche Gesetze, zu § 89 GWB.

27. Revision an den Kartellsenat des BGH (§ 94 Abs. 1 Nr. 3 GWB)

Hinweis: Die Förmlichkeiten der Revisionen in Kartellsachen sind die gleichen wie in Nicht-Kartellsachen. Sie werden daher hier nicht wiedergegeben. Besonderheiten ergeben sich nur aus der Zuständigkeit des Kartellsenats des BGH. Sie werden in den Anmerkungen behandelt.

Anmerkungen

1. Zuständigkeit des BGH:
Die Revisionszuständigkeit des Kartellsenats beim BGH ist gegeben „in bürgerlichen Rechtsstreitigkeiten nach § 87 Abs. 1 GWB" (§ 94 Abs. 1 Nr. 3 GWB).

Diese Regelung entspricht der sachbezogenen Zuständigkeit der LGe (BGH 4. 4. 1975, Abschleppunternehmen, WuW/E BGH 1383, 1384). Für die Zuständigkeit des BGH ist es also nicht entscheidend, ob in erster oder zweiter Instanz das LG bzw. OLG als Kartellgericht entschieden hat.

Der BGH ist bei der Zuständigkeitsprüfung nicht an die rechtliche Beurteilung des Vorderrichters gebunden (BGH 4. 4. 1975, Abschleppunternehmen, WuW/E BGH 1383, 1384).

2. Verweisung:

a) Ist ein Kartellrechtsstreit iSd. § 94 Abs. 1 Nr. 3 GWB bei einem Zivilsenat des BGH anhängig, hat er auf Antrag des Revisionsklägers den Rechtsstreit an den Kartellsenat zu verweisen (BGH 28. 2. 1985, Abwehrblatt, WuW/E BGH 2187).

b) Weist der Kartellsenat des BGH den Rechtsstreit in einer Kartellsache an das Berufungsgericht zurück, und entscheidet in der Berufungsinstanz ein Zivilsenat, also nicht der Kartellsenat, dann erfolgt die Verweisung an das für Entscheidungen nach dem GWB zuständige Oberlandesgericht (BGH 30. 10. 1975, Mehrpreis von 11%, WuW/E BGH 1413, 1416).

M. Vergaberecht

1. Rüge gemäß § 107 Abs. 3 GWB

An den
[Auftraggeber][1]
……, den ……[2]

Verfahren zur Vergabe von EDV-Gerätelieferungen

Rüge gemäß § 107 Abs. 3 GWB

Sehr geehrte Damen und Herren,[3]

wir sind beauftragt, die rechtlichen Interessen der [……] wahrzunehmen. Eine Vollmacht ist beigefügt.[4] Namens und in Vollmacht unserer Mandantin rügen wir hiermit gemäß § 107 Abs. 3 GWB folgenden Vergaberechtsverstoß:[5]

Position …… der Leistungsbeschreibung sowie Position …… des Leistungsverzeichnisses verlangen, dass als Monitor für die zu liefernde Computer-Konfiguration ausschließlich das Produkt XY angeboten wird. Auf dem Markt ist jedoch eine Vielzahl von gleichwertigen Erzeugnissen erhältlich, die die gestellten Anforderungen mindestens in gleicher Weise erfüllen. Die genannte Position der Leistungsbeschreibung bzw. des Leistungsverzeichnisses verstößt damit gegen § 8 Nr. 3 Abs. 3 VOL/A. Danach dürfen bestimmte Erzeugnisse nur dann ausdrücklich vorgeschrieben werden, wenn dies durch die Art der zu vergebenden Leistungen gerechtfertigt ist. Eine Rechtfertigung für die ausschließliche Vorgabe, Produkte der Marke XY anzubieten, ist jedoch weder der Ausschreibung zu entnehmen noch sonst durch allgemeine Umstände nachvollziehbar. Darüber hinaus verstößt die Leistungsbeschreibung damit gegen § 8 Nr. 3 Abs. 5 VOL/A, wonach Bezeichnungen für bestimmte Erzeugnisse, wenn sie ausnahmsweise gewählt werden, nur mit dem Zusatz „oder gleichwertiger Art“ verwendet werden dürfen.

Mit freundlichen Grüßen

Unterschrift

Schrifttum: Antweiler, Antragsbefugnis und Antragsfrist für Nachprüfungsanträge von Nichtbewerbern und Nichtbietern, VergabeR 2004, 702; *Bechtold,* Kartellgesetz, Gesetz gegen Wettbewerbsbeschränkungen, 5. Aufl. 2008; *Bultmann/Hölzl,* Die Entfesselung der Antragsbefugnis – zum effektiven Rechtsschutz im Vergaberecht, NZBau 2004, 651; *Burbulla,* Aufhebung der Ausschreibung und Vergabenachprüfungsverfahren, ZfBR 2009, 134; *Boesen,* Vergaberecht, 2000; *Boesen/Upleger,* Die Antragsbefugnis eines Antragstellers bei zwingendem Ausschlussgrund, NZBau 2005, 672; *Brauer,* Das Verfahren vor der Vergabekammer, NZBau 2009, 297; *Byok,* Das Gesetz zur Modernisierung des Vergaberechts – GWB 2009, NVwZ 2009, 551; *Byok,* Die Entwicklung des Vergaberechts seit 2008, NJW 2009, 644; *Byok/Goodarzi,* Rechtsmittel gegen die Zurückweisung von Eilanträgen im Nachprüfungsverfahren, WuW 2004, 1024; *Byok/Jaeger,* Kommentar zum Vergaberecht, 2. Aufl. 2005; *Conrad,* Der Rechtsschutz gegen die Aufhebung eines Vergabeverfahrens bei Fortfall des Vergabewillens, NZBau 2007, 287; *Erdmann,* Die Interessenabwägung im vergaberechtlichen Eilrechtsschutz gemäß §§ 115 Abs. 2 Satz 1, 118 Abs. 2 Satz 2 und § 121 Abs. 1 Satz 2 GWB, VergabeR 2008, 908;

Fett, Die Hauptsacheentscheidung durch die Vergabekammer, NZBau 2005, 141; *Freund,* Sonstige Verfahrensbeteiligte und ihre Rechtsstellung – Rechtsfragen der Beiladung im Vergabenachprüfungsverfahren, NZBau 2005, 266; *Glahs,* Die Antragsbefugnis im Vergabenachprüfungsverfahren, NZBau 2004, 544; *Gröning,* Das vergaberechtliche Akteneinsichtsrecht, NZBau 2000, 366; *Hausmann,* Ausschreibung von Dienstleistungskonzessionen – Chancen und Risiken, VergabeR 2007, 325; *Heiermann/Zeiss/Kullack/Blaufuß,* Juris Praxiskommentar Vergaberecht: GWB, VgV, VOB/A, 2. Aufl. 2008; *Immenga/Mestmäcker* (Hrsg.), Kommentar zum Kartellgesetz, 4. Aufl. 2007; *Knauff/Streit,* Die Reform des EU-Vergaberechtsschutzes – Überblick unter Berücksichtigung des Entwurfs des Vergaberechtsmodernisierungsgesetzes, EuZW 2009, 37; *Kühnen,* Die Rügeobliegenheit, NZBau 2004, 427; *Kulartz/Kus/Portz,* Kommentar zum GWB-Vergaberecht, 1. Aufl. 2006 (im Erscheinen 2. Aufl. 2009); *Kus,* Akteneinsichtsrecht: Darlegungslast der Beteiligten und Begründungszwänge der Nachprüfungsinstanzen, VergabeR 2003, 129; *Kus,* Das Zuschlagsverbot, NZBau 2005, 96; *Lausen,* Die Beiladung im Nachprüfungsverfahren, VergabeR 2002, 117; *Leinemann,* Die Vergabe öffentlicher Aufträge, 4. Aufl. 2007; *Maier,* Zur Frage des Nachweises der positiven Kenntnis bzw. der Erkennbarkeit von Verfahrensverstößen als Bedingung des Entstehens der Rügeobliegenheit nach § 107 Abs. 3 GWB, VergabeR 2004, 176; *Maier,* Die prozessualen Grundsätze des Nachprüfungsverfahrens, NZBau 2004, 667; *Maimann,* Der kartellvergaberechtliche Rechtsweg, NZBau 2004, 492; *Mertens,* Die Rügeobliegenheit im Vergaberecht: Rechtsschutzfalle für Unternehmer und Auftraggeber, 2004; *Motzke/Pietzcker/Prieß* (Hrsg.), Beck'scher Kommentar zur VOB/A, 2001; *Müller-Wrede,* Taschenkommentar Vergaberecht, 1. Aufl. 2009 (im Erscheinen); *Noch,* Vergaberecht kompakt, 4. Aufl. 2008; *Opitz,* Das Eilverfahren, NZBau 2005, 213; *Prieß,* Handbuch des europäischen Vergaberechts, 3. Aufl. 2005; *Prieß/Niestedt,* Rechtsschutz im Vergaberecht: Praxishandbuch für den Rechtsschutz bei der Vergabe öffentlicher Aufträge oberhalb und unterhalb der EG-Schwellenwerte, 1. Aufl. 2006; *Reidt/Stickler/Glahs,* Kommentar zum Vergaberecht, 2. Aufl. 2003; *Weyand,* Praxiskommentar Vergaberecht: zu GWB, VgV, VOB/A, VOL/A, VOF, 2. Aufl. 2007; *Wichmann,* Die Antragsbefugnis des Subunternehmers im vergaberechtlichen Nachprüfungsverfahren, 2005; *Widmann,* Vergaberechtsschutz im Unterschwellenbereich, 2009; *Wilke,* Das Beschwerdeverfahren vor dem Vergabesenat beim Oberlandesgericht, NZBau 2005, 326; *Wilke,* Die Beschwerdeentscheidung im Vergaberecht, NZBau 2005, 380; *Willenbruch/Bischof,* Kompaktkommentar Vergaberecht, 1. Aufl. 2008.

Anmerkungen

1. Die Rüge ist gemäß § 107 Abs. 3 Nr. 1 GWB gegen den Auftraggeber zu richten, und zwar in der Regel gegen die in den Vergabeunterlagen genannte Vergabestelle (Behörde) (vgl. OLG Düsseldorf, Beschl. v. 8. 10. 2003 – Verg 49/03; VK Münster, Beschl. v. 16. 2. 2005 – VK 36/04; VK Brandenburg, Beschl. v. 8. 9. 2004 – VK 33/04). Sowohl aus dem Wortlaut als auch aus dem Sinn und Zweck der Rüge – dem Auftraggeber soll Gelegenheit gegeben werden, vermeintliche Vergaberechtsverstöße zu prüfen und ggf. abzustellen – geht hervor, dass die Einreichung eines Nachprüfungsantrags bei der Vergabekammer nicht als Rüge im Sinne von § 107 Abs. 3 GWB angesehen werden kann (VK Brandenburg, Beschl. v. 13. 12. 2006 – 1 VK 53/06). Fehlende Kenntnis hinsichtlich der Zuständigkeiten gehen zu Lasten des Bieters (*Prieß/Niestedt,* S. 78 mwN.). Wird ein privater Dritter mit der formalen Durchführung der Ausschreibung beauftragt, so kann auch gegenüber diesem die Rüge erhoben werden (OLG Jena, Beschl. v. 5. 7. 2000 – 6 Verg 3/00, NZBau 2000, 539; VK Brandenburg, Beschl. v. 7. 5. 2002 – VK 14/02; a. A. *Kühnen,* NZBau 2004, 427, 430). Nicht ausreichend ist hingegen eine Rüge gegenüber einem nicht bevollmächtigten Planungsbüro (OLG Düsseldorf, Beschl. v. 8. 10. 2003 – Verg 49/03).

2. Erkannte Fehler müssen unverzüglich gerügt werden (§ 107 Abs. 3 Nr. 1 GWB). „Unverzüglich" bedeutet ohne schuldhaftes Zögern. Als Maßstab ist § 121 Abs. 1 Satz 1 BGB heranzuziehen (OLG Frankfurt, Beschl. v. 5. 5. 2008 – 11 Verg 1/08; OLG München, Beschl. v. 13. 4. 2007 – Verg 1/07; VK Brandenburg, Beschl. v. 3. 4. 2008 – VK 4/08). Die jeweilige Rügefrist bestimmt sich nach den Gesamtumständen des konkreten Einzelfalls. Die Rechtsprechung nennt Zeiträume zwischen ein bis drei Tagen und zwei Wochen (OLG Koblenz, Beschluss vom 18. 9. 2003 – 1 Verg 4/03). Trotz weiterhin unterschiedlicher Entscheidungen geht die Rechtsprechung der Oberlandesgerichte im Allgemeinen von einer Obergrenze von zwei Wochen aus (vgl. OLG Düsseldorf, Beschl. v. 17. 11. 2008 – VII-Verg 49/08; OLG Brandenburg, Beschl. v. 20. 3. 2007 – Verg W 12/06). Die Ausschöpfung der maximalen Frist kann jedoch nur zugestanden werden, wenn eine exzeptionell schwierige Sach- und Rechtslage gegeben ist, die die Inanspruchnahme fachkundiger Hilfe erfordert (OLG Dresden, Beschl. v. 11. 9. 2006 – WVerg 13/06). Maßgebend ist letztlich, ob nach den Umständen des Einzelfalls unter Berücksichtigung des Prinzips von Treu und Glauben eine Rüge für den Bieter zumutbar war und ihm ausreichend Zeit zur Verfügung stand, zu entscheiden, ob er rügen will (OLG Celle, Beschl. v. 10. 1. 2008 – 13 Verg 11/07; OLG Düsseldorf, Beschl. v. 10. 12. 2008 – VII-Verg 51/08; BayObLG, Beschl. v. 29. 9. 2004 – Verg 22/04; VK Brandenburg, Beschl. v. 3. 4. 2008 – VK 4/08; VK Düsseldorf, Beschl. v. 31. 10. 2008 – VK-22/2008-B). Eine allgemein verbindliche Rügefrist kann deshalb nicht bestimmt werden. Es empfiehlt sich gleichwohl, die Möglichkeit bzw. Notwendigkeit einer Rüge in engen zeitlichen Grenzen, möglichst binnen drei Tagen zu prüfen. „Taktieren" lässt § 107 Abs. 3 Nr. 1 GWB nicht zu.

Verstöße gegen Vergabevorschriften, die auf Grund der Bekanntmachung erkennbar sind, müssen spätestens bis zum Ablauf der in der Bekanntmachung genannten Frist zur Angebotsabgabe oder zur Bewerbung gegenüber dem Auftraggeber gerügt werden (§ 107 Abs. 3 Nr. 2 GWB). Parallel dazu wurde durch das Vergaberechtsmodernisierungsgesetz 2009 in § 107 Abs. 3 Nr. 3 GWB erweiternd klargestellt, dass Verstöße gegen Vergabevorschriften, die erst in den Vergabeunterlagen erkennbar sind, spätestens bis zum Ablauf der in der Bekanntmachung benannten Frist zur Angebotsabgabe oder zur Bewerbung gegenüber dem Auftraggeber gerügt werden müssen. Durch die Erweiterung der Rügeverpflichtung soll nach dem Willen des Gesetzgebers erreicht werden, dass auch erkennbare Verstöße in der Leistungsbeschreibung unverzüglich, spätestens bis zum Ablauf der Angebotsfrist gerügt werden müssen. Damit soll die Vergabestelle auch in diesen Fällen eher die Gelegenheit erhalten, etwaige Verfahrensfehler zu beheben und so im Interesse aller Beteiligten unnötige Nachprüfungsverfahren zu vermeiden (Gesetzesbegründung BT-Drs. 16/10117, S. 22). Da es auf die in der Bekanntmachung angegebene Frist für die Angebotsabgabe ankommt, bewirkt eine nachträgliche Verlängerung der Angebotsfrist nicht zugleich auch eine Verlängerung der Rügefrist (so schon KG Berlin, BauR 2000, 1620, 1622).

3. Die Rüge ist gemäß § 107 Abs. 3 Nr. 1 GWB nur erforderlich im Hinblick auf Verstöße, die das fragliche Unternehmen erkannt hat. Das setzt positive Kenntnis der Tatsachen und deren rechtliche Beurteilung voraus. Bei der Frage der Kenntnis und damit dem Beginn der Rügefrist ist zu unterscheiden zwischen der Kenntnis eines bestimmten Sachverhalts und der Erkenntnis, dass darin ein Vergaberechtsverstoß liegt. Kenntnis im Sinne des § 107 Abs. 3 GWB setzt voraus, dass der Bieter die seiner Ansicht nach den Verstoß begründenden Tatsachen kennt und diese bei objektiver Wertung einen Mangel des Vergabeverfahrens darstellen (vgl. m. w. N. *Mertens,* S. 11 ff.). Verdächtigungen sind rechtlich nicht geboten (vgl. OLG Düsseldorf, Beschl. v. 8. 10. 2003 – VII-Verg 48/04; BayObLG, Beschl. v. 23. 10. 2003 – Verg 13/03; VK Saarland, Beschl. v. 20. 2. 2008 – 1 VK 7/2007; VK Schleswig-Holstein, Beschl. v. 31. 1. 2006 – VK-SH 33/05; VK Brandenburg, Beschl. v. 25. 2. 2005 – VK 4/05). Positive Kenntnis wird jedoch in dem Fall unterstellt, in welchem der Kenntnisstand des Antragstellers in tatsächlicher oder rechtlicher Hinsicht einen solchen Grad erreicht hat, dass ein weiteres Verharren in Unkenntnis als ein mutwilliges Sich-Verschließen vor der Erkenntnis eines Vergaberechtsverstoßes gewertet werden muss (BGH, Beschl. v. 26. 9. 2006 – X ZB 14/06; OLG Düsseldorf, Beschl. v. 8. 12. 2008 – VII-Verg 55/08). An ein mutwilliges Sich-Verschließen vor der Erkenntnis des Rechtsverstoßes sind jedoch strenge Anforderungen zu stellen, deren Vorliegen vom Auftraggeber darzulegen sind (OLG Düsseldorf, Beschl. v. 19. 7. 2006 – Verg 27/06; VK Bund, Beschl. v. 10. 4. 2008 – VK 2-37/08). Dem Bieter wird im Hinblick auf die rechtliche Wertung regelmäßig zugestanden, fachlich qualifizierten anwaltlichen Rat hinzuzuziehen, es sei denn, der Rechtsverstoß liegt auf der Hand (zB. bei Ungenauigkeiten im Leistungsverzeichnis, OLG Naumburg, Beschl. v. 25. 9. 2008 – 1 Verg 3/08; OLG Düsseldorf, Beschl. v. 4. 3. 2004 – VII-Verg 8/04). Positive Kenntnis lässt sich grundsätzlich nicht schon daraus ableiten, dass ein Antragsteller erhebliche praktische Erfahrung mit einschlägigen Ausschreibungsverfahren des Auftraggebers hat (VK Bund, Beschl. v. 3. 1. 2007 – VK 1-142/06). Allerdings kann hinsichtlich der Erkennbarkeit von Vergaberechtsverstößen im Rahmen von § 107 Abs. 3 Nr. 2 und 3 GWB zu Lasten des Bieters berücksichtigt werden, wenn er aufgrund seiner langjährigen Teilnahme an öffentlichen über bestimmte Fachkenntnisse verfügt (KG, Beschl. v. 10. 10. 2002 – 2 KartVerg 13/02, NZBau 2003, 338, 339).

Die Rüge unterliegt keiner Formvorschrift. Sie kann grundsätzlich also auch mündlich erfolgen (OLG Düsseldorf, Beschl. v. 6. 3. 2008 – Verg 53/07; VK Münster, Beschl. v. 13. 2. 2008 – VK 29/07; OLG Düsseldorf v. 29. 3. 2006 – VII-Verg 77/05). Aus Gründen der Beweisbarkeit ist jedoch eine schriftliche Rüge zu empfehlen.

4. Verfahrensverstöße können vom Bieter, Bewerber oder Interessenten selbst sowie von einem hierzu bevollmächtigten Vertreter gerügt werden. Eine Verbandsrüge gegenüber dem öffentlichen Auftraggeber, die nicht für namentlich benannte Bieter ausgesprochen wird, hat nur Appellcharakter und wirkt nicht zugunsten eines seiner Mitglieder (vgl. OLG Brandenburg, Beschl. v. 28. 11. 2002 – Verg W 8/02; siehe aber auch VK Bund, Beschl. v. 30. 5. 2007 – VK 2-39/07). Die Rüge ist als Verfahrenshandlung dem Verwaltungsverfahren zuzurechnen, das zum Erlass des Verwaltungsakts führt, den die Vergabekammer gemäß § 114 Abs. 3 Satz 1 GWB erlässt. Daher finden die Vertretungsregeln des § 14 VwVfG Anwendung. Entsprechend dem Grundsatz der Nichtförmlichkeit des Verwaltungsverfahrens gemäß § 10 VwVfG ist für die Vollmacht keine Form vorgeschrieben; die Vollmacht ist dem Auftraggeber lediglich auf Verlangen schriftlich nachzuweisen (vgl. VK Bund, Beschl. v. 5. 9. 2001 – VK 1–23/01; BKartA, VergabeR 2002, 296, 297, m. Anm. *Krohn;* OLG Düsseldorf, Beschl. v. 20. 8. 2001, Verg 32/01; *Kühnen,* NZBau 2004, 427, 430).

Vereinzelt wenden Vergabestellen bei Rügen durch Vertreter jedoch § 174 BGB analog an. Zur Vermeidung etwaiger Risiken empfiehlt es sich jedoch, dem Rügeschreiben vorbeugend eine Vollmacht im Original beizufügen.

5. Gegenstand der Rüge sind gemäß § 107 Abs. 3 Nr. 1 GWB die im Vergabeverfahren erkannten Verstöße gegen Vergabevorschriften. Es ist also positive Kenntnis aller die Rechtswidrigkeit begründenden Tatsachen notwendig (s. o. Anm. 3). Zudem müssen die bekannten Tatsachen objektiv einen eindeutigen Vergaberechtsverstoß darstellen. Positive Kenntnis ist nicht anzunehmen, wenn, etwa bei unklarer Rechtslage, ein Sachverhalt nicht eindeutig als Rechtsverstoß qualifiziert werden kann (VK Baden-Württemberg, Beschl. v. 24. 8. 2001 – 1 VK 20/01). Die Darlegungs- und Feststellungslast dafür, dass der Antragsteller seiner Rügeobliegenheit nicht nachgekommen ist, trägt der Auftraggeber. Er hat vorzutragen und nachzuweisen, dass der Antragsteller von einem bestimmten Vergabefehler so frühzeitig Kenntnis erlangt hat, dass seine später ausgesprochene Rüge nicht mehr als unverzüglich gewertet werden kann (BGH, Beschl. v. 1. 2. 2005 – X ZB 27/04; OLG Düsseldorf, Beschl. v. 5. 5. 2008 – Verg 5/08; OLG Naumburg, Beschl. v.

18. 7. 2006 – 1 Verg 4/06; dazu ausführlich *Maier,* VergabeR 2004, 176, 179). Gemäß § 107 Abs. 3 Nr. 2, GWB müssen auch Fehler gerügt werden, die bereits auf Grund des Ausschreibungstextes bzw. den Vergabeunterlagen erkennbar waren. Wird bei einem Auftrag, der die Schwellenwerte überschreitet und der daher nach §§ 97ff. GWB zu vergeben ist, als unterschwellenwertig ausgeschrieben nicht bereits die entsprechende Bekanntmachung gerügt, so kann das eine Präklusion des gesamten Rechtschutzes bewirken (vgl. KG, NZBau 2003, 338).

Sinn und Zweck der Rügepflicht ist es, dem Auftraggeber zu ermöglichen, die gerügten Mängel zu beseitigen (OLG München, Beschl. v. 17. 9. 2007 – Verg 10/07; OLG Naumburg, Beschl. v. 4. 1. 2005 – 1 Verg 25/04). Die Rüge muss daher die gerügten Verstöße konkret benennen und den Auftraggeber auffordern, diese abzustellen (Thüringer OLG, Beschl. v. 29. 8. 2008 – 9 Verg 5/08; OLG Frankfurt, Beschl. v. 24. 6. 2004 – 11 Verg 15/04). Zudem muss sie erkennen lassen, dass der Bieter von den sich aus dem Fehler des Vergabeverfahrens für ihn ergebenden Rechten Gebrauch machen will (Thüringer OLG, Beschl. v. 29. 8. 2008 – 9 Verg 5/08; VK Bund, Beschl. v. 30. 7. 2008 – VK 1-90/08; v. 29. 7. 2008 – VK 1-78/08). Eine „Bitte um Aufklärung" oder ein „Widerspruch" unter allgemeiner Bezugnahme auf die Vorschriften des GWB erfüllt nicht die Anforderungen des § 107 Abs. 3 GWB. Einer genauen Bezeichnung der verletzten Vorschriften bedarf es allerdings nicht (OLG Dresden, Beschl. v. 21. 10. 2005 – WVerg 5/05; VK Brandenburg, Beschl. v. 21. 11. 2007 – VK 45/07; VK Sachsen, Beschl. v. 3. 3. 2008 – 1/SVK/002-08; VK Südbayern, Beschl. v. 29. 5. 2006 – 09-04/06), sofern die den Rechtsverstoß begründenden Tatsachen benannt werden; gleichwohl ist zur Vermeidung von Zweifeln und Missverständnissen eine Benennung der verletzten Normen empfehlenswert.

2. Nachprüfungsantrag an die Vergabekammer

An die
[Vergabekammer ......][1]

...... den ......

Antrag gemäß § 107 Abs. 1 GWB

In Sachen
der Firma A[2], vertreten durch die Geschäftsführer .....,

– Antragstellerin –

– Verfahrensbevollmächtigte[3]: Rechtsanwälte ...... –

gegen

die Stadt S[4]

– Auftraggeber und Antragsgegner –

Beizuladen[5] gemäß § 109 GWB: X-GmbH

erheben wir namens und in Vollmacht der Antragstellerin Nachprüfungsantrag betreffend das Vergabeverfahren ...... und beantragen:[6]

1. **den Antragsgegner zu verpflichten, den Zuschlag nur unter Berücksichtigung des Angebots der Antragstellerin zu erteilen;**
2. **der Antragstellerin Einsicht in die Vergabeakten zu gewähren;[7]**
3. **die Hinzuziehung des Verfahrensbevollmächtigten der Antragstellerin gem. § 128 Abs. 4 GWB für notwendig zu erklären;**
4. **dem Antragsgegner die Kosten des Verfahrens einschließlich der Kosten der zweckentsprechenden Rechtsverfolgung der Antragstellerin aufzuerlegen.**

Begründung:[8]

Teil 1: Sachverhalt[9]

Der Antragsgegner schrieb den Abschluss von Rahmenverträgen über den Kauf und die Lieferung von PC's, Monitoren und Druckern in Losen durch Bekanntmachung im Supplement zum Amtsblatt der Europäischen Union vom ...... europaweit aus. Die Bekanntmachung ist beigefügt als

Anlage Ast 1.

Die Vergabeunterlagen sind als

Anlage Ast 2

beigefügt. Für das Jahr ...... ist danach die Beschaffung von 300 Computern und Monitoren sowie ca. 200 Druckern beabsichtigt (vgl. Seite ...... der Vergabeunterlagen).
Die Antragstellerin gab am ...... ein Angebot ab. Das Angebot ist in Kopie VERTRAULICH, NICHT DER BEIZULADENDEN ZUGÄNGLICH ZU MACHEN[10], beigefügt als

Anlage Ast 3.

Mit Schreiben vom ......, beigefügt als

Anlage Ast 4,

forderte der Antragsgegner die Antragstellerin auf, ...-Zertifikate für die angebotenen Komponenten vorzulegen. Noch am ...... wurden seitens der Antragstellerin die entsprechenden Zertifikate zur Verfügung gestellt, in Kopie beigefügt als

Anlage Ast 5.

Aufgrund eines Versehens seitens der Antragstellerin bezogen sich diese Zertifikate jedoch nicht auf die von ihr angebotene Baureihe. Dieser Fehler war für den Auftraggeber bei Durchsicht der Unterlagen ohne weiteres erkennbar.

Mit Schreiben vom ......, beigefügt als

Anlage Ast 6,

teilte der Antragsgegner der Antragstellerin mit, dass ihr Angebot auf Grund der fehlenden ......-Zertifizierung nicht berücksichtigt worden sei. Die Antragstellerin rügte daraufhin mit Schreiben vom ......, beigefügt als

Anlage Ast 7,

gegenüber dem Antragsgegner ihren Ausschluss. Gleichzeitig übersandte sie die korrekten Zertifikate für die von ihr angebotene Baureihe, beigefügt als

Anlage Ast 8.

Die Rüge hat der Antragsgegner mit Schreiben vom ......, eingegangen bei der Antragstellerin am ......, beigefügt als

Anlage Ast 9,

zurückgewiesen. Inzwischen hat die Antragstellerin erfahren, dass der Zuschlag auf das Angebot eines anderen Bieters erteilt werden soll. Auf telefonische Rückfrage teilte Herr ......, Mitarbeiter der Antragsgegnerin, der Mitarbeiterin der Antragstellerin, Frau ......, mit, das Angebot der Antragstellerin sei zwar das preislich günstigste gewesen, müsse aber wegen der fehlenden Zertifikate ausgeschlossen werden.

Beweis:[11] Zeugnis der Frau ......, zu laden über die Antragstellerin

Teil 2: Rechtliche Würdigung[12]

Der Antrag auf Nachprüfung ist zulässig und begründet.

A. Zulässigkeit[13]

Die Voraussetzungen des § 107 GWB sind erfüllt.

I. Maßgeblicher Schwellenwert[14]

Der für die Anwendbarkeit des vierten Teils des GWB und damit auch die Vorschriften über das Nachprüfungsverfahren gemäß § 100 Abs. 1 GWB erforderliche Schwellenwert ist überschritten. Bei Liefer- und Dienstleistungsaufträgen wie dem vorliegenden Kauf und der Lieferung von Computern, Monitoren und Druckern beträgt der Schwellenwert gemäß § 127 Nr. 1 GWB in Verbindung mit § 2 Nr. 3 VgV sowie Verordnung (EG) Nr. 1422/2007 v. 4. 12. 2007 EUR 206.000,–. Das Auftragsvolumen übersteigt diese Grenze.

Bei dem Auftrag handelt es sich um einen Rahmenvertrag. In diesem Fall wird der Auftragswert gemäß § 3 Abs. 8 VgV auf der Grundlage des geschätzten *Höchstwertes* aller für den Zeitraum der Rahmenvereinbarung geplanten Bestellungen berechnet.

Nach den Vergabeunterlagen (Anlage Ast 2) ist für das Jahr ...... die Anschaffung von 300 Computern sowie 200 Druckern beabsichtigt (Seite 8 der Vergabeunterlagen). Bei diesem Auftragsvolumen ist bei einem marktüblichen Preis von ...... für Computer mit ...... Monitor und ...... für Drucker von einem Auftragswert von über EUR 206.000,– auszugehen.

II. Antragsbefugnis[15]

Die Antragstellerin ist antragsbefugt. Sie hat ein Angebot abgegeben und hat damit gemäß § 107 Abs. 2 Satz 1 GWB ein Interesse an dem Auftrag. Außerdem macht sie eine Verletzung in ihren Rechten nach § 97 Abs. 7 GWB durch Nichtbeachtung von Vergabevorschriften geltend. Die Voraussetzungen eines Ausschlusses des Angebots der Antragstellerin gemäß § 25 Nr. 1 VOL/A lagen nicht vor.

Durch diese Verletzung des Vergaberechts droht der Antragstellerin ein Schaden zu entstehen (§ 107 Abs. 2 Satz 2 GWB)[16]. Insoweit genügt es, wenn Umstände aufgezeigt werden, aus denen sich schlüssig die Möglichkeit eines Schadens ergibt (BGH, Beschl. v. 26. 9. 2006 – X ZB 14/06), wobei an die Darlegung eines Schadens keine übertriebenen Anforderungen gestellt werden dürfen (BVerfG, Beschl. v. 29. 7. 2004 – 2 BvR 2248/03, NZBau 2004, 564).

Die Antragstellerin hätte bei Berücksichtigung ihres Angebots gute Aussichten auf den Zuschlag gehabt. Ihr Angebot war nach der telefonischen Auskunft des Antragsgegners das preislich günstigste.

III. Unverzügliche Rüge[17]

Der Rechtsverstoß ist von der Antragstellerin mit dem Schreiben vom ...... (Anlage Ast 7) auch rechtzeitig gemäß § 107 Abs. 3 GWB gerügt worden. Die Rüge erfolgte unverzüglich nach bekannt werden des Ausschlusses vom ......

IV. Einhaltung der Antragsfrist[18]

Der Nachprüfungsantrag wurde auch fristgerecht innerhalb von 15 Kalendertagen nach Eingang der Rügezurückweisung durch den Auftraggeber eingelegt (§ 107 Abs. 3 Nr. 4 GWB). Die Rügezurückweisung ging bei der Antragstellerin am ...... ein, so dass der Nachprüfungsantrag vom ...... fristgerecht erfolgte.

V. Kein zwischenzeitlicher Zuschlag[19]

Der Zulässigkeit des Antrags stünde auch ein zwischenzeitlich erteilter Zuschlag nicht entgegen. Denn der mit Zuschlagserteilung geschlossene Vertrag mit dem anderen Bieter

wäre gemäß § 101b Abs. 1 Nr. 1 GWB von Anfang an unwirksam. Die Antragstellerin hat keine Mitteilung über die Vergabeabsicht des Antragsgegners erhalten, die den Voraussetzungen des § 101a Abs. 1 GWB genügte. Das Schreiben der Vergabestelle vom ...... (Anlage Ast 6) enthielt lediglich die formelhafte Mitteilung des Ausschlusses gem. „§ 25 Nr. 1 *oder* Nr. 2 Abs. VOL/A" und bezog sich in keiner Weise auf die beabsichtigte Auftragserteilung an einen bestimmten Mitbieter.
Zudem wäre selbst nach einer ausreichenden Mitteilung nach § 101a Abs. 1 GWB oder sofern das Schreiben vom ...... als Mitteilung im Sinne von § 101a Abs. 1 GWB anzusehen wäre, die 15-tägige Wartefrist ab Absendung der Information vor Erteilung des Zuschlags einzuhalten gewesen. Der Zuschlag kann, wenn überhaupt, nicht vor dem ...... wirksam erteilt werden.

B. Begründetheit

Der Nachprüfungsantrag ist auch begründet. Der Ausschluss der Antragstellerin war vergaberechtswidrig und verletzte die Antragstellerin in ihren Rechten (§ 97 Abs. 7 GWB).
Auf § 25 Nr. 1 VOL/A konnte der Ausschluss der Antragstellerin aus dem Vergabeverfahren (entgegen der formelhaften Erwähnung im Schreiben der Vergabestelle vom ......) in keinem Fall gestützt werden, da es sich bei den als unvollständig bemängelten Zertifikaten unzweifelhaft nicht um „wesentliche Preisangaben" im Sinne des § 25 Nr. 1 Abs. 1 Buchst. a VOL/A handelt und auch keiner der anderen in § 25 Nr. 1 VOL/A genannten *zwingenden* Ausschlussgründe vorlag.
In Betracht hätte allenfalls ein fakultativer Ausschluss nach § 25 Nr. 2 Buchst. a VOL/A kommen können wegen Unvollständigkeit des Angebots der Antragstellerin nach § 21 Nr. 1 Abs. 1 Satz 1 VOL/A. Auch diese Vorschrift bietet jedoch im vorliegenden Fall keine Rechtsgrundlage für den Ausschluss, denn die nachgeforderten Zertifikate waren in der Leistungsbeschreibung nicht als Mindestanforderungen genannt ......
Die Hinzuziehung des Verfahrensbevollmächtigten durch die Antragstellerin war notwendig. Die Antragstellerin verfügt als mittelständisches Unternehmen nicht über das zur zweckentsprechenden Durchführung dieses Verfahrens notwendige rechtskundige Personal. Zudem sind die zu entscheidenden Rechtsfragen so komplex und speziell, dass von der Antragstellerin nicht erwartet werden kann, dass sie diese ohne Hinzuziehung eines spezialisierten Rechtsanwalts im bestehenden engen zeitlichen Rahmen selbst mit hinreichender Klarheit zu vertreten vermag.

Dem Antrag ist deshalb stattzugeben.

Rechtsanwalt

Schrifttum: S. Form II. M. 1.

Anmerkungen

1. Das Nachprüfungsverfahren vor der Vergabekammer wird nur auf Antrag eingeleitet (§ 107 Abs. 1 GWB). Ein Verfahren von Amts wegen kommt nicht in Betracht. Der Antrag muss gemäß § 108 Abs. 1 GWB bei der zuständigen Vergabekammer schriftlich eingereicht werden. Für Vergaben des Bundes ist die Vergabekammer des Bundes beim Bundeskartellamt zuständig (§ 106a Abs. 1 GWB). Für Vergaben der Länder und der Kommunen sind auf Länderebene Vergabekammern durch Landesrecht (siehe dazu im Einzelnen *Prieß/Niestedt,* S. 60f. Fn. 297) eingerichtet (§ 106a Abs. 2, 3 GWB). Die zuständige Vergabekammer sowie ihre Anschrift muss sich grundsätzlich aus der Vergabebekanntmachung und den Vergabeunterlagen ergeben (§ 17 Satz 1 VgV).

Das Schriftformerfordernis ist wohl im Sinne von § 66 Satz 1 GWB auszulegen. Die Übermittlung kann direkt, per Post oder sonstigem Boten, per Telefax (VK Sachsen, Beschl. v. 23. 1. 2004, 1/SVK/160-03) oder auch per E-Mail mit digitaler Signatur nach dem Signaturgesetz erfolgen (*Dreher,* in: *Immenga/Mestmäcker,* § 108 Rdn. 3; *Möllenkamp,* in: *Kulartz/Kus/Portz,* § 108 Rdn. 4). Der Antrag ist gemäß § 23 VwVfG in deutscher Sprache abzufassen (*Marx,* in: *Motzke/Pietzcker/Prieß,* §§ 107, 108 GWB, Rdn. 9). Anträge in fremder Sprache können nicht zugestellt werden. Die Vergabekammer hat allerdings unverzüglich auf die Vorlage einer Übersetzung hinzuweisen (§ 23 Abs. 2 Satz 1 VwVfG).

Eine unzuständige Vergabekammer ist grundsätzlich gem. §§ 83 VwGO, 17a Abs. 2 GVG analog verpflichtet, dafür zu sorgen, dass der Antrag unverzüglich zur zuständigen Vergabekammer weitergeleitet wird (OLG Bremen, Beschl. v. 17. 8. 2000, Verg 2/2000; VK Baden-Württemberg, Beschl. v. 20. 1. 2009, 1 VK 67/08; VK Bund, Beschl. v. 9. 5. 2007 – VK 1-26/07; VK Sachsen, Beschl. v. 19. 12. 2008 – 1/SVK/064-08; VK Lüneburg, Beschl. v. 20. 9. 2004, 203 – VgK-46/2004; *Marx,* in: *Motzke/Pietzcker/Prieß,* § 107 GWB Rdn. 5). Da das Zuschlagsverbot gemäß § 115 Abs. 1 GWB erst durch die Information des Auftraggebers über den Antrag durch die Vergabekammer ausgelöst wird, besteht die Gefahr, dass während der Suche der zuständigen Kammer der Zuschlag erteilt wird. Daher ist in der Praxis größte Sorgfalt darauf zu legen, den Antrag bei der zuständigen Vergabekammer zu stellen.

2. Grundsätzlich kann der Nachprüfungsantrag von jeder als Unternehmen im Sinne des § 97 Abs. 7 GWB zu qualifizierenden Person gestellt werden. Im Antrag ist das Unternehmen mit genauer Bezeichnung und ladungsfähiger Anschrift zu benennen. Auch Bietergemeinschaften werden als Unternehmen iSv. § 107 Abs. 2 GWB angesehen und können deshalb als solche (durch einen bevollmächtigten Vertreter) Nachprüfungsanträge stellen (EuGH, Rs. C-57/01, Makedoniko Metro, Slg. 2003, I-1091, 1136 Rdn. 72f.; OLG Frankfurt, Beschl. v. 5. 5. 2002 – 11 Verg 2/01, VergabeR 2002, 394; VK Rheinland-Pfalz, Beschl. v. 24. 5. 2005 – VK 14/05).

Einzelne Mitglieder einer Bietergemeinschaft sind grundsätzlich nicht antragsbefugt (EuGH, Urt. v. 8. 9. 2005 – Rs. C-129/04, NZBau 2005, 707; OLG Düsseldorf, Beschl. v. 20. 12. 2004 – Verg 101/04; bejahend, allerdings für den Sonderfall, dass einzelne Mitglieder andere Interessen verfolgen als die Bietergemeinschaft insgesamt: OLG Hamburg, Beschl. v. 10. 10. 2003 – 1 Verg 2/03). Gemäß § 108 Abs. 1 Satz 2 GWB haben Antragsteller ohne Wohnsitz oder gewöhnlichen Aufenthalt oder Geschäftsleitung im Geltungsbereich des GWB einen Empfangsbevollmächtigten im Geltungsbereich des GWB zu benennen.

3. Im Vergabenachprüfungsverfahren gilt in der ersten Instanz vor der Vergabekammer (anders als in der zweiten Instanz vor dem Oberlandesgericht, §§ 117 Abs. 3, 120 Abs. 1 GWB) kein Anwaltszwang. Der Antrag kann auch durch das um Nachprüfung ersuchende Unternehmen selbst gestellt werden.

4. Inhalt des Antrags muss der eindeutige Wille sein, ein bestimmtes Vergabeverfahren durch die Vergabekammer überprüfen zu lassen (sa. Anm. 7). Deshalb muss gemäß § 108 Abs. 2 1. Halbsatz GWB der Antragsgegner, also ein bestimmter Auftraggeber, im Nachprüfungsantrag genannt werden. Anträge ohne konkrete Bezeichnung des Auftraggebers sind unzulässig. Das Nachprüfungsverfahren kann deshalb auch nicht etwa gegen einen Mitbieter beantragt werden. Soweit der Auftraggeber dennoch aus dem Antrag erkennbar ist, dürfte der Antrag gleichwohl zulässig sein. Es ist einem Bieter, der einen Nachprüfungsantrag stellen will, nicht zumutbar, Ungewissheiten hinsichtlich des öffentlichen Auftraggebers aufzuklären. Unklare oder widersprüchliche Angaben hierzu in Ausschreibungsverfahren gehen daher zu Lasten des Auftraggebers (VK Bund, Beschl. v. 20. 6. 2007 – VK 3-55/07). Um die Übermittlung des Antrags an den Auftraggeber zu beschleunigen, sollte der Auftraggeber/Antragsgegner mit genauer Anschrift benannt werden.

5. Gemäß § 108 Abs. 2 2. Halbsatz GWB soll der Antrag, soweit bekannt, die sonstigen Verfahrensbeteiligten benennen. Verfahrensbeteiligte im Nachprüfungsverfahren sind gemäß § 109 GWB der Antragsteller und der öffentliche Auftraggeber. Darüber hinaus prüft die Vergabekammer von Amts wegen, ob Unternehmen beizuladen sind, deren Interessen durch die angefochtene Entscheidung der Vergabestelle schwerwiegend berührt werden. Auf die Beiladung kann der Antragsteller durch entsprechenden Hinweis hinwirken. Die Entscheidung der Vergabekammer über die Beiladung ist unanfechtbar (§ 109 Satz 2 GWB).

6. Der Nachprüfungsantrag soll gemäß § 108 Abs. 1 Satz 2 GWB ein bestimmtes Begehren enthalten. Aus § 114 Abs. 1 GWB folgt, dass das Begehren auf die Beseitigung einer behaupteten Rechtsverletzung gerichtet sein muss. Der Antrag ist also ein Leistungsantrag und kein Feststellungsantrag (*Dreher,* in: *Immenga/Mestmäcker,* § 108 Rdn. 8). Für die Einleitung eines Nachprüfungsverfahrens mit dem alleinigen Ziel der Feststellung der Rechtswidrigkeit besteht kein Rechtsschutzbedürfnis. Antragsziel muss immer sein, der Vergabestelle ein bestimmtes Verhalten aufzugeben oder bestimmte Verhaltensweisen untersagen zu lassen. Anderes gilt nur für den Fortsetzungsfeststellungsantrag nach Erledigung des Vergabeverfahrens im laufenden Nachprüfungsverfahren unter den Voraussetzungen von § 114 Abs. 2 GWB.

An die Formulierung des Antrags dürfen keine überzogenen Anforderungen gestellt werden. Die Bestimmung ist als Soll-Vorschrift abgefasst. Es müssen keine tenorierungsfähigen Anträge gestellt werden. Das folgt bereits aus § 114 Abs. 1 Satz 2 GWB, wonach die Vergabekammer nicht an die Anträge gebunden ist und auch unabhängig von den Anträgen auf die Rechtmäßigkeit des Vergabeverfahrens einwirken kann. Ein bestimmtes Begehren im Sinne des § 108 Abs. 1 Satz 2 GWB liegt daher bereits dann vor, wenn das Verfahrensziel des Antragstellers aus dem Antrag deutlich wird (OLG Düsseldorf, Beschl. v. 18. 7. 2001 – Verg 16/01; VK Schleswig-Holstein, Beschl. v. 14. 9. 2005 – VK-SH 21/05).

7. Die Verfahrensbeteiligten können gemäß § 111 Abs. 1 GWB die Akten bei der Vergabekammer einsehen und sich auf ihre Kosten Ausfertigungen, Auszüge oder Abschriften erteilen lassen. Das Akteneinsichtsrecht besteht allerdings nur, sofern der Nachprüfungsantrag zulässig ist (OLG Naumburg, Beschl. v. 15. 7. 2008 – 1 Verg 5/08; VK Brandenburg, Beschl. v. 11. 3. 2009 – VK 7/09; VK Baden-Württemberg, Beschl. v. 16. 1. 2009 – 1 VK 65/08). Die Grenze des Akteneinsichtsrechtes bezeichnet § 111 Abs. 2 GWB, wonach die Einsicht in Unterlagen aus wichtigen Gründen, insbesondere des Geheimschutzes oder zur Wahrung von Betriebs- oder Geschäftsgeheimnissen, zu versagen ist. Als Betriebs- und Geschäftsgeheimnis sind Tatsachen zu verstehen, die nach dem erkennbaren Willen des Trägers geheim gehalten werden sollen, die nur einem begrenzten Personenkreis bekannt und damit nicht offenkundig sind und hinsichtlich derer der Geheimnisträger deshalb ein sachlich berechtigtes Geheimhaltungsinteresse hat, weil eine Aufdeckung der Tatsachen geeignet wäre, ihm wirtschaftlichen Schaden zuzufügen (OLG Düsseldorf, Beschl. v. 28. 12. 2007 – Verg 40/07). Auch die Korrespondenz zwischen Rechtsanwalt und Mandanten, die gerade Fragen zum streitgegenständlichen Vergabeverfahren betrifft, stellt ein Geschäftsgeheimnis des Mandanten dar (OLG Düsseldorf, Beschl. v. 4. 3. 2009 – VII-Verg 67/08).

Die Einschränkung des Rechtes auf rechtliches Gehör aus Art. 103 GG ist verfassungskonform dahingehend auszulegen, dass auch vor der Vergabekammer, wie im Beschwerdeverfahren (gemäß § 120 Abs. 2 GWB iVm. § 72 Abs. 2 GWB), eine Abwägung des Gebots des rechtlichen Gehörs mit dem Geheimhaltungsinteresse stattzufinden hat (OLG Düsseldorf, Beschl. v. 28. 12. 2007 – Verg 40/07; VK Mecklenburg-Vorpommern, Beschl. v. 28. 11. 2008 – 2 VK 7/08; *Gröning,* NZBau 2000, 367, 368). Über die Abwägungskriterien des § 111 Abs. 2 bestehen in Rechtsprechung und Literatur unterschiedliche Auffassungen (vgl. die Darstellung bei *Kus,* VergabeR 2003, 129). Die Bandbreite der Meinungen reicht von einer generellen Verweigerung der Einsicht in Preisangaben (VK Bund, NZBau 2000, 356; *Düsterdiek,* NZBau 2004, 605, 608) bis zur Auffassung, dass durch die Teilnahme an einer öffentlichen Ausschreibung die Bieter jedenfalls einen Teil der im Geschäftsverkehr insbesondere gegenüber Konkurrenten üblichen Geheimhaltung aufgeben (OLG Jena, Beschl. v. 26. 10. 1999, 6 Verg 3/99, NZBau 2000, 354; VK Brandenburg, Beschl. v. 15. 11. 2005 – 2 VK 64/05). Auch der EuGH hat sich nicht eindeutig zu den geltenden Abwägungskriterien geäußert (EuGH, Urt. v. 14. 2. 2008, Rs. C-450/06, VergabeR 2008, 487 mit Anm. *Hölzl/von Hoff*). Richtigerweise ist in die Abwägung auf der einen Seite einzustellen, ob und inwieweit die Offenlegung des Geheimnisses geeignet ist, die wettbewerbliche Position des Berechtigten zu beeinträchtigen und seiner zukünftigen Wettbewerbsfähigkeit außerhalb des Vergabeverfahrens zu schaden. Auf der anderen Seite ist der hohe Wert des grundsätzlich vorbehaltlos gewährleisteten Art. 19 Abs. 4 GG einzustellen, der einen effektiven Rechtsschutz, dh. eine tatsächliche wirksame gerichtliche Kontrolle fordert (BVerfG, NZBau 2004, 564, 565 mwN.). Danach darf im Interesse des subjektiven Rechtsschutzes der Verfahrensbeteiligten die Akteneinsicht erst dann versagt werden, wenn die Vergabekammer davon überzeugt ist, dass das fragliche Material dem betriebsbezogenen Vertraulichkeitsbereich eines Verfahrensbeteiligten angehört und dass wichtige Gründe des Geheimschutzes gebieten, es der Kenntnisnahme Dritter vorzuenthalten (OLG Jena, Beschl. v. 26. 10. 1999 – 6 Verg 3/99, NZBau 2000, 354; iE. auch *Gröning,* NZBau 2000, 367).

8. Die Begründung des Nachprüfungsantrages muss gemäß § 108 Abs. 1 Satz 1 GWB unverzüglich erfolgen. Diese Voraussetzung ist jedenfalls erfüllt, wenn die Begründung dem Antrag beigefügt ist. Ausreichend ist aber auch, wenn die Begründung unverzüglich, d.h. im Sinne von § 121 Abs. 1 BGB ohne schuldhaftes Zögern, nachgereicht wird (VK Sachsen, Beschl. v. 27. 6. 2002 – 1/SVK/057-02), wobei dies auf Grund der kurzen Entscheidungsfrist für die Vergabekammer von nur fünf Wochen (§ 113 Abs. 1 Satz 1 GWB) innerhalb kürzester Frist geschehen sollte (vgl. VK Baden-Württemberg, Beschl. v. 2. 12. 2004 – 1 VK 74/04). Im Übrigen kann die Vergabekammer die nach § 110 Abs. 2 GWB vor der Übermittlung des Antrags beim Auftraggeber vorgesehene überschlägige Prüfung des Nachprüfungsantrags regelmäßig erst nach Vorlage der schriftlichen Begründung vornehmen. Da der Suspensiveffekt (Zuschlagsverbot, § 115 Abs. 1 GWB) erst mit der schriftlichen Information des Auftraggebers über den (nicht offensichtlich unzulässigen oder unbegründeten) Nachprüfungsantrag durch die Vergabekammer eintritt, empfiehlt es sich insbesondere zur Rechtswahrung, die Begründung mit dem Nachprüfungsantrag vorzulegen.

9. Die Begründung des Nachprüfungsantrags muss eine Darstellung des wesentlichen Sachverhalts enthalten (§ 108 Abs. 2 GWB). Dabei genügt grundsätzlich eine allgemeine Darstellung in Umrissen (*Marx,* in: *Motzke/Pietzcker/Prieß,* §§ 107, 108 GWB, Rdn. 18; *Portz,* in: *Niebuhr/Kulartz/Kus/Portz,* § 108 Rdn. 2; OLG Dresden, Beschl. v. 6. 6. 2002 – WVerg 4/02, WuW/E Verg 711). Im Gegensatz zur Formvorschrift des § 108 Abs. 1 Satz 2 GWB, wonach der Antrag ein bestimmtes Begehren enthalten „soll", sind die Anforderungen an den Inhalt der Begründung jedoch höher, weil es nach dem Willen des Gesetzgebers darauf ankommt, den Nachprüfungsfall schnellstmöglich entscheidungsreif zu machen (OLG Düsseldorf, Beschl. v. 23. 1. 2008 – Verg 36/07; VK Lüneburg, Beschl. v. 20. 8. 2002 – 203-VgK-12/2002). Der Antrag muss zumindest in laienhafter Darstellung die Indizien und tatsächlichen Anhaltspunkte aufzeigen, die den Antragsteller zu dem Schluss bewogen haben, die Vergabestelle habe sich rechtswidrig verhalten (OLG Jena, Beschl. v. 16. 1. 2002 – 6 Verg 7/01, ZfBR 2002, 522; VK Südbayern, Beschl. v. 29. 7. 2008 – Z3-3-3194-1-18-05/08). Die Vergabekammer soll schon mit dem Antrag und seiner Begründung eine vernünftige Arbeitsbasis erhalten, insbesondere um die vor der Information des Auftraggebers über den Nachprüfungsantrag notwendige Prüfung auf offensichtliche Unzulässigkeit bzw. Unbegründetheit gemäß § 110 Abs. 2 GWB durchführen zu können. Ein ins Blaue hinein gestellter Antrag, der auf zusätzliche Erkenntnisse durch die Akteneinsicht vertraut, läuft insbesondere Gefahr, bereits an der Hürde des § 110 Abs. 2 GWB zu scheitern.

Durch die Beschreibung des Sachverhalts wird, zusammen mit den Anträgen, der Gegenstand der Nachprüfung faktisch eingegrenzt. Zwar ist die Vergabekammer auf Grund des Untersuchungsgrundsatzes nach § 110 Abs. 1 GWB an das Vorbringen oder Beweisanträge der Beteiligten nicht gebunden. Vielmehr bestimmt die Vergabekammer nach pflichtgemäßem Ermessen die Art und den Umfang der Ermittlungen (vgl. *Marx,* in: *Motzke/Pietzcker/Prieß,* § 110 GWB Rdn. 6; *Maier,* NZBau 2004, 667, 668). Sie kann sich dabei jedoch nach dem Vergaberechtsmodernisierungsgesetz 2009 auf das beschränken, was von den Beteiligten vorgebracht wird oder ihr sonst bekannt sein muss. Zu einer umfassenden Rechtmäßigkeitskontrolle ist die Vergabekammer gemäß § 110 Abs. 1 Satz 3 GWB nicht verpflichtet. Eine Verpflichtung zur Sachaufklärung besteht aber wohl weiterhin, wenn konkrete Anhaltspunkte für die Aufnahme von Ermittlungen in eine bestimmte Richtung bestehen (OLG Düsseldorf, VergabeR 2002, 267, 273; VK Lüneburg, Beschl. v. 27. 1. 2009 – VgK-51/2008; VK Brandenburg, Beschl. v. 7. 4. 2008 – VK 7/08; VK Südbayern, Beschl. v. 29. 7. 2008 – Z3-3-3194-1-18-05/08). Es liegt insoweit an der Antragstellerin, durch die Sachverhaltsdarstellung die Vergabekammer auch auf Aspekte des Verfahrens zu lenken, für die die Antragstellerin naturgemäß vor der Einsicht in die Vergabeakte über keine umfassende Sachverhaltskenntnis verfügen kann, die nach ihrer Auffassung jedoch durch die Vergabekammer aufzuklären sind.

10. Im laufenden Vergabeverfahren gilt gemäß § 22 Nr. 8 VOB/A und § 22 Nr. 6 VOL/A ein umfassender Geheimnisschutz für die Angebote der Bieter sowie damit verbundene Unterlagen und Informationen. Das ist bereits durch den in § 97 Abs. 1 GWB verankerten Wettbewerbsgrundsatz geboten, der insbesondere den Geheimwettbewerb zwischen den Bietern schützt. Dem ist in besonderem Maße in Vergabenachprüfungsverfahren Rechnung zu tragen, die während des laufenden Angebotswettbewerbs stattfinden. So ist auch in § 111 Abs. 3 GWB zur Akteneinsicht geregelt, dass die Beteiligten mit Übersendung ihrer Akten oder Stellungnahmen auf Geheimnisse im Sinne von § 111 Abs. 2 GWB hinweisen und diese in den Unterlagen entsprechend kenntlich zu machen haben. Es ist deshalb in dem Nachprüfungsantrag oder auch nachfolgenden Schriftsätzen jeweils darauf hinzuweisen, wenn bestimmte Unterlagen wegen des Geheimnisschutzes anderen Beteiligten nicht zugänglich zu machen sind.

Einem Antragsteller im Vergabenachprüfungsverfahren darf die Einsicht in die Vergabeakten nur dann verwehrt werden, wenn derjenige, der sich auf § 111 Abs. 2 GWB beruft, nachvollziehbar darlegt, warum bestimmte, einzeln zu bezeichnende Unterlagen dem Mitbewerber nicht zugänglich gemacht werden dürfen (VK Mecklenburg-Vorpommern, Beschl. v. 28. 11. 2008 – 2 VK 7/08; OLG Celle Beschl. v. 10. 9. 2001, VergabeR 2002, 82).

11. Neben der Sachverhaltsbeschreibung muss die Begründung auch die verfügbaren Beweismittel nennen. Dazu eignet sich alles, was in der Lage ist, die Kammer vom Vorhandensein oder Nichtvorhandensein bestimmter Tatsachen zu überzeugen oder für bestimmte Wertungen zu gewinnen. Insoweit können sowohl Sachverständige als auch Zeugen sowie alle denkbaren schriftlichen Dokumente, insbesondere solche aus dem Vergabeverfahren Beweismittel sein. Wegen des Beschleunigungsgrundsatzes aus § 113 Abs. 2 GWB sind nur die verfügbaren Beweismittel vorzulegen. Insbesondere ist der Antragsteller nicht gehalten, Beweismittel aus dem Vergabeverfahren zu beschaffen, die er bei rechtmäßigem Verlauf des Vergabeverfahrens nicht erhalten darf (zum Beispiel Unterlagen über interne Vorgänge beim Auftraggeber). Ob die Vergabekammer die von den Beteiligten genannten Beweismittel heranzieht oder nicht, liegt auf Grund des Untersuchungsgrundsatzes nach § 110 GWB in ihrem pflichtgemäßen Ermessen. Aus dem Untersuchungsgrundsatz folgt auch die Geltung des Grundsatzes der freien Beweiswürdigung.

Deshalb trifft den Antragsteller, abgesehen von der Pflicht zur Angabe der Beweismittel nach § 108 Abs. 1 Satz 2 GWB (ebenso wie die anderen Verfahrensbeteiligten) keine Beweisführungslast. Bleibt jedoch trotz umfassender Aufklärungsversuche durch die Vergabekammer der Sachverhalt unaufklärbar, fällt die materielle Beweislast demjenigen zu, der einen bestimmten Sachverhalt für sich in Anspruch nehmen will (*Dreher,* in: *Immenga/Mestmäcker,* § 110 Rdn. 14).

12. Die Begründung muss gemäß § 108 Abs. 2 GWB zumindest eine Beschreibung der behaupteten Rechtsverletzung enthalten (s. bereits o., Anm. 10). Damit ist der Antragsteller nicht zu einer ins Einzelne gehenden Darlegung konkret verletzter Vergabenormen verpflichtet. Es empfiehlt sich jedoch im Hinblick auf die Vorprüfung des Antrages gemäß § 110 Abs. 2 GWB, die behauptete Rechtsverletzung soweit wie möglich rechtlich zu würdigen und insbesondere die Zulässigkeitsvoraussetzungen des Antrags abzuhandeln.

13. Zulässigkeitsbestimmungen finden sich hinsichtlich der Antragsbefugnis in § 107 Abs. 2 und 3 GWB. §§ 98, 109 GWB bestimmen den personellen Anwendungsbereich, die §§ 99, 100 GWB den sachlichen Anwendungsbereich des 4. Teils des GWB und damit des Nachprüfungsverfahrens.

Zulässig ist ein Nachprüfungsantrag nur, soweit es sich um einen öffentlichen Auftrag gemäß § 99 GWB handelt, der von einem öffentlichen Auftraggeber gemäß § 98 GWB vergeben wird. Insbesondere bei privatisierten Unternehmen, die einem öffentlichen Auftraggeber zuzurechnen sind, können hier Ausführungen angezeigt sein (vgl. zB. OLG Naumburg, NZBau 2004, 403 (gemeinnützige GmbH als öffentlicher Auftraggeber); OLG Dresden, NZBau 2004, 404 (GmbH als öffentlicher Auftraggeber)).

14. Nach § 100 Abs. 1 GWB sollen die Vergaberegeln des GWB nur bei Aufträgen anzuwenden sein, die die in den EG-Richtlinien festgesetzten Schwellenwerte erreichen oder übersteigen. Die Schwellenwerte sind im deutschen Recht in § 2 VgV festgelegt und wurden zum 1. Januar 2008 durch Verordnung (EG) Nr. 1422/2007 v. 4. 12. 2007 angepasst (vgl. Art. 78 RL 2004/18/EG sowie Art. 69 RL 2004/17/EG). § 100 Abs. 2 GWB nimmt die Bereiche von der Anwendung des GWB aus, die auch durch die EG-Vergaberichtlinien nicht erfasst werden (Überblick zum Rechtsschutz im Unterschwellenbereich *Widmann,* S. 172 ff.; vgl. zum Rechtsschutz bei der Vergabe von Dienstleistungskonzessionen, *Hausmann,* VergabeR 2007, 325, 331).

15. Antragsbefugt ist jedes Unternehmen, das ein Interesse an dem betreffenden Auftrag hat und gem. § 107 Abs. 2 GWB darlegt, dass es in seinen Rechten aus § 97 Abs. 7 GWB verletzt ist und dass ihm durch die behauptete Rechtsverletzung ein Schaden entstanden ist oder zu entstehen droht. Dabei dürfen an die Darlegung eines Schadens keine übertriebenen Anforderungen gestellt werden (BVerfG, NZBau 2004, 564 mit Anm. *Bultmann/Hölzl,* NZBau 2004, 651; ebenso BGH, Beschl. v. 18. 5. 2004, NZBau 2004, 457; OLG Celle, Beschl. v. 31. 7. 2008 – 13 Verg 3/08; OLG Karlsruhe, Beschl. v. 15. 10. 2008 – 15 Verg 9/08; *Glahs,* NZBau 2004, 544, 546). Ein Interesse am Auftrag können insbesondere alle potentiellen Teilnehmer eines Vergabeverfahrens haben. Der Bewerber/Bieter kann das Interesse am Auftrag durch jedes Schriftstück belegen, aus dem sich die Teilnahme am konkreten Verfahren ergibt (*Marx,* in: *Motzke/Pietzcker/Prieß,* § 107 GWB Rdn. 23). Der Antragsteller muss aber nicht zwingend als Bieter in Erscheinung getreten sein (zB. wenn noch kein Angebot abgegeben wurde oder wenn rechtswidrig kein Vergabeverfahren durchgeführt wurde)(kritisch dazu *Antweiler,* VergabeR 2004, 702). Das Interesse am Auftrag wird ggf. auch durch die Stellung eines Nachprüfungsantrags dokumentiert (BVerfG, Beschl. v. 29. 7. 2004 – 2 BvR 2248/03). Ein Unternehmen ist regelmäßig auch dann antragsbefugt, wenn es mit Rücksicht auf die für rechtswidrig gehaltenen Vergabebedingungen kein Angebot abgegeben hat und ihm die Erarbeitung eines Angebots nicht zuzumuten war (OLG Saarland, Beschl. v. 7. 5. 2008 – 1 Verg 5/07; OLG Frankfurt, Beschl. v. 29. 5. 2007 – 11 Verg 12/06; OLG Düsseldorf, Beschl. v. 9. 7.

2003 – Verg 26/03; VK Düsseldorf, Beschl. v. 15. 8. 2008 – VK-18/2008-L). In Fällen eines unterlassenen Vergabeverfahrens darf es sich auch nicht nachteilig auf die Antragsbefugnis auswirken, dass der Antragsteller am Verfahren der Auftragsvergabe weder teilgenommen noch – ausdrücklich oder stillschweigend – ein Interesse an einer Teilnahme bekundet hat, wenn der Antragsteller geltend macht, gerade durch den zur Überprüfung gestellten Vergaberechtsverstoß, der darin liegt, dass der Auftrageber die Beschaffung ohne vorherige Bekanntgabe dieses Vorhabens durchgeführt hat, an einer Teilnahme, insbesondere an der Einreichung eines Angebots oder der Bekundung eines Interesses an diesem Auftrag, gehindert gewesen zu sein (OLG Düsseldorf, Beschl. v. 25. 1. 2005 – Verg 93/04).

Der Antragsteller muss geltend machen können, durch Nichtbeachtung von Vergabevorschriften durch den Auftraggeber in seinen eigenen Rechten aus § 97 Abs. 7 GWB verletzt zu sein. Da § 97 Abs. 7 GWB nicht zwischen einzuhaltenden Vergabevorschriften und solchen, die dem Schutz von Unternehmen dienen, unterscheidet, erübrigt sich jedoch regelmäßig die Frage nach dem unternehmensschützenden Charakter einer Norm (*Marx,* in: *Motzke/Pietzcker/Prieß,* § 107 GWB Rdn. 24; *Dreher,* in: *Immenga/Mestmäcker,* § 97 Rdn. 275 mwN.). Ebenso wie bei § 42 Abs. 2 VwGO reicht für die Bejahung der Antragsbefugnis die Darlegung der bloßen Möglichkeit einer Rechtsverletzung als Zulässigkeitsvoraussetzung aus. Dieses Kriterium soll, parallel zu § 42 Abs. 2 VwGO (vgl. OLG Rostock, NZBau 2000, 447, 448), Popularklagen verhindern. Damit sind Klagen von Subunternehmern und Zulieferern von Bewerbern/Bietern ausgeschlossen (OLG Düsseldorf, Beschl. v. 29. 10. 2008 – VII-Verg 35/08; VK Sachsen, Beschl. v. 16. 5. 2003 – 1/SVK/035–03; ausführlich dazu *Wichmann,* S. 136 ff.; *Möllenkamp,* in: *Kulartz/Kus/Portz,* § 107 Rdn. 26). Nach der Rechtsprechung des EuGH muss auch die Entscheidung über die Aufhebung eines Ausschreibungsverfahrens in einem förmlichen Nachprüfungsverfahren überprüft werden können (Urt. v. 18. 6. 2002, Rs. C-92/00 Rdn. 54; Urt. v. 2. 6. 2005 – C-15/04; dazu *Burbulla,* ZfBR 2009, 134; bei Aufhebung wegen Fortfall des Vergabewillens, vgl. *Conrad,* NZBau 2007, 287). Während dieser Ansatz von deutschen Nachprüfungsinstanzen zuvor abgelehnt wurde (OLG Rostock, NZBau 2000, 597; OLG Düsseldorf, Beschl. v. 13. 4. 1999, Verg 1/99, 18 ff.), ist auch die deutsche Rechsprechung dem EuGH gefolgt (BGH, Beschl. vom 18. 2. 2003 – X ZB 43/02, BGHZ 154, 32; VK Baden-Württemberg, Beschl. vom 27. 9. 2004, 1 VK 66/04). Denn auch durch die Aufhebung können fundamentale Grundsätze des Gemeinschaftsrechts, insbesondere das Gleichbehandlungsgebot, verletzt sein (vgl. BGHZ 154, 32, 42). So prüft der BGH die Aufhebung am Maßstab der nationalen Aufhebungsvorschriften der §§ 26 VOB/A bzw. VOL/A (vgl. BGHZ 154, 32, 44 f.).

16. Ferner muss der Antragsteller darlegen, dass ihm durch die behauptete Rechtsverletzung ein Schaden entstanden ist oder zu entstehen droht (§ 107 Abs. 2 Satz 1 GWB). Entscheidend für das Vorliegen einer Antragsbefugnis und damit für die Gewährung von Primärrechtsschutz ist die Eignung der gerügten Vergaberechtsverstöße, die Aussichten des antragstellenden Bieters zu verschlechtern. Darin besteht der Schaden (VK Thüringen, Beschl. v. 9. 6. 2008 – 250-4002.20-1338/2008-008-ABG; VK Arnsberg, Beschl. v. 4. 11. 2008 – VK 23/08; BVerfG, NZBau 2004, 564, 565 f.). Aus dem Sachvortrag des Antragstellers muss sich schlüssig ergeben, dass durch die Einzelnen gerügten Verstöße gegen die Vergabebestimmungen die Aussicht des Antragstellers auf den Zuschlag beeinträchtigt worden sind oder dass die Zuschlagschancen zumindest verschlechtert worden sein könnten, wobei an die Darlegung eines Schadens vor dem Hintergrund des Art. 19 Abs. 4 GG keine übertriebenen Anforderungen gestellt werden dürfen (BVerfG, Beschl. v. 29. 7. 2004 – 2 BvR 2248/03, NZBau 2004, 564; OLG Celle, Beschl. v. 31. 7. 2008 – 13 Verg 3/08; OLG Düsseldorf, Beschl. v. 19. 7. 2006 – Verg 26/06). Durch diese Regelung soll einem Bieter die Einleitung eines Nachprüfungsverfahrens verwehrt sein, wenn er selbst bei ordnungsgemäß durchgeführtem Vergabeverfahren keine Aussicht auf Erteilung des Zuschlags gehabt hätte (OLG Düsseldorf, Beschl. v. 15. 8. 2003 – Verg 38/03; OLG Brandenburg, VergabeR 2003, 242, 244; VK Düsseldorf, Beschl. v. 24. 8. 2007 – VK-24/2007-L). Allein die Tatsache, dass das Angebot eines Bieters wegen formaler Fehler ausgeschlossen werden muss, führt nicht automatisch zum Wegfall der Antragsbefugnis. Denn dieser Umstand nimmt dem Bieter nicht das sich aus § 97 Abs. 7 GWB ergebende Recht darauf, dass auch die Auftragsvergabe an einen der anderen Bieter unterbleibt, wenn dessen Angebot an einem gleichwertigen Mangel leidet (BGH, Beschl. v. 26. 9. 2006 – X ZB 14/06; OLG Brandenburg, Beschl. v. 19. 1. 2009 – Verg W 2/09; OLG Celle, Beschl. v. 2. 10. 2008 – 13 Verg 4/08).

Zur Bejahung eines Schadens muss sich der Antragsteller grundsätzlich durch Abgabe eines eigenen Angebots am Wettbewerb beteiligt haben. Der Unternehmer, der sich einer Angebotsabgabe enthält, vergibt sich selbst von vornherein jeglicher Möglichkeit, den Zuschlag zu erhalten und ist daher grundsätzlich nicht antragsbefugt (vgl. OLG Düsseldorf, Beschl. v. 14. 1. 2009 – VII-Verg 59/08). Das Interesse am Auftrag kann grundsätzlich nicht bereits dann bejaht werden, wenn der Antragsteller kein Angebot abgibt und anschließend das Nachprüfungsverfahren nachdrücklich betreibt und ankündigt, seine Dienste anbieten zu wollen (OLG Brandenburg, Beschl. v. 7. 8. 2008 – Verg W 11/08). Eine Antragsbefugnis kann trotz unterlassener Angebotsabgabe aber dann in Betracht kommen, wenn der Unternehmer gerade durch den gerügten Verfahrensfehler an der Abgabe oder sogar schon an der Erstellung des Angebots gehindert worden ist oder sich gerade wegen der geltend gemachten Vergabeverstöße nachvollziehbar entschieden hat, kein Angebot abzugeben (OLG Düsseldorf, Beschl. v. 14. 1. 2009 – VII-Verg 59/08; OLG Saarland, Beschl. v. 7. 5. 2008 – 1 Verg 5/07; OLG Frankfurt, Beschl. v. 29. 5. 2007 – 11 Verg 12/06; OLG Düsseldorf, Beschl. v. 25. 1. 2005 – Verg 93/04).

17. Gemäß § 107 Abs. 3 Nr. 1 GWB ist der Antrag unzulässig, soweit der Antragsteller den gerügten Verstoß gegen Vergabevorschriften bereits im Vergabeverfahren erkannt und gegenüber dem Auftraggeber nicht unverzüglich gerügt hat (vgl. zu den Voraussetzungen der Rüge Form. II. M. 1). Dafür, dass die Rüge ordnungsgemäß erfolgt ist, trägt der Antragsteller nach verbreiteter Auffassung die Darlegungs- und Beweislast (VK Rheinland-Pfalz, Beschl. v. 14. 5. 2002 – VK 11/02; VK Hessen, Beschl. v. 26. 3. 2003 – 69 d VK-13/2003). Die Darlegungslast obliegt jedoch dem Antragsgegner, insoweit dieser geltend macht, der Antragsteller habe seine Rügeobliegenheit nicht ordnungsgemäß und umfassend ausgeübt. Der Nachweis ist geführt, wenn fest steht, dass der Antragsteller nicht unverzüglich gerügt hat, obwohl er positive Kenntnis der einen Vergabefehler ausmachenden Tatsachenumstände hatte und der Antragsteller aus diesen Tatsachen zumindest laienhaft auf die Verletzung vergaberechtlicher Bestimmungen geschlossen hat (vgl. OLG Düsseldorf, Beschl. v. 5. 12. 2001, Verg 32/01; Beschl. v. 29. 12. 2001, Verg 22/01; OLG Frankfurt, Beschl. v. 16. 5. 2000, 11 Verg 1/99; aA. VK Hessen, ZVgR 1999, 281; VK Berlin, Beschl. v. 31. 5. 2000, VK-B2–15/00, S. 19).

Eine Rüge ist nur ausnahmsweise entbehrlich, wenn die Rüge unter Berücksichtigung der Umstände eine „aussichtslose Förmelei" wäre (OLG Düsseldorf, Beschl. v. 26. 5. 2008 – Verg 14/08; OLG Dresden, Beschl. v. 21. 10. 2005 – WVerg 5/05). Auch bei einer sog. *de facto*-Vergabe im Sinne des § 101 b Abs. 1 Nr. 2 GWB besteht keine Verpflichtung zur vorherigen Rüge; vielmehr kann in diesem Fall sofort ein Nachprüfungsantrag bei der Vergabekammer gestellt werden (Gesetzesbegründung BT-Drs. 16/10117, S. 22).

18. Nach bisheriger Rechtslage war eine bestimmte Frist für den Antrag gemäß § 107 Abs. 1 GWB nicht vorgesehen. Seit der Vergaberechtsnovelle 2009 muss ein Nachprüfungsantrag jedoch innerhalb von 15 Kalendertagen nach Eingang der Mitteilung des Auftraggebers, einer Rüge nicht abhelfen zu wollen, gestellt werden (§ 107 Abs. 3 Nr. 4 GWB). Mit der Einführung der neuen Frist ist beabsichtigt, dass frühzeitig Klarheit über die Rechtmäßigkeit des Vergabeverfahrens geschaffen wird (Gesetzesbegründung BT-Drs. 16/10117, S. 22) und ein Bieter nach frühzeitiger Rüge nicht erst den weiteren Verlauf des Verfahrens abwarten kann bevor er „in letzter Sekunde" einen Nachprüfungsantrag stellt.

19. Zusätzlicher zeitlicher Zwang ergibt sich daraus, dass ein Antrag auf Einleitung eines Nachprüfungsverfahrens nach wirksamer Zuschlagserteilung unzulässig ist (§ 114 Abs. 2 Satz 1 GWB; vgl. BGH, Beschl. v. 19. 12. 2000 – X ZB 14/00, NZBau 2001, 151; VK Bund, Beschl. v. 5. 2. 2009, VK 1-186/08). Im Einzelfall ist ggf. darzulegen, dass der Zuschlag noch nicht wirksam erteilt wurde.

Zum Ausgleich verpflichtet § 101 a Abs. 1 GWB den Auftraggeber, die nicht berücksichtigten Bieter mindestens 15 Tage vor Zuschlagserteilung über die beabsichtigte Zuschlagserteilung zu informieren. Wird die Information per Fax oder auf elektronischem Weg versendet, verkürzt sich die Frist auf 10 Kalendertage (§ 101 a Abs. 1 Satz 4 GWB). Rechtsfolge des Verstoßes gegen diese Vorschrift ist die Unwirksamkeit des abgeschlossenen Vertrages (§ 101 b Abs. 1 Nr. 1 GWB, BGH, NZBau 2004, 170). Unterbleibt die Zuschlagsinformation nach § 101 a VgV oder wird die vorgesehene 15- bzw. 10-Tages-Frist nicht eingehalten, so ist der Nachprüfungsantrag nach dem Abschluss des unwirksamen Vertrages zulässig. Die Unwirksamkeit des Vertrages kann jedoch nur festgestellt werden, wenn sie im Nachprüfungsverfahren innerhalb von 30 Kalendertagen ab Kenntnis des Verstoßes, jedoch nicht später als sechs Monate nach Vertragsschluss geltend gemacht wird (§ 101 b Abs. 2 GWB). Sofern der Auftraggeber die Vergabe des Auftrags im Amtblatt der Europäischen Union bekannt gemacht hat, verkürzt sich die Frist zur Geltendmachung der Unwirksamkeit des erteilten Auftrages auf 30 Kalendertage nach Veröffentlichung der Auftragsvergabe im Amtsblatt.

Bei einem engen Zeitrahmen, insbesondere wenn der Ablauf der Wartefrist nach § 101 a GWB unmittelbar bevorsteht, sollte die Vergabekammer auf die Eilbedürftigkeit der schriftlichen Information des Auftraggebers vom Nachprüfungsantrag hingewiesen werden, um das Zuschlagsverbot gem. § 115 Abs. 1 GWB möglichst schnell eintreten zu lassen.

Kosten und Gebühren

Die Kosten des Verfahrens vor der Vergabekammer bestimmen sich nach § 128 GWB. Die Höhe der Gebühren orientiert sich an dem personellen und sachlichen Aufwand und soll zwischen EUR 2.500,– und EUR 50.000,– liegen. Der Mindestbetrag von EUR 2.500, – kann aus Gründen der Billigkeit bis auf ein Zehntel ermäßigt werden bzw. von der Erhebung von Gebühren ganz oder teilweise abgesehen werden (§ 128 Abs. 3 Satz 6 GWB). Im Einzelfall, wenn der Aufwand oder die wirtschaftliche Bedeutung besonders hoch sind, kann die Gebühr aber auch bis auf EUR 100.000,– erhöht werden. Die Zustellung des Nachprüfungsantrages wird bei einzelnen Vergabekammern von einer Vorschusszahlung von EUR 2.500,– abhängig gemacht.

Soweit ein Beteiligter im Verfahren unterliegt, hat er gemäß § 128 Abs. 3 GWB die Kosten zu tragen, wobei mehrere Kostenschuldner als Gesamtschuldner haften. Die Entscheidung über die Kostentragung liegt im Ermessen der Vergabekammer. Dabei können Kosten, die durch Verschulden eines Beteiligten entstanden sind, diesem auferlegt werden. Hat sich der Antrag vor Entscheidung der Vergabekammer durch Rücknahme oder anderweitig erledigt, hat der Antragsteller die Hälfte der Gebühr zu entrichten.

§ 128 Abs. 4 Satz 1 GWB ordnet an, dass der im Verfahren vor der Vergabekammer Unterliegende die zur zweckentsprechenden Rechtsverfolgung oder Rechtsverteidigung notwendigen Aufwendungen des Antragsgegners zu tragen hat. Durch das Vergaberechtsmodernisierungsgesetz 2009 wurde eine Erstattungspflicht für die zur zweckentsprechenden Rechtsverteidigung notwendigen Aufwendungen des Antragsgegners und der Beigeladenen eingeführt, § 128 Abs. 4 Satz 3 GWB. Angesichts der hohen Zahl der Antragsrücknahmen in der Vergangenheit (34–40%) war die Einführung der Aufwendungsersatzregelung aus Sicht des Gesetzgebers geboten (Gesetzesbegründung BT-Drs. 16/10117, S. 25).

Die Aufwendungen für die Zuziehung eines Verfahrensbevollmächtigten sind erstattungsfähig, wenn seine Zuziehung notwendig war. Die Voraussetzungen dabei werden grundsätzlich nicht so hoch angesetzt wie bei § 80 VwVfG (OLG Düsseldorf, Beschl. vom 20. 4. 2004, Verg 68/03; 1. VK Sachsen, Beschl. v. 17. 7. 2007 – 1/SVK/046-07; VK Schleswig-Holstein, Beschl. v. 21. 2. 2007 – VK-SH 2/07). Zur Bestimmung der Notwendigkeit ist die Frage zu beantworten, ob der Beteiligte unter den Umständen des Falles auch selbst in der Lage gewesen wäre, aufgrund der bekannten oder erkennbaren Tatsachen den Sachverhalt zu erfassen, der im Hinblick auf eine Missachtung von Bestimmungen über das Vergabeverfahren von Bedeutung ist, hieraus die für eine sinnvolle Rechtswahrung oder -verteidigung nötigen Schlüsse zu ziehen und das danach Gebotene gegenüber der Vergabekammer vorzubringen. Hierfür können neben Gesichtspunkten wie der Einfachheit oder Komplexität des Sachverhalts, der Überschaubarkeit oder Schwierigkeit der zu beurteilenden Rechtsfragen auch rein persönliche Umstände bestimmend sein wie etwa die sachliche und personelle Ausstattung des Beteiligten, also beispielsweise, ob er über eine Rechtsabteilung oder andere Mitarbeiter verfügt, von denen erwartet werden kann, dass sie gerade oder auch Fragen des Vergaberechts sachgerecht bearbeiten können, oder ob allein der kaufmännisch gebildete Geschäftsinhaber sich des Falls annehmen muss (BGH, Beschl. v. 26. 9. 2006 – X ZB 14/06; OLG Brandenburg, Beschl. v. 19. 2. 2008 – Verg W 22/07). Damit ist die Notwendigkeit der Hinzuziehung nicht nur in schwierigen und umfangreichen Verfahren zu bejahen, sondern regelmäßig bereits dann, wenn sich nicht ganz einfache rechtliche und tatsächliche Probleme stellen (OLG Schleswig-Holstein, Beschl. v. 22. 1. 2007 – 1 Verg 2/06; OLG Naumburg, Beschl. v. 6. 10. 2004 – 1 Verg 12/04; OLG Düsseldorf, Beschl. v. 20. 4. 2004, Verg 68/03; OLG Saarbrücken, Beschl. v. 26. 3. 2004, 1 Verg. 3/04 mwN). Etwas anderes kann auf Grund der Umstände des Einzelfalls insbesondere für große öffentliche Auftraggeber gelten, die häufig Vergabeverfahren durchführen und von denen erwartet werden kann, dass sie mit den Einzelheiten des vergaberechtlichen Rechtsschutzes vertraut sind (OLG München, Beschl. v. 11. 6. 2008 – Verg 6/08; OLG Brandenburg, Beschl. v. 11. 12. 2007 – Verg W 6/07; OLG Düsseldorf, Beschl. v. 16. 4. 2007 – Verg 55/06). Die Hinzuziehung eines Bevollmächtigten im Nachprüfungsverfahren ist jedoch auch für die Vergabestelle regelmäßig als notwendig anzuerkennen; etwas anderes gilt nur, wenn im Einzelfall lediglich über einfache tatsächliche oder ohne Weiteres zu beantwortende rechtliche Fragen zu entscheiden war (OLG Saarbrücken, Beschl. v. 13. 9. 2007 – 1 Verg 3/07; OLG Naumburg, Beschl. vom 6. 10. 2004, 1 Verg 12/04; OLG Saarbrücken, Beschl. vom 26. 3. 2004, 1 Verg. 3/04; VK Schleswig-Holstein, Beschl. v. 14. 5. 2008 – VK-SH 6/08; aA. OLG Koblenz, Beschl. vom 7. 7. 2004, 1 Verg 1 und 2/04). Deswegen sollte die Notwendigkeit der Hinzuziehung unter Berücksichtigung der divergierenden Rechtsprechungspraxis – ggf. eingehend – begründet werden.

Der Gegenstandswert für die Berechnung der Rechtsanwaltsgebühren bestimmt sich nach § 50 Abs. 2 GKG iVm. § 23 Abs. 1 Satz 3 RVG und beträgt 5% der Auftragssumme (vgl. OLG Naumburg, Beschl. v. 5. 12. 2008 – 1 Verg 9/08; VK Schleswig-Holstein, Beschl. v. 4. 2. 2008 – VK-SH 28/07). Ihre Höhe richtet sich nach §§ 14, 2 Abs. 2 RVG iVm. Nr. 2300 VV (vgl. OLG Naumburg, Beschl. v. 23. 12. 2008 – 1 Verg 11/08; vgl. auch *Leinemann,* S. 134).

Fristen und Rechtsmittel

Gegen die Entscheidung der Vergabekammer kann gemäß §§ 116, 117 GWB binnen einer Notfrist von zwei Wochen nach Zustellung der Entscheidung sofortige Beschwerde bei dem zuständigen Oberlandesgericht eingelegt werden (siehe Form. II. M. 6).

Die Kostenentscheidung der Vergabekammer ist als selbstständiger Verwaltungsakt isoliert anfechtbar (OLG München, Beschl. v. 26. 11. 2008 – Verg 21/08; OLG Brandenburg, Beschl. v. 11. 12. 2007 – Verg W 6/07).

3. Antrag auf Beiladung[1] gemäß § 109 GWB

An die
[Vergabekammer ……]
……, den ……[2]

Antrag auf Beiladung gemäß § 109 GWB

In Sachen
der Firma A

– Antragstellerin –

gegen

die Stadt S

– Antragsgegnerin –

Namens und in Vollmacht[3] der X-AG beantragen wir

die X-AG [genaue Adresse], vertreten durch …… gemäß § 109 GWB beizuladen.

Begründung:

Teil 1: Sachverhalt

Die Antragsgegnerin ist öffentlich-rechtliche Trägerin der Abfallentsorgung im Kreis …… Sie hat mit der Beizuladenden am …… einen „Rahmenvertrag über die Übertragung von Aufgaben der Abfallentsorgung", beigefügt als

Anlage B 1,

geschlossen. Auf der Grundlage dieses Rahmenvertrages kam es zu Einzelvereinbarungen über einzelne Leistungen. Am …… wurde eine weitere Vereinbarung unter der Bezeichnung „Eckpunkte für die Abfallentsorgung", beigefügt als

Anlage B 2,

getroffen. Gegenstand der Eckpunkte-Vereinbarung ist die vorgesehene Neuregelung des Auftragsverhältnisses über die Erbringung von Abfallentsorgungsleistungen. Die Antragstellerin wendet sich im Rahmen des Nachprüfungsverfahrens gegen die Eckpunktevereinbarung. Sie ist der Auffassung, dass durch die neuerliche Vereinbarung der Rahmenvertrag in wesentlichen Punkten (zB. Preis und Leistungsinhalt) geändert wird. Außerdem werde deutlich, dass neue über den Rahmenvertrag hinausgehende Leistungen vereinbart werden sollen. Ein derartiger Vertrag hätte nach Meinung der Antragstellerin erneut ausgeschrieben werden müssen.

Teil 2: Rechtliche Würdigung

Die Voraussetzungen einer Beiladung liegen vor.

Gemäß § 109 GWB sollen[4] Unternehmen[5] beigeladen werden, deren Interessen durch die Entscheidung schwerwiegend berührt werden[6].

Die Beizuladende ist durch noch laufende Verträge mit den in Rede stehenden Aufgaben der Abfallwirtschaft durch die Antragsgegnerin beauftragt worden. Diese Rechtstellung wäre schwerwiegend berührt, wenn die Antragsgegnerin im Nachprüfungsverfahren verpflichtet würde, die der Beizuladenden zugewiesenen Aufgaben vor Auslaufen entsprechender Vereinbarungen einer Ausschreibung zuzuführen. Der Beizuladenden muss Ge-

legenheit gegeben werden, angehört[7] zu werden, um zu verdeutlichen, dass durch die sog. Eckpunkte-Vereinbarung keine neuen Beschaffungsvorgänge ausgelöst werden, sondern lediglich der Rahmen bestehender Verträge ausgefüllt wird.

Rechtsanwalt

Schrifttum: S. Form. II. M. 1.

Anmerkungen

1. Ein Antrag auf Beiladung ist nicht zwingend erforderlich. Die Prüfung der Beiladung erfolgt grundsätzlich gemäß § 109 GWB von Amts wegen (*Portz,* in: *Kulartz/Kus/Portz,* § 109 Rdn. 7; *Dreher,* in: *Immenga/Mestmäcker,* § 109 Rdn. 11). Das betroffene Unternehmen kann jedoch seine Beiladung – und sollte dies vorsichtshalber auch – bei der Vergabekammer in Form eines Antrages anregen (vgl. auch BayObLG, NVwZ 1999, 1138, 1139; *Gröning,* in: *Motzke/Pietzcker/Prieß,* § 109 Rdn. 43).

2. Eine Beiladung ist bis zum Abschluss des Verfahrens möglich, also bis zur Bestandskraft des Beschlusses des Beschlusses der Vergabekammer (VK Magdeburg, Beschl. v. 27. 10. 2003 – 33-32571/07 VK 16/03 MD). Nach Ansicht der Rechtsprechung (OLG Koblenz, Beschl. vom 23. 11. 2004, 1 Verg 6/04; OLG Düsseldorf, Beschl. vom 17. 4. 2001, Verg 3/01; OLG Naumburg, Beschl. v. 9. 12. 2004 – 1 Verg 21/04; VK Schleswig-Holstein, Beschl. v. 7. 3. 2005 – VK-SH 3/05) kann sie in einer analogen Anwendung der §§ 109, 119 GWB unter Berücksichtigung des Rechtsstaatsprinzips auch erstmals im Rahmen eines Beschwerdeverfahrens erfolgen. Dies gilt auch, wenn die Vergabekammer die Beiladung im ersten Rechtszug abgelehnt hat (OLG Düsseldorf, Beschl. v. 26. 7. 2002, Verg 24/02, VergabeR 2002, 671). Die Beiladung dient der Gewährung rechtlichen Gehörs und dem subjektiven Rechtsschutz. Dieser Rechtsschutzgedanke beansprucht nicht nur in der ersten Instanz vor der Vergabekammer, sondern auch im Verfahren der sofortigen Beschwerde vor dem Oberlandesgericht Geltung, und zwar gerade dann, wenn die Beiladung in erster Instanz, aus welchen Gründen auch immer, unterblieben ist.

3. § 108 Abs. 1 Satz 2 GWB sieht vor, dass ein ausländischer Antragsteller einen Empfangsbevollmächtigten in der Bundesrepublik Deutschland zu benennen hat. Der damit verfolgte Zweck, das Nachprüfungsverfahren zu beschleunigen, greift auch bezüglich beizuladender Unternehmen. Eine solche Benennung kann daher in entsprechender Anwendung des § 108 Abs. 1 Satz 2 GWB aufgegeben werden (*Reidt,* in: *Reidt/Stickler/Glahs,* § 109 Rdn. 35).

4. Es ist zwischen einfacher und notwendiger Beiladung zu unterscheiden. Im allgemeinen Kartellrecht steht die Beiladung nach § 54 Abs. 2 Nr. 3 GWB im pflichtgemäßen Ermessen der Kartellbehörde. Entsprechend § 13 Abs. 2 Satz 2 VwVfG, der auch im Rahmen der Beiladungsentscheidung nach § 54 Abs. 2 Nr. 3 GWB herangezogen wird, besteht allerdings eine Rechtspflicht zur Beiladung, wenn der Ausgang des Verfahrens rechtsgestaltende Wirkung für einen Dritten haben kann (OLG Düsseldorf, Beschl. v. 13. 11. 2000 – Verg 14/00, VergabeR 2001, 59; BayObLG, Beschl. v. 12. 5. 1999 – Verg 1/99). Gleiches gilt hinsichtlich der Beiladung gemäß § 109 GWB (*Dreher,* in: *Immenga/Mestmäcker,* § 109 Rdn. 11). Liegen die Voraussetzungen einer notwendigen Beiladung vor (wie zB. im dargestellten Fall), hat eine Beiladung von Amts wegen (ohne Antrag) zu erfolgen. Geschieht dies pflichtwidrig nicht oder liegen die Voraussetzungen für eine notwendige Beiladung nicht vor, kann ein Beiladungsantrag gestellt werden.

5. Beiladungsfähig sind alle in- und ausländischen natürlichen und juristischen Personen des privaten und öffentlichen Rechts, die als Träger eines Unternehmens im Sinne von § 97 Abs. 7 GWB in Frage kommen (*Gröning,* in: *Motzke/Pietzcker/Prieß,* § 109 Rdn. 24).

6. Anders als § 13 Abs. 2 Satz 1 VwVfG verlangt § 109 Satz 1 GWB nicht ausdrücklich eine Berührung rechtlicher Interessen, sondern eine Berührung nicht näher charakterisierter Interessen. Damit genügen auch wirtschaftliche Interessenberührungen (*Lausen,* VergabeR 2002, 117, 119; einschränkend *Dreher,* in: *Immenga/Mestmäcker,* § 109 Rdn. 5). Der Begriff der schwerwiegenden Interessenberührung ist in Abgrenzung zur erheblichen Interessenberührung im Sinne des allgemeinen Kartellrechts (zB. § 67 Abs. 1 Nr. 3 GWB) eigenständig zu interpretieren (*Dreher,* in: *Immenga/Mestmäcker,* § 109 Rdn. 8). Keine Rolle spielen quantitative Erwägungen hinsichtlich des Umfangs der Betroffenheit des Unternehmens generell im Vergabewettbewerb oder speziell in dem konkreten Vergabewettbewerb (*Dreher,* aaO.). Maßgeblich ist vielmehr die Qualität der Betroffenheit. In der Vergabenachprüfung geht es ausschließlich um das Interesse an bestimmten, einzelnen Aufträgen. Gemeint ist das Interesse, einen solchen zu erhalten. In diesem Sinne schwerwiegend berührt sind regelmäßig die Bieter, die im Rahmen der Wertung der Angebote (vgl. §§ 25, 25 a VOB/A bzw. VOL/A) in die engere Wahl gekommen sind, insbesondere dann, wenn ihre Angebote nach einer bereits vorliegenden Wertung dem Angebot des Antragsstellers vorgehen (vgl. Amtl. Begründung zum Regierungsentwurf des Vergaberechtsänderungsgesetzes, BT-Drucks. 13/9340, S. 18). Nicht schwerwiegend berührt ist in der Regel jedoch ein Unternehmen, das bereits im Vorfeld der engeren Wertungsphase trotz gegebener Eignung völlig zu Unrecht ausgeschlossen worden ist und dem dadurch von vornherein die Möglichkeit genommen wurde, in die engere Wahl zu gelangen (*Portz,* in: *Kulartz/Kus/Portz,* § 109 Rdn. 18). Neben den Unternehmen, die im Rahmen eines Vergabeverfahrens eine echte Chance gehabt hätten, den Auftrag zu erhalten, können auch weitere Unternehmen, die, wie im dargestellten Fall, mit dem betroffenen Unternehmen zB. in enger Vertragsbeziehung stehen und die je nach Ausgang des Verfahrens einen rechtlichen oder wirtschaftlichen Nachteil zu erwarten haben, zu den Beigeladenen gehören (*Portz,* in: *Kulartz/Kus/Portz,* § 109 Rdn. 15). Dagegen reicht ein entfernteres, nur mittelbares Interesse nicht aus (*Gröning,* in: *Motzke/Pietzcker/Prieß,* § 109 Rdn. 34). So ist eine hinreichend qualifizierte Betroffenheit bei Unternehmen, die gar nicht in das Bewerbungsverfahren einbezogen worden sind, so zB. Subunternehmen, nicht anzunehmen. Eine Unterstützung des Antragstellers oder des Antragsgegners verbessert in diesen Fällen regelmäßig nicht die eigene Position (*Gröning,* in: *Motzke/Pietzcker/Prieß,* § 109 Rdn. 41 f.). Ebenso wenig hat ein Bieter, der kein ausschreibungskonformes Angebot abgegeben hat, einen Anspruch auf Beiladung im Vergabenachprüfungsverfahren, das ein anderer Bieter beantragt hat (OLG Rostock, Urteil v. 9. 9. 2003 – 17 Verg 11/03, VergabeR 2003, 724).

Entgegen dem insofern missverständlichen Wortlaut genügt die Möglichkeit der Interessenberührung. Eine tatsächliche Betroffenheit durch die Entscheidung der Vergabekammer muss also noch nicht definitiv feststehen, sondern unter sachgerechter Berücksichtigung aller Umstände möglich erscheinen (OLG Düsseldorf, Beschl. vom 20. 4. 2004, Verg 68/03; *Reidt,* in: *Reidt/Stickler/Glahs,* § 109 Rdn. 10). Dies ergibt sich daraus, dass zum frühen Zeitpunkt der Beiladungsentscheidung noch nicht endgültig klar ist, ob auch tatsächlich ein schwerwiegendes Berührtsein gegeben ist (*Portz,* in: *Niebuhr/Kulartz/Kus/Portz,* § 109 Rdn. 12).

7. Der Beigeladene hat die gleiche Rechtsstellung wie die anderen Beteiligten. Er hat einen Anspruch auf Akteneinsicht gemäß § 111 GWB. Außerdem hat der Beigeladene die gleichen „Angriffs- und Verteidigungsrechte wie der Antragssteller" (Amtl. Begründung zum Regierungsentwurf des Vergaberechtsänderungsgesetzes, BT-Drucks. 13/9340, S. 18). Insbesondere ist wegen der mit der Beiladung verbundenen Rechtskraft und Bindungswirkung der Entscheidung der Vergabekammer gemäß § 116 Abs. 1 Satz 2 GWB dem Beigeladenen die sofortige Beschwerde gegen die Entscheidung der Vergabekammer

möglich. Nach erfolgter Beiladung kann der Beigeladene bis zum bestands- oder rechtskräftigen Abschluss des Nachprüfungsverfahrens keinen eigenen Antrag auf Einleitung eines zusätzlichen Nachprüfungsverfahrens bezüglich des schon streitigen Vergabeverfahrens stellen. Ein solcher Antrag ist unzulässig (*Dreher,* in: *Immenga/Mestmäcker,* § 109 Rdn. 16; a. A. OLG Frankfurt, Beschl. v. 20. 12. 2000, VergabeR 2001, 243; *Freund,* NZBau 2005, 266, 268). Die Beiladungsentscheidung ist gemäß § 109 Satz 2 GWB unanfechtbar. Ziel auch dieser Regelung ist die Beschleunigung des Vergabeverfahrens (*Portz,* in: *Kulartz/Kus/Portz,* § 109 Rdn. 25).

Kosten und Gebühren

Die Kostentragung richtet sich nach § 128 Abs. 3 und Abs. 4 GWB, wonach ein Beigeladener, der unterliegt, die Kosten – evtl. als Gesamtschuldner – zu tragen hat. Das Unterliegen setzt nach der Rechtsprechung in analoger Anwendung der Vorschrift des § 154 Abs. 3 VwGO grundsätzlich voraus, dass der Beigeladene Anträge gestellt oder Rechtsmittel eingelegt hat (vgl. OLG Brandenburg, Beschl. v. 16. 5. 2008 – Verg W 11/06; OLG Jena, Beschl. v. 4. 4. 2003, 6 Verg 4/03 mwN.; *Dreher,* in: *Immenga/Mestmäcker,* § 109 Rdn. 17). Nach einer weiter gehende Ansicht genügt es, dass sich der Nachprüfungsantrag eines Antragstellers in einen direkten Gegensatz zu den Interessen des Beigeladenen stellt und dass der Beigeladene das Nachprüfungsverfahren sowohl durch schriftsätzlichen Vortrag als auch durch Vortrag im Verhandlungstermin vor der Vergabekammer fördert und am Verfahren teilnimmt, indem er die Standpunkte des Antragstellers verteidigt. Einer Antragstellung durch den Beigeladenen soll es hingegen nicht bedürfen, um ihn zu den Verfahrenskosten und den Aufwendungen des Antragstellers heranzuziehen, wenn das Begehren des Beigeladenen, nämlich eine Ablehnung des Nachprüfungsantrags, aufgrund seines Sachvortrags klar erkennbar ist (OLG Düsseldorf, Beschl. v. 27. 6. 2007 – Verg 8/07).

Die notwendigen Aufwendungen des Beigeladenen sind nur erstattungsfähig, wenn sie die Vergabekammer aus Billigkeit der unterlegenen Partei auferlegt. Diese Regelung wurde erst mit dem Vergaberechtsmodernisierungsgesetz 2009 in § 128 Abs. 4 Satz 2 GWB eingefügt. Es ist davon auszugehen, dass die Billigkeitserwägungen der Vergabekammern sich an der auch bisher herangezogenen Rechtsprechung zu § 162 Abs. 3 VwGO orientieren werden. Danach entspricht es dann der Billigkeit, der unterliegenden Partei die notwendigen Auslagen des Beigeladenen aufzuerlegen, wenn sich die unterliegende Partei ausdrücklich in einen Interessengegensatz zum Beigeladenen gestellt und der Beigeladene entweder eigene Sachanträge gestellt oder ein eigenes Rechtsmittel eingelegt oder zumindest das Verfahren wesentlich gefördert hat (OLG Celle, Beschl. v. 27. 5. 2003, 13 Verg 11/03; BayObLG, Beschl. v. 20. 1. 2003, Verg 29/02; OLG Düsseldorf, Beschl. v. 19. 2. 2002, Verg 33/01).

Nach bisheriger Rechtslage hatte der Beigeladene (wie der Antragsgegner) für den Fall der Rücknahme des Nachprüfungsantrags durch den Antragsteller keinen Anspruch auf Ersatz seiner notwendigen Aufwendungen. Durch das Vergaberechtsmodernisierungsgesetz 2009 (§ 128 Abs. 4 Satz 3 GWB) wurde jedoch auch dem Beigeladenen ein entsprechender Erstattungsanspruch eingeräumt. Dadurch soll dem Gedanken Rechnung getragen werden, dass die Rücknahme des Nachprüfungsantrags regelmäßig nur in den Fällen erfolgt, in denen die Abweisung des Nachprüfungsantrags vermieden werden soll (Gesetzesbegründung BT-Drs. 16/10117, S. 25).

4. Antrag auf Aufhebung des Suspensiveffekts gem. § 115 Abs. 2 S. 1 GWB[1]

An die
[Vergabekammer ......[2]]
......, den ......[3]

Antrag auf Gestattung des Zuschlags gem. § 115 Abs. 2 Satz 1 GWB

In dem Nachprüfungsverfahren

wegen der Vergabe eines Bauauftrags zur Erstellung eines Transplantationsforschungszentrums und einer Frauenklinik

der Firma A

– Antragstellerin –

– Verfahrensbevollmächtigte: Rechtsanwälte ...... –

gegen

das Stadthochbauamt ......

– Antragsgegnerin –

– Verfahrensbevollmächtigte: Rechtsanwälte ...... –[4]

beigeladen gemäß § 109 GWB: Firma B[5]

beantragen wir namens und in Vollmacht der Antragsgegnerin[6],

> dieser zu gestatten, den Zuschlag nach Ablauf von zwei Wochen seit Bekanntgabe dieser Entscheidung gemäß § 115 Abs. 2 Satz 1 GWB zu erteilen.

Begründung[7]:

Teil 1 A: Sachverhalt

Ausweislich der als

Anlage AG 1

beigefügten Bekanntmachung schrieb die Antragsgegnerin im Verhandlungsverfahren mit vorherigem Teilnahmewettbewerb den Neubau und die Finanzierung eines Transplantationsforschungszentrums und einer Frauenklinik aus. In der Ausschreibung wurde zur Abgabe von Angeboten aufgefordert für
Los A: schlüsselfertige Erstellung des Objektes als Ganzes durch einen Generalunternehmer,
Los B: Bereitstellung der Finanzierungsmittel durch Forfaitierung oder mittels anderer projektbezogener Finanzierungsalternativen und
Los C: Finanzierung und Bau aus einer Hand.
In dem Teilnahmewettbewerb wählte die Antragsgegnerin je Los sieben Bewerber aus und forderte diese am ...... zur Angebotsabgabe auf.
Im weiteren Verlauf verhandelte die Antragsgegnerin mit den Bietern über ihre Angebote. Am ...... forderte die Antragsgegnerin die in der engeren Wahl verbliebenen Bieter, zu denen die Antragstellerin mit einem Angebot für Los C gehörte, zur Abgabe von „Optimierungsangeboten" für die Lose B und C auf. Die Antragstellerin gab ein solches Angebot für Los C innerhalb der gesetzten Frist ab, beigefügt als

Anlage AG 2

Die Antragsgegnerin verhandelte daraufhin mit der Beigeladenen, die ein Angebot für das Los A abgegeben hatte, bis zum Zuschlag.

Die Antragsgegnerin teilte danach der Antragstellerin ausführlich die Gründe für deren Nichtberücksichtigung mit und an wen aus welchen Gründen die Zuschläge erteilt werden sollten.
Daraufhin hat die Antragstellerin am ...... ein Nachprüfungsverfahren beantragt, da ihrer Auffassung nach das offene Verfahren statt des Verhandlungsverfahrens hätte gewählt werden müssen. Mit Schreiben vom ...... teilte die Vergabekammer mit, die Frist zur Entscheidung über den Nachprüfungsantrag müsse auf Grund von tatsächlichen Schwierigkeiten bei der Behandlung des Nachprüfungsantrags bis zum ...... verlängert werden.
Um eine unzumutbare Verzögerung der Zuschlagserteilung zu verhindern, beantragt die Vergabestelle nun, ihr zu gestatten den Zuschlag an die Firma B bereits vor Abschluss des durch die Antragstellerin in Gang gesetzten Nachprüfungsverfahrens zu erteilen.

Teil 2: Rechtliche Würdigung

Der Antrag auf Gestattung der vorzeitigen Zuschlagserteilung ist zulässig und begründet.

A. Zulässigkeit
Die Voraussetzungen des § 115 Abs. 2 Satz 1 GWB sind erfüllt. Die Antragstellerin hat einen zulässigen Nachprüfungsantrag iS. des § 107 GWB gestellt, durch dessen Übermittlung in Kopie an die Vergabestelle (§ 110 Abs. 2 GWB) der automatische Suspensiveffekt des § 115 Abs. 1 GWB ausgelöst wurde.
Gegen dieses Zuschlagsverbot kann der Antragsgegner mit dem Antrag auf Gestattung der vorzeitigen Zuschlagserteilung gem. § 115 Abs. 2 Satz 1 GWB vorgehen.

B. Begründetheit[8]
Vorliegend überwiegen die konkreten Interessen der Vergabestelle und der Allgemeinheit am schnellen Verfahrensabschluss eindeutig das Interesse der Antragstellerin am Erhalt ihrer Rechte aus § 97 Abs. 7 GWB[9] (§ 115 Abs. 2 Satz 1 GWB).
Das besondere Interesse der Vergabestelle an der vorzeitigen Zuschlagserteilung ergibt sich aus mehreren Gesichtspunkten. Bei einer nicht plangemäßen Fertigstellung der Klinikgebäude auf Grund einer verzögerten Auftragserteilung wäre die Vergabestelle auf eine weitere Nutzung des Provisoriums in der ...... Privatklinik angewiesen. Eine solche ist aber auf Grund der bereits erfolgten Kündigung des Mietvertrages nicht mehr möglich,

Anlage AG 3

Angesichts der akuten Platznot im Bereich der Gesundheitsversorgung im Kreis ...... besteht kaum eine Chance, kurzfristig einen weiteren Mietvertrag mit einer anderen Klinik abschließen zu können, um weiterbehandeln zu können und voraussichtliche Einnahmenausfälle in Höhe von ca. EUR 150.000,– zu vermeiden.
Es besteht außerdem die nahe liegende Gefahr von Mehrforderungen der günstigsten Bieter für ihre Leistungen, wenn der Zuschlag verschoben wird. Die Firma B hat zudem bereits schriftlich darauf hingewiesen, dass sie im Anschluss an das vorgesehene Projektende einen anderen Auftrag habe, so dass ihr eine Verschiebung des Bauzeitraums um mehr als zwei Wochen unter keinen Umständen möglich sei.[10]

Anlage AG 4

Vor allem muss aber auch das besondere öffentliche Interesse an der schnellen Fertigstellung des Bauvorhabens berücksichtigt werden ......

Anlage AG 5

Die Tatsache, dass der Nachprüfungsantrag der Antragstellerin offensichtlich keinen Erfolg haben wird, da das Verhandlungsverfahren angesichts der dargelegten Dringlichkeit richtige Verfahrensart war (§ 3 Abs. 3 Nr. 4 lit. d VOB/A) spricht zusätzlich für ein Überwiegen des Interesses am schnellen Zuschlag[11] ......

Eine Entscheidung im Eilverfahren bedeutet im vorliegenden Fall auch einen deutlichen Zeitgewinn für die Vergabestelle, da das Nachprüfungsverfahren durch die Verlängerung der Entscheidungsfrist gem. § 113 Abs. 1 GWB jedenfalls länger dauern wird als fünf Wochen.

Angesichts des Gewichts dieser Interessen muss im vorliegenden Fall das Interesse der Antragstellerin am Erhalt ihrer Primärrechtsschutzmöglichkeiten bzw. letztendlich des Zuschlages zurückstehen. Dabei fällt auch die Tatsache ins Gewicht, dass die Aussichten der Antragstellerin auf den Zuschlag angesichts der Vielzahl von wirtschaftlicheren Angeboten verschwindend gering sind.

Aufgrund der dargestellten Sachlage sollte so bald wie möglich die Zuschlagserteilung gestattet werden[12].

Rechtsanwalt

Schrifttum: S. Form. II. M. 1.

Anmerkungen

1. Nach § 115 Abs. 1 GWB führt die schriftliche Information des Auftraggebers durch die Vergabekammer über einen Nachprüfungsantrag beim Auftraggeber dazu, dass dieser vor einer Entscheidung der Vergabekammer und dem Ablauf der Beschwerdefrist (§ 117 Abs. 1 GWB) den Zuschlag nicht mehr erteilen darf, d. h. dass ein automatischer Suspensiveffekt im noch schwebenden Vergabeverfahren eintritt. Der Suspensiveffekt soll eine Korrektur von möglichen Vergabefehlern vor der irreversiblen Zuschlagserteilung ermöglichen und dem Antragsteller während des Nachprüfungsverfahrens die Chance auf Erteilung des Zuschlags erhalten (OLG Celle, Beschl. v. 21. 3. 2001 – 13 Verg 4/01; VK Bund, Beschl. v. 30. 6. 1999 – VK 2-14/99). Ein unter Verstoß gegen das gesetzliche Zuschlagsverbot abgeschlossener Vertrag ist gemäß § 134 BGB nichtig (Amtl. Begründung zu § 125 des Regierungsentwurfes des Vergaberechtsänderungsgesetzes BT-Drucks. 13/9340, S. 19f.; BayObLG, Beschl. v. 13. 8. 2004 – Verg 17/04; OLG Frankfurt, Beschl. v. 20. 2. 2003 – 11 Verg 1/02; *Marx,* in: *Motzke/Pietzcker/Prieß,* § 115 Rdn. 7 u. 8). Der Auftraggeber und das Unternehmen, das gemäß § 101 a GWB für den Zuschlag vorgesehen ist, können aber ausnahmsweise die Gestattung der vorzeitigen Zuschlagserteilung beantragen, wenn die Voraussetzungen des § 115 Abs. 2 Satz 1 GWB vorliegen. Die bisherige Praxis hat gezeigt, dass Anträge auf Vorabgestattung des Zuschlags kaum gestellt werden und noch seltener erfolgreich sind. Mit den Änderungen durch das Vergaberechtsmodernisierungsgesetz 2009 beabsichtigt der Gesetzgeber, diese Situation zugunsten der im öffentlichen Interesse liegenden Auftragsvergabe zu verbessern (Gesetzesbegründung BT-Drs. 16/10117, S. 27).

2. Der Antrag auf vorzeitige Zuschlagsgestattung ist an die Vergabekammer zu richten, bei der das Hauptsacheverfahren anhängig ist. Lehnt die Vergabekammer die Zuschlagsgestattung ab, kann die Vergabestelle gem. § 115 Abs. 2 Satz 6 GWB vor dem Beschwerdegericht erneut einen Antrag auf Zuschlagsgestattung stellen. Dieser Antrag ist an das Beschwerdegericht iSv. § 116 Abs. 3 GWB zu richten. Das vor der Vergabekammer begonnene Eilverfahren geht damit gemäß § 115 Abs. 2 Satz 8 GWB in ein besonderes eigenständiges Beschwerdeverfahren vor dem OLG nach § 115 Abs. 2 Satz 6 (und nicht § 116 Abs. 1 GWB) über (vgl. *Kus,* in: *Kulartz/Kus/Portz,* § 115, Rdn. 39). Nach dem Wortlaut des durch das Vergaberechtsmodernisierungsgesetz neu gefassten § 115 Abs. 2 GWB ist allein der Auftraggeber nach Ablehnung des Antrags vor der Vergabekammer berechtigt, einen Antrag auf Zuschlagsgestattung vor dem Beschwerdegericht zu stellen (vgl. Satz 6). Es ist jedoch kein Grund ersichtlich, warum sich nicht auch das Unternehmen, das gemäß § 101 a GWB für den Zuschlag vorgesehen ist, nach einem erfolglosen Antrag vor der Vergabekammer an das Beschwerdegericht wenden kann. Ob es sich hierbei um eine bewusste Entscheidung des Gesetzgebers oder um ein Redaktionsversehen handelt, wird sich wohl erst in der Praxis herausstellen.

3. Eine Frist für die Einreichung eines Antrages nach § 115 Abs. 2 Satz 1 oder 6 GWB sieht das Gesetz zwar nicht vor. Aber sowohl aus der Gesetzessystematik als auch nach dem Sinn und Zweck dieses Antragsverfahrens (im Gegensatz zu dem nach § 121 GWB) ergibt sich, dass ein solcher Antrag nur während des laufenden Nachprüfungsverfahrens vor der Vergabekammer gestellt werden kann (OLG Naumburg, NZBau 2001, 642; *Reidt,* in: *Reidt/Stickler/Glahs,* § 115 Rdn. 57, 62; aA.: *Gröning,* in: *Motzke/Pietzcker/Prieß,* § 121 Rdn. 57: die entscheidende Zäsur sei erst die Einlegung der Beschwerde durch eine Partei).

4. Für das Verfahren vor der Vergabekammer besteht unstreitig kein Anwaltszwang. Für das Verfahren vor dem Beschwerdegericht wurde durch das Vergaberechtsmodernisierungsgesetz 2009 mit einer Verweisung auf § 121 Abs. 3 in § 115 Abs. 2 Satz 7 GWB geregelt, dass sich die Beteiligten auch im Eilverfahren durch einen Rechtsanwalt als Bevollmächtigten vertreten lassen müssen. Ausweislich der Gesetzesbegründung wollte der Gesetzgeber mit der Verweisung auf § 121 Abs. 3 GWB zwar lediglich eine Entscheidung des Beschwerdegerichts innerhalb von 5 Wochen ebenso wie im Verfahren über die Vorabentscheidung über den Zuschlag nach § 121 erreichen (Gesetzesbegründung BT-Drs. 16/10117, S. 28). Von der Verweisung auf § 121 Abs. 3 GWB wird jedoch automatisch auch dessen Satz 4 erfasst, der seinerseits auf § 120 GWB und den darin enthaltenen Anwaltszwang vor dem Beschwerdegericht verweist. Im Ergebnis ist daher nach neuer Rechtslage davon auszugehen, dass auch im Eilverfahren vor dem Beschwerdegericht Anwaltszwang herrscht.

5. Die weiteren Verfahrensbeteiligten iSv. § 109 GWB müssen bei einem Antrag auf vorzeitige Gestattung des Zuschlags nicht erneut beigeladen werden. Die für das Nachprüfungsverfahren selbst erfolgte Beiladung wirkt auch für das Eilverfahren (*Reidt,* in: *Reidt/Stickler/Glahs,* § 115 Rdn. 31).

6. Nach dem eindeutigen Gesetzeswortlaut kann nach dem Vergaberechtsmodernisierungsgesetz 2009 sowohl der Auftraggeber selbst als auch das Unternehmen, das nach § 101 a GWB vom Auftragnehmer als das Unternehmen benannt ist, das den Zuschlag erhalten soll (Beigeladener) eine vorzeitige Gestattung des Zuschlags gem. § 115 Abs. 2 GWB beantragen.

7. Der Antrag nach § 115 Abs. 2 Satz 1 GWB kann während des gesamten Verfahrens vor der Vergabekammer schriftlich (VK Sachsen, Beschl. v. 12. 2. 2004 – 1/SVK/164-03G; *Dreher,* in: *Immenga/Mestmäcker,* § 115, Rdn. 35, aA. *Reidt,* in: *Reidt/Stickler/Glahs,* § 115 Rdn. 29) gestellt werden und ist zu begründen (VK Sachsen, Beschl. v. 12. 2. 2004 – 1/SVK/164-03G; aA. *Leinemann,* Die Vergabe öffentlicher Aufträge, 3. Aufl. 2003, Rdn. 179). Zwar sieht das Gesetz in § 115 Abs. 2 GWB für das Eilverfahren vor der Vergabekammer keine besonderen Verfahrensregeln vor; es sind jedoch die für das Hauptsacheverfahren geltenden Vorschriften (§§ 107 bis 114 GWB) heranzuziehen, soweit der Gehalt der Normen und die Eilbedürftigkeit des Verfahrens dem nicht entgegenstehen (*Dreher,* in: *Immenga/Mestmäcker,* § 115, Rdn. 35). In der Praxis wird der Eilantrag auf Zuschlagsgestattung auch häufig mit dem Antrag auf Zurückweisung des Nachprüfungsantrags der Antragstellerin und der Erwiderung auf den Nachprüfungsantrag verbunden.

Der (erneute) Antrag auf vorzeitige Zuschlagserteilung vor dem Beschwerdegericht (§ 115 Abs. 2 Satz 6 GWB) unterliegt gem. § 115 Abs. 2 Satz 7 GWB den Formvorschriften des § 121 Abs. 2 Satz 1 und 2 GWB. Er ist somit schriftlich zu stellen und gleichzeitig zu begründen; die zur Begründung des Antrags vorgetragenen Tatsachen sowie der Grund für die Eilbedürftigkeit müssen glaubhaft gemacht werden (*Kus,* in: *Kulartz/Kus/Portz,* § 115 Rdn. 40).

8. Um eine Vorwegnahme der Hauptsache durch die endgültige Vorabgestattung des Zuschlags zu rechtfertigen, wird von den Vergabestellen in der Regel die konkrete und substantiierte Darlegung ganz außergewöhnlicher Gründe für das besondere Eilbedürfnis verlangt. Der übliche Termindruck bei Leistungen im öffentlichen Interesse oder rein fiskalische Erwägungen wie der Ablauf des Haushaltsjahres reichen hier als Begründung nicht aus (vgl. OLG Celle, Beschl. v. 17. 1. 2003 – 13 Verg 2/03, NJOZ 2003, 475; OLG Dresden, Beschl. v. 14. 6. 2001, WVerg 0004/01). Denn der Suspensiveffekt des § 115 Abs. 1 GWB und die vorzeitige Zuschlagsgestattung stehen in einem Regel-Ausnahmeverhältnis. Die Vergabekammern und auch die Gerichte haben deshalb bisher auch eine sehr zurückhaltende Praxis der Vorabgestattung des Zuschlags im Rahmen des § 115 Abs. 2 GWB erkennen lassen (vgl. BayObLG, Beschl. v. 23. 1. 2003 – Verg 2/03; OLG Celle, VergabeR 4/2001; VK Nordbayern, Beschl. v. 18. 9. 2008, 21 – VK-3194-44/08; VK Arnsberg, Beschl. v. 10. 1. 2008 – VK 42/07; VK Brandenburg, Beschl. v. 27. 7. 2006 – 2 VK 26/06). Dahinter steht die Überlegung, dass mit der Vorabgestattung des Zuschlags der Primärrechtsschutz des Antragstellers vollständig beendet wird, was einen entscheidenden Einschnitt bedeutet. Zudem unterliegt das gesamte Nachprüfungsverfahren gemäß § 113 Abs. 1 GWB ohnehin dem Beschleunigungsgebot und wird in der Regel innerhalb von fünf Wochen abgeschlossen, so dass ein darüber hinausgehendes besonderes Beschleunigungsinteresse der Vergabestelle in der Mehrzahl der Fälle nicht erkennbar ist (*Jaeger,* in: *Byok/Jaeger,* § 118 GWB Rdn. 1171).

9. Die Entscheidung über die Gestattung des Zuschlags hat auf der Grundlage einer umfassenden Interessenabwägung zu erfolgen (*Summa,* in: *Heiermann/Zeiss/Kullack/Blaufuß,* § 115, Rdn. 26 ff.). In die Abwägung sind nicht nur die Interessen des Antragstellers und des Auftraggebers sondern *sämtliche* möglicherweise geschädigten Interessen der Beteiligten des Vergabeverfahrens sowie des Interesses der Allgemeinheit an einem raschem Abschluss des Vergabeverfahrens einzustellen (§ 115 Abs. 2 Satz 1 GWB). Maßgebend sind die konkreten Interessen im Einzelfall. Auf Seiten des Antragstellers ist dies in erster Linie das Interesse an der Erhaltung seines Rechts aus § 97 Abs. 7 GWB auf ein rechtmäßiges Vergabeverfahren, das bei einer Gestattung des Zuschlags unwiderruflich untergehen würde. Auch wirtschaftliche Interessen können die Abwägung beeinflussen, wenn es zB. um Vorhaben von erheblicher Dimension geht oder das Unternehmen zur Erhaltung oder Schaffung von Arbeitsplätzen oder der Vermeidung von betrieblichen Schäden auf die Auftragserteilung angewiesen ist (*Kus,* in: *Kulartz/Kus/Portz,* § 115 Rdn. 30). Dem stehen Interessen der Allgemeinheit und des Auftraggebers gegenüber wie beispielsweise das Interesse an der Realisierung von öffentlichen Investitionen (*Jaeger,* in: *Byok/Jaeger,* § 118 GWB Rdn. 806). Auch das Interesse der aussichtsreichsten Bieter an baldiger Klarheit darüber, wer den Zuschlag erhält, ist zu berücksichtigen, um diesen Unternehmen eine gewisse Planungssicherheit zu gewährleisten und betriebliche Schäden zu vermeiden. Das Interesse des Auftraggebers und der Allgemeinheit an einem baldigen Abschluss des Verfahrens innerhalb des Zeitplans an sich kann ebenfalls berücksichtigungsfähig sein – dies allerdings nur dann, wenn es im Einzelfall von besonderem Wert ist und konkret dargestellt und substantiiert wird (vgl. OLG Celle, Beschl. v. 17. 1. 2003 – 13 Verg 2/03; VK Baden-Württemberg, Beschl. v. 17. 3. 2007 – 1 VK 7/07). Anhaltspunkt für ein besonderes Gewicht dieses Interesses ist beispielsweise, wenn hinter der Eilbedürftigkeit im konkreten Fall das Interesse am Schutz der Gesundheit, der Aufrechterhaltung und Funktionsfähigkeit des Verkehrs oder der Versorgung der Bevölkerung steht, dh. an Aufgaben, deren Erfüllung in der Regel gerade dem öffentlichen Auftraggeber obliegt (vgl. *Kus,* in: *Kulartz/Kus/Portz,* § 115 Rdn. 34). Allerdings ist auch zu berücksichtigen, ob die Dringlichkeit von der Vergabestelle selbst herbeigeführt wurde (VK Münster, Beschl. v. 10. 11. 2004, VK 29/04). Für nicht ausreichend befand das OLG Dresden (Beschl. v. 14. 6. 2001, WVerg 0004/01) auch die bloße Behauptung, die verspätete Fertigstellung werde aus Dispositionsgründen der Lieferanten einen

„Dominoeffekt“ auslösen. Im gleichen Fall stellte das OLG auch nochmals klar, dass nur direkt kausale Folgen der verspäteten Zuschlagserteilung ein Interesse am früheren Zuschlag begründen können (vgl. auch VK Sachsen, Beschl. v. 18. 9. 2001, 1/SVK/92-01 g).

Durch das Vergaberechtsmodernisierungsgesetz 2009 wurde klargestellt, dass auch das Interesse der Allgemeinheit an einer wirtschaftlichen Erfüllung der Aufgaben des Auftraggebers bei der Abwägung zu berücksichtigen ist (§ 115 Abs. 2 Satz 2 GWB). Nach dem Willen des Gesetzgebers soll dadurch der Stellenwert des Interesses des öffentlichen Auftraggebers an der Erfüllung seiner öffentlichen Aufgabe in wirtschaftlicher und verzögerungsfreier Weise gestärkt werden. Bei erheblichen Verteuerungen durch Zeitverluste könne die Interessenabwägung ergeben, dass das Interesse des Bieters an der Verhinderung des Zuschlags und seiner Beauftragung gegenüber dem öffentlichen Interesse des Auftraggebers an der zügigen Fertigstellung unter Einhaltung des Kostenrahmens zurückstehen muss (Gesetzesbegründung BT-Drs. 16/10117, S. 27). Bereits in der Vergangenheit wurden Mehrkosten, die dem Auftraggeber durch die notwendige Zeit für die Durchführung eines Nachprüfungsverfahrens entstehen, als Argument zur Vorabgestattung anerkannt, wenn sie erheblich sind. Bei Mehrkosten von weniger als 2000 Euro soll dies allerdings nicht der Fall sein (vgl. VK Leipzig, Beschl. v. 25. 2. 2002, 1/SVK/012-02 g).

10. Eine mögliche Bindefristüberschreitung mit der Folge, dass ein oder mehrere der günstigsten Bieter möglicherweise nicht mehr zur Verfügung stehen, kann nach Ansicht der Rechtsprechung (VK Bund, Beschl. v. 30. 6. 1999, VK 2-14/99, S. 8/9; OLG Celle, VergabeR 2001, 338, 339) nicht als Argument für die besondere Eilbedürftigkeit angeführt werden, da ein Nachprüfungsverfahren *regelmäßig* zu einer Überschreitung der Frist führe und zudem in der Regel die Bieter einer Verlängerung der Frist zustimmen würden, um ihre Zuschlagschancen zu wahren. Anders dürfte jedoch der Fall liegen, wenn der besonders günstige Bieter aus nachvollziehbaren Gründen abzuspringen droht (vgl. *Marx,* in: *Motzke/Pietzcker/Prieß,* § 115 Rdn. 15; vgl. zur Bindefristverlängerung auch BayObLG, WuW 1999, 1037).

11. Ob bei der Interessenabwägung im Rahmen des § 115 Abs. 2 Satz 1 bzw. Satz 6 GWB auch auf die Erfolgsaussichten in der Hauptsache abzustellen ist, wurde nach bisheriger Rechtslage unterschiedlich beurteilt. Während insbesondere die Vergabekammern mehrheitlich eine Berücksichtigung der Erfolgsaussichten des Nachprüfungsantrags im Rahmen des § 115 Abs. 2 Satz 1 GWB ablehnten (vgl. VK Arnsberg, Beschl. v. 10. 1. 2008 – VK 42/07; VK Sachsen, Beschl. v. 5. 4. 2006 – 1/SVK/027-06; VK Schleswig-Holstein, Beschl. v. 8. 7. 2005 – VK-SH 18/05), hielten mehrere Oberlandesgerichte und der überwiegende Teil der Literatur die Erfolgsaussichten zumindest insoweit für einen potentiell abwägungsrelevanten Belang: Eine offensichtliche, bei der summarischen Prüfung sofort ins Auge fallende Unbegründetheit des Nachprüfungsantrags sollten das Gewicht der Interessen der Vergabestelle verstärken können (OLG Naumburg, Beschl. v. 10. 11. 2003 – 1 Verg 14/03, NJOZ 2004, 845; OLG Jena, Beschl. v. 24. 10. 2003 – 6 Verg 9/03, IBR 2004, 43; OLG Celle, Beschl. v. 19. 8. 2003 – 13 Verg 20/03, WuW/E Verg 910; OLG Dresden, Beschl. v. 14. 6. 2001, WVerg 0004/01; VergabeR 2001, 342; *Summa,* in: *Heiermann/Zeiss/Kullack/Blaufuß,* § 115 Rdn. 31; *Marx,* in: *Motzke/Pietzcker/Prieß,* § 115 Rdn. 16; *Jaeger,* in: *Byok/Jaeger,* § 118 Rdn. 1167). Zur Klarstellung wurde § 115 Abs. 2 GWB durch das Vergaberechtsmodernisierungsgesetz 2009 dahingehend ergänzt, dass nunmehr ausdrücklich die allgemeinen Aussichten des Antragstellers im Vergabeverfahren den Auftrag zu erhalten bei der Abwägung zu berücksichtigen sind. Gleichzeitig müssen die Erfolgsaussichten des Nachprüfungsantrages jedoch auch nicht in jedem Falle Gegenstand der Abwägung sein (§ 115 Abs. 2 Satz 3 und 4). Durch die Neuregelung soll erreicht werden, dass nicht in jedem Fall die summarische Prüfung der Erfolgsaussichten durchgeführt werden muss und damit unter Umständen die Erteilung des Vorabzuschlags ungebührlich verzögern wird. § 115 Abs. 2 Satz 4 GWB stellt deshalb klar, dass die Vergabekammer die Erfolgsaussichten des Nachprüfungsverfahrens berücksichtigen kann, dazu allerdings nicht verpflichtet ist. Danach kann auch bereits auf der Grundlage der Abwägung der beteiligten Interessen der Zuschlag gestattet werden (Gesetzesbegründung BT-Drs. 16/10117, S. 28). Nach der Neuregelung ist daher nicht ausgeschlossen, dass die vorzeitige Erteilung des Zuschlags selbst bei ganz offensichtlichen Rechtsverstößen im Vergabeverfahren gestattet wird, wenn nur das Interesse am Zuschlag gewichtig genug ist (kritisch dazu bereits *Boesen,* § 115 Rdn. 31). Aus verfahrenstaktischen Erwägungen sollte eine ins Auge fallende Unbegründetheit des Nachprüfungsantrags in jedem Fall im Antrag nach § 115 Abs. 2 Satz 1 bzw. Satz 6 GWB erwähnt werden, da diese im schlimmsten Fall nicht mit in die Abwägung einbezogen wird, im Besten aber das Ergebnis zugunsten der Vergabestelle beeinflussen kann.

12. Für die Entscheidung der Vergabekammer über den Antrag des Auftraggebers nach § 115 Abs. 2 Satz 1 GWB ist im Gesetz keine Entscheidungsfrist vorgesehen. Angesichts des Beschleunigungszwecks der Regelung soll aber möglichst umgehend eine Entscheidung erfolgen. Sofern zum Zeitpunkt des Erlasses der Hauptsacheentscheidung nach § 114 Abs. 1 GWB über den (zuvor zulässig) gestellten Eilantrag nach § 115 Abs. 2 Satz 1 GWB noch nicht entschieden ist, so erledigt sich dieser. Denn mit dem Erlass der Entscheidung in der Hauptsache besteht keine Gefahr der Verzögerung der Vergabe bis zum Abschluss des Vergabeverfahrens vor der Vergabekammer mehr, der durch die Möglichkeit der Gestattung des vorzeitigen Zuschlages nach § 115 Abs. 2 GWB begegnet werden soll (OLG Brandenburg, Beschl. v. 17. 1. 2005, Verg W 1/05; BayObLG Beschl. v. 16. 7. 2004, Verg 16/04). Auch wenn der Zuschlag vorab gestattet wird, muss die Vergabestelle allerdings eine Wartefrist von 2 Wochen ab Bekanntgabe dieser Entscheidung an den Antragsteller einhalten, um dem Antragsteller die Möglichkeit zu lassen, innerhalb dieser Zeit durch das Rechtsmittel des § 115 Abs. 2 Satz 5 GWB den Suspensiveffekt durch das Beschwerdegericht wiederherstellen zu lassen. Eine Zuschlagsgestattung durch das Beschwerdegericht in der Beschwerdeinstanz des Eilverfahrens nach § 115 Abs. 2 Satz 6 GWB hat hingegen zur Folge, dass der Zuschlag sofort nach der Entscheidung des Beschwerdegerichts erteilt werden kann.

Kosten und Gebühren

Der Eilentscheidung der Vergabekammer nach § 115 Abs. 2 Satz 1 GWB wird keine Kostenentscheidung beigefügt. Die Kostenentscheidung der Vergabekammer ergeht gem. § 128 GWB einheitlich im Rahmen der Entscheidung über die Hauptsache (BayObLG, Beschl. v. 16. 7. 2004 – Verg 16/04; VK Bund, Beschl. v. 30. 6. 1999, VK 2-14/99; *Jaeger,* in: *Byok/Jaeger,* § 118 Rdn. 1173; s. hierzu die Ausführungen in Form. II. M. 6). Die Aufwendungen für die Zuziehung eines Verfahrensbevollmächtigten sind auch für die Vergabestellen als Behörden, die an sich selbst sachkundig sein sollten, ersatzfähig, wenn es wie beim Stellen eines Antrags nach § 115 Abs. 2 GWB (auch) um prozesstaktische Fragen geht (OLG Dresden, Beschl. v. 11. 12. 2001, VergabeR 2002, 314).

Fristen und Rechtsmittel

Im Falle einer ablehnenden Entscheidung der Vergabekammer kann der Auftraggeber (und ergänzend zum Wortlaut wohl auch der für den Zuschlag vorgesehene Bieter, sa. Anm. 2) gem. § 115 Abs. 2 Satz 6 GWB vor dem Beschwerdegericht Antrag auf Gestattung des sofortigen Zuschlags stellen. Gestattet die Vergabekammer die vorzeitige Zuschlagserteilung, kann gem. § 115 Abs. 2 Satz 5 GWB jeder dadurch beschwerte Verfahrensbeteiligte innerhalb der zweiwöchigen Wartefrist (§ 115 Abs. 2 Satz 1 GWB) vor dem Beschwerdegericht die Wiederherstellung des Zuschlagsverbotes beantragen (vgl. nachfolgend Form. II. M. 5).

5. Sofortige Beschwerde zur Wiederherstellung des Suspensiveffekts gem. § 115 Abs. 2 S. 5 GWB[1]

An das
[Oberlandesgericht/Vergabesenat ......][2]

......, den ......[3]

Antrag auf Wiederherstellung des Suspensiveffekts gemäß § 115 Abs. 2 Satz 5 GWB

In dem Vergabenachprüfungsverfahren betreffend einen Lieferauftrag über ein Einsatzleitsystem für die Polizei

der Firma A-OHG[4]

– Antragstellerin –

Verfahrensbevollmächtigte: Rechtsanwälte ......

gegen

das Land ......, vertreten durch das
Innenministerium, dieses vertreten durch ......

– Vergabestelle –

Verfahrensbevollmächtigte: Rechtsanwälte ......
beigeladen: Firma B
beantragen wir namens und mit Vollmacht[5] der Antragstellerin,

1. das Verbot des Zuschlags gemäß § 115 Abs. 2 Satz 5 GWB wiederherzustellen;
2. das Verbot des Zuschlags gemäß § 115 Abs. 2 Satz 1 GWB bis zu einer Entscheidung über die Wiederherstellung des Zuschlagsverbots gemäß § 115 Abs. 2 Satz 5 GWB zu verlängern[6].

Begründung[7]:

Teil 1: Sachverhalt:

Die Vergabestelle schrieb im Jahr ...... im Rahmen eines Offenen Verfahrens nach der VOL/A einen Lieferauftrag über ein Einsatzleitsystem für die ...... Polizei europaweit aus. Als Schlusstermin für den Angebotseingang war der ......, ein Sonntag, festgesetzt.

Anlage Bf 1

Auf der Grundlage dieser Ausschreibung forderte auch die Antragstellerin die Angebotsunterlagen an. Das Angebot der Antragstellerin ging unstreitig erst am Montag ein. Mit Schreiben vom ...... teilte die Vergabestelle der Antragstellerin mit, dass beabsichtigt sei, den Zuschlag am ...... der Firma B zu erteilen. Das Angebot der Antragstellerin sei auszuschließen, weil es nicht bis zum Ablauf der Angebotsfrist bei der Vergabestelle eingegangen sei.
Nach ordnungsgemäßer Rüge

Anlage Bf 2

stellte die Antragstellerin am ...... bei der Vergabekammer einen Nachprüfungsantrag gem. § 107 GWB.

Anlage Bf 3

Die Vergabekammer verlängerte mit Verfügung ihres Vorsitzenden vom ...... die Entscheidungsfrist um drei Wochen.
Die Vergabestelle beantragte daraufhin, ihr gem. § 115 Abs. 2 Satz 1 GWB den vorzeitigen Zuschlag zu gestatten, da sich gegenüber dem Zeitpunkt der ursprünglichen Aus-

schreibung die Sicherheitslage in der Bundesrepublik durch die terroristischen Anschläge vom 11. September 2001 in den USA so dramatisch verändert habe, dass die potentiellen Gefahren für die Innere Sicherheit ein weitaus höheres Rechtsgut darstellten als das wirtschaftliche Einzelinteresse der Antragsteller an dem Auftrag. Die Realisierung des Einsatzleitsystems sei unter diesen Umständen für die ...... Polizei äußerst dringlich und eine Verzögerung durch Abwarten der Beendigung des Nachprüfungsverfahrens (insbesondere unter Berücksichtigung der Verlängerung der Entscheidungsfrist der Vergabekammer) nicht zumutbar.
Die Vergabekammer gestattete unter weitgehender Übernahme dieser Argumente am ...... die vorzeitige Zuschlagserteilung. Dabei wies sie darauf hin, dass die Erfolgsaussichten des Nachprüfungsantrags der Antragstellerin für die Interessenabwägung im Rahmen des § 115 Abs. 2 Satz 1 GWB keine Rolle gespielt hätten.

Anlage Bf 4

Um zu verhindern, dass durch Erteilung des Zuschlags der Primärrechtsschutz vereitelt wird, beantragt die Antragstellerin die Wiederherstellung des Suspensiveffekts durch das Oberlandesgericht.

Teil 2: Rechtliche Würdigung

Der Antrag auf Wiederherstellung des Suspensiveffekts ist zulässig und begründet.

A. Zulässigkeit

Die Vergabekammer hat der Vergabestelle auf deren Antrag den vorzeitigen Zuschlag gestattet. Die Vergabestelle hat angekündigt, von dieser Gestattung nach Ablauf der zweiwöchigen Wartefrist (§ 115 Abs. 2 Satz 1 GWB) sofort Gebrauch machen zu wollen, um weitere Verzögerungen mit ihres Erachtens negativen Auswirkungen auf die Sicherheitslage zu vermeiden. Damit droht unmittelbar die Zuschlagserteilung, durch welche der Primärrechtsschutz der Antragstellerin endgültig entfallen würde (§§ 115 Abs. 2 Satz 5, 114 Abs. 2 Satz 1 GWB). Um dies zu verhindern, kann die Antragstellerin als durch die Entscheidung der Vergabekammer beschwerte Verfahrensbeteiligte die Wiederherstellung des Suspensiveffekts gem. § 115 Abs. 2 Satz 5 GWB beantragen.

B. Begründetheit[8]

Die Voraussetzungen des § 115 Abs. 2 Satz 1 GWB, unter denen die Vergabekammer ausnahmsweise den vorzeitigen Zuschlag gestatten kann, liegen nicht vor. Die Vergabestelle hat insbesondere nicht überzeugend dargelegt, dass eine unabweisbare Dringlichkeit für die sofortige Zuschlagserteilung des Einsatzleitsystems besteht. Der vorgesehene Zeitplan zur Einführung des Systems beinhaltet eine sukzessive Einführung des Systems innerhalb von 2 Jahren. Die durch das Vergabenachprüfungsverfahren zu erwartende Verzögerung fällt deshalb nicht entscheidend ins Gewicht, zumal diese Verzögerungen durch die gesetzlichen Fristen und das Beschleunigungsgebot beschränkt sind.
Die Antragstellerin hat ein im Vergleich mit den übrigen Bietern sehr wirtschaftliches Angebot abgegeben, welches offensichtlich verfahrensfehlerhaft von der Wertung ausgeschlossen wurde (§ 193 BGB bzw. VO 1182/71 des Rates v. 3. 6. 1971: die Frist endete erst am Montag, den ...... um 24.00 Uhr). Die Tatsache, dass der Nachprüfungsantrag der Antragstellerin hier ganz überwiegende Aussicht auf Erfolg hat, verstärkt das Gewicht des Rechtsschutzinteresses der Antragstellerin[9]. Die Rechtsfragen liegen offen zu Tage und können bei der im Eilverfahren vorzunehmenden summarischen Prüfung unschwer berücksichtigt werden. Die stark überwiegenden Erfolgsaussichten des Nachprüfungsantrags wären daher in die Interessenabwägung zu Gunsten der Antragstellerin mit einzubeziehen gewesen, § 115 Abs. 2 Satz 3 und 4 GWB (vgl. auch OLG Düsseldorf, Beschl. v. 23. 8. 2002 – Verg 44/02; 3. VK Bund, Beschl. v. 30. 9. 2005 – VK 3-130/05 –

Z; OLG Schleswig, Beschl. v. 14. 8. 2000, 6 Verg 2/00; OLG Thüringen, Beschl. v. 14. 11. 2001, 6 Verg 6/01; OLG Dresden, Vergaberecht 2001, 342).

Angesichts dieser Sachlage ist es der Vergabestelle zuzumuten, die Entscheidung in der Hauptsache abzuwarten.

Rechtsanwalt

Schrifttum: S. Form. II. M. 1.

Anmerkungen

1. Hat die Vergabekammer den vorzeitigen Zuschlag auf Antrag der Vergabestelle bzw. des Unternehmens, das für den Zuschlag vorgesehen ist, gem. § 115 Abs. 2 Satz 1 GWB gestattet, so kann das Beschwerdegericht nach § 115 Abs. 2 Satz 5 GWB auf Antrag das Zuschlagsverbot wiederherstellen. Das vor der Vergabekammer begonnene Eilverfahren geht gemäß § 115 Abs. 2 Satz 8 GWB in ein besonderes eigenständiges Beschwerdeverfahren vor dem OLG nach § 115 Abs. 2 Satz 5 GWB (und *nicht* § 116 Abs. 1 GWB) über (*Marx,* in: *Motzke/Pietzcker/Prieß,* § 115 Rdn. 18; *Kus,* in: *Kulartz/Kus/Portz,* § 115 Rdn. 35).

2. Der Antrag ist an das zuständige Beschwerdegericht iS. des § 116 Abs. 3 GWB zu richten (siehe dazu Form. II. M. 6 Anm. 1).

3. Eine Frist zur Stellung des Antrags auf Wiederherstellung des Suspensiveffekts ist zwar gesetzlich nicht vorgesehen, ergibt sich aber aus Sachzwängen. Im zweiten Halbsatz des § 115 Abs. 2 Satz 5 GWB wird mit dem Verweis auf § 114 Abs. 2 Satz 1 GWB klargestellt, dass ein bereits wirksam erteilter Zuschlag nicht mehr vom Beschwerdegericht aufgehoben werden kann. Das bedeutet im Ergebnis, dass wegen der Beendigung des Zuschlagsverbots zwei Wochen nach Zuschlagsgestattung durch die Vergabekammer (§ 115 Abs. 2 Satz 1 GWB) das Beschwerdegericht über den Wiederherstellungsantrag innerhalb dieser zwei Wochen oder zumindest bis zur möglicherweise erst späteren Zuschlagserteilung bereits entschieden haben muss (*Kus,* in: *Kulartz/Kus/Portz,* § 115 Rdn. 47). Ist der Zuschlag nach Ablauf der Zwei-Wochen-Frist bereits erteilt, dürfte der Antrag entsprechend § 114 Abs. 2 Satz 1 GWB unzulässig sein. Der Antrag sollte daher schnellstmöglich nach Erhalt der Vergabekammerentscheidung und unter Hinweis auf die konkrete Gefahr einer Zuschlagserteilung gestellt werden.

4. Der Gesetzeswortlaut sieht für einen Antrag nach § 115 Abs. 2 Satz 5 GWB keine Beschränkung auf das Unternehmen vor, das den Nachprüfungsantrag gestellt hat. Wie im Rahmen des § 116 GWB sind bei der gerichtlichen Überprüfung der Vorabentscheidung über den Zuschlag im Rahmen des § 115 Abs. 2 GWB auch die anderen Verfahrensbeteiligten, also insbesondere Beigeladene, beschwerdeberechtigt, sofern sie eine eigene Beschwer darlegen können (*Kus,* in: *Kulartz/Kus/Portz,* § 115 Rdn. 35; *Summa,* in: *Heiermann/Zeiss/Kullack/Blaufuß,* § 115 Rdn. 43; zu weitgehend wohl: *Dreher,* in: *Immenga/Mestmäcker,* § 115 Rdn. 44, beschwerdeberechtigt soll jeder beschwerte Vergabeinteressent sein, selbst wenn er im Hauptsacheverfahren noch nicht beigeladen ist).

5. Da § 115 Abs. 2 Satz 7 GWB in der Fassung nach dem Vergaberechtsmodernisierungsgesetz 2009 auf § 121 Abs. 3 GWB und damit mittelbar auch auf § 120 GWB verweist, besteht für das Verfahren auf Wiederherstellung des Zuschlagsverbotes durch das Beschwerdegericht Anwaltszwang.

6. Das Eilverfahren beim Oberlandesgericht führt nicht zu einer Aussetzung des Vergabeverfahrens. Deshalb kann der Zuschlag nur verhindert werden, wenn innerhalb der Zwei-Wochen-Frist entweder der Beschluss des OLG oder wenigstens eine Zwischenverfügung erreicht wird, nach der das für zwei Wochen geltende Zuschlagsverbot nach

§ 115 Abs. 2 Satz 1 GWB zumindest vorläufig bis zur Entscheidung des Gerichts gem. § 115 Abs. 2 Satz 5 GWB aufrechterhalten bleibt (*Reidt,* in: *Reidt/Stickler/Glahs,* § 115 Rdn. 49). Eine solche einstweilige Suspendierung durch das Gericht auf Antrag oder von Amts wegen wird überwiegend als zulässig und zur Gewährung effektiven Rechtsschutzes (Art. 19 Abs. 4 GG) geboten angesehen (KG, Beschl. v. 6. 7. 1999, KartVerg. 4/99; *Jaeger,* in: *Byok/Jaeger,* § 118 Rdn. 1175). Da das Beschwerdegericht innerhalb der Zwei-Wochen-Frist häufig noch keine Beschwerdeentscheidung gemäß § 115 Abs. 2 Satz 5 GWB treffen kann, sollte stets beantragt werden, den Suspensiveffekt vorläufig bis zur Entscheidung über den Antrag auf Wiederherstellung des Zuschlagsverbots zu verlängern (*Prieß/Niestedt,* S. 101).

7. § 115 Abs. 2 Satz 7 GWB verweist auf die Formvorschriften des § 121 Abs. 2 Satz 1 und 2 GWB. Somit muss der Antrag auf Wiederherstellung des Zuschlagsverbots schriftlich und mit einer Begründung versehen gestellt werden. Die zur Begründung vorzutragenden Tatsachen, sofern sie streitig sind und sofern es nach der Antragsbegründung überhaupt auf Tatsachenwürdigung und nicht nur auf Rechtsfragen ankommt, sind glaubhaft zu machen (vgl. OLG Düsseldorf, Beschl. v. 17. 4. 2008 – Verg 15/08; zu den hohen Anforderungen an die konkrete Glaubhaftmachung eines geldwerten Verzögerungsschadens: OLG Dresden, Beschl. v. 14. 6. 2001, WVerg 0004/01; VergabeR 2001, 342; OLG Celle, Beschl. v. 21. 3. 2001, 13 Verg 4/01, VergabeR 2001, 338).

8. Das OLG trifft im Rahmen des Antrags auf Wiederherstellung des Suspensiveffekts nach § 115 Abs. 2 Satz 5 GWB eine eigene Entscheidung über die Gestattung oder Versagung der vorzeitigen Zuschlagserteilung in entsprechender Anwendung des Prüfungsmaßstabs des § 115 Abs. 2 Satz 1 bis 4 GWB. Obwohl in § 115 Abs. 2 Satz 5 eine dem § 115 Abs. 2 Satz 6 entsprechende Verweisung auf den Entscheidungsmaßstab des § 115 Abs. 2 Satz 1 bis 4 GWB fehlt, ist auch der Entscheidung über die Wiederherstellung des Zuschlagsverbots nach deren Sinn und Zweck dieser Maßstab einer umfassenden Interessenabwägung zugrunde zu legen (*Dreher,* in: *Immenga/Mestmäcker,* § 115 Rdn. 40; *Otting,* in: *Bechtold,* § 115 Rdn. 7). Die materiellen Leitlinien für die Entscheidung des Gerichts sind dieselben wie die für die Vergabekammer. Das OLG hat daher innerhalb seiner Ermessensentscheidung die betroffenen Interessen zu bestimmen und die für diese Interessen vorteilhaften und nachteiligen Folgen einer Verzögerung der Vergabe gegeneinander abzuwägen (vgl. beispielhaft OLG Celle, Beschl. v. 21. 3. 2001 – 13 Verg 4/01; *Boesen,* § 115 Rdn. 49). Das Gericht stellt das Zuschlagsverbot wieder her, wenn es die Interessen anders gewichtet als die Vergabekammer bzw. zusätzliche Interessen in die Abwägungsentscheidung einstellt. Hinsichtlich der möglicherweise geschädigten Interessen, die in die Abwägung einzustellen sind, wird auf das Form. II. M. 4 Anm. 8–11 verwiesen.

9. Die im Beschwerdeverfahren nach § 115 Abs. 2 Satz 5 GWB zuständigen Oberlandesgerichte haben ausweislich des durch das Vergaberechtsmodernisierungsgesetz 2009 neu gefassten Gesetzeswortlautes die allgemeinen Aussichten des Antragstellers im Vergabeverfahren den Auftrag zu erhalten bei der Abwägung zu berücksichtigen. Die Erfolgsaussichten des Nachprüfungsantrages müssen aber nicht in jedem Falle Gegenstand der Abwägung sein (§ 115 Abs. 2 Satz 3 und 4 GWB). Bisher haben die Vergabesenate eine Berücksichtigung der Erfolgsaussichten des Nachprüfungsantrags im Rahmen der Interessenabwägung zumindest dann befürwortet, wenn der Nachprüfungsantrag ganz offensichtlich begründet oder unbegründet war (OLG Jena, Beschl. v. 14. 11. 2001, 6 Verg 6/01, VergabeR 2001, 165; OLG Dresden, Beschl. v. 14. 6. 2001 – WVerg 4/01, VergabeR 2001, 342; OLG Schleswig, Beschl. v. 14. 8. 2000, 6 Verg 2/00; *Byok,* in: *Byok/Jaeger,* § 115 Rdn. 1167). Die Berücksichtigung der Erfolgsaussichten darf jedoch nicht überdehnt werden: sobald zur Beurteilung der Erfolgsaussichten des Hauptsacheverfahrens tatsächliche Feststellungen über die Aktenlage hinaus getroffen werden müssten, kommt eine Berücksichtigung im Rahmen des § 115 Abs. 2 GWB nicht mehr in Be-

tracht, da ein solch ermittelndes Tätigwerden des Gerichts dem Beschleunigungszweck des Eilverfahrens widerspräche (OLG Celle, Beschl. v. 19. 8. 2003 – 13 Verg 20/03; OLG Dresden, Beschl. v. 14. 6. 2001, WVerg 0004/01; VergabeR 2001, 342; vgl. *Prieß/Niestedt*, S. 99).

Kosten und Gebühren

Im Hinblick auf die vor dem OLG entstehenden besonderen Kosten muss das OLG in diesem Antragsverfahren eine Kostenentscheidung treffen (BayObLG, Beschl. v. 23. 12. 1999 – Verg 9/99; KG, Beschl. v. 9. 11. 1999 – KartVerg 12/99). Die Kostenentscheidung ist entsprechend dem Obsiegen oder Unterliegen – in Analogie zu § 128 Abs. 3 und 4 GWB oder zu §§ 91 ff. ZPO (vgl. Form. II. M. 6) – zu treffen. Der Streitwert beträgt nach § 50 Abs. 2 GKG 5% der Auftragssumme.

6. Sofortige Beschwerde gemäß §§ 116 ff. GWB und Antrag auf Verlängerung des Suspensiveffektes gemäß § 118 Abs. 1 S. 3 GWB

An das
Oberlandesgericht ......[1]
– Vergabesenat –

......, den ......[2]

Sofortige Beschwerde/[3]
Antrag auf Verlängerung der aufschiebenden Wirkung

In dem Vergabenachprüfungsverfahren
wegen der Vergabe eines Bauauftrags zur Errichtung einer Hochwasserschutzanlage

der Bietergemeinschaft ......, bestehend aus ......, vertreten durch ......
– Antragstellerin und Beschwerdeführerin –

– Verfahrensbevollmächtigte[4]: Rechtsanwälte ...... –

gegen

das Land A, vertreten durch ......
– Antragsgegnerin und Beschwerdegegnerin –

Weitere Beteiligte[5]:

1. A GmbH und Co. KG
2. Bietergemeinschaft B

legen wir namens und in Vollmacht der Beschwerdeführerin gegen die Entscheidung der Vergabekammer ...... vom ...... – Aktenzeichen: ...... –

sofortige Beschwerde

ein und beantragen[6],

1. **die Entscheidung der Vergabekammer ...... vom ...... – Aktenzeichen: ...... – aufzuheben,**
2. **die Vergabestelle zu verpflichten, das Nebenangebot der Beschwerdeführerin zu werten und ihr als Mindestbietende den Zuschlag zu erteilen.**
3. **hilfsweise,[7] die Vergabekammer zu verpflichten, unter Berücksichtigung der Rechtsauffassung des angerufenen Gerichts über die Sache erneut zu entscheiden,**

4. die Hinzuziehung eines Prozessbevollmächtigten durch die Beschwerdeführerin für notwendig zu erklären und
5. der Beschwerdegegnerin die Kosten des Verfahrens sowie die notwendigen Auslagen aufzuerlegen.
Zugleich beantragen wir,
6. gemäß § 118 Abs. 1 Satz 3 GWB die aufschiebende Wirkung der sofortigen Beschwerde bis zur Entscheidung über die Beschwerde zu verlängern[8].

Eine entsprechende Vollmacht ist als

Anlage Bf 1

beigefügt.

Begründung[9]:

A. Sachverhalt

Am ...... schrieb die Vergabestelle in einem offenen Verfahren den Bau einer Hochwasserschutzanlage in der Ortslage ...... aus. Von den insgesamt vier abgegebenen Angeboten gab die Beschwerdeführerin zwei Angebote – ein Hauptangebot sowie ein Nebenangebot – ab. Das von der Beteiligten zu 1. eingereichte Angebot wertete die Beschwerdegegnerin im Submissionstermin am ...... als das preisgünstigste. Das Hauptangebot der Beschwerdeführerin lag im Ergebnis an dritter Stelle hinter dem von der Beteiligten zu 2. eingereichten Angebot. Das von der Beschwerdeführerin als

Anlage Bf 2

beigefügte Nebenangebot wurde dagegen von der Beschwerdegegnerin nicht gewertet, obgleich Nebenangebote weder in der als

Anlage Bf 3

beigefügten Bekanntmachung noch in den als

Anlage Bf 4

beigefügten Vergabeunterlagen ausgeschlossen waren und die Nebenangebote auf besondere Anlage gemacht sowie als solche deutlich gekennzeichnet waren. Auf einer Kopie, beigefügt als

Anlage Bf 5

des Nebenangebots war bereits am ...... vermerkt worden: „Wird nicht zur Wertung empfohlen". Die Beschwerdegegnerin beabsichtigte, der Beteiligten zu 1. den Zuschlag zu erteilen.

Vor Ablauf der Zuschlagsfrist hat die Beschwerdeführerin bei der Vergabekammer den als

Anlage Bf 6

beigefügten Nachprüfungsantrag mit dem Ziel gestellt, die Beschwerdegegnerin zu verpflichten, das bisher von ihr nicht berücksichtigte Nebenangebot in die Wertung mit einzubeziehen und auf dieses Angebot, das von den eingereichten Angeboten das wirtschaftlich günstigste darstellt, den Zuschlag zu erteilen.

Ausweislich des als

Anlage Bf 7

beigefügten Beschlusses vom ......, der Beschwerdeführerin am ...... zugestellt, hat die Vergabekammer den Nachprüfungsantrag als unzulässig verworfen, da der für die Zuständigkeit der Vergabekammer gemäß § 100 Abs. 1 GWB maßgebliche Schwellenwert nicht erreicht sei. Die Vergabekammer hat sich dabei auf die Vorgaben der Beschwerdegegnerin gestützt, wonach der Gesamtauftragswert für das Bauvorhaben schätzungsweise EUR 4 Mio. betrage.

Nach einem Gutachten des von der Beschwerdeführerin beauftragten Sachverständigen ....., beigefügt als

Anlage Bf 8

beträgt der Auftragswert mehr als EUR 6 Mio., unabhängig davon, welche der vorgesehenen Bauvarianten zur Ausführung kommt. Die Sachkunde des Sachverständigen und die Richtigkeit seines Gutachtens stehen außer Zweifel. Er ist Hochschullehrer an der Fachhochschule in A. auf dem Gebiet der Bauverfahrenstechnik im Zusammenhang mit vergleichender Kostenbewertung einzelner Bauverfahren.

B. Rechtslage

Den Anträgen der Beschwerdeführerin ist stattzugeben, da die sofortige Beschwerde zulässig und begründet ist.

I. Zulässigkeit der sofortigen Beschwerde

Die sofortige Beschwerde ist gemäß § 116 Abs. 1 GWB statthaft. Die Beschwerdeführerin richtet sich gegen eine Entscheidung[10] der Vergabekammer gemäß § 116 Abs. 1 GWB. Entscheidungen sind Verwaltungsakte (§ 114 Abs. 3 GWB), mit denen die Vergabekammer Anträge auf Gewährung von primärem Rechtsschutz beschieden hat (*Gröning, in: Motzke/Pietzcker/Prieß,* § 116 Rdn. 20). Die Vergabekammer hat den Nachprüfungsantrag als unzulässig verworfen.

Die Beschwerdeführerin war als Antragstellerin am Verfahren vor der Vergabekammer beteiligt und ist deshalb gemäß § 116 Abs. 1 Satz 2 GWB zur sofortigen Beschwerde berechtigt[11].

Die sofortige Beschwerde ist gemäß § 117 GWB form- und fristgerecht eingelegt. Die Entscheidung der Vergabekammer wurde dem Unterzeichner am ...... gemäß § 3 VwZG mit Zustellungsurkunde zugestellt. Damit endet die Beschwerdefrist gemäß §§ 120 Abs. 2, 73 Nr. 2 GWB, 222 Abs. 1 ZPO, 188 Abs. 2 BGB am ......

Schließlich ist die Beschwerdeführerin durch die Entscheidung der Vergabekammer beschwert[12]. Durch die Ablehnung des Nachprüfungsantrags als unzulässig ist sie formell beschwert. Sie ist auch materiell beschwert, denn auf das von ihr eingereichte Nebenangebot hätte der Zuschlag erteilt werden müssen.

II. Begründetheit der sofortigen Beschwerde

Die sofortige Beschwerde ist auch begründet, weil der Nachprüfungsantrag der Beschwerdeführerin zulässig und begründet ist.

Die Vergabekammer hat den Nachprüfungsantrag zu Unrecht als unzulässig verworfen. Die Voraussetzungen für ein Nachprüfungsverfahren lagen vor. Der objektive Anwendungsbereich des GWB-Vergaberechts gemäß § 100 Abs. 1 GWB war eröffnet, denn der Auftragswert der zu vergebenden Bauleistungen überschreitet den maßgeblichen Schwellenwert von EUR 5,15 Mio. (§ 100 Abs. 1 GWB iVm. § 2 Nr. 4 VgV iVm. Verordnung (EG) Nr. 1422/2007 v. 4. 12. 2007 (ABl. EU Nr. L 317, S. 34). Nach dem Sachverständigengutachten (Anlage Bf 8) beträgt der Auftragswert mehr als EUR 6 Mio.

Schließlich hat die Beschwerdegegnerin gegen §§ 25 Nr. 1 Abs. 1 lit. d, 10 Nr. 5 Abs. 4 VOB/A verstoßen. Da die Beschwerdegegnerin weder in der Bekanntmachung noch in den Vergabeunterlagen Nebenangebote ausgeschlossen hat, hätte sie das Nebenangebot der Beschwerdeführerin nicht von der Angebotswertung ausschließen dürfen. Da das zu wertende Nebenangebot im Vergleich zu den verbleibenden drei Angeboten das wirtschaftlich günstigste ist, hätte auf dieses Angebot der Zuschlag erteilt werden müssen.

III. Verlängerung der aufschiebenden Wirkung der Beschwerde (§ 118 Abs. 1 und 2 GWB)

Der Antrag der Beschwerdeführerin[13] auf Verlängerung der aufschiebenden Wirkung bis zur Entscheidung über die Beschwerde gemäß § 118 Abs. 1 Satz 3 GWB ist begründet. Die nach § 118 Abs. 2 Satz 1 GWB vorzunehmende Interessenabwägung[14] fällt ebenfalls

zu Gunsten der Beschwerdeführerin aus. Der Antrag auf Verlängerung der aufschiebenden Wirkung gemäß § 118 Abs. 2 Satz 2 (1) GWB ist nur dann abzulehnen, wenn unter Berücksichtigung aller möglicherweise geschädigten Interessen sowie des Interesses der Allgemeinheit an einem raschen Abschluss des Vergabeverfahrens die nachteiligen Folgen einer Verzögerung der Vergabe bis zur Entscheidung über die Beschwerde die damit verbundenen Vorteile überwiegen. Eine derartige Eilbedürftigkeit des Abschlusses des Vergabeverfahrens lässt sich nicht feststellen. Bei dem zu vergebenden Auftrag handelt es sich zwar um den Bau einer Hochwasserschutzanlage und damit um eine dringliche Maßnahme des Katastrophenschutzes. Allerdings führt das Abwarten des Ausgangs des Nachprüfungsverfahren nicht zu einer nennenswerten Bauverzögerung. Geht man von einer dreimonatigen Verfahrensdauer aus, wird die auf 20 Monate festgeschriebene Ausführungsfrist auch dann immer noch vor Beginn des Winters ...... beendet sein, so dass die Gemeinde O. vor einem sich eventuell im Frühjahr ...... sich ereignenden Hochwasser geschützt wird. In diesem Zusammenhang ist auch darauf hinzuweisen, dass die Vergabestelle erst 15 Jahre nach dem letzten verheerenden Hochwasser das zur Errichtung einer Hochwasserschutzanlage notwendige Raumordnungsverfahren eingeleitet hat. Darüber hinaus ist bei der Abwägung zu berücksichtigen, dass die sofortige Beschwerde Aussicht auf Erfolg[15] hat (§ 118 Abs. 2 Satz 3 GWB). Unter diesen Umständen verdient das Interesse des Bieters auf effektiven Rechtsschutz zur Einhaltung der zu seinem Schutz erlassenen Vergabebestimmungen (§ 97 Abs. 7 GWB) Vorrang.

Rechtsanwalt[16]

Schrifttum: S. Form. II. M. 1.

Anmerkungen

1. Nach § 116 Abs. 3 Satz 1 GWB ist das für den Sitz der Vergabekammer zuständige Oberlandesgericht für das Verfahren der sofortigen Beschwerde sachlich und örtlich ausschließlich zuständig. Durch § 116 Abs. 4 GWB werden die Landesregierungen ermächtigt, die Zuständigkeit sowohl landesintern als auch landesübergreifend auf andere Oberlandesgerichte oder auf das Oberste Landgericht zu übertragen. Die Übertragung dient der Konzentration und damit der Entwicklung einer einheitlichen Rechtsprechung (*Stockmann,* in: *Immenga/Mestmäcker* § 116 Rdn. 27). Von den landesinternen Konzentrationsmöglichkeiten ist durchweg Gebrauch gemacht worden, so dass in allen Bundesländern Vergabesenate nur an jeweils einem Oberlandesgericht bestehen:

Baden-Württemberg – OLG Stuttgart; Bayern – BayObLG München; Berlin – KG Berlin; Brandenburg – OLG Brandenburg; Bremen – OLG Bremen; Hamburg – OLG Hamburg; Hessen – OLG Frankfurt am Main; Mecklenburg-Vorpommern – OLG Rostock; Niedersachsen – OLG Celle; Nordrhein-Westfalen (einschließlich VK Bund) – OLG Düsseldorf; Rheinland-Pfalz – OLG Koblenz; Saarland – OLG Saarbrücken; Sachsen – OLG Dresden; Sachsen-Anhalt – OLG Naumburg; Schleswig-Holstein – OLG Schleswig; Thüringen – OLG Jena.

2. Gemäß § 117 Abs. 1 GWB ist die sofortige Beschwerde binnen einer Notfrist (vgl. § 223 Abs. 2 und 3 ZPO) von zwei Wochen schriftlich (vgl. Anm. 3) bei dem Beschwerdegericht einzulegen. Da es sich um eine (nicht verlängerbare) Notfrist handelt, kommt im Falle der Versäumung lediglich die Wiedereinsetzung in den vorherigen Stand gemäß §§ 120 Abs. 2, 73 Nr. 2 GWB iVm. §§ 230ff. ZPO in Betracht (*Noch,* S. 228ff.).

Die Frist beginnt mit der Zustellung der Entscheidung der Vergabekammer an den jeweiligen Beteiligten bzw. dessen Prozessbevollmächtigten (§ 172 ZPO), so dass für unterschiedliche Beteiligte unterschiedliche Fristen laufen können (*Stickler,* in: *Reidt/Stickler/Glahs,* aaO. § 117, Rdn. 5). Für die Berechnung der Frist gelten §§ 120 Abs. 2,

73 GWB, 222 ZPO, 187 bis 193 BGB, so dass der Tag der Zustellung der Vergabekammerentscheidung nicht mitzurechnen ist (§ 187 Abs. 1 BGB). Die Notfrist beginnt nur wirksam zu laufen, wenn die Entscheidung der Vergabekammer eine Rechtsmittelbelehrung (siehe § 114 Abs. 3 Satz 3, § 61 Abs. 1 GWB) enthält. Bezüglich des Inhalts der Rechtsmittelbelehrung ist § 58 Abs. 1 VwGO analog heranzuziehen (*Reidt,* in: *Reidt/Stickler/Glahs,* § 114 Rdn. 67). Unterbleibt die Rechtmittelbelehrung oder ist sie fehlerhaft, gilt wohl nicht die Jahresfrist gemäß § 58 Abs. 2 VwGO. Vielmehr dürfte § 117 Abs. 1 2. Alt. iVm. § 116 Abs. 2 GWB anwendbar sein, d.h. die Beschwerdefrist beginnt mit dem Ablauf der fünfwöchigen Entscheidungsfrist (§ 113 Abs. 1 GWB) der Vergabekammer (vgl. zum Meinungstand *Stockmann,* in: *Immenga/Mestmäcker,* § 117 Rdn. 2; *Hunger,* in: *Kulartz/Kus/Portz,* § 117 Rdn. 9).

In Fällen der Nichtentscheidung der Vergabekammer (sog. Untätigkeitsbeschwerde) gemäß § 116 Abs. 2 GWB beginnt die Rechtsmittelfrist mit Ablauf der Fünf-Wochen-Frist gemäß § 113 Abs. 1 Satz 1 bzw. der gemäß § 113 Abs. 1 Satz 2 GWB verlängerten Frist (OLG Frankfurt, Beschl. v. 6. 3. 2006 – 11 Verg 11/05 und 12/05; OLG Düsseldorf, Beschl. v. 5. 10. 2001 – Verg 18/01, VergabeR 2002, 89; OLG Koblenz, Beschl. v. 31. 8. 2001 – 1 Verg 3/01, NZBau 2001, 641; OLG Celle, Beschl. v. 20. 4. 2001 – 13 Verg. 7/01, WuW/E Verg 475). Gemäß §§ 120 Abs. 2, 73 Nr. 2 GWB, 222 Abs. 1 ZPO, 187 Abs. 2 BGB beginnt die Rechtsmittelfrist mit dem Tag zu laufen, der auf den Tag des Fristablaufs nach § 113 Abs. 1 GWB folgt (*Boesen,* § 117 Rdn. 18). Sofern der von einer (fiktiven) Entscheidung nach § 116 Abs. 2 betroffene Antragsteller die Frist für die sofortige Beschwerde (mangels Rechtsmittelbelehrung) versäumt, kann er einen Wiedereinsetzungsantrag gemäß den §§ 120, 73 Nr. 2 GWB, 233 ff. ZPO stellen (OLG Düsseldorf, Beschl. v. 5. 10. 2001 – Verg 18/01, VergabeR 2002, 89). Streitig ist, wann die Beschwerdefrist abläuft, wenn die Vergabekammer nach Ablauf der Entscheidungsfrist, doch noch vor Ablauf der damit beginnenden Beschwerdefrist entscheidet. Während nach teilweise vertretener Auffassung die Beschwerdefrist mit Zustellung der Entscheidung erneut zu laufen beginnt (*Stockmann,* in: *Immenga/Mestmäcker,* § 117 Rdn. 3; *Hunger,* in: *Niebuhr/Kulartz/Kus/Portz,* § 117 Rdn. 5 f.), ist nach anderer Ansicht die durch Ablauf der Entscheidungsfrist in Gang gesetzte Frist maßgeblich (OLG Celle, Beschl. v. 20. 4. 2001, 13 Verg 7/01). Vorsorglich sollte daher von einem Beginn der Beschwerdefrist mit Ablauf der Entscheidungsfrist gemäß § 113 Abs. 1 GWB ausgegangen werden.

3. Gemäß § 117 Abs. 1 GWB ist die Beschwerde schriftlich einzulegen. Erforderlich ist eine eigenhändige Unterschrift, wobei die Schriftform auch bei der Benutzung von Telegrammen, Fernschreiben oder Telefaxen gewahrt ist (*Gröning,* in: *Motzke/Pietzcker/Prieß,* § 117 Rdn. 6; *Stockmann,* in: *Immenga/Mestmäcker,* § 117 Rdn. 6). Für den Fall der Übermittlung mittels Telefax fordert die Rechtsprechung, dass die Kopiervorlage von einem postulationsfähigen Rechtsanwalt unterschrieben worden ist und dass dessen Unterschrift auf der Kopie wiedergegeben wird (BGH, NJW 1990, 188). Bei einem Telegramm und Telex genügt es, wenn die vom Absender geleistete Unterschrift maschinenschriftlich wiedergegeben wird oder wenn die Person des Absenders aus dem Text des Telegramms oder der sogenannten Kennung zweifelsfrei erkennbar ist (*Boesen,* § 117 Rdn. 11). Nach einer Entscheidung des Gemeinsamen Senats der Obersten Gerichtshöfe des Bundes ist eine Rechtsmitteleinlegung auch durch sogenanntes Computerfax zulässig (Gms-OGB 1/98, ZIP 2000, 1356 f.).

4. Gemäß § 120 Abs. 1 GWB müssen sich die Beteiligten im Verfahren vor dem Oberlandesgericht durch einen bei einem deutschen Gericht zugelassenen Rechtsanwalt als Bevollmächtigten vertreten lassen.

Nicht unter den Anwaltszwang fallen gemäß § 120 Abs. 1 Satz 2 GWB alle juristischen Personen öffentlichen Rechts. Sie können sich durch Beamte oder Angestellte mit der Befähigung zum Richteramt vertreten lassen. Andere Adressaten des § 98 GWB in privater Rechtsform unterliegen dagegen dem Anwaltszwang.

Ob § 120 Abs. 1 GWB nur für die der Einlegung der Beschwerde folgenden Prozesshandlungen (so *Gröning,* in: *Motzke/Pietzcker/Prieß,* § 120 Rdn. 1) oder auch für die Einlegung selbst gilt (so *Otting,* in: *Bechtold,* § 120 Rdn. 2; *Boesen,* § 120 Rdn. 4), ist umstritten. Soweit ein Privater, also regelmäßig der Bieter, sofortige Beschwerde einlegt, ist der Streit obsolet, da gemäß § 117 Abs. 3 Satz 1 GWB bereits die Beschwerdeschrift von einem bei einem deutschen Gericht zugelassenen Rechtsanwalt unterzeichnet sein muss, sofern nicht eine juristische Person des öffentlichen Rechts die Beschwerde eingelegt hat. Vorsorglich sollten sich auch juristische Personen des öffentlichen Rechts bereits bei der Einlegung der sofortigen Beschwerde von einem Beamten oder Angestellten mit Befähigung zum Richteramt vertreten lassen.

Die übrigen Beteiligten (Beigeladene) sind nur dann auf einen Rechtsanwalt angewiesen, wenn sie sich aktiv durch Stellungnahmen am Verfahren beteiligen wollen. Sehen sie davon ab, so wird ihre Stellung als Beteiligte im Übrigen nicht berührt (*Boesen,* § 120 Rdn. 4; *Otting,* in: *Bechtold,* § 120 Rdn. 1).

5. Gemäß § 117 Abs. 4 GWB sind mit der Einlegung der Beschwerde die anderen Beteiligten des Verfahrens vor der Vergabekammer vom Beschwerdeführer durch Übermittlung einer Ausfertigung der Beschwerdeschrift zu unterrichten. Die Vorschrift ist zwingend (OLG Naumburg, NZBau 2000, 96). Sie dient der Beschleunigung des Nachprüfungsverfahren durch möglichst schnellen Informationsfluss (BayObLG, Beschl. v. 22. 1. 2002 – Verg 18/01; *Gröning,* in: *Motzke/Pietzcker/Prieß,* § 117 Rdn. 17). Die Formulierung „mit der Einlegung" deutet daraufhin, dass die anderen Verfahrensbeteiligten zeitgleich zu informieren sind (*Hunger,* in: *Kulartz/Kus/Portz,* § 117 Rdn. 60). Eine Sanktion für den Verstoß gegen die Unterrichtungspflicht sieht das Gesetz nicht vor. Insbesondere führt der Verstoß nicht zur Unzulässigkeit der Beschwerde (OLG Saarland, Beschl. v. 7. 5. 2008 – 1 Verg 5/07; OLG Thüringen, Beschl. v. 20. 6. 2005 – 9 Verg 3/05; OLG Celle, Beschl. v. 2. 9. 2004 – 13 Verg 14/04; OLG Düsseldorf, Beschl. v. 9. 6. 2004 – Verg 11/04). Dennoch sollte der Unterrichtungspflicht nachgekommen werden. Eine Versäumung kann dazu führen, dass das Gericht den anderen Verfahrensbeteiligten mehr Zeit für ihre Gegenäußerungen belassen muss, wodurch eine Verzögerung des Verfahrens eintritt. Umstritten ist, ob die Nichterfüllung der Unterrichtungspflicht gemäß § 117 Abs. 4 GWB zur Folge hat, dass der Auftraggeber trotz aufschiebender Wirkung der Beschwerde (§ 118 Abs. 1 Satz 1 GWB) den Zuschlag rechtwirksam erteilen kann (so OLG Naumburg, Beschl. v. 2. 6. 1999 – 10 Verg 1/99, NZBau 2000, 96 und v. 16. 1. 2003 – 1 Verg 10/02, VergabeR 2003, 360 m. Anm. *Stickler;* dagegen OLG Dresden, Beschl. v. 17. 6. 2005 – Wverg 8/05; OLG Frankfurt, Beschl. v. 20. 2. 2003 – 11 Verg 1/02, NZBau 2004, 173; *Gröning,* in: *Motzke/Pietzcker/Prieß,* § 117 Rdn. 19; *Hunger,* in: *Kulartz/Kus/Portz,* § 117 Rdn. 65; kritisch: *Boesen,* § 117 Rdn. 49). Das OLG Naumburg ist der Auffassung, dass effektiver Rechtsschutz im Vergaberecht nur dann zu gewähren sei, wenn sich der Bieter darum bemühe und dass die Zwei-Wochen-Frist des § 118 Abs. 1 GWB gegenüber § 115 GWB „dienende Funktion" habe, nämlich dem Gericht zeitlich die Möglichkeit zu verschaffen, über einen entsprechenden Eilantrag des Bieters sachgerecht und nach Gewährung des rechtlichen Gehörs zu entscheiden. Dagegen spricht jedoch, dass die Frage der Nichtigkeit des Zuschlags nicht an der subjektiven Kenntnis der Vergabestelle festgemacht werden kann, sondern nach objektiven Kriterien zu beantworten ist. Zudem lassen sich für die Argumentation des OLG Naumburg weder Anhaltspunkte im Gesetzeswortlaut noch in der Begründung finden (*Hunger,* in: *Kulartz/Kus/Portz,* § 117 Rdn. 65; *Stockmann,* in: *Immenga/Mestmäcker,* § 117 Rdn. 19).

6. § 117 Abs. 2 Nr. 1 GWB verlangt lediglich, dass in der Beschwerdebegründung, die zeitgleich mit der Einlegung der Beschwerde erfolgen muss, erklärt wird, inwieweit die Entscheidung der Vergabekammer angefochten und eine abweichende Entscheidung beantragt wird. Insoweit ist allgemein anerkannt, dass der Beschwerdeführer keinen tenorierungsfähigen Antrag stellen muss, soweit sich das Beschwerdebegehren hinreichend

aus der Begründung ergibt (OLG Frankfurt, Beschl. v. 18. 4. 2006 – 11 Verg 1/06; OLG Naumburg, Beschl. v. 16. 9. 2002 – 1 Verg 2/02; *Otting,* in: *Bechtold,* § 177 Rdn. 4). Gleichwohl empfiehlt sich eine genaue Formulierung des Beschwerdeantrags (*Jaeger,* in: *Byok/Jaeger,* § 117 Rdn. 1155 f.). Denn das Beschwerdeverfahren ist – anders als das Verfahren vor der Vergabekammer – auf die ausdrücklich mit der Beschwerde gerügten Gesichtspunkte des Vergabeverfahrens beschränkt (OLG Frankfurt, Beschl. v. 8. 2. 2005 – 11 Verg 24/04, VergabeR 2005, 384; BayObLG, Beschl. v. 21. 3. 1999 – Verg 1/99, NVwZ 1999, 1138). Ein pauschaler Hinweis auf die Rechtswidrigkeit der Vergabekammerentscheidung oder die pauschale Behauptung des Beschwerdeführers, in seinen Rechten verletzt zu sein, wird den Anforderungen des § 117 Abs. 2 Satz 2 Nr. 1 GWB jedenfalls nicht gerecht (OLG Koblenz, Beschl. v. 3. 4. 2008 – 1 Verg 1/08; v. 13. 2. 2006 – 1 Verg 1/06; OLG Koblenz, Beschl. v. 15. 3. 2001, Verg 1/01; *Boesen,* § 117 Rdn. 27).

7. Der Antragsteller muss sich in seinem Antrag nicht auf eine bestimmte Entscheidungsalternative des § 123 Satz 2 GWB, also Zurückverweisung oder eigene Entscheidung des OLG festlegen, da das Gericht insoweit eine Ermessensentscheidung trifft, die nur schwer prognostizierbar ist (*Boesen,* § 117 Rdn. 28).

8. Gemäß § 118 Abs. 1 Satz 1 GWB hat die sofortige Beschwerde aufschiebende Wirkung. Allerdings entfällt die aufschiebende Wirkung gemäß § 118 Abs. 1 Satz 2 GWB automatisch zwei Wochen nach Ablauf der Beschwerdefrist. Somit bleiben dem Bieter im Ergebnis vier Wochen ab Zustellung der Entscheidung der Vergabekammer, um eine Entscheidung des OLG über die Verlängerung der aufschiebenden Wirkung zu erlangen. Es empfiehlt sich daher – und ist in der Praxis auch üblich – den Antrag auf Verlängerung der aufschiebenden Wirkung gemäß § 118 Abs. 1 Satz 3 GWB mit dem Hauptsacheantrag zu verbinden (*Stockmann,* in: *Immenga/Mestmäcker,* § 118 Rdn. 12; *Boesen,* § 117 Rdn. 28). Der Antrag kann wegen der zwingenden Verbindung mit dem Beschwerdeverfahren frühestens zeitgleich mit der sofortigen Beschwerde und jedenfalls noch innerhalb der Zwei-Wochen-Frist nach § 118 Abs. 1 Satz 2 GWB gestellt werden. Problematisch ist, ob ein Antrag auf Verlängerung bzw. Wiederherstellung der aufschiebenden Wirkung auch noch nach Ablauf der zweiwöchigen Beschwerdefrist gemäß § 118 Abs. 1 Satz 2 GWB und dem Ende des Suspensiveffekts zwei Wochen nach Ablauf der Beschwerdefrist gestellt werden kann. Der Wortlaut des § 118 Abs. 1 Satz 3 GWB („verlängern" und nicht „wiederherstellen") könnte zumindest gegen eine Antragstellung nach Ablauf der Beschwerdefrist sprechen (*Stickler,* in: *Reidt/Stickler/Glahs,* § 118 Rdn. 10). In Betracht käme dann nur noch ein Antrag auf Wiedereinsetzung in den vorherigen Stand gemäß §§ 233 ff. ZPO iVm. §§ 120 Abs. 2, 73 GWB, der aber unzulässig ist, da es sich bei der Frist gem. § 118 Abs. 1 Satz 3 GWB nicht um eine Notfrist gem. § 224 Abs. 1 ZPO handelt (BayObLG, Beschl. v. 10. 9. 2004, Verg 19/04). Nach der überwiegenden Auffassung wird deshalb bei fehlendem Zuschlag ein Antrag auf Verlängerung/Wiederherstellung der aufschiebenden Wirkung bis zur verfahrensabschließenden Entscheidung des Beschwerdegerichts für möglich gehalten (in diese Richtung wohl BayObLG, Beschl. v. 4. 2. 2002, Verg 1/02: Antrag gem. § 118 GWB zwar innerhalb der Frist, aber Entscheidung erst nach Ablauf der Zuschlagsfrist wegen Gewährung rechtlichen Gehörs für die Gegenseite; *Otting,* in: *Bechtold,* § 118 Rdn. 5, *Stockmann,* in: *Immenga/Mestmäcker,* § 118 Rdn. 11, *Hunger,* in: *Kulartz/Kus/Portz,* § 118 Rdn. 48). Ein Antrag auf Wiederherstellung der aufschiebenden Wirkung dürfte wohl auch kaum erneut zulässig sein, wenn der Zuschlag auch nach einer abschlägigen Entscheidung des OLG über den Antrag nach § 118 Abs. 1 Satz 3 GWB noch nicht erteilt wurde und der Beschwerdeführer im Laufe des Beschwerdeverfahrens (zB. auf Grund erstmals gewährter Akteneinsicht) neue Gründe für die Erfolgsaussichten der Beschwerde vortragen kann.

Das Verfahren auf Verlängerung der aufschiebenden Wirkung nach § 118 Abs. 1 Satz 3 GWB erfordert einen Antrag, der gemäß § 120 Abs. 1 GWB von einem Rechtsanwalt gestellt wird (vgl. insoweit Anm. 4). Der Antrag unterliegt keinen besonderen

Formvorschriften und kann daher nicht nur schriftlich, sondern auch mündlich gestellt werden. Aus Beweisgründen sollte jedoch die Schriftform gewählt werden (vgl. *Hunger,* in: *Kulartz/Kus/Portz,* § 118 Rdn. 44).

9. Gemäß § 117 Abs. 2 Satz 1 GWB ist die sofortige Beschwerde zugleich mit ihrer Einlegung zu begründen. Nach dem Wortlaut und dem Willen des Gesetzgebers (Begr. RegE VgRÄG, BT-Drs. 13/9340, S. 21) könnte eine zeitgleiche Begründung der sofortigen Beschwerde mit deren Antragstellung als Zulässigkeitsvoraussetzung zu verstehen sein. Ein Auseinanderfallen von der Erhebung der sofortigen Beschwerde und deren Begründung wird in der Literatur jedoch dann als unschädlich angesehen, wenn die Begründung noch innerhalb der Beschwerdefrist vollständig vorliegt (*Stockmann,* in: *Immenga/Mestmäcker,* § 117 Rdn. 4; *Hunger,* in: *Kulartz/Kus/Portz,* § 117 Rdn. 29).

Gemäß § 117 Abs. 2 Satz 2 Nr. 1 GWB muss die Beschwerdebegründung die Erklärung enthalten, inwieweit die Entscheidung der Vergabekammer angefochten und eine abweichende Entscheidung beantragt wird (s. bereits oben, Anm. 6). Bei der Anfertigung der Beschwerdebegründung ist darauf zu achten, dass trotz der an sich bestehenden Aufklärungspflicht des Gerichts der Sachverhalt umfassend aufbereitet ist, damit ohne zeitliche Verzögerung eine Entscheidung getroffen werden kann (*Hunger,* in: *Kulartz/Kus/Portz,* § 117 Rdn. 34).

Nach der Rechtsprechung (OLG Frankfurt, Beschl. v. 8. 2. 2005 – 11 Verg 24/04, VergabeR 2005, 384; BayObLG, Beschl. v. 1. 5. 1999, Verg 1/99 S. 13f.) prüft das Beschwerdegericht von Amts wegen die Entscheidung der Vergabekammer nicht umfassend, sondern nur diejenigen Rechtsverstöße, die der Beschwerdeführer ausdrücklich benannt hat. Nicht abschließend geklärt ist die Frage, ob und inwieweit die Beschwerde auf neue Tatsachen und Beweismittel gestützt werden kann. Teilweise wird argumentiert, dass aus der wettbewerbsschützenden Funktion des Vergaberechtsschutzes zu schließen sei, dass der Vortrag neuer Tatsachen und Beweismittel, und zwar auch nach dem Ablauf der Beschwerdefrist, soweit zulässig sein muss, als er nicht ausdrücklich ausgeschlossen ist. Das folge aus dem Untersuchungsgrundsatz (*Stockmann,* in: *Immenga/Mestmäcker,* § 117 Rdn. 13; *Jaeger,* in: *Byok/Jaeger,* § 117 Rdn. 1159). Nach anderer Auffassung darf in das Beschwerdeverfahren nichts eingebracht werden, was nicht schon Gegenstand des Verfahrens vor der Vergabekammer war (BayObLG, Beschl. vom 21. 5. 1999 WuW/E Verg 239ff., 241f.). Letztere Auffassung ist zumindest dann abzulehnen, wenn sich die Kenntnis der einen Rechtsverstoß begründenden Tatsachen erst zu einem Zeitpunkt ergibt, in dem diese nicht mehr in das Verfahren vor der Vergabekammer eingebracht werden können (BayObLG, Beschl. v. 28. 5. 2003 – Verg 6/03, VergabeR 2003, 675; OLG Jena, Beschl. v. 22. 12. 1999 – 6 Verg 3/99, NZBau 2000, 349; *Boesen,* § 117 Rdn. 36). Die Beschwerde kann dabei auch auf Tatsachen und Beweismittel, die noch nicht Gegenstand des Verfahrens vor der Vergabekammer waren, gestützt werden (*Wilke,* NZBau 2005, 326, 328).

Gemäß § 117 Abs. 2 Satz 2 Nr. 2 GWB muss die Begründung auch die Angabe der Tatsachen und Beweismittel, auf die sich die Beschwerde stützt, enthalten. Die Regelung dient der Beschleunigung des Verfahrens und der Klarstellung des Streitstoffes (*Boesen,* § 117 Rdn. 39). Darüber hinaus kann im Beschwerdeverfahren auch gerügt werden, durch die Entscheidung der Vergabekammer neu beschwert zu sein (so auch BayObLG, Beschl. v. 21. 5. 1999, Verg 01/99 66/v)). Der Wortlaut des § 117 Abs. 2 Satz 2 GWB passt nur auf Anfechtungsbeschwerden im Sinne von § 116 Abs. 1 GWB und muss auf Untätigkeitsbeschwerden sinngemäß angewandt werden (*Boesen,* § 117 Rdn. 29). Das heißt die Beschwerde muss auf den nicht beschiedenen Antrag verweisen und ein bestimmtes Rechtsschutzbegehren enthalten.

Versäumt der Beschwerdeführer, einzelne Tatsachen und Beweise anzugeben, führt dies nicht zur Unzulässigkeit des Antrages. Da das Gericht jedoch andere als die vorgetragenen Tatsachen und Beweismittel nur berücksichtigen muss, wenn der Sachverhalt dazu Anlass bietet, ist zu empfehlen, bei der Darlegung der Tatsachen und Beweismittel (auch zum Verlauf des Verfahrens vor der Vergabekammer) größtmögliche Sorgfalt walten zu lassen.

10. Gemäß § 116 Abs. 1 Satz 1 GWB ist die sofortige Beschwerde gegen Entscheidungen der Vergabekammer statthaft. Mit „Entscheidungen" sind in erster Linie die nach § 114 Abs. 1 GWB ergangenen Verwaltungsakte gemeint, mit denen die Vergabekammer Anträge auf Gewährung von primärem Rechtsschutz beschieden hat (*Gröning,* in: *Motzke/Pietzcker/Prieß,* § 116 Rdn. 20). Die sofortige Beschwerde ist aber auch in den Fällen statthaft, in denen sich das Nachprüfungsverfahren durch Erteilung des Zuschlages oder in sonstiger Weise erledigt und die Vergabekammer eine Feststellungsentscheidung nach § 114 Abs. 2 Satz 2 GWB getroffen hat (*Gröning,* aaO.). Die Beschwerde ist gemäß § 116 Abs. 2 GWB ferner statthaft, wenn die Vergabekammer nicht innerhalb der Frist des § 113 Abs. 1 GWB entschieden hat. Der Antrag gilt gemäß § 116 Abs. 2 letzter Halbsatz GWB als abgelehnt.

Der sofortigen Beschwerde nicht zugänglich sind vorläufige Regelungen der Vergabekammer gemäß § 115 Abs. 2 und 3 GWB, wie sich aus § 115 Abs. 2 Satz 8 und § 115 Abs. 3 Satz 3 GWB eindeutig ergibt (kritisch dazu *Byok/Goodarzi,* WUW 2004, 1024).

Dagegen unterliegen selbstständig anfechtbare Nebenentscheidungen, wie der Bescheid, durch den die Vergabekammer die von einem Beteiligten im Verfahren vor der Kammer zu erstattenden Kosten festsetzt (§ 128 Abs. 4 Satz 4 GWB), der sofortigen Beschwerde (OLG Brandenburg, Beschl. v. 11. 12. 2007 – Verg W 6/07; OLG Düsseldorf, Beschl. v. 18. 12. 2006 – Verg 51/06; OLG Naumburg, Beschl. v. 6. 4. 2005 – 1 Verg 2/05; OLG Dresden, Beschl. v. 25. 1. 2005 – WVerg 14/04; OLG Celle, Beschl. v. 23. 1. 2004 – 13 Verg 1/04).

Hält die Vergabekammer einen Nachprüfungsantrag für offensichtlich erfolglos, kann sie davon absehen, dem Auftraggeber eine Kopie des Antrags zu übermitteln (§ 110 Abs. 2 GWB). Fraglich ist, ob durch der Gesetzgeber durch die Neufassung von § 110 Abs. 2 und § 115 Abs. 1 GWB im Zuge des Vergaberechtsmodernisierungsgesetzes erreichen wollte, dass die Vergabekammer den Auftraggeber bereits dann gemäß § 115 Abs. 1 GWB in Textform über den Nachprüfungsantrag informieren soll, bevor sie die offensichtliche Unzulässigkeit oder Unbegründetheit des Antrags geprüft hat. Aus der Gesetzesbegründung sind hierfür keine Anhaltspunkte zu entnehmen. Es spricht jedoch viel dafür, dass auch nach der neuen Gesetzeslage zunächst (summarisch) zu prüfen ist, ob der Nachprüfungsantrag offensichtlich unzulässig oder unbegründet ist und der Auftraggeber im Anschluss über den Nachprüfungsantrag informiert wird. Nur in diesem Fall tritt das Zuschlagsverbot gem. § 115 Abs. 1 GWB ein. Auch unter Berücksichtigung des Beschleunigungsgrundsatzes kann es nicht gewollt sein, dass das Zuschlagsverbot bereits durch offensichtlich unzulässige oder unbegründete Nachprüfungsanträge ausgelöst wird. Gegen die Nichtzustellungsentscheidung der Vergabekammer ist die sofortige Beschwerde zulässig. Das Beschwerdegericht kann durch erstmaliges Inkraftsetzen eines Zuschlagsverbots und Nachholung der Information des Auftraggebers entsprechend § 115 Abs. 1 GWB vorläufigen Rechtschutz gewähren (KG, NZBau 2000, 262, 263; OLG Koblenz, Beschl. v. 25. 3. 2002, 1 Verg 1/02). Keine Rechtsschutzmöglichkeit soll hingegen bestehen, solange diese ablehnende Entscheidung der Vergabekammer noch nicht vorliegt (so OLG Dresden, Beschl. v. 4. 7. 2002, WVerg 0011/02).

Ob darüber hinaus auch Entscheidungen der Vergabekammer, die den Charakter von Zwischenentscheidungen oder verfahrensleitenden Entscheidungen haben, mit der sofortigen Beschwerde angegriffen werden können, ist fraglich. Grundsätzlich sind Zwischenentscheidungen behördliche oder gerichtliche Verfahrenshandlungen, die keine Endentscheidungen darstellen, sondern diese nur vorbereiten sollen (OLG Düsseldorf, Beschl. v. 28. 12. 2007 – Verg 40/07). Vor diesem Hintergrund wird die Angreifbarkeit von Zwischenentscheidungen überwiegend unter Hinweis auf den das Nachprüfungsverfahren bestimmenden Grundsatz der Beschleunigung abgelehnt (OLG Düsseldorf, Beschl. v.

11. 3. 2003, Verg 43/03; *Hunger,* in: *Kulartz/Kus/Portz,* § 116 Rdn. 8; *Boesen,* § 116 Rdn. 18). Nach teilweise vertretener Auffassung sind die §§ 116 ff. GWB auf Zwischenentscheidungen, wie zB. bei Streitigkeiten über das Akteneinsichtsrecht aus § 111 GWB, entsprechend anzuwenden (*Gröning,* in: *Motzke/Pietzcker/Prieß,* § 116 Rdn. 21).

11. Nach § 116 Abs. 1 Satz 2 GWB steht das Recht zur Beschwerde den am Verfahren vor der Vergabekammer Beteiligten zu. Der Kreis der Verfahrensbeteiligten ergibt sich aus § 109 GWB. Beschwerdeberechtigt sind somit der Antragsteller, der Auftraggeber und diejenigen Unternehmen, welche die Vergabekammer zu dem Verfahren beigeladen hat. Soweit eine Beiladung erfolgte, spielt es auf Grund der Bindungswirkung der Entscheidung (§ 109 Satz 2 GWB) keine Rolle, ob die Voraussetzungen einer Beiladung gemäß § 109 Satz 1 GWB vorlagen (*Stickler,* in: *Reidt/Stickler/Glahs,* § 116 Rdn. 13). Ob ein Unternehmen, welches – möglicherweise zu Unrecht – nicht beigeladen wurde, zur Beschwerde berechtigt ist, ist hingegen umstritten. Teilweise wird allein auf die formelle Stellung als Verfahrensbeteiligter abgestellt und eine Beschwerdeberechtigung des Nicht-Beigeladenen abgelehnt (vgl. zum Meinungstand *Hunger,* in: *Kulartz/Kus/Portz,* § 119 Rdn. 1). Nach herrschender Auffassung ist jedoch einem nicht beigeladenen Unternehmen auf Grund der Rechtsschutzgarantie aus Art. 19 Abs. 4 GG unter der Voraussetzung, dass es durch die Entscheidung der Vergabekammer in seinen Rechten verletzt ist, eine Beschwerdeberechtigung zuzubilligen (vgl. OLG Naumburg, Beschl. v. 15. 7. 2008 – 1 Verg 5/08; OLG Koblenz, Beschl. v. 23. 11. 2004 – 1 Verg 6/04; *Stickler,* in: *Reidt/Stickler/Glahs,* § 116 Rdn. 13 a; *Jaeger,* in; *Byok/Jaeger,* Rdn. 1199; *Boesen,* § 116 Rdn. 40; *Stockmann,* in: *Immenga/Mestmäcker,* § 116 Rdn. 3).

Die Beschwerdebefugnis entfällt grundsätzlich, wenn sich das Nachprüfungsverfahren durch Aufhebung des Vergabeverfahrens erledigt hat (vgl. OLG Frankfurt a. M., BauR 2000, 1595). Etwas anderes gilt jedoch, wenn die Vergabekammer nach § 114 Abs. 2 GWB über einen Fortsetzungsfeststellungsantrag entschieden hat und sich die Beschwerde gegen diese Entscheidung wendet.

12. Entgegen dem Wortlaut des Gesetzes ist die bloße Beteiligung am Verfahren vor der Vergabekammer nicht ausreichend, um die Beschwerdebefugnis zu begründen. Neben der Beteiligung am Verfahren muss darüber hinaus beim Rechtsmittelführer eine Beschwer vorliegen. Die Notwendigkeit der Beschwer als Voraussetzung eines Rechtsmittels ist allgemeiner Verfahrensgrundsatz und gilt auch im Nachprüfungsverfahren (OLG Naumburg, Beschl. v. 1. 11. 2000 – 1 Verg 7/00; OLG Frankfurt, Beschl. v. 16. 5. 2000 – 11 Verg 1/99; *Boesen,* § 116 Rdn. 22, *Gröning,* in: *Motzke/Pietzcker/Prieß,* § 116 Rdn. 22).

Hinsichtlich Antragsteller und Vergabestelle muss zunächst eine formelle Beschwer vorliegen. Sie liegt vor, wenn der Inhalt der Entscheidung von dem gestellten Antrag des Beteiligten negativ abweicht (*Stockmann,* in: *Immenga/Mestmäcker,* § 116 Rdn. 20; *Boesen,* § 116 Rdn. 25, vgl. auch BGH, WuW/E 1562/1563 – Air-Conditioning-Anlagen). Demnach ist der Antragsteller formell beschwert, wenn sein Antrag insgesamt oder teilweise abgelehnt wurde bzw. wenn die Vergabekammer hinter seinem Antrag zurückgeblieben ist. Die Vergabestelle ist formell beschwert, wenn sie beantragt hat, den Antrag abzulehnen, die Vergabekammer aber dem Antrag – sei es auch nur teilweise – stattgegeben hat. Soweit dem ursprünglichen Antrag des Beschwerdeführers entsprochen wurde, ist er durch die Entscheidung der Vergabekammer nicht beschwert, auch wenn beispielsweise die Begründung der Entscheidung der Rechtsauffassung des Beschwerdeführers nicht entspricht oder für ihn nachteilige Feststellungen enthält (*Stickler,* in: *Reidt/Stickler/Glahs,* § 116 Rdn. 14).

Nach überwiegender Auffassung muss neben der formellen Beschwer auch eine materielle Beschwer im Sinne einer rechtlichen oder zumindest wirtschaftlichen Interessenberührung gegeben sein (*Stockmann,* in: *Immenga/Mestmäcker,* § 116 Rdn. 22; *Boesen,* § 116 Rdn. 28). Allerdings muss diese in der Regel nicht besonders vorgetragen oder bewiesen werden, da es beim Vorliegen einer formellen Beschwer nur ausnahmsweise an der materiellen fehlt (*Stockmann,* in: *Immenga/Mestmäcker,* § 116 Rdn. 22). Der Beschwerdeführer muss nicht darlegen, durch die angefochtene Entscheidung möglicherweise in seinen Rechten verletzt zu sein, wie dies etwa für die Klagebefugnis nach § 42 Abs. 2 VwGO notwendig ist (*Otting,* in: *Bechtold,* § 116 Rdn. 2; *Boesen,* § 116 Rdn. 31). Die materielle Beschwer kann daher auch dann vorliegen, wenn der Beschwerdeführer in wirtschaftlichen Interessen nachteilig betroffen ist.

Im Falle der Beschwerde eines Beigeladenen ist zu differenzieren. Hat der Beigeladene im Verfahren vor der Vergabekammer Anträge zur Sache gestellt, ist eine formelle Beschwer erforderlich. Darüber hinaus muss er eine materielle Beschwer darlegen (*Gröning,* in: *Motzke/Pietzcker/Prieß,* § 116 Rdn. 35; *Boesen,* § 116 Rdn. 35). Sie ist gegeben, wenn seinem materiellen Anliegen durch die anzufechtende Entscheidung nicht entsprochen worden ist (vgl. zur entsprechenden Problematik im Kartellverfahren BGH, WuW/E 2078/2081). Die Berührung rechtlicher Interessen ist auch hier nicht erforderlich (*Gröning,* in: *Motzke/Pietzcker/Prieß,* § 116 Rdn. 35).

Hat der Beigeladene dagegen keine Sachanträge gestellt, ist die Beschwerdebefugnis fraglich. Nach teilweise vertretener Auffassung ist die sofortige Beschwerde eines Beigeladenen, der im Verfahren vor der Vergabekammer kein Rechtsschutzziel erkennen ließ, insbesondere keine Anträge stellte, als unzulässig zu verwerfen (*Stockmann,* in: *Immenga/Mestmäcker,* § 116 Rdn. 21). Nach überwiegender Auffassung ist eine Beschwerde auch in diesem Fall möglich (*Gröning,* in: *Motzke/Pietzcker/Prieß* § 116 Rdn. 36; *Boesen,* § 116 Rdn. 36; *Jaeger,* in: *Byok/Jaeger,* Rdn. 1137). Art, Inhalt und „Richtung" der Interessen, deren Schutz die Beiladung gemäß § 109 GWB bezweckt, sind dann anhand seines Vorbringens vor der Vergabekammer, an das er für die Feststellung der Beschwer gebunden bleibt, zu ermitteln (*Jaeger,* in: *Byok/Jaeger,* Rdn. 1137). Hat sich der Beigeladene im Verfahren vor der Vergabekammer überhaupt nicht geäußert, ist seine Interessenlage nach Aktenlage in objektiv wertender Betrachtung zu ermitteln (*Jaeger,* in: *Byok/Jaeger,* aaO.). Er ist dann materiell beschwert, wenn ihn die Entscheidung in seinen festgestellten Interessen nachteilig berührt (vgl. OLG Saarbrücken, Beschl. v. 29. 5. 2002 – 5 Verg 1/01; OLG Thüringen, Beschl. v. 22. 4. 2004 – 6 Verg 2/04; OLG Dresden, Beschl. v. 14. 4. 2000, Verg 1/00).

Bezüglich eines nicht beigeladenen Unternehmens setzt die Beschwerdebefugnis, sofern eine Beschwerde in diesen Fällen überhaupt für zulässig erachtet wird (vgl. Anm. 10), voraus, dass das Unternehmen analog § 42 Abs. 2 VwGO geltend machen kann, durch die Entscheidung in seinen Rechten verletzt zu sein (*Boesen,* § 116 Rdn. 39). Darüber hinaus muss das Unternehmen darlegen, durch die Entscheidung materiell beschwert zu sein, was bei der – weitergehenden – Verletzung eigener Rechte regelmäßig der Fall sein wird (*Boesen,* aaO.).

13. Antragsberechtigt für den Antrag auf Verlängerung der aufschiebenden Wirkung ist gemäß § 118 Abs. 1 Satz 3 GWB der Beschwerdeführer. Aus dem Wortlaut der Vorschrift („Hat die Vergabekammer den Antrag auf Nachprüfung abgelehnt, ...") wird teilweise gefolgert, der Antrag auf Verlängerung der aufschiebenden Wirkung stünde nur dem in der ersten Instanz unterlegenen Antragssteller, also dem Bieter zu (*Boesen,* § 118 Rdn. 26). Nach der Rechtsprechung kommen hingegen alle durch die Ablehnung des Nachprüfungsantrages beschwerten Unternehmen in Betracht. Demnach sind auch Beigeladene im Falle einer eigenen Beschwer antragsberechtigt (OLG Naumburg, Beschl. v. 5. 2. 2007 – 1 Verg 1/07; OLG Thüringen, Beschl. v. 22. 4. 2004 – 6 Verg 2/04; OLG München, Beschl. v. 17. 5. 2005 – Verg 9/05; *Stockmann,* in: *Immenga/Mestmäcker,* § 118 Rdn. 10; *Opitz,* NZBau 2005, 213, 214).

14. Gemäß § 118 Abs. 2 GWB lehnt das Gericht den Antrag auf Verlängerung der aufschiebenden Wirkung ab, wenn unter Berücksichtigung aller möglicherweise geschädigten Interessen die nachteiligen Folgen einer Verzögerung bis zur Entscheidung über die Beschwerde die damit verbundenen Vorteile überwiegen. Bei der Interessenabwägung sind alle möglicherweise geschädigten Interessen sowie das Interesse der Allgemeinheit an einer wirtschaftlichen Erfüllung der Aufgaben des Auftraggebers zu berücksichtigen.

Einzusetzen ist zunächst das Interesse des beschwerdeführenden Unternehmens an der ordnungsgemäßen Vergabe. Dem sind die Interessen aller derjenigen entgegenzusetzen, die von der Verlängerung der aufschiebenden Wirkung nachteilig betroffen sein können. Von erheblicher Bedeutung ist dabei die Dringlichkeit des Auftrages, insbesondere, ob dem Kreis der durch den Aufschub betroffenen Dritten, wie anderen Unternehmen, Bürgern, Vereinigungen und Verbänden eine weitere Verzögerung zumutbar ist. Dabei ist neben vermögenswerten Interessen auch an ideelle Belange zu denken (vgl. zum Ganzen *Stockmann,* in: *Immenga/Mestmäcker,* § 118 Rdn. 14f.; *Erdmann,* VergabeR 2008, 908; *Prieß/Niestedt,* S. 121).

Nach § 118 Abs. 2 Satz 3 GWB berücksichtigt das Beschwerdegericht bei der Prüfung des Antrags auf Verlängerung der aufschiebenden Wirkung auch die Erfolgsaussichten der sofortigen Beschwerde sowie die allgemeinen Aussichten des Antragstellers im Vergabeverfahren, den Auftrag zu erhalten. Diese Umstände sind anhand einer summarischen Prüfung zu ermitteln (OLG Schleswig-Holstein, Beschl. v. 4. 5. 2001 – 6 Verg 2/2001; OLG Hamburg, NZBau 2001, 460; BayObLG, NZBau 2000, 261). Nach der Neufassung des § 118 Abs. 2 GWB durch das Vergaberechtsmodernisierungsgesetz kann der früheren Rechtsprechung nicht mehr gefolgt werden, wonach bei fehlenden Erfolgsaussichten der Beschwerde der Antrag bereits aus diesem Grunde ohne weitere Interessenabwägung abzuweisen sei (OLG Naumburg, Beschl. v. 13. 5. 2008 – 1 Verg 3/08; OLG Koblenz, Beschl. v. 9. 6. 2004 – 1 Verg 4/04, IBR 2004, 581; OLG Jena, Beschl. v. 19. 4. 2004 – 6 Verg 3/04, VergabeR 2004, 520). Nach dem eindeutigen Gesetzeswortlaut sind die Erfolgsaussichten im Rahmen der Abwägung zu berücksichtigen und sind der Interessenabwägung nicht vorgeschaltet. Es ist jedoch davon auszugehen, dass auch in Zukunft das Ergebnis der Interessenabwägung maßgeblich von der Einschätzung der Erfolgsaussichten abhängen wird. Beurteilt das OLG die Erfolgsaussicht der Beschwerde eindeutig negativ, wird es den Antrag auch in Zukunft in aller Regel ablehnen. Insoweit muss ein besonderes Interesse an der aufschiebenden Wirkung vorgetragen werden. Ergibt sich hingegen eine überwiegende Wahrscheinlichkeit für den Erfolg der Beschwerde bzw. hat der Antragsteller gute Aussichten im Vergabeverfahren, den Auftrag zu erhalten, müssen die gegenläufigen Interessen der übrigen Beteiligten, insbesondere des Auftraggebers und/oder der Allgemeinheit, an einer baldigen Zuschlagserteilung vor Beendigung des Beschwerdeverfahrens von besonders starkem Gewicht sein, damit die Ablehnung des Antrages in Betracht gezogen werden kann (vgl. KG, VergabeR 2003, 180, 181). Erscheint der Ausgang des Verfahrens völlig offen, dann setzt die Ablehnung des Antrags nach überwiegender Auffassung voraus, dass bei wertender Betrachtung diejenigen Interessen, die für einen raschen Abschluss des Vergabeverfahrens sprechen, die Gegeninteressen überwiegen (*Jaeger,* in: *Byok/Jaeger,* Rdn. 1189; OLG Frankfurt, Beschl. v. 6. 3. 2006 – 11 Verg 11/05 und 12/05; OLG Naumburg, Beschl. v. 5. 8. 2005 – 1 Verg 7/05; aA. *Stockmann,* in: *Immenga/Mestmäcker,* § 118 Rdn. 16).

Wegen der für das Oberlandesgericht häufig kaum zu realisierenden Entscheidung innerhalb der Zwei-Wochen-Frist des § 118 Abs. 1 Satz 2 GWB verlängern die Vergabesenate – sofern der Antrag nicht offensichtlich unbegründet ist – den Suspensiveffekt häufig zunächst vorläufig (OLG Düsseldorf, Beschl. v. 22. 9. 2005 – VII-Verg 50/05; OLG Dresden, Beschl. v. 19. 4. 2007, WVerg 0005/07; OLG Jena, Beschl. v. 25. 4. 2000 – 6 Verg 1/00; KG, NZBau 2000, 95, vgl. *Hunger,* in: *Kulartz/Kus/Portz,* § 118 Rdn. 68ff.).

15. Hat die Beschwerde nach Auffassung des erkennenden Vergabesenats zwar mit hoher Wahrscheinlichkeit keinen Erfolg, aber ist wegen entgegenstehender obergerichtlicher Auffassung eine Divergenzvorlage an den BGH notwendig, so soll – abgesehen von § 118 Abs. 2 GWB – die aufschiebende Wirkung anzuordnen sein (OLG Jena, Beschl. v. 30. 5. 2002, 6 Verg 3/02).

Im Hinblick auf die Begründung des Antrags nach § 118 Abs. 1 Satz 3 GWB ist dringend zu empfehlen, den Sachverhalt einschließlich des Ablaufs des Verfahrens vor der

Vergabekammer umfassend darzulegen und mit der Vorlage der entsprechenden Unterlagen einschließlich der Entscheidung der Vergabekammer zu belegen. Es ist nicht davon auszugehen, dass das OLG innerhalb der knappen Entscheidungsfrist bereits über die Akten der Vergabekammer verfügt oder diese bereits gesichtet hat. § 117 Abs. 2 Nr. 2 GWB wirkt sich insoweit auch auf den Antrag nach § 118 Abs. 1 Satz 3 GWB aus.

16. Gemäß § 117 Abs. 3 GWB muss die Beschwerdeschrift durch einen bei einem deutschen Gericht zugelassenen Rechtsanwalt unterzeichnet sein.

Kosten und Gebühren

Für das Beschwerdeverfahren vor dem OLG besteht keine spezielle gesetzliche Regelung der Kostentragung. Nach mittlerweile herrschender Ansicht enthalten die §§ 91 ff. ZPO die sachgerechteren Regeln im Vergleich zu § 128 GWB, der sich am verwaltungsgerichtlichen Kostendeckungsprinzip orientiert. Denn bei dem vergaberechtlichen Beschwerdeverfahren handelt es sich um ein streitiges Verfahren vor einem ordentlichen Gericht, so dass die Anwendung der §§ 91 ff. ZPO geboten ist (BGH, Beschl. v. 26. 9. 2006 – X ZB 14/06; OLG München, Beschl. v. 22. 1. 2009 – Verg 26/08; OLG Celle, Beschl. v. 27. 8. 2008 – 13 Verg 2/08; OLG Karlsruhe, Beschl. v. 13. 6. 2008 – 15 Verg 3/08; OLG Düsseldorf, Beschl. v. 26. 11. 2007 – Verg 53/05). Nach den Kostenvorschriften der Zivilprozessordnung sind die Kosten nach dem Verhältnis des Obsiegens bzw. Unterliegens der Verfahrensbeteiligten zu verteilen. Für die Beurteilung des Obsiegens bzw. Unterliegens eines Beteiligten ist der Ausgang des Nachprüfungsverfahrens im Verhältnis zu dem von ihm gestellten Antrag in diesem Verfahren maßgeblich.

Der Streitwert beträgt nach § 50 Abs. 2 GKG 5% der Auftragssumme, auf die der Zuschlag erfolgen sollte, einschließlich der Mehrwertsteuer (OLG München, Beschl. v. 22. 1. 2009 – Verg 26/08; OLG Karlsruhe, Beschl. v. 13. 6. 2008 – 15 Verg 3/08; OLG Celle, Beschl. v. 10. 1. 2008 – 13 Verg 11/07; *Wilke,* NZBau 2005, 380, 383). Der Gegenstandswert für die Berechnung der RA-Gebühren bestimmt sich nach § 50 Abs. 2 GKG iVm. § 23 Abs. 1 Satz 1 RVG nach den für die Gerichtsgebühren geltenden Wertvorschriften. Ihre Höhe bestimmt sich nach §§ 13, 2 Abs. 2 RVG iVm. Nr. 3200 VV, Vorbemerkung 3.2.1 Abs. 1 Nr. 4 VV RVG. Gemäß Nr. 3200 VV entsteht im Hauptsacheverfahren der sofortigen Beschwerde eine 1,6 Verfahrensgebühr. Daneben fällt gemäß Nr. 3202 eine 1,2 Terminsgebühr für die Vertretung in der mündlichen Verhandlung an. Die streitige Frage, ob auf die Verfahrensgebühr nach Nr. 3200 VV RVG (i. V. m. Vorbem. 3.2.1 Abs. 1 Nr. 4) gemäß Vorbem. 3 Abs. 4 S. 1 die gleichfalls für das Verfahren vor der Vergabekammer entstandene Geschäftsgebühr mit einem Gebührensatz von 0,75 angerechnet werden muss, hat das OLG Düsseldorf wegen der anderslautenden Rechtsprechung anderer OLGs dem BGH vorgelegt (OLG Düsseldorf, Beschl. v. 26. 1. 2009 – VII-Verg 17/08).

Bei dem vergaberechtlichen Beschwerdeverfahren handelt es sich – anders als bei dem erstinstanzlich Nachprüfungsverfahren vor der Vergabekammer – um ein streitiges Verfahren vor einem ordentlichen Gericht (BGH, Beschl. v. 26. 9. 2006 – X ZB 14/06). Daher kann auch ein Beigeladener, der beim Beschwerdegericht Schriftsätze einreicht, an einer mündlichen Verhandlung teilnimmt oder sich sonst wie in außergerichtliche Kosten verursachender Weise am Beschwerdeverfahren beteiligt, in entsprechender Anwendung von § 101 ZPO die Grundsätze in Anspruch nehmen kann, die für dieses Prozessverfahren hinsichtlich der Kostentragung gelten (BGH, Beschl. v. 26. 9. 2006 – X ZB 14/06; OLG Celle, Beschl. v. 27. 8. 2008 – 13 Verg 2/08; OLG Brandenburg, Beschl. v. 16. 5. 2008 – Verg W 11/06). Auf eine Billigkeitsentscheidung, wie sie § 162 Abs. 3 VwGO bei außergerichtlichen Kosten eines im Verwaltungsprozess Beigeladenen und neuerdings auch § 128 Abs. 4 Satz 2 GWB für das Verfahren vor der Vergabekammer vorsieht, kommt es für die Erstattung der außergerichtlichen Kosten des Beigeladenen bei aktiver Beteiligung am Beschwerdeverfahren nicht an. Sofern sich der Beigeladene jedoch nicht aktiv am Beschwerdeverfahren beteiligt hat, ist die außergerichtlichen Kosten des Beigeladenen ist analog § 128 Abs. 4 Satz 2 GWB nach billigem Ermessen zu entscheiden. In der Regel wird hier keine Erstattung in Betracht kommen. Dass der Beigeladene in durch die zu erwartende Entscheidung erheblich tangiert werden konnte, genügt für sich allein nicht, um eine Auferlegung ihrer außergerichtlichen Auslagen auf den Antragsteller zu rechtfertigen. Die mögliche Beeinträchtigung ist gem. § 109 GWB bereits Voraussetzung für die Beiladung und daher allein nicht geeignet, die Erstattung der außergerichtlichen Auslagen ausnahmsweise aus Billigkeitsgründen zu rechtfertigen (OLG Brandenburg, Beschl. v. 17. 6. 2003 – Verg W 2/03).

Fristen und Rechtsmittel

Gegen die Entscheidung des OLG über die sofortige Beschwerde besteht kein Rechtsmittel (BGH, Beschl. v. 16. 9. 2003 – X ZB 12/03, NJW 2004, 292). Der BGH wird gemäß § 124 Abs. 2 GWB nur auf Vorlage durch den Vergabesenat beim OLG tätig, wenn das OLG von der Entscheidung eines anderen OLG in einem vergaberechtlichen Nachprüfungsverfahren abweichen will (Divergenzvorlage). Der BGH entscheidet dann grundsätzlich anstelle des OLG. Er kann sich jedoch gemäß § 124 Abs. 2 Satz 3 GWB auch auf die Entscheidung der Divergenzfrage beschränken und dem Beschwerdegericht die Entscheidung in der Hauptsache übertragen, wenn dies nach dem Sach- und Streitstand des Beschwerdeverfahrens angezeigt scheint.

Nach einer neuen Entscheidung des OLG Naumburg ist gegen eine Entscheidung des Vergabesenats eine Gehörsrüge (Anhörungsrüge) gemäß § 120 Abs. 2 i. V. m. § 71 a Abs. 1 Satz 1 GWB statthaft (OLG Naumburg, Beschl. v. 2. 4. 2009 – 1 Verg 10/08). Die Rüge muss gemäß § 71 a Abs. 2 GWB binnen einer Notfrist von 2 Wochen schriftlich erhoben werden. In der Rüge muss dargelegt sein, in welcher Hinsicht das Gericht den Anspruch auf rechtliches Gehör verletzt hat und, dass diese Gehörsverletzung entscheidungserheblich war. Da die Prüfung, ob eine andere Entscheidung zu treffen ist, erneut der Vergabesenat vornimmt, wird es wohl in der Praxis gewichtiger Argumente bedürfen, um eine andersgerichtete Entscheidung herbeizuführen.

7. Antrag auf Vorabentscheidung über den Zuschlag gem. § 121 GWB[1]

An das
[Oberlandesgericht/Vergabesenat][2]
……, den ……[3]

Antrag auf Vorabentscheidung über den Zuschlag gem. § 121 Abs. 1 GWB

In Sachen

der Firma A, vertreten durch ……

– Antragstellerin und Beschwerdegegnerin –

– Verfahrensbevollmächtigte[4]: Rechtsanwälte …… –

gegen

die Stadt [……], vertreten durch ……

– Antragsgegnerin und Beschwerdeführerin –

– Verfahrensbevollmächtigte: Rechtsanwälte …… –

beigeladen gemäß § 109 GWB: B GmbH

Namens und mit Vollmacht der Beschwerdeführerin beantragen[5] wir,

dieser im Wege der Vorabentscheidung gemäß § 121 GWB die Fortsetzung des Vergabeverfahrens und die Erteilung des Zuschlags zu gestatten.

Begründung[6]:

Teil 1: Sachverhalt[7]

Die Beschwerdeführerin hat mit Bekanntmachung vom ...... im EU-weiten Nicht offenen Verfahren mit öffentlichem Teilnahmewettbewerb die Vergabe von Unterhaltsreinigungen von Kliniken ausgeschrieben (siehe Anlage Bf 1 der Beschwerdebegründung). Auf den Teilnahmeantrag der Beschwerdegegnerin wurde dieser mit Schreiben vom ...... (Anlage Bf 2 der Beschwerdebegründung) mitgeteilt, dass sie nicht an der Ausschreibung beteiligt werde. Die Auswahl erfolgte entsprechend § 7a Nr. 2 Abs. 6, Nr. 3 VOL/A nach den Gesichtspunkten „Fachkunde, Leistungsfähigkeit und Zuverlässigkeit". In zwei von fünf Referenzanfragen (Anlage Bf 3 der Beschwerdebegründung) ist die Antragsstellerin mit „befriedigend" gewertet worden. Die zur Ausschreibung zugelassenen Unternehmen wurden hingegen durchgehend mit „gut" gewertet. Nach einer Rüge (Anlage Bf 4 der Beschwerdebegründung) auf Grund der Nichtberücksichtigung vom ...... hat die Beschwerdegegnerin am ...... die Vergabekammer angerufen (Anlage Bf 5 der Beschwerdebegründung). Mit Beschluss vom ...... (Anlage Bf 6 der Beschwerdebegründung) verpflichtete die Vergabekammer die Beschwerdeführerin, im Rahmen des anhängigen Vergabeverfahrens erneut in die Auswahl der zur Angebotsabgabe aufzufordernden Bieter einzutreten und auch die Antragstellerin zur Abgabe eines Angebots aufzufordern. Zur Begründung wurde angeführt, die Beschwerdeführerin habe keine ordnungsgemäße Auswahl im Sinne der §§ 2 Nr. 3, 7a Nr. 3 VOL/A getroffen. Bei der Größe des Unternehmens der Beschwerdegegnerin hätte die Beschwerdeführerin mindestens acht bis zehn Referenzen abfordern müssen. Ausgebliebene Referenzen hätte sie für die Beschwerdegegnerin telefonisch erfragen müssen. Gegen diese Entscheidung richtet sich die sofortige Beschwerde der Beschwerdeführerin vom ......

Die bestehenden Verträge über Unterhaltsreinigung, beigefügt als

Anlage Bf 7[8],

laufen zum ...... aus. Bei einer weiteren Verzögerung der Vergabe besteht die Gefahr, von diesem Zeitpunkt an kein Reinigungsunternehmen mehr zu haben, was zu massiven Beeinträchtigungen in den Kliniken führen würde.

Bezüglich weiterer Einzelheiten wird auf die Begründung der sofortigen Beschwerde nebst Anlagen verwiesen.

Teil 2: Rechtliche Würdigung

Der Antrag ist zulässig[9]. Die Beschwerdeführerin hat bereits am ...... sofortige Beschwerde eingelegt.

Der Antrag ist auch begründet. Die Interessenabwägung gemäß § 121 Abs. 1 Satz 1 GWB ergibt vorliegend, dass die nachteiligen Folgen einer Verzögerung der Vergabe bis zur Entscheidung über die Beschwerde die damit verbundenen Vorteile deutlich überwiegen, so dass der Zuschlag vorab zu gestatten ist.[10] Die Reinigung der Kliniken muss gewährleistet sein. Eine Verzögerung der Zuschlagserteilung und die damit verbundene Beeinträchtigung des ordentlichen Klinkbetriebes können nicht hingenommen werden. Das Interesse des Beschwerdegegners an der Auftragserteilung tritt hinter dieses Allgemeinwohlinteresse zurück.

Auch die positive Einschätzung der Erfolgsaussichten der sofortigen Beschwerde untermauert die Begründetheit des Antrags auf Vorabentscheidung über den Zuschlag (§ 121 Abs. 1 Satz 3 GWB)[11]. Die sofortige Beschwerde hat vorliegend gute Aussichten auf Erfolg. Es hat eine ordnungsgemäße Auswahl im Sinne der §§ 2 Nr. 3, 7a Nr. 3 VOL/A stattgefunden. Die Einholung von Referenzen stellt eine geeignete und vergaberechtskonforme Maßnahme dar, die es dem Auftraggeber erleichtert, eine Auswahl zu treffen. Die Auswahl der fünf Referenzen nach dem Zufallsprinzip ist nicht zu beanstanden und verstößt nicht gegen das Willkürverbot. Die Vergabestelle ist nicht verpflichtet für die An-

tragstellerin weitere Referenzen einzuholen oder die mangelhafte Referenz mit ihr zu erörtern. Außerdem hätte die Einholung weiterer – möglicherweise mit „gut" bewerteter – Referenzen keine Auswirkung auf die Entscheidung gehabt, da die übrigen Bieter durchweg mit „gut" gewertet worden sind. Im Einzelnen wird auf die Beschwerdebegründung verwiesen.

Rechtsanwalt[13]

Schrifttum: S. Form. II. M. 1.

Anmerkungen

1. Das europarechtskonforme (OLG Celle, Beschl. v. 13. 3. 2002, 3 Verg 4/02) Vorabentscheidungsverfahren nach § 121 Abs. 1 GWB war bis zum Inkrafttreten des Vergaberechtsmodernisierungsgesetzes 2009 das Eilverfahren vor dem OLG für die Auftraggeberseite. Andere Beteiligte des Vergabeverfahrens konnten den Antrag nicht stellen (vgl. OLG Düsseldorf, Beschl. v. 13. 1. 2003, Verg 67/02). Nunmehr kann auch das Unternehmen, das nach § 101a GWB für den Zuschlag vorgesehen ist, einen Antrag gemäß § 121 GWB stellen. Das Verfahren wird regelmäßig unter der Voraussetzung eingeleitet, dass der Auftraggeber bzw. der designierte Auftragnehmer vor der Vergabekammer zumindest teilweise unterlegen ist und die Kammer die Verletzung von Rechten des Antragstellers (§ 107 GWB) festgestellt und bestimmte Abhilfemaßnahmen angeordnet hat (OLG Düsseldorf, Beschl. v. 20. 11. 2001, Verg 33/01; OLG Naumburg Beschl. v. 30. 6. 2000 – 1 Verg 4/00, NZBau 2001, 642; *Gröning,* in: *Motzke/Pietzcker/Prieß,* § 121 Rdn. 6). Ausnahmsweise kann ein Antrag auf Vorabgestattung des Zuschlages zulässig sein, wenn ein Verfahren über die sofortige Beschwerde wegen eines Vorabentscheidungsverfahrens vor dem EuGH vorläufig ausgesetzt wird (OLG Naumburg, Beschl. v. 28. 10. 2002 – 1 Verg 9/02).

Soweit die Kammer dem Nachprüfungsantrag stattgegeben hat, gilt das Zuschlagsverbot grundsätzlich bis zu einer gegenteiligen Entscheidung des Beschwerdegerichts (vgl. § 118 Abs. 3 GWB). Das Eilverfahren des § 121 GWB soll verhindern, dass durch überlange Hauptsacheverfahren vor dem OLG, die – anders als Verfahren vor der Vergabekammer (§ 113 GWB) – keiner Fristbindung unterliegen, eine unerträgliche Verzögerung von Beschaffungsvorhaben entsteht (vgl. Begründung zu § 131, RegE VgRÄG, BT-Drucks. 13/9340, S. 21). Nach § 121 Abs. 3 GWB hat das OLG zur Entscheidung darüber, ob der Zuschlag vorab gestattet werden kann, maximal fünf Wochen Zeit. Zu den Gefahren für den Antragsteller, wenn sein Antrag abgewiesen wird, siehe unten „Fristen und Rechtsmittel".

2. Zuständiges Gericht ist das Oberlandesgericht, bei dem das Hauptsacheverfahren der sofortigen Beschwerde des Auftraggebers bzw. des designierten Auftragnehmers anhängig ist.

3. Eine Frist für die Einlegung des Antrags auf Vorabentscheidung nach § 121 GWB ist im Gesetz nicht vorgesehen. Es ist jedoch dringend anzuraten, den Antrag so früh wie möglich zu stellen, da es mit laufender Verfahrensdauer immer schwieriger werden wird, die besondere Eilbedürftigkeit glaubhaft zu machen. Frühestens kann der Antrag nach oder zugleich mit der Beschwerdeeinlegung gestellt werden, wie sich unzweifelhaft aus § 121 Abs. 1 Satz 3 GWB („Berücksichtigung der Erfolgsaussichten der sofortigen Beschwerde") und aus § 121 Abs. 2 Satz 3 GWB ergibt (*Jaeger,* in: *Byok/Jaeger,* § 121 Rdn. 1211).

4. Aufgrund der ausdrücklichen Anordnung in § 121 Abs. 3 Satz 4 GWB ist § 120 GWB anwendbar. Daher muss sich der Antragsteller schon bei der Stellung des Antrages gemäß § 121 GWB durch einen bei einem deutschen Gericht zugelassenen Rechtsanwalt vertreten lassen, es sei denn, es handelt sich um eine juristische Person des öffentlichen Rechts; bei ihr reicht eine Vertretung durch Beamte oder Angestellte mit Befähigung zum Richteramt (vgl. insoweit auch Form. II. M. 6 Anm. 4).

5. Gemäß § 121 Abs. 2 Satz 1 GWB ist der Antrag schriftlich zu stellen. Bezüglich der Einzelheiten, wird auf die Ausführungen im Rahmen der sofortigen Beschwerde verwiesen (Form. II. M. 6 Anm. 3).

6. Gemäß § 121 Abs. 2 Satz 1 GWB ist der Antrag gleichzeitig zu begründen. Nach überwiegender Auffassung ist ein Antrag, der keine Begründung enthält, unzulässig (*Stickler,* in: *Reidt/Stickler/Glahs,* § 121 Rdn. 7; *Gröning,* in: *Motzke/Pietzcker/Prieß,* § 121 Rdn. 36; aA. *Otting,* in: *Bechtold,* § 121 Rdn. 3). An die Begründung des Antrages sind keine strengen Anforderungen zu stellen, wenngleich eine sorgfältige Begründung des Antrages aus prozesstaktischen Gründen dringend anzuraten ist (*Boesen,* § 121 Rdn. 20). Dazu gehören sowohl die für die Rechtmäßigkeit des Vergabeverfahrens sprechenden Tatsachen, als auch die Gründe, die für einen raschen Abschluss des Vergabeverfahrens sprechen und daher bei der Interessenabwägung zu berücksichtigen sind (*Boesen,* aaO.).

7. Die Sachverhaltsdarstellung kann unter Verweis auf die Begründung der sofortigen Beschwerde verkürzt erfolgen. Der Antrag auf Vorabentscheidung kann mit der sofortigen Beschwerde verbunden werden (zum Umfang der Darstellung vgl. Form. II. M. 6 Anm. 9).

8. Gemäß § 121 Abs. 2 Satz 2 GWB sind die zur Begründung des Antrags vorzutragenden Tatsachen (soweit dies noch nicht im Rahmen der Beschwerdebegründung erfolgt ist) sowie der Grund für die Eilbedürftigkeit glaubhaft zu machen. Nach § 294 ZPO kann sich der Antragssteller zur Glaubhaftmachung sämtlicher Beweismittel (§§ 355–455 ZPO – Urkunde, Augenschein, Zeugen, Sachverständige, Parteivernehmung) einschließlich der eidesstattlichen Versicherung bedienen, sofern die Beweismittel eine sofortige Beweiserhebung ermöglichen (§ 294 Abs. 2 ZPO). Die eidesstattliche Versicherung ist nicht formbedürftig und kann daher auch mündlich oder per Telefax abgegeben werden. Die glaubhaft zu machenden Tatsachen müssen in der eidesstattlichen Versicherung dargestellt werden; eine bloße Bezugnahme auf andere Schriftsätze genügt nicht. Als weiteres zur Glaubhaftmachung geeignetes Mittel ist insbesondere die anwaltliche Versicherung anzusehen (*Boesen,* § 121 Rdn. 22). Hinsichtlich des Beweismaßes wird zum Teil ein hohes Maß an Wahrscheinlichkeit gefordert (*Boesen,* § 121 Rdn. 22). Größtenteils wird jedoch eine überwiegende Wahrscheinlichkeit für ausreichend erachtet (BayObLG, Beschl. v. 13. 8. 2001 – Verg 10/01, NZBau 2001, 643; *Gröning,* in: *Motzke/Pietzcker/Prieß,* § 121 Rdn. 10; *Stockmann,* in: *Immenga/Mestmäcker,* § 121 Rdn. 8).

9. Ungeschriebene Voraussetzung für die Zulässigkeit des Antrages auf Vorabentscheidung über den Zuschlag ist, dass der Auftraggeber bzw. der designierte Auftragnehmer ein schutzwürdiges Interesse an einer gerichtlichen Sachentscheidung hat. Das ist allgemein zu verneinen, wenn es eine einfachere und effektivere Möglichkeit zur Erlangung des begehrten Zieles gibt, wenn die begehrte Entscheidung die Rechtsposition des Antragsstellers nicht zu verbessern vermag oder wenn der Antrag offensichtlich rechtsmissbräuchlich ist (*Boesen,* § 121 Rdn. 24). In aller Regel wird ein Antrag nach § 121 Abs. 1 GWB als unzulässig verworfen, wenn er nicht der Verhinderung übermäßig langer Verfahren vor den Beschwerdegerichten dient, sondern faktisch die Verkürzung der gesetzlich angeordneten Regelsperrfrist für die Erteilung des Zuschlags (§§ 115 Abs. 1, 118 Abs. 1 Satz 2 GWB) bezweckt (OLG Naumburg, Beschl. v. 15. 12. 2000 – 1 Verg 11/00, NZBau 2001, 642). Wenn der Antragsteller vor der Vergabekammer teilweise oder vollständig obsiegt hat, entfällt der durch eine sofortige Beschwerde des Antragstellers dagegen entstandene Suspensiveffekt ohnehin in angemessener Frist, nämlich zwei Wochen nach Ablauf der Beschwerdefrist, so dass ein Rechtsschutzbedürfnis für ein Eilverfahren

nach § 121 GWB grundsätzlich nicht ersichtlich ist (OLG Naumburg, Beschl. v. 30. 6. 2000 – 1 Verg 4/00 und v. 28. 10. 2002 – 1 Verg 9/02, IBR 2003, 217). Anders könnte sich die Situation nur darstellen, wenn nach bereits angeordneter Verlängerung der aufschiebenden Wirkung (§ 118 Abs. 1 Satz 3 GWB) neue tatsächliche Umstände eintreten, die eine vorzeitige Zuschlagsgestattung rechtfertigen (*Stickler,* in: *Reidt/Stickler/Glahs,* § 121 Rdn. 4; OLG Naumburg, Beschl. v. 21. 8. 2003 – 1 Verg 9/03, ZfBR 2004, 101). Das Rechtsschutzinteresse fehlt nicht schon deshalb, weil das Beschwerdegericht einen Antrag des Auftraggebers bzw. des designierten Auftragnehmers auf Gestattung des Zuschlages nach § 115 Abs. 2 Satz 6 GWB abgelehnt hat (mit unterschiedlicher Begründung, im Ergebnis ebenso: *Boesen,* § 121 Rdn. 7; *Stockmann,* in: *Immenga/Mestmäcker,* § 121 Rdn. 9). Hat es der Antragsteller versäumt, einen Antrag nach § 115 Abs. 2 GWB vor der Vergabekammer zu stellen, ist nach der Auffassung des OLG Naumburg (Beschl. v. 11. 7. 2000, Verg 4/00) ein Antrag gemäß § 121 Abs. 1 GWB mangels Eilbedürftigkeit jedenfalls unzulässig.

Ein Antrag auf Vorabentscheidung ist nach § 121 Abs. 1 GWB analog statthaft, wenn die Vergabestelle nach eigener Auffassung einen Zuschlag bereits erteilt hat, die Vergabekammer dies aber verneint. Das Vergabeverfahren endet nicht mit Zuschlagserteilung, sondern mit Abschluss eines wirksamen zivilrechtlichen Vertrages (OLG Dresden, Beschl. v. 11. 7. 2000 – WVerg 5/00, BauR 2001, 235). Analog § 121 Abs. 1 GWB kann auch die Wirksamkeit eines Zuschlages festgestellt werden (OLG Dresden, Beschl. v. 21. 7. 2000 – WVerg 5/00, IBR 2001, 82 und v. 25. 9. 2000, Verg 04/00).

10. Bei der Vorabentscheidung hat das Gericht alle möglicherweise geschädigten Interessen im Rahmen einer Interessenabwägung zu berücksichtigen. Sofern die nachteiligen Folgen einer Verzögerung der Vergabe bis zur Entscheidung über die Beschwerde die damit verbundenen Vorteile überwiegen, steht es im Ermessen des Gerichts den weiteren Fortgang des Verfahrens und den Zuschlag zu gestatten (§ 121 Abs. 1 Satz 1 GWB). Während nach alter Rechtslage zunächst die Erfolgsaussichten des Rechtsmittels gegen die Vergabekammerentscheidung zu berücksichtigen waren und erst in einem zweiten Schritt eine umfassende Interessenabwägung vorzunehmen war, finden die Erfolgsaussichten der sofortigen Beschwerde nach neuer Rechtslage (2009) lediglich als ein Aspekt im Rahmen der allgemeinen Interessenabwägung Berücksichtigung. Bezüglich der unterschiedlichen Ansätze in der Rechtsprechung kann auf die Ausführungen zu der spiegelbildlich angelegten (*Stockmann,* in: *Immenga/Mestmäcker,* § 121 Rdn. 10) Regelung des § 118 Abs. 1 Satz 3, Abs. 2 GWB über die Verlängerung der aufschiebenden Wirkung verwiesen werden (vgl. Form. II. M. 6 Anm. 14).

11. Da das Gericht nach § 121 Abs. 1 Satz 3 GWB im Rahmen der Interessenabwägung auch die Erfolgsaussichten der sofortigen Beschwerde berücksichtigt, ist die vorherige oder gleichzeitige Beschwerdeeinlegung Zulässigkeitsvoraussetzung des Vorabentscheidungsantrages (OLG Bremen, Beschl. v. 3. 9. 2003 – Verg 7/03). Die sofortige Beschwerde muss jedoch nicht notwendigerweise vom Antragsteller des Vorabentscheidungsantrages selbst erhoben worden sein. Nach der ab Inkrafttreten des Vergaberechtsmodernisierungsgesetzes 2009 geltenden Rechtslage ist auch denkbar, dass der designierte Auftragnehmer (Beigeladener vor der Vergabekammer) die sofortige Beschwerde erhebt und der Auftraggeber den Vorabentscheidungsantrag gemäß § 121 Abs. 1 GWB stellt und *vice versa.*

12. Siehe Form. II. M. 6 Anm. 16.

Kosten und Gebühren

Eine gesonderte Kostenentscheidung ist bei dem mit dem Beschwerdeverfahren verbundenen Vorabentscheidungsverfahren nur dann angezeigt, wenn der Antrag zurückgewiesen wird. Denn in diesem Fall beendet der Beschluss das Vergabenachprüfungsverfahren (§ 122 GWB). Die Entscheidung über sämtliche Kosten des Beschwerdeverfahrens ergeht im Übrigen einheitlich gemäß § 128 GWB im Rahmen der Entscheidung über die Hauptsache (*Weyand,* § 121 Rdn. 2663).

Fristen und Rechtsmittel

Gegen eine Entscheidung nach § 121 GWB ist ein Rechtmittel nicht zulässig (§ 121 Abs. 4 GWB) (OLG Bremen, Beschl. v. 3. 9. 2003 – Verg 7/03: nach Zuschlagserteilung ist auch keine Gegenvorstellung statthaft). Die Entscheidung des Beschwerdegerichts ist endgültig und beendet in der Regel das Beschwerdeverfahren. Gibt das Gericht dem Antrag statt, wird der Auftraggeber unmittelbar danach den Zuschlag erteilen. Das Nachprüfungsverfahren kann in diesem Fall vom die Nachprüfung ursprünglich begehrenden Bieter allenfalls im Wege der Fortsetzungsfeststellungsbeschwerde nach § 123 Satz 3 GWB weiterverfolgt werden. Unterliegt der Auftraggeber mit einem Antrag auf Vorabentscheidung über den Zuschlag, endet das Verfahren gemäß § 122 GWB nach Ablauf von zehn Tagen nach Zustellung der Entscheidung, es sei denn der Auftraggeber ergreift die in der Entscheidung genannten Maßnahmen zur Herstellung der Rechtmäßigkeit des Verfahrens. Der Antrag nach § 121 GWB ist deshalb für den Auftraggeber durchaus mit Risiken verbunden. Er sollte nur gestellt werden, wenn sich der Auftraggeber vom weiteren Verfahrensverlauf keine prozesstaktischen Vorteile mehr verspricht bzw. wenn er sich der Erfolgsaussichten des Antrags einigermaßen sicher ist.

Fraglich ist, ob die Rechtsfolge des § 122 GWB auch eintritt, sofern der designierte Auftragnehmer einen erfolglosen Antrag auf Vorabentscheidung gestellt hat. § 122 GWB hat durch das Vergaberechtsmodernisierungsgesetz 2009 keine Änderung analog zu § 121 GWB erfahren. Wegen des insofern klaren Wortlauts des § 122 GWB („Ist der Auftraggeber mit einem Antrag nach § 121 vor dem Beschwerdegericht unterlegen, ...“) ist wohl davon auszugehen, dass das Vergabeverfahren bei einem erfolglosen Antrag durch den designierten Auftragnehmer nicht automatisch als beendet gilt. Denn ansonsten hätte es der Beigeladene in der Hand durch einen Antrag nach § 121 GWB massiv in das Vergabeverfahren einzugreifen, ohne dass der Auftraggeber hierauf Einfluss hätte.

N. Gesetz gegen den unlauteren Wettbewerb

1. Wettbewerbsrechtliche Abmahnung[1]

Firma B ......[2]
Geschäftsleitung
Betr.: A ....../B ......

Sehr geehrte Damen und Herren!

Hiermit zeige ich Ihnen an, dass mich die Firma A mit der Wahrnehmung ihrer Interessen beauftragt hat, in deren Namen ich Ihnen auf Grund mir erteilter und in der Anlage beigefügten Vollmacht[3] das Folgende mitzuteilen habe:

1. Meine Mandantin betreibt seit 19 ...... den Handel mit Orientteppichen. Sie verfügt über ein Geschäftslokal hier in X-Stadt, ...straße. Sie betreiben ebenfalls den Handel mit Orientteppichen. Allerdings verfügen Sie nicht über ein Geschäftslokal, sondern lediglich über einen Lagerraum im Hafengebiet der X-Stadt. Zwischen Ihnen und meiner Auftraggeberin besteht ein konkretes Wettbewerbsverhältnis.[4]
2. Meine Mandantin hat die Feststellung getroffen, dass Sie ungebeten Privatleute, deren Telefonnummern Sie aus dem Telefonbuch erlangt haben, anrufen und ihnen das Angebot unterbreiten, einmal mit einem Teppich, der eine „besonders günstige Gelegenheit" sei, vorbeizuschauen. Ist der Angerufene mit einem Besuch von Ihnen einverstanden, so vereinbaren Sie einen Termin. Fühlt sich der Angerufene gestört, so brechen Sie, was diesseits nicht verschwiegen werden soll, das Gespräch sofort höflich ab[5].
   Der vorstehende Sachverhalt ist durch meine Auftraggeberin jederzeit beweismäßig zu belegen.
3. Mit dem vorstehend wiedergegebenen Verhalten verstoßen Sie gegen das Belästigungsverbot des § 7 Abs. 2 Nr. 2 UWG. Danach ist eine unzumutbare Belästigung stets dann anzunehmen, wenn eine Werbung mit Telefonanrufen gegenüber Verbrauchern ohne deren Einwilligung erfolgt. Dieser Tatbestand ist von Ihnen verwirklicht[6]. Da schon ein Wettbewerbsverstoß der hier gerügten Art vorgekommen ist, besteht die Gefahr der Wiederholung.
4. Gemäß § 8 Abs. 1 Satz 1 UWG ergibt sich aufgrund des Wettbewerbsverstoßes nach Maßgabe des § 7 Abs. 2 Nr. 2 UWG ein Unterlassungsanspruch. Diesen geltend zu machen ist meine Mandantin gemäß § 8 Abs. 3 Nr. 1 UWG aktivlegitimiert[7]. Denn meine Mandantin ist Mitbewerber im Sinne dieser Bestimmung. Die zugehörige Definition findet sich in § 2 Abs. 1 Nr. 3 UWG. Danach ist Mitbewerber jeder Unternehmer, der mit einem oder mehreren Unternehmen als Anbieter von Waren oder Dienstleistungen in einem konkreten Wettbewerbsverhältnis steht. Dass zwischen Ihnen und meiner Mandantin ein konkretes Wettbewerbsverhältnis im Zusammenhang mit Orientteppichen besteht, bedarf keiner vertiefenden Darlegung.
   Neben dem gemäß § 8 Abs. 1 UWG sich ergebenden Unterlassungsanspruch ist meine Mandantin gemäß § 9 Satz 1 UWG ebenfalls berechtigt, Schadensersatz geltend zu machen. Es kann nicht geleugnet werden, dass der von Ihnen erzielte Wettbewerbsvorsprung sich zum Nachteil der übrigen Mitbewerber und damit auch meiner Mandantin auswirkt und so der Eintritt eines Schadens wahrscheinlich ist. Da meine Auftraggeberin die Höhe des ihr entstandenen Schadens ohne nähere Kenntnis betreffend

den Umfang Ihrer wettbewerbswidrigen Handlungen nicht berechnen kann, steht ihr auch ein Auskunftsanspruch zu[8].

5. Meine Auftraggeberin hat mich ermächtigt[9], Ihnen vor Einleitung gerichtlicher Schritte Gelegenheit zur außergerichtlichen Bereinigung des Streitverhältnisses zu geben. Ich habe Sie hiermit namens und in Vollmacht meiner Auftraggeberin aufzufordern, sich ihr gegenüber zu meinen Händen zu verpflichten,

a) es bei Meidung einer für jeden Fall der Zuwiderhandlung fälligen Vertragsstrafe in Höhe von EUR 5.001,– (in Worten: EURO fünftausendeins) zu unterlassen, im Zusammenhang mit dem Vertrieb von Orientteppichen Privatpersonen per Telefon auf die Möglichkeit eines Erwerbs eines derartigen Teppichs anzusprechen, ohne von diesen Personen zuvor dazu ausdrücklich aufgefordert worden zu sein[10];

b) meiner Auftraggeberin die durch meine Einschaltung entstandenen Kosten auf der Grundlage eines Gegenstandswertes von EUR …… in Höhe einer 1,3 Rechtsanwaltsgebühr zuzüglich Auslagen und Mehrwertsteuer zu erstatten[11].

Ich weise darauf hin, dass nur durch die Abgabe der vorstehenden Erklärungen, für deren Eingang ich mir den

……[12]

vorgemerkt habe, die Wiederholungsgefahr für den meiner Mandantin zustehenden Unterlassungsanspruch und damit auch das Rechtsschutzbedürfnis für die Einleitung gerichtlicher Schritte ausgeräumt werden können[13]. Ihre Kostenerstattungspflicht ergibt sich unmittelbar aus § 12 Abs. 1 Satz 2 UWG. Der Wettbewerbsstörer hat die erforderlichen Aufwendungen des Abmahnenden zu erstatten, soweit die Abmahnung berechtigt ist. Zu den Aufwendungen meiner Mandantin gehören insbesondere die Kosten meiner Einschaltung[11]. Ich bin berechtigt, für meine Mandantin zu erklären, dass diese auf die Geltendmachung ihrer Ansprüche auf Auskunftserteilung und Schadensersatz verzichtet, wenn innerhalb der von mir gesetzten Frist die vorstehend geforderten Erklärungen eingegangen sind[14]. Sollten Sie die Frist ungenutzt verstreichen lassen, werde ich meiner Mandantin empfehlen, unverzüglich gerichtliche Hilfe in Anspruch zu nehmen.[15]

Rechtsanwalt

Schrifttum: Kommentare, Handbücher, Monographien, Aufsätze: Ahrens, Claus, Wettbewerbsrecht, Grundlagen, Fallgestaltungen, Rechtsfolgen, 2006; *Bartenbach/Jung/Fock,* Aktuelle Rechtsprechung und Entwicklungen im Wettbewerbsrecht, Mitt. 2006, 208; *Berlit,* Wettbewerbsrecht, 6. Aufl. 2005; *Bernreuther,* Einstweilige Verfügung und Erledigungserklärung, GRUR 2007, 661; *Boesche,* Wettbewerbsrecht, 2. Aufl. 2007; *Büscher/Dittmer/Schiwy,* Gewerblicher Rechtsschutz, Urheberrecht, Medienrecht, Kommentar, 2008; *Danckwerts,* Die Entscheidung über den Eilantrag, GRUR 2008, 763; *Ekey,* Grundriss des Wettbewerbs- und Kartellrechts, 2006; *Ekey/Klippel/Kotthoff/Meckel/Plaß,* Wettbewerbsrecht, 2. Aufl. 2005; *Emmerich,* Unlauterer Wettbewerb, 9. Aufl. 2009; *Emmerich/Sosnitza,* Fälle zum Wettbewerbs- und Kartellrecht, 5. Aufl. 2007; *Engels/Salomon,* Vom Lauterkeitsrecht zum Verbraucherschutzrecht: UWG-Reform 2003, WRP 2004, 32; *Fezer (Herausgeber),* UWG, Lauterkeitsrecht, 2. Aufl. 2009; *Gloy/Loschelder/Erdmann (Herausgeber),* Handbuch des Wettbewerbsrechts, 4. Aufl. 2009; *Harte-Bavendamm/Henning-Bodewig,* UWG, 2. Aufl. 2009; *Hefermehl/Köhler/Bornkamm,* UWG, 27. Aufl. 2009; *Jergolla,* Das Ende der wettbewerbsrechtlichen Störerhaftung, WRP 2004, 655; *Jestaedt,* Wettbewerbsrecht, 2008; *Kling/Thomas,* Grundkurs Wettbewerbs- und Kartellrecht, 2004; *Köhler,* Das Verhältnis des Wettbewerbsrechts zum Recht des geistigen Eigentums, GRUR 2007, 548; *ders.,* Die „Bagatellklausel“ in § 3 UWG, GRUR 2005, 1; *ders.,* UWG-Reform und Verbraucherschutz, GRUR 2003, 265; *Lehmler,* UWG, 2007; *Lehr,* Wettbewerbsrecht, 3. Aufl. 2007; *Lettl,* Das neue UWG, 2004; Münchener Kommentar zum Lauterkeitsrecht, 2006; *Nordemann,* Wettbewerbs- und Markenrecht, 10. Aufl. 2004; *Oppermann/Müller,* Wie verbraucherfreundlich muss das neue UWG sein?, GRUR 2005, 280; *Piper/Ohly,* UWG, 4. Aufl. 2006; *Rittner/Kulka,* Wettbewerbs- und Kartellrecht, 7. Aufl. 2008; *Sack,* Die neue deutsche Formel des europäischen Verbraucherleitbildes, WRP 2005, 462; *ders.,* Die lückenfüllende Funktion der Generalklausel des § 3 UWG, WRP 2005, 531; *Ullmann,* juris-Praxiskommentar, UWG 2006.

Wettbewerbsverfahrensrecht: *Ahrens,* Hans-Jürgen, *(Herausgeber),* Der Wettbewerbsprozess, 5. Aufl. 2005; *ders./Spätgens,* Einstweiliger Rechtsschutz und Vollstreckung in UWG-Sachen, 4. Aufl. 2001; *Berneke,* Die einstweilige Verfügung in Wettbewerbssachen, 2. Aufl. 2003; *Danckwerts,* Örtliche Zuständigkeit bei Urheber-, Marken- und Wettbewerbsverletzungen im Internet; wider einen ausufernden „fliegenden Gerichtsstand" in der bestimmungsgemäßen Verbreitung, GRUR 2007, 104; *Koch/Vykydal,* Immer wieder dringlich?, Die Dringlichkeitsvermutung des § 12 Abs. 2 UWG in den Fällen gleichartiger Wettbewerbsverstöße, WRP 2005, 688; *Graf Lambsdorff,* Handbuch des Wettbewerbsverfahrensrechts, 2000; *Melullis,* Handbuch des Wettbewerbsprozesses, 3. Aufl. 2000; *Schindler,* Die Klagebefugnis im Wettbewerbsprozess nach der UWG-Reform, WRP 2004, 835; *Teplitzky,* Wettbewerbsrechtliche Ansprüche und Verfahren, 9. Aufl. 2007; *ders.,* Klageantrag und konkrete Verletzungsform, WRP 1999, 75; *ders.,* Die jüngste Rechtsprechung des BGH zum wettbewerbsrechtlichen Anspruchs- und Verfahrensrecht XI, GRUR 2007, 177.

Zu den jüngsten UWG-Novellen: *Köhler,* Die UWG-Novelle 2008, WRP 2009, 109; *ders.,* Der „Mitbewerber", WRP 2009, 499; *Lettl,* Das neue UWG, GRUR-RR, 2009, 41; *Schöttle,* Die schwarze Liste – Übersicht über die neuen Spezialtatbestände des Anhangs zu § 3 Abs. 3 UWG, WRP 2009, 673.

Zur wettbewerbsrechtlichen Abmahnung/Zur Unterwerfungserklärung: *Ahrens, Hans-Jürgen,* Unterlassungsschuldnerschaft beim Wechsel des Unternehmensinhabers, GRUR 1996, 518; *Aigner,* Beseitigung der Wiederholungsgefahr bei Abbedingung des § 348 HGB in der strafbewehrten Unterlassungserklärung?, GRUR 2007; 950; *Bernreuther,* Zusammentreffen von Unterlassungserklärung und Antrag auf Erlass einer einstweiligen Verfügung, GRUR 2001, 401; *Borck,* Andere Ansichten in Kostenfragen, WRP 2001, 20; *Burchert,* Der Zugang der Abmahnung, WRP 1985, 478; *Busch,* Zurückweisung einer Abmahnung bei Nichtvorlage der Originalvollmacht nach § 174 Satz 1 BGB?, GRUR 2006, 477; *Deutsch,* Gedanken zur unberechtigten Schutzrechtsverwarnung, WRP 1999, 25; *Eichelberger,* Die Drittunterwerfung im Wettbewerbsrecht, WRP 2009, 270; *Gottschalk,* UWG-Reform: Die Auswirkungen auf Vertragsstrafeversprechen und gerichtliche Unterlassungstitel, WRP 2004, 1321; *ders.,* Wie kann eine Unterlassungsvereinbarung erlöschen?, GRUR 2004, 827; *Gruber,* Drittwirkung (vor) gerichtlicher Unterwerfungen?, GRUR 1991, 354; *Heidenreich,* Zum Kostenerstattungsanspruch für eine wettbewerbsrechtliche Gegenabmahnung, WRP 2004, 660; *Heinz/Stillner,* Abmahnung ohne schriftliche Vollmacht, WRP 1993, 379; *Hess,* Unterwerfung als Anerkenntnis?, WRP 2003, 353; *Jennewein,* Zur Erstattung von Abmahnkosten bei Verbänden, WRP 2000, 129; *Köhler,* Zur Erstattungsfähigkeit von Abmahnkosten, FS *Erdmann,* 2002, 845; *Kunath,* Zur Nachfragepflicht des Abmahnenden – Kostenbegünstigung des Verletzers durch neuere Entscheidungen?, WRP 2001, 283; *Meier-Beck,* Die Verwarnung aus Schutzrechten – Mehr als eine Meinungsäußerung!, GRUR 2005, 535; *Nieder,* Außergerichtliche Konfliktlösung im gewerblichen Rechtsschutz, 1998; *ders.,* Die vertragsstrafenbewehrte Unterwerfung im Prozessvergleich, WRP 2001, 117; *Ohrt,* „Procura necesse est" oder: Vollmachtsnachweis bei Abmahnschreiben und Kostenerstattung, WRP 2002, 1035; *Pfister,* Erfordernis des Vollmachtsnachweises bei Abmahnschreiben, WRP 2002, 799; *Pokrant,* Zur vorprozessualen Erfüllung wettbewerbsrechtlicher Unterlassungsansprüche, FS *Erdmann,* 2002, 863; *Sack,* Die Haftung für unbegründete Schutzrechtsverwarnungen, WRP 2005, 253; *Teplitzky,* Zur Frage der Rechtmäßigkeit unbegründeter Schutzrechtsverwarnungen, GRUR 2005, 9; *ders.,* Aktuelle Probleme der Abmahnung und Unterwerfung sowie des Verfahrens der einstweiligen Verfügung im

Wettbewerbs- und Markenrecht, WRP 2005, 654; *Ulmann*, Die Verwarnung aus Schutzrechten – Mehr als eine Meinungsäußerung?, GRUR 2001, 1027; *Ulrich*, Der Zugang der Abmahnung, WRP 1998, 124; *ders.*, Die Abmahnung unter Vollmachtsnachweis, WRP 1998, 258; *Wiegand*, Die Passivlegitimation bei wettbewerbsrechtlichen Abwehransprüchen, 1997; *Wilke/Jungeblut*, Abmahnung, Schutzschrift und Unterlassungserklärung, 2. Aufl. 1995; *Zimmermann*, Die unberechtigte Schutzrechtsverwarnung, 2008.

Zum europäischen Wettbewerbsrecht: *Glöckner*, Europäisches Lauterkeitsrecht (Europäisches Wirtschaftsrecht, Bd. 38), 2006.

Hinweis: Ein weiteres Beispiel einer wettbewerbsrechtlichen Abmahnung findet sich bei *Mes/Bopp/Sonntag*, Münchener Prozessformularbuch, Bd. 5, Gewerblicher Rechtsschutz, Urheber- und Presserecht, 3. Aufl. 2009, Form. A. 1.

Anmerkungen

1. Die ursprünglich durch Literatur und Rechtsprechung entwickelten Grundsätze zur wettbewerbsrechtlichen Abmahnung sind durch die Novelle vom 3. Juli 2004 (BGBl. I 1414, in Kraft getreten am 8. Juli 2004) in § 12 Abs. 1 UWG gesetzlich geregelt. Für den Wettbewerbsgläubiger besteht eine Obliegenheit („sollen ...... abmahnen"), dem Wettbewerbsverletzer vor Einleitung gerichtlicher Schritte Gelegenheit zur außergerichtlichen Beilegung des Streitverhältnisses zu geben. Dies geschieht durch die (berechtigte) Abmahnung. Dabei ist die vorprozessuale Abmahnung unter Kostengesichtspunkten wesentliche Prozessvorbereitungsmaßnahme. Denn wenn bei unterlassener Abmahnung der Inanspruchgenommene den geltend gemachten Anspruch sofort anerkennt, muss der Kläger/Antragsteller gemäß § 93 ZPO die Kosten des gerichtlichen Verfahrens tragen, und zwar unter Einschluss nicht nur der Gerichtskosten und der eigenen Kosten, sondern auch der Kosten des Verfahrensgegners (allg. Meinung, vgl. statt vieler *Hefermehl/Köhler/Bornkamm*, UWG, 27. Aufl. 2009, Rdnrn. 1.8 und 1.9 zu § 12 UWG). Des Weiteren dient die Abmahnung der Vermeidung eines Prozesses zwischen Gläubiger und Störer. Sie begründet ein vorprozessuales Rechtsverhältnis, das den Abgemahnten gegenüber dem Abmahnenden nach Treu und Glauben (§ 242 BGB) Aufklärungspflichten auferlegt (BGH GRUR 1990, 381, 382 – Antwortpflicht des Abgemahnten; 1987, 640, 641 – Wiederholte Unterwerfung II; 1987, 54, 55 – Aufklärungspflicht des Abgemahnten – m. Anm. *Lindacher*). In Ausnahmefällen ist eine Abmahnung entbehrlich (vgl. dazu Form. II. N. 7 und dort Anm. 8 bis 12).

2. Die Abmahnung ist formfrei. Sie kann per Brief, per Telefax oder per E-Mail (vgl. z. B. OLG Düsseldorf GRUR 1990, 310; OLG Hamburg NJW-RR 1994, 629), ggf. auch mündlich und telefonisch erfolgen. Aus Beweisgründen wird empfohlen, schriftlich abzumahnen.

Ein für die Praxis relevantes Problem besteht darin, ob der **Zugang** der Abmahnung nachgewiesen werden muss. Anerkennt der Inanspruchgenommene das Klagebegehren bzw. den Antrag auf Erlass einer einstweiligen Verfügung gemäß § 93 ZPO, so muss der Kläger/Antragsteller die Kosten des Verfahrens tragen, sofern er nicht zuvor abgemahnt hat. An den Nachweis des Zugangs der Abmahnung sind in der bisherigen Praxis keine überhöhten Anforderungen gestellt worden. Regelmäßig genügt, dass der Abmahnende die Absendung in Form eines einfachen Schreibens nachweist (so ausdrücklich BGH GRUR 2007, 629 – Zugang der Abmahnung; zuvor OLG Köln, WRP 1984, 230 m. w. N.; *Burchert*, WRP 1985, 479 m. w. N.). Das Zugangsrisiko einer Abmahnung trägt mithin nach bisher herrschender Auffassung nicht der Verletzte (Abmahnende), sondern der Verletzer (z. B. OLGe Jena, GRUR-RR 2007, 96 = GRUR 2007, 264 – Bestreiten der Abmahnung; Düsseldorf GRUR 1994, 170, 210; WRP 1996, 1111; Hamburg GRUR

1976, 444; Frankfurt WRP 1985, 87f.; Oldenburg WRP 1987, 718; Hamm WRP 1987, 43, 44 li. Sp.; Saarbrücken WRP 1990, 373, 374; KG MD 1991,93; 1992, 567; 1993, 735; Karlsruhe WRP 1997, 477). Es gibt jedoch auch – in jüngerer Zeit gehäuft – gegenteilige Entscheidungen. Danach ist immer dann, wenn es um den Nachweis des Zugangs im Zusammenhang mit der Anwendung des § 93 ZPO geht, davon auszugehen, dass der Kläger/Antragsteller den Zugang zu beweisen (im einstweiligen Verfügungsverfahren: glaubhaft zu machen) hat: OLG Düsseldorf GRUR-RR 2001, 199, 200 li. Sp. – Anforderungen für Zugang – m. w. N.; OLG Dresden WRP 1997, 1201; LG Düsseldorf, Mitt. 2006, 188 – Zugang eines Abmahnungsschreibens = GRUR-RR 2006, 143 – trsys.de).

Um einen Beleg für den Zugang der Abmahnung zu erhalten, wird häufig (noch) empfohlen, das Abmahnungsschreiben als Einschreiben/Rückschein abzusenden. Im Zusammenhang mit den modernen Kommunikationsmitteln, insbesondere Telefax und Email, bedarf es regelmäßig eines derartigen Aufwandes nicht. Die Übersendung per Telefax belegt dann den Zugang, wenn der Druckvorgang am Empfangsgerät abgeschlossen ist (BGH NJW 2004, 1320). Bei Email reicht regelmäßig die Versendung an die Email-Adresse des Empfängers und der Eingang in der entsprechenden Mail-Box. Zur Sicherung des Zugangs der Abmahnung und des entsprechenden Nachweises wird empfohlen, alle vorstehend erörterten Kommunikationswege in Kombination zu nutzen: Bei gleichzeitiger Absendung mit normaler Post, per Telefax und per Email ist dem Schuldner die Einlassung erschwert, er habe die Abmahnung nicht erhalten; diese Einlassung ist wenig glaubhaft (so ausdrücklich BGH GRUR 2007, 629, 630, Rdn. 13 – Zugang des Abmahnschreibens).

3. Es wird empfohlen, eine **Vollmacht** der Abmahnung beizufügen. Nach bisher vorherrschender Auffassung ist die Abmahnung weder einseitiges Rechtsgeschäft noch geschäftsähnliche Handlung, so dass § 174 BGB mit der Notwendigkeit der Beifügung einer Vollmacht keine Anwendung findet (OLG Frankfurt, OLG-Report 2001, 270; Köln WRP 1985, 360; 1988, 79; Hamburg WRP 1986, 106; Karlsruhe NJW-RR 1990, 1323; München WRP 1971, 487; Hamm WRP 1982, 592; KG GRUR 1988, 79; *Mellulis,* Handbuch des Wettbewerbsprozesses, 3. Aufl. 2000, Rdn. 784; *Pfister,* WRP 2002, 799); *Busch,* GRUR 2006, 477). Demgegenüber vertreten die gegenteilige Auffassung: OLGe Düsseldorf (GRUR-RR 2001, 286; WRP 2001, 52); Nürnberg (GRUR 1991, 387; 1999, 1039) und Dresden (GRUR 1999, 377); ebenso: *Hefermehl/Köhler/Bornkamm,* UWG, 27. Aufl. 2009, Rdnrn. 1.25ff. zu § 12). Zum Themenkreis vgl. auch *Spätgens,* Des Anwalts Hindernisparcours. Fallen und Handicaps. Insbesondere: Vollmachtsnachweis bei der Abmahnung?, *FS Samwer,* 2008, 205.

4. § 8 Abs. 3 UWG gibt Antwort auf die Frage nach der Aktivlegitimation (Klagebefugnis), nämlich darauf, wer Wettbewerbsverstöße geltend machen kann. Die Ansprüche aus § 8 Abs. 1 UWG stehen den dort angeführten Personen/Institutionen zu.

a) Aktivlegitimiert ist vor allem jeder Mitbewerber (§ 8 Abs. 3 Nr. 1 UWG). Mitbewerber im Sinne dieser Bestimmung ist jeder Unternehmer, der mit einem oder mehreren Unternehmern als Anbieter oder Nachfrager von Waren oder Dienstleistungen in einem **konkreten** Wettbewerbsverhältnis steht (§ 2 Abs. 1 Nr. 3 UWG; dazu *Köhler,* Der „Mitbewerber", WRP 2009, 499). Ein konkretes Wettbewerbsverhältnis besteht jedenfalls dann, wenn die Parteien versuchen, Waren oder Dienstleistungen innerhalb derselben Verkehrskreise mit der Folge abzusetzen, dass das konkret beanstandete Wettbewerbsverhältnis den anderen beeinträchtigen kann; Voraussetzung ist, dass sich die beteiligten Unternehmen auf demselben sachlich, räumlich und zeitlich relevanten Markt betätigen (BGH GRUR 2007, 1079, 1080 Tz 18 – Bundesdruckerei; 2007, 884, 887 Tz 35 – Cambridge Institute).

Die von einem Wettbewerbsverstoß betroffenen Verbraucher (§ 2 Abs. 1 Nr. 2 und Abs. 2 i. V. m. § 13 BGB) und die sonstigen Marktteilnehmer (§ 2 Abs. 1 Nr. 2 UWG) sind nicht anspruchsberechtigt, da in § 8 Abs. 3, der eine abschließende Regelung enthält, nicht aufgeführt (*Hefermehl/Köhler/Bornkamm,* UWG, 27. Aufl. 2009, Rdn. 3.4 zu § 8).

b) Als weitere Anspruchsberechtigte sind in § 8 Abs. 3 Nr. 2 UWG die rechtsfähigen Verbände zur Förderung gewerblicher oder selbständiger beruflicher Interessen genannt. Diese sind anspruchsberechtigt, sofern sie die weiteren Voraussetzungen des § 8 Abs. 3 Nr. 2 UWG erfüllen. Es muss ihnen eine erhebliche Zahl von Unternehmen angehören, die Waren oder Dienstleistungen gleicher oder verwandter Art auf demselben Markt vertreiben. Die Verbände müssen des Weiteren insbesondere nach ihrer personellen, sachlichen und finanziellen Ausstattung imstande sein, ihre satzungsgemäßen Aufgaben der Verfolgung gewerblicher oder selbständiger beruflicher Interessen tatsächlich wahrzunehmen. Schließlich muss die zu beanstandende Zuwiderhandlung die Interessen ihrer Mitglieder berühren. Zu Einzelheiten vgl. *Hefermehl/Köhler/Bornkamm,* UWG, 27. Aufl. 2009, Rdnrn. 3.30 ff. zu § 8 UWG.

c) § 8 Abs. 3 Nr. 3 UWG nennt als anspruchsberechtigt qualifizierte Einrichtungen, die nachweisen, dass sie in der Liste der qualifizierten Einrichtungen nach § 4 des Unterlassungsklagegesetzes oder in dem Verzeichnis der Kommission der Europäischen Gemeinschaften nach Art. 4 der Richtlinie 98/27/EG des Europäischen Parlaments und des Rates vom 19. Mai 1998 über Unterlassungsklagen zum Schutz der Verbraucherinteressen (ABl. EG-Nr. L 166 S. 51) eingetragen sind. Die Bestimmung hat insbesondere Verbraucherverbände im Auge. Ihre Klagebefugnis ist auf solche Wettbewerbsverstöße beschränkt, die die Interessen der Verbraucher berühren (BGH WRP 2000, 722 – Telefonwerbung VI; *Hefermehl/Köhler/Bornkamm,* UWG, 27. Aufl. 2009, Rdn. 3.52 a. E.).

d) § 8 Abs. 3 Nr. 4 UWG benennt die Industrie- und Handelskammern sowie die Handwerkskammern, die ohne weiteres aktivlegitimiert sind.

e) § 8 Abs. 4 UWG enthält eine Einschränkung betreffend die Ausübung der Anspruchsberechtigung des § 8 Abs. 3 UWG. Danach kann die Geltendmachung der in Abs. 1 bezeichneten Ansprüche unzulässig sein, wenn sie unter Berücksichtigung der gesamten Umstände missbräuchlich ist. Als Beispiel („insbesondere") ist aufgeführt, dass die Anspruchsgeltendmachung vorwiegend dazu dient, gegen den Zuwiderhandelnden einen Anspruch auf Ersatz von Aufwendungen oder Kosten der Rechtsverfolgung entstehen zu lassen. Einzelheiten zum Missbrauchstatbestand bei *Hefermehl/Köhler/Bornkamm,* UWG, 27. Aufl. 2009, Rdnrn. 4.1 ff. zu § 8.

f) § 8 Abs. 5 UWG verweist in Satz 1 auf einzelne Bestimmungen des Unterlassungsklagegesetzes, in Satz 2 auf den Gesamtinhalt des Unterlassungsklagegesetzes.

g) Keine Aktivlegitimation besteht gemäß § 8 Abs. 3 UWG regelmäßig in denjenigen Fällen, in denen in erster Linie Individualinteressen verfolgt werden: Herabsetzung (§ 4 Nr. 7), Anschwärzung von Mitbewerbern (§ 4 Nr. 8) oder ergänzender Leistungsschutz (Nachahmungsschutz) gemäß § 4 Nr. 9; dazu BGH GRUR 1994, 630, 634 – Cartier-Armreifen; 1991, 223, 224 re. Sp. – Finnischer Schmuck. Zu weiteren Tatbeständen (Rechtsbruch gemäß § 4 Nr. 11) und den Tatbeständen des § 6 Abs. 2 Nr. 4 bis 6 (vergleichende Werbung) gilt wohl das gleiche; dazu *Hefermehl/Köhler/Bornkamm,* UWG, 27. Aufl. 2009, Rdn. 3.6 zu § 8.

5. Die unzulässige Telefonwerbung ist gemäß § 7 Abs. 2 Nr. 2 UWG geregelt. Der unbestellte und unabgesprochene Anruf bei Privatpersonen, um sie zum Kauf von Erzeugnissen zu veranlassen, ist eine unzumutbare Belästigung von Verbrauchern im Sinne des § 7 Abs. 2 Nr. 2 UWG (vgl. BGH GRUR 2008, 923 Tz. 11 – Faxanfrage im Autohandel; *Hefermehl/Köhler/Bornkamm,* UWG, 27. Aufl. 2009, Rdn. 139 zu § 2 UWG; *Pauly/Jankowski,* Rechtliche Aspekte der Telefonwerbung im B-to-B-Bereich, GRUR 2007, 118). Eine weitere Verschärfung der Regelung ist durch das Bundeskabinett (Bearbeitungsstand: April 2009) auf den Weg gebracht. Nach früherem Recht bildete die Telefonwerbung einen Belästigungstatbestand gemäß § 1 UWG. Der dem Formular zugrunde gelegte Sachverhalt entspricht der Entscheidung BGH GRUR 1970, 523. – Telefonwer-

bung I; vgl. auch BGH GRUR 1989, 753; 1990, 280; 1991, 764 und 1995, 220 – Telefonwerbung I bis V; weitere Fälle unzulässiger Telefonwerbung: BGH GRUR 2001, 1181 – Telefonwerbung für Blindenwaren; OLG Köln GRUR 1993, 562; OLG Stuttgart GRUR 2002, 457; OLG Karlsruhe GRUR 2002, 459; insgesamt zur Telefonwerbung: *Vehslage,* Auswirkungen der Fernabsatzrichtlinie auf die Telefon- und Email-Werbung, GRUR 1999, 656; zur Telefax-Werbung vgl. BGH GRUR 2008, 923 – Faxanfrage im Autohandel; 1996, 208 = WRP 1996, 100 – Telefax-Werbung; OLG Hamm GRUR 1990, 689; OLG München MD 1993, 507; weitere Nachweise bei *Steckler,* GRUR 1993, 865 ff.; zum Thema „Unlautere Telefax-Werbung" vgl. *Unger/Sell,* GRUR 1993, 24 ff.. Zur unzulässigen eMail-Werbung gegenüber Gewerbetreibenden: OLG Bamberg GRUR 2007, 167 – Gewerbe-E-Mail.

§§ 312 b ff. BGB regeln die Fernabsatzverträge. § 312 c BGB sieht vor, dass der Verbraucher zu Beginn eines geschäftlichen Gesprächs über den geschäftlichen Zweck und die Identität des Unternehmens unterrichtet wird. Dieses Erfordernis wird im Textbeispiel verwirklicht.

6. Es empfiehlt sich, eine wettbewerbsrechtliche Abmahnung im Hinblick auf Sachverhaltsdarstellung und rechtliche Bewertung so ausführlich zu gestalten, dass diese auch dem nicht juristisch Ausgebildeten verständlich wird (vgl. z. B. OLG Koblenz WRP 1983, 700 f.; OLG Düsseldorf WRP 1988, 107, 108 re. Sp.). Eine wettbewerbsrechtliche Abmahnung muss neben der Darstellung des Sachverhalts und des geltend gemachten Wettbewerbsverstoßes ein Unterwerfungs- und Vertragsstrafeverlangen, eine Fristsetzung und schließlich die Androhung gerichtlicher Schritte enthalten (vgl. OLG Düsseldorf WRP 1988, 107/108 re. Sp.). Nach Auffassung des OLG Hamburg (WRP 1989, 32) gehört eine vorformulierte Unterlassungsverpflichtungserklärung nicht zu den zwingenden Inhaltserfordernissen einer Abmahnung, ebenso nicht eine rechtliche Begründung (MD 1993, 137). Alles Vorstehende ist nunmehr in § 12 Abs. 1 Satz 1 UWG gesetzlich geregelt.

7. Im Textbeispiel erfolgt die Darlegung der Aktivlegitimation für den geltend gemachten Unterlassungsanspruch (vgl. dazu oben Anm. 4 und die Ausführungen im Textbeispiel).

8. Zu den Ansprüchen auf Auskunft und Schadensersatz vgl. Anm. 8 und 9 zu Form. II. N. 4; ferner BGH GRUR 1980, 227/232 – Monumenta Germaniae Historica – und GRUR 1988, 307/308 – Gaby. Zu den Auskunftsansprüchen nach dem Produktpirateriegesetz und ihre analoge Anwendung auf Wettbewerbsverstöße vgl. *Asendorf* in Festschrift für Fritz Traub, 1994, S. 21 ff.; BGH GRUR 1994, 630 – Cartier-Armreif – mit Anm. *Jacobs* für Nachahmungstatbestände des § 1 UWG a. F.; ferner GRUR 1994, 635 – Pulloverbeschriftung – mit Anm. *Ahrens.*

9. Einleitung zur Aufforderung der Abgabe einer strafbewehrten Unterlassungsverpflichtungserklärung. Anstelle von „ermächtigt" könnten auch die Worte „befugt", „bevollmächtigt" oder „beauftragt" und ähnliches stehen. Es soll zum Ausdruck gebracht werden, dass die Auftraggeberin des beauftragten Anwalts mit einer außergerichtlichen Erledigung des Streitverhältnisses einverstanden ist.

10. Es handelt sich um eine so genannte strafbewehrte Unterlassungsverpflichtungserklärung. Diese besteht aus zwei Teilen, nämlich der Beschreibung des Unterlassungsgebotes (a) sowie dem Strafgedinge (b).

a) Hinsichtlich des Unterlassungsgebotes gilt der Grundsatz, dass die so genannte konkrete Verletzungsform so bestimmt als irgend möglich zu bezeichnen ist (instruktiv: OLG Frankfurt GRUR 1988, 563). Dazu kann auf die Ausführungen Anm. 6 zu Form. II. N. 3 ergänzend verwiesen werden. Das Unterlassungsgebot darf auch Verallgemeinerungen beinhalten, sofern es sich um im Kern gleichartige Verletzungsformen handelt (BGH GRUR 1996, 290, 291 – Wegfall der Wiederholungsgefahr I; für den Begriff „andere Artikel" als zu weitgehend vgl. OLG Jena GRUR-RR 2007, 332 – andere Artikel). Ein zu weit gefasstes Unterlassungsgebot enthebt den Abgemahnten jedoch nicht der Obliegenheit, ggf. eine enger gefasste Unterlassungsverpflichtungserklärung abzugeben (vgl. OLG Stuttgart WRP 1985, 53; OLG Düsseldorf WRP 1988, 107/108 re. Sp.; OLG München MD 1994, 87; OLG Köln WRP 2000, 226; zuvor WRP 1988, 62, 65; a. A. OLG München, WRP 1982, 600, 601). Im Kern muss die Verpflichtungserklärung dem Unterlassungsanspruch entsprechen, anderenfalls die Wiederholungsgefahr nicht ausgeräumt ist (BGH GRUR 1996, 290, 291 – Wegfall der Wiederholungsgefahr I; 1996, 781, 783, 784 – Verbrauchsmaterialien; 1997, 379 – Wegfall der Wiederholungsgefahr II; OLG Saarbrücken WRP 1997, 603).

Die im Textbeispiel zu Ziffer 4a) vorformulierte Unterlassungsverpflichtungserklärung beginnt nicht mehr mit den einleitenden Worten „im geschäftlichen Verkehr zu Wettbewerbszwecken", wie dies bisher üblich war. Diese Formulierung beruhte auf dem Wortlaut des § 1 UWG a. F. Schon in der Neufassung des § 2 Abs. 1 Nr. 1 UWG 2004 war eine vergleichbare Formulierung nicht mehr enthalten. Die Neufassung des § 2 Abs. 1 Nr. 1 UWG, durch Gesetz vom 22. Dezember 2008 definiert nur noch „geschäftliche Handlung". Dabei handelt es sich um „jedes Verhalten einer Person zu Gunsten des eigenen oder eines fremden Unternehmens vor, bei oder nach einem Geschäftsabschluss, das mit der Förderung des Absatzes oder des Bezugs von Waren oder Dienstleistungen oder mit dem Abschluss oder der Durchführung eines Vertrages über Waren oder Dienstleistungen objektiv zusammenhängt". Es ist des Weiteren am angegebenen Ort definiert, dass als Waren auch Grundstücke gelten und als Dienstleistungen auch Rechte und Verpflichtungen. Wird in einer Unterlassungsverpflichtungserklärung nach wie vor formuliert „im geschäftlichen Verkehr zu Wettbewerbszwecken", sollte dies rechtlich unverändert zutreffend sein. Eine entsprechende Formulierung kann jedoch – wie diesseits vorgeschlagen – entfallen.

b) Die hier gewählte Formulierung des Vertragsstrafeversprechens entspricht der Bestimmung des § 339 S. 2 BGB. Sie hat sich in der Praxis bewährt. Gemäß §§ 316, 317 BGB ist es grundsätzlich zwar auch möglich, die Höhe der Vertragsstrafe durch den Unterlassungsberechtigten oder durch einen Dritten bestimmen zu lassen, wobei „Dritter" nicht unmittelbar ein Gericht sein darf (BGH GRUR 1978, 192 ff. mit Anm. *Schade* – Hamburger Brauch). Wegen der Unsicherheit, die mit der Bestimmung einer Vertragsstrafe durch einen Dritten sowohl in tatsächlicher als auch in rechtlicher Hinsicht verbunden ist, wird eine entsprechende Formulierung hier nicht vorgeschlagen (vgl. dazu aber das Textbeispiel C. 2 Anm. 20 bei *Mes*, Münchener Prozessformularbuch Bd. 5/ Gewerblicher Rechtsschutz, Urheberrecht und Prozessrecht, 3. Aufl. 2009). Erhebliche Unsicherheitsmomente sind auch mit einer Vertragsstrafe verbunden, deren Höhe vom Gläubiger in einem vom Schuldner vorgegebenen Rahmen zu bestimmen ist (vgl. dazu BGH GRUR 1985, 155 f. und 937 – Vertragsstrafe bis zu ...... I und II mit jeweiliger Anm. *Ahrens*). Allerdings beseitigt ein solches Vertragsstrafeversprechen die Wiederholungsgefahr. Gleiches gilt für eine einseitige Unterlassungsverpflichtungserklärung, bei der die Bestimmung der Vertragsstrafe im Falle der Zuwiderhandlung dem Unterlassungsgläubiger in der Weise überlassen bleibt, dass keine Obergrenze für die Vertragsstrafe genannt ist (BGH GRUR 1990, 1051 = WRP 1991, 27).

Das Formular sieht die Zahlung der versprochenen Vertragsstrafe an den Gläubiger vor. Es ist in Rechtsprechung und Schrifttum umstritten, ob auch eine Klaglosstellung des Gläubigers dadurch erfolgen kann, dass Zahlung an einen Dritten (z. B. an eine gemeinnützige Organisation) versprochen wird. Der Bundesgerichtshof stellt auf die Umstände des Einzelfalles ab, ob diese eine ausreichende Ernstlichkeit des Unterlassungsversprechens erkennen lassen (BGH WRP 1987, 724 m. N. insbesondere der OLG-Rechtsprechung – Getarnte Werbung II = GRUR 1987, 748, 749 f. m. Anm. *Jacobs*). Hat der Gläubiger ausdrücklich Zahlung der Vertragsstrafe an sich verlangt und verweigert der Unterlassungsschuldner dies ohne einsichtige Begründung, so spricht dies dafür, die

Ernstlichkeit des Unterlassungswillens in Zweifel zu stellen (BGH aaO. S. 725/726). Zur Ernsthaftigkeit einer aufschiebenden Befristung (Vordatierung) der Unterwerfungserklärung vgl. BGH GRUR 2002, 180 – Weit-Vor-Winter-Schluss-Verkauf.

Die vereinbarte Vertragsstrafe soll für jeden Fall der Zuwiderhandlung verwirkt sein. Fraglich ist, ob bei Mehrfachverstößen die Vertragsstraße nur einmal oder entsprechend der Anzahl einzelner Handlungen mehrfach verwirkt ist. Das ist - insbesondere nach dem Wegfall der (strafrechtlichen) Grundsätze des Fortsetzungszusammenhangs – Auslegungsfrage, bei der insbesondere die Grundsätze für die Verhängung von Ordnungsmitteln bei der Unterlassungsvollstreckung nach § 890 ZPO nicht ohne weiteres anwendbar sind (vgl. BGH GRUR 2001, 758, 759 – Trainingsvertrag). Die Rechtsgrundsätze des Fortsetzungszusammenhangs sind nicht mehr anwendbar, und zwar weder im Recht der Vertragsstrafe (BGH GRUR 2009, 427, 428 Tz 14 – Mehrfachverstoß gegen Unterlassungstitel; 2001, 7258, 759 – Trainingsvertrag) noch im Bereich der Zwangsvollstreckung (BGH GRUR 2009, 427, 428 Tz 14 – Mehrfachverstoß gegen Unterlassungstitel; OLG Nürnberg NJW-RR 1999, 723, 724; OLG Naumburg WRP 2007, 566, 569 f.). Um einer etwaigen Diskussion im Zusammenhang mit mehrfachen Zuwiderhandlungen der Grundsätze in einer natürlichen Handlungseinheit oder einer Handlung im Rechtssinne auszuweichen, bietet es sich an, eine Vertragsstrafe für jedes einzelne verkaufte Produkt zu vereinbaren (BGH GRUR 2009, 181 – Kinderwärmekissen). Ein Gleiches gilt, wenn erkennbar ist, dass die etwaige Zuwiderhandlung gegen eine strafbewehrte Unterlassungsverpflichtungserklärung in Form von einzelnen Werbeblättern, Ausgaben oder Prospekten erfolgen wird. Dann bietet es sich an, für bestimmt zu bezeichnende Zuwiderhandlungen eine bestimmte Mindesthöhe als Vertragsstrafe festzusetzen, z. B. mit der Formulierung:

„In Höhe von EUR 5.001,–, mindestens jedoch in Höhe von EUR 10,– für jeden der Unterlassungsverpflichtungserklärung widersprechenden Werbeprospekt ......“. In diesem Fall hat der Gläubiger der Unterlassungsverpflichtungserklärung gegen den Schuldner überdies auch einen Auskunftsanspruch über die Zahl der verteilten Prospekte bzw. Zuwiderhandlungen. Allerdings hält BGH GRUR 2009, 181 – Kinderwärmekissen – eine Herabsetzung der (durch Mehrfachzuwiderhandlungen) verwirkten Vertragsstrafe nach dem Grundsatz von Treu und Glauben gemäß § 242 BGB für geboten, und zwar auch dann, wenn die Verringerung der Vertragsstrafe, so wie sie in § 343 BGB vorgesehen ist, gemäß § 348 HGB ausdrücklich ausgeschlossen ist. Der Bundesgerichtshof meint, dass in diesem Fall die Vertragsstrafe nicht auf die nach § 343 BGB angemessene Höhe, sondern nur auf das Maß zu reduzieren ist, das ein Eingreifen eines Gerichtes nach § 242 BGB noch nicht rechtfertigen würde (BGH GRUR 2009, 181 – Kinderwärmekissen).

Häufig findet sich die Formulierung, dass für jeden Fall schuldhafter Zuwiderhandlung eine Vertragsstrafe versprochen wird. Eine solche Formulierung sollte der Gläubiger nicht verwenden. Er muss sie im Falle des Angebots durch den Schuldner jedoch akzeptieren. Mit ihr ist nämlich keine Beweislastumkehr dahingehend verbunden, dass der Gläubiger das Verschulden des Schuldners im Falle eines objektiven Verstoßes gegen die Unterlassungserklärung beweisen muss (BGH GRUR 1982, 688, 690, 691 = WRP 1982, 634 – Seniorenpass).

Zur Höhe der Vertragsstrafe lassen sich keine generalisierenden Angaben machen. Es kommt jeweils auf sämtliche Umstände des Einzelfalles unter Berücksichtigung des Zweckes der Vertragsstrafe an, künftige Wettbewerbsverstöße zu verhindern (BGH GRUR 2002, 180, 181 – Weit-Vor-Winter-Schluss-Verkauf). Insbesondere sind Art, Schwere und Ausmaß der Zuwiderhandlung, das Verschulden des Verletzers und die Gefährlichkeit des Verstoßes für den Gläubiger bedeutsam (BGH GRUR 1983, 127, 129 – Vertragsstrafeversprechen; 1994, 146, 147 – Vertragsstrafebemessung; 2002, 180, 181 re. Sp. – Weit-Vor-Winter-Schluss-Verkauf). Angemessen erscheint häufig die Summe von EUR 5.001,–, um im Falle eines Streites über die Verwirkung der Vertragsstrafe die Zuständigkeit des

Landgerichts zu begründen (§ 23 Nr. 1 GVG). Im Falle einer künftigen Änderung der Streitwertgrenzen durch den Gesetzgeber müsste sodann in Zukunft als Vertragsstrafe die Streitwertgrenze (für das Amtsgericht) zuzüglich EUR 1,– vereinbart werden. Wurde trotz Unterwerfungserklärung der Wettbewerbsverstoß wiederholt, muss eine erheblich höhere Vertragsstrafe versprochen werden, um die neuerlich begründete Wiederholungsgefahr auszuräumen (BGH GRUR 1990, 534 = WRP 1990, 622 – Abrufcoupon). Insbesondere genügt im Fall einer neuerlich begründeten Wiederholungsgefahr das Versprechen einer Vertragsstrafe nach so genanntem „Hamburger Brauch" nicht, d.h. einer solchen, deren Höhe der Gläubiger nach billigem Ermessen bestimmen darf und deren Angemessenheit vom zuständigen Gericht zu überprüfen ist (KG MD 1993, 747, 749).

Nach herrschender Auffassung beseitigt die Abgabe einer strafbewehrten Unterlassungsverpflichtung ein Tatbestandsmerkmal des Unterlassungsanspruchs, nämlich die Wiederholungs- bzw. die Begehungsgefahr (vgl. BGH GRUR 1996, 260, 261 – Wegfall der Wiederholungsgefahr I), allerdings nur dann, wenn sie frei von Bedingungen und Befristungen ist (BGH GRUR 1993, 677, 679 – Bedingte Unterwerfung). Nach Meinung des OLG Hamburg fehlt dem Gläubiger, wenn der Schuldner eine ausreichend strafbewehrte Unterlassungsverpflichtungserklärung abgegeben hat, für die gerichtliche Durchsetzung seines Unterlassungsanspruchs das Rechtsschutzbedürfnis (vgl. OLG Hamburg GRUR 1974, 108 = WRP 1973, 653; so auch früher BGH, z.B. WRP 1978, 38, 39 – Hamburger Brauch; noch heute: *Thomas/Putzo,* ZPO, 29. Aufl. 2008, Rdn. 27 Vorbem. § 253). Dieser Meinungsstreit kann dahinstehen. Die der strafbewehrten Unterlassungsverpflichtungserklärung eigene Wirkung der Klaglosstellung beruht letztlich darauf, dass der Gläubiger infolge des Vertragsstrafeversprechens gegen den Schuldner Druck ausüben kann, die eingegangene Verpflichtung einzuhalten (BGH GRUR 1984, 72/73 – Vertragsstrafe für versuchte Vertreterabwerbung). Damit ist eine dem § 890 ZPO vergleichbare Beugewirkung begründet, denn in der wirtschaftlichen Auswirkung sind Ordnungsgeld gemäß § 890 ZPO und Vertragsstrafe für den Schuldner gleich spürbar. Wird eine Unterwerfungserklärung angenommen, begründet dies ein auf ein Unterlassen gerichtetes Dauerschuldverhältnis (BGH GRUR 1995, 678, 679 – Kurze Verjährungsfrist). Der Inhalt der Unterlassungspflicht ergibt sich durch Auslegung; diese kann enger oder weiter sein als bei einem gerichtlichen Verbot (BGH GRUR 1997, 931, 932 – Sekundenschnell).

Zu den Rechtsfolgen einer zwar abgegebenen, jedoch unbegründet zurückgewiesenen Unterwerfungserklärung vgl. *Teplitzky,* GRUR 1983, 609 f.; BGH GRUR 1996, 290 – Wegfall der Wiederholungsgefahr I. Zu der Frage, ob eine Vertragsstrafe auch für den Zeitraum verwirkt ist, der vor der Annahme der Erklärung durch den Gläubiger liegt, vgl. *Klein,* Keine Vertragsstrafe für die Schwebezeit, GRUR 2007, 665; BGH GRUR 2006, 878 – Vertragsstrafevereinbarung.

Liegt noch keine Wettbewerbsverletzung, sondern lediglich die Berühmung vor, eine konkrete geschäftliche Handlung im Sinne des § 2 Abs. 1 Nr. 1 UWG vornehmen zu dürfen, so genügt für die Beseitigung der Erstbegehungsgefahr regelmäßig die Aufgabe der Berühmung, beispielsweise in der uneingeschränkten und eindeutigen Erklärung, dass die beanstandete Handlung in der Zukunft nicht vorgenommen wird (BGH GRUR 2001, 1174 – Berühmungsaufgabe).

11. Die Kostenerstattungspflicht des Abgemahnten ist in § 12 Abs. 1 Satz 2 UWG geregelt. Soweit die Abmahnung berechtigt ist, kann der Ersatz der erforderlichen Aufwendungen verlangt werden. Zu den erforderlichen Aufwendungen gehören im Fall der Abmahnung durch einen Mitbewerber regelmäßig die Anwaltskosten. Handelt es sich um die Abmahnung eines Vereins/Verbandes nach Maßgabe des § 8 Abs. 3 Nrn. 2 bis 4 UWG, wird man jedenfalls in einfachen Fällen davon ausgehen können, dass es der Einschaltung eines Anwalts nicht bedarf. Die Verjährung des Kostenerstattungsanspruchs des § 12 Abs. 1 Satz 2 UWG regelt sich nach § 11. Die Verjährungsfrist beträgt 6 Monate (§ 11 Abs. 1 UWG). Die Bestimmung des § 12 Abs. 1 Satz 2 UWG ersetzt die bisherigen Anspruchsherleitungen für den Kostenerstattungsanspruch des Wettbewerbsstörers. Nach bisherigem Recht ergab sich dieser Anspruch im Wesentlichen aus den Rechtsregeln der Geschäftsführung ohne Auftrag (BGH GRUR 2001, 1166, 1169 re. Sp. – Fernflugpreise; BGHZ 52, 393, 399 – Fotowettbewerb; BGH GRUR 1973, 384 – Goldene Armbänder). Nach wie vor gilt jedoch, dass die Durchsetzung des Kostenerstattungsanspruchs oft mühsam ist und häufig einen so genannten „kleinen" Wettbewerbsprozess mit allen Risiken eines „normalen" Prozesses in wettbewerbsrechtlichen Streitigkeiten erfordert. Vgl. dazu *Steinmetz,* Der „kleine" Wettbewerbsprozess, 1993. Zur Bemessung des Gegenstandswertes einer Abmahnung gelten die gleichen Grundsätze wie bei der Inanspruchnahme gerichtlicher Hilfe und damit zur Bemessung des Streitwertes. Vgl. dazu Anm. 3 zu Form. II. N. 9. Zur Höhe der Kostenerstattung vgl. nachfolgend „Kosten und Gebühren".

12. Welche Frist angemessen ist, hängt jeweils von den Umständen des Einzelfalles ab. Grundsätzlich kann in wettbewerbsrechtlichen Streitigkeiten eine relativ kurze Erklärungsfrist gesetzt werden. Angemessen erscheinen im Normalfall ca. 7 bis 14 Tage. Die Erklärungsfrist kann in Einzelfällen bedeutend kürzer sein und z. B. nur Stunden betragen (OLG Hamburg WRP 1976, 180/181 und 1989, 325; OLG Koblenz WRP 1983, 305; z. B. 2 Stunden: OLG München MD 1993, 510; ferner KG GRUR 1993, 778). Bei einer nur nach Stunden bemessenen Abmahnfrist kann freilich der Abmahnende gehalten sein, einer Bitte um Fristverlängerung zu entsprechen, um Kostennachteile zu vermeiden. Zur Länge der Abmahnfrist vgl. auch „Fristen und Rechtsmittel".

13. Nach Auffassung des BGH kann im Einzelfall auch die schon gegenüber einem Dritten abgegebene strafbewehrte Unterlassungsverpflichtungserklärung die Wiederholungsgefahr gegenüber dem Verletzten ausschließen (GRUR 1983, 186, 187 und 1987, 640 – Wiederholte Unterwerfung I und II; dazu *Eichelberger,* Die Drittunterwerfung im Wettbewerbsrecht, WRP 2009, 270); ebenso durch Unterlassungsanerkenntnisurteil (OLG Köln WRP 1997, 482); wohl auch durch in einem anderen Verfahren ergangenes rechtskräftiges Urteil, wenn sich der Schuldner darauf beruft (BGH GRUR 2003, 450, 452 – Begrenzte Preissenkung). Das ist eine wertungsbedürftige Tatfrage, so dass eine im Verlauf des Revisionsverfahrens gegenüber einem Dritten abgegebene Unterlassungsverpflichtungserklärung keine Berücksichtigung finden kann (BGH WRP 1990, 319, 320 – Gruppenprofil). Zu den sich daraus für den Wettbewerbsgläubiger ergebenden Problemen vgl. z. B. KG WRP 1985, 152 f.; *Kues* WRP 1985, 196 ff.; *Borck* WRP 1985, 311 ff.; *Rödding* WRP 1988, 514 ff.; *Gruber,* GRUR 1991, 354 ff. Für den Abgemahnten ergibt sich für den Fall der Drittunterwerfung eine Aufklärungspflicht, und zwar sowohl gegenüber einem abmahnenden Wettbewerber (BGH GRUR 1987, 54 f. m. Anm. *Lindacher* – Aufklärungspflicht des Abgemahnten – und GRUR 1987, 640, 641 re. Sp. – Wiederholte Unterwerfung II; OLG Frankfurt/M. WRP 1989, 391 m. Anm. *Traub*) als auch gegenüber einem Verband (BGH GRUR 1988, 716 – Aufklärungspflicht gegenüber Verbänden – und GRUR 1990, 381 = WRP 1990, 276 – Antwortpflicht des Abgemahnten.

14. In wettbewerbsrechtlichen Streitigkeiten ist es regelmäßig das Interesse des Verletzten, möglichst rasch das wettbewerbswidrige Verhalten des Verletzers beendet zu sehen. Häufig nimmt der Verletzer zur Verteidigung seines Verhaltens nur deshalb Zuflucht, um der Geltendmachung von Schadensersatzansprüchen vorbeugend entgegenzutreten. Da ein bezifferter Schaden im Falle einer Wettbewerbsverletzung nur sehr schwer geltend gemacht werden kann, hat der Verletzte regelmäßig kein vorrangiges Interesse an der Geltendmachung seines Schadens. Gleiches gilt für den vorbereitenden Auskunftsanspruch. Dementsprechend sieht das Formular im Interesse einer raschen Beilegung des Konfliktes vor, dem Schuldner vorzuschlagen, dass der Gläubiger unter der Bedingung des rechtzeitigen Eingangs der geforderten Erklärungen auf Schadensersatz- und Auskunftsansprüche verzichtet.

15. Der BGH sieht den Abgemahnten als verpflichtet an, innerhalb der gesetzten Frist auf die Abmahnung zu antworten, und zwar entweder dahingehend, dass er eine ausreichend strafbewehrte Unterlassungsverpflichtungserklärung abgibt oder deren Abgabe ablehnt (BGH GRUR 1990, 381 = WRP 1990, 276 – Antwortpflicht des Abgemahnten). Darüber hinaus wird man den Abgemahnten auch für verpflichtet halten müssen, die Abmahnung vollständig und wahrheitsgemäß zu beantworten (BGH GRUR 1990, 542 – Aufklärungspflicht des Unterwerfungsschuldners; KG WRP 1989, 659). Kommt der Abgemahnte seinen Verpflichtungen nicht nach, so kann sich daraus zu seinen Lasten eine Schadensersatzverpflichtung (z. B. zur Erstattung von Kosten in analoger Anwendung des § 93 ZPO bei Verzichtsurteil, vgl. OLG Frankfurt MD 1993, 475) ergeben. Auf eine Abmahnung hin bestehen für den Verwarnten folgende Reaktionsmöglichkeiten:

a) Uneingeschränkte Abgabe der geforderten Erklärungen, in eindeutiger Form (vgl. KG MD 1993, 751 und nachstehend a. E. dieser Anmerkung), bedingungsfrei (vgl. BGH GRUR 1993, 677, 679 – Bedingte Unterwerfung) sowie ohne Angabe eines Endtermins (BGH GRUR 2002, 180 – Weit-Vor-Winter-Schluss-Verkauf); wird eine Unterlassungsverpflichtungserklärung unter einer auflösenden Bedingung gestellt („dass die zu unterlassene Handlung durch Gesetz oder höchstrichterliche Rechtsprechung eindeutig als zulässig erachtet wird"), beseitigt dies die Wiederholungsgefahr nicht (OLG Düsseldorf InstGE 5, 68 – Bedingtes Unterlassungsversprechen);

b) im Falle mehrfacher Abmahnungen verschiedener Wettbewerbsgläubiger: Abgabe der strafbewehrten Unterwerfungserklärung gegenüber einem der Gläubiger und im Übrigen Verweisung auf den Wegfall der Wiederholungsgefahr gegenüber den übrigen Gläubigern (vgl. dazu im einzelnen BGH GRUR 1983, 186 und 1987, 640 – Wiederholte Unterwerfung I und II; BGHZ 149, 371, 374 – Missbräuchliche Mehrfachabmahnung). Der später Abmahnende hat wohl auch einen Kostenerstattungsanspruch gegen den Wettbewerbsstörer, wenn dieser zuvor gegenüber einem Dritten eine strafbewehrte, nach der Rechtsprechung des Bundesgerichtshofs die Wiederholungsgefahr ausschließende Unterlassungsverpflichtungserklärung abgegeben hat und der später Abmahnende davon keine Kenntnis hatte. Die Kostenerstattungspflicht folgt aus dem Gesichtspunkt des Schadensersatzes gemäß § 9 Satz 1 UWG (so zum alten Recht des § 13 Abs. 6 UWG a. F. vgl. LG Köln GRUR 1987, 741; OLG München in MD 1988, 473/476 = GRUR 1988, 843 – Anwaltskosten bei zeitlich früherer Abmahnung; a. A. *Bornkamm* in *Baumbach/Hefermehl,* UWG, 23. Aufl. 2004, Rdn. 1.83 zu § 12 UWG). Zur missbräuchlichen Mehrfachabmahnung verschiedener Gläubiger vgl. BGH GRUR 2002, 357 – Missbräuchliche Mehrfachabmahnung; OLG München GRUR 2002, 119 – Rechtsmissbrauch.

c) Abgabe der geforderten Erklärungen mit Einschränkungen, die allerdings der Gläubiger nicht zu akzeptieren braucht (vgl. dazu z. B. BGH GRUR 1993, 677 – Bedingte Unterwerfung) oder mit abweichenden Formulierungen:

  aa) in materieller Hinsicht, z. B. abweichende Formulierung der Unterlassungsverpflichtungserklärung (unbedenklich, sofern sie im Kern dem Unterlassungsanspruch entspricht, BGH GRUR 1996, 290, 291 – und 1997, 379 – Wegfall der Wiederholungsgefahr I und II; weitere Einzelheiten vgl. zuvor Anm. 8), abweichende Bestimmung der Höhe der Vertragsstrafe, im Hinblick auf etwaige geltend gemachte Auskunfts- und Schadensersatzansprüche; ferner Inanspruchnahme von Aufbrauch- und Umstellungsfristen, die im Wege insbesondere eines Vergleichsangebotes unterbreitet werden; zur Inanspruchnahme einer Aufbrauchfrist vgl. OLG Hamburg MD 1991, 110. Ein Unterlassungsvertrag zwischen Gläubiger und Schuldner kommt auch dann zustande, wenn der Schuldner eine ihm im Wege der Abmahnung übermittelte vorbereitete Unterlassungsverpflichtungserklärung abändert, im Begleitschreiben jedoch ausführt, er gehe davon aus, dass mit der abgeänderten Verpflichtungserklärung die Abmahnung als erledigt angesehen werden könne, sofern er nichts Gegenteiliges höre und der Gläubiger dem nicht widerspricht (OLG Köln WRP 2000, 226);

bb) unter der auflösenden Bedingung einer durch Gesetz oder durch höchstrichterliche Rechtsprechung erfolgenden allgemein verbindlichen Erklärung des zu unterlassenden Verhaltens als rechtmäßig. Eine solche (Rechts-)Bedingung ist zulässig (BGH GRUR 1993, 677, 679 – Bedingte Unterwerfung; WRP 1997, 318, 320 re. Sp. – Altunterwerfung II; a. A. OLG Düsseldorf InstGE 5, 68 – Bedingtes Unterlassungsversprechen; s. o.);

cc) gegebenenfalls ist die Angabe einer aufschiebenden Befristung in Form eines Anfangstermins zulässig, sofern sie keine Zweifel an der Ernsthaftigkeit des Unterlassungsversprechens begründet (BGH GRUR 2002, 180 – Weit-Vor-Winter-Schluss-Verkauf);

dd) im Hinblick auf den etwaig geltend gemachten Kostenerstattungsanspruch;

d) vorbereitende Verteidigungsmaßnahmen, z. B. Einreichung einer Schutzschrift (vgl. Form. II. N. 2); keine Abgabe einer Unterlassungsverpflichtungserklärung; jedoch trifft den Abgemahnten eine Antwortpflicht (vgl. BGH GRUR 1990, 381, 382 = WRP 1990, 276 – Antwortpflicht des Abgemahnten –, ggf. auch eine Aufklärungspflicht: KG WRP 1989, 659; BGH GRUR 1990, 542 – Aufklärungspflicht des Unterwerfungsschuldners), allerdings nur bei einer begründeten Abmahnung (BGH GRUR 1995, 167, 168 – Kosten bei unbegründeter Abmahnung; *Hefermehl/Köhler/Bornkamm*, UWG, 27. Aufl. 2009, Rdn. 1.63 zu § 12).

Gemäß vorstehend c) wird eine abweichende Formulierung vor allem dann in Betracht kommen, wenn die Formulierung der Unterlassungsverpflichtungserklärung entweder mit den tatsächlichen oder mit den rechtlichen Gegebenheiten nicht im Einklang steht. Des Weiteren muss der Inanspruchgenommene regelmäßig prüfen, inwieweit ihn die Abgabe einer Unterlassungsverpflichtungserklärung für die Zukunft bindet, insbesondere ob künftig beabsichtigte Handlungen unter die abgegebene Erklärung subsumiert werden können. Das zwingt häufig dazu, die geforderte Unterlassungsverpflichtungserklärung lediglich unter Einschränkungen abzugeben. Solche Einschränkungen und/oder Umformulierungen der geforderten Unterlassungsverpflichtungserklärung begründen freilich ein neues Risiko. Gibt nämlich der Verwarnte entsprechend vorstehend unter c) abweichende Erklärungen als von ihm gefordert ab, bedeutet dies die Unterbreitung eines inhaltlich von dem seitens des Gläubigers erwarteten abweichenden Angebots. Der Verwarner muss sodann prüfen, ob er das Angebot des Verwarnten annimmt. Im Falle der Annahme empfiehlt es sich, diese dem Verwarnten mitzuteilen, um zum Abschluss eines Unterlassungsvertrages zu kommen, der die Rechtslage zwischen den Parteien verbindlich regelt (OLG Celle GRUR 1990, 481 – Vertragsstrafeversprechen; ein stillschweigender Verzicht auf den Zugang der Annahmeerklärung nach § 151 BGB scheidet aus (vgl. OLG Celle aaO.; zur Begründung eines auf Unterlassung gerichteten Dauerschuldverhältnisses vgl. BGH GRUR 1995, 678, 679 – Kurze Verjährungsfrist). Nimmt der Verwarner hingegen die vom Verwarnten angebotene und von der Forderung des Verwarners abweichend formulierten Verpflichtungserklärungen nicht an, sondern gerichtliche Hilfe in Anspruch, so ist in diesem Verfahren zu prüfen, ob Wiederholungsgefahr für den geltend gemachten Unterlassungsanspruch noch besteht (vgl. den Fall BGH GRUR 1996, 290 – Wegfall der Wiederholungsgefahr I). Das Risiko einer Fehleinschätzung – der Verwarner hält beispielsweise die abgegebene Unterlassungsverpflichtungserklärung für nicht ausreichend – trägt der Verwarner (vgl. dazu Anm. 8). Nach früherer Auffassung (vgl. dazu die Vorauflagen aaO.) sollte eine Verpflichtung des Abgemahnten gegenüber dem Abmahnenden zur Mitteilung solcher Tatsachen bestehen, die den geltend gemachten Anspruch und seine prozessuale Durchsetzung ausschließen. Eine Verletzung dieser Pflicht sollte auch zu einer Kostentragungslast des Abgemahnten bzw. zu einer Schadensersatzpflicht führen. Diese Auffassung erscheint in Anbetracht von BGH GRUR 1995, 167, 168 – Kosten bei unbegründeter Abmahnung – überholt (vgl. auch

OLG Köln GRUR 2001, 525, 529; *Hefermehl/Köhler/Bornkamm*, UWG, 27. Aufl. 2009, Rdn. 1.63 zu § 12).

Die Abgabe einer Unterlassungsverpflichtungserklärung kann auch in Form eines Fern- oder Telefaxschreibens erfolgen. Zum Beleg der Ernstlichkeit des Unterwerfungswillens ist der Unterlassungsschuldner gehalten, auf Verlangen des Gläubigers diesem eine schriftliche Bestätigung zu erteilen (BGH GRUR 1990, 530 = WRP 1990, 685 – Unterwerfung durch Fernschreiben; OLG München MD 1993, 773; zuvor KG GRUR 1988, 567 und 568 – Telex-Unterlassungsverpflichtung I und II; dazu kritisch *Lachmann*, Telexunterwerfung nicht vollwertig?, GRUR 1989, 96).

Kosten und Gebühren

Zur materiellen Kostenerstattungspflicht vgl. Anm. 11.

Regelmäßig ist die Einschaltung eines Rechtsanwalts erforderlich. Ausnahmen können für Verbände gemäß § 8 Abs. 3 Nrn. 2 bis 4 UWG gelten.

Für die Rechtsanwaltskosten gilt:

1. Es liegt kein Klageauftrag vor. Dann entsteht eine Geschäftsgebühr. Dafür stellen Nrn. 2300 ff. VV i. V. m. §§ 2 Abs. 2, 13 RVG einen Gebührenrahmen von 0,5 bis 2,5 zur Verfügung. Regelmäßig ist eine Gebühr von 1,3 angemessen. Das entspricht der früher im Wesentlichen geltenden Mittelgebühr von $^{7,5}/_{10}$ Geschäftsgebühr nach BRAGO (BGH GRUR 1973, 384 – Goldene Armbänder); dazu *Gerold/Schmidt/v. Eicken/Madert/Müller-Rabe/Mayer/Burhoff*, Rechtsanwaltsvergütungsgesetz, 18. Aufl. 2008, Anh. II, Rdn. 90; großzügiger (2,0 Geschäftsgebühr) LG Frankfurt Mitt. 2007, 90 – 2,0 Geschäftsgebühr (in einer Markensache).

2. Es liegt ein Klageauftrag vor: Die Verfahrensgebühr richtet sich nach Nrn. 3100 ff. VV i. V. m. mit §§ 2 Abs. 2, 13 RVG. Gemäß Nr. 3101 Nr. 1 VV ist eine Verfahrensgebühr in Höhe von 0,8 gerechtfertigt.

3. Anrechnung: Folgt der ohne Klageauftrag durchgeführten Abmahnung ein gerichtliches Verfahren, so wird gemäß Vorbemerkung 3 Abs. 4 S. 1 VV RVG die entstandene Geschäftsgebühr aus Nr. 2300 VV RVG zur Hälfte, höchstens aber mit einem Satz von 0,75 auf die nach 3100 ff. VV RVG entstandene Verfahrensgebühr des gerichtlichen Verfahrens angerechnet. Es vermindert sich mithin nicht die bereits entstandene Geschäftsgebühr, sondern die in dem anschließenden gerichtlichen Verfahren anfallende Verfahrensgebühr (BGH NJW 2007, 2049 = GRUR 2006, 439). Der Beklagte muss im Falle des Unterliegens dem Kläger in der Kostenfestsetzung die Verfahrensgebühr erstatten, allerdings nur insoweit, als nicht die Geschäftsgebühr in anrechnungsfähiger Höhe in Abzug zu bringen ist.

Fristen und Rechtsmittel

Grundsätzlich keine. Jedoch ist schon bei der Bearbeitung der Abmahnung und der Bemessung der der Gegenseite zu setzenden Frist der weitere Ablauf der Auseinandersetzung zu berücksichtigen. Dabei kommt es insbesondere häufig darauf an, die Voraussetzung der Dringlichkeit für ein etwaig nachfolgendes Verfügungsverfahren zu erhalten (vgl. dazu Form. II. N. 3 Anm. 13). Die Verjährungsfrist für wettbewerbsrechtliche Ansprüche beträgt 6 Monate (§ 11 Abs. 1 UWG). Sie gilt auch für Abmahnkosten, wie nunmehr § 11 Abs. 1 UWG unter Bezugnahme auf § 12 Abs. 1 Satz 2 UWG ausdrücklich klarstellt (für das frühere Recht: BGH GRUR 1992, 176, 177 – Abmahnkostenverjährung).

2. Schutzschrift

Landgericht
Kammer für Handelssachen[1]
Zivilkammer[2]

Schutzschrift[3]
in einem etwaigen einstweiligen Verfügungsverfahren

der Firma A[4]

– mutmaßliche Antragstellerin –

gegen

Firma B[4]

– mutmaßliche Antragsgegnerin –

Verfahrensbevollmächtigter[5]: Rechtsanwalt ......[6].

wegen angeblich unlauteren Wettbewerbs

Hiermit bestelle ich mich zum Verfahrensbevollmächtigten[6] für die Firma B (im Folgenden: Antragsgegnerin) für den Fall, dass die Firma A (im Folgenden: Antragstellerin) wegen des nachstehend wiedergegebenen Sachverhalts einen Antrag auf Erlass einer einstweiligen Verfügung stellen sollte.

Ich beantrage,

1. einen etwaigen Antrag auf Erlass einer einstweiligen Verfügung abzuweisen[7];
2. hilfsweise: über einen etwaigen Antrag auf Erlass einer einstweiligen Verfügung nicht ohne vorherige mündliche Verhandlung zu entscheiden[8];
3. für den Fall der Abweisung des Verfügungsantrages oder seiner Zurücknahme: der Antragstellerin die Kosten des Verfügungsverfahrens einschließlich derjenigen aufzuerlegen, die durch die Hinterlegung dieser Schutzschrift entstanden sind[9].

Ich bin damit einverstanden, dass

– Termin zur mündlichen Verhandlung unter Abkürzung der Ladungsfrist bestimmt wird[10];
– der Antragstellerin die vorliegende Schutzschrift zugänglich gemacht wird, sofern diese einen Antrag auf Erlass einer einstweiligen Verfügung stellen sollte[11].

Begründung[12]

1. Beide Parteien stellen her und vertreiben gebrauchsfertige Säuglings- und Kleinkindernahrung. Zwischen ihnen herrscht ein scharfer Wettbewerb. Die Antragsgegnerin wirbt seit ca. 1 Jahr für ihr Erzeugnis „X-Fertigbrei" unter anderem mit Werbeanzeigen, die ein lachendes kleines Kind zusammen mit der Packung des in Rede stehenden Erzeugnisses zeigen. Unterhalb der Packung erscheint sodann in blickfangmäßiger Hervorhebung die Angabe „Mutti gibt mir immer nur das Beste". Als Anlage 1 überreiche ich die Abbildung der in Rede stehenden Werbung[13].
Mit dem als Anlage 2 überreichten Anwaltsschreiben vom ...... hat die Antragstellerin die Antragsgegnerin abgemahnt und sie zur Abgabe einer strafbewehrten Unterlassungsverpflichtungserklärung betreffend die Werbeaussage „Mutti gibt mir immer nur das Beste" aufgefordert. Die Antragsgegnerin hat mit dem als Anlage 3 überreichten Schreiben ihres Verfahrensbevollmächtigten erwidert und insbesondere die Abgabe einer strafbewehrten Unterlassungsverpflichtungserklärung abgelehnt. Infolgedes-

sen muss die Antragsgegnerin damit rechnen, dass die Antragstellerin den Versuch unternehmen wird, gegen sie eine einstweilige Verfügung zu erwirken. In tatsächlicher und rechtlicher Hinsicht ist dazu unter ausdrücklicher Bezugnahme auf den Inhalt des diesseitigen Antwortschreibens gemäß Anlage 3 Folgendes zu bemerken:

2. Die in der Abmahnung gemäß Anlage 2 geäußerte Rechtsauffassung der Antragstellerin, die streitgegenständliche Werbeaussage beinhalte eine gemäß § 5 Abs. 1 UWG irreführende Alleinstellungsberühmung, nämlich die Inanspruchnahme einer Vorzugsstellung gegenüber anderen Kindernahrungsmitteln, ist rechtsirrig. Das gilt schon deshalb, weil nur eine solche Werbeaussage den Tatbestand einer Alleinstellungswerbung begründen kann, die vom Publikum als Tatsachenangabe über geschäftliche Verhältnisse, insbesondere betreffend die Eigenschaften einer Ware, verstanden werden könnte. Angaben im Sinne des § 5 UWG sind nämlich lediglich nachprüfbare Aussagen[14]. Der Werbeslogan „Mutti gibt mir immer nur das Beste" wird allein als ein Kaufappell verstanden, nämlich dahingehend, dass die Mütter aufgefordert werden, ihrem Kind jeweils nur das Beste zu geben. Auch soweit die räumliche Druckanordnung der gegenständlichen Werbeaussage zur Packung des X-Fertigbreis der Antragsgegnerin eine gedankliche Verbindung zwischen dem Superlativ „das Beste" und dem Erzeugnis der Antragsgegnerin herstellt, ist diese nicht geeignet, der streitgegenständlichen Werbeaussage Alleinstellungscharakter zu verleihen. Das gilt deshalb, weil im Bereich der Kindernahrungsmittel der Begriff „das Beste" überhaupt nicht erfassbar ist. Denn die Bekömmlichkeit eines jeden Nahrungsmittels hängt von der Konstitution des einzelnen Kleinkindes ab. Des Weiteren differieren die Auffassungen darüber, welche Ernährungsweise für die Kleinkinder die geeignetste sei, erheblich. Diese Gegebenheiten sind insbesondere den durch die Werbung der Antragsgegnerin angesprochenen Hausfrauen und Müttern bekannt. Dementsprechend werden sie die Werbeaussage als das erkennen, was sie tatsächlich ist, nämlich als eine Werbebehauptung im Sinne eines eindeutig subjektiven Werturteils[15].
3. Ein etwaiges Verfügungsbegehren der Antragstellerin wäre jedoch auch schon deshalb zurückzuweisen, weil es an der für den Erlass einer einstweiligen Verfügung erforderlichen Dringlichkeit fehlt[16]. Insbesondere ist die Dringlichkeitsvermutung gemäß § 12 Abs. 2 UWG widerlegt. Die Antragsgegnerin wirbt mit der angegriffenen Werbeaussage in erheblichem Umfang schon seit ca. 1 Jahr. Das war der Antragstellerin auch bekannt. So ist beispielsweise das Mitglied der Geschäftsleitung Y der Antragsgegnerin von dem Mitglied der Geschäftsleitung Z der Antragstellerin vor ca. 9 Monaten auf die streitgegenständliche Werbeaussage angesprochen worden. Seitdem ist die Antragstellerin – mit Ausnahme des Abmahnungsschreibens gemäß Anlage 2 – nicht mehr auf die Angelegenheit zurückgekommen. In einer etwaigen mündlichen Verhandlung werde ich entsprechende Glaubhaftmachungsmittel, nämlich eidesstattliche Versicherungen der Geschäftsleitung der Antragsgegnerin, vorlegen. Wer jedoch mehr als 9 Monate in Kenntnis eines vermeintlichen Wettbewerbsverstoßes zuwartet, bevor er gerichtliche Hilfe in Anspruch nimmt, kann sich nicht mehr auf die Dringlichkeitsvermutung des § 12 Abs. 2 UWG berufen[17]. Jedenfalls ist die besondere Dringlichkeit i. S. der §§ 937 Abs. 2, 944 ZPO nicht mehr gegeben, die den Erlass einer einstweiligen Verfügung ohne mündliche Verhandlung durch den Herrn Vorsitzenden allein gestattet[18].

Weiterer Sachvortrag bleibt vorbehalten.

Eine beglaubigte und eine einfache Abschrift sind zum Zwecke der Aushändigung an die Antragstellerin für den Fall beigefügt, dass ein Verfügungsantrag tatsächlich gestellt wird.

Rechtsanwalt

Schrifttum: Borck, Kostenfestsetzung aufgrund von Schutzschrift-Hinterlegung?, WRP 1978, 262ff.; *Deutsch,* Die Schutzschrift in Theorie und Praxis, GRUR 1990, 327; *Herr,* Vom Sinn und Unsinn der Schutzschriften, GRUR 1986, 436; *Hilgard,* Die Schutzschrift im Wettbewerbsrecht, 1985; *Krahe,* Die Schutzschrift, Kostenerstattung und Gebührenanfall, 1991; *May,* Die Schutzschrift im Arrest- und Einstweiligen-Verfügungsverfahren, 1983; *Mellulis,* Hdb. des Wettbewerbsrechts, 3. Aufl. 2000, Rdn. 43ff. *Pastor,* Die Schutzschrift gegen wettbewerbliche einstweilige Verfügungen, WRP 1972, 229ff.; *Spätgens* in Ahrens, Der Wettbewerbsprozess, 6. Aufl. 2009, S. 95ff.; *Teplitzky,* Die Schutzschrift als vorbeugendes Verteidigungsmittel gegen einstweilige Verfügungen, NJW 1980, 1667ff.; *ders.*, Schutzschrift, Glaubhaftmachung und besondere Dringlichkeit bei § 937 Abs. 2 ZPO, WRP 1980, 373ff.; *ders.*, Wettbewerbsrechtliche Ansprüche, 9. Aufl. 2007, Kap. 55, Rdnrn. 52ff.; *Wilke/Jungeblut,* Abmahnung, Schutzschrift und Unterlassungsverpflichtungserklärung im gewerblichen Rechtsschutz, 1995;

Hinweis: Ein weiteres Textbeispiel einer wettbewerbsrechtlichen Schutzschrift findet sich bei *Mes/Bopp/Sonntag,* Münchener Prozessformularbuch, Bd. 5, Gewerblicher Rechtsschutz, Urheber- und Presserecht, 3. Aufl. 2009, Form. A. 3.

Anmerkungen

1. Häufig, wenn nicht gar in der Regel, werden einstweilige Verfügungen auf Antrag „in dringenden Fällen" ohne mündliche Verhandlung erlassen (§ 937 Abs. 2 ZPO). Dem entgegenzuwirken dient die Schutzschrift. Schutzschriften sind an dasjenige Gericht und – beim Landgericht – an diejenige Kammer zu richten, das/die erwartungsgemäß der mutmaßliche Antragsteller anrufen wird. Handelt es sich wie hier um eine wettbewerbsrechtliche Streitigkeit, so ist gemäß §§ 94, 95, Abs. 1 Nr. 5 GVG, § 13 Abs. 1 Satz 2 UWG die Kammer für Handelssachen zuständig. Bei einigen Landgerichten gibt es jedoch auch Spezialwettbewerbs-(Zivil-)kammern. Ist dies der Fall, muss eine entsprechende Zivilkammer bei Hinterlegung der Schutzschrift mit einbezogen werden. Häufig ist es wegen des im Wettbewerbsrecht geltenden so genannten fliegenden Gerichtsstandes (§ 14 Abs. 2 UWG) notwendig, eine Schutzschrift bei mehreren Gerichten zu hinterlegen (gegen „Übertreibungen" zu Recht *Herr* GRUR 1986, 436). Die Anwendbarkeit des „fliegenden Gerichtsstandes", nämlich desjenigen der unerlaubten Handlung, ist allerdings durch § 14 Abs. 2 Satz 2 UWG erheblich eingeschränkt. Danach gilt der Gerichtsstand des § 14 Abs. 2 S. 1 UWG im Falle der Herleitung der Aktivlegitimation aus § 8 Abs. 2 Nrn. 2 bis 4 UWG nur dann, wenn der Beklagte im Inland keinen Wohnsitz hat. Der in Wettbewerbssachen tätige Anwalt muss der Frage Beachtung schenken, ob der Antragsteller/Kläger seine Aktivlegitimation aus unmittelbar eigener Betroffenheit (als Mitbewerber) gemäß § 8 Abs. 3 Nr. 1 UWG oder nur aus den Regelungen des § 8 Abs. 3 Nrn. 2 bis 4 UWG herleiten kann (zur Anspruchsherleitung aus unmittelbar eigener Betroffenheit und Inanspruchnahme des sog. fliegenden Gerichtsstandes: OLG Düsseldorf GRUR 1994, 837, 838 – Fliegender Gerichtsstand; OLG Hamburg GRUR 1995, 129 – Unmittelbar Verletzter; OLG München WRP 1995, 1055; *v. Linstow,* WRP 1994, 789; zur Voraussetzung eines **konkreten** Wettbewerbsverhältnisses vgl. BGH GRUR 2007, 1079, 1080 Tz 18 – Bundesdruckerei; 2007, 884, 887 Tz 35 – Cambridge Institute; Anm. 4a zu Form. II. N. 1).

2. Es empfiehlt sich, aus Vorsichtsgründen eine Schutzschrift trotz der Zuständigkeit der Kammer für Handelssachen auch an die Zivilkammer zur richten. Gemäß § 96 Abs. 1 GVG hat der Kläger – im einstweiligen Verfügungsverfahren der Antragsteller – ein Wahlrecht zwischen Zivilkammer und Kammer für Handelssachen. Dies gilt trotz § 13 Abs. 1 UWG auch für die Geltendmachung wettbewerbsrechtlicher Ansprüche, wenn diese in Anspruchsgrundlagenkonkurrenz zu bürgerlich-rechtlichen Ansprüchen geltend gemacht werden (vgl. *Hefermehl/Köhler/Bornkamm,* UWG, 27. Aufl. 2009, Rdn. 4 zu § 13). Bei einigen Landgerichten sind Zivilkammern als Spezialwettbewerbskammern eingerichtet (z. B. bei den Landgerichten Frankfurt/M., Düsseldorf, Hamburg und Köln). Diese werden in der Praxis häufig auch in „reinen" Wettbewerbsstreitigkeiten angerufen, in der ebenfalls ganz überwiegend bestätigten Erwartung, dass der Beklagte keinen Verweisungsantrag gem. § 98 Abs. 1 S. 1 GVG stellt. Erfolgt allerdings ein derartiger Verweisungsantrag, so steht eine gleichzeitige Begründung aus bürgerlichem Recht der Zuständigkeit der Kammer für Handelssachen nicht entgegen (*Hefermehl/Köhler/Bornkamm,* UWG, 27. Aufl. 2009, Rdn. 4 zu § 13 m. w. N.).

Schutzschriften können auch beim „Zentralen Schutzschriftenregister" (https://www.schutzschriftenregister.de) online hinterlegt werden. An diesem Dienst beteiligt sich eine Mehrzahl von Landgerichten (z. B. Hamburg, Mannheim, Düsseldorf). Eine solche Online-Hinterlegung sollte lediglich zusätzlich erfolgen.

3. Das Institut der Schutzschrift ist in der geltenden Zivilprozessordnung nicht ausdrücklich verankert. Es hat gewohnheitsrechtlichen Charakter und ist als eine außerhalb eines anhängigen Verfahrens nur für den Fall des Anhängigwerdens eines einstweiligen Verfügungsverfahrens erfolgte Anregung an das Gericht zu verstehen. Ihre Beachtlichkeit für das angerufene Gericht im Falle einer tatsächlichen Antragstellung auf Erlass einer einstweiligen Verfügung ergibt sich als Ausformung des Grundsatzes vom rechtlichen Gehör (Art. 103 Abs. 1 GG) auf Grund des summarischen Charakters des einstweiligen Verfügungsverfahrens und insbesondere infolge der Regelung gemäß § 937 Abs. 2 ZPO, wonach in besonders dringenden Fällen die Entscheidung durch das Gericht auch ohne mündliche Verhandlung – regelmäßig durch den Vorsitzenden (§ 944 ZPO) – erfolgen kann. Diese prozessuale Möglichkeit gibt dem Antragsteller eine sehr scharfe Waffe in die Hand, denn eine so ergangene Beschlussverfügung bildet einen ohne Sicherheitsleistung vorläufig vollstreckbaren Titel, dessen Nichtbeachtung ein erhebliches Ordnungsmittelrisiko (§ 890 ZPO) mit sich bringt. Es erfordert durch das angerufene Gericht eine sehr sorgfältige und strenge Überprüfung, ob insbesondere die Voraussetzung besonderer Dringlichkeit gem. § 937 Abs. 2 ZPO für den Erlass der beantragten einstweiligen Verfügung ohne mündliche Verhandlung gegeben ist (vgl. dazu *Teplitzky* GRUR 1978, 286 f. und WRP 1980, 374/375; OLG Karlsruhe WRP 1989, 265). Gelangt dem befassten Gericht die Schutzschrift zur Kenntnis, so muss es ihren Inhalt bei der Entscheidungsfindung berücksichtigen (BGH GRUR 2008, 640 – Kosten der Schutzschrift III; 2003, 456 – Kosten der Schutzschrift I).

4. Die mutmaßlichen Parteien des etwaigen einstweiligen Verfügungsverfahrens sind im Aktiv- und Passivrubrum – wie auch sonst – möglichst genau zu bezeichnen.

5. Die Schutzschrifthinterlegung unterliegt keinem Anwaltszwang; sie wird nicht in, sondern vor einem gerichtlichen Verfahren eingereicht (*Mellulis,* Hdb. des Wettbewerbsrechts, 3. Aufl. 2000, Rdn. 45).

6. Erfolgt die Hinterlegung der Schutzschrift durch einen zugelassenen Rechtsanwalt, so muss die Zustellung einer etwaig ergehenden Beschlussverfügung an ihn erfolgen (§ 176 ZPO), anderenfalls grundsätzlich keine Vollziehung der Verfügung vorliegt (Gefahr des Verstreichens der Vollziehungsfrist, § 929 Abs. 2 ZPO; vgl. dazu OLG Düsseldorf WRP 1982, 531 f. und GRUR 1984, 79, 80; OLG Karlsruhe WRP 1986, 166 ff.; zur Problematik vgl. auch *Melullis* WRP 1982, 249 ff.; zur Heilung eines Zustellungsmangels gem. § 187 ZPO im Bereich des § 929 Abs. 2 ZPO vgl. OLG Karlsruhe aaO. m. w. N.; OLG Frankfurt WRP 2000, 411). Hat der Antragsteller in nicht vorwerfbarer Weise keine Kenntnis davon, dass sich für den Antragsgegner ein Anwalt bestellt hat, so kann die Zustellung an den Antragsgegner persönlich als Vollziehung ausreichen (OLG Hamburg GRUR 1987, 66; OLG Frankfurt MD 1988, 1105, 1106).

7. Es ist Ziel einer Schutzschrift, die vorstehend in Anm. 3 geschilderten und zu Lasten des mutmaßlichen Antragsgegners bestehenden prozessualen Nachteile auszugleichen.

Da des Weiteren bei Einreichung einer Schutzschrift ein Antrag auf Erlass einer einstweiligen Verfügung regelmäßig noch nicht vorliegt, ist durch die Schutzschrift selbst ein Prozessrechtsverhältnis noch nicht begründet (str., a.A. OLG Hamburg WRP 1977, 495f.; wie hier *Teplitzky,* Wettbewerbsrechtliche Ansprüche und Verfahren, 9. Aufl. 2009, Kap. 55, Rdn. 57 a.E. m.w.N.), so dass ein Sachantrag nicht ohne weiteres möglich erscheint (so: BGH WRP 2003, 516 – Kosten einer Schutzschrift I: bei eingereichter Schutzschrift ist noch kein Verfahren anhängig; nach Einreichung des Verfügungsantrags ist seitens des Schutzschrifteinreichenden noch kein Sachantrag gestellt, solange nicht dieser (Antragsgegner, Beklagter) durch Zustellung des Verfügungsantrags in das Verfahren einbezogen worden ist). Gemäß § 937 Abs. 2 ZPO kann jedoch nicht nur in dringenden Fällen, sondern auch dann, wenn der Verfügungsantrag aus prozessualen oder sachlichen Gründen zurückzuweisen ist, eine Entscheidung ohne mündliche Verhandlung ergehen. Es ist mithin schon in der Schutzschrift ein Zurückweisungsantrag zu stellen (zur Zulässigkeit eines Sachantrages vgl. *Hilgard,* Die Schutzschrift beim Wettbewerbsrecht, 1985, S. 14 m.w.N.; *Teplitzky,* Wettbewerbsrechtliche Ansprüche, 9. Aufl. 2007, Kap. 55, Rdnrn. 57f. m.w.N.; *Wilke/Jungeblut,* Abmahnung und Schutzschrift, S. 95). Ein Sachantrag ist jedenfalls Anregung an das Gericht, in bestimmter Weise zu entscheiden (BGH WRP 2003, 516 – Kosten einer Schutzschrift I).

Die sich in den vorstehenden Ausführungen widerspiegelnde Diskussion betreffend die Zulässigkeit/Angemessenheit eines Sachantrags schon in der Schutzschrift ist vor dem Hintergrund überflüssig, dass die Schutzschrift ihre Wirkungen erst in dem Fall entfalten soll, wenn tatsächlich ein Verfügungsantrag gestellt ist. In diesem Fall muss das befasste Gericht den Inhalt der Schutzschrift bei der Entscheidungsfindung berücksichtigen (BGH GRUR 2008, 640 – Kosten der Schutzschrift III; 2003, 456 = WRP 2003, 516 – Kosten der Schutzschrift I).

8. Dieser Antrag verwirklicht den eigentlichen Zweck der Schutzschrift (vgl. Anm. 3).

9. Der Kostenantrag hat für den Fall Bedeutung, dass es trotz Einreichung eines Antrags auf Erlass einer einstweiligen Verfügung nicht zur Durchführung einer mündlichen Verhandlung kommt, weil entweder der Verfügungsantrag durch Beschluss zurückgewiesen (vgl. zu dieser Möglichkeit Anm. 7) oder vom Antragsteller zurückgenommen wird. Kommt es zur Zurückweisung des Verfügungsantrags durch Beschluss, so muss das Gericht schon von Amts wegen gemäß § 308 Abs. 2 ZPO dem Antragsteller die Kosten des Verfahrens auferlegen, ohne zu prüfen, ob dem Antragsgegner erstattungsfähige Kosten entstanden sind oder nicht (zutr. OLG Hamburg WRP 1983, 586 für den Fall der Antragsrücknahme). Zu den Kosten des Verfügungsverfahrens gehören auch diejenigen der Hinterlegung einer Schutzschrift (BGH GRUR 2008, 639 – Kosten eines Abwehrschreibens; 2008, 640 – Kosten der Schutzschrift III; 2007, 727 – Kosten der Schutzschrift II).

10. Zustimmungserklärung gemäß §§ 217, 224 Abs. 1 ZPO, die zwar entbehrlich (Ladungsfristen können gemäß § 226 Abs. 3 ZPO auch ohne Zustimmung des Antraggegners abgekürzt werden), jedoch üblich ist und dem besonderen Eilcharakter des Verfügungsverfahrens entspricht. Eine Einlassungsfrist (§ 274 Abs. 3 ZPO) gibt es im einstweiligen Verfügungsverfahren nicht.

11. Diese Erklärung verwirklicht das Prinzip des rechtlichen Gehörs, diesmal für den Antragsteller.

12. Der Sachverhalt entspricht der Fallgestaltung der Entscheidung BGH GRUR 1965, 363 – Fertigbrei. Die dort vertretene Auffassung, dass „Angaben" im Sinne des § 5 UWG nur solche sein können, die einen tatsächlichen Aussagegehalt beinhalten, ist seitdem h.M. Das gilt insbesondere für nichtssagende oder nicht nachprüfbare Anpreisungen, z.B. „das Beste jeden Morgen" (BGH GRUR 2002, 182, 183 – Das Beste jeden Morgen). Wird jedoch ein tatsächlicher Aussagegehalt vom Werbeadressaten angenommen, kann leicht eine Alleinstellungswerbung oder zumindest eine Spitzengruppenwerbung vorliegen (dazu *Hefermehl/Köhler/Bornkamm,* UWG, 27. Aufl. 2009, Rdnrn. 2137ff. zu § 5; vgl. ferner *Schmelz/Haertel,* Die Superlativreklame im UWG – materielle und prozessuale Aspekte, WRP 2007, 127).

13. Es empfiehlt sich, das Streitverhältnis kurz darzustellen, insbesondere eine etwaig angegriffene Werbeanzeige zum Zwecke der Anschauung zu übermitteln. Im Hinblick auf die in § 937 Abs. 2 ZPO vorgesehene Möglichkeit, einen Verfügungsantrag sowohl aus prozessualen wie auch aus materiellen Gründen ohne mündliche Verhandlung durch Beschluss zurückzuweisen, sollte nicht nur zu den prozessualen Fragen der Dringlichkeit, die in Wettbewerbsangelegenheiten gemäß § 12 Abs. 2 UWG vermutet wird, und der besonderen Dringlichkeit der §§ 937 Abs. 2, 944 ZPO, sondern auch zur materiellrechtlichen Streitfrage in tatsächlicher und rechtlicher Hinsicht Stellung genommen werden (vgl. dazu auch *Teplitzky* NJW 1980, 1667 m. w. N.).

14. Vgl. *Hefermehl/Köhler/Bornkamm,* UWG, 27. Aufl. 2009, Rdnrn. 2.4.3ff., 2.4.6ff., 2.125ff. zu § 5 m. w. N.

15. Vgl. BGH GRUR 1965, 363, 365 li. Sp. – Fertigbrei.

16. Soweit zur Dringlichkeit als der Zulässigkeitsvoraussetzung eines Antrags auf Erlass einer einstweiligen Verfügung Stellung genommen wird, enthält die Schutzschrift eine die Zurückweisung des Antrags auf Erlass einer einstweiligen Verfügung betreibende Verteidigung (vgl. § 937 Abs. 2 ZPO).

17. Vgl. *Hefermehl/Köhler/Bornkamm,* UWG, 27. Aufl. 2009, § 12 Rdnrn. 3.12ff. § 12 Abs. 2 UWG (ebenso wie zuvor § 25 UWG a. F.) begründet eine widerlegliche tatsächliche Vermutung der Dringlichkeit (BGH GRUR 2000, 151, 152 – Späte Urteilsbegründung; kritisch dazu *Holzapfel,* GRUR 2003, 287, 292). Im Bereich von Irreführungen (§ 5 Abs. 1 UWG) wird teilweise die Auffassung vertreten, dass die für den Erlass einer einstweiligen Verfügung erforderliche Dringlichkeit ohne Berücksichtigung des Zeitablaufs gegeben sei (vgl. OLG Hamburg WRP 1977, 109; kritisch: *Teplitzky* WRP 1978, 117ff. und WRP 1980, 375 Fn. 29). Eine Übersicht über die von den Oberlandesgerichten tolerierten Zuwartefristen findet sich bei *Hefermehl/Köhler/Bornkamm,* UWG, 27. Aufl. 2009, Rdn. 3.1.5 zu § 12. Beispiele: OLG Düsseldorf: In der Regel 2 Monate (NJWE-WettbR 1999, 15, 16), OLG Hamburg (WRP 2007, 675; GRUR-RR 2008, 366): 6 Wochen bis zu 6 Monaten, OLG München (WRP 2008, 972, 976): 1 Monat.

18. Wird die für den Erlass einer einstweiligen Verfügung erforderliche Dringlichkeit vom Gericht angenommen, so ist damit noch nicht die Annahme besonderer Dringlichkeit gemäß §§ 937 Abs. 2, 944 ZPO gerechtfertigt (vgl. Anm. 3), wenngleich auch in der Praxis regelmäßig bejaht. Dennoch sollte auf die besondere Problematik bei Annahme der besonderen Dringlichkeit in der Schutzschrift hingewiesen werden.

Kosten und Gebühren

1. Gerichtsgebühren:

Keine für die Hinterlegung der Schutzschrift.

2. Anwaltsgebühren:

1,3 Verfahrensgebühr gem. § 2 Abs. 2 i. V. m. Nr. 3100 VV RVG, wenn die Schutzschrift eingereicht wird, Sachvortrag enthält und der Verfügungsantrag bei Gericht eingeht, später jedoch wieder zurückgenommen wird (BGH GRUR 2008, 640 – Kosten der Schutzschrift III). War hingegen die Hinterlegung einer Schutzschrift sachlich nicht geboten, weil z. B. ein Verfügungsantrag zwar eingereicht, jedoch vor Eingang der Schutzschrift zurückgenommen worden war, so besteht keine Kostenerstattungspflicht (str.; wie hier BGH GRUR 2007, 727 – Kosten der Schutzschrift II). Hat jedoch der Verfahrensbevollmächtigte des Antragsgegners das Geschäft bereits vor der Rücknahme des Verfügungsantrags betrieben (z. B. in Form einer schriftlichen Anfrage bei Gericht, ob ein Verfügungsantrag dort anhängig ist), entsteht die Verfahrensgebühr dem Grunde nach, ist jedoch auf 0,8 gem. Nrn. 3100, 3101 Nr. 1 VV RVG zu ermäßigen (BGH GRUR 2007, 727, 728 re. Sp. – Kosten der Schutzschrift II). Die durch die Hinterlegung einer Schutzschrift entstandenen erstattungsfähigen Kosten sind im Kostenfestsetzungsverfahren festzusetzen (BGH GRUR 2008, 640 – Kosten der Schutzschrift III; 2007, 727 – Kosten der Schutzschrift II).

3. Kommt es zur Durchführung eines Verfügungsverfahrens, so erhält der Rechtsanwalt eine 1,3 Verfahrensgebühr (Nr. 3100) und im Falle der Durchführung einer mündlichen Verhandlung eine 1,2 Terminsgebühr (Nr. 3104).

3. Antrag auf Erlass einer einstweiligen Verfügung wegen irreführender Werbung und unerlaubter Bezugnahme

Landgericht
Kammer für Handelssachen[1]

Antrag
auf Erlass einer einstweiligen Verfügung[2]
der Industrie- und Handelskammer zu Düsseldorf, Ernst-Schneider-Platz 1, 40212 Düsseldorf, vertreten durch den Vorstand, dieser vertreten durch ……, ebenda,

– Antragstellerin –

Verfahrensbevollmächtigter: Rechtsanwalt ……
gegen
die Firma B ……

– Antragsgegnerin –

wegen unlauteren Wettbewerbs
Streitwert: vorläufig geschätzt EUR ……[2a]
Namens und in Vollmacht[3] der Antragstellerin beantrage ich,
das Gericht möge im Wege der einstweiligen Verfügung – wegen besonderer Dringlichkeit ohne mündliche Verhandlung durch Beschluss –[4] anordnen:

I. Der Antragsgegnerin wird es bei Meidung eines für jeden Fall der Zuwiderhandlung fälligen Ordnungsgeldes bis zu EUR 250.000,–, ersatzweise Ordnungshaft bis zu 6 Monaten oder Ordnungshaft bis zu 6 Monaten, im Wiederholungsfall Ordnungshaft bis zu zwei Jahren[5], untersagt, sich zur Kennzeichnung ihres auf den Vertrieb von fabrikmäßig hergestellten Brotes gerichteten Geschäftsbetriebes der Bezeichnung

„Die Backstube"

zu bedienen[6];

II. der Antragsgegnerin werden die Kosten des einstweiligen Verfügungsverfahrens auferlegt.

Begründung:

I.

1. Die Antragstellerin ist die Industrie- und Handelskammer zu Düsseldorf. Sie ist zur Geltendmachung wettbewerbsrechtlicher Unterlassungsansprüche gemäß § 8 Abs. 2 Nr. 4 UWG aktivlegitimiert[7].

2. Die Antragsgegnerin stellt fabrikmäßig Backwaren her. Sie verfügt beispielsweise über eine Fabrik in ......stadt. Zum Zwecke der Glaubhaftmachung überreiche ich als Anlage 1 Angebotsunterlagen der Antragsgegnerin, aus denen sich die fabrikmäßige Herstellung ihrer Backerzeugnisse ergibt. Die Antragsgegnerin ist dazu übergegangen, ihre Backerzeugnisse nicht nur wie bisher durch Lebensmittelfilialisten und die Fachabteilungen der Kaufhäuser abzusetzen, sondern auch eigene Vertriebsstellen gegenüber dem Endverbraucher einzurichten. Eine derartige Vertriebsstelle befindet sich beispielsweise in ...... Bei dem Vertrieb ihrer Erzeugnisse durch eigene Vertriebsstellen gegenüber dem Endverbraucher bedient sich die Antragsgegnerin unzulässiger Mittel, indem sie ihre Vertriebsstellen jeweils als „Die Backstube" bezeichnet. Diese Bezeichnung bringt sie beispielsweise außerhalb des Ladengeschäftes an.
   Glaubhaftmachung: Foto des Ladengeschäftes der Antragsgegnerin in ......stadt; überreicht als Anlage 2[8].
3. Die Antragsgegnerin ist vor Antragstellung durch Übersendung eines Anwaltsschreibens unter Fristsetzung von einer Woche ergebnislos abgemahnt worden. Insoweit ist der anhängig gemachte Antrag auf Erlass einer einstweiligen Verfügung zur Durchsetzung der Rechte der Antragstellerin dringend geboten[9].

II.

Die rechtliche Bewertung ergibt das Folgende:
1. Das Verhalten der Antragsgegnerin verstößt gegen § 5 Abs. 1 Satz 2 Nr. 1 UWG. Wird wie hier eine Bezeichnung „Die Backstube" im Zusammenhang mit einem Ladengeschäft und den darin angebotenen gewerblichen Leistungen benutzt, so handelt es sich um eine Angabe im Sinne des § 5 Abs. 1 Satz 2 Nr. 1 UWG[10]. Der Begriff „Backstube" weist auf eine handwerklich ausgeführte Tätigkeit des Bäckereigewerbes hin. In einer „Backstube" backt nach den Vorstellungen des Publikums der Bäcker; eine Fabrikationshalle, in denen Backwaren fabrikmäßig hergestellt werden, pflegt nicht als „Backstube" bezeichnet zu werden. Infolgedessen ist die Angabe „Backstube" im Zusammenhang mit dem Vertrieb von fabrikmäßig hergestellten Backwaren irreführend im Sinne des § 5 Abs. 1 Satz 2 Nr. 1 UWG. Sie täuscht das Kaufpublikum über den Herstellungsort, die Herstellungsweise und insbesondere auch die Qualität derartiger Backwaren. Denn allgemein besteht die Vorstellung, dass dasjenige, was „von Hand gebacken" ist, in der Qualität besser sei als die fabrikmäßige Herstellung. Da die Mitglieder der angerufenen Kammer ebenfalls zu den hier interessierenden Verkehrskreisen – den Letztverbrauchern – gehören und es sich um Waren des täglichen Bedarfs handelt, kann die Kammer aufgrund eigener Sachkunde und Erfahrung die hier geltend gemachte Irreführung bejahen[11, 12].
2. Der Verfügungsgrund wird in Wettbewerbssachen gemäß § 12 Abs. 2 UWG vermutet. Tatsächlich liegt die Dringlichkeit auch auf der Hand. Würde es der Antragsgegnerin gestattet, ihr unzulässiges Verhalten weiterhin fortzusetzen, so würde den Mitgliedern der Innungsverbände des Antragstellers ein nicht wieder gutzumachender Schaden entstehen. Es ist ein allgemeiner Erfahrungssatz im Wettbewerbsrecht, dass im Nachhinein durch die Geltendmachung von Schadensersatz der tatsächlich entstandene Schaden nicht mehr ausgeglichen werden kann. Damit ist zugleich auch die besondere Dringlichkeit für den Erlass einer einstweiligen Verfügung gemäß § 937 Abs. 2 ZPO ohne mündliche Verhandlung dargetan[13].
3. Die Zuständigkeit des angerufenen Gerichts ergibt sich daraus, dass die Antragsgegnerin auch im Gerichtsbezirk über eine Vertriebsstätte verfügt.

Glaubhaftmachung: Eidesstattliche Versicherung gemäß Anlage 3.

Eine beglaubigte und eine einfache Abschrift sind zum Zwecke der Zustellung[14] beigefügt[15].

Rechtsanwalt

Schrifttum: Ahrens, Der Wettbewerbsprozess, 6. Aufl. 2009; *ders./Spätgens,* Einstweiliger Rechtsschutz und Vollstreckung in UWG-Sachen, 4. Aufl. 2001; *Bernecke,* Die einstweilige Verfügung in Wettbewerbssachen, 2. Aufl. 2003; Bernreuther, Einstweilige Verfügung und Erledigungserklärung, GRUR 2007, 660; *ders.*, Zusammentreffen von Unterlassungserklärung und Antrag auf Erlass einer einstweiligen Verfügung, GRUR 2001, 400; *Danckwerts,* Örtliche Zuständigkeit bei Urheber-, Marken- und Wettbewerbsverletzungen im Internet, GRUR 2007, 104; *Goldmann,* Der Marschallstab im Tornister – Zum Streitwert der einstweiligen Verfügung beim wettbewerbsrechtlichen Unterlassungsanspruch, WRP 2001, 240; *Mes,* Kenntnis Dritter und Dringlichkeitsvermutung des § 25 UWG, FS für Nirk, 1992, S. 661; *Schote/Lührig,* Prozessuale Besonderheiten der einstweiligen Verfügung, WRP 2008, 1281; *Teplitzky,* Aktuelle Probleme der Abmahnung und Unterwerfung sowie des Verfahrens der einstweiligen Verfügung im Wettbewerbs- und Markenrecht, WRP 2005, 654; *Traub,* Verlust der Eilbedürftigkeit durch prozessuales Verhalten des Antragstellers, GRUR 1996, 707; *Ulrich,* Die Beweislast in Verfahren des Arrestes und der einstweiligen Verfügung, GRUR 1985, 201 ff.; *ders.,* Die Aufbrauchsfrist in Verfahren der einstweiligen Verfügung, GRUR 1991, 26 ff.; *ders.,* Die Befolgung und Vollziehung einstweiliger Unterlassungsverfügungen sowie der Schadensersatzanspruch gem. § 945 ZPO, WRP 1991, 361 ff.; vgl. die weiteren Hinweise in der Schrifttumsübersicht zu Form. II. N. 1.

Hinweis: Ein weiteres Beispiel für einen Antrag auf Erlass einer einstweiligen Verfügung wegen irreführender Werbung bei *Mes/Bopp/Sonntag,* Münchener Prozessformularbuch, Bd. 5, Gewerblicher Rechtsschutz, Urheber- und Presserecht, 3. Aufl. 2009, Form. A. 4.

Anmerkungen

1. Die (örtliche und sachliche) Zuständigkeit des Gerichts im einstweiligen Verfügungsverfahren bestimmt sich nach dem Gericht der Hauptsache (§ 937 Abs. 1 ZPO). Für wettbewerbsrechtliche Streitigkeiten sind (sachlich) die Landgerichte ausschließlich zuständig (§ 13 Abs. 1 Satz 1 UWG). Es ergibt sich des Weiteren die (funktionelle) Zuständigkeit der Kammern für Handelssachen gemäß §§ 94, 95 Abs. 1 Nr. 5 GVG, § 13 Abs. 1 Satz 2 UWG. Vgl. zur Zuständigkeit allerdings auch im Zusammenhang mit den Zivilkammern Anm. 2 zu Form. II. N. 2. Die örtliche Zuständigkeit bestimmt sich nach § 14 UWG. Abs. 1 Satz 1 knüpft die örtliche Zuständigkeit an die gewerbliche oder selbständige berufliche Niederlassung, gegebenenfalls an den Wohnsitz des Antragsgegners. § 14 Abs. 2 eröffnet (eingeschränkt) den Gerichtsstand der unerlaubten Handlung.

2. Vor jedem Antrag auf Erlass einer einstweiligen Verfügung sowie insbesondere vor der Zustellung einer Beschlussverfügung sollte sorgfältig das sich im Zusammenhang mit § 945 ZPO ergebende Schadensersatzrisiko erwogen werden. Erweist sich nämlich die ergangene einstweilige Verfügung von Anfang an als ungerechtfertigt, ist der Antragsteller verpflichtet, dem Antragsgegner den sich aus der Vollziehung (= Zustellung) der Unterlassungsverfügung entstehenden Schaden zu erstatten. Auf ein Verschulden des Antragstellers kommt es dabei nicht an. Instruktiv sind hierzu die Entscheidungen BGH GRUR 1992, 203 – Roter mit Genever; 1993, 998 – Verfügungskosten. Enthält allerdings eine einstweilige Verfügung keine Strafandrohung, so entfällt eine Schadensersatzpflicht aus § 945 ZPO (BGH WRP 1996, 104). Ein unterlassener Widerspruch kann ein den Schadensersatzanspruch ausschließendes Mitverschulden begründen (OLG Nürnberg GRUR 1996, 998). Zum Sonderfall des Ersatzes eines durch die Vollziehung entstandenen Schadens gemäß § 945 ZPO auch ohne Vollziehung vgl. *Ulrich,* WRP 1999, 280.

2 a. Gegenstand eines Verfügungsbegehrens ist regelmäßig lediglich ein Unterlassungsanspruch, dessen vorläufige Sicherung erstrebt wird (zur Geltendmachung von Auskunftsansprüchen im Verfahren der einstweiligen Verfügung vgl. *Traub,* WRP 1997, 135). Es wird daher überwiegend die Auffassung vertreten, der Streitwert eines wettbewerbsrechtlichen Verfügungsverfahrens sei niedriger als derjenige eines Hauptklageverfahrens mit gleichem Unterlassungsantrag (*Hefermehl/Köhler/Bornkamm,* UWG, 27. Aufl. 2009, Rdn. 5.12 zu § 12 m. w. N. zum Meinungsstand). So werden Abzüge von 2/3 (KG WRP 1989, 166, 167; von 1/2 (OLG Oldenburg WRP 1991, 602, 604) oder von 1/3 (OLG Koblenz WRP 1969, 166) für angemessen erachtet (zur uneinheitlichen Rechtspr. der Oberlandesgerichte vgl. schon *Kur,* Streitwert und Kosten im Verfahren wegen unlauteren Wettbewerbs, 1980). Es erscheint angemessen, den Streitwert des Unterlassungsverfügungsverfahrens in vergleichbarer Höhe wie denjenigen des Hauptklageverfahrens zu bestimmen. Die rasche Durchsetzung des Unterlassungsanspruchs des Gläubigers im Verfügungsverfahren wiegt ebenso schwer wie seine langfristige Durchsetzung in einem Hauptklageverfahren. Hinzu kommt, dass der Weg der einstweiligen Verfügung vom Wettbewerbsgläubiger häufig mit dem Ziel beschritten wird, eine endgültige Regelung zu bewirken (vgl. z. B. das Instrument des Abschlussschreibens, Form. II. N. 4; wie hier *Goldmann,* WRP 2001, 240; OLG Hamburg WRP 1981, 470, 473; OLG München WRP 1985, 661, 662; zu in Nuancen bestehenden Unterschieden *Hefermehl/Köhler/Bornkamm,* UWG, 27. Aufl. 2009, Rdn. 5.12 zu § 12). Zum Streitwert einer Wettbewerbsklage vgl. Form. II. N. 9 Anm. 3. Der Angabe eines Streitwertes in wettbewerbsrechtlichen Anträgen auf Erlass einer einstweiligen Verfügung oder in einer Klage kommt nur indizielle Bedeutung zu (BGH GRUR 1986, 93, 94 – Berufungssumme; OLG Köln MD 1994, 80). Dem wird durch die Hinzufügung der Worte „vorläufig geschätzt" Rechnung getragen. Es kann sich empfehlen, am Ende der Antragsschrift oder der Klage die Streitwertangabe näher zu begründen.

3. Gemäß § 88 Abs. 2 ZPO ist bei Einreichung eines Antrags auf Erlass einer einstweiligen Verfügung die Beifügung einer Vollmacht nicht erforderlich.

4. Besondere Verfahrensbitte gemäß § 937 Abs. 2 ZPO. Diese beinhaltet zugleich regelmäßig auch die Verfahrensbitte gemäß § 944 ZPO, dass der Vorsitzende der angerufenen Kammer allein entscheiden möge.

5. Vgl. § 890 Abs. 1 ZPO. Das Höchstmaß der ersatzweisen Ordnungshaft beträgt sechs Monate, im Wiederholungsfalle 2 Jahre (vgl. dazu *Pastor,* Der Wettbewerbsprozess, 3. Aufl. 1980, S. 840 m. w. N.; so jetzt auch *Baumbach/Lauterbach/Albers/Hartmann,* ZPO, 67. Aufl. 2009, Rdn. 18 zu § 890). Es wird die Auffassung vertreten, dass bei Personalgesellschaften oder juristischen Personen Ordnungshaft, auch in Form der Ersatzordnungshaft, nicht angedroht werden könne (vgl. OLG Bremen WRP 1979, 464/466 m. w. N.; a. A. und wie hier: BGH GRUR 1991, 929, 931 – Fachliche Empfehlung II). Ein entsprechender Antrag auf Androhung schadet jedenfalls nicht.

6. Zur Bestimmung des Antragsinhalts vgl. *Borck,* WRP 2000, 824; *Brandner/Bergmann,* WRP 2000, 842; *Jestaedt* in Ahrens, Der Wettbewerbsprozess, 6. Aufl. 2009, Kap. 22 (S. 422 ff.); *Teplitzky,* Wettbewerbsrechtliche Ansprüche, 9. Aufl. 2007, Kap. 51, Rdnrn. 1 ff.; *ders.,* WRP 1999, 75. Zur Bestimmung des Streitgegenstandes in UWG-Verfahren: BGH GRUR 2007, 161 – Dentalästhetika II; 2001, 181 = WRP 2001, 28 – Dentalästhetika I. In wettbewerbsrechtlichen Streitigkeiten gilt der Grundsatz, dass der Unterlassungsantrag eine „Kurzfassung" der Klageschrift bzw. des Antrags auf Erlass einer einstweiligen Verfügung sein muss. In ihm müssen diejenigen Tatumstände gekennzeichnet sein, die das Verhalten des Verletzers nach Auffassung des Rechtsschutzsuchenden als wettbewerbswidrig erscheinen lassen. Mit anderen Worten: Zu beschreiben ist die sogenannte „konkrete Verletzungshandlung". Um einen entsprechenden Antrag formulieren zu können, ist zuvor zu fragen: „Was erscheint im Verhalten des Gegners wettbewerbswidrig? Was soll angegriffen (untersagt) werden?". Maßgeblich ist, dass ein Antrag (in einer Klage oder in einer Antragsschrift auf Erlass einer einstweiligen Verfügung) deutlich gefasst sein muss, um den Streitgegenstand und den Umfang der Prüfungs- und Entscheidungsbefugnis des Gerichtes klar zu umreißen; ferner muss sich der Beklagte erschöpfend verteidigen können und im Ergebnis darf dem Vollstreckungsgericht nicht die Entscheidung darüber überlassen bleiben, was dem Beklagten verboten ist (BGH st. RechtSpr., z.B. GRUR 2002, 72, 73 li.Sp. – Preisgegenüberstellung im Schaufenster). Instruktiv: BGH GRUR 2002, 72 – Preisgegenüberstellung im Schaufenster; 2002, 86 – Laubhefter; ferner die BGH-Entscheidungen: GRUR 1979, 859/860 – Hausverbot II; 1984, 593/594 re.Sp. – Adidas; 1986, 898/900 – Frank der Tat; 1987, 371/373 – Kabinettwein; 1991, 254 = WRP 1991, 216 – Unbestimmter Unterlassungsantrag; GRUR 1992, 625 – Therapeutische Äquivalenz; WRP 1993, 478 – Faltenglätter; GRUR 1994, 310 – Mozarella II; WRP 1999, 842 – Auslaufmodelle II; OLG Frankfurt GRUR 1988, 563. Zum Begriff der konkreten Verletzungshandlung vgl. *Teplitzky* aaO. Kap. 5, Rdnrn. 4ff. Zur Tathandlung des Mitwirkens im Unterlassungsantrag BGH GRUR 1996, 502, 507 – Energiekosten-Preisvergleich; 1997, 139, 140 – Orangenhaut; zur Zulässigkeit von Verallgemeinerungen BGH GRUR 1996, 290 und 1997, 379 – Wegfall der Wiederholungsgefahr I und II; 1996, 781, 783, 784 – Verbrauchsmaterialien; WRP 1999, 421 – Vorratslücken; *Hefermehl/Köhler/Bornkamm,* UWG, 27. Aufl. 2009, Rdn. 2.44 zu § 12 m.w.N., insbesondere zur so genannten „Kerntheorie".

Die früher übliche Einleitung des Verbotstenors nach der Strafandrohungsklausel mit den Worten „im geschäftlichen Verkehr zu Zwecken des Wettbewerbs" beruhte auf der Formulierung in § 1 UWG a.F. Eine vergleichbare Formulierung im geltenden UWG fehlt. § 2 Abs. 1 Nr. 1 UWG in der Neufassung vom 22. Dezember 2008 stellt nur noch auf die „geschäftliche Handlung" ab. Dabei handelt es sich um „jedes Verhalten einer Person zugunsten des eigenen oder eines fremden Unternehmens, bei oder nach einem Geschäftsabschluss, das mit der Förderung des Absatzes oder des Bezugs von Waren oder Dienstleistungen oder mit dem Abschluss oder der Durchführung eines Vertrages über Waren oder Dienstleistungen objektiv zusammenhängt". Es ist des Weiteren am angegebenen Ort definiert, dass als Waren auch Grundstücke gelten und als Dienstleistungen auch Rechte und Verpflichtungen. Wird mithin in einem Unterlassungstenor (Antrag) nach wie vor formuliert, „im geschäftlichen Verkehr zu Wettbewerbszwecken", sollte dies rechtlich unverändert zutreffend sein. Eine entsprechende Formulierung kann jedoch entfallen und wird im Textbeispiel nicht vorgeschlagen.

7. Eines weiteren Sachvortrages zur Glaubhaftmachung der Aktivlegitimation der Antragstellerin bedarf es nicht. Gemäß § 8 Abs. 3 Nr. 4 UWG sind die dort aufgeführten Institutionen ohne die Beschränkungen, die für die Fälle des § 8 Abs. 3 Nrn. 2 bis 3 UWG gelten, aktivlegitimiert. Zu Einzelheiten für die Herleitung der Aktivlegitimation nach § 8 Abs. 3 Nrn. 1 bis 3 UWG vgl. Form. II. N. 1 Anm. 4 m.w.N.

8. Mit diesem Sachvortrag und den entsprechenden Glaubhaftmachungsmitteln wird der Verletzungstatbestand glaubhaft gemacht.

9. Eines Hinweises auf eine vorprozessuale Abmahnung bedarf es zur Begründung des Verfügungsbegehrens nicht. Ein entsprechender Sachvortrag indiziert jedoch die besondere Dringlichkeit, weil infolge der Fruchtlosigkeit der Abmahnung die Annahme nahe liegt, dass eine rasche gerichtliche Entscheidung dringend geboten ist. *Herr* schlägt vor, eine einstweilige Verfügung ohne mündliche Verhandlung dann nicht zu erlassen, wenn der Antragsteller nicht dem Verfügungsantrag das Abmahnschreiben beifügt und nicht über die Reaktion des Abgemahnten unterrichtet (GRUR 1986, 436 re.Sp.); dieser Auffassung ist die Praxis bisher nicht gefolgt.

10. Der Tatbestand des Irreführungsverbotes gemäß § 3 UWG a.F. ist durch die Novelle des Gesetzes gegen den unlauteren Wettbewerb (UWG) vom 3. Juli 2004 ein erstes Mal abgeändert worden. Eine zweite wesentliche Änderung des Irreführungsverbotes erfolgte durch die Umsetzung der UGP-Richtlinie (2005/29/EG über unlautere Geschäftspraktiken vom 11. Mai 2005) durch Gesetz vom 22. Dezember 2008 (dazu: *Köhler,* Die UWG-Novelle 2008, WRP 2009, 109; *ders.,* Der Schutz vor Produktnachahmung im Markenrecht, Geschmacksmusterrecht und neuen Lauterkeitsrecht, GRUR 2009, 445; *Lettl,* Das neue UWG, GRUR-RR 2009, 41; *Fezer,* Informationsmarketing als irreführende Produktvermarktung, GRUR 2009, 451). § 5 Abs. 1 Satz 1 UWG enthält eine Generalklausel. Danach handelt unlauter, wer irreführend eine geschäftliche Handlung vornimmt. § 5 Abs. 1 Satz 2 UWG beschreibt irreführende Handlungen in Form eines Beispielkatalogs. In § 5 Abs. 1 Satz 2 Nr. 1 UWG sind insbesondere Angaben etwa über das Verfahren der Herstellung von Waren als irrtumsrelevant hervorgehoben. Angaben im Sinne des § 5 Abs. 1 Satz 2 UWG sind Aussagen des Werbenden, die sich auf Tatsachen beziehen und daher inhaltlich nachprüfbar sind (*Hefermehl/Köhler/Bornkamm,* UWG, 27. Aufl. 2009, Rdnrn. 2.3.7 ff. zu § 5 UWG. Nicht zu den Angaben gehören nichtssagende Anpreisungen und nicht nachprüfbare Aussagen (*Hefermehl/Köhler/Bornkamm,* UWG, 27. Aufl. 2009, Rdnrn. 2.4.3 ff.). Der Begriff der Angabe als solcher ist wertfrei. Er umfasst jede Aussage über geschäftliche Verhältnisse, gleichgültig in welcher Weise sie geschieht, ob mündlich, schriftlich, ausdrücklich oder schlüssig. Angaben können auch in der Bezeichnung einer Firma, eines Ladengeschäftes, usw. liegen (BGH GRUR 2000, 1084 – Unternehmenskennzeichnung – für den Begriff „Gesundheitsforschung"; 1984, 737 – Ziegelfertigstütze). So liegt der Fall im Textbeispiel. Das wird dort näher begründet.

11. Die Feststellung der Verkehrsauffassung der Allgemeinheit obliegt dem Tatrichter. Ist der Tatrichter Teil dieser Allgemeinheit, so ist er dazu regelmäßig ohne weiteres in der Lage (vgl. BGH GRUR 2002, 550, 552 – Elternbriefe). Nach früherer Rechtsprechung des Bundesgerichtshofs waren höhere Anforderungen an die Feststellung der Verkehrsauffassung kraft eigener Sachkunde und Lebenserfahrung zu stellen, wenn ein Gericht den Tatbestand einer Irreführung bejahen wollte (vgl. z. B. BGH GRUR 1992, 406, 407 = WRP 1992, 469 – Beschädigte Verpackung I; zuvor BGH GRUR 1963, 270, 273 = WRP 1962, 404 – Bärenfang; GRUR 1978, 652, 653 = WRP 1978, 656 – mini-Preis). In neuerer Rechtsprechung geht der Bundesgerichtshof jedoch davon aus, dass bei der Ermittlung des Verkehrsverständnisses auf einen situationsadäquat durchschnittlich aufmerksamen, informierten und verständigen Verbraucher abzustellen ist (BGH GRUR 2000, 619, 621 = WRP 2000, 517 – Orientteppichmuster; GRUR 2004, 244, 245 – Marktführerschaft; 2004, 249, 251 – Umgekehrte Versteigerung im Internet; 2004, 435, 436 – Frühlingsflüge). Kommt es auf die Vorstellung eines aufmerksamen Durchschnittsverbrauchers an und nicht auf die davon möglicherweise abweichende Anschauung einer Minderheit von Verbrauchern, so ist es letztlich ohne Bedeutung, ob der Tatrichter seine Sachkunde und Lebenserfahrung zur Bejahung oder zur Verneinung einer Irreführungsgefahr einsetzt (BGH GRUR 2002, 550, 552 – Elternbriefe; vgl. *Bornkamm,* WRP 2000, 830, 832, 834).

12. Sachverhalt und Begründung des Formulars sind der Entscheidung OLG Bremen WRP 1979, 464 entnommen.

13. Die Angaben zur Dringlichkeit sollten sich sowohl auf die Bestimmung des § 12 Abs. 2 UWG – Dringlichkeitsvermutung – als auch insbesondere auf die Darlegung der besonderen Dringlichkeit gemäß § 937 Abs. 2 ZPO beziehen.

Vor Einreichung eines Antrags auf Erlass einer einstweiligen Verfügung muss freilich vom Antragsteller schon im Vorgriff auf ein etwaiges Verteidigungsvorbringen des Antragsgegners geprüft werden, ob die Dringlichkeitsvermutung des § 12 Abs. 2 UWG widerlegt werden kann (vgl. dazu Form. II. N. 2). Die Dringlichkeitsvermutung kann dann entfallen, wenn dem Antragsteller eine Durchsetzung seines Anspruchs im ordentlichen Verfahren zuvor möglich war oder noch ist (OLG Frankfurt MD 1993, 666, 667; GRUR 1989, 227; *Traub,* GRUR 1996, 707). Sie ist regelmäßig dann widerlegt, wenn der Antragsteller durch sein Verhalten zu erkennen gegeben hat, dass es ihm mit der Durchsetzung des geltend gemachten Unterlassungsanspruchs nicht eilig ist (OLG Hamburg GRUR-RR 2002, 277; *Traub,* WRP 1996, 707). So kann die Dringlichkeitsvermutung widerlegt sein, wenn ein Antragsteller einen Verfügungsantrag zurücknimmt und diesen erneut vor einem anderen erstinstanzlichen Gericht anhängig macht (OLG Karlsruhe, GRUR 1993, 135; OLG Frankfurt, GRUR 2005, 972; OLG Hamburg, GRUR 2007, 614, 615: so genanntes forum shopping). Ebenso, wenn der Antragssteller vor Erlass der einstweiligen Verfügung ein Versäumnisurteil gegen sich ergehen lässt (OLG Hamm GRUR 2007, 173 – interoptik.de) Es kann für die Widerlegung genügen, dass sich der Antragsteller mit der Zustellung der einstweiligen Verfügung 2 Wochen Zeit lässt (OLG Düsseldorf WRP 1999, 865). Für die Annahme fehlender Eilbedürftigkeit spricht jede längere Untätigkeit in Kenntnis des Wettbewerbsverstoßes (allg. Meinung, vgl. die Nachweise bei *Hefermehl/Köhler/Bornkamm,* UWG, 27. Aufl. 2009, Rdn. 3.15 m. w. N. zu § 12 UWG). Die Frage, welcher Zeitraum seit Kenntnis des Wettbewerbsverstoßes verstrichen sein muss, um die Dringlichkeitsvermutung des § 12 Abs. 2 UWG zu widerlegen, wird durch die Oberlandesgerichte uneinheitlich beantwortet:

Es scheint ein Nord-Südgefälle zu geben. Das Oberlandesgericht Hamburg beurteilt die Dringlichkeit relativ großzügig: 6 Wochen bis zu 6 Monaten (WRP 2007, 675; GRUR-RR 2008, 366); OLG Rostock: 2 bis 3 Monate (Bericht in WRP 2002, 196); OLG Düsseldorf: 2 Monate (NJWE-WettbR 1999, 15, 16); OLG Schleswig: 2 Monate (OLGR 1996, 102). Sehr viel enger: OLG München: 1 Monat (WRP 2008, 972, 976); OLG Nürnberg: 1 Monat (MD 2002, 197, 198). Zu weiteren Einzelheiten vgl. die Aufstellung bei *Hefermehl/Köhler/Bornkamm,* UWG, 27. Aufl. 2009, Rdn. 3.15 zu § 12 UWG.

Hatte ein Wettbewerber keine positive Kenntnis von der streitgegenständlichen Werbemaßnahme und beruht dies auch nicht auf grob fahrlässiger Unkenntnis, so hindert auch eine langjährige und umfassend betriebene Werbung nicht die Annahme der Dringlichkeit gem. § 12 Abs. 2 UWG (allg. Meinung, vgl. *Hefermehl/Köhler/Bornkamm,* UWG, 27. Aufl. 2009, Rdn. 3.15 zu § 12 UWG). Insbesondere trifft einen Wettbewerber keine Marktbeobachtungspflicht, so dass lediglich positive Kenntnis bzw. grob fahrlässige Unkenntnis von einem Wettbewerbsverstoß bei längerem Zuwarten geeignet sind, die Dringlichkeitsvermutung des § 12 Abs. 2 UWG zu widerlegen (*Mes,* FS für *Nirk,* S. 661, 667 f.; OLGe München WRP 1991, 51, 53; Karlsruhe GRUR 1995, 510, 511; Köln GRUR-RR 2003, 187, 188; Hamburg WRP 1999, 683, 684; zum Meinungsstand *Hefermehl/Köhler/Bornkamm,* UWG, 27. Aufl. 2009, Rdn. 3.15 zu § 12 UWG). Allerdings kann die Dringlichkeitsvermutung des § 12 Abs. 2 UWG im Einzelfall so stark erschüttert sein, dass den Gläubiger eine verstärkte Darlegungs- und Glaubhaftmachungslast im Hinblick auf den Zeitpunkt trifft, wann genau er bzw. seine Organe und/oder zuständigen Mitarbeiter erstmals Kenntnis von einem Wettbewerbsverstoß genommen haben. Ein solcher Fall liegt z. B. dann vor, wenn durch einen Wettbewerber eine Werbung angegriffen wird, die mehr als ein Jahr in großformatigen Zeitungsinseraten ständig wiederholt wurde und bei Annahme normaler Umstände der Wettbewerber von eben dieser Werbung hätte Kenntnis nehmen müssen (OLG Düsseldorf WRP 1985, 266 ff.).

Ist die Dringlichkeitsvermutung widerlegt, so muss der Antragsteller die Dringlichkeit gesondert darlegen und ggf. glaubhaft machen, z. B. damit, dass neue Umstände eine sofortige gerichtliche Entscheidung erfordern. Zum „Wiederaufleben" der Dringlichkeit vgl. OLG Köln GRUR 1977, 220/221 – Charlie; WRP 1978, 557; OLG Koblenz GRUR 1995, 499 – Änderung der Wettbewerbslage; insbesondere bei Verstärkung der Werbung: OLG Köln MD 1999, 131; OLG Frankfurt NJWE-WettbR 1997, 23).

Schließlich kann die Dringlichkeitsvermutung widerlegt sein, wenn Dritte von dem gerügten Wettbewerbsverstoß Kenntnis hatten und dies dem Antragsteller zurechenbar ist (Fall der sog. Wissensvertretung; vgl. *Mes,* in FS für *Nirk,* 1992, S. 661 ff.; *Hefermehl/Köhler/Bornkamm,* UWG, 27. Aufl. 2009, Rdn. 3.15 zu § 12 UWG).

Die Dringlichkeitsvermutung kann auch dann entfallen, wenn der Antragsteller zuvor Hauptsacheklage erhoben hat (OLG Karlsruhe WRP 2001, 425).

14. Zur Wahrung der einmonatigen Vollziehungsfrist (§§ 929 Abs. 2, 936 ZPO) ist es erforderlich, die Unterlassungsverfügung, auch soweit sie durch Urteil ergangen ist, im Parteibetrieb zuzustellen; eine amtswegige Zustellung der Urteilsverfügung gem. § 317 ZPO reicht insoweit nicht aus (so die wohl h. M., vgl. BGHZ 120, 79, 86 = GRUR 1993, 415, 416 – Straßenverengung – mit Nachweisen zum Meinungsstand; OLG Düsseldorf, GRUR-RR 2001, 94; OLG Frankfurt WRP 2000, 411; a. A. OLG Stuttgart WRP 1997, 350, 352, 353; zur fristgebundenen Vollziehung vgl. *Ahrens,* WRP 1999, 1). Dabei ist insbesondere der Fall der Hinterlegung einer Schutzschrift zu beachten. Gemäß § 172 ZPO ist an den Anwalt, der sich mit einer Schutzschrift bestellt hat, zuzustellen (allg. Meinung, vgl. statt vieler OLG Köln GRUR-RR 2001, 71; a. A. OLGe Stuttgart WRP 1996, 60 und Hamburg GRUR 1987, 66 für den Fall, dass Antragsteller ohne Verschulden keine Kenntnis von Schutzschrift hatte; ebenso *Hefermehl/Köhler/Bornkamm,* UWG 27. Aufl. 2009, Rdn. 3.6.3 zu § 12 UWG). Eine Heilung dieses Zustellungsmangels ist gemäß § 189 ZPO möglich, wenn an den richtigen Zustellungsempfänger tatsächlich zugestellt worden ist (*Anders,* WRP 2003, 204, 206; *Hefermehl/Köhler/Bornkamm,* UWG, 27. Aufl. 2009, Rdnrn. 3.6.4 ff. zu § 12 UWG).

Die einmonatige Vollziehungsfrist beginnt bei Erlass einer Beschlussverfügung mit der Zustellung der Verfügung an den Gläubiger (vgl. § 329 Abs. 2 S. 2 ZPO; str.; wie hier *Hefermehl/Köhler/Bornkamm,* UWG, 27. Aufl. 2009, Rdn. 3.67 zu § 12 UWG; a. A. z. B. OLG Düsseldorf GRUR 1984, 76: die formlose Aushändigung an den Gläubiger genügt). Im Falle einer Urteilsverfügung beginnt die einmonatige Vollziehungsfrist mit der Verkündung des Urteils (OLG Stuttgart WRP 1997, 873, 875; OLG Celle NJW 1986, 2441; *Hefermehl/Köhler/Bornkamm,* UWG, 27. Aufl. 2009, Rdn. 3.67 zu § 12 UWG). Die Richtigkeit der hier vertretenen Auffassung wird durch die Neufassung des § 204 Abs. 1 Nr. 9 BGB bestätigt. Danach wird die Verjährung u. a. durch die Zustellung einer einstweiligen Verfügung gehemmt, wenn diese innerhalb eines Monats seit Verkündung (im Falle der Urteilsverfügung) bzw. Zustellung an den Gläubiger (Beschlussverfügung) dem Schuldner zugestellt wird.

Zur Wahrung der Vollziehungsfrist genügt es, wenn nur der Zustellungsantrag innerhalb der Frist gestellt wird, die Zustellung selbst aber erst demnächst erfolgt (OLG Düsseldorf GRUR-RR, 2001, 94; LG Frankfurt NJW-RR 2000, 1236; OLG Celle, OLGR 1996, 226; zur Problematik vgl. *Treffer,* MDR 1998, 951).

Bei einer im Wege des Parteibetriebs notwendigen Zustellung der einstweiligen Verfügung werden häufig Fehler gemacht, die dazu führen, dass die Vollziehungsfrist (unheilbar) nicht gewahrt ist. Die ergangene einstweilige Verfügung wird unwirksam. So muss beispielsweise eine zugestellte Ausfertigung die Urschrift der ergangenen einstweiligen Verfügung wortgetreu wiedergeben. Gibt die zugestellte Ausfertigung die Unterschrift eines Richters wieder, der die Beschlussverfügung bzw. das Urteil nicht selbst unterschrieben hat, enthält die Ausfertigung einen derart schwerwiegenden Mangel, dass die Zustellung nicht als wirksam angesehen werden kann (OLG Hamm WRP 1989, 262). Durch die ordnungsgemäße Amtszustellung des vollständig abgefassten Urteils wird dieser Zustellungsmangel nicht geheilt (OLG Hamm, aaO.). Gleiches gilt für die Zustellung einer Beschlussverfügung, die keine Ordnungsmittelandrohung enthält (OLG Hamm GRUR 1991, 336). Die Zustellung einer einfachen Abschrift (OLG Zweibrücken GRUR-RR 2001, 288) oder einer beglaubigten Fotokopie einer einfachen Abschrift (ohne Ausfertigungsvermerk) ist wirkungslos; ebenso die Zustellung einer Schwarz-Weiß-Kopie anstelle der Zustellung eines farbigen Original-Zustellungsstücks (OLG Hamburg GRUR-RR 2007, 406). Diese Zustellungsmängel sind auch nicht gemäß § 189 ZPO heilbar (vgl. OLG Zweibrücken GRUR-RR 2001, 288; OLG Karlsruhe 1989, 744; OLG Hamburg MD 1994, 283, 284). Ist eine einstweilige Verfügung gemäß § 927 ZPO wegen Vollziehungsmangels (§ 929 ZPO) nachträglich wieder aufzuheben, so sind die Kosten des ursprünglichen Verfügungsverfahrens dem dortigen Antragsteller aufzuerlegen (vgl. OLG Hamm GRUR 1990, 714 gegen OLG München NJW-RR 1986, 998). Häufig wird übersehen, dass sich nach Einlegung eines Widerspruchs der Tenor einer Beschlussverfügung durch das bestätigende Urteil sachlich ändert. In einem solchen Fall muss das Urteil im Parteibetrieb erneut zugestellt werden, um die Vollziehungsfrist des § 929 ZPO zu wahren (OLG Hamm, GRUR 1989, 931; a. A. OLG Stuttgart WRP 1997, 350, das überhaupt eine amtswegige Zustellung ausreichen lässt; bei nur unwesentlicher Änderung der Begründung oder sonstiger Konkretisierung eines schon erlassenen allgemeinen Verbots soll keine erneute Vollziehung notwendig sein: KG NJWE-WettbR 2000, 197; OLG Karlsruhe WRP 1997, 57, 59 und NJWE-WettbR 1999, 39, 40; *Oetker* GRUR 2003, 119, 123 f.). Auch dann ist eine Neuzustellung notwendig, wenn die einstweilige Verfügung im Wege des Berufungsurteils ergeht, nachdem eine zuvor in erster Instanz erlassene einstweilige Verfügung auf Widerspruch hin aufgehoben worden ist (OLG Frankfurt, WRP 2002, 334 m. w. N.). Die Versäumung der Vollziehungsfrist ist ein veränderter Umstand im Sinne des § 927 ZPO (OLG Hamm GRUR 1989, 931; zur Kostenentscheidung vgl. OLG Karlsruhe WRP 1996, 120; *Ulrich,* WRP 1996, 84).

15. Achtung: Wettbewerbsrechtliche Ansprüche verjähren in nur 6 Monaten (§ 11 UWG). Die Zustellung des Antrags auf Erlass einer einstweiligen Verfügung hemmt die Verjährung (§ 204 Abs. 1 Nr. 9 Halbs. 1 BGB). Dem steht die Einreichung des Antrags gleich, wenn die einstweilige Verfügung innerhalb eines Monats seit Verkündung oder Zustellung an den Gläubiger dem Schuldner zugestellt wird (§ 204 Abs. 1 Nr. 9, 2. Halbs. BGB). Die Zustellung einer einstweiligen Verfügung hemmt die Verjährung nicht (§ 204 Abs. 1 Nr. 9 BGB; vgl. *Tilmann,* Mitt. 2001, 282).

Kosten und Gebühren

Vgl. Anmerkung zu Form. I. R. 1.

Fristen und Rechtsmittel

1. Für den Antragsteller/Kläger:
Gegen die Abweisung des Verfügungsantrags ohne mündliche Verhandlung durch Beschluss ist die sofortige Beschwerde gegeben (§§ 567 ff. ZPO), gegen die Abweisung durch Urteil die Berufung (§§ 511 ff. ZPO). Ein längeres Zuwarten bis zur Einlegung eines Rechtsmittels oder bis zu seiner Begründung kann die Dringlichkeit beseitigen (vgl. oben Anm. 13).

2. Für den Antragsgegner/Beklagten:
Gegen die ohne mündliche Verhandlung ergangene einstweilige Verfügung Widerspruch gem. § 924 ZPO (vgl. Form. II. N. 5 bis 8), gegen die durch Urteil nach mündlicher Verhandlung erlassene oder bestätigte einstweilige Verfügung Berufung. Im Übrigen: Antrag auf Fristsetzung zur Erhebung einer Hauptklage gem. § 926 ZPO und/oder Antrag auf Aufhebung einer einstweiligen Verfügung wegen veränderter Umstände gem. § 927 ZPO. Widerspruch und die Anträge gem. §§ 926, 927 ZPO sind nicht fristgebunden.

4. Wettbewerbsrechtliches Abschlussschreiben[1]

Firma
B ……
……

Betr.: A ……/B ……
…… LG X –

(einstweiliges Verfügungsverfahren)

Sehr geehrte Damen und Herren!

In der im Betreff bezeichneten Angelegenheit habe ich für meine Mandantin, die Firma A ……, gegen Sie einen Antrag auf Erlass einer einstweiligen Verfügung beim Landgericht X anhängig gemacht. Das Landgericht X hat diesem Antrag durch Beschluss vom …… stattgegeben. Die ergangene Verfügung ist Ihnen ausweislich der mir vorliegenden Zustellungsurkunde am …… zugestellt worden[2].

Die bisher im einstweiligen Verfügungsverfahren getroffene Regelung hat lediglich vorläufigen Charakter. Das Ihnen auferlegte Verbot beseitigt weder die Wiederholungsgefahr für den meiner Mandantin zustehenden Unterlassungsanspruch noch das Rechtsschutzbedürfnis für die Erhebung einer Klage[3]. Zwar hemmt die Einreichung des Antrags auf Erlass einer einstweiligen Verfügung die Verjährung für den Unterlassungsanspruch, jedoch nicht für die meiner Mandantin zustehenden Ansprüche auf Schadensersatz und Auskunftserteilung. Es kann nicht geleugnet werden, dass meiner Auftraggeberin durch die im Verfügungsantrag und im Verfügungstenor bezeichneten Handlungen ein Schaden entstanden ist und künftighin weiter entstehen wird. Des Weiteren kann Ihr Verschulden nicht bestritten werden. Als Fachfirma sind Sie verpflichtet, insbesondere die wettbewerbsrechtlichen Bestimmungen zu beachten[5]. Zur Vermeidung der Erhebung einer Hauptklage[6] habe ich Sie daher namens und in Vollmacht meiner Mandantin aufzufordern, sich dieser gegenüber zu meinen Händen dahingehend zu erklären, dass

1. Sie die am …… ergangene einstweilige Verfügung des Landgerichts X (Aktenzeichen: ……) als endgültige und zwischen den Parteien materiell-rechtlich verbindliche Regelung anerkennen und insbesondere auf die Einlegung eines Widerspruchs gemäß § 924 ZPO sowie auf die Rechtsbehelfe der §§ 926, 927 ZPO, meiner Mandantin eine Frist zur Erhebung der Hauptklage setzen zu lassen und/oder die Aufhebung der einstweiligen Verfügung wegen veränderter Umstände zu beantragen, verzichten[7];
2. Sie sich verpflichten, meiner Mandantin allen denjenigen Schaden zu erstatten, der ihr durch die im Verfügungstenor bezeichneten Handlungen entstanden ist und künftighin entstehen wird[8];
3. Sie sich verpflichten, meiner Mandantin darüber Auskunft zu erteilen, in welchem Umfang Sie die im Verfügungstenor bezeichneten Handlungen begangen haben, insbesondere unter Angabe etwaig betriebener Werbung, aufgeschlüsselt nach Werbeträgern, Kalendervierteljahren und Bundesländern[9];
4. Sie sich verpflichten, die meiner Mandantin durch meine Einschaltung entstandenen Kosten auf der Grundlage eines Gegenstandswertes von EUR …… in Höhe von 0,8 Verfahrensgebühr zuzüglich Auslagen und Mehrwertsteuer zu erstatten[10].

Für den Eingang der vorstehenden Erklärungen[11] habe ich mir den

……[12]

vorgemerkt. Nach fruchtlosem Fristablauf werde ich davon ausgehen, dass Sie einer gerichtlichen Entscheidung den Vorzug geben.

Schrifttum: Ahrens, Der Wettbewerbsprozess, 6. Aufl. 2009, Kap. 58; *ders.,* Die Abschlusserklärung. Zur Simulation der Rechtskraft von Verfügungstiteln, WRP 1997, 907; *ders./Spätgens,* Einstweiliger Rechtsschutz und Vollstreckung in UWG-Sachen, 4. Aufl. 2001; *Eichelberger,* Die Drittunterwerfung im Wettbewerbsrecht, WRP 2009, 270; *Eser,* Probleme der Kostentragung bei der vorprozessualen Abmahnung und beim Abschlussschreiben in Wettbewerbsstreitigkeiten, GRUR 1986, 35 ff.; *Krenz,* Die Geschäftsführung ohne Auftrag beim wettbewerbsrechtlichen Abschlussschreiben, GRUR 1995, 30; *Nill,* Sachliche Zuständigkeit bei Geltendmachung der Kosten von Abschlussschreiben, GRUR 2005, 740; *Spehl,* Abschlussschreiben und Abschlusserklärung im Wettbewerbsverfahrensrecht, 1987; *Teplitzky,* Wettbewerbsrechtliche Ansprüche, 9. Aufl. 2007, Kap. 43.

Hinweis: Ein weiteres Textbeispiel für ein Abschlussschreiben findet sich bei *Mes/Bopp/Sonntag,* Münchener Prozessformularbuch, Bd. 5, Gewerblicher Rechtsschutz, Urheber- und Presserecht, 3. Aufl. 2009, Form. A. 7.

Anmerkungen

1. Einstweilige Verfügung und Abschlussschreiben sind das wettbewerbsverfahrensrechtliche Instrumentarium, um Streitigkeiten rasch zu beenden. Mit dem Abschlussschreiben soll die rechtliche Auseinandersetzung lediglich auf das einstweilige Verfügungsverfahren beschränkt bleiben, dieses quasi zur Hauptsache werden. Damit hat das Abschlussschreiben einen Doppelcharakter. Zum einen ist es Aufforderung zum Abschluss einer Vereinbarung, die im einstweiligen Verfügungsverfahren getroffene Regelung als endgültig und zwischen den Parteien verbindlich anzuerkennen; dies macht es notwendig, auch das Abschlussschreiben am Bestimmtheitserfordernis betreffend den Verbotsumfang des Titels, der endgültig werden soll, auszurichten (vgl. BGH WRP 1989, 572, 573 – Bioäquivalenzwerbung). Zum anderen ist es Abmahnung im Hinblick auf das Hauptklageverfahren, was sich beispielsweise insbesondere dann äußert, wenn zugleich Ansprüche auf Auskunftserteilung und Schadensersatz geltend gemacht werden. Zur Notwendigkeit des Abschlussschreibens, um dem Kostenrisiko des § 93 ZPO zu entgehen vgl. OLG Hamburg WRP 1980, 208; OLG Köln WRP 1987, 188; OLG Frankfurt WRP 1982, 365. Das gilt auch, wenn der Gegner schon vor Beginn des einstweiligen Verfügungsverfahrens abgemahnt worden war (OLG Hamm WRP 1986, 112). Hat allerdings der Gegner gegen die einstweilige Verfügung Widerspruch bzw. Berufung eingelegt, so ist ein Abschlussschreiben nicht erforderlich; es kann Hauptsacheklage ohne Kostennachteil sogleich erhoben werden (OLG Hamm GRUR 1991, 336). Der Unterlassungsschuldner kann den Gläubiger nur durch eine schriftliche Abschlusserklärung klaglos stellen (KG GRUR 1991, 258 = WRP 1991, 237). Die Abschlusserklärung muss bedingungsfrei abgegeben werden, da andernfalls das Rechtsschutzbedürfnis für eine Hauptklage fortbesteht (BGH WRP 1991, 97 – Rechtsschutzbedürfnis). Es kann sich auch die Notwendigkeit eines zweiten Abschlussschreibens ergeben (OLG Düsseldorf GRUR 1991, 479). Kündigt der Antragsgegner nach Zustellung der einstweiligen Verfügung ausdrücklich an, Widerspruch einlegen zu wollen, so ist ein Abschlussschreiben entbehrlich. Unterbleibt sodann der Widerspruch, bedarf es keines weiteren Nachfassens durch den Antragsteller vor Erhebung der Hauptklage (OLG Hamburg, GRUR 1993, 778).

2. Während der Bundesgerichtshof in der Entscheidung GRUR 1973, 384 = MDR 1973, 483 – Goldene Armbänder – die Absendung eines Abschlussschreibens noch vor der Zustellung der einstweiligen Verfügung für angemessen hielt und insbesondere einen Kostenerstattungsanspruch für das Abschlussschreiben zubilligte, ist diese Praxis durch die Rechtsprechung der Instanzgerichte unter rechtliche Zweifel gestellt. Nach LG Berlin

WRP 1979, 240/241 und 1983, 119 (vgl. auch *Pastor,* Der Wettbewerbsprozess, 3. Aufl. 1980, S. 462 zu Fn. 22b) sollen die Kosten eines Abschlussschreibens erst dann erstattungsfähig sein, wenn zwischen Zustellung der einstweiligen Verfügung und Absendung des Abschlussschreibens ein Monat verstrichen ist. Nach Auffassung des LG Hamburg beträgt der angemessene Zeitraum 14 Tage (WRP 1981, 58; offen gelassen in WRP 1983, 449 ff.). Zu dieser Problematik vgl. auch *Nordemann,* Taktik im Wettbewerbsprozess, 2. Aufl. 1984, S. 43 f. Aus Gründen anwaltlicher Vorsorge sollte mindestens dieser Zeitraum beachtet werden; jedenfalls dann, wenn vor Antrag auf Erlass der einstweiligen Verfügung der Störer nicht abgemahnt worden ist. Grundsätzlich ist es des Weiteren ein Gebot der Fairness, dem Störer die Chance zu geben, nach Zustellung der einstweiligen Verfügung von sich aus ohne besondere Aufforderung eine Abschlusserklärung abzugeben.

Hat allerdings der Wettbewerbsstörer gegen eine ergangene Beschlussverfügung Widerspruch eingelegt, so bedarf es der Übersendung eines Abschlussschreibens nicht. In einem solchen Fall kann eine Hauptklage ohne Kostennachteil sogleich erhoben werden (OLG Hamm GRUR 1991, 336 re. Sp. oben). Das Gleiche gilt, wenn der Antragsgegner ankündigt, Widerspruch einzulegen (vgl. zuvor Anm. 1 a. E.). Hat der Wettbewerbsgläubiger einen Antrag auf Erlass einer einstweiligen Verfügung anhängig gemacht und ist über diesen noch nicht entschieden, so kann er sogleich auch Hauptklage erheben, ohne Kostennachteile des § 93 ZPO befürchten zu müssen (OLG Hamm GRUR 1991, 336).

3. Vgl. BGH GRUR 1973, 384 = MDR 1973, 483 – Goldene Armbänder. Zur Problematik der Zurechnung des Abschlussschreibens (noch) zum Verfügungsverfahren oder (schon) zur Hauptklage, von deren Lösung die Frage der Kostentragungspflicht des Störers u. a. mit abhängt, vgl. *Pastor,* Der Wettbewerbsprozess, 3. Aufl. 1980, S. 463 ff.; OLG Köln GRUR 1986, 96 – „Abschlussschreiben": Vorbereitung der Hauptklage. Für den Fall der Versendung eines Abschlussschreibens nach einer Beschlussverfügung will *Pastor* aaO. S. 465 f. eine Kostenerstattungspflicht des Störers für die Abmahnkosten verneinen (a. A. BGH aaO.; OLG Köln aaO. gegen OLG Köln WRP 1969, 423/4242 f.). Die Auffassung überzeugt schon deshalb nicht, weil bei der Beschlussverfügung vorausgegangener Verwarnung der Wettbewerbsstörer ausreichend unterrichtet worden ist und es einer besonderen Zurückhaltung durch den Gläubiger, seinen berechtigten Unterlassungsanspruch rasch und im Wege der Hauptklage durchzusetzen, nicht bedarf. *Baumbach/Köhler/Bornkamm,* UWG, 27. Aufl. 2009, Rdn. 3.73 begründet die Kostenerstattungspflicht für das Abschlussschreiben mit einer analogen Anwendung des § 12 Abs. 1 Satz 2 UWG; in Abweichung zur Auffassung des BGH „Goldene Armbänder" (GRUR 1973, 384) wird eine Anwendung der Rechtsgrundsätze betreffend die auftraglose Geschäftsführung abgelehnt. Jedenfalls kann eine Kostenerstattungsverpflichtung auch unter dem rechtlichen Gesichtspunkt des Schadensersatzes (z. B. nach § 9 UWG, OLG Stuttgart WRP 1984, 230, 231) begründet sein.

4. Für wettbewerbsrechtliche Ansprüche ist die Verjährungsfrist von besonderer Bedeutung, da sie nur 6 Monate beträgt (§ 11 Abs. 1 UWG). Nach § 204 Abs. 1 Nr. 9 BGB hemmt die Zustellung des Antrags auf Erlass einer einstweiligen Verfügung oder einer einstweiligen Anordnung oder – wenn der Antrag nicht zugestellt wird – (schon) dessen Einreichung die Verjährung, wenn die einstweilige Verfügung oder die einstweilige Anordnung innerhalb eines Monats seit Verkündung oder Zustellung an den Gläubiger dem Schuldner zugestellt wird. Allerdings bestimmt § 212 Abs. 1 Nr. 2 BGB, dass die Verjährung erneut beginnt, wenn der Gläubiger eine gerichtliche oder behördliche Vollstreckungshandlung beantragt hat. Die Vollziehung der einstweiligen Verfügung durch Zustellung im Wege des Parteibetriebs ist jedoch keine derartige Vollstreckungshandlung, da sie nicht (unmittelbar) auf eine gerichtliche oder behördliche Handlung ausgerichtet ist; diese wird erst dann erstrebt, wenn der Schuldner der ordnungsmittelbedrohten Verfügung/Anordnung zuwiderhandelt. Im Falle des Anhängigwerdens eines derartigen Ordnungsmittelantrags (gem. § 890 ZPO) sind allerdings § 212 Abs. 1 Nr. 2 BGB und der dort angeordnete Neubeginn der Verjährung zu beachten. Der Hemmungstatbestand des § 204 Abs. 1 Nr. 9 BGB umfasst zwei Tatbestände, nämlich zum einen die Zustellung des Antrags auf Erlass einer einstweiligen Verfügung, eines Arrestes oder einer einstweiligen Anordnung und hilfsweise, für den Fall, dass der Antrag nicht zugestellt wird, den Zeitpunkt seiner Einreichung; im letztgenannten Fall muss allerdings der Arrestbefehl, die einstweilige Verfügung oder die einstweilige Anordnung innerhalb eines Monats seit Verkündung oder Zustellung an den Gläubiger dem Schuldner zugestellt worden sein. Auf diese Variante nimmt das Textbeispiel im Formular Bezug, vgl. Anm. 2. Gem. § 213 BGB gelten die Tatbestände der Hemmung, der Ablaufhemmung und des erneuten Beginns der Verjährung auch für Ansprüche, „die aus demselben Grund wahlweise neben dem Anspruch oder an seiner Stelle gegeben sind". Neben dem Anspruch auf Unterlassung kann der Wettbewerbsgläubiger gegen den Wettbewerbsschuldner regelmäßig Ansprüche auf Auskunftserteilung und Schadensersatz geltend machen. Diese Ansprüche sind nicht solche, die „wahlweise neben dem Anspruch (auf Unterlassung) oder an seiner Stelle gegeben sind", so wie dies § 213 BGB vorsieht. Denn diese Bestimmung erfasst jedenfalls nicht Ansprüche, die der Sache nach unabhängig voneinander bestehen (vgl. *Dauner-Lieb/Heidel/Lepa/Ring,* Anwaltskommentar zum Schuldrecht, 2002, Rdnrn. 5 ff. zu § 213 BGB).

5. § 9 Satz 1 UWG bestimmt Vorsatz oder Fahrlässigkeit als Verschuldensformen. Fahrlässigkeit ist die Außerachtlassung der im Verkehr erforderlichen Sorgfalt (§ 276 Abs. 1 Satz 2 BGB). Im Wettbewerbsrecht sind strenge Maßstäbe anzulegen (BGH GRUR 2002, 706, 708 – vossius.de; 2002, 694, 699 – shell.de; BGHZ 148, 321 = GRUR 2002, 248, 252 – Spiegel-CD-ROM; BGHZ 141, 329, 345 = GRUR 1999, 923, 928 – Tele-Info-CD). § 9 Satz 2 UWG sieht vor, dass bei verantwortlichen Personen von periodischen Druckschriften der Anspruch auf Schadensersatz nur bei einer vorsätzlichen Zuwiderhandlung geltend gemacht werden kann. Handelt es sich um Verschulden von gesetzlichen Organen (z. B. eines Geschäftsführers bei einer GmbH, eines Vorstands einer AG) gilt § 31 BGB analog (*Goldmann* in *Harte-Bavendamm/Henning-Bodewig,* UWG, 2004, Rdnrn. 54 ff. zu § 9 UWG). Das Verschulden von Verrichtungsgehilfen wird gemäß § 831 Abs. 1 Satz 1 BGB dem Geschäftsherrn zugerechnet (*Goldmann,* aaO., Rdnrn. 61 ff. zu § 9).

6. Mit dieser Formulierung wird dem Abmahnungscharakter des Abschlussschreibens Rechnung getragen.

7. Die unter Ziffer 1 im Formular geforderte so genannte Abschlusserklärung ist Prozessvertrag, indem sie die im einstweiligen Verfügungsverfahren ergangene Regelung als zwischen den Parteien endgültig prozessual verbindlich festschreibt; insoweit ist der Verzicht auf sämtliche Rechtsbehelfe, die zur Aufhebung der einstweiligen Verfügung führen könnten, von Bedeutung (vgl. OLG Stuttgart WRP 1996, 152, 153). Ob dazu auch der Verzicht auf den Rechtsbehelf des § 927 ZPO gehört, ist in Rechtsprechung und Schrifttum umstritten (zum Meinungsstand vgl. OLG Koblenz GRUR 1986, 94 f. = WRP 1985, 439 f. – „Veränderte Umstände"; bejahend OLG Stuttgart WRP 1996, 152, 153). Zur Sicherung des Gläubigers erscheint es unumgänglich, dass der Schuldner jedenfalls insoweit auf die Rechte aus § 927 ZPO verzichtet, als die zurzeit der Abgabe der Abschlusserklärung vorliegenden Umstände betroffen sind (OLG Stuttgart WRP 1983, 586; weitergehend OLG Hamburg GRUR 1993, 1001, 1002). Die Rechtfertigung, einen Verzicht auch auf die Rechte aus § 927 ZPO für unentbehrlich zu erachten, liegt darin, dass die Abschlusserklärung den Gläubiger so stellen soll, als hätte er statt des vorläufigen einen endgültigen Titel (OLG Stuttgart, WRP 2007, 688, 689 li. Sp.).

Der Schuldner kann freilich der geforderten Abschlusserklärung dadurch ausweichen, dass er eine – ausreichend vertragsstrafebewehrte – Unterlassungsverpflichtungserklärung abgibt (OLG Hamburg MD 1999, 1108; a. A. OLG Köln WRP 1996, 333, 338).

Dadurch entfällt für den geltend gemachten Unterlassungsanspruch regelmäßig die Wiederholungsgefahr, so dass eine Hauptklage insoweit unbegründet wäre (vgl. Form. II. N. 1, Anm. 8 und 11).

Nach abgegebener Abschlusserklärung entfällt für eine Hauptklage (des Gläubigers) das Rechtsschutzbedürfnis (BGH GRUR 1991, 76, 77 – Abschlusserklärung; OLG Hamm WRP 1982, 592); für eine negative Feststellungsklage (des Schuldners) ebenso. Insbesondere kann der Schuldner auch nicht mehr Schadensersatz gemäß § 945 ZPO verlangen. Im Verhältnis zu Dritten beseitigt die Abschlusserklärung die Wiederholungsgefahr. Haben mithin mehrere gegen einen Schuldner mehrere einstweilige Verfügungen erwirkt, so genügt es, wenn der Schuldner nur einem Gläubiger gegenüber die Abschlusserklärung abgibt (OLG Zweibrücken NJWE WettbR 1999, 66, 67).

8. Diese Formulierung bietet keine Besonderheit. Die Rechtsgrundlage der Schadensersatzverpflichtung sind §§ 3, 9 Satz 1 UWG. Es genügt die bloße Wahrscheinlichkeit eines Schadenseintritts (vgl. BGH GRUR 1993, 926, 927 – Apothekenzeitschriften; GRUR 1992, 61, 63 = WRP 1991, 654 – Preisvergleichsliste; GRUR 1974, 735, 736 – Pharmamedan; GRUR 1961, 241, 243 – Sosil).

9. Zum wettbewerbsrechtlichen Auskunftsanspruch vgl. Hefermehl/*Köhler/Bornkamm*, UWG, 27. Aufl. 2009, Rdnrn. 4.1ff. zu § 9 UWG. Der so genannte wettbewerbsrechtliche Auskunftsanspruch ist in der Rechtsprechung und im Schrifttum allgemein anerkannt. Er findet seine Rechtsgrundlage in einer schon den Rang von Gewohnheitsrecht (BGH GRUR 1988, 307/308 – Gaby; GRUR 1980, 227/232 – Monumenta Germaniae Historica) einnehmenden Anwendung des § 242 BGB (BGH GRUR 2001, 841, 842 – Entfernung der Herstellungsnummer II; 1995, 427, 429 – Schwarze Liste; Einzelheiten bei *Hefermehl/Köhler/Bornkamm,* UWG, 27. Aufl. 2009, Rdn. 4.5 zu § 9 UWG). Danach besteht nach Treu und Glauben eine Auskunftspflicht des Verpflichteten gegenüber dem Berechtigten, wenn der Berechtigte auf die Auskunft zur Rechtsverfolgung angewiesen ist oder zumindest die Auskunft seine Rechtsverfolgung erleichtert, er über den Inhalt der der Auskunft unterliegenden Wissensmitteilungen entschuldbar im Unklaren ist und der Verpflichtete die Auskunft unschwer erteilen kann (BGH GRUR 2001, 841, 842 – Entfernung der Herstellungsnummer II). Ein solcher Auskunftsanspruch dient insbesondere der Vorbereitung von Schadensersatzansprüchen. Er ist bei wettbewerbsrechtlichen Ansprüchen jeder Art gegeben (vgl. BGH GRUR 1965, 313/314 – Umsatzauskunft – und GRUR 1972, 558/560 – Teerspritzmaschinen). Neben dem Auskunftsanspruch als Hilfsanspruch zur Vorbereitung eines Schadensersatzanspruches gibt es auch einen solchen, der seinem Rechtscharakter nach schon Schadensbeseitigung bzw. Vorbereitung zur Beseitigung einer Störung ist (vgl. z. B. BGH GRUR 1972, 558/560 – Teerspritzmaschinen). Zum Umfang des wettbewerbsrechtlichen Auskunftsanspruchs, vgl. insbesondere BGH GRUR 1978, 52 – Fernschreibverzeichnisse – und GRUR 1981, 286, 288 – Goldene Karte I. Da der wettbewerbsrechtliche Auskunftsanspruch nicht der Durchsetzung eines Ausschlussrechtes dient, geht er seinem Inhalt nach regelmäßig nicht so weit wie der Rechnungslegungsanspruch, den Rechtsprechung und Schrifttum im Falle der Verletzung eines Ausschlussrechtes (Patent, Gebrauchsmuster, Marke, Urheberrecht usw.) zubilligen; insbesondere ist er grds. nicht auf Umsatzangaben gerichtet (vgl. BGH GRUR 1981, 286, 288 – Goldene Karte I). Einen weitergehenden Rechnungslegungsanspruch kennt das Wettbewerbsrecht in den Fällen der Notwendigkeit einer objektiven Schadensberechnung (Herausgabe des Verletzergewinns bzw. Zahlung einer Lizenzgebühr), letztlich in zwei Fallgruppen: Schadensersatzansprüche aus wettbewerbswidriger Leistungsübernahme (z. B. BGH GRUR 1986, 673, 676 – Beschlagprogramm) oder aus Verletzung von Betriebsgeheimnissen nach § 9 i. V. m. §§ 17, 18 UWG (BGH GRUR 1965, 313 – Umsatzauskunft). Das Produktpirateriegesetz vom 7. März 1990 hat den Auskunftsanspruch für gewerbliche Schutzrechte nach Inhalt (sog. Drittauskunft) und Art seiner Durchsetzung (im Verfügungsverfahren) deutlich verstärkt (z. B. §§ 19 MarkenG, 140 b PatG). Zur analogen Anwendung dieser Bestimmungen auf Wettbewerbsverstöße vgl. *Asendorf* in Festschrift für Fritz Traub, 1994, S. 21 ff.; vgl. auch BGH GRUR 1994, 630 mit Anm. *Jacobs* (Cartier-Armreif); 1994, 635 mit Anm. *Ahrens* (Pulloverbeschriftung); 2001, 841 – Entfernung der Herstellungsnummer II).

Um die Verlässlichkeit einer Auskunft beurteilen zu können, kann diese zugunsten des Gläubigers im Einzelfall auch auf eine Vorlage von Belegen durch den Schuldner gerichtet sein (BGH LM § 810 BGB Nr. 5; GRUR 2001, 841, 845 – Entfernung der Herstellungsnummer II; 2002, 709 – Entfernung der Herstellungsnummer III: zum Markengesetz).

10. Zur Kostenerstattungspflicht vgl. Anm. 9 zu Form. II. N. 1.

11. *Spehl* Anh. VIII, Fn. 22, schlägt vor, in das Abschlussschreiben auch einen Verzicht auf die Geltendmachung eines Schadensersatzanspruches gemäß § 945 ZPO aufzunehmen. Davon wird im Formular abgesehen, da es nach den vom Schuldner geforderten Erklärungen nicht mehr zu einer gerichtlichen Auseinandersetzung kommen kann, nach deren Inhalt sich die ergangene einstweilige Verfügung von Anfang an als ungerechtfertigt im Sinne des § 945 ZPO erweisen könnte.

12. Da der Gläubiger durch die erlassene einstweilige Verfügung schon über einen Vollstreckungstitel gegen den Schuldner verfügt, sollte die Erklärungsfrist nicht allzu knapp bemessen werden. Aus Vorsichtsgründen sollte sie einen Monat betragen, da einige Instanzgerichte analog der Berufungsfrist eine Fristsetzung von einem Monat für erforderlich halten (OLG Karlsruhe WRP 1977, 117/119; KG WRP 1978, 213, wobei in der letztgenannten Entscheidung die Einmonatsfrist ab der Zustellung der einstweiligen Verfügung berechnet wird; OLG Frankfurt WRP 1982, 365: länger als eine Verwarnungsfrist vor einem Antrag auf Erlass einer einstweiligen Verfügung, mindestens 2 Wochen). Der Schuldner wahrt – selbstverständlich – die gesetzte Frist nicht dadurch, dass er die Abgabe einer Abschlusserklärung durch seine Anwälte ankündigen lässt (KG MD 1994, 259).

Ist wegen des Verhaltens des Schuldners mit der Abgabe einer Abschlusserklärung in absehbarer Zeit ohnehin nicht zu rechnen, kann eine kürzere Fristsetzung in Betracht kommen (OLG Frankfurt GRUR-RR 2003, 274, 278; 2003, 294).

Kosten und Gebühren

Das Abschlussschreiben ist Vorbereitung des Hauptklageverfahrens. Durch die Verfahrensgebühr für das Verfügungsverfahren sind seine Kosten nicht abgegolten (§ 17 Nr. 4 RVG 2004). Liegt Klageauftrag vor, so ist eine 0,8 Verfahrensgebühr gemäß Nummer 3101 VV-RVG 2004 in Ansatz zu bringen, andernfalls eine 0,5 bis 2,5 Geschäftsgebühr gemäß Nummer 2400 VV-RVG 2004. Regelmäßig ist eine „mittlere" Geschäftsgebühr von 1,3 anzusetzen (OLG Hamm WRP 2008, 135; *Hefermehl/Köhler/Bornkamm,* UWG, 27. Aufl. 2009, Rdn. 3.73 zu § 12 UWG; a. A. OLG Hamburg WRP 1981, 470, 473 zu § 118 Abs. 1 BRAGO a. F.: 0,8 Gebühr und *Ahrens,* Der Wettbewerbsprozess, 6. Aufl. 2009, Kap. 58, Rdn. 41: 0,3 Gebühr für ein Schreiben einfacher Art – Nr. 2300 i. V. m. 2302 VV RVG). Sofern es sich nicht um eine schwierige Sache handelt, gilt auch im letzteren Fall eine 0,8 Gebühr (vgl. OLG Hamburg WRP 1981, 470, 473 zu § 118 Abs. 1 BRAGO a. F.).

Zur grundsätzlichen Problematik der Kostenerstattungspflicht des Störers in Zusammenhang mit einem Abschlussschreiben vgl. oben Anm. 2 und 3. Die Bestimmung des Gegenstandswerts für ein Abschlussschreiben erfolgt nach Maßgabe des (ggf. höheren) Streitwertes des Hauptsacheverfahrens (OLG Hamburg WRP 1982, 477).

5. Formeller Widerspruch gegen eine einstweilige Verfügung[1]

Landgericht
...... Kammer ......[2]

In Sachen

A ...... (RA: ......)

gegen

B ...... (RA: ......)

– Aktenzeichen: ...... –

zeige ich an, dass ich die Vertretung der Antragsgegnerin übernommen habe.
Namens und in Vollmacht der Antragsgegnerin erhebe ich gegen die einstweilige Verfügung der angerufenen Kammer vom ......

Widerspruch.

Anträge und Begründung bleiben einem gesonderten Schriftsatz vorbehalten.

Ich richte an die angerufene Kammer die Bitte um Anberaumung eines möglichst nahen Verhandlungstermins.

Rechtsanwalt

Schrifttum: Mädrich, Das Verhältnis der Rechtsbehelfe des Antragsgegners im einstweiligen Verfügungsverfahren, 1980. Vgl. die Nachweise bei Form. II. N. 3.

Anmerkungen

1. Mit einem formellen Widerspruch wird seitens des Antragsgegners dem Eilcharakter des einstweiligen Verfügungsverfahrens Rechnung getragen, indem gegenüber dem Gericht Widerspruch eingelegt und des Weiteren die Bitte geäußert wird, die Anberaumung eines Verhandlungstermins zu veranlassen. Dementsprechend sollte ein formeller Widerspruch erst dann eingelegt werden, wenn tatsächlich seitens des Antragsgegners im Hinblick auf seinen Verteidigungswillen und die Chancen einer Rechtsverteidigung Klarheit besteht, die Verteidigung ausreichend vorbereitet ist und es nur noch in untergeordneten Punkten einer weiteren Bearbeitung bedarf. Ist die Verteidigung vollständig vorbereitet, so sollte sogleich ein Widerspruch mit Anträgen und Widerspruchsbegründung eingereicht werden (vgl. Form. II. N. 6). Zwar ist es grundsätzlich im einstweiligen Verfügungsverfahren nicht erforderlich, dass der Antragsgegner zur Vorbereitung der mündlichen Verhandlung sein Verteidigungsvorbringen schriftsätzlich vorträgt; er kann dementsprechend auch im einstweiligen Verfügungsverfahren nicht mit lediglich mündlich Vorgetragenem oder mit einem in der mündlichen Verhandlung überreichten Schriftsatz ausgeschlossen werden. Die wettbewerbsrechtliche Prozesspraxis zeigt jedoch, dass es empfehlenswert ist, dem Gericht ausreichend vor der mündlichen Verhandlung Gelegenheit zu geben, die Verteidigungsargumente im Einzelnen zu prüfen. Bietet die materielle Verteidigung keine Aussicht auf Erfolg und hat der Antragsteller vor Einleitung des Verfügungsverfahrens nicht oder nicht ordnungsgemäß abgemahnt (zur Abmahnung vgl. Form. II. N. 1), so ist an die Einlegung eines Kostenwiderspruchs zu denken (vgl. Form. II. N. 7).

Dem Antragsgegner steht ferner die Verteidigungsmöglichkeit offen, dem Antragsteller gemäß § 926 ZPO eine Frist zur Erhebung der Hauptklage setzen zu lassen. Dies kann mit dem nachstehend skizzierten Antrag geschehen:

„In Sachen pp.
beantrage ich, dem Antragsteller gemäß § 926 ZPO eine Frist zur Erhebung der Hauptklage zu setzen, vorzugsweise von einem Monat."

Der Antragsgegner wird den Weg des § 926 ZPO, nämlich einen Austrag der Streitfragen im Hauptklageprozess wählen, wenn es sich entweder um Rechtsfragen von grundsätzlicher Bedeutung handelt oder wenn sich die Beschränkung der Beweismittel, die im einstweiligen Verfügungsverfahren gegeben ist, zum Nachteil des Antragsgegners auswirken kann. Zu Einzelheiten vgl. *Teplitzky*, Wettbewerbsrechtliche Ansprüche, 9. Aufl. 2007, Kap. 56, Rdnrn. 2 ff.

Schließlich steht dem Antragsgegner auch die Möglichkeit offen, gemäß § 927 ZPO die Aufhebung der einstweiligen Verfügung wegen veränderter Umstände zu beantragen, z. B. wenn die Vollziehungsfrist des § 929 Abs. 2 ZPO verstrichen ist (OLG München GRUR 1985, 160) oder durch eine Entscheidung des Bundesverfassungsgerichts gemäß § 31 Abs. 1 BVerfGG eine Änderung der Gesetzeslage eingetreten ist (vgl. OLG Köln GRUR 1985, 458/460 = WRP 1985, 362/363). Auch dann, wenn der der einstweiligen Verfügung zugrunde liegende Anspruch im Hauptklageverfahren rechtskräftig verneint worden ist, verliert die einstweilige Verfügung nicht per se ihre Wirkung, sondern muss gemäß § 927 ZPO aufgehoben werden (BGH NJW 1978, 2157/2158; WM 1976, 134; GRUR 1987, 125/126 – Berühmung).

2. Regelmäßig gehören Wettbewerbsstreitigkeiten vor die Kammern für Handelssachen (§§ 94, 95 Abs. 1 Nr. 5 GVG, § 13 Abs. 1 Satz 2 UWG). Selbstverständlich ist der Widerspruch jedoch bei der Kammer einzulegen, die die einstweilige Verfügung erlassen hat. Handelt es sich um eine Zivilkammer, kann ggf. Verweisung an die zuständige Kammer für Handelssachen beantragt werden.

Kosten und Gebühren

Der Widerspruch bildet die Fortsetzung des einstweiligen Verfügungsverfahrens. Es handelt sich mithin um eine Angelegenheit (§ 16 Nr. 6 RVG 2004). Die Gebühr kann mithin nach Nummer 3100 VV RVG 2004 nur einmal gefordert werden (§ 15 RVG 2004).

Fristen und Rechtsmittel

Der Widerspruch gemäß § 924 ZPO sowie die Anträge gemäß §§ 926, 927 ZPO sind nicht fristgebunden.

6. Widerspruch mit Anträgen und Widerspruchsbegründung[1]

Landgericht
...... Kammer ......[2]

In Sachen

A ...... (RA: ......)

gegen

B ...... (RA: ......)
– Aktenzeichen ...... –

bestelle ich mich für die Antragsgegnerin und erhebe gegen die einstweilige Verfügung der angerufenen Kammer vom ...... namens und in Vollmacht der Antragsgegnerin

Widerspruch.

Ich richte an die angerufene Kammer die Bitte,
einen möglichst nahen Verhandlungstermin anzuberaumen[3],
in dem ich beantragen werde,

1. **unter Aufhebung der einstweiligen Verfügung vom ...... den Antrag der Antragstellerin vom ...... zurückzuweisen;**
2. **der Antragstellerin die Kosten des einstweiligen[4] Verfügungsverfahrens aufzuerlegen.**

Begründung:

Es besteht weder ein Verfügungsanspruch noch ein Verfügungsgrund[5]. Im Einzelnen:
1. Zum Verfügungsanspruch:
......
2. Zum Verfügungsgrund:
......

Rechtsanwalt

Schrifttum: Vgl. die Nachweise bei Form. II. N. 3 und II. N. 5.

Anmerkungen

1. Bei Einlegung des Widerspruchs sollte auf Seiten des Antragsgegners schon Klarheit im Hinblick auf seinen Verteidigungswillen und auf die Beurteilung der Chancen einer Verteidigung bestehen. Insoweit ist es grundsätzlich in wettbewerbsrechtlichen Streitigkeiten zu empfehlen, das Verteidigungsvorbringen gegenüber dem Gericht rechtzeitig in Form eines Schriftsatzes mitzuteilen, damit dieses vor der mündlichen Verhandlung Gelegenheit hat, die Argumente des Antragsgegners im Einzelnen kennen zu lernen. Damit wird der Rechtstatsache Rechnung getragen, dass in Wettbewerbsstreitigkeiten das Verfahren der einstweiligen Verfügung in vielen Fällen Hauptsachecharakter hat, indem es zu einer abschließenden Regelung führt (vgl. Form. II. N. 4: Abschlussschreiben). Durch eine sorgfältige schriftsätzliche Vorbereitung des Verhandlungstermins im einstweiligen Verfügungsverfahren durch den Antragsgegner wird insbesondere auch die Funktion des angerufenen Gerichts gestärkt, gemäß § 279 Abs. 1 ZPO auf eine gütliche Beilegung des Rechtsstreits oder einzelner Streitpunkte hinzuwirken.

Mit dem Vorstehenden steht es nicht in Widerspruch, dass infolge des besonderen Charakters des einstweiligen Verfügungsverfahrens keine der Prozessparteien mit neuem Vorbringen in der mündlichen Verhandlung ausgeschlossen werden kann. Der Wert von „Überraschungsangriffen" in der mündlichen Verhandlung wird jedoch häufig überschätzt.

2. Vgl. Anm. 2 zu Form. II. N. 5.

3. Regelmäßig wird der Antragsgegner daran interessiert sein, einen möglichst nahen Verhandlungstermin zu erreichen, um rasch die Aufhebung der einstweiligen Verfügung erwirken zu können. Wird über eine einstweilige Verfügung bald verhandelt, so kann dies geeignet sein, einer etwaigen Neigung des Antragstellers zur Versendung eines Abschlussschreibens (vgl. Form. II. N. 4) entgegenzuwirken.

4. Mit dem Erlass der beantragten einstweiligen Verfügung durch das Gericht ist in kostenmäßiger Hinsicht eine Zäsur eingetreten. Für die bis zum Erlass einer einstweiligen Verfügung entstandenen Kosten verfügt der Antragsteller schon über einen Kostentitel. Über die durch die mündliche Verhandlung über den Widerspruch entstehenden Kosten ist bisher noch nicht entschieden. Durch den Kostenantrag ist klargestellt, dass insgesamt die Kosten des einstweiligen Verfügungsverfahrens dem Antragsteller auferlegt werden sollen.

5. Es wird davon abgesehen, in Form eines Beispiels eine Widerspruchsbegründung im Formular vorzustellen. Es soll lediglich darauf hingewiesen werden, dass eine Verteidigungsmöglichkeit sowohl in prozessualer Hinsicht (Verfügungsgrund) als auch in materieller Hinsicht (Verfügungsanspruch) gegeben sein kann.

Kosten und Gebühren

Vgl. die Hinweise zu Form. II. N. 5.

Fristen und Rechtsmittel

Vgl. die Hinweise zu Form. II. N. 5.

7. Kostenwiderspruch[1]

Landgericht
...... Kammer ......[2]

In Sachen

A ...... (RA: ......)

gegen

B ...... (RA: ......)

– Aktenzeichen: ...... –

zeige ich an, dass ich die Vertretung der Antragsgegnerin übernommen habe, in deren Namen und Vollmacht ich gegen den Beschluss der angerufenen Kammer vom ......

Widerspruch

einlege, den ich ausdrücklich auf die Kosten beschränke.[3]

Ich richte an die angerufene Kammer die Bitte, möglichst rasch einen Termin zur mündlichen Verhandlung anzuberaumen, in dem ich beantragen werde,

der Antragstellerin die Kosten des einstweiligen Verfügungsverfahrens aufzuerlegen.

Begründung:

1. Der auf die Kosten beschränkte Widerspruch ist zulässig.[4] Mit Anwaltsschreiben vom ...... hat die Antragsgegnerin gegenüber der Antragstellerin die ergangene einstweilige Verfügung als endgültige Regelung – ausgenommen den Kostenpunkt[5] – anerkannt und insbesondere auf Widerspruch und den Rechtsbehelf des § 926 ZPO verzichtet[6].

2. Der erhobene Kostenwiderspruch ist auch begründet. Die Antragstellerin hat die Antragsgegnerin vor Einleitung des einstweiligen Verfügungsverfahrens nicht abgemahnt[7]. Es ist kein Gesichtspunkt ersichtlich, der eine Abmahnung entsprechend den von der höchstrichterlichen Rechtsprechung entwickelten Ausnahmegrundsätzen entbehrlich macht. Im Einzelnen:

a) In der Rechtsprechung der Oberlandesgerichte ist anerkannt, dass dann eine Abmahnung entbehrlich sein kann, wenn bei objektiver Würdigung sämtlicher erkennbarer Umstände der Verletzte davon ausgehen durfte, dass sich der Verletzer nur einem gerichtlichen Verbot beugen werde[8]. Von einer derartigen Annahme darf

insbesondere dann seitens eines Verletzten ausgegangen werden, wenn Anhaltspunkte dafür bestehen, dass es sich bei dem vermeintlichen Verletzer um ein bedeutendes Unternehmen handelt, das in jeglicher Hinsicht werbetechnisch wie auch anwaltlich beraten ist, so dass die Frage der Zulässigkeit der angegriffenen Werbemaßnahme zuvor überprüft worden ist. In einem derartigen Fall liegt es nahe, dass auf eine Abmahnung hin nicht sofort mit der Einstellung der unzulässigen Werbeaktion und der Abgabe einer durch eine Vertragsstrafe gesicherten Unterlassungserklärung reagiert wird[9]. Diese Voraussetzungen sind nicht gegeben. Bei der Antragsgegnerin handelt es sich erkennbar um ein kleines Unternehmen ...... (wird ausgeführt).

b) Eine weitere Ausnahme vom Grundsatz der Abmahnungslast kann sich bei vorsätzlichen oder bewusst fahrlässigen Verstößen ergeben, wenn es sich z.B. um einen ganz klaren Wettbewerbsverstoß handelt[10]. Ein derartiger Sachverhalt ist nicht gegeben. Zwar will die Antragsgegnerin, da sie ihren Widerspruch nur auf die Kosten beschränkt hat, die Frage nach der Wettbewerbswidrigkeit des den Gegenstand des einstweiligen Verfügungsverfahrens bildenden Verhaltens nicht vertiefen. Es wird jedoch darauf hingewiesen, dass das streitbefangene Verhalten der Antragsgegnerin nicht zweifelsfrei als wettbewerbswidrig angesehen werden kann. So hat beispielsweise das Oberlandesgericht ...... in seiner Entscheidung ...... ein derartiges Verhalten als zulässig erachtet. Von einem eindeutigen, insbesondere krassen Wettbewerbsverstoß kann daher nicht die Rede sein.

c) Schließlich kann die Antragstellerin auch nicht eine besondere Eilbedürftigkeit zu ihren Gunsten anführen, die möglicherweise eine Abmahnung entbehrlich erscheinen lassen kann[11]. Die Voraussetzungen dieses Ausnahmetatbestandes liegen nicht vor ...... (wird ausgeführt). Es bedurfte daher keiner sofortigen Inanspruchnahme gerichtlicher Hilfe[12].

3. Der auf die Kosten beschränkte Widerspruch ist auch deshalb begründet, weil die Antragstellerin selbst zu erkennen gegeben hat, dass sie eine vorherige außergerichtliche Abmahnung für entbehrlich hält. Sie hat nämlich schon gegen die Antragsgegnerin eine einstweilige Verfügung erwirkt, von der diese zunächst nichts erfahren hat. Erst im Nachhinein hat sie die Antragsgegnerin abgemahnt. In diesem Fall der so genannten „Schubladenverfügung" ist die Frage, ob die Antragsgegnerin Veranlassung zum Erlass des Verfügungsantrags gegeben hat, zu verneinen[13].

Rechtsanwalt

Schrifttum: Lemke, Der Kostenwiderspruch gegen einstweilige Verfügungen, DRiZ 1992, 339; *Mellulis,* Hdb. des Wettbewerbsprozesses, 3. Aufl. 2000, Rdn. 243 ff.; *Nieder,* Der Kostenwiderspruch gegen wettbewerbliche einstweilige Verfügungen, WRP 1979, 350 ff.; *Seutemann,* Die kostengünstige Beendigung des Zivilprozesses, MDR 1996, 555; *Teplitzky,* Wettbewerbsrechtliche Ansprüche, 9. Aufl. 2007, Kap. 55, Rdnrn. 9 ff.

Anmerkungen

1. Der Kostenwiderspruch ist das Verteidigungsmittel gegen eine einstweilige Verfügung, bei der Verfügungsanspruch und Verfügungsgrund so begründet erscheinen, dass eine Verteidigung keine Aussicht auf Erfolg bietet. In einem solchen Fall steht lediglich noch die Frage im Raum, ob der Antragsteller den Antragsgegner hätte zuvor abmahnen müssen (vgl. Form. II.N.1). Auf diese Frage ist dann auch die Verteidigung des Antragsgegners beschränkt, da die einstweilige Verfügung in ihrer sachlichen Entscheidung nicht angegriffen wird (vgl. OLG Düsseldorf WRP 1979, 863, 865, 866; OLG Frankfurt WRP 1985, 563). Neben dem Kostenwiderspruch steht zur Wahl, gegen die einstweilige Verfügung umfassenden Widerspruch einzulegen, sodann jedoch eine strafbewehrte Unterlassungsverpflichtungserklärung mit der Folge abzugeben, dass der Antragsteller den Verfügungsanspruch für erledigt erklären muss, so dass über die Kosten des einstweiligen Verfügungsverfahrens gemäß § 91a ZPO zu entscheiden ist (a.A. OLG Bremen WRP 1989, 523; zur Erledigung im einstweiligen Verfügungsverfahren nach abgegebener strafbewehrter Unterlassungsverpflichtungserklärung vgl. *Bernreuther,* Einstweilige Verfügung und Erledigungserklärung, GRUR 2007, 660). Der letztgenannte Weg ist jedoch gebührenmäßig teurer, da für den anwaltlichen Bevollmächtigten des Antragsgegners zumindest eine Gebühr nach dem vollen Streitwert anfällt, wobei bei Einlegung eines Kostenwiderspruchs – sofern der Auftrag von vornherein auf die Einlegung eines Kostenwiderspruchs beschränkt ist – Verfahrens- und Terminsgebühr sich jeweils nur nach dem Kostenstreitwert des einstweiligen Verfügungsverfahrens berechnen.

In einzelnen Fällen kann ein Interesse daran bestehen, den Verfügungstitel zu beseitigen. In derartigen Fällen empfiehlt sich dann nicht die Einlegung eines Kostenwiderspruchs, sondern die Kombination umfassender Widerspruch/strafbewehrte Unterlassungsverpflichtungserklärung. Hatte der Antragsteller zuvor nicht abgemahnt, so findet auch nach Erledigung der Hauptsache § 93 ZPO analoge Anwendung (str., wie hier OLG Hamburg MD 1993, 913; OLG Köln WRP 1990, 543).

2. Regelmäßig gehören Wettbewerbsstreitigkeiten vor die Kammern für Handelssachen (§§ 94, 95 Abs. 1 Nr. 5 GVG, 13 Abs. 1 Satz 2 UWG). Selbstverständlich ist der Widerspruch jedoch bei der Kammer einzulegen, die die einstweilige Verfügung erlassen hat.

3. Nach OLG Düsseldorf WRP 1986, 273/274 li. Sp. m. w. N. muss der Antragsgegner in Analogie zu § 93 ZPO **sofort,** vorzugsweise im Widerspruchsschriftsatz, spätestens im Widerspruchsbegründungsschriftsatz (OLG Düsseldorf aaO. S. 274 re. Sp. unten) den Widerspruch auf die Kosten beschränken (ebenso OLGe Bremen WRP 1989, 523; Celle WRP 1983, 157; Hamm MDR 1989, 1001 und 1991, 357; vgl. auch *Mellulis,* Hdb. des Wettbewerbsprozesses, 3. Aufl. 2000, Rdn. 247). OLG Hamm GRUR 1990, 309 sieht in der Einlegung eines Widerspruchs und der gleichzeitigen Erklärung, „der Unterlassungsanspruch wird uneingeschränkt anerkannt", keinen nur auf die Kosten beschränkten Widerspruch. Vgl. auch OLG Köln GRUR 1990, 310, das es nicht als veranlasst ansieht, den Störer mit einem Teil der Kosten nur deshalb zu belasten, weil er den Weg des Vollwiderspruchs, verbunden mit einer Unterwerfungserklärung, gewählt hat.

4. H. M., vgl. die Rechtsprechungsnachweise in Anm. 3, ferner OLGe Düsseldorf WRP 1976, 127; 1986, 273; Hamburg WRP 1976, 180; Köln WRP 1975, 173; Frankfurt WRP 1982, 226; 1985, 563; KG WRP 1982, 350; jeweils m. w. N.

5. Will der zur Abschlusserklärung Aufgeforderte sich den Kostenwiderspruch vorbehalten, so ist dies bei Abgabe der Abschlusserklärung ausdrücklich klarzustellen. Wird eine derartige Klarstellung unterlassen, besteht die Gefahr des Verlustes dieses Rechtsbehelfes (vgl. dazu OLG Hamm WRP 1981, 475 f.).

6. Es ist streitig, ob es die Zulässigkeit des Kostenwiderspruchs erfordert, dass der Antragsgegner ausdrücklich die ergangene einstweilige Verfügung – mit Ausnahme der Kosten – als endgültige Regelung anerkennt, insbesondere auf den Rechtsbehelf gemäß § 926 ZPO verzichtet, dem Antragsteller eine Frist zur Erhebung der Hauptklage setzen zu lassen. Während die bisher wohl herrschende Meinung allein die Einlegung eines Kostenwiderspruchs dahingehend deutete, dass der Antragsgegner die einstweilige Verfügung im Übrigen als endgültige Regelung hinnehmen wolle und somit in der Einlegung des Kostenwiderspruchs zugleich der Verzicht auf das Antragsrecht zur Hauptsache liege (vgl. OLG Stuttgart, OLG-Report 1998, 5, 6 m. w. N.; *Nieder* WRP 1979, 351 Fn. 12 m. w. N.), hat sich das OLG Düsseldorf auf den Standpunkt gestellt, dass der Antragsgegner dann, wenn er mit seinem Kostenwiderspruch auch die Sachentscheidung in Zweifel zieht, gerade nicht die ergangene einstweilige Verfügung als endgültige Regelung anerkennt und somit sich den Weg freihalten möchte, eine abweichende Entscheidung in der Hauptsache im Hauptklageverfahren zu suchen (WRP 1979, 863 ff.; unerörtert in WRP 1986, 273 f.). Ob dieser Auffassung zuzustimmen ist, bleibt hier unerörtert. In der Mehrzahl der Fälle wird es keine Probleme geben, weil regelmäßig der Entschluss, lediglich Kostenwiderspruch einzulegen, auch dem Antragsteller zuvor mitgeteilt wird und in einem derartigen Mitteilungsschreiben auch eine sogenannte Abschlusserklärung enthalten sein wird (zur Formulierung der Abschlusserklärung vgl. Form. II. N.4; zum Erfordernis der Verdeutlichung, dass die Abschlusserklärung nicht die Kostenentscheidung der einstweiligen Verfügung mit umfasst und dass dagegen Kostenwiderspruch vorbehalten bleibt, vgl. zuvor Anm. 5). Um auch der einschränkenden Rechtsprechung des Oberlandesgerichts Düsseldorf Rechnung zu tragen, ist im Formular ein Hinweis auf die Abgabe einer Abschlusserklärung enthalten.

7. Zur Abmahnungslast vgl. § 12 Abs. 1 Satz 1 UWG. Weitere Einzelheiten bei *Hefermehl/Köhler/Bornkamm,* UWG, 27. Aufl. 2009, Rdnrn. 1.43 ff. zu § 12 UWG.

8. Vgl. OLG Düsseldorf GRUR 1961, 252; BB 1967, 93; WRP 1969, 454; 1971, 134 und 535; NJW 1970, 335; OLG Hamburg WRP 1969, 496; GRUR 1973, 50; OLG München WRP 1967, 69; OLG Köln NJW 1969, 935; OLG Saarbrücken WRP 1990, 548.

9. Vgl. z. B. OLG Düsseldorf BB 1971, 583/584; zur Frage der anwaltlichen Beratung des Verletzers, die eine Abmahnung entbehrlich machen kann, vgl. insbesondere auch OLG Düsseldorf WRP 1972, 257/258. Des Weiteren ist eine Abmahnung entbehrlich, wenn sich die angegriffene Werbemaßnahme lediglich als Fortsetzung mit anderen Mitteln einer schon zuvor untersagten Werbung darstellt (OLG Hamburg WRP 1974, 632 und GRUR 1989, 707; OLG Nürnberg WRP 1981, 342).

10. Vgl. z. B. OLG Düsseldorf WRP 1972, 258 re. Sp.; OLG Karlsruhe WRP 1981, 542; OLG Frankfurt WRP 1985, 87 f. und GRUR 1989, 630; OLG Celle WRP 1993, 812; offen gelassen von OLG Hamm GRUR 1993, 778. Regelmäßig wird allein im Vorliegen eines vorsätzlichen Wettbewerbsverstoßes kein Tatbestand gesehen, der die Abmahnung entbehrlich macht (OLG Düsseldorf GRUR 1979, 191 – Stahlbadewanne; OLG Karlsruhe WRP 1986, 165; OLG Saarbrücken WRP 1988, 198; OLG Köln GRUR 1988, 487; OLG Oldenburg GRUR 1990, 548 = WRP 1991, 193; OLG München WRP 1996, 930, 931; OLG Koblenz WRP 1997, 367, 368; *Teplitzky,* Wettbewerbsrechtliche Ansprüche und Verfahren, 9. Aufl. 2007, Kap. 41, Rdn. 22. Allerdings kann eine Abmahnung bei besonders schweren und hartnäckigen Wettbewerbsverstößen unzumutbar sein (KG WRP 2003, 101; OLG Düsseldorf 1998, 1028; OLG Koblenz WRP 1997, 367, 368), z. B. insbesondere bei mehreren hintereinander folgenden Verstößen; Einzelheiten bei *Hefermehl/Köhler/ Bornkamm,* UWG, 27. Aufl. 2009, Rdn. 1.53 zu § 12 UWG).

11. Diese Voraussetzungen sind allenfalls dann gegeben, wenn ohne sofortige gerichtliche Entscheidung der Wettbewerbsverstoß nicht mehr verhindert werden kann, z. B. nach früher geltendem Recht im Falle des Verstoßes gegen die Bestimmungen im Zusammenhang mit Saisonschlussverkäufen (Karenzzeit), vgl. z. B. OLG Hamburg WRP 1973, 591 und GRUR 1975, 39 f.; vgl. auch den Beispielsfall OLG Karlsruhe WRP 1981, 542/543 betr. die Ausgabe von Taxi-Gutscheinen, die ohne sofortiges gerichtliches Verbot nicht mehr verhindert werden konnte; ferner OLG Hamm GRUR 1990, 642 und 1993, 778.

12. Eine weitere Ausnahme von der Abmahnungslast kann dann bestehen, wenn der Wettbewerbsgläubiger neben seinem Unterlassungsanspruch einen Sequestrationsanspruch im Verfügungsverfahren geltend machen will, wie z. B. im Fall der Verhinderung des Vertriebs gefälschter Waren (z. B. Markenpiraterie), vgl. OLG Hamburg WRP 1985, 40 und 1988, 47; LG Hamburg GRUR-RR, 2004, 191 – Flüchtige Ware; OLG Braunschweig GRUR-RR 2005, 103 – Flüchtige Ware; OLG Düsseldorf NJW-RR 1997, 1064; OLG Frankfurt GRUR 2006, 264 – Abmahnerfordernis; OLG Köln NJWE WettbR 2000, 303; ferner *Hefermehl/Köhler/Bornkamm,* UWG, 27. Aufl. 2009, Rdn. 1.48 zu

§ 12 UWG). Das Fehlen eines ausreichenden Sicherungsinteresses und damit die Notwendigkeit einer Abmahnung können sich aus dem nachfolgenden Verhalten des Gläubigers ergeben, wenn er die einstweilige Verfügung nur im Hinblick auf den Unterlassungstenor, nicht jedoch im Hinblick auf die Sequestration vollzieht (KG GRUR 2008, 372).

13. OLG Hamburg OLG-Report 2003, 196; KG AfP 1999, 173, 174 = KG-Report 1999, 134; OLG Frankfurt GRUR-RR 2001, 72; zu allem *Hefermehl/Köhler/Bornkamm,* UWG, 27. Aufl. 2009, Rdn. 1.58 zu § 12 UWG.

Kosten und Gebühren

Wird der Widerspruch von Anfang an auf die Kosten beschränkt, so bemisst sich der Streitwert ab Einlegung des Widerspruchs nach Maßgabe des Kostenwerts (BGH WRP 2003, 1000). Über einen Kostenwiderspruch muss im Eilverfahren nicht mündlich verhandelt werden (§ 128 Abs. 3 ZPO). Wurde im schriftlichen Verfahren entschieden, entsteht keine Terminsgebühr, auch nicht in analoger Anwendung der Nr. 3104 I Nr. 1 VV RVG (OLG Frankfurt GRUR-RR, 62 – Terminsgebühr).

Fristen und Rechtsmittel

Die Entscheidung über einen Kostenwiderspruch ergeht durch Urteil. Gegen dieses Urteil ist in analoger Anwendung des § 99 Abs. 2 ZPO das Rechtsmittel der sofortigen Beschwerde gegeben (h. M.; z.B. OLG Köln WRP 1975, 173 und 1983, 43 m.w.N; OLG Düsseldorf WRP 1976, 127 und 1986, 273, 274; OLG Celle WRP 1983, 157; OLG Hamburg WRP 1976, 180; auch OLG München GRUR 1990, 482, gegen GRUR 1985, 327). Frist: 2 Wochen ab Zustellung bzw. Verkündung der Entscheidung.

8. Widerspruch mit Ankündigung der Abgabe einer strafbewehrten Unterlassungsverpflichtungserklärung[1]

Landgericht
...... Kammer ......[2]

In Sachen
A ...... (RA: ......)
gegen
B ...... (RA: ......)
– Aktenzeichen ...... –

bestelle ich mich zum Verfahrensbevollmächtigten der Antragsgegnerin, in deren Namen und auf Grund mir erteilter Vollmacht ich gegen die einstweilige Verfügung der angerufenen Kammer vom ......

Widerspruch

einlege.

Vor Eintritt in die mündliche Verhandlung werde ich für die Antragsgegnerin folgende strafbewehrte Unterlassungsverpflichtungserklärung abgeben, nämlich,

dass sich die Antragsgegnerin gegenüber der Antragstellerin verpflichtet, es bei Meidung einer für jeden Fall der schuldhaften[3] Zuwiderhandlung fälligen Vertragsstrafe in Höhe von EUR 5.001,– ...... zu unterlassen, ...[4]

Ich werde mich der zu erwartenden Erklärung der Antragstellerin, dass der Rechtsstreit in der Hauptsache erledigt ist, anschließen und beantragen[5],

der Antragstellerin gemäß § 91 a ZPO die Kosten des einstweiligen Verfügungsverfahrens aufzuerlegen.

Zur

Begründung

wird das Folgende ausgeführt[6]:

Rechtsanwalt

Schrifttum: Bernreuther, Zusammentreffen von Unterlassungserklärung und Antrag auf Erlass einer einstweiligen Verfügung, GRUR 2001, 400; *Hess,* Unterwerfung als Anerkenntnis?, WRP 2003, 353; *Nieder,* Aufbrauchfrist via Unterwerfungserklärung?, WRP 1999, 583; *v. der Groeben,* Zuwiderhandlungen gegen die einstweilige Verfügung zwischen Verkündung und Vollziehung des Unterlassungsurteils, GRUR 1999, 674.

Anmerkungen

1. Grundsätzlich ist der lediglich auf die Kosten beschränkte Widerspruch kostengünstiger (vgl. Anm. 1 zu Form. II. N. 7). Es kann jedoch Fälle geben, bei denen dem Antragsgegner zwar nicht an der streitigen Durchführung des Verfügungsverfahrens – z. B. aus Kostengründen oder wegen zweifelhafter Chancen –, jedoch an der Beseitigung des Verfügungstitels gelegen ist. Solche Gründe können etwa in einem Wettbewerbsverhältnis der Parteien bestehen, das besorgen lässt, dass der Antragsteller mit der einstweiligen Verfügung im gemeinsamen Kundenkreis „hausieren" geht (worin freilich regelmäßig eine unzulässige Behinderung gemäß § 4 Nr. 10 UWG zu sehen ist). Zur Beseitigung des Verfügungstitels bietet sich für den Antragsgegner der Weg an, eine strafbewehrte Unterlassungsverpflichtungserklärung (vgl. dazu Form. II. 1) abzugeben. Wegen der damit verbundenen Klaglosstellung kann der Antragsteller (Gläubiger) lediglich noch das einstweilige Verfügungsverfahren für in der Hauptsache erledigt erklären (all. Meinung, vgl. z. B. *Eichelberger,* WRP 2009, 270, 277). Es ist fraglich, ob damit die ergangene Entscheidung wirkungslos geworden und nicht mehr geeignet ist, als Grundlage einer Zwangsvollstreckung gemäß § 890 ZPO zu dienen (so die wohl h. M., z. B. OLG Köln GRUR 1974, 172; 1986, 335 f.; OLG Düsseldorf GRUR 1987, 575 f. – Titelfortfall; NJW-RR 1988, 510; OLG Nürnberg GRUR 1996, 79 = WRP 1996, 145 für die Erledigung eines zeitlich befristeten Verbots). Demgegenüber hat das OLG Düsseldorf (GRUR-RR 2002, 151 – Hartnäckige Zuwiderhandlung) die Auffassung vertreten, dass Ordnungsmittel wegen Zuwiderhandlungen gegen einen Unterlassungstitel auch dann noch verhängt werden können, wenn die Parteien den Rechtsstreit in der Hauptsache wegen nachträglicher Umstände übereinstimmend für erledigt erklärt haben. Das OLG Düsseldorf vertritt die Auffassung, dass eine Ahndung nicht voraussetze, dass die Hauptsache nur für die Zeit nach den Zuwiderhandlungen für erledigt erklärt worden ist. Für den Fall, dass eine zeitliche Beschränkung der Erklärungen aber doch gefordert werden sollte, – so das Oberlandesgericht Düsseldorf – liege es nahe, sie bei Fehlen ausdrücklicher Erklärungen – der Interessenlage gemäß – als konkludent erfolgt anzusehen (OLG Düsseldorf GRUR-RR 2002, 151 – Hartnäckige Zuwiderhandlung; vgl. zuvor schon OLG Hamburg MDR 1986, 418; WRP 1987, 260; OLG Karlsruhe GRUR 1992, 207; vgl. insbesondere zum Thema der Unterlassungsvollstreckung aus erledigten Titeln *Melullis,* GRUR 1993, 241 ff.).

Zu Zuwiderhandlungen gegen die einstweilige Verfügung zwischen Verkündung und Vollziehung des Unterlassungsurteils vgl. *v. der Groeben,* GRUR 1999, 674.

Handelt freilich der Antragsgegner arglistig, so wird man davon auszugehen haben, dass die Nichtannahme einer strafbewehrten Unterlassungsverpflichtungserklärung durch den Gläubiger für diesen ohne Rechtsnachteil ist und er dementsprechend auch das einstweilige Verfügungsverfahren nicht für erledigt zu erklären braucht. Ein derartiger Fall wird angenommen werden können, wenn der Schuldner (Antragsgegner) bewusst der einstweiligen Verfügung zuwidergehandelt hat und nunmehr einer Bestrafung gemäß § 890 ZPO dadurch vorbeugen will, dass er den Gläubiger zwingen will, das einstweilige Verfügungsverfahren für erledigt zu erklären (vgl. dazu *Melullis*, GRUR 1993, 241 ff.). Ein kritisches Misstrauen wird insbesondere auch dann angebracht sein können, wenn eine so genannte Drittunterwerfung, d.h. eine Unterwerfung gegenüber einem anderen Gläubiger erfolgt; insoweit bedarf es einer Einzelfallprüfung (*Eichelberger*, Die Drittunterwerfung im Wettbewerbsrecht, WRP 2009, 270).

2. Vgl. Anm. 2 zu Form. II. N. 5.

3. Zur Beschränkung der Unterlassungsverpflichtungserklärung auf ein schuldhaftes Zuwiderhandeln vgl. BGH GRUR 1982, 688/691 = WRP 1982, 634 – Seniorenpass; GRUR 1985, 155/156 – Vertragsstrafe bis zu ...... I – sowie Form. II. N. 1 Anm. 8.

4. Zur Formulierung einer strafbewehrten Unterlassungsverpflichtungserklärung und deren Rechtswirkungen sowie zur Höhe der Vertragsstrafe vgl. Form. II. N. 1, insbesondere Anm. 8.

5. Im Textbeispiel wird seitens der Antragsgegnerin lediglich erwartet, dass die Antragstellerin den Antrag auf Erlass einer einstweiligen Verfügung für erledigt erklärt. Die Antragstellerin mag Gründe haben, dies nicht zu tun (vgl. zuvor Anm. 1). Erfolgt die Erledigungserklärung, kann sich die Antragsgegnerin ihr anschließen oder auf einer streitigen Entscheidung bestehen. Sie kann insbesondere den Weg einer streitigen Entscheidung wählen, wenn der Verfügungsantrag von Anfang an unzulässig oder unbegründet war (vgl. nachfolgend Anm. 6). Es ist dann über den Tatbestand der Erledigung durch streitiges Urteil zu entscheiden. Im Formular wird von einer Anschließung durch die Antragsgegnerin an die erwartete Erledigungserklärung der Antragstellerin ausgegangen.

6. Es gilt das in Anm. 1 zu Form. II. N. 6 Ausgeführte. Im Gegensatz zum Kostenwiderspruch (Form. II. N. 7) ist der Antragsgegner nicht in seiner Verteidigung auf den Gesichtspunkt fehlender Abmahnung beschränkt, sondern kann ferner geltend machen, Verfügungsanspruch und -grund bestünden nicht. Durch Abgabe einer Unterwerfungserklärung begibt sich der Antragsgegner nicht automatisch in die Rolle des Unterlegenen (so aber BGH BB 2004, 800). Vielmehr können viele Gründe für den Abgemahnten bestehen, einem Streit vor Gericht aus dem Weg zu gehen (vgl. *Hess*, WRP 2003, 353; *Mes*, GRUR 1978, 345). Bei fehlender, aber erforderlicher Abmahnung ist im Verfahren der Erledigung gemäß § 91 a ZPO auch § 93 ZPO analog mit der Folge anwendbar, dass der Antragsteller die Kosten des Verfahrens trägt (OLG Hamburg MD 1993, 913; OLG Köln WRP 1990, 543; str.).

9. Wettbewerbsrechtliche Klage wegen Alleinstellungswerbung[1]

Landgericht
Kammer für Handelssachen[2]

Klage

der Firma A ……

– Klägerin –

Prozessbevollmächtigter: Rechtsanwalt ……

gegen

die Firma B ……

– Beklagte –

wegen unlauteren Wettbewerbs

Streitwert: vorläufig geschätzt EUR ……[3]

Namens und in Vollmacht der Klägerin erhebe ich Klage und werde beantragen,

I. Die Beklagte zu verurteilen,

1. es bei Meidung eines für jeden Fall der Zuwiderhandlung vom Gericht festzusetzenden Ordnungsgeldes bis zu EUR 250.000,–, ersatzweise Ordnungshaft bis zu 6 Monaten oder Ordnungshaft bis zu 6 Monaten zu unterlassen[4],
in Bezug auf das Bier „X- Alt" die Werbeangabe
„Der Alt-Meister"
zu benutzen[5];
2. der Klägerin Auskunft darüber zu erteilen, in welchem Umfang die Beklagte die vorstehend zu I 1 bezeichneten Handlungen begangen hat, wobei die Angaben nach Werbeträgern, Auflage der Werbeträger, Bundesländern und Kalendervierteljahren aufzuschlüsseln sind[6];

II. festzustellen, dass die Beklagte verpflichtet ist, der Klägerin allen denjenigen Schaden zu erstatten, der ihr durch die vorstehend zu I 1 bezeichneten Handlungen entstanden ist und künftig noch entstehen wird[7];

III. die Kosten des Rechtsstreits der Beklagten aufzuerlegen;

IV. das Urteil – gegebenenfalls gegen Sicherheitsleistung (Bank- oder Sparkassenbürgschaft) – für vorläufig vollstreckbar zu erklären;
hilfsweise der Klägerin nachzulassen, die Zwangsvollstreckung gegen Sicherheitsleistung (Bank- oder Sparkassenbürgschaft) abzuwenden.
……[8,9]

Begründung:

I.

Beide Parteien sind Altbier-Brauereien und stehen miteinander als Anbieter von Altbier in einem konkreten Wettbewerbsverhältnis[10]. Die Beklagte wirbt für ihr Erzeugnis in Form der Abbildung eines Glases mit der schlagwortartig hervorgehobenen Bezeichnung „Der Alt-Meister". Um der angerufenen Kammer eine Vorstellung der Werbung der Beklagten zu vermitteln, überreiche ich als Anlage 1 ein Foto eines entsprechenden Plakatanschlages[11].

Die Klägerin hat die Beklagte mit dem als Anlage 2 überreichten Schreiben erfolglos abgemahnt[12]. Daher ist Klage geboten.

II.

Die rechtliche Bewertung des vorgetragenen Sachverhalts ergibt das Folgende:

1. Die Werbung der Beklagten verstößt gegen § 5 Abs. 1 UWG, und zwar nach Maßgabe des Beispielskataloges des § 5 Abs. 1 Satz 2 Nr. 1 UWG[13]. In der Angabe „Der Alt-Meister" liegt die Inanspruchnahme einer Alleinstellung, die der Beklagten nicht zusteht.
Die Werbeaussage „Der Alt-Meister" stellt eine irreführende Angabe im Sinne des § 5 Abs. 1 Satz 2 Nr. 1 UWG dar. Maßgeblich für die Annahme einer Angabe sowie für die Bewertung ihres Inhaltes als einer unzulässigen Alleinstellungswerbung ist allein die Auffassung der angesprochenen Werbeadressaten, d. h. hier der Letztverbraucher, wobei es schon genügt, wenn sich die streitige Angabe für einen nicht unerheblichen Teil der Letztverbraucher als Alleinstellungsberühmung darstellt. Ist eine Angabe mehrdeutig, so muss jede der verschiedenen Bedeutungen den Tatsachen entsprechen. Etwas anderes gilt nicht schon deswegen, weil die streitgegenständliche Werbung einen gewissen Sprachwitz verrät und ein Wortspiel beinhaltet. Das Attribut „Alt" kann sowohl auf den Begriff „Meister" als auch auf das Alt-Bier-Erzeugnis der Beklagten bezogen werden. Es ist jedoch davon auszugehen, dass auch diejenigen Teile des Publikums, die diesen Sprachwitz erkennen, davon ausgehen, dass das in Rede stehende Wortspiel gerade deswegen verwendet worden ist, weil jede der möglichen Deutungen „passt".
Die streitgegenständliche Angabe „Alt-Meister" wird in der Werbung der Beklagten ausweislich des Beispiels gemäß Anlage 1 nicht auf den Herstellungsbetrieb der Beklagten selbst, sondern auf das Produkt bezogen. Eine derartige Personalisierung eines Produktes ist nichts Ungewöhnliches. Als Beispiel wird verwiesen auf die Tatsache, dass Produkte häufig als „Renner", „Spitzenreiter", „unser Star" usw. bezeichnet werden.
Die Bezeichnung „Meister" vermittelt gegenüber einem rechtlich relevanten Teil der Verbraucher den Eindruck einer Alleinstellung, wobei dieser Eindruck noch durch die Hinzugabe des bestimmten Artikels deutlich verstärkt wird. Der Begriff des Meisters ist dem Durchschnittsverbraucher sowohl aus dem Bereich des Sports wie auch aus demjenigen des Handwerks allgemein bekannt. Zwar mag von der Sache her an sich im Zusammenhang mit Bier die Beziehung zu dem handwerklichen Bereich näher liegen. Mit einem derartigen Handwerksmeister hat das allgemeine Publikum es jedoch nur noch selten zu tun. Viel häufiger begegnen ihm die Begriffe „Meister" und „Meisterschaften" im Bereich des Sports. Diese Deutung liegt hier umso näher, wenn man sich vor Augen führt, dass der Vorjahresmeister, beispielsweise im Fußballsport, als der „Alt-Meister" bezeichnet wird. Es ist daher davon auszugehen, dass der Verbraucher bei Betrachtung der beanstandeten Werbung in erster Linie an den vertrauten Begriff des Meisters aus dem Bereich des Sports denkt, zumal dieser Begriff von der Beklagten keiner Person, sondern einem Produkt zugeordnet wird, mit dem man auch im übertragenen Sinne nicht ohne weiteres die Vorstellung verbinden kann, dass es sich um einen Meister im Sinne handwerklicher Kategorien handelt. Ein Produkt jedoch wird häufig und in üblicher Form im Sinne sportlicher Kategorien als „Renner", „Spitzenreiter", „Tabellenführer" oder eben auch als Meister im Gegensatz zu den Vizemeistern, den Nächstplatzierten usw. bezeichnet.
Im Bereich des Sports kann nach allgemeiner Vorstellung nur jeweils einer „Meister" sein. Daraus ergibt sich der Alleinstellungscharakter der angegriffenen Werbeaussage. Dieser Charakter gilt insbesondere auch, soweit das Wortspiel „Alt-Meister" in Rede steht. Denn ein „Alt-Meister" ist jedenfalls der Meister der vergangenen Saison, dessen „Meisterehre" auch häufig noch in der gegenwärtigen Saison, nämlich bis zu dem Zeitpunkt anhält, bis ein neuer Meister den „Alt-Meister" ablöst.
Des Weiteren wird darauf hingewiesen, dass selbst diejenigen, die die angegriffene Werbung mit Vorstellungen aus dem Bereich des Handwerks in Verbindung bringen,

in ihr die Behauptung einer Alleinstellung sehen werden, da ein Meister unangefochten an der Spitze einer Hierarchie (Lehrling – Geselle – Meister) steht.
Es ist in der angegriffenen Werbung nicht ausdrücklich erkennbar, worin die Alleinstellung der Beklagten liegen soll. Für den Verbraucher liegt es jedoch nahe, dass die alleinstehende Spitzenstellung im Zusammenhang mit der geschmacklichen Qualität bestehen soll. Denn neben dem Preis, der bei den hier interessierenden Bieren kaum Unterschiede aufweist, ist es vor allem die geschmackliche Qualität, die für das Kaufpublikum von Interesse ist. Dieses Interesse wird auch mit der konkreten Werbung der Beklagten angesprochen, indem dort ein appetitlich aussehendes Glas Bier abgebildet ist. Zwar kann man über Geschmack bekanntlich nicht streiten und entzieht sich dementsprechend Geschmack einer eindeutigen Bewertung. Trotz dieser Relativität gibt es jedoch auch für die geschmackliche Qualität eines für den Konsum bestimmten Erzeugnisses einen objektiven Maßstab, nämlich den der allgemeinen Beliebtheit, der sich in den Umsatzzahlen niederschlägt. Dementsprechend ist davon auszugehen, dass die von der Beklagten beanspruchte Spitzenstellung auf einen durch Umsatzzahlen belegten Vorsprung in der geschmacklichen Qualität des beworbenen Bieres liegen soll.
Die Werbeangabe „Der Alt-Meister" wird vom Verbraucher auch durchaus ernst genommen und als nachprüfbare Tatsachenangabe bewertet. Insbesondere kann durch die Wahl eines Wortspieles nicht auf mangelnde Ernstlichkeit geschlossen werden. Es ist vielmehr davon auszugehen, dass der Verbraucher zu Recht von der Annahme ausgeht, dass das Wortspiel deswegen gewählt worden ist, weil jede der nur denkbaren Deutungen passt. Die Bezeichnung des Produktes „Alt-Meister" ist auch ungewöhnlich und gerade deswegen geeignet, ernst genommen zu werden. Der hier zu beurteilende Fall ist nicht vergleichbar mit den Angaben „Meister-Pils", „Meister-Bock" oder „Meister-Bräu"; in allen letztgenannten Fällen bezieht sich die Bezeichnung „Meister" vordringlich auf den Hersteller des Bieres, nicht jedoch auf das Erzeugnis selbst, das nicht als Meister bezeichnet wird.
Mit der streitgegenständlichen Werbung wendet sich die Beklagte an die Verbraucher. Zu diesen Verkehrskreisen gehören auch die Mitglieder der angerufenen Kammer. Dementsprechend kann die angerufene Kammer auf Grund eigener Sachkunde und Erfahrung den Tatbestand einer Irreführung feststellen[14].
Höchst vorsorglich treten wir dafür, dass der Verbraucher die streitgegenständliche Werbeaussage der Beklagten in dem vorbezeichneten Sinn versteht und würdigt, Beweis an durch

Gutachten eines anerkannten Markt- und Meinungsforschungsinstituts[15].

2. Die Parteien sind Mitbewerber im Sinne des § 2 Abs. 1 Nr. 1 UWG. Sie bieten beide auf dem gleichen regionalen Markt gegenüber den gleichen Abnehmern ihre Erzeugnisse an und vertreiben diese[10]. Infolgedessen wirkt sich das streitgegenständliche Verhalten der Beklagten im konkreten Wettbewerbsverhältnis der Parteien unmittelbar zum Nachteil der Klägerin aus. Der mit Klageantrag I geltend gemachte Unterlassungsanspruch ist mithin gem. § 8 Abs. 1 und Abs. 3 Nr. 1 UWG gerechtfertigt.
3. Gemäß §§ 9 Satz 1, 3, 5 Abs. 1 Satz 1 u. Satz 2 Nr. 1 UWG ist die Beklagte auch zu Schadensersatz verpflichtet. Infolge der irreführenden Alleinstellungsberühmung der Beklagten ist ein Schadenseintritt bei der Klägerin zumindest wahrscheinlich[16]. Die Beklagte handelt auch fahrlässig-schuldhaft, denn bei Beachtung der im Verkehr erforderlichen Sorgfalt hätte sie ohne weiteres das Wettbewerbswidrige ihres Verhaltens, nämlich das irreführende Moment ihrer Werbung erkennen können. Die Beklagte handelt seit Empfang der diesseitigen anwaltlichen Abmahnung (Anlage 2) darüber hinaus auch vorsätzlich-schuldhaft.

Der mit Klageantrag I 2 geltend gemachte Auskunftsanspruch ist als vorbereitender Hilfsanspruch zum Schadensersatzbegehren auf Grund gewohnheitsrechtlicher Anwendung der Bestimmung des § 242 BGB in Verbindung mit den Rechtsregeln betref-

fend die auftragslose Geschäftsführung begründet. Die Klägerin kann nämlich ohne Kenntnis vom Umfang der wettbewerbswidrigen Handlungen der Beklagten den ihr entstandenen Schaden ziffernmäßig nicht bestimmen. Damit ist zugleich auch die Zulässigkeit des Schadensersatzfeststellungsbegehrens gem. Klageantrag II dargetan[17].

4. **Die Zuständigkeit des angerufenen Gerichts ergibt sich aus der Tatsache, dass die Beklagte im Gerichtsbezirk ihren Sitz hat[18].**

Rechtsanwalt

Schrifttum: Klette, Zum Superlativ in der Werbung, FS Helm, 2002, 87; *Lux,* Alleinstellungswerbung als vergleichende Werbung?, GRUR 2002, 682; *Schmelz/Haertel,* Die Superlativreklame im UWG – Materielle und prozessuale Aspekte, WRP 2007, 127.

Anmerkungen

1. Die wettbewerbsrechtliche Beurteilung von Fällen der so genannten Alleinstellungswerbung ist regelmäßig nicht einfach. Dem Formular ist der Sachverhalt der Entscheidungen LG Düsseldorf WRP 1979, 404 und OLG Düsseldorf WRP 1979, 717 zugrunde gelegt. Das LG Düsseldorf hatte die Klage abgewiesen, das OLG Düsseldorf erkannte sie zu. Die Alleinstellungsberühmung ist regelmäßig nach der Neufassung durch die UWG-Novelle 2008 ein Anwendungsfall des § 5 Abs. 1 Satz 1 u. Satz 2 Nr. 1 UWG..

2. Zur Zuständigkeit vgl. Anm. 1 und 2 zu Form. II. N. 2.

3. In einer Klageschrift soll der Streitwert angegeben werden (§ 253 Abs. 3 ZPO). Zur Bemessung des Streitwertes vgl. *Ahrens/Bernecke,* Der Wettbewerbsprozess, 6. Aufl. 2009, Kap. 40, Rdnrn. 1 ff.; *Hefermehl/Köhler/Bornkamm,* UWG, 27. Aufl. 2009, Rdnrn. 5.1 ff. zu § 12 UWG; *Teplitzky,* Wettbewerbsrechtliche Ansprüche und Verfahren, 9. Aufl. 2007, Kap. 49, Rdnrn. 1 ff.; *Ulrich,* GRUR 1984, 177 ff.; *Kur,* Streitwert und Kosten im Verfahren wegen unlauteren Wettbewerbs, 1980. Einzelheiten können nur wie folgt skizziert werden:

Bei wettbewerbsrechtlichen Streitigkeiten unterliegt die Streitwertbestimmung gem. § 3 ZPO freiem richterlichem Ermessen. Dazu dient die Angabe in der Klageschrift als Anregung, nämlich wie der Kläger selbst seine für die Streitwertbemessung maßgeblichen Interessen bewertet (BGH GRUR 1986, 93, 94 – Berufungssumme; OLG Köln, MD 1994, 80: nur indizielle Bedeutung der Streitwertangabe durch den Kläger). Vordringlich ist das Interesse des Klägers an der Durchsetzung des Anspruchs (BGH GRUR 1990, 1052, 1053 – Streitwertbemessung). Als objektive Kriterien kommen für die Streitwertbemessung in Betracht: Größe und wirtschaftliche Bedeutung der Parteien, insbesondere des Klägers; Intensität des Wettbewerbsverstoßes (z. B. wirtschaftliche Bedeutung des Beklagten, umfangreiche Zeitschriftenwerbung einerseits oder Plakatanschlag an einem Ladenlokal andererseits, sog. „Angriffsfaktor"), Dauer des Wettbewerbsverstoßes (vgl. aber OLG Stuttgart WRP 1997, 239 – Streitwert –, das für einen Unterlassungsanspruch nicht auf die Intensität der Handlung abstellen will), Auswirkungen des Wettbewerbsverstoßes. *Pastor,* Der Wettbewerbsprozess, 3. Aufl. 1980, S. 957 f. empfiehlt den Gerichten, für „normale" Wettbewerbsstreitigkeiten einen „Regelstreitwert" einzuführen, den er unter Geltung der DM mit DM 20.000,– bewertet, wobei sodann je nach den Umständen des Einzelfalles Zu- und Abschläge gemacht werden sollen. In rechtstatsächlicher Hinsicht haben sich Regelstreitwerte jedoch nicht feststellen lassen (vgl. dazu *Kur,* Streitwert und Kosten im Verfahren wegen unlauteren Wettbewerbs, 1980, S. 90). *Kur* hat (aaO. S. 90) – unter Geltung der DM-Währung – die nachfolgend wiedergegebenen Streitwerte ermittelt, die für die Geltendmachung eines Unterlassungsanspruches jeweils als Anhaltspunkte gelten können, wobei allerdings diese Angaben auf Ermittlungen beruhen, die schon ca. 20 Jahre zurückliegen:

a) für Bagatellverstöße und Massenverfahren: bis zu EUR 5.000,–;
b) für „übliche" Verstöße: EUR 10.000,– bis zu EUR 25.000,– (zunehmend mit der Tendenz bis zu EUR 50.000,–);
c) besonders unlautere Verstöße oder solche von größeren Unternehmen: EUR 50.000,– bis zu EUR 125.000,– (zunehmend mit der Tendenz bis zu EUR 150.000,– und höher).

Für die Bemessung des Streitwertes bei Unterlassungsansprüchen gemäß § 8 Abs. 1 UWG enthält § 12 Abs. 4 UWG eine Sonderregelung. Es ist wertmindernd zu berücksichtigen, wenn die Sache nach Art und Umfang einfach gelagert ist oder wenn die Belastung einer der Parteien mit den Prozesskosten nach dem vollen Streitwert angesichts ihrer Vermögens- und Einkommensverhältnisse nicht tragbar erscheint.

Werden, wie im Formular, neben einem Unterlassungsanspruch auch Ansprüche auf Auskunftserteilung und Schadensersatz geltend gemacht, so ist zur Bemessung des Streitwertes eine Aufteilung vorzunehmen. Hier gilt der Grundsatz, dass der Unterlassungsanspruch am Gesamtstreitwert einen Anteil von ca. $^2/_3$ ausmacht, wohingegen auf den Schadensersatzanspruch und den Auskunftsanspruch das verbliebene Drittel entfällt. Hinsichtlich der beiden letztgenannten prozessualen Ansprüche hat das Schadensersatzfeststellungsbegehren ein Übergewicht gegenüber dem Auskunftsbegehren, wobei wiederum als grober Maßstab die Aufteilung $^2/_3$ (Schadensersatzfeststellungsbegehren) zu $^1/_3$ (Auskunftsbegehren; höhere Festsetzung bei KG GRUR 1992, 611 – T-Shirt) angesetzt werden kann.

4. Zur Formulierung der Strafandrohungsklausel im Unterlassungsantrag vgl. Anm. 5 zu Form. II. N. 3.

5. Zur Bestimmung des Antragsinhalts vgl. Anm. 6 zu Form. II. N. 3. Zur Konkretisierung der angegriffenen Verletzungshandlung ist es häufig – wie im Antrag vorgesehen – erforderlich, dass eine Konkretisierung im Hinblick auf bestimmt bezeichnete Waren (oder einen bestimmt bezeichneten Geschäftsbetrieb) erfolgt, ferner im Hinblick auf bestimmt bezeichnete Handlungen (vgl. BGH GRUR 1984, 593/594 re. Sp. – Adidas; 1986, 898/900 – Frank der Tat; WRP 1993, 478 – Faltenglätter; GRUR 1994, 310 – Mozarella II; weitere interessierende Entscheidungen in Anm. 6 zu Form. II. N. 3; vgl. auch BGH GRUR 2008, 1121 – Freundschaftswerbung im Internet).

6. Zur Rechtsnatur und zum Umfang des wettbewerbsrechtlichen Auskunftsanspruches vgl. Anm. 9 zu Form. II. N. 4.

7. Zum wettbewerbsrechtlichen Schadensersatzanspruch vgl. Anm. 8 zu Form. II. N. 4. Es hat sich im Bereich des Wettbewerbsrechts bewährt, die Schadensersatzverpflichtung des Verletzers lediglich feststellen zu lassen. Daraus ergibt sich die Kombination der Klageanträge auf Auskunftserteilung und Schadensersatzfeststellung. Eine derartige Klagenverbindung ist gegenüber der an sich gegebenen Möglichkeit der Erhebung einer Stufenklage gem. § 254 ZPO (erste Stufe: Auskunft, zweite Stufe: Schadensersatz) prozessual zulässig (allg. Meinung und BGH in st. RechtSpr, z. B. GRUR 2001, 1177, 1178 – Feststellungsinteresse II) und vorzuziehen, da der gesamte Prozess einheitlich durch die Instanzen geführt und damit auch rascher erledigt werden kann (vgl. auch Anm. 10 zu Form. II. O. 3). Das gem. § 256 Abs. 1 a. E. ZPO erforderliche rechtliche Interesse an alsbaldiger Feststellung ergibt sich sowohl aus dem Unvermögen des Gläubigers, ohne nähere Kenntnis vom Umfang der wettbewerbswidrigen Handlungen des Schuldners den Schaden, der in seiner Entstehung regelmäßig des Weiteren noch nicht abgeschlossen ist, ziffernmäßig zu bestimmen, als auch aus der drohenden Verjährung des Schadenersatzanspruches (Verjährungsfrist gem. § 11 Abs. 1 UWG: 6 Monate).

8. Die amtswegige Übertragung des Rechtsstreits auf den Einzelrichter entfällt bei Kammern für Handelssachen (§§ 348, 349 ZPO), so dass es einer Stellungnahme des Klägers (§ 253 Abs. 3 ZPO; vgl. Form. I. D. 1) nicht bedarf.

9. Macht nach Kenntnis des Klägers die angerufene Kammer von der Möglichkeit eines schriftlichen Vorverfahrens Gebrauch, so kann es sich empfehlen, schon in die Klageschrift Anträge nach §§ 307 Abs. 2, 331 Abs. 3 ZPO aufzunehmen. In der Praxis kommt dies in UWG-Sachen selten vor. Zu einem solchen Antrag vgl. Form. I. D. 1.

§ 278 Abs. 2 ZPO sieht vor, dass der mündlichen Verhandlung zum Zwecke der gütlichen Beilegung des Rechtsstreits eine Güteverhandlung vorauszugehen hat. Eine Ausnahme besteht, wenn bereits ein Einigungsversuch vor einer außergerichtlichen Gütestelle stattgefunden hat oder die Güteverhandlung erkennbar aussichtslos erscheint. Es bietet sich an, im Anschluss an die Anträge eine Stellungnahme zur Durchführung einer derartigen Güteverhandlung abzugeben. Ein Textbeispiel für eine (begründete) Ablehnung einer Güteverhandlung findet sich zu Form. I. F. 6.

10. Mit dem Sachvortrag zum Bestehen eines konkreten Wettbewerbsverhältnisses wird zu § 2 Abs. 1 Nr. 3 und zur Aktivlegitimation der Klägerin gem. § 8 Abs. 3 Nr. 1 UWG vorgetragen. Die Ausführungen werden nachstehend zu II. 2 im Formular noch vertieft. Weitere Einzelheiten in Anm. 4 zu Form. II. N. 1.

11. Häufig bedarf es in wettbewerbsrechtlichen Streitigkeiten keines ausführlichen Tatsachenvortrages, sondern es genügt und erscheint sachgerecht, das angerufene Gericht insbesondere durch Übergabe von Mustern zu informieren.

12. Die Mitteilung, dass vor Klageerhebung erfolglos abgemahnt worden ist, ist zur Begründung des Unterlassungsantrages nicht erforderlich; sie hat jedoch Bedeutung für die Feststellung des Verschuldens, vgl. dazu im Form. die Ausführungen unter II. 3.

13. Zur Anwendung der Bestimmung des § 5 UWG vgl. schon Anm. 10 zu Form. II. N. 3. Im Textbeispiel kommt es darauf an, das Verständnis der streitgegenständlichen Werbeaussage durch die Werbungsadressaten darzulegen. Werbungsadressaten als Marktteilnehmer (§ 2 Abs. 1 Nr. 2 UWG) sind die Verbraucher. Gemäß § 2 Abs. 2 UWG i. V. m. § 13 BGB ist Verbraucher jede natürliche Person, die ein Rechtsgeschäft zu einem Zweck abschließt, der weder ihrer gewerblichen noch ihrer selbständigen beruflichen Tätigkeit zugerechnet werden kann. Wie ein Verbraucher eine Werbeaussage versteht, ist vom Gericht im Einzelnen zu ermitteln. Vgl. dazu nachfolgend Anm. 14.

14. Gehören die Mitglieder des angerufenen Gerichts – wie regelmäßig bei Waren des täglichen Bedarfs – ebenfalls zu den angesprochenen Werbungsadressaten, kann das Gericht von sich aus auf Grund eigener Sachkunde und Erfahrung sowohl das Vorhandensein der Irreführungsgefahr selbst feststellen als auch dieses Vorhandensein verneinen. Der Bundesgerichtshof hat in jüngerer Zeit seine Rechtsprechung geändert (BGH GRUR 2002, 550, 552 – Elternbriefe). Während nach früherer Auffassung eine Feststellung auf Grund eigener Sachkunde und Lebenserfahrung der Richter im Hinblick auf die Zugehörigkeit zu den angesprochenen Verkehrskreisen dann eher in Betracht kam, wenn es um die Bejahung einer Irreführungsgefahr ging als dann, wenn diese verneint werden sollte (BGH GRUR 1992, 406, 407 – Beschädigte Verpackung), geht der Bundesgerichtshof in seiner jüngeren Rechtsprechung davon aus, dass bei der Ermittlung des Verkehrsverständnisses auf einen situationsadäquaten durchschnittlich aufmerksamen, informierten und verständigen Verbraucher abzustellen ist (BGH GRUR 2000, 619, 621 – Orientteppichmuster; 2000, 820, 821 – Space Fidelity Peep-Show; 2002, 1166, 1169 li. Sp. – Fernflugpreise; 2002, 550, 552 – Elternbriefe). Ist die Vorstellung eines derartigen Durchschnittsverbrauchers maßgeblich, so kommt es nicht auf die möglicherweise hiervon abweichenden Anschauungen einer Minderheit von Verbrauchern an. Daher macht es grundsätzlich keinen Unterschied, ob der Tatrichter seine Sachkunde und Lebenserfahrung zur Bejahung oder zur Verneinung einer Irreführungsgefahr einsetzen möchte (BGH GRUR 2002, 550, 552 – Elternbriefe; *Bornkamm*, WRP 2000, 830, 832 f., 834). Zu der abweichenden Auffassung nach früherer Rechtsprechung, wonach es im Bereich des § 3 UWG a. F. auch auf die Vorstellungen nicht ganz unerheblicher Teile der Verkehrsbeteiligten ankam, vgl. die 8. Auflage Anm. 14 zu Form. II. L. 9 m. w. N.

Es bleibt der Rechtsgrundsatz, wonach § 291 ZPO es dem Gericht nicht gestattet, ein bestimmtes Verkehrsverständnis vom Inhalt einer Werbeaussage seiner Entscheidung als gerichtskundig zu Grunde zu legen, wenn ein davon abweichendes Verständnis der angesprochenen Verkehrskreise unter Beweisantritt vorgetragen worden ist (BGH GRUR 1990, 607 – Meister-Kaffee; dazu auch BGH GRUR 1991, 215 – Emilio Adani). Das Gericht kann schließlich auch gehalten sein, den beweisbelasteten Kläger auf die Notwendigkeit eines Beweisantritts in Form eines demoskopischen Gutachtens hinzuweisen (BGH WRP 1991, 100 – Versäumte Meinungsumfrage).

15. Beweismittel sind insbesondere Auskünfte von Industrie- und Handelskammern sowie von Wirtschaftsverbänden und des Weiteren demoskopische Gutachten, beruhend auf Meinungsumfragen.

16. Die Wahrscheinlichkeit eines Schadenseintritts genügt (vgl. BGH GRUR 1993, 926, 927 – Apothekenzeitschriften – m. w. N.; vgl. ferner Anm. 8 zu Form. II. N. 4).

17. Zum Auskunftsanspruch vgl. Anm. 9 zu Form. II. N. 4; zu seiner Durchsetzung im EV-Verfahren: *Ulrich,* WRP 1997, 135; LG Düsseldorf WRP 1997, 253 betreffend Bezugsquelle einer Nachahmung; zur Drittauskunft betreffend Vorlieferanten: BGH GRUR 2001, 841 – Entfernung der Herstellungsnummer II.

18. Gerichtsstand der gewerblichen Niederlassung gem. § 14 Abs. 1 Satz 1 UWG. Daneben hat insbesondere der Gerichtsstand der wettbewerbswidrigen Handlung gem. § 14 Abs. 2 Satz 1 UWG Bedeutung (dazu z. B. OLG Köln GRUR 1988, 148 – Kaminöfen).

Zur Begründung des Gerichtsstandes gem. § 14 Abs. 2 Satz 1 UWG genügt jedes wettbewerbliche Verhalten der streitgegenständlichen Art, wobei vordringlich Werbeanzeigen in Zeitungen, die auch im Gerichtsbezirk vertrieben werden, Angebote und Lieferungen in den Gerichtsbezirk als Anknüpfungspunkt in Betracht kommen (zum sog. „fliegenden Gerichtsstand" im Zusammenhang mit Zeitungsanzeigen einschränkend OLG Düsseldorf WRP 1981, 278 und *von Maltzahn* GRUR 1983, 711 ff.; aufgegeben von OLG Düsseldorf WRP 1987, 476). Die Zulässigkeit des so genannten „fliegenden Gerichtsstandes" darf nicht überdehnt werden. Maßgeblich ist, ob der Werbung tatsächlich eine wettbewerbliche Relevanz zukommt. Das setzt voraus, dass wettbewerbliche Interessen von Mitbewerbern aufeinander stoßen (so z. B. für die Internetwerbung BGH WRP 2006, 736 Tz. 25 – Arzneimittelwerbung im Internet). Eine weitere Einschränkung findet sich in § 14 Abs. 2 S. 2 UWG. Danach ist für den Fall der Herleitung der Aktivlegitimation aus § 8 Abs. 3 Nrn. 2 bis 4 UWG der Gerichtsstand der unerlaubten Handlung des § 14 Abs. 2 Satz 1 UWG nur dann anwendbar, wenn der Beklagte im Inland weder eine gewerbliche oder selbständige berufliche Niederlassung noch einen Wohnsitz hat. Diese Beschränkung gilt nicht, wenn die Anspruchsherleitung aus § 8 Abs. 3 Nr. 1 UWG folgt (vgl. zur früheren Rechtsprechung des BGH zur Anspruchsherleitung des unmittelbar Betroffenen BGH GRUR 1966, 445, 446 – Glutamal; 1988, 620, 621 – Vespa-Roller und OLGe Düsseldorf GRUR 1994, 837, 838; Hamburg GRUR 1995, 129 – Unmittelbarer Verletzer; München WRP 1995, 1055; *v. Linstow,* WRP 1994, 789).

Kosten und Gebühren

Vgl. Hinweise zu Form. I. D. 1.

Fristen und Rechtsmittel

Keine.

10. Anrufung der Einigungsstelle[1]

Einigungsstelle zur Beilegung
von Wettbewerbsstreitigkeiten
bei der Industrie- und Handelskammer
……[2]

Antrag auf Einleitung eines Einigungsverfahrens
der Firma A ……

– Antragstellerin –

Verfahrensbevollmächtigter: Rechtsanwalt ……[3]
gegen
die Firma B ……

– Antragsgegnerin –

wegen unlauteren Wettbewerbs

Namens und in Vollmacht der Antragstellerin beantrage ich,

> **die Einigungsstelle möge ein Einigungsverfahren gemäß § 15 UWG eröffnen, Termin zur mündlichen Verhandlung anberaumen und die Antragsgegnerin zum Verhandlungstermin laden.**

In dem Verhandlungstermin werde ich beantragen,

die Antragsgegnerin möge sich verpflichten, es bei Meidung einer für jeden Fall der Zuwiderhandlung fälligen Vertragsstrafe in Höhe von EUR …… zu unterlassen, im Zusammenhang mit dem Angebot und dem Vertrieb von ……[4]

Begründung:

…… (folgen Sachverhaltsschilderung und rechtliche Bewertung)[5, 6, 7, 8].

Rechtsanwalt

Schrifttum: Ahrens, Der Wettbewerbsprozess, 6. Aufl. 2009, Kap. 13: Die Einigungsstelle nach § 15 UWG, S. 210; *Köhler,* Das Einigungsverfahren nach § 27a UWG: Rechtstatsachen, Rechtsfragen, Rechtspolitik, WRP 1991, 617; *Ottofülling,* Außergerichtliches Konfliktmanagement nach § 15 UWG, WRP 2006, 410; *Probandt,* Die Einigungsstelle nach § 27a UWG, 1993; *Samwer* in *Gloy/Loschelder,* Handbuch des Wettbewerbsrechts, 3. Aufl. 2005, § 90; *Teplitzky,* Wettbewerbsrechtliche Ansprüche und Verfahren, 9. Aufl. 2007, Kap. 42.

Hinweis: Ein weiteres Beispiel für einen Antrag an die Einigungsstelle findet sich bei *Mes/Völker/Zecher,* Münchener Prozessformularbuch, Bd. 5, Gewerblicher Rechtsschutz, Urheber- und Presserecht, 3. Aufl. 2009, Form. A. 30.

Anmerkungen

1. Die im Formular behandelte Rechtsmaterie ist in § 15 UWG (zuvor: § 27a UWG a.F.) geregelt. Der in § 15 Abs. 1 UWG enthaltenen Verpflichtung, bei Industrie- und Handelskammern Einigungsstellen zur Beilegung von bürgerlichen Rechtsstreitigkeiten, in denen ein Anspruch aufgrund des UWG geltend gemacht wird (Einigungsstellen), zu errichten, sind sämtliche Länder im Wesentlichen übereinstimmend nachgekommen. Es kann davon ausgegangen werden, dass bei jeder Industrie- und Handelskammer eine entsprechende Einigungsstelle gegeben ist. § 15 Abs. 1 enthält eine Ermächtigung für die Landesregierungen, Einzelheiten im Zusammenhang mit den Einigungsstellen durch Rechtsverordnung zu regeln. Eine Auflistung der geltenden Rechtsverordnungen findet sich bei *Hefermehl/Köhler/Bornkamm,* UWG, 27. Aufl. 2009, Rdn. 4 zu § 15; ein Abdruck in GK/*Köhler,* § 27a UWG nach Rdn. 53.

§ 15 Abs. 2 regelt die Besetzung der Einigungsstellen, und zwar mit einer vorsitzenden Person, die die Befähigung zum Richteramt nach dem deutschen Richtergesetz hat, und beisitzenden Personen (§ 15 Abs. 2 Satz 1 UWG). Die vorsitzende Person soll auf dem Gebiet des Wettbewerbsrechts erfahren sein (§ 15 Abs. 2 Satz 3 UWG). Die beisitzenden Personen sind je nach Sachverhalt unterschiedlich. Im Falle einer Anrufung durch eine nach § 8 Abs. 3 Nr. 3 UWG zur Geltendmachung eines Unterlassungsanspruchs berechtigte qualifizierte Einrichtung sollen Unternehmer und Verbraucher in gleicher Anzahl als beisitzende Personen tätig sein (§ 15 Abs. 2 Satz 2, 1. Alternative). In den übrigen Fällen (des § 8 Abs. 3 Nrn. 1, 2 u. 4 UWG) sind beisitzende Personen mindestens zwei sachverständige Unternehmer. Insgesamt gilt für die beisitzenden Personen, dass für sie alljährlich für das Kalenderjahr Listen aufzustellen sind, aus denen die vorsitzende Person für den jeweiligen Streitfall die beisitzenden Personen beruft (§ 15 Abs. 2 Satz 4 UWG). Dabei soll die Berufung im Einvernehmen mit den Parteien erfolgen (§ 15 Abs. 2 Satz 5 UWG). Ausschließung und Ablehnung ist nach den Vorschriften der ZPO möglich (§ 15 Abs. 2 Sätze 6 u. 7 UWG).

Für die Zuständigkeit der Einigungsstellen bestimmt § 15 Abs. 3 UWG, dass sie in bürgerlich rechtlichen Rechtsstreitigkeiten, in denen ein Anspruch aufgrund des UWG geltend gemacht wird, angerufen werden können. Gemäß § 15 Abs. 3 Satz 2 UWG kann die Anrufung zu einer Aussprache mit dem Gegner von jeder Partei erfolgen, ohne dass es einer Zustimmung des Gegners bedarf, soweit die Wettbewerbshandlungen Verbraucher betreffen. Das gilt für die ganz überwiegende Zahl von Fällen. Ist dies nicht der Fall, können die Einigungsstellen nur dann angerufen werden, wenn der Gegner zustimmt (§ 15 Abs. 3 Satz 1 UWG).

Die örtliche Zuständigkeit der Einigungsstellen bestimmt sich analog § 14 UWG (§ 15 Abs. 4 UWG).

Ziel des Einigungsverfahrens vor der Einigungsstelle ist ein gütlicher Ausgleich (§ 15 Abs. 6 Satz 1 UWG). Dazu kann die Einigungsstelle den Parteien einen schriftlichen, mit Gründen versehenen Einigungsvorschlag machen (§ 15 Abs. 6 Satz 2 UWG), der einschließlich seiner Begründung nur mit Zustimmung der Parteien veröffentlicht werden darf (§ 15 Abs. 6 Satz 3 UWG).

Ist die Einigungsstelle der Auffassung, dass der geltend gemachte Anspruch von vornherein nicht begründet ist oder die Einigungsstelle unzuständig ist, kann sie die Einleitung von Einigungsverhandlungen ablehnen (§ 15 Abs. 8 UWG).

Die Anrufung der Einigungsstelle unterbricht die Verjährung in gleicher Weise wie eine Klageerhebung (§ 15 Abs. 9 Satz 1 UWG).

Ein vor der Einigungsstelle abgeschlossener Vergleich muss in einem besonderen Schriftstück niedergelegt und unter Angabe des Tages seines Zustandekommens von den Mitgliedern der Einigungsstelle, die in der Verhandlung mitgewirkt haben, sowie von den Parteien unterschrieben werden (§ 15 Abs. 7 Satz 1 UWG). Er ist Zwangsvollstreckungstitel; § 797a ZPO ist analog anzuwenden (§ 15 Abs. 7 Satz 2 UWG). Kommt allerdings ein Vergleich nicht zustande, so ist – für die Hemmung der Verjährung infolge der Anrufung der Einigungsstelle – der Zeitpunkt, zu dem das Verfahren beendet ist, von der Einigungsstelle festzustellen (§ 15 Abs. 9 Satz 2 UWG) und durch die vorsitzende Person den Parteien mitzuteilen (§ 15 Abs. 9 Satz 3 UWG).

Ist ein Rechtsstreit, der auch vor einer Einigungsstelle verhandelt werden könnte, ohne vorherige Anrufung der Einigungsstelle bei einem Gericht anhängig gemacht worden, so kann dieses auf Antrag (einer Partei) den Parteien unter Anberaumung eines neuen Termins aufgeben, vor diesem Termin die Einigungsstelle zur Herbeiführung eines gütlichen Ausgleichs anzurufen (§ 15 Abs. 10 Satz 1 UWG). Handelt es sich um ein Verfügungsverfahren, ist diese Anordnung nur zulässig, wenn der Gegner zustimmt (§ 15 Abs. 10 Satz 2 UWG). In den Fällen des § 15 Abs. 10 Satz 1 und 2 UWG muss die Einigungsstelle tätig werden, auch wenn sie den geltend gemachten Anspruch von vornherein für unbegründet oder sich selbst für unzuständig erachtet (§ 15 Abs. 10 Satz 3 UWG).

Ist ein Verfahren vor der Einigungsstelle anhängig, so ist eine erst nach Anrufung der Einigungsstelle erhobene negative Feststellungsklage des Gegners, dass der geltend gemachte Anspruch nicht bestehe, unzulässig (§ 15 Abs. 10 Satz 4 UWG).

2. Die im Formular wiedergegebene Bezeichnung der Einigungsstelle ergibt sich aus der Bestimmung des § 15 Abs. 1 UWG. Die Anschrift der jeweiligen Industrie- und Handelskammer ist zu ergänzen.

3. Bei den Einigungsstellen herrscht kein Anwaltszwang.

4. Die vorgeschlagene Antragsformulierung trägt der Tatsache Rechnung, dass das Einigungsverfahren die Herbeiführung eines gütlichen Ausgleichs bezweckt (§ 15 Abs. 6 UWG). Die Tätigkeit der Einigungsstelle ist keine schiedsrichterliche Tätigkeit; eine irgendwie geartete „Verurteilung“ des Antragsgegners kommt nicht in Betracht.

Da mit der Anrufung der Einigungsstelle durch den Antragsteller der Versuch einer gütlichen Beilegung des wettbewerbsrechtlichen Konfliktes unternommen wird, ersetzt die Anrufung der Einigungsstelle die Abmahnung (vgl. Form. II. N. 1).

5. Der Inhalt der Antragsschrift folgt im Wesentlichen den für einen Antrag auf Erlass einer einstweiligen Verfügung bzw. eine wettbewerbsrechtliche Klage geltenden Grundsätzen. Allerdings ist zu beachten, dass es sich um ein gütliches Einigungsverfahren handelt, so dass Tatsachenvortrag und rechtliche Bewertung recht knapp gehalten werden können. Es wird regelmäßig auch kein Beweis angetreten zu werden brauchen.

6. Die örtliche Zuständigkeit der angerufenen Einigungsstelle richtet sich nach § 14 UWG (§ 15 Abs. 4 UWG).

7. Sofern die Einigungsstelle sich selbst für zuständig und den geltend gemachten Anspruch für begründet hält, wird sie das Einigungsverfahren einleiten und eine mündliche Verhandlung anberaumen. Die Eröffnung des Verfahrens kann von der Einigungsstelle abgelehnt werden, sofern die zuvor bezeichneten Voraussetzungen nicht gegeben sind (vgl. § 15 Abs. 8 UWG).

Kosten und Gebühren

Für die Anrufung der Einigungsstellen werden von diesen keine oder nur geringfügige Kosten erhoben. Zur Erstattungsfähigkeit dieser Kosten sowie derjenigen etwaig hinzugezogener Anwälte kann auf die allgemeinen Grundsätze betreffend die Abmahnung verwiesen werden (vgl. Form. II. N. 1 Anm. 9). Hat der Gegner zuvor die Abgabe einer Unterlassungsverpflichtungserklärung abgelehnt, weil er sein Verhalten als gerechtfertigt ansieht, so können die Kosten einer dennoch erfolgten Anrufung der Einigungsstelle nicht entspr. den Rechtsgrundsätzen der auftragslosen Geschäftsführung erstattet verlangt werden (OLG Hamm GRUR 1988, 715). § 12 Abs. 1 Satz 2 UWG erscheint nicht unmittelbar anwendbar. Die Anrufung der Einigungsstelle ersetzt zwar eine Abmahnung, steht ihr jedoch nicht gleich.

Fristen und Rechtsmittel

Keine.

11. Vergleich in einer wettbewerbsrechtlichen Angelegenheit

……[1]

1. Die Antragsgegnerin (Beklagte) verpflichtet sich, es bei Meidung einer für jeden Fall schuldhafter[2] Zuwiderhandlung fälligen Vertragsstrafe[3] in Höhe von EUR 5.001,–, mindestens in Höhe von EUR 50,– für jede der Verpflichtung widersprechende schriftlich Werbeverlautbarung, es zu unterlassen, im geschäftlichen Verkehr zu Wettbewerbszwecken ……[4]

2. Die Antragstellerin (Klägerin) verzichtet auf die Geltendmachung von Ansprüchen auf Auskunftserteilung und Schadensersatz, die zu ihren Gunsten in Zusammenhang mit den vorstehend unter Ziffer 1 bezeichneten Handlungen entstanden sind oder entstehen können[5].

3. Die Kosten des Rechtsstreits, mit Ausnahme dieses Vergleichs, trägt die Antragsgegnerin (Beklagte); die Kosten dieses Vergleichs trägt jede Partei selbst[6].

Schrifttum: Samwer in *Gloy/Loschelder,* Hdb. des WettbR, 3. Aufl. 2005, Kap. 85.

Anmerkungen

1. Der wiedergegebene materielle Inhalt des Vergleichs ist unabhängig von der Form, die er gefunden hat, ob es sich um einen Prozessvergleich, um einen Vergleich vor einer Einigungsstelle gemäß § 15 UWG oder um einen lediglich materiell-rechtlichen Vergleich handelt. Auf die Einhaltung etwaiger Formvorschriften wird hier daher nicht abgestellt (z. B. für einen Prozessvergleich: volles Rubrum, Protokollvermerk „vorgelesen und genehmigt“, Anwaltszwang). Auf den so genannten Anwaltsvergleich des § 1044 b ZPO wird hingewiesen. Danach kann ein außergerichtlicher Vergleich einen Vollstreckungstitel bilden, wenn er von den Parteien **und** deren Anwälten unterzeichnet ist.

2. Zur Aufnahme des Merkmals des Verschuldens in eine Unterlassungsverpflichtungserklärung mit Strafgedinge vgl. BGH GRUR 1982, 688/690/691 = WRP 1982, 634 – Seniorenpass – u. Anm. 10 zu Form. II. N. 1.

3. Ein Prozessvergleich (§ 794 Abs. 1 Nr. 5 ZPO), ebenso ein Schiedsvergleich mit Unterwerfungsklausel gemäß § 1044 a ZPO oder ein – außergerichtlicher – Anwaltsvergleich gemäß § 1044 b ZPO – können auf Antrag gemäß § 890 Abs. 2 ZPO mit einer gerichtlichen Strafandrohungsklausel versehen werden. Insoweit kann eine Formulierung im Vergleich lauten: „Die Parteien stimmen überein, dass der Gläubiger (Antragsteller, Kläger) befugt ist, die Unterlassungsverpflichtung dieses Vergleichs gemäß § 890 Abs. 2 ZPO mit einer gerichtlichen Strafandrohungsklausel versehen zu lassen“. Nach wohl h. M. besteht eine Antragsbefugnis gemäß § 890 Abs. 2 ZPO allerdings auch dann, wenn der Schuldner eine Vertragsstrafe versprochen hat (OLG Saarbrücken, WRP 1979, 253; NJW 1980, 461; OLG Köln NJW 1969, 756; GRUR 1986, 688, 689; OLG Stuttgart WRP 1969, 289; 1976, 119 m. zust. Anm. *Pastor; Samwer* in *Gloy/Loschelder,* Hdb. WettbR, 3. Aufl. 2005, § 85, Rdn. 29; *Ahrens/Schmukle,* Der Wettbewerbsprozess, 6. Aufl. 2009, Kap. 32, Rdn. 8; a. A. OLG Hamm GRUR 1985, 82).

Ob der Gläubiger im Falle einer Zuwiderhandlung sowohl die Zahlung einer Vertragsstrafe an sich als auch die Verhängung eines Ordnungsgeldes/-mittels gem. § 890 Abs. 1 ZPO verlangen kann, ist zweifelhaft (bejahend: BGHZ 138, 67 = NJW 1998, 1138 = Behinderung der Jagdausübung; OLG Karlsruhe WRP 1996, 445; OLG Köln WRP 1987, 265/266; GRUR 1986, 688/689; *Ahrens/Schmukle,* Der Wettbewerbsprozess, 6. Aufl. 2009, Kap. 32, Rdn. 8 m. w. N.; a. A. OLG Hamm GRUR 1985, 82).

4. Zur Formulierung einer strafbewehrten Unterlassungsverpflichtungserklärung vgl. Form. II. N. 1, insbes. Anm. 10. Die früher übliche einleitende Formulierung „im geschäftlichen Verkehr zu Wettbewerbszwecken" erscheint nun nicht mehr. Sie kann nach wie vor verwendet werden. Darauf wird im Formular jedoch verzichtet. Entscheidend ist, dass § 2 Abs. 1 Nr. 1 UWG nunmehr als „geschäftliche Handlung" jedes Verhalten einer Person zugunsten des eigenen oder eines fremden Unternehmens beschreibt, das mit der Förderung des Absatzes und des Bezuges von Waren oder Dienstleistungen oder mit dem Abschluss oder der Durchführung eines Vertrages über Waren oder Dienstleistungen objektiv zusammenhängt. Von Bedeutung ist, dass die so genannte „geschäftliche Handlung" des § 2 Abs. 1 Nr. 1 UWG nach dem vorstehend wiedergegebenen Katalog „vor, bei oder nach einem Geschäftsabschluss" erfolgen kann.

Bei Vertragsstrafeformulierungen spielt häufig die Frage eine Rolle, ob bei Mehrfachverstößen die Vertragsstrafe nur einmal oder entsprechend der Anzahl einzelner Handlungen mehrfach verwirkt sein soll. Dazu wird auf die Ausführungen in Anm. 10 zu Form. II. N. 1 verwiesen.

Um in geeigneten Fällen einem besonderen Sicherungsbedürfnis des Gläubigers Rechnung tragen zu können, wird im Formular vorgeschlagen, dass jedenfalls ein Mindestbetrag für z.B. jedes Prospektblatt, Erzeugnis, Rechnung oder dergleichen versprochen wird, auf dem sich die wettbewerbswidrige Handlung, z.B. Werbeäußerung, findet. Vgl. dazu Anm. 10 zu Form. II. N. 1; BGH GRUR 2009, 181 – Kinderwärmekissen – hält allerdings eine Herabsetzung der (durch Mehrfachzuwiderhandlungen) verwirkten Vertragsstrafe nach dem Grundsatz von Treu und Glauben gemäß § 242 BGB für möglich. Zu Einzelheiten siehe Anm. 10 zu Form. II. N. 1.

5. Der Verzicht auf die Geltendmachung von Schadensersatz- und Auskunftsansprüchen ist die „Belohnung", die der Gläubiger dem Schuldner/Wettbewerbsstörer für sein rasches Einlenken gewährt. Ein solches Nachgeben ist regelmäßig auch sachlich gerechtfertigt, da dann, wenn der Wettbewerbsverstoß nur kurze Zeit andauert, auch die Wahrscheinlichkeit eines nachweisbaren Schadens für den Gläubiger gering ist.

6. Die vorgeschlagene Kostenregelung entspricht demjenigen, was bei etwas zweifelhaften wettbewerbsrechtlichen Fragen vereinbart wird. Handelt es sich hingegen um einen wettbewerbsrechtlich eindeutigen Verstoß des Wettbewerbsstörers, wird ein Nachgeben im Kostenpunkt durch den Gläubiger im Hinblick auf die Vergleichskosten kaum in Betracht kommen. Das gilt umso weniger, als meist eine Abmahnung entsprechend dem Form. II. N. 1 vorausgegangen ist, in der zweckmäßigerweise schon zu-gleich ein Verzicht auf Schadensersatz- und Auskunftsansprüche in Aussicht gestellt werden kann.

Kosten und Gebühren

1. Etwaige Gerichtskosten (im Falle eines anhängigen Verfahrens):
Keine.

2. Anwaltskosten:
Ist ein gerichtliches Verfahren anhängig, entsteht eine 1,0 Einigungsgebühr (vgl. RVG-VV 1003). Ist über den Gegenstand des Vergleichs ein Berufungs- oder Revisionsverfahren anhängig, beträgt die Gebühr 1,3 (RVG-VV 1004). Ist kein Verfahren anhängig, beträgt die Einigungsgebühr 1,5 (RVG-VV 1000).

Fristen und Rechtsmittel

Regelmäßig keine; möglicherweise Abweichung bei Widerrufsvorbehalt. Erklärung des Widerrufs innerhalb der bestehenden Frist gegenüber der im Widerrufsvorbehalt bezeichneten Stelle.

12. Anregung des Beklagten, den Rechtsstreit gemäß Artikel 234 EG-Vertrag/Artikel 267 AEUV dem Europäischen Gerichtshof zur Vorabentscheidung vorzulegen

Landgericht
...... Kammer für Handelssachen
......

In Sachen

A ......

(RA......)

gegen

B ......

(RA......)

– AZ: ...... –

rege ich in Ergänzung des bisherigen Verteidigungsvorbringens für die Beklagte – hilfsweise – an, das erkennende Gericht möge gemäß Artikel 234 Abs. 2 EG-Vertrag dem Europäischen Gerichtshof die folgende Frage zur Vorabentscheidung vorlegen:

> „Sind die Artikel 28 und 30 EG-Vertrag dahingehend auszulegen, dass sie der Anwendung einer nationalen Vorschrift über den unlauteren Wettbewerb entgegenstehen, die es erlaubt, die Einfuhr und den Vertrieb eines in einem anderen europäischen Land rechtmäßig hergestellten und/oder rechtmäßig vertriebenen kosmetischen Produkts mit der Begründung zu untersagen, durch den Produktnamen ‚Clinique' würden die Verbraucher irregeführt werden – sie verstünden es als medizinisches Produkt –, wenn dieses Produkt unter diesem Namen in anderen Ländern der Europäischen Gemeinschaft rechtmäßig und unbeanstandet vertrieben wird?".[1, 2, 3]

Ich beantrage ferner,[4]

> den Rechtsstreit bis zur Vorabentscheidung des europäischen Gerichtshofs gemäß Artikel 234 Abs. 2 EG-Vertrag auszusetzen.

Für den Fall, dass die befasste Kammer die vorstehend wiedergegebene Vorlagefrage nicht als sachgerecht formuliert ansieht, richte ich an das Gericht die Bitte, seinerseits eine entsprechende Formulierung zu wählen, die den nachstehend skizzierten rechtlichen Überlegungen der Beklagten Rechnung trägt:

1. Das Begehren der Klägerin ist darauf gerichtet,[5] der Beklagten möge es durch das angerufene Gericht untersagt werden, kosmetische Erzeugnisse unter der Kennzeichnung „Clinique" zu vertreiben, wenn diese Erzeugnisse keine heilende oder sonst wie therapeutische Wirkung aufweisen. Die Klägerin ist insoweit der Auffassung, ein entsprechendes Verhalten der Beklagten verstoße gegen § 27 LMBG[6] sowie ferner gegen §§ 5, 3 UWG. Dabei liegt die Besonderheit des Streitfalles in einem europarechtlichen Bezug. Denn die Beklagte ist die Tochtergesellschaft einer französischen Muttergesellschaft. Das von der Klägerin unter dem Blickwinkel vermeintlicher Irreführung gemäß § 27 Abs. 1 Nr. 1 LMBG sowie gemäß §§ 5, 3 UWG angegriffene kosmetische Erzeugnis der Beklagten wird von ihrer französischen Muttergesellschaft in Frankreich hergestellt und dort sowie im Übrigen europaweit unter der gleichen Aufmachung wie auch im Bereich der Bundesrepublik Deutschland vertrieben. Die das Wesen des Rechtsstreits kennzeichnende Frage lässt sich mithin dahingehend formulieren, ob durch nationale, insbesondere wettbewerbsrechtliche Bestimmungen der

Beklagten dieses Rechtsstreits etwas verboten werden kann, was ihr bzw. ihrer Muttergesellschaft im übrigen europäischen Ausland, insbesondere im Herkunftsland Frankreich, erlaubt ist. Nach Sicht der Beklagten ist diese Frage zu verneinen. Eine entsprechende Auslegung des § 27 LMBG und/oder der §§ 5, 3 UWG würde aus den nachfolgend zu 2 wiedergegebenen Gründen gegen Artikel 28 und 30 EG-Vertrag verstoßen.

2. Gemäß Artikel 28 EG-Vertrag sind mengenmäßige Einfuhrbeschränkungen sowie alle Maßnahmen gleicher Wirkung zwischen den Mitgliedsstaaten verboten. Artikel 28 EG-Vertrag wird u. a. durch Artikel 30 EG-Vertrag dahingehend ergänzt, dass Einfuhr-, Ausfuhr- und Durchführverbote oder -beschränkungen nicht untersagt sind, die aus Gründen der öffentlichen Sittlichkeit, Ordnung und Sicherheit, zum Schutze der Gesundheit und des Lebens von Menschen, Tieren oder Pflanzen, des nationalen Kulturgutes von künstlerischem, geschichtlichem oder archäologischem Wert oder des gewerblichen kommerziellen Eigentums gerechtfertigt sind. Soweit Verbote oder Beschränkungen gemäß Artikel 30 EG-Vertrag erlaubt sind, dürfen diese jedoch weder ein Mittel zur willkürlichen Diskriminierung noch eine verschleierte Beschränkung des Handels zwischen den Mitgliedsstaaten darstellen[7]. Ausgangspunkt der Rechtsprechung des Europäischen Gerichtshofs ist die Dassonville-Entscheidung[8]. In der dort aufgestellten Grundregel hat der Europäische Gerichtshof als eine Maßnahme gleicher Wirkung wie eine mengenmäßige Einfuhrbeschränkung „jede Regelung der Mitgliedsstaaten, die geeignet ist, den innerstaatlichen Handel unmittelbar oder mittelbar, tatsächlich oder potenziell zu behindern" bezeichnet. Damit gilt das Verbot des Artikel 28 EG-Vertrag insbesondere auch für solche Hemmnisse des freien Warenverkehrs, die sich daraus ergeben, dass Waren bestimmten Vorschriften entsprechen müssen, und zwar selbst dann, wenn diese Vorschriften unterschiedslos für alle Erzeugnisse gelten, sofern sich die Anwendung dieser Vorschriften nicht durch einen Zweck rechtfertigen lässt, der im Allgemeininteresse liegt und den Erfordernissen des freien Warenverkehrs vorgeht[9].

Im Streitfall kann keinesfalls die Voraussetzung bejaht werden, dass das Verbot der Bezeichnung „Clinique" auf der Verpackung eines kosmetischen Erzeugnisses durch ein Irreführungsverbot im Allgemeininteresse zwingend gefordert wird und dies bei Abwägung den Erfordernissen des freien Warenverkehrs vorgeht. Insoweit ist von Bedeutung, dass die kosmetischen Erzeugnisse der Beklagten dieses Rechtsstreits ausschließlich durch Parfümerien und durch die Kosmetikabteilungen von Kaufhäusern vertrieben werden und keines dieser Erzeugnisse in Apotheken erhältlich ist. Das ist zwischen den Parteien unstreitig. Des Weiteren sind die den Klagegrund bildenden Erzeugnisse der Beklagten ihrem äußeren Anschein nach als kosmetische Mittel und nicht als Arzneimittel aufgemacht. Insbesondere wird seitens des Klägers nicht behauptet, dass die Aufmachung den für kosmetische Mittel geltenden Vorschriften nicht entspreche. Schließlich ist seitens der Beklagten auch substantiiert vorgetragen worden, dass in den anderen europäischen Ländern die Kosmetika der Beklagten bzw. ihrer Muttergesellschaft rechtmäßig unter der Bezeichnung „Clinique" vertrieben werden, ohne dass die Verbraucher durch die Verwendung dieser Bezeichnung irregeführt würden[10, 11].

Schrifttum: Dauses, Das Vorabentscheidungsverfahren nach Art. 177 EGV, 2. Aufl. 1995; *ders.,* Vorabentscheidungsverfahren in: *Dauses,* Hdb. des EU-Wirtschaftsrechts, Bd. 2, Kap. P. II, 13. EL, 2004; *Geiger,* EG-Vertrag. 3. Aufl. 1999; *Grabitz/Hilf,* Kommentar zur Europäischen Union, Loseblatt, Stand: 37. EL, 2008; *v. der Groeben/Thiesing/Ehlermann,* Kommentar zum EU-/EG-Vertrag, Bd. IV, 6. Aufl. 2003; *Leckmann,* Probleme des Vorabentscheidungsverfahrens nach Art. 177 EWGV, 1988; *Vosskuhle,* Zur Verletzung des Rechts auf den gesetzlichen Richter bei Nicht-Vorlage an den EuGH, JZ 2001, 924; *Wagner,* Funktionen praktischer Auswirkungen der richterlichen

Vorlagen an den Gerichtshof der Europäischen Gemeinschaften, 2001. Weitere Schrifttumsnachweise zu Form. IX. 1.

Hinweis: Weitere Beispiele zu Vorlageersuchen gem. Art. 234 EGV/Art. 267 AEUV nachfolgend zu IX. 1 sowie bei *Mes/Bopp/Sonntag,* Münchener Prozessformularbuch, Bd. 5, Gewerblicher Rechtsschutz, Urheber- und Presserecht, 3. Aufl. 2009, Form. A. 32.

Anmerkungen

1. Gemäß Art. 234 Abs. 2 EGV **kann** ein Gericht eines Mitgliedsstaates eine Vorabentscheidung des Europäischen Gerichtshofes einholen, wenn es diese zum Erlass eines Urteils für erforderlich hält. Gemäß Art. 234 Abs. 3 EGV **muss** ein nationales Gericht eine Vorabentscheidung unter den Voraussetzungen des Art. 234 Abs. 2 EGV einholen, wenn seine Entscheidungen selbst nicht mehr mit Rechtsmitteln des innerstaatlichen Rechts angefochten werden können. Der dem Formular zugrunde gelegte Sachverhalt geht von einem erstinstanzlichen Verfahren und damit lediglich von einer Anregung der Beklagten gegenüber dem Gericht aus, gemäß Art. 234 Abs. 2 EGV die entscheidungserhebliche Vorfrage dem Europäischen Gerichtshof vorzulegen.

2. Vorlagefrage und der dem Formular zugrunde liegende Sachverhalt sind der Entscheidung des Europäischen Gerichtshofs *„Clinique"* vom 2. Februar 1994 – Rechtssache – C-315/92 – entnommen, die in GRUR 1994, 303 ff. abgedruckt ist. Sie befasst sich mit Artt. 30, 36 EGV, die nunmehr als Artt. 28 und 30 EGV inhaltsgleich gelten. Ein weiteres Beispiel für eine Anregung, den Rechtsstreit gemäß Art. 234 EGV zur Vorabentscheidung vorzulegen, findet sich in Form. IX. 1.

3. Die Formulierung der Vorlagefrage durch den Beklagten/die Partei kann selbstverständlich nur eine Anregung sein. „Verbindlich" ist die Vorlagefrage durch das etwaig vorlegende Gericht zu formulieren.

4. Der Aussetzungsantrag beruht auf einer analogen Anwendung des § 148 ZPO; vgl. OLG Düsseldorf, NJW 1993, 1661: Die Wirksamkeit einer rechtlichen Vorschrift ist kein „Rechtsverhältnis" im Sinne des § 148 ZPO.

5. Zum besseren Verständnis des den Klagegrund bildenden Streitverhältnisses wird dieses im Formular noch einmal skizziert. Dies erscheint sinnvoll, um dem Gericht, dem gegenüber angeregt wird, die Streitfrage vorzulegen, noch einmal den Sachverhalt und die interessierenden rechtlichen Fragen zu verdeutlichen. Das befasste Gericht ist nämlich bei einer Vorlage gegenüber dem Europäischen Gerichtshof gehalten, diesem gegenüber die Gründe darzulegen, aus denen es eine Beantwortung der Vorlagefrage für entscheidungserheblich hält. Insoweit ist es geboten, dass das befasste Gericht den rechtlichen Rahmen umreißt, in den sich die erbetene Auslegung einfügen soll, ohne dass der Europäische Gerichtshof seinerseits befugt wäre, die Erheblichkeit der Vorlage für die Endentscheidung des vorlegenden Gerichtes abschließend nachzuprüfen. Die Angabe eines rechtlichen Rahmens, in den die Vorlageentscheidung sich einfügt, ist deshalb sinnvoll, um dem Europäischen Gerichtshof eine bessere Beurteilung der Entscheidungsgrundlagen des vorlegenden Gerichts zu ermöglichen. Insbesondere in dem Fall, dass die Vorlagefrage inhaltlich eher eine solche der Vereinbarkeit einer nationalen Vorschrift mit dem Gemeinschaftsrecht oder die Anwendbarkeit einer Gemeinschaftsbestimmung in einer beim nationalen Gericht anhängigen Rechtssache betrifft, weist der Gerichtshof diese an sich eher unzulässige Vorlagefrage nicht zurück, sondern deutet sie in eine Frage nach der Auslegung des einschlägigen Gemeinschaftsrechts um, damit dem nationalen Gericht es ermöglicht wird, seinerseits die Folgerungen für die Anwendbarkeit des innerstaatlichen Rechts selbst zu ziehen (vgl. z. B. *Gaitanides* in *v. der Groeben Schwarze* (Heraus-

geber), Kommentar zum Vertrag über die Europäische Union und zur Gründung der Europäischen Gemeinschaft, 6. Aufl. 2004, Rdn. 28 zu Art. 234 EG).

6. Die hier einschlägige Bestimmung des § 27 Abs. 1 Nr. 1 LMBG lautet:

„Es ist verboten, kosmetische Mittel unter irreführender Bezeichnung, Angabe oder Aufmachung gewerbsmäßig in den Verkehr zu bringen oder für kosmetische Mittel allgemein oder im Einzelfall mit irreführenden Darstellungen oder sonstigen Aussagen zu werben. Eine Irreführung liegt insbesondere dann vor,

1. wenn kosmetischen Mitteln Wirkungen beigelegt werden, die ihnen nach den Erkenntnissen der Wissenschaft nicht zukommen oder die wissenschaftlich nicht hinreichend gesichert sind ......"

7. Die komplizierte Rechtslage kann hier im Einzelnen nicht dargestellt werden. Insoweit muss auf die Kommentierung der Artt. 30 und 36 EGV a. F. (nunmehr: Artt. 28 und 30 EGV), insbesondere bei *Matthies* in *Grabitz/Hilf* verwiesen werden. Im Formular wird die Rechtsprechung des Europäischen Gerichtshofs nur skizziert wiedergegeben.

8. Rechtssache 8/74, *Dassonville,* Sammlung 1974, Seite 837, 852.

9. Vgl. Europäischer Gerichtshof in GRUR 1994, 303 re. Sp. – *Clinique;* zuvor in den verbundenen Rechtssachen *Keck* und *Mithouard,* GRUR 1994, 296 ff. m. Anm. *Bornkamm,* aaO. 297 ff.; dazu auch *Stuyck,* WRP 1994, 578 ff.

10. Die Darlegung der Gründe für das Fehlen eines Zweckes, der im Allgemeininteresse liegt und den Erfordernissen des freien Warenverkehrs vorgeht, entspricht der Zusammenfassung in Rdnrn. 21 bis 23 der Erwägungen der Entscheidung des Europäischen Gerichtshofs in GRUR 1994, 303, 304.

11. Eine Anregung gemäß Art. 234 Abs. 2 EGV, dem Europäischen Gerichtshof eine vorgreifliche Rechtsfrage zur Entscheidung vorzulegen, kann nur in gesondert gelagerten Ausnahmefällen in Betracht kommen. Die Häufung entsprechender Vorlagefälle zeigt zugleich auch eine Abnutzung. An Fällen seien beispielhaft aufgeführt: EuGH in GRUR Int. 1991, 215 ff. *Pall/Dahlhausen;* EuGH in GRUR 1994, 296 ff. – *Keck* und *Mithouard* – m. Anm. *Bornkamm;* EuGH GRUR 1994, 299 f. – *Hünermund;* EuGH 1994, 303 f. – *Clinique;* EuGH in GRUR 1993, 747 – *Yves Rocher I,* dazu BGH in GRUR 1994, 306 f. – *Yves Rocher II* zu § 6 e UWG, der durch das Gesetz zur Änderung des Gesetzes gegen den unlauteren Wettbewerb vom 25. Juli 1994 mit Wirkung zum 1. August 1994 aufgehoben worden ist (BGBl. 1994, Teil I, Seite 1738); dazu auch OLG Düsseldorf in GRUR 1994, 313 ff. und LG Düsseldorf in GRUR 1994, 314 ff.). BGH WRP 1999, 424 – Bonusmeilen – hat (in Bezug auf Art. 59 EGV) eine Vorlagepflicht verneint.

O. Patent-, Gebrauchsmuster-, Geschmacksmuster-, Kennzeichen- und Urheberrecht

Patent- und Gebrauchsmusterrecht

1. Abmahnung wegen Patentverletzung[1]

Firma
B .....
– Geschäftsleitung –
.....

Betr.: A ...../B .....

DE ..... betreffend ein Mosaik-Schaltbild[2]

Sehr geehrte Damen und Herren!

Die Firma A ..... hat mich mit der Wahrnehmung ihrer Interessen beauftragt. Namens und in Vollmacht[3] meiner Mandantin teile ich Ihnen das Folgende mit:

1. Meine Mandantin ist eingetragene, alleinige und ausschließlich verfügungsberechtigte Inhaberin des DE ..... betreffend ein Mosaik-Schaltbild[2]. Die zugrunde liegende Patentanmeldung erfolgte am 2. Januar 1995.[4] Sie wurde am 15. Juni 1997 bekannt gemacht. Die Veröffentlichung der Patenterteilung erfolgte am 12. Februar 1998.[5] Ich überreiche als Anlage A zu Ihrer Unterrichtung die zugehörige Patentschrift[6].
2. Das Patent lehrt eine gegenüber dem bisherigen Stand der Technik neue, auf erfinderischer Tätigkeit beruhende und gewerblich anwendbare[7] Verbesserung von Mosaik-Schaltbildern, soweit die Ausgestaltung der Randabschlüsse betroffen ist. Der Inhalt der DE-PS ..... ist aus sich heraus verständlich, so dass weitere Bemerkungen von mir nicht veranlasst sind.
3. Meine Mandantin hat Kenntnis davon erlangt, dass Sie Mosaik-Schaltbilder herstellen und vertreiben, die in das DE ..... eingreifen. So haben Sie beispielsweise am ..... an die Firma X ..... ein Mosaik-Schaltbild geliefert, das aus einer Montagewand mit zellenförmiger Struktur und darauf befestigten, die Zellengröße aufweisenden Mosaiksteinen bestand, wobei insbesondere die den Rand des Mosaik-Schaltbildes bildenden Steine breiter sind als die übrigen Mosaiksteine und darüber hinaus über den Rand der Montagewand vorstehen. Damit wird bei den von Ihnen angebotenen Mosaik-Schaltbildern vom Hauptanspruch des DE ..... wortsinngemäß Gebrauch gemacht[8]. Infolgedessen sind Sie gegenüber meiner Mandantin gemäß §§ 139[9] PatG zu Unterlassung, Rechnungslegung und Schadensersatz verpflichtet, ferner gemäß § 33 PatG zur angemessenen Entschädigung sowie gemäß § 140 b PatG zur Auskunftserteilung z. B. über den Vertriebsweg Ihrer Erzeugnisse, zum Rückruf und/oder zur Entfernung aus den Vertriebswegen gemäß § 140 a Abs. 3 PatG und schließlich gemäß § 140 a Abs. 1 PatG zur Vernichtung. Alle vorstehenden Ansprüche werden hiermit geltend gemacht.[9]
4. Meine Mandantin hat mich ermächtigt, Ihnen Gelegenheit zur außergerichtlichen Bereinigung des Streitverhältnisses zu geben. Ich habe Sie daher namens und in Vollmacht meiner Mandantin aufzufordern, sich ihr gegenüber zu meinen Händen rechtsverbindlich zu verpflichten[9a],

(1) es bei Meidung einer für jeden Fall der Zuwiderhandlung fälligen Vertragsstrafe in Höhe von EUR ...... (in Worten: EURO ......) zu unterlassen[10],
im Bereich der Bundesrepublik Deutschland[11] Mosaik-Schaltbilder, bestehend aus einer Montagewand mit zellenförmiger Struktur und darauf befestigten, die Zellengröße aufweisenden Mosaik-Steinen herzustellen, anzubieten, in den Verkehr zu bringen oder zu gebrauchen oder zu den genannten Zwecken einzuführen oder zu besitzen, bei denen die den Rand des Mosaik-Schaltbildes bildenden Steine breiter sind als die übrigen Mosaik-Steine und über den Rand der Montagewand vorstehen[12];

(2) meiner Mandantin für die Zeit ab 12. März 1998 Auskunft über die Herkunft und den Vertriebsweg der unter vorstehend (1) beschriebenen Erzeugnisse zu erteilen, insbesondere unter Angabe der Namen und Anschriften der Hersteller, der Lieferanten und deren Vorbesitzer, der gewerblichen Abnehmer oder Auftraggeber sowie unter Angabe der Menge der hergestellten, ausgelieferten, erhaltenen oder bestellten Erzeugnisse;[13]

(3) meiner Mandantin über den Umfang[14] der vorstehend zu (1) beschriebenen und seit dem 15. Juli 1997[15] begangenen Handlungen Rechnung zu legen, und zwar unter Vorlage eines Verzeichnisses mit der Angabe der Herstellungsmengen und -zeiten sowie der einzelnen Lieferungen unter Nennung[16]
 a) der Liefermengen, Typenbezeichnungen, Artikel-Nummern, Lieferzeiten, Lieferpreise und Namen und Anschriften der Abnehmer,
 b) der Gestehungskosten unter Angabe der einzelnen Kostenfaktoren sowie des erzielten Gewinns[16a]
 c) und unter Angabe der einzelnen Angebote und der Werbung unter Nennung der Angebotsmengen, Typenbezeichnungen, Artikel-Nummern, Angebotszeiten und Angebotspreise sowie der Namen und Anschriften der Angebotsempfänger,
 d) der einzelnen Werbeträger, deren Auflagenhöhe, Verbreitungszeitraum und Verbreitungsgebiet,
 wobei
 e) Ihnen vorbehalten bleiben mag,[17] die Namen und Anschriften der Angebotsempfänger und der nicht gewerblichen Abnehmer statt meiner Mandantin einem von dieser zu bezeichnenden und ihr gegenüber zur Verschwiegenheit verpflichteten vereidigten Wirtschaftsprüfer mitzuteilen, sofern Sie die durch seine Einschaltung entstandenen Kosten tragen und ihn ermächtigen, meiner Mandantin auf Anfrage mitzuteilen, ob bestimmte Abnehmer und/oder Lieferungen in der erteilten Rechnung enthalten sind,
 f) und die Adressatin dieses Briefes die Angaben vorstehend zu b) erst für die Zeit seit dem 12. März 1998 zu machen hat;[20]

(4) die vorstehend (1) beschriebenen Erzeugnisse zurückzurufen und/oder sie endgültig aus den Vertriebswegen zu entfernen;[18]

(5) die in Ihrem unmittelbaren oder mittelbaren Besitz oder Eigentum befindlichen Erzeugnisse entsprechend vorstehend (1) zu vernichten oder nach Ihrer Wahl an einen von meiner Mandantin zu bezeichnenden Treuhänder zum Zwecke der Vernichtung auf Ihre Kosten herauszugeben;[18a]

(6) meiner Mandantin für die zu vorstehend (1) bezeichneten Handlungen eine angemessene Entschädigung zu zahlen, soweit diese in der Zeit ab 15. Juli 1997 bis 11. März 1998 begangen worden sind;[19]

(7) meiner Mandantin allen Schaden zu erstatten, der ihr durch die vorstehend zu (1) bezeichneten und seit dem 12. März 1998 begangenen21 Handlungen entstanden ist und künftig noch entstehen wird;

(8) meiner Mandantin die ihr durch meine Einschaltung entstandenen Kosten auf der Grundlage eines Gegenstandswertes von EUR ..... in Höhe einer 1,3 Rechtsanwaltsgebühr zuzüglich Auslagen und Mehrwertsteuer zu erstatten.[22]

Die diesseits geltend gemachte Kostenerstattungspflicht findet ihre Grundlage in dem rechtlichen Gesichtspunkt des Schadensersatzes sowie demjenigen der auftraglosen Geschäftsführung. Sie ist in der höchstrichterlichen Rechtsprechung seit langem anerkannt.[22]

Ich erwarte den Eingang der vorstehenden Verpflichtungserklärungen bis zum .....[23]

Sollten Sie die gesetzte Frist ungenutzt verstreichen lassen, werde ich meiner Mandantin empfehlen, gerichtliche Schritte einzuleiten.[24]

Schrifttum: Kommentare: *Benkard/Bearbeiter,* Patentgesetz und Gebrauchsmustergesetz, 10. Aufl. 2006; *Busse/Bearbeiter,* Patentgesetz unter Berücksichtigung des Europäischen Patentübereinkommens und des Patentzusammenarbeitsvertrages mit Patentkostengesetz, Gebrauchsmustergesetz und Gesetz über den Schutz der Topographien von Halbleitererzeugnissen, Gesetz über Arbeitnehmererfindungen und Gesetz über Internationale Patentübereinkommen, 6. Aufl. 2003; *Mes,* Patentgesetz, Gebrauchsmustergesetz, 2. Aufl. 2005; *Schulte/Bearbeiter,* Patentgesetz mit EPÜ, 8. Aufl. 2008.

Lehrbücher und Monographien: Brändel, Technische Schutzrechte, 1995; *Bruchhausen,* Patent-, Sortenschutz- und Gebrauchsmusterrecht (*Schaeffers,* Grundriss des Rechts und der Wirtschaft, Bd. 15, Teilbd. 1), 1985; *Chrocziel,* Einführung in den gewerblichen Rechtsschutz und das Urheberrecht, 2. Aufl. 2002; *Däbritz,* Patente, 2. Aufl. 2001; *Dolder/Faupel,* Der Schutzbereich von Patenten, 2. Aufl. 2004; *Ensthaler,* Gewerblicher Rechtsschutz und Urheberrecht, 1998; *Goebel,* Das Patentgesetz 1981 in der Praxis des Deutschen Patentamtes (DPA), 1984 (RWS-Skript 132); *Götting,* Gewerblicher Rechtsschutz, 8. Aufl. 2007; *Jestaedt,* Patentrecht. Ein fallbezogenes Lehrbuch, 2005; *van Hees,* Verfahrensrecht in Patentsachen, 3. Auflage 2007; *Kraßer,* Lehrbuch des Patentrechts. 6. Aufl. 2009; *Kühnen/Geschke,* Die Durchsetzung von Patenten in der Praxis, 3. Aufl. 2008; *Nieder,* Die Patentverletzung, 2004; *Osterrieth,* Patentrecht, 3. Aufl. 2007; *Pitz,* Patentverletzungsverfahren, 2003; *Rebel,* Gewerbliche Schutzrechte, 4. Aufl. 2003; *Reichel,* Gebrauchsmuster- und Patentrecht – Praxisnah, 6. Aufl. 2003; *Schramm/Bearbeiter,* Der Patentverletzungsprozess – Patent- und Prozessrecht, 5. Aufl. 2005; *Witte/Vollrath,* Praxis der Patent- und Gebrauchsmusteranmeldung, 5. Aufl. 2002.

Zur Patentverwarnung: Bernreuther, Zur Auslegung und Inhaltskontrolle von Vertragsstrafevereinbarungen, GRUR 2003, 114; *Brandi/Dohrn,* Die Abnehmerverwarnung in Rechtsprechung und Praxis, GRUR 1981, 679; *Bruchhausen,* Der Meinungsaustausch über Patentverletzungen, Mitt. 1969, 286; *Deutsch,* Gedanken zur unberechtigten Schutzrechtsverwarnung, WRP 1999, 25; *Godendorff,* Schadensersatz wegen unberechtigter Verwarnung im Immaterialgüter- und Wettbewerbsrecht, 2007; *Horn,* Die unberechtigte Verwarnung aus gewerblichen Schutzrechten, 1971; *ders.*, Das Urteil des Bundesgerichtshofs im Fall „Maschenfester Strumpf", GRUR 1974, 235; *Kühnen/Geschke,* Die Durchsetzung von Patenten in der Praxis, 3. Aufl. 2008, Rdnr. 226 ff.; *Meier-Beck,* Die Verwarnung aus Schutzrechten – Mehr als eine Meinungsäußerung!, GRUR 2005, 535; *Mes,* PatG, 2. Aufl. 2005, Rdnrn. 141 ff. zu § 139; *Nieder,* Außergerichtliche Konfliktlösung im gewerblichen Rechtsschutz, 1999; *Reuthal,* Die unberechtigte wettbewerbliche Abmahnung unter besonderer Berücksichtigung der unberechtigten Schutzrechtsverwarnung, 1985; *Sack,* Die Haftung für unbegründete Schutzrechtsverwarnungen, WRP 2005, 253; *ders.*, Die Haftung für unbegründete Schutzrechtsverwarnungen, WRP 1976, 733; *Teplitzky,* Zur Frage der Rechtmäßigkeit unberechtigter Schutzrechtsverwarnungen – zugleich Besprechung von BGH GRUR 2004, 958 – Verwarnung aus Kennzeichenrecht, GRUR 2005, 9; *Ullmann,* Die Verwarnung aus Schutzrechten – Mehr als eine Meinungsäußerung?, GRUR 2001, 1027; *Wilke/Jungeblut,* Abmahnung, Schutzschrift und Unterlassungserklärung im gewerblichen Rechtsschutz, 1995; *Zimmermann,* Die ungerechtfertigte Schutzrechtsverwarnung, 2008.

Zum Europapatent und zum Europäischen Patentübereinkommen (EPÜ): Kommentare: *Beier/Haertel/Schricker/Strauss,* Europäisches Patentübereinkommen, Münchener Gemeinschaftskommentar (im Erscheinen); *Benkard*/Bearbeiter, EPÜ, 2002; *Singer/Stauder,* EPÜ, 4. Aufl. 2007; *ders.,* The European Patent Convention, 3. Aufl. 2003.

Lehrbücher, Monographien und Aufsätze: Bezzenberger, Gedanken zum europäischen Patentrecht, GRUR Int. 1987, 367; *Brandi-Dohrn/Gruber/Muir,* Europäisches und Internationales Patentrecht, 5. Aufl. 2002; *Brinkhof,* Prozessieren aus europäischen Patenten, GRUR 1993, 177; *Dybdhal,* Europäisches Patentrecht, 2. Aufl. 2004; *Fritz/Grünbeck/Hijazi,* Schlüssel zum Europäischen Patentübereinkommen 2001, 2002; *Gall,* Die Europäische Patentanmeldung und PCT in Frage und Antwort, 6. Aufl. 2002; *Rippel,* Europäische und internationale Patentanmeldungen, 3. Aufl. 2003; *Rogge,* Abwandlungen eines europäischen Patents in Sprache und Inhalt, GRUR 1993, 282; *Scheer,* Die internationale PCT-Anmeldung, Das europäische Patent, Das Gemeinschaftspatent, Die Gemeinschaftsmarke, 9. Aufl. 1996; *Teschemacher,* Die Erteilung des Europäischen Patents, GRUR 1985, 802.

Zum Gemeinschaftspatent: Monographien, Aufsätze: *Beyer,* Bewährte Zusammenarbeit zwischen technischen Richtern und rechtskundigen Richtern auch bei einem Zentralen Europäischen Patentgericht, Mitt. 2001, 329; *Bossung,* Unionspatent statt Gemeinschaftspatent, GRUR Int. 2002, 463; *Brinkhoff,* Die Schlichtung von Patentstreitigkeiten in Europa, GRUR 2001, 600; *Dreiss/Keussen,* Zur Streitregelung beim Gemeinschaftspatent, GRUR 2001, 891; *Gesthuysen,* Fortsetzung der bewährten Zusammenarbeit auch vor einem Zentralen Europäischen Patentgericht für mündige Mandanten mit verantwortungsbewussten Patentanwälten, Mitt. 2001, 332; *Koch/Stauder,* Vereinbarung über Gemeinschaftspatente mit Gemeinschaftspatentübereinkommen, den ergänzenden Protokollen und den weiteren beigefügten Texten (Textausgabe), 2. Aufl. 1997; *König,* Richter, Patentanwälte, Rechtsanwälte und die Zentrale Europäische Patentgerichtsbarkeit – Zugleich eine Erwiderung, Mitt. 2001, 340; *Kretschmer,* Gemeinschaftspatent rückt näher, GRUR 2003, 499; *A. Krieger,* Wann endlich kommt das Europäische Gemeinschaftspatent?, GRUR 1998, 256; *Landfermann,* Die Entwicklung der europäischen Gerichtsbarkeit in Patentsachen, Mitt. 2003, 341; *Luginbühl,* Streitregelungsübereinkommen vs. Gemeinschaftspatent?, GRUR Int. 2004, 357; *Nooteboom,* Die Arbeiten zur Schaffung einer Gemeinschaftspatentgerichtsbarkeit, FS *Tilmann,* 2003, S. 567; *Schäfers,* Anmerkung zu einem gemeinschaftsrechtlichen Gemeinschaftspatent, GRUR 1999, 820; *Sedemund-Treiber,* Braucht ein europäisches Patentgericht den Technischen Richter?, GRUR 2001, 1004; *Stauder,* Auf dem Weg zu einem europäischen Patentverletzungsverfahren, FS *König,* 2003, 465; *Sydow,* Die Ausdifferenzierung des Gerichtssystems der EU. Zur Struktur der künftigen europäischen Patentgerichtsbarkeit, GRUR 2001, 689; *Tilmann,* Gemeinschaftspatent mit einem zentralen Gericht, GRUR Int. 2003, 381; *ders.,* Die Zukunft der Patent-Streitregelung in Europa, GRUR 2001, 1079; *ders.,* Patentschutzsystem in Europa, GRUR 1998, 325 ff.

Sonstiges: 1. Aus der Rechtsprechung des Bundespatentgerichts (Patentrecht und Gebrauchsmusterrecht), Jahresberichte: *Anders,* 1998 (GRUR 1999, 649); 1999 (GRUR 2000, 257); *Kellerer,* 2000 (GRUR 2001, 276); 2001 (GRUR 2002, 289); 2002 (GRUR 2003, 369); *von Winterfeldt,* 2003 (GRUR 2004, 361); 2004 (GRUR 2005, 449); 2005 (GRUR 2006, 441); *ders./Engels,* 2006 (GRUR 2007, 449, 537); 2007 (GRUR 2008, 553, 641); *Keukenschrijver,* Neue Rechtsprechung des Bundesgerichtshofs zum Patentrecht seit Inkrafttreten des 2. PatGÄndG, Mitt. 2000, 435 ff.; *Meier-Beck,* Aktuelle Fragen der Schutzbereichsbestimmung im deutschen und europäischen Patentrecht, GRUR 2003, 905; *ders.,* Herausgabe des Verletzergewinns – Strafschadensersatz nach deutschem Recht?, GRUR 2005, 617; *ders.,* Die Rechtsprechung des Bundesgerichtshofs zum Patent- und Gebrauchsmusterrecht im Jahr 2005, GRUR 2007; im Jahr 2006, GRUR 2007, 913; im Jahr 2007, GRUR 2008, 1033; im Jahr 2008, GRUR 2009, Heft 10; *Reimann/ Köhler,* Der Schutzbereich europäischer Patente zwischen Angemessenheit und

Rechtssicherheit, GRUR 2002, 931; *M. v. Rospatt,* Die Rechtsprechung der 4. Zivilkammer des Landgerichts Düsseldorf in Patentstreitsachen im Jahr 1999, Mitt. 2000, 287; *Rojahn/Bodewig,* Praktische Probleme bei der Abwicklung der Rechtsfolgen einer Patentverletzung, GRUR 2005, 623/632; *Tilmann,* Beweissicherung nach Art. 7 der RL zur Durchsetzung der Rechte des geistigen Eigentums, GRUR 2005, 737.

2. *Staehelin,* Das TRIPS-Abkommen, 2. Aufl. 1999; *Busche/Stoll,* TRIPS-Internationales und europäisches Recht des geistigen Eigentums, 2005.

3. *Fröhlich,* Standards und Patente – Die ETS I IPR Policy, GRUR 2008, 205.

Hinweis: Weitere Textbeispiele für patentrechtliche Abmahnungen finden sich bei *Mes/Mes,* Münchener Prozessformularbuch, Bd. 5: Gewerblicher Rechtsschutz, Urheber- und Presserecht, 3. Aufl. 2009, zu C 2 und 3.

Anmerkungen

Hinweis: Die nachfolgende Darstellung bezieht sich auf das deutsche Patentrecht. Das europäische Patent – nach dem Europäischen Patentübereinkommen (EPÜ) – und das Gemeinschaftspatent – nach dem Gemeinschaftspatentübereinkommen – sind in den Anmerkungen zu den Formularen, soweit erforderlich, mitbehandelt.

Zu den Wirkungen der Vereinigung Deutschlands für gewerbliche Schutzrechte und insbesondere Patente vgl. die 8. Aufl. 1998.

1. In § 59 Abs. 2 S. 2 PatG 1981 ist die **Abmahnung (= Verwarnung)** wegen Patentverletzung angesprochen. Sie ist die „Aufforderung des Patentinhabers, eine angebliche Patentverletzung zu unterlassen"; mithin ein ernsthaftes und endgültiges Unterlassungsbegehren (BGH GRUR 1997, 896, 897 – Mecki-Igel III; *Benkard/Scharen,* PatG, 10. Aufl. 2006, Rdn. 14 vor §§ 9 bis 14 PatG m. w. N.). Die Verwarnung aus dem Patent ist einerseits notwendige Prozessvorbereitungsmaßnahme, um für den Fall der Klageerhebung und im Falle des sofortigen Anerkenntnisses des Klagebegehrens durch den Patentverletzer den Kläger davor zu bewahren, gemäß § 93 ZPO die Kosten des Rechtsstreits tragen zu müssen; andererseits birgt die patentrechtliche Verwarnung beträchtliche Risiken. Die ungerechtfertigte Verwarnung kann einen Eingriff in den eingerichteten und ausgeübten Geschäftsbetrieb darstellen und, sofern Verschulden vorliegt, gemäß § 823 Abs. 1 BGB zu Schadensersatz verpflichten (BGH GRUR 2006, 219 – Detektionseinrichtung; 2005, 882 – Unberechtigte Schutzrechtsverwarnung; 1997, 741 – Chinaherde: für Gebrauchsmuster; 1995, 424, 425 re. Sp. – Abnehmerverwarnung: für Patent; 1979, 332 – Brombeerleuchte: für Geschmacksmuster und Urheberrecht; 1978, 492 – Fahrradgepäckträger II: für Patent). Die gegenüber dieser Rechtsprechung kritischen Gegenstimmen (z. B. *Ullmann* GRUR 2001, 127; OLG Düsseldorf, GRUR 2003, 814 – Unberechtigte Abnehmerverwarnung – und auch BGH GRUR 2004, 958 – Verwarnung aus Kennzeichenrecht) sind durch die Entscheidung des Großen Senats für Zivilsachen, GRUR 2005, 882 – Unberechtigte Schutzrechtsverwarnung – verworfen. Zugleich kann die ungerechtfertigte Verwarnung gegen § 3 UWG verstoßen (BGH GRUR 2001, 54, 55 – SUBWAY/Subwear; 1995, 424, 425 – Abnehmerverwarnung). Bevor ein Patentverletzer verwarnt wird, sollten sehr sorgfältig die Schutzfähigkeit des geltend gemachten Schutzrechtes sowie der Verletzungstatbestand überprüft werden. Geschieht dies sorgfältig und sachkundig, zieht insbesondere der Verwarner Patent- und/oder Rechtsanwälte zu Rate, ist im Hinblick auf das Verschulden ein Entlastungsbeweis möglich (vgl. BGH GRUR 1997, 741, 742 – Chinaherde; 1976, 715 – Spritzgießmaschine; OLG Karlsruhe, GRUR-RR 2003, 230 – Funkuhr: kein Verschulden, wenn der Patentinhaber zunächst die Entscheidung des Bundespatentgerichts im Patentnichtigkeitsverfahren abgewartet hat). Dabei wird eher im Falle eines erteilten und nicht mehr einsprechbaren Patentes eine Fehleinschätzung seiner Schutzfähigkeit als unverschuldet angesehen werden können, wenn das Patent im Nachhinein auf eine Nichtigkeitsklage hin (vgl. Form. II. O. 5) vernichtet wird, als eine Fehleinschätzung des Verletzungstatbestandes. Zur erhöhten Sorgfaltspflicht bei Verwarnung aus einem Gebrauchsmuster vgl. BGH GRUR 1997, 741 – Chinaherde.

BGH GRUR 2005, 882 – Unberechtigte Schutzrechtsverwarnung – unterscheidet nicht grundsätzlich zwischen einer Verwarnung gegenüber dem unmittelbaren Patentverletzer und einer Verwarnung gegenüber seinem Abnehmer/Kunden (so genannte Abnehmer-/ Kunden- oder Drittverwarnung). Allerdings bleiben die Sachverhalte der Abnehmerverwarnung eher dem Vorwurf eines unerlaubten Eingriffs in das Recht am ausgeübten Gewerbebetrieb ausgesetzt (vgl. dazu *Meier-Beck,* GRUR 2005, 535 und den Fall eines Schadensersatzes wegen – unberechtigter – Abnehmerverwarnung in BGH GRUR 2006, 219 – Detektionseinrichtung II).

Nach nunmehr geltender Auffassung stellt die unbegründete Verletzungsklage keinen Eingriff in das Recht am eingerichteten und ausgeübten Gewerbebetrieb des Beklagten dar (BGH GRUR 2005, 882, 884, re. Sp. – Unberechtigte Schutzrechtsverwarnung; andere Ansicht: BGHZ 38, 200, 206, 207 = GRUR 1963, 255 – Kindernähmaschinen).

Ein Schaden des ungerechtfertigt Verwarnten ist in vielerlei Hinsicht denkbar, z. B. in Form von Produktions- und Liefereinstellungen infolge der Verwarnung, Kosten durch Inanspruchnahme rechtsanwaltlicher und/ oder patentanwaltlicher Hilfe (a. A. BGH GRUR 2004, 958 – Verwarnung aus Kennzeichenrecht; OLG Düsseldorf, GRUR-RR 2002, 213), Rufschädigungen.

Von der Verwarnung ist der sogenannte **Schutzrechtshinweis** zu unterscheiden (vgl. dazu Form. II. O. 8; ein weiteres Beispiel findet sich bei *Mes/Mes,* Münchener Prozessformularbuch, Bd. 5, Gewerblicher Rechtsschutz, Urheber- und Presserecht, 3. Aufl. 2009, zu C. 1 m. w. Hinweisen), mit dem lediglich ein die Tatsachen- und Rechtslage aufklärender Meinungsaustausch mit dem etwaigen Schutzrechtsverletzer eröffnet werden soll. Ein solcher Hinweis begründet regelmäßig, sofern er z. B. nicht gegenüber einem Dritten, etwa einem Abnehmer des vermeintlichen Verletzers erfolgt, keinen rechtswidrigen Eingriff in den eingerichteten und ausgeübten Gewerbebetrieb und damit keinen Schadensersatzanspruch. Die Abgrenzung zwischen Verwarnung und bloßem Schutzrechtshinweis ist oft schwierig (vgl. Form. II. O. 8 Anm. 1).

Erscheinen tatsächliche Umstände und Rechtslage im Einzelfall nicht ausreichend geklärt, sollte infolge des hohen Risikos, das mit einer Verwarnung verbunden ist, anstelle einer Verwarnung gegenüber dem vermeintlichen Verletzer lediglich ein Schutzrechtshinweis erfolgen.

An eine Verwarnung schließen sich häufig Vergleichsverhandlungen an, die auch mit einem Lizenzvertrag enden können. Zum Muster eines solchen Vertrages vgl. Münchener Vertragshandbuch Bd. 3, *Schultz-Süchting,* Form. VI. 1.

2. Die Patentnummer ist im Formular offen gelassen, der Patentgegenstand kurz bezeichnet.

3. Zur Problematik, ob der Abmahnung eine Vollmacht beigefügt sein muss, vgl. Form. II. N. 1 Anm. 3 m. w. N.; grundsätzlich ist die Beifügung einer Vollmacht zu empfehlen. Zur Problematik des Nachweises des Zugangs der Verwarnung vergleiche die insoweit ebenfalls geltenden Ausführungen in Form. II. N. 1 Anm. 2. Zur Sicherung des Zugangs der Abmahnung und des entsprechenden Nachweises wird empfohlen, alle modernen Kommunikationswege in Kombination zu nutzen, nämlich gleichzeitig die Verwarnung mit normaler Post, per Telefax und per eMail abzusenden; dann ist dem Schuldner die Einlassung erschwert, er habe die Abmahnung nicht erhalten (so ausdrücklich BGH GRUR 2007, 629, 630, Tz. 13 – Zugang des Abmahnschreibens).

4. Die Daten des im Formular zugrunde gelegten Patents unterfallen der Geltung des Patentgesetzes 1981, das zum 1. Januar 1981 in Kraft getreten ist. Bei älteren Schutzrechten kann die geltende Patentgesetzeslage durch das Nebeneinander von PatG 1968,

PatG 1980 und PatG 1981 schwer zu durchschauen sein, soweit Patentanmeldungen vor dem 1. Januar 1981 erfolgt sind. Diese Fälle werden infolge Zeitablaufs seltener. Zu dem Nebeneinander/Nacheinander der verschiedenen Patentgesetzfassungen vgl. die Ausführungen in der 8. Aufl. 1998 am gleichen Ort.

5. Die im Formular angegebenen Daten haben Bedeutung nicht nur für das anzuwendende Recht (vgl. Anm. 4), sondern insbesondere für den Beginn der sich aus der Patentanmeldung bzw. dem erteilten Patent ergebenden Ansprüche des Patentinhabers. Ab Offenlegung (Bekanntmachung) der Patentanmeldung entsteht im Falle der Benutzung durch Dritte ein Anspruch auf angemessene Entschädigung (vgl. Anm. 6 und 15). Ab Veröffentlichung der Patenterteilung setzt die Ausschließungsbefugnis des Patentinhabers mit zugehörigen Ansprüchen ein (vgl. Anm. 6 und 15).

6. Eine Patentanmeldung gibt ihrem Inhaber ein Benutzungsmonopol und gewährt ihm Ausschließlichkeitsrechte (vgl. §§ 9, 10 PatG) erst dann, wenn das Patent erteilt und die Veröffentlichung der Erteilung im Patentblatt erfolgt sind (§§ 49, 58 Abs. 1 PatG). Gleichzeitig mit der Veröffentlichung der Patenterteilung im Patentblatt wird die Patentschrift (= Deutsche Patentschrift = DE-PS) veröffentlicht. In ihr sind die Patentansprüche, die Beschreibung und die Zeichnungen, auf Grund deren das Patent erteilt worden ist, enthalten (§ 32 Abs. 3 S. 1 PatG). Ferner sind in der Patentschrift die Druckschriften anzugeben, die das Patent- und Markenamt für die Beurteilung der Patentfähigkeit des Anmeldungsgegenstandes geprüft hat (§§ 32 Abs. 3 S. 2, 43 Abs. 1 PatG). Schließlich enthält die Patentschrift die sog. Zusammenfassung (§ 36 PatG), bei der es sich um eine der technischen Unterrichtung dienenden Kurzfassung handelt, deren gesetzlich vorgeschriebener Inhalt sich aus § 36 Abs. 2 PatG ergibt. Die Patentschrift ist somit die ursprünglich eingereichte Patentanmeldung in der Gestalt, die sie im Erteilungverfahren gewonnen hat. Dementsprechend sind in § 34 Abs. 3 PatG die Erfordernisse einer Patentanmeldung analog zum Inhalt der Patentschrift bestimmt, wobei insbesondere in § 34 Abs. 4 PatG ausgeführt ist, dass die Erfindung in der Anmeldung so deutlich und vollständig zu offenbaren ist, dass ein Fachmann sie ausführen kann. Die Patentschrift, die nach Abschluss des Erteilungsverfahrens veröffentlicht wird, muss nicht die erste Unterrichtung der Öffentlichkeit über die Existenz seiner Patentanmeldung sein. Es kann zuvor schon eine Offenlegungsschrift (= Deutsche Offenlegungsschrift = DE-OS) gem. § 32 Abs. 1 Nr. 1 PatG veröffentlicht worden sein. Das geschieht dann, wenn es nicht schon zuvor (wegen rascher Beendigung des Erteilungsverfahrens) zur Veröffentlichung einer Patentschrift gekommen ist (§ 32 Abs. 2 S. 3 PatG) und die Akten einer Patentanmeldung jedermann zur Einsicht freistehen, nämlich wenn entweder der Anmelder sich gegenüber dem Patent- und Markenamt mit der Akteneinsicht einverstanden erklärt und den Erfinder benannt hat (§ 31 Abs. 1 Nr. 1 PatG) oder seit dem Anmelde- bzw. seit dem Prioritätstag der Anmeldung – vgl. dazu Anm. 20 zu Form. II. O. 3 – 18 Monate verstrichen sind. Im Falle einer Offenlegung einer Patentanmeldung erfolgt eine entsprechende Anzeige im Patentblatt (§ 32 Abs. 5 PatG). Die Offenlegungsschrift enthält die in § 34 Abs. 3 Nrn. 2–5 PatG bezeichneten Unterlagen der Anmeldung in der ursprünglich eingereichten oder in derjenigen Form, wie sie vom Patent- und Markenamt zur Veröffentlichung zugelassen worden ist (vgl. §§ 32 Abs. 2 S. 1, 34 Abs. 3 Nrn. 2–5 PatG).

Die gesetzlichen Wirkungen des Patentes treten mit der Veröffentlichung der Erteilung des Patentes im Patentblatt ein (§ 58 Abs. 1 PatG). Es sind folgende:

a) Das Patent gewährt dem Patentinhaber sowohl ein positives Benutzungsrecht als auch – negative – Verbietungsrechte. Der Umfang dieser Rechte ist in §§ 9 und 10 PatG positiv beschrieben, in §§ 11–13 PatG negativ im Sinne von Beschränkungen der Wirkungen des Patents (zu § 11 Nr. 2 PatG vgl. z. B. BVerfG GRUR 2001, 43 – Klinische Versuche; BGHZ, 130, 259 = GRUR 1996, 109 – Klinische Versuche I). Besondere Bedeutung haben die in § 139 Abs. 1 u. 2 PatG ausdrücklich statuierten Ansprüche des Patentinhabers auf Unterlassung sowie auf Schadensersatz. Weitere Ansprüche gewähren die mit Wirkung zum 1. September 2008 neugefassten §§ 140 a ff. PatG, wobei insbesondere die Ansprüche auf Vernichtung (§ 140 a), auf Drittauskunft (§ 140 b) sowie auf die Vorlage/Übergabe von Unterlagen (§§ 140 c und 140 d) interessieren. Einzelheiten sind diesen Bestimmungen zu entnehmen. Von besonderer Bedeutung: § 140 b Abs. 2 PatG gewährt das Recht, in Fällen offensichtlicher Patentverletzungen den Auskunftsanspruch auch im Wege der einstweiligen Verfügung geltend zu machen. Zum Fall einer derartigen „offensichtlichen" Patentverletzung vergleiche OLG Düsseldorf GRUR 1993, 812, 821 – Mehrfachkleiderbügel. Ebenfalls von besonderer Bedeutung: der Besichtigungsanspruch gemäß § 140 c Abs. 1 PatG. Dazu ein Beispiel bei *Mes/Mes*, Münchener Prozessformular Bd. 5, Gewerblicher Rechtschutz, Urheber- und Presserecht, 3. Aufl. 2009, Form. C. 22.

b) Der Umfang der Rechtsmacht des Patentinhabers wird durch den Schutzbereich eines Patentes festgelegt. Dieser ist in § 14 PatG ausdrücklich so festgeschrieben, dass er durch den Inhalt der Patentansprüche bestimmt wird, wobei die Beschreibung und die Zeichnungen jedoch zur Auslegung der Patentansprüche heranzuziehen sind (vgl. Anm. 12). Die Schutzdauer eines Patentes beträgt zwanzig Jahre (§ 16 Abs. 1 S. 1 PatG).

c) Aufgrund der bloßen Offenlegung einer Patentanmeldung können aus dieser keine Ansprüche auf Unterlassung, Rechnungslegung und Schadensersatz hergeleitet werden, ebenso wenig wie Ansprüche aus §§ 140 a ff. PatG. Die offen gelegte Patentanmeldung entfaltet keine Ausschließungswirkung. Die Benutzung einer offen gelegten Patentanmeldung ist nicht rechtswidrig (BGH GRUR 1993, 460, 464 – Wandabstreifer – m. Anm. *v. Maltzahn;* 1989, 411 – Offenend-Spinnmaschine). § 33 Abs. 1 PatG gewährt jedoch ab dem Zeitpunkt der Offenlegung einen Anspruch auf eine den Umständen nach angemessene Entschädigung (vgl. *U. Krieger,* Der Entschädigungsanspruch des § 33 Abs. 1 PatG, GRUR 2001, 965), wenn der Benutzer entweder von der Patentanmeldung wusste oder infolge Fahrlässigkeit von ihr keine Kenntnis hatte. Das gilt nicht für mittelbare Patentverletzungen (BGH GRUR 2004, 845 – Drehzahlermittlung; a. A. *Holzapfel,* GRUR 2006, 881).

Das Patent unterliegt innerhalb einer Frist von 3 Monaten nach der Veröffentlichung der Erteilung dem Einspruch (§ 59 Abs. 1 PatG). Der Einspruch kann nur auf die Behauptung gestützt werden, das Patent sei zu Unrecht erteilt und dementsprechend zu widerrufen (§§ 59 Abs. 1 S. 3, 21, 61 PatG). Ist die Einspruchsfrist verstrichen, kann gegen das Patent nur im Wege der Nichtigkeitsklage vorgegangen werden (§§ 81 ff. PatG).

Ist Gegenstand der Abmahnung (der Verwarnung) ein europäisches Patent (Europapatent, EP oder EU) nach dem Europäischen Patentübereinkommen (= EPÜ), so gilt folgende Rechtslage:

Das EPÜ schafft vereinheitlichte Anmelde- und Auslegungsregelungen für das EP und zentralisiert insbesondere seine Anmeldung beim Europäischen Patentamt, dessen Rechtsstellung und Organisation es ebenfalls regelt (Art. 5 ff. EPÜ). Das EP ist ein Bündel nationaler Patente der Vertragsstaaten (Artt. 2, Abs. 2, 64, 66, 139 EPÜ). Insbesondere wird eine Verletzung des EP nach nationalem Recht behandelt (Art. 64 Abs. 3 EPÜ). Mithin gelten im Hinblick auf die Rechtswirkungen eines EP für die Bundesrepublik Deutschland die Vorausführungen zu deutschen (nationalen) Patenten. Für eine Verletzungsklage auf der Grundlage eines EP sind die deutschen Verletzungsgerichte zuständig (zu den Bemühungen, eine „europäische" Gerichtsbarkeit einzuführen, vgl. *Brinkhof,* Die Schlichtung von Patentstreitigkeiten in Europa, GRUR 2001, 600; *Ermer,* Die Weiterentwicklung des Patentschutzsystems in Europa, Mitt. 2006, 145; *Sedemund-Treiber,* Braucht ein Europäisches Patentgericht den technischen Richter?, GRUR 2001, 1004; *Sydow,* Die Ausdifferenzierung des Gerichtssystems der EU, 2001, 689; *Tilmann,* Die Zukunft der Patent-Streitregelung in Europa, GRUR 2001, 1079). Der Einspruch gegen ein EP ist beim Europäischen Patentamt einzureichen, das auch über eine Beschwerde gegen eine Einspruchsentscheidung entscheidet (Artt. 99 ff., 106 ff. EPÜ). Nach Art. 112 a EPÜ ist bei schwerwiegenden, in Abs. 2 dieser Bestimmung aufgeführten Fällen eine Überprüfung der Beschwerdeentscheidung durch die Große Beschwerdekammer des Europäischen Patentamts vorgesehen (vgl. dazu *Messerli,* Die Überprüfung von Entscheidungen der Beschwerdekammern des Europäischen Patentamts nach dem neuen Art. 112 a EPÜ, GRUR 2001, 979). Hingegen ist für eine Nichtigkeitsklage gegen ein EP in erster Instanz das Bundespatentgericht, in zweiter Instanz der Bundesgerichtshof zuständig (vgl. Art. 138 EPÜ; Art. II §§ 6, 10 IntPatÜG), wobei dort allerdings über den Rechtsbestand des EP nur für den Bereich der Bundesrepublik Deutschland entschieden wird. Das EP hat eine Laufzeit von 20 Jahren, gerechnet ab dem Anmeldetag (Art. 63 EPÜ). Seine Erteilung wird veröffentlicht und es wird eine Patentschrift (EU-PS) ausgegeben (Artt. 65, 98 EPÜ). Zur Ausgabe einer Europäischen Offenlegungsschrift vgl. Art. 93 EPÜ. Die Schutzwirkungen einer offengelegten europäischen Patentanmeldung entsprechen in der Bundesrepublik Deutschland denjenigen einer nationalen Patentanmeldung. Bei Benutzung kann ein Anspruch auf angemessene Entschädigung geltend gemacht werden (Art. 67 EPÜ; dazu *Benkard/Schäfers,* EPÜ 2002, Rdnrn. 1 ff. zu Art. 67). Ist die europäische Patentanmeldung allerdings nicht in deutscher Sprache veröffentlicht worden, so besteht ein Entschädigungsanspruch erst von dem Tag an, an dem eine von dem Anmelder eingereichte deutsche Übersetzung der Patentansprüche vom DPMA veröffentlicht worden ist oder der Anmelder eine solche Übersetzung dem Benutzer der Erfindung übermittelt hat (Art. II § 1 a Abs. 2 IntPatÜG).

Zum Gemeinschaftspatent:

In Art. 142 Abs. 1 EPÜ ist vorgesehen, dass ein einheitliches europäisches Patent (Gemeinschaftspatent) geschaffen wird, das für alle Vertragsstaaten für die Gesamtheit ihrer Hoheitsgebiete einheitlich gelten soll. Eine grundlegende Einigung zur Schaffung des Gemeinschaftspatents einschließlich einer zugehörigen Zentralen Europäischen Gerichtsbarkeit ist durch den Europäischen Rat am 21. März 2003 erfolgt (vgl. dazu *Tilmann,* GRUR Int. 2003, 381). Tatsächlich existiert eine derartige europäische Gerichtsbarkeit bis zur Stunde nicht. Im Hinblick auf die Gerichtsbarkeit ist bis 2010 eine Übergangsregelung getroffen. Ausgewählte nationale Gerichte sollen über Streitigkeiten betreffend Gemeinschaftspatente entscheiden. Die Übergangsfrist kann ggf. verlängert werden (*Tilmann* aaO., S. 388 re. Sp.). Während der Übergangszeit sind die nationalen Gerichte in allen Instanzen zuständig. Sie haben dem Europäischen Gerichtshof Auslegungsfragen nach Art. 234 EG vorzulegen. Maßgeblich für die gerichtliche Zuständigkeit sind die Vorschriften EG-VO 44/2001.

7. Vgl. §§ 1 Abs. 1; 3, 4 und 5 PatG.

8. Um der Gefahr der Kostenauferlegung gemäß § 93 ZPO zu entgehen, muss der Verwarner den Verwarnten in den Stand versetzen, die Rechtslage nachprüfen zu können (OLG Düsseldorf GRUR 1970, 432; vgl. auch OLG Düsseldorf GRUR 1980, 135). Dazu gehört es regelmäßig, dass die Patentschrift übersandt (es besteht die Möglichkeit, Patentschriften über das Internet auszudrucken, www.dpma.de), gegebenenfalls kurz erläutert und auf den Verletzungstatbestand eingegangen wird. Im Formular ist die entsprechende Schilderung sehr knapp gehalten. Das ist aus den dort angeführten Gründen insbesondere dann gut vertretbar, wenn es sich beim Verwarnten um ein Fachunternehmen sowie um einen einfachen Verletzungstatbestand handelt. In den meisten Fällen der Praxis ist freilich der Verletzungstatbestand in tatsächlicher und rechtlicher Hinsicht schwieriger gelagert (vgl. z. B. den Fall OLG Düsseldorf GRUR 1980, 135 re. Sp. unten). In Ausnahmefällen – z. B. Verstößen auf einer Messe – soll nach OLG Frankfurt GRUR 1988, 32 – Messeverstoß – auch eine mündliche Abmahnung ausreichen. Eine Verwarnung kann insbesondere dann gegen § 3 UWG verstoßen, wenn sie zu pauschal und unsubstantiiert, irreführend oder sonst sachlich unrichtig ist (OLG Düsseldorf Mitt. 1996, 60). Eine sachlich sich als unbegründet erweisende Verwarnung sollte zur Beseitigung ei-

nes Störungszustandes widerrufen werden, um weitere Schadensersatzansprüche zu vermeiden (BGH GRUR 1995, 424, 426 – Abnehmerverwarnung).

9. Die im Formular zu 4. aufgeführten Verpflichtungserklärungen entsprechen den Ansprüchen, die §§ 139 ff. PatG gewähren, nämlich insbesondere auf Unterlassung, Schadensersatz, Auskunft, Rechnungslegung, Vernichtung und Kostenerstattung (und zusätzlich bei Benutzung einer offengelegten Patentanmeldung gemäß § 33 PatG: auf Entschädigung). Zur Systematik und zu Einzelheiten vgl. insbesondere *Mes,* PatG, 2. Aufl. 2005, Rdnrn. 4 ff. zu § 139. Der Rechnungslegungsanspruch ist freilich in § 139 PatG 1981 nicht ausdrücklich erwähnt, wird jedoch von der ganz herrschenden Meinung wie auch sonst bei gewerblichen Schutzrechten anerkannt (vgl. dazu Anm. 14). Dabei gilt im Patentrecht ebenso wie auch sonst im Bereich des gewerblichen Rechtsschutzes der Grundsatz, dass nur die strafbewehrte Unterlassungsverpflichtungserklärung den Patentinhaber in Hinblick auf den Unterlassungsanspruch klaglos stellt (vgl. Form. II. O. 1 zu Anm. 8 und aaO. Anm. 8). Die ebenfalls im Formular geltend gemachten Ansprüche auf Auskunftserteilung, Rückruf/Entfernung aus den Vertriebswegen sowie auf Vernichtung sind in §§ 140 a und 140 b PatG geregelt (vgl. zuvor Anm. 6 mit weiteren Erläuterungen, ferner Anm. 13, 17 und 18).

Einiges ist im Zusammenhang mit der Neuregelung durch die §§ 140 a ff. PatG nicht in den Textvorschlag aufgenommen worden.

§ 140 c Abs. 1 Satz 2 PatG sieht nunmehr bei hinreichender Wahrscheinlichkeit einer im gewerblichen Ausmaß begangenen Rechtsverletzung einen Anspruch auf die Vorlage von Bank-, Finanz- oder Handelsunterlagen vor. § 140 d Abs. 1 PatG n. F. ergänzt den Anspruch auf Vorlage von Bank-, Finanz- oder Handelsunterlagen in den Fällen des § 139 Abs. 2 PatG durch die Möglichkeit, dass der Verpflichtete Zugang zu diesen Unterlagen verschaffen muss. Diese Regelungen sind wenig klar, geschweige denn hilfreich. Sie sind deshalb im Textbeispiel nicht in Form von Formulierungsvorschlägen niedergelegt. Formulierungsvorschläge dazu in *Mes/Mes,* Gewerblicher Rechtsschutz, Urheber- und Presserecht in: Münchener Prozessformularbuch, Band 5, 3. Aufl. 2009, Form. C. 2.

Der im Formular vorgesehene Rückrufanspruch ist durch § 140 a Abs. 3 PatG n. F. begründet. Dieser bezieht sich nach Satz 1 auf Erzeugnispatente, nach Satz 2 auf Erzeugnisse, die nach Maßgabe eines Verfahrens gemäß § 9 Satz 2 Nr. 3 PatG unmittelbar hergestellt worden sind. Zum Rückrufanspruch vgl. *Jestaedt,* Die Ansprüche auf Rückruf und die Entfernung schutzrechtsverletzender Gegenstände aus den Vertriebswegen, GRUR 2009, 102.

9 a. Angebot, einen Vertrag mit den nachfolgenden Verpflichtungen abzuschließen.

10. Die hier gewählte Formulierung des Vertragsstrafeversprechens entspricht der Bestimmung des § 339 S. 2 BGB; sie hat sich in der Praxis bewährt. Gemäß §§ 316, 317 BGB ist es grundsätzlich zwar auch möglich, die Höhe der Vertragsstrafe durch den Unterlassungsgläubiger oder durch einen Dritten bestimmen zu lassen, wobei „Dritter" keinesfalls ein Gericht sein darf (BGH GRUR 1978, 192 ff. mit Anm. *Schade* – Hamburger Brauch). Wegen der Unsicherheit, die mit der Bestimmung einer Vertragsstrafe durch einen Dritten sowohl in tatsächlicher als auch in rechtlicher Hinsicht verbunden ist, wird eine entsprechende Formulierung hier nicht vorgeschlagen. Die gleiche Bewertung der Unsicherheit gilt für eine (an sich zulässige) Vertragsstrafe, deren Höhe vom Gläubiger in einem vom Schuldner vorgegebenen Rahmen zu bestimmen ist (BGH GRUR 1985, 155 f. – Vertragsstrafe bis zu ...... I – und GRUR 1985, 937 – Vertragsstrafe bis zu ...... II – jeweils m. Anm. *Ahrens*). Das Textbeispiel sieht die Zahlung der versprochenen Vertragsstrafe an den Gläubiger vor. Es ist in Rechtsprechung und Schrifttum umstritten, ob auch eine Klaglosstellung des Gläubigers dadurch erfolgen kann, dass Zahlung an einen Dritten (z.B. an eine gemeinnützige Organisation) versprochen wird (verneinend OLG Stuttgart WRP 1978, 232 ff. m. w. N. gegen z. B. OLG Frankfurt WRP 1976, 699). Maßgeblich sind die Umstände des Einzelfalles, ob nämlich aus ihnen auf eine ausreichende Ernstlichkeit des Unterlassungsversprechens geschlossen werden kann (BGH WRP 1987, 724 m.w.N. – Getarnte Werbung II). Die Hinzufügung einer aufschiebenden Befristung zu einer vertragsstrafebewehrten Unterlassungsverpflichtungserklärung macht diese grundsätzlich nicht unwirksam (BGH GRUR 2002, 180, 181 li. Sp. – Weit-Vor-Winter-Schluss-Verkauf: zum UWG).

Zur Höhe der Vertragsstrafe: Generalisierende Angaben sind nicht möglich; es kommt jeweils auf die Umstände des Einzelfalles an (BGH GRUR 2002, 180, 181 re. Sp. – Weit-Vor-Winter-Schluss-Verkauf: zum UWG). Die in wettbewerbsrechtlichen Streitigkeiten häufig vereinbarte Vertragsstrafe in Höhe von EUR 5.001,00 (oder auch: EUR 5.100,00) liegt für patentrechtliche Auseinandersetzungen regelmäßig an der unteren Grenze. Maßgeblich für die Bestimmung der Höhe der Vertragsstrafe sind insbesondere die Wettbewerbsposition des Patentinhabers (bzw. des oder der Lizenznehmer), der wirtschaftliche Wert des Patents, die wirtschaftliche Position des Verletzers und die Intensität der Verletzungshandlungen („Angriffsfaktor"). Zu weiteren Einzelheiten vgl. *Mes/Mes,* Münchener Prozessformularbuch, Bd. 5, Gewerblicher Rechtsschutz, Urheber- und Presserecht, 3. Aufl. 2009, Form. C. 2. Anm. 20.

Die Höhe der Vertragsstrafe muss geeignet sein, die Ernstlichkeit des Unterlassungswillens des Schuldners zum Ausdruck zu bringen. Denn die strafbewehrte Unterlassungsverpflichtungserklärung beseitigt die Wiederholungs- bzw. die Begehungsgefahr für den Unterlassungsanspruch (BGH GRUR 1996, 260, 261 – Wegfall der Wiederholungsgefahr I). Das gilt allerdings nur dann, wenn sie den bestehenden gesetzlichen Unterlassungsanspruch nach Inhalt und Umfang voll abdeckt und dementsprechend uneingeschränkt, unwiderruflich, unbedingt und grundsätzlich auch ohne die Angabe eines Endtermins erfolgt (BGH GRUR 2002, 180, 181 – Weit-Vor-Winter-Schluss-Verkauf; 1997, 379, 380 – Wegfall der Widerholungsgefahr II). Nach Meinung des OLG Hamburg fehlt dem Gläubiger für die gerichtliche Durchsetzung seines gesetzlichen Unterlassungsanspruchs das Rechtschutzbedürfnis, wenn der Schuldner eine ausreichend strafbewehrte Unterlassungsverpflichtungserklärung abgegeben hat (GRUR 1974, 108; so auch früher: BGH, z.B. WRP 1978, 38, 39 – Hamburger Brauch; noch heute: *Thomas/Putzo* ZPO 29. Aufl. 2008, Rdn. 27 Vorbemerkung § 253). Dieser Meinungsstreit kann dahinstehen. Die der strafbewehrten Unterlassungsverpflichtungserklärung eigene Wirkung der Klaglosstellung beruht darauf, dass der Gläubiger in Folge des Vertragsstrafeversprechens gegen den Schuldner Druck ausüben kann, die eingegangene Verpflichtung einzuhalten (BGH GRUR 1984, 72, 73 – Vertragsstrafe für versuchte Vertreterabwerbung). Damit ist eine dem § 890 ZPO vergleichbare Beugewirkung begründet.

Wird eine Unterlassungsverpflichtungserklärung angenommen, begründet dies ein Dauerschuldverhältnis (BGH GRUR 1995, 678, 679 – Kurze Verjährungsfrist). Der Inhalt der Verpflichtungen des Schuldners (insbesondere der Unterlassungspflicht) ergibt sich durch Auslegung. Diese kann enger oder weiter sein als bei einem gerichtlichen Verbot (BGH GRUR 1997, 931, 932 – Sekundenschnell).

Zum Problem des Zusammenfassens von Mehrfachverstößen (Fortsetzungszusammenhang) vgl. BGHZ 146, 318 = GRUR 2001, 758 – Trainingsvertrag; *Bernreuther,* Zur Auslegung und Inhaltskontrolle von Vertragsstrafevereinbarungen, GRUR 2003, 114. Häufig empfiehlt es sich, das Problem der Mehrfachverstöße bei Gegenständen (Erzeugnissen, Vorrichtungen, Stoffen, usw.), die regelmäßig in großer Zahl hergestellt und/oder vertrieben werden, in der Weise zu lösen, dass formuliert wird:

„...... mindestens für jedes entgegen der Unterlassungsverpflichtung hergestellte (vertriebene) Erzeugnis eine Vertragsstrafe in Höhe von ...... zu zahlen.",

wobei sodann die Vertragsstrafe für jedes einzelne Erzeugnis z.B. EUR 100,00 betragen kann. Zur Zulässigkeit einer solchen Klausel vgl. BGH GRUR 2009, 181 – Kinderwärmekissen; allerdings ggf. Herabsetzung gemäß § 242 BGB; dazu BGH aaO.

Zu den Rechtsfolgen einer zwar abgegebenen, jedoch ungerechtfertigt vom Gläubiger zurückgewiesenen Unterwerfungserklärung vgl. BGH GRUR 1996, 290 – Wegfall der Wiederholungsgefahr I.

11. Der Hinweis auf die räumliche Beschränkung der Unterlassungsverpflichtung ist an sich überflüssig, weil sich entsprechend der nur territorialen Geltung eines deutschen Patentes in Deutschland dessen Schutzwirkungen nur hier entfalten können. Der Hinweis schadet aber nicht. Er hat Bedeutung zum einen im Falle eines ausländischen Gegners, zum anderen für den Fall, dass der nationale (deutsche) Teil eines europäischen Patentes geltend gemacht wird. Dann könnte auch formuliert werden: „...... im deutschen territorialen Geltungsbereich des EP ......“.

12. Die Unterlassungsverpflichtungserklärung ist die kurz gefasste Beschreibung der konkreten Verletzungsform. Sie hat sich am Anspruch bzw. an den Ansprüchen des Patentes zu orientieren. Den Patentansprüchen kommt besondere Bedeutung zu. Gemäß § 14 S. 1 PatG bestimmen sie vordringlich den Schutzbereich des Patentes. In ihnen ist angegeben, was seitens des Patentanmelders als patentfähig beansprucht und was im Falle der Patenterteilung durch das Patentamt als patentfähig angesehen worden ist. Der Patentanspruch beschreibt somit die patentfähige Erfindung = den Gegenstand der Erfindung (BGH GRUR 2004, 47 – Blasenfreie Gummibahn I; 1993, 651 – Tetraploide Kamille). Die Gesamtheit der Merkmale des Patentanspruchs einschließlich ihrer zugehörigen Wirkungen repräsentiert die patentierte Lösung (BGH GRUR 2000, 1005 – Bratgeschirr). Gemäß § 14 S. 2 PatG sind die Beschreibungen und die Zeichnungen zur Auslegung der Patentansprüche heranzuziehen. Das dient nicht nur und erst der Behebung von Unklarheiten, sondern auch schon zur Klarstellung und zur Erläuterung der in den Ansprüchen verwendeten technischen Begriffe und insbesondere der Klärung der Bedeutung und der Tragweite der dort beschriebenen Erfindung (BGH in st. RechtSpr., GRUR 2004, 413, 414 re. Sp. – Geflügelkörperhalterung; BGHZ 150, 149, 153 = GRUR 2002, 515 – Schneidmesser I; weitere Nachweise bei *Mes,* PatG, 2. Aufl. 2005, Rdn. 16 zu § 14). Für den Inhalt der Patentansprüche ist nicht allein der Wortlaut bestimmend, sondern vielmehr der Sinngehalt (Wortsinn). Es kommt mithin auf den Offenbarungsgehalt der Patentansprüche an, so wie er sich dem Fachmann (sog. Durchschnittsfachmann), an den sich die Patentschrift wendet, auf der Grundlage des Offenbarungsgehalts der Patentschrift darstellt (BGH in st. RechtSpr., z. B. GRUR 2001, 232, 233 re. Sp. – Brieflocher; 1999, 909, 911 re. Sp. – Spannschraube). Dabei geht es nur darum, im Zusammenhang mit der Beurteilung der Frage, ob eine Patentverletzung vorliegt, die technische Lehre, die sich aus der Sicht des vom Patent angesprochenen Fachmanns aus den Merkmalen des Anspruchs im Einzelnen und in ihrer Gesamtheit ergibt, zu ermitteln (BGH st. Rspr., z. B. GRUR 2008, 779, 782, re. Sp. oben – Mehrgangnabe; BGHZ 171, 120, Rdn. 18 = GRUR 2007, 410 – Kettenradanordnung; 172, 108 = GRUR 2007, 859, Rdn. 13 – Informationsübermittlungsverfahren I). Maßgeblich sind der Sinngehalt des Patentanspruchs in seiner Gesamtheit und der Beitrag, den die einzelnen Merkmale des Anspruchs zum Leistungsergebnis der Erfindung liefern. Diese müssen unter Heranziehung der den Patentanspruch erläuternden Beschreibung und Zeichnungen (vgl. § 14 Satz 2 PatG) durch Auslegung ermittelt werden (BGH GRUR 2008, 779, 782, re. Sp. oben – Mehrgangnabe). Es handelt sich um eine Rechtsfrage, die der Überprüfung in der Revision zugänglich ist; zugleich gilt, dass die Auslegung des Patentanspruchs nicht einem gerichtlichen Sachverständigen überlassen werden darf, sondern vielmehr dem Gericht obliegt (BGH aaO. – Mehrgangnabe).

Gemäß § 1 Abs. 1 PatG werden Patente für Erfindungen auf allen Gebieten der Technik erteilt, die neu sind und auf einer erfinderischen Tätigkeit beruhen (vgl. §§ 1 ff. PatG; ebenso für europäische Patente, Artt. 54 bis 57 EPÜ). Die Beschreibung des Erfindungsgegenstandes in den Patentansprüchen erfolgt überwiegend in der Weise, dass der Patentanspruch in einen Oberbegriff (= summarische Wiedergabe des vorbekannten Standes der Technik) sowie in einen kennzeichnenden Teil (Zusammenfassung der gegenüber dem vorbekannten Stand der Technik für sich oder in Kombination neuen Merkmale; vgl. § 1 Abs. 2 Patentanmeldeverordnung) untergliedert ist, ohne dass diese Unterteilung für die rechtliche Bewertung einer angegriffenen Ausführungsform als patentverletzend von Bedeutung ist (BGH GRUR 1994, 357 – Muffelofen). Sie folgt allein Zweckmäßigkeitsüberlegungen. Ein Patentanspruch kann auch so genannt „einteilig" gefasst sein, d. h. nicht nach Oberbegriff und kennzeichnendem Teil unterschieden (vgl. dazu *Flad*, GRUR 1994, 478, 479). Die Unterteilung in Oberbegriff und Kennzeichen ist auch der Unterlassungsverpflichtungserklärung im Formular zugrunde gelegt. Es hat sich als zweckmäßig erwiesen, „Oberbegriff" und „Kennzeichen" in der Unterlassungsverpflichtungserklärung in der Weise voneinander zu trennen, dass zwischen beiden die Benutzungshandlungen aufgenommen werden, die der Patentverletzer unterlassen soll. Sie entsprechen den Befugnissen des Patentinhabers und sind in §§ 9 ff. PatG aufgeführt. Da der Fall mittelbarer Patentverletzung (§ 10 PatG) seltener ist (vgl. dazu das Textbeispiel in *Mes/Mes*, Münchener Prozessformularbuch, Bd. 5, Gewerblicher Rechtsschutz, Urheber- und Presserecht, 3. Aufl. 2009, Form. C. 8, S. 434 ff.), ist im Formular lediglich der Fall unmittelbarer Patentverletzung (§ 9 PatG) behandelt. Des Weiteren bezieht sich das Textbeispiel auf ein Sachpatent i. S. des § 9 Satz 2 Nr. 1 PatG. Die dort dem Patentinhaber vorbehaltenen Benutzungshandlungen sind in der Unterlassungsverpflichtungserklärung aufgeführt.

Um die Verletzungsform sowohl zutreffend zu erfassen als auch als patentverletzend zu charakterisieren, ist es notwendig, den Wortlaut der Patentansprüche, insbesondere des Hauptanspruchs und den darin festgelegten Gegenstand der Erfindung einerseits und die angegriffene Ausführungsform andererseits unter Berücksichtigung von *Aufgabe* (= technisches Problem) und *Lösung* des Patentes miteinander zu vergleichen. Der Ansatz ist zweistufig. Auf einer ersten Stufe ist der Inhalt der Patentansprüche unter Berücksichtigung des § 14 PatG zu bestimmen. Es ist mithin zu ermitteln, was die patentfähige Erfindung = der Gegenstand der Erfindung ist (BGH GRUR 2004, 47 – Blasenfreie Gummibahn I; 1993, 651 – Tetraploide Kamille). Ist der Gegenstand des Patents anhand der Patentansprüche ermittelt, erfolgt auf einer zweiten Stufe die Ermittlung des Schutzumfangs des Patents, nämlich des Vergleichs des unmittelbaren Gegenstand des Patents (der offenbarten und beanspruchten Erfindung) mit der anzugreifenden Ausführungsform (Verletzungsform). Grundsätzlich empfiehlt es sich, eine Merkmalsanalyse aufzustellen (das Muster einer derartigen Merkmalsanalyse findet sich in Form. II. O. 3; zu den Methoden der Erstellung einer Merkmalsanalyse vgl. *Meier-Beck*, Patentanspruch und Merkmalsgliederung, GRUR 2001, 967; *Kaess*, Die Merkmalsanalyse als Maßstab für die Eingriffsprüfung im Patentverletzungsprozess, GRUR 2000, 637; zum Aufbau einer Merkmalsanalyse vgl. die Beispiele: BGH GRUR 2000, 1005 – Bratgeschirr; 2002, 511 – Kunststoffrohrteil; 2002, 515 – Schneidmesser I; 2002, 519 – Schneidmesser II). Anhand einer derartigen Merkmalsanalyse kann sodann die Verletzungsform im Hinblick auf bestehende Gemeinsamkeiten/Unterschiede mit dem Erfindungsgegenstand überprüft werden. Dazu gelten folgende Grundsätze:

a) Wortsinngemäße Patentverletzung:

Unter den Schutzumfang fällt jedenfalls die identische (wortlautgemäße = unmittelbar gegenständliche) Benutzung (vgl. z. B. BGH GRUR 1999, 914, 916 re. Sp. – Kontaktfederblock; BGHZ 98, 12 ff. = GRUR 1986, 802, 804 li. Sp. unten – Formstein). Die Prüfung einer wortsinngemäßen Patentverletzung erfordert zumindest eine Befassung mit der technischen Lehre, die sich aus der Sicht des vom Patent angesprochenen Fachmanns aus den Merkmalen des Anspruchs im Einzelnen und in ihrer Gesamtheit ergibt (BGH st. RechtSpr., zuletzt BGH GRUR 2008, 779, 782, re. Sp. oben – Mehrgangnabe; BGHZ 171, 120, Rdn. 18 = GRUR 2007, 410 – Kettenradanordnung; 172, 108 = GRUR 2007, 859, Rdn. 13 – Informationsübermittlungsverfahren I). Dabei ist nicht an einem philologischen Wortlaut des Patentanspruchs zu haften, sondern maßgeblich ist der technisch verstandene und häufig erst im Wege der Auslegung zu ermittelnde Wortsinn der Formulierungen des Patentanspruchs (BGH GRUR 2004, 413, 415 – Geflügelkörperhalterung). Dabei stellt der durch die Patentschrift angesprochene

Fachmann auf den technischen Gesamtzusammenhang ab, den ihm der Inhalt der Patentschrift unter Berücksichtigung der in ihr objektiv offenbarten Lösung vermittelt (BGH in st. RechtSpr., z. B. GRUR 1999, 909, 911 – re. Sp. – Spannschraube; 2001, 232, 233 re. Sp. – Brieflocher). Der Sinngehalt eines Patentanspruchs in seiner Gesamtheit und der Beitrag, den die einzelnen Merkmale für die Erfindung liefern, müssen durch Auslegung ermittelt werden, wobei die dem Patentanspruch erläuternde Beschreibung und die Zeichnungen heranzuziehen sind (§ 14 S. 2 PatG; ebenso Art. 68 Abs. 1 S. 2 EPÜ). Der Durchschnittsfachmann ist des Weiteren bestrebt, die Patentschrift in einem sinnvollen Zusammenhang zu lesen und ihren Gesamtinhalt im Zweifel so zu verstehen, dass sich Widersprüche nicht ergeben (OLG Düsseldorf, Mitt. 1998, 179 – Mehrpoliger Steckverbinder; ähnlich BGH GRUR 2008, 887, 889, re. Sp., Rdn. 21 – Momentanpol II). Auf Vorgänge im Erteilungsverfahren, die der Patenterteilung vorausgegangen sind, kommt es grundsätzlich für die Bestimmung des Schutzbereichs eines Patents nicht an (BGH GRUR 2002, 511 – Kunststoffrohrteil).

b) Äquivalente Patentverletzung:
Neben einem wortsinngemäßen Gebrauchmachen von den Merkmalen eines Patentanspruchs fällt unter den Schutz eines Patents auch diejenige Benutzung, die zwar vom Wortsinn abweicht, jedoch die Lehre des Patents mit gleichwirkenden Mitteln (= Gleichwirkung = Äquivalenz) verwirklicht (BGH in st. RechtSpr., z. B. BGHZ 98, 19 = GRUR 1986, 802, 805 – Formstein; 1999, 909, 913, 914 – Spannschraube; 2000, 1005 – Bratgeschirr; 2002, 515, 517 li. Sp. – Schneidmesser I; 2002, 519, 521 li. Sp. – Schneidmesser II). Nur solche Mittel sind äquivalent, die der Durchschnittsfachmann anhand von Überlegungen, die am Sinngehalt des Patentanspruchs anknüpfen, als gleichwirkend auffinden kann (grundlegend: BGHZ 98, 19 = GRUR 1986, 803, 805 – Formstein; 1991, 436, 439 – Befestigungsvorrichtung II). Der Bundesgerichtshof hat die Anforderung an die Annahme einer äquivalenten Patentverletzung in jüngerer Zeit präzisiert, und zwar in den Entscheidungen: BGHZ 150, 161 = GRUR 2002, 511 – Kunststoffrohrteil; BGHZ 150, 149 = GRUR 2002, 515 – Schneidmesser I; 2002, 519 – Schneidmesser II und 2002, 523 – Custodiol I; dazu: *Reimann/Köhler,* GRUR 2002, 931; *Meier-Beck,* GRUR 2003, 905):

- Bei der angegriffenen Ausführungsform (Verletzungsform) muss das im Vergleich zum Gegenstand des Anspruchs ausgetauschte Mittel das der Erfindung zugrunde liegende Problem mit zwar abgewandelten, aber objektiv gleichwirkenden Mitteln lösen.
- Das bzw. die Austauschmittel muss/müssen durch den Fachmann als gleichwirkend aufgefunden werden können. Dazu bedarf es einer Orientierung durch den Fachmann am Patentanspruch (BGH GRUR 2000, 1005, 1006 – Bratgeschirr; BGHZ 150, 149 = GRUR 2002, 515 – Schneidmesser I; BGHZ 150, 161 = GRUR 2002, 511 – Kunststoffrohrteil). An dieser orientierenden Betrachtung fehlt es, wenn das eingesetzte Austauschmittel bei einer angegriffenen Ausführungsform einen völlig anderen Weg geht als die Lehre des Patents und/oder auf die mit dem Patent angestrebten Wirkungen/Vorteile verzichtet wird (BGH GRUR 1999, 909 – Spannschrauben). Benötigt der Fachmann insbesondere erfinderisches Bemühen, um zur Austauschlösung zu gelangen, stellt sich die Frage, ob der Schutzbereich des Patents verlassen ist (BGH GRUR 1994, 597, 600 – Zerlegvorrichtung für Baumstämme; *Mes,* PatG, 2. Aufl. 2005, Rdnrn. 62, 77 ff. zu § 14 m. w. N.; dazu insbesondere auch OLG Düsseldorf, GRUR 1999, 702 – Schließfolgeregler; *Meier-Beck,* GRUR 2003, 910). Zum Problem der so genannten abhängigen Erfindung und ihrer Einbeziehung unter den Schutzumfang eines Patentanspruchs im Wege der Äquivalenz vgl. OLG Düsseldorf GRUR 1999, 702 – Schließfolgeregler; *Meier-Beck* GRUR 2003, 910; *Körner,* Äquivalenz und abhängige Erfindung, GRUR 2009, 97.
- Wenn schon gilt, dass die Gleichwirkung der Austauschlösung grundsätzlich nicht ohne Orientierung am Patentanspruch festgestellt werden kann (BGH GRUR 2000,

1005, 1006 – Bratgeschirr), ist es ferner erforderlich, dass die Überlegungen, die der Fachmann anstellen muss, um zur Austauschlösung zu gelangen, derart am Sinngehalt der im Patentanspruch unter Schutz gestellten technischen Lehre orientiert sein müssen, dass der Fachmann die abweichende Ausführung mit ihren abgewandelten Mitteln als der patentgegenständlichen gleichwertige Lösung in Betracht zieht. Einzelheiten dazu bei Meier-Beck, GRUR 2003, 907–909; Mes, PatG, 2. Aufl. 2005, Rdnrn. 51 ff. zu § 14).

Formsteineinwand. Im Falle der Annahme von Äquivalenz lässt BGH allerdings die Verteidigung zu, die als äquivalent angegriffene Ausführungsform stelle mit Rücksicht auf den vorbekannten Stand der Technik keine patentfähige Erfindung dar, weil sie weder neu sei noch auf erfinderischer Tätigkeit beruhe (BGH GRUR 1986, 803, 805, 806 – Formstein; siehe insbesondere *Nieder,* Zum „Formstein"-Einwand, FS *König* 2003, 379; *Mes,* PatG, 2. Aufl. 2005, Rdn. 84 ff. zu § 14 m. w. N.). Der Formsteinweinwand ist dann nicht anwendbar, wenn die Merkmale eines erteilten Patentanspruchs bei der angegriffenen Ausführungsform identisch (wortsinngemäß) verwirklicht sind (BGH GRUR 1990, 914 – Kontaktfederblock). Vor der Prüfung des Formsteineinwandes ist mithin methodisch zunächst erforderlich, sämtliche Merkmale und ihre Funktion im Rahmen der patentgemäßen Lehre zu klären und sodann festzustellen, ob von jedem einzelnen Anspruchsmerkmal bei der angegriffenen Ausführungsform Gebrauch gemacht wird. Nur dann, wenn diese Feststellung ergibt, dass mindestens eines dieser Merkmale nicht in wortsinngemäßer Form verwirklicht ist, ist eine Prüfung des Formsteineinwandes angebracht (BGH GRUR 1999, 914 – Kontaktfederblock).

Kein Teilschutz. Ist nur ein einziges Merkmal des Patentanspruchs nicht verwirklicht (weder wortsinngemäß noch äquivalent), so scheidet die Annahme einer Patent- oder Gebrauchsmusterverletzung aus. Der Schutzbereich eines Patents oder Gebrauchsmusters umfasst keine Unter- oder Teilkombination der Merkmale der beanspruchten technischen Lehre (BGH GRUR 2007, 1059 – Zerfallszeitmessgerät; offen gelassen noch bei BGH GRUR 1992, 40 – Beheizbarer Atemluftschlauch; LG Düsseldorf, GRUR-Int. 1990, 382 – Adapter).

Auslegung von Patentansprüchen und **Ermittlung** ihres Schutzbereichs gehören zu den schwierigsten anwaltlichen Aufgaben im Zusammenhang mit der Bearbeitung eines Patentverletzungsrechtsstreits. Dazu sind in jüngerer Zeit die nachstehend aufgeführten bedeutsamen Entscheidungen ergangen, die im Einzelnen hier aus Platzgründen nicht näher kommentiert werden können: BGH GRUR 1999, 909 – Spannschraube; 2002, 511 – Kunststoffrohrteil; 2002, 515 – Schneidmesser I; 2002, 519 – Schneidmesser II; 2002, 523 – Custodiol I; 2002, 527 – Custodiol II. Die in diesen Entscheidungen getroffenen Aussagen lassen sich dahingehend zusammenfassen, dass zum einen alles dasjenige, was in den Ansprüchen nicht konkret seinen Niederschlag gefunden hat, nicht unter den Schutzumfang der Ansprüche fallen kann (BGH GRUR 2004, 1023, 1024 li. Sp. unten – Bodenseitige Vereinzelungseinrichtung), und dass zum anderen die in den Ansprüchen enthaltenen Festlegungen (z. B. anhand von Maß- und Bereichsangaben) für die Auslegung der Patentansprüche regelmäßig beschränkende Bedeutung haben. Zu weiteren Einzelheiten vgl. *Mes,* PatG 2. Aufl. 2005, Rdnrn. 45 ff. zu § 14.

13. Den im Formular geltend gemachten Anspruch auf Drittauskunft gibt § 140 b Abs. 1 und 2 PatG seit dem 1. Juli 1990 (vgl. Anm. 6). Die zu erteilenden Auskünfte sollen den Patentinhaber insbesondere befähigen, weitere Patentverletzungen durch Dritte zu unterbinden. Für die Praxis hat die Mitteilung der gewerblichen Abnehmer besondere Bedeutung. Sie ermöglicht, etwaige weitere Patentverletzer in Erfahrung zu bringen (vgl. OLG Düsseldorf GRUR 1993, 818 – Mehrfachkleiderbügel). Ein Wirtschaftsprüfervorbehalt ist vom Gesetz nicht vorgesehen und nur in Ausnahmefällen (z.B. sehr enges Wettbewerbsverhältnis) denkbar. Denn gemäß § 140 b Abs. 1 PatG sind die im Gesetz vorgesehenen Auskünfte zu erteilen, es sei denn, „dass dies im Einzelfall unverhältnismäßig ist" (vgl. BGH GRUR 1995, 338 – Kleiderbügel; s. nachf. Anm. 17). Der Auskunftsanspruch des § 140 b PatG ist nicht mit dem allgemeinen Rechnungslegungsanspruch identisch, der aus den nachstehend in Anm. 14 wiedergegebenen Gründen gewährt wird (§ 141 a PatG).

14. Nach ständiger höchstrichterlicher Rechtsprechung kann im Falle der Patentverletzung wie auch sonst im Bereich gewerblicher Ausschließlichkeitsrechte der Schaden in dreifacher Weise berechnet werden (Ersatz des unmittelbaren Schadens, der durch die Patentverletzung entstanden ist, insbesondere des entgangenen Gewinns; die Zahlung einer angemessenen Lizenzgebühr und Herausgabe des Verletzergewinns; vgl. statt vieler *Mes,* PatG, 2. Aufl. 2005, Rdnrn. 73 ff. zu § 139; zur dogmatischen Herleitung der Schadensersatzberechnungsmethode nach dem herauszugebenden Verletzergewinn vgl. BGH GRUR 2001, 329 – Gemeinkostenanteil). In der Neufassung des § 139 Abs. 2 S. 2 und S. 3 PatG mit Wirkung zum 1. September 2008 sind die Schadensersatzberechnungsmethoden der Herausgabe des Verletzergewinns und der Zahlung einer angemessenen Lizenzgebühr ausdrücklich angeführt. Um sich hinsichtlich der von ihm zu wählenden Berechnungsart schlüssig zu werden und seinen Schaden ziffernmäßig bestimmen zu können, kann der Verletzte neben dem Anspruch auf Auskunft gemäß § 140 b PatG einen Rechnungslegungsanspruch geltend machen, der in § 141 a PatG (neugefasst mit Wirkung zum 1. September 2008; früher: § 140 b Abs. 5 PatG) lediglich als „weitergehender Anspruch" angeführt, jedoch in ständiger höchstrichterlicher Rechtsprechung auf der Grundlage des § 242 BGB gewährt wird und gewohnheitsrechtlichen Charakter hat (vgl. BGH GRUR 1962, 398, 400 – Atomschutzvorrichtung; GRUR 1984, 728/729 li. Sp. – Dampffrisierstab II; zum Rechnungslegungsanspruch vgl. auch *Tilmann* GRUR 1987, 251 ff.). Die im Formular verlangten Angaben werden ebenfalls gewohnheitsrechtlich zuerkannt (vgl. z. B. BGH GRUR 1982, 723 f. – Dampffrisierstab I). Sie folgen den in der geltend gemachten Unterlassungsverpflichtung aufgeführten Benutzungshandlungen. Soweit die Namen und Anschriften von nicht gewerblichen Abnehmern bzw. Angebotsempfängern in Rede stehen, besteht die Besonderheit eines Wirtschaftsprüfervorbehalts (vgl. dazu Anm. 17). Zum Problem der aufgelaufenen Zinsen, wenn der Geschädigte seinen Schaden im Weg der Lizenzanalogie berechnet, vgl. Form. II. O. 21 Anm. 3 m. w. N.

Im Textbeispiel ist auf die Mitteilung der Gestehungskosten abgestellt. Zu ihnen gehören nicht die Gemeinkostenanteile (Fixkosten). Diese dürfen vom Verletzer im Falle der Geltendmachung des Anspruchs auf Herausgabe des Verletzergewinns nicht abgezogen werden (BGH GRUR 2001, 329, 331 – Gemeinkostenanteil; *Tillmann,* Gewinnherausgabe im gewerblichen Rechtschutz und Urheberrecht GRUR 2003, 647; *Haft/Reimann,* Zur Berechnung des Verletzergewinns nach der „Gemeinkostenanteil"-Entscheidung des Bundesgerichtshofs vom 2. November 2001, Mitt. 2003, 437). In ständiger Praxis der Düsseldorfer Gerichte (Landgericht und Oberlandesgericht) ist gegenüber dem rechnungslegungspflichtigen Patentverletzer bisher immer geltend gemacht worden, dieser müsse seine Rechnungslegungsangaben entsprechend der materiellen Rechtslage ausrichten, wie sie zuvor dargestellt wurde. Insoweit war die Formulierung üblich: „...... der nach den einzelnen Kostenfaktoren aufgeschlüsselten Gestehungskosten und des erzielten Gewinns, wobei dieser nicht durch den Abzug von Fixkosten und variablen Gemeinkosten gemindert wird, sofern diese nicht ausnahmsweise den vorstehend bezeichneten Vorrichtungen/Erzeugnissen unmittelbar zuzuordnen sind." Diese Präzisierung der Rechnungslegungsangaben ist vom BGH GRUR 2007, 773, 777, re. Sp. – Rohrschweißverfahren – verworfen worden. In Konsequenz dessen hat OLG Düsseldorf – Urteil vom 11. September 2008, 2 U 11/07 – einen entsprechenden Rechnungslegungsantrag als unbegründet erachtet. Das Textbeispiel im Formular enthält mithin diese Beschränkung nicht mehr.

Ein Auskunfts-/Rechnungslegungsanspruch umfasst regelmäßig auch die Vorlage von Belegen (BGH GRUR 2001, 841, 845, li. Sp. oben – Entfernung der Herstellungsnummer II), regelmäßig in Form von Kopien.

15. Dem wegen Patentverletzung Inanspruchgenommenen wird ein Prüfungszeitraum von einem Monat ab Veröffentlichung der Patenterteilung eingeräumt. Erst nach Ablauf dieses Zeitraums kommen ein Verschulden und damit eine Haftung (auf Rechnungslegung und Schadensersatz) in Betracht (BGH GRUR 1986, 803, 806 – Formstein).

Im Formular ist noch die Besonderheit gegeben, dass auch Entschädigung für die Benutzung der offengelegten Patentanmeldung gefordert wird (vgl. sogleich die Verpflichtungserklärung zu (6) im Formular). Daher ist für die geforderte (und vom Benutzer auch geschuldete – vgl. BGHZ 107, 161 = GRUR 1989, 411 – Offenendspinnmaschine) Rechnungslegung auf das Datum der Offenlegung (Bekanntmachung) der Patentanmeldung zuzüglich eines Monats Karenzzeit abzustellen.

16. Die im Formular angeführten Angaben benötigt der Patentinhaber, um seinen Schaden beziffern, insbesondere entscheiden zu können, welche Berechnungsart er seinem Schadensersatzanspruch zugrunde legen will (vgl. dazu Anm. 14).

16a. Ob zu den Gestehungskosten auch die Gemeinkostenanteile (Fixkosten) gehören, dazu siehe oben Anm. 14 am Ende.

17. Die nachfolgenden Ausführungen im Textbeispiel des Formulars beziehen sich auf den Wirtschaftsprüfervorbehalt. Dieser kann nur Rechnungslegungsangaben betreffen, da die so genannte Drittauskunft (gemäß § 140b PatG) infolge ihrer Funktion, den Patentinhaber zu befähigen, weitere Patentverletzungen durch Dritte zu unterbinden, keinen Wirtschaftsprüfervorbehalt duldet (s.o. Anm. 13). Ein Wirtschaftsprüfervorbehalt wird im Zusammenhang mit Rechnungslegungsangaben regelmäßig insoweit zuerkannt, als es – wie im Formular auch vorgesehen – um die Namen und Anschriften etwaiger nicht gewerblicher Abnehmer geht, die als mögliche Patentverletzer gemäß § 11 Nr. 1 PatG infolge einer Benutzung des patentgeschützten Erzeugnisses im privaten Bereich zu nicht gewerblichen Zwecken regelmäßig ausscheiden. Des Weiteren ist ein Wirtschaftsprüfervorbehalt gerechtfertigt für (bloße) Angebotsempfänger, weil diese ebenfalls nicht als Patentverletzer in Betracht kommen (vgl. BGH GRUR 1995, 338, 341, 342 – Kleiderbügel).

18. Dieses Verlangen betrifft den Rückrufanspruch gemäß § 140a Abs. 3 PatG n.F. (mit Wirkung zum 1. September 2008). Er bezieht sich nach S. 1 auf Erzeugnispatente, nach S. 2 auf Erzeugnisse, die nach Maßgabe des § 9 S. 2 Nr. 3 PatG unmittelbar durch ein patentgeschütztes Verfahren hergestellt worden sind. Zum Rückrufanspruch vgl. *Jestaedt,* Die Ansprüche auf Rückruf und Entfernung rechtschutzverletzender Gegenstände aus den Vertriebswegen, GRUR 2009, 102.

18a. Vgl. § 140a Abs. 1 und 2 PatG. Die Vernichtung soll nach dem Wortlaut des Gesetzes durch den Verletzer selbst erfolgen (BGHZ 128, 220, 225ff.= GRUR 1995, 338, 340f. – Kleiderbügel; *Benkard/Rogge/Grabinski,* 10. Aufl. 2006, Rdn. 8 zu § 140a PatG; a.A. *Cremer,* Mitt. 1992, 153, 163 und LG Köln, Der Markenartikel, 1993, 15: durch den Verletzten). Die im Formular vorgesehene Wahlmöglichkeit der Herausgabe an einen Treuhänder zum Zwecke der Vernichtung belastet den Schuldner nicht. Insbesondere kann die Herausgabe an einen zur Vernichtung bereiten Gerichtsvollzieher erfolgen (BGH GRUR 2003, 228 – P Vermerk: zum Urheberrecht).

19. Vgl. § 33 PatG; für europäische Patentanmeldungen, mit denen auch für Deutschland Schutz beansprucht wird, gilt eine vergleichbare Regelung (Art. 67 Abs. 2 S. 3 EPÜ i.V.m. Art. II § 1a Abs. 1 IntPatÜG i.d.F. des 2. Gemeinschaftspatentgesetzes vom 20. Dezember 1991), allerdings nur dann, wenn die Anmeldung in deutscher Sprache veröffentlicht worden ist bzw. ab dem Zeitpunkt, an dem bei fremdländischer Verfahrenssprache die Ansprüche in Deutsch veröffentlicht worden sind oder der Anmelder dem Benutzer die Ansprüche in deutscher Sprache übermittelt hat (Art. II § 1a Abs. 2 IntPatÜG). Die Benutzung einer offengelegten Patentanmeldung ist nicht rechtswidrig (BGH GRUR 1993, 460, 464 – Wandabstreifer – m. Anm. *v. Maltzahn;* BGHZ 107, 161 = GRUR 1989, 411 – Offenendspinnmaschine). Eine Haftungserstreckung auf Geschäftsführer einer GmbH oder Vorstandsmitglieder einer Aktiengesellschaft unter dem rechtlichen Gesichtspunkt der unerlaubten Handlung (vgl. dazu Form. II. M. 14 Anm. 2) ist nicht möglich (BGH aaO.).

Im Formular ist eine so genannte Karenzzeit von einem Monat vorgesehen. Dem Benutzer einer offengelegten Patentanmeldung soll eine ausreichende Frist zum Kennenlernen der Patentanmeldung und zur Entschließung zugestanden werden. Erst nach Ablauf dieses Zeitraums sind die subjektiven Tatbestandsmerkmale des § 33 Abs. 1 PatG begründbar, nämlich Kenntnis oder fahrlässige Unkenntnis der Patentanmeldung.

Der Entschädigungsanspruch errechnet sich in seiner Höhe im Wege der Lizenzanalogie (vgl. dazu Anm. 14). Die Herausgabe des Benutzergewinns oder der Ersatz des entgangenen eigenen Gewinns können seitens des Inhabers der Patentanmeldung nicht verlangt werden (BGHZ 107, 161 = GRUR 1989, 411 – Offenendspinnmaschine). Daraus folgt auch eine nur eingeschränkte Rechnungslegungspflicht des Benutzers (vgl. auch Anm. 20).

20. In dieser zeitlichen Einschränkung kommt die Besonderheit des patentrechtlichen Entschädigungsanspruchs (§ 33 PatG) zum Ausdruck. Da es sich bei der Benutzung einer offengelegten Patentanmeldung nicht um eine Patentverletzung handelt, besteht kein Anspruch auf Schadensersatz, sondern nur auf angemessene Entschädigung. Zur Vorbereitung dieses Entschädigungsanspruchs gibt es nur einen beschränkten Rechnungslegungsanspruch; Angaben über den Verletzergewinn können nicht gefordert werden (BGHZ 107, 161 = GRUR 1989, 411, 413, 414 – Offenendspinnmaschine; vgl. auch Anm. 19).

Das im Formular in diesem Zusammenhang angegebene Datum ist dasjenige der Veröffentlichung der Patenterteilung zuzüglich einen Monat Karenzzeit, weil für die Zeit vor diesem Datum eben nur ein eingeschränkter Anspruch, nämlich nur auf angemessene Entschädigung gilt.

21. Hier ist wieder vom Datum der Veröffentlichung der Patenterteilung zuzüglich eines Monats Karenzzeit auszugehen (vgl. Anm. 15).

22. Nach Auffassung des Bundesgerichtshofs beruht die Kostenerstattungsverpflichtung des Verletzers sowohl auf dem rechtlichen Gesichtspunkt des Schadensersatzes (dazu BGH GRUR 1995, 338, 342 – Kleiderbügel) als auch auf den Rechtsgrundsätzen der Geschäftsführung ohne Auftrag in gewohnheitsrechtlicher Anwendung auch des § 242 BGB (st. RechtSpr. des BGH in wettbewerbsrechtlichen Streitigkeiten, z. B. BGHZ 52, 393, 399 – Fotowettbewerb; MDR 1973, 483 = GRUR 1973, 384 – Goldene Armbänder; 1984, 129 – shop-in-the-shop; 1985, 924 re. Sp. – Schallplattenimport II; BGHZ 115, 210, 212 = GRUR 1992, 176 – Abmahnkostenverjährung; 1994, 311, 312 – Finanzkaufpreis ohne Mehrkosten; 2000, 337, 338 – Preisknaller; 2001, 450, 453 – Franzbranntwein-Gel; OLG Frankfurt GRUR-RR 2002, 397 – Tiapridex; OLG München GRUR-RR 2006, 176 – Schubladenverfügung). Zur Erstattungsfähigkeit der Kosten eines ebenfalls eingeschalteten Patentanwalts vgl. *Rehmann* GRUR 1985, 332.

Hatte der Berechtigte schon eine so genannte „Schubladenverfügung“ (Vorratsverfügung) erwirkt und mahnt er erst dann den Verpflichten ab, so handelt er nicht im Interesse des Schuldners, weil er diesem die günstige Kostenfolge des § 93 ZPO abschneiden will; ein Kostenerstattungsanspruch auf Abmahnkosten ist nicht veranlasst (OLG München GRUR-RR 2006, 176 – Schubladenverfügung).

23. Die Überprüfungs- und Erklärungsfrist sollte nicht zu kurz bemessen sein. Angemessen ist grundsätzlich ca. 1 Monat. Im Einzelfall kann allerdings auch eine sehr viel kürzere Frist angemessen sein, beispielsweise von nur Stunden oder einem Tag. Das gilt für Messesachen sowie insbesondere auch in solchen Fällen, in denen ein so genannter „Torpedo“ befürchtet werden muss. Zu dieser Problematik vgl. *Mes,* PatG, 2. Aufl. 2005, Rdnrn. 172 ff. zu § 139.

24. Zu den Reaktionsmöglichkeiten eines Verwarnten vgl. Form. II. N. 1 Anm. 15. Zusätzlich und in Abweichung zu dem aaO. Ausgeführten wird ein wegen vermeintlicher Patentverletzung Verwarnter folgendes zu prüfen haben, wobei die umfassende Materie hier nur skizziert und auf weniges beschränkt werden kann (zu weiteren Einzelheiten vgl. *Mes*, PatG, 2. Aufl. 2005, Rdnrn. 51 ff. zu § 9 PatG):

a) Ist der Tatbestand einer Patentverletzung gegeben, wortsinngemäß oder äquivalent?
b) Ist das Patent erloschen?
c) Liegt eine Erschöpfung des Patentrechts vor (vgl. *Laudien*, Erschöpfung der gewerblichen Schutzrechte aus rechtsvergleichender Sicht: Die Position der forschenden pharmazeutischen Industrie, GRUR Int. 2000, 617; *Sack*, Der Erschöpfungsgrundsatz im deutschen Immaterialgüterrecht, GRUR Int. 2000, 610; *ders.*, Die Erschöpfung von gewerblichen Schutzrechten und Urheberrechten nach europäischem Recht, GRUR 1999, 193; *Mager*, Zur Zulässigkeit von Parallelimporten patentgeschützter Waren, GRUR 1999, 637; *Beier*, Zur Zulässigkeit von Parallelimporten patentierter Erzeugnisse, GRUR Int. 1996, 1; BGH GRUR 2000, 299 – Karate; 1998, 130, 132 – Handhabungsgerät; 1997, 116 – Prospekthalter; LG Düsseldorf, Mitt. 2000, 458 – Dämmstoffbahn; 1999, 179 – Levitationsmaschine; InstGE 1, 146 – Proteinderivat; für das Schweizer Recht: Schweizer Bundesgericht, GRUR Int. 2000, 639 – Kodak II; Handelsgericht Zürich GRUR Int. 1999, 555 – Kodak; Erschöpfung z. B. auch infolge einer Schadensersatzlizenz, dazu OLG Düsseldorf Mitt. 1998, 358 – Durastep; LG München Mitt. 1998, 262).
d) Liegt eine rechtmäßige Patentbenutzung vor? Gründe dafür: Zustimmung (Lizenz, Lizenzbereitschaftserklärung) oder gesetzliche Regelung (Vorbenutzungsrecht gem. § 12 PatG; dazu *Bartenbach/Bartenbach*, Gemeinschaftsweite Wirkung eines nationalen Vorbenutzungsrechts nach § 12 PatG?, FS *Eisenführ* 2003, 115; *Keukenschrijver*, Zur sachlichen Reichweite des Vorbenutzungsrechts, GRUR 2001, 944; *Müller*, Die zukünftige Gestaltung des Vorbenutzungsrechts in der Europäischen Gemeinschaft, Mitt. 2001, 151; *Busche*, Das Vorbenutzungsrecht im Rahmen des deutschen und europäischen Patentrechts, GRUR 1999, 645; BGH GRUR 2002, 231 – Biegevorrichtung; LG Düsseldorf Mitt. 2001, 561 – Laborthermostat II; Weiterbenutzungsrecht gemäß § 123 Abs. 5 und Abs. 6 PatG, dazu LG München Mitt. 1998, 33 – Weiterbenutzungsrecht im Falle einer Teilung im Einspruchsverfahren; Art. 122 Abs. 6 EPÜ oder § 28 ErstrG (dazu BGH GRUR 2003, 507 – Enalapril); zu allem *Mes*, PatG, 2. Aufl. 2005, Rdnrn. 64 ff. zu § 9).
e) Liegt der Tatbestand einer widerrechtlichen Entnahme (§ 8 PatG) vor? Dieser kann durch den unmittelbar Betroffenen gegenüber der Inanspruchnahme wegen vermeintlicher Patentverletzung auch im Verletzungsprozess geltend gemacht werden (BGH GRUR 2005, 567 – Schweißbrennerreinigung; vgl. *Mes*, PatG, 2. Aufl. 2005, Rdn. 18 zu § 8).
f) Zweifel am Rechtsbestand des Patents begründen für sich genommen keine Einwendungen des in Anspruch genommenen. Ergeben sich jedoch erhebliche Zweifel, dass das geltend gemachte Patent schutzfähig ist, so ist zu überlegen, ob ein Einspruch, ggf. auch ein Beitritt zu einem Einspruchsverfahren (§ 59 PatG) oder eine Nichtigkeitsklage gegen das Patent (§§ 81 ff. PatG; dazu Form. II. O. 6) überwiegende Erfolgsaussichten bieten.
g) Missbräuchliche Ausnutzung der Ausschließungsbefugnis durch den Patentinhaber? Sie kann sich insbesondere unter Anwendung der Rechtsgrundsätze des Art. 82 EG und §§ 19, 20 GWB ergeben, insbesondere im Zusammenhang mit einer so genannten „Pool"-Lizenz, die Grundlage eines Industrie-Standards ist (vgl. LG Düsseldorf InstGE 7, 70 – Videosignal-Codierung I – und InstGE 10, 66 – Videooriginal-Codierung III = GRUR-RR 2009, 119 (nur Leitsatz); BGH, Urteil vom 6. Mai 2009 – KZR 39/06 – Orange-Book-Standard; vgl. ferner *Kühnen*, Der kartellrechtliche Zwangslizenzeinwand und seine Berücksichtigung im Patentverletzungsprozess, FS *Tilmann*, 2003, S. 513; *Busche*, Marktmissbrauch durch Ausübung von Immaterialgüterrecht?, FS *Tilmann*, 2003, 645; Entscheidungen: BGH Urteil vom 6. Mai 2009 – KZR 39/06 – Orange-Book-Standard; GRUR 2004, 966 – Standardspundfass: zu § 24 PatG; a. A.

als BGH: OLG Düsseldorf InstGE 2, 168 – Spundfass; LG Düsseldorf InstGE 7, 70, 90 ff. – Rn. 81 ff. – Videosignal-Codierung I = GRUR-RR 2007, 181; LG Düsseldorf InstGE 10, 66 – Video-Signal-Codierung III = GRUR-RR 2009, 119 – MPEG2-Standard-Lizenzvertrag = *BeckRS* 2008, 24.140; OLG Karlsruhe GRUR 2007, 177 – Orange-Book-Standard; vgl. ferner *Mes,* PatG, 2. Aufl. 2005, Rdnrn. 80 f. zu § 9).

h) Unzulässige Erweiterung der Patentanmeldung (§ 38 PatG; wichtig: Akteneinsicht beantragen; vgl. Form. II. O. 4 Anm. 7)?

i) Verjährung/Verwirkung.
Regelung der Verjährung in § 141 PatG unter Bezugnahme auf §§ 194 ff. BGB. Die (regelmäßige) Verjährungsfrist beträgt - auch für den Unterlassungsanspruch – 3 Jahre (§§ 194 Abs. 1, 195 BGB). Bei Unterlassungsansprüchen entsteht allerdings mit jeweilig erneuter Begehung ein neuer Unterlassungsanspruch (*Busse/Keukenschrijver,* PatG, 6. Aufl. 2003, Rdnrn. 9, 27 zu § 141). Verjährung beseitigt nicht die Tatbestandsmäßigkeit der Patentverletzung oder ihre Rechtswidrigkeit, sondern begründet lediglich eine Einrede. Zu Einzelheiten vgl. *Mes,* PatG, 2. Aufl. 2005, Anmerkungen zu § 141.
Verwirkung ist als Einwand im Patentverletzungsprozess wegen des zeitlich begrenzten Ausschließungscharakters des Patents selten erfolgreich. Einzelheiten dazu bei *Mes,* PatG, 2. Aufl. 2005, Anm. 4 k zu § 9 und Anm. 12 zu § 139.

j) Ist der mit der angegriffenen Ausführungsform erzielte Umsatz zurzeit und/oder zukünftig von so großem Interesse, dass die regelmäßig nicht unbedeutenden Kosten eines Patentverletzungsprozesses einschließlich einer etwaigen Nichtigkeitsklage angemessen erscheinen? Für die Beantwortung dieser Frage wird es häufig von großer Bedeutung sein, ob eine zweifelsfrei nicht unter das geltend gemachte Patent fallende Umgehungsform gefunden und unter erträglichen wirtschaftlichen Bedingungen hergestellt werden kann.

k) Erscheint eine Lizenznahme möglich und vertretbar?

l) Hinterlegung einer Schutzschrift? Da patentrechtliche Unterlassungsansprüche und solche auf Drittauskunft (§§ 139 Abs. 1, 140 b PatG) – wenn auch seltener – im Wege des einstweiligen Verfügungsverfahrens geltend gemacht werden können (vgl. dazu *Mes/Mes,* Münchener Prozessformularbuch, Bd. 5, Gewerblicher Rechtsschutz, Urheber- und Presserecht, 3. Aufl. 2009, Form. C. 20), muss erwogen werden, ob die Hinterlegung einer Schutzschrift (vgl. dazu *Mes/Mes,* aaO., Form. C. 22) geboten erscheint (zum einstweiligen Verfügungsverfahren in Patentverletzungsstreitigkeiten vgl. *Mes,* PatG, 2. Aufl. 2005, Rdnrn. 241 ff. zu § 139; *Holzapfel,* Zum einstweiligen Rechtsschutz im Wettbewerbs- und Patentrecht, GRUR 2003, 287; *A. v. Falck,* Einstweilige Verfügung in Patent- und Gebrauchsmustersachen, Mitt. 2002, 430; OLG Frankfurt, GRUR-RR 2003, 263 – miniflexiprobe; OLG Karlsruhe GRUR-RR 2002, 278 – DVD-Player: zur einstweiligen Anordnung der Sequestration; OLG Hamburg, GRUR-RR 2002, 244 – Spannbacken; LG Hamburg, GRUR-RR 2002, 45 – Felodipin; EuGH GRUR 2001, 235 – TRIPS-Abkommen; OLG München, Mitt. 2001, 85).

m) Torpedoabwehr? Im Falle der Inanspruchnahme aus dem nationalen Teil eines europäischen Patents wird der Inanspruchgenommene auch diesen Gesichtspunkt mit einzubeziehen haben. Einzelheiten dazu bei *Mes,* PatG, 2. Aufl. 2005, Rdnrn. 172 ff. zu § 139; *Mes/Mes,* Münchener Prozessformularbuch, Band 5, Gewerblicher Rechtschutz, Urheber- und Presserecht, 3. Aufl. 2009, Form. C. 2 Anm. 1.

Kosten und Gebühren

1. Rechtsanwaltskosten:

a) Es liegt kein Klageauftrag vor. Es entsteht eine Geschäftsgebühr. Dafür stellen Nrn. 2300 ff. VV i. V. m. §§ 2 Abs. 2, 13 RVG einen Gebührenrahmen von 0,5 bis 2,5 zur Verfügung. Eine Gebühr von mehr als 1,3 kann nur gefordert werden, wenn die Tätigkeit umfangreich oder schwierig war. Regelmäßig ist eine Gebühr von 1,3 angemessen. Denn jedenfalls handelt es sich bei einer patentrechtlichen Verwarnung nicht um ein Schreiben einfacher Art, das in Nr. 2302 VV dahingehend definiert ist, dass es „weder schwierige rechtliche Ausführungen noch größere sachliche Auseinandersetzungen enthält". Für ein Schreiben einfacher Art beschränkt Nr. 2302 VV den Gebührenrahmen auf 0,3. Zur Angemessenheit einer Geschäftsgebühr in Höhe von 1,3 vgl. *Gerold/Schmidt,* Rechtsanwaltsvergütungsgesetz, 18. Aufl. 2008, Anh. II, Rdn. 90: für wettbewerbsrechtliche Abmahnungen. Großzügiger: LG Düsseldorf, InstGE 6, 37 – Abmahnkostenerstattung bei Patentverletzungen: wegen der regelmäßig gegebenen Schwierigkeit ist eine über 1,3 hinausgehende Rechtsanwaltsgebühr gerechtfertigt, und zwar in technisch und rechtlich einfach gelagerten Patentverletzungsfällen regelmäßig in Höhe von 1,5. Des Weiteren kommt ein Ermessensspielraum des Anwalts in Betracht. Die Ausübung des Ermessen ist hinzunehmen, solange und soweit sie einen Toleranzbereich von 20% des an sich angemessenen Satzes nicht überschreitet (LG Düsseldorf aaO.). Noch großzügiger LG Frankfurt, wonach (in einer Markensache) der Rechtsanwalt eine 2,0 Geschäftsgebühr gemäß §§ 2, 13 RVG, Nr. 2300 VV RVG verlangen kann (Mitt. 2007, 90 – 2,0 Geschäftsgebühr).

b) Es liegt ein Klageauftrag vor. Die Verfahrensgebühr richtet sich nach Nrn. 3100 ff. i. V. m. §§ 2 Abs. 2, 13 RVG. Gemäß Nr. 3101 Nr. 1 VV ist eine Verfahrensgebühr in Höhe von 0,8 in Ansatz zu bringen.

c) Anrechnung: Folgt der ohne Klageauftrag durchgeführten Abmahnung ein gerichtliches Verfahren, so wird gemäß Vorbemerkung 3 Abs. 4 S. 1 VV RVG die entstandene Geschäftsgebühr aus Nr. 2300 VV RVG zur Hälfte, höchstens aber mit einem Satz von 0,75 auf die nach 3100 ff. VV RVG entstandene Verfahrensgebühr des gerichtlichen Verfahrens angerechnet. Es vermindert sich mithin nicht die bereits entstandene Geschäftsgebühr, sondern die in dem anschließenden gerichtlichen Verfahren anfallende Verfahrensgebühr (BGH NJW 2007, 2049 = GRUR 2006, 439). Der Gegner muss im Falle des Unterliegens dem Kläger in der Kostenfestsetzung die Verfahrensgebühr erstatten, allerdings nur insoweit, als sich die Geschäftsgebühr in anrechnungsfähiger Höhe in Abzug zu bringen ist. Ein Beispiel für die klageweise Geltendmachung der Geschäftsgebühr (ungeschmälert durch ein Anrechnen der Verfahrensgebühr) findet sich in Klageantrag I. 6. des Form. II. O. 3.

2. Patentanwaltskosten: Es gelten die Vorausführungen für einen mitwirkenden Patentanwalt (§ 143 Abs. 3 PatG). Der Patentanwalt muss tatsächlich mitgewirkt, mithin irgendeine streitbezogene Tätigkeit entfaltet haben, die zur Entstehung der Gebührenschuld ihm gegenüber geführt hat (OLG Nürnberg GRUR-RR 2003, 29; OLG Frankfurt Mitt. 2003, 317, 319). Zur Höhe der erstattungsfähigen Patentanwaltsgebühren vgl. *Hodapp* Mitt. 2006, 22.

Die Verfahrensgebühr des Patentanwalts deckt lediglich die Sichtung, Ordnung oder Auswertung von Material ab, nicht aber die Beschaffung (OLG München InstGE 5, 79 – Recherchekosten als notwendige Auslagen). Das muss auch für die Geschäftsgebühr gelten.

3. Materielle Rechtsgrundlage für den – außergerichtlichen – Kostenerstattungsanspruch: vgl. Anm. 22.

Fristen und Rechtsmittel

Keine.

2. Abmahnung wegen Patentverletzung unter gleichzeitiger Übersendung eines Klageentwurfes[1]

Firma
B ......
– Geschäftsleitung –

Betr.: A ..../. B ......
DE ...... betreffend ein Mosaik-Schaltbild

Sehr geehrte Damen und Herren!

Die Firma A ...... hat mich beauftragt hat, gemeinsam mit Herrn Patentanwalt X ...... ihre Interessen wahrzunehmen. Meine Mandantin hat mir die bisher zwischen Ihnen und Herrn Patentanwalt X ...... gewechselte Korrespondenz übergeben. In Abstimmung mit Herrn Patentanwalt X ...... teile ich Ihnen namens und in (beigefügter) Vollmacht[2] meiner Mandantin das Folgende mit:

1. Sie sind aus der Vorkorrespondenz darüber unterrichtet, dass meine Auftraggeberin eingetragene ausschließliche und alleinige Inhaberin des DE ...... ist. Das in Rede stehende Schutzrecht, dessen Patentschrift Ihnen schon übersandt worden ist, betrifft ein Mosaik- Schaltbild. Sie stellen her und vertreiben Mosaik-Schaltbilder, die in die Rechte meiner Auftraggeberin an dem vorbezeichneten Schutzrecht eingreifen. Zur Vermeidung von Wiederholungen kann ich auf die Vorkorrespondenz verweisen.
2. Meine Auftraggeberin hat mich beauftragt, Klage zu erheben. Ich füge zu Ihrer Unterrichtung den von mir ausgearbeiteten Entwurf einer Klage bei, wobei ich von einer Übersendung der Anlagen zur Klage absehe, da diese sich schon in Ihrem Besitz befinden[3].
3. Meine Mandantin hat mich zugleich ermächtigt, Ihnen noch einmal – diesmal allerdings letztmalig – Gelegenheit zur außergerichtlichen Bereinigung des Streitverhältnisses zu geben. Sie können die Erhebung der Klage gegenstandslos machen, wenn Sie sich entsprechend dem diesseitigen Klagebegehren verpflichten, nämlich in Form der Abgabe folgender Erklärungen[4]:
   a) einer strafbewehrten Unterlassungsverpflichtungserklärung entsprechend der Formulierung des Klageantrags I 1 des beigefügten Entwurfs, wobei anstelle der gesetzlichen Ordnungsmittel von Ihnen eine diesseits als geboten angesehene Vertragsstrafe in Höhe von EUR ......[5] einzusetzen wäre;
   b) einer Verpflichtungserklärung zur Auskunftserteilung entsprechend dem Klageantrag I 2;
   c) einer Verpflichtungserklärung zur Rechnungslegung entsprechend dem Klageantrag I 3;
   d) einer Verpflichtungserklärung zum Rückruf entsprechend dem Klageantrag I 4;
   e) einer Verpflichtungserklärung zur Vernichtung entsprechend dem Klageantrag I 5;
   f) eines Anerkenntnisses betreffend Ihre Verpflichtungen zu angemessener Entschädigung und zu Schadensersatz entsprechend den Klageanträgen II 1 und 2;
   g) einer Verpflichtungserklärung zur Übernahme der meiner Auftraggeberin durch meine Einschaltung sowie durch Einschaltung von Herrn Patentanwalt X ...... entstandenen Kosten, und zwar in Höhe von je einer 0,8 Rechtsanwaltsgebühr für die Tätigkeit des Herrn Patentanwalts X ...... als auch für die Tätigkeit des Unterzeichners auf der Grundlage eines Gegenstandswertes von EUR ...... zuzüglich Auslagen und Mehrwertsteuer[6].

Für den Eingang der vorstehenden Erklärungen habe ich mir den

……[7]

vorgemerkt. Nach fruchtlosem Fristablauf gehe ich davon aus, dass Sie einem gerichtlichen Austrag den Vorzug geben.

Rechtsanwalt

Schrifttum: Vgl. die Hinweise zu Form. II. O. 1.

Hinweis: Ein weiteres Textbeispiel findet sich bei *Mes/Mes,* Münchener Prozessformularbuch, Bd. 5, Gewerblicher Rechtsschutz, Urheber- und Presserecht, 3. Aufl. 2009, zu Form. C. 3.

Anmerkungen

1. Es handelt sich um die schärfste Form der Verwarnung. Durch Übersendung des Klageentwurfes wird dem Inanspruchgenommenen nicht nur die Entschlossenheit des Patentinhabers vor Augen geführt, sondern insbesondere auch die Art der Argumentation, die der Patentinhaber im gerichtlichen Verfahren einschlagen will, gezeigt. Diese Art der Verwarnung erscheint dann angebracht, wenn schon einige Zeit außerprozessual und aus der Sicht des Patentinhabers erfolglos korrespondiert worden ist. Über die Risiken einer Verwarnung vgl. Form. II. O. 1 Anm. 1.

2. Zur Frage, ob eine Vollmachtsurkunde beizufügen ist, vgl. Form. II. N. 1 Anm. 3 und Form. II. O. 1 Anm. 3. Die Beifügung einer Vollmacht wird empfohlen. Zur Frage der Sicherung des Nachweises eines Zugangs siehe ebenfalls die zuvor bezeichneten Anmerkungen.

3. Der Inhalt dieser Verwarnung kann kurz gehalten werden, da gleichzeitig ein Klageentwurf mit übersandt wird. Die Abmahnung bezieht sich inhaltlich auf Form. II. O. 3. Im obigen Textbeispiel wird davon ausgegangen, dass schon ein Klageauftrag erteilt ist. Zu den gebührenrechtlichen Folgen vgl. Anm. „Kosten und Gebühren". In dem Fall, dass noch kein Klageauftrag erteilt ist, gelten für die Höhe der Gebühr die Ausführungen „Kosten und Gebühren" zu Form. II. O. 1.

4. Es kann sich auch empfehlen, die von dem Inanspruchgenommenen geforderten Verpflichtungserklärungen in vorformulierter Form auf einem gesonderten Blatt zu übersenden. Das ist eine reine Zweckmäßigkeitsfrage. Die hier vorgeschlagenen Formulierungen erfordern vom Inanspruchgenommenen ein gewisses Mitdenken, indem er die Klageanträge entsprechend umformulieren muss. Das wird vom Verfasser als vorteilhaft angesehen, um dem Inanspruchgenommenen auch die Bedeutung dessen, was er erklärt, im Einzelnen bewusst zu machen. Zum Inhalt der geforderten Erklärungen vgl. Form. II. O. 1 Anm. 9 ff.

5. Zur Höhe der Vertragsstrafe lassen sich keine allgemein verbindlichen Angaben machen. Maßgeblich sind die Umstände des Einzelfalles, vornehmlich die bisherige Intensität der Verletzungshandlungen. Jedenfalls muss die Vertragsstrafe so hoch bemessen sein, dass sie geeignet erscheint, künftigen Zuwiderhandlungen des Schuldners vorzubeugen. Bei Patentverletzungen wird man regelmäßig Vertragsstrafen von EUR 5.000,– und mehr für jeden Fall der Zuwiderhandlung für angemessen halten dürfen. Ein Problem betreffend die Zuständigkeit des Landgerichts für die etwaige Vertragsstrafenklage stellt sich nicht, da für Patentstreitsachen – zu denen auch die derartige Klage gehört (OLG Düsseldorf GRUR 1984, 650) – eine ausschließliche Zuständigkeit des Landgerichts besteht (§ 143 Abs. 1 PatG 1981). Vgl. ferner Form. II. N. 1 zu Anm. 8 und aaO. Anm. 8 sowie Form. II. O. 1 Anm. 10.

6. Zur Kostenerstattungspflicht vgl. Form. II. O. 1, Anm. 22. Die Kostenerstattungspflicht betreffend den Patentanwalt ergibt sich nach Grund und Höhe aus § 143 Abs. 3 PatG. Zur tatsächlichen Mitwirkung des Patentanwalts ist erforderlich und auch ausreichend, dass er irgendeine streitbezogene Tätigkeit entfaltet hat, die zur Entstehung der Gebührenschuld ihm gegenüber geführt hat (OLG Nürnberg, GRUR-RR 2003, 29; OLG Frankfurt, Mitt. 2003, 317, 319; KG GRUR 2000, 803 – Mitwirkender Patentanwalt: zu § 140 Abs. 5 MarkenG). Die Vergütung von Patentanwälten kann jetzt nach § 11 RVG gegen den Auftraggeber festgesetzt werden (vgl. zu § 19 BRAGO verneinend OLG München, Mitt. 2001, 91; a. A.: BPatG GRUR 2002, 732 – Künstliche Atmosphäre II – für den Fall, dass der Patentanwalt im Patentnichtigkeitsverfahren gegenüber seinem Mandanten nach den Gebührensätzen der BRAGO abrechnet; dann kommt eine analoge Festsetzung gemäß § 19 BRAGO in Betracht). Zu Einzelheiten vgl. *Mes,* PatG, 2. Aufl. 2005, Rdnrn. 26 ff. zu § 143.

7. Die Erklärungs- und Überlegungsfrist sollte ca. 1 Monat betragen, um dem in Anspruch genommenen eine ausreichende Überlegung zu ermöglichen. Die Frist kann auch kürzer ausfallen, wenn – wie hier – schon eine längere vorprozessuale Korrespondenz stattgefunden hat oder zu besorgen ist, dass in einem ausländischen Gerichtsstand im Falle der Geltendmachung von Rechten aus einem nationalen Teil eines europäischen Patents eine negative Feststellungsklage seitens des Abgemahnten eingereicht wird (sog. „Torpedo", dazu *Mes,* PatG, 2. Aufl. 2005, Rdnrn. 172 ff. zu § 139).

Kosten und Gebühren

Liegt Klageauftrag vor, gilt Nr. 3101 VV i. V. m. §§ 2 Abs. 2, 13 RVG. Es ist eine Gebühr von 0,8 in Ansatz zu bringen.

Fristen und Rechtsmittel

Keine.

3. Patentverletzungsklage

Landgericht
4. Zivilkammer[1]
40002 Düsseldorf[1]

Klage

der Firma A

Prozessbevollmächtigter: RA ......

gegen

die Firma B[2]

wegen: Patentverletzung

Streitwert: vorläufig geschätzt EUR ......[3]

Namens und in Vollmacht der Klägerin erhebe ich Klage und bitte um die Anberaumung eines Verhandlungstermins sowie um Ladung der Beteiligten[4]. Es handelt sich um eine patentrechtliche Streitigkeit, deren Übertragung auf den Einzelrichter nicht angezeigt erscheint[5]. Es wird gebeten, von der Anberaumung einer Güteverhandlung abzusehen. Sie bietet keine erkennbare Aussicht auf Erfolg[6].

Ich beantrage,

I. die Beklagte zu verurteilen,

1. es bei Meidung eines für jeden Fall der Zuwiderhandlung fälligen Ordnungsgeldes bis zu EUR 250.000,–, ersatzweise Ordnungshaft bis zu 6 Monaten oder Ordnungshaft bis zu 6 Monaten, im Wiederholungsfalle Ordnungshaft bis zu 2 Jahren, zu unterlassen[7],

   in der Bundesrepublik Deutschland[8] Mosaik-Schaltbilder, bestehend aus einer Montagewand mit zellenförmiger Struktur und darauf befestigten, die Zellengröße aufweisenden Mosaiksteinen[9], (herzustellen,) anzubieten, in den Verkehr zu bringen oder zu gebrauchen oder zu den genannten Zwecken entweder einzuführen oder zu besitzen[10], bei denen die den Rand des Mosaik-Schaltbildes bildenden Mosaiksteine breiter sind als die übrigen Mosaiksteine und über den Rand der Montagewand vorstehen[11];

2. der Klägerin für die Zeit ab dem 12. März 1998 Auskunft über die Herkunft und den Vertriebsweg der unter vorstehend zu I 1 beschriebenen Erzeugnisse zu erteilen, insbesondere unter Angabe der Namen und Anschriften des Lieferanten und/oder anderer Vorbesitzer, der gewerblichen Abnehmer oder Auftraggeber;[12]

3. der Klägerin über den Umfang[13] der vorstehend zu I 1 bezeichneten und seit dem 15. Juli 1997 begangenen Handlungen Rechnung zu legen, und zwar unter Vorlage eines geordneten Verzeichnisses unter Beifügung der Belege (Rechnungskopien)[14], insbesondere unter Angabe

   a) der Herstellungsmengen und -zeiten[14], der Menge der erhaltenen oder bestellten Erzeugnisse sowie im Hinblick auf erhaltene Lieferungen, der Namen und Anschriften der Hersteller, Lieferanten und anderer Vorbesitzer[15]

   b) der einzelnen Lieferungen, aufgeschlüsselt nach Liefermengen, -zeiten und -preisen unter Einschluss von Typenbezeichnungen sowie und der Namen und Anschriften der Abnehmer,

   c) der einzelnen Angebote aufgeschlüsselt nach Angebotsmengen, -zeiten und -preisen unter Einschluss von Typenbezeichnungen sowie der Namen und Anschriften der Angebotsempfänger,

   d) der betriebenen Werbung, aufgeschlüsselt nach Werbeträgern, deren Auflagenhöhe, Verbreitungszeitraum und Verbreitungsgebiet,

   e) der nach den einzelnen Kostenfaktoren aufgeschlüsselten Gestehungskosten und des erzielten Gewinns,

   wobei

   – der Beklagten vorbehalten bleiben mag[16], die Namen und Anschriften der Angebotsempfänger und der nicht gewerblichen Abnehmer statt der Klägerin einem von dieser zu bezeichnenden und ihr gegenüber zur Verschwiegenheit verpflichteten vereidigten Wirtschaftsprüfer mitzuteilen, sofern die Beklagte die durch seine Einschaltung entstehenden Kosten trägt und ihn zugleich ermächtigt, der Klägerin auf Anfrage mitzuteilen, ob bestimmte Abnehmer und/oder Lieferungen in der erteilten Rechnung enthalten sind,

   – die Richtigkeit und Vollständigkeit der Angaben betreffend vorstehend a) und b) durch Vorlage von Bank-, Finanz- oder Handelsunterlagen oder einem geeigneten Zugang dazu, hilfsweise: durch Übermittlung von Belegen (Rechnungen in Kopie) nachzuweisen ist;

   – die Beklagte die Angaben vorstehend zu b) erst für die Zeit seit dem 12. März 1998 zu machen hat[17, 17a],

4. die im unmittelbaren oder mittelbaren Besitz oder im Eigentum der Beklagten befindlichen Erzeugnisse entsprechend vorstehend I.1 an einen von der Klägerin zu beauftragenden Gerichtsvollzieher zum Zwecke der Vernichtung auf Kosten der Beklagten herauszugeben;[18]

5. Erzeugnisse entsprechend vorstehend I. 1 zurückzurufen und/oder sie endgültig aus den Vertriebswegen zu entfernen;
6. an die Klägerin den Betrag von EUR ...... nebst Zinsen in Höhe von 5%-Punkten über dem Basiszinssatz seit Rechtshängigkeit zu zahlen;
7. die Klägerin zu befugen, im Falle des Obsiegens das Urteil auf Kosten der Beklagten öffentlich bekannt zu machen, wobei Art und Umfang der Bekanntmachung durch das Gericht bestimmt werden mögen[18 a];

II. festzustellen, dass die Beklagte verpflichtet ist,
1. der Klägerin eine angemessene Entschädigung für die vorstehend zu I 1 bezeichneten und in der Zeit vom 15. Juli 1997 bis 11. März 1998 begangenen Handlungen zu zahlen[19];
2. der Klägerin allen Schaden zu ersetzen, der ihr durch die zu I 1 bezeichneten und seit dem 12. März 1998 begangenen Handlungen entstanden ist und künftig noch entstehen wird[20];

III. der Beklagten die Kosten des Rechtsstreits aufzuerlegen;

IV. das Urteil – gegebenenfalls gegen Sicherheitsleistung (Bank- oder Sparkassenbürgschaft) – für vorläufig vollstreckbar zu erklären;
hilfsweise der Klägerin nachzulassen, die Zwangsvollstreckung durch Sicherheitsleistung (Bank- oder Sparkassenbürgschaft) abzuwenden[21].

Begründung:

I.

1. Die Klägerin ist eingetragene, alleinige und ausschließlich verfügungsberechtigte Inhaberin des DE ......[22] betreffend ein Mosaik-Schaltbild (im Folgenden auch: Klagepatent). Die dem Klagepatent zugrunde liegende Anmeldung erfolgte am 2. Januar 1995[23] und wurde am 15. Juni 1997 bekannt gemacht. Die Veröffentlichung der Patenterteilung erfolgte am 12. Februar 1998[24]. Das Klagepatent steht in Kraft.

Beweis: Auskunft des Deutschen Patent- und Markenamtes[25]

Ich überreiche als Anlage 1 – für das angerufene Gericht 3-fach[26] – die das Klagepatent betreffende Patentschrift. Die Erfindung nach dem Klageschutzrecht betrifft ein Mosaik-Schaltbild. Derartige Schaltbilder werden im Zusammenhang mit Mess-, Steuer- und Überwachungswarten benutzt. Auf ihnen sind durch entsprechende Symbole Anlagen oder Anlagenteile schematisch dargestellt, wobei zur schematischen Darstellung Informationselemente benutzt werden. Soweit auf derartigen Schaltbildern Flächen nicht als Informationselemente beansprucht werden und dementsprechend frei bleiben, werden diese Flächen durch Abdeckplatten abgedeckt. Informationselemente und Abdeckplatten werden zusammenfassend als Mosaiksteine bezeichnet. Mosaik-Schaltbilder bestehen somit aus einer Montagewand und darauf befestigten Mosaiksteinen.
Das Klageschutzrecht geht von einem Stand der Technik[27] derartiger Mosaik-Schaltbilder aus, die aus einer Montagewand mit zellenförmiger Struktur und darauf befestigten, die Zellengröße aufweisenden Mosaiksteinen bestehen. Des Weiteren ist der im Klageschutzrecht zugrunde gelegte vorbekannte Stand der Technik dadurch gekennzeichnet, dass die in Rede stehenden Mosaiksteine der Mosaik-Schaltbilder alle gleich groß sind, so dass es zum randseitigen Abschluss dieser Schaltbilder besonderer Abschlussrahmen bedarf. Die Herstellung und Anbringung solcher Abschlussrahmen ist aus mehreren Gründen nachteilig. Sie stellen regelmäßig kostenintensive Sonderanfertigungen dar, beeinträchtigen die Erkennbarkeit des Mosaik-Schaltbildes bei seitlicher Betrachtung, stören in architektonischer Hinsicht und bilden eine endgültige Begrenzung des Mosaik-Schaltbildes, die bei jeder Erweiterung des Schaltbildes entfernt werden, so dass ein neuer Abschlussrahmen geschaffen werden muss.

Von dem vorstehend beschriebenen Stand der Technik ausgehend, liegt der Erfindung nach dem Klagepatent die Aufgabe[28] (das technische Problem) zugrunde, ein Mosaik-Schaltbild der eingangs beschriebenen Art so auszugestalten und weiterzubilden, dass Abschlussrahmen nicht mehr benötigt werden. Diese Aufgabe wird dadurch gelöst[29], dass die den Rand des Mosaikbildes bildenden Mosaiksteine breiter sind als die übrigen Mosaiksteine und über den Rand der Montagewand vorstehen. Dadurch wird eine ebene Fläche unter Einschluss des randseitigen Abschlusses geschaffen, bei dem kein Abschlussrahmen hinsichtlich der Betrachtung oder hinsichtlich der architektonischen Gestaltung stört. Schließlich ist insbesondere noch der Vorteil gegeben, dass bei der Erweiterung eines solchen Mosaik-Schaltbildes es keines neuen oder geänderten Abschlussrahmens bedarf.

Zur weiteren Erläuterung des Gegenstandes des Klagepatents kann auf die Beschreibung und Figuren der als Anlage 1 überreichten Patentschrift verwiesen werden, die aus sich heraus verständlich sind.

2. Der für den Rechtsstreit allein interessierende Hauptanspruch[30] hat folgenden Wortlaut:

„Mosaik-Schaltbild, bestehend aus einer Montagewand mit zellenförmiger Struktur und darauf befestigten, die Zellengröße aufweisenden Mosaiksteinen, dadurch gekennzeichnet, dass die den Rand des Mosaik-Schaltbildes bildenden Rand-Mosaiksteine breiter sind als die übrigen Mosaiksteine und über den Rand der Montagewand vorstehen."

Überträgt man die Merkmale des Hauptanspruchs in eine Merkmalsanalyse[31], so ergibt sich Folgendes:

Mosaik-Schaltbild

(1) das Schaltbild besteht aus einer Montagewand
(2) die Montagewand hat zellenförmige Struktur
(3) auf der Montagewand sind Mosaiksteine befestigt
(4) die Mosaiksteine weisen die Größe der Zellen der Montagewand auf
– Oberbegriff[32] –
(5) die den Rand des Mosaik-Schaltbildes bildenden Rand-Mosaiksteine sind breiter als die übrigen Mosaiksteine
(6) die Rand-Mosaiksteine stehen über den Rand der Montagewand vor
– kennzeichnender Teil[33] –.

Ich überreiche die Merkmalsanalyse – für das Gericht 3-fach – als Anlage 2.

3. Die Beklagte stellt her und vertreibt Mosaik-Schaltbilder, die vom Hauptanspruch wortsinngemäß[34] Gebrauch machen. So hat die Beklagte beispielsweise am ...... an den Abnehmer X ein Mosaik-Schaltbild angeboten, verkauft und geliefert, das sämtliche Merkmale der vorstehend wiedergegebenen Merkmalsanalyse verwirklicht. Ich überreiche, nur zu den Gerichtsakten, das von der Beklagten gelieferte Erzeugnis als Anlage 3. Es handelt sich um ein Mosaik-Schaltbild, das aus einer Montagewand Merkmal 1) mit zellenförmiger Struktur (Merkmal 2) besteht, wobei auf der Montagewand Mosaiksteine befestigt (Merkmal 3) sind, die die Größe der Zellen der Montagewand aufweisen (Merkmal 4). Das gelieferte Mosaik-Schaltbild weist keinen gesonderten Abschlussrand auf; der Rand wird durch Rand-Mosaiksteine gebildet, wobei diese breiter als die übrigen Mosaiksteine (Merkmal 5) sind und im Übrigen über den Rand der Montagewand vorstehen (Merkmal 6).

Die Beklagte ist vorprozessual erfolglos abgemahnt worden. Insoweit ist Klage geboten. Mit ihr werden die sich aus der Patentverletzung der Beklagten ergebenden Ansprüche der Klägerin geltend gemacht.

II.

Das Klagebegehren ist in seinem vollen Umfang gemäß §§ 139, 9 PatG[35] in Verbindung mit § 242 BGB sowie gemäß §§ 140 a ff. PatG begründet:

1. Der mit Klageantrag I 1 geltend gemachte Unterlassungsanspruch findet seine rechtliche Begründung in § 139 Abs. 1 in Verbindung mit § 9 PatG. Die von der Beklagten hergestellten und feilgehaltenen Vorrichtungen verwirklichen wortlautgemäß sämtliche Merkmale des Anspruchs 1 des Klagepatents. Dieses steht in Kraft. Infolge der schon vorgekommenen Patentverletzungen ist Wiederholungsgefahr gegeben.
2. Der im Klageantrag I. 2 geltend gemachte Schadensersatzanspruch ist dem Grunde nach gemäß § 139 Abs. 2 PatG begründet. Die Beklagte hat – seit Empfang der Abmahnung – vorsätzlich und schuldhaft in das Klagepatent eingegriffen; für den Zeitraum davor fällt ihr mindestens grobe Fahrlässigkeit zur Last. Es kann des Weiteren nicht bestritten werden, dass durch die Patentverletzungshandlungen der Beklagten die Entstehung eines Schadens zu Lasten der Klägerin im hohen Maße wahrscheinlich ist.
3. Der im Klageantrag I. 3 geltend gemachte Rechnungslegungsanspruch ergibt sich daraus, dass die Klägerin die Höhe des ihr entstandenen Schadens ziffernmäßig nicht bestimmen kann, ohne zuvor von den Beklagten die mit diesem Antrag eingeforderten Rechnungslegungsangaben erhalten zu haben. Der Rechnungslegungsantrag findet seine Begründung in einer gewohnheitsrechtlichen Anwendung des § 242 BGB sowie in den Rechtsregeln betreffend die auftraglose Geschäftsführung. Zugleich ergibt sich die Zulässigkeit des Schadensersatzfeststellungsbegehens gemäß Klageantrag II. 2.
4. Der im Klageantrag I. 2 geltend gemachte Anspruch aus Drittauskunft findet seine Grundlage in § 140b Abs. 1 PatG.
5. Ab Veröffentlichung des Hinweises gemäß § 32 Abs. 1 PatG auf die Klagepatentanmeldung kann die Klägerin von der Beklagten eine Entschädigung gemäß § 33 PatG für Patentbenutzungshandlungen beanspruchen. Dieser Anspruch wird mit Klageantrag II. 1 dem Grunde nach geltend gemacht. Zu seiner Vorbereitung dient der mit Klageantrag I. 3 erhobene Rechnungslegungsanspruch, der mit den im Klageantrag aaO. wiedergegebenen Einschränkungen seine Grundlage in den Rechtsregeln betreffend die auftraglose Geschäftsführung unter Berücksichtigung von Treu und Glauben gemäß § 242 BGB findet.
6. Üblicherweise ist bei der Formulierung der Klageanträge auf Rechnungslegung/Auskunftserteilung/Schadensersatz- und Entschädigungsfeststellung ein Monat „Karenzzeit" betreffend das Veröffentlichungsdatum der Patentanmeldung/Patentschrift berücksichtigt.
7. Der mit Klageantrag I. 4 geltend gemachte Vernichtungsanspruch findet seine rechtliche Grundlage in § 140 a PatG.
8. Der mit Klageantrag I. 5 geltend gemachte Rückrufanspruch ist gemäß § 140 a Abs. 3 PatG n. F. gerechtfertigt. Die Klägerin kann die Beklagte, die entgegen § 9 PatG die patentgemäße Erfindung benutzt hat, auf Rückruf der Erzeugnisse, die Gegenstände des Klagepatents sind, sowie auf deren endgültiges Entfernen aus den Vertriebswegen in Anspruch nehmen. Die Klägerin geht davon aus, dass sich patentverletzende Erzeugnisse der Beklagten schon bei ihren Kunden befinden und des Weiteren daneben auch patentverletzende Erzeugnisse der Beklagten sich in den Vertriebswegen befinden, beispielsweise bei mit der Beklagten zusammenarbeitenden Händlern. Dem trägt die Formulierung des Klageantrags I. 5 Rechnung.
9. Mit Klageantrag I. 6 wird seitens der Klägerin ein Zahlungsanspruch in Höhe der Kosten gegen die Beklagte geltend gemacht, die der Klägerin durch die vorprozessuale, allerdings erfolglose Abmahnung der Beklagten nach Maßgabe des Schreibens gemäß Anlage 3 entstanden sind. Wie aus diesem Brief ersichtlich hat die Klägerin patent- und rechtsanwaltliche Hilfe in Anspruch genommen und dafür einen Gegenstandswert von EUR ...... zugrunde gelegt. Dieser Wert entspricht dem eingangs der Klage genannten Streitwert. Der Klägerin sind vorgerichtliche Abmahnkosten in Form sowohl einer patent- als auch einer rechtsanwaltlichen Geschäftsgebühr gemäß

Nr. 2300 VV RVG entstanden. Sie hat dabei einen Mittelwert mit einem Gebührenfaktor von 1,3 zugrunde gelegt. Dieser Ansatz ist angemessen und verkehrsüblich. Hinzugerechnet ist ein Betrag für Auslagen in Höhe von EUR ...... Daraus errechnet sich der mit Klageantrag I. 6 geltend gemachte Gesamtbetrag in Höhe von EUR ...... der gemäß § 288 BGB ab dem ...... mit 5%-Punkten über dem Basiszinssatz zu verzinsen ist.

Die außergerichtlich entstandene Geschäftsgebühr ist im vollen Umfang gerichtlich geltend zu machen. Sie wird auf die ebenfalls nach Klageerhebung nunmehr entstandene Verfahrensgebühr nicht anteilig angerechnet. Damit vermindert sich nicht die bereits entstandene Geschäftsgebühr, sondern es reduziert sich die im anschließenden gerichtlichen Verfahren anfallende Verfahrensgebühr.

10. Im Klageantrag I. 7 wird der Anspruch der Klägerin auf Veröffentlichung des obsiegenden Urteils gegen die Beklagte erhoben. Dieser findet seine Grundlage in § 140e PatG n. F. Danach ist in Patentverletzungsprozessen der obsiegenden Partei im Urteil die Befugnis zuzusprechen, das Urteil auf Kosten der unterliegenden Partei öffentlich bekannt zu machen, wenn sie ein berechtigtes Interesse daran hat. Das berechtigte Interesse der Klägerin ergibt sich daraus, dass ......

III.

Die Zuständigkeit des angerufenen Gerichts ergibt sich daraus, dass es sich um eine Patentverletzungsstreitigkeit handelt und die Beklagte ihren allgemeinen Gerichtsstand im Lande Nordrhein-Westfalen hat[36].

IV.

Ich zeige an, dass die Klägerin

Herrn Patentanwalt ......

zur Mitwirkung in diesem Rechtsstreit bestellt hat[37, 38, 39, 40].

Rechtsanwalt

Schrifttum: Vgl. die Hinweise zu Form. II. O. 1; insbesondere zum Patentverletzungsprozess: *Kühnen/Geschke,* Die Durchsetzung von Patenten in der Praxis, 3. Aufl. 2008; *Mes,* PatG, 2. Aufl. 2005, Rdnrn. 141 ff. zu § 139; *ders.* Si tacuisses. – Zur Darlegungs- und Beweislast im Prozess des gewerblichen Rechtsschutzes, GRUR 2000, 934; *ders.,* Die mittelbare Patentverletzung, GRUR 1998, 281; *Nieder,* Die Patentverletzung, 2004; *Pitz,* Patentverletzungsverfahren, 2003; *Schramm/Bearbeiter,* Der Patentverletzungsprozess – Patent- und Prozessrecht, 5. Aufl. 2005; *Treichel,* Die Sanktionen der Patentverletzung und ihre gerichtliche Durchsetzung im deutschen und französischen Recht, 2001; *van Hees,* Verfahrensrecht in Patentsachen, 3. Aufl. 2007.

Hinweis: Weitere Textbeispiele für Patentverletzungsklagen bei *Mes/Mes,* Münchener Prozessformularbuch, Bd. 5, Gewerblicher Rechtsschutz, Urheber- und Presserecht, 3. Aufl. 2009, Form. C. 5 bis C. 8.

Literatur zu Spezialfragen des Patentverletzungsprozesses: *Arnold/Tellmann,* Kein Vernichtungsanspruch bei mittelbarer Patentverletzung? Zugleich Anm. zu BGH GRUR 2006, 570 – Extracoronales Geschiebe, GRUR 2007, 353; *Augenstein/Roderburg,* Aussetzung des Patentverletzungsverfahrens nach Änderung der Patentansprüche, GRUR 2008, 457; Bodewig/*Wandtke,* Die doppelte Lizenzgebühr als Berechnungsmethode im Lichte der Durchsetzungsrichtlinie, GRUR 2008, 220; *Brändle,* Der Weg zum Vergleich im Patentprozess, GRUR 2001, 880; *Dagg,* „To Stay ... Or Not To Stay" Mitt. 2003, 1; *Beck/Dombrowski,* Rechtschutz gegen Besichtigungsverfügungen im Patentrecht, GRUR 2008, 387; *Fähndrich/Ibbeken,* Gerichtszuständigkeit und anwendbares Recht im Falle grenzüberschreitender Verletzungshandlungen der Rechte des geistigen Eigentums; Bericht für die Deutsche Landesgruppe der AIPPI zur Frage Q 174, GRUR Int. 2003, 616; *Goetz,* Schaden und Bereicherung in der Verletzerkette, GRUR 2001, 295; *Grabinski,* Zur Bedeutung des Europäischen Gerichtstands- und Vollstreckungsübereinkommens (Brüsseler Übereinkommens) und des Lugano-Übereinkommens in Rechtstreitigkeiten über Patentverletzungen, GRUR Int. 2001, 199; *ders.,* Angst vor dem Zitterrochen? – Zur Verfahrensaussetzung nach Artt. 27, 28 VO (EG) Nr. 44/2001 in Patentverletzerstreitigkeiten vor deutschen Gerichten, *FS Tilmann,* 2003, 461; *Haedicke,* Die Gewinnhaftung des Patentverletzers, GRUR 2005, 529; *Haft/Reimann,* Zur Berechnung des Verletzergewinns nach der Gemeinkostenanteilentscheidung des BGH vom 2. November 2000, Mitt. 2003, 437; *Haupt,* Territorialitätsprinzip im Patent- und Gebrauchsmusterrecht bei grenzüberschreitenden Fallgestaltungen, GRUR 2007, 187; *Heermann,* Schadensersatz und Bereicherungsausgleich bei Patentrechtsverletzungen, GRUR 1999, 625; *Herr,* BGH erteilt grenzüberschreitenden Patentverletzungsverfahren eine Absage, Mitt. 2006, 481; *Jestaedt,* Die Ansprüche auf Rückruf und Entfernen schutzrechtsverletzender Gegenstände aus den Vertriebswegen, GRUR 2009, 102; *König,* Die Beweisnot des Klägers und der Besichtigungsanspruch nach § 809 BGB bei Patent- und Gebrauchsmusterverletzungen, Mitt. 2002, 153; *Körner,* Äquivalenz und abhängige Erfindung, GRUR 2009, 97; *Kubis,* Patentverletzungen im Europäischen Prozessrecht – Ausschließliche Zuständigkeit kraft Einrede?, Mitt. 2007, 220; *Kühnen,* Die Tenorierung des Warnhinweises in Fällen mittelbarer Patentverletzung, GRUR 2008, 218; *ders.,* Eine neue Ära bei der Antragsformulierung? Kritische Gedanken zur BGH-Entscheidung „Glasfolienherstellung", GRUR 2006, 180; *ders.,* Die Besichtigung im Patentrecht. Eine Bestandsaufnahme 2 Jahre nach „Faxkarte", GRUR 2005, 185; *Lenz,* Sachantragsfassung im Patentverletzungsprozess, GRUR 2008, 565; *Maul/Maul,* Produktpiraterie im Pharma-Bereich – Sanktionsbedarf und Schadensquantifizierung, GRUR 1999, 1059; *Meier-Beck,* Die Verwarnung aus Schutzrechten – mehr als eine Meinungsäußerung!, GRUR 2005, 535; *ders.,* Herausgabe des Verletzergewinns – Strafschadensersatz nach deutschem Recht?, GRUR 2005, 617; *ders.,* Probleme des Sachantrags im Patentverletzungsprozess, GRUR 1998, 276; *Mes,* Si tacuises. – Zur Darlegungs- und Beweislast im Prozess des gewerblichen Rechtschutzes, GRUR 2000, 934; *Müller-Stoy,* Durchsetzung des Besichtigungsanspruchs. Kritische Überlegungen zu OLG München, GRUR-RR 2009, 191 – Laser-Hybrid-Schweißverfahren, GRUR-RR 2009, 161; *Pitz,* Torpedos unter Beschuss, GRUR Int. 2001, 32; *Pross,* Verletzergewinn und Gemeinkosten, *FS Tilmann* 2003, 881; *Schickedanz,* Die Restitutionsklage nach rechtskräftigem Verletzungsurteil und darauffolgender Nichtigerklärung des verletzten Patents, GRUR 2000, 570; *Tetzner,* Der Verletzerzuschlag bei der Lizenzanalogie, GRUR 2009, 6; *Tilmann,* Gewinnherausgabe im gewerblichen Rechtschutz und Urheberrecht; Folgerungen aus der Entscheidung „Gemeinkostenanteil", GRUR 2003, 647; *ders./Schreibauer,* Die neueste BGH-Rechtsprechung zum Besichtigungsanspruch nach § 809 BGB, GRUR 2002, 1015; *van Raden,* Außergerichtliche Konfliktregelung im gewerblichen Rechtsschutz, GRUR 1998, 444; *von der Osten,* Zum Anspruch auf Herausgabe des Verletzergewinns im Patentrecht, GRUR 1998, 284; *ders.,* Schadensersatzberechnung im Patentrecht, Mitt. 2000, 95; *Voß,* Die vollständige Übersetzung einer europäischen Patentschrift gemäß Art. II § 3 Abs. 1 IntPatÜG als (unabdingbare) Wirksamkeitsvoraussetzung, GRUR 2008, 654.

Materialien: Verordnung (EG) Nr. 44/2001 über die gerichtliche Zuständigkeit und die Anerkennung und Vollstreckung und Entscheidungen in Zivil- und Handelssachen (Beilage NJW Heft 11/2002 und EuZW Heft 5/2002).

Anmerkungen

1. Gemäß § 143 Abs. 1 PatG besteht in Patentstreitsachen (zum Begriff der Patentstreitigkeiten vgl. *Mes,* PatG, 2. Aufl. 2005, Rdnrn. 4 ff. zu § 143 PatG, dazu gehören insbesondere Verletzungsprozesse auf der Grundlage nationaler, nämlich deutscher wie auch europäischer Patente) eine ausschließliche Zuständigkeit der Landgerichte. Gemäß § 143 Abs. 2 PatG sind die Landesregierungen ermächtigt, durch Rechtsverordnung die Patentstreitsachen für die Bezirke mehrerer Landgerichte einem von ihnen zuzuweisen. Von dieser Ermächtigung haben nahezu alle Bundesländer Gebrauch gemacht. Es gilt folgende Regelung (vgl. GRUR 2000, 36, 390): Baden-Württemberg: LG Mannheim; Bayern: LG München I für den OLG-Bezirk München, LG Nürnberg-Fürth für die OLG-Bezirke Nürnberg und Bamberg; Berlin/ Brandenburg: LG Berlin; Bremen/Hamburg/Mecklenburg-Vorpommern/Schleswig-Holstein: LG Hamburg; Hessen/Rheinland-Pfalz: LG Frankfurt; Niedersachsen: LG Braunschweig; Nordrhein-Westfalen: LG Düsseldorf; Sachsen: LG Leipzig; Sachsen-Anhalt: LG Magdeburg; Thüringen: LG Erfurt. Soweit in einem Land nur ein einziges Landgericht vorhanden ist, geht die Konzentrationsermächtigung des § 143 Abs. 2 PatG ins Leere. Zuständig mithin für das Saarland: LG Saarbrücken.

§ 143 Abs. 1 PatG begründet – in Abweichung zu § 95 Abs. 1 Nr. 4c GVG – die funktionelle Zuständigkeit der Zivilkammern.

Die örtliche Zuständigkeit wird in § 143 PatG nicht geregelt. Sie bestimmt sich gemäß §§ 12ff. ZPO. Danach bestehen allgemeine (§§ 12, 13 ZPO: bei natürlichen Personen der Gerichtsstand des Wohnsitzes; § 17 ZPO: bei juristischen Personen der Gerichtsstand des Geschäftssitzes) und besondere Gerichtsstände, z.B. der gewerblichen Niederlassung (§ 21 ZPO), des Vermögens (§ 23 ZPO) und insbesondere der unerlaubten Handlung (§ 32 ZPO). Unerlaubte Handlungen (= Patentverletzungen) sind überall dort begangen, wo die Handlung selbst – sei es auch nur in Form eines einzigen Tatbestandsmerkmals – verwirklicht ist (Handlungs-/Begehungsort), wie auch dort, wo der Verletzungserfolg (Erfolgsort) eingetreten ist (BGH GRUR 1994, 530, 531 – Beta – zu Art. 5 Nr. 3 EuGVÜ = Art. 5 Nr. 3 VO(EG) Nr. 44/2001). § 32 ZPO erfasst insbesondere den verschuldens-unabhängigen Unterlassungsanspruch, und zwar – vorbeugend – schon dann, wenn die Patentverletzung lediglich ernsthaft droht (OLG Hamburg, GRUR 1987, 403 – Informationsschreiben). An sich gilt § 32 ZPO nicht für Entschädigungsansprüche gemäß § 33 PatG oder Art. II 1a Abs. 1 bis 3 IntPatÜG (*Kühnen,* GRUR 1997, 19). Bei negativer Feststellungsklage ist dasjenige Gericht örtlich zuständig, das für eine positive Leistungsklage (z.B. auf Unterlassung) umgekehrten Rubrums zuständig wäre (OLG Köln GRUR 1978, 658; dies soll nach OLG München Mitt, 2002, 418 – Elektronisches Leitsystem – nicht für eine negative Feststellungsklage im Gerichtsstand der unerlaubten Handlung gemäß Art. 5 Nr. 3 EuGVÜ gelten).

2. Die Klage ist gegen den Patentverletzer zu richten. Das ist jeder, der die Erfindung unberechtigt benutzt, mithin jeder Handelnde (BGH GRUR 1989, 411 – Offenend-Spinnmaschine). Als Störer haftet jeder, der willentlich und adäquat kausal an der Herbeiführung der rechtswidrigen Beeinträchtigung mitwirkt (BGH GRUR 1995, 62, 64 – Betonerhaltung; Einzelheiten zur Passivlegitimation bei *Mes,* PatG, 2. Aufl. 2005, Rdnrn. 38ff. zu § 139. Zur Bestimmung der Aktivlegitimation (mithin der Klägerposition) vgl. nachfolgend Anm. 19.

Handelt es sich bei der Beklagten um eine Personengesellschaft, so empfiehlt es sich regelmäßig, die Klage zur Erweiterung des Haftungsvermögens nicht nur gegen die Gesellschaft selbst, sondern gegen sämtliche haftende Gesellschafter zu erstrecken. Richtet sich die Klage – auch – gegen eine Gesellschaft mit beschränkter Haftung, sollten die verantwortlichen Geschäftsführer ebenfalls mitverklagt werden. Sie haften als Organe der Gesellschaft täterschaftlich, da es sich bei Patentverletzungen um unerlaubte Handlungen im weiteren Sinne handelt. Bei einer Aktiengesellschaft ist die Klage gegebenenfalls auf die verantwortlichen Vorstandsmitglieder zu erstrecken. Vgl. dazu BGH in GRUR 1986, 248, 250 – Sporthosen; *Klaka,* GRUR 1988, 729; kritisch: *Götting,* GRUR 1994, 6.

3. Der Streitwert ist für die Gerichts- (§ 12 GKG) und die Anwaltskosten (§ 32 Abs. 1 RVG) nach billigem Ermessen gemäß § 3 ZPO durch das Gericht festzusetzen. Dazu macht der Kläger bei Einreichung der Klage einen Vorschlag durch Angabe eines geschätzten Streitwertes. Die Angabe des Streitwertes durch einen Kläger (oder Antragsteller) hat nur indizielle Bedeutung (BGH GRUR 1986, 93, 94 – Berufungssumme; OLG Köln, MD 1994, 80). Dem wird im Textbeispiel dadurch Rechnung getragen, dass die Streitwertangabe als „vorläufig geschätzt" bezeichnet wird. Maßgeblich für die Höhe des Streitwertes ist die Bewertung der wirtschaftlichen Interessen des Klägers. Diese hängen u. a. von der wirtschaftlichen Bedeutung des Klägers, der wirtschaftlichen Bedeutung des Patents und der Intensität der Verletzungshandlungen des Beklagten einschließlich der wirtschaftlichen Bedeutung des Beklagten ab (sog. Angriffsfaktor). Dabei ist der erzielte Umsatz nur ein Maßstab, auf den es nicht entscheidend ankommt (*Schramm,* Streitwertberechnung im gewerblichen Rechtsschutz, GRUR 1953, 104). Regelmäßig steht der Unterlassungsanspruch im Vordergrund, nämlich das Interesse des Klägers, im Hinblick auf das ihm durch das Patentrecht gewährte Benutzungsmonopol nicht gestört zu werden. Dieses Interesse wird bei der Bewertung des Gesamtstreitwertes mit ca. $^2/_3$ zu veranschlagen sein. Den Rest (ca. $^1/_3$) machen Auskunfts-/Rechnungslegungs- und Schadensersatzfeststellungsbegehren, ferner der Anspruch auf Vernichtung aus, wobei das Schadensersatzfeststellungsbegehren bei dieser Anspruchskombination eindeutig – ebenfalls mit ca. $^2/_3$ zu veranschlagen – überwiegt. Der Wert des Auskunftsanspruchs/Rechnungslegungsanspruchs soll sich nach dem Wert des Arbeits- bzw. Zeitaufwands des Anspruchsgegners bestimmen (BGH GRUR 1999, 1037 – Wert der Auskunftsklage). Allgemein gültige Angaben hinsichtlich der Beurteilung des Gesamtstreitwertes lassen sich nicht machen. Ein angemessener Streitwert wird regelmäßig in der Größenordnung von EUR 150.000,00 liegen. Er kann bedeutend höher sein. Gem. § 144 PatG kann auf Antrag der Streitwert herabgesetzt werden, sofern glaubhaft gemacht wird, dass die Belastung der dies beantragenden Partei nach dem vollen Streitwert ihre wirtschaftliche Lage erheblich gefährden würde. Die Herabsetzung ist vor der Verhandlung zur Hauptsache zu beantragen (§ 144 Abs. 2 S. 2 PatG; OLG Düsseldorf GRUR 1985, 219 f.). Von dieser Möglichkeit wird in der Praxis selten Gebrauch gemacht.

4. Der Wortlaut der Strafandrohungsklausel folgt § 890 Abs. 1 ZPO; vgl. die Hinweise in Form. II. N. 3 Anm. 5.

5. Der Hinweis auf die räumliche Beschränkung des Unterlassungsantrags ist an sich überflüssig: Ein in Deutschland geltendes (nationales oder europäisches) Patent entfaltet nur hier Schutzwirkungen. Der Hinweis schadet aber nicht. Im Falle der Geltendmachung eines europäischen Patentes könnte auch formuliert werden: „...... im deutschen Geltungsbereich des EU ......".

6. Entsprechend der Formulierung der Patentansprüche in der Patentschrift unterteilt man in einen so genannten „Oberbegriff" und in einen „kennzeichnenden Teil" (vgl. dazu Anm. 8). Diese Unterteilung ist für die rechtliche Bewertung einer angegriffenen Ausführungsform als patentverletzend ohne Bedeutung und folgt allein Zweckmäßigkeitsüberlegungen. Hier handelt es sich um den so genannten Oberbegriff der Verletzungsform. Vgl. ferner Anm. 12 zu Form. II. O. 1.

7. Die dem Patentinhaber vorbehaltenen und dementsprechend für Dritte untersagten Benutzungshandlungen sind in §§ 9 ff. PatG festgehalten. Dabei regeln §§ 9 und 10 PatG die Wirkungen des Patentes betreffend die unmittelbare und die mittelbare Benutzung, §§ 11 bis 13 PatG die Beschränkungen der Wirkungen des Patentes. Die Formulierung im Klageantrag folgt dem Wortlaut des § 9 S. 2 Nr. 1 PatG. Die bis einschl. 6. Aufl. enthaltene Beschränkung auf gewerbliche Verhaltensweisen (vgl. § 11 Nr. 1 und 2 PatG) wurde als überflüssig – wenngleich auch nicht schädlich – fallen gelassen. Herstellungshandlungen können nur dann verboten werden, wenn sie entweder durch den Verletzer vorgekommen sind (Wiederholungsgefahr) oder zu besorgen sind (Begehungsgefahr). In-

folgedessen ist zum begehrten Verbot der Herstellung durch den Kläger substantiiert vorzutragen. Hat freilich der Patentverletzer den Verletzungsgegenstand angeboten oder sonst wie in Verkehr gebracht, so ergeben sich die im Antrag nachstehend aufgeführten Benutzungshandlungen ohne nähere Substantiierung. Insoweit gilt der Grundsatz der Einheitlichkeit der Benutzungshandlungen. Zur Formulierung vgl. auch Anm. 12 zu Form. II. O. 1 und *Mes,* PatG, 2. Aufl. 2005, Rdnrn. 177ff. § 139. Hat der Beklagte die patentverletzenden Erzeugnisse nicht hergestellt, so entfällt die in Klammern gesetzte Antragsformulierung.

8. So genannter kennzeichnender Teil der Verletzungsform. Bei jedem Patentverletzungsprozess besteht die Notwendigkeit, gem. § 253 Abs. 2 Nr. 2 ZPO die Verletzungshandlung im Klageantrag zu konkretisieren. Es würde dazu nicht ausreichen, wenn man beispielsweise dem Beklagten untersagen wollte, es zu unterlassen, das (deutsche/europäische) Patent Nr. ...... des Klägers zu verletzen. Damit wird im Ergebnis lediglich das gesetzlich bestehende Verbot im Wortlaut wiederholt. Bei einer solchen Formulierung wäre eine Vollstreckung gem. § 890 Abs. 1 ZPO nicht möglich. Dementsprechend kommt es darauf an, so genau wie irgend möglich die sogenannte Verletzungsform zu bezeichnen. Dies geschieht anhand eines Vergleichs zwischen dem Wortlaut der Patentansprüche, wobei maßgeblich regelmäßig nur der Hauptanspruch ist, und dem darin festgelegten Gegenstand der Erfindung einerseits und der angegriffenen Ausführungsform andererseits. Grundsätzlich empfiehlt es sich, eine Merkmalsanalyse aufzustellen, wie sie in dem Muster einer Patentverletzungsklage vorstehend auch in der Begründung aufgeführt ist, anhand deren sodann die Verletzungsform im Hinblick auf bestehende Gemeinsamkeiten mit dem Erfindungsgegenstand überprüft werden kann. Aus Gründen der vereinfachten Darstellung und eines erleichterten Verständnisses wurde der Fall einer wortlautgemäßen (wortsinngemäßen) Verletzung ausgewählt. Des Weiteren ist ein einfaches Beispiel zugrunde gelegt worden. Die Mehrzahl der Fälle liegt schwieriger. Zur Problematik des Schutzumfangs eines Patents vgl. Anm. 12 zu Form. II. O. 1. Teilweise wird die Auffassung vertreten, die streitgegenständliche Verletzungsform sei enger als mit dem Wortlaut des Patentanspruchs zu beschreiben, und zwar insbesondere dann, wenn der Patentanspruch verschiedene Alternativen aufweist (z.B. LG München, Mitt. 1999, 466 – Verbotsantrag). Dieser Auffassung wird hier nicht gefolgt, da durch die Klagebegründung eine ausreichende Festlegung betreffend die Ausgestaltung der Verletzungsform gegeben ist. Maßgeblich ist der zweigliedrige Streitgegenstandsbegriff. Danach bestimmt sich der Streitgegenstand im gewerblichen Rechtsschutz nach Antrag und Lebenssachverhalt (OLG Frankfurt, GRUR-RR 2002, 397, 398 re. Sp. – Tiapridex: zum Markenrecht). Wird – wie im Textbeispiel – der Tatbestand einer wortsinngemäßen Verletzung des Patents geltend gemacht, kann sich regelmäßig der Unterlassungsantrag am Wortlaut der Ansprüche des Klagepatents orientieren (BGH GRUR 1986, 803, 806 li. Sp. – Formstein). Zum Ausnahmefall, dass zwischen den Parteien eines Verletzungsprozesses Streit über die Verwirklichung bestimmter Merkmale besteht und sich sodann die Notwendigkeit ergeben kann, diese ausdrücklich in den Verbotstenor aufzunehmen, vgl. BGH GRUR 2005, 569 – Blasfolienherstellung. Handelt es sich um den Tatbestand einer äquivalenten Patentverletzung (vgl. dazu Form. II. O. 1, Anm. 12), muss die konkrete Verletzungsform einschließlich der konkreten Form der Benutzung in den Klageantrag aufgenommen werden (BGH GRUR 1986, 803, 806 li. Sp. – Formstein).

9. Dieser Anspruch ergibt sich aus § 140b PatG, der seit dem 1. Juli 1990 gilt. Zu Einzelheiten vgl. Anm. 6, 9 und 13 zu Form. II. O. 1.

10. Nach ständiger höchstrichterlicher Rechtsprechung kann der Verletzte seinen Schaden in dreifacher Weise berechnen (Ersatz des unmittelbaren Schadens, der ihm durch die Patentverletzung entstanden ist, insbesondere des entgangenen Gewinns; die Zahlung einer angemessenen Lizenzgebühr und die Herausgabe des Verletzergewinns). Vgl. dazu, zum Rechnungslegungsanspruch und zum Beginn der Verantwortlichkeit des

Inanspruchgenommenen erst nach Ablauf einer Prüfungsfrist von ca. einem Monat Anm. 14 bis 17 zu Form. II. O. 1. Soweit die Namen und Anschriften von nicht gewerblichen Abnehmern bzw. von Angebotsempfängern in Rede stehen, besteht die Besonderheit eines Wirtschaftsprüfervorbehalts. Vgl. dazu BGH GRUR 1995, 338, 341, 342 – Kleiderbügel – und Anm. 17 zu Form. II. O. 1 und die nachfolgende Anmerkung. Die Praxis der Patentkammer des Landgerichts Düsseldorf kombiniert den Auskunftsanspruch des § 140 b PatG mit dem herkömmlichen Rechnungslegungsanspruch, so dass anstelle der im Formular vorgeschlagenen getrennten Aufgliederung in den Anträgen I 2 und 3 ein einheitlicher Antrag wie folgt zu formulieren ist:

„...... der Klägerin darüber Rechnung zu legen, in welchem Umfang die Beklagte die zu I 1 bezeichneten Handlungen seit dem ...... begangen hat, und zwar unter Angabe

a) der Herstellungsmengen und -zeiten (sofern Herstellungshandlungen vorgekommen sind; sollten Herstellungshandlungen nicht substantiiert vorgetragen werden können, dann – wie auch sonst und nachfolgend aufgeführt:), der Menge der erhaltenen oder bestellten Erzeugnisse sowie der Namen und Anschriften der Hersteller, Lieferanten und anderer Vorbesitzer,
b) der einzelnen Lieferungen, aufgeschlüsselt nach Liefermengen, -zeiten und -preisen (gegebenenfalls Typenbezeichnungen) sowie der Namen und Anschriften der Abnehmer,
c) der einzelnen Angebote, aufgeschlüsselt nach Angebotsmengen, -zeiten und -preisen (und gegebenenfalls Typenbezeichnungen) sowie der Namen und Anschriften der Angebotsempfänger,
d) der betriebenen Werbung, aufgeschlüsselt nach Werbeträgern, deren Auflagenhöhe, Verbreitungszeitraum und Verbreitungsgebiet,
e) der nach den einzelnen Kostenfaktoren aufgeschlüsselten Gestehungskosten und des erzielten Gewinns."

Die Verurteilung zur Rechnungslegung wegen Patentverletzung erstreckt sich in die Zukunft über den Zeitraum der letzten mündlichen Verhandlung hinaus (BGH GRUR 2004, 755 – Taxameter; OLG Karlsruhe Mitt. 2003, 309 – Auskunftsanspruch nach letzter mündlicher Verhandlung; *Meier-Beck,* GRUR 1998, 276, 280; a. A. OLG Düsseldorf Mitt. 2001, 424 – Längenverstellbares Tragelement = GRUR-RR 2002, 48 – Zeitraum der Rechnungslegung).

10 a. Zur Problematik, ob der Beklagte tatsächlich die patentverletzenden Erzeugnisse hergestellt hat, vgl. vorstehend Anm. 7 und 10. Kann nicht davon ausgegangen werden, dass Herstellungshandlungen des Beklagten vorgekommen oder zu besorgen sind, so entfällt der in Klammern gesetzte Teil des Antrags.

10 b. Es besteht ein Anspruch auf Mitteilung produktbezogener Gestehungskosten, wobei nicht produktbezogene Fixkosten die Schadensersatzverpflichtung des Verletzers nicht mindern (BGH GRUR 2001, 329 – Gemeinkostenanteil; dazu *Haft/Reimann,* Mitt. 2003, 437; *Tilmann,* GRUR 2003, 647; *Meier-Beck,* GRUR 2005, 617). Unter bestimmten Voraussetzungen besteht auch ein Anspruch auf Vorlage von Belegen (BGH GRUR 2001, 841, 845 li. Sp. oben – Entfernung der Herstellungsnummer II; 2002, 709, 712 – Entfernung der Herstellungsnummer III: zum UWG).

11. Besteht – wie meist – zwischen den Parteien eines Patentverletzungsprozesses ein Wettbewerbsverhältnis, so empfiehlt es sich, von vornherein das Rechnungslegungsbegehren (nicht das Begehren betreffend die Drittauskunft) mit einem Wirtschaftsprüfer-Vorbehalt zu versehen, da bei einer Verurteilung zur Rechnungslegung durch das Gericht von Amts wegen ein derartiger Vorbehalt zugunsten des Beklagten einzufügen ist (BGH GRUR 1981, 535 – Wirtschaftsprüfervorbehalt), allerdings wegen des § 140 b PatG nur noch in einem eingeschränkten Umfang (vgl. Anm. 10). Kommt der Kläger dem durch eine entsprechende Formulierung des Rechnungslegungsantrags zuvor, so vermeidet er den möglichen Eindruck einer Teilabweisung. Zum Wirtschaftsprüfervorbehalt vgl. im Einzelnen Anm. 12 zu Form. II. O. 1.

12. Die Benutzung einer offen gelegten Patentanmeldung verpflichtet gemäß § 33 PatG zur Zahlung einer angemessenen Entschädigung sowie zur Rechnungslegung. Dazu vgl. Form. II. O. 1 Anm. 17.

12a. Für den (infolge Zeitablaufs immer seltener werdenden) Fall, dass Verletzungshandlungen für den Zeitraum vor dem 1. Mai 1992 gegeben sind und die sich daraus ergebenden Rechtsfolgen betreffend Schadensersatz, Rechnungslegung und Auskunftserteilung geltend gemacht werden, ist folgendes zu beachten: Vor der Wiedererlangung der staatlichen Einheit Deutschlands beschränkten sich die Schutzwirkungen der Patente auf das Gebiet der Bundesrepublik Deutschland in den vor dem 2. Oktober 1990 geltenden Grenzen einschließlich West-Berlin. Das Gesetz über die Erstreckung von gewerblichen Schutzrechten (ErstrG) vom 23. April 1992 hat die Schutzwirkung seinerzeit bestehender Patente mit Wirkung zum 1. Mai 1992 ausgedehnt. Liegt mithin ein Fall vor, der einen Zeitraum vor dem 1. Mai 1992 berührt, ist wie folgt zu formulieren:

„…… und wobei sich ferner die Verpflichtung zur Rechnungslegung für vor dem 1. Mai 1992 begangenen Handlungen auf das Gebiet der Bundesrepublik Deutschland in den bis zum 2. Oktober 1990 bestehenden Grenzen einschließlich West-Berlin beschränkt."

13. Dieser Antrag findet seine Grundlage in § 140a PatG. Vgl. dazu Form. II. O. 1 Anm. 6, 9 und 18. Die Tathandlung des Vernichtens im Sinne des § 140a PatG ist eine vertretbare Handlung, so dass an sich die Zwangsvollstreckung gemäß § 887 ZPO erfolgen kann. Das setzt allerdings voraus, dass ein Dritter – und somit auch der Gläubiger – sich in den Besitz der zu vernichtenden Sachen setzen kann. Weigert sich der Schuldner, die Sachen selbst zu vernichten oder die Sachen zur Vernichtung herauszugeben, so kann die Zwangsvollstreckung nach dem Wortlaut des § 140a PatG nicht durchgeführt werden. Insoweit erscheint es sachgerechter, wie im Formular vorgeschlagen, zu formulieren und die Herausgabe an einen Gerichtsvollzieher (Sequester) zum Zwecke der Vernichtung zu beantragen (BGH GRUR 2003, 228 – P Vermerk: zum Urheberrecht; 1997, 899 – Vernichtungsanspruch: zu § 18 Abs. 1 MarkenG; a. A. LG und OLG Düsseldorf; nach der dort geübten Praxis ist zu formulieren: „…… die im unmittelbaren oder mittelbaren Besitz oder im Eigentum der Beklagten befindlichen Erzeugnisse entsprechend vorstehend (1) zu vernichten").

14. Neben einem Schadensersatzanspruch wegen (rechtswidriger) Patentverletzungshandlungen besteht ein Anspruch auf angemessene Entschädigung wegen (rechtmäßiger) Patentbenutzungshandlungen nach Offenlegung der Patentanmeldung (vgl. §§ 33, 32 Abs. 5 PatG; dazu BGHZ 107, 161 = GRUR 1989, 411 – Offenend-Spinnmaschine; 1993, 460, 464 – Wandabstreifer – m. Anm. *v. Maltzahn*). Je nachdem, wie weit die Benutzungshandlungen des/der Beklagten zurückreichen, kann es erforderlich sein, auch im Hinblick auf diesen Entschädigungsanspruch neben einem Rechnungslegungsanspruch auch ein Feststellungsbegehren betreffend die Verpflichtung zur angemessenen Entschädigung geltend zu machen. Davon wird im Formular ausgegangen. Zur Verbindung von Feststellungsbegehren und Rechnungslegungsanspruch vgl. die nachfolgende Anmerkung 15.

15. Es hat sich im Bereich des gewerblichen Rechtsschutzes bewährt, die Schadensersatzverpflichtung (ebenso wie die Verpflichtung zur angemessenen Entschädigung) des Verletzers lediglich feststellen zu lassen. An sich besteht auch die Möglichkeit einer Stufenklage gemäß § 254 ZPO, wobei der Verletzte vom Verletzer nach Maßgabe erfolgter Rechnungslegung Schadensersatz verlangen kann. Eine derartige Stufenklage führt jedoch dazu, dass zunächst der Prozess auf der ersten Stufe, nämlich dem Unterlassungs- und Rechnungslegungsbegehren, durch die Instanzen geführt werden muss, bevor eine Entscheidung auf der zweiten Stufe (Schadensersatz/Entschädigung) ergehen kann. Demgegenüber ist eine einheitliche Prozessführung durch Kombination von Rechnungslegungs- und Schadensersatz-(Entschädigungs-)Feststellungsbegehren vorzuziehen (allg.

Meinung; BGH in st. Rechtspr., z.B. GRUR 2001, 1077, 1078 – Feststellungsinteresse II). Zur Höhe des Schadens und zu seiner Berechnung vgl. Form. II. O. 1, Anm. 14. Zum Problem der aufgelaufenen Zinsen bei einer Schadensberechnung im Wege der Lizenzanalogie vgl. Form. II. O. 21, Anm. 3.

Zur Erstreckung des Schadensersatzfeststellungsbegehrens auf solche Handlungen, die nach der letzten mündlichen Tatsachenverhandlung begangen sind, vgl. BGH GRUR 2004, 755 – Taxameter – und oben Anm. 9 a.E.

16. Kosten- und Vollstreckungsanträge sind zwar entbehrlich, da die Nebenentscheidungen von Amts wegen zu treffen sind. Sie werden aber regelmäßig in der Praxis gestellt.

17. Stellungnahme gemäß §§ 253 Abs. 3, 348 Abs. 1 Nr. 1 ZPO.

17a. § 278 Abs. 2 ZPO sieht (mit Wirkung ab dem 1. Januar 2002) vor, dass der mündlichen Verhandlung zum Zwecke der gütlichen Beilegung des Rechtsstreits eine Güteverhandlung vorausgehen soll. Sie soll entfallen können, wenn bereits ein Einigungsversuch vor einer außergerichtlichen Gütestelle stattgefunden hat oder wenn die Güteverhandlung erkennbar aussichtslos erscheint. Im Bereich des gewerblichen Rechtsschutzes, insbesondere im Zusammenhang mit der Bearbeitung von Patentverletzungsstreitigkeiten ist es die Regel, dass die Parteien vor Anrufung des Gerichts einen gütlichen Ausgleich untereinander suchen. Das ist wegen der Komplexität der zu beurteilenden Sachverhalte und widerstreitenden Interessen oft nicht möglich. Wenn mithin Klage erhoben wird, kann regelmäßig davon ausgegangen werden, dass nur gerichtliche Hilfe den Konflikt der Parteien lösen kann. Infolgedessen würde es auch auf eine Überforderung der Gerichte hinauslaufen, in gewerblichen Rechtsschutzstreitigkeiten vor Eintritt in die mündliche Verhandlung eine Güteverhandlung durchzuführen. Dem trägt der im Textbeispiel vorgeschlagene Formulierungsvorschlag Rechnung. Ein weiteres Beispiel findet sich in Form. I. F. 6.

18. Dem Formular liegt die Verfahrensweise der Patentkammer (4. Zivilkammer) des Landgerichts Düsseldorf zugrunde. Hier wird der ausführliche Termin zur mündlichen Verhandlung durch einen frühen ersten Termin gemäß § 275 ZPO vorbereitet, in dem die Bearbeitungsfristen für Klageerwiderung und Replik sowie ein ausführlicher Termin zur mündlichen Verhandlung bestimmt werden, wenn nicht die Streitsache schon im frühen ersten Termin erledigt werden kann. Das schriftliche Vorverfahren gemäß § 276 ZPO eignet sich zur Erledigung einer Patentstreitsache vom Grundsatz her weniger. Für den Fall, dass die angerufene Patentkammer grundsätzlich oder im Ausnahmefall das schriftliche Vorverfahren gemäß § 276 ZPO wählt, ist hier höchst vorsorglich der Antrag auf Erlass eines Anerkenntnis- bzw. Versäumnisurteils gemäß § 307 Abs. 2, § 331 Abs. 3 ZPO für den Fall fehlender Verteidigungsbereitschaft der Beklagten vorzusehen.

18a. Die im Textbeispiel angeführten Anträge haben nur beispielhaften Charakter. Ob sie jeweils vollständig in den vorgeschlagenen Formulierungen tatsächlich in eine Patentverletzungsklage aufgenommen werden sollten, ist jeweils im Einzelfall zu überprüfen. Der Antrag auf Veröffentlichungsbefugnis des Urteils macht wenig Sinn. Ein ausreichendes Interesse des Klägers an einer entsprechenden Veröffentlichung lässt sich nur schwer darlegen.

19. Aus einer Patentanmeldung können Ansprüche auf Unterlassung, Rechnungslegung und Schadensersatz erst dann hergeleitet werden, wenn das Patent erteilt und die Veröffentlichung der Erteilung im Patentblatt erfolgt sind (§§ 49, 58 Abs. 1 PatG; Art. 64, 67 EPÜ). Gleichzeitig wird die Patentschrift ausgegeben (§ 58 Abs. 1 S. 2 PatG; Art. 98 EPÜ). Zum Inhalt der Patentschrift sowie zum Gang des Erteilungsverfahrens vgl. Anm. 6 zu Form. II. O. 1.

Zur Geltendmachung von Ansprüchen auf der Grundlage eines Patents sind deren Inhaber sowie der ausschließliche Lizenznehmer befugt (BGH WRP 1998, 406, 408 – Lunette; GRUR 1996, 109, 111 – Klinische Versuche I; 1995, 338 – Kleiderbügel). Hinsichtlich des einfachen Lizenznehmers ergibt sich für die Geltendmachung eines patentrechtlichen Unterlassungsanspruchs eine entsprechende Befugnis nur aufgrund gewillkürter Prozessstandschaft (Prozessführungsermächtigungserklärung; Abtretung des Unterlassungsanspruchs ist nach h. M. nicht möglich, BGH GRUR 2001, 1158 – Dorf MÜNSTERLAND: zum Markenrecht), bei Ansprüchen auf Auskunft, Rechnungslegung und Schadensersatz einschließlich Entschädigung sowie auf Vernichtung nur infolge einer Abtretung. Zur Prozessführungsermächtigung vgl. BGH GRUR 1995, 54, 57 – Nicoline. Eine entsprechende Erklärung könnte folgenden Wortlaut haben:

„Abtretungs- und Prozessführungsermächtigungserklärung

Wir/ich (Firma/Person) sind/bin alleinige, eingetragene und ausschließlich verfügungsberechtigte Inhaberin des DE ...... betreffend ...... Dieses Patent wird von ...... ohne unsere/meine Zustimmung benutzt. Die sich aus den unerlaubten Benutzungshandlungen ergebenden Ansprüche auf Rechnungslegung, Vernichtung, Schadensersatz und Entschädigung treten wir/trete ich hiermit an die diese Erklärung annehmende Firma (den diese Erklärung annehmenden ......) ab. Wir/ich ermächtige(n) des Weiteren ...... den uns/mir zustehenden Unterlassungsanspruch gerichtlich in eigenem Namen geltend zu machen. Auf einen Zugang der Annahmeerklärung verzichten wir (verzichte ich)."

Die Abtretung von Ansprüchen ist zweiseitiges Rechtsgeschäft, die Ermächtigung ist einseitiges Rechtsgeschäft. Auf den Zugang der Annahmeerklärung für die Abtretungserklärung kann verzichtet werden, nicht auf die Annahmeerklärung selbst (§ 151 BGB).

Zu weiteren Einzelheiten vgl. *Mes,* PatG, 2. Aufl. 2005, Rdnrn. 32 ff. zu § 139.

20. Die Mitteilung des Anmeldetages interessiert für die Berechnung der äußerstenfalls gemäß § 16 Abs. 1 S. 1 PatG (oder Art. 63 Abs. 1 EPÜ) 20-jährigen Schutzdauer. Des Weiteren interessiert der Anmeldetag, soweit er – wie regelmäßig – den Zeitrang der Anmeldung begründet, auch deshalb, weil sich die Schutzfähigkeit des Gegenstandes des Patentes nach den zum Zeitpunkt des Zeitranges geltenden Verhältnissen, insbesondere nach dem seinerzeit bekannten Stand der Technik und dem Fachwissen zum Zeitpunkt dieses Tages richtet.

Der Anmeldetag ist in allen über die Patentanmeldung berichtenden Schriften (Offenlegungsschrift, Patentschrift) ausdrücklich angegeben. Kann eine Auslandspriorität in Anspruch genommen werden, so ist der Tag der entsprechenden Auslandsanmeldung „Prioritätstag", so dass in einem solchen Fall eine Vorverlagerung des maßgeblichen Zeitpunktes eintreten kann (vgl. Artikel 4 der „Pariser Verbandsübereinkunft zum Schutz des gewerblichen Eigentums" – PVÜ vom 20. 3. 1883, die verschiedentlich revidiert worden ist, zuletzt in Stockholm am 14. Juli 1967; vgl. im Einzelnen *Mes,* PatG, 2. Aufl. 2005, Rdnrn. 1 ff. zu § 41).

21. Das Formular geht analog dem Form. II. O. 1 von einer Patentanmeldung aus, die in der Bundesrepublik Deutschland nach dem 1. Januar 1981 getätigt worden ist, so dass das PatG 1981, das zum 1. Januar 1981 in Kraft getreten ist, in vollem Umfang anwendbar ist. Zu dem Fall, dass die Bekanntmachung der Patentanmeldung vor dem 1. Januar 1981 beschlossen worden ist, vgl. die Vorauflage aaO.

22. Vgl. § 31 PatG. In dieser Bestimmung ist das Recht der Akteneinsicht dahingehend geregelt, dass vom Grundsatz zwar auf Antrag Einsicht in die Akten gewährt wird, wenn und soweit ein berechtigtes Interesse glaubhaft gemacht wird (§ 31 Abs. 1 S. 1 PatG), der Ausnahmekatalog, wonach jedoch ohne Glaubhaftmachung eines entsprechenden Interesses Akteneinsicht zu gewähren ist, tatbestandsmäßig überwiegt (vgl. § 31 Abs. 1 S. 2 u. Abs. 2 PatG; zu Einzelheiten vgl. *Mes,* PatG, 2. Aufl. 2005, Rdnrn. 1 ff. zu § 31). Das Patentamt ist insbesondere zur Erteilung von Rollenauszügen verpflichtet. Der in Rede stehende Beweisantritt wird selten praktisch, weil die Beteiligten einer Patent- bzw. Gebrauchsmusterverletzungsstreitigkeit regelmäßig die Amtsakten schon kennen oder diese

Akten – meist auf Antrag des Beklagten – vom Verletzungsgericht beigezogen werden (vgl. als Beispiel für einen Aktenbeiziehungsantrag Form. II. O. 4).

23. Die Überreichung der Patentschrift für jedes Gerichtsmitglied empfiehlt sich, damit die gesamte Kammer der mündlichen Verhandlung, bei der regelmäßig insbesondere technische Einzelheiten zur Sprache kommen, ohne Schwierigkeiten anhand der Schrift des Klageschutzrechtes folgen kann. Ein Gleiches gilt für die im Formular als Anlage 2 vorgesehene Merkmalsanalyse.

24. Jede Erfindung stellt eine Lehre zum technischen Handeln dar, die – neben anderen Voraussetzungen – insbesondere neu, auf einer erfinderischen Tätigkeit beruhen und gewerblich anwendbar sein muss (so für deutsche Patentanmeldungen: § 1 Abs. 1 PatG; für europäische Patentanmeldungen: Art. 54 bis 57 EPÜ). Schon diese Voraussetzungen erfordern es, den Gegenstand des streitgegenständlichen Schutzrechtes gegenüber dem vorbekannten Stand der Technik näher herauszuarbeiten. Es empfiehlt sich, dem Gericht den behandelten Stand der Technik in Form von Anlagen zu überreichen.

25. Jede Erfindung besteht aus *Aufgabe* (= technischem Problem) und *Lösung*. Ist der relevante Stand der Technik dargestellt, so ergibt sich regelmäßig ohne Schwierigkeit die der Neuerung zugrunde liegende *Aufgaben*stellung.

26. Entsprechend dem in Anm. 25 Ausgeführten erfolgen nunmehr Ausführungen zur *Lösung* der gestellten Aufgabe.

27. Zur Bedeutung der Patentansprüche vgl. Anm. 6 und 12 zu Form. II. O. 1. Die Bedeutung der Ansprüche für die Bestimmung des Schutzumfangs eines Patents ist in § 14 S. 1 PatG 1981 niedergelegt. Regelmäßig bestehen mehrere Ansprüche. Dabei ist vom Grundsatz her der erste Anspruch der allgemeinste, der den Erfindungsgedanken am umfassendsten beschreibt. Dieser Anspruch wird als Hauptanspruch bezeichnet. Ihm sind weitere Ansprüche nachgeordnet, die regelmäßig auf den Hauptanspruch Bezug nehmen (so genannte echte Unteransprüche) und damit vom Grundsatz her Gestaltungen beinhalten, die nicht selbstständig patentfähig sind. Es gibt freilich auch Patente, bei denen die Unteransprüche selbständig schutzfähige Erfindungen beinhalten (sog. Nebenansprüche).

28. In einer *Merkmalsanalyse* ist die Zusammenfassung des Gegenstandes des Patentes, wie sie im Patentanspruch aufscheint, in Einzelmerkmale aufgegliedert (vgl. Form. II. O. 1, Anm. 12 m. w. N.). Diese Aufgliederung dient dem Vergleich der angegriffenen Ausführungsform (= Verletzungsform) unter Berücksichtigung von Aufgabe und Lösung mit dem Patentgegenstand. Damit ist zugleich auch die Frage des Schutzumfanges eines jeden Patentes angesprochen. Vgl. dazu Anm. 12 zu Form. II. O. 1. Es wird empfohlen, die Merkmalsanalyse als gesonderte Anlage – für das Gericht 3-fach – zu überreichen, damit alle Beteiligten der mündlichen Verhandlung besser folgen können.

29. Entsprechend der Formulierung des Hauptanspruches bildet auch die Merkmalsanalyse einen „Oberbegriff".

30. Entsprechend der Formulierung im Hauptanspruch gibt es neben dem „Oberbegriff" (Anm. 29) den – die erfindungswesentlichen Merkmale – „kennzeichnenden Teil".

31. Aus Verständnisgründen wurde der einfachste Fall einer Patentverletzung ausgewählt, nämlich derjenige eines wortsinngemäßen, im Formular sogar identischen (= wortlautgemäßen) Gebrauchmachens. Zum Schutzumfang eines Patentes und den sich daraus ergebenden Verletzungsmöglichkeiten vgl. Anm. 12 zu Form. II. O. 1.

32. Verfügt der Kläger über mehrere Patente, die er gegen den Verletzer wegen gleichartiger Verletzungshandlungen geltend machen will, so muss er dies in einer Klage tun, anderenfalls eine spätere Klage unzulässig ist (vgl. § 145 PatG und *Mes,* PatG, 2. Aufl. 2005, Rdnrn. 1 ff. zu § 145).

33. Ein Patent gibt seinem Inhaber ein Benutzungsmonopol. Wird dieses dadurch verletzt, dass auch ein anderer von der patentgemäßen Lehre Gebrauch macht, so ist schon allein auf Grund dieses Umstandes der Eintritt eines Schadens höchstwahrscheinlich. Diese Wahrscheinlichkeit genügt zur Geltendmachung eines Schadensersatzfeststellungsbegehrens, insbesondere wenn schon ein Verletzungsfall festgestellt worden ist (vgl. BGH GRUR 1960, 423/426 re. Sp. – Kreuzbodenventilsäcke; GRUR 1964, 496/497 re. Sp. – Formsand II).

34. Zum Erfordernis eines Verschuldens vgl. *Mes,* PatG, 2. Aufl. 2005, Rdnrn. 64 ff. zu § 139 m. w. N.

35. Vgl. zum Rechnungslegungsanspruch Anm. 14 bis 17 zu Form. II. O. 1, Anm. 10 zu Form. II. O. 3, die Ausführungen bei *Mes,* PatG, 2. Aufl. 2005, Rdnrn. 1 ff. zu § 140 b sowie *Tilmann* GRUR 1987, 251.

36. Vgl. zum Inhalt und zu den Voraussetzungen dieses Anspruchs Form. II. O. 1, Anm. 13.

37. Vgl. oben Anm. 13.

38. Vgl. oben Anm. 14.

39. Da die Benutzung einer offengelegten Patentanmeldung nicht rechtswidrig ist, gibt es weder einen Anspruch auf Herausgabe des Benutzergewinns noch auf Ersatz des entgangenen eigenen Gewinns. Daher besteht auch nur ein eingeschränkter Rechnungslegungsanspruch (vgl. Form. II. O. 1, Anm. 19 und 20).

40. Zur Überlegungsfrist (Karenzzeit) von einem Monat vgl. Form. II. O. 1, Anm. 19.

41. Die örtliche Zuständigkeit des Patentstreitgerichts folgt den ZPO-Gerichtsständen, wobei gem. § 143 Abs. 2 PatG eine Konzentration auf ein einziges Landgericht erfolgt (vgl. dazu Anm. 1).

42. Die Mitwirkung eines Patentanwalts ist in Patentverletzungsstreitigkeiten dringend zu empfehlen. Die Erstattungsfähigkeit der Kosten des mitwirkenden Patentanwalts ist in § 143 Abs. 3 PatG bestimmt. Bei Patentverletzungsstreitigkeiten kommt es auf die Notwendigkeit der Mitwirkung eines Patentanwalts nicht an. Diese wird vom Gesetzgeber quasi als gegeben angesehen. Zu den Kosten eines mitwirkenden Patentanwalts vgl. *Rehmann* GRUR 1985, 332 ff.

43. *Literatur zum einstweiligen Verfügungsverfahren in Patentsachen: Brinkhof,* Geht das grenzüberschreitende Verletzungsverbot im niederländischen Verfügungsverfahren zu weit?, GRUR Int. 1997, 489; *Brinks/Fritze,* Einstweilige Verfügung in Patentverletzungssachen in den USA und Deutschland, GRUR Int. 1987, 133 ff.; *A. v. Falck,* Einstweilige Verfügung in Patent- und Gebrauchsmustersachen, Mitt. 2002, 429; *Fischer,* Einstweilige Verfügung in Patentsachen – zum Verfügungsanspruch, FS *Traub,* 1994, 105; *Holzapfel,* Zum einstweiligen Rechtsschutz im Wettbewerbs- und Patentrecht, GRUR 2003, 287; *Klute,* Strategische Prozessführung im Verfügungsverfahren, GRUR 2003, 34; *Krieger,* Die vorläufige Durchsetzung von Unterlassungsansprüchen wegen Patentverletzung, FS *Preu* 1988, 165; *Kurtz,* Grenzüberschreitender einstweiliger Rechtsschutz im Immaterialgüterrecht, Diss. 2004; *Lenz,* Anmerkungen zum Olanzapin-Urteil des OLG Düsseldorf, GRUR 2008, 1042; *Marshall,* Die einstweilige Verfügung in Patentstreitsachen, FS *Klaka,* 1987, 99; *Maurer,* Verjährungshemmung durch vorläufigen Rechtsschutz, GRUR 2003, 208; *v. Meibom/Pitz,* Grenzüberschreitende Verfügungen im internationalen Patentverletzungsverfahren, Mitt. 1996, 181; *Meier-Beck,* Die einstweilige Verfügung wegen Verletzung von Patent- und Gebrauchsmusterrechten, GRUR 1988, 861; *Oetker,* Die Zustellung von Unterlassungsverfügungen innerhalb der Vollziehungsfrist des § 929 Abs. 2 ZPO, GRUR 2003, 199; *Rogge,* Einstweilige Verfügungen in Patent- und Gebrauchsmustersachen, FS *v. Gamm,* 1990, 461; *Schultz-Süchting,* Einstweilige Verfügung in Patent- und Gebrauchsmustersachen, GRUR 1988, 571 ff.

Der patentrechtliche Unterlassungsanspruch ist auch im Wege der einstweiligen Verfügung durchsetzbar. Dies ist jedoch die – seltene – Ausnahme. Die komplizierte Rechtslage kann hier nur skizziert werden (vgl. dazu *Mes,* PatG, 2. Aufl. 2005, Rdnrn. 241 ff. zu § 139 und das Textbeispiel betreffend einen Antrag auf Erlass einer einstweiligen Verfügung wegen Patentverletzung (unmittelbare Patentverletzung) bei *Mes/Mes,* Münchener Prozessformularbuch, Bd. 5, Gewerblicher Rechtsschutz, Urheber- und Presserecht, 3. Aufl. 2009, Form. C. 21 m. w. umfassenden Nachweisen). Verfügungsanspruch sowie Verfügungsgrund sind vorzutragen und glaubhaft zu machen.

(1) Zum Verfügungsanspruch gehören Bestand des Patentes sowie der Verletzungstatbestand. Insoweit unterscheidet sich ein Verfügungsantrag nicht von einer Patentverletzungsklage.

(2) Besondere Schwierigkeiten macht der Verfügungsgrund. Um die „Notwendigkeit" eines gerichtlichen Verbotes zur Abwehr „wesentlicher Nachteile" (§§ 935, 940 ZPO) zu begründen, müssen regelmäßig folgende Voraussetzungen gegeben sein (OLG Düsseldorf GRUR Int. 1990, 471 – Epilady I; OLG Karlsruhe GRUR 1988, 900 – Dutralene; OLG Hamburg 1984, 105; LG Düsseldorf Mitt. 1995, 190; LG Hamburg, GRUR-RR 2002, 45 – Felodipin):

a) Die Schutzfähigkeit des Verfügungspatentes muss sich als so gesichert darstellen, dass „sich keine durchgreifenden Zweifel aufdrängen" (so OLG Karlsruhe GRUR 1982, 169/171 – Einhebelmischarmatur – und 1988, 900 – Dutralene; strenger: OLG Düsseldorf, GRUR 1959, 619: „über jeden Zweifel erhaben"; vgl. aber auch – großzügiger – OLG Düsseldorf GRUR 1983, 79/80; Mitt. Deutscher Patentanwälte 1982, 230/231); die Schutzfähigkeit muss jedenfalls so gesichert erscheinen, dass in einem Hauptklageverfahren eine Aussetzung wegen eines anhängigen Einspruchs- oder Nichtigkeitsverfahrens nicht in Betracht käme (OLG Düsseldorf Mitt. 1996, 87, 88 – Captopril; noch großzügiger OLG Karlsruhe GRUR 1979, 700 – Knickarm-Markise, das Zweifel an der Schutzfähigkeit durch Anordnung einer Sicherheitsleistung kompensieren möchte). Angemessen erscheint die Formulierung des OLG Hamburg in GRUR-RR 2002, 244 – Spannbacke. Danach setzt der Erlass einer patentrechtlichen Unterlassungsverfügung zur Vermeidung des Risikos einer Fehlbeurteilung technischer Sachverhalte im summarischen Verfahren voraus, dass das Verfügungspatent mit zumindest großer Wahrscheinlichkeit rechtsbeständig ist bzw. sich in einem anhängigen Nichtigkeits- bzw. Einspruchsverfahren als rechtsbeständig erweisen wird. Vereinfachend lässt sich formulieren: Die Schutzfähigkeit eines Verfügungspatents muss jedenfalls so gesichert erscheinen, dass in einem Hauptklageverfahren eine Aussetzung wegen eines anhängigen Einspruchs- oder Nichtigkeitsverfahrens nicht in Betracht käme (OLG Düsseldorf, Mitt. 1996, 87, 88 – Captopril). Das kann selbst dann der Fall sein, wenn das Patent erstinstanzlich – nicht rechtskräftig – vernichtet worden ist (OLG Düsseldorf Mitt 2008, 327 Rdn. 63 – Olanzapin).

Von einer ausreichend gesicherten Schutzfähigkeit des Verfügungspatentes wird man in der Praxis regelmäßig nur dann ausgehen können, wenn dieses in einem Einspruchs- oder Nichtigkeitsverfahren „erhärtet" worden ist (vgl. dazu Bericht über die Düsseldorfer Praxis von *Bierbach* GRUR 1981, 464 li. Sp.). Der Verletzte muss ferner zur Schutzfähigkeit des Verfügungspatents den Stand der Technik vortragen (vgl. z. B. OLG Düsseldorf, Mitteilungen Deutscher Patentanwälte 1982, 230, 231 re. Sp.). Dazu ist es regelmäßig erforderlich, zum Anmelde- und zu Weiteren das Patent betreffenden Verfahren im Einzelnen unter Überreichung des einschlägigen Standes der Technik (in jeweils deutscher Übersetzung fremdsprachigen Standes der Technik) vorzutragen und gegebenenfalls auf Einwendungen des als Verletzter Inanspruchgenommenen einzugehen (vgl. dazu sogleich nachfolgend c).

b) Der Verletzungstatbestand muss zweifelsfrei und darüber hinaus so gelagert sein, dass er im summarischen Verfügungsverfahren auch für Nichttechniker nachvollziehbar ist (vgl. OLG Düsseldorf GRUR 1983, 79, 80 – AHF-Konzentrat; OLG Karlsruhe GRUR 1988, 900 f. – Dutralene; LG Hamburg GRUR-RR 2002, 45 – Felodipin), insbes. ohne Sachverständigen (OLG Düsseldorf GRUR-RR 2008, 329 – Olanzapin).

c) Der als Verletzer Inanspruchgenommene sollte Gelegenheit haben, seine Einwendungen (insbesondere zum Stand der Technik) vorzubringen. In den Vorauflagen ist dazu vertreten worden, es müsse zuvor eine umfassende, insbesondere auch über den einschlägigen Stand der Technik unterrichtende vorprozessuale Abmahnung des Verletzers erfolgen. An dieser Auffassung wird in dieser Stringenz nicht mehr festgehalten. Allerdings ist bei der notwendigen Interessenabwägung für den Erlass einer einstweiligen Verfügung im Auge zu behalten, dass der Inanspruchgenommene möglicherweise nicht ausreichend Gelegenheit gehabt hat, den interessierenden Stand der Technik zu recherchieren. Infolgedessen schadet jeder Zweifel am Rechtsbestand des Verfügungspatents.

d) Die Dringlichkeitsvermutung des § 12 Abs. 2 UWG ist für patentrechtliche Streitigkeiten nicht anwendbar (OLG Düsseldorf, Mitteilungen Deutscher Patentanwälte 1980, 117; GRUR 1983, 79, 80; 1994, 508 – Dringlichkeit; a. A.: OLG Karlsruhe GRUR 1979, 700 – Knickarm-Markise; 1982, 169/171 – Einhebelmischarmatur). Die Dringlichkeit in einem einstweiligen Verfügungsverfahren betreffend Patentverletzung geht nicht durch Zeitablauf, der wegen Untersuchung der Ware verstreicht, verloren (OLG Hamburg, GRUR 1987, 899 – Verbandsmaterial), auch nicht durch Ausschöpfung von Rechtsmittelfristen (OLG Frankfurt, GRUR 2002, 236 – Eilbedürfnis in Patentsachen).

44. Für den Auskunftsanspruch des § 140 b PatG hat der Gesetzgeber in Fällen „offensichtlicher Rechtsverletzungen" ausdrücklich den Weg der einstweiligen Verfügung eröffnet. Das bedeutet allerdings nicht, dass zur Frage der Dringlichkeit nicht vorgetragen werden müsste (vgl. *Eichmann,* GRUR 1990, 575, 586), die insbesondere nicht analog § 12 Abs. 2 UWG vermutet wird (vgl. Anm. 43 zu d). § 140 b Abs. 3 PatG ändert die frühere Gesetzeslage nur insoweit, als für die schon endgültige Befriedigung des Gläubigers des Auskunftsanspruchs das einstweilige Verfügungsverfahren vorgesehen wird. Es muss sich ferner um einen Fall der **offensichtlichen** Rechtsverletzung handeln (dazu die Beispiele: OLG Braunschweig GRUR 1993, 669 – Stoffmuster – verneinend für ein Geschmacksmuster; OLG Düsseldorf GRUR 1993, 818 – Mehrfachkleiderbügel – bejahend für ein Patent und ein – paralleles – Gebrauchsmuster; vgl. auch OLG Frankfurt GRUR 2002, 236, 238 li. Sp. unten – Eilbedürfnis in Patentsachen). Weitere Einzelheiten bei *Mes,* PatG, 2. Aufl. 2005, Rdnrn. 1 ff. zu § 140 b.

45. Vorlegungs-/Besichtigungsanspruch.

Schrifttum: Bork, Effiziente Beweissicherung für den Urheberrechtsverletzungsprozess – Dargestellt am Beispiel raubkopierter Computerprogramme, NJW 1997, 1665; *König,* Die Beweisnot des Klägers und der Besichtigungsanspruch nach § 809 BGB bei Patent- und Gebrauchsmusterverletzungen, Mitt. 2002, 153; *Mellulis,* Zum Besichtigungsanspruch im Vorfeld der Feststellung einer Verletzung von Schutzrechten, FS Tilmann, 2003, 843; *Mes,* Si tacuisses. – Zur Darlegung und Beweislast im Prozess des gewerblichen Rechtsschutzes, GRUR 2000, 934; *Tilmann,* Beweissicherung nach Art. 7 der RL zur Durchsetzung der Rechte des geistigen Eigentums, GRUR 2005, 737; *Tilmann/Schreibauer,* Die neueste BGH-Rechtsprechung zum Besichtigungsanspruch nach § 809 BGB/Anm. zum Urteil des BGH „Faxkarte", GRUR 2002, 2015.

Der Patentinhaber kann häufig den von ihm angenommenen Tatbestand der Patentverletzung durch Dritte nicht im Einzelnen darlegen, geschweige denn beweisen. Ausgehend von § 809 BGB gewährt die Rechtsprechung einen Vorlegungs- und Besichtigungsanspruch (BGH GRUR 2002, 1046 – Faxkarte; OLG Düsseldorf, GRUR-RR 2003, 327 – Raumkühlgerät; KG GRUR-RR 2001, 118 – Besichtigungsanspruch). Zu diesem Anspruch und seiner Durchsetzung vgl. *Mes,* PatG, 2. Aufl. 2005, Rdnrn. 109 ff. zu § 139; zu einem Textbeispiel eines Antrags im selbständigen Beweisverfahren auf Sachverständigenbegutachtung und Duldungsanordnung vgl. *Mes/Mes,* Münchener Prozessformularbuch, Bd. 5, Gewerblicher Rechtsschutz, Urheber- und Presserecht, 3. Aufl. 2009, Form. C. 22.

Kosten und Gebühren

Es gelten die allgemeinen Grundsätze. Besonderheiten des Patentverletzungsprozesses bestehen gem. §§ 143, 144 PatG.

§ 143 PatG: Die Kosten eines mitwirkenden Patentanwalts sind grundsätzlich, ohne dass die Notwendigkeit seiner Mitwirkung zu prüfen wäre, in Patentstreitsachen nach § 13 des RVG erstattungsfähig. Ein Gleiches gilt für die notwendigen Auslagen des Patentanwalts. Einzelheiten zu den Kosten eines mitwirkenden Patentanwalts und ihrer Erstattungsfähigkeit in Anm. 6 zu Form. II. O. 2. § 144 PatG: Streitwertherabsetzung.

4. Formelle[1] Klageerwiderung in einer Patentverletzungsstreitigkeit[2]

Landgericht
Zivilkammer (Patentkammer)[3]

In Sachen

Firma A **(Rechtsanwalt: ......)**
gegen
Firma B **(Rechtsanwalt: ......)**
Aktenzeichen: ......

zeige ich an, dass ich die Vertretung der Beklagten übernommen habe.
Vorab mache ich gegen die Zulässigkeit der Klage folgendes geltend: ...... (z. B. die Einrede der ......) ......[4]

Ich werde beantragen,

1. **die Klage abzuweisen;**
2. **hilfsweise der Beklagten für den Fall ihrer Verurteilung zur Rechnungslegung nach ihrer Wahl vorzubehalten, die Namen und Anschriften ihrer nicht gewerblichen Abnehmer und Empfänger von Angeboten statt der Klägerin einem von dieser zu bezeichnenden, ihr gegenüber zur Verschwiegenheit verpflichteten vereidigten Wirtschaftsprüfer mitzuteilen, sofern die Beklagte dessen Kosten trägt und ihn zugleich ermächtigt, der Klägerin darüber Auskunft zu geben, ob eine bestimmt bezeichnete Lieferung oder ein bestimmt bezeichneter Abnehmer oder ein bestimmt bezeichneter Empfänger eines Angebotes in der Rechnung enthalten ist[5];**
3. **der Klägerin die Kosten des Rechtstreits aufzuerlegen[6];**
4. **das Urteil – gegebenenfalls gegen Sicherheitsleistung (Bank- oder Sparkassenbürgschaft) – für vorläufig vollstreckbar zu erklären[6];**
   hilfsweise der Beklagten zu gestatten, die Zwangsvollstreckung gegen Sicherheitsleistung (Bank- oder Sparkassenbürgschaft) abzuwenden[6].

Des Weiteren beantrage ich,

die Erteilungsakten des DE ...... beizuziehen und der Beklagten für die Dauer ihrer vom Gericht zu bestimmenden Schriftsatzfrist zur Einsichtnahme zur Verfügung zu stellen[7].

Die Beklagte teilt die Auffassung der Klägerin, dass eine Übertragung auf den Einzelrichter wegen der tatsächlichen und rechtlichen Schwierigkeiten, die die vorliegende Pa-

tentstreitsache bietet, nicht angezeigt erscheint[8]. Die Beklagte ist in Übereinstimmung mit der Klägerin der Ansicht, dass von einer Güteverhandlung gemäß § 278 Abs. 2 ZPO abgesehen werden sollte.[9]

Ich zeige an, dass die Beklagte(n) neben ihrem Prozessbevollmächtigten

Herrn Patentanwalt

……

zur Mitwirkung in diesem Rechtsstreit bestellt hat (haben)[10].

Rechtsanwalt

Anmerkungen

1. Es handelt sich um eine formelle Klageerwiderung, die kein materielles Klageverteidigungsvorbringen, sondern lediglich die Ankündigung der Anträge, die Erklärung gem. §§ 348 Abs. 1, 271 Abs. 3 ZPO und einen etwaigen Antrag auf Aktenbeiziehung enthält. Eine derartige formelle Klageerwiderung ist nur dann veranlasst, wenn das angerufene Gericht nicht den Weg des schriftlichen Vorverfahrens wählt, sondern einen frühen ersten Termin zur mündlichen Verhandlung anberaumt.

2. Das Formular stellt die Klageerwiderung zu Form. II. O. 3 dar.

3. Patentstreitsachen gehören gem. § 143 Abs. 2 PatG vor die Patentkammer der berufenen und insoweit ausschließlich zuständigen Landgerichte (vgl. Form. II. O. 3 Anm. 1). Darauf soll durch die Hervorhebung im Formular aufmerksam gemacht werden. Selbstverständlich ist die Klageerwiderung an die tatsächlich befasste Kammer zu richten, ungeachtet ihrer geschäftsplanmäßigen Zuständigkeit oder der Frage der Zuständigkeit überhaupt des befassten Landgerichts; ggf. ist auf Verweisung des Rechtsstreits hinzuwirken bzw. Klageabweisung als unzulässig zu beantragen. Zum Umfang des Wirtschaftsprüfervorbehalts vgl. Anm. 17 zu Form. II. O. 1.

4. Da die formelle Klageerwiderung die erste mündliche Verhandlung vorbereitet, sind in ihr gem. § 282 Abs. 3 ZPO sämtliche Rügen, die die Zulässigkeit der Klage betreffen, gleichzeitig (und vor der Verhandlung zur Hauptsache) vorzubringen. Insoweit handelt es sich nicht nur um alle prozesshindernden Einreden des § 274 a. F. ZPO, sondern um sämtliche Prozesshindernisse und Prozessvoraussetzungen im Sinne des § 280 Abs. 1 ZPO. Ob beispielsweise die Rüge fehlenden Rechtsschutzbedürfnisses schon in der ersten mündlichen Verhandlung im Zusammenhang mit der formellen Klageerwiderung geltend gemacht werden kann, muss bezweifelt werden. In der Praxis sind die vorab in der formellen Klageerwiderung zu bringenden Rügen jedenfalls diejenigen der prozesshindernden Einreden der fehlenden Prozesskostensicherheit gemäß § 269 Abs. 6 ZPO, der fehlenden Ausländersicherheit gem. §§ 110 ff. ZPO, der Einrede des Schiedsvertrages gem. § 1032 ZPO sowie die Einrede der fehlenden Zuständigkeit (örtlich gemäß § 39 ZPO, ggf. i. V. m. § 143 Abs. 2 PatG; sachlich: § 143 Abs. 1 PatG; international: vgl. z. B. *Mes*, PatG, 2. Aufl. 2005, Rdn. 13 ff. zu § 143 PatG).

5. In dem Form. II. O. 3, an dem sich dieses Formular inhaltlich ausrichtet, ist zwar der Wirtschaftsprüfervorbehalt von vorneherein schon in den Rechnungslegungsantrag mit aufgenommen. Es empfiehlt sich jedoch, einen entsprechenden Vorbehalt auch in die Anträge auf Klageabweisung aufzunehmen. Zum Inhalt des Antrags vgl. BGH GRUR 1995, 338, 341, 342 – Kleiderbügel.

6. Die Anträge zu den Nebenentscheidungen sind an sich überflüssig, werden jedoch in der Praxis gestellt. Soweit Vollstreckungsschutz beantragt wird, muss dieser an sich begründet werden. Zum Vollstreckungsschutzantrag und seiner Begründung in der Berufungsinstanz BGH GRUR 1996, 512 – Fehlender Vollstreckungsschutzantrag II). Das wird in der Praxis regelmäßig mit guten Gründen unterlassen: Zum einen hat ein derartiger Vollstreckungsschutzantrag nur wenig Aussicht auf Erfolg, da in aller Regel die Interessen des Patentinhabers denjenigen des Verletzers vorgehen. Des Weiteren muss zur Begründung eines Vollstreckungsschutzantrages auch der Umfang der Verletzungshandlungen vorgetragen werden. Damit legt der Beklagte dem Kläger schon diejenigen Informationen offen, auf deren Erhalt dieser mit den Anträgen auf Drittauskunft und Rechnungslegung klagt. Handelt es sich bei dem Beklagten um einen EU-Ausländer, so kann wie folgt formuliert werden: „...... das Urteil gegen den Beklagten lediglich gegen Sicherheitsleistung in Höhe von EUR ...... für vorläufig vollstreckbar zu erklären und dem (der) Beklagten nachzulassen, die Sicherheitsleistung durch Erbringung einer Bürgschaft einer Bank oder öffentlich-rechtlichen Sparkasse mit dem Sitz in der Europäischen Union zu erbringen."

7. Die Erteilungsakten können für die Beurteilung einer Patentverletzungsstreitigkeit von Bedeutung sein. Allerdings gehören sie seit BGHZ 3, 365, 370 – Schuhsohle – nicht zu den üblichen Auslegungsmitteln eines Patents (zu Einzelheiten vgl. *Mes,* PatG, 2. Aufl. 2005, Rdn. 35 ff. zu § 14). Insbesondere kommt es grundsätzlich für die Bestimmung des Schutzbereiches eines Patents nicht auf Vorgänge im Erteilungsverfahren an, die der Patenterteilung vorausgegangen sind (BGH GRUR 2002, 511, 513, 514 – Kunststoffrohrteil; 1992, 40 – Beheizbarer Atemluftschlauch). Die Entscheidung des BGH GRUR 2002, 511 – Kunststoffrohrteil – lässt es jedoch offen, ob die Beiziehung der Erteilungsakten im Verletzungsprozess zulässig ist oder nicht. Nach der bisherigen Praxis des Patentverletzungsprozesses können die Erteilungsakten zumindest erhebliche indizielle Wirkung für die Ermittlung des Schutzumfanges des Patents haben. Nur aus den Erteilungsakten ergibt sich eine unzulässige Erweiterung (§ 38 PatG). Auch sonst sind die Erteilungsakten aufschlussreich; z. B. können sich aus ihnen Indizien für die Kenntnisse des Durchschnittsfachmannes ergeben, indem aus ihnen beispielsweise ersichtlich ist, wie die Fachleute des Deutschen Patent- und Markenamtes einen bestimmten Ausdruck zurzeit der Anmeldung des Patentes verstanden haben, des Weiteren wie beispielsweise der Anmelder einen bestimmten Ausdruck verstanden wissen wollte, usw. Ohne Kenntnis der Erteilungsakten lässt sich ein Patentverletzungsprozess nicht sachgerecht bearbeiten. Das Recht der Akteneinsicht ist in § 31 PatG geregelt; dazu *Mes,* PatG, 2. Aufl. 2005, Rdn. 1 ff. zu § 31.

Erklärungen eines Patent- oder Gebrauchsmusterinhabers im Einspruchs- oder im gebrauchsmusterrechtlichen Löschungsverfahren können gegenüber einer der dort beteiligten Parteien Bedeutung unter dem rechtlichen Gesichtspunkt treuwidrigen Verhaltens erhalten (vgl. BGH GRUR 2006, 923 – Luftabscheider für Milchsammelanlage).

8. Stellungnahme gem. §§ 348 Abs. 1, 271 Abs. 3 ZPO.

9. Erklärung des Beklagten zur Frage der Notwendigkeit einer Güteverhandlung gem. § 278 Abs. 2 ZPO.

10. Die Mitwirkung eines Patentanwalts im Patenverletzungsprozess ist grundsätzlich zu empfehlen. Die Kosten eines eingeschalteten Patentanwalts sind in gleicher Weise zu erstatten, wie diejenigen des Rechtsanwalts (§ 143 Abs. 3 PatG).

Kosten und Gebühren

Vgl. die Hinweise zu Kosten und Gebühren zu Form. O. 3.

Fristen und Rechtsmittel

Es sind diejenigen Fristen zu beachten, die das Gericht in seiner Eingangsverfügung mit Zustellung der Klage gesetzt und übermittelt hat.

5. Materielle[1] Klageerwiderung mit Aussetzungsantrag in einer Patentverletzungsstreitigkeit[2]

Landgericht
Zivilkammer (Patentkammer)

In Sachen

Firma A

(Rechtsanwalt ......)

gegen

Firma B (Rechtsanwalt ......)

Aktenzeichen: ......

Termin: ......

werde ich in Ergänzung zu den Anträgen auf Klageabweisung im Schriftsatz vom ...... des Weiteren beantragen,

den Rechtsstreit bis zur rechtskräftigen Erledigung der gegen das Klagepatent ...... erhobenen Nichtigkeitsklage[3] auszusetzen[4].

Zur

Begründung

der Klageabweisungsanträge sowie des Antrags auf Aussetzung des Rechtsstreits wird ausgeführt:

I.

Das Klagepatent ...... ist nicht rechtsbeständig[5]. Die Beklagte hat daher unter dem Datum des ...... Nichtigkeitsklage erhoben, die ich als Anlage A überreiche. Zur Vermeidung von Wiederholungen nehme ich auf den Inhalt der Nichtigkeitsklage gemäß Anlage A Bezug und überreiche die darin angeführten Literaturstellen, nämlich

als Anlage A 1 die GB-PS 837.496

als Anlage A 1 a die deutsche Übersetzung der vorstehend bezeichneten britischen Patentschrift

als Anlage A 2 die FR-PS 1.234.567

als Anlage A 2 a die deutsche Übersetzung der vorstehend bezeichneten französischen Patentschrift.

Der der Nichtigkeitsklage zugrunde gelegte Stand der Technik ist im Erteilungsverfahren nicht berücksichtigt worden. Er nimmt, wie im Einzelnen in der Nichtigkeitsklage beschrieben ist, den Gegenstand des Klageschutzrechtes neuheitsschädlich vorweg. Es war nämlich im Stand der Technik vorbekannt, ein Mosaik-Schaltbild gattungsgemäßer Art so auszubilden, dass die den Rand des Mosaik-Schaltbildes bildenden Rand-Mosaiksteine breiter als die übrigen Mosaiksteine sind (Merkmal 5 der Merkmalsanalyse der Klageschrift) und die Rand-Mosaiksteine darüber hinaus über den Rand der Montagewand vorstehen (Merkmal 6).

Des Weiteren ist die Nichtigkeitsklage auf eine neuheitsschädliche offenkundige Vorbenutzung gestützt. Ein Mosaik-Schaltbild der vorbeschriebenen Art ist ein Jahr vor dem Anmeldetag des Klagepatents, nämlich am ......, von der Firma X in der Bundesrepublik Deutschland angeboten und vertrieben worden, u. a. z. B. an das Elektrizitätswerk

Y/Karlsruhe, wo es auch in dem Überwachungsraum für jedermann sichtbar installiert worden ist.

Glaubhaftmachung: eidesstattliche Versicherung des Zeugen X[6].

II.

Des Weiteren fehlt es an einer Verletzung des Klagepatents[7].

1. **Aufgabe des Klagepatents (vgl. Spalte 2 Zeilen 25–31) ist es, bei Mosaik-Schaltbildern gattungsmäßiger Art infolge des Vorhandenseins eines festen Abschlussrahmens bestehende Nachteile zu beseitigen, nämlich dass jeder Abschlussrahmen für jedes Mosaik-Schaltbild je nach dessen Größe eine Sonderanfertigung darstellt und damit mit einem besonderen Aufwand verbunden ist, dass die Erkennbarkeit des Mosaik-Schaltbildes bei seitlicher Betrachtung durch die Abschlussrahmen beeinträchtigt werden kann, dass der Abschlussrahmen in architektonischer Hinsicht stört und schließlich, dass der Abschlussrahmen die an sich gegebene Erweiterungsmöglichkeit von Mosaik-Schaltbildern beeinträchtigt. Diese Aufgabe soll nach dem kennzeichnenden Teil des Hauptanspruchs des Klagepatents dadurch gelöst werden, dass anstelle eines Abschlussrahmens Rand-Mosaiksteine vorgesehen sind, die breiter sind als die übrigen Mosaiksteine (Merkmal 5) und darüber hinaus über den Rand der Montagewand vorstehen (Merkmal 6).**
2. **Vergleicht man die angegriffene Ausführungsform mit dem Gegenstand des Klagepatents nach Aufgabe und Lösung[8], so ergeben sich die Annahme einer Patentverletzung ausschließende Unterschiede. Die von der Beklagten hergestellten und in Verkehr gebrachten Mosaik-Schaltbilder weisen einen Abschlussrahmen auf und benutzen daher nicht die den Gegenstand des Klagepatents kennzeichnenden Merkmale 5 und 6. Der Rand des Mosaik-Schaltbildes wird nämlich nicht durch einzelne Rand-Mosaiksteine gebildet (Merkmal 5), sondern die Beklagte verwendet einen durchgehenden, einstückig ausgebildeten Abschlussrahmen. Es fehlt des Weiteren auch das Merkmal 6 des Klagepatents, nach welchem Rand-Mosaiksteine über den Rand vorstehen sollen. Bei dem Erzeugnis der Beklagten wird das Mosaik-Schaltbild in einen festen Rahmen eingefügt, über den die Abschlussleisten am Rand nicht hinausreichen.**

Beweis: 1. Augenscheinseinnahme
2. Zeugnis ......

Rechtsanwalt

Schrifttum: Vgl. die Hinweise zu Form. II. O. 1 und II. O. 3; *Augenstein/Roderburg,* Aussetzung des Patentverletzungsverfahrens nach Änderung der Patentansprüche, GRUR 2008, 457; *Brändle,* Der Weg zum Vergleich im Patentprozess, GRUR 2001, 880; *Dagg,* „To stay ... or not to stay", Mitt. 2003, 1; *v. Maltzahn,* Die Aussetzung im Patentverletzungsprozess nach § 148 ZPO bei erhobener Patentnichtigkeitsklage, GRUR 1985, 163 ff.; *Eisenkolb,* Die Enforcement-Richtlinie und ihre Wirkung, GRUR 2007, 387; *von Maltzahn,* Die Aussetzung im Patentverletzungsprozess nach § 148 ZPO bei erhobener Patentnichtigkeitsklage, GRUR 1985, 163; *Pahlow,* Anspruchskonkurrenzen bei Verletzung lizenzierter Schutzrechte unter Berücksichtigung der Richtlinie 2004/48/EG, GRUR 2007, 1001; *Rogge,* Zur Aussetzung in Patentverletzungsprozessen, GRUR Int. 1996, 386; *U. Krieger,* Nochmals: Die Aussetzung des Patentverletzungsprozesses, GRUR 1996, 941; *Reimann/Kreye,* Zur Aussetzung des Patentverletzungsverfahrens, FS Tilmann, 2003, 587; *Schickedanz,* Die Restitutionsklage nach rechtskräftigem Verletzungsurteil und darauf folgender Nichtigerklärung des verletzten Patents, GRUR 2000, 570.

Hinweis: Weitere Textbeispiele für materielle Klageerwiderungen in Patentverletzungsstreitigkeiten bei *Mes/Mes,* Münchener Prozessformularbuch, Bd. 5, Gewerblicher Rechtsschutz, Urheber- und Presserecht, 3. Aufl. 2009, Form. C. 10 bis C. 13.

Anmerkungen

1. Im Gegensatz zur „formellen“ Klageerwiderung enthält die materielle Klageerwiderung das sachliche Verteidigungsvorbringen des Beklagten.

2. Das Formular bezieht sich inhaltlich auf Form. II. O. 3 und II. O. 4. Zu den Verteidigungsmöglichkeiten im Falle der Inanspruchnahme wegen Patentverletzung vgl. Form. II. O. 1, Anm. 24.

3. Vgl. Form. II. O. 6. Die Nichtigkeitsklage ist gemäß § 81 Abs. 2 PatG subsidiär gegenüber dem Rechtsbehelf des Einspruchs. Sie ist unzulässig, solange der wegen Patentverletzung Inanspruch genommene Einspruch gegen das Patent einlegen oder sich an einem schon anhängigen Einspruchsverfahren durch Beitritt beteiligen kann (§ 59 Abs. 2 PatG). Sollte somit eine Nichtigkeitsklage ausscheiden und nur ein Einspruch bzw. Beitritt zu einem Einspruchsverfahren in Betracht kommen, so ist der Aussetzungsantrag wie folgt zu formulieren:

„...... den Rechtsstreit bis zur rechtskräftigen Erledigung des gegen das Klagepatent ...... anhängigen Einspruchs auszusetzen.“

Vgl. zu weiteren Einzelheiten Anm. 4.

4. Grundlegend zur Aussetzungsproblematik: *v. Maltzahn* GRUR 1985, 163ff. Der Akt der Patenterteilung ist ein begünstigender, nämlich ein Ausschluss- sowie ein Benutzungsrecht begründender Verwaltungsakt. Die ausschließliche Prüfungskompetenz im Hinblick auf die materiellen Schutzvoraussetzungen für ein Patent liegt beim Deutschen Patentamt, beim Bundespatentgericht sowie beim Bundesgerichtshof. Solange ein Patent formell in Kraft steht, ist demnach das Verletzungsgericht an den Akt der Patenterteilung gebunden (Tatbestandswirkung) und hat – vom Grundsatz her – das Patent so hinzunehmen, wie es erteilt worden ist (Feststellungswirkung; BGH GRUR 2005, 41, 43 li. Sp. unten – Staubsaugerrohr; 2004, 710, 711 re. Sp. – Druckmaschinen-Temperierungssystem; 2003, 550 – Richterablehnung; LG Düsseldorf GRUR 1994, 509 – Rollstuhlfahrrad; *Mes,* PatG, 2. Aufl. 2005, Rdn. 205 zu § 139). Infolge dieser Bindung des Verletzungsrichters kann im Verletzungsprozess vom Grundsatz her seitens des Beklagten die vermeintlich fehlende Schutzfähigkeit des Klagepatents nicht eingewendet werden. Insoweit bedarf es der Erhebung einer Nichtigkeitsklage (vgl. Form. II. O. 6) bzw. im Falle der §§ 81 Abs. 2, 59 Abs. 2 PatG 1981 eines Einspruchs oder des Beitritts zu einem anhängigen Einspruchsverfahren mit dem Ziel, gem. § 148 ZPO eine Aussetzung des Patentverletzungsprozesses zu erreichen. Einspruch und Nichtigkeitsklage hemmen die Rechtswirkungen des Patentes nicht (§ 58 Abs. 1 S. 3 PatG; BGH GRUR 1987, 284 – Transportfahrzeug). Die Verletzungsgerichte sind zu Recht mit der Anwendung des § 148 ZPO zurückhaltend. Durch eine Aussetzung wird der Verletzungsprozess erheblich – meist um ein Jahr und länger – verzögert und wird dementsprechend der Patentinhaber an der Durchsetzung seines zeitlich befristeten Ausschlussrechtes gehindert. Infolgedessen kommt eine Aussetzung auf Grund einer erhobenen Nichtigkeitsklage regelmäßig nur dann in Betracht, wenn diese mit *hoher Wahrscheinlichkeit* erfolgreich sein wird (vgl. BGH GRUR 1987, 284 – Transportfahrzeug; OLG Düsseldorf GRUR 1979, 188 – Flachdachabläufe; 1979, 636 – Ventilanbauvorrichtung; ähnlich OLG München GRUR 1990, 352, 353 li. Sp. – Regal-Ordnungssysteme: Schon der voraussichtliche Erfolg soll ausreichen; großzügiger: OLG Düsseldorf Mitt. 1996, 87, 88 – Captopril; danach genügen „einige Erfolgsaussichten“; diese letztgenannte Entscheidung des OLG Düsseldorf ist jedoch in einem einstweiligen Verfügungsverfahren ergangen und möglicherweise auf normale Patentverletzungsprozesse nicht ohne weiteres übertragbar). Regelmäßig formuliert das Oberlandesgericht Düsseldorf nach Maßgabe der nachstehend wiedergegebenen Umstände und ist nur dann im Zusammenhang mit der Aussetzung eines Rechtsstreits großzügiger, wenn der Patentinhaber in erster Instanz ein obsiegendes Urteil erzielt hat

(OLG Düsseldorf Mitt. 1997, 257 – Steinknacker). Von der Voraussetzung einer hohen Wahrscheinlichkeit der Nichtigerklärung bzw. des Widerrufs eines Patents kann im Allgemeinen nur dann ausgegangen werden, wenn es im Stand der Technik neuheitsschädlich vorweggenommen oder die Erfindungshöhe angesichts des vorliegenden Standes der Technik so fragwürdig geworden ist, dass sich kein vernünftiges Argument für die Zuerkennung der Erfindungshöhe finden lässt. Bloße Zweifel des Verletzungsgerichts an der Erfindungshöhe rechtfertigen regelmäßig eine Aussetzung nicht. Außerdem muss der dem Verletzungsgericht vorgelegte Stand der Technik dem Klagepatent näher stehen als derjenige, der im Patenterteilungsverfahren bereits berücksichtigt worden ist. Denn der berücksichtigte Stand der Technik hat die zuständige Erteilungsbehörde gerade nicht veranlasst, das Patent zu versagen. Die Beurteilung der Frage, ob einem Patent Erfindungshöhe zuzuerkennen ist, ist eine wertende Entscheidung, die nicht vom Verletzungsgericht zu treffen ist (OLG Düsseldorf in st. RechtSpr., z.B. Mitt. 1997, 257, 258 – Steinknacker; gebilligt von BGH GRUR 1987, 284 – Transportfahrzeug). Nur dann, wenn sich kein „vernünftiges" Argument mehr für die Erfindungshöhe finden lässt, ist die Aussetzung des Verletzungsprozesses geboten (BGH GRUR 1987, 284, re. Sp. oben – Transportvorrichtung; OLG Düsseldorf GRUR 2009, 53 = NJOZ 2008, 2831 – Brandschutzvorrichtung). Allerdings ist das Verletzungsgericht befugt, eine eigene kritische Entscheidung darüber zu treffen, ob mit hoher/überwiegender Wahrscheinlichkeit ein Urteil des Bundespatentgerichts, mit dem ein Patent wegen fehlender erfinderischer Tätigkeit für nichtig erklärt worden ist, vom Bundesgerichtshof in der anhängigen Berufungsinstanz aufgehoben werden wird (OLG Düsseldorf GRUR 2008, 1077 = GRUR-RR 2008, 329 – Olanzapin – in einem einstweiligen Verfügungsverfahren; dazu *Lenz* GRUR 2008, 1042). Hat der Patentinhaber im Einspruchsverfahren sein Patent selbst beschränkt oder verteidigt er es im Nichtigkeitsverfahren nur noch in beschränkten Umfang, so ist eine Aussetzung eher veranlasst (OLG München GRUR 1990, 352 – Regal-Ordnungssysteme).

Eine großzügigere Handhabung der Aussetzung eines Patentverletzungsprozesses wegen anhängiger Nichtigkeitsklage/anhängigen Einspruchsverfahrens kann in der Berufungsinstanz Platz greifen, nämlich dann, wenn der Patentinhaber bereits in erster Instanz ein Unterlassungsurteil erstritten hat und daraus vollstrecken kann. In einem solchen Fall kann eine Aussetzung auch erfolgen, wenn der gegen das Klagepatent gerichtete Rechtsbehelf sich nur auf bereits gewürdigten Stand der Technik stützt, sofern ihm nur hinreichende Erfolgsaussichten zukommen (OLG Düsseldorf, Mitt. 1997, 257, 258 – Steinknacker).

Scheidet wegen §§ 81 Abs. 2, 59 PatG eine Nichtigkeitsklage als subsidiär aus, so gelten die vorstehend aufgezeigten Grundsätze prinzipiell auch für ein anhängiges Einspruchsverfahren. Auch hier ist vom Grundsatz her im Hinblick auf die Frage einer Aussetzung des Verletzungsprozesses Zurückhaltung geboten, wobei freilich eine Aussetzung deshalb eher in Betracht kommen kann, weil bis zur Erteilung des Patentes ohne Beteiligung Dritter nur derjenige Stand der Technik berücksichtigt worden ist, den der Patentanmelder selbst und/oder den das Deutsche Patentamt ermittelt hat. Bei einem noch nicht durch ein Einspruchsverfahren „erhärteten" Patent ist daher die Möglichkeit grundsätzlich größer, dass neuer, bisher noch nicht berücksichtigter Stand der Technik aufgefunden wird.

Regelmäßig wird eine Aussetzung gem. § 148 ZPO zunächst nur bis zur erstinstanzlichen Entscheidung im Nichtigkeits- bzw. Einspruchverfahren in Betracht kommen. Ein darüber hinausgehender Antrag (wie im Formular vorgesehen) schadet jedoch nicht.

Die Aussetzung erfolgt durch Beschluss des Verletzungsgerichts. Dagegen ist sofortige Beschwerde möglich (§§ 252, 567 ff. ZPO), über die das Beschwerdegericht (Oberlandesgericht) entscheidet (OLG Düsseldorf, GRUR-RR 2003, 359 – Vorgreiflichkeit). Dieses darf die zur Begründung der Vorgreiflichkeit einer Entscheidung im Einspruchs- bzw. Nichtigkeitsverfahren vorgenommene Würdigung der Verletzungsfrage durch das Landgericht nicht im Einzelnen überprüfen, sondern nur darauf, ob die Entscheidung ermessensfehlerfrei erfolgt ist. Die Frage der Vorgreiflichkeit selbst steht jedoch zur vollen Überprüfung durch das OLG (OLG Düsseldorf GRUR 2004, 88 und 272 (nur Leitsätze) = GRUR-RR 2003, 359 – Vorgreiflichkeit; 1994, 507, 508 – Prüfungskompetenz des Beschwerdegerichts).

Die Parteien können auf die Begründung des Aussetzungsbeschlusses verzichten. Es genügt der Verzicht der klagenden (durch die Aussetzung beschwerten) Partei; der (die) Beklagte ist durch einen solchen ohne Begründung ergehenden Beschluss nicht beschwert. Insbesondere können die Parteien sich auch auf eine Aussetzung verständigen.

5. Zum besseren Verständnis der nachfolgenden Ausführungen zum Inhalt der Nichtigkeitsklage vgl. Anm. 4.

6. Das Verletzungsgericht muss im Wege des Freibeweises die Wahrscheinlichkeit eines Erfolges der Nichtigkeitsklage bzw. des Einspruchs prüfen und bewerten. Infolgedessen wird es regelmäßig nicht Beweis erheben; es genügen sonstige Beweismittel wie Prospekte, Fotografien, Zeitungsberichte und insbesondere Glaubhaftmachung durch eidesstattliche Versicherung eines Zeugen. Zu Einzelheiten vgl. *Mes*, PatG, 2. Aufl. 2005, Rdn. 212 zu § 139.

7. Mit den im Formular nachfolgend wiedergegebenen Ausführungen wird der Verletzungstatbestand bestritten. Zur weiteren Verteidigungsmöglichkeit vgl. Form. II. O. 1, Anm. 24.

8. Vgl. *Mes*, PatG, 2. Aufl. 2005, Rdn. 45 ff. zu § 14; Form. II. O. 1, Anm. 12.

6. Patentnichtigkeitsklage

Bundespatentgericht[1]

Namens und in Vollmacht

der Firma B ......

wird

Klage[2]

gegen den Inhaber des DE ......[3]

die Firma A ......[4],

wegen Nichtigkeit des DE ......[4] ...... erhoben und beantragt:

1. das DE ...... in vollem Umfang für nichtig zu erklären[5];

2. der Beklagten die Kosten des Verfahrens aufzuerlegen[6].

Der Streitwert[7] wird auf Grund vorläufiger Schätzung mit EUR ...... angegeben. Die sich insoweit ergebenden Gerichtskosten[8] in Höhe von EUR ...... werden durch Erteilung einer Einziehungsermächtigung vom Inlandskonto der Klägerin ...... beglichen; die Einziehungsermächtigung ist beigefügt[9]. Die Vertretervollmacht ist ebenfalls beigefügt[10].

Begründung[11]:

I.

1. Das Streitpatent ......[12] betrifft gemäß dem Oberbegriff des Hauptanspruchs ein Mosaik-Schaltbild mit folgenden Merkmalen:

(1) Das Schaltbild besteht aus einer Montagewand,

(2) die Montagewand hat zellenförmige Struktur,

(3) auf der Montagewand sind Mosaiksteine befestigt,
(4) die Mosaiksteine weisen die Größe der Zellen der Montagewand auf.
Nach der Beschreibungseinleitung (Sp. 1, Zeilen ......) geht das Streitpatent damit von einem Stand der Technik aus, bei dem die Mosaiksteine der hier interessierenden Mosaik-Schaltbilder alle gleich groß sind, so dass es zum randseitigen Abschluss der Mosaik-Schaltbilder besonderer Abschlussrahmen bedarf. Das wird aus mehreren Gründen als nachteilig bezeichnet, da Abschlussrahmen für jedes Mosaik-Schaltbild je nach dessen Größe Sonderanfertigungen darstellen, des weiteren Abschlussrahmen die Erkennbarkeit des Mosaik-Schaltbildes, nämlich bei seitlicher Betrachtung, beeinträchtigen. Schließlich stören Abschlussrahmen nach der Beschreibung des Streitpatents häufig in architektonischer Hinsicht. Der besonders gravierende Nachteil eines notwendigen Abschlussrahmens besteht jedoch nach dem in der Beschreibung des Streitpatents berücksichtigten Stand der Technik darin, dass an sich die gegebene Erweiterungsmöglichkeit von Mosaik-Schaltbildern, die gattungsgemäß aus einer Montagewand mit zellenförmiger Struktur und darauf befestigten, Zellengröße aufweisenden Mosaiksteinen bestehen, dadurch erschwert wird, dass ein neuer Abschlussrahmen geschaffen bzw. der vorhandene Abschlussrahmen aufgetrennt und vergrößert werden muss. Von diesem Stand der Technik ausgehend, liegt der vermeintlichen Erfindung des Streitpatents das technische Problem (die Aufgabe) zugrunde, ein Mosaik-Schaltbild der eingangs beschriebenen Art so auszugestalten und weiterzubilden, dass Abschlussrahmen nicht mehr benötigt werden (Sp. ......, Zeilen ......). Nach dem kennzeichnenden Teil des Hauptanspruchs wird diese Aufgabe mit folgenden Merkmalen gelöst:
(5) Die den Rand des Mosaik-Schaltbildes bildenden Rand-Mosaiksteine sind breiter als die übrigen Mosaiksteine;
(6) die Rand-Mosaiksteine stehen über den Rand der Montagewand vor.

2. Der Gegenstand des Streitpatents ist gemäß §§ 1 Abs. 1, 3 Abs. 1 PatG nicht patentfähig[13]. Er ist durch den im Folgenden behandelten druckschriftlichen Stand der Technik, der im Erteilungsverfahren keine Berücksichtigung gefunden hat, neuheitsschädlich vorweggenommen. Im Einzelnen:
   a) Ich überreiche als Anlage 1 die GB-PS ......[4], die am ...... und damit ca. 1 Jahr vor dem Anmeldetag des Streitpatentes veröffentlicht worden ist. Es handelt sich damit um einen gemäß § 3 Abs. 1 PatG relevanten druckschriftlichen Stand der Technik. In dieser Literaturstelle (vgl. Sp. ......, Zeilen ......) ist ein Mosaik-Schaltbild der gattungsgemäßen Art beschrieben. Dazu wird insbesondere auf den Hauptanspruch sowie auf die Beschreibung, Sp. ......, Zeile ...... verwiesen. Während der Hauptanspruch ein Mosaik-Schaltbild der gattungsgemäßen Art mit einer festen Abschlussleiste betrifft, ist im Unteranspruch 3 der hier behandelten Literaturstelle ein Mosaik-Schaltbild behandelt, das sämtliche Merkmale des Kennzeichens des Hauptanspruchs des Streitpatents aufweist, indem dort vorgeschlagen wird, anstelle eines festen Randes bei einem Mosaik-Schaltbild einzelne Mosaiksteine vorzusehen, die überdies sogar noch breiter sein sollen als die übrigen Mosaiksteine (Merkmal 5) und dementsprechend über den Rand der Montagewand ebenfalls vorstehen (Merkmal 6).
   b) Des Weiteren überreiche ich als Anlage 2 die FR-PS ......[14]. Diese zeigt ebenfalls in Figur 3 in Zusammenhang mit dem Unteranspruch 4 ein Mosaik-Schaltbild der hier interessierenden Art, wobei auch insoweit kein fester Rand vorgesehen, sondern vielmehr der Rand durch einzelne Mosaiksteine gebildet wird. Zwar sind bei der Literaturstelle gemäß Anlage 2 die den Rand bildenden Mosaiksteine nicht so ausgebildet, dass sie über die Montagewand hinausragen; sie weisen jedoch eine als äußere Abschlusskante dienende Umbördelung auf. Es stellt eine technische Banalität und damit eine glatt äquivalente Maßnahme dar, anstelle einer derartigen Umbördelung und dem damit verbundenen Übergreifen des Randes eine „schlichte“

Verbreiterung des Mosaiksteines vorzusehen[15]. Sofern das angerufene Gericht entgegen der hier vertretenen Auffassung in der französischen Literaturstelle gemäß Anlage 2 nicht schon eine neuheitsschädliche Vorwegnahme sehen will, kann kein Streit darüber herrschen, dass der Schritt von der französischen Patentschrift gemäß Anlage 1 zum Gegenstand des Streitpatentes keine ausreichende Erfindungshöhe aufweist.

3. Der Gegenstand des Streitpatentes ist darüber hinaus auch wegen neuheitsschädlicher offenkundiger Vorbenutzung nicht patentfähig. Im Einzelnen:
Mit Angebot vom ...... hat die Firma XYZ aus X-Stadt ein Mosaikschaltbild patentgegenständlicher Art an die Firma ...... in ...... geliefert[16]. Ich füge als Anlage 3 dieses Angebot in Kopie bei[17]. Das an die Firma ...... gelieferte und dementsprechend vorbenutzte Mosaik-Schaltbild besteht aus einer Montagewand (Merkmal 1), die zellenförmige Struktur hat (Merkmal 2) und auf der Mosaiksteine befestigt sind (Merkmal 3), wobei die Mosaiksteine die gleiche Größe wie die Zellen der Montagewand haben (Merkmal 4). Der Rand des gelieferten Mosaik-Schaltbildes wird nicht durch eine Abschlussleiste, sondern durch einzelne Mosaiksteine gebildet, die über den Rand der Montagewand vorstehen, da sie breiter als die übrigen Mosaiksteine sind (Merkmale 5 und 6).
Für die Richtigkeit des Vorgetragenen berufe ich mich zum Beweis auf das Zeugnis ......

4. Des Weiteren beruht der Gegenstand des Anspruchs 1 auch nicht auf einer erfinderischen Tätigkeit im Sinne des § 4 PatG ......[18]

5. Wegen fehlender Patentfähigkeit ist das Streitpatent gem. §§ 21 Abs. 1 Nr. 1, 22 Abs. 1 PatG für nichtig zu erklären[19].

II.

Die beiden Unteransprüche 2 und 3 können nach Vernichtung des Hauptanspruchs des Streitpatentes keinen Bestand mehr haben. Beide Unteransprüche sind echte Unteransprüche, nämlich auf den Hauptanspruch rückbezogen. Sie enthalten lediglich Ausgestaltungen, die im handwerklichen Durchschnittskönnen liegen[20].

Rechtsanwalt/Patentanwalt

Schrifttum: 1. Monographien: Keukenschrijver, Patentnichtigkeitsverfahren, 3. Aufl. 2008; *van Hees/Braitmayer,* Verfahrensrecht in Patentsachen, 3. Aufl. 2007.

2. Aufsätze: Augenstein/Roderburg, Aussetzung des Patentverletzungsverfahrens nach Änderung der Patentansprüche, GRUR 2008, 457; *v. Maltzahn,* Die Aussetzung im Patentverletzungsprozess nach § 148 ZPO bei erhobener Patentnichtigkeitsklage, GRUR 1985, 163; *ders.,* Zur rechtlichen Beurteilung von Nichtangriffsabreden über technische Schutzrechte, FS *v. Gamm,* 1990, 597; *Schulte,* Die Änderungen des europäischen Patents nach seiner Erteilung und das Verbot der Erweiterung des Schutzbereichs, GRUR Int. 1989, 460; *Bruchhausen,* Die Bestimmung des Schutzgegenstandes von Patenten im Erteilungs-, Verletzungs- und Nichtigkeitsverfahren, GRUR Int. 1989, 468; *van Venrooy,* Rechtskraftwirkung des klageabweisenden Urteils im Patentnichtigkeitsverfahren, GRUR 1991, 92; *Flad,* Änderungen des Patents im Einspruchs-, Einspruchsbeschwerde-, Nichtigkeits- und Beschränkungsverfahren, GRUR 1995, 878; *Dihm,* Die Klarstellung von Patentansprüchen im Nichtigkeitsverfahren, GRUR 1995, 295; *ders.,* Einspruch beim Europäischen Patentamt und Nichtigkeitsklage beim Bundespatentgericht nebeneinander?, Mitt. 1998, 441; *Pitz,* Die Entwicklung der Nichtigkeitsklage vom patentamtlichen Verwaltungsverfahren zum zivilprozessualen Folgeverfahren gegen europäische Patente, GRUR 1995, 231; *Pakuscher,* Zur Zuständigkeit des Bundesgerichtshofs und des Bundespatentgerichts im Patentnichtigkeitsverfahren, GRUR 1995, 705; *Rogge,* Zur Aussetzung in Patentverletzungsprozessen, GRUR Int. 1996, 386; *ders.,* Die Nichtigerklärung europäischer Patente in Deutschland, GRUR Int. 1996, 1111; *Bacher/Nagel,* Fremdsprachige Urkunden im Patentnichtigkeitsverfahren vor dem BGH, GRUR 2001, 873; *Sredl,* Das ergänzende Schutzzertifikat im deutschen Patentnichtigkeitsverfahren, GRUR 2001, 596; *Raible,* Einspruch beim Europäischen Patentamt und Nichtigkeitsklage beim Bundespatentgericht nebeneinander? Nein, weder nebeneinander noch nacheinander!, Mitt. 1999, 241; *König,* Die Berufung in Patentnichtigkeits- und Zwangslizenzsachen nach neuem Recht, Mitt. 1998, 349; *Walter,* Die objektive Rechtskraft des Urteils im Patentnichtigkeitsprozess, GRUR 2001, 1032.

Hinweis: Weitere Textbeispiele für das Patentnichtigkeitsverfahren bei *Mes/Mes,* Münchener Prozessformularbuch, Bd. 5, Gewerblicher Rechtsschutz, Urheber- und Presserecht, 3. Aufl. 2009, Form. C. 14 bis C. 16, C. 18.

Anmerkungen

1. Ausschließliche Zuständigkeit des Bundespatentgerichts gemäß § 65 Abs. 1 S. 1 PatG 1981, und zwar für deutsche wie auch für europäische Patente, soweit deren Schutzerstreckung auf das Gebiet der Bundesrepublik Deutschland betroffen ist (Art. II § 6 IntPatÜG; dazu *Mes,* PatG, 2. Aufl. 2005, Rdnrn. 1 ff. zu § 81). Die Nichtigkeitsklage kann sich auch gegen ein ergänzendes Schutzzertifikat richten (*Sredl,* Das ergänzende Schutzzertifikat im deutschen Patentnichtigkeitsverfahren, GRUR 2001, 596).

2. Die Nichtigkeitsklage ist schriftlich beim Bundespatentgericht zu erheben (§ 81 Abs. 3 S. 1 PatG). Sie ist Popularklage und dient dem öffentlichen Interesse einer Vernichtung zu Unrecht erteilter Patente (BGH GRUR 2001, 140, 141, li. Sp. – Zeittelegramm). Sie kann grundsätzlich von jedermann erhoben werden (BGH GRUR 1963, 253 – Bürovorsteher). Eine Ausnahme gilt für den Fall der widerrechtlichen Entnahme: Klagebefugnis nur des Verletzten gemäß § 81 Abs. 3 PatG, dazu BGH GRUR 2001, 823 = GRUR 2002, 53 – Schleppfahrzeug).

3. Die Nichtigkeitsklage ist gegen den in der Patentrolle als Patentinhaber Eingetragenen zu richten (§ 81 Abs. 1 S. 2 PatG).

4. Die Klage muss die Parteien und den Streitgegenstand bezeichnen (§ 81 Abs. 5 S. 1 PatG).

5. Die Klage soll einen bestimmten Antrag enthalten (§ 81 Abs. 5 S. 1 PatG). Das Formular bezieht sich auf ein deutsches Patent. Richtet sich die Klage gegen ein Europapatent, müsste der Antrag lauten: „das EU …… mit Wirkung für das Hoheitsgebiet der Bundesrepublik Deutschland für nichtig zu erklären". Es kann sowohl bei deutschen als auch bei europäischen Patenten auf eine Teilnichtigkeit geklagt werden, z. B. in der Form, dass nur einige Ansprüche des Patents angegriffen werden. Der Kläger hat es allerdings nicht in der Hand, seinerseits im Klageantrag dem Patentinhaber eine bestimmte Formulierung der Ansprüche des Streitpatents vorzuschreiben (BGH GRUR 1997, 272, 273 li. Sp. – Schwenkhebelverschluss).

6. Gemäß § 84 Abs. 2 S. 1 PatG ist über die Kosten von Amts wegen durch das Bundespatentgericht zu entscheiden. Der Kostenantrag hat jedoch eigenständige Bedeutung deshalb, weil gemäß § 84 Abs. 2 S. 2 PatG die Kostenentscheidung in Ausnahmefällen nicht nach dem Maß des Obsiegens oder Unterliegens gem. § 91 ZPO, sondern nach billigem Ermessen erfolgt und mit einem Kostenantrag der Nichtigkeitskläger unterstreicht, dass der – unterlegene – Beklagte die Kosten tragen soll. Zur Erklärung der Vollstreckbarkeit betreffend die Kostenentscheidung vgl. BPatG GRUR 1986, 48 f. – Kostenvollstreckung; *Mes,* PatG, 2. Aufl. 2005, Rdnrn. 44 ff. zu § 84.

7. Maßgeblich für die Kosten des Nichtigkeitsverfahrens ist das Gesetz zur Bereinigung von Kostenregelungen auf dem Gebiet des geistigen Eigentums vom 13. Dezember

2001, das in Art. 1 das „Gesetz über die Kosten des Deutschen Patent- und Markenamts und des Bundespatentgerichts“ (Patentkostengesetz – PatKostG) enthält (abgedr. in PMZ 2002, 14 ff.). Das Gesetz ist zum 1. Januar 2002 in Kraft. Gem. § 2 Abs. 2 S. 1 PatKostG richten sich die Gebühren für Klagen und einstweilige Verfügungen vor dem Bundespatentgericht nach dem Streitwert. Infolgedessen muss in der Klageschrift ein Streitwert angegeben werden. Für die Festsetzung des Streitwerts gelten gem. § 2 Abs. 2 S. 4 PatKostG die Vorschriften des Gerichtskostengesetzes entsprechend. In gleicher Weise sind auch die Regelungen über die Streitwertherabsetzung (§ 144 PatG) entsprechend anwendbar (§ 2 Abs. 2 S. 5 PatKostG). Der Streitwert einer Nichtigkeitsklage wird von Amts wegen festgesetzt. Die Angabe in der Klageschrift ist lediglich ein Vorschlag des Klägers. Die Höhe des Streitwerts bestimmt sich nach dem Interesse der Allgemeinheit an der Vernichtung des angegriffenen Patents. Das ist der gemeine (objektive) Wert des Patents zum Zeitpunkt der Klageerhebung (bzw. zum Zeitpunkt der Berufungseinlegung) zuzüglich des Betrages der bis dahin entstandenen Schadensersatzansprüche (BGH GRUR 1957, 79; 1985, 511 – Stückgutverladeanlage; BPatG GRUR 1987, 286 – PA-Kosten im Nichtigkeitsverfahren). Die Höhe der Schadensersatzansprüche wird auf der Grundlage der Lizenzanalogie berechnet (BPatG Mitt. 1996, 61). Entgangener Gewinn des Patentinhabers (BPatG Mitt. 1996, 61) bleibt unberücksichtigt. Die Streitwertangaben eines Verletzungsprozesses enthalten keine zuverlässige Aussage über den Wert des Schutzrechts (BPatG GRUR 1986, 240 – Gbm-Streitwert). Die gleichen Grundsätze gelten für das sog. Schutzzertifikat.

Im Verfahren wegen Erteilung einer Zwangslizenz bestimmt sich der Streitwert nach dem Interesse des Klägers an der Lizenz.

Die Festsetzung des Streitwertes durch das Bundespatentgericht erfolgt durch Beschluss.

8. Die Höhe der Gerichtsgebühren bestimmt sich gem. § 2 Abs. 2 S. 2 PatKostG nach § 11 Abs. 2 GKG. Danach ist der Wert des Streitgegenstandes (Streitwert) maßgeblich. Wie viele Gebühren zu zahlen sind, ergibt sich aus dem Gebührenverzeichnis „B. Gebühren des Bundespatentgerichts“ nach Maßgabe des § 2 Abs. 1 PatKostG. Für eine Nichtigkeitsklage ist die Nr. 412.100 einschlägig. Danach werden für die Nichtigkeitsklage 4,5 Gerichtsgebühren fällig.

9. Die Einzahlung der Gebühren konnte bisher insbesondere durch Übersendung eines Verrechnungsschecks erfolgen. Gem. § 1 Abs. 2 Nr. 2 PatKostG wird das Bundesministerium der Justiz ermächtigt, durch Rechtsverordnung zu bestimmen, welche Zahlungswege für die an das Deutsche Patent- und Markenamt sowie an das Bundespatentgericht zu zahlenden Kosten (Gebühren und Auslagen) gelten und Bestimmungen über den Zahlungstag zu treffen. Das ist durch die Verordnung über die Zahlung der Kosten des Deutschen Patent- und Markenamts und des Bundespatentgerichts (Patentkostenzahlungsverordnung – PatKostZV) vom 20. Dezember 2001, die am 1. Januar 2002 in Kraft getreten ist, geschehen. Gem. § 1 Abs. 1 Nr. 5 PatKostG kann insbesondere eine Einziehungsermächtigung von einem Inlandskonto erteilt werden. Dazu finden sich die entsprechenden Vordrucke auf der Internet-Seite des Deutschen Patent- und Markenamts. Überwiesen werden kann ferner gem. § 1 Abs. 1 Nr. 2 PatKostG auch auf ein Konto der Zahlstelle des Deutschen Patent- und Markenamts (Konto der Zahlstelle: BBk München, BLZ 700 000 00, Konto-Nr.: 700 010 54).

Schon mit Einreichung der Klage werden die Gerichtsgebühren fällig (§ 3 Abs. 1 PatKostG).

10. § 97 PatG. Die Vollmacht kann nachgereicht werden.

11. Zu den Erfordernissen einer Begründung vgl. § 81 Abs. 5 S. 2 PatG.

12. Der Inhalt des Formulars ist an den Form. II. O. 3 und II. O. 5 ausgerichtet. Zunächst wird das Streitpatent erläutert, und zwar nach dem in ihm zugrunde gelegten

Stand der Technik und dem sich daraus ergebenden technischen Problem sowie der Lösung der gestellten Aufgabe. Zu Einzelheiten vgl. *Jestaedt,* Die erfinderische Tätigkeit in der neuen Rechtsprechung des Bundesgerichtshofs, GRUR 2001, 993. Soweit es um die Feststellung des Gegenstandes eines angegriffenen Patentanspruches geht, bedarf es der Festlegung nur in dem Umfang, wie dies zur Prüfung der Bestandsfähigkeit des Patents gegenüber dem geltend gemachten Nichtigkeitsgrund erforderlich ist (BGH GRUR 2004, 47 – Blasenfreie Gummibahn I). Für die Feststellung des Gegenstandes eines Patentanspruchs gelten im Nichtigkeitsverfahren die gleichen Grundsätze wie bei der Feststellung des Sinngehalts und bei der Auslegung des Patents im Verletzungsprozess (BGH GRUR 2007, 859 – Informationsübermittlungsverfahren I). Im Nichtigkeitsverfahren darf insbesondere nicht etwa deshalb eine einengende Auslegung der angegriffenen Patentansprüche zugrunde gelegt werden, weil mit dieser Auslegung die Schutzfähigkeit eher bejaht werden könnte (BGH GRUR 2004, 47 – Blasenfreie Gummibahn I).

13. Es folgt die Darlegung der Gründe, die die Rechtsbeständigkeit des Streitpatentes zweifelhaft erscheinen lassen, nämlich: Neuheitsschädlicher druckschriftlicher Stand der Technik und neuheitsschädliche offenkundige Vorbenutzung.

14. Druckschriftlicher, vorbekannter Stand der Technik (§ 3 Abs. 1 PatG).

15. Zum Offenbarungsgehalt einer Druckschrift, insbesondere in Bezug auf sog. Austauschmittel vgl. BGH GRUR 1995, 330, 332 – Elektrische Steckverbindung; *Mes,* PatG, 2. Aufl. 2005, Rdnrn. 21 ff. zu § 3.

16. Offenkundige Vorbenutzung (für Patente, die vor dem 1. 1. 1978 angemeldet worden sind, kann nur eine *inländische* offenkundige Vorbenutzung relevant sein; vgl. § 2 S. 1 PatG a. F. vom 2. 1. 1968).

17. Wird offenkundige Vorbenutzung geltend gemacht, empfiehlt es sich, etwaig vorhandene schriftliche Unterlagen (Prospekte, Angebote, Zeichnungen u. dergl.) vorzulegen. Der Beweis mit einer bloßen Zeugenaussage ist mit Zurückhaltung zu betrachten, da das menschliche Gedächtnis meist schwach ist und es sich regelmäßig um längere Zeit zurückliegende Vorgänge handelt. Zu den Erfordernissen im Hinblick auf Sachvortrag und Beweisantritt bei offenkundiger Vorbenutzung vgl. BGH GRUR 1975, 254 – Ladegerät II.

18. Zur fehlenden Erfindungshöhe muss im Einzelnen vorgetragen werden. Dabei empfiehlt es sich, vom so genannten nächstliegenden Stand der Technik (demjenigen Stand der Technik, der dem Gegenstand der Erfindung nach dem Streitpatent am nächsten kommt) auszugehen. Von diesem Stand der Technik ausgehend sind die Weiterentwicklungen des Gegenstandes der Erfindung im Hinblick auf Erfindungshöhe zu beurteilen. Im Gegensatz zu einem Neuheitsvergleich hängt die Beurteilung der Erfindungshöhe von einer Betrachtung des gesamten einschlägigen Standes der Technik ab. Zur Beurteilung der erfinderischen Tätigkeit vgl. *Jestaedt,* GRUR 2001, 993.

19. Die Nichtigkeitsgründe sind in § 22 Abs. 1 i. V. m. § 21 Abs. 1 Nrn. 1 bis 4 PatG abschließend aufgeführt (BGH GRUR 1988, 757, 760 re. Sp. – Düngerstreuer). Zusätzlich nennt § 22 Abs. 1 PatG den weiteren Nichtigkeitsgrund der nachträglichen Erweiterung, nämlich die Erweiterung des Schutzbereichs des erteilten Patents (ebenso Art. 138 Abs. 1 d EPÜ). Nichtigkeitsgründe sind mithin:
- fehlende Patentfähigkeit (§ 21 Abs. 1 Nr. 1 PatG)
- nicht ausreichende Offenbarung (§ 21 Abs. 1 Nr. 2 PatG)
- widerrechtliche Entnahme (§ 21 Abs. 1 Nr. 3 PatG)
- unzulässige Erweiterung (§ 21 Abs. 1 Nr. 4 PatG)
- und die nachträgliche Erweiterung des Schutzbereichs des erteilten Patents (§ 22 Abs. 1 PatG).

20. Unteransprüche können im Laufe eines Nichtigkeitsverfahrens insbesondere dann Bedeutung haben, wenn sich der Gegenstand des Hauptanspruchs als nicht rechtsbeständig erweist. Dann kommt häufig eine Kombination mit Merkmalen der Unteransprüche in Betracht. Insoweit kann es sich in Einzelfällen empfehlen, schon vorab auch Einzelheiten der Unteransprüche in der Nichtigkeitsklage zu behandeln.

Kosten und Gebühren

Zu der Neuregelung der Kosten und Gebühren für das Nichtigkeitsverfahren vor dem Bundespatentgericht vgl. vorstehend Anm. 7, 8 und 9.

Rechtsanwaltsgebühren: Sie bestimmen sich nach dem vom Bundespatentgericht festzusetzenden Streitwert (§ 2 Abs. 1 und Abs. 2 RVG i.V.m. VV 3100; dazu *Gerold/Schmidt,* Rechtsanwaltsvergütungsgesetz, 18. Aufl. 2008, Rdn. 3 zu Vorbem. 3 VV). Ein Gleiches gilt für einen Patentanwalt, der im Nichtigkeitsverfahren tätig ist (BPatGE 28, 193 = GRUR 1987, 286 – Patentanwaltskosten im Nichtigkeitsverfahren; *Gerold/Schmidt,* aaO., Rnrn. 210ff. zu VV 3100). Zur Doppelvertretung durch einen Rechtsanwalt wie auch einen Patentanwalt im Nichtigkeitsverfahren: BPatG GRUR 2008, 735 = Mitt. 2007, 478 – Doppelvertretung im Patentnichtigkeitsverfahren.

Zu den Gebühren des Bundesgerichtshofs im Falle einer Berufung: Es gilt § 11 Abs. 1 GKG i.V.m. Anlage 1, nämlich dem Kostenverzeichnis. Maßgeblich sind Nrn. 1240 bis 1249. Danach wird für das Verfahren im Allgemeinen beim Bundesgerichtshof der doppelte Satz der Gebühren nach § 11 Abs. 2 GKG gefordert. Diese Gebühr wird gemäß § 61 GKG schon mit Einreichung der Berufung fällig. Ergeht ein die Berufungsinstanz beim Bundesgerichtshof abschließendes Urteil mit Begründung, werden weitere 4 Gebühren fällig.

Fristen und Rechtsmittel

Gegen die Urteile der Nichtigkeitssenate des Bundespatentgerichts findet die Berufung zum Bundesgerichtshof statt (vgl. §§ 110ff. PatG). Die Berufung wird durch Einreichung der Berufungsschrift beim Bundesgerichtshof eingelegt (§ 110 Abs. 2 PatG). Die Berufungsfrist beträgt einen Monat, die mit der Zustellung des in vollständiger Form abgefassten Urteils, spätestens aber mit dem Ablauf von 5 Monaten nach der Verkündung beginnt (§ 110 Abs. 3 PatG). Zum Inhalt der Berufung vgl. § 110 Abs. 4 PatG. Es soll mit der Berufungsschrift eine Ausfertigung oder beglaubigte Abschrift des angefochtenen Urteils vorgelegt werden (§ 110 Abs. 5 PatG). Die Berufungsbegründung ist, sofern sie – wie häufig – nicht bereits in der Berufungsschrift enthalten ist, in einem gesonderten Schriftsatz beim Bundesgerichtshof einzureichen (§ 111 Abs. 2 S. 1 PatG). Die Berufungsbegründungsfrist beträgt einen Monat, die mit der Einlegung der Berufung beginnt (§ 111 Abs. 2 S. 2 PatG).

Hinweis: Das Patentrechtsmodernisierungsgesetz (in der Fassung des Entwurfs der Bundesregierung vom 15. Oktober 2008) sieht eine Reihe von Änderungen im Patentnichtigkeitsberufungsverfahren vor, dazu z.B. *Mühlens,* Zur Reform des Berufungsverfahrens in Patentnichtigkeitssachen, GRUR 2009, 308.

7. Klage wegen Patentberühmung

Landgericht
Zivilkammer (Patentkammer)[1]

Klage

der Firma A ......

Klägerin,

Prozessbevollmächtigter: RA ......

gegen

die Firma B ......

Beklagte,

wegen Patentberühmung

Streitwert: vorläufig geschätzt EUR ......[2]

Namens und in Vollmacht der Klägerin erhebe ich Klage und werde beantragen,

1. die Beklagte zu verurteilen,
   der Klägerin Auskunft darüber zu geben, auf welches Patent, im Falle des Bestehens mehrerer Patente, auf welche Patente sich die Verwendung der Bezeichnung „Patente" bzw. „Patent" bezieht, die die Beklagte im Zusammenhang mit dem Vertrieb und dem Feilhalten von elektronischen Rechengeräten benutzt;
2. ......[3]
3. ......[3]

Begründung:

1. Die Parteien des Rechtsstreits sind Wettbewerber. Beide stellen her und vertreiben elektronische Rechengeräte.
2. Die Beklagte ist in jüngster Zeit dazu übergegangen, ihre Rechengeräte mit den Hinweisen auf das Bestehen von Patentschutz zu vertreiben. Derartige Hinweise sind in dem als Anlage 1 überreichten Prospekt der Beklagten enthalten, mit der diese für ihre elektronischen Rechengeräte Werbung treibt. Es findet sich in der Anlage 1 sowohl der Hinweis „Patent" als auch „Patente". Die Beklagte hat sich vorprozessual geweigert, der Klägerin auf die als Anlage 2 überreichte Anfrage mitzuteilen, um welches Patent bzw. welche Patente es sich handelt[5]. Dementsprechend ist Klage geboten. Mit ihr wird der der Klägerin gemäß § 146 PatG zustehende Auskunftsanspruch geltend gemacht. Die Beklagte verwendet den Hinweis „Patent" bzw. „Patente" in öffentlichen Verlautbarungen, nämlich entsprechend der Anlage 1. Sie ist dementsprechend verpflichtet, jedem, der ein berechtigtes Interesse an der Kenntnis der Rechtslage hat, auf Verlangen Auskunft darüber zu geben, auf welches Patent bzw. welche Patente sich die Verwendung der Bezeichnung stützt. Die Klägerin verfügt infolge des bestehenden Wettbewerbsverhältnisses über ein berechtigtes Interesse an der den Gegenstand der Klage bildenden Auskunft[4].
3. Es handelt sich um eine patentrechtliche Auseinandersetzung, so dass sich die Zuständigkeit des angerufenen Gerichts auf Grund der Tatsache ergibt, dass die Beklagte ihren Sitz im Land ...... hat[6, 7].

Rechtsanwalt

Schrifttum: Barth/Wolhändler, Werbung mit Patentschrift, Mitt. 2006, 16; *Bogler,* Werbung mit Hinweisen auf zukünftige oder bestehende Patente, DB 1992, 413 *Bulling,* Patentausschlussrecht in der Werbung, 2002; *ders.*, Werbung mit unveröffentlichten Patentanmeldungen, Mitt. 2008, 60; *Geißler,* Patent und § 3 UWG, GRUR 1973, 506 ff.; *Lambsdorff/Skora,* Die Werbung mit Schutzrechtshinweisen, 1977: *Lambsdorff/Hamm,* Zur wettbewerbsrechtlichen Zulässigkeit von Patent-Hinweisen, GRUR 1985, 244 ff.; *Radmann,* Ansprüche aufgrund unberechtigter Patentberühmung – Ein Fall für die Patentstreitkammer?, Mitt. 2005, 150; *von Gravenreuth,* Geschichtliche Entwicklung und aktuelle Probleme zum Auskunftsanspruch nach einer Schutzrechtsberühmung, Mitt. 1985, 207; *Ullmann,* Die Berühmung mit einem Patent, *FS Schilling,* 2007, 385 ff.

Hinweis: Ein weiteres Textbeispiel für eine Klage wegen Patentberühmung bei *Mes/Mes,* Münchener Prozessformularbuch, Bd. 5, Gewerblicher Rechtsschutz, Urheber- und Presserecht, 3. Aufl. 2009, Form. C. 24.

Anmerkungen

1. Da die geltend gemachte Rechtsfolgenbehauptung ihre Grundlage in § 146 PatG findet, handelt es sich um eine Patentstreitsache im Sinne des § 143 Abs. 1 PatG.

2. Die Höhe des Streitwertes ist gemäß § 3 ZPO zu ermitteln. Maßgeblich sind einerseits das Auskunftsinteresse des Klägers, andererseits die Bedeutung der Patentberühmung und der sich daraus ergebende Wettbewerbsvorsprung des Beklagten. Regelmäßig liegt der Streitwert für eine Patentberühmungsklage in der Größenordnung von EUR 10.000,– bis EUR 25.000,–.

3. Im Hinblick auf die Anträge zu den Nebenentscheidungen vgl. Anträge III und IV in Form. II. O. 3; zu den weiteren Erklärungen/Anträgen vgl. Form. II. O. 3 Anm. 17, 17 a und 18. Bei einer Patentberühmungsklage macht eine Güteverhandlung gem. § 278 Abs. 2 ZPO durchaus Sinn, so dass gegebenenfalls eine entsprechende Anregung durch den Kläger gegeben werden sollte.

4. § 146 PatG begründet ein gesetzliches Schuldverhältnis zwischen dem, der sich des Patentschutzes berühmt, und jedem, der ein berechtigtes Interesse an der Auskunft hat (LG Düsseldorf, GRUR-RR 2002, 185 – Schadensersatz wegen falscher Auskunft). Zu den Voraussetzungen dieser Bestimmung vgl. *Mes,* PatG, 2. Aufl. 2005, Rdnrn. 1 ff. zu § 146.

5. § 146 PatG begründet nur einen Anspruch auf Auskunft „auf Verlangen". Infolgedessen ist das vorherige Auskunftsverlangen notwendiges Tatbestandsmerkmal (vgl. *Mes,* PatG, 2. Aufl. 2005, Rdn. 10 zu § 146).

6. Zur Zuständigkeit vgl. § 143 Abs. 2 PatG und die Ausführungen in Anm. 1 zu Form. II. O. 3.

7. Die Reaktionsmöglichkeiten für den Beklagten sind folgende:

a) Verfügt er tatsächlich über ein Patent und bezieht sich die Patentberühmung auf dieses, so ist er im Grundsatz zur Auskunft verpflichtet.

b) Verfügt der Beklagte nicht über ein entsprechendes Patent, so ist dies ebenfalls mitzuteilen. In einem solchen Fall sollte der Auskunftsverpflichtete zugleich auch eine strafbewehrte Unterlassungsverpflichtungserklärung abgeben, die den Gläubiger im Hinblick auf den wegen einer unzulässigen Patentberühmung gemäß §§ 5 Abs. 1, 3 UWG gegebenen Unterlassungsanspruch klaglos stellt, da anderenfalls der Gläubiger nach erlangter Auskunft, dass kein Patent besteht, einen solchen Anspruch mit einiger Wahrscheinlichkeit geltend machen wird.

Zur Frage der Gebrauchsmusterberühmung vgl. § 30 Gebrauchsmustergesetz, der der Bestimmung des § 146 PatG entspricht. Zur Frage einer Geschmacksmusterberühmung vgl. Form. II. O. 17.

8. Hinweis auf das Bestehen eines Gebrauchsmusters[1]

Firma
B ......
– Geschäftsleitung –

Betr.: A .... /. B ......

DE-GM ...... betreffend einen Gasflaschenkasten mit eingebauten Unterlegkeilen

Sehr geehrte Herren!

Hiermit zeige ich Ihnen an, dass mich die Firma A ...... mit der Wahrnehmung ihrer Interessen beauftragt hat. Namens und in Vollmacht[2] meiner Mandantin teile ich Ihnen das Folgende mit:

1. **Meine Mandantin ist alleinige und ausschließliche Inhaberin des DE-GM ...... betreffend einen Gasflaschenkasten mit eingebauten Unterlegkeilen, insbesondere für Wohnwagen. Das Gebrauchsmuster ist am 30. April 2004 angemeldet und am 13. August 2004 eingetragen worden. Es steht in Kraft. Zu Ihrer Unterrichtung füge ich die Gebrauchsmusterschrift meinem Schreiben in der Anlage A bei.**
2. **Das Gebrauchsmuster meiner Mandantin befasst sich mit einer möglichst zweckmäßigen Ausgestaltung von Gasflaschenkästen. Derartige Kästen werden insbesondere bei Wohnwagen benutzt. Insoweit liegt dem Gebrauchsmuster die Aufgabe zugrunde, Gasflaschenkästen herkömmlicher Art so zu verbessern, dass sie auch Unterlegkeile aufnehmen können, die für Wohnwagen benötigt werden, um diesen gesicherten Stand, beispielsweise auf abschüssiger Strecke, zu vermitteln. Zur Lösung dieser Aufgabe wird vorgeschlagen, die Unterlegkeile in dem Gasflaschenkasten unterzubringen und diesen dementsprechend so auszugestalten, dass an den Vorder- oder Hinterkanten des Gehäuses Einformungen oder den Einformungen entsprechende Öffnungen vorhanden sind, die die Unterlegkeile und deren Befestigungsvorrichtungen aufnehmen.**
3. **Nach Feststellung meiner Mandantin stellen Sie her und vertreiben ebenfalls Gasflaschenkästen, die so ausgestaltet sind, wie die den Gegenstand des Gebrauchsmusters meiner Mandantin bildende Raumform. Bitte teilen Sie mir mit, auf Grund welcher Gesichtspunkte Sie sich für berechtigt ansehen, in das Schutzrecht meiner Mandantin einzugreifen. Ich sehe Ihrer Stellungnahme bis zum**

   ......[3]

   entgegen, anderenfalls gehe ich davon aus, dass Ihnen keine rechtfertigenden Gründe zur Seite stehen[4].

Schrifttum: Vgl. die Hinweise zu Form. II. O. 1; die dort angeführten Kommentare enthalten in der Mehrzahl auch eine Erläuterung des Gebrauchsmustergesetzes; vgl. ferner *Bühring,* Gebrauchsmustergesetz, 7. Aufl. 2007; *Loth,* Gebrauchsmustergesetz, 2001; *Pietzcker,* Das Gebrauchsmuster nach der Neuordnung des Patentgesetzes, GRUR 1982, 385 ff.; *Starck,* Gebrauchsmusterrecht – Bemerkungen zur neueren Entwicklung der Rechtsprechung, GRUR 1982, 5 ff.; *ders.,* Aktuelle Fragen des Gebrauchsmusterrechts nach der Neuordnung des Patentrechts, GRUR 1983, 401 ff.; *Tronser,* Auswirkungen des Produktpirateriegesetzes vom 7. März 1990 auf das Gebrauchsmusterrecht, GRUR 1991, 10 ff.; *U. Krieger,* Das deutsche Gebrauchsmusterrecht – Eine Bestandsaufnahme, GRUR Int. 1996, 354; *Pietzcker,* Gebrauchsmusterrecht, Das technische Schutzrecht der Zukunft?, GRUR Int. 1996, 380; *Breuer,* Der erfinderische Schritt im Gebrauchsmusterrecht, GRUR 1997, 11; *Westendorp/Viktor,* Das Gebrauchsmuster – Eine schärfere Waffe als das Patent?, Mitt. 1998, 452; *Kraßer,* Neuere Entwicklungen des Gebrauchsmusterrechts in Europa, GRUR 1999, 527; *Nieder,* Anspruchsbeschränkung im Gebrauchsmusterverletzungsprozess, GRUR 1999, 222; *Goebel,* Der erfinderische Schritt nach § 1 GebrMG, 2005; *ders.,* Nicht gangbare Differenzierung? – Zur gebrauchsmusterrechtlichen Erfindungshöhe nach der BGH-Entscheidung „Demonstrationsschrank", GRUR 2008, 301; *ders.,* Gebrauchsmuster – Beschränkte Schutzansprüche und Kostenrisiko im Löschungsverfahren, GRUR 1999, 833; *ders.,* Schutzansprüche und Ursprungsoffenbarung – Der Gegenstand des Gebrauchsmusters im Löschungsverfahren, GRUR 2000, 477; *ders.,* Der abgezweigte Gegenstand – Zum Begriff derselben Erfindung nach § 5 I 1 GebrMG, GRUR 2001, 604; *ders.,* Schutzwürdigkeit kleiner Erfindungen in Europa – Die materiellen Schutzvoraussetzungen für Gebrauchsmuster in den nationalen Gesetzen und dem EU-Richtlinienvorschlag, GRUR 2001, 916; *Hellwig,* Zur Änderung der Schutzansprüche eingetragener Gebrauchsmuster, Mitt. 2001, 102; *König,* Die Beweisnot des Klägers und der Besichtigungsanspruch nach § 809 BGB bei Patent- und Gebrauchsmusterverletzungen, Mitt. 2002, 153; *Quodbach,* Mittelbarer Gebrauchsmusterschutz für Verfahren?, GRUR 2007, 357; *Westendorp/Viktor,* Das Gebrauchsmuster – eine schärfere Waffe als das Patent?, Mitt. 1998, 452.

Hinweis: Ein weiteres Textbeispiel betreffend einen Hinweis auf bestehenden Gebrauchsmusterschutz (sog. Berechtigungsanfrage) findet sich bei *Mes/von Schwerin,* Münchener Prozessformularbuch, Bd. 5, Gewerblicher Rechtsschutz, Urheber- und Presserecht, 3. Aufl. 2009, Form. D. 1.

Anmerkungen

1. Da es sich bei einem Gebrauchsmuster um ein ungeprüftes Schutzrecht handelt, ist die Verwarnung aus einem Gebrauchsmuster gegenüber derjenigen aus einem Patent besonders problematisch. Sie bedarf einer sorgfältigen Überprüfung insbesondere der Schutzfähigkeit des Gebrauchsmusters, um den unberechtigt Verwarnenden vor der Inanspruchnahme unter dem rechtlichen Gesichtspunkt des § 823 Abs. 1 BGB wegen eines rechtswidrigen Eingriffs in den eingerichteten und ausgeübten Gewerbebetrieb und/oder eines Wettbewerbsverstoßes gemäß § 3 UWG zu bewahren (BGH GRUR 1997, 741 – Chinaherde). Es gilt – verschärft – die gleiche Problematik wie bei der patentrechtlichen Verwarnung (vgl. dazu Anm. 1 zu Form. II. O. 1). Das bestehende Risiko bei der Verwarnung aus einem ungeprüften Schutzrecht führt häufig dazu, dass zunächst der Versuch einer weiteren Aufklärung des Sachverhalts unternommen wird, indem unmittelbar an den möglichen Verletzer eine Anfrage gerichtet wird, weshalb er sich berechtigt glaube, von den Merkmalen des Gegenstandes des Gebrauchsmusters Gebrauch machen zu dürfen (sog. Berechtigungsanfrage oder Hinweisschreiben). Da mit einer derartigen Anfrage kein unmittelbarer Druck auf die Entschließungsfreiheit des Inanspruchgenommenen ausgeübt wird, kann diese nicht als Eingriff in den eingerichteten und ausgeübten Gewerbebetrieb angesehen werden. Grundsätzlich ist freilich Vorsicht geboten. Die Abgrenzung zwischen Verwarnung und Hinweis ist oft schwierig. Zur Problematik der Abgrenzung vgl. *Bruchhausen,* Der Meinungsaustausch über Patentverletzungen, Mitt. 1969, 286, 290; ferner *Brandi-Dohrn* GRUR 1981, 679/682.

2. Da es sich lediglich um einen Meinungsaustausch handelt, bedarf es der Übersendung einer Vollmachtsurkunde an sich nicht. Im Zusammenhang mit einer Abmahnung ist streitig, ob eine Vollmachtsurkunde beigefügt werden muss. Normalerweise ist die Abmahnung weder einseitiges Rechtsgeschäft noch geschäftsähnliche Handlung. § 174 BGB findet mithin keine Anwendung (OLG Köln WRP 1985, 360 f.; KG GRUR 1988, 79). Demgegenüber haben die Oberlandesgerichte Düsseldorf (GRUR 1999, 1039;

GRUR-RR 2001, 286), Nürnberg (GRUR 1991, 387; 1999, 1039) und Dresden (GRUR 1999, 377) für den Fall der Abmahnung die gegenteilige Auffassung vertreten. Aus Vorsichtsgründen ist zu empfehlen, eine Vollmacht beizufügen. Ausführlich zu dieser Problematik: Form. II. N. 1, Anm. 3 m. w. N.

3. Auch bei einem Hinweisschreiben sollte dem Adressaten ausreichend Zeit und Gelegenheit gegeben werden, Stellung zu nehmen. Das liegt hier im besonderen Interesse des Hinweisenden, da auch er daran interessiert sein muss, diejenigen Gründe kennen zu lernen, die möglicherweise das objektiv schutzrechtswidrige Verhalten rechtmäßig erscheinen lassen.

4. Auch für das bloße Hinweisschreiben und erst recht in gebrauchsmusterrechtlichen Streitigkeiten wird die Mitwirkung eines Patentanwalts empfohlen.

9. Gebrauchsmusterverletzungsklage

Landgericht
Zivilkammer (Patentkammer)[1]

Klage

der Firma A ……

Klägerin,

– Prozessbevollmächtigter: RA ……

gegen

die Firma B ……[2]

Beklagte,

wegen Gebrauchsmusterverletzung
Streitwert: vorläufig geschätzt EUR ……[3]

Namens und in Vollmacht der Klägerin erhebe ich Klage und werde beantragen,

I. die Beklagte zu verurteilen,

1. es bei Meidung …… zu unterlassen[4],
in der Bundesrepublik Deutschland[5] Gasflaschenkästen, deren Gehäuse mit Befestigungsvorrichtungen für die Unterlegkeile von Wohnwagen oder dergleichen versehen sind, (herzustellen), in den Verkehr zu bringen, anzubieten oder zu gebrauchen oder zu den genannten Zwecken einzuführen oder zu besitzen[6], bei denen das Gehäuse an den Vorder- oder Hinterkanten mit die Unterlegkeile und deren Befestigungsvorrichtungen aufnehmenden Öffnungen versehen ist[7],
insbesondere, wenn die dem Radius angepassten Seiten der Unterlegkeile dem Innenraum des Gehäuses zugewandt sind[8].
(Ansprüche 1 und 2 des DE-GM ……);

2. der Klägerin für die Zeit ab 26. Oktober 2006[8a] Auskunft über (die Herkunft und) den Vertriebsweg der vorstehend unter I 1 beschriebenen Erzeugnisse zu erteilen, insbesondere unter Angabe der Namen und Anschriften der Hersteller, der Lieferanten und deren Vorbesitzer, der gewerblichen Abnehmer oder Auftraggeber sowie unter Angabe der Mengen, (der hergestellten), ausgelieferten, erhaltenen oder bestellten Erzeugnisse[9];

3. der Klägerin Rechnung darüber zu legen[10], in welchem Umfang die Beklagte die vorstehend unter I 1 bezeichneten Handlungen seit dem 26. Oktober

2006[8a] begangen hat, und zwar unter Vorlage eines Verzeichnisses mit der Angabe (der Herstellungsmengen und -zeiten sowie) der einzelnen Lieferungen unter Nennung

a) der Liefermengen, Typenbezeichnungen, Artikel-Nummern, Lieferzeiten, Lieferpreise und Namen und Anschriften der Abnehmer,

b) der Gestehungskosten unter Angabe der einzelnen Kostenfaktoren sowie des erzielten Gewinns[10a]

und unter Angabe der einzelnen Angebote und der Werbung unter Nennung

c) der Angebotsmengen, Typenbezeichnungen, Artikel-Nummern, Angebotszeiten und Angebotspreise sowie der Namen und Anschriften der Angebotsempfänger,

d) der einzelnen Werbeträger, deren Auflagenhöhe, Verbreitungszeitraum und Verbreitungsgebiet,

wobei

e) der Beklagten vorbehalten bleiben mag[11], die Namen und Anschriften der Angebotsempfänger und der nicht gewerblichen Abnehmer statt der Klägerin einem von dieser zu bezeichnenden und ihr gegenüber zur Verschwiegenheit verpflichteten vereidigten Wirtschaftsprüfer mitzuteilen, sofern die Beklagte die durch seine Einschaltung entstehenden Kosten trägt und ihn ermächtigt, der Klägerin auf Anfrage mitzuteilen, ob bestimmte Abnehmer und/oder Lieferungen in der erteilten Rechnung enthalten sind;

4. die im unmittelbaren oder mittelbaren Besitz oder Eigentum der Beklagten befindlichen Erzeugnisse entsprechend vorstehend 1 an einen von der Klägerin zu bezeichnenden Sequester zum Zwecke der Vernichtung auf Kosten der Beklagten herauszugeben[12];

II. festzustellen, dass die Beklagte verpflichtet ist, der Klägerin allen Schaden zu erstatten, der ihr aus den vorstehend zu I 1 bezeichneten und seit dem 26. Oktober 2006 begangenen[8a] Handlungen entstanden ist und künftighin entstehen wird[13, 13a];

III. der Beklagten die Kosten des Rechtsstreits aufzuerlegen;

IV. das Urteil – gegebenenfalls gegen Sicherheitsleistung (Bank- oder Sparkassenbürgschaft) – für vorläufig vollstreckbar zu erklären;
hilfsweise der Klägerin nachzulassen, die Zwangsvollstreckung gegen Sicherheitsleistung (Bank- oder Sparkassenbürgschaft) abzuwenden[14].

Es handelt sich um eine gebrauchsmusterrechtliche Streitigkeit, so dass eine Übertragung auf den Einzelrichter nicht angezeigt erscheint[15].

Es wird gebeten, von der Anberaumung einer Güteverhandlung abzusehen. Sie bietet erkennbar keine Aussicht auf Erfolg. Die Parteien haben sich außergerichtlich erfolglos schon um eine Einigung bemüht.[16]

......[16a]

Begründung:

I.

Die Klägerin ist eingetragene, ausschließliche und allein verfügungsberechtigte Inhaberin des DE-GM ...... betreffend einen Gasflaschenkasten mit eingebauten Unterlegkeilen, insbesondere für Wohnwagen. Das Klagegebrauchsmuster ist am 30. April 2006 angemeldet[17] und am 13. August 2006 in die Gebrauchsmusterrolle beim Deutschen Patentamt eingetragen worden. Die Bekanntmachung im Patentblatt erfolgte am 26. September 2006[18]. Es steht in Kraft.

Beweis: Auskunft des Deutschen Patentamtes[19].

Wir überreichen – für das angerufene Gericht dreifach[20] – die Schrift des DE-GM ...... als Anlage 1.

Das Klagegebrauchsmuster befasst sich mit einer möglichst zweckmäßigen Ausgestaltung von Gasflaschenkästen. Derartige Kästen werden insbesondere bei Wohnwagen benutzt, um die zur Befeuerung und Speisung der Gas-Feuerstelle dienenden Gasflaschen aufzunehmen. Vor dem Prioritätstag des Klagegebrauchsmusters lag es im Stand der Technik, derartige Gasflaschenkästen so auszugestalten, dass sie lediglich geeignet waren, die Gasflaschen und sonst nichts mehr aufzunehmen. Demgegenüber hat es sich der Erfinder des Klagegebrauchsmusters zur Aufgabe gemacht[21], Gasflaschenkästen so auszugestalten, dass sie auch Unterlegkeile aufnehmen können, die für Wohnwagen benötigt werden, um diesen auf abschüssigen Flächen einen gesicherten Stand zu vermitteln. Es war nämlich vor dem Prioritätstag des Klagegebrauchsmusters lediglich üblich gewesen, die Unterlegkeile im Wohnwagen selbst oder in einem außerhalb am Wohnwagen angebrachten Kasten unterzubringen. Das führte häufig dazu, dass die Unterlegkeile im Gefahrenfalle erst gesucht werden mussten. Des Weiteren ist eine derartige Art der Unterbringung nachteilig, weil der Einbau eines Keilekastens aufwändig ist. Zur Beseitigung der geschilderten Nachteile wird im Klagegebrauchsmuster vorgeschlagen[22], die Unterlegkeile in dem Gasflaschenkasten unterzubringen und diesen dementsprechend so auszugestalten, dass an den Vorder- oder Hinterkanten des Gehäuses Einformungen oder den Einformungen entsprechende Öffnungen vorhanden sind, die die Unterlegkeile und deren Befestigungsvorrichtungen aufnehmen. In einer besonderen Ausführungsform[23] wird vorgeschlagen, Unterlegkeile so anzubringen, dass ihre dem Radius angepassten Seiten dem Innenraum des Gehäuses zugewandt sind.

Mit Eingabe vom 30. 3. 2007 hat die Klägerin neue Schutzansprüche eingereicht, die an die Stelle der bisherigen Schutzansprüche entsprechend der Anlage 1 treten[24]. Ich überreiche die entsprechende Eingabe als Anlage 2.

Dementsprechend haben die hier interessierenden Ansprüche 1 und 2 des Klagegebrauchsmusters folgenden Wortlaut:

1. Gasflaschenkasten, dessen Gehäuse mit Befestigungsvorrichtungen für die Unterlegkeile von Wohnwagen oder dergleichen versehen ist, dadurch gekennzeichnet, dass das Gehäuse (1) an den Vorder- oder Hinterkanten mit die Unterlegkeile und deren Befestigungsvorrichtungen (3) aufnehmenden Einformungen (2) oder den Einformungen (2) entsprechenden Öffnungen versehen ist.
2. Gasflaschenkasten nach Anspruch 1, dadurch gekennzeichnet, dass die dem Radius angepassten Seiten der Unterlegkeile dem Innenraum des Gehäuses (1) zugewandt sind.

Die Beklagte stellt her und vertreibt Gasflaschenkästen, die das Klageschutzrecht unmittelbar gegenständlich verletzen. Die Beklagte hat in der vorprozessualen Korrespondenz nicht bestritten, dass der von ihr in den Verkehr gebrachte Gasflaschenkasten ein Gehäuse mit Befestigungsvorrichtungen für die Unterlegkeile von Wohnwagen oder dergleichen aufweist, wobei das Gehäuse an den Vorder- und den Hinterkanten mit die Unterlegkeile und deren Befestigungsvorrichtungen aufnehmenden Öffnungen versehen ist[25].

Da die Beklagte erfolglos abgemahnt worden ist, ist Klage geboten. Mit ihr werden die der Klägerin infolge der Gebrauchsmusterverletzungshandlungen zustehenden Ansprüche geltend gemacht.

II.

1. Das Unterlassungsbegehren ist gemäß §§ 24 Abs. 1, 12 a, 11 GebrMG begründet. Das Klagegebrauchsmuster ist rechtsbeständig. Infolge vorgekommener Verletzungshandlungen der Beklagten besteht Wiederholungsgefahr für den Unterlassungsanspruch. Die Beklagte ist auch gemäß Klageantrag II auf der Grundlage des § 24 Abs. 2

GebrMG gegenüber der Klägerin zu Schadensersatz verpflichtet. Es kann von ihr nicht geleugnet werden, dass der Klägerin durch die Gebrauchsmusterverletzungshandlungen ein Schaden entstanden ist[26]. Des Weiteren hat die Beklagte auch schuldhaft gehandelt. Die Beklagte ist verpflichtet, bestehende Schutzrechte zu beachten. Dabei ist die Klägerin zu Gunsten der Beklagten davon ausgegangen, dass dieser ein Prüfungszeitraum von ca. einem Monat zuzubilligen ist, gerechnet ab dem Veröffentlichungstag der Eintragung des Klagegebrauchsmusters.[27] Im Übrigen ist sie auf die Schutzrechte der Klägerin ausdrücklich hingewiesen worden[28]. Da die Klägerin ohne nähere Kenntnis vom Umfang der Verletzungshandlungen ihren Schadensersatzanspruch nicht beziffern kann, ist die Beklagte gemäß § 242 BGB zu der mit Klageantrag I 3 verlangten Rechnungslegung verpflichtet[29]. Die bei der Klägerin zurzeit bestehende Unsicherheit betreffend die Berechnungsgrundlagen ihres Schadensersatzanspruches rechtfertigt auch die Zulässigkeit des Schadensersatzfeststellungsbegehrens gemäß § 256 ZPO. Der mit Klageantrag I 2 geltend gemachte Auskunftsanspruch findet seine Grundlage in § 24 b GebrMG, der Vernichtungsanspruch gemäß Klageantrag I 4 in § 24 a GebrMG.

2. Die Zuständigkeit des angerufenen Gerichts ergibt sich daraus, dass die Beklagte ihre gebrauchsmusterverletzenden Gasflaschenkästen auch im Lande ...... anbietet und vertreibt (§ 27 Abs. 2 GebrMG)[30].

III.

Ich teile mit, dass die Klägerin

Herrn Patentanwalt ......

zur Mitwirkung in diesem Rechtsstreit bestellt hat[31].

Rechtsanwalt

Schrifttum: Vgl. die Hinweise zu Form. II. O. 1 und II. O. 8.

Hinweis: Weitere Textbeispiele zum Gebrauchsmusterverletzungsprozess finden sich bei *Mes/v. Schwerin,* Münchener Prozessformularbuch, Bd. 5, Gewerblicher Rechtsschutz, Urheber- und Presserecht, 3. Aufl. 2009, Form. D. 5 bis D. 12.

Anmerkungen

1. § 27 Abs. 1 und 2 GebrMG folgen der Regelung für Patentstreitsachen in § 143 PatG. Gemäß § 27 Abs. 1 GebrMG sind die Zivilkammern der Landgerichte für Gebrauchsmusterstreitsachen ohne Rücksicht auf den Streitwert ausschließlich zuständig. § 27 Abs. 2 GebrMG enthält eine Ermächtigung der Landesregierungen, die Zuständigkeit für Gebrauchsmusterstreitsachen auf ein Landgericht zu konzentrieren. Davon haben viele Bundesländer Gebrauch gemacht. Es gilt eine gleiche Regelung wie in Patentsachen (vgl. Form. II. O. 3 Anm. 1). Die Kosten eines mitwirkenden Patentanwalts zuzüglich notwendiger Auslagen sind erstattungsfähig, ohne dass im Einzelfall die Notwendigkeit der Hinzuziehung eines Patentanwaltes zu prüfen wäre (§ 27 Abs. 3 GebrMG). § 27 GebrMG ist durch Art. 4 des Gesetzes zur Änderung des Rechts der Vertretung durch Rechtsanwälte vor den Oberlandesgerichten vom 23. Juli 2002 mit Wirkung zum 1. August 2002 geändert worden.

2. Handelt es sich bei der Beklagten um eine Gesellschaft, so empfiehlt es sich regelmäßig, die Klage zur Erweiterung des Haftungszugriffs auf die persönlich haftenden Gesellschaften bzw. die verantwortlichen Geschäftsführer bei einer GmbH, gegebenenfalls die verantwortlichen Vorstandsmitglieder bei einer AG zu erstrecken. Vgl. dazu Form. II. O. 3, Anm. 2.

3. Die Höhe des Streitwertes bemisst sich maßgeblich nach den Interessen des Klägers, wobei – analog den Patentstreitigkeiten – sein Interesse im Vordergrund steht, dass der Beklagte die schutzrechtsverletzenden Handlungen in Zukunft unterlässt. Allgemeingültige Angaben zur Streitwerthöhe lassen sich nicht machen. Alles hängt vom Einzelfall ab. In Gebrauchsmusterverletzungsstreitigkeiten liegen die Streitwerte regelmäßig niedriger als diejenigen in Patentverletzungsprozessen, und zwar in einer Größenordnung von ca. EUR 50.000,– bis EUR 150.000,–. Der Streitwert kann – je nach den Verhältnissen des Einzelfalles – jedoch auch bedeutend höher liegen.

4. Zum Wortlaut der Strafandrohungsklausel vgl. Klageantrag I 1 sowie Anm. 5 in Form. II. N.3.

5. Vgl. Anm. 11 zu Form. II. O.1 und 5 zu Form. II. O.3. Da ein Gebrauchsmuster von vornherein nur territorialen Schutz für den Bereich der Bundesrepublik Deutschland entfalten kann, ist die Angabe im Klageantrag I 1 an sich überflüssig. Sie schadet nicht. Sie ist insbesondere dann vorteilhaft, wenn es sich um einen ausländischen Beklagten handelt.

6. Die Formulierung folgt dem Wortlaut des § 11 Abs. 1 GebrMG. Die Systematik des Gebrauchsmustergesetzes folgt derjenigen des Patentgesetzes, so dass auf Form. II. O. 1 Anm. 12 und die dort erörterten Tathandlungen verwiesen werden kann. Besonderes Augenmerk ist auf das Verbot des Herstellens zu richten. Sind keine Herstellungshandlungen bisher vorgenommen oder zu besorgen (die Beklagte ist z.B. nur ein Handelsunternehmen), so muss diese Handlung zur Vermeidung einer teilweisen Klageabweisung in den Klageanträgen entfallen. Sie ist daher im Textbeispiel in Klammern gesetzt. Im Übrigen gilt der Grundsatz der sog. Einheitlichkeit der Benutzungshandlungen.

7. So genannte Konkretisierung der Verletzungshandlung, die gem. § 253 Abs. 2 Nr. 2 ZPO erforderlich ist. Zu Einzelheiten vgl. Form. II. O. 3 Anm. 8; die dortigen Ausführungen lassen sich auf den Fall einer Gebrauchsmusterverletzung übertragen. Schutzansprüche eines Gebrauchsmusters haben vergleichbare Bedeutung wie diejenigen eines Patents. Weichen Begriffe in den Schutzansprüchen vom allgemeinen technischen Sprachgebrauch ab, ist der sich aus Schutzansprüchen und der Beschreibung ergebende Begriffsinhalt maßgebend (BGH GRUR 2005, 754 – werkstoffeinstückig). Besonderheit: Gebrauchsmusteransprüche können in – einem beschränkten Rahmen – durch nachträgliche Eingaben beschränkt (nicht erweitert) werden (vgl. Anm. 24).

8. Der Klageantrag I 1 verbindet Haupt- und Unteranspruch des Klagegebrauchsmusters mit dem Wort „insbesondere". In Gebrauchsmusterrechtsstreitigkeiten sind derartige Formulierungen häufig, um im Falle der Feststellung der Schutzunfähigkeit des Gegenstandes des Hauptanspruches durch Hinzunahme eines besonderen zusätzlichen Ausgestaltungsmerkmales eines Unteranspruches ein „Minus" zu erhalten, das das Gericht im Falle der Abweisung des weitergehenden Antrages zuerkennen kann, indem es das Wort „insbesondere" im Urteilstenor streicht (*Nieder,* GRUR 1999, 222).

8 a. Analog einer Patentverletzung ist auch bei einer Gebrauchsmusterverletzung ein Prüfungszeitraum einzuräumen (vgl. Form. II. O. 1 Anm. 15), der vernünftigerweise erst ab Bekanntmachung der Gebrauchsmustereintragung im Patentblatt zu laufen beginnen kann, obgleich die Schutzwirkungen des Gebrauchsmusters schon mit der Eintragung beginnen (§§ 11, 24 GebrMG).

9. Antrag gemäß § 24 b GebrMG. Diese Bestimmung ist durch das Produktpirateriegesetz gleich lautend in das Gebrauchsmustergesetz, das Patentgesetz, das Geschmacksmustergesetz, das Urhebergesetz und das Markengesetz mit Wirkung zum 1. Juli 1990 eingefügt worden. Zu Einzelheiten vgl. Form. II. O. 1 Anm. 6, 9 und 13 sowie Form. II. O. 3 Anm. 9. Hat die Beklagte die gebrauchsmusterverletzenden Erzeugnisse nicht hergestellt (vgl. Klageantrag I 1), so entfallen die in Klammern gesetzten Antragsteile.

10. Es handelt sich um die tatsächlichen Angaben, auf deren Mitteilung der Gebrauchsmusterinhaber als Inhaber eines Ausschließlichkeitsrechts nach allgemeiner Auffassung einen Anspruch hat, um seinen Schaden berechnen zu können. Zu Einzelheiten vgl. Form. II. O. 1 Anm. 14 bis 17. Bei verübten Herstellungs-Handlungen vgl. Anm. 9 a. E., insbesondere: Ansprüche auf Rechnungslegung/Auskunftserteilung und Schadensersatzfeststellung gelten regelmäßig über den Zeitraum der letzten mündlichen Verhandlung hinaus: BGH GRUR 2004, 755 – Taxameter; OLG Karlsruhe, Mitt. 2003, 309 – Auskunftsanspruch nach letzter mündlicher Verhandlung; *Meier-Beck,* GRUR 1998, 276, 280; a. A.: OLG Düsseldorf, Mitt. 2001, 424 – Längenverstellbares Tragelement = GRUR-RR 2002, 48 – Zeitraum der Rechnungslegung. Auskunfts-, Rechnungslegungs- und Schadensersatzansprüche sind auch nicht zeitlich durch die vom Gläubiger nachgewiesene erste Verletzungshandlung begrenzt (BGH GRUR 2007, 867 – Windsor-Estate).

10 a. Zu den Gestehungskosten gehören nicht die Gemeinkosten (Fixkosten); diese dürfen vom Verletzer im Falle der Geltendmachung des Anspruchs auf Herausgabe des Verletzergewinns nicht abgezogen werden (BGH GRUR 2001, 329, 331 – Gemeinkostenanteil). Eine entsprechende Formulierung auf Ausschluss derartiger nicht abzugsfähiger Kosten findet sich im Rechnungslegungsantrag nicht (vgl. dazu BGH GRUR 2007, 773, 777, re. Sp. – Rohrschweißverfahren). In geeigneten Fällen kann es sich anbieten, auch einen Anspruch auf Vorlage von Belegen geltend zu machen (BGH GRUR 2001, 841, 845 li. Sp. oben – Entfernung der Herstellungsnummer II; 2002, 709, 712 – Entfernung der Herstellungsnummer III: zum UWG). Diesen Anspruch gewährt nun ausdrücklich mit Wirkung zum 1. September 2008 § 24 c Abs. 1 S. 2 GebrMG für den (regelmäßig zu begründenden) Sachverhalt), dass eine hinreichende Wahrscheinlichkeit einer im gewerblichen Ausmaß begangenen Rechtsverletzung vorliegt.

11. Zum Wirtschaftsprüfervorbehalt gelten die Ausführungen wie in Form. II. O. 1 Anm. 17 und Form. II. O. 3 Anm. 11.

12. Der mit diesem Klageantrag geltend gemachte Vernichtungsanspruch beruht auf § 24 a GebrMG, der ebenso wie der Auskunftsanspruch des § 24 b GebrMG (vgl. Anm. 9) in das Gebrauchsmustergesetz wie auch in weitere Gesetze betreffend Sonderausschließlichkeitsrechte zum 1. Juli 1990 eingefügt worden ist (vgl. zu Einzelheiten Form. II. O. 1 Anm. 6, 9 und 18; zur Antragsformulierung vgl. Form. II. O. 3 Anm. 13).

Ebenso wie die §§ 139 ff. sind auch §§ 24 ff. GebrMG und das dort begründete Anspruchs- und Aktionensystem durch Gesetz vom 7. Juli 2008 mit Wirkung zum 1. September 2008 neugefasst. Die Neuregelungen sind inhaltsgleich wie im Patentrecht. Zur Vermeidung von Wiederholungen wird auf die Darstellung in Form. II. O. 1. Anm. 14 a. E. verwiesen. Im Textbeispiel des Formulars sind nicht sämtliche denkbaren Ansprüche, die der Gebrauchsmusterinhaber bei Verletzung seines Schutzrechts geltend machen könnte, aufgeführt. Viele dieser neugeregelten Ansprüche sind für die Praxis wenig sinnvoll. Zu Einzelheiten vgl. Form. II. O. 3. Klageanträge I. 5 und 7 einschließlich zugehöriger Begründung.

13. Zur Zweckmäßigkeit der Verbindung von Rechnungslegungsantrag und Schadensersatzfeststellungsbegehren vgl. Form. II. O. 3 Anm. 15.

13 a. Zu sämtlichen Anträgen vgl. insbesondere die Anmerkungen und Hinweise zu den Antragsformulierungen und erforderlichen Substantiierungspflichten in Form. II. O. 3.

14. Kosten- und Vollstreckungsanträge sind zwar entbehrlich, da diese Nebenentscheidungen von Amts wegen zu treffen sind. Die Anträge werden aber nach wie vor in der Praxis gestellt. Ein Vollstreckungsschutzantrag bedarf der besonderen Begründung. Zu den Anforderungen – in der Berufungsinstanz – BGH GRUR 1996, 512 – Fehlender Vollstreckungsschutzantrag II.

15. Stellungnahme gemäß § 253 Abs. 3, § 348 Abs. 1 Nr. 1 ZPO.

16. § 278 Abs. 2 ZPO sieht mit Wirkung ab dem 1. Januar 2002 vor, dass der mündlichen Verhandlung zum Zweck der gütlichen Beilegung des Rechtsstreits eine Güteverhandlung vorausgeht. Sie soll entfallen können, wenn bereits ein Einigungsversuch vor einer außergerichtlichen Gütestelle stattgefunden hat oder wenn die Güteverhandlung erkennbar aussichtslos erscheint. Im Bereich des gewerblichen Rechtsschutzes ist es die Regel, dass die Parteien vor Anrufung des Gerichts einen gütlichen Ausgleich untereinander suchen. Das ist wegen der Komplexität der zu beurteilenden Sachverhalte und der widerstreitenden Interessen oft nicht möglich. Ist mithin Klage erhoben, kann regelmäßig davon ausgegangen werden, dass nur gerichtliche Hilfe den Konflikt der Parteien lösen kann. Das Gericht ist auch wegen weitgehend fehlender Kenntnis des komplexen Sachverhalts nicht in der Lage, zu diesem frühen Zeitpunkt einen geeigneten Vergleichsvorschlag zu unterbreiten. Dem trägt die im Formular vorgeschlagene Formulierung Rechnung. Weitere Einzelheiten z. B. in Form. I. F. 6.

16a. Ist damit zu rechnen, dass die befasste Kammer das schriftliche Vorverfahren gem. § 276 ZPO anordnet, sollte hier höchst vorsorglich der Antrag auf Erlass eines Anerkenntnisses bzw. Versäumnisurteils gem. §§ 307 Abs. 2, 331 Abs. 3 ZPO für den Fall der fehlenden Verteidigungsbereitschaft der Beklagten gestellt werden.

17. Die Mitteilung des Anmeldetages ist erforderlich für die Berechnung der drei – und nach Verlängerung um weitere 3 und zweimal 2 Jahre – insgesamt 10-jährigen Schutzdauer des Gebrauchsmusters (§ 23 Abs. 1 und 2 und 6 S. 1 GebrMG). Der Anmeldetag hat als so genannter Prioritätstag auch Bedeutung für die Beurteilung der Schutzfähigkeit der als Gebrauchsmuster angemeldeten Erfindung. Sie bemisst sich nach dem Stand der Technik und dem Fachwissen zum Zeitpunkt der Anmeldung. Zur Prioritätsverlagerung bei Inanspruchnahme der so genannten Unionspriorität vgl. Artikel 4 der „Pariser Verbandsübereinkunft zum Schutz des gewerblichen Eigentums" vom 20. 3. 1883 und Form. II. O. 3 Anm. 20.

18. Die Mitteilung dieses Datums ist für die Ermittlung der so genannten Karenzzeit wichtig. Vgl. dazu Anm. 8 a.

19. Der Beweisantritt wird selten praktisch. Die beim Deutschen Patentamt geführte Gebrauchsmusterrolle ist ein öffentliches Register, in das jedermann Einsicht nehmen kann. Regelmäßig werden die Eintragungsakten des Klagegebrauchsmusters auf Antrag des Beklagten hin beigezogen und ihm zur Einsichtnahme zugänglich gemacht. Vgl. für einen solchen Antrag Form. II. O. 10. Allerdings sind die Eintragungsakten für ein Gebrauchsmuster nur selten aufschlussreich, da es sich bei einem Gebrauchsmuster um ein ungeprüftes Schutzrecht handelt, mithin regelmäßig kein Meinungsaustausch zwischen Anmelder und Eintragungsbehörde erfolgt. In den Amtsakten kann sich jedoch ein Beschränkungsbegehren des Gebrauchsmusterinhabers finden (dazu vgl. nachfolgend Anm. 24).

20. Es hat sich als zweckmäßig erwiesen, für jedes Mitglied des Verletzungsgerichts die Gebrauchsmusterschrift zu überreichen (vgl. Form. II. O. 3 Anm. 23).

21. Der Aufbau einer Gebrauchsmusterverletzungsklage erfolgt im Wesentlichen wie eine Patentverletzungsklage (vgl. dazu Form. II. O. 3). Es empfiehlt sich, kurz den Inhalt der Klagegebrauchsmusterschrift wiederzugeben, um das angerufene Gericht in die technische Problematik einzuführen. Insbesondere kommt es darauf an, die erfindungsgemäße Raumform des Gebrauchsmusters vorzustellen. Eine Erfindung setzt sich aus einer *Aufgabe* (dem technischen Problem) und deren *Lösung* zusammen. Die nachfolgenden Ausführungen im Formular beschreiben die Aufgabe.

22. Auseinandersetzung mit der Lösung der Aufgabe.

23. Die im Formular bezeichnete „besondere Ausführungsform" bezieht sich auf einen Unteranspruch (vgl. dazu Form. II. O. 3 Anm. 27).

24. Bei einem Gebrauchsmuster handelt es sich um ein ungeprüftes Schutzrecht. Für die Ermittlung des Schutzumfangs kommt es zwar maßgeblich auf die Formulierung der Ansprüche an (§ 12 a GebrMG; BGH GRUR 2005, 754 – Werkstoffeinstückig; 1997, 454, 457 – Kabeldurchführung; *Mes,* PatG, 2. Aufl. 2005, Rdn. 1 zu § 12 a GebrMG). Dennoch begegnet es rechtlich keinen Bedenken, wenn der Gebrauchsmusterinhaber im Nachhinein den Wortlaut der ursprünglich eingereichten Schutzansprüche durch einen anderen ersetzt, sofern die geänderte Fassung der Schutzansprüche einen Gegenstand beschreibt, der in den ursprünglichen Anmeldungsunterlagen ausreichend offenbart ist. Eine Erweiterung des Schutzumfangs darf nicht erfolgen (BGH GRUR 2003, 867 – Momentanpol). Die Neuformulierung von Schutzansprüchen (ohne inhaltliche Erweiterung) kann auch nur im Verletzungsprozess erfolgen (BGH GRUR 2003, 867 – Momentanpol). Häufig gibt der Gebrauchsmusterinhaber neu formulierte (beschränkte) Schutzansprüche zur Akte des eingetragenen Gebrauchsmusters. Der Sache nach handelt es sich bei der Einreichung eingeschränkter Schutzansprüche des Gebrauchsmusterinhabers zur Akte des eingetragenen Gebrauchsmusters um eine schuldrechtlich bindende Erklärung an die Allgemeinheit, Schutz aus dem Gebrauchsmuster für die Vergangenheit und Zukunft nur noch im Umfang der Neufassung geltend machen zu wollen (BGH GRUR 1998, 910 = NJW 1998, 1494 = LM § 17 GebrMG 1986 Nr. 4 – *Scherbeneis; Nirk,* Anm. zu BGH LM § 17 GebrMG 1986 Nr. 4 – *Scherbeneis; Nieder,* GRUR 1999, 222). Des Weiteren gilt in Gebrauchsmusterrechtsstreitigkeiten die Besonderheit, dass der Verletzungsrichter entgegen der Bindung, die bei einem Patent besteht (vgl. dazu Form. II. O. 5 Anm. 4), die Schutzfähigkeit des Gebrauchsmusters selbst überprüfen und dabei seinen Schutzumfang selbst festlegen muss (ist ein Löschungsantrag anhängig, vgl. Form. II. O. 12 und Form. II. O. 11 Anm. 3; Einzelheiten bei *Mes,* PatG, 2. Aufl. 2005, Rdnrn. 1 ff. zu § 16 GebrMG).

25. Da es sich um einen einfachen Sachverhalt handelt, ist im Formular von einer so genannten Merkmalsanalyse Abstand genommen worden. Bei der Beurteilung schwieriger Fälle ist eine solche Analyse zweckmäßig. Ein Beispiel zeigt Form. II. O. 3.

26. Vgl. Form. II. O. 3 Anm. 33.

27. Zum Verschulden vgl. *Mes,* PatG, 2. Aufl. 2005, Rdnrn. 28 ff. zu § 24 GebrMG.

28. Zum Rechnungslegungsbegehren vgl. Anm. 10, Form. II. O. 1 Anm. 16, 17.

29. Zur Zuständigkeit vgl. Anm. 1. Anzugeben ist jeweils das Bundesland, in dem Verletzungshandlungen vorgekommen sind.

30. Ebenso wie in Patentverletzungsstreitigkeiten empfiehlt sich regelmäßig auch in Gebrauchsmusterrechtsstreitigkeiten die Hinzuziehung eines Patentanwaltes, dessen Mitwirkung angezeigt wird. Zur Erstattung der Kosten eines Patentanwalts vgl. oben Anm. 1.

31. Der gebrauchsmusterrechtliche Unterlassungsanspruch ist bei Vorliegen besonderer Voraussetzungen auch im Verfügungsverfahren gerichtlich durchsetzbar. Unter Beachtung, dass es sich bei einem Gebrauchsmuster um ein nicht geprüftes Recht handelt, gelten die gleichen Grundsätze wie bei einer einstweiligen Verfügung in einer patentrechtlichen Streitigkeit (vgl. Form. II. O. 3 Anm. 43 und 44). Es besteht Anlass, gerade im Zusammenhang mit gebrauchsmusterrechtlichen Verfügungsverfahren auf das Schadensersatzrisiko des § 945 ZPO hinzuweisen.

Kosten und Gebühren

Vgl. die Hinweise zu Form. II. O. 3. Das dort Ausgeführte gilt auch für Gebrauchsmusterstreitigkeiten, da § 27 GebrMG eine inhaltsgleiche Regelung wie § 143 PatG trifft. In § 26 GebrMG ist eine Streitwertherabsetzung vorgesehen; dazu vgl. Anm. 3 zu Form. II. O. 3.

Fristen und Rechtsmittel

Keine.

10. Formelle[1] Klageerwiderung auf eine Gebrauchsmusterverletzungsklage

Landgericht
Zivilkammer[2]

In Sachen

……[3]

zeige ich an, dass ich die Beklagte vertrete. Namens und in Vollmacht der Beklagten werde ich beantragen,

1. **die Klage abzuweisen,**
2. **……[4]**

Des Weiteren beantrage ich,

die Akten des DE-GM …… beizuziehen und der Beklagten für die Dauer einer ihr noch zu bestimmenden Schriftsatzfrist zugänglich zu machen[5].

Es handelt sich um eine Gebrauchsmusterverletzungsstreitigkeit, so dass eine Übertragung auf den Einzelrichter nicht angezeigt erscheint[6]. Die Beklagte teilt die Auffassung der Klägerin, dass eine Güteverhandlung nicht sinnvoll ist[7].

Ich teile mit, dass die Beklagte

Herrn Patentanwalt

……

zur Mitwirkung in diesem Rechtsstreit bestellt hat[8].

Rechtsanwalt

Anmerkungen

1. Zur Bedeutung einer formellen Klageerwiderung vgl. Form. II. O. 4 und Anm. 1 aaO.

2. Zur Zuständigkeit vgl. Form. II. O. 8 Anm. 1. Es gelten auch hier die Ausführungen in Anm. 3 zu Form. II. O. 4.

3. Zur Ausgestaltung des Rubrums vgl. beispielsweise Form. II. O. 4.

4. Zu den Anträgen vgl. Form. II. O. 4.

5. Das Recht der Akteneinsicht ist in § 8 Abs. 5 GebrMG geregelt.

6. Stellungnahme gem. § 271 Abs. 3 ZPO.

7. Erwiderung auf die entsprechende Verfahrensanregung der Klägerin (vgl. Form. II. O. 9 zu Anm. 16). Für den Fall, dass die Beklagte sehr wohl meint, eine Güteverhandlung sollte durchgeführt werden, ist dies hier mitzuteilen.

8. Die Mitwirkung eines Patentanwalts wird grundsätzlich empfohlen. Die durch seine Mitwirkung entstehenden Kosten sind in gleicher Weise erstattungsfähig wie diejenigen eines Rechtsanwalts, ohne dass im Einzelnen die Notwendigkeit der Hinzuziehung zu prüfen wäre (§ 27 Abs. 3 GebrMG).

11. Materielle Klageerwiderung auf eine Gebrauchsmusterverletzungsklage mit Aussetzungsantrag

Landgericht
Zivilkammer[1]

In Sachen

......[2]

werde ich des Weiteren beantragen,

den Rechtsstreit bis zur rechtskräftigen Erledigung des gegen das Deutsche Gebrauchsmuster ...... erhobenen Löschungsantrags auszusetzen[3]**.**

Zur

Begründung

des vorstehenden Antrags sowie der diesseitigen Anträge auf Klageabweisung im Schriftsatz vom ...... trage ich das Folgende vor:

......[4]

Rechtsanwalt

Anmerkungen

1. Zur Zuständigkeit vgl. Form. II. O. 10 Anm. 2.

2. Zum Rubrum vgl. z. B. Form. II. O. 4.

3. Zur Ausgestaltung eines Gebrauchsmusterlöschungsantrages vgl. das nachfolgende Form. II. O. 12. Zur Frage der Aussetzung wegen eines Löschungsantrages vgl. die gesetzliche Regelung in § 19 GebrMG. Ihr liegt folgender Regelungsgehalt zugrunde:

Bei einem bekannt gemachten oder erteilten Patent ist der Verletzungsrichter an den rechtsgestaltenden Verwaltungsakt der Patenterteilung gebunden. Dementsprechend sind Zweifel im Hinblick auf die Patentfähigkeit im Patentverletzungsprozess nur im Zusammenhang mit der Frage beachtlich, ob im Hinblick auf eine Nichtigkeitsklage oder ein Einspruchsverfahren gegen das Klagepatent eine Aussetzung (§ 148 ZPO) geboten erscheint. Beim Gebrauchsmuster hingegen handelt es sich um ein ungeprüftes Schutzrecht. Dementsprechend kann der Beklagte im Gebrauchsmusterverletzungsprozess selbst fehlende Schutzfähigkeit des Gebrauchsmusters einwenden. Das Verletzungsgericht hat die Schutzvoraussetzungen des Gebrauchsmusters selbständig zu überprüfen (§ 13 GebrMG; vgl. *Mes,* PatG, 2. Aufl. 2005, Rdnrn. 1 ff. zu § 13 GebrMG). Im Gegensatz zu einem Patentverletzungsprozess ist daher der Beklagte, will er fehlende Schutzfähigkeit des Gebrauchsmusters einwenden, nicht gezwungen, einen – gesonderten – Löschungsantrag (beim Bundespatentamt) anhängig zu machen. Die Praxis zeigt freilich, dass sich ein derartiger Antrag, soweit für ihn Erfolgsaussicht besteht, empfiehlt. § 19 S. 1 GebrMG stellt insoweit klar, dass es im Ermessen des Gerichtes steht, den Verletzungsprozess bis zur Entscheidung über den Löschungsantrag auszusetzen. Gemäß § 19 S. 2 GebrMG besteht freilich eine richterliche Pflicht zur Aussetzung, wenn das Gericht die Gebrauchsmustereintragung für unwirksam hält. Gemäß § 19 S. 3 GebrMG ist das Verletzungsgericht an die einen Löschungsantrag zurückweisende Entscheidung nur gebunden, wenn sie zwischen denselben Parteien ergangen ist (Einzelheiten bei *Mes,* PatG, 2. Aufl. 2005, Rdnrn. 1 ff. zu § 19 GebrMG).

4. Der Aufbau einer Klageverteidigung im Gebrauchsmusterverletzungsprozess folgt demjenigen einer Verteidigung gegen eine Patentverletzungsklage. Zur Vermeidung von Wiederholungen wird dazu auf Form. II. O. 5 verwiesen.

12. Gebrauchsmusterlöschungsantrag

Deutsches Patent- und Markenamt
Gebrauchsmusterabteilung[1]
80297 München

Antrag

des ......[2]

Antragstellers,

Verfahrensbevollmächtigter: ......

gegen

......[3]

Antragsgegners,

wegen Löschung des Gebrauchsmusters ......

Es wird beantragt,

1. **das DE-GM ...... in vollem Umfang zu löschen[4];**
2. **dem Antragsgegner die Kosten des Löschungsverfahrens aufzuerlegen[5].**

Die amtliche Gebühr in Höhe von EUR ...... wird auf das Konto der Zahlstelle des Deutschen Patent- und Markenamts gleichzeitig überwiesen[6]. Ich füge eine auf mich lautende Vollmacht bei[7].

Begründung[8]:

vgl. Form. II. O. 6.

Rechtsanwalt/Patentanwalt

Schrifttum: Goebel, Gebrauchsmuster – Beschränkte Schutzansprüche und Kostenrisiko im Löschungsverfahren, GRUR 1999, 833; *ders.,* Schutzansprüche und Ursprungsoffenbarung – Der Gegenstand des Gebrauchsmusters im Löschungsverfahren, GRUR 2000, 477; *Osenberg,* Das Gebrauchsmusterlöschungsverfahren in der Amtspraxis, GRUR 1999, 838; weitere Schrifttumshinweise vgl. Form. II. O.

Hinweis: Ein weiteres Textbeispiel für einen Gebrauchsmusterlöschungsantrag findet sich in *Mes/v. Schwerin,* Münchener Prozessformularbuch, Bd. 5, Gewerblicher Rechtsschutz, Urheber- und Presserecht, 3. Aufl. 2009, Form. D. 15.

Anmerkungen

1. Die Löschungsgründe für ein Gebrauchsmuster sind in § 15 Abs. 1 GebrMG aufgeführt. Es sind dies die fehlende Schutzfähigkeit gemäß §§ 1 bis 3 GebrMG, die Wesensgleichheit mit einem früheren Patent oder Gebrauchsmuster (§ 15 Abs. 1 Nr. 2 GebrMG), die unzulässige Erweiterung (§ 15 Abs. 1 Nr. 3 GebrMG) und die widerrechtliche Entnahme (§ 15 Abs. 2 in Verbindung mit § 13 Abs. 2 GebrMG).

2. Aktivlegitimiert ist in den Fällen des § 15 Abs. 1 GebrMG jedermann (vgl. §§ 15 Abs. 1, 16 GebrMG), im Falle der widerrechtlichen Entnahme nur der Verletzte (§ 15 Abs. 2 GebrMG).

3. Der Löschungsantrag richtet sich gegen den als Inhaber Eingetragenen (§ 17 Abs. 1 GebrMG).

4. Das Verfahren unterliegt weitgehend der Parteidisposition. Es ist ein bestimmter Antrag zu stellen (§ 16 S. 1 GebrMG). Dieser kann auch auf Teillöschung des Gebrauchsmusters lauten (§ 15 Abs. 3 GebrMG). An den Antrag ist das Deutsche Patent- und Markenamt gem. § 308 Abs. 1 ZPO analog gebunden (vgl. z. B. BPatG GRUR 1991, 313, 315 – Verpackungsbehälter mit Diebstahlssicherung). Die Prüfungskompetenz des Deutschen Patent- und Markenamts ist auf den geltend gemachten Löschungsgrund beschränkt (vgl. BPatG GRUR 1981, 908 – Brustprothese). Gemäß § 17 Abs. 1 GebrMG teilt das Patent- und Markenamt dem Inhaber des Gebrauchsmusters den Antrag mit und fordert ihn gleichzeitig auf, sich dazu innerhalb einer Frist von einem Monat zu erklären. Widerspricht der Gebrauchsmusterinhaber nicht rechtzeitig, erfolgt die Löschung (§ 17 Abs. 1 S. 2 GebrMG). Widerspricht der Gebrauchsmusterinhaber, so tritt das Patent- und Markenamt in das Löschungsverfahren nach Maßgabe des § 17 Abs. 2 bis 4 GebrMG ein. Es findet eine mündliche Verhandlung statt (§ 17 Abs. 3 GebrMG), nach deren Schließung ein Beschluss über den Löschungsantrag ergeht. Dieser enthält auch eine Kostenentscheidung (§ 17 Abs. 4 GebrMG).

Der Gebrauchsmusterinhaber kann das Streitgebrauchsmuster insbesondere beschränkt, vordringlich mit abgeänderten (eingeschränkten) Ansprüchen verteidigen. Er kann sich dabei auf den Gesamtoffenbarungsgehalt der Gebrauchsmusteranmeldung stützen, sofern das Gebrauchsmuster in seinem Gegenstand nicht erweitert, vordringlich nicht auf ein Aliud gerichtet wird (BGH GRUR 2003, 867 – Momentanpol; weitere Einzelheiten bei *Mes,* PatG, 2. Aufl. 2005, Rdnrn. 21 ff. zu § 16 GebrMG).

5. Die Kostenentscheidung ist durch das Patent- und Markenamt gemäß § 17 Abs. 4 S. 2 GebrMG i. V. m. § 34 Abs. 2 S. 2 PatG zu treffen. Die letztgenannte Vorschrift bezieht sich auf §§ 91 ff. ZPO, lässt jedoch die Möglichkeit, nach billigem Ermessen eine abweichende Regelung zu treffen. Das Patent- und Markenamt ist daher nicht zwingend an die Regelung der §§ 91 ff. ZPO gebunden. Grundsätzlich entspricht es jedoch billigem Ermessen, diese Grundsätze entsprechend anzuwenden.

6. Die Höhe der Amtsgebühr ergibt sich aus dem Gebührenverzeichnis entsprechend dem Gesetz über die Kosten des Deutschen Patent- und Markenamts und des Bundespatentgerichts (PatKostG), das Art. 1 des Gesetzes zur Bereinigung von Kostenregelungen auf dem Gebiet des geistigen Eigentums vom 13. Dezember 2001 bildet. Dieses Gesetz ist mit Wirkung zum 1. Januar 2002 in Kraft getreten. Die Höhe der Gebühren bestimmt sich gem. § 2 Abs. 1 PatKostG nach dem Gebührenverzeichnis der Anlage zu diesem Gesetz, das zu 323.100 für das Löschungsverfahren (§ 16 GebrMG) eine Gebühr in Höhe von EUR 300,– vorsieht. Die Gebühr ist mit Einreichung des Löschungsantrags fällig (§ 3 Abs. 1 PatKostG). Das PatKostG ist abgedruckt in PMZ 2002, 14 ff.

In § 1 Abs. 2 PatKostG ist zugunsten des Bundesministeriums der Justiz eine Ermächtigung enthalten, die Zahlungswege für die an das Deutsche Patent- und Markenamt sowie an das Bundespatentgericht zu zahlenden Kosten (Gebühren und Auslagen) zu regeln. Das ist durch die Patentkostenzahlungsverordnung (PatKostZV) vom 20. Dezember 2001 geschehen. Gem. § 1 Abs. 1 PatKostZV können Kosten des Deutschen Patent- und Markenamts und des Bundespatentgerichts u. a. durch Überweisung auf ein Konto der Zahlstelle des Deutschen Patent- und Markenamts, sowie durch Erteilung einer Einziehungsermächtigung von einem Inlandskonto beglichen werden. Das Konto der Zahlstelle des Deutschen Patent- und Markenamts ist BBk München 700 010 54 (BLZ 700 000 00).

Die Einzahlung der Gebühr ist gem. § 16 S. 3 GebrMG Antragswirksamkeitsvoraussetzung; bei Nichtzahlung der Gebühr gilt der Antrag als nicht gestellt.

7. Das Löschungsverfahren ist in §§ 16f. GebrMG nur in seinen Grundzügen geregelt. Der Nachweis einer Vertretervollmacht ist ein allgemein (insbesondere auch im Verwaltungsverfahren) geltendes Erfordernis (vgl. § 14 Abs. 1 S. 2 VwVfG).

8. Der Löschungsantrag erfordert eine Begründung (§ 16 S. 2 GebrMG). Diese unterscheidet sich im Wesentlichen nicht von einer Begründung beispielsweise einer Patentnichtigkeitsklage. Darauf kann zur Vermeidung von Wiederholungen verwiesen werden (vgl. Form. II. O. 6).

Kosten und Gebühren

Vgl. PatKostG vom 13. Dezember 2001, abgedr. in PMZ 2002, 14ff. sowie die Ausführungen zu Anm. 6. Für die erste Instanz des Gebrauchsmusterlöschungsverfahrens beim Deutschen Patent- und Markenamt wie auch für das Beschwerdeverfahren vor dem Bundespatentgericht wird grundsätzlich kein Streitwert festgesetzt. Es kommen die Gebühren des Verzeichnisses Nr. 323 100 und Nr. 421 100 zur Anwendung. Eine Streitwertfestsetzung erfolgt nur auf Antrag. Bevor ein Löschungsantrag anhängig gemacht wird, empfiehlt es sich zur Vermeidung einer Kostenauferlegung analog § 93 ZPO (im Falle des Verzichts des Gebrauchsmusterinhabers), den Gebrauchsmusterinhaber zum Verzicht aufzufordern (BPatG GRUR 1989, 587).

Gebühren des rechts- bzw. patentanwaltlichen Vertreters: Es gelten die Vorschriften des Rechtsanwaltsvergütungsgesetzes (BPatG Mitt. 2008, 423, 424 – Gegenstandswertfestsetzung durch das DPMA). In Betracht kommt eine Anwendung der Nummer 2300 VV RVG mit einem Rahmen zwischen 0,5 und 2,5. Für die Wahrnehmung einer mündlichen Verhandlung erfolgt eine angemessene Erhöhung, bis jedoch nur zum Höchstsatz von 2,5 (Benkard/Göbel, PatG und Gebrauchsmustergesetz, 10. Aufl. 2006, Rdn. 39 zu § 17 GebrMG).

Fristen und Rechtsmittel

Nach Eingang des Löschungsantrags teilt das Patentamt dem Gebrauchsmusterinhaber diesen mit und fordert ihn auf, sich dazu innerhalb eines Monats (durch Widerspruch) zu erklären. Widerspricht er nicht, wird das Gebrauchsmuster gelöscht (§ 17 Abs. 1 GebrMG).

Gegen die Entscheidung des Patentamtes über den Löschungsantrag ist die Beschwerde an das Bundespatentgericht statthaft (§ 18 Abs. 1 GebrMG), für die eine Frist von einem Monat nach Zustellung gilt (§ 18 Abs. 3 GebrMG i. V. m. § 73 Abs. 2 S. 1 PatG). Die Beschwerde ist (wegen bestehender Abhilfemöglichkeit – § 18 Abs. 3 S. 1 GebrMG i. V. m. § 63 Abs. 2 S. 1 und Abs. 4 PatG) beim Patent- und Markenamt einzulegen. Es ist eine Beschwerdegebühr zu entrichten (§ 18 Abs. 2 GebrMG; so. unter „Kosten und Gebühren"; vgl. Einzelheiten bei *Mes*, PatG, 2. Aufl. 2005, Rdnrn. 1ff. zu § 18 GebrMG).

Geschmacksmusterrecht

13. Abmahnung[1] wegen Verletzung eines Geschmacksmusters

Firma B ......
z. H. der Geschäftsleitung

Betr.: A ..../. B ......

Geschmacksmuster

Sehr geehrte Herren!

Die Firma A. ...... hat mich mit der Wahrnehmung ihrer Interessen beauftragt. Namens und aufgrund beigefügter Vollmacht[2] meiner Mandantin teile ich Ihnen das Folgende mit:

1. Meine Mandantin ist alleinige und ausschließlich berechtigte Inhaberin des beim Deutschen Patent- und Markenamt[3] am ...... angemeldeten[4] und am ...... eingetragenen[5] Geschmacksmusters betreffend eine Sitzschale aus Kunststoff. Die Bekanntmachung[6] erfolgte am ...... Ich füge zu Ihrer Unterrichtung als Anlage A die Kopie der Geschmacksmustereintragungsakten einschließlich der niedergelegten beiden Abbildungen der Sitzschale meiner Auftraggeberin bei[7]. Sie können daraus ersehen, dass der Gesamteindruck der hier interessierenden Sitzschale durch die Kombination folgender Merkmale[8] begründet wird:

a) Die Krümmung des Sitz- und Lehnenbereichs erfolgt stetig und ohne Unterbrechung,

b) entlang den beiden Längsseiten der seitlichen konkaven Vorwärtswölbungen der Sitzfläche befinden sich deutliche Fasen, die ihre größte Breite am Übergang von Sitz und Lehne haben und sowohl nach vorn als auch nach oben jeweils spitzwinklig auslaufen,

c) die Außenseitenflächen wirken im Wesentlichen eben und sind zu den Fasen kantig abgewinkelt und verlaufen ungefähr rechtwinklig zum Längsmittelbereich des Sitzes und der Lehne, wobei die rechtwinklig zu den Kanten verlaufenden Linien dieser Seitenflächen ungefähr gerade sind und diese Seitenflächen sich vom Übergangsbereich Sitz/Lehne nach oben und nach vorn stetig verjüngen,

d) die Breite der Lehne nimmt vom Übergangsbereich Sitz/Lehne in aufwärtiger Richtung linear ab und schließt dann zu dem oberen Rand der Lehne führende Rundungen an, die stetig in den schwach konvex gewölbten oberen Rand der Lehne übergehen.

Die den Gegenstand des Geschmacksmusters meiner Mandantin bildende Sitzschale ist geschmacksmusterschutzfähig. Insbesondere sind die Voraussetzungen der Neuheit und der Eigenart gegeben. Aufgrund Ihrer langjährigen Tätigkeit auf dem hier betreffenden Gebiet der Herstellung und des Vertriebes von Stühlen und Sitzschalen werden Sie ohne weiteres bestätigen können, dass es bisher keine Schale auf dem Markt gegeben hat, die in ihren Gestaltungsmerkmalen mit dem Erzeugnis meiner Auftraggeberin vergleichbar wäre[9].

2. Meine Auftraggeberin hat die Feststellung treffen müssen, dass Sie seit kurzer Zeit eine Sitzschale herstellen und vertreiben, die auf Grund ihrer äußeren Übereinstimmung mit dem niedergelegten Modell als dessen Nachbildung anzusehen ist[10]. Mit der Herstellung und dem Vertrieb dieser Nachbildung greifen Sie in die Geschmacksmusterrechte meiner Mandantin ein. Ich habe Sie daher zur Vermeidung einer gerichtli-

chen Auseinandersetzung aufzufordern, sich gegenüber meiner Mandantin zu meinen Händen bis zum

......[11]

zu verpflichten,

a) es bei Meidung einer für jeden Fall der Zuwiderhandlung fälligen Vertragsstrafe[12] in Höhe von EUR 5001,– (in Worten: EURO fünftausendeins) zu unterlassen[13], im Bereich der Bundesrepublik Deutschland[14] Sitzschalen für Stühle (herzustellen), anzubieten, in den Verkehr zu bringen, einzuführen, auszuführen, zu gebrauchen oder zu den genannten Zwecken zu besitzen[15], die nach Maßgabe der folgenden Abbildungen gestaltet sind und somit folgende Gestaltungsmerkmale aufweisen
(a') ......
(b') ......
(c') ......
(d') ......
(Es folgen Fotos des Verletzungsgegenstandes)[16];

b) meiner Mandantin Auskunft[17] über die Herkunft und den Vertriebsweg der vorstehend unter a) beschriebenen Erzeugnisse zu erteilen, insbesondere unter Angabe der Namen und Anschriften (der Hersteller,) der Lieferanten und deren Vorbesitzer, der gewerblichen Abnehmer oder Auftraggeber sowie unter Angabe der Mengen der (hergestellten, ausgelieferten,) erhaltenen oder bestellten Erzeugnisse;

c) meiner Mandantin darüber Rechnung[18] zu legen, in welchem Umfang Sie die vorstehend unter a) bezeichneten Handlungen begangen haben, und zwar unter Vorlage eines Verzeichnisses mit der Angabe (der Herstellungsmengen und -zeiten sowie) der einzelnen Lieferungen unter Angabe
   aa) der (Herstellungsmengen,) Liefermengen, Typenbezeichnungen, Artikel-Nummern, Lieferzeiten, Lieferpreise und Namen und Anschriften der Abnehmer,
   bb) der Gestehungskosten unter Angabe der einzelnen Kostenfaktoren sowie des erzielten Gewinns[18a]
   cc) und unter Angabe der einzelnen Angebote und der Werbung unter Nennung der Angebotsmengen, Typenbezeichnungen, Artikel-Nummern, Angebotszeiten und Angebotspreise sowie der Namen und Anschriften der Angebotsempfänger,
   dd) der einzelnen Werbeträger, deren Auflagenhöhe, Verbreitungszeitraum und Verbreitungsgebiet
   wobei
   ee) Ihnen vorbehalten bleiben mag[19], nach Ihrer Wahl die Namen und Anschriften der Angebotsempfänger und der nicht gewerblichen Abnehmer statt meiner Mandantin einem von dieser zu bezeichnenden und ihr gegenüber zur Verschwiegenheit verpflichteten vereidigten Wirtschaftsprüfer mitzuteilen, sofern Sie dessen Kosten tragen und ihn ermächtigen, meiner Mandantin auf Anfrage mitzuteilen, ob eine bestimmte Lieferung oder der Name oder die Anschrift eines bestimmt bezeichneten Liefer- oder Angebotsempfängers in der erteilten Rechnung enthalten ist;

d) die in Ihrem unmittelbaren oder mittelbaren Besitz oder Eigentum befindlichen Erzeugnisse entsprechend vorstehend a) zu vernichten oder nach Ihrer Wahl an einen von meiner Mandantin zu bezeichnenden Treuhänder zum Zwecke der Vernichtung auf Ihre Kosten herauszugeben[20];

e) meiner Auftraggeberin allen denjenigen Schaden zu erstatten, der ihr aus den vorstehend unter a) bezeichneten Handlungen entstanden ist und künftighin entstehen wird[21];

f) meiner Mandantin die durch meine Einschaltung entstandenen Kosten auf der Grundlage eines Gegenstandswertes von EUR ...... in Höhe von 1,3 Geschäftsgebühr zuzüglich Auslagen und Mehrwertsteuer (insgesamt EUR ......) zu erstatten[22, 23].

Ihre Verpflichtungen zur Unterlassung sowie zu Schadensersatz finden ihre Grundlage in § 42 Abs. 1 und Abs. 2 GeschmMG. Der Anspruch meiner Mandantin auf Rechnungslegung ist in gewohnheitsrechtlicher Anwendung des § 242 BGB sowie der Rechtsregeln betreffend die auftraglose Geschäftsführung begründet; § 50 GeschmMG geht von der Existenz eines derartigen Anspruchs aus. Der vorstehend ebenfalls geltend gemachte Auskunftsanspruch betreffend Angaben über den Vertriebsweg und etwaige Vorbesitzer findet seine Grundlage in § 46 GeschmMG. Gemäß § 43 Abs. 1 GeschmMG kann meine Mandantin schließlich auch verlangen, dass alle rechtswidrig hergestellten, verbreiteten oder zur rechtswidrigen Verbreitung bestimmten Vervielfältigungsstücke, die in Ihrem Besitz oder in Ihrem Eigentum stehen, vernichtet werden. Zur Kostenerstattung sind Sie sowohl unter dem rechtlichen Gesichtspunkt des Schadensersatzes als auch unter demjenigen der auftraglosen Geschäftsführung verpflichtet[24].
Sollten Sie die Ihnen gesetzte Frist ungenutzt verstreichen lassen, gehe ich davon aus, dass Sie einem gerichtlichen Austrag den Vorzug geben und werde meiner Mandantin empfehlen, gerichtliche Hilfe in Anspruch zu nehmen[25].

Schrifttum zum Geschmacksmusterrecht: *Brückmann/Günther/Beyerlein,* Geschmacksmustergesetz, 2007; *Eichmann/v. Falckenstein,* GeschmMG, 3. Aufl. 2005; *Rehmann,* GeschmMG, 2004; *Kunze,* Das neue Geschmacksmusterrecht, Einführung, Texte, Materialien, 2004; zur alten Rechtslage: *Furler,* GeschmMG, 4. Aufl. 1985, neu bearbeitet von *Bauer* und *Loschelder; v. Gamm,* GeschmMG, 2. Aufl. 1989; *Gerstenberg/Buddeberg,* GeschmMG, Kommentar und Handbuch, 3. Aufl. 1996; *Nirk/Kurtze,* GeschmMG, 2. Aufl. 1997.

Hilfsmittel: Braitmayer, Leitfaden nationales Geschmacksmuster, 2004; *Zentek,* Designschutz, Fallsammlung zum Schutz kreativer Leistungen, 2003.

Schriftum zum Gemeinschaftsgeschmacksmuster: Bulling/Langöhrig/Hellwig, Gemeinschaftsgeschmacksmuster, 2. Aufl. 2006; *Maier/Schlötelburg,* Leitfaden Gemeinschaftsgeschmacksmuster, 2003, *Ruhl,* Gemeinschaftsgeschmacksmuster, 2007.

Hinweis: Weitere Textbeispiele für geschmacksmusterrechtliche Streitigkeiten bei *Mes/Eichmann,* Münchener Prozessformularbuch, Bd. 5, Gewerblicher Rechtsschutz, Urheber- und Presserecht, 3. Aufl. 2009, Form. F. 1 bis F. 13.

Anmerkungen

1. Das Formular zeigt das Beispiel einer Abmahnung (Verwarnung). Verwarnungen auf der Grundlage gewerblicher Schutzrechte stellen für den Verwarner ein erhebliches Risiko dar. Eine unbegründete Abmahnung kann als ein Eingriff in das Recht des Verwarnten am eingerichteten und ausgeübten Gewerbebetrieb angesehen werden, der bei Verschulden zu Schadensersatz verpflichtet. Sie kann des Weiteren als Wettbewerbsverstoß beurteilt werden. Vgl. zu Einzelheiten die Anmerkung 1 zu Form. II. O. 1. Bei einem ungeprüften Schutzrecht, wie beispielsweise einem Geschmacksmuster, sind die Sorgfaltspflichtanforderungen, die an den Schutzrechtsinhaber betreffend die Prüfung der Schutzfähigkeit zu stellen sind, recht hoch. Derjenige Verwarner handelt – lediglich – nicht schuldhaft, der „sich durch eine gewissenhafte Prüfung und auf Grund vernünftiger und billiger Überlegungen" die Überzeugung verschafft hat, sein Schutzrecht werde rechtsbeständig sein (BGH GRUR 1974, 290 – Maschenfester Strumpf). Bestehen hinsichtlich der Schutzfähigkeit Zweifel oder erscheint der Verletzungstatbestand noch nicht ausreichend aufgeklärt, kann es sich gerade in Geschmacksmusterangelegenheiten empfehlen, anstelle einer Verwarnung zunächst nur auf die Existenz des Geschmacksmusters hinzuweisen und eine sogenannte Berechtigungsanfrage herauszusenden. Anstelle der Verpflichtungserklärung zu nachfolgenden Anm. 16 bis 23 würde dann folgende Formulierung aufscheinen: „Ich habe Sie daher namens und in Vollmacht meiner Mandantin aufzufordern, bis zum ...... mitzuteilen, aus welchen Gründen Sie sich berechtigt glauben, das Schutzrecht meiner Mandantin nicht zu beachten" (vgl. Form. II. O. 8). Vgl. zu den Sorgfaltsanforderungen bei einer Verwarnung aus einem Geschmacksmuster insbesondere BGH GRUR 1979, 332/336 – Brombeerleuchte – m. Anm. *Horn*. S. ferner Anm. 1 zu Form. II. O. 1. Ein Beispiel für eine Berechtigungsanfrage in einer geschmacksmusterrechtlichen Auseinandersetzung findet sich bei *Mes/Eichmann*, Münchener Prozessformularbuch, Bd. 5, Gewerblicher Rechtschutz, Urheber- und Presserecht, 3. Aufl. 2009, Form. F. 1.

2. Ob die Vorlage einer Vollmacht erforderlich ist, ist streitig. Nach bisher wohl herrschender Ansicht muss eine Vollmacht nicht beigefügt werden, da die Abmahnung – im Normalfall – weder einseitiges Rechtsgeschäft noch geschäftsähnliche Handlung ist, so dass § 174 BGB keine Anwendung findet (OLG Köln, WRP 1985, 360f.; KG GRUR 1988, 79). Demgegenüber vertreten OLGe Düsseldorf (GRUR 1999, 1039; GRUR-RR 2001, 286), Nürnberg (GRUR 1991, 387; 1999, 1039) und Dresden (GRUR 1999, 377) die gegenteilige Auffassung. Demnach sollte eine Vollmacht aus Vorsichtsgründen beigefügt werden, wie im Textbeispiel auch vorgesehen. Zu weiteren Nachweisen des Meinungsstandes siehe Anm. 3 zu Form. II. N. 1.

3. Dem Textbeispiel liegt das Geschmacksmustergesetz vom 12. März 2004 zugrunde. Dazu folgende Übersicht:

Das Gesetz ist in insgesamt 13 Abschnitte aufgeteilt. In Abschnitt 1 sind die Schutzvoraussetzungen des Geschmacksmusters niedergelegt. Gemäß § 2 Abs. 1 wird ein Muster als Geschmacksmuster geschützt, das neu ist und Eigenart aufweist. Ein Muster gilt als neu, wenn vor dem Anmeldetag kein identisches Muster offenbart worden ist (§ 2 Abs. 2 S. 1 GeschmMG). Eigenart besteht, wenn sich der Gesamteindruck, den das Muster beim informierten Benutzer hervorruft, von dem Gesamteindruck unterscheidet, den ein anderes Muster bei diesem Benutzer hervorruft, das vor dem Anmeldetag offenbart worden ist (§ 2 Abs. 3 S. 1 GeschmMG). Vergleichsmaßstab ist nur ein einziges Erzeugnis (OLG Hamm InstGE 8, 233, 237 – Kaminöfen; *Eichmann/von Falckenstein*, Geschmacksmustergesetz, 3. Aufl. 2005, § 2 Rdn. 12).

Abschnitt 2 des Geschmacksmustergesetzes definiert die Berechtigten am Geschmacksmuster. Gemäß § 7 besteht ein Recht auf das Geschmacksmuster (subjektiv öffentlicher Anspruch).

Geschmacksmusterschutz setzt Anmeldung und Eintragung voraus (vgl. Abschnitt 3, Eintragungsverfahren und §§ 11ff.). Die Anmeldung erfolgt beim Deutschen Patent- und Markenamt, das diese sodann auch prüft (§ 16 GeschmMG). Die Anmeldung führt zur Eintragung, sofern nicht ein Eintragungshindernis besteht (§ 18 GeschmMG). Die Berechtigung des Anmelders zur Anmeldung und die Richtigkeit der in der Anmeldung gemachten Angaben werden durch das DPMA nicht geprüft (§ 19 Abs. 2 GeschmMG). Die Einsichtnahme in das Geschmacksmusterregister beim DPMA steht jedermann frei (§ 22 S. 1 GeschmMG).

Abschnitt 4 regelt die Entstehung und Dauer des Geschmacksmusterschutzes. Der Schutz des Geschmacksmusters entsteht mit der Eintragung (§ 27 Abs. 1 GeschmMG) und beträgt 25 Jahre, gerechnet ab dem Anmeldetag (§ 27 Abs. 2 GeschmMG). Voraussetzung für die Erlangung dieser Schutzdauer ist die Zahlung von Aufrechterhaltungsgebühren (§ 28 Abs. 1 u. Abs. 3 GeschmMG).

Abschnitt 7 regelt die Schutzwirkungen und Schutzbeschränkungen. Gemäß § 38 Abs. 1 GeschmMG gewährt das Geschmacksmuster seinem Rechtsinhaber das ausschließliche Recht, es zu benutzen und Dritten zu verbieten, es ohne seine Zustimmung zu benutzen. § 38 Abs. 1 S. 2 GeschmMG führt die einzelnen, dem Geschmacksmusterinhaber vorbehaltenen Benutzungshandlungen auf. Der Schutzumfang ergibt sich aus § 38 Abs. 2 GeschmMG. § 39 GeschmMG enthält eine Vermutung der Rechtsgültigkeit zu Gunsten des Rechtsinhabers des Geschmacksmusters.

Abschnitt 8 regelt das Sanktionensystem. § 42 GeschmMG gewährt Ansprüche auf Beseitigung, Unterlassung und Schadensersatz. § 43 GeschmMG begründet einen Anspruch auf Vernichtung und ggf. Überlassung. § 46 GeschmMG enthält die Verpflichtung des Geschmacksmusterverletzers zur so genannten Drittauskunft. Gemäß § 51 ist die (schuldhafte) Geschmacksmusterverletzung Straftat. Teilbereiche der §§ 42 ff. GeschmMG sind durch Gesetz vom 7. Juli 2008 mit Wirkung zum 1. September 2008 neugefasst. Die Neuregelungen entsprechen denjenigen, die der Gesetzgeber im Zusammenhang mit §§ 139 ff. PatG vorgenommen hat. Zum Inhalt dieser Neuregelungen wird verwiesen auf Form. II. O. 1. Anm. 6 zu a. Vgl. nachfolgend auch Anm. 17.

Neben der Möglichkeit, nationalen Geschmacksmusterschutz durch Anmeldung und Niederlegung beim Deutschen Patentamt zu erlangen, gibt es die internationale Hinterlegung auf Grund des Haager Abkommens über die internationale Hinterlegung gewerblicher Muster und Modelle vom 6. November 1925 (in der Folgezeit mehrfach revidiert). Das Haager Abkommen gilt für die Bundesrepublik Deutschland seit dem 1. August 1984. Es eröffnet die Möglichkeit, durch einen einzigen Formalakt, nämlich Hinterlegung des Schutzgegenstandes beim „Internationalen Büro für den Schutz des geistigen Eigentums" (WIPO/OMPI) in Genf in den Verbandsländern jeweils nationale Geschmacksmuster zu erwirken. Die materiellen Schutzvoraussetzungen und -folgen richten sich nach nationalem – hier deutschem – Recht. In den folgenden Ausführungen wird nicht nach deutschen und internationalen Geschmacksmustern unterschieden, sofern nicht ausdrücklich etwas Gegenteiliges angeführt ist.

Neben dem nationalen Geschmacksmuster entweder auf der Grundlage einer nationalen Anmeldung oder einer internationalen Hinterlegung gibt es das Gemeinschaftsgeschmacksmuster. Dieses wird im Folgenden nicht behandelt (vgl. zur Einführung: *Maier/Schlötelburg,* Leitfaden Gemeinschaftsgeschmacksmuster, 2002).

4. Die Rechte aus dem Geschmacksmuster gemäß §§ 38 Abs. 1, 42 ff. GeschmMG entstehen erst mit der Eintragung in das Register (§ 27 Abs. 1 GeschmMG). Dennoch ist der Anmeldetag von Bedeutung, weil die Schutzdauer des Geschmacksmusters (25 Jahre) ab dem Anmeldetag gerechnet wird (§ 27 Abs. 2 GeschmMG). Die Anmeldung hat auch deshalb Bedeutung, weil der Schutz des Geschmacksmusters für diejenigen Merkmale der Erscheinungsform begründet wird, die in der Anmeldung sichtbar wiedergegeben sind (§ 37 Abs. 1 GeschmMG).

5. Nach dem früheren Rechtszustand waren Anmeldung und Niederlegung des Geschmacksmusters beim DPMA konstitutiv und die Eintragung hatte keine materielle Wirkung. Nunmehr ist die Situation völlig anders. Es ist die Eintragung, die den Geschmacksmusterschutz entstehen lässt (§ 27 Abs. 1 GeschmMG).

6. Die Eintragung in das Geschmacksmusterregister wird mit einer Wiedergabe des Geschmacksmusters durch das DPMA bekannt gemacht (§ 20 S. 1 GeschmMG). Die Bekanntmachung ist jedoch nicht konstitutiv. Sie erfolgt insbesondere ohne Gewähr für die Vollständigkeit der Abbildung und die Erkennbarkeit der Erscheinungsmerkmale des Musters (§ 20 S. 2 GeschmMG). Die Bekanntmachung kann aufgeschoben werden (§ 21 GeschmMG). Das führt zu der Folge, dass während der Dauer der Aufschiebung der Bekanntmachung (§ 21 Abs. 1 S. 1 GeschmMG) die Ausschließungswirkung nach Maßgabe von § 38 Abs. 1 und Abs. 2 GeschmMG nur dann gegeben ist, wenn das Muster das Ergebnis einer Nachahmung des Geschmacksmusters ist (§ 38 Abs. 3 GeschmMG).

7. Da die Abmahnung der möglichst raschen außergerichtlichen Streiterledigung dient, empfiehlt es sich, dem Verwarnten eine sofortige Überprüfung des Wahrheitsgehaltes der Abmahnung zu ermöglichen. Insoweit ist die Übersendung vorhandener Kopien der Geschmacksmustereintragungsunterlagen erforderlich. Unterlässt der Verwarner eine ausreichende Unterrichtung, so besteht für ihn ein erhöhtes Kostenrisiko gem. § 93 ZPO (vgl. OLG Düsseldorf GRUR 1970, 432 und GRUR 1980, 135, jeweils für Patentverwarnungen; für Verwarnungen aus einem Geschmacksmuster vgl. OLG Düsseldorf GRUR 1979, 719/721 – Diamantschmuck).

8. Während beim Patent und beim Gebrauchsmuster die den Gegenstand des Schutzrechtes ausmachende Merkmalskombination schon regelmäßig aus dem Wortlaut der Schutzansprüche hergeleitet werden kann, müssen die Merkmale, deren Gesamteindruck den Gegenstand des niedergelegten Geschmacksmusters ausmacht, im Einzelnen herausgearbeitet und in Worte gekleidet werden (BGH GRUR 1996, 767, 768, 769 re. Sp. – Holzstühle; ein Beispiel einer Merkmalsanalyse: BGH GRUR 2000, 1023, 1024, 1025 – Drei-Speichen-Felgenrad). Das begegnet häufig erheblichen Schwierigkeiten. Denn bei einem Geschmacksmuster wird nicht eine wörtliche Beschreibung eines technischen Gegenstandes niedergelegt, sondern ein Geschmacksmuster bezieht sich auf eine ästhetische Gestaltung. Diese entzieht sich meist der genauen Wiedergabe durch Worte (BGH GRUR 1967, 375, 378 – Kronleuchter).

9. Verwiesen wird auf den Inhalt der Anm. 1 und die dort hervorgehobene Notwendigkeit einer sorgfältigen Prüfung der Geschmacksmusterschutzfähigkeit. Diese ist anhand des vorbekannten Formenschatzes im Hinblick auf Neuheit und Eigenart (vgl. § 2 GeschmMG) vorzunehmen. Die Neuheitsprüfung erfolgt nach Maßgabe des § 2 Abs. 2 GeschmMG. Ein Muster gilt als neu, wenn vor dem Anmeldetag kein **identisches** Muster offenbart worden ist. Muster gelten nach dem Inhalt des § 2 Abs. 2 S. 1 GeschmMG als identisch, wenn sich ihre Merkmale nur in **unwesentlichen** Einzelheiten unterscheiden (§ 2 Abs. 2 S. 2 GeschmMG). Es findet mithin ein Einzelvergleich zwischen Geschmacksmustergegenstand und jeweiliger Entgegenhaltung statt. Das entspricht der bisherigen Rechtslage zum alten Geschmacksmustergesetz (z. B. BGH GRUR 2001, 503, 505 – Sitz-Liegemöbel; 2000, 1023, 1025 – Drei-Speichen-Felgenrad; GRUR 1996, 767 – Holzstühle). Die Prüfung auf ausreichende Eigenart erfolgt gemäß § 2 Abs. 3 GeschmMG. Danach hat ein Muster Eigenart, wenn sich der Gesamteindruck, den es beim informierten Benutzer hervorruft, von dem Gesamteindruck unterscheidet, den ein anderes Muster bei diesem Benutzer hervorruft, das vor dem Anmeldetag offenbart worden ist. In Abweichung zum früheren Rechtszustand, die einen Gesamtvergleich mit den vorbekannten Formgestaltungen vorsah (BGH GRUR 2001, 503, 505 – Sitz-Liegemöbel; 2000, 1023, 1025 – Drei-Speichen-Felgenrad), findet nunmehr ein Einzelvergleich statt, nämlich des Musters (in seinem Gesamteindruck) im Vergleich zu einem anderen Muster (in seinem Gesamteindruck) (*Eichmann/v. Falckenstein,* GeschmMG, 3. Aufl. 2005, Rdn. 12 zu § 2 m. w. N.; KG ZUM 2005, 231, 232 – Natursalz; OLG Hamm InstGE 8, 233, 237 – Kaminöfen).

Im vorprozessualen Stadium genügt regelmäßig ein Sachvortrag wie im Formular vorgesehen, um die Vermutung der Rechtsgültigkeit nach Maßgabe des § 39 GeschmMG auszufüllen. Dennoch finden sich im Vorgriff auf eine etwaige Verteidigung des in Anspruch genommenen weitere Ausführungen im Formular.

10. Eine derartige Darlegung des Verletzungstatbestandes genügt für eine Abmahnung. Die vor der Abmahnung erforderliche Überprüfung des Verletzungstatbestandes bedarf freilich größerer Sorgfalt. In dem dem Formular zugrunde liegenden Fallbeispiel wird davon ausgegangen, dass eine Bekanntmachung der Eintragung des Geschmacksmusters in das Musterregister beim Deutschen Patentamt schon vor dem Tatbestand des Aufscheinens von Nachahmungserzeugnissen erfolgt war. Zu den Voraussetzungen einer Geschmacksmusterverletzung in objektiver und subjektiver Hinsicht vgl. Form. II. O. 14, insbesondere zu Anm. 27 bis 30 und die vorbezeichneten Anm. selbst.

11. Für die Bemessung der Länge der Äußerungsfrist gibt es keine festen Regeln. Die Frist muss angemessen, d. h. so lang sein, dass dem Verwarnten eine Überprüfung der tatsächlichen und rechtlichen Angaben der Abmahnung möglich ist und ihm ausreichende Zeit zur Entschließung, gegebenenfalls zur Einholung von Rechtsrat verbleibt. Regelmäßig wird bei Geschmacksmusterverletzungen wie auch bei sonstigen Verletzungen von gewerblichen Schutzrechten eine Frist von ca. 1 Monat angemessen sein. Die Erklärungsfrist kann kürzer bemessen werden, wenn davon auszugehen ist, dass dem Verwarnten das Schutzrecht seit geraumer Zeit bekannt ist oder besondere Umstände eine Frist von einem Monat als zu lang erscheinen lassen (z. B. besondere Eilbedürftigkeit; besondere Bekanntheit des geschmacksmustergeschützten Gegenstandes infolge umfassender Werbung; besonders intensive Verletzungshandlungen).

12. Zur Bedeutung der Abgabe einer strafgesicherten Unterlassungsverpflichtungserklärung, vgl. Form. II. N. 1 Anm. 10, wo die wettbewerbsrechtliche Unterlassungsverpflichtungserklärung behandelt ist. Hier wie dort hat die Vertragsstrafe nicht den Charakter einer Privatstrafe, sondern dient ausschließlich dazu, die Ernsthaftigkeit des Willens des Versprechenden zu belegen, die eingegangene Unterlassungsverpflichtung auch einzuhalten (BGH GRUR 2001, 758, 759 – Trainingsvertrag; 1996, 995, 996 – Übergang des Vertragsstrafeversprechens). Zugleich ist sie pauschaler Schadensersatz (BGHZ 105, 25, 27; GRUR 1993, 926 re. Sp. – Apothekenzeitschriften). Zu den Möglichkeiten einer anderen Form des Vertragsstrafeversprechens, vgl. ebenfalls Form. II. N. 1 Anm. 10. Die Höhe der Vertragsstrafe braucht nicht so gewählt zu werden, dass die Zuständigkeit des Landgerichts begründet wird. Gemäß § 52 Abs. 1 GeschmMG gehören alle Geschmacksmusterstreitsachen (dazu zählt auch eine Vertragsstrafenklage) vor die Landgerichte, ohne Rücksicht auf den Streitwert. Zu weiteren Einzelheiten im Zusammenhang mit einer strafbewehrten Unterlassungsverpflichtungserklärung, insbesondere der Formulierung der konkreten Verletzungsform, der Vertragsstrafe, eines etwaigen Verschuldens und zum rechtlichen Gesichtspunkt „Fortsetzungszusammenhang" vgl. ebenfalls Form. II. N. 1. Anm. 10.

13. Der geltend gemachte Unterlassungsanspruch findet seine Grundlage in §§ 42 Abs. 1, 38 GeschmMG. Die für die Annahme eines Unterlassungsanspruchs erforderliche Wiederholungsgefahr ergibt sich aus der Tatsache, dass Rechtsverletzungen vorgekommen sind. Das bedarf bei der Abmahnung keiner besonderen Hervorhebung.

14. Zur territorialen Beschränkung der Geltung gewerblicher Schutzrechte vgl. Anm. 11 zu Form. II. O. 1. Für internationale Geschmacksmuster, die auch in Deutschland gelten, könnte formuliert werden: „...... im deutschen Geltungsbereich des internationalen Geschmacksmusters ......".

15. Die Aufzählung der streitgegenständlichen Benutzungshandlungen folgt dem Wortlaut des § 38 Abs. 1 S. 2 GeschmMG. Soweit die Benutzungshandlung des „Herstellens" im Textbeispiel in Klammern gesetzt ist, geschieht dies deshalb, um darauf aufmerksam zu machen, dass an den Nachweis der Herstellung besondere Anforderungen zu richten sind, wohingegen immer dann, wenn ein Indenverkehrbringen oder eine sonstige Benutzungshandlung nachgewiesen werden kann, damit zugleich auch die anderen Benutzungshandlungen (ausgenommen das Herstellen) unter dem Grundsatz der Einheit der Benutzungshandlungen miterfasst sind. Insoweit gelten die gleichen Prinzipien wie zu § 9 S. 2 Nr. 1 PatG und § 11 Abs. 1 GebrMG. Vgl. dazu Anm. 7 zu Form. II. O. 3.

16. Der Verletzungsgegenstand ist in Anlehnung an die herausgearbeitete und den Gegenstand des Geschmacksmusters kennzeichnende Merkmalskombination, die im vorstehenden Formular in Form eines Beispiels unter Ziffer 1 a–d aufgeführt ist, so konkret wie möglich zu bezeichnen, um den Gegenstand der Unterlassungsverpflichtung gemäß § 241 BGB so zweifelsfrei wie möglich festzulegen. Es empfiehlt sich regelmäßig, Abbildungen des Verletzungsgegenstandes einzufügen, da nichts so deutlich wie eine Fotografie die Einzelmerkmale des Verletzungsgegen-standes zeigen kann (vgl. dazu BGH GRUR 1966, 81 – Laternenflasche; GRUR 1977, 406/407 – Elektroschalter; GRUR 1981, 273 – Leuchtenglas).

17. Ein Geschmacksmuster ist insbesondere ein Ausschließungsrecht. Gegenstand und Umfang der alleinigen Benutzung des Geschmacksmusterinhabers und seiner Ausschließungsbefugnis ergeben sich aus § 38 GeschmMG. Die sich bei Rechtsverletzungen ergebenden Ansprüche (Sanktionen) finden sich in §§ 42ff. GeschmMG, nämlich gerichtet auf Beseitigung und Unterlassung (verschuldensunabhängig, § 42 Abs. 1 GeschmMG), Schadensersatz (verschuldensabhängig, § 42 Abs. 2 GeschmMG), Vernichtung und Überlassung (verschuldensunabhängig, § 43 GeschmMG), Drittauskunft (verschuldensunabhängig, § 46 GeschmMG), Rechnungslegung (verschuldensabhängig, § 46 Abs. 5 GeschmMG i. V. m. den Rechtsregeln betreffend die auftraglose Geschäftsführung und gewohnheitsrechtlicher Anwendung des § 242 BGB) und schließlich auf Entschädigung (verschuldensunabhängig, § 45 GeschmMG). Soweit weitere Ansprüche aus anderen gesetzlichen Vorschriften bestehen, bleiben diese unberührt (§ 50 GeschmMG). Durch Art. 7 des Gesetzes zur Verbesserung der Durchsetzung von Rechten des geistigen Eigentums vom 7. Juli 2008, das am 1. September 2008 in Kraft getreten ist, sind einige zusätzliche Ansprüche neugeschaffen worden: Gemäß § 23 Abs. 2 GeschmMG n. F. besteht im Falle der Geschmacksmusterverletzung ein Anspruch auf Rückruf von rechtswidrig hergestellten, verbreiteten oder zur rechtswidrigen Verbreitung bestimmten Erzeugnisse oder auf deren endgültige Entfernung aus dem Vertriebsweg. § 46 a GeschmMG n. F. gibt einen Anspruch bei hinreichender Wahrscheinlichkeit einer Rechtsverletzung auf Vorlage einer Urkunde oder Besichtigung einer Sache. Dieser Anspruch kann insbesondere im Wege der einstweiligen Verfügung nach §§ 935 bis 945 ZPO geltend gemacht werden, ohne dass die Voraussetzung einer Dringlichkeit zu prüfen wäre. § 46 b GeschmMG n. F. begründet einen Sicherungsanspruch im Zusammenhang mit Schadensersatzansprüchen, und zwar bei einer im gewerblichen Ausmaß begangenen Rechtsverletzung auf Vorlage von Bank-, Finanz- oder Handelsunterlagen oder einen geeigneten Zugang zu den entsprechenden Unterlagen. Auch dieser Anspruch kann im Wege der einstweiligen Verfügung durchgesetzt werden (§ 46 b Abs. 3 GeschmMG n. F.). § 47 GeschmMG n. F. gibt einen Anspruch auf Urteilsbekanntmachung im Falle des Unterliegens im Prozess.

18. Die Verpflichtung des Geschmacksmusterverletzers zur Leistung von Schadenersatz findet sich in § 42 Abs. 2 GeschmMG. Da ein Geschmacksmuster neben einem positiven ausschließlichen Benutzungsrecht (nunmehr ausdrücklich: § 38 Abs. 1 S. 1 GeschmMG) dem Geschmacksmusterinhaber auch die Befugnis gibt, Dritte von der Benutzung des Gegenstandes des Geschmacksmusters auszuschließen, kann nach allgemeiner Auffassung der Geschmacksmusterinhaber seinen Schaden nach allen drei Berechnungsmethoden des gewerblichen Rechtsschutzes berechnen (so schon zum alten Rechtszustand: BGH GRUR 1966, 97, 100 – Zündaufsatz; zur Berechnung des Verletzergewinns: BGH GRUR 2001, 329 – Gemeinkostenanteil).

Dementsprechend kann der Geschmacksmusterinhaber entweder seinen konkret entgangenen eigenen Gewinn, die Herausgabe des Verletzergewinns (so ausdrücklich § 42 Abs. 2 S. 2 GeschmMG einschließlich zugehöriger Rechnungslegung) oder eine angemessene Lizenzgebühr verlangen (allgemeine Meinung; vgl. statt vieler BGH GRUR 2001, 329 – Gemeinkostenanteil; so jetzt ausdrücklich § 42 Abs. 2 S. 3 GeschmMG n. F.). Der Rechnungslegungsanspruch ist Hilfsanspruch zum Schadensersatzbegehren; er hat vorbereitenden Charakter, um dem Geschmacksmusterinhaber diejenigen Kenntnisse zu verschaffen, die er benötigt, um seine Wahl zwischen den verschiedenen bestehenden Schadensberechnungsmethoden zu treffen und im Übrigen seinen Schaden ziffernmäßig bestimmen zu können. Der Rechnungslegungsanspruch hat infolge seiner jahrzehntelangen Anerkennung durch die höchstrichterliche Rechtsprechung den Charakter von Gewohnheitsrecht. Das gilt auch für das Geschmacksmusterrecht (vgl. z. B. BGH GRUR 1965, 198/202 – Küchenmaschine; GRUR 1966, 97/100 – Zündaufsatz; vgl. § 50 GeschmMG n. F.).

Während der Anspruch auf Beseitigung und/oder Unterlassung gemäß § 42 Abs. 1 GeschmMG verschuldensunabhängig ist, erfordert der Schadensersatzanspruch des § 42 Abs. 2 GeschmMG vorsätzliches oder fahrlässiges Handeln des Verletzers.

18a. Zu den Gestehungskosten gehören nicht die Gemeinkosten (Fixkosten); diese dürfen vom Verletzer im Falle der Geltendmachung des Anspruchs auf Herausgabe des Verletzergewinns nicht abgezogen werden (BGH GRUR 2001, 329, 331 – Gemeinkostenanteil). Bis BGH GRUR 2007, 773, 777, re. Sp. – Rohrschweißverfahren – war es üblich, die Rechnungslegungsangaben dahingehend zu präzisieren, dass der rechnungslegungspflichtige Schutzrechtsverletzer seine Rechnungslegungsangaben entsprechend der materiellen Rechtslage auszurichten hatte, mithin seine Angabe nicht um Gemeinkosten (Fixkosten) vermindern durfte. Eine solche Formulierung wird nicht mehr vorgeschlagen. In geeigneten Fällen kann es sich anbieten, auch einen Anspruch auf Vorlage von Belegen geltend zu machen (BGH GRUR 2001, 841, 845 li. Sp. oben – Entfernung der Herstellungsnummer II; 2002, 709, 712 – Entfernung der Herstellungsnummer III: zum UWG). Diesen Anspruch gibt nunmehr ausdrücklich § 46 a Abs. 1 S. 2 GeschmMG n. F. im Falle der hinreichenden Wahrscheinlichkeit einer im gewerblichen Ausmaß begangenen Rechtsverletzung. Dann besteht ein Anspruch auch auf die Vorlage von Bank-, Finanz- oder Handelsunterlagen.

19. Die im Formular angeführten Einzelangaben werden von der höchstrichterlichen Rechtsprechung grundsätzlich zuerkannt (vgl. die Nachweise in Form. II. O. 1 Anm. 14). Eine Besonderheit besteht hinsichtlich der Namen und Anschriften von nichtgewerblichen Abnehmern und der Angebotsempfänger. Hier ist die Frage des Wirtschaftsprüfervorbehalts aufgeworfen. Ausgehend vom Wortlaut des § 46 Abs. 3 GeschmMG ist ein Wirtschaftsprüfervorbehalt nur noch insoweit anzuerkennen, als es um die nichtgewerblichen Abnehmer und um die Empfänger von Angeboten geht. Diese sind in § 46 Abs. 3 GeschmMG nicht aufgeführt. Wäre im Falle einer gerichtlichen Auseinandersetzung in dem vorstehend beschriebenen Umfang ein Wirtschaftsprüfervorbehalt von Amts wegen einzuräumen (BGH GRUR 1981, 535; 1995, 338, 341, 342 – Kleiderbügel: für den patentrechtlichen Auskunftsanspruch gem. § 140 b PatG), so erscheint es gerechtfertigt, diesen von vornherein auch in der Abmahnung zu berücksichtigen (vgl. Form. II. O. 1 Anm. 17).

20. Den mit dieser Aufforderung geltend gemachten Vernichtungsanspruch gewährt § 43 Abs. 1 S. 1 GeschmMG. Zu Einzelheiten vgl. Form. II. O. 1. Anm. 6 und 18 sowie Form. II. O. 3 Anm. 13. Gemäß § 43 Abs. 1 S. 2 GeschmMG besteht die Möglichkeit, die im Eigentum des Verletzers stehenden Vorrichtungen, die vorwiegend zur Herstellung verletzender Erzeugnisse gedient haben, ebenfalls zu vernichten. Diese müssen allerdings im Eigentum des Verletzers stehen. Statt Vernichtung kann der Verletzte vom Verletzer verlangen, dass ihm die Erzeugnisse, die in dessen Eigentum stehen, gegen eine angemessene Vergütung, die die Herstellungskosten nicht übersteigen darf, überlassen werden (§ 43 Abs. 3 GeschmMG). Zu diesen bisher schon gewährten Ansprüchen fügt die Neufassung des § 43 Abs. 2 GeschmMG durch das Gesetz zur Verbesserung der Durchsetzung von Rechten des geistigen Eigentums vom 7. Juli 2008 mit Wirkung zum 1. September 2008 den Anspruch hinzu, dass der Verletzte den Verletzer auf Rückruf von rechtswidrig hergestellten, verbreiteten oder zur rechtswidrigen Verbreitung bestimmten Erzeugnissen in Anspruch nehmen kann; ein gleicher Anspruch ist auf das endgültige Entfernen der vorstehend bezeichneten Erzeugnisse aus den Vertriebswegen gerichtet. Gemäß § 43 Abs. 4 GeschmMG besteht ein Ausnahmetatbestand gegenüber den Regelungen in Absätzen 1 bis 3 des § 43 GeschmMG, sofern diese Maßnahmen im Einzelfall unverhältnismäßig sind. Dabei ist auch auf die berechtigten Interessen Dritter Rücksicht zu nehmen (§ 43 Abs. 4 S. 2 GeschmMG). Grundsätzlich ist die Vernichtung von geschmacksmusterverletzenden Erzeugnissen jedoch nicht unverhältnismäßig (BGH GRUR 1997, 899 – Vernichtungsanspruch: für Markenverletzung). Ein weiterer Ausnahmetatbestand besteht in § 43 Abs. 5 GeschmMG für wesentliche Bestandteile von Gebäuden gemäß § 93 BGB sowie für ausscheidbare Teile von Erzeugnissen und Vorrichtungen, deren Herstellung und Verbreitung als solche nicht rechtswidrig ist. Für derartige Fälle scheiden die nach Absätzen 1 bis 3 des § 43 GeschmMG vorgesehenen Maßnahmen aus (§ 43 Abs. 5 GeschmMG).

21. Zur Schadensersatzverpflichtung vgl. Anm. 18.

22. Es empfiehlt sich, die Frage der Kostenerstattung gesondert neben der Schadensersatzverpflichtung im Abmahnungsschreiben anzusprechen, da zur Kostenerstattung auch derjenige verpflichtet ist, der möglicherweise nicht schuldhaft gehandelt hat (vgl. Anm. 24).

23. Um den Verwarnten nicht über die Höhe der auf ihn zukommenden Kosten im Falle der Abgabe einer Unterwerfungserklärung im Unklaren zu lassen, können die Kosten konkret angegeben werden. Ebenso ist der Gegenstandswert anzugeben. Zur Höhe des Gegenstandswertes vgl. Anm. 3 zu Form. II. O. 14.

24. Zur Kostenerstattung unter dem rechtlichen Gesichtspunkt der (zwischenzeitlich gewohnheitsrechtlich anerkannten) auftraglosen Geschäftsführung: BGHZ 52, 393/399 – Fotowettbewerb; BGH GRUR 73, 384 = MDR 1973, 483 – Goldene Armbänder; GRUR 1984, 129 ff. – shop-in-the-shop; GRUR 1985, 924 re. Sp. – Schallplattenimport II; zur Kostenerstattung aufgrund unerlaubter Handlung (Verschulden): BGH GRUR 1995, 338, 342 – Kleiderbügel.

25. Das Beispiel einer geschmacksmusterrechtlichen Klage zeigt Form. II. O. 14.

Kosten und Gebühren

Zur Kostenerstattungspflicht vgl. Anm. 24. Zur Höhe der Kosten vgl. die Hinweise zu Form. II. O. 1.

Rechtsmittel und Fristen

Keine.

14. Geschmacksmusterverletzungsklage

Landgericht
Kammer für Handelssachen/Zivilkammer[1]

Klage

der Firma A ......

Klägerin,

– Prozessbevollmächtigter: Rechtsanwalt ......

gegen

die Firma B ......[2]

Beklagte,

wegen Geschmacksmusterverletzung

vorläufiger Streitwert: ......[3]

Namens und in Vollmacht der Klägerin erhebe ich Klage und werde beantragen,

I. die Beklagte zu verurteilen,

1. es bei Meidung eines für jeden Fall der Zuwiderhandlung festzusetzenden Ordnungsgeldes bis zu EUR 250.000,–, ersatzweise Ordnungshaft bis zu 6 Monaten oder Ordnungshaft bis zu 6 Monaten, im Wiederholungsfalle bis zu 2 Jahren[4]**, zu unterlassen,**

Sitzschalen für Stühle (herzustellen,) anzubieten, in Verkehr zu bringen, einzuführen, auszuführen, zu gebrauchen oder zu den vorstehend genannten Zwecken zu besitzen[5],
die nach Maßgabe der folgenden Abbildungen gestaltet sind und somit folgende Gestaltungsmerkmale aufweisen:
- die Krümmung des Sitz- und Lehnenbereichs erfolgt stetig und ohne Unterbrechung,
- entlang den beiden Längsseiten der seitlichen konkaven Vorwärtswölbungen der Sitzfläche befinden sich deutliche Fasen, die ihre größte Breite am Übergang von Sitz und Lehne haben und sowohl nach vorn als auch nach oben jeweils spitzwinklig auslaufen,
- die Außenseitenflächen wirken im Wesentlichen eben und sind zu den Fasen kantig abgewinkelt und verlaufen ungefähr rechtwinklig zum Längsmittelbereich des Sitzes und der Lehne, wobei die rechtwinklig zu den Kanten verlaufenden Linien dieser Seitenflächen ungefähr gerade sind und diese Seitenflächen sich vom Übergangsbereich Sitz/Lehne nach oben und nach vorn stetig verjüngen,
- die Breite der Lehne nimmt vom Übergangsbereich Sitz/Lehne in aufwärtiger Richtung linear ab und schließt dann zu dem oberen Rand der Lehne führende Rundungen an, die stetig in den schwach konvex gewölbten oberen Rand der Lehne übergehen,

(folgt Wiedergabe von Fotos des Verletzungsgegenstands)[6]

2. der Klägerin Auskunft[7] über (die Herkunft und) den Vertriebsweg der unter vorstehend zu I 1 beschriebenen Erzeugnisse zu erteilen, insbesondere unter Angabe der Namen und Anschriften der Hersteller, der Lieferanten und deren Vorbesitzer, der gewerblichen Abnehmer oder Auftraggeber sowie unter Angabe der Mengen der (hergestellten), ausgelieferten, erhaltenen oder bestellten Erzeugnisse;
3. der Klägerin über den Umfang der vorstehend zu I 1 bezeichneten Handlungen Rechnung[8] zu legen, und zwar unter Vorlage eines Verzeichnisses mit der Angabe (der Herstellungsmengen und Herstellungszeiten sowie) der einzelnen Lieferungen unter Nennung
   a) der Liefermengen, Typenbezeichnungen, Artikel-Nummern, Lieferzeiten, Lieferpreise und Namen und Anschriften der Abnehmer,
   b) der Gestehungskosten unter Angabe der einzelnen Kostenfaktoren sowie des erzielten Gewinns[8a],

   und unter Angabe der einzelnen Angebote und der Werbung unter Nennung
   c) der Angebotsmengen, Typenbezeichnungen, Artikel-Nummern, Angebotszeiten und Angebotspreise sowie der Namen und Anschriften der Angebotsempfänger,
   d) der einzelnen Werbeträger, deren Auflagehöhe, Verbreitungszeitraum und Verbreitungsgebiet,

   wobei
   e) der Beklagten vorbehalten[9] bleiben mag, die Namen und Anschriften der Angebotsempfänger und der nicht gewerblichen Abnehmer statt der Klägerin einem von dieser zu bezeichnenden und ihr gegenüber zur Verschwiegenheit verpflichteten vereidigten Wirtschaftsprüfer mitzuteilen, sofern die Beklagte die durch seine Einschaltung entstehenden Kosten trägt und ihn zugleich ermächtigt, der Klägerin mitzuteilen, ob ein konkret von ihr angefragter Abnehmer und/oder eine konkret von ihr angefragte Lieferung in der erteilten Rechnung enthalten sind;

4. die im unmittelbaren oder mittelbaren Besitz oder im Eigentum der Beklagten befindlichen Erzeugnisse entsprechend vorstehend I 1 an einen von der Klägerin zu beauftragenden Gerichtsvollzieher zum Zwecke der Vernichtung[10] auf Kosten der Beklagten herauszugeben;
5. ......[10a]

II. festzustellen, dass die Beklagte verpflichtet ist, der Klägerin allen Schaden zu erstatten, der ihr durch die zu Ziffer I 1 bezeichneten Handlungen entstanden ist und künftig noch entstehen wird[11];

III. die Kosten des Rechtsstreits der Beklagten aufzuerlegen;

IV. das Urteil – gegebenenfalls gegen Sicherheitsleistung (Bank- oder Sparkassenbürgschaft) – für vorläufig vollstreckbar zu erklären;
hilfsweise der Klägerin nachzulassen, die Zwangsvollstreckung gegen Sicherheitsleistung (Bank- oder Sparkassenbürgschaft) abzuwenden[12].
......[13, 14, 14a]

Begründung:

I.

1. Die Parteien sind Wettbewerber. Beide stellen her und vertreiben Sitzschalen aus thermoplastischen Kunststoffen.
Die Klägerin ist alleinige und ausschließlich verfügungsberechtigte Inhaberin des beim Deutschen Patentamt[15] am ...... angemeldeten[16] und am ...... eingetragenen Geschmacksmusters betreffend eine Sitzschale aus Kunststoff. Das Klagegeschmacksmuster wurde am ...... bekannt gemacht.[17] Das Muster steht in Kraft. Ich überreiche als Anlage 1 eine Kopie der Geschmacksmusterakten und trete für die Richtigkeit des Vorstehenden Beweis an durch
Antrag auf Beiziehung der Geschmacksmusterakten ...... des Deutschen Patent- und Markenamts.
Das Klagegeschmacksmuster betrifft eine Sitzschale. Insoweit sind von der Klägerin zwei Fotos einer Sitzschale hinterlegt (vgl. Anlage 1). Die Fotos zeigen eine Sitzschale, deren ästhetischer Gesamteindruck durch folgende Einzelmerkmale bestimmt wird:
a) ......
b) ......
c) ......
d) ......
......[18]

2. Die Beklagte stellt her und vertreibt eine thermoplastische Sitzschale, die mit dem Originalerzeugnis der Klägerin verwechselbar[19] übereinstimmt. Ich überreiche als Anlage 2 (nur zu den Gerichtsakten) die betreffende Sitzschale der Beklagten, die diese unter der Bezeichnung ...... in den Verkehr bringt. Schon eine flüchtige Inaugenscheinnahme ergibt, dass die Sitzschale gemäß Anlage 2 alle wesentlichen Gestaltungselemente entsprechend der vorstehenden Merkmalsanalyse unter I 1 aufweist. Die Übereinstimmungen sind so augenfällig, dass von einer Wiederholung dieser Merkmale abgesehen werden kann. Ein einziger Unterschied besteht lediglich darin, dass die Sitzschale der Beklagten im oberen Lehnenbereich eine nach hinten abfallende Krümmung aufweist. Dieser Unterschied fällt jedoch nicht ins Auge, zumal er lediglich bei einer Betrachtung der Rückseite des Stuhles überhaupt bemerkt werden kann[20]. Zur Vermeidung von Wiederholungen verweise ich zur Beschreibung der Sitzschale der Beklagten auf den Inhalt des Klageantrags I 1 und die dort wiedergegebenen Abbildungen.

3. Die Beklagte hat einer vorprozessualen Abmahnung nicht Folge geleistet[21]. Daher ist Klage geboten. Mit ihr werden die Ansprüche der Klägerin wegen der unzulässigen Nachbildung ihres Geschmacksmusters geltend gemacht.

II.

Der mit Klageantrag I 1 geltend gemachte Unterlassungsanspruch sowie das Schadensersatzfeststellungsbegehren gemäß Klageantrag II finden ihre rechtliche Begründung in §§ 42 Abs. 1 u. 2, 38 GeschmMG. Auf die mit Klageantrag I 3 verlangte Rechnungslegung hat die Klägerin gemäß § 42 Abs. 2 GeschmMG insoweit Anspruch, als es um den seitens der Beklagten durch die Geschmacksmusterverletzung erzielten Gewinn geht. Im Übrigen kann die Klägerin auf der Grundlage von § 50 GeschmMG i. V. m. den Rechtsregeln betreffend die auftraglose Geschäftsführung in gewohnheitsrechtlicher Anwendung des § 242 BGB Rechnungslegung verlangen. Die weiteren Ansprüche auf Auskunft betreffend den Vertriebsweg und die Vernichtung ergeben sich aus §§ 46 und 43 GeschmMG.

1. Das Klagegeschmacksmuster ist schutzfähig. Es handelt sich um eine Gestaltung, die die dreidimensionale Erscheinungsform eines Erzeugnisses, nämlich eines Stuhles, darstellt[22].
2. Des Weiteren ist der Gegenstand des Klagegeschmacksmusters neu und verfügt über ausreichende Eigenart (§ 2 Abs. 1 bis 3 GeschmMG)[23]. Dabei sind der Prüfung die vorstehend unter I 1 angeführten konkreten Merkmale zugrunde zu legen[24]. Der Rechtsbestand des Klagegeschmacksmusters wird gemäß § 39 GeschmMG vermutet[25].
3. Das Verletzungsmuster der Beklagten erweckt gegenüber dem Gegenstand des Klagegeschmacksmusters keinen anderen Gesamteindruck. Infolgedessen unterfällt es dem Schutzumfang des Klagegeschmacksmusters. Auf § 38 Abs. 2 S. 1 GeschmMG wird verwiesen[26].
4. Der mit Klageantrag I 1 geltend gemachte Unterlassungsanspruch ist gemäß § 42 Abs. 1 GeschmMG begründet. Im Hinblick auf die Verletzung des Geschmacksmusterrechts der Klägerin besteht Wiederholungsgefahr.
5. Das mit Klageantrag II geltend gemachte Schadensersatzfeststellungsbegehren findet seine Grundlage in § 42 Abs. 2 GeschmMG. Es kann nicht geleugnet werden, dass der Klägerin durch die geschmacksmusterverletzenden Handlungen der Beklagten ein Schaden entstanden ist, beispielsweise dadurch, dass sie Umsatzeinbußen erlitten hat[27]. Die Beklagte hat auch mindestens fahrlässig-schuldhaft gehandelt. Bei Anspannung der gebotenen Sorgfalt hätte sie das Geschmacksmuster auch unabhängig von der Abmahnung kennen und erkennen können, dass die angegriffene Sitzschale nicht den erforderlichen Abstand zum Gegenstand des Klageschutzrechtes einhält[28]. Jedenfalls seit Erhalt der Abmahnung fällt der Beklagten Vorsatz zur Last.
   Da die Klägerin die Höhe des ihr entstandenen und künftig noch entstehenden Schadens nur dann ziffernmäßig bestimmen kann, wenn sie genaue Kenntnis vom Umfang der geschmacksmusterverletzenden Handlungen der Beklagten erlangt hat, ist diese gemäß § 242 BGB zur Rechnungslegung verpflichtet[29]. Daraus ergeben sich die Begründetheit des mit Klageantrag I 2 geltend gemachten Rechnungslegungsbegehrens sowie das gemäß § 256 ZPO für die Zulässigkeit der Schadensersatzfeststellungsklage notwendige Feststellungsinteresse[30]. Die mit Klageanträgen I 2 und 4 geltend gemachten Ansprüche auf Auskunft betreffend den Vertriebsweg sowie auf Herausgabe der das Klagegeschmacksmuster verletzenden Erzeugnisse zur Vernichtung rechtfertigen sich gemäß §§ 46 und 43 GeschmMG.
6. ……[30 a]
7. Die Zuständigkeit des angerufenen Gerichts besteht aufgrund der Tatsache, dass es sich um eine geschmacksmusterrechtliche Streitigkeit handelt und dass die Beklagte die angegriffene Nachbildung auch in …… vertreibt[31, 32, 33].

Rechtsanwalt

Schrifttum: Vgl. die Hinweise zu Form. II. O. 13.

Hinweis: Ein weiteres Beispiel einer Geschmacksmusterverletzungsklage bei *Mes/Eichmann,* Münchener Prozessformularbuch, Bd. 5, Gewerblicher Rechtsschutz, Urheber- und Presserecht, 3. Aufl. 2009, Form. F. 9.

Anmerkungen

Vorbemerkung: Das Formular ist inhaltlich an Form. II. O. 13 ausgerichtet. Die Ausführungen dort gelten auch weitgehend hier.

1. Es handelt sich um eine Handelssache gem. § 95 Abs. 1 Nr. 4c GVG. Soweit bei Landgerichten Spezialkammern für Geschmacksmusterstreitsachen gebildet sind, kann die Klage auch an diese Zivilkammer gerichtet werden (aber: Verweisungsmöglichkeit an die Kammer für Handelssachen gemäß § 98 Abs. 1 S. 1 GVG).

§ 52 GeschmMG enthält eine besondere, an § 143 PatG ausgerichtete Zuständigkeitsregelung. Gemäß § 52 Abs. 1 GeschmMG sind ohne Rücksicht auf den Streitwert ausschließlich die Landgerichte zuständig. § 52 Abs. 2 GeschmMG ermächtigt die Landesregierungen, die Zuständigkeit für Geschmacksmusterstreitigkeiten auf eines von mehreren Landgerichten zu konzentrieren. Davon haben nahezu alle Länder Gebrauch gemacht. Insoweit gilt folgende Regelung: Baden-Württemberg – für den OLG-Bezirk Karlsruhe: LG Mannheim, für den OLG-Bezirk Stuttgart: LG Stuttgart; Bayern – für den OLG-Bezirk München: LG München I, und für die OLG-Bezirke Nürnberg und Bamberg: LG Nürnberg; Hessen – LG Frankfurt; Niedersachen – LG Braunschweig; Rheinland-Pfalz – für OLG-Bezirke Koblenz und Zweibrücken: LG Frankenthal; Nordrhein-Westfalen – für den OLG-Bezirk Düsseldorf: LG Düsseldorf, für die Landgerichtsbezirke Bielefeld, Detmold und Paderborn: LG Bielefeld, für die Landgerichtsbezirke Bochum, Dortmund und Essen: LG Bochum, für die Landgerichtsbezirke Arnsberg, Hagen und Siegen: LG Hagen und für den OLG-Bezirk Köln: LG Köln; Mecklenburg-Vorpommern – für den OLG Bezirk Rostock: LG Rostock (vgl. die Übersicht in GRUR 2000, 36, 390; www.grur.de). Die Regelung der anwaltlichen Vertretungsbefugnis sowie diejenige der Kosten entspricht § 143 PatG (vgl. den Wortlaut des § 52 GeschmMG und die nachstehenden Ausführungen zu „Kosten und Gebühren").

2. Handelt es sich bei der Beklagten um eine Gesellschaft mit beschränkter Haftung oder um eine Kommanditgesellschaft, deren persönlich haftende Gesellschafterin eine Gesellschaft mit beschränkter Haftung ist, so empfiehlt es sich, zur Erweiterung des Haftungsrahmens auch die verantwortlichen Geschäftsführer der GmbH zu verklagen. Bei einer Geschmacksmusterverletzung handelt es sich um eine unerlaubte Handlung im weiteren Sinne. Dementsprechend haften die Geschäftsführer einer Gesellschaft mit beschränkter Haftung auf Grund eigenen (täterschaftlichen) Verhaltens sowie die GmbH selbst unter dem rechtlichen Gesichtspunkt der Organhaftung (§ 31 BGB). Gleiches gilt z. B. für den Vorstand einer Aktiengesellschaft. Weitere Einzelheiten in Form. II. O. 3 Anm. 2.

3. Wie auch sonst im Bereich des gewerblichen Rechtsschutzes im Zusammenhang mit Schutzrechtsverletzungen beruhen die Streitwertangaben analog § 3 ZPO auf Schätzungen. Maßgeblich ist das Interesse des Klägers, das sich im Wesentlichen nach dem wirtschaftlichen Wert des den Klagegrund bildenden Geschmacksmusters richtet. Dieser bestimmt sich u. a. nach der Laufzeit des Schutzrechtes, den Umsätzen, die der Kläger mit nach dem Schutzrecht hergestellten Erzeugnissen erzielt, sowie nach der Intensität der Verletzungshandlungen. Im Vordergrund steht das Unterlassungsinteresse des Klägers. Zur Streitwertbemessung bei Geschmacksmusterverletzungen im Einzelnen: *v. Gamm,* Geschmacksmustergesetz, 2. Aufl. 1989, § 14 Rdn. 23.

4. Die Strafandrohungsformel entspricht dem Wortlaut des § 890 Abs. 1 ZPO.

5. Vgl. Form. II. O. 13 Anm. 15. Die Tathandlung des Herstellers bedarf besonderer Beachtung, um eine Teilabweisung zu vermeiden. Handelt es sich z. B. bei der Beklagten um ein Vertriebsunternehmen, sind die in Klammern enthaltenen, Herstellungshandlungen betreffenden Antragsformulierungen zu streichen.

6. Es gelten die Ausführungen in Form. II. O. 1 Anm. 16.

7. Dieser Antrag findet seine Grundlage in § 46 GeschmMG. Vgl. dazu Form. II. O. 13 Anm. 17. Eine genauere Aufgliederung der Angaben findet sich z. B. in Form. II. O. 3 zu Anm. 10.

8. Zur Rechnungslegungsverpflichtung des Verletzers siehe § 50 GeschmMG, ferner § 42 Abs. 2 S. 2 GeschmMG und die Ausführungen in Form. II. O. 13 Anm. 18, 18 a und 19.

8 a. Früher wurde in ständiger Praxis der Düsseldorfer Gerichte (Landgericht und Oberlandesgericht) gegenüber dem rechnungslegungspflichtigen Schutzrechtsverletzer geltend gemacht (beantragt), dieser müsse seine Rechnungslegungsangaben entsprechend der materiellen Rechtslage ausrichten und dürfe mithin nicht solche Fixkosten und variablen Gemeinkosten von seiner Rechnungslegungsverpflichtung ausnehmen, die nicht ausnahmsweise den Verletzungserzeugnissen unmittelbar zuzuordnen sind. Eine solche Präzisierung der Rechnungslegungsangaben ist vom BGH GRUR 2007, 773, 777, re. Sp. – Rohrschweißverfahren – verworfen worden. Infolgedessen wird eine entsprechende Beschränkung nicht vorgeschlagen.

9. Zum Wirtschaftsprüfervorbehalt vgl. Form. II. O. 13 Anm. 19.

10. Zum Vernichtungsanspruch siehe § 43 GeschmMG. Einzelheiten in Form. II. O. 13 Anm. 20. Zur Formulierung des Klageantrags vgl. Form. II. O. 3 Anm. 13. Im Formular wird davon abgesehen, von der Möglichkeit des § 43 Abs. 1 S. 2 GeschmMG Gebrauch zu machen und auch Vernichtung derjenigen Vorrichtungen oder Vorrichtungsteile (z. B. Spritzgussform) zu beanspruchen, die zur Herstellung der Plagiate benutzt wurden. Die Durchsetzung eines derartigen Anspruchs ist in der Praxis schwierig, z. B. schon deshalb, weil der Kläger nicht wissen kann, ob die Vorrichtung, wie dies § 43 Abs. 1 S. 2 GeschmMG verlangt, im Eigentum des Beklagten steht oder nicht (z. B. wegen Sicherungseigentums einer finanzierenden Bank). Die Vernichtung schutzrechtsverletzender Erzeugnisse ist regelmäßig nicht unverhältnismäßig (BGH GRUR 1997, 899 – Vernichtungsanspruch: für Markenrecht).

10 a. Durch die teilweise Neufassung der §§ 42 ff. GeschmMG könnten weitere Ansprüche in Form von Anträgen aufgeführt werden, z. B. insbesondere der Antrag auf Erstattung derjenigen Kosten, die als Geschäftsgebühr im Zusammenhang mit einer vorprozessualen Abmahnung entstanden sind. Zu weiteren möglichen Anträgen/Ansprüchen vgl. Form. II. O. 3. und dort die Klageanträge I. 5 ff.

11. Zur Verbindung von Feststellungsklage und Rechnungslegungsbegehren vgl. Form. II. O. 3 Anm. 15. Die dortigen Ausführungen zum Patentverletzungsprozess gelten auch für den Geschmacksmusterverletzungsprozess.

12. Die Nebenentscheidungen werden von Amts wegen getroffen. Dennoch entsprechen die Anträge allgemeiner Übung. Der Vollstreckungsschutzantrag muss besonders begründet werden; zu den Anforderungen (in der Berufungsinstanz) vgl. BGH GRUR 1996, 512 – Fehlender Vollstreckungsschutzantrag II.

13. Wird der Geschmacksmusterrechtsstreit vor die Zivilkammer gebracht, so erfordert § 253 Abs. 3 ZPO eine Erklärung des Klägers darüber, ob Gründe entgegenstehen, die Sache auf den Einzelrichter zu übertragen (§ 348 ZPO). Regelmäßig sind Geschmacksmusterstreitigkeiten nicht für eine Entscheidung durch den Einzelrichter geeignet. Darauf sollte in der Klageschrift hingewiesen werden, beispielsweise mit folgender Formulierung: „Es handelt sich um eine geschmacksmusterrechtliche Streitigkeit, die tatsächlich und rechtlich nicht einfach gelagert ist. Insoweit erscheint eine Übertragung auf den Einzelrichter nicht angezeigt."

14. Eine geschmacksmusterrechtliche Streitigkeit eignet sich in der Mehrzahl der Fälle nicht so sehr zur Vorbereitung eines späteren Verhandlungstermins im Wege des schriftlichen Vorverfahrens. Aus Vorsichtsgründen kann empfohlen werden, dennoch die Anträge gemäß §§ 307 Abs. 2, 331 Abs. 3 ZPO in die Klageschrift aufzunehmen.

14a. Gem. § 278 Abs. 2 ZPO soll der mündlichen Verhandlung zum Zwecke der gütlichen Beilegung des Rechtsstreits eine Güteverhandlung vorausgehen, sofern nicht zuvor bereits ein Einigungsversuch vor einer außergerichtlichen Gütestelle stattgefunden hat oder die Güteverhandlung erkennbar aussichtslos erscheint. In der ganz überwiegenden Mehrzahl der Streitigkeiten des gewerblichen Rechtsschutzes bietet eine Güteverhandlung keine Aussicht auf Erfolg. Insbesondere kann das Gericht in diesem frühen Stadium keine eigenen Kenntnisse/Vorschläge einbringen. Es bietet sich daher an, eine Stellungnahme zur Durchführung einer derartigen Güteverhandlung abzugeben. Ein Textbeispiel für eine (begründete) Ablehnung einer Güteverhandlung findet sich in Form. I. F. 6.

15. Zur Zuständigkeit des Deutschen Patent- und Markenamts vgl. Anm. 3 zu Form. II. O. 13. AaO. finden sich auch Ausführungen zur internationalen Hinterlegung. Liegt eine solche der Klage zugrunde, so ist darauf hinzuweisen und sind die entsprechenden Daten anzuführen.

16. Gemäß § 27 Abs. 1 GeschmMG beginnen die Schutzwirkungen der Geschmacksmusterhinterlegung mit der Eintragung. Die Mitteilung des Anmeldetages ist kein anspruchsbegründendes Erfordernis (anders für den bisherigen Rechtszustand, vgl. dazu die 9. Aufl., Anm. 16 zu Form. II. O. 14). Der Anmeldetag ist jedoch von Bedeutung für die Berechnung der Schutzdauer des Geschmacksmusters (§ 27 Abs. 2 GeschmMG), des Weiteren ist er der für die Beurteilung der Schutzfähigkeit des Geschmacksmusters entscheidende Zeitpunkt. Schließlich hat die Anmeldung insoweit Bedeutung, als sie Grundlage für den Gegenstand des Geschmacksmusterschutzes ist. Gemäß § 37 Abs. 1 GeschmMG wird Schutz nur für diejenigen Merkmale der Erscheinungsform eines Geschmacksmusters begründet, die in der Anmeldung sichtbar wiedergegeben sind.

17. Maßgeblich für die Begründung des Geschmacksmusterschutzes ist die Eintragung (§ 27 Abs. 1 GeschmMG). Die Bekanntmachung hat jedoch Bedeutung für den Tatbestand der Nachahmung. Ist noch keine Bekanntmachung erfolgt (wegen Aufschiebung, § 38 Abs. 3 GeschmMG), greifen die Regelungen des § 38 Abs. 1 und Abs. 2 GeschmMG nicht. Insbesondere erstreckt sich nicht automatisch der Schutz eines Geschmacksmusters auf jedes Muster, das beim informierten Benutzer einen übereinstimmenden Gesamteindruck mit dem Geschmacksmuster erweckt (§ 38 Abs. 2 S. 1 GeschmMG). Es bedarf dann des Nachweises der Nachahmung des Geschmacksmusters (§ 38 Abs. 3 GeschmMG). Nachahmung setzt Kenntnis von dem Gegenstand des Geschmacksmusters voraus, die beispielsweise aus der Verbreitung von Erzeugnissen oder sonstigen Maßnahmen der Offenbarung erfolgen kann. Gegebenenfalls genügt eine gezielte Information des Rechtsinhabers (*Kur,* GRUR 2002, 661, 668; *Eichmann/v. Falckenstein,* GeschmMG, 3. Aufl. 2005, Rdn. 35 zu § 38).

18. Vgl. die beispielartige Ausfüllung der Merkmalskombination in Form. II. O. 13.

19. Die Begriffe „Verwechslungsgefahr" und „Verwechselbarkeit" gehören an sich dem Kennzeichnungsrecht an und sind dem Geschmacksmusterrecht fremd. Lässt sich jedoch von einem Erzeugnis sagen, dass es einem anderen verwechselbar ähnlich ist, so kann dies als wesentliches Indiz für eine Geschmacksmusterverletzung gewertet werden (vgl. BGH GRUR 1961, 640/642 – Straßenleuchte). Der Sache nach enthält § 38 Abs. 2 S. 2 GeschmMG zur Bestimmung des Schutzumfangs eines Geschmacksmusters eine vergleichbare Aussage. Denn nach dieser Bestimmung erstreckt sich der Schutz aus einem

Geschmacksmuster auf jedes Muster, das beim informierten Benutzer keinen anderen Gesamteindruck (als das Geschmacksmuster) erweckt.

20. Bei der Beurteilung der Frage, ob ein übereinstimmender Gesamteindruck beim informierten Benutzer vorliegt, kommt es – wie bisher im Zusammenhang mit der Beurteilung der Nachbildung nach früherem Recht – nicht entscheidend auf die Unterschiede, sondern auf die Übereinstimmungen und deren Bedeutung für den Gesamteindruck zwischen dem Geschmacksmustergegenstand und dem angegriffenen Erzeugnis an (BGH in ständiger Rechtsprechung zum alten Geschmacksmusterrecht, vgl. dazu statt vieler BGH GRUR 1965, 198/201 – Küchenmaschine; 1980, 235, 237 – Play-Family; *Gerstenberg/Buddeberg,* GeschmMG, Anm. 2 zu § 5). Für den Vergleich zwischen dem geschmacksmustergeschützten Original und der Nachahmung ist eine Merkmalsanalyse hilfreich (vgl. Form. II. O. 13, Anm. 8). Sie allein kann jedoch den Gesamteindruck des Musters und die Gestaltungsmerkmale, auf denen dieser Gesamteindruck beruht, nicht widerspiegeln. Insoweit ist es über die äußere Beschreibung der Merkmale des Geschmacksmusters hinaus erforderlich, die einzelnen Formen des Musters in Bezug auf ihre Maßgeblichkeit für den Gesamteindruck zu bewerten und zu gewichten (BGH GRUR 2000, 1023, 1025 – Drei-Speichen-Felgenrad; 2001, 503, 505 – Sitz-Liegemöbel). Wird sodann für den Nachbildungsgegenstand festgestellt, dass relevante Abweichungen nicht erkennbar sind, so ist vom Nachahmungstatbestand im Sinne des früheren Rechts auszugehen (§ 5 Abs. 1 GeschmMG a. F.; BGH GRUR 2001, 503, 506 re. Sp. – Sitz-Liegemöbel). Nach neuem geltenden Recht (§ 38 Abs. 2 GeschmMG) ist von einem übereinstimmenden Gesamteindruck zwischen Nachahmungserzeugnis einerseits und Geschmacksmustergegenstand andererseits auszugehen.

21. Ein Beispiel einer Abmahnung findet sich in Form. II.O.13.

22. Es handelt sich um die gesetzliche Schutzvoraussetzung des § 1 Nr. 1 und 2 GeschmMG betreffend „Muster" einerseits und „Erzeugnis" andererseits. Geschmacksmusterschutzunfähig nach neuem Recht sind wie bisher nach altem Recht Gestaltungen, die nur dem Gehör-, dem Geruchs- oder dem Geschmackssinn zugänglich sind. Des Weiteren ist nur die Gestaltung geschmacksmusterschutzfähig, nicht jedoch sind es die ihr zugrunde liegenden Ideen, allgemeinen Gedanken und Lehren (vgl. BGH GRUR 1979, 705 – Notizklötze mit Anm. *Klaka*).

23. Schutzvoraussetzungen gemäß § 2 Abs. 1 bis 3 GeschmMG.

24. Nach altem Geschmacksmustergesetz entsprach es allgemeiner Auffassung, dass es für die hier interessierende Beurteilung auf die Gesamtheit der Merkmale und auf die sich aus ihnen ergebende ästhetische Wirkung ankommt (BGH GRUR 2000, 1023 – Drei-Speichen-Felgenrad; 2001, 503, 505 – Sitz-Liegemöbel). Aus § 2 Abs. 2 und Abs. 3 GeschmMG ergibt sich insoweit keine Änderung (vgl. z. B. *Eichmann/v. Falckenstein,* GeschmMG, 3. Aufl. 2005, Rdnrn. 17 ff. zu § 2).

25. Die Rechtsgültigkeit des Geschmacksmusters wird gemäß § 39 GeschmMG zu Gunsten des Rechtsinhabers vermutet. Infolgedessen bedarf es zunächst in der Klage (wie auch in der Abmahnung) keiner weitergehenden Ausführungen. Die Vermutung ist allerdings widerlegbar. Für die Widerlegung liegt die Darlegungs- und Beweislast beim Beklagten (*Eichmann/v. Falckenstein,* GeschmMG, 3. Aufl. 2005, Rdn. 4 zu § 39). Die Widerlegung der Vermutung kann sich aus dem Vorbringen des Klägers sowie auch schon deshalb ergeben, weil Tatsachen bei Gericht offenkundig sind (§ 291 ZPO).

Soweit es um Neuheit und die Widerlegung von Neuheit geht, ergeben sich keine grundsätzlichen Schwierigkeiten. Ist ein Muster durch ein identisches Muster offenbart, so fehlt es an der erforderlichen Neuheit gemäß § 2 Abs. 2 S. 1 GeschmMG. Dabei gelten Muster (noch) als identisch, wenn sich ihre Merkmale nur in unwesentlichen Einzelheiten unterscheiden (§ 2 Abs. 2 S. 2 GeschmMG). Die Beurteilung der Eigenart (früher: Eigentümlichkeit) kann größere Schwierigkeiten bereiten. Maßgeblich ist § 2 Abs. 3 GeschmMG. Gemäß § 2 Abs. 3 S. 1 GeschmMG hat ein Muster Eigenart, wenn sich der **Gesamteindruck**, den es beim informierten Benutzer hervorruft, von dem Gesamteindruck unterscheidet, den ein anderes Muster bei diesem Benutzer hervorruft, das **vor dem Anmeldetag** offenbart worden ist. Vergleichsmaßstab ist ein einzelnes Muster (nicht wie früher: die Gesamtheit des vorbekannten Formenschatzes, vgl. dazu KG ZUM 2005, 231, 232 – Natursalz; OLG Hamm InstGE 8, 233, 237 – Kaminöfen; *Eichmann/von Falkenstein*, Geschmacksmustergesetz, 3. Aufl. 2005, Rdn. 12 zu § 2). Gemäß § 2 Abs. 3 S. 2 GeschmMG ist bei der Beurteilung der Eigenart der Grad der Gestaltungsfreiheit des Entwerfers bei der Entwicklung des Musters zu berücksichtigen. Insoweit kann davon ausgegangen werden, dass die bisherigen Rechtsgrundsätze weiter gelten. Als Faustregel kann angeführt werden:

Die Zubilligung einer eigenschöpferischen geschmacksmusterschutzfähigen Leistung hängt entscheidend von dem Durchschnittskönnen ab, das das betreffende Gestaltungsgebiet allgemein kennzeichnet (vgl. BGH GRUR 1969, 90/95 – Rüschenhaube). Dabei sind die Anforderungen, die für den Geschmacksmusterschutz zu stellen sind, niedriger als diejenigen, die für ein Kunstwerk zu verlangen sind (BGH GRUR 1966, 96/99 – Zündaufsatz). Soweit es jedoch – wie häufig – um die Kombination an sich vorbekannter Formelemente geht, dürfen die Anforderungen an die erforderliche eigenschöpferische Gestaltungshöhe nicht zu niedrig angesetzt werden (BGH LM § 1 GeschmMG, Nr. 11, Blatt 2 – Dreifachkombinationsschalter = GRUR 1975, 81; GRUR 1988, 369, 370 – Messergriff). In Abweichung von dem bisherigen Rechtszustand kommt es jedoch nicht auf einen Gesamtvergleich an (so aber BGH GRUR 1996, 767 – Holzstühle; 2000, 1023 – Drei-Speichen-Felgenrad; 2001, 503 – Sitz-Liegemöbel), sondern es findet ein Einzelvergleich statt (vgl. dazu KG ZUM 2005, 231, 232 – Natursalz; OLG Hamm InstGE 8, 233, 237 – Kaminöfen; *Eichmann/von Falkenstein*, Geschmacksmustergesetz, 3. Aufl. 2005, Rdn. 12 zu § 2). Dasjenige, was im vorbekannten Formenschatz bisher jedoch geleistet wurde, fließt ein bei der Beurteilung der Eigenart nach Maßgabe des Grades der Gestaltungsfreiheit des Entwerfers (§ 2 Abs. 3 S. 2 GeschmMG).

26. Vgl. Anm. 19.

27. Für die Feststellung einer Schadensersatzverpflichtung genügt die Wahrscheinlichkeit eines Schadenseintritts (vgl. BGH GRUR 1960, 256/260 – Chérie-Musikwecker; 1965, 198/202 – Küchenmaschine).

28. Vortrag zum Verschulden (Vorsatz oder zumindest Fahrlässigkeit) der Beklagten. Diese Ausführungen sind lediglich für den Schadensersatzanspruch (§ 42 Abs. 2 GeschmMG) von Bedeutung. Für den Schutzumfang gemäß § 38 Abs. 2 GeschmMG (Entbehrlichkeit der Nachbildungsabsicht) haben sie keine Bedeutung.

29. Der Anspruch auf Rechnungslegung ist ein Hilfsanspruch zum Schadensersatzanspruch, indem er darauf gerichtet ist, dem Verletzten die tatsächlichen Grundlagen für die Berechnung seines konkreten Schadens zu ermitteln. Als Anspruchsgrundlage wird überwiegend § 242 BGB angenommen, teilweise §§ 681, 687 Abs. 2, 666 BGB. Es erscheint vertretbar, diesen Theorienstreit dahinstehen zu lassen. Der Rechnungslegungsanspruch hat gewohnheitsrechtlichen Charakter; demzufolge wird er in höchstrichterlichen Entscheidungen des Bundesgerichtshofs zum Geschmacksmusterrecht ohne jede rechtsdogmatische Begründung zuerkannt (vgl. z. B. BGH GRUR 1965, 198/202 re. Sp. – Küchenmaschine; GRUR 1966, 97/100 li. Sp. – Zündaufsatz). § 50 GeschmMG legt ausdrücklich fest, dass weitergehende Ansprüche unberührt bleiben. Insoweit handelt es sich gerade um den hier behandelten Anspruch auf Rechnungslegung.

30. Allgemeine Meinung und ständige Rechtsprechung, z. B. BGH GRUR 1965, 198/202 re. Sp. unten – Küchenmaschine.

30 a. Zu weiteren möglichen Ansprüchen vgl. Anm. 10 a.

31. Gerichtsstand der unerlaubten Handlung (§ 32 ZPO). Zum Vorliegen einer geschmacksmusterrechtlichen Streitigkeit vgl. oben Anm. 1.

32. Bei Geschmacksmusterverletzungsklagen stellt sich häufig die Frage, ob Ansprüche unter dem rechtlichen Gesichtspunkt wettbewerbsrechtlicher Nachahmung nicht auch auf § 4 Nr. 9 UWG zu stützen sind. Diese greifen freilich nur selten durch (vgl. z. B. BGH GRUR 1980, 235, 237, 238 – Play-family; GRUR 1982, 371, 373 – Scandinavia). Zum wettbewerbsrechtlichen Nachahmungsschutz vgl. grundlegend *Sambuc,* Der UWG-Nachahmungsschutz, 1996; ein Textbeispiel für eine Klage wegen Nachahmung eines Produkts (§ 4 Nr. 9 UWG) findet sich bei *Mes/Sambuc,* Münchener Prozessformularbuch, Bd. 5, Gewerblicher Rechtsschutz, Urheber- und Presserecht 3. Aufl. 2009, Form. A. 12.

33. Der geschmacksmusterrechtliche Unterlassungsanspruch kann – bei geeignetem Sachverhalt – auch im Wege des einstweiligen Verfügungsverfahrens gerichtlich durchgesetzt werden. Analog den Rechtsgrundsätzen, die im Zusammenhang mit einstweiligen Verfügungsverfahren in patentrechtlichen und gebrauchsmusterrechtlichen Streitigkeiten herrschen (vgl. dazu Form. II. O. 3 Anm. 43 und Form. II. O. 9 Anm. 31), kommt der Erlass einer einstweiligen Verfügung in einer geschmacksmusterrechtlichen Streitigkeit nur dann in Betracht, wenn die Schutzfähigkeit des (nicht geprüften) Geschmacksmusters sowie der Verletzungstatbestand eine so ausreichend sichere Beurteilung erlauben, dass unter Berücksichtigung des Interesses des Verfügungsbeklagten eine Entscheidung im summarischen Verfahren geboten erscheint. Insbesondere ist es Aufgabe des Antragstellers/Klägers, zur Schutzfähigkeit des geltend gemachten Geschmacksmusters sowie zum Verletzungstatbestand substantiiert vorzutragen, insbesondere auch den vorbekannten Formenschatz vorzulegen. An diesen, insbesondere nach dem Geschmacksmustergesetz alter Fassung herausgearbeiteten Rechtsgrundsätzen wird sich grundsätzlich durch die Bestimmung des § 39 GeschmMG, nach der zu Gunsten des Rechtsinhabers vermutet wird, dass die an die Rechtsgültigkeit eines Geschmacksmusters zu stellenden Anforderungen erfüllt sind, nichts geändert haben. Eine jüngere Rechtsprechung dazu fehlt.

§ 46 Abs. 2 GeschmMG eröffnet die Möglichkeit, in Fällen „offensichtlicher Rechtsverletzung" für den Auskunftsanspruch den Weg des einstweiligen Verfügungsverfahrens zu beschreiten. Die Darlegung einer offensichtlichen Rechtsverletzung bedarf besonderer Anstrengung. Das geltend gemachte Geschmacksmuster muss unter Berücksichtigung des vorbekannten Formenschatzes ausreichend rechtsbeständig sein (kritisch dazu z. B. OLG Braunschweig, GRUR 1993, 669, 670 – Stoffmuster), die Verletzung evident.

Die Neufassung einiger Regelungen der §§ 42 ff. GeschmMG durch das Gesetz zur Verbesserung zur Durchsetzung von Rechten des geistigen Eigentums vom 7. Juli 2008 (mit Wirkung zum 1. September 2008) gibt weitere Ansprüche, die insbesondere im Wege der einstweiligen Verfügung durchgesetzt werden können:

§ 43 a GeschmMG n. F.: Auf Vorlage und Besichtigung von Urkunden bzw. einer ggf. geschmacksmusterverletzenden Sache (vgl. dazu § 43 a Abs. 3 GeschmMG n. F.).

§ 46 b Abs. 1 und 3 GeschmMG n. F.: Im Falle des Bestehen von Schadensersatzansprüchen gemäß § 42 Abs. 2 und bei einer im gewerblichen Ausmaß begangenen Rechtsverletzung auf Vorlage von Bank-, Finanz- oder Handelsunterlagen oder einen geeigneten Zugang zu diesen Unterlagen; durchsetzbar auch im Wege der einstweiligen Verfügung.

Ein Textbeispiel für einen Antrag auf Erlass einer einstweiligen Verfügung wegen Geschmacksmusterverletzung (mit Herausgabeanordnung) findet sich bei *Mes/Eichmann,* Münchener Prozessformularbuch, Bd. 5, Gewerblicher Rechtsschutz, Urheber- und Presserecht, 3. Aufl. 2009, Form. F. 6.

Kosten und Gebühren

Es gelten die allgemeinen Grundsätze, mit folgenden Besonderheiten des Geschmacksmusterverletzungsprozesses:

§ 52 Abs. 4 GeschmMG: Die Kosten eines mitwirkenden Patentanwalts sind grundsätzlich, ohne dass die Notwendigkeit seiner Mitwirkung zu prüfen wäre, einschließlich notwendiger Auslagen erstattungsfähig. Im Übrigen gelten die gleichen Grundsätze wie z. B. bei einer Patentverletzungsklage, vgl. dazu die Anmerkung „Kosten und Gebühren" zu Form. II. O. 3.

15. Formelle[1] Klageerwiderung in einer geschmacksmusterrechtlichen Auseinandersetzung[2]

Landgericht
Kammer für Handelssachen[3]

In Sachen

……[4]

Aktenzeichen: ……

zeige ich an, dass ich die Beklagte vertrete.

Ich werde beantragen,

1. **die Klage abzuweisen;**
2. **……[5]**
3. **……[6]**

Des Weiteren beantrage ich,

die Akten des Klagegeschmacksmusters des Deutschen Patent- und Markenamts beizuziehen und der Beklagten für die Dauer ihrer vom Gericht zu bestimmenden Schriftsatzfrist zur Einsichtnahme zur Verfügung zu stellen[7].

Der Anregung der Klägerin, von der Anberaumung einer Güteverhandlung Abstand zu nehmen, stimme ich zu.[8]

……[9]

Rechtsanwalt

Anmerkungen

1. Zum Charakter einer „formellen" Klageerwiderung vgl. Form. II. O. 4, insbesondere Anm. 1 aaO.

2. Das Formular folgt inhaltlich der Klage gemäß Form. II. O. 14.

3. Es wird davon ausgegangen, dass die Klage schon an die Kammer für Handelssachen gerichtet worden ist (vgl. vorstehende Anm. 2). Mithin erübrigt sich die sonst anzustellende Prüfung, ob Verweisungsantrag gemäß §§ 98 Abs. 1 S. 1, 95 Abs. 1 Nr. 4 c GVG an die Kammer für Handelssachen gestellt werden soll.

4. Zur Ausgestaltung des Rubrums siehe das Beispiel in Form. II. O. 4.

5. Es empfiehlt sich, hilfsweise zu beantragen, dass eine Verurteilung zur Rechnungslegung lediglich unter Wirtschaftsprüfervorbehalt erfolgt. Zur Formulierung eines solchen Antrages vgl. Form. II. O. 4.

6. Die Nebenentscheidungen sind von Amts wegen zu treffen. Entsprechende Anträge werden in der Praxis jedoch regelmäßig gestellt. Ein Vollstreckungsschutzantrag muss

ausreichend begründet werden (BGH GRUR 1996, 512 – Fehlender Vollstreckungsschutzantrag II).

7. Geschmacksmusterschutz kann nur das genießen, was ordnungsgemäß hinterlegt worden ist. Ohne Kenntnis des Inhalts der Geschmacksmusterakten ist eine Bearbeitung der Klageverteidigung nicht möglich. Sind z. B. bei der Einzelanmeldung eines Modells als Geschmacksmuster mehrere Fotografien hinterlegt worden, die das Modell in verschiedenen Ausführungsformen zeigen, führt eine Abweichung der Fotografien voneinander nicht zu einer Vermehrung der Schutzgegenstände, sondern sie müssen vielmehr bei der Bestimmung des Schutzgegenstandes des Musters außer Betracht bleiben (BGH GRUR 2001, 503 – Sitz-Liegemöbel).

Das Formular geht davon aus, dass zunächst lediglich eine formelle Klageerwiderung eingereicht wird, bevor materiell zur Klage Stellung genommen wird. Das erklärt auch die Annahme, dass der Beklagten eine Schriftsatzfrist zur materiellen Klageerwiderung gesetzt werden wird. Es ist freilich darauf hinzuweisen, dass diese Punkte schon bei der Prüfung der Ladung und der Einleitungsverfügung des befassten Gerichtes beachtet werden müssen. Gegebenenfalls muss ein klärendes Telefongespräch mit dem Kammervorsitzenden bzw. dem Berichterstatter geführt werden.

8. Stellungnahme zu einer etwaigen Äußerung des Klägers im Hinblick auf eine Güteverhandlung gem. § 278 Abs. 2 ZPO.

9. Sofern die Klage bei einer Zivilkammer eingereicht worden ist und der Beklagte sich entschlossen hat, keine Verweisung des Rechtsstreits an die Kammer für Handelssachen zu beantragen, muss zur Frage Stellung genommen werden, ob der Übertragung des Rechtsstreits auf den Einzelrichter Bedenken entgegenstehen (§§ 348 Abs. 1, 271 Abs. 3 ZPO).

16. Materielle[1] Klageerwiderung in einer geschmacksmusterrechtlichen Streitigkeit

Landgericht
Kammer für Handelssachen

In Sachen

A …… (RA: ……)

gegen

B …… (RA: ……)

Aktenzeichen: ……

begründe ich die Anträge auf Klageabweisung vom ……:

1. **Eine Einsichtnahme in die Geschmacksmusterakten hat ergeben, dass die Klägerin ihr Begehren auf Abbildungen des Hinterlegungsgegenstandes stützt, die erst im Nachhinein, nämlich 3 Monate nach dem Anmeldetag, zu den Registerakten eingereicht worden sind.**

   Beweis: Geschmacksmusterakten ……

   Schon ein flüchtiger Vergleich zeigt, dass die von der Klägerin nachgereichten Fotos nicht dasjenige zeigen, was die Klägerin seinerzeit entsprechend den von ihr ursprünglich eingereichten Abbildungen geschützt wissen wollte. Auf den zum Anmeldetag eingereichten Fotos sind die Merkmale (a), (b) und (c) der dem Klagebegehren

zugrunde gelegten Merkmalskombination nicht erkennbar. Die zum Anmeldetag von der Klägerin eingereichten Fotos zeigen vielmehr eine Sitzschale, die zwischen Sitz- und Lehnenbereich ausgesprochen eckig wirkt und damit keinesfalls eine „stetige körpergerechte Krümmung" entsprechend dem Merkmal (a) der Merkmalskombination in der Klageschrift aufweist. Auch das Merkmal (b) liegt nicht vor. Die von der Klägerin als schutzbegründend beanspruchten „Fasen" waren bei den ursprünglichen Abbildungen überhaupt nicht erkennbar. Schließlich weist die Sitzschale entsprechend den ursprünglich von der Klägerin eingereichten Abbildungen keine „Außenseitenflächen" auf (Merkmal c).

Gemäß § 37 Abs. 1 GeschmMG kann Geschmacksmusterschutz nur für diejenigen Erscheinungsmerkmale eines Geschmacksmusters begründet sein, die in der Anmeldung sichtbar wiedergegeben sind. Eine nachträgliche Abänderung, z. B. – wie hier – in Form des Austausches des Niederlegungsgegenstandes ist nicht mehr möglich, so dass sich das Geschmacksmuster tatsächlich lediglich auf dasjenige beschränkt, was zum Zeitpunkt der Anmeldung niedergelegt worden ist[2].

2. Sollte die angerufene Kammer wider Erwarten von der Annahme ausgehen, dass als maßgeblich diejenige Gestaltungsform zugrunde zu legen ist, die sich aus den von der Klägerin zu ihrer Geschmacksmusteranmeldung nachgereichten Fotos ergibt und auf die die Klägerin ihr Begehren stützt, so ist vorsorglich diesseits darauf hinzuweisen, dass insoweit das Klagegeschmacksmuster schutzunfähig ist[3]. Im Einzelnen:

   a) Die Klägerin hat den Gegenstand ihres Geschmacksmusters 13 Monate vor dessen Anmeldetag, und zwar am ...... vorverbreitet. Sie hat 30 derartige Sitzschalen, mit Untergestellen zu Stühlen vervollständigt, an den Gastwirt ...... geliefert, der diese in seinem Biergarten aufgestellt und damit einer beliebigen Öffentlichkeit zur Kenntnis gebracht hat.

   Beweis: Zeugnis ......

   Infolgedessen ist das Klagegeschmacksmuster gemäß § 6 GeschmMG außerhalb der einjährigen Neuheitsschonfrist von der Klägerin selbst offenbart und damit schutzunfähig, weil nicht mehr neu im Sinne des § 2 Abs. 2 GeschmMG[4].

   b) Des Weiteren ist der Gegenstand des Klagegeschmacksmusters zum Zeitpunkt der Anmeldung auch aus weiteren Gründen nicht mehr neu gewesen. Zum vorbekannten Formenschatz gehören die Sitzschalen gemäß Anlagen A und B, die ich in einem – nur für das Gericht bestimmten – Exemplar überreiche. Ein Vergleich beider Anlagen mit dem von der Klägerin in diesem Rechtsstreit beanspruchten Gegenstand des Klagegeschmacksmusters zeigt, dass sämtliche interessierenden Merkmale (a) bis (d) schon – und zwar auch in Kombination – vorweggenommen waren[5].

   c) Fehlt es dem Klagegeschmacksmuster an der erforderlichen Neuheit, bedarf es keiner Ausführungen im Hinblick auf das Erfordernis der Eigentümlichkeit[6].

3. Schließlich erstreckt sich der Schutzumfang des Klagegeschmacksmusters gemäß § 38 Abs. 2 GeschmMG nicht auf das klagegegenständliche Erzeugnis. Es fehlt schon an einer ausreichenden objektiven Übereinstimmung, da es entgegen der Annahme der Klägerin nur auf diejenigen Merkmale der Erscheinungsform des Klagegeschmacksmusters ankommt, die in der Anmeldung sichtbar wiedergegeben sind (§ 37 Abs. 1 GeschmMG). Von der sich aus den Abbildungen der Anmeldung des Klagegeschmacksmusters ergebenden Gestaltungsform weicht die Sitzschale der Beklagten, wie der Augenschein ergibt, eindeutig ab[7, 8].

Rechtsanwalt

Hinweis: Ein weiteres Beispiel einer Klageerwiderung auf eine Geschmacksmusterverletzungsklage bei *Mes/Eichmann,* Münchener Prozessformularbuch, Bd. 5, Gewerblicher Rechtsschutz, Urheber- und Presserecht, 3. Aufl. 2009, Form. F. 10.

Anmerkungen

1. Im Gegensatz zur „formellen“ Klageerwiderung enthält die „materielle“ Klageerwiderung die gesamte Einlassung des Beklagten. Wegen der Vielfältigkeit möglicher Sachverhaltsgestaltungen kann das Formular nur beispielhaft die bestehenden Verteidigungsmöglichkeiten zeigen.

2. Maßgeblich ist allein dasjenige, was zum Geschmacksmuster angemeldet und aus den angemeldeten Abbildungen erkennbar ist. Dieser schon zum Geschmacksmustergesetz a.F. geltende Grundsatz (vgl. *v. Gamm,* GeschmMG, 2. Aufl. 1989, Rdn. 3 zu § 7; bei Unterschieden in einzelnen Abbildungen vgl. BGH GRUR 2001, 503 – Sitz-Liegemöbel) wird durch § 37 Abs. 1 GeschmMG ausdrücklich wiederholt. Danach wird der Schutz nur für diejenigen Merkmale der Erscheinungsform eines Geschmacksmusters begründet, die in der Anmeldung sichtbar wiedergegeben sind. Das Formular geht von einem besonders krassen Fall aus, der dadurch gekennzeichnet ist, dass nachgereichte Fotos vom Deutschen Patent- und Markenamt anstelle der ursprünglich eingereichten Abbildungen im Geschmacksmusterblatt veröffentlicht worden sind (§ 19 Abs. 2 GeschmMG). Dadurch soll gezeigt werden, worauf es ankommt: Es ist darauf zu achten, dass das Klagegeschmacksmuster als Schutzgegenstand auch dasjenige hergibt, was der Kläger geltend macht. Insbesondere kommt es dabei auf eine kritische Überprüfung der gegebenen Merkmalskombination an (vgl. BGH GRUR 1979, 705 ff. – Notizklötze m. Anm. *Klaka*). Eine Merkmalsanalyse kann beispielsweise unzutreffend sein. Insbesondere ist sie regelmäßig nur eine Hilfe für das Herausarbeiten derjenigen Merkmale eines Geschmacksmusters, die den ästhetischen Gesamteindruck bestimmen. Auf den ästhetischen Gesamteindruck kommt es entscheidend an. Dieser ist über die äußere Beschreibung der Merkmale hinaus zu ermitteln, und zwar wie die einzelnen Merkmale des Geschmacksmusters in Bezug auf ihre Maßgeblichkeit für den Gesamteindruck zu bewerten und zu gewichten sind (BGH GRUR 2001, 503, 505 re. Sp. – Sitz-Liegemöbel).

3. Steht die Schutzfähigkeit des Geschmacksmusters in Frage, so stehen dem Inanspruchgenommenen zwei Möglichkeiten zur Verfügung, mangelnde Schutzfähigkeit geltend zu machen. Er kann zum einen (wie nach bisherigem Recht) die Vermutung der Rechtsgültigkeit des Klagegeschmacksmusters gemäß § 39 GeschmMG im Verletzungsprozess widerlegen. Die Darlegungs- und Beweislast für die Widerlegung der Vermutung des § 39 GeschmMG liegt bei demjenigen, der sich auf die Schutzunfähigkeit (Nichtigkeit) beruft (*Eichmann/v. Falckenstein,* GeschmMG, 3. Aufl. 2005, Rdn. 4 zu § 39). Kommt das Gericht zu der Auffassung, dass das Klagegeschmacksmuster nichtig (schutzunfähig) ist, führt dies zur Klageabweisung. Diese Entscheidung hat Rechts-(kraft)-wirkung nur inter-partes.

Ein wegen Geschmacksmusterverletzung Inanspruchgenommener kann jedoch auch den Weg gehen, dass er die Nichtigkeits- und Löschungsgründe der §§ 33 ff. GeschmMG im Klagewege in Form eines gesonderten Angriffs gegen den Geschmacksmusterinhaber verfolgt. § 33 Abs. 1 GeschmMG zählt die Nichtigkeitsgründe auf. Danach ist ein Geschmacksmuster nichtig, wenn das Erzeugnis kein Muster ist, das Muster nicht neu ist oder keine Eigenart hat (§ 2 Abs. 2 oder Abs. 3 GeschmMG) oder das Muster vom Geschmacksmusterschutz nach Maßgabe des § 3 GeschmMG ausgeschlossen ist. Die Feststellung der Nichtigkeit erfolgt durch Urteil (§ 33 Abs. 2 S. 1 GeschmMG). **Jedermann** ist zur Erhebung einer derartigen Nichtigkeitsklage befugt (§ 33 Abs. 2 S. 2 GeschmMG). Die Wirkungen des die Nichtigkeit des Geschmacksmusters feststellenden Urteils sind „inter-omnes“. Denn die Schutzwirkungen der Eintragung eines Geschmacksmusters gelten mit Eintritt der Rechtskraft des Urteils, mit dem die Nichtigkeit des Geschmacksmusters festgestellt wird, als von Anfang an nicht eingetreten (§ 33 Abs. 3 S. 2 GeschmMG).

§ 34 GeschmMG regelt den Anspruch auf Einwilligung in die Löschung eines Geschmacksmusters, z. B. insbesondere den Fall, dass das Geschmacksmuster in den Schutzumfang eines früheren Geschmacksmusters fällt (§ 34 Nr. 3 GeschmMG). Dieser Anspruch auf Einwilligung in die Löschung eines Geschmacksmusters kann nicht von jedermann, sondern nur von dem **Inhaber des betroffenen Rechts** geltend gemacht werden (§ 34 S. 2 GeschmMG).

Dem Geschmacksmusterinhaber steht die Möglichkeit frei, im Falle eines Angriffs auf sein Schutzrecht im Wege einer Klage gemäß §§ 33 ff. GeschmMG sein Geschmacksmuster in geänderter Form zu verteidigen (§ 35 GeschmMG).

Ist eine Klage gegen den Rechtsbestand des Klagegeschmacksmusters gemäß §§ 33 ff. GeschmMG erhoben, so muss der Beklagte Aussetzung des Rechtsstreits gemäß § 148 ZPO (Vorgreiflichkeit) beantragen. Ein solcher Antrag könnte lauten:

„...... (hilfsweise) den Rechtsstreit bis zur rechtskräftigen Erledigung der gegen das Klagegeschmacksmuster erhobenen Nichtigkeitsklage ...... (folgt nähere Bezeichnung nach Angabe der Parteien, des befassten Landgerichts und des Aktenzeichens) auszusetzen."

4. § 2 Abs. 1 GeschmMG erfordert insbesondere, dass das Muster neu ist. In § 2 Abs. 2 GeschmMG wird eine gesetzliche Vermutung begründet. Danach **gilt** ein Muster als neu, wenn vor dem Anmeldetag kein identisches Muster offenbart worden ist. Muster **gelten** als identisch, wenn sich ihre Merkmale nur in unwesentlichen Einzelheiten unterscheiden. Der Begriff des „Offenbartwordenseins", der in § 2 Abs. 2 S. 1 GeschmMG benutzt wird, wird in § 5 GeschmMG definiert. Danach ist ein Muster offenbart, wenn es bekannt gemacht, ausgestellt, im Verkehr verwendet oder auf sonstige Weise der Öffentlichkeit zugänglich gemacht wurde. Ein Muster **gilt** nicht als offenbart, wenn es einem Dritten lediglich unter der ausdrücklichen oder stillschweigenden Bedingung der Vertraulichkeit bekannt gemacht wurde. Eine Offenbarung bleibt gemäß § 6 GeschmMG und der dort geregelten Neuheitsschonfrist unberücksichtigt, wenn ein Muster während der 12 Monate vor dem Anmeldetag durch den Entwerfer der Öffentlichkeit zugänglich gemacht worden ist (§ 6 S. 1 GeschmMG). In gleicher Weise gilt eine missbräuchliche Handlung gegen den Entwerfer oder seinen Rechtsnachfolger und eine sich dadurch ergebende Offenbarung nicht als relevante Vorveröffentlichung. Diese sogenannte Neuheitsschonfrist des § 6 GeschmMG ist nunmehr auf 12 Monate verlängert worden. Sie betrug gemäß § 7a GeschmMG a. F. 6 Monate.

Eine weitere Ausnahme von dem Grundsatz der Neuheitsschädlichkeit einer Vor-Offenbarung enthält § 15 GeschmMG für dort angeführte Ausstellungen und zugehörige Ausstellungshandlungen. Hier beträgt die Schonfrist lediglich 6 Monate.

Im Formular wird davon ausgegangen, dass außerhalb der Neuheitsschonfrist des § 6 GeschmMG, nämlich 13 Monate vor dem Anmeldetag, eine Vorverbreitung erfolgt ist.

5. Es geschieht lediglich zu Demonstrationszwecken, dass das Formular von einer neuheitsschädlichen Vorwegnahme sämtlicher Kombinationsmerkmale ausgeht. Regelmäßig liegt der Sachverhalt schwieriger, da allenfalls einzelne Kombinationsmerkmale als vorbekannt nachgewiesen werden können. Für derartige Fälle ist auf BGH GRUR 1975, 81 ff. – Dreifach-Kombinationsschalter – und GRUR 1988, 369, 370 – Messergriff – hinzuweisen. Danach dürfen die Anforderungen an die hinreichende eigenschöpferische Gestaltungshöhe nicht zu niedrig angesetzt werden, sofern die Gestaltung des Mustergegenstandes lediglich durch die Kombination vorbekannter Formenelemente erfolgt ist. Maßgeblich ist jeweils eine Herausarbeitung des Gesamteindrucks, und zwar sowohl des Geschmacksmusters als auch des vorbekannten Formenschatzes (BGH GRUR 2001, 503 – Sitz-Liegemöbel).

6. Fehlt es offensichtlich an der Neuheit, bedarf es naturgemäß keiner Ausführungen betreffend die Eigenart. Gemäß § 2 Abs. 2 GeschmMG wird als Geschmacksmuster nur ein Muster geschützt, das neben der Neuheit auch ausreichende Eigenart aufweist. § 2 Abs. 3 GeschmMG definiert das Vorhandensein von Eigenart: Ein Muster hat dann Eigenart, wenn sich der Gesamteindruck, den es beim informierten Benutzer hervorruft, von dem Gesamteindruck unterscheidet, den ein anderes Muster bei diesem Benutzer hervorruft, das vor dem Anmeldetag offenbart worden ist. Zur Beurteilung der Eigenart vgl. Form. II. O. 14, Anm. 25. Formenschatz, der der Anwendung des § 6 GeschmMG (Neuheitsschonfrist) oder des § 15 GeschmMG (Ausstellungspriorität) unterfällt, wird bei der Beurteilung der Eigenart nicht berücksichtigt (für Neuheitsschonfrist ausdrücklich § 6 S. 1 GeschmMG).

7. Im Gegensatz zum früheren Recht nach GeschmMG a. F. erfordert die Annahme der Nachbildung weder Kenntnis hinsichtlich des Vorbildes noch den Willen, das Vorbild nachzubilden. Maßgeblich ist vielmehr § 38 Abs. 2 GeschmMG. Danach erstreckt sich der Schutz aus einem Geschmacksmuster auf jedes Muster, das beim informierten Benutzer keinen anderen Gesamteindruck erweckt (als das Geschmacksmuster). Nur dann, wenn ein Fall des § 38 Abs. 3 GeschmMG gegeben ist, nämlich eine Nachbildung während der Dauer der Aufschiebung der Bekanntmachung (§ 21 Abs. 1 S. 1 GeschmMG) erfolgt ist, setzt der Schutz gemäß § 38 Abs. 1 und 2 GeschmMG voraus, dass das (nachgeahmte) Muster das Ergebnis einer Nachahmung des Geschmacksmusters ist. Dann gilt: Die Annahme der Nachbildung erfordert Kenntnis hinsichtlich des Vorbildes und den Willen, das Vorbild nachzubilden. Beides ist regelmäßig nicht konkret nachweisbar. Das gilt insbesondere für diejenigen Fälle, wo der Gestalter das angegriffene Erzeugnis des Vorbildes nicht gekannt haben kann, wie dies im Fall der Dauer der Aufschiebung der Bekanntmachung regelmäßig gegeben ist. Erst dann, wenn konkret belegt werden kann, dass der vermeintliche Nachahmer das Vorbild tatsächlich gekannt hat, kann von Nachahmung ausgegangen werden.

8. § 38 Abs. 2 GeschmMG stellt für den Schutzumfang auf die objektive Übereinstimmung in dem ästhetischen Gesamteindruck ab. Es können die gleichen Grundsätze angewandt werden, wie sie vom BGH im Zusammenhang mit dem Gesamteindruck des Geschmacksmusters einerseits und des vorbekannten Formenschatzes andererseits angewandt werden (vgl. dazu BGH GRUR 2000, 1023 – Drei-Speichen-Felgenrad; so Anm. 2). Doch schon im Tatsächlichen können die Auffassungen betreffend einen „objektiv übereinstimmenden Gesamteindruck" sehr weit auseinander gehen (vgl. als ein Beispiel die Entscheidung des BGH GRUR 2002, 629 – Blendsegel – für einen Fall des § 1 UWG a. F. = §§ 3, 4 Nr. 9 UWG), so dass diese Verteidigung im Textbeispiel bewusst an den Schluss gestellt worden ist.

17. Klage wegen Geschmacksmusterberühmung

Landgericht
Kammer für Handelssachen[1]

Klage

der Firma A ……

Klägerin,

– Prozessbevollmächtigter: Rechtsanwalt ……

gegen

die Firma B ……

Beklagte,
wegen Geschmacksmusterberühmung

Streitwert: vorläufig geschätzt EUR ……[2]

Namens und in Vollmacht der Klägerin erhebe ich Klage und werde beantragen,

1. **die Beklagte zu verurteilen, die Klägerin dahingehend zu unterrichten, auf welches in einem Register eingetragene Schutzrecht sich die von der Beklagten beim Vertrieb von folgenden Waren:**

Artikel-Nr. ...... (Papierkorb mit Goldrand)
Artikel-Nr. ...... (Papierkorb mit Silberrand)
Artikel-Nr. ...... (Papierkorb mit Lederrand)
benutzte Bezeichnung „gesetzlich geschützt“, auch in der Schreibweise „ges. gesch.“, stützt[3];

2. der Beklagten die Kosten des Rechtsstreits aufzuerlegen;
3. das Urteil – gegebenenfalls gegen Sicherheitsleistung (Bank- oder Sparkassenbürgschaft) – für vorläufig vollstreckbar zu erklären;
hilfsweise der Klägerin nachzulassen, die Zwangsvollstreckung gegen Sicherheitsleistung (Bank- oder Sparkassenbürgschaft) abzuwenden.

......[4, 5, 6]

Begründung[7]:

1. Die Klägerin stellt her und vertreibt Bürobedarfsartikel, u. a. Papierkörbe. Die Beklagte vertreibt im Wege des Versandhandels Geschenkartikel, u. a. auch die im Klageantrag 1 aufgeführten Papierkörbe. Dabei wirbt die Beklagte mit den Angaben „gesetzlich geschützt“, auch in der Schreibweise „ges. gesch.“.
Die Klägerin hat von der Beklagten vorprozessual Auskunft darüber gefordert, welche Schutzrechte, insbesondere Geschmacksmuster[8], die vorstehend bezeichneten Angaben betreffen. Die Beklagte hat jedoch jede Auskunft verweigert. Deshalb ist Klage geboten.
2. Die von der Beklagten benutzten Angaben „gesetzlich geschützt“ und „ges. gesch.“ werden im Verkehr üblicherweise als Abkürzung für bestehende Geschmacksmuster benutzt[9]. § 59 GeschmMG rechtfertigt den klagegegenständlichen Anspruch auf Auskunft. Nach dieser Bestimmung hat derjenige, der eine Bezeichnung verwendet, die geeignet ist, den Eindruck zu erwecken, dass ein Erzeugnis durch ein Geschmacksmuster geschützt ist, jedem, der ein berechtigtes Interesse an der Kenntnis der Rechtslage hat, auf Verlangen Auskunft darüber zu geben, auf welches Geschmacksmuster sich die Verwendung der Bezeichnung stützt[10].
Sofern die Beklagte geltend machen will, die streitgegenständlichen Angaben würden als Hinweise auf das Bestehen von Patent- bzw. Gebrauchsmusterschutz verstanden, ergibt sich die Berechtigung des Klagebegehrens aus den mit § 59 GeschmMG ähnlichen Bestimmungen der §§ 146 PatG, 30 GebrMG.

Rechtsanwalt

Schrifttum: Lambsdorff/Skora, Die Werbung mit Schutzrechtshinweisen, 1977; *Lambsdorff/Hamm,* Zur wettbewerbsrechtlichen Zulässigkeit von Patent-Hinweisen, GRUR 1985, 244 ff.; *Bogler,* Werbung mit Hinweisen auf zukünftige oder bestehende Patente, DB 1992, 413.

Anmerkungen

1. Es handelt sich um eine Handelssache gemäß § 95 Abs. 1 Nr. 4 c GVG. Wird die Klage bei einer Zivilkammer anhängig gemacht, besteht für den Beklagten die Möglichkeit, den Rechtsstreit an die Kammer für Handelssachen gemäß § 98 Abs. 1 S. 1 GVG verweisen zu lassen. Zur Konzentration von geschmacksmusterrechtlichen Streitigkeiten bei nur einigen Gerichten vgl. Form. II. O. 14 Anm. 1.

2. Ebenso wie bei einer Geschmacksmusterverletzungsklage (vgl. Form. II. O. 14) beruht auch hier die Streitwertangabe auf Schätzung (§ 3 ZPO). Maßgeblich ist wiederum das Interesse des Klägers, diesmal am Erhalt der streitgegenständlichen Auskunft. Regelmäßig wird analog den Streitwerten für Auskunftsklagen gem. § 146 PatG (vgl. Form. II. O. 7), ein Streitwert in der Größenordnung von ca. EUR 10.000,– in Betracht kommen.

3. Der Antrag ist nicht nur auf eine Auskunftserteilung betreffend bestehende Geschmacksmuster gerichtet, sondern erfasst zugleich auch etwaig bestehende Patent- und Gebrauchsmusterrechte, da die Bezeichnung „gesetzlich geschützt" auch häufig für die letztgenannten Schutzrechte benutzt wird (vgl. dazu *Lambsdorff/Skora,* Die Werbung mit Schutzrechtshinweisen, 1977, Rdnrn. 80 ff., 89).

4. Hier sind gegebenenfalls die Anträge auf Erlass eines Anerkenntnis- bzw. Versäumnisurteils im schriftlichen Verfahren gemäß §§ 307 Abs. 2, 331 Abs. 3 ZPO anzuschließen.

5. Wird die Zivilkammer angerufen, muss eine Stellungnahme gemäß § 348 ZPO betreffend die Frage der Übertragung des Rechtsstreits auf den Einzelrichter erfolgen.

6. Gegebenenfalls Erklärung zum Stattfinden einer Güteverhandlung gem. § 278 Abs. 2 ZPO (vgl. Anm. 9 zu Form. II. N. 9)

7. Der Sachverhalt ist der Entscheidung des Oberlandesgerichts Düsseldorf GRUR 1976, 34 – Becherhalter – nachgebildet. Zwischenzeitlich ist jedoch die seinerzeit bestehende Gesetzeslücke betreffend die Geschmacksmusterberühmung gemäß § 59 GeschmMG geschlossen.

8. Vgl. den Literaturhinweis in Anm. 3.

9. Vgl. OLG Düsseldorf aaO.

10. Das vorherige Verlangen der Auskunft ist Tatbestandsmerkmal, und zwar ebenso wie in § 146 PatG (vgl. dazu Form. II. O. 7 Anm. 5). Ebenso wie auch bei § 146 PatG begründet § 59 GeschmMG ein gesetzliches Schuldverhältnis zwischen dem, der sich des Geschmacksmusterschutzes berühmt, und jenem, der ein berechtigtes Interesse an der Auskunft hat; insbesondere macht eine falsche Auskunft ggf. schadensersatzpflichtig (LG Düsseldorf GRUR-RR 2002, 185 – Schadensersatz wegen falscher Auskunft).

Kennzeichenrecht

18. Markenverletzungsklage[1] und Klage auf Löschung einer Marke

Landgericht
Kammer für Handelssachen[2]

Klage

der Firma A ......

– Klägerin –

Prozessbevollmächtigter: RA ......

gegen

1. die Firma B ...... GmbH, X-Stadt, vertreten durch ihren Geschäftsführer, den Beklagten zu 2, ebenda, ... Straße
2. Herrn ......[3]
– Beklagte –
wegen Markenverletzung und Löschung einer Marke

Streitwert: vorläufig geschätzt EUR ......[4]

Namens und in Vollmacht der Klägerin erhebe ich Klage und werde beantragen,

I. die Beklagten zu verurteilen,

1. es bei Meidung eines für jeden Fall der Zuwiderhandlung fälligen Ordnungsgeldes bis zu EUR 250.000,–, ersatzweise Ordnungshaft bis zu 6 Monaten oder Ordnungshaft bis zu 6 Monaten, im Wiederholungsfall bis

zu 2 Jahren, wobei die Ordnungshaft hinsichtlich der Beklagten zu 1) an ihrem jeweiligen Geschäftsführer zu vollstrecken ist[5], zu unterlassen, im Bereich der Bundesrepublik Deutschland[6] ohne Zustimmung der Klägerin das Zeichen „Magnet" im geschäftlichen Verkehr im Zusammenhang mit Möbeln, insbesondere Kleinmöbeln, Camping-Sesseln, Camping-Tischen und/oder Badezimmerschränken zu benutzen, insbesondere das vorstehend bezeichnete Zeichen auf den vorstehend bezeichneten Waren oder ihrer Aufmachung oder Verpackung anzubringen, unter dem vorstehend bezeichneten Zeichen die vorstehend wiedergegebenen Waren anzubieten, in den Verkehr zu bringen oder zu den genannten Zwecken zu besitzen, einzuführen oder auszuführen und schließlich das vorstehend bezeichnete Zeichen in Geschäftspapieren oder in der Werbung zu benutzen[7].

2. der Klägerin Auskunft[8] über die Herkunft und den Vertriebsweg der vorstehend zu I 1 beschriebenen Waren zu erteilen, insbesondere Angaben zu machen über
   - Namen und Anschrift der Hersteller, Lieferanten und anderen Vorbesitzer der Waren sowie der gewerblichen Abnehmer und Verkaufsstellen, für die sie bestimmt waren, und
   - die Menge der hergestellten, ausgelieferten, erhaltenen oder bestellten Waren sowie über die Preise, die für die betreffenden Waren gezahlt wurden[9];
3. ......[10];

II. die Beklagte zu 1) zu verurteilen, in die Löschung der für die Waren „Möbel" am 15. August 2008 beim Deutschen Patent- und Markenamt angemeldeten und am 1. August 2009 in das Register beim Deutschen Patent- und Markenamt eingetragene Marke Nr. ...... „Magnet" gegenüber dem Deutschen Patent- und Markenamt einzuwilligen[11];

III. festzustellen, dass die Beklagten gesamtverbindlich verpflichtet sind, der Klägerin allen Schaden zu erstatten, der ihr aus den vorstehend unter Ziffer I 1 bezeichneten Handlungen entstanden ist und künftighin entstehen wird[12];

IV. den Beklagten die Kosten des Rechtsstreits aufzuerlegen[13];

V. das Urteil – gegebenenfalls gegen Sicherheitsleistung (Bank- oder Sparkassenbürgschaft) – für vorläufig vollstreckbar zu erklären;
hilfsweise der Klägerin nachzulassen, die Zwangsvollstreckung gegen Sicherheitsleistung (Bank- oder Sparkassenbürgschaft) abzuwenden[13].
......[14]

Begründung:

I.

1. Die Klägerin ist ein 1973 gegründetes Unternehmen, das den Einzelhandel mit Möbeln betreibt und über Zweigniederlassungen in X-Stadt, Y-Stadt sowie im Gerichtsbezirk verfügt. Sie ist alleinige und ausschließlich verfügungsberechtigte Inhaberin der Wortmarke 934.344 MAGNET, die am 26. Juli 1973 angemeldet und am 15. November 1973 eingetragen worden ist. Das Waren- und Dienstleistungsverzeichnis erfasst die Waren „Möbel". Als Anlage 1 überreiche ich in Kopie einen Rollenauszug betreffend die Eintragung der Marke 934.344 im Register. Das Klagezeichen steht in Kraft.

   Beweis: Auskunft des Deutschen Patent- und Markenamtes.

   Es wird von der Klägerin in erheblichem Umfang benutzt.[15] Sämtliche von ihr vertriebenen Möbel sind mit der Kennzeichnung „Magnet" versehen.[16] Als Beispiel überreiche ich als Anlage 2 einen entsprechenden Aufkleber. Des Weiteren benutzt die Klägerin ihre Marke „Magnet" in erheblichem Umfang in Werbeprospekten, Zeitungsanzeigen und ähnlichem zur Kennzeichnung der von ihr vertriebenen Möbel. Ich überreiche als Anlage 3 ein Kompendium von entsprechenden Werbeunterlagen, für das angerufene Gericht im Original, im Übrigen in Kopie. Zum Beweis für alles Vorstehende berufe ich mich auf das Zeugnis ......

2. Die Beklagte zu 1) ist ein 2008 gegründetes Unternehmen, das wie die Klägerin Möbel vertreibt, nämlich insbesondere Kleinmöbel sowie Möbel für den Camping-Bedarf. Als Anlage 4 überreiche ich einen Prospekt der Beklagten zu 1), mit dem sie ihre Artikel, nämlich unter anderem Kleinmöbel, Camping- Sessel, Camping-Tische und Badezimmerschränke anbietet. In dem in Rede stehenden Prospekt ist auf jeder Seite blickfangmäßig hervorgehoben:

   „Magnet“,

   und zwar jeweils in unmittelbarer Nähe mit den bildlich dargestellten und unter Preisangabe beworbenen vorbezeichneten Erzeugnissen.

   Die Beklagte zu 1) hat die Kennzeichnung „Magnet“ auch als Marke eintragen lassen. Die entsprechende Anmeldung der Beklagten ist prioritätsjünger als das Klagekennzeichen. Die Anmeldung erfolgte am 15. August 2008, die Eintragung am 1. August 2009. Die Marke der Beklagten zu 1) trägt die Nummer ...... Das Waren- und Dienstleistungsverzeichnis lautet: „Möbel“.

3. Die Beklagte zu 1), deren Geschäftsführer der Beklagte zu 2) ist, ist vorprozessual durch die Klägerin erfolglos mit Anwaltsschreiben abgemahnt worden[17]. Deshalb ist Klage geboten. Mit ihr werden die sich aus der Markenverletzung der Beklagten ergebenden Rechte der Klägerin geltend gemacht. Zugleich klagt die Klägerin auf Löschung der prioritätsjüngeren Marke der Beklagten zu 1.

II.

1. Der mit Klageantrag I 1 geltend gemachte Unterlassungsanspruch findet seine Grundlage in § 14 Abs. 5 MarkenG. Diese Bestimmung gewährt dem Inhaber einer Marke einen Unterlassungsanspruch gegen denjenigen, der die Marke entgegen der Ausschließungsbefugnis des Markeninhabers benutzt. Die Klägerin ist formell eingetragene Inhaberin des Klagekennzeichens, das seine Schutzwirkungen mit Eintragung in das Register beim Patentamt entfaltet (§§ 4 Nr. 1, 14 Abs. 1 MarkenG)[18].

   Zwischen den Waren des dem Klagezeichen zugrunde liegenden Warenverzeichnisses, nämlich „Möbeln“ und denjenigen Waren, für die die Beklagten die Bezeichnung „Magnet“ benutzen, besteht Warenidentität.[19] Sämtliche im Klageantrag I 1 aufgeführten Erzeugnisse der Beklagten sind Möbel. Zum Begriff Möbel gehören insbesondere auch Camping-Möbel, nämlich zusammenklappbare Möbel, selbst wenn diese aus Metall und/oder Aluminium hergestellt sind.

   Die Benutzung der Bezeichnung „Magnet“ durch die Beklagten erfolgt auch markenmäßig.[20] In dem Prospekt gemäß Anlage 4 wird die Bezeichnung „Magnet“ in schlagwortartiger Hervorhebung zur Kennzeichnung der dort beworbenen Produkte nach Art einer Marke ohne jeden warenbeschreibenden Bezug benutzt.

   Die einander gegenüberstehenden Kennzeichen sind identisch[21].

2. Der mit Klageantrag I 2 geltend gemachte Auskunftsanspruch findet seine Grundlage in § 19 Abs. 1 und Abs. 3 MarkenG.[22]

3. Durch die mit Klageantrag I 1 beschriebenen Verletzungshandlungen der Beklagten ist der Klägerin auch ein Schaden entstanden. Das gilt allein schon deshalb, weil die Beklagten in das ausschließliche Benutzungsrecht der Klägerin am Klagezeichen „Magnet“ eingegriffen haben[23]. Den Beklagten hätte bei Anwendung der im kaufmännischen Verkehr erforderlichen Sorgfalt das prioritätsältere Zeichen der Klägerin nicht verborgen bleiben können[24] Des Weiteren sind sie mit Anwaltsschreiben vom ...... auf das Klagezeichen ausdrücklich aufmerksam gemacht worden, ohne dass sie jedoch die streitgegenständlichen Benutzungshandlungen eingestellt hätten. Die Be-

klagten haben daher mindestens grob fahrlässig, seit dem Empfang des Abmahnungsschreibens vom ...... sogar vorsätzlich schuldhaft gehandelt[25]. Infolgedessen sind sie gesamtverbindlich[26] der Klägerin gegenüber zu Schadenersatz gemäß § 14 Abs. 6 MarkenG i. V. m. §§ 830, 840 BGB analog verpflichtet. Da die Klägerin den Umfang des ihr entstandenen Schadens ohne nähere Kenntnis vom Umfang der rechtswidrigen Benutzungshandlungen der Beklagten nicht beziffern kann, sind die Beklagten ihr gegenüber infolge gewohnheitsrechtlicher Anwendung des § 242 BGB und der Rechtsregeln über die auftragslose Geschäftsführung, ferner gem. § 19 Abs. 1 und 3 MarkenG auch zur Rechnungslegung entsprechend dem Klageantrag I 2 verpflichtet.[27] Aus dem Vorstehenden ergibt sich zugleich die Zulässigkeit des Schadensersatzfeststellungsbegehrens gemäß Klageantrag III.[28]

4. Die Verantwortlichkeit der Beklagten zu 1) ergibt sich gemäß § 31 BGB analog unter dem rechtlichen Gesichtspunkt der Organhaftung; diejenige des Beklagten zu 2) aufgrund eigenen Verhaltens.
5. Der mit Klageantrag II geltend gemachte Anspruch auf Einwilligung in die Löschung der Marke Nr. ...... „Magnet" findet seine Rechtsgrundlage in §§ 55, 51 MarkenG. Das Klagekennzeichen ist, wie vorstehend vorgetragen und unter Beweis gestellt, von der Klägerin aufgrund einer früheren Anmeldung für identische, zumindest ähnliche Waren in der Zeichenrolle eingetragen, für das auch die gleich lautende Marke der Beklagten zu 1) eingetragen ist. Dementsprechend kann die Klägerin die Löschung dieser Marke fordern[29, 30].

III.

Die Zuständigkeit des angerufenen Gerichts ergibt sich daraus, dass die Beklagte zu 1) den Prospekt gemäß Anlage 4 auch im Bezirk des Oberlandesgerichts ...... versandt hat[31]. Dieser Prospekt ist beispielsweise Herrn ...... als Postwurfsendung zugegangen. Für den Fall des Bestreitens werde ich entsprechenden Beweis antreten.

......[32, 33, 34]

IV.

Ich zeige an, dass die Klägerin

Herrn Patentanwalt ......

zur Mitwirkung in diesem Rechtsstreit bestellt hat.[35]

Rechtsanwalt

Schrifttum: Berlit, Markenrecht, 7. Aufl. 2007; *Fezer,* Handbuch der Markenpraxis, 2007; *ders.,* Markenrecht, 4. Aufl. 2009; *Ingerl/Rohnke,* MarkenG, 2. Aufl. 2003; *Lange,* Marken- und Kennzeichenrecht, 2006; *Ströbele/Hacker,* MarkenG, 8. Aufl. 2006; *von Schultz,* Markenrecht, 2. Aufl. 2007.

Sonstige Literatur: v. Bechtolsheim/Gantenberg, Die konturlose Farbmarke, GRUR 2001, 705; *Berlit,* Die Verkehrsbekanntheit von Kennzeichen, GRUR 2002, 572; *ders.,* Die Fußball-WM und ihre markenrechtliche Auswirkung, GRUR 2008, 33; *Dembowski,* Schutzumfang der Warenformmarke, FS *Erdmann* 2002, 251; *Dreiss/Klaka,* Das neue Markengesetz, 1995; *Eichmann,* Schutzvoraussetzungen und Schutzwirkungen von Abbildungsmarken, GRUR 2000, 483; *Fezer,* Zum Anwendungsbereich des Werktitelrechts, GRUR 2001, 369; *ders.,* Zum Anwendungsbereich der Kollisionstatbestände des Identitätsschutzes, des Verwechslungsschutzes und des Bekanntheitsschutzes einer Marke, FS *Erdmann* 2002, 281; *ders.,* Der Monopoleinwand im Markenrecht, WRP 2005, 1; *ders.,* Die graphische Darstellung der Farbmarke, WRP 2007, 223; *Fuchs-Wissemann,* Der Schutzumfang von Buchstabenmarken in der neuen Rechtsprechung, GRUR 1999, 855; *v. Gamm,* Zur Warenzeichenrechtsreform, WRP 1993, 793 ff.; *ders.,* Schwerpunkt des neuen Markenrechts, GRUR 1994, 775 ff.; *Gaedertz,* Die Event-Marke in der neueren

Rechtsprechung, WRP 2006, 526; *Hacker,* Rechtsgrund und Reichweite des § 8 Abs. 2 Nr. 1 MarkenG, GRUR 2001, 630; *ders.,* Die Benutzung einer Marke „als Marke" als rechtliche Voraussetzung für den Erhalt, die Aufrechterhaltung und die Verletzung von Rechten, GRUR Int. 2002, 502; *Hager,* Verletzung von Formmarken, GRUR 2002, 566; *Harte-Bavendamm/ Scheller,* Die Auswirkungen der Markenrechtsrichtlinie auf die Lehre von der internationalen Erschöpfung, WRP 1994, 571 ff.; *Helm,* Zur ergänzenden Anwendung wettbewerbsrechtlicher Bestimmungen auf markenrechtliche Tatbestände, GRUR 2001, 291; *Hoffrichter-Daunicht,* Graphische Darstellbarkeit von Hörmarken: Wo ist das Problem? GRUR 2007, 935; *Ingerl/Rohnke,* Die Umsetzung der Markenrechts-Richtlinie durch das deutsche Markengesetz, NJW 1994, 1247 ff.; *Ingerl,* Rechtsverletzende und rechtserhaltende Benutzung im Markenrecht, WRP 2002, 861; *Jacobs,* Markenverletzungen durch Internet-Auktionen, FS *Erdmann,* 2002, 327; *Jaeschke,* Markenschutz für Sportgroßveranstaltungen? MarkenR 2008, 141; *Kern,* Verkehrsdurchsetzung für den Anmelder – Ein Erfordernis des Verfahrens nach § 8 Abs. 3 MarkenG?, GRUR 2001, 792; *Klaka,* Erschöpfung und Verwirkung im Licht des Markenrechtsreformgesetzes, GRUR 1994, 321 ff.; *Klett,* Die durchschnittlich aufmerksame Verbraucherin und der durchschnittlich gut ausgebildete Fachmann, GRUR 2001, 549; *Kliems,* Relativer Ähnlichkeitsbegriff bei Waren/Dienstleitungen im neuen Markenrecht?, GRUR 1995, 198 ff.; *ders.,* Zur Neuregelung der Nichtbenutzungseinreden im Markenrecht, GRUR 1999, 11; *ders.,* Reduzierter Schutz für Unternehmenskennzeichen in kollidierenden Marken?, GRUR 2001, 635; *Kouker,* Umwandlung einer Gemeinschaftsmarke nach Zurückweisung oder Löschung wegen relativer Schutzhindernisse, GRUR 2008, 119; *Kunz-Hallstein,* Zur „Benutzungslast" im Markenrecht, GRUR 2001, 643; *Lehmann/ Schönfeld,* Die neue europäische und deutsche Marke: Positive Handlungsrechte im Dienste der Informationsökonomie, GRUR 1994, 481 ff.; *Marx,* Deutsches und europäisches Markenrecht, 1997; *Meyer,* Neue Begriffe in Neuen Medien – Eine Herausforderung für das Markenrecht, GRUR 2001, 204; *Munzinger,* Zur Eintragungsbewilligungsklage – Probleme des zweigleisigen Rechtsschutzes bei Zeichenkollisionen im Amts- und Gerichtsverfahren nach altem und neuen Markenrecht – GRUR 1995, 12 ff.; *Rößler,* Die Ausnutzung der Wertschätzung bekannter Marken im neuen Markenrecht, GRUR 1994, 559 ff.; *Rohnke,* Die Bindung des Verletzungsgerichts an die eingetragene Marke, GRUR 2001, 696; *Saar,* Die Marken- und Eintragungsfähigkeit von Persönlichkeitsmerkmalen, GRUR 2008, 461; *Seibt,* Das europäische Verbraucherleitbild – Ein Abschied von der Verwechslungsgefahr als Rechtsfrage?, GRUR 2002, 465; *Schmieder,* Neues deutsches Markenrecht nach europäischem Standard, NJW 1994, 1241 ff.; *Sendrowski,* Blauer Brief per Schwabenpost, GRUR 2007, 841; *Winkler,* Das Widerspruchsverfahren nach dem neuen Markenrecht, GRUR 1994, 569 ff.; *Goebel,* Schutz geografischer Herkunftsangaben nach dem neuen Markenrecht, GRUR 1995, 98 ff.; *Knaak,* Der Schutz geografischer Herkunftsangaben im neuen Markengesetz, GRUR 1995, 103 ff.; *Grabrucker,* Der Schutzgegenstand der Farbmarke, GRUR 1999, 850; *dies.,* Aus der Rechtsprechung des Bundespatentgerichts: Markenrecht, GRUR 1999, 605; GRUR 2000, 366; GRUR 2001, 373; GRUR 2002, 377; *dies.,* Braucht die Dienstleistungsgesellschaft die Einzelhandelsmarke?, GRUR 2001, 623; *Raßmann,* Der Schutz des Freihaltebedürfnisses im Rahmen von § 23 MarkenG, GRUR 1999, 384; *Sekretaruk,* Farben als Marke, 2005; *Ströbele,* Die Eintragungsfähigkeit neuer Markenformen, GRUR 1999, 1041; *ders.,* Absolute Eintragungshindernisse im Markenrecht, GRUR 2001, 658; *v. Falckenstein,* Markenrecht versus Geschmacksmusterrecht – Zur ausreichenden Offenbarung dreidimensionaler Marken, GRUR 1999, 881; *Körner/Gründig-Schnelle,* Markenrecht und Produktschutz durch die dreidimensionale Marke, GRUR 1999, 535; *Nieder,* Zur Bekanntgabe von Abnehmern, Abnahmemengen, Lieferdaten und -preisen im Kennzeichenrecht, GRUR 1999, 654; *Obergfell,* „Warsteiner" – Ein Fall für den EuGH – zugleich eine Anmerkung zu BGH, Beschluss vom 2. Juli 1998 – I ZR 54/96 – und BGH, Urt. vom 2. Juli 1998 – I ZR 55/56 – GRUR 1999, 551; *dies.,* „Qualitätsneutrale" geografische Herkunftsangaben als Schutzdomäne des nationalen Rechts – Zur Entscheidung des EuGH vom 7. November 2000 – Warsteiner, GRUR 2001, 313; *Thun,* Zur Markenrechtsfähigkeit der Gesellschaft bürgerlichen Rechts, GRUR 1999, 862; *Albrecht,* Fachübergreifende Argumentationsweisen zu Abwandlungen im Markenrecht – Mögliche Hilfestellungen der Sprachforscher, GRUR 2000, 658; *ders.,* Fremdsprachige Wörter im Markenrecht, GRUR 2001, 470; *Allmendinger,* Probleme bei der Umsetzung namens- und markenrechtlicher Unterlassungsverpflichtungen im Internet, GRUR 2000, 966; *Baronikians,* Buchstabenkombinationen als Unternehmenskennzeichen – Anm. zu und im Zusammenhang mit BGH, GRUR 2001, 344 – DB Immobilienfond, GRUR 2001, 795; *Boeckh,* Markenschutz an Namen und Bildnissen realer Personen, GRUR 2001, 29; *Deutsch,* Allgemeiner Kennzeichenschutz für geistige Produkte – Eine Erwiderung –, GRUR 2000, 126; *Erdmann,* Schwerpunkte der markenrechtlichen Rechtsprechung des Bundesgerichtshofs, GRUR 2001, 609; *Lückenbach,* Der Benutzungszwang im Markenrecht aufgrund der Neuregelung durch das Markengesetz – Gesetzgeberische Ziele und deren Umsetzung durch die Rechtsprechung –, GRUR 2000, 7; *Schmidt-Bugatzky,* Zeichenrechtliche Fragen im Internet, GRUR 2000, 959; *Ströbele,* Die neuen Markenformen im Widerspruchsverfahren, FS *Erdmann* 2002, 491; *Varadinek,* Trefferlisten von Suchmaschinen im Internet als Werbeplatz für Wettbewerber – Zugleich ein Beitrag zum Erfordernis des kennzeichenmäßigen Gebrauchs nach neuem Markenrecht, GRUR 2000, 279; *Heinze/Heinze,* Transit als Markenverletzung, GRUR 2007, 740; *Ohly,* Vergleichende Werbung für Zubehör- und Warensortimente, GRUR 2007, 3; *Tillmann,* Thomson Life – Nachbemerkungen, GRUR 2007, 99; *Lange,* Der internationale Gerichtsstand der Streitgenossenschaft im Kennzeichenrecht im Lichte der „Roche/Primus"-Entscheidung des EuGH, GRUR 2007, 107.

Zur Gemeinschaftsmarke: Eisenführ/Schennen, Gemeinschaftsmarkenverordnung, 2. Aufl. 2007; *Knaak,* Die Durchsetzung der Rechte aus der Gemeinschaftsmarke, GRUR 2001, 21; *v. Mühlendahl,* Europäisches Markenrecht: Rechtsmittel gegen die Entscheidungen des Harmonisierungsamtes für den Binnenmarkt, GRUR 2001, 667.

Berichte: Grabrucker/Fink, Aus der Rechtsprechung des Bundespatentgerichts im Jahr 2008 – Teil I: Markenrecht, GRUR 2009, 429; *dies.,* Markenrecht, Bericht für 2007, GRUR 2008 , 371; *dies.,* Markenrecht, Bericht für 2006, GRUR 2007, 267.

Zu Markenverletzungen im Zusammenhang mit dem Internet: Ruess, „Just google it?" – Neuigkeiten und Gedanken zur Haftung der Suchmaschinen-Anbieter für Markenverletzungen in Deutschland und den USA, GRUR 2007, 198; *Ullmann,* Wer sucht, der findet – Kennzeichenverletzung im Internet, GRUR 2007, 633.

Hinweis: Weitere Textbeispiele zum Markenrecht bei *Mes/Rohnke,* Münchener Prozessformularbuch, Bd. 5, Gewerblicher Rechtsschutz, Urheber- und Presserecht, 3. Aufl. 2009, Form. B. 1 bis B. 19.

Anmerkungen

1. Vom Abdruck einer Abmahnung wegen einer Markenverletzung wird abgesehen. Zur Formulierung einer Abmahnung kann auf die ansonsten im Formularbuch enthaltenen Vorschläge verwiesen werden (vgl. Form. II. N. 1, II. O. 1, II. O. 2, II. O. 8 und II. O. 13). Wie eine konkrete Verletzungshandlung in Bezug auf eine Kennzeichenverletzung zu formulieren ist, zeigt der Klageantrag I 1. Eine Marke ist ein nur eingeschränkt, nämlich nur im Hinblick auf die so genannten absoluten Eintragungshindernisse (§ 8 MarkenG) geprüftes Schutzrecht. Das gibt Anlass, im Hinblick auf die Notwendigkeit und auf die Risiken einer vorprozessualen Abmahnung besondere Vorsicht walten zu lassen. Insoweit wird auf die Ausführungen in Anm. 1 zu Form. II. O. 8 verwiesen.

§§ 140 ff. MarkenG enthalten besondere (dem Patentverletzungsprozess nachgebildete, vgl. dazu Form. II. O. 3 Anm. 1 und 41 sowie aaO. unter „Kosten und Gebühren") Bestimmungen für die so genannten Kennzeichenstreitsachen. Das sind gemäß § 140 Abs. 1 MarkenG alle Klagen (wie auch Anträge auf Erlass einer einstweiligen Verfügung), durch die ein Anspruch aus einem Rechtsverhältnis geltend gemacht wird, das im MarkenG geregelt wird. Das MarkenG regelt wesentlich umfassender das früher im Warenzeichengesetz sowie in einzelnen Bestimmungen des Wettbewerbsrechts enthaltene Kennzeichenrecht. Insbesondere handelt es sich um die Regelung von Ansprüchen im Zusammenhang mit geschützten Marken (§ 1 Nr. 1 MarkenG), geschäftlichen Bezeichnungen (§ 1 Nr. 2 MarkenG) und geografischen Herkunftsangaben (§ 1 Nr. 3 MarkenG). Zu den Marken gehören insbesondere die eingetragenen Zeichen (§ 4 Nr. 1 MarkenG), ferner die nicht eingetragenen Zeichen, die Verkehrsgeltung erworben haben (§ 4 Nr. 2 MarkenG) oder die notorisch bekannten Marken im Sinne des Art. 6 bis der Pariser Verbandsübereinkunft zum Schutz des gewerblichen Eigentums. Zu den geschützten Marken gehören des Weiteren die so genannten Kollektivmarken (§§ 97 ff. MarkenG) sowie die international registrierten (IR-)Marken (§§ 107 ff.; 119 ff. MarkenG). Die geschäftlichen Bezeichnungen des § 1 Nr. 2 MarkenG sind in § 5 MarkenG näher definiert. Es handelt sich um die Unternehmenskennzeichen (§ 5 Abs. 2 MarkenG) und die Werktitel (§ 5 Abs. 3 MarkenG), die bis zum 1. Januar 1995 nach § 16 UWG alter Fassung geschützt waren.

2. § 140 Abs. 1 MarkenG begründet ohne Rücksicht auf den Streitwert die sachliche Zuständigkeit der Landgerichte. Dort sind gemäß §§ 94, 95 Abs. 1 Nr. 4c GVG die Kammern für Handelssachen zuständig. In § 140 Abs. 2 MarkenG werden die Landesregierungen ermächtigt, durch Rechtsverordnung die Kennzeichenstreitsachen insgesamt oder teilweise für die Bezirke mehrerer Landgerichte einem von ihnen zuzuweisen, wobei die einzelnen Bundesländer untereinander wiederum ein für mehrere Bundesländer zuständiges Gericht eines anderen Landes festlegen können. Davon haben folgende Länder Gebrauch gemacht und dabei folgende Gerichte bestimmt (vgl. die Verordnungen der Länder z. B. bei *Ingerl/Rohnke,* MarkenG, 2. Aufl. 2003, § 140, Rdn. 19 ff.): Baden-Württemberg (zuständig sind das Landgericht Mannheim für Markensachen im OLG-Bezirk Karlsruhe und das Landgericht Stuttgart für den OLG-Bezirk Stuttgart); Bayern (Landgericht München I für den OLG-Bezirk München und das Landgericht Nürnberg-Fürth für die OLG-Bezirke Nürnberg und Bamberg); Hessen (Landgericht Frankfurt für die Bezirke sämtlicher Landgerichte); Nordrhein-Westfalen (Landgericht Düsseldorf für den OLG-Bezirk Düsseldorf, Landgericht Bielefeld für die Landgerichtsbezirke Bielefeld, Detmold und Paderborn, Landgericht Bochum für die LG-Bezirke Bochum, Dortmund und Essen, Landgericht Hagen für die LG-Bezirke Arnsberg, Hagen und Siegen, LG Köln für den OLG-Bezirk Köln); Rheinland-Pfalz (Landgericht Frankenthal für den OLG-Bezirk Zweibrücken und Landgericht Koblenz für den OLG-Bezirk Koblenz); Sachsen (LG Leipzig); Sachsen-Anhalt (LG Magdeburg); Thüringen (LG Erfurt).

3. Zur Erweiterung der Zugriffsmöglichkeit infolge der Ausdehnung der Klage auf Organe juristischer Personen vgl. Form. II. O. 3 Anm. 2.

4. Auch für Kennzeichenstreitsachen gelten zur Frage des Streitwerts die Anm. 3 zu Form. II. O. 3 und die dort wiedergegebenen Feststellungen. Haben ein Unternehmen und die verletzte Marke große wirtschaftliche Bedeutung und werden hohe Umsatzzahlen erzielt, so muss dies bei der Streitwertfestsetzung berücksichtigt werden, auch wenn die konkret beanstandete Verletzungshandlung nur eine vergleichsweise geringe Menge der Markenartikel erfasst (OLG Zweibrücken, GRUR-RR 2001, 285 – Verletztenumsatz). Ein „Regelstreitwert" in Markenverletzungsprozessen besteht nicht; insbesondere kann die Rechtsprechung des Bundesgerichtshofs zum Gegenstandswert in Markenlöschungsverfahren (z. B. GRUR 2006, 704 – Markenwert) auf Markenverletzungsprozesse nicht übertragen werden (OLG Nürnberg, GRUR 2007, 815 – Kennzeichenstreitwert). § 142 MarkenG sieht die Herabsetzung des Streitwertes auf Antrag (vor der

Einlassung zur Hauptsache) vor. Von dieser Möglichkeit wird nur selten Gebrauch gemacht.

5. Vgl. § 890 ZPO. Zur Formulierung der Strafandrohungsklausel vgl. auch Form. II. N. 3 Anm. 5.

6. Die im Unterlassungsantrag I 1 im Formular vorgesehene territoriale Beschränkung ist an sich überflüssig, schadet jedoch nicht. Sie dient insbesondere Klarstellungszwecken, wenn es sich um eine ausländische Partei handelt, die im Bereich der Bundesrepublik Deutschland wegen einer Kennzeichenverletzung angegriffen wird. Die Klarstellung ist insbesondere dann angezeigt, wenn es sich um eine international registrierte Marke, mithin eine Marke nach dem Madrider Markenabkommen handelt, deren Schutz auf das Gebiet der Bundesrepublik Deutschland erstreckt worden ist (vgl. dazu §§ 107ff. MarkenG).

7. Die Beschreibung der konkreten Verletzungshandlung (vgl. zu diesem Begriff Form. II. N. 3 Anm. 6; Form. II. N. 9 Anm. 5) ist am Wortlaut des § 14 Abs. 2 und Abs. 3 MarkenG ausgerichtet. In § 14 Abs. 3 MarkenG sind diejenigen Handlungen aufgeführt, die einem Dritten insbesondere untersagt sind. Bei der Verletzung von Kennzeichnungsrechten ist es zur Konkretisierung der Verletzungshandlungen insbesondere erforderlich, die angegriffenen Benutzungshandlungen, den interessierenden Geschäftsbetrieb und die interessierenden Waren genau zu bezeichnen (vgl. BGH GRUR 1974, 88 – Trumpf – zum Rechtszustand vor Geltung des Markengesetzes; zum Markengesetz: OLG Hamburg WRP 1997, 106 – Gucci).

8. Dieser Auskunftsanspruch betreffend den Vertriebsweg und die Herkunft der rechtswidrig gekennzeichneten Erzeugnisse findet seine Grundlage in § 19 MarkenG. Mit diesem durch das Produktpirateriegesetz vom 7. März 1990 mit Wirkung zum 1. Juni 1990 eingefügten Auskunftsanspruch sollen Markenverletzungen durch Dritte, die ihre Quelle möglicherweise in dem Verhalten des Beklagten des anhängigen Rechtsstreits haben, unterbunden werden. Zu Einzelheiten eines derartigen Auskunftsanspruchs vgl. Form. II. O. 1 Anm. 13 und Form. II. O. 3 Anm. 9 und 10. Die in Form. II. O. 1 Anm. 17 behandelte Problematik eines Wirtschaftsprüfervorbehalts besteht bei Kennzeichenverletzungen aus den nachstehend im Zusammenhang mit der Berechnung des Schadensersatzes und dem zugehörigen Rechnungslegungsanspruch erörterten Gründen nicht. Die Neufassung des § 19 MarkenG durch das Gesetz zur Verbesserung der Durchsetzung von Rechten des geistigen Eigentums vom 7. Juli 2008 vermischt die Grenzen zwischen Auskunftsanspruch (Drittauskunft) und Rechnungslegungsangaben, indem nunmehr in § 19 Abs. 3 Nr. 2 der zur Auskunft Verpflichtete auch gehalten ist, die Menge der hergestellten, ausgelieferten, erhaltenen oder bestellten Waren sowie die Preise, die für die betreffenden Waren bezahlt wurden, anzugeben.

9. Diese Angaben im Klageantrag beziehen sich auf den Rechnungslegungsanspruch, den der durch eine Markenverletzung Betroffene gegen den Markenverletzer hat. In kennzeichnungsrechtlichen Streitigkeiten wird – gewohnheitsrechtlich – seit langem anerkannt, dass der Verletzte seinen Schaden in dreifacher Weise berechnen kann (in Form des eigenen entgangenen Gewinns, des Verletzergewinns oder im Wege der Lizenzanalogie). Das ist seit BGH GRUR 1973, 375 ff. – Miss. Petite – herrschende Auffassung und nunmehr in der Neufassung des § 14 Abs. 6 Satz 2 MarkenG durch das Gesetz zur Verbesserung der Durchsetzung von Rechten des geistigen Eigentums vom 7. Juli 2008 mit Wirkung zum 1. September 2008 ausdrücklich verankert. Da nach der Lebenserfahrung der Verletzergewinn jedoch nur teilweise auf die Kennzeichenverletzung zurückzuführen ist, bestand nach Auffassung des Bundesgerichtshofs (z. B. GRUR 1973, 375, 378 li. Sp.) grundlegend kein Interesse des Verletzten daran, von dem Verletzer die Lieferdaten, -zeiten und -preise im Hinblick auf den erzielten Umsatz zu erfahren (kritisch: *Nieder*, GRUR 1999, 654). Dieser Rechtszustand, von dem BGH GRUR 2008, 796 – Hollister – bis in die allerjüngste Zeit ausgegangen ist, hat sich durch die Neufassung des § 19 Mar-

kenG infolge des Gesetzes zur Verbesserung der Durchsetzung von Rechten des geistigen Eigentums vom 7. Juli 2008, das am 1. September 2008 in Kraft getreten ist, geändert. Nunmehr gibt schon der Auskunftsanspruch des § 19 Abs. 3 MarkenG diejenigen Angaben, die der Verpflichtete zu machen hat. Diese sind im Klageantrag I. 2 niedergelegt.

10. Hier könnten weitere Anträge eingefügt werden, z. B. auf Vernichtung oder Rückruf, so wie diese nunmehr durch § 18 MarkenG n. F. vorgesehen sind. Im Textbeispiel ist kein auf Vernichtung gerichteter Antrag enthalten (vgl. dazu BGH GRUR 1997, 899 – Vernichtungsanspruch; ferner die Ausführungen betreffend den parallelen patentrechtlichen Vernichtungsanspruch in Form. II. O. 1 Anm. 18). § 18 Abs. 3 MarkenG schließt einen Vernichtungsanspruch aus, wenn die Inanspruchnahme im Einzelfall unverhältnismäßig ist. Bei dem im Formular zugrunde liegenden Sachverhalt wird man davon ausgehen können, dass zum einen Aufkleber, Anhängeetiketten u.ä. an den Möbeln ohne weiteres entfernt werden können und zum anderen die Vernichtung von Möbeln unverhältnismäßig wäre. Ein Beispiel für die Geltendmachung eines Vernichtungsanspruchs im Wege der einstweiligen Verfügung in Verbindung mit einem Auskunftsanspruch zeigt das nachfolgende Formular II. O. 19.

Die §§ 19 ff. MarkenG sind durch das Gesetz zur Verbesserung der Durchsetzung von Rechten des geistigen Eigentums vom 7. Juli 2008 mit Wirkung zum 1. September 2008 teilweise neugefasst worden. Insbesondere werden neuartige Ansprüche begründet:

§ 19 a MarkenG n. F. begründet einen Vorlage- und Besichtigungsanspruch.

§ 19 b MarkenG n. F. begründet einen Anspruch bei in gewerblichen Ausmaß begangenen Rechtsverletzungen auf Vorlage von Bank-, Finanz- oder Handelsunterlagen oder einen geeigneten Zugang zu den entsprechenden Unterlagen.

§ 19 c MarkenG n. F. gibt einen Anspruch für die obsiegende Partei auf Urteilsbekanntmachung.

Zu diesen im Patentrecht vergleichbar gewährten Ansprüchen vgl. Form. II. O. 3 mit den Klageanträgen I. 6 ff. und den zugehörigen Anmerkungen.

11. In § 55 MarkenG ist das Löschungsverfahren vor den ordentlichen Gerichten im Wesentlichen in Übereinstimmung mit § 11 WZG a. F. geregelt. Danach kann die Klage auf Löschung wegen des Bestehens älterer Rechte (§ 51 MarkenG) von den Inhabern eben dieser älteren Rechte, die in §§ 9 bis 13 MarkenG aufgeführt sind, erhoben werden. In § 51 Abs. 1 MarkenG heißt es dazu lediglich, dass die Eintragung einer Marke auf Klage wegen Nichtigkeit gelöscht werden kann, wenn ihr ein Recht im Sinne der §§ 9 bis 13 mit älterem Zeitrang entgegensteht. Wie der entsprechende Löschungsantrag zu formulieren ist, ist im Gesetz nicht geregelt. Insoweit lehnt sich das Formular an den bisherigen Rechtszustand an (zur Formulierung eines zeichenrechtlichen Löschungsantrags nach altem Recht, § 11 WZG a. F., vgl. *Baumbach/Hefermehl,* WZG, 12. Aufl. § 11 Rdn. 5 und *v. Gamm,* Wettbewerbsrecht, 5. Aufl. II. Halbbd. 1987, Kap. 57, Rdn. 49 zum vergleichbar gelagerten Fall der Löschung einer Firma im Handelsregister). Dass es sich bei der Löschungsklage um eine Leistungsklage handelt, gerichtet auf Einwilligung in die Löschung der Marke gegenüber dem DPMA, entspricht h. A. (*Ingerl/Rohnke,* MarkenG, 2. Aufl. 2003, Rdn. 10 und 29 zu § 55; *Ströbele/Hacker,* MarkenG, 8. Aufl. 2006, Rdn. 5 zu § 55).

12. Zur Schadensersatzverpflichtung vgl. § 14 Abs. 6 MarkenG. Danach ist derjenige, der eine Marke vorsätzlich oder fahrlässig verletzt, dem Inhaber der Marke zum Ersatz des durch die Verletzungshandlungen entstandenen Schadens verpflichtet. Zur Zweckmäßigkeit der Verbindung von Rechnungslegungsantrag und Schadensersatzfeststellungsbegehren vgl. Form. II. O. 3 Anm. 15. Es lässt sich formulieren, dass dies geradezu die „klassische" Klagenkombination im gewerblichen Rechtsschutz ist. Die Gesamtschuld der Beklagten ergibt sich aus §§ 830, 840 BGB. Zur Haftung des Geschäftsführers einer GmbH bzw. des Vorstands einer AG neben der GmbH bzw. der AG vgl. Form. II. O. 3 Anm. 2 und oben Anm. 3.

13. Die Nebenentscheidungen sind von Amts wegen zu treffen. Auf sie gerichtete Anträge sind jedoch üblich.

14. Ist beim Landgericht eine Zivilkammer als Spezialkammer für Kennzeichenstreitsachen eingerichtet und wird die Klage dort eingereicht, so bedarf es einer Stellungnahme zu der Frage, ob die Übertragung des Rechtsstreits auf den Einzelrichter erfolgen soll (vgl. § 253 Abs. 3 ZPO). Grundsätzlich ist eine Kennzeichenstreitigkeit nicht geeignet, auf den Einzelrichter übertragen zu werden. Auch bei Bestehen einer Spezialzivilkammer bleibt die Zuständigkeit der Kammer für Handelssachen erhalten.

Hier ist auch eine Stellungnahme dazu erforderlich, ob eine Güteverhandlung gem. § 278 Abs. 2 ZPO für zweckmäßig gehalten wird (vgl. Anm. 9 zu Form. II. N. 9).

15. Ist eine Marke mindestens 5 Jahre in der Markenrolle eingetragen, so bedarf die Frage der Benutzung der Marke besonderer Aufmerksamkeit. Gemäß § 25 Abs. 1 MarkenG kann der Inhaber einer eingetragenen Marke gegen Dritte Ansprüche im Sinne der §§ 14, 18 und 19 MarkenG nicht geltend machen, wenn die Marke innerhalb der letzten 5 Jahre vor der Geltendmachung des Anspruchs für die Waren oder Dienstleistungen, auf die er sich zur Begründung seines Anspruchs beruft, nicht gemäß § 26 MarkenG benutzt worden ist, vorausgesetzt, die Marke war zu diesem Zeitpunkt seit mindestens 5 Jahren eingetragen. § 25 Abs. 2 MarkenG setzt diese Bestimmung in eine prozessuale Regelung um, nämlich dahingehend, dass der Kläger auf Einrede des Beklagten nachweisen muss, dass die eingetragene Marke innerhalb der letzten 5 Jahre ausreichend benutzt worden ist. Was unter einer ausreichenden Benutzung zu verstehen ist, regelt § 26 MarkenG (vgl. dazu nachfolgend Anm. 16).

Aufgrund des Vorstehenden wird im Formular schon vorbeugend zur Benutzung des Klagezeichens vorgetragen. Der Sachvortrag im Formular hat jedoch Bedeutung auch für den mit Klageantrag II geltend gemachten Löschungsanspruch. Denn gemäß § 51 Abs. 2 MarkenG ist Voraussetzung für den Löschungsanspruch, dass die Marke, auf Grund deren Löschung geltend gemacht wird, ausreichend benutzt ist.

Für Marken oder geschäftliche Bezeichnungen, die vor dem 1. Januar 1995 im Wege der Eintragung oder im Wege der Benutzung begründet worden sind, ergibt sich aus den Übergangsvorschriften des Markengesetzes eine weitere Komplikation. Da diese Fälle nur noch selten vorkommen, wird dazu auf die Ausführungen in der 8. Auflage verwiesen.

16. § 26 MarkenG bestimmt die Anforderungen, die an die Benutzung einer Marke zu stellen sind. Gemäß § 26 Abs. 4 MarkenG gilt als eine Benutzung im Inland auch das Anbringen der Marke auf Waren oder deren Aufmachung oder Verpackung im Inland, wenn die Waren ausschließlich für die Ausfuhr bestimmt sind. In § 26 Abs. 1 MarkenG ist lediglich formuliert, dass die Marke „im Inland ernsthaft benutzt worden sein muss". Welche Benutzungsformen dazu ausreichen, ist streitig. Nach BGH ist rechtserhaltende Benutzung eines Zeichens die „Verwendung als Marke, d. h. in einer Form, die der Verkehr aufgrund der ihm objektiv entgegentretenden Umstände als einen zeichenmäßigen Hinweis auf die Herkunft der Waren oder Dienstleistungen ansieht" (BGH GRUR 2002, 1072, 1073 – Sylt-Kuh; 2000, 890 – Immunine). Zur rechtserhaltenden Benutzung gehört insbesondere, dass sie der Hauptfunktion der Marke entspricht, nämlich dem Verkehr die Ursprungsidentität der Ware zu garantieren (EuGH GRUR 2003, 425 – Ansul/Ajax). Die Marke muss in üblicher und wirtschaftlich sinnvoller Weise für die Ware verwendet werden, für die sie eingetragen ist (BGH GRUR 2002, 1072, 1073 – Sylt-Kuh). Findet ein Zeichen ausschließlich als Unternehmenskennzeichnung Verwendung, so ist dies keine rechtserhaltende Nutzung (BGH GRUR 2005, 1047, 1049, li. Sp. – OTTO). Wird mithin eine Marke nur auf einem Prospekt oder in Katalogen oder sonst wie in der Werbung genutzt, wird man dies nicht als rechtserhaltende Benutzung anerkennen können (BGH GRUR 2005, 1047 – OTTO; OLG Karlsruhe GRUR 1989, 270, 271 – Heinkel). Besonderheiten gelten für Arzneimittelspezialitäten. Infolge deren langen Entwicklungsdauer sowie der Notwendigkeit, sie registrieren zu lassen, gilt auch eine Benutzung im Registrierungsverfahren als rechtserhaltend (BGHZ

70, 143 – Orbicin; GRUR 1980, 1075 – Frisium). Die Benutzung der Marke durch einen Dritten mit Zustimmung des Inhabers gilt als ausreichende Benutzung (§ 26 Abs. 2 UrhG). Abweichungen, die den kennzeichnenden Charakter der Marke nicht verändern, sind unschädlich (§ 26 Abs. 3 S. 1 MarkenG).

17. Zur Schlüssigkeit der Klage ist es nicht erforderlich vorzutragen, dass vorprozessual abgemahnt worden ist. Die Abmahnung hat allerdings Bedeutung für das Verschulden des Verletzers (vgl. dazu Anm. 25). Ist zuvor eine markenrechtliche Verwarnung erfolgt und war diese erfolglos, so kann die dadurch entstandene (anwaltliche) Geschäftsgebühr im Wege eines gesonderten Klageantrages – in ungeschmälerter Höhe – zzgl. Auslagen und Mehrwertsteuer klageweise geltend gemacht werden. Dazu vgl. das Textbeispiel in Form. II. O. 3 und die zugehörigen Anmerkungen dort „Kosten und Gebühren".

18. Das Formular geht quasi von dem „Grundfall" einer Markenverletzung aus, nämlich der Verletzung einer eingetragenen Marke durch ein identisches Zeichen für identische Waren (§ 14 Abs. 2 Nr. 1 MarkenG). Die Systematik des § 14 MarkenG lässt sich wie folgt skizzieren:

a) Die Klagekennzeichnung muss in Kraft stehen.

b) Ob das angegriffene Verhalten einen zeichenmäßigen Benutzungstatbestand (Benutzung nach Art einer Marke, wobei die zeichenmäßigen Benutzungshandlungen insbesondere in § 14 Abs. 3 MarkenG formuliert sind; das Gegenteil, nämlich nicht zeichenmäßige Benutzungshandlungen findet sich in § 23 MarkenG) begründen muss, ist zweifelhaft, wird jedoch von der jetzt wohl herrschenden Meinung gefordert (BGH GRUR 2002, 814 – Festspielhaus; 2002, 812, 813 – Frühstücks-Drink II; 809, 811 – Frühstücks-Drink I; 2002, 171, 173 – Marlboro-Dach; 2001, 158, 160 – Drei-Streifen-Kennzeichnung; EuGH GRUR Int. 1999, 438 – BMW; GRUR 2002, 692 – *Hölterhoff;* zu Einzelheiten vgl. *Ingerl/Rohnke,* MarkenG, 2. Aufl. 2003, Rdnrn. 71 ff. zu § 14).

c) Die Folge der Benutzung im Sinne einer „Gefahr von Verwechslungen"
   aa) braucht nach dem Wortlaut des § 14 Abs. 2 Nr. 1 MarkenG nicht mehr gesondert geprüft zu werden, wenn sowohl zwischen den einander gegenüberstehenden Marken/Kennzeichnungen als auch im Hinblick auf die Waren/Dienstleistungen, für die die angegriffene Benutzung erfolgt, Identität besteht;
   bb) bedarf gemäß § 14 Abs. 2 Nr. 2 MarkenG im Sinne des Bestehens der Gefahr von Verwechslungen der Prüfung wie folgt: Besteht entweder nur Ähnlichkeit der einander gegenüber stehenden Marken/Zeichen bei Identität der zu vergleichenden Waren/Dienstleistungen oder besteht Identität der einander gegenüberstehenden Marken/Zeichen bei bloßer Ähnlichkeit der zu vergleichenden Waren/Dienstleistungen, so ist ausdrücklich gemäß § 14 Abs. 2 Nr. 2 MarkenG zu prüfen, ob „für das Publikum die Gefahr von Verwechslungen besteht, einschließlich der Gefahr, dass das Zeichen mit der Marke gedanklich in Verbindung gebracht wird".

d) Neben den vorstehend behandelten Fällen enthält § 14 Abs. 2 Nr. 3 MarkenG einen Sonderschutz für die bekannte Marke, nämlich gegen die Gefahr der Verwässerung oder gegen die Gefahr der unlauteren Ausnutzung oder Beeinträchtigung (dazu EuGH GRUR 2009, 56 – Intel Corporation/CPM United Kingdom).

In § 14 Abs. 3 und Abs. 4 MarkenG sind die Abwehrbefugnisse des Markeninhabers näher aufgeführt. Die in § 14 Abs. 3 MarkenG aufgeführten zeichenmäßigen Benutzungshandlungen entsprechen den bisherigen Handlungen des § 15 WZG a. F. Diese Benutzungshandlungen sind im Klageantrag I 1 wiedergegeben. § 14 Abs. 4 MarkenG gibt dem Markeninhaber schon einen Unterlassungsanspruch quasi im „Vorfeld" markenmäßiger Benutzung. Gemäß § 14 Abs. 4 MarkenG ist es Dritten untersagt, ohne Zustimmung des Inhabers der Marke im geschäftlichen Verkehr ein mit der Marke identisches oder ähnliches Zeichen auf Aufmachungen oder Verpackungen oder auf Kennzeichnungsmitteln wie Etiketten usw. anzubringen, ohne dass der Dritte selbst unmittelbar schon so gekennzeichnete Waren in den Verkehr zu bringen braucht. Es genügt, dass die Gefahr besteht, dass die Aufmachungen/Verpackungen/Kennzeichnungsmittel ihrerseits zur Kennzeichnung von Waren oder Dienstleistungen durch weitere Dritte benutzt werden, bei denen die Benutzung des Zeichens nach den Absätzen 2 und 3 des § 14 MarkenG unerlaubt wäre. Der etwas schwierig zu verstehende § 14 Abs. 4 MarkenG befasst sich in Nr. 1 mit dem Tatbestand des Anbringens des verletzenden Zeichens, in Nr. 2 mit dem Tatbestand des Anbietens, Inverkehrbringens oder des Besitzens entsprechend gekennzeichneter Aufmachungen, Verpackungen oder Kennzeichnungsmittel und schließlich in Nr. 3 mit den Tathandlungen des Einführens oder Ausführens, wobei vorstehend skizzierte Verhaltensweisen gemäß § 14 Abs. 4 a. E. MarkenG nur dann unerlaubt sind, wenn die skizzierten Handlungen tatsächlich zu einer „Begehungsgefahr" für Markenverletzungen entsprechend den Absätzen 2 und 3 des § 14 MarkenG führen.

Bei allen vorstehend behandelten Absätzen 2 bis 4 MarkenG ergibt sich für den Markeninhaber gemäß § 14 Abs. 5 MarkenG ein Unterlassungsanspruch. Im Formular ist im Klageantrag I 1 nur der Sachverhalt der Absätze 2 und 3 des § 14 MarkenG behandelt.

19. Das Markengesetz verwendet den Begriff der „Warengleichartigkeit" des früheren Warenzeichenrechts nicht mehr, sondern spricht von identischen oder ähnlichen Waren/Dienstleistungen. Zur Frage der Ähnlichkeit der einander gegenüberstehenden Waren/Dienstleistungen wird man die Ergebnisse der bisherigen Spruchpraxis des Bundespatentamts, des Bundespatentgerichts sowie der Zivilgerichte einschließlich insbesondere des Bundesgerichtshofs zum bisherigen Begriff der „Warengleichartigkeit" nach wie vor verwenden können (vgl. dazu *Richter/Stoppel,* Die Ähnlichkeit von Waren und Dienstleistungen, 12. Aufl. 2002). Allerdings wird dies mit Vorsicht zu geschehen haben, und zwar insbesondere unter Berücksichtigung der Tatsache, dass mit dem Begriff der „Ähnlichkeit" das neue Markenrecht einen neuen und eigenständigen Rechtsbegriff geschaffen hat, dessen nähere inhaltliche Ausfüllung der Rechtsprechung obliegt (BGH GRUR 1995, 216, 219 re. Sp. – Oxygenol II). Die Ähnlichkeit der Waren bzw. Dienstleistungen ist nicht mehr, wie nach bisherigem Recht, „selbständiges" Tatbestandsmerkmal, sondern im Zusammenhang mit der Beurteilung der Verwechslungsgefahr zu gewichtendes Kriterium (z. B. EuGH GRUR 1998, 922 – Canon, Tz. 23; BGH GRUR 2002, 167, 169 – Bit/Bud), wie die Branchennähe im Zusammenhang mit § 16 UWG a. F. (vgl. dazu BGH GRUR 1995, 216, 219 re. Sp. – Oxygenol II; zum Problemkreis vgl. ferner *Kliems,* GRUR 1995, 198, 202 ff.; *Ingerl/Rohnke,* MarkenG, 2. Aufl. 2003, Rdnrn. 236, 272 ff. zu § 14).

20. Zur zeichenmäßigen Benutzung vgl. § 14 Abs. 3 MarkenG, oben Anm. 18 und insbesondere auch § 23 MarkenG, wo die nicht-zeichenmäßigen Benutzungstatbestände aufgeführt sind.

21. Bei Identität der gegenüberstehenden Kennzeichnungen und Identität der Waren/Dienstleistungen ist die Prüfung der Verwechslungsgefahr entbehrlich (so § 14 Abs. 2 Nr. 1 MarkenG). Bei bloßer Ähnlichkeit der Zeichen und/oder Waren/Dienstleistungen erfordert § 14 Abs. 2 Nr. 2 MarkenG das Bestehen von Verwechslungsgefahr. Nach der ständigen Rechtsprechung sowohl des EuGH als auch des BGH ist die Frage der markenrechtlichen Verwechslungsgefahr unter Berücksichtigung aller Umstände des Einzelfalles zu beurteilen (EuGH GRUR 1998, 387, 389 – Sabèl/Puma; GRUR 1998, 922, 923 – Canon; BGH GRUR 2001, 158, 159 – Drei-Streifen-Kennzeichnung; GRUR 2002, 171, 173 re. Sp. – Marlboro-Dach). Neben den Verkehrsbeteiligten (Endverbraucherpublikum oder Fachkreise) kommt es auf insbesondere drei in Wechselbeziehung zueinander stehende Beurteilungselemente an. Das sind die Identität oder Ähnlichkeit der in Frage stehenden Waren/Dienstleistungen, die Identität oder Ähnlichkeit der Marken sowie die Kennzeichnungskraft der verletzten Marke. Insoweit besteht eine Wechselbeziehung dahingehend, dass ein geringerer Grad der Ähnlichkeit der Marken durch einen höheren Grad der Ähnlichkeit der Waren/Dienstleistungen und/oder eine besondere Bekanntheit der prioritätsälteren Kennzeichnung ausgeglichen werden kann und umgekehrt (BGH GRUR 2009, 484, Rdn. 23 – Metrobus; 2008, 258, Rdn. 30 = WRP 2008, 232 – INTERCONECT/T-Inter-

Conect). Insbesondere ist zu berücksichtigen, dass es bei der Beurteilung der Verwechslungsgefahr maßgeblich auf den Gesamteindruck der einander gegenüberstehenden Zeichen ankommt, der insbesondere durch unterscheidungskräftige und dominierende Elemente bestimmt wird (EuGH GRUR 2007, 700, Rdn. 35 – Limoncello; BGH GRUR 2009, 484, Rdn. 23 – Metrobus; 2008, 1002, Rdn. 23 = WRP 2008, 1434 – Schuhpark) und dass ferner die in Frage stehenden Kennzeichnungen sich regelmäßig nicht gleichzeitig gegenübertreten und oft nur flüchtig wahrgenommen werden (BGH GRUR 1990, 450, 452 – St. Petersquelle; 1993, 972, 974, 975 – Sana/Schosana). Das führt dazu, dass es eher auf die Übereinstimmungen als auf die Unterschiede ankommt (BGH aaO. – Sana/Schosana).

Bei der Beurteilung der einander gegenüberstehenden Waren oder Dienstleistungen müssen alle Umstände berücksichtigt werden, die das Verhältnis zwischen den Waren oder Dienstleistungen kennzeichnen. Dazu gehören vor allem: Die Art, der Verwendungszweck, die Nutzung sowie ihre Eigenart, ob sie einander ersetzen oder ergänzen, in gleichartigen Unternehmen hergestellt oder unter ihrer Kontrolle vertrieben/erbracht werden. Waren/Dienstleistungen sind dann einander **nicht** ähnlich, wenn trotz unterstellter Identität der einander gegenüberstehenden Marken nicht von Verwechslungsgefahr ausgegangen werden kann, weil der Abstand zwischen den Waren/Dienstleistungen zu groß ist. Es gibt mithin eine **absolute** Waren- oder Dienstleistungsunähnlichkeit, die auch bei Identität der kollidierenden Zeichen durch eine erhöhte Kennzeichnungskraft nicht überwunden werden kann (EuGH GRUR 1998, 922 = NJW 1999, 933 – Canon; BGH GRUR 2009, 484, Rdn. 25 – Metrobus; 2007, 321, Rdn. 20 – Cohiba).

Die Verwechslungsgefahr muss für das Publikum bestehen. Das sind die als Abnehmer angesprochenen Verkehrsbeteiligten, mithin entweder Fachleute oder Durchschnittsverbraucher. Für Letztere kommt es bei der Beurteilung der Verwechslungsgefahr auf einen durchschnittlich informierten, aufmerksamen und verständigen Verbraucher an (BGH GRUR 2002, 1067, 1070 – DKV/OKV; 2002, 809, 810 – Frühstücks-Drink I; 2002, 812, 813 – Frühstücks-Drink II; 2002, 814, 815 – Festspielhaus; EuGH WRP 1999, 806 – Lloyd, Tz. 26; zuvor zum Wettbewerbsrecht: EuGH GRUR Int. 1998, 795 – Gut Springenheide).

22. Zu Einzelheiten vgl. Anm. 8 und 9.

23. Wie auch sonst bei der Verletzung gewerblicher Schutzrechte genügt die bloße Wahrscheinlichkeit eines Schadenseintritts, BGH in ständiger Rechtsprechung, vgl. GRUR 1972, 180/183 – Cherie; GRUR 1974, 735 – Pharmamedan. Die materielle Anspruchsgrundlage ist § 14 Abs. 6 MarkenG.

24. Es besteht eine Erkundigungspflicht, BGH GRUR 1971, 251/253 – Oldtimer.

25. Ist der Beklagte vor Erhebung der Klage vorprozessual auf das Bestehen des Klagezeichens hingewiesen worden, so besteht seit diesem Zeitpunkt positive Kenntnis und dementsprechend – regelmäßig – Vorsatz im Hinblick auf die Verletzungshandlungen. Im Falle der erfolglosen außergerichtlichen Verwarnung kommt auch ein Kostenerstattungsanspruch für die entstandene Geschäftsgebühr in Betracht.

26. Die Gesamtschuld ergibt sich aus §§ 830, 840 BGB. Die Verantwortlichkeit des Geschäftsinhabers für das Verhalten von Angestellten oder Beauftragten regelt § 14 Abs. 7 MarkenG im Sinne einer Erfolgshaftung. Eine Exkulpation durch den Geschäftsherrn ist nicht möglich (OLG Karlsruhe WRP 2000, 898, 899 – Unterrichtskreis). Ob der Betriebsinhaber Kenntnis hatte oder Handlungen auch gegen seinen Willen geschehen sind, ist ohne Bedeutung (BGH GRUR 1995, 605, 607 – Franchise-Nehmer). Auch wenn der Betriebsinhaber dem Angestellten/Beauftragten die Möglichkeit freier Entscheidung eingeräumt hat, entlastet ihn dies nicht (BGH WRP 2000, 1258, 1261 – Filialleiterfehler).

27. Vgl. Anm. 7.

28. Zur Zweckmäßigkeit der Verbindung des Schadensersatzfeststellungsbegehrens mit dem Rechnungslegungsanspruch sowie zur Zulässigkeit des Schadensersatzfeststellungsbegehrens vgl. oben Anm. 12.

29. Zur Löschungsklage vgl. §§ 48 ff. MarkenG. In § 55 MarkenG ist das Löschungsverfahren vor den ordentlichen Gerichten geregelt. Dieser Regelung folgt das Formular. Im MarkenG ist unterschieden zwischen der Klage auf Löschung wegen Verfalls (§§ 49, 55 MarkenG) und der Klage auf Löschung wegen des Bestehens älterer Rechte (§§ 51, 55 MarkenG). Zuständig für beide Klagen sind die ordentlichen Gerichte. Passivlegitimiert ist der als Inhaber der Marke Eingetragene oder sein Rechtsnachfolger (§ 55 Abs. 1 MarkenG). Aktivlegitimiert ist für die Klage auf Löschung wegen Verfalls jedermann (§ 55 Abs. 2 Nr. 1 MarkenG; z. B. ein Rechts- oder Patentanwalt, vgl. BGH GRUR 2005, 1047 – OTTO), in den Fällen des Antrags auf Löschung wegen des Bestehens von Rechten mit älterem Zeitrang die Inhaber der in den §§ 9 bis 13 MarkenG aufgeführten Rechte (§ 55 Abs. 2 Nr. 2 MarkenG). Soll die Löschung der eingetragenen Marke wegen einer prioritätsälteren geografischen Herkunftsangabe erfolgen (§ 51 Abs. 1 in Verbindung mit § 13 Abs. 2 Nr. 5 MarkenG), so besteht eine erweiterte Aktivlegitimation auf den Kreis der in § 8 Abs. 2 UWG Genannten (BGH GRUR 2001, 420, 422 – JPA – zu § 128 Abs. 1 MarkenG).

Neben der Klage auf Löschung wegen Verfalls (§§ 49, 55 Abs. 1 MarkenG) kann auch ein Löschungsantrag beim Deutschen Patent- und Markenamt gemäß § 53 MarkenG gestellt werden. Das ist das billigere und einfache Verfahren für den Fall, dass der Markeninhaber der Löschung wegen Verfalls (Nichtbenutzung seines Zeichens) nicht widersprechen wird. Erfolgt kein Widerspruch des Inhabers der eingetragenen Marke innerhalb von 2 Monaten nach Zustellung der Mitteilung, dass ein Löschungsantrag anhängig gemacht worden ist, wird die Eintragung gemäß § 53 Abs. 3 MarkenG gelöscht. Widerspricht allerdings der Markeninhaber, so teilt das Patent- und Markenamt dies dem Antragsteller mit und unterrichtet ihn darüber, dass der Antrag auf Löschung durch Klage gemäß § 55 MarkenG geltend zu machen ist (§ 53 Abs. 4 MarkenG). Im Formular wird davon ausgegangen, dass Identität im Hinblick auf sämtliche Waren, nämlich „Möbel“, besteht und daher das gesamte Zeichen zu löschen ist. Häufig kann jedoch nur Einwilligung in eine Teillöschung verlangt werden, wenn z. B. das Waren-/Dienstleistungsverzeichnis der angegriffenen Marke nur für einen Teil der eingetragenen Waren mit demjenigen des prioritätsälteren Zeichens übereinstimmt oder nur für einen Teil der Waren-/Dienstleistungen der Tatbestand des Verfalls (der Löschungsreife wegen Nichtbenutzung) geltend gemacht werden kann. Dann ist der Klageantrag zu formulieren: „...... in die Löschung der Marke ..... für die Waren-/ Dienstleistungen ...... einzuwilligen“. Zur Teillöschungsklage vgl. *Fezer,* Markenrecht, 4. Aufl. 2009, Rdnrn. 1 ff. zu § 48 MarkenG.

30. Nach früherem Recht wurde zwischen zeichenrechtlicher und außerzeichenrechtlicher Löschungsklage unterschieden, wobei der außerzeichenrechtlichen Löschungsklage andere als zeichenrechtliche Anspruchsgrundlagen bzw. prioritätsältere Rechte zugrunde lagen. Diese Unterscheidung kann nach der Systematik des § 55 Abs. 1 MarkenG entfallen. Zum einen ist das bisherige Unternehmenskennzeichenrecht in das Markenrecht integriert (§§ 1 Nr. 2, 4 Nrn. 2, 5 MarkenG), zum anderen definiert § 13 MarkenG mögliche prioritätsältere Rechte umfassend, wobei gemäß § 13 Abs. 2 MarkenG zu den prioritätsälteren sonstigen Rechten gehören können: Namensrechte, das Recht einer eigenen Abbildung, Urheberrechte, Sortenbezeichnungen, geografische Herkunftsangaben und sonstige gewerbliche Schutzrechte. Auch schon gegen eine Markenanmeldung werden Inhaber prioritätsälterer Rechte vorgehen können, und zwar mit einer Klage auf Rücknahme der Markenanmeldung (so BGH GRUR 1993, 556 = WRP 1993, 399 – TRIANGLE – für das bisherige Warenzeichenrecht; ferner BGH GRUR 2001, 420, 421 – SPA – zur Verteidigung gegen den Missbrauch einer geografischen Herkunftsangabe; *Ingerl/Rohnke,* MarkenG, 2. Aufl. 2003, Rdn. 52 zu § 55).

31. Gerichtsstand der unerlaubten Handlung. Beachte § 141 MarkenG, der den – ausschließlichen – Gerichtsstand des § 24 Abs. 2 UWG a. F. (= § 14 Abs. 2 UWG n. F.) auf die Fälle beschränkt, in denen das Klagebegehren nicht auf Bestimmungen des Markengesetzes gestützt ist. Findet auch nur einer der geltend gemachten Ansprüche seine

Grundlage in einer Bestimmung des Markengesetzes, so kann der Beklagte Verweisung an das Markengericht beantragen (zu den Bundesländern, in denen Kennzeichenstreitgerichte bestehen, vgl. Anm. 2).

32. Ein markenrechtlicher Unterlassungsanspruch ist grundsätzlich auch im Wege des einstweiligen Verfügungsverfahrens durchsetzbar, sofern der Sachverhalt dies zulässt. Vgl. dazu Form. II. O. 19.

33. Die Verteidigungsmöglichkeiten eines wegen Markenverletzung Inanspruchgenommenen sind wie folgt zu skizzieren:

a) Die den Klagegrund bildende Marke ist nicht rechtsbeständig. Allerdings ist das Verletzungsgericht an den Tatbestand der Eintragung der Marke gebunden. Der fehlende Rechtsbestand der Marke ist seitens des Beklagten geltend zu machen, und zwar
   - die Nichtigkeitsgründe des § 50 Abs. 1 MarkenG durch Antrag beim Deutschen Patentamt auf Löschung (§ 54 MarkenG) und im Verletzungsprozess durch Antrag gemäß § 148 ZPO, den Rechtsstreit auszusetzen;
   - die nicht ausreichende Benutzung der Marke und damit ihrer Löschungsreife wegen Nichtbenutzung (Verfall) durch Einrede gemäß § 25 MarkenG, gegebenenfalls durch Widerklage auf Löschung gemäß §§ 55 Abs. 1, 49 MarkenG.

b) Es liegt eine Benutzung i. S. des § 23 MarkenG vor, wobei von besonderem Interesse § 23 Nrn. 2 und 3 MarkenG sind (Nr. 2: keine zeichenmäßige Benutzung; Nr. 3: bloße Benutzung als Hinweis im Zusammenhang mit Zubehör- oder Ersatzteilvertrieb; zu Nrn. 2 und 3 vgl. OLG Hamburg WRP 1997, 106 – Gucci; ferner zu Bestimmungsangaben des § 23 Nr. 3 MarkenG z. B.: EuGH GRUR Int. 1999, 438 – BMW: „Fachmann für BMW", „Spezialisiert auf BMW", usw., grundsätzlich zulässig; weitere Beispiele aus der Rechtsprechung bei *Ingerl/Rohnke,* MarkenG, 2. Aufl. 2003, Rdn. 74 zu § 23).

c) Es besteht keine Identität/Ähnlichkeit der einander gegenüberstehenden Marken/Zeichen bzw. Dienstleistungen/Waren und dementsprechend keine Gefahr von Verwechslungen. In diesen Fallgruppen besteht keine ausreichende Wechselwirkung zwischen Ähnlichkeit der einander gegenüberstehenden Marken (Zeichenähnlichkeit), der einander gegenüberstehenden Waren/Dienstleistungen (Warenähnlichkeit) und der Kennzeichnungskraft (BGH GRUR 1997, 221 – Canon; 1996, 198 – Springende Raubkatze; vgl. oben Anm. 21), um bei einem ausreichend aufmerksamen Verbraucher (Durchschnittsverbraucher) die Gefahr von Verwechslungen zu begründen, erst recht nicht bei einem Fachpublikum.

d) Dem Beklagten stehen prioritätsältere oder zumindest im Zeitrang gleichrangige Rechte zu (§ 6 MarkenG).

e) Der Beklagte ist Inhaber eines wirksam erworbenen Zwischenrechts (§ 22 MarkenG).

f) Die Ansprüche des Markeninhabers sind verwirkt (§ 21 MarkenG).

g) Das Markenrecht ist erschöpft (§ 24 MarkenG; BGH GRUR 1996, 271 – Gefärbte Jeans – m. Anm. *Albert/Heath; Sack,* GRUR 1997, 1; *ders.,* 1999, 193; *ders.,* GRUR Int. 2000, 610; *Plaßmann,* Die Darlegungs- und Beweislast bei § 24 Abs. 1 MarkenG, WRP 1999, 1011). Die Darlegungs- und Beweislast für den Tatbestand der Erschöpfung trifft regelmäßig denjenigen, der sich auf ihn beruft (BGH GRUR 2000, 299 – Karate – für die patentrechtliche Erschöpfung).

h) Einrede der Verjährung (gegenüber Ansprüchen auf Rechnungslegung und Schadensersatz) gemäß § 20 MarkenG.

34. Neben den zivilrechtlichen Anspruchsherleitungen gibt es noch die Möglichkeit, im Falle von Kennzeichenverletzungen eine Beschlagnahme der rechtswidrig gekennzeichneten Waren bei Grenzübertritten durch die Zollbehörde zu erreichen. Die Regelungen dazu finden sich in §§ 146 ff. MarkenG (Einzelheiten zur analogen patentrechtlichen Grenzbeschlagnahme bei *Mes,* PatG, 2. Aufl. 2005, Rdnrn. 1 ff. zu § 142 a PatG; ein Textbeispiel für einen Grenzbeschlagnahmeantrag findet sich bei *Mes/Rohnke,* Münchner Prozessformularbuch, Bd. 5, Gewerblicher Rechtsschutz, Urheber- und Presserecht, 3. Aufl. 2009, Form. B. 19).

35. Ebenso wie in patentrechtlichen Streitigkeiten kann es sich empfehlen, in kennzeichenrechtlichen Angelegenheiten einen Patentanwalt zur Mitwirkung hinzuzuziehen. Die Kosten sind regelmäßig erstattungsfähig (vgl. § 140 Abs. 3 MarkenG; s. auch „Kosten und Gebühren").

Kosten und Gebühren

Es gelten die allgemeinen Grundsätze mit folgenden Besonderheiten für Kennzeichenstreitsachen:

§ 140 Abs. 3 MarkenG: Die Kosten, die durch die Mitwirkung eines (ggf. auch ausländischen, OLG Frankfurt GRUR-RR 2006, 422 – consulente in marchi; GRUR 1994, 852) Patentanwalts in einer Kennzeichenstreitsache entstehen, sind unter Einschluss der notwendigen Auslagen des Patentanwaltes zu erstatten. Die Frage, ob die Mitwirkung des Patentanwalts notwendig war, ist nicht zu prüfen.

§ 142 MarkenG: Es besteht die Möglichkeit der Herabsetzung des Streitwertes, wenn eine Partei glaubhaft macht, dass die Belastung mit den Prozesskosten nach dem vollen Streitwert ihre wirtschaftliche Lage erheblich gefährden würde. Gemäß § 142 Abs. 3 S. 2 MarkenG ist ein derartiger Streitwertbegünstigungsantrag vor der Verhandlung zur Hauptsache zu stellen. Der Gegner ist zu hören (§ 142 Abs. 3 S. 4 MarkenG).

Fristen und Rechtsmittel

Keine.

19. Antrag auf Erlass einer einstweiligen Verfügung wegen Markenverletzung auf Unterlassung, Auskunft und Vernichtung

Landgericht
Zivilkammer/
Kammer für Handelssachen[1]
......

Antrag auf Erlass einer einstweiligen Verfügung

der ......

– Antragstellerin –

Verfahrensbevollmächtigter: RA ......
gegen
die Firma ......

– Antragsgegnerin –

wegen: Markenverletzung
Streitwert[2]**: vorläufig geschätzt EUR ......**

Namens und in Vollmacht der Antragstellerin beantrage ich, das Gericht möge im Verfahren der einstweiligen Verfügung – wegen besonderer Dringlichkeit ohne mündliche Verhandlung durch Beschluss[3] **– anordnen:**

I. Der Antragsgegnerin wird es

1. bei Meidung eines für jeden Fall der Zuwiderhandlung fälligen Ordnungsgeldes bis zu EUR 250.000,–, ersatzweise Ordnungshaft bis zu 6 Monaten

oder Ordnungshaft bis zu 6 Monaten, im Wiederholungsfall Ordnungshaft bis zu 2 Jahren, untersagt[4], ohne Zustimmung der Antragstellerin im geschäftlichen Verkehr das nachstehend wiedergegebene Zeichen
(folgt Abbildung des Nachahmungszeichens)[5]
für Bekleidungsstücke, insbesondere Sporthemden, zu benutzen, insbesondere das vorstehend bezeichnete Zeichen auf Bekleidungsstücken oder ihrer Aufmachung oder Verpackung anzubringen, unter dem vorstehend bezeichneten Zeichen Bekleidungsstücke anzubieten, in den Verkehr zu bringen oder zu den genannten Zwecken zu besitzen, einzuführen oder auszuführen oder das vorstehend bezeichnete Zeichen in Geschäftspapieren oder in der Werbung zu benutzen[6, 7];

2. **aufgegeben, mit dem vorstehend zu I 1 wiedergegebenen Zeichen versehene Bekleidungsstücke, insbesondere Sporthemden, die sich im Besitz oder im Eigentum der Antragsgegnerin befinden, an einen Gerichtsvollzieher als Sequester zur Verwahrung herauszugeben[8];**
3. **aufgegeben, der Antragstellerin Auskunft[9] innerhalb einer Frist von 14 Tagen nach Zustellung der einstweiligen Verfügung über die Herkunft und den Vertriebsweg der zu I 1 bezeichneten Waren zu erteilen, insbesondere Angabe zu machen über Namen und Anschriften der Hersteller, Lieferanten und anderer Vorbesitzer sowie der gewerblichen Abnehmer und Verkaufsstellen, für die sie bestimmt waren und der Menge der hergestellten, ausgelieferten, erhaltenen oder bestellten Waren sowie über die Preise, die für die betreffenden Waren bezahlt wurden;**

II. der Antragsgegnerin die Kosten des Verfahrens aufzuerlegen[10].

Begründung[11, 12]:

I.

1. **Die Antragstellerin ist alleinige und ausschließlich verfügungsberechtigte Inhaberin des Bildzeichens „Elefant", das unter der Nummer 1 003 700 in die Zeichenrolle beim Deutschen Patent- und Markenamt eingetragen ist. Anmeldetag des vorstehend bezeichneten Zeichens (im Folgenden auch: Verfügungszeichens) ist der ……, Eintragungstag der …… Das Verfügungszeichen steht in Kraft. Ich überreiche dazu zum Zwecke der Glaubhaftmachung als**

   Anlage Ast 1

   einen beglaubigten Registerauszug des Deutschen Patent- und Markenamts.
2. **Ich gehe davon aus, dass das Verfügungszeichen gerichtsbekannt ist. Es gehört zu den bekanntesten Zeichen auf dem Gebiet der Textilien im Bereich der Bundesrepublik Deutschland, das vielfältig beworben worden ist. Die Umsätze der Antragstellerin mit dem Verfügungszeichen versehenen Bekleidungstextilien sind außerordentlich hoch. Sie betragen Jahr für Jahr mehr als EUR 200 Mio.. Auch die Werbeaufwendungen, die die Antragstellerin für ihre Erzeugnisse hat, erreichen Jahr für Jahr die Größenordnung von mehr als EUR 15 Mio. Alles Vorgetragene ergibt sich aus der als**

   Anlage Ast 2

   überreichten eidesstattlichen Versicherung[13]. Zum Zwecke der Anschauung überreiche ich des Weiteren als

   Anlage Ast 3

   – nur zu den Gerichtsakten – ein Original-Sporthemd der Antragstellerin. Dieses ist in der – nach diesseitiger Sicht gerichtsbekannten, weil allgemeinkundigen – Art und Weise mit „dem Elefanten" entsprechend dem Verfügungszeichen gekennzeichnet. Das Verfügungszeichen zeigt die Seitenansicht eines Elefanten, wobei der Kopf des

Elefanten mit deutlich ausgebildeten Stoßzähnen nach links weist. Der Elefant ist blau, die Stoßzähne sind weiß.

3. Bei der Antragsgegnerin handelt es sich um einen Textil-Großhandel, der insbesondere darauf spezialisiert ist, die großen Kaufhäuser und Einkaufsringe mit Damen- und Herrenoberbekleidung, insbesondere Sportbekleidung zu beliefern[14]. Dazu verweise ich auf den Inhalt der eidesstattlichen Versicherung gemäß Anlage Ast 2. Die Antragstellerin hat soeben das als

Anlage Ast 4

in Kopie überreichte Werberundschreiben der Antragsgegnerin erhalten. Darin bietet die Antragsgegnerin die „Original-Elefanten-Hemden" der Antragstellerin zu „sensationellen Preisen" an. Die Antragstellerin hat diese Ankündigung zum Anlass genommen – über einen Mittelsmann –, sich ein detailliertes Angebot der Antragsgegnerin zu beschaffen und insbesondere eines der angebotenen Hemden von der Antragsgegnerin sich im Original übersenden zu lassen. Sie hat dabei festgestellt, dass es sich bei den von der Antragsgegnerin angebotenen „Elefanten"-Hemden um Plagiate handelt. Ich überreiche das von der Antragsgegnerin der Antragstellerin übersandte Hemd – nur zu den Gerichtsakten – als

Anlage Ast 5

und verweise zum Zwecke der Glaubhaftmachung des vorgetragenen Sachverhalts ein weiteres Mal auf die eidesstattliche Versicherung gemäß Anlage Ast 2[13].

Im Wege der

Inaugenscheinseinnahme

ist ohne weiteres zu erkennen, dass das in Form eines Stoffetikettes im Brustbereich wiedergegebene Bildzeichen „Elefant" mit dem Bildzeichen der Antragstellerin gemäß Anlage Ast 1 nahezu identisch in Farbe und Größe übereinstimmt. Es besteht lediglich ein Unterschied dahingehend, dass der Elefant bei dem Nachahmungserzeugnis der Antragsgegnerin mit seinem Kopf und mit seinen Stoßzähnen nach rechts weist. Für den Endverbraucher ist dieser geringfügige Unterschied jedoch nicht erkennbar. Er wird vielmehr das Plagiat der Antragsgegnerin für das Original-Elefanten-Hemd der Antragstellerin halten. Dabei will ersichtlich auch die Antragsgegnerin einen derartigen Irrtum bei ihren Abnehmern fördern bzw. ausnutzen, indem sie in ihrem Werberundschreiben gemäß Anlage Ast 4 von „Original-Elefanten-Hemden" spricht, die sie darüber hinaus noch zu einem „sensationellen Preis" anbietet.

Die Antragstellerin macht mit diesem Antrag auf Erlass einer einstweiligen Verfügung die ihr zustehenden markenrechtlichen Ansprüche geltend[15].

II.

Die rechtliche Bewertung[16] ergibt die Begründetheit des Verfügungsbegehrens:

1. Der mit Verfügungsantrag I 1 geltend gemachte Unterlassungsanspruch findet seine Grundlage in § 14 Abs. 5 in Verbindung mit Absätzen 2 und 3 MarkenG. Wie zuvor zu I 1 glaubhaft gemacht, ist die Antragstellerin alleinige und ausschließlich verfügungsberechtigte Inhaberin des als Anlage Ast 1 überreichten „Elefanten-Zeichens". Nach Sicht der Antragstellerin ist das seitens der Antragsgegnerin benutzte Zeichen im Sinne des § 14 Abs. 2 Nr. 1 MarkenG identisch. Jedenfalls ist es im Sinne des § 14 Abs. 2 Nr. 2 MarkenG ähnlich. Der geringfügige Unterschied betreffend die spiegelbildliche Umkehr des Elefantenbildes ist für die Verkehrsbeteiligten nicht bemerkbar. Das Verfügungszeichen genießt Schutz für Bekleidungsstücke, insbesondere Sport- und Freizeithemden. Das mit dem Verfügungszeichen identische, zumindest ähnliche Zeichen der Antragsgegnerin wird von dieser für identische Waren, nämlich Sporthemden, eingesetzt. Infolgedessen greift die Antragsgegnerin mit der Benutzung dieses

Zeichens in die Marke der Antragstellerin ohne deren Zustimmung ein. Daraus rechtfertigt sich der mit Verfügungsantrag I 1 geltend gemachte Unterlassungsanspruch. Lediglich ergänzend wird darauf hingewiesen, dass sich der Unterlassungsanspruch der Antragstellerin gemäß Verfügungsantrag I 1 auch aus §§ 3, 4 Nr. 9 a UWG rechtfertigt. Die Antragsgegnerin täuscht die Werbungsadressaten, indem sie ihnen Fälschungen als Original-Ware anbietet und im Falle der Lieferung unterschiebt[17].

2. Die Antragsgegnerin ist des Weiteren gemäß § 18 Abs. 1 MarkenG verpflichtet, die in ihrem Besitz oder Eigentum befindlichen widerrechtlich gekennzeichneten Bekleidungsstücke zu vernichten. Die Antragstellerin macht im einstweiligen Verfügungsverfahren zunächst einen die Vernichtung nur vorbereitenden Verwahrungsanspruch[18] geltend, nämlich dahingehend, dass die Antragsgegnerin an einen Gerichtsvollzieher (Sequester) die zu vernichtenden Bekleidungsstücke herausgibt. Es sei schon in diesem Zusammenhang darauf hingewiesen, dass die Antragsgegnerin sich nicht damit verteidigen kann, es käme eine Vernichtung nicht in Betracht, sondern die Stoffetiketten mit den nachgeahmten Elefanten seien von den Bekleidungsstücken zu entfernen und sodann eben nur diese Etiketten zu vernichten, wohingegen die Bekleidungsstücke selbst der Antragsgegnerin zu belassen seien. Gerade eine derartige Verteidigung hat der Gesetzgeber in der Begründung zum Produktpirateriegesetz im Zusammenhang mit der Bestimmung des § 18 Abs. 1 MarkenG als nicht mehr vertretbar angesehen; er wollte eine derartige Möglichkeit ausschließen. Dies bedarf letztlich im einstweiligen Verfügungsverfahren keiner abschließenden Bewertung.

3. Der mit Verfügungsantrag I 3 geltend gemachte Auskunftsanspruch findet seine Grundlage in § 19 Abs. 1 und 3 MarkenG. Insbesondere ist gemäß § 19 Abs. 7 MarkenG für die Durchsetzung des der Antragstellerin zustehenden Auskunftsanspruchs das einstweilige Verfügungsverfahren eröffnet. Es liegt der Fall einer offensichtlichen Rechtsverletzung vor. Dass das Verfügungszeichen der Antragstellerin zusteht und darüber hinaus die Antragstellerin eben für dieses in Kraft befindliche Zeichen Rechtsschutz beanspruchen kann, ist nicht ernsthaft zu bezweifeln. Infolge der Bekanntheit des Verfügungszeichens wären sogar – ohne dass es dazu hier darauf ankäme – die Voraussetzungen für die Annahme der Entstehung eines Markenschutzes ohne formale Eintragung gemäß § 4 Nr. 2 MarkenG infolge erworbener Verkehrsgeltung gegeben. Des Weiteren können die Mitglieder der angerufenen Kammer auch den Fall der Rechtsverletzung ohne weiteres aufgrund eigener Inaugenscheinseinnahme abschließend schon im einstweiligen Verfügungsverfahren bewerten. Es liegt mithin ein Tatbestand vor, der nach Sicht des Gesetzgebers eine Durchsetzung des Auskunftsanspruchs im Wege des einstweiligen Verfügungsverfahrens ermöglicht, weil jedenfalls die Rechtsverletzung so eindeutig ist, dass eine Fehlentscheidung oder eine andere Beurteilung im Rahmen des richterlichen Ermessens und damit eine ungerechtfertigte Belastung des Antragsgegners kaum möglich ist (vgl. die Begründung zum Produktpirateriegesetz vom 7. März 1990 zu III 4 b, abgedruckt in Blatt für Patent-, Muster- und Zeichenwesen 1990, S. 173, 184 li. Sp.).
Im Streitfall wird seitens der Antragstellerin darauf hingewiesen, dass die Auskunftserteilung die Antragsgegnerin auch nicht ungebührlich belastet. Bei der Antragsgegnerin handelt es sich um einen Großhandel, so dass nur eine überschaubare Zahl von Abnehmern der verfügungsgegenständlichen Erzeugnisse in Betracht kommt. Des Weiteren hat die Antragstellerin ein dringendes Interesse daran, die Abnehmer der Antragsgegnerin in Erfahrung zu bringen, um weiteren Markenverletzungen vorzubeugen. Ein Gleiches gilt insbesondere auch für die Vorlieferanten und die Vorbesitzer der Antragsgegnerin. Um im Übrigen der Antragsgegnerin ausreichend Gelegenheit zur Erteilung der Auskunft zu geben, ist im Verfügungsantrag I 3 eine Zweiwochenfrist ab Zustellung der einstweiligen Verfügung vorgesehen.

4. Die für den Erlass der einstweiligen Verfügung erforderliche Dringlichkeit wird für den mit Verfügungsantrag I 1 geltend gemachten Unterlassungsanspruch in analoger

Anwendung des § 12 Abs. 2 UWG vermutet[19]. Im Übrigen ergibt sich die erforderliche Dringlichkeit für sämtliche Verfügungsansprüche der Antragsstellerin schon daraus, dass ohne die diesseits beantragte einstweilige Verfügung der Markenschutz der Antragstellerin ins Leere laufen würde. So hat die Antragstellerin ein rechtschutzwürdiges Interesse daran, von vornherein zu verhindern, dass markenverletzende Bekleidungsstücke seitens der Antragsgegnerin an deren Großabnehmer geliefert werden. Dieser Zielsetzung dienen die geltend gemachten Ansprüche auf Unterlassung und Verwahrung. Soweit schon Lieferungen an Großabnehmer erfolgt sind, hat die Antragstellerin des Weiteren ein rechtsschutzwürdiges Interesse daran, dass sie auch infolge des von ihr geltend gemachten Auskunftsanspruchs in den Stand versetzt wird, eben diese Großabnehmer an der Begehung von künftigen Markenverletzungen zu hindern. Damit liegt die Dringlichkeit für den Erlass der diesseits beantragten einstweiligen Verfügung auf der Hand. Allerdings bedarf es im Streitfall keiner Beurteilung der Dringlichkeit, und zwar schon deshalb nicht, weil es sich um den Tatbestand einer offensichtlichen Rechtsverletzung handelt, für die § 19 Abs. 7 MarkenG ohne weiteres den Weg für das Verfügungsverfahren eröffnet. Insbesondere geht es nicht an, die Antragsstellerin auf den Weg der Hauptklage und die Möglichkeit zu verweisen, von der Antragsgegnerin Schadensersatz zu erlangen. Es gehört zu den bekannten Erfahrungssätzen im Kennzeichenrecht, dass Markenverletzungen in der Folgezeit auch durch Zuerkennung von Schadensersatz nicht ausreichend ausgeglichen werden können.

5. Zugleich ergibt sich aus den vorstehenden Ausführungen die besondere Dringlichkeit im Sinne des § 937 Abs. 2 ZPO[20], entsprechend dem diesseitigen Antrag, die einstweilige Verfügung ohne vorherige mündliche Verhandlung zu erlassen. Soweit der Verwahrungsanspruch gemäß I 2 in Rede steht, wäre eine mündliche Verhandlung für die Antragstellerin erkennbar nachteilig, weil die Antragsgegnerin in den Stand versetzt werden würde, die Ware aus ihrem Besitz oder Eigentum wegzuschaffen, so dass das berechtigte Interesse der Antragstellerin, dafür zu sorgen, dass die rechtswidrig gekennzeichnete Ware der Antragsgegnerin nicht weiter in den Verkehr gelangen kann, vereitelt werden würde.
6. Die Zuständigkeit des angerufenen Gerichts beruht auf ......[21].

III.

Ich zeige an, dass die Antragstellerin neben ihrem Verfahrensbevollmächtigten

Herrn Patentanwalt[22]

......

zur Mitwirkung in diesem Rechtsstreit bestellt hat.

Ich richte an das Gericht die Bitte, von einer etwaigen Anordnung, Anlagen zu diesem Antrag auf Erlass einer einstweiligen Verfügung der Antragsgegnerin zuzustellen, die Anlagen ......auszunehmen, da diese nicht kopierbar sind.

Beglaubigte und einfache Abschriften sind zum Zwecke der Zustellung beigefügt.

Rechtsanwalt

Schrifttum zum Markengesetz: Vgl. die Hinweise bei Form. II. O. 18.

Hinweis: Ein weiteres Textbeispiel für einen Antrag auf Erlass einer einstweiligen Verfügung wegen „Domain Grabbing" bei *Mes/Rohnke,* Münchener Prozessformularbuch, Bd. 5, Gewerblicher Rechtsschutz, Urheber- und Presserecht, 3. Aufl. 2009, Form. B. 11.

Anmerkungen

1. Für Kennzeichenstreitsachen, damit insbesondere Markenverletzungen, sind die Landgerichte zuständig, und zwar ohne Rücksicht auf den Streitwert (§ 140 Abs. 1 MarkenG). Sofern besondere Kennzeichenstreitgerichte gebildet worden sind (§ 140 Abs. 2 MarkenG), sind diese zuständig. Zu Einzelheiten vgl. Form. II. O. 18 Anm. 2.

2. Auch für Kennzeichenstreitsachen gelten zur Frage des Streitwertes die in Anm. 3 zu Form. II. N. 3 wiedergegebenen Angaben. Weitere Hinweise in Anm. 4 zu Form. II. O. 18. Im Formular werden drei Ansprüche im Verfügungsverfahren geltend gemacht, nämlich auf Unterlassung, auf Sequestration zur Vorbereitung der Vernichtung und auf Auskunftserteilung. Jeder dieser Ansprüche ist gesondert zu bewerten. Im Hinblick auf den Unterlassungsanspruch gelten die Bemessungsgrundsätze in Form. II. N. 3. Anm. 2 und in Form. II. O. 18 Anm. 4. Insbesondere kommt es auf die Gefährlichkeit der zu unterbindenden Markenverletzung an (OLG Nürnberg GRUR 2007, 815 – Kennzeichenstreit; OLG Koblenz WRP 1996, 40). Dabei spielen zur Bemessung des Streitwertes für den Unterlassungsanspruch eine große Bekanntheit der verletzten Marke sowie die mit ihr erzielten hohen Umsatzzahlen auch dann die entscheidende Rolle, wenn die konkret beanstandete Verletzungshandlung nur einen vergleichsweisen geringen Umfang hat (OLG Zweibrücken GRUR-RR 2001, 285). Im Hinblick auf den Auskunftsanspruch wird man diesen mit ca. 1/5 des Unterlassungsanspruchs bewerten können. Im Hinblick auf den Vernichtungsanspruch erscheint ca. 1/3 des Wertes des Unterlassungsanspruchs gerechtfertigt. Zur Bewertung eines Auskunftsanspruchs im Verfügungsverfahren vgl. KG GRUR 1992, 611 – T-Shirts.

3. Besondere Verfahrensbitte gemäß § 937 Abs. 2 ZPO. Diese beinhaltet zugleich regelmäßig auch die Verfahrensbitte gemäß § 944 ZPO, dass der Vorsitzende der angerufenen Kammer allein entscheiden möge.

4. Die Formulierung dieses Teils des Antrags folgt der gesetzlichen Bestimmung des § 890 Abs. 1 ZPO. Vgl. dazu Form. II. N. 3 Anm. 5.

5. Hier ist das angegriffene, d. h. das verletzende Zeichen einzufügen. Im Formular wird davon ausgegangen, dass es sich um ein Bildzeichen handelt. Die Einfügung einer derartigen Abbildung ist regelmäßig ausreichend. Auch die Bezugnahme auf Anlagen können dem Bestimmtheitserfordernis des § 253 Abs. 2 ZPO genügen (LG Frankfurt InstGE 6, 197).

6. Die Formulierung der so genannten konkreten Verletzungsform (vgl. zu diesem Begriff Form. II. N. 3 Anm. 6; Form. II. N. 9 Anm. 5) folgt dem Wortlaut des § 14 Abs. 2 und Abs. 3 MarkenG (vgl. Form. II. O. 18 Anm. 7). Der Verletzungstatbestand besteht darin, dass seitens der Antragsgegnerin Sporthemden vertrieben werden. Insoweit erscheint eine Verallgemeinerung durch die Formulierung „Bekleidungstextilien" vertretbar. Sollte das angerufene Gericht insoweit Bedenken haben, könnte es von sich aus den Antrag gemäß §§ 935, 940 ZPO dahingehend abändern, dass nur Sporthemden verbleiben. Nach OLG Hamburg WRP 1997, 106 – Gucci – setzt § 23 MarkenG einer Verallgemeinerung im Unterlassungstenor bzw. in einer Verpflichtungserklärung Grenzen.

7. Rechtliche Grundlage des Unterlassungsanspruchs ist § 14 Abs. 5 MarkenG, der von einer Marke im Sinne des § 4 gemäß § 14 Abs. 1 MarkenG ausgeht. Handelt es sich um eine geschäftliche Bezeichnung, gilt § 15, der in Abs. 4 ebenfalls einen Unterlassungsanspruch vorsieht.

8. Die Formulierung des Verfügungsantrags I. 2 folgt der Bestimmung des § 18 MarkenG, die einen Vernichtungsanspruch zu Gunsten des Inhabers einer Marke oder einer geschäftlichen Bezeichnung vorsieht (BGH GRUR 1997, 899 – Vernichtungsanspruch). Da eine einstweilige Verfügung nur vorläufigen Charakter hat, wird im Formular auch nur eine vorläufige Maßnahme beantragt, nämlich die Herausgabe von markenrechtswidrig gekennzeichneten Erzeugnissen an einen Gerichtsvollzieher als Sequester zum Zwecke der Aufbewahrung. Die Aufbewahrung dient der Sicherstellung für eine etwaige spätere Vernichtung. Nach OLG Hamburg WRP 1997, 106 – Gucci – richtet sich dieser Antrag gegen das in § 14 Abs. 3 Nr. 2 und Abs. 4 Nr. 2 MarkenG enthaltene Verbot des Besitzens. Ist die zu vernichtende Ware beschlagnahmt bzw. befindet sie sich in der Verwahrung eines Gerichtsvollziehers, so schließt der Vernichtungsanspruch des § 18 Abs. 1 MarkenG auch den Anspruch auf Herausgabe an den Markeninhaber zum Zwecke der Vernichtung ein (BGH GRUR 1997, 899 – Vernichtungsanspruch). Zur Zulässigkeit und Begründetheit eines Antrags auf Herausgabe der Verletzungserzeugnisse an einen Gerichtsvollzieher zum Zwecke der Vernichtung vgl. BGH GRUR 2003, 228 – P Vermerk: zum Urheberrecht; a. A. *Ingerl/Rohnke,* MarkenG, 2. Aufl. 2003, Rdn. 32 zu § 18.

9. Dieser Anspruch beruht auf § 19 MarkenG. Er folgt in seiner Formulierung auch dieser Bestimmung. Eine Besonderheit liegt in der Angabe einer Frist. Dieser Vorschlag des Formulars beruht auf der Überlegung, dass ein derartiger Antrag nach § 888 ZPO durch Verhängung eines Zwangsgeldes (Erzwingungsgeldes) für den Fall der Nichterteilung der Auskunft vollstreckt werden muss. Insoweit muss dem Antragsgegner/Schuldner eine ausreichende Zeit zugestanden werden, um die erforderlichen Angaben zusammenzustellen.

10. Der Anspruch auf Kostenerstattung ist überflüssig; er wird in der Praxis jedoch ständig gestellt.

11. Der Aufbau der Begründung der einstweiligen Verfügung folgt den tatbestandlichen Voraussetzungen der §§ 14, 25, 26 MarkenG. Zu diesen wird auf Form. II. O. 18 Anm. 18 verwiesen. Es bedarf insbesondere einer Glaubhaftmachung des Tatbestandes einer „offensichtlichen Rechtsverletzung“, wie dies zum materiellen Anspruchsgrund des im Wege des einstweiligen Verfügungsverfahrens geltend zu machenden Auskunftsanspruchs gehört (§ 19 Abs. 7 MarkenG). Dazu ist es regelmäßig erforderlich, zum formellen Rechtsbestand des Verfügungszeichens vorzutragen, ferner zur Benutzungslage und zur etwaigen Bekanntheit infolge umfangreicher Benutzung und Werbung. Allerdings ist die Bekanntheit einer Marke kein Tatbestandsmerkmal des Unterlassungsanspruchs gemäß § 14 Abs. 5 MarkenG. Die Bekanntheit einer Marke spielt jedoch eine Rolle für die Durchsetzung des Vernichtungsanspruchs gemäß § 18 MarkenG und des Auskunftsanspruchs gemäß § 19 MarkenG.

12. Der dem Formular zugrunde liegende Sachverhalt ist so gewählt, dass sich bei Abwägung der Interessen der Parteien für den Erlass der beantragten einstweiligen Verfügung kein allzu schwerwiegender Nachteil für den Antragsgegner im Falle seiner Verurteilung zur Auskunftserteilung gemäß § 19 MarkenG ergibt. Der Antragsgegner ist Großhändler. Zugleich zeigt das im Formular wiedergegebene Beispiel den besonderen Wert des § 19 MarkenG und des darin gewährten Auskunftsanspruchs: Kann ein Markenzeicheninhaber schon drohenden Verletzungen seines Zeichens auf der Großhandelsstufe begegnen, ist der Schaden von vornherein begrenzbar.

13. In der eidesstattlichen Versicherung sollten die zur Glaubhaftmachung erforderlichen Angaben näher dargestellt sein, und zwar regelmäßig deutlich umfassender als in der Antragsschrift selbst.

14. Die nachfolgenden Ausführungen beziehen sich auf die anspruchsbegründenden Voraussetzungen des § 14 Abs. 2 Nr. 1 und/ oder Nr. 2 MarkenG. Die einander gegenüberstehenden Waren sind im Beispielsfall identisch. Es kann auch mit guten Gründen eine Identität der einander gegenüberstehenden Zeichen bejaht werden. Geht man im Hinblick auf das Verletzungszeichen von bloßer Ähnlichkeit aus, so ist gemäß § 14 Abs. 2 Nr. 2 MarkenG zusätzlich zu prüfen, ob durch die Benutzung eines ähnlichen Zeichens für das Publikum die Gefahr von Verwechslungen besteht, wobei auch die

Gefahr bedeutsam sein kann, dass das verletzende Zeichen mit der Marke (nur) gedanklich in Verbindung gebracht wird. Zu weiteren Einzelheiten vgl. Form. II. O. 18 Anm. 18.

15. In dem dem Formular zugrunde liegenden Sachverhalt ist der Markenverletzer zuvor nicht abgemahnt worden. Eine solche Abmahnung ist untunlich, wenn – wie im Formular vorgesehen – ein Sequestrationsanspruch geltend gemacht wird. Durch eine Abmahnung würde der Verletzer vorgewarnt und wäre insbesondere in den Stand versetzt, die kennzeichenverletzenden Erzeugnisse wegzuschaffen, um sie später erneut selbst oder durch Dritte wieder in den Markt einzuschleusen. Von der grundsätzlichen Erforderlichkeit der Abmahnung wird in derartigen Fällen auch durch die Rechtsprechung abgesehen (vgl. Form. II. N. 7 Anm. 12 m.w.N.).

16. Die rechtliche Begründung folgt den einschlägigen Bestimmungen des § 14 Abs. 5 MarkenG (für den Unterlassungsanspruch) und des § 18 MarkenG (für den Vernichtungsanspruch).

17. Dieser Irreführungstatbestand ist in nahezu allen Markenplagiatsfällen verwirklicht. Im Formular wird davon Abstand genommen, in wettbewerbsrechtlicher Hinsicht nähere Ausführungen zu machen. Der Benutzer des Formularbuchs wird sich freilich vor Augen halten müssen, dass in vielen Fällen durchaus Ergänzungen erforderlich sind. § 4 Nr. 9 a UWG gibt eine neben den Bestimmungen des Markengesetz stehenden Unterlassungsanspruch. Vgl. dazu *Fezer,* Imitationsmarketing als irreführende Produktvermarktung, GRUR 2009, 451.

18. Vgl. oben Anm. 9.

19. § 12 Abs. 2 UWG gilt unmittelbar nur für wettbewerbsrechtliche Streitigkeiten. Nach herrschender Auffassung ist die Dringlichkeitsvermutung des § 12 Abs. 2 UWG analog auch auf Ansprüche aus dem Markengesetz anwendbar (aus OLG Hamburg GRUR-RR 2004, 245 – magenta; Mitt. 2002, 19, 91 – Quick Nick; GRUR 2002, 446, 449 – Eprex; OLG Köln GRUR 2001, 424, 425 – Mon Chérie; GRUR 2000, 1073, 1074 – Blitzgerichte; OLG Stuttgart GRUR-RR 2005, 307, 308 – e-Motion/i-MOTION; a. A. OLG München GRUR 2007, 174 – Wettenvermittlung; zum Meinungsstand *Ströbele/Hacker,* Markengesetz, 8. Aufl. 2006, Fußnote 645 zu Rdn. 246 zu § 14 MarkenG).

20. Die Ausführungen zur Dringlichkeit folgen der Bestimmung des § 937 Abs. 2 ZPO, und zwar insbesondere auch für die besondere Dringlichkeit, die beantragte einstweilige Verfügung ohne vorherige mündliche Verhandlung zu erlassen. Dazu: *Danckwerts,* Die Entscheidung über den Eilantrag, GRUR 2008, 763.

21. Die Zuständigkeit des angerufenen Gerichts muss im Einzelnen begründet werden. Insbesondere kommt der Gerichtsstand der unerlaubten Handlung unter der Berücksichtigung des Bestehens besonderer Kennzeichenstreitgerichte in Betracht (vgl. Form. II. O. 18 Anm. 31).

22. Zur Hinzuziehung eines Patentanwalts vgl. Form. II. O. 18 Anm. 35.

Kosten und Gebühren

Vgl. Anmerkungen zu Form. II. O. 18.

Fristen und Rechtmittel

Rechtsmittel: keine.
Fristen: Zu beachten ist, dass die Dringlichkeit nicht verloren geht.

20. Klage wegen Verletzung eines Unternehmenskennzeichens

Landgericht
Kammer für Handelssachen[1]

Klage

der Firma A ...... Magnet ......

– Klägerin –

Prozessbevollmächtigter: Rechtsanwalt ......

gegen

1. die Firma B ...... Magnet GmbH, X-Stadt, vertreten durch ihren Geschäftsführer, den Beklagten zu 2), ebenda, ... straße ......
2. Herrn ......

– Beklagte –[2]

wegen Namens- und Firmenrechtsverletzung[3]

Streitwert: vorläufig geschätzt EUR ......[4]

Namens und in Vollmacht der Klägerin erhebe ich Klage und werde beantragen,

I. die Beklagten zu verurteilen,
1. es bei Meidung eines für jeden Fall der Zuwiderhandlung fälligen Ordnungsgeldes bis zu EUR 250.000,– ersatzweise Ordnungshaft bis zu 6 Monaten oder Ordnungshaft bis zu 6 Monaten, im Wiederholungsfalle bis zu 2 Jahren, wobei die Ordnungshaft hinsichtlich der Beklagten zu 1 an ihrem jeweiligen Geschäftsführer zu vollstrecken ist[5], zu unterlassen,
sich zur Kennzeichnung ihres auf den Vertrieb von Wohn- und Heimwerkerartikeln gerichteten Geschäftsbetriebes der Kennzeichnung

„Magnet"

und/oder

„Magnet-Wohnbau-Markt"

zu bedienen[6];
2. der Klägerin über den Umfang der vorstehend zu I 1 bezeichneten Handlungen Rechnung zu legen unter Angabe des erzielten Umsatzes sowie der Art und des Umfangs betriebener Werbung, aufgeschlüsselt nach Werbeträgern, Kalendervierteljahren und Bundesländern[7];
3. ......[7a]

II. die Beklagte zu 1) zu verurteilen, in die Löschung des Firmenbestandteils

„Magnet"

in ihrer beim Amtsgericht ...... HRB ...... eingetragenen Firma
B ...... Magnet GmbH einzuwilligen[8];

III. festzustellen, dass die Beklagten gesamtverbindlich verpflichtet sind, der Klägerin allen Schaden zu erstatten, der ihr aus den vorstehend zu I 1 bezeichneten Handlungen entstanden ist und künftighin entstehen wird[9]

IV. den Beklagten gesamtverbindlich die Kosten des Rechtsstreits aufzuerlegen[10, 10a];

V. das Urteil – gegebenenfalls gegen Sicherheitsleistung (Bank- oder Sparkassenbürgschaft) – für vorläufig vollstreckbar zu erklären;
hilfsweise der Klägerin nachzulassen, die Zwangsvollstreckung gegen Sicherheitsleistung (Bank- oder Sparkassenbürgschaft) abzuwenden[10a, 10b].

Begründung:

I.

1. Die Klägerin ist ausweislich des als Anlage 1 überreichten Handelsregisterauszuges ein am 3. März 1973 beim Amtsgericht X-Stadt unter der Register-Nr. HRB ...... eingetragenes Unternehmen, das den Handel mit Möbeln und Einrichtungsgegenständen aller Art betreibt[11]. Die Firmenbezeichnung der Klägerin lautet wie im Aktivrubrum angegeben. Die Klägerin verfügt unter anderem über Niederlassungen in X-Stadt, Y-Stadt und im Gerichtsbezirk. Die Klägerin hat für ihren Geschäftsbetrieb unter Herausstellung der Kennzeichnung „Magnet" seit Beginn ihrer Tätigkeit in erheblichem Umfang geworben. Ich überreiche als Anlage 2 – zu den Gerichtsakten – ein Kompendium von Werbeanzeigen[12].
2. Die Beklagte zu 1, deren alleiniger Geschäftsführer der Beklagte zu 2 ist, ist vor ca. 4 Monaten, nämlich durch Gesellschaftsvertrag vom ...... gegründet und am ...... in das Handelsregister beim Amtsgericht ...... unter der Nr. HRB ...... eingetragen worden. Als Anlage 3 überreiche ich einen entsprechenden Handelsregisterauszug. Die Beklagte zu 1 hat sodann vor ca. zwei Monaten, nämlich am ...... im Gerichtsbezirk einen „Magnet- Wohnbau-Markt" eröffnet. Ich überreiche dazu als Anlage 4 eine von mehreren Eröffnungsanzeigen, die in überregionalen Zeitungen sowie in der im Gerichtsbezirk erscheinenden Zeitung ...... unter dem Datum des ...... erschienen sind. Dort heißt es in blickfangmäßiger Hervorhebung:
   „Premiere: Heute, Punkt 9.00 Uhr hebt sich der Vorhang!
   Magnet-Wohnbau-Markt eröffnet in ......-Stadt!"
   Des Weiteren erscheint im Text der Anzeige verschiedentlich zur Kennzeichnung des Unternehmens der Beklagten zu 1 die Bezeichnung „Magnet" in Alleinstellung. Ausweislich des Inhalts der als Anlage 4 überreichten Anzeige werden neben ausgesprochenen Heimwerkerartikeln, wie z.B. Vibrationsschleifern und Bohrständern, auch Artikel des Wohnbereiches angeboten, nämlich z.B. Kleinmöbel. Des Weiteren werden Artikel angeboten, die mit Möbeln identisch, zumindest aber ähnlich sind. Es handelt sich dabei um folgende in der Anzeige gemäß der Anlage 4 aufgeführten Erzeugnisse:
   Alu-Haushaltsleiter,
   Fußmatte,
   Camping-Sessel,
   Sonnenschirm,
   Zweibein-Liege,
   Camping-Tisch,
   Fußbodenbeläge,
   Badezimmerschrank,
   Wohnraumleuchte,
   Spiegel.
3. Die Beklagten sind mit dem als Anlage 5 beigefügten Anwaltsschreiben vom ...... vergeblich aufgefordert worden, die die Namens- und Firmenrechte der Klägerin verletzenden Handlungen zu unterlassen[13]. Deshalb ist Klage geboten. Mit ihr werden die sich aus den Rechtsverletzungen der Beklagten ergebenden Ansprüche geltend gemacht.

II.

Die rechtliche Bewertung ergibt die Begründetheit der Klage:

1. Der gemäß Klageantrag I 1 geltend gemachte Unterlassungsanspruch ist gemäß § 15 Abs. 2 MarkenG begründet[14]. Nach dieser Vorschrift in Verbindung mit § 5 Abs. 1 und 2 MarkenG genießt der Name bzw. die Firma der Klägerin den Ausschließlichkeitsschutz eines Unternehmenskennzeichens. Denn kennzeichnender Bestandteil in

der Firmenbezeichnung der Klägerin ist die Bezeichnung „Magnet". Diese Bezeichnung ist von Hause aus kennzeichnungskräftig[15], da ein Wort der Umgangssprache in sprachunüblicher Hinsicht benutzt wird; das Publikum pflegt ein Möbelhaus nicht als „Magnet" zu bezeichnen[16]. Infolge der Aufnahme ihrer Tätigkeit und ihrer Eintragung im Handelsregister schon im Jahre 1973 verfügt die Klägerin gegenüber der erst vor vier Monaten gegründeten Beklagten zu 1 über namens- und firmenrechtliche Priorität im Sinne des § 6 Abs. 3 MarkenG[17]. Da des Weiteren die Unternehmensbereiche der Klägerin und der Beklagten zu 1 in Teilbereichen deckungsgleich sind, im Übrigen jedoch nahe beieinander liegen, kann die Klägerin von den Beklagten verlangen, die weitere Benutzung der Kennzeichnung „Magnet", auch in Form „Magnet-Wohnbau-Markt", zu unterlassen. Denn infolge der Identität der einander gegenüberstehenden Zeichen in Form des Firmen- bzw. Namensbestandteils „Magnet" sowie der Identität, zumindest der Ähnlichkeit der Geschäftsbereiche, in denen die Parteien tätig sind, ist die Gefahr von Verwechslungen zu besorgen[18].

2. Es kann seitens der Beklagten nicht geleugnet werden, dass der Klägerin durch das Verhalten der Beklagten ein Schaden entstanden ist und weiterhin entsteht. Dieser verwirklicht sich schon allein infolge der unberechtigten Firmenbenutzung durch die Beklagten. Die Beklagten handeln auch schuldhaft. Bei Anwendung der im kaufmännischen Verkehr erforderlichen Sorgfalt hätte ihnen die prioritätsältere Firmenkennzeichnung der Klägerin nicht verborgen bleiben können. Sie sind im Übrigen auf das Rechtswidrige ihres Verhaltens mit Anwaltsschreiben gem. Anlage 5 hingewiesen worden und verfügen seitdem über positive Kenntnis von der Existenz der Firmenkennzeichnung der Klägerin. Seit dem letztgenannten Zeitpunkt handeln die Beklagten daher vorsätzlich-schuldhaft. Sie sind infolgedessen der Klägerin gegenüber gesamtverbindlich zu Schadensersatz verpflichtet[19] (§§ 15 Abs. 5 MarkenG, 830, 840 BGB).
Dabei beruht die Verantwortlichkeit der Beklagten zu 1 auf dem Gesichtspunkt der Organhaftung gemäß § 31 BGB analog für das Verhalten ihres Geschäftsführers, des Beklagten zu 2.[20] Dessen Haftung ergibt sich auf Grund eigenen Verhaltens.[20]
Da die Klägerin die Höhe ihres Schadens nicht ohne nähere Kenntnis vom Umfang der Verletzungshandlungen ziffernmäßig bestimmen kann, sind die Beklagten auch aufgrund gewohnheitsrechtlicher Anwendung der Bestimmung des § 242 BGB sowie der Rechtsregeln betreffend die auftraglose Geschäftsführung ihr gegenüber zur Rechnungslegung verpflichtet[21]. Aus dem Vorgetragenen ergibt sich des Weiteren die Zulässigkeit des Schadensersatzfeststellungsbegehrens[22].
3. Die Beklagte zu 1 ist des Weiteren verpflichtet, den durch die Eintragung des in die Rechte der Klägerin eingreifenden Firmenbestandteils „Magnet" im Handelsregister bestehenden Störungszustand zu beseitigen. Daher ist auch der mit Klageantrag II geltend gemachte Löschungsantrag gerechtfertigt[23].
4. Die Zuständigkeit des angerufenen Gerichts ergibt sich aus der Tatsache, dass die Beklagte zu 1 ihren Sitz im Gerichtsbezirk hat[24].

Rechtsanwalt

Schrifttum zum Markengesetz: Vgl. Hinweise zu Form. II. O. 18; ferner: *Ahrens,* Die Notwendigkeit eines Geschäftsbetriebserfordernisses für Geschäftsbezeichnungen nach dem neueren MarkenG, GRUR 1995, 635; *Baronikaians,* Buchstabenkombinationen als Unternehmenskennzeichen, GRUR 2001, 795; *Bokelmann,* Das Recht der Firmen- und Geschäftsbezeichnungen, 1997; *Fouquet,* Gewerblicher und bürgerlicher Rechtsschutz des Behördenlogos, GRUR 2002, 35; *v. Gamm,* Rufausnutzung und Beeinträchtigung bekannter Marken und geschäftlicher Bezeichnungen, FS *Piper,* 1996, 537; *v. Gierke,* Buchstabenkombinationen als Unternehmenskennzeichen, WRP 2000, 877; *Goldmann,* Der Schutz des Unternehmenskennzeichens, 2000; *ders./Rauh,* Der Schutz von Buchstabenkombinationen als Unternehmenskennzeichen, GRUR 1999, 216; *Günther,* Die Entstehung des Unternehmenskennzeichenschutzes nach § 5 Abs. 2 S. 2 MarkenG, WRP 2005, 975; *Knaak,* Zur Einbeziehung des Schutzes der Unternehmenskennzeichen in das neue MarkenG, FS *Beier,* 1996, 243; *Nägele,* Das Verhältnis des Schutzes geschäftlicher Bezeichnungen nach § 15 MarkenG zum Namensschutz nach § 12 BGB, GRUR 2007, 1007; *Pahlow,* Firma und Firmenmarke im Rechtsverkehr, GRUR 2005, 705; *Plaß,* Unternehmenskennzeichen im Wandel?, WRP 2001, 661; *Schricker,* Zum Schutz bildlicher Unternehmenskennzeichen, GRUR 1998, 310.

Hinweis: Ein weiteres Textbeispiel für eine Klage wegen Verletzung einer geschäftlichen Bezeichnung bei *Mes/Rohnke,* Münchener Prozessformularbuch, Bd. 5, Gewerblicher Rechtsschutz, Urheber- und Presserecht, 3. Aufl. 2009, Form. B. 15.

Anmerkungen

1. Auch für Streitfälle im Zusammenhang mit geschäftlichen Bezeichnungen gilt § 140 Abs. 1 MarkenG, der für Kennzeichenstreitsachen ohne Rücksicht auf den Streitwert die Zuständigkeit der Landgerichte begründet. Zur Existenz von Kennzeichenstreitgerichten vgl. § 140 Abs. 2 MarkenG und Form. II. O. 18 Anm. 2. Zuständig sind nach §§ 94, 95 Abs. 1 Nr. 4 b und c GVG die Kammern für Handelssachen. Soweit bei Landgerichten Spezialzivilkammern als Kennzeichenstreitkammern eingerichtet sind, können Kennzeichenstreitsachen auch bei diesen Kammern anhängig gemacht werden. Der Beklagte hat allerdings das Recht, Verweisung an die an sich zuständigen Kammern für Handelssachen zu beantragen (§ 98 GVG).

2. Zum Zwecke der Erweiterung des Zugriffs empfiehlt es sich, bei einer GmbH auch den Geschäftsführer mitzuverklagen, der für eigenes Verhalten unter dem rechtlichen Gesichtspunkt der unerlaubten Handlung im weiteren Sinne haftet. Zur Störereigenschaft allgemein vgl. BGH GRUR 1990, 373, 374 r. Sp. – Schönheitschirurgie; zur Haftung des Geschäftsführers einer GmbH vgl. die interessante Entscheidung des BGH GRUR 1986, 248 ff. – Sporthosen; *Maier* WRP 1986, 71 ff.; weitere Einzelheiten in Form. II. O. 3 Anm. 2 und Form. II. O. 14 Anm. 2.

3. Nach §§ 1 Nr. 2, 5 MarkenG könnte hier auch formuliert werden: „Wegen Verletzung einer geschäftlichen Bezeichnung" oder „Wegen Verletzung eines Unternehmenskennzeichens". Es ist im Formular die bisher übliche Bezeichnung beibehalten worden. Das erscheint im Hinblick auf den Wortlaut des § 5 Abs. 2 MarkenG vertretbar.

4. Namens- und Firmenrechte sind Ausschlussrechte. Wie auch sonst im Bereich des gewerblichen Rechtsschutzes beruht die Streitwertfestsetzung bei nicht bezifferten Anträgen auf § 3 ZPO. Zur Streitwertbemessung vgl. die Hinweise in Anm. 3 zu Form. II. N. 9. Auf die Höhe des Streitwerts haben insbesondere die Bekanntheit einer Kennzeichnung und die Höhe des im Zusammenhang mit ihr erzielten Umsatzes Einfluss, und zwar auch dann, wenn die Verletzungshandlungen geringen Umfang haben sollten (OLG Zweibrücken, GRUR-RR 2001, 285).

5. Vgl. § 890 ZPO und Anm. 5 zu Form. II. N. 3. Folgt man der Auffassung, dass gegen Personalgesellschaften oder juristische Personen Ordnungshaft und Ersatzordnungshaft weder angedroht noch verhängt werden können (vgl. OLG Bremen WRP 1979, 464, 466 m. w. N. und Anm. 5 zu Form. II. N. 3), so kann die Strafandrohung wie folgt formuliert werden:

„es bei Meidung eines für jeden Fall der Zuwiderhandlung fälligen Ordnungsgelds bis zu EUR 250.000,–, im Hinblick auf den Beklagten zu 2 außerdem ersatzweise Ordnungshaft oder Ordnungshaft bis zu sechs Monaten, zu unterlassen, ……"

6. So genannte Konkretisierung der Verletzungshandlung; vgl. dazu Anm. 6 zu Form. II. N. 3 sowie Anm. 5 zu Form. II. N. 9. Die Konkretisierung der Verletzungshandlung bei Streitigkeiten im Zusammenhang mit Kennzeichnungsrechten erfordert nicht nur, dass die angegriffene Kennzeichnung angegeben wird. Es muss auch eine genaue Bestimmung im Hinblick auf die Waren, den Geschäftsbetrieb und die zu untersagenden Benutzungsarten erfolgen (vgl. dazu BGH GRUR 1974, 88 – Trumpf; GRUR 1997, 468, 470 – Netlom).

7. Zwar kann auch im Falle einer Firmen- oder Namensrechtsverletzung der Verletzte seinen Schaden in dreifacher Weise berechnen (eigener entgangener Gewinn, Verletzergewinn oder Lizenzanalogie). Das ist seit BGH GRUR 1973, 375 ff. – Miss Petite – herrschende Meinung und nunmehr ausdrücklich auch durch die Neufassung des § 15 Abs. 5 S. 2 i. V. m. § 14 Abs. 6 S. 2 und 3 MarkenG mit Wirkung zum 1. September 2008 festgehalten. Da nach der Lebenserfahrung der Verletzergewinn jedoch nur teilweise auf die Namensrechtsverletzung zurückzuführen ist, besteht nach Auffassung des Bundesgerichtshofs aaO., S. 378, li. Sp., kein Interesse des Verletzten daran, von dem Verletzer die Lieferdaten, -zeiten und -preise im Hinblick auf den erzielten Umsatz zu erfahren. Dementsprechend gewährt die höchstrichterliche Rechtsprechung bei einer Namens- und Firmenrechtsverletzung im Grundsatz nur einen „kleinen" Rechnungslegungsanspruch, wie er der Antragsformulierung zugrunde liegt (a. A. *Nieder,* Zur Bekanntgabe von Abnehmern, Abnahmemengen, Lieferdaten und -preisen im Kennzeichenrecht, GRUR 1999, 654). Diese Problematik ist durch die Neufassung des § 19 MarkenG mit Wirkung zum 1. September 2008 infolge des Gesetzes zur Verbesserung der Durchsetzung von Rechten des geistigen Eigentums überholt. § 19 MarkenG n. F. gibt einen umfassenden Auskunftsanspruch, der insbesondere gemäß § 19 Abs. 3 den zur Auskunft Verpflichteten zu weitreichenden Auskünften zwingt. § 19 MarkenG ist auch auf die Fälle des § 15 MarkenG anwendbar. Die Formulierung im Textbeispiel folgt den bisherigen Gepflogenheiten. Die Auskunftsangaben, die § 19 Abs. 3 MarkenG vorsieht, passen nicht recht für den Fall der Verletzung einer Kennzeichnung im Zusammenhang mit einer geschäftlichen Bezeichnung.

7 a. Weitere Anträge, die im Textbeispiel nicht gesondert aufgeführt worden sind, sind denkbar. Dabei handelt es sich insbesondere um den Anspruch auf Erstattung der außergerichtlich entstandenen Kosten im Zusammenhang mit einer erfolglosen Abmahnung. Des Weiteren kommen hier Anträge im Zusammenhang mit Ansprüchen auf Vernichtung, Rückruf (§ 18 MarkenG n. F.), auf Vorlage von Bank-, Finanz- oder Handelsunterlagen oder einen geeigneten Zugang zu diesen Unterlagen (§ 19 b MarkenG n. F.) oder ggf. auf Urteilsbekanntmachung (§ 19 c MarkenG n. F.) in Betracht. Vgl. das Textbeispiel einer Patentverletzungsklage in Form. II. O. 3.

8. Die Löschung einer Firma oder eines Firmenbestandteils erfolgt auf Antrag, mithin auf Einwilligung des Betroffenen (§ 31 Abs. 1 HGB). Daher ist der Klageantrag auf die Abgabe einer Willenserklärung gerichtet (§ 894 ZPO; vgl. *v. Gamm,* Wettbewerbsrecht, 5. Aufl., II. Halbbd. 1987, Kap. 57 Rdn. 49). Ebenso möglich erscheint jedoch auch eine Antragsformulierung, wonach die Beklagte zu verurteilen ist, „...... die Löschung ihrer Firma/ihres Firmenbestandteils ...... beim Handelsregister herbeizuführen" (so hier bis zur 6. Aufl. und z. B. die Antragsformulierung in BGH GRUR 1974, 162 – etirex). Der letztgenannte Antrag ist sodann gemäß § 888 ZPO zu vollstrecken.

9. Zur Kombination von Schadensersatzfeststellungsbegehren und Rechnungslegungsantrag, vgl. Anm. 7 zu Form. II. N. 9, dort auch zur Zulässigkeit der Feststellungsklage.

10. Mehrere Beklagte haften im Hinblick auf den Unterlassungsanspruch nicht als Gesamtschuldner. Infolgedessen ist es fraglich, ob insoweit eine gesamtverbindliche Auferlegung von Kosten möglich ist (§ 100 Abs. 1 ZPO). Soweit eine gesamtschuldnerische Haftung besteht, z. B. für den geltend gemachten Schadenersatzanspruch, ist eine Aufteilung der Kostenentscheidung in eine teilweise gesamtverbindliche Haftung und in eine solche nach Kopfteilen untunlich und nicht praktikabel. § 100 Abs. 2 ZPO trifft diesen

Fall nicht. In der Praxis wird regelmäßig die gesamtverbindliche Auferlegung der Kosten beantragt und zuerkannt. Dem folgt der Textvorschlag im Formular.

10a. Die Nebenentscheidungen sind von Amts wegen durch das Gericht zu treffen; darauf gerichtete Anträge sind mithin überflüssig, werden jedoch regelmäßig gestellt.

10b. Je nach der Verfahrensgestaltung durch die befasste Kammer – schriftliches Vorverfahren oder Anberaumung eines frühen ersten Termins zur mündlichen Verhandlung – sollten hier Anträge gem. §§ 307 Abs. 2, 331 Abs. 3 ZPO gestellt werden. Zugleich ist eine Stellungnahme zur Güteverhandlung gem. § 278 Abs. 2 ZPO abzugeben. Dazu vgl. Anm. 9 zu Form. II. N. 9.

11. § 5 Abs. 2 MarkenG enthält keine ausdrückliche Bestimmung, ab wann ein Unternehmenskennzeichenschutz besteht. S. 1 dieser Regelung schützt die im geschäftlichen Verkehr benutzten Zeichen. Infolgedessen ist davon auszugehen, dass in Übereinstimmung mit dem bisherigen Recht der Unternehmenskennzeichenschutz schon bei der ersten inländischen Ingebrauchnahme im geschäftlichen Verkehr entsteht (*Fezer,* Markenrecht, 4. Aufl. 2009, Rdn. 3 zu § 5 MarkenG; *Ingerl/Rohnke,* MarkenG, 2. Aufl. 2003, Rdn. 55 zu § 5 MarkenG). Voraussetzung ist allerdings die Aufnahme der Benutzung einer unterscheidungskräftigen Kennzeichnung, die vom Verkehr als individueller Herkunftshinweis aufgefasst wird (BGH GRUR 2002, 898, 899 – de facto; 1995, 507, 508 – City-Hotel). Es erweist sich jedoch als sachgerecht, zugleich auch in der Klagebegründung den Zeitpunkt der Eintragung der Klägerin in das Handelsregister mitzuteilen. Bei einer GmbH ist die Eintragung konstitutiv (§ 13 Abs. 1 GmbH-Gesetz; zum Erwerb von Namensrechten vor der Eintragung vgl. BGH GRUR 1993, 404 – Columbus). Soweit es sich allerdings um Geschäftsabzeichen und sonstige betriebliche Unterscheidungszeichen im Sinne von § 5 Abs. 2 S. 2 MarkenG handelt, beginnt deren Kennzeichenschutz nicht schon mit der ersten Benutzungsaufnahme, sondern erst zu dem Zeitpunkt, zu dem diese Zeichen innerhalb der beteiligten Verkehrskreise als Kennzeichen des Geschäftsbetriebs gelten (*Fezer,* Markenrecht, 4. Aufl. 2009, Rdn. 4 zu § 5 MarkenG). Im Textbeispiel geht es jedoch um ein Unternehmenskennzeichen gem. § 5 Abs. 2 S. 1 MarkenG in Form des Namens bzw. der Firma.

12. Sofern sich Anlagen nicht oder nur mit beträchtlichem Aufwand kopieren lassen, ist es vertretbar, sie nur zu den Gerichtsakten zu reichen. Selbstverständlich besteht ein Einsichtsrecht des Gegners (§§ 133, 134 ZPO).

13. Dieser Sachvortrag ist zur Schlüssigkeit der Klage nicht erforderlich. Die Übersendung einer Abmahnung hat jedoch Bedeutung für den Nachweis des erforderlichen Verschuldens, da mindestens ab Empfang der Abmahnung positive Kenntnis des Verletzers von der Existenz einer kollisionsbegründenden prioritätsälteren Firmenkennzeichnung besteht.

Hat der Kläger zuvor außergerichtlich – erfolglos – abgemahnt, so kann er die insoweit entstandene Geschäftsgebühr geltend machen. Siehe dazu oben Anm. 7a und – für ein patentrechtliches Beispiel – den Klageantrag I. 6 mit zugehöriger Begründung in Form. II. O.3.

14. Neben der zitierten Bestimmung ist an sich auch § 37 Abs. 2 S. 1 HGB einschlägig. Danach kann bei unbefugtem Firmengebrauch der Verletzte einen Unterlassungsanspruch geltend machen. Unbefugt im Sinne der §§ 17ff. HGB ist ein Firmengebrauch im Falle einer Kollision jedoch nur in dem örtlichen Bereich der gleichen Gemeinde bzw. desselben Ortes (vgl. § 30 Abs. 1 HGB). Gegenüber dem Namensrecht gem. § 12 BGB geht der kennzeichenrechtliche Schutz aus §§ 5, 15 MarkenG in seinem Anwendungsbereich grundsätzlich vor (BGH GRUR 2002, 622 – shel.de).

15. Ist ein Zeichen von Hause aus nicht unterscheidungskräftig und dementsprechend auch nicht kennzeichnungskräftig, d.h. ist es ungeeignet, von sich aus als Herkunftshinweis auf ein bestimmtes Unternehmen zu dienen, so können aus einer solchen Bezeichnung gem. § 5 Abs. 2 S. 2 MarkenG Rechte nur dann hergeleitet werden, wenn sie Verkehrsgeltung im Inland erlangt hat (s. dazu oben Anm. 11; *Fezer,* Markenrecht, 4. Aufl. 2009, Rdn. 4 zu § 5). Der Nachweis der Verkehrsgeltung sowie des Zeitpunkts ihrer Entstehung ist häufig sehr schwer zu führen. Das MarkenG trifft dazu keine Regelung.

16. Ein Wort der Umgangssprache kann von Hause aus für die Kennzeichnung eines Unternehmens ausreichende Namensfunktion haben, wenn es in sprachunüblicher Hinsicht benutzt wird (vgl. dazu *Baumbach/Hefermehl* UWG 17. Aufl. 1993, § 16 Rdn. 29, 30 mit Beispielen sprachunüblicher Benutzung; vgl. ferner BGH GRUR 1977, 226 – Wach und Schließ; für einen Sachbuchtitel BGH GRUR 1991, 153 = WRP 1991, 151 – Pizza Pasta; OLG Hamburg GRUR 1986, 475 – Blitz-Blank; vgl. *Albrecht,* Fachübergreifende Argumentationsweisen zu Abwandlungen im Markenrecht – mögliche Hilfestellungen der Sprachforscher –, GRUR 2000, 648). Ob eine Bezeichnung sprachüblich oder sprachunüblich benutzt wird, lässt sich häufig durch eine Gegenprobe feststellen. Pflegt der Verkehr ein Unternehmen der interessierenden Art oder seinen Geschäftsgegenstand mit dem Klagekennzeichen, beispielsweise auch in Form einer Kurzbezeichnung zu bezeichnen? Ist diese Frage, wie im Formular zu verneinen, kann häufig von einer sprachunüblichen Benutzung ausgegangen werden.

17. § 6 Abs. 1 MarkenG formuliert ausdrücklich den Grundsatz der Priorität, wobei Abs. 2 und 3 den maßgeblichen Zeitrang festlegen. Abs. 4 bestimmt, dass bei gleichem Tag als zu bestimmender Zeitrang kein Recht gegenüber dem anderen den Vorrang hat; beide Rechte sind gleichrangig und begründen keine Ansprüche.

18. § 15 Abs. 2 MarkenG stellt auf das Bestehen von Verwechslungsgefahr ab. Ob diese besteht, wird vordringlich von der Branchennähe und der Identität/Ähnlichkeit der einander gegenüberstehenden Unternehmenskennzeichen abhängen. § 15 Abs. 3 MarkenG geht über Abs. 2 für im Inland bekannte geschäftliche Bezeichnungen hinaus. Danach besteht eine Ausschließungsbefugnis auch dann, wenn keine Gefahr von Verwechslungen im Sinne des § 15 Abs. 2 MarkenG besteht, soweit die Benutzung des verletzenden Zeichens die Unterscheidungskraft oder die Wertschätzung der geschäftlichen Bezeichnung ohne rechtfertigenden Grund in unlauterer Weise ausnutzt oder beeinträchtigt. Diese Bestimmung erfasst mithin die im bisherigen Recht nicht gesetzlich geregelten Fälle der unerlaubten Anlehnung sowie der Verwässerung.

19. Vgl. BGH GRUR 1973, 375 ff. – Miss Petite; zum Verschulden vgl. die vorangehenden Ausführungen im Form. sowie Anm. 13.

20. Vgl. *Ströbele/Hacker,* MarkenG, 8. Aufl. 2006, Rdn. 200 zu § 14; zur Haftung des Geschäftsführers einer GmbH: OLG Hamm GRUR 1980, 732 – Kadett 80; BGH GRUR 1986, 248 ff. – Sporthosen; BGHZ 99, 298; 98, 148, 152; vgl. ferner *Ströbele/Hacker,* MarkenG, 8. Aufl. 2006, aaO.

21. Wie Anm. 19 und Anm. 7.

22. Wie Anm. 19.

23. Vgl. dazu schon RG GRUR 1937, 1090, 1093 für Warenzeichen. Ob auf Löschung der gesamten Firma oder lediglich des die Rechte des Klägers verletzenden Bestandteils zu klagen ist, ist eine Frage des Einzelfalles. Auf Löschung der gesamten Firma kann geklagt werden, wenn sich Erlaubtes und Unerlaubtes nicht trennen lassen, insbesondere der verbleibende Teil registerwidrig (vgl. BGH GRUR 1968, 212; RG GRUR 1927, 66) oder irreführend ist (vgl. z. B. BGH GRUR 1970, 321 – für den Unterlassungsanspruch). Die Löschung der gesamten Firma ist ein weitergehender Eingriff in die Rechtsstellung des Schuldners als diejenige eines Firmenbestandteils, so dass regelmäßig nur die Löschung des unzulässigen Bestandteils beantragt werden wird (vgl. BGH GRUR 1974, 162/164 – etirex; GRUR 1981, 60, 64 – Sitex; *v. Gamm,* Wettbewerbsrecht, II. Halbbd., 5. Aufl. 1987, Kap. 57, Rdn. 49 und Kap. 55, Rdn. 17).

24. Zur Zuständigkeit des Gerichts vgl. Anm. 1 und Form. II. O. 18 Anm. 2.

21. Schadensersatzhöheklage wegen Markenverletzung[1]

Landgericht
Kammer für Handelssachen[2]

Klage

der Firma A ……

– Klägerin –

Prozessbevollmächtigter: Rechtsanwalt ……

gegen

1. die Firma B …… GmbH ……
2. Herrn Geschäftsführer ……,

– Beklagte –

wegen Markenverletzung

Streitwert: EUR ……

Namens und in Vollmacht der Klägerin erhebe ich Klage und werde beantragen,

I. die Beklagten zu verurteilen, an die Klägerin gesamtverbindlich EUR …… nebst ……% Zinsen nach Maßgabe der nachstehenden Aufstellung zu zahlen: (folgt Zinsaufstellung)[4];
II. den Beklagten gesamtverbindlich die Kosten des Rechtsstreits aufzuerlegen;
III. das Urteil – gegebenenfalls gegen Sicherheitsleistung (Bank- oder Sparkassenbürgschaft) – für vorläufig vollstreckbar zu erklären;
hilfsweise der Klägerin nachzulassen, die Zwangsvollstreckung wegen der Kosten durch Sicherheitsleistung (Bank- oder Sparkassenbürgschaft) abzuwenden.

……[4a]

Begründung:

Es handelt sich um einen Prozess über die Höhe eines Schadensersatzanspruchs. Die Parteien sind der angerufenen Kammer aus dem vorangegangenen Markenverletzungsprozess gleichen Rubrums LG …… Aktenzeichen …… bekannt. Das Oberlandesgericht …… hat durch Urteil vom …… festgestellt, dass die Beklagten gesamtverbindlich verpflichtet sind, der Klägerin allen denjenigen Schaden zu ersetzen, der ihr dadurch entstanden ist, dass die Beklagten unter der Kennzeichnung „Magnet" Möbel feilgehalten, in den Verkehr gebracht und vertrieben haben. Des Weiteren sind die Beklagten durch vorstehend bezeichnetes Urteil zur Rechnungslegung verurteilt worden. Das Urteil des Oberlandesgerichts …… ist rechtskräftig.

Beweis: Beiziehung der Akten des LG …… = OLG ……

Die Beklagten haben für den Zeitraum …… entsprechend ihrer durch Urteil festgestellten Verpflichtung Rechnung gelegt. Ich füge die in Rede stehende Rechnungslegung in Kopie als Anlage 1 bei. Daraus ergibt sich, dass die Beklagte zu 1) in der hier interessierenden Zeit mit den streitbefangenen Verletzungshandlungen einen Umsatz in Höhe von EUR …… erzielt hat. Des Weiteren ergibt sich aus der Rechnungslegung gemäß Anlage 1, dass die Beklagte zu 1) in sehr hohem Umfang Werbung betrieben hat. Ihre Werbeaufwendungen haben EUR …… betragen.

Aus Vereinfachungsgründen wählt die Klägerin für die Berechnung ihres Schadens den Weg der Lizenzanalogie[5], wobei sie sich vorbehält, auf eine andere Schadensersatz-

berechnungsmethode überzugehen[6]. In Berücksichtigung der Messmer-Tee-II-Entscheidung des Bundesgerichtshofs in GRUR 1966, 375 erscheint der Klägerin ein Lizenzsatz in Höhe von 1% vom Umsatz angemessen. Daraus errechnet sich die geltend gemachte Klageforderung. Dass ein Lizenzsatz von 1% angemessen ist, kann die angerufene Kammer gemäß § 287 ZPO im Wege freier Schadensschätzung unter Berücksichtigung der nachfolgend wiedergegebenen Umstände ohne weiteres selbst ermitteln. Im Einzelnen[6]:

Die Höhe der geschuldeten Lizenzgebühr richtet sich in erster Linie nach dem Verkehrswert des verletzten Ausschließlichkeitsrechtes. Bei Marken sind daher maßgeblich der Bekanntheitsgrad und der Ruf des Zeichens. Hier ist festzustellen, dass es sich bei der Klagemarke um eine im Bewusstsein des allgemeinen Publikums fest verankerte und sehr bekannte Kennzeichnung handelt, die über einen ausgezeichneten Ruf verfügt. Zur Vermeidung von Wiederholungen verweise ich auf die Feststellungen der angerufenen Kammer sowie des Oberlandesgerichts …… im vorangegangenen Verletzungsprozess, wie sie in den Urteilen vom …… und vom …… festgehalten sind. Danach kann es als unstreitig gelten, dass die Klägerin ihre Marke seit 2004 mit jährlichen Werbeaufwendungen von mehr als EUR 10 Mio. durch Werbeanzeigen in großen Publikumszeitschriften bekannt gemacht hat.

Des Weiteren ist für die Höhe einer Markenlizenz von Bedeutung, welche Einbußen und Schädigungen der Markeninhaber durch die Verletzungshandlungen hinnehmen muss. Insoweit kommt es insbesondere auf das Maß der Verwechslungsgefahr und der Warennähe an. Die Marke der Beklagten sind mit derjenigen der Klägerin identisch. Des Weiteren erfolgten die streitgegenständlichen Benutzungshandlungen der Beklagten auf dem gleichen Warengebiet; es besteht nicht nur Ähnlichkeit der Waren, sondern sogar Warenidentität.

Hält man sich sämtliche vorbezeichneten Umstände vor Augen, so ist davon auszugehen, dass eine Höhe von 1% der Umsatzerlöse als Schadensersatz angemessen ist. Im Falle einer freiwilligen Vereinbarung würde ein Markeninhaber die Schwächung des wirtschaftlichen Wertes seiner Marke, insbesondere ihrer Herkunftsfunktion in die Lizenzvereinbarung mit einfließen lassen, die dadurch begründet wird, dass ein selbständiger Dritter die Marke ebenfalls in identischer oder verwechselbarer Form benutzt, und es würde ein verständiger Lizenznehmer diesen Gesichtspunkt auch akzeptieren, so dass schon insoweit eine Mindestvergütung in Höhe von 1% angemessen erscheint[3].

Der geltend gemachte Zinsanspruch rechtfertigt sich im Hinblick auf den Zinslauf unter dem rechtlichen Gesichtspunkt der sog. aufgelaufenen Zinsen. Denn bei einer Schadensersatzlizenz ist der Schädiger nicht besser und nicht schlechter zu stellen als ein vertraglicher Lizenznehmer. Dieser hätte mit der Klägerin eine Verzinsung rückständiger Lizenzgebühren spätestens jeweils zum 1. Quartal des nachfolgenden Jahres vereinbart[3]. Im Hinblick auf die Zinshöhe bestimmt § 288 Abs. 2 BGB, dass bei Rechtsgeschäften, an denen ein Verbraucher nicht beteiligt ist, der Zinssatz für Entgeltforderungen 8 Prozentpunkte über dem Basiszinssatz beträgt[4].

Rechtsanwalt

Anmerkungen

1. Das Formular ist inhaltlich an Form. II. O. 18 ausgerichtet. Ihm liegt der Sachverhalt zugrunde, dass die Beklagten in der Zwischenzeit Rechnung gelegt haben, auf deren Grundlage nunmehr ein beziffertes Schadensersatzanspruch geltend gemacht wird.

2. Zur Zuständigkeit vgl. Form. II. O. 18 Anm. 2.

3. Als übliche Lizenzsätze können 1 bis 5% angenommen werden (*Ingerl/Rohnke,* MarkenG, 2. Aufl. 2003, Rdn. 116 vor §§ 14 bis 19; *Ströbele/Hacker,* MarkenG, 8. Aufl. 2006, Rdn. 278 zu § 14; Beispiele: BGH GRUR 1966, 375, 378 – Messmer-Tee II: 1%; OLG München, OLG-Report 2001, 283, 284/285: 15%; OLG Hamburg Mitt. 2002, 382 – PURA/RAPUR: 3%; LG Düsseldorf Mitt. 2002, 89: 5% für Fußmatten mit der Kennzeichnung „Mercedes"; BGH GRUR 1993, 55, 58 ff. – Tchibo/Rolex II: 12,5% bei Verwendung der Marke Rolex für Billiguhren).

4. Die Höhe der Verzugszinsen wird in Absätzen 1 und 2 des § 288 BGB bestimmt. Grundsätzlich ist eine Geldschuld während des Verzugs zu verzinsen. Der Verzugszinssatz beträgt für das Jahr 5 Prozentpunkte über dem Basiszinssatz (§ 288 Abs. 1 BGB). Handelt es sich um Rechtsgeschäfte, an denen ein Verbraucher nicht beteiligt ist, beträgt der Zinssatz für Entgeltforderungen 8 Prozentpunkte über dem Basiszinssatz (§ 288 Abs. 2 BGB). Es stellt sich die Frage der Anwendbarkeit des § 288 Abs. 1 BGB mit Verzugszinsen in Höhe von 5 Prozentpunkten über dem Basiszinssatz oder von § 288 Abs. 2 BGB, der 8 Prozentpunkte über dem Basiszinssatz vorsieht. Das hängt davon ab, ob der – fiktiv zu unterstellende – Lizenzvertrag als ein Rechtsgeschäft im Sinne des § 288 Abs. 2 BGB angesehen werden kann oder ob es sich – schwerpunktmäßig – doch nur um Schadensersatz handelt, so dass § 288 Abs. 1 BGB Anwendung findet. Eine höchstrichterliche Entscheidung ist dazu bisher nicht ergangen.

Die Bestimmung des § 352 Abs. 1 HGB erscheint nicht anwendbar. Danach beträgt die Höhe der sog. Kaufmannszinsen 5%. Dies gilt jedoch nicht für Verzugszinsen. Vor der Abänderung des § 288 BGB durch Art. 1 des Schuldrechtsmodernisierungsgesetzes vom 26. November 2001 ist die Auffassung vertreten worden, der im Wege des Schadensersatzes zu Lizenzzahlungen Verpflichtete habe die von ihm geschuldeten Beträge schon zu Zeitpunkten vor Eintritt des Verzugs bzw. der Rechtshängigkeit zu verzinsen (vgl. LG München GRUR 1972, 424 – Krampfaderstrümpfe). OLG Düsseldorf wendete §§ 352, 353 HGB analog an und begründete dies mit der Erwägung, dass der Verletzer zwar nicht schlechter, aber eben auch nicht besser gestellt sein dürfe als ein vertraglicher Lizenznehmer; infolgedessen sei vom ersten Monat nach Abschluss eines Abrechnungsjahres die Schadensersatzlizenz zu verzinsen (vgl. OLG Düsseldorf GRUR 1981, 45/52 f. – Absatzhaltehebel). Auf Revision des Beklagten hat der Bundesgerichtshof diese praxisnahe Lösung des OLG Düsseldorf bestätigt (GRUR 1982, 286 – Fersenabstützvorrichtung), sogleich freilich dabei darauf hingewiesen, dass die Schlussfolgerung des OLG Düsseldorf auf dem Gebiet der Tatsachenfeststellung liege. Infolgedessen wird jeder Einzelfall darauf zu prüfen sein, ob vergleichbare Voraussetzungen, wie vom Oberlandesgericht Düsseldorf angenommen, vorliegen. Eine Erstattung von Auflaufzinsen durch den im Wege des Schadensersatzes oder des Bereicherungsausgleiches Lizenzpflichtigen wird regelmäßig dann in Betracht kommen, wenn es sich bei den Parteien um Kaufleute handelt und üblicherweise – gegebenenfalls durch Vorlage von Verträgen zu belegen – bei vertraglichen Lizenznahmen Fälligkeitszinsen für Lizenzzahlungen vereinbart werden. In einer weiteren Entscheidung – Kunststoffhohlprofil II – in GRUR 1982, 301 hat der Bundesgerichtshof eine Verpflichtung zur Erstattung von Auflaufzinsen – diesmal unter dem Gesichtspunkt des § 818 Abs. 2 BGB – bestätigt. Kommt auch eine Verpflichtung des Verletzers auf Zahlung aufgelaufener Zinsen in Betracht, so ist der jeweilige Zinszeitpunkt zu ermitteln (im konkreten Fall des OLG Düsseldorf, GRUR 1981, 45/53 li. Sp. – Absatzhalter: jeweils ab einem Monat nach Abschluss eines Abrechnungsjahres). Die Zinshöhe ist aaO. mit 5% angenommen worden (zustimmend BGH GRUR 1982, 286/289 – Fersenabstützvorrichtung). Die 4. Zivilkammer des Landgerichts Düsseldorf hat in ständiger Spruchpraxis von vornherein den Weg gewählt, den § 288 BGB nunmehr vorsieht, indem sie die Zinshöhe regelmäßig mit 3,5% über dem jeweiligen Diskontsatz der Deutschen Bundesbank (jetzt: Europäische Zentralbank) festgesetzt hat (z. B. LG Düsseldorf Mitt. 1990, 101; 1996, 41, 43, 44; gebilligt durch OLG Düsseldorf

Mitt. 1998, 27, 33, 34 – Schadensersatz nach der Lizenzanalogie; vgl. dazu *Mes,* PatG, 2. Aufl. 2005, Rdn. 90 zu § 139).

Im Formular wird § 288 Abs. 1 BGB angewandt. Das steht unter Zweifel.

4 a. Etwaige weitere prozessuale Erklärungen, wie z. B. die zur Übertragung des Rechtstreits auf einen Einzelrichter, zur Durchführung einer Güteverhandlung usw.

5. Zu den Berechnungsmethoden vgl. Form. II. O. 3 Anm. 10 und – für den Fall einer Zeichenverletzung – Form. II. O. 18 Anm. 9.

6. Zur Möglichkeit des Übergangs auf eine andere Berechnungsmethode noch im Laufe des Prozesses, selbst nach erteilter Auskunft (allerdings nicht nach rechtskräftiger Zuerkennung des Schadensersatzanspruchs) vgl. BGH GRUR 1993, 55 – Tchibo-Rolex II; GRUR 1974, 53 – Nebelscheinwerfer. Die Wahlmöglichkeit des Gläubigers zwischen den Schadensersatzberechnungsmethoden endet jedenfalls mit Rechtskraft eines über den Schadensersatz endgültig entscheidenden Urteils, wobei der Verletzte dieses Wahlrecht auch dann verliert, wenn über seinen Schadensersatzanspruch bereits für ihn selbst unangreifbar nach einer Berechnungsart entschieden worden ist (BGH GRUR 2008. 93 ff. = NJW 2008, 373 – Zerkleinerungsvorrichtung; a. A. noch die Vorentscheidung: OLG Düsseldorf Mitt. 2007, 139 – Berechnungswechsel).

7. Die nachfolgende Begründung folgt dem Gedankengang der Messmer-Tee-II-Entscheidung des Bundesgerichtshofes, GRUR 1966, 375 ff.; vgl. dazu auch BGH GRUR 1975, 85, 87 – Clarissa; OLG Karlsruhe, GRUR 1971, 221, 222 – Pudelzeichen II; LG Düsseldorf Mitt. 2002, 89, 90 – Angemessene Lizenz; ferner *Ströbele/Hacker,* MarkenG, 8. Aufl. 2006, Rdn. 274 zu § 14.

22. Eintragungsbewilligungsklage[1]

Landgericht
Kammer für Handelssachen[2]

Klage

der Firma A ......

– Klägerin –

Prozessbevollmächtigter: RA ......

gegen

Firma B ......

– Beklagte –

wegen: Bewilligung der Eintragung einer Marke

Streitwert: vorläufig geschätzt: EUR .....[3]

Namens und in Vollmacht der Klägerin erhebe ich Klage und werde beantragen,

1. **die Beklagte zu verurteilen,**
   gegenüber dem Deutschen Patent- und Markenamt darin einzuwilligen, dass die unter dem Aktenzeichen M ...... Wz beim Deutschen Patent- und Markenamt angemeldete Marke „Magnet" in das Register des Deutschen Patent- und Markenamtes eingetragen wird[4];
2. **der Beklagten die Kosten des Rechtsstreits aufzuerlegen[5];**

3. **das Urteil – gegebenenfalls gegen Sicherheitsleistung (Bank- oder Sparkassenbürgschaft) – für vorläufig vollstreckbar zu erklären;**
hilfsweise der Klägerin nachzulassen, die Zwangsvollstreckung gegen Sicherheitsleistung (Bank- oder Sparkassenbürgschaft) abzuwenden[5].
......[6].

Begründung:

I.

1. Die Klägerin ist ein 1973 gegründetes Unternehmen, das den Einzelhandel mit Möbeln betreibt. Sie verfügt über Zweigniederlassungen in insgesamt 12 Städten in der Bundesrepublik Deutschland, verteilt über das gesamte Bundesgebiet, und zwar in den Städten ...... Seit Beginn ihrer Tätigkeit hat die Klägerin als Firmenschlagwort die Kennzeichnung „Magnet" in den Vordergrund gestellt. Ich überreiche dazu als Anlage 1 entsprechende Benutzungsbeispiele, beginnend vom Jahr 1973 bis zum Zeitpunkt der Klageerhebung. Für die Richtigkeit des Vorgetragenen berufe ich mich ferner zum Beweis auf das
Zeugnis ......
2. Die Klägerin hat am 2. Januar 2008 die im Klageantrag 1 bezeichnete Markenanmeldung betreffend ihr Firmenschlagwort „Magnet" getätigt. Das Waren-/Dienstleistungsverzeichnis umfasst die Waren „Möbel". Die Beklagte hat gegen die vorbezeichnete Markenanmeldung aus der Marke Nummer 840.366 „Magnet" Widerspruch erhoben. Die Widerspruchsmarke ist am 6. Oktober 1995 angemeldet und am 5. Februar 1996 eingetragen worden, und zwar für die Beklagte für die Waren „Leuchtmittel". Das Patent- und Markenamt hat im Widerspruchsverfahren die Marke der Klägerin gelöscht[7]. Dieser Beschluss des Deutschen Patent- und Markenamtes hat vor 3 Monaten, nämlich am ......, Rechtskraft erlangt[8].
3. Die Widerspruchsmarke ist wegen Nichtbenutzung löschungsreif. Des Weiteren steht ihr das prioritätsältere Firmenrecht der Klägerin entgegen. Da die Beklagte nicht bereit ist, sich entsprechend der Rechtslage zu verhalten, ist Klage geboten. Mit ihr wird gemäß § 44 MarkenG der der Klägerin zustehende Anspruch auf Einwilligung in die Eintragung der angemeldeten Marke „Magnet" geltend gemacht.

II.

Die rechtliche Bewertung ergibt die Berechtigung des Klagebegehrens[9]:
1. Die Widerspruchsmarke „Magnet" ist löschungsreif, da sie seit mehr als 5 Jahren von der Beklagten nicht mehr benutzt worden ist. Zwar hat die Beklagte der von der Klägerin angemeldeten Wortmarke „Magnet" im Widerspruchsverfahren Benutzungsbeispiele der Widerspruchsmarke „Magnet" entgegengehalten und diese in Form der Überreichung von Prospektmaterialien glaubhaft gemacht. Die Beklagte hat jedoch verschwiegen, dass die in Rede stehenden Benutzungsbeispiele nicht von ihr selbst, sondern von einem Konkurrenzunternehmen stammen. Eine Rückfrage der Klägerin bei diesem Unternehmen hat ergeben, dass es die Bezeichnung „Magnet" zwar für Leuchtmittel benutzt, jedoch ohne Zustimmung der Beklagten (§ 26 Abs. 2 MarkenG).[10] Dementsprechend hätte der Widerspruch der Beklagten zurückgewiesen werden müssen (§ 43 Abs. 2 S. 2 MarkenG).[11]
2. Die Bezeichnung „Magnet" hat für den Geschäftsbetrieb der Klägerin Namensfunktion und ist somit Unternehmenskennzeichen im Sinne des § 5 Abs. 2 S. 1 MarkenG. Wie die Benutzungsbeispiele gemäß Anlage 1 zeigen, wird die in Rede stehende Kennzeichnung von der Klägerin neben ihrer Firma als eine besondere Kennzeichnung in sämtlichen Werbemitteln, öffentlichen Verlautbarungen, Preislisten usw. besonders herausgestellt. Das geschieht seit der Firmengründung. Die in Rede stehende Bezeichnung ist von Hause aus unterscheidungskräftig, so dass die Klägerin mit Aufnahme

ihrer Benutzung im Jahre 1973 an dieser Kennzeichnung über eine Priorität verfügt (§ 5 Abs. 2 S. 1 MarkenG).[12] Damit ist die Klagekennzeichnung prioritäts-älter als die Widerspruchsmarke der Beklagten. Als priori-tätsälteres Zeichen setzt es sich gegenüber der Marke der Beklagten auch im Rahmen dieser Eintragungsbewilligungsklage durch.

Ich zeige an, dass in diesem Rechtsstreit auf Seiten der Klägerin auch

Herr Patentanwalt[13]

......

mitwirkt.

Rechtsanwalt

Schrifttum: Munzinger, Zur Eintragungsbewilligungsklage, GRUR 1995, 12 ff.

Hinweis: Ein weiteres Textbeispiel für eine Eintragungsbewilligungsklage findet sich bei *Mes/Rohnke,* Münchener Prozessformularbuch, Bd. 5, Gewerblicher Rechtsschutz, Urheber- und Presserecht, 3. Aufl. 2009, Form. B. 7.

Anmerkungen

1. Vgl. § 44 MarkenG.

2. Es handelt sich um eine Kennzeichenstreitsache im Sinne des § 140 Abs. 1 MarkenG. Zur Zuständigkeit vgl. im Einzelnen Form. II. O. 18 Anm. 2.

3. Die Höhe des Streitwertes ist analog § 3 ZPO zu bestimmen. Maßgeblich ist das Interesse des Klägers an dem Erwerb der den Klagegrund bildenden Marke. Dieses Interesse erreicht größenordnungsmäßig die Streitwertangaben in Markenverletzungsprozessen (vgl. dazu Form. II. O. 18 Anm. 4).

4. Die Eintragungsbewilligungsklage ist Leistungsklage, gerichtet auf Abgabe einer Willenserklärung (§ 894 Abs. 1 ZPO). Sie ist in § 44 MarkenG geregelt. Darin werden besondere Zulässigkeitsvoraussetzungen für die Eintragungsbewilligungsklage aufgestellt. Der Anspruchsgrund selbst ist in § 44 MarkenG nicht geregelt. Zulässigkeitsvoraussetzungen für die Eintragungsbewilligungsklage sind nach dem Wortlaut des § 44 MarkenG:
– Es liegt ein Beschluss des Deutschen Patentamts vor, mit dem die angemeldete Marke gelöscht worden ist;
– der Beschluss des Patentamts ist unanfechtbar;
– die Eintragungsbewilligungsklage ist rechtzeitig, nämlich binnen einer Frist von 6 Monaten nach Unanfechtbarkeit der Entscheidung, mit der die Eintragung gelöscht worden ist, erhoben worden.

5. Die Nebenentscheidungen sind vom Gericht von Amts wegen zu treffen. Dennoch werden sie regelmäßig beantragt.

6. Im Falle der Anrufung der Zivilkammer ggf. Stellungnahme gemäß § 253 Abs. 3 ZPO. Wird von der Kammer von einem schriftlichen Vorverfahren Gebrauch gemacht bzw. ist damit zu rechnen, können hier die Anträge gem. §§ 307 Abs. 2, 331 Abs. 3 ZPO aufzunehmen sein. Ferner ist eine Stellungnahme nach § 278 Abs. 2 ZPO (Güteverhandlung) vorzusehen, vgl. dazu Form. II. N. 9 Anm. 9.

7. Die Löschung der Eintragung ist für die Eintragungsbewilligungsklage Zulässigkeitsvoraussetzung (vgl. Anm. 4). Nach früherem Recht, nämlich im Hinblick auf die Eintragungsbewilligungsklage des § 6 Abs. 2 WZG a. F., entfalteten die Feststellungen

des Patentamts (Bundespatentgerichts) in mehrfacher Hinsicht eine Bindungswirkung. Weder konnte geltend gemacht werden, das Patentamt bzw. Bundespatentgericht habe Warengleichartigkeit und/oder Verwechslungsgefahr zu Unrecht festgestellt, noch konnte eingewandt werden, es fehle an den Eintragungsvoraussetzungen (vgl. dazu *Baumbach/Hefermehl,* WZG, 12. Aufl. 1985, § 6 Rdn. 10). Zur Bindungswirkung im Zusammenhang mit § 44 MarkenG vgl. *Fezer,* Markenrecht, 4. Aufl. 2009, Rdn. 3 und 9 zu § 44 MarkenG.

8. Die Einhaltung der 6-Monatsfrist nach Unanfechtbarkeit der Löschungsentscheidung ist Zulässigkeitsvoraussetzung gemäß § 44 Abs. 2 MarkenG.

9. Die frühere Unterscheidung, wonach eine Eintragungsbewilligungsklage auf zeichenrechtliche Gründe wie auch auf sachlichrechtliche Gründe gestützt werden konnte (vgl. dazu im Einzelnen *Baumbach/Hefermehl,* WZG, 12. Aufl. 1985, § 6 Rdn. 11 und 12), hat für § 44 MarkenG weitgehend ihre Bedeutung verloren. Das MarkenG hat ein umfassendes Kennzeichenrecht geschaffen, so dass die bisherigen früheren „nicht zeichenrechtlichen" Gründe, wie z. B. sämtliche prioritätsälteren Rechte an geschäftlichen Bezeichnungen (§ 5 MarkenG) nunmehr Teil des umfassenderen Markenrechtes sind (*Fezer,* Markenrecht, 4. Aufl. 2009, Rdn. 11 zu § 44 MarkenG).

10. Der Wortlaut dieser Bestimmung dürfte die frühere Diskussion darüber, ob die Benutzung eines Zeichens durch einen Dritten ohne vorherige Einwilligung des Zeicheninhabers eine ausreichende Benutzung im Sinne der Bestimmungen des warenzeichenrechtlichen Benutzungszwanges darstellte (§§ 5 Abs. 7, 11 Abs. 1, Abs. 5 WZG a. F., vgl. u. a. *Schricker,* GRUR Int. 1969, 14 ff.; *Heisecke,* WRP 1974, 308 ff.), beendet haben.

11. Neben der Eintragungsbewilligungsklage kann die Löschung eines verfallenen Zeichens gemäß §§ 49, 43 MarkenG durch Antrag beim Patent- und Markenamt betrieben werden. Widerspricht allerdings der Inhaber der eingetragenen Marke der Löschung nach Mitteilung eines entsprechenden Antrags durch das Patent- und Markenamt (§§ 53 Abs. 2 und 4 MarkenG), so ist – gegebenenfalls in Kombination mit einer Eintragungsbewilligungsklage – das Löschungsverfahren wegen Verfalls im Wege der Klage vor den ordentlichen Gerichten anhängig zu machen (§ 55 MarkenG).

12. Die im Formular zugrunde gelegte Rechtsauffassung beruht auf dem Wortlaut des § 5 Abs. 2 MarkenG, der zwei verschiedene Tatbestände regelt. Zum einen sind in § 5 Abs. 2 S. 1 MarkenG die Unternehmenskennzeichen angesprochen, hinsichtlich deren gesagt wird, dass sie Zeichen sind, die im geschäftlichen Verkehr als Name, als Firma oder als besondere Bezeichnung eines Geschäftsbetriebes oder eines Unternehmens benutzt werden. Zum anderen befasst sich § 5 Abs. 2 S. 2 MarkenG mit solchen Geschäftsabzeichen und sonstigen zur Unterscheidung des Geschäftsbetriebs von anderen Geschäftsbetrieben bestimmten Zeichen, „die innerhalb beteiligter Verkehrskreise als Kennzeichen des Geschäftsbetriebs gelten". Infolgedessen wird im Formular davon ausgegangen, dass Unternehmenskennzeichen nur solche sind, die von Hause aus unterscheidungskräftig sind und dementsprechend ab Benutzungsaufnahme Schutz genießen, wohingegen Geschäftsabzeichen und die sonstigen zur Unterscheidung des Geschäftsbetriebes bestimmten Zeichen im Sinne des § 5 Abs. 2 S. 2 MarkenG solche sind, die Schutz erst dann erhalten, sofern sie Verkehrsgeltung erworben haben. Vgl. dazu *Fezer,* Markenrecht, 4. Aufl. 2009, Rdn. 4 zu § 5.

13. Zur Mitwirkung eines Patentanwalts vgl. § 140 Abs. 5 MarkenG.

Kosten und Gebühren

Vgl. § 140 Abs. 2 und Abs. 3 MarkenG. Gegebenenfalls ermäßigter Streitwert. Vgl. ferner die Angaben zu „Kosten und Gebühren" bei Form. II. O. 18.

Fristen und Rechtsmittel

Es ist auf die 6-Monatsfrist nach Unfechtbarkeit der die Eintragung löschenden Entscheidung des Patentamts zu achten (vgl. Anm. 4 und 8).

Urheberrecht

23. Urheberrechtsverletzungsklage[1]

Landgericht
Zivilkammer[2]

Klage

der Frau ......

– Klägerin –

Prozessbevollmächtigter: RA ......

gegen

1. die Firma Kunstvertrieb GmbH, ..., vertreten durch ihren Geschäftsführer, den Beklagten zu ......[2]
2. Herrn Geschäftsführer ......[3]

– Beklagte –

wegen Urheberrechtsverletzung

Streitwert: vorläufig geschätzt EUR ......[4]

Namens und in Vollmacht der Klägerin erhebe ich Klage und werde beantragen,

I. die Beklagten zu verurteilen,

1. es bei Meidung ...... zu unterlassen[5], die nachfolgend wiedergegebene Figur „Sitzendes Mädchen" (folgt Abbildung)[6]
(herzustellen,) feilzuhalten oder in den Verkehr zu bringen[7];

2. der Klägerin Auskunft über die Herkunft und den Vertriebsweg der vorstehend zu I 1 beschriebenen Figur zu erteilen, insbesondere unter Angabe der Namen und Anschriften der Hersteller, der Lieferanten und deren Vorbesitzer, der gewerblichen Abnehmer oder Auftraggeber sowie unter Angabe der Menge der (hergestellten,) ausgelieferten, erhaltenen oder bestellten Vervielfältigungsstücke[8];

3. der Klägerin über den Umfang[9] der vorstehend zu I 1 beschriebenen Handlungen Rechnung zu legen, und zwar unter Vorlage eines Verzeichnisses mit der Angabe (der Herstellungsmengen und -zeiten sowie) der einzelnen Lieferungen unter Nennung

a) der Liefermengen, Lieferzeiten, Lieferpreise und Namen und Anschriften der Abnehmer,
b) der Gestehungskosten unter Angabe der einzelnen Kostenfaktoren
c) sowie des erzielten Gewinns

und unter Angabe der einzelnen Angebote und der Werbung unter Nennung

d) der Angebotszeiten und Angebotspreise sowie Namen und Anschriften der Angebotsempfänger,

e) der einzelnen Werbeträger, deren Auflagenhöhe, Verbreitungszeitraum und Verbreitungsgebiet;

4. die in unmittelbarem oder mittelbarem Besitz oder Eigentum der Beklagten befindlichen Vervielfältigungsstücke der Figur „Sitzendes Mädchen“ zu vernichten;[10]

II. festzustellen, dass die Beklagten gesamtverbindlich verpflichtet sind, der Klägerin allen Schaden zu erstatten, der ihr aus den vorstehend zu I 1 bezeichneten Handlungen der Beklagten entstanden ist und künftig noch entstehen wird[11];

III. der Klägerin die Befugnis zuzusprechen, nach Rechtskraft des Urteils dieses in der Zeitschrift X auf Kosten der Beklagten bekannt zu machen[12];

IV. …… (Kosten) ……[13]

V. …… (vorläufige Vollstreckbarkeit) ……[13]

Es handelt sich um eine urheberrechtliche Streitigkeit, so dass die Übertragung auf den Einzelrichter nicht angezeigt erscheint[14].

……[14 a]

Begründung:

I.

Die Klägerin ist die Tochter des am 13. Juli 2003[15] verstorbenen Bildhauers ….., der schon zu seinen Lebzeiten mit seinen Werken große Anerkennung und Berühmtheit erlangt hat. Sie ist die Alleinerbin. Als Anlage 1 überreiche ich den auf sie lautenden Erbschein des Amtsgerichts …… vom ……

Unter den nachgelassenen Werken des Bildhauers …… befindet sich die Plastik „Sitzendes Mädchen“. Diese Plastik ist auf mehreren Ausstellungen noch vor dem Tode des Bildhauers …… gezeigt worden. Sie hat infolge ihrer gestalterischen Qualität großes Interesse beim allgemeinen Publikum wie auch insbesondere in der Fachwelt gefunden. Zahlreiche Artikel sind in internationalen Fachzeitschriften über diese Plastik veröffentlicht worden, in denen ihre besondere Ausdruckskraft hervorgehoben wird. Ich überreiche als Anlage 2 in Kopie ein Kompendium derartiger Veröffentlichungen, unter deren Verfasser sich so bekannte Namen wie …… befinden.

Die Beklagte zu 1), deren alleiniger Geschäftsführer der Beklagte zu 2) ist, unterhält im Gerichtsbezirk eine Galerie, in der sie Werke der bildenden Kunst feilhält. Die Klägerin hatte den Beklagten auf deren Bitten das im Besitz der Klägerin befindliche Original der Plastik „Sitzendes Mädchen“ für eine Ausstellung zur Verfügung gestellt. Sie hat von den Beklagten nach Beendigung der Ausstellung die Plastik zwar zurückerhalten, jedoch zu ihrer Überraschung feststellen müssen, dass die Beklagte zu 1) sie plagiiert hat und davon Vervielfältigungsstücke, nämlich Nachgüsse, anbietet und vertreibt. Auf diesen Sachverhalt von der Klägerin unmittelbar angesprochen, haben die Beklagten sich dahingehend eingelassen, da der Vater der Klägerin als der Schöpfer des Werkes verstorben sei, sei es ihnen gestattet, das in Rede stehende Werk zu vertreiben. Insoweit bestehe ein Interesse der Allgemeinheit. Auf ihren Rechtsirrtum angesprochen, waren die Beklagten jedoch nicht bereit, ihre Urheberrechtsverletzungshandlungen einzustellen. Daher ist Klage geboten. Mit ihr werden die sich aus der Urheberrechtsverletzung der Beklagten ergebenden Ansprüche der Klägerin geltend gemacht.

II.

1. Der mit Klageantrag I 1 geltend gemachte Unterlassungsanspruch findet seine Grundlage in § 97 Abs. 1 S. 1 UrhG[16].

Die Plastik „Sitzendes Mädchen“ ist ein geschütztes Werk der bildenden Kunst gemäß § 2 Abs. 1 Nr. 4 UrhG in Verbindung mit § 2 Abs. 2 UrhG[17]. Der sich unmittelbar dem Auge mitteilende ästhetische Gehalt der Plastik weist einen hohen schöpferischen Eigentümlichkeitsgrad auf, der nach allen bisher bekannt gewordenen Stimmen der auf dem einschlägigen Gebiet vertrauten Verkehrskreise das in Rede stehende Werk als eine persönliche geistige Schöpfung ausweist, so dass ohne weiteres von seiner Urheberrechtsschutzfähigkeit auszugehen ist[18]. Ich verweise dazu auf die in Anlage 2 zusammengestellten Publikationen.

Die von den Beklagten hergestellten und vertriebenen Erzeugnisse stimmen unmittelbar mit dem Original der Plastik überein. Dementsprechend greifen die Beklagten mit der Herstellung und dem Vertrieb derartiger Erzeugnisse in die allein dem Urheberrechtsberechtigten vorbehaltenen Verwertungsrechte gemäß §§ 15 ff. UrhG ein, indem sie in unzulässiger Weise vervielfältigen (§ 16 Abs. 1 UrhG) und verbreiten (§ 17 Abs. 1 UrhG).

Die sich daraus ergebenden Ansprüche gerichtlich geltend zu machen, ist die Klägerin als die Erbin des Urhebers aktivlegitimiert[19]. Da unbestritten Vervielfältigungs- und Verbreitungshandlungen im Hinblick auf die Plagiate seitens der Beklagten stattgefunden haben, ist Wiederholungsgefahr gegeben und ist dementsprechend der mit Klageantrag I 1 geltend gemachte Unterlassungsanspruch gemäß § 97 Abs. 1 S. 1 UrhG begründet.

2. Der mit Klageantrag I 2 geltend gemachte Auskunftsanspruch besteht gemäß § 101 a UrhG[20].
3. Mit Klageanträgen I 3 und II werden die Ansprüche auf Rechnungslegung und Schadensersatzfeststellung geltend gemacht. Sie sind ebenfalls gemäß § 97 Abs. 1 S. 1 UrhG begründet. Es kann seitens der Beklagten nicht geleugnet werden, dass der Klägerin als der Alleinverwertungsberechtigten am Urheberrecht im Hinblick auf die hier interessierende Plastik durch das Verhalten der Beklagten ein Schaden entstanden ist und künftighin entstehen wird[21]. Die Beklagten können auch nicht leugnen, mindestens grob fahrlässig-schuldhaft gehandelt zu haben. Seit Kenntnis des Bestehens der Urheberrechtsberechtigung der Klägerin handeln die Beklagten sogar vorsätzlich-schuldhaft[22].

   Da die Klägerin den Umfang ihres Schadens nicht ohne nähere Rechnungslegung der Beklagten bestimmen kann, ist der mit Klageantrag I 3 geltend gemachte Rechnungslegungsanspruch infolge einer gewohnheitsrechtlichen Anwendung der Bestimmung des § 242 BGB begründet[23]. Das unverschuldete Unvermögen der Klägerin, ihren Schadensersatzanspruch zu beziffern, rechtfertigt auch die Zulässigkeit des Schadenersatzfeststellungsbegehrens.
4. Der mit Klageantrag I 4 geltend gemachte Vernichtungsanspruch findet seine Grundlage in § 98 Abs. 1 UrhG. Alle Vervielfältigungsstücke sind rechtswidrig, nämlich ohne Zustimmung des Urheberrechtsberechtigten, hergestellt. Einer solchen Zustimmung hätte es jedoch bedurft, da das Urheberrecht an der hier interessierenden Plastik mit dem Tode des Urhebers entgegen der Auffassung der Beklagten nicht erloschen, sondern vielmehr auf die Klägerin übergegangen ist. Das Urheberrecht steht noch 70 Jahre nach dem Tode des Urhebers in Kraft[24]. Da die Beklagten mindestens grob-fahrlässig, wenn nicht gar vorsätzlich-schuldhaft gehandelt haben, ist die Vernichtung der bei ihnen vorhandenen Vervielfältigungsstücke auch das gebotene Mittel, um weiteren Urheberrechtsverletzungen vorzubeugen[25].
5. Die rechtliche Verantwortlichkeit des Beklagten zu 2) ergibt sich auf Grund eigener Tätigkeit; diejenige der Beklagten zu 1) unter dem rechtlichen Gesichtspunkt der Organhaftung (§ 31 BGB analog) aufgrund der Zurechnung des Verhaltens des Beklagten zu 2).
6. Da es sich um einen besonders krassen Fall einer Urheberrechtsverletzung handelt und da des Weiteren eine erhebliche Verunsicherung interessierter Kunstkreise zu be-

fürchten ist, ist der Klägerin entsprechend Klageantrag III die Veröffentlichung des Urteils zu gestatten[26].
7. Das angerufene Gericht ist zuständig, weil ......[27]

Rechtsanwalt

Schrifttum: Kommentare: v. Gamm, Urheberrechtsgesetz, 1968; *Fromm/Nordemann,* Urheberrecht, 10. Aufl. 2008; *Mestmäcker/Schulze,* Kommentar zum Deutschen Urheberrecht, Loseblatt I–III; *Möhring/Nicolini,* Urheberrechtsgesetz, 2. Aufl. 2000; *Nordemann/Vinck/Hertin,* Int. Urheberrecht und Leistungsschutzrecht der deutschsprachigen Länder unter Berücksichtigung auch der Staaten der Europäischen Gemeinschaft, 1977; *Schricker/ Bearbeiter,* Urheberrechtsgesetz, 3. Aufl. 2006; *Wandtke/Bullinger,* Urheberrecht, 3. Aufl. 2009, *dies.,* Fallsammlung zum Urheberrecht, 3. Aufl. 2009.

Lehrbücher und Monografien: Berger/Wündisch/Bearbeiter, Urhebervertragsrecht, 2008; *Delp,* Das Recht des geistigen Schaffens in der Informationsgesellschaft, 2. Aufl. 2003; *ders.,* Der Verlagsvertrag, 7. Aufl. 2001; *Erdmann,* Neue höchstrichterliche Rechtsprechung zum Urheberrecht und Geschmacksmusterrecht, 1985 (RWS-Skript 152); *Gerstenberg,* Die Urheberrechte an Werken der Kunst, der Architektur und der Photographie, 1968; *Haas,* Das neue Urhebervertragsrecht, 2002; *Haberstumpf,* Handbuch des Urheberrechts, 2. Aufl. 2000; *Hertin,* Urheberrecht, 2. Aufl. 2008; *Hillig,* Urheber- und Verlagsrecht, 10. Aufl. 2003; *Hoeren/Sieber,* Handbuch Multimedia-Recht, 2002; *Hubmann/Rehbinder,* Urheber- und Verlagsrecht, 8. Aufl. 1995; *Huccki,* Das neue Urhebervertragsrecht, 2002, *Joos,* Die Erschöpfungslehre im Urheberrecht, 1991; *Loewenheim* (Herausgeber), Handbuch des Urheberrechts, 2003; *Lutz,* Kurze Einführung in das Urheber- und Verlagsrecht, 2. Aufl. 2004; *Rehbinder,* Urheberrecht, 15. Aufl. 2008; *Ulmer,* Urheber- und Verlagsrecht, 3. Aufl. 1980; *Schulze,* Meine Rechte als Urheber, Urheber- und Verlagsrecht, 1991.

Aufsätze (in Auswahl): *Ahlberg,* Der Einfluss des § 31 Abs. 4 UrhG auf die Auswertungsrechte von Tonträgerunternehmen, GRUR 2002, 313; *Heermann,* Zum Schutzumfang von Sprachwerken der Wissenschaft und die urheberrechtliche Stellung von Hochschulangehörigen, GRUR 1999, 468; *Koch,* Begründung und Grenzen des urheberrechtlichen Schutzes objektorientierter Software, GRUR 2000, 191; *Kuck,* Kontrolle von Musterverträgen im Urheberrecht, GRUR 2000, 285; *Plaß,* Open Contents im deutschen Urheberrecht, GRUR 2002, 670; *Schneider,* Urheberrechtsverletzungen im Internet bei Anwendung des § 5 TDG, GRUR 2000, 969; *Schulze/Bettinger,* Wiederaufleben des Urheberrechtsschutzes bei gemeinfreien Fotografien, GRUR 2000, 12; *Spindler,* Europäisches Urheberrecht in der Informationsgesellschaft, GRUR 2002, 105.

Hinweis: Zahlreiche weitere Textbeispiele für Urheberrechtsverletzungsstreitigkeiten finden sich bei *Mes/Lutz,* Münchener Prozessformularbuch, Bd. 5, Gewerblicher Rechtsschutz, Urheber- und Presserecht, 3. Aufl. 2009, Form. G. I. ff.

Anmerkungen

1. Urheberrechte und urheberrechtsverwandte Leistungsschutzrechte sind ungeprüfte Schutzrechte. Es empfiehlt sich daher jedenfalls, vor Einleitung gerichtlicher Schritte dem Verletzer ein Hinweisschreiben zu übersenden oder ihn abzumahnen (zum Risiko einer Schutzrechtsverwarnung vgl. Form. II. O. 9 Anm. 1 und Form. II. O. 1 Anm. 1). Von dem Abdruck einer entsprechenden Abmahnung wird abgesehen, da im Formularbuch anderweitige Formulierungsvorschläge enthalten sind (vgl. Form. II. N. 1, II. O. 1, II. O. 2,

II. O. 8 und II. O. 13). Die Konkretisierung der Verletzungshandlung in Urheberrechtsstreitigkeiten ergibt sich aus dem im Textbeispiel wiedergegebenen Unterlassungsantrag I 1.

2. Urheberrechtsstreitigkeiten gehören nicht vor die Kammern für Handelssachen, sondern vor die Zivilkammern. § 105 UrhG enthält eine Konzentrationsermächtigung. Dieser ist die Mehrheit der Bundesländer gefolgt. Dementsprechend bestehen bei ausgewählten Gerichten (Amts- und Landgerichte) Spezial-Abteilungen bzw. Spezial-Kammern. Auf die Übersicht bei *Fromm/Nordemann,* UrhG, 10. Aufl. 2008, Rn. 3 zu § 105 wird verwiesen.

§ 104 UrhG enthält eine Rechtswegregelung.

3. Zur Erweiterung der Zugriffsmöglichkeit infolge der Ausdehnung der Klage auf Organe juristischer Personen vgl. Form. II. O. 3 Anm. 2. Die dort für den Patentverletzungsprozess gemachten Aussagen gelten auch für Urheberrechtsverletzungsstreitigkeiten.

4. Zu den Bemessungsgrundsätzen für die Streitwertbestimmung vgl. Form. II. O. 3 Anm. 3. Zur Streitwertbemessung in Urheberrechtsverletzungsstreitigkeiten vgl. insbesondere auch *v. Gamm* § 97 Rdn. 24.

5. Vgl. § 890 ZPO. Zur Formulierung der Strafandrohungsklausel s. Form. II. N. 3 Anm. 5.

6. Zur Einfügung von Abbildungen vgl. Form. II. O. 13 Anm. 16.

7. Diese Formulierung wird in der Praxis häufig benutzt. Sie entspricht nicht dem Sprachgebrauch des Urheberrechtsgesetzes. Alternativ kann entsprechend §§ 15 ff. UrhG formuliert werden „...... zu vervielfältigen oder zu vertreiben". Sofern der Beklagte nicht herstellt (vervielfältigt), sondern – weil z. B. Händler – nur vertreibt, entfallen die in Klammern gesetzten Antragsteile, die auf ein Verbot des Herstellens gerichtet sind.

8. Vgl. § 101 a UrhG, eingefügt durch das Produktpirateriegesetz vom 7. März 1990. Vgl. dazu Form. II. O. 1 Anm. 13. Zur Geltendmachung im Wege der einstweiligen Verfügung bei offensichtlicher Rechtsverletzung vgl. Form. II. O. 19. Fehlt es an der Handlung des Herstellens (Vervielfältigens), so entfallen die in Klammern gesetzten Antragsformulierungen.

§§ 97 ff. UrhG sind durch das Gesetz zur Verbesserung der Durchsetzung von Rechten des geistigen Eigentums vom 7. Juli 2008 mit Wirkung zum 1. September 2008 neugefasst. Die Neufassung enthält folgendes:
- § 97 Abs. 2 S. 2 und S. 3 UrhG n. F. berücksichtigen nunmehr ausdrücklich die Berechnungsmethode des Verletzergewinns bzw. die Lizenzanalogie;
- § 97 a UrhG n. F. begründet die Notwendigkeit der Abmahnung und definiert diese;
- § 98 UrhG n. F. begründet neben dem bisher schon bekannten Anspruch auf Vernichtung urheberrechtsverletzender Erzeugnisse insbesondere den Anspruch auch auf Rückruf;
- § 101 UrhG n. F. erweitert in Abs. 3 den Katalog der Angaben, über die der Urheberrechtsverletzer Auskunft erteilen muss;
- § 101 Abs. 7 UrhG n. F. eröffnet den Weg des einstweiligen Verfügungsverfahrens;
- § 101 a UrhG n. F. gibt einen Anspruch auf Vorlage von Urkunden oder Besichtigung einer Sache, soweit dies für die Geltendmachung urheberrechtlicher Ansprüche erforderlich ist;

  Abs. 3 dieser Bestimmung gewährt die Möglichkeit zur Durchsetzung im einstweiligen Verfügungsverfahren;
- § 101 b UrhG n. F. gewährt Zugriffsmöglichkeiten auf Bank-, Finanz- oder Handelsunterlagen im Falle des Bestehens von Schadensersatzansprüchen.

9. Zum Rechnungslegungsanspruch vgl. Form. II. O. 1 Anm. 14 und II. O. 3 Anm. 10. Er ist auch im Urheberrecht allgemein anerkannt und besteht als ungeschriebener An-

spruch neben den Möglichkeiten des § 101 UrhG n. F. fort, vgl. statt vieler *Fromm/Nordemann,* UrhG, 10. Aufl. 2008, Rdnrn. 33 und 34 zu § 101 UrhG. Für das Fehlen von Herstellungshandlungen vgl. Anm. 8.

Da in dem dem Formular zugrunde liegenden Sachverhalt zwischen den Parteien kein Wettbewerbsverhältnis besteht, bedarf es auch keiner Einschränkung des Rechnungslegungsanspruches durch einen so genannten Wirtschaftsprüfervorbehalt, der allerdings bei § 101 a UrhG nur eingeschränkt möglich ist (vgl. dazu z. B. Form. II. O. 1 Anm. 17), jedoch nach wie vor für einen Rechnungslegungsanspruch gelten könnte, wie er mit Klageantrag I. 3 im Textbeispiel vorgeschlagen wird.

10. Der Vernichtungsanspruch ist in § 98 UrhG geregelt. Zu Einzelheiten und zur Antragsformulierung vgl. Form. II. O. 19, insbesondere auch zur Geltendmachung im einstweiligen Verfügungsverfahren. Zum Vernichtungsanspruch siehe BGH GRUR 1997, 899 – Vernichtungsanspruch. BGHZ 153, 69 = GRUR 2003, 298 – P-Vermerk eröffnet die Möglichkeit gemäß § 98 Abs. 1 UrhG, dass von einem Verletzer Vernichtung auch in der Form verlangt werden kann, dass rechtswidrig hergestellte Vervielfältigungsstücke an einen zur Vernichtung bereiten Gerichtsvollzieher herauszugeben sind.

11. Zur Verbindung von Rechnungslegungs- und Schadensersatzfeststellungsbegehren vgl. Form. II. O. 3 Anm. 15. Das dort Ausgeführte gilt auch für Urheberrechtsverletzungsstreitigkeiten. Das Schadensersatzbegehren findet seine Grundlage in § 97 Abs. 1 S. 1 UrhG.

Es wird darauf aufmerksam gemacht, dass § 97 Abs. 2 UrhG – im Ausnahmefall – auch einen Anspruch auf Ersatz des *immateriellen* Schadens gewährt.

12. Vgl. § 103 UrhG. Gegenstand der Veröffentlichungsbefugnis ist nach dem Wortlaut des § 103 Abs. 1 S. 1 UrhG „das Urteil". Regelmäßig kommt jedoch nur eine Veröffentlichung des verfügenden Teils in Betracht. Art und Umfang der Veröffentlichung werden durch das Gericht bestimmt; dementsprechend brauchen die Einzelumstände der Veröffentlichung nicht näher beantragt zu werden. Es steht dem Kläger frei, Anregungen zu geben.

13. Die Nebenentscheidungen werden von Amts wegen getroffen; sie werden in der Praxis jedoch üblicherweise beantragt.

14. Stellungnahme gemäß § 253 Abs. 1 a. E. ZPO.

14 a. Ist zu erwarten, dass die Kammer von einem schriftlichen Vorverfahren Gebrauch macht, sollten hier die Anträge gem. §§ 307 Abs. 2, 331 Abs. 3 ZPO aufgenommen sein. Ferner ist eine Stellungnahme nach § 278 Abs. 2 ZPO (Güteverhandlung) vorzusehen, vgl. dazu Form. II. N. 9 Anm. 9.

15. Die Mitteilung des Sterbedatums eines Künstlers ist von Bedeutung für die Berechnung der Dauer des Urheberrechtsschutzes (vgl. dazu §§ 64 ff. UrhG). Gemäß § 64 Abs. 1 UrhG erlischt das Urheberrecht 70 Jahre nach dem Tode des Urhebers.

16. Die anspruchsbegründenden Voraussetzungen des § 97 Abs. 1 UrhG sind folgende:
- Es besteht ein Urheberrecht (oder ein urheberrechtsähnliches Leistungsschutzrecht, vgl. §§ 69 a ff., 70 f. und 72 ff. UrhG);
- das geschützte Recht wird verletzt;
- die Verletzung ist widerrechtlich.

Sind die vorstehend wiedergegebenen Voraussetzungen gegeben, so besteht ein Anspruch auf Beseitigung der Beeinträchtigung; besteht Wiederholungsgefahr, so ist gemäß § 97 Abs. 1 S. 1 UrhG ein Unterlassungsanspruch begründet. Der Anspruch auf Unterlassung besteht auch dann, wenn eine Zuwiderhandlung erstmalig droht (§ 97 Abs. 1 S. 2 UrhG). Handelt des Weiteren der Verletzer fahrlässig oder vorsätzlich, so besteht ein Anspruch auf Schadensersatz, und zwar auch auf Herausgabe des Verletzergewinns (gemäß § 97 Abs. 2 S. 2 UrhG) wie auch auf eine angemessene Vergütung nach Maßgabe der Lizenzanalogie (§ 97 Abs. 2 S. 3 UrhG). Dazu besteht ein vorbereitender Rechnungslegungsanspruch (*Fromm/Nordemann,* Urheberrecht, 10. Aufl. 2008, Rdnrn. 33 und 34 zu § 101 UrhG).

Zur Geltendmachung der vorstehenden Ansprüche sind befugt:
- Der Inhaber des Urheberrechts;
- der Inhaber eines ausschließlichen Nutzungsrechtes gemäß § 31 Abs. 3 UrhG (vgl. BGH GRUR 1995, 338 – Kleiderbügel – für den Inhaber einer ausschließlichen Lizenz an einem Patent);
- im Wege der Prozessstandschaft (im Hinblick auf den Unterlassungsanspruch), im Übrigen infolge von Abtretung: der einfach Nutzungsberechtigte gemäß § 31 Abs. 2 UrhG.

Die Aktivlegitimation der Verwertungsgesellschaften ergibt sich aus § 13 b UrhWG.

17. Die Voraussetzungen für die Urheberrechtsschutzfähigkeit sind in § 2 UrhG geregelt. § 2 Abs. 1 zählt die schutzfähigen Werke auf, während § 2 Abs. 2 die Schutzvoraussetzungen festlegt (es muss sich um ein Werk handeln, das eine persönliche geistige Schöpfung darstellt). Zu den Einzelheiten dieser sehr schwierigen Materie vgl. die eingangs genannte Literatur und insbesondere die Ausführungen bei *Fromm/Nordemann/ Vinck,* Urheberrecht, 10. Aufl. 2008, Rdn. 12 ff. zu § 2 UrhG.

18. Sehen die beteiligten Verkehrskreise ein Werk als Kunstwerk an, so spricht dies für Urheberrechtsschutzfähigkeit; vgl. *v. Gamm* § 2 Rdn. 16 mwN.

19. Zur Übertragbarkeit des Urheberrechts vgl. §§ 28 ff. UrhG. Das Urheberrecht ist gemäß § 28 Abs. 1 UrhG vererblich.

20. Vgl. oben Anm. 8.

21. Für die Begründetheit des Schadensersatzfeststellungsbegehrens genügt der Sachvortrag, dass ein Schadenseintritt wahrscheinlich ist. Vgl. dazu Form. II. O. 3 Anm. 33. Das dort für den Patentverletzungsprozess Ausgeführte gilt auch für Urheberrechtsverletzungsstreitigkeiten. Zum immateriellen Schaden vgl. § 97 Abs. 2 UrhG.

22. Zum Verschulden vgl. § 97 Abs. 1 S. 1 UrhG.

23. Zur Anspruchsgrundlage betreffend das Rechnungslegungsbegehren vgl. *Fromm/ Nordemann,* Urheberrechtsgesetz, 10. Aufl. 2008, Rdnrn. 33, 34 zu § 101 UrhG; ferner Form. II. O. 1 Anm. 13, 14.

24. Zur Dauer des Urheberrechtes vgl. §§ 64 ff. UrhG.

25. Vgl. die anspruchshindernden Ausnahmen gemäß § 101 UrhG; weitere Einschränkungen des Anspruchs enthalten Absätze 3 und 4 des § 98 UrhG.

26. Vgl. Anm. 11. § 103 Abs. 3 UrhG regelt des Weiteren einen Anspruch auf Vorauszahlung der Kosten der Veröffentlichung.

27. Zur Zuständigkeit gelten die allgemeinen Regelungen. Zu beachten ist § 105 UrhG.

Kosten und Gebühren

Es gelten die allgemeinen Grundsätze.

Rechtsmittel und Fristen

Keine.

P. Presserecht

Schrifttum: Damm/Rehbock, Widerruf, Unterlassung und Schadensersatz in Presse und Rundfunk 3. Aufl. 2008; *Löffler,* Presserecht, 5. Aufl. 2006; *Löffler/Ricker,* Handbuch des Presserechts, 5. Aufl. 2005; *Seitz/Schmidt/Schoener,* Der Gegendarstellungsanspruch in Presse, Film, Funk und Fernsehen, 3. Aufl. 1998; *Soehring,* Presserecht, 3. Aufl. 2000; *Teplitzky,* Wettbewerbsrechtliche Ansprüche, 8. Aufl. 2002; *Wenzel,* Das Recht der Wort- und Bildberichterstattung, 5. Aufl. 2003; s. auch *Burkhardt* (Gegendarstellung)/*Löhner* (deliktische Ansprüche) in Münchener Prozessformularbuch, Bd. 5 Gewerblicher Rechtschutz, Urheber- und Presserecht (Hrsg. Mes), Teil H, 3. Aufl. 2009.

1. Gegendarstellung[1]

Überschrift[2]

In der XY-Zeitung, Ausgabe Nr. ......, vom ......[3], ist auf Seite ...... ein Beitrag unter der Überschrift ...... enthalten mit unrichtigen Behauptungen[4], die ich wie folgt richtigstelle[5]:

a) [6] Unwahr ist ......

Wahr ist ......

b) [6] Unrichtig ist die Behauptung ......

Richtig ist ......

c) [6] Zu der Behauptung ...... ist zu ergänzen ......

......, den ......

......[7/8]

Unterschrift

Anmerkungen

1 a. Rechtsgrundlagen: § 11 der Landespressegesetze, in Bayern, Berlin, Hessen, Mecklenburg-Vorpommern, Saarland (SMG), Sachsen und Sachsen-Anhalt jeweils § (in Bayern Art.) 10, in Brandenburg § 12.

Gegendarstellungen gegenüber Funk und Fernsehen:

Baden-Württemberg: Südwestrundfunk § 10 SWR-Staatsvertrag; Privater Rundfunk § 9 LMedienG.

Bayern: Bayerischer Rundfunk Art. 17 BayRG; Privater Rundfunk Art. 18 BayMG.

Berlin: Sender Freies Berlin § 9 RBB StV; Privater Rundfunk § 58 BerlBrandenb-Staatsvertrag.

Brandenburg: s. Berlin

Bremen: Radio Bremen § 24 RBG; Privater Rundfunk § 19 BremLMG.

Hamburg: Norddeutscher Rundfunk § 12 NDR-Staatsvertrag; Privater Rundfunk § 10 MedienStV Hamburg und Schleswig-Holstein.

Hessen: Hessischer Rundfunk § 3 Nr. 9 HessRfG iVm. § 10 HessLPG; Privater Rundfunk § 28 HPRG.

Mecklenburg-Vorpommern: Norddeutscher Rundfunk § 12 NDR-Staatsvertrag; Privater Rundfunk § 30 RGM-V.

Niedersachsen: Norddeutscher Rundfunk § 12 NDR-Staatsvertrag; Privater Rundfunk § 21 NMedienG.

Nordrhein-Westfalen: Westdeutscher Rundfunk § 9 WDRG; Privater Rundfunk § 44, 45 LMGNRW.

Rheinland-Pfalz: Südwestrundfunk § 10 SWR-Staatsvertrag; Privater Rundfunk § 11 LMG.

Saarland: Saarländischer Rundfunk und Privater Rundfunk § 10 SMG.

Sachsen: Mitteldeutscher Rundfunk § 15 MDR-Staatsvertrag; Privater Rundfunk § 19 SächsPRG.

Sachsen-Anhalt: Mitteldeutscher Rundfunk § 15 MDR-Staatsvertrag; Privater Rundfunk § 26 MedienG LSA.

Schleswig-Holstein: Norddeutscher Rundfunk § 12 NDR-Staatsvertrag; Privater Rundfunk § 10 MedienStV Hamburg und Schleswig-Holstein.

Thüringen: Mitteldeutscher Rundfunk § 15 MDR-Staatsvertrag; Privater Rundfunk § 24 ThürLMG

Bundesweite Regelungen: Gemeinschaftsprogramm der ARD: § 8 ARD-Staatsvertrag iVm. dem für die einbringende Anstalt geltenden Gegendarstellungsrecht, vgl. auch ARD-Grundsätze Nr. V (Richtlinien gemäß § 11 RfStV); ZDF: § 9 ZDF-Staatsvertrag; Deutschlandradio: § 9 DLR-Staatsvertrag; Deutsche Welle: § 18 DWG; Europarecht: Art. 8 Fernsehkonvention des Europarats; Art. 23 EG-Fernsehrichtlinie.

Gegendarstellung gegenüber Telemedien: § 56 RfStV.

b. Rechtsnatur. Der Gegendarstellungsanspruch setzt keine Rechtsverletzung, geschweige denn eine schuldhafte Rechtsverletzung voraus und er ist nicht auf die Erforschung der materiellen Wahrheit gerichtet. Er dient deshalb weder der Beseitigung noch der Wiedergutmachung geschehenen Unrechts. Mit den teilweise scheinbar ähnlichen oder verwandten aus unerlaubter Handlung fließenden Ansprüchen auf Unterlassung, Widerruf und Schadensersatz hat der Gegendarstellungsanspruch nichts zu tun, er kann auch nicht aus unerlaubter Handlung abgeleitet werden (vgl. *Löffler/Sedelmeier* § 11 Rdn. 37 und 44). Er beruht auf dem allgemeinen Persönlichkeitsrecht und dient der Mitwirkung bei der öffentlichen Meinungsbildung und ist ein eigenartiger zivilrechtlicher Anspruch mit besonderer Ausprägung und besonderen Voraussetzungen, der (außer in Bayern, Hessen und Sachsen, wo das Verfahren der einstweiligen Verfügung alternativ zur ordentlichen Klage gegeben ist) nur in einem besonderen landesrechtlich geregelten Verfahren vor den Zivilgerichten geltend gemacht werden kann.

c. Die Berechtigten. Den Anspruch auf Abdruck einer Gegendarstellung hat jede Person oder Stelle, in Bayern jede unmittelbar betroffenen Person oder Behörde, die durch eine in der Presse aufgestellte Tatsachenbehauptung betroffen ist. Personen sind sowohl natürliche wie juristische Personen, ferner die Handelsgesellschaften, die als solche klagen und verklagt werden können. Stellen sind in erster Linie Behörden, ferner alle Körperschaften, Organisationen, Anstalten, Institute und Verbände, soweit sie nicht unter den Begriff der Person fallen (vgl. *Löffler/Sedelmeier* § 11 Rdn. 48/94). Betroffen ist, wer durch eine Tatsachenbehauptung in der Erstmitteilung als Individuum selbst angesprochen ist (vgl. *Löffler/Sedelmeier* § 11 Rdn. 54 ff.).

d. Die Verpflichteten. Gegendarstellungspflichtig sind nur Verleger und verantwortlicher Redakteur eines periodischen Druckwerks. Das sind Zeitungen und Zeitschriften und andere, in ständiger, wenn auch unregelmäßiger Folge und im Abstand von nicht mehr als sechs Monaten erscheinende Druckwerke (§ 7 IV LPG), in Bayern Zeitungen und Zeitschriften (s. Art. 6 II LPG), Gegendarstellungspflichtig sind ferner die öffentlich rechtlichen und privaten Rundfunk- und Fernsehanbieter und die Telemedien.

e. Die Voraussetzungen. Die Gegendarstellung dient nicht der Erforschung der materiellen Wahrheit. Der Einwand, die Erstmitteilung sei wahr, die Gegendarstellung sei unwahr, greift nicht durch, der Betroffene muss die Wahrheit seiner Gegendarstellung nicht dartun oder (im Verfahren) glaubhaft machen bzw. beweisen. Andererseits ist der Anspruch an besondere strenge materielle Voraussetzungen und Formerfordernisse gebunden (*Löffler/Sedelmeier* § 11 Rdn. 114 ff., 137 ff.). Der Anspruch ist nicht gegeben, wenn ein berechtigtes Interesse an der Veröffentlichung der Gegendarstellung fehlt (*Löffler/Sedelmeier* § 11 Rdn. 61 ff.). Dieses ist zu verneinen bei Belanglosigkeit der Gegendarstellung, bei offensichtlicher Unwahrheit, bei irreführendem Inhalt, oder wenn die Gegendarstellung keine abweichende Aussage gegenüber der Erstmitteilung enthält. Die Pflicht zum Abdruck einer Gegendarstellung besteht nur eingeschränkt gegenüber Anzeigen (*Löffler/Sedelmeier* § 11 Rdn. 68 ff.), sie entfällt außerdem bei wahrheitsgetreuen Parlaments- und Gerichtsberichten (*Löffler/Sedelmeier* § 11 Rdn. 72 ff.). Amtliche und harmlose Schriften sind, auch wenn sie periodische sind, von der Gegendarstellungspflicht befreit. Der Umfang der Gegendarstellung ist begrenzt (*Löffler/Sedelmeier* § 11 Rdn. 133 ff.). Die Gegendarstellung ihrerseits unterliegt nicht dem Entgegnungszwang.

f. Die Abdruckpflicht. § 11 Abs. 3 LPG bestimmt, dass der Abdruck in der nach Empfang der Einsendung nächstfolgenden, für den Druck nicht bereits abgeschlossenen Nummer im gleichen Teil des Druckwerks und in gleicher Schrift wie der beanstandete Text zu erfolgen hat. Der verantwortliche Redakteur und der Verleger haben die Gegendarstellung „ohne Einschaltungen und Weglassungen" abzudrucken. Zur Erfüllung des Anspruchs aus § 11 LPG gehört neben dem Abdruck die Verbreitung der Gegendarstellung. Nur wenn der Abdruck der Gegendarstellung nach Form und Inhalt den gesetzlichen Erfordernissen entspricht, ist der Gegendarstellungsanspruch erfüllt.

2. Die Überschrift kann entweder nur aus dem Wort „Gegendarstellung" bestehen oder sie kann auch sachlichen Inhalt haben. Dabei kann sie entweder lauten „Gegendarstellung zum ......-Bericht", oder sie kann den Inhalt der Gegendarstellung zusammenfassend vorwegnehmen oder eine Verneinung der Schlagzeile in der Erstmitteilung sein.

3. Die Gegendarstellung muss – außer in Bayern – unverzüglich (dazu zuletzt KG AfP 2009,61 gegen OLG Stuttgart AfP 2006, 252, OLG Dresden ZUM-RD 2007, 117), spätestens innerhalb von drei Monaten (Hessen nur unverzüglich) dem Verpflichteten zugeleitet werden (s. *Löffler/Sedelmeier* § 11 Rdn. 157 ff.). In Bayern gilt die Aktualitätsgrenze (OLG München AfP 1990, 311; 1998, 86; 1999, 72; 2001, 126; LG München AfP 2006, 80). Die Ausschlussfristen beim Rundfunk und Fernsehen sind oft kürzer, sie liegen zwischen einem und drei Monaten. Erst mit dem Zugang einer inhaltlich und der Form nach dem Gesetz entsprechenden Gegendarstellung bei dem/den Verpflichteten entsteht der bis dahin „verhaltene" Anspruch auf Abdruck konstitutiv als Leistungsanspruch (*Löffler/Sedelmeier* § 11 Rdn. 152 ff).

4. Eine Gegendarstellung ist immer nur gegenüber Tatsachenbehauptungen in der Erstmitteilung, nicht gegenüber Meinungsäußerungen zulässig (vgl. *Löffler/Sedelmeier* § 11 Rdn. 88 ff.). Auszugehen ist davon, dass der Tatsachenbegriff des § 11 LPG derselbe ist wie der in den §§ 186 und 263 StGB, bzw. derselbe, wie er der zivilrechtlichen Rechtsprechung im Äußerungsrecht, insbesondere zum Widerrufsanspruch, zugrunde liegt. Tatsachen sind danach Sachverhalte, Begebenheiten, Vorgänge, Verhältnisse oder Zustände, die der Vergangenheit oder Gegenwart angehören. Zum Begriff der „Tatsache" gehören nicht nur die sinnlich wahrnehmbaren sog. äußeren Tatsachen, sondern auch die Vorgänge und Zustände des Seelenlebens, die sog. inneren Tatsachen. Eine innere Tatsache ist immer und nur dann anzunehmen, wenn ein innerer Vorgang in Beziehung zu bestimmten äußeren Geschehnissen gesetzt wird, durch die dieser in den Bereich der wahrnehmbaren äußeren Welt getreten ist. Der Gegensatz zur Behauptung einer Tatsache ist die Äußerung bloßer Meinungen und Wertungen, Äußerungen, die auf ihren Wahrheitsgehalt im Beweisweg objektiv nicht zu überprüfen sind, weil sie nur eine subjektive Meinung, ein wertendes Urteil wiedergeben. Meinungen sind im Unterschied zu Tatsachenbehauptungen durch die Elemente der Stellungnahme, des Dafürhaltens oder Meinens geprägt. Werturteile können im Rechtssinne Tatsachenbehauptungen oder Meinungsäußerungen sein, je nachdem ob ihre Richtigkeit oder Unrichtigkeit objektiv feststellbar ist oder nicht. Voraussetzung des Gegendarstellungsanspruchs ist, dass die Tatsachenbehauptung in dem periodischen Druckwerk aufgestellt worden ist, die Tatsache muss demnach öffentlich mitgeteilt, dh. den Lesern zur Kenntnis gebracht worden sein.

5. In materieller Hinsicht verlangt das Gesetz in § 11 Abs. 2, dass die Gegendarstellung keinen strafbaren Inhalt hat und sich auf tatsächliche Angaben beschränkt. Es darf nur mit Gegentatsachen, die im Bezug zu den in der Erstmitteilung enthaltenen Tatsachen stehen, oder für die zutreffende Unterrichtung der Leser notwendigen Ergänzungen entgegnet werden. Im Einzelnen vgl. *Löffler/Sedelmeier* § 11 Rdn. 120 ff.; *Wenzel* Rdn. 11.91 ff. Der Inhalt der Gegendarstellung muss mit den Tatsachen der beanstandeten Presseveröffentlichung in gedanklichem Zusammenhang stehen, er muss auf sie Bezug haben und nehmen. Es muss ein Gegensatz zur Erstmitteilung bestehen. § 11 Abs. 2 LPG begrenzt den Raum der Gegendarstellung auf den „angemessenen Umfang".

6. Die gewählten Formulierungen sind sämtlich zulässig. Zweckmäßig bei Geschehenem und bei Zuständen wahr und unwahr, bei wertenden Tatsachenbehauptungen richtig und falsch, bei Ergänzungen die Formulierung unter c).

7. Die Unterzeichnung muss durch den Betroffenen oder seinen gesetzlichen Vertreter erfolgen in Baden-Württemberg, Brandenburg, Hamburg, Mecklenburg-Vorpommern, Nordrhein-Westfalen, Rheinland-Pfalz, Saarland, Sachsen und Schleswig-Holstein. Bayern fordert Unterzeichnung durch den Einsender, Hessen und Thüringen durch den Betroffenen, was in der Sache nichts ändert. Berlin, Bremen, Niedersachsen und Sachsen-Anhalt fordern lediglich Schriftform. Dort wird rechtsgeschäftliche Vertretung als zulässig angesehen. In den anderen Ländern ist rechtsgeschäftliche Vertretung ausgeschlossen, was insbesondere bei Gesellschaften und Vereinen beachtet werden muss. Hier genügt nicht Unterzeichnung durch den zuständigen Prokuristen oder Abteilungsleiter, sondern es muss jeweils der gesetzliche oder satzungsmäßige gesetzliche Vertreter unterzeichnen (vgl. *Löffler/Sedelmeier* § 11 Rdn. 142 ff.). Für eine „Stelle" zeichnet deren Leiter (*Löffler/Sedelmeier* § 11 Rdn. 52).

8. Unterzeichnung muss handschriftlich erfolgen, Übermittlung per Telex oder Telefax nach hM. nicht zulässig, es fehlt der konstitutiv anspruchsbegründende Zugang einer inhaltlich und förmlich ordnungsgemäßen Gegendarstellung im Original (s. o. Anm. 3, *Löffler/Sedelmeier* § 11 Rdn. 154, OLG Hamburg NJW 1990, 1613, *Seitz/Schmidt/Schoener* Rdn. 200; str. s. zB. *Wenzel* Rdn. 11.159, *Löffler/Ricker* S. 175; aA. für Telefax OLG München NJW 1990, 2895, AfP 1999, 27; 2001, 126; 2001, 137, KG AfP 1993, 748, OLG Saarbrücken AfP 1992, 287, LG Köln AfP 1995, 648; OLG Dresden ZUM-RD 2007, 117).

2. Aufforderungsschreiben zum Abdruck einer Gegendarstellung

Sehr geehrte Damen und Herren[1],

in der Anlage übersende ich eine Gegendarstellung des Herrn/der Frau A. zu Ihrem Bericht in der XY-Zeitung vom ...... auf Seite ...... unter der Überschrift ...... mit der Aufforderung, die Gegendarstellung in der nächsten für den Druck noch nicht abgeschlossenen Ausgabe der Zeitung entsprechend der Vorschrift des § 11 LPG[2] zu veröffentlichen. Ich habe Sie ferner aufzufordern, die Gegendarstellung im Inhaltsverzeichnis unter der Rubrik ...... anzukündigen[3]. Vollmacht anbei4.

Mit vorzüglicher Hochachtung

......
Unterschrift[4/5]

Anmerkungen

1. Verpflichtet zum Abdruck einer Gegendarstellung sind der Verleger und der verantwortliche Redakteur (Begriff vgl. *Löffler/Sedelmeier* § 9 Rdn. 17 ff.; *Löffler/Ricker* S. 99 ff.; *Wenzel* Rdn. 11.86), nicht der Verfasser, (zur Ausstrahlung in Funk und Fernsehen die Anstalt oder der Veranstalter bzw. Anbieter). Es genügt, die Gegendarstellung an die Zeitung als solche zu richten. Dies ist aber nur dann zu empfehlen, wenn der verantwortliche Redakteur oder der Verleger nicht ohne weiteres zu ermitteln ist.

2. S. Form. II. P. 1 Anm. 1 f.

3. Wenn die Erstmitteilung im Inhaltsverzeichnis angekündigt war, kann auch die Ankündigung der Gegendarstellung im Inhaltsverzeichnis verlangt werden (*Löffler/Sedelmeier* § 11 Rdn. 176, OLG Hamburg ArchPR 1974, 113 und 1975, 44). Zurückhaltender OLG München ArchPR 1974, 112 für den Fall, dass das Inhaltsverzeichnis nicht vollständig ist und die Gegendarstellung sich nur gegen einen verhältnismäßig kurzen Abschnitt eines ausführlichen Berichts wendet.

4. Im Gegensatz zur Gegendarstellung selbst ist beim Aufforderungsschreiben gewillkürte Stellvertretung zulässig, LG München AfP 2006, 573 verlangt Vollmacht (§ 174 S. 1 BGB). Es empfiehlt sich deshalb, eine Vollmacht beizufügen. Dazu und iÜ. zum Abdruckverlangen *Sedelmeier* AfP 2007, 19.

5. Kosten sind nach den LPG nicht zu erstatten. Kostenerstattung nur, wenn die Erstmitteilung die Voraussetzungen der §§ 823, 824, 826 BGB erfüllt oder bei Verzug nach § 286 BGB.

3. Ablehnung der Veröffentlichung einer Gegendarstellung

Sehr geehrte(r) Frau ....../Herr ......

Wir bestätigen den Eingang Ihres Schreibens vom ......, mit dem Sie die Veröffentlichung der beigefügten Gegendarstellung fordern. Wir sind zur Veröffentlichung der Gegendarstellung nicht bereit, da sie nicht den Anforderungen des Landespressegesetzes entspricht.

Mit vorzüglicher Hochachtung

......
Unterschrift

Anmerkung

Teilweise wird in der Rechtsprechung qualifizierte Ablehnung verlangt, um den Einwand der fehlenden Unverzüglichkeit zu erhalten und bei Änderung der Gegendarstellung Prozesskostenpflicht zu vermeiden. Näheres bei *Löffler/Sedelmeier* § 11 Rdn. 182 ff. u. *Wenzel* Rdn. 11.213 ff. Bei qualifizierter Ablehnung muss angegeben werden, aus welchem Grund der Abdruck verweigert wird (OLG Stuttgart AfP 1979, 363). Schutzschrift s. Formular II. P. 9. Zur Beantwortung s. iÜ. KG AfP 2006, 476; 2007, 245 dazu *Sedelmeier* AfP 2007, 324.

4. Antrag auf Anordnung der Veröffentlichung einer Gegendarstellung

An das
Landgericht[1] (Amtsgericht)

Antrag gem. § 11 Landespressegesetz[2]

des ......
(Antragstellers)
Prozessbevollm.: RA ......

gegen
1. den Verleger[3] ......
2. den verantwortlichen Redakteur[3] ......
(Antragsgegner)
wegen Veröffentlichung einer Gegendarstellung.

Vorläufiger Streitwert: EUR 7.500,–[4]

Namens und in Vollmacht des Antragstellers bitte ich unter Abkürzung der Einlassungs- und Ladungsfrist um Anberaumung eines möglichst nahen Termins zur mündlichen Verhandlung (vor der Kammer)[5], in dem ich den Antrag stellen werde, wie folgt zu erkennen:

1. Den Antragsgegnern als Gesamtschuldnern wird aufgegeben, in der nächsten für den Druck noch nicht abgeschlossenen Ausgabe der Zeitung ...... im Teil[6] ...... unter Ankündigung im Inhaltsverzeichnis[7] mit gleicher Schrift wie die Erstmitteilung ohne Einschaltungen und Weglassungen die nachfolgende Gegendarstellung zu veröffentlichen:
2. Die Antragsgegner haben als Gesamtschuldner die Kosten des Verfahrens zu tragen.

Begründung:

Der Antragsteller ist Betroffener der folgenden in der XY-Zeitung[8] Nr. ...... vom ...... auf Seite ...... unter der Überschrift ...... aufgestellten Behauptung ......
......

– Anlage 1 –

Der Antragsgegner zu 1 ist Verleger, der Antragsgegner zu 2 verantwortlicher Redakteur der Zeitung.
Der Antragsteller hat mit Aufforderungsschreiben[9] vom ...... (Anlage 2) die Veröffentlichung der in Anlage 3 beigefügten Gegendarstellung[10] gefordert.
Die Antragsgegner haben den Abdruck grundlos verweigert[11].
Die Ankündigung im Inhaltsverzeichnis hat zu erfolgen, weil auch die Erstmitteilung im Inhaltsverzeichnis angekündigt war und das Inhaltsverzeichnis den Inhalt der Zeitung vollständig erfasst[7].

Anlagen
Rechtsanwalt

Anmerkungen

1. Bis 5.000,– EUR Streitwert Amtsgericht, ab EUR 5.001,– Landgericht. Örtlich zuständig ist nur das Gericht am allgemeinen Gerichtsstand des Antragsgegners, näheres s. *Löffler/Sedelmeier* § 11 Rdn. 192.

2. In Mecklenburg-Vorpommern, Sachsen-Anhalt und Berlin § 10 LPG, in Brandenburg § 12, im Saarland § 10 SMG, in Bayern, Hessen und Sachsen Antrag auf Erlass einer einstweiligen Verfügung, wobei es einer gesonderten Begründung der Dringlichkeit nicht bedarf. Hauptverfahren in Baden-Württemberg, Berlin, Brandenburg, Bremen, Nordrhein-Westfalen, Saarland und Schleswig-Holstein ausgeschlossen. In Niedersachsen, Rheinland-Pfalz, Sachsen-Anhalt und Thüringen findet § 926 ZPO keine Anwendung. In Hessen, Hamburg und Mecklenburg-Vorpommern keine ausdrückliche gesetzliche Regelung. In Bayern und Sachsen ordentliches Klageverfahren wahlweise anstatt (nicht aber neben) dem Verfügungsverfahren zulässig (s. *Löffler/Sedelmeier* § 11 Rdn. 187).

3. S. Form. II. P. 2 Anm. 1.

4. Streitwert von mehr als EUR 5.000,– zur Begründung der LG-Zuständigkeit dürfte für durchschnittliche Verfahren angemessen sein, ansonsten Streitwerte nach der Erfahrung im Rahmen zwischen etwa EUR 2.500,– bis 25.000,–.

5. Anordnung ohne mündliche Verhandlung zulässig, aber wegen der Vielzahl der möglichen Einwendungen und der sofortigen Vollstreckbarkeit unzweckmäßig und unüblich (vgl. *Löffler/Sedelmeier* § 11 Rdn. 205), anders in ständiger Praxis LG Hamburg mit Billigung des Hanseatischen Oberlandesgerichts (OLG Hamburg AfP 1978, 25; 1979, 349; 1979, 361; 1980, 210; 1981, 408).

6. ZB. Wirtschaftsteil, Lokalteil, evtl. auch Theaterseite und in besonderen Fällen auch die Titelseite (*Löffler/Sedelmeier* § 11 Rdn. 174).

7. S. Form. II. P. 2 Anm. 3.

8. Bzw. andere periodische Druckschriften, s. § 7 LPG, Bayern, Berlin, Mecklenburg-Vorpommern, Sachsen, Sachsen-Anhalt und Thüringen § (Bayern Art.) 6 LPG, Hessen § 4 LPG, Saarland § 2 II 2 SMG, oder Rundfunk bzw. Fernsehen s. Form. II. P. 1 Anm. 1.

9. Form. II. P. 2.

10. Form. II. P. 1.

11. Alternativ: Die Antragsgegner haben den Abdruck mit der Begründung verweigert ...... Die Verweigerung ist unbegründet, weil ......

5. Antrag auf Zurückweisung eines Antrags auf Veröffentlichung einer Gegendarstellung

An das
Landgericht (Amtsgericht)

In Sachen
....../......

zeigen wir an, dass wir den Antragsgegner vertreten.
Wir werden den Antrag stellen,
den Antrag kostenpflichtig zurückzuweisen.

Begründung[1]:

1. a) Der Antragsgegner ist nicht passivlegitimiert, weil er weder Verleger noch verantwortlicher Redakteur ist[2].
b) der Antragsteller ist nicht aktivlegitimiert, weil er durch die streitgegenständliche Veröffentlichung nicht betroffen ist.
c) Der Antragsgegner ist nicht gegendarstellungspflichtig, weil die Erstmitteilung nicht in einem periodischen Druckwerk erschienen ist.

d) Die Verpflichtung zum Abdruck einer Gegendarstellung besteht nicht, weil die Erstmitteilung in einer Anzeige enthalten war, die ausschließlich dem geschäftlichen Verkehr dient[3].

e) Eine Verpflichtung zur Veröffentlichung der Gegendarstellung besteht nicht, weil die Erstmitteilung ein wahrheitsgetreuer Bericht über eine öffentliche Sitzung eines gesetzgebenden oder beschließenden Organs bzw. eines Gerichts war.[4]

2. Die Gegendarstellung entspricht nach Form und Inhalt nicht § 11 LPG:

a) Die Gegendarstellung ist nicht fristgemäß verlangt worden[5].

b) Die Gegendarstellung ist vom Betroffenen (alt. vom gesetzlichen Vertreter des Betroffenen) nicht eigenhändig handschriftlich unterzeichnet[6].

c) Die Gegendarstellung bezieht sich nicht auf Tatsachenbehauptungen in der Erstmitteilung, sondern auf Meinungsäußerungen.

d) Die Gegendarstellung besteht ihrerseits nicht aus tatsächlichen Behauptungen, sondern aus Meinungsäußerungen.

e) Zwischen der Gegendarstellung und der Behauptung in der Erstmitteilung, an die sie anknüpft, besteht kein innerer Bezug.

3. Die Gegendarstellung braucht nicht veröffentlicht zu werden, weil

a) sie strafbaren Inhalt hat ......

b) sie unangemessen lang ist ......

c) an ihrer Veröffentlichung kein berechtigtes Interesse besteht, weil ......

Rechtsanwalt

Anmerkungen

1. In der Antragsbeantwortung sind die wesentlichen und häufigsten Einwendungen gegen die Verpflichtung zum Abdruck einer Gegendarstellung kumulativ zusammengefasst. Selbstverständlich sind nur die zutreffenden Einwendungen unter Aufführung der tatsächlichen Umstände vorzutragen. Unerheblich ist bloße Unwahrheit der Gegendarstellung.

2. S. Form. II. P. 2 Anm. 1.

3. Zu den Besonderheiten in Bayern, Hamburg, Hessen, Mecklenburg-Vorpommern und Schleswig-Holstein s. *Löffler/Sedelmeier* § 11 Rdn. 71 und *Seitz/Schmidt/Schoener* Rdn. 286.

4. Gilt in Bayern nicht für Gerichtsberichte (s. *Löffler/Sedelmeier* § 11 Rdn. 73).

5. Zur unverzüglichen Zuleitung *Löffler/Sedelmeier* § 11 Rdn. 151ff. u. OLG Hamburg AfP 1981, 408 u. AfP 1981, 410, zuletzt OLG Stuttgart AfP 2006, 252; LG Dresden AfP 2006, 485; OLG Dresden ZUM-RD 2007, 117; KG AfP 2009, 61, für Bayern Form. II. P. 1 Anm. 3, zuletzt LG München AfP 2006, 80; bei geänderter Fassung *Sedelmeier* AfP 2006,24, LG Frankfurt AfP 2009, 73.

6. S. Form. II. P. 1 Anm. 7 u. 8.

6. Zwangsvollstreckung

An das
Landgericht (Amtsgericht)
AZ.:
In Sachen
...../.....
beantrage ich, die Schuldnerin durch Zwangsmittel gem. § 888 ZPO zum Abdruck der mit Urteil vom ...... angeordneten Gegendarstellung anzuhalten.

Begründung:

Der Schuldnerin ist durch das oa. Urteil (Beschluss) aufgegeben worden, in der nächsten für den Druck noch nicht abgeschlossenen Ausgabe der Zeitung ...... im Teil ...... unter Ankündigung im Inhaltsverzeichnis mit gleicher Schrift wie die Erstmitteilung ohne Einschaltungen und Weglassungen die dort wiedergegebene Gegendarstellung abzudrucken. Das Urteil (Beschluss) wurde der Schuldnerin am ...... zugestellt. Ein Abdruck ist bis heute nicht erfolgt.

Rechtsanwalt

Anmerkung

Alternativ: der in der Ausgabe vom vorgenommene Abdruck war nicht ordnungsgemäß, weil ...... s. *Löffler/Sedelmeier* § 11 Rdn. 224, *Seitz/Schmidt/Schoener* Rdn. 778.

7. Unterlassungsanspruch[1] – vorprozessuale Abmahnung

Sehr geehrte Damen und Herren,

**A.[2] hat mich mit der Wahrnehmung seiner (ihrer) Interessen beauftragt.
In der XY-Zeitung[3] Nr. ...... vom ...... auf Seite ...... haben Sie unter der Überschrift ...... über A. folgendes behauptet:**

......

(alt: das nachfolgend wiedergegebene Bild verbreitet)

**Die Behauptung/Verbreitung ist rechtswidrig. Sie ist geeignet, A. in seiner (ihrer) persönlichen Ehre[4] zu verletzen und zudem unwahr[5].
Ich habe Sie aufzufordern, bei Vermeidung gerichtlicher Schritte die in der Anlage beigefügte Verpflichtungserklärung[6] postwendend unterzeichnet zurückzusenden. Dem Eingang der Erklärung sehe ich bis ...... entgegen.**

Mit vorzüglicher Hochachtung

**......
Unterschrift**

Anmerkungen

1. Unterlassungsansprüche haben im Bereich des Äußerungsrechts neben den Gegendarstellungsansprüchen die wichtigste praktische Bedeutung. Sie sind als negatorische oder quasi negatorische Ansprüche von der Rechtsprechung auf der Basis der §§ 1004, 823 ff. BGB entwickelt worden und darauf gerichtet, künftige Beeinträchtigungen der Rechtspositionen dessen, der durch eine rechtswidrige Handlung betroffen war oder der eine Verletzung seiner Rechte zu befürchten hat, im Vorfeld (erneuter) Rechtsverletzungen abzuwehren. Neben dem Äußerungsrecht haben sie vor allem große praktische Bedeutung im gewerblichen Rechtsschutz, insbesondere im Wettbewerbsrecht, wo feste Regeln entwickelt worden sind, die weitgehend, aber nicht ausnahmslos, im Äußerungsrecht entsprechend gelten. Anders als Gegendarstellungsansprüche, die dem Betroffenen auch gegenüber rechtmäßiger Berichterstattung zustehen und nichts mit der Vermeidung oder Wiedergutmachung von Rechtsverletzungen zu tun haben, setzen Unterlassungsansprüche eine drohende Rechtsverletzung voraus, wobei sich die Bedrohung aus bereits begangenen (Wiederholungsgefahr) oder auf Grund konkreter Tatsachen ernsthaft zu be-

fürchtenden rechtswidrigen Handlungen (Erstbegehungsgefahr) ergeben kann (su. Form. II. P. 8 Anm. 1). Im Bereich des Äußerungsrechts kommen Unterlassungsansprüche in Betracht bei drohender Verletzung des allgemeinen oder eines besonderen Persönlichkeitsrechts, des Rechts am Unternehmen, bei drohender Verletzung der Ehre oder des Kredits, bei drohender sittenwidriger Schädigung oder bei drohenden Wettbewerbsverstößen (s. *Löffler/Steffen* § 6 Rdn. 52). In der Praxis am bedeutsamsten sind Unterlassungsansprüche gegenüber unwahren Tatsachenbehauptungen, gegenüber Meinungsäußerungen, die die Grenze der Schmähkritik überschreiten (*Löffler/Steffen* § 6 Rdn. 186 ff.) sowie gegen Berichte, die die Privat-, Geheim-, oder Intimsphäre verletzen (*Löffler/Steffen* § 6 Rdn. 214 ff.; *Damm/Rehbock* Rdn. 129 ff.) und gegen unzulässige Bildnisveröffentlichungen (*Löffler/Steffen* § 6 Rdn. 118 ff.; *Damm/Rehbock* Rdn. 94 ff.).

Anspruchsverpflichtet sind der Behauptende und der Verbreiter ohne Rücksicht auf Verschulden, also insbesondere der Verfasser, der Verleger, der zuständige Ressortredakteur, uU. der Chefredakteur, der Herausgeber, (str. s. *Damm/Rehbock* Rdn. 696–699, *Löffler/Steffen* § 6 Rdn. 227, *Soehring* Rdn. 28.8, *Wenzel* Rdn. 12.67), ggf. auch der Drucker, nicht der verantwortliche Redakteur als solcher (vgl. BGH NJW 1974, 1762 und 1977, 626; ferner *Damm/Rehbock* Rdn. 702/703, *Löffler/Sedelmeier* § 9 Rdn. 38 ff., *Löffler/Steffen* § 6 Rdn. 226, *Soehring* Rdn. 28.12, *Wenzel* Rdn. 12.66).

2. Anspruchsberechtigt ist, wer durch eine drohende rechtswidrige Behauptung betroffen und erkennbar, nicht notwendigerweise namentlich, genannt, ist.

3. Alternativ: Jede Art von Druckschriften, also auch Zeitschriften, Bücher, ferner Funk- und Fernsehsendungen.

4. Alternativ: in seinem allgemeinen oder besonderen Persönlichkeitsrecht, in seinem wirtschaftlichen Ruf, in seinem Kredit, in seinem Recht am eigenen Bild.

5. Bei Meinungsäußerungen Unterlassungsanspruch nur gegenüber der sog. Schmähkritik (BGH LM Art. 5 GG Nr. 40 – Halsabschneider, *Löffler/Steffen* § 6 Rdn. 262 u. 186 ff.), gegenüber wahren Tatsachenbehauptungen nur soweit der Betroffene in sonstigen Rechten verletzt ist, insbesondere im allgemeinen Persönlichkeitsrecht, also vor allem bei Berichten aus der Privat-, Geheim- oder Intimsphäre.

6. S. Form. II. P. 8.

8. Unterlassungsanspruch – Verpflichtungserklärung

B. verpflichtet sich hiermit gegenüber A., es bei Vermeidung einer Konventionalstrafe[1] in Höhe von EUR ......[2] für jeden Fall der Zuwiderhandlung[3] zu unterlassen, wörtlich oder sinngemäß[4] die Behauptung aufzustellen und/oder zu verbreiten

......

B. verpflichtet sich ferner, die A. durch die Inanspruchnahme der Rechtsanwälte ...... entstandenen Kosten aus einem Gegenstandswert von EUR ...... zu erstatten.

......, den ......

......

Unterschrift

Anmerkungen

1. Eine rechtswidrige Berichterstattung begründet in aller Regel eine Vermutung für deren Wiederholung (Wiederholungsgefahr). Dies gilt aber nicht uneingeschränkt. Die Vermutung besteht nicht, wenn nach der Art der Störung oder auf Grund der Umstände

eine Wiederholung vernünftigerweise nicht zu befürchten ist, dies kann zB. bei der Wiedergabe von Äußerungen Dritter, insbes. Interviewäußerungen der Fall sein (*Löffler/Steffen* § 6 Rdn. 266, *Soehring* 30.9/9a). Für die Ausräumung der Wiederholungsgefahr ist regelmäßig, aber nicht in allen Fällen, zB. nach freiwilliger Richtigstellung (s. *Löffler/Steffen* § 6 Rdn. 268, *Soehring* 30.11), eine strafbewehrte Unterlassungserklärung erforderlich. War die Berichterstattung trotz sich später herausstellender Unrichtigkeit zunächst rechtmäßig, weil die Medien in Wahrnehmung berechtigter Interessen gehandelt, insbesondere ihre Recherchierungspflicht erfüllt haben, dann kommt die Annahme einer Wiederholungsgefahr nicht in Betracht, es besteht – falls überhaupt – allenfalls Erstbegehungsgefahr, zu deren Ausräumung nach hM. ein Strafversprechen nicht erforderlich ist (näheres s. *Löffler/Steffen* § 6 Rdn. 269, *Wenzel* Rdn. 12.9, *Soehring* Rdn 30.10, teilw. abweichend *Damm/Rehbock* Rdn. 809, 813).

2. Höhe je nach Bedeutung des Falles, Größenordnung in durchschnittlichen Fällen ab EUR 5100,– (LG-Zuständigkeit).

3. Durch die strafbewehrte Unterlassungsverpflichtung werden regelmäßig mehrere Handlungen, die eine natürliche Handlungseinheit bilden, als eine Zuwiderhandlung erfasst, wenn die Parteien nichts anderes vereinbart haben (BGHZ 33, 163). Ob im Einzelfall mehrere Verstöße, die nicht eine natürliche Handlungseinheit bilden, jeweils gesondert die Vertragsstrafe auslösen oder zu einer rechtlichen Einheit zusammenzufassen sind, hängt vom Inhalt der Vereinbarung, die ggf. – auch ergänzend – auszulegen ist, ab. Im Regelfall ist anzunehmen, dass die Verwirkung der Vertragsstrafe für mehrere fahrlässig begangene Einzelfälle von den Parteien nicht gewollt sei, dabei kann die Höhe der vereinbarten Konventionalstrafe von Bedeutung sein, hohe Vertragsstrafe kann für, niedere gegen eine Zusammenfassung sprechen (Näheres s. *Teplitzky,* Kap. 20, Rdn. 17–17b).

4. Bei tatsächlichen Behauptungen. Meinungsäußerungen, die nur wegen ihrer Form unzulässig sind, können nicht sinngemäß verboten werden, vgl. BVerfG AfP 1976, 115; *Wenzel* Rdn. 12, 89ff.

9. Schutzschrift

An das
Landgericht (Amtsgericht) ......

Schutzschrift

in Sachen ...... gegen
......

In obiger Angelegenheit ist möglicherweise mit einem Antrag auf Erlass einer einstweiligen Verfügung der Rechtsanwälte ...... zu rechnen.

Für den Fall, dass ein solcher Antrag auf Erlass einer einstweiligen Verfügung eingehen sollte, bitten wir, diese Schutzschrift der zuständigen Kammer (dem zuständigen Richter) vorzulegen.

Wir beantragen,
den Antrag auf Erlass einer einstweiligen Verfügung kostenpflichtig zurückzuweisen,
hilfsweise,
über den Antrag auf Erlass einer einstweiligen Verfügung nicht ohne mündliche Verhandlung zu entscheiden.

Der Antragsgegner ist bereit, sich binnen kürzester Frist, auch auf telefonische Ladung, zur Sache einzulassen.

Wir legen in der

– Anlage –

das Abmahnschreiben der Rechtsanwälte ...... vom ...... und unser heutiges Antwortschreiben vor, auf das wir zur Begründung unseres Antrages Bezug nehmen.

Rechtsanwalt

Anmerkung

Die Schutzschrift ist ein in der ZPO nicht vorgesehenes Verteidigungsmittel, das nicht dem Anwaltszwang unterliegt. Sie kann auch gegenüber einem Gegendarstellungsverlangen sinnvoll sein. Das Gericht darf den Vortrag und die Glaubhaftmachung in der Schutzschrift nur nach mündlicher Verhandlung oder bei der Entscheidung berücksichtigen, ob es über den Antrag auf Erlass einer einstweiligen Verfügung ohne mündliche Verhandlung entscheidet. Eine Zurückweisung eines schlüssig vorgetragenen und hinreichend glaubhaft gemachten Anspruches ohne mündliche Verhandlung auf Grund der Schutzschrift ist nicht zulässig. Die Kosten der Schutzschrift hat nach hM. bei Zurückweisung oder Rücknahme des Antrages das Antragsteller zu erstatten (str).

10. Antrag auf Unterlassungsverfügung

An das
Landgericht[1] (Amtsgericht)
......

Antrag auf Erlass einer einstweiligen Verfügung

des ...... **– Antragstellers –**
Prozessbevollm.: ......

gegen

den Verleger[2] ...... **– Antragsgegner –**
wegen Unterlassung.

Vorläufiger Streitwert: EUR ......[3]

Namens und in Vollmacht des Antragstellers beantragen wir – der äußersten Dringlichkeit des Falles halber ohne mündliche Verhandlung und durch den (die) Kammervorsitzende(n)[4] – im Wege der einstweiligen Verfügung folgendes anzuordnen:

1. **Der Antragsgegner hat es bei Vermeidung von Ordnungsgeld bis zu EUR 250.000,–, ersatzweise Ordnungshaft oder Ordnungshaft bis zu sechs Monaten zu unterlassen, wörtlich oder sinngemäß[5] die Behauptung aufzustellen und/ oder zu verbreiten ......**
   (alt. die nachfolgend wiedergegebene Abbildung zu verbreiten)
2. **Der Antragsgegner hat die Kosten des Verfahrens zu tragen.**

Begründung:

Der Antragsgegner ist Verleger der in ...... erscheinenden XY-Zeitung[6].

In der Ausgabe Nr. ...... vom ...... dieser Zeitung ist über den Antragsteller folgendes behauptet worden: ......

(alt. die nachfolgend wiedergegebene Abbildung verbreitet worden)

Glaubhaftmachung: XY-Zeitung, Ausgabe Nr. ...... vom ......

– Anlage –

Die Behauptung ist geeignet, den Antragsteller in seiner Ehre zu verletzen[7].
Die Behauptung ist zudem unwahr[8] ……[9]
Glaubhaftmachung: eidesstattliche Versicherung des ……
……

– Anlage –

Der Unterzeichnete hat namens des Antragstellers den Antragsgegner mit dem in der Anlage beigefügten Anwaltsschreiben vom …… abgemahnt[10].

– Anlage –

Der Antragsgegner hat es, wie aus der Anlage ersichtlich, abgelehnt, die ihm mit der Abmahnung übersandte Verpflichtungserklärung[11] unterzeichnet zurückzusenden[12]. Wiederholungsgefahr ist deshalb gegeben[13].
Die außerordentliche Dringlichkeit für den Erlass der einstweiligen Verfügung ohne mündliche Verhandlung durch den (die) Kammervorsitzende(n) ergibt sich aus der Natur der Sache, da eine Wiederholung der Behauptung zu jedem Zeitpunkt erfolgen kann. Darüber hinaus ergibt sich die außergewöhnliche Dringlichkeit aus folgenden Umständen: ……
Für den Fall, dass über diesen Antrag nicht ohne mündliche Verhandlung entschieden werden sollte, bitten wir, unter Abkürzung der Einlassungs- und Ladungsfrist möglichst nahen Termin zur mündlichen Verhandlung vor der Kammer zu bestimmen[4].
Der Gerichtsstand …… ist gegeben, da die XY-Zeitung auch in …… verbreitet wird[14].

Rechtsanwalt

Anmerkungen

1. Bis Streitwert EUR 5.000,– Amtsgericht, ab EUR 5.001 Landgericht.

2. S. Form. II. P. 7 Anm. 1.

3. Streitwert bei Angelegenheiten von mittlerer Bedeutung über EUR 5.000,–, so dass Zuständigkeit des Amtsgerichts kaum praktisch werden dürfte.

4. Alternativ: „…… unter Abkürzung der Einlassungs- und Ladungsfrist möglichst nahen Termin zur mündlichen Verhandlung zu bestimmen, in dem wir den Antrag stellen werden ……", vgl. Hilfsantrag am Schluss der Begründung.

5. S. Form. II. P. 8 Anm. 4.

6. Bzw. anderer periodischer oder nicht periodischer Druckerzeugnisse, evtl. auch Rundfunk- oder Fernsehanstalt, Verfasser von Rundschreiben etc.

7. Alternativ: in seinem allgemeinen oder einem besonderen Persönlichkeitsrecht zu verletzen, in seinem wirtschaftlichen Ruf, seinem Rechts am eigenen Bild zu verletzen, in seinem Recht am eingerichteten und ausgeübten Gewerbebetrieb zu verletzen, erforderlichenfalls nähere Darlegung.

8. Unwahrheit nicht erforderlich bei Verletzung besonderer Persönlichkeitsrechte oder bei Verletzung des allgemeinen Persönlichkeitsrechts durch Eindringen in die Geheim- oder Intimsphäre. Bei Unterlassungsansprüchen gegenüber unzulässigen Meinungsäußerungen (Schmähkritik – BGH LM Art. 5 GG Nr. 40 – Halsabschneider) kommt Unwahrheit nicht in Betracht.

9. Schilderung des Sachverhalts unter Angabe geeigneter Mittel zur Glaubhaftmachung erforderlich.

10. Form. II. P. 7.

11. Form. II. P. 8.

12. Alternativ: „Der Antragsgegner hat innerhalb der ihm gesetzten angemessenen Frist auf das Abmahnschreiben nicht geantwortet."

13. S. Form. II. P. 8 Anm. 1.

14. Gerichtsstand neben dem Verlags- oder Erscheinungsort jeder Ort, an dem die Druckschrift verbreitet wird: § 32 ZPO.

11. Zwangsvollstreckung

An das
Landgericht (Amtsgericht)
……

Antrag gemäß § 890 ZPO

In Sachen
……
beantragen wir,

> **gegen den Schuldner wegen Verstoßes gegen das Verbot in der einstweiligen Verfügung vom …… ein empfindliches Ordnungsgeld, eventuell Ordnungshaft festzusetzen.**

Begründung:

Mit einstweiliger Verfügung[1] vom …… ist dem Schuldner verboten worden, über den Gläubiger wörtlich oder sinngemäß die Behauptung aufzustellen und/oder zu verbreiten …… Für jeden Fall der Zuwiderhandlung ist dem Schuldner Ordnungsgeld bis zu EUR 250.000,–, ersatzweise Ordnungshaft oder Ordnungshaft bis zu sechs Monaten angedroht worden. Die einstweilige Verfügung[1] vom …… ist dem Schuldner wie aus anliegender Zustellungsurkunde

– Anlage –

ersichtlich, am …… zugestellt worden.

Der Schuldner hat gegen das Verbot verstoßen, indem er ……
Beweis: ……

Rechtsanwalt

Anmerkung

1. Alternativ im ordentlichen Verfahren: Urteil.

12. Abschlussschreiben[1]

Sehr geehrter Damen und Herren ……!

A …… hat uns mit der Wahrnehmung seiner Interessen beauftragt und uns gebeten, Ihnen folgendes mitzuteilen:
Mit einstweiliger Verfügung des Landgerichts (Amtsgerichts) …… vom …… ist ihnen verboten worden, über A …… wörtlich oder sinngemäß die Behauptung aufzustellen und/oder zu verbreiten ……
Wir haben Sie aufzufordern[2], rechtsverbindlich zu erklären, dass Sie die einstweilige Verfügung des Landgerichts (Amtsgerichts) …… vom …… als endgültige Regelung hin-

nehmen, dh. gegen die einstweilige Verfügung keinen Widerspruch einlegen und keinen Antrag nach §§ 926, 927 ZPO stellen werden[3].
Wir sehen Ihrer Erklärung bis zum ...... entgegen[4].
Die Kosten unserer Inanspruchnahme haben Sie zu erstatten[5]. Wir haben Sie aufzufordern, den unten aufgeführten Betrag an uns zu überweisen.

Hochachtungsvoll

Rechtsanwalt

Kosten
......

Anmerkungen

1. Nach Durchführung des Verfügungsverfahrens notwendig, da der Unterlassungsanspruch durch die einstweilige Verfügung nur einstweilen gesichert ist. Nach Verjährung droht Aufhebung der einstweiligen Verfügung. Einstweilige Verfügung hemmt – anders als die Klage im ordentlichen Verfahren – die Verjährung nicht und führt auch nicht zur dreißigjährigen Verjährung nach § 197 Abs. 1 S. 3 BGB.

2. Falls weitergehende Ansprüche in Betracht kommen, also insbesondere Widerrufsansprüche, Auskunftsansprüche, Schadensersatzansprüche und Ansprüche auf Ersatz des immateriellen Schadens, ist es zweckmäßig, diese Ansprüche zusammen mit dem Abschlussschreiben außergerichtlich geltend zu machen, um eventuelle Kosten bei sofortigem Anerkenntnis oder Unterwerfung zu vermeiden.

3. Bei einstweiliger Verfügung, die auf Grund mündlicher Verhandlung durch Urteil erlassen worden ist, Verzicht auf Berufung und Verzicht auf Antrag nach §§ 926, 927 ZPO. Ist die einstweilige Verfügung im Berufungsverfahren erlassen oder bestätigt worden, so lediglich Verzicht auf Fristsetzung nach § 926 ZPO und Aufhebung nach § 927 ZPO.

4. Die Frist muss mindestens einen Monat nach Zustellung der einstweiligen Verfügung und mindestens zwei Wochen nach Zugang des Abschlussschreibens betragen (vgl. KG WRP 1978, 451). Erhebt der Antragsteller ohne Einhaltung dieser Frist Klage, so kann der Antragsgegner sich unter Verwahrung gegen die Kostenlast unterwerfen oder anerkennen, er hat dann keinen Anlass zur Klageerhebung gegeben.

5. Die Kosten des Abschlussschreibens hat der Antragsgegner regelmäßig zu erstatten (vgl. BGH NJW 1973, 901), wenn er Gelegenheit hatte, von sich aus innerhalb einer Frist von 14 Tagen nach Zustellung der einstweiligen Verfügung eine Abschlusserklärung abzugeben und dies nicht getan hat.

13. Widerruf (Rücknahme, Richtigstellung, Klarstellung)[1]

In der XY-Zeitung, Ausgabe Nr. ......, vom ......, haben wir auf Seite ...... unter der Überschrift ...... über A behauptet[2], ...
Die Behauptung widerrufen wir hiermit als unwahr[3] („nehmen wir zurück", „stellen wir dahin richtig/klar ......")[1, 4]

......
Unterschrift

Anmerkungen

1. Einteilung der verschiedenen Widerrufsarten nach *Wenzel* Rdn. 13.61 ff. Berichtigungsansprüche sind Beseitigungsansprüche gegen unwahre Tatsachenbehauptungen in analoger Anwendung des § 1004 BGB, die Rechtswidrigkeit der zu berichtigenden Behauptung, jedoch kein Verschulden voraussetzen (*Wenzel,* 4. Aufl. Rdn. 13.6; BVerfG NJW 1998, 1381, 1383). Das gilt auch für den Widerrufsanspruch (aA. *Gamer,* in: Wenzel 5. Aufl., Rdn. 13.6). Tatsachenbehauptungen, die im Äußerungszeitpunkt rechtmäßig waren (s. Form. II. P. 7 Anm. und Form. II. P. 8 Anm. 1) müssen nicht widerrufen aber richtiggestellt werden, wenn sich später die Unwahrheit herausgestellt hat. (BVerfG NJW 1999, 1322, 1324). Anstatt des Widerrufs kommen als mildere Form die Rücknahme, bei teilweiser Unwahrheit oder falschem Anschein die Richtigstellung und bei verdeckten Behauptungen die Klarstellung in Betracht (s. *Wenzel* Rdn. 13.62 bis 13.67).

2. Widerrufsansprüche bestehen ausschließlich gegenüber Tatsachenbehauptungen, nicht gegenüber Meinungsäußerungen und Werturteilen. Über die Abgrenzung so. Form. II. P. 1 Anm. 1, Näheres vgl. *Wenzel* Rdn. 4.41 ff.

3. Bei zu widerrufenden Tatsachenbehauptungen über Geschehenes „unwahr“, bei Tatsachenbehauptungen im Rechtssinne mit wertendem Inhalt „unrichtig“. Der volle Widerruf setzt den Nachweis der Unwahrheit bzw. Unrichtigkeit voraus, wobei die volle Beweislast beim Kläger liegt.

4. Evtl. Mitteilung des tatsächlichen Vorganges, vgl. *Wenzel* Rdn. 13.62.

14. Eingeschränkter Widerruf

Erklärung

In der XY-Zeitung, Ausgabe Nr. ......, vom ......, haben wir auf Seite ...... unter der Überschrift ...... über A behauptet[1], ...
Diese Behauptung erhalten wir nicht aufrecht[2].

......
Unterschrift

Anmerkungen

1. Auch der eingeschränkte Widerruf ist nur gegenüber Tatsachenbehauptungen gegeben.

2. Im Gegensatz zum vollen Widerruf, der den Nachweis der Unwahrheit oder Unrichtigkeit der Erstmitteilung voraussetzt, ist der eingeschränkte Widerruf gegeben, wenn die Unwahrheit der Erstmitteilung nicht mit absoluter Sicherheit feststeht, wenn aber eine gewisse Wahrscheinlichkeit dafür nachgewiesen ist, so dass es für einen objektiven Beurteiler an ernsten Anhaltspunkten für die Wahrheit des Vorwurfs fehlt. Ergibt sich im Prozess ein non liquet oder ein hoher Grad von Wahrscheinlichkeit für die Richtigkeit der angegriffenen Erstmitteilung, dann scheidet ein Widerrufsanspruch aus. Zweifel gehen immer zu Lasten des Klägers (vgl. *Wenzel* Rdn. 13.69 mit zahlreichen Nachw.).

15. Distanzierung

Erklärung

In der XY-Zeitung, Ausgabe Nr. ……, vom ……, haben wir auf Seite …… unter der Überschrift …… einen Beitrag von B veröffentlicht, in dem dieser über A behauptet hat, ……
Von der Darstellung des B distanzieren wir uns.

……
Unterschrift

Anmerkung

Die Distanzierung hat grundsätzlich dieselben Voraussetzungen wie der volle Widerruf. Sie kommt in Betracht, wenn Behauptender und Verbreiter auseinanderfallen (zB. bei Zitaten) und der Anspruch nur gegen den Verbreiter geltend gemacht wird. Zur Sonderform der berichtigenden Kommentierung s. *Wenzel* Rdn. 13.81 ff. Der Anspruch auf Distanzierung steht ggf. selbstständig neben dem Widerrufsanspruch gegenüber dem Behauptenden (vgl. dazu *Wenzel* Rdn. 13.78 ff., *Damm/Rehbock* Rdn. 895).

16. Berichtigende Ergänzung

Ergänzung

In der XY-Zeitung, Ausgabe Nr. ……, vom ……, ist auf Seite …… ein Beitrag unter der Überschrift …… enthalten, der geeignet ist, über A. einen falschen Eindruck zu vermitteln.
Zu der Mitteilung über A. ist ergänzend darauf hinzuweisen, dass ……

……
Unterschrift

Anmerkung

Eine berichtigende Ergänzung kommt in Betracht, wenn infolge von Weglassungen ein den Tatsachen widersprechendes falsches Bild entstanden ist. So etwa, wenn über eine Verurteilung berichtet, dabei aber nicht erwähnt wird, dass die Verurteilung nicht rechtskräftig ist oder dass eine Strafe zur Bewährung ausgesetzt worden ist. Im Übrigen sind die Voraussetzungen dieselben wie beim vollen Widerruf. Vgl. dazu *Wenzel* Rdn. 13.72.

17. Nachträgliche Ergänzung

Ergänzung

In der XY-Zeitung, Ausgabe Nr. ......, vom ......, Seite ...... ist unter der Überschrift ...... über A. berichtet worden, dass ......

Hierzu teilt A. ergänzend mit, dass ......

......
Unterschrift

Anmerkung

Der Anspruch auf nachträgliche Ergänzung ist bisher vom BGH mit Billigung des BVerfG ausschließlich im Falle eines Freispruchs anerkannt worden, der im Anschluss an einen zutreffenden Bericht über eine strafgerichtliche Verurteilung ergangen ist (BGH NJW 1972, 431, BVerfG AfP 1997, 619). Die nachträgliche Ergänzung setzt eine Tatsachenbehauptung voraus, nicht aber dass die Erstmitteilung unrichtig war. Die ursprünglich richtige Behauptung muss vielmehr durch die spätere Entwicklung unrichtig geworden sein. Der Betroffene kann die Veröffentlichung einer eigenen Mitteilung, nicht jedoch einer Mitteilung des Publikationsorgans verlangen (BGH, aaO., OLG München AfP 1997, 636/639, abw. Ausgangsfall BVerfG AfP 1997, 619). Der Anspruch auf nachträgliche Ergänzung ist außerordentlich umstritten und nur unter ganz außergewöhnlichen Umständen anzuerkennen. Vgl. dazu *Wenzel* Rdn. 13.74 ff.; *Löffler/Steffen* § 6 Rdn. 294; *Damm/Rehbock* Rdn. 893; OLG München aaO.

18. Vorläufiger Widerruf

In der XY-Zeitung, Ausgabe Nr. ......, vom ......, Seite ...... ist ein Beitrag unter der Überschrift ...... enthalten, der über A. die folgende Behauptung enthält: ......

Diese Behauptung kann vorläufig nicht aufrecht erhalten werden.

......
Unterschrift

Anmerkung

Der vorläufige Widerruf kommt in Anbetracht der strengen Beweisvoraussetzungen für einen vollen und selbst für einen eingeschränkten Widerruf vor allem bei nicht abgeschlossenen Sachverhalten in Betracht, ferner wenn die endgültige Aufklärung unverhältnismäßig viel Zeit in Anspruch nehmen würde und schließlich dann, wenn ein Widerrufsanspruch (ausnahmsweise) im Verfügungsverfahren „vorläufig" durchgesetzt wird. Die Zulässigkeit der Durchsetzung des vorläufigen Widerrufs im Verfügungsverfahren ist außerordentlich umstritten. Grundsätzlich verneinend zuletzt OLG Bremen AfP 1979, 355. OLG Köln AfP 1981, 358. Vgl. iÜ. *Wenzel* Rdn. 13.102; *Damm/Rehbock* Rdn. 894.

19. Klage auf Unterlassung, Widerruf, Schadensersatzfeststellung und Zahlung immateriellen Schadens[1]

An das
Landgericht (Amtsgericht)
......

Klage

des ...... – Klägers –
Prozessbevollm.: ......

gegen

den Verleger ...... – Beklagten –

wegen Unterlassung, Widerrufs, Feststellung und immateriellen Schadensersatzes
Vorläufiger Streitwert: EUR ......

Namens und in Vollmacht des Klägers erhebe ich Klage und werde beantragen:

I. 1. Der Beklagte hat es bei Vermeidung von Ordnungsgeld bis zu EUR 250.000,–, ersatzweise Ordnungshaft oder Ordnungshaft bis zu 6 Monaten zu unterlassen, wörtlich oder singgemäß die Behauptung aufzustellen und/oder zu verbreiten:
......
2. Der Beklagte hat die oben in Ziffer 1 genannte Behauptung zu widerrufen und den Widerruf in der nächsten für den Druck noch nicht abgeschlossenen Ausgabe der XY-Zeitung wie folgt in einer vom Gericht zu bestimmenden Größe und Aufmachung zu veröffentlichen:
......
3. Es wird festgestellt, dass der Beklagte verpflichtet ist, dem Kläger denjenigen Schaden zu ersetzen, der dem Kläger aus der Verbreitung der in Ziffer 1 genannten Behauptung entstanden ist und künftig entstehen wird.
4. Der Beklagte wird verurteilt, an den Kläger zum Ausgleich des dem Kläger durch die Verbreitung der in Ziffer 1 genannten Behauptung entstandenen immateriellen Schadens einen Betrag zu zahlen, dessen Höhe in das Ermessen des Gerichts gestellt wird.

II. Der Beklagte hat die Kosten des Verfahrens zu tragen.

III. Das Urteil ist – eventuell gegen Sicherheitsleistung (Bankbürgschaft) – vorläufig vollstreckbar.

Begründung[2]:

Der Beklagte ist Verleger der in ...... erscheinenden XY-Zeitung.
In der Ausgabe Nr. ...... vom ...... dieser Zeitung ist über den Kläger folgendes behauptet worden:
.....
Beweis: XY-Zeitung Ausgabe Nr. ...... vom ......
– Anlage –

1. Die Behauptung ist geeignet, den Kläger in seiner Ehre zu verletzen[3].
Die Behauptung ist zudem unwahr[4] ......[5]:
Beweis: ......
Der Unterzeichnete hat namens des Klägers den Beklagten mit dem in der
– Anlage –

beigefügten Anwaltschreiben vom ...... abgemahnt[6].
Der Beklagte hat es wie aus der

– Anlage –

ersichtlich abgelehnt, die ihm mit der Abmahnung übersandte Verpflichtungserklärung[7] unterzeichnet zurückzusenden[8]. Wiederholungsgefahr ist deshalb gegeben. Der geltend gemachte Unterlassungsanspruch ist demzufolge begründet.

2. Die vom Beklagten aufgestellte Behauptung muss der Beklagte widerrufen, da es sich um eine nachweisbar unwahre Tatsachenbehauptung handelt[9].
Der Widerruf der Behauptung ist auch notwendig, da die vom Beklagten über den Kläger aufgestellte Tatsachenbehauptung fortwirkt[9], also eine Quelle gegenwärtiger Rufbeeinträchtigung darstellt, deren Beseitigung der Kläger auf Grund des § 1004 BGB verlangen kann. Die Voraussetzungen für den Widerrufsanspruch sind damit gegeben.
3. Auch der Schadenersatzfeststellungsantrag ist begründet: Die Behauptung ist nicht bloß infolge ihrer Unwahrheit und ihres rufschädigenden Charakters rechtswidrig, der Beklagte hat auch schuldhaft gehandelt ......
Außerdem ist dem Kläger ein Schaden entstanden, den der Beklagte durch die Verbreitung seiner Behauptung kausal verursacht hat: ......

Beweis: ......

Da die Höhe des dem Kläger entstandenen und künftig entstehenden Schadens noch nicht feststeht, ist die Verpflichtung des Beklagten, den Schaden zu ersetzen, festzustellen (§ 256 ZPO).
4. Schließlich hat der Kläger auch Anspruch auf Ersatz des ihm entstandenen immateriellen Schadens. Angesichts der schweren Persönlichkeitsbeeinträchtigung, die der Kläger durch die Verbreitung der Behauptung erleiden musste und angesichts des schweren Verschuldens, das dem Beklagten anzulasten ist, besteht ein unabwendbares Bedürfnis für einen finanziellen Ausgleich: ......[10]
Andere Ausgleichsmöglichkeiten fehlen: ......[11]

Der Gerichtsstand ...... ist gegeben, da die XY-Zeitung auch in ...... verbreitet wird[12].
Gerichtskostenvorschuss in Höhe von EUR ...... in Kostenmarken anbei.

Anlagen

Rechtsanwalt

Anmerkungen

1. Bis Streitwert EUR 5.000,– Amtsgericht, ab EUR 5.001,– Landgericht. Zu den Ansprüchen vgl. Form. II.P. 7, wobei für die Klageansprüche Ziff. 3 und 4 Verschulden erforderlich ist.

2. Das Formular geht von einer rechtswidrigen Tatsachenbehauptung aus. Bei unzulässigen Werturteilen oder Meinungsäußerungen (vgl. Form. II. P. 7 Anm. 5) besteht kein Anspruch auf Widerruf, außerdem kann die Wiederholung nicht „wörtlich oder sinngemäß" verboten werden, vgl. Form. II. P. 8 Anm. 4. Evtl. kann anstelle des Widerrufs die Veröffentlichung des Unterlassungsurteils oder einer Unterlassungserklärung verlangt werden (vgl. BGH NJW 1987, 1400). Bildrechtsverletzung s. Form II. P. 10.

3. Alternativ: in seinem allgemeinen oder einem besonderen Persönlichkeitsrecht zu verletzen, in seinem wirtschaftlichen Ruf zu verletzen, in seinem Recht am eingerichteten und ausgeübten Gewerbebetrieb, in seinem Recht am eigenen Bild zu verletzen (s. Form. II. P. 7 Anm. 1), erforderlichenfalls nähere Darlegung.

4. Unwahrheit nicht erforderlich bei Verletzung besonderer Persönlichkeitsrechte oder bei Verletzung des allgemeinen Persönlichkeitsrechts durch Eindringen in die Geheim-

oder Intimsphäre. Bei Unterlassungsansprüchen gegenüber unzulässigen Meinungsäußerungen (Schmähkritik – BGH LM Art. 5 GG Nr. 40 – Halsabschneider) kommt Unwahrheit nicht in Betracht.

5. Schilderung des Sachverhalts mit geeigneten Beweisantritten.

6. Vgl. Form. II. P. 7, bei vorausgegangener einstweiliger Verfügung Form. II. P. 12.

7. Vgl. Form. II. P. 8.

8. Alternativ: „Der Beklagte hat innerhalb der ihm gesetzten angemessenen Frist auf das Abmahnschreiben (Abschlussschreiben) nicht geantwortet."

9. Nähere Darlegungen zur Frage Tatsachenbehauptung/Meinungsäußerung und zur Fortwirkung der Beeinträchtigung nur erforderlich und zweckmäßig, wenn der Sachverhalt dazu besonderen Anlass bietet.

10. Anspruch auf Ersatz immateriellen Schadens (Geldentschädigung) setzt eine besonders schwere Persönlichkeitsverletzung voraus, je nach Lage des Falles auch schweres Verschulden. Ggf. kann der Anspruch entfallen, wenn andere Ausgleichsmöglichkeiten etwa durch Widerruf oder Gegendarstellung bestehen. Näheres vgl. *Löffler/Steffen* § 6 Rdn. 332 ff., *Wenzel* Rdn. 14.83 ff.

11. Ausführungen hierzu nur erforderlich und zweckmäßig, wenn der Sachverhalt dazu besonderen Anlass bietet.

12. Gerichtsstand neben dem Verlags- oder Erscheinungsort jeder Ort, an dem die Druckschrift verbreitet wird: § 32 ZPO.

20. Klageerwiderung

An das
Landgericht (Amtsgericht)
……

In Sachen

……
Prozessbevollm.: ……
gegen
……

zeigen wir an, dass wir den Beklagten vertreten.

Wir werden beantragen,
die Klage kostenpflichtig abzuweisen
hilfsweise,
evtl. gegen Sicherheitsleistung (Bankbürgschaft)
Vollstreckungsschutz zu gewähren.

Begründung[1]:

Der Kläger macht mit seiner Klage Unterlassungs-, Widerrufs-, Schadensersatzfeststellungs- und immaterielle Schadensersatzansprüche geltend. Für die Ansprüche fehlt es an allen Voraussetzungen:
Es ist richtig, dass der Beklagte Verleger der XY-Zeitung ist und es ist auch richtig, dass in der Ausgabe Nr. …… über den Kläger die in der Klage wiedergegebene Behauptung aufgestellt worden ist[2].

1. **Der Unterlassungsanspruch ist nicht gegeben, weil die Behauptung nicht ehrenrührig ist und den Kläger auch nicht in einem anderen Recht verletzt.**

Zudem ist die Behauptung keine Tatsachenbehauptung, sondern eine durch Art. 5 GG gedeckte Meinungsäußerung ......
Soweit die Behauptung tatsächlichen Charakter haben sollte, ist sie wahr: ......

Beweis: ......

Schließlich scheitert der Unterlassungsanspruch daran, dass keine Wiederholungsgefahr besteht, weil ......

Beweis: ......

2. Ein Widerrufsanspruch besteht unabhängig von der Frage der Wahrheit oder Unwahrheit nicht, weil es sich bei der angegriffenen Behauptung nicht um eine Tatsachenbehauptung, sondern um eine durch Art. 5 GG gedeckte Meinungsäußerung handelt ....
Soweit das Gericht der Behauptung tatsächlichen Charakter beimessen sollte, ist sie wahr: ......
Beweis: ......
Jedenfalls wird es dem Kläger nicht gelingen, den ihm obliegenden Beweis für die Unwahrheit zu erbringen.
Im Übrigen ist der Widerruf nicht zur Beseitigung einer Quelle gegenwärtiger Rufbeeinträchtigung notwendig, weil die Behauptung nicht fortwirkt: ......
3. Schadensersatzansprüche bestehen nicht, weil die Behauptung – wie oben ausgeführt – nicht rechtswidrig ist. Zudem trifft den Beklagten kein Verschulden und er hat auch nicht für das Verschulden Dritter einzustehen, weil ......

Beweis: ......

Es wird ferner bestritten, dass dem Kläger ein Schaden entstanden ist. Soweit der Kläger einen Schaden behauptet, ist dieser durch die Behauptung nicht kausal verursacht worden: ......
4. Immaterielle Schadensersatzansprüche scheiden von vornherein aus, weil von einer schweren Persönlichkeitsrechtsverletzung auch dann nicht die Rede sein könnte, wenn überhaupt eine Persönlichkeitsrechtsverletzung vorliegen sollte: ......

In jedem Falle fehlt es am Verschulden, insbesondere am schweren Verschulden.[3]
Schließlich hätte der Kläger andere Möglichkeiten gehabt, den von ihm behaupteten immateriellen Schaden auszugleichen, nämlich ...... Er hat aber davon keinen Gebrauch gemacht.

Rechtsanwalt

Anmerkungen

1. In der Klageerwiderung, die sich auf die Klage in Form. II. P. 19 bezieht, sind die wesentlichen schlüssigen Einwendungen gegen die mit der Klage erhobenen Ansprüche kumulativ zusammengefasst. Selbstverständlich sind nur die zutreffenden Einwendungen unter Aufführung der tatsächlichen Umstände vorzutragen.

2. Alternativ: Der Beklagte hat die beanstandete Behauptung weder aufgestellt noch verbreitet, oder: er hat die Behauptung nicht so aufgestellt, wie dies in der Klage behauptet wird.

3. Schweres Verschulden ist nicht Voraussetzung des Anspruchs. Ein fehlendes schweres Verschulden kann aber bei der erforderlichen Gesamtabwägung dazu führen, dass ein Geldentschädigungsanspruch zu verneinen ist (vgl. *Löffler/Steffen* § 6 Rdn. 335, *Wenzel* Rdn. 14.115 ff.).

III. Zwangsvollstreckung, Anfechtungsgesetz, Insolvenzordnung

A. Allgemeines Vollstreckungsrecht

Allgemeine Vollstreckungsvoraussetzungen

1. Anträge auf Notfrist- und Rechtskraftzeugnis und auf einfache Vollstreckungsklausel (§§ 706, 724 ZPO)

An das ……
……gericht ……
Geschäftsstelle[1]
Az. ……

In der Sache
X ./. Y

überreiche ich anliegend Kurzausfertigung[2] des Urteils des ……gerichts ……, Az. ……, vom …… mit Zustellungsbescheinigung – und Notfristzeugnis – sowie Rechtskraftzeugnis[3] – und bitte,
– das Notfristzeugnis[4]
– das Rechtskraftzeugnis[5]
– die Vollstreckungsklausel[6] mit Zustellungsbescheinigung
zu erteilen.

Rechtsanwalt

Anmerkungen

1. a) Das Notfristzeugnis erteilt die Geschäftsstelle des Rechtsmittelgerichtes, § 706 Abs. 2 ZPO.
   b) Das Rechtskraftzeugnis erteilt die Geschäftsstelle des Gerichtes erster Instanz oder die höherer Instanz, solange der Prozess dort anhängig ist, § 706 Abs. 1 ZPO.
   c) Die Vollstreckungsklausel erteilt der Urkundsbeamte der Geschäftsstelle des Gerichtes erster Instanz oder die höherer Instanz, solange der Prozess dort anhängig ist, § 724 Abs. 2 ZPO.

Anwaltszwang besteht für keinen der drei Anträge.

Bei vollstreckbaren Notarurkunden ist infolge von § 797 Abs. 2 ZPO der Notar für die Klauselerteilung zuständig (BGH NJW-RR 2004, 1718). Zur Klauselerteilung und Vertretungsfragen bei der Vollstreckungsunterwerfung vgl. BGH NJW 2008, 2266.

2. Sie, erteilt nach § 317 Abs. 2 S. 2 ZPO, zu verwenden ist zweckmäßig.

3. Das Formular ist für alle 3 Anträge tauglich. Nichtzutreffendes streichen.

4. Ein Notfristzeugnis der Geschäftsstelle der Revisionsinstanz, daß die Zulassung der Sprungrevision nicht beantragt ist, ist nicht erforderlich, § 706 Abs. 2 S. 2 ZPO.

5. Es setzt – außer bei Erteilung durch das Rechtsmittelgericht, § 706 Abs. 1, 2. Alt. ZPO – die Notfristbescheinigung voraus, vgl. Anm. 4. Rechtsmittel wegen eines Teilbetrages hemmt zunächst die Rechtskraft insgesamt, BGH NJW 1994, 657.

6. Sie wird auch für vorläufig vollstreckbare Urteile erteilt, setzt also das Rechtskraftzeugnis nicht voraus. Das ist in der Vollstreckung nur für die Sicherheitsleistung von Bedeutung, § 751 Abs. 2 ZPO. Diese entfällt bei Sicherungsvollstreckung, § 720 a ZPO.

Die Vollstreckungsklausel ist generelle Vollstreckungsvoraussetzung für alle Arten von Titeln, §§ 795, 724 ZPO, außer
a) beim Arrestbefehl, § 929 Abs. 1 ZPO,
b) beim Vollstreckungsbescheid, § 796 Abs. 1 ZPO,
c) beim Kostenfestsetzungsbeschluss auf dem Urteil, § 795 a ZPO.

Sonstige Vollstreckungstitel benennt § 794 ZPO. Weitere Vollstreckungstitel vgl. *Baumbach/Lauterbach/Albers/Hartmann* § 794 Rdn. 46 bis 59 und § 68 GVGA.

Den Wortlaut der Klausel schreibt § 725 ZPO vor.

Wenn die Klausel vorliegt und der Schuldner zuvor nach Titulierung angemessene Zeit zu freiwilliger Erfüllung hatte, sind die Kosten der Einleitung der Vollstreckung durch eine außergerichtliche anwaltliche Vollstreckungsandrohung erstattungsfähig (BGH NJW-RR 2003, 1581).

Kosten und Gebühren

a) Gericht: keine besondere Gerichtsgebühr.

b) Anwalt: für Notfrist- und Rechtskraftzeugnis sowie erstmalige Erteilung der Vollstreckungsklausel für den Prozessanwalt (außer bei Klage nach § 731 ZPO) keine besondere Anwaltsgebühr, § 19 Abs. 1 Nr. 9 und Nr. 13 RVG. Ein nur mit dieser Beantragung oder mit der Beantragung einer weiteren vollstreckbaren Ausfertigung beauftragter Anwalt erhält eine 0,3 Gebühr nach VV (*Gerold/Schmidt* RVG, VV 3309 Rdn. 334, 335).

Fristen und Rechtsmittel

Bei Ablehnung der Erteilung von Notfrist- oder Rechtskraftzeugnis kann der Antragsteller gegen diese Entscheidung des Urkundsbeamten der Geschäftsstelle befristete Erinnerung einlegen, § 573 Abs. 1 ZPO, ebenso der Gegner bei Erteilung dieser Zeugnisse.

Befristete Erinnerung auch bei Ablehnung der Erteilung der Vollstreckungsklausel (BGH NJW 1984, 806), sofern nicht Klage nach § 731 ZPO in Betracht kommt, vgl. Form. III. A. 5. Bei Erteilung der Klausel kann der Schuldner gemäß §§ 732 oder 768 ZPO vorgehen (vgl. Form. III. A. 12 und Form. III. A. 18).

2. Klage auf Vollstreckbarkeit eines ausländischen Urteils (§§ 722, 723 ZPO, nur Verweisung)

(vgl. Form. I. T. 4)

3. Antrag auf Klauselerteilung bei bedingter Leistung etc. (§ 726 Abs. 1 ZPO)

An das
......gericht ......[1]

In ......[2]

überreiche ich anliegend Ausfertigung des Scheidungsvergleichs[3] vom ...... und bitte namens der Klägerin,

die Vollstreckungsklausel gemäß § 726 Abs. 1 ZPO

zu erteilen.

Der Vergleich ist geschlossen „für den Fall der rechtskräftigen Scheidung der Parteien“[4]. Ich überreiche daher weiter das Scheidungsurteil des dortigen Gerichts vom ......, Az. ......, mit Rechtskraftzeugnis[5].

Rechtsanwalt

Anmerkungen

1. Gerichtliche Zuständigkeit wie bei der einfachen Klausel, Form. III. A. 1 Anm. 1. Die qualifizierte Klausel wird aber vom Rechtspfleger erteilt, § 20 Nr. 12 RpflG.

2. Kurzrubrum mit Az. wie Form. III. A. 1.

3. Titel gemäß § 794 Abs. 1 Nr. 1 ZPO. Soweit in §§ 795 a bis 800 ZPO nicht abweichende Vorschriften enthalten sind, gelten alle Vorschriften über Urteile in §§ 724 bis 793 ZPO entsprechend für die sonstigen Vollstreckungstitel, § 795 ZPO.

4. Der Beweis für den Bedingungseintritt ist durch öffentliche oder öffentlich beglaubigte (qualifizierte) Urkunden zu führen, § 726 Abs. 1 ZPO. Sicherheitsleistung ist erst bei Vollstreckungsbeginn dem Vollstreckungsorgan nachzuweisen, § 751 Abs. 2 ZPO.

Nachweis erst bei Vollstreckungsbeginn reicht auch bei Zug-um-Zug-Leistungen, § 756 ZPO, außer wenn die Leistung des Schuldners eine Willenserklärung ist, § 726 Abs. 2 ZPO. Denn diese gilt bei Zug-um-Zug-Leistungen mit Klauselerteilung als abgegeben, § 894 Abs. 1 S. 2 ZPO.

5. Der Urkundsbeweis entfällt, wenn die Tatsache beim Gericht im Sinne von § 291 ZPO offenkundig ist (*Baumbach/Lauterbach/Albers/Hartmann* § 726 Rdn. 5). Auch ein Geständnis des Schuldners bei Anhörung nach § 730 ZPO ersetzt den Urkundsbeweis (BGH BB 2005, 1876). Sind diese Wege nicht gangbar, muss nach § 731 ZPO geklagt werden, vgl. Form. III. A. 5.

Kosten und Gebühren

a) Gericht: keine besonderen Gerichtsgebühren.
b) Anwalt: wie Form. III. A. 1. Nur bei Einwendungen des Schuldners nach § 732 ZPO liegt eine besondere Angelegenheit vor, § 18 Abs. 1 Nr. 4 RVG, vgl. Form. III. A. 12.

Fristen und Rechtsmittel

Bei Ablehnung für Gläubiger sofortige Beschwerde, § 567 Abs. 1 ZPO mit § 11 Abs. 1 RPflG. Bei Erteilung für Schuldner Erinnerung (Einwendungen) nach § 732 ZPO (vgl.

Form. III. A. 12) oder Klage nach § 768 ZPO (vgl. Form. III. A. 18), vgl. *Musielak/Lackmann* § 726 Rdn. 8.

4. Antrag auf Klauselerteilung für und gegen Rechtsnachfolger (§§ 727–729 ZPO)

An das
……gericht ……[1]
In ……[2]

überreiche ich anliegend meine Vollmacht sowie die vollstreckbare Ausfertigung[3] des Urteils vom …… und beantrage,

1. eine vollstreckbare Ausfertigung für den Rechtsanwalt Z als Insolvenzverwalter der Gläubigerin zu erteilen,

2. die vollstreckbare Ausfertigung auch gegen die P-GmbH zu erteilen.

Weiter überreiche ich öffentlich beglaubigte Abschrift der Bestallungsurkunde gemäß § 56 Abs. 2 InsO des AG ……, wonach mein Auftraggeber Insolvenzverwalter der Gläubigerin[4] und damit Rechtsnachfolger iSv. § 727 ZPO ist[5].
Ich überreiche weiter beglaubigten Handelsregisterauszug des AG ……, wonach die P-GmbH am ……, also nach Rechtskraft des Urteils, in die schuldnerische OHG eingetreten ist. Auf diesen Fall ist § 729 Abs. 2 ZPO entsprechend anwendbar[6].
Rechtsanwalt

Anmerkungen

1. Zuständigkeit wie Form. III. A. 1 Anm. 1. Beim Mahnbescheid ist das Mahngericht zuständig.

2. Kurzrubrum mit Az. wie Form. III. A. 1.

3. Damit Gläubiger nicht ohne das Verfahren nach § 733 ZPO (vgl. Form. III. A. 7) zwei Vollstreckungstitel hat, muss die erteilte vollstreckbare Ausfertigung zurückgereicht werden. Meist wird die neue qualifizierte Klausel auf die bisherige Titelurkunde (ggf. Rückseite) gesetzt oder dieser angeheftet.

4. Wie bei Form. III. A. 3 Anm. 4 ersetzt auch hier Offenkundigkeit den Urkundsbeweis (Offenkundigkeit in der Klausel zu erwähnen, § 727 Abs. 2 ZPO). Allein die Veröffentlichung der Insolvenzeröffnung im Internet gem. § 9 Abs. 1 InsO begründet aber nicht die Offenkundigkeit. Der erforderliche Nachweis, dass der Insolvenzverwalter das Amt noch innehat, ist damit nicht geführt (BGH NJW-RR 2005, 1716). Es ist die Bestallungsurkunde im Original oder in öffentlich beglaubigter Abschrift vorzulegen (BGH aaO.).

5. Rechtsnachfolge ist hier im weiten Sinne zu verstehen (*Baumbach/Lauterbach/Albers/Hartmann*, § 727 Rdn. 3 mwN.) auch wenn, wie beim Insolvenzverwalter oder nach Forderungspfändung, keine Rechtsnachfolge im engeren Sinne vorliegt. Auch dafür ist aber Umschreibung des Titels erforderlich. Es kann also nicht unter der alten Parteibezeichnung weitervollstreckt werden. Auch der gem. § 265 ZPO während des Prozesses eingetretene Neugläubiger benötigt die qualifizierte Klausel des § 727 ZPO, selbst wenn die Zahlung an ihn tituliert ist (BGH NJW 1984, 806).

Weitere Fälle sind auf Gläubigerseite (in Klammern die erforderliche qualifizierte Beweisurkunde):

a) Forderungsabtretung (notariell beglaubigte Abtretungsurkunde, vgl. § 403 BGB);
b) Erbe (Erbschein, § 2353 BGB), dieser ggf. auch als „Rechtsnachfolger" des Testamentsvollstreckers, §§ 327, 728 Abs. 2 S. 1 ZPO;
c) Miterbe, aber Beschränkung nach § 2039 BGB (Erbschein);

d) Nacherbe als „Rechtsnachfolger" des Vorerben, §§ 326, 728 Abs. 1 ZPO (Erbschein);
e) Die Parteien kraft Amtes, nämlich Insolvenzverwalter, Nachlass- und Zwangsverwalter, Pfleger des Sammelvermögens nach § 1914 BGB, Testamentsvollstrecker vgl. § 749 ZPO (jeweils das gerichtliche Zeugnis über Amtsinhaberschaft, § 56 Abs. 2 InsO etc.); umgekehrt auch der jeweilige Vermögensinhaber nach Wegfall des Amtes;
f) Pfändungspfandgläubiger (Pfändungs- und Überweisungsbeschluss);
g) Kanzleiabwickler nach § 55 BRAO (Bestallungsurkunde);
h) Vermögensübernehmer und Firmenübernehmer nach § 25 HGB, vgl. § 729 ZPO; Fälle der Verschmelzung und Vermögensübertragung nach dem Umwandlungsgesetz (beglaubigter Handelsregisterauszug); die Umwandlung selbst durch Formwechsel nach §§ 190ff. UmwG ist dagegen keine Rechtsnachfolge sondern für den Titel wie ein Namenswechsel zu behandeln. Die Klausel wird dann nicht umgeschrieben sondern berichtigt. Hinsichtlich des Nachweises kann aber auf § 727 ZPO zurückgegriffen werden (vgl. *Lindemeier* RNotZ 2002, 41);
i) gesetzliche Forderungsübergänge, zB. §§ 774, 426 BGB, § 6 EFZG, §§ 93, 94 SGB XII (mit rechtskräftiger Überleitungsanzeige), § 86 VVG.

6. Weitere Fälle auf Schuldnerseite:
a) Zunächst die Fälle oben 5. b., c., d., h., die auch als Nachfolge in die Verbindlichkeit in Betracht kommen (zT. beschränkt oder beschränkbar);
b) die Parteien kraft Amtes oben 5. e., aber nur zT., zB. der Insolvenzverwalter für die Aussonderungsrechte, während einfache Forderungen, auch wenn tituliert, zur Tabelle angemeldet werden müssen, vgl. §§ 87, 174 InsO;
c) Schuldübernahme und -beitritt (notarielle Vertragsurkunde).
d) Bei Aufspaltung nach dem UmwG kann der Titel auf alle neuen Rechtsträger umgeschrieben werden, (OLG Frankfurt/M. BB 2000, 1000).

Eine Ausfertigung der erforderlichen Urkunden ist dem Gläubiger regelmäßig nach § 792 ZPO zu erteilen, vgl. Form. III. A. 9.

Kosten und Gebühren

a) Gericht: keine besonderen Gerichtsgebühren.

b) Anwalt: wie Form. III. A. 3, dh. bei dem hier meist vorliegenden Fall der Erteilung einer weiteren Klausel erhält auch der Prozessanwalt eine gesonderte 0,3 Gebühr nach VV 3309, da § 19 Abs. 1 Nr. 13 RVG nicht eingreift.

Fristen und Rechtsmittel

Wie Form. III. A. 3.

5. Klage auf Klauselerteilung (§ 731 ZPO)

An das
......gericht ......[1]

Klage

des ......

(Klägers)

Prozessbevollmächtigter: ......
gegen
den ......

(Beklagten)

wegen Feststellung einer Rechtsnachfolge, § 731 ZPO[2]

Streitwert: ...... EUR[3]

Namens und in Vollmacht des Klägers erhebe ich Klage und werde beantragen

1. **festzustellen, , dass der Kläger Rechtsnachfolger des X für die durch rechtskräftiges Urteil des Gerichtes in der Sache X gegen den Beklagten vom ......, Az. ......, titulierte Forderung ist und ihm entsprechend Vollstreckungsklausel zur Zwangsvollstreckung gegen den Beklagten zu erteilen ist[4]**
2. **Der Beklagte trägt die Kosten des Rechtsstreites.**

Begründung:

I.

Für X erging das im Antrag genannte Urteil auf Zahlung von ...... EUR zuzüglich Zinsen und Kosten. Ich bitte die Akte des Vorprozesses beizuziehen. Mit Privaturkunde vom ...... trat X die Forderung an den Kläger ab.

Beweis: 1. anliegende Privaturkunde,
2. Zeugnis des Y.

Wenige Tage später gab X seine Wohnung auf und verzog ohne Abmeldung mit unbekanntem Ziel, so dass notarielle Beurkundung, § 403 BGB, ausscheidet[5].

Beweis: Unauffindbarkeitsbescheinigung der Meldebehörde

II.

Der Beklagte leistete nicht, obgleich ihm die Abtretung gemäß § 409 Abs. 1 S. 2 BGB angezeigt und er zur Zahlung aufgefordert wurde.

Beweis: Aufforderungsschreiben und Gerichtsvollzieherzustellungsurkunde gemäß § 132 Abs. 1 BGB, verbunden mit der oben vorgelegten Abtretungsurkunde.

Der Kläger hat Klauselerteilung gemäß § 727 ZPO betrieben und beantragt, den Beklagten gemäß § 730 ZPO zu hören, damit er die Rechtsnachfolge zugestehe[6]. Der Beklagte hat nicht Stellung genommen. Mangels Urkundsbeweises hat der Rechtspfleger die Klauselerteilung abgelehnt[7], so dass Klage geboten ist.

Rechtsanwalt

Anmerkungen

1. Zuständig ist das erstinstanzliche Gericht des Vorprozesses, § 731 ZPO (beim Vollstreckungsbescheid vgl. § 796 Abs. 3 ZPO, bei vollstreckbarer Urkunde § 797 Abs. 5 ZPO).

2. Ungenau ist die Bezeichnung als Klage auf Vollstreckungsklausel. Der Beklagte und auch das Prozessgericht erteilen die Klausel nicht. Es wird die Rechtsnachfolge mit normalen Beweismitteln durch Urteil festgestellt. Damit kann der Titel nach § 727 ZPO umgeschrieben werden.

Der Vorteil gegenüber einer völlig neuen Klage ist der beschränkte Streitgegenstand: Hier ist nur die Rechtsnachfolge im Streit, nicht die Forderung selbst.

3. Streitwert ist der Wert des noch beizutreibenden Anspruches, OLG Köln RPfleger 1969, 247.

4. Der Antrag kombiniert verschiedene gebräuchliche Antragsfassungen.

5. Sonst wäre § 727 ZPO gegeben und für § 731 ZPO fehlte das Rechtsschutzbedürfnis (*Musielak/Lackmann* § 731 Rdn. 4).

6. Auch dies würde für § 727 ZPO ausreichen.

7. Ob stets zunächst ein Antrag nach §§ 727 ff. ZPO gestellt werden muss (damit der Schuldner die Klage durch Geständnis der Rechtsnachfolge erübrigen kann), ist strittig (dafür *Baumbach/Lauterbach/Albers/Hartmann* § 731 Rdn. 3; dagegen wohl zutreffend *Zöller/Stöber* § 731 Rdn. 2; zweifelnd *Musielak/Lackmann* Rdn. 5 zu § 731).

Nach BGH NJW 1987, 2863 soll die Klagmöglichkeit nach § 731 ZPO nicht eine normale neue Klage aus dem Schuldverhältnis ausschließen.

Kosten und Gebühren

a) Gericht: Normale Prozessgebühren, vgl. Form. I. D. 1, KV 1210 f.
b) Anwalt: Normale Prozessgebühren nach VV 3100 ff., gem. § 19 Abs. 1 Nr. 13 RVG.

Fristen und Rechtsmittel

Wie im normalen Prozessverfahren, vgl. Form. I. D. 1.

6. Zustellungsauftrag an Gerichtsvollzieher

An das Amtsgericht ……
Verteilungsstelle für Gerichtsvollzieheraufträge[1]
(oder: Herrn Obergerichtsvollzieher ……[2])

In Sachen

X ./. Y

überreiche ich in Vollmacht des Gläubigers anliegend Ausfertigung und …… beglaubigte Abschriften[3]

des Pfändungs- und Überweisungsbeschlusses des AG …… vom …… Az. ……

zur Zustellung[4] an

1. Herrn X als Drittschuldner (bitte nicht an Frau X ersatzzustellen, da Schuldnerin, § 178 Abs. 2 ZPO),

2. dessen Ehefrau, Frau X, als Schuldnerin[5].

Die mit Zustellungsurkunden versehene Ausfertigung erbitte ich zurück.

Mein Auftraggeber hat – keine – Prozesskostenhilfe.

Besondere Hinweise:
Zur Beurkundung der Drittschuldnererklärung gemäß § 840 ZPO bitte ich die Zustellung an den Drittschuldner durch den Gerichtsvollzieher persönlich zu bewirken[6].

Rechtsanwalt

Anmerkungen

1. Vgl. § 753 Abs. 2 ZPO, bei dem für die Zustellanschrift zuständigen Amtsgericht, wenn der zuständige Gerichtsvollzieher nicht bekannt ist, (dessen Ermittlung wegen wechselnder Zuständigkeiten, Vertretung etc. nur in Sonderfällen sinnvoll ist).

2. Zustellungen im Parteiauftrag werden vom Gerichtsvollzieher bewirkt, § 192 ZPO. Bei Vertretung beider Seiten durch Anwälte können Zustellungen ggf. kostensparend zwischen diesen direkt bewirkt werden, § 195 ZPO.

3. Fehlen die Abschriften, so fertigt und beglaubigt der Gerichtsvollzieher sie, § 192 Abs. 2 ZPO – jedoch auf Kosten des Gläubigers (§ 13 GvKostG, Nr. 102 und 700 des Kostenverzeichnisses).

4. Die wirksame Zustellung des Titels ist Voraussetzung der Vollstreckung, § 750 Abs. 1 ZPO. Urteile werden von Amts wegen zugestellt, § 317 ZPO, ebenso der Vollstreckungsbescheid, soweit nichts anderes beantragt ist, § 699 Abs. 4 ZPO. Ist eine eigene Zustellung wie bspw. bei Titeln gem. § 794 Abs. 1 Nr. 5 ZPO erforderlich, reicht für die Zustellung an eine GbR die Zustellung an ihren Geschäftsführer (soweit vorhanden) oder ansonsten an einen ihrer Gesellschafter (BGH NJW 2006, 2191). Den Pfändungsbeschluss muss der Gläubiger gemäß §§ 191 ff. ZPO zustellen lassen, § 829 Abs. 2 S. 1 ZPO, meist durch Vermittlung der Gerichtsgeschäftsstelle, § 192 Abs. 3 ZPO. Obwohl Zustellung durchgängig Vollstreckungsvoraussetzung ist, § 750 ZPO (Ausnahme: Arrest, § 929 Abs. 3 ZPO), erfolgt sie also nur in Eil- und Sonderfällen im direkten Auftrag des Gläubigers.

Bei Vollstreckung wird meist der Zustellungsauftrag gem. § 750 Abs. 1 S. 1 ZPO mit dem Vollstreckungsauftrag verbunden, vgl. Form. III. B. 1. Bei Sicherungsvollstreckung nach § 720 a ZPO muss aber nach § 750 Abs. 3 ZPO Titel und Vollstreckungsklausel zwei Wochen vor Vollstreckungsbeginn zugestellt werden.

5. Anzugeben ist eine vom Gläubiger zu ermittelnde zustellfähige Anschrift, vgl. im Übrigen §§ 178 ff. ZPO.

6. Die Zustellung kann der Gerichtsvollzieher auch durch Aufgabe zur Post bewirken, § 193 ZPO. Beim Pfändungsbeschluss soll das aber nicht ausreichen, um beim Drittschuldner nach § 840 ZPO dessen Schadensersatzpflicht zu begründen (näher dazu Form. III. B. 6 Anm. 11). Daher ist vorsorglich vom Gerichtsvollzieher in Person zuzustellen.

Kosten und Gebühren

a) Anwalt: keine besondere Gebühr § 19 Abs. 1 Nr. 16 RVG, außer etwa bei einem Einzelauftrag des RA nur für die Zustellung.
b) Gerichtsvollzieher: 7,50 EUR für pers. Zustellung, KV GvKostG 100.

Fristen und Rechtsmittel

Unbefristete Erinnerung, § 766 ZPO, vgl. Form. III. A. 15.

7. Antrag auf weitere vollstreckbare Ausfertigung (§ 733 ZPO)

An das
......gericht ...... [1]
In ......[2]

beantrage ich,

dem Gläubiger eine zweite vollstreckbare Ausfertigung[3] **des Urteils vom ...... Az. ...... gegen den Schuldner zu 2.) zu erteilen.**

Begründung:

In dem genannten Urteil war der Schuldner zu 2.) gemeinsam mit der Schuldnerin zu 1.), seiner damaligen Ehefrau, als Gesamtschuldner verurteilt[4]. Die Schuldner sind geschieden. Gegen die Schuldnerin zu 1.) vollstreckt der Gläubiger zurzeit mit Haftauftrag.
Beweis: beigefügte Kopie des Haftauftrages
Der Gläubiger erfuhr, dass der Schuldner zu 2.) in ...... wohnt. Um gegen ihn zu vollstrecken[5], benötigt der Gläubiger eine zweite vollstreckbare Ausfertigung gegen diesen Schuldner[6].
Rechtsanwalt

Anmerkungen

1. Zuständig der Rechtspfleger (§ 20 Nr. 12 RPflG) des Prozessgerichtes.

2. Kurzrubrum mit Az. wie Form. III. A. 1.

3. Weitere Ausfertigungen sollen jeweils als 2. etc. bezeichnet werden, § 733 Abs. 3 ZPO. Fehlen macht aber nicht unwirksam (*Baumbach/Lauterbach/Albers/Hartmann* § 733 Rdn. 7).

4. Ein Fall von § 733 ZPO ist die gleichzeitige Vollstreckung gegen mehrere Gesamtschuldner (*Baumbach/Lauterbach/Albers/Hartmann* § 733 Rdn. 5). Die Regelung im Mahnverfahren (1 Titel gegen jeden Gesamtschuldner) zeigt, dass ohne besondere Voraussetzungen ein vollstreckbarer Titel pro Gesamtschuldner erteilt wird. Sonst wäre die haftungserweiternde Wirkung der Gesamtschuld faktisch eingeschränkt.

5. Der Gläubiger muss sein Rechtsschutzbedürfnis glaubhaft machen, meist, indem er den betreffenden Sachverhalt eidesstattlich versichert (vgl. OLG Saarbrücken RPfleger 2007, 673). Ggf. reicht die bloße Tatsache der Gesamtschuld (vgl. oben 4.). Die Angabe des konkreten Anlasses ist aber jedenfalls zweckmäßig.
Der Schuldner erhält die Mitteilung nach § 733 Abs. 2 ZPO.

6. Weitere Fälle von § 733 ZPO sind zB.:
a) Verlust der ersten Ausfertigung (vgl. OLG Saarbrücken RPfleger 2007, 673);
b) versehentliche Aushändigung an Schuldner vor Tilgung (*Baumbach/Lauterbach/Albers/Hartmann* § 733 Rdn. 4);
c) Beschädigung, erschwerte Lesbarkeit oder Unübersichtlichkeit der ersten Ausfertigung, unter deren Rückgabe. Dann aber Neuerteilung nach § 724 ZPO, nicht nach § 733;
d) bei gleichzeitiger Vollstreckung an mehreren Orten oder im Wege verschiedener Vollstreckungsarten (*Musielak/Lackmann* § 733 Rdn. 6)).

Weitere Fälle bei *Baumbach/Lauterbach/Albers/Hartmann* § 733 Rdn. 4–6.

Kosten und Gebühren

a) Gericht: 15,– EUR Festgebühr gem. KV 2110
b) Anwalt: 0,3 Gebühr nach VV 3309, gem. § 18 Abs. 1 Nr. 5 RVG

Fristen und Rechtsmittel

Wie Form III. A. 3.

8. Antrag auf Rubrumsberichtigung (§§ 319, 727 ZPO)

An das
......gericht ......[1]
In ......[2]

überreiche ich anliegend Vollstreckungsbescheid des dortigen Gerichts vom ...... und beantrage[3]**,**

> **die Schuldnerbezeichnung dahin zu ergänzen, dass die Schuldnerin jetzt den Familiennamen Z trägt.**

Begründung:

Gemäß beigefügter standesamtlicher Urkunde[4] **vom ...... führt die Schuldnerin jetzt durch Namensänderung**[5] **den Familiennamen Z. Um die Feststellung der Nämlichkeit bei Fortsetzung der Vollstreckung zu erleichtern**[6]**, bitte ich um entsprechende Ergänzung.**

Rechtsanwalt

Anmerkungen

1. Zuständigkeit bei dem Gericht, das den Titel erließ. Die Fälle betreffen nur Berichtigung oder Ergänzung des Rubrums nach der Entscheidung. Zur Rubrumsberichtigung im Prozess vgl. Form. I. J. 4.

Berichtigung oder Ergänzung liegt vor, wenn bei Identität der Vollstreckungspartei deren Bezeichnung oder Name sich ändert (einschließlich des Wechsels oder Wegfalls gesetzlicher Vertreter).

Bei Parteiwechsel dagegen nur Titelumschreibung, vgl. Form. III. A. 4 und 5.

2. Kurzrubrum mit Az. wie Form. III. A. 1.

3. Ist die Identität einer Vollstreckungspartei unklar, können sich daraus Verzögerungen für die Vollstreckung ergeben. Soweit sie durch Auslegung feststellbar ist, kann dies auch durch das Vollstreckungsorgan geschehen. Für die vollstreckende Partei kann es aber gleichwohl von Interesse sein, eine Berichtigung des Titels in entsprechender Anwendung von § 319 ZPO oder von § 727 ZPO zu beantragen. Beides wird für zulässig erachtet (vgl. *Baumbach/Lauterbach/Albers/Hartmann* § 750 Rdn. 4; *Musielak/Lackmann* § 750 Rdn. 14). Liegt lediglich eine nachträgliche Namensänderung vor, ist der neue Name bei Erteilung der Klausel kenntlich zu machen (sofern eine solche erteilt wird). Bei bereits erteilter Klausel ist der neue Name als klarstellender Zusatz beizuschreiben (*Zöller/Stöber* § 727 ZPO Rdn. 31 ff., so auch OLG Bremen Rpfleger 1989, 172 und *Musielak/Lackmann* § 727 Rdn. 1. Dann ist weiter der Urkundsbeamte zuständig, öffentliche oder öffentlich beglaubigte Urkunden sind nicht zwingend erforderlich, und die geänderte Klausel muss nicht erneut zugestellt werden (*Zöller/Stöber* § 727 Rdn. 33).

Aus einem Vollstreckungsbescheid wird ohne Klausel vollstreckt, § 796 Abs. 1 ZPO, so dass hier nur die Möglichkeit der Berichtigung gem. § 319 ZPO bleibt.

4. Andere Nachweise wären zB. Einwohnermeldeamtsbescheinigungen, Gerichtsvollzieherprotokolle oder schriftliche Bestätigung des Schuldners.

5. Weitere Fälle der praktisch nicht unwichtigen Berichtigung oder Ergänzung zB.:

a) fehlerhafte Namensschreibung, fehlender Vorname oder Vorname nur mit Anfangsbuchstaben,
b) Alias-Namen, Künstlernamen, Spitznamen,
c) Ergänzung, Wechsel oder Wegfall bei gesetzlichen Vertretern,

d) Privatname des Inhabers einer Einzelfirma bei Titel auf Firmenbezeichnung, § 17 Abs. 2 HGB (vgl. OLG Frankfurt Rpfleger 1973, 64).

Vgl. im Übrigen zu allem immer noch *Petermann* Rpfleger 1973, 153 ff.

6. Kann die Identität der Partei vom Vollstreckungsorgan ohne besondere Ermittlungen festgestellt werden, etwa weil der Namenswechsel durch qualifizierte – zB. über § 792 ZPO beschaffte – amtliche Urkunde belegt ist, oder beim Wechsel nur der gesetzlichen Vertreter der Schuldnerpartei, ist zu vollstrecken, ohne dass es vorheriger Titelberichtigung bedarf (*Zöller/Stöber* § 750 Rdn. 3).

Kosten und Gebühren

a) Gericht: keine besondere Gerichtsgebühr.

b) Anwalt: keine besondere Gebühr, § 19 Abs. 1 Nr. 6 und 13 RVG, außer in den Sonderfällen, in denen die Anwaltstätigkeit auf diesen Antrag beschränkt ist.

Fristen und Rechtsmittel

Bei Antrag auf Ergänzung der Vollstreckungsklausel, Rechtsmittel wie bei Form. III. A. 1; bei Antrag entsprechend § 727 ZPO, wie bei Form. III. A. 3.

9. Antrag auf Urkundenerteilung für Gläubiger (§ 792 ZPO)

An das
Amtsgericht
Nachlassgericht[1]

Antrag auf Erbscheinserteilung

In der Nachlasssache

X

zuletzt wohnhaft ......

beantrage ich namens und in Vollmacht des Y die Erteilung eines Erbscheins nach dem am ...... in ...... verstorbenen Kaufmann X, wonach dessen Sohn, der Kaufmann Z, sein alleiniger Erbe ist.

Über die erbrechtlichen Verhältnisse überreiche ich anliegend eidesstattliche Versicherung meines Mandanten in notariell beglaubigter Form[2].

Ich bitte, die Herbeischaffung der erforderlichen Familienstandsurkunden gemäß § 2358 BGB dem Erben aufzugeben[3].

Das Antragsrecht meines Mandanten ergibt sich aus § 792 ZPO[4]. Gemäß dem beigefügten vollstreckbaren Urteil des LG ...... vom ...... Az. ...... war der Verstorbene Schuldner meines Mandanten. Dieser benötigt den Erbschein, um für den Titel gemäß § 727 ZPO eine vollstreckbare Ausfertigung gegen den Erben zu erlangen[5].

Rechtsanwalt

Anmerkungen

1. Zuständig ist das AG, in dessen Bezirk der Erblasser den letzten Wohnsitz, hilfsweise den letzten Aufenthaltsort hatte, §§ 72, 73 FGG.

2. Die nach § 2356 BGB erforderliche Versicherung kann auch der Gläubiger abgeben (*Baumbach/Lauterbach/Albers/Hartmann* § 792 Rdn. 3), vor dem Notar oder dem Gericht, § 2356 Abs. 2 BGB; vgl. auch Form. II. J. 16

3. Es besteht Amtsermittlungspflicht und Beweiserhebungsmöglichkeit, § 2358 BGB. Der Gläubiger kann also auch entsprechende Beweise, etwa Zeugen, anbieten, soweit er Urkunden nicht, auch nicht nach § 792 ZPO, beschaffen kann.

4. Der Gläubiger muss sich durch den Vollstreckungstitel legitimieren. Ist bereits ein Erbschein erteilt, so ist dem Gläubiger eine Ausfertigung zu erteilen, § 792 ZPO mit § 85 FGG.

Der Erbschein wird auch bei der Vollstreckung in Grundstücke des Erblassers nach § 867 ZPO oder § 17 ZVG benötigt (§§ 14, 39 GBO), soweit die Vollstreckung nicht noch nach § 779 ZPO fortgesetzt werden kann.

5. § 792 ZPO nennt den Erbschein nur beispielhaft. Andere Fälle wären die Zeugnisse der Parteien kraft Amtes, vgl. oben Form. III. A. 4 Anm. 5 e, wenn gegen diese vollstreckt werden soll. Wohl auch anwendbar für Bescheide über behördliche Leistungen an Schuldner (Arbeitslosengeld), die Gläubiger für Billigkeitsvortrag nach § 54 SGB I ggf. benötigt. Denn § 792 ist weit auszulegen (vgl. *Baumbach/Lauterbach/Albers/Hartmann* § 792 Rdn. 4).

Kosten und Gebühren

Die Kosten richten sich nach den für den jeweiligen Antrag geltenden Vorschriften, beim Erbscheinsantrag also §§ 107 ff. KostO (Gerichtskosten) und VV 3100 f. (Anwaltskosten).

Die Antragskosten und die Kosten etwa erforderlicher Beurkundungen sind solche der Vollstreckung, also nach § 788 ZPO zu behandeln.

10. Antrag auf Festsetzung von Vollstreckungskosten (§ 788 Abs. 2 ZPO)

An das
Amtsgericht ......
Vollstreckungsgericht[1]

Antrag auf Kostenfestsetzung nach § 788 Abs. 2 ZPO[2]

In der Vollstreckungssache

X ./. Y

beantrage ich namens und in Vollmacht des Gläubigers, die nachfolgend spezifizierten und belegten Kosten der bisherigen Zwangsvollstreckung gegen den Schuldner festzusetzen und die Verzinsung des Gesamtbetrages in Höhe von 5 Prozentpunten über dem Basiszinssatz ab Eingang dieses Antrages auszusprechen:[3]

1. Anwalts- und Gerichtsvollzieherkosten der Mobiliarpfändung
vom .... EUR

2. Anwalts-, Gerichts- und Zustellkosten des Pfändungsbeschlusses
vom .... EUR

3. ......

Zusammen ...... EUR

Die Kostenbelege sind beigefügt.[4]

Rechtsanwalt

Anmerkungen

1. Zuständig ist nach § 788 Abs. 2 ZPO das Vollstreckungsgericht, in dessen Bezirk zurzeit der Antragstellung ein Vollstreckungsverfahren (auch durch Gerichtsvollzieher oder Grundbuchamt) anhängig ist oder zuletzt war. Sind noch mehrere Verfahren anhängig, hat der Gläubiger die Gerichtsstandswahl (MK/*K. Schmidt,* § 788 ZPO Rdn. 36). Bei den vom Prozessgericht durchgeführten Vollstreckungsmaßnahmen nach §§ 887, 888 und 890 ZPO ist dieses zuständig, § 788 Abs. 2 S. 2 ZPO. Dieselbe Zuständigkeitsregelung gilt auch für Kostenfestsetzungsanträge des Anwalts gegen seinen Auftraggeber nach § 11 RVG, BGH NJW 2005, 1273.

2. Diese Festsetzung wird man betreiben, wenn die Vollstreckungskosten erheblich und kurzfristige Vollstreckungserfolge nicht absehbar sind. Sie bringt verschiedene Vorteile:

a) Die Kosten werden als notwendig iSv. § 788 Abs. 1 ZPO festgestellt.

b) Sie werden für die Zukunft verzinslich.

c) Bei weiteren Vollstreckungen muss man nicht mehr die zahlreichen Einzelbelege beifügen, sondern nur noch den darüber erlassenen Kostenfestsetzungsbeschluss.

Auch notwendige und nicht beitreibbare Kosten aus einem Drittschuldnerprozess können nach § 788 ZPO festgesetzt werden. Dies gilt auch für Kosten der Drittschuldnerklage im Arbeitsgerichtsprozess (BGH NJW 2006, 1141).

3. Der Zinsantrag muss entsprechend § 104 Abs. 1 S. 2 ZPO gesondert gestellt werden.

4. Jeder Betrag ist zu belegen, wie bei Mitvollstreckung von Vollstreckungskosten nach § 788 Abs. 1 S. 1 (vgl. unten Form. III. B. 1 Anm. 3).

Kosten und Gebühren

a) Gericht: keine besondere Gebühr.

b) Anwalt: keine besondere Gebühr, § 19 Abs. 1 Nr. 14 RVG.

Fristen und Rechtsmittel

Wie bei der Kostenfestsetzung nach § 104 ZPO, dh. sofortige Beschwerde, § 104 Abs. 3 S. 1 ZPO mit § 11 Abs. 1 RPflG, wenn der Wert des Beschwerdegegenstandes 200 EUR übersteigt, § 567 Abs. 2 ZPO; bei Beträgen bis 200 EUR Rechtspflegererinnerung, § 11 Abs. 2 RPflG.

11. Antrag auf richterliche Durchsuchungsanordnung für die Schuldnerwohnung (§ 758 a ZPO)

An das
Amtsgericht
Vollstreckungsgericht[1]

Antrag auf Durchsuchungserlaubnis[2]

In der Vollstreckungssache

X ./. Y

beantrage ich namens und in Vollmacht des Gläubigers zu beschließen:

Die zwangsweise Öffnung und Durchsuchung von Wohnung und Geschäftsräumen[3] des Schuldners in ...... X-Straße einschließlich der Öffnung und Durchsuchung aller Räumlichkeiten und Behältnisse darin zum Zwecke der Vollstreckung aus dem Urteil des LG ...... vom ...... Az. ...... wird einschließlich der Anwesenheit des Gläubigers oder seines Vertreters dabei[4] gestattet.

Begründung:

Nach dem anliegenden Gerichtsvollzieherprotokoll vom ...... DRNr. ...... ist die Vollstreckung aus dem gleichfalls anliegenden im Antrag genannten Urteil[5] erfolglos geblieben, da der Schuldner die Durchsuchung seiner Räume verweigert hat[6].
Daher ist richterliche Gestattung der Durchsuchung geboten[7], nebst Anwesenheit des Gläubigers, der zur Klärung etwa geltend gemachter Rechte Dritter am Pfändungstermin teilnehmen will.
Den Durchsuchungsbeschluss nebst Titel und Vollstreckungsunterlagen (die ich beifüge) bitte ich direkt an die dortige Verteilungsstelle für Gerichtsvollzieheraufträge weiterzuleiten zur Vermittlung der Fortführung der Vollstreckung durch den zuständigen Gerichtsvollzieher.

Rechtsanwalt

Anmerkungen

1. Zuständig ist gemäß § 758 a Abs. 1 ZPO das Amtsgericht des Vollstreckungsortes, dort der Richter, nicht der Rechtspfleger.

2. Das BVerfG und jetzt das Gesetz nehmen sehenden Auges (BVerfG NJW 1979, 1539) in Kauf, dass der Schuldner zunächst den Gerichtsvollzieher abweist und bis zu dessen Wiedererscheinen mit Durchsuchungsbeschluss pfändbare Habe beiseite schafft oder darüber verfügt (zu den Auswirkungen OLG Köln NJW 1980, 1531; *Schneider* NJW 1980, 2377). Immerhin kann der Gläubiger die Durchsuchungsverweigerung des Schuldners zum Anlass nehmen, direkt zur Abgabe der eidesstattlichen Versicherung überzugehen, vgl. § 807 Abs. 1 Nr. 3 ZPO.

3. Der Begriff der Wohnung im Sinne von Art. 13 GG wird in der Rechtsprechung des BVerfG weit ausgedehnt (vgl. BVerfG NJW 1998, 1627, 1631 mwN.). Er umfasst danach auch Nebenräume und Geschäftsräume, selbst solche, die der Inhaber der Öffentlichkeit zugänglich gemacht hat.

4. Sie ist bei Zwangsvollstreckung zulässig (KG DGVZ 1983, 72; LG Münster NJW-RR 1991, 1407; *Baumbach/Lauterbach/Hartmann* § 758 Rdn. 14; *Zöller/Stöber* § 758 Rdn. 8; aber strittig), und häufig nützlich. Sie sollte daher zur Klarstellung erwähnt sein, zumal teilweise vertreten wird (LG Stuttgart NJW-RR 1992, 511), dass die Durchsuchungsanordnung ohne entsprechenden Zusatz nicht zur Anwesenheit des Gläubigers berechtigt.

5. Die Anordnung ist erforderlich für alle Titel, die nicht direkt die Durchsuchung implizieren, wie die Titel zur Herausgabe von Räumen (nicht aber von sonstigen Sachen) oder der Haftbefehl nach § 901 ZPO, vgl. § 758 a Abs. 2 ZPO.

6. Alternative Begründung:
„......, da der Schuldner mehrfach nicht angetroffen werden konnte."
Es ist zulässig, dem Vollstreckungsauftrag einen vorbereiteten Gläubigerantrag beizufügen mit der Bitte, diesen bei Zutrittsweigerung des Schuldners bei Gericht einzureichen (*Zöller/Stöber* § 758 a ZPO Rdn. 23 und Form. III. B. 1).

7. Nach § 758 a Abs. 1 S. 2 ZPO ist die Vollstreckung ohne Durchsuchungsanordnung bei Gefahr im Verzuge zugelassen, zB. bei konkreten Anhaltspunkten für drohende Vollstreckungsvereitelung (vgl. BVerfG NJW 2001, 1121). Ob Gefahr im Verzuge vorliegt, entscheidet der Gerichtsvollzieher (dazu näher *Behr,* NJW 1992, 2125 und *van den Hövel,* NJW 1993, 2031).

Zumindest bei ohne mündliche Verhandlung erlassenen Arresten und einstweiligen Verfügungen wird der glaubhaft gemachte Arrestgrund zugleich die Gefahr im Verzuge implizieren (vgl. *Zöller/Stöber* 758 a Rdn. 32 mwN.; *Herdegen* NJW 1982, 368 str.).

Lehnt der Gerichtsvollzieher Vollstreckung ohne Beschluss ab, sollte man anstelle einer Erinnerung dagegen den hiesigen Antrag stellen.

Die Vollstreckung zur Nachtzeit (21 Uhr bis 6 Uhr, § 758 a Abs. 4 S. 2 ZPO) und an Sonn- und Feiertagen liegt nun (nach jahrzehntelangem Richtervorbehalt) im pflichtgemäßen Ermessen des Gerichtsvollzieher, § 758 a Abs. 4 ZPO, in Wohnungen aber nur wenn richterliche Durchsuchungsanordnung für die Vollstreckung als solche und zur Nachtzeit bzw. an Sonn- und Feiertagen vorliegt, § 758 a Abs. 4 S. 1 letzter Halbsatz ZPO (BGH NJW-RR 2005, 146).

Kosten und Gebühren

a) Gericht: keine besondere Gebühr.

b) Anwalt: keine besondere Gebühr, neben der für die mit der Durchsuchung durchgesetzten Vollstreckungsmaßnahme, § 19 Abs. 2 Nr. 1 RVG.

Fristen und Rechtsmittel

Die Anordnung sollte in angemessener Frist (maximal 6 Monate) zum Vollzug gegeben werden, da sie sonst kraftlos werden soll (BVerfG NJW 1997, 2165, allerdings zur StPO).

Rechtsbehelf ist für den Gläubiger bei Ablehnung der Anordnung die sofortige Beschwerde, § 567 Abs. 1 Nr. 2 ZPO. Für den Schuldner ist die Erteilung der Anordnung nicht gesondert anfechtbar, da keiner der Fälle von § 567 Abs. 1 ZPO vorliegt (aA., jeweils sofortige Beschwerde nach § 793 ZPO, *Musielak/Lackmann* § 758 a Rdn. 24 mwN.).

Rechtsbehelfe in der Zwangsvollstreckung

12. Erinnerung gegen Erteilung der Vollstreckungsklausel (§ 732 ZPO) mit Antrag auf einstweilige Einstellung

An das
......gericht ......[1]
Az. ......

Erinnerung nach § 732 ZPO

In der Sache

X ./. Y

beantrage ich namens und in Vollmacht des Schuldners zu beschließen:

„Die Zwangsvollstreckung aus der für die vollstreckbare notarielle Urkunde des Notars X vom ...... URNr. ...... von Notar X erteilten Vollstreckungsklausel

vom ......[2] wird für unzulässig erklärt[3]. Der Gläubiger trägt die Kosten dieses Antragsverfahrens."

Ich beantrage ferner, vorab durch einstweilige Anordnung zu beschließen:

„Die Zwangsvollstreckung aus der für die notarielle Urkunde des Notars X vom ...... URNr. ...... von Notar X erteilten Vollstreckungsklausel vom ...... wird einstweilen eingestellt[4]."

Begründung:

Der Schuldner hat sich in der notariellen Urkunde der sofortigen Zwangsvollstreckung unterworfen. Der Gläubiger hat Notar X in seiner Eigenschaft als Rechtsanwalt mit der Vollstreckung aus der Urkunde beauftragt. Dieser hat selbst die Klausel erteilt, obgleich er insoweit von der Amtstätigkeit ausgeschlossen ist (vgl. LG Hildesheim NJW 1962, 1257). Daher ist die Klauselerteilung nichtig[5].

Rechtsanwalt

Anmerkungen

1. Zuständig ist bei Urteilen das Gericht, dessen Geschäftsstelle (oder dessen Rechtspfleger in den Fällen von §§ 726 ff. ZPO) die Klausel erteilt hat, § 732 Abs. 1 ZPO, also das Gericht nach § 724 Abs. 2 ZPO. Beim Sonderfall der vollstreckbaren notariellen Urkunde ist das Amtsgericht zuständig, in dessen Bezirk der Notar seinen Amtssitz hat, § 797 Abs. 3 ZPO.

2. Die Vollstreckungsklausel für vollstreckbare notarielle Urkunden, § 794 Abs. 1 Nr. 5 ZPO wird vom amtierenden Notar erteilt, § 797 Abs. 2 ZPO.

3. Die Antragsformel ergibt sich aus § 775 Nr. 1 ZPO.

4. Hier ergibt sich die Formel aus § 775 Nr. 2 ZPO.

5. Mit der Klauselerinnerung können nur Fehler formeller Art beanstandet werden (BGH NJW-RR 2006, 567). Siehe hierzu im einzelnen *Zöller/Stöber* § 732 ZPO Rdn. 6 bis 12.

Neben der Einwendung nach § 732 ZPO kann ggf. die Klage aus § 768 ZPO stehen, § 768 S. 1 letzter Halbs. (vgl. Form. III. A. 18).

Kosten und Gebühren

a) Gericht: keine besondere Gebühr; aber Kostenentscheidung erforderlich.

b) Anwalt: nach § 18 Abs. 1 Nr. 4 RVG gesonderte 0,3 Gebühr gem. VV 3309, 3310, sowohl für Anwalt des Schuldners als auch für Anwalt des Gläubigers.

c) Gegenstandswert: Wert des zu vollstreckenden Anspruches.

Fristen und Rechtsmittel

Für Gläubiger und Schuldner sofortige Beschwerde, § 567 Abs. 1 ZPO (näher *Baumbach/Lauterbach/Albers/Hartmann*, § 732 Rdn. 10–13).

13. Allgemeiner Vollstreckungsschutzantrag (§ 765 a ZPO)

An das
Amtsgericht
Vollstreckungsgericht[1]

Antrag nach § 765 a ZPO

In der Vollstreckungssache

der X-GmbH (ladungsfähige Anschrift),

Gläubigerin

gegen

den Y

Schuldner

wegen Zwangsversteigerung, Az. ...... des dortigen Gerichts.

Namens und in Vollmacht des Schuldners beantrage ich zu beschließen:

1. **Das bei diesem Gericht anhängige Zwangsversteigerungsverfahren, Az. ......, für das Grundstück ...... (Anschrift), eingetragen im Grundbuch von ...... Band ...... Blatt ......, wird vorläufig eingestellt.**
2. **Der Gläubigerin werden die Kosten dieses Verfahrens auferlegt[2].**

Begründung:

Der Vollstreckungsschuldner bewohnt das Einfamilienhaus gemeinsam mit seiner 89-jährigen Mutter, M Y. Diese bewohnt das Einfamilienhaus bereits seit 35 Jahren.

Beweis: Einwohnermeldeamtsauskunft[3]

M Y ist schwer herzkrank und nicht transportfähig. Bereits kleinere Aufregungen sind geeignet, ihr Leben zu gefährden. Schon die Kenntnis vom Zwangsversteigerungsverfahren und die damit drohende Räumung könnten daher zum Ableben der M Y führen[4].

Beweis: Attest des behandelnden Arztes A

Dem Geschäftsführer der X-GmbH ist der Sachverhalt bekannt. Trotz der nur noch geringen Lebenserwartung der M Y ist er nicht bereit, mit der Versteigerung zuzuwarten.

Beweis: Schreiben der X-GmbH vom 8. 9. 2008

Die Fortsetzung der Vollstreckung würde eine Härte für die Mutter des Schuldners bedeuten, die auch unter Würdigung der Interessen des Gläubigers nicht mit den guten Sitten vereinbar ist[5].

Rechtsanwalt

Anmerkungen

1. Zuständig ist das Vollstreckungsgericht, § 765 a Abs. 1 ZPO, also das Amtsgericht, in dessen Bezirk die Vollstreckungshandlung stattfindet, § 764 Abs. 2 ZPO, hier das Amtsgericht der Grundstücksbelegenheit, § 1 ZVG. Es entscheidet der Rechtspfleger, § 20 Nr. 17 RPflG.

2. Regelmäßig hat der Schuldner auch bei erfolgreichem Antrag nach § 765 a ZPO die Kosten zu tragen, § 788 Abs. 1 ZPO. Bei unbilligem Verhalten des Gläubigers können sie ausnahmsweise zum Teil oder ganz diesem auferlegt werden, § 788 Abs. 4 ZPO.

3. Wegen der Tragweite des Beschlusses (bei Aufhebung einer Maßnahme ggf. Rangverlust des Gläubigers) muss Schuldner beweisen, nicht nur glaubhaft machen (*Baumbach/Lauterbach/Albers/Hartmann* § 765 a Rdn. 29).

4. § 765 a ZPO ist eine eng auszulegende (*Baumbach/Lauterbach/Albers/Hartmann* § 765 a Rdn. 1) Ausnahmevorschrift, die nur eine untragbare krasse Unbilligkeit vermeiden soll. Sie kann nicht auf Einwände gegen den Anspruch selbst gestützt werden (dafür § 767 ZPO oder Wiederaufnahme), sondern auf Unbilligkeit der Vollstreckung, meist aber nur einer bestimmten Maßnahme.

5. § 765 a ZPO findet in allen Vollstreckungsverfahren Anwendung, einschließlich des Verfahrens zur Abnahme der eidesstattlichen Versicherung (Beispiele bei *Zöller/Stöber* § 765 a Rdn. 2; *Baumbach/Lauterbach/Albers/Hartmann* § 765 a Rdn. 13–27). S. auch Form. II. B. 14. Praktisch relevant ist § 765 a ZPO vor allem im Zwangsversteigerungsverfahren, meist aber nur als Mittel zur Verzögerung. In Räumungssachen muss der Antrag regelmäßig 2 Wochen vor dem Räumungstermin gestellt werden, § 765 a Abs. 3 ZPO.

Bedeutsam sind im Rahmen der Zwangsversteigerung und Zwangsverwaltung die vermehrt geltend gemachten Schutzanträge wegen (vermeintlicher) Suizidgefahr des Schuldners oder naher Angehöriger. In der Zwangsversteigerung bleibt der Schuldner insoweit auch dann noch antragsbefugt, wenn über sein Vermögen ein Insolvenzverfahren eröffnet ist (vgl. BGH NJW 2009, 1283; BGH NJW 2009, 444). Die Zwangsvollstreckung ist in diesen Fällen einstweilen einzustellen, wenn sich eine konkrete Suizidgefahr des Schuldners oder naher Angehöriger anders nicht abwenden lässt (vgl. BGH aaO.).

Kosten und Gebühren

a) Gericht: Festgebühr von 15,– EUR, KV 2112

b) Anwalt: Da besondere Angelegenheit, § 18 Abs. 1 Nr. 6 RVG, eine 0,3 Gebühr nach VV 3309.

c) Gegenstandswert: Das Interesse an der beantragten Schutzmaßnahme, § 3 ZPO; nur in Ausnahmefällen, etwa wenn die Vollstreckung gänzlich eingestellt wird, der volle Wert des Vollstreckungsgegenstandes.

Fristen und Rechtsmittel

Für Gläubiger und Schuldner die sofortige Beschwerde nach § 11 Abs. 1 RPflG, § 793 ZPO binnen zwei Wochen (*Baumbach/Lauterbach/Albers/Hartmann* Rdn. 35; *Zöller/Stöber* Rdn. 23; *Musielak/Lackmann* Rdn. 27, jeweils zu § 765 a ZPO).

14. Erinnerung gegen Gerichtsvollziehermaßnahmen (§ 766 ZPO)

An das
Amtsgericht
Vollstreckungsgericht[1]

Erinnerung nach § 766 ZPO[2]

In der Vollstreckungssache

X ./. Y

überreiche ich namens und in Vollmacht des Gläubigers das vollstreckbare Urteil des LG ...... vom ...... Az. ...... sowie das Vollstreckungsprotokoll des Gerichtsvollziehers A vom ...... DRNr. ...... und beantrage,

den Gerichtsvollzieher anzuweisen, auch die Behandlungsstühle Nr. 1 und 2 im Frisiersalon des Schuldners zu pfänden.

Begründung:

Nach dem Pfandprotokoll hat der Gerichtsvollzieher beim Schuldner zwar die Behandlungsstühle Nr. 3 bis 6 gepfändet, die Pfändung der weiteren beiden Stühle aber nach § 811 Nr. 5 ZPO abgelehnt[3]. Dies ist unberechtigt, weil die Stühle im Vorbehaltseigentum des Gläubigers stehen.

Beweis: anliegender vom Schuldner unterzeichneter Kaufvertrag[4]

Der Schuldner hat den Kaufpreis nicht gezahlt. Die Vollstreckung erfolgt wegen der Kaufpreisforderung, wie sich aus der Begründung des vorgelegten Urteils ergibt. Dies Vorbehaltseigentum war dem Gerichtsvollzieher bei der Pfändung auch durch Beifügung des Kaufvertrages nachgewiesen worden.

Beweis: anliegende Kopie des Vollstreckungsauftrages

Unter diesen Umständen ist die Berufung des Schuldners auf den Pfändungsschutz des § 811 Nr. 5 ZPO unzulässig[5], und der Gerichtsvollzieher durfte die Pfändung nicht ablehnen[6].

Rechtsanwalt

Anmerkungen

1. Zuständig ist das Vollstreckungsgericht, § 766 ZPO, vgl. Form. III. A. 13 Anm. 1.

2. Über die Erinnerung entscheidet der Richter, § 20 Nr. 17 S. 2 RPflG. Sie ist nicht fristgebunden. Rechtsschutzbedürfnis besteht jedoch nur von der konkret bevorstehenden Vollstreckung bis zu ihrer Beendigung. Vor der Entscheidung des Richters kann das Vollstreckungsorgan (Gerichtsvollzieher oder Rechtspfleger) abhelfen (*Zöller/Stöber* § 766 Rdn. 23, 24).

3. Der Gerichtsvollzieher muss den Mittelweg zwischen den rechtlich geschützten Interessen der Beteiligten finden. Vorliegend wäre auch Schuldnererinnerung denkbar auf Aufhebung der Pfändung weiterer Behandlungsstühle. Für den Schuldner empfiehlt sich stets zusätzlich der Antrag auf einstweilige Einstellung, § 766 Abs. 1 S. 2 mit § 732 Abs. 2 ZPO, um die Beendigung der Vollstreckung zu verhindern.

4. Der Erinnerungsführer muss vollen Beweis antreten (*Baumbach/Lauterbach/Albers/Hartmann* § 766 Rdn. 40).

5. Das regelt jetzt ausdrücklich § 811 Abs. 2 ZPO. Der Gerichtsvollzieher darf nur pfänden, wenn ihm das Vorbehaltseigentum durch Urkunden nachgewiesen ist, § 811 Abs. 2 S. 2 ZPO.

6. Die Erinnerung ist in allen Vollstreckungsverfahren gegen Maßnahmen von Gerichtsvollzieher oder Vollstreckungsgericht gegeben; bei sonstigen Vollstreckungsorganen nur, soweit nicht die spezielleren Rechtsbehelfe der für diese geltenden Verfahrensordnungen eingreifen (vgl. Form. III. A. 15 Anm. 1). Sie kann von den Vollstreckungsparteien, aber auch von betroffenen Dritten eingelegt werden.

Für die Abgrenzung zwischen Erinnerung nach § 766 ZPO und sofortiger Beschwerde vgl. unten Form. III. A. 22 und *Musielak/Lackmann* § 766 Rdn. 10 bis 14. Für weitere Beispielsfälle vgl. *Baumbach/Lauterbach/Albers/Hartmann* § 766 Rdn. 19 bis 35 und *Zöller/Stöber* § 766 Rdn. 14 bis 18 ZPO.

Kosten und Gebühren

a) Gericht: keine besondere Gebühr.
b) Anwalt: 0,5 Gebühr VV 3500.
c) Gegenstandswert: Wert des strittigen Vollstreckungsgegenstandes.

Fristen und Rechtsmittel

Für Gläubiger und Schuldner sofortige Beschwerde binnen zwei Wochen, § 793 ZPO.

15. Erinnerung gegen Vollstreckungsgerichtsmaßnahmen (§ 766 ZPO)

An das
Amtsgericht
Vollstreckungsgericht[1]

Erinnerung nach § 766 ZPO

In der Vollstreckungssache

X ./. Y

beantrage ich namens und in Vollmacht des Kaufmanns Z (ladungsfähige Anschrift) im Wege der Erinnerung,

den Pfändungs- und Überweisungsbeschluss in obiger Sache vom ...... aufzuheben und den Antrag auf Erlass des Pfändungsbeschlusses abzuweisen[2].

Begründung:

Mit dem benannten Pfändungsbeschluss wird das Arbeitseinkommen des Schuldners gepfändet. Mein Mandant hat das Arbeitseinkommen mit Pfändungsbeschluss des AG K, Az. ......, vom ......, den ich beifüge, nachrangig gepfändet[3]. Der vom Gläubiger X erwirkte Pfändungsbeschluss ist unwirksam. Er ist vom unzuständigen Gericht erlassen. Gemäß beigefügter Bescheinigung des Einwohnermeldeamtes ...... wohnt der Schuldner schon seit dem ......, also vor dem Antrag des Gläubigers, in K.

Für K ist das AG K ausschließlich zuständig, § 764 Abs. 2 mit § 802 ZPO. Daher ist der Beschluss aufzuheben[4].

Rechtsanwalt

Anmerkungen

1. Zuständiges Vollstreckungsgericht vgl. Form. III. A. 13. Bei Grundbuchamt (Zwangshypothek) und Prozessgericht als Vollstreckungsorganen sind statt der Erinnerung die in deren Verfahrensordnungen einschlägigen Rechtsbehelfe gegeben, so nach § 71 GBO beim Grundbuchamt die Beschwerde *(Zöller/Stöber* § 766 Rdn. 4), beim Prozessgericht als Vollstreckungsorgan (§§ 887ff. ZPO) die sofortige Beschwerde. Neben die Erinnerung kann die Dienstaufsichtsbeschwerde treten, die nach altem Spott formlos, fristlos aber (meistens) auch fruchtlos ist.

2. Die Aufhebung beseitigt die Pfändungswirkung, § 776 ZPO, und wirkt insoweit rangzerstörend.

3. Die Erinnerung ist auch für Dritte statthaft, die beschwert sind, hier wegen Rangverlust, § 804 Abs. 3 ZPO (näher *Musielak/Lackmann* § 766 ZPO Rdn. 19). Sie können alle zur Aufhebbarkeit führenden Mängel rügen, zB. zu unbestimmte Anspruchs- oder Drittschuldnerbezeichnung, Zustellungsmängel bei Titel oder Pfändungsbeschluss etc.

Deshalb lohnt – bei größeren Forderungen – für nachrangig pfändende Gläubiger die Prüfung vorrangiger Pfändungsbeschlüsse auf solche Fehler. Einsicht kann er sich notfalls gem. §§ 853, 856 ZPO verschaffen, vgl. Form. III. B. 16.

4. Der Gläubiger wird stattdessen Verweisung an das zuständige AG beantragen. Aber ihm geht der Pfändungsrang verloren, da die Heilung durch neuerlichen Erlass des Pfändungsbeschlusses im Verhältnis zu Dritten nur vom zweiten Beschluss, ex nunc wirkt (hM. vgl. *Zöller/Stöber* Vorbem. zu § 704 Rdn. 35; aA. OLG Hamburg MDR 1961, 329).

Kosten und Gebühren

Wie Form. III. A. 14.

Fristen und Rechtsmittel

Vgl. Form. III. A. 14.

16. Vollstreckungsabwehrklage mit Antrag auf einstweilige Einstellung (§ 767 ZPO)

An das
Landgericht[1]

Klage gemäß § 767 ZPO[2]

Klage und Antrag auf einstweilige Anordnung

des ......[3]

wegen Unzulässigkeit der Zwangsvollstreckung

Streitwert: ......[4]

Namens und in Vollmacht des Klägers erhebe ich Klage und werde beantragen :

1. **Die Zwangsvollstreckung aus dem vollstreckbaren Urteil des LG ...... vom ...... Az. ...... wird für unzulässig erklärt[5].**
2. **Der Beklagte wird verurteilt, die ihm erteilte vollstreckbare Ausfertigung des genannten Urteils an den Kläger herauszugeben.[6]**
3. **Gemäß § 770 ZPO wird angeordnet, dass die Vollstreckung aus dem Urteil des LG ...... vom ...... Az. ...... bis zur Rechtskraft dieses Urteils einstweilen eingestellt wird.**
4. **Hilfsweise dazu wird beantragt das Urteil ohne Sicherheitsleistung für vorläufig vollstreckbar zu erklären.[7]**
5. **Zugleich beantrage ich, vorab im Wege der einstweiligen Anordnung zu beschließen:**

Die Vollstreckung aus dem Urteil des LG ...... vom ...... Az. ...... wird bis zum Erlass des Urteils in dieser Sache ohne Sicherheitsleistung einstweilen eingestellt[8].

Begründung:

Der Kläger wurde im Vorprozess[9] zu Rechnungslegung über das A-Meta-Geschäft der Parteien vom ...... sowie zur Zahlung von ...... EUR rechtskräftig verurteilt.
Der Kläger hat Rechnung gelegt[10]. Ich überreiche als
Anlage 1
die Abrechnung vom ......, die dem Beklagten zugegangen ist. Dieser bestreitet, dass die Abrechnung richtig und vollständig sei. Er beanstandet das Fehlen von Belegen.

Dies zu Unrecht. Belege pflegen branchenüblich nicht erteilt zu werden (§ 259 Abs. 1 BGB).

Beweis: 1. Auskunft der Handelskammer,
2. anliegende eidesstattliche Versicherung.

Im Übrigen ist die Abrechnung auch richtig und vollständig (ist näher auszuführen). Auch die Forderung ist beglichen. Der Kläger hat mit dem als

Anlage 2

vorgelegten Schreiben an den Beklagten vom ...... die Aufrechnung mit einer Gegenforderung erklärt, die er nach dem Urteil im Vorprozess erworben hat[11].
Außerdem hat der Beklagte in Zeugengegenwart ausdrücklich auf die Forderung verzichtet, da er „die ganze Sache endlich erledigen wolle“[12].
Beweis: Zeugnis des A (ladungsfähige Anschrift),
dessen Aussage ich zugleich in Form der eidesstattlichen Versicherung beifüge[13].
Nunmehr hat der Beklagte mit dem als

Anlage 3

beigefügten Schreiben vom ...... angedroht, er werde die Zwangsvollstreckung betreiben. Daher ist nicht nur Klage, sondern auch der Antrag auf einstweilige Anordnung geboten[14]. Der Kläger ist zur Sicherheitsleistung nicht in der Lage.

Rechtsanwalt

Anmerkungen

1. Zuständig ist ausschließlich das erstinstanzliche Gericht des Vorprozesses, §§ 767 Abs. 1, 802 ZPO.

2. Die Klage gehört noch zum Rechtszug des Vorprozesses im Sinne von §§ 78 ff. ZPO. Daher gelten die erteilten Prozessvollmachten weiter. Beim Anwaltsprozess ist also der Anwalt des Gegners anzugeben und an ihn zuzustellen.

3. Volles Rubrum wie Form. III. A. 5.

4. Streitwert nach dem Betrag, für den die Vollstreckung ausgeschlossen werden soll (OLG Köln RPfleger 1976, 138), hier also der volle Streitwert des Vorprozesses.

5. Die Fassung ergibt sich aus § 775 Nr. 1 ZPO. § 767 ZPO ist auch bei den übrigen Vollstreckungstiteln anwendbar, Beispiele bei *Baumbach/Lauterbach/Albers/Hartmann* § 767 Rdn. 9 ff.

6. Dieser ergänzende Antrag kann vorsorglich gestellt werden, wenn man Missbrauch der vollstreckbaren Ausfertigung durch den Gläubiger befürchten muss (vgl. *Zöller/Herget,* § 767 Rdn. 21).

7. Die zugleich beantragte einstweilige Anordnung gem. § 769 ZPO (nachfolgend Anm. 8) wirkt nur bis zum Erlass des Urteils im Verfahren nach § 767 ZPO, vgl. § 769 Abs. 1 S. 1 ZPO). Da das Urteil, sofern nicht ein Fall von § 708 ZPO vorliegt, nur gegen Sicherheitsleistung des Klägers/Schuldners vorläufig vollstreckbar ist, bietet § 770 ZPO die Möglichkeit, die nach § 769 erlassene Anordnung zu bestätigen. Das kann von Amts wegen geschehen, sollte aber vorsorglich beantragt werden (MüKo-ZPO/*Schmidt* § 770 Rdn. 5).

Die hilfsweise beantragte vorläufige Vollstreckbarkeit des Urteils ohne Sicherheitsleistung des Klägers verhindert gleichfalls die Fortsetzung der Vollstreckung aus dem angegriffenen Titel. Sie erfordert aber die schwierige Darlegung der Voraussetzungen von § 710 ZPO, so dass der Weg über § 770 ZPO für den Kläger/Schuldner leichter ist.

8. Vgl. § 769 ZPO. Die Vollstreckungseinstellung gegen Sicherheit oder die Beschränkung auf Fortsetzung gegen Sicherheit sind ein Minus zur unbedingten Einstellung, also von diesem Antrag umfasst. § 769 Abs. 1 S. 2 ZPO erleichtert die Situation für den Schuldner, der zur Sicherheitsleistung nicht in der Lage ist. Hat die Vollstreckung schon begonnen, kommt zusätzlich ein Antrag auf Aufhebung der Vollstreckungsmaßregel in Betracht, jedoch nur gegen Sicherheitsleistung des Schuldners (§ 769 Abs. 1 S. 1 letzter Halbs. ZPO). Nach dem Ende der Vollstreckung fehlt das Rechtsschutzbedürfnis. Der Schuldner ist dann auf etwaige Bereicherungs- oder Schadensersatzansprüche angewiesen.

9. Die Parteirollen sind idR. umgekehrt wie im Vorprozess.

10. Andere Fälle von § 767 ZPO vgl. bei *Baumbach/Lauterbach/Albers/Hartmann* § 767 Rdn. 18–37; *Zöller/Herget* § 767 Rdn. 12 und 13. So bei Vollstreckung aus „Altforderung", wenn dem Schuldner Restschuldbefreiung nach der Insolvenzordnung oder einer anderen Rechtsordnung erteilt wurde (BGH NJW 2008, 3640 – keine Vollstreckungserinnerung).

11. Als Folge der Rechtskraft schließt § 767 Abs. 2 ZPO Einwendungen aus, die schon während des Vorprozesses bestanden. Zum maßgeblichen Ausschlusszeitpunkt bei den verschiedenen Vollstreckungstiteln vgl. *Musielak/Lackmann* § 767 ZPO Rdn. 32. Bei vollstreckbaren Urkunden entfällt diese Präklusionswirkung, § 797 Abs. 4 ZPO.

Es kommt lediglich auf das Bestehen der Einwendung im Vorprozess an, nicht auf Kenntnis des Berechtigten davon (ggf. Wiederaufnahme). Bei Gestaltungsrechten, insbesondere Aufrechnung, ist darauf abzustellen, ob die Aufrechnungslage im Zeitpunkt der letzten mündlichen Verhandlung bestanden hat (BGH NJW 2005, 2926). Der Schuldner muss seine Gegenforderung dann gesondert einklagen und kann damit nicht den Titel des Gläubigers entwerten.

12. § 767 Abs. 3 ZPO zwingt dazu, alle Einwendungen in der Klage zu konzentrieren.

13. Soweit die Beweise nicht, etwa durch Urkunde, mit der Klage vorgelegt werden, ist für den Antrag auf einstweilige Anordnung nach § 769 ZPO Glaubhaftmachung erforderlich, § 769 Abs. 1 S. 2 ZPO. Im Beispielsfall ist aber Glaubhaftmachung auch für die Branchenunüblichkeit von Belegerteilung erforderlich.

Zur Beweislastverteilung bei Vollstreckungsabwehrklage im Zusammenhang mit einer notariellen Urkunde mit Vollstreckungsunterwerfung siehe BGH NJW 2001, 2096 und allgemein *Münch* NJW 1991, 795.

14. Will der Gläubiger nicht oder nicht mehr vollstrecken, kann das Rechtsschutzbedürfnis fehlen. Der beklagte Gläubiger kann ggf. nach § 93 ZPO vorgehen.

Bei Arrest ist § 767 ZPO wegen des einfacheren Weges nach §§ 926, 927 ZPO nicht gegeben (*Baumbach/Lauterbach/Albers/Hartmann* § 767 Rdn. 14).

Kosten und Gebühren

a) Gericht: normale Gebühren des Erkenntnisverfahrens, KV 1201 ff.
b) Anwalt: normale Gebühren des Erkenntnisverfahrens, VV 3100 ff.

Fristen und Rechtsmittel

Wie im normalen Prozess, vgl. Form. I. O. 1

Gegen die einstweilige Anordnung des Prozessgerichts kein Rechtsbehelf, auch nicht mehr bei greifbar gesetzeswidriger Entscheidung (BGH NJW 2004, 2224; *Zöller/Herget* § 769 Rdn. 13 mwN.).

17. Antrag auf einstweilige Einstellung an das Vollstreckungsgericht (§ 769 Abs. 2 ZPO)

An das
Amtsgericht
Vollstreckungsgericht[1]

Antrag nach § 769 Abs. 2 ZPO

In der Vollstreckungssache ......[2]

Namens und in Vollmacht des Schuldners beantrage ich zu beschließen:

1. **Die Zwangsvollstreckung aus dem Urteil des LG ...... vom ...... Az. ...... wird einstweilen eingestellt[3].**
2. **Die erfolgte Pfändung des schuldnerischen Warenlagers gemäß Pfandprotokoll des Gerichtsvollziehers A vom ...... DRNr. ...... wird gegen Sicherheitsleistung von ...... EUR aufgehoben[4].**

Begründung:

Die Vollstreckung des Gläubigers aus dem Urteil ist nicht mehr berechtigt. Ich verweise dazu auf die in Kopie beigefügte Vollstreckungsabwehrklage des Schuldners gegen den Gläubiger mit Antrag auf einstweilige Anordnung, die ich zugleich beim LG ...... erhebe[5]. Dort beigefügte eidesstattliche Versicherung überreiche ich hier gesondert und vom Prokuristen des Schuldners unterzeichnet.
Das heute gepfändete Warenlager ist für den schuldnerischen Geschäftsbetrieb unentbehrlich, da aus ihm ständig Waren zur Verarbeitung entnommen werden. Sonst muss der Schuldner schon morgen seinen Betrieb schließen. Durch die weiterlaufenden Löhne und die fehlende Erledigung dringlicher Aufträge wird der Schuldner dann unabsehbare wirtschaftliche Nachteile haben. Zum Beweis überreiche ich die weitere eidesstattliche Versicherung des Prokuristen X[6].
Danach sind unverzügliche Maßnahmen erforderlich. Ich bitte, mich von der Entscheidung telefonisch zu verständigen.
Rechtsanwalt

Anmerkungen

1. Zuständig das Vollstreckungsgericht, § 769 Abs. 2 ZPO (vgl. Form. III. A. 13 Anm. 1), dort der Rechtspfleger, § 20 Nr. 17 RPflG.

2. Volles Rubrum wie Form. III. A. 13.

3. Als vorläufige Maßnahme kommt nur Einstellung in Betracht, nicht Unzulässigerklärung der Vollstreckung insgesamt. Dieser Antrag umfasst als Minus die Einstellung gegen Sicherheitsleistung.

4. Ausnahmsweise können ergangene Maßnahmen aufgehoben werden (Rangverlust des Gläubigers!), aber ausschließlich gegen Sicherheitsleistung, § 769 Abs. 1 S. 2 letzter Halbs. ZPO. Ohne Sicherheit, aber dann erst nach Rechtskraft des Beschlusses, § 765 a Abs. 4 ZPO, könnte allenfalls eine Aufhebung nach § 765 a ZPO beantragt werden.

5. Diese Klage mit dem Antrag auf einstweilige Anordnung des Prozessgerichtes sollte – aber muss nicht – zugleich erhoben werden. Das Vollstreckungsgericht muss ohnehin Frist zur Beibringung der Entscheidung des Prozessgerichtes setzen, § 769 Abs. 2 S. 1 ZPO.

Aus dem Sachvortrag sollte sich auch ergeben, weshalb der Antrag nach § 769 Abs. 2 ZPO erst jetzt gestellt wird. Wenn die Dringlichkeit vom Schuldner selbst verschuldet ist, ist sein Antrag arglistig (*Baumbach/Lauterbach/Albers/Hartmann* § 769 Rdn. 8).

6. Zusätzlich zu den Voraussetzungen von §§ 767, 769 Abs. 1 ZPO (Form. III. A. 16) ist die besondere Dringlichkeit für das Einschreiten des Vollstreckungsgerichtes glaubhaft zu machen, § 769 Abs. 2 mit Abs. 1 S. 3 ZPO (Hauptfall: Prozessgericht ist ein auswärtiges Kollegialgericht, was aber bei heutigen Verkehrs- und Nachrichtenverbindungen nur noch ausnahmsweise das Tätigwerden des Vollstreckungsrichters rechtfertigen dürfte).

Kosten und Gebühren

a) Gericht: keine besonderen Gebühren.

b) Anwalt: keine besondere Gebühr neben den Prozessgebühren, § 19 Abs. 1 Nr. 11 RVG. Bei besonderer mündlicher Verhandlung über den Antrag erhält der Anwalt eine 0,5 Gebühr nach VV 3328, jedoch nur einmal, auch wenn der Antrag sowohl beim Prozessgericht (§ 769 Abs. 1 ZPO) als auch beim Vollstreckungsgericht (§ 769 Abs. 2 ZPO) gestellt wird.

Fristen und Rechtsmittel

Da der Rechtspfleger entscheidet, wie Form. III. A. 13.

18. Vollstreckungsabwehrklage gegen Vollstreckungsklausel (§ 768 ZPO)

An das
...... gericht ......[1]

Klage gemäß § 768 ZPO[2]
und Antrag gemäß § 769 ZPO

des ......[3]

wegen Unzulässigkeit der Vollstreckung

Streitwert: ...... EUR[4]

Namens und in Vollmacht des Klägers erhebe ich Klage und werde beantragen,

> **die Zwangsvollstreckung aus der notariellen Urkunde des Notars A vom ...... URNr....... mit der Vollstreckungsklausel vom ...... für unzulässig zu erklären[5].**

Weiter beantrage ich,

> **gemäß § 769 Abs. 1 ZPO die Vollstreckung aus der genannten Urkunde einstweilen einzustellen[6].**

Begründung:

Der Kläger hat sich in der genannten Urkunde verpflichtet, die Forderung von insgesamt ...... EUR in monatlichen Raten von 1.000,– EUR zu zahlen und sich insoweit der sofortigen Vollstreckung unterworfen. Bei Verzug mit einer Rate sollte der Restbetrag fäl-

lig werden und dafür vollstreckbare Urkundsausfertigung erteilt werden. Mit der Behauptung, die Dezember-Rate sei nicht gezahlt, hat die Beklagte die vollstreckbare Ausfertigung der Urkunde beantragt und erhalten. Dies zu Unrecht. Zwar ist die Dezember-Rate tatsächlich nicht gezahlt. Aber der Beklagte hatte zuvor, nämlich am ...... dem Kläger Stundung dieser Rate für einen Monat gewährt.

Beweis: Zeugnis des L, dessen eidesstattliche Versicherung ich zugleich vorlege[7].

Wegen Stundung ist der Kläger also nicht in Verzug gekommen[8]. Danach durfte die Klausel für den Restbetrag nicht erteilt werden.

Rechtsanwalt

Anmerkungen

1. Zuständig bei Klagen gegen Urteile das Prozessgericht erster Instanz, wie Form. III. A. 16 Anm. 1. Hier im Sonderfalle der vollstreckbaren Urkunde ist zuständig das nach §§ 13 oder 23 ZPO zuständige Gericht, § 797 Abs. 5 ZPO.

2. Die Klage nach § 768 ZPO hat einen sehr beschränkten Streitgegenstand. Sie ist nicht bei Einwänden gegen den materiellen Anspruch (dann § 767 ZPO), sondern nur bei Einwänden gegen die Klauselerteilung zulässig. Da aber wieder nur bei materiellen Mängeln der Klausel (zB. Fälligkeit des Anspruches nicht eingetreten, Rechtsnachfolge ist nicht erfolgt oder unwirksam), nicht aber bei formellen Mängeln (zB. Klausel ist ohne gehörigen Nachweis oder durch ausgeschlossenen Notar erteilt), dann § 732 ZPO, (vgl. OLG Köln NJW 1997, 1450 und Form. III. A. 12).

Da § 732 ZPO stets neben § 768 ZPO zulässig ist (§ 768 letzter Halbs.), aber nicht umgekehrt, sollte man im Zweifel nach § 732 ZPO vorgehen. Rechtskräftige Klauselerteilung nach § 731 ZPO schließt Einwendungen sowohl nach § 732 als nach § 768 ZPO aus.

3. Rubrum wie Form. III. A. 5.

4. Streitwert wie Form. III. A. 16 Anm. 3.

5. Formel ergibt sich aus § 775 Nr. 1 ZPO.

6. Antrag nach § 769 ZPO ist auch bei Klage nach § 768 ZPO geboten. Denn mit Fortsetzung und Beendigung der Vollstreckung würde sich sonst die Hauptsache erledigen bzw. die Klage mangels Rechtsschutzbedürfnisses unzulässig werden.

7. Die Glaubhaftmachung ist für den Antrag nach § 769 Abs. 1 ZPO erforderlich.

8. Der Schuldner muss einen solchen materiellen Einwand gegen die Klausel im einzelnen darlegen und erläutern. Sein Nichtvorliegen beweisen muss dann der Gläubiger (OLG Koblenz NJW 1992, 378).

Kosten und Gebühren

Wie Form. III. A. 16.

Fristen und Rechtsmittel

Wie Form. III. A. 16.

19. Drittwiderspruchsklage (§§ 771–774 ZPO)

An das
......gericht ......[1]

Drittwiderspruchsklage, § 771 ZPO,
und Anordnungsantrag gemäß §§ 771 Abs. 3, 769 ZPO

des Kaufmannes X (ladungsfähige Anschrift)

Kläger,

Prozessbevollmächtigter:

RA B

gegen

1. den Baustofflieferanten Y (ladungsfähige Anschrift)

Beklagte zu 1.)

2. den Maurermeister Z (ladungsfähige Anschrift)

Beklagte zu 2.)

wegen Unzulässigkeit der Zwangsvollstreckung und Herausgabe[2].

Streitwert: ...... EUR[3]

Namens und in Vollmacht des Klägers erhebe ich Klage und werde beantragen:

1. **Die von dem Beklagten zu 1.) aus dem vollstreckbaren Urteil des LG ...... vom ...... Az. ...... gegen den Beklagten zu 2.) betriebene Vollstreckung in die Betonmischmaschine Marke ......, Bau-Nr. ...... wird für unzulässig erklärt. Gemäß §§ 770, 769 ZPO wird angeordnet, dass die Vollstreckung in die genannte Betonmischmaschine bis zur Rechtskraft dieses Urteils einstweilen eingestellt wird[4].**
2. **Der Beklagte zu 2.) wird verurteilt, die genannte Maschine an den Kläger herauszugeben[5].**

Ferner beantrage ich, vorab durch einstweilige Anordnung zu beschließen:

Die vom Beklagten zu 1.) aus dem genannten Urteil betriebene Zwangsvollstreckung in die genannte Betonmischmaschine wird einstweilen eingestellt[6].

Begründung:

Der Kläger verkaufte die Betonmischmaschine an den Beklagten zu 2.) unter Eigentumsvorbehalt (ist näher auszuführen, unter Beweis zu stellen und glaubhaft zu machen)[7]. Der Beklagte zu 2.) bezahlte nicht. Mit dem als

Anlage 2

beigefügten Schreiben wurde er – erfolglos – zur Herausgabe der Maschine aufgefordert. Durch Zufall erfuhr der Kläger, dass die Maschine durch den Gerichtsvollzieher A mit Pfandprotokoll vom ...... DRNr. ...... für den Beklagten zu 1.) gepfändet ist. Versteigerung steht an am ......

Beweis: anliegende Ausfertigung des Protokolls[8]

Der Beklagte zu 1.) ist zur Freigabe aufgefordert worden, verweigert diese aber[9]. Der Kläger will die Maschine zurücknehmen. Daher ist Klage gegen beide Beklagten geboten.
Um den Rechtsverlust durch die Versteigerung zu verhindern, bitte ich um unverzügliche Vorabentscheidung über den Antrag auf einstweilige Anordnung[10].

Rechtsanwalt

Anmerkungen

1. Ausschließlich zuständig ist örtlich das Gericht, „in dessen Bezirk die Zwangsvollstreckung erfolgt“, §§ 771 Abs. 1, 802 ZPO. Sachliche Zuständigkeit nach §§ 23, 71 GVG, also je nach Streitwert AG oder LG.

2. Die Klage soll, wie das Aussonderungsrecht nach § 47 InsO, dingliche Rechte Dritter am Vollstreckungsgegenstand schützen. Das kann vom Vollstreckungsorgan nicht geprüft werden, so dass bei Streit ein Erkenntnisverfahren erforderlich ist (*Zöller/Herget* § 771 Rdn. 3). Sie ist auf alle Vollstreckungsverfahren (analog) anwendbar, auch zB. bei Teilungsversteigerung nach §§ 180 ff. ZVG(*Musielak/Lackmann* § 771 Rdn. 1).

3. Streitwert ist die Höhe der Vollstreckungsforderung, ohne Zinsen und Kosten, höchstens aber der Wert des Vollstreckungsgegenstandes (OLG München RPfleger 1977, 336). Bei Teilungsversteigerung, wo es um die Fortsetzung der Gemeinschaft und die Verhinderung der Verschleuderung geht, wird ein Bruchteil des Grundstückswertes angesetzt (OLG Karlsruhe, FamRZ 2004, 1221).

4. Zur Antragsformel vgl. § 775 Nr. 1 ZPO. Aufhebung der erfolgten Pfändung muss nicht gesondert beantragt werden, § 776 mit § 775 Nr. 1 ZPO. Zum ergänzenden Antrag nach § 770 ZPO, vgl. Form. III. A. 16 Anm. 7.

5. Diese besondere Klagehäufung gestattet § 771 Abs. 2 ZPO ausdrücklich.

6. Antrag gemäß §§ 771 Abs. 3, 769 Abs. 1 ZPO. Ergänzend kann, wenn die Drittberechtigung eindeutig glaubhaft gemacht werden kann, Aufhebung der Vollstreckungsmaßregel sogar ohne Sicherheitsleistung beantragt werden, § 771 Abs. 3 S. 2 ZPO (im Gegensatz zu § 769 Abs. 1 ZPO).

7. Dritteigentum oder sonstige dingliche Rechte sind die Hauptfälle für § 771 ZPO. Auch der Sicherungseigentümer kann bei Besitz des Sicherungsgebers einer Pfändung bei diesem widersprechen, (BGH NJW 1992, 2014). Umgekehrt kann der Sicherungsgeber der Pfändung beim Sicherungsnehmer/Sicherungseigentümer widersprechen, aber nur, wenn der Sicherungsnehmer noch nicht zur Verwertung der Sicherheit befugt war (BGH NJW 1978, 1859). Weitere Beispiele für Widerspruchsrechte bei *Baumbach/Lauterbach/Albers/Hartmann* § 771 Rdn. 14 bis 28 und *Zöller/Herget* § 771 Rdn. 14.

8. Zu beschaffen nach § 760 ZPO. Nach Verwertung und Erlösauskehrung fehlt für die Drittwiderspruchsklage das Rechtsschutzbedürfnis. Der Berechtigte kann dann nur noch Herausgabe der Bereicherung und bei Bösgläubigkeit ggf. Schadensersatz vom Gläubiger verlangen, § 823 BGB.

9. Der Pfändungsgläubiger muss unter Glaubhaftmachung der Drittrechte (dh. also mindestens durch eidesstattliche Versicherung belegt) zur Freigabe aufgefordert werden. Sonst kann er nach § 93 ZPO vorgehen (*Baumbach/Lauterbach/Albers/Hartmann* § 93 Rdn. 82).

Der Pfändungsgläubiger hat alle Einwendungen gegen das Recht des Dritten, hier zB. fehlenden Eigentumsvorbehalt. Eine Einwendung entsteht zB. auch, wenn der Drittberechtigte arglistig das Angebot des Pfändungsgläubigers auf Zahlung des Restkaufpreises ablehnt (*Baumbach/Lauterbach/Albers/Hartmann* § 771 Rdn. 10).

10. §§ 772 bis 774 ZPO enthalten 3 Fälle entsprechender Anwendung von § 771 ZPO:

a) § 772 ZPO, bei relativem Veräußerungsverbot. Antrag dann nur auf Unzulässigkeit der Verwertung, nicht der Pfändung, die – nachrangig – zulässig bleibt. Einfacher kann die Verwertung, die § 772 S. 1 ZPO verbietet, durch Erinnerung verhindert werden (*Baumbach/Lauterbach/Albers/Hartmann* § 772 Rdn. 6).

b) § 773 ZPO. Hier kann der Nacherbe in bestimmten Fällen die Verwertung verhindern, nicht die Pfändung. Der Antrag geht auch hier nur auf Unzulässigkeit der Verwertung. Auch hier stattdessen Erinnerung, § 766 ZPO, wegen des Verbots in § 773 S. 1 ZPO.

c) § 774 ZPO. Hier kann der (mit-) verwaltende Ehegatte entgegen § 741 ZPO die Vollstreckung ins Gesamtgut verhindern, wenn ausnahmsweise materiell das Gesamtgut nicht haftet (zB. keine Geschäftsschuld). Der Antrag geht dann auf Unzulässigkeit der Vollstreckung in die zum Gesamtgut gehörenden Gegenstände. Aber eheliche Gütergemeinschaft kommt kaum noch vor.

d) Entsprechend § 771 ZPO muss auch der Erbe vorgehen, in dessen persönliches Vermögen Nachlassgläubiger vollstrecken, und umgekehrt, wenn Gläubiger des Erben vor Erbschaftsannahme bereits in die Erbschaft vollstrecken, § 778 ZPO. Auch hier kann aber stattdessen die Vollstreckung, die § 778 ZPO verbietet, durch Erinnerung, § 766 ZPO, verhindert werden (vgl. *Baumbach/Lauterbach/Albers/Hartmann* § 778 Rdn. 8).

Kosten und Gebühren

Wie im normalen Prozess, Form. I. O. 1. Für den Antrag auf Einstellung nach § 769 Abs. 1 ZPO vgl. Anm. „Kosten und Gebühren" zu Form. III. A. 17.

Fristen und Rechtsmittel

Wie im normalen Prozess, vgl. Form. I. O. 1.

20. Erinnerung bei dinglicher Gläubigersicherung (§ 777 ZPO)

An das
Amtsgericht
Vollstreckungsgericht[1]

Erinnerung gemäß § 777 ZPO

In ......[2]

beantrage ich namens und in Vollmacht des Schuldners zu beschließen:

> **Die Zwangsvollstreckung aus dem Urteil des AG ...... Az. ...... wird eingestellt**[3]**. Die erfolgte Pfändung des Gerichtsvollziehers A vom ...... DRNr. ...... in das Kraftfahrzeug des Schuldners Marke ......, Fahrgestell-Nr. ...... wird aufgehoben**[4]**.**

Ferner bitte ich gemäß §§ 777, 766 Abs. 1 S. 2, 732 Abs. 2 ZPO vorab zu beschließen:

Die Zwangsvollstreckung aus dem Urteil des AG ...... Az. ...... des Gerichtsvollziehers A vom ...... DRNr. ...... in das genannte Kraftfahrzeug wird einstweilen eingestellt.

Begründung:

Der Gläubiger betreibt die Vollstreckung aus dem genannten Räumungs- und Zahlungsurteil in Höhe von ...... EUR. Er ist aber durch die vom Schuldner gestellte Mietkaution in Höhe von ...... EUR für diese Forderung vollen Umfanges gesichert[5]**. Quittung über Einzahlung der Kaution bei Beginn des Mietverhältnisses füge ich bei**[6]**. Daher ist die Vollstreckung in das übrige Vermögen des Schuldners unzulässig**[7]**.**

Rechtsanwalt

Anmerkungen

1. Zuständig das Vollstreckungsgericht des Pfändungsortes, §§ 777, 766, 764 Abs. 2 ZPO.

2. Rubrum wie Form. III. A. 13.

3. Vgl. § 775 Nr. 1 ZPO.

4. Vgl. § 776 ZPO.

5. Erforderlich ist ein Besitzpfand an beweglichen Sachen, bei Sicherungsübereignung, Eigentumsvorbehalt und den besitzlosen Pfandrechten (Vermieter, Verpächter, Gastwirt) erst ab Besitzergreifung. § 777 ZPO entsprechend anwendbar bei hinterlegter Sicherheit des Schuldners (*Baumbach/Lauterbach/Albers/Hartmann* § 777 Rdn. 3). Auch anwendbar auf die Zurückbehaltungsrechte nach §§ 273 (strittig), 1000 BGB und § 369 HGB (vgl. *Musielak/Lackmann,* § 777 Rdn. 3) und, wie hier, auf die Mietkaution (LG München, DGVZ 1984, 77).

6. Der Schuldner muss die Voraussetzungen beweisen.

7. Der Gläubiger kann Haftung dieser Sachen für andere Forderungen einwenden, § 777 S. 2 ZPO, hier etwa Haftung der Kaution für Ansprüche auf Schönheitsreparaturen.

Kosten und Gebühren

Wie bei Erinnerung nach § 766 ZPO, Form. III. A. 14.

Fristen und Rechtsmittel

Wie bei Erinnerung nach § 766 ZPO, Form. III. A. 14.

21. Klage auf vorzugsweise Befriedigung (§ 805 ZPO)

An das
...... gericht ......[1]

Klage nach § 805 ZPO[2]
und Antrag auf einstweilige Anordnung

des ......[3]

wegen vorzugsweiser Befriedigung
Streitwert: ...... EUR[4]

Namens und in Vollmacht des Klägers erhebe ich Klage und werde beantragen zu erkennen:

> **Der Kläger ist vor dem Beklagten aus dem Erlös der Pfandverwertung des Gerichtsvollziehers A zur DRNr. ...... wegen der Druckmaschine Marke ....., Bau-Nr. ...... zu befriedigen[5].**

Zugleich beantrage ich, im Wege der einstweiligen Anordnung zu beschließen:

> **Der Erlös der Pfandverwertung des Gerichtsvollziehers A zur DRNr ...... wegen der Druckmaschine Marke ...... Bau-Nr. ...... ist in Höhe von ...... EUR bis zum rechtskräftigen Urteil in dieser Sache zu hinterlegen[6].**

Begründung:

Der Beklagte hat die genannte Maschine auf Grund vollstreckbaren Urteils des LG ...... vom ...... Az. ...... bei dem Schuldner Z pfänden lassen.

Beweis: anliegende Ausfertigung des Pfandprotokolls

Die Maschine unterlag jedoch an diesem Tage bereits dem Vermieterpfandrecht des Klägers[7]. Der Schuldner Z hat die Räume seiner Druckerei vom Kläger gemietet.

Beweis: anliegende Mietvertragskopie

Er ist für die Zeit vom ...... bis ...... die Miete schuldig, zurzeit mit einem Betrag von ...... EUR.

Beweis: anliegendes Anerkenntnis des Schuldners Z.

Das Vermieterpfandrecht geht dem Pfändungspfandrecht des Beklagten vor. Der Beklagte hat sich trotz Aufforderung geweigert, dem Kläger den Vorrang einzuräumen[8].

Beweis: Schreiben des Beklagten vom ......

Danach sind Klage und Anordnungsantrag geboten.

Rechtsanwalt

Anmerkungen

1. Zuständigkeit nach § 805 Abs. 2 ZPO wie bei § 771 ZPO, vgl. Form. III. A. 19 Anm. 1.

2. § 805 ZPO ist eine mindere Form der Widerspruchsklage des § 771 ZPO für Rechte, die wie die Absonderung im Insolvenzrecht, §§ 50, 166 ff. InsO, nur Anspruch auf Vorabbefriedigung gewähren. Wer nach § 771 ZPO klagen kann, kann sich als Minus mit der Klage nach § 805 ZPO begnügen, wenn er selbst auch verwerten will (*Baumbach/Lauterbach/Albers/Hartmann* § 805 Rdn. 1).

3. Volles Rubrum wie Form. III. A. 20.

4. Streitwert ist der Wert (ohne Zinsen und Kosten) der Forderung des Klägers oder der des Beklagten, und zwar der kleinere von beiden (*Baumbach/Lauterbach/Albers/Hartmann* Anh. § 3 Rdn. 136, „Vorzugsklage").

5. Diese Feststellung ist vom Vollstreckungsorgan oder der Hinterlegungsstelle bei der Erlösverteilung zu berücksichtigen.

Zusätzlich kann auch hier der Schuldner selbst als Streitgenosse in Anspruch genommen werden (vgl. oben Form. III. A. 19 Anm. 5), § 805 Abs. 3 ZPO, zB. auf Duldung der Pfandverwertung auch zugunsten des Klägers.

6. Der Kläger kann nicht, wie nach § 769 ZPO, Einstellung oder Aufhebung der Zwangsvollstreckung verlangen, da er kein hinderndes Recht hat. Da aber mit Auskehrung des Erlöses an den Beklagten die Klage aus § 805 ZPO in der Hauptsache erledigt wäre (für den Kläger dann ggf. Anspruch aus § 812 BGB, vgl. BGH NJW 1986, 2426) kann der Kläger als vorläufige Maßnahme Hinterlegung verlangen, § 805 Abs. 4 ZPO.

7. Weitere Fälle für § 805 ZPO bei *Baumbach/Lauterbach/Albers/Hartmann* § 805 Rdn. 3 bis 6.

8. Auch hier sollte wegen § 93 ZPO der Kläger dem Beklagten außergerichtlich ausdrücklich sein Vorrecht glaubhaft machen und Vorrangseinräumung verlangen. Der Beklagte hat alle Einwendungen gegen das Vorrecht, hier ggf. den Einwand aus § 562a S. 2, letzter Halbs. BGB, dass die übrigen Sachen des Mieters den Kläger ausreichend sichern.

Kosten und Gebühren

Wie Form. III. A. 19.

Fristen und Rechtsmittel

Wie Form. III. A. 19.

22. Sofortige Beschwerde (§ 793 ZPO)

An das
Amtsgericht[1]

In der Vollstreckungssache

X ./. Y

lege ich namens und in Vollmacht des Gläubigers gegen den Beschluss des dortigen Gerichtes in obiger Sache vom ......

sofortige Beschwerde[2]

ein und beantrage,

den Beschluss aufzuheben und dem Antrag auf Erlass eines Pfändungs- und Überweisungsbeschlusses stattzugeben.

Begründung:

Auf Antrag des Gläubigers erließ der Rechtspfleger den Pfändungsbeschluss vom ......, Az. ...... Auf die dagegen eingelegte Erinnerung des Schuldners[3] **wurde der Pfändungsbeschluss durch den hier angegriffenen Beschluss aufschiebend bedingt**[4] **aufgehoben, weil der Schuldnervorname im Titel „Friedrich", in der Zustellungsurkunde dagegen „Fritz" laute, daher die Nämlichkeit nicht feststehe, § 750 Abs. 1 ZPO.**
Es besteht jedoch eindeutige Nämlichkeit zwischen Titelschuldner und Zustellungsempfänger (näher auszuführen, ggf. unter Beweis zu stellen)[5]**.**
Rechtsanwalt

Anmerkungen

1. Einzureichen (schon wegen der Abhilfemöglichkeit, § 572 Abs. 1 ZPO und der ohnehin erforderlichen Aktenversendung) idR. bei dem Gericht, das entschieden hat, § 569 ZPO, oder (bei Dringlichkeit) direkt beim Beschwerdegericht, § 569 Abs. 1 S. 1, 2. Halbs. ZPO.

2. § 793 ZPO regelt, wann sofortige Beschwerde in der Vollstreckung statthaft ist. Im Übrigen gelten §§ 567ff. ZPO, vgl. Form. I. O. 6 (beachte Beschwerdegrenze von 200 EUR bei Kostenentscheidungen, § 567 Abs. 2 ZPO).

Statthaft ist sofortige Beschwerde vom Beginn bis zur Beendigung der Vollstreckung gegen „Entscheidungen", wenn also unter Anhörung der Beteiligten entschieden wurde (vgl. *Baumbach/Lauterbach/Albers/Hartmann* § 793 Rdn. 3 bis 5), gleich ob – ausnahmsweise – durch den Richter oder durch den RPfl entschieden wurde. Bei allen sonstigen Maßnahmen in der Vollstreckung Erinnerung, § 766 ZPO, auf die dann eine (ggf. beschwerdefähige) Entscheidung ergeht.

3. Eine Vollstreckungserinnerung, § 766 ZPO, da der Pfändungsbeschluss ohne Anhörung des Schuldners ergeht, § 834 ZPO.

4. Die Aufhebung muss unter der aufschiebenden Bedingung der Rechtskraft des Aufhebungsbeschlusses erfolgen. Sonst würde auf jeden Fall zunächst die Pfändungswirkung – und damit der Pfändungsrang – entfallen. Das kann bei unberechtigter Aufhebung Amtshaftungsansprüche auslösen (vgl. OLG Köln RPfleger 1986, 441).

5. Bei seltenen Nachnamen wird hier an der Nämlichkeit des Schuldners kein Zweifel bestehen. Bei einem Häufigkeitsnachnamen und ggf. einem Adressenwechsel könnte es anders sein (vgl. näher *Petermann* RPfleger 1973, 153).

Kosten und Gebühren

a) Gericht: Festgebühr von 25,– EUR KV 2121, aber jeweils nur, soweit die Beschwerde erfolglos bleibt.

b) Anwalt: 0,5 Verfahrensgebühr nach VV 3500. Bei (seltener) mündl. Verhandlung 0,5 Terminsgebühr nach VV 3513.

c) Gegenstandswert: nach § 3 ZPO idR. der Betrag der zu vollstreckenden Forderung, aber der Wert des Vollstreckungsgegenstandes, wenn er geringer ist.

Fristen und Rechtsmittel

Einzulegen ist die sofortige Beschwerde in der Notfrist von zwei Wochen ab Zustellung der anzufechtenden Entscheidung, § 569 Abs. 1 ZPO. Rechtsmittel gegen die Beschwerdeentscheidung ist die Rechtsbeschwerde gem. § 574 ZPO, vgl. im Einzelnen dort. Rechtsbeschwerde stets und nur noch beim BGH (§ 133 GVG). Deshalb Einlegung nur durch einen dort zugelassenen Anwalt (BGH BB 2002, 964).

Keine außerordentliche Beschwerde, auch nicht bei „greifbarer Gesetzeswidrigkeit" der Beschwerdeentscheidung (BGH NJW 2002, 1577).

Frist für die Rechtsbeschwerde: Notfrist von einem Monat ab Zustellung, § 575 Abs. 1 ZPO. In dieser Frist muss sie auch begründet werden, § 575 Abs. 2 ZPO. Begründungsfrist aber verlängerbar, § 575 Abs. 2 S. 3 ZPO.

Sonstiges

23. Klage auf Schadensersatz wegen vorläufiger Vollstreckung (§ 717 Abs. 2 ZPO)

A. Durch Zwischenantrag im schwebenden Prozess[1]

An das
Oberlandesgericht
Az. ……

Antrag nach § 717 Abs. 2 ZPO[2]

In der Sache

Firma X-GmbH /RA. A./	./.	Firma Y-GmbH /RA. B./

beantrage ich namens und in Vollmacht des Beklagten – in Ergänzung des bisherigen Berufungsantrages –,

> die Klägerin zu verurteilen, an die Beklagte als Schadensersatz[3] nach § 717 Abs. 2 ZPO …… EUR zu zahlen zuzüglich Zinsen in Höhe von …… Prozentpunkten über dem Basiszinssatz[4] seit dem …… auf …… EUR.

Begründung:

I.

Die Klägerin hat aus dem hier mit der Berufung angegriffenen Urteil nach Sicherheitsleistung vollstreckt, durch Pfändung und Versteigerung des Lkw der Beklagten Marke …… gemäß Protokoll des Gerichtsvollziehers …… vom …… DRNr. ……

Beweis: anliegende Ausfertigung des Protokolls.

Nach der in zweiter Instanz durchgeführten Beweisaufnahme wird das Urteil der ersten Instanz aufzuheben sein. Daher ist die Klägerin verpflichtet, der Beklagten den aus der Vollstreckung dieses Urteils entstandenen Schaden zu ersetzen[5], § 717 Abs. 2 ZPO.

II.

Der Schaden errechnet sich wie folgt: (ist auszuführen)[6]

Rechtsanwalt

B. Durch gesonderte Klage[7]

An das
Landgericht[8]

Klage

des ……[9]
wegen Schadensersatz nach § 717 Abs. 2 ZPO

Streitwert: …… EUR

Namens und in Vollmacht der Klägerin erhebe ich Klage und werde beantragen,

> ……[10]

Begründung:

I.

Zwischen den Parteien schwebte ein Rechtsstreit gleichen Rubrums vor dem LG ...... Az. ...... und dem OLG ...... Az. ......, in dem die Klägerin die Beklagte auf Unterlassung wettbewerbswidrigen Verhaltens in Anspruch nahm, mit einem Streitwert von ...... EUR. Die Klägerin unterlag in erster Instanz. Die Beklagte hat aus dem zu ihren Gunsten ergangenen Kostenfestsetzungsbeschluss des LG ...... vom ...... vollstreckt, indem sie (folgt näherer Sachverhalt) ......
In zweiter Instanz hat die Klägerin überwiegend obsiegt, so dass durch das rechtskräftige Urteil des OLG vom ...... die Kosten beider Instanzen zu $^2/_3$ der Beklagten auferlegt wurden. Daher hat die Beklagte der Klägerin den ihr aus der Vollstreckung des Kostenfestsetzungsbeschlusses entstandenen Schaden zu ersetzen, § 717 Abs. 2 ZPO[11].

II.

Danach errechnet sich der Schaden der Klägerin wie folgt: (ist auszuführen)[12]

Rechtsanwalt

Anmerkungen

1. Der Zwischenantrag ist bis zum Schluss der mündlichen Verhandlung, auch noch in der Revision, zulässig (*Baumbach/Lauterbach/Albers/Hartmann* § 717 Rdn. 14). Da er kostenmäßig wie eine Widerklage nach § 19 GKG behandelt wird (*Baumbach/Lauterbach/Albers/Hartmann* § 717 Rdn. 14), ist das Kostenrisiko geringer als bei gesonderter Klage.

2. Der Zwischenantrag ist nach § 261 Abs. 2 ZPO geltend zu machen, also regelmäßig durch Schriftsatz, sonst kein Versäumnisurteil möglich, § 335 Abs. 1 Nr. 3 ZPO.

3. Der Anspruch aus § 717 Abs. 2 ZPO ist Ersatzanspruch aus verschuldensunabhängiger Gefährdungshaftung (*Zöller/Herget* § 717 Rdn. 3). Es gelten §§ 249 ff. BGB. Der Anspruch richtet sich also zunächst auf Wiederherstellung. Erst in zweiter Linie, etwa nach Abschluss der Vollstreckung durch Pfandverwertung, geht er auf Geldersatz, § 251 BGB. Dies muss bei der Antragsfassung im Einzelfall beachtet werden.

4. Nach § 717 Abs. 2 S. 2 2. Halbs. ZPO gilt der Anspruch hier (nicht aber bei gesonderter Klage gem. B.) als rechtshängig seit Schadenseintritt. Von da ab können also Prozesszinsen verlangt werden in Höhe von 5 oder 8 Prozentpunkten über dem Basiszins, §§ 291, 288 BGB.

5. Der Anspruch ist nicht gegeben für die meisten Urteile der Oberlandesgerichte, § 717 Abs. 3 ZPO, aber auch nicht in Sonderfällen, wenn der Grund für die Titelaufhebung erst später entstand oder geltend gemacht wurde (OLG Karlsruhe, Rpfleger 96, 73). Dort haftet der Vollstreckende nur nach Bereicherungsgrundsätzen.

6. Auch für die Schadensberechnung gelten §§ 249 ff. BGB, also zB. entgangener Gewinn etc. Aber es gilt auch der Mitverschuldenseinwand, § 254 BGB, etwa bei verspäteter Erhebung von Einreden, bei unterlassenen Vollstreckungsschutzanträgen nach §§ 719, 707 ZPO oder dann, wenn der Kläger es unterlassen hat, auf einen drohenden ungewöhnlich hohen Vollstreckungsschaden hinzuweisen.

7. Die gesonderte Klage nach rechtskräftiger Entscheidung des Vorprozesses ist trotz der Vorteile des Zwischenantrages gem. Anm. 1 und Anm. 4 vorzuziehen, wenn der Ausgang des Vorprozesses unsicher ist.

8. Außer im allgemeinen Gerichtsstand des Beklagten, § 13 ZPO, kann die Klage auch am Ort der Vollstreckung oder Verwertungshandlung als dem Gerichtsstand der unerlaubten Handlung, § 32 ZPO, erhoben werden (vgl. *Baumbach/Lauterbach/Albers/Hartmann* § 717 Rdn. 13).

9. Volles Rubrum zu Form. III. A. 5.

10. Antrag wie oben unter A.

11. Entgegen dem Wortlaut von § 717 Abs. 2 ZPO kann der Anspruch sich auch gegen den Beklagten des Vorprozesses richten, wenn dieser aus einem später aufgehobenen Titel vollstreckt hat, etwa dem Kostenfestsetzungsbeschluss oder einem Widerklageurteil (vgl. *Baumbach/Lauterbach/Albers/Hartmann* § 717 Rdn. 7). Der Rechtsgedanke des § 717 Abs. 2 ZPO ist auch auf andere Vollstreckungstitel anwendbar; ferner, wenn ein Titel nur teilweise aufgehoben wird (Beispiele und Einschränkungen bei *Baumbach/Lauterbach/Albers/Hartmann* § 717 Rdn. 21–37).

12. Dass die auf Grund des aufgehobenen Kostentitels gezahlten oder überzahlten Beträge im Kostenfestsetzungsverfahren „rückfestgesetzt" werden können, wenn sie unstreitig sind, ist hM. (*Baumbach/Lauterbach/Albers/Hartmann* § 104 Rdn. 14 mwN.). Jedenfalls bei Streit über diese Kosten und bei darüberhinausgehendem Schadensersatz, etwa entgangenem Gewinn, ist aber das Verfahren nach § 717 Abs. 2 ZPO erforderlich.

Kosten und Gebühren

a) Gericht: Gebühren des Erkenntnisverfahrens, KV 1210 ff.

b) Anwalt: Gebühren des Erkenntnisverfahrens, VV 3100 ff.

c) Gegenstandswert: Wert des Ersatzanspruches ohne Zinsen und Kosten, BGHZ 38, 238; bei Zwischenantrag (Fall A.) unter Anwendung von § 45 GKG zu berechnen.

Fristen und Rechtsmittel

1. Verjährung jetzt wie bei allen Ansprüchen aus unerlaubter Handlung in der Regelfrist von 3 Jahren gem. §§ 195, 199 BGB. § 852 BGB findet keine Anwendung (BGH NZI 2007, 74); in Betracht kommt aber ein Anspruch aus ungerechtfertigter Bereicherung gem. § 812 BGB (BGH aaO.)
2. Rechtmittel wie im normalen Erkenntnisverfahren, vgl. Form. I. O. 1.

B. Zwangsvollstreckung wegen Geldforderungen

Zwangsvollstreckung in bewegliche Sachen

1. Vollstreckungsauftrag mit Varianten (§§ 754, 803 ff. ZPO)

(insbesondere kombiniert mit Antrag auf Abgabe der eidesstattlichen Versicherung und Haftbefehl)

An die
Verteilungsstelle für Gerichtsvollzieheraufträge
beim Amtsgericht[1]

Vollstreckungsauftrag

In der Sache

X ./. Y

überreiche ich anliegend vollstreckbaren Schuldtitel – sowie beglaubigte Abschrift – mit dem Auftrag zur – Zustellung des Schuldtitels[2] (falls erforderlich) und – Zwangsvollstreckung wegen folgender Beträge:

1. Hauptforderung	...... EUR
2. Vorgerichtliche Mahnkosten des Gläubigers	...... EUR
3. Festgesetzte Kosten	...... EUR
4. Kosten des Mahnbescheides	...... EUR
5. Kosten des Vollstreckungsbescheides	...... EUR
6. Kosten früherer Vollstreckungsmaßnahmen (gemäß beigefügten Nachweisen)	...... EUR
Insgesamt	...... EUR
7. ......% Zinsen aus EUR ...... seit dem ...... bis heute	...... EUR
8. 5%-Punkte Zinsen über Basiszins auf .... EUR seit dem ..... bis heute	...... EUR
Summe	...... EUR
9. Kosten dieses Auftrages:	
a) 0,3 Zwangsvollstreckungsgebühr, VV 3309:	...... EUR
b) Postgebührenpauschale, VV 7002	...... EUR
c) Mehrwertsteuer 19%	...... EUR
Summe der Kosten	...... EUR
Insgesamt	...... EUR[3]
zuzüglich der ab morgen anfallenden Zinsen, Tageszins	...... EUR.

I. Ich bitte den zuständigen Gerichtsvollzieher,
- mich über die getroffenen Maßnahmen und alle sachdienlichen Feststellungen (§ 806a ZPO) durch Protokollabschrift zu informieren, ggf. mit Unpfändbarkeitsattest[4],
- um Überweisung eingezogener Beträge an mich[5] gem. versicherter Geldempfangsvollmacht.

II. Bei Arbeitgeberermittlung oder Feststellung sonstiger pfändbarer Forderungen bitte ich

a) um Ausbringung einer Vorpfändung nach § 845 Abs. 1 S. 2 ZPO und
b) um unverzügliche Nachricht[6].

III. Bei Durchsuchungsverweigerung durch den Schuldner bitte ich, den beigefügten vorbereiteten Antrag auf Durchsuchungsanordnung kurzerhand einzureichen unter Beifügung des Protokolls und der Vollstreckungsunterlagen[7].

Alternativ (im Regelfall): Bei Durchsuchungsverweigerung durch den Schuldner oder, wenn sonst die Voraussetzungen von § 807 Abs. 1 ZPO vorliegen, beantrage ich,

dem Schuldner die eidesstattliche Versicherung gem. §§ 807, 899 ff. abzunehmen,

Im Weigerungs- oder Nichterscheinensfalle beantrage ich hiermit gegenüber dem zuständigen Vollstreckungsgericht

den Erlass eines Haftbefehls gem. § 901 ZPO.

Den Haftbefehl bitte ich an den zuständigen Gerichtsvollzieher zu übergeben. Bei diesem beantrage ich, den Schuldner nach Eingang des Haftbefehls zu verhaften und mich hierüber im Anschluss zu benachrichtigen.

Alternativ: Den Haftbefehl bitte ich an mich zu übersenden.

Die Vollstreckungsunterlagen erbitte ich mit dem offenbarten Vermögensverzeichnis zurück.

IV. Bei Ratenangebot des Schuldners bitte ich gleichwohl zu pfänden, ggf. eine erste Rate einzuziehen und den Schuldner zum Abschluss eines Teilzahlungsvergleichs an mich zu verweisen[8].

Alternativ: Mit Ratenabwicklung gemäß § 813 a oder § 806 b ZPO bin ich einverstanden.

Besondere Hinweise:

(hier sind, je nach Kenntnis des Gläubigers von den Verhältnissen des Schuldners zB. folgende Varianten denkbar:)

1. (Anwesenheit des Gläubigers)
   Da der Gläubiger/Gläubigervertreter an der Vollstreckung teilnehmen wird, bitte ich um rechtzeitige Ankündigung des Vollstreckungstermins[9] an mich.
2. (Besondere Vermögensgegenstände)
   Ich bitte insbesondere um Zugriff auf das Kraftfahrzeug des Schuldners Marke ...... amtliches Kennzeichen ...... Fahrgestell-Nr. ......, das der Schuldner in der X-Straße vor dem Hause Nr. ...... tagsüber zu parken pflegt[10].
3. (Hinweise zur Taschen- bzw. Kassenpfändung)
   Mir ist bekannt, dass der Schuldner seinen gesamten Geldbedarf bar aus der Kasse seines Ladengeschäftes entnimmt und daher stets größere Geldbeträge bei sich trägt. Ich bitte daher insbesondere um Taschen- und Kassenpfändung.
4. (Besondere Räume oder Behältnisse)[11]
   Ich weise darauf hin, dass der Schuldner auf dem Hof des Wohnblocks, in dem sich seine Wohnung befindet, eine Reparaturwerkstatt betreibt. Ich bitte, auch dort zu vollstrecken.
5. (Austauschpfändungsmöglichkeit)
   Mir ist bekannt, dass eine fast neuwertige Stereo-Anlage Marke ...... im Werte von ...... EUR im Eigentum des Schuldners steht. Ich bitte ggf. um vorläufige Austauschpfändung, § 811 b ZPO, sowie um rasche Benachrichtigung, damit ich den Antrag nach § 811 a ZPO stellen kann[12].
6. (Vorwegpfändung)
   Das Kraftfahrzeug Marke ...... amtliches Kennzeichen ...... Fahrgestell-Nr. ...... im Eigentum des Schuldners hat dieser bislang für sein Reisegewerbe benutzt, so dass es wegen § 811 Nr. 5 ZPO unpfändbar war. Wie sich aus beiliegendem Stundungsgesuch

ergibt, wird der Schuldner jedoch zum 1. 7. sein Gewerbe aufgeben und sich zum Bürokaufmann umschulen lassen. Dann besteht für das Fahrzeug kein Pfändungsschutz mehr[13]. Ich bitte daher um Vorwegpfändung gemäß § 811 d ZPO.

7. (Pfändung bei Drittgewahrsam)
Die Schuldnerin hat einen Nerzmantel beim Pelzhaus A in der B-Straße eingelagert. Ich bitte, dort zu pfänden. Pfändungs- und Überweisungsbeschluss des AG ...... vom ...... Az. ...... auf den Herausgabeanspruch füge ich bei[14].

8. (Pfändung bei Mitgewahrsam – Bankschließfach)
Der Schuldner hält bei der V-Bank das Bankschließfach Nr. ...... Ich bitte, dem Schuldner die Schließfachschlüssel wegzunehmen und den pfändbaren Inhalt des Schließfaches zu pfänden. Pfändungs- und Überweisungsbeschluss des AG ...... vom ...... Az. ...... auf die Mitwirkungsrechte der V-Bank für die Schließfachöffnung überreiche ich anliegend[15].

9. (Pfändung bei Eigentumsvorbehalt)

Ich bitte, das Kraftfahrzeug des Schuldners Marke ...... Fahrgestell-Nr. ...... zu pfänden, auch wenn Schuldner Vorbehaltseigentum des Verkäufers nachweist. Ich überreiche anliegend Pfändungs- und Überweisungsbeschluss des AG ...... vom ...... Az. ......, wonach für den Gläubiger das Anwartschaftsrecht an diesem Fahrzeug gepfändet ist[16].

Rechtsanwalt[17]

Schrifttum: Hintzen/Wolf Handbuch der Mobiliarvollstreckung, 2. Aufl. 1999; *Nies,* Praxis der Mobiliarvollstreckung, 2. Aufl. 2002.

Anmerkungen

1. Der für die Vollstreckungsanschrift örtlich zuständige Gerichtsvollzieher ist meist nicht bekannt. Deshalb sollte regelmäßig über die Geschäftsstelle des für die Anschrift zuständigen AG beauftragt werden, § 753 Abs. 2 ZPO, § 62 GVGA.

2. Die Vollstreckung kann mit der Zustellung verbunden werden, § 750 Abs. 1 ZPO, was die Regel ist. Für reine Zustellung vgl. Form. III. A. 6.

3. Die Kostenaufstellung enthält teils titulierte Beträge (Hauptforderung, festgesetzte Kosten), teils solche, die als Vollstreckungskosten ohne besondere Titulierung beizutreiben sind, § 788 Abs. 1 ZPO. Der Gläubiger muss sie aber glaubhaft machen *(Baumbach/Lauterbach/Albers/Hartmann* § 788 Rdn. 13). Also sind die Kostenbelege aus etwaiger früherer Vollstreckung beizufügen, ebenso die Berechnung der Anwaltskosten und die Belege für sonstige Vollstreckungskosten des Gläubigers, zB. für Anschriften- oder Arbeitgeberermittlungen.

Erteilt man im Kosteninteresse den Auftrag nur über einen Teilbetrag oder nach Teilzahlungen über einen Restbetrag, so muss eine Abrechnung über die schon gezahlten Beträge und deren Verrechung entgegen der Forderung vieler Vollstreckungsorgane nicht beigefügt werden. Denn die Darlegungs- und Beweislast für weitergehende Tilgung hat ja der Schuldner, durch Klage nach § 767 ZPO, vgl. Form. III. A. 16 (so nun nachdrücklich auch *Stöber* Rdn. 464 und *Zöller/Stöber* § 753 Rdn. 7 mit zahlreichen Nachweisen; aber streitig). Bei vorhandenem Forderungskonto in der EDV wird man lieber die Aufstellung erstellen und übersenden, statt darüber zu streiten.

Die Zinsen bis zum Tage des Auftrages sind zu errechnen und anzusetzen. Denn auch nach ihnen bemisst sich der Gegenstandswert für die Vollstreckung, § 25 Abs. 1 Nr. 1 RVG. Für weitere Zinsberechnungen, etwa eines zahlungswilligen Schuldners, sollte man den künftigen Tageszins nennen. Mit entsprechender Software sind diese Angaben heute unaufwendig.

4. Der Gerichtsvollzieher teilt Ermittlungsergebnisse über den Schuldner durch Protokollübersendung mit. Die Schreibgebühr von 0,50 EUR pro Seite dafür (gem. KV GvKostG 700) fällt gegen den Wert solcher Informationen nicht ins Gewicht. Daher sollte man stets um Protokollabschrift bitten. Sonst ist der Gerichtsvollzieher nur zu einer Kurzmitteilung über das – meist negative – Vollstreckungsergebnis verpflichtet (BGH NJW-RR 2004, 788).

Durch § 806 a ZPO ist der Gerichtsvollzieher schon gesetzlich verpflichtet, nach Forderungen des Schuldners und insbesondere nach dem Arbeitgeber zu fragen und das Ergebnis dem Gläubiger mitzuteilen.

Führt die Pfändung nicht zur vollen Befriedigung des Gläubigers, bescheinigt der Gerichtsvollzieher Unpfändbarkeit. Das ist Voraussetzung für den Antrag auf Abgabe der eidesstattlichen Versicherung, § 807 Abs. 1 ZPO.

5. Die Prozessvollmacht, die sich ggf. aus dem Titel ergibt, umfasst ausdrücklich nur die Befugnis zum Empfang der Kosten, § 81 letzter Halbs. ZPO; § 62 Nr. 2 GVGA. Betreibt der Prozessbevollmächtigte auch die Vollstreckung, so kann Geldempfangsvollmacht als stillschweigend erteilt angesehen werden (so *Baumbach/Lauterbach/Albers/Hartmann* § 81 ZPO Rdn. 10).

6. Diese Möglichkeit eröffnet § 845 Abs. 1 S. 2 ZPO. Erforderlich ist ausdrücklicher Auftrag. Nicht möglich bei Pfändung nach § 857 ZPO, vgl. § 857 Abs. 7. Die Monatsfrist von § 845 Abs. 2 ZPO für das Nachschieben des Pfändungsbeschlusses ist zu beachten (Näheres bei *Stöber* Rdn. 801 ff.).

7. Die – aufwändige – Beifügung des Antrages kann es dem Gerichtsvollzieher ermöglichen, den Schuldner zur Gestattung der Durchsuchung zu bewegen. Für den Regelfall wird es sinnvoller sein, alternativ mit dem nachfolgendem Antrag gemäß § 807 Abs. 1 Nr. 3 ZPO zur Abgabe der eidesstattlichen Versicherung überzugehen. Verweigert der Schuldner auch deren Abgabe, so kann man vorsorglich Haftbefehl beantragen. Das kann auch dem Schuldner den weiteren Gang verdeutlichen.

8. Ratenzahlungsbereitschaft hindert Verwertung erst nach einem Beschluss gemäß § 813 b ZPO (vgl. unten Form. III. B. 4). Häufig wird unförmlich so abgewickelt, indem der Gerichtsvollzieher gemäß § 813 a ZPO die Verwertung gegen Ratenzahlung bis zu einem Jahr aufschiebt oder bei erfolgloser Pfändung gemäß § 806 b ZPO zuwartet, solange der Schuldner angemessene Raten (für eine Tilgung binnen ca. 6 Monaten, § 806 b S. 3 ZPO) zahlt. Im Regelfall sollte man dies gem. der Alternativformulierung dem Gerichtsvollzieher überlassen.

9. Die Anwesenheit des Gläubigers oder seines mit Vollmacht versehenen Vertreters ist zulässig (*Baumbach/Lauterbach/Albers/Hartmann* § 758 Rdn. 14). Häufig ist sie sachdienlich, zB. bei umfangreichen Pfändungen, Suche nach bestimmten Gegenständen etc. Der Gläubiger kann zugleich als Zeuge nach § 759 ZPO fungieren (*Baumbach/Lauterbach/Albers/Hartmann* § 759 Rdn. 5).

Ob die Anwesenheit des Gläubigers in der Wohnung des Schuldners ohne dessen Zustimmung besonderer Erlaubnis in der richterlichen Durchsuchungsanordnung bedarf, ist umstritten (vgl. *Zöller/Stöber* § 758 Rdn. 8; LG Stuttgart NJW-RR 1992, 511, und Form. III. A. 11 Anm. 4).

10. Zur Gewahrsamslage von Fahrzeugen außerhalb der Schuldnergrundstücke vgl. OLG Düsseldorf NJW-RR 1997, 998.

11. Umstritten ist, ob bei mehreren Wohnungen des Schuldners oder bei Trennung von Wohnung und Geschäftsräumen Unpfändbarkeit iSv. § 807 ZPO Pfändungsversuch in allen Räumlichkeiten voraussetzt oder nur im Hauptwohnsitz (für Letzteres OLG Frankfurt RPfleger 1977, 415; *Thomas/Putzo* § 807 Rdn. 13; aA. *Baumbach/Lauterbach/Albers/Hartmann* § 807 Rdn. 14; *Zöller/Stöber* § 807 Rdn. 14 mwN.). Pfändung in Nebenwohnsitz oder Geschäft kann vom Gläubiger aber zumindest nur dann verlangt werden, wenn er sie kennt oder zumutbar ermitteln kann (*Zöller/Stöber* § 807 Rdn. 14).

12. Die Austauschpfändung, § 811 a ZPO, die vorläufig vom Gerichtsvollzieher vorgenommen werden kann, § 811 b ZPO, ermöglicht für einige Fälle die Pfändung in dem nach § 811 ZPO geschützten Bereich, vgl. Form. III. B. 3.

13. Vgl. LG Braunschweig MDR 1970, 338. Sowohl die Vorwegpfändung als auch die vorläufige Austauschpfändung (Anm. 11) gehören auch ohne besonderen Auftrag zu den Dienstpflichten des Gerichtsvollziehers. Ohne gezielten Hinweis wird er jedoch häufig diese Pfändungsmöglichkeit nicht erkennen können.

14. Sachen des Schuldners im Drittgewahrsam können nur bei Herausgabebereitschaft des Dritten gepfändet und weggenommen werden, § 809 ZPO. Selbst bei offensichtlicher Vollstreckungsvereitelung kommt eine Wegnahme aus den Räumen des Dritten gegen seinen Willen auch bei zuvor bereits wirksam erfolgter Pfändung nicht in Betracht (BGH NJW-RR 2004, 352; str., aA. *Baumbach/Lauterbach/Albers/Hartmann* § 809 Rdn. 2 und 3; siehe aber *Zöller/Stöber* § 809 Rdn. 5 zu Scheingewahrsam). Dann muss der Gläubiger nach § 847 ZPO den Herausgabeanspruch des Schuldners gegen den Dritten pfänden und sich überweisen lassen. Weigert sich der Dritte auch dann noch, muss gegen ihn auf Herausgabe geklagt werden. Die Pflicht zur Streitverkündung gem. § 841 ZPO ist zu beachten (*Baumbach/Lauterbach/Albers/Hartmann* § 847 Rdn. 8).

Bei Ehegatten hilft dem Gläubiger über § 739 ZPO die Vermutung gem. § 1362 BGB; bei eingetragenen Lebenspartnern § 8 Abs. 1 LPartG. Für nichteheliche Lebensgemeinschaften gilt diese aber nicht (BGH NJW 2007, 992).

15. Beim Bankschließfach besteht kein Herausgabeanspruch gegen die Bank auf den Fachinhalt, sondern nur ein Anspruch auf Mitwirkung zur Öffnung (meist durch zweiten Schlüssel). Dieser Anspruch ist zu pfänden, wenn Bank sonst Öffnung verweigert (*Zöller/Stöber* § 857 Rdn. 2). Danach kann der Gerichtsvollzieher Widerstand der Bank notfalls gewaltsam brechen, § 758 Abs. 3 ZPO (*Stöber* Rdn. 1752 ff. mwN.; anders wohl *Baumbach/Lauterbach/Albers/Hartmann* Grundz. vor § 704 Rdn. 105, danach nach Pfändung noch Klage auf Duldung).

Ist der Schlüssel des Schuldners nicht auffindbar, muss Gerichtsvollzieher das Fach ggf. durch Schlosser öffnen lassen, was erhebliche Kosten verursacht.

16. Zur Anwartschaftsrechtspfändung vgl. *Baumbach/Lauterbach/Albers/Hartmann* Grundz. vor § 704 Rdn. 60; *Stöber* Rdn. 1484 ff., beide mwN. und Form. III. B. 28.

Da der Gerichtsvollzieher Sachen im ersichtlichen Eigentum Dritter nicht pfändet (§ 119 Nr. 2 GVGA), ist der besondere Hinweis geboten. Die Sachpfändung kann auch vorgehen und die Rechtspfändung nachgeholt werden.

Vgl. im Übrigen Form. III. B. 28.

Weitere Hinweise sind je nach Sachlage und möglichst unter Heranziehung der GVGA denkbar, zB. die Bitte, nicht gepfändete Gegenstände genau zu bezeichnen, so dass ihre Unpfändbarkeit vom Gläubiger geprüft werden kann, vgl. § 135 Nr. 6 GVGA.

Kosten und Gebühren

a) Anwalt: 0,3 Gebühr nach VV 3309. Zu beachten: Auch diese Gebühr erhöht sich bei mehreren Gläubigern nach Nr. 1108 des VV um je 0,3. Wird erst in der Schuldnerwohnung vollstreckt, und dann, auch durch einen anderen Gerichtsvollzieher nach neuem Auftrag in seinem Geschäftslokal, soll dies nach Meinung des BGH die Anwaltsgebühr nur einmal auslösen(BGH NJW-RR 2005, 706). Das gegenüber dem Gerichtsvollzieher erklärte Einverständnis mit einer Ratenzahlung löst keine Einigungsgebühr nach VV 1000 aus (BGH NJW 2006, 3640).

b) Gerichtsvollzieher: Festgebühren, von 12,50 EUR für erfolglose Pfändung (KV 604 GvKostG) bzw. 20 EUR für Pfändung (KV 205 GvKostG) mit Erhöhung nach Aufwand gem. KV 500 KvKostG, (nicht mehr nach Gegenstandswert). Für zusätzliche Amtshandlungen entstehen weitere Gebühren, zB. für die Abnahme der eidesstattlichen Versicherung eine Festgebühr von 30 EUR, KV 260 GvKostG, ebenso für Verhaftung, KV 270 GvKostG.

c) Gegenstandswert: für den Anwalt der Betrag der Forderung, wegen derer vollstreckt wird, bei Pfändung einer bestimmten Sache deren Wert, jeweils einschließlich der Nebenforderungen (Kosten und Zinsen bis zum Tage des Auftrages), § 25 Abs. 1 Nr. 1 RVG, ohne die Kosten des Pfandauftrages selbst.

Fristen und Rechtsmittel

Für Gläubiger und Schuldner gegen die Art und Weise der Vollstreckung Erinnerung, § 766 ZPO, vgl. Form. III. A. 14.

2. Vollstreckungsauftrag bei Sonderfällen (§§ 751, 720 a, 756 ZPO)[1]

a) Vollstreckungsauftrag bei betagter Vollstreckbarkeit, § 751 Abs. 1 ZPO

......

überreiche ich anliegend den vollstreckbaren, auf den 3. 9. ...... betagten Schuldtitel – sowie beglaubigte Abschrift – mit dem Auftrag zur – Zustellung des Schuldtitels und – Zwangsvollstreckung nach dem 3. 9. ...... wegen folgender Beträge[2]:
(im Übrigen wie Form. III. B. 1)

b) Vollstreckungsauftrag bei Sicherheitsleistung, § 751 Abs. 2 ZPO

......

überreiche ich anliegend den gegen Sicherheit durch Bankbürgschaft von ...... EUR vollstreckbaren Schuldtitel – sowie beglaubigte Abschrift – und Bürgschaft der X-Bank über ...... EUR – sowie beglaubigte Abschrift – mit Auftrag zur Zustellung des Titels und der Bürgschaftsurkunde und zur Vollstreckung wegen folgender Beträge[3]:
(im Übrigen wie Form. III. B. 1)

c) Vollstreckungsauftrag bei Sicherungsvollstreckung, § 720 a ZPO

......

überreiche ich anliegend den gegen Sicherheit vollstreckbaren Schuldtitel mit Vollstreckungsklausel, beide am 18. 8. ...... zugestellt, zur Sicherungsvollstreckung gemäß § 720 a ZPO durch Pfändung – vorerst ohne Verwertung – wegen folgender Beträge[4]:
(im Übrigen wie Form. III. B. 1)

d) Vollstreckungsauftrag bei Zug-um-Zug-Leistung, § 756 ZPO

......

überreiche ich anliegend den Zug um Zug gegen Lieferung von 10 Pumpventilen Marke ...... Katalog-Nr. ...... vollstreckbaren Schuldtitel – sowie beglaubigte Abschrift – und 10 Pumpventile Marke ...... Katalog-Nr. ...... in Originalverpackung mit Auftrag zur Zustellung des Titels, zum Anbieten der Ventile und zur Vollstreckung wegen folgender Beträge[5]:
(im Übrigen wie Form. III. B. 1)

Anmerkungen

1. Während regelmäßig besondere Voraussetzungen der Vollstreckung schon vor Klauselerteilung nachzuweisen sind, vgl. oben Form. III. A. 3, ist in §§ 751 und 756 ZPO die Prüfung leicht feststellbarer besonderer Voraussetzungen dem Vollstreckungsorgan selbst zugewiesen.

2. § 751 ZPO gilt für alle Vollstreckungsarten. Für Forderungspfändung wird er durchbrochen durch Vorratspfändung, § 850d Abs. 3 ZPO (vgl. *Baumbach/Lauterbach/Albers/Hartmann* § 751 Rdn. 4; insbes. *Stöber* Rdn. 687ff.).

3. Bei Sicherheitsleistung durch Hinterlegung, § 108 Abs. 1 S. 2 ZPO, ist eine Bescheinigung der Hinterlegungsstelle über die Annahme des Betrages als öffentliche Urkunde zuzustellen.

Praktisch häufiger ist Sicherheitsleistung durch Bankbürgschaft. Dabei wird die Bürgschaftsurkunde im Anwaltsprozess dem Gegner nach § 195 ZPO zugestellt. Seine Empfangsbescheinigung gilt als öffentliche Urkunde iSv. § 751 Abs. 2 ZPO (so OLG Koblenz ZIP 1993, 297 mwN.; LG Mannheim JurBüro 1989, 859, nun auch *Zöller/Herget* § 108 Rdn. 11). Vorsorglich bzw. bei nicht anwaltlich vertretenem Schuldner kann man die Bürgschaftsurkunde gem. § 132 BGB durch Gerichtsvollzieher zustellen lassen.

Es kann auch teilweise Sicherheit geleistet werden, um wg. eines Teilbetrages zu vollstrecken, § 752 ZPO.

4. § 720a ZPO eröffnet die Möglichkeit, ohne Sicherheitsleistung zu pfänden, ohne vorerst zu verwerten. Titel und Klausel müssen aber 2 Wochen vor Vollstreckungsbeginn zugestellt sein, § 750 Abs. 3 ZPO. Der Schuldner kann diese Vollstreckung durch eigene Sicherheitsleistung abwenden, § 720a Abs. 3 ZPO, wofür ihm das Gesetz 2 Wochen Schonfrist einräumt, § 750 Abs. 3 ZPO.

Der Gläubiger kann im Rahmen der Sicherungsvollstreckung vom Schuldner auch die Abgabe der eidesstattlichen Versicherung verlangen (BGH NJW-RR 2007, 416, Form. III. D. 1).

5. Für Umfang und Inhalt der Angebotspflicht gelten §§ 293ff. BGB. Der Gerichtsvollzieher muss, ggf. durch Sachverständige, prüfen, ob die geschuldete Gegenleistung angeboten wird. Der Umfang dieser Prüfungspflicht ist im Einzelnen sehr str. (vgl. *Baumbach/Lauterbach/Albers/Hartmann* § 756 Rdn. 3–8 mwN.).

Sofern nicht der Gerichtsvollzieher die Gegenleistung anbietet, muss durch qualifizierte Urkunde nachgewiesen werden, dass Befriedigung oder Angebot vorher erfolgt sind, § 756 ZPO, sofern sich das nicht aus dem Urteilstenor ergibt. Entsprechende Tenorierung sollte man deshalb bei Schuldnerverzug schon im Klagantrag beantragen (vgl. Form. II. A. 1 Anm. 3).

Es reicht aus, wenn der Gerichtsvollzieher wörtlich anbietet und der Schuldner die Annahme verweigert, § 756 Abs. 2 ZPO.

Kosten und Gebühren

Wie Form. III. B. 1. Der Gerichtsvollzieher erhält für das Leistungsangebot im Rahmen einer Vollstreckung nach § 756 ZPO nur 5 EUR für die Beurkundung, bei Angebot außerhalb der Vollstreckung dagegen 12,50 EUR, KV 410 und 411 GvKostG.

Fristen und Rechtsmittel

Wie Form. III. B. 1.

3. Antrag auf Gestattung der Austauschpfändung (§ 811 a ZPO)

An das
Amtsgericht
Vollstreckungsgericht[1]

Antrag nach § 811 a ZPO
In der Vollstreckungssache
X ./. Y

beantrage ich namens und in Vollmacht des Gläubigers zu beschließen:

> **Die mit Protokoll des Gerichtsvollziehers A vom ...... DR-Nr. ...... erfolgte Pfändung[2] des schuldnerischen Kraftfahrzeuges Marke ...... Fahrgestell-Nr. ...... wird gegen Übereignung des gebrauchten Kraftfahrzeuges Marke ...... Fahrgestell-Nr. ...... im Werte von ...... EUR an den Schuldner zugelassen. Dieser Betrag ist dem Gläubiger aus dem Vollstreckungserlös zu erstatten[3].**

Begründung:

Der Schuldner repariert gewerbsmäßig Landmaschinen, so dass sein Fahrzeug unter § 811 Abs. 1 Nr. 5 ZPO fällt[4]. Der im Antrag als Austauschobjekt genannte Kleinlieferwagen ist für sein Gewerbe ebenso geeignet wie die jetzt von ihm benutzte Limousine[5]. Dem Gläubiger liegt ein Verkaufsangebot für einen solchen Kleinlieferwagen vor, das ich mit der Expertise über den Zustand und einen Wert des Fahrzeuges von ...... EUR beifüge. Der Wagen des Schuldners hat nach der Angabe des Gerichtsvollziehers im Pfändungsprotokoll einen fast doppelt so hohen mutmaßlichen Verwertungserlös[6]. Danach ist die Austauschpfändung angemessen[7].

Rechtsanwalt

Anmerkungen

1. Zuständig ist das örtliche Vollstreckungsgericht, §§ 811 a Abs. 2, 764 Abs. 2 ZPO, und zwar der Rechtspfleger, § 20 Nr. 17 RPflG.

2. Vorläufige Austauschpfändung, § 811 b ZPO; § 811 b Abs. 2 ZPO: zweiwöchige Antragsfrist ab Benachrichtigung durch den Gerichtsvollzieher.

3. Ist Gläubiger zur Zwischenfinanzierung außerstande, kann der Antrag nach § 811 a Abs. 1 2. Halbs. ZPO erweitert werden. Sinnvoll ist häufig auch zusätzlicher Antrag auf freihändige Verwertung nach § 825 ZPO (vgl. unten Form. III. B. 5).

4. Dazu zahlreiche Beispiele bei *Baumbach/Lauterbach/Albers/Hartmann* § 811 Rdn. 41. Austauschpfändung ist nur bei Pfändungsschutz nach § 811 Nr. 1, 5 und 6 zulässig, § 811 a Abs. 1 S. 1 ZPO.

5. Der Austausch soll „nach Lage der Verhältnisse angemessen" sein, § 811 a Abs. 2 ZPO.

6. Der Verkaufswert wird nach § 813 ZPO geschätzt. In der Regel schätzt der Gerichtsvollzieher ergänzend den niedrigeren gewöhnlichen Verwertungserlös.

7. Weitere Beispiele für Austauschpfändung:
- Radio gegen Musiktruhe, LG Kassel MDR 1951, 45
- einfacher Fernseher gegen Luxusgerät, ggf. auch Radio gegen Fernseher, OLG Stuttgart NJW 1970, 152; aA. OLG Stuttgart NJW 1987, 196.
- Einfache Uhr gegen goldene Uhr.

Kosten und Gebühren

a) Gericht: keine Gebühr.

b) Anwalt: besondere 0,3 Gebühr nach § 18 Abs. 1 Nr. 7 RVG.

c) Gegenstandswert: Wertdifferenz zwischen Pfandgegenstand und Austauschgegenstand.

d) Kostentragung: Die Kosten dieses Verfahrens trägt regelmäßig der Schuldner, nur ausnahmsweise nach § 788 Abs. 4 ZPO der Gläubiger.

Fristen und Rechtsmittel

Bei vorläufiger Austauschpfändung muss der Antrag binnen 2 Wochen ab Benachrichtigung von dieser Pfändung gestellt werden, § 811 b Abs. 2 ZPO.

Gegen Entscheidung des Rpflegers wie Form. III. A. 13.

4. Antrag des Schuldners auf Aussetzung der Verwertung (§ 813 b ZPO)

An das
Amtsgericht
Vollstreckungsgericht[1]

Antrag nach § 813 b ZPO

In der Vollstreckungssache

X ./. Y

beantrage ich namens und im Auftrage des Schuldners zu beschließen:

> **Die Zwangsvollstreckung in die vom Gerichtsvollzieher A gemäß Protokoll vom …… DR-Nr. …… für den Gläubiger gepfändeten Druckmaschinen wird einstweilen eingestellt[2], wenn und solange der Schuldner an den Gläubiger monatliche Raten von …… EUR beginnend mit dem ……, bis zur Tilgung der titulierten Forderung einschließlich Kosten und Zinsen bezahlt.**

Bis zur Entscheidung über diesen Antrag bitte ich vorab, die oben benannte Vollstreckung gem. § 813 b Abs. 1 S. 2 mit § 732 Abs. 2 ZPO vorläufig einstweilen einzustellen. Der Gläubiger trägt die Kosten dieses Verfahrens gem. § 788 Abs. 3 ZPO.

Begründung:

Durch Krankheit, die ich durch anliegende ärztliche Bescheinigung belege, geriet der Schuldner in Zahlungsverzug[3]. Der Gläubiger ließ pfänden, obgleich der Schuldner bereits zweimal monatliche Teilbeträge von …… EUR gezahlt hat, über die ich Kontoauszüge des Schuldners im Original beifüge. Mehr kann der Schuldner seinem kleinen Geschäft monatlich nicht entziehen. Dies ergibt sich aus der anliegenden eidesstattlichen Versicherung[4] seines Steuerberaters über seine wirtschaftlichen Verhältnisse.
Eine Ratenzahlungsvereinbarung oder Abwicklung nach § 813 a ZPO hat der Gläubiger gemäß seinem beigefügten Schreiben vom …… abgelehnt. Mit den angebotenen Raten ist die Forderung in 7 Monaten[5] beglichen. Dem Gläubiger ist dieser Aufschub zuzumuten, weil …… (näher auszuführen und ggf. glaubhaft zu machen)[6].
Da der Gerichtsvollzieher Versteigerungstermin anberaumt hat, bitte ich um die vorläufige Einstellung. Der Schuldner stellt den Antrag erst jetzt, da er zunächst die Entscheidung des Gläubigers auf seine Ratenzahlungsbitte abgewartet hat.

Rechtsanwalt

Anmerkungen

1. Zuständigkeit wie oben Form. III. B. 3.

2. Formel nach § 775 Nr. 2 ZPO, da die „Aussetzung" eine Einstellung iS. dieser Vorschrift ist (*Baumbach/Lauterbach/Albers/Hartmann* § 813 b Rdn. 6). Es können ergänzend vorläufige Maßnahmen nach § 732 Abs. 2 ZPO beantragt und erlassen werden, vgl. § 813 b Abs. 1 S. 2 ZPO.

3. Es muss dargelegt werden, dass der Schuldner vertrauenswürdig ist und sich nicht schuldhaft in seine Lage gebracht hat. Außerdem darf Gläubiger nicht dringend auf den Erlös angewiesen sein.

Vorausgesetzt wird hier, dass die Maschine nicht schon unter § 811 Nr. 5 ZPO fällt.

4. Glaubhaftmachung reicht aus, § 813 b Abs. 5 S. 2.

5. § 813 b Abs. 4 ZPO zeigt, dass die Ratenabwicklung längstens – in Ausnahmefällen – ein Jahr betragen darf. Praktisch wird eine Zwangsstundung bewilligt, die einen Stundungsvergleich oder gar ein Insolvenzverfahren ersetzen kann (*Baumbach/Lauterbach/Albers/Hartmann* § 813 b Rdn. 2).

6. Nach § 813 b Abs. 1 S. 2 ZPO sind – zB. wenn noch Beweise erhoben werden müssen – einstweilige Anordnungen entsprechend § 732 Abs. 2 zulässig. Weit häufiger als nach § 813 b ZPO werden solche Ratenabwicklungen, auch mit längerer Laufzeit, zwischen den Parteien direkt oder über den Gerichtsvollzieher nach § 813 a ZPO ohne Einschaltung des Gerichts getroffen. Für die Ratenabwicklung durch das Gericht nach § 813 b ZPO bleiben Fälle der Ratenverweigerung durch den Gläubiger.

Kosten und Gebühren

a) Gericht: Festgebühr von 15,– EUR nach KV 2113.
b) Anwalt: besondere 0,3 Gebühr nach § 18 Abs. 1 Nr. 6 RVG, VV 3309.
c) Gegenstandswert: Die einstweilige Einstellung der Vollstreckung (§§ 707, 719, 771 Abs. 3 ZPO) wird nach § 3 ZPO mit einem Bruchteil, meist $^1/_5$, des zu vollstreckenden Betrages bzw. des Wertes der gepfändeten Sache bewertet (BGH NJW 1991, 2280). Das muss auch für die Einstellung nach § 813 b ZPO gelten.

Kostentragung: Darüber muss im Beschluss mitentschieden werden (*Baumbach/Lauterbach/Albers/Hartmann* § 813 b Rdn. 12). Regelmäßig treffen die Kosten den Schuldner, nur ausnahmsweise nach § 788 Abs. 4 ZPO den Gläubiger, so wohl, wenn er die außergerichtliche Stundung verweigert, obwohl die Voraussetzungen von § 813 a ZPO ersichtlich vorliegen.

Fristen und Rechtsmittel

1. Der Schuldner muss den Antrag binnen zwei Wochen nach Pfändung stellen, sonst droht Abweisung ohne Sachprüfung, § 813 b Abs. 2 ZPO.
2. Der Beschluss ist unanfechtbar, § 813 b Abs. 5 S. 4 ZPO, wenn er durch den Richter ergeht. Da regelmäßig der Rechtspfleger entscheidet, kann in diesen Fällen die Erinnerung nach § 11 RPflG eingelegt werden.

5. Antrag auf andere Verwertung (§ 825 ZPO)

Frau/Herrn Gerichtsvollzieher ……

Antrag nach § 825 ZPO

In der Vollstreckungssache

X ./. Y

beantrage ich namens und in Vollmacht des Gläubigers, den durch Ihre Austauschpfändung mit Protokoll vom …… DR-Nr. …… gepfändeten Pkw Marke …… an B zum Kaufpreis von …… EUR zu verkaufen[2].

Begründung:

Sie haben lt. dem genannten Protokoll den mutmaßlichen Versteigerungserlös des Pkw mit …… EUR geschätzt. Der Gläubiger hat sich intensiv um Interessenten bemüht und B für den im Antrag genannten Preis gewonnen[3].

Beweis: anliegendes Schreiben des B

Dieser Preis liegt 40% über dem mutmaßlichen Versteigerungserlös. Daher bitte ich, dem Antrag im Kosteninteresse beider Parteien stattzugeben.

Rechtsanwalt

Anmerkungen

1. Zuständig für die Entscheidung über solche Anträge ist der Gerichtsvollzieher selbst. Nur die Versteigerung durch eine andere Person als den Gerichtsvollzieher (vgl. Anm. 2 e) ist weiterhin durch das örtlich zuständige Vollstreckungsgericht anzuordnen.

2. Denkbare Anordnungen nach § 825 ZPO sind zB. (vgl. *Baumbach/Lauterbach/Albers/Hartmann* § 825 Rdn. 12 ff.):

a) Verwertung zu anderer Zeit, etwa bei Saisonwaren.
b) Verwertung an anderem Ort, § 816 Abs. 2 ZPO.
c) Freihändiger Verkauf, auch an eine bestimmte Person, ggf. zu festgesetztem Preis.
d) Überweisung an Gläubiger zu bestimmten Preis oder an Schuldner, wenn etwa Dritter für ihn zahlt.
e) Versteigerung durch andere Person, zB. Auktionator, § 825 Abs. 2 ZPO.
f) Stundung des Steigerungspreises, entgegen § 817 Abs. 2 ZPO.
g) ggf. auch Versteigerung im Internet, dazu *Schnabl* NJW 2005, 941.

3. Versteigerungserlöse liegen meist unter dem Erlös freihändiger Verwertung. Letztere ist daher im Interesse von Gläubiger **und** Schuldner. Beide können den Antrag nach § 825 ZPO stellen.

Kosten und Gebühren

a) Gericht: keine Gebühr. Der Gerichtsvollzieher erhält auch für die „andere“ Verwertung die Verwertungsgebühr von 40 EUR gem. KV 300 GvKostG (ggf. erhöht um den Zeitzuschlag gem. KV 500, bei **Mitwirkung** an der Versteigerung durch einen Dritten die Gebühr nach KV 310 von 12,50 EUR.

b) Anwalt: besondere 0,3 Gebühr nach § 18 Abs. 1 Nr. 8 RVG.

c) Kostentragung: § 788 Abs. 1 ZPO.

Fristen und Rechtsmittel

Für Gläubiger und Schuldner gegen die Entscheidung des Gerichtsvollzieher die Erinnerung gem. § 766 ZPO (Form. III. A. 14); bei Entscheidung des Gerichtes (vgl. Anm. 1) sofortige Beschwerde nach § 11 Abs. 1 RPflG, § 793 ZPO binnen 2 Wochen, bzw. die Erinnerung nach § 766 ZPO (Form. III. A. 15), wenn ohne Anhörung der anderen Partei entschieden wird (*Baumbach/Lauterbach/Albers/Hartmann* § 825 ZPO Rdn. 27–29).

Zwangsvollstreckung in Geldforderungen

6. Pfändungs- und Überweisungsantrag (§§ 829, 835 ZPO)

An das
Amtsgericht
Vollstreckungsgericht[1]

Antrag auf Erlass eines Pfändungs- und Überweisungsbeschlusses[2]
in der Vollstreckungssache
X ./. Y

Nach dem Urteil des LG …… vom …… Az. ……, dessen vollstreckbare zugestellte Ausfertigung[3] nebst Kostenfestsetzungsbeschluss ich beifüge, kann der Gläubiger vom Schuldner beanspruchen:

1. Hauptforderung …… EUR
2. …… …… EUR[4]

Namens und in Vollmacht des Gläubigers beantrage ich zu beschließen:

Wegen dieser Ansprüche sowie wegen der Kosten für diesen Beschluss und seiner Zustellung[5] wird die angebliche Kaufpreisforderung[6] des Schuldners gegen
die Firma Z, A-Straße in B[7] – Drittschuldner
aus Kaufvertrag über einen gebrauchten Pkw
Marke …… vom ……[8]
einschließlich etwaiger zukünftiger Ansprüche aus diesem Rechtsverhältnis gepfändet und dem Gläubiger in Höhe des Pfandbetrages zur Einziehung überwiesen[9].

Dem Drittschuldner wird verboten, an den Schuldner zu leisten, soweit gepfändet ist.

Dem Schuldner wird verboten, über die Forderung zu verfügen, insbesondere sie einzuziehen[10], soweit gepfändet ist.

Ich bitte,
die Zustellung zu vermitteln, an den Drittschuldner durch Gerichtsvollzieher persönlich mit der Aufforderung nach § 840 ZPO[11, 12].

Rechtsanwalt

Schrifttum: Stöber, Forderungspfändung, 14. Aufl. 2005.

Anmerkungen

1. Abweichend von § 764 Abs. 2 ZPO das Wohnsitzgericht des Schuldners, § 828 Abs. 2 ZPO, und ggf. der Vermögensgerichtsstand nach § 23 ZPO, also der Sitz des Drittschuldners, wenn der Schuldner im Inland keinen Wohnsitz hat. Verweisung auf Antrag ist möglich; sie bindet das Zweitgericht nicht, § 828 Abs. 3 ZPO (dazu OLG Zweibrücken NJW-RR 2000, 929).

2. Der Pfändungsbeschluss schafft Pfandverstrickung der Forderung und Pfandrecht des Gläubigers daran (*Baumbach/Lauterbach/Albers/Hartmann* § 829 Rdn. 54). Erst der Überweisungsbeschluss ermöglicht die Verwertung, idR. durch Einziehung. Deshalb werden beide Beschlüsse verbunden. Anders nur in Sonderfällen, zB. beim Arrest oder der Sicherungsvollstreckung gem. § 720a ZPO (nur Pfändung) oder bei indossablen Wertpapieren (nur Überweisung).

Auch wenn der Schuldner bereits die eidesstattliche Versicherung abgegeben hat, kann das Vollstreckungsgericht den beantragten Pfändungs- und Überweisungsbeschluss nicht im Hinblick auf das bekannte Vermögensverzeichnis mangels Rechtsschutzbedürfnis zurückweisen (BGH NJW-RR 2003, 1650).

3. Zur Forderungspfändung müssen alle Voraussetzungen nach § 750 Abs. 1 ZPO vorliegen, **auch die Zustellung** und ggf. die Vorraussetzungen nach §§ 751, 756 ZPO. Bei Antragsmängeln Zwischenverfügung des Gerichts, § 139 ZPO (*Stöber* Rdn. 479). Das kann zu Rangverlust gegenüber zwischenzeitlichen fehlerfreien Anträgen Dritter führen.

4. Forderungsaufstellung und Glaubhaftmachung wie Form. III. B. 1, dort Anm. 3; vgl. auch *Stöber* Rdn. 834 zu den Kosten früherer Vollstreckungsmaßnahmen. Pfändung erfolgt „wegen dieser (hier berechneten) Ansprüche". Wird zB. nach Teilzahlungen nur noch wegen eines Teils oder Restes der Hauptforderung gepfändet, kann – entgegen der Praxis mancher Amtsgerichte – eine Abrechnung über die erfolgten Zahlungen vom Gläubiger nicht gefordert werden, vgl. oben Form. III. B. 1 Anm. 3 mwN.

5. Die außergerichtlichen (Anwalts-)Kosten (VV 3309) sollten am Schluss des Antrages berechnet werden. Gerichts- und Zustellungskosten werden von Amts wegen angesetzt (*Stöber* Rdn. 837).

6. Im Pfändungsverfahren, das ohne Anhörung von Schuldner (§ 834 ZPO, anders bei Pfändung von Sozialleistungen, vgl. unten Form. III. B. 10) und Drittschuldner erfolgt, ist nicht zu prüfen, ob und in welcher Höhe die Forderung gegen den Dritten besteht. Das müssen Gläubiger und Drittschuldner ggf. durch Erkenntnisverfahren, § 841 ZPO, klären (*Stöber* Rdn. 487). Das Vollstreckungsgericht prüft nur, ob die Forderung nach dem Sachvortrag des Gläubigers dem Schuldner gegen den Drittschuldner zustehen kann und ob diese nicht unpfändbar ist (BGH NJW 2004, 2096). Nur wenn offenkundig die Forderung nicht besteht oder zB. der Höhe nach nicht pfändbar ist, fehlt für den Antrag das Rechtsschutzbedürfnis (BGH NJW-RR 2008, 733; *Baumbach/Lauterbach/Albers/Hartmann* § 829 Rdn. 21, *Stöber* Rdn. 488 mwN.).

Die Forderung muss im Zeitpunkt der Pfändung im Vermögen gerade des Vollstreckungsschuldners stehen, sonst ist die Pfändung nichtig (BGH NJW 2002, 755, BAG NJW 1993, 2699). Die Pfändung wird auch nicht dadurch wirksam, dass der Schuldner die Forderung später erwirbt (*Zöller* § 829 Rdn. 4).

Zukünftige Forderungen können gepfändet werden, wenn bereits eine rechtliche Grundlage vorhanden ist, die die Bestimmung der Forderung entsprechend ihrer Art und nach der Person des Drittschuldners ermöglicht (*Stöber* Rdn. 27 mwN.).

7. Der Drittschuldner soll so bezeichnet sein wie eine Prozesspartei. Da Gläubiger meist nur ungenaue Kenntnis über ihn hat, genügt aber eine Bezeichnung, die bei Auslegung die Person des Drittschuldners ausreichend individualisiert (Beispiele *Stöber* Rdn. 517ff.; auch BGH NJW 1967, 822).

8. Die Forderung muss nach Rechtsgrund und Gegenstand so genau bezeichnet sein, dass ihre Identität unzweifelhaft festgestellt werden kann. Es muss auch für Dritte erkennbar sein, welche Forderung des Schuldners gegen den Drittschuldner Gegenstand der Pfändung sein soll (BGH NJW 2007, 3132; zur Vorpfändung BGH NJW 2001, 2976). Hat Schuldner mehrere Forderungen gegen Drittschuldner, muss die Konkretisierung weitergehen („alle Forderungen aus Werkverträgen mit dem Inhalt Bohrarbeiten" genügt bspw., BGH NJW 1983, 886; *Stöber* Rdn. 512ff. mwN.).

Sonst ist die Pfändung unwirksam, was jeder Beteiligte, auch ein nachrangiger Gläubiger, durch Erinnerung geltend machen kann (MüKo-ZPO/*Smid*§ 829 Rdn. 71).

Die Pfändung erfasst ohne weiteres auch Nebenrechte im Sinne von § 401 BGB, etwa Kündigungsrechte und Auskunfts- und Rechnungslegungsansprüche (BGH NJW-RR 2003, 1555; *Stöber* Rdn. 693; *Baumbach/Lauterbach/Albers/Hartmann* § 835 Rdn. 13, 14). Zur Klarstellung ist aber ihre Erwähnung empfehlenswert.

Formulierungsbeispiele für die Anspruchsbezeichnung von 81 verschiedenen Anspruchsarten bei *Stöber* Rdn. 32ff. (vgl. auch „Vollstreckungsschlüssel" bei *Baumbach/Lauterbach/Albers/Hartmann* Grundz. 59 vor § 704; Hinweise zu weiteren Forderungsarten bei *Baumbach/Lauterbach/Albers/Hartmann* § 829 Rdn. 7 bis 14 und *Zöller/Stöber* § 829 Rdn. 33).

9. Die Überweisung zur Einziehung, § 835 Abs. 1 1. Alt. ZPO, ist die Regel. Überweisung an Zahlungs Statt, §§ 835 Abs. 1 2. Alt. ZPO, § 364 Abs. 1 BGB ist bei langfristigen, dinglich gesicherten Forderungen praktikabel.

Bei vorläufigen Vereinbarungen mit Schuldner und Drittschuldner sollte man nur auf die Rechte aus der Überweisung verzichten, aber wegen des Pfändungsranges nicht auf die aus der Pfändung.

10. Formulierung ergibt sich aus § 829 Abs. 1 ZPO.

11. Die Zustellung an den Schuldner erfolgt grundsätzlich sofort und ohne weiteren Antrag durch den Gerichtsvollzieher im Parteibetrieb, § 829 Abs. 2 S. 2, §§ 191ff. ZPO (*Baumbach/Lauterbach/Albers/Hartmann* § 829 Rdn. 50).

Die Zustellung an den Drittschuldner erfolgt in der Regel durch Vermittlung der Geschäftsstelle, die wegen § 192 Abs. 3 ZPO ausdrücklich beantragt werden sollte. Nur in Sonderfällen wird der Gläubiger Zustellung selbst veranlassen. Die Zustellung an Drittschuldner soll aber nicht durch Aufgabe zur Post, § 194 ZPO, sondern durch Gerichtsvollzieher persönlich mit Aufforderung nach § 840 Abs. 2 ZPO erfolgen, damit Drittschuldnererklärung nach § 840 Abs. 3 ZPO an Gerichtsvollzieher erfolgen kann. Sonst kann Schadensersatzpflicht nach § 840 Abs. 2 S. 2 ZPO entfallen (hM., LG Tübingen MDR 1974, 677; *Stöber* Rdn. 633 mwN.; mE. falsch, da der Drittschuldner nach § 840 ZPO „dem Gläubiger zu erklären" hat, was Erklärungsmöglichkeit an Gerichtsvollzieher nicht voraussetzt; ebenso LG Schweinfurt DGVZ 1956, 71).

Die Pfändung wird wirksam mit Zustellung an Drittschuldner, § 829 Abs. 3 ZPO, so dass diese vordringlich ist. Str. ist, ob Ersatzzustellung an den Schuldner für den Drittschuldner wirksam ist (dafür RGZ 87, 414; auch *Zöller/Stöber* § 829 Rdn. 14; *Noack* DGVZ 1981, 33; dagegen BAG NJW 1981, 1399; *Baumbach/Lauterbach/Albers/Hartmann* § 829 ZPO Rdn. 46 und *Hamme* NJW 1994, 1035), vgl. auch § 178 Abs. 2 ZPO. Deshalb sollte vorsorglich eine an den Schuldner erfolgte Ersatzzustellung anders wiederholt werden.

Nach zutreffender hM. kann der Drittschuldner vom Gläubiger keine Erstattung von Kosten für die Erfüllung seiner gesetzlichen Auskunftspflicht, etwa Anwaltskosten, erstattet verlangen (BGH NJW 2000, 651; BAG NJW 1985, 1181; auch *Stöber,* Rdn. 647), erst recht nicht für die weitere Abwicklung der gepfändeten Forderung (BGH NJW 1985, 1155).

12. Auslandsfälle

a) Sitzt oder befindet sich der Schuldner im Ausland, ist das unschädlich. Denn die Pfändung ist wirksam mit Zustellung des Beschlusses an den Drittschuldner, § 829 Abs. 3 ZPO.

b) Sitzt der Drittschuldner im Ausland, so scheitert eine deutsche Pfändung regelmäßig an der fehlenden Rechtshilfe ausländischer Staaten dafür, außer bei den EU-Staaten gem. Verordnung (EG) Nr. 1393/2007 vom 13. 11. 2007 iVm. §§ 1068, 1069 ZPO).

Kosten und Gebühren

a) Gericht: Festgebühr von 15,– EUR nach KV 2110.

b) Anwalt: 0,3 Gebühr nach VV 3309. Bei der Pfändung mehrerer Forderungen kommt es für die mehrfache Entstehung der Gebühr dem Grunde nach darauf an, ob die Pfändung in einem oder in mehreren Anträgen erfolgt (*Gerold/Schmidt* VV 3309 Rdn. 263–266) Gegenstandswert ist der Betrag der zu vollstreckenden Geldforderung, § 25 Abs. 1 Nr. 1 RVG.

c) Gerichtsvollzieher: Zustellungsgebühr von 7,50 EUR bei persönlicher Zustellung gemäß KV 100 GvKostG.

Fristen und Rechtsmittel

Für Gläubiger bei Ablehnung der Pfändung sofortige Beschwerde, § 11 Abs. 1 RPflG, § 793 ZPO. Für Schuldner bei Pfändung Erinnerung nach § 766 ZPO, ebenso für sonstige Beteiligte, da sie nicht gehört werden, § 834 ZPO (OLG Köln NJW-RR 2001, 69; näher *Baumbach/Lauterbach/Albers/Hartmann* § 829 Rdn. 84–87).

7. Vorpfändung (§ 845 ZPO)

Vorläufiges Zahlungsverbot nach § 845 ZPO

Nach dem vollstreckbaren Versäumnisurteil[1] des LG ..... vom ..... AZ ..... kann der Gläubiger,

Firma X (volle Parteibezeichnung),

Bevollmächtigter: RA. Y

von dem Schuldner

Z (volle Parteibezeichnung),

die Zahlung folgender Beträge verlangen:

1. Hauptforderung ..... EUR
2. .... EUR[2]

Wegen dieses Anspruches steht die Pfändung der angeblichen Forderung des Schuldners gegen

die Firma (volle Drittschuldnerbezeichnung)

Drittschuldnerin

aus .....[3]
bevor.

Davon benachrichtige ich für den Gläubiger hiermit Drittschuldner und Schuldner.
Den Drittschuldner fordere ich auf, nicht an den Schuldner zu zahlen.

Den Schuldner fordere ich auf, sich jeder Verfügung über die Forderung, insbesondere ihrer Einziehung, zu enthalten.
Ich weise darauf hin, dass diese Benachrichtigung von ihrer Zustellung an die Arrestpfändung der Forderung bewirkt, §§ 845, 930 ZPO[4] und entgegenstehende Verfügungen unwirksam sind.

RA/Gerichtsvollzieher[5]

An die
Gerichtsvollzieher-Verteilungsstelle
des Amtsgerichts
Herrn Gerichtsvollzieher ......
zur Zustellung an[6]

1. Drittschuldner
2. Schuldner

Anmerkungen

1. Die Vorpfändung verhindert Verschlechterung der Vollstreckungsmöglichkeiten während der Bearbeitung des Pfändungsantrages (Form. III. B. 6) beim Gericht. Sie kann vor Klauselerteilung und vor Zustellung erfolgen, § 845 Abs. 1 S. 3 ZPO, auch vor Erteilung einer Ausfertigung des Titels (LG Frankfurt RPfleger 1983, 32 mwN.) und nach hM. auch vor Ablauf der Frist nach § 750 Abs. 3 ZPO (*Zöller/Stöber* § 845 Rdn. 2). Sie ist auch bei Sicherungsvollstreckung nach § 720a ZPO zulässig (BGH NJW 1985, 863).

2. Forderungsaufstellung wie in Form. III. B. 1.

3. Bezeichnung von Drittschuldner und Forderung wie beim Pfändungsantrag selbst (BGH NJW 2001, 2976), Form. III. B. 6 Anm. 7 und 8.

4. Diese Erläuterung ist für die Wirksamkeit der Vorpfändung unerheblich. Sie ist verständlicher als die Gesetzesformulierung „hat die Wirkung eines Arrestes". Es ist str., aber im Ergebnis gleich, ob die Vorpfändung ein bis zur Pfändung auflösend bedingtes Pfandrecht (*Stöber* Rdn. 802ff.; *Baumbach/Lauterbach/Albers/Hartmann* § 845 Rdn. 14) oder ein aufschiebend bedingtes Pfandrecht mit Vorwirkungen schafft. Jedenfalls wird sie rückwirkend wirkungslos, wenn nicht die Pfändung – durch Zustellung des Pfändungsbeschlusses an den Drittschuldner – binnen eines Monats bewirkt wird, § 845 Abs. 2 ZPO. Mehrfache Vorpfändung ist zulässig (*Stöber* Rdn. 808). Zahlt der Drittschuldner trotz Zahlungsverbotes an Schuldner, so bleibt er bei fristgerecht nachfolgender Pfändung dem Gläubiger zur Zahlung verpflichtet. Andererseits ist der Drittschuldner, solange nur eine Vorpfändung vorliegt, noch nicht berechtigt, schuldbefreiend an den Gläubiger zu zahlen(LG Hildesheim NJW 1988, 1916). Er kann hinterlegen.

Die Monatsfrist muss beim Gläubigeranwalt notiert und überwacht werden.

5. Die Vorpfändung kann bei ausdrücklichem Auftrag auch vom Gerichtsvollzieher ausgebracht werden, § 845 Abs. 1 S. 2 ZPO, vgl. Form. III. B. 1 Anm. 6.

6. Die Benachrichtigung muss an Drittschuldner (Wirksamkeitserfordernis) und Schuldner zugestellt werden. Man kann ins Formular die Bitte zur Abgabe der Erklärung nach § 840 ZPO aufnehmen. Allerdings besteht die Verpflichtung dazu erst ab Pfändung, nicht ab Vorpfändung (BGH NJW 1977, 1199; *Stöber* Rdn. 810).

Kosten und Gebühren

a) Anwalt: Keine besondere Gebühr neben der 0,3 Gebühr gem. VV 3309, für den Pfändungsantrag selbst, § 18 Abs. 1 Nr. 1 RVG.

b) Gerichtsvollzieher: 7,50 EUR Zustellungskosten wie beim Pfändungsbeschluss, vgl. Form. III. B. 6. Für die selbstständige Ausbringung der Vorpfändung gemäß § 845 Abs. 1 S. 2 ZPO eine Festgebühr von 12,50 EUR nach KV 200 GvKostG.

Fristen und Rechtsmittel

Da die Vorpfändung ein bedingtes Pfandrecht schafft, ist sie mit einfacher nicht fristgebundener Erinnerung nach § 766 ZPO angreifbar (vgl. oben Form. III. A. 15, *Baumbach/Lauterbach/Albers/Hartmann* § 845 Rdn. 20).

Da die Wirkung auf einen Monat beschränkt ist, kommt das Rechtsmittel praktisch kaum vor, der Streit wird dann um die Hauptpfändung selbst ausgetragen.

8. Überweisungsantrag bei verbrieften Forderungen (§§ 831, 835 ZPO)

An das
Amtsgericht
Vollstreckungsgericht[1]

Überweisungsantrag[2]

In der Sache

X ./. Y

überreiche ich namens und im Auftrage des Gläubigers den Vollstreckungsbescheid des AG ...... vom ...... Az. ...... sowie Ausfertigung des Pfandprotokolls des Gerichtsvollzieher ...... DR-Nr. ...... vom ...... und beantrage zu beschließen:

> **Die Rechte aus dem vom Gerichtsvollzieher ...... gemäß dem Pfandprotokoll gepfändeten Blankowechsel, ausgestellt von B, von C als Bezogener angenommen, zahlbar am ...... in ......, werden hiermit einschließlich des Rechtes zur Ausfüllung des Wechsels in Höhe von ...... EUR[3] zur Höhe von ...... EUR zuzüglich ......% Zinsen hieraus seit ...... und ...... EUR Kosten dem Gläubiger zur Einziehung überwiesen.**

Begründung:

......[4].

Rechtsanwalt[5]

Anmerkungen

1. Zur Zuständigkeit vgl. § 828 Abs. 2 ZPO.

2. Wertpapiere im engeren Sinne, bei denen das Recht aus dem Papier dem Recht am Papier folgt, werden einschließlich der verkörperten Forderung ohne Pfändungsbeschluss wie bewegliche Sachen gepfändet, § 808 Abs. 2 ZPO und § 831 ZPO. Soweit sie ohne Indossament durch Einigung und Übergabe übertragen werden oder sonstige Rechte verkörpern (zB. Aktie), erfolgt ihre Verwertung nach §§ 821 bis 823 ZPO (vgl. Aufzählung bei *Baumbach/Lauterbach/Albers/Hartmann* § 821 Rdn. 4 bis 7). Bei den indossablen Forderungspapieren ergibt sich aus §§ 831, 835 ZPO, dass sie durch Überweisung

zu verwerten sind (*Stöber* Rdn. 2085 ff.), also einen Überweisungsbeschluss erfordern. Dies gilt für

- Wechsel,
- kaufmännische Orderpapiere nach § 363 HGB (auch Warenforderungen),
- Schecks nach Art. 14 Abs. 1 ScheckG auf bestimmte Person mit Orderklausel (Verrechnungsschecks, die begeben sind, werden dagegen vom Gerichtsvollzieher über sein Dienstkonto eingezogen und der Erlös an den Gläubiger ausgekehrt, LG Göttingen NJW 1983, 635).

3. Auch der Blankowechsel ist nach § 831 ZPO verwertbar. Das Ausfüllungsrecht ist mitgepfändet (*Schmalz* NJW 1964, 143 mwN.) und wird zur Einziehung bzw. Ausübung überwiesen (*Stöber* Rdn. 2090 ff.).

4. In der Antragsbegründung ist darzulegen – zB. nach Angaben des Schuldners gemäß § 836 Abs. 3 ZPO – in welcher Höhe der Wechsel auszufüllen ist.

5. Der Beschluss ist zuzustellen wie ein Pfändungsbeschluss, § 835 Abs. 3 ZPO.

Kosten und Gebühren

a) Gericht: Festgebühr von 15,– EUR nach KV 2210.

b) Anwalt: keine besondere Gebühr neben der durch Pfändung nach § 831 ZPO entstandenen 0,3 Gebühr, VV 3309.

c) Gerichtsvollzieher: für die Pfändung nach § 831 ZPO Pfändungsgebühren, vgl. III. B. 1.

Für Zustellung des Überweisungsbeschlusses Zustellungsgebühren wie beim Pfändungsbeschluss, vgl. Form. III. B. 6.

Fristen und Rechtsmittel

Wie Form. III. B. 6.

9. Pfändungsantrag bei Hypotheken und Grundschulden[1] (§ 830 ZPO)

a) Hypothekarisch gesicherte Forderung[2]

……[2a]

wird die angebliche Forderung des Schuldners gegen

den A – als persönlicher Drittschuldner –

auf den Grundstückskaufpreis gemäß Kaufvertrag vom ……

zusammen mit der angeblich für diese Forderung im Grundbuch von …… Bd. …… Bl. …… in Abt. III Nr. …… auf dem Grundstück H-Straße Nr. …… in K-Stadt

des B – als dinglichem Drittschuldner –[3]

eingetragenen Briefhypothek[4]

in Höhe von …… EUR[5] nebst ……% Zinsen seit dem …… gepfändet und dem Gläubiger in Höhe des Pfandbetrages zur Einziehung überwiesen.

(Nur bei Briefhypothek: Die Pfändung erfolgt auch wegen der noch nachzuweisenden Kosten in Höhe von ca. …… EUR für Briefwegnahme[6].

Es wird angeordnet, dass der Schuldner den Hypothekenbrief an den Gläubiger, ggf. im Wege der Zwangsvollstreckung, herauszugeben hat[7].)

......[8]

b) Durch Grundschuld gesicherte Forderung

Wie oben a), nur „Grundschuld" anstelle von „Hypothek"[9].

c) Eintragungsantrag an das Grundbuchamt (nur bei Buch-Hypothek)

An das
Amtsgericht
Grundbuchamt

Antrag nach § 830 Abs. 1 ZPO

Im Grundbuch von ...... Bd. ...... Bl. ...... ist in Abt. III Nr. ...... auf dem Grundstück H-Straße Nr. ...... in K für den Y eine Buch-Hypothek für eine Kaufpreisforderung von ...... EUR nebst ......% Zinsen eingetragen. Diese Hypothekenforderung ist gemäß beigefügtem Pfändungs- und Überweisungsbeschluss des AG ...... vom ...... Az. ...... für den Gläubiger X gepfändet[10], und zwar auch für Zustellungskosten von ...... EUR.

Ich beantrage namens und in Vollmacht des Gläubigers,
diese Pfändung in das Grundbuch einzutragen[11].

Die Gerichtskosten für die Eintragung in Höhe von ...... EUR zahle ich zugleich ein[12].

Rechtsanwalt

Schrifttum: Böttcher, Zwangsvollstreckung im Grundbuch, 2. Aufl. 2002.

Anmerkungen

1. Die Vorschriften für die Pfändung einer hypothekarisch gesicherten Forderung gelten nach § 857 Abs. 6 ZPO entsprechend für Grundschuld, Rentenschuld und Reallast. Sie gelten auch für die Pfändung einer Eigentümergrundschuld, die ein vom Grundstückseigentum verschiedenes Vermögensrecht des Schuldners ist (näher *Stöber* Rdn. 1913 ff.).

Sie gelten nach § 830 Abs. 3 ZPO nicht für

a) die rückständigen Nebenleistungen, § 1159 BGB. Sie werden nach § 829 ZPO gepfändet.
b) die Sicherungshypothek für Inhaberpapiere, § 1187 BGB. Für sie gelten §§ 831, 821 ZPO vgl. oben Form. III. B. 8.
c) für die Höchstbetragshypothek, § 1190 BGB, vgl. § 837 Abs. 3 ZPO. Für sie gilt § 829 ZPO.

2. Forderung und Hypothek sind rechtlich untrennbar verbunden, haben also stets denselben Gläubiger. Da die Hypothek Nebenrecht ist, § 401 BGB, erfasst die Forderungspfändung das Hypothekenrecht an sich mit. Wegen der Publizitätsanforderungen im Grundbuchrecht verlangt § 830 ZPO aber neben dem Pfändungsbeschluss einen grundpfandrechtlichen Publizitätsakt, Sicherstellung des Briefes bei Briefhypothek oder Grundbucheintragung der Pfändung bei Buchhypothek. Erst dadurch wird die Pfändung bewirkt!

2 a. Rubrum, Forderungsberechnung und Einleitung des Antrags wie Form. III. B. 6.

3. (Dritt-)Schuldner der Forderung und (Dritt-)Schuldner der Hypothek können verschiedene Personen sein. Da die Zustellung an den Drittschuldner hier kein Wirksamkeitserfordernis ist, schadet ungenaue Bezeichnung nicht, wie auch ungenaue Bezeichnung der Hypothek die Pfändung wegen der zwangsläufigen Verbindung nicht unwirksam macht (*Baumbach/Lauterbach/Albers/Hartmann* § 830 ZPO Rdn. 3; *Stöber* Rdn. 1805). Sie muss aber beim Eintragungsantrag ohnehin genau bezeichnet werden.

4. Alternativ: Buchhypothek.

5. Vollstreckungsforderung mit Nebenforderungen.

6. Alternativ bei Buchhypothek: Grundbucheintragung.

7. Den Brief kann Gläubiger durch Hilfspfändung wegnehmen lassen. §§ 830 Abs. 1, 836 Abs. 3, 883 ZPO. Dies ergibt sich aus dem Gesetz, Aufnahme in den Beschluss ist aber zur Klarstellung gegenüber dem Schuldner empfehlenswert, da der Beschluss Herausgabetitel gegen ihn ist (BGH NJW 1979, 2045; näher *Stöber* Rdn. 1813). Besitzen Dritte den Brief, vgl. Form. III. B. 1 Anm. 13. Neben Wegnahme oder Eintragung ist Zustellung des Beschlusses an die Drittschuldner anzuraten, um die relative Wirkung nach § 830 Abs. 2 ZPO zu erreichen. Dafür sind ggf. 2 Ausfertigungen des Beschlusses zu beantragen.

8. Weitere Formulargestaltung wie Form. III. B. 6; insb. Zustellung wegen der Pfändung rückständiger Zinsen und anderer Nebenleistungen und Kosten, (vgl. *Stöber* Rdn. 1810).

9. Bei Hypothek ist die Pfändung der Forderung ohne die Hypothek unwirksam (*Stöber* Rdn. 1796 u. 1797). Grundschuld und Forderung sind dagegen rechtlich selbstständig und können einzeln gepfändet werden, die Forderung nach § 829 ZPO, die Grundschuld nach §§ 857 Abs. 6, 830 ZPO. Wegen der sonst entstehenden Einwendungen ist stets die Pfändung beider Rechte ratsam (vgl. *Stöber* Rdn. 1880 ff.).

10. Der Beschluss ist die „zu der Eintragung erforderliche" öffentliche Urkunde iSv. § 29 GBO. Er muss weder mit einer Vollstreckungsklausel versehen noch zugestellt sein. Der Eintragungsantrag bedarf daher nicht der notariellen Beurkundung oder Beglaubigung, ebenso wenig die Vollmacht, § 30 GBO. Ist der Gläubigervertreter bereits im Pfändungsbeschluss als solcher bezeichnet, braucht er dem Grundbuchamt keine gesonderte Vollmacht einzureichen (vgl. *Stöber* Rdn. 1836).

11. Die Verwertung erfolgt auch hier durch Überweisung, vgl. § 837 Abs. 1 ZPO. Wirtschaftlich wird sich meist der Antrag auf andere Verwertung empfehlen, § 844 ZPO (vgl. unten Form. III. B. 15).

12. Zur Berechnung vgl. unten „Kosten und Gebühren". Für die Kosten haftet das Grundstück entsprechend § 867 Abs. 1 S. 3 ZPO; vgl. dazu unten Form. III. B. 32 Anm. 7.

Kosten und Gebühren

a) Gericht: Für Pfändungsbeschluss 15 EUR, wie Form. III. B. 6. Für die Grundbucheintragung nach c) des Formulars, eine halbe Gebühr nach der Tabelle zu § 32 KostO, § 64 Abs. 1 KostO.

b) Anwalt: für die gesamte Vollstreckungsmaßnahme, also Pfändungsantrag einschließlich Auftrag an Gerichtsvollzieher zur Briefwegnahme (Briefhypothek) oder Eintragungsantrag (Buchhypothek), erhält der Anwalt nur eine 0,3 Gebühr, VV 3309, § 18 Abs. 1 Nr. 1 RVG.

c) Gerichtsvollzieher: für Briefwegnahme entsteht die Wegnahmegebühr von 20 EUR gem. KV 221 GvKostG.

Fristen und Rechtsmittel

Bezüglich des Pfändungsantrages vgl. Form. III. B. 6.
Bezüglich des Grundbuchantrages die idR. unbefristete Beschwerde nach § 71 GBO.

10. Pfändungsantrag bei Sozialleistungen (§ 54 SGB I)

a) Bei Sozialleistungsansprüchen auf einmalige Geldleistungen, § 54 Abs. 2 SGB I: wie Form. III. B. 6[1], jedoch ergänzt um eine Begründung für die Billigkeit der Pfändung[2]

b) Bei Sozialleistungsansprüchen auf laufende Geldleistungen, § 54 Abs. 4 SGB I[3] (wie Form. III. B. 17)[4, 5]

Anmerkungen

1. § 54 SGB I erlaubt die Pfändung von dem Schuldner zustehenden Ansprüchen auf Sozialleistungen mit Einschränkungen. Verfahren und Zuständigkeiten bestimmen sich nach §§ 828ff. ZPO. Die Bezeichnung der Forderungen ergibt sich für die wichtigsten Sozialleistungen aus §§ 18–29 SGB I. Dort sind zugleich die zuständigen Leistungsträger genannt, die als Drittschuldner zu benennen sind. Die örtlichen und sachlichen Zuständigkeiten dabei, etwa nach Landesrecht, müssen im Einzelnen genau aufgeklärt werden. Denn die Pfändung etwa gegen eine örtlich nicht zuständige Agentur für Arbeit ist wirkungslos (vgl. *Stöber* Rdn. 1353).

Die Pfändung erst künftig fällig werdender Leistungen (zB. künftiger Alters- oder Erwerbsunfähigkeitsrenten) ist grundsätzlich zulässig, sofern die Ansprüche in einem bereits bestehenden Sozialversicherungsverhältnis wurzeln (BGH NJW 2003, 3774 zur Erwerbsunfähigkeitsrente und BGH NJW 2003, 1457 zu Rentenansprüchen; weitere Nachweise bei *Stöber* Rdn. 1369 und *Zöller/Stöber* § 850i ZPO Rdn. 27). Bei noch sehr jungen Schuldnern mag das Rechtsschutzbedürfnis für eine solche Pfändung zweifelhaft sein, (LG Heilbronn RPfleger 1999, 455, Schuldner 24 Jahre alt; ausdrücklich offen gelassen in BGH NJW 2003, 1457).

2. § 54 Abs. 2 SGB I fordert bei Pfändung einmaliger Geldleistungen zusätzlich eine allgemeine Billigkeitsprüfung, die das Vollstreckungsgericht vorzunehmen hat. Wesentliches Kriterium muss dabei die Zweckbestimmung der Leistung sein (vgl. *Stöber* Rdn. 1341). Fällt der zu vollstreckende Anspruch in den Rahmen der Zweckbestimmung (zB. Pflegeleistungen bei Pflegegeld), oder ist die Leistung allgemein einkommensersetzend, ist von der Billigkeit der Pfändung auszugehen. Zu den einzelnen Billigkeitskriterien von Abs. 2 vgl. *Stöber* Rdn. 1338ff. und KassKomm/*Seewald* § 54 SGB I Rdn. 25–33.

3. Ansprüche auf laufende Geldleistungen sind generell pfändbar wie Arbeitslohn. Zu beachten sind noch die Einschränkungen gem. § 54 Abs. 3 und 5 SGB I. Vgl. im Einzelnen *Stöber* Rdn. 1361ff. und KassKomm/*Seewald* § 54 SGB I Rdn. 34ff. Es gelten die Pfändungsfreigrenzen des § 850c ZPO. Ein Abschlag für Minderbedarf erfolgt nicht (BGH NJW-RR 2004, 1439).

4. Pfändbare laufende Sozialleistungen sind vor allem:
- Arbeitslosengeld I (§§ 117ff. SGB III)
- Arbeitslosengeld II (§§ 19ff. SGB II)
- Krankengeld (§§ 44ff. SGB V)
- Unfallrente und Unfallhinterbliebenenrente (§§ 56ff. SGB VII)
- Altersrente und Witwenrente (§§ 35ff. SGB VI)
- Ausgleichsrenten (§§ 30–35 BVG)
- Ansprüche auf Versorgungsleistungen gegen berufsständische Versorgungswerke, auch wenn die Satzung ein Abtretungsverbot enthält (BGH NJW 2004, 3770)
- Wohngeld nach dem WohngeldG (LG Hamburg, JurBüro 1997, 439).

Für die Pfändung von Kindergeld gelten Besonderheiten, jetzt geregelt in § 54 Abs. 5 SGB I.

Unpfändbar sind Sozialhilfeansprüche, § 17 Abs. 1 SGB XII.

Str. ist die Pfändbarkeit von Mehraufwandsentschädigungen gem. § 16 Abs. 3 S. 2 SGB II für sog. Ein-Euro-Jobber (Pfändbarkeit wegen § 850a Nr. 3 ZPO verneinend LG Dresden NJW-RR 2009, 359 auch mit Hinweisen zur Gegenmeinung).

5. Zulässig ist auch die Vorpfändung, § 845 ZPO, Form. III. B. 7 (*Stöber* Rdn. 1414ff.).

Die unpfändbaren Leistungsteile sind auch nach der Auszahlung an den Schuldner als Kontoguthaben und Bargeld gem. § 55 Abs. 1 SGB I für sieben Tage geschützt. Der erweiterte Pfändungsschutz des § 55 Abs. 4 SGB I kann nicht bereits im Pfändungsbeschluss angeordnet werden, sondern ist im Wege der Vollstreckungserinnerung gem. § 766 ZPO geltend zu machen, BGH NJW 2004, 3263. Für zukünftige Zeiträume kann der Schuldner Pfändungsschutz nach § 850k ZPO beantragen, BGH NJW 2007, 604.

Kosten und Gebühren

Wie Form. III. B. 6.

Fristen und Rechtsmittel

Wie Form. III. B. 6.

11. Pfändungsantrag auf Steuererstattungsansprüche (§ 46 AO)

wie Form. III. B. 6, mit folgender Pfändungsformulierung:

a) Einkommenssteuererstattungsanspruch:

„Gepfändet wird die angebliche Forderung des Schuldners gegen
das Finanzamt A in X, Y-Straße[1]
auf Auszahlung des Erstattungsbetrages, der sich bei Abrechnung der Einkommens- und Kirchensteuer einschließlich Solidaritätszuschlag[2] und der auf sie anzurechnenden Leistungen des Schuldners für die Jahre 1999 bis 2009[3] ergibt."

b) Lohnsteuererstattungsanspruch gegen Arbeitgeber:

„Gepfändet wird die angebliche Forderung des Schuldners gegen
seinen Arbeitgeber, Firma B in H, K-Straße[4]
auf Durchführung des Lohnsteuerjahresausgleichs und auf Auszahlung des Erstattungsbetrages, der sich danach zugunsten des Schuldners für das laufende Jahr und alle folgenden Kalenderjahre ergibt[5]."

Anmerkungen

1. Pfändung ist zulässig nach § 46 Abs. 1 AO. Drittschuldner ist nach § 46 Abs. 7 AO die Finanzbehörde, die über den Erstattungsanspruch zu entscheiden hat. Es muss also das örtlich und sachlich zuständige Finanzamt ermittelt werden. Bei Großstädten mit mehreren Finanzämtern ist eine Pfändung gegen das falsche Finanzamt innerhalb der Stadt unwirksam (*Stöber* Rdn. 368). Notfalls Pfändung gegen mehrere Finanzämter zugleich.

2. Steuerart und Erstattungsgrund müssen bezeichnet werden. Leerformeln wie „Ansprüche auf Steuererstattung jeder Art" sind unbestimmt und daher unwirksam (näher *Stöber* Rdn. 367 mwN.). Im Zweifel sollten alle in Betracht kommenden Steuerarten genannt werden.

Bei gewerblichen Schuldnern kommen, gerade bei schlechter Geschäftslage, Erstattungsansprüche bei Körperschafts- oder Umsatzsteuer in Betracht. Meist stehen aber andere Steuerschulden dagegen, mit denen das Finanzamt aufrechnet.

3. § 46 Abs. 6 AO beschränkt die Pfändbarkeit auf entstandene Ansprüche. Bei Jahressteuern wie Einkommens- und Körperschaftssteuer entsteht die Steuer und damit auch ein etwaiger Rückerstattungsanspruch mit dem Jahresende (zB. § 36 Abs. 1 EStG. Zu anderen Steuern vgl. *Stöber* Rdn. 360ff.), soweit nicht ausnahmsweise während des Jahres die Steuerpflicht endet. Ein vorher gestellter Pfändungsantrag ist also unzulässig. Er wird aber mit Jahresablauf zulässig, soweit er noch nicht zurückgewiesen ist (OLG Düsseldorf NJW 1978, 2603). Gemäß § 46 Abs. 6 AO ist ein vor dem Jahreswechsel erlassener Beschluss nichtig (näher *Stöber* Rdn. 370ff. mwN.). Ob die Pfändung „für 2009 und die früheren Jahre" ausreichend bestimmt ist, kann str. sein. Daher empfiehlt sich die Benennung eines bestimmten langen Zeitraums.

4. Soweit der Arbeitgeber den Lohnsteuerjahresausgleich durchführt, § 42b EStG, ist er Drittschuldner. Für ihn gilt die Pfändungsbeschränkung nach § 46 Abs. 6 AO nicht, so dass der Anspruch auch für die Zukunft pfändbar ist, § 832 ZPO, und zwar, da kein Arbeitseinkommen, in voller Höhe (LAG Hamm BB 1965, 669; *Stöber* Rdn. 380).

Ob die Lohnpfändung durch Auslegung auch diesen Anspruch umfasst, ist str. (dafür LAG Saarland Betr. 1976, 1870). Vorsorglich sollte man diesen Anspruch im Lohnpfändungsantrag gesondert mitpfänden.

5. Bei den Einkünften aus nichtselbständiger Arbeit ist in der Regel zusätzlich ein Antrag des Schuldners auf Veranlagung gem. § 46 Abs. 2 Nr. 8 AO erforderlich. Der Gläubiger kann nach Rechtsprechung des BFH auch nach Pfändung nicht anstelle des Schuldners das Festsetzungsverfahren betreiben, etwa den Antrag auf Veranlagung nach § 46 Abs. 2 Nr. 8 EStG stellen. Der BGH hat sich dieser Auffassung nun nach vorübergehender Divergenz angeschlossen (BGH NJW 2008, 1675). Die Abgabe der Einkommenssteuererklärung und sonstige Verfahrenshandlungen des Schuldners im Steuerfestsetzungsverfahren seien unvertretbare Handlungen iSd. § 888 ZPO. Für die Anordnung der Zwangshaft zur Durchsetzung der erforderlichen Mitwirkungshandlungen des Schuldners fehle die Ermächtigungsgrundlage (BGH aaO.).

Kosten und Gebühren

Wie Form. III. B. 6.

Fristen und Rechtsmittel

Wichtig ist, dass gem. Anm. 3 Bei Jahressteuern erst zu Beginn des Folgejahres gepfändet werden kann, also zum 1. Januar. Im Übrigen wie Form. III. B. 6.

12. Pfändungsantrag auf Kontoguthaben und sonstige Ansprüche gegen Banken pp.

......[1]

werden die angeblichen Ansprüche des Schuldners gegen

die A-Bank, Zweigstelle B (Anschrift)

(bei Postgirokonten: die Postbank AG, vertr. durch die Niederlassung A)

aus Kontoverbindung jeder Art, einschließlich von Festgeldkonten,
insbesondere zur Kontonummer ......[2] gepfändet,

– bei Sparkonten einschließlich des Anspruchs auf Auskehrung aller gegenwärtigen und künftigen Guthaben, auf Rückzahlung der Einlage, Zahlung von Zinsen und auf Kündigung der Guthaben[3].

Zugleich wird angeordnet, dass der Schuldner die über die gepfändeten Konten ausgestellten Sparbücher/Sparurkunden[4] an den Gläubiger herauszugeben hat.[5, 6]

– bei Girokonten einschließlich des Anspruchs – bei Kontokorrent nach Saldoziehung[7] – auf alle gegenwärtigen und zukünftigen Guthaben, ggf. je nach Saldoziehung und einschließlich der sonstigen pfändbaren Ansprüche aus dem Girovertrag, insbesondere des Anspruchs auf Gutschrift künftiger Eingänge, auf fortlaufende Auszahlung des Guthabens[8], auf Durchführung von Überweisungen an Dritte und auf Kündigung des Vertrages.[9, 10, 11]

Gepfändet werden weiter die angeblichen Ansprüche des Schuldners gegen die Bank als Inhaber eines Stahlkammerfaches (Safe),
insbesondere zur Nummer ......, oder anderer Stahlkammerfächer, insbesondere die Ansprüche auf Zutritt zum Fach und auf Mitwirkung der Bank bei dessen Öffnung, einschließlich Öffnung durch die Bank allein, wobei der Gläubiger den Zutritt durch einen Gerichtsvollzieher zum Zwecke der Pfändung des Inhalts nehmen lassen kann.[12]

Gepfändet werden weiter die angeblichen Ansprüche auf Auszahlung oder Gutschrift gewährter Kredite einschließlich eingeräumter Dispositions- und Überziehungskredite, ggf. nach Abruf des Kredites durch den Schuldner.[13]

Gepfändet werden weiter die angeblichen Ansprüche aus Wertpapierdepotvertrag, insbesondere die Ansprüche auf Herausgabe verwahrter Wertpapiere sowie auf Zahlung, Gutschrift und Auskehrung von Wertpapiererträgen.

Gepfändet werden schließlich die angeblichen Ansprüche auf Herausgabe und Freigabe freigewordener und noch freiwerdender Sicherheiten, insbesondere hinterlegter Wertpapiere, Grundschuldbriefe, Goldbarren oder -stücke und sonstiger Kostbarkeiten, ggf. nach Zahlung der Restschuld unter Pfändung des Schuldnerrechtes zum Widerspruch gegen Drittzahlung, § 267 Abs. 2 BGB, einschließlich des Anspruches auf Auszahlung von Übererlösen nach Verwertung von Sicherheiten durch die Bank
speziell auch ......[14]

Die gepfändeten Ansprüche werden in Höhe des Pfandbetrages dem Gläubiger zur Einziehung überwiesen.[15]
...... (im Übrigen wie Form. III. B. 6)

Anmerkungen

1. Rubrum, Forderungsberechnung und Einleitung des Antrags wie Form. III. B. 6. Kontopfändung ist nach der Lohnpfändung die wichtigste Art der Forderungspfändung, insbesondere bei gewerblichen Schuldnern.

Umstritten ist, ob auch eine sog. Dauer- oder Vorratspfändung in Bankguthaben zulässig ist. Hierbei wird nicht nur wegen eines aktuellen Rückstandes sondern auch wegen anderer fortlaufend fällig werdender (zukünftiger) Ansprüche vollstreckt (dafür aus Vereinfachungsgründen AG Norden NJW-RR 2004, 1692 mwN.).

2. Angabe von Kontonummer und kontoführender Zweigstelle ist für Wirksamkeit der Pfändung nicht erforderlich (hM. zB. OLG Köln NJW-RR 1999, 1224; *Stöber* Rdn. 332 mwN.), aber zur Klarheit und Beschleunigung dringend anzuraten. Die Pfändung auf Verdacht gegen eine Vielzahl von Banken soll rechtsmissbräuchlich sein (LG Hannover ZIP 1985, 60 s. Amn. *K. Schmidt* in EWiR 1985, 215). Nach Rechtsprechung des BGH ist die Pfändung bei bis zu drei Banken am Wohnsitz des nicht gewerblich täti-

gen Schuldners noch zulässig (BGH NJW 2004, 2097). § 829 Abs. 1 S. 3 ZPO ermöglicht ausdrücklich die Pfändung gegen mehrere Drittschuldner in einem Beschluss. Auch bei Nennung einer konkreten Kontonummer ist die Pfändung mit dieser Formulierung nicht etwa auf das mit Nummer benannte Konto beschränkt, (BGH NJW 1988, 2543).

3. Diese Nebenrechte sind im Zweifel auch ohne besondere Nennung mitgepfändet (vgl. Form. III. B. 6 Anm. 8). Ein etwaiger Entschädigungsanspruch gem. §§ 3, 4 ESAEG bei Insolvenz des kontoführenden Kreditinstituts ist von der Pfändung nicht erfasst (BGH NJW 2008, 1732).

4. Inhaber der Forderung muss nicht notwendig der im Buch benannte Berechtigte sein (*Canaris* NJW 1973, 825 ff.; *Stöber* Rdn. 337). Dies ist nicht im Pfändungsverfahren zu prüfen, sondern in den Verfahren nach § 841 ZPO oder § 771 ZPO.

Die Herausgabe der EC-Karte kann beim Schuldner nicht im Wege der Herausgabevollstreckung über § 836 Abs. 3 S. 1 ZPO durchgesetzt werden. Sie ist keine Urkunde iSd. § 836 Abs. 3 S. 1 ZPO (BGH NJW 2003, 1256).

5. Dieser Beschluss ist Titel für die Wegnahme nach § 836 Abs. 3 ZPO. Ist das Buch nicht auffindbar, muss Gläubiger ggf. das Aufgebotsverfahren nach § 808 Abs. 2 BGB mit §§ 1003, 1023 ZPO betreiben. Drittschuldner sollte vorher zahlen, um dem Schuldner die ihn gem. § 788 ZPO treffenden Kosten des Aufgebotsverfahrens zu ersparen.

6. Ist das Sparguthaben auf den Todesfall des Sparers einem Dritten zugewendet, § 331 BGB, so hindert das zu Lebzeiten des Sparers die Pfändung durch seinen Gläubiger nicht. Dieser sollte aber das Bezugsrecht des Dritten sogleich widerrufen, da sonst bei Tod des Sparers der unbelastete Anfall beim Dritten eintritt (näher *Stöber* Rdn. 338).

7. Beim Kontokorrent muss der Saldo gepfändet werden, nicht die einzelne Gutschrift (dazu eingehend BGH RPfleger 1981, 290). Die Kontoauszüge erhält weiter der Schuldner, (LG Itzehoe ZIP 1988, 1540). Den gepfändeten Saldo kann die Bank nur um bestehende, nicht um später von ihr erworbene Gegenansprüche kürzen, (BGH NJW 1997, 2322).

8. Nach der Grundsatzentscheidung BGH NJW 1982, 2193 (bestätigt in BGH NJW 1997, 1857) dürfte unstreitig sein, dass dieser Anspruch auf den Tagessaldo und die künftigen Salden pfändbar ist (vgl. auch noch *Staub/Canaris* § 357 HGB Anm. 23 und 27; *Stöber* Rdn. 164 ff. mwN.).

9. Sonst könnte der Schuldner zwischen den Rechnungsabschlüssen über das Konto verfügen, also eingehende Beträge abheben. Obgleich als Nebenrechte wohl mitgepfändet (LG Hannover NJW 1974, 1095 mit Anm. *Schläger*), empfiehlt sich die ausdrückliche Nennung. Die verfehlte Auffassung, diese Nebenansprüche seien, weil höchstpersönlich, nicht pfändbar, hat sich nicht durchgesetzt, (vgl. OLG Stuttgart RPfleger 1981, 445 und, oben erwähnt, BGH NJW 1982, 2193).

Der Anspruch des Kontoinhabers auf Erteilung von Kontoauszügen und Rechnungsabschlüssen ist ein selbständiger Anspruch aus dem Girovertrag, der bei einer Kontenpfändung nicht als Nebenanspruch mit der Hauptforderung mitgepfändet werden kann (BGH NJW 2006, 217). Dieser Anspruch ist nicht gleichzusetzen mit dem als Nebenanspruch nach §§ 412, 401 BGB mitgepfändeten und auf den Gläubiger übergehenden Auskunftsanspruch (BGH aaO.).

10. Ander- und Sonderkonten werden bei Pfändung gegen Treuhänder nur bei ausdrücklicher Nennung ergriffen. Treugeber muss dann mit Drittwiderspruchsklage vorgehen. Gläubiger des Treugebers können nicht das Anderkonto pfänden, sondern nur den Anspruch gegen den Treuhänder auf Rückgabe des Treugutes (näher *Stöber* Rdn. 400 ff.).

Andere Sonderfälle:

a) Bei einer Mehrheit von Schuldnern bzw. Kontoinhabern ergeben sich die Folgen aus §§ 420 ff. BGB. Beim „Oder-Konto“ hat jeder Inhaber gem. § 428 BGB den vollen Anspruch. Er kann gepfändet werden, hindert aber nicht Verfügungen der anderen Inhaber. Beim „Und-Konto" kommt es darauf an, ob Gesamthands- oder Bruchteilsgemeinschaft vorliegt (Letzteres wohl selten). Im ersten Fall ist ein Titel gegen alle Kontoinhaber erforderlich. Im Letzten kann der Bruchteil des Schuldners gepfändet werden und seine Ansprüche gegen die Gemeinschaft auf deren Aufhebung (vgl. unten Form. III. B. 26, näher vgl. *Stöber* Rdn. 339 und 340 und BGH NJW 1985, 1218; aA. LG Nürnberg NJW 2002, 973).

b) Sind Gläubiger und Schuldner gemeinsam Kontoinhaber, kann beim „Oder-Konto" der Gläubiger ohne Titel über ein Guthaben verfügen. Beim „Und-Konto" kann er die Mitbefugnisse des Schuldners durch Kontopfändung nach diesem Muster pfänden, und dann die Ansprüche aus dem Kontoguthaben gegen die Bank geltend machen.

11. Die Postbank AG ist seit der Privatisierung vollstreckungsrechtlich ein Kreditinstitut wie andere auch. Ob es berechtigt ist, bei ihr die Nennung der kontoführenden Niederlassung zur Wirksamkeitsvoraussetzung einer Pfändung zu machen, (so *Stöber*, Rdn. 279) wie hier im Antragsrubrum vorgesehen, kann deshalb zweifelhaft sein. Zweckmäßig ist die Nennung, wenn man die Niederlassung kennt, fraglos.

12. Auf diese Weise können – Pfändung sonstiger Rechte gem. § 857 ZPO – die vom Schuldner in einem Stahlkammerfach (Schließfach, Safe) der Bank verwahrten Gegenstände gepfändet werden (vgl. dazu Form. III. B. 1 Anm. 8).

13. Ob diese Ansprüche pfändbar sind, war lange Zeit strittig. Nach mittlerweile gefestigter Rechtsprechung des BGH (grundlegend BGH NJW 2001, 1937; bestätigend BGH NJW 2004, 1445) ist dies der Fall. Danach ist pfändbar ein Dispositionskredit, sowie ein eingeräumter Kredit, wenn sie abgerufen werden, weil erst dann ein Anspruch des Darlehensnehmers auf Auszahlung gegen die Bank besteht.

Die praktische Bedeutung ist gering. Der Drittschuldner (Bank) wird die Pfändung idR. zum Anlass nehmen, das Kreditversprechen gem. § 490 Abs. 1 BGB zu widerrufen.

14. Wenn irgend möglich sollte man die Sicherheiten konkret benennen, da sonst die Pfändung möglicherweise wegen Unbestimmtheit der Anspruchsbezeichnung unwirksam ist (vgl. OLG Koblenz Rpfleger 1988, 72 und BGH NJW 1975, 980).

„Geübte" Schuldner übertragen ihr Konto auf eine nahe stehende Person – die nicht Titelschuldner ist – und lassen sich eine umfassende Kontovollmacht einräumen. Ob die Ansprüche und Rechte an einer solchen Vollmacht pfändbar sind, ist strittig (vgl. dazu *Vortmann* NJW 1991, 1038). Jedenfalls sollte der dann bestehende Herausgabeanspruch gem. § 667 BGB gegen die nahe stehende Person gepfändet werden.

15. Für die Auskehrung ist die Zwei-Wochen-Sperrfrist von § 835 Abs. 3 ZPO zu beachten (vgl. auch Form. III. B. 23). Der Pfändungsbeschluss kann vom Gericht nicht mit der Ergänzung erlassen werden, die Bank müsse auch ohne gesonderten Vollstreckungsschutzantrag den Pfändungsschutz des § 55 IV SGB I beachten (BGH NJW 2004, 3262).

Kosten und Gebühren

Wie Form. III. B. 6. Nach BGH NJW 1999, 2276 dürfen die Banken nicht durch AGB von ihren Kunden Gebühren für die Bearbeitung von Kontopfändungen erheben, da es sich bei der Auskunft nach § 840 Abs. 1 ZPO um eine staatsbürgerliche Pflicht handelt, die der Drittschuldner auch im eigenen Interesse erfüllt.

Fristen und Rechtsmittel

Wie Form. III. B. 6.

13. Pfändungsantrag auf GmbH-Stammeinlage

……[1]

wird die angebliche Forderung der Schuldnerin[2] **gegen**
1. den Kaufmann A (Anschrift)
2. den Kaufmann B[3] **(Anschrift)**
aus dem Gesellschaftsvertrag vom …… auf Zahlung der Stammeinlage gepfändet ……[4]

Begründung:

Die Forderung stammt, wie aus dem Titel ersichtlich, aus durchgeführter Warenlieferung an die Schuldnerin. Dieser ist damit voller Gegenwert zugeflossen. Daher ist die Inanspruchnahme des Stammkapitals zur Befriedigung der Forderung zulässig.

Schrifttum: Volmer, Die Pfändbarkeit der Stammeinlageforderung eines GmbH-Gesellschafters, GmbHR 1998, 579.

Anmerkungen

1. Rubrum, Forderungsberechnung und Einleitung des Antrags wie Form. III. B. 6.

2. Schuldnerin ist die GmbH, Drittschuldner sind die Gesellschafter, die ihren Gesellschaftsanteil nicht oder nicht voll gezahlt haben. Im Drittschuldnerstreit nach § 841 ZPO sind die Gesellschafter darlegungs- und beweispflichtig, dass, bzw. wann und wie sie ihre Einlage erbracht haben (OLG Köln NJW-RR 1996, 939). Zur (verdeckten) Sacheinlage und Hin- und Herzahlungen siehe nun die ausdrückliche gesetzliche Regelung in § 19 Abs. 4 und 5 GmbHG. Für den außenstehenden Gläubiger ergeben sich daraus erhebliche Prozessrisiken.

3. Die Einlagen sind gleichmäßig von den Gesellschaftern zu leisten, § 19 Abs. 1 GmbHG. Gleichwohl schließt Vollstreckungscharakter der Pfändung Bindung an Gleichbehandlung nach § 19 Abs. 1 GmbHG jetzt nach hM. aus (*Baumbach/Hueck,* § 19 Rdn. 33). Trotzdem wird sich eine Pfändung aller Ansprüche auch gegen unterschiedliche Gesellschafter empfehlen.

4. Weiter wie Form. III. B. 6, aber mit ergänzender Begründung. Der Anspruch ist zweckgebunden für die Beschaffung des Haftungskapitals. Dritten kann er nur zustehen, wenn sie vollwertige Gegenleistung ins Gesellschaftsvermögen erbracht haben oder die Gesellschaft nicht mehr werbend tätig ist (BGH NJW 1992, 2229). Dies muss im Pfändungsantrag schlüssig vorgetragen werden (*Stöber* Rdn. 345 u. 346).

5. Bei Forderungen gegen eine sonst vermögenslose GmbH sollte auch geprüft werden, ob dieser nicht Schadensersatzansprüche gegen ihre Geschäftsführer nach § 43 Abs. 2 und 3 GmbHG zustehen (dazu BGH NJW 2009, 68; NJW 2003, 358).

Nach masseloser Insolvenz ist ggf. auch pfändbar der Schadensersatzanspruch aus § 64 Abs. 2 GmbHG (vgl. die Fallgestaltung bei BGH NJW 2001, 304).

Kosten und Gebühren

Wie Form. III. B. 6.

Fristen und Rechtsmittel

Wie Form. III. B. 6.

14. Pfändungsantrag auf sonstige Geldforderungen

a) Bausparvertrag

......[1]

werden die angeblichen Ansprüche des Schuldners gegen

die Bausparkasse ...... (Anschrift)

aus Bausparvertrag, insbesondere zu Vertrags-Nr. ......, einschließlich der Ansprüche auf Auszahlung der Bausparsumme inklusive der Zinsen[2] nach Zuteilung, auf Auszahlung des Sparguthabens samt Zinsen nach voller Einzahlung[3], auf Rückzahlung des Sparguthabens nach Kündigung, auf Auszahlung der Bausparprämien und auf Kündigung[4] und Änderung, insbesondere Teilung und Ermäßigung des Vertrages gepfändet.

......

b) Erbrechtliche Ansprüche

......[1]

wird die angebliche Forderung des Schuldners gegen

die A (Anschrift)[5]

auf Auszahlung eines Geldvermächtnisses gemäß dem Testament vom ...... aus dem Nachlass des am ...... in ...... verstorbenen B gepfändet ......[6].

c) Lebensversicherung

......[1]

werden die angeblichen Ansprüche des Schuldners gegen

die A-Versicherungs AG (Anschrift)[7]

aus Versicherungsvertrag, insbesondere Lebensversicherungsvertrag Nr. ......[8], einschließlich der Ansprüche auf Zahlung der Versicherungssumme und der Gewinnanteile, auf Auszahlung des bei Aufhebung oder Kündigung des Vertrages sich ergebenden Rückkaufswertes, auf Kündigung und Umwandlung der Versicherung[9] und auf Bestimmung, Widerruf oder Änderung der Bezugsberechtigung[10]
gepfändet und dem Gläubiger in Höhe des Pfändungsbetrages zur Einziehung überwiesen.
Es wird angeordnet, dass der Schuldner die Versicherungspolice und die letzte Prämienquittung an den Gläubiger herauszugeben hat[11].
Die Pfändung erfolgt auch wegen der noch nachzuweisenden Kosten für die Wegnahme von Versicherungspolice und letzter Prämienquittung in Höhe von ca. ...... Euro......

d) Eigengeld[12]/Sonstiges[13]

......[1]

werden die angeblichen Ansprüche des Schuldners gegen
das Land X (Anschrift Justizvollzugsanstalt)

auf Auszahlung des ihm als Eigengeld bereits gutgeschriebenen oder zukünftig noch gutzuschreibenden Geldes.
Hiervon ausgenommen ist der nach § 51 Abs. 4 StVollzG unpfändbare Teil in Höhe des Unterschiedsbetrags zwischen dem nach § 51 Abs. 1 StVollzG zu bildenden und dem tatsächlich vorhandenen Übergangsgeld.

Anmerkungen

1. Im Übrigen (Rubrum etc.) wie Form. III. B. 6.

2. Die Bausparsumme nach Zuteilung besteht aus angespartem Eigenkapital und dem Darlehen. Letzteres ist als Baugeld zweckbestimmt und daher nur für Baugläubiger pfändbar (*Baumbach/Lauterbach/Albers/Hartmann* § 851 ZPO Rdn. 5).

3. Nimmt der Bausparer das Darlehen nicht in Anspruch, sondern zahlt voll ein, besteht ein normales Sparguthaben.

4. Vor Zuteilung oder für Nichtbaugläubiger muss das Sparguthaben durch Kündigung rückzahlbar gemacht werden, wobei ggf. Prämien verfallen (näher *Stöber* Rdn. 86 ff.).

5. Drittschuldner ist, wie auch beim Pflichtteilsanspruch (§ 2303 BGB), beim Zusatzpflichtteil (§ 2305 BGB) und beim Pflichtteilsergänzungsanspruch (§ 2325 BGB) der Erbe, außer im Fall des Untervermächtnisses. Da das Vermächtnis erst mit dem Erbfall pfändbar ist (§ 2176 BGB), ist der Todestag des Erblassers anzugeben. Angabe der letztwilligen Verfügung ist nützlich, aber für die Wirksamkeit der Pfändung nicht erforderlich.

6. Nach § 852 ZPO sind erst ab Anerkennung oder Rechtshängigkeit pfändbar
- der Pflichtteilsanspruch
- der Zugewinnausgleichsanspruch
- der Rückforderungsanspruch des verarmten Schenkers.

Die Pfändung des Pflichtteilsanspruches vor vertraglicher Anerkennung oder Rechtshängigkeit wird nun nach hM. als Pfändung eines aufschiebend bedingten (nicht künftigen) Anspruches für zulässig erachtet (*Zöller/Stöber* § 852 Rdn. 3 mwN.). Anerkennung oder Rechtshängigkeit sollten – soweit vorliegend – gleichwohl im Pfändungsantrag dargelegt werden.

Zum Anteil an einer Erbengemeinschaft vgl. Form. III. B. 26.

Bei unbekannten Erben kann ein Nachlasspfleger bestellt werden, dem als Drittschuldner oder im anderen Fall auch als Schuldner zugestellt werden kann (vgl. AG Düsseldorf NJW-RR 1997, 922).

7. Drittschuldner ist die Versicherungsgesellschaft, zuzustellen ist an ihre Haupt- oder die zuständige Zweigniederlassung. Zustellung an Agenturen ist unwirksam.

8. Die Angabe der Vertrags-Nr. ist nicht erforderlich, aber zweckmäßig. Die Pfändung geht ins Leere, wenn der Schuldner den Anspruch zur Besicherung eines ihm gewährten Kredites abgetreten hat, zB. an den Versicherer (vgl. OLG Düsseldorf, NJW-RR 1999, 1406).

9. Für zeitnahe Verwertung ist Ausübung dieser Gestaltungsrechte (§ 168 VVG) möglich. Der Schuldner wiederum ist nach der Pfändung gehindert, eine bis dato mit Kapitalwahlrecht ausgestaltete Lebensversicherung noch gem. § 173 VVG in eine privilegierte Lebensversicherung gem. § 851 c Abs. 1 ZPO umzuwandeln (BFH DStR 2007, 1817).

10. Ist ein Dritter widerruflich bezugsberechtigt, erwirbt er den Anspruch erst mit Eintritt des Versicherungsfalls. Vorher kann die Bezugsberechtigung auch durch den Pfändungsgläubiger widerrufen werden. Zur Klarstellung sollten diese Nebenrechte aber genannt werden (näher *Stöber* Rdn. 191 ff.). Im Erlebensfall stehen Versicherungssumme und Gewinnanteile ohnehin dem Versicherungsnehmer zu.

11. Sind die Unterlagen nicht auffindbar, muss notfalls gemäß §§ 4 VVG, 808 BGB, 1003 und 1023 ZPO das Aufgebotsverfahren durchgeführt werden, vgl. auch Form. III. B. 12 Anm. 5.

12. Das Eigengeld der Strafgefangenen unterliegt nach Maßgabe der Pfändungsschutzvorschrift des § 51 Abs. 4 S. 2 StVollzG der Pfändung. Soweit es durch Gutschriften von Arbeitsentgelt gebildet wird, finden die Pfändungsgrenzen des § 850 c ZPO und der Pfändungsschutz gem. § 850 k ZPO keine Anwendung (BGH NJW 2004, 3714).

13. Denkbar sind pfändbare Geldforderungen aus zahlreichen weiteren Schuldverhältnissen, in denen der Schuldner jeweils Gläubiger ist. Sie müssen aber jeweils konkret und nicht nur pauschal bezeichnet werden.

Voraussetzung für die Pfändbarkeit der Forderung ist deren Übertragbarkeit, § 851 Abs. 1 ZPO. Auch die Fälle der Zweckbindung sind als Pfändungshindernis anerkannt

(BGH NJW-RR 2005, 720 – hier zu beamtenrechtlichen Beihilfeansprüchen). Nach Auffassung des BFH steht aber § 49b Abs. 4 S. 2 BRAO der Pfändung von Gebührenforderungen von Rechtsanwälten nicht entgegen (BFH NJW 2005, 1308).

81 Antragsmuster bei *Stöber,* Rdn. 65 ff.; 193 Antragsmuster bei *Gross/Diepold/Hintzen,* Musteranträge für Pfändung und Überweisung, 6. Aufl. 1996.

Kosten und Gebühren

Wie Form. III. B. 6.

Fristen und Rechtsmittel

Wie Form. III. B. 6.

15. Antrag auf andere Verwertung (§ 844 ZPO)

An das
Amtsgericht
Vollstreckungsgericht[1]

Antrag nach § 844 ZPO[2]
In der Vollstreckungssache
X ./. Y

beantrage ich namens und in Vollmacht des Gläubigers[3] **zu beschließen:**

> **Der durch Pfändungsbeschluss dieses Gerichtes vom ...... Az. ...... für den Gläubiger gepfändete Gesellschaftsanteil des Schuldners von ...... EUR an der Z-GmbH ist durch von dem Gerichtsvollzieher A durchzuführende Versteigerung**[4] **zu verwerten.**

Begründung:[5]

Nach dem als
Anlage 1
beigefügten Gesellschaftsvertrag der Z-GmbH ist die Vertragskündigung ausgeschlossen. Daher ist Verwertung durch Versteigerung geboten.
Rechtsanwalt

Anmerkungen

1. Zuständigkeit nach §§ 844, 828 Abs. 2 ZPO. Es entscheidet der Rechtspfleger.

2. Bedeutsamer als bei Geldforderungen ist die entsprechende Anwendung, § 857 Abs. 1 ZPO, von § 844 ZPO bei Vollstreckung in andere Vermögensrechte. Stets muss dargelegt werden, dass die Einziehung „mit Schwierigkeiten verbunden" ist (zu Einzelheiten *Stöber* Rdn. 1466 ff.).

3. Den Antrag kann auch der Schuldner stellen.

4. Außerdem kommen in Betracht (*Stöber* Rdn. 1472 ff.):
- freihändiger Verkauf durch eine andere Versteigerungsperson
- Überweisung an Zahlungs Statt zu einem Betrag unter Nennwert (sonst § 835 Abs. 1 2. Alt. ZPO);
- Ausübung des Rechts durch einen anderen, zB. Verwaltung, Verpachtung, Lizenzerteilung, insbesondere bei nur zur Ausübung pfändbaren Rechten, etwa Urheberrechten, § 857 Abs. 3 u. Abs. 4 ZPO.

5. Dieser Antrag sollte nicht mit dem Pfändungsantrag verbunden, sondern nachgeschoben werden. Denn nach § 844 Abs. 2 ZPO ist der Schuldner entgegen § 834 ZPO zu hören. Dadurch entfiele die Überraschung und die Pfändung würde verzögert (drohender Rangverlust).

Kosten und Gebühren

a) Gericht: keine Gebühr.

b) Anwalt: neben der 0,3 Gebühr für die Pfändung, VV 3309, keine besondere Gebühr für diesen Antrag, § 18 Abs. 1 Nr. 3 RVG.

Fristen und Rechtsmittel

Da nach Anhörung entschieden wird, sofortige Beschwerde, wie Form. III. A. 13.

16. Klage nach § 856 ZPO auf Hinterlegung durch Drittschuldner

An das
Amtsgericht ......

Klage
und Streitverkündung

des ......

– Klägers –

gegen

den ......

– Beklagten –

wegen Hinterlegung gem. § 853 ZPO[1].
Gegenstandswert: ......[2]

Streitverkündeter: Der Schuldner A (ladungsfähige Anschrift)[3]

Namens und in Vollmacht des Klägers erhebe ich Klage und beantrage, den Beklagten zu verurteilen

1. **den pfändbaren Teil der Bezüge seines Angestellten A für die Monate ...... bis ...... und für die folgenden Monate bis zur Abdeckung der vorletzten beim Beklagten vorliegenden Lohnpfändung[4] für den Lohn des A bei der Hinterlegungsstelle des AG ...... zu hinterlegen**
2. **diese Hinterlegung mit Nennung der Mehrfachpfändung und unter Aushändigung der dem Beklagten zugestellten Pfändungsbeschlüsse für den Lohn des A dem Amtsgericht anzuzeigen, dessen Lohnpfändungsbeschluss ihm zuerst zugestellt wurde[5].**

Für den Kläger verkünde ich dem A

den Streit

und fordere ihn auf, dem Rechtsstreit aufseiten des Klägers beizutreten.

Die Streitverkündung erfolgt gem. §§ 856, 841 ZPO. Die Lage des Rechtsstreits ergibt sich aus der vorliegenden Klagschrift[6].

Ich bitte dem Streitverkündeten ein Exemplar der Klagschrift zuzustellen und füge dafür zusätzliches beglaubigtes Exemplar bei.

Begründung:

I.

Dem Kläger steht gegen den Streitverkündeten aus dem Vollstreckungsbescheid des Amtsgerichts ...... vom ...... Az. ...... eine Forderung in Höhe von ...... EUR zzgl. ......% Zinsen seit dem ...... zu. Außerdem sind ...... EUR an festgesetzten Kosten entstanden, die seit dem ...... mit 5% über dem Basiszinssatz zu verzinsen sind, außerdem weitere ...... EUR an bisherigen Vollstreckungskosten.

Beweis: Vorlage von Titel und Vollstreckungsunterlagen.

II.

Der Streitverkündete ist Arbeitnehmer des Beklagten. Sein Lohnanspruch gegen den Beklagten ist vom Kläger durch Pfändungs- und Überweisungsbeschluss[7] des AG ...... vom ...... gepfändet worden. Der Beschluss ist dem Beklagten am ...... zugestellt worden.

Beweis: Vorlage des Pfändungsbeschlusses mit Zustellungsbescheinigung.

Der Beklagte hat bei Zustellung nur angegeben, dass „Vorpfändungen vorlägen"[8]. Nachdem er auch auf Aufforderung keine nähere Auskunft gab, hat der Kläger ihn mit gem. § 132 BGB zugestelltem Brief[9] unter Fristsetzung aufgefordert, die pfändbaren Lohnteile gem. § 853 ZPO zu hinterlegen.

Beweis: anliegender Brief mit Zustellungsurkunde.

Nachdem der Beklagte gleichwohl nicht hinterlegt hat, ist Klage geboten[10].

III.

Aufgrund der bisherigen Weigerung des Beklagten besteht die Besorgnis, dass er auch künftig die pfändbaren Beträge nicht gem. § 853 ZPO hinterlegen würde. Daher rechtfertigt sich der auch auf künftige Hinterlegung gerichtete Klaganspruch, § 259 ZPO.

Rechtsanwalt

Anmerkungen

1. Eingeklagt wird ein eigener gesetzlicher Anspruch des Klägers (Gläubiger) gegen den Beklagten (Drittschuldner), also nicht etwa der gepfändete Anspruch des Schuldners gegen den Drittschuldner, der im Beispielsfall ein arbeitsrechtlicher Anspruch wäre. Für den Anspruch aus § 853 ZPO sind die Zivilgerichte zuständig.

2. Der Streitwert bemisst sich nach dem Interesse des Klägers, hier also nach dem Wert seiner titulierten Forderung, höchstens aber dem Wert des vom Beklagten zu hinterlegenden Betrages, hier wohl entsprechend § 42 Abs. 3 GKG des 3-Jahres-Betrages der pfändbaren Bezüge.

3. Diese Streitverkündung ist entsprechend § 841 ZPO erforderlich (hM., zB. *Musielak/Becker* § 856 ZPO Rdn. 2).

4. Der Anspruch setzt nach § 853 ZPO voraus, dass **mehrere** Pfandgläubiger vorhanden sind.

5. Die Antragsformel ergibt sich aus den Verpflichtungen, die § 853 ZPO dem Drittschuldner auferlegt. Wenn Drittschuldner etwa alle Pfändungen unbeachtet lässt und die Pfändungsränge klar sind, kann ein nachrangiger Gläubiger zur Vereinfachung auch auf Zahlung an den Bestberechtigten klagen (LAG Berlin, BB 1991, 144).

6. Diese Angaben fordert § 73 ZPO für eine Streitverkündung.

7. Der Anspruch aus § 853 ff. ZPO steht nur dem Überweisungsgläubiger, nicht dem bloß pfändenden Gläubiger (zB. Arrestgläubiger) zu, der aber Streitgenosse sein kann, § 856 Abs. 2 ZPO.

8. Das Hinterlegungsverlangen nach § 853 ZPO kann – bei mehr als einer Pfändung – auch gestellt werden, wenn vollständig und umfassend Auskunft erteilt ist. Es ist nicht, wie bei § 827 Abs. 2. ZPO, Streit um die Rangfolge erforderlich. Dem Drittschuldner, der das Recht zur Hinterlegung hat, soll das Risiko der Rangbestimmung abgenommen werden, dem Gläubiger soll Klärung der Rangfolge, ggf. ihrer Abänderung ermöglicht werden (dazu Form. III. B. 30 und 31).

9. Das ist zumindest bei unklarem Drittschuldnerverhalten zum Nachweis des Zugangs zu empfehlen.

10. Dem Beklagten soll (zB. *Baumbach/Lauterbach/Albers/Hartmann* § 856 Rdn. 6) der Einwand offen stehen, dass er inzwischen – nach der Hinterlegungsaufforderung – an den Bestberechtigten gezahlt habe. Beweist er das, dürfte für die Klage das Rechtsschutzbedürfnis fehlen. Der Kläger kann dann klagändernd Feststellung beantragen, dass der Beklagte Schadensersatz wegen Nichterfüllung seiner Hinterlegungsverpflichtung schuldet. Dann trägt der Beklagte die Kosten (für die entsprechende Lage bei Drittschuldnerklage *Baumbach/Lauterbach/Albers/Hartmann* § 840 Rdn. 15 mwN.; *Zöller/Stöber* § 840 Rdn. 14, BGH NJW-RR 2006, 1566 mwN.), und zwar auch vor dem Arbeitsgericht (BAG NJW 1990, 2643).

Kosten und Gebühren

a) Gericht: Gebühren des Erkenntnisverfahrens, KV 1210 ff.
b) Anwalt: Gebühren des Erkenntnisverfahrens, VV 3100 ff.

Fristen und Rechtsmittel

Wie im normalen Erkenntnisverfahren, vgl. Form. I. O. 1.

Vollstreckung in laufende Bezüge

17. Pfändungsantrag bei Arbeitseinkommen (§§ 850ff. ZPO)

……[1]

……

wird die angebliche Forderung des Schuldners gegen seinen Arbeitgeber

Fa. A (Anschrift)

auf das gesamte pfändbare Arbeitseinkommen (§ 850 ZPO)[2] einschließlich des Wertes von Sachbezügen[3] gepfändet[4] und dem Gläubiger bis zur Abdeckung seiner Forderung zur Einziehung überwiesen.

A. Für die Berechnung des pfändbaren Arbeitseinkommens gilt folgendes[5]: (folgt der Wortlaut von § 850e Nr. 1 u. 3 und § 850a ZPO).

B. Dieses Arbeitseinkommen ist unpfändbar, wenn es …… (folgt der Wortlaut von § 850c Abs. 1 bis Abs. 3 S. 1 ZPO).

Im Übrigen wird für die Berechnung des pfändbaren Betrages auf die Tabelle zu § 850c Abs. 3 ZPO Bezug genommen.[6]Dem Drittschuldner (Arbeitgeber) wird verboten, an den Schuldner zu zahlen, soweit gepfändet ist.

Ferner wird angeordnet, dass der Schuldner ab Zustellung der Pfändung die letzten drei und fortlaufend die monatlichen Lohn- und Gehaltsabrechnungen des Arbeitgebers, vorrangige Lohnpfändungs- und Überweisungsbeschlüsse sowie eventuell bestehende Lohnabtretungsurkunden oder eine Kopie dieser Unterlagen herauszugeben hat.[7] ……[8]

Anmerkungen

1. Rubrum, Forderungsberechnung und Einleitung des Antrags wie Form. III. B. 6. Die Pfändung von Arbeitseinkommen erfolgt grundsätzlich wie die anderer Geldforderungen, § 829 ZPO. Besonderheiten ergeben sich aus den sozialstaatlich begründeten Pfändungsfreigrenzen und aus der regelmäßig erfolgenden Pfändung künftig fälliger Forderungsteile.

2. § 850 Abs. 2 u. Abs. 4 ZPO erfassen unter dem Begriff „Arbeitseinkommen" alle in Betracht kommenden Bezüge in weitestem Umfang, auch zB. Ansprüche auf Abfindung, Urlaubsgeld und Urlaubsabgeltung (BAG NZA 2002, 323), so dass besondere Klarstellung kaum erforderlich ist.

Kommt eine Pfändung von verschleiertem Arbeitseinkommen nach § 850h Abs. 2 ZPO in Betracht, empfiehlt es sich, die Pfändung vorsorglich auf „die Zahlung des Arbeitseinkommens in Höhe einer angemessenen Vergütung nach § 850h ZPO" zu erstrecken (zu den Einzelheiten siehe BAG NJW 2008, 2606 und BAG NZA 2009, 163). Hat der Schuldner eine ungünstigere Lohnsteuerklasse gewählt, kann der Gläubiger je nach Zeitpunkt der Wahl (vor oder nach der Pfändung) unter bestimmten Voraussetzungen beim Vollstreckungsgericht eine Änderung des Pfändungs- und Überweisungsbeschlusses beantragen, wonach bei der Berechnung des pfändbaren Betrages die günstigere Lohnsteuerklasse zugrunde zu legen ist (BGH NJW-RR 2006, 569).

Hat der Schuldner mehrere Einkommen, kann ein Antrag auf Zusammenrechnung gem. § 850e Nr. 2 ZPO gestellt werden, um so einen pfändbaren Betrag zu erzielen. Gleiches gilt gem. § 850e Nr. 2a ZPO für Arbeitseinkommen und laufende Geldleistungen nach dem SGB. Die Zusammenrechnung ist allerdings nur insoweit möglich, als die einzelnen Ansprüche der Pfändung unterworfen sind (BGH NJW-RR 2005, 1010).

Andere laufende Bezüge wie bspw. aus Kapitalvermögen oder Vermietung und Verpachtung unterliegen nicht dem Pfändungsschutz von § 850ff. ZPO (BGH NJW 2005, 681).

3. Sie sind auf den unpfändbaren Einkommensteil anzurechnen, § 850e Nr. 3 ZPO.

4. Gemäß § 832 ZPO erfasst dies auch die künftig fällig werdenden Lohnansprüche, anders zB. bei Mietforderungen.

An einer bereits abgetretenen Forderung kann durch einen späteren Pfändungs- und Überweisungsbeschluss kein Pfändungspfandrecht begründet werden (BAG NJW 1993, 2701).

Nach § 833 Abs. 2 ZPO wirkt eine Lohnpfändung auch nach einer Unterbrechung des Arbeitsverhältnisses bis zu 9 Monaten fort.

Beim Betriebsübergang gem. § 613a BGB bleiben auch gegenüber dem neuen Arbeitgeber Pfandverstrickung und Rangfolge der Lohnpfändungen erhalten, (LAG Hessen, NZA 2000, 615).

5. Da meist die Familienverhältnisse des Schuldners unbekannt sind und er nicht gehört wird, § 834 ZPO, erfolgt die Pfändung als Blankettbeschluss ohne Bezifferung des pfandfreien Betrages mit Bezugnahme auf die gesetzliche Pfändungstabelle, § 850c Abs. 3 S. 2 ZPO (KG RPfleger 1978, 335; *Stöber* Rdn. 1054 mwN.). Die zusätzliche Nennung der einschlägigen Vorschriften dient jedoch der Klarstellung.

Auch wenn die erste unterhaltsberechtigte Person ein Kind ist, ist für dieses der Freibetrag der ersten und nicht etwa der zweiten Stufe maßgeblich (BGH NJW-RR 2004, 1370).

6. Die Pfändungsfreibeträge sollen gemäß § 850c Abs. 2a ZPO zum 1. Juli eines jeden zweiten Jahres angepasst werden. Die Änderung zum 1. Juli 2007 wurde ausgesetzt. Insgesamt wird durch diese Regelung die Bearbeitung von Lohnpfändungen beim Arbeitgeber zusätzlich erschwert.

7. Der Schuldner ist verpflichtet, dem Gläubiger Auskunft zu erteilen und die erforderlichen Urkunden herauszugeben, § 836 Abs. 3 S. 1 ZPO. Der Antrag kann (und sollte) bereits mit dem Pfändungs- und Überweisungsbeschluss verbunden werden, BGH NJW-RR 2006, 1576, NJW 2007, 606.

8. Weitere Ausführungen wie Form. III. B. 6. Näher zur Lohnpfändung vgl. *Stöber* Rdn. 871ff.

Werden zeitlich vorrangige Pfändungen oder Lohnabtretungen vorgelegt, sollte der Gläubiger sie kritisch auf formelle und materielle Mängel prüfen. Wird bei einer Lohnabtretung zB. die Auszahlung des abgetretenen Betrages an den Schuldner gestattet, ist die Abtretung gegenüber dem später pfändenden Gläubiger unwirksam, (BAG ZIP 1980, 287), ebenso bei unklaren Abtretungskonditionen (LG Münster ZIP 1991, 1282) oder Nichtigkeit der Abtretung bspw. wegen Verstoßes des Grundgeschäftes gegen das Rechtsberatungsgesetz, (BAG NJW 1993, 2701).

Bei vorrangiger Abtretung muss der Gläubiger bei erfolgreicher Anfechtung nach der sehr formalistischen Entscheidung BAG NJW 1993, 2699 nochmals pfänden. Werden unplausibel niedrige Löhne behauptet, sollte geprüft werden ob verschleiertes Arbeitseinkommen gem. § 850h ZPO vorliegt. Zur Pfändungsrangfolge dann BGH ZIP 1990, 1626.

Kosten und Gebühren

Wie Form. III. B. 6. Der Arbeitgeber als Drittschuldner muss den manchmal erheblichen Aufwand zur Bearbeitung etwa mehrerer Lohnpfändungen selbst tragen. Ein gesetzlicher Anspruch auf Erstattung besteht nicht; eine Überbürdung durch Betriebsvereinbarung ist unzulässig (BAG NJW 2007, 1302). Eine Regelung im AGB-Arbeitsvertrag dürfte nach der grundsätzlichen Geltung des AGB-Rechtes auch für das Arbeitsrecht

(§ 310 Abs. 4 S. 2 BGB) allein schon wegen § 309 Nr. 5 BGB unwirksam sein (dazu *Schrader/Schubert* NZA-RR 2005, 225; zu vergleichbaren Fällen siehe BGH NJW 1999, 2276 und 2000, 651).

Fristen und Rechtsmittel

Wie Form. III. B. 6.

18. Pfändungsantrag auf bedingt pfändbare Bezüge (§ 850b ZPO, Taschengeldanspruch)[1]

......[2]

wird die angebliche Forderung der Schuldnerin gegen

ihren Ehemann A (Anschrift)

auf Zahlung des pfändbaren Barunterhalts (Taschengeld)[3] einschließlich der künftig fällig werdenden Beträge[4] unter Bezug auf die Tabelle nach § 850c ZPO in Höhe von ...... EUR gepfändet ......[5]

Begründung:

Wie das beigefügte Vollstreckungsprotokoll des Gerichtsvollzieher B vom ...... DR-Nr. ...... ergibt, ist die Schuldnerin unpfändbar und Hausfrau ohne eigenes Arbeitseinkommen. Sonstige pfändbare Forderungen der Schuldnerin sind dem Gläubiger nicht bekannt[6]. Die Pfändung entspricht nach den Umständen des Falls, insbesondere nach der Art des beizutreibenden Anspruchs und der Höhe der Bezüge, der Billigkeit. Die Schuldnerin entzieht sich seit ...... der Vollstreckung ...... (näher auszuführen). Wenn sie jetzt ihr Einkommen im vom Ehemann zu zahlenden Unterhalt findet, ist dies Einkommen jedenfalls für Mietgläubiger als pfändbar anzusehen[7].

Der Ehemann der Schuldnerin hat ein Nettoeinkommen von (mindestens) 2.500,– EUR. Da Kinder nicht vorhanden sind, hat die Schuldnerin nach der Düsseldorfer Tabelle einen Unterhaltsanspruch von 1.071,– EUR ($^3/_7$ von 2.500,– EUR), wovon nach § 850c ZPO 98,– EUR pfändbar sind. Das in bar zu leistende Taschengeld beläuft sich auf 5–7% des Familieneinkommens[8], also auf mindestens 125,– EUR, so dass der Betrag von 98,– EUR pfändbar ist[9] (zum Rechengang vgl. BGH NJW 1998, 1553)[10].

Rechtsanwalt

Anmerkungen

1. § 850b ZPO gilt für einkommensersetzende privatrechtliche Ansprüche (bei öffentlich-rechtlichen Ansprüchen § 54 SGB I, Form. III. B. 10), die unter besonderen Voraussetzungen, § 850b Abs. 2 ZPO, pfändbar sind, dann wie Arbeitseinkommen (näher *Stöber* Rdn. 1005 ff.). Unter § 850b Abs. 1 Nr. 4 ZPO fallen auch einmalige Ansprüche des Schuldners gegen einen privaten Krankenversicherungsträger, die auf Erstattung von Kosten für ärztliche Behandlungsmaßnahmen im Krankheitsfall gerichtet sind (BGH NJW-RR 2007, 1510). Für diese kommt auch eine Pfändung nach § 850b Abs. 2 ZPO nicht in Betracht (BGH aaO.).

2. Rubrum, Forderungsberechnung und Einleitung des Antrags wie Form. III. B. 6.

3. Nach Rechtsprechung des BGH besteht grundsätzlich ein Anspruch des haushaltsführenden Ehegatten – auch des „Hausmannes" gegen die verdienende Ehefrau (BGH

NJW 1998, 1553) – auf Zahlung eines Taschengelds (BGH NJW 2004, 2450). Dieser Anspruch ist eine auf gesetzlicher Vorschrift beruhende Unterhaltsrente iS. des § 850b I Nr. 2 ZPO und unter dessen Vorraussetzungen grundsätzlich pfändbar. Der Schuldner muss daher im Vermögensverzeichnis gem. § 807 ZPO das Nettoeinkommen des Ehepartners angeben, wenn die Pfändung eines Taschengeldanspruchs in Betracht kommt (BGH NJW 2004, 2452).

Ohne diese Pfändungsmöglichkeit wären alle nicht berufstätigen Ehepartner ohne eigenes Vermögen – ein erheblicher Teil der Gesamtbevölkerung – gegen Zwangsvollstreckung immun. Und der Höhe nach kommt sie ohnehin nur bei Nettoeinkommen des anderen Ehegatten oberhalb von ca. 2.200,– EUR zum Zuge – in monatlichen Kleinbeträgen.

Zuvor sollte der Gläubiger stets prüfen, ob seine Forderung aus einem Geschäft zur angemessenen Deckung des Familienbedarfs stammt. Dann haftet gem. § 1357 BGB („Schlüsselgewalt") der andere Ehepartner direkt.

4. Nur Klarstellung, da § 832 ZPO entsprechend anwendbar.

5. Weitere Ausführungen wie Form. III. B. 6, aber mit Begründung.

6. Nach § 850b Abs. 2 ZPO muss die erfolglose Vollstreckung in das bewegliche Vermögen dargetan werden. Eidesstattliche Versicherung ist nicht erforderlich (*Zöller/Stöber* § 850b Rdn. 15).

7. Dass dies bei einkommensersetzenden Bezügen gewollt ist, zeigt § 54 SGB I, vgl. Anm. 4 zu Form. III. B. 10.

Die Pfändung muss der Billigkeit entsprechen. Für die Beurteilung der Billigkeit sind neben der Höhe des, dem Schuldner im Fall der Pfändung verbleibenden Betrags vor allem Art und Umstände der Entstehung der beizutreibenden Forderung von Bedeutung, (BGH NJW 2004, 2450). Je nach Lage des Einzelfalls können für die vom Vollstreckungsgericht zu treffende Billigkeitsentscheidung ferner von Bedeutung sein eine besondere Notlage des Gläubigers, die wirtschaftliche Situation und der Lebensstil des Schuldners, das Verhalten der Beteiligten bei der Entstehung oder der Beitreibung der Forderung sowie mögliche Belastungen, die für die Ehe des Schuldners auf Grund der Pfändung entstehen könnten (BGH NJW 2004, 2450).

8. Vgl. auch *Palandt/Diederichsen* § 1360a BGB Rdn. 4 mwN.; OLG Köln NJW 1993, 3335.

9. Zur Berechnung vgl. BGH NJW 2004, 2450 und OLG Celle NJW 1991, 1960. Die Berechnung zeigt, dass es entgegen der die Pfändung ablehnenden Meinung, objektive Maßstäbe zur Bemessung des Anspruches gibt. Andere Berechnungsart bei *Stöber* Rdn. 1031i und k.

10. Zum Umfang der Darlegungslast vgl. OLG Hamm Rpfleger 1979, 272 und BGH NJW 2004, 2450. Als Ausnahme zu § 834 ZPO sind Schuldner und Drittschuldner zu hören, § 850b Abs. 3 ZPO.

Kosten und Gebühren

Wie Form. III. B. 6.

Fristen und Rechtsmittel

Wie Form. III. B. 6.

19. Antrag auf Nichtberücksichtigung von Unterhaltsberechtigten (§ 850c Abs. 4 ZPO)

An das
Amtsgericht
Vollstreckungsgericht

Antrag gemäß § 850c Abs. 4 ZPO[1]

In der Vollstreckungssache

X ./. Y

beantrage ich namens und in Vollmacht des Gläubigers zu beschließen:

Der Pfändungsbeschluss des Gerichtes in dieser Sache vom ...... Az. ...... wird dahin ergänzt, dass ab dem ......[2]

1. **die Ehefrau Z des Schuldners bei der Berechnung des unpfändbaren Teils des Arbeitseinkommens unberücksichtigt bleibt,**
2. **der Sohn A des Schuldners nur teilweise berücksichtigt wird, nämlich in der Weise, dass A bei der Berechnung des unpfändbaren Einkommenteils nach § 850c Abs. 1 S. 2 ZPO als erste Person nur mit 175,– EUR und bei der Berechnung nach § 850c Abs. 2 ZPO als erste Person nur mit $^1/_{10}$ des den nach § 850c Abs. 1 ZPO unpfändbaren Betrag überschießenden Einkommens anzusetzen ist[3].**

Begründung:

Der Schuldner macht Lohnpfändungsschutz für seine Ehefrau und seinen Sohn geltend. Die Ehefrau verdient als Raumpflegerin 500,– EUR netto monatlich,

Beweis: Zeugnis des Arbeitgebers M.

Da dieser Betrag einen angemessenen Unterhalt der Ehefrau deckt, ist ihre zusätzliche Berücksichtigung im Pfändungsschutz ihres Mannes unbillig und daher aufzuheben. Der Sohn ist Auszubildender und erhält 350,– EUR Ausbildungsbeihilfe.

Beweis: Zeugnis des Ausbilders N

Der Betrag mag zum Unterhalt allein nicht ausreichen, trägt aber erheblich dazu bei. Daher entspricht es der Billigkeit, A nur noch teilweise, nämlich zur Hälfte im Pfändungsschutz seines Vaters zu berücksichtigen[4].

Rechtsanwalt

Anmerkungen

1. Der mitverdienende Ehegatte wird ohne gesonderten Antrag zunächst gleichwohl als unterhaltsberechtigt berücksichtigt (vgl. *Zöller/Stöber* § 850c Rdn. 6); ebenso Kinder. Der Arbeitgeber wird sich in der Regel für die Ermittlung der Unterhaltspflichten an den Eintragungen in der Lohnsteuerkarte orientieren. Leistet der Schuldner überhaupt keinen Unterhalt, bleibt die Unterhaltspflicht bereits gem. § 850c Abs. 1 S. 2 ZPO unberücksichtigt. Zahlt der Schuldner den Unterhalt nur anteilig, ist kein Raum für eine teilweise Nichtberücksichtigung der Unterhaltspflichten (BGH NJW-RR 2007, 938). Nur bei eigenem Einkommen der Unterhaltsberechtigten, der den Unterhaltsanspruch mindert oder beseitigt, greift § 850c Abs. 4 ZPO ein.

2. Der Antrag kann, wenn die Verhältnisse ausreichend bekannt sind, mit dem Pfändungsantrag verbunden werden. Aber auch spätere Abänderung ist zulässig, ebenso weitere Abänderung nach § 850g ZPO.

3. Bei teilweiser Berücksichtigung ist Bezugnahme auf die Tabelle für diese Person unzulässig, § 850c Abs. 4 2. Halbs. ZPO, da die Tabelle teilweise Berücksichtigung nicht vorsieht. Es ist also in Abänderung der Regelung in § 850c Abs. 1 u. 2 ZPO ziffern- bzw. anteilsmäßig anzugeben, wie die Person zu berücksichtigen ist (*Stöber* Rdn. 1062ff.). Zu der Frage, in welchem Umfang das eigene Einkommen der Unterhaltsberechtigten zu berücksichtigen ist, gibt es unterschiedliche Auffassungen. Nach Auffassung des BGH verbietet sich eine schematische Betrachtung. Das Vollstreckungsgericht soll im Rahmen einer Ermessensentscheidung den Umständen des Einzelfalles Rechnung tragen (BGH NJW-RR 2005, 795; NJW 2005, 3282 und NJW-RR 2006, 568).

4. Die Darlegungslast liegt beim Gläubiger (*Stöber* Rdn. 1066). Er kann die Informationen nach § 836 Abs. 3 ZPO beschaffen (wenig praktikabel), aus dem Vermögensverzeichnis des Schuldners, durch Detektivermittlung oder Zufallsinformation (dazu eingehend *Hintzen*, Nichtberücksichtigung eines Unterhaltsberechtigten, NJW 1995, 1861). Der Schuldner ist bei Aufstellung des Vermögensverzeichnisses nach § 807 ZPO verpflichtet, Auskünfte zu den Einkünften der Unterhaltsberechtigten jedenfalls dann zu machen, wenn in Betracht kommt, dass diese Personen bei der Berechnung des unpfändbaren Anteils des Arbeitseinkommens ganz oder teilweise unberücksichtigt bleiben (BGH NJW 2004, 2979).

Kosten und Gebühren

a) Gericht: keine besondere Gebühr neben der Pfändungsgebühr nach KV 1149.
b) Anwalt: keine besondere Gebühr neben der 0,3 Pfändungsgebühr, VV 3309.

Fristen und Rechtsmittel

Da bei diesem vom Pfändungsantrag gesonderten Antrag der Schuldner gehört wird (str.), ist Rechtsbehelf die sofortige Beschwerde, wie in Form. III. A. 13.

20. Pfändungsantrag bei Forderung aus unerlaubter Handlung (§ 850f Abs. 2 ZPO)

……[1]

Für die Berechnung des pfändbaren Arbeitseinkommens gilt Folgendes:

(folgt Wortlaut von § 850e Nr. 1 und 3 ZPO und § 850a ZPO)[2]**.**

Die Pfändung erfolgt wegen einer Forderung aus vorsätzlicher unerlaubter Handlung, § 850f Abs. 2 ZPO.

Vom Arbeitseinkommen ist daher unpfändbar ein Betrag von 700,– EUR monatlich für den notwendigen Unterhalt des Schuldners[3]**.**
Dieser Betrag erhöht sich um die gemäß § 850c Abs. 1 S. 2 ZPO anzusetzenden Beträge für Personen, denen der Schuldner Unterhalt gewährt.[4]

Übersteigt das Arbeitseinkommen den Betrag, bis zu dessen Höhe …… (Folgt der Wortlaut von § 850c Abs. 2 S. 2 u. Abs. 3 S. 1 ZPO).

……[5]

Begründung:

Nach dem Titel stammt die Forderung des Gläubigers aus einer vorsätzlich begangenen unerlaubten Handlung des Schuldners, nämlich aus ......[6]. Zur Erfüllung seiner Unterhaltspflichten für seine nicht berufstätige Ehefrau und 2 Kinder sind ihm die dafür nach § 850c ZPO zustehenden Beträge als Maximalbeträge belassen.

Rechtsanwalt

Anmerkungen

1. Rubrum, Forderungsberechnung und Pfändungsformel wie Form. III. B. 17.

2. Forderungen wegen – vorsätzlicher – unerlaubter Handlung sind durch Wegfall der Pfändungsgrenzen von § 850c ZPO privilegiert. Für die Berechnung des pfändbaren Einkommens gilt aber nichts besonderes. Str. ist, ob die Privilegierung auch Prozesskosten, Vollstreckungskosten und Zinsen zukommt (dagegen für Prozesskosten LG München I RPfleger 1965, 278; *Zöller/Stöber* § 850f Rdn. 8; *Schneider* EWiR 1990, 309; anders LG Dortmund Rpfleger 1989, 75 und für Vollstreckungskosten *Stöber* Rdn. 1191). Sie sind also ggf. vom Antrag auszunehmen. Der Antrag für die privilegierte Forderung kann auch nach einer zunächst für die Gesamtforderung erfolgten „normalen" Lohnpfändung gestellt werden.

Bei teleologischer Auslegung ist nicht einsichtig, dass nur die Hauptforderung privilegiert ist, nicht aber die Nebenforderungen, die dadurch entstehen, dass der Schuldner die Hauptforderung rechtswidrig nicht befriedigt.

3. Untergrenze für den notwendigen Unterhalt ist entsprechend § 850d Abs. 1 S. 2 ZPO der je nach Wohnort (Bundesland) unterschiedliche Sozialhilfesatz gem. § 28 SGB XII (*Stöber* Rdn. 1093ff.; zur Berechnung *Berner* RPfleger 1958, 307; zur Berechnung nach § 850d Abs. 1 S. 2 ZPO siehe BGH NJW 2003, 2918). Sonderbedarf (zB. Krankheit) muss Schuldner durch Erinnerung geltend machen (*Zöller/Stöber* § 850f Rdn. 16).

4. Wenn, wie meist, die Familienverhältnisse des Schuldners nicht bekannt sind, empfiehlt sich ein solcher Blankettbeschluss, vgl. Form. III. B. 18 Anm. 5.

Die Unterhaltsberechtigten sind vor dem Gläubiger zu berücksichtigen, aber höchstens mit den nach § 850c ZPO für sie zu berücksichtigenden Beträgen (LG Berlin Büro 1974, 375; *Stöber* Rdn. 1097ff.). Da Unterhaltsansprüche, etwa nach der Düsseldorfer Tabelle, auch bei niedrigem Einkommen meist die Sätze nach § 850c ZPO erreichen, können zur Vereinfachung durchgängig diese Ansätze berücksichtigt werden. Sind die Familienverhältnisse bekannt, kann statt des Blankettbeschlusses die Pfändung des gesamten pfändbaren Einkommens abzüglich eines in Anlehnung an die Sozialhilfesätze zu wählenden festen Freibetrages für den Schuldner und seine Unterhaltsgläubiger beantragt werden (OLG Karlsruhe MDR 1971, 401). Dabei ist sonstiges Familieneinkommen, zB. Kindergeld, vom Freibetrag abzusetzen (LG Berlin Büro 1974, 375).

5. Weitere Ausführungen wie Form. III. B. 6, aber mit ergänzender Begründung.

6. Die Voraussetzungen für die privilegierte Vollstreckung nach § 850f Abs. 2 ZPO müssen sich aus dem der Vollstreckung zugrundeliegenden Titel ergeben. Dh., das Prozessgericht muss im Erkenntnisverfahren einen Anspruch aus vorsätzlich begangener unerlaubter Handlung tenoriert haben. Eine „Nachbesserung" im Vollstreckungsverfahren ist ausgeschlossen. Das Vollstreckungsgericht ist an die Entscheidung des Prozessgerichts gebunden (BGH NJW 2003, 515). Die Angabe der vorsätzlich begangenen Handlung als Anspruchsgrund im Vollstreckungsbescheid genügt dementsprechend nicht, da sich das Prozessgericht mit dem Vorliegen der Voraussetzungen des Anspruches nicht ausdrücklich befasst hat (BGH NJW 2005, 1663).

In Betracht kommt hier daher nur eine (nachträgliche) Feststellungsklage (BGH NJW 2003, 515).

Kosten und Gebühren

Wie Form. III. B. 6.

Fristen und Rechtsmittel

Da Schuldner vor Pfändung gem. § 834 ZPO nicht gehört wird Erinnerung (hM. *Zöller/Stöber* § 850f. Rdn. 16; LG Frankenthal RPfleger 1982, 231), vgl. Form. III. B. 6.

21. Schuldnerantrag auf Erhöhung des Pfandfreibetrages (§ 850f Abs. 1 ZPO)

An das
Amtsgericht
Vollstreckungsgericht[1]

Antrag nach § 850f Abs. 1 ZPO

In der Vollstreckungssache

X ./. Y

beantrage ich namens und in Vollmacht des Schuldners zu beschließen:

In Abänderung des Pfändungsbeschlusses dieses Gerichtes vom ...... Az. ...... wird gemäß § 850f Abs. 1b ZPO dem Schuldner abweichend von § 850c Abs. 1 ZPO ein Betrag von 1.100,– EUR statt 989,99 EUR als unpfändbar belassen.

Begründung:

Gemäß beigefügtem Attest des behandelnden Arztes ist der Schuldner erkrankt und benötigt besondere Diätkost, für die monatlich Mehrkosten von ca. 120,– EUR entstehen[2]. Daher muss der Pfändungsfreibetrag entsprechend heraufgesetzt werden[3].

Rechtsanwalt

Anmerkungen

1. Da der Antrag keine Erinnerung ist, sondern Abänderung bezweckt (LG Berlin RPfleger 1977, 224), entscheidet der Rechtspfleger. Der Beschluss ist Gläubiger, Schuldner und Drittschuldner von Amts wegen zuzustellen (*Stöber* Rdn. 1187).

2. Der Gläubiger, der zu hören ist, kann zB. Kostentragung durch die Krankenkasse einwenden oder dass – bei hohem Schuldnereinkommen – die Belastung aus dem pfandfreien Betrag zu tragen ist.

3. Weitere Fälle:

- § 850f Abs. 1a ZPO: Sozialhilfesatz liegt ausnahmsweise über dem Pfändungsfreibetrag; der Schuldner hat durch eine Bescheinigung des für ihn zuständigen Sozialhilfeträgers nachzuweisen, dass die ihm belassenen Mittel das Existenzminimum unterschreiten.
  § 850f Abs. 1a ZPO findet auch Anwendung bei der Vollstreckung von Unterhaltsforderungen nach § 850d ZPO (BGH NJW-RR 2004, 506).
- § 850f Abs. 1c ZPO: Es sind bspw. mehr als die 5 in § 850c ZPO berücksichtigten Unterhaltsberechtigten vorhanden.

Kosten und Gebühren

a) Gericht: keine Gebühr.
b) Schuldneranwalt: 0,3 Gebühr nach VV 3309.
c) Gläubigeranwalt: keine besondere Gebühr neben der 0,3 Pfändungsgebühr nach VV 3309, auch nicht für die Gläubigeranträge nach § 850f. Abs. 2 und Abs. 3 ZPO (*Zöller/Stöber* § 850f ZPO Rdn. 21).

Fristen und Rechtsmittel

Da nach Anhörung entschieden wird, sofortige Beschwerde wie Form. III. A. 13.

22. Schuldnerantrag im Sonderfall (§ 850i ZPO)

An das
Amtsgericht
Vollstreckungsgericht[1]

Antrag nach § 850i ZPO
In der Vollstreckungssache
X ./. Y

beantrage ich namens und in Vollmacht des Schuldners zu beschließen:

Der Pfändungsbeschluss dieses Gerichtes vom ...... Az. ...... wird dahin geändert, dass die Pfändung für einen Teilbetrag von ...... EUR aufgehoben und dieser Teilbetrag dem Schuldner belassen wird[3].

Begründung:

Gepfändet ist Architektenhonorar des Schuldners. Gemäß beigefügter Bestätigung des Bauherrn, für deren Richtigkeit ich mich auf dessen Zeugnis berufe, hat das Projekt den Schuldner 2 Monate voll in Anspruch genommen, nämlich vom ...... bis ...... Da ein Anschlussauftrag fehlt, ist es angemessen, dem Schuldner vom Pfandbetrag dreimal den monatlichen Pfändungsfreibetrag gemäß § 850c ZPO für sich, seine Ehefrau und seinen Sohn zu belassen[4].
Da ausweislich der Bescheinigung in erheblichem Maße Sonntags- und Nachtarbeit erforderlich war, ist in entsprechender Anwendung von § 850a Nr. 1 ZPO zusätzlich ein Betrag von 5% des Gesamthonorars pfandfrei zu belassen. Hieraus ergibt sich die beantragte Freigabe.
Rechtsanwalt

Anmerkungen

1. Da keine Erinnerung, entscheidet der Rechtspfleger (*Stöber* Rdn. 1237 mwN.).

2. Der Antrag wird unzulässig, wenn die Vollstreckung beendet ist, also Drittschuldner an Gläubiger gezahlt hat (*Baumbach/Lauterbach/Albers/Hartmann* § 850i Rdn. 4).

3. § 850i ZPO bringt Pfändungsschutz für Freiberufler, Selbständige, Künstler etc. (vgl. Aufzählung bei BGH NJW-RR 2004, 644), die kein laufendes Arbeitseinkommen

iSv. § 850 ZPO haben. Daher zB. auch Anwendung auf wiederkehrend gezahlte Lizenzgebühren (BGH NJW-RR 2004, 644) und Abfindungen nach §§ 9 ff. KSchG (*Zöller/Stöber* § 850 i ZPO Rdn. 1). Ähnlichen Schutz für Landwirte bietet § 851 a ZPO, für Vermieter und Verpächter, allerdings nur für Grundstücksunterhaltung, § 851 b ZPO und für gemischte Verträge § 850 i Abs. 2 ZPO.

4. Die Einkünfte sind auf den Zeitraum zu verteilen, für den sie das alleinige Einkommen des Schuldners darstellen (*Baumbach/Lauterbach/Albers/Hartmann* § 850 i Rdn. 5). §§ 850 a, c, d, e und f ZPO sind entsprechend anzuwenden (*Stöber* Rdn. 1239). Werbungskosten sind analog § 850 a Nr. 3 ZPO zu berücksichtigen (BGH NJW 2003, 2167).

Kosten und Gebühren

Wie Form. III. B. 21.

Fristen und Rechtsmittel

Da nach Anhörung entschieden wird, sofortige Beschwerde, wie Form. III. A. 13.

23. Schuldnerantrag gegen Kontenpfändung (§ 850 k ZPO)

An das
Amtsgericht
Vollstreckungsgericht

Antrag nach § 850 k ZPO

In der Vollstreckungssache

X ./. Y

beantrage ich namens und in Vollmacht des Schuldners zu beschließen:

Der Pfändungsbeschluss dieses Gerichtes vom ...... Az. ...... wird dahin geändert, dass die erfolgte Pfändung des Guthabens zur Konto-Nr. ...... bei der Z-Bank in Höhe von ...... EUR[1] und die Pfändung künftiger Geldeingänge in einer Höhe von monatlich ...... EUR aufgehoben werden[2].

Ich beantrage weiter,

vorab die Pfändung in Höhe von ...... EUR aufzuheben und bitte um sofortige Entscheidung[3].

Ich beantrage ferner,

gemäß §§ 850 k Abs. 3, 732 Abs. 2 ZPO die Vollstreckung aus dem genannten Pfändungsbeschluss in Höhe von ...... EUR einstweilen einzustellen.

Begründung:

1. Nach den beigefügten Überweisungsbelegen ist das Gehaltskonto des Schuldners gepfändet[4]. Nach der in Kopie beigefügten Lohnsteuerkarte unterhält der Schuldner folgende Personen ......, so dass ihm ein Pfändungsfreibetrag nach §§ 850 a u. c ZPO von ...... EUR zusteht[5]. Da die Pfändung gemäß Bankmitteilung am 21. des Monats zugestellt wurde und die Zahlung ausweislich der Überweisungsbelege monatlich am 1. des Monats erfolgt, ist die Pfändung in Höhe von 1/3 dieses Betrages aufzuheben.

Da die Pfändung auch künftige Geldeingänge erfasst, ist sie für diese zugleich in Höhe des monatlich unpfändbaren Betrages aufzuheben.

2. Der Schuldner verfügt nach beigefügter eidesstattlicher Versicherung über keinerlei Bargeld mehr. Ich bitte daher vorab die Pfändung in der für den notwendigen Unterhalt erforderlichen Höhe für das restliche Monatsdrittel aufzuheben[6].

3. Da zu besorgen ist, dass die Entscheidung über den Hauptantrag erst nach Ablauf der 2-Wochen-Sperrfrist von § 835 Abs. 3 S. 2 ZPO ergeht und dann an den Gläubiger gezahlt werden muss, bitte ich, vorab die Vollstreckung in Höhe des voraussichtlichen Freibetrages einstweilen einzustellen. Ich bitte, mich von der Entscheidung vorab telefonisch zu unterrichten.

Rechtsanwalt

Anmerkungen

1. § 850k ZPO verlängert den Lohnpfändungsschutz, um bargeldlose Zahlung zu ermöglichen. Bei Barzahlung schützt § 811 Nr. 8 ZPO entsprechend. Ähnlichen Kontoschutz bietet § 851b Abs. 1 S. 2 ZPO, einen verstärkten § 55 SGB I. § 850k ZPO ist auch auf laufende unpfändbare Sozialleistungen gem. § 55 Abs. 4 SGB I anwendbar (BGH NJW 2007, 604).

Er hindert allerdings nicht die kontoführende Bank an der kontokorrentmäßigen Verrechnung des auf dem Girokonto eingegangenen pfändungsfreien Einkommens (BGH NJW 2005, 1863).

2. Bei Pfändung künftiger Geldeingänge (vgl. Form. III. B. 12 Anm. 2) ist auch für die Zukunft aufzuheben (*Stöber* Rdn. 1297a).

3. § 850k Abs. 2 ZPO soll den notwendigen Unterhalt unverzüglich sichern.

4. Nicht erforderlich ist, dass gerade das gepfändete Guthaben aus Gehaltsüberweisung stammt (hM.; *Baumbach/Lauterbach/Albers/Hartmann* § 850k Rdn. 4; *Arnold* BB 1978, 1320).

5. Schuldner muss die Voraussetzungen der Pfändungsfreiheit dartun.

6. Notwendig ist mindestens der Sozialhilfesatz (vgl. Form. III. B. 20 Anm. 3).

Kosten und Gebühren

Wie Form. III. B. 21, wobei für die Nebenanträge nach § 850k Abs. 2 und Abs. 3 keine besonderen Gebühren entstehen.

Kostentragung: § 788 Abs. 3 ZPO, regelmäßig durch Schuldner, ausnahmsweise durch Gläubiger, wenn er etwa auf außergerichtliche Darlegung die Pfändung nicht beschränkt hat.

Fristen und Rechtsmittel

Da nach Anhörung entschieden wird, sofortige Beschwerde wie Form. III. A. 13.

24. Klage gegen Drittschuldner auf Arbeitslohn

An das
Arbeitsgericht[1]

Klage[2]
und
Streitverkündungsschrift[3]

der Firma ......

Klägerin,

Prozessbevollmächtigter ......

gegen

die Firma ......

Beklagte,

wegen Zahlung.

Streitwert[4]: ......

Streitverkündeter: Schlosser A (ladungsfähige Anschrift)[5]

Namens und in Vollmacht der Klägerin erhebe ich Klage und werde beantragen,

die Beklagte zu verurteilen,

1. an die Klägerin ...... EUR nebst Zinsen in Höhe von 5 Prozentpunkten[6] über dem Basiszinssatz seit dem ...... zu zahlen,

2. künftig für die Dauer der Beschäftigung des Streitverkündeten bei ihr ...... EUR monatlich, beginnend mit dem ......, bis zur völligen Abdeckung des Betrages von ...... EUR nebst ...... Zinsen in Höhe von 5 Prozentpunkten über dem Basiszinssatz an die Klägerin zu zahlen.

Außerdem verkünden wir ......[7]

Begründung:[8]

...... Seither steht die Lohnforderung des Streitverkündeten, soweit sie pfändbar ist, in Höhe des sich aus Hauptforderung, Zinsen und Kosten ergebenden Betrages der Klägerin zu. Diese hat die Beklagte mehrfach, erstmals mit Einschreiben vom ...... zur Abgabe der gesetzlich vorgeschriebenen Erklärung nach § 840 ZPO und zur Zahlung der sich danach ergebenden Beträge aufgefordert[9]. Die Beklagte hat nicht reagiert. Daher ist Klage geboten.

III.

Der Streitverkündete ist bei der Beklagten als KFZ-Schlosser tätig. Nach dem einschlägigen Tarifvertrag, nämlich dem Lohntarifvertrag für das KFZ-Handwerk vom ......, verdient ein Schlosser tariflich ...... EUR netto monatlich[10]. Der Streitverkündete verdient bei der Beklagten mindestens diesen Betrag.

Beweis: 1. Vernehmung des Buchhalters X der Beklagten,
2. Vernehmung des Streitverkündeten,
3. Vernehmung des Inhabers der Beklagten als Partei.

Der Streitverkündete hat ...... Unterhaltsberechtigte (Ehefrau und ...... Kinder). Pfändbar ist danach monatlich ein Betrag von ...... EUR. Mindestens diesen Betrag musste die Beklagte für jeden Lohnfälligkeitstermin nach dem Zustellungstage an die Klägerin abführen, bis die Forderung gegen den Streitverkündeten abgedeckt ist. Seit Zustellung

des Pfändungs- und Überweisungsbeschlusses ist der Lohn ...... mal fällig gewesen. Hieraus ergibt sich die Klageforderung zu 1[11]. Die Klägerin arbeitet mit einem die Klage- und die Hauptforderung übersteigenden Bankkredit, für den sie mindestens ......% Zinsen zahlen muss

Beweis: 1. Bankbescheinigung,
2. Zeugnis des zuständigen Kreditsachbearbeiters der klägerischen Hausbank.

Danach rechtfertigt sich der Zinsanspruch nach Grund und Höhe.

IV.

Aufgrund der bisherigen Zahlungsverweigerung der Beklagten besteht die Besorgnis, dass sie auch die zukünftig fällig werdenden gepfändeten Beträge nicht an die Klägerin auszahlt. Daher rechtfertigt sich der auf zukünftige Zahlung gerichtete Klageanspruch zu 2., § 259 ZPO[12].

Anmerkungen

1. Eingeklagt wird der gepfändete Anspruch des Schuldners/Arbeitnehmers gegen den Drittschuldner/Arbeitgeber. Dies ist eine Arbeitssache im Sinne von § 2 ArbGG. Die örtliche Zuständigkeit richtet sich daher über §§ 46, 48 ArbGG nach der ZPO, Arbeitsgericht des Beklagtensitzes oder des Erfüllungsortes.

2. Obsiegt der Kläger, muss der Beklagte ihm Anwaltskosten nicht erstatten, § 12a Abs. 1 S. 1 ArbGG (BAG NJW 1990, 2643). Unterliegt er, weil der Beklagte – wie es häufig geschieht – im Prozess Auskunft erteilt und danach kein pfändbarer Anspruch bestand, so kann er nach hM. (BAG NJW 1990, 2643; *Zöller/Stöber* § 840 Rdn. 14) die Klage ändern auf Zahlung der ihm entstandenen Kosten, auch der Anwaltskosten (so bisher schon die Zivilgerichte OLG Stuttgart DJ 1986, 460; LG Köln JurBüro 1990, 262).

Soweit sie vom Drittschuldner nicht zu erlangen sind, sind sie als notwendige Kosten der Vollstreckung vom Schuldner zu tragen und können gem. § 788 ZPO gegen diesen festgesetzt werden, BGH NJW 2006, 1141.

3. Der Gläubiger muss dem Schuldner den Streit verkünden, sofern dieser eine ladungsfähige Anschrift im Inland hat, § 841 ZPO. Der dazu nach § 73 ZPO erforderliche Schriftsatz kann mit der Klageschrift verbunden werden. Dann muss eine zusätzliche beglaubigte Abschrift zur Zustellung an den Streitverkündeten beigefügt werden.

4. Der Streitwert bemisst sich nicht nach dem Wert der Vollstreckungsforderung, sondern nach dem eingeklagten Teil der gepfändeten Forderung, maximal nach dem Wert der Vollstreckungsforderung, bzw. wegen der eingeklagten wiederkehrenden Leistungen mit dem Wert des dreifachen Jahresbeitrages gem. § 12 Abs. 7 S. 2 ArbGG, (vgl. LAG Hamm, AnwBl. 1983, 38).

5. Da an ihn zuzustellen ist (vgl. oben Anm. 3), muss der Streitverkündete mit ladungsfähiger Anschrift angegeben werden.

6. Als Zinsforderung darf nicht etwa diejenige aus dem Vollstreckungstitel angesetzt werden. Denn diese schuldet der Drittschuldner nicht. Forderungen auf Prozess- oder Verzugszinsen gegen ihn müssen also wie sonst auch spezifiziert begründet werden (vgl. näher *Wenzel* MDR 1966, 971, 974), sofern man nicht auf den gesetzlichen Verzugszins zurückgreift.

7. Folgt Streitverkündung, wie Form. III. B. 16.

8. Begründung in I. und in II. erster Absatz wie in Form. III. B. 16.

9. Erst so werden Verzugszinsen gegen den Drittschuldner begründet, vgl. oben Anm. 6, soweit nicht § 286 Abs. 2 BGB eingreift.

10. Sofern der tatsächlich gezahlte Nettolohn nicht bekannt ist, verlangen viele Arbeitsgerichte zur schlüssigen Darlegung die Angabe des Tariflohnes. Dies setzt Ermittlung der Art der Tätigkeit und des einschlägigen Tarifvertrages voraus, was sehr aufwändig ist. Da Drittschuldnerprozesse ohnehin häufig durch VU enden, ist es empfehlenswert, zunächst die Geltendmachung des Anspruches gegen den Drittschuldner im – arbeitsgerichtlichen – Mahnverfahren zu versuchen.

Wird der Anspruch aus verschleiertem Arbeitseinkommen gem. § 850h Abs. 2 ZPO geltend gemacht, hat der Gläubiger Art und Umfang der Arbeitsleistung des Schuldners darzulegen sowie dem Gericht mit seinem Sachvortrag einen Vergleich zwischen der für die behauptete Arbeitsleistung angemessenen Vergütung und der tatsächlich gezahlten Vergütung zu ermöglichen (BAG NZA 2006, 175).

11. Mit dieser Berechnung ist der Anspruch gegen den Drittschuldner schlüssig dargelegt (vgl. im Einzelnen zu den Schlüssigkeitserfordernissen *Wenzel* MDR 1966, 971 und *Süsse* BB 1970, 671). Bestreitet der beklagte Drittschuldner, ist der Kläger/Gläubiger beweispflichtig, (LAG Hamm BB 1988, 488).

12. Die hM. (BGH NJW-RR 2006, 1566) hält bei schweigendem Drittschuldner nur diese Zahlungs-, nicht aber eine Auskunftsklage für zulässig.

Kosten und Gebühren

a) Gericht: Gebühr nach § 12 ArbGG, KV 8210.

b) Anwalt: normale Gebühren des Erkenntnisverfahrens, VV 3100 ff., die auch die Streitverkündung abdecken.

Fristen und Rechtsmittel

Die des normalen, hier arbeitsgerichtlichen Klageverfahrens, vgl. Abschnitt IV. D.

Zwangsvollstreckung in sonstige Rechte

25. Pfändungsantrag bei Internetdomain (§ 857 Abs. 1 ZPO) und drittschuldnerlosem Recht (§ 857 Abs. 2 ZPO)[1]

……[2]

a) Internetdomain

werden die angeblichen Ansprüche des Schuldners aus dem mit der DENIC Domain eG, vertreten durch den Vorstand, Kaiserstr. 75–77, 60329 Frankfurt am Main, – Drittschuldner – abgeschlossenen Registrierungsvertrag über die Internet Domain …… gepfänder.

Die Ansprüche werden dem Gläubiger an Zahlungs statt zum Schätzwert von …… EUR überweisen[3].

……[4]

b) drittschuldnerloses Recht
Wegen dieser Forderung sowie dem nachzuweisenden Kostenbetrag von ca. ...... EUR für die Wegnahme der Patenturkunde wird das angeblich unter Nr. ...... beim Deutschen Patentamt für den Schuldner eingetragene Patent betreffend ...... einschließlich der Rechte aus diesem Patent gepfändet[5].
Dem Schuldner wird aufgegeben, die Patenturkunde an den Gläubiger herauszugeben[6].
Dem Schuldner wird verboten, über das Patent und die Rechte aus dem Patent zu verfügen.
Ich bitte, die Zustellung an den Schuldner zu vermitteln[7].

Rechtsanwalt

Anmerkungen

1. § 857 Abs. 1 ZPO macht die Vorschriften über Forderungspfändung entsprechend auf sonstige Vermögensrechte anwendbar, die nicht der Immobiliarvollstreckung unterliegen zB. das Nutzungsrecht des Leasingsnehmers, (vgl. OLG Düsseldorf NJW 1988, 1676; Listen sonstiger Vermögensrechte bei *Baumbach/Lauterbach/Albers/Hartmann,* § 857 Rdn. 5 bis 10; *Stöber* Rdn. 1481 ff.). Davon sind drittschuldnerlos ua.
- die Eigentümergrundschuld (§ 857 Abs. 6 mit § 830 ZPO)
- Urheber-, Patent-, Gebrauchs- und Geschmacksmusterrechte, wenn sie nur einer Person zustehen (sonst Mitberechtigte Drittschuldner),
- Warenzeichen, vgl. näher *Repern* NJW 1994, 175, § 29 MarkenG
- ggf. Nacherbschaft, aber strittig (*Stöber* Rdn. 1657 mwN.), weshalb vorsorglich dem Vorerben als Drittschuldner zugestellt werden sollte, ebenso bei Auflassungsanwartschaft, vgl. Form. III. B. 28.

2. Rubrum und Forderungsberechnung wie Form. III. B. 6.

3. Die **Internet-Domain** als elektronische Adresse kann erheblichen Marktwert haben. Sie stellt kein absolutes Recht dar. Pfändbar ist vielmehr die Gesamtheit der schuldrechtlichen Ansprüche, die dem Inhaber der Domain gegenüber der Vergabestelle aus dem Registrierungsvertrag zustehen. Die Verwertung kann nach §§ 857 Abs. 1, 844 Abs. 1 ZPO durch Überweisung an Zahlung statt zu einem Schätzwert erfolgen (BGH NJW 2005, 3353).

4. Weiter wie Form. III B 6.

5. Pfändbar schon vor Erteilung und sogar vor Anmeldung des Patentes (BGH NJW 1994, 3099; *Stöber* Rdn. 1718 ff. mwN.). Die Pfändung erfasst nicht vorher begründete Ansprüche aus Lizenzverträgen und aus Patentverletzung. Sie müssen normal unter Benennung des Drittschuldners gepfändet werden, wegen der verschiedenen Wirksamkeitsvoraussetzungen (Zustellung an Schuldner einer- an Drittschuldner andererseits) ggf. durch gesonderten Antrag.

6. Gemäß § 836 Abs. 3 ZPO.

7. Hier ist Zustellung an Schuldner für Wirksamkeit der Pfändung maßgeblich. Verwertung nicht durch Überweisung, sondern nach § 844 ZPO, vgl. Form. III. B. 15 insbes. Anm. 5.

Kosten und Gebühren

Wie Form. III. B. 6, nur Kosten für die Zustellung an Drittschuldner entfallen. Wird eine Verwaltung nach § 857 Abs. 4 ZPO angeordnet, fällt für den Anwalt mit Ausführung der Verwaltung eine gesonderte 0,3 Gebühr an, § 18 Abs. 1 Nr. 9 RVG.

Fristen und Rechtsmittel

Wie Form. III. B. 6.

26. Pfändungsantrag bei Gemeinschafts-, Gesellschafts- oder Genossenschaftsanteilen

Schrifttum: Behr, Vollstreckung in Personengesellschaften, NJW 2000, 1137.

a. Bruchteilsgemeinschaft, §§ 741 ff. BGB insbesondere an einem Grundstück

……[1]

werden die angeblichen Ansprüche des Schuldners aus der Bruchteilsgemeinschaft an dem Grundstück X-Straße Nr. Y in Z, eingetragen im Grundbuch von Z, Bd. …… Bl. ……, dessen Miteigentümer zu $^1/_2$ er neben seiner Ehefrau ist

A (vollständige Anschrift), Drittschuldnerin[2]

insbesondere die Ansprüche gegen die Drittschuldnerin/Miteigentümerin[3]
– auf Aufhebung der Gemeinschaft
– auf Aufteilung des Verwertungserlöses und
– auf Auszahlung des anteiligen Erlöses und der anteiligen Einnahmen
gepfändet[4] ……[5]

b. BGB-Gesellschaft, oHG, KG, Partnerschaft, EWIV

……[1]

wird der angebliche Anteil des Schuldners als Gesellschafter am Vermögen der mit den Ärzten
1. A (vollständige Anschrift)
2. B (vollständige Anschrift), Drittschuldner[6]
eingegangenen BGB-Gesellschaft (Gemeinschaftspraxis) einschließlich der jetzigen und zukünftigen Ansprüche auf[7]
– Zahlung des dem Schuldner für Geschäftsführung zustehenden Entgeltes[8],
– Zahlung des Gewinnanteils,
– Zahlung des Auseinandersetzungsguthabens,[8 a]
– Rückzahlung von Darlehen oder nach sonstiger Vereinbarung der Gesellschaft gegebenen oder belassenen Beträge
gepfändet. ……[5, 9]

c. GmbH

……[1]

werden die angeblichen Geschäftsanteile des Schuldners an der X-GmbH, vertreten durch den Geschäftsführer, den Kaufmann Y, Drittschuldnerin[10]
einschließlich der jetzigen und zukünftigen Ansprüche auf Nutzungen bzw. Gewinnanteile[11]
auf Vergütung für die Leistung persönlicher Dienste durch den Schuldner[12]
und auf Kündigung der Gesellschaft[13]
gepfändet. ……[5]

d. Genossenschaft

……[1]

werden die angeblich dem Schuldner als Genosse der X-e. G. Drittschuldnerin[14]
zustehenden jetzigen und zukünftigen Ansprüche
– auf Auszahlung des Gewinns,
– auf Auszahlung des Geschäfts- bzw. Auseinandersetzungsguthabens
gepfändet[15]. ……[5]

e. Erbengemeinschaft

……[1]

wird der angebliche Miterbenanteil des Schuldners am ungeteilten Nachlass des am …… in …… verstorbenen A mit den weiteren Miterben

1. B (vollständige Anschrift)
2. C (vollständige Anschrift), Drittschuldner[16]

einschließlich des Rechtes auf Nachlassauseinandersetzung gepfändet[17] ……[5]

Anmerkungen

1. Rubrum, Forderungsberechnung und Pfändungsformel wie Form. III. B. 6.

2. Drittschuldner sind alle anderen Miteigentümer, denen zuzustellen ist, § 829 Abs. 2 u. 3 ZPO (näher *Furtner* NJW 1969, 871).

3. Die Einzelansprüche sind als Nebenrechte mitgepfändet, vgl. § 751 S. 2 BGB, und nur zur Klarstellung genannt (*Stöber* Rdn. 1548).

4. Bruchteilseigentum an einem Grundstück als solches ist nicht nach § 857 ZPO pfändbar. Es unterliegt der Immobiliarvollstreckung. Der Aufhebungsanspruch des Miteigentümers eines Grundstücks gem. § 749 Abs. 1 BGB kann zwar nicht allein, aber zusammen mit dem künftigen Anspruch auf eine den Anteilen entsprechende Teilung und Auskehrung des Versteigerungserlöses gepfändet und überwiesen werden (BGH NJW 2006, 849).

Aus dem Pfändungs- und Überweisungsbeschluss kann der Gläubiger ggf. Teilungsversteigerung betreiben (BGH NJW 1984, 1968), vgl. Form. III. B. 44. Es kommt dann das Gesamtgrundstück zur Versteigerung (sog „großes“ Antragsrecht), nicht nur der Miteigentumsanteil, der allein meist kaum verwertbar ist. Zuvor ist zur Rangsicherung Zwangshypothek auf dem Bruchteil des Schuldners zu empfehlen.

5. Weiter wie Form. III. B. 6. In gleicher Weise kann auch Miteigentum an beweglichen Sachen sowie an Forderungen gepfändet werden, (vgl. *Stöber* Rdn. 1547 und 1548). Drittschuldner sind jeweils die Miteigentümer/Gemeinschafter.

6. Nachdem der BGH die BGB-Gesellschaft als parteifähig ansieht (NJW 2001, 1056), kann sie als solche Drittschuldner sein. Ihre aussagekräftige Bezeichnung ist als Drittschuldnerbezeichnung anstelle der Nennung aller Gesellschafter genügend (vgl. *Stöber* Rdn. 1557 mwN.). Für die Zustellung an eine GbR reicht die Zustellung an ihren Geschäftsführer (soweit vorhanden) oder ansonsten an einen ihrer Gesellschafter (BGH NJW 2006, 2191). Bei KG braucht nur den Komplementären zugestellt werden.

7. Ansprüche auf Gewinnanteil und Auseinandersetzungsguthaben sind im Zweifel mitgepfändet, die übrigen müssen gesondert genannt werden, außer dem Kündigungsrecht, vgl. § 725 BGB.

8. Der Anspruch kann nach §§ 850 ff. ZPO unpfändbare Beträge enthalten, daher ggf. gesonderte Pfändung nach Form. III. B. 17 zu empfehlen.

8 a. Der Gläubiger muss die Gesellschaft gemäß § 725 BGB kündigen. Dem Schuldner muss die Kündigung nicht zugehen, allenfalls bekannt werden, (vgl. BGH NJW 1993, 1002). Sofern im Gesellschaftsvertrag nichts anderes vorgesehen ist (zB. Ausscheiden des Schuldners gegen Zahlung des Abfindungsguthabens) ist gemäß § 730 ff. BGB zu liquidieren – durch die bisherigen Gesellschafter. Verzögern diese die Liquidation, kann der Gläubiger sie anstelle des Schuldners selbst betreiben (*Stöber* Rdn. 1572, aber strittig). Gehört der Gesellschaft ein Grundstück, so muss der Gläubiger in diesem Fall auch Teilungsversteigerung betreiben können, (BGH NJW 1992, 830). Für die schlichte Rechtsgemeinschaft ist diese Gläubigerbefugnis unstreitig, vgl. oben Anm. 4.

9. Die Formulierung ist für Anteile an oHG und KG entsprechend verwendbar. Dort reicht jedenfalls die Firmenbezeichnung der Gesellschaft und Zustellung an sie, also an die vertretungsberechtigten Gesellschafter (ganz hM., Großkomm. HGB/*Ulmer* § 135 Anm. 11; *Schmidt* JR 1977, 178; *Stöber* Rdn. 1584 mwN.). Ausgleichsansprüche gegen andere Gesellschafter bei Liquidation müssen gesondert gepfändet werden (Großkomm. HGB/*Ulmer* § 135 Anm. 11).

Das Kündigungsrecht hat Gläubiger kraft Gesetzes, § 135 HGB und § 161 Abs. 2 HGB. Die anderen Gesellschafter können Kündigung durch Zahlung gemäß § 268 BGB abwenden. Außerdem muss vorher die Mobiliarvollstreckung versucht sein, § 135 HGB.

Auch Anteile an einer Partnerschaft sowie einer EWIV sind wie oHG-Anteile pfändbar. Drittschuldner sind die übrigen Gesellschafter, zuzustellen ist die Pfändung an die geschäftsführenden Gesellschafter (vgl. *Stöber* Rdn. 1596 u. 1597).

10. Drittschuldnerin ist allein die GmbH. Verwertung nach § 844 ZPO, Form. III. B. 15. (näher *Stöber* Rdn. 1611 ff. mwN.).

11. Da str. ist, ob der Gewinnanspruch stillschweigend umfasst ist (aA. *Schuler* NJW 1960, 1424; dafür *Pfaff* GmbHRdsch. 1964, 92), sollte er ausdrücklich mitgepfändet werden.

12. Dieser Anspruch wird häufig Arbeitseinkommen umfassen, so dass ggf. gesondert nach § 850 ff. ZPO zu pfänden ist, Form. III. B. 17.

13. Zur Klarstellung zu nennen (LG Karlsruhe Büro 1968, 1008), aber nur wirksam, wenn in der Satzung vorgesehen. Gesetzliches Kündigungsrecht hat der Pfandgläubiger nicht. Die Pfändung geht im Rang einer etwa schon bestehenden Abtretung des Auseinandersetzungsguthabens vor, da dies nur ein künftiger Anspruch ist (BGH NJW 1989, 458). Der Gesellschaftsvertrag sieht häufig vor, dass der Gesellschafter bei Pfändung seines Anteils aus der Gesellschaft ausscheidet. Er kann nicht vorsehen, dass dies ohne oder mit zu geringer Abfindung geschieht (*Stöber* Rdn. 1616 ff.).

14. Drittschuldner ist die Genossenschaft, vertreten durch den Vorstand, dem zuzustellen ist.

15. Pfändbar sind die aus der Beteiligung fließenden Ansprüche, § 66 GenG. Der Pfandgläubiger kann dann kraft Gesetzes, § 66 Abs. 1 GenG, das Kündigungsrecht des Genossen (Schuldners) ausüben (*Pöhlmann/Fandrich/Bloehs* Genossenschaftsgesetz, 3. Aufl. 2007 § 66 Rdn. 1), jedoch erst nach fruchtloser Mobiliarvollstreckung. Letztere kann nach der Anspruchspfändung nachgeholt werden. Danach ist das Kündigungsrecht erneut zur Ausübung zu überweisen (*Stöber* Rdn. 1636). Möglich auch Verwertung durch Verkauf des Anteils, § 844 ZPO.

16. Drittschuldner sind und zuzustellen ist daher an die übrigen Miterben (BGHZ 49, 206). Bei Testamentsvollstreckung zur Nachlassteilung und bei Nachlassverwaltung sind aber Testamentsvollstrecker bzw. Nachlassverwalter als Verfügungsberechtigte die Drittschuldner (*Stöber* Rdn. 1670).

17. Um wirksame Verfügungen an gutgläubige Dritte zu hindern, sollte Gläubiger die Pfändung bei zum Nachlass gehörenden Grundstücken und grundstücksgleichen Rechten ins Grundbuch eintragen lassen (RGZ 90, 237; *Stöber* Rdn. 1682 ff.). Verwertung des Anteils außer durch Aufhebung der Erbengemeinschaft auch nach § 844 ZPO.

Kosten und Gebühren

Wie Form. III. B. 6.

Fristen und Rechtsmittel

Wie Form. III. B. 6.

27. Pfändungsantrag bei Herausgabeanspruch (§§ 846 ff. ZPO)[1]

a) bewegliche Sachen

……[2]

wird der angebliche Anspruch des Schuldners

gegen Firma X (Anschrift)

– Drittschuldnerin[3] –

auf Herausgabe des zur Reparatur übergebenen[4] Kraftfahrzeuges Marke ……, polizeiliches Kennzeichen ……, gepfändet und dem Gläubiger zur Einziehung überwiesen.
Zugleich wird angeordnet, dass das Fahrzeug an einen vom Gläubiger zu beauftragenden Gerichtsvollzieher herauszugeben ist[5]. ……[6].

b) unbewegliche Sachen

……[1]

wird der angebliche Anspruch des Schuldners

gegen Herrn A (Anschrift)

– Drittschuldner –

auf Übertragung des Eigentums durch Auflassung und Eintragungsbewilligung an dem Grundstück B-Straße, Nr. …… in, …… eingetragen im Grundbuch von …… Bd. …… Bl. ……,
gepfändet und dem Gläubiger zur Einziehung überwiesen.
Zugleich wird angeordnet, dass das Grundstück an einen vom Amtsgericht …… zu bestellenden Sequester, wofür ich Herrn B vorschlage, herauszugeben und an ihn als Vertreter des Schuldners aufzulassen ist[7].
……[6]

Anmerkungen

1. §§ 846 ff. ZPO machen mit Abweichungen die Vorschriften für Pfändung von Geldforderungen entsprechend anwendbar, mithin auch Vorpfändung, § 845 ZPO.

2. Rubrum, Forderungsberechnung und Pfändungsformel wie Form. III. B. 6.

3. Die Anspruchspfändung ist nur erforderlich, wenn der Dritte nicht zur Herausgabe bereit ist, sonst § 809 ZPO. Nach § 846 ZPO ist auch vorzugehen zB. bei Pfändung des Geldinhalts von Automaten, wenn der Zugang zum Aufstellungsort verweigert wird, (LG Aurich NJW 1991, 1188).

4. Der Rechtsgrund der gepfändeten angeblichen Forderung muss wenigstens in allgemeinen Umrissen angegeben sein. Allein die Benennung der herauszugebenden Sache genügt nicht (BGH NJW 2007, 3132).

5. Da, anders als bei Geldforderung, mit Leistung des Drittschuldners der Zahlungsanspruch des Gläubigers nicht befriedigt ist, ist anschließend Verwertung erforderlich, § 847 Abs. 2 ZPO. Um Zwischenverfügungen des Schuldners zu hindern, muss Drittschuldner nicht an ihn, sondern an Gerichtsvollzieher leisten. Dann entsteht aus dem Pfandrecht an der Forderung ein Pfandrecht an der Sache (*Baumbach/Lauterbach/Albers/Hartmann* § 847 Rdn. 7). Leistet Drittschuldner nicht, Drittschuldnerklage, vgl. Form. III. B. 24, auf Herausgabe an Gerichtsvollzieher.

Hat er Gegenforderungen, etwa auf Werklohn, kann Gläubiger ihn befriedigen. Die Kosten sind Kosten der Vollstreckung, § 788 ZPO, und bei Verwertung der Sache zu berücksichtigen (str. vgl. *Stöber* Rdn. 2024 und 1500).

6. Weiter wie in Form. III. B. 6.

7. Zur Formulierung *Hoche* NJW 1955, 163. Herausgabe muss bei unbeweglichen Sachen durch Auflassung ergänzt werden. Sie darf, wieder zur Vermeidung von Schuldnerverfügungen, nur an einen Sequester als Vertreter des Schuldners erfolgen. Den Sequester sollte der Gläubiger vorschlagen, ggf. im Pfändungsantrag. Der Anspruch auf Leistung des Grundstücks erstreckt sich auf den Anspruch auf Einräumung einer Auflassungsvormerkung als Nebenanspruch. Eine bereits eingetragene Auflassungsvormerkung wird als Nebenrecht von der Pfändung erfasst (*Zöller/Stöber* § 848 Rdn. 10).

Mit Eigentumsübergang auf Schuldner entsteht kraft Gesetzes – ohne Eintragung – eine Sicherungshypothek, § 848 Abs. 2 S. 2 ZPO. Deren Eintragung gem. § 848 Abs. 2 S. 3 ZPO ist nur deklaratorisch (RGZ 71, 430), um gutgläubigen lastenfreien Erwerb Dritter zu hindern (*Baumbach/Lauterbach/Albers/Hartmann* § 848 Rdn. 10). Die weitere Vollstreckung nach Eintragung der Sicherungshypothek erfolgt durch Zwangsversteigerung (näher *Stöber* Rdn. 2034 ff.).

Kosten und Gebühren

Für Gericht und Anwalt wie Form. III. B. 6. Der Gerichtsvollzieher erhält im Falle a) eine Gebühr von 12,50 EUR nach KV 206 GvKostG.

Die Bestellung des Sequesters im Fall b) ist für den Anwalt keine besondere Angelegenheit, § 19 Abs. 2 Nr. 3 RVG. Der Sequester erhält, soweit er sich nicht Zahlung durch Vertrag ausbedingt, eine vom Gericht analog zu § 153 ZVG festzusetzende Vergütung. Sie gehört, wie auch eine angemessene vertragliche Vergütung, zu den notwendigen Vollstreckungskosten nach § 788 ZPO.

Fristen und Rechtsmittel

Wie Form. III. B. 6.

28. Pfändung von Anwartschaften und Nießbrauch an beweglichen Sachen[1] und Grundstücken

a) bewegliche Sachen

……[2]

wird das angebliche Anwartschaftsrecht des Schuldners gegen

Firma X-GmbH (Anschrift)

– Drittschuldnerin –[3]

auf das Eigentum an dem unter Eigentumsvorbehalt gekauften Kraftfahrzeug Marke ……, polizeiliches Kennzeichen ……, Fahrgestell-Nr. ……, einschließlich der gegenwärtigen und zukünftigen Ansprüche auf

– Entgegennahme des Restkaufpreises,

– Widerspruch gegen Drittzahlung, § 267 Abs. 2 BGB[4],

– Rückzahlung der nach Auflösung des Kaufvertrages, gleich aus welchem Grunde, zurückzuerstattenden Kaufpreisraten[5]

gepfändet.

……[6]

b) Grundstücke (Eigentumsanwartschaft)

……[7]

wird das angebliche Anwartschaftsrecht des Schuldners aus der Auflassung des Grundstücks in A, B-Straße Nr. ……, Grundbuch von …… Band …… Blatt ……, an ihn durch den Verkäufer[8] …… am …… zu URNr. …… des Notars ……

gepfändet und dem Gläubiger zur Einziehung überwiesen[9]. Dem Schuldner wird verboten, über das Anwartschaftsrecht zu verfügen.[10]

c) Nießbrauch an Grundstücken

……[7]

wird der für den Schuldner im Grundbuch von …… Blatt …… in Abt. II Nr. …… an dem Grundstück …… des Eigentümers …… – Drittschuldner – angeblich eingetragene Nießbrauch.
Zum Zwecke der Ausübung des Nießbrauches durch den Gläubiger wird die Verwaltung des Grundstückes angeordnet (§ 857 Abs. 4 ZPO). Zum Verwalter wird …… bestellt. Der Verwalter wird ermächtigt, sich selbst den Besitz des Grundstücks zu verschaffen. Der Verwalter hat die für die Verwaltung entbehrlichen Grundstücksnutzungen in Geld umzusetzen und diesen Erlös an den Gläubiger bis zur Befriedigung seines Anspruches abzuliefern[11].
……[6]

Schrifttum: Hintzen, Pfändung und Vollstreckung im Grundbuch, 3. Aufl. 2008.

Anmerkungen

1. Da das Anwartschaftsrecht mit Zahlung des Restkaufpreises erlischt und mangels einer § 848 Abs. 2 S. 2 ZPO entsprechenden Vorschrift für bewegliche Sachen ein Pfandrecht an der Sache nicht kraft Gesetzes entsteht, ist nach hM. stets zusätzlich die Sache selbst nach § 808 ZPO zu pfänden (hM. BGH NJW 1954, 1325; *Baumbach/Lauterbach/Albers/Hartmann* Grundz. 60 vor § 704; *Stöber* Rdn. 1487 mwN.).

2. Rubrum, Forderungsberechnung und Pfändungsformel wie Form. III. B. 6.

3. Nachdem BGH NJW 1968, 493 bei Eigentumsanwartschaft den Verkäufer nicht als Drittschuldner ansieht, ist zweifelhaft, ob auch bei Anwartschaften an beweglichen Sachen Zustellung an Schuldner selbst ausreicht (*Strutz* NJW 1969, 831; anders noch BGH NJW 1954, 1325). Vorsorglich sollte an Schuldner **und Drittschuldner** zugestellt werden (*Stöber* Rdn. 1489).

4. Nennung erfolgt teilweise nur zur Klarstellung. Drittschuldner kann dann Zahlung des Gläubigers nicht mehr ablehnen, § 267 Abs. 1 BGB (BGH NJW 1965, 1475, 1476). Mit Zahlung des Gläubigers erwirbt Schuldner Eigentum, belastet mit Pfandrecht des Gläubigers. Wirtschaftlich sinnvoll ist dies nur, wenn Pfandverwertung mehr als Restkaufpreis plus Kosten erbringt. Der gezahlte Restkaufpreis gehört nach zutreffender herrschender Meinung zu den Vollstreckungskosten, § 788 ZPO, und wird aus dem Verwertungserlös erstattet (*Stöber* Rdn. 1500 mwN.).

5. Der Anspruch kann bei Rücktritt des Drittschuldners, etwa wegen Zahlungsverzuges, entstehen.

6. Weiter wie Form. III. B. 6.

7. Rubrum, Forderungsberechnung und Pfändungsformel wie Form. III. B. 6.

8. In entsprechender Anwendung, § 857 Abs. 1 ZPO, von § 848 Abs. 2 S. 2 ZPO entsteht mit Umschreibung auf den Schuldner – ohne Treuhänder – für den Gläubiger eine Sicherungshypothek (*Stöber* Rdn. 2058 mwN.), vgl. Form III. B. 27 Anm. 4.

9. Nach Rechtsprechung des BGH entsteht ein (pfändbares) Anwartschaftsrecht des Auflassungsempfängers erst nach Stellung des Eintragungsantrages (BGH NJW 1989, 1093) oder wenn eine Auflassungsvormerkung eingetragen wurde (BGH NJW 1982, 1639). Anwartschaft und Übereignungsanspruch, (§ 848 ZPO, vgl. Form. III. B. 27) bestehen nebeneinander und sollten deshalb kumulativ gepfändet werden (*Stöber* Rdn. 2071).

10. Zustellung an Veräußerer ist nicht erforderlich (BGH NJW 1968, 1087).

11. Der Nießbrauch ist, wie sich aus §§ 857 Abs. 3 ZPO iVm. § 1059 BGB ergibt, der Pfändung insoweit unterworfen, als die Ausübung einem anderen überlassen werden kann. Wegen seiner Unveräußerlichkeit darf der Pfändungsgläubiger den Nießbrauch nicht zu seiner Befriedigung verwerten, sondern ihn nur zu diesem Zwecke ausüben. Der die Ermächtigung zur Besitzverschaffung enthaltende Beschluss ist notfalls mit Hilfe des Gerichtsvollziehers durchsetzbar (BGH NJW 2006, 1124). Lastet der gepfändete Nießbrauch des Schuldners auf einem ideellen hälftigen Bruchteil des Grundstücks, das im ungeteilten Eigentum seiner Ehefrau steht, so kann der Gläubiger über die Leistungsklage eine ordnungsgemäße Nutzung des Grundstücks erreichen, soweit dies der Billigkeit entspricht und sich im Rahmen des § 743 Abs. 2 BGB hält (BGH NJW 2007, 149).
Die Pfändung des Nießbrauchs kann im Grundbuch eingetragen werden. Wirksamkeitsvoraussetzung ist dies nicht.

Kosten und Gebühren

Wie Form. III. B. 6.

Fristen und Rechtsmittel

Wie Form. III. B. 6.

29. Pfändung von Rückübertragungsansprüchen bei nicht- oder teilvalutierenden Grundschulden

……[1]

werden gepfändet die angeblichen Ansprüche des Schuldners
gegen die X-Bank (vollständige Anschrift), Drittschuldnerin[2]

- **auf Rückgewähr der Grundschuld[3] durch Übertragung (= Abtretung), Aufhebung oder Verzicht hinsichtlich der Grundschuld oder eines Teils der Grundschuld, eingetragen auf dem Grundstück in A, B-Str. Nr. C, eingetragen im Grundbuch von A, Bd. ……, Bl. …… in Abt. III Nr. ……**
- **einschließlich des Anspruches auf Auszahlung des Mehrerlöses[4] oder Abtretung des Anspruches auf Zahlung des Mehrerlöses für den Fall, dass bei Verwertung der Grundschuld, insbesondere bei Zwangsversteigerung, ein Betrag erlöst wird, der die durch die Grundschuld gesicherten Ansprüche des Drittschuldners gegen den Schuldner übersteigt,**
- **auf Berichtigung des Grundbuches durch gänzliche oder teilweise Umschreibung der oben bezeichneten Grundschuld in eine Eigentümergrundschuld (Buchgrundschuld)[5]**
- **sowie bei Nichtvalutierung der Grundschuld der Anspruch des Schuldners auf Herausgabe des über die oben bezeichnete Grundschuld gebildeten Grundschuldbriefes (Briefgrundschuld) sowie der notwendigen Urkunden in grundbuchmäßiger Form, die für die Berichtigung des Grundbuchs erforderlich sind**

– sowie bei teilweiser Valutierung der genannten Grundschuld der Miteigentumsanteil des Schuldners am Grundschuldbrief und der Anspruch auf Aufhebung der Gemeinschaft am Grundschuldbrief und der Anspruch auf Vorlage des Briefes beim Grundbuchamt zwecks Bildung von Teilgrundschuldbriefen sowie der Anspruch auf Aushändigung des Teilbriefes über die Teileigentümergrundschuld sowie der notwendigen Urkunden in grundbuchmäßiger Form, die für die Berichtigung des Grundbuchs erforderlich sind [6]

– auf die dem Schuldner gegenwärtig und zukünftig zustehende Eigentümergrundschuld[7]

……[8]

Schrifttum: Hintzen, Pfändung und Vollstreckung im Grundbuch, 3. Aufl. 2008.

Anmerkungen

1. Rubrum, Forderungsbezeichnung und Pfändungsformel wie Form. III. B. 6.

2. Insbesondere bei älteren Grundpfandrechten ist durch regelmäßige Tilgung häufig ein Teil oder sogar schon die ganze dem Grundpfandrecht zugrundeliegende schuldrechtliche Forderung (meist Darlehen) getilgt. Bei Hypotheken entsteht insoweit eine Eigentümergrundschuld kraft Gesetzes, § 1177 BGB. Sind nachrangige Grundpfandrechte vorhanden, besteht insofern aber meist der gesetzliche Löschungsanspruch, § 1179 a BGB, so dass Pfändung sinnlos ist.

3. Grundschulden stehen dagegen, von der Forderung abstrakt, weiterhin in voller Höhe dem eingetragenen Inhaber zu. Vorbehaltlich anderslautender Sicherungsabreden ist der jedoch gem. § 812 BGB verpflichtet, die Grundschuld ganz oder teilweise rückzuübertragen oder Löschung zu bewilligen. Dieser Anspruch wird hier gepfändet.

4. Ist in einer Zwangsversteigerung über das Schuldnergrundstück schon Zuschlag erteilt, so wird der auf die rückzuübertragende Grundschuld entfallende Versteigerungserlös zwingend dem eingetragenen Inhaber zugeteilt (*Stöber* ZVG, § 114 Rdn. 7.5). Die dann dem Grundeigentümer/Schuldner zustehenden Ansprüche werden hier gepfändet.

5. Dieser Anspruch ist nur bei der – praktisch seltenen – Buchgrundschuld relevant.

6. Die Übertragung der Briefgrundschuld wird durch Briefübergabe bewirkt. Bei nur teilweiser Rückübertragung müssen entsprechende Teilgrundschuldbriefe gebildet werden.

7. Die Rückübertragung der Grundschuld erfolgt durch Abtretung an den pfändenden Gläubiger (*Stöber* Rdn. 1896). Bei Buchgrundschulden muss auch noch die Eintragung des Pfändungsvermerks ins Grundbuch beantragt werden (vgl. Form. III. B. 9 c.).

Es empfiehlt sich ferner sorgfältig zu prüfen, ob die Eintragung einer Rückgewährvormerkung gem. § 883 BGB zweckmäßig ist (vgl. *Rein* NJW 2006, 3470 und *Böttcher* NJW 2008, 2088 als Konsequenz aus der Entscheidung BGH NJW 2006, 2408).

8. Weiter wie Form. III. B. 6, wobei hier immer neben der Überweisung der Rückübertragungsansprüche zur Einziehung auch zweckmäßigerweise die Überweisung der Grundschuld zur Einziehung zu nennen ist (*Stöber* Rdn. 1901).

Gehört das Grundstück mehreren Personen (praktisch häufig: einem Ehepaar) in Bruchteilsgemeinschaft, so ist zu unterscheiden:

a) Ruht die Grundschuld nur auf dem Anteil des Schuldners, so gelten keine Besonderheiten.

b) Ruht die Grundschuld auf dem Gesamtgrundstück, so kann die Pfändung nur dessen Bruchteil an den Forderungen gegen den Drittschuldner erfassen. Gegen den Mitberechtigten ist dann noch vorzugehen (ggf. im selben Pfändungsantrag) durch Pfändung des Miteigentumsanteils an den Forderungen, vgl. Form. III. B. 26 a. Anm. 5.

Kosten und Gebühren

Wie Form. III. B. 6.

Rechtsmittel und Fristen

Wie Form. III. B. 6.

Verteilungsverfahren

30. Widerspruch gegen den Teilungsplan (§ 876 ZPO)

An das
Amtsgericht
Vollstreckungsgericht

Widerspruch

nach §§ 876 ZPO, 115 ZVG im Zwangsversteigerungsverfahren[1]

X ./. Y

Namens und in Vollmacht des Gläubigers A erhebe ich gegen den in obiger Sache erstellten Teilungsplan

Widerspruch[2]

insoweit als nach Abschnitt IV Nr. ...... des Planes auf den Gläubiger der Zwangshypothek Abt. III. Nr. ...... ein Betrag von ...... EUR zugeteilt ist[3].

Begründung:

Die Eintragung der Zwangshypothek war rechtsfehlerhaft, weil ......[4]

Anmerkungen

1. Hauptbedeutung hat das Verteilungsverfahren durch entsprechende Anwendung der §§ 876 bis 882 ZPO im Zwangsversteigerungsverfahren, § 115 Abs. 1 ZVG. Sonstige Anwendungsfälle sind §§ 827, 853, 854 und 858 ZPO, und zwar nur dann, wenn Erlös zur Befriedigung aller Gläubiger nicht ausreicht und sie sich nicht einigen (vgl. *Martin,* Pfändungspfandrecht und Widerspruchsklage im Verteilungsverfahren, 1963; *Pieper* AcP 166, 536).

2. Widerspruch auch mündlich im Termin oder vorher zu Protokoll der Geschäftsstelle (§ 877 Abs. 1 ZPO).

3. Der Widerspruch muss erkennen lassen, welche Verteilung der Widersprechende beanstandet und wer insoweit vom Widerspruch betroffen wird. . Bei formellen Fehlern im Verteilungsverfahren befristete Erinnerung, § 11 RpflegerG bzw. sofortige Beschwerde (*Baumbach/Lauterbach/Albers/Hartmann* § 876 Rdn. 4; *Zöller/Stöber* § 876 ZPO Rdn. 12).

4. Begründung ist für Wirksamkeit des Widerspruches – befristete Aussetzung der Planausführung, § 878 Abs. 1 ZPO – nicht erforderlich, für eine sinnvolle Widerspruchsverhandlung nach § 876 S. 2 ZPO aber zweckdienlich. Der Widerspruch ist begründet, wenn der Widersprechende Beteiligter ist und ihm das bessere Recht an dem Versteigerungserlös zusteht.

Kosten und Gebühren

a) Gericht: für Verteilungsverfahren über bewegliche Habe, §§ 872 ff. ZPO eine halbe Gebühr nach KV 2117.

Für Verteilungsverfahren im Zwangsversteigerungsverfahren nach § 115 Abs. 1 ZVG und §§ 872 ff. ZPO eine halbe Gebühr nach KV 2215, die sich nach Nr. 2216 auf eine $1/4$ Gebühr ermäßigt bei außergerichtlicher Verteilung nach §§ 143, 144 ZVG.

b) Anwalt: für Vertretung im Verteilungsverfahren über bewegliche Habe eine 0,4 Gebühr gem. VV 3333. Im Zwangsversteigerungsverfahren jeweils 0,4 Verfahrens- und Terminsgebühr, VV 3311, 3312.

c) Gegenstandswert:
- für Gerichtsgebühren der zur Teilung hinterlegte Betrag einschließlich aufgelaufener Zinsen (§ 8 HinterlO).
- für Anwaltsgebühren die vertretene Forderung, maximal der zu verteilende Betrag, VV Nr. 3333 iVm. § 26 Nr. 1 RVG.

Fristen und Rechtsmittel

Der Widerspruch schiebt, bis zu seiner Erledigung nach §§ 878 ff. ZPO, die Ausführung des Teilungsplanes auf, soweit er durch den Widerspruch betroffen ist. Da über Aufschub oder Ausführung der Rechtspfleger unter Anhörung der Beteiligten entscheidet, ist gegen seine Entscheidung (etwa trotz nicht erledigten Widerspruchs auszuführen) sofortige Beschwerde nach § 11 Abs. 1 RPflG § 793 ZPO binnen zwei Wochen gegeben, sofern nur Verstöße gegen Verfahrensvorschriften geltend gemacht werden (vgl. auch Anm. 3 und Form. III. A. 13).

31. Widerspruchsklage gegen beteiligte Gläubiger (§ 878 ZPO)

An das
.....gericht .....[1]

Widerspruchsklage, § 878 ZPO

.....[2]
wegen Abänderung eines Teilungsplanes.
Streitwert: ..... EUR[3]
Namens und in Vollmacht des Klägers beantrage ich zu erkennen:

I.

Der Widerspruch des Klägers gegen den Teilungsplan des AG ..... vom ..... im Verteilungsverfahren Az.: ..... ist begründet[4]. Der Teilungsplan wird dahin geändert, dass der Kläger mit seiner Forderung in Höhe von ..... EUR vor derjenigen des Beklagten in Höhe von ..... EUR zu befriedigen ist[5].

II.

Der Beklagte trägt die Kosten des Verfahrens.

Begründung:

Der Pfändungsbeschluss, auf dem der Vorrang des Beklagten beruht, ist wegen unzureichender Bezeichnung der gepfändeten Forderung unbestimmt und daher unwirksam[6] ...... (näher auszuführen).

Rechtsanwalt

Anmerkungen

1. Rubrum wie Form. III. A. 20.

2. Zuständig das Verteilungsgericht (AG), bei höherem Streitwert das übergeordnete Landgericht, § 879 Abs. 1 ZPO.

3. Der Betrag, der wegen Widerspruches nicht ausgezahlt wird, sondern hinterlegt bleibt, meist also der Betrag der Forderung des Beklagten, soweit darauf zugeteilt ist, höchstens aber die Forderung des Klägers, vgl. § 6 ZPO.

4. Dies ist vom Streitgericht zu prüfen, nicht schon vom Verteilungsgericht (*Zöller/Stöber* § 876 Rdn. 8).

5. Die Klageerhebung ist binnen Monatsfrist dem Verteilungsgericht nachzuweisen, § 878 Abs. 1 S. 1 ZPO, etwa durch Klageschriftkopie mit Gerichtseingangsstempel oder durch Terminsladung des Prozessgerichtes.

Bei späterer Klage kann trotz Klage Verteilung angeordnet werden (*Baumbach/Lauterbach/Albers/Hartmann* § 878 Rdn. 5; RGZ 99, 205 ff.; *Zöller/Stöber* § 878 Rdn. 16). Der Kläger muss dann zur Bereicherungsklage außerhalb des Verteilungsverfahrens übergehen, § 878 Abs. 2 ZPO.

6. Zu möglichen Klagegründen vgl. *Baumbach/Lauterbach/Albers/Hartmann* § 878 Rdn. 9–12. Die Pfändung ist zB. unwirksam, wenn dem Drittschuldner eine Ausfertigung des Pfändungsbeschlusses zugestellt wird, die anstelle der Unterschrift des Rechtspflegers ein Fragezeichen aufweist (BGH RPfleger 1981, 437). Die Einwendungen gegen den Teilungsplan können auch aus schuldrechtlichen Ansprüchen hergeleitet werden (vgl. BGH NJW 2002, 1578 zu einer Einmalvalutierungsabrede). Zum Verteilungsverfahren bei Pfändung laufender Forderungen (Lohn, Miete) *Zöller/Stöber* § 874 Rdn. 8. Erklärt sich der Gläubiger, gegen dessen Recht sich der Widerspruch richtet, für außergerichtlich durch den Ersteher befriedigt, so muss die Klage gegen den Ersteher gerichtet werden, (BGH NJW 1980, 2586).

Widerspruchsklage ist auch dann (befristet) zu erheben, wenn nachträglich erfolglos Änderung des Teilungsplans aufgrund materiell-rechtlicher Einwendungen beantragt wurde (BGH NJW-RR 2007, 782).

Kosten und Gebühren

a) Gericht: Gebühren des Erkenntnisverfahrens KV zum GKG Nr. 1210.
b) Anwalt: Gebühren des Erkenntnisverfahrens, VV Nr. 3100 ff.

Fristen und Rechtsmittel

Wie im normalen Erkenntnisverfahren, vgl. Form. I. O. 1.

Zwangsvollstreckung in das unbewegliche Vermögen: Zwangshypothek

32. Antrag auf Eintragung einer Zwangshypothek bei Grundstück, Erbbaurecht, Wohnungseigentum (§ 867 ZPO)

a) Grundstück (hier: hälftiger Miteigentumsanteil an zwei Grundstücken auf einem Grundbuchblatt)

An das
Amtsgericht
Grundbuchamt[1]

Antrag auf Eintragung einer Zwangshypothek

[2, 3]**......**

Namens und in Vollmacht[3 a] **des Gläubigers beantrage ich**

> **wegen dieser Ansprüche eine Zwangshypothek auf dem hälftigen Miteigentumsanteil des Schuldners an dem Grundstück in (Anschrift, FlSt.-Nr.), eingetragen**[4] **im Grundbuch von ...... Bd. ...... Bl. ......, einzutragen**[5],
> **und zwar zu ...... EUR der Hauptforderung zuzüglich Zinsen in Höhe von ...... Prozentpunkten über dem Basiszinssatz**[6] **darauf seit ...... auf dem Miteigentum des Schuldners an dem Grundstück Bestandsverzeichnis Nr. 1, FlSt.-Nr. ...... und für die restliche Forderung von ...... (mit Zinsen und Kosten anzugeben) auf dem Miteigentum des Schuldners an dem Grundstück Bestandsverzeichnis Nr. 2, FlSt.-Nr. ......**[7].

Titel und Vollstreckungsunterlagen erbitte ich anschließend zurück.
Die Kosten des Eintragungsantrages berechne ich nachstehend[8, 9].

Rechtsanwalt

b) Wohnungseigentum

......[2]

auf dem Wohnungseigentum des Schuldners in (Anschrift), eingetragen im Wohnungs-Grundbuch von ...... Bd. ...... Bl. ......, einzutragen
...... (im Übrigen wie a.)[10]

c) Erbbaurecht

......[2]

auf dem Erbbaurecht des Schuldners auf dem Grundstück in (Anschrift) eingetragen im Erbbaugrundbuch von ...... Bd. ...... Bl. ...... einzutragen.
Die Zustimmung des Grundstückseigentümers füge ich in notariell beglaubigter Form bei[11].
...... (im Übrigen wie oben a.)

Schrifttum: Stöber, Zwangsvollstreckung in das unbewegliche Vermögen, 8. Aufl. 2007; *Hintzen,* Pfändung und Vollstreckung im Grundbuch, 3. Aufl. 2008.

Anmerkungen

1. Zuständig ist das Grundbuchamt des Amtsgerichts der Grundstücksbelegenheit, § 1 GBO. Der Antrag ist formlos zulässig. Rücknahme und Löschung aber nur in notariell beglaubigter Form, wegen § 29 GBO.

Wirtschaftlich wird dieser Antrag nur ausnahmsweise Erfolg haben. Denn bei Gewerbegrundstücken regelmäßig und bei Wohngrundstücken jedenfalls in den ersten Jahren nach Bau oder Erwerb sind die werthaltigen Rangstellen für die Finanzierung häufig ausgeschöpft. Gleichwohl kann in manchen Fällen hierdurch im Falle einer beabsichtigten freihändigen Verwertung zumindest ein „Lästigkeitswert" für die Löschungsbewilligung beim vorrangigen Gläubiger erzielt werden.

2. Rubrum und Forderungsberechnung wie Form. III. B. 6.

3. Voraussetzung ist ein vollstreckbarer zugestellter Titel, § 750 ZPO. Die nicht titulierten bisherigen Vollstreckungskosten sind zu belegen (Form. III. B. 1 Anm. 1). Für mehrere Titel, so Urteil und Kostenfestsetzungsbeschluss, kann „eine einheitliche Sicherungshypothek eingetragen werden", § 866 Abs. 3 S. 2 ZPO. Die Gesamtforderung einschließlich Kosten, ohne Zinsen, muss 750 EUR übersteigen, § 866 Abs. 3 S. 1 ZPO.

3 a. Wenn der Anwalt nicht schon im Titel als Bevollmächtigter des Gläubigers ausgewiesen ist, ist schriftliche Vollmacht beizufügen.

4. Schuldner muss Eigentümer und eingetragen sein (Ausnahmen bei *Stöber* ZVG Einl. Rdn. 63.5).

5. Mit Eintragung hat der Gläubiger nur eine Sicherung erlangt. Sie wird kraft Gesetzes unwirksam (§ 88 InsO), wenn binnen eines Monats nach Eintragung Antrag auf Eröffnung des Insolvenzverfahrens gestellt und das Verfahren eröffnet wird.

6. Für variable Verzugszinsen und damit auch für einen an § 288 BGB ausgerichteten gleitenden Zinssatz muss ein Höchstzinssatz entgegen der früher aA. nicht angegeben werden (BGH NJW 2006, 1341; *Zöller/Stöber* § 867 Rdn. 10).

7. Regelmäßig soll eine Forderung nur mit einer Zwangshypothek besichert werden (Ausnahmen bei *Stöber* ZVG Einl. Rdn. 68.5). Bei Belastung mehrerer Grundstücke – auch auf einem Grundbuchblatt (!), § 4 GBO – muss die Forderung auf die einzelnen Grundstücke verteilt werden, § 867 Abs. 2 ZPO. Sonst erfolgt ungünstigstenfalls kurzerhand Antragsabweisung, richtigerweise aber eine – nicht rangwahrende – Zwischenverfügung (vgl. BGH NJW 1958, 1090; *Zöller/Stöber* § 867 Rdn. 4). Verteilung auch bei mehreren getrennten Grundstücken erforderlich (vgl. BGH NJW 1991, 2022), was durch Eintragung auf dem Titel, § 867 Abs. 1 S. 1 ZPO gesichert wird. In jeweils voller Höhe seiner Forderung kann der Gläubiger sich den Rang an zwei Schuldnergrundstücken sichern, indem er auf dem ersten Grundstück eine Zwangshypothek eintragen lässt und dann auf dem zweiten Grundstück die Zwangsversteigerung beantragt.

Will der Gläubiger, etwa um sich auf einem anderen Grundstück rangbesser zu sichern, auf eine Zwangshypothek verzichten, muss er nach § 1168 BGB vorgehen; (dazu, mit Formulierungsvorschlag, *Bruder* NJW 1990, 1163).

8. Die Antragskosten sind nur zu berechnen, nicht in die einzutragende Forderung aufzunehmen, da das Grundstück für sie kraft Gesetzes haftet, § 867 Abs. 1 S. 2 ZPO. Sonst evtl. Zurückweisung (*Löscher* Rpfleger 1960, 355), richtigerweise aber nur Nichteintragung dieser Kosten (*Stöber* ZVG Einl. Rdn. 70.2).

9. Da der Miteigentumsanteil, zumal bei einem Einfamilienhaus, selten Marktwert hat, weitere Vollstreckung durch Aufhebung der Gemeinschaft und Versteigerung des Gesamtgrundstücks, „großes Antragsrecht" (Form. III. B. 26 Anm. 4).

10. Wohnungs- oder Teileigentum unterliegt als besonders ausgestalteter Grundstücksmiteigentumsanteil wie ein solcher der Vollstreckung. Anzugeben ist die Wohnungsgrundbuchstelle, § 7 WEG.

11. Auch ins Erbbaurecht kann wie in ein Grundstück vollstreckt werden, § 11 ErbbauVO. Anzugeben ist die Erbbaugrundbuchbezeichnung, § 14 ErbbauVO. Ist für Belastungen Zustimmung des Eigentümers nach § 5 ErbbauVO vereinbart, muss diese vor Eintragung in der Form des § 29 GBO nachgewiesen werden, § 15 ErbbauVO. Bei grundloser Weigerung kann das Recht auf Zustimmung und Ersetzung nach § 7 ErbbauVO zur Ausübung gepfändet und die Zustimmung durch das Gericht ersetzt werden (BGH NJW 1960, 2093; *Stöber* Rdn. 1535).

Kosten und Gebühren

a) Gericht: volle Gebühr nach Tabelle zu § 32 KostO, gemäß § 62 Abs. 1 KostO. Bei Verteilung auf mehrere Grundstücke liegen mehrere Zwangshypotheken vor, für die jeweils gesondert die Eintragungsgebühr erhoben wird, § 63 Abs. 1 KostO.

b) Anwalt: besondere 0,3 Vollstreckungsgebühr nach § 18 Abs. 1 Nr. 11 RVG, VV 3309.

Fristen und Rechtsmittel

Da das Grundbuchamt tätig wird, sind bei unberechtigter Eintragung oder unberechtigter Ablehnung die Rechtsbehelfe nach der Grundbuchordnung gegeben, einfache (nicht fristgebundene) Beschwerde, § 71 GBO zum LG und weitere Beschwerde zum OLG. Gegen eine zu Unrecht erfolgte Eintragung kann sie meist nur zur Eintragung eines Amtswiderspruchs zur Verhinderung gutgläubigen Erwerbs führen, § 71 Abs. 2 GBO.

Zwangsversteigerung

33. Zwangsversteigerungsantrag für Grundstück, Erbbaurecht, Wohnungseigentum

a. Bei persönlicher Forderung[1]

An das
Amtsgericht
Vollstreckungsgericht[2]

Zwangsversteigerungsantrag

……[3]

Der Schuldner ist als Eigentümer des Grundstücks (oder zB.: …… des Miteigentumsanteils zu 1/2 an dem Grundstück ……[4]**)**
(oder: …… als Erbbauberechtigter des Erbbaurechts auf dem Grundstück ……[5]**)**
(oder: …… als Wohnungseigentümer auf dem Grundstück[6]**)**
in A, X-Straße Nr. ……, FlSt.-Nr. ……, im Grundbuch (oder: im Erbbaugrundbuch; oder: im Wohnungsgrundbuch) von …… Bd. …… Bl. ……[7] **eingetragen. Ich beziehe mich insoweit auf die angegebene Grundbuchstelle**[8]**.**

Wegen der obigen Ansprüche des Gläubigers sowie wegen der Kosten dieses Verfahrens von ...... EUR Anwaltskosten, ... EUR Kosten für beglaubigten Grundbuchauszug und ca. ...... EUR Reisekosten zum Versteigerungstermin[9] beantrage ich namens und in Vollmacht des Gläubigers,

die Zwangsversteigerung dieses Grundstücks
(oder: des Miteigentums des Schuldners an diesem Grundstück)
(oder: dieses Erbbaurechts)
(oder: dieses Wohnungseigentums)

anzuordnen.

Zugleich beantrage ich,

den Anordnungsbeschluss dem Pächter (Mieter) des Grundstücks, Herrn M, zuzustellen[10].

Rechtsanwalt

b. Bei dinglich gesicherter Forderung[11]

......[3]

Nach dem Urteil des Landgerichts ...... vom ...... Az. ......, dessen vollstreckbare zugestellte Ausfertigung ich beifüge, ist der Schuldner zur Duldung der Zwangsvollstreckung in das Grundstück (Anschrift, FlSt.-Nr.), eingetragen im Grundbuch von ...... Bd. ...... Bl. ......, aus der in Abteilung III Nr. ...... eingetragenen Grundschuld über ...... EUR zuzüglich ......% Zinsen ab ...... verpflichtet[12].

Wegen dieses dinglichen Anspruches[13] sowie wegen der Kosten für
– die Erwirkung des dinglichen Titels
– und diesen Antrag[14]
beantrage ich namens und in Vollmacht des Gläubigers,

die Zwangsversteigerung des genannten Grundstücks anzuordnen.

Rechtsanwalt

Schrifttum: Stöber, ZVG, 19. Aufl. 2009; *Storz,* Praxis des Zwangsversteigerungsverfahrens, 11. Aufl. 2008; *Hintzen,* Pfändung und Vollstreckung im Grundbuch, 3. Aufl. 2008.

Anmerkungen

1. Man kann neben oder vor dem Versteigerungsantrag eine Zwangshypothek beantragen, vgl. § 866 Abs. 2 ZPO. Da auch die Eintragung des Zwangsversteigerungsvermerks bzw. der Beitritt (vgl. Form. III. B. 34) den Rang sichern, ist das wegen der Kosten nur sinnvoll, wenn vor der Zwangsversteigerung noch andere Vollstreckungsmaßnahmen erfolgen sollen.

Wirtschaftlich hat der Antrag eines bislang dinglich nicht am Grundstück besicherten Gläubigers nur ausnahmsweise Erfolg. Denn die werthaltigen Rangstellen sind idR. durch Grundpfandrechte belegt (vgl. Form. III. B. 32 Anm. 1).

Bei Vorbelastungen weit über dem Verkehrswert kann für den Versteigerungsantrag das Rechtsschutzbedürfnis fehlen oder das Verfahren nach § 765 a ZPO aufgehoben werden, Form. III. A. 13 (vgl. dazu OLG Koblenz RPfleger 1986, 25 mit Anm. *Meyer-Stolte*).

2. Zuständig ist für Zwangsversteigerung das Vollstreckungsgericht, § 15 ZVG, örtliche Zuständigkeit nach § 1 ZVG beim AG der Grundstücksbelegenheit.

3. Rubrum, Eingang und Forderungsaufstellung wie Form. III. B. 6. Die Auffassung (LG Frankfurt RPfleger 1979, 433; LG Oldenburg RPfleger 1981, 492), bei geringer

Gläubigerforderung sei der Antrag nur unter erschwerten Voraussetzungen (fehlgeschlagene Mobiliarpfändung oä.) zulässig, ist im Ansatz verfehlt. Wenn der Schuldner noch mobiles Vermögen hat, muss er dies zur Tilgung der geringen Schuld einsetzen. Ihn, nicht den Gläubiger, treffen insoweit Obliegenheiten, (vgl. *Musielak/Lackmann* § 765 a ZPO Rdn. 8 unter Hinweis auf BVerfG NJW 1983, 559).

4. Wirtschaftlich ist die Versteigerung nur des Anteils („kleines Antragsrecht") nicht zu empfehlen, vgl. Form. III. B. 32 Anm. 8.

5. Nach hM. (BGH NJW 1960, 2093; *Stöber* ZVG § 15 Rdn. 13.8 mwN.) muss eine nach § 5 ErbbauVO erforderliche Veräußerungszustimmung des Grundeigentümers erst bei Zuschlag, nicht schon bei Anordnung vorliegen, im Übrigen Form. III. B. 32 Anm. 10. Bei Zwangsverwaltung ist Zustimmung nicht erforderlich (*Furtner* NJW 1966, 182).

6. Auch beim Wohnungseigentum kann zur Veräußerung die Zustimmung Dritter erforderlich sein, § 12 Abs. 3 S. 2 WEG. Auch hier muss sie erst bei Zuschlag vorliegen. Der Gläubiger kann sie direkt, ohne vorherige Pfändung des Zustimmungsanspruches, verlangen, nach § 43 Abs. 1 WEG oder durch Klage, (vgl. *Stöber* ZVG § 15 Rdn. 45.7).

7. Zu den Antragserfordernissen vgl. § 16 ZVG.

8. Nur zulässig, wenn das Grundbuch, wie regelmäßig, beim gleichen Gericht geführt wird, § 17 Abs. 2 S. 2 ZVG. Sonst muss Zeugnis über die Eintragung des Schuldners als Eigentümer vorgelegt werden, § 17 Abs. 2 S. 1 ZVG.

9. Für Verfahrenskosten (vgl. auch Anm. 14) haftet das Grundstück kraft Gesetzes im Rang der Hauptforderung, § 10 Abs. 2 ZVG. Sie sind aber anzumelden und Berechnung im Antrag erspart gesonderte Anmeldung, § 114 Abs. 1 S. 2 ZVG (*Stöber* ZVG § 10 Rdn. 15.8 ff.).

10. Um Verfügungen des Schuldners über die Miete zu verhindern, vgl. § 57 b Abs. 1 ZVG. Alternativer Antrag: „...... Ermittlungen nach den Pächtern oder Mietern anzustellen." (näher *Stöber* ZVG § 57 b Rdn. 6.4).

11. Zur Vollstreckung im Range einer Reallast, Hypothek oder Grundschuld benötigt der Gläubiger einen Duldungstitel gegen den Eigentümer, §§ 1147, 1192, 1107 BGB, sofern er nicht bei Bestellung der Belastung durch vollstreckbare notarielle Urkunde geschaffen wurde, § 800 ZPO. Für die Zwangshypothek ist gem. § 867 Abs. 3 ZPO ein besonderer dinglicher Titel für die Zwangsversteigerung nicht mehr erforderlich. Die Klage auf Duldung verteuert und verzögert das Verfahren erheblich. Die Vollstreckung aus der persönlichen Forderung wäre nachrangig.

12. Zur dinglichen Klage vgl. Form. II. G. 12.
Der dingliche Titel ermöglicht gem. §§ 1147, 1123 BGB auch den vorrangigen Zugriff auf die für Vermietung des Grundstücks bestehenden Mietforderungen.

13. Wenn zugleich, etwa bei vollstreckbarer Urkunde, auch aus dem persönlichen Anspruch vollstreckt werden soll, ist dies vorsorglich anzugeben, auch wenn der Antrag des Gläubigers ggf. auszulegen ist (*Stöber* ZVG § 15 Rdn. 4.4).

14. Für alle nicht aus dem Grundbuch ersichtlichen Ansprüche ist Anmeldung erforderlich, entweder schon im Antrag (dann hier mit genauer Spezifizierung) oder spätestens bis zum Beginn der Bietungsstunde, § 37 Nr. 4 mit § 45 ZVG (*Stöber* ZVG § 45 Rdn. 2.6). Bei eingetragenen Rechten sind anzumelden vor allem die Rechtsverfolgungskosten sowie rückständige Zinsen (näher zur Anmeldung *Stöber,* ZVG § 45 Rdn. 3 und 5). Bei verspäteter Anmeldung droht Rangverlust, bei Unterlassung Anspruchsverlust. Für noch nicht entstandene Kosten können Pauschalen angesetzt werden, die vor Aufnahme in den Teilungsplan zu spezifizieren sind (*Dassler/Schiffhauer/Gerhardt* ZVG, 12. Aufl. 1991, § 10 Anm. XI.).

Kosten und Gebühren

a) Gericht: Für die Entscheidung über den Antrag wird jetzt eine Festgebühr von 50 EUR erhoben, KV 2210, für das weitere Verfahren idR. 2 Gerichtsgebühren, vgl. KV 2211 ff.

b) Anwalt: für die Tätigkeit im Zwangsversteigerungsverfahren (dh. zB. für den Zwangsversteigerungsantrag) bis zur Einleitung des Verteilungsverfahrens erhält der Anwalt eine 0,4 Gebühr nach VV 3311 Nr. 1. Nimmt der Anwalt an einem Versteigerungstermin teil, fällt eine 0,4 Gebühr nach VV 3312 an. Mit der Tätigkeit im anschließenden Verteilungsverfahren verdient der Anwalt eine weitere 0,4 Gebühr nach VV 3311 Nr. 2.

c) Gegenstandswert: Für die Gerichtskosten gem. § 54 Abs. 1 GKG der gem. § 74 a Abs. 5 ZVG festgesetzte Verkehrswert. Für die Rechtsanwaltsgebühren gem. § 26 Nr. 1 RVG der Wert der zu vollstreckenden Forderung einschließlich Nebenforderungen; maximal wiederum der vom Gericht gem. § 74 a Abs. 5 ZVG festgesetzte Verkehrwert.

Fristen und Rechtsmittel

Der Schuldner, der bei Anordnung nicht gehört wird, hat die einfache Erinnerung, § 766 ZPO. Der Gläubiger hat, wenn die Anordnung der Versteigerung abgelehnt wird, die sofortige Beschwerde nach § 11 RPflG § 95 ZVG, binnen zwei Wochen (näher: *Stöber* ZVG § 15 Rdn. 5).

34. Antrag auf Zwangsversteigerungsbeitritt

An das
Amtsgericht
Vollstreckungsgericht

Antrag auf Zwangsversteigerungsbeitritt[1]

......[2]

beantrage ich namens und in Vollmacht des Gläubigers,

den Beitritt zu der mit Beschluss vom ...... Az. ...... für dieses Grundstück bereits angeordneten[3] Zwangsversteigerung[4] zuzulassen.

Rechtsanwalt

Anmerkungen

1. Es kann auch ohne Nachteil Zwangsversteigerung wie Form. III. B. 33 beantragt werden. Das führt kraft Gesetzes zum Beitritt, § 27 Abs. 1 ZVG, wenn schon Zwangsversteigerung angeordnet ist. Der Beitrittsantrag wird automatisch als Anordnungsantrag behandelt, wenn der Vorantrag zB. durch Rücknahme wegfällt (*Stöber* ZVG § 27 Rdn. 2.2 und 2.3).

Ob für den Beitritt der Eintragungsnachweis nach § 17 Abs. 2 ZVG erforderlich ist, ist str. (vgl. *Stöber* ZVG § 27 Rdn. 3.2), deswegen vorsorglich geboten.

2. Rubrum, Forderungsaufstellung und Eingangsformel wie Form. III. B. 33.

3. Die dortige Beschlagnahme wirkt mit der Zustellung des den Beitritt zulassenden Beschlusses auch für den Beitretenden, § 27 Abs. 2 ZVG, aber erst von seinem Beitritt an (BGH NJW-RR 1988, 1274).

4. Der Beitrittsantrag kann auch bei aussichtslosem Rang nützlich sein, vgl. „Taktische Hinweise" bei *Storz,* Praxis des Zwangsversteigerungsverfahrens, 11. Aufl. 2008, Abschn. C. 1. 4. 4.

Kosten und Gebühren

Wie Form. III. B. 33, da der Beitrittsantrag rechtlich ein selbstständiges Versteigerungsverfahren einleitet.

Fristen und Rechtsmittel

Wie Form. III. B. 33.

35. Antrag auf Einstellung der Zwangsversteigerung

a) Erneuter Gläubigerantrag, § 30 ZVG

An das
Amtsgericht
Vollstreckungsgericht

Einstellungsantrag

In der Zwangsversteigerungssache

X ./. Y

nehme ich Bezug auf die Einstellungsbewilligung des Gläubigers vom ......[1].
Namens und in Vollmacht des Gläubigers beantrage ich,

die Fortsetzung des Versteigerungsverfahrens und bewillige zugleich die erneute einstweilige Einstellung[2].

Die Verhandlungen über außergerichtliche Erledigung sind noch nicht abgeschlossen[3].

Rechtsanwalt

b) Schuldnerantrag, § 30 a ZVG[4]

......

beantrage ich namens und in Vollmacht des Schuldners,

das am ......[5] angeordnete Versteigerungsverfahren einstweilen bis ......[6] einzustellen.

Begründung:

1. **Nach der beigefügten Bescheinigung des Autobahnneubauamtes O wird es das Grundstück in den nächsten Wochen zu ca. ...... EUR aufkaufen. Dieser Preis deckt die Forderung beider betreibender Gläubiger. Der Schuldner hat, wie aus dem weiter beigefügten Schreiben hervorgeht, dem Gläubiger die Abtretung des Kaufpreises in entsprechender Höhe angeboten, um die Versteigerung zu vermeiden[7].**
2. **...... (zu Verhältnissen des Schuldners und Belangen des Gläubigers vgl. Begründung zu Form. III. B. 4).**
3. **Da das Grundstück bisher als Ackerland genutzt und verkauft werden sollte, besteht die Gefahr eines Wertverlustes nicht.**
4. **Da nach Ausführungen zu 2. der Schuldner bis zum Verkauf höhere Leistungen als bisher auf die Zinsen nicht erbringen kann, bitte ich von einer Anordnung nach § 30 a Abs. 3 ZVG abzusehen[8].**

Rechtsanwalt[9]

Anmerkungen

1. Der Gläubiger kann das Versteigerungsverfahren einstweilen einstellen lassen, zB. wenn Leistung des Schuldners oder eines Dritten außergerichtlich in Aussicht steht. Er muss aber binnen 6 Monaten Fortsetzung beantragen, sonst Verfahrensaufhebung, § 31 Abs. 1 ZVG, mit Verlust der Beschlagnahmewirkung! **Also Frist ab Einstellung notieren!**

Der Antrag kann noch bis zur vollständigen Verkündung des Zuschlags gestellt werden. Dann allerdings nur noch mit der Folge der Zuschlagsversagung, § 33 ZVG (BGH NJW-RR 2007, 1005).

2. Der Gläubiger kann nur zweimal für jeweils maximal 6 Monate einstellen lassen, § 30 Abs. 1 S. 2 ZVG. Schließt die zweite Einstellung an die Erste an, ist vorsorglich wegen § 31 Abs. 1 ZVG Fortsetzung zu beantragen und zugleich erneute Einstellung zu bewilligen (*Ordemann* AcP 157, 470). Antrag auf „Verlängerung der Einstellung" ist aber entsprechend umzudeuten (*Stöber* ZVG § 30 Rdn. 3.1 mwN.).

3. Begründung nicht erforderlich, aber zur Information nützlich.

4. Um unnötige Wertverluste durch Versteigerung zu vermeiden, kann der Schuldner unter strengen formellen und materiellen Voraussetzungen in Anlehnung an § 813 b ZPO Einstellung beantragen, vgl. Form. III. B. 4.

5. Der Antrag ist binnen einer Notfrist von 2 Wochen nach Belehrung über Antragsrecht und Antragsfrist zu stellen, § 30 b Abs. 1 ZVG. Die Belehrung wird meist mit dem Anordnungsbeschluss zugestellt, vgl. § 30 b Abs. 1 S. 3 ZVG.

6. Höchstens 6 Monate, § 30 a Abs. 1 ZVG. Einmal kann unter noch engeren Voraussetzungen erneute Einstellung beantragt werden, § 30 c ZVG. Ein Antrag nach § 765 a ZPO – Form. III. A. 13 – ist neben oder nach § 30 a ff. ZVG möglich (vgl. *Stöber* ZVG § 30 c Rdn. 7). Zur Kombination der verschiedenen Einstellungsanträge *Stöber* ZVG § 30 Rdn. 6.

7. An die Aussicht, Versteigerung zu vermeiden, stellt die Praxis mit Recht strenge Anforderungen. Vage Ankündigungen reichen nicht.

8. Der Schuldner sollte auch zum Fehlen der Voraussetzungen von § 30 a Abs. 2 u. Abs. 3 ZVG vortragen, insbesondere dartun, weshalb er nicht wenigstens die laufenden Zinsen aufbringen kann.

9. Insolvenz hindert die Zwangsversteigerung aus dinglichem Anspruch nicht, § 49 InsO. Ein laufendes Versteigerungsverfahren wird durch Insolvenz auch nicht nach § 240 ZPO unterbrochen (AG Göttingen ZIP 1999, 2107 mwN.). Aber der Insolvenzverwalter kann einstweilige Einstellung beantragen, § 30 d ZVG. Häufigster Fall ist die beabsichtigte Verwertung eines Betriebes mit dem Betriebsgrundstück.

Auch das Prozessgericht kann auf die allgemeinen Rechtsbehelfe hin die Vollstreckung einstweilen einstellen, zB. nach §§ 707, 719, 732 Abs. 2, 769 bis 775, 785, 786 ZPO. Dies führt zur Einstellung der Zwangsversteigerung durch das Vollstreckungsgericht nach § 775 Nr. 2 ZPO.

Zur Möglichkeit, durch ständige Schuldnerschutzanträge das Verfahren faktisch zu verschleppen vgl. *Engel* RPfleger 1981, 81 ff., mit Abhilfevorschlägen; zur Abhilfe auch OLG Köln RPfleger 1980, 234.

Kosten und Gebühren

Für das Einstellungsverfahren, gleich ob auf Gläubiger- oder Schuldnerantrag, fallen gesonderte Gebühren nicht an.

a) Die Tätigkeit des Gerichtes ist mit der allgemeinen Verfahrensgebühr von 0,5 der vollen Gebühr für die Zeit bis zum Beginn des Versteigerungstermins, KV 2211, danach durch die Terminsgebühr, KV 2213 abgegolten.

b) Die Tätigkeit des Anwalts wird auf Gläubiger- und Schuldnerseite, durch die allgemeine 0,4 Versteigerungsverfahrensgebühr nach VV 3311 abgegolten, § 19 Abs. 1 Nr. 11 RVG. Lediglich im Verfahren nach § 765 a ZPO fällt eine gesonderte Gebühr an, § 18 Abs. 1 Nr. 6 RVG.

Fristen und Rechtsmittel

Antragsfrist für Schuldner zwei Wochen, vgl. Anm. 5. Gegen die Entscheidung über einen Schuldnerantrag auf Einstellung ist die sofortige Beschwerde gegeben, § 30 b Abs. 3 ZVG, binnen zwei Wochen.

36. Beschwerde gegen Verkehrswertfestsetzung[1] (§ 74 a Abs. 5 S. 3 ZVG)

An das
Amtsgericht
Vollstreckungsgericht

Sofortige Beschwerde[2]
In der Zwangsversteigerungssache
X . /. Y

beantrage ich namens und in Vollmacht des Schuldners[3],

den Wertfestsetzungsbeschluss in dieser Sache vom …… aufzuheben und den Verkehrswert auf mindestens …… EUR festzusetzen[4].

Begründung:

Das Sachverständigengutachten vom ……, auf dem die Festsetzung beruht, leidet unter erheblichen Mängeln …… (näher auszuführen).
Dass der Verkehrswert mindestens …… EUR beträgt, ergibt sich daraus, dass …… (näher auszuführen)[5].

Rechtsanwalt

Anmerkungen

1. Nach § 85 a ZVG wird, um Verschleuderung zu verhindern, im 1. Versteigerungstermin der Zuschlag von Amts wegen versagt, wenn das Meistgebot die Hälfte des Verkehrswertes nicht erreicht. Nach § 74 a Abs. 1 ZVG geschieht das auf Antrag bei Meistgebot unter $^7/_{10}$ des Verkehrswertes. Die dafür bedeutsame Verkehrswertfestsetzung erfolgt nach § 74 a Abs. 5 ZVG durch Beschluss, der vor Zuschlag, § 74 a Abs. 5 S. 3 ZVG, aber nicht mehr bei Zuschlag, § 74 a Abs. 5 S. 4 ZVG, anfechtbar ist.

2. Die in § 74 a Abs. 5 S. 3 ZVG gegebene Beschwerde ist nach § 11 Abs. 1 RPflG auch gegen die Entscheidung des Rechtspflegers gegeben.

3. Beschwerdeberechtigt ist auch der Schuldner (BGH NJW-RR 2006, 1389).

4. Es kann auch Herabsetzung des Wertes beantragt werden, zB. durch einen nach § 114 a ZVG Beteiligten (hM., *Stöber* ZVG § 74 a Rdn. 9.4; *Dassler/Schiffhauer/Ger-*

hardt ZVG, 12. Aufl. 1991, § 74a Rdn. 35; anders LG Göttingen RPfleger 1973, 105). In der Regel strebt der Schuldner eine höhere, ein Gläubiger dagegen eine niedrigere Festsetzung des Wertes an. Aber auch gegenteilige Interessenlagen sind denkbar, vgl. *Storz,* Praxis des Zwangsversteigerungsverfahrens, 11. Aufl. 2008, Abschn. C 2.2.4.

5. Zur Verkehrswertermittlung vgl. BGH NJW 1970, 2018; BGH NJW 2004, 2671 und *Stöber* ZVG § 74a Rdn. 7.3ff. mwN.

Kosten und Gebühren

a) Für Gericht: bei Verwerfung oder Zurückweisung der Beschwerde eine Gebühr gem. KV 2241.

b) Für Anwalt hälftige Gebühren nach VV 3500 und ggf. VV 3513.

c) Gegenstandswert: Nach KG Rpfleger 1968, 403 ein Drittel der angestrebten Wertdifferenz.

Fristen und Rechtsmittel

Bei Zulassung durch das Beschwerdegericht ist die Rechtsbeschwerde nach §§ 574ff. ZPO zulässig, vgl. Form. III. A. 22.

37. Antrag auf Aufhebung der Beschlagnahme von Zubehör (§ 37 Nr. 5 ZVG)

An das
Amtsgericht
Vollstreckungsgericht

In der Zwangsversteigerungssache

X ./. Y

beantrage ich namens und in Vollmacht der Firma P (Adresse),

> **das Zwangsversteigerungsverfahren hinsichtlich der auf dem Versteigerungsgrundstück eingebauten Kegelbahnanlage Marke ...... mit 6 Bahnen (ggf. nähere Beschreibung)**

aufzuheben[1].

Begründung:

Die Bahn ist unter Eigentumsvorbehalt an den Schuldner verkauft und nicht bezahlt[2].
Der betreibende Gläubiger hat in seinem beigefügten Schreiben vom ...... zur Vorlage bei Gericht die Aufhebung der Versteigerung bezüglich der Kegelbahn bewilligt[3].
Sollten weitere betreibende Gläubiger vorhanden sein, bitte ich um Hinweis[4].

Rechtsanwalt

Anmerkungen

1. Zum Schutze des Bieters erstreckt sich die Versteigerung auch auf Zubehör im Besitz des Schuldners (nicht bei Alleinbesitz seiner Mieter, *Stöber* ZVG § 55 Rdn. 3.2 mwN.). Ist es Eigentum Dritter, so obliegt es nach § 55 Abs. 2 mit § 37 Nr. 5 ZVG diesen, die teilweise Aufhebung oder Einstellung des Verfahrens für diese Gegenstände herbeizuführen. Sonst erwirbt der Ersteigerer an ihnen Eigentum, der Voreigentümer kann nur anteiligen Wertersatz aus dem Versteigerungserlös verlangen (näher *Stöber* ZVG § 37 Rdn. 6.8).

2. Ob ein Gegenstand Zubehör oder Bestandteil ist, ist bei Bewilligung des Gläubigers oder prozessgerichtlicher Entscheidung vom Vollstreckungsgericht nicht zu prüfen (BGH NJW-RR 2007, 194; *Stöber* ZVG § 29 Rdn. 4.2). Zur Abgrenzung Zubehör/Bestandteil vgl. *Palandt/Ellenberger* § 93 Rdn. 5, § 97 Rdn. 11.

3. Gibt der Gläubiger die Sache nicht frei, ist Klage nach § 771 ZPO erforderlich, Form. III. A. 19, ggf. mit dem dort Anm. 6 genannten Antrag auf einstweilige Anordnung. In Eilfällen, etwa im Versteigerungstermin, kann auch das Vollstreckungsgericht vorläufig gemäß § 769 Abs. 2 ZPO einstellen, Form. III. A. 17.

4. Alle betreibenden Gläubiger müssen die Aufhebung bewilligen.

Kosten und Gebühren

Auch diese Tätigkeit wird für Gericht und Gläubigeranwalt durch die allgemeinen Verfahrensgebühren abgegolten, vgl. Form. III. B. 35.

Auch der sein Recht anmeldende Eigentümer eines Zubehörteils ist Beteiligter iS. von § 9 ZVG (*Stöber* ZVG § 9 Rdn. 2.5). Daher erhält sein Anwalt für den Aufhebungsantrag die allgemeine 0,4 Verfahrensbeteiligungsgebühr nach VV 3311. Vertritt der Anwalt einen nicht iS. von § 9 ZVG Beteiligten, so fallen Gebühren nach VV 2400 an, außer bei Vertretung eines Bieters, wofür eine 0,4 Gebühr nach VV 3311 anfällt.

Fristen und Rechtsmittel

Bei Ablehnung des Antrages – die bei Bewilligung des Gläubigers praktisch kaum vorkommen wird – hat der Antragsteller die sofortige Beschwerde nach § 11 Abs. 1 RPflG mit § 793 ZPO binnen zwei Wochen, ebenso der Gläubiger, wenn der Rechtspfleger Beschlagnahme zu Unrecht aufhebt.

38. Antrag auf abweichende Versteigerungsbedingungen (§ 59 ZVG)

An das
Amtsgericht
Vollstreckungsgericht

In der Zwangsversteigerungssache

X ./. Y

beantrage ich namens und in Vollmacht des betreibenden Gläubigers,

von den gesetzlichen Vorschriften abweichend als Versteigerungsbedingung festzustellen[1], dass das Bargebot vom Zuschlag an mit 8% zu verzinsen ist[2].

Die Zustimmung des Schuldners und der 3 nicht im geringsten Gebot stehenden Gläubiger füge ich in notariell beglaubigter Form bei[3].

Rechtsanwalt

Anmerkungen

1. Abweichende Versteigerungsbedingungen ermöglicht § 59 ZVG bei Zustimmung der beeinträchtigten Beteiligten. Mögliche Änderungen sind (vgl. *Stöber* ZVG § 59 Rdn. 5) zB.

– Bestehen bleiben oder Erlöschen von Rechten abweichend zu § 52 ZVG,
– Fälligstellung oder Beseitigung der Fälligkeit bestehen bleibender Rechte,
– Ausschluss des Kündigungsrechtes nach § 57a ZVG,
– Mindestsatz für ein Meistgebot.

2. Gesetzliche Bedingung sind 4% Zinsen, § 49 Abs. 2 ZVG mit § 246 BGB, auch nach dem Schuldrechtsänderungsgesetz. Da die Zinserhöhung das Bargebot mindern kann, müssen Schuldner und die übrigen Gläubiger außerhalb des geringsten Gebotes zustimmen, und zwar im Termin zu Protokoll, sonst durch öffentlich beglaubigte Urkunde, § 84 Abs. 2 ZVG. Soll die höhere Verzinsung erst bei Nichtzahlung des Bargebots ab Verteilungstermin eintreten, wird kein Beteiligter beeinträchtigt, daher keine Zustimmung erforderlich.

3. Stimmt ein Beteiligter nicht zu und steht seine Beeinträchtigung durch die Abweichung (wie hier) nicht fest, ist mit und ohne Abweichung auszubieten (§ 59 Abs. 2 ZPO). Wird ohne Abweichung das höhere Gebot erzielt, ist mangels Zustimmung darauf zuzuschlagen. Wird mit Abweichung das höhere Gebot erzielt, so werden die Beteiligten durch die Abweichung nicht beeinträchtigt, so dass auch ohne Zustimmung darauf zuzuschlagen ist.

Kosten und Gebühren

Soweit der Antrag schriftlich vor dem Termin gestellt wird, Abgeltung durch die allgemeinen Verfahrensgebühren, vgl. Form. III. B. 35.

Wenn, wie praktisch häufig, solche Anträge erst im Termin gestellt werden, sind sie durch die pauschale Terminsgebühr abgegolten, für das Gericht eine halbe Gebühr nach KV 2213, für den Anwalt eines Beteiligten eine 0,4 Gebühr nach VV 3312.

Fristen und Rechtsmittel

Die Entscheidung des Rechtspflegers ist wegen § 95 ZVG nicht gesondert, sondern nur im Rahmen des Zuschlagsbeschlusses angreifbar, vgl. Form. III. B. 39.

39. Beschwerde gegen den Zuschlagsbeschluss

An das
Amtsgericht

Sofortige Beschwerde (§§ 96ff. ZVG)[1]
In der Zwangsversteigerungssache

X ua. . /. Y

beantrage ich namens und in Vollmacht des Schuldners[2],

den Zuschlagsbeschluss des Gerichtes in dieser Sache vom ......[3], aufzuheben und den Zuschlag zu versagen.

Begründung:

Der Schuldner hat nach dem Versteigerungstermin, aber noch vor dem Verkündungstermin nach § 87 ZVG gemäß § 765 a ZPO Antrag auf Zuschlagsversagung gestellt[4], auf dessen Begründung ich Bezug nehme[5].
Der Rechtspfleger hat im Zuschlagsbeschluss diesen Antrag abgewiesen, weil eine sittenwidrige Härte nicht vorliege.
Dies ist unrichtig …… (näher auszuführen).

Rechtsanwalt

Anmerkungen

1. Da der Rechtspfleger entscheidet, § 3 Nr. 1i RPflG, ist die sofortige Beschwerde nach § 11 Abs. 1 RPflG mit § 793 ZPO gegeben. Gegenüber der ZPO-Beschwerde gelten einige Abweichungen, §§ 96 bis 104 ZVG.

2. Die Beschwerdeberechtigung regelt § 97 ZVG. Auf Verzögerung gerichtete Beschwerden des Schuldners können mangels Rechtsschutzbedürfnis unzulässig sein (OLG Köln Rpfleger 1980, 233).

3. Die zweiwöchige Beschwerdefrist beginnt in Abweichung von § 569 Abs. 1 ZPO bei Zuschlagsversagung schon mit Verkündung, ebenso bei Zuschlag für die terminanwesenden Beteiligten, § 98 ZVG (näher *Stöber* ZVG § 98 Rdn. 2). Schon deshalb kann Teilnahme am Versteigerungs- und Verkündungstermin geboten sein.

4. § 100 ZVG beschränkt die Beschwerde auf die in §§ 81, 83 bis 85 a ZVG genannten Fälle und die Abänderung der Versteigerungsbedingungen. Hier liegt, wenn der Antrag nach § 765 a ZPO begründet war (hohe Anforderungen), ein Beschwerdegrund nach § 83 Nr. 6 ZVG vor.

5. Vgl. Form. III. A. 13. Neue, nach Zuschlagsentscheidung entstandene Gründe, so die Konkretisierung einer besseren Verwertungsmöglichkeit, sind unzulässig (BGH NJW-RR 2003, 1648).

Kosten und Gebühren

a) Gericht: Es entsteht, wenn die Beschwerde erfolglos bleibt, eine volle Gerichtsgebühr nach KV 2241.

b) Anwalt: Es fällt gemäß VV 3500 zunächst eine 0,5 Verfahrensgebühr an und ggf. eine weitere 0,5 Gebühr für die Wahrnehmung eines Termins.

c) Gegenstandswert: Für das Gericht nach § 54 Abs. 2 S. 1 GKG der Betrag des Gebotes, auf das zugeschlagen wird; für den Anwalt des Schuldners entsprechend, § 26 Nr. 2 RVG.

Fristen und Rechtsmittel

Bei Zulassung durch das Beschwerdegericht Rechtsbeschwerde nach § 574 ff. ZPO, vgl. Form. III. A. 2. § 101 ZVG regelt den Inhalt der Rechtsbeschwerdeentscheidung, und § 102 ZVG erweitert den Kreis der Rechtsbeschwerdeberechtigten bei Zuschlagsaufhebung auf diejenigen, denen Erlös zugeteilt wurde.

40. Vereinbarung des Bestehenbleibens (§ 91 Abs. 2 ZVG)[1]

An das
Amtsgericht
Vollstreckungsgericht

In der Zwangsversteigerungssache
X . /. Y

überreiche ich namens und in Vollmacht des Erstehers die notariell beglaubigte Vereinbarung[2] vom ...... zwischen Ersteher und dem Gläubiger der Buchgrundschuld Abt. III Nr. ......, wonach diese Grundschuld zu einem rangersten Teilbetrag[3] von ...... EUR gemäß § 91 Abs. 2 ZVG bestehen bleiben[4] soll.

Ich bitte daher,
die Löschung gemäß § 130 ZVG nur für den restlichen Teilbetrag von ...... EUR zu veranlassen.

Rechtsanwalt

Anmerkungen

1. Nach § 91 Abs. 1 ZVG erlöschen durch Zuschlag die nicht bestehen bleibenden Rechte. An ihre Stelle tritt, soweit die Rechte nicht ausfallen, der Anspruch auf das anteilige Bargebot. Stattdessen kann der Ersteher die Belastung übernehmen. Dafür mindert sich das Bargebot entsprechend, § 91 Abs. 3 S. 1 ZVG. Zu den Wirkungen im Übrigen *Stöber* ZVG § 91 Rdn. 4. Zu den Zinsen BGH NJW 1970, 1188 mit Anm. *Drischler* und *Stöber* ZVG § 91 Rdn. 4.6.

2. Die Vereinbarung kann im Verteilungstermin zu Protokoll erklärt werden, sonst Nachweis in öffentlich beglaubigter Urkunde, § 91 Abs. 2 ZVG, bei Briefrechten unter Beifügung des Briefes.

3. Die Vereinbarung ist auch für einen Teilbetrag zulässig.

4. Der Grundschuldgläubiger verzichtet auf einen entsprechenden Anteil am Versteigerungserlös. Soweit er wegen Nichtvalutierung der Grundschuld den Anteil an den früheren Grundstückseigentümer hätte auskehren müssen (vgl. zu diesem Anspruch Form. III. B. 29 Anm. 4), bleibt dieser Anspruch durch die hiesige Vereinbarung unberührt, (BGH NJW 1985, 388).

Kosten und Gebühren

a) Gericht: keine besondere Gebühr neben der allgemeinen halben Gebühr für das Verteilungsverfahren nach KV 2215.

b) Anwalt: für den Antrag auf Liegenbelassung keine besondere Gebühr neben der allgemeinen 0,4 Nr. Verteilungsverfahrensgebühr nach VV 3311. Für den – außergerichtlichen – Abschluss der zugrunde liegenden Vereinbarung können daneben Gebühren nach VV 1000 anfallen.

Fristen und Rechtsmittel

Der Antrag muss eingereicht werden, bevor das Grundbuchamt um Löschung des Rechtes ersucht worden ist, § 91 Abs. 2 ZVG. Gegen eine Ablehnung des Antrages durch den Rechtspfleger ist sofortige Beschwerde gegeben, wie Form. III. A. 13. § 95 ZVG schließt sie nur vor dem Zuschlag aus.

Zwangsverwaltung[1]

41. Zwangsverwaltungsantrag

......[2]

...... beantrage ich namens und in Vollmacht des Gläubigers,
die Zwangsverwaltung dieses Grundstücks anzuordnen.
Ich rege an, Herrn A (Anschrift) zum Zwangsverwalter zu bestellen[3]**.**
Rechtsanwalt

Anmerkungen

1. Die Zwangsversteigerung erfasst den Substanzwert des Grundstücks, aber nicht die Nutzungen, § 24 ZVG. Die Zwangsverwaltung erfasst die Nutzungen, insbesondere also die Mieterträge, aber nicht den Substanzwert, § 148 Abs. 2 ZVG. Deshalb sind beide Verfahren, auch durch denselben Gläubiger, nebeneinander zulässig, § 866 Abs. 2 ZPO, und häufig sinnvoll. Selbst wenn die Zwangsverwaltung keine verteilungsfähigen Erträge bringt, kann die durch sie bewirkte ordnungsgemäße Verwaltung, § 152 ZVG, den Grundstückswert für das Versteigerungsverfahren erhalten oder steigern (näher *Storz,* Praxis des Zwangsversteigerungsverfahrens, 11. Aufl. 2008, Anm. 1.3.3).

Der Beschluss über die Anordnung der Zwangsverwaltung stellt zusammen mit der Ermächtigung des Zwangsverwalters zur Besitzergreifung einen Vollstreckungstitel dar, auf Grund dessen wegen dieses Anspruchs nach § 883 ZPO vollstreckt werden kann. Dies gilt zB. auch für die Wegnahme einer Mietkaution (BGH NJW-RR 2005, 1032).

2. Rubrum, Eingang, Forderungsaufstellung und Bezeichnung des der Vollstreckung unterliegenden Grundstücks wie Form. III. B. 33. Denn Anordnungs- und Beitrittsverfahren sind der Zwangsversteigerung entsprechend geregelt, § 146 Abs. 1 ZVG.

3. Die Auswahl des Zwangsverwalters steht im pflichtgemäßen Ermessen des Vollstreckungsgerichtes (*Stöber* ZVG § 150 Rdn. 2.3). Um die Verwaltungsvergütung, § 153 Abs. 1 ZVG, zu sparen, kann ein Institutszwangsverwalter, § 150 a ZVG, oder, wenn die Verwaltung vor allem in Ziehung von Sachnutzungen besteht, der Schuldner bestellt werden, § 150 b ZVG, für den dann eine Aufsichtsperson einzusetzen ist, § 150 c ZVG.

Kosten und Gebühren

a) Gericht: Für die Anordnung eine Festgebühr von 50 EUR, KV 2220 und für die Durchführung des Verfahrens jährlich eine halbe Gebühr, KV 2231.

b) Anwalt: im Anordnungs- oder Beitrittsverfahren je eine 0,4 Gebühr VV 3311.

c) Gegenstandswert: nach dem beizutreibenden Anspruch einschließlich der Nebenforderungen, näher § 27 RVG.

Fristen und Rechtsmittel

Wie Form. III. B. 33.

42. Räumungsantrag nach § 149 Abs. 2 ZVG

An das
Amtsgericht
Vollstreckungsgericht

Antrag nach § 149 Abs. 2 ZVG
In der Zwangsverwaltungssache
X ./. Y

beantrage ich namens und in Vollmacht des Gläubigers,

dem Schuldner aufzugeben, die auf dem Verwaltungsgrundstück (Anschrift) belassenen Räume[1], nämlich ...... (genaue Angabe) geräumt an den Verwalter herauszugeben[2].

Begründung:

Der Schuldner, der den landwirtschaftlichen Betrieb völlig verwahrlosen ließ, legt es mit seiner Familie darauf an, eine Verpachtung des Anwesens zu verhindern, indem er ...... (näher auszuführen und glaubhaft zu machen).
Da er die Verwaltung nicht nur gefährdet, sondern geradezu verhindert, ist sofortige Räumung durch ihn und seine Familie geboten[3].
Rechtsanwalt

Anmerkungen

1. Dem bei Beschlagnahme auf dem Grundstück wohnenden Schuldner sind die unentbehrlichen Räume zu belassen, § 149 Abs. 1 ZVG, allerdings ohne Nebenleistungen wie Zentralheizung oä., für die er zahlen muss (*Stöber* ZVG § 149 Rdn. 2.3). Dies schränkt die Wirtschaftlichkeit einer Zwangsverwaltung zB. bei Einfamilienhäusern oder Eigentumswohnungen erheblich ein.

2. Die Räume müssen vollstreckungsfähig bezeichnet werden. Denn der auf Antrag des Zwangsverwalters, des betreibenden Gläubigers oder anderer Beteiligter nach § 9 ZVG (*Stöber* ZVG § 149 Rdn. 3.4, Letzteres str.) ergehende Räumungsbeschluss ist Räumungsvollstreckungstitel nach § 794 Abs. 1 Nr. 3 ZPO.

3. Nach dem Verhältnismäßigkeitsgrundsatz ist ggf. nur die Entfernung einzelner Familienmitglieder aufzugeben (für Ehegatten, *Stöber* ZVG § 149 Rdn. 3.5), oder es sind andere Sicherungsmaßnahmen nach § 25 ZVG, § 146 Abs. 1 ZVG zu treffen.

Kosten und Gebühren

Besondere Gebühren entstehen nicht. Für das Gericht ist dies Verfahren mit der allgemeinen Geschäftsgebühr von 0,5 für jedes angefangene Jahr der Verfahrensdauer nach KV 2231 abgegolten, für den Anwalt durch die 0,4 Verfahrensgebühr nach VV 3311.

Bei Rechtsmitteln gegen einen Räumungsbeschluss oder die Ablehnung eines solchen Beschlusses Gebühren wie Form. III. B. 39.

Fristen und Rechtsmittel

Da nach Anhörung beider Seiten durch den Rechtspfleger entschieden wird, ist für Antragsteller und Schuldner Rechtsbehelf die sofortige Beschwerde gegeben, vgl. Form. III. A. 13.

43. Klage auf Planänderung (§ 159 ZVG)

An das
......gericht ......[1]

Klage nach § 159 ZVG[2]

......[3]
wegen Änderung eines Verteilungsplans.
Streitwert ...... EUR[4]
Namens und in Vollmacht des Klägers beantrage ich zu erkennen:

1. **Der Teilungsplan des AG ...... vom ...... in dem Zwangsverwaltungsverfahren gegen Y, Az. ......, wird dahin geändert, dass der Anspruch des Beklagten in Abschnitt IV Nr. ...... des Plans auf Kosten, Zinsen und Hauptsache aus dem vollstreckbaren Titel des LG ...... vom ......, Az. ......, nicht vor dem Anspruch des Klägers in Abschnitt IV Nr. ...... des Plans zu befriedigen ist**[5].
2. **Der Beklagte trägt die Kosten des Verfahrens.**

Begründung:

...... (zB. Fehlen von Vollstreckungsvoraussetzungen bei Antragstellung oder Beitritt, Erlöschen des Anspruches)

Rechtsanwalt

Anmerkungen

1. Da §§ 878 ff. ZPO nicht anzuwenden sind (*Stöber* ZVG § 159 Rdn. 2.1), Gerichtsstand nach §§ 13 ff. ZPO.

2. Da die Verteilung ggf. langjährig, § 154 ZVG, in die Zukunft wirkt, ist Abänderungsklage auch noch möglich, wo Widerspruch und Widerspruchsklage (§§ 156 Abs. 2 S. 4, 115 ZVG, 876 ff. ZPO) nicht erhoben wurden. Sie wirkt jedoch nur für die Zukunft, § 159 Abs. 2 ZVG. Für vorher materiell-rechtlich falsch verteilte Beträge ggf. Bereicherungsklage (vgl. BGH NJW 2001, 2477). Nach Antrag und Zweck entspricht die vorliegende Klage sonst weitgehend der nach § 878 ZPO, vgl. Form. III. B. 31.

3. Rubrum wie Form. III. A. 19.

4. Vgl. Form III. B. 31 Anm. 3.

5. Da bis zur vollstreckbaren Entscheidung der Plan ausgeführt wird, ggf. einstweilige Verfügung auf Hinterlegung (BGH NJW-RR 2007, 782; *Stöber* ZVG § 159 Rdn. 2.2).

Kosten und Gebühren

a) Gericht: Gebühren des Erkenntnisverfahrens, KV 1210 ff.
b) Anwalt: Gebühren des Erkenntnisverfahrens, VV 3100 ff.

Fristen und Rechtsmittel

Wie im normalen Erkenntnisverfahren, vgl. Form. I. O. 1.

Teilungsversteigerung und ähnliche Verfahren

44. Teilungsversteigerungsantrag

a. Antrag des Miterben

An das
Amtsgericht
Vollstreckungsgericht[1]

Zwangsversteigerungsantrag nach § 180 ZVG[2]

des A (Anschrift)
Verfahrensbevollmächtigter: RA. ......
gegen
1. B (Anschrift)
2. C (Anschrift)
Namens und in Vollmacht des A beantrage ich[3]

gemäß § 180 ZVG die Zwangsversteigerung des Grundstücks (Anschrift und FlSt.-Nr.), eingetragen im Grundbuch von ...... Bd. ...... Bl. ......, anzuordnen[4].

Begründung:

Eingetragener Eigentümer des obigen Grundstücks ist X, wofür ich auf die angegebene Grundbuchstelle Bezug nehme. X ist am ...... in ...... verstorben. Er wurde beerbt von

A zu 1/2,
B zu 1/4,
C zu 1/4.

Hierüber lege ich den Erbschein des AG ...... vom ...... Az. ...... vor[5]. Mein Mandant betreibt die Nachlassauseinandersetzung[6]. Da eine Einigung über die Verwertung unter den Miterben nicht erfolgte und Realteilung nicht in Betracht kommt[7], ist Zwangsversteigerung geboten.

Rechtsanwalt[8]

b. Antrag des Pfändungsgläubigers eines Bruchteilseigentümers[9]

...... (Anschrift, Überschrift und Antrag wie oben a.).

Begründung:

Eingetragene Eigentümer des obigen Grundstücks sind die Eheleute X und Y je zur Hälfte in Bruchteilsgemeinschaft[10], wofür ich auf die angegebene Grundbuchstelle Bezug nehme. Der Anspruch auf Aufhebung der Gemeinschaft[11], Aufteilung des Verwertungserlöses und Auszahlung des anteiligen Erlöses ist durch den beigefügten zugestellten Pfändungsbeschluss des AG ...... vom ...... Az. ...... für meinen Mandanten gepfändet. Daher steht ihm das Antragsrecht nach § 181 Abs. 2 S. 1 letzter Halbsatz ZVG zu. Der Anspruch auf Aufhebung der Gemeinschaft ist geltend gemacht. Einvernehmliche Verwertung konnte nicht erreicht werden.

Rechtsanwalt

Anmerkungen

1. Zuständigkeit wie Form. III. B. 33 Anm. 2.

2. Bei Aufhebung einer Gemeinschaft (Bruchteils- und Gesamthandsgemeinschaft) werden die Regeln der Zwangsversteigerung entsprechend angewandt, § 180 Abs. 1 ZVG, soweit §§ 181–185 ZVG nichts anderes regeln. Der Antragsteller ist in der Rolle des Gläubigers, die übrigen Beteiligten in der des Schuldners (BGH NJW 1969, 929, 932). Sie haben ähnlich zu § 30 b ZVG aufschiebenden Vollstreckungsschutz nach § 180 Abs. 2 ZVG, vgl. Form. III. B. 35 b. Auch § 765 a ZPO ist in der Teilungsversteigerung entsprechend anzuwenden (früher str.; vgl. jetzt BGH NJW 2007, 3430).

3. Ein Vollstreckungstitel ist nicht erforderlich, § 181 Abs. 1 ZVG.

4. Diesen Antrag kann auch stellen, wer nur Miterbe eines Bruchteilseigentümers ist, sog. großes Antragsrecht (hM., OLG Hamm, RPfleger 1964, 351; *Stöber* ZVG § 180 Rdn. 3.7), im Gegensatz zum kleinen Antragsrecht, nur auf Teilungsversteigerung des Bruchteils. Antragsberechtigt auch Testamentsvollstrecker uä.

5. Die vorzutragenden Antragserfordernisse ergeben sich aus § 181 Abs. 2 S. 1 ZVG.

6. Dieser Wille wird jedenfalls mit Antragstellung vermutet (RG JW 1919, 42).

7. Dies sind die Möglichkeiten, Teilungsversteigerung zu vermeiden.

8. § 180 ZVG ist weiter anwendbar, ggf. nach vorheriger Kündigung, auf Grundstücke in (*Stöber* ZVG § 180 Rdn. 2.4)
- Bruchteilsgemeinschaft, § 741 BGB (bei Ehegatten BGH NJW 1977, 1234),
- eheliche Gütergemeinschaft bei deren Auflösung,
- BGB-Gesellschaft (zu einem zwischenzeitlichen Gesellschafterwechsel in der GbR vgl. BGH NJW-RR 2008, 1547),
- oHG und KG.

Vgl. auch die ähnlichen Verfahren nach § 172 ZVG (Versteigerung auf Antrag des Insolvenzverwalters) und nach § 175 ZVG (Versteigerung auf Antrag des Erben).

9. Vgl. Form. III. B. 26 a., auch zB. bei Miterbenanteilspfändung (KG NJW 1953, 1832).

10. Beim Teilungsversteigerungsantrag eines Ehegatten muss die Zustimmung des anderen nach § 1365 Abs. 1 BGB vorliegen (oder durch das Vormundschaftsgericht (ab 1. 9. 2009 Familiengericht) nach § 1365 Abs. 2 BGB ersetzt sein), wenn der Grundstücksanteil nahezu das ganze Vermögen des Antragstellers ausmacht, schon bei Antragstellung (BGH NJW 2007, 3124). Dies gilt aber nicht für den Pfändungsgläubiger des Ehegatten (BGH NJW 2006, 849; NJW 2007, 3124; aA. weiterhin *Stöber* ZVG § 180 Rdn. 3.13 n).

11. Bei Teilungsversteigerung unter Ehegatten ist die zusätzliche Einstellungsmöglichkeit gem. § 180 Abs. 3 ZVG zum Schutz von Kindern zu beachten, ggf. auch beim Antrag des Pfändungsgläubigers eines Ehegatten, *Stöber* ZVG § 180 Rdn. 13.3.

Kosten und Gebühren

Wie in Form. III. B. 33, da die Teilungsversteigerung als Zwangsversteigerung durchgeführt wird. Die die einzelnen Beteiligten treffenden Kosten sind aber außerhalb des Verteilungsverfahrens, ggf. im Rahmen der Erlösverteilung, nach gemeinschaftsrechtlichen Grundsätzen, §§ 753 Abs. 2, 756 BGB, auszugleichen (*Stöber* ZVG § 180 Rdn. 7.14 mwN.).

Fristen und Rechtsmittel

Wie Form. III. B. 33. Materielle Einwände, etwa dass statt Versteigerung Realteilung möglich ist, müssen im Erkenntnisverfahren verfolgt werden, nach § 771 ZPO (*Stöber* ZVG § 180 Rdn. 7.20), so genannte unechte Drittschuldnerklage, vgl. Form. III. A. 19.

C. Zwangsvollstreckung wegen sonstiger Ansprüche

Herausgabe von Sachen

1. Vollstreckungsauftrag wegen Herausgabe beweglicher Sachen (§ 883 Abs. 1 ZPO)

An
……[1]

überreiche ich anliegend vollstreckbaren Schuldtitel – sowie beglaubigte Abschrift – mit dem Auftrag zur – Zustellung des Schuldtitels[2] – und Zwangsvollstreckung durch Wegnahme der vom Schuldner herauszugebenden[3] im Titel näher bezeichneten Sachen[4]. Zugleich bitte ich, wegen der titulierten Kosten und der Vollstreckungskosten um Mobiliarvollstreckung wegen folgender Beträge:[5]
……

Anmerkungen

1. Rubrum wie Form. III. B. 1.

2. Auch hier gelten die allgemeinen Vollstreckungsvoraussetzungen, § 750 ZPO, auch zB. § 758 a ZPO.

3. Bei Anspruch auf Übereignung wird der Übergabeanspruch nach § 883 ZPO vollstreckt, § 897 ZPO, die Einigungserklärung nach § 894 ZPO ersetzt. Das Verfahren nach § 883 ZPO ist entsprechend anzuwenden, wenn der Schuldner die Sache nur vorlegen muss, *Baumbach/Lauterbach/Albers/Hartmann* § 883 Rdn. 16.

4. Hauptproblem bei Herausgabevollstreckung ist die Bestimmung des Vollstreckungsgegenstandes (*Zöller/Stöber* § 883 Rdn. 5). Er muss im Titel – mithin schon im Klageantrag (vgl. Form. II. G. 1) – so genau als möglich bezeichnet werden, um dem Gerichtsvollzieher eine sichere Auslegung zu ermöglichen. Da ergänzende Angaben im Vollstreckungsauftrag einen unklaren Titel nicht heilen, ist nähere Bezeichnung im Vollstreckungsantrag nicht erforderlich. Bezugnahme auf Titel reicht aus.

Der Anspruch kann aber auf eine Sachgesamtheit lauten, zB. eine Bücherei oder Hausrat einer bestimmten Wohnung (vgl. LG Essen Büro 1975, 962).

5. Im Übrigen wie Form. III. B. 1. Meist wird neben dem Herausgabeanspruch wegen Kosten die Geldvollstreckung durchzuführen sein. Dabei, nicht aber für den Herausgabeanspruch, sind §§ 811 ff. ZPO zu beachten.

Die Herausgabevollstreckung kann durch Gläubigerhinweise auf Aufbewahrungsort, durch Anwesenheit des Gläubigers und ggf. Stellung von Transportmitteln etc. sehr gefördert werden, vgl. Form. III. B. 1. Anm. 9.

Bei Gewahrsam Dritter gilt § 886 ZPO, also ggf. Pfändung des Herausgabeanspruches, Drittschuldnerklage, und dann Vollstreckung nach § 883 ZPO, vgl. Form. III. B. 1. Anm. 13. Dies gilt auch in entsprechender Anwendung bei sammelverwahrten Wertpapieren (vgl. BGH NJW 2004, 3340).

Wird die Sache nicht gefunden, muss der Schuldner auf Gläubigerantrag nach § 883 Abs. 2 ZPO die eidesstattliche Versicherung abgeben, vgl. Form. III. D. 1. Auch hierfür ist gem. § 899 Abs. 1 ZPO der Gerichtsvollzieher zuständig. Es ist deshalb sinnvoll, den Antrag zu kombinieren mit dem Antrag auf Abgabe der eidesstattlichen Versicherung gem. § 883 Abs. 2 ZPO, vgl. oben Form III. B. 1 Anm. 7. Dabei kann nach § 883 Abs. 2 und 3 ZPO zB. auch Auskunft verlangt werden, wie und an wen der Schuldner den Besitz verlor.

Kosten und Gebühren

a) Anwalt: 0,3 Gebühr nach VV 3309.

b) Gerichtsvollzieher: Festgebühr von 20,– EUR, KV GVKostG 221, und Zeitzuschlag nach 500 bei mehr als 3 Stunden Dauer. Wird die Sache nicht vorgefunden, nur 12,50 EUR nach KV 604. Daneben ggf. Kosten für Geldvollstreckung, wie Form. III. B. 1.

c) Die Abgabe der eidesstattlichen Versicherung nach § 883 Abs. 2 ZPO ist für alle Beteiligten eine besondere Angelegenheit, vgl. § 18 Abs. 1 Nr. 16 RVG und KV GVKostG 260. Dazu vgl. Form. III. D. 1.

Fristen und Rechtsmittel

Wie Form. III. B. 1, da Sonderfall des Vollstreckungsauftrages.

2. Vollstreckungsauftrag wegen Räumung (§ 885 ZPO)

An

……[1]

…… mit dem Auftrag zur – Zustellung des Schuldtitels – und Zwangsvollstreckung durch Herausgabe und Räumung[2] der im Titel näher bezeichneten Wohnung[3], nämlich

……

Falls das nicht wegen der Kosten zu pfändende Wohnungsmobiliar einer der in § 885 Abs. 2 ZPO genannten Personen nicht übergeben werden kann, bietet der Gläubiger zur Vermeidung von Lagerkosten an, die Gegenstände im Keller des Hauses zu lagern[4]. Ein Vertreter des Gläubigers wird insoweit an der Räumung teilnehmen. Daher bitte ich um Aufgabe von Termin und Kostenvorschuss[5].

alternativ[6]:

Der Gläubiger macht an sämtlichen in der Wohnung befindlichen Gegenständen das Vermieterpfandrecht geltend. Diese sind daher in der Wohnung zu belassen, § 180 Nr. 4 GVGA. Zugleich bitte ich, soweit die Schuldtitel auf Zahlung gerichtet sind, um Zwangsvollstreckung wegen folgender Beträge[7]:

……

Anmerkungen

1. Rubrum und Eingang wie Form. III. C. 1 bzw. Form. III. B. 1.

2. Der Gerichtsvollzieher muss dem Schuldner – notfalls mit unmittelbarem Zwang und Amtshilfe der Polizei (§ 758 Abs. 3 ZPO) – die Verfügungsgewalt entziehen, ihm die

Schlüssel abnehmen und ihn aus der Wohnung schaffen. Zur Zuweisung der Verfügungsgewalt an den Gläubiger ist dessen oder seines Vertreters Anwesenheit, wenn nicht geboten, so jedenfalls zweckmäßig (näher § 180 GVGA).

Der Antrag kann auf Herausgabe beschränkt werden, siehe Anm. 6.

3. Auch hier muss das Vollstreckungsobjekt im Titel, also schon im Klageantrag, möglichst genau bezeichnet werden, einschließlich etwaiger Nebenräume, Boden, Keller etc. Der Titel wirkt gegen minderjährige Kinder (BGH NJW 2008, 1959), nicht aber gegen Ehegatten, (BGH NJW 2004, 3041) und auch nicht gegen nichteheliche Lebensgefährten, wenn diese Mitbesitz an der Wohnung begründet haben (BGH NJW 2008, 1959). Bei mehreren Mietern (Ehegatten) oder bei Untermietern (vgl. BGH NJW-RR 2003, 1450) muss in jedem Fall Räumungstitel auch gegen diese vorhanden sein.

4. Der Gläubiger muss – zT. erheblich, 1500 EUR und mehr – Vorschuss leisten für Kosten der Räumung und einer ersten Einlagerung (weitergehend – ganze Einlagerung – OLG Karlsruhe RPfleger 1974, 408) von Sachen, die weder Zubehör des Grundstückes sind noch für Kosten oder andere Geldforderungen (Restmiete) gepfändet und verwertet werden. Holt Schuldner solche Sachen nicht alsbald ab, Verwertung nach § 885 Abs. 4 ZPO. Gerümpel kann der Gerichtsvollzieher als Müll behandeln (LG Karlsruhe DGVZ 1980, 14 und § 180 Nr. 5 aE. GVGA). Gemäß § 885 Abs. 3 S. 2 ZPO sind unpfändbare oder nicht verwertbare Sachen auf Verlangen an den Schuldner herauszugeben. Nach § 885 Abs. 4 ZPO kann der Gerichtsvollzieher nach 2 Monaten ohne Gerichtsbeschluss die Sachen verwerten oder vernichten.

Wird unter Hinweis auf das Vermieterpfandrecht nur die Herausgabevollstreckung betrieben, ist kein Kostenvorschuss erforderlich (BGH NJW 2006, 848).

5. Vgl. dazu auch § 180 GVGA.

6. Der Gläubiger kann den Antrag auf Herausgabe beschränken, wenn er an sämtlichen in den Räumen befindlichen Gegenständen ein Vermieterpfandrecht geltend macht. Eine Prüfung, ob das Vermieterpfandrecht die in der Wohnung befindlichen Gegenstände umfasst, hat der Gerichtsvollzieher nicht vorzunehmen (BGH NJW 2006, 848).

7. Weiter wie Form. III. B. 1.

Kosten und Gebühren

a) Anwalt: 0,3 Gebühr nach VV 3309.

b) Gerichtsvollzieher: Festgebühr, 75,– EUR, KV GVKostG 240, ggf. dazu noch Zeitzuschlag nach KV Nr. 500.

Fristen und Rechtsmittel

Wie Form. III. B. 1. Ggf. kann der Schuldner Räumungsschutz nach § 721 Abs. 2 und 3 ZPO oder nach § 765 a ZPO beantragen, um die Räumung hinauszuzögern. Zum Räumungsschutz nach § 765 a ZPO vgl. *Walker* NJW 1996, 352 und *Schuschke* NJW 2006, 874.

Vornahme vertretbarer Handlungen

3. Antrag auf Gestattung der Ersatzvornahme und Leistung eines Kostenvorschusses (§ 887 ZPO)

An das
......gericht ......[1]

Antrag nach § 887 ZPO

In der Vollstreckungssache

X ./. Y

beantrage ich namens und in Vollmacht des Gläubigers zu beschließen:

1. **Der Gläubiger wird ermächtigt, die nach dem vollstreckbaren Urteil des ...... Gerichts ...... vom ...... Az. ...... dem Schuldner obliegende Entfernung des Schäferhundes aus der Wohnung des Schuldners in A, B-Straße Nr. ......, 2. Stock rechts, durch einen vom Gläubiger zu beauftragenden Tierfänger vornehmen zu lassen[2].**
2. **Der Schuldner ist verpflichtet, zu diesem Zweck das Betreten und die Durchsuchung seiner Wohnung durch den beauftragten Tierfänger zu dulden und diesem Zugang zu verschaffen[3].**
   Dies gilt zugleich als Durchsuchungsanordnung im Sinne von Art. 13 Abs. 2 GG[4].
3. **Der Schuldner wird verpflichtet, die für die Entfernung des Hundes und die vorläufige Unterbringung im Tierheim entstehenden voraussichtlichen Kosten in Höhe von 250,– EUR an den Gläubiger vorauszuzahlen[5].**

Begründung:

Der Schuldner ist der Verpflichtung aus dem im Antrag genannten Urteil, dessen vollstreckbare zugestellte Ausfertigung ich als

Anlage 1

beifüge, bis heute nicht nachgekommen. Daher ist Vollstreckung durch Ersatzvornahme geboten[6].
Nach dem als

Anlage 2

beigefügten Kostenvoranschlag des Tierheims C belaufen sich die Kosten einer Entfernung des Hundes nebst Unterbringung im Tierheim für zunächst eine Woche auf 250,– EUR. Da nach dem bisherigen Verhalten des Schuldners zu befürchten ist, dass er den Zutritt zu seiner Wohnung verweigert, ist ihm insoweit Duldung aufzugeben.
Ich bitte, mir eine vollstreckbare Ausfertigung des Beschlusses zu erteilen.

Rechtsanwalt

Anmerkungen

1. Zuständig ist – als Vollstreckungsorgan – das Prozessgericht erster Instanz, § 887 Abs. 1 ZPO, dort nicht der Rechtspfleger, sondern der Richter, § 20 Nr. 17 RPflG. Dabei besteht Anwaltszwang nach den allgemeinen Regeln (hM. OLG Nürnberg MDR 1984, 58; *Zöller/Stöber* § 887 Rdn. 4.

2. Vgl. OLG Hamm NJW 1966, 2415. Beispiele zur Abgrenzung zwischen vertretbaren Handlungen (Vollstreckung nach § 887 ZPO) und unvertretbaren Handlungen (Vollstreckung nach § 888 ZPO) bei *Baumbach/Lauterbach/Albers/Hartmann* § 887 Rdn. 20–43 und *Zöller/Stöber* § 887 Rdn. 3. Auch die Befreiung von einer Geldschuld oder einer anderen Verbindlichkeit, etwa einem Grundpfandrecht oder einer Grundstücksbelastung ist nach § 887 ZPO zu vollstrecken, *Baumbach/Lauterbach/Albers/Hartmann* § 887 Rdn. 1.

3. Der Schuldner – nicht ein Dritter – muss die Ersatzvornahme dulden, soweit sie in seinen Bereich eingreift. Zur Klarstellung sollte das Gericht dies aussprechen und ggf. im Einzelnen regeln.

4. Leistet der Schuldner gegen die Vornahme einer Handlung Widerstand, so ist dieser nach § 892 ZPO durch einen Gerichtsvollzieher zu brechen. Vorsorglich ist klarzustellen, dass das Gericht hier ausdrücklich die Durchsuchung der Wohnung iSv. Art. 13 Abs. 2 GG anordnet (vgl. Form. III. A. 11 Anm. 4).

5. Der Vorauszahlungsbeschluss nach § 887 Abs. 2 ZPO ist Titel für die Geldvollstreckung gegen den Schuldner nach § 794 Abs. 1 Nr. 3 ZPO. Der Gläubiger muss die Höhe der Kosten darlegen, der Schuldner wird nach § 891 ZPO dazu gehört. Nachforderung ist zulässig, § 887 Abs. 2 ZPO (zu Einzelheiten vgl. *Baumbach/Lauterbach/Albers/Hartmann* § 887 Rdn. 18).

6. Macht der Schuldner Erfüllung geltend, ist der Einwand im Vollstreckungsverfahren zu prüfen (BGH NJW 2005, 367 mwN. zu den früher hierzu vertretenen unterschiedlichen Ansichten; *Kannowski/Distler* NJW 2005, 865).

Kosten und Gebühren

a) Gericht: Eine Festgebühr in Höhe von 15,00 EUR für das gesamte Vollstreckungsverfahren vor dem Prozessgericht gem. KV 2111.

b) Anwalt: für den Antrag eine 0,3 Verfahrensgebühr nach VV 3309 Hier entsteht in der Praxis häufiger auch die 0,3 Terminsgebühr nach VV 3310.

Die weitere Vollstreckung aus dem nach § 887 Abs. 2 ZPO ergehenden Beschluss ist besondere Vollstreckungsangelegenheit, § 18 Abs. 1 Nr. 12 RVG, so dass dafür eine weitere 0,3 Gebühr anfällt.

Fristen und Rechtsmittel

Sofortige Beschwerde, § 793 ZPO mit §§ 567 ff. ZPO, binnen zwei Wochen nach Zustellung der Entscheidung, § 569 Abs. 1 ZPO.

Vornahme unvertretbarer Handlungen

4. Antrag auf Festsetzung von Zwangsmitteln (§ 888 ZPO)

An das
…….gericht ……[1]

Antrag nach § 888 ZPO

In der Vollstreckungssache

X ./. Y

beantrage ich namens und in Vollmacht des Gläubigers zu beschließen:

Gegen den Schuldner wird wegen Nichtvornahme der Erstellung einer Auseinandersetzungsbilanz per …… für die von ihm und dem Gläubiger eingegangene stille Gesellschaft gemäß gerichtlichem Vergleich des LG …… vom …… Az. …… ein Zwangsgeld festgesetzt[2] und für den Fall, dass dieses nicht beigetrieben werden kann, Zwangshaft[3].

Begründung:

In dem im Antrag genannten Vergleich, dessen vollstreckbare zugestellte Ausfertigung ich beifüge[4], hat der Schuldner unter II. die fragliche Verpflichtung übernommen. Trotz Zustellung des Titels und trotz zusätzlicher Aufforderung vom ……, die ich in Kopie beifüge, hat er die Bilanz bis heute nicht vorgelegt. Daher ist Festsetzung eines empfindlichen Zwangsgeldes geboten[5].

Rechtsanwalt[6]

Anmerkungen

1. Zuständigkeit wie Form. III. C. 3 Anm. 1.

2. Die Zwangsmittel des § 888 ZPO – Zwangsgeld und Zwangshaft – werden nach § 888 Abs. 2 ZPO nicht mehr angedroht, sondern auf Gläubigerantrag sogleich festgesetzt. Der Schuldner kann die Beitreibung des Zwangsgeldes, zugunsten der Staatskasse, jederzeit vor Beitreibung durch Erfüllung abwenden (*Zöller/Stöber* § 888 Rdn. 11).

3. Ersatzweise Zwangshaft soll neben dem Zwangsgeld schon von Amts wegen angeordnet werden (*Baumbach/Lauterbach/Albers/Hartmann* § 888 Rdn. 10). Die Höhe der Zwangsmittel steht im gesetzlichen Rahmen (Zwangsgeld: bis 25.000,– EUR; Zwangshaft 1 Tag bis 6 Monate; *Zöller/Stöber* § 888 Rdn. 9 und 10) ebenso wie die Wahl der Zwangsmittel im Ermessen des Gerichtes. Antrag auf Zwangsmittel in bestimmter Höhe unzweckmäßig, da sonst ggf. Teilabweisung. Da das Zwangsgeld an die Staatskasse geht, wird Gläubiger an der Höhe weniger interessiert sein.

4. Vollstreckungsvoraussetzungen wie sonst, § 750 ZPO.

5. Der Erfüllungseinwand ist im Vollstreckungsverfahren zu prüfen, vgl. Form. III. C. 3. Anm. 6. Das Zwangsgeld wird nach hA. durch Gläubigerauftrag an den Gerichtsvollzieher oder andere Vollstreckungsorgane zugunsten der Staatskasse vollstreckt (so vor allem BGH NJW 1983, 1859; OLG Frankfurt JurBüro 1986, 1259; *Zöller/Stöber* § 888 Rdn. 13; aA. *Baumbach/Lauterbach/Albers/Hartmann* § 888 Rdn. 18: von Amts wegen nach § 1 Abs. 1 Nr. 3 JBeitrO). nach Zwangshaft wird gegen den Handlungspflichtigen, also zB. den gesetzlichen Vertreter des Schuldners, Geschäftsführer einer GmbH oä. (*Baumbach/Lauterbach/Albers/Hartmann* § 888 Rdn. 18) vollstreckt.

Soll sofort Zwangshaft festgesetzt werden, ist der entsprechende Antrag besonders zu begründen, zB. mit Dringlichkeit der Erfüllung oder Fluchtgefahr.

6. Beispiele für unvertretbare Handlungen bei *Zöller/Stöber* § 888 Rdn. 3. Die Hinterlegung von Geld ist nicht nach § 888 ZPO zu vollstrecken, sondern als normale Geldvollstreckung, bei der lediglich nicht an den Gläubiger abzuführen sondern zu hinterlegen ist (KG JW 1934, 3218). Beachte die Ausnahme des § 888 Abs. 3 ZPO: Dienst aus Dienstvertrag. Die Nennung des Erzeugernamens durch die Mutter an das nichteheliche Kind ist kein Fall von § 888 Abs. 3 ZPO (noch zur alten Fassung vor dem 1. 9. 2009: BGH NJW 2008, 2919).

Ist nach § 510 b ZPO schon im Urteil für den Fall der Nichterfüllung der Handlungspflicht eine Entschädigung ausgeurteilt, entfällt nach § 888 a ZPO die Handlungsvollstreckung.

Kosten und Gebühren

a) Gericht: Festgebühr nach KV 2110. Bei Beitreibung des Zwangsgeldes für die Staatskasse entstehen Beitreibungskosten.

b) Anwalt: 0,3 Gebühr nach VV 3309, § 18 Abs. 1 Nr. 13 RVG. M. E. sind der hiesige Antrag und ein anschließender Auftrag an den Gerichtsvollzieher zur Vollstreckung des Zwangsgeldes zwei Angelegenheiten. Denn der hiesige Antrag schafft ja erst den Titel für die anschließende Geldvollstreckung zugunsten der Staatskasse (anders – eine Angelegenheit – *Zöller/Stöber* § 888 Rdn. 20).

c) Gegenstandswert (für Anwaltsgebühren): Interesse des Gläubigers an der Vornahme der Handlung, also nicht Höhe des Zwangsgeldes sondern idR. Streitwert des Erkenntnisverfahrens. Zum Rechtsmittelstreitwert BGH NJW 1995, 664, wonach es auf Zeitaufwand und Kosten für die Erfüllung ankommt.

Fristen und Rechtsmittel

Wie vorstehend Form. III. C. 3.

Erzwingung von Unterlassungen und Duldungen

5. Ordnungsmittelantrag (§ 890 ZPO)

An das
......gericht ......[1]

Ordnungsmittelantrag[2] **nach § 890 ZPO**

In der Vollstreckungssache

X ./. Y

beantrage ich namens und in Vollmacht des Gläubigers zu beschließen:

1. **Gegen den Schuldner wird wegen Verstoßes gegen das Verbot, seinen Betrieb als „größtes Möbelhaus am Platze" zu bezeichnen, ein Ordnungsgeld**[3]**, und für den Fall dass dies nicht beigetrieben werden kann, Ordnungshaft**[4] **festgesetzt.**
2. **Der Schuldner ist verpflichtet, ab Zustellung dieses Beschlusses bis zum Ablauf des ...... eine Sicherheit von ...... Euro zugunsten des Gläubigers zu leisten**[5] **für dessen durch fernere Zuwiderhandlung entstehenden Schaden.**

Begründung:

Nach der vom angerufenen Gericht erlassenen einstweiligen Verfügung vom ...... Az. ......, deren zugestellte Ausfertigung[6] ich als

Anlage 1

beifüge, war dem Schuldner unter Androhung[7] eines für jeden Fall der Zuwiderhandlung festzusetzenden Ordnungsgeldes bis zu 250.000,– EUR, ersatzweise Ordnungshaft bis zu 6 Monaten, oder von Ordnungshaft bis zu 6 Monaten[8] verboten worden, im geschäftlichen Verkehr zu Zwecken des Wettbewerbs seinen Betrieb als „größtes Möbelhaus am Platze" zu bezeichnen.
Nach Zustellung der einstweiligen Verfügung erschien in der A-Zeitung vom ...... ein Inserat des Schuldners, in dem sein Betrieb wiederum als „größtes Möbelhaus am Platze"[9] bezeichnet wird. Zum Beweis[10] füge ich als Anlage 2 ein Exemplar der Zeitung bei[11].
Außerdem hat der Schuldner bis heute nicht die Aufschrift an der Giebelwand seines Geschäftshauses abgeändert, die gleichfalls die Bezeichnung „Größtes Möbelhaus am Platze" enthält[12]. Zum Beweis beziehe ich mich auf
1. Augenscheinseinnahme
2. Zeugnis des B (ladungsfähige Anschrift)
Wegen dieses mehrfachen Verstoßes muss der Schuldner durch empfindliches Ordnungsgeld[13] zur Einhaltung des gerichtlichen Gebotes gezwungen werden. Da der Schuldner keinerlei Anstalten zur Einhaltung des Gebotes macht, sind weitere Verstöße zu besorgen. Daher ist Sicherheitsleistung für die entstehenden Schäden des Gläubigers geboten, deren Höhe sich wie folgt ergibt ......[14].

Rechtsanwalt

Anmerkungen

1. Zuständigkeit wie Form. III. C. 3 Anm. 1.

2. Das Ordnungsgeld ist zwar keine Kriminalstrafe (*Brehm* NJW 1975, 249). Es enthält aber repressive strafrechtliche Elemente und erfordert deshalb Verschulden (BVerfG NJW 1991, 3139).

3. Wie beim Antrag nach § 888 ZPO (Form. III. C. 4 Anm. 3) sollte Gläubiger nur ausnahmsweise die Höhe des Ordnungsgeldes im Antrag beziffern – und dann idR. nur als Mindestbetrag. Bei zu geringem Ordnungsgeld Beschwerde des Gläubigers, § 793 ZPO (OLG Hamm NJW-RR 1988, 960), bei zu hohem Beschwerde des Schuldners.

4. Schon von Amts wegen ist neben dem Ordnungsgeld ersatzweise Ordnungshaft festzusetzen (*Baumbach/Lauterbach/Albers/Hartmann* § 890 Rdn. 17).

5. Vgl. § 890 Abs. 3 ZPO. Jedoch sind neben dem Verstoß gegen das Unterlassungsgebot (*Baumbach/Lauterbach/Albers/Hartmann* § 890 Rdn. 36) nach Möglichkeit weitere Umstände vorzutragen, zB. wiederholte, besonders hartnäckige oder für den Gläubiger besonders nachteilige Verstöße.

6. Es müssen alle Vollstreckungsvoraussetzungen gegeben sein, § 750 ZPO, bei einstweiliger Verfügung zwar nicht die Klausel, §§ 936 mit 929 Abs. 1 ZPO, aber die Zustellung.

7. Diese vorherige Androhung, die beim Verstoß dem Schuldner bekannt, aber nicht notwendig zugestellt sein muss (OLG Hamburg BB 1973, 1189; *Baumbach/Lauter-*

bach/Albers/Hartmann § 890 Rdn. 19), ist Voraussetzung für die Verhängung der Ordnungsmaßnahme, § 890 Abs. 2 ZPO. Regelmäßig wird sie in den Titel aufgenommen, so bei Unterlassungsverfügungen im Wettbewerbsrecht und bei Duldungs- oder Unterlassungsverfügungen nach § 1004 BGB, den Hauptfällen der Vollstreckung nach § 890 ZPO. Wo Androhung, wie beim gerichtlichen Vergleich (KG JurBüro 1983, 781; *Baumbach/Lauterbach/Albers/Hartmann* § 890 Rdn. 7; str.) im Titel fehlt, ist zunächst Antrag nach § 890 Abs. 2 ZPO erforderlich. Er gleicht dem Antrag nach § 890 Abs. 1 ZPO, geht nur auf Androhung, nicht auf Festsetzung.

8. Die Festsetzung muss im Rahmen der Androhung bleiben, die aber regelmäßig in der gesetzlichen Maximalhöhe erfolgt. Str. ist, ob die Ordnungsmaßnahme noch verhängt wird, wenn das Verbot nach dem Verstoß, aber vor dem Beschluss nach § 890 Abs. 1 ZPO, aufgehoben, unwirksam oder gegenstandslos wird (dafür OLG Hamburg NJW-RR 1987, 1024 mwN.; BayObLG NJW-RR 1995, 1040; dagegen OLG Düsseldorf NJW-RR 1988, 510; *Zöller/Stöber* § 890 Rdn. 9a; differenzierend BGH NJW 2004, 506).

9. Praktisch wichtig und umstritten ist die Frage, welche nicht identischen Verstöße noch vom „Kern der Verletzungsform" umfasst werden und daher nach § 890 ZPO ohne neue Klage sanktioniert sind (*Baumbach/Lauterbach/Albers/Hartmann* § 890 Rdn. 4–5 mwN.).

10. Voller Beweis erforderlich, nicht nur Glaubhaftmachung (*Baumbach/Lauterbach/Albers/Hartmann* § 890 Rdn. 20).

11. Der Schuldner kann sich – bei Anhörung nach § 891 ZPO – zB. damit verteidigen, dass er die geschaltete Anzeige nach Kenntnis von Verbot und Androhung nicht mehr verhindern konnte. Dann wird die Streitfrage bedeutsam, ob die Ordnungsmaßnahme Verschulden voraussetzt (ganz hM., BVerfG NJW-RR 2007, 860; BGH NJW 2009, 921; *Baumbach/Lauterbach/Albers/Hartmann* § 890 Rdn. 22 mwN.).

12. Die Verurteilung zu einer Duldung kann auch ohne ausdrücklichen Hinweis eine Verpflichtung zu einem nach § 890 ZPO zu vollstreckenden positiven Tun enthalten (BGH NJW-RR 2007, 863; *Zöller/Stöber* § 890 Rdn. 3a)

13. Der Gläubiger kann auch eine bestimmte Höhe oder Mindesthöhe anregen (*Baumbach/Lauterbach/Albers/Hartmann* § 890 Rdn. 12, vgl. auch Anm. 3).

Die Vollstreckung erfolgt von Amts wegen nach der Justizbeitreibungsordnung, *Zöller/Stöber* § 890 Rdn. 23 (hier allg. Ansicht, vgl. aber Form. III. C. 4 Anm. 5).

14. Ist ggf. näher auszuführen. Den Schaden muss der Gläubiger ggf. nach § 893 ZPO einklagen. Da er in Wettbewerbssachen nur selten nachweisbar ist (*Pastor*, Wettbewerbsprozess, 3. Aufl. 1982, S. 1004), wird sich die Sicherheitsleistung meist nur auf künftige Kosten beziehen können.

Kosten und Gebühren

a) Gericht: Festgebühr nach KV 2111 (15,00 EUR).

b) Anwalt: Der Antrag auf Androhung des Ordnungsgeldes nach § 890 Abs. 2 ZPO ist im Erkenntnisverfahren von den Prozessgebühren abgegolten, vgl. § 19 Abs. 2 Nr. 5 RVG.

Bei gesondertem Antrag nach Titulierung fällt die 0,3 Gebühr nach VV 3309 an. Allerdings ist damit dann auch bei einem nachfolgenden Antrag auf Verurteilung zu Ordnungsgeld/Ordnungshaft die Verfahrensgebühr nach VV 3309 abgegolten, § 19 Abs. 2 Nr. 5 RVG.

Jede Verurteilung zu einem Ordnungsgeld ist ein gesondertes Verfahren, § 18 Abs. 1 Nr. 14 RVG.

Der Antrag auf Sicherheitsleistung nach § 890 Abs. 3 ZPO ist stets besondere Angelegenheit, § 18 Abs. 1 Nr. 15 RVG, so dass dafür eine weitere 0,3 Gebühr anfällt. Für den obigen Antrag ist also insgesamt eine 0,6 Anwaltsgebühr verdient.

Für die Kostenentscheidung verweist § 891 S. 3 ZPO auf die Prozesskostenregeln in §§ 91 ff. ZPO. § 788 ZPO ist also nicht anwendbar.

Fristen und Rechtsmittel

Wie vorstehend Form. III. C. 3.

D. Das Verfahren zur Abgabe der eidesstattlichen Versicherung

1. Antrag auf Abgabe der eidesstattlichen Versicherung[1] (§§ 807, 900 ZPO)

An das
Amtsgericht
Verteilungsstelle für Gerichtsvollzieher Aufträge[2]

Antrag auf Bestimmung eines Termins zur Abgabe der eidesstattlichen Versicherung, §§ 807, 900 ZPO[3]

In der Vollstreckungssache

X ./. Y

beantrage ich namens und in Vollmacht des Gläubigers beim zuständigen Gerichtsvollzieher,

> **Termin gemäß §§ 807, 900 ZPO zur Abgabe eines Vermögensverzeichnisses und der eidesstattlichen Versicherung des Schuldners[4] zu bestimmen. Zusätzlich zum allgemeinen Fragenkatalog des Gerichtsvollziehers mag der Schuldner die im anliegenden Vordruck aufgeführten Fragen beantworten[5].**
> **Der Antrag wird auch für den Fall gestellt, dass gegen den Schuldner bereits Haft zur Erzwingung der Abgabe der eidesstattlichen Versicherung angeordnet ist[6].**
> **Soweit der Schuldner in den letzten 3 Jahren die eidesstattliche Versicherung nach § 807 ZPO oder § 284 AO abgegeben hat, erkläre ich vorstehenden Antrag für erledigt[7]. In diesem Fall bitte ich um**
> **Übersendung von Abschriften des Terminsprotokolls und des Vermögensverzeichnisses jener Versicherung,**

sowie um Rückgabe der Vollstreckungsunterlagen[8].
Falls der Schuldner im Termin nicht erscheint[9] oder die Abgabe der Versicherung ohne Grund verweigert, wird schon jetzt bei dem Vollstreckungsgericht

> **Haftbefehl gemäß § 901 ZPO**

beantragt und um Übersendung des Haftbefehls an den Gerichtsvollzieher gebeten. Der Gerichtsvollzieher wird beauftragt, den Schuldner zu verhaften und mich hierüber zu benachrichtigen[10].
Ich bitte, mir umgehend nach dem Termin Protokoll und Vermögensverzeichnis zu übersenden.
Ich überreiche anliegend vollstreckbaren zugestellten Schuldtitel, Antragskopie[11] und Vollstreckungsunterlagen, wonach der Gläubiger noch beanspruchen kann[12]:
.....
Außerdem trägt der Schuldner die Kosten dieses Verfahrens (§ 788 ZPO), nämlich

1. 0,3 Geb. gem. VV 3309 :	**..... EUR**
2. Postgebührenpauschale, VV 7002:	**..... EUR**
3. Mehrwertsteuer, VV 7008:	**..... EUR**

Die Voraussetzungen von § 807 Abs. 1 ZPO mache ich glaubhaft durch .....[13].

Rechtsanwalt

Anmerkungen

1. Die eidesstattliche Versicherung im Rahmen der Zwangsvollstreckung ist zu unterscheiden von der nach bürgerlichem Recht, § 889 ZPO, oder als Mittel der Glaubhaftmachung, § 294 ZPO. Regelmäßig wird dieser Antrag ergänzend zum Pfändungsauftrag gestellt werden, § 185f. GVGA, vgl. Form. III. B. 1 Anm. 7. § 900 Abs. 2 ZPO legt das nahe. Isoliert kommt der Antrag nur noch ausnahmsweise vor, wenn die Vorraussetzungen von § 807 Abs. 1 ZPO vorliegen, aber die eidesstattliche Versicherung, etwa wegen Zahlungszusagen des Schuldners, bislang nicht abgegeben wurde.

2. Zuständig ist der Gerichtsvollzieher, in dessen Bezirk der Schuldner bei Auftragserteilung seinen Wohnsitz hat, § 899 Abs. 1 ZPO. Hat der Schuldner im Inland keinen Wohnsitz, ist der Aufenthaltsort des Schuldners maßgeblich. Bei einem kombinierten Auftrag kommt es dann auf den Zeitpunkt des Pfändungsversuches an (BGH NJW 2008, 3288) An die Verteilungsstelle wird man nur schreiben, wenn man beim isolierten Antrag den zuständigen Gerichtsvollzieher nicht, etwa aus vorangehender Mobiliarvollstreckung kennt, vgl. Form. III. B. 1 Anm. 1. Abgabe der Versicherung vor einem Notar (LG Düsseldorf RPfleger 1981, 151) oder nach § 259 BGB mit §§ 163, 79 FGG machen den hiesigen Antrag nicht unzulässig. Denn er bewirkt ja auch die Eintragung des Schuldners nach §§ 915 ff. ZPO zum Schutz des Rechtsverkehrs. Aber der Gläubiger kann sich natürlich mit einem solchen Verzeichnis (das nur er kennt, und nicht auch konkurrierende Gläubiger!) zufrieden geben. Dann wird der Schuldner nicht in das Verzeichnis nach § 915 ZPO eingetragen.

Umzug des Schuldners nach Antragstellung ist für die örtliche Zuständigkeit unerheblich (*Zöller/Stöber* § 899 Rdn. 2). Bei juristischen Personen kommt es auf den registermäßigen Sitz an, auch wenn dort kein Geschäftslokal mehr unterhalten wird und der gesetzliche Vertreter an anderem Ort wohnt (*Zöller/Stöber* § 899 Rdn. 2). Gemäß § 899 Abs. 2 ZPO wird auf Antrag des Gläubigers abgegeben, wenn ein anderes Gericht zuständig ist.

3. §§ 899ff. ZPO regeln sowohl das Verfahren nach § 807 ZPO als auch das nach § 883 ZPO (vgl. Form. III. C. 1 Anm. 5) und das nach § 836 Abs. 3 ZPO, so dass die Norm anzugeben ist, aus der sich die Verpflichtung des Schuldners ergibt. Die Fassung des Antrages ergibt sich aus § 900 Abs. 1 ZPO.

4. Bei Prozessunfähigen und juristischen Personen ist der gesetzliche Vertreter – der im Rubrum zu bezeichnen ist – zu laden, bei der GmbH ggf. auch der ausgeschiedene Geschäftsführer, wenn kein neuer bestellt ist und die Niederlegung nach Ladung zum Termin missbräuchlich und damit unbeachtlich ist (vgl. *Zöller/Stöber* § 807 Rdn. 8 mwN.; BayObLG NJW-RR 2000, 179; BGH NJW-RR 2007, 185). Bei einer als vermögenslos gelöschten GmbH muss der letzte Geschäftsführer oder Liquidator offenbaren, wenn der Gläubiger Rechtsschutzbedürfnis hat, weil er spezifiziert vorträgt, dass trotz Löschung noch Vermögen vorhanden sein kann, KG NJW-RR 1991, 933.

5. Der Gläubiger kann dem Antrag schriftliche Fragen beifügen (vgl. *Zöller/Stöber* § 900 Rdn. 29 mwN.). ZB. muss ein Arzt als Schuldner bei Forderungen gegen Privatpatienten deren Namen und Anschrift nennen, um die Pfändung zu ermöglichen (BGH NJW 2005, 1505). Nach BGH NJW 2004, 2979 muss der Schuldner Angaben zum Einkommen seiner Unterhaltsgläubiger machen, um dem Gläubiger ggf. einen Antrag nach § 850c Abs. 4 ZPO zu ermöglichen, vgl. Form. III. B. 19; kommt die Pfändung des Taschengeldanspruchs in Betracht, hat der Schuldner das Nettoeinkommen des Ehepartners anzugeben (BGH NJW 2004, 2452).

6. Dies wird, weil hartnäckige Nichtzahlung anzeigend, im Schuldnerverzeichnis ebenso eingetragen wie die Vermögensoffenbarung selbst, hindert aber nicht erneute Terminsanberaumung.

7. Der Gerichtsvollzieher prüft von Amts wegen die Vorraussetzungen, auch, ob Schuldner noch im Schuldnerverzeichnis eingetragen ist. Der Gläubiger kann, wenn ihm die Abgabe der Versicherung bekannt ist oder durch Hinweis des Gerichtsvollzieher bekannt wird, unter Vorlage des Titels (dazu KG NJW 1989, 534) eine Abschrift vom Protokoll und Verzeichnis beantragen, (vgl. näher *Zöller/Stöber* § 900 Rdn. 38 mwN.).

8. Beim Gericht fällt für die Erteilung einer Abschrift des Vermögensverzeichnisses für den Drittgläubiger die Gebühr nach KV 2115 iHv. 15 EUR an. Sie entsteht auch schon für den Antrag auf Einsicht in das Verzeichnis, KV 2116.

9. Der Gläubiger oder sein Vertreter können am nichtöffentlichen Verfahren teilnehmen, vgl. § 900 Abs. 1 S. 4 ZPO, und Fragen stellen, die den amtlichen Fragenkataloges sachdienlich ergänzen (LG Göttingen NJW 1994, 1164). Die Wahrnehmung des Termins ist nützlich, aber aufwändig.

10. Der Antrag ist schon mit dem Antrag nach § 900 ZPO zulässig (*Zöller/Stöber* § 901 Rdn. 2; *Baumbach/Lauterbach/Albers/Hartmann* § 901 Rdn. 6) und zur Beschleunigung anzuraten.

11. Die Vollstreckungsvoraussetzungen, § 750 ZPO, müssen vorliegen.

12. Forderungsaufstellung wie Form. III. B. 1. Sie ist nicht Antragserfordernis (hM., *Baumbach/Lauterbach/Albers/Hartmann* § 900 Rdn. 4; str.). Sie ist aber zur Kostenberechnung, sowie zur Beurteilung von Zahlungsangeboten nach § 900 Abs. 3 ZPO zweckmäßig.

13. Regelmäßig wird das Unpfändbarkeitsattest des Gerichtsvollzieher vorgelegt, Form. III. B. 1 Anm. 4. Die in der Gerichtspraxis verwendete Regel, dass es nicht zu alt, nicht älter als zB. 6 Monate sein darf, hat keine Stütze im Gesetz (so überzeugend *Schneider* MDR 1976, 533; ähnlich *Zöller/Stöber* § 807 Rdn. 16; enger *Baumbach/Lauterbach/Albers/Hartmann* § 807 Rdn. 6) und provoziert – zum Kostennachteil des Schuldners, § 788 ZPO – aussichtslose Vollstreckungsaufträge. Auch die 3-Jahres-Frist in § 909 Abs. 2 ZPO sogar beim Haftbefehl spricht massiv gegen kürzere Fristen hier.

Erfolglosigkeit künftiger Pfändung wird nachgewiesen durch Bescheinigung des Gerichtsvollzieher, dass er in jüngster Zeit in anderer Sache gegen den Schuldner die Pfändung ohne Erfolg versucht habe. Eine Bescheinung über verweigerte Durchsuchung ist ausreichend, § 807 Abs. 1 Nr. 3 ZPO, ebenso wiederholtes Nichtantreffen des Schuldners durch den Gerichtsvollzieher, § 807 Abs. 1 Nr. 4 ZPO.

Bei Versicherung nach § 883 Abs. 2 ZPO ist durch Gerichtsvollzieher-Protokoll nachzuweisen, dass die herauszugebende Sache beim Schuldner nicht gefunden wurde.

Kosten und Gebühren

a) Anwalt: 0,3 Gebühr nach VV 3309, vgl. die Kostenaufstellung am Ende des Formulars, ebenso für Schuldneranwalt. Ggf. für beide auch die Terminsgebühr nach VV 3310.

Die 0,3 Verfahrensgebühr entsteht auch bei Anforderung des Vermögensverzeichnisses (LG Köln JB 1977, 217).

Als Gegenstandswert ist die restliche Hauptforderung einschließlich Nebenforderungen anzusetzen, maximal aber 1.500,– EUR, § 25 Abs. 1 Nr. 4 RVG.

b) Gerichtsvollzieher: Festgebühr von 30,– EUR gem. KV GVKostG 260.

Fristen und Rechtsmittel

Gegen Ablehnung der Terminbestimmung für den Gläubiger die Erinnerung nach § 766 ZPO, (*Zöller/Stöber* § 900 Rdn. 39), vgl. Form. III. A. 14. Der Schuldner hat gegen die Terminbestimmung keinen Rechtsbehelf (LG Stuttgart DGVZ 2003, 91 mwN.). Er muss, und zwar nicht nur schriftlich, sondern auch im Termin selbst, ggf. Widerspruch nach § 900 Abs. 4 ZPO einlegen, über den der Rechtspfleger beim AG entscheidet, vgl. Form. III. D. 4. Eine ratenweise Tilgung der Gläubigerforderung (ähnlich § 813 a ZPO, vgl. oben Form. III. B. 4) kann der Schuldner durch Vertagungsanträge nach § 900 Abs. 3 ZPO erhalten, für maximal 8 Monate.

2. Ergänzung der eidesstattlichen Versicherung

An das
Amtsgericht
Verteilungsstelle für Gerichtsvollzieher Aufträge

Az. ……

Antrag
auf Ergänzung der eidesstattlichen Versicherung[1]
In der Vollstreckungssache
X ./. Y

beantrage ich namens und in Vollmacht des Gläubigers beim zuständigen Gerichtsvollzieher,

den Schuldner zur Ergänzung des zu obigem Az. am …… beim dortigen Gericht hinterlegten Vermögensverzeichnisses und zur eidesstattlichen Versicherung der Richtigkeit und Vollständigkeit zu laden, wegen folgender Punkte:

1. **Der Schuldner möge für die unter Nr. 20 des Verzeichnisses angegebene Lebensversicherung den Drittschuldner, den Versicherungsbeginn und die Versicherungs-Nr. angeben[2].**
2. **Der Schuldner möge die Angabe in Nr. 14 des Verzeichnisses, er arbeite für ständig wechselnde Arbeitgeber, konkretisieren durch deren ladungsfähige Benennung gemäß LG München RPfleger 1982, 231[3].**

Titel und Vollstreckungsunterlagen füge ich bei und bitte um baldige Veranlassung[4].
Für den Fall, dass der Schuldner im anzusetzenden Termin nicht erscheint, beantrage ich schon jetzt beim Gericht den Erlass eines Haftbefehls und beauftrage den Gerichtsvollzieher mit der Verhaftung.

Rechtsanwalt[5]

Anmerkungen

1. Zuständigkeit wie Form. III. D. 1, Anm. 1. Zur Nachbesserung (Ergänzung) des Vermögensverzeichnisses und zu eidesstattlicher Versicherung der Richtigkeit und Vollständigkeit (§ 807 Abs. 3 ZPO) dieser Ergänzung ist der Schuldner zu laden, wenn das bisherige Verzeichnis unvollständig, ungenau oder widersprüchlich war (BGH NJW-RR 2008, 1163; *Zöller/Stöber* § 903 Rdn. 14). Erst wenn der Gerichtsvollzieher den Antrag auf Nachbesserung ablehnt, steht dem Gläubiger dagegen die Erinnerung gem. § 766 ZPO zu (BGH NJW-RR 2008, 1163).

2. Andere häufige Auslassungen – deren Hinnahme durch den Gerichtsvollzieher pflichtwidrig ist und Amtshaftung auslöst (BGHZ 7, 293; OLG Köln MDR 1975, 498; LG Göttingen NJW 1994, 1164) – sind zB. unzureichende Drittschuldnerbezeichnung bei Arbeitslohn, Sozialleistungen und Steuererstattungen, fehlende Standortangaben bei

Kraftfahrzeugen (OLG Frankfurt MDR 1976, 320) sowie fehlende Vertrags- und Beweismittelbezeichnung bei Kaufpreis-, Werklohn- und ähnlichen Ansprüchen. Fehlen nur für die Vollstreckung nicht unbedingt erforderliche Angaben, wie die Versicherungs-Nr., so kann keine Ergänzung verlangt werden (AG Nürnberg RPfleger 1971, 265), vgl. Form. III. B. 14 Anm. 7.

3. Nach dieser praxisnahen Entscheidung ist „ständig wechselnd" eine rechtliche Würdigung. Der Schuldner muss Tatsachen nennen, also angeben, bei welchen Arbeitgebern er wie lange in letzter Zeit (ca. 1 Jahr) gearbeitet hat und mit welchem Tagesverdienst, (LG Frankfurt/M RPfleger 1985, 245). Ähnliches muss für die beliebte Angabe „ständig wechselnder Auftraggeber" bei Gewerbetreibenden gelten.

4. Mit der Ergänzung wird das alte Verzeichnis nachgebessert, jenes Verfahren also fortgesetzt, so dass die Voraussetzungen von § 903 ZPO nicht vorliegen müssen (*Zöller/Stöber* § 903 Rdn. 14 und 15 mwN.; ebenso *Baumbach/Lauterbach/Albers/Hartmann* § 903 Rdn. 4). Daher ist auch erneuter Unpfändbarkeitsnachweis unnötig, selbst wenn die Ergänzung erst nach Jahr und Tag von einem anderen Gläubiger beantragt wird (*Schneider* MDR 1976, 536). Der Schuldner muss die Verhältnisse am Tage der Ergänzung als dem Tag der letzten mündlichen Verhandlung, § 136 Abs. 4 ZPO, offenbaren, nicht die ggf. überholten vom Tage der ersten Versicherung.

5. Möglich sind auch mehrere Ergänzungsverfahren nacheinander, (LG Kassel RPfleger 1991, 118).

Kosten und Gebühren

a) Anwalt: keine besondere Gebühr, wenn er im bisherigen Verfahren, das zum unvollständigen Verzeichnis führte, tätig war. Eine 0,3 Gebühr nach VV 3309, wenn er im bisherigen Verfahren nicht tätig war, etwa einen anderen Gläubiger vertritt.
b) Gerichtsvollzieher: Regelmäßig keine Gebühr nach KV GVKostG 260, da das frühere Offenbarungsverfahren fortgesetzt wird.

Fristen und Rechtsmittel

Wie Form. III. D. 1.

3. Wiederholte eidesstattliche Versicherung[1] (§ 903 ZPO)

An das
Amtsgericht
Verteilungsstelle für Gerichtsvollzieher-Aufträge

Antrag

auf Bestimmung eines Termins zur wiederholten Abgabe der eidesstattlichen Versicherung, § 903 ZPO

In der Vollstreckungssache

X ./. Y

beantrage ich namens und in Vollmacht des Gläubigers beim zuständigen Gerichtsvollzieher,

Termin gemäß § 903 ZPO zur wiederholten Abgabe eines Vermögensverzeichnisses und der eidesstattlichen Versicherung des Schuldners zu bestimmen.

Der Antrag wird auch für den Fall gestellt, dass gegen den Schuldner bereits Haft zur Erzwingung der Abgabe der eidesstattlichen Versicherung angeordnet ist.
Falls der Schuldner im Termin nicht erscheint oder die Abgabe der Versicherung ohne Grund verweigert, wird schon jetzt bei dem Vollstreckungsgericht
Haftbefehl gemäß § 901 ZPO
beantragt und um Übersendung des Haftbefehls an den Gerichtsvollzieher gebeten. Der Gerichtsvollzieher wird beauftragt, den Schuldner zu verhaften und mich hierüber zu benachrichtigen.
Ich bitte, mir umgehend nach dem Termin Protokoll und Vermögensverzeichnis zu übersenden.
Ich überreiche anliegend Schuldtitel, Antragskopie und Vollstreckungsunterlagen, wonach der Gläubiger noch beanspruchen kann[2]:
......
Der Schuldner hat am ...... vor dem AG ...... zum Az. ...... die eidesstattliche Versicherung abgegeben[3].
Gemäß beigefügter Erklärung des damaligen Arbeitgebers, Firma ......, ist das dort bestehende Arbeitsverhältnis aufgelöst[4].
Danach ist der Schuldner zur erneuten Abgabe der Versicherung verpflichtet[5].

Rechtsanwalt

Anmerkungen

1. Der Schuldner muss erst 3 Jahre nach einer eidesstattlichen Versicherung sein Vermögen erneut offenbaren, § 903 ZPO. Vorher muss er dies nur, wenn
- die Eintragung im Schuldnerverzeichnis nach § 915 a Abs. 2 1. Alt. ZPO vorher gelöscht wurde,
- Vermögenserwerb glaubhaft gemacht wird (der konkrete Zufluss einer nennenswerten Summe, etwa aus Verkauf eines bisher gem. § 811 Nr. 5 ZPO unpfändbaren PKW reicht aus),
- Auflösung eines bisherigen Arbeitsverhältnisses glaubhaft gemacht wird,
- Unrichtigkeit des ersten Verzeichnisses glaubhaft gemacht wird (vgl. unten Anm. 5).

In allen vier Fällen besteht eine Vermutung für neue Vollstreckungsaussichten, die nach § 903 ZPO vor Ablauf von 3 Jahren geklärt werden sollen.

2. Berechnung von Forderung und Antragskosten wie oben Form. III. D. 1, vgl. dort auch Anm. 10.

3. Neuer Unpfändbarkeitsnachweis ist nicht erforderlich, so ausdrücklich § 903 S. 2 ZPO.

4. Dies ist der praktisch häufigste Fall. Die Glaubhaftmachung von Vermögenserwerb ist selten, weil der Gläubiger dann meist diesen direkt pfänden wird. § 903 ZPO ist auch anwendbar, wenn ein erst nach der ersten Versicherung aufgenommenes Arbeitsverhältnis beendet ist (OLG Koblenz JurBüro 1998, 44). Die Vorschrift ist entsprechend anwendbar auf die Fälle, in denen der Gläubiger gleichermaßen daran interessiert ist, die neue Erwerbsquelle des Schuldners zu erfahren (BGH NJW-RR 2007, 1007). So zB., wenn der Schuldner eine selbstständige Tätigkeit aufgibt (LG Augsburg JurBüro 1998, 325, 90; *Zöller/Stöber* 903 Rdn. 8 mwN.; *Baumbach/Lauterbach/Albers/Hartmann* § 903 Rdn. 15.) oder bisherige Arbeitslosigkeit oder Rentenbezug endet (LG Berlin Rpfleger 1997, 221; *Zöller/Stöber* aaO. mwN.; ggf. glaubhaft zu machen durch Bescheinigung des Arbeitsamtes über Wegfall von Leistungen), auch bei sonstigem Wegfall der bisherigen Lebensgrundlage, etwa einer Witwenpension (OLG Hamm RPfleger 1983, 323 mwN.) oder der Beamtenstellung. Nicht ausreichend ist Beendigung der bisherigen Bankverbindung (BGH NJW-RR 2007, 1007).

5. Er ist zur Abgabe eines vollständigen Verzeichnisses verpflichtet, nicht nur zu Einzelangaben, etwa über einen neuen Arbeitgeber (LG Krefeld MDR 1986, 1035; *Zöller/Stöber* § 903 Rdn. 10). Das gilt auch, wenn der Gläubiger die neue Arbeitsstelle schon kennt, dort aber erfolglos gepfändet hat, (LG Bonn, NJW-RR 2003, 72).

Zur wiederholten vollständigen Abgabe – nicht nur Ergänzung – ist der Schuldner in entsprechender Anwendung von § 903 ZPO auch verpflichtet, wenn das frühere Verzeichnis zwar äußerlich vollständig, aber – meist strafbar – inhaltlich unrichtig war (OLG Köln MDR 1975, 498; *Schneider* MDR 1976, 536), wenn er also zB. beim angegebenen Arbeitgeber nie tätig oder bereits bei der ersten Versicherung ausgeschieden war (LG Berlin RPfleger 1971, 325).

Kosten und Gebühren

Da das Verfahren nach § 903 ZPO ein neues Verfahren ist, für das nur die 3jährige Sperrfrist entfällt, fallen die Gebühren an wie in Form. III. D. 1.

Fristen und Rechtsmittel

Wie Form. III. D. 1.

4. Widerspruch des Schuldners (§ 900 Abs. 4 ZPO)

Frau/Herrn Gerichtsvollzieher ……[1]

DR. Nr. ……

Widerspruch

gemäß § 900 Abs. 4 ZPO

In der Vollstreckungssache

X ./. Y

lege ich namens und in Vollmacht des Schuldners gegen die Verpflichtung zur Abgabe der eidesstattlichen Versicherung zu obigen Az.

Widerspruch

ein und beantrage,

die Terminsbestimmung aufzuheben[2] **und dem Gläubiger die Kosten des Verfahrens aufzuerlegen.**

Begründung:

Für den Antrag des Gläubigers fehlt das Rechtsschutzbedürfnis[3]**. Ihm sind als bisherigem Steuerberater des Schuldners dessen Vermögensverhältnisse genau bekannt. Dies ergibt sich auch aus einem Briefwechsel der Parteien, den ich als Anlage beifüge. Ergänzend überreiche ich anliegend eine eidesstattliche Versicherung des Schuldners, wonach die dem Gläubiger bekannten Angaben richtig und vollständig sind**[4]**.**
Daher ist der Termin aufzuheben[5]**.**

Rechtsanwalt[6]

Anmerkungen

1. Der Antrag ist an den Gerichtsvollzieher zu richten, der den Schuldner vorgeladen hat. Es entscheidet aber „das Gericht", § 900 Abs. 4 S. 1 ZPO, dort der Rechtspfleger, § 20 Nr. 17 RPflG, dem der Gerichtsvollzieher seine Akte vorlegt. Der Antrag muss jedenfalls auch **mündlich** im Termin gestellt werden, § 128 Abs. 1 ZPO. Sonst ist er unbeachtlich. Außerhalb des Termins kann nur das Fehlen der von Amts wegen zu prüfenden Voraussetzungen der Zwangsvollstreckung oder des Offenbarungsverfahrens gerügt werden (BGH NJW–RR 2006, 645).

2. Dies ist das Ziel des Widerspruchs. Die bloße Bezeichnung als Widerspruch ohne den konkreten Antrag wäre aber entsprechend auszulegen.

3. Nach zutreffender hM. kann der Schuldner mit Widerspruch nur prozessuale Mängel geltend machen (zB. fehlende Klausel; Zustellungsmängel; fehlendes Rechtsschutzbedürfnis; Mängel des Unpfändbarkeitsattestes; Prozessunfähigkeit; Verstoß gegen § 903 ZPO; Härte iSv. § 765 a ZPO; vollstreckungsbeschränkende Vereinbarungen, hierzu BGH NJW-RR 2006, 645), nicht aber Einwendungen gegen den Anspruch oder die Klausel, die nach § 767 (Form. III. A. 16) bzw. § 732 ZPO (Form. III. A. 12) geltend zu machen sind (*Zöller/Stöber* 900 Rdn. 22 a mwN.; *Baumbach/Lauterbach/Albers/Hartmann* § 900 Rdn. 27).

4. Diese Versicherung ist nur prozessuales Beweismittel, § 294 ZPO, also nicht in die Schuldnerliste nach § 915 ZPO einzutragen. Umfassende, aktuelle und zuverlässige Kenntnis des Gläubigers vom Vermögen des Schuldners kann das Rechtsschutzbedürfnis ausschließen (LG Köln Rpfleger 1987, 511), praktisch wohl sehr selten.

In der Praxis dürften die nur auf Zeitgewinn zielenden Widersprüche weit überwiegen. Bei fehlender Begründung ist der Widerspruch unbeachtlich, vgl. § 901 S. 1 Alt. 2 ZPO.

5. Nach § 900 Abs. 4 S. 2 ZPO bringt auch ein erfolgloser Widerspruch Zeitgewinn, selbst wenn nach Rechtskraft unverzüglich neu terminiert wird. Der Schuldner muss aber alle im Zeitpunkt des Widerspruchs bekannten Gründe geltend machen, sonst wird er präkludiert (*Zöller/Stöber* § 900 Rdn. 26). Mit neuen Gründen ist erneuter Widerspruch zulässig, dem aber die aufschiebende Wirkung genommen werden kann, § 900 Abs. 4 S. 2 2. Halbs. ZPO.

Zahlungsaufschub kann der Schuldner bis zu 8 Monaten nach § 900 Abs. 3 ZPO ähnlich wie nach § 813 a ZPO (Form. III. B. 4) oder nach § 30 a ZVG (Form. III. B. 35) erhalten.

6. Statt mit Widerspruch versuchen Schuldner häufig wegen Krankheit den Offenbarungstermin hinauszuzögern. Bei Bettlägerigkeit muss aber ggf. der Gerichtsvollzieher die Versicherung am Krankenbett abnehmen (OLG Jena RPfleger 1997, 446; *Musielak/Voit* § 900 Rdn. 7). Seelische Belastung durch die Offenbarungsversicherung beseitigt die Verpflichtung nicht (KG NJW 1967, 59), da die Abgabe der Versicherung den redlichen Schuldner seelisch entlastet (OLG Köln RPfleger 1978, 32). Ohnehin werden nur wenige Krankheiten den Schuldner wirklich hindern, einen Fragebogen auszufüllen und dessen Richtigkeit zu versichern (siehe auch *Baumbach/Lauterbach/Albers/Hartmann* § 900 Rdn. 28).

Kosten und Gebühren

a) Gericht: keine besondere Gebühr für die Bescheidung des Widerspruches.

b) Anwalt des Gläubigers: keine besondere Gebühr neben der 0,3 Verfahrensgebühr nach VV 3309 und ggf. der 0,3 Terminsgebühr nach VV 3310.

c) Anwalt des Schuldners: soweit er für den Widerspruch erstmals eingeschaltet wird, entstehen für ihn die 0,3 Gebühren für das Verfahren zur Abnahme der eidesstattlichen Versicherung nach VV 3309 und regelmäßig (da der Widerspruch nur in der mündl. Verhandlung erhoben werden kann, vgl. Anm. 1) nach VV 3310.

d) Gerichtsvollzieher und Gericht: Keine besondere Gebühr für das Widerspruchsverfahren.

Fristen und Rechtsmittel

Da der Rechtspfleger über den Widerspruch unter Beteiligung beider Seiten ohne mündliche Verhandlung durch Beschluss entscheidet, sofortige Beschwerde, wie Form. III. A. 22.

5. Verhaftungsauftrag (§ 909 ZPO)

An das[1]
Amtsgericht ......
Verteilungsstelle für Gerichtsvollzieher-Aufträge

Betr.: Verhaftungsauftrag[2]

In der Vollstreckungssache
X ./. Y

überreiche ich namens und in Vollmacht des Gläubigers anliegend vollstreckbaren zugestellten Schuldtitel sowie Haftbefehl des AG ...... vom ...... Az. ...... und beglaubigte Abschrift[3] mit dem Auftrag an den zuständigen Gerichtsvollzieher,
den Schuldner zu verhaften und ihm ggf. gem. § 902 ZPO die eidesstattliche Versicherung abzunehmen[4].
Die Vollstreckung erfolgt wegen der Verhaftungskosten und wegen folgender Beträge gemäß anliegender Vollstreckungsunterlagen[5]:
......
Bei Teilzahlung von mindestens ...... EUR monatlich stimme ich ratenweiser Erledigung zu und bitte um Überweisung auf mein Konto[6]

Rechtsanwalt[7]

Anmerkungen

1. Wie Form. III. B. 1. Ggf. sollte dieser Antrag schon vorsorglich mit dem Pfändungsauftrag gestellt werden, vgl. Form. III. B. 1 Anm. 7.

Man kann auch versuchen, den Schuldner zunächst durch außergerichtliche Übersendung des Haftbefehls (den viele für eine strafrechtliche Maßnahme halten) zur Zahlung zu bewegen.

2. Kommt der Schuldner ohne ausreichende Entschuldigung nicht zum Offenbarungstermin oder verweigert er ohne Grund die Offenbarung, wird auf Antrag des Gläubigers zur Erzwingung ein Haftbefehl erlassen, § 901 ZPO, den der Gläubiger durch den Gerichtsvollzieher vollstrecken lassen kann, § 909 ZPO.

Gegen die Haftanordnung – die der Richter vornimmt, § 4 Abs. 2 Nr. 2 RPflG – kann der Schuldner nicht erneut die Gründe eines schon abgewiesenen Widerspruchs einwenden (*Zöller/Stöber* § 901 Rdn. 14). Ausgeschlossen ist er nach überwiegender Ansicht auch mit Gründen, wegen derer er Widerspruch hätte einlegen können (*Baumbach/Lauterbach/Albers/Hartmann* § 901 Rdn. 17 mwN.; aA. OLG Frankfurt RPfleger 1976, 27 mwN.).

3. Beglaubigte Abschrift des Haftbefehls erforderlich wegen § 909 Abs. 1 S. 2 ZPO. Der Haftbefehl muss aber nicht vor dem Vollzug zugestellt werden, § 901 S. 3 ZPO.

4. Regelmäßig wird, wenn der Gerichtsvollzieher den Schuldner antrifft, dann die Versicherung abgegeben, so dass Haftvollzug fast nie vorkommt. Zum Verfahren des Gerichtsvollzieher vgl. auch § 187 GVGA.

5. Forderungsaufstellung wie Form. III. B. 1. Sie ist nicht Antragserfordernis. Da aber zur Abwendung der Verhaftung häufig die Forderung ganz oder in Raten gezahlt wird, ist die Angabe zweckmäßig und sollte durch Beifügung der Vollstreckungsunterlagen belegt werden. Der Schuldtitel und eine Ausfertigung des gerichtlichen Haftbefehls sind in jedem Fall vorzulegen, § 186 Abs. 2 S. 2 GVGA.

6. Zur Geldempfangsvollmacht Form. III. B. 1 Anm. 5.

7. Der Haftbefehl kann bis zu 3 Jahren nach Erlass vollzogen werden, § 909 Abs. 2 ZPO, wobei die Antragstellung innerhalb der Dreijahresfrist genügt, (BGH NJW 2006, 1290).
Die Vollziehung sollte ggf. durch Gläubigerhinweise über den Schuldneraufenthalt erleichtert werden. Zur Verhaftung in den Räumen des Schuldners ist eine Durchsuchungsanordnung nach Art. 13 Abs. 2 GG (Form. III. A. 11) nicht erforderlich, so ausdrücklich § 758 a Abs. 2 ZPO.

Kosten und Gebühren

a) Anwalt: keine besondere Gebühr neben der 0,3 Gebühr des Offenbarungsversicherungsverfahrens, keine besondere Angelegenheit iS. von § 18 RVG. Der Verhaftungsauftrag kann aber mit einem Vollstreckungsauftrag (Form. III. B. 1) verbunden werden (AG Büdingen DGVZ 1985, 78 mwN.), für den dann eine besondere 0,3 Gebühr nach VV 3309 anfällt. Umstritten ist allerdings, ob und wann diese Gebühr vom Schuldner zu erstatten ist, wann sie also notwendig iS. von § 788 ZPO war.
b) Gerichtsvollzieher: Festgebühr von 30,– EUR gem. KV GVKostG 270.

Fristen und Rechtsmittel

Gegen die Ablehnung oder Anordnung der Haft haben, da sie durch den Richter erfolgt (vgl. Anm. 2), beide Parteien die sofortige Beschwerde binnen zwei Wochen gemäß § 793 ZPO, vgl. Form. III. A. 22. Gegen das Verfahren des Gerichtsvollziehers bei der Verhaftung ist – unbefristete – Erinnerung nach § 766 ZPO gegeben.

6. Schuldnerantrag auf Löschung im Schuldnerverzeichnis (§ 915 a ZPO)

An das
Amtsgericht
Schuldnerverzeichnis[1]

Antrag
auf Löschung im Schuldnerverzeichnis[2]
In der Vollstreckungssache
X ./. Y

ist in obiger Sache zum Az. …… beim dortigen Gericht am …… Haftbefehl gemäß § 901 ZPO gegen den Schuldner ergangen. Namens und in Vollmacht des Schuldners beantrage ich,

die darüber nach § 915 Abs. 1 ZPO erfolgte Eintragung im Schuldnerregister zu löschen.

Nach der beigefügten Bescheinigung des Gläubigervertreters besteht die Forderung nicht mehr[3].

Rechtsanwalt

Anmerkungen

1. Um den Rechtsverkehr vor zahlungsunfähigen oder zahlungsunwilligen Schuldnern zu schützen, werden nach § 915 Abs. 1 ZPO beim Vollstreckungsgericht Schuldner in ein gem §§ 915 b ff. ZPO zugängliches Verzeichnis eingetragen,
- die in den letzten 3 Jahren die eidesstattliche Versicherung nach § 807 ZPO oder § 284 AO (also nicht nach § 883 ZPO) abgegeben haben,
- gegen die nach § 901 ZPO Haft angeordnet wurde.

Da den Schuldnern damit Kreditgeschäfte weitgehend unmöglich werden, übt die drohende oder erfolgte Eintragung bzw. mehr noch deren Bekanntgabe insbesondere über die Schufa und die berufsständischen Kammern starken Druck aus, sich um Tilgung zu bemühen.

Löschung und Auskunfterteilung sind – übertrieben akribisch – geregelt in §§ 915 a–h ZPO.

2. Vor Ablauf des dritten Jahres seit Eintragung (dann Löschung von Amts wegen) erfolgt die Löschung nach § 915 a ZPO nur
- wenn die Befriedigung des Gläubigers nachgewiesen wird,
- bei Wegfall des Eintragungsgrundes, etwa durch Rechtsmittel.

3. Der Nachweis (voller Beweis) kann auch anders geführt werden, zB. durch Vorlage des quittierten Titels, § 757 ZPO, sofern der Wegfall nicht anderweitig gerichtskundig ist, § 915 a Abs. 2 Nr. 2 ZPO. Der Wegfall der Forderung kann auch auf Erlass beruhen (LG Hannover RPfleger 1970, 442). Bloße Stundung oder Ratenvereinbarung berechtigt nicht zur Löschung, ebenso wenig – wegen der Warnfunktion für Dritte – die bloße Zustimmung des Gläubigers zur Löschung (LG Tübingen RPfleger 1986, 24). Die Parteien können aber auf die bisherige Forderung verzichten und eine neue vereinbaren, etwa abstraktes Schuldanerkenntnis oder Darlehen. Dann sind aber ggf. die Vorschriften des Verbraucherkreditrechtes zu beachten, §§ 491 ff. BGB.

Ggf. ist auch die Löschung im Verzeichnis des weiteren Gerichtes zu beantragen, § 915 a Abs. 1 S. 2 ZPO.

Kosten und Gebühren

a) Gericht: keine besondere Gebühr. Auch für mündliche und schriftliche Auskünfte aus dem Verzeichnis nach § 915 b ZPO entstehen keine Gebühren.

b) Anwalt: da das Verfahren auf Löschung besondere Angelegenheit ist, § 18 Abs. 1 Nr. 17 RVG, fallen gesonderte 0,3 Gebühren nach VV 3309 an, ggf. auch beim Gläubigeranwalt, wenn der Gläubiger gehört wird oder dem Löschungsantrag entgegentritt.

Fristen und Rechtsmittel

Über die Löschung entscheidet der Rechtspfleger durch Beschluss. Da die Beschwerde ausgeschlossen ist, § 915 c ZPO, steht den Parteien nur die befristete Erinnerung nach § 11 Abs. 2 RPflG. binnen zwei Wochen zu, die zur endgültigen Entscheidung des Amtsrichters führt.

E. Besonderheiten der Arrest- und Verfügungsvollstreckung

1. Pfändungsantrag bei Sicherungsverfügung mit Vereinbarung von Sequestration

An die
......[1]

überreiche ich namens und in Vollmacht des Gläubigers anliegend Beschluss[2] des LG ...... vom ......[3] Az. ...... mit dem Auftrag zur Zwangsvollstreckung[4] durch Wegnahme der vom Schuldner herauszugebenden, im Titel näher bezeichneten Sachen.
Zugleich bitte ich wegen der Vollstreckungskosten um Pfändung in das sonstige Schuldnervermögen[5] wegen folgender Beträge:
1. Kosten dieses Antrages ...... EUR
2. Gerichtsvollzieherkosten, die ich hinzuzusetzen bitte ...... EUR
3. Sequestrationskosten, die ich hinzuzusetzen bitte ...... EUR
Wegen der herauszugebenden Sachen ist Sequestration angeordnet[6]. Ich bitte den zuständigen Gerichtsvollzieher, das Amt des Sequesters zu übernehmen[7] und mir die dafür beanspruchte Vergütung aufzugeben[8, 9].

Rechtsanwalt

Anmerkungen

1. Ausgangsfall ist eine Sicherungsverfügung über Eigentumsvorbehaltsware, die bei drohendem wirtschaftlichem Zusammenbruch des Schuldners, etwa wegen mangelnder Bewachung gefährdet ist.

Adressierung ggf. wie Form. III. B. 1. Allerdings wird man zur Beschleunigung durch Anruf beim Gericht Namen und Anschrift des zuständigen Gerichtsvollzieher ermitteln, ihm direkt den Auftrag übermitteln und vorab mit ihm telefonisch besprechen. Zuständigkeit nach §§ 936, 930 Abs. 1 ZPO wie sonst bei Mobiliarvollstreckung.

2. Arresttitel (entsprechend auch Verfügungstitel, § 936 ZPO) benötigen außer bei Titelumschreibung keine Vollstreckungsklausel (§ 929 Abs. 1 ZPO). Um den Arrestschuldner – der einen Arrestgrund geliefert hat! – zu überraschen, kann sogar die Zustellung der Vollstreckung nachfolgen – maximal eine Woche! –, § 929 Abs. 3 ZPO.

3. Die Vollstreckbarkeit ist aber zeitlich auf einen Monat seit Verkündung, seit Aushändigung oder seit Zustellung des Beschlusses an den Gläubiger beschränkt, § 929 Abs. 2 ZPO. Wird innerhalb dieser Frist nicht vollstreckt, ist der Arrest auf Widerspruch aufzuheben (*Baumbach/Lauterbach/Albers/Hartmann* § 929 Rdn. 8), also Vollziehungspflicht! Heute wird allgemein angenommen, dass es als „Vollziehung des Arrestbefehls" anzusehen ist, wenn vor Ablauf der Frist die Vollstreckungsmaßnahme ordnungsgemäß (!) beantragt ist. Die Maßnahme selbst kann auch nach Fristablauf vollzogen werden (hM.: BGH NJW 1991, 496; *Musielak/Huber* § 929 ZPO Rdn. 6 mwN.; anders *Baumbach/Lauterbach/Albers/Hartmann* § 929 Rdn. 11 – Antrag – und Rdn. 12 – Beginn des Vollzugs-). Mit dem Antrag beginnt aber die Wochenfrist von § 929 Abs. 3 ZPO (RGZ 81, 289). Der Gläubiger sollte ggf. 2 Ausfertigungen beantragen, um den Titel zur Wahrung beider Fristen vorlegen zu können.

4. Dass diese Vollstreckung, wie stets bei Arrest, §§ 930–932 ZPO, und meist bei einstweiliger Verfügung nur auf Sicherung, nicht auf Befriedigung geht, muss der Titel ergeben, der bei Herausgabe zB. auf Herausgabe an einen Sequester lautet, nicht an den Gläubiger.

5. Nach § 928 ZPO gilt § 788 ZPO entsprechend, so dass auch wegen des Kostenanspruches vollstreckt werden kann (*Baumbach/Lauterbach/Albers/Hartmann* § 928 Rdn. 8), soweit er nicht schon in einer Kostenpauschale mit tituliert ist.

6. Anordnung nach § 938 Abs. 2 ZPO. Ob sie – und mithin der Antrag darauf – zweckmäßig ist, hängt von der Beschaffenheit der herauszugebenden Sachen und der Art der Gefährdung ab. Sind Straftaten wie Siegel- und Verstrickungsbruch nicht zu befürchten, kann eine auf Pfändung und Siegelung beschränkte Verfügung unter Belassung der Sachen beim Schuldner erhebliche Kosten sparen.

Sequestration erfordert eine zur Übernahme des Amtes bereite Person, der eine Vergütung zusteht (BGH NJW-RR 2005, 1283). Sequestration (= Treuhandverwaltung) sollte daher nur beantragt werden, wo etwas zu verwalten ist, zB. bei Wertpapieren mit Coupons, bei Einziehung von Mieten, ein streitiges Patent (hierzu BGH NJW-RR 2008, 487) etc. Geht es nur um Lagerung von Waren, so kann bei Gefährdung die Pfändung, entsprechend § 808 Abs. 2 ZPO verbunden mit sofortiger Wegnahme, beantragt werden. Allerdings können die Kosten der Lagerung, auf die Zeit zwischen Pfändung und Versteigerung kalkuliert, bei Verwahrung bis zum Abschluss des Hauptverfahrens ganz erheblich sein.

Dann hilft nur Verwertung nach Parteivereinbarung oder Antrag nach § 930 Abs. 3 ZPO, den auch der Schuldner stellen kann.

Kostengünstiger ist vielfach, Verwahrung durch einen Lagerhalter anzuordnen, bei besonderen Lageranforderungen (Kühlung, Warenpflege) auch Verwahrung durch den Gläubiger (Lieferanten) unter Aufsicht des Gerichtsvollzieher oder eines anderen Sequesters. Bei einstweiliger Verfügung ist, anders als beim Arrest, auch Übertragung an den Gläubiger zur Verwertung gegen ausreichende Sicherheitsleistung denkbar und zB. bei marktgängigen, aber verderblichen Waren (Lebensmittel) sehr zweckmäßig.

7. Soweit danach Sequestration überhaupt zweckmäßig ist, wird man sie stets zuvor mit dem Gerichtsvollzieher absprechen. Zur Übernahme des Amtes ist er nämlich auch bei Benennung im Beschluss nicht verpflichtet, da sie für ihn nicht Dienstpflicht, sondern Nebentätigkeit ist (BGH NJW 2001, 434; *Musielak/Huber* § 938 Rdn. 7; *Baumbach/Lauterbach/Albers/Hartmann* § 938 Rdn. 23). Er braucht auch die Zustimmung seiner Dienstbehörde (OLG Koblenz MDR 1981, 855). Daher ist telefonische Abstimmung schon vor dem Verfügungsantrag ratsam, um nachträgliche Titeländerungen zu vermeiden. Ebenso sollte Stellung von Transportraum und Hilfskräften abgesprochen sein.

Zum Sequester können auch andere Personen, zB. Anwälte, ernannt werden, an die der Gerichtsvollzieher dann die weggenommenen Sachen abzugeben hat (*Zöller/Vollkommer* § 938 Rdn. 9).

8. Zwar kann die Vergütung vom Prozessgericht festgesetzt werden (BGH NJW-RR 2005, 1283). Praktisch wird aber Vereinbarung und Vorschusszahlung verlangt, was wirksam ist (BGH aaO.).

9. Bei Forderungspfändung mit Arresttitel (dazu oben Form. I. R. 1) ist abweichend von Form. III. B. 6 nur zu beachten, dass
– die Überweisung der Forderung unzulässig ist und
– das Arrestgericht zuständiges Vollstreckungsgericht ist, § 930 Abs. 1 S. 3 ZPO.

Letzteres ermöglicht, zur Beschleunigung den Pfändungsantrag mit dem Arrestantrag zu verbinden. Das Gericht erlässt dann zugleich Arrestbeschluss und Pfändungsbeschluss (*Baumbach/Lauterbach/Albers/Hartmann* § 930 Rdn. 7; *Zöller/Vollkommer* § 930 Rdn. 3).

Bei Pfändung mehrerer Forderungen mit verschiedenen Drittschuldnern sollten mehrere Ausfertigungen beantragt werden, um gleichzeitig die Zustellung an die Drittschuldner zu betreiben. Auch bei Arrestvollstreckung an mehreren Orten oder in verschiedene Vermögensstücke sind mehrere Ausfertigungen – die wegen § 929 Abs. 1 ZPO taugliche Titel sind – geboten und bei entsprechender Darlegung zulässig (OLG Karlsruhe RPfleger 1977, 453), vgl. auch Form. III. A. 7 Anm. 6.

Kosten und Gebühren

a) Bei Forderungspfändung im Arrestverfahren (vgl. oben Anm. 9) wird vom Gericht die Festgebühr von 15,– EUR nach KV 2110 erhoben.

b) Anwalt: normale 0,3 Gebühr nach VV 3309, die auch eventuelle Maßnahmen nach § 930 Abs. 3 ZPO abgilt.

c) Gerichtsvollzieher: volle Pfändungsfestgebühr nach KV 205 von 20,– EUR, ggf. mit Zeitzuschlag nach KV 500.

Da die Übernahme des Sequesteramtes nicht Dienstpflicht des Gerichtsvollzieher ist, besteht keine amtliche Kostenregelung.

Fristen und Rechtsmittel

Wie Form. III. B. 1, da, abgesehen von dem besonderen Titel mit der fehlenden Verwertungsbefugnis, normale Mobiliarpfändung vorliegt, § 930 Abs. 1 ZPO.

2. Arrestpfändung in eingetragenes Schiff (§ 931 ZPO)

An die
……[1]

überreiche ich namens und in Vollmacht des Gläubigers anliegend Arrestbeschluss des LG …… vom …… Az. …… mit Pfändungsanordnung[2] für das Motorschiff …… Schiffsregister-Nr. ……[3] des AG …… und Heimathafen …… mit dem Auftrag, die Pfändung vorzunehmen[4].

Das Schiff befindet sich zurzeit im …… hafen, Kai ……

Ich zahle nebengehend gemäß Absprache Kostenvorschuss von …… EUR.

Ich bitte, anschließend unverzüglich dem Arrestschuldner Arrestbeschluss und Pfändungsanordnung in der Frist des § 929 Abs. 3 ZPO zuzustellen[5] und füge entsprechend beglaubigte Kopie bei.

Rechtsanwalt

Anmerkungen

1. Zur Adressierung vgl. Form. III. E. 1. Auch hier wird man stets die Pfändung dem Gerichtsvollzieher telefonisch avisieren und dann die Unterlagen an ihn direkt übersenden.

2. Neben dem Arresttitel – ohne Klausel und Zustellungsurkunde – ist eine besondere Pfändungsanordnung in das Schiff erforderlich, § 931 Abs. 3 S. 1 ZPO. Sie wird zusam-

men mit dem Arrest beantragt, und dann mit ihm verbunden (*Zöller/Vollkommer* § 931 Rdn. 1). Sonst, wenn etwa das Schiffseigentum erst nachträglich, aber vor Ablauf der Monatsfrist von § 929 Abs. 2 ZPO bekannt wird, muss die Pfändungsanordnung gesondert beantragt werden, zweckmäßig unter Vorlage eines Schiffsregisterauszuges zur Glaubhaftmachung des Schuldnereigentums.

3. Die Sonderregelung von § 931 ZPO (Mischung von Mobiliar-, Forderungs- und Immobiliarvollstreckung) gilt nur für in Deutschland, auch im Zweitregister, eingetragene Schiffe. Durch „Ausflaggung" sind sie heute auch in deutschen Häfen eher die Ausnahme. Nicht eingetragene oder ausländische Schiffe sind normale bewegliche Sachen, Arrestpfändung nach § 930 Abs. 1 ZPO, bei Seeschiffen zT. beschränkt auf „Seeforderungen", vgl. Internationales Übereinkommen zur Vereinheitlichung von Regeln über den Arrest in Seeschiffe, BGBl. 1972 II, 655.

4. Das geschieht durch Inbesitznahme und anschließende Bewachung („an die Kette legen"). Hierfür hat der Gläubiger den nötigen Kostenvorschuss zu leisten und ggf. nachzuzahlen, bei Meidung der Aufhebung des Arrestes, § 934 Abs. 2 ZPO. Die Pfändung ist – mit Ausnahmen – unzulässig bei Seeschiffen, die sich bereits auf der Reise befinden, vgl. § 482 HGB.

5. Evtl. sind Pfändungsvollziehung und Zustellung mit 2 – schon bei Antragstellung zu beantragenden – Ausfertigungen gleichzeitig zu betreiben.

Die Inbesitznahme durch den Gerichtsvollzieher soll das faktische Verschwinden des eben doch beweglichen Schiffes verhindern. Das Pfandrecht, § 931 Abs. 2 ZPO, entsteht dagegen durch Zustellung der Pfändungsanordnung an den Schuldner (*Baumbach/Lauterbach/Albers/Hartmann* § 931 Rdn. 3), also wie beim drittschuldnerlosen Recht, § 857 Abs. 2 ZPO. Zugleich wird im Schiffsregister eine Vormerkung eingetragen, § 931 Abs. 3 ZPO. Das außerhalb des Registers entstandene Pfandrecht muss der Gläubiger zur Vermeidung gutgläubigen Erwerbs Dritter eintragen lassen, § 931 Abs. 6 ZPO. Es wirkt wie eine Hypothek, § 931 Abs. 6 S. 2 ZPO.

Kosten und Gebühren

a) Gericht: für Anordnung der Pfändung keine besondere Gebühr neben der Arrestgebühr.

b) Anwalt: 0,3 Gebühr nach VV 3309. Muss die Pfändungsanordnung nach § 931 Abs. 3 ZPO gesondert beantragt werden, dient dies der Pfändungsvorbereitung, daher keine gesonderte Gebühr, § 19 Abs. 1 RVG.

c) Gerichtsvollzieher: volle Pfändungsfestgebühr nach KV GvKostG 205 von 20,– EUR zzgl. Zeitzuschlag nach KV 500. Die Bewachungsgebühr nach KV 400 fällt daneben nicht an, (vgl. *Hartmann* KV GvKostG 400 Rdn. 1). Diese Kosten sind aber „peanuts" im Verhältnis zu den zusätzlich in voller Höhe zu erstattenden Auslagen, etwa gem. KV GvKostG 703, 704 und 707 für die Verholung und den Liegeplatz des Schiffes, die leicht fünfstellige Beträge erreichen können.

Fristen und Rechtsmittel

Wie Form. III. B. 1, bzgl. des Gerichtsvollzieher

3. Antrag auf Arresthypothek (§ 932 ZPO)

An das
Amtsgericht
Grundbuchamt

Antrag
auf Eintragung einer Arresthypothek[1]
In der Vollstreckungssache
X ./. Y

überreiche ich anliegend Arrestbeschluss des LG ...... vom ......[2] Az. ...... und beantrage namens und in Vollmacht des Gläubigers[3],

> **in Höhe der Lösungssumme[4] eine Arresthypothek auf dem Grundstück des Schuldners in (Anschrift, Flurstück-Nr.), eingetragen im Grundbuch von ...... Bd. ...... Bl. ...... einzutragen.**

Titel bitte ich alsbald zurückzureichen. Die Kosten des Eintragungsantrages berechne ich nachstehend.

Rechtsanwalt[5]

Anmerkungen

1. Die Arresthypothek unterscheidet sich von der Zwangshypothek, § 867 ZPO (Form. III. B. 32), vor allem durch das Fehlen des gesetzlichen Löschungsanspruchs, § 932 Abs. 1 S. 2 ZPO (dazu *Stöber* RPfleger 1977, 426). Daher ist mit dem Titel aus dem Hauptprozess die Umwandlung der Arrest- in eine Zwangshypothek gesondert zu beantragen (OLG Frankfurt RPfleger 1975, 103 mwN.; *Baumbach/Lauterbach/Albers/Hartmann* § 932 Rdn. 4).

2. Sofern der Erlass des Arrestes einen Monat zurückliegt, muss wegen § 929 Abs. 2 ZPO dargetan werden, dass der Fristbeginn – Zustellung an den Gläubiger (!) – noch keinen Monat zurückliegt.

3. Der Antrag allein gilt hier ausdrücklich, § 932 Abs. 3 ZPO, als Vollziehung des Arrestes, vgl. Form. III. E. 1 Anm. 3. Er muss mangelfrei sein, oder Mängel – wie fehlende Verteilung bei mehreren Grundstücken, Form. III. B. 32 Anm. 5 – müssen vor Ende der Monatsfrist des § 929 Abs. 2 ZPO beseitigt sein. Deshalb auch hier höchste Eile und Genauigkeit geboten.

4. Die Arresthypothek wird als Höchstbetragshypothek in Höhe der Arrestlösungssumme des § 923 ZPO eingetragen. Zinsen und Kosten sind in diese Summe einzurechnen, etwa titulierte zukünftige Leistungen gleichfalls (*Zöller/Vollkommer* § 932 Rdn. 3).

5. Im Übrigen gelten die Vorschriften über die Zwangshypothek entsprechend, auch die Wertuntergrenze von 750,– EUR (für den Höchstbetrag), §§ 932 Abs. 2, 866 Abs. 3 S. 1 ZPO, vgl. Form. III. B. 32.

Zwangsversteigerung oder -verwaltung finden aus einem Arresttitel nicht statt.

Kosten und Gebühren

Wie Form. III. B. 32.

Fristen und Rechtsmittel

Wie Form. III. B. 32.

F. Anfechtungsgesetz

1. Anfechtungsankündigung durch einfaches Schreiben[1]

Frau A **(Ort, Datum)**

Sehr verehrte Frau A,

hiermit zeige ich an, dass die Firma B ...... von mir anwaltlich vertreten wird.

Für meine Mandantin habe ich gegen Ihren Ehemann, Herrn A, ein Urteil bei dem Landgericht ...... Az. ...... vom ...... über eine Kaufpreisforderung in Höhe von EUR ...... nebst Zinsen und Kosten erstritten[2]. Das Urteil ist noch nicht rechtskräftig[3].

Im Laufe der letzten mündlichen Verhandlung vor dem Landgericht habe ich in Erfahrung gebracht, dass Ihr Ehemann Ihnen durch notariellen Schenkungsvertrag vom ...... das Grundstück (Ort, Straße) eingetragen im Grundbuch von (Ort, Grundbuchstelle) übertragen hat[4].

Diese Übertragung stellt einen anfechtbaren Rechtserwerb gem. §§ 3 und 4 des Anfechtungsgesetzes dar. Ihnen war bekannt, dass durch diese Grundstücksübertragung jegliche Vollstreckungsversuche gegen Ihren Ehemann vereitelt werden sollten. Ich kündige Ihnen hierdurch an, dass ich Klage auf Rückgewähr dieses Grundstückes zum Schuldnervermögen gem. den §§ 1, 4 und 11 des Anfechtungsgesetzes in Form der Duldung der Zwangsvollstreckung in dieses Grundstück erheben werde[5]. Sie können diese Klage auch durch Zahlung der Forderung an mich abwenden. In Ihrem eigenen Interesse fordere ich Sie auf, sich über diesen Sachverhalt mir gegenüber bis zum ...... zu erklären.

Nach fruchtlosem Ablauf dieser Frist bin ich gegebenenfalls gezwungen, Klage auf Duldung der Zwangsvollstreckung zu erheben oder den Rückgewähranspruch meiner Mandantin im Wege des Arrestes[6] zu sichern.

Inkassovollmacht ist in anwaltlich beglaubigter Fotokopie beigefügt.

Rechtsanwalt

Schrifttum: Huber, Anfechtungsgesetz, 10. Aufl. 2006; *Marotzke,* Dingliche Wirkungen der Gläubiger- und Konkursanfechtung, KTS 1987, 1 ff.; *Huber,* Das neue Recht der Gläubigeranfechtung außerhalb des Insolvenzverfahrens, ZIP 1998, 897 ff.

Anmerkungen

1. Nach § 7 AnfG durch Zustellung eines Schriftsatzes, jedoch nicht im technischen Sinne, es genügt einfache schriftliche Benachrichtigung, zB. durch eingeschriebenen Brief (mit Rückschein). Eine förmliche Zustellung der Anfechtungsanzeige ist entbehrlich, wenn ihr Zugang auf andere Art und Weise bewiesen werden kann (BGH NJW 1983, 1738). Die Rechtsfolge der Anfechtungsankündigung gem. § 7 Abs. 2 AnfG ist die Wahrung der Anfechtungsfristen (vgl. *Huber* AnfG § 7 Rdn. 34, 46).

2. Zum notwendigen Inhalt gehört die genaue Bezeichnung der Forderung, wegen der die Anfechtung stattfinden soll, § 7 AnfG.

3. Es dürfen nicht schon sämtliche Voraussetzungen für die gerichtliche Geltendmachung des Anfechtungsanspruches selbst vorliegen. Entweder darf noch keine Fälligkeit der Forderung des Gläubigers gegen den Schuldner gegeben oder ein vollstreckbarer

Schuldtitel darf noch nicht erlangt sein. Die Anfechtungsankündigung ist aber bereits zulässig, wenn weder Fälligkeit gegeben noch ein Schuldtitel erlangt ist (vgl. *Huber* AnfG § 7 Rdn. 41). In diesem Beispiel fehlt es an der Rechtskraft, und eine Vollstreckbarkeit liegt noch nicht vor, weil zB. die Klausel oder die Zustellung noch ausstehen.

4. Weiteres Inhaltserfordernis ist die genaue Kennzeichnung der Rechtshandlung des Schuldners, die angefochten werden soll. Hier kommen alle im Sinne der §§ 3 und 4 AnfG anfechtbaren Rechtshandlungen des Schuldners in Betracht.

5. Die Wirkung dieser Anfechtungsankündigung ist eine doppelte, nämlich einerseits die Wahrung der Fristen gem. §§ 3 und 4 AnfG und um diese möglichst weit nach „rückwärts" zu verschieben (Rückrechnung vom Datum der Zustellung der Erklärung an den Anfechtungsgegner), andererseits die Ingangsetzung der 2-Jahresfrist, innerhalb der der Anfechtungsanspruch gerichtlich geltend gemacht werden muss (zB. durch Anfechtungsklage). Zur Berechnung der Anfechtungsfristen und zu den Unterschieden nach altem und neuem Recht vgl. *Huber* AnfG § 7 Rdn. 30, 33. Zur Frage der Versäumung von Fristen zur Gläubigeranfechtung vgl. OLG Hamm, ZIP 2002, 2321 ff.

Zur Problematik der Gläubigeranfechtung im Zusammenhang mit der Vollstreckungstätigkeit des Finanzamtes (gem. § 191 Abs. 1 AO 1977 durch Haftungs- oder Duldungsbescheid) vgl. die Darstellung bei *App* BB 1983, 309 ff. u. FG Schleswig-Holstein ZIP 1984, 1275 ff., OLG Karlsruhe ZIP 1993, 1484 sowie BGH WPM 1985, 245 ff., ferner BGH WPM 1991, 79 ff. (keine Bindung der Zivilgerichte an einen noch nicht bestandskräftigen, eine Gläubigeranfechtung geltend machenden Duldungsbescheid der Finanzverwaltung). Nach BFH ZIP 1997, 285 besteht noch kein Recht des Finanzamtes auf Erlass eines Duldungsbescheides gegen den Käufer eines Grundstücks, wenn lediglich zu dessen Gunsten eine Vormerkung eingetragen ist, eine Auflassung jedoch noch nicht erfolgt ist, ebenso wenig eine Eintragung.

Bezüglich der Geltendmachung der Anfechtung durch Duldungsbescheid besteht seit dem 1. 1. 1999 eine neue Rechtslage. Die Neufassung des § 7 Abs. 1 knüpft für die Berechnung der Anfechtungsfristen ausdrücklich an die gerichtliche Geltendmachung an. Dadurch hat der Gesetzgeber zum Ausdruck gebracht, dass die Finanzbehörden nicht mehr berechtigt sein sollen, das Anfechtungsrecht im Wege eines Duldungsbescheides nach § 191 AO geltend zu machen (vgl. *Huber* AnfG § 7 Rdn. 21 mwN.). Ein Duldungsbescheid ist daher kraft Gesetzes ab 1. 1. 1999 unzulässig. Er bewirkt nur noch eine Fristverlängerung nach § 7 Abs. 2, weil er als Anfechtungskündigung im Sinne dieser Vorschrift zu werten ist.

Mit dieser Änderung der Rechtslage wollte sich jedoch die Finanzverwaltung nicht abfinden. Im Gesetz zur Bereinigung von steuerrechtlichen Vorschriften (StBereinG 1999) vom 22. 12. 1999 (BGBl I, 2601) wurde in Art. 17 Nr. 14 der § 191 AO in Abs. 1 ergänzt. Darin ist jetzt geregelt, dass die Anfechtung wegen Ansprüchen aus dem Steuerschuldverhältnis außerhalb des Insolvenzverfahrens durch Duldungsbescheid erfolgen kann (vgl. hierzu auch *Huber,* ZIP 2000, 337 f.).

Für Klagen gegen einen Duldungsbescheid der Finanzbehörden, mit welchen diese einen anfechtungsrechtlichen Rückgewähranspruch geltend machen, ist ausschließlich der Rechtsweg zu den Finanzgerichten gegeben (BGH ZIP 2006, 1603 ff.).

2. Gläubigeranfechtung durch Klage auf Duldung der Zwangsvollstreckung in eine Forderung

An das
Landgericht[1] **(Ort, Datum)**

Klage

des Herrn A

– Klägers –

Prozessbevollmächtigter:

gegen

den Herrn B

– Beklagten –

wegen Forderung

Streitwert: EUR ......

Namens und mit Vollmacht des Klägers erhebe ich Klage und werde beantragen:

1. **Der Beklagte wird verurteilt, zugunsten des Klägers bis in Höhe von EUR ......**[2] **die Zwangsvollstreckung in das Sparbuch Nr. ...... der Bank C zu dulden, hilfsweise, Wertersatz durch Zahlung in Höhe von EUR ...... an den Kläger zu leisten.**
2. **Der Beklagte trägt die Kosten des Rechtsstreites.**
3. **Das Urteil ist gegen Sicherheitsleistung vorläufig vollstreckbar, die auch durch selbstschuldnerische, unbefristete Bürgschaft eines im Inland als Steuer- und Zollschuldner zugelassenen Kreditinstitutes erbracht werden kann**[3]**.**

Begründung:

I. Der Kläger hat mit Urteil des LG ......, Az. ...... vom ...... einen vollstreckbaren Schuldtitel gegen den Schuldner D in ...... über die Zahlung von insgesamt EUR ...... einschließlich Zinsen und Kosten erstritten. Ein Zwangsvollstreckungsversuch gegen den Schuldner am ...... ist ausweislich des Pfändungsprotokolls des Gerichtsvollziehers E vom ...... erfolglos geblieben; der Schuldner hat außerdem am ...... eine eidesstattliche Versicherung abgegeben.

Beweis: 1. Vorlage des Urteils des LG ...... vom ......
2. Vorlage des Pfändungsprotokolls vom ......
3. Vorlage der eidesstattlichen Versicherung vom ......

II. Der Kläger hat in Erfahrung gebracht[4]**, dass der Schuldner D am ...... auf Grund einer letztwilligen Verfügung durch Erbfall seiner Mutter ein Sparbuch der Bank in C, Nr. ...... im Wege der Erbfolge zugewendet bekommen hat. Dieses Sparbuch übergab der Schuldner dem Beklagten am ...... als angebliche Sicherheit für einen eventuellen Ausgleichsanspruch des Beklagten gegenüber dem Schuldner aus einem zwischen den Parteien bestehenden Handelsvertreterverhältnis. Hiervon ist richtig, dass zwischen dem Schuldner, Herrn D, und dem Beklagten und Anfechtungsgegner B zwar ein Handelsvertretervertrag besteht,**

Beweis: 1. Zeugnis F (ladungsfähige Anschrift)
2. Vorlage des Handelsvertretervertrages

dass aber ein Ausgleichsanspruch des Beklagten gegen den Schuldner weder besteht noch zu entstehen droht, da das Verhältnis zwischen diesen Parteien seit Jahren störungsfrei abgewickelt wird.

Beweis: Zeugnis des Prokuristen G (ladungsfähige Anschrift)

Der Schuldner wollte vielmehr durch die Weggabe dieses Sparbuches verhindern, dass der Kläger sich als Gläubiger aus dem Urteil vom ...... befriedigen konnte.
Dies wusste der Beklagte aus mehreren Gesprächen mit dem Schuldner, da dieser ihn auf die bevorstehende Verurteilung und drohende Pfändung hingewiesen hatte.
Zum Beweis[5] für den Inhalt dieser Gespräche bezieht sich der Kläger auf das Zeugnis H (ladungsfähige Anschrift).
H ist Sekretärin im Gewerbebetrieb des Schuldners. Sie hat am ...... an geschäftlichen Besprechungen zwischen dem Schuldner und dem Beklagten teilgenommen, in deren Verlauf der Schuldner den Beklagten zunächst darauf hingewiesen hatte, dass „der Kläger von seinem Urteil nichts haben dürfe, er wolle ihm schon zeigen, dass bei ihm nichts zu holen sei, dafür gebe es Mittel und Wege", und dass dem Beklagten dann anlässlich eines weiteren Gespräches am ...... das Sparbuch übergeben worden sei; mit dem Bemerken, „es gut aufzuheben und vorerst verschwinden zu lassen."

Beweis: Zeugnis H (ladungsfähige Anschrift)

Dadurch wusste der Beklagte, dass der Kläger in seiner Vollstreckung behindert und benachteiligt werden sollte und dass durch die Weggabe des Sparbuchs letztlich sogar eine Befriedigung des Klägers vereitelt werden sollte.
Diese Handlungsweise des Schuldners erfüllt den Tatbestand des § 3 Abs. 1 AnfG[6], so dass der Beklagte als Rückgewährschuldner verpflichtet ist, gem. § 11 AnfG das von dem Schuldner an ihn abgegebene Sparbuch als noch zum Vermögen des Schuldners gehörig zurückzugewähren[7]. Er hat daher entweder die Zwangsvollstreckung in das Sparbuch zu dulden oder auf Grund der Wertersatzregelung Zahlung in Höhe der titulierten Forderung an den Kläger zu leisten; für den Fall, dass der Beklagte zwischenzeitlich über das Sparbuch verfügte, oder sonstwie eine Rückgewähr in Natur nicht mehr möglich ist, hat der Kläger hilfsweise den Anspruch auf Leistung von Wertersatz durch Zahlung in der Klage beantragt.

Rechtsanwalt

Anmerkungen

1. Der Anfechtungsrechtsstreit ist eine bürgerlich-rechtliche Rechtsstreitigkeit, § 13 GVG, vgl. hierzu auch BGH WPM 1991, 249: Der gesetzliche Rückgewährungsanspruch des § 11 AnfG ist auch dann dem bürgerlichen Recht zuzuordnen, wenn er von einer Finanzbehörde zum Zwecke der Befriedigung einer Steuerforderung geltend gemacht wird. Die Zuständigkeit der Klage richtet sich nach den allgemeinen Vorschriften der ZPO zur sachlichen und örtlichen Zuständigkeit; es gelten jedoch nicht die Regeln über die besonderen Gerichtsstände der §§ 24, 29, 32 ZPO. Der Streitwert ist maßgebend für die Gebührenberechnung und die Bestimmung des zuständigen Gerichts (AG oder LG). Für die Bemessung kommt es auf die Höhe der Forderung an, deren Befriedigung die Anfechtung dienen soll, sie ist einschließlich der zugesprochenen Zinsen und Kosten anzusetzen. Ist jedoch die Forderung höher als der Gegenstandswert der Anfechtung, dann ist dieser für die Streitwertbemessung maßgebend (vgl. *Huber* AnfG § 13 Rdn. 31 und BGH WPM 1982, 1443).

2. Das Anfechtungsrecht begründet ein unmittelbar auf Gesetz beruhendes, auf „Rückgewähr" gerichtetes Schuldverhältnis zwischen dem Anfechtungsberechtigten (dem Gläubiger der befriedigungsbedürftigen Forderung) und dem Anfechtungsgegner als Erwerber der anfechtbaren Leistung (Handlung) des Schuldners. Der Hauptanspruch muss ein Geldsummenanspruch sein (BGH NJW 1970, 752; WPM 1969, 35; RGZ 143, 267). Auch ein Steuervorauszahlungsbescheid kann ein zur Anfechtung geeigneter Titel sein (BGH NJW 1976, 967). Gem. § 13 AnfG muss der Klageantrag bezeichnen, in

welchem Umfang und in welcher Weise die Rückgewähr seitens des Empfängers bewirkt werden soll (vgl. zu den verschiedenen Möglichkeiten der Fassung des Klageantrages die Beispiele bei *Huber* AnfG § 13 Rdn. 8, 13 ff.). Anfechtungsberechtigt kann auch ein gewillkürter Prozessstandschafter sein (BGH NJW 1983, 1678). Rechtshandlungen des Schuldners kann auch derjenige anfechten, der zurzeit ihrer Vornahme noch nicht Gläubiger war, wenn er nur später durch sie benachteiligt wird (BGH WPM 1987, 881).

Bei der Abtretung einer Geldforderung geht der Anspruch, wenn die Forderung noch nicht eingezogen ist, auf Duldung der Zwangsvollstreckung mit anschließender Pfändung und Überweisung; nach Einzug der Forderung ist der Anfechtungsgegner zum Wertersatz, also zur Zahlung des Betrages der früheren Forderung an den Kläger verpflichtet (*Huber* AnfG § 13 Rdn. 19).

3. Zur Klagebegründung gehören im Einzelnen:

a) die Kennzeichnung der Forderung (einschl. Zinsen und Kosten) des Gläubigers gegen den Schuldner, zugunsten derer die Anfechtung erfolgt;

b) die Angabe der Tatsachen, welche die Anfechtbarkeit einer Rechtshandlung des Schuldners ergeben, und zwar so genau, dass eine Zuordnung zu den einzelnen Anfechtungstatbeständen möglich ist;

c) schließlich die genaue Kennzeichnung aller einzelnen Anfechtungsgegenstände, deren Rückgewähr verlangt wird. Zu weiteren Einzelheiten vgl. *Huber* AnfG § 13 Rdn. 8 ff.

Es wird weiter ein spezielles Rechtsschutzbedürfnis verlangt, das gem. § 2 AnfG Fälligkeit, Vollstreckbarkeit und Uneinbringlichkeit der Forderung gegen den Schuldner voraussetzt (vgl. *Huber* AnfG § 2 Rdn. 2 und OLG Köln ZIP 1983, 1316). Speziell zur Darlegung der Unzulänglichkeit des Schuldnervermögens und zur Beweislast vgl. BGH in ZIP 1990, 1420 ff. Die Anfechtungsklage muss die bestimmte Angabe enthalten, für welche vollstreckbare Forderung und für welchen Betrag der Rückgewähranspruch geltend gemacht wird. Andernfalls wahrt sie die Anfechtungsfrist nicht (BGH WPM 1987, 228).

4. Im Regelfall der Vorsatzanfechtung gem. § 3 Abs. 1 AnfG ist Voraussetzung eine Rechtshandlung des Schuldners, die er in Gläubigerbenachteiligungsabsicht vorgenommen hat sowie die Kenntnis des anderen Teils von der Benachteiligungsabsicht. Das Erfordernis objektiver Benachteiligung eines Gläubigers gilt dabei für sämtliche Anfechtungstatbestände (RGZ 150, 42; BGH WPM 1978, 1182).

Zu den Unterschieden der Absichts- und Vorsatzanfechtung nach altem und neuem Recht vgl. die Übersicht bei *Huber* AnfG, § 3 Rdn. 3 ff.

Neu ist die Vermutung der Kenntnis gem. § 3 Abs. 1 S. 2 AnfG. Es genügt, wenn der Schuldner die Benachteiligung als mutmaßliche Folge seines Handelns erkannt und gebilligt hat (BGH WPM 1961, 671; WPM 1975, 1182; OLG Celle WPM 1982, 941). Es ist nicht erforderlich, dass die Gläubigerbenachteiligung das ausschließliche Motiv des Handelns des Schuldners ist (BGH MDR 1976, 221). Beim anderen Teil muss Kenntnis dieser Benachteiligungsabsicht vorliegen, wobei es genügt, wenn dieser die Überzeugung hat, der Schuldner handle in Benachteiligungsabsicht (*Huber* AnfG § 3 Rdn. 33). Zur Problematik der Gläubigerbenachteiligungsabsicht bei Zwischenschaltung eines Strohmannes vgl. BGH ZIP 1981, 346 ff. Die Frist, innerhalb der eine anfechtbare Rechtshandlung nach § 3 Abs. 1 AnfG angefochten werden muss, beträgt 10 Jahre. Die Anfechtung nach § 3 Abs. 1 AnfG setzt nicht voraus, dass der Anfechtungsgegner die Gläubiger des Schuldners benachteiligen wollte (BGH WPM 1985, 923). Keine Anfechtbarkeit, wenn bei Geschäften zwischen Eltern und Kindern (zB. Schenkung) das Kind die Benachteiligungsabsicht des Schuldners nicht gekannt hat (BGH WPM 1985, 815). Die Gläubigeranfechtung ist auch nicht deswegen ausgeschlossen, weil der Gläubiger an der später angefochtenen Vermögensübertragung mitgewirkt hat (BGH KTS 1992, 243). Keine anfechtbare Rechtshandlung iSd. Anfechtungsrechts stellt das Unterlassen der Geltendmachung eines Pflichtteilsrechts dar (BGH WM 1997, 1407 ff.). Ebenso wie die Ausschlagung einer Erbschaft ist auch der Erbverzicht nicht anfechtbar (vgl. hierzu auch *Huber* AnfG § 1 Rdn. 26 und 27).

Das Entscheidungsrecht des Pflichtteilsberechtigten, so der BGH aaO, ob der Anspruch gegen den Erben durchgesetzt werden soll, darf nicht durch Anwendung der Gläubigeranfechtungsvorschriften unterlaufen werden. Ein schlichtes Untätigbleiben des Schuldners, um den Pflichtteilsanspruch für die Gläubiger unerreichbar zu machen, ist nicht anfechtbar, ein solches Unterlassen liegt außerhalb der Reichweite des Gläubigeranfechtungsrechts.

Zur Frage der Anfechtbarkeit der Abtretung von Ansprüchen aus einer Lebensversicherung, die ein Mandant an seinen Rechtsanwalt zur Sicherung einer Honorarforderung abgetreten hat und bei Abgabe der eidesstattlichen Versicherung nicht angegeben hat, vgl. OLG Hamburg, OLGR Hamburg 2003, 281–283.

5. Zur Beweislast im Anfechtungsprozess: Der Kläger (der Anfechtende) muss beweisen: die Vornahme der anfechtbaren Handlung durch den Schuldner; die Beeinträchtigung des haftenden Vermögens zum Nachteil des anfechtenden Gläubigers durch diese Rechtshandlung; die Gläubigerbenachteiligungsabsicht des Schuldners sowie die Kenntnis des anderen Teils von der Benachteiligungsabsicht des Schuldners (vgl. *Huber* AnfG § 3). Beruft sich der anfechtende Gläubiger auf die Vermutung des § 3 Abs. 1 S. 2, so hat er zu beweisen, dass bei Vornahme der angefochtenen Rechtshandlung die Zahlungsunfähigkeit des Schuldners drohte (§ 18 Abs. 2 InsO), dass die Handlung die Gläubiger mittelbar benachteiligte und der Anfechtungsgegner beide Umstände positiv kannte (*Huber* AnfG § 3 Rdn. 31).

6. Zur Frage des Verhältnisses zwischen Gläubigeranfechtung und § 138 Abs. 1 BGB vgl. BGH NJW 1973, 513, ferner *Huber* AnfG § 1 Rdn. 68. Ein Rechtsgeschäft ist anfechtbar und nicht nichtig, wenn bei seinem Abschluss nur eine dem anderen Teil bekannte Gläubigerbenachteiligungsabsicht vorlag. Um eine Nichtigkeit wegen Sittenverstoßes annehmen zu können, müssen noch besondere Umstände hinzukommen (BGH WPM 1987, 1172).

7. Der Anfechtungsanspruch ist gerichtet auf die Wiederherstellung der Zugriffslage vor der anfechtbaren Rechtshandlung des Schuldners; das durch diese Handlung aus dem Vermögen des Schuldners Weggegebene muss als noch zu ihm gehörig vom Empfänger zurückgewährt werden (BGH NJW 1961, 1463 und WPM 1963, 219). Ziel ist die Duldung der Befriedigung des Gläubigers aus dem anfechtbar erlangten Vermögenswert; seine Zwangsvollstreckungsbefugnis wird erweitert im Wege einer gesetzlich begründeten Haftung für fremde Schuld beim Empfänger des anfechtbar erworbenen Gegenstandes.

Der neugefasste § 11 AnfG spricht nicht mehr von „Rückgewähr“, sondern der Gläubiger soll auf das, was veräußert, weggegeben oder aufgegeben wurde, wieder zugreifen können, als ob es sich noch bei seinem Schuldner befände, weshalb das Weggegebene „zur Verfügung gestellt werden“ muss (so der Gesetzestext).

3. Gläubigeranfechtung durch Klage auf Zahlung anfechtbar abgetretener Forderung

An das
Landgericht **(Ort, Datum)**

Klage

des Herrn A

– Klägers –

Prozessbevollmächtigter:
gegen
Frau B

– Beklagte –

wegen Forderung
Streitwert: EUR ......

Namens und mit Vollmacht des Klägers erhebe ich Klage und werde beantragen:

1. **Die Beklagte wird verurteilt, an den Kläger EUR ...... nebst ......% Zinsen hieraus seit Rechtshängigkeit zu bezahlen[1].**
2. **Die Beklagte trägt die Kosten des Rechtsstreites.**
3. **Das Urteil ist gegen Sicherheitsleistung vorläufig vollstreckbar, die auch durch selbstschuldnerische, unbefristete Bürgschaft eines im Inland als Steuer- und Zollschuldner zugelassenen Kreditinstitutes erbracht werden kann.**

Begründung:

I. Der Kläger hat gegen den Schuldner C am ...... ein vollstreckbares Urteil des Landgerichts ...... Az. ...... über die Zahlung von EUR ...... nebst ......% Zinsen hieraus seit dem ...... und Kosten erstritten, insgesamt bisher EUR ......[2]. Ein Vollstreckungsversuch aus diesem Titel ist am ...... fehlgeschlagen.

Beweis: 1. Urteil des LG ...... vom ......
2. Pfändungsprotokoll des Gerichtsvollziehers D vom ......

II. Die Beklagte ist die Chefsekretärin des Schuldners in seiner Praxis in (Ort).

Angesichts des gegen ihn seit dem ...... schwebenden Prozesses, den der Kläger mit dem besagten Urteil vom ...... gewonnen hat, hat der Schuldner es vorgezogen, sich aller greifbaren Vermögensgegenstände zu entledigen. Insgesamt sind gegen den Schuldner noch 5 weitere Prozesse vor dem LG in ...... anhängig, so dass es dem Schuldner darum ging, möglichst viel von seinen Vermögensgegenständen vor dem Zugriff der Gläubiger auf die Seite zu bringen.

Die Benachteiligungsabsicht des Schuldners gegenüber dem Kläger als seinem Gläubiger und die Kenntnis der Beklagten hiervon als Zuwendungsempfängerin ergibt sich eindeutig aus einem Gespräch des Schuldners, das dieser am ...... mit der Beklagten führte und das die Ehefrau des Schuldners mitanhörte.

Beweis: Zeugnis der Frau C (ladungsfähige Anschrift)

III. Am ...... trat der Schuldner dann seinen fällig gewordenen Anspruch auf Auszahlung der Lebensversicherung in Höhe von EUR ......, bei der Lebensversicherungs-AG, Nr. ......, an die Beklagte ab. Dies geschah durch Erklärung mit Brief vom ...... an die Lebensversicherungs-AG.

Beweis: 1. Vorlage des Briefes des Schuldners vom ...... an die Lebensversicherungs-AG

Beweis: 2. Zeugnis des Sachbearbeiters der Lebensversicherungs-AG, Herr E (ladungsfähige Anschrift)

Die Summe, insgesamt EUR ...... wurde am ...... an die Beklagte ausbezahlt.

Beweis: Zeugnis des Sachbearbeiters der Lebensversicherungs-AG, Herr E, wie zuvor benannt

Zur Erhellung des Hintergrundes für diese Zuwendung ist zu bemerken, dass die Beklagte schon seit 2 Jahren mit dem Schuldner intime Beziehungen unterhält, deretwegen ein Scheidungsverfahren vor dem Amtsgericht...... anhängig ist.

Beweis: Beiziehung der Akten, Az. ...... des AG ......

Die Beklagte hat diese Summe zugewendet bekommen, ohne dass sie dafür eine Gegenleistung erbracht hat[3].
Sie ist daher auf Grund der §§ 4, 11 AnfG verpflichtet, die Summe der Lebensversicherung dem Kläger zum Zwecke seiner Befriedigung so zur Verfügung zu stellen, dass er in diese vollstrecken kann. Dies geschieht dadurch, dass der Kläger Zahlung an sich verlangen kann, da die Forderung zwischenzeitlich von der Beklagten eingezogen wurde und damit der Anspruch auf Wertersatz[4] gerichtet ist.

Rechtsanwalt

Anmerkungen

1. Der Klageantrag bedarf der genauen Angabe, wie die Rückgewähr bewirkt werden soll, in diesem Falle lautet er direkt auf Zahlung, da die abgetretene Forderung eingezogen worden ist und der Anfechtungsgegner danach zum Wertersatz verpflichtet ist (vgl. *Huber* AnfG § 11 Rdn. 33 ff., § 13 Rdn. 14 ff., 22); wäre die Forderung noch nicht ausbezahlt, müsste der Klageantrag auf „Duldung der Zwangsvollstreckung" lauten, wobei der Anfechtungsgläubiger dann die Forderung pfänden und sich überweisen lassen kann (*Huber* AnfG § 13 Rdn. 19 ff.).

2. Zur Begründung der Klage gehört die genaue Kennzeichnung der Forderung einschließlich Zinsen und Kosten, wegen der die Anfechtung erfolgt, die Angabe der Tatsachen, welche die Anfechtbarkeit der Rechtshandlung des Schuldners ergeben, sowie die genaue Kennzeichnung aller Anfechtungsgegenstände (Forderungen, Rechte), deren Rückgewähr verlangt wird (*Huber* AnfG § 13 Rdn. 8 ff.). Zum Inhalt des Anfechtungsanspruchs für den Fall eines Treuhandverhältnisses ausführlich BGH ZIP 1994, 218 ff. Vgl. ferner zu aktuellen Tendenzen in der Rechtsprechung zur Konkurs- und Einzelanfechtung, *Häsemeyer* in ZIP 1994, 418.

3. Im vorliegenden Falle handelt es sich um eine Schenkungsanfechtung gem. § 4 AnfG. Die frühere Schenkungsanfechtung in § 3 AnfG aF. ist jetzt neu geregelt in § 4 AnfG, dort heißt es Anfechtung wegen „unentgeltlicher Leistungen." Die Anfechtungsfrist wurde auf vier Jahre verlängert. Ein Überblick über die Verschärfungen und der Vergleich zwischen altem und neuem Recht findet sich bei *Huber* AnfG § 4 Rdn. 5 ff.

Der Begriff der „unentgeltlichen Leistung" ist weit zu fassen und geht weiter als eine Schenkung, § 516 BGB (vgl. *Huber* AnfG § 4 Rdn. 14 ff.). Zu den Grundsätzen bei einer Schenkungsanfechtung und der Frage der unentgeltlichen Bestellung eines Grundpfandrechts vgl. BGH NJW 1983, 1679. Bei einer Gegenleistung des Anfechtungsgegners an einen Dritten soll keine Schenkungsanfechtung möglich sein, vgl. hierzu BGH ZIP 1992, 1089.

4. Grundsätzlich geht der Anspruch auf Duldung der Zwangsvollstreckung in den anfechtbar erworbenen Gegenstand („Zur Verfügung stellen" gem. § 11 AnfG). Ist dagegen eine solche Zwangsvollstreckung nicht möglich oder führt sie nicht zum Erfolg, etwa

weil der Gegenstand nachträglich untergegangen, veräußert, in seinem Zustand verschlechtert oder im Verkehrswert gemindert ist, so ist der Anfechtungsgegner dem Gläubiger insoweit zum Wertersatz verpflichtet (BGH NJW 1972, 719). Zur Berechnung des vom Anfechtungsgegner geschuldeten Wertersatzes vgl. BGH KTS 1988, 125. Der maßgebende Zeitpunkt für die Feststellung der eingetretenen Wertsteigerung ist die letzte mündliche Tatsachenverhandlung im Anfechtungsprozess (BGH KTS 1997, 95). Dabei sind Wertsteigerungen, die seit der Vornahme der anfechtbaren Rechtshandlung eingetreten sind, grundsätzlich zugunsten des Anfechtungsgläubigers zu berücksichtigen (zB. Wertsteigerung infolge der allgemeinen Marktlage). Hat allerdings der Anfechtungsgegner den Wert unter Einsatz eigener Mittel wesentlich erhöht, kann er bei der Verteilung des Erlöses Ersatz seiner Aufwendungen beanspruchen (vgl. BGH aaO). Allgemein zu den Grundsätzen des Wertersatzes vgl. *Huber* AnfG § 11 Rdn. 37 ff.

4. Gläubigeranfechtung durch Klage auf Duldung der Zwangsvollstreckung in ein Grundstück

An das
Landgericht **(Ort, Datum)**

Klage

der Firma A GmbH
vertreten durch ihren Geschäftsführer Herrn B, ebenda

– Klägerin –

Prozessbevollmächtigter:

gegen

Frau C

– Beklagte –

wegen Duldung der Zwangsvollstreckung
Streitwert: EUR ……

Namens und mit Vollmacht der Klägerin erhebe ich Klage und werde beantragen:

1. **Die Beklagte wird verurteilt, wegen der vollstreckbaren Forderung der Klägerin in Höhe von EUR …… auf Grund des Urteils des LG ……, Az.…… vom …… die Zwangsvollstreckung in das Grundstück (Ort, Straße), Flurstück Nr. der Gemarkung (Ort), eingetragen im Grundbuch von (Ort, Grundbuchstelle) zu dulden[1].**
2. **Die Beklagte trägt die Kosten des Rechtsstreites.**
3. **Das Urteil ist vorläufig vollstreckbar gegen Sicherheitsleistung, die auch durch selbstschuldnerische, unbefristete Bürgschaft eines im Inland als Steuer- und Zollschuldner zugelassenen Kreditinstitutes erbracht werden kann.**

Begründung:

I. Die Klägerin hat gegen den Schuldner am …… ein vollstreckbares Urteil des LG ……, Az. …… auf Zahlung von EUR …… nebst Zinsen und Kosten, insgesamt bisher EUR ……, erstritten.

Die Zwangsvollstreckungsversuche am …… und am …… sind erfolglos geblieben. Am …… hat der Schuldner im Rahmen der Abgabe einer eidesstattlichen Versicherung angegeben, das Grundstück, Flurstück Nr., Gemarkung (Ort), eingetragen im Grundbuch von (Ort, Grundbuchstelle), an seine Ehefrau durch notariellen Vertrag am …… verschenkt zu haben. Das Grundstück ist frei von Belastungen[2].

Beweis: 1. Vorlage des Urteils des LG vom ......
2. Vorlage des Pfändungsprotokolls vom ......
3. Vorlage der eidesstattlichen Versicherung des AG ...... vom ......
4. Vorlage des Schenkungsvertrages, Urkunde des Notariats, Urkundenrolle Nr. ...... vom ......

II. Diese Grundstücksschenkung stellt eine gem. § 4 Abs. 1 AnfG anfechtbare Rechtshandlung dar, so dass die Beklagte gehalten ist, die Klägerin so zu stellen, als ob sie das Grundstück in das Vermögen des Schuldners zurückgewährt hätte und dementsprechend die Klägerin sich im Wege der Zwangsvollstreckung in dieses Grundstück befriedigen kann.
Die 4-Jahresfrist gem. § 4 Abs. 1 AnfG ist auch noch nicht verstrichen[3].

III. Der Schuldner der Klägerin wollte durch diese Grundstücksschenkung die Zwangsvollstreckung der Klägerin aus den vollstreckbaren Titeln, nämlich Urteil des LG ...... vom ...... sowie Kostenfestsetzungsbeschluss des LG ...... vom ......, in sein Vermögen vereiteln und damit die Klägerin als Gläubigerin benachteiligen.
Die Benachteiligung ergibt sich daraus, dass der Klägerin beim Schuldner nun keine Vollstreckungsmöglichkeiten mehr offen stehen (vgl. das Vermögensverzeichnis des Schuldners vom ......).
Die Beklagte wusste auch, dass ihr das Grundstück[4] von ihrem Ehemann nur deshalb geschenkt worden ist, weil er es dem Zugriff seiner Gläubiger entziehen wollte, da vor dem beurkundenden Notar über diesen Tatbestand und die sich daraus ergebenden Konsequenzen gesprochen wurde und der Notar noch auf die möglichen Auswirkungen hingewiesen hat. Trotzdem wurde diese Verfügung vorgenommen. Dies kann der Zeuge D bestätigen, der bei dem Notartermin anwesend war.

Beweis: Zeugnis des D, (ladungsfähige Anschrift).

Rechtsanwalt

Anmerkungen

1. Bei anfechtbaren Grundstücksübertragungen stellt sich das dem Gläubiger eingeräumte Anfechtungsrecht gem. § 11 AnfG so dar, dass das aus dem Vermögen des Schuldners weggegebene Grundstück haftungsmäßig als noch zum Vermögen des Schuldners gehörig angesehen werden muss, so dass der Anspruch auf Duldung der Zwangsvollstreckung in das Grundstück geht (*Huber* AnfG § 11 Rdn. 19 RGZ 60, 423). Wäre das Grundstück weiterveräußert worden, ginge der Anspruch auf Wertersatz, in diesem Falle dann unmittelbar auf Zahlung einer Geldsumme an den Anfechtungsgläubiger (vgl. *Huber* AnfG § 11 Rdn. 37, 38). Dieser Antrag kann vorsorglich auch als Hilfsantrag gestellt werden; ein Übergang in eine Wertersatzklage wird allerdings in der Revisionsinstanz als nicht mehr zulässig angesehen (BGH KTS 1977, 105 ff.).

2. Bei belasteten Grundstücken gilt folgendes: Ist das Grundstück zurzeit der Übertragung auf einen Dritten bereits wertausschöpfend belastet, scheitert die Anfechtungsmöglichkeit an der fehlenden objektiven Benachteiligung des Anfechtungsgläubigers (vgl. *Huber* AnfG § 1 Rdn. 39, § 11 Rdn. 19; OLG Nürnberg KTS 1966, 250 ff.; *Blomeyer* KTS 1976, 85; OLG München, WM 2004, 1044 ff.). Der Gläubiger ist nur dann benachteiligt, wenn zwischen Belastung und Verkehrswert noch eine freie Spitze vorhanden ist. Zu Einzelheiten im Zusammenhang mit der anfechtbaren Abtretung einer Restkaufpreisforderung vgl. jetzt BGH WPM 1981, 776 ff. Eine Gläubigerbenachteiligung kommt nicht in Betracht, wenn das Grundstück wertausschöpfend belastet ist und eine Zwangsversteigerung nicht zu einer auch nur teilweisen Befriedigung des Gläubigers geführt hätte. Für die Höhe der wertausschöpfenden Belastung kommt es auf den Zeitpunkt der letzten mündlichen Verhandlung in der Berufungsinstanz an (vgl. jetzt BGH ZIP 2007, 1326, 1327). Die Übertragung eines wertausschöpfend belasteten Grundstücks durch

den Schuldner ist (auch dann) objektiv gläubigerbenachteiligend, wenn die bei der Übertragung noch bestehenden Belastungen im Nachhinein vertragsgemäß von ihm beseitigt werden (vgl. jetzt BGH ZIP 2009, 1285 ff.).

Wird das Grundstück erst nach dem Erwerb durch den Empfänger belastet, erwächst dem Anfechtungsgläubiger ein Rückgewähranspruch auf ein lastenfreies Grundstück bzw. ein Anspruch auf Rückgewähr in der Weise, dass der Anfechtungsgegner von seinem Recht gegenüber dem Anfechtungsgläubiger keinen Gebrauch macht (*Huber* AnfG § 11 Rdn. 19; RGZ 47, 222). Zur Gläubigerbenachteiligung bei Schenkung eines mit Grundpfandrechten belasteten Grundstücks vgl. BGH ZIP 1996, 1907.

3. Durch dieses Klagebeispiel soll eine unentgeltliche Leistung (hier Schenkung) des Schuldners zugunsten seines Ehegatten angefochten werden. Die Ehegattenschenkungsanfechtung (§ 4 Abs. 1) wurde vom BVerfG als verfassungsgemäß eingestuft (vgl. BVerfG ZIP 1991, 736 und die Anmerkung hierzu von *Wagner* KTS 1991, 379 ff.) Zum Begriff der unentgeltlichen Leistung vgl. *Huber* AnfG § 4 Rdn. 14. Auch der Verzicht auf ein Pflichtteilsrecht stellt eine unentgeltliche Leistung im Sinne von § 4 Abs. 1 AnfG dar (BGH ZIP 1991, 454). Dieser Anfechtungstatbestand erfasst Rechtshandlungen des Schuldners, die innerhalb der letzten vier Jahre vor der Anfechtung vorgenommen worden sind. Zur Anfechtbarkeit von Eheverträgen allgemein und Güterrechtsverträgen (Begründung bzw. Veränderung von Güterständen), vgl. BGH NJW 1972, 48 ff. und *Huber* AnfG § 4. Zur Pfändbarkeit und Anfechtbarkeit eines Pflichtteilsanspruches, die jetzt vom BGH zugelassen wird, vgl. BGH ZIP 1993, 1662.

Maßgeblich für den Fristbeginn ist die Vornahme der Rechtsbehandlung. In § 8 Abs. 2 ist eine Neuregelung für mehraktige Rechtsgeschäfte erfolgt. Diese Vorschrift lässt (im Gegensatz zum bisherigen Recht) für den Eintritt der in § 8 Abs. 2 S. 1 beschriebenen Wirkungen schon den Antrag auf Eintragung einer Vormerkung genügen (vgl. *Huber* AnfG § 8 Rdn. 3 und 13, ferner BGH WM 1999, 225). Eine klageweise Geltendmachung des Anspruchs auf Wertersatz wahrt auch die Rechte für den nach Ablauf der Anfechtungsfrist im Berufungsrechtszug verfolgten Primäranspruch (BGH ZIP 2008, 2136).

4. Hier wird davon ausgegangen, dass das Grundstück unbebaut ist und es zwischen Schenkung und Anfechtung keinerlei Zustandsveränderung erfahren hat. Zu den Problemen, die sich ergeben, wenn nach Eigentumserwerb Verwendungen (zB. Bebauung) gemacht worden sind, vgl. *Huber* AnfG § 11 Rdn. 45. Zum Anspruch des Anfechtungsgegners auf Aufwendungsersatz wegen durchgeführter werterhöhender Maßnahmen vgl. BGH WPM 1984, 843.

Bei Grundstücken gelten für die Vollstreckung selbst die §§ 866 ff. ZPO und das ZVG; auch die Erwirkung einer Zwangshypothek ist zulässig (RGZ 151, 169); bei anfechtbarer Übereignung eines Miteigentumsanteils geht der Klageantrag auf Duldung der Zwangsvollstreckung in den Anteil; bei zwischenzeitlicher Verfügung der Miteigentümergemeinschaft über die Sache als ganzes kann nur noch Klage auf Wertersatz in Höhe des Anteilswertes gegen den erhoben werden, der in anfechtbarer Weise einen Miteigentumsanteil erworben hat (vgl. hierzu KG NJW 1974, 243 und jetzt BGH WPM 1984, 440 sowie BGH WPM 1985, 427). Zur Problematik der Klage auf Duldung der Zwangsversteigerung des gesamten Grundstücks bei anfechtbarer Übertragung eines Miteigentumsanteils an den Miteigentümer vgl. BGH ZIP 1985, 372. Zur Vollstreckung bei einem anfechtbar geschenkten Wohn- und Nutzungsrecht vgl. BGH WPM 1990, 1697, ferner BGH ZIP 1995, 1364. Zu den Problemen beim Anfechtungsrecht eines Pfändungsgläubigers in den Vermögensgegenstand einer GbR vgl. BGH ZIP 1992, 109. Bei Anfechtung einer Auflassungsvormerkung kann der Klagantrag auf Duldung der Zwangsvollstreckung in das Grundstück lauten. Dieser Antrag enthält gleichzeitig das Begehren, dass der Anfechtungsgegner bei einer Zwangsversteigerung gegenüber dem Gläubiger von der Vormerkung keinen Gebrauch machen darf (vgl. hierzu BGH ZIP 1996, 1516). Nach BGH ZIP 2004, 1619 f. bleibt der Anspruch des Gläubigers gegen einen Dritten auf Duldung der Zwangsvollstreckung in ein dem Schuldner gehörendes Grundstück nach dem Anfechtungsgesetz bestehen, wenn dem Dritten später das Grundstück in der Zwangsversteigerung zugeschlagen worden ist.

Der dingliche Gerichtsstand des § 24 ZPO gilt auch für Klagen auf Duldung der Zwangsvollstreckung in ein Grundstück aufgrund einer Anfechtung nach dem AnfG (OLG Hamm, NZI 2002, 575 f.).

Nach einer Entscheidung des OLG Stuttgart in ZIP 2007, 1966 f. findet das deutsche Anfechtungsrecht keine Anwendung auf die Schenkung eines im Ausland gelegenen Grundstücks (hier Österreich) durch einen inländischen Schuldner.

5. Geltendmachung des Anfechtungsanspruches im Wege der Einrede

An das
Landgericht **(Ort, Datum)**

In Sachen

A

gegen

B

Az. ......

trage ich für den Beklagten B[1] im Wege der Einrede gem. § 9 AnfG[2] gegen die Inanspruchnahme gem. § 771 ZPO Folgendes vor:

I. Die Klägerin hat den streitbefangenen PKW (genaue Bezeichnung) in anfechtbarer Weise erworben und ist daher verpflichtet, diesen PKW dem Schuldnervermögen zurückzugewähren in der Form, dass dem Beklagten gestattet ist, diesen PKW im Wege der Pfändung und Versteigerung zu verwerten und die Klägerin verpflichtet ist, die Zwangsvollstreckung in diesen Gegenstand zu dulden. Folgender Tatbestand liegt der Anfechtungseinrede des Beklagten zugrunde:

II. Der Beklagte hat am ...... einen Vollstreckungsbescheid, Az. ...... gegen den Schuldner C über EUR ...... erstritten[3]; dieser ist dem Schuldner am ...... zugestellt worden.

III. Eine am ...... durchgeführte Vollstreckung führte zur Pfändung des PKW (genaue Bezeichnung) durch den Gerichtsvollzieher D. Die Klägerin beruft sich mit dieser Klage auf ihr Sicherungseigentum an diesem Fahrzeug, das ihr der Schuldner mit Vertrag vom (Datum) übertragen habe[4]. Dieses Sicherungseigentum hat die Klägerin jedoch in anfechtbarer Weise erworben, so dass der Tatbestand des § 3 Abs. 1 AnfG erfüllt ist.

IV. Zum Zeitpunkt der Sicherungsübertragung kam es dem Schuldner darauf an, alle verwertbaren Gegenstände, die er noch besaß, vor dem Zugriff der Gläubiger in Sicherheit zu bringen. In diesem Sinne äußerte sich der Schuldner beiläufig in einem Gespräch mit dem Zeugen E anlässlich eines Frühschoppens am ...... in der Gaststätte (Name) in ......

Beweis: Zeugnis des E (ladungsfähige Anschrift)

Der Klägerin war die prekäre finanzielle Situation des Schuldners auch bereits seit längerem bekannt. Sie hatte sich zur Absicherung ihrer Forderung bereits am ...... eine werthaltige, selbstschuldnerische Bürgschaft von dem Zeugen F geben lassen, so dass in der Sicherungsübereignung des Fahrzeuges an die Klägerin vom ...... darüber hinaus möglicherweise eine unzulässige Übersicherung vorliegt, da der Zeuge F vermögend ist.

Die Klägerin kannte die Umstände, die zu einem Vermögensverfall beim Schuldner geführt haben und wusste, dass der Schuldner durch die Weggabe des PKW seine Gläubiger benachteiligen wollte.
Anlässlich des Gespräches, das der Schuldner am ...... in den Geschäftsräumen der Klägerin führte und dabei auch den Kraftfahrzeugbrief an den Geschäftsführer G übergab, äußerte er nämlich, dass „wohl einige Prozesse gegen ihn laufen würden, er aber schon dafür sorgen werde, dass bei ihm nichts gepfändet werden könne, lieber gebe er vorher alles weg". Diese Äußerung hörte der zufällig anwesende Zeuge H.

Beweis: Zeugnis des H (ladungsfähige Anschrift)

Dadurch steht die Gläubigerbenachteiligungsabsicht des Schuldners und die Kenntnis der Klägerin hiervon fest. Die Klägerin muss sich die Kenntnis des Geschäftsführers G wie eigene Kenntnis anrechnen lassen, § 166 BGB. Danach hat die Klägerin den PKW gem. § 3 Abs. 1 AnfG in anfechtbarer Weise erworben und muss sich so behandeln lassen, als ob der PKW noch zum Schuldnervermögen gehören würde (§ 11 AnfG), so dass der Beklagte sich aus dem PKW im Wege der Zwangsvollstreckung befriedigen kann.

Rechtsanwalt

Anmerkungen

1. Dem Formular liegt der Sachverhalt zugrunde, dass der Beklagte bei einem Schuldner einen PKW gepfändet hat, woraufhin sich ein Dritter (zB. eine Bank) berühmt, dass dieser PKW ihr sicherungsübereignet worden sei und die Drittwiderspruchsklage gem. § 771 ZPO erhoben hat.

2. Die Geltendmachung erfolgt hier durch einen Schriftsatz und nachfolgenden Vortrag in der mündlichen Verhandlung im Rahmen einer Drittwiderspruchsklage (vgl. *Huber* AnfG § 9 Rdn. 3).

Zur Geltendmachung eines Anfechtungsrechts im Wege der Einrede im Prozess nach § 771 ZPO, vgl. weiterhin *Blomeyer* KTS 1976, 81 ff., 91 ff.

3. Die Einrede kann auch schon erhoben werden, bevor ein vollstreckbarer Schuldtitel für die Forderung erlangt, ist § 9 AnfG; in diesem Falle hat das Gericht dem Gläubiger eine Frist zur Beibringung des Titels zu setzen (zB. 1 Jahr, vgl. OLG Frankfurt WPM 1977, 1240; vgl. hierzu *Huber* AnfG § 9 Rdn. 12).

4. Zum Umfang des Begriffs der Rechtshandlungen des Schuldners vgl. *Huber* AnfG § 3 Rdn. 6.

6. Geltendmachung des Anfechtungsrechts durch Replik[1]

Einschreiben **(Ort, Datum)**
Firma A

Betr.: Ihre Einwendung gem. § 840 ZPO gegen die von uns bewirkte Forderungspfändung

Sehr geehrte Herren,

wie Ihnen bekannt ist, haben wir durch Pfändungs- und Überweisungsbeschluss des Amtsgerichts ......, Az. ...... vom ...... die unserem Schuldner B gegen Sie zustehende Forderung auf Rückzahlung des Darlehens vom ...... in Höhe von EUR ...... gepfändet und uns zur Einziehung überweisen lassen.
Sie teilen uns nun nach Aufforderung gem. § 840 ZPO mit, dass der Schuldner Ihnen diese Darlehensforderung am ...... erlassen habe. Da dieser Erlass somit knapp 1 Monat vor Erlass des Urteils gegen den Schuldner Ihnen gegenüber ausgesprochen worden ist, sehen wir uns veranlasst, diesen Erlass gem. § 3 Abs. 1 AnfG anzufechten.

Der Schuldner hat in anfechtbarer Weise auf die Rückzahlung des gewährten Darlehens verzichtet, um uns als Gläubiger zu benachteiligen. Davon hatten Sie Kenntnis.
Wir haben einen Zeugen für die Abreden, die zwischen Ihnen und unserem Schuldner anlässlich des angeblichen „Erlasses" der Darlehensforderung am …… getroffen worden sind. Es ist dies Fräulein C, die bei den Gesprächen in …… am …… zugegen war und zufällig mit dem Gläubiger der Hauptforderung weitläufig verwandt ist.
Wir fordern Sie daher auf, uns gem. §§ 9, 11 AnfG dadurch Befriedigung zu verschaffen, dass Sie uns die gepfändete Forderung bezahlen und so der Pfändung vom …… genügen. Sie haben die Zwangsvollstreckung in diese Forderung nach § 11 AnfG so zu dulden, als gehöre diese Forderung noch zum Vermögen des Schuldners.
Falls keine Zahlung bis zum …… erfolgt, sehen wir uns gezwungen, Anfechtungsklage gegen Sie zu erheben.

Anmerkungen

1. Hier erfolgt die Geltendmachung des Anfechtungsrechts gem. § 9 AnfG im Wege einer Replik. Folgender Sachverhalt liegt dabei zugrunde:

Aufgrund eines vollstreckbaren Titels gegen den Hauptschuldner über einen bestimmten Betrag hat der Gläubiger eine Forderung des Hauptschuldners gegen den Drittschuldner (hier Firma A) gepfändet und sich zur Einziehung überweisen lassen. Der Drittschuldner wendet nun ein, der Hauptschuldner habe ihm zwischenzeitlich die Forderung (hier auf Rückzahlung eines Darlehens) erlassen (vgl. noch die Beispiele bei *Huber* AnfG § 5 Rdn. 5). Im Prozess erfolgt die Geltendmachung durch Vortrag in der mündlichen Verhandlung unter Bezugnahme auf entsprechenden Schriftsatz. Im vorliegenden Beispiel hat die Geltendmachung des Anfechtungsrechts durch Schriftsatz außerhalb des Prozesses gleichzeitig die Wirkung gem. § 7 Abs. 2 AnfG (Ankündigungswirkung und Fristwahrung).

7. Arrestantrag wegen drohender Vereitelung eines Anfechtungsanspruchs[1]

An das
Amtsgericht[2] **(Ort, Datum)**
In Sachen
A

– Antragstellers –

Verfahrensbevollmächtigter: ……

gegen

Frau B

– Antragsgegnerin –

wegen Arrest

Vorläufiger Streitwert: EUR ……

wird namens und mit Vollmacht des Antragstellers beantragt, wegen Dringlichkeit ohne mündliche Verhandlung folgenden Arrest zu erlassen:

1. **Der dingliche Arrest in das bewegliche Vermögen der Antragsgegnerin wird angeordnet[3].**
2. **In Vollzug dieses Arrestes wird der PKW (genaue Bezeichnung) der Antragsgegnerin mit der Maßgabe gepfändet, ihn an den Gerichtsvollzieher als Sequester herauszugeben.**
3. **Der Antragsgegnerin werden die Kosten des Verfahrens auferlegt.**

Begründung:

I. Der Antragsteller A hat in einem Rechtsstreit vor dem LG ...... unter dem Aktenzeichen ...... am ...... ein rechtskräftiges, vollstreckbares Urteil über die Zahlung von EUR ...... gegen Herrn B (Anschrift), Ehemann der Antragsgegnerin, erstritten.

Beweis: Vorlage des Urteils vom ......

II. Wie der Antragsteller jetzt erfuhr, hat Herr B während des Prozesses, nämlich am ......, seiner Ehefrau, der Antragsgegnerin, sein Kraftfahrzeug (genaue Bezeichnung) im Werte von EUR ...... geschenkt. Die Weggabe des Fahrzeuges an die Antragsgegnerin ist anfechtbar gem. § 4 AnfG. Die Antragsgegnerin muss dem Antragsteller den PKW so zurückgewähren, dass dieser zur Befriedigung seines vollstreckbaren Titels vom ...... zur Verfügung steht (§ 11 AnfG). Ein Zwangsvollstreckungsversuch gegen Herrn B vom ...... ist erfolglos geblieben.

Beweis: Vorlage des Pfändungsprotokolls des Gerichtsvollziehers C vom ......

III. Bei der Schenkung des PKW durch Herrn B an die Antragsgegnerin hat Herr B bewusst in der Absicht gehandelt, den Antragsteller als Gläubiger zu benachteiligen und seine Vollstreckungsmöglichkeiten zu vereiteln. Dies wusste die Antragsgegnerin.

Zur Glaubhaftmachung der Kenntnis beider Eheleute B beziehe ich mich auf die als Anlage beigefügte eidesstattliche Versicherung des Zeugen D (ladungsfähige Anschrift).

IV. Der Antragsteller wird in Kürze beim LG ...... Klage gegen die Antragsgegnerin auf Duldung der Zwangsvollstreckung in den PKW gem. den §§ 4, 11 AnfG erheben. Es steht jedoch zu befürchten, dass in der Zwischenzeit die Realisierung des vollstreckbaren Anspruches des Antragstellers dadurch vereitelt wird, dass die Antragsgegnerin den PKW veräußert und außer Landes zieht, da Herr B und seine Ehefrau, die Antragsgegnerin, Vorbereitungen treffen, sich nach Südamerika abzusetzen. Sie sind dabei, ihren Haushalt aufzulösen und haben sich bereits Flugtickets nach Rio de Janeiro bestellt.

Beweis: 1. Vorlage der Wochenendausgabe der Zeitung (Name, Datum) mit der Kleinanzeige unter dem Namen der Antragsgegnerin auf Seite 12 „Haushaltsauflösung"
2. Eidesstattliche Versicherung der Zeugin D, Sachbearbeiterin im Reisebüro (Name)

Wegen der Gefahr des drohenden baldigen Verkaufes im Zusammenhang mit der bevorstehenden Abreise der Antragsgegnerin wird gebeten, im Beschlusswege ohne mündliche Verhandlung zu entscheiden.

Für die Höhe der Lösungssumme gem. § 923 ZPO ist die zu sichernde Forderung maßgeblich. Sie beträgt einschließlich Zinsen und Kosten bisher EUR ...... Urteil und Kostenfestsetzungsbeschluss vom ...... sind beigefügt.

Rechtsanwalt

Anmerkungen

1. Allgemein zum Arrest vgl. Form. I. R. 1. und 2.

2. Die Zuständigkeit richtet sich hier nach § 919 ZPO, nämlich das Amtsgericht des mit Arrest zu belegenden Gegenstandes; weiterhin kann das AG zuständig sein, wenn die

Antragsgegnerin hier ihren allgemeinen Gerichtsstand hat und der mit der Hauptsacheklage zu verfolgende Anfechtungsanspruch wegen des Streitwertes ebenfalls zur Zuständigkeit des AG gehört.

3. Dieses Formular soll das bestehende Anfechtungsrecht durch Arrest sichern (vgl. hierzu *Huber* AnfG § 2 Rdn. 40–42). Vorliegen müssen Arrestanspruch (anfechtbare Handlung) und Arrestgrund. Die Hauptsacheklage ist der nachfolgende Anfechtungsprozess gegen die Ehefrau. Zur einstweiligen Verfügung wegen Sicherung des Anfechtungsanspruches gegen den Empfänger eines anfechtbar geschenkten Grundstücks vgl. OLG Köln NJW 1955, 717 und OLG Koblenz ZIP 1992, 1754.

Eine ausführliche Darstellung des Verfahrens bei Sicherung eines Anfechtungsanspruchs aus der Schenkung eines Miteigentumsanteils durch einstweilige Verfügung oder Arrest findet sich bei *Wilhelm* (ZIP 1999, S. 267 ff.).

8. Anfechtungsklage im Wege der Stufenklage

An das
Landgericht **(Ort, Datum)**

Klage

des Herrn A

– Klägers –

Prozessbevollmächtigter: ......

gegen

den Herrn B

– Beklagten –

wegen Auskunft und Duldung der Zwangsvollstreckung

Vorläufiger Streitwert: EUR ......

Namens und mit Vollmacht des Klägers erhebe ich hiermit Klage und werde beantragen:

1. **Der Beklagte wird verurteilt, dem Kläger durch Aufstellung eines Verzeichnisses Auskunft über den Bestand der Aktien zu erteilen, die ihm am ...... von C übergeben worden sind, sowie eine eidesstattliche Versicherung über die Vollständigkeit dieses Verzeichnisses abzugeben[1].**
2. **Der Beklagte wird weiterhin verurteilt, zugunsten der vollstreckbaren Forderung des Klägers über insgesamt EUR ...... gemäß dem Urteil des Landgerichts ...... vom ...... nebst Zinsen und Kostenfestsetzungsbeschluss vom ...... die Zwangsvollstreckung in die bei ihm befindlichen, nach Vorliegen des Verzeichnisses gem. Ziff. 1 des Antrages genau zu bezeichnenden Aktien des Schuldners C zu dulden, hilfsweise Wertersatz durch Zahlung in Höhe von EUR ...... zu leisten[2].**
3. **Der Beklagte trägt die Kosten des Rechtsstreites.**
4. **Das Urteil ist gegen Sicherheitsleistung vorläufig vollstreckbar, die auch durch selbstschuldnerische, unbefristete Bürgschaft eines im Inland als Steuer- und Zollschuldner zugelassenen Kreditinstitutes erbracht werden kann.**

Begründung:

I. Der Kläger hat am ...... ein vollstreckbares Urteil gegen den Schuldner C über insgesamt EUR ...... vor dem Landgericht ...... erstritten. Der Schuldner schuldet daneben laut Kostenfestsetzungsbeschluss vom ...... weitere EUR ......, zusammen mit Zinsen insgesamt bisher EUR ......
Die Zwangsvollstreckung ist fehlgeschlagen.

Beweis: Vorlage des Urteils vom ......
Vorlage des Kostenfestsetzungsbeschlusses vom ......
Vorlage des Pfändungsprotokolls des Gerichtsvollziehers vom ......

II. Der Kläger hat in Erfahrung gebracht, dass der Schuldner am ...... dem Beklagten ein Aktienpaket im Werte von EUR ...... zur Sicherung übereignet hat.
Diese Übergabe stellt eine anfechtbare Rechtshandlung im Sinne des § 3 Abs. 1 AnfG dar. Der Schuldner wollte den Kläger als Gläubiger benachteiligen und seine Zwangsvollstreckung vereiteln. Dies ergibt sich aus dem Gespräch, das der Schuldner am ...... anlässlich der Übergabe dieses Aktienpaketes an den Beklagten mit ihm im Beisein des Zeugen D führte, in dessen Verlauf er erklärte, dass „er dieses Paket vor dem drohenden Zugriff seiner Gläubiger in Sicherheit bringen müsse".

Beweis: Zeugnis des D, (ladungsfähige Anschrift).

III. Daraus ergibt sich auch die Kenntnis des Beklagten von der Benachteiligungsabsicht, die der Schuldner bei der Weggabe des Aktienpaketes hegte.
Der Beklagte ist daher verpflichtet, die Aktien in das Vermögen des C zurückzugewähren und sie der Zwangsvollstreckung des Klägers so zur Verfügung zu stellen, dass dieser die Aktien pfänden kann. Dem berechtigten Auskunftsverlangen des Klägers ist der Beklagte trotz Aufforderung und Fristsetzung bisher nicht nachgekommen.

Beweis: Vorlage des Mahnschreibens des Klägers vom ......

Klage ist daher geboten.

Rechtsanwalt

Anmerkungen

1. Die Stellung des nach § 13 AnfG erforderlichen Klagantrags ist uU. nur möglich, wenn der Anfechtungsgegner vorher Auskunft erteilt hat; diese ist dann Bestandteil der Rückgewährpflicht gem. § 11 AnfG (RGZ 150, 44; *Huber* AnfG § 11 Rdn. 35).

2. Aus § 13 AnfG ergibt sich, dass im Klagantrag der Anfechtungsklage die Art und Weise und der Umfang der Rückgewähr von Seiten des Empfängers bezeichnet werden müssen (vgl. *Huber* AnfG § 13 Rdn. 1). Zum Umfang ist die Angabe des Forderungsbetrages unter Einbeziehung der Zinsen und Kosten erforderlich, aber auch ausreichend. Der vorliegende Klagantrag ist bewusst ausführlicher gehalten, indem die Forderung, zugunsten derer die Anfechtung erfolgt, genauer beschrieben wird. In der Begründung muss in jedem Fall die Forderung genau individualisiert werden.

9. Anfechtung im Wege einer einstweiligen Verfügung

An das
Landgericht (Ort, Datum)

Antrag auf Erlass einer einstweiligen Verfügung

In Sachen

Sparkasse ......, gesetzl. vertr. durch die Vorstände A, B u. C

– Antragstellerin –

Prozessbev.: ......
gegen

1. Herrn A
2. Frau B

– Antragsgegner –

Prozessbev.: ......

Vorläufiger Streitwert: EUR ......

Namens und mit Vollmacht der Antragstellerin beantrage ich hiermit den Erlass einer einstweiligen Verfügung[1] gegen die Antragsgegner wegen Dringlichkeit ohne mündliche Verhandlung mit folgendem Inhalt:

1. Bis zum Erlass einer letztinstanzlichen Entscheidung in der Hauptsache wird den Antragsgegnern untersagt, über ihr Eigentum an dem Grundstück ......, eingetragen im Grundbuch von ......, Blatt ......, Flurstück Nr. ......, Hof und Gebäudefläche, zur Größe von ...... m^2 zu verfügen. Den Antragsgegnern wird insbesondere verboten, das Grundstück zu veräußern, zu belasten oder zu verpfänden.
2. Den Antragsgegnern wird angedroht, für den Fall der Zuwiderhandlung gegen die in Ziff. 1 ausgesprochene Verpflichtung gegen sie ein Ordnungsgeld bis in Höhe von EUR 250.000,– zu verhängen, ersatzweise für den Fall, dass dieses nicht beigetrieben werden kann, Ordnungshaft bis zu sechs Monaten festzusetzen.
3. Die Antragsgegner tragen als Gesamtschuldner die Kosten des Verfahrens.

Begründung

I. Die Antragstellerin hat gegen die Eltern der Antragsgegner, nämlich gegen die Eheleute U., und B. F., wohnhaft in ...... Forderungen aus verschiedenen, bereits gekündigten Darlehen in einer Größenordnung von gegenwärtig EUR 1,5 Mio. zzgl. Zinsen hieraus seit dem 1. 1. 1997. Die Darlehensschulden beruhen im Wesentlichen auf einer Finanzierung von zwei größeren Bauvorhaben in ......
Als Sicherheiten für dieses Kreditengagement stehen der Antragstellerin diverse Grundschulden zur Verfügung, nämlich ......

Zur Glaubhaftmachung: Vorlage der entsprechenden Urkunden

II. Die Eheleute F. kamen ihren Verpflichtungen auf Rückzahlung der Darlehen seit Anfang 1996 nicht mehr nach. Nach mehreren vergeblichen Fristsetzungen und Gesprächen mit den Eltern der Antragsgegner fand am ...... im Hause der Antragstellerin eine Besprechung mit den Schuldner statt.

Den Schuldnern wurde der Ernst der Situation deutlich gemacht, ihnen wurde zur Forcierung der Verkaufsbemühungen bezüglich der beiden Grundstücke in …… eine letzte Frist bis zum …… gesetzt, außerdem wurde die Einleitung von Zwangsvollstreckungsmaßnahmen angedroht bis hin zur Abgabe der eidesstattlichen Versicherung.

Zur Glaubhaftmachung: Vorlage einer eidesstattlichen Versicherung der Zeugen E. u. H., Kreditsachbearbeiter bei der Antragstellerin

In der Folgezeit kamen die Eltern der Antragsgegnerin als Schuldner ihren Verpflichtungen nicht nach, so dass das Gesamtkreditengagement durch Schreiben vom …… fristlos gekündigt wurde.

III. Im Anschluss an die Kreditkündigung wurden gegen die Eltern der Antragsgegner umfangreiche Vollstreckungsmaßnahmen durchgeführt. So wurden ua. mit Pfändungs- und Überweisungsbeschluss vom …… die Ansprüche gegen die Z-Bank gepfändet. Die Pfändung war jedoch erfolglos, wie sich aus der Drittschuldnererklärung der Z-Bank vom …… ergibt.

Zur Glaubhaftmachung: Vorlage des Kreditkündigungsschreibens vom …… und der Erklärung der Z-Bank vom ……

Ein weiterer Pfändungs- und Überweisungsbeschluss wurde gegen die L. Versicherungs AG gerichtet, gepfändet wurden die Ansprüche der Eheleute F. aus zwei Lebensversicherungen Nr. …… Auch diese Pfändung war erfolglos, wie sich aus der Drittschuldnererklärung der L. Versicherungs AG vom …… ergibt.

Zur Glaubhaftmachung: Vorlage des Auskunftsschreibens der L. Versicherungs AG vom ……

IV. Gegen die Eheleute F. wurden außerdem Pfändungsmaßnahmen durch den zuständigen Gerichtsvollzieher durchgeführt. Ausweislich des Pfändungsprotokolls des Gerichtsvollziehers vom …… sind bei den Eheleuten F. keine pfändbaren Vermögensgegenstände vorhanden, sie haben am …… vor dem Amtsgericht in …… die eidesstattliche Versicherung abgegeben.
Bezüglich des Grundstücks in …… wurde inzwischen die Zwangsversteigerung angeordnet.

Zur Glaubhaftmachung: Vorlage des Pfändungsprotokolls vom …… sowie des Beschlusses über die Anordnung der Zwangsversteigerung vom ……

V. Wie die Antragstellerin erst jetzt in Erfahrung bringen konnte, haben die Eheleute F. als Folge der eingeleiteten Zwangsvollstreckungsmaßnahmen bereits am …… das streitgegenständliche Grundstück in …… im Wege einer Schenkung auf die Antragsgegner, ihre Kinder, übertragen.
Der Eigentumswechsel wurde am …… im Grundbuch eingetragen[2].

Zur Glaubhaftmachung: Vorlage der notariellen Urkunde Nr. …… vom …… sowie Grundbuchauszug vom ……

VI. Die Übertragung des Grundstücks von den Eltern auf die Antragsgegner erfolgte ersichtlich zum Zwecke der Benachteiligung der Gläubiger, insbesondere, um das letzte noch pfändbare Vermögen zum Nachteil der Antragstellerin zu verschieben.

VII. Der Anfechtungsanspruch stützt sich primär auf § 4 AnfG, da die Grundstücksübertragung vom …… unentgeltlich erfolgt ist[3].
Auch der Anfechtungstatbestand des § 3 Abs. 2 AnfG ist begründet, da es sich um ein Rechtsgeschäft unter nahen Angehörigen handelt, wo die Gläubigerbenachteiligungsabsicht vermutet wird, die Beweislast also insoweit der Antragsgegner trägt (BGH NJW 1975, 2193). Eine Vollstreckung in das anfechtbar weggegebene Grundstück verspricht auch Aussicht auf Erfolg, weshalb die Sicherung des Anfechtungsrechts nicht rechtsmissbräuchlich erscheint.

Das Grundstück in ...... ist ausweislich der Schenkungsurkunde vom ...... in Abteilung III lediglich mit einer Grundschuld in Höhe von EUR 50.000,– belastet, die nicht valutiert ist.

Der Verkehrswert dürfte bei mindestens EUR 150.000,– liegen.

Die örtliche Zuständigkeit des angerufenen Gerichts folgt aus § 24 ZPO. Der in der Hauptsache gegebene Anspruch auf Duldung der Zwangsvollstreckung gem. § 7 AnfG ist am ausschließlichen dinglichen Gerichtsstand geltend zu machen, der somit auch für das einstweilige Verfügungsverfahren begründet ist.

Ein Verfügungsgrund muss nicht glaubhaft gemacht werden. Dies folgt aus einer entsprechenden Anwendung der §§ 885 Abs. 1, S. 2, 899 Abs. 2 S. 2 BGB (OLG Koblenz, ZIP 1992, 1754).

Rechtsanwalt

Anmerkungen

1. Bei dem vorliegenden Muster handelt es sich um die Durchsetzung der Eintragung eines Veräußerungs- und Verfügungsverbotes im Wege einer einstweiligen Verfügung, in dem gewählten Beispielsfall gegen die Kinder der Schuldner, denen das Grundstück in anfechtbarer Art und Weise geschenkt wurde. Die Klage in der Hauptsache ist dann mit dem Antrag einzureichen, dass die Zwangsvollstreckung in das Grundstück zu dulden ist.

In der Praxis finden sich neuerdings immer häufiger Beispiele, bei denen Grundbesitz weggegeben wird (verschenkt wird) unter gleichzeitiger Einräumung eines Nießbrauchs zugunsten der Schenker (Schuldner).

In diesen Fällen sind die ursprünglichen Eigentümer (= Schuldner) mitzuverklagen. Die Anträge gegen diese Nießbrauchsberechtigten sind dann dergestalt zu fassen, dass „die Beklagten (Antragsgegner) zu verurteilen sind, von dem zu ihren Gunsten eingetragenen Nießbrauchsrecht, an dem Grundstück ...... straße ...... in ......, eingetragen im Grundbuch von ......, Flurstück Nr. ......, zur Größe von ......, dem Kläger gegenüber keinen Gebrauch zu machen und in die Auszahlung des bei einer Zwangsversteigerung anfallenden Erlöses an den Kläger einzuwilligen."

Falls noch zusätzlich etwa eine Rückauflassungsvormerkung eingetragen sein sollte, ist diese ebenfalls mit dem entsprechend angepassten Antrag anzugreifen. Zur Antragstellung im einstweiligen Verfügungsverfahren vgl. auch OLG Hamm, NZI 2002, 59 ff.

Diese umfassenden Anträge sind gem. § 13 AnfG gerechtfertigt (vgl. BGH ZIP 1995, 1364). Der Erlass einer einstweiligen Verfügung zur Sicherung eines Rückgewährsanspruchs nach § 11 AnfG ist grundsätzlich möglich, so OLG Karlsruhe, InVO 2004, 387 und OLG Hamm, OLGR Hamm 2003, 232.

Zur Geltung des Prioritätsprinzips bei einem Wettbewerb von richterlichen Verfügungsverboten in Bezug auf einzutragene Zwangssicherungshypotheken vgl. ZIP 2007, 1577 f.

2. Bei der hier unterstellten Konstellation handelt es sich um eine Schenkungsanfechtung, bei der die Frist nach dem neuen § 4 AnfG auf vier Jahre verlängert wurde.

Zum Begriff der „nahe stehenden Personen" gem. § 3 Abs. 2 AnfG vgl. die Ausführungen bei *Huber* AnfG § 3 Rdn. 39 ff.

3. Zur Vollstreckung und zur Rückgewähr eines anfechtbar geschenkten Wohn- und Nutzungsrechts vgl. zuletzt ausführlich BGH ZIP 1995, 1364. Auch die Einräumung eines Wohnrechts, einer Reallast oder eines Nießbrauchs stellt ein Zugriffshindernis dar, dessen Beseitigung von § 11 AnfG gestützt wird (vgl. BGH aaO. unter Hinweis auf BGH ZIP 1994, 218).

G. Insolvenzrecht

1. Antrag des Schuldners auf Eröffnung des Insolvenzverfahrens[1]

An das **(Ort, Datum)**
Amtgericht[2]
– Insolvenzgericht –

Als alleinvertretungsberechtigter Geschäftsführer[3] der A-Gesellschaft mit beschränkter Haftung[4] beantrage ich, über das Vermögen der Gesellschaft das Insolvenzverfahren zu eröffnen.
Die Gesellschaft betreibt seit …… in …… ein (Art des Unternehmens) unter der Firma A. Sie ist im Handelsregister des Amtsgerichts …… unter Nr. (Angabe der Registernummer) eingetragen. Aus der Eintragung im Handelsregister ergibt sich auch meine Legitimation zur Alleinvertretung der Schuldnerin.
Die Gesellschaft ist überschuldet. Auch mussten mangels flüssiger Mittel die Zahlungen am …… eingestellt werden. Da die Löhne und Gehälter seit 2 Monaten nicht mehr bezahlt werden konnten, ist mit Zustellungen von Zahlungsklagen der Arbeitnehmer durch das zuständige Arbeitsgericht in den nächsten Tagen zu rechnen[5].
Pfändungen liegen bis jetzt noch nicht vor. Ein Teil des Warenbestandes und der Geschäftseinrichtung ist frei von Rechten Dritter. Auch sind die Außenstände nicht abgetreten. Darüber hinaus ist aus der Verwertung des Geschäftsgrundstücks ein Überschuss nach Befriedigung der hierauf lastenden Grundschulden zu erwarten.
Zur Deckung der Kosten des Verfahrens sind somit ausreichende Vermögenswerte vorhanden[6].
Eine Vermögensübersicht sowie ein Verzeichnis der Gläubiger und Schuldner werden nachgereicht[7].

B
Geschäftsführer

Schrifttum: *Frege/Keller/Riedel,* Handbuch der Rechtspraxis, Bd. 3, Insolvenzrecht, 7. Aufl. 2008; *Gottwald,* Insolvenzrechts-Handbuch, 3. Aufl. 2006; Hamburger Kommentar zum Insolvenzrecht, 3. Aufl. 2009 (zit.: HambKomm/*Bearbeiter*); *Kreft*, Heidelberger Kommentar zur Insolvenzordnung, 5. Aufl. 2008; Kölner Schrift zur Insolvenzordnung, 3. Aufl. 2009; *Kübler/Prütting/Bork,* InsO Kommentar zur Insolvenzordnung; Münchener Kommentar zur Insolvenzordnung, Band 1, 2007, Band 2, 2008; *Uhlenbruck,* Insolvenzordnung, 13. Aufl. 2010; *Jaeger,* Insolvenzordnung, Band 1, 2004; Handbuch Fachanwalt Insolvenzrecht, 3. Auflage 2008; *Nerlich/Römermann*, Insolvenzordnung, Stand: 01/2009 (zit.: N/R/*Bearbeiter*).

Anmerkungen

1. Der Eröffnungsantrag ist seit der Änderung des § 13 Abs. 1 InsO durch das Insolvenzverfahrensvereinfachungsgesetz 2007 (m. W. v. 1. 7. 2007) beim Insolvenzgericht „schriftlich" einzureichen. Damit ist die frühere Möglichkeit einer Antragstellung zu Protokoll der Geschäftsstelle (§§ 496, 129 a ZPO) entfallen. Dies gilt auch für den Antrag auf Restschuldbefreiung einschließlich der Abtretungserklärung nach § 287 Abs. 1 InsO (MünchKommInsO/*Schmahl* § 13 Rdn. 94). Eine Einreichung per Telefax bleibt aber weiter zulässig (*Frege/Keller/Riedel* Rdn. 383), und zwar auch durch Computerfax (GemS OGB 5. 4. 00 – Gms-OGB 1/98, NJW 2000, 2340) oder per E-Mail, wenn die inhaltlichen Mindestanforderungen erfüllt sind (N/R/*Mönning* § 13 Rdn. 30). Sofern durch Rechtsverordnung (§ 13 Abs. 3 InsO) ein amtliches Antragsformular für die Antragstellung durch den Schuldner eingeführt wird, gilt dies nicht nur für den Eigenantrag natürlicher Personen, sondern für Schuldner jeder Rechtsform (MünchKommInsO/*Schmahl* § 13 Rdn. 96). Bislang ist dies aber nur für Verbraucherinsolvenzverfahren umgesetzt worden (Vordruck: www.bmj.bund.de/files/-/292/Vordrucke.doc).

Maßgebend für die Abgrenzung, ob ein Regel- oder Verbraucherinsolvenzverfahren einzuleiten ist und welche Antragsvoraussetzungen vorliegen müssen (§§ 304, 305 InsO), sind die tatsächlichen Verhältnisse des Schuldners im Zeitpunkt der Antragstellung (OLG Celle 24. 1. 02 – 2 W 4/02, NJW-RR 2002, 1135).

2. Die sachliche Zuständigkeit des Amtsgerichts ergibt sich aus § 2 InsO. Von dem Grundsatz der Konzentration auf ein Amtsgericht im Landgerichtsbezirk können durch die Landesregierungen Abweichungen festgelegt werden (§ 2 Abs. 2 InsO).

Die örtliche Zuständigkeit ergibt sich aus § 3 InsO. Der allgemeine Gerichtsstand wird durch die §§ 13 bis 19 ZPO bestimmt. Ergibt sich aus dem Wohnsitz des Schuldners eine andere örtliche Zuständigkeit als aus dessen selbständiger Tätigkeit, so geht letztere vor (§ 2 Abs. 1 Satz 2 InsO). Beim Mittelpunkt der Tätigkeit ist an die tatsächlichen Verhältnisse anzuknüpfen. Der Mittelpunkt der selbständigen wirtschaftlichen Tätigkeit liegt dort, von wo aus der wesentliche Teil der Geschäfte selbstständig getätigt wird (MünchKommInsO/*Ganter* § 3 Rdn. 10). Die Eintragung in das Handelsregister ist nicht maßgeblich, sondern stellt nur ein Indiz für das tatsächliche Geschäftszentrum dar.

Dem Richter ist gemäß § 18 Abs. 1 Nr. 1 RPflG das Verfahren bis zur Entscheidung über den Eröffnungsantrag unter Einschluss dieser Entscheidung und der Ernennung des Insolvenzverwalters/Treuhänders vorbehalten (*Frege/Keller/Riedel* Rdn. 202). Nach Eröffnung geht die funktionelle Zuständigkeit für die gerichtliche Durchführung des Insolvenzverfahrens auf den Rechtspfleger über (§ 3 Nr. 2e RPflG), soweit nicht ein allgemeiner gesetzlicher (§§ 4, 5, 18 Abs. 1 RPflG) oder richterlicher Vorbehalt (§ 18 Abs. 2 Nr. 1 RPflG) eingreift.

3. Der Antragsteller muss seine Legitimation darlegen und nachweisen. Es genügt die Bezugnahme auf die beim gleichen Gericht geführten Akten, so z. B. die Handelsregisterakten, aus denen sich die Vertretungsbefugnis ergibt. Ist der Insolvenzschuldner eine juristische Person oder eine Gesellschaft ohne Rechtspersönlichkeit, so ist gem. § 15 Abs. 1 InsO jedes Mitglied des Vertretungsorgans oder jeder persönlich haftende Gesellschafter antragsberechtigt. Wird der Antrag nicht von allen Mitgliedern des Vertretungsorgans (oder ihnen Gleichstehende) gestellt, bedarf es gem. § 15 Abs. 2 InsO der Glaubhaftmachung des Eröffnungsgrundes.

Mit Inkrafttreten des Gesetzes zur Modernisierung des GmbH-Rechts und zur Bekämpfung von Missbräuchen (MoMiG) wurden die bislang in den Einzelgesetzen gesellschaftrechtlich geregelten Antragspflichten durch Einfügung des neuen § 15 a InsO in das Insolvenzrecht verlagert. § 15 a InsO übernimmt nicht nur inhaltlich den alten § 64 Abs. 1 GmbHG und die darin geregelte Antragspflicht des Geschäftsführers, sondern verpflichtet im Fall der Führungslosigkeit einer Gesellschaft mit beschränkter Haftung auch jeden Gesellschafter, im Fall der Führungslosigkeit einer Aktiengesellschaft oder einer Genossenschaft auch jedes Mitglied des Aufsichtsrats zur Stellung des Insolvenzantrags (§ 15 a Abs. 3 InsO). Durch die gesamtschuldnerische Haftung (§ 128 S. 1 HGB) führt der Insolvenzantrag der KG automatisch zur Überschuldung, Zahlungsunfähigkeit oder drohenden Zahlungsunfähigkeit bei der Komplementärin und je nach Rechtsform zur Insolvenzantragspflicht.

Die Verpflichtung zur Stellung eines Eigenantrages entfällt nicht dadurch, dass bereits ein Fremdantrag bei Gericht vorliegt (BGH 5. 7. 56 – 3 StR 140/56, BB 1957, 273), und gilt unabhängig von der internen Geschäftsverteilung (BGH 1. 12. 03 – II ZR 216/01, NJW-RR 2004, 900).

4. Das Insolvenzverfahren setzt Insolvenzfähigkeit voraus, die sich weitgehend mit der passiven Parteifähigkeit deckt (*Frege/Keller/Riedel* Rdn. 286, 288) und von Amts wegen durch das Insolvenzgericht zu prüfen ist. Auch die BGB-Gesellschaft ist insolvenzfähig (§ 11 Abs. 2 Nr. 1 InsO) sowie rechts- und parteifähig (BGH 29. 1. 01 – II ZR 331/00, ZIP 2001, 330).

5. Sachliche Voraussetzung für die Eröffnung des Verfahrens ist ein Insolvenzgrund, nämlich Zahlungsunfähigkeit (§ 17 Abs. 1 InsO) und/oder – bei juristischen Personen, nicht aber bei natürlichen Personen – Überschuldung (§ 19 Abs. 1 InsO); zu Einzelheiten vgl. Form. III. F. 11 Anm. 9. Während das Vorliegen eines materiellen Insolvenzgrundes bei juristischen Personen die Antragspflicht auslöst (§ 15 a Abs. 1 InsO), besteht eine solche für natürliche Personen nicht; sie sind lediglich antragsberechtigt. Auch der Insolvenzgrund der drohenden Zahlungsunfähigkeit (§ 18 InsO) begründet keine Antragspflicht, sondern lediglich ein Antragsrecht des Schuldners, um frühzeitig unter den Schutz der InsO zu gelangen (§§ 21 Abs. 2 Nr. 3 und Nr. 5, 88, 112 InsO). Die drohende Zahlungsunfähigkeit hat auch Bedeutung für die strafrechtliche Verantwortlichkeit (§§ 283 Abs. 1, 283 d Abs. 1 Nr. 1 StGB).

Der Eröffnungsgrund braucht durch den Schuldner grundsätzlich nicht glaubhaft gemacht zu werden. Lediglich bei juristischen Personen und Gesellschaften ohne Rechtspersönlichkeit besteht eine Verpflichtung hierzu, wenn der Antrag nicht durch alle Mitglieder des Vertretungsorgans oder alle persönlich haftenden Gesellschafter gemeinsam gestellt wurde (§ 15 Abs. 2 InsO). Weitere Ausnahmen finden sich in den §§ 317 Abs. 2 S. 1 und 333 Abs. 2. S. 2 InsO.

Soweit eine Glaubhaftmachung gemäß § 294 ZPO erforderlich ist, genügt es, wenn der Schuldner einen Insolvenzgrund schlüssig behauptet (HK-*Kirchhof* § 13 Rdn. 20). Fehlt es an einem schlüssigen Vortrag, hat das Gericht auf die Mängel konkret hinzuweisen und eine Frist zur Behebung zu setzen (BGH 12. 12. 02 – IX ZB 426/02, ZIP 2003, 358, 359). Legt der Vortrag des Schuldners auch nach entsprechendem rechtlichen Hinweis des Gerichts den Eröffnungsgrund nicht in hinreichend substanziierter, nachvollziehbarer Form dar, wird der Eigenantrag im Insolvenzeröffnungsverfahren als unzulässig verworfen (LG Stendal 26. 6. 07 – 25 T 112/06, NZI 2008, 44).

Beim Eröffnungsantrag des Schuldners ist der behauptete Eröffnungsgrund substanziiert zu begründen (§§ 4, 16 InsO i. V. m. 253 Abs. 2 Nr. 2 ZPO). Wird der Antrag wegen drohender oder eingetretener Zahlungsunfähigkeit gestellt, ist die Liquiditätslage nachvollziehbar darzustellen. Wird der Antrag wegen Überschuldung gestellt, so ist eine aktuelle Vermögensübersicht unter Angabe der tatsächlichen Werte der einzelnen Bilanzpositionen vorzulegen.

Die Insolvenzeröffnung darf nur erfolgen (§ 27 InsO), wenn das Insolvenzgericht von der Richtigkeit der Schuldnerangaben überzeugt ist und diese den Eröffnungsgrund ergeben; sonst ist das Insolvenzgericht zu eigenen Ermittlungen (§ 5 Abs. 1 InsO) verpflichtet. Art und Umfang der Ermittlungen liegen im pflichtgemäßen Ermessen des Insolvenzgerichts (BGH 5. 11. 56 – III ZR 139/55, KTS 1957, 12, 13). Auch die Aufklärungsmittel wählt das Insolvenzgericht nach pflichtgemäßem Ermessen aus. Die Aufzählung in § 5 Abs. 1 S. 2 InsO („Zeugen und Sachverständige") erfolgt nur beispielhaft (*Prütting*, in: Kölner Schrift, 3. Aufl. 2009, S. 1, 16 Rdn. 47).

6. Der Hinweis auf die Massekostendeckung ist zweckmäßig, obgleich die Prüfung der Massekostendeckung zu den Amtspflichten des Insolvenzgerichts gehört (MünchKomm-InsO/*Haarmeyer* § 26 Rdn. 14). Sind die Kosten des Verfahrens i. S. v. § 54 InsO für die gesamte Dauer des Verfahrens nicht gedeckt, ist der Insolvenzantrag mangels Masse abzuweisen (§ 26 Abs. 1 S. 1 InsO). Bei Zweifeln am Bestand des schuldnerischen Vermögens fehlt es an der notwendigen Glaubhaftmachung, so dass auch in diesem Fall der

Antrag abzuweisen ist (BGH 5. 8. 02 – IX ZB 51/02, ZIP 2002, 1695, 1696). Ein mangels kostendeckender Masse abgewiesener Eröffnungsantrag hindert bei Glaubhaftmachung der Massekostendeckung einen neuerlichen Insolvenzeröffnungsantrag nicht (Uhlenbruck/*Hirte* § 26 Rdn. 43). Natürlichen Personen können die Kosten auf Antrag gestundet werden (§ 4a InsO), so dass eine Abweisung mangels Masse unterbleibt.

7. Der Schuldner ist weder verpflichtet, ein Gläubiger- und Schuldnerverzeichnis einzureichen noch eine Vermögensübersicht beizubringen. Die Erfüllung dieser Aufgaben obliegt nach Eröffnung des Insolvenzverfahrens dem Insolvenzverwalter (§§ 152, 153 InsO). Nach der Aufstellung der Vermögensübersicht kann auf Antrag des Verwalters oder eines Gläubigers dem Schuldner jedoch aufgegeben werden, die Vollständigkeit eidesstattlich zu versichern, § 153 Abs. 2 Satz 1 InsO.

2. Antrag eines Gläubigers auf Eröffnung des Insolvenzverfahrens[1]

An das **(Ort, Datum)**
Amtsgericht[2]
– Insolvenzgericht –

Abschrift anbei[3]

Antrag[4]

des A

– Antragsteller –

Verfahrensbevollmächtigte: ......

gegen

den B

– Antragsgegner –

wegen Insolvenzeröffnung

zeige ich an, dass der Antragsteller von mir anwaltlich vertreten wird[5].
In seinem Namen beantrage ich, über das Vermögen des B in ...... das Insolvenzverfahren zu eröffnen[6].

Begründung:

Der Antragsteller[7] hat eine titulierte Forderung in Höhe von EUR ...... aus rückständigem Arbeitsentgelt. Die Zwangsvollstreckung aus dem Urteil des Arbeitsgerichts ...... vom ...... – Az.: ...... – war fruchtlos. Ausweislich des Pfändungsprotokolls des Gerichtsvollziehers C ...... vom ...... sind Zwangsvollstreckungsmaßnahmen bei dem Antragsgegner in der letzten Zeit erfolglos gewesen[8]. Der Antragsgegner ist zahlungsunfähig[9].
Zur Glaubhaftmachung[10] sind beigefügt:

1. **Original der vollstreckbaren Ausfertigung des Urteils des Arbeitsgerichts ...... vom ...... – Az.: ......**
2. **Fruchtlosigkeitsbescheinigung des Gerichtsvollziehers C vom ......**

Ferner rege ich die Anordnung von Sicherungsmaßnahmen nach §§ 21, 22 InsO an[11].

Rechtsanwalt

Anmerkungen

1. Vgl. Form. III. G. 1 Anm. 1.

2. Vgl. Form. III. G. 1 Anm. 2.

3. Der Gläubiger hat seinem Antrag eine Abschrift sowie die Anlagen zum Antrag beizufügen, da der Antrag dem Schuldner zuzustellen ist (MünchKommInsO/*Schmahl* § 14 Rdn. 120). Sonst sind die Abschriften auf Kosten des Antragstellers von Amts wegen herzustellen.

4. Das Eröffnungsverfahren ist beim Gläubigerantrag eine besondere Art des streitigen Verfahrens (MünchKommInsO/*Schmahl* § 14 Rdn. 101). Gläubiger und Schuldner stehen sich ähnlich wie in einem Zivilprozess als Parteien eines Rechtsstreits gegenüber (BGH 11. 7. 61 – VI ZR 208/60, NJW 1961, 2016).

Ist der Eröffnungsgrund noch vor der Entscheidung über die Eröffnung des Insolvenzverfahrens weggefallen, insb. durch erfolgreiche Sanierungsbemühungen des Schuldners (z.B. Stundungsvereinbarungen mit den Gläubigern), ist eine Erledigungserklärung zulässig (MünchKommInsO/*Schmahl* § 16 Rdn. 42). Die Kosten sind dem Schuldner aufzuerlegen, wenn nach den bis zur Erledigungserklärung getroffenen Feststellungen der Eröffnungsantrag zulässig und begründet war (LG Bonn 8. 1. 01 – 2 T 58/00, ZIP 2001, 343, 345; HK-*Kirchhof* § 14 Rdn. 53).

5. Die Bevollmächtigung ist durch eine schriftliche Vollmacht nachzuweisen, die sich ausdrücklich auf die Insolvenzantragstellung beziehen muss (§ 80 Abs. 1 ZPO). Bei der Vertretung durch einen Rechtsanwalt gilt § 88 Abs. 2 ZPO. Ein vollmachtloser Vertreter kann einstweilen zugelassen werden (§ 89 ZPO; Uhlenbruck/*Sinz* § 176 Rdn. 8, 25).

6. Vgl. Form. III. G. 1 Anm. 4.

7. Antragsberechtigt sind Insolvenzgläubiger, zu denen auch öffentlich-rechtliche Gläubiger zählen (MünchKommInsO/*Schmahl* § 14 Rdn. 71), nicht dagegen aussonderungsberechtigte Gläubiger, da ihre Befriedigung außerhalb des Insolvenzverfahrens erfolgt (§ 47 InsO). Dem Antrag eines absonderungsberechtigten Gläubigers (§ 49 ff. InsO) kann ausnahmsweise das Rechtsschutzinteresse fehlen, wenn er über werthaltige Sicherheiten verfügt und keinen Ausfall zu erwarten hat.

Auch der Arbeitnehmer ist wegen seiner rückständigen Arbeitsentgeltansprüche insolvenzantragsberechtigt, obgleich diese Ansprüche für die letzten drei Monate vor Insolvenzeröffnung über Insolvenzgeld gesichert sind, da diese Ansprüche auf die Bundesanstalt für Arbeit erst mit Stellung des Antrags auf Insolvenzgeld übergehen (§ 187 SGB III).

8. § 14 Abs. 1 InsO fordert bei einem Gläubigerantrag – neben dem Rechtschutzinteresse – eine doppelte Glaubhaftmachung, nämlich zum einen der Forderung und zum anderen des Eröffnungsgrundes (s. u. Anm. 9). Die Forderung ist glaubhaft gemacht, wenn Tatsachen vorgetragen werden, aus denen sich die überwiegende Wahrscheinlichkeit für das Bestehen ergibt. Das Vorhandensein eines vollstreckbaren Titels ist nicht zwingend erforderlich (HK-*Kirchhof* § 14 Rdn. 14). Liegt der Forderung des Gläubigers ein vollstreckbarer Titel zugrunde, ist Rechtsgrund der Forderung der Titel (BGH 9. 3. 90 – V ZR 260/88, BGHZ 110, 319, 322); in diesem Fall sind Einwendungen des Schuldners gegen die Forderung für die Zulässigkeit des Eröffnungsantrags nur erheblich, wenn hierdurch die Vollstreckbarkeit des Titels entfällt. Erforderlich ist eine Entscheidung des zuständigen Prozessgerichts, durch welche die Zwangsvollstreckung aus dem Titel einstweilen eingestellt wird. Materiellrechtliche Einwendungen gegenüber einem vollstreckbaren Titel sind unbeachtlich (MünchKommInsO/*Schmahl* § 14 Rdn. 24). Die Glaubhaftmachung der Forderung ist nicht ausreichend, wenn die geltend gemachte Forderung des Gläubigers vom Schuldner bestritten wird und das Vorliegen des Insolvenzgrundes aber vom Bestehen der Gläubigerforderung abhängt; in diesem Fall muss der Gläubiger für das Bestehen seiner Forderung Vollbeweis erbringen; bloße Glaubhaftmachung genügt hier nicht. Kann der Gläubiger das Insolvenzgericht vom Bestehen der Forderung nicht überzeugen, ist der Insolvenzantrag unzulässig (BGH 14. 12. 05 – IX ZB 207/04, ZIP 2006, 247).

Dem Insolvenzgläubiger kann ausnahmsweise das Rechtsschutzinteresse an der Verfahrenseröffnung fehlen, nämlich wenn er mit dem Antrag insolvenzfremde Zwecke verfolgt (MünchKommInsO/*Schmahl* § 14 Rdn. 50), eine vorherige Einzelzwangsvollstreckung unterlassen wurde oder der Gläubiger über ausreichende Sicherheiten verfügt und er seine Forderung auf einfachere, schnellere und zweckmäßigere Weise durchsetzen kann. Nachrangige Insolvenzgläubiger (§ 39 InsO) haben wegen § 174 Abs. 3 InsO ein Rechtschutzinteresse nur bei absehbarer Befriedigungsaussicht (HK-*Kirchhof* § 14 Rdn. 26; aA. MünchKommInsO/*Schmahl* § 14 Rdn. 48). Wird der Insolvenzantrag als Druckmittel eingesetzt, fehlt gleichfalls das Rechtsschutzinteresse (HK-*Kirchhof* § 14 Rdn. 29). Das Rechtsschutzbedürfnis für einen Gläubigerantrag ist von der Höhe der Forderung unabhängig (Uhlenbruck/*Uhlenbruck* § 14 Rdn. 7). Die Eröffnung des Insolvenzverfahrens kann auch wegen einer geringfügigen Forderung beantragt werden (BGH 20. 3. 86 – III ZR 55/85, NJW-RR 1986, 1188).

9. Der Gläubiger hat außerdem das Vorliegen des Insolvenzgrundes glaubhaft zu machen (§ 14 Abs. 1 InsO), hier die Zahlungsunfähigkeit. Von ihm ist insoweit darzulegen, dass der Schuldner – überwiegend wahrscheinlich – außerstande ist, innerhalb von drei Wochen mindestens 90% seiner fälligen Gesamtverbindlichkeiten zu tilgen, d.h. die Liquiditätslücke wenigstens 10% beträgt (BGH 24. 5. 05 – IX ZR 123/04, ZInsO 2005, 807f.). Der Eintritt der Überschuldung kann vom Gläubiger wegen seines internen Charakters nur schwer glaubhaft gemacht werden; meist ist dies nur Banken, Finanzämtern oder Sozialversicherungsträgern möglich (BGH 8. 12. 05 – IX ZB 38/05, NZI 2006, 172; BGH 5. 2. 04 – IX ZB 29/03, NZI 2004, 587). Befindet sich der Schuldner mit fälligen Gesamtsozialversicherungsbeiträgen von mehr als sechs Monaten im Rückstand, hat der Gläubiger in der Regel den Insolvenzgrund der Zahlungsunfähigkeit glaubhaft gemacht (BGH 13. 6. 06 – IX ZB 238/05, NJW-RR 2006, 1422). Hinzu kommt, dass befristet bis zum 31. 12. 2010 – und unabhängig von der Bewertung des Vermögens – eine Überschuldung nicht vorliegt, wenn eine Fortführung des Unternehmens nach den Umständen überwiegend wahrscheinlich ist; danach gilt – vorbehaltlich einer Verlängerung der Ausnahmevorschrift – wieder die alte Fassung des § 19 Abs. 2 InsO (Art. 5, 7 Abs. 2 FMStG).

10. Der Gläubiger kann sich zur Glaubhaftmachung aller präsenten Beweismittel (§ 4 InsO i.V.m. § 294 Abs. 2 ZPO) oder einer entsprechenden eidesstattlichen Versicherung bedienen. Die eidesstattliche Versicherung muss die Wahrnehmungen des Erklärenden im Einzelnen wiedergeben; eine Bezugnahme auf die Ausführungen in der Antragsschrift ist nicht zulässig (BGH 13. 1. 88 – IVa ZB 13/87, NJW 1988, 2045). Ebenso ist eine Bezugnahme auf andere Schriftstücke unzulässig. Die Zahlungsunfähigkeit wird u.a. durch das Protokoll eines Gerichtsvollziehers über einen erfolglosen Zwangsvollstreckungsversuch, aus dem sich ergibt, dass der Schuldner pfändbare bewegliche Sachen nicht besitzt oder die entsprechende Fruchtlosigkeitsbescheinigung, glaubhaft gemacht. Bei selbstständig tätigen natürlichen Personen als Schuldner ist darauf zu achten, dass der Zwangsvollstreckungsversuch sowohl am Privatwohnsitz als auch am Betriebssitz erfolgt ist (MünchKommInsO/*Schmahl* § 14 Rdn. 33). Der Beweiswert ist von dem zeitlichen Abstand zwischen dem Zwangsvollstreckungsversuch und dem Insolvenzeröffnungsantrag abhängig.

11. Der Anregung zur Anordnung von Sicherungsmaßnahmen nach §§ 21, 22 InsO bedarf es grundsätzlich nicht, da bei einem zulässigen Insolvenzantrag das Insolvenzgericht alle Maßnahmen zu treffen hat, die erforderlich erscheinen, um bis zur Entscheidung über den Antrag eine den Gläubigern nachteilige Veränderung in der Vermögenslage des Schuldners zu verhüten, § 21 InsO (MünchKommInsO/*Haarmeyer* § 21 Rdn. 19). Das Gericht prüft nicht nur die Frage, ob Sicherungsmaßnahmen erforderlich sind, sondern auch welche Sicherungsmaßnahmen zur Vermögenssicherung notwendig sind. Das Gesetz hat die wichtigsten Mittel der Massesicherung in § 21 Abs. 2 InsO beispielhaft – also nicht abschließend – aufgezählt.

3. Antrag eines Schuldners auf Zurückweisung des Gläubigerantrags[1]

An das **(Ort, Datum)**
Amtsgericht[2]
– Insolvenzgericht –

In dem Insolvenzeröffnungsverfahren

über das Vermögen des A

Az.: ……

zeige ich an, dass der Insolvenzschuldner von mir anwaltlich vertreten wird[3]. In seinem Namen beantrage ich[4],

> **den Insolvenzantrag der B GmbH vom ……, eingegangen bei Gericht am ……, zurückzuweisen.**

Begründung:

Die Antragstellerin ist im Übermaß dinglich gesichert. Es fehlt erkennbar das erforderliche Rechtsschutzbedürfnis und somit eine allgemeine Zulässigkeitsvoraussetzung[5].
Zur Glaubhaftmachung[6] wird überreicht:

- **Vorlage des Grundschuldbriefs vom .....**
- **Saldenbestätigung der Gläubigerin vom …… zum Nachweis der aktuellen Valuta**

Rechtsanwalt

Anmerkungen

1. Der Schuldner ist zu einem zulässigen Insolvenzantrag des Gläubigers zu hören, § 14 Abs. 2 InsO. Von einer Anhörung kann lediglich unter den Voraussetzungen des § 10 Abs. 1 InsO abgesehen werden, etwa wenn sich der Schuldner im Ausland aufhält. § 10 Abs. 1 InsO gilt bei juristischen Personen entsprechend für die Anhörung von Personen, die zur Vertretung des Schuldners berechtigt oder an ihm beteiligt sind. Im Rahmen der Anhörung kann der Schuldner die Glaubhaftmachung der Forderung bzw. des Insolvenzgrunds durch den Gläubiger durch Gegenglaubhaftmachung erschüttern. Das Gericht hat zu prüfen, ob aufgrund der Gegenglaubhaftmachung die – vom Gläubiger glaubhaft gemachte – Forderung bzw. der Insolvenzgrund infrage gestellt sind, d. h. ihr Vorliegen nicht mehr überwiegend wahrscheinlich ist. Gelingt es dem Schuldner, die Überzeugungskraft der Glaubhaftmachung des Gläubigers zu erschüttern, wird dessen Insolvenzantrag unzulässig (LG Göttingen 7. 9. 04 – 10 T 99/04, ZVI 2005, 78).

2. Vgl. Form. III. G. 1 Anm. 2.

3. Vgl. Form. III. G. 2 Anm. 5.

4. Äußert sich der Schuldner auf den Insolvenzantrag nicht, gilt sein Schweigen nach h. M. als Bestreiten des Insolvenzgrundes (Gottwald/*Uhlenbruck* § 13 Rdn. 4).

5. Das Bestreiten allgemeiner Zulässigkeitsvoraussetzungen stellt nur einen der möglichen Einwände gegen den Insolvenzantrag dar. In Betracht kommen neben einem fehlenden Rechtsschutzbedürfnis (vgl. hierzu Form. III. G. 2 Anm. 8) die Unzuständigkeit des angerufenen Insolvenzgerichts (vgl. hierzu Form. III. G. 1 Anm. 2) oder eine mangelnde Prozessfähigkeit (FA-InsR/*Hefermehl*, Kap. 1, Rdn. 18). Im Wege der Amtsermittlung hat das Insolvenzgericht gem. § 5 Abs. 1 InsO die Richtigkeit des Vorbringens nachzuprüfen (Uhlenbruck/*Uhlenbruck* § 14 Rdn. 90). Gleiches gilt auch für den Fall, dass der Schuldner den Insolvenzgrund (Zahlungsunfähigkeit und/oder Überschuldung, vgl. Form. III. G. 2 Anm. 9) bestreitet. Beweisaufnahmen müssen hier wegen der Eilbedürftigkeit des Eröffnungsverfahrens nicht durchgeführt werden (OLG Düsseldorf 8. 2. 95 – 3 W 615/94, NJW-RR 1996, 32). Bestreitet der Schuldner die Forderung, ist zwischen solchen, die rechtskräftig tituliert sind, und solchen, für die kein oder kein rechtskräftiger Titel vorliegt, zu unterscheiden. Die Gegenglaubhaftmachung bei titulierten Forderungen ist jedoch meist nicht möglich (hierzu Gottwald/*Uhlenbruck* § 13 Rdn. 5 f.).

6. Zugelassen sind alle präsenten Beweismittel i. S. d. § 294 Abs. 1 ZPO oder eine entsprechende eidesstattliche Versicherung (vgl. Form. III. G. 2 Anm. 10)

4. Erledigungserklärung des Gläubigers mit Kostenantrag[1]

An das **(Ort, Datum)**
Amtsgericht
– Insolvenzgericht –[2]
Az.: . . . . . .

In dem o. g. Insolvenzeröffnungsverfahren wird der antragstellende Insolvenzgläubiger[3] B von mir anwaltlich[4] vertreten.

Namens und kraft Vollmacht erkläre ich die Hauptsache für erledigt[5] und beantrage,

die Kosten des Verfahrens dem Schuldner aufzuerlegen[6].

Begründung:

Der Schuldner[7] hat die dem Antrag zugrunde liegende Forderung nach Rechtshängigkeit des Insolvenzeröffnungsantrages beglichen[8].
Durch die Nichtzahlung trotz Fälligkeit und Anmahnung durch den Unterzeichner hat der Schuldner dem Antragsteller Anlass gegeben, die Eröffnung des Insolvenzverfahrens zu beantragen. Da der Antrag bis zum Ausgleich zulässig und begründet war, sind dem Schuldner die Kosten aufzuerlegen.
Rechtsanwalt

Anmerkungen

1. Nicht selten versucht der Schuldner, durch Begleichung der offenen Forderung im Rahmen des Insolvenzeröffnungsverfahrens den Antrag des Gläubigers abzuwenden. Dadurch wird ein ursprünglich zulässiger Insolvenzantrag durch ein nach Rechtshängigkeit eingetretenes Ereignis unzulässig. Erklärt der Antragsteller die Hauptsache für erledigt, hat das Gericht auf seinen Antrag hin entsprechend § 4 InsO, § 91 a ZPO über die

Kosten nach dem gegenwärtigen Stand des Verfahrens zu entscheiden. Eine Erledigung ist nur bis zur Eröffnung des Insolvenzverfahrens möglich (Kübler/Prütting/Bork/*Pape* § 13 Rdn. 125 ff.). Die für den Zivilprozess zur Erledigungserklärung entwickelten Grundsätze gelten – teilweise in modifizierter Form – entsprechend auch im Insolvenzverfahren (MünchKommInsO/*Schmahl* § 13 Rdn. 111 ff.).

2. Vgl. Form. III. G. 1 Anm. 2.

3. Nach herrschender Meinung kann der antragstellende Gläubiger zu jedem Zeitpunkt im Insolvenzeröffnungsverfahren die Hauptsache i. S. d. § 91 a ZPO für erledigt erklären (OLG Köln ZInsO 2002, 138; Uhlenbruck/*Uhlenbruck* § 14 Rdn. 84). Gibt der Antragsteller hingegen keine Erklärung ab, ist der Insolvenzantrag als unzulässig zurückzuweisen, da es sowohl an einer Gläubigerstellung (Antragsberechtigung) als auch an einem Rechtsschutzbedürfnis für die Durchführung des Insolvenzverfahrens fehlt (Gottwald/*Pape* § 10 Rdn. 8).

4. Vgl. Form. III. G. 2 Anm. 5.

5. Nach wie vor streitig zwischen den Gerichten ist die Frage, ob die einseitige Erledigungserklärung des Gläubigers ausreicht (so OLG Köln 28. 12. 01 – 2 W 233/01, 2 W 236/01, NZI 2001, 319) oder ob im Eröffnungsverfahren als „quasi-kontradiktorisches" Verfahren der Antragsgegner der Erledigung zustimmen muss, andernfalls eine Sachentscheidung ergehen müsse (so LG Düsseldorf 10. 1. 85 – 25 T 901/84, KTS 1985, 359). Jedenfalls in den Fällen, in denen der Antrag bis zum Eintritt des erledigenden Ereignisses zulässig war, reicht die einseitige Erklärungserklärung verbunden mit dem Kostenantrag aus (BGH 11. 11. 04 – IX ZB 258/03, NZI 2005, 108; OLG Köln 28. 3. 01 – 2 W 39/01, ZInsO 2001, 421 f.; Uhlenbruck/*Uhlenbruck* § 13 Rdn. 8; Jaeger/*Gerhardt* § 13 Rdn. 49).

6. Für die Kostenentscheidung ist maßgeblich der Sach- und Streitstand des Eröffnungsverfahrens zum Zeitpunkt der Erledigungserklärung des Antragstellers. Die Kosten sind in der Regel dem Schuldner in einem Beschluss nach § 91 a ZPO aufzuerlegen, wenn der Gläubiger nach Befriedigung seiner Forderung wegen Bezahlung im Eröffnungsverfahren eine Erledigungserklärung abgibt (Uhlenbruck/*Uhlenbruck* § 14 Rdn. 86). Der Antragsteller bleibt allerdings nach § 23 Abs. 1 S. 1 GKG Zweitschuldner und wird bei erfolgloser Vollstreckung gegen den Schuldner in die Haftung genommen (Kübler/Prütting/Bork/*Pape* § 13 Rdn. 131 a). Erscheint der Insolvenzantrag oder die Erledigungserklärung rechtsmissbräuchlich, so wird das Gericht die Kosten des Verfahrens dem Antragsteller auferlegen (Kübler/Prütting/Bork/*Pape* § 13 Rdn. 128 ff.). Auch trägt der Antragsteller die Kosten, wenn der Insolvenzantrag im Zeitpunkt des erledigenden Ereignisses bereits unzulässig war (MünchKommInsO/*Schmahl* § 13 Rdn. 138).

Die Kosten eines nach § 21 Abs. 2 Nr. 1 InsO vom Gericht eingesetzten vorläufigen Insolvenzverwalters gehören nicht zu den gerichtlichen Kosten und Auslagen (BGH 26. 1. 06 – IX ZB 231/04, NZI 2006, 239; Uhlenbruck/*Sinz* § 54 Rdn. 6).

7. Dem Schuldner ist schon im Hinblick auf die zu treffende Kostenentscheidung stets die Möglichkeit der Stellungnahme zu einer Erledigungserklärung des Antragstellers zu gewähren (*Vallender*, in: Kölner Schrift, 3. Aufl. 2009, S. 115, 135 Rdn. 63). Das Schweigen des Schuldners kann nicht als Zustimmung ausgelegt werden, so dass in solchen Fällen stets von einer einseitigen Erledigungserklärung auszugehen ist (HK-*Kirchhof* § 14 Rdn. 53).

8. Die Zahlung der dem Insolvenzantrag zugrunde liegenden Forderung einschließlich Kosten und Zinsen ist der häufigste Fall der Erledigung. Als weitere erledigende Ereignisse kommen eine Zahlungsvereinbarung, der nachträgliche Wegfall des Eröffnungsgrundes, die nach Antragstellung gewonnene Erkenntnis, dass nicht einmal eine kostendeckende Insolvenzmasse vorhanden ist, oder die prozessuale Überholung durch Verfahrenseröffnung auf Grund eines anderen Antrags in Betracht (MünchKommInsO/*Schmahl* § 13 Rdn. 131).

5. Geltendmachung eines verlängerten Eigentumsvorbehalts nebst Auskunftsanspruch

Herrn (Ort, Datum)
Rechtsanwalt/ Insolvenzverwalter[1] ......
......

Betr.: Insolvenzverfahren über das Vermögen der XY GmbH
Hier: Aussonderungsanspruch des Gläubigers G

Sehr geehrter Herr Kollege,

in dem vorbezeichneten Insolvenzverfahren zeige ich an, dass der oben genannte Gläubiger durch mich anwaltlich vertreten wird. Eine auf mich lautende Vollmacht füge ich als Anlage bei.

Dieser Gläubiger hat am ...... an den Schuldner ...... unter verlängertem Eigentumsvorbehalt[2] geliefert. Die Rechnung und den Lieferschein füge ich in der Anlage zu Ihrer Kenntnis in Kopie bei. Bisher ist der Kaufpreis noch nicht vollständig gezahlt worden. Ich fordere Sie daher auf,

1. Auskunft[3] darüber zu erteilen,
   - wann welche der o.g. Gegenstände bereits vor Eröffnung[4] des Insolvenzverfahrens durch die Schuldnerin veräußert wurden,
   - welche der o.g. Gegenstände nach Eröffnung[5] des Insolvenzverfahrens an Dritte eräußert wurden,
   - zu welchen Konditionen die Veräußerung erfolgte,
   - ob und gegebenenfalls in welcher Höhe der Kaufpreisanspruch[6] durch die Schuldnerin oder durch die Insolvenzverwaltung bereits realisiert wurde,
   - ob die vereinnahmte Gegenleistung noch unterscheidbar[7] in der Insolvenzmasse vorhanden ist, und,
   - soweit die Gegenleistung noch nicht vollständig realisiert wurde, in welcher Höhe der noch offene Anspruch besteht nebst Namen und Anschrift des Anspruchsgegners;
2. aufgrund der Dringlichkeit der Angelegenheit die angeforderten Auskünfte bis spätestens zum ...... zu erteilen;
3. den oben bezeichneten Gegenstand, soweit in Ihrem Besitz oder dem der Insolvenzschuldnerin, bis zum ...... herauszugeben[8].

Rechtsanwalt

Anmerkungen

1. Bei einem konkreten Aussonderungsverlangen ist der Insolvenzverwalter verpflichtet, über die herausverlangten Gegenstände Auskunft zu erteilen (Kübler/Prütting/Bork/*Prütting* § 47 Rdn. 83).

2. Hierunter ist eine Erstreckung der Sicherung des Verkäufers auf künftige Vermögenswerte zu verstehen, die an die Stelle der unter Eigentumsvorbehalt verkauften Sache treten (Gottwald/*Gottwald* § 43 Rdn. 28). Beim verlängerten Eigentumsvorbehalt besteht, solange das Vorbehaltsgut unverändert vorhanden ist (solange also noch keine Verarbeitung, Vermischung etc. stattgefunden hat), ein Aussonderungsrecht des Verkäufers, da die Sachlage sich insoweit noch nicht von der beim einfachen Eigentumsvorbe-

halt unterscheidet (*Braun/Bäuerle* § 47 Rdn. 32). Nach der Verarbeitung stellt sich die Sachlage zumindest in ähnlicher Weise dar wie im Falle der Sicherungszession, die nur ein Absonderungsrecht nach § 51 Ziff. 1 begründet (MünchKommInsO/*Ganter* vor §§ 49–52 Rdn. 16; *Braun/Bäuerle* § 47 Rdn. 32).

3. Der Auskunftsanspruch leitet sich aus § 242 BGB her. Der Insolvenzverwalter schuldet keine Auskunft über Tatsachen, die der Anspruchsteller selbst kennt oder kennen muss. Ein Vorbehaltsverkäufer kann deshalb nicht Auskunft darüber verlangen, welche Waren er unter Eigentumsvorbehalt an den Schuldner geliefert hat (Jaeger/*Henckel* § 47 Rdn. 160; Uhlenbruck/*Brinkmann* § 47 Rdn. 102 f.). Verlangen kann er aber Auskünfte darüber, welche von den unter Eigentumsvorbehalt gelieferten Waren noch vorhanden sind. Der Umfang der Auskunftspflicht bemisst sich nach der Zumutbarkeit. Es muss eine sinnvolle Relation zwischen Arbeits- und Zeitaufwand auf Seiten des Insolvenzverwalters und dem schutzwürdigen Interesse auf Seiten des Anspruchstellers bestehen (MünchKommInsO/*Ganter* § 47 Rdn. 461). Zugunsten des Insolvenzverwalters muss berücksichtigt werden, dass er im Interesse aller Insolvenzbeteiligten das Verfahren zügig abzuwickeln hat (Gottwald/*Gottwald* § 40 Rdn. 99).

4. Hat der Schuldner vor Eröffnung des Insolvenzverfahrens über einen individuell bestimmten Gegenstand, der ansonsten hätte ausgesondert werden können, unberechtigt verfügt, hat der Gläubiger einen Ersatzaussonderungsanspruch (*Braun/Uhlenbruck* § 14 Rdn. 103). Unberechtigt ist die Veräußerung dann, wenn die Weiterveräußerung oder -verarbeitung nicht mehr im Rahmen eines ordnungsgemäßen Geschäftsgangs erfolgt oder die Ermächtigung widerrufen ist (BGH 16. 3. 77 – VIII ZR 215/75, BGHZ 68, 199, 201).

5. Die Verfügung über einen Aussonderungsgegenstand durch den Insolvenzverwalter nach Eröffnung des Insolvenzverfahrens ist stets unberechtigt, da die Ermächtigung zur Verarbeitung mit Insolvenzeröffnung automatisch erlischt (MünchKommInsO/*Ganter* § 48 Rdn. 30).

6. Steht die Gegenleistung noch aus, kann der Aussonderungsberechtigte gem. § 48 Satz 1 InsO die Abtretung des entsprechenden Anspruches verlangen. Kann die Abtretung des Anspruches nicht (mehr) erfolgen, beschränkt sich die Ersatzaussonderung auf den zur Masse erlangten Erlös (BGH 27. 5. 71 – VII ZR 85/69, NJW 1971, 1750). Geldzahlungen sind nur dann noch unterscheidbar in der Masse vorhanden, wenn das Geld gesondert verwahrt wurde, sich auf einem Sonderkonto befindet oder noch ein dem Ersatzaussonderungsrecht entsprechendes Guthaben vorhanden ist (Bodensatztheorie, BGH 11. 3. 99 – IX ZR 164/98, ZIP 1999, 626, 628).

7. Ist die Gegenleistung nicht mehr unterscheidbar vorhanden, kommen nur noch Bereicherungs- (§ 55 Abs. 1 Nr. 3 InsO; BGH 3. 2. 82 – VIII ZR 316/80, ZIP 1982, 447) und Schadensersatzansprüche (§§ 60 InsO, 823 Abs. 1 BGB) gegen den Verwalter in Betracht.

8. Aussonderungsberechtigte Gläubiger haben einen Anspruch auf Herausgabe des Gegenstandes, den sie gemäß § 47 Satz 2 InsO außerhalb des Insolvenzverfahrens geltend machen können. Soweit ein Aussonderungsrecht besteht, hat der Insolvenzverwalter die Sache an den Gläubiger herauszugeben (MünchKommInsO/*Ganter* § 47 Rdn. 463).

6. Anmeldung einer Insolvenzforderung zur Insolvenztabelle[1]

Herrn **(Ort, Datum)**
Rechtsanwalt /Insolvenzverwalter ......[2]
......

Betr: Insolvenzverfahren über das Vermögen des Herrn ......
AG ......, Az. ......
Hier: Forderungsanmeldung der A GmbH

Sehr geehrter Herr Kollege,

in dem vorbezeichneten Insolvenzverfahren zeige ich an, dass die Firma A GmbH als Insolvenzgläubigerin[3] von mir anwaltlich vertreten wird. Eine auf mich lautende Vollmacht füge ich als Anlage bei[4].
Namens und in Vollmacht meiner Mandantin melde ich folgende Forderungen[5] zur Insolvenztabelle[6] an:

I. erste Hauptforderung im Rang des § 38 InsO

1. Forderung[7] aus Warenlieferung gemäß Rechnung vom	**...... EUR**
davon Forderung aus vorsätzlich begangener unerlaubter Handlung[8] (Begründung siehe Anlage)	**...... EUR**
2. Kosten[9], die vor Eröffnung des Verfahrens entstanden sind	**...... EUR**
3. Aufgelaufene Zinsen[10] gemäß beigefügter Aufstellung	**...... EUR**
insgesamt	**...... EUR**

II. zweite Hauptforderung im Rang des § 38 InsO[11]
1. ......
2. ......
3. ......

III. Abgesonderte Befriedigung
Abgesonderte Befriedigung unter gleichzeitiger Anmeldung des Ausfalls wird beansprucht[12].

Abschriften der Lieferscheine und Rechnungen sind beigefügt[13]. Weiter füge ich Fotokopie des Urteils des LG ...... vom ...... AZ. ...... bei[14].
Nach Abhaltung des allgemeinen Prüfungstermins bitte ich um Übersendung einer Bestätigung[15], dass die angemeldete Forderung in voller Höhe anerkannt wurde.
Mit freundlichen kollegialen Grüßen

Rechtsanwalt

Anmerkungen

1. Der Insolvenzeröffnungsbeschluss (§ 27 InsO) wird neben der öffentlichen Bekanntmachung (§§ 30 Abs. 1, 9 Abs. 1 InsO) den bekannten Gläubigern und Drittschuldnern durch Aufgabe zur Post (§§ 8 Abs. 1 S. 1, 30 Abs. 2 InsO) zugestellt. In der Regel übertragen die Insolvenzgerichte dessen Zustellung nebst Aufforderung zur Forderungsanmeldung (§ 28 Abs. 1 S. 1 InsO) dem Insolvenzverwalter (§ 8 Abs. 3 InsO). Für die Forderungsanmeldung besteht kein Formularzwang (BGH 22. 1. 09 – IX ZR 3/08, ZIP 2009, 483–485 Rdn. 19). Es hat sich aber bewährt, das Formblatt zur Forderungsanmeldung in zweifacher Ausfertigung zu verwenden.

Die Anmeldung hat schriftlich in deutscher Sprache zu erfolgen. Nach Art. 39 EuInsVO kann jeder Gläubiger, der seinen gewöhnlichen Aufenthalt, Wohnsitz oder Sitz in einem anderen Mitgliedsstaat der europäischen Union – mit Ausnahme Dänemarks – hat, seine Forderung in einer der Amtssprachen der europäischen Union oder in der Amtssprache des Staates der Verfahrenseröffnung anmelden (Art. 42 Abs. 2 S. 1 EuInsVO). Die Forderungsanmeldung muss die Überschrift „Anmeldung einer Forderung" in der Amtssprache des Eröffnungsstaates tragen (Art. 42 Abs. 2 S. 2 EuInsVO). Von dem anmeldenden Gläubiger kann jedoch eine Übersetzung der Anmeldung in die Amtssprache oder eine der Amtssprachen des Staates der Verfahrenseröffnung verlangt werden (Art. 42 Abs. 2 S. 3 EuInsVO).

Die nach den Vorschriften des § 174 InsO vorgenommene Anmeldung hemmt die Verjährung (§ 204 Abs. 1 Nr. 10 BGB). Wegen der verjährungshemmenden Wirkung muss der Insolvenzverwalter dafür Sorge tragen, dass die tägliche Eingangspost auf Anmeldungen zur Tabelle überprüft und mit einem Eingangsstempel versehen wird (Uhlenbruck/*Sinz* § 174 Rdn. 15).

Die im Eröffnungsbeschluss bestimmte Anmeldefrist (§ 28 Abs. 1 S. 1 InsO) ist keine Ausschlussfrist. Wegen der Behandlung nachträglicher Anmeldungen s. § 177 InsO.

2. Insolvenzgläubiger, die an dem Insolvenzverfahren teilnehmen wollen, müssen ihre Forderungen bei dem Insolvenzverwalter (§ 174 Abs. 1 S. 1 InsO), nicht beim Insolvenzgericht, anmelden. Bei Eigenverwaltung ist die Anmeldung beim Sachwalter (§§ 175 Abs. 1 S. 1, 270 Abs. 3 S. 1 u. 2 InsO) und im vereinfachten Verbraucherinsolvenzverfahren beim Treuhänder (§§ 175 Abs. 1 S. 1, 313 Abs. 1 S. 1 InsO) vorzunehmen. Wer sich am Verfahren nicht beteiligt, nimmt zwar an der Verteilung nicht teil, unterliegt aber dennoch dessen Rechtswirkungen (BGH 24. 10. 78 – VI ZR 67/77, NJW 1979, 162), insb. dem Vollstreckungsverbot der §§ 89, 294 Abs. 1 InsO und der Restschuldbefreiung (§ 301 Abs. 1 S. 2 InsO). Dies gilt auch für nachrangige Insolvenzgläubiger (§ 39 InsO) und wegen des Universalitätsprinzips auch für das Auslandsvermögen (BGH 13. 7. 83 – VIII ZR 246/82, BGHZ 88, 147). Lediglich Neugläubiger sind davon nicht betroffen.

3. Dem Begriff „Insolvenzgläubiger" entspricht der Begriff „Insolvenzforderung". Neben den zur Zeit der Eröffnung des Insolvenzverfahrens begründeten Vermögensansprüchen gegen den Schuldner (eingehend: Uhlenbruck/*Sinz* § 38 Rdn. 26 ff.) sind Insolvenzforderungen auch solche Ansprüche, die erst in Folge der Insolvenzeröffnung entstehen (§ 103 Abs. 2 S. 1, § 104 Abs. 3 S. 2, § 105 S. 1, § 108 Abs. 2, § 109 Abs. 1 S. 2, § 113 Abs. 1 S. 3 InsO).

4. Vgl. Form. III. G. 2 Anm. 5. Die Vollmacht muss sich ausdrücklich auf Insolvenzsachen erstrecken.

5. Die Anmeldung hat gem. § 174 InsO zu enthalten:

a) Betrag der Forderung getrennt nach Hauptforderung, Kosten und Zinsen bis einen Tag vor Insolvenzeröffnung. Mehrere selbständige Forderungen sind getrennt aufzuführen.
b) Genaue Bezeichnung des Schuldgrundes (z. B. Mietzins für Zeitraum vom ...... bis ......, betreffend das Objekt ......), und zwar die der Forderung zugrunde liegenden Lebenssachverhalte, ohne dass es einer rechtlichen Würdigung bedarf. Bei Anmeldung der Ansprüche aus Kontokorrent ist das Kontokorrentverhältnis der Schuldgrund, so dass die Anmeldung des Saldos genügt.
c) Die Forderung ist beziffert anzugeben, notfalls geschätzt. Erforderlichenfalls ist die Forderung durch den Gläubiger in inländische Währung umzurechnen (§ 45 S. 2 InsO).

6. Die Eintragung der angemeldeten Forderungen in die Insolvenztabelle erfolgt durch den Insolvenzverwalter (§ 175 S. 1 InsO), wobei die Tabellenführung regelmäßig mittels EDV erfolgt (§ 5 Abs. 3 InsO).

7. Die Angabe des Grundes bedeutet die Darlegung des Lebenssachverhaltes, aus dem die Forderung resultiert. Die Darstellung hat so konkret, individuell und schlüssig zu erfolgen, dass es dem Insolvenzverwalter und den Gläubigern möglich ist, über Berechtigung oder Nichtberechtigung der Forderung zu entscheiden. Eine rechtliche Würdigung ist nicht notwendig. Für die Substantiierung gelten die gleichen Grundsätze, die der BGH für den Zivilprozess entwickelt hat (BGH 12. 7. 84 – VII ZR 123/83, NJW 1984, 2888, 2889; MünchKommInsO/*Nowak* § 174 Rn 10). Die Vorlage von Rechnungen reicht daher dann nicht aus, wenn sich Umstände und Grund ihrer Ausstellung nicht erkennen lassen.

Die Anmeldungen sind durch den Insolvenzverwalter auf Zulässigkeit und Vollständigkeit zu prüfen. Unzulässige oder unvollständige Forderungsanmeldungen kann er zurückweisen (HK-*Depré* § 175 Rdn. 6). Der Insolvenzverwalter hat insbesondere Anmeldungen nachrangiger Forderungen (§ 39 InsO) zurückzuweisen, solange das Insolvenzgericht nicht zur Anmeldung aufgefordert hat (§ 174 Abs. 2 S. 1 InsO). Ist die Forderung ohne Hinweis auf den Nachrang angemeldet, hat der Insolvenzverwalter sie in die Tabelle einzutragen und zu bestreiten (HK-*Depré* § 175 Rdn. 10). Dem Insolvenzverwalter steht keine Zurückweisungsbefugnis zu (LG Waldshut-Tingen 26. 1. 05 – 1 T 172/03, ZIP 2005, 499).

Der Forderungsgrund ist in die Insolvenztabelle einzutragen (§§ 174 Abs. 2, 175 S. 1 InsO). Da die Anmeldung eine Form der Rechtsverfolgung darstellt und der Gläubiger aus der Eintragung als Titel die Zwangsvollstreckung betreiben kann (§ 178 Abs. 3 InsO), muss die Forderung zur Bestimmung der Reichweite der Rechtskraft eindeutig konkretisiert werden (BGH 22. 1. 09 – IX ZR 3/08, ZIP 2009, 483 Rdn. 10; BGH 27. 9. 01 – IX ZR 71/00, NZI 2002, 37; BFH 17. 5. 84 – V R 80/77, BFHE 141, 7, 9; BAG 3. 12. 85 – 1 AZR 545/84, NJW 1986, 1896; MünchKommInsO/*Nowak* § 174 Rdn. 10).

8. Will der Gläubiger – im Hinblick auf § 302 Nr. 1 InsO – eine Forderung als vorsätzlich begangene unerlaubte Handlung anmelden, so genügt es nicht, dass er nur schlagwortartig einen nach seiner Meinung einschlägigen Straftatbestand benennt (z. B. „Betrug", „Vorenthaltung von Sozialversicherungsbeiträgen"), eine entsprechende Vorschrift anführt (z. B. § 266 a StGB, § 826 BGB) oder gar nur im Anmeldeformular die Anmeldung als vorsätzlich begangene unerlaubte Handlung ankreuzt (Braun/*Specovius* § 174 Rdn. 39). Vielmehr verlangt § 174 Abs. 2 nach seinem eindeutigen Wortlaut einen *Tatsachenvortrag*, aus dem sich *schlüssig* die behauptete Rechtsfolge ergibt (Uhlenbruck/*Sinz* § 174 Rdn. 38 f.; Gottwald/*Eickmann* § 63 Rdn. 10). Der Gläubiger muss daher konkret den Sachverhalt darlegen, der – seine Richtigkeit unterstellt (ob er tatsächlich zutrifft, wird im Bestreitensfall erst im Klageverfahren geklärt) – die Voraussetzungen einer vorsätzlich begangenen unerlaubten Handlung erfüllt.

Der Wortlaut des § 174 Abs. 2 InsO schreibt keine zeitgleiche Anmeldung von Forderung und der den Deliktscharakter bezeichnenden Tatsachen zwingend vor. Vielmehr ist das Nachschieben des Tatsachenvortrages zum Deliktscharakter wie eine Nachmeldung i. S. v. § 177 Abs. 1 InsO zu behandeln und nicht durch eine Feststellung der Forderung zur Tabelle präkludiert (BGH 17. 1. 08 – IX ZR 220/06, NZI 2008, 250). Weigert sich der Insolvenzverwalter, die nachträglich angemeldeten Tatsachen in die Tabelle aufzunehmen und ist die Insolvenztabelle deswegen lückenhaft, so kann der betroffene Gläubiger den Rechtsgrund seiner festgestellten Forderung nur außerhalb des Insolvenzverfahrens gegen den *Schuldner* im Klagewege geltend machen, auch wenn das Schlussverzeichnis bereits eingereicht wurde (BGH 17. 1. 08 aaO; Uhlenbruck/*Sinz* § 177 Rdn. 16).

Zum isolierten Widerspruch des Schuldners und zur titelergänzende Feststellungsklage vgl. Form. III. G. 9 Anm. 1 und 3).

9. Anmeldefähig sind nur Kosten, die vor dem Insolvenzverfahren entstanden sind, z. B. die Kosten bisheriger Vollstreckungsmaßnahmen oder Gebühren nach § 13 RVG VV 2400.

Nicht anmeldefähig sind die Kosten, welche dem Gläubiger durch die Teilnahme an dem Insolvenzverfahren erwachsen, da es sich um nachrangige Forderungen handelt (§ 39 Abs. 1 Nr. 2 InsO). Dies gilt auch für die Anwaltsgebühren für den Antrag auf Eröffnung des Insolvenzverfahrens (HK-*Eickmann* § 39 Rdn. 8).

10. Zinsen sind höchstens bis zum Stichtag vor der Insolvenzeröffnung (arg. § 39 Abs. 1 Nr. 1 InsO) anmeldefähig. Die Zinsen sind gesondert mit dem Prozentsatz und dem Zinsbeginn anzumelden. Einer betragsmäßigen Errechnung durch den Insolvenzgläubiger bedarf es nicht. Werden Verzugszinsen geltend gemacht, ist der Verzugseintritt (§ 286 BGB) sowie die Höhe der Verzugszinsen, sofern sie über dem gesetzlichen Zinssatz (§§ 288 BGB; 352 HGB) liegen, nachzuweisen (HK-*Depré* § 174 Rdn. 13).

Nach Insolvenzeröffnung entstehende Säumniszuschläge auf Insolvenzforderungen sind jedoch nachrangige Insolvenzforderungen (BSG 18. 12. 03 – B 11 AL 37/03 R, ZIP 2004, 521; jetzt auch § 39 Abs. 1 Nr. 1 InsO).

11. Wie erste Hauptforderung; s. Anm. 5. Poolanmeldungen (auf einen Treuhänder übertragene Forderungen, der sie zusammen zur Tabelle anmeldet) und Sammelanmeldungen (einheitliche, zusammengefasste Anmeldung mehrerer gleichartiger Ansprüche) sind zulässig, sofern eine Individualisierung jeder einzelnen Forderung der Anspruchsberechtigten erfolgt, damit die Möglichkeit des Verwalters oder anderer Gläubiger, einzelne Forderungen zu bestreiten, nicht eingeschränkt wird (BGH 22. 1. 09 – IX ZR 3/08, ZIP 2009, 483 Rdn. 11).

12. Es obliegt gem. § 28 Abs. 2 InsO dem Gläubiger, Aus- oder Absonderungsrechte rechtzeitig geltend zu machen und die Unterlagen, aus denen sich die Rechte herleiten, vorzulegen. Im Eröffnungsverfahren kann das Insolvenzgericht gem. § 21 Abs. 2 Nr. 5 InsO anordnen, dass die Ausübung der Rechte beschränkt wird. Für die Wahlrechtsausübung bei Gegenständen, die unter Eigentumsvorbehalt gekauft wurden, gilt § 107 Abs. 2 InsO.

Vgl. auch Form. III. G. 7 Anm. 3

13. § 174 Abs. 1 S. 2 InsO ist nur eine Sollvorschrift; daher ist die Anmeldung auch ohne Beifügung von Originalen der Beweisstücke wirksam (BGH 1. 12. 05 – IX ZR 95/04, NZI 2006, 173). Der Anmelder, der es unterlässt, Beweisstücke einzureichen, setzt sich aber dem Risiko aus, dass der Verwalter den Anspruch mangels Prüffähigkeit bestreitet (BGH 1. 12. 05 a. a. O.) und ihn erst im Feststellungsprozess nach Vorlage der Beweisstücke sofort anerkennt mit der Folge, dass der Anmelder die Kosten des Feststellungsstreits zu tragen hat (Uhlenbruck/*Sinz* § 179 Rdn. 24f.). Eine Verweisung auf die Unterlagen der Insolvenzschuldnerin ist unzulässig, da jeder Gläubiger das Recht zur Einsicht in die Anmeldeunterlagen besitzt und er nur aufgrund vollständiger Anmeldeunterlagen prüfen kann, ob er von seinem Widerspruchsrecht im Prüfungstermin (§ 176 S. 2 InsO) Gebrauch machen soll.

14. Im Falle des Bestreitens durch den Insolvenzverwalter trifft die Feststellungslast nach § 179 Abs. 1 InsO den Gläubiger. Bei einer titulierten Forderung hat den Widerspruch der Widersprechende zu verfolgten (§ 179 Abs. 2 InsO). Wird der Originaltitel nicht im Prüfungstermin vorgelegt, gilt die Forderung i. S. v. § 179 InsO als nicht tituliert (MünchKommInsO/ *Schumacher* § 179 Rdn. 26).

Der Feststellungsvermerk in der Insolvenztabelle wirkt wie ein rechtskräftiges Urteil (§ 178 Abs. 3 InsO). Um eine Doppeltitulierung zu vermeiden, kann das Insolvenzgericht die spätere Erteilung des vollstreckbaren Tabellenauszugs von der Vorlage der Originalurkunde zur Entwertung abhängig machen.

15. Insolvenzgläubiger festgestellter Forderungen erhalten von dem Ergebnis des Prüfungstermins weder Nachricht noch einen Auszug aus der Insolvenztabelle (§ 179 Abs. 3 S. 3 InsO). Dies gilt auch dann, wenn der Insolvenzschuldner der Feststellung widersprochen hat, da hierdurch die Feststellung nicht gehindert wird (§ 178 Abs. 1 S. 2 InsO).

Hat der Insolvenzverwalter oder ein anderer Insolvenzgläubiger im Prüfungstermin die angemeldete Forderung ganz oder teilweise bestritten, ist dem Gläubiger, dessen Forderung bestritten wurde, ein beglaubigter Auszug aus der Insolvenztabelle zu übersenden (§ 179 Abs. 3 S. 1 InsO). Dieser ist Prozessvoraussetzung für die Feststellungsklage nach § 180 InsO. Insolvenzfeststellungsklage ist nur zulässig, soweit die Forderung vorher angemeldet, geprüft und bestritten worden ist (BAG 16. 6. 04 – 5 AZR 521/03, ZIP 2004, 1867). Bei einem geänderten oder nicht angemeldeten Anspruchsgrund ist die Insolvenzfeststellungsklage unzulässig (BGH 23. 10. 03 – IX ZR 165/02, ZIP 2003, 2379).

Zur Feststellungsklage einer streitig gebliebenen Insolvenzforderung: vgl. Form. III. G. 8. Zur titelergänzenden Feststellungsklage: vgl. Form. III.G. 9.

7. Anmeldung[1] einer Ausfallforderung[2] durch einen absonderungsberechtigten[3] Gläubiger und Geltendmachung von Aussonderungsrechten[4]

Herrn **(Ort, Datum)**
Rechtsanwalt/ Insolvenzverwalter[5] ......
......

Betr.: Insolvenzverfahren über das Vermögen der XY GmbH
Hier: Firma A GmbH

Sehr geehrter Herr Kollege,

in dem vorbezeichneten Insolvenzverfahren zeige ich an, dass die A GmbH als aus- und absonderungsberechtigte Gläubigerin durch mich anwaltlich vertreten wird. Eine auf mich lautende Vollmacht füge ich als Anlage bei.
Namens und im Auftrag der A GmbH melde ich die nachfolgend bezeichnete Forderung zur Insolvenztabelle für den Ausfall[6] an:

Forderung aus Kontokorrent[7] ...... EUR

Zum Nachweis der Forderung füge ich Fotokopie des Kontokorrentkontos bei.

Die Schuldnerin hat der A GmbH folgende Sicherheiten[8] bestellt:

1. **Grundschuld[9] über ...... EUR nebst ......% Zinsen p.a. ab (Datum der Eintragung im Grundbuch) gem. Grundschuldbestellungsurkunde vom ......[10], Grundschuldbrief (genaue Bezeichnung) vom ...... und Eintragungsnachricht ...... des Grundbuchamtes in ......**
2. **Sicherungsabtretung der Forderungen ...... gem. Erklärung vom ......**
3. **Sicherungsübereignung folgender Fahrzeuge gem. Vertrag vom ......**
   a) **Personenkraftwagen (genaue Bezeichnung)**
   b) **Lastkraftwagen (genaue Bezeichnung)**

Zum Nachweis der Bestellung dieser Sicherheiten füge ich Fotokopie der genannten Urkunden[11] bei. Auch weise ich darauf hin, dass die Gläubigerin im Besitz der Kraftfahrzeugbriefe für die übereigneten Fahrzeuge ist.
Die A GmbH verlangt aus dem Sicherungsgut abgesonderte Befriedigung[12] ihrer Kontokorrentforderung sowie der Kosten und auflaufenden Zinsen bis zum Zeitpunkt der Verwertung[13].
Da die Lieferungen der Gläubigerin unter verlängertem Eigentumsvorbehalt erfolgten, wurden auch diese Aussonderungsrechte bereits durch Schreiben vom ...... gegenüber dem Insolvenzverwalter geltend gemacht, insb. ein Verarbeitungs- und Verwertungsverbot erteilt[14].

Die A GmbH besitzt weiterhin für einen Teilbetrag in Höhe von ...... EUR eine selbstschuldnerische unbefristete Bürgschaft[15] des Gesellschafters C.
Trotz dieser Aus- und Absonderungsrechte sowie der teilweisen gesamtschuldnerischen Haftung des Bürgen ist nicht mit einer vollen Befriedigung der Forderung der A GmbH, sondern mit einem erheblichen Ausfall zu rechnen. Die vom Insolvenzverwalter mit Schreiben vom ...... erbetene Auskunft[16] über den Umfang, den Verbleib und die Werthaltigkeit des Sicherungsgutes liegt noch nicht vor.
Doppel dieses Schreibens nebst Anlagen füge ich bei[17].

Rechtsanwalt

Anmerkungen

1. Vgl. Form. III. G. 8 Anm. 1.

2. Die Ausfallforderung findet ihre gesetzliche Grundlage in § 52 InsO, der den Fall regelt, dass der Insolvenzschuldner auch persönlicher Gläubiger eines Absonderungsberechtigten ist (MünchKommInsO/*Ganter* § 52 Rdn. 2). In der Person des Insolvenzschuldners müssen sich die dingliche Haftung und die persönliche Schuld vereinigen. Verzichtet der Gläubiger nicht auf das Absonderungsrecht, so nimmt er an der Schlussverteilung wegen seiner persönlichen Forderung nur mit dem nachgewiesenen tatsächlichen Ausfall teil. Die Regelung ist zwingend.

3. Nach § 49 InsO berechtigen Rechte an Gegenständen, die der Zwangsvollstreckung in das unbewegliche Vermögen unterliegen, zur abgesonderten Befriedigung für diejenigen, die ein Recht auf Befriedigung aus dem Gegenstand haben. Hierzu zählen: Grundstücke, grundstücksgleiche Rechte (Erbbaurecht, Bergwerkseigentum), eingetragene Schiffe, Schiffsbauwerke, Hochseekabel und Luftfahrzeuge (Uhlenbruck/*Brinkmann* § 49 Rdn. 24). Die Immobiliarabsonderung gewähren Hypotheken, Grund- und Rentenschulden.

Grundschuld und Hypothek erstrecken sich gem. § 1120 BGB auch auf das eigene Zubehör des Grundstückseigentümers. Veräußert der Schuldner vor Insolvenzeröffnung Gegenstände, welche gem. §§ 1121 ff. BGB mithaften, so fallen diese Gegenstände nicht in die Insolvenzmasse. Der Erwerber hat ein Aussonderungsrecht (MünchKommInsO/*Ganter* § 49 Rdn. 16). Veräußert der Insolvenzverwalter vor Beschlagnahme, also Anordnung der Zwangsversteigerung, die Zubehörstücke und werden diese vom Grundstück entfernt, ist der Erlös analog § 48 InsO im Rahmen der Ersatzaussonderung herauszugeben (MünchKommInsO/*Ganter* § 49 Rdn. 19). Andererseits darf der Insolvenzverwalter im Rahmen ordnungsmäßiger Wirtschaft Zubehörstücke veräußern (BGH 21. 3. 73 – VIII ZR 52/72, BGHZ 60, 267, 270).

Absonderungsberechtigt sind nach § 50 InsO auch Gläubiger, die an einem Massegegenstand ein durch Rechtsgeschäft bestelltes Pfandrecht haben. Ein Pfändungspfandrecht i. S. v. § 50 Abs. 1 S. 1 InsO kann an beweglichen Sachen, Forderungen und Rechten entstehen. Das Pfändungspfandrecht entsteht mit wirksamer Pfändung (BGH 18. 6. 98 – IX ZR 311/95, NJW 1998, 2969, 2970) und berechtigt nur dann zur Absonderung, wenn es vor Insolvenzeröffnung und vor Anordnung von Maßnahmen nach § 21 Abs. 2 Nr. 2 u. 3 InsO entstanden ist (MünchKommInsO/*Ganter* § 50 Rdn. 77). Ist das Pfändungspfandrecht im letzten Monat (im Verbraucherinsolvenzverfahren: in den letzten drei Monaten, § 312 Abs. 1 S. 3 InsO) vor Eröffnung dieses Insolvenzverfahrens entstanden, wird es gem. § 88 InsO mit der Eröffnung des Insolvenzverfahrens unwirksam. Maßgeblich ist der Zeitpunkt der Erlangung der Sicherung und nicht der Vollstreckungshandlung (MünchKommInsO/*Breuer* § 88 Rdn. 21).

Das gesetzliche Pfandrecht des Vermieters oder Verpächters gewährt ebenfalls ein Absonderungsrecht (§ 50 Abs. 2 S. 1 InsO). Voraussetzung ist, dass die Sachen im Eigentum des Schuldners stehen (Uhlenbruck/*Brinkmann* § 50 Rdn. 16). Vom Vermieterpfandrecht werden Sachen, welche nur zu einem vorübergehenden Zweck auf das Grundstück gebracht wurden, nicht erfasst (MünchKommInsO/*Ganter* § 50 Rdn. 86). Das Absonderungsrecht sichert Miet- oder Pachtzinsen sowie andere Forderungen (MünchKommInsO/*Ganter* § 50 Rdn. 92) aus dem Miet- oder Pachtverhältnis für die Dauer von zwölf Monaten vor der Insolvenzeröffnung. Zu Lasten der Insolvenzgläubiger kann das ansonsten bestehende Vermieterpfandrecht trotz der Regelung des § 562 S. 2 BGB nicht geltend gemacht werden (Uhlenbruck/*Brinkmann* § 50 Rdn. 25). Das Vermieterpfandrecht schützt auch unselbstständige Nebenansprüche, Verletzung der Rückgabepflicht, Kosten der Rechtsverfolgung (MünchKommInsO/*Ganter* § 50 Rdn. 92) sowie Räumungskosten, die sonst Insolvenzforderungen darstellen, auch wenn das Mietverhältnis nach Insolvenzeröffnung endet (BGH 5. 7. 01 – IX ZR 327/99, BGHZ 148, 252, 258).

Der Vermieter hat ein Auskunftsrecht gegenüber dem Insolvenzverwalter über den Verbleib der dem Vermieterpfandrecht unterliegenden Gegenstände (BGH 4. 12. 03 – IX ZR 222/02, ZIP 2004, 326).

Weitere rechtsgeschäftliche Pfandrechte bestehen für den Gastwirt (§ 704 BGB), den Werkunternehmer (§ 647 BGB), den Kommissionär, den Spediteur bzgl. der mit dem konkreten Speditionsgeschäft zusammenhängenden Forderungen, den Lagerhalter, Frachtführer und den Haftpflichtgläubiger, § 157 VVG (BGH 28. 3. 96 – IX ZR 77/95, NJW 1996, 2035, 2036; MünchKommInsO/*Ganter* § 50 Rdn. 115).

Ferner berechtigen zur Absonderung:

- Sicherungsübereignung und Sicherungsabtretung (§ 51 Nr. 1 InsO);
- Zurückbehaltungsrecht aufgrund nützlicher Verwendungen (§ 51 Nr. 2 InsO);
- das kaufmännische Zurückbehaltungsrecht (§§ 369–372 HGB § 51 Nr. 3 InsO), jedoch nicht das Zurückbehaltungsrecht nach § 273 BGB (BGH 7. 3. 02 – IX ZR 457/99, ZIP 2002, 858, 861);
- Sicherheiten für Zölle und Steuern (§ 51 Nr. 4 InsO; zu Einzelheiten: vgl. MünchKommInsO/*Ganter* § 51 Rdn. 246–250).

Die Verwertung des Absonderungsguts erfolgt gem. §§ 165 ff. InsO. Bei unbeweglichen Gegenständen kann der Insolvenzverwalter die Zwangsversteigerung und/oder Zwangsverwaltung betreiben (§ 165 InsO). Zuständig ist das Vollstreckungsgericht (§ 1 Abs. 1, 2 ZVG). Für die sog. Verwalterversteigerung gilt das ZVG (§§ 172 ff. ZVG). Soweit bewegliche Gegenstände der Zubehörhaftung unterliegen, erhält die Insolvenzmasse pauschal 4% für die Kosten der Feststellung. Die Kostenpauschale gewährt ein Recht auf Befriedigung aus dem Grundstück (§ 10 Abs. 1 Nr. 1 a ZVG). Das Recht ist durch den Insolvenzverwalter anzumelden. Der Insolvenzverwalter kann aus dem Recht des § 10 Abs. 1 Nr. 1 a ZVG die Zwangsversteigerung betreiben und beantragen, dass bei der Feststellung des geringsten Gebots nur die diesem Recht vorgehenden Rechte berücksichtigt werden (§ 174 a ZVG).

Bewegliche Gegenstände, welche der Insolvenzverwalter aufgrund seiner Verpflichtung zur Inbesitznahme der Insolvenzmasse (§ 148 Abs. 1 InsO) in seinem Besitz hat, kann er trotz des Absonderungsrechts verwerten (§§ 166 Abs. 1, 170 Abs. 2 InsO; Ausnahme: Verbraucherinsolvenz, § 313 Abs. 3 InsO). Die Insolvenzmasse erhält die Pauschalen nach § 171 Abs. 1 und 2 InsO sowie die Umsatzsteuer (§ 171 Abs. 2 S. 2 InsO). Der Insolvenzverwalter hat auf Verlangen den Gläubiger vom Zustand der Sache oder Forderung zu unterrichten (§ 167 InsO). Über seine Veräußerungsabsicht hat der Verwalter den Sicherungsgläubiger gem. § 168 InsO zu informieren und ihm – einmalig – Gelegenheit zu geben, eine *konkrete* bessere Verwertungsalternative aufzuzeigen. Für die Feststellung des Absonderungsrechts sind 4% und für die Verwertung weitere 5% des Verwertungserlöses (= Brutto!) sowie die abzuführende Umsatzsteuer vorweg an die Masse abzuführen. Verzichtet der Insolvenzverwalter auf sein Verwertungsrecht, hat der absonderungsberechtigte Gläubiger die pauschalen Feststellungskosten sowie die Umsatzsteuer der Insolvenzmasse zu erstatten (§ 170 Abs. 2 InsO; zum „Doppelumsatz“: BFH

20. 4. 04 – V B 107/03, BFH/NV 2004, 1302; zum „Dreifachumsatz" bei Verwertung des Sicherungsgutes durch den Sicherungsgeber außerhalb des Insolvenzverfahrens bei fehlender Freigabe: BFH 30. 3. 06 – V R 9/03, BStBl II 2006, 933).

Dem absonderungsberechtigten Gläubiger sind ab dem Berichtstermin die vom Schuldner geschuldeten Zinsen zu Lasten der Insolvenzmasse zu erstatten (§ 169 InsO), sofern die Verwertung durch den Insolvenzverwalter verzögert wird (MünchKommInsO/*Lwowski* § 169 Rdn. 26). Eine Verzögerung der Auszahlung des Verwertungserlöses an den Gläubiger ist einer verzögerlichen Verwertung gleichzustellen (BGH 20. 2. 03 – IX ZR 81/02, ZInsO 2003, 318, 322). Maßgeblich ist die vereinbarte Zinshöhe (HK-*Landfermann* § 169 Rdn. 10).

4. Vgl. Form. III. G. 5 Anm. 2.

Während das Absonderungsrecht auf vorzugsweise Befriedigung einer Forderung aus einem zur Insolvenzmasse gehörenden Gegenstand geht, wird mit der Geltendmachung des Aussonderungsrechts gem. § 47 InsO ein Ausscheiden eines Gegenstandes aus der Insolvenzmasse verlangt, weil er i. S. v. § 35 InsO dem Schuldner nicht gehört (Jaeger/*Henckel* § 47 Rdn. 25). Die Aussonderung bedeutet die haftungsrechtliche Trennung von der Insolvenzmasse, während die Absonderung lediglich einen Zugriff auf den Verwertungserlös ermöglicht (MünchKommInsO/*Ganter* § 47 Rdn. 12).

Gegenstand des Aussonderungsrechts können bewegliche und unbewegliche Sachen, dingliche und persönliche Rechte, Forderungen sowie der Besitz sein (Jaeger/*Henckel* § 47 Rdn. 25).

Die Verlängerungs- und Erweiterungsformen des Eigentumsvorbehalts stellen eine Sicherungszession dar und berechtigen daher nur zur Absonderung (HK-*Lohmann* § 51 Rdn. 33 ff.).

In einem Insolvenzplanverfahren sind Aussonderungsberechtigte nicht beteiligt und werden deshalb in § 217 InsO nicht genannt (MünchKommInsO/*Ganter* § 47 Rdn. 494).

5. Vgl. Form. III. G. 8 Anm. 2.

6. Vgl. oben Anm. 2. Führt die Absonderung nicht zur vollen Befriedigung der Ansprüche des Gläubigers, verbleibt eine Restforderung, die in der Praxis für den Ausfall zur Insolvenztabelle angemeldet wird. Die Anmeldung der Insolvenzforderung erfolgt in voller Höhe. Beim Nichtbestreiten durch den Insolvenzverwalter oder Insolvenzgläubiger wird die Forderung als Insolvenzforderung „für den Ausfall" festgestellt (Kübler/Prütting/Bork/*Holzer* § 190 Rdn. 10).

Zu Abschlagsverteilungen: *Frege/Keller/Riedel* Rdn. 1656. Die Behandlung der Forderungen absonderungsberechtigter Gläubiger bei der Schluss- und Nachtragsverteilung ergibt sich aus § 190 Abs. 1 InsO. Der Ausfall ist nachzuweisen oder der Gläubiger muss auf das Absonderungsrecht verzichten, damit seine Forderung in das Schlussverzeichnis aufgenommen wird und an der Schlussverteilung teilnimmt. Eine Glaubhaftmachung der Höhe des Ausfalls reicht für die Schlussverteilung nicht aus (MünchKommInsO/*Füchsl/Weishäupl* § 190 Rdn. 12).

Die für die absonderungsberechtigten Gläubiger bestimmten Beträge werden mit der Schlussverteilung frei und müssen nicht zurückgehalten oder hinterlegt werden (Kübler/Prütting/Bork/*Holzer* § 203 Rdn. 11).

7. Vgl. Form. III. G. 6 Anm. 5 und 11.

8. Nach § 50 InsO können auch an beweglichen Gegenständen (§§ 1204 ff. BGB) und Forderungen (§ 1279 BGB) Absonderungsrechte durch rechtsgeschäftlich bestellte Pfandrechte begründet werden. Die Verwertung des beweglichen Gegenstandes, den der Insolvenzverwalter im Besitz hat, erfolgt durch den Insolvenzverwalter (§ 166 Abs. 1 InsO). Eine verpfändete Forderung wird durch den Pfandgläubiger verwertet (MünchKommInsO/*Lwowski/Tetzlaff* § 166 Rdn. 45). Auch eine nur zur Sicherheit abgetretene Forderung wird durch den Insolvenzverwalter eingezogen (§ 166 Abs. 2 S. 1 InsO;

MünchKommInsO/*Lwowski/Tetzlaff* § 166 Rdn. 45). Verwertet der Insolvenzverwalter, stehen der Insolvenzmasse die Kostenbeiträge (§ 171 Abs. 1 und 2 InsO; 9% vom *Brutto*erlös) sowie die Umsatzsteuer (§ 171 InsO) zu.

In dem Insolvenzverfahren des Sicherungsgebers hat der Sicherungseigentümer kein Aus-, sondern ein Absonderungsrecht (§ 51 Nr. 1 InsO). Das Verwertungsrecht steht dem Insolvenzverwalter nur zu, sofern er den sicherungsübereigneten Gegenstand in Besitz hat (§ 166 Abs. 1 InsO).

Unabhängig davon, ob der Insolvenzverwalter den sicherungsübereigneten Gegenstand nutzt, sind dem Gläubiger ab dem Tag nach dem Berichtstermin (§ 187 Abs. 1 BGB) die geschuldeten Zinsen zu zahlen (§ 169 S. 1 InsO). Die Höhe der Zinszahlungen bemisst sich nach der vertraglichen Abrede (HK-*Landfermann* § 169 Rdn. 13) oder nach dem Gesetz (MünchKommInsO/*Lwowski/Tetzlaff* § 169 Rdn. 30). Keine Zinszahlungsverpflichtung besteht für die Zeit vor dem Berichtstermin (Kübler/Prütting/Bork/*Kemper*, InsO, § 169 Rdn. 11; aA. MünchKommInsO/*Lwowski/Tetzlaff* § 169 Rdn. 34).

9. Die Grundschuld gewährt nach § 49 InsO ein Recht auf Befriedigung aus dem belasteten Grundstück. Der berechtigte Gläubiger kann aufgrund dieses Rechts außerhalb des Insolvenzverfahrens die Absonderung im Wege der Zwangsversteigerung und/oder Zwangsverwaltung betreiben (MünchKommInsO/*Ganter* § 49 Rdn. 84). Der Insolvenzverwalter kann parallel nach § 165 InsO vorgehen. Der dingliche Titel berechtigt bis zur Eröffnung des Insolvenzverfahrens auch zur Beschlagnahme der Mietzinsforderungen (BGH 13. 7. 06 – IX ZB 301/04, NZI 2006, 577) im Wege der Forderungspfändung (§§ 829, 835 ZPO) ohne Beschlagnahme durch ein Zwangsverwaltungsverfahren.

Das Vollstreckungsverfahren ist gegen den Insolvenzverwalter zu betreiben (§ 80 Abs. 1 InsO). Der Gläubiger benötigt einen Vollstreckungstitel gegen den Insolvenzverwalter (MünchKommInsO/*Ganter* § 49 Rdn. 89); bei einem vorhandenen Vollstreckungstitel (z. B. aufgrund der Grundschuldbestellungsurkunde) ist die Vollstreckungsklausel auf den Verwalter umzuschreiben (§§ 727 ZPO). Liegt kein Vollstreckungstitel vor, muss der Gläubiger zunächst gegen den Insolvenzverwalter Pfandklage/Duldungsklage erheben (Jaeger/*Henckel* vor §§ 49–52 Rdn. 24). Dem Insolvenzverwalter müssen der Vollstreckungstitel (§ 750 Abs. 1 ZPO), die umgeschriebene Vollstreckungsklausel und eine Abschrift dieser Urkunde (§ 750 Abs. 2 ZPO) zugestellt werden (MünchKommInsO/*Ganter* § 50 Rdn. 89).

Da das Recht auf abgesonderte Befriedigung nicht auf der persönlichen Forderung, sondern auf dem dinglichen Recht beruht und nach § 89 InsO die unbeschränkte Zwangsvollstreckung in das schuldnerische Vermögen unzulässig ist, kann sich eine Klage zur Erwirkung eines Titels nur auf Duldung der Zwangsvollstreckung in den Pfandgegenstand richten. Bei der Titelumschreibung (z. B. einer Grundschuldbestellungsurkunde) ist darauf zu achten, dass die Umschreibung nur in dinglicher Hinsicht erfolgt, wenngleich § 89 InsO nicht anwendbar ist, da die Norm auf Vorbereitungshandlungen der Einzelzwangsvollstreckung keine Anwendung findet (MünchKommInsO/*Breuer* § 89 Rdn. 30). Soweit persönliche Ansprüche verfolgt werden, ist der Insolvenzverwalter nicht Rechtsnachfolger der Schuldnerin (Zöller/*Stöber* § 727 ZPO Rdn. 18). Wird der Titel auch in persönlicher Hinsicht umgeschrieben, steht dem Insolvenzverwalter die Erinnerung zu (§ 732 ZPO). Zuständig ist das Amtsgericht als Zivilgericht, nicht als Vollstreckungsgericht (Zöller/*Stöber* § 797 ZPO Rdn. 9).

Eine freihändige Veräußerung des Grundstücks durch den Insolvenzverwalter gilt als Realisierung der Absonderungsrechte (BGH 7. 5. 87 – IX ZR 198/85, ZIP 1987, 764). Die Befriedigungsregeln nach §§ 10–14 ZVG und die zeitliche Begrenzung von Zinsrückständen (§ 10 Abs. 1 Nr. 4 i. V. m. § 13 ZVG) sind zu beachten (HK-*Eickmann* § 49 Rdn. 19). Die Vereinbarung einer Massebeteiligung, die ihr nach dem Gesetz nicht zusteht, löst zudem Umsatzsteuer aus (BFH 10. 2. 05 – V R 31/04, ZInsO 2005, 813 m. abl. Anm. *Onusseit*).

10. Die Angabe, wann die Sicherheit bestellt wurde, ist im Hinblick auf die Anfechtungsvorschriften (§§ 129 ff. InsO) erforderlich. Bei dinglichen Rechtsgeschäften wird der Vornamezeitpunkt auf den Eingang des Eintragungsantrags vorverlegt, wenn das Rechtsgeschäft wirksam und für den Schuldner unwiderruflich geworden ist (§ 140 Abs. 2 InsO).

11. Vgl. Form. III. G. 6 Anm. 13.

12. Eine Frist, innerhalb derer der Insolvenzverwalter die Verwertung vornehmen muss, besteht nicht (Uhlenbruck/*Brinkmann* § 166 Rdn. 8). Lediglich durch die Zinszahlungsverpflichtung ab dem Berichtstermin (§ 169 InsO) wird ein gewisser Druck ausgeübt (MünchKommInsO/*Lwowski/Tetzlaff* § 166 Rdn. 34). Soweit der absonderungsberechtigte Gläubiger zur Verwertung berechtigt ist, weil die Voraussetzungen nach § 166 Abs. 1 u. 2 S. 1 InsO nicht vorliegen (oder § 313 Abs. 3 InsO entgegensteht), kann der Verwalter durch das Insolvenzgericht dem Gläubiger eine Verwertungsfrist setzen lassen (§ 173 Abs. 2 S. 1 InsO).

Die Verwertung der Insolvenzmasse, zu der auch die mit Absonderungsrechten belasteten Gegenstände zählen (MünchKommInsO/*Görg* § 159 Rdn. 4), darf grundsätzlich erst nach dem Berichtstermin beginnen (§ 159 InsO). Nur in Ausnahmefällen der Eilbedürftigkeit kann der Insolvenzverwalter bereits vor dem Berichtstermin die Verwertung durchführen (MünchKommInsO/*Lwowski/Tetzlaff* § 169 Rdn. 14; Uhlenbruck/*Brinkmann* § 166 Rdn. 8).

13. Die Verrechnung des Erlöses auf Kosten, Zinsen und Hauptsache geschieht nach § 367 BGB bzw. § 11 Abs. 3 VerbrKrG (HK-*Lohmann* § 50 Rdn. 32). Die Tatsache, dass es sich bei den ab Insolvenzeröffnung entstehenden Zinsen um nachrangige Insolvenzforderungen i. S. v. § 39 Abs. 1 Nr. 1 InsO handelt, bedeutet jedoch nicht, dass ab Insolvenzeröffnung grundsätzlich keine Zinsen mehr gefordert werden können. Sofern für die Hauptforderung ein Absonderungsrecht besteht, kann zu Lasten des abzusondernden Gegenstandes Befriedigung auch für diese Zinsen gefordert werden (BGH 17. 7. 08 – IX ZR 132/07, NZI 2008, 542).

14. Vgl. oben Anm. 4. Zu den Verlängerungs- und Erweiterungsformen: vgl. oben Form. III. G. 5 Anm. 2. Eigentumsvorbehaltsrechte gewähren im Insolvenzverfahren kein Ab-, sondern ein Aussonderungsrecht (§ 47 InsO). Das Aussonderungsrecht ist außerhalb des Insolvenzverfahrens nach allgemeinen Regeln, z. B. Herausgabeanspruch (HK-*Lohmann* § 47 Rdn. 3) gegenüber dem Insolvenzverwalter geltend zu machen. Der Insolvenzverwalter des Käufers hat die Anfrage des Verkäufers, ob der Vertrag erfüllt wird (§ 103 Abs. 2 S. 2 InsO), erst nach dem Berichtstermin zu beantworten (§ 107 Abs. 2 S. 1 InsO). Durch den Insolvenzverwalter kann der Aussonderungsanspruch beseitigt werden, indem er gem. § 103 Abs. 1 InsO vom Verkäufer Erfüllung verlangt und den Kaufpreis entrichtet (MünchKommInsO/*Ganter* § 47 Rdn. 63). Ansprüche aus beidseitig nicht oder nicht vollständig erfüllten Verträgen verlieren mit Insolvenzeröffnung nur ihre Durchsetzbarkeit und werden durch die Erfüllungswahl zu originären Masseforderungen (BGH 25. 4. 02 – IX ZR 313/99, ZIP 2002, 1093 unter Aufgabe der „Erlöschenstheorie" in BGH 4. 5. 95 – IX ZR 256/93, BGHZ 129, 336, 338; BGH 27. 2. 97 – IX ZR 5/96, BGHZ 135, 25, 26; MünchKommInsO/*Kreft* § 103 Rdn. 4). Bei teilbaren Leistungen erlangen nur die beiderseitigen Ansprüche für die Zeit nach Insolvenzeröffnung die Rechtsqualität von originären Masseverbindlichkeiten und -forderungen (MünchKommInsO/*Kreft* § 103 Rdn. 39 ff.).

Die gerichtliche Geltendmachung des Aussonderungsrechts erfolgt außerhalb des Insolvenzverfahrens im normalen Streitverfahren vor dem Prozessgericht (Uhlenbruck/*Brinkmann* § 47 Rdn. 107). Die sachliche Zuständigkeit richtet sich nach §§ 23, 71 GVG (Jaeger/*Henckel* § 47 Rdn. 162). Der allgemeine Gerichtsstand bestimmt sich nach § 19 a ZPO (BayObLG 17. 1. 03 – 1Z AR 162/02, ZIP 2003, 541). Die Aussonderung kann im Wege des Angriffs durch Klage oder einredeweise geltendgemacht werden (MünchKommInsO/*Ganter* § 47 Rdn. 473).

15. Ausführlich: Uhlenbruck/*Sinz* § 174 Rdn. 11 m. w. N. Bei einem Gesamtschuldverhältnis und bei der Bürgschaft kann der Gläubiger nach § 43 InsO seine zum Zeitpunkt der Insolvenzeröffnung bestehende Forderung sowohl in voller Höhe im Insolvenzverfahren als auch gegenüber dem Gesamtschuldner bis zu seiner vollen Befriedigung geltend machen.

Gesamtschuldner und Bürgen sind ohne weiteres anmeldeberechtigt, wenn sie den Gläubiger vor oder nach Eröffnung des Insolvenzverfahrens voll befriedigt haben und deshalb bei dem Haupt- bzw. Mitschuldner aus dem jeweiligen Innenverhältnis oder aus übergegangenem Recht Regress nehmen können (§§ 426 Abs. 2 S. 1, 774 Abs. 1 S. 1 BGB); mit Befriedigung sind sie alleinige Forderungsinhaber. Da es sich um aufschiebend bedingte Forderungen handelt, sind aber auch künftige Rückgriffs- oder Ausgleichsansprüche des Bürgen oder Gesamtschuldners als solche schon vor der Zahlung an den Gläubiger als Insolvenzforderung i. S. v. § 38 InsO „begründet" (BGH 21. 3. 91 – IX ZR 286/90, BGHZ 114, 117, 122 f.). War der Gläubiger zum Zeitpunkt der Insolvenzeröffnung noch nicht befriedigt, könnte – neben dem Gläubiger – auch der Bürge oder Gesamtschuldner seine künftige Regressforderung schon zur Tabelle anmelden. Eine solche „Doppelberücksichtigung" der materiell gegen den Insolvenzschuldner nur einmal existierenden Forderung soll § 44 InsO gerade verhindern (BGH 20. 3. 58 – II ZR 2/57, BGHZ 27, 51, 54). Gesamtschuldner und Bürgen dürfen ihre Forderung nur und erst dann geltend machen, wenn der Gläubiger seine Forderung selbst nicht geltend macht.

Nichts anderes gilt, wenn der Bürge oder Gesamtschuldner den Gläubiger nach Insolvenzeröffnung teilweise befriedigt und hierdurch insoweit einen materiell-rechtlich nunmehr unbedingten Teilregressanspruch gegen den Schuldner erwirbt (BGH 20. 3. 58 – II ZR 2/57, BGHZ 27, 51; 55, 117); § 44 InsO steht auch hier einer Forderungsanmeldung entgegen. Der Bürge oder Gesamtschuldner soll seine Forderung mit Ausnahme einer vollständigen Befriedigung des Gläubigers überhaupt nicht anmelden dürfen.

Anders verhält es sich dagegen, wenn Bürge oder Gesamtschuldner den Gläubiger bereits vor Verfahrenseröffnung teilweise befriedigt hatten; denn dann hatte der Gläubiger „zur Zeit der Eröffnung des Verfahrens" diesen Teilbetrag nicht mehr zu fordern (§ 43 InsO), so dass in Höhe der Teilzahlung vor Eröffnung eine Anmeldung möglich ist.

16. Der aus- und absonderungsberechtigte Gläubiger hat gegen den Insolvenzverwalter einen Auskunftsanspruch, der aus § 242 BGB herzuleiten ist (MünchKommInsO/*Ganter* § 47 Rdn. 461). Der Anspruch richtet sich auch dann gegen den Insolvenzverwalter, wenn es sich um Vorgänge vor der Verfahrenseröffnung handelt (BGH 30. 10. 67 – VIII ZR 176/65, BGHZ 49, 11, 16). Fehlende Informationen muss sich der Insolvenzverwalter ggf. vom Schuldner beschaffen (§§ 97, 98 InsO). Die Auskunft muss insbesondere Angaben über das Vorhandensein von unter Eigentumsvorbehalt gelieferten Waren enthalten (BGH 11. 5. 00 – IX ZR 262/98, NJW 2000, 3777, 3779). Der Umfang der Auskunftspflicht bemisst sich nach der Zumutbarkeit für den Insolvenzverwalter einerseits und dem schutzwürdigen Sicherungsinteresse des Gläubigers andererseits (OLG Karlsruhe 15. 12. 89 – 15 U 116/89, ZIP 1990, 187). Der Insolvenzverwalter kann den Aussonderungsberechtigten an Stelle der Auskunftserteilung aber auf eine Einsichtnahme in die Geschäftsunterlagen verweisen (LG Baden-Baden 20. 6. 89 – 4 O 111/88, ZIP 1989, 1003, 1004), sofern für den Insolvenzverwalter die geforderte Auskunft mit vertretbarem Zeit- und Arbeitsaufwand nicht möglich ist (MünchKommInsO/*Ganter* § 47 Rdn. 462). Verweist der Insolvenzverwalter zu Recht den Gläubiger auf die Einsichtnahme, fehlt einer Klage auf Auskunftserteilung das Rechtsschutzbedürfnis (BGH 30. 10. 67 – VIII ZR 176/65, BGHZ 49, 11, 16; 70, 86, 91).

17. Vgl. Form. III. G. 6 Anm. 14.

8. Klage auf Feststellung einer streitig gebliebenen Insolvenzforderung[1]

Landgericht[2] **(Ort, Datum)**
– Kammer für Handelssachen –
(Ort)

Klage

der A GmbH

– Klägers –

Prozessbevollmächtigter ......

gegen

Herrn Rechtsanwalt V, ...
handelnd in seiner Eigenschaft als Insolvenzverwalter über das Vermögen der XY GmbH
– Beklagten –

wegen: Feststellung einer Insolvenzforderung
vorläufiger Streitwert[3] ...... EUR

Namens und in Vollmacht des Klägers erhebe ich Klage und werde beantragen,

1. die Forderung des Klägers i. H. v. ...... EUR zur Insolvenztabelle im Insolvenzverfahren über das Vermögen der XY GmbH zur lfd. Nr. ...... festzustellen[4],
2. dem Beklagten die Kosten des Rechtsstreits[5] aufzuerlegen.

Begründung:

Der Beklagte ist Insolvenzverwalter[6] in dem Insolvenzverfahren über das Vermögen der XY GmbH, das am ...... durch das Amtsgericht ...... – Az.: ...... eröffnet wurde.
Der Kläger meldete mit Schreiben vom ...... bei dem Beklagten seine nicht nachrangige Insolvenzforderung[7] in Höhe von ...... EUR zur Insolvenztabelle[8] an. Es handelt sich um eine Forderung aus getätigten Provisionsgeschäften für die Schuldnerin in der Zeit vom ...... bis zum Tage der Insolvenzeröffnung, die der Kläger als Handelsvertreter[9] vermittelt hat.

Beweis: 1. Vorlage des Handelsvertretervertrages vom ......
2. Vorlage der Abrechnung über die getätigten Geschäftsabschlüsse vom ...... nebst Durchschriften der Aufträge.

Aus der vertraglichen Regelung gem. Ziff. 5 und den vorgelegten Auftragsdurchschriften ergibt sich, dass dem Kläger eine Provisionsforderung in Höhe von ...... EUR zusteht. Im Prüfungstermin wurde die angemeldete Forderung durch den Beklagten gleichwohl endgültig bestritten[10]. Als Anlage füge ich einen gerichtlich beglaubigten Auszug aus der Insolvenztabelle der Klageschrift bei[11].
Der vorläufige Streitwert ergibt sich daraus, dass auf die Insolvenzforderungen nach § 38 InsO nach Angaben des Beklagten in der Vermögensübersicht zur Zeit eine Quote von ......% zu erwarten ist[12].

Rechtsanwalt

Anmerkungen

1. Mit der Feststellungsklage gem. § 179 Abs. 1 InsO, die eine echte Feststellungsklage i. S. v. § 256 ZPO ist (BGH 25. 6. 57 – III ZR 251/56, WM 1957, 1226, 1227), strebt ein

Insolvenzgläubiger außerhalb des Insolvenzverfahrens an, eine gerichtliche Entscheidung über das Bestehen einer von ihm angemeldeten Insolvenzforderung (vgl. Form. III. G. 6) zu erhalten. Das Feststellungsinteresse des klagenden Gläubigers ergibt sich aus § 189 InsO, selbst wenn voraussichtlich keine Quote zu erwarten ist (BGH 17. 7. 08 – IX ZR 126/07, NZI 2008, 611). Klageziel ist die Feststellung des Insolvenzgläubigerrechts durch Eintragung in die Insolvenztabelle (Uhlenbruck/*Sinz* § 179 Rdn. 11). Die Sachurteilsvoraussetzungen sind erst gegeben, wenn die Forderung angemeldet, geprüft und im Prüfungstermin bestritten worden ist. Eine Feststellungsklage mit gegenüber der Anmeldung geändertem Inhalt ist – auch wenn die Höhe der Forderung gleich bleibt – ohne ein neues Anmeldungs- und Prüfungsverfahren unzulässig (BGH 22. 1. 09 – IX ZR 3/08, ZIP 2009, 483 Rdn. 17; BGH 5. 7. 07 – IX ZR 221/05, NZI 2007, 647 Rdn. 12).

Zum Widerspruch sind sowohl der Insolvenzverwalter als auch die Insolvenzgläubiger berechtigt (§ 178 Abs. 1 S. 1 InsO). Der Widerspruch muss mündlich im Termin erklärt werden, es sei denn, dass durch das Gericht das schriftliche Prüfungsverfahren nach § 177 Abs. 1 InsO angeordnet wurde. Auch nachrangigen Insolvenzgläubigern steht ein Widerspruchsrecht zu (Uhlenbruck/*Sinz* § 176 Rdn. 26; Kübler/Prütting/Bork/*Pape* § 176 Rdn. 11). Unerheblich ist dabei, ob er die Forderung zur Tabelle bereits angemeldet hat oder ob die eigene Forderung bestritten ist (BGH 14. 10. 04 – IX ZB 114/04, NZI 2005, 31 Rdn. 4 zu § 75 Abs. 1 Nr. 3; N/R/*Becker* § 176 Rdn. 8; FK-*Kießner* § 176 Rdn. 8).

Dagegen steht ein Widerspruch des Schuldners der Feststellung der Forderung nicht entgegen (§ 178 Abs. 1 S. 2 InsO), jedoch ist nach Beendigung des Insolvenzverfahrens eine Zwangsvollstreckung aus dem Tabelleneintrag gegen den Schuldner persönlich nicht möglich (§ 201 Abs. 2 S. 1 InsO). Im Gegensatz zur Regelung der KO kann der Insolvenzgläubiger bereits während des anhängigen Insolvenzverfahrens gegen den Schuldner Klage auf Feststellung der Forderung auch dann erheben, wenn zum Zeitpunkt der Eröffnung des Insolvenzverfahrens kein Rechtsstreit anhängig war (§ 184 InsO). Dem Schuldner ist bei Versäumung des Prüfungstermins auf Antrag Wiedereinsetzung in den vorigen Stand zu gewähren (§ 186 InsO).

Nach § 189 Abs. 1 InsO muss die Feststellungsklage spätestens zwei Wochen nach der öffentlichen Bekanntmachung des Verteilungsverzeichnisses erhoben sein; anderenfalls wird die bestrittene Forderung bei der Verteilung nicht berücksichtigt (§ 189 Abs. 3 InsO).

2. Die Zuständigkeit richtet sich nach § 180 Abs. 1 InsO. Gerichtsstandsvereinbarungen sind ohne Wirkung (Uhlenbruck/*Sinz* § 180 Rdn. 3). Örtlich ausschließlich zuständig ist das Amtsgericht, bei dem das Insolvenzverfahren anhängig ist oder bei entsprechendem Streitwert das übergeordnete Landgericht. Es handelt sich um einen ausschließlichen Gerichtsstand.

War zum Zeitpunkt der Eröffnung des Insolvenzverfahrens noch kein Rechtsstreit über die bestrittene Forderung anhängig, so ist Neuklage zu erheben (§ 180 Abs. 1 S. 1 InsO). Soweit in §§ 180 bis 183 InsO keine Sonderregelungen getroffen sind, gelten die Vorschriften der ZPO.

Nachdem der BGH die für Zahlungsansprüche auf erstes Anfordern geltenden Grundsätze auch bei Insolvenzfeststellungsklagen zugelassen hat (BGH 29. 5. 08 – IX ZR 45/07, NZI 2008, 565), wird man eine Feststellungsklage in anderen besonderen Verfahrensarten wie Urkunds-, Wechsel- und Scheckklage ebenfalls als zulässig ansehen müssen (Uhlenbruck/*Sinz* § 180 Rdn. 10 ff.; a. A. HambKomm-*Herchen* § 180 Rdn. 10 u. 10 a; Braun/*Specovius* § 181 Rdn. 24; FK-*Kießner* § 180 Rdn. 5). Lediglich das Mahnverfahren ist für die Feststellung von Insolvenzforderungen ungeeignet (Kübler/Prütting/Bork/*Pape* § 180 Rdn. 2). Zur Bindung des Bestreitenden und Verwalters an einen vom Schuldner geschlossenen Schiedsvertrag: Uhlenbruck/*Sinz* § 180 Rdn. 15 f.).

War zum Zeitpunkt der Insolvenzeröffnung über den zur Insolvenztabelle angemeldeten und ganz oder teilweise bestrittenen Anspruch ein Rechtsstreit anhängig, so ist die

Feststellung durch die Aufnahme des Rechtsstreits zu betreiben (§ 180 Abs. 2 InsO). Die Aufnahme erfolgt gemäß § 250 ZPO durch Zustellung eines entsprechenden Schriftsatzes an den Gegner (MünchKommInsO/*Schumacher* § 180 Rdn. 20). Zuständig bleibt örtlich und sachlich das Gericht, bei dem der Rechtsstreit zum Zeitpunkt der Insolvenzeröffnung anhängig war. Eine Änderung des Streitwerts (§ 182 InsO) hat auf die sachliche Zuständigkeit des Landgerichts keine Auswirkung (Uhlenbruck/*Sinz* § 180 Rdn. 23; MünchKommInsO/*Schumacher* § 180 Rdn. 26). Wird der zur Insolvenztabelle angemeldete prozessuale Kostenerstattungsanspruch ganz oder teilweise bestritten, kann entsprechend § 180 Abs. 2 InsO das unterbrochene Kostenfestsetzungsverfahren aufgenommen werden (OLG München 29. 9. 03 – 11 W 1353/02, ZIP 2003, 2318). Die Erhebung einer selbstständigen Feststellungsklage ist in diesem Falle unzulässig (BGH 23. 6. 88 – IX ZR 172/87, BGHZ 105, 34, 37 ff.).

Wäre zur Entscheidung über die streitige Forderung die Kammer für Handelssachen zuständig, so kann die Feststellungsklage auch vor der Kammer für Handelssachen anhängig gemacht werden (Kübler/Prütting/Bork/*Pape* § 180 Rdn. 1).

Ist der Rechtsweg zu den ordentlichen Gerichten nicht gegeben, ist der Feststellungsprozess bei den zuständigen anderen Gerichten zu betreiben (§ 185 InsO). Die Feststellung kann durch Verwaltungsakt dann erfolgen, sofern außerhalb des Insolvenzverfahrens der Gläubiger zur Festsetzung der Forderung durch Verwaltungsakt befugt ist, also bei Steuerforderungen (§ 251 Abs. 3 AO), Zahlung einer Ausgleichsabgabe nach § 77 SGB IX, öffentlich-rechtlichem Erstattungsanspruch oder den Beitragsansprüchen der Sozialversicherungsträger (MünchKommInsO/*Schumacher* § 185 Rdn. 4). Dies soll auch für die Feststellung der Forderungseigenschaft als solche aus vorsätzlich begangener unerlaubter Handlung gelten (BFH 18. 8. 2008 – VII R 6/07, NJW 2008, 3807 Rdn. 6).

3. Die Streitwertfestsetzung erfolgt gem. § 182 InsO, wobei der Streitwert nach der zum Zeitpunkt der Einreichung der Klage oder Aufnahme des Rechtsstreits zu erwartenden Insolvenzdividende geschätzt wird. Die Schätzung hat das Prozessgericht vorzunehmen (MünchKommInsO/*Schumacher* § 182 Rdn. 8). Erforderlichenfalls hat es eine Auskunft des Insolvenzverwalters einzuholen oder die Insolvenzakten beizuziehen (BGH 9. 9. 99 – IX ZR 80/99, ZInsO 1999 642). Für die sachliche Zuständigkeit erster Instanz ist die Quote maßgeblich, die zum Zeitpunkt der Einreichung der Klage zu erwarten ist. Für die Rechtsmittelbeschwer kommt es auf den Zeitpunkt des Eingangs des Rechtsmittels an (BGH 9. 9. 99 – IX ZR 80/99, NZI 1999, 447).

Wird gegen den bestreitenden Schuldner die Feststellungsklage erhoben, ist § 182 InsO unanwendbar. Maßgeblich sind vielmehr die späteren Vollstreckungsaussichten des Insolvenzgläubigers nach Beendigung des Insolvenzverfahrens und Erteilung der Restschuldbefreiung (§ 201 Abs 2 InsO: „und nicht vom Schuldner …… bestritten"). Wenn diese nur als gering anzusehen sind, kann ein Abschlag von 75 Prozent des Nennwerts der Forderung angemessen sein (BGH 22. 1. 09 – IX ZR 235/08, ZIP 2009, 435 Rdn. 6).

Ist eine Insolvenzquote nicht zu erwarten, so ist der Streitwert der Insolvenzfeststellungsklage nach der niedrigsten Gebührenstufe festzusetzen (BGH 16. 12. 99 – IX ZR 197/99, NZI 2000, 115).

4. Der Antrag lautet auf Feststellung der angemeldeten Forderung zur Insolvenztabelle (BGH 29. 6. 94 – VIII ZR 28/94, ZIP 1994, 1193; Uhlenbruck/*Sinz* § 179 Rdn. 12). Die Klage ist immer gegen den Widersprechenden zu richten, also entweder gegen den Insolvenzverwalter oder gegen einen oder mehrere widersprechende Gläubiger (MünchKommInsO/*Schumacher* § 179 Rdn. 14). Bei der Verbindung mehrerer Feststellungsklagen entsteht eine notwendige Streitgenossenschaft (BGH 9. 7. 90 – II ZR 69/89, BGHZ 112, 95).

Ist der Insolvenzgläubiger im Besitz eines Titels, ist es Sache des Bestreitenden, die titulierte Forderung im Klageweg anzugreifen (§ 179 Abs. 2 InsO). Tituliert i. S. v. § 179 Abs. 2 InsO ist eine Forderung, wenn ein zur Vollstreckung geeigneter Schuldtitel vorliegt, also z. B. Urteile, notarielle Urkunden, Kostenfestsetzungsbeschlüsse (zu weiteren Beispielen: Uhlenbruck/*Sinz* § 179 Rdn. 20 ff.). Der Antrag lautet in diesem Falle dahin, den Widerspruch gegen die Forderung für begründet zu erklären (BGH 29. 6. 94 – VIII ZR 28/94, NJW-RR 1994, 1251). Ist der Titel unter Verletzung der §§ 240, 249 ZPO erlangt worden, liegt kein Fall des § 179 Abs. 2 InsO vor (Kübler/Prütting/Bork/*Pape* § 179 Rdn. 14).

War zum Zeitpunkt der Insolvenzeröffnung ein Rechtsstreit anhängig, so ist der unterbrochene Prozess durch den Gläubiger gegen den widersprechenden Insolvenzverwalter aufzunehmen. Die Aufnahme erfolgt bei dem Gericht, bei welchem der Rechtsstreit anhängig ist. Der Antrag ist der veränderten prozessualen Situation anzupassen (MünchKommInsO/*Schumacher* § 180 Rdn. 23) und die Zahlungsklage auf Feststellung umzustellen (BGH 29. 6. 94 a. a. O.). Es handelt sich insoweit nicht um eine Klageänderung i. S. v. § 263 ZPO (BGH 8. 11. 61 – VIII ZR 149/60, NJW 1962, 153).

Die Aufnahme eines Mahnverfahrens ist nicht möglich. Der Gläubiger muss eine neue Klage auf Feststellung erheben (MünchKommInsO/*Schumacher* vor §§ 85 bis 87 Rdn. 45). Nur wenn bereits ein Vollstreckungsbescheid ergangen oder das Mahnverfahren in das streitige Verfahren übergegangen war und dieses infolge der Insolvenzeröffnung gem. § 240 ZPO unterbrochen wurde, kommt eine Aufnahme gem. § 180 Abs. 2 InsO in Betracht (Uhlenbruck/*Sinz* § 179 Rdn. 33).

5. Über die Kosten des Feststellungsverfahrens ist trotz der Festsetzung eines Stufenstreitwertes eine einheitliche Kostenentscheidung zu treffen. Unterliegt der Insolvenzverwalter im aufgenommenen Rechtsstreit, so ist umstritten, wie sich die Kostenentscheidung im Urteil auf das nachfolgende Kostenfestsetzungsverfahren auswirkt, wenn ihm die Kosten des Verfahrens ganz oder teilweise auferlegt worden sind. Nach Ansicht des BGH sollen die Kosten des gesamten Rechtsstreits, also auch soweit sie vor der Aufnahme entstanden sind, eine Masseverbindlichkeit sein (BGH 29. 5. 08 – IX ZR 45/07, NZI 2008, 565 Rdn. 29; BGH 28. 9. 06 – IX ZB 312/04, NZI 2007, 104). Nach der Gegenansicht sind die Kosten – entsprechend dem Rechtsgedanken aus § 105 InsO – danach zu verteilen, ob sie vor oder nach der Eröffnung des Insolvenzverfahrens begründet worden sind (BFH 10. 7. 02 – I R 69/00, ZIP 2002, 2225; ausführlich Uhlenbruck/*Sinz* § 180 Rdn. 44 ff. m. w. N.). Dem ist zuzustimmen. Denn die Aufteilung hat nichts mit dem Grundsatz der Einheitlichkeit der Kostenentscheidung zu tun, der gewahrt bleibt, da alle zu erstattenden Kosten erfasst werden; vielmehr geht es allein um die insolvenzrechtliche Qualifikation der Forderung als Masseschuld oder Insolvenzforderung.

6. Im Formular richtet sich die Klage gegen den Insolvenzverwalter, der die angemeldete Forderung im Prüfungstermin bestritten hat. In sonstigen Fällen vgl. Anm. 2.

7. Nachrangige Insolvenzforderungen (§ 39 InsO) sind nur nach gesonderter Aufforderung durch das Insolvenzgericht anzumelden (§ 174 Abs. 3 S. 1 InsO).

8. Die Feststellungsklage kann nur auf Grund, Betrag und Rang der Forderung gestützt werden, die in der Anmeldung angegeben wurden (§ 181 InsO). Die Anmeldung und Prüfung der festzustellenden Forderung sind besondere Sachurteilsvoraussetzungen, die bis zum Schluss der letzten mündlichen Verhandlung vorliegen müssen (BGH 5. 7. 07 – IX ZR 221/05, NZI 2007, 647 Rdn. 12; MünchKommInsO/*Schumacher* § 180 Rdn. 4). Eine Feststellungsklage mit gegenüber der Anmeldung geändertem Inhalt ist – auch wenn die Höhe der Forderung gleich bleibt – ohne ein neues Anmeldungs- und Prüfungsverfahren unzulässig (BGH 22. 1. 09 – IX ZR 3/08, ZIP 2009, 483 Rdn. 17; BGH 5. 7. 07 – IX ZR 221/05, NZI 2007, 647 Rdn. 12).

Zum Nachweis der Anmeldung und Prüfung erteilt das Insolvenzgericht dem Gläubiger der bestrittenen Forderung einen beglaubigten Auszug aus der Tabelle (§ 179 Abs. 3 S. 1, 2 InsO).

9. Das Textbeispiel geht davon aus, dass keine sonstige Masseverbindlichkeit i. S. v. §§ 55 InsO vorliegt, da auch im Fall der Erfüllungswahl durch den Insolvenzverwalter (§ 103 InsO) bezüglich des vermittelten Auftrags der Provisionsanspruch nicht als Masseverbindlichkeit neu begründet wird. Entscheidend ist, dass die Tätigkeit des Handelsvertreters, die zum Provisionsanspruch führte, vor der Insolvenzeröffnung erbracht wurde.

10. Das Urteil wirkt mit Rechtskraft gegenüber dem Insolvenzverwalter und allen Insolvenzgläubigern (§ 183 Abs. 1 InsO). Der obsiegenden Partei obliegt es, beim Insolvenzgericht die Berichtigung der Tabelle zu betreiben (§ 183 Abs. 2 InsO), woraus sich zugleich ergibt, dass nach Abhaltung des Prüfungstermins die Tabellenführung dem Insolvenzgericht und nicht mehr dem Insolvenzverwalter obliegt. Dem Berichtigungsantrag ist eine Urteilsausfertigung mit Rechtskraftvermerk (§ 706 ZPO) beizufügen (MünchKommInsO/*Schumacher* § 183 Rdn. 8). Das rechtskräftige Urteil wirkt unmittelbar gegenüber dem Insolvenzverwalter und den Insolvenzgläubigern. Die Berichtigung der Tabelle hat nur noch deklaratorischen Charakter (§ 183 Rdn. 5; Uhlenbruck/*Sinz* § 183 Rdn. 12) und kann unter den Voraussetzungen des § 189 Abs. 2 InsO auch noch nach Aufhebung des Insolvenzverfahrens erfolgen (BFH 24. 10. 08 – VII R 30/08, n. v., Rdn. 7).

11. Vgl. Anm. 8 am Ende.

12. Vgl. Anm. 3.

9. Klage auf Feststellung einer unerlaubten Handlung (titelergänzende Feststellungsklage)[1]

Amtsgericht[2]
(Ort) **(Ort, Datum)**

Klage

des A

– Klägers –

Prozessbevollmächtigter ......

gegen

Herrn B[3], Adresse

– Beklagten –

wegen: Feststellung

vorläufiger Streitwert[4]: ...... EUR

Namens und in Vollmacht des Klägers erhebe ich Klage und werde beantragen

1. festzustellen, dass die titulierte Forderung aus einer vorsätzlich begangenen unerlaubten Handlung stammt[5],

2. dem Beklagten die Kosten des Verfahrens aufzuerlegen.

Der Kläger meldete mit Schreiben vom ...... bei dem Insolvenzverwalter/Treuhänder über das Vermögen des Beklagten seine nicht nachrangige Insolvenzforderung aus Warenlieferung in Höhe von ...... EUR zur Insolvenztabelle an und trug zur Begründung, dass ihr eine vorsätzlich begangene unerlaubte Handlung des Beklagten zugrunde liegt, vor, der Beklagte habe die Ware in Kenntnis seiner Zahlungsunfähigkeit bestellt und daher über seine Zahlungsfähigkeit getäuscht. Die Forderung wurde mit dieser Deliktsei-

genschaft zur Tabelle aufgenommen und zur Tabelle festgestellt. Der Beklagte legte jedoch beschränkt auf die Anmeldung der Forderung als vorsätzlich begangene unerlaubte Handlung Widerspruch ein, ohne die Forderung im übrigen zu bestreiten.

Beweis: 1. Vorlage des beglaubigten Tabellenauszuges, Anlage K 1
2. Forderungsanmeldung vom ...... Anlage K 2

Eine Begründung seitens des Beklagten erfolgte trotz Aufforderung nicht. Daher ist Feststellungsklage geboten[6].

Rechtsanwalt

Anmerkungen

1. Der Widerspruch des Schuldners kann sich auf die rechtliche Einordnung als Forderung aus vorsätzlich begangener unerlaubter Handlung beschränken, sofern der Bestand der Forderung nicht, wie z. B. bei § 826 BGB, von der Vorsatztat abhängt (BGH 18. 1. 07 – IX ZR 176/05 , NZI 2007, 416 Rdn. 10; zum fehlenden Widerspruchsrecht des Insolvenzverwalters [Uhlenbruck/*Sinz* § 178 Rdn. 11] und zur nachträglichen Anmeldung von Tatsachen gem. § 174 Abs. 2 InsO [Uhlenbruck/*Sinz* § 177 Rdn. 16] BGH 17. 1. 08 – IX ZR 220/06, NZI 2008, 250 Rdn. 13). Soweit der deliktische Rechtsgrund sich bereits aus dem Entscheidungstenor eines vollstreckbaren Titels ergibt, trifft den Schuldner gem. § 184 Abs. 2 InsO die Obliegenheit, seinen Widerspruch zu verfolgen (dazu: *Kahlert* ZInsO 2006, 409 ff.). Unterlässt er dies, verbleibt es bei den Rechtsfolgen der §§ 201 Abs. 2 S. 2, 302 InsO. Dagegen findet § 184 Abs. 2 InsO keine Anwendung, wenn sich der Forderungsgrund der vorsätzlichen unerlaubten Handlung nur aus den Entscheidungsgründen ergibt, da diese nicht in materielle Rechtskraft erwachsen (HambKomm/*Herchen* § 184 Rdn. 16 b; N/R/*Becker* § 184 Rdn. 30; a. A. OLG Hamm 2. 3. 2005 – 13 U 209/04, ZVI 2006, 396). Das Gleiche gilt, wenn die Forderung zur Tabelle festgestellt wird (§ 178 Abs. 1 InsO), weil der Schuldner nur isolierten Widerspruch gegen die Forderungseigenschaft erhebt. In diesen Fällen kann der Gläubiger den Widerspruch nur im Wege einer titelergänzenden Feststellungsklage beseitigen (BGH 18. 5. 06 – IX ZR 187/04, NZI 2006, 536), spätestens jedoch bis zur Rechtskraft des Beschlusses über die Erteilung der Restschuldbefreiung (Uhlenbruck/*Sinz* § 184 Rdn. 14, 20). Geht der Gläubiger gegen den isolierten Widerspruch nicht oder nicht rechtzeitig vor, findet § 302 InsO keine Anwendung, sondern fällt auch diese Forderung unter § 301 Abs. 1 InsO.

2. Vgl. Form. III. G. 8 Anm. 2.

3. Im Feststellungsprozess, ob der Forderung eine vorsätzlich begangene unerlaubte Handlung zugrunde liegt, ist allein der Schuldner passivlegitimiert. Der isolierte Widerspruch des Verwalters gegen die Deliktseigenschaft (unter Anerkennung der Forderung als solcher) ist wirkungslos, wenn die Forderung auch auf einer anderen Anspruchsgrundlage beruht; gegen den unzutreffenden Eintrag kann der Gläubiger zur Vermeidung von Zweifeln an der Anwendbarkeit von § 302 InsO Nichtigkeitsfeststellungsklage gem. § 256 Abs. 1 ZPO erheben (BGH 12. 6. 08 – IX ZR 100/07, NZI 2008, 569 Rdn. 8). Das Gleiche gilt für einen isolierten Widerspruch eines Insolvenzgläubigers gegen die Deliktseigenschaft (Uhlenbruck/*Sinz* § 178 Rdn. 12).

Hat außer dem Schuldner noch der Insolvenzverwalter oder Treuhänder die Forderung dem Grunde oder der Höhe nach bestritten, so kann der Gläubiger auch diesem gegenüber Feststellungsklage erheben (MünchKommInsO/*Stephan* § 302 Rdn. 22). Soweit Schuldner und Verwalter den Widerspruch nur gegen Grund und Höhe erhoben haben, können beide gemeinsam verklagt werden; sie sind einfache und nicht notwendige Streitgenossen (BGH 11. 11. 79 – I ZR 13/78, ZIP 1980, 23). Die Voraussetzungen einer

Streitgenossenschaft liegen aber nicht vor, wenn die Klage des Schuldners um die Feststellung geführt wird, ob der Forderung eine vorsätzlich begangene unerlaubte Handlung zugrunde liegt.

4. § 182 InsO findet keine Anwendung auf Klagen gemäß § 184 Abs. 1 und 2 InsO gegen den widersprechenden Schuldner, auch wenn diese mit einer Klage nach den §§ 179, 180 InsO verbunden wird (HambKomm/*Herchen* § 182 Rdn. 4). Der Streitwert einer Insolvenzfestellungsklage des Schuldners bestimmt sich nicht nach dem Nennwert der Forderung abzüglich der auf die angemeldete Forderung voraussichtlich entfallenden Quote (so aber OLG Hamm 8. 8. 06 – 27 W 41/06, NZI 2007, 249; OLG Karlsruhe 1. 10. 07 – 12 W 70/07, JurBüro 2007, 648). Maßgeblich sind vielmehr die späteren Vollstreckungsaussichten des Insolvenzgläubigers nach Beendigung des Insolvenzverfahrens und Erteilung der Restschuldbefreiung (§ 201 Abs 2 InsO: „und nicht vom Schuldner ...... bestritten"). Wenn diese nur als gering anzusehen sind, kann ein Abschlag von 75 Prozent des Nennwerts der Forderung angemessen sein (BGH 22. 1. 09 – IX ZR 235/08, ZIP 2009, 435 Rdn. 6; Uhlenbruck/*Sinz* § 182 Rdn. 5 m.w.N.).

5. Vgl. zunächst Form. III. G. 8 Anm. 4.

Auch wenn die Forderung des Gläubigers bereits durch Vollstreckungsbescheid als auf einer vorsätzlichen unerlaubten Handlung beruhend tituliert wurde, kann der Schuldner einer Anmeldung mit diesem Forderungsgrund noch widersprechen. Das Gericht ist an den rechtskräftigen Vollstreckungsbescheid nicht gebunden, weil dieser nur auf den einseitigen, von einem Gericht nicht materiell-rechtlich geprüften Angaben des Gläubigers beruht, selbst wenn ein anderer Rechtsgrund als derjenige einer vorsätzlich begangenen unerlaubten Handlung nicht in Betracht kommt (BGH 18. 5. 06 – IX ZR 187/04, NZI 2006, 536). Auch hier obliegt es dem *Gläubiger,* den Widerspruch im Wege einer titelergänzenden Feststellungsklage zu beseitigen, da die Deliktseigenschaft nicht tituliert ist.

Zum Teil wird dies auch für weitere, ohne materiell-rechtliche Befassung des Prozessgerichts ergangene Titel angenommen wie notarielle Schuldanerkenntnisse oder Anerkenntnis- und Versäumnisurteile (*Hattwig/Richter* ZVI 2006, 373ff.). Ist der Schuldner jedoch rechtlich beraten und bedarf es für das Zustandekommen des Titels seiner ausdrücklichen Mitwirkung wie bei einem im Anwaltsprozess geschlossenen gerichtlichen Vergleich (*Kahlert* ZInsO 2006, 409), kann er hiergegen nur wie gegen ein Urteil vorgehen (OLG Brandenburg 29. 7. 08 – 11 U 121/07, BeckRS 2008 15847 Rdn. 47).

6. Klage und Prozessaufnahme sind – anders als bei bestehenden Titeln (§ 184 Abs. 2 InsO) – weder beim vollen noch beim eingeschränkten Widerspruch des Schuldners fristgebunden. Der Gläubiger kann daher noch während der Wohlverhaltensperiode Klage erheben oder einen anhängigen Prozess aufnehmen (BGH 18. 12. 08 – IX ZR 124/08, NZI 2009, 189 Rdn. 7; OLG Naumburg 21. 2. 07 – 5 U 107/06, n.v.). Spätester Zeitpunkt für die Rechtsverfolgung durch den Gläubiger ist aber die Rechtskraft des Beschlusses über die (Versagung oder) Erteilung der Restschuldbefreiung (§ 300 Abs. 3 InsO), da dann im Rechtsverkehr über ihren Umfang Rechtssicherheit herrschen muss (OLG Rostock 13. 6. 05 – 3 U 57/05, ZVI 2005, 433; HambKomm/*Herchen* § 184 Rdn. 9; Uhlenbruck/*Sinz* § 184 Rdn. 14).

Zur Berichtigung der Tabelle braucht der obsiegende Schuldner nichts zu unternehmen, da ihn sein Widerspruch gem. § 201 Abs. 2 S. 1 InsO gegen Vollstreckungen des Gläubigers aus der Tabelle nach Verfahrensbeendigung ausreichend schützt (OLG Naumburg 7. 1. 04 – 5 W 98/03, NZI 2004, 630); nur im Falle des § 184 Abs. 2 InsO ist sein Tätigwerden zur Tabellenberichtigung erforderlich. Ein obsiegender Gläubiger muss aufgrund der Regelung in § 178 Abs. 1 S. 2 InsO ebenfalls nichts veranlassen, um an der Quotenausschüttung teilzunehmen; daher fehlt auch eine dem § 183 Abs. 1 InsO entsprechende Regelung. Nur für die Vollstreckung *nach Beendigung des Insolvenzverfahrens* bedarf es einer Berichtigung der Tabelle, die analog § 183 Abs. 2 InsO erfolgt, wobei die Berichtigung auch noch nach der Schlussverteilung und Aufhebung des Verfahrens erfolgen kann (LG Braunschweig 23. 10. 07 – 6 T 592/07, ZInsO 2008, 514; Uhlenbruck/*Sinz* § 184 Rdn. 23).

10. Aufnahme eines unterbrochenen Rechtsstreits durch den Gläubiger gegen den Insolvenzverwalter[1]

Landgericht[2] **(Ort, Datum)**
(Ort)

In Sachen

A GmbH

– Kläger –

Prozessbevollmächtigter:

gegen

XY GmbH

– Beklagte –

Az.: ......

wegen Herausgabe

nehme ich als Prozessbevollmächtigter für den Kläger den unterbrochenen Rechtsstreit auf.

Das Rubrum bitte ich auf Seiten der Beklagten wie folgt zu ändern:
V (ladungsfähige Anschrift), handelnd in seiner Eigenschaft als Insolvenzverwalter über das Vermögen der XY GmbH[3].

Dieser Schriftsatz ist dem Insolvenzverwalter zuzustellen[4].

Im Termin zur mündlichen Verhandlung werde ich folgende Anträge verlesen:

1. **Der Beklagte wird verurteilt, an den Kläger die Werkzeugmaschine (genaue Bezeichnung) herauszugeben.**
2. **Der Beklagte trägt die Kosten des Rechtsstreites[5].**

Begründung:

Durch Beschluss des Amtsgerichts ...... wurde über das Vermögen der XY GmbH am ......, Az.: ...... das Insolvenzverfahren eröffnet und Rechtsanwalt V zum Insolvenzverwalter bestellt.

Der Kläger hatte die Schuldnerin[6] bereits vor Eröffnung des Insolvenzverfahrens auf Herausgabe der Werkzeugmaschine verklagt. Diese wurde am ...... unter Eigentumsvorbehalt geliefert. Die Schuldnerin hat bisher keine Zahlung geleistet.

Zur Begründung des Eigentumsrechts des Klägers beziehe ich mich ergänzend auf meine Ausführungen im Schriftsatz vom ......

Bei dem geltend gemachten Anspruch handelt es sich um ein Aussonderungsrecht gem. § 47 InsO, so dass der Kläger berechtigt ist, diesen Anspruch außerhalb des Insolvenzverfahrens durch Aufnahme des unterbrochenen Rechtsstreites gem. §§ 240, 250 ZPO, § 86 Abs. 1 Nr. 1 InsO weiterzuverfolgen.

Der Insolvenzverwalter hat nach dem Berichtstermin (§ 156 InsO) trotz Aufforderung vom ...... und Fristsetzung bis zum ...... die Maschine nicht herausgegeben und die Erfüllung des Vertrages verweigert[7].

Beweis: Vorlage des Schreibens des Beklagten vom ......

Die Aufnahme des Rechtsstreites ist daher geboten.

Rechtsanwalt

Anmerkungen

1. Durch die Insolvenzeröffnung – auch im Ausland (BGH 26. 11. 97 – IX ZR 309/96, NJW 1998, 928; Musielak/*Stadler*, ZPO, § 240 Rdn. 4) – werden kraft Gesetzes (§ 240 ZPO) alle Prozesse, bei denen der Schuldner Prozesspartei ist, unterbrochenen. Die Unterbrechung ist durch Beschluss festzustellen (BGH 14. 11. 02 – IX ZR 236/99, ZIP 2003, 39). Gleiches gilt, wenn ein vorläufiger Insolvenzverwalter bestellt ist, auf den die Verwaltungs- und Verfügungsbefugnis i. S. v. § 22 Abs. 1 S. 1 InsO übergegangen ist (§ 240 S. 2 ZPO). Unterbrochen werden auch Mahnverfahren, sofern der Mahnbescheid vor Anordnung des allgemeinen Verfügungsverbotes oder der Eröffnung des Insolvenzverfahrens zugestellt war (MünchKommInsO/*Schumacher* vor §§ 85 bis 87 Rdn. 45). § 240 ZPO findet ferner Anwendung auf das Arrest- und einstweilige Verfügungsverfahren (HK-*Eickmann* § 85 Rdn. 3), Kostenfestsetzungsverfahren (OLG Düsseldorf 18. 7. 96 – 6 W 27/96, ZIP 1996, 1621; KG Berlin 18. 1. 00 – 1 W 2378/99, ZIP 2000, 279), arbeitsgerichtliche Verfahren einschließlich Kündigungsschutzklagen (BAG 19. 11. 96 – 3 AZR 494/95, NZA 1997, 893; Uhlenbruck/*Sinz* § 180 Rdn. 20), verwaltungsgerichtliche Verfahren (BVerwG 29. 4. 88 – 8 C 73/85, KTS 1989, 439) und steuerliche Prozessverfahren (BFH 10. 6. 70 – III R 128/67, BB 1970, 1163). Nur das selbstständige Beweisverfahren wird nicht unterbrochen (BGH 11. 12. 03 – VII ZB 14/03, ZIP 2004, 186).

Für die Fortsetzung der anhängigen und unterbrochenen Rechtsstreite gelten die §§ 240, 250 ZPO, 85, 86 InsO. Hierbei ist zu unterscheiden:

a) Aktivprozesse gem. § 85 InsO sind solche, in denen der Schuldner einen Anspruch verfolgt. Diese kann nur der Insolvenzverwalter aufnehmen. Die Aufnahme erfolgt nach pflichtgemäßem Ermessen. Handelt es sich um ein Verfahren mit „erheblichem Streitwert", ist die Zustimmung des Gläubigerausschusses oder der Gläubigerversammlung einzuholen (§ 160 Abs. 2 Ziff. 3 InsO). Die Aufnahme ohne Zustimmung gem. § 160 InsO ist im Außenverhältnis aber ohne Rechtsfolge (§ 164 InsO).
Die Aufnahme geschieht durch Zustellung eines Schriftsatzes (§ 250 ZPO). Die Fortsetzung kann auch konkludent, z. B. durch den Antrag auf Änderung des Rubrums, erklärt werden (BGH 7. 10. 82 – VII ZR 84/82, ZIP 1983, 592).
Wird durch den Insolvenzverwalter die Entscheidung über die Aufnahme oder Ablehnung der Aufnahme des Rechtsstreits verzögert, ist der Insolvenzverwalter auf Antrag des Prozessgegners zur Aufnahme und zur Verhandlung der Hauptsache zu laden (§ 85 Abs. 1 S. 2 InsO i. V. m. § 239 Abs. 2 ZPO). Der Insolvenzverwalter verzögert die Entscheidung, wenn er ohne Entschuldigungsgrund nicht innerhalb einer den Umständen nach angemessenen Frist eine Entscheidung trifft (MünchKommInsO/*Schumacher* § 85 Rdn. 35). Ihm ist Gelegenheit zu geben, die Erfolgsaussichten des Prozessverfahrens zu beurteilen (Uhlenbruck/*Uhlenbruck* § 85 Rdn. 54). Der Insolvenzverwalter hat keine Verpflichtung, das Kostenerstattungsinteresse des Prozessgegners zu berücksichtigen (BGH 2. 12. 04 – IX ZR 142/03, ZIP 2005, 131). Eine Schadensersatzverpflichtung nach § 61 InsO scheidet aus. Die Zustellung an den bisherigen Prozessbevollmächtigten ist unzulässig, da dessen Prozessvollmacht gem. § 117 Abs. 1 InsO erloschen ist (BGH 10. 12. 98 – IX ZR 86/98, ZIP 1999, 75).
Lehnt der Insolvenzverwalter die Aufnahme des Rechtsstreits ab, können sowohl der Schuldner als auch der Prozessgegner den Rechtsstreit aufnehmen (§ 85 Abs. 2 InsO). Der vorläufige Insolvenzverwalter, auf den die Verfügungsbefugnis übergegangen ist (§ 22 Abs. 1 S. 1 InsO), kann lediglich über die Aufnahme des Rechtsstreits entscheiden (§ 24 Abs. 2 InsO). Ihm steht ein Entscheidungsrecht über die Ablehnung nicht zu (HK-Eickmann § 85 Rdn. 13). Die Ablehnung der Aufnahme des Rechtsstreits gilt als Freigabe des Streitgegenstandes aus der Insolvenzmasse (RGZ 127, 200).

b) Passivprozesse gem. § 86 InsO sind anhängige Rechtsstreitigkeiten gegen den Schuldner, die in der Insolvenz Ansprüche auf Aussonderung, abgesonderte Befriedigung oder Masseverbindlichkeiten zum Gegenstand haben. Diese Prozesse können sowohl durch den Insolvenzverwalter als auch den Prozessgegner aufgenommen werden. Die Aufnahme des Rechtsstreits erfolgt gem. § 250 ZPO. Der Aussonderung des Eigentums dient z.B. die Klage auf Herausgabe gem. § 985 BGB (MünchKommInsO/*Schumacher* § 86 Rdn. 6).

Nach § 86 Abs. 1 Nr. 2 InsO können sowohl der Insolvenzverwalter als auch der Gläubiger ein Verfahren, welches die abgesonderte Befriedigung betrifft, aufnehmen. Hat der Insolvenzverwalter die bewegliche Sache in Besitz, ist nach Eröffnung des Insolvenzverfahrens der Gläubiger nicht mehr zur Verwertung berechtigt (§§ 166 ff. InsO). Der Gegner kann dieser Rechtslage dadurch Rechnung tragen, dass er nach Aufnahme die Hauptsache für erledigt erklärt oder den Herausgabeantrag in einen Antrag auf Feststellung des Sicherungseigentums ändert (MünchKommInsO/*Schumacher* § 86 Rdn. 9).

Zu den Masseverbindlichkeiten (§ 86 Abs. 1 Nr. 3 InsO) zählen insbesondere Rechtsstreitigkeiten über Verbindlichkeiten des Schuldners aus beiderseits nicht (vollständig) erfüllten gegenseitigen Verträgen, deren Erfüllung durch den Insolvenzverwalter verlangt wird (§§ 55 Abs. 1 Nr. 2, 103 Abs. 1 InsO). Eine Aufnahme des Rechtsstreits ist erst nach dem Erfüllungsverlangen möglich (MünchKommInsO/*Schumacher* § 86 Rdn. 11). § 86 Abs. 1 Nr. 3 InsO findet auch Anwendung auf die Ansprüche aus Verträgen, die für die Zeit nach Eröffnung des Insolvenzverfahrens zu erfüllen sind (HK-*Kayser* § 86 Rdn. 12); hier ist jedoch das befristete Vollstreckungsverbot aus § 90 Abs. 1 InsO zu beachten.

Für die Unterscheidung zwischen Aktiv- und Passivprozessen kommt es nicht auf die formelle Parteirolle an, sondern ob über eine Pflicht zu einer Leistung gestritten wird, die in die Masse gelangen soll (BGH 14. 4. 05 – IX ZR 221/04, ZIP 2005, 952). Daher können Verfahren, die als Passivprozesse begonnen haben, zur Zeit der Unterbrechung als Aktivprozesse zu behandeln sein. Hat z.B. der Schuldner aufgrund eines vorläufigen vollstreckbaren Urteils zur Abwehr der Vollstreckung eine Sicherheit geleistet, ist der Insolvenzverwalter zur Aufnahme des Rechtsstreits gem. § 85 InsO befugt (MünchKommInsO/*Schumacher* § 85 Rdn. 9).

Andere anhängige Rechtsstreite gegen den Schuldner, die Insolvenzforderungen zum Gegenstand haben, können erst aufgenommen werden, wenn die Forderungen gem. § 174 InsO zur Tabelle angemeldet und geprüft sind. Erst wenn die angemeldete Forderung im Prüfungstermin oder im schriftlichen Prüfungsverfahren bestritten wurde, kann der Gläubiger den Rechtsstreit gem. §§ 179, 180 Abs. 2, 184 S. 2 InsO gegen den Bestreitenden aufnehmen (MünchKommInsO/*Schumacher* vor §§ 85 bis 87 Rdn. 78). Auf die Einhaltung dieser Vorschriften können die Parteien nicht wirksam verzichten. Diese Insolvenzforderungen müssen gegebenenfalls im Wege der Feststellungsklage gem. § 179 Abs. 1 InsO weiterverfolgt und die Anträge auf Feststellung zur Tabelle umgestellt werden (MünchKommInsO/*Schumacher* § 180 Rdn. 23).

Zu sonstigen prozessualen Folgen der Unterbrechung: *Baumbach/Lauterbach/Albers/Hartmann,* ZPO, § 240 Rdn. 4.

2. Die örtliche und sachliche Zuständigkeit des bisherigen Prozessgerichts wird durch die Insolvenzeröffnung nicht berührt (§ 261 Abs. 3 Nr. 2 ZPO). Die sachliche Zuständigkeit des Landgerichts besteht auch dann fort, wenn durch die nach § 182 InsO vorzunehmende Streitwertberechnung für eine selbstständige Klage nunmehr das Amtsgericht zuständig wäre (MünchKommInsO/*Schumacher* § 180 Rdn. 26).

3. Der Prozess wird in der Lage aufgenommen, in der er sich befindet (HK-*Kayser* § 85 Rdn. 56). Der Verwalter ist an die bisherige Prozessführung des Schuldners einschließlich eventueller Anerkenntnisse, Verzichte, Fristversäumnisse etc. gebunden (BGH 28. 9. 06 – IX ZB 312/04, NZI 2007, 104 Rdn. 9; MünchKommInsO/*Schumacher* § 85 Rdn. 16; Gottwald/*Gerhardt* § 32 Rdn. 26). Nicht gefolgt werden kann aber der Feststellung des BGH, dass „der Insolvenzverwalter auch die prozessualen Wirkungen der Klageerwiderungsschrift gegen sich gelten lassen muss" (BGH 28. 9. 06 a. a. O. Rdn. 9; ablehnend auch *Hofmann* EWiR 2007, 85; Graf-Schlicker/*Graf-Schlicker* § 180 Rdn. 11). Denn dies hätte die fatale Folge, dass dem Insolvenzverwalter in allen Fällen, in denen der Schuldner nach Anordnung des schriftlichen Vorverfahrens in der Klageerwiderungsschrift die Abweisung der Klage beantragt hatte – und dies dürfte der Regelfall sein –, von vorneherein ein vorläufiges Bestreiten und sofortiges Anerkenntnis mit der Kostenfolge des § 93 ZPO abgeschnitten ist (ausführlich Uhlenbruck/*Sinz* § 180 Rdn. 22).

Trat die Verfahrensunterbrechung nach Verkündung des Urteils, jedoch vor wirksamer Einlegung des Rechtsmittels ein, erfolgt die Aufnahme und Rechtsmitteleinlegung in einem Schriftsatz gegenüber dem Rechtsmittelgericht (BGH 29. 3. 90 – III ZB 39/89, BGHZ 111, 104, 109). Wird der Rechtsstreit gegen den Schuldner aufgenommen, so ist der Schriftsatz mit der Aufnahmeerklärung nicht mehr dem Schuldner oder seinen Prozessbevollmächtigten zuzustellen, sondern an den Insolvenzverwalter, da dieser gem. § 80 InsO die Prozessführungsbefugnis erlangt hat und die bisherige Prozessvollmacht durch die Insolvenzeröffnung erloschen ist (§ 117 Abs. 1 InsO).

Die Aufnahme des Rechtsstreits kann auch in der Revisionsinstanz unter Anpassung des Klageantrags erfolgen (BGH 29. 4. 04 – IX ZR 265/03, ZVI 2004, 530). Die Aufnahme des Rechtsstreits kann, wenn die angemeldete Forderung sowohl durch den Insolvenzverwalter als auch den Schuldner bestritten war, gegen beide aufgenommen werden. Insolvenzverwalter und Schuldner sind in diesem Fall einfache Streitgenossen (BGH 11. 11. 79 – I ZR 13/78, WM 1980, 164).

4. Die Aufnahme des Rechtsstreits erfolgt durch einen bei Gericht gem. § 250 ZPO einzureichenden Schriftsatz, der dem Insolvenzverwalter von Amts wegen zuzustellen ist. Ein Mangel der Zustellung dieses Schriftsatzes kann durch ausdrücklichen oder konkludenten Verzicht geheilt werden (BGH 30. 9. 68 – VII ZR 93/67, BGHZ 50, 397).

5. Vgl. Form. III. G. 8 Anm. 5.

Hatte der Schuldner Veranlassung zur Klage gegeben und erkennt der Insolvenzverwalter nach Verfahrensaufnahme (§ 86 Abs. 1 InsO) den Klageanspruch sofort an, trägt die Insolvenzmasse zwar die Kosten des Verfahrens; der Kostenerstattungsanspruch gewährt dem Gläubiger aber nur eine Insolvenzforderung (§ 86 Abs. 2 InsO).

Hat der Schuldner zur Klageerhebung keine Veranlassung gegeben und obsiegt der Insolvenzverwalter, ist der Kostenerstattungsanspruch vom Gegner zur Insolvenzmasse zu erstatten. Es spielt keine Rolle, ob die Kosten vor oder nach Eröffnung des Insolvenzverfahrens entstanden sind (Kübler/Prütting/Bork/*Lüke* § 86 Rdn. 18).

6. Der Schuldner kann nur dann selbst den Rechtsstreit aufnehmen, wenn der Insolvenzverwalter den Gegenstand aus der Insolvenzmasse freigegeben hat (Uhlenbruck/*Sinz* § 184 Rdn. 13; Kübler/Prütting/Bork/*Lüke* § 86 Rdn. 15). Die wirksame Ablehnung der Prozessaufnahme durch den Verwalter gilt als Freigabe des Streitgegenstandes aus der Masse (HK-*Kayser* § 85 Rdn. 61). Mit der Freigabe geht die Prozessführungsbefugnis und damit das Wahlrecht auf den Schuldner über (BGH 10. 10. 73 – VIII ZR 9/72, NJW 1973, 2065). Die Unterbrechung endet erst mit der Aufnahme durch den Schuldner oder den Prozessgegner (BGH 6. 7. 70 – VII ZB 8/79, NJW 1970, 1790).

Obsiegt der Schuldner in dem aufgenommenen Rechtsstreit, stellt das Erlangte insolvenzfreies Vermögen dar. Obsiegt der Gegner, begründet der Kostenerstattungsanspruch eine Neuverbindlichkeit des Schuldners (HK-*Kayser* § 85 Rdn. 8).

7. Zur Anwendung des § 103 InsO in der Insolvenz des Vorbehaltskäufers: MünchKommInsO/*Ganter* § 47 Rdn. 62 bis 74. Der Insolvenzverwalter muss die Erklärung zur Erfüllungswahl (§ 103 Abs. 2 S. 2 InsO) erst nach dem Berichtstermin abgeben (§ 107 Abs. 2 S. 1 InsO). Mit der Erfüllungsablehnung wandelt sich das Vertragsverhältnis in ein Abwicklungsschuldverhältnis um und der Vorbehaltsverkäufer kann die Vorbehaltsware umgehend aussondern (MünchKommInsO/*Ott/Vuia* § 107 Rdn. 22; MünchKommInsO/*Ganter* § 47 Rdn. 72).

11. Klage eines Massegläubigers[1] bei Unzulänglichkeit der Masse[2]

An das (Ort, Datum)
Arbeitsgericht[3]

Klage

des A

– Klägers –

Prozessbevollmächtigter:

gegen

Rechtsanwalt V (ladungsfähige Anschrift),
handelnd in seiner Eigenschaft als Insolvenzverwalter über das Vermögen der XY GmbH[4]

– Beklagten –

wegen: Forderung

Vorläufiger Streitwert[5]: …… EUR

Namens und in Vollmacht des Klägers erhebe ich Klage und werde beantragen:

1. Es wird festgestellt[6], dass dem Kläger eine Masseverbindlichkeit in Höhe von …… EUR zusteht.
2. Der Beklagte trägt die Kosten des Rechtsstreites.

Begründung:

Durch Beschluss des Amtsgerichts …… vom …… wurde unter dem Az. …… über das Vermögen der XY GmbH das Insolvenzverfahren eröffnet und der Beklagte zum Insolvenzverwalter bestellt.

Beweis: Beiziehung der Akten des Amtsgerichts …… als Insolvenzgericht.

Der Kläger war bei der Schuldnerin als …… zu einem monatlichen Gehalt von brutto …… EUR beschäftigt. Das Anstellungsverhältnis endete aufgrund Kündigung des Beklagten nach Anzeige der Masseunzulänglichkeit[7] zum …… Mit der Kündigung stellte der Beklagte den Kläger zugleich von der Arbeitsleistung unter Anrechnung von Resturlaubs- und Freizeitausgleichsansprüchen frei[8]. Es verblieben jedoch noch Resturlaubsansprüche für weitere …… Tage, für die der Kläger eine Urlaubsabgeltung in Höhe von …… EUR als Masseschuld beansprucht (§ 209 Abs. 1 Nr. 3 InsO).

Beweis: 1. Vorlage des Anstellungsvertrages vom ……
2. Vorlage des Kündigungsschreibens vom ……
3. Abrechnung Resturlaub vom ……

Der Beklagte hat mit Schriftsatz vom …… gegenüber dem Insolvenzgericht[9] die Masseunzulänglichkeit angezeigt.

Beweis: Beiziehung der Akten des Amtsgerichts …… als Insolvenzgericht.

Der Beklagte bestreitet die klägerische Forderung[10] und meint, es handele sich (zumindest anteilig) nur um eine Insolvenzforderung.

Rechtsanwalt

Anmerkungen

1. Die Forderungen der Massegläubiger sind vorab nach Vollzug von Aus- und Absonderungen sowie Aufrechnungen aus der vorhandenen Masse in voller Höhe zu befriedigen, solange die Masse ausreicht (§ 53 InsO). Nach Eintritt der Masseunzulänglichkeit und deren Anzeige an das Insolvenzgericht hat der Verwalter die Rangfolge des § 209 InsO zu beachten.

Die Massegläubiger können im Gegensatz zu den Insolvenzgläubigern (§ 89 InsO) wegen ihrer Forderungen die Zwangsvollstreckung in die Insolvenzmasse vornehmen. Das Vollstreckungsverbot von sechs Monaten seit Eröffnung des Insolvenzverfahrens (§ 90 Abs. 1 InsO) gilt nicht für Masseverbindlichkeiten aus einer Erfüllungswahl des Insolvenzverwalters (§ 103 InsO), aus Dauerschuldverhältnissen, soweit der Insolvenzverwalter für die Insolvenzmasse die Gegenleistung in Anspruch nimmt oder für die Zeit nach dem ersten möglichen Kündigungstermin (§ 90 Abs. 2 InsO). Für Massegläubiger mit Ansprüchen aus einem Sozialplan besteht ebenso ein gesetzliches Vollstreckungsverbot (§ 123 Abs. 3 S. 2 InsO) wie für Altmasseverbindlichkeiten i. S. v. § 209 Abs. 1 Nr. 3 InsO (§ 210 InsO).

Ein Massegläubiger kann seinen Anspruch, da § 87 InsO keine Anwendung findet, im Klagewege geltend machen (BGH 10. 6. 63 – II ZR 137/62, KTS 1963, 176) und durch Zwangsvollstreckung, soweit diese nicht durch §§ 90, 123 Abs. 3 S. 2, 210 InsO ausgeschlossen ist, sichern oder sich aus der Insolvenzmasse befriedigen (MünchKommInsO/*Hefermehl* § 53 Rdn. 59).

Die Verfahrenskostengläubiger ergeben sich aus § 54 InsO. Die sonstigen Masseverbindlichkeiten sind in § 55 Abs. 1 InsO aufgezählt. Diese werden um die von einem vorläufigen Insolvenzverwalter, auf den gem. § 22 Abs. 1 S. 1 InsO die Verwaltungs- und Verfügungsbefugnis übergegangen ist, begründeten Verbindlichkeiten und um die aus einem Dauerschuldverhältnis resultierenden Verbindlichkeiten, soweit der Insolvenzverwalter die Gegenleistung in Anspruch genommen hat, erweitert (§ 55 Abs. 2 InsO).

Masseunzulänglichkeit liegt vor, wenn der Vergleich der vorhandenen Werte mit den noch aus der Masse zu erbringenden Leistungen ergibt, dass der Überschuss nicht ausreicht, um alle Ansprüche der Massegläubiger zu befriedigen. Ist ausreichendes Vermögen vorhanden oder sind entsprechende Massezuflüsse zu erwarten, ist die Masse zulänglich (BAG 11. 8. 98 – 9 AZR 135/97, ZInsO 1999, 180).

2. Die Feststellung der Masseunzulänglichkeit obliegt dem Insolvenzverwalter (§ 208 Abs. 1 InsO). Eine Überprüfung, ob die Voraussetzungen der Masseunzulänglichkeit wirklich vorliegen, ist nach dem Willen des Gesetzgebers durch das Insolvenzgericht nicht vorzunehmen (BAG 11. 12. 01 – 9 AZR 459/00, BB 2002, 890, 892). Anzuzeigen ist sowohl die bereits eingetretene Masseunzulänglichkeit als auch die drohende Masseunzulänglichkeit (§ 208 Abs. 1 S. 2 InsO). Für die Definition der drohenden Masseunzulänglichkeit ist die Parallele zu § 18 InsO zu ziehen (HK-*Landfermann* § 208 Rdn. 7).

3. Auf einen die Teilungsmasse betreffenden Rechtsstreit findet § 13 GVG Anwendung. Die sachliche und örtlichen Zuständigkeit richtet sich nach den entsprechenden Vorschriften der ZPO, wobei auch die Zuständigkeit der besonderen Gerichtsbarkeiten wie Arbeits-, Sozial- und Verwaltungsgerichte usw. zu beachten ist. An eine früher vom Schuldner getroffene Schiedsabrede ist auch der Insolvenzverwalter gebunden.

Für Passivprozesse, welche die Insolvenzmasse betreffen, ergibt sich der allgemeine Gerichtsstand aus dem Sitz des Insolvenzgerichts (§ 19 a ZPO).

4. Nach § 80 InsO wird ab Insolvenzeröffnung oder nach Erlass eines allgemeinen Verfügungsverbots im Antragsverfahren (§ 22 Abs. 1 S. 1 InsO) das Verwaltung- und Verfügungsrecht in Bezug auf die Insolvenzmasse an Stelle des Schuldners durch den Insolvenzverwalter oder vorläufigen Insolvenzverwalter ausgeübt. Infolge dessen erlangt der Insolvenzverwalter auch die Prozessführungsbefugnis. Der Insolvenzverwalter ist „Partei kraft Amtes“ (Gottwald/*Klopp/Kluth* § 26 Rdn. 24), wobei er weder den Insolvenzschuldner, die Insolvenzgläubiger noch die Insolvenzmasse vertritt. Der Insolvenzverwalter leitet seine Legitimation aus dem Gesetz ab. Er ist in Masseprozessen zur Parteivernehmung, der Schuldner oder Schuldnervertreter als Zeuge zugelassen (BFH 22. 1. 97 – I R 101/95, ZIP 1997, 797).

5. Die Höhe des Streitwertes orientiert sich einerseits am Interesse des Klägers und andererseits an der zu erwartenden Quote, so dass sich eine analoge Anwendung von § 182 InsO anbietet (zur Streitwertfestsetzung nach § 182 InsO vgl. Form. III. G. 8 Anm. 3).

6. Während vor Anzeige der drohenden oder eingetretenen Masseunzulänglichkeit jeder Massegläubiger seine Forderung im Wege der Leistungsklage gerichtlich geltend machen und sich unter Berücksichtigung der Vollstreckungsverbote nach §§ 90, 123 Abs. 3 S. 2 InsO im Wege der Vollstreckung Sicherung und Befriedigung aus der Masse verschaffen kann, endet dieses Recht des Massegläubigers mit Anzeige der Masseunzulänglichkeit gem. § 208 InsO. Die Zahlungsklage eines Massegläubigers gegen den Insolvenzverwalter ist jetzt mangels Rechtsschutzbedürfnisses unzulässig, auch wenn über Grund und Höhe der Masseverbindlichkeit kein Streit besteht (BGH 22. 2. 01 – IX ZR 191/98, NZI 2001, 537, 539). Die Masseunzulänglichkeit ist durch den Insolvenzverwalter als Einwand geltend zu machen. Die Rechtsfolgen nach §§ 209 ff. InsO treten mit der Anzeige der Masseunzulänglichkeit ein (LAG Stuttgart 26. 3. 01 – 1 Ta 12/01, ZIP 2001, 657). Durch den Nachweis der Anzeige der Masseunzulänglichkeit gegenüber dem Insolvenzgericht genügt der Insolvenzverwalter seiner prozessualen Darlegungs- und Beweislast (MünchKommInsO/*Hefermehl* § 208 Rdn. 67). Weiterer Tatsachenvortrag des Insolvenzverwalters ist nicht erforderlich.

Der Insolvenzverwalter haftet gem. § 61 InsO sowohl den Alt- als auch den Neumassegläubigern, wenn er zum Zeitpunkt der Begründung der Masseverbindlichkeit hätte erkennen können, dass die Insolvenzmasse zur Erfüllung der Verbindlichkeit nicht ausreicht (Uhlenbruck/*Sinz* § 61 Rdn. 20, 26 ff.). Die besondere Pflicht des Verwalters, sich zu vergewissern, ob er bei normalem Geschäftsablauf zur Erfüllung der von ihm begründeten Forderungen mit Mitteln der Masse in der Lage sein wird, bezieht sich nur auf die primären Erfüllungsansprüche und nicht auf Sekundäransprüche (BGH 25. 9. 08 – IX ZR 235/07, ZIP 2008, 2126). Die Haftung ist auf das negative Interesse beschränkt (BGH 6. 5. 04 – IX ZR 48/03, ZIP 2004, 1107, 1111 ff.). Eine spätere Anzeige der drohenden oder vorhandenen Masseunzulänglichkeit ändert an der Haftung des Insolvenzverwalters nichts.

Nach Anzeige der Masseunzulänglichkeit und deren Nachweis ist ein Leistungsurteil ebenso unzulässig (BAG 11. 12. 01 – 9 AZR 459/00, ZIP 2002, 628; BAGE 31, 28) wie der Erlass eines Kostenfestsetzungsbeschlusses (LAG Baden-Württemberg 26. 3. 01 – 1 Ta 12/01, ZIP 2001, 657). Im Kostenfestsetzungsverfahren ist der Erstattungsanspruch nur der Höhe nach festzustellen (BGH 17. 3. 05 – IX ZB 247/03, ZIP 2005, 817).

Der Leistungsantrag ist nach Anzeige der Masseunzulänglichkeit auf Feststellung umzustellen (BAG 31. 1. 79 – 5 AZR 749/77, KTS 1979, 305), worin keine Klageänderung liegt (§ 264 Nr. 2 und 3 ZPO).

Ein Antrag auf Verurteilung des Insolvenzverwalters zur Zahlung der auf den klägerischen Masseanspruch entfallenden Quote ist nur dann zulässig, wenn die Masseschuldquote feststeht (BAG 31. 3. 04 – 10 AZR 253/03, ZIP 2004, 1323, 1325). Durch § 209 InsO ist einerseits die Rangordnung der Masseverbindlichkeiten gesetzlich geregelt und andererseits durch § 211 Abs. 1 InsO die Verteilung der Insolvenzmasse. Ist der Insolvenzverwalter trotz entsprechender Massemittel und ausreichender Rückstellung für die Ansprüche der vorrangigen Neumassegläubiger zur Zahlung nicht bereit, hat der Altmassegläubiger keinen einklagbaren Zahlungsanspruch, sondern kann nur das Insolvenzgericht nach § 58 InsO einschalten (MünchKommInsO/*Hefermehl* § 210 Rdn. 12).

Die Unzulässigkeit der Zwangsvollstreckung (§ 210 InsO) wegen Masseverbindlichkeiten von Altmassegläubigern (§ 209 Abs. 1 Nr. 3 InsO) ist mit der Erinnerung (§ 766 ZPO) geltend zu machen (HK-*Landfermann* § 210 Rdn. 3). Die Erhebung einer Vollstreckungsgegenklage (§ 767 ZPO) ist weder notwendig noch möglich, da der Insolvenzverwalter das Vollstreckungsverbot analog § 89 Abs. 3 InsO beim Insolvenzgericht und nicht beim Vollstreckungsgericht (MünchKommInsO/*Hefermehl* § 210 Rdn. 15) geltend machen kann.

Gegenüber Neumassegläubigern (§ 209 Abs. 1 Nr. 2 InsO) gilt das Vollstreckungsverbot (§ 210 InsO) nicht. Vollstreckt im Falle der Masseunzulänglichkeit ein Neumassegläubiger, kann der Insolvenzverwalter unter den Voraussetzungen des § 767 ZPO allenfalls Vollstreckungsgegenklage erheben (HK-*Landfermann* § 210 Rdn. 3). Ist ein Rechtsstreit wegen der Neumasseverbindlichkeit anhängig, hat er die neuerliche Masseunzulänglichkeit einzuwenden. Die Zahlungsklage wird unzulässig (BGH 3. 4. 03 – IX ZR 101/02, ZIP 2003, 914, 918; BAG 31. 3. 04 – 10 AZR 253/03, ZIP 2004, 1323, 1325). § 208 InsO ist auf Neumassegläubiger nicht anwendbar. Der Insolvenzverwalter ist im gerichtlichen Verfahren für den Eintritt der Masseunzulänglichkeit darlegungs- und beweispflichtig (BAG 11. 12. 01 – 9 AZR 80/01, ZIP 2002, 1261). Er genügt seiner Verpflichtung durch öffentliche Bekanntmachung der Masseunzulänglichkeit und Einreichung eines zeitnahen Finanzstatus (BAG 11. 8. 98 – 9 AZR 135/97, ZIP 1999, 36; BGH 22. 2. 01 – IX ZR 191/98, NZI 2001, 537, 539). Das Prozessgericht hat die Voraussetzungen der Masseunzulänglichkeit entsprechend § 287 Abs. 2 ZPO zu beurteilen (BGH 22. 2. 01 – IX ZR 191/98, BGHZ 147, 28, 38). Auch in diesem Fall hat der Massegläubiger von der Zahlungs- zur Feststellungsklage überzugehen (MünchKomm-InsO/*Hefermehl* § 210 Rdn. 23).

7. Nach der Anzeige der Masseunzulänglichkeit gilt die Rangordnung des § 209 InsO für sämtliche Masseverbindlichkeiten. Die Altmassegläubiger der Rangklasse 3 erhalten nur dann Zahlungen, wenn die vorrangigen Neumassegläubiger der Rangklasse 2 vollständig befriedigt werden (MünchKommInsO/*Hefermehl* § 209 Rdn. 13).

Bei gegenseitigen Verträgen besitzt der Insolvenzverwalter ein erneutes Wahlrecht (§ 209 Abs. 2 Nr. 1 InsO), auch wenn er bereits nach Eröffnung des Insolvenzverfahrens gem. § 103 InsO die Erfüllung gewählt hat (MünchKommInsO/*Hefermehl* § 209 Rdn. 28).

Die Ansprüche aus Dauerschuldverhältnissen wie z. B. aus Miet- und Arbeitsverhältnissen werden durch Insolvenzeröffnung nicht berührt. Die Ansprüche der Vertragspartner stellen Masseverbindlichkeiten nach § 55 Abs. 1 Nr. 2 InsO dar. Kündigt der Insolvenzverwalter nach Anzeige der Masseunzulänglichkeit das Miet- oder Arbeitsverhältnis zum nächstzulässigen Termin und nimmt er die Gegenleistung für die Insolvenzmasse nicht in Anspruch, steht dem jeweiligen Gläubiger nur eine Altmasseforderung zu (§ 209 Abs. 2 Nr. 2 i. V. m. § 209 Abs. 2 Nr. 3 InsO). Der Eintritt der Masseunzulänglichkeit berechtigt nicht zur fristlosen Kündigung eines Vertragsverhältnisses (MünchKommInsO/*Hefermehl* § 209 Rdn. 31).

Nimmt der Insolvenzverwalter die Gegenleistung in Anspruch, insbesondere aus einem Arbeitsverhältnis, so kann der Gläubiger Befriedigung als Neumasseschuld verlangen (§ 209 Abs. 2 Nr. 3 InsO). Gleiches gilt für die Nutzung eines Miet- oder Pachtgegenstandes (BGH 4. 12. 03 – IX ZR 222/02, ZIP 2004, 326; BGH 29. 4. 04 – IX ZR 141/03, ZIP 2004, 1277).

Bei Arbeitsverhältnissen kann der Insolvenzverwalter i. S. v. § 209 Abs. 2 Nr. 2 InsO erst dann kündigen, wenn Kündigungssperren wie z. B. Zustimmung zur Kündigung eines Schwerbehinderten (§ 85 SGB IX) durch das Integrationsamt, Zulässigerklärung der Kündigung einer Schwangeren (§§ 9 Abs. 3 MuSchG) oder eines Arbeitnehmers/einer Arbeitnehmerin in Elternzeit (§ 18 Abs. 1 BErzGG) oder bei Vorhandensein eines Betriebsrates durch Abschluss eines Interessenausgleichs (§ 111 BetrVG) beseitigt sind (BAG 4. 6. 03 – 10 AZR 586/02, ZIP 2003, 1850).

8. Stellt der Insolvenzverwalter den Arbeitnehmer mit Ausspruch der Kündigung von der Arbeitsleistung frei, so sind dessen Ansprüche nur als Altmasseverbindlichkeit zu erfüllen (arg. e contrario § 209 Abs. 2 Nr. 3 InsO). Dies gilt auch für einen Forderungsübergang gem. § 115 SGB X.

Versäumt der Insolvenzverwalter die erste Kündigungsmöglichkeit, so stellen die Ansprüche nach dem ersten Kündigungstermin Neumasseverbindlichkeiten nach § 209 Abs. 2 Nr. 2 InsO dar. Ob der Insolvenzverwalter den Arbeitnehmer beschäftigt, ist für das Entstehen der Neumasseverbindlichkeit bedeutungslos (BAG 31. 3. 04 – 10 AZR 253/03, ZIP 2004, 1323, 1326).

9. Auch wenn der Insolvenzverwalter bis zur Anzeige der Masseunzulänglichkeit die Arbeitsleistung für die Insolvenzmasse in Anspruch genommen hat, besitzt der Arbeitnehmer bei Anzeige der Masseunzulänglichkeit, Kündigung des Arbeitsverhältnisses nach Masseunzulänglichkeitsanzeige und Freistellung von der Arbeit keine Neumasseforderung nach § 209 Abs. 2 Nr. 3 InsO, sondern eine Altmasseforderung nach § 209 Abs. 1 Nr. 3 InsO.

10. Besteht über den Bestand und die Höhe der Masseverbindlichkeit zwischen dem Gläubiger und dem Insolvenzverwalter kein Streit, fehlt für eine nach Anzeige der Masseunzulänglichkeit erhobene Feststellungsklage das Rechtschutzbedürfnis.

Hier ergibt sich das Feststellungsinteresse daraus, dass der Insolvenzverwalter die Rechtsnatur des Urlaubsabgeltungsanspruchs als Masseschuld bestreitet. Nach Ansicht des BAG sind Urlaubsansprüche nicht von einer Arbeitsleistung im Kalenderjahr abhängig und werden daher auch nicht monatlich verdient. Soweit sie noch nicht zeitlich festgesetzt sind, könnten sie keinem bestimmten Zeitraum im Jahr zugeordnet werden (BAG 15. 5. 87 – 8 AZR 506/85, ZIP 1987, 1266). Deshalb verbiete sich auch eine rechnerische Zuordnung bestimmter Urlaubstage auf Zeitpunkte vor oder nach der Eröffnung der Insolvenz. Endet das Arbeitsverhältnis nach Eröffnung des Insolvenzverfahrens, sei der Urlaubsabgeltungsanspruch aus § 7 Abs. 4 BUrlG in voller Höhe Masseverbindlichkeit i. S. v. § 55 Abs. 1 Nr. 2 Alt. 2 InsO, da Urlaubsabgeltungsansprüche erst mit Beendigung des Arbeitsverhältnisses entstehen (BAG 25. 3. 03 – 9 AZR 174/02, ZIP 2003, 1802). Die Gegenmeinung hält dem entgegen, dass es nicht darauf ankomme, wann ein Anspruch entsteht, sondern wann dieser „begründet" (§ 38 InsO), also die rechtliche Grundlage hierfür im Kern gelegt worden ist. Maßgeblich sei daher, wann der Urlaubsanspruch erworben wurde, so dass der Urlaubsanspruch aufzuteilen sei in die Urlaubstage vor und nach der Insolvenzeröffnung (Uhlenbruck/*Sinz* § 55 Rdn. 68). Auch das BAG nehme die gleiche Abgrenzung im Rahmen des § 209 InsO vor, wenn es um die Zuordnung der Ansprüche zu den Alt- oder Neumasseverbindlichkeiten geht (BAG 21. 11. 06 – 9 AZR 97/06, ZIP 2007, 834 Rdn. 22). Andernfalls entstehe ein Wertungswiderspruch zu § 209 InsO, da die Abgrenzung zwischen Alt- und Neumasseverbindlichkeiten nach den entsprechend heranzuziehenden Kriterien wie für die Abgrenzung zwischen Insolvenzforderungen und Masseschulden erfolgt (MünchKommInsO/*Hefermehl* § 209 Rdn. 24).

12. Schadensersatzklage gegen den Insolvenzverwalter

An das
Landgericht[1] **(Ort, Datum)**

Klage

der A GmbH

– Klägerin –

Prozessbevollmächtigter:[2]
gegen

Herrn Rechtsanwalt V, …… in seiner Eigenschaft als
Insolvenzverwalter über das Vermögen der XY GmbH **– Beklagter –**

wegen: Forderung[3]
Streitwert: …… EUR [4]

Namens und in Vollmacht der Klägerin erhebe ich Klage und werde beantragen zu erkennen:

Der Beklagte wird verurteilt, an die Klägerin …… EUR nebst Zinsen i. H. v. 5 Prozentpunkten über dem Basiszinssatz seit …… zu zahlen.

Zugleich wird

Herrn Rechtsanwalt V, …… **– Streitverkündeter[5] –**

der Streit verkündet mit der Aufforderung, dem Rechtsstreit auf Seiten der Klägerin beizutreten.

Das Gericht wird gebeten,

anliegende beglaubigte Kopie der Klageschrift dem Streitverkündeten alsbald zuzustellen.

Begründung:

Der Beklagte wurde durch Beschluss des Amtsgerichts …… vom …… – Az.: …… – zum Insolvenzverwalter über das Vermögen der XY GmbH bestellt. Mit Schreiben vom …… machte die Klägerin an den von ihr an die XY GmbH unter Eigentumsvorbehalt gelieferten Stoffen Aussonderungsrechte[6] geltend und forderte ihn unter Fristsetzung bis zum …… zur Herausgabe[7] auf.

Beweis: Vorlage des Schreibens der Klägerin vom ……, Anlage K 1

Nach Mahnung hatte der Beklagte das Aussonderungsrecht der Klägerin anerkannt. Er teilte jedoch mit, dass die von der Klägerin gelieferten Stoffe nach Eingang des Schreibens vom …… zum Preise von …… EUR verkauft worden seien. Den Anspruch aus ungerechtfertigter Bereicherung[8] der Klägerin könne er nicht erfüllen, da er mit Schriftsatz vom …… gegenüber dem Amtsgericht …… die Masseunzulänglichkeit angezeigt[9] habe. Ob und in welcher Höhe auf die Zahlungsansprüche der Klägerin eine Masseschuldquote entfalle, sei ungewiss.

Beweis: Vorlage des Schreibens des Beklagten vom ……, Anlage K 2

Der Beklagte verkennt jedoch, dass der Klägerin ein Ersatzaussonderungsanspruch zusteht, gegen den der Beklagte keine Masseunzulänglichkeit einwenden kann. Den Nachweis, dass der Verwertungserlös sich nicht mehr unterscheidbar in der Masse befindet, ist der Beklagte schuldig geblieben.

Für den Fall, dass der Beklagte diesen Nachweis noch nachholt, hat die Klägerin einen Anspruch auf Schadloshaltung gegen ihn persönlich. Denn indem der Beklagte die Aussonderungsgegenstände nicht von der Verwertung der Insolvenzmasse[10] ausnahm, hat er schuldhaft[11] das Eigentumsrecht der Klägerin verletzt. Er haftet dann persönlich gem. §§ 60 InsO, 823 Abs. 1 BGB auf Schadenersatz[12].

Rechtsanwalt

Anmerkungen

1. Vgl. zunächst Form. I. D. 1.

Der Gerichtsstand für Klagen gegen den Insolvenzverwalter als Partei kraft Amtes richtet sich nach § 19a ZPO, während diese Vorschrift für eine (damit verbundene) Klage gegen den Insolvenzverwalter persönlich nicht gilt und es daher ggf. einer Gerichtsstandsbestimmung gem. § 36 Abs. 1 Nr. 3 ZPO bedürfte, wenn der Kläger beide als Gesamtschuldner in Anspruch nehmen will (siehe dazu auch Anm. 5 a. E.).

2. Vgl. I. D. 1 Anm. 5.

3. Vgl. I. D. 1 Anm. 6.

4. Vgl. I. D. 1 Anm. 7.

5. Die persönliche Verantwortlichkeit des Insolvenzverwalters gegenüber einem Beteiligten steht einer gleichzeitigen Haftung der Masse nicht entgegen (MünchKommInsO/*Brandes* §§ 60, 61 Rdn. 112). Der Geschädigte kann nach den allgemeinen Grundsätzen des Schadenrechts frei wählen, wen er zuerst in Anspruch nimmt; das Gesetz sieht eine Primärhaftung der Masse, welche die persönliche Inanspruchnahme des Verwalters zunächst ausschließt, nicht vor (BGH 1. 12. 05 – IX ZR 115/01, ZIP 2006, 194; BAG 25. 1. 07 – 6 AZR 559/06, ZIP 2007, 1169; *Lüke* Die persönliche Haftung des Konkursverwalters, S. 192 ff.). Der Gesamtschuldnerausgleich (§ 426 BGB) vollzieht sich primär nach § 254 BGB und sekundär nach Kopfteilen (MünchKommInsO/*Brandes* §§ 60, 61 Rdn. 113).

Trifft ein Schaden infolge Masseverkürzung oder -schmälerung die Gesamtheit der Insolvenzgläubiger, kann dieser Anspruch nur durch einen neu bestellten Insolvenzverwalter (§ 92 S. 2 InsO) oder einen Sonderinsolvenzverwalter geltend gemacht werden (BGH 22. 4. 04 – IX ZR 128/03, NZI 2004, 496; Uhlenbruck/*Sinz* § 60 Rdn. 120). Dagegen können individuelle Vermögenseinbußen bei einem einzelnen Gläubiger (sog. Einzelschäden) vom Geschädigten schon während des laufenden Insolvenzverfahrens gegen den Verwalter geltend gemacht werden; § 92 InsO steht dem nicht entgegen (OLG Köln 1. 6. 06 – 2 U 50/06, ZInsO 2007, 218). Dies gilt insbesondere für Schäden, die auf einer Insolvenzverschleppung beruhen, aber auch bei Vereitelung oder Beeinträchtigung eines Aussonderungsrechts; denn negativ betroffen ist allein der jeweilige Rechtsinhaber (Uhlenbruck/*Sinz* § 60 Rdn. 122).

Der Beteiligtenbegriff des § 60 InsO ist weit auszulegen. Hierzu zählen alle, deren Interessen durch eine Verletzung der dem Verwalter gesetzlich auferlegten Pflichten berührt werden können (BGH 9. 3. 06 – IX ZR 55/04 NZI 2006, 350; Jaeger/*Gerhardt* § 60 Rdn. 22; MünchKommInsO/*Brandes* §§ 60, 61 Rdn. 72–88).

Im Textbeispiel empfiehlt sich – statt einer Klage gegen den Beklagten als Verwalter und gegen ihn persönlich als Gesamtschuldner – nur eine Streitverkündung. Denn besteht noch ein Ersatzaussonderungsanspruch gegen die Masse, wäre eine Klage gegen den Verwalter persönlich unbegründet, weil es dann an einem Schaden fehlt; die Anzeige der Masseunzulänglichkeit greift nämlich nicht gegenüber dem Anspruch aus § 48 InsO. Kann der Kläger hingegen nur noch eine Massebereicherung geltend machen, wäre die Zahlungsklage gegen den Beklagten als Verwalter mangels Rechtsschutzinteresse (§ 210 InsO) unzulässig.

6. Vgl. zunächst Form. III. G. 7 Anm. 4 u. 14.

Der Aussonderungsgläubiger ist Beteiligter i. S. v. §§ 60, 61 InsO (BGH 25. 2. 88 – IX ZR 139/87, BGHZ 103, 310, 315). Der Insolvenzverwalter hat unmittelbar nach seiner Bestellung die Insolvenzmasse in Besitz zu nehmen (§ 148 Abs. 1 InsO) und zu prüfen, was zur Insolvenzmasse gehört oder nicht (BGH 9. 5. 96 – IX ZR 244/95, ZIP 1996, 1181). Er hat nur solche Rechte zu berücksichtigen, für die zumindest konkrete Anhaltspunkte für Fremdeigentum bestehen. Der die Aussonderung begehrende Gläubiger muss den auszusondernden Gegenstand konkret bezeichnen und konkret darlegen, worauf er sein Aussonderungsrecht stützt (MünchKommInsO/*Ganter* § 47 Rdn. 448).

Die dem Schuldner vom Lieferanten erteilte Ermächtigung, die unter Eigentumsvorbehalt gelieferte Ware im ordnungsgemäßen Geschäftsverkehr weiterzuveräußern, erlischt ohne besondere Erklärung mit der Eröffnung des Insolvenzverfahrens (BGH 2. 10. 52 – IV ZR 2/52, NJW 1953, 217, 218). Nach Insolvenzantragstellung ist der vorläufige Insolvenzverwalter zur Weiterveräußerung von Eigentumsvorbehaltsware nur befugt, wenn der Erlös zu Gunsten des Lieferanten separiert wird (MünchKommInsO/*Ganter* § 47 Rdn. 145). Die Vereitelung der Ersatzaussonderung führt zum Schadensersatzanspruch nach § 60 InsO (BGH 25. 2. 88 – IX ZR 139/87, BGHZ 103, 310, 315).

7. Der Eigentumsvorbehaltsanspruch berechtigt zur Aussonderung (§ 47 InsO).

Der Aussonderungsberechtigte muss die Sache abholen (MünchKommInsO/*Ganter* § 47 Rdn. 463). Der Insolvenzverwalter ist nicht verpflichtet, das Aussonderungsgut dem Gläubiger zurückzusenden. Es genügt, wenn er das Aussonderungsgut aussortiert und zur Abholung bereitstellt (BGH 26. 5. 88 – IX ZR 276/87, BGHZ 104, 304, 306).

8. Die Veräußerung des Aussonderungsgutes nach Eröffnung des Insolvenzverfahrens begründet Ersatzaussonderungsansprüche. § 48 S. 1 InsO setzt voraus, dass die Veräußerung *unberechtigt* war. Steht die Gegenleistung noch aus, so kann der Ersatzaussonderungsberechtigte Abtretung der Forderung nebst Nebenrechten (§ 401 BGB) fordern (§ 48 S. 1 InsO). Ist der Kaufpreis bereits bezahlt, kann nur dann Ersatzaussonderung der Zahlung verlangt werden, wenn sie sich noch unterscheidbar in der Masse befindet (§ 48 S. 2 InsO). Denn eine vor Eröffnung des Insolvenzverfahrens erfolgte Zahlung stellt kein „Recht auf die Gegenleistung" i. S. v. § 48 InsO mehr dar.

Auch bei Überweisung auf ein Bankkonto ist Unterscheidbarkeit i. S. v. § 48 S. 2 InsO ohne weiteres gewährleistet, selbst wenn das Konto im Kontokorrent geführt wird, sofern eine Unterscheidung aufgrund von Buchungen und den dazugehörigen Belegen von dem übrigen Guthaben möglich (BGH 11. 3. 99 – IX ZR 164/98, BGHZ 141, 116, 120 ff.; BGH 25. 4. 02 – IX ZR 313/99, ZIP 2002, 1093, 1097) und ein dem Ersatzaussonderungsrecht entsprechendes Guthaben noch vorhanden ist (sog. Bodensatztheorie; BGH 11. 3. 99 – IX ZR 164/98, ZIP 1999, 626, 628). Erfolgte die Zahlung jedoch bereits im Insolvenzantragsverfahren auf ein Konto des Schuldners oder ein Konto des vorläufigen Insolvenzverwalters, fehlt es an den Voraussetzungen für eine Ersatzaussonderung, da die Gegenleistung dem Vermögen des Schuldners vor Eröffnung des Insolvenzverfahrens zugeflossen war (BGH 25. 4. 02 – IX ZR 313/99, ZIP 2002, 1093, 1094; anders aber BGH 20. 9. 07 – IX ZR 91/06, NZI 2008, 39 für Überzahlung auf einem vom vorläufigen schwachen Insolvenzverwalter eingerichteten Anderkonto, dazu [ablehnend] Uhlenbruck/*Sinz* § 60 Rdn. 25 a. E.).

Kann der aussonderungsberechtigte Gläubiger sein Aussonderungsrecht erst nachweisen, nachdem der Gegenwert für die Veräußerung des Gegenstandes zur Masse geflossen ist und wurde das Geld mit anderem ununterscheidbar vermischt, steht dem Gläubiger nur noch eine Masseforderung wegen ungerechtfertigter Bereicherung der Masse gemäß § 55 Abs. 1 Nr. 3 InsO zu (MünchKommInsO/*Brandes* §§ 60, 61 Rdn. 56).

9. Allein der Insolvenzverwalter hat in eigener Verantwortung die eingetretene oder drohende Masseunzulänglichkeit festzustellen (HK-*Landfermann* § 208 Rdn. 8) und dem Insolvenzgericht anzuzeigen (§ 208 Abs. 1 InsO). Eine gerichtliche Überprüfung erfolgt nicht. Das Gericht hat die Anzeige der Masseunzulänglichkeit öffentlich bekannt zu machen und die Massegläubiger durch Zustellung, die regelmäßig analog § 8 Abs. 3 InsO dem Insolvenzverwalter übertragen wird, zu unterrichten (§ 208 Abs. 2 InsO).

10. Vgl. oben Anm. 6.

Der Insolvenzverwalter hat nach Eröffnung des Insolvenzverfahrens und Unterrichtung der Insolvenzgläubiger von der Verfahrenseröffnung mit der Verwertung der Insolvenzmasse eine angemessene Zeit zu warten, wenn er keine konkreten Anhaltspunkte für das Bestehen von Aussonderungsrechten besitzt, jedoch solche nicht ausschließen kann (MünchKommInsO/*Ganter* § 47 Rdn. 459). Meldet innerhalb einer Frist von zwei bis drei Wochen kein Gläubiger ein Aussonderungsrecht an, kann der Insolvenzverwalter davon ausgehen, dass entweder kein Aussonderungsrecht besteht oder keines ernsthaft weiterverfolgt wird (OLG Karlsruhe 18. 9. 98 – 10 U 49/98, NZI 1999, 231, 232).

11. Die persönliche Haftung des Insolvenzverwalters setzt Verschulden, also Vorsatz oder Fahrlässigkeit, voraus. Bei der Erfüllung insolvenzspezifischer Pflichten hat der Insolvenzverwalter für die Sorgfalt eines ordentlichen und gewissenhaften Insolvenzverwalters einzustehen (§ 60 Abs. 1 S. 2 InsO). Das Verschuldensmaß orientiert sich an den individuellen Anforderungen der Aufgabe des Insolvenzverwalters (MünchKommInsO/*Brandes* §§ 60, 61 Rdn. 90), wobei dieser nicht mit demselben Maßstab wie der Leiter des gesunden Unternehmens gemessen werden kann (Kübler/Prütting/Bork/*Lüke* § 60 Rdn. 37).

Der Insolvenzverwalter haftet auch für Erfüllungsgehilfen (§ 278 BGB). Es ist unerheblich, ob der Erfüllungsgehilfe dem Insolvenzverwalter persönlich oder der Masse gegenüber verpflichtet ist (BGH 24. 1. 91 – IX ZR 250/89, BGHZ 113, 262). Ist der Insolvenzverwalter gezwungen, Personal des schuldnerischen Betriebes einzusetzen, so haftet er nur bei mangelnder Überwachung oder für Entscheidungen von besonderer Bedeutung (§ 60 Abs. 2 InsO). So kann der Insolvenzverwalter z. B. auf das Personal wegen dessen speziellen Kenntnissen oder aus finanziellen Gründen angewiesen sein, um eine Belastung der Insolvenzmasse zu vermeiden (Kübler/Prütting/Bork/*Lüke* § 60 Rdn. 40).

Für die Schadensberechnung sind die §§ 249 ff. BGB maßgebend (BGH 5. 10. 89 – IX ZR 233/87, NJW–RR 1990, 45). § 254 BGB findet Anwendung (BGH 24. 9. 92 – IX ZR 217/91, NJW 1993, 522), so dass je nach Verschuldensgrad Schadensersatzansprüche entfallen oder gemindert werden. Die Beweislast für das Mitverschulden oder den Vorteilsausgleich hat der Verwalter (MünchKommInsO/*Brandes* §§ 60, 61 Rdn. 95).

Die Zustimmung der Gläubigerversammlung oder des Gläubigerausschusses lässt ein Verschulden des Insolvenzverwalters nicht automatisch entfallen (BGH 22. 1. 85 – VI ZR 131/83, ZIP 1985, 423; Jaeger/*Gerhardt* § 60 Rdn. 143, 144). Die Zustimmung kann im Einzelfall jedoch ein Indiz dafür sein, dass der Insolvenzverwalter seine Sorgfaltspflichten erfüllt hat (Kübler/Prütting/Bork/*Lüke* § 60 Rdn. 43 ff.; MünchKommInsO/*Brandes* §§ 60, 61 Rdn. 102). Die Mitglieder des Gläubigerausschusses haften den aussonderungsberechtigten Gläubigern nicht nach § 71 InsO, sondern nach allgemeinen Vorschriften über die Haftung wegen Rechtsverletzung (Uhlenbruck/*Uhlenbruck* § 71 Rdn. 2). Die Haftung besteht nur gegenüber den Insolvenzgläubigern und den absonderungsberechtigten Gläubigern (§ 71 InsO).

12. Ist die Pflichtverletzung ihrer Art nach geeignet, zu einem solchen Schaden zu führen, so ist nach dem Beweis des ersten Anscheins davon auszugehen, dass der Schaden auf der Pflichtverletzung beruht (MünchKommInsO/*Brandes* §§ 60, 61 Rdn. 106). Die Beweislast für das Verschulden des Insolvenzverwalters, die Ursächlichkeit seines Verhaltens sowie die Höhe des Schadens hat der geschädigte Gläubiger.

Für die Schadensberechnung gelten die §§ 249 ff. BGB. Der Insolvenzverwalter hat bei Verletzung des Aussonderungsrechts den Wiederbeschaffungswert zu ersetzen. Ein entgangener Gewinn ist nur zu ersetzen, wenn der Gewinn mit dem Aussonderungsgut zu erzielen gewesen wäre (BGH 4. 6. 58 – V ZR 304/56, NJW 1958, 1351). Bei der Vereitelung der Ersatzaussonderung ist als Schaden der Wert der Gegenleistung zu ersetzen (BGH 8. 1. 98 – IX ZR 131/97, ZIP 1998, 298).

IV. Der Arbeitsgerichtsprozess

A. Leistungsklagen der Arbeitnehmer mit den häufigsten Beklagtenformen im Rubrum

1. Zahlungsklage wegen rückständigen Lohnes und fehlerhafter Eingruppierung, auch im öffentlichen Dienst

An das
Arbeitsgericht

Klage

des/der Herrn/Frau ...... Klägers(in)
– Prozessbevollmächtigte/r: RA ......(in) –

gegen

den Handwerksmeister ...... Beklagter
wegen Arbeitsvergütung

Namens und mit Vollmacht des/der Klägers(in) erhebe ich Klage und werde beantragen zu erkennen:

I. Der Beklagte wird verurteilt, ... EUR brutto nebst Zinsen in Höhe von 5 Prozentpunkten über dem Basiszinssatz seit dem ....../seit Rechtshängigkeit an den/die Kläger(in) zu zahlen[1].

II. Der Beklagte trägt die Kosten des Rechtsstreites.

Begründung:[2, 3]

Der/Die am ...... geborene, verheiratete Kläger(in)[4], der/die ...... Kinder hat, wurde am ...... von dem Beklagten eingestellt. Das Arbeitsverhältnis ist vom/von der Kläger(in) Beklagten gekündigt zum ....../besteht ungekündigt fort/wurde am ...... beendet[5]. Der Beklagte betreibt einen Handwerksbetrieb für ......
Beide Parteien sind kraft Organisationszugehörigkeit tarifgebunden. Der/Die Kläger(in) ist Mitglied der IG ......, der Beklagte Mitglied der Handwerksinnung ......[6].
Es gilt mithin der für das ...... Handwerk geltende Lohntarifvertrag/Gehaltstarifvertrag vom ......
Nach § X des Lohn-/Gehaltsrahmenabkommens ist der/die/Kläger(in) nach seiner/ihrer überwiegend verrichteten Tätigkeit einzugruppieren. Der/Die Kläger(in) ist in die Vergütungsgruppe/Gehaltsgruppe ...... einzugruppieren[7]. Die Gruppenmerkmale lauten ......
Zu dem Aufgabenbereich des/der Klägers(in) gehört ......[8].
Der Beklagte zahlt nur Vergütung nach Lohngruppe/Gehaltsgruppe ...... Der/Die Kläger(in) hat mithin Anspruch auf die Lohndifferenz/Gehaltsdifferenz zur Vergütungsgruppe ...... Der Betriebsrat/Personalrat hat bei der Eingruppierung mitzuwirken (§§ 99ff. BetrVG, 75 BPersVG)[9]. Die Vergütungsdifferenz beträgt in der Woche bei 40-stündiger Arbeitszeit ....../im Monat ...... Verlangt wird die Nachzahlung für die Zeit vom ...... bis ...... Der Beklagte ist am ...... zur Zahlung aufgefordert worden und befindet sich in Verzug (§ 284 BGB). Er weigert sich zu zahlen[10–12].

Rechtsanwalt/Rechtsanwältin

Schrifttum: Kittner/Zwanziger, Formularbuch Arbeitsrecht, 2005; *Vorwerk,* Das Prozessformularbuch, 8. Aufl., 2005.

Anmerkungen

1. Zulässig ist auch ein Feststellungsantrag, festzustellen, dass der Kläger Vergütung nach Vergütungsgruppe ...... des Lohn/Gehaltstarifvertrages für ...... vom ...... zu beanspruchen hat (*Schaub* ArbR-Hdb. § 67 II). Im öffentlichen Dienst wird regelmäßig darauf geklagt, dass der Arbeitnehmer aus einer bestimmten Vergütungsgruppe zu entlohnen ist (BAG AP Nr. 56 zu § 3 TOA; AP Nr. 46 zu § 256 ZPO; AP Nr. 53 zu §§ 22, 23 BAT; AP Nr. 4 zu § 23 a BAT). Wird neben dem Zahlungsantrag im Wege kumulativer Klagehäufung eine Feststellungsklage erhoben, so ist diese als Zwischenfeststellungsklage (§ 256 Abs. 2 ZPO) regelmäßig zulässig (BAG AP Nr. 1 zu § 1 TVG Tarifverträge Waldarbeiter = BB 1996, 2363). Die Zwischenfeststellungsklage wird nur dann unzulässig sein, wenn bereits die Leistungsklage die Rechtsbeziehungen endgültig klärt. Dagegen ist eine Klage unzulässig, wenn darüber hinaus die Feststellung begehrt wird, dass der Arbeitnehmer nach einer bestimmten Fallgruppe innerhalb der Vergütungsgruppe zu entlohnen sei (BAG AP Nr. 14 zu § 23 a BAT; AP Nr. 3 zu §§ 22, 23 Kn AT; AP Nr. 10 zu § 24 BAT). Dies gilt auch, wenn davon der Bewährungsaufstieg abhängt. Mit der Feststellungsklage kann auch ein Antrag verbunden werden, die sich aus der Einreihung in die höhere Vergütungsgruppe ergebenden Nachzahlungen zu verzinsen (BAG AP Nr. 30 zu §§ 22, 23 BAT; anders bei fehlendem Verschulden: BAG AP 49 zu §§ 22, 23, BAT 1975 = NJW 1982, 2279; AP Nr. 2 zu § 21 MTL II; AP Nr. 1 zu § 21 MTL II). Im öffentlichen Dienst spricht das BAG in aller Regel nur Rechtshängigkeitszinsen zu (BAG AP 49 zu §§ 22, 23 BAT 1975). Ein Klageantrag, mit dem Zinsen in Höhe bestimmter Prozentpunkte über dem Basiszinssatz der Europäischen Zentralbank gefordert werden, ist auch für die Vergangenheit hinreichend bestimmt genug (BAG NJW 2003, 2403 = NZA 2003, 567). Nach der Entscheidung des BAG GS kann der Arbeitnehmer die Verzugszinsen nach § 288 Abs. 1 S. 1 BGB aus der in Geld geschuldeten Bruttovergütung verlangen (BAG AP Nr. 4 zu § 288 BGB = NZA 2001, 1195 = NJW 2001, 3570). Nachdem das BAG (NZA 2005, 694) entschieden hat, dass Arbeitnehmer Verbraucher gemäß § 13 BGB sind, können nach § 288 BGB nur 5 Prozentpunkte und nicht 8 Prozentpunkte über dem Basiszinssatz im Arbeitsgerichtsprozess eingeklagt werden. Zinsansprüche sind zum Hauptanspruch akzessorisch, so lange der Hauptanspruch nicht verfallen ist, sind auch Zinsansprüche nicht verfallen (BAG NZA 2003, 879).

2. Alternative für eine einfache Leistungsklage: Der/Die im Jahre ...... geborene Kläger(in) steht seit dem ...... als ...... in den Diensten der Beklagten. Der/die Kläger(in) verdiente ...... EUR im Monat/in der Woche/in der Stunde. Der Beklagte hat seit dem ...... keine Vergütung mehr gezahlt. Der Beklagte schuldet mithin Nachzahlung für die Zeit von ...... bis ...... in Höhe von ...... EUR.

3. a) TVöD. Das Recht des öffentlichen Dienstes ist dadurch stark verändert worden, dass am 1. 10. 2005 nach zweijähriger Verhandlung der Tarifvertrag öffentlicher Dienst (TVöD) abgeschlossen wurde und in Kraft getreten ist. Zum gleichen Zeitpunkt ist der Tarifvertrag zur Überleitung der Beschäftigten des Bundes in den TVöD und zur Regelung des Übergangsrechts (TVÜ-Bund) vom 1. 6. 2005 und ein entsprechender Tarifvertrag für die Kommunen in Kraft getreten. Der TVöD gilt für Arbeiter und Angestellte des Bundes und der Kommunen. Die Länder sind aus den Tarifvertragsverhandlungen ausgeschieden: Für sie gilt seit dem 1. 11. 2006 der Tarifvertrag für den öffentlichen Dienst der Länder (TV-L). Durch ihn werden der BAT, BAT-O, BAT-Ostdeutsche Sparkassen, MT-Arb, MT-Arb-O, BMT-G und BMT-GO abgelöst. Die am 1. 10. 2005 vorhandenen Beschäftigten wurden nach Maßgabe der TVÜ in den TVöD übergeleitet (§ 3 TVÜ). Die Überleitung erfolgt für die Tarifgebundenen tarifautomatisch. Für nicht Tarifgebundene wird die Überleitung ebenso erfolgen, da im öffentlichen Dienst im Arbeitsvertrag die jeweils geltenden Tarifverträge in Bezug genommen sind (Gleichstellungsabrede; BAG 1. 12. 2004 AP Nr. 34 zu § 1 TVG Bezugnahme auf Tarifvertrag = NZA 2005, 478). Für alle ab dem 1. 10. 2005 neu Eingestellten gelten die Regelungen des TVöD unmittelbar. Ziel des TVöD war ua. die Unterscheidung zwischen Arbeitern und Angestellten zu beseitigen, die Vorschriften über den leistungsunabhängigen Bewährungs- und Zeitaufstieg aufzuheben und die Eingruppierungsmerkmale zu entrümpeln. Die Überleitung erfolgte in folgenden Schritten: (1) Die Beschäftigten werden nach § 4 TVÜ einer Entgeltgruppe zugeordnet; (2) gemäß § 5 TVÜ wird ein Vergleichsentgelt gebildet und zwar auf der Basis der im September 2005 erhaltenen Bezüge; (3) ehemalige Angestellte werden einer sog. individuellen Zwischenstufe in der im Rahmen der Zuordnung ermittelten Entgeltgruppe zugeordnet (§ 6 TVÜ); (4) ehemalige Arbeiter werden gemäß § 7 TVÜ eingereiht. Im Rahmen der Überleitung unterstellt der Tarifvertrag die bisherige Eingruppierung als richtig. Die Zuordnungstabelle begründet keinen Besitzstand für Arbeitgeber und Arbeitnehmer, so dass es noch zur Überprüfung kommen kann.

b) Das alte Eingruppierungsrecht ist nicht nur für Altfälle, sondern auch für Neufälle von Bedeutung.

Alternative für eine Eingruppierungsklage im öffentlichen Dienst:[11]

Der/Die Kläger(in) ist graduiert(e)r Bauingenieur(in) und steht seit dem ...... als techn. Angestellte(r) beim ...... in den Diensten des Beklagten. Das Arbeitsverhältnis richtet sich aufgrund Organisationszugehörigkeit/einzelvertraglicher Vereinbarung nach dem Bundesangestelltentarifvertrag vom 1. 2. 1961 in seiner jeweils geltenden Fassung. Der/Die Kläger(in) bezieht nach seinem/ihrem Arbeitsvertrag Vergütung nach VergGr IVa der Anlage 1 zum BAT. Der/Die Kläger(in) ist der Auffassung, dass ihm/ihr Vergütung nach VergGr ...... der Anlage 1 zum BAT zusteht. Die Vergütungsgruppenmerkmale haben nachfolgenden Wortlaut ...... Der/Die Kläger(in) wird im ...... Amt beschäftigt. Dieses Amt wird von dem ...... geleitet. Dem Amtsleiter unterstehen die vom Kläger geleitete Abteilung sowie die Abteilungen ...... Der Amtsleiter ist Dipl.-Ing. und als Angestellter in die VergGr ...... BAT eingruppiert. Die Abteilungsleiter sind in die Vergütungsgruppe ...... eingereiht. Nur der/die Kläger(in) befindet sich in der VergGr IVa BAT. Der/Die Kläger(in) erfüllt die Voraussetzungen des Arbeitsvorganges ...... Ihm/Ihr obliegen nachfolgende Einzelaufgaben: (1) Aufstellen von Entwürfen ...... (2) Ermittlung von Kostenbeteiligungen Dritter ...... (3) Aufstellung und Prüfung von Ausschreibungsunterlagen ...... (4) Bauüberwachung und Abrechnung ...... usw.

Der/Die Kläger(in) erfüllt mit seiner/ihrer Tätigkeit die Grundmerkmale der VergGr ...... Er/Sie erfüllt aber auch die Heraushebungsmerkmale der VergGr ......

c) Die Eingruppierungsregelungen des TVöD folgen den gleichen Grundsätzen wie das bisherige Recht. Dies hat seinen Grund darin, dass in dem zweijährigen Verhandlungsmarathon keine Zeit mehr zur Verfügung stand, eine Eingruppierungsordnung zu schaffen. Es gibt damit (1) eine Allgemeine Grundregelung, (2) Regelungen für die Eingruppierung in besonderen Fällen, (3) Regelungen für die vorübergehende Ausübung einer höherwertigen Tätigkeit, (4) Regelungen für eine Vorarbeiter-/Teamzulage. Die bisherige, fortgeltende Eingruppierungssystematik ist daher bis zum In-Kraft-Setzen einer neuen Ordnung von Bedeutung. Derzeit ist keine Einigung über eine neue Eingruppierungsordnung in Sicht. Ausnahmen betreffen bestimmte Tätigkeitsbereiche (z. B. Ärzte). Auch in der neuen Entgeltordnung gilt der Grundsatz der Tarifautomatik, der Begriff des Arbeitsvorgangs und auch die Anknüpfung an die überwiegend auszuübende Tätigkeit bleiben erhalten. Die Eckpunkte für die neue Entgeltordnung sind vereinbart. Es werden vier Qualifikationsebenen geschaffen, die tätigkeitsbezogen ausgerichtet sind: Es sind eingruppiert in die Entgeltgruppen 1 bis 4 Beschäftigte mit Tätigkeiten, die keine oder eine unter dreijährige Ausbildung in einem nach dem BBiG anerkannten Ausbildungsberuf voraussetzen; 5 bis 8 Beschäftigte mit Tätigkeiten, die eine abgeschlossene Ausbildung in einem nach dem BBiG anerkannten Ausbildungsberuf von mindestens drei

Jahren voraussetzen, 9 bis 12 Beschäftigte mit Tätigkeiten, die einen Fachhochschulabschluss voraussetzen; 13 bis 15 mit Tätigkeiten, die einen Abschluss an einer wissenschaftlichen Hochschule voraussetzen. Dem BBiG sind entsprechende Regelungen der Handwerksordnung gleichgestellt. Der Begriff des sonstigen Angestellten wird aufgenommen werden. Hieraus folgt für den Eingruppierungsprozess, dass ab 1. 10. 2005 von den Anspruchsgrundlagen des TVöD ausgegangen werden muss, sich aber die Eingruppierungsmerkmale nach bisherigem Recht richten.

4. Im Arbeitsrecht ist es üblich, die Sozialdaten des Klägers anzugeben, auch wenn es nicht entscheidungserheblich ist.

5. Angaben zur Beendigung sind wegen Vergleichsbemühungen von Bedeutung.

6. Tarifgebunden sind die Parteien, wenn sie Mitglieder der den Tarifvertrag abschließenden Organisationen sind (§ 3 TVG) oder dieser für allgemeinverbindlich (§ 5 TVG) erklärt worden ist (*Schaub* ArbR-Hdb. §§ 206, 207). Für Betriebsnormen reicht auch die Tarifbindung des Arbeitgebers aus. Handwerksmeister sind idR. Mitglied der Innung (Landesinnung), die den Tarifvertrag abgeschlossen hat.

7. Die Eingruppierung hat nur deklaratorische, dagegen keine konstitutive Bedeutung (*Schaub* ArbR-Hdb. § 67 II). Im Allgemeinen erfolgt die Eingruppierung nach der überwiegend vom Arbeitnehmer verrichteten Tätigkeit. Eine Besonderheit besteht für Eingruppierungsklagen nach dem TVöD. Hier sind zunächst die Arbeitsvorgänge zu ermitteln. Alsdann werden diese unter die einzelnen Gruppenmerkmale subsumiert.

8. Der Kläger ist für die Tatsachen darlegungs- und beweispflichtig, aus denen sich der Schluss ziehen lässt, dass er die tariflichen Tätigkeitsmerkmale unter Einschluss der darin vorgesehenen Qualifikationen erfüllt (BAG AP Nr. 16, 36 zu §§ 22, 23 BAT 1975).

9. Betriebs- und Personalrat haben bei der Ein-, Um- und Höhergruppierung ein Mitwirkungs-/Mitbestimmungsrecht (vgl. §§ 99 ff. BetrVG, § 75 BPersVG). Es sind mehrere Fallgruppen zu unterscheiden: (1) Nach § 99 Abs. 1 BetrVG hat der Betriebsrat, nach § 75 Abs. 1 BPersVG hat der Personalrat ein Mitwirkungsrecht bei der Eingruppierung. Das setzt voraus, dass ein Vergütungsgruppensystem besteht (BAG AP Nr. 62 zu § 99 BetrVG 1972). Besteht es, ist der Arbeitgeber zur Eingruppierung verpflichtet (BAG AP Nr. 111 zu § 99 BetrVG 1972). Geht ein Betrieb oder Betriebsteil von einem tarifgebundenen auf einen nicht tarifgebundenen Arbeitgeber über, ist der neue Arbeitgeber bei Neueinstellungen nicht bereits wegen des Betriebsübergangs an die tarifliche Vergütungsordnung gebunden. Die Anwendbarkeit der tariflichen Vergütungsordnung auf Neueinstellungen bedarf in diesem Fall vielmehr eines zusätzlichen Geltungsgrundes (BAG AP Nr. 28 zu § 99 BetrVG 1972 Eingruppierung = NZA 2004, 800). Dasselbe gilt nach dem BPersVG. Der Arbeitnehmer ist aber in die Vergütungsgruppe eingereiht, deren Voraussetzungen er erfüllt. Es gilt der sog. Tarifautomatismus. Hieraus folgt, dass das Mitwirkungsrecht des Betriebs- bzw. des Personalrates nur ein Mitbeurteilungsrecht ist. Wird das Mitwirkungsrecht des Betriebs- oder Personalrats verletzt, so kann dieser verlangen, dass das Zustimmungsersetzungsverfahren durchgeführt wird (BAG AP Nr. 105, 103 BetrVG 1972). Dagegen kann die Verletzung des Mitwirkungsrechts nichts an dem Tarifautomatismus ändern, dass der Arbeitnehmer in die zutreffende Vergütungsgruppe eingruppiert ist. Der einzelne Arbeitnehmer ist nicht gehindert, seine Eingruppierung überprüfen zu lassen (BAG AP Nr. 103 zu § 99 BetrVG 1972). Der tarifliche Lohnanspruch besteht unabhängig von der Beteiligung des Betriebsrats. (2) Der Betriebs- wie der Personalrat hat ein Mitwirkungsrecht, wenn dem Arbeitnehmer eine höherwertige Beschäftigung übertragen wird. Wird bei der Übertragung das Mitwirkungsrecht verletzt, kann die Personalvertretung verlangen, dass die Maßnahme rückgängig gemacht wird oder seine Zustimmung eingeholt wird (BAG AP Nr. 5, 6 zu § 101 BetrVG 1972; AP Nr. 27 zu § 118 BetrVG 1972; AP Nr. 37 zu § 99 BetrVG 1972; AP Nr. 9 zu Art. 33 Abs. 2 GG). Hat der Arbeitnehmer in der Vergangenheit höherwertige Tätigkeit verrichtet, hat er Anspruch auf höhere Vergütung (BAG AP Nr. 72, 95 zu §§ 22, 23 BAT; AP Nr. 8 zu §§ 22, 23 BAT 1975). (3) Umgruppierung ist jede Änderung der Einreihung in die tarifliche oder betriebliche Lohn- und Gehaltsgruppenordnung. Hierzu gehört also die Herauf- wie die Herabgruppierung. Sie beruht häufig auf einer Ausübung des Direktionsrechts des Arbeitgebers. Denkbar ist aber auch, dass der Arbeitnehmer in die höherwertige Tätigkeit hineinwächst (vgl. einerseits BVerwG AP Nr. 10 zu § 71 PersVG; andererseits BAG AP Nr. 49, 52 BAT 1975; AP Nr. 54 zu § 22, 23 BAT). Auch bei der Umgruppierung hat die Personalvertretung ein Mitbeurteilungsrecht. Wird das Mitbeurteilungsrecht verletzt, kann der Arbeitgeber gezwungen werden, das Zustimmungsersetzungsverfahren einzuleiten. Dagegen folgt der Vergütungsanspruch des Arbeitnehmers wiederum dem Tarifautomatismus. Er hat nur Anspruch auf die Vergütung, die ihm bei korrekter Eingruppierung zustehen würde (BAG AP Nr. 31, 37 zu § 75 BPersVG). Die Personalvertretung kann mithin eine sog. korrigierende Rückgruppierung nicht verhindern, wenn der Arbeitgeber irrtümlich zu hoch eingruppiert hat (vgl. zu allem *Schaub* ArbR-Hdb. § 186 Rdn. 55 a und für den Privatdienst § 67 Rdn. 4 ff.). (4) Sowohl für die evangelische wie die katholische Kirche bestehen Mitarbeitervertretungsregelungen (vgl. *Schaub* ArbR-Hdb. § 186 Rdn. 172 ff.). Für sie werden entsprechende Grundsätze gelten (BAG NZA 1998, 263; 14. 1. 2004 – 4 AZR 10/03 n. a. v.).

10. Es ist nach prozesstaktischen Erwägungen zu entscheiden, ob die Einwendungen schon in der Klageschrift substantiiert werden oder nicht.

11. Der TVöD sieht die Eingruppierungsklage vor. Grundlage der Eingruppierungsklage sind die Normen des TVöD. Nach den Überleitungstarifverträgen sind die Eingruppierungsmerkmale nach dem Altrecht zu entnehmen.

Nach § 22 Abs. 2 BAT ist der Angestellte in die Vergütungsgruppe einzugruppieren, deren Tätigkeitsmerkmale die gesamte von ihm nicht nur vorübergehend auszuübende Tätigkeit entspricht. Die gesamte auszuübende Tätigkeit entspricht den Tätigkeitsmerkmalen einer Vergütungsgruppe, wenn zeitlich mindestens zur Hälfte Arbeitsvorgänge anfallen, die für sich genommen die Anforderungen eines Tätigkeitsmerkmals oder mehrere Tätigkeitsmerkmale der Vergütungsgruppe erfüllen (§ 22 Abs. 2 Unterabs. 2 S. 1 BAT). Der Begriff des Arbeitsvorganges ergibt sich aus der Protokollnotiz Nr. 1 zu § 22 BAT. Das BAG hat den Arbeitsvorgang als eine unter Hinzuziehung der Zusammenhangstätigkeit und bei Berücksichtigung einer vernünftigen, praktischen Verwaltungsübung nach tatsächlichen Gesichtspunkten abgrenzbare und tariflich selbstständig bewertbare Arbeitseinheit der zu einem bestimmten Arbeitsergebnis führenden Tätigkeit eines Angestellten definiert (vgl. BAG AP Nr. 2 zu §§ 22, 23 BAT 1975). Ist ein Arbeitnehmer mit der Vollstreckung von Steuerbescheiden beauftragt, so ist Arbeitsergebnis die Beitreibung der Steuerforderung. Es liegt ein einheitlicher Arbeitsvorgang vor, unabhängig davon, ob in Grundstücke, bewegliche Sachen oder Forderungen vollstreckt wird. Der Kläger hat bei einer Eingruppierungsfeststellungsklage die Einzelheiten seiner Tätigkeit sowie sämtliche Tatsachen vorzutragen, die das Gericht zur rechtlichen Bestimmung der Arbeitsvorgänge kennen muss. Jedoch hat der Kläger nicht die Pflicht, seine Tätigkeit bereits nach Arbeitsvorgängen vorgegliedert den Tatsachengerichten zu schildern (BAG AP Nr. 36, 47, 67 zu §§ 22, 23 BAT 1975). Es gibt keinen Rechtsgrund dafür, den Angestellten des öffentlichen Dienstes tagebuchartige oder sonstige Aufzeichnungen über die Einzelheiten ihrer Tätigkeit und deren Zeitaufwand abzuverlangen (AP Nr. 36 aaO.). Ausgangspunkt der Rechtsprechung des BAG, welche Anforderungen an die Darlegung zum Arbeitsvorgang zu stellen sind, war die Entscheidung vom 28. 3. 1979 (BAG AP Nr. 19 zu §§ 22, 23 BAT 1975). Ein Kläger verlangte Vergütung nach VergGr. V BAT, Fallgr. 1 c. Dort werden neben gründlichen und vielseitigen Fachkenntnissen selbständige Leistungen gefordert. Dazu wurde ausgeführt, dass mindestens zur Hälfte selbständige Leistungen anfallen müssen und die Tätigkeitsmerkmale für einen einzelnen tariflich zu bewertenden Arbeitsvorgang erst dann erfüllt sind, wenn im Arbeitsvorgang mindestens zur Hälfte selbständige Leistungen anfallen. Diese Rechtsprechung wurde bestätigt von BAG AP Nr. 53, 68, 89 zu §§ 22, 23 BAT 1975. Sie hat bei den Tarifpartnern keine Zustimmung gefunden; zu einer Änderung der Tarifverträge ist es jedoch nicht gekommen. Die Rechtsprechung konnte sich zum Vor- wie Nachteil der Arbeitnehmer auswirken. Fallen zB. 50% Arbeitsvorgänge an, in denen jeweils ein Drittel selbständige Leistungen zu erbringen waren, reichte bereits dieses aus, um eine Höhergruppierung zu erzielen. Andererseits konnte ein Arbeitnehmer mit 49% Arbeitsvorgängen mit selbstständigen Leistungen eine Höhergruppierung nicht erreichen. Dies hat zur Änderung der Rechtsprechung am 19. 4. 1986 geführt (BAG AP Nr. 116 zu §§ 22, 23 BAT 1975). Seither nimmt das BAG an, dass immer dann, wenn tarifliche Anforderungen in einem bestimmten zeitlichen Ausmaß gefordert werden, nicht darauf abzustellen ist, ob die Hälfte der Gesamtarbeitszeit ausmachende Arbeitsvorgänge ihrerseits das tariflich geforderte Ausmaß der Qualifizierung erfüllen, sondern jeweils zu prüfen ist, ob in dem geforderten Ausmaß der Gesamtarbeitszeit Arbeitsvorgänge anfallen, die ihrerseits die tariflichen Anforderungen erfüllen. Es muss also die Gesamttätigkeit darauf überprüft werden, ob sie noch den erforderlichen Anteil an Tätigkeiten enthält, die den Qualifizierungsmerkmalen genügt. Diese Rechtsprechung ist fortgesetzt in BAG AP Nr. 115, 120 zu §§ 22, 23 BAT 1975. Eine Übersicht über die von der Rechtsprechung anerkannten Arbeitsvorgänge ergibt sich aus *Schaub* ArbR Hdb. § 186 Rdn. 46 ff. Arbeitsvorgänge sind zB. Stoffsammlung für eine Dokumentation, Durchsicht von Zeitungen und Zeitschriften zum Zwecke der Unterbreitung von Themenvorschlägen, Zeitungslektüre zur persönlichen Unterrichtung bei einem Redakteur, Erstellung von Bebauungsplänen usw. Regelmäßig bauen die VergGr des öffentlichen Dienstes aufeinander auf. Es ist mithin zunächst darzulegen, dass der Arbeitsvorgang die Ausgangsvergütungsgruppe erfüllt; alsdann sind die jeweiligen Hervorhebungsmerkmale der höheren Vergütungsgruppe herauszustellen. Für die Feststellung, inwieweit Heraushebungsmerkmale aufeinander aufbauender Vergütungsgruppen erfüllt sind, kommt es auf einen Vergleich der Tätigkeit des Anspruchstellers mit den Tätigkeiten der im Tarifvertrag aufgeführten Angestellten an (BAG AP Nr. 256 zu §§ 22, 23 BAT 1975 = ZTR 1999, 78). Zusammenstellung der Rechtsprechung: *Schaub/ Linck* ArbR-Hdb. § 186 Rdn. 44 ff.

12. Im öffentlichen Dienst begründet die Bezeichnung der Vergütungsgruppe im Arbeitsvertrag keinen eigenständigen vertraglichen Vergütungsanspruch (BAG v. 26. 1. 2005 – 4 AZR 487/03 AP Nr. 31 zu §§ 22, 23 BAT-O).

Ist der BAT vertraglich in Bezug genommen und hat der Arbeitgeber dem Arbeitnehmer eine Vergütungsgruppe mitgeteilt, die nicht zutrifft, kann es zur korrigierenden Rückgruppierung kommen. Bei der Eingruppierung nach § 22 Abs. 2 BAT handelt es sich nicht um einen rechtsgestaltenden Akt, insbesondere nicht um eine Willenserklärung des Arbeitgebers, sondern um eine bewertende Subsumtion, nämlich um die Zuordnung der auszuübenden Tätigkeit zu einer Vergütungs- und/oder Fallgruppe des BAT. Die Eingruppierung nach § 22 Abs. 2 BAT ist von der wissentlichen Zubilligung einer tarifvertraglich nicht geschuldeten Vergütung nach einer höheren Vergütungsgruppe zu unterscheiden. Hat der Arbeitgeber dem Angestellten eine übertarifliche Vergütung arbeitsvertraglich zugesagt, so kann er keine korrigierende Rückgruppierung vornehmen. Die Darlegungs- und Beweislast dafür, dass eine übertarifliche Vergütung vereinbart worden ist, liegt bei dem, der daraus für sich Rechte herleitet. Stellt die Aufgabe/Mitteilung der Vergütungsgruppe keine wissentliche Zubilligung einer übertariflichen Vergütung dar, so kann der Arbeitgeber eine erneute tarifvertraglich Zuordnung der zu bewertenden Tätigkeit auch zu Lasten des Angestellten vornehmen (sog. korrigierende Rückgruppierung). Im Streitfall kann sich der Angestellte zunächst auf die ihm vom Arbeitgeber mitgeteilte Vergütungsgruppe berufen. Sodann muss der Arbeitgeber die objektive Fehlerhaftigkeit der mitgeteilten Vergütungsgruppe darlegen und beweisen. Die objektive Fehlerhaftigkeit liegt bereits vor, wenn auch nur eine der tariflichen Voraussetzungen für die bisherige

Eingruppierung fehlt (BAG AP Nr. 3 zu § 2 NachwG = NZA-RR 2001, 216). Der Darlegungslast ist erst dann genügt, wenn der Arbeitgeber nicht überhaupt einen Fehler bei der Bewertung der Tätigkeit des Angestellten aufzeigt, vielmehr muss die Vermeidung des Fehlers zur Folge haben, dass dem Angestellten Vergütung nach der mitgeteilten Vergütungsgruppe nicht zusteht (BAG AP 2 zu §§ 22, 23 BAT Rückgruppierung). Hat der Arbeitgeber die Voraussetzungen für die sog. korrigierende Rückgruppierung dargelegt und ggf. bewiesen, so ist es Sache des Angestellten, die Tatsachen darzulegen und ggf. zu beweisen, aus denen folgt, dass ihm die begehrte höhere Vergütung zusteht. Aus dem Nachweisgesetz und der EG-Nachweisrichtlinie (RL 91/533/EWG des Rates vom 14. Oktober 1991) ergeben sich im Rahmen des BAT für die sog. korrigierende Rückgruppierung weder eine weitergehende Darlegungs- oder Beweislast des Arbeitgebers noch weitergehende Erleichterungen der Darlegungs- und Beweislast für den Angestellten (BAG AP Nr. 3 zu § 2 NachwG = NZA-RR 2001, 216). Der Arbeitgeber genügt seiner Darlegungslast für den die korrigierende Rückgruppierung auslösenden Irrtum, wenn er darlegt, bei der ursprünglichen Eingruppierung sei ein Qualifizierungsmerkmal als erfüllt angesehen worden, das es in der betreffenden Fallgruppe nicht gibt (BAG AP Nr. 239 zu §§ 22, 23 BAT 1975 = NZA 1998, 950–953). Für die Darlegung eines eine korrigierende Rückgruppierung auslösenden Irrtums genügt es, dass der Arbeitgeber darlegt und beweist, dass eine tarifliche Voraussetzung der mitgeteilten Vergütungsgruppe fehlt (BAG AP Nr. 18 zu §§ 22, 23 BAT-O).

Bei der korrigierenden Rückgruppierung ändert sich nach Inkrafttreten des TVöD nichts. Bei einer fehlerhaften Überleitung weisen die Tarifvertragsparteien auf die Grundsätze der korrigierenden Rückgruppierung hin.

Kosten und Gebühren

Grundsätze der Streitwertfestsetzung: Für die Streitwertfestsetzung sind drei Unterscheidungen zu treffen: (1) Der Streitwert für die Zuständigkeit richtet sich nach § 62 GKG; (2) der Rechtsmittelstreitwert folgt aus § 511 Abs. 2 Nr. 1 ZPO; § 567 ZPO; (3) der Gebührenstreitwert richtet sich nach § 63 GKG. Soweit eine Festsetzung für die Zuständigkeit des Prozessgerichts nicht erfolgt, setzt das Prozessgericht den Wert für die zu erhebenden Gebühren durch Beschluss fest, sobald eine Entscheidung über den gesamten Streitgegenstand nicht ergeht oder sich das Verfahren anderweitig erledigt (§ 63 GKG). Eine Streitwertfestsetzung über die Zuständigkeit kommt im Bereich der Arbeitsgerichtsbarkeit nicht in Betracht, da die Arbeitsgerichte in der ersten Instanz stets zuständig sind (§ 2 ArbGG). Das Arbeitsgericht setzt den Streitwert im Urteil fest (§ 61 Abs. 1 ArbGG). Der Streitwert hat Bedeutung für die Rechtsmittelfähigkeit des Urteils. Die Rechtsmittelfähigkeit hängt ab von dem Beschwerdewert. Nach der Rspr. des BAG kann der Beschwerdewert nicht höher sein als der Streitwert (BAG 27. 1. 2004 1 AZR 105/03 AP Nr. 35 zu § 64 ArbGG 1979 n. a. v., aber Fortsetzung alter Rspr.). Die Berechnung des Beschwerdewertes ergibt sich aus der Streitwertfestsetzung des angefochtenen Urteils und den Anträgen. Beschwerdewert ist die Differenz zwischen dem Streitwert und den in der nächsten Instanz gestellten Anträgen.

Bis zum 30. 6. 2004 waren in § 12 ArbGG Sonderregeln für die Berechnung und Erhebung von Gerichtsgebühren enthalten. Nach Inkrafttreten des Gesetzes zur Modernisierung des Kostenrechts vom 5. 5. 2004 (BGBl. I 718) sind die bis dahin geltenden Sonderregelungen in § 12 ArbGG entfallen.

Die Höhe der Gerichtsgebühren richtet sich nach § 1 Nr. 5 GKG und dem Kostenverzeichnis zu § 3 Abs. 2 GKG Teil 8. Für die Verfahrensdurchführung vor den Arbeitsgerichten wird gemäß §§ 3, 34 GKG eine streitwertabhängige Verfahrensgebühr erhoben (Teil 8 des Kostenverzeichnisses Nr. 8210 Abs. 2). Die Verfahrensgebühr entfällt bei Beendigung des gesamten Verfahrens ohne streitige Verhandlung, wenn kein Versäumnisurteil ergeht; bei Erledigungserklärungen, wenn keine Entscheidung über die Kosten ergeht oder die Kostenentscheidung einer zuvor mitgeteilten Einigung der Parteien über die Kostentragung. Die Gebühren entfallen ferner unter den Voraussetzungen des Teiles 8 des Kostenverzeichnisses Nr. 8211; sie kann sich ferner ermäßigen.

Die Kosten werden erst fällig, wenn das Verfahren in dem jeweiligen Rechtszug beendet worden ist (Anlage 9 GKG). Kostenschuldner im arbeitsgerichtlichen Verfahren ist derjenige, dem durch die gerichtliche Entscheidung die Kosten des Rechtsstreits auferlegt worden sind oder der sie übernommen hat (§ 29 Abs. 1 Nr. 1, 2 GKG). Die Zweitschuldnerhaftung nach § 22 Abs. 1 GKG ist nach einer Kostenentscheidung ausgeschlossen. Bund und Länder sind im Arbeitsgerichtsverfahren nach § 2 GKG von den Gerichtskosten befreit.

Die Höhe der Gebühren der Rechtsanwälte ergeben sich aus §§ 32, 33 RVG. Ist ein Beschluss nach § 63 Abs. 2 GKG ergangen, ist die Höhe des dort festgesetzten Streitwerts auch für die Berechnung der Vergütung des Rechtsanwalts maßgebend. Wenn eine Entscheidung nach § 63 Abs. 2 GKG nicht ergeht, kann nach § 33 RVG die Festsetzung des Gegenstandswerts beantragt werden. Der Antrag ist subsidiär gegenüber dem Antrag nach § 33 Abs. 2 RVG (Vgl. BAG AP Nr. 9 zu § 12 ArbGG 1979 = NZA 1985, 369). Vergütungsvereinbarungen sind im Rahmen von § 4 RVG zulässig.

Wird in einer Eingruppierungsstreitigkeit keine Leistungsklage sondern nur eine Feststellungsklage erhoben, ist ein Abschlag von 20% nicht vorzunehmen (LAG Köln LAGE § 12 ArbGG 1979 Streitwert Nr. 95).

2. Klage gegen Einzelkaufmann auf Über- und Mehrarbeitsstundenvergütung

An das
Arbeitsgericht

Klage

des/der kaufmännischen Angestellten ...... Klägers(in)
– Prozessbevollmächtigte/r: RA ......(in) –
gegen
den Kaufmann ...... Beklagter
wegen Über- und Mehrarbeitsstundenvergütung.
Namens und mit Vollmacht des/r Klägers(in) erhebe ich Klage und werde beantragen zu erkennen:

I. Der Beklagte wird verurteilt, ... EUR brutto nebst Zinsen in Höhe von 5 Prozentpunkten über dem Basiszinssatz seit dem ...... an den/die Kläger(in) zu zahlen.

II. Der Beklagte trägt die Kosten des Rechtsstreits.

Begründung:

Der/Die am ...... geborene Kläger(in) war vom ...... bis ...... als ...... bei dem Beklagten beschäftigt. Das Arbeitsverhältnis wurde vom/von der Kläger(in) beendet, weil es zu ständigen Auseinandersetzungen über die geforderte Über- und Mehrarbeit[1] gekommen ist. Die Parteien sind nicht tarifgebunden[2].
Der/Die Kläger(in) hat monatlich ...... EUR verdient. Im Betrieb des Beklagten wird betriebsüblich 37,5 Stunden wöchentlich in der 5-Tage-Woche gearbeitet[3]. Ein Tag ist in der Woche jeweils dienstfrei. Die freien Tage wechseln jeweils wöchentlich/monatlich.

Seit dem ...... musste der/die Kläger(in) jedoch an allen Wochentagen während der geschäftsoffenen Zeit montags bis freitags von 10 bis 20 Uhr und sonnabends von 10 bis 15 Uhr arbeiten. Ihm/Ihr wurde lediglich täglich eine Mittagszeit von 13.00–13.30 Uhr eingeräumt.
Der Beklagte hat die Über- und Mehrarbeitsstunden angeordnet[4–6], weil der Arbeitskollege des/der Klägers(in) erkrankt ist und andere Arbeitnehmer in der Abteilung nicht zur Verfügung standen. Der/Die Kläger(in) hat bei einer Geschäftszeit von montags bis freitags von 10 bis 20 Uhr und sonnabends von 10 bis 15.00 Uhr 52,5 Stunden wöchentlich gearbeitet. Ihm/Ihr steht mithin für wöchentlich 10,5 Stunden (52,5 minus 37,5 Stunden = 15, davon, 4,5 Stunden Mehrarbeit) Überstundenvergütung zu (§ 612 Abs. 1 BGB). Überstunden, also Stunden, die über die regelmäßige betriebliche Arbeitszeit hinaus geleistet werden, sind nur gegen eine besondere Vergütung zu erwarten (§ 612 Abs. 1 BGB). Die Überstundenvergütung ist nach § 612 Abs. 2 BGB zu berechnen[7]. Neben der Grundvergütung ist ein Tarifzuschlag von 25% üblich. Dem/der Kläger(in) stehen mithin ...... für den Monat zu. Diese berechnen sich aus der Grundvergütung (Monatsgehalt × 3 Monate geteilt durch [37,5 h × 13 Wochen] und einem Zuschlag in Höhe von 25 vH ...... Darüber hinaus hat der Kläger wöchentlich 4,5 Mehrarbeitsstunden geleistet. Die werktägliche Arbeitszeit darf acht Stunden nicht übersteigen (§ 3 ArbZG). Auch diese Zeit ist zu vergüten. Dies ergibt sich aus dem Arbeitsvertrag. Es ergibt sich mithin ein weiterer Anspruch in Höhe von ......
Der Beklagte weigert sich zu zahlen, weil er rechtsirrtümlich glaubt, Überstunden brauchten bei fehlender Tarifbindung nicht bezahlt zu werden.

Rechtsanwalt/Rechtsanwältin

Anmerkungen

1. Überstunden sind die über die regelmäßige betriebliche Arbeitszeit, Mehrarbeitsstunden die über die nach dem ArbZG zulässige Arbeitszeit geleisteten Stunden (*Schaub* ArbR-Hdb. § 45 Rdn. 46).

2. Zur Tarifbindung vgl. Form. IV. A. 1 Anm. 6.

3. Bei der in vielen Wirtschaftszweigen durchgeführten Flexibilisierung der Arbeitszeit werden Jahresarbeitszeitverträge mit Zeitkorridor geschlossen. Diese Verträge beruhen auf dem Prinzip, dass die Jahresarbeitszeit auf 46 Wochen × 37,5 Stunden = 1725 Stunden festgelegt wird. Der Arbeitgeber ist berechtigt, in Zeiten schwacher Auftragslage die betriebliche Arbeitszeit etwa auf 32 Stunden herabzusetzen und bei starker Auftragslage auf 43 Stunden zu erhöhen. Insoweit handelt es sich um eine Verschiebung der Arbeitszeit, die für den Arbeitnehmer den Verlust der Überstundenvergütung bedingt. Regelmäßig wird bei derartigen Verträgen ein festes Gehalt vereinbart, das unabhängig von den anfallenden Stunden gezahlt wird. Einzelheiten *Schaub* ArbR-Hdb. § 160 Rdn. 54.

4. Alternative bei Tarifbindung: Nach dem Rahmentarifvertrag für ...... vom ...... hatte der Kläger eine wöchentliche Arbeitszeit von ......, diese war auf fünf Tage in der Woche verteilt. Wöchentlich war ein Tag dienstfrei ...... Für geleistete Überarbeit ist tariflich ein Zuschlag von 25% vorgesehen. Der Kläger hat mithin Anspruch ......

5. Der Kläger ist im Über- und Mehrarbeitsstundenprozess darlegungs- und beweispflichtig: a) für die regelmäßige übliche Arbeitszeit; b) die täglich geleistete Überarbeit/Mehrarbeit; c) dass die Überarbeit/Mehrarbeit entweder angeordnet worden ist oder betriebsnotwendig war und vom Arbeitgeber geduldet worden ist (BAG AP Nr. 1 zu § 1 TVG Arbeiterwohlfahrt = NZA 1994, 1035; *Schaub* ArbR-Hdb. § 69 Rdn. 24). Ein bereits entstandener Anspruch auf Überstundenvergütung kann nicht mehr durch Freistellung von der Arbeit erfüllt werden, wenn keine Ersetzungsbefugnis vereinbart ist (BAG NZA 2002, 268).

6. Der Arbeitnehmer schuldet regelmäßig nur im Rahmen bestimmter Arbeitszeiten Arbeitsleistung. Leistet er Über- und Mehrarbeit, so folgt die Vergütungspflicht nach § 612 Abs. 1 BGB. Die Höhe wird nach § 612 Abs. 2 BGB berechnet. Der Arbeitnehmer ist auch insoweit darlegungs- und beweispflichtig (MünchKomm/*Schaub* § 612 Rdn. 204 ff.).

7. Die Darlegungs- und Beweislast für Mehrarbeitsstunden entspricht der bei Überstunden (*Schaub* ArbR-Hdb. § 69 Rdn. 5 ff.). Für die über die 48 Stunden hinaus geleistete Arbeit besteht nach dem ArbZG kein gesetzlicher Anspruch auf Vergütung. Der Anspruch muss mithin aus dem Arbeitsvertrag abgeleitet werden.

Kosten und Gebühren

Vgl. Form. IV. A. 1. Der Streitwert entspricht regelmäßig dem Antrag.

3. Klage gegen einen Freiberufler auf Vergütungsfortzahlung bei Arbeitsverhinderung[1] und im Krankheitsfalle[2]

An das
Arbeitsgericht

Klage

des/der Herrn/Frau ...... Klägers(in)
– Prozessbevollmächtigte/r: RA ......(in) –

gegen

Rechtsanwalt ......

Beklagter

wegen Arbeitsverhinderung und Entgeltfortzahlung im Krankheitsfalle

Namens und mit Vollmacht des Klägers erhebe ich Klage und werde beantragen zu erkennen:

I. Der Beklagte wird verurteilt, ... EUR brutto nebst Zinsen in Höhe von 5 Prozentpunkten über dem Basiszinssatz seit dem ...... an den/die Kläger(in) zu zahlen.

II. Der Beklagte trägt die Kosten des Rechtsstreits.

Begründung:

Der/Die ...... Jahre alte, verheiratete Kläger(in) ist seit dem ...... bei dem Beklagten beschäftigt. Das Arbeitsverhältnis besteht ungekündigt fort. Der/Die Kläger(in) verdient ...... EUR monatlich.

Vom ...... bis ...... war der/die Kläger(in) arbeitsunfähig krank. Der/Die Kläger(in) hat die Erkrankung unverzüglich angezeigt[3] und eine ärztliche Bescheinigung[4] vorgelegt.

Der Beklagte weigert sich zu Unrecht, Entgeltfortzahlung im Krankheitsfalle zu erbringen. Diese beträgt ......[5].

Der Beklagte wird sich voraussichtlich darauf berufen, der/die Kläger(in) habe die Erkrankung verschuldet[6]. Dies ist aber unzutreffend. Die Erkrankung beruht auf einem Verkehrsunfall. Der/Die Kläger(in) ist an einer unübersichtlichen Stelle von einem überholenden Fahrzeug gerammt worden. Allerdings hatte er/sie keinen Sicherheitsgurt angelegt[7]. Hierauf ist jedoch der Unfall und die Erkrankung nicht zurückzuführen. Auch die Dauer der Erkrankung ist nicht beeinflusst worden.

Der/Die Kläger(in) musste nach Wiederherstellung seiner/ihrer Arbeitsfähigkeit noch wiederholt zu Nachuntersuchungen und Heilbehandlungen eines Masseurs. Zu den Nachuntersuchungen ist er/sie vom Arzt bestellt worden.

Beweis: ......

Den Massagetermin hat er/sie jeweils mit dem Masseur vereinbart; aus medizinischen Gründen sollen die Massagen in bestimmten Zeitabständen verabfolgt werden. Die Massagetermine wurden daher auch entsprechend den Möglichkeiten des Masseurs vereinbart.

Beweis: ......

Hierdurch ergab sich die Notwendigkeit, dass die Arzt- wie die Masseurbesuche häufig während der Arbeitszeit stattfinden mussten. Der Beklagte hat dem/der Kläger(in) wegen der Arztbesuche ...... EUR und wegen der Massagen ...... EUR vom Gehalt für den Monat ...... abgezogen. Dieser Abzug ist nicht gerechtfertigt. Er wird gleichfalls mit der Klage verlangt.

Rechtsanwalt/Rechtsanwältin

Anmerkungen

1. a) Grundsätzlich ist für alle Arbeitnehmer der Anspruch auf Vergütungsfortzahlung bei persönlicher Arbeitsverhinderung in § 616 BGB geregelt. Der Anspruch ist dispositiv. Regelmäßig finden sich aber eingehende tarifliche Regelungen.

b) Der Anspruch aus § 616 BGB hat drei Voraussetzungen, von denen der Arbeitnehmer zwei darzulegen und zu beweisen hat. (1) Der Arbeitnehmer muss vom vertragsmäßigen Beginn der Arbeitsleistung bis zu dessen Beendigung durch einen in seiner Person liegenden Grund an der Arbeitsleistung verhindert sein. Eine persönliche Arbeitsverhinderung ist dann gegeben, wenn dem Arbeitnehmer nach Treu und Glauben nicht zugemutet werden kann, seinen Arbeitspflichten nachzukommen. Hierzu gehören familiäre Ereignisse wie Tod, Begräbnis, Geburt, Hochzeiten, persönliche Arbeitshindernisse wie Arztbesuche, ärztliche Behandlungen, Erkrankungen von Kindern und naher Angehöriger bei notwendiger Pflege usw. sowie Wahrnehmung von öffentlichen Aufgaben bei Ladung zu Behörden, Gerichten, Ausübung politischer Ämter usw. Keine persönlichen Arbeitsverhinderungen sind objektive Leistungshindernisse wie Straßensperren, Witterungskatastrophen wie Schnee und Glatteis (BAG AP Nr. 58 zu § 616 BGB; AP Nr. 59 aaO. = NJW 1983, 1078) usw. Das Ereignis ist für die Verhinderung ursächlich, wenn der Arbeitnehmer vernünftigerweise die Angelegenheiten nicht außerhalb seiner Arbeitszeit regeln konnte. Arztbesuche und Behandlungen können daher während der Arbeitszeit vorgenommen werden, wenn die Heil- oder Hilfsperson andere Termine nicht zur Verfügung stellt. (2) Die Zeitspanne der verhältnismäßig nicht erheblichen Zeit ist unter Berücksichtigung der Umstände des Einzelfalles zu bestimmen. Als Bestimmungskriterien kommen vor allem in Betracht das Verhältnis der Verhinderungszeit zur Gesamtdauer des Arbeitsverhältnisses, die für den Verhinderungsgrund objektiv notwendige Zeit. Im Krankheitsfall ist als nicht erhebliche Zeit ein Zeitraum von sechs Wochen, bei der Notwendigkeit der Pflege von erkrankten Kindern unter zwölf Jahren für jedes Kind längstens für 10 Arbeitstage, für Alleinerziehende für 20 Arbeitstage angemessen (vgl. § 45 SGB V). Die Arbeitsfreistellung braucht nicht in unmittelbarem Zusammenhang mit dem auslösenden Ereignis zu stehen (bei Sterbefall kann die Verhinderung der Begräbnistag sein). (3) Nach hM. ist ein vom Arbeitgeber darzulegendes und zu beweisendes Verschulden dann anzunehmen, wenn der Arbeitnehmer in grober Weise gegen das von einem verständigen Menschen in eigenem Interesse zu erwartende Verhalten verstößt.

c) Der Anspruch aus § 616 BGB kann durch Tarifvertrag oder Arbeitsvertrag für die Fälle der Arbeitsverhinderung, nicht dagegen der Krankheit abbedungen werden (BAG AP Nr. 1 zu § 26 ArbGG 1979; AP Nr. 62 zu § 616 BGB = NJW 1984, 1706). Eine tarifliche Abdingung ist aber noch nicht dann gegeben, wenn der Tarifvertrag keine abschließende Regelung der Verhinderungsfälle enthält (der Arbeitnehmer hat insbesondere Anspruch, wenn ……). Dagegen ist der Anspruch nach § 616 Abs. 1 S. 1 BGB ausgeschlossen, wenn der Tarifvertrag bestimmt, dass nur die geleistete Arbeit bezahlt wird und hiervon einzelne Ausnahmen macht (BAG AP Nr. 55, 58 zu § 616 BGB). Hieraus ergibt sich, dass in den verschiedenen Tarifverträgen unterschiedlich geregelt sein kann, ob Arztbesuche zu vergüten sind (vgl. BAG AP Nr. 22 zu § 1 TVG Tarifverträge: Metallindustrie = NJW 1984, 2720; AP Nr. 64 zu § 616 BGB = NJW 1984, 2720).

2. Das Gesetz über die Zahlung des Arbeitsentgelts an Feiertagen und im Krankheitsfall (Entgeltfortzahlungsgesetz) regelt neben der Vergütung an Feiertagen die Entgeltfortzahlung im Krankheitsfall für alle Arbeitnehmer mit den zur Berufsausbildung Beschäftigten und im Bereich der Heimarbeit Im Bereich der Seeschifffahrt bestehen noch einige Sonderregeln.

3. Alle Arbeitnehmer sind zunächst zur unverzüglichen Anzeige verpflichtet; dies folgt aus vertraglicher Nebenpflicht und aus § 5 EntgeltFG. Im Falle der Nichtanzeige kann der Arbeitnehmer schadensersatzpflichtig werden; uU. besteht auch nach vorheriger Abmahnung ein Recht zur ordentlichen oder außerordentlichen Kündigung (*Schaub* ArbR-Hdb. §§ 98 Rdn. 123, 130 Rdn. 23 ff.).

4. Dauert die Arbeitsunfähigkeit länger als drei Kalendertage, hat der Arbeitnehmer eine ärztliche Bescheinigung über das Bestehen der Arbeitsunfähigkeit sowie deren voraussichtliche Dauer spätestens an dem darauf folgenden Arbeitstag, also am 4. Tag, vorzulegen. Der Arbeitgeber ist berechtigt, die Vorlage der ärztlichen Bescheinigung früher zu verlangen (§ 5 EntgeltFG). Er braucht für das Verlangen keinen besonderen Grund. Die Vorlage darf aber nicht missbräuchlich verlangt werden. Die nach § 5 Abs. 1 S. 3 EntgeltFG zulässige Anweisung des Arbeitgebers, Zeiten der Arbeitsunfähigkeit unabhängig von deren Dauer generell durch eine vor Ablauf des dritten Kalendertages nach Beginn der Arbeitsunfähigkeit vorzulegende Bescheinigung nachzuweisen, betrifft eine Frage der betrieblichen Ordnung im Sinne von § 87 Abs. 1 Nr. 1 BetrVG. Das danach bei kollektiven Regelungen bestehende Mitbestimmungsrecht des Betriebsrats ist nicht durch das Entgeltfortzahlungsgesetz ausgeschlossen. § 5 Abs. 1 S. 3 EntgeltFG eröffnet dem Arbeitgeber einen Regelungsspielraum hinsichtlich der Frage, ob und wann die Arbeitsunfähigkeit vor dem vierten Tag nachzuweisen ist. Bei dieser Regelung hat der Betriebsrat mitzubestimmen (BAG AP Nr. 34 zu § 87 BetrVG 1972 Ordnung des Betriebes = NZA 2000, 665), wenn es sich um keine Einzelfallregelung handelt. Es ist zulässig, im Arbeitsvertrag zu vereinbaren, dass eine ärztliche Bescheinigung bereits für den ersten Tag krankheitsbedingter Arbeitsunfähigkeit beizubringen ist (BAG AP Nr. 5 zu § 5 EntgeltFG = NZA 1998, 369; für Tarifvertrag: AP Nr. 8 zu § 5 EntgeltFG). Kommt der Arbeitnehmer seiner Verpflichtung zur Beibringung einer Arbeitsunfähigkeitsbescheinigung (§ 5 Abs. 1 S. 2, 3 EntgeltFG) nicht nach, so folgt hieraus allein kein endgültiges Leistungsverweigerungsrecht des Arbeitgebers, sondern nur ein Zurückbehaltungsrecht (§ 7 Abs. 1 Nr. 1 EntgeltFG). Es endet, wenn der Arbeitnehmer anderweitig bewiesen hat, arbeitsunfähig krank gewesen zu sein (BAG AP Nr. 5 zu § 5 EntgeltFG = NZA 1998, 369). Der Nachweis kann in Ausnahmefällen auch durch andere Beweismittel geführt werden (BAG AP Nr. 5 zu § 5 EntgeltFG = NZA 1998, 369; AP Nr. 4 zu § 5 EntgeltFG = NZA 1998, 372).

Der Arbeitnehmer ist darlegungs- und beweispflichtig für die Voraussetzung der Arbeitsvergütung ohne Arbeitsleistung, also dass die Arbeitsunfähigkeit infolge Krankheit eingetreten ist. Der Nachweis wird regelmäßig durch ein ärztliches Attest geführt. Für seine Richtigkeit spricht der Anscheinsbeweis, er kann erschüttert werden, wenn der Arbeitgeber greifbare Anhaltspunkte dafür erbringt, dass der Arbeitnehmer nicht krank war (BAG AP Nr. 2 zu § 3 LohnFzG = NJW 1977, 350) oder das Attest ein Gefälligkeitsattest war. Hat der Arbeitgeber Umstände nachgewiesen, die zu ernsthaften Zweifeln an der Erkrankung Anlass bieten, so hat eine erschöpfende und in sich widerspruchsfreie Würdigung aller Umstände im Rahmen des § 286 ZPO zu erfolgen (*Schaub* ArbV-Hdb. § 35 Rdn. 13ff.). Einer von einem ausländischen Arzt im Ausland ausgestellten Arbeitsunfähigkeitsbescheinigung kommt im Allgemeinen der gleiche Beweiswert zu wie einer von einem deutschen Arzt ausgestellten Bescheinigung (EuGH NJW 1992, 2687). Insoweit haben mehrere Vorabentscheidungsverfahren geschwebt. In der zweiten Paletta-Entscheidung (EuGH vom 2. 5. 1996 – NZA 1996, 635) ist der EuGH bei dieser Rechtsprechung verblieben. Er hat aber darüber hinaus ausgeführt, dass es dem Arbeitgeber nicht verwehrt ist, Nachweise zu erbringen, anhand deren das nationale Gericht gegebenenfalls feststellen kann, dass der Arbeitnehmer missbräuchlich oder betrügerisch eine Arbeitsunfähigkeit gemeldet hat, ohne krank zu sein. Der Nachweis einer im Ausland aufgetretenen krankheitsbedingten Arbeitsunfähigkeit (§ 5 Abs. 2 EFZG) ist durch eine ärztliche Bescheinigung zu führen, die erkennen lässt, dass der Arzt zwischen Erkrankung und auf ihr beruhender Arbeitsunfähigkeit unterschieden hat. Den vorgenannten Anforderungen genügt eine Arbeitsunfähigkeitsbescheinigung nach Maßgabe des Deutsch-Türkischen Sozialversicherungsabkommens (BAG AP Nr. 4 zu § 5 EntgeltFG = NZA 1998, 372).

5. Die Beurteilung der Rechtslage bei der Berechnung der Entgeltfortzahlung im Krankheitsfall ist vielschichtig. a) Es gilt das Lohnausfallprinzip (§ 4 EntgeltFG). Es ist das Arbeitsentgelt fortzuzahlen, das dem Arbeitnehmer bei der für ihn maßgebenden regelmäßigen Arbeitszeit für den Zeitraum der Arbeitsunfähigkeit zustehen würde (vgl. BAG AP Nr. 40 zu § 63 HGB = NJW 1986, 2906; zu tariflichen Sonderregeln: BAG AP Entgelt FG § 4 Nr. 66). Bei Zeitvergütung (5-Tage-Woche): Drei-Monatsverdienst geteilt durch 65 mal Zahl der mit Fehlzeit belegten Arbeitstage. Bei Leistungsvergütung Errechnung der wahrscheinlich ausgefallenen Vergütung. Hierbei kann auf den Durchschnitt der letzten drei Monate zurückgegangen werden. Entsprechendes gilt bei Zeitlöhnern mit wechselndem Zuschlag (*Schaub* ArbR-Hdb. § 98 Rdn. 87ff.).

b) Die Entgeltfortzahlung beträgt 100 vH. Der Anspruch auf Entgeltfortzahlung entsteht erst nach einer Wartezeit von vier Wochen. Wird der Auszubildende im Anschluss an das Berufsbildungsverhältnis in ein Arbeitsverhältnis übernommen, entsteht keine neue Wartezeit (BAG AP 20 zu § 3 EntgeltFG = NJW 2004, 205).

c) Zum Arbeitsentgelt gehören nicht das zusätzlich für Überstunden gezahlte Arbeitsentgelt (§ 4 EntgeltFG). Überstunden iSv. § 4 Abs. 1a EntgeltFG liegen vor, wenn die individuelle regelmäßige Arbeitszeit des Arbeitnehmers überschritten wird. Leistet der Arbeitnehmer ständig eine bestimmte Arbeitszeit, die mit der betriebsüblichen oder tariflichen Arbeitszeit nicht übereinstimmt, kann von Überstunden nicht gesprochen werden. Überstunden werden wegen bestimmter besonderer Umstände geleistet (BAG 9. 7. 2003 5 AZR 610/01 n. a. v.). Die für die gesetzliche Entgeltfortzahlung im Krankheitsfall maßgebliche individuelle regelmäßige Arbeitszeit des Arbeitnehmers (§ 4 Abs. 1a EntgeltFG) ergibt sich in erster Linie aus dem Arbeitsvertrag. Dabei ist auf das gelebte Rechtsverhältnis als Ausdruck des wirklichen Parteiwillens und nicht auf den Text des Arbeitsvertrags abzustellen. Wird regelmäßig eine bestimmte, erhöhte Arbeitszeit abgerufen und geleistet, ist dies Ausdruck der vertraglich geschuldeten Leistung. Abweichend vom Gesetz kann durch Tarifvertrag geregelt werden, dass sich die Entgeltfortzahlung nicht nach der individuellen Arbeitszeit, sondern nach der regelmäßigen tariflichen Arbeitszeit bestimmt (BAG 24. 3. 2004 5 AZR 346/03 AP Nr. 66 zu § 4 EntgeltFG = NZA 2004, 1042). Schwankt die Arbeitszeit, weil der Arbeitnehmer stets seine Arbeitsaufgaben vereinbarungsgemäß zu erledigen hat, bemisst sich die Dauer nach dem Durchschnitt der vergangenen zwölf Monate. Die Auslegung von Freistellungsvereinbarungen ergibt sich aus BAG AP Entgelt FG § 3 Nr. 23. Überstunden iSv. § 4 Abs. 1 a EFZG liegen vor, wenn die individuelle regelmäßige Arbeitszeit des Arbeitnehmers überschritten wird. Überstunden werden wegen bestimmter besonderer Umstände vorübergehend zusätzlich geleistet. Die gesetzliche Entgeltfortzahlung im Krankheitsfall umfasst nicht (tariflich geregelte) Zuschläge für Über- oder Mehrarbeit (BAG 21. 11. 2001 ArbuR 2002, 116). Gewährt der Arbeitgeber eine Anwesenheitsprämie für ein Quartal nur dann, wenn in diesem Zeitraum kein krankheitsbedingter Fehltag liegt, enthält diese Zusage die Kürzung einer Sondervergütung iS § 4 a EFZG. Dem Arbeitnehmer steht deshalb bei krankheitsbedingten Fehlzeiten ein der gesetzlichen Kürzungsmöglichkeit entsprechender, anteiliger Anspruch auf die Anwesenheitsprämie zu (BAG DB 2001, 2608 = ZTR 2002, 42.)

6. Der Beklagte ist für das Verschulden darlegungs- und beweispflichtig (BAG AP Nr. 13 zu § 1 ArbKrankG; AP Nr. 12 zu § 63 HGB; AP Nr. 8, 18, 26 zu § 1 LohnFzG). Hat der an Alkoholabhängigkeit erkrankte Arbeitnehmer sich einer stationären Entziehungskur unterzogen, ist er dabei über die Gefahren des Alkohols für sich aufgeklärt worden, und ist es ihm abschließend gelungen, für längere Zeit (mehrere Monate) abstinent zu bleiben, dann kann ein schuldhaftes Verhalten vorliegen, wenn er sich wieder dem Alkohol zuwendet und dadurch erneut arbeitsunfähig krank wird (BAG AP Nr. 75 zu § 616 BGB).

7. Nach Auffassung des BAG handelt ein Arbeitnehmer, der die vorgeschriebenen Sicherheitsgurte nicht anlegt, schuldhaft. Er verliert seinen Anspruch auf Entgeltfortzahlung jedoch nur dann, wenn und soweit die bei einem Unfall erlittenen Verletzungen auf das Nichtanlegen des Sicherheitsgurts zurückzuführen sind (BAG NJW 1982, 1013).

Kosten und Gebühren

Form. IV. A. 1.

4. Klage des Arbeitnehmers gegen einen Sachverständigen wegen Vergütungsfortzahlung bei Kur und Krankheit

An das
Arbeitsgericht

Klage

des/der Herrn/Frau ……

Klägers(in)

– Prozessbevollmächtigte/r: RA ……(in) –

gegen

den Sachverständigen ……

Beklagter

Namens und mit Vollmacht des/der Klägers(in) erhebe ich Klage und werde beantragen zu erkennen:

I. Der Beklagte wird verurteilt, …… EUR brutto nebst Zinsen in Höhe von 5 Prozentpunkten über dem Basiszinssatz seit dem …… und weitere …… EUR brutto nebst Zinsen in Höhe von fünf Prozentpunkten über dem Basiszinssatz seit dem …… an den Kläger zu zahlen.

II. Der Beklagte trägt die Kosten des Rechtsstreits.

Begründung:

Der Beklagte ist Sachverständiger für Bauwesen. Er ist gemäß § 36 GewO öffentlich bestellt worden. Der/Die Kläger(in) ist seit dem ...... bei dem Beklagten beschäftigt.
Der/Die Kläger(in) war wegen eines Herzinfarktes vom 1. 3. ...... bis 15. 7. ...... arbeitsunfähig krank. Nach seiner/ihrer Genesung hat er/sie wieder bei dem Beklagten gearbeitet. Am 15. 9. ...... bewilligte ihm/ihr die Deutsche Rentenversicherung Bund ein Heilverfahren in Bad ...... Die Kosten des Heilverfahrens sind von der Deutsche Rentenversicherung Bund getragen worden. Diesem Heilverfahren hat sich der/die Kläger(in) in der Zeit vom 1. 4. ...... bis 15. 5. ...... des Folgejahres unterzogen[1]. Danach war dem/der Kläger(in) noch für die Zeit vom 16. 5. bis 26. 5. Schonzeit bewilligt[2]. In dieser Zeit war er/sie arbeitsunfähig krank. Das Heilverfahren wurde unter ärztlicher Aufsicht durchgeführt.
Der/Die Kläger(in) hat bislang weder für die Dauer der Erkrankung noch während des Heilverfahrens und der anschließenden Schonzeit Entgeltfortzahlung erhalten.
Nach § 3 EntgeltFG hat ein Arbeitnehmer Anspruch auf Entgeltfortzahlung bis zur Dauer von sechs Wochen, wenn er durch Arbeitsunfähigkeit infolge Krankheit an seiner Arbeitsleistung verhindert ist, ohne dass ihn ein Verschulden trifft. Demnach steht dem/der Kläger(in) für die Zeit vom 1. 3. ...... bis 11. 4. ...... Entgeltfortzahlung zu. Dies wird der Beklagte auch nicht in Abrede stellen. Die Parteien können sich jedoch nicht über die Berechnung der Entgeltfortzahlung einigen. Der/Die Kläger(in) verdiente 15,– EUR brutto in der Stunde. Zwischen den Parteien war eine 40-Stunden-Woche vereinbart. Der/Die Kläger(in) hat jedoch in den letzten drei Monaten vor seiner/ihrer Erkrankung ständig wöchentlich fünf Überstunden geleistet. Beweis: Lohnabrechnungen ...... Es ist daher davon auszugehen, dass er/sie ohne seine/ihre Erkrankung nach dem 1. 3. ...... Überstunden geleistet hätte, da die Aufträge im Frühjahr erfahrungsgemäß steigen. Der Beklagte meint jedoch, während der Erkrankung brauche er keine Überstunden zu bezahlen. Dies ist rechtsirrig[3]. Damit ergibt sich eine Klageforderung in Höhe von sechs Wochen × 45 h × 15,– EUR brutto = 4500,– EUR brutto. Hinzu kommen die Zuschläge für Überstunden in Höhe von 30 Stunden × 3,75 EUR brutto (25% von 15,– EUR) = 113,40 EUR brutto insgesamt also EUR 4613,40 brutto. Diese Forderung ist seit dem ...... zu verzinsen, da der/die Kläger(in) den Beklagten zur Zahlung abgemahnt hat.
Der Beklagte schuldet dem/der Kläger(in) aber auch Entgeltfortzahlung während des Heilverfahrens. Nach § 9 Abs. 1 EntgeltFG hat ein Arbeitnehmer bei Arbeitsverhinderung infolge einer Maßnahme der medizinischen Vorsorge oder Rehabilitation, die ein Träger der gesetzlichen Renten-, Kranken- oder Unfallversicherung, eine Verwaltungsbehörde der Kriegsopferversorgung oder ein sonstiger Sozialleistungsträger bewilligt hat und die in einer Einrichtung der medizinischen Vorsorge oder Rehabilitation durchgeführt wird, Anspruch auf Entgeltfortzahlung bis zur Dauer von sechs Wochen. Der Beklagte beruft sich zu Unrecht darauf, dass er für die Dauer des Heilverfahrens keine Entgeltfortzahlung zu erbringen brauche, da es sich insoweit um eine Fortsetzungserkrankung gehandelt habe[4]. Der Beklagte irrt jedoch. Nach § 3 Abs. 1 S. 2 EntgeltFG verliert bei erneuter Arbeitsunfähigkeit der Arbeitnehmer nicht den Anspruch auf Entgeltfortzahlung, wenn er vor erneuter Arbeitsunfähigkeit mindestens sechs Monate nicht infolge derselben Krankheit arbeitsunfähig war oder seit Beginn der ersten Arbeitsunfähigkeit infolge derselben Krankheit eine Frist von zwölf Monaten abgelaufen ist. Die Rahmenfrist rechnet vom 1. 3., so dass der Kläger auch für die Dauer des Heilverfahrens Anspruch auf Entgeltfortzahlung hat[5]. Während der 4-wöchigen Kur konnte der/die Kläger(in) verlangen 4 × 40 Stunden × 15,– EUR brutto = 2400,– EUR brutto.
Ferner steht dem/der Kläger(in) noch Entgeltfortzahlung während der Arbeitsunfähigkeit für die Dauer der Schonzeit zu ......

Anmerkungen

1. Die Voraussetzungen, unter denen ein Arbeitgeber Entgeltfortzahlung bei Maßnahmen der medizinischen Vorsorge oder Rehabilitation (Kur und Heilverfahren) erbringen muss, sind für alle Arbeitnehmer in § 9 EntgeltFG vereinheitlicht. Ein Anspruch erwächst, wenn der Sozialleistungsträger die Maßnahme bewilligt. Die Maßnahme muss in einer Einrichtung stationär durchgeführt werden. Die stationäre Durchführung setzt voraus, dass in der Einrichtung der medizinischen Vorsorge oder Rehabilitation Unterbringung, Verpflegung und medizinische Anwendung erbracht werden. Die tatsächliche Durchführung der Maßnahme muss zu einer maßgeblichen Gestaltung der Lebensführung des Arbeitnehmers während seines Aufenthalts in der Einrichtung geführt haben (BAG AP Nr. 1 zu § 9 EntgeltFG = NZA 2000, 773, 2279). Ist der Arbeitnehmer nicht Mitglied einer gesetzlichen Krankenkasse oder nicht in der gesetzlichen Rentenversicherung versichert, so gelten die Vorschriften entsprechend, wenn eine Maßnahme der medizinischen Vorsorge oder der Rehabilitation ärztlich verordnet worden ist und stationär in einer Einrichtung der medizinischen Vorsorge oder Rehabilitation oder einer vergleichbaren Einrichtung durchgeführt wird. Eine Kur iS. der gesetzlichen Bestimmungen setzt voraus, dass sie vom Kurträger bewilligt und verantwortlich gestaltet wird. Kann der Arbeitnehmer die Kur in urlaubsmäßigem Zuschnitt verbringen, besteht kein Vergütungsfortzahlungsanspruch. Eine medikamentöse Behandlung ist nicht erforderlich; lediglich eine ärztliche Überwachung (BAG AP Nr. 4 zu § 7 LohnFzG). Hat ein Sozialversicherungsträger unter den gesetzlichen Voraussetzungen des SGB VI eine Kur bewilligt, ist die medizinische Notwendigkeit der Maßnahme im Allgemeinen nicht gesondert zu prüfen (BAG AP Nr. 2 zu § 7 LohnFzG). Eine Abweichung vom Erfahrungssatz kann gelten, wenn handgreifliche Zweifel an der medizinischen Notwendigkeit der Kur bestehen (BAG AP Nr. 3 zu § 7 LohnFzG). Der Arbeitnehmer hat wie bei der Erkrankung die Kurbewilligung und den Kurantritt mitzuteilen und entsprechende Bescheinigungen vorzulegen (§ 9 EntgeltFG), andernfalls können Einreden (§§ 7, 9 EntgeltFG) für den Arbeitgeber erwachsen (BAG AP Nr. 1 zu § 7 LohnFzG).

2. Nach § 9 EntgeltFG gelten die Vorschriften für die Entgeltfortzahlung im Krankheitsfalle für die Arbeitsverhinderung infolge der Maßnahme der medizinischen Vorsorge oder Rehabilitation, die ein Träger der gesetzlichen Renten-, Kranken- oder Unfallversicherung, eine Verwaltungsbehörde der Kriegsopferversorgung oder ein sonstiger Sozialleistungsträger bewilligt hat und die in einer Einrichtung der medizinischen Vorsorge oder Rehabilitation durchgeführt wird, entsprechend.

3. Nach § 4 Abs. 1 S. 1 EntgeltFG hat ein Arbeitnehmer für die Dauer von sechs Wochen der Arbeitsunfähigkeit Anspruch auf Fortzahlung des Arbeitsentgelts, das ihm bei der für ihn maßgebenden regelmäßigen Arbeitszeit zusteht. Es gilt mithin das Lohnausfallprinzip. Zum Arbeitsentgelt gehören nicht das zusätzlich für Überstunden gezahlte Arbeitsentgelt und Leistungen für Aufwendungen des Arbeitnehmers, soweit der Anspruch auf sie im Falle der Arbeitsfähigkeit davon abhängig ist, dass dem Arbeitnehmer entsprechende Aufwendungen entstanden sind (§ 4 Abs. 1 a EntgeltFG). Die für die gesetzliche Entgeltfortzahlung im Krankheitsfall maßgebliche individuelle regelmäßige Arbeitszeit des Arbeitnehmers (§ 4 Abs. 1 EntgeltFG) ergibt sich in erster Linie aus dem Arbeitsvertrag. Dabei ist auf das gelebte Rechtsverhältnis als Ausdruck des wirklichen Parteiwillens und nicht auf den Text des Arbeitsvertrags abzustellen. Wird regelmäßig eine bestimmte, erhöhte Arbeitszeit verlangt und geleistet, ist dies Ausdruck der vertraglich geschuldeten Leistung. Schwankt die Arbeitszeit, weil der Arbeitnehmer stets seine Arbeitsaufgaben vereinbarungsgemäß zu erledigen hat, bemisst sich die Dauer nach dem Durchschnitt der vergangenen zwölf Monate. Überstunden iSv. § 4 Abs. 1 a EntgeltFG liegen vor, wenn die individuelle regelmäßige Arbeitszeit des Arbeitnehmers überschritten wird. Überstunden werden wegen bestimmter besonderer Umstände vorübergehend zusätzlich geleistet (BAG 21. 11. 2001 ArbuR 2002, 116; 9. 7. 2003 5 AZR 610/01 n. a. v.). Der Arbeitnehmer ist darlegungs- und beweispflichtig dafür, dass er während der Erkrankung Überstunden geleistet hätte und die Voraussetzungen nach der Rechtsprechung vorliegen. Wenn eine Vergleichsperson fehlt, kann der Arbeitnehmer dieser Darlegungslast im Allgemeinen nicht genügen. Die Rechtsprechung hat zugelassen, dass die Verhältnisse in einer 3-monatigen Bezugsperiode vor der Erkrankung dargelegt werden. Der Arbeitgeber muss alsdann den Beweis des ersten Anscheins zerstören (vgl. BAG AP Nr. 3, 4, 8 zu § 2 LohnFzG). Im Allgemeinen besteht keine Fortzahlungspflicht bei Aufwendungsersatz (§ 4 Abs. 1 a S. 1 EntgeltFG). Erhält der Arbeitnehmer eine auf das Ergebnis der Arbeit abgestellte Vergütung, so ist der von dem Arbeitnehmer in der für ihn maßgebenden regelmäßigen Arbeitszeit erzielbare Durchschnittsverdienst fortzuzahlen.

4. Eine Fortsetzungskrankheit ist dann gegeben, wenn ein Arbeitnehmer wiederholt an denselben Grundleiden erkrankt. Dagegen ist eine wiederholte Erkrankung wegen der gleichen Krankheit (z. B. Schnupfen) keine Fortsetzungskrankheit. Einzelh. bei *Schaub* ArbR-Hdb. § 98 Rdn. 64.

5. Die Rahmenfrist von einem Jahr rechnet ab dem Zeitpunkt der ersten Erkrankung (§ 3 Abs. 1 S. 2 EntgeltFG, vgl. früher BAG AP Nr. 33 zu § 1 LohnFzG; AP Nr. 56 aaO). Der Sozialversicherungsträger braucht weder dafür zu sorgen, dass das Heilverfahren in der Rahmenfrist noch vor Ablauf von sechs Monaten durchgeführt wird (vgl. ArbG Stuttgart AP Nr. 6 zu § 7 LohnFzG).

Kosten und Gebühren

Keine Besonderheiten; vgl. Form. IV. A. 1.

5. Klage gegen Gesellschaft bürgerlichen Rechtes auf Urlaubsabgeltung

An das
Arbeitsgericht

Klage

des/der Herrn/Frau ...... **Kläger(in)**
– Prozessbevollmächtigte/r: RA ......(in) –

gegen

Gesellschaft bürgerlichen Rechts[1], bestehend aus den Gesellschaftern
Architekt 1. ...... und
2. ......

Beklagte

Namens und mit Vollmacht des/der Klägers(in) erhebe ich Klage und werde beantragen zu erkennen:

I. Die Beklagte wird verurteilt, ... EUR brutto nebst Zinsen in Höhe von 5 Prozentpunkten über dem Basiszinssatz seit dem ...... an den/die Kläger(in) zu zahlen.

II. Die Beklagten tragen die Kosten des Rechtsstreits.

Gründe

Der/Die Kläger(in) war vom ...... bis ...... bei der Beklagten als ...... beschäftigt. Im Jahre des Ausscheidens hat er/sie noch keinen Urlaub erhalten/hat er/sie ...... Tage Urlaub erhalten. Für jeden Monat der Beschäftigung stehen ihm/ihr nach § 5 Abs. 1 BUrlG 2 Tage Urlaub zu[2]. Der/Die Kläger(in) hat zuletzt ...... EUR verdient. Ihm/Ihr stehen mithin zu ...... EUR[3, 4]. Die Beklagte weigert sich zu zahlen, weil ...... Ihr steht jedoch kein Leistungsverweigerungsrecht zu, denn ......

Rechtsanwalt/Rechtsanwältin

Anmerkungen

1. Die (Außen-)Gesellschaft bürgerlichen Rechts besitzt Rechtsfähigkeit, soweit sie durch Teilnahme am Rechtsverkehr eigene Rechte und Pflichten begründet. In diesem Rahmen ist sie zugleich im Zivilprozess aktiv und passiv parteifähig (vgl. BAG AP § 50 ZPO Nr. 14). Es ist umstritten, wie die GbR zu bezeichnen ist (*Wertenbruch* NJW 2002, 324; *Kemke* NJW 2002, 2218). In jedem Fall richtig scheint zu sein, „...... GbR., vertreten durch die geschäftsführenden Gesellschafter ......". Werden die Gesellschafter verklagt, sind diese aufzuführen. Sollen alle verklagt werden, ergibt sich ein Rubrum wie bei der oHG (vgl. Form. IV. A. 7, 8 Anm. 1). Soweit der Gesellschafter für die Verbindlichkeiten der Gesellschaft bürgerlichen Rechts persönlich haftet, entspricht das Verhältnis zwischen der Verbindlichkeit der Gesellschaft und der Haftung des Gesellschafters derjenigen bei der oHG (Akzessorietät) – Fortführung von BGH 27. 9. 1999 BGHZ 142, 315) (BGH AP Nr. 9 zu § 50 ZPO = NJW 2001, 1056 = NZA 2001, 408). Es kann daher auch im Rubrum eine GbR aufgeführt werden und es haften wie bei einer oHG die Gesellschafter (BAG AP Nr. 145 zu § 242 BGB Ruhegehalt; AP Nr. 1 zu § 128 HGB; AP Nr. 67 zu § 4 TVG Ausschlussfristen; vgl. Form. IV. A. 8 Anm. 1). Besteht Zweifel, ob eine GbR besteht, sollten hilfsweise die Gesellschafter mitverklagt werden.

2. Nach § 3 Abs. 1 BUrlG beträgt der gesetzliche Urlaubsanspruch 24 Werktage. Alternative: Für das Jahr 20...... steht ihm/ihr der volle Urlaubsanspruch von 24 Tagen zu, da er/sie nach Erfüllung der Wartezeit in der zweiten Hälfte des Jahres ausgeschieden ist.

Für die Höhe des Urlaubsanspruches können sich Besonderheiten aus dem Arbeitsvertrag, einem Tarifvertrag oder einer Betriebsvereinbarung ergeben. In Betriebsvereinbarungen werden vielfach Ansprüche auf Zusatzurlaub (Arbeitserschwernis, lange Betriebszugehörigkeit usw.) geregelt.

3. Für die Berechnung der Urlaubsabgeltung gilt das modifizierte Referenzprinzip. Entgelt der letzten 13 Wochen: 78 = Tagesverdienst. Bei nicht nur vorübergehenden Verdiensterhöhungen ist von dem erhöhten Geldfaktor auszugehen (*Schaub* ArbR-Hdb. § 102 Rdn. 99 ff., 115 ff.).

4. Die Rechtsprechung zur Urlaubsabgeltung hat sich wesentlich geändert (vgl. *Schaub* ArbR-Hdb. § 102 A Rdn. 99 ff.; Arbeitsrecht von A–Z, 18. Aufl., 2009). Die neuere Rechtsprechung betont, dass es für das Entstehen des Urlaubsanspruches nicht darauf ankommt, dass der Arbeitnehmer im Urlaubsjahr auch gearbeitet hat (vgl. EuGH – Schultz-Hoff 20. 1. 2009 – NZA 2009, 135, BAG 24. 3. 2009 – 9 AZR 583/07).

Kosten und Gebühren

Keine Besonderheiten; vgl. Form. IV. A. 1.

6. Stufenklage[1] auf Erteilung einer Abrechnung und Auszahlung verdienter Provision

An das
Arbeitsgericht
……

Klage

Namens des/der Herrn/Frau …… Kläger(in)
– Prozessbevollmächtigte/r: RA ……(in) –
gegen
die Firma ……
wegen Provisionsabrechnung und -zahlung Beklagte

Namens und mit Vollmacht des/der Klägers(in) erhebe ich Klage und werde beantragen zu erkennen:

I. Die Beklagte wird verurteilt, dem/der Kläger(in) Auskunft über die in der Zeit vom …… bis …… verdienten Provisionen zu erteilen[2, 3].
II. Die Beklagte wird verurteilt, die sich aus der Auskunft ergebenden Provisionen an den/die Kläger(in) zu zahlen[4, 5].
III. Die Beklagte trägt die Kosten des Rechtsstreits.

Gründe

Der/Die Kläger(in) war vom …… bis …… bei der Beklagten als …… beschäftigt. Das Arbeitsverhältnis endete auf die Kündigung des/der Klägers(in), weil die Parteien sich über die Höhe der Provision nicht einigen konnten.
In dem der Klage beigefügten Arbeitsvertrag vom …… heißt es unter der Überschrift „Vergütung":
„Herr/Frau …… erhält ein Monatsgehalt in Höhe von …… EUR.
Herr/Frau …… erhält daneben eine betrieblich noch zu regelnde Provision."
Die Beklagte hat während des Bestandes des Arbeitsverhältnisses eine Provisionsregelung nicht getroffen.
Sie hat zu Unrecht geleugnet, die Vergütungsvereinbarung sei wirksam und bestritten, zu einer Provisionsregelung wegen einer bevorstehenden Umstrukturierung des Betriebes in der Lage zu sein. Ist eine Vergütungsregelung im Arbeitsvertrag nicht getroffen, so bestimmt sich die Höhe der Vergütung nach § 612 Abs. 2 BGB, § 87b Abs. 1 HGB. Vorliegend hat sich die Beklagte die Bestimmung nach § 315 BGB vorbehalten. Trifft sie keine Bestimmung oder entspricht sie nicht der Billigkeit, ist sie durch rechtsgestaltendes Urteil bei der Zahlungsklage im Rahmen der Stufenklage zu bestimmen. Im Übrigen ist die Umstrukturierung längst abgeschlossen.
Der/die Kläger(in) hat die Abrechnung mit Schreiben vom …… abgelehnt. Die Beklagte hat im Rahmen der vorgerichtlichen Korrespondenz weiter eingewandt, dass Abrechnungs- und Provisionsanspruch infolge Ablaufes der tariflichen Ausschlussfrist erloschen seien. Auch dieser Einwand ist ungerechtfertigt. Allerdings unterliegt das Arbeitsverhältnis dem allgemeinverbindlichen Rahmentarifvertrag für den Groß- und Außenhandel vom …… im Bezirk …… Die Verfallfrist lautet …… Der/Die Kläger(in) hat jedoch seinen/ihren Anspruch auf Festsetzung der Provision rechtzeitig am …… schriftlich geltend gemacht. Im Übrigen sind der Provisions- wie Abrechnungsanspruch nicht verfallen, denn die Provisionsfestsetzung hat konstitutive Bedeutung. Vor ihrer Festsetzung kann

die Fälligkeit nicht eintreten; ebenso wenig kann zuvor der Auskunftsanspruch fällig geworden sein[6].

Rechtsanwalt/Rechtsanwältin

Anmerkungen

1. Die Stufenklage ist objektive Klagenhäufung. Als Ausnahme von § 253 Abs. 2 Nr. 2 ZPO ist in der letzten Stufe zunächst ein unbestimmter Klageantrag zulässig (BGH NJW 2000, 1645; *Thomas/Putzo* § 254 Rdn. 1). Sie kann aber schon auf den Betrag beziffert sein, den der Kläger glaubt, mindestens beanspruchen zu können (BGH WM 1972, 1121). Der Antrag in der ersten Stufe kann auf Rechnungslegung (§ 259 Abs. 1 BGB, §§ 666, 675, 1978 BGB), auf Vorlage eines Verzeichnisses (§ 260 BGB) oder auf Auskunftserteilung (§ 260 Abs. 1, §§ 666, 675 BGB; hierzu BAG NZA 1985, 289), auf Einsicht in Bücher (§§ 118, 166 HGB) sowie auf einen Buchauszug (§ 87c Abs. 2 HGB) gerichtet sein. In der zweiten Stufe wird häufig ein Antrag auf Abgabe einer eidesstattlichen Versicherung gestellt (vgl. §§ 259 Abs. 2, 260 Abs. 2 BGB). Vgl. Anm. 3. Grundsätzlich können in der Klageschrift schon alle Anträge der Stufenklage angekündigt werden. Dies ist umstr., aber hat sich aus Gründen der Prozessökonomie durchgesetzt (*Baumbach/Lauterbach* § 254 Rdn. 12). Davon ist allerdings die Verfahrensweise zu unterscheiden. Das Gericht kann alle Stufen abweisen, weil es Auskunfts-, Versicherungs- und Zahlungsansprüche verneint. Will das Gericht der 1. Instanz jedoch zusprechen, ist sukzessive über jede Stufe zu verhandeln und durch Teilurteil zu entscheiden. Eine sachliche Entscheidung über eine spätere Stufe ist auch dem Grunde nach grundsätzlich unzulässig, solange nicht die vorhergehende Stufe durch Teilurteil erledigt ist (BGHZ 10, 386). Es muss jeweils die Fortsetzung des Verfahrens beantragt werden. Die 2. Instanz darf grundsätzlich nur über die 1. Stufe entscheiden, wenn das Gericht der 1. Instanz nur über die 1. Stufe entschieden hat (BAG AP Nr. 2 zu § 10 MuSchG = NJW 1963, 2142; OLG Celle NJW 1961, 786). Hiervon werden jedoch Ausnahmen gemacht, wenn (1) die Gründe des Berufungsgerichts für den noch in erster Instanz anhängigen Rest oder für eine Widerklage ebenfalls zutreffen (BGH 30, 213; NJW 1983, 1311); (2) für den in 1. Instanz verbliebenen Rest kein Raum mehr ist (BGH VersR 1977, 430); (3) die ganze Stufenklage abgewiesen wird (BAG AP Nr. 25 zu § 138 ZPO = NJW 1963, 2142; AP Nr. 8 zu § 75b HGB = NJW 1969, 678; bestr.); werden beide Anträge einer Stufenklage abgewiesen, kann das Revisionsgericht in entsprechender Anwendung von §§ 538 Abs. 1 Nr. 3 ZPO den Rechtsstreit an das Arbeitsgericht zurückverweisen (BAG AP Nr. 3 zu § 87c HGB BB 1969, 777); (4) die Parteien einverstanden sind (BGHZ 97, 280; OLG Frankfurt JR 1984, 290).

2. Alternative, wenn Provisionsstaffel im Arbeitsvertrag bestimmt:

I. Die Beklagte wird verurteilt, die von dem Kläger in der Zeit vom ...... bis ...... verdienten Provisionen abzurechnen.

II. Dem/Der Kläger(in) über die in dieser Zeit verdienten Provisionen einen Buchauszug zu erteilen;

III. Dem/Der Kläger(in) die sich aus der Abrechnung ergebenden Provisionen zu zahlen.

Vgl. dazu *Schaub* ArbR-Hdb. § 76 Rdn. 51 ff.

3. Für den Fall, dass die Auskunft unrichtig ist oder der substantiiert darzulegende Verdacht der Unrichtigkeit besteht, kann in der zweiten Stufe beantragt werden: Die Beklagte wird weiter verurteilt, die Richtigkeit der Auskunft an Eides Statt zu versichern. Lässt der Kläger den Auskunftsanspruch fallen, weil er sie nicht mehr benötigt, ist nach der Rechtsprechung des OLG Düsseldorf keine Erledigungserklärung erforderlich (NJW-RR 1996, 839). Den Antrag in der zweiten Stufe kann der Kläger ohne Rücknahme fallen lassen und sogleich in die 3. Stufe übergehen (BGH NJW 2001, 833).

4. Die Verurteilung in der ersten Stufe schafft keine Bindungswirkung oder Rechtskraft für den Grund des Zahlungsanspruches (BGH NJW 1969, 880; BGH JZ 1970, 226; umstr.). Die materielle Rechtskraft greift jedoch ein, wenn die unmittelbar ausgesprochene Rechtsfolge im späteren Verfahren als Vorfrage von Bedeutung ist.

5. Weist die 1. Instanz die Klage überhaupt ab, verurteilt dagegen das Berufungsgericht zur Rechnungslegung, so ist bei den ordentlichen Gerichten wegen der weiteren Stufen der Rechtsstreit in die 1. Instanz (§ 538 Abs. 1 Nr. 3 ZPO) zurückzuverweisen (BGH NJW 1982, 236). Die Rechtslage wird bei den Gerichten für Arbeitssachen entsprechend sein (vgl. BAG AP Nr. 47 zu § 72 ArbGG 1953; AP Nr. 1 zu § 538 ZPO; AP Nr. 1 zu § 68 ArbGG 1979), da durch § 68 ArbGG keine Zurückverweisung nach § 538 ZPO unterbunden wird.

6. Die Argumentation entspricht einer unveröffentlichten Entscheidung des BAG vom 14. 2. 1980 – 3 AZR 806/77. Im Übrigen unterbricht die Stufenklage Verjährungs- und Ausschlussfristen (BAG AP Nr. 58 zu § 4 TVG Ausschlussfristen = BB 1977, 1371). Die dritte Stufe wird mit Klageerhebung und Zustellung rechtshängig.

Kosten und Gebühren

Keine Besonderheiten vgl. Form. IV.A. 1.

7. Stufenklage auf Erteilung einer Akkordabrechnung und Zahlung gegen Arbeitsgemeinschaft

An das
Arbeitsgericht

Klage

des/der Herrn/Frau ...... **Kläger(s)in**

– Prozessbevollmächtigte/r: RA ......(in) –

gegen

1. die Arbeitsgemeinschaft (Arge) ...... als Gesellschaft bürgerlichen Rechts, vertreten durch die bauleitende Firma ......[1]

2. und die BGB – Gesellschafter

a) die Bauunternehmung ......

b) Firma ......

vertreten durch die bauleitende Firma ......[2]

Beklagte

wegen Akkordabrechnung und Zahlung des Akkordlohnes[3]

Namens und mit Vollmacht des/der Klägers(in) erhebe ich Klage und werde beantragen zu erkennen:

I. Die Beklagte zu 1 wird verurteilt, dem/der Kläger(in) für den in der Zeit vom ...... bis ...... verdienten Lohn eine Akkordabrechnung zu erteilen.

II. Die Beklagte zu 1 wird weiter verurteilt, den sich aus der Akkordabrechnung ergebenden Lohn an den Kläger zu zahlen.

III. Die persönlich haftenden Gesellschafter haften für die Schulden der Gesellschaft als Gesamtschuldner.

IV. Die Beklagten tragen die Kosten des Rechtsstreits

Begründung:

Der/Die Kläger(in) wurde am ...... von der Beklagten zu 1 als ...... eingestellt. Die Beklagte zu 1 ist eine Arbeitsgemeinschaft, die aus mehreren Bauunternehmen besteht. Die Beklagten zu 2 sind die Gesellschafter der Arge. In dieser Arbeitsgemeinschaft hat die Beklagte zu 2 a die Geschäftsführung und Vertretung übernommen.

Beweis: ......

Am ...... wurde dem/der Kläger(in) mit seinem/ihrem Einverständnis zur Arbeitsgemeinschaft abgestellt (§§ 2, 9 Bundesrahmen-Tarifvertrag für das Baugewerbe vom 3. 2. 1981 zul. i. d. F. v. 15. 5. 2001 m. spät. Änd. (allgemeinverbindlich).

Der/Die Kläger(in) hat im Gruppenakkord gearbeitet. Zur Errechnung seines Akkordverdienstes ist er/sie nicht in der Lage. Die Beklagten sind nach § 5 Nr. 10 BRTV-Bau zur Erteilung einer Abrechnung verpflichtet.

Zur Wahrung der tariflichen Ausschlussfristen[4] ist schon jetzt Zahlungsklage zu erheben.[5]

Anmerkungen

1. Eine Gesellschaft bürgerlichen Rechts ist nach der Rechtsprechung des BGH aktiv und passiv parteifähig. Dieser Rechtsprechung hat sich das BAG in der Entscheidung vom 1. 12. 2004 angeschlossen. Vgl. Form. IV. A. 5 Anm. 1.

2. Gesellschafter bürgerlichen Rechtes sind nach § 714 BGB gesamtvertretungsberechtigt. Bei Arbeitsgemeinschaften übernimmt häufig eine Gesellschaft die „Federführung".

3. Im Baugewerbe kommt der Geld- und Zeitakkord vor (*Schaub* ArbR-Hdb. § 64 Rdn. 2 ff.). Die Berechnungsformel für den Geldakkord lautet: Leistungseinheit qm verputzte Fläche, erstelltes Mauerwerk usw. × Geldfaktor; die für den Zeitakkord lautet: Vorgabezeit × Akkordrichtsatz : 60 × Geldfaktor. Die Auskunft muss sich daher auf die Leistungseinheit bzw. beim Zeitakkord auf Vorgabezeit, Arbeitsmenge und Geldfaktor erstrecken. Beim Gruppenakkord wird der Anteil des Gruppenmitgliedes errechnet. Ferner muss die Abrechnung die Abzüge ausweisen. Nach Auffassung des BAG gehört das Aufmaß nicht zur Abrechnung (BAG AP Nr. 93 zu § 4 TVG Ausschlussfristen = NZA 1986, 429).

4. Zur Geltendmachung einer Forderung gehört im Allgemeinen die Spezifizierung nach Grund und Höhe (*Schaub* ArbR-Hdb. § 205 Rdn. 28 ff.). Fordert eine einstufige tarifliche Verfallfrist allein die schriftliche Geltendmachung einer Forderung, so kann statt der schriftlichen Geltendmachung sofort Klage erhoben werden, wenn diese innerhalb der tariflichen Verfallfrist zugeht (BAG AP Nr. 3 zu § 496 ZPO = NJW 1970, 583; AP Nr. 4 aaO. = NJW 1976, 1520; AP Nr. 4 zu § 345 ZPO = NJW 1974, 1103; AP Nr. 20 zu § 670 BGB = NJW 1975, 79). Zweifelhaft mag es sein, wenn sofort eine Stufenklage erhoben wird, weil diese in der Zahlungsstufe regelmäßig unbeziffert ist. In jedem Fall genügt die Stufenklage, um die tarifliche Klagefrist einer zweistufigen Ausschlussfrist zu wahren (Form. IV. A. 6 Anm. 6). Wenn ein Tarifvertrag gestufte Ausschlussfristen in der Weise vorsieht, dass ein Anspruch zunächst schriftlich und später gerichtlich geltend gemacht werden muss, so dient nur die erste Frist der schnellen Information über Inhalt und Umfang des erhobenen Anspruches (BAG AP Nr. 58 zu § 4 TVG Ausschlussfristen). Einseitige nur den Arbeitnehmer belastende Ausschlussfristen sind dann unwirksam, wenn ein gekündigter Haustarifvertrag zweiseitige Ausschlussfristen vorgesehen hat (BAG NZA 2004, 852).

5. Alternative: Kommt der Beklagte seiner Verpflichtung zur Auskunftserteilung nicht binnen einer Frist von ...... nach, so wird er zur Zahlung einer Entschädigung in Höhe von ...... verurteilt. Nach § 61 Abs. 2 ArbGG ist der Beklagte auf Antrag des Klägers zur Zahlung einer Entschädigung zu verurteilen, wenn er eine Handlung nicht binnen einer festzusetzenden Frist vornimmt. Bei der Bemessung der Frist sind allgemeine rechtsstaatliche Grundsätze zu berücksichtigen, wie sie etwa in der Länge der allgemeinen Rechtsmittelfristen zum Ausdruck kommen (BAG AP Nr. 67 zu § 1 TVG Tarifverträge – Bau = EzA Nr. 30 zu § 4 TVG Bauindustrie).

Kosten und Gebühren

Vgl. Form. IV. A. 6.

8. Klage auf Zahlung einer Karenzentschädigung gegen eine OHG

An das
Arbeitsgericht

Klage

des/der Herrn/Frau …… Kläger(in)
– Prozessbevollmächtigte/r: RA ……(in) –
gegen
1. die offene Handelsgesellschaft ……
gesetzlich vertreten durch die persönlich haftenden Gesellschafter 1. …… 2. ……
2. die persönlich haftenden Gesellschafter ……

Beklagte

wegen Zahlung einer Karenzentschädigung.
Namens und mit Vollmacht des/der Klägers(in) erhebe ich Klage und werde beantragen zu erkennen:

I. Die Beklagten werden verurteilt, …… EUR nebst Zinsen in Höhe von 5 Prozentpunkten über dem Basiszinssatz seit dem …… an den/die Kläger(in) zu zahlen.
II. Die persönlich haftenden Gesellschafter haften für die Schulden der Gesellschaft als Gesamtschuldner[1].
III. Die Beklagten tragen die Kosten des Rechtsstreits.

Begründung:

Der/Die Kläger(in) war vom …… bis …… bei der Beklagten als …… beschäftigt. In dem schriftlich abgeschlossenen Arbeitsvertrag, der in der Anlage beigefügt ist, haben die Parteien für die Zeit nach der Beendigung des Arbeitsverhältnisses ein Wettbewerbsverbot[2] geschlossen.
Der/Die Kläger(in) hat sich an das Wettbewerbsverbot gehalten. Er/Sie ist seit dem …… bei der Firma …… beschäftigt, die mit der Beklagten nicht im Wettbewerb steht.
Der Kläger ist durch das Wettbewerbsverbot gezwungen worden, seinen Wohnsitz zu verlegen. Er hat im Umkreis seines bisherigen Wohnortes keine andere Stelle annehmen können. Er musste daher umziehen[3], um die Arbeit bei der Firma …… aufzunehmen.
Der/Die Kläger(in) hat bei der Beklagten einen Monatsverdienst von …… EUR gehabt. Z. Zt. verdient der/die Kläger(in) …… EUR Er/Sie hat mithin Anspruch auf eine monatliche Karenzentschädigung in Höhe von …… EUR[4, 5]. Die Beklagte weigert sich für die Zeit von …… bis …… zu Unrecht zu zahlen. Klage ist daher geboten.

Anmerkungen

1. Nach ständiger Rspr. des BAG haften eine Personengesellschaft und ihre persönlich haftenden Gesellschafter nicht als Gesamtschuldner (BAG AP Nr. 145 zu § 242 BGB Ruhegehalt; AP Nr. 1 zu § 128 HGB; AP Nr. 67 zu § 4 TVG Ausschlussfristen; BGHZ 47, 376, 378 f.; aber auch DB 1981, 2628).

2. Vgl. *Schaub* ArbR-Hdb. § 58.

3. Die erhöhte Abrechnungsgrenze gilt nur dann, wenn das Wettbewerbsverbot für den Wohnsitzwechsel des Arbeitnehmers ursächlich ist. Ein Zwang zur Wohnsitzveränderung besteht dann, wenn der Arbeitnehmer eine Arbeitsstelle außerhalb seines bisherigen Wohnortes antritt, weil er nur dort eine Tätigkeit ausüben kann, die nach Art, Vergütung und Aufstiegschancen seiner bisherigen Tätigkeit nahe kommt (BAG AP Nr. 9 zu § 74 c HGB = DB 1982, 1471 = BB 1982, 1361; AP Nr. 12 aaO. = DB 1986, 334 = NZA 1986, 329; Folgeentscheidung AP Nr. 14 zu § 74 c HGB = DB 1988, 1959). Ist am bisherigen Wohnsitz ein Unternehmen ansässig, bei dem die Aufnahme einer Tätigkeit dem Arbeitnehmer verboten ist, so muss der Arbeitnehmer nicht nachweisen, dass er – das nachvertragliche Wettbewerbsverbot hinweggedacht – bei diesem auch tatsächlich eine Anstellung gefunden hätte (BAG AP Nr. 17 zu § 74 c HGB; AP Nr. 20 zu § 74 c HGB = NZA 1999, 936). Für die Annahme der Ursächlichkeit eines Wohnsitzwechsels bedarf es keiner Darlegung des Arbeitnehmers, dass er ohne nachvertragliches Wettbewerbsverbot bei den am Ort ansässigen Wettbewerbern eine Anstellung gefunden hätte. Es ist vielmehr ausreichend, wenn der Arbeitnehmer darlegt, dass er mit Rücksicht auf das Wettbewerbsverbot eine seiner früheren Tätigkeit vergleichbare Beschäftigung nur bei einem branchenfremden ortsansässigen Arbeitgeber unter dem Vorbehalt der späteren Versetzung aufnehmen konnte (BAG AP Nr. 17 zu § 74 c HGB).

4. Zur Berechnung der Karenzentschädigung *Schaub* ArbR-Hdb. § 58 Rdn. 73 ff.; ArbR-Formb. § 4 Rdn. 11 ff.:

a) Jahresberechnung: Letzte Jahresvergütung: 2 = Quotient, wenn Karenzentschädigung in Höhe von 50% der letzten Vergütung. Quotient : 12 = Monatlich zahlbare Karenzentschädigung, wenn nicht c.

b) Monatsberechnung: Letzte Monatsvergütung: 2 = Karenzentschädigung, wenn nicht c.

c) Berücksichtigung anderweitigen Verdienstes:

 aa) Letzte Jahresvergütung + 10 vH., im Falle des Wohnungswechsels 25 vH. Gesamtsumme von 110 oder 125 vH. – Karenzentschädigung = Nicht anrechenbare Vergütung.

 bb) Neues Jahreseinkommen – Nicht anrechenbare Vergütung aus aa) = Anrechenbare Vergütung.

 cc) Karenzentschädigung aus a) – Anrechenbare Vergütung aus bb) = Zahlbare Karenzentschädigung.

Vgl. aber auch § 75 HGB. Hierzu *Schaub* ArbR-Hdb. § 58 Rdn. 73.

5. Karenzentschädigungen unterliegen der Lohnsteuer (§ 2 Abs. 2 Nr. 4 LStDV; vgl. BFH v. 13. 2. 1987 BStBl. II 87, 386). Sie gehören nicht zu den außerordentlichen Einkünften iSv. § 34 EStG und sind nicht nach §§ 24, 34 EStG tarifbegünstigt. In der Sozialversicherung hat die Karenzentschädigung eine wechselvolle Geschichte. Sie sind kein Arbeitsentgelt iSv. § 14 SGB I; von ihr sind mithin keine Sozialversicherungsbeiträge abzuführen. Arbeitslosengeld ist auf die Karenzentschädigung anzurechnen (BAG AP Nr. 11 zu § 74 c HGB = NJW 1986, 275 = DB 1986, 127). Dagegen hat das BAG die Anrechnung von Übergangsgeld verneint (BAG AP Nr. 15 zu § 74 c HGB = NZA 1990, 397 = BB 1990, 711, 854 = DB 1990, 889). Wettbewerbsverbote liegen in berechtigtem Interesse des Arbeitgebers (§ 74 a I 1 HGB), so dass es nicht gerechtfertigt ist, die Gemeinschaft der Beitragszahler mit der Erhöhung des Vermittlungsrisikos zu belasten (BSG v. 24. 9. 1992 – SozR 3–4100 § 128a Nr. 7). Die Erstattungspflicht des Arbeitgebers nach § 148 SGB III ist aus Verwaltungsvereinfachungsgründen aufgehoben worden.

Kosten und Gebühren

Keine Besonderheiten, vgl. Form. IV. A. 2, 3.

9. Klage auf Feststellung der Ruhegeldverpflichtung und Zahlung von Ruhegeld gegen eine KG

An das
Arbeitsgericht

Klage

des/der Herrn/Frau ...... **Klägers(in)**
– Prozessbevollmächtigte/r: RA ......(in) –

gegen

1. die Firma ...... KG gesetzlich vertreten durch den Komplementär ......
2. den Komplementär Kaufmann ......, ... **Beklagte**

wegen Zahlung von Ruhegeld
Namens und mit Vollmacht des/der Klägers(in) erhebe ich Klage und werde beantragen zu erkennen:

I. Es wird festgestellt, dass die Beklagte zu 1.) verpflichtet ist, dem/der Kläger(in) Ruhegehalt nach der Ruhegeldordnung vom ...... in Höhe von ...... zu zahlen.
II. Die Beklagte zu 1.) wird verurteilt, ... EUR nebst ...... Zinsen in Höhe von fünf Prozentpunkten über dem Basiszinssatz seit dem ...... zu zahlen.
III. Der persönlich haftende Gesellschafter haftet für die Ruhegeldverbindlichkeit und die Schulden als Gesamtschuldner[1].
IV. Die Beklagten tragen die Kosten des Rechtsstreits.

Gründe

Der/die am ...... geborene Kläger(in) war vom ...... bis ...... bei der Beklagten zu 1.) als ...... beschäftigt.
Die Beklagte zu 1.) hat dem/der Kläger(in) eine Ruhegelddirektzusage[2] erteilt. Die Ruhegeldordnung der Beklagten zu 1.) ist beigefügt.
In der Ruhegeldordnung heißt es, dass die Beklagte zu 1.) allen ihren Mitarbeitern unter der Bedingung eine Ruhegeldzusage erteile, dass sie fünf Jahre in ihren Diensten stünden.
Diese Voraussetzung erfüllt der/die Kläger(in). Die Beklagte zu 1.) beruft sich zu Unrecht darauf, dass die Ruhegeldanwartschaft im Zeitpunkt des Ausscheidens des/der Kläger(in) verfallen sei. Die Beklagte zu 1.) vermochte den Kläger weder durch eine sog. Vorschaltzeit noch durch eine bedingte Ruhegeldzusage länger als fünf Jahre zu binden[3].
Inzwischen ist der Ruhegeldfall eingetreten. Der Ruhegeldfall tritt ein, wenn der Mitarbeiter die Altersgrenze erreicht oder berufs- oder erwerbsunfähig wird/vermindert erwerbsfähig wird[4]. Der Kläger hat am ...... sein ...... Lebensjahr erreicht/ist berufsunfähig/erwerbsunfähig/vermindert erwerbsfähig geworden.

Beweis: ......

Es bedarf daher der Feststellung der Ruhegeldverpflichtung der Beklagten zu 1.) Ferner wird das monatliche Ruhegeld von ...... für die Zeit vom ...... bis ...... verlangt. Der Beklagte zu 2 haftet für die Verbindlichkeit als Gesamtschuldner.

Rechtsanwalt/Rechtsanwältin

Anmerkungen

1. Vgl. Form. IV. A. 8 Anm. 1.

2. Die Arbeitgeber gewähren Ruhegelder aufgrund einer Direktzusage, also aus dem Firmenvermögen, über eine betriebliche Unterstützungskasse, eine Pensionskasse, einen Pensionsfonds oder aufgrund eines zugunsten des Arbeitnehmers abgeschlossenen Versicherungsvertrages (vgl. Form. IV. A. 10). Eine Unterstützungskasse ist eine rechtlich selbständige Versorgungseinrichtung, die auf ihre Leistungen keinen Rechtsanspruch einräumt (§ 1b Abs. 4 BetrAVG). Dagegen ist die Pensionskasse eine rechtlich selbständige Versorgungseinrichtung (§ 1 b Abs. 3 BetrAVG), die Rechtsansprüche einräumt. Ein Pensionsfonds ist eine rechtsfähige Versorgungseinrichtung, die im Wege des Kapitaldeckungsverfahrens je nach Ausgestaltung der zu Grunde liegenden Pensionspläne beitragsbezogen mit der Zusage einer Mindestleistung oder leistungsbezogen ausschließlich Altersversorgungsleistungen für einen oder mehrere Arbeitgeber zugunsten von Arbeitnehmern erbringt. Ihre Rechtsgrundlagen ergeben sich aus dem VAG (*Schaub* ArbR-Hdb. § 84 Rdn. 27;).

3. Eine Ruhegeldanwartschaft ist unverfallbar, wenn das Arbeitsverhältnis nach Eintritt des 25. Lebensjahres endet und die Versorgungszusage mindestens fünf Jahre bestanden hat (§ 1 b Abs. 1 BetrAVG). Für Altzusagen bestehen zahlreiche Übergangsregelungen (§ 30 a ff. BetrAVG). Vielfach wird versucht, die Unverfallbarkeitsfrist zu verlängern, sei es, dass eine sog. Vorschaltzeit geschaffen wird oder die Versorgungszusage selbst bedingt erteilt wird (vgl. BAG AP Nr. 3 zu § 1 BetrAVG Wartezeit = NJW 1977, 2376; AP Nr. 5 aaO. = NJW 1980, 2428; AP Nr. 7 aaO. = NJW 1981, 1855; AP Nr. 4, 8, 12 aaO.). Nach der Rspr. des BAG ist eine Ruhegeldzusage iSv. § 1 b BetrAVG dann erteilt, wenn dem Arbeitgeber kein Entscheidungsspielraum mehr verbleibt, ob er überhaupt Ruhegeld gewähren will, sondern die Entstehung des Anspruches allein vom Zeitablauf abhängt. Beruht die Versorgungsanwartschaft auf einer Betriebsvereinbarung, so besteht die „Ruhegeldzusage" ab dem Zeitpunkt, seit dem der Arbeitnehmer unter den Geltungsbereich der Betriebsvereinbarung fällt.

4. IdR. ist Voraussetzung eines Ruhegeldanspruches:

a) Das Bestehen einer Versorgungszusage (Einzelzusage, Gesamtzusage, Tarifvertrag, Betriebsvereinbarung, Gleichbehandlung oder betriebliche Übung); es darf nicht zwischen Arbeitern und Angestellten unterschieden werden (BAG AP Nr. 56 zu § 1 BetrAVG Gleichbehandlung);

b) Ablauf der Wartezeit (diese ist nicht zu verwechseln mit der Unverfallbarkeitsfrist (BAG AP Nr. 1 zu § 1 BetrAVG Wartezeit); von dem Ablauf der Unverfallbarkeitsfrist des § 1 b BetrAVG hängt ab, ob eine Ruhegeldanwartschaft unverfallbar wird; von der Wartefrist hängt die Entstehung des Ruhegeldanspruches ab. Ist die Wartefrist länger als die Unverfallbarkeitsfrist, kann sie noch in einem Folgearbeitsverhältnis (uU. sogar nach Eintritt eines Versorgungsfalles) zurückgelegt werden (§ 1 b Abs. 1 S. 5 BetrAVG).

c) Eintritt des Versorgungsfalles (Altersgrenze, Berufs- oder Erwerbsunfähigkeit, verminderte Erwerbsfähigkeit);

d) Versetzung in den Ruhestand.

Für diese Voraussetzungen ist der Arbeitnehmer darlegungs- und beweispflichtig.

Kosten und Gebühren

Form. IV. A. 1.

10. Feststellungsklage gegen eine Unterstützungskasse wegen einer unverfallbaren Versorgungsanwartschaft bei Anrechnung von Vordienstzeiten

An das
Arbeitsgericht

Klage

des/der kaufmännischen Angestellten ...... Klägers(in)
– Prozessbevollmächtigte/r: RA ......(in) –
gegen
1. Die Betriebsunterstützungskasse der Firma ......[1]
gesetzlich vertreten durch ......
2. Die Firma ...... KG[2]
gesetzlich vertreten durch den Komplementär ......
Beklagte
wegen des Bestehens einer Versorgungsanwartschaft
Namens und mit Vollmacht des/der Klägers(in) erhebe ich Klage und werde beantragen zu erkennen:

1. Es wird festgestellt, dass die Beklagte zu 1 bei Eintritt eines Versorgungsfalles Leistungen der betrieblichen Altersversorgung nach dem Leistungsplan vom ...... zu leisten verpflichtet ist.
2. Es wird festgestellt, dass die Beklagte zu 2 den Teil der Versorgungsleistungen zu erbringen hat, der auf der Anrechnung von Vordienstzeiten beruht.
3. Die Beklagten haben die Kosten des Rechtsstreites zu tragen.

Begründung:

Der/Die am ...... geborene Kläger(in) war vom ...... bis zum ...... bei der Firma ...... als Buchhalter(in) beschäftigt. Diese Firma gewährt Leistungen der betrieblichen Alters- und Hinterbliebenenversorgung. Auch der/die Kläger(in) besaß eine Versorgungszusage vom ......

Beweis: Vorlage des Versorgungsvertrages.

Am ...... trat der Kläger/die Klägerin in die Dienste der Beklagten zu 2.) Im Arbeitsvertrag haben die Parteien vereinbart, dass die Klägerin Ruhegeld nach der jeweiligen Ruhegeldordnung der Beklagten zu 1.) erhält. Indes werde die Beklagte zu 1) die Dienstzeit bei der Firma ...... anrechnen[3].
Beweis: Arbeitsvertrag vom ......

Die Beklagte zu 1.) ist die Betriebsunterstützungskasse der Beklagten zu 2.) Sie ist in der Rechtsform einer(s) GmbH/eingetragenen Vereins/Stiftung errichtet. Der Leistungsplan (Versorgungsordnung) der Beklagten zu 1.) ist in von ihr erlassenen Richtlinien geregelt. Bei Begründung des Arbeitsverhältnisses galt der Leistungsplan idF. vom ...... In dem Leistungsplan ist vorgesehen, dass allen Arbeitnehmern nach einer Wartezeit von 15 Jahren eine Alters- und Hinterbliebenenversorgung gewährt wird in Höhe von 0,4% des letzten Monatsgehaltes für jedes Beschäftigungsjahr. Am ...... hat der Vorstand den

Leistungsplan geändert. Hierdurch ist vorgesehen, dass nach einer Wartezeit von ...... für jedes Beschäftigungsjahr nur 3,– EUR gezahlt werden[4]. Die Änderung ist wegen Verletzung des Mitbestimmungsrechtes des Betriebsrats unwirksam[5].

Beweis: Leistungspläne vom ......

Am ...... wurde das Arbeitsverhältnis beendet. Nach ihrem Ausscheiden hat der/die Kläger(in) Auskunft über das Bestehen seiner/ihrer Versorgungsanwartschaft verlangt (§ 4a Abs. 1 BetrAVG). Die Beklagte zu 1.) hat dem/der Kläger(in) mitgeteilt, dass bei seinem/ihrem Ausscheiden die Versorgungsanwartschaft verfallen sei, weil er/sie die Voraussetzungen des BetrAVG nicht erfülle. Außerdem müsse er/sie sich auch die Änderung des Leistungsplanes entgegenhalten lassen.

Beweis: Schreiben vom ......, das in Fotokopie beigefügt ist.

Diese Auskunft ist in mehrfacher Hinsicht falsch.

Der/Die Kläger(in) besitzt eine unverfallbare Versorgungsanwartschaft. Nach § 1b Abs. 1 S. 1 BetrAVG behält ein Arbeitnehmer seine Versorgungsanwartschaft, wenn sein Arbeitsverhältnis vor Eintritt des Versorgungsfalles endet, sofern in diesem Zeitpunkt der Arbeitnehmer mindestens das 25. Lebensjahr vollendet hat und die Versorgungszusage für ihn mindestens fünf Jahre bestanden hat. Diese Voraussetzungen sind gegeben. Der/Die Kläger(in) ist ...... alt. Ausweislich des Arbeitsvertrages ist ihm/ihr die Versorgungszusage am ...... erteilt worden. Der/Dem Kläger(in) ist zugesagt, dass die Vordienstzeiten bei der ...... angerechnet würden. Das ist die Zeit vom ...... bis ...... Dagegen kommt es nicht darauf an, ob die/der Kläger(in) bereits die Wartezeit nach der Versorgungsordnung zurückgelegt hat. Diese Wartezeit kann er/sie notfalls noch in einem späteren Arbeitsverhältnis erfüllen (§ 1b Abs. 1 S. 5 BetrAVG).

Die/Der Kläger(in) braucht sich aber auch die Änderung der Versorgungsordnung nicht entgegenhalten zu lassen ......

Rechtsanwalt/Rechtsanwältin

Anmerkungen

1. Betriebliche Unterstützungskassen werden regelmäßig in der Rechtsform einer GmbH, eines eingetragenen Vereins und seltener auch in der einer Stiftung gegründet. Entsprechend ist das Rubrum anzupassen. Es kann auch geltend gemacht werden, dass der Komplementär neben der KG haftet (§§ 128, 161 HGB).

2. Wird die betriebliche Altersversorgung über eine Betriebsunterstützungskasse abgewickelt, so sind drei Rechtsbeziehungen zu unterscheiden, nämlich (1) Arbeitnehmer/Arbeitgeber, (2) Arbeitnehmer/Unterstützungskasse, (3) Unterstützungskasse/Arbeitgeber.

Im Verhältnis Arbeitnehmer/Arbeitgeber besteht der Arbeitsvertrag und das Versorgungsversprechen (BAG AP Nr. 3 zu § 1 BetrAVG Unterstützungskassen = NZA 1985, 22; AP Nr. 4 aaO. = NZA 1986, 57; AP Nr. 8 aaO. = NZA 1986, 357, 746). Die Betriebsunterstützungskasse ist lediglich das technische Hilfsmittel, dessen sich der Arbeitgeber zur Abwicklung der Ruhegeldverbindlichkeiten bedient. Hieraus folgt, dass sich der Arbeitnehmer grundsätzlich an die Unterstützungskasse halten soll, aber der Arbeitgeber gleichwohl für die Erfüllung der Verbindlichkeiten durch die Unterstützungskasse einstehen muss (BAG AP Nr. 2 zu § 242 BGB Ruhegehalt – Unterstützungskasse; AP Nr. 3 aaO. = NJW 1971, 1379; AP Nr. 5 aaO. = NJW 1973, 1016; AP Nr. 6 aaO. = NJW 1973, 1946; AP Nr. 12 aaO.; hierzu BVerfG NJW 1984, 476 = AP Nr. 2 zu § 1 BetrAVG Unterstützungskassen; AP Nr. 4 zu § 1 BetrAVG Unterstützungskassen = NZA 1986, 57 = DB 1986, 228; AP Nr. 6 zu § 1 BetrAVG Unterstützungskasse; AP Nr. 1 zu § 161 HGB = NZA 1990, 557). Das BVerfG hat entschieden, dass es verfassungsrechtlich nicht zu beanstanden ist, wenn in der Rspr. des BAG wegen der starken Abhängigkeit der Unterstützungskasse vom Trägerunternehmen angenommen werde, dass der Arbeitgeber entweder die zur Erbringung der Versorgungsleistungen benötigten Mittel zur Verfügung stellen müsse oder selbst die Leistungsverpflichtungen gegenüber den Arbeitnehmern zu erfüllen habe (BVerfG AP Nr. 11, 12, 13 zu § 1 BetrAVG Unterstützungskassen). Ohne spezielle Erfahrungen im Ruhegeldrecht ist es nicht ratsam, den Anspruch gegen den Arbeitgeber nicht anhängig zu machen oder vor dem Rechtsstreit mit der Unterstützungskasse rechtskräftig werden zu lassen. Dies zeigt der vorliegende Fall. Ist in der Ruhegeldordnung der Unterstützungskasse eine Anrechnung von Vordienstzeiten nicht vorgesehen, wird diese regelmäßig für daraus resultierende Ansprüche nicht einzustehen haben. Sie kann, darf und will nur im Rahmen ihrer Ruhegeldordnung leisten. Wegen dieses Anteils muss der Arbeitgeber einstehen.

Im Verhältnis Arbeitnehmer/Unterstützungskasse ist ein Rechtsanspruch auf Ruhegeldgewährung ausgeschlossen. Der Ausschluss des Rechtsanspruches erfolgt, damit die Unterstützungskasse nicht der Versicherungsaufsicht unterliegt und ihre Mittel im Unternehmen des Trägers anlegen kann. Der Ausschluss des Rechtsanspruches bedeutet aber nicht, dass die Kasse einzelne Arbeitnehmer von der Versorgung ausschließen könnte oder nach ihrem Ermessen die Leistungen ausschließen, einschränken oder ändern könnte. Insoweit verbietet der Gleichbehandlungsgrundsatz den Ausschluss einzelner Arbeitnehmer. In der Rechtsprechung hat der Ausschluss des Rechtsanspruches im Allgemeinen nur die Bedeutung, dass dem Arbeitgeber vorbehalten ist, einen Leistungsplan zu ändern und der wirtschaftlichen Entwicklung anzupassen (vgl. BAG AP Nr. 8 zu § 242 BGB Ruhegehalt-Unterstützungskasse; AP Nr. 9 aaO. = NJW 1980, 79; AP Nr. 12 aaO., dazu BVerfG NJW 1984, 476; AP Nr. 1 zu § 1 BetrAVG Unterstützungskasse = NJW 1982, 1773; AP Nr. 4 aaO. = NZA 1986, 57; AP Nr. 23 aaO. = NZA 1989, 845 = BB 1989, 1984 = DB 1989, 1876). Das BVerfG hat auch diese Rspr. im Grundsatz gebilligt (BVerfG AP Nr. 11 zu § 1 BetrAVG Unterstützungskassen). Gleichwohl ergeben sich daraus erhebliche Unterscheidungen. Da der Ausschluss des Rechtsanspruchs nur die Bedeutung eines Widerrufsvorbehaltes hat, kann die Versorgungsordnung aus sachlichen Gründen und in genereller Form widerrufen und durch eine andere ersetzt werden oder zum Nachteil der Versorgungsberechtigten geändert werden. Bei den Änderungen müssen jedoch die Besitzstände gewahrt werden. Je stärker der Besitzstand ist, umso weniger kann in ihn eingegriffen werden (BAG GS AP Nr. 17 zu § 77 BetrVG 1972 = NZA 1987, 168, 185; AP Nr. 13 zu § 1 BetrAVG Besitzstand = NJW 1994, 77 = NZA 1993, 938). Insoweit hat das BAG ein Dreistufenmodell entwickelt. *(1)* Der Teil der Versorgungsanwartschaft, der bereits zeitanteilig erdient ist und nach § 2 Abs. 1, 4 BetrAVG berechnet wird, bleibt bei Beendigung des Arbeitsverhältnisses erhalten und ist gegen Insolvenz geschützt. Seine Änderung oder Verschlechterung ist nur aus zwingenden Gründen möglich. *(2)* Richtet sich der Anwartschaftswert nach dem Arbeitsentgelt des begünstigten Arbeitnehmers bis zum Eintritt des Versorgungsfalles (Halbdynamik) oder eines vergleichbaren Arbeitnehmers während des Ruhestandes (Volldynamik), so ist die Dynamik bis zum Zeitpunkt der Ablösung bereits erdient. Ihre Änderung oder Verschlechterung ist nur aus triftigem Grund möglich. Ein triftiger Grund, der einen Eingriff in die erdiente Dynamik rechtfertigen kann, liegt vor, wenn ein unveränderter Fortbestand des Versorgungswerks langfristig zu einer Substanzgefährdung des Versorgungsschuldners führen würde. Dies ist insbesondere dann der Fall, wenn die Kosten des bisherigen Versorgungswerks nicht mehr aus den Unternehmenserträgen und etwaigen Wertzuwächsen des Unternehmensvermögens erwirtschaftet werden können, so dass eine die Entwicklung des Unternehmens beeinträchtigende Substanzaufzehrung droht (BAG AP Nr. 36 zu § 1 BetrAVG Ablösung = NZA 2003, 1414); *(3)* Dagegen können die noch nicht erdienten dienstzeitabhängigen Zuwachsraten aus sachlichem Grund geändert werden (BAG AP Nr. 4 zu § 1 BetrAVG Unterstützungskassen = NZA 1986, 57; AP Nr. 6 = NZA 1986, 60; AP Nr. 4 zu § 1 BetrAVG Ablösung = NZA 1986, 63; Zusammenfassung: AP Nr. 23 zu § 1 BetrAVG Unterstützungskasse = NZA 1989, 845 = BB 1989, 1984 = DB 1989, 1876; AP Nr. 8 zu § 1 BetrAVG Besitzstand = NZA 1991, 176; AP Nr. 11 = BB 1992, 2224; vom 17. 11. 1992 – AP Nr. 13; AP 36 zu § 1 BetrAVG Ablösung = NZA 2003, 1414). In dieses System hat das BVerfG eingegriffen. Es hat entschieden, dass immer dann, wenn die Versorgung auf Unterstützungskassen-Richtlinien beruht, die aus der Zeit vor Inkrafttreten des BetrAVG stammen, die Arbeitgeber darauf haben vertrauen können, dass zumindest aus triftigem Grund ein Widerruf möglich sei (BVerfG AP Nr. 2 zu § 1 BetrAVG Unterstützungskassen = NJW 1984, 468; AP Nr. 11, 12, 13 aaO.). Das BVerfG hat alsdann die Insolvenzfälle des § 7 Abs. 1 BetrAVG für Altfälle um den triftigen Grund erweitert. Schließlich hat das BAG die Rechtsprechung zusammengefasst, dass den Grundsätzen der Verhältnismäßigkeit und des Vertrauensschutzes dann genügt wird, wenn den abgestuften Besitzständen unterschiedlich gewichtige Eingriffsgründe des Arbeitgebers gegenübergestellt werden. Das Gewicht des Eingriffsgrundes muss der Stärke des Besitzstandes entsprechen. Bei den Besitzständen des Arbeitnehmers ist zu unterscheiden zwischen nur ausnahmsweise antastbaren, insolvenzgeschützten Teilbeträgen, die sich aus der Berechnung nach § 2 Abs. 1 BetrAVG ergeben, der sog. zeitanteilig erdienten Dynamik (Schutz des Berechnungsfaktors ruhegehaltsfähiges Entgelt) und den Steigerungsbeträgen, die ausschließlich von der weiteren Betriebszugehörigkeit des Arbeitnehmers abhängen. Bei den Eingriffsgründen ist zu unterscheiden zwischen zwingenden, triftigen und sachlich-proportionalen Gründen (BAG AP Nr. 13 zu § 1 BetrAVG Besitzstand = NJW 1994, 77 = NZA 1993, 938; 17. 8. 1999 – 3 AZR 295/98 Jur-CD n. a. v.). Ob die Rspr. des BVerfG auch zu sonstigen Widerrufsgründen von Bedeutung ist (zB. Treubruch), ist umstr.

Im Verhältnis Unterstützungskasse/Arbeitgeber hat zwar die Unterstützungskasse keinen Rechtsanspruch auf regelmäßige Dotierung; gleichwohl muss sie auf diesen einwirken, auf eine hinreichende Dotierung zu achten. Dotiert der Arbeitgeber die Unterstützungskasse nicht hinreichend, so muss der Arbeitgeber eintreten (BAG AP Nr. 7 zu § 242 BGB Ruhegehalt – Unterstützungskasse). Hat die Unterstützungskasse bereits Leistungen für den Arbeitgeber erbracht, hat sie gegen den Arbeitgeber einen Aufwendungsersatzanspruch (§ 670 BGB). Scheidet ein Arbeitgeber aus dem Kreis der Trägerunternehmen der Unterstützungskasse aus, so endet die Leistungspflicht. Vielmehr muss der Arbeitgeber hinfort die Leistungen selbst erbringen (BAG AP Nr. 17 zu § 1 BetrAVG Unterstützungskasse; AP Nr. 32 = NZA 1992, 931; AP Nr. 17 zu § 7 BetrAVG Widerruf = NJW 1992, 86 = NZA 1992, 934).

3. Der Arbeitgeber kann mit seinem Arbeitnehmer frei vereinbaren, ob er Vordienstzeiten anrechnen will oder nicht. Im Wege der Auslegung ist zu ermitteln, ob die Berücksichtigung von früheren Versorgungszusagen oder Vordienstzeiten nur die Höhe des Ruhegeldes verbessern oder sich auch auf die Unverfallbarkeitsfristen auswirken soll. Haben die Parteien nach der Entscheidung des Senats vom 10. 3. 1972 (BAG AP Nr. 156 zu § 242 BGB Ruhegehalt), mit der erstmals die Unverfallbarkeit einer Versorgungszusage nach 20-jähriger Betriebszugehörigkeit ausgesprochen wurde, eine Vereinbarung über die Anrechnung von Vordienstzeiten auf die Betriebszugehörigkeit getroffen, so besteht die Auslegungsregel, dass durch die Anrechnung nicht nur die Höhe des Ruhegeldes verbessert, sondern auch die Vordienstzeiten angerechnet werden sollen. Ist dagegen die Anrechnung zuvor vereinbart worden, so ist im Zweifel davon auszugehen, dass die Parteien nicht bedacht haben, ob die Vordienstzeiten sowohl für die Unverfallbarkeit als auch die Höhe der Versorgung Bedeutung haben soll. In diesen Fällen ist eine Vertragslücke erwachsen, die im Wege ergänzender Vertragsauslegung geschlossen werden muss. In diesen Fällen werden Dienstzeiten aus früheren Arbeitsverhältnissen grundsätzlich nur dann für die Unverfallbarkeit gewertet, wenn diese von einer Versorgungszusage begleitet waren (BAG AP Nr. 2 zu § 1 BetrAVG). Eine ganz andere Frage ist, ob Versorgungsanwartschaften, die wegen der Anrechnung von Zusagezeiten oder Vordienstzeiten unverfallbar geworden sind, den Insolvenzschutz genießen (BAG AP Nr. 1; AP Nr. 17 aaO. = NJW 1984, 1199; AP Nr. 54 aaO. = NZA 1990, 348 = BB 1990, 636 = DB 1990, 383). Hat der Arbeitgeber eine beamtenähnliche Versorgung versprochen, so hat die Anrechnung von Vordienstzeiten keine Bedeutung für die Unverfallbarkeitsfrist, da Beamtenversorgungen bei Beendigung des Beamtenverhältnisses vor Eintritt eines Versorgungsfalles erlöschen (BAG AP Nr. 7 zu § 1 BetrAVG Vordienstzeiten; AP Nr. 17 zu § 18 BetrAVG = DB 1988, 2463).

4. Der Leistungsplan einer Betriebsunterstützungskasse unterliegt der erzwingbaren Mitbestimmung des Betriebsrates (§ 87 Abs. 1 Nr. 8 BetrVG). Vgl. dazu BAG AP Nr. 5 zu § 87 BetrVG Altersversorgung = NJW 1979, 2534; AP Nr. 1 zu § 1 BetrAVG Unterstützungskassen = NJW 1982, 1773; AP Nr. 3 aaO. = NZA 1985, 22; AP Nr. 16 zu § 87 BetrVG 1972 Altersversorgung = DB 1988, 2411 = BB 1988, 2249; AP Nr. 34 zu § 1 BetrAVG Unterstützungskasse = NJW 1992, 3190 = NZA 1992, 949. Bei der Teilschließung einer Unterstützungskasse hat der Arbeitgeber die Mitbestimmungsrechte zu beachten. (1) Der Arbeitgeber kann die Mittel, die er für die Altersversorgung seiner Arbeitnehmer über eine Unterstützungskasse zur Verfügung stellen will (Umfang der finanziellen Verpflichtungen, Dotierungsrahmen) mitbestimmungsfrei kürzen. Das führt dazu, dass für die zur Verfügung stehenden Mittel ein neuer Verteilungsplan aufzustellen ist. (2) Der Betriebsrat hat bei der Aufstellung von Grundsätzen mitzubestimmen, nach denen die vom Arbeitgeber (Trägerunternehmen) zur Verfügung gestellten Mittel verteilt werden sollen. Das Mitbestimmungsrecht kann ausnahmsweise entfallen, wenn es an einem Regelungsspielraum für die Verteilung der verbleibenden Mittel fehlt (BAG AP Nr. 34 zu § 1 BetrAVG Unterstützungskasse = NJW 1992, 3190 = NZA 1992, 949). Um die Mitbestimmungsrechte des Betriebsrates zu wahren, können Betriebsvereinbarungen zwischen Betriebsrat und Arbeitgeber abgeschlossen werden. Alsdann muss der Arbeitgeber dafür Sorge tragen, dass die Unterstützungskasse den Leistungsplan übernimmt. Rechtstechnisch widerruft die Unterstützungskasse den Leistungsplan und erlässt einen neuen. Es ist aber auch denkbar, dass die Organe der Unterstützungskasse paritätisch besetzt werden und die Vertreter der Arbeitnehmerseite einen Betriebsausschuss bilden, der alsdann für den Betriebsrat Mitbestimmungsrechte ausübt (vgl. BAG AP Nr. 5 zu § 87 BetrVG 1972 Altersversorgung).

5. Ist die Änderung der Versorgungsordnung nach Beendigung des Arbeitsverhältnisses erfolgt, ist § 2 Abs. 5 BetrAVG zu beachten.

Kosten und Gebühren

Keine Besonderheiten, vgl. Form. IV. A. 1.

11. Anspruch auf betriebliche Altersversorgung durch Entgeltumwandlung[1,2]

An das
Arbeitsgericht

Klage

des/der Herrn/Frau

Klägers(in)

– Prozessbevollmächtigte/r: RA ……(in) –

gegen

die Firma ……
gesetzlich vertreten durch ……

Beklagte

wegen Entgeltumwandlung

Namens und mit Vollmacht des/der Klägers(in) erhebe ich Klage und werde beantragen zu erkennen

I. Die Beklagte wird verurteilt, von den künftigen Entgeltansprüchen des/der Klägers(in) bis zu 4 vom Hundert der jeweiligen Beitragsbemessungsgrenze in

der allgemeinen Rentenversicherung durch Entgeltumwandlung für die betriebliche Altersversorgung zu verwenden.

II. Die Beklagte wird verurteilt, die betriebliche Altersversorgung über einen Pensionsfonds oder eine Pensionskasse durchzuführen.
Oder
Die Beklagte wird verurteilt, für die/den Kläger(in) ...... eine Direktversicherung abzuschließen.

III. Die Beklagte wird verurteilt, die Direktversicherung in der Weise abzuschließen, dass sie den Voraussetzungen einer staatlichen Förderung nach §§ 10 a, 82 Abs. 2 EStG genügt.

IV. Die Beklagte trägt die Kosten des Rechtsstreits.

Begründung

Die/Der Kläger(in) steht seit dem ...... als ...... in den Diensten der Beklagten. Beide Parteien sind tarifgebunden. Die/Der Kläger(in) ist Mitglied der IG ...... Die Beklagte ist Mitglied des Arbeitgeberverbandes ...... Die/Der Kläger(in) ist in die Lohn/Gehaltsgruppe ...... eingruppiert. Neben dem tariflichen Entgelt bezieht sie/er eine übertarifliche Zulage in Höhe von ...... EUR. Die/Der Kläger(in) ist in der gesetzlichen Sozialversicherung pflichtversichert.

Die/Der Kläger(in) hat von der Beklagten verlangt, dass ...... EUR des Entgelts monatlich gleichbleibend für die betriebliche Altersversorgung verwandt werden. Diesem Verlangen will die Beklagte nicht nachkommen, weil sie keine betriebliche Altersversorgung habe und die/der Kläger(in) über tarifliche Ansprüche nicht verfügen könne ...... Beide Einwände sind ungerechtfertigt ......[4]

Die Entgeltansprüche sind in eine wertgleiche Anwartschaft auf Versorgungsleistungen umzuwandeln.[7] Auch insoweit besteht Streit ...... Nach richtiger Ansicht ist die Wertgleichheit nach versicherungsmathematischen Grundsätzen zu ermitteln ......[6]

Rechtsanwalt/Rechtsanwältin

Anmerkungen

1. Der Anspruch auf Entgeltumwandlung (§ 1 a BetrAVG) hat folgende Voraussetzungen, für die – soweit es sich um Ausschlusstatbestände handelt – der Beklagte die Darlegungs- und Beweislast trägt: (1) Die Pflichtversicherung in der gesetzlichen Rentenversicherung (§ 17 Abs. 1 S. 3 BetrAVG), (2) der Anspruch ist begrenzt auf einen Höchstumwandlungsbetrag (§ 1 a Abs. 1 S. 1 BetrAVG). (3) einen jährlichen Mindestumwandlungsbetrag in Höhe von $^1/_{160}$ der Bezugsgröße nach § 18 SGB IV. (4) gleichbleibende laufende Beträge im Kalenderjahr auf Verlangen der Beklagten: (5) Ausschluss des Anspruchs bei Bestehen einer durch Entgeltumwandlung finanzierten betrieblichen Altersversorgung (§ 1a Abs. 2 BetrAVG). Besteht ein Anspruch auf Entgeltumwandlung kann der Arbeitgeber den Anspruch erfüllen, über einen Pensionsfonds oder eine Pensionskasse, braucht es aber nicht, weil es eine Schutzvorschrift zu seinen Gunsten ist. Erfüllt er ihn nicht, kann der Arbeitnehmer verlangen, dass eine Lebensversicherung abgeschlossen wird (vgl. Anm. 5). Besteht ein Anspruch in geringerer Höhe, kann dieser noch in Höhe des Differenzbetrages geltend gemacht werden; der Arbeitnehmer kann aber auch auf die bestehende Entgeltumwandlung verzichten und den vollen Betrag geltend machen. (6) Einhaltung des Tarifvorrangs (§ 17 Abs. 5 BetrAVG). Es ist zunächst zu prüfen, ob ein Tarifvertrag zur Entgeltumwandlung besteht. Sind Arbeitnehmer und Arbeitgeber nicht tarifgebunden, kann der Anspruch geltend gemacht werden. Sind die Arbeitsvertragsparteien tarifgebunden, kann in jedem Fall der übertarifliche Anteil umgewandelt werden. Sind die Arbeitsvertragsparteien tarifgebunden und besteht kein übertariflicher Bestandteil der Vergütung zur Verfügung ist eine Entgeltumwandlung nur möglich, wenn eine tarifliche Öffnungsklausel gegeben ist.

2. Der Anspruch auf die sog. Riesterrente ist ein Unterfall der Entgeltumwandlung. Der Anspruch kann nur über die Direktversicherung, eine Pensionskasse oder einen Pensionsfonds umgesetzt werden. Der Anspruch (§ 1 a Abs. 3 BetrAVG) setzt voraus: (1) Unterwerfung der Entgeltumwandlung der individuellen Steuer- und Abgabenbelastung, (2) Die förderungsfähigen Leistungen sind beschränkt auf eine Leibrente oder einen Auszahlungsplan mit Restkapitalversicherung. (3) Auf den Umwandlungsbetrag werden durch den Staat Zulagen gezahlt. Gegebenenfalls ergeben sich im Rahmen des Sonderausgabenabzugs zusätzliche Vergünstigungen aus dem Steuerbescheid.

3. Die Durchführung des Anspruches des Arbeitnehmers wird durch Vereinbarung geregelt (§ 1 a Abs. 1 S. 2 BetrAVG). Zur Wahl stehen alle fünf Durchführungswege der betrieblichen Altersversorgung (Direktzusage, Unterstützungskasse, Direktversicherung, Pensionskasse, Pensionsfonds). Verlangt der Arbeitnehmer die Riesterrente, reduzieren sich die Durchführungswege auf die Direktversicherung, Pensionskasse und Pensionsfonds. Ist der Arbeitgeber zu einer Durchführung über einen Pensionsfonds oder eine Pensionskasse bereit ist die betriebliche Altersversorgung dort durchzuführen (§ 1 a Abs. 1 S. 3 BetrAVG). Der Arbeitgeber bestimmt den konkreten Versorgungsträger. Einigen sich Arbeitgeber und Arbeitnehmer nicht über einen Durchführungsweg und bietet der Arbeitgeber auch keine Pensionskasse oder Pensionsfonds an, so erfolgt die betriebliche Altersversorgung über eine Lebensversicherung, die der Arbeitgeber aber auswählt (§ 1a Abs. 1 S. 3 BetrAVG). Der Arbeitnehmer muss die in § 1 a Abs. 1 S. 4 BetrAVG genannten Beträge umwandeln. Der Arbeitgeber kann eine gleichbleibende Umwandlung verlangen (§ 1a Abs. 1 S. 5 BetrAVG).

4. Die künftigen Entgeltansprüche sind in eine wertgleiche Anwartschaft umzuwandeln. Was wertgleich ist, ist umstritten. Sie ist nach richtiger Ansicht nach versicherungsmathematischen Grundsätzen zu bestimmen. Die Unverfallbarkeit der Ansprüche ist besonders geregelt (§ 1 b BetrAVG).

5. Die Regelung des § 17 Abs. 5 BetrAVG gilt nur für Altfälle. Laufende Entgeltumwandlungen werden nicht berührt.

6. Die Unverfallbarkeit ist besonders in § 1 b Abs. 5 BetrAVG geregelt.

12. Beitragsorientierte betriebliche Altersversorgung[1, 2]

An das
Arbeitsgericht

Klage

des/der Herrn/Frau

Klägers(in)

– Prozessbevollmächtigte/r: RA ......(in) –
gegen
die Firma ......
gesetzlich vertreten durch

Beklagte

wegen beitragsorientierter betrieblicher Altersversorgung.

Namens und mit Vollmacht des/der Klägers(in) erhebe ich Klage und werde beantragen zu erkennen:

I. Es wird festgestellt, dass die/der Kläger(in) wegen der Dienstzeit eine unverfallbare Versorgungsanwartschaft auf Grund einer beitragsorientierten Versorgungszusage mit Mindestleistung hat.[3]

II. Die Beklagte trägt die Kosten des Rechtsstreits.

Begründung

Die/Der Kläger(in) ist am ...... in die Dienste der Beklagten getreten. Die Arbeitvertragsbedingungen sind in einem Arbeitsvertrag vom ...... geregelt. Am ...... hat die Beklagte nachfolgende Versorgungszusage erteilt:

„Das Unternehmen verpflichtet sich, an einen Pensionsfonds/Pensionskasse/Direktversicherung ...... einen Beitrag in Höhe von monatlich ...... EUR zur Verfügung zu stellen. Sie wird ferner die aus den Beiträgen erzielten Erträge, mindestens aber die eingezahlten Beiträge für die Altersversorgung überlassen.“

Die/Der Kläger(in) ist nach Ablauf von vier Jahren aus dem Arbeitsverhältnis ausgeschieden. Sie/Er hat verlangt, dass die unverfallbare Versorgungsanwartschaft nach § 4a BetrAVG dokumentiert wird. Die Beklagte hat mitgeteilt, dass die/der Kläger(in) keine unverfallbare Versorgungsanwartschaft hat. Dies ist unzutreffend ......

Anmerkungen

1. Die klassische Form der Versorgungszusage ist die Leistungszusage. Bei ihr sagt der Arbeitgeber bei Eintritt eines Versorgungsfalles eine bestimmte Leistung zu, zB. 100,– EUR Monatsrente. Betriebliche Altersversorgung liegt aber auch vor, wenn der Arbeitgeber sich verpflichtet, bestimmte Beiträge in die betriebliche Altersversorgung zu zahlen (§ 1 Abs. 2 Nr. 1, 2 BetrAVG). Bereits seit einiger Zeit war das Bestreben in der Wirtschaft, statt von vornherein eine Leistung zuzusagen, zunächst den Aufwand festzulegen, der für die betriebliche Altersversorgung zur Verfügung gestellt werden soll. Mit Hilfe von Transformationstabellen wird dann ermittelt, welche Leistungen mit den Mitteln finanziert werden können. Die beitragsorientierte Leistungszusage ist nunmehr auch in das Gesetz aufgenommen. Sie ist keine echte Beitragszusage. Sie kommt in zwei Formen vor. Die beitragsorientierte Leistungszusage liegt vor, wenn der Arbeitgeber sich verpflichtet, bestimmte Beiträge in eine Anwartschaft auf Alters-, Invaliditäts- oder Hinterbliebenenrente umzuwandeln (§ 1 Abs. 2 Nr. 1 BetrAVG). Die Zusage beinhaltet zwar auch die Leistung, verdeutlicht aber auch den Aufwand für die betriebliche Altersversorgung. Mit der Beitragszusage mit Mindestleistung verpflichtet sich der Arbeitgeber, Beiträge an einen Pensionsfonds, eine Pensionskasse oder eine Direktversicherung zu zahlen. Im Leistungsfall muss dann das angesammelte Deckungskapital und die aus den Beiträgen erzielten Erträge zur Verfügung gestellt werden, mindestens die Summe der zugesagten Beiträge, soweit sie nicht durch einen biometrischen Risikoausgleich verbraucht werden (§ 1 Abs. 2 Nr. 2 BetrAVG). Der Arbeitnehmer trägt mithin das gesamte Risiko des Ertrages. Der Arbeitgeber trägt das Risiko, dass dieser hinter den gezahlten Beiträgen zurückbleibt.

2. Es ist damit zu rechnen, dass die beitragsorientierten Zusagen die klassischen Leistungszusagen ablösen. Man wird abwarten müssen, welche Musterstreitfälle sich entwickeln. Es werden vermutlich drei Gruppen sein, (1) ob und inwieweit betriebliche Altersversorgung vorliegt, (2) wann die Versorgungszusage unverfallbar wird und (3) Rechtsfragen um die Überlassung der Erträgnisse.

3. In § 1b BetrAVG ist die beitragsorientierte Versorgungszusage nicht erwähnt. Dagegen enthält § 2 Abs. 5b BetrAVG eine Berechnungsvorschrift für den Wert der Anwartschaft. Es ist umstritten, ob eine beitragsorientierte Versorgungszusage mit Mindestleistung unter den Voraussetzungen des § 1b BetrAVG unverfallbar wird oder ob sie mit der Zusage unverfallbar wird. Letzteres ist wohl richtig, da die Beitragszusage ein Vertrag zu Gunsten Dritter enthält (§ 328 BGB). Der Vorbehalt eines Widerrufs wird nach §§ 307, 308 Nr. 4 BGB unwirksam sein. Für den Wert der Versorgungsanwartschaft werden die geleisteten Beiträge und die bis zum Ausscheiden erwirtschafteten Erträge, mindestens aber die geleisteten Beiträge maßgebend sein.

13. Klage gegen eine GmbH auf Anpassung des Ruhegeldes[1,2]

An das
Arbeitsgericht

Klage

des/der Rentners/Rentnerin ......

Klägers(in)

– Prozessbevollmächtigte/r: RA ......(in) –

gegen

die Firma ...... GmbH ......,
gesetzlich vertreten durch den/die Geschäftsführer(in) ......,

wegen Anpassung des Ruhegeldes **Beklagte**

Namens und mit Vollmacht des/der Klägers(in) erhebe ich Klage und werde beantragen zu erkennen:

I. Es wird festgestellt, dass der Beklagte verpflichtet ist, vom ...... bis ...... eine Betriebsrente in Höhe von ...... und für die Zeit ab ...... eine Betriebsrente in Höhe von ...... zu zahlen[3].

II. Die Beklagte wird verurteilt, ... EUR nebst Zinsen in Höhe von fünf Prozentpunkten über dem Basiszinssatz seit dem ...... an den/die Kläger(in) zu zahlen.

III. Die Beklagte hat die Kosten des Rechtsstreits zu tragen.

Begründung[4,5]

Der/die am ...... geborene, ledige/verheiratete/geschiedene/verwitwete Kläger(in) war vom ...... bis zu seiner/ihrer Versetzung in den Ruhestand am ...... bei der Beklagten beschäftigt.

Die Beklagte hat dem/der Kläger(in) am ...... eine Versorgungszusage erteilt. Wegen der Einzelheiten wird auf anliegende Versorgungsordnung verwiesen. Seit der Versetzung in den Ruhestand am ...... erhielt der/die Kläger(in) ein betriebliches Ruhegeld von monatlich ...... EUR. Die Sozialversicherungsrente des/der Kläger(in) betrug von ...... bis .... EUR und von ..... bis .... EUR.

Die Beklagte hätte die Versorgungsbezüge nach § 16 Abs. 1 BetrAVG anpassen müssen. Hiernach hat der Arbeitgeber alle drei Jahre eine Anpassung der laufenden Leistungen der betrieblichen Altersversorgung zu prüfen und hierüber nach billigem Ermessen zu entscheiden. Dabei sind insbesondere die Belange der Versorgungsempfänger und die wirtschaftliche Lage des Arbeitgebers zu berücksichtigen.

Die Beklagte hätte nach Versetzung des/der Klägers(in) in den Ruhestand 2001 sowohl in der Anpassungsperiode 2002 bis 2005 als auch in der Anpassungsperiode 2006 bis 2008 eine Anpassung vornehmen müssen. In der Anpassungsperiode 2002 bis 2005 ergibt sich eine Teuerungsrate von ......% und von 2006 bis 2008 von .....% Deutschland West und ......% Deutschland Ost. Bis zum 31. 12. 2002 ist der Preisindex für die Lebenshaltung von 4-Personen-Haushalten von Arbeitnehmern und Angestellten mit mittlerem Einkommen und ab dem 1. 1. 2003 der Verbraucherindex für Deutschland zu verwenden (§ 30 c BetrAVG). Damit ergibt sich eine Teuerungsrate .....%.[6] Der Verbraucherindex betrug im Dezember 2004 98,5 und im Dezember 2002 95,9 sowie des sog. 4 Personen-Arbeitnehmer-Haushalt Monat Dez. 2002 110,4 D-West 110,5 D-Ost, (Jahresdurchschnitt 2002 110,6 bzw. 111), Monat Dez. 2001 109,0 D-West 109,8 D-Ost (Jahresdurchschnitt 2001 109,1 D-West 109,8 D-Ost).[7]

Die Beklagte muss diesen Geldwertschwund ausgleichen, so dass sich ein monatlich zu zahlendes Ruhegeld in Höhe von ...... EUR ergibt.[8, 9] Die wirtschaftlichen Verhältnisse der Beklagten lassen auch eine entsprechende Anpassung zu. Jedenfalls hat die Beklagte nichts Gegenteiliges dargelegt.
Ab 2004 errechnet sich das monatlich zu zahlende Ruhegeld wie folgt ......
Die Beklagte vermag sich auch nicht darauf zu berufen, der Geldwertschwund sei bereits durch die Steigerung der Sozialversicherungsrente ausgeglichen. Die Sozialversicherungsrente bleibt bei der Berechnung der Anpassung grundsätzlich unberücksichtigt. Die reallohnbezogene Obergrenze wird bei der geforderten Anpassung nicht überschritten.
Die Beklagte ist daher für die Zeit vom 1. 1. 2006 bis 31. 12. 2008 zur Zahlung einer Betriebsrente von monatlich ...... EUR und ab 1. 1. 2009 zur Zahlung einer Betriebsrente in Höhe von ...... EUR verpflichtet. Insoweit bedarf es der gerichtlichen Feststellung.
Daneben wird die Nachzahlung der Bezüge für den Zeitraum von ...... bis ...... verlangt.

Rechtsanwalt/Rechtsanwältin

Anmerkungen

1. Nach § 16 BetrAVG unterliegen Betriebsrenten als langfristige, in Teilbeträgen fällig werdende Leistungen der Anpassung (§ 16 Abs. 1 BetrAVG). Die Anpassungsverpflichtung gilt als erfüllt, wenn die Anpassung nicht geringer ist als der Anstieg des Verbraucherpreisindexes für Deutschland oder der Nettolöhne vergleichbarer Arbeitnehmergruppen des Unternehmens im Prüfungszeitraum (§ 16 Abs. 2 BetrAVG). Die Anpassungsverpflichtung entfällt, wenn sich der Arbeitgeber verpflichtet, laufende Renten jährlich um wenigstens 1 v. H. anzupassen. Der Arbeitgeber verliert alsdann die Möglichkeit sich auf wirtschaftliche Schwierigkeiten zu berufen. Diese Möglichkeit ist auf Zusagen beschränkt, die nach dem 1. 1. 1999 erteilt wurden (§ 30 c Abs. 1 BetrAVG). Die Anpassungsverpflichtung entfällt, wenn bei Direktversicherungen und Pensionskassen unter den Voraussetzungen von § 16 Abs. 3 Nr. 2 BetrAVG der Arbeitgeber die Überschussanteile in die Versorgung einbringt. Bei der Entgeltumwandlung, die nach dem 1. 1. 2001 vereinbart wurde, hat der Arbeitgeber eine jährliche Mindestanpassung von 1% vorzunehmen oder bei der Durchführung über eine Direktversicherung oder eine Pensionsmasse sämtliche Überschussanteile in die Versorgung einzubringen (§ 16 Abs. 5 BetrAVG). Nicht der Anpassungsverpflichtung unterliegen einmalige Kapitalzahlungen, unverfallbare Versorgungsanwartschaften ausgeschiedener Arbeitnehmer und Leistungen, die auf Beitragszusagen mit Mindestgarantie beruhen.

2. Anpassungsverpflichteter ist der Arbeitgeber. Dies gilt auch dann, wenn das Ruhegeld über eine betriebliche Unterstützungskasse oder Pensionskasse gewährt wird. Die Anpassung kann durch die Kassen vorgenommen werden. Der Pensionssicherungsverein ist nicht zur Anpassung verpflichtet (BAG AP Nr. 14 zu § 16 BetrAVG = NJW 1983, 2902; v. 5. 10. 1993 – AP Nr. 28), es sei denn, dass bereits in der Versorgungszusage eine Anpassungsverpflichtung enthalten war (BAG AP Nr. 3 zu § 7 BetrAVG = BB 1078, 1825 *Arend/Förster)*. Sonderprobleme können sich bei Anpassung gegenüber Dienstnehmern ergeben (vgl. BGH AP Nr. 12 zu § 16 BetrAVG = NJW 1981, 2059). Die Anpassungsüberprüfung nach § 16 Abs. 1 BetrAVG hat alle drei Jahre zu erfolgen; der Dreijahres-Rhythmus begann in den alten Bundesländern mit dem Inkrafttreten des BetrAVG, abgerundet dem 1. 1. 1975 (BAG AP Nr. 1 zu § 16 BetrAVG = NJW 1976, 1861; AP Nr. 2 aaO.; AP Nr. 4 aaO. = NJW 1977, 828; BGH AP Nr. 6 aaO.). Auf das Überschreiten einer Opfergrenze kommt es nicht an (BAG AP Nr. 4 zu § 16 BetrAVG = NJW 1977, 828). Wegen der regelmäßigen Anpassung kann eine betriebliche Übung erwachsen (BAG AP Nr. 18 zu § 16 BetrAVG = DB 1986, 2551 = NZA 1986, 787; AP Nr. 20 aaO. = NZA 1987, 666 = BB 1987, 1673 = DB 1987, 2046). Der Ermittlung des Anpassungsbedarfs war der Preisindex (Basisjahr 1970) zugrunde zu legen, der für die Lebenshaltung von 4 Personen-Arbeitnehmer-Haushalten mit mittlerem Einkommen vom Statistischen Bundesamt ermittelt und veröffentlicht wird (BAG AP Nr. 4 zu § 16 BetrAVG = NJW 1977, 828). Inzwischen kann von einem späteren Basisjahr (1995) ausgegangen werden. Basisjahr des Verbraucherindex ist 2005. Der vorgeschriebene Dreijahres-Rhythmus zwingt nicht zu starren, individuellen Prüfungsterminen. Der Arbeitgeber kann die in einem Jahr fälligen Anpassungsprüfungen zu einem bestimmten Zeitpunkt innerhalb oder am Ende des Jahres vornehmen (BAG AP Nr. 24 zu § 16 BetrAVG = BB 1992, 2152).

3. Wegen der Anpassung für die zurückliegende Zeit kann zweifelhaft sein, ob der Feststellungsantrag zulässig ist. Im Übrigen ist die Feststellungsklage zulässig. Bei einer auf § 16 BetrAVG gestützten Anpassungsklage ist kein bezifferter Leistungsantrag nötig. Dem Bestimmtheitsgebot des § 253 Abs. 2 Nr. 2 ZPO ist genügt, wenn der Kläger den anspruchsbegründenden Sachverhalt und einen Mindestbetrag der Anpassung angibt (BAG AP Nr. 34 zu § 16 BetrAVG = NZA 1996, 1038).

4. Steht aufgrund der Anpassungsüberprüfung nach bisherigem Recht fest, dass ein Anpassungsbedarf besteht, so hat der Arbeitgeber die Anpassungsentscheidung nach billigem Ermessen zu treffen. Bei der Berücksichtigung der Belange des Arbeitnehmers sind nicht die individuellen Verhältnisse, sondern die Entwicklung der Lebenshaltungspreise zu berücksichtigen. Der Arbeitgeber darf seine wirtschaftlichen Verhältnisse in Rechnung stellen. Dabei ist auf die zukünftige Entwicklung des Unternehmens abzustellen (BAG AP Nr. 17 zu § 16 BetrAVG = NZA 1985, 496 = DB 1985, 1642; AP Nr. 16 zu § 16 BetrAVG = NZA 1985, 499 = DB 1985, 1645; AP Nr. 22 aaO. = NZA 1989, 844 = BB 1989, 1902 = DB 1989, 1471). In deren Beurteilung sind einzubeziehen Ertragskraft des Unternehmens, Gewinn, Umsatz, Rendite, Auftragslage, notwendige Investitionen, Lohnerhöhungen, Preissteigerungen. Das BAG hat seine Rechtsprechung zusammengefasst: (1) Bei der Beurteilung für die erforderliche Prognose ist die wirtschaftliche Entwicklung des Unternehmens in der Zeit vor dem Anpassungsstichtag zu Grunde zu legen, soweit daraus Schlüsse für die weitere Entwicklung gezogen werden können. (2) Für eine einigermaßen zuverlässige Prognose muss die bisherige Entwicklung über einen längeren, repräsentativen Zeitraum von i. d. R. mindestens drei Jahren zu Grunde gelegt werden. (3) Der am Anpassungsstichtag absehbare Investitionsbedarf, auch für Rationalisierungen und die Erneuerung von Betriebsmitteln ist zu berücksichtigen. (4) Scheingewinne bleiben unberücksichtigt. (5) Die Betriebssteuern verringern die verwendungsfähigen Mittel. Bei den Steuern von Einkommen ist zu beachten, dass nach einer Anpassungsentscheidung die Rentenerhöhungen den steuerpflichtigen Gewinn verringern (BAG AP Nr. 35 zu § 16 BetrAVG = NZA 1997, 155). Bei der Anpassung ist der Gleichbehandlungsgrundsatz zu berücksichtigen (BAG AP Nr. 3, 4 zu § 16 BetrAVG; AP Nr. 13 aaO. = NJW 1982, 350). Die Anpassung braucht nicht notwendig rentenförmig geleistet werden; sie kann auch durch einmalige Zahlungen erfolgen (BAG AP Nr. 15 zu § 16 Betr-AVG = NZA 1984, 357 = DB 1984, 1833). Wurde in der Vergangenheit kein voller Geldwertausgleich gewährt, ist bei Folgeprüfungen der Kaufkraftverlust seit Rentenbeginn und nicht erst seit den letzten Jahren zu berücksichtigen (BAG AP Nr. 24 zu § 16 BetrAVG = BB 1992, 2152; AP Nr. 25 = BB 1992, 2292; AP Nr. 26 = BB 1992, 2296); v. 17. 4. 1996 – 3 AZR 56/95 – NZA 1997, 155). Die nachholende Anpassung betrifft die Höhe des Versorgungsbedarfs und besagt, dass – bezogen auf einen Anpassungstermin – nicht nur die Teuerung in den letzten drei Jahren, sondern der Kaufkraftverlust seit Rentenbeginn zu berücksichtigen ist. Davon ist die nachträgliche Anpassung zu unterscheiden. Durch eine nachträgliche Anpassung soll die Betriebsrente bezogen auf einen früheren Anpassungsstichtag unter Berücksichtigung der damaligen wirtschaftlichen Lage des Unternehmens erhöht werden. (1) Wenn der Versorgungsempfänger die Anpassungsentscheidung des Arbeitgebers für unrichtig hält, muss er dies vor dem nächsten Anpassungsstichtag dem Arbeitgeber gegenüber wenigstens außergerichtlich geltend machen. Mit dem nächsten Anpassungsstichtag entsteht ein neuer Anspruch auf Anpassungsprüfung und Entscheidung. Der Anspruch auf Korrektur der früheren Anpassungsentscheidung erlischt. (2) Hat der Arbeitgeber bis zum nächsten Anpassungsstichtag die Betriebsrenten weder erhöht noch sich zur Anpassung ausdrücklich geäußert, so hat er damit stillschweigend erklärt, dass er zum zurückliegenden Zeitpunkt keine Anpassung vornimmt. Die Erklärung des Versorgungsschuldners, nicht anpassen zu wollen, gilt nach Ablauf von drei Jahren ab Anpassungstermin als abgegeben. Der Versorgungsberechtigte kann die stillschweigend abgelehnte Anpassungsentscheidung bis zum übernächsten Anpassungstermin rügen (BAG AP Nr. 35 zu § 16 BetrAVG = NZA 1997, 155). Nach § 16 Abs. 4 BetrAVG entfällt die Verpflichtung zur nachholenden Anpassung, wenn diese berechtigt unterblieben ist (Anm. 4).

5. Sind laufende Leistungen nicht oder nicht in vollem Umfang anzupassen (zu Recht unterbliebene Anpassung), ist der Arbeitgeber nicht verpflichtet, die Anpassung nachzuholen. Eine Anpassung gilt als zu Recht unterblieben, wenn der Arbeitgeber dem Versorgungsempfänger die wirtschaftliche Lage des Unternehmens schriftlich dargelegt, der Versorgungsempfänger nicht binnen drei Kalendermonaten nach Zugang der Mitteilung schriftlich widersprochen hat und er auf die Rechtsfolgen eines nicht fristgemäßen Widerspruches hingewiesen wurde (§ 16 Abs. 4 BetrAVG).

6. Beträgt die veröffentlichte Indexzahl für einen 4-Personen-Arbeitnehmerhaushalt (Basisjahr 2005 = 100) für Dezember 1993 83,3 und für das Jahr 1996 88,3, so erfolgt die Berechnung (83,3 : 88,3–1) = –5,6%. Seit Januar 1999 stellt das Statistische Bundesamt auf das Basisjahr 2005 ab. Dadurch ändert sich an der Rechenformel nichts. Ferner werden zurzeit für die alten Bundesländer die Lebenshaltungskosten für 4-Personenhaushalte von Arbeitern und Angestellten mit mittlerem Einkommen veröffentlicht. Diese Tabelle wird ersetzt durch einen Preisindex für die Lebenshaltung aller privaten Haushalte. Die Indizes können abgerufen werden im Internet unter www.destatis.de unter der dortigen Rubrik „Preise" anpassen

Preisindizes für die Lebenshaltung Früheres Bundesgebiet 1995=100			Preisindizes für die Lebenshaltung Deutschland: Alle privaten Haushalte 2005=100
	Alle privaten Haushalte	4-Personen-Haushalte von Arbeitern und Angestellten mit mittlerem Einkommen	Gesamtindex (alle 12 Abteilungen)
1991	89,0	88,7	
1992	92,5	92,3	79,8
1993	95,8	95,7	83,3
1994	98,4	98,4	85,6
1995	100,0	100,0	87,1
1996	101,3	101,3	88,3
1997	103,2	103,1	90,0
1998	104,1	104,0	90,9
1999	104,8	104,7	91,4
2000	106,9	106,5	92,7
2001	109,4	109,1	94,5
2002		110,6	95,9
2003			96,9
2004			98,5
2005			100,0
2006			101,6
2007			103,9
2008			106,6

Eine Verkettung des Preisindex für einen 4-Personen-Arbeitnehmer-Haushalt mit dem Verbraucherindex ist im Dezember 2002 durch den Umrechnungsfaktor 0, 94.118 erfolgt. Für die neuen Bundesländer und Berlin-Ost wird ab 2003 kein gesonderter Preisindex mehr festgesetzt.

7. Die Berechnungsformel für die dreijährige Teuerungsrate 2005/2008 lautet für Deutschland West (100 : 106,6–1) = –6,19%. Für Deutschland-Ost sind die entsprechenden Zahlen einzusetzen. Für die 1. Anpassung im Jahre 1975 hatte das BAG das sog. Halbierungsprinzip zugelassen. Dagegen hat es erkannt, dass für die 2. Anpassung im Jahre 1978 der halbe Teuerungsausgleich grundsätzlich nicht mehr billigem Ermessen genügt (BAG AP Nr. 7 zu § 16 BetrAVG = NJW 1980, 1181).

8. Die wirtschaftliche Lage des Arbeitgebers kann bereits dann eine Anpassung der Betriebsrente an die Kaufkraftentwicklung ausschließen, auch wenn keine Notlage gegeben ist (BAG AP Nr. 13 zu § 16 BetrAVG = NJW 1982, 350; AP Nr. 17 zu § 16 BetrAVG = EWiR § 16 BetrAVG 1/85; AP Nr. 22 aaO. = NZA 1989, 844 = BB 1989, 1902 = DB 1989, 1471; AP Nr. 24 = BB 1992, 2152; AP Nr. 25 = BB 1992, 2292). Es muss eine hinreichende Kapitalausstattung gewahrt bleiben (BAG AP Nr. 46 zu § 16 BetrAVG). Eine angemessene Eigenkapitalverzinsung, die für die Anpassung der Betriebsrenten nach § 16 BetrAVG von entscheidender Bedeutung ist, besteht aus einem Basiszins und einem Risikozuschlag. Der Basiszins entspricht der Umlaufrendite öffentlicher Anleihen. Der Risikozuschlag beträgt für alle Unternehmen einheitlich 2%. Ein Geldentwertungsabschlag darf unterbleiben (BAG NZA 2001, 1251). Ein Ausschluss ist im Allgemeinen dann gerechtfertigt, wenn der Teuerungsausgleich nicht aus dem Wertzuwachs des Unternehmens und dessen Erträgen in der Zeit nach dem Anpassungsstichtag aufzubringen ist. Wertzuwächse sind nur zu berücksichtigen, wenn sie zu bilanzieren sind (BAG AP Nr. 53 zu § 16 BetrAVG). Für die Ausschlusstatbestände trägt der Arbeitgeber die Darlegungs- und Beweislast. Wegen der wirtschaftlichen Verflechtung von Konzerngesellschaften kann es bei der Beurteilung der wirtschaftlichen Lage auf die des Konzerns ankommen (BAG AP Nr. 22 zu § 16 BetrAVG; AP Nr. 25 = BB 1992, 2292; AP 32 = NZA 1995, 368 = WiB 1995, 556). Der Arbeitgeber kann die Anpassung verweigern, wenn dadurch das Unternehmen übermäßig belastet wird. Dies ist dann der Fall, wenn es dem Unternehmen nicht gelingen wird, den Teuerungsausgleich aus dem Wertzuwachs zu erwirtschaften (BAG AP Nr. 29 zu § 16 BetrAVG = NZA 1994, 551). Die gegen das letzte Urteil eingelegte Verfassungsbeschwerde blieb erfolglos (BVerfG v. 12. 2. 1993 – AP Nr. 25 a zu § 16 BetrAVG). Rentenerhöhungen im letzten Jahr vor Eintritt des Insolvenzfalles nehmen am Versicherungsschutz nicht teil (BAG AP Nr. 30 zu § 16 BetrAVG = NZA 1995, 73).

9. Das BAG hat daran festgehalten, dass bei der Anpassung die Sozialversicherungsrente grundsätzlich unberücksichtigt bleiben muss (BAG AP Nr. 5 zu § 16 BetrAVG = NJW 1977, 2370; AP Nr. 8 aaO. = NJW 1980, 1184). Das BAG hat die im Schrifttum entwickelte absolute (AP Nr. 8 aaO. NJW 1980, 1184) und relative Obergrenze (BAG AP Nr. 10 zu § 16 BetrAVG = NJW 1981, 190) abgelehnt. Es hat stattdessen die reallohnbezogene Obergrenze entwickelt (BAG AP Nr. 11 zu § 16 BetrAVG = NJW 1982, 957; AP Nr. 23 aaO. = NZA 1989, 675 = BB 1989, 1554 = DB 1989, 1422; AP Nr. 1 zu § 1 BetrAVG Auslegung = NZA 2004, 944; AP Nr. 52 zu § 16 BetrAVG). Bei der Gruppenbildung zur Anwendung der reallohnbezogenen Obergrenze hat der Arbeitgeber einen weitgehenden Entscheidungsspielraum. Es genügt, dass klare, verdienstbezogene Abgrenzungskriterien die Einteilung als sachgerecht erscheinen lassen (BAG NZA 2001, 1076). Diese Rechtsprechung hat der Gesetzgeber nach § 16 Abs. 2 Nr. 2 BetrAVG übernommen. Wenn die aktive Belegschaft keinen vollen Teuerungsausgleich erhält, müssen sich auch die Betriebsrentner mit einer entsprechend geringeren Anpassungsrate begnügen. Deshalb widerspricht es nicht der Billigkeit, wenn der Arbeitgeber die durchschnittliche Steigerungsrate der Reallöhne als Maßstab bei der Anpassung der Betriebsrente verwendet.

14. Klage gegen eine GmbH & Co KG auf Dokumentation der Ruhegeldanwartschaft

An das
Arbeitsgericht

Klage

des/der Herrn/Frau ......
– Prozessbevollmächtigte/r: RA ......(in) – – Klägers(in)

gegen

die Firma ...... GmbH & Co KG,
gesetzlich vertreten durch die ...... GmbH,
diese wiederum vertreten durch den/die Geschäftsführer(in) ......, Beklagte

wegen Auskunft zu einer Ruhegeldanwartschaft.

Namens und mit Vollmacht des Klägers erhebe ich Klage und werde beantragen, zu erkennen:

I. Die Beklagte wird verurteilt, Auskunft zu erteilen, in welcher Höhe aus der bisher erworbenen unverfallbaren Anwartschaft Anspruch auf Versorgungsleistungen bei Erreichen der in der Versorgungsordnung der Beklagten vom ...... vorgesehenen Altersgrenze besteht[1].

II. Die Beklagte wird weiter verurteilt mitzuteilen, wie hoch bei einer Übertragung der Anwartschaft der Übertragungswert ist.

III. Die Beklagte trägt die Kosten des Rechtsstreits.

Begründung:

Der/Die am ...... geborene, ledige/verheiratete Kläger(in) war vom ...... bis ...... bei der Beklagten als ...... beschäftigt. Die Beklagte hat dem/der Kläger(in) am ...... eine Versorgungszusage erteilt. Die Einzelheiten sind aus dem anliegenden Versorgungsvertrag zu ersehen.

Da der/die Kläger(in) bei Beendigung des Arbeitsverhältnisses das 25. Lebensjahr vollendet hat und die Versorgungszusage für ihn/sie mindestens fünf Jahre bestanden hat (§ 1b BetrAVG), ist die Versorgungsanwartschaft unverfallbar geworden. Die Beklagte hat dem/der Kläger(in) gemäß § 4a BetrAVG den Wert der Versorgungsanwartschaft zu dokumentieren[2]. Die Beklagte hat nach § 4a BetrAVG in der Fassung des Alterseinkünftegesetzes die Auskünfte zu Versorgungsanwartschaft zu geben.

Der/Die Kläger(in) hat auch ein berechtigtes Interesse an der Auskunft, weil ......

Allerdings wird die Beklagte einwenden, vor Erteilung der Versorgungszusage sei eine Vorschaltzeit vereinbart worden. Diese Einwendung ist indes unbegründet[3].

Rechtsanwalt/Rechtsanwältin

Anmerkungen

1. Kommt der Arbeitgeber seiner Auskunftspflicht nicht nach, kann der Arbeitnehmer den Auskunftsanspruch im Wege der Leistungsklage gerichtlich geltend machen. Sachlich zuständig ist das Arbeitsgericht, soweit es sich um Klagen der Arbeitnehmer handelt. Dies gilt auch dann, wenn die Ruhegelder durch eine Pensions- oder Unterstützungskasse gezahlt werden. Ist die Auskunft unvollständig oder unrichtig erteilt, so kann der Arbeitnehmer grundsätzlich nicht nach §§ 259 Abs. 2, 260 Abs. 2 BGB vorgehen, da es sich nicht um Tatsachenmitteilungen handelt. Vielmehr kann der Arbeitnehmer auf die Feststellung der Versorgungsanwartschaft klagen (vgl. Form. IV. A. 10) klagen (BAG AP Nr. 3 zu § 2 BetrAVG = DB 1984, 836). Die Auskunft stellt kein deklaratorisches Schuldanerkenntnis dar (BAG AP Nr. 3 aaO.). Hat der Arbeitgeber jedoch schuldhaft die fehlerhafte Auskunft erteilt, so kann er wegen positiver Forderungsverletzung schadensersatzpflichtig werden.

2. Der Auskunftsanspruch ergibt sich aus § 4a BetrAVG. Der Arbeitgeber bzw. der Versorgungsträger ist nicht erst bei Beendigung des Arbeitsverhältnisses, sondern bereits im laufenden Arbeitsverhältnis verpflichtet, dem Arbeitnehmer bei einem berechtigten Interesse auf dessen Verlangen schriftliche Informationen über seine betriebliche Altersversorgung zu erteilen. Das Gesetz ist fehlerhaft gefasst. Eine unverfallbare Versorgungsanwartschaft ergibt sich ex definitione erst bei Beendigung des Arbeitsverhältnisses (§ 1b BetrAVG). Vor dem Ausscheiden können nur die Voraussetzungen/Bedingungen der Unverfallbarkeit geregelt sein. Ein berechtigtes Interesse an der Auskunft nach § 4a Abs. 1 Nr. 1 BetrAVG wird daher nur dann bestehen, wenn (1) bei unterstelltem Ausscheiden die Voraussetzungen der Unverfallbarkeit vorliegen, (2) der Auskunftsanspruch im Zusammenhang mit dem geplanten Ausscheiden geltend gemacht wird, (3) der Mitarbeiter Eigenvorsorge betreiben will und die Auskunft für die Eigenvorsorge erforderlich ist, (4) im Falle der Entgeltumwandlung die sofortige Unverfallbarkeit eintritt.

Nach § 4 Abs. 1 Nr. 2 BetrAVG hat der Arbeitgeber Auskunft zu geben, wie hoch der Übertragungswert der Anwartschaft nach § 4 BetrAVG ist. Ein berechtigtes Interesse kann nur dann bestehen, wenn überhaupt die Voraussetzungen der Übertragung gegeben sind. Durch die sog. Portabilität der Altersversorgung soll ein einheitlicher Versorgungsträger erreicht werden.

Dem Informationsanspruch über den Übertragungswert korrespondiert der Anspruch gegen den neuen Arbeitgeber, in welcher Höhe aus dem Übertragungswert ein Anspruch auf Altersversorgung hergeleitet werden kann. Es wird beantragt, die Beklagte zu verurteilen, schriftlich mitzuteilen, in welcher Höhe aus dem Übertragungswert in Höhe von …… und ob eine Invaliden- und Hinterbliebenenversorgung bestehen würde.

Es bleiben wegen des Auskunftsanspruchs eine Fülle materiellrechtlicher Detailfragen zu klären. Auskunftsklagen ist vielleicht am besten dadurch zu begegnen, dass der Versorgungsträger einen jährlichen Kontoauszug über den aktuellen Stand der betrieblichen Altersversorgung übersendet. Damit dürfte auch § 310 Abs. 4 BGB Rechnung getragen sein.

3. Eine Versorgungszusage iS. von § 1 BetrAVG ist dann gegeben, wenn dem Arbeitgeber kein Entscheidungsspielraum mehr verbleibt, ob er überhaupt betriebliche Altersversorgung erbringen will. Sie ist dann gegeben, wenn die Leistungsverpflichtung nur noch vom Zeitablauf oder dem Eintritt eines Stichtages abhängt. Eine Zusage liegt mithin auch bei einer Betriebsvereinbarung vor, wenn der Arbeitnehmer zum Kreis der Begünstigten gehört. BAG AP Nr. 3 zu § 1 BetrAVG Wartezeit = NJW 1977, 2376; AP Nr. 4, 7 aaO.; AP Nr. 5 BetrAVG Wartezeit = NJW 1980, 2428.

Kosten und Gebühren

Vgl. Form. IV. A. 1.

15. Schadensersatzklage gegen eine Gemeinde wegen Verletzung der Beratungs- und Belehrungspflicht über die Altersversorgung

An das
Arbeitsgericht

Klage

des/der Herrn/Frau ...... Klägers(in)
– Prozessbevollmächtigte/r: RA ......(in) –
gegen
...... Beklagte[1]
wegen fehlerhafter Belehrung über die Altersversorgung.

Namens und mit Vollmacht des/der Klägers(in) erhebe ich Klage und werde beantragen zu erkennen:

I. Es wird festgestellt, dass die Beklagte verpflichtet ist, dem/der Kläger(in) allen Schaden zu ersetzen, den er/sie daraus erleidet, dass er/sie nicht ab ...... (sondern erst ab ......) bei der Versorgungsanstalt des Bundes und der Länder versichert ist[2].

II. Die Beklagte trägt die Kosten des Rechtsstreits.

Begründung:

Der/Die ...... im Jahre ...... geb. Kläger(in) ist von Beruf Journalist(in). Bis zum Jahre ...... war er/sie als Redakteur(in) bei dem Zeitungsverlag ...... beschäftigt. Während dieser Zeit war er/sie bei dem Versorgungswerk der Presse GmbH Stuttgart versichert. Im Jahre ...... trat er/sie in die Dienste der Beklagten und wurde beim Presse- und Informationsamt eingesetzt. Das Arbeitsverhältnis richtet sich nach /dem Tarifvertrag für den öffentlichen Dienst (TVöD) vom 13. 9. 2005 und den diesen ergänzenden Tarifverträgen.

Bei der Einstellung wurde der/die Kläger(in) von dem Leiter der Personalabteilung der Beklagten über die Versorgungsmöglichkeiten im öffentlichen Dienst belehrt. Er/Sie wurde u. a. darauf hingewiesen, dass er/sie bei der gesetzlichen Sozialversicherung, also seinerzeit bei der Bundesversicherungsanstalt für Angestellte versichert werde. Ferner bestehe die Möglichkeit, dass er/sie bei der Versorgungsanstalt des Bundes und der Länder zusatzversichert werde. Nach S. 2 der Anlage 2 zum Tarifvertrag über die zusätzliche Altersversorgung der Beschäftigten des öffentlichen Dienstes – Tarifvertrag Altersversorgung – ATV vom 1. 3. 2002 habe er/sie jedoch die Möglichkeit, sich von der Zusatzversorgung befreien zu lassen, da sie freiwillig Mitglied einer berufsständischen Versicherung oder Versorgungseinrichtung sei. Er/Sie werde alsdann einen entsprechenden Zuschuss erhalten. Nach der bisherigen beruflichen Entwicklung empfehle er einen entsprechenden Antrag zu stellen. Er werde einen solchen vorbereiten.

Diese Empfehlung war falsch. Der/Die Kläger(in) kann den Befreiungsantrag nach S. 2 der Anlage 2 nicht widerrufen. Wäre der/die Kläger(in) bereits seit der Einstellung bei der Versorgungsanstalt des Bundes und der Länder zusatzversichert worden, hätte er/sie bei Eintritt eines Versorgungsfalles im Jahre ...... voraussichtlich Rentenansprüche in Höhe von ......

Beweis: Auskunft der VBl.

Dagegen erlangt sie im Versorgungswerk der Presse nur Ansprüche in Höhe von ......

Beweis: Auskunft des Versorgungswerkes.

Die Beklagte muss diesen Schaden ausgleichen ......[3].

Anmerkungen

1. Da die Gemeindeordnungen in der Bundesrepublik unterschiedlich sind, kann das Rubrum nicht allgemein vorformuliert werden.

2. Schadensersatzansprüche können im Wege der Feststellungsklage verfolgt werden, wenn der schädigende Zustand noch andauert und die Entstehung weiteren Schadens zu erwarten ist (BAG AP Nr. 5 zu § 256 ZPO; AP Nr. 32, 33 zu Art. 9 GG Arbeitskampf).

3. Die Altersversorgung im öffentlichen Dienst war im Tarifvertrag über die Versorgung der Arbeitnehmer des Bundes und der Länder sowie von Arbeitnehmern kommunaler Verwaltungen und Betriebe (VersorgungsTV) vom 4. 11. 1966 sowie im Tarifvertrag kommunaler Verwaltungen und Betriebe (VersTV – G) vom 6. 3. 1967 geregelt. Die Zusatzversorgung war Gegenstand mehrerer Entscheidungen des BVerfG. Sie wurde alsdann neu geregelt durch den Tarifvertrag über die betriebliche Altersversorgung der Beschäftigten des öffentlichen Dienstes (Tarifvertrag Altersversorgung – ATV vom 1. 3. 2002 und den Tarifvertrag über die zusätzliche Altersversorgung der Beschäftigten des öffentlichen Dienstes – Altersvorsorge – TV – Kommunal – (ATV K) vom 1. 3. 2002. Das bisherige Gesamtversorgungssystem wurde geschlossen und durch ein Punktemodell ersetzt. Die Versorgungstarifverträge werden durch den TVöD und die TVÜ nicht berührt. Vor allem im öffentlichen Dienst spielen Belehrungs- und Beratungspflichten bei der Begründung oder im Verlaufe des Arbeitsverhältnisses eine Rolle. Der Arbeitgeber muss einen Arbeitnehmer über die verschiedenen Versorgungsmöglichkeiten belehren; dagegen braucht er keine Ratschläge zu erteilen, welche Versorgung er für die zweckmäßigste hält. Erteilt er aber einen Ratschlag, so muss dieser richtig, vollständig und eindeutig sein (vgl. dazu BAG AP Nr. 5, 6 zu § 611 BGB Öffentlicher Dienst; AP Nr. 6 zu § 242 BGB Ruhegehalt-VBL; BAG AP Nr. 3 zu § 1 BetrAVG Zusatzversorgungskassen = NZA 1985, 459; AP Nr. 5 = NZA 1985, 712; AP Nr. 6 aaO. = NZA 1985, 712; AP Nr. 12 aaO. = NJW 1986, 2208; AP Nr. 28 = NZA 1989, 402; AP Nr. 23 = NZA 1989, 512; AP Nr. 32 = NZA 1992, 973; 9. 7. 1991 ZTR 1992, 116). Vor Abschluss eines Aufhebungsvertrages muss sich der Arbeitnehmer, dessen Arbeitsverhältnis aufgelöst werden soll, selbst über die rechtlichen Folgen dieses Schrittes Klarheit verschaffen. Dies gilt auch für den Verlust einer Versorgungsanwartschaft. Nur ausnahmsweise kann der Arbeitgeber verpflichtet sein, den Arbeitnehmer über den Verlust der Versorgungsanwartschaft zu belehren. Eine solche Verpflichtung kommt dann in Betracht, wenn der Arbeitnehmer aufgrund besonderer Umstände darauf vertrauen kann, der Arbeitgeber werde bei der Beendigung des Arbeitsverhältnisses die Interessen des Arbeitnehmers wahren und ihn redlicher Weise vor unbedachten nachteiligen Folgen, insbesondere bei der Versorgung bewahren. Nach der Rspr. des BAG bestehen nur nach den Umständen des Einzelfalles zu beurteilende Belehrungspflichten BAG AP Nr. 5 zu § 1 BetrAVG Zusatzversorgungskassen = NZA 1985, 712; AP Nr. 6 aaO. = NZA 1985, 712; AP Nr. 22 aaO. = NZA 1989, 690 = BB 1989, 1274 = DB 1989, 1527; AP Nr. 23 aaO. = NZA 1989, 512 = BB 1989, 988 = DB 1989, 932; AP Nr. 28 aaO. = NZA 1989, 442 = BB 1990, 211 = DB 1989, 2492; AP Nr. 24 zu § 1 BetrAVG = NZA 1990, 971. Schied ein Arbeitnehmer vor Eintritt eines Versorgungsfalles aus dem öffentlichen Dienst aus, wandelte sich nach dem VersorgungsTV der Versorgungsrentenanspruch in einen Versichertenrentenanspruch, dessen Wert nur einen Bruchteil beträgt. Nach dem neuen Tarifvertrag werden die Rentenansprüche in Punkte umgerechnet. Das BAG hat eine Belehrungspflicht verneint, wenn eine Arbeitnehmerin ausschied, um zu heiraten; es hat sie bejaht, wenn ein häufig erkrankter Arbeitnehmer veranlasst wurde, auszuscheiden und sich arbeitslos zu melden, um vorgezogenes Altersruhegeld zu beziehen (vgl. BAG AP Nr. 6 zu § 1 BetrAVG Zusatzversorgungskassen = NZA 1985, 712; AP Nr. 5 aaO. = NZA 1985, 712; AP Nr. 2 aaO. = NZA 1985, 184).

16. Ansprüche des Arbeitnehmers wegen Verletzung des Grundsatzes der Gleichbehandlung und der Lohngleichheit

An das
Arbeitsgericht

Klage

des/der Arbeitnehmers/in ...... Klägers(in)
– Prozessbevollmächtigte/r: RA ......(in) –

gegen die Firma ...... GmbH Beklagte
gesetzlich vertreten durch ......

wegen Verkaufsprämie

Namens und mit Vollmacht der Klägerin erhebe ich Klage und werde beantragen zu erkennen:

I. Die Beklagte wird verurteilt, der Klägerin ...... EUR brutto nebst Zinsen in Höhe von fünf Prozentpunkten über dem Basiszinssatz seit dem ...... zu zahlen[1].

II. Die Beklagte wird verurteilt, der Klägerin einen Dienstwagen der Marke ...... zu überlassen.

III. Die Beklagte trägt die Kosten des Rechtsstreits.

Begründung:

Die im Jahre ...... geborene Klägerin trat am ...... als Sachbearbeiterin für den Export in die Dienste des Beklagten. Aufgrund ihrer Befähigung wurde sie am ...... zur 1. Sachbearbeiterin befördert. Seit dem ...... ist sie Abteilungsleiterin der Abteilung für ...... Am ...... wurde ihr Prokura erteilt.

Am ...... hat die Klägerin geheiratet und am ...... ein Kind geboren. Aus diesem Grunde arbeitet sie seit dem ...... nur noch in Teilzeitbeschäftigung.

Die Beklagte stellt allen Abteilungsleitern mit Prokura einen Dienstwagen zur Verfügung. Am ...... hat die Beklagte bekannt gemacht, dass sie allen Abteilungsleitern, denen nach dem ...... Prokura erteilt worden ist, keinen Dienstwagen mehr überlasse. Dies verstößt gegen den Gleichbehandlungsgrundsatz ......[2]. Die Beklagte hat bislang vergleichbaren Abteilungsleitern einen Wagen der Marke ...... überlassen.

Die Beklagte bezahlt seit dem ...... allen Abteilungsleitern eine monatliche Verkaufsprämie in Höhe von ...... Lediglich die teilzeitbeschäftigten Abteilungsleiter werden hiervon ausgenommen.[3]

Die Klägerin ist der Auffassung, dass dies gegen das Diskriminierungsverbot des Teilzeit- und Befristungsgesetz verstößt. Die Prämie mag zwar entsprechend der Arbeitszeit gekürzt werden; ein völliger Ausschluss der Teilzeitbeschäftigten ist jedoch nicht möglich. Die Beklagte beruft sich allerdings darauf, dass sie die Vollzeitbeschäftigung anreizen wolle, weil bei dieser die Personalnebenkosten geringer seien, die Vollzeitbeschäftigten während der gesamten Dienstzeit zur Verfügung ständen und mit diesen eine bessere Personaleinsatzplanung möglich sei. In der Exportwirtschaft müsse ein Abteilungsleiter während der ganzen Dienstzeit zur Verfügung stehen, weil die Kunden dies erwarteten.

In jedem Fall diskriminiert die Beklagte die Klägerin jedenfalls mittelbar wegen ihres Geschlechts und damit gegen den Grundsatz der Entgeltgleichheit von Mann und Frau nach Art. 141 EG, wenn die Teilzeitbeschäftigten von der Prämiengewährung ausgeschlossen werden[4, 5].

Rechtsanwalt/Rechtsanwältin

Anmerkungen

1. Es ist nur ein Leistungsantrag gestellt; um aber die Verpflichtung klarzustellen, kann sich zusätzlich ein Feststellungsantrag empfehlen.

2. Der Gleichbehandlungsgrundsatz wird in der Rechtsprechung des BAG zur Anspruchsbegründung und zur Inhaltskontrolle von vertraglichen Regelungen verwandt. Er verbietet die willkürliche Schlechterstellung einzelner Arbeitnehmer. Er enthält das Verbot der sachfremden Differenzierung zwischen vergleichbaren Arbeitnehmern in einer bestimmten Ordnung (BAG AP Nr. 176 zu § 242 BGB Ruhegehalt; AP Nr. 42 zu § 242 BGB Gleichbehandlung = NJW 1979, 181; AP Nr. 44 zu § 242 BGB Gleichbehandlung = NJW 1980, 2374; NJW 1984, 83; AP Nr. 21 zu § 5 BetrAVG = NZA 1986, 748; AP Nr. 2 zu § 2 BeschFG 1985 = NZA 1989, 209 = BB 1989, 1127 = DB 1989, 1726). Schematisiert ausgedrückt liegt ein Verstoß gegen den Gleichbehandlungsgrundsatz vor, wenn (1) der Arbeitgeber eine bestimmte Ordnung in der Reihe oder in der Zeit (Stichtage) geschaffen hat, (2) ein oder einzelne Arbeitnehmer von dieser Ordnung ausgenommen werden, (3) für die Ausnahme kein sachlicher Grund besteht. Dabei wird jedoch auch überprüft, ob die vom Arbeitgeber getroffene Ordnung (Gruppeneinteilung) selbst sachlich gerechtfertigt ist. Den Arbeitnehmer trifft die Darlegungs- und Beweislast für die Ordnung und seine Ausnahme. Wegen des sachlichen Grundes wird der Arbeitgeber die Gründe darlegen und der Arbeitnehmer sie widerlegen müssen, dass diese nicht richtig sind oder nicht zutreffen. Bei der Festlegung der Vergütung hat der Grundsatz der Vertragsfreiheit Vorrang vor dem arbeitsrechtlichen Gleichbehandlungsgrundsatz. Dies gilt aber nur für individuell vereinbarte Arbeitsentgelte. Dagegen beansprucht der Gleichbehandlungsgrundsatz nach ständiger Rechtsprechung des Bundesarbeitsgerichts uneingeschränkt Geltung, wenn der Arbeitgeber Leistungen nach einem erkennbaren und generalisierenden Prinzip festlegt (BAG ZTR 1999, 379).

Der Gleichbehandlungsgrundsatz dient zur Anspruchsbegründung; konstruktiv ist der Ausschluss des Benachteiligten unwirksam. Alsdann erwächst eine Regelungslücke, die im Wege ergänzender Auslegung zu schließen ist. Dabei wird die Auslegung im allgemeinen zur Anpassung führen. Er dient auch zur Inhaltskontrolle von Regelungen, wenn durch sie bestimmte nicht gerechtfertigte Gruppeneinteilungen geschaffen werden (*Schaub* NZA 1984, 73).

3. Das Verbot der Ungleichbehandlung zwischen Voll- und Teilzeitbeschäftigung wird vor allem aus § 4 TzBfG abgeleitet. Ein teilzeitbeschäftigter Arbeitnehmer darf wegen der Teilzeitarbeit nicht schlechter behandelt werden als ein vergleichbarer vollzeitbeschäftigter Arbeitnehmer, es sei denn, dass sachliche Gründe eine unterschiedliche Behandlung rechtfertigen. Einem teilzeitbeschäftigten Arbeitnehmer ist Arbeitsentgelt oder eine andere teilbare geldwerte Leistung mindestens in dem Umfang zu gewähren, der dem Anteil seiner Arbeitszeit an der Arbeitszeit eines vergleichbaren vollzeitbeschäftigten Arbeitnehmers entspricht. Auf unteilbare Leistungen hat der Teilzeitbeschäftigte denselben Anspruch wie ein Vollzeitbeschäftigter (Mehrarbeitszuschlag für Teilzeitbeschäftigte: BAG AP Nr. 2 zu § 1 TVG Tarifverträge: Großhandel; AP Nr. 6 zu § 4 TzBfG). Das BAG hat angenommen, dass eine unterschiedliche anteilige Vergütung für Voll- und Teilzeitbeschäftigte unwirksam ist (BAG AP Nr. 2 zu § 2 BeschFG 1985 = NZA 1989, 209; Nr. 6 = NZA 1990, 37; Nr. 9 = NZA 1991, 247; AP Nr. 87 zu § 2 BeschF 1985 = NZA 2004, 551). Dies gilt im Allgemeinen auch für die betriebliche Altersversorgung (BAG AP Nr. 18 zu § 1 BetrAVG Gleichbehandlung = NZA 1993, 215; AP Nr. 6 zu § 1 BetrAVG Teilzeitarbeit. Bei Lehrern kann der Ausschluss von Teilzeitbeschäftigten von der Pflichtstundenermäßigung gegen den Gleichbehandlungsgrundsatz verstoßen (BAG AP Nr. 157 zu § 611 BGB Lehrer und Dozenten = ZTR 2003, 452; AP Nr. 3 zu § 4 TzBfG = NZA 2003, 971).

4. Der Grundsatz des gleichen Entgelts für Männer und Frauen ergibt sich aus Art. 141 EG. Es wurde vor Inkrafttreten des AGG in § 612 Abs. 3 BGB innerstaatlich umgesetzt (BAG AP Nr. 60 zu § 612 BGB = NJW 2000, 3589 = NZA 2000, 1050). Nunmehr ist das Verbot der Geschlechterdiskriminierung in das AGG integriert. In der Praxis wird auf die Rechtsprechung zur alten Rechtslage zurückgegriffen werden können. Für gleiche oder gleichwertige Arbeit darf nicht wegen des Geschlechts des Arbeitnehmers eine geringere Vergütung vereinbart werden als mit einem Arbeitnehmer des anderen Geschlechts. Um die gleiche Arbeit handelt es sich, wenn Arbeitnehmer identische oder gleichartige Tätigkeiten ausüben. Ob die Arbeit gleich ist, muss durch einen Gesamtvergleich der Tätigkeiten ermittelt werden. Bei einzelnen Abweichungen ist die jeweils überwiegende Tätigkeit maßgebend. Ein nur teilweiser und vorübergehender Einsatz an denselben Maschinen rechtfertigt die Annahme gleicher Arbeit nicht, wenn die betreffenden Arbeitnehmer auch andere Tätigkeiten ausüben, für die sie nach dem Inhalt ihrer Arbeitsverträge eingestellt worden sind. Um eine gleichwertige Arbeit handelt es sich, wenn Arbeitnehmer Tätigkeiten ausüben, die nach objektiven Maßstäben der Arbeitsbewertung denselben Arbeitswert haben. Auch insoweit ist ein Gesamtvergleich erforderlich. Dabei ist der jeweils erforderliche Umfang der Vorkenntnisse und Fähigkeiten zu berücksichtigen (BAG AP Nr. 48 zu § 612 BGB = NZA 1996, 579). Die Tarifpraxis und die Verkehrsanschauung können Anhaltspunkte geben. Werden Arbeitnehmer, wie im Arbeitsvertrag vereinbart, zu mehreren unterschiedlichen Arbeiten eingeteilt, so kann dies eine insgesamt höhere Bewertung der Arbeit rechtfertigen als die jeweils geschuldete Einzeltätigkeit (BAG AP Nr. 48 zu § 612 BGB = NZA 1996, 579).

5. Die Rechtsprechung des BAG zum Grundsatz der Lohngleichheit bzw. des gleichen Entgelts von Männern und Frauen war nicht einheitlich. Nach der Rechtsprechung des 5. Senats wird der arbeitsrechtliche Grundsatz der Gleichbehandlung inhaltlich vom Gleichberechtigungsgrundsatz des Art. 3 Abs. 2 GG und vom Benachteiligungsverbot geprägt (BAG AP Nr. 117 zu Art. 3 GG = NJW 1982, 416; AP Nr. 53 zu § 242 BGB Gleichbehandlung = NJW 1983, 190). Dagegen heißt es in der Rechtsprechung des 3. Senates, dass der Gleichberechtigungssatz wesentlich über den allgemeinen Gleichheitssatz und den arbeitsrechtlichen Gleichbehandlungsgrundsatz hinausgeht. Die Gestaltungsfreiheit des Arbeitgebers aus sachlichen Gründen bis zur Grenze der Willkür zu differenzieren, wird insoweit ausgeschlossen, wie das Geschlecht als Unterscheidungsmerkmal dient. Die biologischen und funktionalen Unterschiede der Geschlechter sind nach dem Willen der Verfassung grundsätzlich unerheblich, solange sie nicht unterschiedliche Regelungen geradezu gebieten (BAG AP Nr. 1 zu § 1 BetrAVG Gleichbehandlung = NJW 1982, 2013). Die Rspr. zum Lohngleichheitssatz wurde zumeist auf Art. 119 EWG-Vertrag (früher), jetzt Art. 141 EG (früher: Art. 119 EWG-Vertrag), das AGG und, soweit Teilzeitbeschäftigte betroffen sind, auf § 4 Abs. 1 TzBfG gestützt. Nach der Rechtsprechung des Europäischen Gerichtshofs entfaltet dieser Grundsatz der Lohngleichheit unmittelbare Wirkung in den Mitgliedsstaaten, wenn allein anhand der in der Vorschrift des Art. 141 EG verwendeten Merkmale „gleiche Arbeit“ und „gleiches Entgelt“ festgestellt werden kann, dass eine Diskriminierung aufgrund des Geschlechts vorliegt, ohne dass gemeinschaftliche oder nationale Maßnahmen zur Bestimmung dieser Kriterien erforderlich sind. Insoweit kann sich der betroffene Arbeitnehmer vor den nationalen Gerichten unmittelbar auf Art. 141 EG berufen (BAG AP Nr. 15 zu § 1 BetrAVG). Eine unmittelbare Diskriminierung ist untersagt. Bei der unmittelbaren Geschlechtsdiskriminierung wird unmittelbar an das Geschlecht angeknüpft oder an Merkmale, die regelmäßig nur von Personen eines Geschlechtes erfüllt werden (verdeckte Diskriminierung). Nach Art. 141 EG ist aber auch eine mittelbare Diskriminierung untersagt. Die Definition der mittelbaren Diskriminierung ergibt sich heute aus den Antidiskriminierungsrichtlinien mit der nationalen Umsetzung in § 3 Abs. 2 AGG. Ausgangsentscheidung des EuGH ist die Bilka-Entscheidung (EuGH AP Nr. 10 zu Art. 119

EWG-Vertrag = NJW 1980, 3020 = BB 86, 1525), die alsdann durch das BAG in ständiger Rspr. in der betrieblichen Altersversorgung umgesetzt worden ist (BAG AP Nr. 11 = NJW 1987, 2183 = DB 1986, 2237; AP Nr. 5 zu § 1 BetrAVG Gleichberechtigung = NJW 1990, 68 = NZA 1990, 25; Nr. 7 = NZA 1990, 778; AP Nr. 20 zu § 1 BetrAVG Lebensversicherung = NZA 1994, 315). Das BVerfG hat diese Rspr. gebilligt (BVerfG vom 28. 9. 1992 – AP Nr. 32 zu Art. 119 EWG-Vertrag). Nach der Rspr. des 3. Senats liegt eine mittelbare Diskriminierung vor, wenn *(1)* eine Regelung gegeben ist, durch die eine bestimmte Gruppe von Arbeitnehmern ausgeschlossen ist, *(2)* durch diese Regelung wesentlich mehr Personen des einen als des anderen Geschlechts betroffen werden, *(3)* die nachteilige Regelung mit dem Geschlecht oder der Geschlechtsrolle zu erklären ist. Liegt eine mittelbare Diskriminierung vor, so kann die Unterscheidung gerechtfertigt sein, wenn das gewählte Mittel *(1)* einem wirklichen Bedürfnis des Arbeitgebers entspricht, *(2)* zur Erreichung des Zieles geeignet ist und *(3)* nach den Grundsätzen der Verhältnismäßigkeit erforderlich ist. Zu den sog. Leichtlohngruppen hat der EuGH (AP Nr. 13 zu Art. 119 EWG-Vertrag = NJW 1987, 1138) entschieden: „Ein System der Differenzierung von Lohnstufen nach dem Grad der erforderlichen muskelmäßigen Anstrengung ist nicht allein deshalb diskriminierend, weil es auf Eigenschaften abstellt, die Männer eher besitzen. Ein System der beruflichen Einordnung muss jedoch, um insgesamt nicht diskriminierend zu sein und damit den Grundsätzen der Richtlinie 75/117 zu entsprechen, so ausgestaltet sein, dass es, wenn die Art der in Frage stehenden Tätigkeiten es zulässt, als gleichwertig anerkannte Arbeitsplätze umfasst, bei denen andere Kriterien berücksichtigt werden, hinsichtlich deren die weiblichen Arbeitnehmer besonders geeignet sein können“. Das BAG hat darauf entschieden (AP Nr. 32 zu § 1 TVG Tarifverträge: Einzelhandel = NZA 1993, 181): „Schwere körperliche Arbeit kann sich ergeben wegen der bei der Tätigkeit notwendigen Körperhaltung, bei taktgebundener oder repetetiver Arbeit, aus nervlicher oder sensorischer Belastung, Lärm und sonstigen Umwelteinwirkungen, sozialen Belastungsfaktoren.“ Auf dem Gebiet der Entlohnung hat der EuGH entschieden (EuGH AP Nr. 19 = Nr. 27 zu Art. 119 EWG-Vertrag = NZA 1990, 772: „Die EG-Richtlinie 75/117 zur Angleichung der Rechtsvorschriften der Mitgliedstaaten über die Anwendung des Grundsatzes des gleichen Entgelts für Männer und Frauen ist wie folgt auszulegen: *(1)* Wenn in einem Unternehmen ein Entlohnungssystem angewandt wird, dem jede Durchschaubarkeit fehlt, obliegt dem Arbeitgeber der Nachweis, dass seine Lohnpolitik nicht diskriminierend ist, sofern der weibliche Arbeitnehmer auf der Grundlage einer relativ großen Zahl von Arbeitnehmern belegt, dass das durchschnittliche Entgelt der weiblichen Arbeitnehmer niedriger ist als das der männlichen Arbeitnehmer. *(2)* Ergibt sich, dass die Anwendung von Zulagekriterien wie Flexibilität, Berufsausbildung oder Anciennität des Arbeitnehmers die weiblichen Arbeitnehmer systematisch benachteiligt, so – kann der Arbeitgeber die Anwendung des Kriteriums der Flexibilität rechtfertigen, wenn es so verstanden wird, dass es sich auf die Anpassungsfähigkeit an unterschiedliche Arbeitszeiten und Orte bezieht, indem er darlegt, dass diese Anpassungsfähigkeit für die Ausführung der dem Arbeitnehmer übertragenen spezifischen Aufgaben von Bedeutung ist, nicht aber, wenn dieses Kriterium so verstanden wird, dass es die Qualität der vom Arbeitnehmer verrichteten umfasst; – kann der Arbeitgeber die Anwendung des Kriteriums der Berufsausbildung rechtfertigen, in dem er darlegt, dass diese Ausbildung für die Ausführung der dem Arbeitnehmer übertragenen spezifischen Aufgaben von Bedeutung ist; – braucht der Arbeitgeber die Anwendung des Kriteriums der Anciennitäten nicht besonders zu rechtfertigen“. Zu den Folgeentscheidungen des BAG gehören vor allem BAG AP Nr. 1 zu § 611 BGB Diskriminierung = EzA § 612 BGB Nr. 16: „*(1)* Sind männliche und weibliche Arbeitnehmer mit der gleichen Arbeit beschäftigt und entlohnt der Arbeitgeber fast die Hälfte der Männer, dagegen nur ein $^1/_{10}$ der Frauen über Tarif, dann liegt hierin ein Verstoß gegen § 612 Abs. 3 BGB, wenn die höhere Entlohnung der männlichen Arbeitnehmer nicht durch Gründe gerechtfertigt ist, die nicht auf das Geschlecht bezogen sind. *(2)* Die nach § 612 Abs. 3 S. 3 i. V.

mit § 611 a Abs. 1 S. 3 BGB für die Verlagerung der Beweislast auf den Arbeitgeber erforderlichen Tatsachen, die eine Benachteiligung wegen des Geschlechts vermuten lassen, sind jedenfalls dann durch die zahlenmäßige wesentlich größere nachteilige Betroffenheit der Angehörigen eines Geschlechts glaubhaft gemacht, wenn die Kriterien für die Entlohnungspraxis des Arbeitgebers für die Arbeitnehmer nicht durchschaubar sind. *(3)* Nach dem Grundsatz der gemeinschaftsrechtskonformen Auslegung beruht eine Entgeltdiskriminierung jedenfalls dann auf einer Vereinbarung i. S. des § 612 Abs. 3 S. 1 BGB, wenn der unterschiedlichen Behandlung zumindest eine Vereinbarung mit den begünstigten Arbeitnehmern zugrunde liegt. Eine Vereinbarung mit den benachteiligten Arbeitnehmern muss nicht hinzukommen. Es bleibt unentschieden, ob angesichts der Vorgaben des Gemeinschaftsrechts dem Tatbestandsmerkmal der Vereinbarung in § 612 Abs. 3 S. 1 BGB eigenständige Bedeutung zukommen kann. *(4)* Im Falle eines Verstoßes gegen § 612 Abs. 3 BGB haben die wegen ihres Geschlechts benachteiligten Arbeitnehmer Anspruch auf die Leistungen, die der bevorzugten Gruppe gewährt werden." In der Entscheidung AP Nr. 2 zu § 612 Diskriminierung = BB 1993, 1664 (L) heißt es: „*(1)* Ist die mit einem teilzeitbeschäftigten Arbeitnehmer getroffene Vergütungsvereinbarung wegen Verstoßes gegen Art. 1 § 2 Abs. 1 BeschFG 1985 (jetzt § 4 Abs. 1 TzBfG) nichtig, so ist die Höhe der dem Teilzeitbeschäftigten nach § 612 Abs. 2 BGB zustehenden üblichen Vergütung anhand der Vergütung zu ermitteln, die der Arbeitgeber vergleichbaren Vollzeitbeschäftigten zahlt. *(2)* Dies gilt auch, wenn die dem Vollzeitbeschäftigten gewährte Vergütung übertariflich ist, sofern nicht insoweit sachliche Gründe für die ungleiche Behandlung vorliegen. *(3)* Die Wahrung sozialer Besitzstände ist als sachlicher Grund zur Rechtfertigung einer unterschiedlichen Behandlung geeignet". Aus dieser Rspr. ergibt sich vor allem, dass das BAG bei den Voraussetzungen der mittelbaren Diskriminierung von dem dritten Tatbestandsmerkmal (Geschlecht und Geschlechtsrolle) abrückt, das später auch vom EuGH nicht mehr erwähnt wird. Schwierigkeiten bereitet vor allem, die Vergleichszahlen darzulegen. Dies ist in AP Nr. 1 zu § 612 BGB Diskriminierung ausführlich erklärt. Die Entscheidung EuGH AP Nr. 19, 27 zu Art. 119 EWG-Vertrag wird darüber hinaus weitgehende Auswirkungen auf die Eingruppierung von Arbeitnehmern nach ihrer beruflichen Ausbildung haben (BAG AP Nr. 51 zu Art. 119 EWG – Vertrag = NZA 1994, 1136). Dagegen hat die Rechtsprechung keinen Verstoß gegen die Grundsätze der Gleichbehandlung und der Gleichberechtigung darin gesehen, dass Teilzeitbeschäftigte erst dann Überstundenzuschläge erhalten, wenn sie über die betriebliche Arbeitszeit hinaus arbeiten (EuGH AP Nr. 7 zu § 611 BGB Teilzeit = NZA 1995, 218; AP Nr. 39 zu Art. 119 EWG-Vertrag = NZA 1992, 687; BAG AP Nr. 1 zu § 1 Tarifverträge Nährmittelindustrie = NZA 1996, 597).

Kosten und Gebühren

Keine Besonderheiten, vgl. Form. IV. A. 1.

17. Klage des Arbeitnehmers wegen Geschlechtsdiskriminierung

An das
Arbeitsgericht
......

Klage

des/der Angestellten
– Prozessbevollmächtigte/r: RA ......(in) – **Klägers(in)**
gegen
die Firma ...... **Beklagte**
wegen Geschlechtsdiskriminierung
Namens und mit Vollmacht des/der Klägers/in erhebe ich Klage und werde beantragen zu erkennen:

I. Die Beklagte wird verurteilt, ... EUR nebst Zinsen in Höhe von fünf Prozentpunkten über dem Basiszinssatz seit dem ...... an den/die Kläger(in) zu zahlen.
II. Der Beklagte trägt die Kosten des Rechtsstreits.

Begründung[1, 2]

Die am ...... geborene, ledige Klägerin hat ein Hochschulstudium zurückgelegt und hat das Studium erfolgreich mit dem Examen für ...... abgeschlossen. Das Prüfungsergebnis war überdurchschnittlich gut.
Beklagte ist die Technische Hochschule/Universität ...... Diese unterhält ein Institut für ...... Im Institut muss die Stelle eines Laboringenieurs besetzt werden.
Die Beklagte hatte die Stelle am ...... in der Zeitschrift ...... ausgeschrieben, dass ein Laboringenieur gesucht werde. Die Stellenausschreibung ist in der Anlage 1 beigefügt[3].
Die Klägerin hat sich auf die Stellenausschreibung beworben. Am ...... hat sie sich bei dem Institutsdirektor Prof. Dr. ...... vorgestellt. Bei dem Vorstellungsgespräch ist die Klägerin gefragt worden, ob sie beabsichtige, in absehbarer Zeit zu heiraten. Dies hat sie verneint, weil sie ihren Beruf ausüben will. Herr Prof. Dr. ...... hat gleichwohl erklärt, dass er lieber einen Mann einstelle, weil bei dem Aufbau von Laborversuchen gelegentlich körperlich schwere Arbeit verrichtet werden müsse. Die Universität hat der Klägerin geschrieben, dass die Stelle inzwischen anderweitig besetzt worden sei.[4, 5]
Die Klägerin ist bei der Einstellung wegen ihres Geschlechtes diskriminiert worden. Die Beklagte hat der Klägerin eine Entschädigung nach § 15 AGG zu zahlen. Angesichts der Schwere der Diskriminierung wird diese auf drei Monatsverdienste festzusetzen sein. Der Anspruch auf Entschädigung ist am ...... geltend gemacht worden. Die Klage ist innerhalb der Klagefrist erhoben (§ 61 b Abs. 1 ArbGG).

Anmerkungen

1. Der Arbeitgeber darf einen Arbeitnehmer bei einer Vereinbarung oder einer Maßnahme, insbesondere bei der Begründung des Arbeitsverhältnisses, beim beruflichen Aufstieg, bei einer Weisung oder einer Kündigung nicht wegen des Geschlechts benachteiligen (§ 1 AGG). Untersagt ist jede Benachteiligung tatsächlicher oder rechtlicher Art (*Schaub* ArbR-Hdb, § 165). Kommt es zwischen Arbeitgeber und Arbeitnehmer zum Streit, ob eine Benachteiligung wegen des Geschlechtes vorliegt, so enthält § 22 AGG BGB eine Beweisregelung. Der oder die Benachteiligte braucht allein Tatsachen glaubhaft zu machen, aus denen auf eine Benachteiligung wegen des Geschlechtes zu schließen ist.

In diesem Fall trägt der Arbeitgeber die Darlegungs- und Beweislast dafür, dass nicht auf das Geschlecht bezogene, sachliche Gründe eine unterschiedliche Behandlung rechtfertigen oder dass das Geschlecht unverzichtbare Voraussetzung für die auszuübende Tätigkeit ist. Eine geschlechtsbezogene Unterscheidung ist nur dann erlaubt, wenn die Differenzierung sich an der auszuübenden Tätigkeit orientiert und ein bestimmtes Geschlecht für diese Tätigkeit „unverzichtbare Voraussetzung" ist. Das entspricht der europarechtlichen Vorgabe, die Differenzierungen nur erlaubt, wenn ein bestimmtes Geschlecht „unverzichtbare Voraussetzung" der beruflichen Tätigkeit darstellt (Art. 2 Abs. 2 der Gleichbehandlungsrichtlinie 76/207/EWG vom 9. Februar 1976, geänd. durch RL 2002/73/EG vom 23. 9. 2002 ABl. Nr. L 269/15). Eine unverzichtbare Voraussetzung in diesem Sinne stellt erheblich höhere Anforderungen an das Gewicht des rechtfertigenden Umstandes als ein sachlicher Grund, denn das Geschlecht ist nur dann unverzichtbar, wenn ein Angehöriger des jeweils anderen Geschlechts die vertragsmäßige Leistung nicht erbringen könnte und dieses Unvermögen auf Gründen beruht, die ihrerseits der gesetzlichen Wertentscheidung der Gleichberechtigung beider Geschlechter genügen (BAG AuA 2000, 281).

2. Die Rechtsfolgen bei einem Verstoß gegen das Diskriminierungsverbot sind durch das AGG neu geregelt worden., da sie den Vorgaben des Europäischen Rechts nicht genügt haben. Ist die Bewerbung eines Arbeitnehmers nicht berücksichtigt worden und beruht dies auf einem Diskriminierungsmerkmal, hat der Arbeitnehmer zwar keinen Anspruch auf Einstellung (§ 15 Abs. 6 AGG). Er erlangt einen Anspruch auf Schadensersatz und Entschädigung. Der Schadensersatzanspruch besteht nach dem Gesetzeswortlaut nicht, wenn der benachteiligende Arbeitgeber die Pflichtverletzung nicht zu vertreten hat. Die Entstehung des Schadenersatzanspruches darf nach der Rechtsprechung des EuGH nicht vom Verschulden des Arbeitgebers abhängig gemacht werden (EuGH ZIP 1991, 117 – Fall Dekker; 22. 4. 1997 – NJW 1997, 1839 (Nils Draehmpaehl). Insofern stellt sich die Frage, ob die Regelung in § 15 Abs. 1 AGG europarechtskonform ist. Wegen eines Schadens, der nicht Vermögensschaden ist, kann der Arbeitnehmer eine angemessene Entschädigung in Geld verlangen (§ 15 AGG). Die Entschädigung darf bei einer Nichteinstellung drei Monatsgehälter nicht übersteigen, wenn der Arbeitnehmer auch benachteiligungsfreier Auswahl nicht eingestellt worden wäre (§ 15 Abs. 2 AAG). In anderen Fällen kann die Entschädigung auch höher sein Die Höhe der Entschädigung ist im Einzelfall nach der Schwere der diskriminierenden Handlung, dem Grad des Verschuldens des Arbeitgebers und den Auswirkungen beim Bewerber zu bemessen. Die Ansprüche nach § 15 Abs. 1 und 2 AGG müssen innerhalb einer Frist von zwei Monaten schriftlich geltend gemacht werden, wenn tarifvertraglich nichts anderes geregelt ist (§ 15 Abs. 4 AGG).

3. Nach § 11 AGG dürfen Stellen u. a. nicht nur für Männer oder für Frauen ausgeschrieben werden. Ein Verstoß gegen das Gebot geschlechtsneutraler Ausschreibung führt zu erheblichen Nachteilen in der Darlegungs- und Beweislast. Es ist versucht worden, Schadensersatzansprüche zu begründen, in dem bei fehlerhafter Ausschreibung Bewerber sich nur zum Schein beworben haben. § 15 AGG stellt nicht auf die formale Position eines allein durch die Einreichung eines Bewerbungsschreibens begründeten Status als „Bewerber", sondern auf die materiell zu bestimmende objektive Eignung als Bewerber ab. Deshalb kann im Stellenbesetzungsverfahren nur benachteiligt werden, wer sich subjektiv ernsthaft beworben hat und objektiv für die zu besetzende Stelle in Betracht kommt. Nach § 7 BGleiG ist der Inhalt von Bewerbungsgesprächen geregelt: Danach sind Fragen nach dem Familienstand, einer bestehenden oder geplanten Schwangerschaft sowie der Sicherstellung der Betreuung von Kindern, behinderten oder pflegebedürftigen Angehörigen unzulässig. Eine Benachteiligung wegen des Geschlechts ist gemäß § 8 AGG nur zulässig, wenn die unterschiedliche Behandlung wegen der Art der auszuübenden Tätigkeit oder der Bedingungen ihrer Ausübung eine wesentliche und entscheidende Anforderung darstellt, sofern die Zweckmäßigkeit und die Anforderung angemessen ist. Allein

ein sachlicher Grund rechtfertigt keine geschlechtsbezogene Differenzierung. Das weibliche Geschlecht ist keine unverzichtbare Voraussetzung der Bestellung zur Gleichstellungsbeauftragten gemäß § 5 Gemeindeordnung Nordrhein-Westfalen (BAG AP Nr. 16 zu § 611 a BGB = NZA 1999, 371).

4. Eine Klage auf Entschädigung nach § 15 AGG ist nach § 61 b ArbGG innerhalb von drei Monaten, nachdem der Anspruch schriftlich geltend gemacht worden ist, zu erheben. Es muss demnach eine doppelte Frist beachtet werden; der Anspruch muss also rechtzeitig schriftlich geltend gemacht und dann eingeklagt werden. Nach Ablauf der Fristen erlischt der Anspruch. Denkbar ist, dass dem Erlöschen des Anspruches mit dem Einwand der Arglist begegnet werden kann. Machen mehrere Bewerber wegen Benachteiligung bei der Begründung eines Arbeitsverhältnisses eine Entschädigung gerichtlich geltend, so wird auf Antrag des Arbeitgebers das Arbeitsgericht, bei dem die erste Klage erhoben ist, auch für die übrigen Klagen ausschließlich zuständig. Die Rechtsstreitigkeiten sind von Amts wegen an dieses Arbeitsgericht zu verweisen. Die Prozesse sind zur gleichzeitigen Verhandlung und Entscheidung zu verbinden (§ 61 b Abs. 2 ArbGG).

5. § 1 AGG sieht auch eine Regelung für sonstige Diskriminierungen durch den Arbeitgeber vor. Insoweit ist eine flankierende Regelung in § 61 b ArbGG enthalten. (vgl. *Schaub* ArbR-Hdb. § 165).

18. Klage wegen sexueller Belästigung

An das
Arbeitsgericht
......

Klage

der kaufmännischen Angestellten ......
– Prozessbevollmächtigte/r: RA ......(in) –

Klägerin

gegen

die Firma ......

Beklagte

wegen sexueller Belästigung[1, 2]
Namens und mit Vollmacht der Klägerin erhebe ich Klage und beantrage zu erkennen:[3, 4]

I. Es wird festgestellt, dass die Beklagte verpflichtet ist, den Angestellten ...... aus der Buchhaltung in eine andere Abteilung zu versetzen.
II. Die Beklagte zu verurteilen, der Klägerin eine Entschädigung in Höhe von ...... EUR zu zahlen.
III. Die Beklagte trägt die Kosten des Rechtsstreits.

Begründung[5, 6]

Die am ...... geborene, ledige Klägerin hat bei der Beklagten eine Ausbildung als Industriekauffrau gemacht. Nach der Ausbildung ist sie am ...... als kaufmännische Angestellte eingestellt worden. Sie arbeitet in der Buchhaltung. Abteilungsleiter der Buchhaltung ist der Angestellte ......
Das Verhältnis zwischen der Klägerin und dem Abteilungsleiter war nie gut. Der Abteilungsleiter hatte stets etwas an der Klägerin auszusetzen. Am ...... ist es zu einer hefti-

gen Auseinandersetzung gekommen. Der Abteilungsleiter hat der Klägerin dabei erklärt, ihr Verhältnis werde sich schlagartig ändern, wenn sie nicht so prüde wäre. Dabei hat er ihr an die Brust gegriffen und ins Gesäß gekniffen ......
Die Klägerin hat sich darauf bei der Geschäftsleitung beschwert. Dort ist ihr alsdann gesagt worden, sie solle sich nicht so anstellen ...... Wenn sie Gruppenleiterin werden wolle, müsse sie sich mit dem Abteilungsleiter gut stellen ......
Sowohl der Abteilungsleiter wie die Geschäftsleitung haben die Klägerin wegen ihres Geschlechts diskriminiert. Die Geschäftsleitung hätte eine Maßnahme gegen den Abteilungsleiter ergreifen müssen. Dies hat sie unterlassen, obwohl sie dazu verpflichtet war. Sie hätte den Abteilungsleiter wegen seines untragbaren Verhaltens zumindest versetzen müssen ......
Die Beklagte schuldet aber auch eine Entschädigung nach § 15 AGG ......
Der Anspruch ist am ...... geltend gemacht worden (§ 15 Abs. 4 AGG). Er ist am ...... eingeklagt worden § 61b ArbGG).

Rechtsanwalt/Rechtsanwältin

Anmerkungen

1. § 3 Abs. 4 AGG enthält die Legaldefinition der sexuellen Belästigung. Die sexuelle Belästigung ist prinzipiell ebenfalls eine Belästigung aus einem der in § 1 genannten Gründen und damit schon von § 3 Abs. 3 AGG erfasst. Es kommt anders als nach dem BeschSchG nicht mehr auf vorsätzliches, sondern auf „unerwünschtes" Verhalten an. Es handelt sich hierbei um eine subjektive Vorstellung der betroffenen Person, die für die handelnde Person aber erkennbar sein muss. Bei sexueller Belästigung erwächst für den Belästigten nach § 14 AGG ein Leistungsverweigerungsrecht und nach § 15 AGG ein Anspruch auf Entschädigung und/oder Schadensersatz.

Zur sexuellen Belästigung gehören Handlungen und Verhaltensweisen, die nach den strafgesetzlichen Vorschriften unter Strafe gestellt sind. Hierzu zählen vor allem die Straftaten gegen die sexuelle Selbstbestimmung nach §§ 174 bis 184f StGB. Ferner gehören dazu *(1)* sonstige sexuelle Handlungen und Aufforderungen zu diesen, *(2)* sexuell bestimmte körperliche Berührungen, *(3)* Bemerkungen sexuellen Inhalts, *(4)* Zeigen und sichtbares Anbringen von pornographischen Darstellungen, die von den Betroffenen erkennbar abgelehnt werden.

2. Pflichten des Arbeitgebers. Der Arbeitgeber ist verpflichtet, u. a. vor sexueller Belästigung am Arbeitsplatz zu schützen (§ 12 Abs. 1 AGG). Dieser Schutz umfasst auch vorbeugende Maßnahmen. Die Schutzpflicht ist eine arbeitsvertragliche Nebenverpflichtung. Bei sexueller Belästigung hat der Arbeitgeber die im Einzelfall angemessenen arbeitsrechtlichen Maßnahmen wie Unterbindung der sexuellen Belästigung, Abmahnung, Umsetzung, Versetzung oder Kündigung gegen den Belästiger zu ergreifen (§ 12 Abs. 2 AGG). Dem Arbeitgeber wird ein Ermessens- und Beurteilungsspielraum zustehen, welche Maßnahmen er ergreift. Dagegen wird der belästigte Beschäftigte keine konkrete Maßnahme klageweise verlangen können, kann aber geltend machen, dass der Arbeitgeber nicht die gebotenen Maßnahmen ergriffen hat und die Rechte nach dem AGG geltend machen. Soweit die Maßnahmen des Arbeitgebers zur Ordnung des Betriebes gehören, hat der Betriebsrat Mitbestimmungsrechte.

3. Verstoß gegen das AGG Die sexuelle Belästigung am Arbeitsplatz ist eine Verletzung arbeitsvertraglicher Pflichten oder ein Dienstvergehen. Hieraus folgt, dass die sexuelle Belästigung ein verhaltensbedingter Kündigungsgrund oder ein wichtiger Grund zur Kündigung (BAG AP Nr. 3 zu § 2 BeschSchG = NZA 2001, 91; BAG NJW 2004, 3508 = NZA 2004, 1214; LAG Düsseldorf ArbuR 2000, 191) sein kann. Insoweit wird es wieder von den Umständen des Einzelfalles abhängen, welche Maßnahmen der Arbeitgeber ergreifen muss.

4. Die Rechte des belästigten Beschäftigten ergeben sich aus §§ 13 bis 16 AGG. Die belästigten Beschäftigten haben das Recht, sich bei den zuständigen Stellen des Betriebes, des Unternehmens oder der Dienststelle zu beschweren, wenn sie sich im Zusammenhang mit ihrem Beschäftigungsverhältnis vom Arbeitgeber, vom Vorgesetzten, von anderen Beschäftigten oder von Dritten am Arbeitsplatz sexuell belästigt fühlen (§ 13 AGG). Die betriebliche Beschwerdestelle hat die Beschwerde zu prüfen und die geeigneten Maßnahmen zu ergreifen. Werden keine oder offensichtlich ungeeignete Maßnahmen zur Unterbindung der sexuellen Belästigung ergriffen, sind die betroffenen Beschäftigten berechtigt, ihre Tätigkeit am betreffenden Arbeitsplatz ohne Verlust des Arbeitsentgeltes und der Bezüge einzustellen, soweit dies zu ihrem Schutz erforderlich ist (§ 14 Abs. 2 AGG). Der Belästigte erlangt mithin ein Zurückbehaltungsrecht an seiner Arbeitsleistung. Andererseits behält er seine Bezüge nach § 615 S. 1 BGB. Die Ausübung des Zurückbehaltungsrechtes ist mit erheblichen Unsicherheiten belastet. Der Belästigte muss beurteilen, ob der Arbeitgeber keine oder unzureichende Maßnahmen ergriffen hat. Die Ausübung des Zurückbehaltungsrechtes steht unter dem Vorbehalt der Verhältnismäßigkeit. Das Zurückbehaltungsrecht kann nur ausgeübt werden, soweit dies zum Schutz des Belästigten erforderlich ist. Der Arbeitgeber darf die belästigten Beschäftigten nicht benachteiligen, weil diese sich gegen eine sexuelle Belästigung gewehrt und in zulässiger Weise ihre Rechte ausgeübt haben (§ 16 AGG). Das Benachteiligungsverbot verbietet die Umsetzung oder Versetzung des Belästigten, seine Kündigung oder sonstige Maßregelungen. Vorausgesetzt wird aber auch hier eine zulässige Rechtsausübung.

5. Schadensersatz. Neben den aufgezählten Rechten ist aber auch denkbar, dass es zu Schadensersatz- oder Entschädigungsverpflichtungen des Arbeitgebers kommt. Dies ist dann der Fall, wenn der Arbeitgeber Maßnahmen ergreift, die sich diskriminierend im Sinne von § 15 AGG auswirken oder gegen diskriminierende Arbeitnehmer nicht hinreichend einschreitet.

19. Ansprüche des Arbeitnehmers aus betrieblicher Übung

An das
Arbeitsgericht

Klage

des/der Herrn/Frau …… **Klägers(in)**
– Prozessbevollmächtigte/r: RA ……(in) –

gegen

die Bundesrepublik Deutschland gesetzlich vertreten durch …… **Beklagte**

Namens und mit Vollmacht des/der Klägers(in) erhebe ich Klage und werde beantragen zu erkennen:

I. Es wird festgestellt, dass die Beklagte verpflichtet ist, dem/der Kläger(in) auch weiterhin für die Arbeit am …… einen Lohnzuschlag in Höhe von …… zu zahlen[1].

II. Die Beklagte trägt die Kosten des Rechtsstreites.

Begründung:

Der/Die …… Jahre alte Kläger(in) ist seit dem …… bei der Beklagten beschäftigt. Das Arbeitsverhältnis richtet sich kraft Organisationszugehörigkeit/kraft Verweisung nach den jeweiligen Bestimmungen des Tarifvertrags für den öffentlichen Dienst (TVöD) vom 13. 9. 2005 einschl. seiner Anlagen und Ergänzungen in der jeweiligen Fassung[2]. Der/Die

Kläger(in) ist in die Vergütungsgruppe ...... eingereiht. Er/Sie arbeitet als ...... in der Abteilung ......der ......
Die Beklagte zahlt seit dem ...... für die Arbeitsleistung eine tarifliche Zulage in Höhe von ...... des Stundenlohnes. Die Zahlungen sind auch bei der Tarifänderung vom ...... beibehalten worden. Durch diese Verhaltensweise ist für den/die Kläger(in) ein Vertrauenstatbestand erwachsen, so dass er/sie für seine/ihre Arbeitsleistung auch weiterhin eine Zulage erhalten wird[3].
Mit Wirkung vom ...... hat die Beklagte die Zahlungen eingestellt[4].
Sie beruft sich darauf, dass sie sich nur tarifgerecht habe verhalten wollen. In Wirklichkeit lägen die Voraussetzungen für die Zulage nicht vor. Sie sei mithin berechtigt, die Zahlung einzustellen. Dies ist unzutreffend ......[5].
Die Beklagte handelt arglistig, wenn sie eine Zahlungsverpflichtung leugnet, weil die Zahlung einer Zulage nicht schriftlich vereinbart worden ist. Nach § 2 Abs. 3 TVöD bedürfen Nebenabreden allerdings der Schriftform. Die Berufung der Beklagten auf die Einhaltung der Schriftform ist aber arglistig, weil ......[6].

Rechtsanwalt/Rechtsanwältin

Anmerkungen

1. Ein Leistungsantrag wäre möglich. Gegen öffentliche Arbeitgeber wird aber regelmäßig ein Feststellungsantrag gestellt. In neuerer Zeit weigert sich die öffentliche Hand gelegentlich, Entscheidungen des BAG zu befolgen. Ratsam ist daher ein Leistungsantrag, kumuliert mit einer Zwischenfeststellungsklage (§ 256 Abs. 2 ZPO).

2. Richtet sich das Arbeitsverhältnis nach den Bestimmungen eines Tarifvertrages, sollte dies in jedem Falle vorgetragen werden. Zu unterscheiden sind die Tarifbindung und der tarifliche Geltungsbereich (*Schaub* ArbR-Hdb. §§ 203, 205). Die vertragliche Bezugnahme auf tarifvertragliche Regelungen ist nicht an eine Form gebunden. Sie kann sich auch aus der betrieblichen Übung oder konkludentem Verhalten der Arbeitsvertragsparteien ergeben. Ist der Arbeitgeber tarifgebunden, so ist die Gewährung tariflicher Leistungen im Zweifel so zu verstehen, dass alle einschlägigen tariflichen Bestimmungen, einschließlich der Ausschlussfristen gelten sollen (BAG AP Nr. 9 zu § 1 TVG Bezugnahme auf Tarifvertrag = NZA 1999, 879).

3. Die betriebliche Übung kann zur Anspruchsbegründung wie auch als Auslegungsregel im Arbeitsrecht dienen (*Schaub* ArbR-Hdb. § 111). Die Bindungswirkung der betrieblichen Übung wurde mit normativen, Rechtsgeschäfts- und Zurechnungstheorien begründet. Die normativen Theorien, nach denen die betriebliche Übung ein Gewohnheitsrecht des Betriebes darstellt, sind überholt. Nach der Theorie von der objektiven Zurechnung erwächst aufgrund betrieblicher Übung ein Anspruch, wenn (1) das Verhalten des Arbeitgebers objektiv geeignet war, das Vertrauen des Arbeitnehmers auf den Fortbestand der Übung zu erwecken (objektiver Vertrauenstatbestand), (2) der Arbeitgeber die das Vertrauen begründeten Tatsachen kannte oder infolge von Fahrlässigkeit nicht kannte und (3) der Arbeitnehmer auf die Fortsetzung der Übung vertraute und sich darauf eingerichtet hat. Bei kollektiven Übungen entsteht die bindende Wirkung mit Eintritt des Arbeitnehmers in den Betrieb. Bei Übungen, die den Arbeitnehmer benachteiligen, wird allerdings auch zumeist von den Vertretern der Erwirkungslehre eine rechtsgeschäftliche Theorie vertreten. Diese steht im Vordergrund der Rechtsprechung des BAG.

Die Rechtsgeschäftstheorie geht von der Erwägung aus, dass eine Willenserklärung ausdrücklich oder konkludent abgegeben werden kann. Zum inneren Tatbestand gehört alsdann Handlungswillen, Erklärungsbewusstsein und Geschäftswille. Dabei ist das Erklärungsverhalten vom Standpunkt eines Dritten auszulegen, so wie dieser es verstehen durfte. Die betriebliche Übung wird mithin als konkludentes Vertragsangebot aufgefasst.

Demnach setzt die betriebliche Übung ein lang andauerndes gleichbleibendes Verhalten voraus, aus dem der Arbeitnehmer auf einen Bindungswillen des Arbeitgebers schließen durfte (vgl. dazu BAG AP Nr. 1 zu § 3 TV ArbBundespost; AP Nr. 56 zu § 611 BGB Dienstordnungsangestellte = EzA Nr. 9 zu § 242 BGB Betriebliche Übung; AP Nr. 15 zu § 242 BGB Betriebliche Übung = DB 1984, 1252; AP Nr. 1 zu § 1 BetrAVG Betriebliche Übung = NZA 1985, 531 = DB 1985, 1747; AP Nr. 19 zu § 242 BGB Betriebliche Übung; AP Nr. 32 aaO. = NZA 1989, 57 = BB 1989, 356 = DB 1989, 281; Nr. 34, 35; AP Nr. 3 zu § 12 AVR Diakonisches Werk = NZA 1994, 88; AP Nr. 89 zu § 7 BUrlG Abgeltung). Ob aus einem wiederholten tatsächlichen Verhalten des Arbeitgebers eine betriebliche Übung mit Anspruch auf eine zukünftige Gewährung entsteht oder ob aus dem Verhalten des Arbeitgebers nur eine Vergünstigung für das jeweilige Jahr abzuleiten ist, muss sich im Wege der Auslegung unter Berücksichtigung aller Umstände ergeben (BAG AP Nr. 43 zu § 242 BGB Betriebliche Übung = NJW 1994, 3372 = NZA 1994, 694). Die Rechtsprechung geht grundsätzlich davon aus, dass dieses Angebot vom Arbeitnehmer konkludent angenommen wird (vgl. Anm. 6). Lediglich in einer Entscheidung hat das BAG angenommen, dass die betriebliche Übung ein einseitiger Verpflichtungstatbestand sei (BAG AP Nr. 90 zu § 242 BGB Ruhegehalt = NJW 1963, 1996). Durch betriebliche Übung können Ansprüche auf Gehaltserhöhung entstehen (BAG AP 56 zu § 242 BGB Betriebliche Übung; AP Nr. 28 zu § 611 BGB Lohnanspruch).

4. Unter welchen Voraussetzungen die betriebliche Übung wieder beseitigt werden kann, ist noch nicht abschließend geklärt (vgl. *Schaub* ArbR-Hdb. § 111). Soweit aufgrund der betrieblichen Übung im Arbeitsverhältnis bereits Ansprüche erwachsen sind, können diese nur im Wege individualvertraglicher Gestaltungsmittel beseitigt werden. Teilt der Arbeitgeber durch Aushang mit, er könne aufgrund der wirtschaftlichen Lage des Betriebes in diesem Jahr kein Weihnachtsgeld zahlen, so liegt darin kein Angebot an die Arbeitnehmer, die betriebliche Übung zu ändern. In der zunächst widerspruchslosen Weiterarbeit der Arbeitnehmer kann keine Annahme des Angebots gesehen werden (BAG AP Nr. 47 zu § 242 BGB Betriebliche Übung = NJW 1997, 212). Die betriebliche Übung für zukünftig begründete Arbeitsverhältnisse wird beseitigt, wenn der Vertrauenstatbestand für den Arbeitnehmer wegfällt. Allein daraus, dass der Arbeitgeber einmalig die durch betriebliche Übung begründeten Ansprüche nicht erfüllt, lässt sich die Aufgabe der Übung nicht herleiten (BAG AP Nr. 32 zu § 242 BGB Betriebliche Übung = NZA 1989, 57). Dagegen hält das BAG an seiner Rechtsprechung fest, dass eine betriebliche Übung dadurch geändert werden kann, dass die Arbeitnehmer einer neuen Handhabung über einen Zeitraum von drei Jahren nicht widersprechen (Bestätigung von BAG AP Nr. 50 zu § 242 BGB Betriebliche Übung; AP Nr. 55 = NZA 1999, 1162; NZA 2005, 349). Die Annahme einer geänderten betrieblichen Übung in Bezug auf die Zahlung eines Weihnachtsgeldes nur noch unter dem Vorbehalt der Freiwilligkeit der Leistung erfordert jedoch, dass der Arbeitgeber klar und unmissverständlich erklärt, die bisherige betriebliche Übung einer vorbehaltlosen Zahlung solle beendet und durch eine Leistung ersetzt werden, auf die in Zukunft kein Rechtsanspruch mehr bestehe (BAG AP Nr. 55 zu § 242 BGB Betriebliche Übung = NZA 1999, 1162). Regelt eine Betriebsvereinbarung die bisher auf arbeitsvertraglicher Einheitsregelung beruhenden wesentlichen Arbeitsbedingungen insgesamt neu, kommt ihr auch hinsichtlich vertraglich gewährter Sozialleistungen keine ablösende Wirkung in dem Sinne zu, dass ihre Normen an die Stelle der vertraglichen Vereinbarung treten würden. In einem solchen Fall ist kein kollektiver Günstigkeitsvergleich möglich. Gegenüber der arbeitsvertraglichen Regelung nicht ungünstigere Normen der Betriebsvereinbarung können allenfalls für die Dauer ihres Bestandes die individualvertraglichen Vereinbarungen verdrängen (BAG AP Nr. 83 zu § 77 BetrVG 1972 = NZA 2001, 49).

5. Wegen des rechtsgeschäftlichen Willens geht das BAG im öffentlichen Dienst von einer Auslegungsregel aus, dass der öffentliche Arbeitgeber sich regelmäßig nur normgemäß verhalten will, dagegen keine weitergehenden, übertariflichen sozialen Leistungen auf Dauer erbringen will. Die Zahlung von Zulagen, deren tarifliche Voraussetzungen irrtümlich angenommen worden ist, kann mithin eingestellt werden (BAG AP Nr. 16 zu § 242 BGB Betriebliche Übung = DB 1985, 183; AP Nr. 19 aaO. = NJW 1986, 2596 = NZA 1986, 604; AP Nr. 12 zu § 4 BAT = BB 1986, 2056; AP Nr. 38 zu § 242 BGB Betriebliche Übung = NZA 1993, 749). Dasselbe gilt, wenn ein Tarifvertrag des öffentlichen Dienstes in Bezug genommen worden ist (BAG AP Nr. 29 zu § 242 BGB Betriebliche Übung = NZA 1987, 778 = BB 1987, 1885 = DB 1987, 1996). Etwas anderes gilt in der Privatwirtschaft, da insoweit nicht von einer strikten Tarifeinhaltung ausgegangen werden kann. Ist der Arbeitgeber tarifgebunden und wendet er zur Gleichstellung der Außenseiter mit Gewerkschaftsmitgliedern einheitlich die tariflichen Vorschriften an, so ergibt die Auslegung weiterhin, dass mit den Außenseitern im Zweifel keine statische Inbezugnahme der Tarifverträge in einer bestimmten Fassung beabsichtigt ist, sondern eine Verweisung auf den entsprechenden Tarifvertrag in seiner jeweiligen Fassung (BAG EzA-SD 2002, Nr. 7, 16 = Jur-CD).

6. Vom öffentlichen Arbeitgeber wird zumeist eingewandt, aufgrund betrieblicher Übung könnten keine Ansprüche erwachsen. Nach § 2 TVöD sind Nebenabreden nur wirksam, wenn sie schriftlich vereinbart werden. An der Einhaltung der Schriftform fehlt es bei der betrieblichen Übung regelmäßig. In der Rechtsprechung des 3. und 4. Senats des BAG bestanden Divergenzen. Nach der Rechtsprechung des 4. Senates sind Nebenabreden alle Vereinbarungen, die sich auf Leistungen beziehen, die nicht im Gegenseitigkeitsverhältnis des Arbeitsvertrages stehen. Nach der Rechtsprechung des 3. Senates sind Nebenabreden alle, die sich auf irreguläre Leistungen im Arbeitsverhältnis erstrecken (Einzelh. BAG AP Nr. 1–8 zu § 4 BAT sowie BAG AP Nr. 1 zu § 3 TV ArbBundespost). Der vorübergehend zuständige 7. Senat hat sich der Rspr. des 3. Senats angeschlossen (BAG AP Nr. 29 zu § 242 BGB Betriebliche Übung = DB 1987, 1996). Der zweite Einwand bezieht sich auf die Mitbestimmungsrechte. Insoweit ergibt sich eine Neuorientierung der Rspr. aus BAG AP Nr. 31 zu § 75 BPersVG = NZA 1990, 899; Nr. 37 = NZA 1993, 469.

20. Klage wegen fehlerhafter Ausübung des Direktionsrechtes

An das
Arbeitsgericht

Klage

des/der Herrn/Frau ..... Klägers(in)
– Prozessbevollmächtigte/r: RA .....(in) –
gegen
die Firma ..... Beklagte
wegen fehlerhafter Ausübung des Direktionsrechtes[1].

Namens und mit Vollmacht des/der Klägers(in) erhebe ich Klage und werde beantragen zu erkennen:

I. Es wird festgestellt, dass die Beklagte nicht berechtigt ist, den/die Kläger(in) in die Filiale ..... zu versetzen[2].
II. Die Beklagte trägt die Kosten des Rechtsstreits.

Begründung:

Der/Die im Jahre ..... geborene Kläger(in), der/die verheiratet und für ..... minderjährige Kinder unterhaltspflichtig ist, trat am ..... als ..... in die Dienste der Beklag-

ten. Das Arbeitsverhältnis richtet sich kraft Organisationszugehörigkeit/vertraglicher Vereinbarung nach dem Tarifvertrag vom ...... und den diesen ergänzenden Tarifverträgen. Der/Die Kläger(in) war in der Filiale ...... eingesetzt[3]. Am ...... hat die Beklagte angeordnet, dass der/die Kläger(in) hinfort in der Filiale ...... arbeitet. Der/Die Kläger(in) hat dieser Versetzung sofort widersprochen[4]. Der/Die Kläger(in) hat sich auch an den Betriebsrat gewandt; dieser hat erklärt, dass er von der Versetzung überhaupt nichts wisse[5].

Beweis: Zeugnis des Betriebsratsvorsitzenden ......

Gleichwohl beharrt die Beklagte darauf, dass der/die Kläger(in) hinfort in ...... arbeitet. Die Versetzung ist unwirksam, weil ......

Anmerkungen

1. Art, Ort und Inhalt der vom Arbeitnehmer zu leistenden Arbeit ergeben sich aus dem Arbeitsvertrag, der unter Berücksichtigung kollektivvertraglicher Normen nach Treu und Glauben und der Verkehrssitte sowie einer etwa bestehenden betrieblichen Übung auszulegen ist. Im Rahmen des Arbeitsverhältnisses kann der Arbeitgeber aufgrund des Direktionsrechts (Weisungsrechtes) gemäß § 106 GewO den Inhalt des Arbeitsverhältnisses näher bestimmen (BAG AP Nr. 26 zu § 611 Direktionsrecht = EzA § 611 BGB Direktionsrecht Nr. 2 = BB 1980, 1267). Die Befugnis, kraft Direktionsrecht Ort und Zeit der Arbeitsleistung festzulegen, ist nicht dadurch eingeschränkt, dass der Arbeitgeber bei Abschluss des Arbeitsvertrags auf die für den Arbeitsbereich des Arbeitnehmers geltende betriebliche Regelung über Zeit und Ort des Beginns und Endes der täglichen Arbeit hingewiesen hat. Dies gilt auch dann, wenn der Arbeitgeber danach über längere Zeit von seinem dahingehenden Direktionsrecht keinen Gebrauch gemacht hat (BAG AP Nr. 61 zu § 611 BGB Direktionsrecht = NZA 2001, 780).

2. Der Inhalt des Arbeitsverhältnisses kann im Wege der Feststellungsklage nach § 256 ZPO geklärt werden, da es sich insoweit um ein Rechtsverhältnis handelt (§ 256 Abs. 1 ZPO).

3. IdR. ist der Leistungsort des Arbeitsverhältnisses der Betriebssitz des Arbeitgebers. Das Weisungsrecht kann jedoch erweitert sein, wenn der Arbeitnehmer nach dem Inhalt des Arbeitsvertrages auch an anderen Stellen eingesetzt werden soll. Nach langjähriger Beschäftigung konkretisiert sich die Arbeitspflicht auf den Beschäftigungsort, wenn der Arbeitnehmer nicht mehr mit einer Änderung des Arbeitsortes zu rechnen braucht. Unberührt bleibt das Recht der Umsetzung im Betrieb, auch wenn der Arbeitnehmer langfristig an einem konkreten Arbeitsplatz beschäftigt war. Nach dem Inhalt des Arbeitsvertrages richtet sich auch die Art der zu leistenden Arbeit. Je genauer die Arbeitsleistung im Arbeitsvertrag umschrieben wird, umso mehr ist das Weisungsrecht eingeschränkt. Im Allgemeinen herrscht der Grundsatz, dass dem Arbeitnehmer keine geringerwertige Arbeit als im Arbeitsvertrag vereinbart, zugewiesen werden kann. Geringerwertig ist jede geringer entlohnte, aber auch in der sozialen Anschauung geringerbewertete Arbeit (*Schaub* ArbR-Hdb. § 45 Rdn. 36ff.). Im öffentlichen Dienst ist im Allgemeinen eine Versetzung im Rahmen der Vergütungsgruppe möglich (BAG AP Nr. 10 zu § 24 BAT; v 15. 11. 2001 ZTR 2002, 485).

4. Bei jeder Versetzung ist individualrechtlich und kollektivrechtlich die Wirksamkeit der Versetzung zu beurteilen.

Es bedarf daher zunächst der Prüfung, ob die Direktionsrechtsmaßnahme individualvertraglich wirksam ist. Eine dringende ärztliche Empfehlung zum Arbeitsplatzwechsel aus gesundheitlichen Gründen berechtigt den Arbeitgeber regelmäßig, dem Arbeitnehmer einen anderen Arbeitsbereich zuzuweisen (BAG AP Nr. 27 zu § 618 BGB = NZA 1999,

33). Sie kann durch Gesetz, Tarifvertrag, Betriebsvereinbarung oder Einzelvertrag ausgeschlossen werden. In jedem Fall darf der Arbeitgeber nur im Rahmen von § 106 GewO i. V.m. § 315 BGB die Arbeitsleistung des Arbeitnehmers bestimmen. Kann ein Arbeitnehmer nach dem Arbeitsvertrag nur innerhalb eines bestimmten Arbeitsbereichs versetzt werden (im Fall: eine Layouterin/Redakteurin eines großen Verlagshauses nur innerhalb der Redaktion der von ihr betreuten Zeitschrift), so ist bei einer wegen Wegfalls dieses Arbeitsbereichs erforderlichen betriebsbedingten Kündigung keine Sozialauswahl unter Einbeziehung der vom Tätigkeitsfeld vergleichbaren Arbeitnehmer anderer Arbeitsbereiche (Redaktionen anderer Zeitschriften des Verlages) vorzunehmen (BAG AP Nr. 36 zu § 1 KSchG 1996; AP Nr. 46 zu § 1 KSchG 1969 Soziale Auswahl = NJW 2000, 2604 = NZA 2000, 82 2). Umsetzung eines Kontrollschaffners ist nur in begrenztem Umfang möglich (BAG 26. 7. 2001 EzA BAT § 8 Direktionsrecht Nr. 50). Wird eine Arbeitnehmerin während der Schwangerschaft wegen eines Beschäftigungsverbots gehindert, die vertragliche Arbeitsleistung zu erbringen, darf ihr der Arbeitgeber im Rahmen billigen Ermessens eine andere zumutbare Tätigkeit zuweisen. Die Zuweisung muss die Ersatztätigkeit so konkretisieren, dass beurteilt werden kann, ob billiges Ermessen gewahrt ist (BAG AP Nr. 7 zu § 4 MuSchG 1968 = NJW 2001, 1517 = NZA 2001, 386).

5. Grenzen des Versetzungsrechtes ergeben sich aber vor allem aus den sozialen und personellen Mitwirkungs- und Mitbestimmungsrechten des Betriebsrates (§§ 87, 99 BetrVG). Insoweit ist auch der Vortrag anzupassen. Führt der Arbeitgeber eine Mitarbeiterversammlung außerhalb der betriebsüblichen Arbeitszeit durch, ist die Maßnahme nach § 87 Abs. 1 Nr. 3 BetrVG mitbestimmungspflichtig, wenn der Arbeitgeber kraft seines Direktionsrechtes die Teilnahme anordnen kann oder wenn eine Verpflichtung der Arbeitnehmer gegenüber dem Arbeitgeber zur Teilnahme besteht (BAG AP Nr. 87 zu § 87 BetrVG Arbeitszeit). Allerdings decken sich der individualvertragliche und betriebsverfassungsrechtliche Versetzungsbegriff nicht völlig (Einzelheiten bei *Schaub* ArbR-Hdb. § 45 Rdn. 14 ff., § 241). Keine Versetzung liegt vor, wenn einem gekündigten Arbeitnehmer einen Teil der Arbeitsaufgaben entzogen werden, ohne dass neue Aufgaben übertragen werden (BAG AP Nr. 39 zu § 95 BetrVG 1972 = NZA 2000, 2414). Eine Versetzung ist gegeben wenn eine Altenpflegerin von einer Station in eine andere selbstständige versetzt wird (BAG AP Nr. 36 zu § 95 BetrVG 1972 = NZA 2000, 1357). Eine Auslandsdienstreise mit Übernachtung im Ausland kann nach den Umständen des Einzelfalles eine Versetzung sein (BAG AP Nr. 21 zu § 99 BetrVG 1972 Versetzung = NZA 2000, 781). Eine Versetzung, die ohne Zustimmung des Betriebsrats oder ohne Ersetzung der Zustimmung durch das Arbeitsgericht erfolgt, ist dem Arbeitnehmer gegenüber unwirksam (BAG AP Nr. 50 zu § 99 BetrVG 1972 = NZA 1988, 476). Wird ein Arbeitnehmer auf Dauer in einen anderen Betrieb des Arbeitgebers versetzt, bedarf es neben der Zustimmung des Betriebsrats des aufnehmenden Betriebes wegen der Einstellung auch der Zustimmung des Betriebsrates des abgebenden Betriebes, wenn der Arbeitnehmer mit der Versetzung nicht einverstanden ist (BAG AP Nr. 84 zu § 99 BetrVG 1972 = NZA 1991, 195; Nr. 102 = EzA § 99 BetrVG 1972 Nr. 112 = DB 1993, 1094).

Kosten und Gebühren

Keine Besonderheiten. Vgl. Form. IV. A. 1. Gelegentlich wird vertreten, bei der Schätzung des Streitwerts könne auf die Grenzen des § 42 Abs. 4 GKG zurückgegriffen werden. Dies ist kaum richtig.

B. Klagen des Arbeitnehmers und Klageentgegnungen im Zusammenhang mit der Beendigung des Arbeitsverhältnisses

1. Kündigungsschutzklage des Arbeitnehmers gegen eine AG

An das
Arbeitsgericht

Klage

des/der Herrn/Frau ...... Klägers(in)
– Prozessbevollmächtigte/r: RA ......(in) –
gegen
die ...... AG
gesetzlich vertreten durch die Vorstandsmitglieder 1. ...... 2. ......, Beklagte
wegen Kündigungsschutz.

Namens und mit Vollmacht des/der Klägers(in) erhebe ich Klage und werde beantragen zu erkennen:

I. Es wird festgestellt, dass das Arbeitsverhältnis durch die ordentliche/außerordentliche Kündigung vom ...... – zugegangen am ...... – nicht aufgelöst worden ist[1–5].

II. Die Beklagte trägt die Kosten des Rechtsstreites.

Begründung:

Der/Die am ...... geb., led./verh. Kläger(in), der/die ...... Kinder hat, wurde am ...... von der Beklagten eingestellt. Die Beklagte beschäftigt ...... Arbeitnehmer[6–9].
Die Beklagte hat das Arbeitsverhältnis mit Schreiben vom ...... – zugegangen am ...... – ordentlich/außerordentlich zum ...... gekündigt.

Beweis: Anliegendes Kündigungsschreiben.

Die im Kündigungsschreiben angegebenen Gründe sind unzutreffend[10–15].
Die Beklagte hat die dem Kläger zustehende Kündigungsfrist nicht gewahrt. Das Arbeitsverhältnis hätte nur mit einer Frist von ...... zum ...... gekündigt werden können.

Beweis: Anliegender Arbeitsvertrag.

Bei der Beklagten besteht ein Betriebsrat. Dieser ist nicht/nicht ordnungsgemäß gehört/hat der Kündigung widersprochen.

Rechtsanwalt/Rechtsanwältin

Anmerkungen

1. Innerhalb der Klagefrist des § 4 KSchG müssen alle Rechtsmängel einer Kündigung geltend gemacht werden. Für die Kündigungsschutzklage gelten die Formvorschriften für bestimmende Schriftsätze. Indes stellt das BAG insoweit keine strengen Anforderungen. Es genügt, dass aus der Klage ersichtlich ist, gegen wen sie sich richtet, wo der Kläger tätig war und dass er seine Kündigung nicht als berechtigt anerkennen will (BAG AP Nr. 8

zu § 3 KSchG = NJW 1956, 1772; AP Nr. 7 zu § 4 KSchG 1969 = NJW 1982, 1174). Ist die Bezeichnung der Partei nicht eindeutig, so ist die Partei durch Auslegung zu ermitteln. Nicht allein die formale Bezeichnung der Partei ist für die Parteistellung maßgeblich. Vielmehr kommt es darauf an, welcher Sinn der von der klagenden Partei in der Klageschrift gewählten Parteibezeichnung bei objektiver Würdigung des Erklärungsinhalts beizulegen ist. Entscheidend ist die Wahrung der rechtlichen Identität zwischen der ursprünglich bezeichneten und der tatsächlich gemeinten Partei. Ergibt sich im Kündigungsschutzprozess aus dem der Klageschrift beigefügten Kündigungsschreiben, wer als beklagte Partei gemeint ist, so ist eine Berichtigung des Rubrums möglich (BAG 12. 2. 2004 AP Nr. 50 zu § 4 KSchG 1969; 21. 2. 2002 NZA 2002, 1112). Geht innerhalb der Frist des § 4 KSchG beim Arbeitsgericht ein nicht unterzeichneter, den Erfordernissen einer Klage genügender Schriftsatz ein, so kann der Mangel der Unterzeichnung nach § 295 ZPO geheilt werden (BAG AP Nr. 14 zu § 4 KSchG 1969 = NJW 1986, 3224 = NZA 1986, 761; vgl. zur Unterzeichnung einer Matritze in Massenverfahren: BAG AP Nr. 60 zu Art. 9 GG Arbeitskampf = NJW 1979, 233). Für die Parteistellung ist nicht allein die formelle Bezeichnung der Partei in der Klage maßgebend. Ist dieser das Kündigungsschreiben beigefügt und ergibt sich aus diesem, wer als beklagte Partei gemeint ist, so kann das Rubrum entsprechend geändert werden (BAG AP 46 zu § 4 KSchG). Zweifelhaft ist, in welchem Umfang die Klagefrist auch für außerordentliche Kündigungen im Berufsausbildungsverhältnis gilt. Das BAG hat angenommen, dass die Klagefrist jedenfalls dann nicht gilt, wenn gemäß § 111 Abs. 2 S. 5 ArbGG eine Verhandlung vor einem zur Beilegung von Streitigkeiten aus einem Berufsausbildungsverhältnis gebildeten Ausschuss stattfinden muss (BAG AP Nr. 21 zu § 4 KSchG 1969 = NZA 1990, 395 = BB 1989, 2256 = DB 1990, 586). Dagegen ist die Klagefrist dann einzuhalten, wenn ein solcher Ausschuss nicht besteht (BAG AP Nr. 23 zu § 4 KSchG 1969 = NJW 1991, 2101 = NZA 1991, 671; AP 43 zu § 4 KSchG 1969). Versäumung der Klagefrist, insbesondere bei zweifelhafter Rechtslage zur Frist, führt zu Haftungsfällen beim Rechtsanwalt (OLG Karlsruhe AP Nr. 20 zu § 4 KSchG 1969), denn das Verschulden der Prozessbevollmächtigten wird dem Kläger zugerechnet (BAG NZA 2009, 692).

2. Nach der Rspr. des BAG gilt zu § 4 KSchG die sog. punktuelle Streitgegenstandstheorie (BAG AP Nr. 17 zu § 3 KSchG 1951 = NJW 1959, 1459; AP Nr. 18 aaO. = NJW 1959, 1387; AP Nr. 4 zu § 66 BetrVG = NJW 1955, 1374; AP Nr. 40 zu § 3 KSchG 1951 = NJW 1971, 1380; AP Nr. 2 zu § 81 ZPO; AP Nr. 50 zu § 256 ZPO = BB 1979, 1715; AP Nr. 3 zu § 4 KSchG 1969 = NJW 1977, 1895; AP Nr. 17 zu § 4 KSchG 1969 = NZA 1987, 273; AP Nr. 19 zu § 4 KSchG 1969 = NJW 1988, 890 = NZA 1988, 651; NZA 1994, 860; 1995, 595 = NJW 1995, 2310). Etwas verkürzt ausgedrückt prüft das Gericht mithin nur nach, ob ein Arbeitsverhältnis bestanden hat und ob es bis zum Zugang der Kündigung und durch die angegriffene Kündigung aufgelöst worden ist (vgl. BAG AP Nr. 19 zu § 4 KSchG 1969; NJW 1988, 890 = NZA 1988, 651 = DB 1988, 1758; AP Nr. 10 zu § 611 BGB Treuepflicht = NJW 1991, 518 = NZA 1991, 141; AP Nr. 28 zu § 4 KSchG 1969; 27. 1. 1994 – NZA 1994, 812; *Schaub* ArbR-Hdb. § 136 Rdn. 8 ff; *v. Hoyningen-Huene/Linck* § 4 KSchG Rdn. 69; KR-*Friederich* § 4 KSchG Rdn. 225 ff.). Die Wirksamkeit der Kündigung wird jedoch unter jedem rechtlichen Gesichtspunkt geprüft. Folgerungen: Wendet sich der Kläger gegen eine ihm gegenüber gleichzeitig ausgesprochene außerordentliche und (hilfsweise) ordentliche Kündigung, so muss das Urteil gesondert über den Hauptantrag und unechten Eventualantrag befinden (BAG AP Nr. 1 zu § 133 b GewO = NJW 1959, 1149; AP Nr. 9 zu § 313 ZPO = NJW 1977, 1504). Ob eine unechte Eventualklage gegen eine in einer außerordentlichen Kündigung enthaltene ordentliche Kündigung gegeben ist, muss im Wege der Auslegung entschieden werden (vgl. BAG AP Nr. 1 zu Art. 5 Abs. 1 GG Meinungsfreiheit = NJW 1959, 1197). Im Allgemeinen empfiehlt sich Klarstellung (es wird beantragt, festzustellen, dass das Arbeitsverhältnis durch die Kündigung vom ...... weder außerordentlich, noch ordentlich zum

...... beendet worden ist; festzustellen, dass das Arbeitsverhältnis durch die fristlose Kündigung vom ...... nicht am ...... aufgelöst wurde, sondern erst mit Ablauf der Kündigungsfrist am ...... endet). Ein auf die fristlose Kündigung gerichteter Feststellungsantrag wahrt die Dreiwochenfrist, wenn der Arbeitnehmer noch bis zum Schluss der mündlichen Verhandlung erklärt, auch die hilfsweise erklärte ordentliche Kündigung angreifen zu wollen (BAG AP Nr. 38 zu § 3 KSchG 1951). Es ist auch unschädlich, wenn die Klage gegen eine außerordentliche Kündigung gerichtet wird, obwohl tatsächlich eine ordentliche ausgesprochen war (BAG AP Nr. 7 zu § 4 KSchG 1969 = NJW 1982, 1174). Nach § 4 KSchG läuft die Klagefrist erst ab Zugang der schriftlichen Kündigung (§ 623 BGB). Dasselbe gilt, wenn die Kündigung von der Zustimmung einer Behörde abhängig ist (§ 4 S. 4 KSchG).

Ist zu erwarten, dass der Arbeitgeber im Prozess nicht nur die Auflösung des Arbeitsverhältnisses infolge Kündigung, sondern auch auf Grund anderer Tatbestände (Anfechtung, Auflösungsvertrag usw.) behaupten wird, so wird zweckmäßig im Wege der kumulativen Klagehäufung zugleich eine Feststellungsklage nach § 256 ZPO erhoben (vgl. dazu Anm. 3). Stellt ein gekündigter Arbeitnehmer mit der Klageschrift den Antrag nach § 4 KSchG und fügt er – gleichsam prophylaktisch zur vermeintlichen Klarstellung – diesem Antrag den Zusatz bei, festzustellen, dass das Arbeitsverhältnis unverändert fortbestehe, hat der Richter zu fragen (§ 139 ZPO), was mit diesem weiteren Antrag bezweckt wird (AP Nr. 28 zu § 4 KSchG 1969 = NJW 1994, 2780 = NZA 1994, 812; AP Nr. 33 zu § 4 KSchG 1969 = NJW 1996, 2179 = NZA 1996, 334; auch NZA 1996, 334). Bringt der Kläger zum Ausdruck, er wolle nur den Inhalt des Antrags nach § 4 KSchG etwa dahin verdeutlichen, wenn die angegriffene Kündigung unwirksam sei, bestehe das Arbeitsverhältnis eben fort, so hat der Zusatz als völlig überflüssig (sog. unselbstständiges Anhängsel) wegzubleiben und hat trotz des Zusatzes keine eigene prozessrechtliche Bedeutung. Beruft sich der Kläger dagegen darauf, es handele sich um eine vorsorgliche Feststellungsklage, es könne ja sein, dass irgendwann einmal eine Erklärung des Beklagten abgegeben werde, die eine Kündigung sein könne, ist diese Klage als unzulässig abzuweisen (BAG AP Nr. 28 zu § 4 KSchG 1969 = NJW 1994, 2780 = NZA 1994, 812; AP Nr. 29 zu § 4 KSchG 1969 = NZA 1994, 860). Spricht der Arbeitgeber mehrere Kündigungen hintereinander aus, so muss zur Meidung der Wirksamkeit der Kündigungen (§ 7 KSchG) jede einzelne Kündigung nach § 4 KSchG angegriffen werden. Es kann aber auch im Wege kumulativer Klagehäufung mit einer Kündigungsschutzklage nach § 4 KSchG gegen die erste Kündigung eine Feststellungsklage nach § 256 ZPO erhoben werden (vgl. dazu Anm. 3). Hat der Arbeitnehmer mit seiner Klage die Unwirksamkeit einer bestimmten Kündigung geltend gemacht und mit einem weiteren Antrag die Feststellung begehrt, dass das Arbeitsverhältnis auch nicht durch andere Beendigungstatbestände endet, wird damit auch eine weitere Kündigung erfasst, die dem Kläger bereits zugegangen ist (BAG 12. 5. 2005 AP Nr. 53 zu § 4 KSchG 1969 = NJW 2006, 395 = NZA 2005, 1259). Streitgegenstand einer Feststellungsklage nach § 256 ZPO ist die Frage, ob ein Arbeitsverhältnis im Zeitpunkt der letzten mündlichen Verhandlung in der Tatsacheninstanz oder über einen bestimmten späteren Zeitpunkt hinaus fortbesteht (BAG AP Nr. 19 zu § 4 KSchG 1969 = NJW 1988, 890 = NZA 1988, 651 = DB 1988, 1758; AP Nr. 28, 29 zu § 4 KSchG 1969 = NZA 1994, 812; NZA 1994, 860; AP Nr. 33 zu § 4 KSchG 1969 = NJW 1996, 2179 = NZA 1996, 334). Die Feststellungsklage nach § 256 ZPO setzt im Kündigungsschutzprozess wie jede andere Feststellungsklage ein Rechtschutzinteresse voraus. Dies besteht nicht schon deshalb, weil eine bestimmt bezeichnete Kündigung ausgesprochen worden und wegen dieser ein Kündigungsrechtstreit anhängig ist. Es ist vielmehr erforderlich, dass der klagende Arbeitnehmer durch Tatsachenvortrag angeblich weitere Kündigungen oder Beendigungsgründe in den Prozess einführt oder wenigstens glaubhaft macht und damit belegt, warum dieser, die Klage nach § 4 KSchG erweiternde Antrag – noch dazu alsbald – gerechtfertigt sein soll (BAG AP Nr. 28 zu § 4 KSchG 1969 = NZA 1994, 812; AP Nr. 29 zu § 4 KSchG 1969 = NZA

1994, 860; AP Nr. 33 zu § 4 KSchG 1969 = NJW 1996, 2179 = NZA 1996, 334). Von einem neben dem Kündigungsschutzantrag gestellten allgemeinem Feststellungsantrag sind Kündigungen des Arbeitgebers nicht erfasst, die nach dem Schluss der mündlichen Verhandlung vor dem Arbeitsgericht ausgesprochen werden und vom Arbeitnehmer mit einer gesonderten Kündigungsschutzklage angegriffen werden (BAG AP Nr. 49 zu § 4 KSchG = NJW 2003, 1412 = NZA 2003, 684). Das Feststellungsinteresse fehlt, wenn der Arbeitnehmer jede einzelne Kündigung mit der Kündigungsschutzklage nach § 4 KSchG angegriffen hat (BAG AP Nr. 10 zu § 611 BGB Fürsorgepflicht = NZA 1991, 141 = NJW 1991, 518). Unabhängig davon fehlt das Interesse des Arbeitnehmers an der Feststellung der Sozialwidrigkeit einer Kündigung wegen eines gleichzeitig mit Ablauf der Kündigungsfrist wirksam werdenden Beendigungstatbestandes nur dann, wenn die Wirksamkeit dieser anderen Beendigung zwischen den Parteien unstreitig oder rechtskräftig festgestellt ist (BAG AP Nr. 8 zu § 4 KSchG 1969). Hat der Arbeitnehmer innerhalb der Klagefrist geltend gemacht, dass eine rechtswirksame Kündigung nicht vorliegt, so kann er nach § 6 KSchG diese Gründe noch bis zum Schluss der mündlichen Verhandlung erster Instanz in den Prozess einbeziehen. Das ArbG soll ihn hierauf hinweisen. Die Vorschrift hat vor allem Bedeutung, wenn der zumeist nicht rechtskundige Arbeitnehmer nicht alle Unwirksamkeitsgründe von Anfang an geltend gemacht hat (BAG NZA 2008, 936 zum Ausschluss der ordentlichen Kündigung aufgrund vertraglicher oder tariflicher Regelungen). Das BAG bejaht eine entsprechende Anwendung von § 6 KSchG, wenn der Arbeitnehmer aus der Unwirksamkeit der Kündigung weitere Ansprüche geltend macht. Hat der Arbeitnehmer eine unzulässige oder unbegründete Feststellungsklage nach § 256 ZPO erhoben, so erlaubt ihm § 6 KSchG eine Erweiterung des Streitgegenstandes. Eine unzulässige Klage steht der Anwendung des § 6 KSchG nicht entgegen (BAG AP 16 zu § 3 KSchG = NJW 1959, 1512).

3. Alternative: Es wird festgestellt, dass das Arbeitsverhältnis durch die ordentliche/außerordentliche Kündigung vom ...... – zugegangen am – ...... nicht aufgelöst worden ist, sondern über den ...... fortbesteht. Vgl. wegen des Nachsatzes Anm. 2.

4. Alternative bei Auflösungsantrag:

I. Es wird festgestellt, dass das Arbeitsverhältnis durch die ordentliche/außerordentliche Kündigung vom ...... – zugegangen am ...... – nicht aufgelöst worden ist.

II. Das Arbeitsverhältnis wird gegen Zahlung einer Abfindung, deren Höhe in das Ermessen des Gerichtes gestellt wird, die aber EUR ...... nicht unterschreiten sollte, aufgelöst. (vgl. dazu Anm. 5 u. 6)

Das BAG hat darauf hingewiesen, dass in eine Klage nach § 256 ZPO eine eventuell später ausgesprochene Kündigung durch den Arbeitgeber in den Prozess eingebracht werden muss. Der Auflösungsantrag ist seiner Rechtsnatur nach ein unechter Eventualantrag, der nur für den Fall der Begründetheit des Feststellungsantrages gestellt wird (BAG AP Nr. 1 zu § 133b GewO = NJW 1959, 1149; AP Nr. 20 zu § 7 KSchG = NJW 1965, 787). Ob ein Auflösungsantrag vorliegt, ist im Wege der Auslegung zu ermitteln, dies ist nicht der Fall, wenn der Arbeitgeber einen Auflösungsantrag gestellt hat und der Arbeitnehmer in der 2. Instanz allein eine höhere Abfindung begehrt (BAG AP Nr. 8 zu § 7 KSchG). Dagegen liegt in einem Zahlungsantrag auch denknotwendig der Auflösungsantrag (BAG AP Nr. 5 zu § 7 KSchG). Die Auflösung erfolgt zum Zeitpunkt des Zugangs einer außerordentlichen Kündigung oder bei ordentlicher Kündigung dem Ablauf der ordentlichen Kündigungsfrist (§ 9 Abs. 2 KSchG). Die Vorschrift des § 9 Abs. 2 KSchG ist verfassungsgemäß (BAG AP Nr. 12 zu § 9 KSchG 1969 = NJW 1985, 991 = NZA 1985, 60). Abfindungsurteile sind vorläufig vollstreckbar (AP Nr. 4 zu § 62 ArbGG 1979 = NZA 1988, 329 = DB 1988, 659 = BB 1988, 843).

5. Der Auflösungsantrag kann bis zum Schluss der mündlichen Verhandlung 2. Instanz gestellt werden. § 67 ArbGG steht nicht entgegen (arg. § 9 Abs. 1 S. 3 KSchG). Ist in der 1. Instanz kein Auflösungsantrag gestellt, so ist bei Obsiegen mangels Beschwer eine Berufung unzulässig, mit der allein die Auflösung des Arbeitsverhältnisses erstrebt wird. Einige LAG halten eine Berufung auch dann für zulässig, wenn ein unbezifferter Antrag auf Abfindung gestellt wird, diese aber ersichtlich hinter den Vorstellungen des Klägers zurückbleibt (LAG Hannover ArbuR 1969, 158; *v. Hoyningen-Huene/Linck* KSchG, § 10 Anm. 17). Wird eine zu hohe Abfindungsforderung gestellt, sind anteilige Kosten zu zahlen (BAG AP Nr. 3 zu § 10 KSchG 1969 = NZA 1987, 139). Ein Auflösungsantrag kann bis zum Schluss der letzten mündlichen Verhandlung in der Berufungsinstanz zurückgenommen werden (BAG AP Nr. 8 zu § 7 KSchG). Hierbei handelt es sich nicht um eine teilw. Klagerücknahme, so dass eine Einwilligung des Gegners nicht erforderlich ist (vgl. BAG AP Nr. 5 zu § 9 KSchG 1969 = NJW 1980, 1484). Ob in der Rücknahme ein Verzicht enthalten ist, muss durch Auslegung ermittelt werden (BAG AP Nr. 8 zu § 7 KSchG); jedoch kann sich der Beschwerdegegenstand bei Rücknahme in der Berufungsinstanz ändern (BAG AP Nr. 36 zu § 64 ArbGG 1979). Der vom Arbeitgeber neben dem Antrag auf Abweisung einer Kündigungsschutzklage hilfsweise gestellte Auflösungsantrag nach § 9 Abs. 1 S. 2 KSchG wird dann, wenn der Arbeitnehmer gegen die Abweisung der Kündigungsschutzklage durch das Landesarbeitsgericht Revision einlegt, auch ohne Anschlussrevision des Arbeitgebers in der Revisionsinstanz anhängig, wenn das Revisionsgericht auf die Revision der Kündigungsschutzklage stattgibt oder ein Feststellungsurteil des Arbeitsgerichts bestätigt. Dann ist zugleich über den Auflösungsantrag zu entscheiden (BAG AP Nr. 22 zu § 102 BetrVG 1972 = NJW 1981, 2316). Haben in einem Kündigungsschutzprozess beide Parteien einen Auflösungsantrag gestellt und löst das Arbeitsgericht das Arbeitsverhältnis auf, so ist der Arbeitnehmer, der die Höhe der festgesetzten Abfindung nicht angreift, durch dieses Urteil nicht beschwert und seine Berufung deshalb unzulässig, auch wenn das Arbeitsgericht das Arbeitsverhältnis auf den Antrag des Arbeitgebers hin auflöst. Der Arbeitnehmer kann in einem derartigen Fall nicht allein mit dem Ziel Berufung einlegen, seinen erstinstanzlich gestellten Antrag zurückzunehmen und eine Fortsetzung des Arbeitsverhältnisses zu erreichen (BAG AP Nr. 23 zu § 9 KSchG = NJW 1994, 1428 = NZA 1994, 264). Die Fälligkeit der Abfindung sollte ausdrücklich geregelt werden (BAG NJW 2005, 171 = NZA 2005, 292).

6. Gesetzesübersicht der Anrechnung der Abfindung auf das Arbeitslosengeld: Die Rechtslage ist wiederholt geändert worden. Es gelten folgende Rechtsgrundsätze.

a) Entlassungsentschädigungen sind Zahlungen, die der Arbeitgeber des Beschäftigungsverhältnisses an den Ausscheidenden zahlt. Zwischen der Zahlung und der Beendigung des Arbeitsverhältnisses muss ein Kausalzusammenhang bestehen. Dagegen kommt es nicht mehr darauf an, ob das Arbeitsverhältnis vorzeitig beendet wird. Der Begriff der Entlassungsentschädigung enthält mithin die Abfindung des sozialen Besitzstandes, aber auch den Verlust zukünftig zu erwartenden Arbeitsentgeltes.

b) Wegen der Beendigung des Arbeits-/Beschäftigungsverhältnisses wird eine Abfindung dann gezahlt, wenn der Arbeitnehmer ohne Beendigung des Arbeits-/Beschäftigungsverhältnisses diese Leistungen nicht erhalten hätte. Zwischen der Beendigung des Arbeitsverhältnisses und der Abfindung muss ein ursächlicher Zusammenhang bestehen (BSG 21. 9. 1995 NZA-RR 1996, 308). Hieraus ergibt sich zugleich, dass es von der Bezeichnung der Leistung als Abfindung, Entschädigung usw. nicht abhängt, ob eine Anrechnung erfolgt oder nicht. Damit werden vom Begriff der Entlassungsentschädigung auch umfasst *(1)* Betriebsrenten, die nur gezahlt werden, weil das Arbeitsverhältnis beendet wurde, *(2)* Teilbeträge, die in Monatsraten gezahlt werden, *(3)* Beiträge, die teilweise zu einem anderen Zeitpunkt fällig werden als das Arbeitslosengeld, zB. längere Zeit nach dem Ausscheiden des Arbeitnehmers, *(4)* die in einem Sozialplan vereinbart sind, *(5)* Beträge, deren Höhe zum Zeitpunkt des Ausscheidens des Mitarbeiters noch unbestimmt sind, weil sie zB. von der Dauer der Arbeitslosigkeit oder von der Höhe des Arbeitslosengeldes, der Arbeitslosenhilfe oder sonstigem Einkommen abhängig sind, *(6)* die nicht vom Arbeitgeber selbst, sondern von einem Dritten, zB. einer betrieblichen Sozialeinrichtung erbracht werden. Bei allen aufgelisteten Leistungen ist umstr., ob sie unter den Begriff der Entschädigung fallen.

c) Nicht berücksichtigt werden Leistungen, die nicht wegen, sondern anlässlich der Beendigung des Beschäftigungsverhältnisses gezahlt werden. Dies ist zB. bei Leistungen der Fall, die der Arbeitgeber nicht vom Ausscheiden des Arbeitnehmers aus dem Arbeitsverhältnis abhängig macht, sondern die unabhängig von dem Ausscheiden des Arbeitnehmers zu einem bestimmten Zeitpunkt fällig werden. Dies trifft zu für Treueprämien bei Erreichen eines bestimmten Alters und einer bestimmten Betriebszugehörigkeit. Keine Entlassungsentschädigungen, die zur Anrechnung führen, sind Erfindervergütungen, rückständiger Arbeitslohn, Urlaubsabgeltungsbeträge, anteilige einmalige Leistungen, soweit sie aufgestauter Arbeitslohn sind.

d) Macht die Bundesagentur für Arbeit geltend, ein Teil der zwischen Arbeitgeber und Arbeitnehmer vereinbarten Abfindung für den Verlust des Arbeitsplatzes sei wegen der Gewährung von Arbeitslosengeld auf sie übergegangen, so sind für die gegen den Arbeitnehmer gerichtete Klage auf Zustimmung zur Auszahlung des vom Arbeitgeber hinterlegten Betrages die Gerichte für Arbeitssachen zuständig (BAG 12. 6. 1997 NJW 1997, 2774).

7. Ruhen des Arbeitslosengeldes bei Restansprüchen. a) § 143 SGB III beruht auf dem Grundgedanken, dass Arbeitslosengeld als Lohnersatz nicht benötigt wird, wenn der Arbeitslose noch Vergütungsansprüche hat. Die Vorschrift entspricht dem Zweck des Arbeitslosengeldes. Der Arbeitnehmer soll gesichert werden, wenn er keine Verdienstansprüche hat. Er bedarf daher nicht des Arbeitslosengeldes, wenn er noch Entgeltansprüche hat. Hieraus folgt für die Auslegung im Einzelfall: Nur solches Entgelt führt zum Ruhen des Anspruchs auf Arbeitslosengeld, das für dieselbe Zeit gezahlt wird oder zu zahlen ist, in der Arbeitslosengeld begehrt wird. Hat der Arbeitslose vor Entstehung seines Leistungsanspruches (§ 117 SGB III) einen bestimmten Endtermin für das Arbeitsverhältnis vereinbart und gleichzeitig für eine bestimmte Zeit oder der Höhe nach auf Arbeitsentgelt verzichtet (vgl. BAG AP Nr. 25 zu § 794 BGB = DB 1978, 2083), so ist § 143 SGB III grundsätzlich nicht anwendbar. Ist zB. das Arbeitsverhältnis am 10. 3. zum 30. 6. gekündigt und haben die Parteien am 30. 3. vereinbart, dass der Arbeitnehmer bis zum 30. 6. nur das halbe Gehalt bezieht, so ruht der Anspruch auf Arbeitslosengeld. Haben sie vereinbart, dass er nur bis zum 31. 5. Gehalt bezieht, so ruht der Anspruch bis 31. 5. Jedoch kann eine Sperrfrist in Betracht kommen. Erlässt der Arbeitnehmer vor Entstehung des Anspruches auf Arbeitslosengeld Ansprüche auf Arbeitsentgelt, so ist dieser Erlass wirksam, und § 143 SGB III ist nicht anzuwenden.

b) Soweit der Arbeitslose die vorstehenden Leistungen nicht erhält, wird das Arbeitslosengeld auch für den Zeitraum gezahlt, in dem das Arbeitsverhältnis ruht. Nach § 115 SGB X geht der Anspruch in Höhe der Zahlungen auf die BA über. Erlässt er Ansprüche nach dem Bezug von Arbeitslosengeld, so ist in aller Regel der Anspruch auf Arbeitsentgelt in Höhe des gezahlten Alg. auf die BA übergegangen; der Verzicht ist unwirksam (BAG 23. 9. 1981 – 5 AZR 527/79 – ZIP 1981, 1364; LAG Hamm NZA 1988, 773).

Hat der Arbeitgeber trotz des Rechtsübergangs die Leistungen an den Arbeitslosen oder einen Dritten gezahlt, hat der Bezieher das Arbeitslosengeld zu erstatten.

8. Ruhen des Anspruches auf Arbeitslosengeld bei Abfindung. a) Der Anspruch auf Arbeitslosengeld ruht bis zum Ende der ordentlichen Kündigungsfrist, wenn der Arbeitslose wegen der Beendigung des Arbeitsverhältnisses eine Abfindung, Entschädigung oder ähnliche Leistung erhalten oder zu beanspruchen hat und das Arbeitsverhältnis ohne Einhaltung einer der ordentlichen Kündigungsfrist des Arbeitgebers entsprechenden Frist beendet worden ist (§ 143 a SGB III). Das Ruhen des Anspruches tritt auch dann ein, wenn der Arbeitnehmer langfristig krank war und bei Beendigung des Arbeitsverhältnisses keine Entgeltansprüche mehr bestanden (BSG 20. 1. 2000 AP Nr. 18 zu § 117 AFG = NZS 2000, 568). Entlassungsentschädigungen sind Zahlungen, die der Arbeitgeber des

Beschäftigungsverhältnisses an den Ausscheidenden zahlt. Zwischen der Zahlung und der Beendigung des Arbeitsverhältnisses muss ein Kausalzusammenhang bestehen. Der Begriff der Entlassungsentschädigung enthält mithin die Abfindung des sozialen Besitzstandes, aber auch den Verlust zukünftig zu erwartenden Arbeitsentgeltes. Zu den Leistungen, die zum Ruhen führen, gehören auch Schadensersatzleistungen nach § 628 II BGB (BSG NZA 1990, 829 = NJW 1990, 2772), nicht dagegen Karenzentschädigungen nach §§ 74 ff. HGB oder Schadensersatzansprüche nach § 113 InsO. Bei ihnen handelt es sich um Entgelt für die Einhaltung des Wettbewerbsverbotes bzw. Schadensersatzleistungen für die Zeit nach Ablauf der ordentlichen Kündigungsfrist.

b) Vorzeitige Beendigung des Arbeitsverhältnisses. Abfindungen führen nur zum Ruhen, wenn das Arbeitsverhältnis vorzeitig beendet worden ist, also zu einem Zeitpunkt, zu dem der Arbeitgeber das Arbeitsverhältnis nicht beenden konnte. Die vorzeitige Beendigung führt auch dann zum Ruhen, wenn der Arbeitslose das Arbeitslosengeld erst dann beantragt, in der er ohnehin arbeitslos gewesen wäre (BSG 5. 8. 1999 NZA-RR 2000, 553). Kein Ruhen wird ausgelöst bei wirksamer ordentlicher Kündigung, beim Auslaufen durch Befristung oder bei unwirksamer fristloser Kündigung. In diesen Fällen kann die Abfindung keine Entgeltanteile mehr enthalten. Nicht zum Ruhen führen Leistungen, auf die auch bei ordentlicher Kündigung ein Rechtsanspruch bestand, also Überbrückungsgelder, bereits zuvor verdiente Vergütungsbestandteile wie Abfindungen aus Betriebsrenten oder Gewinnanteile, Prämien, vermögenswirksame Leistungen, Mehrarbeitsvergütungen usw. Zweckmäßig wird daher bei Vergleichsformulierungen im Arbeitsrecht zwischen bereits erdienten und den noch nicht erdienten Ansprüchen unterschieden. Dies gilt insbesondere, wenn ein Arbeitsverhältnis rückwirkend zu einem Monatsletzten gelöst wird und die über den Monatsletzten bereits verdienten Vergütungsbestandteile in der Abfindung aufgehen sollen (BAG AP Nr. 5 zu § 96 AVAVG).

c) Ruhenszeitraum. Der Anspruch auf Arbeitslosengeld ruht für die Zeit zwischen der Beendigung des Arbeitsverhältnisses auf Grund nicht fristgerechter Kündigung oder Aufhebungsvertrag und dem Zeitpunkt, zu dem das Arbeitsverhältnis geendet hätte, wenn eine ordentliche Kündigung ausgesprochen worden wäre (§ 143 a I SGB III). Es tritt demnach auch dann kein Ruhen ein, wenn der Arbeitnehmer eine ordentliche Kündigung des Arbeitgebers wegen Fehlens eines sie sozial rechtfertigenden Grundes mit der Kündigungsschutzklage (§ 4 KSchG) hätte angreifen können oder wenn auf eine zunächst nicht fristgerecht ausgesprochene Kündigung ein Beendigungszeitpunkt gewählt wird, der auch bei ordentlicher Kündigung eingetreten wäre. Zu den ordentlichen Kündigungsfristen gehören auch besondere Kündigungsfristen auf Grund Gesetz (zB. § 113 InsO, Tarifvertrag, Betriebsvereinbarung und Einzelarbeitsvertrag). Ist die Kündigungsfrist zwischen den Parteien streitig, ist grundsätzlich von der rechtlich richtigen auszugehen.

d) Berechnung der Kündigungsfristen. Für die Berechnung der Kündigungsfristen ergeben sich Besonderheiten aus § 143 a I 3–5 SGB III. Nach § 143 a I 2 SGB III beginnt die wirkliche oder fiktive Kündigungsfrist mit der Kündigung, die der Beendigung des Arbeitsverhältnisses vorausgegangen ist, bei Fehlen einer solchen Kündigung mit dem Tage der Vereinbarung über die Beendigung des Arbeitsverhältnisses. Ist im Kündigungsschutzprozess streitig, ob überhaupt eine Kündigung ausgesprochen wurde, trägt hierfür der Arbeitnehmer die Darlegungs- und Beweislast. Ist die ordentliche Kündigung des Arbeitsverhältnisses durch den Arbeitgeber ausgeschlossen, so gilt bei zeitlich unbegrenztem Ausschluss (also zB. der Unkündbarkeit des Arbeitnehmers) eine Kündigungsfrist von 18 Monaten, im Übrigen (also bei zeitweiligem Ausschluss wie bei Betriebsratsmitgliedern) die Kündigungsfrist, die ohne den Ausschluss der ordentlichen Kündigung maßgebend gewesen wäre. Kann dem Arbeitnehmer nur bei Zahlung einer Entlassungsentschädigung ordentlich gekündigt werden, so gilt eine Kündigungsfrist von einem Jahr (§ 143 a I 4 SGB III). Hat der Arbeitslose noch Urlaubsabgeltung zu beanspruchen, so verlängert sich der Ruhezeitraum entsprechend.

e) Berechnung der längsten Ruhensdauer. § 143a II SGB III enthält eine Reihe von Begrenzungen, bis zu welchem Zeitpunkt das Arbeitslosengeld längstens ruht. Nach § 143a II 1 SGB III ruht der Anspruch längstens ein Jahr.

(1) Nach § 143a II 2 Nr. 1 SGB III ruht der Anspruch auf Arbeitslosengeld nicht über den Tag hinaus, bis zu dem der Arbeitslose bei Weiterzahlung des während der letzten Beschäftigungszeit kalendertäglich verdienten Arbeitsentgelts einen Betrag in Höhe von sechzig Prozent der nach Absatz 1 zu berücksichtigenden Entlassungsentschädigung als Arbeitsentgelt verdient hätte. Der anzurechnende Anteil vermindert sich nach längerer Beschäftigung und höherem Lebensalter (§ 143a II 3 SGB III). Nach einer von der BA erarbeiteten Tabelle ergeben sich folgende Prozentsätze:

		Lebensalter am Ende des Arbeitsverhältnisses					
	Zu berücksichtigender Anteil der Abfindung, Entschädigung oder ähnlichen Leistung	unter 40 Jahre	ab 40 Jahre	ab 45 Jahre	ab 50 Jahre	ab 55 Jahre	ab 60 Jahre
		v. H.	v. H.	v. H.	v. H.	v. H.	v. H.
Betriebs- oder Unternehmens-zugehörigkeit	weniger als 5 Jahre	60	55	50	45	40	35
	5 und mehr Jahre	55	50	45	40	35	30
	10 und mehr Jahre	50	45	40	35	30	25
	15 und mehr Jahre	45	40	35	30	25	25
Betriebs- oder Unternehmens-zugehörigkeit	20 und mehr Jahre	40	35	30	25	25	25
	25 und mehr Jahre	35	30	25	25	25	25
	30 und mehr Jahre		25	25	25	25	25
	35 und mehr Jahre			25	25	25	25

(2) Der Anspruch auf Arbeitslosengeld ruht nicht über den Tag hinaus, an dem das Arbeitsverhältnis infolge einer Befristung, die unabhängig von der Vereinbarung über die Beendigung des Arbeitsverhältnisses bestanden hat, geendet hätte. Gedacht ist an solche Fälle, bei denen das Arbeitsverhältnis befristet war und dem Arbeitnehmer die Möglichkeit zur Verlängerung des Arbeitsverhältnisses eingeräumt ist, sowie jene Fälle, die sich aus § 78a BetrVG ergeben, soweit während des Laufens der Befristung das Arbeitsverhältnis noch einmal gekündigt oder im Wege der Vereinbarung beendet worden ist. Wird also zB. ein Mitglied der Jugendvertretung zu Unrecht fristlos gekündigt, so ruht der Anspruch auf Arbeitslosengeld längstens bis zum Auslaufen des Ausbildungsverhältnisses, wenn er von dem Recht zur Übernahme in ein Dauerarbeitsverhältnis keinen Gebrauch macht.

(3) Nach § 143a I 2 Nr. 3 SGB III ruht das Arbeitslosengeld nicht über den Tag hinaus, an dem der Arbeitgeber das Arbeitsverhältnis aus wichtigem Grund ohne Einhaltung einer Kündigungsfrist (vor Vergleichsabschluss) hätte kündigen können (BSG DB 1981, 1983; zum Vorlagebeschluss zu Überprüfung der Verfassungsmäßigkeit: BSG 13. 3. 1990 ZIP 90, 1499).

Denn war die außerordentliche Kündigung berechtigt, kann die Abfindung Arbeitsentgeltansprüche nicht decken. Der Gesetzgeber geht von der Vorstellung aus, dass ein Arbeitgeber im Falle berechtigter außerordentlicher Kündigung regelmäßig keine Abfindung mehr zahlt; nach seiner Vorstellung findet die Vorschrift allenfalls dann Anwendung, wenn unkündbare Arbeitnehmer, zB. auf Grund eines Sozialplanes, eine Abfindung erhalten. Ob ein Grund zur fristlosen Kündigung vorliegt, ist im Sozialgerichtsprozess von Amts wegen zu prüfen. Der arbeitsgerichtliche Prozess muss damit ggf. im Sozialgerichtsprozess nachvollzogen werden.

9. Vergleichsformulierung. Es bedarf einer ausdrücklichen Regelung in einem Vergleich, wenn eine Abfindung im Kündigungsschutzprozess entgegen § 143a SGB III nicht um den darauf entfallenden Anteil der Arbeitslosenunterstützung gekürzt werden soll, sondern die auf die Bundesagentur übergegangenen Ansprüche vom Arbeitgeber getragen werden sollen (BAG 25. 3. 1992 AP Nr. 12 zu § 117 AFG = NJW 1993, 281 = NZA 1992, 1081).

10. Der Kläger ist darlegungs- und beweispflichtig für den Bestand des Arbeitsverhältnisses und Ablauf der Wartezeit (§ 1 Abs. 1 KSchG) sowie die Zahl der Arbeitnehmer (§ 23 Abs. 1 S. 2 KSchG), die auch in der Klage zur Begründung der Anwendbarkeit des KSchG genannt werden sollten. Bei der Feststellung der Zahl der beschäftigten Arbeitnehmer sind teilzeitbeschäftigte Arbeitnehmer mit einer regelmäßigen wöchentlichen Arbeitszeit von nicht mehr als 20 Stunden mit 0,5 und nicht mehr als 30 Stunden mit 0,75 zu berücksichtigen. Durch das Gesetz zu Reformen am Arbeitsmarkt vom 24. 12. 2003 ist eine gespaltene Lösung eingeführt worden. Nach § 23 S. 2 KSchG gelten die Vorschriften des KSchG nicht für Unternehmen und Verwaltungen (das Reformgesetz hat die Rspr. des BVerfG übersehen), in denen in der Regel fünf oder weniger Arbeitnehmer ausschließlich der Auszubildenden beschäftigt werden. Dagegen gelten für Unternehmen und Verwaltungen, in denen in der Regel zehn oder weniger Arbeitnehmer ausschließlich derer in Berufsausbildung beschäftigt werden, die Vorschriften des KSchG nicht, wenn die Arbeitnehmer nach dem 31. 12. 2003 eingestellt worden sind. Hieraus folgt, Arbeitnehmer in Unternehmen mit mehr als fünf und weniger als zehn Beschäftigten, die am 31. 12. 2003 Kündigungsschutz besaßen, behalten unter den gesetzlichen Voraussetzungen ihren Kündigungsschutz. Die Erhöhung des Schwellenwertes gilt nur für Neueinstellungen. Sinkt die Beschäftigtenzahl unter fünf, verlieren alle den Kündigungsschutz. Steigt die Beschäftigtenzahl wieder auf zehn, lebt der Kündigungsschutz nicht wieder auf. Überhaupt kann es zu Ungereimtheiten bei schwankenden Beschäftigtenzahlen kommen.

Zu besonderen Fragestellungen – namentlich auch im Hinblick auf den Rechtsweg – kann es kommen, wenn streitig ist, ob ein Rechtsverhältnis ein Arbeitsverhältnis oder ein Dienstverhältnis ist. Es werden drei Fallgestaltungen unterschieden: (1) Sic-non-Fall. Er ist gegeben, wenn die Klage nur dann Erfolg haben kann, wenn der Kläger Arbeitnehmer ist. Die arbeitsgerichtliche Zuständigkeit ist dann gegeben, wenn der Kläger die Rechtsbehauptung aufstellt, er sei Arbeitnehmer, er sich gegen die ordentliche Kündigung des Rechtsverhältnisses wendet, das er für ein Arbeitsverhältnis und der Beklagte für ein Dienstverhältnis hält. Ist der Kläger nicht Arbeitnehmer, ist die Klage als unbegründet abzuweisen. Eine Verweisung kommt nicht in Betracht. Diese Rspr. ist vom BVerfG gebilligt, weil der Kläger den Beklagten nicht dem gesetzlichen Richter entziehen kann (BVerfG 31. 8. 1999 EzA § 2 Nr. 47; dazu *Kluth* NZA 2000, 463; 1275). Wird ein sic-non-Fall im Wege der Zusammenhangsklage mit weiteren Klagen verbunden, dann können hierdurch die Schlüssigkeitsanforderungen umgangen werden. Die bloße Rechtsbehauptung reicht nicht aus. Wendet sich der Kläger gegen eine außerordentliche Kündigung, liegt ein sic-non-Fall nicht vor. Die Entscheidung hängt von der Arbeitnehmereigenschaft und dem Vorliegen eines wichtigen Grundes ab. Es bedarf der Beweisaufnahme über den Status, die je nach Ausgang zur Abweisung der Klage als unzulässig führen kann. (2) Aut-aut-Fall. Ein solcher ist gegeben, wenn ein Anspruch entweder auf eine arbeitsrechtliche oder eine bürgerlich rechtliche Rechtsgrundlage gestützt werden kann, die sich aber wechselseitig ausschließen. (3) Et-et-Fall. Dieser ist gegeben, wenn ein Anspruch widerspruchslos sowohl auf eine arbeitsrechtliche als auch bürgerlich rechtliche Rechtsgrundlage gestützt werden kann. Das BAG hat in einer Entscheidung vom 10. 12. 1996 NZA 1997, 674 offen gelassen, ob es für den Rechtsweg zu den Gerichten für Arbeitssachen ausreicht, dass der Kläger im Rechtswegbestimmungsverfahren vorträgt, er sei Arbeitnehmer oder ob er bereits die Arbeitnehmereigenschaft beweisen muss.

Dieses System hat bei Organvertretern juristischer Personen zu folgenden Unterscheidungen geführt. (1) Endet die Organstellung, so besteht das Dienstverhältnis bis zu seinem Ablauf oder seiner Kündigung fort. Geht es um Rechtsstreitigkeiten, die die Rechtsstellung als Organ betreffen (Abberufung usw.), so liegt keine arbeitsrechtliche Rechtsstreitigkeit vor (BAG AP Nr. 46 zu § 5 ArbGG = NZA 1999, 839). (2) Das Rechtsverhältnis eines Organvertreters ist nach hM. regelmäßig ein Dienstverhältnis (BGH NJW 1987, 2073), kann aber auch ein Arbeitsverhältnis sein (BAG AP Nr. 10 zu § 35 GmbHG = NZA 1999, 987). Da Mitglieder des Vertretungsorgans nach § 5 I 3 ArbGG nicht als Arbeitnehmer gelten, sind für deren Rechtsstreitigkeiten, auch wenn sie Arbeitnehmer sind, nicht die Arbeitsgerichte, sondern die ordentlichen Gerichte zuständig (BAG AP Nr. 46 zu § 5 ArbGG = NZA 1999, 839). Auch der Geschäftsführer einer VorGmbH gilt nach § 5 Abs. 1 Nr. 3 ArbGG nicht als Arbeitnehmer, sondern er vertritt die Gesellschaft kraft Gesellschaftsvertrages. Dabei ist es gleichgültig, ob er vorträgt, ihm sei im Innenverhältnis die Stellung des Arbeitnehmers eingeräumt worden (BAG NJW 1996, 2678 = NZA 1996, 952). Macht der Organvertreter Rechte nicht aus dem zugrunde liegenden Rechtsverhältnis, sondern einem nach seiner Darlegung weiter bestehenden Arbeitsverhältnis geltend, bedarf es einer unterscheidbaren Doppelstellung (BAG AP Nr. 3 zu § 5 ArbGG 1979; AP Nr. 3 zu § 2 ArbGG 1979 Zuständigkeitsprüfung = NZA 1997, 509). Dies kann der Fall sein, wenn der Organvertreter Rechte aus einem zuvor begründeten Arbeitsvertrag herleitet oder aus der Umwandlung in ein Arbeitsverhältnis nach der Umwandlung nach Abberufung. Diese Konstellation tritt vor allem auf, wenn ein leitender Angestellter zum Geschäftsführer bestellt wird, ohne dass das Arbeitsverhältnis ausdrücklich aufgehoben wird (BAG AP Nr. 49 zu § 5 ArbGG 1979 = NZA 2000, 1013). Beruft sich ein Kläger darauf, sein ruhendes Arbeitsverhältnis sei wieder aufgelebt, handelt es sich um einen sic-non-Fall und die bloße Rechtsbehauptung, er sei Arbeitnehmer reicht zur Zuständigkeitsbegründung aus (BAG AP Nr. 3 zu § 2 ArbGG 1979 Zuständigkeitsprüfung = NZA 1997, 509; AP Nr. 46 zu § 5 ArbGG 1979 = NZA 1999, 839). Dagegen liegt ein et-et-Fall vor, wenn das ehemalige Organmitglied sich gegen eine außerordentliche Kündigung wendet (BAG AP Nr. 4 zu § 2 ArbGG 1979 Zuständigkeitsprüfung = NZA 1997, 674).

Das Arbeitsgericht hat Rechtsstreitigkeiten über Bestehen oder Nichtbestehen eines Arbeitsverhältnisses nach Maßgabe von § 61 a ArbGG zu beschleunigen. § 61 a verdrängt als speziellere Norm § 56 ArbGG. Von § 61 a werden alle Rechtsstreitigkeiten über Bestehen oder Nichtbestehen erfasst, also auch der Streit um Kündigungen, Anfechtungserklärungen, Befristungen. Nicht erfasst werden Klagen auf Einstellung oder Beschäftigung. Werden neben Bestandsstreitigkeiten Ansprüche aus Annahmeverzug oder Weiterbeschäftigung geltend gemacht, so nehmen diese an dem Beschleunigungsverfahren teil. Diese entfällt, wenn die Ansprüche abgetrennt werden. Welche Beschleunigungsmaßnahmen das Arbeitsgericht trifft, steht in seinem Ermessen. Insoweit enthält § 61 a Abs. 2 bis 4 ArbGG nur Regelungsvorschläge. Nach Abs. 4 kann der Vorsitzende dem Kläger eine angemessene Frist zur Stellungnahme auf die Klageerwiderung setzen. Die Frist muss mindestens zwei Wochen betragen. Ob der Vorsitzende eine Auflage macht, steht in seinem Ermessen. Die Frist kann zugleich mit der Fristsetzung für den Beklagten oder nach Eingang des Schriftsatzes des Beklagten erfolgen. In jedem Fall müssen Kläger wie Beklagte über die Rechtsfolgen der Fristversäumung konkret belehrt werden. Im Allgemeinen steht die besondere Prozessförderungspflicht einer Aussetzung des Verfahrens entgegen (LAG Hessen NZA 1994, 576). Versäumen die Parteien die ihnen gesetzten Fristen und war der Aufklärungsbeschluss hinreichend konkret gefasst und sind die Parteien über die Folgen der Fristversäumnis belehrt worden, so ist das Vorbringen der Parteien kraft Gesetzes ausgeschlossen (Abs. 5).

11. Zumeist ist es unzweckmäßig, selbst die Kündigungsgründe, für die der Arbeitgeber darlegungs- und beweispflichtig ist, in den Prozess einzuführen. Zweckmäßiger ist, die Klageentgegnung (§ 61 a ArbGG) abzuwarten und dann umgehend zu erwidern. Ist in einem Kündigungsrechtsstreit entschieden, dass das Arbeitsverhältnis durch eine bestimmte Kündigung nicht aufgelöst worden ist, so kann der Arbeitgeber eine erneute Kündigung nicht auf Kündigungsgründe stützen, die er schon zur Begründung der ersten Kündigung vorgebracht hat und die in dem ersten Kündigungsschutzprozess materiell geprüft worden sind mit dem Ergebnis, dass sie die Kündigungen nicht rechtfertigen können (BAG AP Nr. 113 zu § 626 BGB = NZA 1994, 70).

12. Alternative bei Auflösungsantrag: Nach Zugang der Kündigung hat die Beklagte den Kläger grob beleidigt. Sie hat über den Kläger behauptet, ……

Beweis: ……

Mit Rücksicht hierauf ist dem Kläger die Fortsetzung des Arbeitsverhältnisses nicht mehr zumutbar. Es ist daher das Arbeitsverhältnis gegen Zahlung einer Abfindung aufzulösen. Die Abfindung sollte …… EUR nicht unterschreiten, denn ……

Der Auflösungsantrag ist begründet, wenn dem Arbeitnehmer die Fortsetzung des Arbeitsverhältnisses nicht mehr zumutbar ist. Seine bisherige Auffassung, dass die Zumutbarkeit nach den gleichen Grundsätzen zu beurteilen sei, wie bei einer außerordentlichen Kündigung (BAG AP Nr. 20 zu § 7 KSchG = NJW 1965, 767) hat das BAG aufgegeben (BAG AP Nr. 8 zu § 9 KSchG 1969 = DB 1982, 757). Das Verhalten dritter Personen ist als Grund für den Auflösungsantrag des Arbeitgebers nur geeignet, wenn der Arbeitnehmer dieses Verhalten entscheidend veranlasst hat (BAG AP Nr. 18 zu § 9 KSchG 1969). Das Verhalten des Arbeitgebers im Zusammenhang mit der ausgesprochenen sozialwidrigen Kündigung kann je nach den Umständen geeignet sein, die Unzumutbarkeit der Fortsetzung des Arbeitsverhältnisses zu begründen. Dies kann zB. der Fall sein, wenn durch unzutreffende ehrverletzende Behauptungen des Arbeitgebers über die Person oder das Verhalten des Arbeitnehmers das Vertrauensverhältnis unheilbar zerrüttet ist und das Kündigungsschutzverfahren über eine offenbar sozialwidrige Kündigung mit einer derartigen Schärfe geführt wird, dass der Arbeitnehmer mit weiteren Schikanen rechnen muss (BAG AP Nr. 48 zu § 9 KSchG 1869). Ein betriebsverfassungs- oder personalvertretungsrechtliches Verwertungsverbot für nicht mitgeteilte Kündigungsgründe erstreckt sich nicht auf die Verwendung dieser Gründe im Rahmen eines Auflösungsantrags (BAG AP Nr. 45 zu § 9 KSchG 1969). Auflösungsgründe des Arbeitgebers können auf Grund der zeitlichen Entwicklung gegenstandslos werden (BAG AP Nr. 42 zu § 9 KSchG 1969 = NZA 2003, 261).

13. Nach der allgemeinen Faustregel wird für jedes Beschäftigungsjahr $^1/_2$ Bruttomonatsgehalt zuerkannt und alsdann dieser Grundbetrag je nach den individuellen Verhältnissen erhöht oder vermindert. Die Faustregel ist jedoch in den Gerichtssprengeln verschieden. Bei der Bemessung der Abfindung sind zu berücksichtigen: Lebensalter, Dauer der Betriebszugehörigkeit, Familienstand, wirtschaftliche Lage des Arbeitgebers (nicht dagegen die des Arbeitnehmers), Verlust etwaiger betrieblicher Anwartschaftsrechte, Chancen auf dem Arbeitsmarkt, Maß der Sozialwidrigkeit (vgl. § 10 KSchG, dazu *Schaub* ArbR-Hdb. § 141 Rdn. 27 ff.). In welchem Umfang Abfindungen einer tariflichen Ausschlussfrist unterliegen, ist durch Auslegung der Verfallklausel zu ermitteln (vgl. BAG AP Nr. 7 zu § 9 KSchG 1969).

14. Auch dann, wenn der Arbeitgeber nach Erhebung der Kündigungsschutzklage die Kündigung zurücknimmt, bleibt das Rechtsschutzinteresse für die Klage bestehen. Die Kündigungsrücknahme nimmt dem Arbeitnehmer auch nicht das Recht, erst danach gem. § 9 KSchG die Auflösung des Arbeitsverhältnisses zu verlangen (BAG AP Nr. 6 zu § 9 KSchG 1969 = NJW 1982, 1118; AP Nr. 9 zu § 9 KSchG 1969).

15. Der Arbeitgeber ist für die ordnungsgemäße Anhörung des Betriebsrates darlegungs- und beweispflichtig (BAG AP Nr. 2, 5 zu § 102 BetrVG 1972). Diese Verpflichtung besteht bereits dann, wenn der Arbeitnehmer nur vorträgt, dass überhaupt ein Betriebsrat errichtet ist (BAG NZA 2005, 1233). Zweckmäßig dürfte es sein, auf Mängel des Anhörungsverfahrens bei Klageerhebung hinzuweisen.

Kosten und Gebühren

Vermögensrechtliche Streitigkeit: § 42 Abs. 3 GKG (vgl. BAG AP Nr. 1 zu § 64 ArbGG 1979 = NJW 1980, 2151); seit jeher ist die Bemessung des Streitwerts umstr. Nach der einen Meinung besteht bei der Kündigungsschutzklage ein Ermessensspielraum, ob der Streitwert auf 1,– EUR oder den Dreimonatsverdienst festgelegt wird (vgl. BAG AP Nr. 22 zu § 12 ArbGG 1953; AP Nr. 9 zu § 12 ArbGG 1979 = NZA 1985, 369; LAG Bad.-Württemberg AP Nr. 2 zu § 12 ArbGG 1979); nach anderer Meinung ist der Vierteljahresverdienst der Regelstreitwert (zumeist die LAG, die der Rspr. des BAG nicht gefolgt sind. LAG Frankfurt NZA 1986, 171; LAG München NZA 1986, 171; LAG Hamm BB 85, 1472; LAG Düsseldorf LAGE Nr. 41 zu § 12 ArbGG 1979 Streitwert; LAG Köln LAGE Nr. 42 zu § 12 ArbGG 1979 Streitwert; LAGE Frankfurt Nr. 45 zu § 12 ArbGG Streitwert; LAGE Niedersachsen Nr. 46 aaO.; LAGE Bremen Nr. 49 aaO.; LAGE München Nr. 50, 51 aaO.). Diese beruft sich darauf, dass dieser nach dem RegEntw. der Regelstreitwert war (BT-Drucks. I/3516 S. 26). Da der Rechtsstreit aber auch nur um eine zweiwöchige Kündigungsfrist geführt werden könnte, erhielt das Gesetz die vorliegende Fassung, obwohl man von einem Regelstreitwert eines Vierteljahres ausging (Prot. des Ausschusses für Rechtswesen und Verfassungsrecht v. 15. 1. 1953 Nr. 229 S. 4). Die Streitwertbemessung ist bei den einzelnen LAG unterschiedlich (Übersicht bei *Schaub* ArbV-Hdb § 48). Hat ein Arbeitnehmer die Klage auf Feststellung des Fortbestehens eines Arbeitsverhältnisses (§ 256 ZPO) mit einer Kündigungsschutzklage nach § 1 KSchG verbunden, so gilt nach der Rspr. des BAG gleichfalls die Höchstgrenze des § 42 Abs. 4 S. 1 GKG (vgl. BAG AP Nr. 8 zu § 12 ArbGG 1979 = NZA 1985, 296 = EzA Nr. 34 zu § 12 ArbGG 1979 Streitwert. Berechnung des Beschwerdewertes: §§ 64 Abs. 7 ArbGG, §§ 511, 2ff. ZPO; Berechnung des Gebührenstreitwertes: § 42 Abs. 4 GKG. Wird ein Abfindungsantrag gestellt (Alternative Anm. 4), wird dieser nicht hinzugerechnet (§ 42 Abs. 4 GKG). Gerichtsgebühren: § 1 GKG Anl. 1 Teil 8. Rechtsanwaltsgebühren: § 32 RVG; bei Veränderung des Streitwertes während der Instanz: § 33 RVG. Zur Beschwerde § 66 GKG.

2. Kündigungsschutzklage, Klage aus Annahmeverzug und auf Weiterbeschäftigung gegen eingetragene Genossenschaft

An das
Arbeitsgericht

Klage

des/der Herrn/Frau …… **Klägers(in)**
– Prozessbevollmächtigte/r: RA ……(in) –

gegen

die …… eG,
gesetzlich vertreten durch den Vorstand 1. …… 2. ……, **Beklagte**

Namens und mit Vollmacht des/der Klägers(in) erhebe ich Klage und werde beantragen zu erkennen:

I. Es wird festgestellt, dass das Arbeitsverhältnis durch die ordentliche Kündigung vom …… – zugegangen am …… – nicht aufgelöst worden ist.

II. Es wird festgestellt, dass das Arbeitsverhältnis über den …… fortbesteht.

III. Die Beklagte wird verurteilt, ... EUR nebst Zinsen in Höhe von 5 Prozentpunkten über dem Basiszinssatz seit dem ...... an den/die Kläger(in) zu zahlen[1, 2, 3].

IV. Die Beklagte wird verurteilt, den/die Kläger(in) über den ...... zu unveränderten Bedingungen auf demselben Arbeitsplatz weiter zu beschäftigen[4, 5].

V. Die Beklagte trägt die Kosten des Rechtsstreits.

Begründung:

Der/Die am ...... geb., led./verh. Kläger(in), der/die ...... Kinder im Alter von ...... bis ...... hat, wurde am ...... eingestellt.

Beweis: Anliegender Arbeitsvertrag.

Die Beklagte betreibt ein ......, sie beschäftigt ...... Arbeitnehmer.

Mit Schreiben vom ...... – zugegangen am ...... – hat die Beklagte dem/der Kläger(in) zum ...... gekündigt.

Beweis: Kündigungsschreiben vom ......

Die Beklagte hatte keinen Grund zur Kündigung. Die angegebenen Kündigungsgründe sind unzutreffend.

Der Betriebsrat ist vor Ausspruch der Kündigung gehört worden. Er hat der Kündigung widersprochen. Der Widerspruch ist fristgemäß unter Angabe der Widerspruchsgründe erfolgt[6]. Die Kündigung ist daher auch nach § 1 Abs. 2 S. 2 KSchG ungerechtfertigt[7].

Unabhängig hiervon hat der/die Kläger(in) nach § 102 Abs. 5 BetrVG Anspruch auf Weiterbeschäftigung über das Ende der ordentlichen Kündigungsfrist.

Der/Die Kläger(in) hat zuletzt ...... EUR verdient. Er/Sie hat seine/ihre Dienste am ...... angeboten[8]. Die Beklagte befindet sich mithin in Verzug. Sie ist zur Gehaltsfortzahlung verpflichtet.

Rechtsanwalt/Rechtsanwältin

Anmerkungen

1. Vor oder nach Einleitung der Kündigungsschutzklage kann es sich vielfach empfehlen, Kontakt mit dem Beklagten aufzunehmen. In jedem Fall ist es sinnvoll, die Arbeitsleistung des Mandanten noch einmal anzubieten, um in jedem Fall den Eintritt der Verzugsvoraussetzungen zu gewährleisten. Das BAG hat allerdings ausgeführt, dass der Arbeitgeber in Annahmeverzug gerät, wenn er dem Arbeitnehmer unberechtigt kündigt, ohne dass es eines Arbeitsangebots des Arbeitnehmers bedarf (BAG AP Nr. 34 zu § 615 BGB = NZA 1985, 119 = DB 1985, 552 = NJW 1985, 935; AP Nr. 35 aaO. = NZA 1985, 778 = NJW 1985, 2662 = DB 1985, 1744; AP Nr. 2 zu § 297 BGB = DB 1987, 377; dagegen aber BGH ZIP 1988, 453; NJW 2000, 1329). Zur Begründung hat es sich darauf berufen, dass es zur Arbeitsleistung einer Mitwirkungshandlung des Arbeitgebers bedürfe, die nach dem Kalender bestimmt sei. Er habe einen funktionsfähigen Arbeitsplatz zur Verfügung zu stellen und die Arbeit zuzuweisen. Der Arbeitnehmer müsse dagegen seine Arbeitskraft anbieten, wenn er im Zeitpunkt der Kündigung nicht leistungsfähig oder leistungsbereit sei. Auch insoweit hat es zunächst Einschränkungen gemacht (BAG AP Nr. 45 zu § 615 BGB = NZA 1991, 228; AP Nr. 50 aaO. = BB 1992, 356 = DB 1992, 586). War der Arbeitnehmer zum Zeitpunkt der – später für unwirksam erklärten – Kündigung und danach infolge Krankheit mehrfach befristet arbeitsunfähig geschrieben, so treten nach der neueren Rechtsprechung des BAG die Verzugsfolgen mit Eintritt der Arbeitsunfähigkeit unabhängig von der besonderen Anzeige ein, wenn der Arbeitnehmer dem Arbeitgeber durch Erhebung einer Kündigungsschutzklage oder sonstigen Widerspruch gegen die Kündigung seine weitere Leistungsbereitschaft deutlich gemacht hat (BAG AP Nr. 50 zu § 615 BGB = NJW 1992, 932 = NZA 1992, 403, 587; AP 60 zu § 615 BGB = NZA 1995, 263). Es hält aber an der Auffassung fest, dass der Arbeitgeber bei einer von ihm ausgesprochenen Kündigung gehalten ist, wegen § 296 BGB von sich aus den Arbeitnehmer zur Wiederaufnahme der Arbeit aufzufordern, wenn er die Folgen des Annahmeverzuges vermeiden will (BAG AP Nr. 53 zu § 615 BGB = NZA 1993, 550). An dieser Rechtslage hat auch das Schuldrechtsmodernisierungsgesetz nichts geändert.

Betrifft: Mitarbeiter ......

Sehr geehrte Damen und Herren,

Ihr Mitarbeiter ...... hat mich mit der Wahrnehmung seiner Interessen Ihrem Hause gegenüber beauftragt. Sie haben meinem Mandanten mit Schreiben vom ...... gekündigt. Namens und im Auftrag meines Mandanten habe ich zur Fristwahrung Kündigungsschutzklage beim Arbeitsgericht ...... erhoben. Gleichwohl bin ich der Auffassung, dass es im Interesse beider Parteien liegt, wenn die Rechtssache außergerichtlich beigelegt wird. Falls Sie Ihrerseits ebenfalls interessiert sind, bitte ich um Ihre Nachricht.

Mein Mandant wird Ihnen auch weiterhin seine Dienste anbieten. Namens und in Vollmacht meines Mandanten biete ich Ihnen seine Dienstleistungen an. Er wird sich fortlaufend zur Arbeitsleistung für Sie bereit halten.

Zur Wahrung etwaiger tariflicher Ausschlussfristen werden die Ansprüche meines Mandanten auf rückständiges und zukünftiges Arbeitsentgelt – gleich welcher Art oder Benennung – ausdrücklich geltend gemacht. Insbesondere werden geltend gemacht Ansprüche auf Grundgehalt, Zulagen, freiwillige Leistungen, Urlaubs- und Weihnachtsgelder, zwischenzeitliche Gehaltserhöhungen, Provisionen und Tantiemen sowie Gratifikationen aller Art.

Bitte bestätigen Sie den Eingang dieses Briefes binnen 10 Tagen, da ich sonst genötigt bin, ihn aus Beweisgründen durch einen Gerichtsvollzieher zustellen zu lassen.

Mit freundlichen Grüßen

Sofern nur ein mündliches Angebot notwendig ist, reicht auch ein Arbeitsangebot durch einen Vertreter. Dagegen ist die pauschale Geltendmachung zur Wahrung der Ausschlussfrist im Allgemeinen unzureichend. Die Aufzählung soll als Merkposten für das Beratungsgespräch dienen.

2. Eine Klage auf zukünftige Leistung (§§ 257ff. ZPO) für die Zeit nach letzter mündlicher Verhandlung ist unzulässig (BAG AP Nr. 30 zu § 615 BGB = NJW 1975, 1336).

3. In manchen Tarifverträgen (zB. Baugewerbe, Groß- und Außenhandel) gelten sog. 2-stufige Ausschlussklauseln, dh., Vergütungsansprüche müssen innerhalb bestimmter Fristen schriftlich geltend gemacht werden und binnen weiterer Fristen eingeklagt werden. Ob derartige Klauseln arbeitsvertraglich in Bezug genommen werden können, ist umstritten. In der Rechtsprechung und im Schrifttum wurde darin ein Verstoß gegen § 309 BGB gesehen. Das BAG hält sie für zulässig (BAG AP Nr. 31 zu § 3 TVG = NZA 2004, 852). Die Kündigungsschutzklage beinhaltet die wirksame Geltendmachung von Ansprüchen aus Annahmeverzug, wenn die Verfallklausel nur die Geltendmachung der Ansprüche fordert. Dabei wird nicht zwischen formlosen und schriftlichen Verlangen unterschieden (BAG NZA 1991 = 226; NZA 2002, 816). Das Gesamtziel der Kündigungsschutzklage ist in der Regel nicht auf den Erhalt des Arbeitsplatzes beschränkt, sondern zugleich auch auf die Sicherung der Ansprüche gerichtet, die durch den Verlust der Arbeitsstelle möglicherweise verloren gehen. Durch die Erhebung der Kündigungsschutzklage ist der Arbeitgeber ausreichend vom Willen des Arbeitnehmers unterrichtet, die durch die Kündigung bedrohten Einzelansprüche aus dem Arbeitsverhältnis aufrecht zu erhalten (BAG NZA 1992, 521; BAG NZA 2004, 399; BAG NZA 2006, 846).

Richtet sich der geltend gemachte Anspruch auf Geld, ist die Kündigungsschutzklage allerdings nicht geeignet, eine Ausschlussfrist zu wahren, mit der die gerichtliche Geltendmachung von Ansprüchen verlangt wird. Die gerichtliche Verfolgung von Vergütungsansprüchen setzt die Einreichung einer Klage voraus, deren Streitgegenstand diese Ansprüche sind. Streitgegenstand einer Kündigungsschutzklage ist demgegenüber die Wirksamkeit einer Kündigung. Sie enthält dann auch keine gerichtliche Geltendmachung von Zahlungsansprüchen, wenn diese vom Bestehen des Arbeitsverhältnisses abhängen (BAG NZA 1991, 726; NZA 2006, 846). Dabei ist zu beachten, dass der vom Arbeitgeber vor Antragstellung im Kündigungsschutzprozess schriftsätzlich angekündigte und dem Arbeitnehmer bzw. seinem Prozessbevollmächtigten zugegangene Klagabweisungsantrag eine schriftliche Ablehnung der mit der Kündigungsschutzklage vom Arbeitnehmer geltend gemachten Vergütungsansprüche darstellt. Eine ausdrückliche schriftliche Ablehnung ist nicht erforderlich, wenn die Verfallklausel nur eine schriftliche Ablehnung verlangt. Der Arbeitnehmer hat also den Klagabweisungsantrag dahingehend zu verstehen, dass der Arbeitgeber diese Ansprüche zurückweist und ihre Erfüllung ablehnt. Damit lehnt er zugleich die mit der Kündigungsschutzklage vom Arbeitnehmer geltend gemachten Entgeltansprüche ab, die vom Fortbestehen des Arbeitsverhältnisses abhängen. Mit Zugang des Schriftsatzes, der die Ablehnung der geltend gemachten Ansprüche enthält, beginnt für den Arbeitnehmer die zweite Stufe der Ausschlussfristen, nämlich für die gerichtliche Geltendmachung, wenn dieser bei einer schriftlichen Ablehnung durch den Arbeitgeber erforderlich ist (BAG NZA 2006, 846). Insofern ist eine Klagerweiterung bzw. eine Vergütungsklage beim Bestehen solcher Ausschlussfristen unabdingbar.

Eine Kündigungsschutzklage hemmt nicht die Verjährung (BAG AP Nr. 1 zu § 209 BGB = NJW 1960, 838, 1333; AP Nr. 2 aaO. = NJW 1961, 1787; AP Nr. 23 zu § 615 BGB = NJW 1963, 1517). Nach § 615 S. 2 BGB ist der anderweitige Verdienst des Arbeitnehmers auf die Vergütung für die gesamte Dauer des Annahmeverzuges und nicht nur auf die Vergütung für den Zeitabschnitt anzurechnen, in dem der Arbeitnehmer seine Dienste anderweitig verwendet (BAG AP Nr. 52 zu § 615 BGB = NZA 1994, 116).

4. Im Allgemeinen wird in der Rechtsprechung der LAGe ein Antrag auf Weiterbeschäftigung zu den bisherigen Arbeitsbedingungen als hinreichend bestimmt angesehen, so dass eine Umschreibung der bisherigen Tätigkeit entbehrlich ist (LAGE Hamm Nr. 4 zu § 888 ZPO; LAGE Schleswig Holstein Nr. 10 aaO.; LAGE Frankfurt Nr. 12 aaO.; LAGE Frankfurt Nr. 30 aaO.; einschränkend LAGE Berlin Nr. 27 aaO.). Bedenken werden nur dann geäußert, wenn der Umfang der bisherigen Beschäftigung umstritten ist (LAGE Rheinland-Pfalz Nr. 6 aaO.; LAGE Hamm Nr. 22 aaO.). Die Vollstreckung eines Beschäftigungstitels erfolgt nach § 888 ZPO. Dies ist inzwischen unstreitig. Eine Vollstreckung scheidet jedoch aus, wenn dem Schuldner eine Beschäftigung nicht mehr möglich ist, weil der Arbeitsplatz weggefallen ist (LAGE Hamm Nr. 5, 22 zu § 888 ZPO; LAGE Rheinland-Pfalz Nr. 6 aaO.; LAGE Berlin Nr. 7 aaO.) oder der Arbeitnehmer inzwischen versetzt worden ist (vgl. LAGE Rheinland-Pfalz Nr. 6 zu § 888 ZPO; LAGE Köln Nr. 15 aaO.). Insoweit kann die Rechtmäßigkeit der Versetzung nicht dem Vollstreckungsverfahren überlassen bleiben. Der Arbeitgeber kann sich aber der Verpflichtung zur Weiterbeschäftigung nicht durch eine Umorganisation des Betriebs entziehen (LAGE München Nr. 34 aaO.). Im Allgemeinen halten die LAGe die Festsetzung eines Zwangsgeldes für jeden Tag der Zuwiderhandlung gegen die Weiterbeschäftigungspflicht für unzulässig; vielmehr fordern sie, dass das Zwangsgeld in einer Summe festgesetzt wird (LAGE Berlin Nr. 3 zu § 888 ZPO; LAGE Hamm Nr. 4 aaO.; LAGE Frankfurt Nr. 8 aaO.; dagegen LAGE Hamburg Nr. 17 aaO.). Die Zwangsvollstreckung eines Urteils, das auf dem BAG GS beruht, endet, wenn das Urteil im Kündigungsschutzprozess rechtskräftig geworden ist (LAGE Köln Nr. 13 aaO.).

5. Gesetzlich ist der Weiterbeschäftigungsanspruch nur in § 102 Abs. 5 BetrVG geregelt. Ein derartiger Weiterbeschäftigungsanspruch kann auch im Wege der einstweiligen Verfügung (§§ 935, 940 ZPO) verfolgt werden. Der Arbeitgeber kann auf seinen Antrag nach § 102 Abs. 5 S. 2 BetrVG durch einstweilige Verfügung im Urteilsverfahren von der Weiterbeschäftigung entbunden werden. Es wird beantragt, den Beklagten von der Weiterbeschäftigung zu entbinden. Die Entbindung des Arbeitgebers von der Weiterbeschäf-

tigungspflicht durch das Rechtsmittelgericht lässt für die Zeit bis zur Entbindungsentscheidung angefallene Vergütungsansprüche unberührt (BAG AP Nr. 9 zu § 102 BetrVG 1972 Weiterbeschäftigung = NZA 1996, 930).

Unabhängig von § 102 BetrVG hat der Arbeitnehmer nach der Rechtsprechung des BAG GS (NJW 1985, 2968) einen Weiterbeschäftigungsanspruch.. Außerhalb der Regelung der § 102 Abs. 5 BetrVG, § 79 Abs. 2 BPersVG hat der gekündigte Arbeitnehmer einen arbeitsvertraglichen Anspruch auf vertragsgemäße Beschäftigung über den Ablauf der Kündigungsfrist oder bei einer fristlosen Kündigung über deren Zugang hinaus bis zum rechtskräftigen Abschluss des Kündigungsprozesses, wenn die Kündigung unwirksam ist und überwiegende schutzwerte Interessen des Arbeitgebers einer solchen Beschäftigung nicht entgegenstehen. Außer im Falle einer offensichtlich unwirksamen Kündigung begründet die Ungewissheit über den Ausgang des Kündigungsprozesses ein schutzwertes Interesse des Arbeitgebers an der Nichtbeschäftigung des gekündigten Arbeitnehmers für die Dauer des Kündigungsprozesses. Dieses überwiegt idR. das Beschäftigungsinteresse des Arbeitnehmers bis zu dem Zeitpunkt, in dem im Kündigungsprozess ein die Unwirksamkeit der Kündigung feststellendes Urteil ergeht. Solange ein solches Urteil besteht, kann die Ungewissheit des Prozessausgangs für sich allein ein überwiegendes Gegeninteresse des Arbeitgebers nicht mehr begründen. Hinzu kommen müssen dann vielmehr zusätzliche Umstände, aus denen sich im Einzelfall ein überwiegendes Interesse des Arbeitgebers ergibt, den Arbeitnehmer nicht zu beschäftigen. Der arbeitsvertragliche Beschäftigungsanspruch kann im Klagewege geltend gemacht werden. Eine Aussetzung des Verfahrens bis zum rechtskräftigen Abschluss eines anhängigen Rechtsstreits über die Wirksamkeit der Kündigung ist nicht zwingend. Ist die Wirksamkeit einer Kündigung nach den Vorschriften des Kündigungsschutzgesetzes zu beurteilen, so darf einer Beschäftigungsklage nur stattgegeben werden, wenn ein Gericht für Arbeitssachen auf eine entsprechende Kündigungsschutzklage des Arbeitnehmers hin festgestellt hat oder gleichzeitig feststellt, dass das Arbeitsverhältnis durch die Kündigung nicht aufgelöst worden ist. Wegen des allgemeinen Weiterbeschäftigungsanspruches wird regelmäßig eine einstweilige Verfügung nicht in Betracht kommen. Hat ein Gericht für Arbeitssachen festgestellt, dass eine bestimmte Kündigung unwirksam ist und hat es deshalb zur Weiterbeschäftigung verurteilt, so beendet eine danach ausgesprochene weitere Kündigung den Weiterbeschäftigungsanspruch dann, wenn sie zu einer Ungewissheit über den Fortbestand des Arbeitsverhältnisses führt. Dagegen bleibt der Weiterbeschäftigungsanspruch unberührt, wenn die weitere Kündigung offensichtlich unwirksam ist (BAG AP Nr. 17 zu § 611 BGB Beschäftigungspflicht = DB 1986, 176). Die Grundsätze des Beschlusses des Gr. Sen. gelten auch für befristete Arbeitsverhältnisse (BAG AP Nr. 19 aaO. = NJW 1987, 680 = BB 1986, 1437). Der Anspruch auf Weiterbeschäftigung wird nicht von tariflichen Ausschlussfristen erfasst; er kann mithin auch noch während des Kündigungsschutzverfahrens geltend gemacht werden (BAG AP Nr. 23 zu § 611 BGB Beschäftigungspflicht = NZA 1991, 979). Wird der Arbeitgeber zur Weiterbeschäftigung verurteilt und verliert er den Kündigungsschutzprozess, so besteht das alte Arbeitsverhältnis fort. Der Arbeitnehmer hat mithin alle Vergütungsansprüche. Wird dagegen die Kündigungsschutzklage rechtskräftig abgewiesen und ist der Arbeitnehmer weiterbeschäftigt worden, so ist nach der Rspr. des BAG zu unterscheiden: Ist der Arbeitnehmer einvernehmlich weiterbeschäftigt worden, so ist entweder das alte Arbeitsverhältnis resolutiv auf den Eintritt der Rechtskraft bedingt oder ein neues resolutiv bedingtes Arbeitsverhältnis abgeschlossen worden. Dies hat zur Folge, dass der Arbeitnehmer auch dann Vergütungsansprüche erwerben kann, wenn die Arbeitsleistung etwa wegen Arbeitsverhinderung oder Krankheit unterbleibt (BAG AP Nr. 66 zu § 1 LohnFzG = NJW 1986, 2133 = NZA 1986, 561; AP Nr. 22 zu § 611 BGB Beschäftigungspflicht = NZA 1987, 376 = DB 1987, 1154). Wird dagegen die Weiterbeschäftigung im Wege der Vollstreckung erzwungen oder nur zur Abwendung der Vollstreckung hingenommen, hat der Arbeitnehmer nur Ansprüche aus ungerechtfertigter Bereicherung (§§ 812 ff. BGB). Diese sollen im Falle der Arbeitsleistung allerdings den Vergütungsansprüchen entsprechen (BAG AP Nr. 1 zu § 611 BGB Weiterbeschäftigung = DB 1987, 1045; vgl. *Dütz* ArbuR 1987, 317; *v. Hoyningen-Huene* BB 1988, 264; *Barton/Hönsch* NZA 1987, 721; Oliver Klose, Einstweiliger Rechtsschutz: Darlegungslast bei Weiterbeschäftigungsanspruchgemäß § 102 BetrVG, juris PR-AArbR 8/2005 Anm. 3). Wird im Prozess die Weiterbeschäftigung vereinbart, so liegt eine auflösende Befristung oder Bedingung vor, die der Schriftform bedarf (§§ 14 Abs. 4, 21 TzBfG). Wird die Schriftform nicht eingehalten, entsteht ein unbefristetes Arbeitsverhältnis (LAG Niedersachsen NZA-RR 2004, 472; BAG Nr. 6 zu § 14 TzBfG = NJW 2004, 3586 = NZA 2004, 1275).

6. Für den Widerspruch gelten strenge Formvorschriften (*Schaub* ArbR-Hdb. § 123 Rdn. 112).

7. Die Klage ist doppelt begründet nach § 1 Abs. 2 S. 1 KSchG und nach § 1 Abs. 2 S. 2 KSchG.

8. Zur Begründung des Annahmeverzuges gelten §§ 284 ff. BGB (MünchKomm/*Henssler* § 615 Rdn. 9; *Schaub/Linck* ArbR-Hdb. § 48). Es bedarf grundsätzlich des tatsächlichen oder wörtlichen Angebots der Arbeitsleistung, wenn diese zuvor unterbrochen war. Einzelheiten Anm. 1.

Kosten und Gebühren

Vgl. Form. IV. B. 1. Für die kumulative Klagehäufung gilt § 5 ZPO. Nach bisheriger, umstr. Rechtsprechung (BAG AP Nr. 16 zu § 12 ArbGG 1953) erfolgte jedoch bei zeitlicher wirtschaftlicher Identität keine Zusammenrechnung des Zahlungs- und Feststellungsanspruches (vgl. *Schaub* ArbV-Hdb. § 48 Rdn. 67). Vielmehr war der höhere Wert maßgebend (BAG AP Nr. 17 zu § 12 ArbGG 1953). Die Instanzgerichte verfahren vielfach großzügiger. Nach ihrer Auffassung ist bei Verbindung von Kündigungsfeststellungsklage und Gehaltsklage im Wege kumulativer Klagehäufung der Streitwert des Leistungsantrages dem Wert des Feststellungsantrages hinzuzurechnen. Das gelte namentlich für den Zeitraum, für den der Bestand des Arbeitsverhältnisses streitig sei (LAG Mannheim AnwBl. 1982, 75; LAG Berlin DB 1968, 180; 1984, 151; LAG Hamm MDR 1971, 428; LAG Hamburg NJW 1977, 2327; 1984, 150; LAG Düsseldorf AnwBl. 1979, 26; LAG Frankfurt EzA 32 zu § 12 ArbGG 1979; LAG Bad.-Württemberg EzA 16 zu § 12 ArbGG 1979 Streitwert; LAG Hamm EzA 21 aaO.). Stellt der Arbeitnehmer im Kündigungsschutzverfahren für den Fall des Obsiegens den Hilfsantrag, den Arbeitgeber zur Weiterbeschäftigung zu verurteilen, ist dieser unechte Hilfsantrag bei der Wertfestsetzung nicht zu berücksichtigen, wenn die Klage mit dem Hauptantrag abgewiesen wird (LAG Schleswig-Holstein FA 2003, 192). Ob die Geltendmachung des Weiterbeschäftigungsanspruches eine vermögensrechtliche Streitigkeit ist, wird inzwischen allgemein bejaht. Auch für die Streitwertbemessung hat sich in NRW eine h. M. herausgebildet. Alle LAG in NRW setzen einheitlich zwei Monatsgehälter als Gegenstandswert für den Weiterbeschäftigungsanspruch an (LAG Düsseldorf AnwBl. 1979, 26; LAG Düsseldorf/Köln EzA Nr. 1 zu § 12 ArbGG 1979 Streitwert; LAG Hamm AnwBl. 1984, 147, 149, 152; LAGE Hamm Nr. 56 zu § 12 ArbGG 1979 Streitwert: $^2/_3$ des Kündigungsschutzprozesses). Es handele sich um einen Fall der objektiven Klagehäufung, wobei über die Anträge nicht einheitlich entschieden zu werden brauche, so dass die verschiedenen Streitwerte zu addieren seien. Dagegen setzen an: LAG Bremen KostRspr. § 12 ArbGG 1979 Nr. 30; LAG Hamburg AnwBl. 1984, 316; LAG Bad.-Württemberg EzA 17 zu § 12 ArbGG 1979 Streitwert: ein Nettogehalt; LAG Mainz AnwBl. 1983, 36 die Hälfte des Streitwerts der Kündigungsschutzklage; BAG AP Nr. 1 zu § 11 GKG (nichtvermögensrechtliche Streitigkeit; damaliger Regelstreitwert von 2000 DM). Vgl. zu allem Teubel, Streitwert für Weiterbeschäftigungs- und Schleppnetzantrag, juris, PR-ArbR 26/2007 Anm. 6.

3. Kündigungsschutzklage und Antrag auf nachträgliche Zulassung

An das
Arbeitsgericht

Klage

In Sachen

des/der ……

(volles Rubrum)

zeige ich an, dass ich die Beklagte vertrete.
Namens und im Auftrag der Beklagten wird beantragt,

I. Es wird festgestellt, dass das Arbeitsverhältnis durch die ordentliche/außerordentliche Kündigung vom …… – zugegangen am …… – nicht aufgelöst worden ist, sondern über den …… fortbesteht.[1]

II. Vorsorglich: Die Kündigungsschutzklage wird gemäß § 5 KSchG nachträglich zugelassen.

III. Der/Die Beklagte trägt die Kosten des Rechtsstreits.

Begründung:

Der/Die am …… geb., led./verh. Kläger(in), der/die Kinder im Alter von …… bis …… hat, wurde am …… von der/dem Beklagten als …… eingestellt. Der/die Beklagte betreibt ein Unternehmen für ……; er/sie beschäftigt …… Arbeitnehmer.
Vom …… bis …… befand sich der/die Kläger(in) in Urlaub. Als er/sie aus dem Urlaub am …… zurückkehrte, fand er/sie im Briefkasten eine ordentliche/außerordentliche Kündigung zum …… vor[2]. Für die Kündigung bestanden keine Gründe.
Der Betriebsrat ist gehört/nicht gehört worden. Die Kündigung ist daher schon rechtsunwirksam.
Der/Die Kläger(in) brauchte während des Urlaubs nicht mit einer Kündigung zu rechnen. Die Kündigung ist daher erst am …… zugegangen. Bei einem Zugang am …… hat der/die Beklagte die Kündigungsfrist nicht eingehalten.
Vorsorglich wird beantragt, die Kündigungsschutzklage nachträglich zuzulassen[3]. Der Antrag ist zulässig. Der/Die Kläger(in) hat erst am …… von der Kündigung erfahren (§ 5 Abs. 3 KSchG). Der Antrag ist auch begründet, denn der/die Kläger(in) brauchte mit der Kündigung nicht zu rechnen. Im Übrigen ……[4].

Anlage: Eidesstattliche Versicherung[5].

Rechtsanwalt/Rechtsanwältin

Schrifttum: P. Schrader, Die nachträgliche Zulassung der Kündigungsschutzklage, NJW 2009, 1541.

Anmerkungen

1. Wegen des Antrages vgl. Form. IV. B. 1 Anm. 2.

2. Eine Kündigungsschutzklage ist nur dann nachträglich zuzulassen, wenn der Arbeitnehmer trotz aller ihm nach Lage der Umstände zuzumutenden Sorgfalt verhindert war, innerhalb von drei Wochen nach Zugang Klage zu erheben (LAG Kiel 17. 5. 2006 PR ArbR20/2006 Anm. 6).Wird während des Urlaubs ein Kündigungsschreiben an die

Heimatanschrift des Arbeitnehmers gerichtet, so geht dies im Allgemeinen zu (BAG AP Nr. 16 zu § 130 BGB = NZA 1988, 875, 877 = DB 1988, 2415). Dasselbe gilt, wenn sich der Arbeitnehmer in Auslieferungshaft befindet, auch wenn dem Arbeitgeber dies bekannt ist (BAG AP Nr. 17 zu § 130 BGB = NJW 1989, 2213 = NZA 1989, 635; BAG NZA 2004, 1330). Im Allgemeinen wird die Kündigung während des Urlaubs die nachträgliche Zulassung rechtfertigen (*Schaub* ArbR-Hdb. § 136 Rdn. 34ff. unter Hinweis auf die Rspr. des BVerfG; LAG Köln NZA-RR 1996, 455). Ist die Klagefrist bei Rückkehr aus dem Urlaub noch nicht abgelaufen, muss der Arbeitnehmer noch fristgebunden Klage erheben.

3. Der Antrag kann stillschweigend gestellt werden (BAG AP Nr. 1 zu § 41 VerwGO); die verspätete Klageerhebung reicht jedoch nicht als Zulassungsantrag aus (LAG Berlin AP Nr. 11 zu § 4 KSchG 1951). Der Antrag ist mit der Klageerhebung zu verbinden oder in ihm ist auf die Klage Bezug zu nehmen. Er muss die die nachträgliche Zulassung begründenden Tatsachen und die Mittel für deren Glaubhaftmachung enthalten. Die Schuldlosigkeit an der Klagefristversäumung ist nach allen Richtungen schlüssig darzulegen (LAG München 4. 4. 2006 jurisPR-ArbR 25/2006). Das Verschulden des Prozessbevollmächtigten muss sich der Arbeitnehmer zurechnen lassen (BAG NZA 2009, 692).Wird die als Anlage eines Antrages auf Prozesskostenhilfe eingereichte Klageschrift als Entwurf bezeichnet, kann sie auch dann nicht die Klagefrist wahren, wenn sie vom Anwalt unterzeichnet ist. Werden die Unterlagen zu Prozesskostenhilfe über die wirtschaftlichen Verhältnisse erst nach Ablauf der Klagefrist eingereicht, kann auch nicht von einer durch die Bewilligung der Prozesskostenhilfe bedingten rechtzeitigen Klage ausgegangen werden (LAG Köln NZA-RR 1996, 453 = BB 1996, 1176). Innerhalb der Antragsfrist können Gründe der nachträglichen Zulassung nachgeschoben werden; ob dies auch nach Ablauf der Frist gilt, ist umstr., aber zu verneinen, es sei denn, dass die Gründe nur zur Abrundung dienen (LAG Bad.-Württemberg AP Nr. 6 zu § 4 KSchG 1961; BB 1965, 496; 1966, 1188; MDR 1978, 789; LAG Hamm AP Nr. 7 zu § 5 KSchG 1969). Der Antrag wird zweckmäßig vorsorglich gestellt. Umstr. ist, auf welche Umstände sich die Prüfung im Verfahren der nachträglichen Zulassung erstreckt. Durch das am 1. 4. 2008 in Kraft getretene Gesetz zur Änderung der Sozialgerichtsbarkeit und des ArbGG wurde das Verfahren neu strukturiert und beschleunigt. Nach § 5 Abs. 4 entscheidet das ArbG bzw. ggf. das LAG über die Klage und deren nachträgliche Zulassung nun stets gemeinsam durch Urteil. Nur ausnahmsweise kann ein Zwischenurteil ergehen. Durch die Neuregelung ist auch der Rechtsweg zum BAG eröffnet.

4. Gegen die Zurückweisung des Antrages auf nachträgliche Zulassung ist die Berufung gegeben, unabhängig davon, ob durch Endurteil zusammen mit der Kündigungsschutzklage oder durch Zwischenurteil entschieden wird.

5. Eidesstattliche Versicherung. In Kenntnis der Bedeutung einer eidesstattlichen Versicherung und nach Belehrung über die strafrechtlichen Folgen einer unrichtigen eidesstattlichen Versicherung versichere ich, der/die Kläger(in) ......, nachfolgendes an Eides Statt. Ich war vom ...... bis ...... in ...... in Urlaub. Als ich aus dem Urlaub zurückkehrte, fand ich in meinem Briefkasten eine Kündigung vor. Mir ist niemals erklärt worden, dass ich eine Kündigung zu gewärtigen hätte. Außerdem bin ich niemals abgemahnt worden usw.

Ein vom Arbeitnehmer selbst verfasster Antrag auf nachträgliche Zulassung kann regelmäßig dahin ausgelegt werden, dass sich der Arbeitnehmer zur Glaubhaftmachung auf die eigene eidesstattliche Versicherung beziehen will, soweit es um das eigene Verhalten und um eigene Wahrnehmungen geht. Dasselbe gilt für einen Rechtsanwalt, wenn es um dessen eigene Wahrnehmungen geht (LAG Hamm AP Nr. 7 zu § 5 KSchG 1969).

Kosten und Gebühren

Vgl. Form. IV. B. 1. Keine besonderen Gerichtsgebühren für Beschluss über nachträgliche Zulassung 1. Instanz. Gebührenstreitwert 2. Instanz: Grundsätzlich Vergütung eines Vierteljahres (§ 43 Abs. 4 GKG), es sei denn, dass noch sonstige Mängel der Kündigung behauptet, alsdann zwei Monatsgehälter. Gerichtsgebühren: § 1 Nr. 5 Anl. 1 zum GKG Nr. 8210.

4. Klageentgegnung bei Kündigung aus personenbedingten Gründen[1]

In Sachen

...... Ca ...... /......

(volles Rubrum)

zeige ich an, dass ich die Beklagte vertrete.
Namens und im Auftrag der Beklagten wird beantragt, die Klage abzuweisen.

Begründung:

Der/Die Kläger(in) ist am ...... geb.; er/sie ist led./verh. und hat ...... Kinder. Er/Sie wurde am ...... als ...... eingestellt[2]. Die Beklagte beschäftigt ...... Arbeitnehmer. In der Abteilung, in der der/die Kläger(in) arbeitet, werden noch ...... Arbeitnehmer beschäftigt. Im Berufsbild des/der Klägers(in) hat die Beklagte in dieser Abteilung niemand/......[3].
Die Beklagte hat dem/der Kläger(in) am ...... zum ...... gekündigt. Sie hat zuvor mit Schreiben vom ...... den Betriebsrat angehört. Das Schreiben wurde dem Betriebsratsvorsitzenden am ...... überreicht. Die Beklagte hat am ...... zu Händen des Betriebsratsvorsitzenden anliegendes Formblatt zur Anhörung des Betriebsrates gesandt. Der Betriebsratsvorsitzende hat am ...... nachfolgenden Beschluss mitgeteilt/hat sich bis zum ...... nicht geäußert. [4].
Die Kündigung war aus personenbedingten Gründen gerechtfertigt. Die Beklagte ist sich bewusst, dass sie krankheitsbedingte Fehlzeiten ihrer Arbeitnehmer grundsätzlich durch Aushilfskräfte zu überbrücken versuchen muss[5]. Indes sind bei dem/der Kläger(in) die Voraussetzungen der Kündigung wegen Krankheit gegeben.
Der/Die Kläger(in) war im Durchschnitt der letzten drei Jahre[6] an mehr als 14 v.H.[7] aller Arbeitstage arbeitsunfähig krank. So hat der/die Kläger(in) gefehlt vom ...... bis ......

Beweis: 1. Aufstellung der Fehltage gemäß Zeiterfassung.
2. Zeugnis des ......

Personalsachbearbeiter(in): ......

Dies hat aufgrund der Entgeltfortzahlung zu folgender wirtschaftlichen Belastung der Beklagten geführt (ausführen).
Es ist auch damit zu rechnen, dass der/die Kläger(in) in Zukunft in demselben Umfang krank sein wird. Der/Die Kläger(in) ist von dem Personalleiter der Beklagten, Herrn ...... gehört worden[8]. Er hat bei dieser Gelegenheit erklärt, er/sie leide an ...... und es sei nicht damit zu rechnen, dass sich sein/ihr Gesundheitszustand in absehbarer Zeit bessere. Nach der Art der geschilderten Krankheitssymptome ist die Arbeit für den/die Kläger(in) nicht geeignet.

Beweis: Zeugnis des Personalleiters ......

Notfalls: Einholung eines Gutachtens über die Eignung des Klägers.

Gegenüber dem Betriebsratsvorsitzenden hat der/die Kläger(in) sogar geäußert, er/sie wisse nicht, wann er/sie die Arbeit wieder aufnehmen könne. Er/Sie müsse erst noch eine Kur machen.

Beweis: Zeugnis des Betriebsratsvorsitzenden, Herrn ......

Die Beklagte muss den Arbeitsplatz des/der Klägers(in) anderweitig besetzen. Die Interessen der Beklagten an der Beendigung des Arbeitsverhältnisses überwiegen[9] auch unter Beachtung des Grundsatzes der Verhältnismäßigkeit[10]. Die Beklagte beschäftigt in der Fachrichtung des/der Klägers(in) nur ....../einen Mitarbeiter; es kommt daher immer zu betrieblichen Schwierigkeiten, wenn der/die Kläger(in) ausfällt ...... (ist auszuführen) ...... Infolge der häufig nur kurzfristigen Erkrankungen, die nicht durch fremde Aushilfskräfte überbrückt werden können, ist die Beklagte genötigt, bei Arbeitskollegen Über- und Mehrarbeitsstunden anzuordnen ...... Kann die Beklagte den Ausfall nicht durch Mehr- und Überarbeitsstunden ausgleichen, weil sie nur den/die Kläger(in) als Spezialisten beschäftigt ...... Dagegen kann der/die Kläger(in), dessen/deren Entgeltfortzahlungsansprüche bei der Beklagten ohnehin erschöpft sind, auf dem Arbeitsmarkt leicht eine andere Stelle finden. Wegen der Dauer der Beschäftigung besteht ihm/ihr gegenüber keine besondere Fürsorgepflicht ...... Die Beklagte vermag die Kündigung auch nicht durch Versetzung auf einen anderen Arbeitsplatz zu vermeiden[11]. Sie hat sämtliche Versetzungsmöglichkeiten mit dem Betriebsrat geprüft; sie hat aber keinen geeigneten Arbeitsplatz gefunden. Auch der/die Kläger(in) vermag nicht anzugeben, wo und wie er/sie sich seine/ihre Weiterbeschäftigung denkt.[12]

Rechtsanwalt/Rechtsanwältin

Anmerkungen

1. Personenbedingte Kündigungsgründe sind solche, die auf persönlichen Eigenschaften des Arbeitnehmers beruhen (*Schaub* ArbR-Hdb. § 129). Der wichtigste Beispielsfall ist die Erkrankung, also ein regelwidriger Körper- oder Geisteszustand, der in der Behandlung wahrnehmbar zutage tritt (BAG AP Nr. 40 zu § 1 LohnfzG). Dem Krankheitsbegriff unterfallen mithin Suchtkrankheiten, insbesondere die Trunksucht (BAG AP Nr. 18 zu § 1 KSchG 1969 Krankheit) sowie seelische Erkrankungen (BAG AP Nr. 19 zu § 14 SchwBeschG = NJW 1960, 215; LAG Bad.-Württemberg BB 1961, 333; LAG Niedersachsen ArbuR 1963, 30; LAG Düsseldorf DB 1957, 144). Zur Kündigung wegen epileptischer Anfälle: LAG Bad.-Württemberg AP Nr. 80 zu § 1 KSchG; BB 1964, 135. Bei vorgetäuschter Krankheit kann eine verhaltensbedingte Kündigung in Betracht kommen.

Zu unterscheiden sind drei Fallgruppen krankheitsbedingter Kündigung: a) die langanhaltende Erkrankung; b) häufige Kurzerkrankungen; c) krankheitsbedingte Minderung der Leistungsfähigkeit. Beurteilungszeitpunkt für die Sozialrechtfertigung ist der Zugang der Kündigung (BAG AP Nr. 1 zu § 1 KSchG Krankheit = NJW 1968, 1693; AP Nr. 7 zu § 1 KSchG 1969 Krankheit = AP Nr. 16 zu § 1 KSchG 1969 Krankheit = NZA 1985, 357 = NJW 1985, 2783). Maßgeblich ist die objektive Lage; unterlässt es der Arbeitgeber, sich über den Verlauf zu erkundigen, führt dies nicht unmittelbar zur Sozialwidrigkeit (BAG AP Nr. 1 aaO. = NJW 1968, 1693; AP Nr. 4 zu § 1 KSchG 1969 Krankheit = NJW 1977, 2132; AP Nr. 6 aaO.). Ist die ordentliche Kündigung vertraglich ausgeschlossen, kann eine außerordentliche Kündigung in Betracht kommen (BAG AP 12 zu § 626 BGB Krankheit = NZA 2004, 1271).

Eine langanhaltende Krankheit berechtigt zur Kündigung, wenn der Arbeitnehmer längere Zeit krank war und bei prognostischer Betrachtung (BAG AP Nr. 16 zu § 1 KSchG 1969 Krankheit = NZA 1985, 357 = NJW 1985, 2783; AP Nr. 30 = NZA 1993, 497; AP Nr. 65 zu § 1 KSchG 1969 = NJW 2002, 3271 = NZA 2002, 1081; AP Nr. 45

zu § 1 KSchG 1969 Krankheit) die Genesung nicht absehbar ist. Die ordentliche Kündigung des Arbeitsverhältnisses ist aus Anlass einer Langzeiterkrankung erst dann sozial gerechtfertigt (§ 1 Abs. 2 KSchG), wenn ua. eine negative Prognose hinsichtlich der voraussichtlichen Dauer der Arbeitsunfähigkeit vorliegt – erste Stufe –, eine darauf beruhende erhebliche Beeinträchtigung betrieblicher Interessen festzustellen ist – zweite Stufe – und eine Interessenabwägung ergibt, dass die betrieblichen Beeinträchtigungen zu einer billigerweise nicht mehr hinzunehmenden Belastung des Arbeitgebers führen – dritte Stufe – (Bestätigung der ständigen Rechtsprechung des BAG ua. NZA 1993, 497 = AP Nr. 30 zu § 1 KSchG 1969 Krankheit; AP Nr. 36 zu § 1 KSchG 1969 Krankheit = NJW 2000, 893 = NZA 1999, 978; AP Nr. 45 zu § 1 KSchG 1969 Krankheit). Bei einer Kündigung aus Anlass einer Langzeiterkrankung ist bei krankheitsbedingter Leistungsunfähigkeit in der Regel von einer erheblichen Beeinträchtigung betrieblicher Interessen auszugehen (BAG AP Nr. 65 zu § 1 KSchG 1969 = NJW 2002, 3271 = NZA 2002, 1081). Die Dauer der zur Kündigung berechtigenden Erkrankung ist unter Berücksichtigung der Umstände des Einzelfalles zu beurteilen. Entscheidungskriterien: Ursache der Erkrankung (zur Beweislast bei betriebl. Ursachen BAG AP Nr. 22 zu § 1 KSchG 1969 Krankheit = NJW 1990, 2341 = NZA 1990, 307; zur Teilursache: AP Nr. 26 aaO. = NZA 1991, 185), Dauer, Art, Häufigkeit, Alter des Arbeitnehmers, Betriebszugehörigkeit, Länge der Kündigungsfrist (BAG AP Nr. 6 zu § 1 KSchG 1969 Krankheit = NJW 1981, 298; AP Nr. 1 zu § 1 KSchG Krankheit = NJW 1968, 1693; AP Nr. 7 zu § 1 KSchG Krankheit 1969). Der Arbeitgeber muss vor Ausspruch der Kündigung prüfen, ob er eine Ersatzkraft auf unbestimmte Zeit einstellt (BAG AP Nr. 7 zu § 1 KSchG Krankheit 1969). Bei einer ordentlichen Kündigung wegen langanhaltender Krankheit trägt zwar der Arbeitnehmer grundsätzlich das Risiko einer Fehlprognose des behandelnden Arztes; sprechen jedoch schon im Kündigungszeitpunkt entgegen der Ansicht des behandelnden Arztes objektive Umstände dafür, dass die Wiederherstellung der Arbeitsfähigkeit in absehbarer Zeit sicher oder zumindest möglich ist, ist die Kündigung idR. schon mangels negativer Prognose sozial ungerechtfertigt (BAG NZA 2001, 1071). Häufige, nicht unerhebliche Kurzerkrankungen berechtigen zur Kündigung, wenn auch in Zukunft eine Wiederholungsgefahr besteht (BAG AP Nr. 2 zu § 1 KSchG 1969 = NJW 1977, 351; AP Nr. 4 aaO. = NJW 1977, 2132; BAG AP Nr. 10 zu § 1 KSchG 1969 Krankheit = NJW 1984, 1836; AP Nr. 17 zu § 1 KSchG 1969 Krankheit = NJW 1983, 2897; AP Nr. 21 aaO. = NJW 1990, 2340 = NZA 1990, 307; AP Nr. 22 aaO. = NJW 1990, 2341 = NZA 1990, 307; AP Nr. 23 aaO. = NJW 1990, 2338 = NZA 1990, 434; BAG AP Nr. 40 zu § 1 KSchG 1969 Krankheit = NZA 2003, 816; BAG AP Nr. 18 zu § 620 BGB Kündigungserklärung; vgl. auch BAG AP Nr. 16 zu § 1 KSchG 1969 Krankheit = NZA 1985, 357 = NJW 1985, 2783). Die Möglichkeit der Einstellung von Aushilfskräften ist allerdings bei häufigen Kurzerkrankungen eingeschränkt. Der Arbeitgeber ist darlegungspflichtig für Dauer und Häufigkeit, der Arbeitnehmer, dass aus der Zahl nicht auf die Wiederholungsgefahr zu schließen ist (BAG AP Nr. 10 zu § 1 KSchG 1969 Krankheit). Prognostizierte Fehlzeiten sind nur dann geeignet, eine krankheitsbedingte Kündigung sozial zu rechtfertigen, wenn sie auch zu einer erheblichen Beeinträchtigung der betrieblichen Interessen führen, was als Teil des Kündigungsgrundes festzustellen ist. Betriebliche Gründe können Betriebsablaufstörungen und erhebliche Kostenbelastung des Arbeitgebers sein (BAG AP Nr. 27 zu § 1 KSchG 1969 Krankheit = NZA 1994, 67). Weist der Arbeitnehmer seit Beginn des Arbeitsverhältnisses fortlaufend jedes Jahr erhebliche überdurchschnittliche Krankheitszeiten auf und verursacht er sonst hohe Entgeltfortzahlungskosten, so kann er je nach den Umständen des Einzelfalles nach Abwägung der wechselseitigen Interessen gekündigt werden (BAG AP Nr. 18 zu § 620 BGB Kündigungserklärung = NZA 2003, 520).

Zur Kündigung wegen Leistungsminderung: BAG AP Nr. 1 zu § 1 KSchG 1969 Krankheit = NJW 1977, 125; DB 1964, 1523; AP Nr. 18 zu § 1 KSchG = NJW 1957, 79; AP Nr. 25 zu § 1 KSchG 1969 Krankheit = NZA 1990, 727 = BB 1990, 1207; AP Nr. 28 aaO. = NZA 1992, 1073). Die krankheitsbedingte dauernde Unfähigkeit, die vertraglich geschuldete Leistung zu erbringen, kann als personenbedingter Kündigungsgrund den Arbeitgeber nach § 1 KSchG zur ordentlichen Kündigung berechtigen (BAG AP Nr. 25 zu § 1 KSchG 1969 Krankheit = NJW 1990, 2953 = NZA 1990, 727). Bei ihr ist in aller Regel ohne weiteres von einer erheblichen Beeinträchtigung der betrieblichen Interessen auszugehen (im Anschluss an BAG, NZA 1990, 727 = NJW 1990, 2953 AP Nr. 25 zu § 1 KSchG 1969 Krankheit). Die Ungewissheit der Wiederherstellung der Arbeitsfähigkeit steht einer krankheitsbedingten dauernden Leistungsunfähigkeit dann gleich, wenn in den nächsten 24 Monaten mit einer anderen Prognose nicht gerechnet werden kann (BAG AP Nr. 36 zu § 1 KSchG 1969 = NJW 2000, 893 = NZA 1999, 978). Sie ist dagegen regelmäßig nicht geeignet, einen wichtigen Grund für eine außerordentliche Kündigung abzugeben (BAG AP Nr. 7 zu § 626 BGB = NJW 1996, 2466 = NZA 1995, 1100).

Ein personenbedingter Kündigungsgrund ist auch bei fehlender Qualifikation des Arbeitnehmers gegeben. Hat der Arbeitnehmer einen Befähigungsnachweis verloren (Pilotenlizenz), muss dem Arbeitnehmer aber vor der Prüfung die Möglichkeit gegeben werden, die Prüfung nachzuholen (BAG AP Nr. 24 zu § 1 KSchG 1969 Personenbedingte Kündigung = NZA 2001, 607; AP Nr. 23 aaO. = NZA 2001, 1304).

Frühere Fehlzeiten, die bereits zur Begründung einer früheren krankheitsbedingten herangezogen worden sind, und die in einem Vorprozess die notwendige negative Gesundheitsprognose noch nicht belegen konnten, können grundsätzlich zur Begründung einer erneuten negativen Gesundheitsprognose herangezogen werden (BAG AP Nr. 42 zu § 1 KSchG 1969 Krankheit).

2. Da es bei der Beurteilung der Sozialrechtfertigung auf die Abwägung der sozialen Verhältnisse des Klägers gegen die betrieblichen Interessen ankommt, sind diese genau zu überprüfen. Wenn betriebliche Verhältnisse (zB. Staubluft) nicht die alleinige Ursache der Erkrankung sind, sind sie zwar bei der Abwägung zu berücksichtigen. Es ist aber unschädlich, wenn das LAG einer möglichen Mitursächlichkeit kein ausschlaggebendes Gewicht beimisst (BAG AP Nr. 26 zu § 1 KSchG 1969 Krankheit = NZA 1991, 185).

3. Die nähere Arbeitsumgebung sollte namentlich bei Kündigung wegen Krankheit geschildert werden.

4. Im Anhörungsverfahren hat der Arbeitgeber dem Betriebsrat bei einer Kündigung wegen häufiger Kurzerkrankungen nicht nur die bisherigen Fehlzeiten und die Art der Erkrankung mitzuteilen, sondern auch die wirtschaftlichen Belastungen und Betriebsbeeinträchtigungen, die infolge der Fehlzeiten entstanden sind und mit denen noch gerechnet werden muss (BAG AP Nr. 30 zu § 102 BetrVG 1972 = DB 1984, 1149).

5. Vgl. im Einzelnen *Schaub* ArbR-Hdb. § 129 Rdn. 17.

6. Bei kürzerer Beschäftigungsdauer ist auf diese abzustellen.

7. Kürzeste vom BAG anerkannte Fehlzeit BAG AP Nr. 4 zu § 1 KSchG 1969 Krankheit = NJW 1977, 2132; AP Nr. 2 aaO. = NJW 1977, 351 17,9 vH.; AP Nr. 14 zu § 102 BetrVG = NJW 1978, 603 23 vH.; AP Nr. 20 zu § 1 KSchG 1969 Krankheit zwischen 24 vH. u. 41 vH.

8. BAG AP Nr. 4 zu § 1 KSchG 1969; AP Nr. 14 zu § 102 BetrVG 1972. Der Arbeitnehmer ist von sich aus nicht verpflichtet, den Arbeitgeber über Art und Verlauf seiner Krankheit zu informieren. Die fehlende Benachrichtigung des Arbeitgebers durch den Arbeitnehmer spricht daher ebenso wenig gegen die Sozialwidrigkeit wie die unterlassene Erkundigung des Arbeitgebers nach den Fortschritten der Genesung (BAG AP Nr. 7 zu § 1 KSchG 1969 Krankheit).

9. Betriebliche Interessen: Mangelnde Planungsmöglichkeiten, Auswirkungen auf den Arbeitsablauf, Zusammenarbeit der Arbeitnehmer, Überlastung der übrigen Arbeitnehmer, wirtschaftliche Beeinträchtigungen durch Entgeltfortzahlungskosten (BAG AP Nr. 29 zu § 1 KSchG personenbedingte Kündigung) unverhältnismäßige Lohn- und Lohnnebenkosten (BAG AP Nr. 10 zu § 1 KSchG 1969 Krankheit = NJW 1984, 1836;

AP Nr. 14 aaO. = NJW 1984, 2655 = NZA 1984, 86; AP Nr. 20 aaO. = NJW 1989, 3299 = NZA 1989, 923; AP Nr. 27 aaO. = NZA 1994, 67), Produktionsausfall, Verlust von Kundenaufträgen, nicht beschaffbares Ersatzpersonal. Der Arbeitgeber hat bei Kündigung wegen häufiger krankheitsbedingter Fehlzeiten ebenso wie bei einer Kündigung wegen langanhaltender Erkrankung im Einzelnen darzulegen, welche unzumutbaren Betriebsbeeinträchtigungen erwachsen. Durch den Hinweis auf eine bestimmte Krankheitsquote genügt der Arbeitgeber nicht der ihm obliegenden Darlegungslast (BAG AP Nr. 10 zu § 1 KSchG 1969 Krankheit = NJW 1984, 1836; AP Nr. 12 zu § 1 KSchG 1969 Krankheit = NJW 1984, 1837).

10. BAG AP Nr. 6 zu § 1 KSchG 1969 Krankheit.

11. Arbeitgeber trifft Last zur Überprüfung der Versetzungsmöglichkeit. Behauptet er, keine Versetzungsmöglichkeit zu haben, muss der Arbeitnehmer nach dem Prinzip der abgestuften Beweislast einen Arbeitsplatz bezeichnen. Alsdann trifft den Arbeitgeber die Beweislast, dass eine Beschäftigung dort nicht möglich ist (BAG AP Nr. 1 zu § 1 KSchG 1969 Krankheit = NJW 1977, 125; AP Nr. 14 zu § 102 BetrVG 1972 = NJW 1977, 2132). Die Möglichkeit einer Weiterbeschäftigung auf einem freien Arbeitsplatz – gegebenenfalls zu geänderten Arbeitsbedingungen – schließt nach dem Grundsatz der Verhältnismäßigkeit eine krankheitsbedingte Kündigung aus (BAG AP Nr. 43 zu § 1 KSchG 1969 Krankheit)

12. Für die Begründung der Voraussetzungen eines Wiedereinstellungsanspruchs nach einer wirksamen krankheitsbedingten Kündigung genügt es nicht, dass der darlegungs- und beweispflichtige Arbeitnehmer Tatsachen vorträgt, die die negative Gesundheitsprognose erschüttern; vielmehr kommt ein Wiedereinstellungsanspruch allenfalls in Betracht, wenn nach dem Vorbringen des Arbeitnehmers von einer positiven Gesundheitsprognose auszugehen ist (BAG AP Nr. 37 zu § 1 KSchG 1969 Krankheit = NJW 2000, 2762 = NZA 1999, 1328; AP Nr. 10 zu § 1 KSchG 1969 Wiedereinstellung = NJW 2001, 3429 = NZA 2001, 1135).

5. Klageentgegnung bei Kündigung aus verhaltensbedingten[1] Gründen

In Sachen

...... Ca ....../......

(volles Rubrum)

zeige ich an, dass ich die Beklagte vertrete. Namens und im Auftrag der Beklagten wird beantragt, die Klage abzuweisen.

Begründung:

Der/Die Kläger(in) wurde am ...... eingestellt. Er/Sie ist verheiratet und hat ...... minderjährige Kinder. Dem/Der Kläger(in) wurden die Aufgaben eines/r ...... übertragen. Er/Sie verdiente zuletzt ...... EUR. Am ...... hat die Beklagte dem/der Kläger(in) zum ...... gekündigt. Zur Kündigung hat sie den Betriebsrat gehört (§ 102 BetrVG). Dieser hat sich nicht geäußert/der Kündigung zugestimmt/Einwendungen erhoben/widersprochen.

Die Kündigung ist sozial gerechtfertigt; ihr lagen folgende Verfehlungen zu Grunde. 1. ...... 2. ...... 3. ......[2]. Der Kläger ist wiederholt einschlägig mündlich und schriftlich abgemahnt worden[3]. Am ...... hat ihn/sie der Meister ...... abgemahnt.

Beweis: ......

Die Einwendungen des Betriebsrates gegen die Kündigung sind nicht gerechtfertigt.

Rechtsanwalt/Rechtsanwältin

Anmerkungen

1. Verhaltensbedingte Kündigungsgründe sind vor allem Vertragsverletzungen (BAG AP Nr. 49 zu § 1 KSchG 1969 Verhaltensbedingte Kündigung), Umstände aus dem Verhältnis des Gekündigten zu Arbeitskollegen, betrieblichen und überbetrieblichen Einrichtungen, Organisationen und Behörden (*Schaub* ArbR-Hdb. § 130 mit zahlreichen Beispielen). Ein verhaltensbedingter Kündigungsgrund liegt vor, wenn der Arbeitnehmer mit dem ihm vorgeworfenen Verhalten eine Vertragspflicht – regelmäßig schuldhaft – verletzt, das Arbeitsverhältnis dadurch konkret beeinträchtigt wird, eine zumutbare Möglichkeit einer anderen Beschäftigung nicht besteht und die Lösung des Arbeitsverhältnisses in Abwägung der Interessen beider Vertragsteile nach den Einzelumständen billigenswert und angemessen erscheint (BAG AP Nr. 19 zu § 1 KSchG Verhaltensbedingte Kündigung). Das BAG unterscheidet Fallgruppen nach bestimmten Pflichtbereichen im Arbeitsverhältnis (BAG AP Nr. 2 zu § 1 KSchG 1969 Sicherheitsbedenken = NJW 1990, 597 = NZA 1990, 614), also Pflichtwidrigkeiten im Leistungsbereich (zB. Schlechtleistung), gegen die betriebliche Ordnung (Verstoß gegen Rauchverbot), im personalen Vertrauensbereich (zB. Vollmachtsmissbrauch), bei nebenvertraglichen Pflichten (zB. Verstoß gegen Verschwiegenheitspflicht), Nichtanzeige von Krankheiten (BAG AP Nr. 23 zu § 1 KSchG 1969 Verhaltensbedingte Kündigung = NZA 1990, 433 = BB 1990, 559 = DB 1990, 790; AP Nr. 26 aaO.; AP Nr. 27 = NZA 1993, 17), bei außerdienstlichem Verhalten (BAG AP Nr. 19 zu § 1 KSchG 1969 Verhaltensbedingte Kündigung = NJW 1988, 2261 = BB 1988, 1466 = DB 1988, 1757), Verbreitung ausländerfeindlicher Pamphlete (BAG AP Nr. 26 zu § 626 BGB Verdacht strafbarer Handlung = NJW 1996, 2253 = NZA 1996, 873), durch die das Arbeitsverhältnis konkret beeinträchtigt wird (Sittlichkeitsdelikt eines Lehrers), wiederholtes unentschuldigtes Fehlen, insbesondere, wenn es zu Störungen im Betriebsablauf kommt (BAG AP Nr. 25 zu § 1 KSchG 1969 Verhaltensbedingte Kündigungen = NJW 1991, 1906 = NZA 1991, 557), Grobe Beleidigungen des Arbeitgebers (BAG AP Nr. 49, 53 zu § 1 KSchG 1969 Verhaltensbedingte Kündigung). Verhaltensbedingter Kündigungsgrund kann auch die falsche Beantwortung von Fragen sein, etwa nach einer Verpflichtungserklärung für die Stasi (BAG AP Nr. 33 zu § 1 KSchG 1969 = DB 1996, 2088). Die Erstattung von Strafanzeigen gegen den Arbeitgeber kann auch dann ein Kündigungsgrund sein, wenn der Arbeitnehmer nicht wissentlich oder leichtfertig falsche Angaben macht (BAG AP Nr. 45 zu § 1 KSchG 1969 Verhaltensbedingte Kündigung = NJW 2004, 1547 = NZA 2004, 427; BAG 7. 12. 2006 AP Nr. 55 zu § 1 KSchG 1969 Verhaltensbedingte Kündigung). Aus dem Grundsatz der Betriebsbezogenheit folgt, dass sich das Verhalten auf den und im Betrieb auswirkt (BAG AP Nr. 11 zu § 1 KSchG 1969 Verhaltensbedingte Kündigung = NJW 1985, 507; AP Nr. 13 aaO. = NJW 1985, 1882 = NZA 1985, 285; AP Nr. 22 aaO. = NJW 1990, 597 = NZA 1990, 614). Das Tragen eines islamischen Kopftuchs durch eine Verkäuferin rechtfertigt regelmäßig noch keine ordentliche Kündigung (BAG AP Nr. 44 zu § 1 KSchG 1969 Verhaltensbedingte Kündigung = NJW 2003, 1685 = NZA 2003, 483). Auf Pflichtverletzungen beruhende Minderleistungen des Arbeitnehmers können geeignet sein, eine ordentliche Kündigung zu rechtfertigen. Der Arbeitnehmer muss unter angemessener Ausschöpfung seiner persönlichen Leistungsfähigkeit arbeiten. Kennt der Arbeitgeber lediglich die objektiv messbaren Arbeitsergebnisse, so genügt er im Kündigungsschutzprozess seiner Darlegungslast, wenn er Tatsachen vorträgt, aus denen ersichtlich ist, dass die Leistungen des Arbeitnehmers deutlich hinter denen vergleichbarer Arbeitnehmer zurückbleiben, also die Durchschnittsleistung erheblich unterschreiten. Alsdann ist es Sache des Arbeitnehmers, hierauf zu reagieren, z. B. darzulegen, warum er mit seiner deutlich unterdurchschnittlichen Leistung dennoch seine persönliche Leistungsfähigkeit ausschöpft. Trägt der Arbeitnehmer derartige Umstände nicht vor, gilt das schlüssige Vorbringen des Arbeitgebers als zugestanden (§ 138 Abs. 3 ZPO). Es ist dann davon auszugehen, dass der

Arbeitnehmer seine Leistungsfähigkeit nicht ausschöpft (BAG AP Nr. 48 zu § 1 KSchG 1969 Verhaltensbedingte Kündigung).

2. Es sind die Vertragsverletzungen substantiiert unter Beweisantritt darzulegen (vgl. BAG AP Nr. 8 zu § 626 BGB). Dies gilt auch für solche Umstände, die einen Entschuldigungs- oder Rechtfertigungsgrund für den Arbeitnehmer ausschließen (BAG AP Nr. 3 zu § 1 KSchG 1969). Ein Arbeitnehmer ist regelmäßig nicht verpflichtet, im laufenden Arbeitsverhältnis routinemäßigen Blutuntersuchungen zur Klärung, ob er alkohol- oder drogenabhängig ist, zuzustimmen (BAG AP 41 zu § 1 KSchG 1969 Verhaltensbedingte Kündigung = NJW 2000, 604 = NZA 1999, 1209). Will sich der Arbeitnehmer bei einem auf Grund objektiver Anhaltspunkte bestehenden Verdacht einer Alkoholisierung im Dienst mit Hilfe eines Alkoholtests entlasten, muss er idR. einen entsprechenden Wunsch von sich aus – schon wegen des damit verbundenen Eingriffs in sein Persönlichkeitsrecht – an den Arbeitgeber herantragen (BAG, NZA 1995, 517 = AP Nr. 34 zu § 1 KSchG 1969 Verhaltensbedingte Kündigung = NZA 1995, 517; BAG NJW 2000, 828 = NZA 2000, 141). Pflichtverletzungen durch Minderleistungen sind geeignet, eine verhaltensbedingte Kündigung zu rechtfertigen. Der Arbeitnehmer muss unter angemessener Ausschöpfung seiner persönlichen Leistungsfähigkeit arbeiten (BAG NJW 2004, 2545 = NZA 2004, 784).

3. Vor allem bei Störungen im Leistungsbereich oder der betrieblichen Ordnung, also regelmäßig bei Vertragsverletzungen, darf der Arbeitgeber erst als ultima ratio von der Kündigung Gebrauch machen. Er muss den Arbeitnehmer zuvor abmahnen (vgl. zB. BAG AP Nr. 57 zu § 626 BGB; AP Nr. 1 zu § 124 GewO; AP Nr. 9 zu § 1 KSchG Verhaltensbedingte Kündigung; AP Nr. 116 zu § 626 BGB = NJW 1994, 2246 = NZA 1994, 656; LAG Düsseldorf DB 1979, 556). Eine Ausnahme wird gemacht außerhalb des Geltungsbereiches des KSchG (BAG AP Nr. 26 zu § 611 BGB Abmahnung). Nach § 314 BGB ist die außerordentliche Kündigung von Dauerschuldverhältnissen erst nach Abmahnung zulässig. Dann wird dies erst recht von ordentlichen Kündigungen im Arbeitsverhältnis gelten. Auch eine formell unwirksame Abmahnung wegen fehlender Anhörung des Arbeitnehmers nach § 13 BAT entfaltet die notwendige Warnfunktion (BAG AP Nr. 28 zu § 1 KSchG 1969 Verhaltensbedingte Kündigung = NJW 1993, 154 = NZA 1992, 1028). Dies kann aber auch gelegentlich bei Störungen im Vertrauensbereich notwendig sein, wenn mit der Wiederherstellung des Vertrauens gerechnet werden kann. Die Abmahnung muss dem Arbeitnehmer zugehen, damit er von ihr Kenntnis nehmen kann (BAG AP Nr. 12 zu § 1 KSchG 1969 Verhaltensbedingte Kündigung = NZA 1985, 124 = NJW 1985, 823 = DB 1984, 2703). Abmahnung ist der Ausdruck der Missbilligung wegen der Verletzung arbeitsvertraglicher Pflichten durch den Arbeitnehmer unter Androhung von Rechtsfolgen (BAG AP Nr. 3 zu § 1 KSchG 1969 Verhaltensbedingte Kündigung = DB 1980, 1351; AP Nr. 3 zu § 1 KSchG 1969 Abmahnung = NJW 1989, 2493 = NZA 1989, 633). Abmahnungsberechtigt sind nicht nur die Kündigungsberechtigten, sondern alle Mitarbeiter, die verbindliche Anweisungen bezüglich des Ortes, der Zeit sowie der Art und Weise der arbeitsvertraglich geschuldeten Arbeitsleistung geben können (BAG AP Nr. 3 zu § 1 KSchG Verhaltensbedingte Kündigung; LAG Hamm DB 1983, 1930). In Ausnahmefällen kann die Abmahnung entbehrlich sein, zB. wenn das KSchG keine Anwendung findet (BAG AP Nr. 26 zu § 611 BGB Abmahnung = NZA 2001, 951), der Arbeitnehmer nicht damit rechnen kann, der Arbeitgeber werde das Verhalten hinnehmen (BAG AP Nr. 42 zu § 15 KSchG 1969; AP Nr. 163 zu § 626 BGB = NJW 2001, 1086 = NZA 2000, 1282); bei hartnäckiger Arbeitsverweigerung (BAG AP Nr. 3 zu § 108 BPersVG = NZA 1995, 65). Das Kündigungsrecht erlischt durch Verzicht, wenn der Kündigungsberechtigte wegen des ihm bekannten Kündigungssachverhalts eine Abmahnung ausspricht und sich der Kündigungssachverhalt nachträglich nicht wesentlich geändert hat (BAG AP Nr. 30 zu § 611 BGB Abmahnung = NZA 2003, 1388). Zahlreiche Abmahnungen wegen gleichartiger Pflichtverletzungen, denen keine Konsequenzen folgen, machen es notwendig, dass der Arbeitnehmer noch eine letzte Abmahnung ausspricht (BAG AP Nr. 4 zu § 1 KSchG 1969 Abmahnung; AP Nr. 50 zu § 1 KSchG 1969 Verhaltensbedingte Kündigung). Die Abmahnung kann nur dann die Funktion erfüllen, den Arbeitnehmer zu warnen, dass ihm bei der nächsten gleichartigen Pflichtverletzung die Kündigung droht, wenn der Arbeitnehmer diese Drohung ernst nehmen muss. Dies kann je nach den Umständen nicht mehr der Fall sein, wenn die Kündigung jahrelang nur angedroht wird (BAG AP Nr. 50 zu § 1 KSchG 1969 Verhaltensbedingte Kündigung (BAG AP Nr. 50 zu § 1 KSchG 1969 Verhaltensbedingte Kündigung). Die Abmahnung ist nicht nach § 87 Abs. 1 Nr. 1 BetrVG mitbestimmungspflichtig (BAG AP Nr. 2 zu § 87 BetrVG 1972 Betriebsbuße = NJW 1980, 856). Dies gilt auch dann, wenn sie gegenüber einem freigestellten Betriebsratsmitglied wegen der Versäumung von Arbeitszeit erfolgt, die dieser nicht zur Ausführung des Betriebsratsamts für erforderlich halten kann (BAG AP Nr. 39, 40 zu § 37 BetrVG 1972; AP Nr. 9 zu § 611 BGB Abmahnung). Mitbestimmungspflichtig wird die Abmahnung dann, wenn sie einen über den Warnzweck hinausgehenden Sanktionscharakter hat (BAG AP Nr. 3 zu § 87 BetrVG 1972 Betriebsbuße). Für die Abmahnung gibt es keine Ausschlussfristen, innerhalb derer das Rügerecht ausgeübt werden muss (BAG AP Nr. 96 zu § 611 BGB Fürsorgepflicht = NJW 1986, 1777 = BB 1986, 1437). Andererseits kann eine Abmahnung infolge Zeitablaufs unwirksam werden. Dieser muss nach den Umständen des Einzelfalls bemessen werden (BAG AP Nr. 17 zu § 1 KSchG Verhaltensbedingte Kündigung = BB 1987, 761). Der Arbeitnehmer braucht nicht gegen eine Abmahnung gerichtlich vorzugehen. Unterlässt er es, so sind hieraus für das Kündigungsschutzverfahren keine Folgerungen zu ziehen (BAG AP Nr. 18 zu § 1 KSchG Verhaltensbedingte Kündigung = NZA 1987, 518 = DB 1987, 1494). Der Arbeitnehmer kann die Entfernung der Abmahnung aus seinen Personalakten verlangen, wenn sie zu Unrecht erteilt worden oder für die Beurteilung nicht mehr von Bedeutung ist (BAG AP Nr. 100 zu § 611 BGB Fürsorgepflicht = NJW 1988, 2693 = NZA 1988, 654; AP Nr. 8 zu § 611 BGB Abmahnung). Dies gilt auch dann, wenn die Abwägung zwischen Meinungsfreiheit und Persönlichkeitsrecht falsch vorgenommen worden ist (BVerfG AP Nr. 24 zu § 611 BGB Abmahnung = NZA 1999, 77). Auch nach der Entfernung der Abmahnung aus der Personalakte kann der Arbeitnehmer noch einen Anspruch auf Widerruf der in der Abmahnung abgegebenen Erklärungen gerichtlich geltend machen (BAG AP Nr. 22 zu § 611 BGB Abmahnung = NJW 1999, 3576 = NZA 1999, 1037). Werden in einem Abmahnungsschreiben mehrere Pflichtverletzungen gerügt, von denen nur einige zutreffen, dann muss das ganze Abmahnungsschreiben aus der Personalakte entfernt werden (BAG AP Nr. 5 zu § 611 BGB Abmahnung = NJW 1991, 2510 = NZA 1991, 768). Auch bei verhaltensbedingten Kündigungen kann aus dem ultima-ratio-Prinzip folgen, dass der Arbeitgeber vor der Beendigungskündigung versuchen muss, seine Interessen durch eine Versetzung (BAG AP Nr. 5 zu § 1 KSchG Verhaltensbedingte Kündigung = NJW 1983, 700) oder Änderungskündigung zu wahren. Nach der Rechtsprechung des BAG soll ein Arbeitgeber zur Kündigung berechtigt sein, wenn er eine ausschließlich sonntags beschäftigte Arbeitnehmerin den Ersatzruhetag deshalb nicht gewähren kann, weil die Arbeitnehmerin an allen übrigen Tagen der Woche in einem anderen Arbeitsverhältnis arbeitet. Es soll eine Kündigung aus personenbedingten Gründen gerechtfertigt sein (BAG AP Nr. 51 zu § 1 KSchG Verhaltensbedingte Kündigung). Für eine verhaltensbedingte Kündigung gilt das Prognoseprinzip. Der Zweck ist nicht die Sanktion für eine Vertragspflichtverletzung, sondern die Vermeidung von weiteren Vertragspflichtverletzungen. Die eingetretene Pflichtverletzung muss sich auch noch zukünftig belastend auswirken. Deshalb setzt eine Kündigung wegen einer Vertragspflichtverletzung regelmäßig eine Abmahnung voraus (BAG AP Nr. 54 zu § 1 KSCHG 1969 Verhaltensbedingte Kündigung).

Bei Kündigung von Organvertretern juristischer Personen hält der BGH im Allgemeinen keine vorherige Abmahnung für erforderlich (BGH AP Nr. 16 zu § 611 BGB Organvertreter = NJW 2000, 1638 = NZA 2000, 543; BGH NJW-RR 2002, 173). Vor Ausspruch einer Kündigung gegenüber einem Geschäftsführer ist auch nach § 314 BGB keine Abmahnung erforderlich (BGH GmbHR 2007, 936). Anders ist die Rspr. bei Handelsvertretern (BGH NJW-RR 1999, 599; 2001, 677).

6. Kündigung aus betriebsbedingten[1] Gründen

In Sachen

...... Ca ....../......
(volles Rubrum)

zeige ich an, dass ich die Beklagte vertrete.
Namens und im Auftrag der Beklagten wird beantragt, die Klage abzuweisen.

Begründung:

Der/die am ...... geb., led./verh. Kläger(in), der/die ...... Kinder hat, wurde am ...... als ...... eingestellt. Am ...... hat der Beklagte dem/der Kläger(in) aus betriebsbedingten Gründen gekündigt. Der Betriebsrat ist vor der Kündigung gehört worden; er hat sich nicht geäußert/der Kündigung zugestimmt/Einwendungen erhoben/ihr widersprochen (§ 102 BetrVG)[2].
Der Kläger hat auch eingesehen, dass die Beklagte betriebsbedingte Gründe hat, denn er hat bei Aushändigung seiner Arbeitspapiere eine Ausgleichsquittung unterschrieben, dass ihm „Ansprüche aus dem Arbeitsverhältnis und seiner Beendigung nicht mehr zustehen"[3]. Unabhängig hiervon war die Kündigung infolge Arbeitsmangels gerechtfertigt. Die Beklagte stellt ...... her. Bei normalem Geschäftsgang beträgt das Produktionsvolumen ...... zu einem Auftragswert von ...... So hatte die Beklagte in der Zeit von ...... bis ...... folgende Aufträge ...... Z. Zt. verfügt die Beklagte nur über einen Auftragsbestand von ...... Weitere Aufträge sind nicht in Sicht.
Infolge des Auftragsmangels ist der Arbeitsplatz des Klägers weggefallen[4] ...... Die Beklagte hat weiteren ...... Arbeitnehmern kündigen müssen[5]. Der Auftragsmangel kann nicht durch andere Maßnahmen überwunden werden, weil ...... Ebenso wenig vermag die Beklagte den Kläger in eine andere Abteilung zu versetzen.
Die Beklagte hat sorgfältig geprüft, welchen ihrer Arbeitnehmer die Kündigung am wenigsten hart trifft[6]. Hierbei ist die Auswahl auf den Kläger gefallen, denn ......

Rechtsanwalt/Rechtsanwältin

Anmerkungen

1. Nach § 1 Abs. 2 S. 1 KSchG ist eine Kündigung sozial ungerechtfertigt, wenn sie nicht durch dringende betriebliche Erfordernisse bedingt ist, die einer Weiterbeschäftigung des Arbeitnehmers in diesem Betrieb entgegenstehen. Damit erstreckt sich die Darlegungs- und Beweislast des Arbeitgebers auf: (1) Eine Unternehmerentscheidung, mit der einem veränderten Arbeitsbedarf Rechnung getragen wird. Die Unternehmerentscheidung ist das Konzept zur Anpassung des Personals an den Arbeitsbedarf (BAG AP Nr. 11 zu § 1 KSchG 1969 = DB 1986, 2236 = NZA 1986, 823); der Entschluss, die formale Arbeitgeberstellung aufzugeben, ist keine Unternehmerentscheidung; der Arbeitskräftebedarf bleibt gleich, wenn die Arbeitnehmer durch Leiharbeitnehmer ersetzt werden sollen (BAG AP Nr. 80 zu § 1 KSchG 1969 Betriebsbedingte Kündigung = BB 1996, 2255). Dagegen ist der Entschluss des Arbeitgebers, ab sofort keine neuen Aufträge mehr anzunehmen, allen Arbeitnehmern zum nächstmöglichen Kündigungstermin zu

kündigen, zur Abarbeitung der vorhandenen Aufträge eigene Arbeitnehmer nur noch während der jeweiligen Kündigungsfristen einzusetzen und so den Betrieb schnellstmöglich stillzulegen, als unternehmerische Entscheidung grundsätzlich geeignet, die entsprechenden Kündigungen sozial zu rechtfertigen (BAG AP Nr. 115 zu § 1 KSchG 1969 Betriebsbedingte Kündigung = NJW 2001, 2116 = NZA 2001, 719; 23. 11. 2004 AP Nr. 132 zu § 1 KSchG 1969 Betriebsbedingte Kündigung AP Nr. 168 zu § 1 KSchG 1969 Betriebsbedingte Kündigung)). Zu den dringenden betrieblichen Erfordernissen gehört die Stilllegung des ganzen Betriebs durch den Arbeitgeber. Unter Betriebsstilllegung ist die Auflösung der zwischen Arbeitgeber und Arbeitnehmer bestehenden Betriebs- und Produktionsgemeinschaft zu verstehen, die ihre Veranlassung und zugleich ihren unmittelbaren Ausdruck darin findet, dass der Unternehmer die bisherige wirtschaftliche Tätigkeit in der ernstlichen Absicht einstellt, die Verfolgung der bisherigen Betriebszwecke dauernd oder für eine ihrer Dauer nach unbestimmte, wirtschaftlich nicht unerhebliche Zeitspanne einstellt, Zur Darlegung des dringenden betrieblichen Erfordernisses zur Kündigung reicht der bloße Hinweis auf einen auslaufenden Auftrag und einen fehlenden Anschlussauftrag nicht. In einem Leiharbeitsverhältnis muss der Verleiher an Hand der Auftrags- und Personalplanung darstellen, warum es sich um einen dauerhaften Auftragsrückgang und nicht um eine kurzfristige Auftragsschwankung handelt (BAG AP Nr. 159 zu § 1 KSchG 1969 Betriebsbedingte Kündigung). Eine unternehmerische Organisationsentscheidung, die zum Wegfall von Arbeitsplätzen führt, kann in der Vergabe von bisher im Betrieb durchgeführten Arbeiten an ein anderes Unternehmen sein (BAG AP Nr. 133 zu § 1 KSchG 1969 Betriebsbedingte Kündigung). Ebenfalls kann die Organisationsentscheidung des öffentlichen Arbeitgebers, eine Angestelltenstelle, auf der hoheitliche Aufgabe erledigt werden, in eine Beamtenstelle umzuwandeln und mit einem Beamten zu besetzen, ein dringendes betriebliches Erfordernis zur Kündigung des bisherigen Stelleninhabers darstellen, wenn dieser die Voraussetzungen für eine Übernahme in ein Beamtenverhältnis nicht erfüllt (im Anschluss an BAG BAGE 4, 1 = NJW 1957, 886; AP Nr. 112 zu § 1 KSchG 1969 Betriebsbedingte Kündigung = NZA 2001, 255; zur Streichung einer Haushaltsstelle; BAG AP Nr. 126, 128, 129 zu § 1 KSchG 1969 Betriebsbedingte Kündigung = NZA 2005, 352, Anbringung eines kw Vermerks (BAG AP Nr. 129 zu § 1 KSchG 1969 Betriebsbedingte Kündigung). Die Entscheidung des Unternehmers, einen Betriebsteil durch eine noch zu gründende, finanziell, wirtschaftlich und organisatorisch in sein Unternehmen voll eingegliederte Organgesellschaft mit von dieser neu einzustellenden Arbeitnehmern weiter betreiben zu lassen, stellt kein dringendes betriebliches Erfordernis dar, den in diesem Betriebsteil bisher beschäftigten Arbeitnehmern zu kündigen (BAG AP Nr. 124 KSchG 1969 Betriebsbedingte Kündigung). Eine vom Arbeitgeber mit einer Stilllegungsabsicht begründete Kündigung ist sozial gerechtfertigt, wenn im Zeitpunkt des Zugangs der Kündigung die geplante Maßnahme sich objektiv als Betriebsstilllegung und nicht als Betriebsveräußerung darstellt (BAG AP Nr. 152 zu § 1 Betriebsbedingte Kündigung). Auch die Stilllegung des Betriebes stellt kein dringendes betriebliches Erfordernis dar, wenn der Arbeitnehmer, mit dem Block-Altersteilzeit vereinbart ist, sich bereits in der Freistellungsphase befindet (BAG AP Nr. 125 zu § 1 KSchG 1969 Betriebsbedingte Kündigung), anders in der Arbeitsphase (BAG AP Nr. 13 zu § 3 ATG). Je näher die eigentliche Organisationsentscheidung an den Kündigungsentschluss rückt, umso mehr muss der Arbeitgeber durch Tatsachenvortrag verdeutlichen, dass ein Beschäftigungsbedürfnis für den Arbeitnehmer entfallen ist. Eine solche Unternehmerentscheidung ist hinsichtlich des Begriffs „Dauer" zu verdeutlichen, um dem Gericht im Hinblick auf die gesetzlich dem Arbeitgeber auferlegte Darlegungslast (§ 1 Abs. 2 S. 4 KSchG) eine Überprüfung zu ermöglichen. Insofern gelten die Grundsätze der abgestuften Darlegungslast: Zunächst hat der Arbeitgeber darzulegen, dass und wie die von ihm getroffene Maßnahme durchgeführt werden soll. Dann ist es Sache des Arbeitnehmers vorzutragen, warum die getroffene Maßnahme offensichtlich unsachlich, unvernünftig oder willkürlich sein soll. Alsdann hat sich der Arbeitgeber hierauf weiter einzulassen (BAG AP Nr. 102 zu § 1 KSchG 1969 Betriebsbedingte Kündigung = NJW 2000, 378 = NZA 1999, 1095; AP Nr. 103 aaO. = NZA 1999, 1157; AP Nr. 138 zu § 1 KSchG 1969 Betriebsbedingte Kündigung). (2) Betriebliche Erfordernisse; dies können alle wirtschaftlichen, technischen oder organisatorischen Ursachen sein. Unerheblich ist, worauf sie beruhen, zB. gesamtwirtschaftlichen Rezessionserscheinungen, branchenspezifischen Strukturveränderungen, Entscheidungen des Arbeitgebers, selbst wenn sie „verschuldet" sind, Entschluss des Arbeitgebers keine neuen Aufträge mehr anzunehmen (BAG AP Nr. 136 zu § 1 KSchG 1969 Betriebsbedingte Kündigung), Sicherung einer ausgewogenen Altersstruktur von Erzieherinnen (BAG AP Nr. 114 zu § 1 KSchG 1969 Betriebsbedingte Kündigung). Der Arbeitgeber kann grundsätzlich entscheiden, ob er veränderten Marktdaten durch Vorratswirtschaft, geringere Produktion, gesteigerte Werbung, Haltung einer Personalreserve, Personalabbau Rechnung tragen will. Im Falle der Betriebsstilllegung muss aber ein ernsthafter und endgültiger Beschluss gefasst sein (BAG AP Nr. 41 zu § 1 KSchG 1969 Betriebsbedingte Kündigung = NZA 1987, 700; AP Nr. 53 aaO. = NZA 1991, 891; AP Nr. 72 aaO. = NZA 1996, 307; 10. 10. 1996 – ZIP 1996, 122). Die wirtschaftliche Zweckmäßigkeit seiner Entscheidung kann von Ausnahmen abgesehen im Kündigungsschutzprozess nicht geprüft werden (BAG AP Nr. 6, 22 zu § 1 KSchG Betriebsbedingte Kündigung; AP Nr. 1 zu § 1 KSchG 1969 Betriebsbedingte Kündigung; AP Nr. 6 aaO. = NJW 1979, 902; AP Nr. 8 aaO. = NJW 1981, 301; AP Nr. 42 aaO. = NJW 1987, 3216 = NZA 1987, 776; AP Nr. 27 zu § 2 KSchG 1969 = NZA 1990, 734 = BB 1990, 1843 = DB 1990, 1773; AP Nr. 42 zu § 1 KSchG 1969 Betriebsbedingte Kündigung = NJW 1987, 3216 = NZA 1987, 776; BAG 12. 4. 2002 NZA 2002, 1175); (3) die Dringlichkeit des Erfordernisses. Hierin kommt der Grundsatz der Verhältnismäßigkeit zum Ausdruck. Die betriebsbedingte Kündigung ist nur als ultima ratio möglich; der Unternehmer hat mithin vor Ausspruch einer Kündigung zu prüfen, ob sie durch zumutbare technische, organisatorische oder wirtschaftliche Maßnahmen vermieden werden kann. Es muss geprüft werden, ob sie sich durch Abbau von Überstunden, Vorverlegung von Werksferien, Versetzung des Arbeitnehmers (BAG AP Nr. 21 zu § 1 KSchG 1969 Betriebsbedingte Kündigung = NZA 1985, 489) oder eine Änderungskündigung (BAG AP Nr. 8 zu § 2 KSchG 1969 = NJW 1985, 1797) usw. vermeiden lässt; dagegen sind Maßnahmen der Arbeitsstreckung der gerichtlichen Kontrolle entzogen. Eine betriebsbedingte Kündigung kommt in Betracht, wenn bei Ausspruch der Kündigung auf Grund einer vernünftigen betriebswirtschaftlichen Prognose davon auszugehen ist, dass zum Zeitpunkt des Kündigungstermins kein Bedarf mehr besteht. Das ist noch nicht dann der Fall, wenn sich der Arbeitgeber an einer Ausschreibung beteiligt, die bei Ausspruch der Kündigung noch offen ist (BAG AP Nr. 120 zu § 1 KSchG 1969 Betriebsbedingte Kündigung = NJW 2002, 3795 = NZA 2002, 1205). Die Entscheidung des Unternehmers, einen Betriebsteil durch eine voll integrierte Organgesellschaft weiterzuführen, ist kein dringendes betriebliches Erfordernis (BAG AP Nr. 124 zu § 1 KSchG 1969 Betriebsbedingte Kündigung = NZA 2003, 549). (4) voll nachprüfbar ist, ob die für die unternehmerische Entscheidung wesentlichen Umstände auch vorliegen (BAG AP Nr. 1 zu § 1 KSchG 1969 Betriebsbedingte Kündigung; AP Nr. 6 aaO. = NJW 1979, 1902; BAG 12. 4. 2002 NZA 2002, 1175 nav.). Dabei ist zwischen außer- und innerbetrieblichen Ursachen zu unterscheiden (BAG AP Nr. 134 zu § 1 KSchG 1969 Betriebsbedingte Kündigung). Bei außerbetrieblichen Ursachen (zB. Arbeitsmangel, Umsatzrückgang – BAG AP Nr. 45 zu § 1 KSchG 1969 Betriebsbedingte Kündigung = NZA 1990, 65) ist eine betriebsbedingte Kündigung gerechtfertigt, wenn dadurch der Arbeitsanfall so stark zurückgeht, dass der Bedarf zur Weiterbeschäftigung eines oder mehrerer Arbeitnehmer entfällt. Der Arbeitgeber hat mithin die Auswirkungen auf den einzelnen Arbeitsplatz darzustellen (BAG AP Nr. 45 zu § 1 KSchG 1969 Betriebsbedingte Kündigung = NZA 1990, 65 = DB 1989, 2384). Interne Ursachen (zB. Gewinnverfall, Unrentabilität) begründen nicht unmittelbar betriebliche Erfordernisse, weil sie sich nicht unmittelbar auf die Verringerung der Arbeit auswirken. Sie rechtfertigen dann eine Kündigung, wenn der Arbeitgeber die Ertragslage zum Anlass nimmt, zur Kostenersparnis oder zur Verbesserung des Betriebsergebnisses durch technische oder organisatorische innerbetriebliche Maßnahmen die Zahl der Arbeitsplätze zu verringern; nach neuerer Rspr. ist auch insoweit die Auswirkung auf den einzelnen Arbeitsplatz darzulegen (BAG AP Nr. 24 zu § 1 KSchG 1969 Betriebsbedingte Kündigung = DB 1986, 232; vgl. AP Nr. 47 aaO. = NZA 1990, 607 = BB 1990, 1628; BAG AP Nr. 128 zu § 1 KSchG 1969 Betriebsbedingte Kündigung). Eine Kündigung ist nicht betriebsbedingt, wenn der Arbeitnehmer auf einem freien Arbeitsplatz weiterbeschäftigt werden kann. Dabei sind solche Arbeitsplätze in die Beurteilung einzubeziehen, bei denen im Zeitpunkt der Kündigung bereits feststeht, dass sie in absehbarer Zeit nach Ablauf der Kündigungsfrist frei werden, soweit dem Arbeitgeber die Überbrückung dieses Zeitraumes zumutbar ist. Zumutbar ist ein solcher Zeitraum den ein anderer Stellenbewerber zur Einarbeitung benötigt (BAG AP Nr. 67 zu § 1 KSchG 1969 Betriebsbedingte Kündigung = NJW 1995, 1982 = NZA 1995, 521). Im Fall eines bevorstehenden Teilbetriebsübergangs muss der Arbeitgeber einem davon betroffenen Arbeitnehmer die Weiterbeschäftigung auf einem freien Arbeitsplatz anbieten, sobald er damit rechnen muss, dass der Arbeitnehmer dem Übergang seines Arbeitsverhältnisses widerspricht (BAG AP Nr. 241 zu § 613 a BGB = NZA 2003, 430); (5) schließlich muss eine Interessenabwägung stattfinden. Es gilt der Grundsatz der Verhältnismäßigkeit (BAG AP Nr. 8 zu § 2 KSchG 1969 = NZA 1985, 455 = NJW 1985, 1797). Eine betriebsbedingte Kündigung ist nur dann sozial gerechtfertigt, wenn die betrieblichen Gründe bei verständiger Würdigung in Abwägung der Interessen der Vertragsparteien und des Betriebes die Kündigung als billigenswert erscheinen lassen. Insoweit ist zu überprüfen, Möglichkeit der Beschäftigung auf einem anderen Arbeitsplatz, ggf. nach Ausspruch einer Änderungskündigung oder zumutbare Umschulungs- und Fortbildungsmaßnahmen. Der Arbeitgeber muss mithin vor jeder Beendigungskündigung dem Arbeitnehmer eine zumutbare Weiterbeschäftigung auf einem freien Arbeitsplatz anbieten (BAG AP Nr. 8 zu § 2 KSchG 1969 = NZA 1985, 455 = NJW 1985, 1797); er braucht aber keine Beförderungsstelle anzubieten (BAG AP Nr. 50 zu § 1 KSchG 1969 Betriebsbedingte Kündigung = NJW 1991, 587 = NZA 1991, 181); beruft sich der Arbeitnehmer auf eine anderweitige Beschäftigungsmöglichkeit und bestreitet der Arbeitgeber eine solche, so muss der Arbeitnehmer darlegen, wie er sich die Weiterbeschäftigung denkt. Dies hat der Arbeitgeber alsdann zu widerlegen (BAG AP Nr. 8 zu § 1 KSchG 1969 Konzern = NJW 1994, 2246 = NZA 1994, 653); (6) wegen der Beurteilung ist jeweils auf den Zeitpunkt des Zugangs der Kündigung abzustellen. Einzelheiten *Schaub* NZA 1987, 217; *ders.* ArbR-Hdb. § 131. Auch einem tariflich ordentlich unkündbaren Arbeitnehmer kann nach § 626 BGB in Ausnahmefällen betriebsbedingt gekündigt werden (BAG AP Nr. 181 zu § 626 BGB = NZA 2003, 856).

2. Das BAG hat unter Aufgabe früherer Rechtsprechung entschieden, dass zur wirksamen Anhörung auch die sofortige Mitteilung der Gründe der sozialen Auswahl gehört (BAG AP Nr. 31 zu § 102 BetrVG 1972 = NJW 1984, 2374).

3. Der Arbeitnehmer kann nach Ausspruch der Kündigung vor Ablauf der Klagefrist auf die Erhebung der Kündigungsschutzklage verzichten. Eine Ausgleichsquittung beseitigt jedoch nur dann das Recht, eine Kündigungsschutzklage zu erheben, wenn sie eindeutig auf die Klagebefugnis Bezug nimmt (vgl. BAG AP Nr. 5 zu § 4 KSchG 1969 = NJW 1979, 287; AP Nr. 6 aaO. = NJW 1979, 2267). In einer freiwilligen Betriebsvereinbarung können zusätzliche Leistungen zum Sozialplan vom Verzicht auf eine Kündigungsschutzklage abhängig gemacht werden (BAG v. 31. 5. 2005 AP Nr. 175 zu § 112 BetrVG 1972 = NZA 2005, 997). Hingegen dürfen Sozialplanleistungen nicht vom Verzicht auf eine Kündigungsschutzklage abhängig gemacht werden. Ein Arbeitgeber kann die Zahlung freiwilliger Abfindungen unter der Bedingung zusagen, dass der Arbeitnehmer gegen die Kündigung nicht gerichtlich vorgeht. (BAG 15. 2. 2005 AP Nr. 15 zu § 612 a BGB = NZA 2005, 1117).

4. Die Kündigung wird mit externen betrieblichen Ursachen begründet; es müssen also die Auswirkungen auf den einzelnen Arbeitsplatz dargestellt werden (vgl. Anm. 1). Dies kann in der Praxis zu erheblichen Schwierigkeiten führen, denn die externen Ursachen müssen genau zu den konkret ergriffenen Maßnahmen führen. Im Vorfeld einer Kündigung sollte deshalb stets geprüft werden, ob die externe Ursache eine innerbetriebliche Maßnahme initiiert.

5. Bei erheblichem Personalabbau muss möglicherweise ein Sozialplan abgeschlossen werden (BAG AP Nr. 3 zu § 111 BetrVG 1972; AP Nr. 4 = NJW 1980, 83; AP Nr. 5 aaO.; AP Nr. 7 aaO. = NJW 1980, 2094). Vgl. dazu § 112a BetrVG. Es können auch die Vorschriften über die Massenentlassung zu beachten sein (§§ 17ff. KSchG).

6. Bei einer personen- oder verhaltensbedingten Kündigung steht die Berechtigung der Kündigung fest, wenn ihre Tatbestandsmerkmale vorliegen. Bei der betriebsbedingten Kündigung handelt es sich dagegen um einen zweistufigen Tatbestand. In der ersten Stufe ist zunächst festzustellen, ob betriebsbedingte Gründe vorliegen, also ob überhaupt eine Kündigung möglich ist. In der zweiten Stufe wird geprüft, wer von ihr betroffen wird. Nach § 1 Abs. 3 S. 1 KSchG in der Auslegung der Rechtsprechung hat der Arbeitnehmer einen materiellrechtlichen Anspruch auf die Mitteilung der Gründe, die für die soziale Auswahl maßgebend waren. Der Anspruch ist zweckmäßigerweise spätestens bei Klageerhebung geltend zu machen. Der Arbeitgeber hat im Umfang seiner materiellrechtlichen Mitteilungspflicht auch im Prozess die Gründe darzulegen, die ihn zu der sozialen Auswahl veranlasst haben. Im Übrigen trägt der Arbeitnehmer die Darlegungs- und Beweislast (BAG AP Nr. 12 zu § 1 KSchG 1969 Betriebsbedingte Kündigung = NJW 1984, 78 = EzA Nr. 21 zu § 1 KSchG Betriebsbedingte Kündigung; AP Nr. 4 zu § 1 KSchG 1969 Soziale Auswahl = DB 1984, 2303; AP Nr. 17 aaO. = NZA 1989, 264 = BB 1989, 75 = DB 1989, 485; ferner LAG Berlin EzA Nr. 22 zu § 1 KSchG Betriebsbedingte Kündigung).

7. Replik wegen fehlerhafter sozialer Auswahl[1]

In Sachen

...... Ca ....../......

(abgekürztes Rubrum)

wird auf die Klageentgegnung vom ...... erwidert.

Die vom Kläger/von der Klägerin unterzeichnete Ausgleichsquittung hat den Kündigungsschutz nicht beseitigt[2]. Die Klage ist begründet. Die Mitwirkungsrechte des Betriebsrats sind nicht berücksichtigt.[3]
Selbst wenn die Beklagte gezwungen war, Mitarbeiter zu entlassen, so hat sie keine zutreffende soziale Auswahl getroffen. Der/die Kläger(in) hat die Beklagte nach § 1 Abs. 3 S. 1 KSchG aufgefordert, die Gründe zur sozialen Auswahl mitzuteilen[4]. Schon aus dem in der Anlage beigefügten Schreiben ergibt sich, dass die Beklagte sich die Gründe zur sozialen Auswahl nicht hinreichend vergegenwärtigt hat[5]. Die Beklagte hat nicht sämtliche vergleichbaren Arbeitnehmer entlassen[6]. Sie beschäftigt noch ......, deren Arbeit der/die Kläger(in) verrichten könnte. Zu den Arbeitnehmern, die von der Kündigung weniger hart betroffen sind, gehören ......
1. (Name) ...... 2. (Name) ......

Die benannten Arbeitnehmer sind erst kürzere Zeit beschäftigt ..... und sind zudem jünger[7] usw.

Beweis: 1. Zeugnis des Betriebsratsvorsitzenden, Herrn .....;
2. Zeugnis des Leiters der Personalabteilung, Herrn .....
zu laden bei der Beklagten.

Zum Wiedereinstellungsanspruch.[8]

Rechtsanwalt/Rechtsanwältin

Anmerkungen

1. Die soziale Auswahl wird in drei Prüfungsschritten vollzogen. (1) Welche Arbeitnehmer sind in die soziale Auswahl einzubeziehen; der Kreis der in die soziale Auswahl einzubeziehenden Arbeitnehmer ist nach den Verhältnissen im Zeitpunkt der Kündigung zu bilden (BAG AP Nr. 74 zu § 1 KSchG 1969 Soziale Auswahl; AP Nr. 81 zu § 1 KSchG 1969 Soziale Auswahl). Die besonders hohe Krankheitsanfälligkeit eines Arbeitnehmers begründet bei der Sozialauswahl für sich noch kein berechtigtes Interesse einen anderen einen anderen vergleichbaren und nach § 1 Abs. 3 S. 1 KSchG weniger schutzbedürftigen Arbeitnehmer weiterzubeschäftigen (BAG 31. 5. 2007 AP Nr. 93 zu § 1 KSchG 1969 Soziale Auswahl). (2) welche Sozialdaten sind zu berücksichtigen und (3) welche Arbeitnehmer sind aus betriebsbedingten Gründen für den Betrieb notwendig. Bei der Ermittlung, wem im Falle der betriebsbedingten Kündigung gekündigt werden kann (vgl. Form. IV. B. 6 Anm. 6), sind sämtliche Arbeitnehmer des Betriebes in die Sozialauswahl einzubeziehen, die auf vergleichbaren Arbeitsplätzen beschäftigt werden. Die soziale Auswahl ist bei einer betriebsbedingten Kündigung auf den Betrieb beschränkt, in dem der zu kündigende Arbeitnehmer beschäftigt ist (BAG AP Nr. 76 zu § 1 KSchG 1969 Soziale Auswahl). Bilden mehrere Unternehmen einen gemeinschaftlichen Betrieb, so ist die Sozialauswahl bis zu einer Auflösung des Gemeinschaftsbetriebs auf den ganzen Betrieb zu erstrecken (BAG AP Nr. 4 zu § 1 KSchG 1969 Gemeinschaftsbetrieb). Die Erhaltung einer ausgewogenen Altersstruktur kann je nach den Umständen einer Auswahl allein nach sozialen Gesichtspunkten entgegenstehen (BAG AP Nr. 82, 95 zu § 1 KSchG 1969 Soziale Auswahl). Kann ein Arbeitnehmer nach dem Arbeitsvertrag nur innerhalb eines bestimmten Arbeitsbereichs versetzt werden (im Fall: eine Layouterin/Redakteurin eines großen Verlagshauses nur innerhalb der Redaktion der von ihr betreuten Zeitschrift), so ist bei einer wegen Wegfalls dieses Arbeitsbereichs erforderlichen betriebsbedingten Kündigung keine Sozialauswahl unter Einbeziehung der vom Tätigkeitsfeld vergleichbaren Arbeitnehmer anderer Arbeitsbereiche (Redaktionen anderer Zeitschriften des Verlages) vorzunehmen (Fortsetzung der Senatsrechtsprechung zur Vergleichbarkeit bei der Sozialauswahl, vgl. etwa Senat, AP Nr. 36 zu § 1 KSchG Soziale Auswahl = NZA 1998, 1332 = NJW 1999, 667; AP Nr. 46 zu § 1 KSchG Soziale Auswahl = NJW 2000, 2604 = NZA 2000, 822). Die Pflicht zur sozialen Auswahl ist im Übrigen betriebsbezogen (BAG AP Nr. 4 zu § 1 KSchG Konzern = DB 1986, 2547 = NZA 1987, 125; BAG AP Nr. 73 zu § 1 KSchG 1969 Soziale Auswahl). Es ist mithin zu prüfen, welche Arbeitsplätze durch dringende betriebliche Erfordernisse ganz oder teilweise in Wegfall kommen. Alsdann ist festzustellen, ob es vergleichbare Arbeitsplätze im Betrieb gibt. Besteht zwischen mehreren Arbeitsplätzen nur eine partielle Identität, kommt es darauf an, ob der zur Kündigung ausersehene Arbeitnehmer auch die Funktionen auf dem partiell identischen Arbeitsplatz wahrnehmen kann. Ob bei der Kündigung teilzeitbeschäftigter Arbeitnehmer Vollzeitbeschäftigte und bei der Kündigung vollzeitbeschäftigter Arbeitnehmer Teilzeitbeschäftigte in die Sozialauswahl nach § 1 Abs. 3 KSchG einzubeziehen sind, hängt von der betrieblichen Organisation ab (BAG AP Nr. 39 zu § 1 KSchG 1969 Soziale Auswahl = NJW 1999, 1733 = NZA 1999, 431). Hat der Arbeitgeber eine Organisationsentscheidung getroffen, auf Grund derer für bestimmte Arbeiten Vollzeitkräfte vorgesehen sind, so kann diese Entscheidung als sogenannte freie Unternehmensentscheidung nur darauf überprüft werden, ob sie offenbar unsachlich, unvernünftig oder willkürlich ist. Liegt danach eine bindende Unternehmerentscheidung vor, sind bei der Kündigung einer Teilzeitkraft die Vollzeitkräfte nicht in die Sozialauswahl einzubeziehen (BAG AP Nr. 39 zu § 1 KSchG 1969 Soziale Auswahl = NJW 1999, 1733 = NZA 1999, 431). In einer späteren Entscheidung ist ausgeführt, dass bei einer Sozialauswahl teilzeitbeschäftigte mit vollzeitbeschäftigten Arbeitnehmern zu vergleichen sind, wenn der Arbeitgeber lediglich das Arbeitsvolumen im Betrieb oder in der Verwaltung reduzieren will, ohne dass organisatorische Entscheidungen über die Gestaltung der Arbeitszeiten auf bestimmten Arbeitsplätzen vorliegen. Liegt hingegen ein nachvollziehbares unternehmerisches Konzept zur Arbeitszeitgestaltung vor, nach denen bestimmte Tätigkeiten bestimmten Arbeitszeiten zugeordnet worden sind, ist diese unternehmerische Organisationsentscheidung grundsätzlich mit der Folge hinzunehmen, dass der Arbeitnehmer, die auf Grund solcher Organisationsentscheidungen unterschiedliche Arbeitszeiten aufweisen, die nur durch eine Änderungskündigung angepasst werden können, nicht miteinander vergleichbar sind (BAG AP Nr. 88 zu § 1 KSchG 1969 Soziale Auswahl) Zur Sozialauswahl bei einer Teilbetriebsstilllegung: (BAG AP Nr. 69 zu § 1 KSchG 1969 Soziale Auswahl = NZA 2005, 285). Der Arbeitnehmer kann sich auf eine mangelhafte Sozialauswahl nach § 1 Abs. 3 KSchG auch dann berufen, wenn der Verlust seines Arbeitsplatzes darauf beruht, dass er dem Übergang des Arbeitsverhältnisses auf einen Teilbetriebserwerber widersprochen hat (BAG AP Nr. 41 zu § 1 KSchG 1969 Soziale Auswahl = NJW 1999, 3508 = NZA 1999, 870;. BAG AP Nr. 241 zu § 613 a BGB = NZA 2003, 430; 31. 5. 2007 AP Nr. 94 zu § 1 KSchG 1969 Soziale Auswahl). Die Grundsätze, die der Senat zur Vergleichbarkeit von teilzeitbeschäftigten und vollzeitbeschäftigten Arbeitnehmern bei der Sozialauswahl nach § 1 Abs. 3 KSchG im Urteil vom 3. 12. 1998 (AP Nr. 39 zu § 1 KSchG 1969 Soziale Auswahl = NZA 1999, 431 = NJW 1999, 1733 AP Nr. 68 zu § 1 KSchG 1969 Soziale Auswahl = NJW 2004, 3795), aufgestellt hat, wonach es entscheidend auf die betriebliche Organisation der Arbeitszeitgestaltung ankommt, gelten auch im öffentlichen Dienst (BAG AP Nr. 44 zu § 1 KSchG 1969 Soziale Auswahl = NJW 2000, 533 = NZA 2000, 30). Auch in der Insolvenz genießen Betriebsratsmitglieder einen besonderen Kündigungsschutz. Sie sind daher nicht in die Sozialauswahl einzubeziehen (BAG AP Nr. 60 zu § 15 KSchG 1969).

2. Form. IV. B. 6 Anm. 3.

3. BAG AP Nr. 141 zu § 102 BetrVG 1972 = NZA 2005, 175.

4. a) Bei der Sozialauswahl zu berücksichtigende Umstände sind 1) die Dauer der Betriebszugehörigkeit, das Lebensalter, die Unterhaltspflichten des Arbeitnehmers und die Schwerbehinderung. 2) In die soziale Auswahl sind Arbeitnehmer nicht einzubeziehen, deren Weiterbeschäftigung, insbesondere wegen ihrer Kenntnisse, Fähigkeiten und Leistungen oder zur Sicherung einer ausgewogenen Personalstruktur des Betriebes, im berechtigten betrieblichen Interesse liegen. Der vom Gesetzgeber weit gefasste Beurteilungsspielraum der Betriebspartner lässt es auch zu, bei der Gewichtung der Sozialkriterien das Schwergewicht auf die Unterhaltspflichten der betroffenen Arbeitnehmer zu legen. Der Dauer der Betriebszugehörigkeit kommt unter den Sozialkriterien – im Geltungsbereich des arbeitsrechtlichen Beschäftigungsförderungsgesetzes – keine Priorität mehr zu (BAG AP Nr. 45 zu § 1 KSchG 1969 Soziale Auswahl = NZA 2000, 531). Nimmt der Arbeitgeber die Sozialauswahl allein durch Vollzug eines zulässigen Punktesystems vor, so kann er auf die Rüge nicht ordnungsgemäßer Sozialauswahl mit Erfolg einwenden, der gerügte Auswahlfehler habe sich auf die Kündigungsentscheidung nicht ausgewirkt, weil der Arbeitnehmer auch bei Vorliegen des Auswahlfehlers zur Kündigung angestanden hätte. (BAG AP Nr. 87 zu § 1 KSchG 1969 Soziale Auswahl). Soweit im Fall der Kündigung unter mehreren Arbeitnehmern eine Auswahl zu treffen ist, hat auch der Arbeitgeber im Kleinbetrieb, auf den das Kündigungsschutzgesetz keine Anwendung findet, ein durch Art. 12 GG gebotenes Mindestmaß an sozialer Rücksichtnahme zu wahren (BVerfGE 97, 169 = NZA 1998, 470 = NJW 1998, 1475). Eine Kündigung, die dieser Anforderung nicht entspricht, verstößt gegen Treu und Glauben (§ 242 BGB) und ist deshalb unwirksam (BAG AP 12 zu § 242 BGB Kündigung = NZA 2001, 833 *Schaub* ArbR-Hdb. § 132).

b) Kollektivrechtliche Einflüsse. In einem Tarifvertrag, einer Betriebsvereinbarung oder in einer entsprechenden Richtlinie nach dem Personalvertretungsrecht können Auswahlrichtlinien festgelegt werden, wie bei der sozialen Auswahl die Auswahlmerkmale zu gewichten sind. In begrenztem Umfang kann durch kollektivrechtliche Vereinbarungen die soziale Auswahl beeinflusst werden. Liegen derartige Richtlinien vor, so wird die Auswahl nur auf grobe Fehlerhaftigkeit überprüft. Grobe Fehler sind dann gegeben, wenn die Grundlagen des Kündigungsschutzes verkannt worden sind. Insoweit eröffnet das Gesetz Auswahlrichtlinien mit Punktetabellen zu schaffen (§ 1 Abs. 4 S. 1 KSchG).

c) Namensliste. Sind bei einer Kündigung auf Grund einer Betriebsänderung nach § 111 BetrVG die Arbeitnehmer, denen gekündigt werden soll, in einem Interessenausgleich namentlich bezeichnet, so wird vermutet, dass die Kündigung durch dringendes betriebliches Erfordernis bedingt ist. Die soziale Auswahl kann nur auf grobe Fehlerhaftigkeit überprüft werden (§ 1 Abs. 5 KSchG).

d) Insolvenzverfahren. Zahlreiche Besonderheiten können im Insolvenzverfahren erwachsen. Vgl. Form. IV. B. 15.

5. Der Arbeitgeber hat die Erwägungen mitzuteilen, die für und gegen die getroffene soziale Auswahl sprechen (§ 1 Abs. 3 S. 1 KSchG). Sinn des materiellrechtlichen Auskunftsanspruches ist, dem Arbeitnehmer eine rechtzeitige Abwägung der mit der Kündigungsschutzklage verbundenen Prozessrisiken zu ermöglichen und ihn in den Stand zu versetzen, einen etwaigen Fehler in der sozialen Auswahl zu rügen. Nach seinem Inhalt hat der Arbeitgeber den Kreis der in die soziale Auswahl einzubeziehenden Personen, die auswahlerheblichen Sozialdaten und deren Bewertungsmaßstab anzugeben (BAG AP Nr. 17 zu § 1 KSchG 1969 Soziale Auswahl = NZA 1989, 264). Verletzt der Arbeitgeber die Mitteilungspflicht, führt dies nicht zur Unwirksamkeit der Kündigung, da auf die objektiven, im Prozess nachschiebbaren Umstände abzustellen ist. Indes können Schadenersatzansprüche erwachsen. Der Arbeitgeber ist darlegungspflichtig, welchen Personenkreis er in die Auswahl einbezogen, welche Sozialdaten er bei der Auswahl berücksichtigt und welchen Bewertungsmaßstab er hierbei angelegt hat. Dagegen trifft den Arbeitnehmer die Darlegungs- und Beweislast dahin, dass der Arbeitgeber die Sozialdaten nicht hinreichend oder unrichtig dargestellt habe (BAG AP Nr. 12 zu § 1 KSchG 1969 Betriebsbedingte Kündigung = NJW 1984, 78; AP Nr. 4 zu § 1 KSchG 1969 Soziale Auswahl = DB 1984, 2303; vgl. vor allem BAG AP Nr. 17 zu § 1 KSchG 1969 Soziale Auswahl = NZA 1989, 264 = BB 1989, 75 = DB 1989, 485).

6. Der Arbeitgeber ist im Rahmen der sozialen Auswahl nicht verpflichtet, von sich aus einem sozial schlechter gestellten Arbeitnehmer eine Weiterbeschäftigung zu geänderten, verschlechterten Bedingungen anzubieten, um für ihn durch Kündigung eines sozial besser gestellten Arbeitnehmers einen Arbeitsplatz freizumachen (BAG AP Nr. 9 zu § 1 KSchG 1969 Soziale Auswahl = DB 1986, 436; jetzt verneint: BAG AP Nr. 30 zu § 1 KSchG 1969 Betriebsbedingte Kündigung = NJW 1991, 587 = NZA 1991, 181).

7. Der Replik konnte mit einer Duplik aus § 1 Abs. 3 S. 2 KSchG begegnet werden. In seiner älteren Rechtsprechung stand das BAG auf dem Standpunkt, dass nur dann von der Sozialauswahl abgesehen werden könne, wenn die betriebstechnischen, wirtschaftlichen oder sonstigen berechtigten betrieblichen Belange die Weiterbeschäftigung eines anderen Arbeitnehmers zwingend notwendig machten. Hiervon ist das BAG später abgerückt; aus dem Vergleich der Tatbestandsmerkmale in § 1 Abs. 2 S. 1 (dringende betriebliche Erfordernisse) und § 1 Abs. 3 S. 2 (berechtigte betriebliche Bedürfnisse) kommt es zu dem Ergebnis, dass die Sozialauswahl bereits dann überwunden werden kann, wenn die Weiterbeschäftigung anderer Arbeitnehmer im betrieblichen Interesse notwendig ist.

8. Wiedereinstellungsanspruch. Dem betriebsbedingt gekündigten Arbeitnehmer kann ein Wiedereinstellungsanspruch zustehen, wenn sich zwischen dem Ausspruch der Kündigung und dem Ablauf der Kündigungsfrist unvorhergesehen eine Weiterbeschäftigungsmöglichkeit ergibt. Entsteht diese erst nach Ablauf der Kündigungsfrist, besteht grundsätzlich kein Wiedereinstellungsanspruch (BAG NZA 1998, 254; AP Nr. 6 zu § 1 KSchG 1969 Wiedereinstellungsanspruch = NJW 2001, 1297 = NZA 2000, 1097). Dem Wiedereinstellungsanspruch können berechtigte Interessen des Arbeitgebers entgegenstehen. Diese können auch darin bestehen, dass der Arbeitgeber den in Betracht kommenden Arbeitsplatz bereits wieder besetzt hat (BAG AP Nr. 6 zu § 1 KSchG 1969 Wiedereinstellung = NJW 2001, 1297 = NZA 2000, 1097). Ein Abfindungsvergleich kann dem Wiedereinstellungsanspruch entgegenstehen. Der Arbeitgeber kann ihn auch bei der Auswahl des wiedereinzustellenden Arbeitnehmers berücksichtigen (BAG AP Nr. 6 zu § 1 KSchG 1969 Wiedereinstellung = NJW 2001, 1297 = NZA 2000, 1097).

8. Kündigungsschutzklage mit Antrag auf Auflösung des Arbeitsverhältnisses

An das
Arbeitsgericht

Klage

des/der Herrn/Frau ...... Klägers(in)
– Prozessbevollmächtigte/r: RA ......(in) –

gegen

die Firma ...... Beklagte
wegen Kündigungsschutz[1].

Namens und mit Vollmacht des/der Kläger(in) erhebe ich Klage und beantrage zu erkennen:

I. Es wird festgestellt, dass das Arbeitsverhältnis durch die Kündigung vom ...... nicht aufgelöst worden ist.
II. Das Arbeitsverhältnis wird gemäß §§ 9, 10 KSchG am ...... aufgelöst. Die Beklagte wird zur Zahlung einer Abfindung in Höhe von ...... EUR nebst Zinsen in Höhe von 5 Prozentpunkten über dem Basiszinssatz seit Rechtskraft des Abfindungsurteils verurteilt[2].
III. Die Beklagte hat die Kosten des Rechtsstreites zu tragen.

Begründung:

Der/Die im Jahre ...... geborene Kläger(in), der/die für ...... unterhaltsberechtigte Kinder im Alter von ...... zu sorgen hat, trat am ...... in die Dienste der Beklagten. Der Arbeitsvertrag wurde schriftlich abgeschlossen.

Beweis: Vertrag vom ......

Die Beklagte beschäftigt ...... Arbeitnehmer. Mit Schreiben vom ...... hat die Beklagte das Arbeitsverhältnis gekündigt. Diese Kündigung ist dem/der Kläger(in) am ...... zugegangen. Vor Ausspruch der Kündigung hat die Beklagte den Betriebsrat nicht gehört. Sie hat dem Betriebsrat zwar mitgeteilt, dass sie beabsichtige, den/die Kläger(in) zu kündigen. Sie hat ihm jedoch keine Gründe mitgeteilt[3]. Solche Gründe bestehen auch nicht.

Als der/die Kläger(in) widersprach, seine/ihre Arbeitskraft anbot und darauf hingewiesen hat, dass er/sie Klage erheben wird, hat der Inhaber der Beklagten erklärt, er/sie sei ein/e freche/r unverschämte/r Kerl/Göre. Dies ist eine schwerwiegende Beleidigung. Es ist nunmehr dem/der Kläger(in) nicht zuzumuten, das Arbeitsverhältnis fortzusetzen[4, 5]. Es bedarf daher der Auflösung des Arbeitsverhältnisses gegen Zahlung einer Abfindung. Die Höhe der Abfindung wird in das Ermessen des Gerichtes gestellt. Sie sollte aber …… EUR nicht unterschreiten.

Rechtsanwalt/Rechtsanwältin

Anmerkungen

1. Vgl. Form. IV. B. 1, 2.

2. Vgl. Form. IV. B. 1 Anm. 4–10. Die Vorschrift des § 13 Abs. 1 S. 3 KSchG über die Auflösung des Arbeitsverhältnisses auf Antrag des Arbeitnehmers nach unwirksamer fristloser Arbeitgeberkündigung ist auf das Berufsausbildungsverhältnis nicht anwendbar (BAG AP Nr. 6 zu § 13 KSchG 1969 = DB 1985, 2515). Haben in einem Kündigungsrechtsstreit beide Parteien einen Auflösungsantrag gestellt, so ist das Arbeitsverhältnis aufzulösen. Hat das Arbeitsgericht das Arbeitsverhältnis auf Antrag des Arbeitgebers aufgelöst, so ist ein Arbeitnehmer, der die Höhe der festgesetzten Abfindung nicht angreift, nicht beschwert, so dass seine Berufung unzulässig ist (BAG AP Nr. 23 zu § 9 KSchG 1969 = NJW 1994, 1428 = NZA 1994, 264). Die durch einen zulässigen Auflösungsantrag des Arbeitgebers nach § 9 KSchG begründete Ungewissheit über den Ausgang des Kündigungsprozesses begründet ein schutzwertes Interesse des Arbeitgebers an der Nichtbeschäftigung des gekündigten Arbeitnehmers (BAG AP Nr. 54 zu Einigungsvertrag Anlage I Kap XIX = NZA 1996, 589).

3. Zweckmäßig wird auch dann gerügt, der Betriebsrat sei nicht gehört, wenn ihm nicht hinreichend die Gründe zur Kündigung mitgeteilt worden sind. Hierdurch wird das Recht des Arbeitnehmers, die Auflösung des Arbeitsverhältnisses zu verlangen, nicht berührt. Jedoch wird das Recht des Arbeitnehmers, Auflösung zu verlangen nur dann nicht berührt, wenn der anderweitige Unwirksamkeitsgrund seinem Schutz dient (BAG AP Nr. 24 zu § 9 KSchG 1969 = NJW 1995, 1981 = NZA 1995, 309).

4. Das BAG hat die Anforderungen an einen Auflösungsantrag wesentlich gemildert (BAG AP Nr. 8 zu § 9 KSchG 1969 = NJW 1982, 2015). Das Verhalten dritter Personen ist zur Begründung des Auflösungsverlangens des Arbeitgebers nur dann geeignet, wenn der Arbeitnehmer darauf entscheidenden Einfluss genommen hat (BAG AP Nr. 18 zu § 9 KSchG 1969 = NZA 1988, 16).

5. Nach der Rechtsprechung ist die Auflösung zum Zeitpunkt des Ablaufs der ordentlichen Kündigungsfrist oder im Falle der außerordentlichen Kündigung auf den Zeitpunkt des Zugangs der Kündigung festzusetzen. Kommt die Umdeutung einer fristlosen Kündigung des Arbeitgebers in eine ordentliche Kündigung in Betracht, so hat der Arbeitnehmer die Möglichkeit, die Auflösung auf den Zeitpunkt der fristlosen Kündigung wie des Ablaufs der Kündigungsfrist zu beantragen (BAG AP Nr. 113 zu § 626 BGB = NZA 1994, 70). Die Bemessung der Abfindung unterliegt nur eingeschränkter Nachprüfung durch das Revisionsgericht (BAG NZA 1994, 309). Urteile auf Zahlung einer Abfindung nach Auflösung des Arbeitsverhältnisses sind vorläufig vollstreckbar (BAG AP Nr. 4 zu § 62 ArbGG 1979 = NZA 1988, 329 = DB 1988, 659). Zur Versteuerung und Beitragspflicht zum Ruhen des Anspruchs auf Arbeitslosengeld: Form. IV. B. 1 Anm. 6 und Anm. 8.

Kosten und Gebühren

Keine Besonderheiten. Vgl. Form. IV. B. 1.

9. Kündigungsschutzklage bei Änderungskündigung

An das
Arbeitsgericht

Klage

des/der Herrn/Frau ...... Klägers(in)
– Prozessbevollmächtigte/r: RA ......(in) –
gegen
die Firma ...... Beklagte
wegen Änderungskündigung[1, 2]

Namens und mit Vollmacht des/r Klägers(in) erhebe ich Klage und werde beantragen zu erkennen:

I. Es wird festgestellt, dass die Änderung der Arbeitsbedingungen durch die Änderungskündigung vom ...... zum ...... rechtsunwirksam ist und das Arbeitsverhältnis über den Ablauf der Kündigungsfrist am ...... unverändert fortbesteht[3, 4].

II. Die Beklagte trägt die Kosten des Rechtsstreits.

Begründung

Der/Die im Jahre ...... geborene Kläger(in), der/die ledig/verh./verw./gesch. ist und für Kinder im Alter von ...... unterhaltspflichtig ist, trat am ...... in die Dienste der Beklagten. Diese beschäftigt ...... Arbeitnehmer. Die Arbeitsvertragsbedingungen sind schriftlich niedergelegt.

Beweis: Arbeitsvertrag Anlage 1.

Das Arbeitsverhältnis im Übrigen richtet sich nach dem ...... Tarifvertrag für ...... vom ...... und den diesen ergänzenden Tarifverträgen.

Im Arbeitsvertrag hat die Beklagte dem/r Kläger(in) folgende besonderen Leistungen ...... zugesagt. Die Beklagte hat mit Schreiben vom ...... das Arbeitsverhältnis des/der Klägers(in) gekündigt und diesem/r zugleich den Abschluss eines neuen Arbeitsvertrages angeboten.

Beweis: Schreiben vom ...... und Arbeitsvertrag vom ......; Anlage 2.

Die Beklagte hat den Betriebsrat vor Ausspruch der Kündigung gehört/nicht gehört[5]. Dieser hat sich nicht geäußert/geäußert/wie folgt geäußert/der Kündigung widersprochen ......

Der/Die Kläger(in) hat mit Schreiben vom ...... den Arbeitsvertrag zu den geänderten Bedingungen unter dem Vorbehalt angenommen, dass die Kündigung nicht sozial ungerechtfertigt ist[6].

Beweis: Schreiben vom ......; Anlage 3.

Die Kündigung ist jedoch sozial ungerechtfertigt[7]. Für sie bestanden weder personen- noch verhaltens- oder betriebsbedingte Gründe.

Die Beklagte ist daher zur Weiterzahlung des Gehaltes nach dem unveränderten Arbeitsvertrag verpflichtet.

Rechtsanwalt/Rechtsanwältin

Anmerkungen

1. Der Begriff der Änderungskündigung ergibt sich aus § 2 KSchG. Die Änderungskündigung kommt im Wesentlichen in zwei Formen vor, nämlich als unbedingte Kündigung des Arbeitsverhältnisses verbunden mit einem neuen Vertragsangebot, oder als Kündigung unter der Potestativbedingung, dass sich der Kündigungsempfänger nicht mit dem Abschluss eines Arbeitsvertrages zu geänderten Bedingungen einverstanden erklärt (*Schaub* ArbR-Hdb. § 137 Rdn. 3ff.). Zur Erklärung einer Änderungskündigung braucht nicht unbedingt die Bezeichnung Änderungskündigung verwandt werden. Vielfach wird versucht, eine Änderung des Arbeitsverhältnisses durch eine Maßnahme des Direktionsrechtes (Form. IV. A. 16) zu erzwingen. Vor Erhebung der Klage bedarf es daher der Abgrenzung und Auslegung der getroffenen Maßnahmen (vgl. Form. IV. A. 16 Anm. 1). Auch die Änderungskündigung muss schriftlich erklärt werden (§ 623 BGB). Ist nach dem Arbeitsvertrag der Entzug einer Zusatzaufgabe möglich (Checkpurser-Tätigkeit) und führt dies zum Wegfall der hierfür gezahlten außertariflichen Zulage, liegt darin auch der vorbehaltene Widerruf der Zulage. Eine Umgehung des Kündigungsschutzes liegt jedenfalls dann nicht vor, wenn die Zulage nur 15% der Gesamtbezüge des Arbeitnehmers ausmacht (BAG AP Nr. 20 zu § 1 TVG Tarifverträge Lufthansa = NZA 1996, 603). Die Arbeitsvertragsparteien können auch einzelne Arbeitsbedingungen befristet vereinbaren. Die Frage, ob dies wirksam ist, wird entgegen der früheren Rechtsprechung nicht nach den Regeln des Befristungsrechts beurteilt. Das TzBfG regelt die Befristung einzelner Arbeitsbedingungen nicht (BAG NZA 2004, 119; NZA 2006, 40). Heute wird bei Befristungen einzelner Arbeitsbedingungen in AGBs eine Angemessenheitsprüfung nach § 307 BGB vorgenommen und damit eine Inhaltskontrolle (BAG NZA 2008, 229).

2. Ihrer Rechtsnatur nach ist die Änderungskündigung eine echte Kündigung; sie kommt als ordentliche, außerordentliche oder Massenänderungskündigung vor. Hieraus folgt, der Arbeitgeber muss die Kündigungsfrist einhalten (§ 622 BGB), den Betriebsrat bzw. Personalrat anhören (§ 102 BetrVG, § 79 BPersVG), den besonderen Kündigungsschutz (Form. IV. B. 13) beachten. Insoweit können sich vor allem besondere Probleme bei der Massenänderungskündigung ergeben. Der Massenentlassungsschutz gilt nicht, wenn die Arbeitnehmer die Änderungskündigung unter dem Vorbehalt der sozialen Rechtfertigung angenommen haben (BAG AP Nr. 2 zu § 2 KSchG 1969 = NJW 1982, 2839). Andererseits muss auch der Arbeitnehmer die Klagefrist einhalten (§ 4 KSchG); bei deren Versäumung kann die Änderungskündigung fiktiv wirksam werden. Das gilt heute wegen aller Unwirksamkeitsgründe der Kündigung.

Die Formalien der Änderungskündigung sind von besonderer Bedeutung. Das BAG hat die Auffassung vertreten, dass der Arbeitgeber nach dem Grundsatz der Verhältnismäßigkeit vor jeder ordentlichen Beendigungskündigung von sich aus dem Arbeitnehmer eine beiden Parteien zumutbare Weiterbeschäftigung auf einem freien Arbeitsplatz auch zu geänderten Arbeitsbedingungen anbieten muss (BAG AP Nr. 8 zu § 2 KSchG 1969 = NZA 1985, 455 = NJW 1985, 1797 = DB 1985, 1186; 21. 4. 2005 AP Nr. 80 zu § 2 KSchG 1969; 21. 9. 2006 AP Nr. 130 zu § 2 KSchG 1969).

Hat der Arbeitgeber dem Arbeitnehmer statt einer gemäß dem ultima-ratio-Prinzip erforderlichen Änderungskündigung eine Beendigungskündigung ausgesprochen, die mithin sozial ungerechtfertigt ist, so kommt der Arbeitgeber jedenfalls im Regelfall in Annahmeverzug (BAG AP Nr. 32 zu § 2 KSchG 1969 = NJW 1994, 2846 = NZA 1994, 840).

Eine betriebsbedingte Änderungskündigung ist sozial gerechtfertigt, wenn sich der Arbeitgeber bei einem an sich anerkennenswerten Anlass darauf beschränkt hat, lediglich solche Änderungen vorzuschlagen, die der Arbeitnehmer billigerweise hinnehmen muss (BAG 23. 6. 2005 AP Nr. 81 zu § 2 KSchG 1969)

3. Die Formulierung des Klageantrages ist für den Streitgegenstand von Bedeutung, sie ist umstr. So wurde vorgeschlagen: (1) festzustellen, dass das Arbeitsverhältnis trotz der

Änderungskündigung vom ...... und der Änderungsabsprache vom ...... unverändert fortgilt (*Adomeit* DB 1969, 2181), (2) festzustellen, dass das Arbeitsverhältnis über den Kündigungstermin hinaus unverändert fortbestanden hat (*Wenzel* MDR 1969, 977), (3) festzustellen, dass die Änderungskündigung unwirksam ist (*Schaub* RdA 1970, 235), (4) festzustellen, dass die Änderungen der Arbeitsbedingungen im Zusammenhang mit der Kündigung vom ...... sozial ungerechtfertigt ist (*Becker-Schaffner* BlStSozArbR 1975, 275), (5) festzustellen, dass die Änderung der Arbeitsbedingungen durch die Kündigung vom ...... unwirksam ist (KR-*Rost* § 2 KSchG RZ 147–156). Durch die Formulierung des Klageantrages muss gewährleistet sein, dass sämtliche der Änderungskündigung anhaftende Rechtsmängel und nicht nur die mangelnde Sozialrechtfertigung geprüft werden. Die Formulierung des Klageantrages sollte daher nicht zu eng an den Gesetzestext von § 2 KSchG angepasst sein. Der im Form. verwandte Klageantrag entspricht dem Gesetzestext. Wegen der Zulässigkeit des Nachsatzes vgl. Form. IV. B. Anm. 2.

4. Umstr. ist, ob auch ein Auflösungsantrag nach §§ 9, 10 KSchG gestellt werden kann. Zu unterscheiden ist, ob der Arbeitnehmer das Angebot zum Abschluss eines abgeänderten Arbeitsvertrages zurückgewiesen hat. Alsdann ist die Kündigung zu einer Beendigungskündigung geworden, so dass auch ein Auflösungsantrag gestellt werden kann. Hat dagegen der Arbeitnehmer die geänderten Vertragsbedingungen unter Vorbehalt angenommen, so scheidet ein Auflösungsantrag aus, wenn die Änderung sozial gerechtfertigt war. War die Kündigung dagegen sozial ungerechtfertigt, so sind die Meinungen über den Auflösungsantrag geteilt (verneinend *v. Hoyningen-Huene/Linck* § 9 Rdn. 17, § 4 Rdn. 30; KR-Spilger § 9 Rdn. 30; *Schaub* RdA 1970, 235, 236; *Wenzel* MDR 1969, 976; *ders.* MDR 1978, 190). Teilweise wird auch die Möglichkeit eines Auflösungsantrages für die Ablösung der besseren Arbeitsbedingungen bejaht, wenn insoweit die Kündigung unwirksam ist (*Schaub* RdA 1970, 236).

5. Da die Änderungskündigung eine echte Kündigung ist, müssen auch Betriebs- bzw. Personalrat vor Ausspruch der Kündigung mitwirken (§ 102 BetrVG; § 79 BPersVG). Dem Betriebsrat müssen das Änderungsangebot und die Gründe der Kündigung mitgeteilt werden (BAG AP Nr. 53 zu § 102 BetrVG 1972 = NZA 1990, 529 = BB 1990, 704 = DB 1990, 993). Nimmt der Arbeitnehmer die Vertragsänderung unter Vorbehalt an, steht fest, dass das Arbeitsverhältnis nicht mehr sein Ende finden wird. Es können mithin nur noch die Betriebsratsrechte nach §§ 99 ff. BetrVG, nach §§ 75 ff. BPersVG in Betracht kommen (vgl. dazu BAG AP Nr. 12 zu § 99 BetrVG 1972 = NJW 1981, 2375; BVerwG AP Nr. 2 zu § 70 BPersVG Versetzung; *Schaub* ArbR-Hdb. § 241 Rdn. 1 ff.).

6. Wird dem Arbeitnehmer eine Änderungskündigung erklärt, so kann er das Vertragsangebot unter dem Vorbehalt annehmen, dass die Änderung der Arbeitsbedingungen nicht sozial ungerechtfertigt ist. Dem Arbeitnehmer soll das Risiko abgenommen werden, dass er ein Vertragsangebot ausschlägt und damit den Arbeitsplatz überhaupt verliert. Die Rechtsnatur des Vorbehalts ist umstr. Die hM. sieht darin in Abweichung von § 150 Abs. 2 BGB eine Vertragsannahme unter einer Bedingung (BAG AP 8, 49 zu § 2 KSchG 1969; *v. Hoyningen-Huene/Linck* § 2 Rdn. 84). Nach § 146 BGB gilt die Annahme eines Vertragsangebotes unter Einwendungen, Einschränkungen oder sonstigen Änderungen als Ablehnung verbunden mit einem neuen Antrag. Dies hat kaum geändert werden sollen. Der Vorbehalt hat daher nach einer Mindermeinung nur prozessuale Bedeutung. Der Arbeitnehmer nimmt die Vertragsänderung unbedingt an; sie steht jedoch unter der resolutiven Bedingung der Feststellung der Sozialwidrigkeit. Für die vorbehaltlose Annahme des Änderungsangebots gilt nicht die Höchstfrist des § 3 KSchG (BAG AP Nr. 71 zu § 2 KSchG 1969 = NZA 2003, 659). Der Antragende kann aber eine Frist für die Annahme des Angebots bestimmen. In diesem Fall kann grundsätzlich die Annahme des Angebots nur innerhalb der bestimmten Frist erfolgen (§ 148 BGB). Die Fristbestimmung iSv § 148 BGB kann nicht durch die Festlegung eines konkreten Termins oder die Festlegung eines Zeitraums erfolgen. Sie kann sich auch aus den Umständen ergeben.

Ausreichend ist jede zeitlich Konkretisierung durch die der Antragende zu erkennen gibt, er wolle von der gesetzlichen Regelung des § 147 BGB abweichen, z.B. in dem er eine umgehende Antwort verlangt (BAG 1. 2. 2007 AP Nr. 132 zu § 2 KSchG 1969). Aus der Rechtsnatur folgt, dass einem aus dem ursprünglichen Arbeitsvertrag erwachsenden höheren Lohnanspruch erst mit Rechtskraft der Klage stattgegeben werden kann. Ab diesem Zeitpunkt laufen Verjährungs- und Verfallfristen. In die Klage ist vorsorglich eine Geltendmachung von höheren Ansprüchen aufgenommen, da die Rechtslage noch nicht hinreichend geklärt ist (vgl. Form. IV. B. 2 Anm. 3).

Umstr. ist, bis zu welchem Zeitpunkt der prozessuale Vorbehalt erklärt werden muss. Nach richtiger Auffassung ist der Vorbehalt innerhalb der Kündigungsfrist und bei längerer als 3-wöchiger Frist innerhalb der Klagefrist zu erklären (*Schaub* ArbR-Hdb. § 137 Rdn. 16; BAG 18. 5. 2006 AP Nr. 83 zu § 2 KSchG 1969). Entscheidend für die Fristwahrung ist der Zugang beim Arbeitgeber (BAG AP Nr. 49 zu § 2 KSchG 1969). Versäumt der Arbeitnehmer die Frist, wird die Änderungskündigungsschutzklage unbegründet. Der Arbeitnehmer kann allenfalls noch die normale Kündigungsschutzklage erheben, sofern die Klagefrist noch läuft.

Die Vorschrift des § 4 S. 2 KSchG über die Änderungsschutzklage gegen ordentliche Änderungskündigungen ist auf die außerordentliche Änderungskündigung aus wichtigem Grund entsprechend anzuwenden (BAG AP Nr. 3 zu § 55 BAT = DB 1985, 446 = NZA 1985, 62). Dasselbe gilt für § 2 KSchG (BAG AP Nr. 16 zu § 2 KSchG 1969 = DB 1986, 2604). Das bedeutet, dass der Arbeitnehmer bei einer außerordentlichen Kündigung den Vorbehalt unverzüglich erklären muss. In der widerspruchs- und vorbehaltlosen Weiterarbeit kann eine konkludente Annahme enthalten sein (BAG AP Nr. 20 zu § 2 KSchG 1969 = NZA 1988, 737; 21. 1. 1993 NZA 1993, 1099; 26. 1. 1995 NZA 1995, 626; 24. 4. 1997 NZA 1997, 1047).

7. Auch der Prüfungsmaßstab bei der Änderungskündigung ist umstr. Nach der Rechtsprechung sind der Bestands- und Inhaltsschutz zu unterscheiden. Im Falle der Änderungskündigung soll nur der Inhalt des Arbeitsvertrages geändert werden. Hieraus folgt, dass gegeneinander abzuwägen ist, ob für die ordentliche Kündigung Gründe i.S. von § 1 Abs. 2 KSchG (BAG AP Nr. 14 zu § 2 KSchG 1969 = NZA 1986, 824 = BB 1986, 2130 = DB 1986, 2442), für die außerordentliche solche aus § 626 BGB vorliegen und andererseits die neuen Bedingungen für den Arbeitnehmer zumutbar sind (BAG AP Nr. 1 zu § 626 BGB Änderungskündigung; AP Nr. 10 zu § 626 BGB Ausschlussfrist). Dieser Prüfungsmaßstab gilt auch dann, wenn der Arbeitnehmer das Änderungsangebot ablehnt (BAG AP Nr. 1 zu § 626 BGB Änderungskündigung; 6. 3. 1986 AP Nr. 19 zu § 15 KSchG 1969 NZA 1987, 102; 19. 5. 1993 AP Nr. 31 zu § 2 KSchG 1969 = NZA 1993, 1075; 21. 6. 1995 AP Nr. 36 zu § 15 KSchG 1969). Bei Änderungskündigung vertraglicher Nebenabreden (kostenlose Beförderung zum Betriebssitz) geht das BAG von einem erleichterten Prüfungsmaßstab aus (BAG AP Nr. 72 zu § 2 KSchG 1969 NJW 2003, 3579 = NZA 2003, 1029). Hieraus folgt im Einzelnen: Im ersten Prüfungsschritt ist zu überprüfen, ob die Kündigung sozial gerechtfertigt ist. Scheitert die Kündigung an einem Kündigungsverbot oder sonstigem Unwirksamkeitsgrund, ist bereits an dieser Stelle die Prüfung beendet (BAG 28. 5. 1998 NZA 1998, 1167). Entschließt sich der Arbeitgeber zu einer betrieblichen Umorganisation, die zu einer veränderten Arbeitszeit führt, so handelt es sich um eine im Ermessen des Arbeitgebers stehende Umorganisation, die im Ermessen des Arbeitgebers steht und nur begrenzt nachgeprüft werden kann (BAG AP Nr. 74 zu § 2 KSchG 1969 = NZA 2004, 1158). Im zweiten Prüfungsschritt ist das Änderungsangebot zu überprüfen. Das Angebot muss dem Grundsatz der Verhältnismäßigkeit genügen. Bei einer betriebsbedingten Änderungskündigung ist das Änderungsangebot des Arbeitgebers daran zu messen, ob dringende betriebliche Erfordernisse gemäß § 1 Abs. 2 KSchG das Änderungsangebot bedingen und ob der Arbeitgeber sich bei einem anerkennenswerten Anlass zu Änderungskündigung darauf beschränkt hat, nur sol-

che Änderungen vorzuschlagen, die der Arbeitnehmer billigerweise hinnehmen muss. Dringende betriebliche Gründe liegen vor, wenn sich der Arbeitgeber zu einer organisatorischen Maßnahme entschließt, bei deren innerbetrieblicher Umsetzung das Bedürfnis für eine Weiterbeschäftigung in diesem Betrieb überhaupt oder unter Zugrundelegung des Vertragsinhalts zu den bisherigen Arbeitsbedingungen entfällt (BAG 27. 9. 2001 – 2 AZR 246/00 RdA 2002, 372; BAG NJW 2003, 1139 = NZA 2003, 147; AP Nr. 74 zu § 2 KSchG 1969 = NZA 2004, 1158). Ferner ist zu differenzieren, ob das Vertragsangebot rechtmäßig oder der Umgehung eines gesetzlichen Verbotes dient. Verstößt das Vertragsangebot gegen ein gesetzliches Verbot, weil es auf einen verbotenen Arbeitsvertrag gerichtet, ist es unwirksam. Insbesondere umstritten ist die Rechtslage, wenn das Vertragsangebot auf tarifwidrige Arbeitsbedingungen gerichtet ist. Das BAG v. 10. 2. 1999 AP Nr. 52 zu § 2 KSchG 1969 = NJW 1999, 2541 = NZA 1999, 657 hält Vertragsangebot und Änderungskündigung für unwirksam. Die Entscheidung ist im Schrifttum umstr. (*Berkowsky* DB 1999, 1606; *Schleusener* SAE 1999, 308; *Rieble* RdA 2000, 40; *Adam* ZTR 2001, 112; zusammenfassend Quecke NZA 2001, 812). Unwirksam ist eine Änderungskündigung, wenn das Angebot gegen den Gleichbehandlungsgrundsatz verstößt (BAG AP Nr. 73 zu § 2 KSchG 1969 = DB 2004, 655). Nach richtiger Auffassung wird die Rückführung übertariflicher Arbeitsbedingungen auf das tarifliche Maß auch bei Tarifbindung möglich sein. Dagegen ist die Absenkung tariflicher Arbeitsbedingungen im Falle der Tarifbindung nicht möglich. Ist der Arbeitgeber aus dem Verband ausgetreten und gilt der Tarifvertrag nur noch kraft Nachwirkung, ist eine Änderungskündigung möglich (BAG AP Nr. 40 zu § 4 TVG Nachwirkung). § 139 BGB ist bei teilweiser Unwirksamkeit des Vertragsangebots nicht anzuwenden. Auch ein zweiter Fall bedarf der besonderen Aufmerksamkeit. Kann der Arbeitgeber das mit der Kündigung verbundene Änderungsangebot bereits im Wege der Ausübung des Direktionsrechts durchsetzen, führt die bei Annahme unter Vorbehalt nicht zur Unwirksamkeit des Angebots. Unverhältnismäßig ist nur die Kündigung, nicht aber das Angebot (BAG AP Nr. 36 zu § 2 KSchG 1969 = NZA 1995, 626; 26. 1. 1995 2 AZR 371/94; 15. 11. 1995 NZA 1996, 603). Jedoch ist nach der ständigen Rechtsprechung des BAG eine „überflüssige" Änderungskündigung wegen der damit verbundenen Bestandsgefährdung unverhältnismäßig mit der Folge der Unwirksamkeit, wenn der Arbeitnehmer das Änderungsangebot nicht angenommen hat (BAG 6. 9. 2007 AP Nr. 135 zu § 2 KSchG 1969). Bei einer betriebsbedingten Änderungskündigung unterliegt die Unternehmerentscheidung nur der Missbrauchskontrolle (BAG AP Nr. 74 zu § 2 KSchG 1969 = NZA 2004, 1158; Form. IV. B. 6 Anm. 1). Das macht es aber nicht entbehrlich zu überprüfen, ob die Organisationsänderung eine Beendigungs- oder Änderungskündigung unvermeidbar macht oder das geänderte unternehmerische Konzept nicht auch durch andere Maßnahmen verwirklicht werden kann (BAG AP Nr. 27 zu § 2 KSchG 1969 = NZA 1990, 734 = BB 1990, 1843 = DB 1990, 1773). Bei der Prüfung, ob ein dringendes Erfordernis zu einer Entgeltkürzung durch Änderungskündigung besteht, ist auf die wirtschaftliche Situation des Gesamtbetriebs, nicht eines unselbstständigen Betriebsteils abzustellen (BAG AP Nr. 47 zu § 1 KSchG 1969 Betriebsbedingte Kündigung; AP Nr. 50 zu § 2 KSchG 1969 = NJW 1999, 1735 = NZA 1999, 255). Er hat dabei den Gleichbehandlungsgrundsatz zu beachten. Die irrtümliche Eingruppierung eines einzelnen Arbeitnehmers in eine zu hohe Vergütungsgruppe der für den öffentlichen Dienst geltenden Vergütungsordnung kann zu einem dringenden betrieblichen Erfordernis für eine Änderungskündigung zum Zwecke der Rückgruppierung in die tariflich richtige Vergütungsgruppe führen (BAG AP Nr. 28 zu § 2 KSchG 1969 = NZA 1992, 120; AP Nr. 53 zu § 2 KSchG 1969 = NJW 2000, 756 = NZA 1999, 1336). Die Gleichbehandlung mit anderen Arbeitnehmern stellt kein dringendes betriebliches Erfordernis i. S. von § 1 II 1 KSchG dar, dass die Verschlechterung einer arbeitsvertraglichen Vergütungsregelung im Wege der Änderungskündigung bedingen kann (BAG NZA 1999, 1336); auch dass sich der Arbeitgeber auf eine die angestrebte Neuregelung vorgebende (Gesamt-)Betriebsvereinbarung berufen kann, erleichtert die Änderungskündigung nicht (BAG AP Nr. 40 zu § 103 BetrVG 1972 = NZA 2000, 592). Im Falle der betriebsbedingten Änderungskündigung gelten auch die Grundsätze der sozialen Auswahl (BAG AP Nr. 13, 89 zu § 1 KSchG 1969 Soziale Auswahl = NZA 1987, 155). Dem KSchG lässt sich nicht die Wertung entnehmen, der Arbeitgeber müsse auf Grund einer Rationalisierung im Dienstleistungsbereich anstelle mehrerer Änderungskündigungen eine Beendigungskündigung aussprechen (BAG AP Nr. 31 zu § 2 KSchG 1969 = NJW 1993, 3218 = NZA 1993, 1075).

Kosten und Gebühren

Hat der Arbeitnehmer die ihm angetragene Vertragsänderung abgelehnt, so ist der Streitwert nach § 42 Abs. 4 GKG festzusetzen (Form. IV. B. 1). Umstr. ist die Streitwertbemessung, wenn der Arbeitnehmer unter Vorbehalt die Änderungskündigung angenommen hat. Nach der einen Meinung steht fest, dass das Arbeitsverhältnis zu geänderten Bedingungen fortbesteht. Der Streitwert kann mithin nur auf die Differenz des Wertes der alten und neuen Vertragsbedingungen berechnet werden, wobei nach § 42 Abs. 4 GKG höchstens die Differenz für drei Monate den Streitwert ergeben kann (LAG Berlin AP Nr. 24 zu § 12 ArbGG 1953; modifizierend LAG Hamm EzA Nr. 14, 26 zu § 12 ArbGG 1979, das auch Gründe des Prestiges berücksichtigt. Bestätigend: LAGE Hamm Nr. 43 zu § 12 ArbGG 1979 Streitwert). Nach anderer Meinung hat die Streitwertbemessung nach §§ 3 ff. ZPO zu erfolgen; § 42 Abs. 4 GKG limitiert den Streitwert auf höchstens 3 Monatsverdienste, so dass dieser höher als die Differenz des Wertes des Arbeitsvertrages vor und nach der Änderungskündigung sein kann (LAG Köln EzA Nr. 13 zu § 12 ArbGG 1979 Streitwert; LAGE Rheinland-Pfalz Nr. 37 zu § 12 ArbGG 1979 Streitwert). Das BAG hat eine vermittelnde Meinung vertreten. Zunächst war der Wert der Änderung gemäß § 17 Abs. 3 GKG a. F. für drei Jahre zu ermitteln und dieses an den Wertgrenzen des § 42 Abs. 4 GKG zu messen (BAG AP Nr. 1 zu § 17 GKG 1975 = BB 1989, 1348 = DB 1989, 1880). Nach LAG Düsseldorf EzA Nr. 35 zu § 12 ArbGG 1979 Streitwert zwei Monatsverdienste.

10. Klagebeantwortung bei außerordentlicher hilfsweise ordentlicher Kündigung

An das
Arbeitsgericht

In Sachen
...... Ca ...... /......
(abgekürztes Rubrum)
wegen außerordentlicher Kündigung[1]
zeige ich an, dass ich die Beklagte vertrete.
Namens und im Auftrag der Beklagten wird beantragt,

I. die Klage abzuweisen;

II. das Arbeitsverhältnis wird gegen Zahlung einer Abfindung, deren Höhe in das Ermessen des Gerichts gestellt wird, aufgelöst[2].

Begründung:

Der/Die im Jahre ...... geborene Kläger(in), der/die verheiratet ist und für ...... Kinder im Alter von ...... unterhaltspflichtig ist, wurde auf Grund des schriftlichen Arbeitsver-

trages vom ...... als ...... eingestellt. Er/Sie verdiente zuletzt ...... EUR monatlich. Die Beklagte hat mit Schreiben vom ...... das Arbeitsverhältnis außerordentlich und hilfsweise ordentlich gekündigt.

Beweis: Schreiben vom ......

Sie hat zuvor den Betriebsrat gehört (§ 102 BetrVG); dieser hat im Schreiben vom ...... der außerordentlichen/ordentlichen Kündigung zugestimmt/sich nicht geäußert/Bedenken gegen die Kündigung geäußert ......

Beweis: Schreiben des Betriebsrates ......

Die außerordentliche Kündigung ist wirksam. Der/Die Kläger(in) hat als ...... folgende Vertragsverletzungen begangen ...... Der/Die Kläger(in) ist mit Schreiben vom ...... abgemahnt worden[3].

Beweis: Schreiben vom ......

Die Beklagte hat ihm/ihr erklärt, dass sie derartige Vertragsverletzungen nicht dulden könne und im Wiederholungsfalle mit einer Beendigung des Arbeitsverhältnisses zu rechnen sei.

Beweis: Zeugnis des ......

Auch der Betriebsratsvorsitzende hat den/die Kläger(in) ermahnt.

Beweis: Zeugnis des Betriebsratsvorsitzenden, Herrn ......

Das Verhalten des/der Klägers(in) stellt einen wichtigen Grund dar ......[4]
Am ...... hat der/die Kläger(in) die gleiche Vertragsverletzung wiederum begangen. Auch in diesem Falle hat sich die Beklagte begnügt, den/die Kläger(in) nur abzumahnen. Sie hat aber eindringlich darauf hingewiesen, dass dies die letzte Abmahnung sei.

Beweis: Zeugnis ......

Alle Ermahnungen und Abmahnungen haben jedoch nichts genützt. Am ...... hat der/die Kläger(in) die gleiche Vertragsverletzung erneut begangen[5].

Beweis: Zeugnis des ......

Hiervon hat die Beklagte am ...... erfahren[6].
Der Beklagten war nicht zumutbar, den/die Kläger(in) weiterzubeschäftigen.
Sollte das Gericht der Auffassung sein, dass die außerordentliche Kündigung nicht gerechtfertigt war, so hat die Beklagte jedoch vorsorglich die ordentliche Kündigung erklärt/so ist die außerordentliche Kündigung in eine ordentliche Kündigung umzudeuten[7, 8]. Auch hierzu hat die Beklagte den Betriebsrat gehört .....[9]

Rechtsanwalt/Rechtsanwältin

Anmerkungen

1. Zur Klage wegen außerordentlicher Kündigung vgl. Form. IV. B. 1. Ergibt sich aus dem Klagevorbringen, dass ein Arbeitsverhältnis oder ein freies Mitarbeiterverhältnis in Betracht kommt, so dürfen sich die Arbeitsgerichte zur Feststellung der Zuständigkeit nicht mit einer Schlüssigkeitsprüfung begnügen (BAG AP Nr. 19 zu § 2 ArbGG 1979 = NJW 1994, 1172 = NZA 1994, 234; AP Nr. 6 zu § 17 a GVG = NJW 1994, 604 = NZA 1994, 141). Vgl. Form. IV. B. 1 Anm. 12.

2. Nach §§ 13 Abs. 1, 9 KSchG ist nach einer außerordentlichen Kündigung des Arbeitsverhältnisses durch den Arbeitgeber nicht vorgesehen, dass der Arbeitgeber einen Auflösungsantrag stellen kann. Der Auflösungsantrag kann daher allenfalls Wirkungen entfalten, wenn das Gericht zu der Auffassung kommt, dass die außerordentliche Kündigung unwirksam, die hilfsweise ordentliche Kündigung nicht sozial gerechtfertigt ist und auf die hilfsweise erklärte ordentliche Kündigung das Arbeitsverhältnis aufzulösen ist.

3. Die außerordentliche Kündigung ist die „ultima ratio“. Im Allgemeinen muss vor ihrem Ausspruch eine Abmahnung des Arbeitnehmers erfolgen (vgl. Form. IV. B. 5 Anm. 3). Im Allgemeinen soll es üblich sein, drei Abmahnungen auszusprechen (BAG AP Nr. 50 zu § 1 KSchG 1969 Verhaltensbedingte Kündigung = EzA § 1 KSchG Verhaltensbedingte Kündigung Nr. 64). Es muss daher klargestellt werden, dass dies die letzte Abmahnung ist (BAG AP Nr. 4 zu § 1 KSchG 1969 Abmahnung = NZA 2002, 968).

4. Der Kündigende ist für die Gründe der außerordentlichen Kündigung darlegungs- und beweispflichtig. Ein wichtiger Grund ist nur dann gegeben, wenn Tatsachen vorliegen, auf Grund derer dem Kündigenden unter Berücksichtigung aller Umstände des Einzelfalles und unter Abwägung der Interessen beider Vertragsteile nicht zugemutet werden kann, das Arbeitsverhältnis für die Dauer der Kündigungsfrist oder bis zur vereinbarten Beendigung fortzusetzen. Der wichtige Grund enthält mithin zwei Elemente. Es müssen Tatsachen vorliegen, die einer Weiterbeschäftigung entgegenstehen. Hierbei handelt es sich zumeist um Vertragsverletzungen, die in verschiedenen Bereichen des Arbeitsverhältnisses vorkommen können (bei der Begründung, im Leistungsbereich, im Bereich der betrieblichen Verbundenheit aller Mitarbeiter, im persönlichen Vertrauensbereich, aus der Person des Arbeitnehmers, im Unternehmensbereich usw.). Bei der Zumutbarkeitsprüfung sind Umstände darzulegen, die es dem Arbeitgeber unmöglich machen, das Arbeitsverhältnis über das Ende der Kündigungsfrist fortzusetzen. Eine außerordentliche Kündigung kann auch in Betracht kommen, wenn der Arbeitnehmer tariflich unkündbar ist (AP Nr. 181 zu § 626 BGB NZA 2003, 856). Wichtige Gründe können sein Drohung mit Erkrankung (BAG AP Nr. 13 zu § 543 ZPO), Wegnahme abgeschriebener Gegenstände (BAG AP Nr. 179 zu § 626 BGB = NZA 2004, 486).

5. Die zur Begründung der außerordentlichen Kündigung herangezogenen Vertragsverletzungen müssen im gleichen Unrechtsbereich liegen, andernfalls kann es geboten sein, vor Ausspruch der Kündigung erneut abzumahnen.

6. Nach § 626 Abs. 2 BGB kann die außerordentliche Kündigung nur innerhalb einer Ausschlussfrist von zwei Wochen ausgesprochen werden; sie muss innerhalb der Frist zugehen (BAG AP Nr. 12 zu § 626 BGB Ausschlussfrist = NJW 1978, 2168). Für die Einhaltung der Frist ist der Kündigende darlegungs- und beweispflichtig. Die Frist beginnt mit dem Zeitpunkt, in dem der Kündigungsberechtigte von den für die Kündigung maßgebenden Gründen sichere Kenntnis erlangt (Einzelheiten bei *Schaub* ArbR-Hdb. § 125 Rdn. 26 ff.). Bei Dauertatbeständen kommt es darauf an, dass in den letzten zwei Wochen der Tatbestand angehalten hat (dauernde Arbeitsunfähigkeit: BAG AP Nr. 8 zu § 626 BGB Krankheit = NZA 1996, 871). Der Beginn der zweiwöchigen Ausschlussfrist ist nur gehemmt, solange der Kündigungsberechtigte die zur Aufklärung des Kündigungssachverhaltes nach pflichtgemäßem Ermessen notwendig erscheinende Maßnahmen mit der gebotenen Eile auch tatsächlich durchführt (BAG AP Nr. 32 zu § 626 BGB Ausschlussfrist = NJW 1994, 1891 = NZA 1994, 409).

7. Im Allgemeinen wird es sich empfehlen, außerordentlich und vorsorglich ordentlich zu kündigen. Eine außerordentliche Kündigung, die aus irgendeinem Grunde rechtsunwirksam ist, kann in eine ordentliche Kündigung zum nächst zulässigen Termin umgedeutet werden (§ 140 BGB). Da die außerordentliche Kündigung regelmäßig den Willen enthält, das Arbeitsverhältnis in jedem Falle zu beenden, ist im Zweifel davon auszugehen, dass eine unberechtigte außerordentliche Kündigung zum nächst zulässigen Termin gewollt ist. Die sich im Wege der Konversion ergebende ordentliche Kündigung kann nur dann Rechtswirkungen entfalten, wenn sie ihrerseits nicht mit Rechtsmängeln behaftet ist oder gegen Kündigungsbeschränkungen verstößt (vgl. *Schaub* ArbR-Hdb. § 123 Rdn. 160 ff.).

8. Soll eine Umdeutung erfolgen, muss der Arbeitgeber im Prozess über die außerordentliche Kündigung vor Urteilserlass die Gründe darlegen, aus denen eine Umdeutung erfolgen soll. Andernfalls ist er damit ausgeschlossen. Von Amts wegen hat das Gericht keine Veranlassung hierauf einzugehen (BAG AP Nr. 2 zu § 615 BGB Böswilligkeit; AP

Nr. 3 zu § 13 KSchG 1969 = NJW 1975, 408; AP Nr. 10 zu § 626 BGB Druckkündigung = NJW 1976, 869). Dagegen hat es später ausgeführt, die Gerichte für Arbeitssachen müssen von sich aus prüfen, ob auf Grund feststehender Tatsachen eine Umdeutung der außerordentlichen Kündigungserklärung in Betracht kommt (BAG AP Nr. 13 zu § 140 BGB = NJW 2002, 2972). Eine wegen Versäumung der Frist des § 626 II BGB unwirksame außerordentliche Kündigung eines Geschäftsführer-Anstellungsvertrages kann nur dann in eine ordentliche Kündigung umgedeutet werden, wenn dies dem Willen des Kündigenden entspricht und dieser Wille gegenüber dem Kündigungsempfänger erkennbar zum Ausdruck gebracht wird. Diese Voraussetzung fehlt schon dann, wenn das Stimmquorum für eine ordentliche Kündigung nicht erreicht ist (BGH AP Nr. 16 zu § 626 BGB Kündigungserklärung = NJW-RR 2000, 987 = NZA 2000, 430).

9. Die ordnungsgemäße Anhörung des Betriebsrats setzt voraus, dass der Arbeitgeber dem Betriebsrat die Art der beabsichtigten Kündigung, insbesondere also mitteilt, ob eine ordentliche oder eine außerordentliche Kündigung ausgesprochen werden soll. Will der Arbeitgeber sicherstellen, dass eine außerordentliche Kündigung notfalls in eine ordentliche Kündigung umgedeutet wird, so muss er den Betriebsrat deutlich darauf hinweisen (BAG AP Nr. 15 zu § 102 BetrVG 1972 = NJW 1979, 76; AP Nr. 58 aaO. = NZA 1992, 416). Der Wirksamkeit einer außerordentlichen Kündigung steht die fehlende Mitteilung der genauen Sozialdaten des zu kündigenden Arbeitnehmers dann nicht entgegen, wenn es dem Arbeitgeber wegen der Schwere der Kündigungsvorwürfe auf die genauen Daten ersichtlich nicht ankommt (BAG AP Nr. 73 zu § 102 BetrVG 1972 = NJW 1996, 1556 = NZA 1996, 419). Der Arbeitgeber muss nur die tragenden Umstände dem Betriebsrat mitteilen (BAG AP Nr. 68 zu § 102 BetrVG 1972 = NJW 1995, 1854 = NZA 1995, 363). Die Umdeutung einer außerordentlichen fristlosen Kündigung in eine außerordentliche Kündigung mit notwendiger Auslauffrist setzt grundsätzlich eine Beteiligung des Betriebs- bzw. Personalrats nach den für eine ordentliche Kündigung geltenden Bestimmungen voraus (BAG AP Nr. 9 zu § 626 BGB Krankheit = NZA 2001, 219 = NJW 2001, 1229). Hat der Arbeitgeber eine außerordentliche Kündigung ausgesprochen und der Betriebsrat dieser zugestimmt, so ist eine Konversion in eine ordentliche Kündigung zulässig, da grundsätzlich davon auszugehen ist, dass der Betriebsrat auch einer milderen Maßnahme zugestimmt hätte (BAG AP Nr. 15 zu § 102 BetrVG 1972 = NJW 1979, 76). Hat dagegen der Betriebsrat der außerordentlichen Kündigung widersprochen, so ist eine Konversion nur möglich, wenn der Arbeitgeber vorsorglich auch zur ordentlichen Kündigung angehört hat.

11. Klage bei befristetem Arbeitsverhältnis

An das
Arbeitsgericht

Klage

des/der Herrn/Frau ...... **Klägers(in)**
– Prozessbevollmächtigte/r: RA ......(in) –

gegen

die Firma ...... **Beklagte**

wegen Befristung eines Arbeitsverhältnisses[1]**.**

Namens und mit Vollmacht des/der Kläger(in) erhebe ich Klage und werde beantragen zu erkennen:

I. Es wird festgestellt, dass das zwischen den Parteien bestehende Arbeitsverhältnis nicht auf Grund der Befristungsvereinbarung vom ...... am ...... endet, sondern auf unbestimmte Zeit fortbesteht. [2, 3]**.**

II. Die Beklagte wird verurteilt, den/die Kläger(in) über den Ablauf des ...... weiterzubeschäftigen.

III. Die Beklagte hat die Kosten des Rechtsstreites zu tragen.

Begründung:

Der/Die im Jahre ...... geborene Kläger(in) trat am ...... als ...... in die Dienste der Beklagten. In dem schriftlich abgeschlossenen Arbeitsvertrag vom ...... ist vereinbart, dass das Arbeitsverhältnis mit dem ...... auflösend befristet abgeschlossen ist. Vor Beendigung des 1. Arbeitsverhältnisses haben die Parteien die Verlängerung des Arbeitsverhältnisses bis zum ...... vereinbart. Am ...... hat die Beklagte dem/der Kläger(in) mitgeteilt, dass das Arbeitsverhältnis nicht verlängert werde. Die Befristung ist jedoch unwirksam. Es bestand schon kein sachlicher Grund für die Befristung des ersten Arbeitsverhältnisses. Eine Verlängerung dieses Arbeitsverhältnisses war nicht möglich.[4, 5] Die Beklagte hat durch den Abschluss befristeter Arbeitsverträge gegen § 14 TzBfG verstoßen ......

Rechtsanwalt/Rechtsanwältin

Anmerkungen

1. Befristete Arbeitsverträge können abgeschlossen werden, dass die Dauer des Arbeitsverhältnisses kalendermäßig bestimmt wird oder dass die Dauer aus der Beschaffenheit oder dem Zweck der Dienste zu entnehmen ist (§ 3 Abs. 1 TzBfG). Ist der Arbeitsvertrag zweckbefristet abgeschlossen, endet er mit Erreichung des Zwecks, frühestens jedoch zwei Wochen seit Zugang der schriftlichen Unterrichtung des Arbeitnehmers durch den Arbeitgeber über den Zeitpunkt der Zweckerreichung. Unterlässt der Arbeitgeber die Mitteilung oder erteilt er sie verspätet, so verlängert sich das Arbeitsverhältnis (§ 15 Abs. 2 TzBfG). Insoweit knüpft das Gesetz an frühere Rechtsprechung an (BAG AP Nr. 113 zu § 620 BGB Befristeter Arbeitsvertrag = NZA 1988, 201; AP Nr. 103 aaO. = NZA 1987, 238).

Nach § 14 Abs. 2 TzBfG ist die kalendermäßige Befristung eines Arbeitsvertrages bis zur Dauer von zwei Jahren ohne Vorliegen eines sachlichen Grundes zulässig. Bis zur Gesamtdauer von zwei Jahren ist auch die höchstens dreimalige Verlängerung eines befristeten Arbeitsvertrages zulässig.

Die Befristung bedarf der Schriftform (§ 14 Abs. 4 TzBfG). Vereinbaren die Parteien nach Ausspruch einer Kündigung die befristete Weiterbeschäftigung des Arbeitnehmers nach Ablauf der Kündigungsfrist bis zum rechtskräftigen Abschluss des Kündigungsschutzverfahrens, bedarf die Befristung der Schriftform (BAG AP Nr. 6 zu § 14 TzBfG).

2. Soll die Unwirksamkeit einer Befristung geltend gemacht werden, so muss der Arbeitnehmer innerhalb von drei Wochen nach dem vereinbarten Ende des befristeten Arbeitsvertrages Klage beim Arbeitsgericht auf Feststellung erheben, dass das Arbeitsverhältnis auf Grund der Befristung nicht beendet ist (§ 17 S. 1 TzBfG). Ob auch ein Weiterbeschäftigungsanspruch über das Ende der Befristung besteht, war umstr., wird aber inzwischen bejaht (vgl. Form. IV. B. 2 Anm. 5). Die Feststellungsklage ist zulässig. Ob neben dem vorformulierten Antrag noch die Feststellung begehrt werden kann, dass das Arbeitsverhältnis über das Ende der Frist fortbesteht, wird nach den gleichen Grundsätzen wie bei der Kündigungsschutzklage zu beurteilen sein (Form. IV. B. Anm. 5).

3. Versäumt der Arbeitnehmer die Klagefrist, so gilt das Verfahren über die nachträgliche Zulassung einer Kündigungsschutzklage nach § 5 bis 7 KSchG entsprechend (vgl.

Form. IV. B. 3) Wird das Arbeitsverhältnis nach dem vereinbarten Ende fortgesetzt, so beginnt die dreiwöchige Klagefrist mit dem Zugang der schriftlichen Erklärung des Arbeitgebers, dass das Arbeitsverhältnis auf Grund der Befristung beendet sei (§ 17 S. 3 TzBfG). Die Bedeutung dieser Vorschrift ist umstritten.

4. In § 14 TzBfG ist eine Befristung des Arbeitsvertrages mit und ohne Sachgrund vorgesehen. Die Befristung eines Arbeitsvertrages ist zulässig, wenn sie durch einen sachlichen Grund gerechtfertigt ist (14 Abs. 1 S. 1 TzBfG). Nach BAG GS AP 16 zu § 620 BGB Befristeter Arbeitsvertrag war eine Befristung unzulässig, wenn für sie kein Sachgrund bestand und der Kündigungsschutz umgangen wurde. Hierdurch wurden Arbeitsverhältnisse vor Ablauf der sechsmonatigen Wartezeit des § 1 KSchG und Kleinbetriebe aus der Befristungskontrolle ausgeschieden. Zu § 14 TzBfG war zunächst heftig umstritten, ob die Umgehung des Kündigungsschutzes vorausgesetzt wird. Inzwischen ist hM., dass nunmehr alle Arbeitsverhältnisse erfasst würden, wenngleich dies keinen rechten Sinn macht. In § 14 Abs. 1 S. 2 zählt das Gesetz Beispielsfälle auf, in denen eine Befristung sachlich gerechtfertigt ist. Der Katalog ist nicht abschließend. Nach der früheren Rechtsprechung des BAG ist die in einem außergerichtlichen Vergleich vereinbarte Befristung jedenfalls dann sachlich gerechtfertigt, wenn der Vergleich zur Beilegung eines offenen Streits der Parteien über den Fortbestand des Arbeitsverhältnisses geschlossen wird (BAG AP Nr. 255 zu § 620 BGB Befristeter Arbeitsvertrag; BAG AP Nr. 2 zu § 14 TzBfG = NZA 2003, 914).

Nach § 14 Abs. 2 TzBfG ist eine kalendermäßige Befristung eines Arbeitsvertrages ohne Vorliegen eines sachlichen Grundes bis zur Dauer von zwei Jahren zulässig. Bis zu dieser Gesamtdauer von zwei Jahren ist auch die höchstens dreimalige Verlängerung eines kalendermäßig befristeten Arbeitsvertrages zulässig. Die Verlängerung des Arbeitsvertrages muss vor dessen jeweiligem Ablauf erfolgen, weil sonst eine Verlängerung nicht gegeben ist (BAG AP Nr. 4 zu § 1 BeschFG 1996 = NJW 2001, 546; AP Nr. 6 aaO. = NZA 2001, 659; NZA 2001, 1425). Eine Befristung ohne Sachgrund ist nicht möglich, wenn mit demselben Arbeitgeber bereits zuvor ein befristetes oder unbefristetes Arbeitsverhältnis bestanden hat. Nach hM. schließt selbst ein längere Zeit zurückliegendes Arbeitsverhältnis die Befristung aus. Durch Tarifvertrag kann die Anzahl der Verlängerungen oder die Höchstdauer der Befristung abweichend geregelt werden. Im Geltungsbereich eines solchen Tarifvertrages können nicht tarifgebundene Arbeitgeber und Arbeitnehmer die Anwendung der tariflichen Regelungen vereinbaren.

Die Befristung bedarf keines sachlichen Grundes, wenn der Arbeitnehmer bei Beginn des befristeten Arbeitsverhältnisses das 52. Lebensjahr vollendet hat und unmittelbar vor Beginn des befristeten Arbeitsverhältnisses mindestens vier Monate beschäftigungslos im Sinne des § 119 Abs. 1 Nr. 1 SGB III gewesen ist, Transferkurzarbeitergeld bezogen oder an einer öffentlichen Beschäftigungsförderung nach dem SGB II, III teilgenommen hat. Bis zu einer Gesamtdauer von fünf Jahren ist auch die mehrfache Verlängerung des Arbeitsvertrags zulässig (§ 14 Abs. 3 TzBfG). Zur Befristung vgl. Form. IV. B. 9 Anm. 1

5. Bei Prüfung der Frage, ob eine Befristung rechtswirksam ist, ist zunächst zu prüfen, ob auf Grund Gesetz, Tarifvertrag oder Betriebsvereinbarung eine Befristung möglich ist. Gesetzliche Regeln bestehen für Auszubildende (§ 14 BBiG), wissenschaftliches Personal (Wissenschaftszeitvertragsgesetz), Ärzte in der Weiterbildung und im TzBfG. Die Tarifpartner können die Befristung nur in begrenztem Umfang zum Nachteil des Arbeitnehmers regeln (§ 22 TzBfG).

Ein befristetes Arbeitsverhältnis unterliegt nur dann der ordentlichen Kündigung, wenn diese einzelvertraglich oder im anwendbaren Tarifvertrag vereinbart ist (§ 15 Abs. 3 TzBfG). Ist die Befristung unwirksam, so gilt der befristete Arbeitsvertrag als auf unbestimmte Zeit geschlossen; er kann vom Arbeitgeber frühestens zum vereinbarten Ende ordentlich gekündigt werde, sofern nicht nach § 15 Abs. 3 TzBfG die ordentliche

Kündigung zu einem früheren Zeitpunkt möglich ist. Ist die Befristung nur wegen des Mangels der Schriftform unwirksam, kann der Arbeitsvertrag auch vor dem vereinbarten Ende gekündigt werden (§ 16 TzBfG). Ist das Arbeitsverhältnis wirksam befristet, kann sich der Arbeitgeber grundsätzlich auf die Befristung berufen. Die Nichtverlängerung kann jedoch eine mittelbare Frauendiskriminierung darstellen. Das BAG hat schon immer angenommen, dass der Berufung auf die Befristung mit der Einrede der Arglist begegnet werden kann (BAG AP Nr. 26 zu § 620 BGB Befristeter Arbeitsvertrag; AP Nr. 8 zu § 1 BeschFG 1985 = NJW 1989, 3171).

6. Die Darlegungs- und Beweislast für die tatsächlichen Voraussetzungen der zulässigen Befristung trägt derjenige der sich auf die Befristung beruft (BAG NZA 1995, 780). Das ist regelmäßig der Arbeitgeber. Der Arbeitgeber muss nach § 14 Abs. 1 TzBfG darlegen und beweisen (1) die wirksame Vereinbarung der Befristung, (2) Einhaltung der Schriftform, (3) das Bestehen eines sachlichen Grundes. Dem Arbeitgeber obliegt auch die Darlegungs- und Beweislast für die erleichterten Voraussetzungen der Befristung (§ 14 Abs. 2 und 3 TzBfG). Das schließt die Darlegungs- und Beweislast für das Nichtbestehen vorausgegangener Arbeitsverträge ein. Nach der Gesetzesbegründung hat der Arbeitgeber ein Fragerecht wegen der vorausgegangenen Arbeitsverhältnisse (BT-Drucks. 14/4374, S. 14). Beantwortet der Arbeitnehmer eine Frage falsch, hat der Arbeitgeber ein Anfechtungsrecht wegen arglistiger Täuschung. Aus dieser Grundwertung folgt, dass der Arbeitnehmer die Darlegungs- und Beweislast trägt, wenn das Vorarbeitsverhältnis nicht erweisbar ist.

12. Anrufung des Arbeitsgerichts bei auflösend bedingtem Arbeitsvertrag

An das
Arbeitsgericht

Klage

des/der Herrn/Frau ......

– Prozessbevollmächtigte/r: RA ......(in) – **Klägers(in)**

gegen

die Firma **Beklagte**

wegen Unwirksamkeit einer auflösenden Bedingung[1]

Namens und mit Vollmacht des/der Klägers(in) erhebe ich Klage und werde beantragen zu erkennen[2]**:**

I. Es wird festgestellt, dass das Arbeitsverhältnis durch die auflösende Bedingung vom ...... nicht aufgelöst worden ist.

II. Die Beklagte trägt die Kosten des Rechtsstreits.

Begründung[3, 4]**:**

Der/Die im Jahre ...... geborene Kläger(in) trat am ...... in die Dienste der Beklagten. In dem Arbeitsvertrag vom ...... ist schriftlich[5] **vereinbart, dass das Arbeitsverhältnis auflösend bedingt ist. Auflösende Bedingung sollte die Berechtigung der Beklagten sein, ... zu exportieren. Die auflösende Bedingung ist unwirksam, weil ......**[6, 7]

Anmerkung

1. Wird ein Arbeitsvertrag unter einer auflösenden Bedingung geschlossen, gelten § 4 Abs. 2 (Diskriminierungsverbot), § 5 (Benachteiligungsverbot), § 14 Abs. 1 und 4 (Sachlicher Grund, Schriftform), § 15 Abs. 2, 3. 5 (Ende des bedingten Arbeitsvertrages, Ausschluss ordentlicher Kündigung mangels Vereinbarung) und sowie die §§ 16 bis 20 (Rechtsfolgen der Bedingung usw.) TzBfG entsprechend (§ 21 TzBfG). Eine auflösende Bedingung ist dann gegeben, wenn das Arbeitsverhältnis bei Eintritt eines zukünftig ungewissen Ereignisses enden soll. Dagegen ist bei der Zweckbefristung der Eintritt gewiss.

2. Will der Arbeitnehmer geltend machen, dass die Bedingung unwirksam ist, muss innerhalb einer Frist von drei Wochen Klage erhoben werden. Der Klageantrag ergibt sich aus § 17 S. 1 TzBfG.

3. Mit der Verweisung in § 21 auf § 14 TzBfG ist klargestellt, dass auflösend bedingte Arbeitsverhältnisse zulässig sind, wenn hierfür ein sachlicher Grund besteht. Der Regelung ist die Wertung zu entnehmen, dass grundsätzlich alle Befristungsgründe auch die Bedingung rechtfertigen können. Das BAG hat in seiner Rechtsprechung Bedenken gegen auflösend bedingte Arbeitsverträge geäußert, weil dem Arbeitnehmer weitgehend das Risiko des Eintritts der Bedingung übertragen ist. Es wird daher wohl eine strenge Überprüfung des Sachgrundes vornehmen. Die in § 14 TzBfG aufgezählten Gründe sind der Befristungsrechtsprechung entnommen und passen nicht unmittelbar für bedingte Arbeitsverträge. Von der Rechtsprechung sind folgende Sachgründe als auflösende Bedingung anerkannt: Feststellung der Fluguntauglichkeit (BAG 11. 10. 1995 NZA 1996, 1212; auch 16. 10. 2008 7 AZR 185/07 AP Nr. 4 zu § 21 TzBfG), Entzug der einem Wachmann erteilten Bewachungserlaubnis (BAG 25. 8. 1999 NZA 2000, 656), Entzug der Einsatzgenehmigung bei US-Streitkräften (BAG 19. 3. 2008 AP Nr. 5 zu § 21 TzBfG = NZA-RR 2008, 570; Beendigung im Falle der Abweisung der Kündigungsschutzklage (BAG 4. 9. 1986 NZA 1987, 376), Einstellung unter der auflösenden Bedingung der Zustimmungsverweigerung der Arbeitnehmervertretung (BAG AP Nr. 74 zu § 620 BGB Befristeter Arbeitsvertrag), Eintritt der Erwerbsunfähigkeit (BAG 28. 6. 1995 NZA 1996, 374), Feststellung der mangelnden gesundheitlichen Eignung (LAG Hessen LAGE Nr. 4 zu § 620 BGB Bedingung). In folgenden Fallgruppen wird von der Unzulässigkeit der auflösenden Bedingung ausgegangen: Nichtwiederaufnahme der Tätigkeit nach dem Urlaub (BAG AP Nr. 3 zu § 620 BGB Bedingung), Beendigung der bewilligten Beurlaubung, wenn vom Willen des Arbeitgebers abhängig (BAG 4. 12. 1991 NZA 1992, 838), Abstiegsklauseln in Sportlerarbeitsverträgen (LAG Düsseldorf LAGE Nr. 5 zu § 620 BGB Bedingung), Gewährung einer Erwerbsunfähigkeitsrente auf Zeit (BAG 23. 2. 2000 NZA 2000, 821).

4. Im Unterschied zu befristeten Arbeitsverträgen gibt es keine Sondertatbestände für auflösend bedingte Arbeitsverträge ohne Sachgrund.

5. Die auflösende Bedingung bedarf zu ihrer Wirksamkeit der Schriftform. Dem Schriftformerfordernis ist nur genügt, wenn die Bedingung, von der die Beendigung des Arbeitsverhältnisses abhängt, hinreichend umschrieben ist.

6. Nach §§ 21, 15 Abs. 2 TzBfG tritt die Beendigung des Arbeitsverhältnisses nur ein, wenn der Arbeitgeber den Arbeitnehmer über den Zeitpunkt des Bedingungseintritts unterrichtet hat. Eine vorzeitige ordentliche Kündigung des Arbeitsverhältnisses ist nur möglich, wenn dies einzelvertraglich oder im anwendbaren Tarifvertrag vereinbart ist.

7. Im Übrigen bestehen keine Besonderheiten gegenüber befristeten Arbeitsverhältnissen.

13. Kündigungsschutzklage bei besonderem Kündigungsschutz

An das
Arbeitsgericht

Klage

des Betriebsratsmitgliedes ...... Kläger/in
– Prozessbevollmächtigte/r: RA ......(in) –

gegen

die Firma ......

Beklagte

wegen Kündigungsschutz

Namens und mit Vollmacht des Betriebsratsmitgliedes ...... erhebe ich Klage und werde beantragen zu erkennen:

I. Es wird festgestellt, dass das Arbeitsverhältnis durch die Kündigung vom ...... nicht aufgelöst worden ist.

II. Die Beklagte trägt die Kosten des Rechtsstreites ......

Begründung:

Der/Die ...... Jahre alte Kläger(in) steht seit dem ...... in den Diensten der Beklagten. Im Jahre ...... wurde er/sie in den Betriebsrat gewählt. Am ...... hat die Beklagte das Arbeitsverhältnis außerordentlich gekündigt. Der Betriebsrat hat dieser Kündigung nicht zugestimmt. Sie ist daher nichtig[1, 2].

Rechtsanwalt/Rechtsanwältin

Anmerkungen

1. Sofern ein absoluter Kündigungsschutz besteht, kann die Klage mit wenigen Sätzen erhoben werden.

2. Alternative ...... Jahre alte Klägerin steht seit dem ...... in den Diensten der Beklagten. Die Beklagte hat das Arbeitsverhältnis am ...... ordentlich/außerordentlich gekündigt. Diese Kündigung ist nichtig. Die Klägerin befindet sich in anderen Umständen. Die Entbindung wird voraussichtlich am ...... stattfinden. Die Klägerin hat am ...... der Beklagten von der Schwangerschaft Mitteilung gemacht.

Kosten und Gebühren

Vgl. Form. IV. B. 1.

14. Klage eines Arbeitnehmers im Insolvenzverfahren

An das
Arbeitsgericht

Klage[1]

des/der Herrn/Frau ......

Klägers(in)

– Prozessbevollmächtigte/r: RA ......(in) –

gegen

den Herrn ...... als Insolvenzverwalter über das Vermögen der ...... **Beklagter**

wegen Kündigung

Namens und mit Vollmacht des/der Klägers/in erhebe ich Klage und beantrage zu erkennen:[2, 3]

I. Es wird beantragt, festzustellen, dass das Arbeitsverhältnis durch die Kündigung vom ...... nicht aufgelöst worden ist.
II. Der Beklagte trägt die Kosten des Rechtsstreits.

Begründung:

Der/Die Kläger(in) trat am ...... in die Dienste der Fa. ...... als kaufmännische(r) Angestellte(r). Das Arbeitsverhältnis richtete sich kraft Organisationszugehörigkeit/einzelvertraglicher Verweisung nach den Tarifverträgen für ...... Die tarifliche Kündigungsfrist beträgt mithin ......
Die Fa. ...... ist in wirtschaftliche Schwierigkeiten geraten. Am ...... ist über ihr Vermögen das Insolvenzverfahren eröffnet worden. Zum Insolvenzverwalter ist Rechtsanwalt ...... bestellt worden.
Die Firma ...... hat ...... Arbeitnehmer beschäftigt. Bei ihr besteht ein Betriebsrat aus ...... Mitgliedern. Betriebsratsvorsitzender ist ......
Der Insolvenzverwalter hat allen Belegschaftsangehörigen mit Schreiben vom ...... (außerordentlich) gekündigt.
Das Schreiben ist dem/der Kläger(in) am ...... zugegangen. Zur Begründung hat der Insolvenzverwalter sich darauf berufen, dass der Betrieb sofort stillgelegt werden müsse. Die Kündigung ist aus mehreren Gründen unwirksam ......[4]

Rechtsanwalt/Rechtsanwältin

Anmerkungen

1. Bei einer Kündigungsschutzklage gegen die Kündigung des Insolvenzverwalters ist dieser in seiner Eigenschaft als Partei kraft Amtes zu verklagen. Wird versehentlich anstatt des Insolvenzverwalters die Schuldnerin verklagt, macht dies den Insolvenzverwalter nicht zur Partei. Eine solche wahrt nicht die Klagefrist nach § 4 KSchG. Ergibt sich aus dem Rubrum, dass an Stelle des Insolvenzverwalters die Schuldnerin verklagt ist, so hat das Gericht zu prüfen, ob der Fehler durch eine Berichtigung des Rubrums behoben werden kann (BAG AP Nr. 14 zu § 113 InsO = NZA 2003, 1391).

2. Nach § 113 InsO kann ein Dienstverhältnis, bei dem der Schuldner der Dienstberechtigte ist, vom Insolvenzverwalter und vom anderen Teil ohne Rücksicht auf eine vereinbarte Vertragsdauer oder einen vereinbarten Ausschluss des Rechts zur ordentlichen

Kündigung gekündigt werden. Die Kündigungsfrist beträgt drei Monate zum Monatsende, wenn nicht eine kürzere Kündigungsfrist maßgebend ist. Es war umstritten, ob durch § 113 InsO eine tarifliche oder vertragliche Kündigungsfrist abgekürzt werden kann. Das BAG ist davon ausgegangen, dass eine längere tarifliche Kündigungsfrist durch § 113 InsO verdrängt wird (BAG AP Nr. 3 zu § 113 InsO = NJW 2000, 972 = NZA 1999, 1331; AP Nr. 5 aaO. = NJW 2000, 2692 = NZA 2000, 658). Ist arbeitsvertraglich eine längere als die gesetzliche Kündigungsfrist vereinbart, so ist bei einer Kündigung in der Insolvenz bis zur Höchstfrist des § 113 S. 2 InsO (drei Monate zum Monatsende) diese längere Frist maßgeblich (BAG AP Nr. 1 zu § 113 InsO = NJW 1999, 1571 = NZA 1999, 425). Dieser Rechtsprechung hat das BVerfG zugestimmt (BVerfG AP Nr. 2 zu § 113 InsO, NZA 1999, 597; AP Nr. 4 aaO. = NZA 1999, 923). Der Insolvenzverwalter kann ein Arbeitsverhältnis auch dann mit der kurzen Kündigungsfrist nach § 113 InsO kündigen, wenn er zuvor als vorläufiger Insolvenzverwalter unter Einhaltung der ordentlichen Kündigungsfrist zu einem späteren Zeitpunkt gekündigt hat (BAG AP Nr. 12 zu § 113 InsO = NJW 2003, 3364 = NZA 2003, 1086). Will ein Arbeitnehmer geltend machen, dass die Kündigung seines Arbeitsverhältnisses durch den Insolvenzverwalter unwirksam ist, so muss er nach § 4 KSchG innerhalb von drei Wochen nach Zugang der Kündigung Klage beim Arbeitsgericht erheben. Soweit die Kündigung des Insolvenzverwalters der Zustimmung einer Behörde bedarf, läuft die Frist zu Anrufung des Arbeitsgerichts erst von der Bekanntgabe der Entscheidung an den Arbeitnehmer ab (§ 4 S. 4 KSchG). Kündigt der Insolvenzverwalter einem in Erziehungsurlaub befindlichen Arbeitnehmer, so kann dieser das Fehlen der nach § 18 BEEG erforderlichen Zulässigkeitserklärung bis zur Grenze der Verwirkung jeder Zeit geltend machen, wenn ihm die entsprechende Entscheidung der zuständigen Behörde nicht bekannt gemacht worden ist (§ 4 S. 4 KSchG; vgl. AP Nr. 7 zu § 18 KSchG = NZA 2003, 1335). Findet nach Ablauf einer insolvenzbedingten Kündigung ein Betriebsübergang statt, besteht kein Anspruch auf Wiedereinstellung bzw. Fortsetzung des Arbeitsverhältnisses (BAG 13. 5. 2004 AP Nr. 264 zu § 613a BGB).

3. Wird die Klagefrist versäumt, so ist eine nachträgliche Zulassung der Klage vorgesehen. Insoweit gelten nach dem Gesetz zu Reformen am Arbeitsmarkt §§ 5 ff. KSchG.

4. Hat der Betrieb keinen Betriebsrat oder kommt aus anderen Gründen innerhalb von drei Wochen nach Verhandlungsbeginn oder schriftlicher Aufforderung zur Aufnahme von Verhandlungen ein Interessenausgleich nicht zustande, obwohl der Verwalter den Betriebsrat rechtzeitig und umfassend unterrichtet hat, so kann der Insolvenzverwalter beim Arbeitsgericht beantragen, festzustellen, dass die Kündigung bestimmter im Antrag bezeichneter Arbeitnehmer durch dringende betriebliche Erfordernisse bedingt und sozial gerechtfertigt ist. Die Entscheidung ergeht im Beschlussverfahren. Vgl. Form. IV. E. 12. Es bedarf einer Koordinierung für das Sammelverfahren nach § 126 InsO und der Individualklagen der Arbeitnehmer. Die soziale Auswahl der Arbeitnehmer kann nur im Hinblick auf die Dauer der Betriebszugehörigkeit, das Lebensalter und die Unterhaltspflichten nachgeprüft werden. Kündigt der Insolvenzverwalter einem Arbeitnehmer, der in dem Antrag nach § 126 InsO, also im Beschlussverfahren zum Kündigungsschutz bezeichnet ist, und erhebt der Arbeitnehmer Klage auf Feststellung, dass das Arbeitsverhältnis durch die Kündigung nicht aufgelöst oder die Änderung der Arbeitsbedingungen sozial ungerechtfertigt ist, so ist die im Beschlussverfahren zum Kündigungsschutz ergehende Entscheidung bindend. Es gilt der Vorrang des Beschlussverfahrens. Die bindende Wirkung muss nur dann zurücktreten, wenn sich die Sachlage nach Schluss der letzten mündlichen Verhandlung wesentlich geändert hat (§ 127 Abs. 1 InsO). Hat dagegen der Arbeitnehmer schon vor Rechtskraft des Beschlussverfahrens Feststellungsklage erhoben, so ist die Verhandlung über die Klage auf Antrag des Verwalters bis zu diesem Zeitpunkt auszusetzen. Der Insolvenzverwalter hat eine Wahlmöglichkeit, ob er erst die Klagen abwarten und Aussetzung beantragt oder sofort das Beschlussverfahren einleitet. Dies

hängt von prozesstaktischen Erwägungen ab. In jedem Fall muss der Arbeitnehmer klagen. Es gelten besondere Rechtsmittel und Kostenregelungen nach § 126 InsO (*Schaub*, ArbR.-Hdb. § 93 Rdn. 60).

15. Vergleich wegen Beendigung des Arbeitsverhältnisses[1]

Zwischen dem/der ...... nachstehend Arbeitnehmer
und
der Firma ...... nachstehend Arbeitgeber
wird ohne Präjudiz für die Sach- und Rechtslage nachfolgender Vergleich geschlossen.

1. **Die Parteien sind sich darüber einig, dass das zwischen ihnen bestehende Arbeitsverhältnis aufgrund der ordentlichen Kündigung des Arbeitgebers[2] vom ...... mit dem ...... sein Ende finden wird.**
2. **Der Arbeitgeber verpflichtet sich, das Arbeitsverhältnis unter Beachtung der Bruttomonatsvergütung in Höhe von ...... ordnungsgemäß abzurechnen und die sich ergebenden Nettobeträge an den Arbeitnehmer auszuzahlen[3].**
3. **Der Arbeitnehmer wird mit sofortiger Wirkung von der Arbeit freigestellt[4]. Er ist berechtigt, schon vor Ablauf der Kündigungsfrist in ein anderes Arbeitsverhältnis zu treten. Etwaiger Zwischenverdienst wird auf die weiterzuzahlende Vergütung angerechnet/nicht angerechnet[5].**
4. **Der Arbeitgeber verzichtet während des Bestandes des Arbeitsverhältnisses auf die Einhaltung des gesetzlichen Wettbewerbsverbotes[6].**
5. **Die Arbeitsvertragsparteien sind sich darüber einig, dass der dem Arbeitnehmer noch zustehender Urlaub in der Zeit von ...... bis ...... in Natur gewährt wird[7]. Der Arbeitgeber verpflichtet sich, dem Kläger ein Urlaubsgeld in Höhe von ...... EUR zu zahlen.**
6. **Der Arbeitgeber verpflichtet sich, dem Arbeitnehmer eine Abfindung nach §§ 9, 10 KSchG wegen Verlustes des Arbeitsplatzes in Höhe von ...... EUR zu zahlen[9, 10].**
7. **Der Arbeitnehmer hat das Recht, den Personenkraftwagen ...... Pol.-Kz. ...... zu übernehmen. Der Übernahmepreis richtet sich nach dem Gutachten eines Sachverständigen, den der Arbeitgeber bestimmt. Der Arbeitnehmer kann binnen einer Frist von zwei Wochen seit Mitteilung des vom Gutachter ermittelten Preises das Übernahmerecht ausüben. Der Arbeitgeber ist berechtigt, den Übernahmepreis von der Abfindung abzuziehen.**
   Der Arbeitgeber trägt die Kosten der Versteuerung und Versicherung des Kraftwagens bis zum ......
8. **Sonstige Bestimmungen[11].**
9. **Der Arbeitgeber verpflichtet sich, dem Arbeitnehmer ein berufsförderndes Zeugnis zu erteilen, das sich auf Art und Dauer sowie Leistung und Verhalten in dem Arbeitsverhältnis erstreckt.**
10. **Die Arbeitsvertragsparteien sind sich darüber einig, dass andere als in diesem Vergleich geregelten Ansprüche nicht mehr gegeneinander bestehen. Von dieser Ausgleichsquittung nicht erfasst werden etwaige Ansprüche aus betrieblicher Altersversorgung.**

Anmerkungen

1. Nach § 278 Abs. 6 ZPO ist der Abschluss eines gerichtlichen Vergleiches in einem schriftlichen Verfahren dadurch möglich, dass die Parteien einen Vergleichsvorschlag des Gerichts durch Schriftsatz gegenüber dem Gericht annehmen. Sie können dem Gericht

auch selbst einen Vergleichsvorschlag unterbreiten. Das Gericht hat Zustandekommen und Inhalt eines derartigen Vergleiches durch Beschluss festzustellen. Nach § 128 Abs. 4, § 53 Abs. 1 ArbGG kann die Entscheidung ohne mündliche Verhandlung und damit durch den Vorsitzenden des Arbeitsgerichts ergehen. Der Beschluss kann folgenden Wortlaut haben: „Es wird festgestellt, dass zwischen den Parteien ein Vergleich nachfolgenden Inhalts zustande gekommen ist ......" Ein derartiger Vergleich steht einem protokollierten Vergleich gleich (§ 794 Abs. 1 ZPO).

2. Gelegentlich wünschen die Arbeitsvertragsparteien, dass im Vergleichstext die Kündigung unerwähnt bleibt. Aus steuerrechtlichen Gründen ist aber notwendig, dass die Auflösung des Arbeitsverhältnisses auf Veranlassung des Arbeitgebers erfolgt.

3. Es soll gewährleistet sein, dass der Arbeitgeber bis zu einem in der Zukunft liegenden Termin noch die Monatsvergütung auszahlt.

4. Der Arbeitnehmer hat nur in seltenen Ausnahmefällen einen Anspruch auf Suspendierung von der Arbeit. Dies kann etwa der Fall sein, wenn einem leitenden Angestellten erhebliche Befugnisse oder Vollmachten entzogen werden. Andererseits ist der Arbeitgeber nicht ohne weiteres berechtigt, den Arbeitnehmer vom Dienst zu suspendieren (BAG AP Nr. 7 zu § 628 BGB = NJW 1972, 2279; AP Nr. 4 zu § 611 BGB Beschäftigungspflicht = NJW 1977, 215). Einvernehmlich kann die Freistellung vereinbart werden.

5. Verzichtet der Arbeitgeber auf die Anrechnung etwaigen Zwischenverdienstes nicht, wird dieser angerechnet (BAG AP Nr. 24 zu § 615 BGB = NJW 1964, 1243; AP Nr. 25 aaO.).

6. Alternative: Der Arbeitnehmer ist bis zum Ablauf der Kündigungsfrist, also bis zum ...... zur Einhaltung des gesetzlichen Wettbewerbsverbotes nach §§ 60, 61 HGB verpflichtet.

7. Wird der Urlaub nicht erteilt, könnte bei Beendigung des Arbeitsverhältnisses noch ein Abgeltungsanspruch erwachsen. Ein Erlass des Abgeltungsanspruches ist aus Gründen des Arbeitnehmerschutzes unwirksam (vgl. *Schaub* ArbR-Hdb. § 102 A Rdn. 116).

8. Eine Abfindung für den Verlust des Arbeitsplatzes ist gemäß §§ 24, 34 EStG steuerbegünstigt („Fünftelungsregelung"). Arbeitnehmer sind alle Dienstpflichtigen im lohnsteuerrechtlichen Sinne, also auch leitende Angestellte, Vorstandsmitglieder, Geschäftsführer von Kapitalgesellschaften, Gesellschafter-Geschäftsführer von Kapitalgesellschaften und Arbeitnehmerehegatten. Voraussetzung ist aber, dass sie nicht erheblich am Kapital beteiligt sind. Die Auflösung ist vom Arbeitgeber veranlasst, wenn er die entscheidende Ursache für die Auflösung des Dienstverhältnisses gesetzt hat (BFH BStBl. II 1980, 205). Unerheblich ist der formale Auflösungsgrund. Soweit der Arbeitnehmer bei seinem Ausscheiden bereits von ihm erdiente Ansprüche auf Gehalt, Lohn, Tantieme, Urlaubsgeld ausgezahlt erhält, sind sie keine Abfindung, selbst wenn sie als solche bezeichnet oder zusammen mit Abfindungsbeträgen ausgezahlt werden. Dagegen sind alle darüber hinaus gezahlten, bisher also noch nicht verdienten Beträge keine Abgeltung bereits vertraglich erlangter Ansprüche. Sie sind also Abfindungen. Für die Beurteilung der Frage, ob die Beträge bereits verdient waren, ist der vom Arbeitgeber und Arbeitnehmer vereinbarte Auflösungszeitpunkt maßgebend (BFH BStBl. II 1979, 155; II 1980, 205; II 1991, 723). Die Steuerprivilegierung kann nur eingreifen, wenn die Zahlung in einem Veranlagungszeitraum zufließt.

9. Das BAG nimmt an, dass Abfindungen, die nach Beendigung des Arbeitsverhältnisses gezahlt werden, beitragsfrei sind (BAG AP Nr. 6 zu § 10 KSchG 1969 = NJW 1989, 1381 = NZA 1989, 271 = DB 1989, 327 = BB 1989, 428).

Nach § 144 SGB III tritt eine Sperrfrist ein, wenn der Arbeitslose das Beschäftigungsverhältnis gelöst hat oder durch ein arbeitsvertragswidriges Verhalten Anlass für die Lösung des Beschäftigungsverhältnisses gegeben und dadurch vorsätzlich oder grob fahrlässig die Arbeitslosigkeit herbeigeführt hat, ohne für sein Verhalten einen wichtigen Grund zu haben. Ein Aufhebungs- oder Abwicklungsvertrag kann unter bestimmten

Voraussetzungen keine Sperrzeit auslösen (vgl. Dienstanweisung der Bundesagentur DA 9.1. 2. § 144.101 ff. Stand 04/09).

10. Nach § 143 a SGB III ruht der Anspruch auf Arbeitslosengeld, wenn das Arbeitsverhältnis ohne Einhaltung einer der ordentlichen Kündigungsfrist des Arbeitgebers entsprechenden Frist beendet wird. Zum Ruhen des Arbeitslosengeldanspruches kommt es daher nach einer außerordentlichen Kündigung oder bei einer einvernehmlichen Beendigung des Arbeitsverhältnisses ohne Einhaltung einer Kündigungsfrist. Die Regelung ist sehr verwickelt (vgl. *Schaub* ArbR-Hdb., § 23 Rdn. 46 ff.; Form. IV. B. 1 Anm. 7). Es bedarf einer ausdrücklichen Regelung in einem Vergleich, wenn eine Abfindung im Kündigungsschutzprozess entgegen § 143 a SGB III nicht um den darauf entfallenden Anteil der Arbeitslosenunterstützung gekürzt werden soll, sondern die auf die Bundesagentur übergegangenen Ansprüche vom Arbeitgeber getragen werden sollen (BAG NZA 1992, 1081). Macht die Bundesagentur für Arbeit geltend, ein Teil der zwischen Arbeitnehmer und Arbeitgeber vereinbarten Abfindung für den Verlust des Arbeitsplatzes sei wegen der Gewährung von Arbeitslosengeld auf sie übergegangen, so sind für die gegen den Arbeitnehmer gerichtete Klage auf Zustimmung zur Auszahlung des vom Arbeitgeber hinterlegten Betrags die Gerichte für Arbeitssachen zuständig (BAG AP Nr. 49 zu § 2 ArbGG 1979 = NJW 1997, 2774 = NZA 1997, 1070). Der Anspruch des Arbeitnehmers auf Arbeitsentgelt und Abfindung geht in Höhe des im Ruhenszeitraum bezogenen Arbeitslosengeldes auf die Bundesagentur für Arbeit über (§ 143 a SGB III, § 115 I SGB X). Wollen Arbeitgeber und Arbeitnehmer im Innenverhältnis von der gesetzlichen Regel der Anrechenbarkeit abweichen, müssen sie dies vereinbaren. Eine allgemeine Ausgleichsklausel in einem Vergleich, den die Parteien im Kündigungsschutzprozess geschlossen haben, reicht dazu nicht aus (Bestätigung von BAG, NZA 1992, 1081 = NJW 1993, 281 L; AP Nr. 9 zu § 115 SGB X = NZA 1997, 376). Der Arbeitgeber ist im Allgemeinen nicht verpflichtet, den Arbeitnehmer über Sperrfristen und Ruhenstatbestände des Arbeitslosengeldes zu belehren (BAG AP Nr. 99 zu § 611 BGB Fürsorgepflicht = NJW 1989, 247 = NZA 1988, 837 = DB 1988, 2006).

11. Es kann sich empfehlen noch an folgende Rechtsverhältnisse zu denken: (1) Gewinnbeteiligungen, Tantiemen; (2) Provisionen; (3) Gratifikationen; (4) Werkswohnung; (5) Darlehen; (6) Diensterfindung; (7) nachvertragliches Wettbewerbsverbot; (8) Betriebsgeheimnisse; (9) Firmenunterlagen; (10) sonstiges Firmeneigentum, Firmenausweise; (11) Zurückbehaltungsrechte; (12) Aufrechnungsverbot; (13) Arbeitsbescheinigung; (14) Kosten des Vergleichs; (15) salvatorische Klausel bei teilweiser Unwirksamkeit.

16. Klage auf Herausgabe der Arbeitspapiere[1] und Erteilung eines Zeugnisses[2]

An das
Arbeitsgericht

Klage

In Sachen

des/der ......

(volles Rubrum)

wegen Herausgabe der Arbeitspapiere und Erteilung eines Zeugnisses

Es wird beantragt, den/die Beklagte(n) zu verurteilen,

I. die Arbeitspapiere des/der Klägers(in) bestehend aus

1. Lohnsteuerkarte

2. Sozialversicherungs-Ausweis

herauszugeben[3];

II. dem/der Kläger(in) ein Zeugnis zu erteilen, das sich auf Art und Dauer sowie Leistung und Verhalten in dem Arbeitsverhältnis erstreckt[4];
III. dem/der Beklagten die Kosten des Rechtsstreits aufzuerlegen.

Begründung:

Der/Die Kläger(in) war vom ...... bis ...... als ...... bei dem/der Beklagten beschäftigt. Nach Beendigung des Arbeitsverhältnisses ist der/die Beklagte verpflichtet, die Arbeitspapiere herauszugeben. Dem/Der Beklagten steht hieran ein Zurückbehaltungsrecht nicht zu. Ferner ist der/die Beklagte verpflichtet, dem/der Kläger(in) ein Zeugnis zu erteilen, das sich auf Art und Dauer sowie Leistung und Verhalten im Arbeitsverhältnis erstreckt (§ 109 GewO)[5, 6].

Rechtsanwalt/Rechtsanwältin

Anmerkungen

1. Vgl. *Schaub* ArbR-Hdb. § 149.

2. Vgl. *Schaub* ArbR-Hdb. § 146.

3. Nach § 2 Abs. 1 Nr. 3e ArbGG sind die Arbeitsgerichte zuständig für bürgerliche Rechtsstreitigkeiten über Arbeitspapiere. Die Herausgabe und vollständige Ausfüllung kann daher vor den Arbeitsgerichten verlangt werden. Umstr. ist, ob auch die Berichtigung von Eintragungen verlangt werden kann. Das BAG geht davon aus, dass der Rechtsweg zu den Gerichten für Arbeitssachen nur für die Herausgabe gilt, nicht aber bei Streit um die Verpflichtung zum Ausfüllen bzw. Berichtigung (BAG AP Nr. 97 zu § 2 ArbGG 1979).

4. Die Formulierung des Zeugnisses ist Aufgabe des Arbeitgebers. Gleichwohl wird in der Praxis gelegentlich vereinbart, den Arbeitnehmer einen Entwurf fertigen zu lassen. Wird das Arbeitsverhältnis vor Insolvenzeröffnung beendet, bleibt der Arbeitgeber Schuldner des Anspruches (Einzelheiten: BAG AP Nr. 29 zu § 630 BGB).

5. Alternative für Berichtigungsantrag[6]: „Der/die Beklagte wird verurteilt, das dem/der Kläger/in am ...... ausgehändigte Zeugnis vom ...... in nachfolgenden Punkten zu berichtigen:
1. ......
2. ......

Im Berichtigungsprozess hat der Arbeitnehmer einen konkreten Antrag zu stellen (LAG Düsseldorf DB 1973, 1853). Da das Zeugnis ein einheitliches Ganzes ist, kann es uU. vom Arbeitnehmer vorformuliert werden.

6. Der fristgerecht entlassene Arbeitnehmer hat spätestens mit Ablauf der Kündigungsfrist oder bei seinem tatsächlichen Ausscheiden Anspruch gemäß § 109 GewO auf ein Zeugnis über Führung und Leistung (BAG AP Nr. 16 zu § 630 BGB = NZA 1987, 628; AP Nr. 21 zu § 630 BGB = NJW 1995, 2373 = NZA 1996, 671). Das Zeugnis ist im Allgemeinen auf Firmenpapier zu verfassen (BAG AP Nr. 20 zu § 630 BGB = NZA 1993, 219). Oberster Grundsatz eines Zeugnisses ist, dass der Inhalt der Wahrheit entspricht. Es soll zwar von einem verständigen Wohlwollen für den Arbeitnehmer getragen werden. Die Rücksichtnahme findet dort ihre Schranke, wo sich die Interessen des künftigen Arbeitgebers an die Zuverlässigkeit des Arbeitnehmers aufdrängen (BAG AP Nr. 1 zu § 73 HGB = NJW 1960, 1073). Das Zeugnis darf nur Tatsachen, dagegen keine bloßen Verdächtigungen enthalten (LAG Düsseldorf DB 2005, 1799). Der Arbeitgeber ist für die Tatsachen beweispflichtig, die der Zeugniserteilung und der darin enthaltenen Bewertung zugrunde liegen (BAG AP Nr. 1 aaO.). Diesen Rechtsgrundsatz hat das BAG modifiziert. Der Arbeitgeber trägt nach dem Prinzip der abgestuften Darlegungs- und Beweislast diese, wenn er dem Arbeitnehmer ein Zeugnis erteilt, das von einer durchschnittlichen Beurteilung abweicht (BAG AP Nr. 28 zu § 630 BGB). Ein vom Arbeitgeber berichtigtes Zeugnis ist auf das ursprüngliche Ausstellungsdatum zurückzudatieren (BAG AP Nr. 19 zu § 630 BGB = NJW 1993, 2196 = NZA 1993, 698). Die Darlegungs- und Beweislast dafür, dass die Nichterteilung, die verspätete Erteilung oder die Erteilung eines unrichtigen Zeugnisses für einen Schaden des Arbeitnehmers ursächlich gewesen ist, liegt beim Arbeitnehmer (BAG AP Nr. 6 zu § 73 HGB = NJW 1968, 1350). Dabei können dem Arbeitnehmer Beweiserleichterungen zu Gute kommen (BAG AP Nr. 12 aaO.). Der Anspruch auf Erteilung eines qualifizierten Zeugnisses unterliegt im Allgemeinen einer tariflichen Verfallfrist (vgl. für § 70 BAT BAG AP Nr. 10 zu § 70 BAT = DB 1983, 2043 8. 2. 1984 – 5 AZR 58/82 n. a. v.) sowie der Verwirkung (BAG AP Nr. 17 zu § 630 BGB = NJW 1988, 1616 = NZA 1988, 427 = DB 1988, 978).

Kosten und Gebühren

Berechnung des Beschwerdewertes: § 64 Abs. 6 ArbGG, §§ 511, 2 ff. ZPO. Berechnung des Gebührenstreitwertes: § 42 Abs. 4 GKG. Bei der Streitwertbemessung werden idR. für die Herausgabe der Arbeitspapiere 150 EUR und für die Erteilung eines Zeugnisses ein Monatsgehalt (*Schaub* ArbR-Hdb. § 146 Rdn. 22; ArbV-Hdb § 48 Rdn. 58) angesetzt. Zum Teil wird der Regelstreitwert für das Zeugnis dann – mit nicht logischer Begründung – für zu hoch gehalten, wenn der Anspruch unstreitig und gelegentlich eines allgemeinen Vergleiches mitgeregelt wird (250 EUR). Im Übrigen vgl. Form. IV. A. 1.

C. Anträge und Klagen des Arbeitgebers

1. Klage auf Unterlassung von Wettbewerb vor und nach Beendigung des Arbeitsverhältnisses[1]

An das
Arbeitsgericht

Klage

In Sachen

des/der ......
(volles Rubrum)

wegen Unterlassung von Wettbewerb.

Namens und in Vollmacht des/der Klägers(in) werde ich beantragen zu erkennen:

I. Der/die Beklagte wird verurteilt,
   1. Wettbewerb zum Nachteil des/der Kläger(in), insbesondere den Vertrieb nachfolgender Gegenstände ......im Bezirk ...... zu unterlassen[2, 3].
   2. Die Arbeit bei der Firma ...... einzustellen.

II. Der/Die Beklagte trägt die Kosten des Rechtsstreits.

Begründung:

Der/Die Kläger(in) betreibt ein Unternehmen für ...... Er/Sie stellt her/vertreibt nachfolgende Gegenstände ...... Die Einzelheiten des Produktions- und Vertriebsprogramms ergeben sich aus anliegender Preisliste.
Der/Die Beklagte wurde am ...... als ...... eingestellt.

Beweis: Anliegender Arbeitsvertrag

Im Arbeitsvertrag ist eine Kündigungsfrist von ...... zum ...... vereinbart. Gleichwohl hat der/die Beklagte am ...... zum ...... ordentlich/außerordentlich gekündigt. Gründe für eine außerordentliche Kündigung bestehen nicht. Hierfür ist der/die Beklagte darlegungs- und beweispflichtig.
Am ...... ist der/die Beklagte in die Dienste der Firma ...... getreten.

Beweis: Zeugnis ......

Die Firma ...... steht mit dem/der Kläger(in) in Konkurrenz. Das Produktions- und Vertriebsprogramm der Firma ergibt sich aus anliegender Angebotsliste.
Das Produktions- und Vertriebsprogramm ist namentlich wegen folgender Gegenstände gleich ......
Da die ordentliche Kündigungsfrist des/der Beklagten noch bis zum ...... läuft, ist der/die Beklagte zur Unterlassung von Wettbewerb und mithin zur Einstellung der Arbeit verpflichtet[4, 5].
Der/Die Kläger(in) hat aber auch für die Zeit nach Beendigung des Arbeitsverhältnisses ein Wettbewerbsverbot für die Dauer ...... geschlossen (§ 74 Abs. 1 HGB/§ 110 GewO).
Das Wettbewerbsverbot ergibt sich aus dem als Anlage ...... zur Klageschrift eingereichten Arbeitsvertrag.
Der/Die Beklagte ist daher auch für die Zeit nach Beendigung des Arbeitsverhältnisses bis zum ...... zur Unterlassung von Wettbewerb verpflichtet.[6]

Rechtsanwalt/Rechtsanwältin

Anmerkungen

1. *Schaub* ArbR-Hdb. §§ 57, 58; ArbR-Formb.; § 20 RN 2 Beck'sches Formularbuch des Bürgerlichen, Handels- und Wirtschaftsrechts/*Schaub* Form. III. F. 2 § 16.

2. Alternative: Der/die Beklagte wird verurteilt, dem/der Kläger(in) eine Vertragsstrafe in Höhe von ...... EUR nebst Zinsen in Höhe von 5 Prozentpunkten über dem Basiszinssatz seit dem ...... (Verzugsbeginn/Rechtshängigkeit) zu zahlen.

Zur Vertragsstrafe: *Schaub* ArbR-Hdb. § 58 Rdn. 105 ff.; auch § 60.

3. Wird bei einem Wettbewerbsverbot rechtskräftig festgestellt, dass eine Unterlassungspflicht bestand, so ist in dem folgenden Schadensersatzprozess davon auszugehen, dass ein Verstoß gegen die Unterlassungspflicht rechtswidrig war (BAG AP Nr. 1 zu § 268 ZPO = NJW 1967, 1876; AP Nr. 22 zu § 74 HGB). Läuft während des Rechtsstreits die Verbotsfrist ab, so ist eine Verurteilung zur Unterlassung ausgeschlossen. Indes kann noch in der Revisionsinstanz eine Änderung der Unterlassungsklage in eine Feststellungsklage erfolgen, wenn hieran ein besonderes Feststellungsinteresse besteht (BAG AP Nr. 20 zu § 133 f. GewO; AP Nr. 22 zu § 74 HGB). UU. ist die Erledigung der Hauptsache eingetreten.

4. Das Wettbewerbsverbot folgt für kaufm. Angestellte aus § 60 HGB, für sonstige Angestellte aus der Treuepflicht (BAG AP Nr. 7 zu § 611 BGB Treuepflicht; AP Nr. 8 aaO. = NJW 1977, 646). In einer Entscheidung hat das BAG § 60 HGB auch auf sonstige Angestellte entsprechend angewandt.

5. Grundsätzlich kann der Arbeitgeber keine Unterlassung anderweitiger Beschäftigung verlangen. Indes kann er die Unterlassung von Wettbewerb begehren.

6. Wegen des nachvertraglichen Wettbewerbsverbotes hat das BAG die §§ 74 ff. HGB für sonstige Angestellte entsprechend angewandt. Aus § 110 GewO ergibt sich jetzt die entsprechende Anwendung.

Kosten und Gebühren

Vgl. Form. IV. A. 1. Der Streitwert für das Unterlassungsbegehren richtet sich nach dem Interesse des Klägers.

2. Schadensersatzklage des Arbeitgebers (Verkehrsunfall)[1]

An das
Arbeitsgericht

Klage

des/der ......

(volles Rubrum)

wegen Schadensersatzes aus Verkehrsunfall.

Namens und in Vollmacht des/der Klägers(in) werde ich beantragen zu erkennen:

I. Der/Die Beklagte wird verurteilt, ... EUR nebst Zinsen in Höhe von 5 Prozentpunkten über dem Basiszinssatz seit dem ...... an den/die Kläger(in) zu zahlen.

II. Der/Die Beklagte trägt die Kosten des Rechtsstreits.

Begründung:

Der/Die Kläger(in) betreibt ein Speditionsunternehmen. Der/Die Beklagte war bei dem/der Kläger(in) vom ...... bis ...... als Kraftfahrer(in) beschäftigt. Er/Sie verdiente zuletzt ...... EUR ......

Am ...... befuhr der/die Beklagte mit dem dem/der Kläger(in) gehörenden LKW Marke ......, Pol.-KZ ......, die Straße ...... von ...... nach ...... In Höhe von Straßenkilometer ...... kam der/die Beklagte mit dem von ihm/ihr gelenkten LKW von der Straße ab und stürzte die Böschung herunter. Irgendwelche Gründe außerhalb des Verhaltens des/der Beklagten hierfür sind nicht ersichtlich[2]. Die Straße ist an der Unfallstelle gerade, mit Asphalt belegt; es herrschten gute Sichtverhältnisse. Zur Unfallzeit war es trocken.

Beweis: Unfallbericht der Polizeidienststelle ......

Der/Die Beklagte hat den Unfall mit schwerem Verschulden herbeigeführt[3, 4]. Dies folgt aus ......

Infolge des Unfalls sind dem/der Kläger(in) nachfolgende Schäden entstanden:

1. Kosten des LKWs bzw. Reparaturkosten,
2. Abschleppkosten,
3. Kosten des Sachverständigen,
4. Verdienstausfall.

Rechtsanwalt/Rechtsanwältin

Anmerkungen

1. Nach § 280 BGB kann der Gläubiger Ersatz des entstehenden Schadens verlangen, wenn der Schuldner seine Pflicht aus dem Schuldverhältnis verletzt. Schadensersatzklagen sind fast ausnahmslos nach dem gleichen Muster aufgebaut:

a) Haftungsbegründender Tatbestand (unerlaubte Handlung, verschuldete Vertragsverletzung),
b) Haftungsbegründender Kausalzusammenhang,
c) Schaden,
d) Haftungsausfüllende Kausalität und
e) Schadenshöhe.

Die Tatbestandsmerkmale von a–c sind nach § 286 ZPO, die nach d, e nach § 287 ZPO nachzuweisen (BAG AP Nr. 1 zu § 282 BGB Vertragsverletzung; AP Nr. 48, 58 zu § 611 BGB Haftung des Arbeitnehmers).

Macht der Kläger einen Teilbetrag aus mehreren selbstständigen Ansprüchen geltend, so bedarf es einer Abgrenzung der verschiedenen Ansprüche. Diese kann entweder dadurch erfolgen, dass der Kläger Teilbeträge der einzelnen Ansprüche bezeichnet, die zusammen den Betrag des Klageantrages ausmachen, oder dass er die einzelnen Ansprüche unter Bezifferung eines jeden derart in ein Abhängigkeitsverhältnis zueinander bringt, dass der eine Anspruch als Hauptanspruch und die übrigen in genau anzugebender Reihenfolge als Hilfsansprüche geltend gemacht werden (BAG AP Nr. 90 zu § 611 BGB Haftung des Arbeitnehmers = NZA 1988, 200).

2. Im Schuldrecht muss der Schuldner sich exculpieren bei Vertragsverletzungen. Durch das Schuldrechtsmodernisierungsgesetz ist § 619 a BGB eingefügt worden. Abweichend von § 280 Abs. 1 BGB hat der Arbeitnehmer dem Arbeitgeber Ersatz für den aus der Verletzung einer Pflicht aus dem Arbeitsverhältnis entstehenden Schaden nur zu leisten, wenn er die Pflichtverletzung zu vertreten hat. Im Arbeitsrecht muss der Arbeitgeber also, abweichend vom allgemeinen Zivilrecht, auch das Vertretenmüssen des Arbeitnehmers beweisen. Auch im Arbeitsrecht gelten die Grundsätze des Anscheinsbeweises

(*Schaub* ArbV-Hdb. § 35 Rdn. 20). Indes kann hieraus nicht auf grobes Verschulden geschlossen werden (BAG AP Nr. 5 zu § 282 BGB = NJW 1967, 269; AP Nr. 42 zu § 611 BGB Haftung des Arbeitnehmers = NJW 1968, 1799; *Schaub* ArbR-Hdb. § 52 Rdn. 39; ArbV-Hdb. § 35 Rdn. 23).

3. Das Haftungsrecht des Arbeitnehmers, das bis heute nicht gesetzlich normiert ist, ist durch Entscheidungen des BAG wiederholt geändert worden. (1) Schon in der Rspr. des RG und des RAG war anerkannt, dass die Regelung des BGB für die Haftung des Arbeitnehmers zu weitgehend sei. Das BAG GS ist alsdann davon ausgegangen, dass die Haftung des Arbeitnehmers in den Fällen der gefahrgeneigten Arbeit eingeschränkt ist. Eine gefahr- oder schadensgeneigte Arbeit ist dann gegeben, wenn die Eigenart der vom Arbeitnehmer zu leistenden Arbeit es mit großer Wahrscheinlichkeit mit sich bringt, dass auch dem sorgfältigen Arbeitnehmer gelegentlich Fehler unterlaufen, die für sich allein betrachtet zwar jedes mal vermeidbar waren, mit denen aber angesichts der menschlichen Unzulänglichkeit als mit einem typischen Abirren der Dienstleistung erfahrungsgemäß zu rechnen ist (BAG GS AP Nr. 4 zu §§ 898, 899 RVO = NJW 1958, 235, 1086; AP Nr. 26 zu § 611 BGB Haftung des Arbeitnehmers; AP Nr. 78 aaO. = NJW 1976, 1229). (2) Im Rahmen des innerbetrieblichen Schadensausgleichs bei gefahrgeneigter Arbeit hatte nach älterer Rechtsprechung der Arbeitnehmer den ganzen Schaden zu ersetzen, wenn ihm Vorsatz oder grobe Fahrlässigkeit zur Last fällt; bei mittlerer (einfacher) Fahrlässigkeit war der Schaden in angemessenem Umfang zwischen Arbeitgeber und Arbeitnehmer zu verteilen; bei leichter Fahrlässigkeit trug der Arbeitgeber den Schaden allein. (3) Für die Entscheidung von Schadensersatzprozessen war vorübergehend der 7. Senat des BAG zuständig. Dieser hat entschieden, dass es auf eine Unterscheidung zwischen leichter und mittlerer Fahrlässigkeit nicht ankomme, da das vom Arbeitgeber in entsprechender Anwendung des § 254 BGB zu tragende Betriebsrisiko die Haftung des Arbeitnehmers für Schäden ausschließt, die in Ausübung gefahrgeneigter Arbeit weder vorsätzlich noch grob fahrlässig verursacht worden sind (BAG AP Nr. 82 zu § 611 BGB Haftung des Arbeitnehmers = NJW 1983, 1693 = EzA Nr. 14 zu § 611 BGB Gefahrgeneigte Arbeit; AP Nr. 84 aaO. = NJW 1984, 2488 = DB 1984, 1482). Für die Entscheidung von Schadensersatzprozessen war beim BAG erneut der 3. Senat zuständig geworden. Dieser hat wegen der grundsätzlichen Bedeutung einer Rechtssache den Gr. Senat angerufen. Im Ausgangsfall war eine Kinderkrankenschwester einem Säugling zum Schadensersatz verpflichtet worden, weil sie ihn hatte fallen lassen. Sie begehrte von ihrem Arbeitgeber Freistellung von der Schadensersatzverpflichtung, weil sie allenfalls leicht fahrlässig gehandelt habe (BAG AP Nr. 86 zu § 611 BGB Haftung des Arbeitnehmers = NJW 1986, 954 = DB 1985, 497, 2562). Die Anfrage an den Gr. Sen. hat sich erledigt, weil der Arbeitgeber die Erstattungsansprüche außergerichtlich anerkannt hat. Darauf haben die Parteien des Ausgangsverfahrens die Hauptsache für erledigt erklärt und der Arbeitgeber hat die Pflicht zur Kostenerstattung anerkannt (BAG AP Nr. 86 b zu § 611 BGB Haftung des Arbeitnehmers = NJW 1988, 990 = NZA 1988, 259). (4) Die Zuständigkeit für Schadensersatzprozesse ist auf den 8. Sen. des BAG übergegangen. Dieser hat entschieden: Schäden, die ein Arbeitnehmer bei gefahrgeneigter Arbeit nicht grob fahrlässig verursacht, sind bei normaler Schuld (auch normale, leichte oder mittlere Fahrlässigkeit oder mittleres Verschulden genannt) in aller Regel zwischen Arbeitgeber und Arbeitnehmer zu teilen, wobei die Gesamtumstände von Schadensanlass und Schadensfolgen nach Billigkeitsgrundsätzen und Zumutbarkeitsgesichtspunkten gegeneinander abzuwägen sind (BAG AP Nr. 93 zu § 611 BGB Haftung des Arbeitnehmers = NJW 1988, 2816 = NZA 1988, 579). Er ist damit zur Rspr. des BAG GS (unter (1)) zurückgekehrt. Er hat aber zunächst ausdrücklich offengelassen, ob die Haftung des Arbeitnehmers nicht allgemein, also unabhängig von der gefahrgeneigten Tätigkeit eingeschränkt sei. (5) Seit Beginn der 70er Jahre ist in Rspr. und Schrifttum umstr., ob ein Arbeitgeber gehalten ist, Kraftfahrzeuge kasko zu versichern. Hierzu hat der 8. Sen. in einer weiteren Entscheidung ausgeführt (BAG AP Nr. 92 zu § 611 BGB Haftung des Arbeitnehmers = NJW 1988, 2820 =

NZA 1988, 584): *(5.1)* Der Arbeitgeber ist gegenüber dem Arbeitnehmer, der ein betriebseigenes Kraftfahrzeug zu führen hat, nicht verpflichtet, eine Kraftfahrzeugkaskoversicherung abzuschließen, wenn sich dies nicht aus dem Arbeitsvertrag oder den das Arbeitsverhältnis gestaltenden normativen Bestimmungen ergibt. *(5.2)* Haftet der Arbeitnehmer, der als Fahrer eines Kraftfahrzeugs seines Arbeitgebers einen Unfall verschuldet hat, nach den Grundsätzen über den innerbetrieblichen Schadensausgleich (4) für den an dem Kraftfahrzeug des Arbeitgebers entstandenen Schaden anteilig, so kann bei Abwägung aller für den Haftungsumfang maßgebenden Umstände zu Lasten des Arbeitgebers ins Gewicht fallen, dass dieser für das Unfallfahrzeug keine Kaskoversicherung abgeschlossen hat. Dies kann dazu führen, dass der Arbeitnehmer nur in Höhe der Selbstbeteiligung haftet, die bei Abschluss einer Kaskoversicherung zu vereinbaren gewesen wäre. Unentschieden hat der Senat gelassen, ob die Haftung summenmäßig zu begrenzen ist. (6) In einer weiteren Entscheidung hat der 8. Senat schließlich ausgeführt, dass in den Fällen gefahrgeneigter Arbeit auch bei grober Fahrlässigkeit des Arbeitnehmers eine Schadensquotelung vorgenommen werden könne, wenn der Verdienst des Arbeitnehmers in einem deutlichen Missverhältnis zum Schadensrisiko stehe (BAG AP Nr. 97 zu § 611 BGB Haftung des Arbeitnehmers = NJW 1990, 468 = NZA 1990, 97). Schließlich hat der 8. Senat erneut den Gr. Sen. zu der Frage angerufen, ob die Haftung des Arbeitnehmers unabhängig von den Fällen der gefahrgeneigten Arbeit eingeschränkt werden könne (BAG AP Nr. 98 zu § 611 BGB Haftung des Arbeitnehmers = NZA 1990, 95 = BB 1990, 64 = DB 1989, 2173). Der Gr. Sen. des BAG hat am 27. 9. 1994 entschieden: Die Grundsätze über die Beschränkung der Arbeitnehmerhaftung gelten für alle Arbeiten, die durch den Betrieb veranlasst sind und auf Grund eines Arbeitsverhältnisses geleistet werden, auch wenn diese Arbeiten nicht gefahrgeneigt sind (BAG GS NZA 1994, 1083 = BB 1994, 2205 = DB 1994, 2237). Sie sind einseitig zwingendes Arbeitnehmerschutzrecht. Von ihm kann weder einzel- noch kollektivrechtlich zu Lasten des Arbeitnehmers abgewichen werden (BAG AP Nr. 126 zu § 611 BGB Haftung des Arbeitnehmers = NJW 2004, 2469 = NZA 2004, 649). Damit wird in allen Fällen der Arbeitnehmerhaftung nach dem Grad des Verschuldens gequotelt werden. Die Gefahrneigung wird im Rahmen der Quotelung von Belang bleiben. Eine Haftungsbeschränkung wird jedoch nur bei Arbeiten eingreifen, die durch den Betrieb veranlasst sind; nicht erfasst werden im Allgemeinen die Fälle der Unmöglichkeit und des Verzuges. Eine Ausnahme kann im Falle des Irrtums bestehen. Ein vorsätzlicher Pflichtverstoß führt nur dann zur vollen Haftung des Arbeitnehmers, wenn auch der Schaden vom Vorsatz erfasst wird (BAG 18. 4. 2002 AP Nr. 122 zu § 611 BGB Haftung des Arbeitnehmers = NJW 2003, 377 = NZA 2003, 37). Das BAG fasst den Begriff der betrieblichen Tätigkeit sehr weit. So hat es auch eine Flugbegleiterin teilweise von der Haftung freigestellt, die ihren Reisepass vergessen hatte und damit eine Einreisestrafe gegen ihre Fluggesellschaft ausgelöst hat (BAG AP Nr. 106 zu § 611 BGB Haftung des Arbeitnehmers = NJW 1995, 3204 = NZA 1995, 565). (7) Das Haftungssystem hat vor allem Bedeutung für *(7.1)* Schadensersatzansprüche des Arbeitgebers gegen den Arbeitnehmer, *(7.2)* Freistellungsansprüche des Arbeitnehmers gegen den Arbeitgeber, wenn der Arbeitnehmer von Dritten in Anspruch genommen wird, *(7.3)* Aufwendungsersatzansprüche des Arbeitnehmers gegen den Arbeitgeber, wenn der Arbeitnehmer sein Kraftfahrzeug im Interesse des Arbeitgebers einsetzt (vgl. BAG AP Nr. 6 zu § 611 BGB Gefährdungshaftung); Zusagen des Arbeitgebers über die Erstattung von etwaigen Geldbußen für Verstöße der Arbeitnehmer gegen Vorschriften über Lenkzeiten im Straßenverkehr sind sittenwidrig und nach § 138 BGB unwirksam (BAG AP Nr. 14 zu § 611 BGB Haftung des Arbeitgebers = NJW 2001, 1962 = NZA 2001, 653); *(7.4)* bei der Haftungsbeschränkung im Rahmen der Mankohaftung (*Schaub* ArbR-Hdb. § 52 Rdn. 100).

4. Bei Zusammentreffen gefahrgeneigter Arbeit und eines Mitverschuldens des Arbeitgebers wird zunächst nach § 254 BGB gequotelt, alsdann nach den Grundsätzen gefahrgeneigter Arbeit (BAG AP Nr. 61 zu § 611 BGB Haftung des Arbeitnehmers).

Kosten und Gebühren

Vgl. Form. IV. A. 1.

3. Schadensersatzklage des Arbeitgebers (Mankohaftung)[1]

An das
Arbeitsgericht

Klage

des/der ......
(volles Rubrum)

wegen Schadensersatzes aus Mankohaftung.

Namens und in Vollmacht des Klägers werde ich beantragen zu erkennen:

I. Der/die Beklagte wird verurteilt, ... EUR nebst Zinsen in Höhe von 5 Prozentpunkten über dem Basiszinssatz seit dem ...... an den Kläger zu zahlen.

II. Der/die Beklagte trägt die Kosten des Rechtsstreits.

Begründung:

Der/die ...... Jahre alte, led./verh. Beklagte wurde am ...... als ...... eingestellt.

Beweis: Anliegender Arbeitsvertrag.

Dem/der Beklagten wurde die Führung der ...... Kasse übertragen. Der/die Beklagte hatte als einzige(r) Zugriff zur Kasse[2].
Daneben hatte der/die Beklagte die Kassengeschäfte zu verbuchen. Die Kasseneinnahmen hatte der/die Beklagte jeweils zu quittieren. Am ...... wurde eine Kassenprüfung vorgenommen. Bei dieser Überprüfung haben Ist- und Sollbestand der Kasse übereingestimmt. Vom ...... bis ...... sind ...... EUR zur Kasse verbracht worden. Die jeweils von dem/der Beklagten quittierten Beträge ergeben sich aus anliegender Aufstellung:

Beweis: Aufstellung der Kasseneinnahmen; Quittungen.

Am ...... wurde erneut eine Kassenprüfung vorgenommen. Bei dieser Überprüfung ergab sich ein Kassenfehlbestand in Höhe von ...... EUR. Diesen ist der/die Beklagte zu erstatten verpflichtet.

Rechtsanwalt/Rechtsanwältin

Anmerkungen

1. *Schaub* ArbR-Hdb. § 52 Rdn. 100; *ders.* ArbV-Hdb. § 97 Rdn. 44.

2. Der Arbeitgeber hat darzulegen und zu beweisen,

a) dass das Manko durch eine pflichtwidrige Handlung des Arbeitnehmers entstanden ist; der Nachweis kann durch Beweis des alleinigen Zugriffsrechtes des Arbeitnehmers geführt werden (BAG AP Nr. 67 zu § 611 BGB Haftung des Arbeitnehmers). Der Zugang Dritter ist dann unschädlich, wenn durchgreifende Zweifel bestehen, dass diese die fehlenden Gelder oder Waren entnommen haben (BAG AP Nr. 49 aaO.).

b) Bestand und Höhe des Mankos (§§ 667, 280, 282 BGB). Ist dem Arbeitnehmer auch die Buchführung übertragen, muss er diese gegen sich gelten lassen (BAG AP Nr. 49,

64, 67 zu § 611 BGB Haftung des Arbeitnehmers; AP Nr. 3 zu § 56 ZPO; AP Nr. 2 zu § 308 ZPO). Weitergehende Zugänge hat der Arbeitgeber, darüber hinausgehende Abgänge der Arbeitnehmer zu beweisen (BAG AP Nr. 4, 32 aaO.). Sind vorstehende Beweise erbracht, muss der Arbeitnehmer nachweisen, dass das Manko eine andere Ursache als sein Fehlverhalten hat.

c) Ein Vertrag über eine vertragliche Mankohaftung ohne besondere Vergütung ist unwirksam (BAG AP 3 zu § 611 BGB Mankohaftung = NZA 2000, 715). Überhaupt kann nicht von den zwingenden Grundsätzen der eingeschränkten Arbeitnehmerhaftung abgewichen werden (BAG AP Nr. 3 zu § 611 BGB Mankohaftung). Eine Garantiehaftung ist nur bis zur Höhe des Mankogeldes zulässig. Auch bei der gesetzlichen Haftung gelten die Grundsätze der Haftungsbeschränkung (BAG AP 2 zu § 611 BGB Mankohaftung = NZA 1999, 141).

Hat der Arbeitnehmer nicht den alleinigen Zugriff zum Kassen- oder Warenbestand, muss im Einzelnen die schuldhafte Schlechtleistung dargelegt und bewiesen werden.

Kosten und Gebühren

Vgl. Form. IV. A. 1.

4. Schadensersatzklage des Arbeitgebers wegen Vertragsbruchs des Arbeitnehmers

An das
Arbeitsgericht

Klage

des/der ......

(volles Rubrum)

wegen Schadensersatz bei Vertragsbruch[1].

Namens und in Vollmacht des/der Klägers(in) werde ich beantragen zu erkennen:

I. Der/Die Beklagte wird verurteilt, ... EUR nebst Zinsen in Höhe von 5 Prozentpunkten über dem Basiszinssatz seit dem ...... an den/die Kläger(in) zu zahlen.

II. Der/Die Beklagte trägt die Kosten des Rechtsstreits.

Begründung:

Der/Die Beklagte wurde am ...... als ...... eingestellt.

Beweis: Arbeitsvertrag vom ....., Anlage 1.

Der/Die Beklagte hat die Arbeit nicht angetreten/hat die Arbeit am ...... ohne Einhaltung einer Kündigungsfrist verlassen. Rechtfertigende Gründe für den Nichtantritt der Arbeit oder das vorzeitige Verlassen der Arbeitsstelle standen dem/der Beklagten nicht zu. Am ...... hat der/die Kläger(in) den/die Beklagte noch einmal zur Arbeit aufgefordert. Dieser Aufforderung hat der/die Beklagte nicht Folge geleistet[2].

Beweis: Zeugnis ......

Infolge des Vertragsbruches hat der/die Kläger(in) für folgende Arbeitnehmer Überstunden anordnen müssen: ...... Durch die Anordnung der Überstunden sind folgende Kosten erwachsen: ...... Dagegen hätte der/die Beklagte in dieser Zeit nur ...... EUR verdient. Diesen Schaden muss der/die Beklagte ersetzen[3].

Der/Die Kläger(in) hat ein Zeitungsinserat aufgegeben, um für den/die Kläger(in) eine Ersatzkraft einzustellen. Dieses Zeitungsinserat hat gekostet ...... EUR.

Beweis: Rechnung der Zeitung ...... Anlage[2].

Auch zum Ersatz dieser Kosten ist der/die Beklagte verpflichtet.

Rechtsanwalt/Rechtsanwältin

Anmerkungen

1. Im Falle der Nichtleistung der Arbeit, also wenn der Arbeitnehmer die Arbeit verspätet aufnimmt, überhaupt nicht beginnt, nach einer berechtigten Unterbrechung verspätet oder überhaupt nicht mehr aufnimmt oder vorzeitig einstellt oder mit seiner Arbeitskraft zurückhält, können für den Arbeitgeber folgende Rechte erwachsen: (1) Erfüllungsansprüche; es ist also auf Arbeitsleistung zu klagen (vgl. aber § 888 ZPO), (2) Zurückbehaltungsrechte und Einreden wegen der Arbeitsvergütung; (3) ordentliche oder außerordentliche Kündigungsrechte (vgl. aber Form. IV. B. 5, 11); (4) Schadensersatzansprüche; (5) Vertragsstrafenansprüche, wenn Vertragsstrafen vereinbart worden sind. Die Vereinbarung ist rechtswirksam (BAG AP Nr. 9 zu § 339 BGB = NJW 1985, 91 = NZA 1984, 255). § 309 Nr. 6 BGB, wonach die Vereinbarung von Vertragsstrafen in allgemeinen Vertragsbedingungen unwirksam sind, ist im Arbeitsrecht nicht anwendbar (BAG NZA 2004, 727), denn der Anwendung stehen die Besonderzeiten des Arbeitsrechts entgegen (§ 310 Abs. 4 S. 2 BGB) Vertragsstrafen werden nach § 307 BGB einer Inhaltskontrolle unterzogen. Insbesondere muss die Höhe angemessen sein.

2. Eine Schadensersatzklage wegen Vertragsbruches setzt Darlegungen voraus a) über die Vertragsverletzung, b) Verschulden, c) den Kausalzusammenhang zwischen Vertragsverletzung und Schaden und d) Schaden.

3. Der Arbeitnehmer ist zum Ersatz des Schadens verpflichtet, der infolge der Vertragsverletzung erwachsen ist. Der Umfang des zu ersetzenden Schadens bestimmt sich nach §§ 249 ff. BGB. Zu ersetzen können also entgangener Gewinn, Mehraufwendungen für den Einsatz anderer Arbeitnehmer, Aufwendungen für die Einrichtung des Arbeitsplatzes (BAG AP Nr. 10 zu § 276 BGB Vertragsbruch = DB 1984, 2701), Kosten wegen des Maschinenstillstandes und Konventionalstrafen des Arbeitgebers bei seiner verspäteten Leistung sein. Ein Ersatzanspruch wegen der Aufgabe von Inseraten wird im Allgemeinen nicht in Betracht kommen. Nach der Rechtsprechung sind nur solche Schäden zu ersetzen, die bei Einhaltung einer ordentlichen Kündigungsfrist vermeidbar gewesen wären. Ersatzpflichtig ist also nur der sog. Verfrühungsschaden (BAG AP Nr. 6 zu § 276 BGB Vertragsbruch; AP Nr. 7 aaO. = NJW 1981, 2430 = DB 1981, 1832; AP Nr. 8 aaO. = NJW 1984, 2846). Aber auch bei dem ersetzbaren Verfrühungsschaden sind Inseratskosten nur in angemessenem Umfang ersatzpflichtig.

5. Antrag des Arbeitgebers an Behörden auf Zustimmung zur Kündigung

An das
Integrationsamt[1–4]

Antrag auf Zustimmung zur außerordentlichen/ordentlichen/Änderungs-/Kündigung des schwerbehinderten Menschen/Gleichgestellten ......, geb. am ...... wohnhaft in ......

Der schwerbehinderte Mensch/Gleichgestellte ist led./verh./verw./gesch. und für ...... Kinder unterhaltspflichtig. Er hat einen Grad der Behinderung von ...... v. H.

Der Grad der Behinderung ist (nicht) nachgewiesen durch ...... Ein Antrag auf Anerkennung des Grades der Behinderung ist beim Versorgungsamt ...... gestellt.
Der schwerbehinderte Mensch ist von Beruf ...... Er wurde am ...... eingestellt und zuletzt zu einem Verdienst von ...... EUR beschäftigt. Die außerordentliche/ordentliche/Änderungs-/Kündigung soll mit einer gesetzlichen/tariflichen/vereinbarten Kündigungsfrist zum ...... erfolgen. Die Kündigung ist notwendig, weil ......
Der/die Antragsteller(in) beschäftigt ...... Arbeitnehmer. Die Pflichtzahl beträgt mithin ......[5]. Es werden ...... schwerbehinderte Menschen/Gleichgestellte beschäftigt; darunter sind ...... schwerstbehinderte Menschen, die nach Art oder Schwere ihrer Behinderung im Arbeits- und Berufsleben besonders betroffen sind (§ 72 SGB IX). Ferner werden ...... Inhaber von Bergmannsversorgungsscheinen beschäftigt[6].
Für weitere Auskünfte steht der Sachbearbeiter ...... zur Verfügung. Beauftragter des Arbeitgebers für Angelegenheiten schwerbehinderter Menschen ist ...... Vertrauensmann der schwerbehinderter Menschen ist ...... Der Betriebsratsvorsitzende heißt ......
Die Stellungnahme des Betriebsrates und der Schwerbehindertenvertretung ist beigefügt[7].
Anlage: Stellungnahme des Betriebsrates. Der Betriebsrat hat in seiner Sitzung vom ...... beschlossen, den Antrag auf Zustimmung zur Kündigung des schwerbehinderten Menschen/Gleichgestellten ...... (nicht) zu unterstützen, weil ......
Anlage: Stellungnahme der Schwerbehindertenvertretung[8].
Es wird beantragt, dem Antrag vom ...... zur Kündigung des schwerbehinderten Menschen/Gleichgestellten ...... (nicht) stattzugeben, weil ......

Anmerkungen

1. Weitere Anzeigen und Anträge kommen in Betracht nach
a) § 17 KSchG,
b) § 9 MuSchG,
c) § 18 BEEG.

2. Für Anträge nach § 17 KSchG werden zweckmäßig die Formblätter der Bundesagentur für Arbeit. verwandt. Deren Verwendung ist zwar nicht zwingend, aber zweckmäßig, weil verschiedene Agenturen die Anträge zurückgeben, wenn sie nicht auf Formblatt erfolgen. Dies mag unzulässig sein. Auseinandersetzungen führen jedoch zu vermeidbaren Verzögerungen. Lediglich der Inhalt der Anzeigen ist gesetzlich vorgeschrieben (vgl. *Schaub* ArbR-Formb. § 9 I). Auch die Integrationsämter haben zumeist Formblätter.

3. Zum Antrag nach § 9 MuSchG: *Schaub* ArbR-Formb. § 9 III.

4. Zum Bestandsschutz *Schaub* ArbR-Hdb. § 179.

5. Vgl. *Schaub* ArbR-Hdb. § 178 Rdn. 32.

6. Vgl. § 75 Abs. 3 SGB IX; dazu *Schaub* ArbR-Hdb. § 180.

7. Vor Ausspruch der Kündigung ist der Betriebsrat zu hören (§ 102 BetrVG). Das Anhörungsverfahren kann bereits vor Abschluss des Zustimmungsverfahrens eingeleitet werden (BAG AP Nr. 6 zu § 12 SchwbG = NJW 1980, 1918; AP Nr. 2 zu § 18 SchwbG; AP Nr. 23 zu § 102 BetrVG 1972). Die Integrationsämter verlangen im Allgemeinen die Beifügung der Stellungnahme des Betriebsrats. Der Antrag auf Zustimmung zur außerordentlichen Kündigung kann nur binnen einer Frist von zwei Wochen gestellt werden (§ 91 Abs. 2 SGB IX, § 626 Abs. 2 BGB). Umstritten ist, ob auch die Anhörung des Betriebsrats innerhalb von zwei Wochen erfolgen muss oder ob die Anhörung nachgeholt werden kann, wenn das Integrationsamt zustimmt oder sich verschweigt (§ 91 Abs. 3 SGB IX). Nach richtiger, aber noch nicht vom BAG bestätigter Auffassung, wird die Anhörung (§ 102 BetrVG) unverzüglich nach Zustimmung oder Ablauf der Zwei-Wochen-frist nachgeholt werden können, da die Anhörung nicht fristgebunden ist und der Standpunkt vertreten werden kann, dass vor Kündigung überhaupt feststehen muss, ob der Arbeitgeber kündigen kann.

8. Vgl. § 95 SGB IX; dazu *Schaub* ArbR-Hdb. § 178 Rdn. 70.

Kosten und Gebühren

Die Anträge auf Zustimmung zur Kündigung (Anm. 1) sind gebührenfrei (§ 64 SGB X). Soweit der Widerspruch gegen die Entscheidung erfolgreich ist, hat der Rechtsträger, dessen Behörde den angefochtenen Verwaltungsakt erlassen hat, demjenigen der Widerspruch erhoben hat, die zur zweckentsprechenden Rechtsverfolgung oder Rechtsverteidigung notwendigen Aufwendungen zu erstatten. Einzelheiten: § 63 SGB X.

6. Drittschuldnerklage nach § 850h ZPO[1]

a.
An das
Arbeitsgericht[2]

Klage

des/der Herrn/Frau ...... Klägers(in)
– Prozessbevollmächtigte/r: RA ......(in) –

gegen

die Firma ...... Beklagte

wegen Drittschuldnerklage

Namens und in Vollmacht des/der Klägers(in) erhebe ich Klage und werde beantragen zu erkennen:

I. Die Beklagte wird verurteilt, ... EUR nebst Zinsen in Höhe von 5 Prozentpunkten über dem Basiszinssatz seit dem ...... an den/die Kläger(in) zu zahlen.
II. Die Beklagte trägt die Kosten des Rechtsstreits.

Begründung:

Der/Die Kläger(in) besitzt eine titulierte Forderung über ...... EUR nebst ......% Zinsen seit dem ...... gegen den/die Streitverkündete(n).

Beweis: Fotokopie des Vollstreckungstitels.

Wegen dieser Forderung hat der/die Kläger(in) gegen die Beklagte einen Pfändungs- und Überweisungsbeschluss wegen der Vergütungsansprüche des Streitverkündeten gegen die Beklagte ausgebracht. Der Pfändungs- und Überweisungsbeschluss ist der Beklagten am ...... zugestellt worden[3].

Beweis: Pfändungs- und Überweisungsbeschluss vom ...... nebst Zustellungsnachweis.

Der/Die Streitverkündete und die Beklagte sind Eheleute[4]. Der Streitverkündete leistet der Beklagten in einem ständigen Verhältnis Arbeit ......[5].
Die von dem Streitverkündeten geleisteten Dienste werden üblicherweise vergütet[6] ......
Die Dienste werden gegen eine unverhältnismäßig geringe Vergütung geleistet. Die Beklagte hat auf die nach § 840 ZPO gestellte Frage erklärt, der/die Streitverkündete erhalte nur Taschengeld/Unterhalt ......[7].

Die übliche Vergütung beträgt ...... Mithin hat der/die Kläger(in) Anspruch auf die pfändbare Vergütung vom ...... bis ......in Höhe von monatlich ......[8, 9]
Anlage: Streitverkündung.
Rechtsanwalt/Rechtsanwältin

b.
An das
Arbeitsgericht

Streitverkündung

In Sachen

des/der Herrn/Frau ...... **Klägers(in)**
– Prozessbevollmächtigte/r: RA ......(in) –

gegen

die Firma ...... **Beklagte**
verkünde ich namens und mit Vollmacht des/der Kläger(in) dem Arbeiter/Angestellten ...... den Streit und fordere ihn auf, dem Rechtsstreit auf der Seite des/der Kläger(in) beizutreten.

Begründung:

Der/Die Kläger(in) hat die Beklagte auf Zahlung der gepfändeten Bezüge in Anspruch genommen. Der Sach- und Streitstand ergibt sich aus der Klageschrift, die in beglaubigter Abschrift beigefügt ist (§ 73 ZPO). Die Streitverkündung erfolgt nach § 841 ZPO.

Rechtsanwalt/Rechtsanwältin

Anmerkungen

1. *Schaub* ArbR-Hdb. § 89 Rdn. 59; ArbR-Formb. § 12 Rdn. 10ff.

2. Bei wirtschaftlicher Abhängigkeit ist die Annahme begründet, der Familienangehörige sei eine arbeitnehmerähnliche Person (§ 5 Abs. 1 S. 2 ArbGG). Vgl. BGH NJW 1977, 853.

3. Wird die Vergütung eines Arbeitnehmers gepfändet und dem Gläubiger zur Einziehung überwiesen, so wird der Pfändungs- und Überweisungsbeschluss gegenstandslos, wenn das Arbeitsverhältnis beendet wird. Wird später ein neues Arbeitsverhältnis begründet, so erfasst der erste Pfändungs- und Überweisungsbeschluss nur dann Vergütungsansprüche, wenn beide Arbeitsverhältnisse in einem inneren Zusammenhang stehen (BAG AP Nr. 7 zu § 134 BGB = NJW 1993, 2701 = NZA 1993, 793). Ein Pfändungs- und Überweisungsbeschluss entfaltet keine vollstreckungsrechtlichen Wirkungen, wenn die Forderung abgetreten war. Die spätere Rückabtretung führt grundsätzlich nicht zur Entstehung eines Pfändungspfandrechts (BAG AP Nr. 4 zu § 832 ZPO = NJW 1993, 2699 = NZA 1993, 813). Die Fiktion verschleierten Arbeitseinkommens gilt nur zugunsten von Vollstreckungsgläubigern, dagegen nicht zugunsten der Gläubiger einer Lohnabtretung. Ist die Forderung bereits vorgepfändet, so ist auch in den Fällen der Pfändung einer fiktiven Forderung nach § 850h ZPO das Prioritätsprinzip anzuwenden (BGH AP Nr. 17 zu § 850h ZPO = NJW 1991, 491; BAG AP Nr. 18 zu § 850h ZPO = BB 1984, 2284).

4. Familienrechtliche Mitarbeit schließt die Anwendung von § 850h Abs. 2 ZPO nicht aus (BAG NJW 1978, 343; LAG Frankfurt AP Nr. 11 zu § 850h ZPO). Arbeitet ein

Schuldner im Geschäft seiner Ehefrau mit, so kommt es für die Beurteilung darauf an, ob es sich um eine ständige und üblicher Weise zu vergütende Mitarbeit handelt (BAG NJW 1978, 343). Andererseits liegt keine sittenwidrige Schädigung vor, wenn ein Ehegatte seinem Ehegatten Unterhalt gewährt, ohne ihn mitarbeiten zu lassen (BAG AP Nr. 14 zu § 850h ZPO). Erfüllt der angestellte Geschäftsführer einer Vertriebs-GmbH vertragliche Verpflichtungen seiner Arbeitgeberin gegenüber deren Vertragspartner, ohne dass er selbst mit dem Vertragspartner ein Schuldverhältnis eingegangen ist, so kommt eine Anwendung des § 850h Abs. 1 ZPO nicht in Betracht (AP 19 zu § 850h ZPO = ZIP 1996, 1567).

5. ZB.: Der Streitverkündete arbeitet regelmäßig mit, arbeitet als Geschäftsführer, Personalleiter usw. Vorausgesetzt ist allein ein ständiges Verhältnis. Einzelheiten darlegen.

6. ZB.: Dienstleistung kommt Vermögenswert zu; anstelle des Streitverkündeten müsste eine andere Arbeitskraft eingestellt werden.

7. Eine unverhältnismäßig geringe Vergütung ist gegeben, wenn diese etwa 20 bis 30 vH. hinter der üblichen Vergütung zurückbleibt. Übliche Vergütung ist zumeist die tarifliche Vergütung (*Schaub* ArbR-Hdb. § 89 Rdn. 59ff.). Zur Anwendung von § 850h ZPO ist nicht der Nachweis erforderlich, dass das Arbeitsentgelt mit Rücksicht auf die Gläubiger besonders niedrig festgesetzt wurde (BGH AP Nr. 12 zu § 850h ZPO). Eine Verpflichtung des Gläubigers, dem Drittschuldner die Kosten der Auskunftserstattung zu ersetzen, besteht mangels Rechtsgrundlage nicht (BAG AP Nr. 4 zu § 840 ZPO = NJW 1985, 1181 = NZA 1985, 289).

8. Bei der Festsetzung der angemessenen Vergütung ist zunächst die „übliche" zu ermitteln und diese zu der vereinbarten in Relation zu setzen. Wenn sich dabei ergibt, dass der Schuldner gegen eine unverhältnismäßig geringe Vergütung arbeitet, ist unter Berücksichtigung aller Umstände die angemessene festzusetzen (BAG AP Nr. 10 aaO.).

9. Verletzt der Arbeitgeber als Drittschuldner die ihm nach § 840 Abs. 1 ZPO obliegende Erklärungspflicht, umfasst der Anspruch des Pfändungsgläubigers auf Schadensersatz gemäß § 840 Abs. 2 ZPO auch die Kosten für die Zuziehung eines Prozessbevollmächtigten zur Eintreibung der gepfändeten Forderung (BAG AP Nr. 6 zu § 840 ZPO = NJW 1990, 2643 = NZA 1991, 27 unter Aufgabe der früheren Rspr.).

Kosten und Gebühren

Keine arbeitsrechtlichen Besonderheiten. Vgl. Form. IV. A. 1.

D. Rechtsbehelfe und Rechtsmittel im Arbeitsgerichtsverfahren

1. Einspruch gegen ein Versäumnisurteil des Arbeitsgerichts

An das
Arbeitsgericht

Einspruch[1]

der Firma ...... Beklagte
– Prozessbevollmächtigte/r: RA ......(in) –
gegen
den/die ...... Kläger(in)
– Prozessbevollmächtigte/r: RA ......(in) –
das Versäumnisurteil des erkennenden Gerichts
Namens und mit Vollmacht der Beklagten[2] lege ich gegen das Urteil des Arbeitsgerichts ...... vom ...... Ca ....../...... Einspruch ein und werde beantragen zu erkennen:

I. Das Versäumnisurteil[3] des erkennenden Gerichts vom ......, der Beklagten zugestellt am ......, wird aufgehoben.
II. Die Klage wird abgewiesen.
III. Der/die Kläger(in) trägt die Kosten des Rechtsstreits mit Ausnahme der Kosten, die durch die Säumnis entstanden sind.

Begründung:

......

Anmerkungen

1. Der Einspruch wird beim ArbG schriftlich oder durch Abgabe einer Erklärung zur Niederschrift der Geschäftsstelle eingelegt (§ 59 S. 2 ArbGG). Er ist ein Rechtsbehelf, der binnen einer Notfrist von einer Woche nach Zustellung des Versäumnisurteils einzulegen ist. Zu elektronischen Dokumenten vgl. § 130 a ZPO. Die Einspruchsschrift muss enthalten:

a) die Bezeichnung des Urteils, gegen das der Einspruch gerichtet wird, nach Datum und Aktenzeichen;
b) die Erklärung, dass gegen dieses Urteil Einspruch eingelegt wird (§ 340 Abs. 2 ZPO). Genügt ein Einspruch nicht diesen Voraussetzungen, ist er unzulässig (BAG AP Nr. 2 zu § 340 ZPO = NJW 1971, 147).

Enthält der Einspruch dagegen keine Begründung oder wird diese nicht innerhalb der Einspruchsfrist nachgeholt, so ist er zwar zulässig, indes kann eine Partei mit weiterem Vorbringen ausgeschlossen werden (BAG AP Nr. 3 zu § 340 ZPO = DB 1984, 408; BGH NJW 1979, 1988; 1980, 1105; LAG Düsseldorf EzA Nr. 1 zu § 340 ZPO; LAG Berlin DB 1989, 1632). Voraussetzung ist die Belehrung über die Zurückweisungsmöglichkeit. Wenngleich nach § 47 Abs. 2 ArbGG regelmäßig keine Aufforderung an den Beklagten ergeht, sich auf die Klage schriftlich zu äußern, ist § 340 Abs. 3 ZPO auch im Arbeitsgerichtsverfahren anzuwenden (arg. §§ 46 Abs. 2, 59 ArbGG, § 330 ZPO). Voraussetzung einer Zurückweisung ist aber immer, dass der Termin, in dem das Versäumnisurteil ergangen ist, ordnungsgemäß angesetzt war. Das ist nach Ansicht des LAG Hamm EzA Nr. 2 zu § 340 ZPO dann nicht der Fall, wenn die Terminsverfügung nur mit einer Paraphe unterzeichnet war. Eine Zurückweisungsmöglichkeit besteht auch wegen des Einwandes einer Partei, sie fechte das Rechtsgeschäft wegen arglistiger Täuschung an. Unerheblich ist, ob bereits die Anfechtungsfrist nach § 124 BGB verstrichen ist oder noch läuft (BAG AP Nr. 3 zu § 340 ZPO = DB 1984, 408).

Ist ein Versäumnisurteil in einem Kammertermin ergangen, so kann bereits eine Frist nach §§ 56, 61 a ArbGG gesetzt worden sein. Vorbringen, das im Zeitpunkt der Terminsversäumnis verspätet war, bleibt es weiterhin.

Ist ein Versäumnisurteil ergangen, so hat das Gericht nach § 341 ZPO zu prüfen, ob der Einspruch an sich statthaft und in der gesetzlichen Form und Frist eingelegt ist. Fehlt es an einem dieser Erfordernisse, ist der Einspruch als unzulässig zu verwerfen. Die Verwerfung kann ohne mündliche Verhandlung erfolgen. Wird der Einspruch nicht verworfen, so ist Termin zur mündlichen Verhandlung über den Einspruch und die Hauptsache anzusetzen (§ 341 a ZPO). Umstr. war, unter welchen Voraussetzungen das mit der Einspruchsschrift vorgetragene Vorbringen zurückgewiesen werden kann. Nach jetzt hM. hat das Gericht nach form- und fristgerechtem Einspruch Termin zur streitigen Verhandlung über Einspruch und Hauptsache zu bestimmen (§ 341 a ZPO). Die durch die Säumnis bedingte Vorzögerung nimmt das Gesetz in Kauf. Der Einspruchsführer braucht die Säumnis nicht zu entschuldigen. Immer dann, wenn die Verspätung des Parteivorbringens durch zumutbare vorbereitende Maßnahmen des Gerichts ausgeglichen werden kann, wenn also die Beweismittel durch prozessleitende Verfügung des Gerichts beigeschafft werden können, ist das Vorbringen im Einspruchstermin zu berücksichtigen (BGH NJW 1980, 1105; OLG München NJW 1979, 2619; 1978, 2559).

2. Bei Versäumnisurteil gegen Kläger: I. Das Versäumnisurteil des erkennenden Gerichts vom ...... wird aufgehoben. II. Der/Die Beklagte wird verurteilt, ... III. Der Beklagte trägt die Kosten des Rechtsstreits mit Ausnahme der Kosten, die durch die Säumnis entstanden sind.

Bei Versäumnisurteil für die obsiegende Partei: Das Versäumnisurteil wird aufrechterhalten.

3. Ist ein Vollstreckungsbescheid ergangen, so ist nach § 46 a Abs. 6 ArbGG ein Termin zu bestimmen. Es ist umstritten, ob dies auch bei einem unzulässigen Einspruch gilt (Bejahend: LAG Baden-Württemberg v. 2. 12. 1993 Jur-CD; NZA 1992, 83; LAG Bremen LAGE § 46 ArbGG 1979 Nr. 1; dagegen LAG Baden-Württemberg BB 1993, 1952).

2. Berufung wegen Verwerfung eines Einspruches gegen ein Versäumnisurteil[1, 2]

An das
Landesarbeitsgericht

Berufung[3, 4]

der Firma ...... Beklagte und Berufungsklägerin
– Prozessbevollmächtigte/r: RA ......(in) –
gegen
den/die Angestellte(n)/Arbeiter(in) ...... Kläger(in) und Berufungsbeklagte(r)
– Prozessbevollmächtigte/r: RA ......(in) –
wegen Verwerfung eines Einspruches gegen ein Versäumnisurteil.

Namens und mit Vollmacht der Beklagten und Berufungsklägerin lege ich Berufung gegen das Urteil des Arbeitsgerichts ...... vom ...... – ...... Ca ....../...... –, der Beklagten zugestellt am ......, ein und werde beantragen zu erkennen[5].

I. Auf die Berufung der Beklagten wird das Urteil des Arbeitsgerichts ...... vom ...... – ...... Ca/...... – abgeändert[6, 7, 8].

II. Der Beklagten wird die Wiedereinsetzung in den vorigen Stand gewährt.
III. Die Klage wird abgewiesen.
IV. Der/die Kläger(in) trägt die Kosten des Rechtsstreits.

Begründung:

Der/die Kläger(in) war bei der Beklagten als ...... beschäftigt. Mit Schriftsatz vom ...... hat der/die Kläger(in) gegen die Beklagte Klage auf ...... erhoben. Im Termin zur Güteverhandlung/streitigen Verhandlung vom ...... ist die Beklagte nicht erschienen und nicht vertreten gewesen. Auf Antrag des/der Klägers(in) hat das Arbeitsgericht die Beklagte im Wege des Versäumnisurteils zur Zahlung von ...... verurteilt. Dieses Versäumnisurteil ist der Beklagten am ...... zugestellt worden. Gegen dieses Versäumnisurteil hat die Beklagte Einspruch eingelegt. Diesen Einspruch hat das Arbeitsgericht durch Urteil zu Unrecht als unzulässig verworfen (§ 341 ZPO)[9].
Der Beklagte hat mit Schriftsatz vom ...... die Wiedereinsetzung in den vorigen Stand beantragt[10]. Der Antrag war zulässig, denn ...... Der Antrag war auch begründet, denn ......

Rechtsanwalt/Rechtsanwältin

Anmerkungen

1. Über die Zulässigkeit des Einspruchs kann das Arbeitsgericht aufgrund mündlicher Verhandlung oder ohne mündliche Verhandlung entscheiden (§ 341 ZPO). In jedem Fall muss die Entscheidung durch Urteil ergehen (§ 341 Abs. 2 ZPO). Nach der ZPO-Novelle soll es nur eine Entscheidungsform geben (BT-Drucks. 14/4722, S. 86f.). Das hat zur Folge, dass auch außerhalb der mündlichen Verhandlung die ehrenamtlichen Richter hinzugezogen werden müssen. Gegen das Urteil des Arbeitsgerichts ist unter den Voraussetzungen von § 64 ArbGG die Berufung an das LAG statthaft. Die Berufungsfrist beträgt einen Monat, die Frist für die Berufungsbegründung zwei Monate (§ 66 Abs. 1 S. 1 ArbGG). Beide Fristen beginnen mit der Zustellung des in vollständiger Form abgefassten Urteils. Die Berufung muss innerhalb einer Frist von einem Monat nach Zustellung der Berufungsbegründung beantwortet werden. Hierauf ist der Berufungsbeklagte hinzuweisen (§ 66 Abs. 1 S. 3, 4 ArbGG). Gegen das Urteil des LAG ist unter den Voraussetzungen von § 72 ArbGG die Revision statthaft.

2. Nach § 64 Abs. 7 ArbGG findet § 59 ArbGG Anwendung. Das LAG entscheidet mithin gleichfalls durch Urteil über Zulässigkeit und Begründetheit des Einspruchs gegen ein von ihm erlassenes Versäumnisurteil. Ist unter den allgemeinen Voraussetzungen des ArbGG die Revision zulässig, kann Revision eingelegt werden.

3. Gemäß § 519 Abs. 2 ZPO muss in der Berufungsschrift (1) die Bezeichnung des Urteils, gegen das die Berufung eingereicht wird, (2) die Erklärung, dass Berufung gegen dieses Urteil eingelegt wird, enthalten sein. Darin muss angegeben werden, für wen und gegen wen das Rechtsmittel eingelegt wird (BAG EZA § 518 ZPO Nr. 43). Um das Urteil zu bezeichnen, sind erstinstanzliches Gericht, Verkündungsdatum und Aktenzeichen der Entscheidung anzugeben. Fehlt die Angabe, ist es unschädlich, wenn sich aus den übrigen Angaben oder den Anträgen der Berufungsschrift die angefochtene Entscheidung eindeutig bestimmen lässt. Aus der Berufungsschrift muss sich die ladungsfähige Anschrift der Beklagten nicht ergeben (BAG GS AP Nr. 53 zu § 518 ZPO = NJW 1987, 1356 = NZA 1987, 136) (vgl. Form. IV. D. 6 Anm. 11d). Zu Rechtsmitteln mit modernen Kommunikationsmitteln: Vgl. Form. IV. D. 6 Anm. 11.

4. Die Berufung muss innerhalb von zwei Monaten seit Zustellung des in vollständiger Form abgefassten Urteils begründet werden. Alsdann ist bei der Berufung lediglich das Rubrum auszufüllen und das Urteil zu bezeichnen (§ 520 ZPO).

5. Vgl. § 528 S. 2 ZPO.

6. Das LAG kann die Sache an das Arbeitsgericht zur anderweitigen Verhandlung zurückverweisen (§ 538 Abs. 1 Nr. 2, 6 ZPO), wenn durch das angefochtene Urteil ein Einspruch als unzulässig verworfen ist oder wenn das angefochtene Urteil ein Versäumnisurteil ist.

8. Bei Versäumnisurteil gegen den Kläger lautet der Antrag zu III: Der Beklagte wird verurteilt, ……

9. Vielfach ist die Zustellung des Versäumnisurteils nicht gesetzmäßig. Außerdem bestehen strenge Formvorschriften für die Rechtsmittelbelehrung, so dass sich Mängel eingeschlichen haben können. Sind insoweit Mängel vorhanden, ist die Einspruchsfrist nicht in Lauf gesetzt (BAG AP Nr. 1 zu § 9 ArbGG 1979 = NJW 1980, 1871).

10. Für die Wiedereinsetzung in den vorigen Stand gelten im Arbeitsgerichtsverfahren keine Besonderheiten. Vgl. Form. I. F. 1.

Kosten und Gebühren

Vgl. Form. IV. A. 1.

3. Abhilfe wegen Verletzung des Anspruchs auf rechtliches Gehör[1]

An das
Arbeitsgericht

Rügeschrift[2, 3]

der Firma …… Beklagte
– Prozessbevollmächtigte/r: RA ……(in) –
gegen
den/die Kläger(in) Kläger(in)
– Prozessbevollmächtigte/r: RA ……(in) –
wegen Verletzung des rechtlichen Gehörs in der Entscheidung ……[4, 5]

Namens und mit der Vollmacht der Beklagten
wird beantragt:

I. Den Prozess in Sachen (…… / ……, Aktenzeichen) fortzuführen[6]
II. In der Sache werden die Schlussanträge der Verhandlung …… vom …… gestellt.
III. Kostenantrag

Gründe

Der/Die Kläger(in) trat am …… als …… in die Dienste der Beklagten. Der Arbeitsvertrag war nach § 14 Abs. 2 TzBfG auf einen Monat in der Zeit vom 1. 7. bis 31. 7. …… befristet. Am 25. 7. …… verursachte der/die Kläger(in) aus grober Fahrlässigkeit einen schweren Verkehrsunfall. Er/Sie war mit erhöhter Geschwindigkeit bei Rot über die Ampel …… gefahren und ist mit einem PKW, Pol. Kennzeichen …… kollidiert. Die Beklagte hat noch am 25. 7. …… durch …… Brief außerordentlich gekündigt. Der/die Kläger(in) hat behauptet, er/sie habe den Brief nicht erhalten und Entgeltfortzahlung bis zum 31. 7. …… verlangt. Die Beklagte hat mit Schriftsatz vom ……, der vor der mündlichen Verhandlung vom …… eingegangen ist, die Kündigung unter Beweis gestellt

durch ...... Von diesem Beweisantritt hat das Gericht keine Kenntnis genommen. In der Entscheidung vom ...... heißt es, die Beklagte sei mit ihrer Kündigung beweisfällig geblieben. Hätte das Gericht Beweis erhoben, hätte es der Klage nicht stattgeben dürfen. Das Verfahren ist mithin fortzusetzen ......
Das Urteil ist der Beklagten am ...... zugestellt.

Schrifttum: *Gravenhorst,* Anhörungsrüge gegen Revisionsurteil wegen Übergehens von Tatsachen, JurisPR 17/2006 Anm. 2; *Schnabl,* Beginn der Frist zur Erhebung der Anhörungsrüge nach § 78 a Abs. 2 S. 1 ArbGG, NJW 2007, 2244; *Schrader,* Anhörungsrügengesetz und Arbeitsgerichtsverfahren, NZA-RR 2006, 57; *Treber,* Neuerungen durch das Anhörungsrügengesetz, NJW 2005, 97.

Anmerkungen

1. Rechtsgrundlagen. Durch das Gesetz über die Rechtsbehelfe bei Verletzung des Anspruchs auf rechtliches Gehör (Anhörungsrügengesetz) vom 9. 12. 2004 (BGBl. I 3220) ist die bestehende Anhörungsrüge nach § 321 a ZPO aF. geändert worden. Sie ist für jeden Rechtszug neu geregelt worden. Ausgangslage ist eine Entscheidung des Plenums des BVerfG (NJW 2003, 1924). Die Regelung findet sich für das allgemeine Zivilprozessverfahren in § 321 a ZPO. In das ArbGG ist § 78 a ArbGG eingefügt. Nach wohl inzwischen hM. ist § 78 a ArbGG lex specialis; sie hat also den Vorrang vor der allgemeinen Regelung. § 78 a 1 bis 5 ArbGG ist mit § 321 a ZPO weitgehend wortgleich, enthält aber in den Abs. 6 bis 7 eigene Regelungen. Auf das Beschlussverfahren finden § 78 a 1 bis 7 ArbGG entsprechende Anwendung. Zweck des Anhörungsrügengesetzes ist die Entlastung des BVerfG. Seit dem In-Kraft-Treten von § 78 a ArbGG am 1. 1. 2005 ist eine außerordentliche Beschwerde wegen Verletzung des Anspruchs auf Gewährung des rechtlichen Gehörs nicht mehr statthaft (BAG 8. 8. 2005 AP Nr. 1 zu § 78 a ArbGG 1979 = NJW 2005, 3231 = NZA 2005, 1318).

2. Voraussetzung der Anhörungsrüge. Auf die Rüge der durch die Entscheidung beschwerten Partei ist das Verfahren fortzuführen, wenn (1) ein Rechtsmittel oder ein anderer Rechtsbehelf nicht gegeben ist und (2) das Gericht den Anspruch dieser Partei in entscheidungserheblicher Weise verletzt hat. Die Anhörungsrüge findet statt gegen nicht rechtsbehelfsfähige Endentscheidungen. Das sind zB. Urteile der Arbeitsgerichte in vermögensrechtlichen Streitigkeiten, in denen der Beschwerdewert nicht überschritten ist, Urteile der Landesarbeitsgerichte in Arrest und Einstweiligen-Verfügungs-Sachen (§ 72 Abs. 4 ArbGG), Beschlüsse der Beschwerdegerichte, gegen die es keine Nichtzulassungsbeschwerde gibt (BAG 22. 2. 1994 AP 2 zu § 78 ArbGG 1979 nF. 17. 3. 2003 AP 3 zu § 78 ArbGG 1979 nF.) und alle Entscheidungen des BAG. Wird in einer Anhörungsrüge gegen ein Urteil des Revisionsgerichts die Verletzung des rechtlichen Gehörs in Bezug auf Tatsachenvortrag geltend gemacht, so muss der Rügeführer darlegen, dass die nach seiner Auffassung übergangenen Tatsachen nach § 559 ZPO berücksichtigungsfähig waren. Anderenfalls ist die Rüge nicht in der gesetzlichen Form begründet und deshalb unzulässig (BAG 30. 11. 2005 BAGE 116, 265). Gegen eine der Endentscheidung vorausgehende Entscheidung, z. B. Zwischenentscheidung findet eine Anhörungsrüge nicht statt (BAG 14. 2. 2007 AP Nr. 4 zu § 78 a ArbGG = NJW 2007, 1379 = NZA 2007, 528). Die Anhörungsrüge allein ändert an der formellen Rechtskraft der Entscheidung nichts; sie ist lediglich ein Rechtsbehelf zur Durchbrechung der Rechtskraft (§ 705 ZPO). Die Anhörungsrüge ist begründet, wenn das Gericht das rechtliche Gehör verletzt hat. Aus § 139 ZPO ist nicht uneingeschränkt die gerichtliche Verpflichtung abzuleiten, zu unschlüssigem Vortrag einer Partei rechtliche Hinweise zu geben. Gerichtlich wird einer Partei das rechtliche Gehör nur versagt, wenn Anforderungen an einen Sachvortrag gestellt werden oder auf rechtliche Gesichtspunkte abgestellt wird, mit denen auch ein gewissenhaft und kundiger Verfahrensbeteiligter nach dem bisherigen Verfahrensablauf nicht zu rechnen braucht (LAG Köln 24. 6. 2006 LAGE § 78 a ArbGG 1979 Nr. 2)

3. Einlegung der Anhörungsrüge. Die Anhörungsrüge ist bei dem judex a quo anzubringen, also dem Gericht, dem die Gehörsverletzung unterlaufen sein soll. Das ist nicht nur das Gericht, sondern auch der Spruchkörper. Das BVerfG hat dies als im gesetzgeberischen Ermessen liegendes Verfahren der Selbstkorrektur so vorgesehen (BVerfG 30.4. 2003 AP Nr. 64 zu Art. 103 GG). Die Anhörungsrüge ist fristgebunden (BAG 31. 5. 2006 AP Nr. 3 zu § 78 a ArbGG 1979 = NJW 2006, 2346). Sie ist innerhalb einer Notfrist von zwei Wochen nach Kenntnis von der Verletzung des rechtlichen Gehörs zu erheben (BAG 31. 5. 2006 AP Nr. 3 zu § 78 a ArbGG 1979 = NJW 2006, 2346 = NZA 2006, 875; LAG Rheinl-Pfalz 2. 2. 2005 LAG Report 2005, 157). Der Zeitpunkt der Kenntniserlangung ist glaubhaft zu machen. Vielfach wird angenommen, dass der Kenntnis ein Kennen müssen gleichgestellt ist. Die Gehörsrüge setzt die Schriftform voraus. Sie muss enthalten, (1) die Rüge des Gerichts, dessen Entscheidung gerügt wird, (2) der Zeitpunkt, zu dem der Rügende Kenntnis von der Verletzung des rechtlichen Gehörs erlangt hat oder hätte erlangen können, sowie die Glaubhaftmachung, (3) die Rüge der angegriffenen Entscheidung. Im Allgemeinen wird im Zeitpunkt der Zustellung der Entscheidung die Kenntnis vorliegen. Diese ist regelmäßig aktenkundig. Eine besondere Glaubhaftmachung ist dann erforderlich, wenn ein hiervon abweichender Zeitpunkt dargetan werden muss. Die Rüge unterliegt auch im erstinstanzlichen Verfahren nicht dem Anwaltszwang. Gleichwohl ist die Partei gehalten, darzulegen, dass die Verletzung des rechtlichen Gehörs entscheidungserheblich war

4. Behandlung der Anhörungsrüge durch das Gericht. Die Behandlung der Anhörungsrüge durch das Gericht ist minutiös geregelt. Ist die Anhörungsrüge in zulässiger Weise erhoben, so ist, soweit erforderlich, der Gegenpartei Gelegenheit zur Stellungnahme zu geben. Eine Stellungnahme wird regelmäßig notwendig sein, weil die rügende Partei eine Entscheidung angreifen wird, die sie belastet und die Gegenpartei begünstigt. Das Gericht hat von Amts wegen zu prüfen, ob die Rüge an sich statthaft und ob sie in der gesetzlichen Form und Frist erhoben ist (§ 78 a Abs. 4 ArbGG). Ist sie unstatthaft, nicht in der gesetzlichen Form und Frist erhoben oder nicht ausreichend begründet worden, ist sie als unzulässig zu verwerfen. Ist die Anhörungsrüge unbegründet, weist das Gericht sie zurück. Die Entscheidung ergeht durch unanfechtbaren Beschluss. Dieser ist kurz zu begründen. Mit dem Beschluss ist die fachgerichtliche Selbstkontrolle beendet. Danach beginnt die Monatsfrist nach § 93 Abs. 1 BVerfGG für die Einlegung der Verfassungsbeschwerde. Ist die Rüge begründet, so hilft ihr das Gericht ab, indem es das Verfahren fortführt, soweit dies aufgrund der Rüge geboten ist. Das ist nur dann der Fall, wenn die Entscheidungsbegründung mit einem Begründungselement versehen ist, das unter Verletzung des rechtlichen Gehörs zustande gekommen ist. Eine Fortführung kommt nicht in Betracht, wenn sich die Entscheidung aus anderen Gründen als richtig erweist, die mit der Verletzung des rechtlichen Gehörs nichts zu tun haben. Dies kann der Fall sein, wenn die Entscheidung eine Zweitbegründung enthält oder die Verletzung des rechtlichen Gehörs sich nur auf einen Teil des Streitgegenstandes auswirkt. Dagegen kommt es nicht darauf an, dass sich eine Entscheidungsbegründung finden ließe, bei der es auf die Gehörsverletzung nicht ankommt. Im Umfang der Begründetheit hat das Gericht das Verfahren fortzuführen. Das Verfahren wird in die Lage zurückversetzt, in der es sich vor Schluss der mündlichen Verhandlung befand. § 343 ZPO über das Versäumnisverfahren gilt entsprechend. In schriftlichen Verfahren tritt an die Stelle des Schlusses der mündlichen Verhandlung der Zeitpunkt, bis zu dem Schriftsätze eingereicht werden können (§ 78 a V ArbGG). Ist Parteivorbringen als verspätet zurückgewiesen worden, ist es dann zu berücksichtigen, wenn das Verfahren sich nicht verzögert. Die Entscheidungen nach § 78 a Abs. 4 und 5 ArbGG erfolgen unter Hinzuziehung der ehrenamtlichen Richter. Diese wirken nicht mit, wenn die Rüge als unzulässig verworfen wird oder sich gegen eine Entscheidung richtet, die ohne Hinzuziehung der ehrenamtlichen Richter erlassen

wurde (§ 78 a Abs. 6 ArbGG). Gleichwohl ist nicht eindeutig, welche ehrenamtlichen Richter heranzuziehen sind. Nach Sinn und Zweck des Rechtsbehelfs, eine Selbstkorrektur zu ermöglichen, werden dieselben ehrenamtlichen Richter hinzugezogen werden müssen, denen die Verletzung des rechtlichen Gehörs unterlaufen ist. Es besteht noch eine zweite Zweifelsfrage. Welche Richter haben über die Hauptsache zu entscheiden? Da der Rechtsstreit in den Zustand vor Verletzung des rechtlichen Gehörs zurückversetzt wird, sind das auch die Richter, die über die Anhörungsrüge entscheiden. Im Schrifttum wird eine abweichende Regelung im Geschäftsverteilungsplan für zulässig gehalten.

5. Anhörungsrüge und Zwangsvollstreckung. Nach § 707 ZPO ist die Einstellung der Zwangsvollstreckung möglich. Dies gilt im arbeitsgerichtlichen Verfahren nur dann, wenn der Beklagte darlegt, dass die Zwangsvollstreckung zu einem nicht zu ersetzenden Nachteil führt. Es wird aber als ungeschriebene Voraussetzung auch darauf ankommen, dass die Anhörungsrüge hinreichende Aussicht auf Erfolg verspricht.

Kosten und Gebühren

Gerichtskosten: § 69 a GKG. Rechtsanwaltsgebühren § 12 a RVG

Fristen und Rechtsmittel

Wegen Verletzung des rechtlichen Gehörs kann eine Nichtzulassungsbeschwerde gegeben sein (BAG NJW 2005, 316 (Darlegungslast in Beschwerdeschrift); In § 72 Abs. 2 Nr. 3 Fall 2 ArbGG ist als Nichtzulassungsgrund die entscheidungserhebliche Verletzung des rechtlichen Gehörs aufgenommen. Die Gehörsrüge nach § 78 a ArbGG ist dann ausgeschlossen. Nichterörterung von Rechtsfragen: (BAG NJW 2005, 2638); (BAG NJW 2005, 596) (Umfang der Darlegungslast); 22. 3. 2005 1 ABN 1/05 (Nichterörterung in den Gründen)). Allein der Umstand, dass sich die Gründe einer Entscheidung mit einem bestimmten Gesichtspunkt nicht befassen, rechtfertigt nicht den Schluss, das Landesarbeitsgericht habe unter Verletzung des Anspruchs auf rechtliches Gehör entschieden. (BAG NZA 2005, 652). Ist die Nichtzulassungsbeschwerde begründet, kann das Rechtsbeschwerdegericht die Entscheidung aufheben und zurückverweisen.

4. Rechtsmittel wegen Verwerfung einer Berufung[1]

An das Bundesarbeitsgericht
Hugo-Preuß-Platz 1
99084 Erfurt
Postanschrift:
99113 Erfurt

Revisionsbeschwerde[2]

In Sachen

……(volles Rubrum)

Namens und in Vollmacht des …… lege ich Revisionsbeschwerde gegen den Beschluss des Landesarbeitsgerichts …… vom …… – …… Sa ……/…… – dem Prozessbevollmächtigten des Klägers/Beklagten zugestellt am ……, ein und werde beantragen zu erkennen:

I. Der Beschluss des Landesarbeitsgerichtes …… vom …… – …… Sa ……/ …… – wird aufgehoben.
II. Der/die …… trägt die Kosten des Verfahrens.

Begründung:[3]

Der/Die Kläger(in) hat von dem/der Beklagten ...... verlangt. Das Arbeitsgericht hat die Klage abgewiesen/ihr stattgegeben. Das Urteil ist dem Prozessbevollmächtigten des/der Kläger(in)/der Beklagten am ...... zugestellt worden. Der/Die Kläger(in)/Beklagte hat mit Schriftsatz vom ...... – eingegangen beim Landesarbeitsgericht am ...... – Berufung eingelegt und diese mit einem weiteren Schriftsatz vom ...... – beim Landesarbeitsgericht eingegangen am ...... – begründet. Mit Schriftsatz vom ...... hat der/die Kläger(in)/Beklagte die Wiedereinsetzung in den vorigen Stand wegen der Versäumung der Berufungsfrist/Berufungsbegründungsfrist beantragt. Das Landesarbeitsgericht hat die Berufung mit Beschluss vom ...... als unzulässig verworfen, weil sie nicht fristgemäß eingelegt/nicht fristgemäß begründet worden sei. In seinem Beschluss hat es die Revisionsbeschwerde zugelassen (§ 77 ArbGG).
Der Beschluss des Landesarbeitsgerichtes ist falsch, weil ......[4]

Rechtsanwalt/Rechtsanwältin

Anmerkungen

1. Das Landesarbeitsgericht kann über die Zulässigkeit der Berufung aufgrund mündlicher Verhandlung durch Urteil oder ohne mündliche Verhandlung durch Beschluss entscheiden (§ 522 Abs. 1 ZPO). Gegen ein Urteil ist unter den Voraussetzungen von § 72 ArbGG die Revision zulässig; vgl. Form. IV. D. 10. Wird in einem Beschluss des LAG die Berufung als unzulässig verworfen, ist die Revisionsbeschwerde als Rechtsbeschwerde beim BAG möglich. Sie ist nur dann zulässig (§ 77 ArbGG), wenn sie das LAG zugelassen hat (BAG AP Nr. 11 zu § 77 ArbGG 1979). Die Revisionsbeschwerde ist zuzulassen, wenn die Rechtssache grundsätzliche Bedeutung hat oder eine Divergenz zu einer divergenzfähigen Entscheidung vorliegt oder die Voraussetzungen von § 72 Abs. 2 Nr. 3 ArbGG gegeben sind (§ 77 S. 2 ArbGG). Die Nichtzulassung der Revisionsbeschwerde kann nicht selbständig durch Beschwerde angefochten werden (BAG AP Nr. 10 zu § 77 ArbGG = NZA 2000, 844). § 72a Abs. 1 ArbGG ist nicht entsprechend anwendbar. Die Revisionsbeschwerde ist zulässig gegen einen die Berufung verwerfenden Beschluss sowie gegen einen Beschluss, durch den die Wiedereinsetzung in den vorigen Stand wegen Versäumung der Berufungs- oder der Berufungsbegründungsfrist zurückgewiesen wird (BAG AP Nr. 6 zu § 77 ArbGG 1953; AP Nr. 7 aaO. = NJW 60, 2212; AP Nr. 12 aaO. = NJW 65, 1981; AP Nr. 14 zu § 233 ZPO 1977 = NJW 1989, 2708 = NZA 1989, 818). Verwirft das LAG unter Zurückweisung eines Antrages auf Wiedereinsetzung in den vorigen Stand wegen Versäumung der Berufungsfrist eine Berufung als unzulässig, so kann in dem nachfolgenden Beschluss, in dem ein Antrag auf Wiedereinsetzung in den vorigen Stand wegen Versäumung der Frist für einen Wiedereinsetzungsantrag wegen Versäumung der Berufungsfrist und ein erneuter Antrag auf Wiedereinsetzung in den vorigen Stand wegen Versäumung der Berufungsfrist zurückgewiesen wird, die Beschwerde an das BAG zugelassen werden (BAG AP Nr. 14 zu § 233 ZPO = NJW 1989, 2708 = NZA 1989, 818; AP Nr. 10 zu § 77 ArbGG 1979 = NZA 2000, 844 = NJW 2000, 2525 = NZA 2000, 844). Unzulässig ist die Beschwerde, wenn sie nicht in dem die Berufung verwerfenden Beschluss, sondern in einem späteren Beschluss zugelassen worden ist, in dem die Verwerfung noch einmal bestätigt wird (BAG AP Nr. 15 zu § 77 ArbGG). Das Rechtsschutzinteresse an einer Revisionsbeschwerde entfällt nicht deshalb, weil der Beschwerdeführer erneut beim LAG die Wiedereinsetzung in den vorigen Stand gegen die Versäumung der Berufungsbegründungsfrist beantragt (BAG AP Nr. 10 zu § 130 ZPO = NJW 1989, 1822 = NZA 1989, 525).

2. Auf die Revisionsbeschwerde sind die Vorschriften über die Rechtsbeschwerde anzuwenden (§ 77 S. 4 ArbGG). Die Rechtsbeschwerde ist beim BAG einzulegen (§ 77 S. 4

ArbGG, § 575 ZPO). Die Rechtsbeschwerde ist binnen einer Notfrist von einem Monat nach Zustellung des Beschlusses durch Einreichen einer Beschwerdeschrift einzulegen und auch innerhalb dieser Frist zu begründen. Die Frist beginnt mit der Zustellung der angefochtenen Entscheidung (§ 575 ZPO). Sie muss enthalten (1) die Bezeichnung der Entscheidung gegen die die Rechtsbeschwerde gerichtet ist und (2) die Erklärung, dass gegen die Entscheidung Rechtsbeschwerde eingelegt wird (3) die Bezeichnung der Parteien für oder gegen die Beschwerde eingelegt wird (BAG 16. 2. 2000 BB 2000, 468). Mit der Rechtsbeschwerdeschrift soll eine Ausfertigung oder beglaubigte Abschrift der angefochtenen Entscheidung vorgelegt werden.

3. Die Begründung der Rechtsbeschwerde muss enthalten (1) die Erklärung, inwieweit die Entscheidung des Beschwerdegerichts angefochten und deren Aufhebung beantragt werde (Rechtsbeschwerdeanträge), (2) in den Fällen des § 574 Abs. 1 Nr. 1 ZPO eine Darlegung der Zulässigkeitsvoraussetzungen und (3) die Angabe der Rechtsbeschwerdegründe (§ 575 Abs. 3 ZPO). Die allgemeinen Vorschriften über die vorbereitenden Schriftsätze sind auf die Beschwerde und Beschwerdebegründung entsprechend anzuwenden (§ 575 Abs. 3, 4 ZPO).

4. Über die Rechtsbeschwerde entscheidet ein Senat des BAG ohne Hinzuziehung der ehrenamtlichen Richter (§ 77 S. 3 ArbGG).

Kosten und Gebühren

Berechnung des Gebührenstreitwertes: §§ 34 GKG. Gerichtsgebühren: § 1 Nr. 5 GKG. Anl. 1 zum GKG Nr. 8230 bei Entscheidung durch Urteil Nr. 9120 ff.; bei Entscheidung durch Beschluss Nr. 8610 ff).

5. Sofortige Beschwerde gegen Beschluss über die Zulässigkeit des Rechtswegs

An das
Landesarbeitsgericht
. . . . .

Sofortige Beschwerde[1, 2, 3]

In Sachen
des/der kaufmännischen Angestellten . . . . .
– Prozessbevollmächtigte/r: RA . . . . .(in) – **Beschwerdeführer(in)**
gegen
die Versicherungs-GmbH,
– Prozessbevollmächtigte/r: RA . . . . .(in) – **Beschwerdegegnerin**
wegen Zulässigkeit des Rechtswegs

Namens und in Vollmacht des/der Beschwerdeführer(in) lege ich gegen den Beschluss des Arbeitsgerichts . . . . . vom . . . . . und Aktenzeichen . . . . . – . . . . . Ca . . . . ., der Beschwerdeführerin zugestellt am . . . . ., sofortige Beschwerde[4, 5] **ein.**
Es wird beantragt, den Beschluss des Arbeitsgerichts . . . . . vom . . . . . – . . . . . Ca . . . . . aufzuheben.[6]

Begründung

Der/Die Kläger(in) war bei der beklagten GmbH seit dem 1. 4. 1993 mit der Dienstbezeichnung eines(r) Direktionsbeauftragten als Spezialist(in) im Bereich der Kapital- und Risikolebensversicherung beschäftigt. Grundlage der vertraglichen Beziehung war ein Vertrag vom 1. 4. 1993, der als Geschäftspartnervertrag bezeichnet wird. In § 1 dieses Vertrags wird der/die Kläger(in) als selbständiger Handelsvertreter(in) bezeichnet. Nach der Vereinbarung erhielt der/die Kläger(in) Provisionen für die Lebens- und Unfallversicherungen. Betrug die Provision weniger als EUR 5000,– monatlich, wurde der Unterschiedsbetrag als Vorschuss ausgezahlt. Der/die Kläger(in) erhielt ua. Fahrtkostenerstattung, 30 Werktage Urlaub und 42 Tage Entgeltfortzahlung im Krankheitsfall. Er/sie war über die verrichtete Tätigkeit berichtspflichtig. Mit Schreiben vom ...... kündigte die Beklagte das Dienstverhältnis fristlos. Hiergegen ist innerhalb der Dreiwochenfrist Kündigungsschutzklage erhoben worden. Darauf hat die Beklagte vorsorglich noch einmal fristgemäß gekündigt. Auch diese Kündigung ist fristgemäß mit der Kündigungsschutzklage angegriffen. Das Arbeitsgericht hat beide Verfahren verbunden. Die Beklagte hat die Einwendung fehlender sachlicher Zuständigkeit erhoben. Beide Parteien haben nach § 17 a Abs. 3 GVG beantragt, über die Zulässigkeit des Rechtswegs zu den Arbeitsgerichten vorab zu entscheiden.[7] Das Arbeitsgericht hat in dem angegriffenen Beschluss den Rechtsstreit an das Landgericht in ...... verwiesen. Dies ist falsch. Der/die Kläger(in) ist Arbeitnehmer(in) ...... Für die fristlose Kündigung bestand kein wichtiger Grund ...... Die ordentliche Kündigung ist sozial ungerechtfertigt.

Anmerkungen

1. Die Abgrenzung der Rechtsprechung der Arbeitsgerichte ist nicht nur gegenüber den Verwaltungs-, Finanz- und Sozialgerichten, sondern auch gegenüber den ordentlichen Gerichten eine Frage der Zulässigkeit des Rechtswegs (BAG AP Nr. 7 zu § 48 ArbGG 1979 = NZA 1992, 954). § 48 Abs. 1 ArbGG regelt, wie zu verfahren ist, wenn die Zulässigkeit des Rechtswegs nicht gegeben ist. Die Vorschrift ist zwingend. § 48 ArbGG regelt das Verweisungsverfahren in einen anderen Rechtsweg, eine andere Verfahrensart, also vom Urteils- in das Beschlussverfahren und umgekehrt. Nicht von § 48 ArbGG erfasst ist die Prüfung der internationalen Zuständigkeit. Die Prüfung des Rechtswegs, der Verfahrensart sowie der sachlichen und örtlichen Zuständigkeit erfolgt ohne Antrag. Sie erfolgt nach dem Streitgegenstand, wie er sich aus dem Sachvortrag des Klägers und seinen Anträgen ergibt. Das Gericht prüft aufgrund seines Vorbringens, ob nach §§ 2, 2 a ArbGG der Rechtsweg zu den Gerichten für Arbeitssachen gegeben ist und ob es in der richtigen Verfahrensart angegangen ist. Ist streitig, ob Ansprüche aus einem Arbeitsverhältnis oder freien Mitarbeiterverhältnis verfolgt werden, so ist über die Frage des Arbeitsverhältnisses Beweis zu erheben (BAG AP Nr. 6 zu § 17 a GVG = NJW 1994, 604 = NZA 1994, 141; AP Nr. 19 zu § 2 ArbGG 1979 = NJW 1994, 1172 = NZA 1994, 234; vgl. die Fallgruppen Form. IV. B. 1). Macht der Kläger geltend, dass er Arbeitnehmer sei und wendet sich gegen eine Kündigung seines Rechtsverhältnisses und stützt die Unwirksamkeitsgründe allein auf die Arbeitnehmerstellung, so kommt eine Verweisung nicht in Betracht. Erweist sich, dass der Kläger nicht Arbeitnehmer ist, so ist die Klage als unbegründet abzuweisen (BAG AP Nr. 1 zu § 2 ArbGG 1979 Zuständigkeitsprüfung = NJW 1996, 2948 = NZA 1996, 1005). Dasselbe gilt, wenn ein Mitglied des Organs einer juristischen Person die Unwirksamkeit einer Kündigung mit der fehlenden sozialen Rechtfertigung begründet (BAG AP Nr. 37 zu § 5 ArbGG 1979 = NJW 1997, 2973 = NZA 1997, 1126; AP Nr. 41 zu § 2 ArbGG 1979 = NJW 1997, 1724 = NZA 1997, 399). Der Rechtsweg zu den Gerichten für Arbeitssachen ist auch dann eröffnet, wenn der Kläger entweder Arbeitnehmer oder arbeitnehmerähnliche Person ist. Es handelt sich

um eine auch bei der Rechtswegzuständigkeit zulässige Wahlfeststellung (BAG AP Nr. 41 zu § 2 ArbGG 1979 = NZA 1997, 399 = NJW 1997, 1724).

2. Bestehen gegen die Zulässigkeit des beschrittenen Rechtswegs Zweifel, so kann das Gericht hierüber durch Beschluss entscheiden (§ 17a Abs. 2 bis 4 GVG). Kommt das Gericht zu dem Ergebnis, dass der beschrittene Rechtsweg und die Verfahrensart zulässig ist, kann es dies vorab durch Beschluss aussprechen. Die Entscheidung ist für die anderen Gerichte bindend, wenn sie nicht mehr mit Rechtsmitteln angegriffen werden kann (BAG AP Nr. 25 zu § 2 ArbGG 1979 = NZA 1993, 617). Vor der Entscheidung ist den Parteien rechtliches Gehör zu gewähren; die Entscheidung kann ohne mündliche Verhandlung ergehen. Die Entscheidung über die Zulässigkeit des Rechtswegs, die richtige Verfahrensart und die örtliche Zuständigkeit kann auch zusammen mit der Klageentscheidung erfolgen. Hat das Gericht im Vorabentscheidungsverfahren entschieden, so wird das Hauptsacheverfahren erst nach der Rechtskraft der Entscheidung weiter betrieben (BAG AP Nr. 7 zu § 48 ArbGG 1979 = NZA 1992, 954).

3. Kommt das Gericht zu dem Ergebnis, dass der beschrittene Rechtsweg nicht gegeben ist, so hat es dies durch Beschluss auszusprechen und in den richtigen Rechtsweg zu verweisen. Den Parteien ist rechtliches Gehör zu gewähren. Sind mehrere Gerichte zuständig, so erfolgt die Verweisung an das vom Kläger ausgewählte Gericht oder, soweit die Wahl unterbleibt, an ein von Amts wegen bestimmtes Gericht. Der Beschluss kann mit und ohne mündliche Verhandlung ergehen (§ 17a GVG). Der Beschluss erfolgt auch außerhalb der mündlichen Verhandlung stets durch die Kammer (§ 48 Abs. 1 Nr. 2), es sei denn, dass er nur die örtliche Zuständigkeit zum Gegenstand hat. Der Beschluss ist für das angegangene Gericht bindend. Das angegangene Gericht darf grundsätzlich nicht weiter verweisen. Ausnahme, wenn die Verweisung wegen Unzulässigkeit des Rechtswegs erfolgt ist, bei Verweisung an ein örtlich zuständiges Gericht (BAG AP Nr. 39 zu § 36 ZPO = NZA 1992, 1047; AP Nr. 43 zu § 36 ZPO = NJW 1994, 1815 = NZA 1994, 478). Bindungswirkung entfalten auch fehlerhafte Beschlüsse.

4. Gegen Beschlüsse nach § 17a Abs. 2 und 3 GVG findet die sofortige Beschwerde an das Landesarbeitsgericht statt. Nach § 48 Abs. 1 Nr. 1 ArbGG sind Beschlüsse über die örtliche Zuständigkeit unanfechtbar. Die sofortige Beschwerde kann nicht darauf gestützt werden, der Rechtsstreit hätte statt an das Amtsgericht an das Landgericht verwiesen werden müssen (BAG AP Nr. 23 zu § 17a GVG = NJW 1996, 742 = NZA 1996, 112). Eine Zurückverweisung des Rechtsstreits vom LAG an das ArbG ist unzulässig (BAG AP Nr. 6 zu § 68 ArbGG 1979 = NZA 2003, 517).

5. Die Frist zur Einlegung der sofortigen Beschwerde beträgt zwei Wochen (§ 569 ZPO). Sie beginnt mit der Zustellung des Verweisungsbeschlusses, spätestens mit dem Ablauf von fünf Monaten nach Verkündung des Beschlusses. Die Fünf-Monatsfrist beginnt nach Verkündung oder formloser Mitteilung des Verweisungsbeschlusses (BAG AP Nr. 39 zu § 36 ZPO = NZA 1992, 1047).

6. Eine weitere sofortige Beschwerde ist nur dann statthaft, wenn das LAG diese wegen grundsätzlicher Bedeutung oder Divergenz zugelassen hat (§ 17a Abs. 4 S. 4, 5 GVG; dazu BAG AP Nr. 21 zu § 5 ArbGG 1979 = NJW 1996, 143 = NZA 1995, 823). Eine Nichtzulassungsbeschwerde ist unstatthaft (BAG AP Nr. 2 zu § 78 ArbGG 1979 = NJW 1994, 2110 = NZA 1995, 1223; AP Nr. 47 zu § 72a ArbGG = NZA 2003, 287). Über die Beschwerde entscheidet beim LAG der Vorsitzende allein ohne mündliche Verhandlung (BAG AP Nr. 4 zu § 17a GVG = NZA 1993, 619); beim BAG entscheidet der Senat ohne Hinzuziehung der ehrenamtlichen Richter (BAG AP Nr. 19 zu § 2 ArbGG 1979 = NJW 1994, 1172 = NZA 1994, 234).

7. Hat das Arbeitsgericht trotz Rüge einer Partei über die Zulässigkeit des beschrittenen Rechtswegs nicht entschieden, so kann die unterlegene Partei nach dem Grundsatz der Meistbegünstigung wahlweise sofortige Beschwerde oder Berufung einlegen (BAG AP Nr. 7 zu § 48 ArbGG 1979 = NZA 1992, 954).

6. Berufung und Berufungsbegründung[1, 2, 3, 4]

An das
Landesarbeitsgericht

In Sachen

des/der ...... Klägers(in)/Beklagten und Berufungsklägers(in)
– Prozessbevollmächtigte/r: RA ......(in) –
gegen
den/die ...... Beklagten/Kläger(in) und Berufungsbeklagte(n)
Prozessbevollmächtigte/r 1. Instanz: ......
wegen ......

ich lege namens und mit Vollmacht des/der ...... Berufung gegen das Urteil des Arbeitsgerichts ...... vom ...... – ...... Ca ....../...... ein und werde beantragen zu erkennen:

I. Das Urteil des Arbeitsgerichts ...... vom ...... – ...... Ca/...... – dem/der Kläger(in)/Beklagten zugestellt am ......, wird abgeändert. Es wird nach den Schlussanträgen 1. Instanz erkannt[5].

II. Der/die ...... trägt die Kosten des Rechtsstreits.

Begründung[6, 7, 8, 9, 10]:

I. Der/Die Kläger(in)/Beklagte war vom ...... bis ...... bei der Beklagten/dem/der Kläger(in) beschäftigt. Mit der Klage hat der/die Kläger(in) vom/von der Beklagten ...... verlangt[11, 12, 13]

II. Das Arbeitsgericht hat durch Urteil vom ...... die Klage abgewiesen/der Klage stattgegeben, weil ......[8]

III. Das Urteil des Arbeitsgerichts beruht auf einer Rechtsverletzung (§ 513 ZPO)[14, 15]. Das Arbeitsgericht hat folgende Rechtsnormen ...... verkannt.

1. Der Tatbestand des Urteil bedarf der Ergänzung und Richtigstellung (§ 520 Abs. 3 Nr. 3 ZPO)

a) Ergänzender und richtig stellender Sachvortrag (§ 520 Abs. 3 Nr. 4 ZPO)[16]

b) Anhaltspunkte, die Zweifel an der Richtigkeit der Sachverhaltsfeststellung begründen (Übergehen von Vorbringen, fehlende Hinweise, Widersprüche im Urteil usw.)

c) Erheblichkeit des Vortrags

2. Bezeichnung der Umstände, aus denen sich die Rechtsverletzung ergibt.

a) Fehlerhaftigkeit der Rechtsauffassung des Arbeitsgerichts und eigene Rechtsauffassung

b) Erheblichkeit der Rechtsauffassung (Hätte das Arbeitsgericht eine zutreffende Rechtsauffassung vertreten, hätte es zu einer anderen Entscheidung kommen müssen) ......[17, 18]

Rechtsanwalt/Rechtsanwältin

Anmerkungen

1. Wie im ordentlichen Zivilprozess können Berufung und Berufungsbegründung in jeweils gesonderten Schriftsätzen beim Landesarbeitsgericht eingereicht werden. Die

Frist für die Einlegung der Berufung beträgt einen Monat, die Frist für die Begründung der Berufung zwei Monate (§ 66 Abs. 1 S. 1 ArbGG). Beide Fristen beginnen mit der Zustellung des in vollständiger Form abgefassten Urteils, spätestens aber mit Ablauf von fünf Monaten nach der Verkündung (§ 66 Abs. 1 ArbGG). Die Berufung muss innerhalb einer Frist von einem Monat nach Zustellung der Berufungsbegründung beantwortet werden (§ 66 Abs. 1 S. 3 ArbGG). Mit der Zustellung der Berufungsbegründung ist der Berufungsbeklagte auf die Frist für die Berufungsbeantwortung hinzuweisen.

2. Die Fristen zur Begründung der Berufung und zur Berufungsbeantwortung können vom Vorsitzenden einmal auf Antrag verlängert werden, wenn nach seiner freien Überzeugung der Rechtsstreit durch die Verlängerung nicht verzögert wird oder wenn die Partei erhebliche Gründe darlegt (§ 66 Abs. 1 S. 5 ArbGG). Der Fristverlängerungsantrag muss innerhalb der Berufungsbegründungsfrist eingehen, kann aber noch nach Fristablauf beschieden werden (BAG AP Nr. 31 zu § 233 ZPO). Verlängerungsgründe sind Vergleichsverhandlungen, Urlaub, Krankheit, Arbeitsüberlastung (BAG 20. 10. 2004 AP Nr. 28 zu § 66 ArbGG 1979 = NZA 2004, 1350). Die Gründe für die behauptete Belastung und ihre Auswirkungen auf das konkrete Verfahren brauchen im Allgemeinen nicht besonders dargelegt und glaubhaft gemacht werden. Der Antrag muss von einem postulationsfähigen Vertreter unterschrieben werden. Für die Dauer der Verlängerung macht das Gesetz keine Angaben. Sie wird wegen des Beschleunigungsgrundsatzes nicht über einen Monat erfolgen. Vor Zurückweisung eines Antrags wird rechtliches Gehör gewährt werden müssen. Muster: Ich bitte die Frist zur Begründung der Berufung um einen Monat zu verlängern, da wegen umfangreicher Terminsachen eine rechtzeitige Bearbeitung nicht möglich war.

3. Der Lauf der Berufungsfrist setzt die Zustellung des in vollständiger Form abgefassten Urteils voraus, die die vollständige Anschrift des Landesarbeitsgerichts enthalten muss. Auch wenn es an der Zustellung eines vollständig abgefassten Urteils eines Arbeitsgerichts fehlt, weil die Rechtsmittelbelehrung, die zum Urteil gehört, unterblieben ist, beginnt die Berufungs- und Berufungsbegründungsfrist spätestens mit Ablauf von fünf Monaten nach Verkündung. In diesem Fall endet die Berufungsfrist sechs Monate und die Berufungsbegründungsfrist sieben Monate nach Begründung (BAG AP Nr. 29 zu § 66 ArbGG 1979 = NZA 2005, 125; bestätigt: NZA 2005, 1133; 3. 11. 2004 – 4 AZR 531/03 n. V.; 2. 6. 2005 – 2 AZR 177/04 n. V.). Die Berufungsfrist verlängert sich nicht im Hinblick auf eine nicht rechtzeitig erfolgte Rechtsmittelbelehrung nach § 9 Abs. 5 S. 4 ArbGG.

4. Umstritten ist, ob die Berufung zwischen Verkündung und Zustellung eingelegt werden kann. Vor Inkrafttreten des ZPO-RG ließ das BAG es jedenfalls nach Ablauf der 5-Monats-Frist (§ 516 ZPO a. F.) zu, Berufung einzulegen, auch wenn keine erstinstanzliche Entscheidung vorlag. Der Rechtsmittelträger trägt dann allerdings das Risiko, dass die Ausführungen die Urteilsgründe verfehlen (BAG NZA 2004, 1239). Nach Erlass des ZPO-RG werden im Wesentlichen zwei Meinungen vertreten. Nach der Meinung von *Schmidt/Schwab/Wildschütz* ist § 66 Abs. 1 ArbGG zu entnehmen, dass eine vorzeitig eingelegte Berufung zunächst nicht begründet zu werden braucht. Die Begründungsfrist beginnt mit der Zustellung des Urteils, spätestens fünf Monate nach Verkündung. Nach Auffassung von *Holthaus/Koch* (RdA 2002, 151) bestehe ein Regelungsmodell, dass eine vor Zustellung des Urteils eingelegte Berufung unzulässig sei; nach Ablauf von fünf Monaten werde die Berufung zulässig. Sie könne mit der verspäteten Absetzung begründet werden. Spätestens bis zum Ablauf von 17 Monaten müsse Berufung und Berufungsbegründung eingelegt werden (BAG AP Nr. 8 zu § 516 ZPO; AP Nr. 21 zu § 66 ArbGG 1979 = NJW 2000, 3515 = NZA 2001, 343). Beiden Meinungen kann nicht gefolgt werden. § 66 ArbGG enthält keine Zulässigkeitsregel sondern eine Fristenregel, bis zu welchem Zeitpunkt Berufung eingelegt werden kann. Nach § 517 ZPO beginnt die Berufungsfrist mit Zustellung des Urteils. Aber auch hieraus ist nicht abzuleiten, dass eine vorzeitige Berufungseinlegung unzulässig ist (BGH NJW 1999, 3269).

5. (1) Berufung des voll unterlegenen Klägers: „an den Kläger EUR ...... brutto nebst Zinsen in Höhe von 5 Prozentpunkten über dem Basiszinssatz seit dem ...... zu zahlen. (2) Berufung des voll unterlegenen Beklagten: „die Klage wird abgewiesen." (3) Berufung des unterlegenen Klägers, der nur die teilweise Änderung des erstinstanzlichen Urteils anstrebt: „...... teilweise abgeändert, soweit es die gegen die ordentliche Kündigung vom ...... gerichtete Klage abgewiesen hat. Es wird festgestellt, dass das Arbeitsverhältnis des Klägers durch die von dem Beklagten ausgesprochenen Kündigung vom ...... nicht auflöst worden ist."

6. Die Berufung ist nur statthaft, a) wenn sie in dem Urteil des Arbeitsgerichts zugelassen worden ist; b) wenn der Wert des Beschwerdegegenstandes EUR 600,– übersteigt; c) in Rechtsstreitigkeiten über das Bestehen, das Nichtbestehen oder die Kündigung eines Arbeitsverhältnisses oder d) wenn es sich um ein Versäumnisurteil handelt, gegen das der Einspruch an sich nicht statthaft ist, wenn die Berufung oder Anschlussberufung darauf gestützt ist, dass der Fall der schuldhaften Versäumung nicht vorgelegen habe. In § 64 Abs. 2 ArbGG sind enumerativ die Gründe aufgezeigt, in denen die Berufung statthaft ist. In anderen Fällen ist sie selbst bei schwersten Fehlern unstatthaft.

7. Die Berufung ist zulässig, wenn sie vom Arbeitgericht zugelassen worden ist (§ 64 Abs. 2 lit. a ArbGG). Die Zulassung erfolgt von Amts wegen für den gesamten Rechtsstreit oder einen einzelnen prozessualen Anspruch (BAG AP Nr. 5 zu § 64 ArbGG 1979). Die Entscheidung, ob die Berufung zugelassen oder nicht zugelassen wird, ist in den Tenor aufzunehmen (§ 64 Abs. 3a ArbGG). Ist die Zulassung unterblieben, kann nach § 64 Abs. 3a ArbGG binnen zwei Wochen nach Verkündung des Urteils beantragt werden, den Tenor des Urteils zu ergänzen (es wird beantragt, der Tenor des Urteils wird ergänzt). Die Berufung wird zugelassen. Von Amts wegen kann nach richtiger Auffassung die Zulassung nicht nachträglich erfolgen (GK-ArbGG/*Vossen* § 64 Rdn. 62a; *Appel/Kaiser* ArbuR 2000, 281, 282). Ist die Berufung zugelassen, ist das LAG grundsätzlich daran gebunden. Das Arbeitsgericht muss die Berufung zulassen, (1) wenn die Sache grundsätzliche Bedeutung hat. An den Begriff sind geringere Anforderungen zu stellen als den in § 72 Abs. 2 ArbGG. Ausreichend ist grundsätzliche Bedeutung im Bezirk des LAG. Die Rechtsfrage, wegen der Zulassung erfolgt, muss klärungsfähig und bedürftig sein (vgl. Form. IV. D. 9 Anm. 7). (2) die Rechtssache Rechtsstreitigkeiten betrifft (a) zwischen Tarifvertragsparteien aus Tarifverträgen oder über das Bestehen oder Nichtbestehen von Tarifverträgen, (b) über die Auslegung eines Tarifvertrags, dessen Geltungsbereich sich über den Bezirk eines Arbeitsgerichts hinaus erstreckt, oder (c) zwischen tariffähigen Parteien oder zwischen diesen und Dritten aus unerlaubten Handlungen, soweit es sich um Maßnahmen zum Zwecke des Arbeitskampfes oder um Fragen der Vereinigungsfreiheit einschließlich des hiermit im Zusammenhang stehenden Betätigungsrechts der Vereinigungen handelt, oder (3) das Arbeitsgericht in der Auslegung einer Rechtsvorschrift von einem ihm im Verfahren vorgelegten Urteil, das für oder gegen eine Partei ergangen ist, oder von einem Urteil des im Instanzenzug übergeordneten Landesarbeitsgericht abweicht und die Entscheidung auf dieser Abweichung beruht. Die Zulassung dient der Wahrung der Rechtseinheit im Bezirk des LAG. Weicht die Entscheidung des ArbG von einer Entscheidung des BAG oder eines anderen LAG ab, wird regelmäßig eine grundsätzliche Bedeutung vorliegen.

8. Die Berufung ist statthaft, wenn der Wert des Beschwerdegegenstandes EUR 600,– übersteigt. Voraussetzung ist die Beschwer einer Partei. Der Kläger ist durch das Urteil beschwert, wenn es hinter dem in der ersten Instanz gestellten Antrag zurückbleibt (formelle Beschwer). Ferner ist der Beschwerdewert von dem in der nächsten Instanz gestellten Antrag abhängig (BAG AP Nr. 6 zu § 64 ArbGG 1979; AP Nr. 9 zu § 12 ArbGG 1979). Der Beklagte ist beschwert (materielle Beschwer), wenn er eine für ihn günstigere Entscheidung begehrt. Dies ist auch der Fall, wenn die Klage als unzulässig und nicht als unbegründet abgewiesen worden ist (BAG AP Nr. 4 zu § 2 TVG Tarifzuständigkeit =

NJW 1987, 514 = NZA 1986, 480). Mehrere Klageanträge werden zusammengerechnet. Die Berufung ist unstatthaft, wenn bei einem teilbaren Streitgegenstand nur einer angegriffen wird, der unterhalb EUR 600,– liegt (LAG Rheinland-Pfalz ArbuR 2001, 359). Bei Haupt- und Hilfsantrag erfolgt eine Addition nur, wenn über alle Anträge entschieden wird. Wird der Hauptantrag abgewiesen und über den Hilfsantrag entschieden, liegt der Beschwerdewert für den Kläger im Wert des Hauptantrags. Bei unbeziffertem Antrag ist der Kläger im Falle der Abweisung beschwert, wenn das Urteil hinter dem von ihm angezogenen Orientierungswert zurückbleibt. Hat er keinen genannt, ist die Rechtslage umstr. Zum Teil wird angenommen, dass bei einem zuerkannten Betrag mangels Beschwer keine Berufung eingelegt werden kann (LAG Hamm LAGE § 64 ArbGG 1979 Nr. 32). Zum Teil wird aber auch angenommen, dass Berufung eingelegt werden kann, wenn der Betrag hinter den objektiv begründeten Erwartungen zurückbleibt. Bei der Auskunftserteilung richtet sich die Beschwer nach den Kosten der Auskunft (BAG AP Nr. 17 zu § 64 ArbGG 1979). Der Beschwerdewert kann nicht höher sein als der Streitwert (vgl. BAG AP Nr. 11 zu § 64 ArbGG 1979 = NZA 1988, 705). Für die Feststellung des Beschwerdewertes ist auf den Zeitpunkt der Berufungseinlegung abzustellen (BAG 27. 1. 2004 DB 2004, 1376 nav). Dieser ist glaubhaft zu machen, anderenfalls wird er geschätzt. Der Beschwerdewert kann nicht dadurch erhöht werden, dass mit der Berufung der Streitwert erweitert oder Widerklage erhoben wird. Die Berufung wird unzulässig, wenn der Beschwerdewert unter die Rechtsmittelgrenze sinkt (BAG NZA 2004, 808). Etwas anders gilt nur, wenn die Ermäßigung nach der Entwicklung des Rechtsstreits geboten war (BGH NJW 1983, 1063).

9. Die Berufung ist in allen Bestandsstreitigkeiten zulässig. Der Wortlaut des § 64 Abs. 2 lit c) ArbGG entspricht § 2 Abs. 1 Nr. 3 b ArbGG). Bestandsstreitigkeiten sind alle Rechtsstreite über Bestehen oder Nichtbestehen des Arbeitsverhältnisses. Es gehören hierhin Streitigkeiten über Kündigungen, Aufhebungs- und Abwicklungsverträge, Befristungen, Anfechtung usw.

10. Die Berufung ist gegen ein zweites Versäumnisurteil unabhängig von der Wertgrenze statthaft (§ 64 Abs. 2 lit. d ArbGG).

11. Die Form der Berufungseinlegung richtet sich nach § 519 ZPO.

a) Die Berufung wird durch Einreichung der Berufungsschrift bei dem Berufungsgericht eingelegt (§ 519 Abs. 1 ZPO). Die Berufung kann eingelegt werden durch Schriftsatz, telegraphisch (RGZ 151, 82, 86; BAG AP Nr. 1 zu § 129 ZPO = NJW 1971, 2190; AP Nr. 48 zu § 518 ZPO = DB 1984, 1688 = BB 1984, 856), durch Fernschreiben (BGHZ 79, 314, 316) oder durch Telekopie (BAG AP Nr. 54 zu § 1 LohnFzG = NJW 1984, 199; AP Nr. 2 zu § 94 ArbGG 1979 = NJW 1986, 1178 = NZA 1986, 578; BGH v. 20. 9. 1993 – AP Nr. 62 zu § 518 ZPO). Eine telegraphische Berufungsschrift muss wenigstens aus dem Zusammenhang erkennen lassen, welcher Rechtsanwalt für den Text verantwortlich ist und die Aufgabe des Telegramms veranlasst hat (BAG AP Nr. 48 zu § 518 ZPO). Bei Berufungseinlegung durch Telekopie muss die beim Landesarbeitsgericht eingehende Kopie die Unterschrift des Absenders wiedergeben (BSG AP Nr. 1 zu § 160 a SGG; BAG AP Nr. 2 zu § 94 ArbGG 1979). Ausreichend ist, wenn die Telekopie einem Empfangsgerät des Rechtsmittelgerichts zugeht oder einem Empfangsgerät der Post und von dort auf postalischem Weg dem Rechtsmittelgericht zugeleitet wird. Unzureichend ist es, wenn die Telekopie einer Privatperson zugeleitet und von dieser durch Boten dem Gericht überbracht wird (BAG AP Nr. 39 zu § 519 ZPO = NJW 1990, 3165 = NZA 1990, 985). Liegen Anhaltspunkte dafür vor, dass die abgesandten Signale fristgerecht eingegangen sind, das Empfangsgerät daraus aber keinen vollständigen Ausdruck gefertigt hat, so ist der rechtzeitige Zugang eines Telefaxes zu fingieren (BVerfG NJW 1996, 2857; BGH NJW 1994, 1881). Ein Rechtsmittel kann wiederholt eingelegt werden (BAG AP Nr. 66 zu § 518 ZPO = NJW 1996, 1365 = NZA 1996, 278). Wird ein Rechtsmittel durch Telekopie eingereicht und darin die Übersendung beglaubigter Abschriften angekündigt, so liegt in der Übersendung aber keine neue Rechtsmitteleinlegung (BAG AP Nr. 66 zu § 518 ZPO = NJW 1996, 1365 = NZA 1996, 278). Die Verwendung der Empfängernummer kommt im Telefaxverkehr der Adressierung des Schreibens gleich. Der Rechtsanwalt muss mithin durch organisatorische Maßnahmen sicherstellen, dass der Sendebericht nicht nur auf vollständige und fehlerfreie Übermittlung, sondern auch auf die richtige Empfängernummer kontrolliert wird (BAG AP Nr. 11 zu § 66 ArbGG = NJW 1995, 2742 = NZA 1995, 805; AP Nr. 70 zu § 233 ZPO = NJW 2001, 1595; BGH NJW 1993, 1655). Scheitert die Übermittlung eines fristgebundenen Schriftsatzes mittels Telekopie, so kann die Wiedereinsetzung nur bewilligt werden, wenn das Fehlen oder die Unzumutbarkeit anderweitiger Übermittlung dargelegt wird (BAG AP Nr. 34 zu § 233 ZPO = NJW 1995, 743 = NZA 1995, 138; BSG AP Nr. 26 zu § 233 ZPO = NZA 1993, 1056). Zur elektronischen Form § 46c ArbGG (zum elektronischen Rechtsverkehr beim BAG VO v. 9. 3. 2006 (BGBl I S. 519) www.bundesarbeitsgericht.de). Eine an ein zuständiges Gericht adressierte Rechtsmittelschrift geht im Fall einer gemeinsamen Annahmestelle nur bei dem Gericht ein, an das sie adressiert ist; der Eingang beim zuständigen Gericht erfolgt erst nach der Weiterleitung an dieses. Ist in einem solchen Fall der Beamte der Annahmestelle zur Entgegennahme von Schriftstücken aller beteiligten Gerichte bestellt, erkennt er die Falschadressierung und leitet die Berufungsschrift deshalb unmittelbar an das Berufungsgericht weiter, so ist sie nach der Rechtsprechung des Bundesgerichtshofs, der sich das BAG angeschlossen hat, trotz der Falschadressierung sogleich beim Berufungsgericht eingegangen (BAG EzA – SD 2000, Nr. 4, 13).

b) Die Berufung muss von einem bei einem deutschen Gericht zugelassenen Rechtsanwalt oder einem Verbandsvertreter unterzeichnet sein (§ 11 Abs. 2 ArbGG). Sie ist unzulässig, wenn die Berufungsschrift von einem angestellten Syndikusanwalt auf einem Firmenbogen für die Firma eingelegt wird, er als „Syndikusanwalt" unterzeichnet und auch im Übrigen nicht zu erkennen gibt, dass er den Rechtsmittelführer als unabhängiger, bei einem deutschen Gericht zugelassener Rechtsanwalt vertritt (BAG AP Nr. 13 zu § 11 ArbGG 1979 Prozessvertreter = NZA 1996, 671) Ausreichend ist, wenn ein anderer Rechtsanwalt als der von der Partei Beauftragte „i. V." unterzeichnet; unzureichend dagegen „i. A." (BAG AP Nr. 11 zu § 518 ZPO = DB 1967, 1904). Ein Rechtsanwalt, der für „einen anderen Rechtsanwalt die Berufung begründet, handelt erkennbar als Unterbevollmächtigter" (BAG AP Nr. 38 zu § 519 ZPO = NJW 1990, 2706 = NZA 1990, 828). Hat ein zum Kreis der Prozessbevollmächtigten gehörender Rechtsanwalt in seiner Eigenschaft als Mitglied der bevollmächtigten Anwaltskanzlei eine von einem anderen Prozessbevollmächtigten abgefasste Rechtsmittel- oder Rechtsmittelbegründungsschrift mit einem auf den sachbearbeitenden Rechtsanwalt hinweisenden Zusatz unterzeichnet, so ist idR. davon auszugehen, dass er auch die Verantwortung für den Inhalt dieser fristwahrenden bestimmenden Schriftsätze übernimmt (BAG AP Nr. 54 zu § 518 ZPO). Eine beglaubigte, eigenhändig unterzeichnete Abschrift kann die Urschrift ersetzen (BAG AP Nr. 42 zu § 518 ZPO = NJW 1979, 183). Die Unterzeichnung des Beglaubigungsvermerkes unter einer Berufungsbegründungsschrift ist nur dann ausreichend, wenn sie von demselben Rechtsanwalt herrührt, der auch die Berufungsbegründung verfasst hat (BAG v. 2. 12. 1992 – AP Nr. 14 zu § 3 TVG). Die Unterschrift braucht nicht lesbar zu sein; sie muss aber charakteristische Schriftzeichen aufweisen (BAG AP Nr. 38 zu § 518 ZPO; AP Nr. 46 aaO. = NJW 1982, 1016). Unzureichend ist die Unterzeichnung mit einer Paraphe (BAG AP Nr. 1 zu § 130 ZPO); ausreichend dagegen, wenn eine Rechtsanwältin mit Doppelnamen ihren zweiten Namen abkürzt (BAG AP Nr. 6 zu § 130 ZPO = DB 1988, 920). Hat ein Rechtsmittelgericht aber zugelassen, dass ein Rechtsanwalt die Rechtsmittelschrift nur paraphiert, so verlangt der wirkungsvolle Rechtsschutz, dass vor einer Verwerfung des Rechtsmittels der Anwalt hierauf hingewiesen wird (BVerfG 7. 10. 1996 – 1 BvR 1183/95; BVerfGE 78, 123, 127; BAG AP Nr. 2 zu § 1 TVG Kündigung = NZA 1997, 1234).

c) Die Berufungsschrift muss das angefochtene Urteil bezeichnen (§ 519 Abs. 2 Nr. 1 ZPO). Es muss das Gericht angegeben werden, von dem das Urteil stammt (BAG AP Nr. 45 zu § 518 ZPO = DB 1981, 1037). Ist die Angabe unrichtig, ist die Berufung unzulässig (BAG AP Nr. 26 zu § 518 ZPO = DB 1975, 1324). Eine falsche Bezeichnung des Gerichts des ersten Rechtszuges kann unschädlich sein und formlos berichtigt werden, wenn nach Lage des jeweiligen Falles kein vernünftiger Zweifel bestehen kann, welches Gericht mit der unrichtigen Bezeichnung gemeint ist (BGH AP Nr. 58 zu § 518 ZPO = NJW 1989, 2395). Unschädlich ist, wenn nur das Aktenzeichen falsch angegeben ist (BAG AP Nr. 35 zu § 518 ZPO = NJW 1976, 2039). Das Verkündungsdatum ist entbehrlich, wenn das Urteil eindeutig zu identifizieren ist und nicht mehrere Urteile zwischen den Parteien ergangen sind (BAG AP Nr. 45 zu § 518 ZPO = DB 1981, 1037).

d) Innerhalb der Rechtsmittelfrist muss sich ergeben, für und gegen wen die Berufung eingelegt wird (BAG AP Nr. 15 zu § 518 ZPO = BB 71, 310; AP Nr. 31 aaO. = BB 75, 1439; AP Nr. 41 = NJW 1978, 2120; BGH AP Nr. 52 zu § 518 ZPO; BAG 17. 5. 2001 EzA Nr. 43 zu § 518 ZPO n. a. v.). Ergibt sich die Parteirolle nicht aus der Berufungsschrift, so können nur solche Umstände herangezogen werden, die dem Berufungsgericht innerhalb der Berufungsfrist bekannt geworden sind (BAG AP Nr. 14, 15, 29, 30, 31, 47 zu § 518 ZPO). Die für eine wirksame Berufungseinlegung erforderliche Angabe, für und gegen wen die Berufung eingelegt wird, unterliegt der Schriftform nach § 518 ZPO. Mündliche oder telefonische Angaben der Parteien zur Ergänzung einer unvollständigen Berufungsschrift dürfen auch dann nicht berücksichtigt werden, wenn sie bei Gericht aktenkundig gemacht werden (BGH 9. 7. 1985 NJW 1985; 4. 6. 1997 AP Nr. 71 zu § 518 ZPO).

e) Die ladungsfähige Anschrift des Beklagten muss sich aus der Berufung nicht ergeben (BAG GS AP Nr. 53 zu § 518 ZPO = NJW 1987, 1356 = NZA 1987, 136).

12. Nach § 519 Abs. 2 Nr. 1 ZPO muss das Urteil bezeichnet sein (vgl. Anm. 11 c).

13. Berufungsanträge sind die Erklärung, inwieweit das Urteil angefochten und welche Abänderung des Urteils beantragt wird (§ 520 Abs. 3 Nr. 1 ZPO). Anträge brauchen nicht förmlich gestellt werden; ausreichend ist, wenn die Anträge mit hinreichender Klarheit (BGH NJW 1975, 2013) aus Berufung und Berufungsbegründung entnommen werden können (BAG AP Nr. 9 zu § 519 ZPO; AP Nr. 122 zu § 1 TVG Auslegung; AP Nr. 5 zu § 44 BAT). Enthält die Berufungsbegründung keine, auch nicht durch Auslegung zu ermittelnde Anträge, ist die Berufung unzulässig. Nach hM. können die Berufungsanträge auch nach Ablauf der Berufungsfrist erweitert werden (BGHZ 91, 194, 159; BAG AP Nr. 4 zu § 580 ZPO = NJW 1958, 1605; aA. *Grunsky* NJW 1966, 1393; ZZP 88, 49, 51 ff.). Eine Einschränkung ist unter den Voraussetzungen von § 516 ZPO möglich. Enthält eine Rechtsmittelschrift bereits einzelne, aber nicht alle vom Rechtsmittelführer in der Vorinstanz gestellte Anträge, so kann allein hieraus nicht auf eine Beschränkung des Rechtsmittels geschlossen werden (BGH NJW 1983, 1561; BAG v. 4. 8. 1993 – AP Nr. 38 zu § 1 TVG Tarifverträge: Einzelhandel). Eine Zurücknahme der Berufung ist bis zur Verkündung des Berufungsurteils zulässig. Sie erfolgt, wenn sie nicht bei der mündlichen Verhandlung erklärt wird, durch Einreichung eines Schriftsatzes (§ 516 ZPO). Gelegentlich wird vertreten, der Rechtsanwalt solle den Verkündungstermin wahrnehmen. Er könne sie dann noch zurücknehmen, wenn sie ihm aussichtslos erscheine. Eine Zustimmung der Gegenseite ist nicht mehr notwendig. Entscheidet das Urteil über mehrere Ansprüche, so sind für jeden eine Begründung und ein Antrag erforderlich. Eine Ausnahme gilt dann, wenn der eine Anspruch von dem anderen abhängt. Wenn die Klage des Arbeitnehmers auf Weiterbeschäftigung für die Dauer eines Kündigungsrechtsstreites vom Arbeitsgericht abgewiesen wird, weil es die Kündigung für wirksam hält, bedarf es im Berufungsverfahren keiner gesonderten Berufungsbegründung wegen des Weiterbeschäftigungsanspruches (BAG AP Nr. 96 zu § 626 BGB = NZA 1987, 808).

14. Für die Berufungsbegründung gelten im Arbeitsgerichtsverfahren die gleichen Grundsätze wie im Zivilprozess; vgl. daher Form. I. O. 2. Die Berufungsbegründung darf sich nicht in allgemeinen Redewendungen erschöpfen. Vielmehr muss gesagt werden, warum das Urteil keinen Bestand haben kann. Unzureichend: Verweisung auf Vorbringen erster Instanz (BAG AP Nr. 4 zu § 234 ZPO = NJW 1962, 1933; BGH AP Nr. 34 zu § 519 ZPO), Angabe eines verletzten Paragraphen (BAG AP Nr. 2 zu § 519 ZPO); ausreichend dagegen: Bezugnahme auf Prozesskostenhilfegesuch, sofern dieses die Voraussetzungen einer Berufungsbegründung erfüllt (BAG AP Nr. 12 zu § 519 ZPO = DB 1960, 388). Zum Novenrecht s. Anm. 16.

15. Der Inhalt der Berufungsbegründung ergibt sich aus § 520 Abs. 3 ZPO, der im Wesentlichen auch im Arbeitsgerichtsverfahren anzuwenden ist (§ 64 Abs. 6 ArbGG).

a) Die Berufungsbegründung muss die Berufungsanträge enthalten (vgl. Anm. 13).

b) Die Berufungsbegründung muss die Bezeichnung der Umstände enthalten, aus denen sich die Rechtsverletzung und deren Erheblichkeit für die angefochtene Entscheidung ergibt (§ 520 Abs. 3 Nr. 2 ZPO). Es ist demnach darzustellen, ob, warum und inwieweit eine Rechtsnorm fehlerhaft angewandt worden ist. Diese ist im Allgemeinen zu bezeichnen; fehlerhafte Nummerierung ist aber wie im Revisionsverfahren unschädlich. Es ist aufzuzeigen, dass die Rechtsverletzung für die fehlerhafte Entscheidung ursächlich ist und dass das Arbeitsgericht bei richtiger Rechtsanwendung zu einer anderen Entscheidung hätte kommen müssen (vgl. BGH 28. 5. 2003 NJW 2003).

c) Die Berufungsbegründung muss die Bezeichnung konkreter Anhaltspunkte enthalten, die Zweifel an der Richtigkeit oder Vollständigkeit der Tatsachenfeststellungen im angefochtenen Urteil begründen und deshalb eine erneute Feststellung gebieten (§ 520 Abs. 3 Nr. 3 ZPO). Das LAG hat grundsätzlich die vom Arbeitsgericht festgestellten Tatsachen zu Grunde zu legen, soweit nicht konkrete Anhaltspunkte Zweifel an der Richtigkeit oder Vollständigkeit der entscheidungserheblichen Feststellungen begründen und deshalb eine erneute Feststellung gebieten (§ 529 Abs. 1 Nr. 1 ZPO). Will der Berufungskläger geltend machen, der Sachverhalt sei fehlerhaft festgestellt, hat er darzulegen (1) die aus seiner Sicht fehlerhafte oder unterbliebene Tatsachenfeststellung, (2) einen Verstoß gegen das Verfahrensrecht; übergangener Sachverhalt oder übergangene Beweismittel sind unter Angabe der Fundstelle in den Akten zu bezeichnen; (3) die Entscheidungserheblichkeit und (4) konkrete Tatsachen für die Fehlerhaftigkeit. Es ist unmittelbar die Würdigung und die Wiedergabe von Feststellungen anzugreifen; es ist also anzugeben, dass das erstinstanzliche Gericht zu Recht oder Unrecht eine Tatsache als streitig oder unstreitig angesehen hat oder die Beweisaufnahme ein anderes Ergebnis hatte, die Sachverhaltsfeststellungen widersprüchlich sind, die Annahmen des Arbeitsgericht beruhten auf einer fehlerhaften Anwendung des Verfahrensrecht, die Beweislast sei verkannt, denkgesetzwidrige Würdigung usw. Bei richtiger Anwendung hätte das Gericht zu einem anderen Ergebnis kommen müssen. Während des Gesetzgebungsverfahrens war umstritten, ob das Berufungsgericht von weiterer Aufklärung absehen kann, wenn es das Ergebnis der Feststellungen für richtig hält, aber diese in einem fehlerhaften Verfahren gewonnen worden sind. Nach richtiger Auffassung ist das zu verneinen.

d) Nicht anzuwenden ist § 520 Abs. 3 Nr. 4 ZPO. Dieser ist für das Arbeitsgerichtsverfahren durch § 67 ArbGG ersetzt.

e) Wird die Berufung nicht formgemäß begründet, können zwei Rechtsfolgen eingreifen. Sie kann insgesamt unzulässig sein. Bei Verstößen gegen § 520 Abs. 3 Nr. 3 ZPO können aber auch die Feststellungen des Arbeitsgerichts zu Grunde zu legen sein.

16. Das Novenrecht ist durch das ZPO-RG nur wenig geändert. Grundsätzlich können im Berufungsrechtszug unter Beachtung von § 520 Abs. 3 ZPO neue Tatsachen und Beweismittel vorgebracht werden Indes ist das Novenrecht eingeschränkt (§ 67 ArbGG). Die Vorschrift ist mehrstufig aufgebaut.

a) In § 67 Abs. 4 ArbGG ist bestimmt, ab wann neue Angriffs- oder Verteidigungsmittel zurückgewiesen werden können (unter e). Soweit das Vorbringen neuer Angriffs- und Verteidigungsmittel zulässig ist, sind diese in der Berufungsbegründung oder in der Berufungsbeantwortung vorzubringen. Werden sie später vorgebracht, sind sie nur zuzulassen, wenn sie nach der Berufungsbegründung oder der Berufungsbeantwortung entstanden sind, oder das verspätete Vorbringen nach der freien Überzeugung des Landesarbeitsgerichts die Erledigung des Rechtstreits nicht verzögern würde oder nicht auf Verschulden der Partei beruht. Eine Verzögerung tritt auch dann nicht ein, wenn der Sachverhalt unstreitig ist.

b) Angriffs- und Verteidigungsmittel, die im ersten Rechtszug zu Recht zurückgewiesen worden sind, bleiben ausgeschlossen (§ 67 Abs. 1 ArbGG).

c) Ist dagegen ein Sachvorbringen in der 1. Instanz überhaupt noch nicht vorgebracht worden, obwohl dies nach § 282 Abs. 1, 2 ZPO der allgemeinen Prozessförderungspflicht entsprochen hätte, so ist es in der 2. Instanz nur zuzulassen, wenn die Zulassung nach der freien Überzeugung des Gerichtes die Erledigung des Rechtsstreites nicht verzögern würde oder wenn die Partei das Vorbringen im 1. Rechtszug nicht aus grober Nachlässigkeit unterlassen hatte (§ 67 Abs. 3 ArbGG). Das Gericht hat jedoch neu angebotene Beweismittel zu berücksichtigen, wenn dies möglich ist (BAG AP Nr. 5 zu § 529 ZPO; AP Nr. 25 zu § 74 HGB; AP Nr. 97 zu § 611 BGB Haftung des Arbeitnehmers = NJW 1990, 468 = NZA 1990, 97 = BB 1990, 65). Ein in der Berufungsbegründung gestellter Beweisantrag ist nicht deshalb verspätet, weil die Partei in erster Instanz der vom Gegner beantragten urkundenbeweislichen Verwertung der Akten zugestimmt hat und deshalb den Beweisantrag unterlassen hat (BAG AP Nr. 97 zu § 611 BGB Haftung des Arbeitnehmers = NJW 1990, 468 = NZA 1990, 97). Eine der Partei anzulastende Verzögerung soll auch dann vorliegen, wenn ein verspätet benannter Zeuge trotz ordnungsgemäßer Ladung aus in seiner Person liegenden Gründen zur ersten mündlichen Verhandlung vor dem Berufungsgericht nicht erscheint (vgl. BGH NJW 1989, 719).

d) Hat der Vorsitzende des Arbeitsgerichtes den Parteien Auflagen zur Ergänzung und Erläuterung ihres Vorbringens oder zur Vorlage von Urkunden gemacht (§§ 56 Abs. 1 S. 2 Nr. 1, 61 a Abs. 3, 4 ArbGG), ohne dass die Parteien sachdienlich vorgetragen haben, so ist das Nachschieben dieser Gründe in der Berufungsinstanz nur zuzulassen, wenn nach der freien Überzeugung des LAG ihre Zulassung die Erledigung des Rechtsstreits nicht verzögern würde oder wenn die Partei die Verspätung genügend entschuldigt (§ 67 Abs. 21 S. 1 ArbGG). Der Entschuldigungsgrund ist auf Verlangen des LAG glaubhaft zu machen.

e) Ist das Vorbringen nach a–d überhaupt zulässig, so ist es vom Berufungskläger in der Berufungsbegründung und vom Berufungsbeklagten in der Berufungsbeantwortung vorzubringen, also innerhalb der jeweils fristgebundenen Schriftsätze (BAG AP Nr. 1 zu § 4 TVG Besitzstand = NZA 1986, 472 = BB 1986, 667). Wird das Vorbringen verspätet vorgebracht, so ist es nur zuzulassen, wenn es nach der Berufungsbegründung oder nach der Berufungsbeantwortung entstanden ist oder das verspätete Vorbringen nach der freien Überzeugung des LAG die Erledigung des Rechtsstreits nicht verzögern würde oder nicht auf Verschulden einer Partei beruht. Werden Tatsachen, die der Berufungsbeklagte in erster Instanz unter Beweis gestellt hat und auf die es nach der Beurteilung des Erstgerichtes nicht ankam, im Berufungsrechtszug infolge einer anderen rechtlichen Beurteilung des Berufungsgerichtes erheblich, so muss letzteres die entsprechenden Beweisanträge des Berufungsbeklagten aus dem ersten Rechtszug jedenfalls dann beachten, wenn der Berufungsbeklagte pauschal darauf Bezug genommen hat und das Berufungsgericht ihn nicht rechtzeitig vor der mündlichen Verhandlung auf seine von der des Erstgerichts abweichende Beurteilung der Tatsachen hingewiesen hat (BGH NJW 1982, 581). Das Gericht muss aber auch hier bei verspätetem Beweisantritt versuchen, den Zeugen im Wege prozessleitender Verfügung zu laden (BAG AP Nr. 104 zu § 1 TVG Tarifverträge Bau = NJW 1989, 1236 = NZA 1989, 489).

f) Das Verfassungsgebot des rechtlichen Gehörs ist verletzt, wenn ein Berufungsgericht ungewöhnlich komplizierte und umfangreiche Geschäftsunterlagen verwertet, die erst in der letzten mündlichen Verhandlung vorgelegt wurden und dem Prozessgegner innerhalb einer nachgelassenen Schriftsatzfrist nur für die Dauer von drei Arbeitstagen zur Prüfung, Erörterung und Stellungnahme vorlagen (BAG AP Nr. 33 zu Art. 103 GG).

Zum Begriff der Verzögerung: BGH NJW 1979, 1988, 2105; 1980, 945, 1102. Ob eine Verzögerung des Rechtsstreits eintritt, ist bezogen auf den Zeitpunkt des Vorbringens festzustellen. Nach jetzt hM. wird der Rechtsstreit verzögert, wenn er bei Zulassung des verspäteten Vorbringens länger dauern würde als bei seiner Zurückweisung. Dies ist auch dann der Fall, wenn alle angetretenen Beweise in der ersten Berufungsverhandlung erhoben werden könnten, im Falle der Beweisführung aber andere unter Beweis gestellte Behauptungen entscheidungserheblich würden und durch die Erhebung dieser Folgebeweise ein neuer Termin anberaumt werden müsste (BGH NJW 1983, 1495).

Ist Parteivorbringen zu Unrecht zugelassen worden, so ist das unanfechtbar. Dies rechtfertigt sich aus der Überlegung, dass die Verzögerung des Rechtsstreits eingetreten ist und durch die Zurückweisung in der Rechtsmittelinstanz nicht mehr aufgeholt werden kann (BAG AP Nr. 2 zu § 21 TV AL II; AP Nr. 3 zu § 42 TV AL II = BB 1985, 799; BGH NJW 1981, 928; NJW 2004, 2382).

17. Der Prüfungsumfang des Berufungsgerichts ist durch das ZPO-RG völlig verändert worden. Ein zentrales Anliegen der ZPO-Reform war es, die Berufungsinstanz von einer vollen zweiten Tatsacheninstanz in eine Kontrollinstanz umzugestalten (BT-Drucks. 14/4722, S. 61). Hieraus folgt, dass das Berufungsgericht grundsätzlich die von der 1. Instanz getroffenen Tatsachenfeststellungen zu übernehmen hat, es sei denn, dass die in Anm. 15 beschriebenen Ausnahmen gegeben sind. Der eingeschränkte Prüfungsmaßstab gilt auch im Arbeitsgerichtsverfahren (§ 64 Abs. 6 ArbGG, §§ 513, 529 ZPO).

a) Nach § 513 kann die Berufung nur darauf gestützt werden, dass die Entscheidung auf einer Rechtsverletzung (§ 546 ZPO) beruht oder nach § 529 ZPO zu Grunde zu legende Tatsachen eine andere Entscheidung rechtfertigen. Wegen des Begriffs der Rechtsverletzung ist auf das Revisionsverfahren (§ 546 ZPO) verwiesen. Unter Rechtsnorm ist jede gesetzliche Vorschrift zu verstehen; unerheblich ist, ob sie auf materiellem oder prozessualem Recht beruht (vgl. Einzelheiten Form. IV. D. 11 Anm. 3). Gegenüber dem bisherigen Recht hat das erhebliche Auswirkungen bei der Auslegung von Willenserklärungen (vgl. BGH 14. 7. 2004 NJW 2004, 2751) oder bei unbestimmten Rechtsbegriffen. Die Auslegung von Willenserklärungen folgt den Auslegungsgrundsätzen im Revisionsrecht (vgl. Form. IV. D. 11 Anm. 7). Unbestimmte Rechtsbegriffe wie die personen-, verhaltens- und betriebsbedingte Kündigungsgründe oder der wichtige Grund können nur darauf kontrolliert werden, ob das Arbeitsgericht den Kernbereich erkannt hat und die Tatsachen widerspruchsfrei gewürdigt hat (vgl. Form. IV. D. 11 Anm. 7).

b) Nicht von Amts wegen zu berücksichtigende Verfahrensfehler werden nur dann berücksichtigt, wenn sie in den Formen des § 520 Abs. 3 ZPO dargelegt sind. Wegen der materiellrechtlichen Überprüfung ist das Berufungsgericht wie auch das BAG nicht an Verfahrensrügen gebunden.

c) Das Berufungsgericht ist grundsätzlich an die im ersten Rechtszug festgestellten Tatsachen gebunden. Ausnahmen bestehen nur dann, wenn hieran Zweifel bestehen (§ 529 Abs. 1 Nr. 1 ZPO). Wann Anhaltspunkte Zweifel an der Richtigkeit und Vollständigkeit der Feststellungen bestehen, ist im Gesetz nicht definiert. Nach Ansicht des Rechtsausschusses entfällt die Bindung an die erstinstanzlichen Feststellungen, wenn „aus Sicht des Berufungsgerichts eine gewisse – nicht notwendigerweise überwiegende Wahrscheinlichkeit dafür besteht, dass im Falle der Beweiserhebung die erstinstanzliche Feststellung keinen Bestand haben wird (BT-Drucks. 14/6036, S. 124)." Das kann der Fall sein, wenn ein Rechtssatz oder eine Tatsachenfeststellung mit schlüssigen Argumenten in Frage gestellt werden kann. Umstritten sind auch die Rechtsfolgen bei Verstößen des Berufungsgerichts gegen § 529 Abs. 1 Nr. 1 ZPO. Es ist zu differenzieren. Hält sich das Berufungsgericht zu Unrecht an die Feststellungen gebunden, liegt ein revisibler Rechtsfehler vor. Trifft das Berufungsgericht neue Feststellungen, obwohl die Voraussetzungen der Bindung gegeben sind, liegt zwar auch ein Rechtsfehler vor. Es ist aber sinnwidrig, das BAG auf die Feststellungen erster Instanz zugreifen zu lassen. Die Arbeitskraft des Berufungsgerichts ist verbraucht. Dies gilt erst recht dann, wenn das Berufungsgericht zu anderen Feststellungen kommt.

18. Die Zurückverweisung an die Vorinstanz ergibt sich aus § 64 Abs. 6 ArbGG iVm. § 538 ZPO nach Maßgabe der Einschränkung von § 68 ArbGG. Für das Verfahren bei den ordentlichen Gerichten ergeben sich die Zurückverweisungsmöglichkeiten aus § 538 Abs. 2 ZPO. Dieser ist eingeschränkt durch § 68 ArbGG., wonach wegen eines Mangels im Verfahren nicht zurückverwiesen werden kann. Hieraus ergibt sich auch der Grundsatz, dass immer dann eine Zurückverweisung nicht stattfinden kann, wenn der Rechtsfehler in der zweiten Instanz korrigiert werden kann. Damit ergeben sich im Arbeitsgerichtsprozess folgende Besonderheiten. Eine Zurückverweisung nach § 538 Abs. 2 Nr. 1 ZPO scheidet aus. Sie kommt in Betracht, wenn der Einspruch gegen ein Versäumnisurteil nach § 341 ZPO als unzulässig verworfen wurde (§ 538 Abs. 2 Nr. 2 ZPO). Die Vorschrift wird entsprechend angewandt, wenn das Arbeitsgericht zu Unrecht einen Vergleich annimmt und die Fortsetzung des Prozesses ablehnt (BAG AP Nr. 17 zu § 794 ZPO), fehlerhaft eine übereinstimmende Erledigungserklärung annimmt (LAG Hamm LAGE § 1 BetrAVG Nr. 19). Sie ist nach § 538 Abs. Nr. 3 ZPO zulässig, wenn eine Feststellungsklage mangels Feststellungsinteresse als unzulässig abgewiesen worden ist (BAG AP Nr. 25 zu § 2 ArbGG 1953 Zuständigkeitsprüfung). Das LAG kann aber auch selbst entscheiden. § 538 Abs. 2 Nr. 4 und 5 ZPO ist für das Arbeitsgerichtsverfahren ohne Bedeutung. Eine Zurückverweisung ist möglich, wenn das angefochtene Urteil ein Versäumnisurteil ist (§ 538 Abs. 2 Nr. 6 ZPO) und nach § 538 Abs. 2 Nr. 7 ZPO, wenn die Voraussetzungen eines Teilurteils zu Unrecht angenommen worden sind.

Kosten und Gebühren

Das LAG berechnet den Beschwerdewert nach §§ 64 Abs. 6, 42 Abs. 4 GKG, 2 ff. ZPO. Der Gebührenstreitwert folgt aus §§ 1 Nr. 5, 42 Abs. 4 GKG. Gerichtsgebühren: Anlage 1 Nr. 8220. Rechtsanwaltsgebühren: Anl. 1 zu RVG Nr. 3200.

7. Berufungsbeantwortung[1]

An das
Landesarbeitsgericht

In Sachen
....../......
...... (abgekürztes Rubrum)
wird auf die Berufung erwidert:
Es wird beantragt:[2]

1. Die Berufung des/der Klägers(in)/Beklagten wird zurückgewiesen.
2. Die/der Berufungskläger(in) trägt auch die weiteren Kosten des Rechtsstreits.

Begründung:

1. Stellungnahme zur Berufung[3]
a) Zulässigkeit der Berufung und Formen der Berufungsbegründung
b) Begründetheit der Berufung
2. Beschränkung[4, 5]
a) Klageänderung
b) Aufrechnung
c) Widerklage
3. Anschlussberufung[6]

Anmerkungen

1. Die Berufung muss innerhalb einer Frist von einem Monat nach Zustellung der Berufungsbegründung beantwortet werden (§ 66 Abs. 1 S. 3 ArbGG). Hierauf wird der Berufungsbeklagte hingewiesen. Die Frist zur Berufungsbeantwortung kann einmal auf Antrag verlängert werden, wenn durch die Verlängerung der Rechtsstreit nicht verzögert wird oder erhebliche Gründe vorgebracht werden (§ 66 Abs. 1 S. 5 ArbGG). Wird bei Berufung nicht beantwortet, kann späteres Vorbringen zurückgewiesen werden.

2. Es müssen Anträge zur Berufung gestellt werden.

3. Zweckmäßig wird zur Berufung Stellung genommen. Dabei kann die Stellungnahme wie die Berufungsschrift gegliedert werden.

4. Nach § 67 ArbGG können neue Angriffs- und Verteidigungsmittel vorgebracht werden. Nach § 64 Abs. 6 ArbGG ist aber § 533 ZPO anzuwenden. Hiernach sind Klageänderung, Aufrechnungserklärung und Widerklage nur zulässig, wenn der Gegner einwilligt oder das Gericht dies für sachdienlich hält und diese auf Tatsachen gestützt werden können, die das Berufungsgericht seiner Verhandlung und Entscheidung ohnehin zugrunde zu legen hat. Klageänderung, Aufrechnungserklärung und Widerklage sind stark eingeschränkt worden, weil die Berufungsinstanz keine volle Tatsacheninstanz ist, sondern der Fehlerkontrolle dienen soll. Sachdienlich sind die Verteidigungsmittel dann, wenn sie die Prozesswirtschaftlichkeit fördern. Unzulässig sind Klageänderung, Aufrechnungserklärung und Widerklage nach Nr. 2 stets, wenn sie nicht auf Tatsachen gestützt werden können, die das Berufungsgericht der Entscheidung über die Berufung nach § 529 ZPO zu Grunde legen darf (Form. IV. D. 6 Anm. 16). Namentlich im Kündigungsschutzverfahren kann es unzweckmäßig sein, die Ansprüche auf Abfindung bzw. aus Annahmeverzug erst in der zweiten Instanz zu stellen, da die Beschränkungen greifen können.

5. Im Falle der Nichtzulassung ist bei Klageänderung und Widerklage die Berufung und Anschlussberufung unbegründet. Die geänderte Klage oder Widerklage ist unzulässig. Bei der Aufrechnung ist zu differenzieren. Die Aufrechnungserklärung kann ein neues Angriffs- und Verteidigungsmittel (§ 531 ZPO) sein. Wird die Aufrechnungserklärung in der ersten Instanz zurückgewiesen, so ist darüber nicht entschieden. Wird dagegen die Aufrechnungserklärung in der zweiten Instanz neu vorgetragen, ist sie mangels Substantiierung unbegründet.

6. Nach § 64 Abs. 6 ArbGG findet die Vorschrift über die Anschlussberufung (§ 524 ZPO) Anwendung. Die Möglichkeit zur selbständigen Anschlussberufung ist entfallen. Sind beide Parteien beschwert, besteht die Möglichkeit, dass sie beide Berufung einlegen, wenn die Berufungsvoraussetzungen vorliegen. Eine Anschlussberufung ist nur notwendig, wenn mehr als die bloße Zurückweisung der Berufung erreicht werden soll. Die Anschlussberufung ist nur zulässig, wenn die Hauptberufung eingelegt und noch anhängig ist, sich gegen dasselbe Urteil richtet und sie vom Berufungsbeklagten oder seinem

Streitgehilfen eingelegt ist. Eine Beschwer ist nicht notwendig. Gegner der Anschlussberufung kann nur der Berufungsbeklagte oder sein notwendiger Streitgenosse sein. Die Anschlussberufung wird durch eine Berufungsanschlussschrift eingereicht (§ 524 Abs. 1 S. 2 ZPO). Die Anschließung ist auch statthaft, wenn die Berufungsbeklagte verzichtet hat oder die Berufungsfrist verstrichen ist (§ 524 Abs. 2 S. 1 ZPO). Form und Inhalt der Berufungsanschlussschrift entsprechen der Berufungsschrift (§ 524 Abs. 3 S. 2 ZPO). Eine bedingte Anschließung ist möglich, wenn die Bedingung ein innerprozessualer Vorgang ist, z.B. dem Antrag auf Zurückweisung der Berufung wird nicht entsprochen (BGH NJW-RR 1986, 874). Die Anschlussberufung ist nur zulässig bis zum Ablauf eines Monats nach der Zustellung der Berufungsbegründungsschrift (§ 524 Abs. 2 S. 2 ZPO). Die Begründung muss in der Anschlussberufungsschrift erfolgen. Für sie gelten dieselben Grundsätze wie zur Berufungsbegründung. Die Anschlussberufung verliert ihre Wirkung, wenn die Berufung zurückgenommen, verworfen oder durch Beschluss zurückgewiesen wird (§ 524 Abs. 4 ZPO). Analog gilt Abs. 4 bei Klagerücknahme, Klageverzicht und Prozessvergleich, weil eine Entscheidung über Hauptberufung nicht möglich ist. Die Verwerfung der Anschlussberufung ist nötig, wenn sie unzulässig ist (BGH WM 1991, 383) oder wenn der Berufungsbeklagte sie nach wirksamer Rücknahme der Berufung weiterverfolgt (BGH NJW 2000, 3215).

8. Nichtzulassungsbeschwerde wegen Divergenz[1]

An das
Bundesarbeitsgericht
...... (vollständige Anschrift)

...... SA ...... /...... (Landesarbeitsgericht ......)
...... CA ...... /......(Arbeitsgericht ......)

Nichtzulassungsbeschwerde

In Sachen
des/der ...... **Nichtzulassungsbeschwerdeführer/ Berufungskläger/Kläger oder Beklagter**

– Prozessbevollmächtigte/r: RA ......(in) –

gegen

...... **Nichtzulassungsbeschwerdegegner/ Berufungsbeklagter/Beklagter oder Kläger**

– Prozessbevollmächtigte/r: RA ......(in) –

...... (volles Rubrum)[2]

Namens und mit Vollmacht des/der Klägers(in)/Beklagten lege ich wegen der Nichtzulassung der Revision in dem Urteil des Landesarbeitsgerichts ...... vom ...... – ...... Sa ...... /...... – dem Kläger / der Beklagten zugestellt am ...... Nichtzulassungsbeschwerde[3] ein und beantrage zu erkennen:

Die Revision gegen das Urteil des Landesarbeitsgerichtes ...... vom ...... – Sa ...... /...... – wird zugelassen. Eine Kopie des Urteils des Landesarbeitsgerichts ...... vom ...... – Sa ...... /...... – füge ich bei.

Begründung

I. Der Kläger war vom ...... bis ...... bei dem Beklagten beschäftigt. Der Kläger hat von dem Beklagten verlangt ...... Das Arbeitsgericht hat der Klage stattgegeben/hat die Klage abgewiesen. Die gegen dieses Urteil eingelegte Berufung hat das Landesarbeitsgericht zurückgewiesen/auf die gegen dieses Urteil eingelegte Berufung hat das Landesarbeitsgericht das Urteil abgeändert und erkannt ...... In seinem Urteil hat das Landesarbeitsgericht die Revision nicht zugelassen. Hiergegen richtet sich die Nichtzulassungsbeschwerde.

II. Das Landesarbeitsgericht hat der Klage stattgegeben/hat die Klage abgewiesen, weil ...... Es hat dabei folgenden Rechtsgrundsatz aufgestellt ......[4].
Mit diesem Rechtsgrundsatz ist es von der Entscheidung des BAG vom ...... – ...... AZR ...... /...... abgewichen[5]. In dieser Entscheidung hat das BAG nachfolgenden Rechtsgrundsatz[6] aufgestellt ...... Das Urteil des Landesarbeitsgerichtes beruht auf dem von ihm aufgestellten Rechtsgrundsatz. Denn hätte das LAG den vom BAG aufgestellten Rechtsgrundsatz angewandt, hätte es der Klage stattgegeben/sie abweisen müssen. Denn ......[7]

Rechtsanwalt/Rechtsanwältin

Anmerkungen

1. Die Beschwerde ist bei dem BAG innerhalb einer Notfrist von einem Monat nach der Zustellung des in vollständiger Form abgefassten Urteils schriftlich einzulegen (§ 72 a Abs. 2 ArbGG). Der Beschwerdeschrift soll eine Ausfertigung oder beglaubigte Abschrift des Urteils beigefügt werden, gegen das die Revision eingelegt werden soll (§ 72 a Abs. 2 S. 2 ArbGG 1979). Sie ist binnen einer Notfrist von zwei Monaten nach Zustellung des in vollständiger Form abgefassten Urteils zu begründen (§ 72 a Abs. 3 S. 1 ArbGG). Die Frist zur Begründung der Nichtzulassungsbeschwerde endet auch dann zwei Monate nach Zustellung der anzufechtenden Entscheidung, wenn der Beschwerdeführer die Beschwerdefrist versäumt hat und über seinen Wiedereinsetzungsantrag noch nicht entschieden ist (BAG AP Nr. 25 zu § 72 a ArbGG 1979 = NJW 1989, 317 = NZA 1989, 150). Die Beschwerde ist beim BAG einzulegen; ihre Einlegung beim LAG wirkt nicht fristwahrend (BAG AP Nr. 7 zu § 72 a ArbGG 1979). Die Nichtzulassungsbeschwerde kann nur unbedingt eingelegt werden (BAG AP Nr. 22 zu § 72 a ArbGG 1979 = NZA 1985, 788 = MDR 86, 83). Sie ist mangels Devolutiveffekt in der Sache kein Rechtsmittel (BAG AP Nr. 5 zu § 72 a ArbGG 1979 = NJW 1980, 2599). Das LAG braucht insoweit keine Rechtsmittelbelehrung (§ 9 ArbGG) erteilen, sondern lediglich auf deren Möglichkeit hinweisen. Werden durch das Urteil eines LAG beide Parteien beschwert, so können sie unabhängig voneinander Nichtzulassungsbeschwerde einlegen. Dies ist jedoch nur insoweit möglich, wie der Beschwerdeführer jeweils beschwert ist (BAG AP Nr. 11 zu § 72 a ArbGG 1979 = NJW 1982, 72). Für jede Nichtzulassungsbeschwerde ist alsdann ihre Zulässigkeit und Begründetheit zu überprüfen. Wird mit einem unbeschränkt eingelegten Rechtsmittel eine Entscheidung über mehrere prozessuale Ansprüche angegriffen, so muss die Rechtsmittelbegründung sich auf jeden einzelnen der entschiedenen Ansprüche beziehen. Fehlen Ausführungen zu einem Anspruch, so ist insoweit das Rechtsmittel als unzulässig zu verwerfen. Diese Grundsätze gelten auch im Nichtzulassungsbeschwerdeverfahren (BAG AP Nr. 32 zu § 72 a ArbGG 1979 = NJW 1995, 1573 = NZA 1995, 445). Werden die Notfristen für die Einlegung oder Begründung der Nichtzulassungsbeschwerde versäumt, so ist die Wiedereinsetzung in den vorigen Stand möglich (§§ 233 ff. ZPO). Indes stellt das Gericht strenge Anforderungen (vgl. BAG AP Nr. 7 zu § 72 a ArbGG 1979; AP Nr. 11 aaO. = NJW 1982, 72). Hat eine Partei die Frist zur Einlegung der Nichtzulassungsbeschwerde schuldlos versäumt, weil sie außerstande war, die Kosten des Prozesses zu bestreiten (§ 114 ZPO), so ist ihr nach Gewährung der Prozesskostenhilfe unter den weiteren Voraussetzungen der §§ 234, 236 ZPO Wiedereinsetzung auch dann zu bewilligen, wenn sie die Frist zur Begründung der Beschwerde (§ 72a Abs. 3 ArbGG) ebenfalls versäumt hat. Der betreffenden Partei steht in diesem Fall zur Begründung der Beschwerde eine Frist von einem Monat zur Verfügung, die mit der Zustellung des die Wiedereinsetzung bewilligenden Beschlusses beginnt (BAG AP Nr. 18 zu § 72a ArbGG 1979 = NJW 1984, 941). Übernimmt das LAG in vollem Umfang die Entscheidung des Arbeitsgerichtes nach § 543 ZPO aF./§ 540 ZPO nF., so sind dessen Ausführungen Grundlage der Überprüfung (BAG AP Nr. 14 zu § 72a ArbGG 1979 = NJW 1981, 2717). Ein Beschwerdeverfahren wegen der Nichtzulassung der Revision kann sich auch durch übereinstimmende Erklärung der Parteien erledigen (BAG AP Nr. 48 zu § 72a ArbGG 1979).

2. Das Gesetz enthält keine ausdrückliche Rechtsnorm, welchen Formvorschriften eine Nichtzulassungsbeschwerde genügen muss. Das BAG hat dazu die Auffassung vertreten, dass eine formgültige Nichtzulassungsbeschwerde erkennen lassen muss, wer Beschwerdeführer und wer Beschwerdegegner ist. Hingegen sei die Mitteilung der ladungsfähigen Anschriften von Parteien oder Parteivertretern entbehrlich (BAG AP Nr. 13 zu § 72a ArbGG 1979 = NJW 1982, 846; AP Nr. 53 zu § 518 ZPO = NJW 1987, 1356 = NZA 1987, 136). Die Nichtzulassungsbeschwerde muss von einem Prozessbevollmächtigten eingelegt und begründet werden (§ 11 Abs. 2 S. 4 ArbGG). Dies sind außer Rechtsanwälten die in § 11 Abs. 2 S. 2 Nr. 4 und 5 ArbGG bezeichneten Organisationen, wenn sie durch Personen mit Befähigung zum Richteramt handeln. Hat eine nicht postulationsfähige Partei eine Nichtzulassungsbeschwerde eingelegt und nimmt sie nach gerichtlicher Belehrung diese Beschwerde zurück, so ist der Gebührentatbestand nach Nr. 8612 der Anlage 1 zu § 3 Abs. 3 GKG wie bei einer zurückgenommenen Beschwerde zu beurteilen (BAG 17. 11. 2004 – 9 AZN 789/04 (A)).

3. Eine formgültige Nichtzulassungsbeschwerde muss das anzufechtende Berufungsurteil eindeutig bezeichnen. Sicherheitshalber ist eine Kopie des angefochtenen Urteils beizufügen. Dazu gehört die Angabe des Berufungsgerichts, das das anzufechtende Urteil erlassen hat (BAG AP Nr. 12 zu § 72a ArbGG 1979 = NJW 1982, 846). Die Begründung der Nichtzulassungsbeschwerde ist in § 72a Abs. 3 ArbGG geregelt. Nach richtiger Auffassung ist jeweils die Begründung auf die Divergenzbeschwerde oder die Grundsatzbeschwerde oder die Nichtanhörungsbeschwerde zuzuschneiden.

4. Die Nichtzulassungsbeschwerde wegen Divergenz ist nur dann ordnungsgemäß begründet, wenn der Beschwerdeführer einander widersprechende abstrakte Rechtssätze aus dem Berufungsurteil und aus divergenzfähigen Entscheidungen gegenüberstellt (BAG AP Nr. 1 zu § 72a ArbGG 1979 = NJW 1980, 312; AP Nr. 2 aaO. = NJW 1980, 1814; AP Nr. 3, 6 aaO.; AP Nr. 42 aaO. = NZA 2001, 520; st. Rspr.). Unzureichend ist es, wenn die Entscheidungen, von denen das Berufungsurteil abgewichen sein soll, nur nach Datum und Aktenzeichen bezeichnet werden oder wenn die Beschwerdebegründung nur angebliche Rechtsfehler des Berufungsurteils bezeichnet, wenn sie also zur Darlegung der Divergenz lediglich ausführt, das angefochtene Urteil weiche in der Handhabung von Vorschriften von der ständigen Rechtsprechung des BAG ab (BAG AP Nr. 1 zu § 72a ArbGG 1979 Divergenz). Ferner muss dargelegt werden, dass die angefochtene und die angezogene Entscheidung auf dem angeführten Rechtssatz beruht (BAG v. 10. 7. 1996 ZTR 1996, 420). Die Regelung des § 72a Abs. 1 ArbGG 1979 und die Anforderungen, welche die Rechtsprechung des BAG für die Nichtzulassungsbeschwerde an die Darlegung einer Divergenz stellt, ist mit der Verfassung vereinbar (BVerfG AP Nr. 9, 10, 14, 16 zu § 72a ArbGG 1979; BAG AP Nr. 5 zu § 72a ArbGG 1979 Divergenz; BVerfG AP Nr. 5, 8a aaO.).

Wird die Beschwerde darauf gestützt, dass die anzufechtende und die angezogene Entscheidung in einer Rechtsfrage auf der Grundlage verschiedener Rechtsnormen abweichende Regelungen aufgestellt haben, kann die Beschwerde nur dann zulässig sein, wenn in der Beschwerdebegründung dargelegt wird, dass die angewandten Rechtsnormen im Wortlaut und im Regelungsinhalt übereinstimmen. Der Hinweis der Beschwerde auf die

Vergleichbarkeit der Regelung genügt nicht (BAG AP Nr. 28 zu § 72 a ArbGG 1979 Divergenz = NJW 1995, 1693 = NZA 1995, 447).

Ob das LAG einen abstrakten Rechtsgrundsatz aufgestellt hat, muss im Wege der Auslegung ermittelt werden. Dies ist dann der Fall, wenn es einen den Fall übergreifenden Rechtsgrundsatz aufgestellt hat, der für eine Vielzahl von Fällen gilt. Keine Divergenzbeschwerde ist möglich, wenn das LAG keinen Rechtsgrundsatz aufgestellt hat, aber uU. rechtsfehlerhaft von einer vorangegangenen (BAG AP Nr. 6, 13 zu § 72 a ArbGG 1979 Divergenz) Entscheidung eines divergenzfähigen Gerichts abgewichen ist oder wenn keine fallübergreifenden Rechtssätze aufgestellt sind, sondern Rechtssätze des BAG wörtlich übernommen werden (BAG AP Nr. 37 zu § 72 a ArbGG 1979 Divergenz = NZA 1998, 900). Hierdurch kann die Rechtseinheit nicht gefährdet werden (BAG AP Nr. 1, 13 zu § 72 a ArbGG 1979 Divergenz = NJW 1980, 1030; vgl. auch BAG AP Nr. 2 zu § 92 a ArbGG 1979). Hat das LAG nach § 543 Abs. 1 ZPO aF./§ 540 ZPO n. F. auf die Entscheidung des Arbeitsgerichts verwiesen, so wird seine Entscheidung so gelesen, als habe es die Entscheidungsgründe in sein Urteil aufgenommen (BAG AP Nr. 4 zu § 72 a ArbGG 1979 Divergenz = DB 1981, 1340). Enthält das angezogene Urteil mehrere Begründungen, die jede für sich die Entscheidung tragen, so liegt eine Divergenz schon dann vor, wenn das LAG von einer Begründung abgewichen ist (BAG AP Nr. 2 zu § 72 a ArbGG 1979 Divergenz). In diesen Fällen beruht aber die Entscheidung nicht auf der Abweichung, so dass die Voraussetzungen der Zulassung nicht gegeben sind (BAG 23. 7. 1996 BB 1996, 1944; AP Nr. 41 zu § 72 a ArbGG 1979 NZA 1999, 726). Dagegen ist keine Divergenz gegeben, wenn von einem obiter dictum abgewichen wird. In der Rechtsprechung zur Divergenzrevision war das BAG davon ausgegangen, dass der abstrakte Rechtsgrundsatz aus der anzufechtenden wie aus der angezogenen Entscheidung unmittelbar und deutlich abzulesen war (BAG AP Nr. 24 zu § 72 a ArbGG 1953 Divergenzrevision = NJW 1963, 2292; AP Nr. 31 aaO. = NJW 1968, 72; AP Nr. 33 aaO. = NJW 1968, 1981; AP Nr. 11 zu § 72 a ArbGG 1979 Divergenz). Lässt das LAG einen Gesichtspunkt unerwähnt, der nach der Rechtsprechung des BAG berücksichtigt werden muss, so ist daraus nicht zu schließen, dass es einen abweichenden Rechtsgrundsatz aufstellen wollte (BAG AP Nr. 40 zu § 72 a ArbGG 1979 = NZA 1998, 500). Eine Divergenzbeschwerde ist auch dann statthaft, wenn das LAG keinen abstrakten Rechtsgrundsatz aufgestellt hat, sich aber aus seinen Ausführungen unzweifelhaft ergibt, dass es von einem bestimmten abstrakten Rechtssatz ausgegangen sein muss (BAG AP Nr. 9 zu § 72 a ArbGG 1979 Divergenz = DB 1981, 2497; AP Nr. 46 zu § 72 a ArbGG 1979 Divergenz = FA 2004, 244 mit Bestätigung früherer Rspr.; einschränkend war: BAG AP Nr. 11, 13, 15, 24 zu § 72 a ArbGG 1979 Divergenz). Bei einer auf Divergenz gestützten Nichtzulassungsbeschwerde muss sich eindeutig erkennen lassen, dass das Berufungsgericht den Rechtssatz wirklich vertreten wollte (BVerfG AP Nr. 53 zu Art. 103 GG = NJW 1996, 45). Dies ist aber noch nicht dann anzunehmen, wenn das Berufungsgericht den vorgetragenen Sachverhalt unter bestimmten rechtlichen Aspekten überhaupt nicht gewürdigt hat. Eine Nichtzulassungsbeschwerde wegen Divergenz ist auch dann möglich, wenn nach Zurückverweisung einer Sache das Landesarbeitsgericht die damalige rechtliche Beurteilung des Revisionsgerichts gemäß § 565 Abs. 2 ZPO aF./§ 563 ZPO nF. seiner Entscheidung zu Grunde legt, das BAG aber zwischenzeitlich seine Rechtsauffassung geändert hat (BAG AP Nr. 1 zu § 92 a ArbGG 1979 = BB 1981, 674; AP Nr. 21 zu § 72 a ArbGG 1979 Divergenz = NZA 1989, 183 = BB 1989, 700 = DB 1989, 487). Eine Divergenz bei der Kostenentscheidung reicht nicht aus, um eine Nichtzulassungsbeschwerde zu rechtfertigen (BAG AP Nr. 34 zu § 72 a ArbGG 1979 Divergenz = NZA 1996, 1231). Dasselbe gilt bei Verfahrensmängeln, selbst wenn die Verletzung rechtlichen Gehörs gerügt wird (BAG AP Nr. 45 zu § 72 a ArbGG 1979 NJW 2001, 3142 = NZA 2001, 1036).

5. Die Nichtzulassung der Revision durch das LAG kann selbständig durch Beschwerde angefochten werden, wenn das Berufungsurteil von einer Entscheidung des Bundesverfassungsgerichts, von einer Entscheidung des Gemeinsamen Senats der Obersten Ge-

richtshöfe des Bundes, von einer Entscheidung des BAG oder, solange eine Entscheidung des Bundesarbeitsgerichts in der Rechtsfrage nicht ergangen ist, von einer Entscheidung einer anderen Kammer desselben Landesarbeitsgerichtes (BAG AP Nr. 43 zu § 72a ArbGG 1979 Divergenz) oder eines anderen Landesarbeitsgerichtes abweicht und die Entscheidung auf dieser Abweichung beruht. Entscheidungen der LAG sind nicht mehr divergenzfähig, wenn sie vom BAG aufgehoben worden sind (BAG AP Nr. 32 zu § 72a ArbGG 1979 Divergenz = NJW 1996, 1493 = NZA 1996, 502) oder wenn die entscheidende Kammer die Rspr. ändert (BAG AP Nr. 43 zu § 72a ArbGG 1979 Divergenz). Die Entscheidungen anderer als der aufgezählten Gerichte wirken nicht divergenzbegründend (BAG AP Nr. 25 zu § 72a ArbGG 1979 Grundsatz; AP Nr. 17 zu § 72a ArbGG 1979 Divergenz = NJW 1986, 2456 = NZA 1986, 578). Dies gilt auch für Vorlagebeschlüsse an den Gr. Sen. (BAG AP Nr. 18 zu § 72a ArbGG 1979 Divergenz = EzA Nr. 48 zu § 72a ArbGG 1979). Grundlage einer Divergenzbeschwerde können keine Beweisbeschlüsse sein (BAG AP Nr. 22 zu § 72a ArbGG 1979 Divergenz = NZA 1989, 281 = BB 1989, 76 = DB 1989, 1428). Die Entscheidung, von der abgewichen wird, muss bereits zuvor ergangen sein (BAG AP Nr. 6 zu § 72a ArbGG 1979 Divergenz; AP Nr. 27 zu § 72a ArbGG 1979 = NZA 1995, 286). Eine Entscheidung des BAG in einer Rechtsfrage ist schon dann im Sinne von § 72a Abs. 2 Nr. 2 ArbGG ergangen, wenn das BAG lediglich in der Begründung einer Entscheidung zu einer anderen Rechtsfrage eine bestimmte Rechtsansicht geäußert hat (BAG AP Nr. 7 zu § 72a ArbGG 1979 Divergenz).

6. In der Rechtsprechung zur Divergenzrevision hatte das BAG verlangt, dass in der angefochtenen wie angezogenen Entscheidung herauszuarbeitende Rechtsgrundsätze die jeweiligen Entscheidungen tragen. Zur Nichtzulassungsbeschwerde hat es diese Frage zunächst offen gelassen (BAG AP Nr. 3 zu § 72a ArbGG 1979). Später hat es entschieden, dass eine Divergenz nur vorliege, wenn das Berufungsgericht mit einem tragenden abstrakten Rechtssatz von einem abstrakten Rechtssatz einer angezogenen Entscheidung abweiche (BAG AP Nr. 11 zu § 72a ArbGG 1979 Divergenz). Nach dem Wortlaut von § 72a Abs. 2 Nr. 2 ArbGG ist davon auszugehen, dass in jedem Fall dargelegt werden muss, dass die anzufechtende Entscheidung auf dem abstrakten Rechtsgrundsatz beruht (BAG AP Nr. 3 zu § 72a ArbGG 1979 Divergenz). Eine Divergenzbeschwerde ist mithin nicht statthaft, wenn die anzufechtende Entscheidung die Rechtsfrage dahingestellt lässt, einen Rechtssatz aufstellt, der sich auf die Entscheidung nicht auswirkt, eine Tatfrage abweichend beurteilt (BAG AP Nr. 47 zu § 72a ArbGG 1979 Divergenz = NZA 2004, 1292). Dagegen wird eine Divergenzbeschwerde bereits dann zulässig sein, wenn die Divergenz zu einem abstrakten Rechtsgrundsatz der angezogenen Entscheidung besteht.

Eine Divergenzrevision war nicht statthaft, wenn die angefochtene Entscheidung nur in der Hauptbegründung (BAG AP Nr. 27 zu § 72 ArbGG 1953 Divergenzrevision = NJW 1965, 1455) oder Hilfsbegründung (BAG AP Nr. 35 zu § 72 ArbGG 1953 Divergenzrevision) einen abweichenden Rechtsgrundsatz aufgestellt hat, die andere Begründung aber die Entscheidung trug. Zur Divergenzbeschwerde hat das BAG entschieden, dass in den Fällen der alternativen Begründung einer divergenzfähigen Entscheidung die Divergenzbeschwerde statthaft ist, wenn die angefochtene Entscheidung von einer Begründung abweicht (BAG AP Nr. 2 zu § 72a ArbGG 1979 Divergenz). Umgekehrt ist die Divergenzbeschwerde nicht zulässig, wenn die anzufechtende Entscheidung mehrere Begründungen enthält, die die Entscheidung tragen, von denen aber nur eine abweicht (BAG AP Nr. 3 aaO.). Enthält die Entscheidung eine Haupt- und Hilfsbegründung, so ist die Divergenzbeschwerde nur zulässig, wenn sowohl die Haupt- wie die Hilfsbegründung eine Divergenz enthält (BAG AP Nr. 39 zu § 72a 1979 Divergenz = NJW 1999, 1419 = NZA 1999, 222).

Eine ihrer Bezeichnung nach auf Divergenz gestützte Nichtzulassungsbeschwerde ist auch unter dem Gesichtspunkt grundsätzlicher Bedeutung zu überprüfen, soweit in der Beschwerdebegründung die Voraussetzungen einer Grundsatzbeschwerde dargelegt sind (BAG 15. 2. 2005 – 9 AZN 892/04).

Entscheidet das LAG über mehrere Klagebegehren und weicht es nur bei der Beurteilung eines Anspruchs von einer divergenzfähigen Entscheidung ab, so kann nur insoweit die Revision zugelassen werden (BAG AP Nr. 8 zu § 72 a ArbGG 1979 = NJW 1982, 351; AP Nr. 41 zu § 72 a ArbGG 1979 = NZA 1999, 726).

7. Gegen den Beschluss, durch den eine Nichtzulassungsbeschwerde verworfen wird, gibt es keine Gegenvorstellung (BAG AP Nr. 2 zu § 329 ZPO). Ebenso wenig gibt es ein Rechtsmittel gegen einen Beschluss, durch den die Revision oder Rechtsbeschwerde zugelassen worden ist (BAG AP Nr. 19 zu § 72 a ArbGG 1979 = DB 1985, 136). Wird die Revision auf Nichtzulassungsbeschwerde zugelassen, wird das Nichtzulassungsbeschwerdeverfahren als Revisionsverfahren fortgeführt. In diesem Fall gilt die form- und fristgerechte Einlegung der Nichtzulassungsbeschwerde als Einlegung der Revision. Mit der Zustellung der Entscheidung beginnt die Revisionsbegründungsfrist (§ 72 a Abs. 6 ArbGG).

8. Im Nichtzulassungsbeschwerdeverfahren setzt die Einstellung der Zwangsvollstreckung voraus, dass für die mit der Beschwerde verfolgte Zulassung der Revision Aussicht auf Erfolg besteht (BAG AP Nr. 42 zu § 72 a ArbGG 1979 = NZA 2000, 1072).

Kosten und Gebühren

§ 42 Abs. 4 GKG iVm. Anl. 1 Nr. 8611. Für das Verfahren der Nichtzulassungsbeschwerde kann auch dem Beschwerdegegner Prozesskostenhilfe bewilligt werden (BAG AP Nr. 6 zu § 72 a ArbGG 1979). Wird um Prozesskostenhilfe für die Einlegung der Nichtzulassungsbeschwerde nachgesucht, so sind nach § 114 ZPO die Erfolgsaussichten darzulegen (anders BSG SozR SGG § 167 Nr. 4; BVerwG MDR 1965, 410). Nach richtiger Auffassung wird das Revisionsgericht prüfen, ob eine Divergenz sinnvoller weise dargelegt werden kann. Rechtsanwaltsvergütung: Anl. 1 zum RVG Nr. 3500 (vgl. zur BRAGO (BAG AP Nr. 1 zu § 62 BRAGO = FA 2004, 84)

Fristen und Rechtsmittel

Vgl. Anm. 1, 2 und 7.

9. Nichtzulassungsbeschwerde wegen grundsätzlicher Bedeutung

An das
Bundesarbeitsgericht
...... (vollständige Anschrift)

...... SA ...... /...... (Landesarbeitsgericht ......)
...... CA ...... /......(Arbeitsgericht ......)

Nichtzulassungsbeschwerde

In Sachen
des/der ...... **Nichtzulassungsbeschwerdeführer/ Berufungskläger/Kläger bzw. Beklagter**

– Prozessbevollmächtigte/r: RA ......(in) –

gegen

...... **Nichtzulassungsbeschwerdegegner/ Berufungsbeklagter/Beklagter bzw. Kläger**

– Prozessbevollmächtigte/r: RA ......(in) –

...... (volles Rubrum)[2]

Namens und mit Vollmacht des/der Klägers(in)/Beklagten lege ich wegen der Nichtzulassung der Revision in dem Urteil des Landesarbeitsgerichts ...... vom ...... – ...... Sa ....../...... – dem Kläger / der Beklagten zugestellt am ...... Nichtzulassungsbeschwerde[3] ein und beantrage zu erkennen:

Die Revision gegen das Urteil des Landesarbeitsgerichtes ...... vom ...... – Sa ....../...... – wird zugelassen. Eine Kopie des Urteils des Landesarbeitsgerichts ...... vom ...... – Sa ....../...... – füge ich bei.

Begründung[3]:

I. Der/die Kläger(in) ist seit dem ...... als Verwaltungsangestellte(r) bei dem/der Beklagten/dem beklagten Land beschäftigt. Auf das Arbeitsverhältnis ist kraft beiderseitiger Tarifbindung/kraft vertraglicher Vereinbarung der Tarifvertrag für den Öffentlichen Dienst anzuwenden.

Seit dem ...... ist der/die Kläger(in) in der Abteilung ...... als ...... eingesetzt. Für die Zeit vom...... bis ...... erhält der/die Kläger(in) Vergütung nach Entgeltgruppe ......

Mit der Klage hat die Klägerin von dem/der Beklagten/beklagten Land Vergütung nach Entgeltgruppe ...... verlangt. Das Arbeitsgericht hat der Klage stattgegeben; das Landesarbeitsgericht hat die Berufung zurückgewiesen. Die Revision hat es nicht zugelassen. Mit der Nichtzulassungsbeschwerde erstrebt der/die Beklagte/das beklagte Land die Zulassung der Revision.

Alternative

Der/Die Kläger(in) wurde am ...... als ...... eingestellt. Er/Sie ist verheiratet und hat ...... Kinder. Der/Die Kläger(in) wurde am ...... aus betriebsbedingten Gründen zum ...... gekündigt. Der/Die Kläger(in) hat am ...... Kündigungsschutzklage erhoben. Das Arbeitsgericht hat der Klage am ...... stattgegeben. Das Landesarbeitsgericht hat sie am ......mit der Begründung ...... abgewiesen. Das Urteil ist am ...... zugestellt worden. Es hat die Revision nicht zugelassen.

II. Das Landesarbeitsgericht hat die Revision zu Unrecht nicht zugelassen. Nach § 72 i. V. m. § 72 a Abs. 3 Satz 2 Nr. 1 ArbGG ist die Nichtzulassungsbeschwerde an das BAG zulässig, wenn die Rechtssache grundsätzliche Bedeutung hat[6].

1. a) Nach dem Sachvortrag des Beklagten ist ......
b) Dies hängt von der Beantwortung der Frage ...... ab.
c) Das LAG hat die Rechtsfrage wie folgt entschieden: ......
d) Die Rechtsfrage ist klärungsfähig ...... Die Rechtsfrage ist auch klärungsbedürftig, denn das BAG hat hierzu noch nicht entschieden ......
Das Bundesarbeitsgericht hat dieses Tatbestandsmerkmal in seiner bisherigen Rspr. noch nicht ausgelegt ......[7, 8, 9].

2. Die Rechtsfrage ist offen ...... Die Entscheidung im angefochtenen Urteil beruht auf dem oben genannten Rechtssatz ......

3. Die Entscheidung der Rechtsfrage ist auch von allgemeiner Bedeutung ......

Rechtsanwalt/Rechtsanwältin

Anmerkungen

1. Vgl. Form. IV. D. 7.

2. Vgl. Form. IV. D. 8 Anm. 3.

3. Die Beschwerde muss innerhalb einer Notfrist von einem Monat eingelegt werden (§ 72 a Abs. 2 ArbGG). Sie muss innerhalb von zwei Monaten nach Zustellung des in vollständiger Form abgefassten Urteils begründet werden (§ 72 a Abs. 3 ArbGG). Die Begründungsfrist kann nicht verlängert werden. Die Begründung muss enthalten (1) die

Darlegung der grundsätzlichen Bedeutung einer Rechtsfrage und deren Entscheidungserheblichkeit; (2) die Bezeichnung der Entscheidung von der das Urteil abweicht; dies betrifft die Divergenzbeschwerde und (3) die Darlegung eines absoluten Revisionsgrundes nach § 547 Nr. 1 bis 5 oder Verletzung des Anspruches auf rechtliches Gehör und der Entscheidungserheblichkeit (§ 72a Abs. 3 ArbGG). Dies betrifft die absoluten Revisionsgründe und die Verletzung des rechtlichen Gehörs. Vgl. Form. IV. D. 8 Anm. 1.

4. Die Grundsatzbeschwerde ist nur statthaft, wenn die Sache grundsätzliche Bedeutung hat. Durch das Anhörungsrügengesetz ist die Beschränkung der Nichtzulassungsbeschwerde auf Kollektivstreitigkeiten beseitigt (BAG 15. 2. 2005 – 9 AZN 982/04). Es kann also auch bei Individualstreitigkeiten Beschwerde wegen grundsätzlicher Bedeutung eingelegt werden. Das gilt auch bei Kündigungsschutzprozessen.

5. Betrifft der Rechtsstreit mehrere prozessuale Ansprüche, muss die unbeschränkt eingelegte Nichtzulassungsbeschwerde dann nicht für jeden prozessualen Anspruch begründet werden, wenn das Landesarbeitsgericht die Klage aus einem einzigen allen gemeinsamen Grund abgewiesen hat; dann genügt die Auseinandersetzung mit diesem Grund. Beruht die Entscheidung des Landesarbeitsgerichts auf einer Doppelbegründung, ist die Revision sowohl im Falle der Divergenz- wie der Grundsatzbeschwerde nur zuzulassen, wenn mit der Nichtzulassungsbeschwerde beide Begründungen des Landesarbeitsgerichts angegriffen werden und die Rügen gegen jede der beiden Begründungen für sich betrachtet begründet sind. Dabei kann die Beschwerde hinsichtlich einer Begründung auf Divergenz, hinsichtlich der anderen auf grundsätzliche Bedeutung der Rechtssache gestützt werden (Fortführung der Rechtsprechung des Bundesarbeitsgerichts, zB. Beschluss vom 23. Juli 1996 – 1 ABN 18/96 – AP Nr. 33 zu § 72a ArbGG 1979 Divergenz und zB. Beschluss vom 28. September 1989 – 6 AZN 303/89 – BAGE 63, 58 = AP Nr. 38 zu § 72a ArbGG 1979 Grundsatz; AP Nr. 41 zu § 72a ArbGG 1979 NZA 1999, 725). Entsprechendes gilt bei Entscheidungen mit mehr als zwei tragenden Begründungen (BAG AP Nr. 41 zu § 72a ArbGG 1979 = NZA 1999, 726).

6. Eine Grundsatzbeschwerde ist in allen Fällen statthaft, in denen eine entscheidungserhebliche Rechtsfrage grundsätzliche Bedeutung hat. Diese ist gegeben, wenn die Entscheidung von einer durch das Revisionsgericht klärungsfähigen und klärungsbedürftigen Rechtsfrage abhängt, die von allgemeiner Bedeutung für die Rechtsordnung ist, die Interessen der Allgemeinheit oder eines größeren Teils der Allgemeinheit betroffen ist (BAG NZA 1997, 1248). Die Entscheidung des LAG ist nach diesen Voraussetzungen zu überprüfen. Maßgeblich ist, ob das LAG sich mit der Rechtsfrage befasst hat und nicht bloß, dass es sich mit der Rechtsfrage hätte befassen müssen (BAG NZA 2006, 1004). Die aufgeworfene Rechtsfrage muss in der Begründung konkret benannt werden (BAG NZA 2005, 708). Unzulässig ist eine Fragestellung, deren Beantwortung von den Umständen des Einzelfalls abhängt (BAG NZA 2008, 376). Der Beschwerdeführer hat die von ihm darzulegende entscheidungserhebliche Rechtsfrage von grundsätzlicher Bedeutung regelmäßig so konkret zu formulieren, dass sie mit „Ja" oder „Nein" beantwortet werden kann. Es muss nachvollziehbar dargelegt werden, dass die Rechtsfrage für eine größere Zahl von Arbeitnehmern rechtliche Bedeutung hat. Maßgeblicher Zeitpunkt für die Frage, ob eine grundsätzliche Bedeutung vorliegt, ist grundsätzlich der Zeitpunkt der Verkündung des Urteils des LAG. Die grundsätzliche Bedeutung muss jedoch zum Zeitpunkt der Entscheidung über die Nichtzulassungsbeschwerde noch fortbestehen. Sie entfällt, wenn die Rechtsfrage zur Entscheidung des Beschwerdegerichts entschieden, auf andere Weise gehört oder bedeutungslos wird (BGH NJW 2003, 1609).

7. Nach § 72a Abs. 3 S. 2 Nr. 1 ArbGG muss die Begründung der Nichtzulassungsbeschwerde die Darlegung der grundsätzlichen Bedeutung der Rechtsfrage und ihre Entscheidungserheblichkeit enthalten. Der Beschwerdeführer muss die durch die anzufechtende Entscheidung aufgeworfene Rechtsfrage konkret benennen und ihre Klärungsfähigkeit, Klärungsbedürftigkeit, Entscheidungserheblichkeit und allgemeine Bedeutung für die Rechtsordnung oder ihre Auswirkung auf die Interessen jedenfalls eines großen Teils der Allgemeinheit aufzeigen. Weiter ist aufzuführen, welche abstrakte Interpretation das LAG bei der Behandlung der Rechtsfrage vorgenommen hat und dass diese nach Auffassung des Nichtzulassungsbeschwerdeführers fehlerhaft ist.

8. Das BAG entscheidet unter Hinzuziehung der ehrenamtlichen Richter durch Beschluss, der ohne mündliche Verhandlung ergehen kann. Die ehrenamtlichen Richter wirken nicht mit, wenn die Nichtzulassungsbeschwerde als unzulässig verworfen wird, weil sie nicht statthaft oder nicht in der gesetzlichen Form und Frist eingelegt und begründet worden ist. Dem Beschluss ist eine kurze Begründung beizufügen. Von dieser kann abgesehen werden, wenn sie nicht geeignet wäre, zur Klärung der Voraussetzungen beizutragen, unter denen eine Revision zuzulassen ist, oder wenn der Beschwerde stattgegeben wird. Mit der Ablehnung der Beschwerde durch das BAG wird das Urteil rechtskräftig (§ 72 a Abs. 5 ArbGG). Wird der Beschwerde stattgegeben, so wird das Beschwerdeverfahren als Revisionsverfahren fortgesetzt. In diesem Fall gilt die form- und fristgerechte Einlegung der Nichtzulassungsbeschwerde als Revision. Mit der Zustellung der Entscheidung beginnt die Revisionsfrist (§ 72 a Abs. 6 ArbGG). Hat das LAG das rechtliche Gehör verletzt, kann das BAG in dem der Beschwerde stattgebenden Beschluss das Urteil des LAG aufheben und den Rechtsstreit zur neuen Verhandlung an das LAG zurückverweisen (§ 72 a Abs. 7 ArbGG).

Kosten und Gebühren

Vgl. Form. IV. D. 8.

Fristen und Rechtsmittel

Vgl. Anm. 3 und 4; Form. IV. D. 8 Anm. 7.

10. Nichtzulassungsbeschwerde wegen eines absoluten Revisionsgrundes und Verletzung des rechtlichen Gehörs[1]

An das
Bundesarbeitsgericht
...... (vollständige Anschrift)

...... SA ....../...... (Landesarbeitsgericht ......)

...... CA ....../...... (Arbeitsgericht ......)

Nichtzulassungsbeschwerde

In Sachen
des/der ...... **Nichtzulassungsbeschwerdeführer/ Berufungskläger/Kläger bzw. Beklagter**

– Prozessbevollmächtigte/r: RA ......(in) –

gegen
...... **Nichtzulassungsbeschwerdegegner/ Berufungsbeklagter/Beklagter bzw. Kläger**

– Prozessbevollmächtigte/r: RA ......(in) –

...... (volles Rubrum)[2]

lege ich namens und in Vollmacht des/der Klägers(in)/Beklagten gegen die Entscheidung des Landesarbeitsgerichts vom ...... Sa ....../...... Nichtzulassungsbeschwerde wegen eines absoluten Revisionsgrundes/Verletzung des rechtlichen Gehörs ein:

Es wird beantragt,

1. das Urteil des Landesarbeitsgerichts wird aufgehoben.

2. Die Sache wird zur erneuten Verhandlung an das Landesarbeitsgericht zurückverwiesen.

Eine Kopie des Urteils des Landesarbeitsgerichts ...... vom ...... Sa ....../...... füge ich bei.

Gründe[3]

Der/Die Kläger(in) hat am ...... Kündigungsschutzklage erhoben. Das Arbeitsgericht hat der Klage mit Urteil vom ...... stattgegeben/hat sie abgewiesen. Gegen dieses Urteil hat ...... Berufung eingelegt. Das Landesarbeitsgericht hat die Berufung zurückgewiesen.

Es wird Nichtzulassungsbeschwerde wegen eines absoluten Revisionsgrundes erhoben ......

Alternative

Es wird Nichtzulassungsbeschwerde wegen Verletzung des rechtlichen Gehörs erhoben ...... Die Entscheidung beruht auf der Rechtsverletzung ......[4].

Anmerkungen

1. Vgl. Form. IV. D. 7.

2. Durch das Anhörungsrügengesetz vom 9. 12. 2004 (BGBl. I 3220) wurde die Möglichkeit eröffnet, dass das LAG wegen der absoluten Revisionsgründe des § 547 Nr. 1 bis 5 ZPO oder wegen Verletzung des rechtlichen Gehörs die Revision zulässt. In § 72a ArbGG wurde eine entsprechende Nichtzulassungsbeschwerde eingefügt. Mit der Nichtzulassungsbeschwerde kann nicht die verspätete Absetzung des Urteils gerügt werden (§ 73 ArbGG). Insoweit ist eine Beschwerde wegen verspäteter Urteilsabsetzung in § 72b ArbGG geschaffen.

3. Die Nichtzulassungsbeschwerde muss die Darlegung eines absoluten Revisionsgrundes nach § 547 Nr. 1 bis 5 ZPO oder die Verletzung des Anspruchs auf rechtliches Gehör und die Entscheidungserheblichkeit der Verletzung enthalten (§ 72a Abs. 3 S. 2 Nr. 3 ArbGG). Bei der Nichtzulassungsbeschwerde wegen eines absoluten Revisionsgrundes wird zu empfehlen sein, darauf hinzuweisen, dass entsprechende Rügen bei dem LAG nicht haben erhoben werden können. Es ist schlecht vorstellbar, dass das LAG vor Urteilsverkündung einen absoluten Revisionsgrund erkennt, gleichwohl entscheidet und die Revision zulässt. Der Normalfall wird sein, dass die Prozesshandlung wiederholt wird. Es ist die Nichtzulassungsbeschwerde wegen Verletzung des rechtlichen Gehörs gegeben. Wird der Zulassungsgrund der entscheidungserheblichen Verletzung des Anspruchs auf rechtliches Gehör vom Zulassungsbeschwerdeführer geltend gemacht, muss dargelegt werden, wodurch der Anspruch des Beschwerdeführers auf rechtliches Gehör durch das LAG verletzt wurde und warum das LAG ohne diesen Verstoß auf der Grundlage seiner eigenen Prämissen eine andere Entscheidung gefällt hätte. Es müssen zunächst die Voraussetzungen für einen Verstoß gegen das Gebot des rechtlichen Gehörs im Einzelnen dargelegt werden. Der Vortrag muss das Revisionsgericht befähigen, allein anhand der Beschwerdeschrift und des Berufungsurteils (d. h. ohne Hinzuziehung der Verfahrensakten) die Frage der Nichtberücksichtigung zu prüfen. Wird die Nichtberücksichtigung von Vorbringen geltend gemacht, ist darzulegen, welche Tatsachen der Beschwerdeführer in der Vorinstanz vorgetragen hat, hierzu ist Schriftsatzdatum und Seite anzugeben, und inwiefern das LAG diesen Vortrag unberücksichtigt gelassen hat. Übergeht das LAG Vortrag, auf den es aus seiner Sicht nicht ankommt, verstößt es nicht gegen Art. 103 Abs. 1 GG, denn das LAG braucht in seiner Entscheidung nicht jegliches Vorbringen ausdrücklich zu behandeln (BAG NJW 2008, 2362). Nachfolgend hat der Rechtsbeschwerdeführer dann die Entscheidungserheblichkeit des übergangenen Vorbringens darzulegen, also, dass sich bei Berücksichtigung seines Vortrages unter Berücksichtigung der vom LAG vertretenen Rechtsauffassung eine für den Beschwerdeführer günstigere Entscheidung ergeben hätte. Hierbei ist es allerdings auch ausreichend, dass der Schluss gerechtfertigt ist, dass das Berufungsgericht bei richtigem Verfahren möglicherweise anders entschieden hätte (BAG NZA 2005, 1205). Zweck der Regelung war, das BVerfG zu entlasten.

4. Wegen der verfahrensmäßigen Abwicklung bestehen gegenüber den anderen Nichtzulassungsbeschwerden keine Besonderheiten. Hinzuweisen ist noch einmal auf § 72 b Abs. 6 und 7 ArbGG. Wird der Beschwerde stattgegeben, wird das Verfahren als Revisionsverfahren fortgeführt. Die Revisionsbegründungsfrist läuft ab Zustellung der Entscheidung. Bei Verletzung des rechtlichen Gehörs kann die Sache an das LAG zurückverwiesen werden (§ 72 a Abs. 7 ArbGG).

11. Revision mit Aufklärungs- und Beweisrügen[1]

An das
Bundesarbeitsgericht
...... (vollständige Anschrift)

...... SA ....../...... (Landesarbeitsgericht ......)
...... CA ....../...... (Arbeitsgericht ......)

Revision

In Sachen
des/der ...... — **Revisionskläger/ Berufungskläger/Kläger bzw. Beklagter**

– Prozessbevollmächtigte/r: RA ......(in) –

gegen

...... — **Revisionsbeklagter/ Berufungsbeklagter/Beklagter bzw. Kläger**

– Prozessbevollmächtigte/r: RA ......(in) –

lege ich namens und mit Vollmacht des/der Kläger(s)in/Beklagten gegen das Urteil des Landesarbeitsgerichts ...... vom ...... – ...... Sa ......, des/der Klägers(in)/Beklagten zugestellt am ......, Revision ein und beantrage zu erkennen:

I. Auf die Revision des Kläger(s)in/Beklagten wird das Urteil des Landesarbeitsgerichtes ...... vom ...... – ...... Sa ....../...... aufgehoben[2].
Auf die Berufung des/der Kläger(s)in/Beklagten wird das Urteil des Arbeitsgerichts ...... vom ...... – Ca ....../...... – abgeändert.
Die Beklagte wird verurteilt ....../die Klage wird abgewiesen ......

II. Der/Die Kläger(in)/Beklagte trägt die Kosten des Rechtsstreits.

Begründung[3]:

I. Der/Die Kläger(in) war vom ...... bis ...... bei dem/der Beklagten als ...... beschäftigt. Seit dem ...... war er/sie Prokurist(in). Mit seinem/ihrem Ausscheiden ist der/die Kläger(in) in den Ruhestand getreten. Am ...... hat der/die Beklagte dem

Kläger eine Versorgungszusage erteilt. Der/die Beklagte hat dem/der Kläger(in) geschrieben, er/sie erhalte bei seinem/ihrem Ausscheiden infolge der Altersgrenze ein betriebliches Ruhegeld (Anlage ...... zum Schriftsatz vom ......; Blatt ...... VA). Allerdings hat der/die Beklagte bei der Erteilung der Versorgungszusage die Höhe noch offengelassen[4].

Mit der Klage hat der/die Kläger(in) die Gewährung von Versorgungsbezügen verlangt. Das Arbeitsgericht hat die Klage abgewiesen. Das Berufungsgericht hat die Berufung zurückgewiesen. Es hat die Revision zugelassen.

II.

1. Das Urteil des LAG unterliegt bereits aus prozessualen Gründen der Aufhebung. Die Entscheidung des LAG ist am ...... verkündet worden. Die Entscheidungsgründe sind dem/der Kläger(in) erst am ...... zugestellt worden.
Das LAG hat in seinem Urteil festgestellt ...... Diese Feststellung ist falsch, wie sich aus dem Vortrag des Klägers/Beklagten aus dem Schriftsatz vom ...... ergibt. Hätte das LAG das Urteil rechtzeitig zugestellt, dann hätte der Kläger/Beklagte innerhalb der Frist zur Tatbestandsberichtigung diese beantragen können (§ 320 ZPO). Diese Frist ist wegen der verspäteten Zustellung versäumt worden[5].

2. Beide Vorinstanzen haben übereinstimmend die Klage mit der Begründung abgewiesen, die Versorgungszusage sei unwirksam, weil die Höhe des Ruhegeldes nicht bestimmt worden sei. Dies ist falsch, denn es wird die Rspr. des BAG über die Blankettzusage verkannt ......[6, 7].

3. Im Übrigen hat das LAG den Sachverhalt nicht hinreichend aufgeklärt und nicht die angebotenen Beweise erhoben.

a) Der/Die Kläger(in) hat sich auf die ihm/ihr schriftlich erteilte Versorgungszusage berufen. Er hat ferner dargelegt, dass die Parteien beständig über das zu gewährende Ruhegeld verhandelt haben. Das LAG hat dem/der Kläger(in) zum Vorwurf gemacht, diese Verhandlungen nicht substantiiert dargelegt zu haben. Insoweit hat es die Grundsätze des richterlichen Fragerechts und der Fragepflicht verletzt (§ 139 ZPO).
Hätte das LAG den (die) Kläger(in) aufgefordert, die Vertragsverhandlungen im Einzelnen darzulegen, hätte der/die Kläger(in) noch vorgetragen ...... Auch hierauf beruht die angefochtene Entscheidung ......[8].

b) Im Übrigen hat das LAG auch die angebotenen Beweise nicht ausgeschöpft. Der/Die Kläger(in) hat auf Blatt ...... des Schriftsatzes vom ...... (Bl. ...... VA) vorgetragen, dass der/die Beklagte noch bei dem Ausscheiden des/der Kläger(in) erklärt habe, dass er dem/der Kläger(in) zwar Ruhegeld zugesagt habe, aber er sich wegen der fehlenden Bestimmung der Höhe verklagen lassen wolle. Dies hat der/die Kläger(in) an der angegebenen Fundstelle in das Zeugnis des ......, zu laden bei ...... gestellt[9].

c) Im Übrigen ist die Beweiswürdigung des LAG unzureichend[10].

Rechtsanwalt/Rechtsanwältin

Anmerkungen

1. Die Revision ist nur statthaft, wenn das LAG oder auf Nichtzulassungsbeschwerde das BAG sie zulässt. Die Entscheidung erfolgt von Amts wegen, wenn die Voraussetzungen vorliegen. Ein Antrag stellt nur eine Anregung an das Gericht dar. Die Revision ist zuzulassen, wenn (1) die entscheidungserhebliche Rechtsfrage grundsätzliche Bedeutung hat, (2) eine Divergenz zu den Entscheidungen der in § 72 Abs. 2 Nr. 2 aufgezählten Gerichten vorliegt; (3) ein absoluter Revisionsgrund nach § 547 Nr. 1 bis 5 ZPO oder (3) die Verletzung des Anspruches auf rechtliches Gehör und der Entscheidungserheblichkeit der Verletzung geltend gemacht wird. Die Zulassung erfolgt im Tenor der Entscheidung (§ 72 Abs. 1 S. 2

iVm. § 64 Abs. 3a ArbGG). Ist dies unterblieben, kann binnen zwei Wochen ab Verkündung des Urteils eine entsprechende Ergänzung beantragt werden. Die frühere Rechtsprechung des BAG ist überholt. Hat das LAG die Revision zugelassen, ist das BAG daran gebunden (BAG AP 35 zu § 72 ArbGG 1979 = NZA 1998, 45). Lässt das Berufungsgericht die Revision nicht zu und begründet dies in den Entscheidungsgründen, so ist eine gleichwohl erteilte Rechtsmittelbelehrung über die Revisionseinlegung unbeachtlich (BAG AP Nr. 43 zu § 72 ArbGG = NJW 2001, 244 = NZA 2001, 52). Auch dann, wenn die Revision auf absolute Revisionsgründe gestützt wird, bedarf es der Revisionszulassung (BAG NZA 2001, 912). Die Revisionsfrist beträgt einen Monat und die Revisionsbegründungsfrist zwei Monate. Beide Fristen beginnen mit der Zustellung des in vollständiger Form abgefassten Urteils, spätestens aber mit Ablauf von fünf Monaten nach der Verkündung (§ 74 Abs. 1 ArbGG). Regelmäßig werden Revision und Revisionsbegründung in getrennten Schriftsätzen eingereicht. Im Falle einer Nichtzulassungsbeschwerde, der das BAG stattgegeben hat, geht das Beschwerdeverfahren in die Revision über § 72a Abs. 6 ArbGG. Die Revisionsbegründungsfrist kann einmal bis zu einem weiteren Monat verlängert werden (§ 74 Abs. 1 ArbGG; BAG AP Nr. 1 zu § 112 LPVG Rheinland-Pfalz = NZA 2004, 1058). Es wird beantragt, die am ...... ablaufende Revisionsbegründungsfrist um einen Monat zu verlängern. Gründe. Vor Begründung der Revision bedarf es noch einer Rücksprache mit der Partei. Diese ist jedoch nicht innerhalb der Revisionsbegründungsfrist durchzuführen, weil der Unterzeichner mit Arbeit überlastet ist ...... Die Verlängerung kann auch noch nach Ablauf der Begründungsfrist erfolgen, sofern sie bis zum Ablauf des letzten Tages der Frist beantragt worden ist (BGHZ 83, 217; BAG GS AP Nr. 1 zu § 66 ArbGG 1979 = NJW 1980, 309; BAG AP Nr. 10 zu § 233 ZPO = NZA 1986, 107).

2. Soweit die Revision begründet ist, ist das Urteil aufzuheben (§ 562 ZPO). Es braucht nur ein Sachantrag gestellt werden; dagegen wird von Amts wegen aufgehoben und zurückverwiesen, wenn noch weitere Aufklärungen notwendig sind. Wenn das Berufungsurteil aufgehoben wird, muss über das Schicksal des Urteils des Arbeitsgerichtes entschieden werden. Alternative: Die Berufung des/der Kläger(s)in/Beklagten gegen das Urteil des Arbeitsgerichtes ...... vom ...... – ...... Ca ....../...... wird zurückgewiesen.

3. Der notwendige Inhalt der Revisionsbegründung ergibt sich aus § 551 Abs. 3 ZPO. Zur Form vgl. Form. IV. D. 6 Anm. 11.

a) Die Revisionsbegründung muss die Revisionsanträge enthalten (§ 551 Abs. 3 Nr. 1 ZPO). Ist weder in der Revisionsschrift noch in der Revisionsbegründungsschrift ein ausdrücklicher Revisionsantrag gestellt, so ist die Revision dann zulässig, wenn die Revisionsbegründung zweifelsfrei erkennen lässt, in welchem Umfang das Berufungsurteil angegriffen wird (BAG AP Nr. 24 zu § 611 BGB Ärzte, Gehaltsansprüche = NJW 1961, 2085; AP Nr. 4 zu § 59 PersVG = NJW 1966, 269; AP Nr. 1 zu § 20 BMT-G I). Ausnahme: Der Anspruch hängt von dem andern ab: BAG AP Nr. 27 zu § 72 ArbGG Streitwertrevision = BB 1976, 1553 = DB 1977, 360.

b) In der Revisionsbegründung müssen die Revisionsgründe angegeben werden (§ 551 Abs. 3 Nr. 2 ZPO). Das kann auch schon vor Zustellung der vollständigen Urteilsgründe geschehen (BAG zu AP Nr. 1 zu § 551 ZPO = NZA 2004, 114). Zu unterscheiden sind materiellrechtliche Rügen und Verfahrensrügen. Bei Rüge einer Verletzung des materiellen Rechtes müssen die Umstände bezeichnet werden aus denen sich die Rechtsverletzung ergibt (§ 551 Abs. 3 Nr. 2a ZPO). Bei Geltendmachung eines Verfahrensfehlers müssen die Tatsachen bezeichnet werden, aus denen sich der Fehler ergibt. Soweit die Revision wegen mehrerer Ansprüche statthaft ist, müssen die Revisionsgründe für jeden Anspruch angegeben werden, sonst ist die Revision teilweise unzulässig (BAG AP Nr. 1 zu § 32 AOG Tarifordnung = DB 1955, 667; AP Nr. 2 zu § 1 KSchG Verhaltensbedingte Kündigung = NJW 1961, 1421; AP Nr. 35 zu § 72 ArbGG 1979 = NZA 1998, 45). Dies gilt nur dann nicht, wenn die Begründetheit eines Anspruchs denknotwendig von dem anderen abhängt.

Soweit ein materiellrechtlicher Fehler gerügt wird, muss die verletzte Rechtsnorm bezeichnet werden. Ausreichend ist, wenn ein allgemeiner Rechtsgrundsatz genannt wird. Unschädlich ist selbst, wenn versehentlich eine unrichtige Vorschrift angegeben wird (BAG AP Nr. 2 zu § 161 ZPO = NJW 1957, 1492; AP Nr. 60 zu § 1 TVG Tarifverträge: Bau). Die Revisionsbegründung muss den Rechtsfehler des Landesarbeitsgerichts aufzeigen. Gegenstand und Richtung des Revisionsangriffs müssen erkennbar sein (BAG 27. 5. 2004 – 6 AZR 132/03). Die Revisionsbegründung muss zu den in § 554 Abs. 3 Nr. 3 ZPO gerügten Punkten eine Auseinandersetzung mit den Urteilsgründen des angefochtenen Urteils enthalten. Damit soll erreicht werden, dass der Prozessbevollmächtigte das Urteil durchdenkt. Außerdem soll durch die Kritik zu richtigen Rechtsfindung beigetragen werden (BAG 30. 5. 2001 – 4 AZR 272/00 n. v.). Für die Zulässigkeit der Revision ist ausreichend, dass die Revisionsbegründung überhaupt Gründe darlegt, aus denen sich eine Rechtsverletzung und die Fehlerhaftigkeit des Berufungsurteils ergeben sollen (BAG 22. 7. 2003 NZA 2004, 568). Das Revisionsgericht ist an den geltend gemachten Fehler nicht gebunden. Ist die Revision einmal zulässig, überprüft das Gericht das Urteil insgesamt auf materiellrechtliche Fehler. Insoweit ist das Risiko auch bei geringer Revisionserfahrung nicht groß. Nach ganz hM. muss sich der Revisionskläger mit den Gründen der angefochtenen Entscheidung auseinandersetzen (BAG AP Nr. 15 zu § 554 ZPO = BB 1975, 1439; AP Nr. 60 zu § 1 TVG Tarifverträge: Bau; BSG AP Nr. 16 zu § 554 ZPO; AP Nr. 30 zu § 554 ZPO = NZA 1998, 336; 30. 5. 2001 – 4 AZR 272/00 Jur-CD).

Wird dagegen eine Verfahrensrüge erhoben, so ist (1) die verletzte Rechtsnorm, (2) der Sachverhalt, aus dem sich die Verfahrensverletzung ergibt und (3) der Kausalzusammenhang zwischen Verfahrensfehler und Urteilsinhalt darzulegen. Das Revisionsgericht überprüft grundsätzlich nur die gerügten Verfahrensverletzungen. Nach Ablauf der Revisionsbegründungsfrist können weitere Verfahrensrügen durch den Revisionskläger nicht nachgeschoben werden. Nach der Rspr. des BAG ist bei unverschuldeter Versäumung einer Verfahrensrüge die Wiedereinsetzung in den vorigen Stand nicht möglich (BAG AP Nr. 18, 20 zu § 72 ArbGG Divergenzrevision). Verfahrensrügen werden nur dann von Amts wegen berücksichtigt, wenn es sich um die sog. Prozessfortsetzungsbedingungen handelt. Insoweit ist aber manches streitig. Der Darlegung des Kausalzusammenhangs zwischen Verfahrensfehler und Urteilsinhalt bedarf es nicht bei den absoluten Revisionsgründen (§ 547 ZPO). Bei geringer Revisionserfahrung können irreparable Schäden erwachsen.

c) Ausnahmsweise kann der Revisionsbeklagte gezwungen sein, eine Verfahrensrüge zu erheben. Dies ist dann der Fall, wenn er beim Landesarbeitsgericht obsiegt hat und dort ein Verfahrensfehler unterlaufen ist. In diesen Fällen muss er die Möglichkeit haben, zur Meidung des Prozessverlustes noch eine Verfahrensrüge zu erheben, wenn eine Aufhebung des Urteils des LAG ansteht. Die Rüge kann bis zum Schluss der mündlichen Verhandlung vor dem Revisionsgericht erfolgen (BAG AP Nr. 2 zu § 276 BGB Vertragsbruch = NJW 1965, 2268). Der Revisionsbeklagte kann mithin noch vor dem BAG die verspätete Urteilsabsetzung rügen.

d) Revision und Revisionsbegründung müssen von einem Prozessbevollmächtigten unterzeichnet sein (§ 11 Abs. 2, 4 ArbGG; vgl. Form. IV. D. 8 Anm. 11 b). Dies sind außer Rechtsanwälten, die in § 11 Abs. 2 S. 2 Nr. 4 und 5 ArbGG bezeichneten Organisationen, wenn sie durch Personen und Befähigung zum Richteramt handeln.

e) Eine Klageänderung ist in der Revisionsinstanz grundsätzlich unzulässig, weil die Entscheidung über den neuen Streitgegenstand die Feststellung neuer Tatsachen erfordert (BAG AP Nr. 6 zu § 256 ZPO = DB 1957, 659; AP Nr. 27 zu § 620 BGB Befristeter Arbeitsvertrag; AP Nr. 46 zu §§ 22, 23 BAT). Eine Ausnahme von diesem Grundsatz gilt dann, wenn bei dem neuen Streitgegenstand ein „Weniger an Tatsachen" als beim bisherigen Streitgegenstand erforderlich ist. Dies ist der Fall beim Übergang von der Leistungs- zur Feststellungsklage (BAG AP Nr. 104 zu § 242 BGB Ruhegehalt = DB

1965, 1918; AP Nr. 20 zu § 133f. GewO; AP Nr. 5 zu § 611 BGB Betriebsgeheimnis = NJW 1988, 1186 = NZA 1988, 502; AP Nr. 125 zu §§ 22, 23 BAT 1975). Ausnahmsweise reicht es für eine Revisionsbegründung aus, wenn der Revisionskläger die Revision ausschließlich auf neue Tatsachen stützt, sofern diese nach der mündlichen Verhandlung vor dem Berufungsgericht entstanden sind und auch unter Zugrundelegung der Rechtsauffassung in der angefochtenen Entscheidung zu einer anderen Beurteilung der Klageforderung führen können (BAG AP Nr. 21 zu § 554 ZPO = NJW 1990, 2641 = NZA 1990, 825).

4. Das Revisionsgericht ist an die Feststellungen des LAG gebunden (§ 559 Abs. 1 ZPO), so dass es fehlerhaft ist, anderen, neuen oder modifizierten Sachverhalt vortragen zu wollen. Es kann sich daher nur empfehlen, die Struktur des Tatbestandes unter Hervorhebung des Rechtsproblems zusammenzufassen. Neuer Sachverhalt kann in der Revisionsinstanz nur berücksichtigt werden, wenn er zur Begründung einer Verfahrensrüge (§ 551 Abs. 3 Nr. 2b ZPO) dient, in der Revisionsinstanz streitlos (vgl. BAG AP Nr. 154 zu § 242 BGB Ruhegehalt) gestellt wird (zB. ein Datum usw.) oder wenn der Revisionskläger die Revision ausschließlich auf neue Tatsachen stützt, sofern diese nach der letzten mündlichen Verhandlung vor dem Berufungsgericht entstanden sind und unter Zugrundelegung der Rechtsauffassung in der angefochtenen Entscheidung zu einer anderen Beurteilung der Klageforderung führen können (BAG AP Nr. 21 zu § 554 ZPO = NJW 1990, 2641 = NZA 1990, 825; AP Nr. 7 zu § 2 TVG Tarifzuständigkeit = NZA 1991, 21 = DB 1991, 104). Neu ist ein Vorbringen, wenn es in der Vorinstanz nicht vorgetragen war. Ob das der Fall ist, muss sich gemäß § 313 Abs. 1, § 314 ZPO aus dem Tatbestand des angefochtenen Urteils einschl. der darin in Bezug genommenen Schriftsätze ergeben (BAG AP Nr. 13 zu § 611 BGB Ärzte, Gehaltsansprüche = NJW 1960, 166). Hat das LAG Tatsachen fehlerhaft festgestellt, kann nach § 320 ZPO bei dem LAG ein fristgebundener Antrag auf Tatbestandsberichtigung gestellt werden. Dies muss auch geschehen, da sonst das Revisionsgericht von dem festgestellten Tatbestand ausgeht (BAG AP Nr. 2 zu § 7 KSchG; AP Nr. 32 zu § 611 BGB Haftung des Arbeitnehmers). Zum Tatbestand im Rechtssinne gehören alle tatsächlichen Feststellungen ohne Rücksicht auf ihre äußere Einordnung in den Zusammenhang des Urteils, also auch Teile der Entscheidungsgründe (BGH VersR 1974, 1021). Die Bindungswirkung eines zurückverweisenden Revisionsurteils erstreckt sich auf die Rechtsauffassung des Revisionsgerichts, die für die Aufhebung unmittelbar ursächlich war (BAG AP Nr. 23 zu § 565 ZPO = ZTR 2004, 206).

5. Verfahrensfehler werden in der Revisionsinstanz nur auf eine Verfahrensrüge nach § 551 Abs. 3 ZPO berücksichtigt (Anm. 3). (1) Grundsätzlich können Rügen, der Sachverhalt sei unrichtig festgestellt worden, in der Revisionsinstanz nicht berücksichtigt werden, weil dafür die Tatbestandsberichtigung gegeben ist (Anm. 4). Gelangt ein vollständig abgesetztes Urteil erst nach Ablauf von 5 Monaten seit seiner Verkündung mit allen richterlichen Unterschriften zur Geschäftsstelle des Gerichts, so ist dies als ein Urteil ohne Entscheidungsgründe anzusehen, das auf Verfahrensrüge aufzuheben und an das LAG zurückzuweisen ist (BAG NZA 1993, 1150, NZA 1994, 908, NZA 1995, 36, im Anschluss an GemSen OGH – AP Nr. 21 zu § 551 ZPO). In diesem Zusammenhang ist zu berücksichtigen, dass durch das Anhörungsrügengesetz eine sofortige Beschwerde wegen verspäteter Absetzung des Berufungsurteils in § 72b ArbGG eingeführt wurde. Die Rüge ist genau dann begründet, wenn das Endurteil nicht binnen 5 Monaten nach der Verkündung vollständig abgefasst und mit den Unterschriften sämtlicher Mitglieder der Kammer versehen ist und der Geschäftsstelle übergeben wird. § 72b ArbGG ist nach seinem Wortlaut auf alle Entscheidungen der LAG anzuwenden, die nicht innerhalb der in Abs. 1 genannten Frist abgesetzt werden. Unerheblich ist, ob das LAG in dem verkündeten Tenor die Revision zugelassen hat oder nicht. Hat das LAG die Revision ordnungsgemäß zugelassen, kann die Beschwerdepartei nach 5 Monaten wählen, ob sie von der Beschwerde nach § 72 b ArbGG Gebrauch macht oder auf die Abfassung des Urteils des LAG wartet und dann ein Revisionsverfahren durchführt. Eine Notwendigkeit gemäß § 72 b ArbGG die Beschwerde einzulegen, besteht nicht. Nach § 73 Abs. 1 S. 2 ArbGG kann die Revision später dann nicht auf die verspätete Absetzung der LAG-Entscheidung gestützt werden.

6. Von einer Blankettzusage wird dann gesprochen, wenn Leistungen der betrieblichen Altersversorgung dem Grunde nach versprochen werden, deren Höhe aber noch offen bleibt, BAG AP Nr. 110, 167, 181 zu § 242 BGB Ruhegehalt.

7. Auslegungsfähig durch das Revisionsgericht sind typische Verträge. Das sind solche, bei denen nicht eine individuelle, auf den jeweiligen Vertrag zugeschnittene Vereinbarung getroffen wird, sondern ein bereits vorformulierter, gleichlautender, feststehender Vertragstext zu Grunde gelegt wird. In diesen Fällen kommt nicht mehr eine Auslegung nach dem Willen im Einzelfall, sondern nur nach dem jeweiligen Sinn in Betracht.

Einzelabreden kann das Revisionsgericht dann auslegen, wenn der festgestellte Sachverhalt und das vorgelegte Urkundenmaterial das ermöglichen (BAG AP Nr. 46 zu § 133 BGB). Steht der Sachverhalt lückenlos fest und liegt das Urkundenmaterial sowohl dem Berufungs- wie dem Revisionsgericht in gleicher Geschlossenheit vor, so ist das Revisionsgericht zur eigenen Auslegung von Willenserklärungen berechtigt. Im Übrigen ist revisibel, ob das Berufungsgericht alle tatsächlichen Umstände bei der Auslegung berücksichtigt hat. Revisibel ist ferner, ob die vom Berufungsgericht angenommene Bedeutung der Erklärungen den Auslegungsregeln der §§ 133, 157 widerspricht und mit den Denkgesetzen und allgemeinen Erfahrungssätzen übereinstimmt.

Unbestimmte Rechtsbegriffe überprüft das Revisionsgericht nur daraufhin, ob der Rechtsbegriff selbst verkannt ist oder bei der Subsumtion der Einzeltatsachen unter den unbestimmten Rechtsbegriff gegen Denkgesetze oder allgemeine Erfahrungssätze verstoßen ist oder wegen der Außerachtlassung wesentlicher Umstände fehlerhaft ist.

8. Muster einer Rüge nach § 139 ZPO: BAG AP Nr. 8 zu § 322 ZPO; AP Nr. 37 zu § 233 ZPO = NJW 1963, 877; AP Nr. 10 zu § 565 ZPO; AP Nr. 36, 70 zu §§ 22, 23 BAT; 6. 1. 2004 AP Nr. 11 zu § 74 ArbGG 1979 = NJW 2004, 1683 = NZA 2004, 449. Bei einer Aufklärungsrüge ist mithin vorzutragen, (1) was das Gericht hätte fragen sollen und warum hierzu Veranlassung bestand, (2) was die Partei geantwortet hätte, (3) inwieweit hierdurch die Entscheidung beeinflusst worden wäre. Die Klage oder der Einwand müssen unter Berücksichtigung des Vortrags schlüssig werden.

9. Muster einer Rüge nach § 286 ZPO: BAG AP Nr. 22 zu § 620 BGB Befristeter Arbeitsvertrag; AP Nr. 8 zu § 322 ZPO; AP Nr. 11 zu § 74 ArbGG 1979 = NJW 2004, 1683 = NZA 2004, 449. Die Beweisrüge setzt voraus (1) Beweisantrag und Beweisthema, (2) Angabe der Fundstelle in den Vorprozessakten, (3) Einfluss auf die Entscheidung.

10. Mit der Revision kann nicht eine andere Würdigung der erhobenen Beweise erreicht werden. Es müssen Widersprüche, Denkverstöße, Auslassungen usw. dargelegt werden, und dass die Würdigung des LAG hierauf beruht.

Kosten und Gebühren

§ 42 Abs. 4 GKG iVm. Anl. 1 Nr. 8230 ff.

12. Sofortige Beschwerde wegen verspäteter Absetzung des Berufungsurteils

An das
Bundesarbeitsgericht

In Sachen

...... (volles Rubrum)
lege ich namens und in Vollmacht des/der Klägers(in)/Beklagten gegen das Endurteil des Landesarbeitsgerichts ...... vom ...... SA ...... sofortige Beschwerde wegen verspäteter Absetzung des Berufungsurteils ein und beantrage zu erkennen:

1. **Das Urteil des Landesarbeitsgerichts ...... vom ...... SA ...... wird aufgehoben. Die Sache wird zur neuen Verhandlung an das Landesarbeitsgericht zurückverwiesen[1].**
2. **Die Zurückverweisung erfolgt an die ...... Kammer[2].**

Gründe

Der/Die Kläger(in) hat am ...... Klage auf ...... erhoben. Das ArbG hat der Klage stattgegeben/die Klage abgewiesen. Das Urteil ist am ...... zugestellt worden. Gegen das Urteil hat der/die Kläger(in)/Beklagte am ...... Berufung eingelegt. Das Landesarbeitsgericht hat die Berufung nach der mündlichen Verhandlung vom ...... zurückgewiesen. Es hat das Urteil am ...... verkündet. Es hat die Revision zugelassen/nicht zugelassen. Das Urteil ist mit Tatbestand und Entscheidungsgründen und der Unterschrift sämtlicher Richter erst am ...... zur Geschäftsstelle gelangt. Das war nach Ablauf der Frist zur Urteilsabsetzung.
Die Aufhebung und Zurückverweisung sollte an eine andere Kammer erfolgen, weil ......

Rechtsanwalt/Rechtsanwältin

Anmerkungen

1. Das Endurteil eines Landesarbeitsgerichts kann durch sofortige Beschwerde angefochten werden, wenn es nicht binnen fünf Monaten nach der Verkündung vollständig abgefasst und mit den Unterschriften sämtlicher Mitglieder der Kammer versehen der Geschäftsstelle übergeben worden ist (§ 72b ArbGG). Das Berufungsurteil ist vollständig abgesetzt, wenn es den formalen Anforderungen der §§ 313 bis 313b ZPO, § 69 ArbGG entspricht. Genügen die tatsächlich vorhandenen Entscheidungsgründe nicht den inhaltlichen Mindestanforderungen des § 547 Nr. 6 ZPO, kann dieser Mangel nicht mit der sofortigen Beschwerde nach § 72b ArbGG geltend gemacht werden (BAG AP Nr. 2 zu § 72b ArbGG NZA 2007, 226). Die Nichtzulassungsbeschwerde nach § 72a ArbGG findet keine Anwendung (BAG AP Nr. 1 zu § 72b ArbGG 1979 = NJW 2007, 174 = NZA 2007, 111). Ist die sofortige Beschwerde verfehlt worden, wird die verspätete Absetzung des Urteils nicht berücksichtigt (§ 73 Abs. 1 S. 2 ArbGG).

2. Die sofortige Beschwerde wegen verspäteter Urteilsabsetzung ist innerhalb eines Monats seit der Verkündung beim Bundesarbeitsgericht einzulegen und zu begründen. Die Frist beginnt mit dem Ablauf von fünf Monaten nach der Verkündung des Urteils. § 9 Abs. 5 ArbGG findet keine Anwendung; d.h. die Frist läuft unabhängig von der Rechtsmittelbelehrung (§ 72b ArbGG). Da es sich um eine Notfrist handelt, kann eine

Wiedereinsetzung in Betracht kommen, die aber kaum zu begründen sein wird. Die Beschwerdebegründung muss den in § 72b ArbGG umschriebenen Inhalt haben.

3. Die Beschwerdeschrift muss die Bezeichnung der angefochtenen Entscheidung sowie die Erklärung enthalten, dass Beschwerde gegen diese Entscheidung eingelegt wurde. Die Beschwerde kann nur damit begründet werden, dass das Urteil mit Ablauf von fünf Monaten nach der Verkündung noch nicht vollständig abgefasst und mit den Unterschriften sämtlicher Mitglieder der Kammer versehen der Geschäftsstelle übergeben worden ist (§ 72b Abs. 3 ArbGG). Über die Beschwerde entscheidet das Bundesarbeitsgericht ohne Hinzuziehung der ehrenamtlichen Richter durch Beschluss, der ohne mündliche Verhandlung ergehen kann (§ 72b ArbGG). Ist die sofortige Beschwerde zulässig und begründet, ist das Urteil des Landesarbeitsgerichts aufzuheben und zur neuen Verhandlung und Entscheidung zurückzuverweisen. Dies kann auch eine andere Kammer sein. (§ 72b Abs. 5 ArbGG).

Kosten und Gebühren

Gerichtskosten § 42 Abs. 4 GKG, KV 8613; Rechtsanwaltsgebühren RVG VV Teil 3 Abschnitt 5.

13. Rechtsbeschwerde[1,2]

An das
Bundesarbeitsgericht
...... (vollständige Anschrift)

In Sachen

...... (volles Rubrum)

lege ich namens und in Vollmacht des/der Klägers(in)/Beklagten gegen den Beschluss des Landesarbeitsgerichts ...... vom ...... Ta. ...... Rechtsbeschwerde ein und beantrage zu erkennen:

1. **Die Beschwerde wird als unzulässig verworfen.**
   Alternative
2. **Auf die Rechtsbeschwerde des/der Klägers(in)/Beklagten wird der Beschluss des Landesarbeitsgerichts ...... vom ...... Ta. ...... aufgehoben.**
   Die Beschwerde gegen den Beschluss des Arbeitsgerichts ...... vom ....../...... wird zurückgewiesen.
   Alternative
3. **Auf die Beschwerde wird der Beschluss des Arbeitsgerichts ...... abgeändert. Dem/der Kläger(in) wird Prozesskostenhilfe gewährt.**

Gründe[4]

Der/Die 45 Jahre alte Kläger(in) ist am ...... von der Beklagten als ...... Prokurist(in) eingestellt worden. Die Beklagte hat mit Schreiben vom ...... das Arbeitsverhältnis zum ...... aus betriebsbedingten Gründen gekündigt. Die Parteien haben einen Abfindungsvergleich geschlossen. Der/Die Kläger(in) hat eine Abfindung in Höhe von ...... Euro erhalten. In dem Abfindungsvergleich sind Ansprüche auf betriebliche Altersversorgung unberücksichtigt geblieben.

Der/Die Klägerin hat seine/ihre Ansprüche auf betriebliche Altersversorgung mit Klage vom ...... geltend gemacht und einen Antrag auf Gewährung von Prozesskostenhilfe ge-

stellt. Das Arbeitsgericht hat dem Antrag entsprochen. Das LAG hat ihn auf Beschwerde des Bezirksrevisors abgewiesen. Es hat den Rechtssatz aufgestellt, der/die Kläger(in) könne erst dann Prozesskostenhilfe beanspruchen, wenn die Abfindung verbraucht sei. Mit diesem Rechtssatz ist das LAG von einem Rechtssatz abgewichen, den das BAG ...... in einer Entscheidung vom ...... Ta. ...... aufgestellt hat. Es hat nämlich gesagt ......

Außerdem wird die Rechtsbeschwerde auf grundsätzliche Bedeutung gestützt. Die grundsätzliche Bedeutung ist gegeben, weil das BAG noch niemals entschieden hat, in welchem Umfang Abfindungen bei der Bewilligung der Prozesskostenhilfe zu berücksichtigen sind, wenn sie auf einem Firmentarifvertrag beruhen.

Der Beschluss des Landesarbeitsgerichts bedarf daher der Aufhebung ......

Rechtsanwalt/Rechtsanwältin

Anmerkungen

1. Für die Beschwerde gegen Entscheidungen der Arbeitsgerichte oder ihrer Vorsitzenden gelten die für die Beschwerde der Amtsgerichte maßgebenden Vorschriften der ZPO entsprechend (§ 78 S. 1 ArbGG). Insoweit kann auf Form. I. O. 6 verwiesen werden. Zweck der Rechtsbeschwerde ist die Herbeiführung einer höchstrichterlichen Entscheidung auch im Bereich der Nebenentscheidungen, soweit ihr Gegenstand von grundsätzlicher Bedeutung ist. Das BAG hat die Statthaftigkeit der Rechtsbeschwerde trotz entsprechender Zulassung verneint, im einstweiligen Verfügungsverfahren (BAG AP Nr. 1 zu § 78 ArbGG 1979 = NJW 2003, 1621 = NZA 2003, 399), bei der Streitwertfestsetzung (BAG AP Nr. 3 zu § 78 ArbGG 1979 = NZA 2003, 682; BGH NJW 2003, 70) und im Verfahren der nachträglichen Zulassung einer Kündigungsschutzklage nach § 5 KSchG (BAG AP Nr. 14 zu § 5 KSchG 1969 = NJW 2002, 3650 = NZA 2002, 1228). Im Prozesskostenhilfeverfahren ist die Rechtsbeschwerde nur wegen der persönlichen Verhältnisse und wegen Verfahrensfragen zugelassen worden.

2. Die Beschwerde ist statthaft, wenn sie das Landesarbeitsgericht nach § 574 Abs. 1 Nr. 2 ZPO/§§ 78 S. 2; 72 Abs. 2 ArbGG durch Beschluss zugelassen hat. § 574 Abs. 1 Nr. 1 ZPO ist nicht anzuwenden. Die Beschwerde ist zuzulassen, wenn sie grundsätzliche Bedeutung hat oder von einer divergenzfähigen Entscheidung abweicht (§ 78 S. 2 iVm. § 72 Abs. 2 ArbGG). Das BAG ist an die Zulassung gebunden. Die Zulassung ist im Tenor auszusprechen. Wird die Rechtsbeschwerde nicht zugelassen, kann diese Entscheidung nicht angefochten werden. Der Rechtsbeschwerdegegner kann sich bis zum Ablauf einer Notfrist von einem Monat nach Zustellung der Begründungsschrift der Rechtsbeschwerde durch Einreichen der Rechtsbeschwerdeanschlussschrift anschließen (§ 574 Abs. 4 ZPO).

3. Die Rechtsbeschwerde ist binnen einer Notfrist von einem Monat nach Zustellung des Beschlusses durch Einreichen einer Beschwerdeschrift beim Bundesarbeitsgericht einzulegen. Die Rechtsbeschwerdeschrift muss enthalten (1) die Bezeichnung der Entscheidung, gegen die die Rechtsbeschwerde gerichtet wird und (2) die Erklärung, dass gegen diese Entscheidung Rechtsbeschwerde eingelegt werde (§ 575 Abs. 1 ZPO). Mit der Rechtsbeschwerdeschrift soll eine Ausfertigung oder beglaubigte Abschrift der angefochtenen Entscheidung vorgelegt werden. Sofern die Begründung noch nicht in der Rechtsbeschwerdeschrift enthalten ist, binnen einer Frist von einem Monat zu begründen. Die Frist beginnt mit der Zustellung der angefochtenen Entscheidung (§ 575 Abs. 2 ZPO). Die Frist kann verlängert werden (§ 575 Abs. 2 iVm. § 551 Abs. 2 S. 5 und 6 ZPO). Der Inhalt der Beschwerdebegründung ergibt sich aus § 577 Abs. 3 und 4 ZPO. Er entspricht im Wesentlichen der Revisionsbegründung.

4. Das BAG hat von Amts wegen zu prüfen, ob die Beschwerde an sich statthaft ist (§ 577 Abs. 1 ZPO). Ist sie unstatthaft, ist die Beschwerde als unzulässig zu verwerfen. Im Übrigen ergeben sich die Entscheidungsbefugnisse aus § 577 Abs. 2 bis 4 ZPO. Ist die Beschwerde begründet, so ist die angefochtene Entscheidung aufzuheben und die Sache zurückzuverweisen (§ 577 Abs. 4 ZPO). Das BAG entscheidet ohne mündliche Verhandlung ohne die ehrenamtlichen Richter.

5. Ob die Beschwerde auch in Streitwert- bzw. Festsetzungen des Gegenstandswerts der Rechtsbeschwerde unterliegt, ist umstritten. Teils wurde dies mir Rücksicht auf den Wortlaut §§ 5 Abs. 2 S. 3, 25 Abs. 3 S. 2 GKG/jetzt vgl. § 66 GKG, § 10 Abs. 2 S. 2 BRAGO/jetzt § 33 RAG verneint (*Bader* NZA 2002, 121, 122; *Kaiser* DB 2002, 324); teils bejaht, weil die Möglichkeit der Rechtsbeschwerde nicht habe beschnitten werden sollen (*Holthaus/Koch* RdA 2002, 158).

E. Beschlussverfahren

1. Antrag auf Bestellung eines Wahlvorstandes zur Betriebsratswahl

An das
Arbeitsgericht

Antrag im Beschlussverfahren[1]
mit den Beteiligten

1. — **Antragsteller/ Beteiligter zu 1–3)**
2.
3.[2]
– Verfahrensbevollmächtigte/r: RA ......(in) –
4. Firma ...... — **Antragsgegnerin/ Beteiligte zu 4)**

wegen Bestellung eines Wahlvorstandes.

Namens und mit Vollmacht der Antragsteller leite ich ein Beschlussverfahren[3] ein und werde beantragen zu beschließen:

> **Das Arbeitsgericht bestellt einen aus drei Personen bestehenden Wahlvorstand zur Durchführung der Betriebsratswahl im Betrieb der Antragsgegnerin bestehend aus**
> **1. ...... als Vorsitzende/r sowie**
> **2. Herrn ......,**
> **3. Frau ...... als Beisitzende.**

Begründung:

Die Antragsgegnerin beschäftigt in ihrem Betrieb ...... Arbeitnehmer. Sie ist daher gemäß § 1 BetrVG betriebsratsfähig. Ein Betriebsrat besteht nicht.

Die Antragsteller haben am ...... zu einer Betriebsversammlung eingeladen. Eine Betriebsversammlung hat nicht stattgefunden/hat einen Wahlvorstand nicht gewählt[4].

Die Antragsgegnerin ist ein Tochterunternehmen der ...... Es besteht ein Gesamtbetriebsrat. Der Gesamtbetriebsrat hat einen Wahlvorstand nicht bestellt (§ 17 BetrVG).

Beweis: ......

Gemäß § 17 Abs. 4 BetrVG hat daher das Arbeitsgericht einen Wahlvorstand zu bestellen. Die Vorgeschlagenen sind zur Übernahme des Amtes bereit.

Beweis: Anliegende Erklärungen.

Anmerkungen

1. a) Das Beschlussverfahren ist als selbstständige Verfahrensart neben dem Urteilsverfahren im ArbGG ausgebildet. Es ist echte Rechtsprechung, bei der vom Gericht der Sachverhalt ermittelt und darauf Rechtsnormen angewandt werden. Insoweit bestehen wesentliche Unterschiede zu den Regelungsstreitigkeiten vor den betriebsverfassungs-

rechtlichen Einigungs- und Schlichtungsstellen. Gleichwohl sind die Unterschiede zwischen Beschluss- und Urteilsverfahren nicht sehr groß.

b) Beschluss- und Urteilsverfahren schließen sich wechselseitig aus (BAG AP Nr. 2 zu § 46 ArbGG; AP Nr. 1 zu § 80 ArbGG = NJW 1970, 349). Das Beschlussverfahren ist für die in § 2a ArbGG aufgezählten Fälle gegeben. Die Abgrenzung erfolgt nach der eigentlichen Anspruchsgrundlage. Soweit eine im anderen Verfahren zu entscheidende Frage als Vorfrage zu bescheiden ist, kann darüber inzidenter entschieden werden. Die Wahl der Verfahrensart erfolgt durch die Antragsschrift (Anm. 3).

c) Die richtige Verfahrensart ist Prozessvoraussetzung, die in jeder Lage des Verfahrens von Amts wegen geprüft wird. Nach § 48 Abs. 1 ArbGG iVm § 17a GVG, der nach § 80 Abs. 3 ArbGG auch im Beschlussverfahren gilt, hat das Gericht von Amts wegen zu entscheiden, in welcher Verfahrensart über den durch Sachantrag bestimmten Streitgegenstand zu entscheiden ist. Dies muss das Gericht, wenn die Parteien über die Verfahrensart streiten. Sonst hat das Gericht nur zu entscheiden, wenn es angebracht ist. (*Germelmann/Matthes* ArbGG, 6. Aufl. 2008, § 81 Rdn. 4).

d) Zu den Verfahrensvoraussetzungen im Übrigen Form. IV. E. 2 Anm. 4.

2. Nach § 16 BetrVG kann der Betriebsrat den Wahlvorstand bestellen. Durch das BetrVG ist aber auch dem Gesamtbetriebsrat oder Konzernbetriebsrat ein Bestellungsrecht eingeräumt, wenn ein Betriebsrat besteht (§ 17 Abs. 1 BetrVG). Zum Antragsrecht § 17 Abs. 3 BetrVG; vgl. *Schaub/Koch* ArbR-Hdb. § 217 Rdn. 1. Zu den vom Arbeitgeber nach § 20 Abs. 3 S. 1 BetrVG zu tragenden Kosten einer Betriebsratswahl gehören auch die erforderlichen außergerichtlichen Kosten einer Gewerkschaft, die ihr durch die Beauftragung eines Rechtsanwalts in einem Beschlussverfahren zur gerichtlichen Bestellung eines Wahlvorstands entstanden sind (BAG AP Nr. 20 zu § 20 BetrVG 1972 = NZA 2001, 114).

3. Nach § 81 Abs. 1 ArbGG wird ein Beschlussverfahren nur auf Antrag eingeleitet. Hieraus folgt auch, dass im Schriftsatz hierauf besonders hingewiesen werden muss. Beschlussverfahren und Urteilsverfahren schließen sich wechselseitig aus. Zur Einleitung einer unrichtigen Verfahrensart: Anm. 1;. Für den Antrag ist die voll besetzte Kammer des Arbeitsgerichtes im Beschlussverfahren zuständig (§ 2a ArbGG).

4. Das Arbeitsgericht hat nur eine subsidiäre Bestellungsfunktion (§ 17 Abs. 4 BetrVG; vgl. *Schaub/Koch* ArbR-Hdb. § 217 Rdn. 1 ff.).

Kosten und Gebühren

In Verfahren nach § 2a ArbGG werden Kosten nicht erhoben. Die Gerichte für Arbeitssachen erlassen daher keine Kostenentscheidung und setzen keinen Streitwert für die Gerichtsgebühren fest. Die Festsetzung des Gegenstandswerts für die Rechtsanwaltsgebühren richtet sich nach § 33 RVG. Es handelt sich um eine nichtvermögensrechtliche Streitigkeit, da die Einrichtung des Betriebsrates im Streit ist. Bei der Schätzung ist die Zahl der beschäftigten Arbeitnehmer zu berücksichtigen und entspr. der Regelstreitwert zu ändern. Zur Durchsetzung des Honoraranspruches des Rechtsanwaltes Form. IV. E. 20.

2. Wahlanfechtung einer Betriebsratswahl[1]

An das
Arbeitsgericht
Antrag im Beschlussverfahren
mit den Beteiligten

1. …… **Beteiligte zu 1–3)**
2. ……
3. ……[2]

– Verfahrensbevollmächtigte/r: RA ……(in) –

4. Betriebsrat der Firma ……,
vertreten durch den/die Betriebsratsvorsitzende(n) ……

Beteiligter zu 4

5. Firma ……

Beteiligte zu 5

6. Betriebsratsmitglied ……

Beteiligter zu 6

wegen Anfechtung der Betriebsratswahl

Namens und mit Vollmacht der Beteiligten zu 1 bis 3 wird ein Beschlussverfahren eingeleitet und beantragt,

> **festzustellen, dass anstelle des Beteiligten zu 6 der Arbeitnehmervertreter …… in den Betriebsrat gewählt worden ist[3].**

Begründung[4]:

Die Antragsteller sind drei im Betrieb der Beteiligten zu 5 beschäftigte Arbeitnehmer. Am …… haben Betriebsratswahlen stattgefunden. Das Wahlergebnis ist am …… durch den Wahlvorstand bekanntgemacht worden (§ 19 Abs. 2 BetrVG).

Beweis: Wahlakten

Die Wahl ist im Wege der Verhältniswahl durchgeführt worden. Es wurden …… Wahlvorschläge mit …… gültigen Stimmen abgegeben. Von den gültigen Stimmen erhielt die Liste 1 …… und die Liste 2 …… Stimmen. Auf der Liste 1 haben kandidiert 1. …… 2. …… usw. Auf der Liste 2 haben kandidiert 1. …… 2. …… Der Wahlvorstand hat die Auffassung vertreten, nachfolgende Bewerber seien gewählt worden 1. …… 2. …… Diese Ansicht ist rechtsirrig. Bei richtiger Anwendung des d'Hondtschen-Systems[5] sind folgende Bewerber gewählt …… (vorrechnen).

Anmerkungen

1. Das Muster kann bei einer Anfechtung einer Aufsichtsratswahl und bei betriebsinternen Wahlen, zB. Wahl zum Aufsichtsrat (BAG 20. 7. 2005 – 7 ABR 44/04 AP Nr. 30 zu § 38 BetrVG 1972 = NZA 2005, 1426) entsprechend angewandt werden.

2. Antragsberechtigt sind drei Arbeitnehmer oder eine im Betrieb vertretene Gewerkschaft (§ 19 Abs. 2 BetrVG). Nimmt die Gewerkschaft eine Wahlanfechtung nicht wahr, so ist sie nicht Beteiligte eines von anderen angestrengten Beschlussverfahrens (BAG AP Nr. 12 zu § 19 BetrVG 1972 = NZA 1986, 368 = DB 1986, 864; AP Nr. 29 zu § 76

BetrVG (1952) = NZA 1993, 949). Ein von drei oder mehreren Arbeitnehmern eingeleitetes Wahlanfechtungsverfahren wird nicht unzulässig, wenn die Arbeitnehmer während der Dauer des Beschlussverfahrens aus dem Arbeitsverhältnis ausscheiden. Allerdings müssen wenigstens drei Arbeitnehmer das Beschlussverfahren weiter betreiben (unter Aufgabe früherer Rspr.: BAG AP Nr. 17 zu § 19 BetrVG 1972 = NZA 1990, 115 = BB 1989, 1984 = DB 1989, 2626; gegen BAG AP Nr. 13 zu § 19 BetrVG 1972 = DB 1987, 232 = NZA 1987, 120, 166; vgl. auch BAG AP Nr. 27 zu § 76 BetrVG = NZA 1985, 786). Anfechtungsgegner ist der Betriebsrat (BAG AP Nr. 14 zu § 18 BetrVG; AP Nr. 26 zu § 76 BetrVG = DB 1982, 2087 = NJW 1983, 701).

3. Das Muster ist auf die fehlerhafte Verteilung der Betriebsratssitze zugeschnitten. Bei Anfechtung der Wahl insgesamt:

Es wird beantragt, die Betriebsratswahl vom ... für unwirksam zu erklären.

Zur Begründung sind alsdann Verstöße gegen wesentliche Vorschriften über das Wahlrecht, die Wählbarkeit oder das Wahlverfahren darzulegen; vgl. *Schaub/Koch* ArbR-Hdb. § 218 Rdn. 11 ff.

4. Wegen der Prozessvoraussetzungen gelten die Vorschriften des Urteilsverfahrens vielfach entsprechend.

a) Im Beschlussverfahren wird nicht von Parteien, sondern von Beteiligten gesprochen. Hierbei handelt es sich aber nur um eine abweichende Terminologie. Formell Beteiligter des Beschlussverfahrens ist, von und gegenüber wem betriebsverfassungsrechtliche Rechte geltend gemacht werden. Der Begriff der Beteiligungsfähigkeit entspricht dem der Parteifähigkeit. Wer im Urteilsverfahren parteifähig ist, ist auch beteiligungsfähig im Beschlussverfahren (BAG AP Nr. 2 zu § 97 ArbGG 1953 = DB 1971, 1577). Durch § 10 ArbGG ist die Beteiligungsfähigkeit erweitert. Vgl. Form. IV. E. 6 Anm. 2.

b) Das ArbGG enthält wegen der Prozessfähigkeit keine Sondervorschriften. Die Prozessfähigkeit richtet sich mithin nach §§ 51 ff. ZPO. Prozessfähig ist aber auch derjenige, der nach § 10 ArbGG beteiligungsfähig ist. Umstr. ist, ob der minderjährige Jugend- und Auszubildendenvertreter prozessfähig ist; dies wird im allgemeinen bejaht.

c) Jeder Beteiligte kann sich im Beschlussverfahren vertreten lassen. Der Betriebsrat kann sich durch einen Gewerkschaftsvertreter vertreten lassen, wenn nur ein Betriebsratsmitglied bei der Gewerkschaft Mitglied ist (BAG AP Nr. 7 zu § 11 ArbGG = NJW 1955, 477; AP Nr. 21 zu § 76 BetrVG = NJW 1971, 1151). Welche Gewerkschaftsvertreter mit der Vertretung beauftragt werden, richtet sich nach dem Beschluss des Betriebsrates (§ 33 BetrVG).

Im Beschlussverfahren kann ein Dritter für den Rechtsinhaber das Recht im eigenen Namen als Prozessstandschafter geltend machen. Fälle der Prozessstandschaft ergeben sich aus §§ 50 Abs. 2, 58 Abs. 2 BetrVG (vgl. BAG AP Nr. 1 zu § 69 BetrVG = NJW 1966, 1333). In gewillkürter Prozessstandschaft kann die Gewerkschaft ermächtigt werden, Ansprüche eines Betriebsratsmitgliedes geltend zu machen. Nach der Rspr. des BAG ist dazu aber ein eigenes Interesse der Gewerkschaft notwendig (BAG AP Nr. 4 zu § 40 BetrVG 1972 = DB 1974, 731; *Germelmann/Matthes* § 81 RN 23 ff).

d) Besonderheiten ergeben sich für die örtliche Zuständigkeit im Beschlussverfahren (§ 82 ArbGG).

e) Im Beschlussverfahren sind Leistungs-, Feststellungs- und Gestaltungsanträge möglich. Der Feststellungsantrag ist wie im Urteilsverfahren dem Leistungsantrag subsidiär (BAG AP Nr. 1 zu § 80 ArbGG = DB 1962, 274, 308).

f) Der Antragsteller muss an der Durchführung des Beschlussverfahrens ein Rechtsschutzinteresse haben (vgl. Form. IV. E. 13 Anm. 3). Im betriebsverfassungsrechtlichen Wahlanfechtungsverfahren nach § 19 BetrVG entfällt das Rechtsschutzinteresse für einen Antrag, die Wahl für unwirksam zu erklären, mit Ablauf der Amtszeit des Gremiums, dessen Wahl angefochten wird (BAG AP Nr. 20 zu § 19 BetrVG 1972 = NZA 1991, 946).

g) Die Beschlüsse des Beschlussverfahrens erwachsen in Rechtskraft (vgl. Form. IV. E. 6 Anm. 3 aE.). Ist in einem früheren Beschlussverfahren zwischen denselben Beteiligten der Feststellungsantrag des Arbeitgebers, die Mitglieder einer bestimmten Arbeitnehmergruppe seien keine Arbeitnehmer, rechtskräftig abgewiesen worden, so kann, solange sich die tatsächlichen Verhältnisse nicht wesentlich ändern, eine nachfolgende Betriebsratswahl nicht mit derselben Begründung angefochten werden (BAG AP Nr. 32 zu § 19 BetrVG 1972 = NZA 1996, 1058).

h) Im Wahlanfechtungsverfahren ist jeder beschwerdebefugt, der in seinen Rechten beeinträchtigt ist. Der Betriebsrat ist beschwerdebefugt, wenn das Arbeitsgericht einen von ihm gestellten Antrag abgewiesen oder die Betriebsratswahl für nichtig oder unwirksam erklärt hat (BAG v. 20. 3. 1996 – BB 1996, 2100).

5. Sind in einem Wahlgang mehrere Betriebsratssitze zu besetzen und zwei oder mehrere Vorschlagslisten für den Wahlgang eingereicht, so findet Verhältniswahl statt. Sie bezweckt einen angemessenen Minderheitenschutz. Sie wird als Listenwahl durchgeführt; dh., der Wähler kann keine Kandidaten streichen oder hinzusetzen. Die Verteilung der Sitze erfolgt entsprechend folgendem Beispiel: Zu wählen sind 19 Betriebsräte; eingereicht waren drei Listen; es sind entfallen auf Liste I 1150, Liste II 700, Liste III 600 Stimmen.

Liste I	Liste II	Liste III
1150 : 1 = 1150	700 : 1 = 700	600 : 1 = 600
: 2 = 575	: 2 = 350	: 2 = 300

Die Reihenfolge der Höchstzahlen ist 1150, 700, 600, 575, 350, 300. Gewählt ist jeweils der erste Kandidat jeder Liste.

Kosten und Gebühren

Vgl. Form. IV. E. 1. Nichtvermögensrechtliche Streitigkeit; zur Bemessung des Gegenstandswertes: Bertelsmann, Gegenstandswerte im arbeitsgerichtlichen Beschlussverfahren, 2000; Rspr.: LAG Hamm BB 1976, 746; DB 1977, 357 (DM 10 000,–; umfangreiche bei 3600 Wahlberechtigten: DM 75 000,–). Umfangreiche Rechtsprechung bei Juris. Das LAG Berlin will den Regelstreitwert bei der Wahlanfechtung annehmen, aber bei jedem Betriebsratsmitglied gemäß der Staffel des § 9 diesen um DM 1500,– (also rund EUR 750,–) erhöhen (LAG Berlin NZA 1992, 327).

3. Verfahren zur Erstattung von Vergütung bei Betriebsratsschulung (§ 37 Abs. 6 BetrVG[1])

An das
Arbeitsgericht

Klage

....../...... (volles Rubrum)

Namens und mit Vollmacht des/der Klägers(in) erhebe ich Klage und werde beantragen zu erkennen:

I. Der/die Beklagte wird verurteilt, ... EUR nebst Zinsen in Höhe von 5 Prozentpunkten über dem Basiszinssatz seit dem ...... an den/die Kläger(in) zu zahlen[2].

II. Der/die Beklagte trägt die Kosten des Rechtsstreits.

Begründung:

Der/die Kläger(in) ist von Beruf ......
Er/sie ist seit dem ...... bei dem/der Beklagten beschäftigt. Seit dem ...... gehört er/sie dem Betriebsrat an. Im Betriebsrat hat er/sie folgende Funktionen ......
Der/die Beklagte ist ein Unternehmen für ...... Er/sie beschäftigt ...... Arbeitnehmer. Der Betriebsrat besteht mithin aus ...... Mitgliedern (§ 9 BetrVG).
Am ...... hat der Betriebsrat den Beschluss gefasst, dass der/die Kläger(in) an einer Bildungsveranstaltung der ...... mit dem Thema ...... teilnehmen soll.
Der Bildungsveranstaltung liegt folgender Themenkatalog zugrunde ......
Der Beschluss ist dem/der Beklagten am ...... mitgeteilt worden. Der/die Beklagte hat wegen des Zeitpunktes der Schulungsveranstaltung keine Einwendungen erhoben. Indes leugnet er/sie die Notwendigkeit der Schulung. Er/sie hat daher dem/der Kläger(in) für die Zeit vom ...... bis ...... keine Arbeitsvergütung gezahlt[3]. Hätte er/sie an der Schulungsveranstaltung nicht teilgenommen, hätte er/sie bei dem/der Beklagten ...... verdient[4].
Der Rechtsstandpunkt der Beklagten ist rechtsirrig. Nach § 37 Abs. 6 iVm. § 37 Abs. 2 BetrVG hat ein Mitglied des Betriebsrats Anspruch auf Vergütungsfortzahlung, wenn es an Schulungs- und Bildungsveranstaltungen teilnimmt, auf denen Kenntnisse vermittelt werden, die für die Arbeit des Betriebsrats erforderlich sind. Nach der Rspr. des BAG sind die vermittelten Kenntnisse dann erforderlich, wenn sie unter Berücksichtigung der konkreten Situation im Betrieb und im Betriebsrat benötigt werden, damit Betriebsratsmitglieder ihre derzeitigen oder demnächst anfallenden Aufgaben erfüllen können. Für die Schulung muss ein konkreter, betriebsbezogener Anlass vorhanden sein, der eine Vermittlung von Kenntnissen über bestimmte Aufgaben des Betriebsrats notwendig macht. In diesen Fällen hat der Arbeitgeber Vergütungsfortzahlung zu gewähren/zu tragen.
Diese Voraussetzungen sind unter Berücksichtigung des dem Betriebsrat zustehenden Ermessensspielraums gegeben.
Die Schulung vom ...... bezieht sich ausweislich ihres Themenplans auf Aufgaben des Betriebsrats ......[5].
Die Schulungsveranstaltung war nach den Verhältnissen des Betriebes und des Betriebsrats aktuell notwendig ......[6].
Der Kläger war schulungsbedürftig und es war ihm auch nicht zuzumuten, sich bei anderen Betriebsratsmitgliedern oder aus allgemein zugänglichen Quellen zu informieren, denn ......[7].
Auch der Besuch des Spezialkursus war notwendig, denn ......[8].
Die Dauer der Schulungsveranstaltung ist unter Berücksichtigung des zu vermittelnden Wissens angemessen ......[9].
Die Höhe der Vergütungsfortzahlung beträgt ......

Rechtsanwalt/Rechtsanwältin

Anmerkungen

1. Verdienstausfall ist im Urteilsverfahren, Schulungskosten sind dagegen im Beschlussverfahren geltend zu machen. Die Darlegungslast ist im wesentlichen gleich. Zur Einleitung der richtigen Verfahrensart: Form. IV. E. 1 Anm. 1.

2. Alternative für Beschlussverfahren:

Der/die Antragsgegner(in) wird verpflichtet, EUR ...... nebst Zinsen in Höhe von 5 Prozentpunkten über dem Basiszinssatz an den/die Antragsteller(in) zu erstatten.

3. Alternative: Im Rahmen eines Beschlussverfahrens über die Erstattung von Schulungskosten ist hier deren Höhe und Zusammensetzung darzulegen.

4. Für den Vergütungsfortzahlungsanspruch gilt das Lohnausfallprinzip. Der Arbeitnehmer hat Anspruch auf die Vergütung, die er erzielt hätte, wenn er gearbeitet hätte (BAG AP Nr. 3, 11 zu § 37 BetrVG 1972). Fortzuzahlen ist der Bruttolohn einschließlich aller Zulagen (BAG AP Nr. 43 zu § 37 BetrVG 1972), auch wenn infolge der Teilnahme an Schulungsveranstaltungen die Steuerfreiheit einzelner Vergütungsbestandteile wegfällt (BAG AP Nr. 37 zu § 37 BetrVG 1972; AP Nr. 50 aaO. = NZA 1986, 263 = BB 1986, 1222). Dauert die Schulung in die Freizeit hinein, erwachsen keine Ansprüche auf Über- und Mehrarbeitsstundenvergütung (BAG AP Nr. 3, 31, 76 zu § 37 BetrVG 1972). Im Baugewerbe hat ein Betriebsratsmitglied auch dann nur Anspruch auf Schlechtwettergeld, wenn es während des Arbeitsausfalls Betriebsratstätigkeit verrichtet (BAG AP Nr. 55 zu § 37 BetrVG 1972). Fernauslösungen sind im Allgemeinen pauschalierte Aufwandsentschädigungen, die nicht zum fortzuzahlenden Arbeitsentgelt im Sinne des § 37 BetrVG gehören (BAG AP Nr. 82 zu § 37 BetrVG 1972 = NZA 1992, 936). Umstr. ist die Bezahlung von Teilzeitarbeitnehmern, die außerhalb ihrer individuellen Arbeitszeit an Schulungsveranstaltungen teilgenommen haben. Dies gilt auch, soweit Mehr- und Überstundenvergütung in Rede steht. Das LAG Berlin hat in dem Ausschluss von Freizeit bzw. Bezahlung eine mittelbare Frauendiskriminierung gesehen (LAG Berlin v. 24. 10. 1990 – BB 1991, 142). Der EuGH hat im Falle Bötel (v. 4. 6. 1992 – AP Nr. 39 zu Art. 119 EWG-Vertrag) entschieden: Art. 119 EWG-Vertrag und die Richtlinie 75/117 EWG des Rates vom 10. Februar 1975 zur Angleichung der Rechtsvorschriften der Mitgliedstaaten stehen einer nationalen Regelung entgegen, die für eine erheblich größere Zahl von Frauen als von Männern gilt und die die Vergütung, die teilzeitbeschäftigte Betriebsratsmitglieder von ihrem Arbeitgeber in Form von bezahlter Arbeitsfreistellung oder von Bezahlung von Überstunden bei Teilnahme an Schulungsveranstaltungen – die für die Betriebsratstätigkeit erforderliche Kenntnisse vermitteln und die während der betrieblichen Vollarbeitszeit veranstaltet werden, deren Dauer aber über die individuelle Arbeitszeit dieser Teilzeitbeschäftigten hinausgeht – zu erhalten haben, auf ihre individuelle Arbeitszeit beschränkt, während vollzeitbeschäftigte Betriebsratsmitglieder bei Teilnahme an denselben Schulungsveranstaltungen eine Vergütung bis in die Höhe der Vergütung für Vollarbeitszeit erhalten. Es bleibt dem Mitgliedstaat unbenommen nachzuweisen, dass diese Regelung durch objektive Faktoren gerechtfertigt ist, die nichts mit einer Diskriminierung aufgrund des Geschlechts zu tun haben. Das BAG hat erneut ein Vorabentscheidungsverfahren eingeleitet, dass es an der bisherigen Rechtsprechung festhalten will, dass keinem Betriebsratsmitglied ein Anspruch auf Ausgleich der Freizeit zusteht, die es für eine außerhalb seiner individuellen Arbeitszeit liegende Schulungsveranstaltung aufgewandt hat (BAG v. 20. 10. 1993 – AP Nr. 90 zu § 37 BetrVG 1972). Der EuGH ist aber bei seiner Rechtsprechung verblieben (EuGH AP Nr. 72 zu Art. 119 EWG-Vertrag = NZA 1996, 319). Zur Schulung von Ersatzmitgliedern: BAG AP Nr. 53 zu § 37 BetrVG 1972 = NZA 1986, 803 = Betr 1986, 2189.

5. Einzelheiten darlegen, dass Themen zum Aufgabengebiet des Betriebsrates gehören. Vgl. zur Leistungsentlohnung: BAG AP Nr. 4, 9 zu § 37 BetrVG 1972; menschengerechte Arbeitsgestaltung: BAG AP Nr. 30 zu § 37 BetrVG 1972; Bilanzwesen: BAG AP Nr. 5 zu § 37 BetrVG 1972; Datenschutz: LAG Niedersachsen EzA Nr. 64 zu § 37 BetrVG 1972; Arbeitsschutz und Unfallverhütung (Arbeitssicherheit): BAG AP Nr. 54 zu § 37 BetrVG 1972 = NZA 1986, 803 = DB 1986, 2189; Grundkenntnissen im Arbeitsrecht: BAG AP Nr. 58 aaO. = DB 1987, 891; AP Nr. 67 aaO. = NZA 1990, 149 = DB 1990, 230; AP Nr. 136 aaO. = NZA 2003, 1284; Erläuterung der aktuellen Rechtsprechung des BAG (BAG AP Nr. 113 zu § 37 BetrVG 1972 = NZA 1996, 895); Einführung in die Arbeit am PC (BAG AP Nr. 110 zu § 37 BetrVG 1972 = NZA 1996, 442); Schriftliche Kommunikation im Betrieb (BAG AP Nr. 106 zu § 37 BetrVG 1972 = NZA 1995, 1036); Managementtechnik (BAG AP Nr. 99 zu § 37 BetrVG 1972 = NZA 1995, 381); Abschluss von Sozialplänen (LAG Hannover 10. 9. 2004 16 Sa 142/04). Nicht zu den Aufgaben gehören: Lohnsteuerrecht (BAG AP Nr. 5 zu § 80 ArbGG); Sozialversicherungsrecht (BAG NZA 2003, 1284), Ziele gewerkschaftlicher Bildung (BAG AP Nr. 20 zu § 37 BetrVG 1972). Nicht erforderlich ist die Teilnahme an einem Kursus Sprechwirksamkeit (BAG AP Nr. 91 zu § 37 BetrVG 1972); Diskussionsführung und Verhandlungstechnik, es sei denn, dass herausgehobene Stellung (BAG AP Nr. 109 zu § 37 BetrVG 1972 = BB 1995, 2530).

6. Einzelheiten darlegen, zB. Betriebsvereinbarung über Arbeitszeit, Akkord usw.: BAG AP Nr. 36 zu § 37 BetrVG 1972.

7. Einzelheiten darlegen, zB.: erstmalige Mitgliedschaft, andere Betriebsratsmitglieder noch nicht geschult, durchgreifende Gesetzes- oder Tarifänderungen. Ein neu in den Betriebsrat gewähltes Betriebsratsmitglied kann idR. an einer Schulungsveranstaltung für Arbeitsrecht teilnehmen (BAG AP Nr. 18, 35 zu § 37 BetrVG 1972; AP Nr. 58 aaO. = DB 1987, 891; AP 67 aaO. = NZA 1990, 149; AP Nr. 12 zu § 40 BetrVG 1972). Ersatzmitglieder können nur geschult werden, wenn es zur Arbeit des Betriebsrats erforderlich ist (BAG AP Nr. 9 zu § 25 BetrVG 1972).

8. Etwaige Mitgliedschaften in Ausschüssen usw. Nimmt ein Betriebsratsmitglied unmittelbar vor dem Ende seiner Amtszeit an einer Schulungsveranstaltung (hier § 37 Abs. 7) teil, so muss es darlegen, aufgrund welcher besonderen Umstände des Einzelfalles eine solche Festlegung des Zeitpunktes der Schulungsveranstaltung durch den Betriebsrat pflichtgemäßem Ermessen entsprochen habe (BAG AP Nr. 86 zu § 37 BetrVG 1972).

9. Zum Grundsatz der Verhältnismäßigkeit: BAG AP Nr. 26 zu § 37 BetrVG 1972.

Kosten und Gebühren

Für Anspruch auf Vergütungsfortzahlung im Urteilsverfahren Form. IV. A. 3; für Beschlussverfahren Form. IV. E. 1. Der Gegenstandswert entspricht dem Zahlungsantrag.

4. Antrag auf Freistellung eines Betriebsratsmitgliedes zur Schulungsveranstaltung

An das
Arbeitsgericht

Antrag im Beschlussverfahren
mit den Beteiligten

1. Betriebsrat der Firma ......[1]

vertreten durch den/die Betriebsratsvorsitzende(n) **Antragsteller/ Beteiligter zu 1**

– Verfahrensbevollmächtigte/r: RA ......(in) –

2. Firma ...... **Antragsgegnerin/ Beteiligte zu 2**

3. Betriebsratsmitglied ...... **Beteiligter zu 3**

Namens und mit Vollmacht des Beteiligten zu 1 leite ich ein Beschlussverfahren ein und werde beantragen zu beschließen:

> **Der Antragsgegnerin wird aufgegeben, den Beteiligten zu 3 für die Teilnahme an dem Betriebsrätekursus ...... der ...... für die Zeit vom ...... bis ...... von der Arbeit freizustellen[2].**

Begründung:

Der Antragsteller ist der Betriebsrat der Antragsgegnerin. Er besteht aus ...... Mitgliedern. Der Beteiligte zu 3 ist seit dem ...... Betriebsratsmitglied. Ihm obliegen im Betriebsrat folgende Aufgaben ...... Von Beruf ist er ......
Die Antragsgegnerin ist ein Unternehmen ...... Sie beschäftigt ...... Arbeitnehmer.
Am ...... hat der Betriebsrat den Beschluss gefasst, dass der Beteiligte zu 3 an der Schulung für Betriebsräte der ...... teilnimmt. Diesen Beschluss hat er der Antragsgegnerin am ...... mitgeteilt[3]. Die Teilnahme an der Schulungsveranstaltung ist notwendig ......[4].
Die Antragsgegnerin hat der Teilnahme zu Unrecht widersprochen mit der Begründung, sie sei nicht notwendig.
Auch wegen des Zeitpunktes hat der Antragsteller hinreichend die Interessen der Antragsgegnerin gewahrt. Insoweit hat diese auch keine Einwendungen erhoben.

Rechtsanwalt/Rechtsanwältin

Anmerkungen

1. Der Anspruch auf Teilnahme an einer Schulungsveranstaltung steht nach hM. dem Betriebsrat zu. Zur Verfahrensart Form. IV. E. 1 Anm. 1. Erst aufgrund des Betriebsratsbeschlusses, welches Betriebsratsmitglied geschult wird, erwächst ein abgeleiteter Individualanspruch. Antragsteller ist daher der Betriebsrat. Der Betriebsrat kann auch ein Ersatzmitglied bestimmen, wenn dies zur Arbeitsfähigkeit des Betriebsrats erforderlich ist (BAG AP Nr. 9 zu § 25 BetrVG). Ein vorangehender Beschluss über die Teilnahme an einem anderen Seminar genügt nicht. Ein Beschluss des Betriebsrats, der nach dem Besuch der Schulung gefasst wird und in dem die Teilnahme des Betriebsratsmitglieds gebilligt wird, begründet keinen Anspruch des Betriebsrats nach § 40 Abs. 1 BetrVG auf Kostentragung (Aufgabe von BAG AP Nr. 4 zu § 29 BetrVG 1972) = EzA BetrVG 1972 § 29 Nr. 2. So jetzt BAG AP Nr. 68 zu § 40 BetrVG 1972 = NZA 2000, 838. Nach richtiger Auffassung ist aber auch das einzelne Betriebsratsmitglied antragsberechtigt (vgl. BAG AP Nr. 46 zu § 37 BetrVG 1972 = NZA 1984, 127 = DB 1984, 1785; LAG Hamm EzA Nr. 47 zu § 37 BetrVG 1972).

2. Beantragt die Betriebsvertretung im Beschlussverfahren die Feststellung, dass deren Vorsitzender von seinem Betrieb „für die Teilnahme an einem einwöchigen Seminar über Arbeitssicherheit/Arbeitsschutz gemäß § 46 BPersVG – Alliierte freizustellen ist", so ist ein derartiger Antrag nicht hinreichend bestimmt und lässt sich sinnvoll auch nicht in einer Weise auslegen, die eine Sachentscheidung ermöglichen würde (BAG 24. 1. 2001 AP Nr. 50 zu § 81 ArbGG 1979). Der Arbeitgeber kann der Teilnahme eines Betriebsratsmitgliedes an einer Schulungsveranstaltung widersprechen, weil er sie für nicht notwendig hält oder weil er wegen des Zeitpunktes die betrieblichen Interessen nicht hinreichend gewahrt sieht. Widerspricht der Arbeitgeber, weil die Schulungsveranstaltung nicht notwendig ist, ist für die Entscheidung das Arbeitsgericht zuständig, das notfalls auch im Wege der einstweiligen Verfügung (§ 85 ArbGG) im Beschlussverfahren angerufen werden kann. Widerspricht dagegen der Arbeitgeber, weil die betrieblichen Interessen bei der Festlegung des Zeitpunktes nicht hinreichend gewahrt sind, so kann er die Einigungsstelle anrufen (§ 37 Abs. 6 S. 5 BetrVG). Der Spruch der Einigungsstelle ersetzt die Einigung zwischen Arbeitgeber und Betriebsrat. Er kann alsdann in einem Verfahren nach § 76 BetrVG überprüft werden. Ob das Betriebsratsmitglied schon vor Durchführung der Verfahren sich eigenmächtig von der Arbeit entfernen darf, ist im Schrifttum umstr. Es geschieht jedenfalls auf seine eigene Gefahr. Die Vermittlung allgemeiner Grundkenntnisse des Sozialversicherungsrechts ist ohne betriebsbezogenen Anlass nicht erforderlich (BAG AP Nr. 136 zu § 37 BetrVG 1972 = NZA 2003, 1284).

3. Der Betriebsrat hat dem Arbeitgeber die Teilnahme und die zeitliche Lage der Schulungsveranstaltung so rechtzeitig mitzuteilen, dass sich dieser auf sie einstellen und die Voraussetzungen der Freistellung noch überprüfen kann (BAG AP Nr. 27 zu § 37 BetrVG 1972). Bei der Mitteilung sind der Zeitraum, Ort der Veranstaltung und Themenplan bekannt zu geben, vgl. Form. IV. E. 3.

4. Zur Erforderlichkeit vgl. Form. IV. E. 3.

Kosten und Gebühren

Nicht vermögensrechtliche Streitigkeit; Gegenstandswert jedoch im allgemeinen in Höhe der Lohnkosten während der Freistellung. Vgl. im Übrigen bei Form. IV. E. 1.

5. Antrag auf Freistellung und Kostenerstattung für die Beschaffung von Hilfsmaterial[1]

An das
Arbeitsgericht

Antrag im Beschlussverfahren

mit den Beteiligten

1. Betriebsrat ...... Antragsteller

vertreten durch den/die Betriebsratsvorsitzende(n) ......
– Verfahrensbevollmächtigte/r: RA ......(in) –

2. Firma ...... Antragsgegnerin
wegen Beschaffung von Zeitschriften.

Namens und mit Vollmacht des Antragstellers leite ich ein Beschlussverfahren ein und werde beantragen zu erkennen:

Die Antragsgegnerin wird verpflichtet, den Antragsteller von seiner Verpflichtung für ...... in Höhe von ...... gegenüber ...... freizustellen[2].

Hilfsweise:
Die Antragsgegnerin wird verpflichtet, dem Antragsteller ...... auf ihre Kosten ab ...... zur Verfügung zu stellen.

Begründung:

Der Antragsteller ist der Betriebsrat der Antragsgegnerin. Er benötigt zur Durchführung seiner Aufgaben ...... Die Antragsgegnerin weigert sich, dem Antragsteller ...... zur Verfügung zu stellen. Dies ist ungerechtfertigt. Der Antragsteller benötigt aus folgenden Gründen ...... Die anfallenden Kosten sind auch nicht unverhältnismäßig ......

Rechtsanwalt/Rechtsanwältin

Anmerkungen

1. Der Betriebsrat kann uU. Anschaffungen auf Kosten des Arbeitgebers zur Durchführung seiner Arbeit vornehmen (§§ 677, 683, 670 BGB). Der Freistellungsantrag bietet keine Besonderheiten. Auch das einzelne Betriebsratsmitglied kann Ansprüche auf Freistellung oder Kostenerstattung haben (BAG AP Nr. 28 zu § 40 BetrVG 1972 = NZA

1989, 641 = DB 1989, 1829). Die Kostenerstattungsforderung ist nach Eintritt des Verzugs oder der Rechtshängigkeit zu verzinsen (BAG AP Nr. 28 aaO.). Zu Rechtsverteidigungskosten des Betriebsratsmitgliedes: BAG AP Nr. 29 aaO. = NJW 1990, 853 = NZA 1990, 233. Mit dem Hilfsantrag soll der Arbeitgeber zur Überlassung der benötigten Gegenstände gezwungen werden (vgl. BAG AP Nr. 20 zu § 40 BetrVG 1972 = NJW 1984, 2309). Der Betriebsrat kann nicht die Überlassung einer Tageszeitung verlangen (Handelsblatt: BAG AP Nr. 32 aaO. = NZA 1990, 448 = DB 1990, 1093). Auch dann, wenn der Arbeitgeber seine Arbeitnehmer durch ein elektronisches Informationssystem mit Mailbox informiert, folgt nicht, dass er dieses auch dem Betriebsrat zur Verfügung stellen muss (BAG AP Nr. 37 zu § 40 BetrVG 1972 = NZA 1993, 854). Der Betriebsrat hat Anspruch auf Überlassung von Gesetzestexten (BAG AP Nr. 52 zu § 40 BetrVG 1972 = BB 1996, 1844), Fachliteratur, insbesondere einer Fachzeitschrift (BAG AP Nr. 46 zu § 40 BetrVG 1972 = NZA 1995, 591), neuere Kommentare (BAG AP Nr. 43 zu § 40 BetrVG 1972 = NZA 1995, 386), bei Erforderlichkeit auf einen PC (BAG AP Nr. 57 zu § 40 BetrVG 1972 = NZA 1998, 953; AP Nr. 64 aaO. = NZA 1999, 945; AP Nr. 65 aaO. = NZA 1999, 1290), dessen Anschluss an das Internet (BAG AP Nr. 79 zu § 40 BetrVG 1972 = NZA 2004, 280), Anrufbeantworter, Fotokopierer, Fax (BAG 15. 11. 2000 – 7 ABR 9/99 Jur-CD), uU. im Intranet zu veröffentlichen (BAG AP Nr. 78 zu § 40 BetrVG 1972 = NZA 2004, 278).

2. Zur materiellen Anspruchsbegründung vgl. *Schaub* ArbR-Hdb. § 222.

Kosten und Gebühren

Vermögensrechtliche Streitigkeit. Gegenstandswert in Höhe des Zahlungsantrages. Vgl. Form. IV. E. 1.

6. Antrag auf Ausschluss eines Betriebsratsmitgliedes (oder Auflösung des Betriebsrats)

An das
Arbeitsgericht

Antrag im Beschlussverfahren
mit den Beteiligten

1. Gewerkschaft ...... **Antragstellerin[1]/**
Beteiligte zu 1

2. Betriebsratsmitglied ...... **Antragsgegner/**
Beteiligter zu 2

3. Betriebsrat der Firma[2] ...... **Beteiligter zu 3**

vertreten durch den Betriebsratsvorsitzenden ......

4. Firma ...... **Beteiligte zu 4**

wegen Ausschluss eines Betriebsratsmitgliedes.

Namens und mit Vollmacht der Antragstellerin leite ich ein Beschlussverfahren ein und beantrage zu erkennen:

Der Antragsgegner ...... wird aus dem Betriebsrat ausgeschlossen[3].

Begründung:

Die Antragstellerin ist im Betrieb der Beteiligten zu 4 vertreten. Sie hat dort ...... (mehrere) Mitglieder.

Beweis: Vernehmung des Vorsitzenden der Ortsstelle.

Beteiligter zu 3 ist der Betriebsrat der Firma ...... Dieser besteht aus ...... Mitgliedern. Der Antragsgegner wurde bei der Betriebsratswahl im Jahre ...... in den Betriebsrat gewählt.

Beweis: Betriebsratsvorsitzender ......

Der Antragsgegner ist aus dem Betriebsrat auszuschließen, denn er hat seine Pflichten als Betriebsratsmitglied grob verletzt ......[4].

Anmerkungen

1. Antragsberechtigt sind (1) mindestens ein Viertel der wahlberechtigten Arbeitnehmer, (2) der Arbeitgeber, (3) eine im Betrieb vertretene Gewerkschaft, (4) der Betriebsrat (§ 23 Abs. 1 BetrVG).

2. In einem Beschlussverfahren formal beteiligt ist, wer Rechtschutz gegen einen anderen begehrt (vgl. Form. IV. E. 2 Anm. 4). Der Begriff des formell Beteiligten, der durch die Antragsschrift bestimmt wird, ist von dem des materiell Beteiligten zu unterscheiden. Materiell Beteiligter ist derjenige, von dem behauptet wird, dass ihm Ansprüche der in § 2a ArbGG aufgezählten Art gegen einen anderen zustehen. Der Begriff des materiell Beteiligten entspricht demnach der Aktiv- und Passivlegitimation im Urteilsverfahren (BAG AP Nr. 2 zu § 81 ArbGG 1953; AP Nr. 6 zu § 20 BetrVG 1972; AP Nr. 3 zu § 47 BetrVG 1972; AP Nr. 70 Art. 9 GG Arbeitskampf). Die Zahl der formell Beteiligten richtet sich mithin nach der Antragstellung. Von dem Begriff des materiell Beteiligten hat das BAG eine besondere Antragsbefugnis des materiell Beteiligten abgespalten und als besondere Prozessvoraussetzung behandelt (vgl. dazu BAG AP Nr. 38 zu § 37 BetrVG 1972 = NJW 1982, 68; AP Nr. 2 zu § 83 ArbGG 1979 = DB 1982, 546; AP Nr. 13 zu § 83 ArbGG 1979 = NZA 1986, 400 = DB 1986, 1024; AP Nr. 6 zu § 47 BetrVG 1972 = DB 1987, 1642 = NZA 1988, 27). In betriebsverfassungsrechtlichen Streitigkeiten ist antragsberechtigt nur, wer aus dem Betriebsverfassungsrecht eigene Rechte geltend macht oder Anträge zum Schutz seiner betriebsverfassungsrechtlichen Rechtsposition stellt (BAG AP Nr. 6 zu § 81 ArbGG 1979 = NZA 1988, 26). Werden in einem Beschlussverfahren im Wege objektiver Antragshäufung mehrere Anträge gestellt, so ist wegen jedes Antrages zu prüfen, welche Personen und Stellen Beteiligte sind. Soweit sie nur bei einem Antrag Beteiligte sind, können sie kein Rechtsmittel wegen eines anderen Antrages einleiten (BAG AP Nr. 12 zu § 81 ArbGG 1979 = NZA 1989, 606 = BB 1989, 1128). Die Gewerkschaft hat keine Antragsbefugnis im Beschlussverfahren, die Feststellung der Unwirksamkeit einer Betriebsvereinbarung zu beantragen (BAG AP Nr. 6 zu § 81 ArbGG 1979 = NZA 1988, 26; AP Nr. 9 zu § 81 ArbGG 1979). Im Beschlussverfahren kann das Bestehen, der Inhalt oder der Umfang eines Beteiligungsrechts auch dann geklärt werden, wenn der konkrete Ausgangsfall zwar abgeschlossen ist, sich aber voraussichtlich in gleicher Weise wiederholen wird. In einem solchen Fall ist die Entscheidung nicht nur eine gutachterliche Auskunft, die den Betriebsparteien für ihr künftiges Verhalten nützlich sein mag, sondern klärt ein bestimmtes Rechtsverhältnis und stellt dessen Inhalt auch für die Zukunft hinreichend konkret fest (BAG 11. 12. 2001 EzA § 256 ZPO Nr 61). Beteiligter ist grundsätzlich der Arbeitgeber. Das ist die juristische Person oder die Gesamthandgemeinschaft, vertreten durch ihre Organe. Bei Streitigkeiten auf Unternehmens- oder Konzernebene ist deren Spitze zu beteiligen, unabhängig, ob sie auch Arbeitgeber im arbeitsrechtlichen Sinne sind. Der Arbeitgeber ist nach hM. auch dann zu hören, wenn er, wie in Innenstreitigkeiten des Betriebsrates, nicht unmittelbar betroffen ist, weil er daran interessiert ist, dass in seinem Betrieb die Betriebsverfassung korrekt eingehalten wird.

Beteiligte sind die Arbeitnehmer. In betriebsverfassungsrechtlichen Streitigkeiten werden diese durch die zuständigen Betriebsverfassungsorgane repräsentiert (BAG 2, 97, 98f = AP Nr. 2 zu § 81 BetrVG; AP Nr. 1 zu § 83 ArbGG). Der einzelne Arbeitnehmer wird nur dann gehört, wenn es um seine betriebsverfassungsrechtliche Stellung geht. Dies gilt vor allem für die Fälle des aktiven und passiven Wahlrechtes, der Mitgliedschaft in einem betriebsverfassungsrechtlichen Organ. In den Fällen der personellen Mitbestimmung ist dagegen manches streitig. Nach § 103 Abs. 2 S. 2 BetrVG ist der Arbeitnehmer beteiligt, wenn es um die Ersetzung der Zustimmung des Betriebsrates zur außerordentlichen Kündigung geht. Beteiligter ist aber auch der Ersatzmann des Arbeitnehmers, der beantragt hat, anstelle des Arbeitnehmers in ein Organ gewählt zu sein (BAG AP Nr. 6 zu § 76 BetrVG). Beteiligter ist der Betriebsrat im Verfahren über die Anfechtung der Wahl zur Jugend- und Auszubildendenvertretung (BAG AP Nr. 1 zu § 63 BetrVG 1972). Nicht beteiligt ist der beschwerdeführende Arbeitnehmer nach § 85 Abs. 2 BetrVG im Verfahren über die Wirksamkeit des Spruchs einer Einigungsstelle (BAG AP Nr. 1 zu § 85 BetrVG 1972 = NZA 1985, 189).

Beteiligter kann eine Gewerkschaft sein, wenn sie durch die Entscheidung unmittelbar berührt wird und Mitglieder im Betrieb hat. Nur eine Gewerkschaft hat betriebsverfassungsrechtliche Rechte und Pflichten (BAG AP Nr. 2 zu § 97 ArbGG = DB 1971, 1577). Gelegentlich wird gesagt, dass eine Gewerkschaft nur dann beteiligt ist, wenn sie dem Verfahren beigetreten ist (vgl. BAG AP Nr. 20 zu § 37 BetrVG 1972 = DB 1975, 1084, 1996). Zur Beteiligung der Gewerkschaften vgl. bei: Streit um die Beteiligung bei Betriebsratswahlen: Bejahend BAG AP Nr. 1 zu § 56 BetrVG; AP Nr. 26 zu § 76 BetrVG; AP Nr. 3 zu § 47 BetrVG 1972 = NJW 1979, 2422; AP Nr. 24 zu § 118 BetrVG 1972 = NJW 1982, 1894; AP Nr. 10 zu § 19 BetrVG 1972 = DB 1983, 2142; einschränkend unter Aufgabe früherer Rspr. BAG AP Nr. 12 zu § 19 BetrVG 1972 = NZA 1986, 368; vgl. BVerwG 54, 172; Streit um die Beteiligung bei Aufsichtsratswahlen: vgl. BAG AP Nr. 1 zu § 56 BetrVG; AP Nr. 21 zu § 76 BetrVG = NJW 1971, 1151; AP Nr. 26 aaO. = NJW 1983, 701; Beteiligung an Betriebsabteilungsversammlungen: BAG AP Nr. 1 zu § 45 BetrVG = DB 1964, 446, 992; Freistellung von Betriebsratsmitgliedern zu Schulungsveranstaltungen: BAG AP Nr. 20 zu § 37 BetrVG 1972 = DB 1975, 1084, 1996; Streit um die Kompetenzverteilung zwischen Arbeitgeber und Betriebsrat: BAG AP Nr. 63 zu Art. 9 GG Arbeitskampf = NJW 1980, 140; Streit um die Entsendung von Gesamtbetriebsratsmitgliedern in den Konzernbetriebsrat: BAG AP Nr. 13 zu § 83 ArbGG 1979 = NZA 1986, 400 unter Aufgabe von BAG AP Nr. 3 zu § 47 BetrVG 1972 = NJW 1979, 2422.

Beteiligter ist im Allgemeinen nicht die Einigungsstelle in Verfahren über die Wirksamkeit ihres Spruches (BAG AP Nr. 3 zu § 87 BetrVG 1972 Lohngestaltung = NJW 1981, 75; AP Nr. 3 zu § 87 BetrVG 1972 Arbeitssicherheit = NJW 1982, 2140; AP Nr. 2 zu § 87 BetrVG 1972 Urlaub = NJW 1982, 959; AP Nr. 1 zu § 87 BetrVG 1972 Vorschlagswesen = NJW 1982, 405).

Zumindest passiv beteiligt können Sprecherausschüsse für leitende Angestellte sein (BAG AP Nr. 9 zu § 5 BetrVG 1972). Einzelheiten: *Schaub* ArbR-Hdb. §§ 245 ff.

Wer Beteiligter eines Verfahrens ist, hat das Gericht von Amts wegen zu prüfen (BAG AP Nr. 18 zu § 76 BetrVG = NJW 1969, 526; AP Nr. 36 zu § 2 TVG = NZA 1987, 947). Notfalls hat es von seinem Fragerecht Gebrauch zu machen. Ist die Anhörung eines Beteiligten in der 1. Instanz unterblieben, so ist die Anhörung fehlerhaft. Die Entscheidung erwächst gegenüber dem Nichtangehörten nur dann in Rechtskraft, wenn er Antragssteller oder Antragsgegner ist. Die übrigen nicht angehörten Beteiligten können dagegen nach h. M. ein Rechtsmittel einlegen (BAG AP Nr. 18 zu § 76 BetrVG = NJW 1969, 526; AP Nr. 14 zu § 2 TVG = DB 1963, 1681; 1964, 590; AP Nr. 8 zu § 89 ArbGG = BB 74, 372; AP Nr. 8 zu § 83 ArbGG = DB 1978, 168). In der Beschwerdeinstanz ist alsdann die Anhörung nachzuholen. Ist die Anhörung beim LAG unterblieben, ist der Beschwerdebeschluss aufzuheben und an das Landesarbeitsgericht zurückzuverweisen, wenn der Beschluss hierauf beruht (BAG AP Nr. 1 zu § 26 BetrVG 1972 = DB 1974, 1629). Dies gilt jedoch dann nicht, wenn nicht zu erwarten ist, dass durch die Anhörung neue Gesichtspunkte gewonnen werden (BAG AP Nr. 1 zu § 26 BetrVG 1972 = DB 1974, 1629). Das BAG verfährt im Allgemeinen sehr großzügig bei der Nachholung der Anhörung in der Rechtsbeschwerdeinstanz (BAG AP Nr. 16 zu § 40 BetrVG 1972 = DB 1979, 1706; AP Nr. 3 zu § 47 BetrVG 1972 = NJW 1979, 2422).

Ist dagegen jemand zu Unrecht als Beteiligter gehört worden, so ist er in der Rechtsmittelinstanz nicht mehr zu hören (BAG AP Nr. 11 zu § 76 BetrVG = DB 1963, 174). Etwas anderes gilt dann, wenn gegen oder für ihn jetzt Anträge gestellt werden. Ist unklar, ob jemand Beteiligter ist, kann die Anhörung in der Beschwerdeinstanz hierauf beschränkt werden (BAG AP Nr. 3 zu § 87 BetrVG 1972 Lohngestaltung = NJW 1981, 75; AP Nr. 1 zu § 87 BetrVG 1972 Vorschlagswesen = NJW 1982, 405). Der Verlust der Beteiligtenstellung ist auch noch im Rechtsbeschwerdeverfahren von Amts wegen zu berücksichtigen (BAG AP Nr. 4 zu § 97 ArbGG 1979).

3. Alternative: Der im Betrieb ...... der Beteiligten zu 4) ...... bestehende Betriebsrat wird aufgelöst. Alsdann ist der Betriebsrat Antragsgegner.

4. Zu groben Pflichtverletzungen vgl. *Schaub* ArbR-Hdb. § 219 Rdn. 19 ff. Eine grobe Verletzung der gesetzlichen Pflichten des Betriebsrats im Sinne von § 23 Abs. 1 BetrVG liegt nur dann vor, wenn die Pflichtverletzung objektiv erheblich und offensichtlich schwerwiegend ist (BAG AP Nr. 22 zu § 23 BetrVG 1972 = NZA 1994, 184). Auf ein Verschulden kommt es nicht an (BAG AP Nr. 105 zu § 87 BetrVG 1972 Lohngestaltung = NZA 2000, 1066)

Kosten und Gebühren

Nicht vermögensrechtliche Streitigkeit, sowohl bei Ausschließungs- wie Auflösungsverfahren. Der Regelstreitwert wird angemessen zu erhöhen sein. Die außergerichtlichen Kosten des von einem Ausschlussverfahren betroffenen Betriebsratsmitgliedes können vom Arbeitgeber zu erstatten sein, wenn sie Kosten der Betriebsratstätigkeit sind (LAG Hamm DB 80, 213; vgl. auch BAG AP Nr. 16 zu § 40 BetrVG 1972); zum Erstattungsanspruch des Betriebsrats (BAG AP Nr. 14, 18 zu § 40 BetrVG 1972). Im Übrigen vgl. Form. IV. E. 1.

7. Antrag auf Ersetzung der Zustimmung des Betriebsrates nach §§ 99, 100 BetrVG[1]

An das
Arbeitsgericht

In dem Beschlussverfahren

mit den Beteiligten[2]

1. Firma ......,
vertreten durch ......

Antragstellerin

– Verfahrensbevollmächtigte/r: RA ......(in) –

2. Betriebsrat der Firma ......
vertreten durch den/die Betriebsratsvorsitzende(n) ......

Antragsgegner und Beteiligter zu 2

wegen Einstellung[3]
Namens und mit Vollmacht der Antragstellerin leite ich ein Beschlussverfahren ein und werde beantragen zu beschließen:

I. Die vom Antragsgegner verweigerte Zustimmung zur Einstellung des/der Arbeitnehmer(in) ...... wird ersetzt[4].

II. Es wird festgestellt, dass die am ...... vorgenommene vorläufige Einstellung[5] aus sachlichen Gründen gerechtfertigt ist.

Begründung:

Die Antragstellerin hat dem Antragsgegner z. Hd. seines/er) Vorsitzenden am ...... über die beabsichtigte Einstellung[6] des/der Herrn/Frau unterrichtet. Der Antragsgegner hat mit Schreiben vom ...... seine Zustimmung zu den personellen Maßnahmen verweigert.

Beweis: Schreiben vom ......

Die vom Antragsgegner angegebenen Gründe zur Verweigerung sind nicht gerechtfertigt ......[7].

Die Antragstellerin hat Herrn/Frau ...... am ...... vorläufig eingestellt[8]. Sie hat dies dem Antragsgegner unverzüglich mitgeteilt. Der Antragsgegner hat mit Schreiben vom ...... – zugegangen am ...... – bestritten, dass die vorläufige Maßnahme dringend erforderlich war[9]. Dies ist jedoch nicht zutreffend. Aus folgenden Gründen war die Maßnahme dringend erforderlich ......[10, 11].

Rechtsanwalt/Rechtsanwältin

Anmerkungen

1. Vgl. *Schaub* ArbR-Hdb. § 241; *Schaub/Koch/Neef/Schrader/Vogelsang*, Arbeitsrechtliches Formular und Verfahrenshandbuch, 9. Aufl. § 93.

2. Wird das Ersetzungsverfahren wegen Verweigerung der Zustimmung durchgeführt, so ist der betroffene Arbeitnehmer nicht Beteiligter (BAG AP Nr. 3 zu § 80 ArbGG 1979 = NJW 1983, 192; bei Ein- und Umgruppierungen: BAG AP Nr. 6 zu § 101 BetrVG 1972 = BB 1983, 1986 = DB 1983, 2313; AP Nr. 27 zu § 118 BetrVG 1972 = NJW 1984, 1143 = DB 1984, 995; BAG AP Nr. 18 zu § 99 BetrVG = BB 1984, 671 = DB 1983, 2638). Vgl. Form. IV. E. 6 Anm. 2.

3. Alternative: Eingruppierung/Umgruppierung.

Einstellung, die der Zustimmung des Betriebsrats nach § 99 BetrVG bedarf, ist die tatsächliche Beschäftigung im Betrieb, nicht aber der Abschluss des Arbeitsvertrages (BAG AP Nr. 98 zu § 99 BetrVG 1972; AP Nr. 9 zu § 72 LPVG NW). Eingruppierung ist die Einreihung in ein Vergütungsgruppenschema. Da sich die Eingruppierung in eine Vergütungsgruppe eines Tarifvertrages automatisch vollzieht (sog. Tarifautomatismus), hat der Betriebsrat ein Mitbeurteilungsrecht. Das Mitbestimmungsrecht des Betriebsrats bei einer Eingruppierung erschöpft sich nicht darin, dass der Arbeitgeber dem Betriebsrat die von ihm für richtig befundene Eingruppierung mitteilt und dem Betriebsrat Gelegenheit zur Stellungnahme gibt. Der Arbeitgeber hat vielmehr die Zustimmung des Betriebsrats zur beabsichtigten Eingruppierung einzuholen und bei deren Verweigerung ein Zustimmungsersetzungsverfahren einzuleiten (BAG AP Nr. 103 zu § 99 BetrVG 1972; AP Nr. 2 zu § 99 BetrVG 1972 = NZA 1995, 484; AP Nr. 103 zu § 99 BetrVG 1972 = NZA 1993, 664). Nach der Rechtsprechung des 1. Senats bezieht sich das Mitbestimmungsrecht des Betriebsrats auch auf die konkrete Fallgruppe einer Vergütungsgruppe (BAG AP Nr. 110 zu § 99 BetrVG 1972). Dagegen hat nach der Rechtsprechung des 4. Senats der einzelne Arbeitnehmer kein Feststellungsinteresse, auf die Vergütung nach einer bestimmten Fallgruppe zu klagen. Umgruppierung ist jede Änderung der Einreihung in Tarifgruppen. Es ist die Feststellung des Arbeitgebers, dass die Tätigkeit des Arbeitnehmers nicht – oder nicht mehr – den Tätigkeitsmerkmalen derjenigen Vergütungsgruppe entspricht, in die der Arbeitnehmer eingruppiert ist, sondern den Tätigkeitsmerkmalen einer anderen – höheren oder niedrigeren (BAG AP Nr. 79 zu § 99 BetrVG 1972).

4. Alternative: Die vom Antragsgegner verweigerte Zustimmung zur Eingruppierung/Umgruppierung in die Lohn-/Gehaltsgruppe ...... des ...... wird ersetzt.

5. Alternative: Eingruppierung/Umgruppierung. Beantragt der Arbeitgeber gemäß § 99 Abs. 4 BetrVG die Ersetzung der Zustimmung des Betriebsrats zu einer Umgruppierung eines Arbeitnehmers und erklärt er das Beschlussverfahren für erledigt, weil dem Arbeitnehmer im Laufe des Beschlussverfahrens eine andere Tätigkeit übertragen und er deshalb in eine höhere Tarifgruppe umgruppiert worden ist, ist das Verfahren auch dann einzustellen, wenn der Betriebsrat der Erledigung widerspricht (BAG AP Nr. 3 zu § 83 a ArbGG 1979; AP Nr. 6 zu § 83 a ArbGG 1979 = NZA 1999, 1226).

6. Alternative: Eingruppierung/Umgruppierung. Ein Antrag des Betriebsrats, den Arbeitgeber zu verpflichten, zu bereits vorgenommenen Einstellungen nachträglich die Zustimmung des Betriebsrats nach § 99 Abs. 1 BetrVG einzuholen, ist im Betriebsverfassungsgesetz nicht vorgesehen. Im Hinblick auf die Möglichkeit des Betriebsrats, nach § 101 BetrVG vorzugehen, ist ein solcher Antrag unzulässig (BAG NZA 2001, 1033 = AP Nr. 33 zu § 99 BetrVG 1972 Einstellung), ebenso wie ein Antrag auf Unterlassung der Beschäftigung.

7. Den Betriebsrat trifft die Darlegungs- und objektive Beweislast für die Einhaltung der Formalien der Zustimmungsverweigerung, also zB. Einhaltung der Form und Frist (vgl. BAG 10. 3. 2009 – DB 2009, 1301 – wonach ebenso wie ein Telefax (BAG AP Nr. 118 zu § 99 BetrVG) auch eine E-Mail dem gesetzlichen Formerfordernis genügt). Dagegen trifft den Arbeitgeber die Darlegungs- und objektive Beweislast, dass die vom Betriebsrat behaupteten Verweigerungsgründe nach § 99 Abs. 1 Nr. 1, 2, 5, 6 und zum Teil auch für Nr. 3, 4 BetrVG nicht vorliegen. Nach der Rechtsprechung des BAG muss der Arbeitgeber das Zustimmungsersetzungsverfahren auch dann einleiten, wenn der Betriebsrat widerspricht und es nicht völlig ausgeschlossen ist, dass die Zustimmungsverweigerungsgründe vorliegen (BAG AP Nr. 50 zu § 99 BetrVG 1972 = NZA 1988, 476 = DB 1988, 1167).

8. Alternative: Vorläufig in die Gehalts-/Lohngruppe ...... eingruppiert.

9. Bestreitet der Betriebsrat, dass die Maßnahme aus sachlichen Gründen dringend erforderlich ist, muss der Arbeitgeber die dreitägige Frist des § 100 Abs. 2 BetrVG beachten (vgl. BAG AP Nr. 46 zu § 99 BetrVG 1972 = DB 1988, 128 = NZA 1988, 101).

10. Das Arbeitsgericht hat folgende Entscheidungsmöglichkeiten: *a)* Kein Grund zur Zustimmungsverweigerung, Maßnahme dringlich: Obsiegen des Arbeitgebers. *b)* Zustimmungsverweigerung berechtigt, Maßnahme nicht dringlich: Obsiegen des Betriebsrats. Sanktion folgt aus § 101 BetrVG (Der Firma ...... wird aufgegeben, ...; die Einstellung/Eingruppierung/Umgruppierung/Versetzung des Arbeitnehmers ...... wird aufgehoben). Dabei erkennt das BAG an, dass der Arbeitgeber auch berechtigt ist, die Maßnahme erneut vorläufig durchzuführen (BAG AP Nr. 52 zu § 99 BetrVG 1972 Einstellung). Nach der Rspr. des BAG soll der Betriebsrat bei Eingruppierung des Arbeitnehmers ohne seine (des Betriebsrats) Zustimmung nicht die Aufhebung der Eingruppierung, sondern die nachträgliche Einholung seiner Zustimmung und, wenn er diese verweigert, die Durchführung des arbeitsgerichtlichen Zustimmungsersetzungsverfahrens verlangen können (BAG AP Nr. 27 zu § 118 BetrVG 1972 = NJW 1984, 1143 = DB 1984, 995). Bei Versetzung ist dagegen der Antrag auf Aufhebung gerichtet (BAG AP Nr. 10 zu § 101 BetrVG 1972 = NJW 1988, 370 = NZA 1988, 99). *c)* Zustimmungsverweigerung berechtigt; Maßnahme aber dringlich: Obsiegen des Betriebsrats. Vorläufige Maßnahme muss aufgehoben werden. Sanktion aus § 101 BetrVG (vgl. BAG AP Nr. 4 zu § 100 BetrVG 1972 = NZA 1989, 183). *d)* Zustimmungsverweigerung nicht berechtigt, aber Maßnahme auch nicht dringlich. Mit der gerichtlichen Ersetzung der Zustimmung des Betriebsrats erledigt sich der Antrag auf Feststellung der Dringlichkeit (BAG AP Nr. 41, 122 zu § 99 BetrVG 1972).

11. Erledigt sich das Ersetzungsverfahren, weil z. B. der Arbeitnehmer endgültig ausscheidet, so besteht nur ausnahmsweise ein Rechtsschutzinteresse an einer Antragsänderung, festzustellen, dass der Betriebsrat der Einstellung/Eingruppierung berechtigt widersprochen hat (BAG AP Nr. 3 zu § 81 ArbGG 1979).

Kosten und Gebühren

Vgl. Form. IV. E. 1. Nicht vermögensrechtliche Streitigkeit, da Streitgegenstand Mitbestimmung des Betriebsrats. Je nach Bedeutung der Sache Erhöhung oder Verminderung des Regelstreitwerts. Teilweise wird bei der Eingruppierung auch ein Gegenstandswert orientiert an der Vergütung der Arbeitnehmer festgelegt. Zur Wertfestsetzung bei Eingruppierungsstreitigkeiten: LAG Kiel 29. 5. 2004 – 2 Ta 95/04 Juris.

8. Anträge des Betriebsrates bei personeller Mitwirkung

An das
Arbeitsgericht

In dem Beschlussverfahren

mit den Beteiligten[1]
1. Betriebsrat der Firma ...... Antragsteller
vertreten durch den/die Betriebsratsvorsitzende(n)
– Verfahrensbevollmächtigte/r: RA ......(in) –

2. Firma ...... Antragsgegnerin
wegen Festsetzung eines Zwangsgeldes[2].
Namens und in Vollmacht des Antragstellers wird ein Vollstreckungsverfahren im Beschlussverfahren eingeleitet und beantragt:

> **Der Antragsgegnerin wird aufgegeben, den Arbeitnehmer ...... bei Meidung eines Zwangsgeldes, dessen Höhe in das Ermessen des Gerichts gestellt wird, aus dem Betrieb zu entlassen[3].**

Begründung:

Der Arbeitnehmer ...... wurde am ...... von der Antragstellerin eingestellt. Der Antragsteller hat mit Beschluss vom ...... seine Zustimmung zur Einstellung verweigert. Darauf hat die Antragsgegnerin den Arbeitnehmer am ...... vorläufig eingestellt. Der vorläufigen Einstellung hat der Antragsteller widersprochen. Das Arbeitsgericht hat den Antrag der Antragsgegnerin, die Zustimmung des Antragsstellers zu ersetzen, mit Beschluss vom ...... abgewiesen.
Beweis: Beschluss des Arbeitsgerichtes vom ......
Akten des Arbeitsgerichtes, deren Beiziehung beantragt wird.
Auf den Antrag des Antragstellers hat das Arbeitsgericht der Antragsgegnerin aufgegeben, den Arbeitnehmer zu entlassen. Der Beschluss ist rechtskräftig[4].
Beweis: Beschluss des Arbeitsgerichtes vom ......
Akten des Arbeitsgerichtes ...... deren Beiziehung beantragt wird.
Die Antragstellerin beschäftigt den Arbeitnehmer gleichwohl weiter. Es bedarf daher der Festsetzung eines Zwangsgeldes, dessen Höhe in das Ermessen des Gerichts gestellt wird.
Rechtsanwalt/Rechtsanwältin

Anmerkungen

1. Nach der Rspr. des BAG ist der Arbeitnehmer nicht beteiligt. Vgl. Form. IV. E. 6 Anm. 2 und Form. IV. E. 7 Anm. 2.

2. Wird der Antrag des Arbeitgebers auf Ersetzung der Zustimmung des Betriebsrates zur Einstellung, Eingruppierung, Umgruppierung (vgl. Form. IV. E. 7 Anm. 3) oder Versetzung zurückgewiesen und stellt der Arbeitgeber keinen neuen Antrag (vgl. BAG AP Nr. 52 zu § 99 BetrVG 1972 Einstellung) oder hat er von vornherein überhaupt keinen Antrag gestellt, kann der Betriebsrat seinerseits gegen den Arbeitgeber vorgehen, um etwaige durchgeführte personelle Einzelmaßnahmen wieder zu beseitigen. Ein entsprechender Antrag für ein Verfahren nach § 101 BetrVG findet sich in Form. IV. E. 7 Anm. 10.

3. Die Möglichkeit zur Festsetzung eines Zwangsgeldes nach § 101 S. 2 BetrVG ist Spezialregelung gegenüber § 85 Abs. 1 ArbGG und § 23 Abs. 3 S. 3 BetrVG und verdrängt diese (BAG AP Nr. 4 zu § 101 BetrVG 1972 = DB 1979, 1282; aufgegeben von BAG AP Nr. 7 zu § 23 BetrVG 1972 = NZA 1987, 786). Zweck ist nicht die Ahndung von Unrecht, sondern Zwangsmaßnahme zur Durchsetzung. Sie kann mithin unabhängig vom Verschulden des Arbeitgebers verhängt werden. Für die Festsetzung ist keine mündliche Verhandlung notwendig (§ 85 Abs. 1 ArbGG, § 891 ZPO). Der Beschluss kann alsdann durch den Vorsitzenden ergehen (§ 53 ArbGG). Die Vollstreckung erfolgt aus rechtskräftigen Beschlüssen (BAG AP Nr. 92 zu § 99 BetrVG) von Amts wegen (§ 704 ZPO). Die Zwangsgelder fließen der Staatskasse zu (Höchstmaß EUR 250,–).

4. Es bedarf keiner Erteilung der Vollstreckungsklausel (§ 724 ZPO). Sehr umstr.; vgl. die Rechtslage zu § 888 ZPO.

Kosten und Gebühren

Vgl. Form. IV. E. 1; nichtvermögensrechtliche Streitigkeit, da Streitgegenstand Mitbestimmung des Betriebsrates.

9. Antrag auf Ersetzung der Zustimmung des Betriebsrates zur Kündigung oder Versetzung eines Betriebsratsmitgliedes (§ 103 BetrVG)[1]

An das
Arbeitsgericht

Im Beschlussverfahren
mit den Beteiligten
1. Firma ...... **Antragstellerin und Beteiligte zu 1**

– Verfahrensbevollmächtigte/r: RA ......(in) –
2. Betriebsrat der Firma ...... **Antragsgegner und Beteiligter zu 2**

3. Betriebsratsmitglied ...... **Beteiligter zu 3**[2]

wegen Ersetzung der Zustimmung zur Kündigung

Namens und mit Vollmacht der Antragstellerin leite ich ein Beschlussverfahren ein und werde beantragen zu beschließen:

Die Zustimmung des Antragsgegners zur Kündigung des Beteiligten zu 3 wird ersetzt[3]**.**

Alternative:

Die Zustimmung zur Versetzung des Beteiligten zu 3 wird ersetzt.[4]

Begründung:

Die Antragstellerin betreibt ein Unternehmen für ...... Sie beschäftigt ...... Arbeitnehmer. Antragsgegner ist der aus ...... Mitgliedern bestehende Betriebsrat. Der Beteiligte zu 3 ist Mitglied des Betriebsrats.

Mit Schreiben vom ...... hat die Antragstellerin den Betriebsrat um Zustimmung zur außerordentlichen Kündigung des Beteiligten zu 3 ersucht. Der Antragsgegner hat die Zustimmung verweigert und dies am ...... mitgeteilt. Er hat seine Zustimmung zu Unrecht verweigert. Der Beteiligte zu 3 hat einen wichtigen Grund zur Kündigung gesetzt [5,6]. Denn ......[7,8].

Rechtsanwalt/Rechtsanwältin

Anmerkungen

1. Der Arbeitgeber muss so rechtzeitig die Zustimmung bei dem Betriebsrat beantragen, dass er bei ihrer Nichterteilung noch innerhalb der Zwei-Wochenfrist des § 626 Abs. 2 BGB die Ersetzung der Zustimmung beim Arbeitsgericht beantragen kann (BAG AP Nr. 1 zu § 103 BetrVG 1972 = NJW 1975, 181; AP Nr. 2 aaO. = NJW 1975, 1575; AP Nr. 10 aaO. = NJW 1978, 661). Unzulässig ist eine vorsorgliche Einleitung für den Fall, dass der Betriebsrat seine Zustimmung nicht erteilt (BAG AP Nr. 18 zu § 103 BetrVG 1972 = DB 1986, 1883 = NZA 1986, 719). Die Zustimmung gilt als verweigert, wenn der Betriebsrat innerhalb von drei Tagen keine Erklärung abgibt. Im Zustimmungsverfahren nach § 103 BetrVG ist das Betriebsratsmitglied, dem gekündigt werden soll, rechtlich verhindert, an der Beratung und Beschlussfassung des Betriebsrats über die Kündigung teilzunehmen. Für das betroffene Betriebsratsmitglied war ein Ersatzmitglied zu laden. Ist ein solches nicht geladen worden, ist der Betriebsratsbeschluss nichtig. Der Arbeitgeber genießt einen eingeschränkten Vertrauensschutz (BAG AP Nr. 17 zu § 103 BetrVG 1972 = NJW 1985, 1976). *Schaub* ArbR-Hdb. § 143.

2. Das betroffene Betriebsratsmitglied ist beteiligt (§ 103 Abs. 2 S. 2 BetrVG) und selbständig beschwerdeberechtigt. Das betroffene Betriebsratsmitglied kann gegen den Ersetzungsbeschluss des Arbeitsgerichts selbst dann Beschwerde einlegen, wenn der Betriebsrat die gerichtliche Entscheidung hinnimmt (BAG AP Nr. 4 zu § 87 ArbGG 1979). Einzelheiten Form. IV. E. 6 Anm. 2 und Form. IV. E. 7 Anm. 2. Ein Rechtsanwalt verstößt nicht gegen das Verbot widerstreitender Interessen nach § 43 a BRAO und hat deshalb einen Vergütungsanspruch, wenn er in einem Beschlussverfahren nach § 103 Abs. 2 BetrVG gleichzeitig den Betriebsrat und das betroffene Betriebsratsmitglied vertritt. Der Rechtsanwalt muss allerdings sein Mandat in beiden Verfahren niederlegen, wenn die Gefahr der Interessenkollision besteht (BAG 25. 8. 2004 – 7 ABR 60/03 – AP Nr 1 zu § 43 a BRAO = NJW 2005, 921 = NZA 2005, 168).

3. Aus taktischen Gründen wird vielfach empfohlen, gleichzeitig ein Verfahren auf Ausschließung aus dem Betriebsrat anhängig zu machen (§ 23 BetrVG); vgl. BAG AP Nr. 1 zu § 74 BetrVG 1972 = NJW 1978, 2216. Formulierungsvorschlag: Es wird beantragt, das Betriebsratsmitglied ...... aus dem Betriebsrat auszuschließen (hierzu *Schaub* ArbR-Hdb. § 219 Rdn. 19 ff.; vgl. Form. IV. E. 6).

4. Bei der Versetzung eines Betriebsratsmitglieds ist die Zustimmung des Betriebsrats notwendig (§ 103 Abs. 3 BetrVG).

5. Wichtigen Grund darlegen. Ein wichtiger Grund (§ 626 Abs. 1 BGB) ist dann gegeben, wenn dem Arbeitgeber nicht zugemutet werden kann, das Arbeitsverhältnis bis zum Ablauf der ordentlichen Kündigungsfrist fortzusetzen (BAG AP Nr. 96 zu § 626 BGB = NZA 1987, 808; vgl. auch BAG AP Nr. 31 zu § 622 BGB = NJW 1991, 3168 = NZA 1991, 803; AP Nr. 30 zu § 622 BGB = NZA 1991, 801 = BB 1991, 1785 = DB 1991, 2438; 2 AZR 323/84 (A) AP Nr. 29 zu § 622 BGB = NZA 1991, 797). Es ist also bei der Zumutbarkeitsprüfung auf die fiktive Kündigungsfrist abzustellen, die ohne den besonderen Kündigungsschutz bei einer ordentlichen Kündigung gelten würde (BAG AP Nr. 35 zu § 15 KSchG 1969 = NZA 1994, 74). An dieser Rechtsprechung hält das BAG jedenfalls für eine außerordentliche Änderungskündigung nicht fest (BAG AP Nr. 36 zu § 15 KSchG 1969 = NZA 1995, 1157). Wichtiger Grund kann die Bereitschaft zur Falschaussage sein (BAG AP Nr. 95 zu § 626 BGB = NZA 1987, 392). Der Betriebsrat hat bei Vorliegen der Voraussetzungen eines wichtigen Grundes keinen Ermessensspielraum, ob er die Zustimmung verweigern will (BAG AP Nr. 1, 7 zu § 103 BetrVG 1972). Es werden im Ersetzungsverfahren nur solche Gründe behandelt, die dem Betriebsrat mitgeteilt waren. Hat der Betriebsrat zunächst die Zustimmung verweigert, dann aber während des Ersetzungsverfahrens erteilt und haben Arbeitgeber und Betriebsrat die Hauptsache für erledigt erklärt, während das betroffene Betriebsratsmitglied widerspricht, dann wird nur geprüft, ob Erledigung eingetreten ist (BAG AP Nr. 2 zu § 83a ArbGG 1979 = NZA 1993, 1052). Scheidet ein Betriebsratsmitglied während des Zustimmungsersetzungsverfahrens nach § 103 BetrVG aufgrund einer Neuwahl des Betriebsrats aus dem Betriebsrat aus, ist für die außerordentliche Kündigung durch den Arbeitgeber eine erneute Anhörung des Betriebsrats nicht erforderlich (BAG RzK II 3 Nr. 20; BAG AP Nr. 41 zu § 103 BetrVG 1972 = NZA 2000, 899).

6. Zur Abgrenzung von Amtspflichtverletzungen und Arbeitsvertragsverletzungen *Schaub* ArbR-Hdb. § 143. Liegt nur eine Amtspflichtverletzung vor, kommt nur Ausschluss aus dem Betriebsrat in Betracht (BAG AP Nr. 2 zu § 13 KSchG = NJW 1955, 569, 606, 1052; AP Nr. 3 aaO. = NJW 1955, 1855; AP Nr. 4 aaO. = NJW 1956, 398; AP Nr. 57 zu § 626 BGB). Eine außerordentliche Kündigung kann dann berechtigt sein, wenn durch die Amtspflichtverletzung das Arbeitsverhältnis unmittelbar erheblich beeinträchtigt wird (BAG AP Nr. 19 zu § 13 KSchG = NJW 1970, 827; AP Nr. 1 zu § 103 BetrVG 1972 = NJW 1975, 181).

7. Hat das Arbeitsgericht die Zustimmung ersetzt, so kann der Arbeitgeber außerordentlich kündigen. Die Zustimmung des Betriebsrats zur außerordentlichen Kündigung eines Betriebsratsmitglieds ist keine Zustimmung nach §§ 182 ff. BGB. Das Betriebsratsmitglied kann die Kündigung nicht zurückweisen, weil der Arbeitgeber die vom Betriebsrat erteilte Zustimmung nicht in schriftlicher Form vorlegt (BAG AP Nr. 50 zu § 103 BetrVG 1972 = NJW 2004, 2612 = NZA 2004, 717). Umstr. ist, binnen welcher Frist die Kündigung erfolgen muss. Nach Ansicht des BAG muss der Arbeitgeber nach Rechtskraft der die Zustimmung ersetzenden Entscheidung unverzüglich kündigen (BAG AP Nr. 3 zu § 103 BetrVG 1972 = NJW 1975, 1752; AP Nr. 10 aaO. = NJW 1978, 661; AP Nr. 12 aaO.; AP Nr. 36 aaO. = NZA 1998, 1273). Nach dem Eintritt der formellen Rechtskraft muss sich der Arbeitgeber erkundigen. Eine vor diesem Zeitpunkt erklärte Kündigung ist nicht nur schwebend unwirksam, sondern unheilbar nichtig (BAG AP Nr. 2 zu § 103 BetrVG 1972). Sofern das BAG angenommen hat, bei einer unzulässigen Divergenzbeschwerde müsse die Kündigung bereits vor Eintritt der formellen Rechtskraft erfolgen, hat es seine Rechtsprechung aufgegeben (BAG AP Nr. 36 zu § 103 BetrVG 1972 = NJW 1999, 444 = NZA 1998, 1273). Wird ein Betriebsratsmitglied während des Zustimmungsersetzungsverfahrens nicht wieder gewählt, so genießt es nur noch den nachwirkenden Kündigungsschutz. Das bedeutet, dass das Verfahren einzustellen ist (§ 83a ArbGG) und der Arbeitgeber ohne weitere Anhörung kündigen kann (BAG AP Nr. 4 zu § 15 KSchG 1969 = NJW 1980, 80; AP Nr. 14 zu § 103 BetrVG = NJW 82,

2891). Der Antrag des Arbeitgebers auf Ersetzung der Zustimmung wird unzulässig, wenn das Betriebsratsmitglied aus dem Betrieb ausscheidet (BAG AP Nr. 47 zu § 103 BetrVG 1972 = NZA 2003, 229).

8. Auch nach Durchführung des Ersetzungsverfahrens hat das Betriebsratsmitglied noch ein Rechtsschutzinteresse an einer Kündigungsschutzklage. Der Ersetzungsbeschluss entfaltet wegen des wichtigen Grundes jedoch Bindungswirkung (BAG AP Nr. 4 zu § 87 ArbGG 1979; AP Nr. 48 zu § 103 BetrVG 1972 = NZA 2003, 432).

9. Versetzung ist die in § 95 Abs. 3 BetrVG definierte Versetzung, die der Arbeitgeber im Wege des Direktionsrechts durchführen kann. Die Versetzung muss zur Folge haben, dass der Betriebsrat sein Amt verliert. Das ist z. B. der Fall, wenn er in einen anderen Betrieb versetzt wird und damit die Wahlfähigkeit verliert. Eine Versetzung innerhalb des Betriebes begründet keinen Amtsverlust. Hier bestehen Beteiligungsrechte nach § 99 BetrVG. § 95 Abs. 3 BetrVG ist anzuwenden bei einem Voll-, Übergangs- und Restmandat . Entscheidend ist allein, ob das Amt enden würde. Kein Amtsverlust tritt ein bei Betriebsaufspaltung oder Betriebszusammenlegung; der Betriebsrat wird nicht versetzt, sondern behält seinen Arbeitsplatz. Voraussetzung der Zustimmung zur Versetzung ist, wenn diese auch unter Berücksichtigung der betriebsverfassungsrechtlichen Stellung des betroffenen Arbeitnehmers aus dringenden betrieblichen Gründen notwendig ist. Aus dem Wort auch folgt, dass der Arbeitgeber im ersten Prüfungsschritt feststellen muss, ob er sein Direktionsrecht nach billigem Ermessen (§ 106 GewO) ausübt. Je schwerer sich die Versetzung in sozialer, familiärer, finanzieller oder gesundheitlicher Sicht auswirkt, umso gewichtiger müssen die betrieblichen Gründe sein. Im zweiten Prüfschritt sind die betriebsverfassungsrechtlichen Auswirkungen zu Überprüfen. Es kann eine Differenzierung der Amtsträger vorgenommen werden. Ein Betriebsratsvorsitzender ist schutzwerter als ein Wahlbewerber. Im dritten Prüfschritt ist festzustellen, ob dringende betriebliche Erfordernisse vorliegen. Es müssen Gründe vorliegen, die zwingend den Vorrang vor der Kontinuität des Betriebsrats haben. Im Allgemeinen wird angenommen, dass dies nur in Ausnahme- und Notfällen der Fall ist (*Fitting/Kaiser/Heither/Engels/Schmidt* § 103 Rdn. 74). Einen nachwirkenden Versetzungsschutz, also nach Ablauf der Amtszeit gibt es nicht.

Kosten und Gebühren

Vgl. Form. IV. E. 1. Obwohl es sich um eine nichtvermögensrechtliche Streitigkeit handelt, wird der Streitwert sowohl beim Ausschluss aus dem Betriebsrat (Anm. 2) als auch beim Zustimmungsersetzungsverfahren in der Praxis in Anlehnung an § 42 Abs. 7 GKG bestimmt (LAG Hamm MDR 1975, 260; AnwBl. 1975, 29). Das einzelne Betriebsratmitglied hat im Zustimmungsersetzungsverfahren grundsätzlich keinen Anspruch auf Erstattung der Anwaltskosten (BAG AP Nr. 14, 16 zu § 40 BetrVG 1972). Ausnahme: Antrag des Arbeitgebers wird abgewiesen: BAG AP Nr. 28 zu § 103 BetrVG 1972).

10. Antrag des Arbeitgebers auf Entbindung von der Weiterbeschäftigung eines Jugend- und Auszubildendenvertreters[1]

An das
Arbeitsgericht

Antrag im Beschlussverfahren[2]

mit den Beteiligten

1. Firma ...... Antragstellerin/ Beteiligte zu 1

– Verfahrensbevollmächtigte/r: RA ......(in) –

2. Auszubildende(n) ...... Antragsgegner(in)/
gesetzlich vertreten durch ...... Beteiligte(r) zu 2.

3. Betriebsrat der Firma ...... Beteiligter zu 3.
vertreten durch den/die Betriebsratsvorsitzende(n) ......

4. Jugend- und Auszubildendenvertretung der Firma ...... Beteiligter zu 4[3]
vertreten durch den/die Vorsitzende(n)
der Jugend- und Auszubildendenvertretung ......

wegen Entbindung von der Weiterbeschäftigung eines Jugend- und Auszubildendenvertreters.
Namens und in Vollmacht der Antragstellerin leite ich ein Beschlussverfahren ein und werde beantragen:

> Es wird festgestellt, dass ein Arbeitsverhältnis zwischen der Antragstellerin und dem/der Antragsgegner(in) nach Ablauf der Ausbildungszeit am ...... nicht begründet wird[4].

Begründung:

Die Antragstellerin betreibt ein Unternehmen für ...... Sie beschäftigt ...... Arbeitnehmer, darunter ...... Auszubildende. Die Antragstellerin hat mit dem/der Antragsgegner(in) einen Ausbildungsvertrag über die Ausbildung zum ...... geschlossen. Das Ausbildungsverhältnis ist in das Berufsausbildungsverzeichnis bei der Industrie- und Handelskammer eingetragen. Im Vertrag ist eine ......-jährige Ausbildung für die Zeit vom ...... bis zum ...... vorgesehen. Das Ausbildungsverhältnis endet mithin voraussichtlich am ...... Der Prüfungstermin ist für den ...... vorgesehen.
Der/Die Antragsgegner(in) ist seit dem ...... Mitglied der Jugend- und Auszubildendenvertretung, der Beteiligten zu 4. Die Jugend- und Auszubildendenvertretung besteht aus ...... Personen; sie vertritt ...... jugendliche Betriebsangehörige. Die Antragstellerin hat dem/der Antragsgegner(in) bereits am ...... mitgeteilt, dass sie nicht beabsichtigt, mit ihm/ihr ein Arbeitsverhältnis einzugehen. Der/Die Antragsgegner(in) hat mit Schreiben vom ...... seine/ihre Weiterbeschäftigung verlangt.
Der Beteiligte zu 3 ist der Betriebsrat der Antragstellerin. Er hat gleichfalls die Weiterbeschäftigung verlangt/ihr widersprochen ......
Der Antragstellerin kann unter Berücksichtigung aller Umstände des/der Antragsgegners(in) nicht zugemutet werden[5] ......

Rechtsanwalt/Rechtsanwältin

Anmerkungen

1. Das Berufsausbildungsverhältnis endet mit Ablauf der Ausbildungszeit oder zuvor mit Bestehen der Abschlussprüfung (§ 21 BBiG; dazu *Schaub* ArbR-Hdb. § 174 Rdn. 78 ff.). Wird ein Auszubildender über die Ausbildungszeit hinaus weiter beschäftigt, so gilt ein Arbeitsverhältnis als auf unbestimmte Zeit begründet (§ 24 BBiG). Diese Rechtsfolge tritt nicht ein, wenn der Arbeitgeber den Auszubildenden nicht weiterbeschäftigt. Hier setzt der Schutz des § 78 a BetrVG ein. Will der Arbeitgeber den Auszubildenden nicht weiterbeschäftigen, so hat er dies drei Monate vor Ablauf des Ausbildungsverhältnisses mitzuteilen. Bei Fristversäumnis geht das Arbeitsverhältnis nicht automatisch über (BAG AP Nr. 7 zu § 78 a BetrVG 1972). Der Arbeitgeber wird allenfalls schadensersatzpflichtig (BAG AP Nr. 2 zu § 17 BBiG). Andererseits kann auch der Auszubildende drei Monate vor Beendigung des Ausbildungsverhältnisses die Weiterbeschäftigung verlangen. Ein vorher gestelltes Verlangen ist unwirksam (BAG AP Nr. 7 aaO.). Bei Beendigung des Ausbildungsverhältnisses am 30. 4. kann das Verlangen frühestens am 1. 2. spätestens am 30. 4. gestellt werden (vgl. dazu BAG AP Nr. 15 zu § 78 a BetrVG 1972 = DB 1986, 700).

2. Nach der Rechtsprechung des BAG ist im Beschlussverfahren und nicht im Urteilsverfahren zu entscheiden (BAG AP Nr. 13 zu § 78 a BetrVG 1972 = NJW 1984, 2599).

3. Zum Begriff des Beteiligten: Form. IV. E. 6 Anm. 2 und Form. IV. E. 7 Anm. 2.

4. Wird das Beschlussverfahren vor Beendigung des Berufsausbildungsverhältnisses eingeleitet, so ist der Antrag nach § 78 a Abs. 4 Nr. 1 BetrVG zu stellen. Dieser Antrag kann nach Beendigung des Berufsausbildungsverhältnisses beibehalten werden (BAG AP Nr. 5 zu § 78 a BetrVG 1972; wohl modifiziert: BAG AP Nr. 20 aaO. = NZA 1991, 233, 537 (Bengelsdorf)). Wird das Beschlussverfahren erst nach Beendigung des Berufsausbildungsverhältnisses eingeleitet, so ist der Antrag nach § 78 a Abs. 4 Nr. 2 BetrVG zu stellen. Dies ist ein rechtsgestaltender Auflösungsbeschluss (BAG AP Nr. 24 zu § 78 a BetrVG 1972 = NZA 1995, 647). Werden die gesetzlichen Voraussetzungen der Weiterbeschäftigung vom Arbeitgeber überhaupt geleugnet, kann der Feststellungsantrag und hilfsweise der Auflösungsantrag gestellt werden (BAG AP Nr. 9 aaO. = NJW 1980, 2271). Auf das Verfahren nach § 78 a Abs. 4 S. 1 Nr. 2 ist die Ausschlussfrist nach § 626 Abs. 2 BGB und nach § 15 Abs. 4 BBiG nicht anzuwenden (BAG AP Nr. 12 zu § 78 a BetrVG 1972 = NJW 1984, 2598).

5. Zur Zumutbarkeit vgl. BAG AP Nr. 5 zu § 78 a BetrVG; AP Nr. 9 aaO. = NJW 1980, 2271; sowie *Schaub* ArbR-Hdb. § 227 Rdn. 13 ff., 19). Die Übernahme eines durch § 78 a BetrVG geschützten Auszubildenden ist dem Arbeitgeber nicht deswegen unzumutbar, weil er sich entschlossen hat, einen Teil der in seinem Betrieb anfallenden Arbeitsaufgaben künftig Leiharbeitnehmern zu übertragen (BAG AP Nr. 50 zu § 78 a BetrVG 1972 = DB 2008, 2837). Ist im Zeitpunkt der Beendigung des Ausbildungsverhältnisses ein freier Arbeitsplatz vorhanden, hat bei der Prüfung der Unzumutbarkeit einer Weiterbeschäftigung ein künftiger Wegfall von Arbeitsplätzen unberücksichtigt zu bleiben (BAG AP Nr. 25 zu § 78 a BetrVG 1972 = NZA 1996, 493). Hat ein Auszubildender die Weiterbeschäftigung verlangt und ist dem Arbeitgeber nur eine Weiterbeschäftigung in Teilzeitbeschäftigung zumutbar, so muss er das Verfahren nach § 78 a BetrVG einleiten (BAG AP Nr. 18 zu § 78 a BetrVG 1972 = NZA 1989, 439 = BB 1988, 2244 = DB 1988, 2414). Eine Übernahme in ein Teilzeitarbeitsverhältnis ist nur kraft vertraglicher Vereinbarung möglich (BAG AP Nr. 23 zu § 78 a BetrVG 1972 = BB 1992, 352 = NZA 1992, 174).

6. Der Arbeitgeber hat nicht die Kosten einer anwaltlichen Tätigkeit zu tragen, die einem Mitglied der Jugend- und Auszubildendenvertretung in einem Verfahren nach § 78 a

Abs. 4 BetrVG entstanden sind (BAG AP Nr. 33 zu § 78a BetrVG 1972 = NZA 2000, 1178 = NZA 2000, 2280).

Kosten und Gebühren

Vgl. Form. IV. E. 1. Der Gegenstandswert wird auf drei Monatsvergütungen festzusetzen sein (§ 42 Abs. 4 GKG entspr.)

11. Klage des Jugend- und Auszubildendenvertreters auf Weiterbeschäftigung nach Beendigung des Ausbildungsverhältnisses

An das
Arbeitsgericht

Klage[1]

des/der Jugend- und Auszubildendenvertreters(in) ...... Klägers(in)
– Prozessbevollmächtigte/r: RA ......(in) –

gegen

die Firma ...... Beklagte

wegen Weiterbeschäftigung nach Beendigung des Ausbildungsverhältnisses.

Namens und mit Vollmacht des/der Klägers(in) erhebe ich Klage und werde beantragen zu erkennen:

I. Die Beklagte wird verurteilt, den/die Kläger(in) über die Beendigung des Ausbildungsverhältnisses am ...... weiter zu beschäftigen.

II. Die Beklagte trägt die Kosten des Rechtsstreits.

Begründung:

Die Parteien haben am ...... einen Ausbildungsvertrag über die Ausbildung des/der Klägers(in) zum ...... geschlossen. Das Ausbildungsverhältnis ist in das Berufsausbildungsverzeichnis bei der Industrie- und Handelskammer eingetragen. Es wird voraussichtlich am ...... sein Ende finden. Am ...... wurde der/die Kläger(in) in die Jugend- und Auszubildendenvertretung gewählt.

Die Beklagte hat dem/der Kläger(in) am ...... mitgeteilt, dass sie nach Beendigung des Ausbildungsverhältnisses nicht weiterbeschäftigt werde. Der/Die Kläger(in) hat am ...... seine/ihre Weiterbeschäftigung verlangt. Damit ist nach § 78a Abs. 2 S. 1 BetrVG ein Arbeitsverhältnis auf unbestimmte Zeit zustande gekommen[2]. Ein Antrag der Beklagten, sie von der Weiterbeschäftigung zu entbinden, hat das Arbeitsgericht zurückgewiesen.[1]

Beweis: Beschluss vom ......

Gleichwohl kommt die Beklagte ihrer Beschäftigungspflicht nicht nach. Sie muss daher im Wege der Klage gezwungen werden.

Rechtsanwalt/Rechtsanwältin

Anmerkungen

1. Der Anspruch auf Weiterbeschäftigung im Arbeitsverhältnis ist ein individualvertraglicher. Er muss daher im Wege des Klageverfahrens geltend gemacht werden (BAG

AP Nr. 1 zu § 78a BetrVG 1972; BAG AP Nr. 11 zu § 78a BetrVG 1972 = NJW 1984, 2599 = DB 1984, 936; AP Nr. 25 zu § 78a BetrVG 1972). Regelmäßig wird jedoch auch eine einstweilige Verfügung nach §§ 935, 940 ZPO in Betracht kommen. Dasselbe gilt für den Anspruch nach dem BPersVG (BAG AP Nr. 4 zu § 9 BPersVG = DB 1987, 2104 = NZA 1987, 820). Will der Arbeitgeber nur in Teilzeit weiterbeschäftigen: vgl. BAG AP Nr. 20 zu § 78a BetrVG 1972; AP Nr. 23 aaO. = BB 1992, 352 = NZA 1992, 174.

2. Wegen der Einzelheiten der Auslegung von § 78a vgl. BAG AP Nr. 26, 30, 31 zu § 78a BetrVG; *Schaub* ArbR-Hdb. § 227 Rdn. 13ff.

Kosten und Gebühren

Streitwert des Beschäftigungsanspruches im allgemeinen drei Monatsgehälter, vgl. im Übrigen Form. IV. E. 10.

12. Gerichtliche Zustimmung zur Durchführung einer Betriebsänderung[1]

An das
Arbeitsgericht
. . . . . .

Antrag im Beschlussverfahren[2]

mit den Beteiligten
1. Herr . . . . . . in seiner Eigenschaft als Insolvenzverwalter über das Vermögen des/der . . . . . .
– Verfahrensbevollmächtigte/r: RA . . . . . .(in) – Antragsteller

2. Betriebsrat der Firma . . . . . .
vertreten durch den/die Betriebsratsvorsitzende(n) Antragsgegner

wegen Zustimmung zur Betriebsänderung
Namens und mit Vollmacht des Insolvenzverwalters beantrage ich im Beschlussverfahren zu erkennen:

I. Es wird der Betriebsänderung . . . . . ./Betriebsstilllegung am . . . . . . zugestimmt, ohne dass das Verfahren nach § 112 BetrVG durchgeführt wird.

II. Es wird angeregt die Rechtsbeschwerde an das BAG zuzulassen.[3]

Begründung

Die Fa. . . . . . . hat sich mit der Herstellung von . . . . . . befasst. Sie hat im Durchschnitt . . . . . . Arbeitnehmer beschäftigt. Antragsgegner ist der Betriebsrat, sein Vorsitzender ist . . . . . .
Am . . . . . . ist über das Vermögen der Firma das Insolvenzverfahren eröffnet worden. Zum Insolvenzverwalter ist der Antragsteller bestellt worden.
Es ist folgende Betriebsänderung geplant . . . . . ./Es ist geplant, den Betrieb stillzulegen, weil . . . . . . Der Insolvenzverwalter hat den Betriebsrat umfassend unterrichtet . . . . . . Er hat ihn am . . . . . . zum Abschluss eines Interessenausgleiches aufgefordert. Ein Interessenausgleich ist innerhalb einer Frist von drei Wochen seit Aufnahme der Verhandlungen nicht zustande gekommen/Ein Interessenausgleich ist innerhalb von drei Wochen seit schriftlicher Aufforderung zu Verhandlungen nicht zustande gekommen. Es bedarf daher der Zustimmung des Arbeitsgerichts zur Durchführung der Betriebsänderung.[4, 5]

Der Antrag auf Zustimmung ist begründet, weil die wirtschaftliche Lage des Unternehmens auch unter Berücksichtigung der sozialen Belange der Arbeitnehmer erfordert, dass die Betriebsänderung ohne vorheriges Verfahren nach § 112 Abs. 2 BetrVG durchgeführt wird ……[6]

Anmerkungen

1. Nach § 122 Abs. 1 S. 1 InsO ist ein Antrag auf Zustimmung zur Betriebsänderung dann zulässig, wenn der Insolvenzverwalter den Betriebsrat rechtzeitig und umfassend unterrichtet und innerhalb einer Frist von drei Wochen nach Verhandlungsbeginn oder schriftlicher Aufforderung zur Aufnahme von Verhandlungen kein Interessenausgleich zustande kommt. Liegen diese Voraussetzungen nicht vor, ist der Antrag unzulässig. Es muss die Unterrichtung vor Verfahrenseinleitung erfolgen. Ausreichend ist aber auch, wenn die Unterrichtung durch die Antragsschrift erfolgt, sofern die mündliche Verhandlung erst nach dem Ablauf der Frist geschlossen wird. Streitigkeiten wird es insbesondere darüber geben, ob die Unterrichtung hinreichend war. Sind die Zulässigkeitsvoraussetzungen nicht gegeben, gilt § 113 Abs. 3 BetrVG.

2. Die Entscheidung ergeht im Beschlussverfahren. Beteiligte sind der Insolvenzverwalter und der Betriebsrat, nicht dagegen die entlassenen Arbeitnehmer (§ 122 Abs. 2 S. 2 InsO). Der Antrag ist nach Maßgabe des § 61 a Abs. 3 bis 6 ArbGG vorrangig zu erledigen. Bei Verletzung des Beschleunigungsgrundsatzes sind aber keine prozessrechtlichen Folgen normiert. Der Antrag muss darauf gerichtet sein, die Zustimmung zu einer bestimmten geplanten Betriebsänderung zu erteilen, ohne zuvor ein Einigungsverfahren über einen Interessenausgleich nach § 112 Abs. 2 BetrVG durchzuführen (*Nerlich/Römermann* § 122 Rdn. 142).

3. Im Interesse der Verfahrensbeschleunigung ist der Rechtsmittelzug geändert. Gegen den Beschluss des Arbeitsgerichts findet die Beschwerde an das Landesarbeitsgericht nicht statt. Dies gilt unabhängig davon, ob dem Antrag stattgegeben oder er abgewiesen worden ist. Gegen den Beschluss des Arbeitsgerichts findet die Rechtsbeschwerde an das BAG statt, wenn sie in dem Beschluss zugelassen worden ist. Für die Zulassung gelten die Grundsätze von § 72 Abs. 2 und 3 ArbGG (§ 122 Abs. 3 InsO). Vgl. Form. IV. D. 11. Wird die Rechtsbeschwerde nicht zugelassen, ist eine Nichtzulassungsbeschwerde nicht vorgesehen. Die Rechtsbeschwerde ist innerhalb eines Monats nach Zustellung der in vollständiger Form abgefassten Entscheidung des Arbeitsgerichts beim BAG einzulegen und zu begründen (§ 122 Abs. 3 S. 3 InsO).

4. Der dem Antrag des Insolvenzverwalters stattgebende Beschluss gestattet es dem Insolvenzverwalter, die Betriebsänderung durchzuführen, ohne die Einigungsstelle anzurufen. Damit entfällt der Anspruch auf Nachteilsausgleich nach § 113 BetrVG. Andererseits erlangen die Arbeitnehmer einen Anspruch auf Nachteilsausgleich, wenn das Verfahren nicht durchgeführt worden ist. Bei der Bemessung des Nachteilsausgleichs ist die Insolvenzsituation ohne Bedeutung (BAG AP Nr. 42 zu § 113 BetrVG 1972 = NJW 2004, 93 = NZA 2004, 93). Gleichfalls ist der Unterlassungsanspruch des Betriebsrats ausgeschlossen, wenn er überhaupt bestanden hat. Vor Ablauf der Dreiwochenfrist darf der Insolvenzverwalter eine Betriebsänderung nur nach Abschluss eines Interessenausgleichs durchführen. Er hat zur Vermeidung des Anspruches auf Nachteilsausgleich das Verfahren nach § 112 BetrVG einzuhalten. Umstritten ist, ob dem Betriebsrat in dieser Frist ein Unterlassungsanspruch zusteht (vgl. LAG Düsseldorf DB 1997, 1068; LAG Niedersachsen ZIP 1997, 1201). Die ergehende Entscheidung hat Gestaltungswirkung. Diese wird dann eintreten, wenn der Beschluss rechtskräftig wird. Damit stellt sich die Frage, wann die Rechtskraft eintritt (Verkündung oder Ablauf der Rechtsmittelfrist). Die h. M. nimmt an, dass sie erst nach Ablauf der Rechtsmittelfrist bzw. der Verwerfung des unzulässigen Rechtsmittels eintritt (Münch-

Komm/*Krüger*, ZPO, 1992, § 705 Rdn. 5). Damit könnte der vom Gesetzgeber gewollte Beschleunigungseffekt wieder zunichte gemacht werden. Es wird daher vertreten, dass die Wirkungen bereits mit Verkündung eintreten, wenn eine Rechtsbeschwerde nicht zugelassen wird (*Grunski/Moll*, Arbeitsrecht und Insolvenz, 1997, Rdn. 318).

5. Der Antrag des Insolvenzverwalters ist nur begründet, wenn die wirtschaftliche Lage des Unternehmens auch unter Berücksichtigung der sozialen Belange der Arbeitnehmer erfordert, dass die Betriebsänderung ohne vorheriges Verfahren nach § 112 Abs. 2 BetrVG durchgeführt wird. Insoweit bedarf es eines umfassenden Vortrages. Fehlt es insoweit an einem Vortrag und weist das Arbeitsgericht den Antrag als unbegründet ab, kann es zu erheblichen Verzögerungen kommen. Zweckmäßig wird daher das Verfahren nach § 122 InsO und § 112 BetrVG nebeneinander betrieben.

6. Zweifelhaft ist, ob der Insolvenzverwalter das Verfahren nach § 122 InsO auch im Wege der einstweiligen Verfügung betreiben kann. Im Beschlussverfahren sind zwar einstweilige Verfügungen zulässig (§ 85 Abs. 2 ArbGG). Da die Entscheidung des Arbeitsgerichts aber Gestaltungswirkung hat, würde damit auch eine Befriedigungswirkung eintreten. Eine einstweilige Verfügung auf Befriedigung ist nach allgemeinem Prozessrecht nur in Ausnahmefällen zulässig.

13. Beschlussverfahren zum Kündigungsschutz[1]

An das
Arbeitsgericht
. . . . . .

Antrag im Beschlussverfahren[2]
mit den Beteiligten

1. Insolvenzverwalter — **Antragsteller/ Beteiligter zu 1**

– Verfahrensbevollmächtigte/r: RA . . . . . .(in) –

2. Betriebsrat der Firma . . . . .
vertreten durch den/die Betriebsratsvorsitzende(n) . . . . . .

Antragsgegner/ Beteiligter zu 2

3. Arbeitnehmer 1 — **Beteiligter zu 3**

4. Arbeitnehmer 2 — **Beteiligter zu 4**

5. Arbeitnehmer 3 — **Beteiligter zu 5**

Namens und Vollmacht des Insolvenzverwalters beantrage ich im Beschlussverfahren:

I. festzustellen, dass die Kündigung des[3]
Beteiligten zu 3
Beteiligten zu 4
Beteiligten zu 5. . . . . .
durch dringende betriebliche Erfordernisse bedingt und sozial gerechtfertigt ist.[4]

II. Es wird beantragt, nachfolgende Kündigungsschutzverfahren . . . . . . auszusetzen.

III. Es wird angeregt, die Rechtsbeschwerde zuzulassen.[5]

Begründung

Die Fa ...... hat sich mit dem Vertrieb von ...... befasst. Sie beschäftigt ...... Arbeitnehmer. Antragsgegner ist der Betriebsrat.
Über das Vermögen der Fa. ...... ist das Insolvenzverfahren eröffnet worden. Zum Insolvenzverwalter ist Rechtsanwalt(in) ......, der/die Antragsteller(in) bestellt.
Der/Die Antragsteller(in) plant die Betriebsabteilung ...... stillzulegen. Er/Sie hat den Betriebsrat am ...... aufgefordert in Verhandlungen über den Abschluss eines Interessenausgleichs einzutreten. Der/Die Antragsteller(in) hat den Betriebsrat rechtzeitig und umfassend unterrichtet ......
Gleichwohl ist ein Interessenausgleich nicht zustande gekommen ......
Es bedarf daher der Einleitung eines Sammelverfahrens zum Kündigungsschutz. Die im Antrag namentlich bezeichneten Arbeitnehmer sind am ...... gekündigt worden. Sie haben Kündigungsschutzklage erhoben.[6, 7]
Ihre Kündigung ist aus betriebsbedingten Gründen gerechtfertigt ......
Die Kündigung ist auch sozial gerechtfertigt ......
Folgende Kündigungsschutzverfahren sind auszusetzen ......[8]

Anmerkungen

1. Ist eine Betriebsänderung geplant und kommt zwischen Insolvenzverwalter und Betriebsrat ein Interessenausgleich zustande, in dem die Arbeitnehmer, die gekündigt werden sollen, namentlich bezeichnet sind, so erwachsen mehrere Vermutungen. Es wird vermutet, dass die Kündigung aus dringenden betrieblichen Gründen erfolgt ist. Zum anderen kann die soziale Auswahl nur begrenzt überprüft werden. Der Interessenausgleich ersetzt die Stellungnahme des Betriebsrats nach § 17 Abs. 3 S. 2 KSchG. Besteht kein Betriebsrat oder kommt aus anderen Gründen innerhalb von drei Wochen seit Verhandlungsbeginn oder schriftlicher Aufforderung zur Aufnahme von Verhandlungen ein Interessenausgleich nach § 125 InsO nicht zustande, obwohl der Insolvenzverwalter den Betriebsrat rechtzeitig und umfassend unterrichtet hat, so kann der Insolvenzverwalter beim Arbeitsgericht beantragen, festzustellen, dass die Kündigung bestimmter, im Antrag bezeichneter Arbeitnehmer durch dringende betriebliche Erfordernisse bedingt ist und sozial gerechtfertigt ist. Das Sammelverfahren zum Kündigungsschutz ist zulässig in Kleinbetrieben mit maximal 20 Arbeitnehmern (vgl. § 111 BetrVG), wenn überhaupt kein Interessenausgleich abgeschlossen worden ist, nur ein teilweiser Interessenausgleich abgeschlossen worden ist (Insolvenzverwalter meint 50 Arbeitnehmer müssten entlassen werden, Betriebsrat hält 30 für ausreichend), sonst keine Einigung über die soziale Auswahl erzielt wird oder ein Interessenausgleich wegen Veränderung der Umstände gegenstandslos geworden ist.

2. Verfahrensbeteiligte sind der Insolvenzverwalter, der Betriebsrat und die im Antrag bezeichneten Arbeitnehmer. Zweifelhaft ist, ob auch sonstige Arbeitnehmer beteiligt sein können. Macht ein im Antrag bezeichneter Arbeitnehmer geltend, dass an seiner Stelle ein nicht bezeichneter Arbeitnehmer gekündigt werden müsste, so muss diesem rechtliches Gehör gewährt werden. Gegenüber den nicht beteiligten Arbeitnehmern erwächst der Beschluss nicht in Rechtskraft. Allerdings kann ein im Antrag nicht bezeichneter Arbeitnehmer dem Insolvenzverwalter als Streithelfer beitreten. Nicht beteiligt sind solche Arbeitnehmer, die mit der Kündigung einverstanden sind.

3. In dem Antrag müssen die Arbeitnehmer bezeichnet werden. Die Bezeichnung muss namentlich erfolgen, wenngleich dieses Wort im Unterschied zu § 125 InsO fehlt. Der Antrag muss aber hinreichend bestimmt sein.

4. Die Entscheidung ergeht im Beschlussverfahren. Der Antrag ist nach Maßgabe des § 61a Abs. 3 bis 6 ArbGG vorrangig zu erledigen (§ 126 Abs. 2 S. 2 InsO). In dem

Verfahren haben die Beteiligten dieselben Dispositionsbefugnisse wie auch sonst in Beschlussverfahren. Der Insolvenzverwalter kann den Antrag ganz oder teilweise zurücknehmen (§ 81 Abs. 2 ArbGG), den Antrag ändern, in dem er Arbeitnehmer austauscht (§ 81 Abs. 3 ArbGG) oder einen Vergleich schließen. Widerspricht ein Arbeitnehmer dem Vergleichsabschluss, so ändert das nichts an der Verfahrensbedingung mit dem Betriebsrat, da der Arbeitnehmer auch an dem Interessenausgleich nach § 125 InsO nicht beteiligt ist. Der Vergleich entfaltet nur keine Bindungswirkung gegenüber dem Arbeitnehmer.

5. Die Entscheidung ergeht durch Beschluss. Wegen der Sozialauswahl besteht ein eingeschränkter Prüfungsmaßstab (§ 126 Abs. 1 S. 2 InsO). Gegen den Beschluss findet die Beschwerde an das Landesarbeitsgericht nicht statt (§ 126 Abs. 2 S. 2 iVm. § 22 Abs. 3 InsO). Die Rechtsbeschwerde an das Bundesarbeitsgericht findet statt, wenn sie vom Arbeitsgericht zugelassen ist. Für die Zulassung gelten die Grundsätze von § 72 Abs. 2 und 3 ArbGG (vgl. Form. IV. E. 12). Eine Nichtzulassungsbeschwerde ist nicht vorgesehen (BAG AP Nr. 44 zu § 72 a ArbGG 1979 Divergenz = BB 2001, 2535). Das Beschwerdegericht kann an eine andere Kammer zurückverweisen (BAG 20. 1. 2000 AP Nr. 1 zu § 126 InsO = NZA 2001, 170). Eine besondere Ausgestaltung hat die Kostenerstattung in § 126 Abs. 3 InsO erfahren. Im ersten Rechtszug besteht kein Anspruch auf Kostenerstattung. Beim BAG richtet er sich nach der ZPO.

6. Kündigt der Insolvenzverwalter einem namentlich bezeichneten Arbeitnehmer, so ist die Entscheidung im Beschlussverfahren bindend (§ 127 Abs. 1 InsO). Dies gilt nicht, wenn sich die Verhältnisse geändert haben. Die Bindungswirkung führt dazu, dass der Arbeitnehmer nicht damit gehört wird, das Beschlussverfahren sei falsch entschieden. Der Arbeitnehmer verliert die Möglichkeit noch Tatsachen in dem zweiten Verfahren vorzutragen. Hat der Arbeitnehmer schon vor Rechtskraft der Entscheidung im Sammelverfahren Kündigungsschutzklage erhoben, so ist das Verfahren auszusetzen (§ 127 InsO).

7. Die Verfahren nach §§ 125, 126 InsO sind eingeführt worden, um die Abwicklung von Massenentlassungen im Insolvenzverfahren zu beschleunigen und größere Rechtssicherheit herbeizuführen. Gleichwohl sind sie nicht ganz unproblematisch. Sie führen zu einer erheblichen Belastung des Betriebsrates, in größeren Betrieben kann es wegen der Vielzahl der Beteiligten zu unübersichtlichen Verfahren kommen mit entsprechenden Verzögerungen und namentlich im Insolvenzverfahren kommt es zu ständigen Änderungen in der Notwendigkeit, Personalentscheidungen zu treffen. Der Insolvenzverwalter wird daher reiflich überlegen müssen, ob er von den Verfahren nach §§ 125, 126 InsO Gebrauch macht oder ob er es bei normalen Kündigungsschutzprozessen belässt.

8. Besonderheiten beim Betriebsübergang nach § 613 a BGB trägt § 128 InsO Rechnung. Findet nach Ablauf der Frist einer insolvenzbedingten Kündigung ein Betriebsübergang statt, besteht kein Anspruch auf Wiedereinstellung bzw. Fortsetzung aus Arbeitsverhältnissen (BAG AP Nr. 264 zu § 613 a BGB = DB 2004, 2107).

14. Feststellung der Unwirksamkeit eines Sozialplanes und des Spruches einer Einigungsstelle

An das
Arbeitsgericht

Antrag im Beschlussverfahren

mit den Beteiligten

1. Insolvenzverwalter ...... Antragsteller
– Verfahrensbevollmächtigte/r: RA ......(in) –
2. Betriebsrat der Firma ......
vertreten durch den/die Betriebsratsvorsitzende(n) ......
Antragsgegner

wegen Feststellung der Unwirksamkeit eines Sozialplans
Namens und mit Vollmacht des Insolvenzverwalters leite ich ein Beschlussverfahren ein und werde beantragen zu beschließen:

Es wird festgestellt, dass der Sozialplan vom ...... unwirksam ist[1].

Begründung:

Die Beteiligten streiten über die Wirksamkeit des Sozialplanes. Die Firma ...... stellte am ...... ihre Zahlungen ein und beantragte die Einleitung eines Insolvenzverfahrens. Am ...... wurde das Insolvenzverfahren über das Vermögen der Firma eröffnet und der Antragsteller zum Insolvenzverwalter ernannt.
Am ...... haben die Verfahrensbeteiligten einen Interessenausgleich beschlossen. Dieser hat nachfolgenden Inhalt/Ein Interessenausgleich hat nicht stattgefunden (§ 112 BetrVG). Die Arbeitnehmer haben daher Anspruch auf Nachteilsausgleich. Das Arbeitsgericht hat nach § 122 InsO einer Betriebsänderung ohne Interessenausgleich zugestimmt. Nachdem Verhandlungen zwischen dem Antragsteller und dem Antragsgegner über die Aufstellung eines Sozialplanes gescheitert waren, trat am ...... die Einigungsstelle[2] zusammen und beschloss einen Sozialplan nachfolgenden Inhalts ......
Dieser Sozialplan verstößt gegen § 123 InsO ...... Er ist daher unwirksam ......[3, 4].

Anmerkungen

1. BAG AP Nr. 9 zu § 112 BetrVG 1972 = NJW 1980, 1542; BAG 29. 10. 2002 ZIP 2003, 1414. Da auch ein auf dem Spruch der Einigungsstelle beruhender Sozialplan eine Vereinbarung der Beteiligten ist, wird dieser nicht aufgehoben, sondern bei Rechtsfehlern nur seine Unwirksamkeit festgestellt. Fehler des Spruches können sich ergeben, wenn der Spruch mit wechselnden Mehrheiten zustande gekommen ist (BAG AP Nr. 34 zu § 87 BetrVG 1972 Arbeitszeit = NJW 1989, 2771 = NZA 1989, 807), Interessenausgleich und Sozialplan unrichtig abgegrenzt sind (BAG AP Nr. 41 zu § 112 BetrVG 1972; AP Nr. 59 = NZA 1992, 227), die Grenzen des Mitbestimmungsrechts verkannt sind (BAG AP Nr. 8 zu § 76 BetrVG 1972 Einigungsstelle = NZA 2000, 495) oder der Vorsitzende mit Erfolg abgelehnt worden ist (BAG 11. 9. 2001 ZIP 2002, 541).

2. Entgegen einer verbreiteten Ansicht ist die Einigungsstelle nicht beteiligt (vgl. BAG AP Nr. 3 zu § 87 BetrVG 1972 Lohngestaltung; AP Nr. 1 zu § 87 BetrVG 1972 Vorschlagswesen; AP Nr. 7 zu § 111 BetrVG 1972). Einzelheiten: Form. IV. E. 6 Anm. 2.

3. Die Beschlüsse der Einigungsstelle können unwirksam sein, weil (1) sie gegen höherrangiges Recht verstoßen. Derartige Fehler können zu jeder Zeit geltend gemacht werden. Diese sind notfalls als Vorfrage in einem Individualprozess eines einzelnen Arbeitnehmers gegen den Arbeitgeber zu prüfen. Es verstößt nicht gegen § 75 BetrVG, wenn die Betriebspartner solche Arbeitnehmer von Sozialplanleistungen ausnehmen, die zum Zeitpunkt der Auflösung des Arbeitsverhältnisses die Voraussetzungen für den übergangslosen Rentenbezug erfüllen (BAG AP Nr. 103 zu § 112 BetrVG 1972 = BB 1996, 2472). Ferner können solche Arbeitnehmer ausgeschlossen werden, die durch Vermittlung des Arbeitgebers eine neue Stelle erhalten (BAG 19. 6. 1996 BB 1996, 2048). Es ist mit dem arbeitsrechtlichen Gleichbehandlungsgrundsatz vereinbar, wenn die Betriebspartner bei der Zuerkennung von Ansprüchen auf eine Abfindung in einem Sozialplan unterscheiden zwischen Arbeitnehmern, denen infolge der Betriebsänderung gekündigt worden ist und solchen, die ihr Arbeitsverhältnis durch eine Eigenkündigung oder einen Aufhebungsvertrag beendet haben. Eine Ausnahme von diesem Grundsatz gilt dann, wenn die Eigenkündigung oder der Aufhebungsvertrag vom Arbeitgeber veranlasst worden sind. In einem solchen Fall sind gekündigte Arbeitnehmer und Arbeitnehmer, die aufgrund einer Eigenkündigung oder eines Aufhebungsvertrages ausgeschieden sind, gleich zu behandeln. Eine Veranlassung in diesem Sinne liegt nur dann vor, wenn der Arbeitgeber den Arbeitnehmer im Hinblick auf eine konkret geplante Betriebsänderung bestimmt, selbst zu kündigen oder einen Aufhebungsvertrag zu schließen, um so eine sonst notwendig werdende Kündigung zu vermeiden. Ein bloßer Hinweis des Arbeitgebers auf eine unsichere Lage des Unternehmens, auf notwendig werdende Betriebsänderungen oder der Rat, sich eine neue Stelle zu suchen, genügt nicht. Auch die Unterscheidung zwischen Arbeitnehmern, die ihr Arbeitsverhältnis selbst kündigen, und solchen, die aufgrund eines von ihnen gewünschten Aufhebungsvertrages ausscheiden, ist in der Regel sachlich gerechtfertigt. Der Arbeitgeber kann so entscheiden, ob er den Arbeitnehmer für die ordnungsgemäße Durchführung der Betriebsänderung oder noch darüber hinaus benötigt oder ob ihm das freiwillige Ausscheiden des Arbeitnehmers nur eine ohnehin notwendige Kündigung erspart (Zusammenfassung der Rechtsprechung: BAG AP Nr. 96 zu § 112 BetrVG 1972 = NZA 1996, 271; AP Nr. 154 zu § 112 BetrVG 1972 = NZA 2003, 449). In einer späteren Entscheidung heißt es, dass der Sozialplan die Nachteile mildern oder ausgleichen soll, die der Belegschaft infolge der Betriebsänderung entstehen. Dieser Unterstützung bedürfen auch Arbeitnehmer, die aus Anlass der Betriebsänderung selbst gekündigt haben. Deshalb verstößt eine Sozialplanregelung, die formal zwischen Arbeitnehmer- und Arbeitgeberkündigung unterscheidet und den generellen Ausschluss aller Arbeitnehmer vorsieht, die ihr Arbeitsverhältnis selbst gekündigt haben, gegen § 75 BetrVG (BAG 29. 10. 2002 ZIP 2003, 1414 2). Die Einigungsstelle überschreitet die Grenzen des ihr vorgegebenen Ermessensrahmens, wenn sie für alle infolge einer Betriebsänderung entlassenen Arbeitnehmer ohne Unterschied Abfindungen festsetzt, deren Höhe sich allein nach dem Monatseinkommen und der Dauer der Betriebszugehörigkeit bemisst (BAG AP Nr. 87 zu § 112 BetrVG 1972 = NZA 1995, 440). Nach § 112 Abs. 5 Nr. 2a BetrVG soll die Einigungsstelle die im SGB III vorgesehenen Förderungsmöglichkeiten zur Vermeidung von Arbeitslosigkeit berücksichtigen. Es soll die Möglichkeit von Transfersozialplänen bedacht werden. Nach § 76 Abs. 5 S. 3 BetrVG fasst die Einigungsstelle ihre Beschlüsse unter angemessener Berücksichtigung der Belange des Betriebes und der betroffenen Arbeitnehmer nach billigem Ermessen. Die Überschreitung der Grenzen des Ermessens kann durch den Arbeitgeber oder den Betriebsrat nur binnen einer Frist von zwei Wochen, vom Tage der Zuleitung des Beschlusses an gerechnet, beim Arbeitsgericht geltend gemacht werden (§ 76 Abs. 5 S. 4 BetrVG). Bei der Frist von zwei Wochen handelt es sich um eine materiellrechtliche Ausschlussfrist (BAG AP Nr. 26 zu § 76 BetrVG 1972 = NZA 1989, 26). Regelmäßig werden nur einzelne Bestimmungen des Spruches der Einigungsstelle gegen billiges Ermessen verstoßen, so dass sich empfiehlt, diese im Antrag genau zu bezeichnen. Zur Begründung ist alsdann die getroffene

Regelung darzulegen und aus welchen Gründen sie billiges Ermessen verletzen soll. Der Antrag, die Unwirksamkeit des Spruches einer Einigungsstelle wegen der Überschreitung der Grenzen des Ermessens festzustellen, ist nicht deswegen unzulässig, weil diese nicht fristgemäß begründet worden ist. Unentschieden ist, ob er unbegründet ist und ob nach Fristablauf noch andere Tatsachen nachgeschoben werden können (BAG AP Nr. 16 zu § 76 BetrVG 1972 = DB 1985, 2153 = NZA 1985, 715). Die Betriebspartner können nicht vereinbaren, dass Meinungsverschiedenheiten zwischen Arbeitgeber und Arbeitnehmern aus der Anwendung des Spruches durch einen verbindlichen Spruch der Einigungsstelle entschieden werden sollen. Dies stellt eine unzulässige Schiedsabrede dar (BAG AP Nr. 22 zu § 76 BetrVG 1972 = NZA 1988, 207). Ebenso wenig kann die Fälligkeit von Abfindungen davon abhängig gemacht werden, dass die Arbeitnehmer gegen die Kündigung des Arbeitsverhältnisses keine Schritte unternehmen. Die Abfindungen können aber erst nach Rechtskraft des Urteils im Kündigungsschutzprozess fällig gestellt werden (BAG AP Nr. 33 zu § 112 BetrVG 1972 = NJW 1986, 785 = NZA 1986, 258). Beruhen die Abfindungsansprüche auf einer Betriebsvereinbarung, kann der Arbeitnehmer ohne Zustimmung des Betriebsrats nicht auf sie verzichten (BAG 30. 3. 2004 AP Nr 170 zu § 112 BetrVG 1972).

4. Sozialpläne, die vor Eröffnung des Insolvenzverfahrens, jedoch nicht früher als drei Monate vor dem Eröffnungsantrag abgeschlossen worden sind, können vom Insolvenzverwalter als auch vom Betriebsrat widerrufen werden (§ 124 InsO). Forderungen aus dem Sozialplan sind Insolvenzforderungen (LAG Köln ZIP 2001, 1070; zum Abschluss durch den vorläufigen Insolvenzverwalter: BAG AP Nr. 1 zu § 38 InsO = NZA 2002, 1332). Im Falle des Widerrufs können die Arbeitnehmer bei einem neuen Sozialplan berücksichtigt werden. Die Sozialplanleistungen werden alsdann aus der Insolvenzmasse gezahlt. Sind aus dem widerrufenen Sozialplan bereits Leistungen erbracht, können sie nicht zurückgefordert werden. Ist ein Sozialplan mehr als drei Monate vorher abgeschlossen, können noch nicht beglichene Forderungen nur als Insolvenzforderungen geltend gemacht werden. In einem Sozialplan, der nach der Eröffnung des Insolvenzverfahrens aufgestellt worden ist, kann für den Ausgleich oder die Milderung der wirtschaftlichen Nachteile, die den Arbeitnehmern entstehen, ein Gesamtbetrag von bis zu zweieinhalb Monatsverdiensten (§ 10 Abs. 3 KSchG) der von einer Entlassung betroffenen Arbeitnehmern vorgesehen werden (absolute Obergrenze). Daneben besteht nach § 123 Abs. 2 S. 2 InsO eine relative Obergrenze. Für die Berichtigung von Sozialplanforderungen darf nicht mehr als ein Drittel der Masse verwandt werden, die ohne einen Sozialplan für die Verteilung zur Verfügung steht. Etwas anderes kann dann gelten, wenn ein Insolvenzplan besteht. Die Sozialplanforderungen sind Masseforderungen (§ 123 Abs. 2 S. 1 InsO). Die relative Obergrenze bewirkt, dass die Sozialplangläubiger nur dann befriedigt werden, wenn die übrigen Gläubiger voll befriedigt werden.

Kosten und Gebühren

Zur Festsetzung des Gebührenstreitwerts ist der wirtschaftliche Wert des Sozialplanes zu schätzen. Vgl. Form. IV. E. 1.

15. Beschlussverfahren über Umfang und Grenzen des Mitbestimmungsrechtes des Betriebsrates[1]

An das
Arbeitsgericht

Antrag in dem Beschlussverfahren

mit den Beteiligten
1. Betriebsrat der Firma ......
vertreten durch den/die Betriebsratsvorsitzende(n) ...... **Antragsteller**
– Verfahrensbevollmächtigte/r: RA ......(in) –

2. Firma ...... **Antragsgegnerin**

wegen eines Mitbestimmungsrechtes des Betriebsrates bei ......

Namens und mit Vollmacht des Antragstellers leite ich ein Beschlussverfahren ein und werde beantragen zu erkennen:

Es wird festgestellt, dass dem Betriebsrat bei ...... ein Mitbestimmungsrecht zusteht[2, 3].

Begründung:

Der Antragsteller ist der Betriebsrat der Antragsgegnerin. Er besteht aus ...... Personen und wird durch den Betriebsratsvorsitzenden ...... vertreten. Die Antragsgegnerin ist ein Unternehmen der ...... Sie stellt ...... her. Bei ihr werden ...... Arbeitnehmer beschäftigt. Die Antragsgegnerin beschäftigt ...... Monteure zur Montage ihrer Aggregate bei den Kunden ...... Monteure arbeiten nur im Ausland. Die bei den ausländischen Einsätzen auftretenden Fragen hinsichtlich des Versicherungsschutzes, der Familienheimfahrten, der Zahlung von Auslösungen und Spesen werden einzelvertraglich mit den Monteuren geregelt. Hierbei werden die von der Antragsgegnerin erlassenen Richtlinien für Monteure im Ausland zu Grunde gelegt. Der Betriebsrat hat der Antragsgegnerin den Entwurf einer Betriebsvereinbarung vorgelegt. Die Betriebsvereinbarung enthält ...... Paragraphen über die auftretenden Fragen wie regelmäßige Arbeitszeit, Mehr-, Nacht-, Sonn- und Feiertagsarbeit usw.

Beweis: Entwurf einer Betriebsvereinbarung.

Die Parteien haben sich über den Entwurf und über das Bestehen von Mitbestimmungsrechten des Antragstellers nicht einigen können. Streit herrscht über die Mitbestimmungsrechte des Betriebsrates in folgenden Angelegenheiten ...... Dieser Streit bedarf der Klärung.

Rechtsanwalt/Rechtsanwältin

Anmerkungen

1. Über Bestehen, Umfang und Grenzen des Mitbestimmungsrechtes des Betriebsrates kann ein gerichtliches Verfahren durchgeführt werden. Dies kommt vor allem auch in Betracht, wenn ein Einigungsstellenverfahren eingeleitet werden soll oder bereits eingeleitet ist, Form. IV. E. 16.

2. Wird über das Bestehen eines Mitbestimmungsrechtes gestritten, so bereitet vor allem die Formulierung des Antrages Schwierigkeiten: (1) Soll auf Antrag des Betriebsrates

das Mitbestimmungsrecht festgestellt werden, so ist es im Allgemeinen unzureichend, die Feststellung zu beantragen, dass dem Betriebsrat bei Abschluss der Betriebsvereinbarung vom ...... ein Mitbestimmungsrecht zusteht. Vielmehr bedarf es im einzelnen der Angabe der mitbestimmungspflichtigen Tatbestände: BAG AP Nr. 19 zu § 80 BetrVG 1972 = BB 1983, 1984 = DB 1983, 1986; AP Nr. 2 zu § 81 ArbGG 1979 = BB 1984, 729 = DB 1984, 408; AP Nr. 9 zu § 87 BetrVG 1972 Überwachung = NJW 1985, 450 = NZA 1985, 28; AP Nr. 26 zu § 95 BetrVG 1972; AP Nr. 23 zu § 23 BetrVG 1972 = NZA 1995, 40 = NJW 1995, 1044). Die Formulierung könnte z. B. lauten, festzustellen, dass dem Betriebsrat ein Mitbestimmungsrecht zusteht „bei der Anordnung von Überstunden für das Verkaufspersonal anlässlich der Inventur", „bei der Anordnung von Überstunden nach Ausfall von Arbeitszeit für Wochenfeiertage", „bei der Anordnung von Überstunden für Betriebshandwerker zur Beseitigung von Störungsfällen", „bei der Regelung der Arbeitszeit zwischen Weihnachten und Neujahr", „anlässlich der Installation von Datensichtgeräten in der Abteilung Auftragsabwicklung", „bei der Veranstaltung des Verkaufswettbewerbs ...... für die Außendienstmitarbeiter", „bei der Regelung des Zutrittsrechtes zu dem Forschungsbereich ......". Die Beispiele sind *Matthes* DB 1984, 453 entnommen. Es soll klargestellt werden, dass die einzelnen Streitfälle bezeichnet werden müssen. Das Gericht muss mit ja oder nein antworten können. Dagegen läuft die Antragstellung auf ein Rechtsgutachten hinaus, wenn es antworten müsste, wenn ...... dann ...... (2) Gelegentlich wird empfohlen, den Antrag zu formulieren, festzustellen, dass dem Betriebsrat ein Mitbestimmungsrecht nach § 87 Abs. 1 Nr. 10, 11 BetrVG zusteht (vgl. auch BAG AP Nr. 1 zu § 87 BetrVG 1972 Provision = NJW 1977, 1654). Derartige Anträge bedürfen der Auslegung. Bei einem vom Betriebsrat gestellten positiven Feststellungsantrag wird die Bezeichnung der Gesetzesstelle im allgemeinen nur Begründung des Antrags sein. Dem Betriebsrat ist es gleichgültig, aus welcher Norm heraus er mitbestimmen kann. Beim Arbeitgeber ist die Bezeichnung der Gesetzesstelle sinnlos; ihm kommt es darauf an, dass der Betriebsrat überhaupt nicht mitbestimmen darf. Die Bezeichnung des Paragraphen ist daher im allgemeinen zur Individualisierung des Streitgegenstandes unzureichend. Vielmehr bedarf es seiner genauen Bezeichnung. (3) Stellt der Arbeitgeber den Antrag, festzustellen, dass der Betriebsrat bei dem Erlass einer von ihm geplanten Dienstreiseordnung für Reisende ...... nicht mitzubestimmen habe, so leugnet er das Bestehen des Mitbestimmungsrechtes überhaupt. Die Entscheidung lautet nur auf Bejahung oder Verneinung des Mitbestimmungsrechtes. Dagegen ist das Gericht nicht in der Lage, über den Umfang des Mitbestimmungsrechtes zu entscheiden. Der Antrag ist daher im allgemeinen ungeeignet. Es bedarf auch der genauen Konkretisierung, in welchen Fällen ein Mitbestimmungsrecht verneint wird. So hat zB. das BAG einen Antrag, festzustellen, dass der Gesamtbetriebsrat für die in seinem (beigefügten) Entwurf geplanten Gegenstände kein Mitbestimmungsrecht zusteht, ausgelegt. Es ist von einem Antrag ausgegangen, festzustellen, dass der Gesamtbetriebsrat anlässlich der Installation von Bildschirmgeräten an Büroarbeitsplätzen keine Regelung verlangen kann über (a) die Ausgestaltung der Bildschirmarbeitsplätze selbst, (b) die Arbeitszeit an Bildschirmarbeitsplätzen und deren Unterbrechung durch bezahlte Pausen, (c) die Beschäftigung von schwangeren Arbeitnehmerinnen an Bildschirmarbeitsplätzen usw. Vgl. dazu BAG AP Nr. 7 zu § 87 BetrVG 1972 Überwachung = NJW 1984, 1475 = DB 1984, 775.

3. Das Rechtsschutzinteresse für ein Verfahren über Umfang und Grenzen des Mitbestimmungsrechtes eines Betriebsrates wird regelmäßig vom BAG bejaht (BAG AP Nr. 5 zu § 87 BetrVG 1972 Arbeitszeit = NJW 1982, 671; AP Nr. 3 zu § 81 ArbGG 1979 = NZA 1984, 364; AP Nr. 24 zu § 87 BetrVG 1972 Arbeitszeit = DB 1988, 341 = NZA 1988, 251). Vgl. auch Form. IV. E. 16. Gleichwohl bedarf es einiger Unterscheidungen. Beantragt der Arbeitgeber die Feststellung, dass dem Betriebsrat kein Mitbestimmungsrecht zusteht und hat dieser bereits die Einigungsstelle angerufen, wird im Allgemeinen das Rechtsschutzinteresse zu bejahen sein (anders, wenn die Einigungsstelle die Anregung des Betriebsrats nicht aufgreift – BAG AP Nr. 7 zu § 81 ArbGG 1979 = NZA 1988, 249). Handelt es sich im Übrigen um einmalige Fälle im Betrieb, so werden die Vorgänge regelmäßig im Verlauf des Verfahrens schon abgeschlossen sein. Alsdann wird der Antrag mangels Rechtsschutzinteresse unzulässig (BAG AP Nr. 5 zu § 83 ArbGG 1979 = DB 1983, 656), weil das Beschlussverfahren nicht dazu dient, einem Beteiligten zu attestieren, ob er Recht oder Unrecht hatte. Die Sache ist also für erledigt zu erklären. Etwas anderes gilt nur dann, wenn sich noch Folgewirkungen ergeben können. Handelt es sich dagegen um Fälle, die auch in Zukunft wieder vorkommen können, so kann noch die Feststellung begehrt werden, dass der Betriebsrat wegen der zukünftig zu regelnden Angelegenheiten ein Mitbestimmungsrecht hat (BAG AP Nr. 5 zu § 83 ArbGG 1979 = DB 1983, 656). Es bedarf jedoch der Darlegung, dass die Fälle wieder vorkommen können. Beispiele sind, dass bestimmt zu bezeichnende personelle Maßnahmen als Versetzung der Zustimmung des Betriebsrats bedürfen (BAG AP Nr. 33 zu § 99 BetrVG 1972 = NZA 1986, 616 = BB 1986, 2056 = DB 1986, 1523), ferner die Fragen, ob der Betriebsrat die Zustimmung zur Einstellung mit der Begründung verweigern kann, die vorgesehene Befristung sei unzulässig (BAG AP Nr. 21 zu § 99 BetrVG 1972 = NJW 1986, 2967 = NZA 1986, 163), oder ob bestimmte Personen oder Personengruppen zum Betriebsrat wahlberechtigt sind. Eine Antragsänderung von den vergangenen auf die zukünftigen Fälle ist jedoch in der Rechtsbeschwerdeinstanz nicht mehr zulässig (BAG AP Nr. 3 zu § 81 ArbGG 1979 = NZA 1984, 353). Das Rechtsschutzinteresse für einen Feststellungsantrag, ein Arbeitnehmer sei leitender Angestellter, entfällt, wenn der Arbeitnehmer aus dem Betrieb ausgeschieden ist (BAG AP Nr. 31 zu § 5 BetrVG 1979 = EzA Nr. 7 zu § 233 ZPO).

Kosten und Gebühren

Nicht vermögensrechtliche Streitigkeit, da Mitbestimmungsrecht des Betriebsrats Streitgegenstand ist. Je nach Gewicht Abweichung vom Regelstreitwert. Vgl. Form. IV. E. 1.

16. Vorabentscheidungsverfahren über Umfang des Mitbestimmungsrechts und Zuständigkeit einer Einigungsstelle[1]

An das
Arbeitsgericht

Antrag im Beschlussverfahren

mit den Beteiligten

1. Firma ...... **Antragstellerin**

– Verfahrensbevollmächtigte/r: RA ......(in) –

2. Betriebsrat ...... **Antragsgegner**

über die Zuständigkeit der Einigungsstelle[2].

Namens und mit Vollmacht der Antragstellerin leite ich ein Beschlussverfahren vor dem Arbeitsgericht ein und werde beantragen zu beschließen:

> **Es wird festgestellt, dass dem Betriebsrat kein Mitbestimmungsrecht bei ...... zusteht[3].**

Begründung:

Die Antragstellerin ist ein Unternehmen der ...... Sie beschäftigt ...... Arbeitnehmer. Der Antragsgegner ist ihr Betriebsrat. Er besteht aus ...... Mitgliedern. Betriebsratsvorsitzende(r) ist ......

Die Antragstellerin leidet unter Auftragsmangel. Sie ist daher aus betriebsbedingten Gründen gezwungen ...... Arbeitnehmer zu entlassen. Der Antragsgegner ist der Auffassung, dass dies eine Betriebsänderung i. S. von § 112 a Abs. 1 BetrVG sei. Er hat den Abschluss eines Interessenausgleichs und eines Sozialplanes verlangt. Die Antragstellerin hat sich geweigert, einen Interessenausgleich und Sozialplan abzuschließen. Ein Mitbestimmungsrecht des Betriebsrats besteht nicht ...... Darauf hat der Betriebsrat die Errichtung einer Einigungsstelle erzwungen. Er hat ...... Diese ist jedoch nicht zuständig ......[4, 5].

Anmerkungen

1. Die Durchführung eines Einigungsstellenverfahrens verursacht erhebliche Kosten. Im Verfahren zur Bestellung des Vorsitzenden einer Einigungsstelle bzw. der Bestimmung der Zahl ihrer Beisitzer wird deren Zuständigkeit grundsätzlich nicht überprüft. Wegen fehlender Zuständigkeit wird ein Antrag nur zurückgewiesen, wenn die Einigungsstelle offensichtlich unzuständig ist (§ 98 Abs. 1 S. 2 ArbGG; vgl. Form. IV. E. 19 Anm. 3). Vor allem der Arbeitgeber ist daher daran interessiert, in einem Beschlussverfahren die Zuständigkeit vorab klären zu lassen. Grundsätzlich ist die Einigungsstelle berechtigt, über ihre Zuständigkeit selbst zu befinden. Der Beschluss im Vorabentscheidungsverfahren entfaltet Bindungswirkung für spätere Verfahren (BAG AP Nr. 15 zu § 113 BetrVG 1972 = NZA 1988, 287).

2. Die sog. Vorabentscheidungsverfahren weisen zwei prozessuale Schwierigkeiten auf: (1) Der Antrag muss hinreichend bestimmt gefasst sein; (2) das Rechtsschutzinteresse muss gegeben sein.

3. Der Antrag muss konkret gefasst sein. Vom Gericht kann kein Rechtsgutachten erwartet werden (vgl. dazu Form. IV. E. 15 Anm. 2). Aus diesem Grunde sind gelegentlich Anträge empfohlen worden, festzustellen, „dass die angerufene Einigungsstelle zur Beschlussfassung über ...... nicht zuständig ist". Diese Anträge sind nicht zulässig. Der Streit der Beteiligten geht regelmäßig nicht darum, ob die Einigungsstelle zuständig ist, sondern ob dem Betriebsrat ein erzwingbares Mitbestimmungsrecht in einer bestimmten Angelegenheit zusteht. Der Antrag ist also zu unbestimmt. Ein Feststellungsantrag über die Zuständigkeit der Einigungsstelle kann allenfalls in Betracht kommen, wenn die Beteiligten darüber streiten, ob die Einigungsstelle oder eine tarifliche Schlichtungsstelle zuständig ist (vgl. aber BAG AP Nr. 2 zu § 87 BetrVG 1972 Vorschlagswesen).

4. Entgegen einer verbreiteten Meinung im Schrifttum wird das Rechtsschutzinteresse für das Vorabentscheidungsverfahren grundsätzlich vom BAG bejaht (BAG AP Nr. 11 zu § 76 BetrVG 1972; AP Nr. 7 zu § 87 BetrVG 1972 Überwachung = NJW 1984, 1475 = DB 1984, 775). Beachte, dass in den Fällen des § 112 a Abs. 2 BetrVG 1972 ein Interessenausgleich zur Vermeidung der Ansprüche aus § 113 BetrVG versucht werden muss, dagegen der Betriebsrat keinen Sozialplan erzwingen kann (BAG AP Nr. 18 zu § 113 BetrVG 1972 = NZA 1989, 278 = BB 1989, 773 = DB 1989, 331). Da das BAG einen vorbeugenden Unterlassungsanspruch (Anm. 5) bejaht, kommt dem Vorabentscheidungsverfahren kaum Bedeutung zu.

5. Das BAG bejaht einen vorbeugenden Unterlassungsanspruch bei Verletzung der Mitbestimmungsrechte des Betriebsrats nach § 87 BetrVG (BAG AP Nr. 23 zu § 23 BetrVG 1972 = NZA 1995, 40 = NJW 1995, 1044). Ob dies auch bei Verletzung der wirtschaftlichen Mitwirkung bei Abschluss eines Interessenausgleiches gilt, ist umstritten. Vgl. *Schaub* ArbR-Hdb. § 244.

Kosten und Gebühren

Vgl. Form. IV. E. 1. Es handelt sich um eine nicht vermögensrechtliche Streitigkeit, Schätzung entsprechend dem Wert des Interessenausgleichs und des Sozialplanes.

17. Verbot der Einführung von Kurzarbeit (einstweilige Verfügung im Beschlussverfahren)[1]

An das
Arbeitsgericht

Antrag

auf Erlass einer einstweiligen Verfügung im Beschlussverfahren
mit den Beteiligten
1. Betriebsrat der Firma ......,
vertreten durch den/die Betriebsratsvorsitzende(n) ......
Antragsteller
– Verfahrensbevollmächtigte/r: RA ......(in) –
2. Firma ...... **Antragsgegnerin**
wegen Unterlassung der Einführung von Kurzarbeit.
Namens und mit Vollmacht des Antragstellers beantrage ich den Erlass einer einstweiligen Verfügung im Beschlussverfahren:

Dem Arbeitgeber wird untersagt, ab ...... Kurzarbeit im Betrieb ...... der Firma ...... einzuführen.

Begründung:

Der Antragsteller ist der aus ...... Mitgliedern bestehende Betriebsrat der Antragsgegnerin für deren Betrieb ...... in ......
Die Antragsgegnerin betreibt ein Unternehmen für ......
Am ...... hat sich die Antragsgegnerin an den Antragsteller mit dem Ersuchen gewandt, eine Betriebsvereinbarung[2] über die Einführung von Kurzarbeit ab ...... abzuschließen. Zur Begründung hat sie sich darauf berufen, dass ......

Beweis: Schreiben vom ......

Der Betriebsrat hat in seiner Sitzung vom ...... die Einführung von Kurzarbeit abgelehnt, weil ......

Beweis: Beschluss des Betriebsrats vom ......;
Auszug aus dem Sitzungsprotokoll vom ......

Bevor der Betriebsrat Beschluss gefasst hat, haben die Betriebspartner am ...... über die Einführung von Kurzarbeit verhandelt.

Beweis: ......

Im Rahmen dieser Verhandlungen hat dem Betriebsrat jedoch die Notwendigkeit der Kurzarbeit nicht einsichtig gemacht werden können. Die Betriebspartner streiten im wesentlichen über folgende Punkte: ......
Nach Zuleitung des Beschlusses vom ...... hat die Antragsgegnerin mitgeteilt, dass sie ab ...... einseitig Kurzarbeit einführen werde. Dies ist unzulässig, denn dem Betriebsrat

steht nach § 87 Abs. 1 Nr. 3 BetrVG bei der Einführung der Kurzarbeit ein erzwingbares Mitbestimmungsrecht zu[3]. Zur Wahrung der betriebsverfassungsrechtlichen Rechte des Betriebsrates und zur Vermeidung von Nachteilen für die Belegschaft bedarf es des Erlasses einer einstweiligen Verfügung.
Wegen der Kürze der zur Verfügung stehenden Zeit wird angeregt, dass die einstweilige Verfügung durch den Vorsitzenden der Kammer allein ergeht.[4]

Rechtsanwalt/Rechtsanwältin

Anmerkungen

1. Nach § 85 Abs. 2 ArbGG ist der Erlass einer einstweiligen Verfügung auch im Beschlussverfahren zulässig. Für eine einstweilige Verfügung im Urteilsverfahren bedarf es der Darlegung eines Verfügungsanspruches, eines Verfügungsgrundes und der Glaubhaftmachung. Entsprechend ist auch eine einstweilige Verfügung im Beschlussverfahren zu gliedern. Im Rahmen der gestellten Anträge und des vorgetragenen Sachverhalts hat das Arbeitsgericht den Sachverhalt von Amts wegen zu ermitteln. Um Verfahrensverzögerungen zu vermeiden, sind aber die Mittel der Glaubhaftmachung zweckmäßig anzugeben. **2.** Zur betrieblichen Einigung *Schaub* ArbR-Hdb. § 231.

2. Die Einführung von Kurzarbeit unterliegt der erzwingbaren Mitbestimmung des Betriebsrates (BAG AP Nr. 1–3 zu § 87 BetrVG Kurzarbeit). Nach der Rechtsprechung des BAG steht dem Betriebsrat bei Verletzung seiner Mitbestimmungsrechte nach § 87 BetrVG ein Anspruch auf Unterlassung der mitbestimmungspflichtigen Maßnahme zu. Dieser Anspruch setzt keine grobe Pflichtverletzung des Arbeitgebers im Sinne des § 23 Abs. 3 BetrVG voraus. Ist der Unterlassungsantrag des Betriebsrats so weit gefasst, dass er viele denkbare künftige Fallgestaltungen betrifft, ist er insgesamt unbegründet, wenn nicht in allen diesen Fällen ein Mitbestimmungsrecht besteht (BAG AP Nr. 23 zu § 23 BetrVG 1972 = NZA 1995, 40 = NJW 1995, 1044). Ein Unterlassungsanspruch auf Einführung von Über- oder Mehrarbeit wird jedenfalls unbegründet, wenn die Betriebspartner inzwischen die Beteiligung in einer Betriebsvereinbarung geregelt haben (BAG AP Nr. 8 zu § 81 ArbGG 1979 = NZA 1988, 517 = BB 1988, 1331 = DB 1988, 1272).

Alternative: (1) Dem/Der Antragsgegner(in) wird aufgegeben, es zu unterlassen, Überstunden ohne Beachtung des Mitbestimmungsrechts des Betriebsrats bei ...... anzuordnen oder zu dulden. (2) Für jeden Fall der Zuwiderhandlung gegen die Verpflichtung zu Nr. 1 wird dem/der Antragsgegner(in) – bezogen auf jeden Tag und jeden Arbeitnehmer – ein Ordnungsgeld, dessen Höhe in das Ermessen des Gerichtes gestellt wird, ersatzweise Ordnungshaft, angedroht.

3. Die einstweilige Verfügung wird durch die Kammer des Arbeitsgerichtes erlassen. Das Arbeitsgericht kann mit und ohne mündliche Verhandlung entscheiden. Die Entscheidung ergeht in jedem Falle durch Beschluss. Hat das Arbeitsgericht ohne mündliche Verhandlung die einstweilige Verfügung erlassen, ist gegen den Beschluss der Widerspruch gegeben. Hat dagegen das Arbeitsgericht aufgrund mündlicher Verhandlung entschieden, ist gegen den Beschluss die Beschwerde an das Landesarbeitsgericht gegeben. Es gelten insoweit die Regeln des Beschlussverfahrens.

4. Wird über eine einstweilige Verfügung im Beschlussverfahren wegen der Dringlichkeit ohne mündliche Anhörung der Beteiligten entschieden, so ergeht die Entscheidung des Arbeitsgerichts nicht durch den Vorsitzenden allein, sondern unter Hinzuziehung der ehrenamtlichen Richter, also durch die vollbesetzte Kammer (BAG AP Nr. 2 zu § 85 ArbGG 1979 = NZA 1992, 41).

Kosten und Gebühren

Nichtvermögensrechtliche Streitigkeit. Anhaltspunkt für die Schätzung des Gebührenstreitwerts ist die eingesparte Lohnsumme. Vgl. Form. IV. E. 1.

18. Unterlassungsanspruch gegen tarifwidrige Betriebsvereinbarung[1]

An das
Arbeitsgericht

Antrag im Beschlussverfahren
mit den Beteiligten

1. Gewerkschaft ......

Antragstellerin

2. Firma ......

Antragsgegnerin

3. Betriebsrat der Firma

Beteiligter zu 3

wegen Unterlassung einer tarifwidrigen Betriebsvereinbarung

Namens und mit Vollmacht der Antragstellerin leite ich ein Beschlussverfahren[2] ein und werde beantragen zu beschließen:

Die Antragsgegnerin wird verpflichtet, es zu unterlassen, die in der Betriebsvereinbarung vom ...... vereinbarten einzelvertraglichen Regelungen anzuwenden.

Begründung[3]

Die Antragsgegnerin stellt in ihrem Betrieb mit ...... Mitarbeitern ...... Erzeugnisse her. Sie ist Mitglied im Arbeitgeberverband ......
Die Antragstellerin ist die für die Antragsgegnerin zuständige Gewerkschaft. Sie ist im Unternehmen der Antragsgegnerin vertreten.
Der Beteiligte zu 3 ist der Betriebsrat der Antragsgegnerin. Er besteht aus ...... Mitgliedern.
Der Beteiligte zu 3. hat mit der Antragsgegnerin ein sog. Bündnis für Arbeit vereinbart.[4]
Beweis: Betriebsvereinbarung vom ......
In der Betriebsvereinbarung wird die Dauer der Arbeitszeit auf 40 Stunden festgelegt. Sie weicht mithin von der tariflichen Arbeitszeit von 37,5 Stunden ab. Ferner ist in der Betriebsvereinbarung ein Anspruch auf Überstundenprozente für über 37,5 Stunden hinausgehende Arbeitszeit ausgeschlossen.
Die Antragsgegnerin hat sich in der Betriebsvereinbarung verpflichtet, den Betrieb nicht in das Ausland zu verlagern. Außerdem hat sie die Verpflichtung übernommen, für die Dauer von drei Jahren keine betriebsbedingten Kündigungen solchen Arbeitnehmern auszusprechen, die einzelvertraglich die Verlängerung der Arbeitszeit und den Verzicht auf die Überstundenprozente vereinbaren.
Die wechselseitigen Verpflichtungen sind in einem Musterarbeitsvertrag niedergelegt.
Beweis: Musterarbeitsvertrag[5]
Die Betriebsvereinbarung ist unwirksam ......

Rechtsanwalt/Rechtsanwältin

Anmerkungen

1. Betriebliche Bündnisse für Arbeit sehen in der Regel vor, dass auf Teile der tariflichen Vergütung verzichtet oder der Verlängerung der Arbeitszeit zugestimmt wird. Andererseits verpflichtet sich das Unternehmen, für eine bestimmte Zeit nicht betriebsbedingt zu kündigen. Derartige Betriebsvereinbarungen sind nach § 77 BetrVG unwirksam. Es ist daher versucht worden, die Regelungen in vertraglichen Einheitsregelungen zu treffen. Soweit Tarifbindung besteht, sind diese unwirksam (§ 4 TVG). Die Regelungssperre des § 77 Abs. 3 BetrVG betrifft nicht Regelungsabreden und vertragliche Einheitsregelungen, sondern nur Betriebsvereinbarungen. Eine vertragliche Einheitsregelung, die das Ziel verfolgt, normativ geltende Tarifbestimmungen zu verdrängen, ist geeignet, die Tarifvertragsparteien in ihrer kollektiven Koalitionsfreiheit (Art. 9 Abs. 3 GG) zu verletzen. Das liegt insbesondere dann nahe, wenn ein entsprechendes Regelungsziel zwischen Arbeitgeber und Betriebsrat in Form einer Regelungsabrede vereinbart wird. Zur Abwehr von Eingriffen in die kollektive Koalitionsfreiheit steht der betroffenen Gewerkschaft ein Unterlassungsanspruch entsprechend § 1004 BGB zu. Diese kann gegebenenfalls auch verlangen, dass der Arbeitgeber die Durchführung einer vertraglichen Einheitsregelung unterlässt. Bei einem Günstigkeitsvergleich von tariflichen und vertraglichen Regelungen nach § 4 Abs. 3 TVG sind nur sachlich zusammenhängende Arbeitsbedingungen vergleichbar und deshalb zu berücksichtigen. § 4 Abs. 3 TVG lässt es nicht zu, dass Tarifbestimmungen über die Höhe des Arbeitsentgelts und über die Dauer der regelmäßigen Arbeitszeit mit einer betrieblichen Arbeitsplatzgarantie verglichen werden (BAG AP Nr. 89 zu Art 9 GG = NZA 1999, 887 = NJW 1999, 3281).

2. Über den Unterlassungsanspruch der Gewerkschaft wird im Beschlussverfahren entschieden (BAG AP Nr. 17 zu § 2a ArbGG 1979 = NJW 2001, 3724 = NZA 2001, 1037). Nach einer Entscheidung vom 19. 3. 2003 muss in einem Klageantrag der Gewerkschaft gegenüber einem Arbeitgeber, dessen Verurteilung erstrebt wird, tarifwidrige Arbeitsbedingungen zu unterlassen, angegeben werden, welche Arbeitnehmer betroffen sind (BAG AP Nr. 41 zu § 243 ZPO – NZA 2003, 1221).

3. Voraussetzung des allgemeinen Unterlassungsanspruches (§§ 1004 Abs. 1, 823 Abs. 1 BGB) sind (1) die Koalitionsbetätigungsfreiheit als absolutes Recht, (2) Beeinträchtigung der Koalitionsbetätigungsfreiheit, (3) Tarifgebundenheit der betroffenen Arbeitnehmer, (4) Kollektive Wirkung der Tarifabweichung; das gilt vor allem für Regelungsabreden und vertragliche Einheitsregelungen, (5) Rechtswidrigkeit der Verletzung, (6) Günstigkeitsprinzip und Unzumutbarkeit.

4. Der Abschluss von tarifwidrigen Betriebsvereinbarungen und Regelungsabreden kann für den Betriebsrat eine grobe Pflichtwidrigkeit iSv. § 23 BetrVG sein.

5. Der einzelne Arbeitnehmer kann bei Tarifbindung sein Arbeitsentgelt einklagen. Wird er durch den Kündigungsschutz anderer Arbeitnehmer benachteiligt, kann er dies im Kündigungsschutzprozess geltend machen.

19. Antrag auf Errichtung einer Einigungsstelle[1]

An das
Arbeitsgericht

In dem Beschlussverfahren
mit den Beteiligten

1. Betriebsrat der Firma ……,
vertreten durch den/die Betriebsratsvorsitzende(n) …… Antragsteller
– Verfahrensbevollmächtigte/r: RA ……(in) –

2. Firma …… Antragsgegnerin

wegen Bestellung des/der Vorsitzenden einer Einigungsstelle.

Namens und mit Vollmacht des Antragstellers leite ich ein Beschlussverfahren vor dem/der Vorsitzenden der zuständigen Kammer des Arbeitsgerichtes ein[2] und werde beantragen zu beschließen:

I. Die Vorsitzende Richterin am LAG …… wird zur Vorsitzenden einer Einigungsstelle bei der Antragsgegnerin …… bestellt.
II. Die Zahl der von jeder Seite zu benennenden Beisitzer wird auf …… festgesetzt.

Begründung:

I. Die Beteiligten streiten ……
II. Zur Beilegung der Regelungsstreitigkeit ist die Errichtung einer Einigungsstelle notwendig. Die Beteiligten haben sich auf einen Vorsitzenden und die Zahl der von jeder Seite zu benennenden Beisitzer nicht einigen können. Es bedarf daher der Bestimmung durch das Gericht (§ 76 Abs. 2 BetrVG).
III. Die Antragsgegnerin wird sich darauf berufen, dass die Einigungsstelle zur Regelung nicht zuständig ist. Dies ist jedoch unzutreffend, denn …… Im Rahmen des Errichtungsverfahrens hat das Arbeitsgericht über die Zuständigkeit der Einigungsstelle ohnehin nicht zu prüfen, denn die Einigungsstelle entscheidet über ihre Kompetenz allein. Ein Fall offenbarer Unzuständigkeit[3] der Einigungsstelle ist nicht gegeben (§ 98 ArbGG), denn ……

Anmerkungen

1. IdR. wird die Einigungsstelle durch Vereinbarung zwischen Arbeitgeber und Betriebsrat errichtet. Der in Aussicht genommene Vorsitzende wird telefonisch oder schriftlich gebeten, das Amt zu übernehmen. Beamte und Richter bedürfen zur Übernahme des Amtes einer Genehmigung durch die Dienstaufsichtsbehörde. Die Genehmigung wird erteilt, wenn der Richter dienstlich nicht mit der Sache befasst werden kann (§ 40 DRiG). Vgl. dazu OVG NRW DB 1983, 1312; LAG Rheinl.-Pfalz DB 1984, 56. BVerwG v. 30. 6. 1983 – 2 C 57/82 –. Nach § 98 Abs. 1 S. 5 ArbGG darf ein Richter nur dann zum Vorsitzenden der Einigungsstelle bestellt werden, wenn auf Grund der Geschäftsverteilung ausgeschlossen ist, dass er mit der Überprüfung, der Auslegung oder der Anwendung des Spruchs der Einigungsstelle befasst wird. Durch Tarifvertrag kann bestimmt sein, dass anstelle der vereinbarten Einigungsstelle eine tarifliche Schlichtungsstelle tritt (§ 76 Abs. 8 BetrVG). Die Einlassungs- und Ladungsfristen betragen 48 Stunden (§ 98 Abs. 1 S. 4 ArbGG).

2. Zuständig ist der geschäftsplanmäßig zuständige Vorsitzende § 98 ArbGG; LAG Hamm AP Nr. 1 zu § 112 BetrVG 1972.

3. Offensichtlich unzuständig ist die Einigungsstelle, wenn sich die beizulegende Streitigkeit zwischen dem Arbeitgeber und dem Betriebsrat bei sachkundiger Beurteilung durch das Gericht sofort erkennbar nicht unter einen mitbestimmungspflichtigen Tatbestand des Gesetzes subsumieren lässt (LAG Berlin AP Nr. 1 zu § 98 ArbGG 1979; LAG Düsseldorf DB 1981, 849; vgl. auch LAG Rheinland-Pfalz NZA 85, 190; ArbG Kiel BB 1981, 1894; LAG Köln 14. 1. 2004 – 8 Ta BV 72/03; dagegen LAG Köln DB 1985, 1240 = NZA 1985, 91; LAG Hamburg BB 1985, 1729; LAG Bad.-Württemberg NZA 1985, 163; LAG Düsseldorf NZA 1985, 468; DB 1977, 1954; 1980, 213). Die Einigungsstelle ist nicht offensichtlich unzuständig, wenn der Betriebsrat eine Beschwerde nach § 85 Abs. 2 S. 1 BetrVG 1972 weiter verfolgt (LAGE Nr. 7 zu § 98 ArbGG 1979); in Fragen des Mobbing (LAG Düsseldorf 22. 7. 2004 – 5 Ta BV 38/04), auswärtige Unterbringung von Monteuren (LAG Hamm 26. 7. 2004 – 10 Ta BV 73/04); offensichtlich unzuständig ist sie aber bei Streitigkeiten um die Rechtsfrage, ob am Arbeitskampf beteiligte Arbeitnehmer von Zuwendungen ausgeschlossen werden dürfen (LAG Hamm LAGE Nr. 8 zu § 98 ArbGG 1979) oder sich zu der streitigen Frage eine gefestigte Rspr. des BAG entwickelt hat (LAGE Nr. 10 zu § 98 ArbGG 1979). Vgl. im Übrigen die Übersichten bei *Schaub* ArbR-Hdb. § 232 u. ArbV-Hdb. § 61 Rdn. 13 ff. Hat der Vorsitzende die Bestellung wegen offensichtlicher Unzuständigkeit abgelehnt, so kann gleichwohl noch ein Beschlussverfahren anhängig gemacht werden. Umstr. war, ob bei Anhängigkeit eines Beschlussverfahrens über die Zuständigkeit das Bestellungsverfahren nach § 148 ZPO ausgesetzt werden kann. Dies ist nach überwiegender Ansicht zu verneinen (BAG AP Nr. 11 zu § 76 BetrVG 1972 = DB 1982, 1413 = EzA Nr. 33 zu § 76 BetrVG 1972; AP Nr. 2 zu § 87 BetrVG 1972 Vorschlagswesen; AP Nr. 1 zu § 81 ArbGG 1979; aA. LAGE Rheinland-Pfalz Nr. 9 zu § 98 ArbGG 1979). In jedem Fall ist das Vorabentscheidungsverfahren zulässig (vgl. Form. IV. E. 15 Anm. 3; IV. E. 16). Seine Aussetzung bis zur Entscheidung der Einigungsstelle ist unzulässig (BAG AP Nr. 10 zu § 76 BetrVG 1972).

Kosten und Gebühren

Nichtvermögensrechtliche Streitigkeit. Bei der Schätzung des Streitwertes ist der Wert der Regelungsstreitigkeit zu berücksichtigen. Teils wird idR. vom Regelgegenstandswert abgezogen Sächs. LAG AiB 2000, 646; LAG Köln NZA-RR 2001, 52; LAG Niedersachsen LAGE § 8 BRAGO Nr. 40. Vgl. Form. IV. E. 1.

Fristen und Rechtsmittel

Gegen die Entscheidung des Vorsitzenden findet die fristgebundene Beschwerde an den zuständigen Vorsitzenden des Landesarbeitsgerichts statt. Die Beschwerde ist binnen einer Frist von zwei Wochen einzulegen und zu begründen (§ 98 Abs. 2 ArbGG).

20. Honoraranspruch des Rechtsanwaltes

An das Arbeitsgericht ......

Antrag im Beschlussverfahren

mit den Beteiligten

1. Rechtsanwalt ...... **Antragsteller**

2. Firma ...... **Antragsgegnerin**

3. Betriebsrat der Firma ......,
vertreten durch den/die Betriebsratsvorsitzende(n)-
Beteiligter zu 3

wegen Bezahlung von Rechtsanwaltskosten.

Ich leite gegen die Antragsgegnerin ein Beschlussverfahren ein und werde beantragen zu beschließen:

Die Antragsgegnerin wird verpflichtet, ... EUR nebst Zinsen in Höhe von 5 Prozentpunkten über dem Basiszinssatz seit dem ...... an den Antragsteller zu zahlen.

Begründung:

Der Beteiligte zu 3 hat in dem bei dem erkennenden Gericht unter dem Az. ...... geführten Beschlussverfahren von der Antragsgegnerin die Erstattung von Schulungskosten verlangt. Das erkennende Gericht hat dem Antrag des Beteiligten zu 3) durch Beschluss vom ...... stattgegeben/hat den Antrag des Beteiligten zu 3) mit Beschluss vom ...... abgewiesen. Der Beschluss ist rechtskräftig.
In diesem Beschlussverfahren ist der Betriebsrat durch den Antragsteller als Verfahrensbevollmächtigter vertreten worden[1]. Die bei dem Antragsteller erwachsenen Gebühren in Höhe von ...... weigert sich die Antragsgegnerin zu zahlen. Hierzu ist sie aber nach § 40 Abs. 1 BetrVG verpflichtet. Zu den erstattungsfähigen Kosten des Beteiligten zu 3) gehören auch die Kosten für die Hinzuziehung eines Verfahrensbevollmächtigten[2]. Die Hinzuziehung eines Rechtsanwaltes war notwendig.
Die Gewerkschaft hat dem Beteiligten zu 3) keinen Rechtsschutz erteilt[3]. Die rechtskundige Vertretung des Beteiligten zu 3) war jedoch notwendig, da schwierige Sach- und Rechtsfragen zu behandeln waren. Dies ergibt sich bereits aus dem Beschluss des erkennenden Gerichtes vom ......, dessen Beiziehung beantragt wird.

Der Beteiligte zu 3) hat mit Beschluss vom ...... seine Ansprüche auf Kostenerstattung an den Antragsteller abgetreten.

Beweis: Beschluss vom ......

Der Antragsteller hat die Abtretung angenommen[4].

Anmerkungen

1. In der Rechtsprechung des BAG hat jeweils der Betriebsrat die Erstattung der Anwaltskosten vom Arbeitgeber verlangt. Das BAG hat insoweit die Auffassung vertreten, dass der Verfahrensbevollmächtigte an dem Beschlussverfahren nicht beteiligt ist (BAG AP Nr. 14 zu § 40 BetrVG 1972; seither ständig).

Es dürften indes keine durchgreifenden verfahrensrechtlichen Bedenken bestehen, dass sich der Anwalt die Kostenerstattungsforderung abtreten lässt (vgl. BAG 24. 10. 2001 – BB 2002, 632; aA. LAG Berlin AP Nr. 25 zu § 40 BetrVG 1972; danach besteht allenfalls die Möglichkeit einer Prozessstandschaft).

2. Der Betriebsrat hat Wahlmöglichkeit, ob er das Verfahren selbst führt, einen Gewerkschaftssekretär hinzuzieht oder sich der Hilfe eines Rechtsanwalts bedient. Vgl. BAG AP Nr. 1, 7 zu § 39 BetrVG; AP Nr. 6 zu § 20 BetrVG 1972; AP Nr. 14, 16 zu § 40 BetrVG 1972; AP Nr. 18 aaO. = DB 1980, 2091. Zu Massenverfahren LAG Berlin AP Nr. 21 zu § 40 BetrVG 1972.

Honoraransprüche können insbesondere erwachsen, wenn der Betriebsrat sich im Verfahren vor der Einigungsstelle durch einen Rechtsanwalt vertreten lässt (vgl. BAG AP Nr. 34 zu § 76 BetrVG 1972 = NJW 1990, 404 = NZA 1990, 107). Über die Erforderlichkeit einer anwaltlichen Vertretung vor der Einigungsstelle entscheidet der Betriebsrat nach pflichtgemäßem Ermessen (BAG AP Nr. 5 zu § 76 a BetrVG 1972 = NZA 1996, 892). Der Betriebsrat hat die Beauftragung eines Rechtsanwalts, ihn in einem arbeitsgerichtlichen Beschlussverfahren zu vertreten, grundsätzlich auf der Grundlage der gesetzlichen Vergütung vorzunehmen (BAG AP Nr. 67 zu § 40 BetrVG 1972 = NZA 2000, 556).

3. BAG AP Nr. 14, 16 zu § 40 BetrVG 1972; AP Nr. 18 aaO. = DB 1980, 2091.

4. Zum Erstattungsanspruch, wenn ein einzelnes Betriebsratsmitglied vom Rechtsanwalt vertreten wurde: BAG AP Nr. 1 zu § 13 BetrVG 1972; AP Nr. 16, 19 zu § 40 BetrVG 1972; AP Nr. 29 aaO. = NJW 1990, 853 = NZA 1990, 233. Zum Honoraranspruch des Vorsitzenden einer Einigungsstelle: BAG AP Nr. 5 zu § 76 BetrVG 1972; zur Behandlung im Konkurs (Insolvenz) AP Nr. 7 aaO.; des Beisitzers einer Einigungsstelle: BAG AP Nr. 3, 6, 8 zu § 76 BetrVG 1972; AP Nr. 13 aaO. = DB 1984, 934; AP Nr. 15 aaO. = DB 1984, 2307 = NZA 1984, 330. Ein Rechtsanwalt hat für seine Tätigkeit als Einigungsstellenbeisitzer grundsätzlich keinen höheren Vergütungsanspruch als $^{7}/_{10}$ des Vorsitzendenhonorars (BAG AP Nr. 44 zu § 76 BetrVG 1972 = NZA 1991, 651 = NJW 1991, 1846). Betriebliche Beisitzer einer Einigungsstelle haben keinen Gebührenanspruch (BAG AP Nr. 2 zu § 76 BetrVG 1972).

Kosten und Gebühren

Vermögensrechtliche Streitigkeit. Gebührenstreitwert in Höhe des Zahlungsantrages. Vgl. Form. IV. E. 1.

F. Rechtsmittel im Beschlussverfahren

1. Beschwerde[1, 2]

An das
Landesarbeitsgericht

In Sachen

des/der ……
(volles Rubrum, vgl. Beschluss des Arbeitsgerichtes[3])

Namens und mit Vollmacht der Antragsteller/Antragsgegner lege ich gegen den Beschluss des Arbeitsgerichts …… vom …… – …… BV ……/…… – Beschwerde ein und werde beantragen zu erkennen:

Der Beschluss des Arbeitsgerichtes …… vom …… – …… BV ……/…… – wird abgeändert.
Es wird festgestellt, ……/der/die Beteiligte …… wird verpflichtet ……

Begründung[4]:

I. …… (Gedrängte Darstellung des Sach- und Streitstandes und etwaiger neuer Tatsachen).
II. …… (Rechtliche Auseinandersetzung mit den Gründen des Arbeitsgerichtes).[5, 6]

Anmerkungen

1. Gegen die das Verfahren beendenden Beschlüsse der Arbeitsgerichte findet die Beschwerde an das Landesarbeitsgericht statt (§ 87 ArbGG).

a) Beschluss ist jeder instanzbeendende Beschluss des Arbeitsgerichtes im Beschlussverfahren. Hierzu gehören auch Teil- und Zwischenbeschlüsse. Die Beschwerde ist unabhängig von der Höhe der Beschwer statthaft. Unzulässig ist die Beschwerde ausschließlich wegen der Kostenentscheidung, § 99 Abs. 1 ZPO (BAG AP Nr. 9 zu § 92 ArbGG). Umstritten war, ob die unselbständige Anschlussbeschwerde zulässig ist. Dies hat das BAG zunächst wegen des Beschleunigungsprinzipes verneint. Diese Auffassung hat es jedoch inzwischen aufgegeben (BAG AP Nr. 3 zu § 87 ArbGG 1979 = NZA 1988, 217). Da im Berufungsverfahren die unselbständige Anschlussberufung beseitigt worden ist, wird dies auch für das Beschwerdeverfahren gelten.

b) Die Beschwerdebefugnis ist umstritten. Beschwerdebefugt sind alle Beteiligten, die durch die Entscheidung in ihrer betriebsverfassungsrechtlichen, personalvertretungsrechtlichen oder mitbestimmungsrechtlichen Rechtsstellung betroffen sind (BAG AP Nr. 2 zu § 83 ArbGG 1979 = BB 1983, 579 = DB 1982, 546; AP Nr. 34 zu § 2 TVG = NJW 1986, 1708 = NZA 1986, 332; AP Nr. 4 zu § 2 TVG Tarifzuständigkeit = NJW 1987, 514 = NZA 1986, 480). Darüber hinaus ist jeder beschwerdebefugt, wer in der ersten Instanz einen Sachantrag gestellt hat. Soweit es darum geht, ob ein Beteiligter beteiligungsfähig ist (Form. IV. E. 6 Anm. 2), kann er in jedem Fall Beschwerde einlegen, um seine Beteiligungsfähigkeit prüfen zu lassen (BAG AP Nr. 3 zu § 87 BetrVG 1972 Lohngestaltung = DB 1980, 1895 = NJW 1981, 75). Ersetzt das Gericht gem.

§ 103 BetrVG die vom Betriebsrat verweigerte Zustimmung zur außerordentlichen Kündigung, so kann das betroffene Betriebsratsmitglied das hiergegen statthafte Rechtsmittel auch dann einlegen, wenn der Betriebsrat die gerichtliche Entscheidung hinnimmt (BAG AP Nr. 4 zu § 87 ArbGG 1979 = NZA 1993, 501).

c) Die Beschwerde ist nur zulässig, wenn der Beschwerdeführer beschwert ist (BAG AP Nr. 21 zu § 87 BetrVG 1972 Lohngestaltung = NZA 1986, 531). Hat der Beschwerdeführer in der ersten Instanz einen Antrag gestellt, so ist die Beschwer im Allgemeinen wie bei der Berufung zu bestimmen. Eine Beschwerde ist dann gegeben, wenn der Beschluss des Arbeitsgerichtes hinter dem gestellten Antrag zurückbleibt. Sind dagegen auch die übrigen Beteiligten beschwerdebefugt, so ist die Beschwerde materiell zu bestimmen; sie ist gegeben, wenn die Entscheidung dem Beschwerdeführer ungünstig ist oder er in seiner kollektivrechtlichen Stellung beeinträchtigt ist.

d) Die Beschwerde muss innerhalb einer Beschwerdefrist von einem Monat eingelegt werden (§§ 87 Abs. 2 S. 1, 66 ArbGG). Die Beschwerdefrist beginnt mit der Zustellung des angefochtenen Beschlusses. Bei ihrer Versäumung ist die Beschwerde unzulässig. Die Wiedereinsetzung in den vorigen Stand ist statthaft. Für einen Beteiligten, dem die Beschwerde nicht zugestellt worden ist, läuft die Beschwerdefrist nicht (BAG AP Nr. 8 zu § 89 ArbGG). Der Beschluss muss eine Rechtsmittelbelehrung enthalten (§ 9 Abs. 5 ArbGG). Bei verspäteter Zustellung vgl. aber Form. IV. D. 4 Anm. 1.

e) Die Beschwerde muss begründet werden. Die Begründungsfrist beträgt zwei Monate seit Zustellung des in vollständiger Form abgefassten Beschlusses (§§ 87 Abs. 2 S. 1, 66 ArbGG). Die Begründungsfrist kann einmal auf Antrag vom Vorsitzenden verlängert werden (§§ 87 Abs. 2 S. 1, 66 Abs. 1 S. 5 ArbGG). Die Beschwerdebegründung kann mithin wie die Berufungsbegründung in einem besonderen Schriftsatz erfolgen. Ausnahme zu d und e: Im Verfahren zur Bestellung des Vorsitzenden einer Einigungsstelle und zur Bestimmung der Zahl der Beisitzer ist die Beschwerde innerhalb einer Frist von zwei Wochen einzulegen und zu begründen (§ 98 ArbGG).

2. Für das Beschwerdeverfahren gelten die für das Berufungsverfahren maßgebenden Vorschriften über die Einlegung der Berufung und ihrer Begründung entsprechend (§ 87 Abs. 2 S. 1 ArbGG).

a) Für die Prozessfähigkeit gilt nichts anderes als im Verfahren erster Instanz (Form. IV. E. 2 Anm. 4). Dasselbe gilt für die Beteiligungsfähigkeit (Form. IV. E. 2 Anm. 4). Im Beschwerdeverfahren sind mithin auch die Beteiligten zu hören, die in der ersten Instanz zu hören waren.

b) Für die Vertretung der Beteiligten gilt § 11 Abs. 1 bis 3, 5 ArbGG entsprechend (§ 87 Abs. 2 S. 2 ArbGG). Hieraus folgt, die Beteiligten können das Verfahren selbst führen; sie können sich aber auch vertreten lassen. Die Einlegung und Begründung der Beschwerde muss von einem Rechtsanwalt oder einer nach § 11 Abs. 2 S. 2 Nr. 4 und 5 ArbGG zur Vertretung berechtigten Person unterzeichnet sein (§ 89 Abs. 1 ArbGG).

c) Die Ladungsfristen bestimmen sich wegen der fehlenden Verweisung (§§ 87 Abs. 2 S. 1, 64 Abs. 7) auf § 47 ArbGG nach § 217 ZPO. Da kein Vertretungszwang besteht, beträgt die Ladungsfrist mindestens drei Tage. Für die Einlassungsfrist gilt das gleiche wie im Berufungsverfahren. Die Zustellung an die Beteiligten erfolgt von Amts wegen.

d) Nach der Verweisung von § 87 Abs. 2 S. 1 ArbGG auf § 66 Abs. 1 S. 3 ArbGG muss die Beschwerde innerhalb einer Frist von einem Monat nach Zustellung der Beschwerdebegründung beantwortet werden. Da im Beschwerdeverfahren aber auch das Amtsermittlungsprinzip gilt, ist zweifelhaft, ob diese Vorschrift entsprechend gilt. Die Beschwerdeschrift muss von einem Rechtsanwalt oder einem sonst Postulationsfähigen unterzeichnet sein (§ 11 Abs. 2 S. 2 ArbGG). Dies gilt nach richtiger Ansicht auch für die Beschwerdebegründung. Besonderheiten gelten für das Beschwerdeverfahren nach § 98 ArbGG (Bestellung des Vorsitzenden einer Einigungsstelle und Bestimmung der Zahl ihrer Mitglieder). Vgl. Form. IV. E. 19.

3. Für die Formalien gelten dieselben Vorschriften wie für die Berufung (Form. IV. D. 4 Anm. 1 u. 3). Die Beschwerdeschrift muss denselben Formalien genügen wie die Berufungsschrift.

a) Die Beschwerde wird beim Landesarbeitsgericht eingelegt. Wird sie beim Arbeitsgericht eingereicht, wird die Beschwerdefrist nur gewahrt, wenn sie rechtzeitig dem Landesarbeitsgericht zugeht.
b) Die Beschwerde wird durch Schriftsatz, der auch durch Telefax eingehen kann, eingelegt (Form. IV. D. 4 Anm. 3).
c) Innerhalb der Beschwerdefrist muss sich ergeben, für und gegen wen die Beschwerde eingereicht wird.
d) Dagegen führt das Fehlen der ladungsfähigen Anschrift des Beschwerdegegners nicht mehr zur Unzulässigkeit der Beschwerde (BAG GS Nr. 53 zu § 518 ZPO = NJW 1987, 1356 = NZA 1987, 136).

4. Die Beschwerdebegründung muss angeben, auf welche im Einzelnen anzuführenden Beschwerdegründe sowie auf welche neuen Tatsachen die Beschwerde gestützt wird (§ 89 Abs. 2 S. 2 ArbGG).

a) Wie die Berufungsbegründung (Form. IV. D. 6 Anm. 15) muss die Beschwerdebegründung im Einzelnen angeben, warum der angefochtene Beschluss abzuändern ist. Bei mehreren verfolgten Ansprüchen muss für jeden eine Begründung gegeben werden (BAG AP Nr. 4 zu § 94 ArbGG). Die Beschwerdebegründung darf sich nicht in formelhaften Redewendungen oder Bezugnahmen erschöpfen. Das Durchlesen des Beschlusses und der Beschwerdebegründung muss ergeben, warum der Beschwerdeführer den Beschluss für unrichtig hält (BAG AP Nr. 7 zu § 89 ArbGG = NJW 1973, 870).
b) § 87 Abs. 3 ArbGG enthält für die Zurückweisung von Vorbringen eine eigenständige Regelung. S. 1 entspricht § 67 Abs. 1 ArbGG. In erster Instanz zu Recht zurückgewiesenes Vorbringen bleibt ausgeschlossen. Wurde verspätetes Vorbringen nicht ausgeschlossen, ist es auch in der zweiten Instanz zu berücksichtigen, da die Verzögerung nicht zu vermeiden ist. In der Beschwerdeinstanz wird überprüft, ob das Vorbringen vom Arbeitsgericht zu Recht zurückgewiesen worden ist. Neues Vorbringen, das im ersten Rechtszug entgegen einer hierfür gesetzten Frist nicht vorgetragen worden ist, kann zurückgewiesen werden, wenn seine Zulassung nach der freien Überzeugung des Landesarbeitsgerichts die Erledigung des Beschlussverfahrens verzögern würde und der Beteiligte die Verzögerung nicht hinreichend entschuldigt. Eine Zurückweisung kann nicht erfolgen, wenn sich die Verzögerung durch prozessleitende Verfügungen hätte vermeiden lassen. Soweit neues Vorbringen nach § 87 Abs. 3 S. 2 zulässig ist, muss es der Beschwerdeführer in der Beschwerdebegründung, der Beschwerdegegner in der Beschwerdebeantwortung vortragen (S. 3). Wird es später vorgebracht, kann es zurückgewiesen werden, wenn die Möglichkeit es vorzutragen vor der Beschwerdebegründung oder der Beschwerdebeantwortung entstanden ist und das verspätete Vorbringen nach der freien Überzeugung des Landesarbeitsgerichts die Erledigung des Beschlussverfahrens verzögern würde und auf dem Verschulden des Beteiligten beruht.
c) Im ArbGG ist ein besonderer Beschwerdeantrag nicht erwähnt. Nach hM. ist hieraus aber nicht zu folgern, dass es keines Beschwerdeantrages bedarf. Es gelten daher insoweit die Grundsätze des Berufungsverfahrens (Form. IV. D. 6 Anm. 13). Der Antrag braucht zur Vermeidung der Unzulässigkeit zwar nicht ausdrücklich gestellt zu werden. Es muss sich aber deutlich ergeben, inwieweit eine Abänderung des angefochtenen Beschlusses erstrebt wird (BAG AP Nr. 6 zu § 1 TVG Tarifverträge: Bundesbahn = NZA 1986, 169; AP Nr. 24 zu § 99 BetrVG 1972). Der Antrag muss hinreichend bestimmt sein (BAG AP Nr. 50 zu § 81 ArbGG 1979). Werden in einem Beschlussverfahren im Wege objektiver Antragshäufung mehrere Anträge gestellt, so ist hinsicht-

lich eines jeden Antrages zu prüfen, welche Personen und Stellen Beteiligte am Verfahren über diesen Antrag sind. Beteiligte hinsichtlich eines Antrages sind nicht notwendig Beteiligte auch am Verfahren über einen anderen Antrag (BAG AP Nr. 12 zu § 81 ArbGG 1979 = NZA 1989, 606). Ob eine Antragsänderung in der Beschwerdeinstanz zulässig ist, ist umstritten (vgl. BAG AP Nr. 10 zu § 89 ArbGG 1953 = NJW 1976, 727). In der 3. Instanz ist eine Antragsänderung unzulässig (BAG AP Nr. 3 zu § 81 ArbGG 1979).

5. Hat des LAG eine Beschwerde als unzulässig verworfen, so ist gegen diesen Verwerfungsbeschluss die Rechtsbeschwerde auch dann unstatthaft und damit unzulässig, wenn das LAG sie ausdrücklich zugelassen hat (BAG AP Nr. 6 zu § 92 ArbGG 1979 = NZA 1990, 73 = BB 1989, 2119 = DB 1989, 2544).

6. Nach § 88 ArbGG findet § 65 ArbGG entsprechende Anwendung. Das Beschwerdegericht prüft nicht, ob der beschrittene Rechtsweg und die Verfahrensart (BAG AP Nr. 89 zu Art 9 GG) zulässig ist und bei der Berufung der ehrenamtlichen Richter Verfahrensmängel unterlaufen sind.

Kosten und Gebühren

Keine Kostenentscheidung und kein Verfahrensstreitwert (§ 1 Abs. 2 GKG). Gebührenstreitwert für Rechtsanwälte § 23 RVG.

2. Nichtzulassungsbeschwerde (§ 92 a ArbGG)[1, 2, 3]

An das
Bundesarbeitsgericht

In Sachen

des/der ......

(volles Rubrum, vgl. Beschluss des LAG)

Namens und mit Vollmacht der Antragsteller/Antragsgegner lege ich wegen der Nichtzulassung der Rechtsbeschwerde in dem Beschluss des Landesarbeitsgerichts ...... vom ...... – ....../...... – Nichtzulassungsbeschwerde ein und werde beantragen zu erkennen:

> **Die Rechtsbeschwerde gegen den Beschluss des Landesarbeitsgerichtes ...... vom ...... – TaBV ....../...... – wird zugelassen.**

Begründung[4]:

Die Antragsgegnerin gehört zum ...... Konzern.
Sie beschäftigt sich mit der Planung und dem Engineering von ...... Sie beschäftigt ...... Arbeitnehmer; darunter befinden sich ...... leitende Angestellte und ...... AT-Angestellte.
Der Antragsteller ist der Betriebsrat der Antragsgegnerin. Bei der Antragsgegnerin werden Leistungen der betrieblichen Altersversorgung aufgrund der Konzernbetriebsvereinbarung vom ...... gewährt. Bei den von der Antragsgegnerin beschäftigten AT-Angestellten handelt es sich zumeist um hochqualifizierte Akademiker, die spät in das Berufsleben eingetreten sind. Die Antragsgegnerin hat diesen über die Konzernrichtlinien hinaus Versorgungszusagen gemacht. Der Antragsteller hat Auskunft verlangt, nach welchen Grundsätzen die Antragsgegnerin besondere Versorgungszusagen erteilt. Dies hat die Antragsgegnerin abgelehnt. Das Arbeitsgericht hat mit Beschluss vom ...... den An-

trag des Antragstellers abgewiesen. Das LAG hat mit Beschluss vom ...... die Beschwerde zurückgewiesen. Die Rechtsbeschwerde hat es nicht zugelassen. Hiergegen richtet sich die Nichtzulassungsbeschwerde.
Diese ist zulässig und begründet. Das Landesarbeitsgericht hat den Rechtsgrundsatz aufgestellt, der Betriebsrat könne nur dann Auskunft über die Versorgungsgrundsätze der Antragsgegnerin verlangen, wenn er an der Auskunft ein berechtigtes Interesse darlege. Auf diesem Rechtsgrundsatz beruht die angefochtene Entscheidung. Demgegenüber hat das Bundesarbeitsgericht in seiner Entscheidung vom 19. 3. 1981 – 3 ABR 38/80 – AP Nr. 14 zu § 80 BetrVG 1972 den Grundsatz aufgestellt, dass ein Arbeitgeber, der seinen außertariflichen Angestellten individuelle Versorgungszusagen erteile, die über eine generelle Versorgungsordnung hinausgehen, dem Betriebsrat Auskunft über die dabei angewandten Grundsätze erteilen muss. Der Betriebsrat habe kein besonderes Interesse darzulegen.
Wäre das LAG von dem vom BAG aufgestellten Rechtsgrundsatz ausgegangen, hätte es dem Antrag stattgeben müssen ......

Anmerkungen

1. Die Nichtzulassungsbeschwerde ist binnen Monatsfrist seit Zustellung des in vollständiger Form abgefassten Beschlusses beim BAG einzureichen (§§ 92a S. 2, 72a Abs. 2 ArbGG) und binnen zwei Monaten seit Zustellung des Beschlusses zu begründen (§§ 92a S. 2, 72a Abs. 3 ArbGG). Die Beschwerdebegründung muss nach § 92a ArbGG die in § 72a Abs. 3 S. 2 genannten Gründe enthalten. Es gelten dieselben Grundsätze wie im Urteilsverfahren Form. IV. D. 8 Anm. 1–7.

2. Die Nichtzulassungsbeschwerde ist zulässig als Divergenzbeschwerde (§§ 92a S. 1, 72 Abs. 3 Nr. 2 ArbGG), als Grundsatzbeschwerde (§§ 92a S. 1, 72 Abs. 3 Nr. 1 ArbGG) und wegen eines absoluten Revisionsgrundes oder Verletzung des rechtlichen Gehörs (§§ 92a S. 1, 72 Abs. 3 Nr. 3). Eine Divergenz bei der Kostenentscheidung reicht nicht aus, um eine Nichtzulassungsbeschwerde zu rechtfertigen (BAG AP Nr. 34 zu § 72a ArbGG 1979 Divergenz = NZA 1996, 1231). Als Grundsatzbeschwerde war sie nur dann zulässig, wenn die Rechtssache Streitigkeiten über die Tariffähigkeit und (gemeint ist oder) Tarifzuständigkeit (BAG AP Nr. 4 zu § 92a ArbGG 1979 = NZA 1984, 235; AP Nr. 1 zu § 92a ArbGG 1979 Grundsatz NZA 1992, 186) einer Vereinigung betrifft (vgl. Form. VI. D. 9 Anm. 4). Die Entscheidung des LAG im Beschlussverfahren ist bei fehlender Sachverhaltsfeststellung auch dann aufzuheben, wenn die Rechtsbeschwerde erst aufgrund einer Nichtzulassungsbeschwerde zugelassen worden ist (BAG AP Nr. 2 zu § 92 ArbGG 1979). Gegen den Beschluss des Arbeitsgerichts im Beschlussverfahren nach § 126 InsO findet die Nichtzulassungsbeschwerde an das Bundesarbeitsgericht nicht statt (BAG AP Nr. 44 zu § 72a ArbGG 1979 Divergenz).

3. Zur Rechtsbeschwerde gegen Beschlüsse des LAG vgl. Form. VI. F. 1 Anm. 5.

4. Wegen der Formalien wird auf die Nichtzulassungsbeschwerde zur Eröffnung des Revisionsverfahrens verwiesen. Die Ausführungen gelten daher sinngemäß.

Kosten und Gebühren

Vgl. Form. IV. F. 1.

3. Rechtsbeschwerde[1]

An das
Bundesarbeitsgericht

In Sachen

des/der ......

(volles Rubrum, vgl. Beschluss des LAG)

Namens und mit Vollmacht der Antragsgegnerin lege ich gegen den Beschluss des Landesarbeitsgerichts ...... vom ...... – ....../...... – Rechtsbeschwerde ein und werde beantragen zu erkennen:

I. Der Beschluss des LAG ...... vom ...... – ...... TaBV ....../...... – wird aufgehoben[2]. Auf die Beschwerde der Antragsgegnerin wird der Beschluss des Arbeitsgerichts ...... vom ......, ... BV ......, geändert. Die Anträge des Antragstellers werden zurückgewiesen.

II. Es wird beantragt, ...

Begründung[3]:

......

Anmerkungen

1. Für die Rechtsbeschwerde gelten die für das Revisionsverfahren maßgebenden Vorschriften. Nach § 94 Abs. 2 S. 1 ArbGG muss die Rechtsbeschwerdeschrift den Beschluss bezeichnen, gegen den die Rechtsbeschwerde gerichtet ist, und die Erklärung enthalten, dass gegen diesen Beschluss die Rechtsbeschwerde eingelegt werde. Zum notwendigen Inhalt der Rechtsmittelschrift gehört dabei ebenso wie bei der Revision oder der Berufung die eindeutige Bezeichnung des Rechtsmittelführers. Die Bezeichnung des Rechtsmittelführers muss allerdings nicht ausdrücklich erfolgen. Es genügt, wenn sie sich innerhalb der Rechtsmittelfrist aus anderen dem Rechtsmittelgericht vorliegenden Unterlagen zweifelsfrei entnahmen lässt (BAG NZA 2001, 1214).

Die Rechtsbeschwerde findet nur gegen verfahrensbeendende Beschlüsse der Landesarbeitsgerichte statt (Ausnahme: Sprungrechtsbeschwerde § 96a ArbGG). Die Beschwerde ist statthaft, wenn sie das Landesarbeitsgericht zugelassen oder auf Nichtzulassungsbeschwerde (Form. IV. F. 2) durch das BAG zugelassen worden ist (§ 92 Abs. 1 ArbGG). In den Fällen des § 85 Abs. 2 ArbGG findet eine Rechtsbeschwerde nicht statt (§ 92 Abs. 1 S. 2 ArbGG). Ist die Rechtsbeschwerde nicht statthaft, wird sie auch nicht durch Zulassung des Landesarbeitsgerichts statthaft (BAG AP Nr. 4, 5, 11 zu § 92 ArbGG). Für die Rechtsbeschwerdebefugnis, Beschwerde und Beteiligungsbefugnis gelten die Ausführungen zur Beschwerde sinngemäß (Form. IV. F. 1). Für die Rechtsbeschwerde, die Begründung und das Verfahren müssen die Parteien durch einen Anwalt oder eine Person nach § 11 Abs. 4 S. 2 ArbGG vertreten sein. Rechtsbeschwerdefrist ein Monat seit Zustellung des Beschlusses; Rechtsbeschwerdebegründungsfrist zwei Monate seit Zustellung des in vollständiger Form abgefassten Beschlusses (§§ 92 Abs. 2 S. 1, 74 Abs. 1 S. 1 ArbGG). Die Rechtsbeschwerde kann durch Telekopie eingelegt werden. Die beim Rechtsmittelgericht eingehende Kopie muss die Unterschrift des Absenders wiedergeben (BAG AP Nr. 2 zu § 94 ArbGG 1994).

2. Antrag für den Fall, dass der Rechtsbeschwerdeführer in 1. und 2. Instanz unterlegen ist. Die Anpassung des Antrags ist für andere Konstellationen erforderlich.

3. Es gelten im Wesentlichen die gleichen Grundsätze wie für die Revisionsbegründung. Vgl. Form. IV. D. 11. Die Rechtsbeschwerdebegründung muss nach § 94 Abs. 2 S. 2 ArbGG angeben, inwieweit die Abänderung des angefochtenen Beschlusses beantragt wird, welche Bestimmungen verletzt sein sollen und worin die Verletzung bestehen soll (BAG AP Nr. 3 zu § 94 ArbGG 1979). Der Antrag muss hinreichend bestimmt sein (BAG AP Nr. 1 zu § 89 BetrVG 1972). Die Rechtsbeschwerdebegründung muss sich mit den Gründen der angefochtenen Entscheidung auseinandersetzen und darlegen, was der Rechtsbeschwerdeführer daran zu beanstanden hat (BAG AP Nr. 1 zu § 94 ArbGG 1979 = BB 1984, 2006; AP Nr. 41 zu § 112 BetrVG 1972 = BB 1988, 761 = DB 1988, 558 = NZA 1988, 203). Soweit im arbeitsgerichtlichen Beschlussverfahren nach § 94 Abs. 2 S. 2 ArbGG neben der Bezeichnung der verletzten Rechtsnorm ausdrücklich die Angabe verlangt wird, worin die Rechtsverletzung bestehen soll, wird nach ganz herrschender Auffassung angenommen, dass die Anforderungen an die Rechtsbeschwerdebegründung über die Anforderungen an eine Revisionsbegründung hinausgehen. Der Rechtsbeschwerdeführer muss sich mit den tragenden Gründen der angefochtenen Entscheidung auseinandersetzen und darlegen, warum er die Begründung des Beschwerdegerichts für unrichtig hält (BAG FA 2000, 434 = Jur-CD).

Über die Rechtsbeschwerde ist im Allgemeinen ohne mündliche Anhörung der Beteiligten zu entscheiden (BAG AP Nr. 23 zu § 99 BetrVG 1972 = DB 1986, 593 = NZA 1986, 366). Ein arbeitsgerichtliches Beschlussverfahren kann in den Rechtsmittelinstanzen aufgrund einer lediglich einseitigen Erledigungserklärung eingestellt werden, wenn nach der ersten Instanz tatsächlich Umstände eintreten, die den Antragsteller hindern, seinen Antrag mit Aussicht auf Erfolg weiterzuverfolgen. Darauf, ob der Antrag von Anfang an zulässig und begründet war, kommt es nicht an (BAG v. 27. 8. 1996 BB 1996, 2524).

Kosten und Gebühren

Vgl. Form. IV. F. 1.

4. Sofortige Beschwerde wegen verspäteter Absetzung der Beschwerdeentscheidung

An das
Bundesarbeitsgericht

In Sachen

des/der ......

(volles Rubrum)

lege ich namens und in Vollmacht Antragsteller/Antragsgegner gegen den Beschluss des Landesarbeitsgerichts ...... vom ...... TaBv ...... sofortige Beschwerde[1] wegen verspäteter Absetzung der Beschwerdebegründung ein:

Es wird beantragt,

> **den Beschluss des Landesarbeitsgerichts ...... vom ...... TaBv aufzuheben und an eine andere Kammer des Landesarbeitsgerichts zurückzuverweisen.**

Begründung[2]:

Der/Die Antragsteller(in) hat am ...... ein Beschlussverfahren mit dem Antrag ...... eingeleitet. Das Arbeitsgericht hat dem Antrag entsprochen/hat den Antrag abgewiesen. Das

Landesarbeitsgericht hat auf die Beschwerde entschieden ...... Der am ...... verkündete Beschluss ist am ...... zugestellt worden. Der Beschluss ist erst am ...... mit allen richterlichen Unterschriften zur Geschäftsstelle gelangt. Das war verspätet, weil nach Ablauf der Fünfmonatsfrist ......
Es wird beantragt, die Sache an eine andere Kammer zurückzuverweisen. Die Sache ist eilbedürftig und die ...... Kammer ist völlig überlastet.

Anmerkungen

1. § 92b ArbGG sieht vor, dass der Beschluss eines Landesarbeitsgerichts nach § 91 ArbGG durch sofortige Beschwerde angefochten werden kann, wenn er nicht binnen 5 Monaten nach Verkündung vollständig abgefasst und mit den Unterschriften sämtlicher Mitglieder der Kammer versehen der Geschäftsstelle übergeben worden ist.

2. Die Vorschriften des § 72b Abs. 2 bis 5 ArbGG gelten entsprechend.

V. Das Verwaltungsstreitverfahren

A. Außergerichtliche Rechtsbehelfe und sonstige Rechtshandlungen

1. Stellungnahme zum Entwurf eines Bebauungsplanes

An den Bürgermeister der Stadt ...... (Stadtplanungsamt)

Betrifft: Stellungnahme zu dem in der Zeit vom ...... bis ......[1] ausgelegten Entwurf des Bebauungsplanes Nr. 53/1

Sehr geehrte Damen und Herren,

in dieser Sache haben wir die Vertretung des Landwirtes ...... übernommen. Eine uns legitimierende Vollmacht[2] liegt an.

I. Unser Mandant ist Eigentümer des im Außenbereich der Stadt gelegenen Grundstücks Gemarkung ...... Flur ...... Flurstück ...... mit einer Größe von 50.780 m². Das Flurstück grenzt an seiner Ostseite an den Geltungsbereich des zur Aufstellung beschlossenen Bebauungsplanes Nr. 53/1.

Auf der 6.640 m² großen Hofstelle führt unser Mandant einen landwirtschaftlichen Vollerwerbsbetrieb mit den Produktionsschwerpunkten Rinder- und Schweinemasthaltung.

Nach dem im Entwurf vorliegenden Bebauungsplan soll innerhalb des Planbereiches ein allgemeines Wohngebiet festgesetzt werden, dessen westlicher Rand nur 80 m von der Hofstelle unseres Mandanten entfernt ist.

II. Zu dem Entwurf des Bebauungsplanes geben wir für unseren Mandanten folgende Stellungnahme[3] ab:

Die beabsichtigte Festsetzung[4] eines allgemeinen Wohngebietes in einer Entfernung von nur 80 m von der Hofstelle unseres Mandanten verstößt gegen das Abwägungsgebot, § 1 Abs. 5 und 6 BauGB, und den Grundsatz der Konfliktbewältigung[5].

Landwirtschaftliche Betriebe, die auf Tierhaltung ausgerichtet sind, sind zwangsläufig mit Gerüchen und sonstigen Belästigungen verbunden. Diese Belästigungen werden auch in dem geplanten Wohngebiet auftreten. Der Bebauungsplan schafft mithin einen Konflikt zwischen landwirtschaftlicher Nutzung und Wohnnutzung, der durch den Bebauungsplan selbst nicht gelöst wird und auch bei der Realisierung des Planes nicht gelöst werden kann. Unser Mandant muss deshalb befürchten, dass, wenn die geplante Wohnbebauung entstanden ist, ihm zum Schutze der Bewohner des Wohngebietes Auflagen gemacht werden, die zu einer erheblichen Einschränkung, ggf. sogar zur vollständigen Aufgabe des Betriebes führen können. Damit werden bei der Aufstellung des Bebauungsplanes die nach § 1 Abs. 6 Nr. 8 b BauGB auch zu berücksichtigenden Belange der Landwirtschaft in unvertretbarer Weise vernachlässigt (vgl. dazu OVG Lüneburg BRS 55 Nr. 12).

Es wird angeregt, auf die Ausweisung des Wohnbaugebietes zu verzichten oder zumindest entsprechend der Empfehlung der Landwirtschaftskammer die westliche Grenze des Planbereiches um mindestens 100 m nach Osten zu verschieben[6].

Rechtsanwalt

Schrifttum: Battis/Krautzberger/Löhr, Baugesetzbuch, 11. Aufl. 2009; *Berkemann/Halama,* Erkommentierungen zum Baugesetzbuch 2004, 2005; *Berliner Komm. zum Baugesetzbuch,* 3. Aufl., Stand: Mai 2009; *Brügelmann,* Baugesetzbuch, Losebl., Stand: April 2009; *Ernst/Zinkahn/Bielenberg/Krautzberger,* Baugesetzbuch, Losebl. Stand: Januar 2009; *Ferner/Kröninger/Aschke,* Baugesetzbuch, 2. Aufl, 2008; *Fickert/Fieseler,* Baunutzungsverordnung, 11. Aufl. 2008; *Gelzer/Bracher/Reidt,* Bauplanungsrecht, 7. Aufl. 2004; *Hoppenberg/de Witt* (Hrsg.), Handbuch des Öffentlichen Baurechts, Losebl., Stand: April 2009; *Jäde/Dirnberger/Weiß,* BauGB-BauNVO, 5. Aufl. 2007; *Schrödter,* Baugesetzbuch, 7. Aufl. 2005; *Spannowsky/Uechtritz,* Baugesetzbuch, 2009.

Anmerkungen

1. Nach § 3 Abs. 2 BauGB hat die Gemeinde die Entwürfe der Bauleitpläne (Flächennutzungsplan, Bebauungsplan, § 1 Abs. 2 BauGB) für die Dauer eines Monats öffentlich auszulegen. Ort und Dauer der Auslegung sind mindestens eine Woche vorher ortsüblich bekanntzumachen mit dem Hinweis darauf, dass Stellungnahmen während der Auslegungsfrist abgegeben werden können, § 3 Abs. 2 S. 2 BauGB.

Die Frist ist insoweit eine Ausschlussfrist, als ein Normenkontrollantrag nach § 47 VwGO unzulässig ist, soweit mit ihm Einwendungen geltend gemacht werden, die vom Antragsteller im Rahmen der Auslegung nicht oder verspätet geltend gemacht wurden, obwohl dies möglich war, § 3 Abs. 2 S. 2, 2. Halbs. BauGB (s. dazu Form. V. G. 1 Anm. 14).

2. Die Wirksamkeit einer von einem Bevollmächtigten gegenüber der Behörde abgegebenen Erklärung hängt nicht von der gleichzeitigen Überreichung einer Vollmacht ab. Die Vollmacht ist nur auf Verlangen schriftlich nachzuweisen, § 14 Abs. 1 S. 3 VwVfG. Die Vorlage einer schriftlichen Vollmacht empfiehlt sich aber, weil dann die von der Behörde zu treffende Entscheidung dem Bevollmächtigten zuzustellen ist, § 7 Abs. 1 S. 2 VwZG (OVG Lüneburg NJW 2009, 1834).

3. Sinn der Stellungnahme zum Entwurf eines Bauleitplanes ist es, dem Rat bei der Ausübung des ihm eingeräumten Planungsermessens eine Entscheidungshilfe zu geben und es ihm zu ermöglichen, alle für die Planung maßgebenden Gesichtspunkte und die von der Planung berührten öffentlichen und privaten Interessen zu erkennen und abzuwägen, § 1 Abs. 6 und Abs. 7 BauGB. Stellungnahmen zu einem Bauleitplan sind deshalb keine Rechtsbehelfe. Es ist deshalb falsch, wenn, wie dies in der Praxis gelegentlich geschieht, gegen den Entwurf des Bauleitplanes innerhalb der Monatsfrist „Einspruch" oder „Widerspruch" eingelegt und die „Begründung" dazu nach Ablauf der Frist eingereicht wird.

4. Bei einem Flächennutzungsplan spricht man von „Darstellungen", § 5 BauGB, bei einem Bebauungsplan von „Festsetzungen", § 8 BauGB.

5. Bei dieser Stellungnahme wird schon auf mögliche Rechtsfehler des Bebauungsplanes hingewiesen. Das muss aber nicht sein. Da die Stellungnahme Entscheidungshilfe für den Rat sein soll (s. Anm. 3), kann sich ihr Inhalt auch darin erschöpfen, nur Planungswünsche vorzutragen oder darauf hinzuweisen, dass und warum eine andere als die vorgesehene Planung städtebaulich sinnvoller ist.

6. Folgt der Rat den Einwendungen gegen den Entwurf des Bebauungsplanes oder den Vorschlägen zu seiner Änderung nicht, so ist dagegen ein Rechtsbehelf nicht gegeben. Es muss dann zunächst die ortsübliche Bekanntmachung des Bebauungsplanes nach § 10 Abs. 3 BauGB abgewartet werden. Mit ihr wird der Plan rechtsverbindlich und kann dann ggf. mit einem Normenkontrollantrag nach § 47 VwGO (s. dazu Form. V. G. 1) angegriffen werden.

2. Geltendmachung von Mängeln eines Bebauungsplanes

An den Bürgermeister der Stadt ...... (Stadtplanungsamt)[1]

Betrifft: Bebauungsplan der Stadt Nr. 53/1

Sehr geehrter Herr Bürgermeister!

in der vorbezeichneten Bauplanungsangelegenheit wird der Landwirt ...... weiterhin von uns vertreten. Auf unsere mit der Stellungnahme vom ......, zu dem Entwurf des Bebauungsplanes überreichte Vollmacht nehmen wir Bezug.[2]

Der am ...... gemäß § 10 Abs. 3 BauGB ortsüblich bekannt gemachte Bebauungsplan Nr. 53/1 leidet an verschiedenen formellen und materiellen Mängeln,[3] die hiermit in Wahrung der in § 7 Abs. 6 GO NRW und § 215 BauGB normierten Fristen[4] geltend gemacht werden.[5]

I. An der Sitzung des Rates vom ......, in der über die zu dem Bebauungsplan abgegebenen Stellungnahmen entschieden und der Bebauungsplan als Satzung beschlossen wurde, hat Herr A teilgenommen. Der Bruder von Herrn A ist Eigentümer eines im Planbereich gelegenen Grundstücks. Herr A war deshalb von der Beratung und Entscheidung über den Bebauungsplan ausgeschlossen, §§ 43 Abs. 2, 31 Abs. 1 S. 1 Nr. 2 mit Abs. 5 S. 1 Nr. 3 GO NRW. Seine Mitwirkung war für die Entscheidung des Rates auch ursächlich, § 61 Abs. 6 GO NRW, da der Bebauungsplan nur mit einer Mehrheit von einer Stimme beschlossen worden ist.

II. Der Entwurf des Bebauungsplanes ist in der Zeit vom 3. 3. bis 2. 4 ...... öffentlich ausgelegt worden.[6] Art und Dauer der Auslegung wurden am 27. 2 ...... in den beiden Tageszeitungen ......, die nach § ...... der Hauptsatzung Bekanntmachungsorgane der Stadt sind, bekannt gemacht. Die Bekanntmachung erfolgte weniger als eine Woche vor Beginn der Auslegung.[7] Damit wurde gegen § 3 Abs. 2 S. 2, 1. Halbs. BauGB verstoßen. Nach dieser Vorschrift sind Ort und Dauer der Auslegung mindestens eine Woche vor ihrem Beginn ortsüblich bekannt zu machen. Dieser Verfahrensfehler ist nach § 214 Abs. 1 S. 1 Nr. 2 BauGB beachtlich und führt zur Unwirksamkeit des Bebauungsplanes.

III. Unser Mandant führt einen landwirtschaftlichen Vollerwerbsbetrieb mit den Produktionsschwerpunkten Rinder- und Schweinemasthaltung.

Der Bebauungsplan setzt ein Baugebiet fest, dessen westlicher Rand sich 80 m von der Hofstelle unseres Mandanten entfernt befindet.

In unserer Stellungnahme vom ...... haben wir Einwendungen gegen die Festsetzung des damals als Allgemeines Wohngebiet nach § 4 BauNVO ausgewiesenen Baugebietes erhoben, da unser Mandant befürchten muss, dass die Bewohner des neuen Baugebietes Geruchsbelästigungen, die von der Tierhaltung im Betrieb unseres Mandanten ausgehen, ausgesetzt sein werden und deshalb unser Mandant betriebsbeschränkende Auflagen befürchten muss.

Um diesen Einwendungen zu begegnen, hat der Rat das Baugebiet anschließend als Mischgebiet nach § 6 BauNVO ausgewiesen, da für ein solches die durch die Tierhaltung verursachte Geruchsbelästigung nach den einschlägigen Regelwerken (Geruchsimmissions-Richtlinie – GIRL –, VDI-Richtlinien 3471, 3472, 3473) nicht störend sei.

Tatsächlich ist weder beabsichtigt noch zu erwarten, dass sich in dem Baugebiet neben Wohngebäuden in gleichem Umfange nicht wesentlich störende Gewerbebetriebe ansiedeln werden. Dagegen spricht schon die ausschließlich dem Grundriss von Einzel- und Doppelhäusern Rechnung tragende Festsetzung der Baugrenzen. Die Festsetzung als Mischgebiet kann also nur bezwecken, das Schutzniveau des Wohngebietes herabzusetzen, um es in der Nachbarschaft des landwirtschaftlichen Betriebes

unseres Mandanten ausweisen zu können. Es wird mithin eine nicht beabsichtigte (Mischgebiet) Nutzung vorgeschoben, um eine unzulässige (Allgemeines Wohngebiet) Nutzung verwirklichen zu können. Das stellt einen erheblichen und offensichtlichen Abwägungsmangel („Etikettenschwindel") dar (OVG Lüneburg MDR 1993, 759; OVG Magdeburg BauR 2006, 2107; OVG Münster BauR 2008, 81).[8]

Rechtsanwalt

Anmerkungen

1. Die Verletzung von Verfahrens- oder Formvorschriften oder des Abwägungsgebotes muss gegenüber der Gemeinde schriftlich gerügt werden, § 215 Abs. 1 BauGB, § 7 Abs. 6 S. 1 d GO NRW. Dies kann auch dadurch geschehen, dass der Fehler schriftlich in einem Rechtsbehelfsverfahren, an dem die Gemeinde beteiligt ist (Widerspruchs-, Verwaltungsstreit-, Normenkontrollverfahren) dargelegt wird (VGH Kassel BRS 52 Nr. 31; OVG Weimar BRS 57 Nr. 40; OVG Münster BRS 59 Nr. 47).

2. Zur Vorlage einer Vollmacht s. Form. V. A. 1 Anm. 3.

3. Ob formelle oder materielle Mängel bestehen, kann oft nur durch eine Einsichtnahme in die Planaufstellungsakte festgestellt werden. Ein Akteneinsichtsrecht ergibt sich nicht aus § 29 VwVfG, da das Verfahren zur Aufstellung eines Bebauungsplanes ein Rechtssetzungsverfahren und kein Verwaltungsverfahren iSd. § 9 VwVfG ist. Die Gewährung der Akteneinsicht liegt deshalb im Ermessen der Behörde. Sie darf nicht verweigert werden, um die Rüge eines Mangels zu verhindern (*Battis/Krautzberger/Löhr* § 215 Rdn. 5). IÜ. kann sich ein Akteneinsichtsrecht aus dem Bundes- oder Landes-UIG oder -IFG ergeben.

Ein Akteneinsichtsrecht besteht im gerichtlichen Verfahren, §§ 99, 100 VwGO, etwa iR. eines Nonnenkontrollverfahrens gegen den Bebauungsplan (s. dazu Form. V. G. 1). Ein solches Verfahren muss notfalls eingeleitet werden, um Einsicht in die Planaufstellungsakte nehmen und Mängel des Verfahrens feststellen zu können.

4. Eine Verletzung von Verfahrens- oder Formvorschriften nach § 214 Abs. 1 S. 1 Nr. 1 bis 3 BauGB, eine unter Berücksichtigung des § 214 Abs. 2 BauGB beachtliche Verletzung der Vorschriften über das Verhältnis des Bebauungsplans und des Flächennutzungsplans sowie Mängel der Abwägung nach § 214 Abs. 3 S. 2 BauGB müssen innerhalb eines Jahres seit Bekanntmachung des Flächennutzungsplans oder des Bebauungsplans gerügt werden; andernfalls ist der Fehler geheilt. Die Frist beginnt nur, wenn die Gemeinde bei der Bekanntmachung auf die Voraussetzungen für die Geltendmachung der Verletzung von Verfahrens- oder Formvorschriften und die Rechtsfolgen hinweist, § 215 Abs. 2 BauGB; § 7 Abs. 6 S. 2 GO NRW enthält für Verstöße gegen Vorschriften der GO eine ähnliche Regelung.

5. Für den Inhalt der Rüge gilt § 215 Abs. 1 2. Halbs. BauGB; danach ist der Sachverhalt, der die Verletzung der Verfahrens- oder Formvorschriften oder den Mangel der Abwägung begründen soll, darzulegen. Es genügt also nicht, lediglich die Gesetzesbestimmungen, gegen die verstoßen sein soll, zu nennen, vielmehr muss der diese Verletzung begründende Sachverhalt vorgetragen werden. Unzureichend ist eine pauschale Rüge („Verletzung des Abwägungsgebots"), die keinerlei Erkenntniswert besitzt und die Gemeinde deshalb nicht veranlassen kann, den Fehler zu beheben (OVG Lüneburg NVwZ-RR 2002, 98).

6. Bei der Berechnung der Monatsfrist zählt der erste Tag der Auslegung mit, weil maßgebend nicht das „Auslegen" als Vorgang („Ereignis" iSd. § 187 Abs. 1 BGB), sondern als Zustand („Ausliegen") ist (BVerwGE 40, 363).

7. Zur Berechnung der Wochenfrist s. *Johlen* BauR 1994, 561.

8. Die Geltendmachung des Verfahrens- oder Formfehlers oder des Abwägungsmangels führt dazu, dass der Fehler nicht durch Zeitablauf geheilt wird, sondern in Zukunft in jedem Verfahren, in dem es auf die Gültigkeit des Bebauungsplanes ankommt, beachtlich bleibt. Auf den Fehler kann sich jedermann berufen, nicht nur derjenige, der ihn innerhalb der Frist geltend gemacht hat (BVerwG DÖV 1982, 905; BauR 2001, 1888). In der Erklärung der Gemeinde, der gerügte Fehler bestehe nicht, liegt kein Verwaltungsakt, sondern lediglich die Äußerung einer Rechtsauffassung. Rechtsbehelfe gegen eine solche Erklärung sind deshalb weder möglich noch notwendig.

3. Geltendmachung eines Planungsschadens

An die
Stadtverwaltung der Stadt .....[1] **...... den 9. 12. 2009**

Betrifft: Geltendmachung eines Planungsschadens wegen Änderung des Bebauungsplanes Nr. 62 Sb/00

Sehr geehrte Damen und Herren!

in der oa. Angelegenheit haben wir die Vertretung des Dachdeckermeisters ...... übernommen. Eine uns legitimierende Vollmacht[2] liegt an.

I. Unser Mandant ist Eigentümer des Grundstücks ...... Das Grundstück liegt im Geltungsbereich des seit dem 13. 3. 2000 rechtsverbindlichen Bebauungsplanes Nr. 62 Sb/00 und ist in diesem Plan als Gewerbegebiet ausgewiesen.
Das Grundstück wurde bisher als Betriebsstätte des von unserem Mandanten geführten Dachdeckerbetriebes genutzt. Nachdem unser Mandant seinen Betrieb aus Altersgründen aufgegeben hat, beabsichtigt er die Veräußerung des Grundstückes an die ...... GmbH, die auf dem Grundstück einen SB-Markt mit einer Verkaufsfläche von 799 qm errichten will.
Die Stadt will die Ansiedlung dieses Marktes offensichtlich verhindern. Sie hat deshalb den Bebauungsplan geändert und mit dieser Änderung ua. Einzelhandel allgemein ausgeschlossen. Die Änderung des Bebauungsplanes ist durch ortsübliche Bekanntmachung nach § 10 Abs. 2 BauGB am 22. 9. 2009 in Kraft getreten.

II. Für unseren Mandanten machen wir hiermit nach § 42 BauGB einen Anspruch auf Entschädigung geltend. Durch die Änderung des Bebauungsplanes ist nämlich der Wert des Grundstückes unseres Mandanten wesentlich gemindert worden.
Nach der ursprünglichen Fassung des Bebauungsplanes war in dem festgesetzten Gewerbegebiet nicht großflächiger Einzelhandel, also Einzelhandel auf einer Verkaufsfläche bis zu 800 qm (BVerwGE 124, 364 = NVwZ 2006, 452) zulässig; denn Einzelhandelsgeschäfte gehören zu den „Gewerbebetriebe(n) aller Art" iSd. § 8 Abs. 2 Nr. 1 BauNVO (OVG Münster NVwZ-RR 2006, 592; VGH Mannheim BauR 2008, 633).
Nach der Änderung des Bebauungsplanes kann das Grundstück für Zwecke des Einzelhandels nicht mehr genutzt werden. Damit ist sein Wert erheblich gemindert worden. Grundstücke in einem Gewerbegebiet, auf denen Einzelhandel betrieben werden kann, haben einen erheblich höheren Wert als nur für das produzierende oder verarbeitende Gewerbe nutzbare Grundstücke. Der Wertverlust beträgt vorliegend ausweislich des beigefügten Gutachtens des Sachverständigen ...... mindestens EUR ....
Der Bebauungsplan ist innerhalb von sieben Jahren, nachdem die Einzelhandelsnutzung zulässig geworden war, geändert worden. Der ua. auch den Einzelhandel ermöglichende Bebauungsplan trat am 13. 3. 2000 in Kraft. Die Erschließung des Plangebietes wurde in den folgenden zwei Jahren durchgeführt, die das Grundstück unseres Mandanten erschließende Planstraße wurde am 13. 3. 2003 für den öffentli-

chen Verkehr gewidmet. Von diesem Zeitpunkt an war die Bebauung iSd. § 42 Abs. 2 BauGB zulässig.[3] Innerhalb der mit dem Abschluss der Erschließung begonnenen 7-Jahres-Frist wurde der Bebauungsplan zum Nachteil unseres Mandanten geändert.

III. Die Antragsfrist des § 44 Abs. 4 BauGB ist gewahrt.[4]

Anmerkungen

1. Entschädigungsansprüche nach den §§ 39 ff. BauGB sind in einem besonders geregelten Verfahren geltend zu machen; sie können nicht direkt bei Gericht eingeklagt werden (BGH NJW 1976, 1264). Es ist zunächst ein schriftlicher Antrag auf Leistung der Entschädigung bei dem Entschädigungspflichtigen (das ist idR. die Gemeinde, § 44 Abs. 1 S. 2 BauGB), zu stellen, § 44 Abs. 3 S. 1 und S. 2 BauGB. Kommt eine Einigung über die Höhe der Entschädigung nicht zustande, so entscheidet die höhere Verwaltungsbehörde, § 43 Abs. 2 S. 1 BauGB. Deren Entscheidung kann nach § 217 BauGB durch Antrag auf gerichtliche Entscheidung angefochten werden, über den das LG – Kammer für Baulandsachen – entscheidet, §§ 219, 220 BauGB (s. Form. V. B. 11).

2. Zur Vorlage einer Vollmacht s. Form. V. A. 1 Anm. 2.

3. Eine bauliche Nutzung ist nur dann iSd. § 42 BauGB zulässig, wenn auf ihre Ausübung oder Verwirklichung nach den bauplanungsrechtlichen Vorschriften der §§ 30, 33, 34 oder 35 ein Anspruch besteht (*Battis/Krautzberger/Löhr* § 42 Rdn. 4). Es muss also ua. die Erschließung gesichert sein (BGH NJW 1997, 2115/2117). Bezieht sich die Aufhebung oder Änderung eines Bebauungsplanes auf Grundstücke, die wegen fehlender Sicherung der Erschließung nicht bebaubar waren, so kann ein Entschädigungsanspruch nach § 42 BauGB nicht entstehen.

4. Nach § 44 Abs. 4 mit Abs. 3 S. 1 und S. 2 BauGB muss der Entschädigungsanspruch innerhalb von drei Jahren seit Ablauf des Kalenderjahres, in dem er entstanden ist, schriftlich gegenüber dem Entschädigungspflichtigen geltend gemacht werden; andernfalls erlischt er. Vorliegend läuft die Frist, da die Änderung des Bebauungsplanes am 22. 9. 2009 in Kraft trat, am 31. 12. 2012 ab. Auf die Dreijahresfrist muss von der Gemeinde in der Bekanntmachung des den Entschädigungsanspruch auslösenden Bebauungsplanes hingewiesen werden, § 44 Abs. 5 BauGB; andernfalls beginnt die Frist nicht zu laufen (*Battis/Krautzberger/Löhr* § 44 Rdn. 9).

4. Widerspruch gegen einen belastenden Verwaltungsakt (Baurecht)[1]

An den Bürgermeister der Stadt ……, Bauaufsichtsamt[2]

Betrifft: Grundstück Gemarkung …… Flur …… Flurstück …… (Az. ……)

Sehr geehrte Damen und Herren!

In der vorbezeichneten Angelegenheit vertreten wir Herrn …… Unsere Vollmacht liegt an[3]. Gegen Ihre Verfügung vom ……, zugestellt am ……[4], mit der Sie unserem Mandanten aufgegeben haben, das Wochenendhaus auf dem vorgenannten Grundstück bis zum 31. 7. 2009 abzureißen, legen wir hiermit

Widerspruch

ein. Zur Begründung führen wir aus[5]:

Es ist richtig, dass das Wochenendhaus von dem Voreigentümer des Grundstücks im Jahre 1990 ohne Baugenehmigung errichtet wurde und damit formell baurechtswidrig

ist. Ob es auch gegen die Vorschriften des materiellen Baurechts, insbesondere § 35 BauGB verstößt, kann dahinstehen. Denn jedenfalls ist die angefochtene Ordnungsverfügung ermessensfehlerhaft, weil Sie im Wesentlichen gleichgelagerte Baufälle ohne sachlichen Grund ungleich behandelt haben (OVG Münster BRS 28 Nr. 166). Sie haben nämlich im Jahre 1991 die Genehmigung erteilt, auf dem unmittelbar angrenzenden Nachbargrundstück ...... an ein bestehendes Wochenendhaus einen etwa 8 m × 6 m großen Anbau zu errichten. Dieser Anbau hat etwa die gleiche Größe wie das Wochenendhaus unseres Mandanten und ist planungsrechtlich nicht anders zu beurteilen; er ist insbesondere nicht von dem Bestandsschutz des bereits bestehenden Gebäudes gedeckt.
Wenn aber das Wochenendhaus unseres Mandanten nach § 35 BauGB nicht errichtet werden durfte, ist auch der von Ihnen auf dem Nachbargrundstück genehmigte Anbau planungsrechtlich unzulässig. Dann aber verstößt es gegen den Gleichheitsgrundsatz und stellt einen Fehlgebrauch des Ihnen eingeräumten Ermessens dar, wenn Sie in einem der beiden gleich zu beurteilenden Fälle eine Beseitigung der baulichen Anlage verlangen und im anderen Falle die Anlage genehmigen.
Der eingelegte Widerspruch hat nach § 80 Abs. 1 VwGO aufschiebende Wirkung, so dass unser Mandant den angeordneten Abbruch zunächst nicht vorzunehmen braucht[6]. Eine Anordnung der sofortigen Vollziehung nach § 80 Abs. 2 Nr. 4 VwGO ist nicht erfolgt; sie ist insbesondere nicht darin zu sehen, dass zur Vornahme des Abbruchs eine Frist bis zum 31. 7. 2009 gesetzt wurde (*Kopp/Schenke* § 80 Rdn. 83 mwN.).

Schrifttum: Knack/Henneke, Verwaltungsverfahrensgesetz, 9. Aufl. 2009; *Kopp/Ramsauer,* Verwaltungsverfahrensgesetz, 10. Aufl. 2008; *Stelkens/Bonk/Sachs,* Verwaltungsverfahrensgesetz, 7. Aufl. 2008; *Fehling/Kastner,* Verwaltungsrecht VwVfG-VwGO, 2. Aufl. 2009.

Anmerkungen

1. Auf der Grundlage des § 68 Abs. 1 S. 2, 1. Halbs. VwGO ist durch landesgesetzliche Regelungen das Widerspruchsverfahren in weiten Bereichen abgeschafft worden. Es besteht nun ein komplexes System von Regel- und Ausnahmetatbeständen des Inhaltes, dass in einzelnen Ländern das Vorverfahren grundsätzlich ausgeschlossen und der Widerspruch nur in Ausnahmefällen gegeben ist (so zB. in Bayern und Nordrhein-Westfalen) und in anderen Ländern das Vorverfahren grundsätzlich stattfindet, sofern nicht in Fachgesetzen als Rechtsbehelf sogleich die Klage vorgesehen ist (so zB. in Rheinland-Pfalz, im Saarland, in Sachsen und Schleswig-Holstein).

Ob der Rechtsbehelf des Widerspruchs oder der Klage gegeben ist, ergibt sich idR. aus der Rechtsbehelfsbelehrung, muss aber dann eigenständig geprüft werden, wenn der Verwaltungsakt, der angegriffen werden soll (zB. die einem anderen erteilte Baugenehmigung), demjenigen, der sich dagegen wenden möchte, nicht bekannt gegeben bzw. zugestellt wurde; denn der Ausschluss des Vorverfahrens gilt weitgehend auch für drittbelastende Verwaltungsakte (s. dazu *Biermann* DÖV 2008, 395; *Holzner* DÖV 2008, 217; *Kamp* NWVBl. 2008, 41).

2. Der Widerspruch ist grundsätzlich bei der Behörde einzulegen, die den Verwaltungsakt erlassen hat, § 70 Abs. 1 S. 1 VwGO. Die Frist wird auch durch Einlegung bei der Behörde, die den Widerspruchsbescheid zu erlassen hat, gewahrt, § 70 Abs. 1 S. 2 VwGO.

3. Die Wirksamkeit des Widerspruchs ist von der Beifügung einer schriftlichen Vollmacht nicht abhängig; diese ist nur auf Verlangen der Behörde vorzulegen, §§ 79 2. Halbs., 14 Abs. 1 S. 3 VwVfG (s. dazu BVerwG DVBl. 1979, 625). Die Vorlage einer schriftlichen Vollmacht empfiehlt sich aber, weil in diesem Falle der Widerspruchsbescheid dem Bevollmächtigten zuzustellen, § 7 Abs. 1 S. 2 VwZG, und deshalb eine Kontrolle der mit dieser Zustellung beginnenden Klagefrist gewährleistet ist. Ohne Vorlage einer schriftlichen Vollmacht können alle Zustellungen auch an den Vertretenen erfolgen. § 7 Abs. 1 S. 1 VwZG.

4. Der Widerspruch ist innerhalb eines Monats seit Bekanntgabe des Verwaltungsakts einzulegen, § 70 VwGO.

5. Für den Widerspruch ist weder ein bestimmter Antrag noch eine Begründung vorgeschrieben (*Kopp/Schenke* § 70 Rdn. 5).

6. Dieser Hinweis ist zweckmäßig, um zu verhindern, dass die Behörde in Verkennung der Rechtslage Vollziehungsmaßnahmen einleitet.

Kosten und Gebühren

Sowohl in der Abhilfeentscheidung (§ 72 VwGO) als auch in dem Widerspruchsbescheid (§ 73 Abs. 3 S. 3 VwGO) ist zu bestimmen, wer die Kosten des Widerspruchsverfahrens trägt (Kostenlastentscheidung). Für den Inhalt der Kostenentscheidung sind sondergesetzliche Bestimmungen des Bundes und der Länder maßgebend, zB. § 80 VwVfG. S. dazu Form. V. A. 5.

Der RA erhält für die Durchführung des Widerspruchsverfahrens eine Geschäftsgebühr nach Nr. 2300 VV in einem Rahmen von 0,5 bis 2,5. Bei Rahmengebühren bestimmt der RA die Gebühr im Einzelfall unter Berücksichtigung aller Umstände, vor allem des Umfangs und der Schwierigkeit der anwaltlichen Tätigkeit, der Bedeutung der Angelegenheit sowie der Einkommens- und Vermögensverhältnisse des Auftraggebers nach billigem Ermessen, § 14 RVG. Eine Gebühr nach Nr. 2300 VV von mehr als 1,3 kann nur gefordert werden, wenn die Tätigkeit umfangreich oder schwierig war.

Ist dem Widerspruchsverfahren ein Verwaltungsverfahren vorausgegangen, erhält der RA für die Durchführung des Verwaltungsverfahrens eine gesonderte Geschäftsgebühr. Denn nach § 17 Nr. 1 RVG sind verschiedene Angelegenheiten jeweils das Verwaltungsverfahren, das einem gerichtlichen Verfahren vorausgehende und der Nachprüfung des Verwaltungsaktes dienende weitere Verwaltungsverfahren (Vorverfahren, Einspruchsverfahren, Beschwerdeverfahren, Abhilfeverfahren), das Verwaltungsverfahren auf Aussetzung oder Anordnung der sofortigen Vollziehung sowie über einstweilige Maßnahmen zur Sicherung der Rechte Dritter und das gerichtliche Verfahren. Ist eine Tätigkeit im Verwaltungsverfahren vorausgegangen, so beträgt nach Nr. 2301 VV die Gebühr für das weitere der Nachprüfung des Verwaltungsaktes dienende Verwaltungsverfahren 0,5 bis 1,3. Bei der Bemessung der Gebühr ist nicht zu berücksichtigen, dass der Umfang der Tätigkeit infolge der Tätigkeit im Verwaltungsverfahren geringer ist. Eine Gebühr von mehr als 0,7 kann nur gefordert werden, wenn die Tätigkeit umfangreich oder schwierig war.

5. Antrag auf Erstattung der Kosten eines isolierten Vorverfahrens

An den
Bürgermeister der Gemeinde ......

Betr.: ...... Az: ......

Sehr geehrter Herr Bürgermeister!

Nachdem Sie unserem Widerspruch vom ...... abgeholfen und die angefochtene Ordnungsverfügung vom ...... aufgehoben haben,[1] beantragen wir nach § 80 VwVfG:[2]

I. Die Kosten des Widerspruchsverfahrens der Gemeinde aufzuerlegen,[3]

II. unsere Zuziehung im Vorverfahren für notwendig zu erklären[4] und

III. die von der Gemeinde unseren Mandanten zu erstattenden Anwaltsgebühren wie folgt festzusetzen:[5]

Gegenstandswert: EUR 4.750,–	
1,3 Geschäftsgebühr[6] gem. Nr. 2300 VV	
erhöht um 0,3 Mehrvertretungsgebühr gem. Nr. 1008 VV	
= 1,6 Geschäftsgebühr	**EUR 481,60[7]**
Auslagen gem. Nr. 7002 VV (pauschal)	**EUR 20,–**
	EUR 501,60
19% Umsatzsteuer gem. Nr. 7008 VV	**EUR 95,30**
	EUR 596,90

Da nicht einfache Rechtsfragen zu behandeln waren, war es notwendig, dass sich die Eheleute …… bereits im Widerspruchsverfahren anwaltlicher Hilfe bedienten.[8]

Anmerkungen

1. Dieser Antrag kommt in Betracht, wenn der Widerspruch bereits im Vorverfahren Erfolg gehabt hat, weil ihm entweder von der Ausgangsbehörde abgeholfen (§ 72 VwGO) oder von der Widerspruchsbehörde stattgegeben wurde (§ 73 VwGO). Schließt sich dagegen, weil der Widerspruch erfolglos blieb, an das Vorverfahren eine Klage an und hat diese Erfolg, so kann Erstattung der Kosten des Vorverfahrens nach Maßgabe des § 162 Abs. 2 S. 2 VwGO begehrt werden. Zu dem dann zu stellenden Antrag s. Form. V. B. 1 Anm. 8.

Ein Widerspruch, dem die Widerspruchsbehörde stattgegeben hat, war auch dann iSd. § 80 Abs. 1 S. 1 VwVfG „erfolgreich", wenn er – an sich – unstatthaft oder unzulässig war (BVerwG NVwZ 1983, 544; DVBl. 1996, 1315).

Eine Kostenentscheidung zugunsten des Widerspruchsführers ergeht grundsätzlich nicht, wenn sich das Widerspruchsverfahren erledigt, etwa dadurch, das die Ausgangsbehörde den angefochtenen Bescheid zurücknimmt, statt ihn im Wege der Abhilfe aufzuheben (BVerwG DVBl. 1996, 1315/1316). Einige Bundesländer haben aber das Kostenrecht des isolierten Vorverfahrens dahin ergänzt, dass im Falle der Erledigung des Widerspruchs über die Kosten nach billigem Ermessen zu entscheiden ist (§ 80 Abs. 1 S. 5 LVwVfG Bad. Württ.; Art. 80 Abs. 1 S. 5 BayVwVfG; § 80 Abs. 1 S. 6 VwVfG Thüringen; § 80 Abs. 1 S. 5 VwVfG Saar).

2. Eine Kostenentscheidung nach § 80 VwVfG kommt nur in Betracht, wenn das VwVfG des Bundes oder des jeweiligen Landes Anwendung findet.

In Kommunalabgabensachen ist die Kostenerstattung im isolierten Vorverfahren in den einzelnen Ländern unterschiedlich geregelt (zu der insgesamt sehr unübersichtlichen Situation s. *Stelkens/Bonk/Sachs/Kallerhoff* § 80 Rdn. 13ff.). Dies hängt damit zusammen, dass das jeweilige VwVfG in Kommunalabgabensachen nicht oder nicht uneingeschränkt anwendbar ist und für die Kostenerstattung – bei Nichtanwendbarkeit des VwVfG mit seinem § 80 – teilweise Sonderregelungen bestehen. Diesen kommt aber ein Bedeutung nicht zu, wenn und soweit in Kommunalabgabensachen das Widerspruchsverfahren nicht mehr stattfindet (s. dazu Form. V. A. 4 Anm. 1).

3. Diese Kostenentscheidung („Kostenlastentscheidung") wird von der Behörde, die den angefochtenen Verwaltungsakt erlassen und dem Widerspruch abgeholfen hat (§ 72 VwGO), oder von der Widerspruchsbehörde (§ 73 Abs. 3 S. 3 VwGO) getroffen. Hat die Behörde, wie hier, versehentlich nicht über die Kostenpflicht entschieden, so kann jederzeit Ergänzung der Entscheidung beantragt werden (OVG Münster DÖV 1992, 122). Die Kostenentscheidung kann notfalls mit der Verpflichtungsklage erstritten werden (BVerwG NVwZ 1987, 249; DVBl. 1996, 1315/ 1316).

Die Kostenentscheidung hat für das Kostenfestsetzungsverfahren konstitutive Bedeutung (*Odenthal* NVwZ 1990, 641/642). Im Kostenfestsetzungsverfahren über die Höhe der zu erstattenden Aufwendungen kann das Bestehen einer Kostenerstattungspflicht dem Grunde nach nicht mehr verneint werden, wenn eine Kostenentscheidung zugunsten des Widerspruchsführers getroffen und die Hinzuziehung eines Bevollmächtigten für notwendig erklärt wurde und diese Verwaltungsakte rechtsbeständig geworden sind (BVerwG DÖV 1988, 1014).

4. Die Entscheidung darüber, ob die Hinzuziehung eines RA oder eines sonstigen Bevollmächtigten notwendig war, ist neben (s. dazu BVerwG NVwZ 1987, 489) der Kostenentscheidung (s. Anm. 3) zu treffen, § 80 Abs. 3 S. 2 VwVfG (BVerwG DÖV 1991, 554). Es handelt sich um einen Verwaltungsakt, der notfalls mit der Verpflichtungsklage erstritten werden kann (BVerwG NVwZ 1988, 249).

Der Beschluss über die Notwendigkeit der Zuziehung eines Bevollmächtigten für das Vorverfahren setzt voraus, dass der RA als Bevollmächtigter beauftragt war und nach außen gegenüber der Behörde aufgetreten ist. Eine nur beratende Tätigkeit genügt nicht (BVerwG E 79, 226/230f. = NVwZ 1988, 721; OVG Münster NWVBl. 1993, 312; NVwZ-RR 1996, 620; str.).

5. Der Betrag der zu erstattenden Kosten wird auf Antrag von der Behörde, die die Kostenentscheidung getroffen hat (s. Anm. 3), festgesetzt, § 80 Abs. 3 S. 1 VwVfG; dabei entscheidet die Behörde incident über die Höhe des Streitwertes mit; für eine gesonderte Streitwertfestsetzung ist kein Raum (OVG Koblenz DVBl. 1985, 1075).

6. Nach Ansicht des BVerwG (NVwZ-RR 2002, 73) entspr., soweit keine besonderen Umstände vorliegen, allein die Bestimmung des Mittelwertes der gesetzlichen Rahmengebühr durch den RA billigem Ermessen.

7. Nach § 2 Abs. 2 S. 2 RVG werden Gebühren auf den nächsten Cent auf- oder abgerundet; 0,5 Cent werden aufgerundet.

8. Die Zuziehung eines RA ist notwendig, „wenn es der Partei nach ihren persönlichen Verhältnissen nicht zuzumuten war, das Vorverfahren selbst zu führen" (BVerwG DÖV 1991, 554) oder wenn ein verständiger Bürger in der Lage des Klägers mit Blick auf die wirtschaftliche Bedeutung und den Schwierigkeitsgrad der Sache vernünftiger Weise die Zuziehung eines Bevollmächtigten für erforderlich halten darf (OVG Magdeburg NWwZ-RR 2000, 842). Da einschränkende Tendenzen in der Rspr. erkennbar sind (vgl. zB. OVG Berlin NVwZ-RR 1997, 264), empfiehlt sich in möglichen Zweifelsfällen eine etwas eingehendere Begründung.

Im Streitfall ist der Anspruch auf Erstattung von Rechtsanwaltskosten nicht durch allg. Leistungsklage, sondern durch eine Verpflichtungsklage geltend zu machen (BVerwG NJW 1988, 87).

6. Antrag auf Wiederaufgreifen eines Verfahrens (Abgabenrecht)[1]

An den Bürgermeister der Stadt …… Tiefbauverwaltungsamt

Betr.: Heranziehung zu einem Erschließungsbeitrag für das Grundstück X-Straße Nr. …… Az: ……

Sehr geehrter Herr Bürgermeister!

In dieser Sache vertrete ich Herrn …… Meine Vollmacht liegt an.[2]
Mit Bescheid vom …… haben Sie meinen Mandanten zu einem Erschließungsbeitrag für das oa. Grundstück in Höhe von …… herangezogen. Der Bescheid ist bestandskräftig geworden.[3]

Wie sich inzwischen herausgestellt hat, war der Heranziehungsbescheid rechtswidrig. Mein Mandant hat vor zwei Wochen erfahren, dass ein früherer Eigentümer des Grundstücks, der verstorbene Herr ......, mit der früheren Gemeinde ......, die seit dem ...... in die Stadt ...... eingemeindet ist, eine Ablösungsvereinbarung nach § 133 Abs. 3 S. 5 BauGB getroffen und den Ablösungsbetrag gezahlt hat. Damit konnte eine Beitragspflicht nicht mehr entstehen und war deshalb eine Heranziehung zu einem Erschließungsbeitrag nach endgültiger Herstellung der Straße nicht möglich. Eine Ablichtung der Ablösungsvereinbarung ist beigefügt.

Es wird beantragt, den Heranziehungsbescheid nach § 3 Abs. 1 Nr. 4 c KAG Bad.-Württ. mit § 173 Abs. 1 Nr. 2 AO aufzuheben.[4] Mit dem Auffinden der Ablösungsvereinbarung sind nachträglich Tatsachen und Beweismittel bekannt geworden, aus denen sich ergibt, dass eine Erschließungsbeitragspflicht nicht entstanden und der Bescheid daher rechtswidrig ist. Daran, dass die Ablösungsvereinbarung erst jetzt bekannt geworden ist, trifft meinen Mandanten kein Verschulden ...... Damit ist nach den oa. Bestimmungen ein Rechtsanspruch auf Aufhebung des Bescheides gegeben.[5]

Anmerkungen

1. Im allg. Verwaltungsverfahren ist das Wiederaufgreifen des Verfahrens in § 51 VwVfG geregelt. Diese Bestimmung findet jedoch im kommunalen Abgabenrecht grundsätzlich keine Anwendung (zur Anwendung des jeweiligen LVwVfG auf Kommunalabgabensachen s. Form. V. A. 5 Anm. 2 und *Stelkens/Bonk/Sachs/Schmitz* § 2 Rdn. 59 ff.).

Umstritten ist, ob § 51 VwVfG Ausdruck eines allg. Rechtsgedankens ist, der auch ohne ausdrückliche gesetzliche Regelung Anwendung finden kann (so OVG Münster KStZ 1980, 239; aA. *Hombitzer* KStZ 1984, 24 mwN.).

2. Zur Vorlage einer Vollmacht s. Form. V. A. 1 Anm. 2.

3. Vor Stellung eines Aufhebungsantrages ist vorrangig zu prüfen, ob nicht noch ein Widerspruch gegen den Verwaltungsakt möglich ist, weil zB. wegen einer unrichtigen Rechtsmittelbelehrung die einmonatige Widerspruchsfrist nicht begonnen hat und deshalb für den Widerspruch eine Frist von einem Jahr gegeben ist, §§ 70 Abs. 2, 58 Abs. 2 VwGO.

4. § 173 AO ist ferner anwendbar kraft Verweisung nach § 1 Nr. 1 Gesetz über die Anwendbarkeit der AO in Berlin; § 2 AbgabenG Bremen; § 3 Abs. 1 Nr. 4 c SächsKAG; § 12 Abs. 1 KAG Mecklenburg-Vorpommern. In NRW ist § 173 AO auch nicht im Wege der Analogie anwendbar (OVG Münster DVBl. 1988, 912).

5. Die §§ 172, 173 AO regeln die Aufhebung und Änderung von Abgabenbescheiden abschließend; daneben ist für die Anwendung der allg. Vorschrift des § 130 AO kein Raum, § 172 Abs. 1 S. 1 Nr. 2 d AO (*Jäger* KStZ 1984, 149).

Verweist das Landes-KAG nicht auf die §§ 172, 173 AO, sondern auf § 130 AO (zB. Art. 13 Abs. 1 Nr. 3 b KAG Bay; § 4 Abs. 1 Nr. 3 b KAG Hessen; § 12 Abs. 1 Nr. 3 b KAG NRW; § 12 Abs. 1 Nr. 3 b KAG Saarland), so ist die Aufhebung eines nachträglich als rechtswidrig erkannten Abgabenbescheides in das Ermessen der Behörde gestellt, wobei ein Anspruch auf fehlerfreie Ausübung dieses Ermessens besteht (OVG Münster KStZ 1980, 239). Es empfiehlt sich deshalb auch bei Nichtanwendbarkeit der Vorschriften über das Wiederaufgreifen des Verfahrens (§ 173 Abs. 1 Nr. 2 AO, § 51 VwVfG) einen Aufhebungsantrag zu stellen, wenn nachträglich Tatsachen oder Beweismittel bekannt werden, die die Rechtswidrigkeit des Abgabenbescheides ergeben.

B. Klageverfahren erster Instanz

1. Anfechtungsklage (Erschließungsbeitragsrecht)

An das
Verwaltungsgericht

Klage[1]

des …… (Klägers)
Prozessbevollmächtigter: ……
gegen
den Bürgermeister der Gemeinde[2] …… (Beklagten)
wegen: Heranziehung zu Erschließungsbeiträgen[3]
Streitwert: 6.350,– EUR[4]

Namens und mit Vollmacht[5] des Klägers erhebe ich Klage mit dem Antrag[6],

I. den Heranziehungsbescheid des Beklagten vom …… und den Widerspruchsbescheid vom …… aufzuheben,

II. dem Beklagten die Kosten des Verfahrens aufzuerlegen[7],

III. die Zuziehung des Prozessbevollmächtigten des Klägers im Vorverfahren für notwendig zu erklären[8],

IV. das Urteil hinsichtlich der Kosten für vorläufig vollstreckbar zu erklären[9],

V. dem Kläger zu gestatten, eine zulässige oder erforderliche Sicherheit auch durch Bankbürgschaft zu erbringen[10].

Zur Begründung führe ich aus[11]:

I. Der Kläger ist Eigentümer des Grundstücks X-Str. Nr. …… in …… Durch Bescheid vom …… zog der Beklagte den Kläger zu einem Erschließungsbeitrag für die X-Straße in Höhe von 6.350,– EUR heran. Gegen den Bescheid legte der Kläger mit Schreiben vom …… Widerspruch ein, den der Beklagte mit Widerspruchsbescheid vom …… zurückwies. Der Widerspruchsbescheid wurde dem Kläger am …… zugestellt[12]. Die angefochtenen Bescheide sind in Ablichtung beigefügt[13].

II. Der Heranziehungsbescheid in der Gestalt des Widerspruchsbescheides ist aus folgenden Gründen rechtswidrig:
Die Heranziehung ist gestützt auf die Erschließungsbeitragssatzung der Gemeinde …… vom …… Diese Satzung enthält jedoch keine dem § 132 Nr. 4 BauGB entspr. Bestimmung der Merkmale der endgültigen Herstellung der Erschließungsanlagen. § 9 Abs. 1 S. 1 der Satzung lässt neben dem „Eigentum der Gemeinde“ an den Straßenflächen auch einen „rechtsverbindlichen Übertragungsvertrag zu Gunsten der Gemeinde“ als Herstellungsmerkmal ausreichen. Ob ein solcher Vertrag vorliegt, lässt sich von den betroffenen Bürgern nicht anhand erkennbarer objektiver Kriterien hinreichend sicher feststellen. Diese die Rechtslage der Straßenfläche betreffende Unsicherheit führt zur Ungültigkeit der gesamten Herstellungsregelung des § 9 der Satzung (vgl. BVerwG DÖV 1980, 341). Damit ist eine Heranziehung des Klägers zu Erschließungsbeiträgen nicht möglich (OVG Münster BauR 1977, 269).
Ich bitte darum, die Verwaltungsvorgänge, insbesondere die Straßenbau- und Abrechnungsakte beizuziehen (§ 99 VwGO) und mir die Gelegenheit zur Einsichtnahme

zu gewähren (§ 100 VwGO). Anschließend werde ich die Klage ergänzend begründen.

III. Meine Beauftragung im Widerspruchsverfahren war wegen der Schwierigkeit der zu behandelnden erschließungsbeitragsrechtlichen Fragen notwendig iSv. § 162 Abs. 2 S. 2 VwGO[14]. 2 Durchschriften sind beigefügt[15].

Rechtsanwalt[16]

Schrifttum: Zum Verwaltungsprozessrecht: *Bader/Funke-Kaiser/Kuntze/von Albedyll,* Verwaltungsgerichtsordnung, 3. Aufl. 2005; *Eyermann,* Verwaltungsgerichtsordnung, 12. Aufl. 2006; *Kopp/Schenke,* Verwaltungsgerichtsordnung, 15. Aufl. 2007; *Posser/Wolff,* Verwaltungsgerichtsordnung, 2008; *Redeker/von Oertzen,* Verwaltungsgerichtsordnung, 14. Aufl. 2004; *Schoch/Schmidt-Aßmann/Pietzner,* Verwaltungsgerichtsordnung, Losebl., Stand: Oktober 2008; *Sodan/Ziekow,* Verwaltungsgerichtsordnung, 2. Aufl. 2006; *Kuhla/Hüttenbrink,* Der Verwaltungsprozess, 3. Aufl. 2002; *Johlen* (Hrsg.), Münchener Prozessformularbuch, Bd. 7, Verwaltungsrecht, 3. Aufl. 2009; *Fehling/Kastner* (Hrsg.), Verwaltungsrecht VwVfG-VwGO, 2. Aufl. 2009; *Finkelnburg/Dombert/Külpmann,* Vorläufiger Rechtsschutz im Verwaltungsstreitverfahren, 5. Aufl. 2008; *Hufen,* Verwaltungsprozessrecht, 7. Aufl. 2008. – Zum Erschließungsbetragsrecht s. Komm. zum BauGB Form. V. A. 1. Ferner: *Driehaus,* Erschließungs- und Ausbaubeiträge, 8. Aufl. 2007; *Fischer* in: *Hoppenberg/de Witt* (Hrsg.), Handbuch des öffentlichen Baurechts, Losebl., Stand: April 2009, Teil F; *Döring* in *Johlen* (Hrsg.), Münchener Prozessformularbuch, Bd. 7, Verwaltungsrecht, 3. Aufl. 2009, Teil E. I.

Anmerkungen

1. Der notwendige Inhalt der Klageschrift ergibt sich aus § 82 VwGO.

2. Die Klage ist grundsätzlich gegen die Körperschaft zu richten, § 78 Abs. 1 Nr. 1 VwGO. Dies gilt auch bei Anfechtungs- und Verpflichtungsklagen, wobei hier zur Bezeichnung des Beklagten die Angabe der Behörde genügt, § 78 Abs. 1 Nr. 1, 2. Halbs. VwGO. Nach § 78 Abs. 1 Nr. 2 VwGO kann durch Landesrecht bestimmt werden, dass die Anfechtungs- oder Verpflichtungsklage gegen die Behörde selbst zu richten ist; von dieser Ermächtigung haben das Saarland allgemein (§ 19 Abs. 2 AGVwGO), NRW mit Ausnahme von Klagen nach § 52 Nr. 4 VwGO (§ 5 Abs. 2 AGVwGO), Schleswig-Holstein (§ 6 S. 2 AGVwGO) und Niedersachsen (§ 8 Abs. 2 AGVwGO) für Landesbehörden Gebrauch gemacht.

3. Nach § 82 Abs. 1 S. 1 VwGO muss die Klage den Kläger, den Beklagten und den Gegenstand des Klagebegehrens bezeichnen. Die Angabe der Anschrift des Klägers, unter der er selbst tatsächlich erreichbar ist und unter der notfalls wegen der Verfahrenskosten gegen ihn vollstreckt werden kann, ist zwingend erforderlich (VGH Kassel NVwZ-RR 1996, 179; OVG Münster, NVwZ-RR 1997, 390). Fehlt es an einem dieser Erfordernisse, so kann der Vorsitzende oder Berichterstatter dem Kläger für die Ergänzung eine Ausschlussfrist setzen, § 82 Abs. 2 S. 2 VwGO. Der Streitgegenstand ergibt sich idR. bereits aus der Angabe des angefochtenen oder begehrten Verwaltungsakts oder aus der Begründung und braucht dann nicht noch einmal besonders genannt zu werden.

4. Nach § 61 GKG ist der Streitwert mit der Klage anzugeben. Die Bestimmung wird im Verwaltungsprozess praktisch nicht angewandt, die Unterlassung der Angabe ist unschädlich (*Redeker/von Oertzen* § 82 Rdn. 15). Zur Höhe des Streitwerts s. § 52 GKG. Hier ergibt sich der Streitwert aus der Höhe des mit dem angefochtenen Bescheid festgesetzten Beitrages, § 52 Abs. 3 GKG. – Zum Streitwert im Verwaltungsstreitverfahren im Allg. s. den Streitwertkatalog NVwZ 2004, 1327; ferner *Zimmer/Schmidt,* Der Streitwert im Verwaltungs- und Finanzprozess, NJW-Schriften 52.

5. Der Prozessbevollmächtigte muss eine schriftliche Vollmacht vorlegen, § 67 Abs. 6 S. 1 VwGO. Die für das Vorverfahren erteilte Vollmacht reicht ohne besonderen Zusatz nicht aus (*Redeker/von Oertzen* § 67 Rdn. 6). Die Vollmacht kann nachgereicht werden; hierfür kann das Gericht (nicht nur der Spruchkörper, sondern auch der Vorsitzende oder Berichterstatter, BVerwG NJW 1985, 2963) eine Frist setzen, § 67 Abs. 6 S. 2, 2. Halbs. VwGO. Diese Frist hat allerdings keine ausschließende Wirkung, sondern nur „eine gesteigerte Warnfunktion in dem Sinne ......, dass nach Ablauf der Frist mit der Entscheidung nicht mehr zugewartet zu werden braucht" (BVerwG NJW 1985, 2963).

Nach § 88 Abs. 2 ZPO hat das Gericht den Mangel der Vollmacht von Amts wegen zu berücksichtigen, wenn nicht als Bevollmächtigter ein Rechtsanwalt auftritt. Diese Vorschrift ist über § 173 VwGO im Verwaltungsprozess in der Weise anzuwenden, „dass bei Auftreten eines Rechtsanwalts als Prozessbevollmächtigtem eine Prüfung der Vollmacht von Amts wegen grundsätzlich nicht, wohl aber dann stattfindet, wenn besondere Umstände dazu Anlass geben, die Bevollmächtigung des Anwalts in Zweifel zu ziehen" (BVerwG NJW 1985, 1178/1179; ebenso BVerwG NJW 1985, 2963).

6. Das Fehlen eines Klageantrages macht die Klage nicht unzulässig, da § 82 Abs. 1 S. 2 VwGO nur eine Soll-Vorschrift ist.

7. Dieser Antrag ist üblich, aber nicht notwendig, da das Gericht über die Kosten von Amts wegen entscheidet, § 161 Abs. 1 VwGO.

8. Nach § 162 Abs. 2 S. 2 VwGO sind die durch die Beauftragung eines Bevollmächtigten im Vorverfahren entstandenen Gebühren und Auslagen nur erstattungsfähig, wenn das Gericht auf Antrag die Zuziehung eines Bevollmächtigten für das Vorverfahren für notwendig erklärt hat. Der Ausspruch darüber kann im Tenor des Urteils oder in einem gesonderten Beschluss erfolgen, der keine Urteilsergänzung darstellt und deshalb nicht an die Frist des § 120 Abs. 2 VwGO gebunden ist (BVerwG DÖV 1981, 343).

Ein Beschluss über die Notwendigkeit der Zuziehung eines Bevollmächtigten für das Vorverfahren kann nicht iR. eines Verfahrens nach § 80 Abs. 5 VwGO gefasst werden, sondern nur iR. eines Klageverfahrens. Nur zu diesem ist das Widerspruchsverfahren Vorverfahren iSv. § 162 Abs. 2 S. 2 VwGO (OVG Münster NWVBl. 1993, 312).

Ein Beschluss über die Notwendigkeit der Zuziehung eines Bevollmächtigten für das Vorverfahren setzt weiter voraus, dass der Bevollmächtigte nach außen aufgetreten ist. Eine nur interne Beratung reicht nicht aus, da sie nicht den Begriff der Bevollmächtigung erfüllt (BVerwGE 79, 226/230 f. = NVwZ 1988, 721; OVG Münster NWVBl. 1993, 312; NVwZ-RR 1996, 620; str.).

9. Da es sich um eine Anfechtungsklage handelt, kann das Urteil nur hinsichtlich der Kosten für vorläufig vollstreckbar erklärt werden, § 167 Abs. 2 VwGO. Über die vorläufige Vollstreckbarkeit ist von Amts wegen im Urteil zu entscheiden, §§ 167 Abs. 1 VwGO, 708 ZPO (BVerwG NJW 1963, 2042). Ein ausdrücklicher Antrag ist aber zweckmäßig, da die Erklärung der vorläufigen Vollstreckbarkeit in der Praxis oft unterbleibt.

10. §§ 167 VwGO, 709 ff., 108 ZPO.

11. Nach § 18 e Abs. 5 AEG, § 17 e Abs. 5 FStrG, § 14 e Abs. 5 WaStrG, § 10 Abs. 7 LuftVG und § 29 Abs. 7 PBefG hat der Kläger innerhalb einer Frist von 6 Wochen die zur Begründung seiner Klage dienenden Tatsachen und Beweismittel vorzutragen. Die Frist beginnt mit der Erhebung der Klage (BVerwG UPR 1994, 32; LKV 1997, 328/329; NVwZ-RR 1998, 592; NVwZ 2000, 681). Von diesen Sondervorschriften abgesehen gibt es keine gesetzliche Klagebegründungsfrist, da § 82 Abs. 1 S. 3 VwGO nur eine Soll-Vorschrift ist. Allerdings kann nach § 87 b Abs. 1 S. 1 VwGO der Vorsitzende oder Berichterstatter dem Kläger eine Frist zur Angabe der Tatsachen setzen, durch deren Berücksichtigung oder Nichtberücksichtigung im Verwaltungsverfahren er sich beschwert fühlt. Nach Ablauf der Frist vorgebrachte Erklärungen und Beweismittel können unter den Voraussetzungen des § 87 b Abs. 3 VwGO zurückgewiesen werden.

12. Das Datum der Zustellung des Widerspruchsbescheides ist für die Prüfung der Rechtzeitigkeit der Klageerhebung von Bedeutung; die Klagefrist beträgt einen Monat nach Zustellung des Widerspruchsbescheides, § 74 VwGO.

Für den Ablauf der Klagefrist – und dies gilt auch für andere Fristen – sind unabhängig vom Sitz der Kanzlei des Verfahrensbevollmächtigten die Verhältnisse an dem Ort maßgebend, an dem die Frist zu wahren ist. Dies ist bei Feiertagen, die nicht bundeseinheitlich gelten, zu beachten.

13. § 82 Abs. 1 S. 3 VwGO.

14. S. dazu Form. V. A. 5 Anm. 8.

15. § 81 Abs. 2 VwGO.

16. Eine Klage ist iSd. § 81 Abs. 1 S. 1 VwGO nur „schriftlich" erhoben, wenn die Klageschrift von dem Kläger oder seinem Vertreter eigenhändig unterschrieben ist (BGH NJW 1997, 3380; OVG Koblenz NVwZ 1997, 593). Eine maschinenschriftliche Unterzeichnung reicht nicht aus.

Dass eine Klage durch Telegramm, welches aber in jedem Falle als Unterschrift den Namen des Klägers oder des Bevollmächtigten wiedergeben muss (BGH NJW 1966, 1077), oder durch Fernschreiben (Telex), Telekopie und Telebrief erhoben werden kann, ist anerkannt (*Redeker/von Oertzen* § 81 Rdn. 9 mwN.). Als gebräuchlich und in der Rspr. anerkannt ist inzwischen die Übermittlung von Klagen und sonstigen bestimmenden Schriftsätzen durch Telefax (BVerfG NJW 1996, 2857; BGH NJW 1996, 2513; 1998, 3649; GmS-OBG NJW 2000, 2340/2341; *Pentz* NJW 2003, 867). Auch in diesem Falle muss das Original eigenhändig unterschrieben sein (BVerwG NJW 1991, 1193; BGH NJW 1994, 2097). Für die Fristwahrung maßgeblich ist der Eingang des Telefax-Schreibens bei Gericht. Der RA muss für eine Büroorganisation sorgen, die eine Überprüfung der per Telefax übermittelten Schriftsätze auch auf Verwendung einer zutreffenden Empfängernummer gewährleistet (BVerwG NVwZ 2004, 1007). Das später, zB. auf dem Postwege eingehende Originalschriftstück, stellt lediglich eine wiederholende Erklärung dar (VGH Kassel NJW 1992, 3055).

Ob eine Klageschrift, die durch Telefax direkt vom PC übermittelt wird, die Schriftform auch ohne Unterschrift wahrt, ist str. (Bejahend: BSG NJW 1997, 254; VG Karlsruhe NJW 1998, 77; verneinend: BGH NJW 1998, 3649/3650; OLG Karlsruhe NJW 1998, 1650).

§ 55a VwGO lässt die Übermittlung elektronischer Dokumente (Klagen, vorbereitende Schriftsätze, Anträge, Erklärungen der Beteiligten pp.) an das Gericht zu, wenn und soweit dies für den jeweiligen Zuständigkeitsbereich durch RechtsVO der Bundesregierung oder der Landesregierungen zugelassen worden ist. S. dazu die VO über den elektronischen Rechtsverkehr beim BVerwG und beim BFH vom 26. 11. 2004 (BGBl. I S. 3091). Zu den VOen der Länder s. *Kopp/Schenke* § 55a Rdn. 6ff.

Kosten und Gebühren

In Verwaltungsstreitverfahren gelten für die Berechnung der Gerichtskosten die Nrn. 5110ff. KV. Nach § 188 VwGO werden in bestimmten Verfahren Gerichtskosten nicht erhoben. In allen übrigen Verfahren wird mit der Einreichung der Klage die Verfahrensgebühr fällig, § 6 Abs. 1 Nr. 4 GKG, die nach dem vom Gericht durch Beschluss vorläufig festgesetzten Streitwert berechnet wird. Der Fortgang des Verfahrens hängt aber nicht von der Zahlung der Gebühr ab; § 12 GKG gilt nicht.

Für die Berechnung der Rechtsanwaltsgebühren gelten die §§ 2 Abs. 2, 13 RVG iVm. Nrn. 3100ff. VV. Wegen der Besonderheiten des anwaltlichen Gebührenrechts im Verwaltungsstreitverfahren s. *Beutling*, Anwaltsvergütung in Verwaltungssachen, 2004.

2. Anfechtungsklage gegen einen Widerspruchsbescheid (Kündigungsschutz)[1]

An das
Verwaltungsgericht

Klage[2]

der Arbeiterin ...... (Klägerin)
Prozessbevollmächtigter: ......

gegen

die Bezirksregierung ......[3] (Beklagte)
beizuladen: RA ...... als Insolvenzverwalter über das Vermögen der Fa. ......[4]

wegen: Zulassung der Kündigung eines Arbeitsverhältnisses

Streitwert: 5.000,– EUR[5]

Namens der Klägerin erhebe ich Klage mit dem Antrag, den Widerspruchsbescheid der Beklagten vom ...... aufzuheben.[6]

Zur Begründung führe ich aus:[7]

I. Die Klägerin ist seit dem ...... bei der Fa. ...... als Arbeiterin tätig. Über das Vermögen der Fa. ...... wurde das Insolvenzverfahren eröffnet.

Am ...... beantragte RA ...... als Insolvenzverwalter beim Gewerbeaufsichtsamt, die Kündigung der schwangeren Klägerin gem. § 9 Abs. 3 S. 1 MuSchG zuzulassen. Diesen Antrag lehnte das Gewerbeaufsichtsamt mit Bescheid vom ...... ab. Gegen den Ablehnungsbescheid legte der Insolvenzverwalter Widerspruch ein. Diesem Widerspruch gab die Beklagte als zuständige Widerspruchsbehörde mit dem in einer Ablichtung beigefügten Widerspruchsbescheid vom ...... statt und ließ unter Aufhebung des ablehnenden Bescheides des Gewerbeaufsichtsamtes vom ...... die Kündigung zu.

II. Die Klage ist zulässig, da die Zulassung der Kündigung im Verhältnis zu dem zu kündigenden Arbeitnehmer einen Verwaltungsakt darstellt, für dessen Anfechtung der Verwaltungsrechtsweg gegeben ist (BVerwGE 10, 148/150).

III. Die Klage ist auch begründet.
Durch die Aufhebung des Ablehnungsbescheides des Gewerbeaufsichtsamtes und die Zulassung der Kündigung im Widerspruchsbescheid wurde die Klägerin als „Dritte" beschwert. Für diesen Fall sieht § 71 VwGO vor, dass der Dritte vor Erlass des Widerspruchsbescheides gehört werden soll. Besondere Gründe, die die Beklagte als Widerspruchsbehörde dazu berechtigten, ausnahmsweise von einer Anhörung abzusehen, liegen hier nicht vor; damit liegt ein Verstoß gegen eine wesentliche Verfahrensvorschrift vor.
Der Widerspruchsbescheid beruht auch auf diesem Verstoß iSd. § 79 Abs. 2 S. 2 VwGO. Denn da die Zulassung der Kündigung in das Ermessen der Behörde gestellt ist, ist nicht auszuschließen, dass bei einer Anhörung der Klägerin eine andere Entscheidung in der Sache selbst getroffen worden wäre (vgl. §§ 79 2. Halbs., 46 VwVfG).

Rechtsanwalt

Anmerkungen

1. Es handelt sich um eine „isolierte" Anfechtungsklage gegen einen Widerspruchsbescheid, durch den ein Dritter erstmalig beschwert wird. S. dazu Form. V. E. 8.

2. Zum Inhalt der Klage im Allg. s. Form. V. B. 1.

3. Die Klage ist nach § 78 Abs. 2 VwGO gegen die Widerspruchsbehörde bzw. die Körperschaft, zu der die Widerspruchsbehörde gehört, zu richten (s. dazu Form. V. B. 1 Anm. 2).

4. Klagt ein Dritter gegen den Widerspruchsbescheid, so ist der Widerspruchsführer nach § 65 Abs. 2 VwGO notwendig beizuladen.

5. Nach § 52 Abs. 1 GKG ist der Streitwert nach der sich aus dem Antrag des Klägers für ihn ergebenden Bedeutung der Sache nach Ermessen zu bestimmen. Beim Streit um die Zustimmung zur Kündigung ist nach Nr. 27.1 des Streitwertkatalogs (NVwZ 2004, 1327/1330) der Auffangwert des § 52 Abs. 2 GKG zugrunde zu legen.

6. Angriffsziel der Klage ist nach § 79 Abs. 1 Nr. 2 VwGO nur der Widerspruchsbescheid, nicht der die Klägerin begünstigende Ausgangsbescheid des Gewerbeaufsichtsamtes. Dieser wird deshalb in dem Klageantrag nicht erwähnt.

Eines weiteren Vorverfahrens bedarf es in den Fällen, in denen ein Dritter durch den Abhilfebescheid oder den Widerspruchsbescheid erstmalig beschwert wird, nicht, § 68 Abs. 1 S. 2 Nr. 2 VwGO.

7. Vgl. OVG Bremen NVwZ 1983, 1869.

3. Verpflichtungsklage (Baurecht)

An das
Verwaltungsgericht

Klage[1]

des ...... (Klägers)
Prozessbevollmächtigter: RA ......
gegen

den Landrat des Kreises ...... (Beklagten)

wegen: Erteilung einer Bebauungsgenehmigung
beizuladen: 1. Die Gemeinde ......[2]
2. Die Bezirksregierung in ......[3]
Streitwert: 20.000,– EUR[4]

Namens des Klägers erhebe ich Klage mit dem Antrag,

unter Aufhebung des Bescheides des Beklagten vom ...... den Beklagten zu verpflichten, dem Kläger den beantragten Vorbescheid für die Errichtung eines Einfamilienwohnhauses auf dem Grundstück ...... zu erteilen.

Zur Begründung führe ich aus:

I. Der Kläger ist Eigentümer des Grundstücks ...... Dieses liegt inmitten einer aus 7 Wohnhäusern und 2 Nebengebäuden bestehenden Ansiedlung, die 800 m vom Ortsrand von ...... entfernt ist.

Unter dem ...... beantragte der Kläger, ihm durch einen Vorbescheid die Genehmigung zur Bebauung seines Grundstücks mit einem Einfamilienwohnhaus zu erteilen. Diesen Antrag lehnte der Beklagte mit Bescheid vom ...... ab mit der Begründung, das Grundstück liege im Außenbereich und seine Bebauung beeinträchtige öffentliche Belange, zumal der Flächennutzungsplan den fraglichen Bereich als Fläche für die Landwirtschaft darstelle. Der angefochtene Bescheid ist in Ablichtung beigefügt.

II. Die hier allein streitige planungsrechtliche Zulässigkeit des Vorhabens beurteilt sich nach § 35 Abs. 2 und 3 BauGB, weil die Ansiedlung wegen der geringen Zahl der Ge-

bäude kein im Zusammenhang bebauter Ortsteil iSv. § 34 BauGB ist. Nach § 35 Abs. 2 BauGB ist der geplante Bau eines kleinen Wohnhauses mit einer Grundfläche von höchstens 100 qm und einer Geschossfläche von höchstens 160 qm zulässig, weil es an dem geplanten Standort öffentliche Belange nicht beeinträchtigt. Da das Wohnhaus in einer knapp 40 m breiten Lücke zwischen zwei innerhalb der Ansiedlung liegenden Wohnhäusern gleicher Größe errichtet werden soll, wird bei einer Zulassung der Bebauung die als Splittersiedlung zu charakterisierende Ansiedlung nicht räumlich erweitert. Sie wird zwar verfestigt, diese Verfestigung ist aber städtebaulich nicht unerwünscht und damit nicht zu „befürchten" iSv. § 35 Abs. 3 S. 1 Nr. 7 BauGB. Denn die hier vorzunehmende Schließung einer engen Baulücke rundet lediglich das Bild einer ohnehin vorhandenen Splittersiedlung ab (BVerwG E 54, 73; OVG Münster BRS 22 Nr. 74; 28 Nr. 33). Das Vorhaben tritt an dem geplanten Standort in eine organische Beziehung zu der bereits vorhandenen Bebauung und ordnet sich dieser unter. Es hat keine weitreichende oder nicht genau übersehbare Vorbildwirkung (s. dazu OVG Münster NVwZ-RR 2008, 682). Das ergibt sich aus folgendem ......

Eine Beeinträchtigung öffentlicher Belange liegt auch nicht deshalb vor, weil das Vorhaben den Darstellungen des Flächennutzungsplanes der Gemeinde widerspricht, § 35 Abs. 3 S. 1 Nr. 1 BauGB. Denn der Flächennutzungsplan ist insoweit wegen mangelnder Aussagekraft unbeachtlich (BVerwG NJW 1967, 1385; OVG Münster BauR 1978, 296). Er stellt die gesamte Ansiedlung als „Fläche für die Landwirtschaft" dar. Mit dieser Darstellung sollte jedoch angesichts des zwangsläufig groben Rasters des Flächennutzungsplan nicht strikt jegliche Bebauung, jedenfalls aber nicht die Schließung eindeutig baulich vorgeprägter Lücken, verhindert werden (BVerwG BRS 39 Nr. 82) ......

Rechtsanwalt

Verteiler: Gericht 5 fach[5]

Schrifttum: Zum Bauplanungsrecht s. Form. V. A. 1.

Anmerkungen

1. Zum Inhalt der Klage im Allg. s. Form. V. B. 1.

2. Über die Zulässigkeit eines Bauvorhabens im Außenbereich nach § 35 BauGB wird im Einvernehmen mit der Gemeinde entschieden, § 36 Abs. 1 S. 1 BauGB. Diese ist deshalb nach § 65 Abs. 2 VwGO notwendig beizuladen (BVerwG NJW 1966, 1530).

3. Für die Erteilung einer Genehmigung nach § 35 Abs. 2 BauGB ist die Zustimmung der höheren Verwaltungsbehörde erforderlich, wenn die Landesregierung dies bestimmt, was hier geschehen sein soll, § 36 Abs. 1 S. 4 BauGB. Aus diesem Grunde ist hier auch die Bezirksregierung beizuladen (BVerwG E 52, 8). Die Beiladung braucht von dem Kläger aber nicht beantragt zu werden. Auch ist die Benennung der beizuladenden Personen in der Klageschrift nicht erforderlich.

4. Zum Streitwert in Bausachen s. Nr. 9 des Streitwertkatalogs (NVwZ 2004, 1327/1328). Bei dem hier in Rede stehenden Streit um die Genehmigung eines Einfamilienwohnhauses beträgt der Streitwert 20.000,– EUR, Nr. 9.1.1. Bei einer Klage auf Erteilung einer Baugenehmigung für eine Nutzungsänderung ist regelmäßig auf den angestrebten Jahresnutzwert abzustellen (BVerwG NJW 1997, 1985).

5. Damit wird berücksichtigt, dass neben dem Beklagten noch zwei Beigeladene am Verfahren beteiligt sind.

4. Untätigkeitsklage (Handwerksrecht)

An das
Verwaltungsgericht

Klage[1]

des ...... (Klägers)

Prozessbevollmächtigter: RA ......

gegen

die Bezirksregierung ...... (Beklagte)

beizuladen: Die Handwerkskammer ......[2]

wegen: Erteilung einer Ausnahmebewilligung nach § 8 HandwO
Streitwert: 15.000,– EUR[3]

Namens des Klägers erhebe ich Klage mit dem Antrag[4], die Beklagte unter Aufhebung ihres Bescheides vom 19. 10. 2009 zu verpflichten, dem Kläger eine Ausnahmebewilligung zur Eintragung in die Handwerksrolle als Beton- und Stahlbetonbauer mit dem Teilgebiet „Herstellung von Stahlbetonstürzen" zu erteilen.[5]

Zur Begründung führe ich aus:

I. Der am 23. 1. 1967 geborene Kläger ist Maurergeselle. Im Einzelnen gestaltete sich sein beruflicher Lebensweg nach erfolgreichem Abschluss der Hauptschule wie folgt ......

Am 25. 2. 2009 beantragte der Kläger bei der Beklagten, ihm die Ausnahmebewilligung nach § 8 HandwO zu erteilen, nachdem sich für ihn überraschend die Möglichkeit ergeben hatte, von seinem Arbeitgeber dessen Betrieb, der sich mit der Herstellung von Stahlbetonstürzen befasst, zu übernehmen. Nachdem die Handwerkskammer eine Stellungnahme abgegeben und darin dargelegt hatte, dass im Falle des Klägers ein Ausnahme iSd. § 8 Abs. 1 S. 2 HandwO vorliege, unterzog die Beklagte den Kläger im April 2009 zur Feststellung seiner Kenntnisse und Fertigkeiten einer Vergleichsprüfung, die der Kläger bestand. Gleichwohl hat die Beklagte bis heute die Ausnahmebewilligung nicht erteilt.

II. Die Klage ist nach § 75 VwGO auch ohne Erlass des Ablehnungsbescheides zulässig, da seit Herbeiführung der Entscheidungsreife drei Monate vergangen sind und ein zureichender Grund für die Nichtbescheidung des Antrages nicht gegeben ist.[5]

III. Die Klage ist auch begründet, da dem Kläger ein Rechtsanspruch auf Erteilung der Ausnahmebewilligung nach § 8 HandwO zusteht.

1. Der Kläger hat durch das Bestehen der Vergleichsprüfung nachgewiesen, dass er die Kenntnisse und Fertigkeiten zur selbstständigen Ausübung des Beton- und Stahlbetonbauerhandwerks in dem Teilgebiet „Herstellung von Stahlbetonstürzen" besitzt. Damit sind die Voraussetzungen des § 8 Abs. 1 S. 1 HandwO erfüllt, § 8 Abs. 2, 2. Halbs. HandwO.

2. Darüber hinaus liegt auch ein Ausnahmefall vor, weil die Ablegung der Meisterprüfung für den Kläger aus den nachfolgend dargelegten Gründen eine unzumutbare Belastung bedeuten würde, § 8 Abs. 1 S. 2 HandwO ...... Nach Auffassung des BVerfG (DVBl. 2006, 244) ist von der Möglichkeit einer Ausnahmebewilligung nach § 8 HandwO großzügig Gebrauch zu machen.

Rechtsanwalt

Schrifttum: Detterbeck, Handwerksordnung, 4. Aufl. 2008; *Honig/Knörr,* Handwerksordnung, 4. Aufl. 2008; *Schwammecke,* Die deutsche Handwerksordnung, Losebl., Stand: 2008.

Anmerkungen

1. Zur Gestaltung der Klage im Allg. s. Form. V. B. 1.

2. Die Notwendigkeit der Beiladung der Handwerkskammer ergibt sich aus § 8 Abs. 4, 2. Halbs. HandwO.

3. Nr. 54.3.1 des Streitwertkatalogs (NVwZ 2004, 1327/1332).

4. Die Besonderheit der Untätigkeitsklage nach § 75 VwGO besteht lediglich darin, dass es wegen der Untätigkeit der Behörde eines vollständigen Vorverfahrens nach § 68 VwGO nicht bedarf. Um eine besondere Klageart handelt es sich nicht. Die Klage ist nicht auf Bescheidung schlechthin zu richten, sondern wie bei einer normalen Anfechtungs- oder Verpflichtungsklage auf Aufhebung des – mit dem bisher nicht beschiedenen Widerspruch – angefochtenen oder auf Verpflichtung zum Erlass des beantragten Verwaltungsaktes (BVerwG NVwZ 1991, 1180/1181; OVG Koblenz NJW 1967, 2329; VGH Mannheim NJW 1970, 1143; *Postier* LKV 1992, 232).

5. Die Erteilung der Ausnahmebewilligung nach § 8 HandwO ist nicht in das Ermessen der Behörde gestellt. Die Bewilligung muss vielmehr erteilt werden, wenn die in § 8 HandwO genannten Voraussetzungen erfüllt sind (BVerwG NVwZ 2002, 341). Aus diesem Grunde wird hier ein Verpflichtungsantrag und nicht lediglich ein Bescheidungsantrag (s. Form. V. B. 5) gestellt.

6. Ergeht, nachdem die Klage gem. § 75 VwGO nach Ablauf der Dreimonatsfrist erhoben wurde, ein Bescheid, mit dem Antrag oder Widerspruch des Klägers stattgegeben wird, so ist die Hauptsache für erledigt zu erklären. Die Kosten werden dann nach § 161 Abs. 3 VwGO der beklagten Behörde durch Beschluss auferlegt, und zwar unabhängig davon, ob das Gericht der Behörde gem. § 75 S. 3 VwGO eine Frist gesetzt hatte (*Redeker/von Oertzen* § 161 Rdn. 10).

Ergeht eine negative Entscheidung, wird also der beantragte Verwaltungsakt abgelehnt oder der Widerspruch zurückgewiesen, und will der Kläger, weil die Ablehnungsgründe ihn überzeugen, das Verfahren nicht fortführen, so kann er den Rechtsstreit für in der Hauptsache erledigt erklären. Schließt sich der Beklagte der Erledigungserklärung an, so hat das Gericht nach § 161 Abs. 2 VwGO über die Kosten des Verfahrens zu entscheiden. Dabei sind die Kosten stets der Behörde aufzuerlegen, wenn der Kläger mit seiner Bescheidung vor Klageerhebung rechnen durfte, § 161 Abs. 3 VwGO. Ist dies nicht der Fall, hat der Kläger die Kosten zu tragen, weil er erfolglos geblieben ist und seine Erledigungserklärung einer Klagerücknahme gleichkommt (VGH München BayVBl. 1971, 25/26).

Will der Kläger sein Begehren weiter verfolgen, so gilt Folgendes.

Ist ein negativer Widerspruchsbescheid ergangen, so kann der Kläger diesen in das bereits anhängige Klageverfahren einfügen. Dies kann etwa mit folgender Formulierung geschehen: „In ...... ist inzwischen der in Ablichtung beigefügte Widerspruchsbescheid ergangen. Dieser wird hiermit zum Gegenstand der Klage gemacht. Es wird nunmehr beantragt, unter Aufhebung des Bescheides vom ...... in der Gestalt des Widerspruchsbescheides vom ...... den Beklagten zu verpflichten, ...“. Die mit der Zustellung des – mit ordnungsgemäßer Rechtsmittelbelehrung versehenen – Widerspruchsbescheides in Gang gesetzte Klagefrist sollte vorsorglich gewahrt werden, indem die Einführung des Widerspruchsbescheides in den Prozess innerhalb dieser Frist erfolgt.

Ist der begehrte Verwaltungsakt abgelehnt worden, so kann grundsätzlich die bereits erhobene Untätigkeitsklage unter Einbeziehung des Ablehnungsbescheides fortgeführt werden (VGH Mannheim NVwZ-RR 1997, 396). Ob es ausnahmsweise noch der Durchführung des Widerspruchsverfahrens – sofern diese in dem betr. Land noch gegeben ist – bedarf, hängt vom Zeitpunkt der Klageerhebung sowie weiteren Umständen ab.

Denkbar sind verschiedene, hier im Einzelnen nicht zu behandelnde Konstellationen (s. dazu die Übersicht bei *Dolde* in Schoch/Schmidt-Aßmann/Pietzner § 75 Rdn. 22 ff.). Vorsorglich sollte der Kläger in jedem Falle Widerspruch einlegen und das Gericht von dem Erlass des Ablehnungsbescheides und der Einlegung des Widerspruches unterrichten.

5. Bescheidungsklage[1] (Beamtenrecht)

An das
Verwaltungsgericht[2]

Klage[3]

des Kreisoberinspektors ...... (Klägers)
Prozessbevollmächtigte: ...... RAe ......

gegen

den Kreis ......, vertreten durch den Landrat des Kreises[4] ...... (Beklagten)

wegen: Beförderung
Streitwert: EUR 10.000,–[5]

Namens des Klägers erheben wir Klage vor dem Verwaltungsgericht mit dem Antrag,

> **den Beklagten unter Aufhebung seines Bescheides vom ...... in der Gestalt des Widerspruchsbescheides vom ...... zu verpflichten, über die Bewerbung des Klägers um die ausgeschriebene Beförderungsstelle eines Beamten der Besoldungsgruppe A 11 unter Beachtung der Rechtsauffassung des Gerichts erneut zu entscheiden.[6]**

Zur Begründung führe ich aus:

I. Der Kläger steht seit dem ...... in den Diensten des beklagten Kreises. Unter dem ...... bewarb er sich auf die im Klageantrag näher bezeichnete und von dem Beklagten ausgeschriebene Stelle. Der Beklagte teilte ihm darauf mit, dass eine Mitbewerberin ausgewählt worden sei. Diese sei zwar nicht besser qualifiziert als der Kläger und auch deutlich dienst- und lebensjünger als er. Ihr gebühre aber unter dem Gesichtspunkt der Frauenförderung der Vorzug.

Gegen die als Verwaltungsakt zu qualifizierende Mitteilung legte der Kläger Widerspruch ein.[7] Diesen wies der Beklagte aufgrund eines Beschlusses des Kreistages vom ...... mit Widerspruchsbescheid vom ......, zugestellt am ......, zurück.

Mit Beschluss vom ...... hat das Gericht dem Beklagten die Besetzung der ausgeschriebenen Stelle mit der Mitbewerberin im Wege der einstweiligen Anordnung[8] vorläufig untersagt.

II. Die Ablehnung der Bewerbung des Klägers ist rechtswidrig und verletzt ihn in seinen Rechten, § 113 Abs. 5 S. 1 VwGO. Der Beklagte ist deshalb verpflichtet, über den Antrag des Klägers auf Beförderung unter Beachtung der Rechtsauffassung des Gerichts erneut zu entscheiden, § 113 Abs. 5 S. 2 VwGO.

Nach § 25 Abs. 6 S. 2 Landesbeamtengesetz (LBG) NRW sind, soweit im Bereich der für die Beförderung zuständigen Behörde im jeweiligen Beförderungsamt der Laufbahn weniger Frauen als Männer sind, Frauen bei gleicher Eignung, Befähigung und fachlicher Leistung bevorzugt zu befördern, sofern nicht in der Person eines Mitbewerbers liegende Gründe überwiegen.

Die Bevorzugung weiblicher Bewerber bei gleicher Eignung und Qualifikation nach § 25 Abs. 6 S. 2 LBG NRW besagt nicht, dass weiblichen Bewerbern iRd. Auswahl nach Hilfskriterien stets der Vorrang gegenüber männlichen Bewerbern einzuräumen ist. Bei gleicher Eignung, Befähigung und fachlicher Leistung können sich vielmehr in

der Person des männlichen Bewerbers liegende weitere Hilfskriterien gegenüber dem Gesichtspunkt der Frauenförderung durchsetzen (OVG Münster NVwZ-RR 2000, 176; NWVBl. 2000, 229; 27. 11. 2007 – 6 B 1493/07 – juris; VG Gelsenkirchen 6. 6. 2008 1 L 505/08 – juris). Diese die Anwendung der zulässigen (EuGH NJW 1997, 3429) Öffnungsklausel rechtfertigenden weiteren Hilfskriterien sind hier in dem um mehr als 5 Jahre höheren Beförderungsdienstalter, dem höheren Lebensalter des Klägers sowie darin zu sehen, dass ......

Rechtsanwalt

Schrifttum: Battis, Bundesbeamtengesetz, 4. Aufl. 2009; *Schnellenbach,* Beamtenrecht in der Praxis, 7. Aufl. 2009; *ders.*, Die dienstliche Beurteilung der Beamten und der Richter, Losebl., Stand: Februar 2009; *Schütz/Maiwald,* Beamtenrecht des Bundes und der Länder, Losebl., Stand: März 2009; *von Roetteken/Rothländer,* Hessisches Bedienstetenrecht, Losebl., Stand: April 2009; *Plog/Wiedow/Lemhöfer/Bayer,* Bundesbeamtengesetz/Beamtenversorgungsgesetz, Losebl., Stand: Februar 2009; *Reich,* Beamtenstatusgesetz, 2009.

Anmerkungen

1. Die Bescheidungsklage ist keine eigene Klageart, sondern eine Unterform der Verpflichtungsklage. Sie ist, anders als die Verpflichtungsklage, nicht auf den Erlass eines Verwaltungsaktes mit bestimmtem Inhalt gerichtet, sondern auf Bescheidung eines Antrages auf Erlass eines Verwaltungsaktes. Der Verwaltungsakt selbst kann nicht begehrt werden, weil noch keine Spruchreife besteht, § 113 Abs. 5 S. 2 VwGO.

2. Die örtliche Zuständigkeit des VG in Beamtensachen ergibt sich aus § 52 Nr. 4 VwGO.

3. Zur Gestaltung der Klage im Allg. s. Form. V. B. 1.

4. In NRW, wo der Fall spielen soll, sind in Beamtensachen auch Anfechtungs- und Verpflichtungsklagen nicht gegen die Behörde, sondern gegen die Körperschaft zu richten, § 5 Abs. 2 S. 2 AGVwGO NRW mit § 52 Nr. 4 VwGO (s. dazu auch Form. V. B. 1 Anm. 2).

5. Nach Nr. 10.3 des Streitwertkatalogs (NVwZ 2004, 1327/1329) ist bei einer auf Neubescheidung eines Beförderungsbegehrens gerichteten Klage Streitwert die Hälfte des sich aus § 52 Abs. 5 S. 2 GKG ergebenden Betrages, hier also ¹/₄ des 13-fachen Betrages des Endgrundgehaltes eines Beamten der Besoldungsgruppe A 11 zuzüglich ruhegehaltsfähiger Zulagen. Dieser Betrag wurde hier mit EUR 10.000 überschlägig ermittelt.

6. In Zweifelsfällen – ein solcher liegt hier aber nicht vor – sollte statt eines Bescheidungs- ein Verpflichtungsantrag gestellt werden.

Mit einem solchen Antrag wird kein Risiko eingegangen, weil der – formal wohl richtigere – Bescheidungsantrag als Minus in dem Verpflichtungsantrag enthalten ist. Auch kostenmäßig wirkt sich eine solche Antragstellung nicht ungünstig für den Kläger aus. Denn der Erlass eines Bescheidungsurteils anstelle des beantragten Verpflichtungsurteils bedeutet kein teilweises Unterliegen iSd. § 155 Abs. 1 VwGO (*Redeker/von Oertzen* § 113 Rdn. 42; str.; differenzierend *Kopp/Schenke* § 155 Rdn. 2).

Dem Kläger ist also nicht deshalb ein Teil der Verfahrenskosten aufzuerlegen, weil er „nur" ein Bescheidungsurteil nach § 113 Abs. 5 S. 2 VwGO erstritten hat.

Umgekehrt hat der Verpflichtungsantrag für den Kläger den Vorteil, dass, wenn das Gericht wider Erwarten Spruchreife annehmen und einen Anspruch auf Erlass des begehrten Verwaltungsaktes feststellen sollte, ein Verpflichtungsurteil ergehen kann. Ein solches Urteil ist aber nicht möglich, wenn der Kläger nur einen Bescheidungsantrag stellt und diesen auch auf einen entspr. Hinweis des Gerichts, § 86 Abs. 3 VwGO, nicht ändert.

7. Nach § 54 Abs. 2 BeamtStG ist, sofern nicht ein Landesgesetz das Vorverfahren ausdrücklich ausschließt, vor allen Klagen in Beamtensachen ein Vorverfahren durchzuführen. Die gleiche Regelung enthält § 126 Abs. 2 BBG. § 6 AGVwGO NRW schließt in Beamtensachen das Vorverfahren nicht aus.

8. Zum vorläufigen Rechtsschutz im sog. Konkurrentenstreit s. BVerfG NVwZ 2007, 691; OVG Münster NWVBl. 2004, 466; 2006, 262; ZBR 2005, 318.

6. Anfechtungsklage mit hilfsweise gestelltem Verpflichtungsantrag (Planfeststellungsrecht – Straßenplanung)

An das
Bundesverwaltungsgericht[1]
Simsonplatz 1
04107 Leipzig

Klage

des ...... (Klägers)

Prozessbevollmächtigter: RAe ......[2]

gegen

das Land ......, vertreten durch die Regierung ...... (Beklagter)

wegen: Planfeststellung für eine Bundesstraße

Streitwert: EUR 75.000,–[3]

Namens und Kraft anliegender Vollmacht des Klägers erheben wir Klage vor dem Oberverwaltungsgericht mit dem Antrag,

1. **den Planfeststellungsbeschluss des Beklagten vom ...... aufzuheben,**
2. **hilfsweise den Beklagten zu verpflichten, den Planfeststellungsbeschluss vom ...... dahin zu ergänzen, dass der Träger der Straßenbaulast Maßnahmen des aktiven Lärmschutzes durchzuführen hat, die die Lärmbelastung des Wohngebäudes des Klägers auf dem Grundstück ...... auf höchstens 59 dB (A) tags und auf höchstens 49 dB (A) nachts mindern.[4]**

Zur Begründung führe ich aus:[5]

I. Der Kläger ist Eigentümer von am Ortsrand der Stadt ...... gelegenen Grundstücken, auf denen sich auch die frühere Hofstelle seines ehemaligen landwirtschaftlichen Betriebes mit einem zu dieser Hofstelle gehörenden Wohngebäude befindet. Aufgrund Nutzungsänderungsgenehmigung vom ...... ist nach Aufgabe des landwirtschaftlichen Betriebes die Nutzung des Gebäudes als normales Wohngebäude gestattet worden.
Mit dem angefochtenen Beschluss stellte die Regierung von ...... den Plan für den Bau der Bundesstraße als Ortsumgehung für die Stadt ...... fest.
Durch den Bau der Ortsumgehung werden Teile der Grundstücke des Klägers in Anspruch genommen. Der Kläger hat im Anhörungsverfahren geltend gemacht, dass für den Bau der Ortsumgehung ein Bedürfnis nicht bestehe, jedenfalls aber Maßnahmen zum Schutz seines Wohngebäudes getroffen werden müssten. Die Regierung ist diesen Einwendungen nicht gefolgt.
Der Planfeststellungsbeschluss ist dem Kläger am ...... zugestellt worden.

II. Die Klage ist mit dem Hauptantrag begründet. Wie der Kläger bereits im Anhörungsverfahren vorgetragen hat,[6] besteht für den Bau der Umgehungsstraße kein Verkehrsbedürfnis mehr, nachdem der Durchgangsverkehr seit Inbetriebnahme der Autobahn ...... stark abgenommen hat. ......

Auf das Fehlen der sog. Planrechtfertigung kann sich der Kläger berufen. Mit dem Planfeststellungsbeschluss wird – vorbehaltlich der Höhe der Entschädigung – abschließend über die Zulässigkeit der Enteignung der Grundstücke des Klägers entschieden, § 19 Abs. 2 FStrG (sog. enteignungsrechtliche Vorwirkung). Der Planfeststellungsbeschluss ist deshalb an Art. 14 Abs. 3 GG zu messen (BVerfG NVwZ-RR 2008, 780) und nur rechtmäßig, wenn er auf einer gesetzlichen Grundlage erfolgt und das Allgemeinwohl ihn erfordert (BVerfG NVwZ 1987, 969; BVerwGE 67, 74 = NJW 1983, 2459; E 74, 109/110 = NJW 1986, 2449; NVwZ 1987, 340/341). Der Kläger kann deshalb alle Mängel der Planfeststellung geltend machen und damit auch das Fehlen der Planrechtfertigung.[7]

III. Sollte der Planfeststellungsbeschluss Bestand behalten, so ist er jedenfalls nach § 41 BImSchG iVm. § 2 der VerkehrslärmschutzVO – 16. BImSchV dahin zu ergänzen, dass durch Maßnahmen des aktiven Lärmschutzes, zB. eine Lärmschutzwand oder einen Lärmschutzwall die Lärmbelastung des Wohngebäudes des Klägers auf 59 dB (A) tags und 49 dB (A) nachts vermindert wird. Diese Immissionsgrenzwerte sind nach § 2 Abs. 1 Nr. 2 der 16. BImSchV einzuhalten, da das Wohngebäude des Klägers entgegen der Auffassung des Beklagten nicht im Außenbereich liegt, sondern Teil eines im Zusammenhang bebauten und als allgemeines Wohngebiet zu charakterisierenden Ortsteiles ist. Aus diesem Grunde sind nicht in entsprechender Anwendung des § Abs. 1 Nr. 3 der 16. BImSchV die Immissionsgrenzwerte für ein Mischgebiet einzuhalten (so für Grundstücke im Außenbereich BVerwG DVBl. 1998, 330), sondern die Grenzwerte für allgemeine Wohngebiete, § 2 Abs. 1 Nr. 2 der 16. BImSchV.[8]

Rechtsanwalt

Schrifttum: Kühling/Herrmann, Fachplanungsrecht, 2. Aufl. 2000; *Steinberg/Berg/Wickel,* Fachplanung, 3. Aufl. 2000; *Ziekow,* Aktuelle Probleme des Fachplanungs- und Raumordnungsrechts, 2004; *Hoppe/Schlarmann/Buchner,* Rechtsschutz bei der Planung von Straßen und anderen Verkehrsanlagen, 3. Aufl. 2001; *Stüer,* Handbuch des Bau- und Fachplanungsrechts, 4. Aufl., 2009; *Müller/Schulz,* Bundesfernstraßengesetz, 2008; *Sauthoff* in *Johlen* (Hrsg.), Münchener Prozessformularbuch, Bd. 7 Verwaltungsrecht, 3. Aufl. 2009, Teil III; *Johlen* in *Hoppenberg/de Witt* (Hrsg.), Handbuch des öffentlichen Baurechts, Stand: April 2009, Teil L.

Anmerkungen

1. Die Zuständigkeit des BVerwG ergibt sich hier aus der mit G v. 9. 12. 2006 (BGBl. I 2833) in § 50 Abs. 1 VwGO eingefügtem Nr. 6, die § 48 Abs. 1 S. 1 Nr. 8 VwGO verdrängt (BVerwG UPR 2007, 351).

2. Zur Vertretung vor dem BVerwG s. Form. V. C. 6. Anm. 2.

3. Hat, wie hier, der Planfeststellungsbeschluss enteignungsrechtliche Vorwirkungen und liegen keine Besonderheiten vor, so ist regelmäßig ein Gegenstandswert von 30 vH. bis 50 vH. des Verkehrswertes der zu enteignenden Fläche anzusetzen (BVerfG NVwZ 1999, 1104; BVerwG NVwZ-RR 1993, 331; 2000, 138). Da der Hilfsantrag denselben Gegenstand betrifft, erhöht er den Gegenstandswert nicht. Maßgebend ist hier der höhere Wert des Hauptantrages, § 45 Abs. 1 S. 2 und 3 GKG.

4. Gegen den Planfeststellungsbeschluss kann und muss unmittelbar Klage erhoben werden. Ein Vorverfahren findet nicht statt, § 70 VwVfG. Dies gilt entgegen der etwas missverständlichen Formulierung der Bestimmung („Anfechtung der Entscheidung", „erlassenen Verwaltungsakt") auch für eine Verpflichtungsklage auf Ergänzung des Verwaltungsaktes, wie sie hier mit dem Hilfsantrag erhoben wird (*Kopp/Schenke* § 71 Rdn. 3).

5. Erfolgt die Klagebegründung nicht schon in der Klageschrift, so ist sie innerhalb von 6 Wochen nach der Klageerhebung nachzureichen, § 17e Abs. 5 FStrG.

6. Im Anhörungsverfahren nach § 17a FStrG können Einwendungen gegen den Planentwurf erhoben werden. Nach Ablauf der Einwendungsfrist sind sie ausgeschlossen, § 17a Nr. 7 S. 1 FStrG. Auf nicht vorgebrachte Einwendungen kann auch die Klage nicht gestützt werden (materielle Präklusion, BVerwG NVwZ 1997, 274/275; 2001, 1398; 2004, 861; 2005, 218). In der Klageschrift sollte deshalb dargelegt werden, dass die Gründe, aus denen der Planfeststellungsbeschluss rechtsfehlerhaft sein soll, bereits als Einwendungen konkret (dazu BVerwG NVwZ-RR 2006, 759; NVwZ 2008, 678) im Anhörungsverfahren vorgetragen wurden.

7. Nach der neueren Rspr. (BVerwGE 127, 95 = NVwZ 2007, 445; OVG Lüneburg NVwZ-RR 2008, 686) ist die Planrechtfertigung auch bei nur mittelbaren Beeinträchtigungen, zB. Lärmimmissionen, zu prüfen. Die Rüge beschränkt sich dann aber auf die fachplanerische Zielkonformität.

8. Für den vorläufigen Rechtsschutz gegen Fernstraßenplanungen gelten folgende Besonderheiten (gleiches gilt nach § 18e AEG, § 29 PBefG, § 14e WaStrG, § 10 LuftVG für Klagen gegen andere Verkehrsvorhaben).

Eine Klage gegen einen Planfeststellungsbeschluss oder eine Plangenehmigung für den Bau oder die Änderung von Bundesfernstraßen, für die nach dem FernstraßenausbauG vordringlicher Bedarf festgestellt ist, hat nach § 17e Abs. 2 S. 1 FStrG keine aufschiebende Wirkung. In diesem Fall kann der Antrag auf Anordnung der aufschiebenden Wirkung der Klage nach § 17e Abs. 2 S. 2 FStrG nur innerhalb eines Monats nach Zustellung des Planfeststellungsbeschlusses oder der Plangenehmigung gestellt und begründet werden.

Liegt ein solcher Fall nicht vor, so hat die Klage gegen den Planfeststellungsbeschluss oder die Plangenehmigung aufschiebende Wirkung, § 80 Abs. 1 S. 2 mit S. 1 VwGO. Ordnet in diesem Falle die Behörde die sofortige Vollziehung nach § 80 Abs. 1 S. 1 Nr. 4 VwGO an, so ist der Antrag auf Wiederherstellung der aufschiebenden Wirkung der Klage ebenfalls fristgebunden, wenn für den Bau oder die Änderung der Bundesfernstraße ein unvorhergesehener Verkehrsbedarf iSd. § 6 FernstraßenausbauG besteht oder die Straße der Aufnahme in den Bedarfsplan nicht bedarf. In diesem Falle kann der Antrag auf Anordnung der aufschiebenden Wirkung der Klage nach § 17 Abs. 3 S. 1 FStrG nur innerhalb eines Monats nach Zustellung der Entscheidung über die Anordnung der sofortigen Vollziehung gestellt und begründet werden.

7. Kombinierte Anfechtungs- und Bescheidungsklage (Wehrpflichtrecht)

An das
Verwaltungsgericht

Klage[1]

des Wehrpflichtigen ...... (Klägers)
Prozessbevollmächtigter: RA ......
gegen
die Bundesrepublik Deutschland[2], vertreten durch das Bundesministerium der Verteidigung in Berlin, dieses vertreten durch die Wehrbereichsverwaltung ...... (Beklagte)

wegen: Zurückstellung vom Wehrdienst
Streitwert: 5.000,– EUR[3]

Namens des Klägers erhebe ich Klage mit dem Antrag,

I. den Einberufungsbescheid des Kreiswehrersatzamtes ...... vom 24. 2. 2010 in der Gestalt des Widerspruchsbescheides der Wehrbereichsverwaltung vom 18. 3. 2010 aufzuheben[4],

II. unter Aufhebung des Bescheides des Kreiswehrersatzamtes ...... vom 4. 3. 2010 in der Gestalt des Widerspruchsbescheides der Wehrbereichsverwaltung vom 18. 3. 2010 die Beklagte zu verpflichten, über den Antrag des Klägers auf Zurückstellung vom Wehrdienst unter Beachtung der Rechtsauffassung des Gerichts neu zu entscheiden[5].

Zur Begründung führe ich aus:

I. Der am 3. 1. 1989 geborene Kläger steht nach dem Musterungsbescheid des Kreiswehrersatzamtes ...... vom 28. 3. 2007 zur Ableistung des Grundwehrdienstes zur Verfügung. Nachdem der Kläger im Juni 2008 die Reifeprüfung bestanden hatte, trat er in das elterliche Textilgeschäft ein, um seinen zu dieser Zeit bereits schwer kranken Vater zu entlasten. Nachdem der Vater im August 2008 verstorben war, wurde der Kläger auf seinen Antrag hin bis zum 31. 12. 2009 gem. § 12 Abs. 7 WPflG vom Wehrdienst zurückgestellt. Am 1. 10. 2008 begann der Kläger ein rechtswissenschaftliches Studium.
Mit Einberufungsbescheid vom 24. 2. 2010 berief das Kreiswehrersatzamt ...... den Kläger zum 1. 4. 2010 zur Ableistung des Grundwehrdienstes ein. Dagegen legte der Kläger mit Schreiben vom 28. 2. 2010 Widerspruch[6] ein und beantragte gleichzeitig seine Zurückstellung vom Wehrdienst. Diesen Antrag lehnte das Kreiswehrersatzamt mit Bescheid vom 4. 3. 2010 ab. Den dagegen und gegen den Einberufungsbescheid eingelegten Widerspruch wies die Wehrbereichsverwaltung mit Widerspruchsbescheid vom 18. 3. 2010, zugestellt am 19. 3. 2010, zurück. Die angefochtenen Bescheide sind in Ablichtung beigefügt.

II. Der Kläger kann nach § 12 Abs. 4 S. 2 Nr. 3 b WPflG Zurückstellung vom Wehrdienst verlangen, da er im Zeitpunkt der Einberufung vom 1. 4. 2010 in seinem Hochschulstudium das dritte Semester bereits erreicht, ja sogar schon abgeschlossen hat.
Die Geltendmachung des Zurückstellungsgrundes verstößt entgegen der Ansicht der Beklagten nicht gegen Treu und Glauben. Denn der Kläger hat die ihm wegen seiner Unentbehrlichkeit für den elterlichen Betrieb gewährte Zurückstellung nicht rechtsmissbräuchlich benutzt, um mit der Aufnahme des Studiums während der Zurückstellungsfrist einen neuen Zurückstellungsgrund zu schaffen (vgl. BVerwG NJW 1970,

1203). Denn der Zweck der zunächst gewährten Zurückstellung, die Erhaltung des elterlichen Betriebes, ist durch die intensive Mitarbeit des Klägers voll erreicht worden. Diesem war es auf Grund besonderen Einsatzes und rationeller Zeiteinteilung möglich, sowohl die für die Erhaltung des Betriebes, insbesondere die Einarbeitung eines neuen Geschäftsführers erforderliche Arbeitsleistung zu erbringen, als auch sich dem Studium der Rechtswissenschaften zu widmen ......
Da ein Zurückstellungsgrund besteht, konnte der Kläger nicht zum Wehrdienst einberufen werden, so dass auch der ergangene Einberufungsbescheid rechtswidrig ist.

Rechtsanwalt

Schrifttum: Boehm-Tettelbach, Wehrpflichtgesetz, Losebl., Stand: April 2009; *Steinlechner/Walz,* Wehrpflichtgesetz, 7. Aufl. 2009.

Anmerkungen

1. Zum Inhalt der Klage im Allg. s. Form. V. B. 1.

2. Klagegegner ist nach § 78 Abs. 1 Nr. 1 VwGO die Bundesrepublik Deutschland; § 78 Abs. 1 Nr. 2 VwGO findet keine Anwendung, da die hier tätigen Bundesbehörden nicht einer landesgesetzlichen Regelung unterliegen können (BVerwG NJW 1963, 350).

3. Nach der Rspr. des BVerwG beträgt der Streitwert in Wehrpflichtsachen regelmäßig gem. § 52 Abs. 2 GKG 5.000,– EUR, „weil sich das Interesse eines Klägers am Obsiegen in solchen Verfahren durch einen bestimmten Betrag nicht hinreichend objektivieren lässt“ (NVwZ 1983, 607/608; DÖV 1994, 170).

4. Die Klage gegen den Einberufungsbescheid hat keine aufschiebende Wirkung, § 35 S. 1 WPflG. Es empfiehlt sich deshalb, gleichzeitig einen Antrag auf Anordnung der aufschiebenden Wirkung nach den § 35 S. 2 WPflG, § 80 Abs. 5 VwGO zu stellen (s. dazu Form. V. D. 2).

5. Nach § 12 Abs. 4 WPflG „soll“ der Wehrpflichtige in Fällen besonderer Härte zurückgestellt werden. Die Behörde hat also einen, wenn auch kleinen, Entscheidungsspielraum. Sieht also das Gericht bei einer auf Zurückstellung gerichteten Verpflichtungsklage im Gegensatz zu der Behörde eine besondere Härte als gegeben an, so kann es, weil die Behörde von ihrem Ermessen noch keinen Gebrauch gemacht hat, nur ein Bescheidungsurteil nach § 113 Abs. 5 S. 2 VwGO erlassen. Allerdings ist es unschädlich und begründet für den Kläger auch kein Kostenrisiko, wenn auf Erlass des beantragten Zurückstellungsbescheides und nicht nur auf Bescheidung des Zurückstellungsantrages geklagt wird (s. dazu Form. V. B. 5 Anm. 6).

6. In Wehrpflicht- und Zivildienstsachen beträgt die Widerspruchsfrist zwei Wochen, § 33 Abs. 1 WPflG, § 72 Abs. 2 ZivildienstG, gem. § 9 Abs. 1 KDVG iVm. § 70 Abs. 1 S. 1 VwGO einen Monat, im Spannungs- und Verteidigungsfall eine Woche, § 11 Abs. 1 Nr. 3 KDVG.

8. Feststellungsklage (Wegerecht)

An das
Verwaltungsgericht

Klage[1]

der Eheleute ...... (Kläger)
Prozessbevollmächtigter: RA ......

gegen

die Gemeinde ......, vertreten durch den Bürgermeister[2] ...... (Beklagte)

wegen: Feststellung der Nichtöffentlichkeit eines Weges

Streitwert: 7.500,– EUR[3]

Namens der Kläger erhebe ich Klage mit dem Antrag,

festzustellen, dass der über das Grundstück der Kläger A-Straße Nr. ...... in ...... (Gemarkung ...... Flur ...... Flurstück ......) verlaufende Fußweg kein öffentlicher Weg ist.

Zur Begründung führe ich aus:

I. Die Kläger erwarben im Jahre 2007 das im Klageantrag bezeichnete, bis dahin unbebaute Grundstück, auf dem sie in den Jahren 2008/2009 ein Einfamilienwohnhaus errichteten.
Bereits zum Zeitpunkt des Kaufes des Grundstücks verlief auf dem westlichen Grundstücksteil entlang der seitlichen Grundstücksgrenze ein etwa 2 m breiter unbefestigter Weg, der allg. als fußläufige Verbindung zu der an der B-Straße befindlichen Omnibushaltestelle benutzt wird. Bei den Kaufverhandlungen erklärte der Grundstücksverkäufer, der Weg sei nicht öffentlich, die Benutzung des Grundstücks durch Dritte könne von den Klägern jederzeit unterbunden werden, vor allem im Falle einer Bebauung des Grundstücks.
Als die Kläger sich nach dem Bau ihres Einfamilienwohnhauses daranmachten, ihr Grundstück insgesamt einzufriedigen und gärtnerisch anzulegen, wurde ihnen von der Beklagten mitgeteilt, es handele sich nach Ansicht der Gemeinde um einen öffentlichen Weg, der von den Klägern deshalb nicht gesperrt werden dürfe. Der Weg werde seit dem Bau der B-Straße und der Anlegung einer Bushaltestelle im Jahre 1964 von der Allgemeinheit benutzt und sei als solcher in einem seit dem Jahre 1986 rechtsverbindlichen Bebauungsplan ausgewiesen.

II. Die erhobene Feststellungsklage ist zulässig. Bei der Öffentlichkeit oder Nichtöffentlichkeit eines Weges handelt es sich um ein Rechtsverhältnis iSv. § 43 Abs. 1 VwGO[4] (OVG Münster OVGE 9, 32; 15, 294; OVG Magdeburg LKV 2000, 543; OVG Hamburg NordÖR 2007, 85). Die Kläger haben ein berechtigtes Interesse an der begehrten Feststellung[5], da die Beklagte sich der Öffentlichkeit des Weges berühmt. Die Kläger können auch nicht auf die Möglichkeit verwiesen werden, eine künftige, bei Sperrung des Weges möglicherweise ergehende Ordnungsverfügung anzufechten, § 43 Abs. 2 VwGO[6]. Denn da die Einfriedigung des Grundstücks und die gärtnerische Gestaltung des bisher als Weg benutzten Grundstücksteils mit erheblichen Aufwendungen verbunden sind, die im Falle einer späteren Wiedereröffnung des Weges vergeblich wären, haben die Kläger ein berechtigtes Interesse daran, nicht erst den Erlass einer Ordnungsverfügung abzuwarten, sondern die Nichtöffentlichkeit des Weges bereits jetzt feststellen zu lassen (vgl. dazu BVerwG NJW 1967, 996).[7]

III. Die Feststellungsklage ist auch begründet, da der Weg nicht öffentlich ist.
Seit Inkrafttreten des Landesstraßengesetzes NRW am 1. 1. 1962 kann ein öffentlicher Weg nur durch das in § 6 Straßen- und Wegegesetz NRW vorgeschriebene förm-

liche Widmungsverfahren entstehen, das hier nicht stattgefunden hat. Eine tatsächliche Benutzung durch die Öffentlichkeit über einen längeren Zeitraum reicht für die Entstehung eines öffentlichen Weges nicht aus. Der Fall der Entstehung eines öffentlichen Weges nach dem Rechtsinstitut der unvordenklichen Verjährung (s. dazu OLG Hamm NVwZ-RR 1993, 227; VGH München BayVBl. 1998, 563) ist nicht gegeben. Eine förmliche Widmung ist auch nicht deshalb entbehrlich, weil die Wegefläche in dem Bebauungsplan als öffentliche Verkehrsfläche ausgewiesen ist. Denn der Bebauungsplan ersetzt die Widmung nicht (BVerwG BRS 28 Nr. 6; OVG Lüneburg DVBl. 1971, 792) ……

Rechtsanwalt

Schrifttum: Germershausen/Seydel/Marschall, Wegerecht und Wegeverwaltung in der Bundesrepublik Deutschland und deren Ländern, 5. Aufl. 1961; *Kodal/Krämer,* Straßenrecht, 6. Aufl. 1999; *Sauthoff* in *Johlen* (Hrsg.), Münchener Prozessformularbuch, Bd. 7, Verwaltungsrecht, 3. Aufl. 2009, Teil J. IV.; *Zeitler,* Bayerisches Straßen- und Wegegesetz, Losebl., Stand: 2009; *Hengst/Majcherek,* Straßen- und Wegegesetz des Landes Nordrhein-Westfalen, Losebl., Stand: Mai 2009.

Anmerkungen

1. Zum Inhalt der Klage im Allg. s. Form. V. B. 1.

2. Die Klage ist gegen den sachlichen Streitgegner zu richten, hier also gegen die Körperschaft (*Redeker/von Oertzen* § 43 Rdn. 28). § 78 Abs. 1 Nr. 2 VwGO gilt nur für Anfechtungs- und Verpflichtungsklagen und findet deshalb keine Anwendung. Die Gemeinde wird im konkreten Falle, der in NRW spielt, vom Bürgermeister vertreten, § 63 Abs. 1 S. 1 GO NRW.

3. Nach Nr. 43.3 des Streitwertkatalogs (NVwZ 2004, 1327/1331) beträgt in Verfahren um die Widmung oder Einziehung eines öffentlichen Weges der Streitwert mindestens 7.500,– EUR. Das gilt nach Auffassung des OVG Münster (10. 11. 2004 – 11 E 1114/04 – juris) auch in Fällen, in denen es um die Öffentlichkeit des Weges „kraft unvordenklicher Verjährung" geht.

4. Andere Rechtsverhältnisse, deren Bestehen oder Nichtbestehen festgestellt werden kann, sind:
- die Klärung der handwerksrechtlichen Zulässigkeit einer Tätigkeit (VGH Mannheim NVwZ-RR 2005, 173),
- die Genehmigungsbedürftigkeit bestimmter Tätigkeiten (BVerwG NJW 1988, 1534),
- die Befugnis, ein bestimmtes Gewerbe ohne besondere behördliche Gestattung zu betreiben (BVerwG E 39, 248; 94, 271; VGH München BayVBl 1987, 499),
- die Befugnis, einen Betrieb zu führen,
- das Bestehen und der Umfang öffentlich-rechtlicher Pflichten, zB. der Umfang der Verpflichtung eines Importeurs, eingeführte Lebensmittel untersuchen zu lassen (BVerwG E 77, 207 = NVwZ 1988, 430),
- Statusrechte wie die Staatsangehörigkeit (BVerwG NVwZ 1993, 782) oder die Mitgliedschaft zu einer Körperschaft, Anstalt oder Stiftung des öffentlichen Rechtes,
- das Ruhen der Wehrpflicht nach § 1 Abs. 2 WPflG (BVerwG NVwZ 1987, 598),
- die Unwirksamkeit der Kündigung eines öffentlich-rechtlichen Vertrages (VGH Mannheim NVwZ 1993, 903; VGH München BayVBl. 1995, 695),
- Pflichten aus dem Schulverhältnis,
- die Vereinbarkeit einer Bürgschaft mit Gemeinschaftsrecht.

Nicht Gegenstand einer Feststellungsklage können sein:
- die Frage der Gültigkeit von Rechtsnormen (BVerwG E 3, 265; NVwZ 1993, 511). Dieser Fall ist nicht gegeben, wenn die Feststellungsklage zwar ausschließlich mit der

Ungültigkeit einer Rechtsnorm begründet wird, unmittelbar aber auf die Feststellung des Bestehens oder Nichtbestehens eines aus dieser Rechtsnorm abgeleiteten Rechtsverhältnisses gerichtet ist (BVerwG E 25, 151; 26, 251/253; OVG Münster NVwZ-RR 1995, 138; Pietzcker in Schoch/Schmidt-Aßmann/Pietzner § 43 Rdnr. 25),
– abstrakte Rechtsfragen (VGH München NVwZ 1988, 83/84),
– bloße Elemente von Rechtsverhältnissen, die nicht unmittelbar Rechte oder Pflichten begründen, sondern nur die Voraussetzungen solcher Rechte und Pflichten sind (BGHZ 22, 43), wie die Rechtswidrigkeit (BVerwG E 62, 351) oder die Schuldhaftigkeit (vgl. BGH NJW 1984, 1556) einer Handlung,
– die Echtheit einer Urkunde (anders als nach § 256 ZPO),
– die Bebaubarkeit eines Grundstücks (BVerwG BRS 32 Nr. 149).

5. Das Vorliegen eines „berechtigten Interesses an der baldigen Feststellung" ist eine Prozessvoraussetzung, die im Zeitpunkt der Entscheidung des Gerichts gegeben sein muss (*Kopp/Schenke* § 43 Rdn. 23). Anders als nach § 256 ZPO ist nicht ein rechtliches, sondern nur ein berechtigtes Interesse zu fordern (vgl. BVerwG DÖV 1982, 411; NVwZ 1991, 471). Der Begriff des berechtigten Interesses ist weiter und umfasst neben rechtlichen auch andere anzuerkennende schutzwürdige Interessen (BVerwG E 74, 4), zB. wirtschaftlicher (BVerwG E 36, 226; 41, 636; DÖV 1982, 411), ideeller (VGH Mannheim DVBl. 1995, 367/368; OVG Münster NWVBl. 1997, 23) oder auch nur rein persönlicher Art (BVerwG E 36, 226; 41, 260; 41, 336 f.; 74, 4). Ein berechtigtes Interesse kann auch bei einer Wiederholungsgefahr gegeben sein (VGH Mannheim DÖV 1990, 572; NVwZ-RR 1992, 204; DVBl 1995, 367/368). Die Absicht, eine Amtshaftungsklage zu erheben, begründet kein berechtigtes Interesse, wenn sich die Amtshandlung schon vor der Erhebung der verwaltungsgerichtlichen Klage erledigt hat (BVerwG Buchholz 310 § 113 VwGO Nr. 202; VGH Mannheim DVBl 1995, 367/380).

6. Die Feststellungsklage ist nicht zulässig, soweit der Kläger seine Rechte mit einer Gestaltungs- (insbes. Anfechtungs-), Verpflichtungs- oder einer allg. Leistungsklage verfolgen kann oder hätte verfolgen können, § 43 Abs. 2 S. 1 VwGO. Diese Subsidiarität der Feststellungsklage gilt aber nicht, wenn die Feststellung der Nichtigkeit eines Verwaltungsaktes begehrt wird, § 43 Abs. 2 S. 2 VwGO.

7. Eines Vorverfahrens bedarf es vor Erhebung der Feststellungsklage grundsätzlich nicht, da § 68 VwGO ein solches nur für Anfechtungs- und Verpflichtungsklagen vorschreibt.

9. Allgemeine Leistungsklage (Erschließungsvertrag)[1]

An das
Verwaltungsgericht

Klage[2]

der Gemeinde ……, vertreten durch den Bürgermeister …… **(Klägerin)**
Prozessbevollmächtigter: RA ……
gegen
die …… Wohnungsbaugesellschaft mbH, vertreten durch ihren Geschäftsführer …… **(Beklagte)**

wegen: Schadensersatz wegen Nichterfüllung eines Erschließungsvertrages

Streitwert: 35.698,– EUR

Namens der Klägerin erhebe ich Klage mit dem Antrag,

I. die Beklagte zu verurteilen, an die Klägerin 35.698,– EUR nebst Zinsen in Höhe von fünf Prozentpunkten über dem Basiszinssatz seit Klagezustellung zu zahlen,

II. der Beklagten die Kosten des Verfahrens aufzuerlegen,

III. das Urteil für vorläufig vollstreckbar zu erklären[3],

IV. der Klägerin zu gestatten, zulässige oder erforderliche Sicherheiten auch durch Bürgschaft der Kreissparkasse ...... zu erbringen.

Zur Begründung führe ich aus:

I. Die Parteien schlossen am ...... einen Erschließungsvertrag nach § 124 BauGB. Darin verpflichtete sich die Beklagte, auf eigene Kosten die zur Erschließung des durch den Bebauungsplan Nr....... der Gemeinde festgesetzten Baugebietes erforderlichen Anlagen herzustellen. Die Einzelheiten ergeben sich aus dem bei den Verwaltungsvorgängen befindlichen Vertrag.
Die Beklagte führte die Erschließungsarbeiten bis auf die Aufbringung der Verschleißdecke auf der Fahrbahn der A-Straße und die Anlegung des Bürgersteiges auf der Nordseite dieser Straße durch. Anschließend stellte sie ihre Erschließungstätigkeit ein. Die Klägerin forderte die Beklagte mehrfach vergeblich zur Fertigstellung der Erschließungsanlagen auf. Zuletzt setzte sie mit Schreiben vom ...... eine letzte Frist bis zum ...... mit der Androhung, dass sie nach ergebnislosem Ablauf der Frist die restliche Erfüllung des Erschließungsvertrages durch die Beklagte ablehnen und die Restarbeiten auf Kosten der Beklagten durchführen lassen werde. Dies ist dann auch geschehen, nachdem die Beklagte die ihr gesetzte Frist verstreichen ließ. Nach den bei den Verwaltungsvorgängen befindlichen Rechnungen der Tiefbaufirma ...... hat die Fertigstellung der A-Straße 35.698,– EUR gekostet.

II. Der Verwaltungsrechtsweg ist nach § 40 Abs. 1 S. 1 VwGO gegeben, da der Erschließungsvertrag ein öffentlich-rechtlicher Vertrag iSv. § 54 VwVfG (BGH NVwZ 2003, 1015; NJW-RR 2006, 645; BVerwGE 32, 37; NJW 2008, 601; BayObLG NVwZ-RR 2005, 135; OVG Schleswig NJW 2008, 601) und deshalb die Klage auf Erfüllung von Ansprüchen aus diesem Vertrag eine öffentlich-rechtliche Streitigkeit ist. Der ordentliche Rechtsweg ist im vorliegenden Falle nach § 40 Abs. 2 VwGO nicht gegeben, da diese Vorschrift Schadensersatzansprüche aus der Verletzung eines öffentlich-rechtlichen Vertrages von der Verweisung an die ordentlichen Gerichte ausdrücklich ausnimmt.
Das Rechtsschutzinteresse für die erhobene Leistungsklage ist gegeben, da eine Durchsetzung der von der Beklagten übernommenen Pflichten durch Verwaltungsakt nicht möglich ist (BVerwGE 50, 171 = NJW 1976, 1516; OVG Münster NJW 1995, 3003). Eine Unterwerfung unter die sofortige Vollstreckung nach § 61 VwVfG ist nicht erfolgt.

III. Der Klageanspruch ist nach den § 62 S. 2 VwVfG, § 281 BGB begründet, da die Beklagte trotz Mahnung, Fristsetzung und Androhung der Erfüllungsablehnung die ihr nach dem Erschließungsvertrag obliegenden Pflichten nicht vollständig erfüllt hat ......

IV. Der geltend gemachte Zinsanspruch ergibt sich aus einer sinngemäßen Anwendung der §§ 291, 288 Abs. 2 BGB (BVerwGE 51, 287; NJW 1995, 3125; E 99, 53 = NJW 1995, 3135; E 111, 213 = NVwZ 2001, 327; E 114, 61 = NVwZ 2001, 1057; NVwZ 2004, 991).

V. Die Verwaltungsvorgänge sind beigefügt[4].

Rechtsanwalt

Anmerkungen

1. Die allg. Leistungsklage ist in der VwGO nicht ausdrücklich geregelt, sie wird jedoch in den §§ 43 Abs. 2, 111 und 113 Abs. 4 VwGO erwähnt. Für sie ist, außer in Beamtensachen, § 126 Abs. 3 BRRG, ein Vorverfahren nach den §§ 68 ff. VwGO nicht erforderlich.

2. Zum Inhalt der Klage im Allg. s. Form. V. B. 1.

3. Die Zulässigkeit der vorläufigen Vollstreckbarkeit ergibt sich aus § 167 Abs. 1 VwGO, §§ 709, 708 Nr. 11 ZPO. § 167 Abs. 2 VwGO findet auf die allg. Leistungsklage keine Anwendung. Das gilt auch für ein Urteil, durch das ein Hoheitsträger zum Unterlassen eines schlichthoheitlichen Verwaltungshandelns verurteilt wird (VGH Kassel NVwZ 1990, 272/273; aA. OVG Lüneburg NVwZ 1990, 275).

4. § 99 VwGO.

10. Antrag auf gerichtliche Entscheidung (Personalvertretungsrecht)

An das
Verwaltungsgericht
Fachkammer für Bundespersonalvertretungssachen

Antrag auf gerichtliche Entscheidung

In Sachen

des Personalrates des Bundesamtes für ......, vertreten durch seinen Vorsitzenden ......[1] (Antragstellers)

Verfahrensbevollmächtigter: RA ......

gegen

den Präsidenten des Bundesamtes für ......[2] (Beteiligter)

wegen: Feststellung des Mitbestimmungsrechts

beantrage ich namens des Antragstellers:

> **Es wird festgestellt, dass die vorübergehende Aufstockung der Arbeitszeit des Verwaltungsangestellten ...... der Mitbestimmung des Antragstellers unterlag und der Beteiligte verpflichtet ist, in künftigen Fallen, in denen die vertraglich vereinbarte Arbeitszeit für die Dauer von mehr als zwei Monaten erheblich verändert werden soll, vor Durchführung der beabsichtigten Maßnahme ein Mitbestimmungsverfahren einzuleiten.**

Zur Begründung führe ich aus.

Bei dem Bundesamt für ...... ist der Angestellte ...... im Rahmen eines Teilzeitbeschäftigungsverhältnisses mit einer Wochenarbeitszeit von 20 Stunden tätig. Der Beteiligte hat nunmehr diese Arbeitszeit für die Dauer von drei Monaten um 12 Stunden aufgestockt. Die Zustimmung des Antragstellers wurde dazu nicht eingeholt. Der Beteiligte ist der Auffassung, die nur vorübergehende und nicht wesentliche Änderung des Teilzeitbeschäftigungsverhältnisses stelle keine „Einstellung" im Sinne des § 75 Abs. 1 Nr. 1 BPersVG dar.

Der Auffassung des Beteiligten kann nicht gefolgt werden. Nach der Rechtsprechung des BVerwG wird eine „Einstellung" nicht nur durch den erstmaligen Abschluss eines Arbeitsvertrages und die erstmalige Aufnahme der vorgesehenen Tätigkeit bewirkt. Als „Einstellung" im personalvertretungsrechtlichen Sinne kann vielmehr auch die Verlängerung oder Entfristung eines befristeten Beschäftigungsverhältnisses (BVerwGE 57, 280) oder die Umwandlung eines Teilzeitbeschäftigungsverhältnisses in ein Vollzeitbeschäftigungsverhältnis (BVerwGE 92, 295; PersR 1994, 419) angesehen werden. Ferner wurde

entschieden, dass die Aufstockung eines Teilzeitbeschäftigungsverhältnisses mit einer Wochenarbeitszeit von 19,5 Stunden um 14,75 Stunden für die Dauer von fünf Monaten der Mitbestimmung unterliegt (BVerwGE 108, 347). Gleiches muss auch hier gelten. Denn die Wochenarbeitszeit von nunmehr 32 Stunden nähert sich der Arbeitszeit eines Vollzeitbeschäftigten. Auch spricht eine Vermutung dafür, dass die Verlängerung der Aufstockung der Arbeitszeit nicht vorübergehend und unbedeutend ist, da sie zwei Monate überschreitet (BVerwGE 108, 347) ......

Der Antragsteller hat in seiner Sitzung vom ...... beschlossen, zur Klärung der zwischen ihm und dem Beteiligten streitigen Rechtsfrage eine gerichtliche Entscheidung nach § 83 Abs. 1 Nr. 3 BPersVG herbeizuführen.[4]

Es wird beantragt, den Wert des Gegenstandes der anwaltlichen Tätigkeit in Anlehnung an § 52 Abs. 2 GKG auf 5.000,– EUR festzusetzen.[5]

Rechtsanwalt

Schrifttum: Richardi/Dörner/Weber, Personalvertretungsrecht, 3. Aufl. 2008; *Lorenzen/Etzel/Gerhold/Schlatmann/Rehak/Faber,* Bundespersonalvertretungsgesetz, Losebl., Stand: Juli 2009; *Altvater/Hamer/Kröll/Lemcke/Peiseler,* Bundespersonalvertretungsgesetz, 6. Aufl. 2008; *Ilbertz/Widmaier,* Bundespersonalvertretungsgesetz, 11. Aufl. 2008; *Fischer/Goeres/Gronimus,* Personalvertretungsrecht des Bundes und der Länder, Losebl., Stand: 2008; *Cecior/Vallendar/Lechtermann/Klein,* Das Personalvertretungsrecht in Nordrhein-Westfalen, Losebl., Stand: April 2009; *Schelter/Seiler,* Bayerisches Personalvertretungsgesetz, 3. Aufl. 2000.

Anmerkungen

1. Zum Vertretungsrecht des Vorsitzenden s. Anm. 4.

2. Beteiligter (Antragsgegner) ist der Leiter der Dienststelle, nicht der Dienstherr (BVerwGE 56, 330).

3. Für eine Kostenentscheidung und damit einen Kostenantrag ist im personalvertretungsrechtlichen Beschlussverfahren kein Raum (BVerwG NJW 1958, 1649; VGH Mannheim ZBR 1980, 259 Nr. 8).

4. Die Führung eines Rechtsstreits gegen den Leiter der Dienststelle ist kein vom Vorstand allein zu besorgendes laufendes Geschäft iSv. § 32 Abs. 1 S. 4 BPersVG. Aus diesem Grunde muss dem Antrag auf gerichtliche Entscheidung ein Beschluss des gesamten Personalrates zugrunde liegen. Im Rahmen dieses Beschlusses vertritt der Vorsitzende den Personalrat allein, § 32 Abs. 3 S. 1 BPersVG.

5. Als Gegenstandswert in personalvertretungsrechtlichen Streitigkeiten wird regelmäßig der Auffangwert von 5.000,– EUR nach § 52 Abs. 2 GKG festgesetzt (BVerwGE 105, 241 = DVBl. 1998, 634; OVG Hamburg PersR 2001, 253; OVG Greifswald NVwZ-RR 2004, 159).

Kosten und Gebühren

Das Verfahren ist gerichtskostenfrei, § 83 Abs. 2 BPersVG, §§ 80 Abs. 1, 2a Abs. 1 ArbGG § 2 Abs. 2 GKG.

Der Anwalt erhält im Verfahren erster Instanz die normalen Gebühren.

Die dem Personalrat durch die Prozessführung entstandenen Kosten (insbes. Anwaltskosten) sind als durch die Tätigkeit des Personalrates entstandene Kosten von der Dienststelle zu erstatten, § 44 Abs. 1 S. 1 BPersVG (BVerwG NJW 1959, 1746; VGH

Kassel NVwZ-RR 2004, 597; s. im Einzelnen *Lorenzen/Etzel/Gerhold/Schlatmann/Rehak/Faber* § 44 Rdn. 18 ff. mwN.).

11. Antrag auf gerichtliche Entscheidung (Kammer für Baulandsachen)[1]

An die
Bezirksregierung[2]

In Sachen

des ...... (Antragstellers)[3]

Verfahrensbevollmächtigter: RA ......[4]

gegen

die Gemeinde ......, vertreten durch den Bürgermeister ...... (Beteiligte)
stelle ich Antrag auf gerichtliche Entscheidung[5] und beantrage[6],

I. den Enteignungsbeschluss der Bezirksregierung in ...... vom ...... (Az: ......)[7] teilweise aufzuheben und die Beteiligte zu verurteilen[8], an den Antragsteller über die festgestellte Entschädigung hinaus
1. weitere 24.000,– EUR für das enteignete Grundstück
und
2. weitere 458,15 EUR Rechtsvertretungskosten
zu zahlen, und zwar jeweils nebst 2% Zinsen über dem Basiszinssatz nach § 247 BGB seit dem ......,

II. der Beteiligten die Kosten des Verfahrens aufzuerlegen[9],

III. das Urteil für vorläufig vollstreckbar zu erklären[10].

Zur Begründung führe ich aus[11].

I. Der Antragsteller war Eigentümer des im Gemeindegebiet der Beteiligten gelegenen unbebauten Grundstücks X-Straße Nr. ...... Das Grundstück ist 2.400 qm groß. Es grenzt auf seiner Südseite mit einer Frontlänge von 60 m an die X-Straße. Die auf der West- und Ostseite angrenzenden sowie die auf der gegenüberliegenden Straßenseite gelegenen Grundstücke sind mit Einfamilienwohnhäusern bebaut.
Der seit dem ...... rechtsverbindliche Bebauungsplan Nr. ...... der Beteiligten setzt für das Grundstück des Antragstellers eine Nutzung als öffentliche Grünfläche fest. Nachdem Verhandlungen über einen freihändigen Erwerb zu keinem Ergebnis geführt hatten, beantragte die Beteiligte die Enteignung des Grundstücks. Mit dem angefochtenen Beschluss vom ......, zugestellt am ......[12], enteignete die Bezirksregierung das Grundstück und übertrug es der Beteiligten zu Eigentum. Die an den Antragsteller zu zahlende Entschädigung wurde auf 50,– EUR/qm, also auf insgesamt 120.000,– EUR, festgesetzt. Hinzu kommen die im Enteignungsverfahren entstandenen Rechtsvertretungskosten.

II. Der Antragsteller wendet sich gegen die Höhe der festgesetzten Entschädigung.
1. Nach § 95 Abs. 1 S. 1 BauGB bemisst sich die Entschädigung nach dem Verkehrswert (§ 194 BauGB) des enteigneten Grundstücks. Dabei ist für die Bestimmung der wertbildenden Faktoren der Zeitpunkt maßgebend, zu dem das Grundstück von einer konjunkturellen Weiterentwicklung ausgeschlossen wurde, also hier der Zeitpunkt des Inkrafttreten des Bebauungsplanes, der das Grundstück als öffentliche Grünfläche ausweist. Bis zu dieser Ausweisung war das Grundstück erschlossenes Bauland; es stellte eine Baulücke innerhalb eines im Zusammenhang bebauten Ortsteils dar und konnte deshalb nach § 34 BauGB bebaut werden. Davon geht auch die Bezirksregierung aus.

Maßgebend für die Ermittlung des die wertbildenden Faktoren berücksichtigenden Verkehrswertes ist der Zeitpunkt des Enteignungsbeschlusses, § 95 Abs. 1 S. 2 BauGB. Zu dieser Zeit war das Grundstück 60,– EUR/qm wert. Entgegen der Ansicht der Bezirksregierung ist der für die Wertermittlung maßgebende Zeitpunkt nicht deshalb gem. § 95 Abs. 2 Nr. 3 BauGB vorzuverlegen und dem Antragsteller nur eine Entschädigung von 50,– EUR/qm zu zahlen, weil die Beteiligte dem Antragsteller am ...... ein Kaufpreisangebot über 50,– EUR/qm gemacht hat und dieses Angebot dem damaligen Verkehrswert entsprach. Denn die Beteiligte ist kurz darauf wieder von diesem Angebot abgerückt und hat dem Antragsteller nur noch 35,– EUR/qm angeboten, weil sie zu Unrecht annahm, dass es sich lediglich um Bauerwartungsland handele. Damit verlor das Angebot vom ...... seine Eignung, gem. § 95 Abs. 2 Nr. 3 BauGB den Stichtag für die Preisverhältnisse auf den Zeitpunkt des Angebotes vorzuverlegen (BGH NJW 1976, 1255).
Dem Antragsteller steht mithin eine Entschädigung in Höhe von 2400 qm à 60,– EUR = 144.000,– EUR zu. Über die festgesetzten 120.000,– EUR hinaus sind also noch 24.000,– EUR zu zahlen.

2. **Zu der Enteignungsentschädigung gehören auch die Kosten der Rechtsvertretung im Enteignungsverfahren, § 121 Abs. 2 BauGB. Diese sind von der Bezirksregierung unter Zugrundelegung eines Gegenstandswertes von 120.000,– EUR mit 4.281,03[13] EUR ermittelt worden. Bei einem Gegenstandswert von 144.000,– EUR[14] betragen die Rechtsvertretungskosten gem. anliegend beigefügter Kostenrechnung 4.739,18[15] EUR. Der Differenzbetrag von 458,15 EUR ist noch zu zahlen.**
3. **Der Zinsanspruch folgt aus § 99 Abs. 3 S. 1 BauGB.**

Rechtsanwalt

2 Durchschriften sind beigefügt.

Schrifttum: Aust/Jacobs/Pasternak, Die Enteignungsentschädigung, 6. Aufl. 2007; *Büchs,* Handbuch des Eigentums- und Entschädigungsrechts, 3. Aufl. 1996; *Krohn/Löwisch,* Eigentumsgarantie, Enteignung, Entschädigung, 3. Aufl. 1994; *Ossenbühl,* Staatshaftungsrecht, 5. Aufl. 1998; *Jeromin/Kirchberg* in Johlen/Oerder (Hrsg.) Münchener Anwaltshandbuch Verwaltungsrecht, 2. Aufl. 2003, § 18 Rdn. 137 ff.; *Hönig,* Fachplanung und Enteignung, 2001.

Anmerkungen

1. Gegenstand eines Verfahrens vor der Kammer für Baulandsachen können nach § 217 Abs. 1 BauGB alle Verwaltungsakte sein, die in einem Umlegungs-, Grenzregelungs-, Enteignungs- oder Härteausgleichsverfahren ergehen, sowie alle im BauGB sonst noch vorgesehenen Verwaltungsakte, die eine Entschädigungsregelung enthalten oder enthalten sollen. Diese Verwaltungsakte werden nicht durch „Klage", sondern durch „Antrag auf gerichtliche Entscheidung" angefochten.

2. Der Antrag ist bei der Stelle einzureichen, die den Verwaltungsakt erlassen hat, § 217 Abs. 2 S. 1 BauGB, und zwar auch dann, wenn ein Widerspruchsverfahren (§ 212 BauGB) stattgefunden und eine von der Ausgangsbehörde verschiedene Widerspruchsbehörde entschieden hat (BGHZ 41, 249; 54, 364). Nicht fristwahrend ist die Einreichung bei Gericht (BGH NJW 1971, 97). Ein durch den Widerspruchsbescheid erstmalig beschwerter Beteiligter kann den Antrag auf gerichtliche Entscheidung wirksam auch bei der Widerspruchsbehörde einreichen (BGH NJW 1992, 2637).

3. Im Verfahren stehen sich nicht Kläger und Beklagter gegenüber, vielmehr gibt es nur einen (oder mehrere) Antragsteller und sonstige Beteiligte, § 222 Abs. 1 BauGB.

4. Ein Anwaltszwang besteht nur für Beteiligte, die Anträge in der Hauptsache stellen wollen, § 222 Abs. 3 S. 2 BauGB, § 78 ZPO. Dies bedeutet, dass der Antrag auf gerichtliche Entscheidung ohne anwaltliche Vertretung bei der Verwaltungsbehörde eingereicht werden kann (BGH NJW 1964, 1522; NJW-RR 1994, 1021), sich der Antragsteller aber für alle weiteren prozessualen Erklärungen in der Hauptsache einschl. der die Anträge ankündigenden Schriftsätze (OLG München NJW 1968, 2065) der Hilfe eines Anwaltes bedienen muss.

5. Über den Antrag entscheidet die beim LG gebildete Kammer für Baulandsachen in der in § 220 BauGB festgelegten Besetzung. Für das Verfahren gilt grundsätzlich die ZPO, § 221 Abs. 1 BauGB, jedoch kann das Gericht auch von sich aus Beweise erheben und nach Anhörung der Beteiligten auch solche Tatsachen berücksichtigen, die von ihnen nicht vorgebracht worden sind, § 221 Abs. 2 BauGB.

6. Ein bestimmter Antrag muss erst in der mündlichen Verhandlung gestellt werden, § 221 Abs. 1 BauGB, § 308 ZPO. Für die Antragsschrift ist ein bestimmter Antrag nicht zwingend vorgeschrieben, da § 217 Abs. 3 S. 2 BauGB nur eine Sollvorschrift ist.

7. Die Bezeichnung des angefochtenen Verwaltungsaktes ist nach § 217 Abs. 3 S. 1 BauGB unentbehrlich.

8. Mit dem Antrag auf gerichtliche Entscheidung kann nicht nur die Aufhebung eines Verwaltungsaktes, sondern auch die Verurteilung zum Erlass eines Verwaltungsaktes oder einer sonstigen Leistung sowie eine Feststellung begehrt werden, § 217 Abs. 1 S. 3 BauGB.

9. Ein Kostenantrag ist üblich, aber nicht notwendig, da das Gericht über die Kosten von Amts wegen zu entscheiden hat, § 221 Abs. 1 BauGB, § 308 Abs. 2 ZPO.

Stellt die Gemeinde als Beteiligte keinen dem Antrag auf gerichtliche Entscheidung widersprechenden Sachantrag und obsiegt der Antragsteller, so sind die Kosten des Verfahrens der Bezirksregierung aufzuerlegen, § 228 Abs. 1 BauGB, § 91 ZPO.

10. Aus den Besonderheiten des Baulandverfahrens ergibt sich, dass nach § 221 Abs. 1 BauGB, §§ 708 ff. ZPO nur Urteile, in denen eine Geldleistung festgesetzt wird, und Kostenentscheidungen für vorläufig vollstreckbar erklärt werden, ggf. gegen Sicherheitsleistung.

11. Die Begründung ist nur ein Sollerfordernis, § 217 Abs. 3 S. 3 BauGB.

12. Die Antragsfrist beträgt einen Monat nach Zustellung, § 217 Abs. 2 S. 1, oder 6 Wochen seit ortsüblicher Bekanntmachung, wenn eine solche vorgeschrieben ist, § 217 Abs. 2 S. 2 BauGB. Ob der Lauf der Frist von der in den §§ 211, 113 Abs. 1 S. 2 BauGB vorgeschriebenen Rechtsmittelbelehrung abhängt, ist umstritten, da die §§ 217 ff. BauGB eine dem § 58 VwGO entspr. Regelung nicht enthalten (differenzierend BGHZ 140, 208 = NJW 1999, 1113).

13. 2,5 Geschäftsgebühr nach Nr. 2003 VV (Volle Ausschöpfung der Rahmengebühr wegen des besonderen Umfangs und der besonderen Schwierigkeit des Einteignungsverfahrens vor der Bezirksregierung, § 13 RVG) zuzüglich 20,– EUR Auslagenpauschale nach Nr. 7002 VV und 19% Umsatzsteuer nach Nr. 7008 VV.

14. Die im Enteignungsverfahren entstandenen und nach § 121 Abs. 2 BauGB zu ersetzenden Anwaltsgebühren werden nicht nach dem Streitwert der Entschädigungsforderung des Enteigneten berechnet, sondern nach der Höhe der festgesetzten bzw. nach Ansicht des Gerichts festzusetzenden Entschädigung.

15. S. Anm. 13.

Kosten und Gebühren

Nach § 221 Abs. 4 BauGB besteht die Verpflichtung zur Zahlung eines Gerichtskosten- und Auslagenvorschusses nach § 12 Abs. 1 S. 1 und S. 2 GKG nicht.

12. Klageerwiderung[1] (Erschließungsbeitragsrecht)

An das
Verwaltungsgericht
Az.: ......

In der Verwaltungsstreitsache ...... gegen ......

beantrage ich:

I. Den Kläger mit der Klage abzuweisen,

II. ihm die Kosten des Verfahrens aufzuerlegen[2],

III. das Urteil hinsichtlich der Kosten für vorläufig vollstreckbar zu erklären,

IV. dem Beklagten zu gestatten, eine zulässige oder erforderliche Sicherheit auch durch Bankbürgschaft zu erbringen.

Zur Begründung führe ich aus[3]:
Es mag dahinstehen, ob § 8 Nr. 1 der Erschließungsbeitragssatzung vom ...... eine dem § 132 Nr. 4 BauGB entspr. Bestimmung der Herstellungsmerkmale enthielt. Um Zweifel an der Gültigkeit der Satzung auszuräumen, hat der Rat der Gemeinde eine neue Erschließungsbeitragssatzung erlassen, deren neu gefasster § 8 auf jeden Fall den Anforderungen der Rspr. genügt. Damit ist die möglicherweise rechtswidrige Heranziehung geheilt worden (BVerwGE 64, 218 = NJW 1980, 2209), ohne dass der neuen Satzung Rückwirkung beigelegt werden musste (BVerwG DVBl. 1982, 544; NVwZ 1984, 648)[4].
Weitere Ausführungen werde ich nach Eingang der angekündigten ergänzenden Klagebegründung machen.
Die Verwaltungsvorgänge sind beigefügt[5].

Unterschrift

Anmerkungen

1. Die Klageerwiderung bezieht sich auf die Klage Form. V. B. 1.

2. Zu diesem und den folgenden Klageanträgen s. Form. V. B. 1 Anm. 7, 9 und 10.

3. Mit der Übersendung der Klageschrift bittet das Gericht üblicherweise darum, innerhalb eines bestimmten Zeitraumes zu der Klage Stellung zu nehmen. Damit ist jedoch keine Erklärungsfrist mit der Folge gesetzt, dass nachträgliches Vorbringen ausgeschlossen werden könnte. Nach § 87b Abs. 2 VwGO kann aber der Vorsitzende oder der Berichterstatter einem Beteiligten unter Fristsetzung aufgeben, zu bestimmten Vorgängen Tatsachen anzugeben oder Beweismittel zu bezeichnen sowie Urkunden oder andere bewegliche Sachen vorzulegen, soweit der Beteiligte dazu verpflichtet ist. Nach Ablauf der Frist vorgebrachte Erklärungen und Beweismittel können unter den Voraussetzungen des § 87b Abs. 3 VwGO zurückgewiesen werden.

4. Wird ein ursprünglich rechtsfehlerhafter Bescheid während des Klageverfahrens von der Behörde geheilt und will der Kläger deshalb die Klage nicht fortführen, so kann er den Rechtsstreit für in der Hauptsache erledigt erklären (s. dazu Form. V. B. 14). Die

Kosten des Verfahrens sind dann der beklagten Behörde aufzuerlegen (BVerwG KStZ 1993, 110; VGH Kassel NVwZ-RR 1994, 125; OVG Münster NWVBl. 1997, 109; VGH Mannheim VBlBW 2005, 281).

5. § 99 VwGO.

13. Fortsetzungsfeststellungsantrag[1] (Baurecht)

An das
Verwaltungsgericht
Az.: ......

In der Verwaltungsstreitsache ...... gegen: ......

beantrage ich nunmehr gem. § 113 Abs. 1 S. 4 VwGO festzustellen, dass der Bescheid des Beklagten vom ...... in der Gestalt des Widerspruchsbescheides der Bezirksregierung in ...... vom ...... rechtswidrig war.

Zur Begründung führe ich aus:

I. Wie in der Klageschrift vom ...... dargelegt wurde, durfte die beklagte Stadt die beantragte Baugenehmigung nicht versagen, da das Bauvorhaben des Klägers nach § 34 BauGB zulässig war. Inzwischen hat jedoch der Rat der Stadt nach § 2 Abs. 1 BauGB die Aufstellung eines Bebauungsplanes sowie den Erlass einer Veränderungssperre nach § 14 BauGB beschlossen, die am ...... in Kraft getreten ist. Da die begehrte Baugenehmigung nunmehr nicht mehr erteilt werden kann[2], hat sich die Klage in der Hauptsache erledigt.

II. Nach ständiger Rspr. ist § 113 Abs. 1 S. 4 VwGO entspr. anzuwenden, wenn sich der mit der Verpflichtungsklage verfolgte Anspruch während des Prozesses durch Erlöschen oder anders erledigt (BVerwG NJW 1981, 473). Der Kläger beabsichtigt, wegen der rechtswidrigen Verweigerung der Baugenehmigung Schadensersatzansprüche geltend zu machen. Er hat aus diesem Grunde ein berechtigtes Interesse an der Feststellung, dass der Ablehnungsbescheid bis zum Inkrafttreten der Veränderungssperre rechtswidrig war (vgl. dazu BVerwG NJW 1973, 1014; 1981, 2426/2428; 1986, 1826; NVwZ 1992, 1092)[3].

Rechtsanwalt

Anmerkungen

1. Nach § 113 Abs. 1 S. 4 VwGO spricht das Gericht, wenn sich der Verwaltungsakt vor Erlass des Urteils durch Zurücknahme oder anders erledigt, auf Antrag durch Urteil aus, dass der Verwaltungsakt rechtswidrig gewesen ist, wenn der Kläger ein berechtigtes Interesse an dieser Feststellung hat.

Diese zunächst für Anfechtungsklagen geltende Regelung ist entspr. anzuwenden, wenn sich der mit einer Verpflichtungsklage verfolgte Anspruch während des Prozesses durch Erlöschen oder anders erledigt (BVerwG NJW 1991, 473; NVwZ 1992, 563; DVBl. 2000, 120; VGH Mannheim NVwZ 1997, 198/199).

§ 113 Abs. 1 S. 4 VwGO ist ferner entspr. anwendbar, wenn sich der Verwaltungsakt vor Erhebung der Klage erledigt (BVerwG NJW 1989, 2486; 1991, 581). In diesem Falle kann von vornherein Klage auf Feststellung der Rechtswidrigkeit des erledigten Verwaltungsakts erhoben werden, wenn ein berechtigtes Interesse an dieser Feststellung besteht. Dieses berechtigte Feststellungsinteresse besteht aber – anders als im Falle der nach Erhebung der Klage eingetretenen Erledigung – nicht, wenn die Fortsetzungsfeststellungsklage nur der Vorbereitung eines Amtshaftungsprozesses dienen soll (BVerwG NJW 1989, 2486; 14. 5. 1999 – 6 PKH 3/99 – Juris).

2. Bei ihrer Erhebung war die Klage noch begründet, im Zeitpunkt der gerichtlichen Entscheidung ist sie es nicht mehr. Deshalb ist zu klären, auf welchen Zeitpunkt abzustellen ist. Das richtet sich nach dem anzuwendenden Recht, „und zwar gleichgültig, ob es sich um eine Feststellungsklage, eine Leistungsklage, eine Anfechtungsklage oder ein Verpflichtungsklage handelt" (BVerwG Städte- und Gemeinderat 2002, 32). Bei einer Verpflichtungsklage auf Erteilung einer Baugenehmigung ist grundsätzlich auf die Sach- und Rechtslage im Zeitpunkt der gerichtlichen Entscheidung abzustellen (BVerwG BRS 27 Nr. 133). Aus diesem Grund konnte hier das Klagebegehren nicht weiter verfolgt werden.

3. Das Feststellungsinteresse ist in einem solchen Falle nicht gegeben, wenn der in Aussicht genommene Amtshaftungs- oder Entschädigungsprozess offensichtlich aussichtslos ist (BVerwG NJW 1988, 926; NVwZ 1989, 1156; 1999, 404). So kommt idR. ein Verschulden der Behörde nicht in Betracht, wenn ein mit mehreren Rechtskundigen besetztes Kollegialgericht das Verhalten der Behörde als rechtmäßig angesehen hat (BVerwG NVwZ 1985, 265; NJW 1985, 876; NVwZ 1989, 1156/1157; 1991, 270/271; 1999, 404; 2004, 104). Dies ist zu bedenken, wenn sich der Rechtsstreit im Berufungs- oder Revisionsverfahren erledigt und die Klage in der Vorinstanz abgewiesen worden war, weil nach Ansicht des Gerichts der angefochtene Verwaltungsakt rechtmäßig war. In einem solchen Falle wird regelmäßig für einen Fortsetzungsfeststellungsantrag das Feststellungsinteresse fehlen, so dass es sich dann empfiehlt, das Verfahren durch Rücknahme des Rechtsmittels oder durch Erklärung der Erledigung der Hauptsache (s. dazu Form. V. B. 14) zu beenden.

Zum Feststellungsinteresse bei Wiederholungsgefahr BVerwG DVBl. 1994, 168.

14. Kostenantrag nach Erledigung der Hauptsache

An das
Verwaltungsgericht

Az.: ......

In der Verwaltungsstreitsache ...... gegen ......

hat der Beklagte mit Bescheid vom ...... (Datum) den angefochtenen Erschließungsbeitragsbescheid aufgehoben. Damit ist der Rechtsstreit in der Hauptsache erledigt[1].

Ich beantrage[2],

die Kosten des Verfahrens gem. § 161 Abs. 2 VwGO dem Beklagten aufzuerlegen.

Es entspricht der Billigkeit, dass der Beklagte die Kosten des Verwaltungsstreitverfahrens trägt, da er sich durch die Aufhebung des Bescheides freiwillig in die Rolle des Unterlegenen begeben hat und außerdem die Klage ohne das erledigende Ereignis Erfolg gehabt hätte[3].

Rechtsanwalt

Anmerkungen

1. Ein Fall der Erledigung der Hauptsache ist ebenfalls gegeben, wenn die Behörde den angefochtenen Verwaltungsakt während des Klageverfahrens durch Behebung eines Fehlers heilt (s. dazu Form. V. B. 12).

2. Ist der Rechtsstreit in der Hauptsache erledigt, so entscheidet das Gericht nach § 161 Abs. 2 VwGO über die Kosten des Verfahrens von Amts wegen durch Beschluss; eines Kostenantrages bedarf es nicht. Der Beschluss ist nach § 158 Abs. 2 VwGO unanfechtbar.

3. Das Gericht trifft seine Entscheidung nach billigem Ermessen unter Berücksichtigung des bisherigen Sach- und Streitstandes. Neben dem Prozessausgang spielt auch eine Rolle, ob einer der Beteiligten durch eigene Willensentschließung die Erledigung herbeigeführt hat (BVerwGE 46, 215/218). Das ist hier der Fall, da die beklagte Behörde den angefochtenen Bescheid aufgehoben hat.

Kosten und Gebühren

Wird das Verfahren durch Erledigungserklärungen nach § 161 Abs. 2 VwGO beendet, so ermäßigt sich die Gerichtsgebühr im Verfahren vor dem VG auf 1,0, Nr. 5111 Nr. 4 KV, im Verfahren vor dem OVG auf 2.0, Nr. 5113 Nr. 4 KV und im Verfahren vor dem BVerwG auf 3,0, Nr. 5115 Nr. 4 KV, „wenn keine Entscheidung über die Kosten ergeht oder die Entscheidung einer zuvor mitgeteilten Einigung der Beteiligten über die Kostentragung oder der Kostenübernahmeerklärung eines Beteiligten folgt“. Da hier davon auszugehen ist, dass bei einer streitigen Kostenentscheidung die Kosten dem Beklagten, der den Verwaltungsakt aufgehoben hat, auferlegt werden, sollte er zur Minderung der Gerichtsgebühr die Übernahme der Verfahrenskosten erklären.

Nach Nrn. 1002, 1003 VV erhält der RA, der an der Erledigung mitgewirkt hat, eine 1,0-Erledigungsgebühr, da über den Gegenstand ein anderes gerichtliches Verfahren als ein selbstständiges Beweisverfahren anhängig ist. Die Erledigungsgebühr entsteht, wenn sich eine Rechtssache ganz oder teilweise nach Aufhebung oder Änderung des mit einem Rechtsbehelf angefochtenen Verwaltungsaktes durch die anwaltliche Mitwirkung erledigt hat. Das Gleiche gilt, wenn sich eine Rechtssache ganz oder teilweise durch Erlass eines bisher abgelehnten Verwaltungsaktes erledigt. Von einer Mitwirkung bei der Erledigung kann nur gesprochen werden, wenn der RA besondere Bemühungen mit dem Ziel einer Erledigung der Rechtssache ohne streitige Entscheidung des Gerichts entfaltet, welche über die „normale“, durch die Verfahrens- und Terminsgebühr abgegoltene Prozessführung hinausgehen (OVG Münster AnwBl. 2000, 376; OVG Bautzen JurBüro 2003, 136; OVG Koblenz NVwZ-RR 2007, 564; VGH Mannheim NVwZ-RR 2006, 737; OVG Lüneburg NVwZ-RR 2008, 500; *Beutling* Rdn. 241).

15. Antrag auf Beiladung (Immissionsschutzrecht)

An das
Verwaltungsgericht

Az.: ……

In der Verwaltungsstreitsache …… gegen ……

beantragen wir mit anliegender Vollmacht,

die Eheleute …… (vollständige Anschrift) beizuladen.

Zur Begründung führen wir aus:

Mit der vorliegenden Klage begehrt die Klägerin die Verpflichtung des Beklagten, ihr gem. § 4 BImSchG die Genehmigung für die Erstellung eines Schotterwerkes und für die Erweiterung eines Steinbruchgeländes zu erteilen. Die beizuladenden Eheleute …… sind Eigentümer eines mit einem Wohnhaus bebauten Grundstücks, welches in einer Entfer-

nung von etwa 300 m von dem vorgesehenen Betriebsgelände der Klägerin liegt. Die Beizuladenden haben im förmlichen Genehmigungsverfahren rechtzeitig Einwendungen gegen das Vorhaben nach § 10 Abs. 3 S. 4 BImSchG erhoben, da von der geplanten Anlage unzumutbare Immissionen ausgehen werden ......
Die beantragte Beiladung ist geboten, weil durch die ergehende gerichtliche Entscheidung rechtliche Interessen unserer Mandanten berührt werden, § 65 Abs. 1 VwGO (VGH Mannheim NJW 1977, 1308) ......
Die Stellung von Anträgen behalten wir uns vor[1].

Rechtsanwalt

Schrifttum: Feldhaus, Bundesimmissionsschutzrecht, Losebl., Stand: April 2009; *Jarass,* Bundes-Immissionsschutzgesetz, 7. Aufl. 2007; *Landmann/Rohmer,* Umweltrecht, Losebl., Stand: April 2009; *Sellner/Reidt/Ohms,* Immissionsschutzrecht und Industrieanlagen, 3. Aufl. 2005.

Anmerkungen

1. Der einfache Beigeladene, § 65 Abs. 1 VwGO, kann (wirksam) Sachanträge nur iRd. Sachanträge der Hauptbeteiligten (Kläger bzw. Beklagter) stellen, der notwendige Beigeladene, § 65 Abs. 2 VwGO, dagegen auch abweichende Sachanträge, § 66 S. 2 VwGO.

Unabhängig davon, ob eine einfache oder notwendige Beiladung vorliegt, kann der Beigeladene selbstständig, dh. auch gegen den Willen der Hauptbeteiligten, Rechtsmittel einlegen, soweit er durch die Entscheidung in eigenen Rechten verletzt ist (BVerwG NJW 1982, 951).

Ob der Beigeladene einen eigenen Antrag stellt, sollte vor allem wegen des damit verbundenen Kostenrisikos sorgfältig überlegt werden. Nach § 154 Abs. 3 VwGO können dem Beigeladenen Kosten nur auferlegt werden, wenn er Anträge gestellt (oder Rechtsmittel eingelegt) hat, wobei es sich entgegen dem Wortlaut der Bestimmung nicht um eine Ermessensentscheidung handelt, das Gericht vielmehr bei Vorliegen der Voraussetzungen des § 154 Abs. 3 VwGO verpflichtet ist, dem Beigeladenen Kosten aufzuerlegen, wenn und soweit seinem Antrag nicht stattgegeben wurde.

Die Erstattung der dem Beigeladenen selbst entstandenen Kosten richtet sich nach § 162 Abs. 3 VwGO. Danach sind die außergerichtlichen Kosten des Beigeladenen nur erstattungsfähig, wenn sie das Gericht aus Billigkeit der unterliegenden Partei oder der Staatskasse auferlegt. Die Erstattung der außergerichtlichen Kosten des Beigeladenen entspr. im Allg. der Billigkeit, wenn er (erfolgreich) Anträge gestellt und damit nach § 154 Abs. 3 VwGO das Risiko eigener Kostenpflicht übernommen hat (*Kopp/Schenke* § 162 Rdn. 23; *Redeker/von Oertzen* § 162 Rdn. 15). Ist der notwendig Beigeladene materiell der Hauptbeteiligte des Rechtsstreits, so setzt eine Erstattung seiner außergerichtlichen Kosten nicht voraus, dass er einen Antrag gestellt oder das Verfahren wesentlich gefördert hat (VGH München NVwZ-RR 2000, 333; VGH Mannheim BRS 59 Nr. 205).

Die in einem Urteil versehentlich unterbliebene Entscheidung über die Erstattungsfähigkeit der außergerichtlichen Kosten des Beigeladenen kann nur im Wege der Urteilsergänzung nach § 120 VwGO nachgeholt werden (VGH München DVBl. 1990, 158). Der Antrag ist innerhalb einer Frist von 2 Wochen nach Zustellung des Urteils zu stellen, § 120 Abs. 2 VwGO. Eine Ergänzung des Urteils ohne entspr. Antrag von Amts wegen ist nicht möglich (BVerwG DVBl. 1994, 210; OVG Bautzen DÖV 1998, 936 – Leitsatz).

16. Antrag auf Kostenfestsetzung (§ 164 VwOG)[1]

An das Verwaltungsgericht …… Az.: ……

In Sachen

……

beantrage ich namens des Klägers, die von dem Beklagten an den Kläger zu erstattenden Kosten des Verfahrens wie folgt festzusetzen:[2]
Streitwert: EUR 5.000,–

I. Widerspruchsverfahren[3]		
1,3 Geschäftsgebühr[4] gem. Nr. 2300 VV		**EUR 391,30**
Auslagenpauschale gem. Nr. 7002 VV		**EUR 20,00**
II. Klageverfahren		
1,3 Verfahrensgebühr gem. Nr. 3100 VV		**EUR 391,30**
Anrechnung Geschäftsgebühr 0,65 gem. Vorb. 3 (4) VV[5]	**abzgl.**	**– EUR 195,65**
1,2 Terminsgebühr gem. Nr. 3104 VV		**EUR 361,20**
Auslagenpauschale gem. Nr. 7002 VV		**EUR 20,00**
Kosten der Wahrnehmung des Termins vor dem VG …… am ……[6]		
170 km á EUR 0,30 gem. Nr. 7003 VV		**EUR 51,00**
Abwesenheitsgeld (5 Std.) gem. Nr. 7005 VV		**EUR 35,00**
		EUR 1.074,15
19% Umsatzsteuer gem. Nr. 7008 VV		**EUR 204,09**
		EUR 1.278,24

Der Kläger ist zum Vorsteuerabzug nicht berechtigt.
Vom Kläger gezahlte Gerichtskosten sowie Zinsen in Höhe von 5% über dem Basiszinssatz ab Eingang dieses Antrags bitte ich hinzuzusetzen.

Rechtsanwalt

Schrifttum: Beutling, Anwaltsvergütung in Verwaltungssachen, 2004; *Gerold/Schmidt,* RVG, 18. Aufl. 2008, *Göttlich/Mümmler/Rehberg/Xanke,* RVG, 2. Aufl. 2006; *Hartmann,* Kostengesetze, 39. Aufl. 2009; *Hartung/Römermann/Schons,* RVG, 2. Aufl. 2006; *Mayer/Kroiß,* RVG, 4. Aufl. 2009; *Riedel/Sußbauer,* RVG, 9. Aufl. 2005.

Anmerkungen

1. Zum Kostenfestsetzungsantrag im Allg. s. Form. I. A. 11. Nachfolgend wird nur auf Besonderheiten der Kostenfestsetzung im Verwaltungsprozess eingegangen. Die Gebührentatbestände für die Verfahren vor den VGen sind in Teil 3 VV (Nrn. 3100 bis 3518) geregelt.

2. Erstattungsfähig sind die zur zweckentsprechenden Rechtsverfolgung oder Rechtsverteidigung notwendigen Aufwendungen, § 162 Abs. 1 VwGO. Die Gebühren und Auslagen eines RA oder eines Rechtsbeistandes, in Steuersachen auch einer der in § 67 Abs. 2 S. 2 Nr. 3 VwGO benannten Personen, sind stets erstattungsfähig, § 162 Abs. 2 S. 1 VwGO. Jeder Beteiligte ist in jeder Lage des Verfahrens berechtigt, einen Bevollmächtigten mit seiner Vertretung zu beauftragen. Dies gilt grundsätzlich auch für Behörden (OVG Lüneburg NVwZ-RR 2004, 155).

3. Gem. § 17 Nr. 1 RVG sind das Verwaltungsverfahren und das dem gerichtlichen Verfahren vorausgehende und der Nachprüfung des Verwaltungsaktes dienende weitere Verwaltungsverfahren (Widerspruchsverfahren) kostenrechtlich verschiedene Angelegenheiten. Im Verwaltungsverfahren erhält der RA eine Geschäftsgebühr nach Nr. 2300 VV, in einem dem Verwaltungsverfahren nachfolgenden Widerspruchsverfahren eine Geschäftsgebühr nach Nr. 2301 VV. Erstattungsfähig als Kosten des Vorverfahrens iSd. § 80 VwVfG ist nur der Teil der Gebühr, um den sich die Geschäftsgebühr durch die Tätigkeit des RA im Widerspruchsverfahren erhöht hat (OVG Greifswald DÖV 2006, 1881 Nr. 177 – Leitsatz; VGH Mannheim JurBüro 2008, 317; so schon zum alten Recht BVerwG NVwZ-RR 2005, 143).

4. Die im Widerspruchsverfahren entstandenen Anwaltsgebühren können nur dann mit festgesetzt werden, wenn das Gericht zuvor in dem Urteil (s. dazu Form. V. B. 1. Anm. 8) oder in einer sonstigen Kostenentscheidung die Zuziehung des Bevollmächtigten nach § 162 Abs. 2 S. 2 VwGO für notwendig erklärt hat.

5. Ob im Kostenfestsetzungsverfahren zu berücksichtigen ist, dass im Innenverhältnis zwischen RA und Mandant die in einem vorangegangenen Verwaltungsverfahren nach der Nr. 2300 VV angefallene Geschäftsgebühr gem. Vorb. 3 (4) VV auf die Verfahrens gebühr nach Nr. 3100 VV teilweise anzurechnen ist, hängt nach dem ab 5. 8. 2009 geltenden § 15 a Abs. 2 RVG (s. dazu *Hansens* AnwBl. 2009, 535) davon ab, ob die Kosten des Vorverfahrens von dem Beklagten zu erstatten sind. Ist dies der Fall, so ist eine Anrechnung vorzunehmen. Sind die Kosten des Vorverfahrens nicht zu erstatten, unterbleibt die Anrechnung.

6. § 162 Abs. 2 VwGO enthält nicht die Einschränkungen des § 91 Abs. 2 S. 1 ZPO, dass Kosten eines nicht am Sitz des Gerichts tätigen RA nur erstattungsfähig sind, wenn seine Zuziehung notwendig war. § 91 Abs. 2 S. 1 ZPO ist auch nicht über § 173 VwGO entspr. anwendbar (BVerwG DÖV 2008, 209). Beauftragt ein Beteiligter einen RA außerhalb des Gerichtssitzes, aber innerhalb oder in der Nähe seines Wohnsitzes, so sind die durch die Terminswahrnehmung entstehenden Reisekosten regelmäßig erstattungsfähig (BVerwG DÖV 2008, 209; OVG Greifswald NVwZ-RR 1996, 238; OVG Weimar LKV 1996, 167; VGH Mannheim NJW 2009, 1895). Das gilt auch bei der Beauftragung eines nicht in Leipzig ansässigen RA zur Prozessführung vor dem BVerwG (BVerwG DÖV 2008, 209).

Str. ist die Erstattungsfähigkeit der Reisekosten, wenn ein weder am Gerichtsort noch am Wohnsitz ansässiger RA beauftragt wird (s. dazu VGH München NVwZ-RR 1997, 326). Auch in diesem Falle hängt die Erstattungsfähigkeit wiederum davon ab, ob die Beauftragung des RA zur zweckentsprechenden Rechtsverfolgung oder Rechtsverteidigung notwendig war. Dies ist immer dann der Fall, wenn die Partei aufgrund der Schwierigkeit oder der Besonderheiten des zu entscheidenden Falles davon ausgehen durfte, dass der beauftragte RA aufgrund seiner Spezialkenntnisse und besonderen Erfahrungen den Fall besser und sachgerechter bearbeiten konnte als ein am Gerichtssitz oder am Wohnsitz des Klägers oder in dessen Nähe residierender RA (VGH München BayVBl. 1977, 477; 1985, 28; VGH Mannheim NVwZ-RR 1996, 238; OVG Weimar LKV 1996. 167; VG Stuttgart NVwZ-RR 2005, 661). Auch sonstige Gründe (zB. Sitz des RA am Amtssitz der beteiligten Behörde, Tätigkeit bereits im Vorverfahren, Vertretung der Partei im früheren ähnlichen Verfahren) kann die Beauftragung als sachgerecht erscheinen lassen (VGH Mannheim NVwZ-RR 1996, 238). Ist dies nicht der Fall, so sind erstattungsfähig die Kosten in der Höhe, die bei Beauftragung eines am Gerichtssitz oder in der näheren Umgebung des Wohnsitzes der Partei ansässigen RA entstanden wären (OVG Koblenz NVwZ-RR 2004, 711).

C. Rechtsmittel

1. Berufung (§§ 124 ff. VwGO)

An das
Verwaltungsgericht ......[1]

In der Verwaltungsstreitsache
des ...... (Klägers)
gegen
den Bürgermeister der Gemeinde ...... (Beklagten)[2]
Prozessbevollmächtigte: RAe ......[3]

wegen: ......
Az. I. Instanz: ......

legen wir hiermit namens des Beklagten gegen das am ...... verkündete und am ...... zugestellte[4] Urteil der ...... Kammer des Verwaltungsgerichts[5] ...... die vom Gericht zugelassene[6]

Berufung

ein.
Eine Kopie der beiden ersten Seiten des Urteils mit dem Rubrum und dem Urteilstenor ist beigefügt[7].
Antrag und Begründung folgen in einem besonderen Schriftsatz.[8]

Rechtsanwalt

Schrifttum: S. die Komm. zur VwGO (Form. V. B. 1).

Anmerkungen

1. Die vom VG zugelassene Berufung ist beim VG, also nicht beim OVG, einzulegen, § 124 a Abs. 2 S. 1 VwGO.

2. Anders als im Zivilprozess ist es im Verwaltungsprozess üblich, das Rubrum unverändert zu lassen, also den Kläger weiterhin an erster Stelle zu nennen und nicht darauf abzustellen, wer Berufungskläger ist.

3. Nach § 67 Abs. 4 S. 1 VwGO müssen sich die Beteiligten vor dem OVG, außer im Prozesskostenhilfeverfahren, durch Prozessbevollmächtigte vertreten lassen. Als Bevollmächtigte sind nur die in § 67 Abs. 2 S. 1 VwGO bezeichneten Personen zugelassen, § 67 Abs. 4 S. 3 VwGO, also RAe oder Rechtslehrer an einer deutschen Hochschule iSd. HochschulrahmenG mit Befähigung zum Richteramt. Dem Vertretungszwang unterliegt schon die Einleitung des Verfahrens vor dem OVG, § 67 Abs. 4 S. 2 VwGO, also schon die Einlegung der Berufung beim VG (VGH Mannheim DÖV 2006, 397). Der als Bevollmächtigter auftretende RA muss bei einem deutschen Gericht zugelassen sein, § 18 BRAO. Ausnahmen bestehen für RAe aus EU-Mitgliedstaaten (s. dazu *Schoch/Schmidt-Aßmann/Pietzner/Meissner* § 67 Rdn. 22 ff. und BVerwG NJW 1998, 2991).

Für Behörden und juristische Personen des öffentlichen Rechts gilt die Sonderregelung des § 67 Abs. 4 S. 4 VwGO (ua. Vertretung durch eigene Beschäftigte mit Befähigung zum Richteramt).

Bestimmte Beteiligte können sich in bestimmten Verfahren auch durch andere Bevollmächtigte als RAe oder Hochschullehrer vertreten lassen, § 67 Abs. 4 S. 7 mit Abs. 2 S. 2 Nr. 3 bis 7 VwGO.

4. Die Berufung ist innerhalb eines Monats nach Zustellung des Urteils einzulegen, § 124 a Abs. 2 S. 1 VwGO.

5. Die Berufung muss das angefochtene Urteil bezeichnen, § 124 a Abs. 2 S. 2 VwGO; es sind also das Gericht, die Beteiligten, das Az. und das Datum, an dem das Urteil verkündet/oder zugestellt wurde, anzugeben.

6. Die Berufung ist nur statthaft, wenn sei vom VG oder vom OVG zugelassen wurde, § 124 Abs. 1 VwGO. Hier soll die Berufung vom VG zugelassen worden sein. Ist dies nicht geschehen, kommt nur ein Antrag auf Zulassung der Berufung (s. Form. V. C. 2) in Betracht. Das OVG ist auch an die Zulassung der Berufung durch den Einzelrichter gebunden (BVerwG DÖV 2005, 517).

7. § 124 a VwGO enthält keine dem § 519 Abs. 3 ZPO entspr. Regelung. Gleichwohl kann es sinnvoll sein, der Berufungsschrift die ersten Seiten des angefochtenen Urteils mit dem Rubrum und dem Entscheidungstenor beizufügen, damit, sollte die Berufungsschrift selbst einen Schreibfehler enthalten, ausreichend bestimmt ist, gegen welches Urteil sich die Berufung richtet.

8. S. dazu Form. V. C. 4.

Kosten und Gebühren

Im Berufungsverfahren fällt für das Verfahren im Allg. eine 4,0-Gerichtsgebühr an, Nr. 5122 KV. Weitere Einzelheiten regeln die Nrn. 5122 ff. KV.

Der RA erhält für die Durchführung der Berufung nach Nr. 3200 VV eine 1,6-Verfahrensgebühr und für die Wahrnehmung eines Termines nach Nr. 3202 VV eine 1,2-Terminsgebühr.

2. Antrag auf Zulassung der Berufung (§ 124 a VwGO)[1]

An das
Verwaltungsgericht ......[2]

In der Verwaltungsstreitsache

des ...... **(Klägers)**

gegen

den Bürgermeister der Gemeinde ...... **(Beklagten)**[3]
Prozessbevollmächtigte: RAe[4]

wegen: ......
Az. I. Instanz: ......

beantragen wir hiermit namens des Beklagten,

> **die Berufung gegen das am ...... verkündete und am ...... zugestellte**[5] **Urteil der ...... Kammer des Verwaltungsgerichts**[6] **...... zuzulassen**[7]**.**

Die Begründung folgt in einem besonderen Schriftsatz.[8]

Rechtsanwalt

Anmerkungen

1. Der Antrag kommt in Betracht, wenn, was in der Praxis meistens der Fall ist, das VG die Berufung nicht zugelassen hat.

2. Der Antrag ist beim VG, nicht beim OVG zu stellen, § 124a Abs. 4 S. 2 VwGO. Es besteht auch keine Pflicht des OVG, einen bei ihm eingegangenen Zulassungsantrag zum Zwecke der Fristwahrung an das zuständige VG weiterzuleiten (OVG Münster NVwZ 1997, 1235) oder den Antragsteller zu diesem Zweck telefonisch auf die geltenden Fristbestimmungen hinzuweisen (VGH Kassel DVBl. 1996, 1278 Nr. 22 – Leitsatz).

3. Zur Formulierung des Rubrums s. Form. V. C. 1 Anm. 2.

4. Zum Anwaltszwang s. § 67 VwGO und Form. V. C. 1 Anm. 3. Bereits der Antrag auf Zulassung der Berufung muss durch einen RA gestellt werden, § 67 Abs. 1 S. 2 VwGO, und zwar schriftlich und nicht zur Niederschrift des Urkundsbeamten der Geschäftsstelle (OVG Hamburg NJW 2009, 1159).

5. Die Antragsfrist beträgt einen Monat, § 124a Abs. 4 S. 1 VwGO.

6. Der Antrag muss das angefochtene Urteil bezeichnen, § 124a Abs. 4 S. 3 VwGO. S. dazu Form. V. C. 1 Anm. 5.

7. Eine von einem RA eingelegte „Berufung" kann nicht als Antrag auf Zulassung der Berufung ausgelegt werden (BVerwG NVwZ 1998, 1297; 1999, 641). Allerdings ist eine Umdeutung möglich, wenn innerhalb der Antragsfrist klargestellt wird, dass ein Zulassungsantrag gewollt sei (BVerwG NJW 2009, 162).

8. S. dazu Form. V. C. 3. Für den Antragsgegner, hier also den Kläger, besteht idR. vor Zustellung der Begründung des Zulassungsantrags nicht die Notwendigkeit, einen RA mit seiner Vertretung im Zulassungsverfahren zu beauftragen. Geschieht dies doch oder beantragt der bereits in erster Instanz beauftragte RA schon jetzt die Zurückweisung des Zulassungsantrages und wird dieser Antrag dann zurückgenommen, so sind grundsätzlich die dem Antragsgegner entstandenen Anwaltskosten nicht erstattungsfähig (OVG Magdeburg DÖV 2009, 299 – Leitsatz).

Kosten und Gebühren

Im Verfahren über die Zulassung der Berufung fällt nach Nr. 5120 KV eine 1,0 Gerichtsgebühr an, soweit der Antrag abgelehnt wird, eine 0,5-Gerichtsgebühr, soweit der Antrag zurückgenommen oder das Verfahren durch anderweitige Erledigung beendet wird, Nr. 5121 KV. Die Gebühr entsteht nicht, wenn die Berufung zugelassen wird.

Der RA erhält für die Vertretung im Berufungszulassungsverfahren eine 1,6-Verfahrensgebühr nach Nr. 3200 VV.

3. Begründung des Antrages auf Zulassung der Berufung

An das
Oberverwaltungsgericht ......[1]
Az.: ......[2]

In der Verwaltungsstreitsache ......

führen wir zur Begründung des Antrages, die Berufung gegen das Urteil des Verwaltungsgerichts ...... vom ......, zugestellt am ......[3], zuzulassen, Folgendes aus.[4]

Das VG hat den von dem Kläger angefochtenen Bescheid, mit dem der Kläger zu einer Vorausleistung auf den Kanalanschlussbeitrag herangezogen wurde, aufgehoben, weil

das veranlagte Grundstück nach § 2 Abs. 1 der Beitrags- und Gebührensatzung nicht der Beitragspflicht unterliege. Das Grundstück sei kein Bauland, weil es nicht im Bereich eines wirksamen Bebauungsplanes liege. Der das klägerische Grundstück erfassende Bebauungsplan Nr. 21 sei nämlich „offensichtlich" nichtig, weil er nicht über eine ausreichende Begründung verfüge.
Die Berufung ist aus folgenden Gründen zuzulassen:[5]

1. Mit seiner Feststellung, der Beitragsbescheid sei aufzuheben, weil der Bebauungsplan Nr. 21 nichtig sei, weicht das VG von der Entscheidung des 15. Senates des OVG Münster vom 24. 10. 1995 – 15 A 3408/92 (Gemeindehaushalt 1996, 288) ab. Nach dieser Entscheidung ist für die Beitragserhebung grundsätzlich von der Rechtsverbindlichkeit des Bebauungsplanes auszugehen, solange dieser nicht aufgehoben oder durch gerichtliche Entscheidung für nichtig erklärt worden ist.
Die Entscheidung des VG beruht auf dieser Abweichung. Wäre das VG nämlich von der Rechtsgültigkeit des Bebauungsplanes ausgegangen. hätte es die Klage abweisen müssen, da das Grundstück als Bauland der Beitragspflicht unterliegt, der Vorausleistungsbescheid also rechtmäßig war.
Nach allem liegt der Zulassungsgrund des § 124 Abs. 2 Nr. 4 VwGO vor.

2. Darüber hinaus ist die Berufung zuzulassen, weil die Rechtssache grundsätzliche Bedeutung hat, § 124 Abs. 2 Nr. 3 VwGO.
Die Frage, ob und in welchem Umfange Bebauungspläne im beitragsrechtlichen Verfahren auf ihre Gültigkeit hin zu überprüfen sind, ist umstritten. Der VGH München äußert in seinen Urteilen vom 7. 11. 1988 (NVwZ 1990, 793) und 28. 11. 1988 (KStZ 1989, 145) die Auffassung, eine Inzidentprüfung des Bebauungsplanes könne ausgeschlossen sein. In einem weiteren Beschluss vom 9. 2. 1989 (BayVBl. 1990, 87) spricht er von einer „eingeschränkten" Prüfungsbefugnis der Gerichte. Nach Auffassung des 3. Senates des OVG Münster (NVwZ 1990, 795) beschränkt sich die Rechtskontrolle auf sich aufdrängende Fehler (so auch *Uechtritz* NVwZ 1990, 734). Demgegenüber hat der 15. Senat des OVG Münster in der oben (Nr. 1) zitierten Entscheidung nach der Art des Fehlers offenbar nicht differenzieren wollen. Das Berufungsverfahren wird dem Senat die Gelegenheit zur weiteren und abschließenden Klärung der Frage geben, ob eine Inzidentprüfung auch dann nicht stattzufinden hat, wenn der Bebauungsplan an einem sich aufdrängenden Fehler leidet.

3. Schließlich ist die Berufung nach § 124 Abs. 2 Nr. 1 VwGO zuzulassen, weil ernstliche Zweifel an der Richtigkeit des Urteils bestehen. Denn der Bebauungsplan Nr. 21 ist nicht „offensichtlich" unwirksam.
Entgegen der Annahme des VG verfügt der Bebauungsplan Nr. 21 über eine Begründung, die den Anforderungen des § 9 Abs. 8 BauGB genügt. Diese Begründung ist zwar kurz, beschränkt sich aber keineswegs auf „nichts sagende Floskeln" ……[6]

Rechtsanwalt[7]

Anmerkungen

1. Die Begründung ist beim OVG einzureichen, § 124a Abs. 4 S. 5 VwGO.

2. Anzugeben ist das Az. des OVG.

3. Die Begründung ist innerhalb von zwei Monaten nach Zustellung des Urteils einzureichen, § 124a Abs. 4 S. 4 VwGO. Die Frist kann nicht verlängert werden.

4. Nach § 124a Abs. 4 S. 4 VwGO sind die Gründe, aus denen die Berufung zuzulassen ist, „darzulegen"(s. dazu OVG Magdeburg NVwZ-RR 2002, 74; 2009, 136). Das OVG prüft also nicht von Amts wegen, ob ein Zulassungsgrund gegeben ist. Der Zulassungsgrund muss sich unmittelbar aus der Antragsschrift iVm. dem Urteil ergeben, ohne

dass das OVG gezwungen wäre, den gesamten Prozessstoff selbst aufzuarbeiten (VGH Mannheim NVwZ 1997, 1230; DÖV 1998, 165; OVG Berlin NVwZ 1998, 200). Eine allg. Bezugnahme auf die in erster Instanz eingereichten Schriftsätze reicht nicht aus (VGH Mannheim NVwZ-RR 2002, 472). Kommen mehrere Zulassungsgründe in Betracht, so sollten diese vorsorglich sämtlich vorgetragen werden. Ein „Nachschieben" der Bezeichnung des Zulassungsgrundes nach Ablauf der Frist zur Darlegung der Zulassungsgründe ist nicht möglich (OVG Lüneburg NVwZ-RR 2009, 360).

5. § 124 Abs. 2 VwGO nennt fünf Zulassungsgründe:

a) **Ernstliche Zweifel an der Richtigkeit des Urteils, Nr. 1.** Sie sind gegeben, wenn ein einzelner tragender Rechtssatz oder eine erhebliche Tatsachenfeststellung „mit schlüssigen Gegenargumenten in Frage gestellt" werden kann (BVerfG NVwZ 2000, 1163). Sie liegen aber nicht vor, wenn zwar einzelne Rechtssätze oder tatsächliche Feststellungen, welche das Urteil tragen, zu Zweifeln Anlass bieten, das Urteil aber im Ergebnis aus anderen Gründen offensichtlich richtig ist (BVerwG NVwZ-RR 2004, 542 = DVBl. 2004, 838). In diesem Sinne werden Zweifel dadurch „dargelegt", dass die Unrichtigkeit des Urteils in tatsächlicher und/oder rechtlicher Hinsicht schlüssig dargestellt wird. Insofern unterscheidet sich die Darlegung der „ernstlichen Zweifel" kaum von einer Berufungsbegründung (*Berkemann* DVBl. 1998, 446, 454).

Sollen ernstliche Zweifel an der Richtigkeit des Urteils durch Tatsachenvortrag belegt werde, so ist zu differenzieren: Es kann zum einen geltend gemacht werden, dass das VG als Folge eines Aufklärungsmangels Tatsachen, die in erster Instanz bereits vorlagen, nicht berücksichtigt hat (VGH Mannheim DVBl. 2001, 318 – Leitsatz). Diese „alten" Tatsachen können dann neu vorgetragen werden (*Kuhla* DVBl. 2001, 172, 175). Ihre Nichtberücksichtigung sollte aber vorsorglich auch als ein Verfahrensmangel nach § 124 Abs. 2 Nr. 5 VwGO gerügt werden (s. u. e). Es können auch Tatsachen vorgetragen werden, die dem VG nicht bekannt sein konnten, weil sie sich erst nachträglich ergeben haben (Änderung der Sachlage, „neue Tatsachen") (BVerwG NVwZ 2003, 490 = DVBl. 2003, 401; OVG Hamburg NVwZ 1998, 863; *Sodan/Ziekow/Seibert* § 124 Rdn. 92 ff.).

Bei der Beurteilung des Zulassungsgrundes nach § 124 Abs. 2 Nr. 1 VwGO hat das OVG auch solche nach materiellem Recht entscheidungserheblichen und vom Antragsteller innerhalb der Antragsfrist vorgetragenen Tatsachen zu berücksichtigen, die vom VG deshalb im Zeitpunkt seiner Entscheidung außer Betracht gelassen wurden, weil sie von den Beteiligten nicht vorgetragen und mangels entsprechender Anhaltspunkte auch nicht von Amts wegen zu ermitteln waren (BVerwG NVwZ-RR 2002, 894 = DÖV 2003, 124; aA. OVG Lüneburg DÖV 2003, 867 – Leitsatz), oder die erst nach Erlass der verwaltungsgerichtlichen Entscheidung bis zur Entscheidung über den Zulassungsantrag eingetreten sind (BVerwG NVwZ 2004, 744).

Auch der Zulassungsgrund des § 124 Abs. 2 Nr. 1 VwGO muss „dargelegt", § 124 a Abs. 4 S. 4 VwGO, also deutlich bezeichnet werden. Die Auslegung einer Antragsbegründung, mit der ein anderer Zulassungsgrund geltend gemacht wird, dahin, dass auch ernstliche Zweifel an der Richtigkeit des Urteils bestehen sollen, „würde dem Sinn des Zulassungsverfahrens zuwiderlaufen" (OVG Magdeburg NVwZ-RR 2009, 136).

b) **Besondere tatsächliche oder rechtliche Schwierigkeiten, Nr. 2.** Dieser Begriff findet sich bereits in § 6 Abs. 1 S. 1 Nr. 1 VwGO, der die Übertragung des Rechtsstreites auf den Einzelrichter regelt. Nach der vorgenannten Bestimmung darf die Sache auf den Einzelrichter nur übertragen werden, wenn die Sache keine besonderen Schwierigkeiten tatsächlicher oder rechtlicher Art aufweist. Darüber, dass dies so ist, wird aber mit der Übertragung auf den Einzelrichter nicht mit materieller Rechtskraft für das weitere Verfahren entschieden (OVG Lüneburg NVwZ 1997, 1225; OVG Münster NVwZ 2000, 86), zumal gegen die Übertragungsentscheidung ein Rechtsmittel nicht gegeben ist, § 6 Abs. 4 S. 1 VwGO. Es kann also die Zulassung der Berufung gegen ein Urteil des Einzelrichters auch mit der Begründung beantragt werden, die Sache weise besondere tatsächliche oder rechtliche Schwierigkeiten auf.

Der Zulassungsgrund besonderer tatsächlicher oder rechtlicher Schwierigkeiten liegt nur dann vor, wenn die Rechtssache in tatsächlicher oder rechtlicher Hinsicht signifikant vom Spektrum der in verwaltungsgerichtlichen Verfahren zu entscheidenden Streitfällen abweicht (VGH Mannheim NVwZ 1997, 1230), was sich oft schon an dem Begründungsaufwand ablesen lässt (BVerfG NVwZ 2000, 1163).

Es ist zu prüfen, ob die Sache besondere Schwierigkeiten in dem Sinne bereitet, dass es zu ihrer Klärung eines Berufungsverfahrens bedarf, oder ob die Rechtssache bereits im Zulassungsverfahren geklärt werden kann. Der Zulassungsgrund der besonderen Schwierigkeit ist also nicht gegeben, wenn das Urteil eindeutig richtig oder eindeutig falsch ist. Im letzteren Falle ist die Berufung dann nach § 124 Abs. 2 Nr. 1 VwGO (ernstliche Zweifel) zuzulassen. Ist dagegen eine Prognose wegen der besonderen rechtlichen oder tatsächlichen Schwierigkeiten nicht möglich, ist die Berufung nach § 124 Abs. 2 Nr. 2 VwGO zuzulassen (*Seibert* DVBl. 1997, 932/935 f.).

c) **Grundsätzliche Bedeutung, Nr. 3.** S. dazu Form. V. C. 9. Eine die Berufungszulassung rechtfertigende grundsätzliche Bedeutung hat eine Rechtssache auch dann, wenn sich die zu klärende Rechtsfrage auf die Auslegung von Landesrecht bezieht (*Meyer-Ladewig* in Schoch/Schmidt-Aßmann/Pietzner § 124 Rdn. 31). Denn die Rspr. des OVG dient ja auch der Ermöglichung einer landeseinheitlichen Auslegung und Anwendung des Landesrechtes. Ferner ist die Berufung wegen grundsätzlicher Bedeutung zuzulassen, wenn die aufgeworfene Frage die Auslegung von Gemeinschaftsrecht betrifft und sich für das letztinstanzliche Gericht deswegen voraussichtlich die Notwendigkeit ergeben würde, eine Vorabentscheidung des EuGH einzuholen (BVerfG NVwZ 2009, 519).

d) **Divergenz, Nr. 4.** Dieser Zulassungsgrund ist gegeben, wenn das Urteil von einer Entscheidung des OVG, des BVerwG, des GemSOGB oder des BVerfG abweicht und auf dieser Abweichung beruht. Zu beachten ist dabei, dass im erstgenannten Falle die Abweichung von einer Entscheidung „des" OVG des betreffenden Landes gegeben sein muss, also nicht von der Entscheidung des OVG eines anderen Landes. Im letzteren Falle kann aber uU. der Zulassungsgrund der grundsätzlichen Bedeutung gegeben sein. Zur Divergenz s. Form. V. C. 10.

e) **Verfahrensmangel, Nr. 5.** S. dazu Form. V. C. 11. Wird eine Verletzung des § 86 Abs. 1 VwGO gerügt, so muss dargelegt werden, „welche Beweise angetreten worden sind oder welche Ermittlungen sich dem Tatsachengericht hätten aufdrängen müssen, welche Beweismittel bzw. Aufklärungsmöglichkeiten in Betracht gekommen wären, welches Ergebnis die Beweisaufnahme bzw. weitere Aufklärung voraussichtlich gehabt hätte und inwieweit dieses Ergebnis zu einer dem Rechtsmittelführer günstigeren Entscheidungen hätte führen können" (VGH Mannheim DÖV 1997, 965/966).

6. Lässt das OVG die Berufung zu, so wird das Antragsverfahren als Berufungsverfahren fortgesetzt; der Einlegung einer Berufung bedarf es nicht, § 124 a Abs. 5 S. 5 VwGO. Die Zulassung eröffnet die Berufung in vollem Umfange, also nicht nur hinsichtlich der Gründe, derentwegen sie erfolgte (*Seibert* DVBl. 1997, 932/940). Mit der Zustellung des Beschlusses über die Zulassung der Berufung beginnt die einmonatige Begründungsfrist, § 124 Abs. 6 S. 1 VwGO.

7. Zum Vertretungszwang s. Form. V. C. 1 Anm. 3. Dem Gebot anwaltlicher Vertretung ist nicht genügt, wenn die von dem Antragsteller persönlich verfasste Antragsbegründung lediglich die Unterschrift des RA trägt, ohne von diesem selbst erarbeitet zu sein (BVerwG NJW 1997, 1865). Ebenso wenig reicht die Bezugnahme auf Schriftstücke eines nicht postulationsfähigen Dritten aus (VGH Mannheim NVwZ 1999, 429; OVG Lüneburg NVwZ-RR 2002, 468).

4. Berufungsbegründung (§ 124 a VwGO)

An das
Oberverwaltungsgericht[1]
Az.: .....

In der Verwaltungsstreitsache .....

beantrage ich namens des Beklagten, nachdem der Senat die Berufung mit Beschluss vom ....., zugestellt am ....., zugelassen hat, [2]

unter teilweiser Abänderung des angefochtenen Urteils den Kläger in vollem Umfange mit der Klage abzuweisen. [3]

Zur Begründung führe ich aus:

Entgegen der Auffassung des VG ist der von dem Kläger angefochtene Heranziehungsbescheid in vollem Umfange rechtmäßig. Er war deshalb nicht teilweise aufzuheben .....[4] Ergänzend verweise ich auf mein Vorbringen in erster Instanz und im Verfahren auf Zulassung der Berufung.[5]

Rechtsanwalt

Anmerkungen

1. Die Begründung ist bei dem OVG einzureichen, und zwar unabhängig davon, ob das OVG oder das VG die Berufung zugelassen hat, § 124a Abs. 6 S. 2, Abs. 3 S. 2 VwGO.

2. Die Berufung ist, wenn sie vom OVG zugelassen wurde, innerhalb eines Monats nach Zustellung des Zulassungsbeschlusses zu begründen, § 124a Abs. 6 S. 1 VwGO. Erfolgte die Zulassung durch das VG, so beträgt die Begründungsfrist zwei Monate ab Zustellung des Urteils, § 124a Abs. 3 S. 1 VwGO. Über die Frist und den Sitz des Gerichts, bei dem die Berufungsbegründung einzureichen ist, muss belehrt werden; geschieht dies nicht, so läuft die Jahresfrist des § 58 Abs. 2 VwGO (BVerwG NJW 2009, 2322). Die Begründungsfrist kann auf einen vor ihrem Ablauf gestellten (und zu begründenden, § 57 Abs. 2 VwGO, § 224 Abs. 2 ZPO) schriftlichen (dazu BVerfG NVwZ 1994, 781; BVerwG DBl. 2002, 1043) Antrag von dem Vorsitzenden verlängert werden, § 124a Abs. 3 S. 3, Abs. 6 S. 3 VwGO. Es kommt also nur darauf an, dass der begründete Verlängerungsantrag vor Ablauf der Frist beim OVG gestellt wird; die Verlängerung selbst kann nach Ablauf der Frist verfügt werden (BVerwGE 10, 75; BAG GS NJW 1980, 309). Die Überwachung der Berufungsbegründungsfrist darf nicht dem Büropersonal überlassen bleiben (OVG Münster NVwZ-RR 2004, 221).

3. Die Begründung muss einen bestimmten Antrag enthalten, § 124a Abs. 3 S. 4, Abs. 6 S. 3 VwGO. Allerdings reicht es aus, wenn sich das Ziel der Berufung eindeutig aus der Berufungsbegründung ergibt (BVerwGE 114, 155; NVwZ-RR 2004, 220; OVG Berlin NJW 2000, 2291). Darauf sollte man sich jedoch nicht verlassen. Soll das in der ersten Instanz verfolgte Begehren in vollem Umfange aufrechterhalten werden, so kann, wie es auch der Praxis entspr., wie folgt formuliert werden: „Unter Abänderung des angefochtenen Urteils nach den in erster Instanz gestellten Anträgen des Klägers/des Beklagten zu erkennen". Der Antrag, das Urteil ggfs. nach § 130 Abs. 2 VwGO aufzuheben und die Sache an das VG zurückzuverweisen, muss nicht gestellt werden. Dieser Antrag ist als ein Minus in dem (Haupt-)Berufungsantrag enthalten. Eine Berufung, die nur auf Aufhebung und Zurückverweisung gerichtet ist, ist unzulässig (VGH Mannheim DÖV 1997, 604 Nr. 127 – Leitsatz).

4. In der Berufungsbegründung muss im Einzelnen dargelegt werden, aus welchen Gründen das Urteil des VG unrichtig ist, § 124a Abs. 3 S. 4, Abs. 6 S. 3 VwGO. Dabei muss beachtet werden, dass „das Berufungsverfahren ...... nicht so sehr der rechtlichen Überprüfung des in der ersten Instanz ergangenen Urteils" dient, „sondern vielmehr der Herbeiführung der richtigen – und zwar nach dem Stande der letzten Berufungsverhandlung richtigen – Entscheidung des Rechtsstreits" (BVerwGE 23, 135/137, 138). Es ist deshalb nicht zu empfehlen, sich allzu sehr mit den Entscheidungsgründen des angefochtenen Urteils auseinanderzusetzen und/oder sich in einer umfangreichen Kritik am erstinstanzlichen Verfahrensablauf zu verlieren. Wichtig ist vielmehr darzulegen, dass entgegen der Ansicht des VG die Klage begründet bzw. unbegründet ist. Dazu können im gleichen Umfange wie in der ersten Instanz Tatsachen und Rechtsauffassungen vorgetragen werden. § 128 S. 1 VwGO, ohne Einschränkung insbes. durch den Grund der Zulassung der Berufung. Auch neu vorgebrachte Tatsachen und Beweismittel können berücksichtigt werden, § 128 S. 2 VwGO. Neue Erklärungen und Beweismittel, die im ersten Rechtszug entgegen einer hierfür gesetzten Frist (§ 87b Abs. 1 und 2 VwGO) nicht vorgebracht worden sind, sind nur zuzulassen, wenn nach der freien Überzeugung des Gerichts ihre Zulassung die Erledigung des Rechtsstreits nicht verzögern würde oder wenn der Beteiligte die Verspätung genügend entschuldigt, § 128a Abs. 1 S. 1 VwGO. Erklärungen und Beweismittel, die das VG zu Recht zurückgewiesen hat, bleiben auch im Berufungsverfahren ausgeschlossen, § 128a Abs. 2 VwGO.

5. Zweifelhaft ist, ob eine Berufungsbegründung auch dann notwendig ist, wenn das zur Begründung Erforderliche schon in dem Antrag auf Zulassung der Berufung ausgeführt wurde. Unverzichtbar ist es jedenfalls, nach der Zulassung der Berufung noch einen Schriftsatz zur Berufungsbegründung einzureichen (BVerwG NVwZ 2003, 868; NVwZ-RR 2004, 541; OVG Münster DVBl. 1999, 997; NVwZ 1999, 208). In diesem kann dann ggf. zur Begründung auf den Zulassungsantrag verwiesen werden, wenn dieser den Anforderungen (auch) einer Berufungsbegründung genügt (BVerwG DVBl. 1999, 95; NVwZ 2000, 67; 2001, 1029; OVG Münster NVwZ 1999, 208; DVBl. 1999, 997). Unzureichend ist es aber, wenn zur Begründung der Berufung lediglich auf das Vorbringen im Vorverfahren und im Verfahren erster Instanz verwiesen wird (VGH München NVwZ-RR 2001, 545).

5. Anschlussberufung (§ 127 VwGO)[1]

An das
Oberverwaltungsgericht ......[2]

In der Verwaltungsstreitsache ......
Az. ......
schließe ich mich namens des Klägers der vom Senat zugelassenen Berufung[3] des Beklagten[4] an mit dem Antrag[5], unter teilweiser Abänderung des angefochtenen Urteils den Heranziehungsbescheid des Beklagten vom ...... in der Gestalt des Widerspruchsbescheides vom ...... in vollem Umfange aufzuheben.
Zur Begründung führe ich aus ......[6]
Die Berufungsbegründung des Beklagten ist mir am ...... zugestellt worden.[7]

Rechtsanwalt

Schrifttum: Siems, Die selbständige Anschlussberufung im Verwaltungsprozess, NVwZ 2000, 160.

Anmerkungen

1. Es ist möglich, dass gegen das Urteil des VG von mehreren Beteiligten ein Antrag auf Zulassung der Berufung gestellt und nach Zulassung der Berufung das Berufungsverfahren durchgeführt wird. In diesem Falle sind die Zulassungs- und Berufungsverfahren voneinander unabhängig. Für ihre verfahrensrechtliche Abwicklung gelten keine Besonderheiten (sog. selbstständige Anschlussberufung).

Denkbar ist aber auch, dass, wie hier, ein Beteiligter sich der für den Prozessgegner zugelassenen Berufung anschließt, § 127 Abs. 1 S. 1 VwGO. Die Anschließung ist auch statthaft, wenn der Beteiligte auf die Berufung verzichtet hat oder die Frist für die Berufung oder den Antrag auf Zulassung der Berufung verstrichen ist, § 127 Abs. 2 S. 1 VwGO (BVerwG NVwZ-RR 2002, 233). Eine solche Berufung (sog. unselbstständige Anschlussberufung) wird unwirksam, wenn die (Haupt-)Berufung zurückgenommen oder als unzulässig verworfen wird, § 127 Abs. 5 VwGO. In diesem Falle sind auch die Kosten der Anschlussberufung dem Kostenpflichtigen der Hauptsache aufzuerlegen, sofern nicht der Anschlussberufungsführer der Rücknahme zugestimmt hat (BGH NJW 1984, 2952; BVerwG E 72, 165/169). Ein unselbstständiger „Anschlusszulassungsantrag" (Antrag auf Zulassung der Berufung nach Ablauf der eigenen Antragsfrist) ist nicht zulässig (VGH München NVwZ 2000, 213).

Die Anschlussberufung selbst bedarf nicht der Zulassung, § 127 Abs. 4 VwGO.

2. Die Anschlussberufung ist beim OVG einzulegen, § 127 Abs. 1 S. 2 VwGO.

3. Eine Anschlussberufung setzt denknotwendig das Vorliegen einer Berufung voraus. Die Berufung ist aber erst mit ihrer Zulassung eingelegt, § 124 a Abs. 5 S. 5 VwGO (OVG Koblenz NVwZ-RR 2003, 317). Folglich ist eine unselbstständige Anschlussberufung erst nach Zulassung der (Haupt-)Berufung möglich.

Nach der Neufassung des § 127 VwGO besteht ein unbeschränktes Anschließungsrecht, das eine volle Überprüfung des erstinstanzlichen Streitstoffs ermöglicht. Die Anschlussberufung darf sich deshalb auch auf einen Streitstoff beziehen, der nicht Gegenstand der Berufung ist (BVerwGE 117, 332/343; OVG Münster KStZ 2009, 12).

4. Die Berufung muss sich gegen den Anschlussberufungskläger richten. Aus Sinn und Zweck der Anschlussberufung folgt, dass ein in erster Instanz unterlegener Beteiligter sich der Berufung eines anderen Beteiligten nur anschließen kann, wenn sich dessen Rechtsmittel (auch) gegen ihn richtet. Ein Beteiligter kann sich nicht durch eine unselbstständige Anschlussberufung Zugang zu dem nicht gegen ihn gerichteten Rechtsmittelverfahren beschaffen (BVerwG NVwZ-RR 1998, 457: Wenn von zwei Nachbarn, die als einfache Streitgenossen eine dem beigeladenen Bauherrn erteilte Baugenehmigung anfechten, der eine obsiegt und der andere unterliegt, kann sich der unterlegene Nachbar der Berufung des beigeladenen Bauherrn, die sich gegen den obsiegenden Nachbarn richtet, nicht im Wege der unselbstständigen Anschlussberufung anschließen).

5. Auch die unselbstständige Anschlussberufung muss einen bestimmten Antrag enthalten. Sie setzt keine Beschwer des Anschlussberufungsführers voraus. Entscheidend ist, dass mit der Anschlussberufung mehr erstrebt wird als die bloße Zurückweisung der Berufung (OVG Münster NWVBl. 1998, 110).

6. Die unselbstständige Anschlussberufung muss in der Anschlussschrift begründet werden, § 127 Abs. 3 S. 1 VwGO. Die Begründungsfrist kann nicht verlängert werden, was sich daraus ergibt, dass § 127 Abs. 3 S. 2 VwGO § 124 a Abs. 3 S. 3 VwGO nicht in Bezug nimmt.

7. Die Anschlussberufung ist innerhalb eines Monats nach Zustellung der Berufungsbegründung einzulegen, § 127 Abs. 2 S. 2 VwGO.

6. Revision (§§ 132 ff. VwGO)

An das
Oberverwaltungsgericht[1]
...... Senat

Az.: ......

In der Verwaltungsstreitsache

des ...... (Klägers)
Prozessbevollmächtigter: RA ......[2]

gegen

die Stadt ...... (Beklagte)
beteiligt: Der Vertreter des öffentlichen Interesses bei dem Oberverwaltungsgericht ......

wegen: ......

lege ich namens des Klägers gegen das Urteil des Senates vom ......, zugestellt am ......[3]**,**

Revision

ein[4]**.**
Antrag und Begründung folgen in einem besonderen Schriftsatz[5]**.**

Rechtsanwalt

Schrifttum: May, Die Revision, 2. Aufl. 1997.

Anmerkungen

1. Die Revision ist schriftlich bei dem Gericht einzulegen, dessen Urteil angefochten wird (iudex a quo), § 139 Abs. 1 S. 1 VwGO. Das ist normalerweise das OVG, § 132 Abs. 1 VwGO, bei der Sprungrevision (§ 134 VwGO) und beim Ausschluss der Berufung (§ 135 VwGO) das VG. Die Einlegung beim BVerwG wahrt die Frist, § 139 Abs. 1 S. 2 VwGO.

2. Nach § 67 Abs. 4 S. 1 VwGO müssen sich die Beteiligten vor dem BVerwG, außer im Prozesskostenhilfeverfahren, durch Prozessbevollmächtigte vertreten lassen. Als Bevollmächtigte sind nur die in § 67 Abs. 2 S. 1 VwGO bezeichneten Personen zugelassen, § 67 Abs. 4 S. 3 VwGO, also RAe oder Rechtslehrer an einer deutschen Hochschule iSd. HochschulrahmenG mit Befähigung zum Richteramt. Dem Vertretungszwang unterliegt auch schon die Einleitung des Verfahrens vor dem BVerwG, § 67 Abs. 4 S. 2 VwGO, also schon die Einlegung der Revision. Der als Bevollmächtigter auftretende RA muss bei einem deutschen Gericht zugelassen sein, § 18 BRAO. Ausnahmen bestehen für RAe aus EU-Mitgliedstaaten (s. dazu *Schoch/Schmidt-Aßmann/Pietzner/Meissner* § 67 Rdn. 22 ff. und BVerwG NJW 1998, 2991).

Für Behörden und juristische Personen des öffentlichen Rechts gilt die Sonderregelung des § 67 Abs. 4 S. 4 VwGO (ua. Vertretung durch eigene Beschäftigte mit Befähigung zum Richteramt).

Eine Sonderregelung für bestimmte Verfahrensarten, ua. Verfahren nach § 52 Nr. 4 VwGO und Personalvertretungsangelegenheiten, enthält § 67 Abs. 4 S. 5 u. S. 6 VwGO.

3. Die Revisionsfrist beträgt einen Monat; sie beginnt nach § 139 Abs. 1 S. 1 VwGO mit der Zustellung des die Zulassung enthaltenen Urteils, im Falle der Sprungrevision mit Zustellung des die Revision zulassenden Beschlusses des VG, § 134 Abs. 3 S. 2 VwGO.

4. Die Revision gegen ein Urteil oder gegen einen Beschluss des OVG nach § 47 Abs. 5 S. 1 VwGO kann nur eingelegt werden, wenn sie vom OVG zugelassen wird, § 132 Abs. 1 VwGO. Die Nichtzulassung der Revision kann durch Beschwerde angefochten werden, § 133 VwGO (s. dazu Form. V. C. 8 bis 11). Zur Revision gegen Urteile des VG s. §§ 134, 135 VwGO.

5. Antrag und Begründung der Revision können nachgereicht werden, § 139 Abs. 3 VwGO. Zu der dafür bestehenden Frist s. Form. V. C. 7 Anm. 1.

Kosten und Gebühren

Für das Verfahren im Allg. werden 5,0 Gerichtsgebühren erhoben, Nr. 5130 KV.

Für das Revisionsverfahren erhält der RA eine 1,6-Verfahrensgebühr nach Nr. 3206 VV sowie eine 1,5- Terminsgebühr nach Nr. 3210 VV.

7. Revisionsbegründung[1]

An das
Bundesverwaltungsgericht[2]
...... Senat
Simsonplatz 1
04 107 Leipzig

Az.: ......

Revisionsbegründung

In der Verwaltungsstreitsache

......

gegen den Landrat ......

beantrage ich[3]:

> **Unter Abänderung des angefochtenen Urteils des OVG ...... vom ...... den Beklagten unter Aufhebung seines Ablehnungsbescheides vom ...... in der Gestalt des Widerspruchsbescheides vom ...... zu verpflichten, die dem Beigeladenen am ...... erteilte Baugenehmigung zur Errichtung eines Einfamilienwohnhauses auf dem Grundstück ...... zurückzunehmen[4].**

Zur Begründung führe ich aus[5]:

Entgegen der Ansicht des Berufungsgerichts ist der Beklagte verpflichtet, die dem Beigeladenen erteilte Baugenehmigung zurückzunehmen, weil diese Genehmigung gegen § 34 BauGB verstößt und sie entgegen einer dem Kläger gegebenen Zusage erteilt worden ist (s. dazu BVerwG NJW 1976, 303).

I. Das Berufungsgericht hat das Schreiben des Beklagten vom ...... dahin ausgelegt, dass der Beklagte mit Bindungswillen dem Kläger die Zusage gegeben hat, dem Beigeladenen keine Genehmigung für ein Einfamilienwohnhaus zu erteilen, welches die durch die bereits vorhandene Bebauung gebildete einheitliche rückwärtige Baugrenze überschreitet oder die einheitliche Firsthöhe der benachbarten vier Häuser nicht einhält. An diese Auslegung ist das Revisionsgericht gebunden, § 137 Abs. 2 VwGO. Sie lässt einen Rechtsverstoß nicht erkennen. Das Berufungsgericht hat im Einklang mit der im öffentlichen Recht entspr. anwendbaren Vorschrift des § 133 BGB sich nicht allein an dem Wortlaut des Schreibens orientiert, sondern die gesamten Umstände, unter denen es an den Kläger gerichtet wurde, mitberücksichtigt ......

II. Die dem Kläger erteilte Zusage ist rechtsverbindlich, weil sie den formellen und materiellen Anforderungen des § 38 VwVfG NRW entspricht. Bei dieser Vorschrift handelt es sich nach § 137 Abs. 1 Nr. 2 VwGO um revisibles Recht, da sie ihrem Wortlaut nach mit § 38 VwVfG Bund übereinstimmt.

Entgegen der Ansicht des Berufungsgerichts ist die dem Kläger erteilte Zusage nicht deshalb unwirksam, weil sie ohne Mitwirkung der Gemeinde erfolgt ist. Zwar ist nach § 36 BauGB über die Zulässigkeit eines Vorhabens nach § 34 BauGB von der Baugenehmigungsbehörde im Einvernehmen mit der Gemeinde zu entscheiden. Dieses Einvernehmen ist jedoch nur dann erforderlich, wenn die Behörde die Genehmigung erteilt, nicht dagegen im Falle einer Versagung. Daraus folgt, dass nach § 38 Abs. 1 S. 2 VwVfG NRW nur die Zusage der Erteilung einer Baugenehmigung des Einvernehmens der Gemeinde bedarf, nicht dagegen die Zusage, eine Baugenehmigung (an einen Dritten) nicht zu erteilen (*Dohle* BauR 1976, 395/399). Vorliegend ist aber von dem Beklagten nicht die Erteilung (einer dem § 34 BauGB entsprechenden), sondern die Nichterteilung einer (dem § 34 BauGB widersprechenden) Baugenehmigung zugesagt worden.

III. Durch die Erteilung der auch nach Ansicht des Berufungsgerichts rechtswidrigen Baugenehmigung hat sich der Anspruch des Klägers gegen den Beklagten auf Einhaltung der Zusage in einen Anspruch auf Rücknahme der zusagewidrigen Baugenehmigung umgewandelt (BVerwG NJW 1976, 303/305). Dieser Rücknahme stehen rechtliche Hindernisse nicht entgegen, insbesondere nicht Gesichtspunkte des Vertrauensschutzes.

Rechtsanwalt

Anmerkungen

1. Für die Länge und den Lauf der Revisionsbegründungsfrist gilt Folgendes:

Ist in dem Urteil des Berufungsgerichts die Revision zugelassen worden, so ist die Revision innerhalb von zwei Monaten nach Zustellung des vollständigen Urteils zu begründen, § 139 Abs. 3 S. 1, 1. Halbs. VwGO. Mit der Zustellung des Urteils beginnen also die einmonatige Revisionsfrist nach § 139 Abs. 1 S. 1 VwGO (s. dazu Form. V. C. 6 Anm. 3) und die zweimonatige Revisionsbegründungsfrist nach § 139 Abs. 3 S. 1, 1. Halbs. VwGO. Der Lauf der Revisionsbegründungsfrist ist vom Zeitpunkt der Einlegung der Revision und des Ablaufs der Revisionsfrist unabhängig.

Ist vom VG die Sprungrevision nach § 134 VwGO zugelassen worden, so beginnt die Revisionsbegründungsfrist mit der Zustellung des Zulassungsbeschlusses, § 139 Abs. 3 S. 1, 1. Halbs. VwGO.

Wird auf eine Revisionsnichtzulassungsbeschwerde hin die Revision zugelassen, so beträgt die Revisionsbegründungsfrist einen Monat; sie beginnt mit der Zustellung des Beschlusses über die Zulassung der Revision, § 139 Abs. 3 S. 1, 2. Halbs. VwGO.

Die Begründungsfrist kann auf einen vor ihrem Ablauf gestellten (und zu begründenden, § 57 Abs. 2 VwGO, § 224 Abs. 2 ZPO!) schriftlichen (dazu BVerfG NVwZ 1994, 781) Antrag durch den Vorsitzenden verlängert werden, § 139 Abs. 3 S. 3 VwGO. Es kommt also nur darauf an, dass der begründete Verlängerungsantrag vor Ablauf der Frist beim BVerwG (BVerwG KStZ 1993, 232) gestellt wird; die Verlängerung selbst kann nach Ablauf der Frist verfügt werden (BVerwG E 10, 75; BAG GS NJW 1980, 309).

Zu den Sorgfaltspflichten des RA bei der Überprüfung und Kontrolle der Revisionsbegründungsfrist s. BVerwG KStZ 1994, 153 und BSG DÖV 1997, 37.

2. Nach § 139 Abs. 3 S. 2 VwGO ist die Begründung beim BVerwG einzureichen. Die Einreichung beim Berufungsgericht wahrt die Frist nicht.

3. Die Revision oder die Revisionsbegründung muss einen bestimmten Antrag enthalten, § 139 Abs. 3 S. 4 VwGO.

4. Es genügt auch die Bezugnahme auf den in der Vorinstanz gestellten schriftlichen Antrag, wenn dieser hinreichend bestimmt ist (BVerwGE 23, 41). Üblich ist dann die Formulierung: „Unter Abänderung des angefochtenen Urteils nach den Schlussanträgen des ...... im Berufungsverfahren zu erkennen."

Es ist nicht erforderlich, neben dem Hauptantrag hilfsweise zu beantragen, „das angefochtene Urteil aufzuheben und die Sache zur anderweitigen Verhandlung und Entscheidung an das Berufungsgericht zurückzuverweisen", weil dieser Antrag als ein Minus im Hauptantrag enthalten ist.

5. Die Revision kann nur auf die Verletzung einer Rechtsnorm gestützt werden, § 137 Abs. 1 VwGO. An die in dem angefochtenen Urteil getroffenen tatsächlichen Feststellungen ist das BVerwG gebunden, außer wenn in Bezug auf diese Feststellungen zulässige und begründete Revisionsgründe vorgebracht sind, § 137 Abs. 2 VwGO.

Gerügt werden kann grundsätzlich nur die Verletzung von Bundesrecht, § 137 Abs. 1 Nr. 1 VwGO. Landesrecht ist nur revisibel, wenn es durch Bundesgesetz für revisibel erklärt ist. Dies ist durch § 137 Abs. 1 Nr. 2 VwGO für Vorschriften des VwVfG eines Landes, die ihrem Wortlaut nach mit Vorschriften des VwVfG Bund übereinstimmen, geschehen.

Kein revisibles Bundesrecht liegt vor, wenn durch Landesrecht eine bundesrechtliche Vorschrift für entspr. anwendbar erklärt wird (BVerwG NVwZ 1984, 101).

Die Revisionsbegründung muss nach § 139 Abs. 3 S. 4 VwGO die verletzte Rechtsnorm und, soweit Verfahrensmängel gerügt werden, die Tatsachen bezeichnen, die den Mangel ergeben. Der Prozessbevollmächtigte des Revisionsklägers muss – für das Revisionsgericht objektiv erkennbar – eine Sichtung und Durchdringung des Streitstoffes vornehmen. Dieser ist nicht identisch mit dem Streitstoff der Vorinstanzen oder eines vorangegangenen Revisionsbeschwerdeverfahrens. Aus diesem Grund reicht eine Bezugnahme auf früher eingereichte Schriftsätze nicht aus (BVerwG NJW 1985, 1235). Dies gilt auch für die Nichtzulassungsbeschwerde (BVerwG DÖV 1978, 814; DVBl. 1989, 415). Eine „vollinhaltliche" Bezugnahme auf die Beschwerdeschrift lässt das BVerwG nur dann als Revisionsbegründung ausreichen, „wenn die Beschwerdeschrift den Anforderungen (auch) an eine Revisionsbegründung genügt und – bei mehreren im Beschwerdeverfahren geltend gemachten Zulassungsgründen – in der Revisions- bzw. Revisionsbegründungsschrift unmissverständlich klargestellt wird, welche der geltend gemachten Zulassungsgründe – nunmehr als Revisionsgründe – zur Stützung der Revision dienen sollen" (BVerwG NJW 1985, 1235/1236; ferner DVBl. 1989, 265). Wegen der damit verbundenen Unsicherheiten sollte stets von einer Bezugnahme auf andere Schriftsätze abgesehen und eine aus sich selbst heraus verständliche Revisionsbegründung verfasst werden.

8. Beschwerde gegen die Nichtzulassung der Revision[1] (§ 133 VwGO)

An das
Oberverwaltungsgericht[2]
Az.: ......

In der Verwaltungsstreitsache

des ...... (Klägers)
Prozessbevollmächtigter: RA[3] ......

gegen

den Oberbürgermeister ...... (Beklagten)[4]

beteiligt: Der Vertreter des öffentlichen Interesses bei dem Oberverwaltungsgericht ......
wegen: Heranziehung zu einem Erschließungsbeitrag

lege ich hiermit namens des Klägers gegen die Nichtzulassung der Revision in dem Urteil des Senats vom ......, zugestellt am ......[5],

Beschwerde[6]

ein mit dem Antrag,
die Entscheidung des Oberverwaltungsgerichts ...... über die Nichtzulassung der Revision gegen sein Urteil vom ...... aufzuheben und die Revision zuzulassen.
Die Begründung reiche ich nach.[7, 8]

Rechtsanwalt

Schrifttum: Weyreuther, Revisionszulassung und Nichtzulassungsbeschwerde in der Rechtsprechung der obersten Bundesgerichte, NJW-Schriften 14, 1971; *Kummer,* Die Nichtzulassungsbeschwerde, 2002.

Anmerkungen

1. Die Nichtzulassung der Revision in dem Urteil des OVG oder (im Falle des § 135 VwGO) des VG kann durch Beschwerde angefochten werden, § 133 Abs. 1 VwGO. Die Einlegung der Beschwerde hemmt die Rechtskraft des Urteils, § 133 Abs. 4 VwGO. Sie führt dazu, dass das BVerwG Gericht der Hauptsache iSd. § 80 Abs. 5 VwGO wird.

2. Die Revisionsnichtzulassungsbeschwerde ist schriftlich bei dem Gericht einzureichen, dessen Entscheidung angefochten wird, also idR. beim OVG § 133 Abs. 2 S. 1 VwGO, im Falle des § 135 VwGO beim VG, § 135 S. 3 mit § 133 Abs. 2 S. 1 VwGO. Die Einlegung beim BVerwG wahrt die Frist nicht (BVerwGE 32, 357).

3. Es besteht im gleichen Umfange Anwaltszwang wie bei der Einlegung der Revision, § 67 Abs. 4 S. 2 VwGO. S. dazu Form. V. C. 6 Anm. 2.

4. Für den Beschwerdegegner, hier den Beklagten, ist es grundsätzlich nicht notwendig, tätig zu werden und durch einen RA die Zurückweisung der Beschwerde zu beantragen, bevor nicht vom Gericht die Beschwerdebegründung zur Stellungnahme zugeleitet wurde. Wird der RA des Beschwerdegegners schon vorher tätig und wird dann die Beschwerde zurückgenommen, so sind die dem Beschwerdegegner entstandenen Anwaltskosten regelmäßig nicht erstattungsfähig (BVerwG Buchholz 310 § 162 VwGO Nr. 29; OVG Lüneburg NordÖR 2007, 138).

5. Die Beschwerdefrist beträgt einen Monat seit Zustellung des Urteils, § 133 Abs. 2 S. 1 VwGO. Die Beschwerde muss das angefochtene Urteil bezeichnen, § 133 Abs. 2 S. 2 VwGO. Sie braucht noch keine Begründung zu enthalten.

6. Die Umdeutung einer von einem RA eingelegten Revision in eine Beschwerde gegen die Nichtzulassung der Revision ist nicht möglich (BVerwG NVwZ 1998, 1297).

7. S. dazu Form. V. C. 9 bis 11.

8. Wird der Beschwerde gegen die Nichtzulassung der Revision abgeholfen oder lässt das BVerwG die Revision zu, so wird das Beschwerdeverfahren als Revisionsverfahren fortgeführt, wenn nicht das BVerwG das angefochtene Urteil nach § 133 Abs. 6 VwGO aufhebt (s. dazu Form. V. C. 11 Anm. 7); der Einlegung einer Revision durch den Beschwerdeführer bedarf es nicht, § 139 Abs. 2 S. 1 VwGO. Mit der Zustellung des Zulassungsbeschlusses beginnt die einmonatige Revisionsbegründungsfrist, § 139 Abs. 3 S. 1, 2. Halbs. VwGO.

Kosten und Gebühren

Nach Nr. 5500 KV wird eine 2,0 Gerichtsgebühr erhoben, wenn die Beschwerde verworfen oder zurückgewiesen wird.

Der RA erhält für die Vertretung im Revisionsnichtzulassungsbeschwerdeverfahren eine 1,6-Gebühr nach Nr. 3506 VV. Die Gebühr wird auf die Verfahrensgebühr für ein nachfolgendes Revisionsverfahren angerechnet.

9. Begründung der Revisionsnichtzulassungsbeschwerde wegen grundsätzlicher Bedeutung (§ 132 Abs. 2 Nr. 1 VwGO)

An das
Oberverwaltungsgericht .....[1]
Az.: .....

In der Verwaltungsstreitsache .....

führe ich zur Begründung der Beschwerde vom ..... gegen die Nichtzulassung der Revision in dem Urteil des Senates vom ....., zugestellt am .....[2] aus:[3]
Die Revision ist nach § 133 mit § 132 Abs. 2 Nr. 1 VwGO zuzulassen, weil die Rechtssache grundsätzliche Bedeutung hat.[4]
Die Rechtmäßigkeit der angefochtenen Ordnungsverfügung, mit der der Beklagte dem Kläger den Verkauf von Geranien, Fuchsien, Primeln, Eriken, Koniferen, Stauden und Sträuchern der Außenbepflanzung an Sonn- und Feiertagen untersagt hat, hängt von der Auslegung des Begriffs „Blumen" in § 12 Abs. 1 LadenschlussG, § 1 Abs. 1 Nr. 3 der VO über den Verkauf bestimmter Waren an Sonn- und Feiertagen, ab. Die Ordnungsverfügung ist rechtmäßig, wenn man unter „Blumen" nur Schnittblumen und Topfpflanzen versteht. Sie ist rechtswidrig, wenn man als „Blumen" alle Pflanzenarten ansieht, die nach den gerade herrschenden Kaufgewohnheiten der Bevölkerung als sonntägliches Geschenk oder Mitbringsel gefragt sind.[5]
Der Begriff „Blumen" in § 12 Abs. 1 LadenschlussG und § 1 Abs. 1 Nr. 3 der genannten VO ist in der höchstrichterlichen Rspr. bisher nicht geklärt. Ein Revisionsverfahren ist deshalb geeignet, eine Rechtsfrage von allgemeiner, über den hier zu entscheidenden Einzelfall hinausreichender Bedeutung zu entscheiden und damit zu einer einheitlichen Auslegung und Anwendung von Bundesrecht beizutragen .....[6]

Anmerkungen

1. Die Begründung ist bei dem Gericht, gegen dessen Urteil Revision eingelegt werden soll, also idR. beim OVG, einzureichen, § 133 Abs. 3 S. 2 VwGO. Die Einreichung beim BVerwG wahrt die Begründungsfrist nicht.

2. Die Beschwerde ist innerhalb von zwei Monaten nach Zustellung des vollständigen Urteils zu begründen, § 133 Abs. 3 S. 1 VwGO. Die Frist ist mangels gesetzlicher Ermächtigung nicht verlängerbar (BVerwG BayVBl. 1990, 317; NVwZ 2001, 799).

3. In der Begründung muss die grundsätzliche Bedeutung der Rechtssache dargelegt werden, § 133 Abs. 3 S. 3 VwGO. Die Gründe für die Zulassung der Revision sind nicht mit den Revisionsgründen nach § 137 VwGO zu verwechseln.

Die Prüfung, ob die Revision zugelassen werden kann, ist auf die frist- und formgerecht vorgetragenen Zulassungsgründe des § 132 Abs. 2 VwGO beschränkt. Erforderlich ist eine Sichtung und rechtliche Durchdringung des Streitstoffes durch den Prozessbevollmächtigten des Beschwerdeführers und ein sorgfältiges Eingehen auf den jeweiligen Zulassungsgrund. Dieser muss schlüssig, aber nicht notwendig umfangreich dargestellt werden. UU. genügen schon „einige wenige Sätze" (BVerwG DÖV 1974, 105 Nr. 33 – Leitsatz). Gerade bei der Begründung einer Revisionsnichtzulassungsbeschwerde, deren

Abfassung zu den schwierigsten anwaltlichen Aufgaben gehören kann, vor allem wenn Verfahrensmängel gerügt werden sollen (s. dazu Form. V. C. 11), kommt es weniger auf den Umfang als auf die Qualität (Klarheit, Verständlichkeit, Übersichtlichkeit) der Ausführungen an. „Eine umfangreiche Beschwerdebegründung“ – im entschiedenen Falle 678 Seiten! – „entspricht jedenfalls dann nicht den formellen Erfordernissen, wenn die Ausführungen zu den Zulassungsgründen in unübersichtlicher, ungegliederter, unklarer, kaum auflösbarer Weise mit Einlassungen zu irrevisiblen oder für das Beschwerdeverfahren sonst unerheblichen Fragen vermengt sind. Es ist nicht Aufgabe des Beschwerdegerichts, aus einem derartigen Gemenge das herauszusuchen, was möglicherweise – bei wohlwollender Auslegung – zur Begründung der Beschwerde geeignet sein könnte“ (BVerwG NJW 1996, 1554; ferner KStZ 2002, 75/76).

4. Bei der Grundsatzrüge (§ 132 Abs. 2 Nr. 1 VwGO) muss eine „über den jeweiligen Einzelfall hinausgreifende, in verallgemeinerungsfähiger Weise im Interesse der Rechtseinheit oder Fortentwicklung des Rechts klärungsfähige und klärungsbedürftige konkretisierte Rechtsfrage dargelegt werden“ (BVerwG NJW 1996, 1554; ferner NJW 1997, 3328; NVwZ-RR 2001, 198). Wesentliche Stichworte zur Begründung einer Grundsatzrevision sind Begriffe wie Rechtssicherheit, Rechtsfortbildung, fehlende höchstrichterliche Klärung, praktische Bedeutung über den Einzelfall hinaus. Die rechtsgrundsätzliche Frage muss revisibles Recht betreffen, also grundsätzlich Bundesrecht, § 137 Abs. 1 Nr. 1 VwGO, ausnahmsweise auch Landesrecht, § 137 Abs. 1 Nr. 2 VwGO.

5. In der Beschwerdebegründung sind die klärungsbedürftige Frage und ihre grundsätzliche Bedeutung sowie ihre Entscheidungserheblichkeit aufzuzeigen. Es ist noch nicht auszuführen, wie die Frage – aus der Sicht des Beschwerdeführers – richtigerweise zu beantworten sein wird. Dies ist Aufgabe der Revisionsbegründung, die nicht vorweggenommen werden sollte. Eine solche Verfahrensweise würde nämlich den rechtssystematischen Unterschied zwischen Nichtzulassungsbeschwerde und Revisionsbegründung vernachlässigen (*Kuhla/Hüttenbrink* F 112). Verfehlt ist es jedenfalls, die Nichtzulassungsbeschwerde ausschließlich mit einer Kritik an der Entscheidung, gegen die Revision eingelegt werden soll, zu begründen.

6. Es reicht nicht aus, dass die Entscheidung nur tatsächlich, dh. für eine Vielzahl von gleichgelagerten Fällen bedeutsam ist (BVerwG E 13, 90/91 f. = NJW 1962, 218; Buchholz 310 § 132 VwGO Nr. 205) oder der Rechtsstreit eine erhebliche wirtschaftliche, soziale oder politische Bedeutung hat (BVerwG E 13, 90/91 f. = NJW 1962, 218).

Rechtsgrundsätzlich ist eine Frage auch dann nicht, wenn sie sich auf der Grundlage der Gesetze mit Hilfe der üblichen Regeln der Gesetzesauslegung ohne weiteres beantworten lässt (BVerwG NVwZ-RR 1994, 9; *Kuhla/Hüttenbrink* F 108). Ferner ist eine Frage nicht rechtsgrundsätzlich, wenn sie nicht mehr geltendes Recht betrifft, es sei denn, dass ihre Klärung noch für einen nicht überschaubaren Personenkreis in nicht absehbarer Zukunft von Bedeutung ist (BVerwG NVwZ-RR 1996, 712; DVBl. 1997, 1325). Ebensowenig verleiht eine Rechtsfrage, die sich nur auf eine nach der Berufungsentscheidung in Kraft getretene neue Rechtsgrundlage bezieht, der Sache grundsätzliche Bedeutung (BVerwG DÖV 2005, 709).

10. Begründung der Revisionsnichtzulassungsbeschwerde wegen Abweichung (§ 132 Abs. 2 Nr. 2 VwGO)[1]

An das
Oberverwaltungsgericht ......
Az.: ......

Die Revision ist nach § 133 mit § 132 Abs. 2 Nr. 2 VwGO zuzulassen, weil das OVG bei seinem Urteil von einer Entscheidung des BVerwG[2] abgewichen ist und sein Urteil auf dieser Abweichung beruht.[3]
Das OVG hat angenommen, dass die gerade verlaufende Stichstraße wegen ihrer Länge von nur 78 m in jedem Falle als unselbstständig zu qualifizieren sei. Damit weicht das OVG von der nach Erlass seines Urteils verkündeten Entscheidung des BVerwG vom 26. 9. 2001 (11 C 16.00 – KStZ 2002, 98) ab.[4] Danach kann auch eine nur 75 m lange Stichstraße eine selbstständige Erschließungsanlage sein, wenn sie in einem allgemeinen Wohngebiet liegt, auf ihrer überwiegenden Länge zu beiden Seiten in geschlossener Bauweise angebaut ist und sie zusätzlich der Erschließung einer an ihren Wendehammer anschließenden drei- bis viergeschossigen Bebauung dient. Von diesem Rechtssatz weicht das OVG ab, wenn es die Stichstraße unabhängig von der Bebauungsdichte nur wegen ihrer Länge von 78 m als unselbstständig ansieht.[5] Das Urteil beruht auch auf dieser Abweichung.[6] Denn hätte das OVG nicht nur auf die Länge der Stichstraße, sondern auch auf die Intensität der an ihr vorhandenen Bebauung abgestellt, so wäre es zur Feststellung der Selbstständigkeit der Erschließungsanlage gekommen ......

Anmerkungen

1. Zur Begründung der Revisionsnichtzulassungsbeschwerde im Allg. s. Form. V. C. 9.

2. Die Divergenzrevision ist gegeben, wenn das Urteil von einer Entscheidung des BVerwG, des GemSOGB oder des BVerfG abweicht und auf dieser Abweichung beruht, § 132 Abs. 2 Nr. 2 VwGO. Ist die Vorinstanz von der Entscheidung eines anderen Obersten Bundesgerichtes abgewichen, so dürfte regelmäßig der Zulassungsgrund der grundsätzlichen Bedeutung gegeben sein (BVerwG Buchholz 310 § 132 VwGO Nr. 124). Entscheidungen des EUGH sind nicht divergenzfähig (BVerwG 23. 1. 2001 – 6 B 35/00 – juris).

3. Eine Divergenz iSd. § 132 Abs. 2 Nr. 2 VwGO ist nur gegeben, wenn das vorinstanzliche Gericht bei Anwendung derselben Rechtsvorschrift mit einem seiner Entscheidung tragenden abstrakten Rechtssatz zu einem in der Rspr. der in § 132 Abs. 2 Nr. 2 VwGO genannten Gerichte aufgestellten ebensolchen Rechtssatz in Widerspruch tritt (BVerwG NVwZ 1987, 1086; NVwZ-RR 1996, 712/713; NVwZ-RR 2000, 260). Eine Abweichung liegt nicht vor, wenn sich die unterschiedlichen Auslegungen auf verschiedene, wenn auch inhaltsgleiche Vorschriften beziehen (BVerwG Buchholz 310 § 132 VwGO Nr. 184). Dann dürfte allerdings der Fall grundsätzlicher Bedeutung (§ 132 Abs. 2 Nr. 1 VwGO) gegeben sein.

4. Der Zulassungsgrund muss in der Beschwerdebegründung durch Angabe der Entscheidung, von der abgewichen sein soll, und durch Darlegungen der miteinander in Widerspruch stehenden entscheidungstragenden Rechtssätze dargestellt werden (BVerwG Buchholz 448.6 § 1 KDVG Nr. 20). Die Entscheidung muss so genau bezeichnet werden, § 133 Abs. 3 S. 3 VwGO, „dass die Identität gesichert und die Heranziehung ohne Schwierigkeiten möglich ist" (*Weyreuther* Rdn. 219). Es müssen also Datum und Az. (das Datum allein reicht nicht, BVerwG MDR 1964, 624) oder die Fundstelle angegeben werden.

Unerheblich ist, ob das Berufungsgericht bewusst von der Entscheidung abgewichen ist; auch eine nach Erlass des Urteils ergangene Entscheidung kann die Zulassung der Revision wegen Divergenz rechtfertigen (BVerwG Buchholz 310 § 132 VwGO Nr. 299; *Kopp/Schenke* § 132 Rdn. 17).

5. Wichtig ist, dass hier eine Divergenz zur Rspr. des BVerwG im rechtlichen Ansatz des Urteils deutlich gemacht wird. Es müssen sich zwei Rechtssätze unterschiedlicher Inhalte gegenüber stehen, also hier der Rechtssatz des OVG „Eine Stichstraße von 78 m Länge ist in jedem Falle unselbstständiger Teil der Straße, von der sie abzweigt" und der Rechtssatz des BVerwG „Auch eine nur 75 m lange Straße kann eine selbstständige Erschließungsanlage sein". Dagegen rechtfertigt die unrichtige Anwendung eines vom BVerwG, dem GemSOGB oder dem BVerfG entwickelten und vom Berufungsgericht nicht in Frage gestellten Rechtssatzes auf den zu entscheidenden Einzelfall die Zulassung der Revision nicht (BVerwG NJW 1997, 3328; KStZ 2002, 75/77).

6. Die Divergenz allein reicht nicht aus, sie muss vielmehr auch ursächlich für die Entscheidung sein, § 132 Abs. 2 Nr. 2 VwGO.

11. Begründung der Revisionsnichtzulassungsbeschwerde wegen eines Verfahrensmangels (§ 132 Abs. 2 Nr. 3 VwGO)[1]

An das
Oberverwaltungsgericht ......
Az.: ......

Die Revision ist nach § 133 mit § 132 Abs. 2 Nr. 3 VwGO zuzulassen, weil das Berufungsgericht einen Verfahrensfehler begangen hat, auf dem die Entscheidung beruht.[2]

Nach Ansicht des OVG ist die angefochtene Festsetzung des Zwangsmittels der Ersatzvornahme rechtswidrig, wenn die zu vollziehende Abrissverfügung vom ...... 2006 in der Zeit nach ihrer Bestandskraft rechtswidrig geworden ist. Dies könnte der Fall sein, wenn die in der näheren Umgebung des streitbefangenen Wochenendhauses vorhandenen Bauwerke erst nach Bestandskraft der Abrissverfügung entstanden sind. Dieser von ihm als erheblich erkannten Frage ist das OVG nicht ausreichend nachgegangen. Es durfte sich nicht auf seine eigene Einschätzung des Alters der Bauwerke verlassen, sondern musste dem von dem Kläger in der mündlichen Verhandlung vor dem Berufungsgericht gestellten Beweisantrag nach § 86 Abs. 2 VwGO auf Beiziehung der Bauakten der Grundstücke ...... und Vernehmung der Zeugen ...... nachgehen. Das Berufungsgericht hat folglich mit der Ablehnung des Beweisantrages den Verfahrensfehler unvollständiger Aufklärung des Sachverhaltes, § 86 Abs. 1 VwGO, begangen.[3]

Dieser Verfahrensfehler[4] ist für die Entscheidung auch ursächlich.[5] Denn hätte das Berufungsgericht die beantragte Beweisaufnahme durchgeführt, so hätte sich ergeben, dass von den in der Umgebung des streitbefangenen Wochenendhauses vorhandenen Bauwerken vier in den Jahren 2007 bis 2009 genehmigt und errichtet worden sind, und zwar ...... Dann aber ist bei der Zugrundelegung der Rechtsauffassung des Berufungsgerichtes[6] die Abrissverfügung vom ...... 2006 rechtswidrig geworden und die angefochtene Verfügung über die Festsetzung der Ersatzvornahme aufzuheben.[7]

Anmerkungen

1. Zur Begründung der Revisionsnichtzulassungsbeschwerde im Allg. s. Form. V. C. 9.

2. Nach § 132 Abs. 2 Nr. 3 VwGO ist die Revision zuzulassen, wenn ein Verfahrensmangel geltend gemacht wird und vorliegt, auf dem die Entscheidung beruhen kann. In

der Beschwerdebegründung muss der Verfahrensmangel „bezeichnet" werden, § 133 Abs. 3 S. 3 VwGO (s. dazu BVerwG NJW 1997, 3328). Es sind also Tatsachen vorzutragen und unter Beweis zu stellen, die den behaupteten Verfahrensmangel belegen. Notfalls hat also iRd. Beschwerdeverfahrens eine Beweisaufnahme stattzufinden (s. dazu BVerwG NJW 1986, 2771/2723).

3. Sinn der Revisionszulassung wegen eines Verfahrensmangels ist die Kontrolle des Verfahrensganges, nicht der Rechtsfindung (BVerwG NVwZ-RR 1996, 359). Dies muss bei der Rüge eines Verfahrensfehlers wegen Verletzung der richterlichen Aufklärungspflicht nach § 86 Abs. 1 VwGO beachtet werden. Ein Fehler in der Tatsachenfeststellung, in der Sachverhalts- und Beweiswürdigung ist grundsätzlich als Fehler bei der Rechtsfindung anzusehen und deshalb revisionsrechtlich nicht dem Verfahrensrecht, sondern dem sachlichen Recht zuzuordnen. „Mit Angriffen gegen die Sachverhalts- und Beweiswürdigung der Tatsacheninstanzen lässt sich die Zulassung der Revision deshalb jedenfalls in aller Regel nicht erreichen" (BVerwG aaO.). Aus diesem Grunde wird hier als Verfahrensmangel auch nicht die Tatsachenfeststellung als solche gerügt, sondern das Übergehen eines nach § 86 Abs. 2 VwGO förmlich gestellten Beweisantrages zu einem nicht vollständig aufgeklärten Sachverhalt. Auch bei unterlassenem förmlichen Beweisantrag kann der Verfahrensmangel fehlerhafter Sachverhaltsaufklärung gerügt werden, wenn sich eine weitergehende Sachaufklärung dem Gericht „aufdrängen musste" (BVerwG NJW 1994, 2243; 1997, 3328).

4. Als weitere Verfahrensfehler kommen in Betracht:
- der Erlass einer Überraschungsentscheidung unter Verstoß gegen § 86 Abs. 3 mit § 104 Abs. 1 VwGO,
- die Überschreitung der Zweiwochenfrist des § 116 Abs. 2 VwGO (BVerwG NVwZ 1998, 1176),
- die fehlerhafte Ablehnung eines Wiedereinsetzungsantrages (BVerwG BayVBl. 1993, 30/31),
- das Vorliegen absoluter Revisionsgründe des § 138 VwGO, zB. der Versagung rechtlichen Gehörs, § 138 Nr. 3 VwGO (s. dazu BVerwG NJW 1997, 3328),
- nicht ordnungsgemäße Besetzung des Gerichts („schlafender Richter", BVerwG NJW 2001, 2898),
- die Entscheidung ohne mündliche Verhandlung durch Beschluss nach § 130a S. 1 VwGO in einer Rechtssache mit außergewöhnlich großen Schwierigkeiten in rechtlicher und tatsächlicher Hinsicht (BVerwG NWVBl. 2005, 59),
- die Entscheidung, die trotz ausgebliebenen Einverständnisses ohne mündliche Verhandlung ergeht (BVerwG DÖV 2003, 859).

Keinen Verfahrensmangel stellt es dar, wenn
- das Verfahren eine überlange Dauer hat (BVerwG DVBl. 2005, 860 – Leitsatz),
- ein Berufungsgericht eine europarechtliche Frage nicht dem Europäischen Gerichtshof zur Vorabentscheidung nach Art. 234 EG vorlegt und auch nicht die Revision zulässt (BVerwG KStZ 2005, 113).

5. Bei einer auf einen Verfahrensmangel gestützten Zulassungsbeschwerde genügt es nicht, den Verfahrensmangel zu bezeichnen, vielmehr muss auch dargelegt werden, dass das Urteil auf diesem Mangel „beruhen kann", § 132 Abs. 2 Nr. 3 VwGO. Es muss also auch ausgeführt werden, dass, wenn das OVG den Verfahrensmangel nicht begangen, hier also die beantragte Beweisaufnahme durchgeführt hätte, es zu einem für den Rechtsmittelführer sachlich günstigeren Ergebnis hätte gelangen können (BVerwG NJW 1962, 2121; 1976, 1705).

6. Bei der Feststellung, ob ein Verfahrensmangel vorliegt, ist von der Rechtsauffassung des Berufungsgerichtes auszugehen, und zwar auch dann, wenn diese falsch sein sollte (BVerwG NVwZ-RR 1996, 358).

7. Stellt das BVerwG fest, dass der geltend gemachte Verfahrensmangel besteht und die Entscheidung auf diesem Mangel beruhen kann, so kann es in seinem Beschluss das angefochtene Urteil aufheben und den Rechtsstreit zur anderweitigen Verhandlung und Entscheidung zurückverweisen, § 133 Abs. 6 VwGO. Die Aufhebung und Zurückverweisung müssen in der Revisionsnichtzulassungsbeschwerde nicht ausdrücklich beantragt werden.

12. Antrag auf Zulassung der Sprungrevision (§ 134 VwGO)[1]

An das
Verwaltungsgericht
Az.: ......

In der Verwaltungsstreitsache

des ......

(Klägers)

Prozessbevollmächtigter: RA ......[2]

gegen

den Landrat des Kreises ......

(Beklagten)

Beigeladene: die Eheleute ......
beantrage ich namens des Klägers[3]:

> **Die Sprungrevision gegen das Urteil der Kammer vom ......**
> **zugestellt am ......[4], zuzulassen.**

Die Zustimmungserklärung des Beklagten[5] ist beigefügt.

Die Voraussetzungen für die Zulassung der Revision sind nach § 134 Abs. 2 S. 1 mit § 132 Abs. 2 Nr. 1 VwGO gegeben, weil die Rechtssache grundsätzliche Bedeutung[6] hat......[7].

Rechtsanwalt

Anmerkungen

1. Nach § 134 Abs. 1 S. 1 VwGO kann gegen ein Urteil des VG unter Umgehung der Berufungsinstanz Revision (Sprungrevision) eingelegt werden, wenn der Kläger und der Beklagte schriftlich zustimmen und die Revision vom VG zugelassen wird. Die Zulassung durch das VG erfolgt im Urteil oder nachträglich auf Antrag durch Beschluss. Hier wird davon ausgegangen, dass die Revision im Urteil nicht zugelassen wurde, die Beteiligten eine Revision an das BVerwG wegen der aus den Entscheidungsgründen erkennbaren grundsätzlichen Bedeutung der Sache für sinnvoll und eine weitere Klärung des Sachverhalts und/oder eine Nachprüfung der tatsächlichen Feststellungen des VG durch die Berufungsinstanz nicht für notwendig halten.

Zur Rechtsmittelbelehrung bei der Zulassung der Sprungrevision und den Folgen einer falschen Belehrung BVerwG NVwZ-RR 1994, 361.

2. Für den Antrag auf Zulassung der Revision besteht kein Anwaltszwang.

3. Die Zulassung der Revision kann jeder Beteiligte, auch der Beigeladene und der Vertreter des öffentlichen Interesses, beantragen.

4. Der Antrag auf Zulassung der Revision ist innerhalb eines Monats nach Zustellung des vollständigen Urteils beim VG einzureichen, § 134 Abs. 1 S. 2 VwGO.

5. Nach § 134 Abs. 1 S. 1 VwGO müssen der Kläger und der Beklagte der Einlegung der Revision schriftlich zustimmen. Die Zustimmung kann auch zur Niederschrift des Gerichts erklärt werden (BVerwG DVBl. 2005, 513). Sie muss sich auf die Einlegung der Revision, nicht nur auf den Antrag auf Zulassung der Revision, beziehen (BVerwG NVwZ 1986, 120; DVBl. 1989, 410; 2005, 513). Die Zustimmungserklärung ist dem Antrag auf Zulassung der Revision oder, wenn die Revision im Urteil zugelassen wurde, der Revisionsschrift beizufügen, § 134 Abs. 1 S. 3 VwGO. Im letzteren Falle kann die Zustimmung auch innerhalb der noch offenen Revisionsfrist nachgereicht werden (BVerwGE 39, 314/315; 81, 81/82; NVwZ-RR 1993, 219). Wurde die Zustimmung des Klägers und des Beklagten zu Protokoll erklärt, muss der Revisionsschrift keine beglaubigte Niederschrift beigefügt werden (BVerwG NVwZ 2002, 90). Ein in der mündlichen Verhandlung übereinstimmend gestellter Antrag auf Zulassung der Sprungrevision ersetzt die schriftliche Zustimmung nicht (BVerwG 11. 2. 1997 – 8 C 4/97 – juris). Der Zustimmung eines Beigeladenen bedarf es nicht.

6. Nach § 134 Abs. 2 S. 1 VwGO ist die Revision vom VG nur zuzulassen, wenn die Voraussetzungen des § 132 Abs. 2 Nr. 1 (grundsätzliche Bedeutung der Sache) oder des § 132 Abs. 2 Nr. 2 VwGO (Abweichung von einer Entscheidung des BVerwG) vorliegen. Auf Mängel des Verfahrens kann die Sprungrevision nicht gestützt werden, § 134 Abs. 4 VwGO. Ein Verfahrensmangel liegt aber nicht vor, wenn geltend gemacht wird, das VG habe zu Unrecht die Klagebefugnis (BVerwG NVwZ 1998, 954) oder das Rechtsschutzbedürfnis (BVerwG NVwZ-RR 1999, 472) verneint.

7. Lehnt das VG den Antrag auf Zulassung der Revision durch Beschluss ab, beginnt mit der Zustellung dieser Entscheidung der Lauf der Frist für den Antrag auf Zulassung der Berufung von neuem, sofern der Antrag in der gesetzlichen Frist und Form gestellt und die Zustimmungserklärung beigefügt war, § 134 Abs. 3 S. 1 VwGO.

Lässt das VG die Revision durch Beschluss zu, beginnt mit der Zustellung dieser Entscheidung die einmonatige Revisionsfrist, § 134 Abs. 3 S. 2 VwGO, und die zweimonatige Frist zur Begründung der Revision, § 139 Abs. 3 S. 1, 1. Halbs. VwGO.

13. Beschwerde nach der VwGO (§§ 146 ff. VwGO)[1]

An das
Verwaltungsgericht[2]

In der Verwaltungsstreitsache

des ...... (Antragsteller)

Verfahrensbevollmächtigter: RA ......[3]

gegen

den Landrat des Kreises ...... (Antragsgegner)

Beigeladene: Eheleute ......

Az.: ......

lege ich hiermit gegen die Ziffer 1 des Beschlusses der Kammer vom ......, zugestellt am ......[4], mit der der Antrag auf Anordnung der aufschiebenden Wirkung des Widerspruches des Antragstellers gegen die den Beigeladenen erteilte Baugenehmigung vom ...... abgelehnt wurde,

Beschwerde

ein.

Antrag und Begründung folgen in einem besonderen Schriftsatz.[5]

Rechtsanwalt

Anmerkungen

1. Nach § 146 Abs. 1 VwGO ist die Beschwerde an das OVG gegeben gegen die Entscheidungen des VG, des Vorsitzenden oder des Berichterstatters, die nicht Urteile oder Gerichtsbescheide sind, soweit nicht die VwGO etwas anderes bestimmt. Die Beschwerde gegen die Festsetzung des Streitwertes richtet sich nach § 68 Abs. 1 GKG; die §§ 151, 146ff. VwGO sind hier nur für das Verfahren selbst anwendbar (*Redeker/von Oertzen,* § 165 Rdn. 18).

Nicht statthaft ist nach geltendem Prozessrecht eine Untätigkeitsbeschwerde (BVerwG NVwZ 2003, 869; VGH Mannheim DVBl. 2004, 68 – Leitsatz) sowie die außerordentliche Beschwerde gegen sog. greifbar gesetzeswidrige Entscheidungen (BVerwG DVBl. 2005, 254; OVG Münster NVwZ-RR 2004, 706).

2. Die Beschwerde ist bei dem Gericht, dessen Entscheidung angefochten wird, schriftlich oder zur Niederschrift des Urkundsbeamten der Geschäftsstelle einzulegen, § 147 Abs. 1 S. 1 VwGO. Die Beschwerde kann fristwahrend auch beim OVG eingelegt werden, § 147 Abs. 2 VwGO.

3. Nach § 67 Abs. 4 S. 1 VwGO müssen sich die Beteiligten in einem Verfahren vor dem OVG, außer in einem Prozesskostenhilfeverfahren, durch Prozessbevollmächtigte vertreten lassen. Das gilt auch für Prozesshandlungen, durch die ein Verfahren vor dem OVG eingeleitet wird, also zB. Für die Einlegung der Beschwerde, § 67 Abs. 4 S. 2 VwGO. Als Prozessbevollmächtigte kommen in erster Linie RAe in Betracht, § 67 Abs. 4 S. 3 mit Abs. 2 S. 1 VwGO. Wegen weiterer Einzelheiten s. Form. V. C. 1 Anm. 3.

Die Streitwertbeschwerde (s. Anm. 1) unterliegt keinem Vertretungszwang (OVG Münster NVwZ 2009, 123; str.; s dazu *Schenke* NVwZ 2009, 801).

4. Die Beschwerde ist innerhalb von zwei Wochen nach Bekanntgabe der Entscheidung einzulegen, § 147 Abs. 1 S. 1 VwGO. Der Lauf der Frist setzt eine ordnungsgemäße Rechtsmittelbelehrung voraus, § 58 Abs. 1 VwGO. Zu dieser gehört aber nicht der Hinweis, dass die Beschwerde nach § 147 Abs. 2 VwGO auch beim OVG eingelegt werden kann (OVG Münster E 29, 183).

5. S. dazu Form. V. C. 14.

Kosten und Gebühren

Nach Nr. 5240 KV wird in Verfahren über Beschwerden gegen Entscheidungen nach § 123 VwGO und §§ 80, 80a VwGO eine 2,0-Gerichtsgebühr erhoben, Vorb. 5.2.4 KV. Nach Nr. 5502 KV fällt in Verfahren über nicht besonders aufgeführte Beschwerden, die nicht nach anderen Vorschriften gebührenfrei sind, eine Gerichtsgebühr von 50,– EUR an, soweit die Beschwerde verworfen oder zurückgewiesen wird.

Der RA erhält für die Durchführung des Beschwerdeverfahrens eine 0,5-Verfahrensgebühr nach Nr. 3500 VV. – Zu den Gebühren im Beschwerdeverfahren gegen die Nichtzulassung der Revision s. Form. V. C. 8.

14. Begründung der Beschwerde (§ 146 Abs. 4 VwGO)[1]

An das
Oberverwaltungsgericht ......[2]
Az.: ......

In der Verwaltungsstreitsache

......

beantrage ich,[3]

> **unter Abänderung des Beschlusses des VG ...... vom ......, bekannt gegeben am ......[4], die aufschiebende Wirkung des Widerspruches des Antragstellers gegen die den Beigeladenen von dem Antragsgegner erteilte Baugenehmigung vom ...... anzuordnen.**

Zur Begründung führe ich aus.[5]
Entgegen der Auffassung des VG[6] kommt der Festsetzung in dem Bebauungsplan ...... eine drittschützende Wirkung zu. Zu dem Personenkreis, dessen Interessen mit der Festsetzung gewahrt werden sollen, gehört auch der Antragsteller ......

Rechtsanwalt

Anmerkungen

1. Außer bei Beschwerden gegen Beschlüsse des VG in Verfahren des vorläufigen Rechtsschutzes nach den §§ 80, 80 a und 123 VwGO ist eine Begründung der Beschwerde nicht vorgeschrieben, aber in aller Regel zweckmäßig. Auch ein bestimmter Antrag ist nicht erforderlich, wenn sich nur das Begehren, insbesondere der Umfang der begehrten Überprüfung, aus dem Inhalt der Beschwerdeschrift ergibt (*Redeker/von Oertzen* § 147 Rdn. 3).

Im vorliegenden Falle ist die Beschwerde gegen eine Entscheidung nach § 80 a VwGO eingelegt worden, so dass die Sonderregelung des § 146 Abs. 4 VwGO gilt.

2. Die Beschwerdebegründung ist, sofern sie nicht bereits in der Beschwerdeschrift enthalten war, beim OVG einzureichen, § 146 Abs. 4 S. 2 VwGO. Zur Weiterleitung einer fehlerhaft beim VG eingereichten Beschwerdebegründung an das OVG s. OVG Magdeburg LKV 2009, 144.

3. Die Beschwerdebegründung muss einen bestimmten Antrag enthalten, § 146 Abs. 4 S. 3 VwGO, jedenfalls aber das Rechtsschutzziel des Beschwerdeführers erkennen lassen (OVG Weimar KStZ 2004, 57).

4. Die Beschwerde muss innerhalb von einem Monat nach Bekanntgabe der Entscheidung des VG begründet werden, § 146 Abs. 4 S. 1 VwGO.

5. Es sind die Gründe darzulegen, aus denen die Entscheidung abzuändern oder aufzuheben ist, § 146 Abs. 4 S. 3 VwGO. Das OVG prüft nur die dargelegten Gründe, § 146 Abs. 4 S. 6 VwGO. Es müssen alle tragenden Gründe des angefochtenen Beschlusses abgehandelt werden (OVG Münster NVwZ-RR 2004, 706).

6. Die Beschwerdebegründung muss sich mit der angefochtenen Entscheidung auseinandersetzen, also auf die Erwägungen des VG im Einzelnen eingehen, § 146 Abs. 4 S. 3 VwGO (vgl. OVG Münster NVwZ-RR 2004, 706).

15. Anhörungsrüge (§ 152a VwGO)[1]

An das Oberverwaltungsgericht ......[2]
...... Senat
Az.: ......

In der Verwaltungsstreitsache ......
erhebe ich namens der von mir vertretenen Beklagten[3] eine

Anhörungsrüge

mit dem Antrag,

dem Beklagten und Rügeführer das bisher vorenthaltene rechtliche Gehör zu gewähren und das durch Urteil des Senates vom ......, zugestellt am ......,[4] beendete Verfahren auf dieser Grundlage fortzuführen.

Zur Begründung führe ich aus:[5]

Das Berufungsurteil verletzt den Anspruch des Beklagten auf rechtliches Gehör.[6]

I.

Der erkennende Senat hat mit seinem Urteil vom ...... der Berufung des Klägers stattgegeben und nach § 113 Abs. 1 S. 4 VwGO festgestellt, dass der von mir unter dem ...... an die Beigeladene nach § 60b GewO für das Pfingstfest erteilte Festsetzungsbescheid, der sich durch Zeitablauf erledigt hatte, rechtswidrig gewesen sei, weil „sonstige erhebliche Störungen der öffentlichen Sicherheit oder Ordnung zu befürchten" seien, § 69a Abs. 1 Nr. 3 GewO. Der Kläger sei nämlich unzumutbaren Lärmbelastungen ausgesetzt gewesen. Selbst bei Berücksichtigung des besonderen Charakters des Volksfestes dürfte innerhalb der Ruhezeiten am Tage (20.00 Uhr bis 22.00 Uhr) und in der Zeit bis 24.00 Uhr ein Beurteilungspegel von 70 dB(A) nicht überschritten werden. Diese Überschreitung sei aber von dem Sachverständigen ...... festgestellt worden. Der Sachverständige habe an den drei Veranstaltungstagen in der Zeit von 22.00 Uhr bis 24.00 Uhr Beurteilungspegel von 69 dB(A) bis 73 dB(A) ermittelt.
In meinem Schriftsatz vom ...... habe ich dargelegt, dass und aus welchen Gründen der von dem Sachverständigen vorgenommene Zuschlag von 3 dB(A) für die „Informationshaltigkeit" des von dem Volksfest ausgehenden Lärms (A.2.5.2 des Anhanges zur TA Lärm) nicht vorgenommen werden durfte, da von dem Lärm kein „außergewöhnlicher Grad an Störung" ausgehe (BVerwGE 129, 209) und der Lärm auch nicht durch hohe Pegeländerungen oder einen „hohen Informationsgehalt" charakterisiert sei (OVG Berlin OVGE BE 19, 183). Dass möglicherweise Bruchstücke von Lautsprecherdurchsagen hörbar seien, rechtfertige die Annahme einer „Information" nicht (Vgl. VGH München 5. 4. 2005 – 25 ZB 00.1208 – juris zu Gesprächsfetzen aus einem Wirtshausgarten). Der Senat ist diesem Vortrag nicht nachgegangen, sondern hat darauf verwiesen, dass nach den überzeugenden Feststellungen des Sachverständigen der Grenzwert von 70 dB(A) überschritten worden sei.

II.

Der Senat hat den Anspruch des Beklagten auf Gewährung rechtlichen Gehörs verletzt, weil er den Vortrag, dass wegen des besonderen Charakters des Volksfestes ein Zuschlag wegen „Informationshaltigkeit" nicht gerechtfertigt sei, übergangen hat.[7] Unterstellt man einmal die Rechtsauffassung des Senates, dass ein Wert von 70 dB(A) nicht überschritten werden dürfe, als richtig,[8] so kam es darauf an, ob tatsächlich eine solche Überschreitung vorlag. Das war nicht der Fall, wenn die Voraussetzungen eines Zuschlages für „Informationshaltigkeit" der Geräusche nicht gegeben waren. Der Senat

musste deshalb dieser Frage nachgehen. Hätte er dies getan, so wäre festgestellt worden, dass der Grenzwert von 70 dB(A) nicht überschritten wird. Damit kann nicht ausgeschlossen werden, dass der Senat bei Berücksichtigung des Sachvortrages des Beklagten zu einer anderen, für den Beklagten günstigeren Entscheidung gelangt wäre. Damit ist der Anspruch auf Gewährung rechtlichen Gehörs verletzt (BVerfG NJW 2004, 3551, 3552).[9]

Rechtsanwalt

Anmerkungen

1. Die Anhörungsrüge ist nach § 152a Abs. 1 S. 1 VwGO statthaft, wenn gegen eine Gerichtsentscheidung kein Rechtsmittel oder kein anderer Rechtsbehelf gegeben ist und das Gericht den Anspruch des Rügeführers auf rechtliches Gehör in entscheidungserheblicher Weise verletzt hat. Es handelt sich nicht um ein Rechtsmittel, sondern um einen außerordentlichen Rechtsbehelf. Der Anhörungsrüge kommt daher weder ein Devolutiveffekt noch ein Suspensiveffekt zu. Sie hindert auch nicht den Eintritt der formellen Rechtskraft. Die Anhörungsrüge ist nur gegen Endentscheidungen statthaft, § 152a Abs. 1 S. 2 VwGO (OVG Berlin NVwZ 2005, 470).

2. Die Anhörungsrüge ist schriftlich oder zur Niederschrift des Urkundsbeamten der Geschäftsstelle bei dem Gericht zu erheben, dessen Entscheidung angegriffen wird, § 152a Abs. 2 S. 4 VwGO.

3. § 67 Abs. 4 VwGO bleibt unberührt, § 152a Abs. 2 S. 5 VwGO. Die Prozessvollmacht erstreckt sich auch auf die Anhörungsrüge, § 173 VwGO, § 81 ZPO.

4. Die Rüge ist innerhalb von zwei Wochen nach Kenntnis von der Verletzung des rechtlichen Gehörs zu erheben, § 152a Abs. 2 S. 1 VwGO. Die Rügefrist ist eine gesetzliche Ausschlussfrist; sie ist nur gewahrt, wenn in dem jeweiligen Zeitraum eine den gesetzlichen Anforderungen genügende Rügeschrift beim zuständigen Gericht eingeht. § 58 VwGO findet keine Anwendung (BVerwG 15. 11. 2005 – 6 B 69/05 – juris; OVG Hamburg DÖV 2006, 309). Für den Fristbeginn maßgeblich ist die positive Kenntnis aller Umstände, aus denen sich die Berechtigung zur Erhebung der Anhörungsrüge ergibt. Nach § 152a Abs. 2 S. 1 2. Halbs. VwGO hat der Rügeführer den Zeitpunkt der Kenntniserlangung glaubhaft zu machen. Nach Ablauf eines Jahres seit Bekanntgabe der angegriffenen Entscheidung kann die Anhörungsrüge nicht mehr erhoben werden, § 152a Abs. 2 S. 2 VwGO.

5. In der Rügeschrift ist die angegriffene Entscheidung zu bezeichnen, § 152a Abs. 2 S. 6 VwGO, d. h. mit Aktenzeichen, Datum und Beteiligten anzugeben. Außerdem müssen die in § 152a Abs. 1 S. 1 Nr. 2 VwGO genannten Voraussetzungen dargelegt werden. An die „Darlegung" werden die gleichen Anforderungen gestellt wie bei der Berufung und Beschwerde (§§ 124a Abs. 4 S. 4, 146 Abs. 4 S. 3 VwGO) (s. Form. V. C. 3 Anm. 4, V. C. 4 Anm. 4 u. V. C. 14 Anm. 5). Der Rügeführer muss also im Hinblick auf das konkrete Verfahren schildern, warum aus tatsächlichen und/oder rechtlichen Gründen sein Anspruch auf rechtliches Gehör durch das Gericht verletzt worden ist.

6. Die Anhörungsrüge nach § 152a VwGO ist grundsätzlich auf Verfahrensstöße gegen Art. 103 Abs. 1 GG beschränkt (OVG Frankfurt NVwZ 2005, 1213; OVG Lüneburg NVwZRR 2006, 295; VGH Mannheim NVwZ 2006, 1084 – Leitsatz).

Eine analoge Anwendung des § 152a VwGO kommt in Betracht, wenn eine Verletzung von Verfahrensgrundrechten, etwa des Art. 101 Abs. 1 S. 2 GG (gesetzlicher Richter) gerügt wird (BGH NJW 2004, 2389; BVerwG NVwZ-RR 2007, 113; VGH Mannheim NJW 2005, 920; OVG Lüneburg NVwZ-RR 2006, 295). Auf die Verletzung anderer Grundrechte, etwa des Art. 3 GG, kann die Anhörungsrüge nicht gestützt werden (VGH München 11. 2. 2008 – 10 ZB 07.2994 – juris).

Neben der Anhörungsrüge ist eine „Gegenvorstellung“ nicht mehr zulässig (VGH Mannheim NVwZ 2006, 1084; OVG Lüneburg NVwZ 2006, 849 – Leitsatz; OVG Magdeburg NJW 2008, 2605 – Leitsatz; VGH Kassel DÖV 2008, 211 – Leitsatz; *Schenke* NVwZ 2005, 729). Nach Auffassung des OVG Weimar (NJW 2008, 1609) ist eine Gegenvorstellung weiterhin möglich, wenn mit ihr keine Verletzung des Anspruchs auf rechtliches Gehör gerügt wird.

Eine „außerordentliche Beschwerde“ wegen vermeintlich greifbaren Gesetzesverstoßes ist durch § 152a VwGO ausgeschlossen (BVerwG NVwZ-RR 2007, 113; OVG Berlin-Brandenburg NVwZ 2006, 614; OVG Hamburg NVwZ 2009, 62; OVG Lüneburg DVBl. 2009, 996 – Leitsatz).

Ausgeschlossen ist auch die Möglichkeit, im Eilverfahren wegen einer Verletzung des Anspruches auf rechtliches Gehör die Abänderung einer Entscheidung nach § 80 Abs. 7 VwGO zu beantragen (VGH Mannheim NVwZ 2006, 219).

7. Der Anspruch auf rechtliches Gehör kann hauptsächlich dadurch verletzt werden, dass das Gericht entscheidungserheblichen Sachverhalt nicht zur Kenntnis genommen oder in Erwägung gezogen hat (BVerwG 3. 1. 2006 – 7 B 103/05 – juris; OVG Bautzen SächsVBl. 2008, 194). Ferner ist der Anspruch auf rechtliches Gehör verletzt, wenn das Gericht bei seiner Entscheidung ohne vorherigen Hinweis auf einen rechtlichen Gesichtspunkt abgestellt hat, mit dem auch ein gewissenhafter und kundiger Prozessbeteiligter nach dem bisherigen Prozessverlauf nicht zu rechnen brauchte („Überraschungsentscheidung“, BVerwG NJW 2003, 2687; zu den Anforderungen an die Begründung der Anhörungsrüge in diesem Fall BVerwG DÖV 2008, 1004), es vor Ablauf einer gesetzten Äußerungsfrist (BVerwG NJW 1992, 327) oder trotz fehlenden Einverständnisses der Beteiligten im Urteilsverfahren ohne mündliche Verhandlung entscheidet (BVerwG NVwZ 2009, 59).

8. Auf die Unrichtigkeit der Entscheidung kann die Rüge grundsätzlich nicht gestützt werden (OVG Bautzen SächsVBl. 2008, 194). Deshalb wird hier die Rechtsauffassung des Gerichtes, ein Grenzwert von 70 dB(A) sei einzuhalten, nicht angegriffen.

9. Ist die Rüge begründet, so hilft das Gericht ihr ab, indem es das Verfahren fortführt, soweit dies aufgund der Rüge geboten ist, § 152a Abs. 5 S. 1 VwGO. Die Fortführung betrifft nur die Verhandlung solcher Teile des Streitgegenstandes, die von der Verletzung des rechtlichen Gehörs betroffen sind. Eine unbegründete Rüge wird in Form eines unanfechtbaren Beschlusses zurückgewiesen, § 152a Abs. 4 S. 2, 3 VwGO. In diesem Falle besteht die Möglichkeit einer auf die Verletzung des rechtlichen Gehöres gestützten Verfassungsbeschwerde. Wegen der Subsidiarität der Verfassungsbeschwerde (BVerfG NJW 2005, 3059; VerfG Bbg DÖV 2005, 647) beginnt die Monatsfrist für ihre Erhebung erst mit dem Zugang des der Anhörungsrüge nicht stattgebenden Beschlusses (BVerwG NJW 2002, 3387 u. 3398).

Kosten und Gebühren

10. Nach Nr. 1700 KV fällt in Verfahren über die Rüge wegen Verletzung des Anspruchs auf rechtliches Gehör eine Gerichtsgebühr von 50,– EUR an, soweit die Rüge in vollem Umfang verworfen oder zurückgewiesen wird.

11. Der RA erhält für die Erhebung einer Anhörungsrüge eine 0,5-Gebühr nach Nr. 3330 VV.

D. Vorläufiger Rechtsschutz[1]

Anträge nach § 80 VwGO

1. Antrag an die Behörde auf Aussetzung der Vollziehung (Abgabenrecht)

An den Bürgermeister der Gemeinde ……

Betrifft: Heranziehung zu Straßenbaubeiträgen für das Grundstück A-Straße Nr. …… in …… (Az.: ……)

Sehr geehrter Herr Bürgermeister!

Mit Schreiben vom …… habe ich gegen Ihren Heranziehungsbescheid vom …… namens der Grundstückseigentümer Widerspruch eingelegt und diesen Widerspruch begründet[2]. Ein Widerspruchsbescheid ist noch nicht ergangen. Ergänzend beantrage ich, die Vollziehung des Heranziehungsbescheides bis zum rechtskräftigen Abschluss des Widerspruchsverfahrens und eines eventuell nachfolgenden Klageverfahrens auszusetzen.[3]
Die Aussetzung ist nach § 80 Abs. 4 S. 3 VwGO geboten, weil, wie aus meiner Widerspruchsbegründung hervorgeht, ernstliche Zweifel an der Rechtmäßigkeit des Heranziehungsbescheides bestehen. Darüber hinaus würde die Vollziehung für meine Mandanten eine unbillige, nicht durch überwiegende öffentliche Interessen gebotene Härte zur Folge haben. Denn eine freiwillige oder erzwungene Zahlung würde zur Vernichtung der wirtschaftlichen Existenz meiner Mandanten führen und ihnen damit einen Schaden zufügen, der über die mit der Zahlung verbundenen Nachteile weit hinausgeht und deshalb auch durch eine künftige Rückerstattung nicht wieder gutzumachen ist (vgl. BFH NJW 1967, 1440; OVG Münster OVGE 1, 77/78) ……[4]
Ich bitte darum, über diesen Aussetzungsantrag bis zum …… zu entscheiden.[5] Nach ergebnislosem Ablauf dieser Frist oder bei einer Ablehnung des Aussetzungsantrages werden meine Mandanten verwaltungsgerichtlichen Rechtsschutz in Anspruch nehmen.[6]

Unterschrift

Schrifttum: Finkelnburg/Dombert/Külpmann, Vorläufiger Rechtsschutz im Verwaltungsstreitverfahren, 5. Aufl. 2008.

Anmerkungen

1. Zum vorläufigen Rechtsschutz bei Verwaltungsakten mit Doppelwirkung s. Form. V. E. 3 bis 5.

2. In diesem Fall soll der Widerspruch nach Landesrecht nicht ausgeschlossen sein. S. dazu Form. V. A. 4 Anm. 1.

3. Eine Aussetzung der Vollziehung durch die Behörde setzt nicht voraus, dass gegen den Verwaltungsakt bereits Widerspruch eingelegt wurde (VGH Mannheim VBlBW 1991, 297; *Kopp/Schenke* § 80 Rdn. 108; *Schoch* in Schoch/Schmidt-Aßmann/Pietzner § 80 Rdn. 212; str.). Sie kommt nicht mehr in Betracht, wenn der Verwaltungsakt bestandskräftig geworden ist (BFH NJW 1976, 1864; OVG Koblenz NJW 1976, 908).

4. Dies ist durch entspr. Tatsachenvortrag substantiiert darzulegen. „Routinemäßige Floskeln" genügen dazu nicht (BFH NJW 1976, 1440). Entscheidend ist der unverhältnismäßig hohe durch die Vollziehung entstehende Schaden. An der Ursächlichkeit der Vollziehung für die Härtelage fehlt es, wenn die wirtschaftliche Lage des Schuldners bereits auf Grund anderer Umstände so ungünstig ist, dass er die Abgabe nicht zahlen kann. Zahlungsunfähigkeit allein erfüllt also nicht den Tatbestand einer unbilligen Härte.

5. Der Behörde sollte für die Entscheidung über den Aussetzungsantrag eine Frist gesetzt werden. Denn der Abgabenpflichtige muss an einer baldigen Entscheidung über den Aussetzungsantrag interessiert sein, weil er Gefahr läuft, im Falle einer Ablehnung der Aussetzung für die Zeit nach der Fälligkeit der Abgabe Säumniszuschläge iHv. 1 vH. je Monat zahlen zu müssen, § 240 AO. Die Säumniszuschläge sind selbst dann zu entrichten, wenn der Abgabenbescheid im Hauptverfahren aufgehoben wird, § 240 Abs. 1 S. 4 AO.

6 Gibt die Behörde dem Aussetzungsantrag nicht statt, so kommt als weiteres Mittel des Rechtsschutzes kein Widerspruch, sondern nur ein beim VG zu stellender Antrag auf AO der aufschiebenden Wirkung nach § 80 Abs. 5 VwGO (s. dazu Form. V. D. 2) in Betracht (VGH München NVwZ-RR 1997, 136; OVG Koblenz DÖV 1991, 1030; *Kopp/Schenke* § 80 Rdn. 119; *Redeker/von Oertzen* § 80 Rdn. 34; *Schoch* in Schoch/Schmidt-Aßmann/Pietzner § 80 Rdn. 216).

Kosten und Gebühren

Für den bei der Behörde gestellten Aussetzungsantrag erhält der RA eine 0,5 bis 1,3-Geschäftsgebühr nach Nr. 2301 VV. Bei dem behördlichen Aussetzungsverfahren und dem Widerspruchsverfahren handelt es sich um verschiedene Angelegenheiten, § 17 Nr. 1, 4c RVG.

2. Antrag auf Anordnung der aufschiebenden Wirkung der Anfechtungsklage (Abgabenrecht)

An das
Verwaltungsgericht

In Sachen

des ...... (Antragstellers)
Verfahrensbevollmächtigter: RA ......

gegen

den Bürgermeister der Gemeinde ...... (Antragsgegner)

wegen: Heranziehung zu Erschließungsbeiträgen
Streitwert: 1.587,50 EUR[1]

beantrage ich namens des Antragstellers und unter Hinweis auf meine im Klageverfahren überreichte Prozessvollmacht[2],

I. die aufschiebende Wirkung der gleichzeitig erhobenen Klage gegen den Heranziehungsbescheid des Antragsgegners vom ...... in der Gestalt des Widerspruchsbescheides vom ...... anzuordnen[3],

II. die Kosten des Aussetzungsverfahrens dem Antragsgegner aufzuerlegen[4].

Zur Begründung führe ich aus:

Die Anordnung der aufschiebenden Wirkung der Klage ist nach § 80 Abs. 5 mit Abs. 4 S. 3 VwGO geboten, da ernstliche Zweifel an der Rechtmäßigkeit des mit der Klage an-

gefochtenen Heranziehungsbescheides bestehen. Diese sind immer dann gegeben, wenn auf Grund summarischer Prüfung der Sach- und Rechtslage ein Erfolg des Rechtsbehelfs/Rechtsmittels im Hauptsacheverfahren wahrscheinlicher als ein Misserfolg ist (OVG Koblenz DVBl. 1984, 1134; NVwZ 1993, 286; OVG Münster NVwZ 1989, 588; DVBl. 1990, 720; NVwZ-RR 1993, 269; OVG Saarlouis NVwZ 1992, 699/700; OVG Bautzen LKV 2004, 30). Dies ist hier der Fall. Hierzu verweise ich auf den Inhalt der gleichzeitig eingereichten Klageschrift ......[5]

Der Antrag ist nach § 80 Abs. 6 VwGO statthaft. Der Antragsteller hat am ...... bei dem Antragsgegner die Aussetzung der Vollziehung des Beitragsbescheides beantragt. Diesen Antrag hat der Antragsgegner mit Schreiben vom ...... abgelehnt.[6]

Rechtsanwalt

Anmerkungen

1. Nach den §§ 53 Abs. 3 Nr. 2, 52 Abs. 1 GKG ist der Wert des Streitgegenstandes für das Aussetzungsverfahren des § 80 Abs. 5 VwGO nach der sich aus dem Antrag des Antragstellers für ihn ergebenden Bedeutung der Aussetzung der Vollziehung nach dem Ermessen des Gerichts zu bestimmen. Dabei wird im Allg. wegen der Vorläufigkeit der Maßnahme das Interesse geringer zu bewerten sein als das im Hauptverfahren verfolgte Interesse an der endgültigen Aufhebung des Verwaltungsaktes. Für Aussetzungsverfahren, die Verwaltungsakte über öffentliche Abgaben oder Kosten betreffen, werden als Streitwert überwiegend 25 vH. des streitigen Abgabenbetrages zugrunde gelegt (VGH Mannheim NVwZ 1983, 42; VGH Kassel NVwZ 1983, 54; OVG Koblenz NVwZ-RR 1992, 110; OVG Münster NVwZ-RR 1992, 386).

2. Nach § 173 VwGO, § 82 ZPO umfasst die im Klageverfahren überreichte Prozessvollmacht auch das Aussetzungsverfahren.

3. Bis zur Entscheidung über den Aussetzungsantrag vergeht naturgemäß eine gewisse Zeitspanne. Im Allg. legen die Gerichte der Verwaltung unförmlich nahe, bis zur Entscheidung im Aussetzungsverfahren von einer Vollziehung abzusehen (*Redeker/von Oertzen* § 80 Rdn. 54). Dieses Absehen von einer Vollziehung ist nicht mit einer Aussetzung der Vollziehung gleichzusetzen. Dies bedeutet, dass, wenn die Aussetzung abgelehnt wird, Säumniszuschläge zu zahlen sind, und zwar selbst dann, wenn der Bescheid im Hauptverfahren aufgehoben wird, § 240 Abs. 1 S. 4 AO. Auf dieses Risiko sollte der Abgabenpflichtige hingewiesen werden.

4. Im Aussetzungsverfahren nach § 80 Abs. 5 VwGO hat das Gericht eine eigene Kostenentscheidung zu treffen, die nach § 161 Abs. 1 VwGO von Amts wegen erfolgt und deren Inhalt sich nach den §§ 154 ff. VwGO richtet.

5. S. Form. V. B. 1.

6. Nach § 80 Abs. 6 S. 1 VwGO ist bei der Heranziehung zu öffentlichen Abgaben und Kosten ein Antrag nach § 80 Abs. 5 VwGO nur zulässig, wenn die Behörde einen Antrag auf Aussetzung der Vollziehung ganz oder zum Teil abgelehnt hat (zu einem solchen Antrag s. Form. V. D. 1). Dies gilt nicht, wenn die Behörde über den Antrag ohne Mitteilung eines zureichenden Grundes in angemessener Frist sachlich nicht entschieden hat oder eine Vollstreckung droht, § 80 Abs. 6 S. 2 Nr. 2 VwGO.

Die Ablehnung des bei der Behörde zu stellenden Aussetzungsantrages muss im Zeitpunkt der Antragstellung bei Gericht vorliegen. Der unterbliebene Aussetzungsantrag kann nicht während des gerichtlichen Verfahrens nachgeholt oder durch Einlassung der Behörde als entbehrlich angesehen werden (OVG Koblenz DÖV 1992, 976; OVG Hamburg KStZ 1993, 232; VGH Kassel DVBl. 1994, 805; aA. VGH München NVwZ-RR 2009, 135).

Kosten und Gebühren

Nach Nr. 5210 KV entsteht im Verfahren nach § 80 Abs. 5 VwGO eine 1,5 Gerichtsgebühr.

Der RA erhält Gebühren nach Nrn. 3100 ff. VV.

3. Antrag auf Wiederherstellung der aufschiebenden Wirkung der Anfechtungsklage[1] (Entziehung der Fahrerlaubnis)

An das
Verwaltungsgericht

In Sachen

des …… (Antragstellers)
Verfahrensbevollmächtigter: RA ……

gegen

den Oberbürgermeister der Stadt ……, Amt für öffentliche Ordnung, ……

(Antragsgegner)

wegen: Entziehung der Fahrerlaubnis
Streitwert: 2.500,– EUR[2]

beantrage ich,

I. die aufschiebende Wirkung der Klage[3] gegen die Verfügung des Antragsgegners vom …… wiederherzustellen,

II. die Kosten des Aussetzungsverfahrens dem Antragsgegner aufzuerlegen.[4]

Zur Begründung führe ich aus:

I. Der Antragsteller besitzt seit dem Jahre 1985 den Führerschein. Er ist bis heute unfallfrei gefahren. In der Zeit von August 2000 bis März 2004 wurden gegen ihn wegen Geschwindigkeitsüberschreitung, Verletzung der Wartepflicht, Fahren mit abgefahrenen Reifen und fahrlässiger Körperverletzung viermal Bußgelder verhängt. Im Verkehrszentralregister ist er deshalb mit 14 Punkten eingetragen. Bei einer allgemeinen Fahrzeugkontrolle wurden schließlich am …… im Pkw des Antragstellers 5 g Haschisch aufgefunden und beschlagnahmt. Mit Schreiben vom …… wurde der Antragsteller gemäß § 11 Abs. 2 S. 1 FeV aufgefordert, sich einer medizinisch-psychologischen Begutachtung zu unterziehen und das Gutachten bis zum …… vorzulegen. Dem kam der Antragsteller nach. Das MPU-Gutachten vom …… ist im Kopie als Anlage beigefügt. Der Antragsgegner entzog daraufhin dem Antragsteller, gestützt auf § 3 Abs. 1 S. 1 StVG[5] iVm. § 11 Abs. 1 S. 3 FeV, mit Bescheid vom …… die Fahrerlaubnis und ordnete zugleich nach § 80 Abs. 2 S. 1 Nr. 4 VwGO die sofortige Vollziehung an. Gegen diese Verfügung habe ich mit Schriftsatz von heute Klage erhoben.

II. Die aufschiebende Wirkung der Klage ist aus folgenden Gründen nach § 80 Abs. 5 VwGO wiederherzustellen[6]:
Die Anordnung der sofortigen Vollziehung des Entzuges der Fahrerlaubnis und der Einziehung des Führerscheins ist nicht ausreichend begründet. Der Antragsgegner führt zur Begründung nur aus, der Antragsteller habe sich als ungeeignet zum Führen von Kraftfahrzeugen erwiesen. Damit sind aber lediglich die Gründe für die Entziehung der Fahrerlaubnis selbst (§ 3 Abs. 1 S. 1 StVG), nicht jedoch für deren sofortige Vollziehung dargetan, was nach § 80 Abs. 3 S. 1 VwGO erforderlich ist. Zwar kann

die Begründung des besonderen Interesses an der sofortigen Vollziehung uU. zusammen mit der Begründung für die Entziehung der Fahrerlaubnis gegeben werden (OVG Bautzen LKV 1994, 224); dies ist hier jedoch nicht geschehen. Denn der Antragsgegner legt in dem angefochtenen Bescheid nicht dar, dass die Umstände, aus denen sich die Ungeeignetheit des Antragstellers zum Führen eines Kraftfahrzeuges ergeben soll, gleichzeitig das besondere öffentliche Interesse an der sofortigen Vollziehung des Entzuges der Fahrerlaubnis begründen.

Darüber hinaus ist die Anordnung der sofortigen Vollziehung der Entziehung der Fahrerlaubnis nicht gerechtfertigt, weil ein überwiegendes Vollziehungsinteresse der Öffentlichkeit nicht besteht.[7] Denn ein genügend konkretisierter Verdacht, dass der Antragsteller zum Führen von Kraftfahrzeugen ungeeignet sei, und er deshalb andere Verkehrsteilnehmer so sehr gefährde, dass der Ausgang des Hauptverfahrens nicht abgewartet werden könne, ist nicht gegeben[8]. Der Antragsteller ist keinesfalls drogenabhängig, sondern konsumiert nur äußerst selten Haschisch. Diese Einlassung wird durch die Feststellungen in dem Gutachten gestützt ...... Im Übrigen ist die Verhängung der Bußgelder gegen den Antragsteller in mindestens zwei Fällen zu Unrecht erfolgt ......[9]. Darüber hinaus hat der Antragsgegner nicht ausreichend berücksichtigt, dass der Antragsteller bis zur Entziehung der Fahrerlaubnis jahrelang unfallfrei gefahren ist ......

Rechtsanwalt

Schrifttum: Hentschel/König/Dauer, Straßenverkehrsrecht, 40. Aufl. 2009; *Himmelreich,* Fahrverbot/Führerscheinentzug, Bd. II: Verwaltungsrecht, 8. Aufl. 2005; *Finkelnburg/Dombert/Külpmann,* Vorläufiger Rechtsschutz im Verwaltungsstreitverfahren, 5. Aufl. 2008, Rdn. 1457 ff.; *Kuhla/Hüttenbrink,* Der Verwaltungsprozess, 3. Aufl. 2002, K XI. Fahrerlaubnisrecht, Rdn. 474 ff.; *Jagow/Burmann/Heß,* Straßenverkehrsrecht, 20. Aufl. 2008; *Buschbell* in Münchener Anwaltshandbuch Straßenverkehrsrecht, 3. Aufl. 2009.

Anmerkungen

1. In diesem Falle soll nach Landesrecht der Widerspruch ausgeschlossen, also gegen den Verwaltungsakt sogleich der Klageweg eröffnet sein. S. dazu Form. V. A. 4 Anm. 1.

2. Zum Streitwert im Aussetzungsverfahren s. Form. V. D. 2 Anm. 1. Sofern es sich nicht um ein Aussetzungsverfahren betreffend öffentliche Abgaben oder Kosten handelt, beträgt der Streitwert des Aussetzungsverfahrens idR. ½ des Wertes der Hauptsache (Nr. 1.5 des Streitwertkatalogs NVwZ 2004, 1327). Im Allg. wird bei Klagen gegen die Entziehung der Fahrerlaubnis unter Orientierung an Nr. 46.1 bis 11 des Streitwertkatalogs als Streitwert der Auffangwert von 5.000,– EUR festgesetzt, in Verfahren auf Gewährung vorläufigen Rechtsschutzes also ein Streitwert von 2.500,– EUR (so zB. OVG Koblenz NJW 2006, 2715).

3. Grundsätzlich endet die aufschiebende Wirkung der Anfechtungsklage mit der Unanfechtbarkeit, § 80 b Abs. 1 S. 1 VwGO. Wird die Anfechtungsklage im ersten Rechtszuge abgewiesen und gegen das Urteil Berufung oder, wenn die Berufung nicht zugelassen wird, ein Antrag auf Zulassung der Berufung gestellt, so endet die aufschiebende Wirkung drei Monate nach Ablauf der gesetzlichen Begründungsfrist des gegen die abweisende Entscheidung gegebenen Rechtsmittels, § 80 b Abs. 1 S. 1 VwGO. Das OVG kann auf Antrag anordnen, dass die aufschiebende Wirkung fortdauert, § 80 b Abs. 2 VwGO.

4. Zu den Kosten s. Form. V. D. 2 Anm. 4.

5. Gem. § 3 Abs. 1 S. 1 StVG muss die Verwaltungsbehörde einem Fahrerlaubnisinhaber, der sich zum Führen von Fahrzeugen als ungeeignet erweist, die Fahrerlaubnis entziehen. Dies wird in §§ 1 ff. FeV dahingehend konkretisiert, dass insbesondere derjenige ungeeignet ist, der wegen körperlicher oder geistiger Mängel ein Kraftfahrzeug nicht sicher führen kann, bzw. der alkohol- oder betäubungsmittelabhängig ist oder gegen verkehrsrechtliche Vorschriften oder Strafgesetze erheblich verstoßen hat.

Zur Entziehung der Fahrerlaubnis wegen Cannabiskonsums vgl. BVerfG NJW 2002, 2381; BVerwG NJW 2002, 78; OVG Saarlouis NVwZ-RR 2001, 606; VGH München NJW 2000, 304; VG Berlin NJW 2000, 2440; VGH Mannheim NJW 2003, 3004; OVG Lüneburg NVwZ-RR 2003, 899.

6. Umstritten bei der Anordnung der sofortigen Vollziehung durch die Behörde ist, welche Rechtsfolgen es hat, wenn das besondere öffentliche Interesse an einer sofortigen Vollziehung des Verwaltungsakts, § 80 Abs. 2 S. 1 Nr. 4 VwGO, nicht in einer dem § 80 Abs. 3 S. 1 VwGO entspr. Weise dargestellt ist (s. dazu *Terwiesche* NWVBl. 1996, 461).

a) Nach einer Auffassung (OVG Münster NWVBl. 1994, 424/425; VGH München BayVBl. 1996, 633; OVG Schleswig NVwZ-RR 1996, 148/149) ist in diesem Falle die AO der sofortigen Vollziehung aufzuheben, was nach § 80 Abs. 1 VwGO automatisch die aufschiebende Wirkung des Widerspruchs/der Klage zur Folge hat (VGH Mannheim DÖV 1996, 839).

b) Nach aA. (OVG Schleswig NVwZ 1992, 688/690; OVG Magdeburg DVBl. 1994, 808; VGH München BayVBl. 1999, 466; *Schoch* in Schoch/Schmidt-Aßmann/Pietzner § 80 Rdn. 298; *Kopp/Schenke* § 80 Rdn. 148) ist die aufschiebende Wirkung des Widerspruchs/der Klage wiederherzustellen.

c) Ebenso umstritten ist, ob das Nachschieben einer ausreichenden Begründung im gerichtlichen Aussetzungsverfahren unbegrenzt (OVG Greifswald NVwZ-RR 1999, 409; 2007, 21/23; *Finkelnburg/Dombert/Külpmann* Rdn. 750), bis zur Stellung des Eilantrages (VGH München BayVBl. 1989, 117; NVwZ-RR 1998, 271; OVG Saarlouis AS 18, 187) oder nicht möglich (VGH Mannheim NVwZ-RR 2002, 646; VGH München BayVBl. 1999, 465/466) ist.

d) Hat das Gericht die aufschiebende Wirkung wiederhergestellt, so ist die Behörde nicht gehindert, die AO der sofortigen Vollziehung mit ausreichender Begründung zu wiederholen (VGH Mannheim DÖV 1996, 839; OVG Frankfurt/Oder NJW 1998, 272; VGH München BayVBl. 1999, 466; *Schoch* in Schoch/Schmidt-Aßmann/Pietzner § 80 Rdn. 298 und 360). Einer Abänderungsentscheidung des VG nach § 80 Abs. 7 VwGO (s. dazu Form. V. D. 5) bedarf es nicht (VGH Mannheim DÖV 1996, 839).

7. Bei einer Entscheidung nach § 80 Abs. 5 VwGO ist grundsätzlich eine Abwägung zwischen dem öffentlichen Interesse an der sofortigen Vollziehung des Bescheides und dem privaten Interesse des Adressaten, den Bescheid bis zum Abschluss des gegen ihn gerichteten Rechtsmittelverfahrens nicht befolgen zu müssen, vorzunehmen (BVerfGE 51, 286; BVerwG DÖV 1993, 432/433; NVwZ-RR 1999, 556; OVG Bremen NJW 1993, 3343; *Kuhla/Hüttenbrink* J Rdn. 128 ff.). Dabei spielen auch die Erfolgsaussichten des Rechtsmittels eine Rolle.

a) Ist der Verwaltungsakt nach der im Aussetzungsverfahren möglichen summarischen Prüfung offensichtlich rechtswidrig, so überwiegt das private Interesse an seiner Außervollzugsetzung (OVG Lüneburg, NVwZ 1997, 407; VGH München BayVBl. 1997, 373; OVG Greifswald NVwZ-RR 1999, 591; OVG Bremen NJW 2000, 2438; VG Braunschweig NZV 2000, 101).

b) Ist der Verwaltungsakt nach summarischer Prüfung rechtmäßig, so ist damit ein überwiegendes öffentliches Interesse an seiner sofortigen Vollziehung noch nicht dargetan. Es muss vielmehr zusätzlich ein besonderes Vollzugsinteresse iSd. § 80 Abs. 2 S. 1 Nr. 4 VwGO bestehen und nach § 80 Abs. 3 S. 1 VwGO dargelegt sein (VGH Mannheim VWBlBW 1997, 390; VG Chemnitz NVwZ 1999, 1374; *Kopp/Schenke* § 80 Rdn. 159;

Schoch in Schoch/Schmidt-Aßmann/Pietzner § 80 Rdn. 254; *Finkelnburg/Dombert/Külpmann* Rdn. 975; aA. OVG Lüneburg NVwZ 1997, 1225/1228; OVG Bautzen SächsVBl. 1998, 35). Je nach Fallgestaltung können die Gründe für die sofortige Vollziehung mit den Gründen für den Erlass des Verwaltungsaktes identisch sein; dann muss die Behörde darauf aber in geeigneter Form in der Begründung ihrer Vollziehungsanordnung hinweisen (OVG Münster NWVBl. 1994, 424/225; vgl. auch *Finkelnburg/Dombert/Külpmann* Rdn. 759).

c) Erweist sich der Verwaltungsakt als weder offensichtlich rechtmäßig noch als offensichtlich rechtswidrig, so bedarf es einer wertenden Abwägung, welchem der gegenläufigen Interessen für die voraussichtliche Dauer des Hauptverfahrens der Vorrang zukommt (BVerwG NVwZ 1999, 159; VGH Mannheim NVwZ-RR 1995, 17/20). Dabei sind die Nachteile einer verspäteten Verwirklichung des Verwaltungsaktes, sofern sich dieser als rechtmäßig erweist, mit den Nachteilen zu vergleichen, die dem Betroffenen durch die sofortige Vollziehung des Verwaltungsaktes bei unterstellter Rechtswidrigkeit entstehen (*Kuhla/Hüttenbrink* J Rdn. 135).

8. Zu beachten ist hier, dass, wenn sich jemand zum Führen von Kraftfahrzeugen als ungeeignet erweist, dies idR. nicht nur die Entziehung der Fahrerlaubnis, sondern auch die sofortige Vollziehung dieser Verfügung rechtfertigt, „um den ungeeigneten Fahrerlaubnisinhaber unverzüglich von der weiteren Teilnahme am Straßenverkehr auszuschließen" (OVG Bautzen LKV 1994, 224). Aus diesem Grunde sollte in dem Aussetzungsantrag vor allem die Rechtsfehlerhaftigkeit der Entziehung der Fahrerlaubnis, also die Geeignetheit des Antragstellers zum Führen von Kraftfahrzeugen, glaubhaft dargestellt werden.

9. § 3 Abs. 4 StVG begründet eine weitgehende Bindungswirkung an Erkenntnisse aus abgeschlossenen Straf- und Bußgeldverfahren.

Kosten und Gebühren

Vgl. Anm. 3 sowie die Bemerkungen zu Form. V. D. 2.

4. Antrag auf Wiederherstellung der aufschiebenden Wirkung der Klage[1] und Aufhebung der Vollziehung[2] (Bauordnungsrecht)

An das
Verwaltungsgericht

In Sachen

des ...... **(Antragstellers)**
Verfahrensbevollmächtigter: RA ......

gegen

den Bürgermeister der Stadt ...... **(Antragsgegner)**

wegen: Stilllegung von Bauarbeiten
Streitwert: 2.000,– EUR
beantrage ich,

I. die aufschiebende Wirkung der Klage des Antragstellers gegen die Stilllegungsverfügung des Antragsgegners vom ...... wiederherzustellen,

II. anzuordnen, dass der Antragsgegner sämtliche von ihm angebrachten Siegel am und im Hause ...... zu entfernen hat[3].

Zur Begründung führe ich aus:

I. Der Antragsteller ist Eigentümer des Grundstücks ......, auf dem sich ein im Jahre 1926 errichtetes zweigeschossiges Wohnhaus befindet. Der Antragsteller beabsichtigt, dieses Haus, aus dem die bisherigen Mieter ausgezogen sind, zu modernisieren und umzubauen. Nachdem er mit den Bauarbeiten begonnen hatte, ordnete der Antragsgegner mit sofortiger Vollziehung die Einstellung der Bauarbeiten an und versiegelte die Baustelle.

II. Der Antrag auf Wiederherstellung der aufschiebenden Wirkung ist nach § 80 Abs. 5 S. 1 und S. 2 VwGO begründet; denn ein überwiegendes öffentliches Interesse an der sofortigen Vollziehung der Stilllegungsverfügung besteht schon deshalb nicht, weil diese offensichtlich rechtswidrig ist.[4] Die Verfügung wird ausschließlich damit begründet, dass der Antragsteller ohne Baugenehmigung genehmigungspflichtige Bauarbeiten durchführe. Dies ist jedoch nicht der Fall; denn nach § 65 Abs. 2 Bauordnung NRW sind die von dem Antragsteller durchzuführenden Bauarbeiten nicht genehmigungspflichtig. Dies habe ich in meiner gleichzeitig erhobenen Klage im einzelnen dargelegt. Darauf sei zur ergänzenden Begründung verwiesen.

III. Als Folge der Wiederherstellung der aufschiebenden Wirkung der Klage ist nach § 80 Abs. 5 S. 3 VwGO die Aufhebung der Vollziehung der Stilllegungsverfügung anzuordnen. Da die Verfügung durch Anbringung von Siegeln am und im Haus vollzogen wurde, sind diese Siegel von dem Antragsgegner wieder zu entfernen.

Rechtsanwalt

Schrifttum zum Bauordnungsrecht: *Gädtke/Temme/Heintz/Czepuk,* Bauordnung Nordrhein-Westfalen, 11. Aufl. 2008; *Boeddinghaus/Hahn/Schulte,* Bauordnung Nordrhein-Westfalen, Losebl., Stand: Juli 2009; *Buntenbroich/Voß,* Bauordnung Nordrhein-Westfalen, Losebl., Stand: Juli 2008; *Finkelnburg/Ortloff,* Öffentliches Baurecht, Band II, Bauordnungsrecht, Nachbarschutz, Rechtsschutz, 5. Aufl. 2005; *Große-Suchsdorf/Lindorf/Schmaltz/Wiechert,* Niedersächsische Bauordnung, 8. Aufl. 2006; *Jeromin* (Hrsg.), Landesbauordnung Rheinland-Pfalz, 2. Aufl. 2008; *Schlotterbeck/von Armin/Hager,* Landesbauordnung für Baden-Württemberg, 5. Aufl. 2003; *Simon/Busse,* Bayerische Bauordnung, Losebl., Stand: April 2009; *Jäde/Dirnberger/Böhme,* Bauordnungsrecht Sachsen, Losebl., Stand: Juni 2008; *Rasch/Schaetzel,* Hessische Bauordnung, Losebl., Stand: Februar 2009; *Reichelt/Schulte,* Handbuch Bauordnungsrecht, 2004; *Hornmann,* Hessische Bauordnung, 2004; *Sauter,* Landesbauordnung Baden-Württemberg, Losebl., Stand: Mai 2004.

Anmerkungen

1. In diesem Falle soll nach Landesrecht der Widerspruch ausgeschlossen, also gegen den Verwaltungsakt sogleich der Klageweg eröffnet sein. S. dazu Form. V. A. 4 Anm. 1.

2. Zum Inhalt des Aussetzungsantrages im Allg. s. Form. V. D. 2 und 3.

3. Zur Notwendigkeit, bei einem bereits vollzogenen Verwaltungsakt sowohl die Wiederherstellung der aufschiebenden Wirkung (§ 80 Abs. 5 S. 1 VwGO) als auch die Aufhebung der Vollziehung (§ 80 Abs. 5 S. 3 VwGO) zu beantragen s. VGH Mannheim NJW 1971, 1764.

4. S. dazu Form. V. D. 3 Anm. 7.

Kosten und Gebühren

Vgl. Anmerkungen zu Form. V. D. 2.

5. Antrag auf Aufhebung der Anordnung der aufschiebenden Wirkung (§ 80 Abs. 7 VwGO – Abgabenrecht)[1]

An das
Verwaltungsgericht

Az.: ......

In der Verwaltungsstreitsache

des Herrn ...... **(Antragsteller)[2]**
Verfahrensbevollmächtigter: RA ......
gegen
den Bürgermeister der Gemeinde ...... **(Antragsgegner)**
Verfahrensbevollmächtigter: RA ......

beantrage ich namens des Antragsgegners nach § 80 Abs. 7 S. 2 VwGO,

1. den Beschluss des OVG ...... vom ...... aufzuheben und den Antrag auf Anordnung der aufschiebenden Wirkung abzulehnen[3],
2. dem Antragsteller die Kosten des Verfahrens aufzuerlegen.[4]

Zur Begründung führe ich aus:

I. Das OVG hat als Beschwerdeinstanz die aufschiebende Wirkung des Widerspruchs des Antragstellers gegen den Erschließungsbeitragsbescheid des Antragsgegners vom ...... angeordnet. Anschließend hat der Antragsgegner den Widerspruch des Antragstellers zurückgewiesen. Gegen den Widerspruchsbescheid hat der Antragsteller Klage erhoben, die bei der Kammer unter dem Az.: ...... anhängig ist. Das VG ist damit Gericht der Hauptsache und als solches im Abänderungsverfahren nach § 80 Abs. 7 VwGO zuständig, obwohl die Aussetzungsentscheidung nach § 80 Abs. 5 VwGO vom OVG getroffen wurde (OVG Koblenz DVBl. 1991, 1324; aA. OVG Greifswald DÖV 2005, 307 – Leitsatz).

II. Der Aufhebungsantrag ist begründet, da ernstliche Zweifel an der Rechtmäßigkeit des Heranziehungsbescheides nicht mehr bestehen. Das OVG hat diese Bedenken daraus abgeleitet, dass der Verteilungsmaßstab in der Erschließungsbeitragssatzung der Gemeinde ...... vom ...... nicht der Vorschrift des § 131 Abs. 2 BauGB entspreche. Inzwischen hat die Gemeinde eine neue Erschließungsbeitragssatzung erlassen, deren Verteilungsmaßstab den Anforderungen der Rspr. genügt. Diese Satzung hat den Heranziehungsbescheid, sollte er rechtswidrig gewesen sein, geheilt (BVerwG NJW 1980, 2209; DVBl. 1982, 544)[5].

Rechtsanwalt

Anmerkungen

1. Nach § 80 Abs. 7 S. 1 VwGO kann das Gericht Beschlüsse nach § 80 Abs. 5 VwGO jederzeit ändern oder aufheben. Nach § 80 Abs. 7 S. 2 VwGO kann jeder Beteiligte die Änderung oder Aufhebung wegen veränderter oder im ursprünglichen Verfahren ohne Verschulden nicht geltend gemachter Umstände beantragen.

a) Aus dem Vergleich der beiden Sätze des § 80 Abs. 7 VwGO folgt, dass die Abänderung durch das Gericht nach § 80 Abs. 7 S. 1 VwGO eine Änderung der Sach- und Rechtslage nicht erfordert. Welche Anforderungen sonst zu stellen sind, ist umstritten. Es wird vertreten, dass die Aufhebung oder Abänderung

- im pflichtgemäßen, von keiner weiteren Voraussetzung abhängigen Ermessen des Gerichts steht (VGH Mannheim NVwZ-RR 1996, 603),
- oder nur möglich ist, „wenn gewichtige Gründe dafür sprechen, den Belangen der materiellen Einzelfallgerechtigkeit und inhaltlichen Richtigkeit den Vorrang vor Rechtssicherheit und Vertrauensschutz einzuräumen" (OVG Münster NVwZ 1999, 894),
- oder die Interessenabwägung nachträglich korrekturbedürftig erscheint (VGH Mannheim DVBl. 1996, 1320; VGH Kassel NVwZ-RR 1997, 446).

b) Veränderte Umstände iSd. § 80 Abs. 7 S. 2 VwGO liegen vor, wenn sich die Sach- oder Rechtslage geändert hat. Eine Änderung der Sachlage kann auf dem Eintreten oder Bekanntwerden neuer Tatumstände oder dem Ergebnis einer Beweisaufnahme im Hauptsacheverfahren beruhen. Eine Änderung der Rechtslage kann zB. durch eine Gesetzesänderung oder durch die Änderung einer Satzung, auf die der angefochtene Bescheid gestützt ist, bewirkt werden. Ferner kommt in Betracht eine Änderung der höchstrichterlichen Rspr. oder die Klärung einer umstrittenen Rechtsfrage, nicht aber die bloße Änderung der Rechtsauffassung des Gerichts (*Schoch* in Schoch/Schmidt-Aßmann/Pietzner § 80 Rdn. 388 ff. mwN.).

2. Problematisch ist die Bezeichnung der Beteiligten. Bei einem Abänderungsverfahren nach § 80 Abs. 7 S. 1 VwGO dürften die ursprünglichen Beteiligtenrollen (Antragsteller, Antragsgegner) erhalten bleiben (VGH Mannheim NVwZ-RR 1996, 603). Nach inzwischen wohl h. M. soll es auch in einem Verfahren nach § 80 Abs. 7 S. 2 VwGO, wie es hier eingeleitet wurde, bei der bisherigen Verfahrensstellung der Beteiligten verbleiben (OVG Münster 16. 6. 2000 – 7 B 715/00 – juris; VGH München 29. 6. 2000 – 26 ZS 00 1373 – juris; OVG Koblenz DVBl. 2004, 1500 – Leitsatz; aA. VGH Mannheim DÖV 1996, 839).

3. Soll ein Beschluss im Verfahren nach § 80 Abs. 7 VwGO geändert oder aufgehoben werden, bedarf es zusätzlich einer Entscheidung über den ursprünglich gestellten Antrag auf Gewährung vorläufigen Rechtsschutzes (VGH Mannheim NVwZ-RR 1996, 714).

4. Im Abänderungsverfahren nach § 80 Abs. 7 VwGO ergeht eine eigene Kostenentscheidung. Mit dieser wird aber nur über die Kosten des Abänderungsverfahrens entschieden, nicht die Kostenentscheidung des abzuändernden Beschlusses geändert. „Das folgt aus der Eigenart des Abänderungsverfahrens, dessen Gegenstand gerade nicht die Überprüfung der Richtigkeit der ursprünglichen Regelung, des Suspensiveffektes, sondern die Entscheidung über die Fortdauer dieser Regelung für die Zukunft ist" (VGH Mannheim DVBl. 1996, 111, 112).

5. Die Behörde ist nach Heilung des Mangels darauf angewiesen, beim VG die Aufhebung des Aussetzungsbeschlusses zu beantragen; sie kann nicht etwa selbst die sofortige Vollziehbarkeit des nunmehr rechtmäßig gewordenen Bescheides feststellen bzw. anordnen (OVG Saarlouis NVwZ 1985, 920).[3]

Kosten und Gebühren

Das KV sieht in Vorbem. 5.2 (2) S. 2 für das Verfahren nach § 80 Abs. 7 VwGO keine Gerichtsgebühr vor.

Der RA erhält für die Vertretung im Verfahren nach § 80 Abs. 7 VwGO keine weitere Gebühr.

Anträge nach § 123 VwGO

6. Antrag auf Erlass einer Sicherungsanordnung[1] (§ 123 Abs. 1 S. 1 VwGO)

An das
Verwaltungsgericht[2]

In Sachen

des ...... (Antragstellers)
Verfahrensbevollmächtigter: RA ......
gegen
die Stadt ......, vertreten durch den Oberbürgermeister ......[3] (Antragsgegnerin)
wegen: Stilllegung von Bauarbeiten
Streitwert: 2.500,– EUR[4]
beantrage ich unter Hinweis auf meine im Klageverfahren überreichte Prozessvollmacht:[5]

I. der Antragsgegnerin im Wege einer einstweiligen Anordnung nach § 123 VwGO aufzugeben, es bei Vermeidung eines Ordnungsgeldes bis zu 250.000,– EUR zu unterlassen, die Arbeiten zur Errichtung eines Bauhofes auf dem Grundstück X-Straße 5 in ...... fortzusetzen.

II. bis zur Entscheidung der Kammer über diesen Antrag eine Vorsitzenden-Entscheidung nach §§ 123 Abs. 2 S. 3, 80 Abs. 8 VwGO zu treffen,

III. der Antragsgegnerin die Kosten des Verfahrens aufzuerlegen.[7]

Zur Begründung führe ich aus:[8]

I. Der Antragsteller ist Eigentümer des mit einem Wohnhaus bebauten Grundstücks X-Straße 3. Eigentümerin des Nachbargrundstücks X-Straße 5 ist die Antragsgegnerin. Das Grundstück ist unbebaut. Auf ihm sollte früher ein Kinderspielplatz errichtet werden. Diesen Plan hat die Antragsgegnerin jedoch aufgegeben und beabsichtigt nunmehr, das Grundstück als Bauhof für ihre Straßenbaukolonne zu nutzen. Sie hat gestern damit begonnen, das Grundstück mit einem Maschendraht einzufrieden und zu befestigen.

II. Die einstweilige Anordnung ist nach § 123 Abs. 1 S. 1 VwGO zur Sicherung des dem Antragsteller gegen die Errichtung des Bauhofes zustehenden Unterlassungsanspruchs[9] geboten (*Kopp/Schenke* § 123 Rdn. 7).

1. Der Antragsteller macht einen Abwehranspruch gegenüber Anlagen der Antragsgegnerin geltend, die diese in Ausübung schlichthoheitlicher Verwaltungstätigkeit betreiben will (vgl. dazu BVerwG DVBl. 1989, 463; OVG Münster DÖV 1983, 1020; VGH München NVwZ 1987, 986; 1989, 269; OLG Koblenz NVwZ 1987, 1921). Wie in dem Klageverfahren[10] im Einzelnen bereits vorgetragen wurde, ergibt sich der öffentlich-rechtliche Abwehranspruch des Antragstellers unmittelbar aus Art. 14, Art. 2 GG. Der Betrieb des Bauhofes ist baurechtlich nicht genehmigt und nach § 34 BauGB auch nicht genehmigungsfähig. Er führt zu Beeinträchtigungen, die der Antragsteller nach der entspr. anzuwendenden Vorschrift des § 906 BGB nicht hinzunehmen braucht (vgl. OVG Münster DÖV 1983, 1020) ......

2. Der Erlass der einstweiligen Anordnung ist geboten, weil mit einer kurzfristigen Fertigstellung und Inbetriebnahme des Bauhofes zu rechnen ist[11]. Es ist dem An-

tragsteller nicht zuzumuten, während der gesamten Dauer des Klageverfahrens die von dem Bauhof ausgehenden Beeinträchtigungen hinzunehmen. Damit würde nämlich der Unterlassungsanspruch des Antragstellers in nicht reparabler Weise verletzt werden ……[12, 13, 14]

Rechtsanwalt

Anmerkungen

1. Die Sicherungs-AO nach § 123 Abs. 1 S. 1 VwGO kann ergehen, „wenn die Gefahr besteht, dass durch eine Veränderung des bestehenden Zustandes die Verwirklichung eines Rechts des Antragstellers vereitelt oder wesentlich erschwert werden könnte."

Nach § 123 Abs. 5 VwGO ist die einstw. AO nicht in den von den §§ 80 und 80 a VwGO erfassten Fällen möglich. Da die §§ 80 und 80 a VwGO vorläufigen Rechtsschutz bei Anfechtungsklagen gegen belastende Verwaltungsakte gewähren, ist die einstw. AO nach § 123 Abs. 1 VwGO ein Mittel des vorläufigen Rechtsschutzes in allen Fällen, in denen als Klage im Hauptverfahren eine Verpflichtungsklage, eine allg. Leistungsklage einschl. der vorbeugenden Unterlassungsklage oder eine Feststellungsklage in Betracht kommt.

2. Zuständig ist nach § 123 Abs. 2 VwGO das Gericht der Hauptsache. Das ist das Gericht des ersten Rechtszuges oder das Berufungsgericht, bei dem die Hauptsache anhängig ist, § 123 Abs. 2 S. 2 VwGO. Da das Revisionsverfahren nicht erwähnt wird, kann das BVerwG eine einstw. AO nicht als Revisionsgericht, wohl dagegen als erstinstanzliches Gericht nach den §§ 49, 50 VwGO erlassen. Ist die Sache noch nicht anhängig, so ist der Antrag an das Gericht zu richten, das für die Hauptsache zuständig wäre.

3. Antragsgegner ist, wer im Hauptverfahren Beklagter ist oder wäre. Zum Beklagten im Hauptverfahren s. Form. V. B. 1 Anm. 2.

4. Hälfte des Auffangstreitwertes nach § 52 Abs. 2 GKG. Die Gerichte setzen im Verfahren auf Gewährung vorläufigen Rechtsschutzes nach § 123 Abs. 1 S. 1 VwGO im Allg. $^1/_2$ des Wertes der Hauptsache als Streitwert an (vgl. Nr. I. 5 des Streitwertkataloges NVwZ 2004, 1327).

5. Ist bereits ein Klageverfahren anhängig, so umfasst die dort überreichte Prozessvollmacht auch das einstw. Verfahren, § 173 VwGO, § 82 ZPO.

6. Das Gericht ist an die Fassung des Antrages nicht gebunden. Nach § 123 Abs. 3 VwGO mit § 938 Abs. 1 ZPO bestimmt das Gericht nach freiem Ermessen, welche AOen zur Erreichung des mit dem Antrag verfolgten Zwecks erforderlich sind.

7. Im Verfahren nach § 123 VwGO hat eine eigene Kostenentscheidung zu ergehen, § 161 Abs. 1 VwGO, deren Inhalt sich nach den §§ 154 ff. VwGO richtet.

8. Nach § 123 Abs. 3 VwGO mit § 920 Abs. 1 und 2 ZPO sind AO-Anspruch und -Grund glaubhaft zu machen. Angesichts des Amtsermittlungsgrundsatzes (§ 86 Abs. 1 S. 1 VwGO) gilt diese Regelung im Verwaltungsprozess jedoch nur eingeschränkt (vgl. *Finkelnburg/Dombert/Külpmann* Rdn. 316 ff.). Es ist deshalb nicht erforderlich, den in der Antragsschrift geschilderten Sachverhalt durch eine eidesstattliche Versicherung glaubhaft zu machen. Eine solche Glaubhaftmachung ist nur dann notwendig, wenn eine rechtserhebliche Tatsachenbehauptung vom Antragsgegner bestritten wird und die Durchführung einer Beweisaufnahme kurzfristig nicht möglich ist. Zu einer Beweisaufnahme ist das Gericht auf Grund des Amtsermittlungsverfahrens auch im Verfahren des vorläufigen Rechtsschutzes nach § 123 Abs. 1 VwGO befugt (*Schoch* in Schoch/Schmidt-Aßmann/Pietzner § 123 Rdn. 96).

9. Das ist der AO-Anspruch.

10. Es ist nicht erforderlich, dass die Klage zur Hauptsache schon anhängig ist, § 123 Abs. 1 S. 1 VwGO.

11. Das ist der AO-Grund.

12. Wichtig ist die Verweisung des § 123 Abs. 3 VwGO auf § 945 ZPO. Nach dieser Bestimmung ist der Antragsteller dem Antragsgegner zum Schadenersatz verpflichtet, wenn sich die einstw. AO als von Anfang an ungerechtfertigt erweist oder sie nach § 926 Abs. 2 ZPO aufgehoben wird. Auf dieses Risiko sollte der Antragsteller stets hingewiesen werden.

Die unter Androhung von Ordnungsmitteln auf Unterlassung gerichtete einstw. AO ist „selbst vollziehend" (VGH Mannheim NVwZ 2000, 691/692), so dass § 945 ZPO auch ohne weitere Vollziehungsmaßnahmen anwendbar ist.

Hat der Antragsgegner eine auf Unterlassung gerichtete einstw. Verfügung, die nicht mit einer Strafandrohung versehen war, freiwillig erfüllt, kommt ein Anspruch aus § 945 ZPO (nach Aufhebung der einstw. Verfügung) auf Schadensersatz nicht in Betracht. Dies gilt auch für eine einstw. AO nach § 123 VwGO (BGH NJW 1993, 1076). Aus diesem Grunde und weil Behörden gerichtlichen AOen nachzukommen pflegen, könnte es sich empfehlen, in dem Antrag auf die Strafandrohung („bei Vermeidung eines Ordnungsgeldes bis 250.000,– EUR") zu verzichten.

13. Gegen den Erlass oder die Ablehnung einer einstw. AO kann Beschwerde nach § 146 VwGO eingelegt werden (s. dazu Form. V. C. 13 u. 14).

14. Wird die einstw. AO erlassen, so muss sie innerhalb der Frist des § 929 Abs. 2 ZPO vollzogen werden. Andernfalls ist sie wegen veränderter Umstände nach § 927 ZPO analog (OVG Münster DVBl. 1991, 1321) oder § 80 Abs. 7 VwGO analog (VGH Mannheim DVBl. 2002, 355 – Leitsatz) oder nach beiden Bestimmungen (VGH München BayVBl. 1996, 215) aufzuheben. Die Vollstreckung aus einer einstw. AO erfolgt nach § 168 Abs. 1 Nr. 2 VwGO (s. dazu Form. V. F. 3).

Kosten und Gebühren

Nach Nr. 5210 KV entsteht im Verfahren nach § 123 VwGO eine 1,5 Gerichtsgebühr. Der RA erhält Gebühren nach den Nr. 3100 ff. VV.

7. Antrag auf Erlass einer Regelungsanordnung mit Befriedigungstendenz (§ 123 Abs. 1 S. 2 VwGO)[1]

An das
Verwaltungsgericht

In Sachen

des Schaustellers ...... – Antragstellers –
Verfahrensbevollmächtigter: Rechtsanwalt ......

gegen

den Bürgermeister der Stadt ...... – Antragsgegner –)

wegen: Zuweisung eines Standplatzes auf dem Weihnachtsmarkt
Streitwert: 9.600,– EUR[2]

beantrage ich namens und mit Vollmacht des Antragstellers,

dem Antragsgegner im Wege einer einstweiligen Anordnung nach § 123 Abs. 1 S. 2 VwGO aufzugeben, dem Antragsteller für den am 21. 11. 2009 beginnenden

Weihnachtsmarkt entsprechend seinem Antrag vom ...... einen Standplatz für den Verkauf von Süßwaren zuzuweisen.[3]

Zur Begründung führe ich aus:

I. Der Antragsteller betreibt als Schausteller ein Süßwarengeschäft. Im September 2009 bewarb er sich bei dem Antragsgegner um einen Standplatz auf dem von dem Antragsgegner nach §§ 68 Abs. 1, 69 GewO festgesetzten, am 21. 11. 2009 beginnenden und am 22. 12. 2009 endenden Weihnachtsmarkt. Der Beklagte lehnte diesen Antrag mit Bescheid vom 5. 10. 2009 ab, da die Zahl die für Süßwarenstände bereitgestellten Standplätze überschritten und anderen Bewerbern nach der aufgrund der Benutzungsordnung erlassenen Zulassungsrichtlinie der Vorzug habe gegeben werden müssen. Mit diesen Bewerbern seien auch schon Mietverträge abgeschlossen worden, so dass er auch tatsächlich nicht mehr in der Lage sei, den Antragsteller zu berücksichtigen.
Gegen den Ablehnungsbescheid hat der Antragsteller bei dem erkennenden Gericht gleichzeitig Klage erhoben.[4]

II. Dem Antragsteller steht nach § 70 Abs. 1 GewO ein Rechtsanspruch auf Zuweisung eines Standplatzes zu.[5] Der Ausschluss der Antragstellers von der Teilnahme an dem Weihnachtsmarkt nach § 70 Abs. 3 GewO ist nicht gerechtfertigt.
Bei Anwendung der Zulassungsrichtlinie, die das dem Antragsgegner eingeräumte Auswahlermessen bindet, hätte dem Antragsteller ein Standplatz zugeteilt werden müssen. Ihm hätte der Bewerber ...... unter dem Gesichtspunkt der langjährigen Bewährung schon deshalb nicht vorgezogen werden dürfen, weil das Kriterium der Bewährung an die Person gebunden ist und nicht an einen anderen Bewerber weitergegeben werden kann (VG Stuttgart GewArch 2001, 122), was hier geschehen ist ......
Darauf, dass inzwischen alle Standplätze für Süßwarenstände vergeben sind, kann sich der Antragsgegner nicht berufen. Sowohl das öffentliche Recht wie das Privatrecht halten mit Widerruf und Rücknahme oder der Möglichkeit der (außerordentlichen) Kündigung, ggf. gegen Schadensersatz für den rechtswidrig bevorzugten Marktbeschicker, Vorkehrungen für den Fall bereit, dass die öffentliche Hand eine zunächst gewährte Rechtsposition entziehen muss (BVerfG NJW 2002, 3691).
Ergänzend verweise ich auf die Begründung meiner gleichzeitig erhobenen Klage.

III. Die begehrte Anordnung ist zur Regelung der Rechtsbeziehung zwischen dem Antragsteller und dem Antragsgegner nach § 123 Abs. 1 S. 2 VwGO ungeachtet des Umstandes geboten,[6] dass mit ihr die Hauptsache vorweggenommen wird.[7] Ein Verfahren zur Hauptsache kann nämlich dem Antragsteller wirksamen Rechtsschutz zur Erfüllung seines Anspruches auf Überlassung eines Standplatzes nicht gewähren, Art. 19 Abs. 4 GG. Über die auf Erteilung eines Zulassungsbescheides erhobene Verpflichtungsklage wird rechtskräftig erst nach Ende des Weihnachtsmarktes entschieden sein. Ohne die begehrte einstweilige Anordnung würde also der Antragsteller Nachteile erleiden, die bei einem Obsiegen in der Hauptsache nicht mehr ausgeglichen werden könnten und die hinzunehmen ihm deshalb nicht zuzumuten ist (VGH Kassel NVwZ-RR 1996, 325).

Rechtsanwalt

Schrifttum: Landmann/Rohmer, Gewerbeordnung, Losebl., Stand: Mai 2008; *Pielow,* Gewerbeordnung, 2009; *Tettinger/Wank,* Gewerbeordnung, 7. Aufl. 2004; *Braun,* Zulassung auf Märkten und Veranstaltungen, NVwZ 2009, 747.

Anmerkungen

1. Zum Antrag auf Erlass einer einstw. AO im Allg. s. Form. V. D. 6

2. In Verfahren auf Gewährung vorläufigen Rechtsschutzes nach § 123 VwOG setzen die Gerichte im Allg. ½ des Wertes der Hauptsache als Streitwert an. Soll aber, wie hier, die Entscheidung in der Sache ganz oder teilweise vorweggenommen werden, kann der Streitwert bis zu Höhe des für das Hauptsacheverfahren anzunehmenden Streitwertes angehoben werden (Nr. 1.5 des Streitwertkataloges NVwZ 2004, 1327). Bei einem Streit um die Zulassung zu einem Markt wird als Streitwert der erwartete Gewinn, mindestens 300,– EUR/Tag angenommen (Nr. 54.5 des Streitwertkataloges), hier bei 32 Tagen also 9.600,– EUR.

3. Die Überlassung eines Standplatzes soll hier, wie üblich, zweistufig ausgestaltet sein: Es erfolgt zunächst nach öffentlichem Recht aufgrund einer Marktordnung oder Benutzungsordnung die Zulassung zu dem nach § 69 GewO festgesetzten Markt unter gleichzeitiger Zuweisung eines Standplatzes. Aufgrund der Zulassung wird dann ein privatrechtlicher Mietvertrag mit dem Veranstalter – das ist hier auch die Stadt – geschlossen. Denkbar ist auch eine ausschließlich privatrechtliche Ausgestaltung des Benutzungsverhältnisses (OLG Frankfurt GewArch 2007, 87; VG Neustadt GewArch 2008, 361).

4. In diesem Fall soll nach Landesrecht der Widerspruch ausgeschlossen, also gegen den Verwaltungsakt sogleich der Klageweg eröffnet sein. S. dazu Form. V. A. 4 Anm. 1.

5. Hier wird zunächst der grundsätzlich nur zu sichernde, im gegebenen Ausnahmefall vorläufig zu erfüllende **Anordnungsanspruch** dargelegt.

6. Neben dem Anordnungsanspruch ist der **Anordnungsgrund** glaubhaft zu machen (zur Glaubhaftmachung s. Form. V. D. 6 Anm. 8).

7. Mit einer einstw. AO darf grundsätzlich nicht die Entscheidung in der Hauptsache vorweggenommen werden (BVerwG DÖV 1967, 831; OVG Koblenz NVwZ-RR 1990, 98; VGH München NJW 1994, 2308; VGH Mannheim DVBl. 1995, 160; OVG Münster DVBl. 1995, 934; VGH Kassel NVwZ 2001, 826; *Finkelnburg/Dombert/Külpmann* Rdn. 174 ff.). Es also zB. nicht möglich, mit Hilfe einer einstw. AO
- eine Baugenehmigung oder einen verbindlichen Vorbescheid (OVG Lüneburg NVwZ 1994, 80; OVG Bautzen NVwZ 1994, 81; VGH Kassel NVwZ-RR 2003, 814; OVG Münster BauR 2004, 313 für eine Werbeanlage),
- eine endgültige Hochschulzulassung,
- die Auszahlung eines Geldbetrages, der voraussichtlich nicht mehr zurückgezahlt werden kann,
- die Aushändigung einer Ernennungsurkunde,
- die Verleihung der Staatsbürgerschaft

zu erreichen. Anders ist die Situation nur dann, wenn ohne eine vorläufige Vorwegnahme der Hauptsache der durch Art. 19 Abs. 4 GG gebotene effektive Rechtsschutz nicht erreicht werden könnte, weil die Hauptsacheentscheidung dem Kläger wegen des zwischenzeitlichen Zeitablaufes nichts mehr bringen würde (VGH Mannheim NVwZ-RR 2000, 392). Diese Voraussetzungen wurden als erfüllt angesehen, wenn
- die Zahlung einer Geldleistung (zB. Sozialhilfe) existenznotwendig ist,
- die berufliche oder wirtschaftliche Existenz des Antragstellers gefährdet ist (VGH Kassel NVwZ-RR 1996, 325),
- der Antragsteller gegenüber Mitbewerbern, Mitschülern, anderen Prüflingen usw. in einen uneinholbaren Rückstand geraten würde.

In Ausnahmefällen erreicht wurde ferner mit Hilfe einer einst. AO ua.
- die vorläufige Erteilung einer Gaststättenkonzession (VGH Kassel NVwZ 1988, 1149; NVwZ-RR 1996, 325),

– die vorläufige Zulassung des Betriebes einer Spielhalle nach § 33i GewO (OVG Bremen NVwZ 1990, 780),
– die vorläufige Einstellung in den Vorbereitungsdienst (OVG Lüneburg OVGE MüLü 34, 428; 10. 9. 2007 – 5 ME 183/07 – juris; OVG Hamburg DVBl. 1987, 316),
– die vorläufige Zulassung zum Studium (OVG Berlin NJW 1978, 1871; OVG Lüneburg NVwZ-RR 2006, 256; VGH München VGHE By 58, 91; OVG Bautzen NVwZ-RR 2002, 752; VGH Kassel NVwZ-RR 2003, 756),
– die vorläufige Zulassung zur Prüfung (BVerfG NVwZ 1997, 480; OVG Saarlouis NVwZ 2001, 952; VGH Kassel NVwZ-RR 2005, 330),
– die vorläufige Aufnahme in eine Schule (OVG Magdeburg JMBl. LSA 2008, 51),
– die vorläufige Versetzung in eine höhere Klasse (OVG Lüneburg NVwZ-RR 2001, 241; OVG Münster NWVBl. 2006, 302).

E. Anträge und Rechtsbehelfe bei Verwaltungsakten mit Doppelwirkung[1] (Baurecht)

Rechtsschutz des Dritten

1. Widerspruch gegen eine Baugenehmigung[2]

An den Bürgermeister der Stadt ......, Bauaufsichtsamt ......

Betrifft: Errichtung eines fünfgeschossigen Wohn- und Geschäftshauses auf dem Grundstück A-Straße Nr. 3
hier: Ihre Baugenehmigung vom ...... (Az.: ......)

Sehr geehrte Damen und Herren!

In der vorbezeichneten Sache vertrete ich die Eigentümer des Grundstücks A-Straße Nr. 5, die Eheleute ...... Meine Vollmacht liegt an. Gegen Ihre Baugenehmigung vom ......, meinen Mandanten zugestellt am[3] ......, lege ich hiermit Widerspruch ein.[4] Zur Begründung führe ich aus:
Mit dem angefochtenen Bescheid haben Sie dem Bauherrn unter Befreiung von den Festsetzungen des rechtsverbindlichen Bebauungsplanes Nr. ...... gestattet, auf dem Grundstück A-Straße Nr. 3 statt der nach dem Bebauungsplan höchstzulässigen drei Vollgeschosse fünf Vollgeschosse zu errichten. Diese Befreiung ist rechtswidrig, da für sie die Voraussetzungen des § 31 Abs. 2 BauGB nicht erfüllt sind ...... Durch die rechtswidrige Befreiung sind meine Mandanten in eigenen Rechten bzw. rechtlich geschützten Interessen verletzt. Die Beschränkung der Zahl der Vollgeschosse in dem Bebauungsplan ist nämlich nach der diesem Plan beigegebenen Begründung zum Schutze der bereits vorhandenen Gebäude erfolgt, hat also nachbarschützenden Charakter (s. dazu BVerwG E 94, 151 = NJW 1994, 1546; OVG Münster BauR 1992, 60).
Meine Mandanten werden darüber hinaus auch tatsächlich in ihrem Eigentum an dem Grundstück A-Straße Nr. 5 beeinträchtigt. Denn durch die zusätzlich auf dem Grundstück A-Straße Nr. 3 errichteten zwei Vollgeschosse wird die Belichtung und Besonnung des auf dem Grundstück meiner Mandanten stehenden dreigeschossigen Wohnhauses erheblich eingeschränkt ......[5]

Unterschrift

Schrifttum: S. Schrifttum zum Bauplanungsrecht Form. V. A. 1 und zum Bauordnungsrecht Form. V. D. 4; ferner *Mampel,* Nachbarschutz im öffentlichen Baurecht, 1994. *Hoppenberg* in *Hoppenberg/de Witt* (Hrsg.), Handbuch des öffentlichen Baurechts, Stand: April 2009, Teil H.

Anmerkungen

1. Ein Verwaltungsakt mit Doppelwirkung begünstigt den Adressaten und belastet einen Dritten (dies ist der Regelfall) oder belastet den Adressaten und begünstigt einen Dritten (§ 80 a Abs. 1 und 2 VwGO).

2. In diesem Fall soll der Widerspruch nach Landesrecht nicht ausgeschlossen sein. S. dazu Form. V A. 4 Anm. 1.

3. Wird der Verwaltungsakt mit Doppelwirkung dem durch ihn belasteten Dritten zugestellt, so muss sichergestellt sein, dass der Dritte eine dem Verwaltungsakt beigefügte Rechtsbehelfsbelehrung als auch an sich gerichtet ansieht. Es ist also nicht ausreichend, wenn der an den Begünstigten adressierte und mit einer Rechtsbehelfsbelehrung versehene Verwaltungsakt dem Dritten nur „zur Kenntnisnahme" zugeleitet wird (OVG Münster NVwZ-RR 2000, 556). Ob die dem Verwaltungsakt beigefügte Rechtsbehelfsbelehrung auch für den Dritten gilt, richtet sich danach, ob sie der Dritte nach den Gesamtumständen eindeutig auch auf sich beziehen musste (BVerwG NVwZ 2009, 191).

4. Zur Verpflichtung der Behörde, den Bauherrn über den eingelegten Widerspruch zu unterrichten s. BGH NVwZ 2004, 638.

5. Da der Widerspruch nach § 212a BauGB keine aufschiebende Wirkung hat, der Bauherr also trotz des eingelegten Widerspruchs weiterbauen kann, empfiehlt es sich, zusätzlich bei der Behörde (s. dazu Form. V. E. 3) oder beim VG (s. dazu Form. V. E. 4) einen Antrag auf Außervollzugsetzung der Baugenehmigung zu stellen.

Kosten und Gebühren

S. dazu Form. V. A. 4. Ob die Baugenehmigungsbehörde für die Bearbeitung des Widerspruchs Gebühren erheben kann, richtet sich nach Landesrecht.

2. Anfechtungsklage gegen eine Baugenehmigung

An das
Verwaltungsgericht

Klage[1]

des Schreinermeisters ...... X-Straße Nr. 3, ... (Klägers)
Prozessbevollmächtigter: RA ......

gegen

die Stadt ...... (Beklagte)[2]

beizuladen: Die B-GmbH ......[3]
wegen: Anfechtung einer Baugenehmigung
Streitwert: 10.000,– EUR[4]

Namens des Klägers erhebe ich Klage und werde beantragen,

> **die der B-GmbH erteilte Baugenehmigung zur Errichtung von fünf Einfamilienreihenhäusern auf dem Grundstück X-Straße Nr. 5 in ...... aufzuheben**[5]**.**

Zur Begründung führe ich aus:

I. Der Kläger ist Eigentümer des Grundstücks X-Straße Nr. 3 in ...... Auf diesem Grundstück betreibt er seit dem Jahre 1990 eine Schreinerei, für die alle erforderlichen behördlichen Genehmigungen vorliegen. Zuletzt wurde ein Erweiterungsbau im Jahre 1998 genehmigt. Ein Bebauungsplan besteht für das Gebiet nicht.
Das auf der Westseite des klägerischen Grundstücks liegende Grundstück X-Straße Nr. 5 war bisher unbebaut. Unter dem ...... erteilte die Beklagte der B-GmbH die Genehmigung zur Errichtung von fünf Einfamilienreihenhäusern auf diesem Grundstück. Mit den Bauarbeiten ist bisher noch nicht begonnen worden[6]**.**

II. Die Klage ist begründet, da die angefochtene Baugenehmigung rechtswidrig ist, sie gegen eine auch dem Nachbarschutz dienende Vorschrift verstößt und der Kläger durch die Ausführung und Benutzung des genehmigten Vorhabens tatsächlich in seinem Eigentum beeinträchtigt wird (s. dazu OVG Münster NWVBl. 1999, 338).
Ein Bebauungsplan besteht nicht. Die Eigenart der näheren Umgebung des Grundstücks X-Straße Nr. 5 entspricht keinem der in der BauNVO beschriebenen Baugebiete, so dass sich die Zulässigkeit des Vorhabens nach seiner Art nicht nach § 34 Abs. 2, sondern nach § 34 Abs. 1 BauGB beurteilt. Nach dieser Vorschrift müssen sich die Wohnhäuser ua. nach der Art der baulichen Nutzung in die Eigenart der näheren Umgebung einfügen. Dies ist nicht der Fall. Zwar grenzt das zu bebauende Grundstück an ein Wohngebiet an. Es liegt jedoch gleichzeitig im Einwirkungsbereich des Gewerbebetriebes des Klägers, der wegen der auf das Grundstück der Bauherrin einwirkenden Immissionen den Grundstückscharakter mitprägt und es einer wohnbaulichen Nutzung entzieht. Damit fügt sich das genehmigte Vorhaben nicht in die Umgebungsbebauung ein.
Auf die Verletzung des § 34 Abs. 1 BauGB kann sich der Kläger berufen. § 34 BauGB stellt sich ua. als eine Ausprägung des baurechtlichen Gebotes der Rücksichtnahme dar (BVerwG NJW 1990, 1192; NVwZ 1992, 977; 1999, 879). Diesem (objektivrechtlichen) Gebot kommt insoweit drittschützende Wirkung zu, als in qualifizierter und zugleich individualisierter Weise auf schutzwürdige Interessen eines erkennbar abgegrenzten Kreises Dritter Rücksicht zu nehmen ist (BVerwG NJW 1978, 62; 1986, 1703). Dies ist bei dem Kläger der Fall. Er betreibt seit Jahren mit behördlicher Genehmigung eine lärmintensive Schreinerei und muss befürchten, dass ihm zum Schutze der künftigen Bewohner der Reihenhäuser gegen Lärmimmissionen Schutzauflagen erteilt werden, die zu unzumutbaren Einschränkungen seines eingerichteten und ausgeübten Gewerbebetriebes führen …… (s. dazu BVerwG NVwZ 1986, 469; VGH Mannheim BauR 1992, 45; OVG Bautzen SächsVBl. 1998, 292; VGH München BauR 2002, 435; 4. 8. 2008 – 1 CS 07.2770 – juris).

Rechtsanwalt

Anmerkungen

1. Zum Inhalt der Klage im Allg. s. Form. V. B. 1.

2. Die baurechtliche Nachbarklage richtet sich nicht gegen den Bauherrn, sondern gegen die Baugenehmigungsbehörde, die die Baugenehmigung erteilt hat.

3. Der Bauherr ist nach § 65 Abs. 2 VwGO notwendig beizuladen. Aus diesem Grunde ist es zweckmäßig (nicht notwendig), seinen Namen und seine Anschrift in der Klageschrift anzugeben. Zur Erstattungsfähigkeit der dem Beigeladenen entstandenen Kosten s. Form. V. B. 15 Anm. 1 (vgl. auch VGH München DVBl. 2000, 433).

4. Der Streitwert richtet sich nach dem Rechtsschutzbegehren des Klägers, § 52 Abs. 1 GKG, also dem Maß der von ihm behaupteten Beeinträchtigungen seines Eigentums, nicht nach der wirtschaftlichen Bedeutung, die das Vorhaben für den Bauherrn hat (BVerwG NVwZ 1999, 879). Es empfiehlt sich, zum Maße der Betroffenheit des Klägers nähere Angaben zu machen, die dem Gericht die Festsetzung eines angemessenen Streitwertes ermöglichen. Nach Nr. II 9.7.1 des Streitwertkataloges (NVwZ 2004, 1327/1329, Stichwort „Bau- und Bodenrecht") beträgt der Streitwert bei der Klage eines drittbetroffenen Nachbarn 7.500,– EUR; mindestens ist der Betrag einer geltend gemachten Grundstückswertminderung anzusetzen.

5. Richtet sich die Klage gegen eine bereits erteilte Baugenehmigung (einen Bauvorbescheid, eine Befreiung, eine Bodenverkehrsgenehmigung), so handelt es sich um eine Anfechtungsklage auf Aufhebung der angefochtenen Baugenehmigung (so die hM. seit BVerwGE 22, 129).

6. In diesem Falle wäre zusätzlich vorläufiger Rechtsschutz zu beantragen; s. dazu Form. V. E. 3 und 4.

Kosten und Gebühren

Vgl. Bemerkungen zu Form. V. B. 1.

3. Antrag an die Behörde auf Außervollzugsetzung einer Baugenehmigung und Stilllegung der Baustelle[1]

An den
Bürgermeister der Stadt ……, Bauaufsichtsamt ……

Betrifft: Errichtung eines fünfgeschossigen Wohn- und Geschäftshauses auf dem Grundstück A-Straße Nr. 3
Hier: Ihre Baugenehmigung vom …… (Az.: ……)

Sehr geehrte Damen und Herren!

In dieser Sache habe ich namens der von mir vertretenen Eheleute …… gegen die der Fa. …… erteilte Baugenehmigung zur Errichtung eines fünfgeschossigen Wohn- und Geschäftshauses auf dem Grundstück A-Straße Nr. 3 Widerspruch eingelegt[2] und diesen Widerspruch im Einzelnen begründet.
In Ergänzung meines Widerspruchsschreibens beantrage ich hiermit gem. § 80 a Abs. 1 Nr. 2 VwGO,

> **die Vollziehung der der Fa. …… erteilten Baugenehmigung auszusetzen, der Fa. …… mit einem für sofort vollziehbar erklärten Bescheid aufzugeben, die Bauarbeiten zur Errichtung eines fünfgeschossigen Wohn- und Geschäftshauses auf dem Grundstück A-Straße Nr. 3 sofort einzustellen, und die Baustelle stillzulegen.**

Zur Begründung führe ich aus.

Der Antrag ist zur Wahrung der Rechte meiner Mandanten geboten, da inzwischen mit den Bauarbeiten begonnen wurde, der Widerspruch gegen die der Fa. …… erteilte Baugenehmigung nach § 212 a BauGB keine aufschiebende Wirkung hat,[3] in der Sache selbst aber zum Erfolg führen wird[4]. Zur Ermöglichung eines effektiven Rechtschutzes muss deshalb die Schaffung vollendeter Tatsachen, die bei dem zu erwartenden Erfolg des Widerspruches nur mit sehr erheblichem Aufwand rückgängig gemacht werden können, vermieden werden.
Der Widerspruch wird Erfolg haben, weil die der Fa. …… erteilte Baugenehmigung, wie ich in meinem Widerspruchsschreiben bereits dargelegt habe, gegen Festsetzungen des Bebauungsplanes verstößt, die (zumindest auch) den Interessen meiner Mandanten als Nachbarn zu dienen bestimmt sind ……[5]

Anmerkungen

1. Dieses Form. knüpft an das Form. V. E. 1 an.

Legt ein Dritter gegen einen Verwaltungsakt mit Doppelwirkung Widerspruch ein und hat dieser Widerspruch keine aufschiebende Wirkung, so kann die Behörde, die den

Verwaltungsakt erlassen oder über den Widerspruch zu entscheiden hat, die Vollziehung des Verwaltungsaktes aussetzen und einstweilige Maßnahmen zur Sicherung der Rechte des Dritten treffen, § 80a Abs. 1 Nr. 2 mit § 80 Abs. 4 S. 1 VwGO (BVerwG NVwZ-RR 2002, 153; OVG Bautzen NVwZ-RR 2000, 582; OVG Münster NVwZ-RR 2001, 291).

2. Nach dem eindeutigen Wortlaut des § 80a Abs. 1 VwGO setzt die Aussetzung der Vollziehung voraus, dass der Dritte Widerspruch eingelegt hat (OVG Münster NVwZ-RR 1996, 184; VG Frankfurt a. M. NVwZ 2000, 1324). Dies ist also anders als sonst bei der Aussetzung der Vollziehung nach § 80 Abs. 4 VwGO (s. dazu Form. V. D. 1 Anm. 3).

3. Umstritten ist, ob der Widerspruch gegen einen Bauvorbescheid aufschiebende Wirkung hat (Bejahend VG Gießen NVwZ-RR 2005, 232, verneinend OVG Lüneburg NVwZ-RR 2005, 69, jeweils mwN.).

4. Entscheidungskriterien sind nicht die Rechtmäßigkeit des mit dem Widerspruch des Dritten angefochtenen Verwaltungsaktes, sondern die Erfolgsaussichten des Widerspruchs. Es kommt also darauf an, ob der Verwaltungsakt mit Doppelwirkung, hier die Baugenehmigung, rechtswidrig ist, weil er gegen eine (zumindest auch) die rechtlichen Interessen des Dritten schützende Rechtsvorschrift verstößt.

5. Wird der Antrag abgelehnt, so kann der Widerspruchsführer beim VG einen Antrag auf Aussetzung der Vollziehung bzw. AO der aufschiebenden Wirkung seines Widerspruches stellen, § 80a Abs. 3 S. 1 mit Abs. 1 Nr. 2 VwGO, § 80a Abs. 3 S. 2 mit § 80 Abs. 5 VwGO (s. dazu Form. V. E. 4).

Gibt die Behörde dem Antrag statt, so kann der durch die Aussetzung der Vollziehung betroffene Adressat des begünstigenden Verwaltungsaktes beim VG einen Antrag auf Aufhebung der Aussetzung stellen, § 80a Abs. 3 S. 1 VwGO. Ein Widerspruch gegen die Aussetzungs-AO ist nicht zulässig (OVG Koblenz BauR 1996, 692).

Kosten und Gebühren

Für den bei der Behörde gestellten Aussetzungsantrag erhält der RA eine 0.5 bis 1,3-Geschäftsgebühr gem. Nr. 2301 VV. Bei dem behördlichen Aussetzungsverfahren und dem Widerspruchsverfahren handelt es sich um verschiedene Angelegenheiten, § 17 Nr. 1, 4c) RVG.

4. Antrag an das Verwaltungsgericht auf Aussetzung der Vollziehung der Baugenehmigung und Stilllegung der Baustelle[1]

An das
Verwaltungsgericht

In Sachen

der Eheleute ...... **(Antragsteller)**
Verfahrensbevollmächtigter: RA ......

gegen

den Bürgermeister der Stadt ......, Bauaufsichtsamt ...... **(Antragsgegner)[2]**
beizuladen: Fa. ......[3]

Streitwert: 7.500,– EUR[4]

beantrage ich namens und in Vollmacht der Antragsteller,

1. Die Vollziehung des der beigeladenen Fa. ...... von dem Antragsgegner erteilten Baugenehmigung vom ...... auszusetzen (alternativ: die aufschiebende

Wirkung des Widerspruches der Antragsteller gegen die der beizuladenden Fa. ...... erteilten Baugenehmigung vom ...... anzuordnen),[5]

2. dem Antragsgegner aufzugeben, die Baustelle auf dem Grundstück A-Straße Nr. 3 stillzulegen.[6]

Zur Begründung führe ich aus:

I. Unter dem ...... erteilte der Antragsgegner der Fa. ...... die Baugenehmigung zur Errichtung eines fünfgeschossigen Wohn- und Geschäftshauses auf dem Grundstück A-Straße Nr. 3. Gegen diese Genehmigung legte ich mit Schreiben vom ...... Widerspruch ein[7] und beantragte mit einem weiteren Schreiben vom ...... die Aussetzung der Vollziehung der Genehmigung und die vorläufige Einstellung der Bauarbeiten.[8] Diesen Antrag lehnte der Antragsgegner mit Bescheid vom ...... ab. Über den Widerspruch gegen die Baugenehmigung ist noch nicht entschieden.

II. Der Antrag ist begründet, da die der Fa. ...... erteilte Baugenehmigung gegen Festsetzung des Bebauungsplanes Nr. ...... verstößt, die auch dem Schutze der Antragsteller als Eigentümer des Nachbargrundstückes A-Straße Nr. 5 zu dienen bestimmt sind. Da die Fa. ...... mit der Verwirklichung des genehmigten Vorhabens begonnen hat, ist zur Wahrung der Rechte der Antragsteller, insbes. zur Verhinderung vollendeter Tatsachen, die Einstellung der Bauarbeiten dringend geboten.[9]

Anmerkungen

1. Dieses Form. knüpft an Form. V. E. 1 und 3 an.

2. Antragsgegner ist diejenige Körperschaft oder Behörde, die den angefochtenen Verwaltungsakt erlassen hat und gegen die deshalb auch die Anfechtungsklage zu richten wäre.

3. Zur Beiladung in diesem Falle s. Form. V. E. 2 Anm. 3.

4. Nach einer Entscheidung des VGH Mannheim (NVwZ-RR 2002, 469) entspricht bei einem Baunachbarstreit der Streitwert des vorläufigen Rechtsschutzverfahrens regelmäßig dem Streitwert des Hauptsacheverfahrens. Hier soll also unterstellt werden, dass das Hauptsacheverfahren unter Berücksichtigung der Beeinträchtigung des Antragstellers einen Streitwert von 7.500,– EUR hat (Nr. 9.7.1 des Streitwertkatalogs NVwZ 2004, 1327/1329). Zwar beträgt im Allg. der Streitwert des Verfahrens auf Gewährung vorläufigen Rechtsschutzes $^1/_2$ des Streitwertes der Hauptsache. Allerdings kann in Verfahren des vorläufigen Rechtsschutzes, die die Entscheidung in der Sache ganz oder zum Teil vorweg nehmen, der Streitwert bis zur Höhe des für das Hauptsacheverfahren anzunehmenden Streitwerts angehoben werden (s. dazu Nr. 1.5 des Streitwertkatalogs NVwZ 2004, 1327). Diese Situation kann in Nachbarbausachen gegeben sein, in denen praktisch im Verfahren des vorläufigen Rechtsschutzes entschieden wird, ob das Bauvorhaben durchgeführt wird oder nicht.

5. Die hier angebotene Alternativlösung bei der Formulierung des Antrages beruht auf der unklaren Fassung des § 80 a Abs. 3 VwGO (s. dazu *Schoch* in Schoch/Schmidt-Aßmann/Pietzner § 80 a Rdn. 49 ff.

Hat ein Widerspruch keine aufschiebende Wirkung, so kann nach § 80 a Abs. 3 S. 1 mit Abs. 1 Nr. 2 VwGO das Gericht die Vollziehung nach § 80 Abs. 4 VwGO aussetzen und einstweilige Maßnahmen zur Sicherung der Rechte des Dritten treffen. Daneben lässt aber § 80 a Abs. 3 S. 2 mit § 80 Abs. 5 S. 1, 1. Halbs. VwGO die AO der aufschiebenden Wirkung durch das Gericht zu. Welcher Weg des vorläufigen Rechtsschutzes der richtige ist, ist unklar. Entspr. unterschiedlich ist die Gerichtspraxis. Ein Teil der Gerichte setzt die Vollziehung des Verwaltungsaktes aus (VGH München BayVBl. 1991, 720/721; NVwZ-RR 1995, 430/431; VGH Mannheim DVBl. 1993, 163/164; NVwZ 1995, 716), ein Teil ordnet die aufschiebende Wirkung an (BVerwG NVwZ 1995, 903 und 904; OVG Münster NVwZ 1991, 1001; NVwZ-RR 1996, 184; OVG Schleswig NVwZ 1992, 587/588; VGH München NJW 1994, 2717; OVG Lüneburg NVwZ 1994, 82; VGH Mannheim NVwZ-RR 1995, 378/379 und 488; OVG Koblenz DVBl. 1996, 930).

Unzweifelhaft dürfte aber sein, dass, wenn man den Weg über § 80 a Abs. 3 S. 1 mit Abs. 1 Nr. 2 VwGO geht, das Gericht die Vollziehung selbst aussetzen kann. Das ergibt der eindeutige Gesetzeswortlaut („...... solche Maßnahmen treffen ......"). Entspr. sollte der Antrag formuliert und nicht lediglich darauf gerichtet werden, die Behörde durch das Gericht zur Aussetzung zu verpflichten (s. dazu *Kopp/Schenke* § 80 a Rdn. 17; *Redeker/von Oertzen* § 80 a Rdn. 6).

6. Nach § 80 a Abs. 3 S. 1 mit Abs. 1 Nr. 2 VwGO kann das Gericht neben der Aussetzung der Vollziehung auch „einstweilige Maßnahmen zur Sicherung der Rechte des Dritten treffen". Als eine solche Maßnahme kommt vor allem die vorläufige Einstellung von Arbeiten zur Verwirklichung des genehmigten Vorhabens in Betracht.

7. S. dazu Form. V. E. 1. Der Widerspruch ist Voraussetzung für die Gewährung vorläufigen Rechtsschutzes nach § 80 a Abs. 3 VwGO (OVG Münster NVwZ-RR 1996, 184).

8. S. dazu Form. V. E. 3. Da § 80 a Abs. 3 S. 2 auch auf § 80 Abs. 6 VwGO verweist, könnte angenommen werden, dass ein Antrag an das Gericht auf AO der aufschiebenden Wirkung nach § 80 Abs. 5 VwGO nur zulässig ist, wenn zuvor vergeblich ein Aussetzungsantrag bei der Behörde gestellt wurde.

a) Einen solchen Antrag verlangen OVG Lüneburg NVwZ 1993, 592; 1994, 698; NVwZ-RR 2005, 69; OVG Weimar ThürVBl. 1995, 64/65).

b) Dagegen halten die Verweisung auf § 80 Abs. 6 VwGO für ein Redaktionsversehen und ein erfolgloses behördliches Vorverfahren deshalb nicht für erforderlich OVG Bremen BauR 1992, 608; NVwZ 1993, 592/593; VGH Kassel NVwZ 1993, 491/492; OVG Hamburg BauR 1995, 379; VGH Mannheim NVwZ 1995, 292/293; 1995, 1004; OVG Koblenz BauR 2004, 59).

c) Teilweise wird auch danach unterschieden, ob der Widerspruch deshalb keine aufschiebende Wirkung hat, weil die Behörde die sofortige Vollziehung angeordnet hatte (dann kein Vorverfahren) oder weil das Gesetz den Ausschluss des Suspensiveffektes vorsieht (dann behördliches Vorverfahren).

d) Wegen der Unklarheit der Rechtssituation sollte vorsorglich in jedem Falle zunächst ein Aussetzungsantrag bei der Behörde gestellt werden.

9. Dem Antragsteller droht keine Schadensersatzverpflichtung, wenn durch den beantragten Beschluss die Bauarbeiten vorläufig unterbunden, der Beschluss jedoch in einem Beschwerdeverfahren oder in einem Verfahren nach § 926 Abs. 2 ZPO aufgehoben wird. § 123 Abs. 3 VwGO mit der Verweisung auf § 945 ZPO gilt nicht für die Fälle der §§ 80 und 80 a, § 123 Abs. 5 VwGO. Darüber hinaus würde auch eine Anwendung des § 945 ZPO bei der hier behandelten Fallkonstellation nicht zu einer Ersatzpflicht führen. Denn Schadensersatz kann nur der „Antragsgegner" verlangen. Antragsgegner ist hier die Behörde, die aber idR. durch die vorläufige Nichtausnutzung des begünstigenden Verwaltungsaktes keinen Schaden erleidet. Den Schaden hat der Adressat des Verwaltungsaktes; dieser ist aber als (nur) Beigeladener kein „Antragsgegner" (BGH NJW 1981, 349).

Kosten und Gebühren

In dem Verfahren nach § 80 a Abs. 3 und § 80 Abs. 5 VwGO entsteht nach Nr. 5210 KV eine 1,5 Gerichtsgebühr.

Der RA erhält Gebühren nach Nrn. 3100 ff. VV.

Anträge und Rechtsbehelfe des Begünstigten

5. Antrag an die Behörde auf Anordnung der sofortigen Vollziehung (Immissionsschutzrecht)[1]

An das
Staatliche Umweltamt ......[2]

Betrifft: Genehmigung eines Kompostwerkes auf dem Grundstück ...... Az.: ......

Sehr geehrte Damen und Herren!

In dieser Sache habe ich die Vertretung der Fa. ...... übernommen. Meine Vollmacht liegt an.

I. Mit Bescheid vom ...... haben Sie meiner Mandantin die immissionsschutzrechtliche Genehmigung zur Errichtung und zum Betrieb eines Kompostwerkes erteilt. Gegen diese Genehmigung haben die Eheleute ...... Klage[3] erhoben. Da diese Klage nach § 80 Abs. 1 S. 2 mit S. 1 VwGO aufschiebende Wirkung hat,[4] kann meine Mandantin von der Genehmigung bis zum Abschluss des Klageverfahrens keinen Gebrauch machen.

II. Namens meiner Mandantin beantrage ich,[5]

die sofortige Vollziehung der erteilten Genehmigung nach den §§ 80a Abs. 1 Nr. 1, 80 Abs. 2 Nr. 4 VwGO anzuordnen.

Zur Begründung führe ich aus:[6]

Die Anordnung der sofortigen Vollziehung ist im überwiegenden Interesse meiner Mandantin als einem „Beteiligten" iSd. § 80 Abs. 2 Nr. 4 VwGO geboten. Das besondere Interesse meiner Mandantin daran, von der erteilten Genehmigung schon vor Abschluss des Klageverfahrens Gebrauch machen zu können, ergibt sich bereits daraus, dass die von den Eheleuten ...... erhobene Klage offensichtlich aussichtslos ist.[7] Die Kläger sind nämlich mit ihrer zu Klagebegründung aufgestellten Behauptung, von dem Kompostierwerk gingen erhebliche Geruchsbelästigungen aus, nach § 10 Abs. 3 S. 5 BImSchG ausgeschlossen, weil sie im Verfahren der Öffentlichkeitsbeteiligung keine Einwendungen gegen die beabsichtigte Genehmigung des Kompostwerkes erhoben und insbesondere nicht Geruchsbelästigungen geltend gemacht haben. § 10 Abs. 3 S. 5 BImSchG enthält eine materielle Ausschlussfrist (BVerwGE 60, 297 = NJW 1981, 359; OVG Lüneburg NVwZ 1987, 341; *Jarass* § 10 Rdn. 91), so dass auf nicht fristgerecht vorgebrachte Einwendungen auch eine Klage nicht gestützt werden kann.[8]
Darüber hinaus ist – ohne dass es darauf entscheidend ankäme – die Genehmigung auch objektiv rechtmäßig ......[9]

Schrifttum: S. Form. V. B. 15.

Anmerkungen

1. Nach § 80a Abs. 1 Nr. 1 VwGO kann, wenn ein Dritter einen Rechtsbehelf (Widerspruch, Klage) gegen den an einen anderen gerichteten, diesen begünstigenden Verwaltungsakt einlegt, die Behörde auf Antrag des Begünstigten nach § 80 Abs. 2 Nr. 4 VwGO die sofortige Vollziehung anordnen.

Zu der Frage, ob zunächst bei der Behörde die AO der sofortigen Vollziehung zu beantragen ist oder sogleich beim VG ein solcher Antrag gestellt werden kann, s. Form. V. E. 6 Anm. 5.

2. Die sofortige Vollziehung des Verwaltungsaktes kann nach § 80 Abs. 2 Nr. 4 VwGO sowohl von der Ausgangsbehörde als auch von der Widerspruchsbehörde angeordnet werden.

3. In diesem Fall soll nach Landesrecht der Widerspruch ausgeschlossen, also gegen den Verwaltungsakt sogleich der Klageweg eröffnet sein. S. dazu Form. V. A. 4 Anm. 1.

4. Die aufschiebende Wirkung – sofern sie nicht gesetzlich ausgeschlossen ist – tritt unabhängig davon ein, ob der Rechtsbehelf zulässig und begründet ist. Keine aufschiebende Wirkung haben nur Rechtsbehelfe, die offensichtlich unzulässig sind, weil zB. die Rechtsbehelfsfrist eindeutig versäumt wurde oder der Widerspruchsführer bzw. Kläger unter keinem denkbaren Gesichtspunkt iSd. § 42 Abs. 2 VwGO in seinen Rechten verletzt sein kann (s. zum Meinungsstand *Redeker/von Oertzen* § 80 Rdn. 11).

5. Nach § 80a Abs. 1 Nr. 1 VwGO erfolgt die AO der sofortigen Vollziehung nicht von Amts wegen, sondern nur auf Antrag des Begünstigten (OVG Hamburg NVwZ 2002, 356; VG Frankfurt a.M. NVwZ-RR 2000, 844). Lehnt die Behörde den Antrag ab, so ist dagegen nicht Widerspruch einzulegen oder eine Klage zu erheben, sondern beim VG ein Antrag auf AO der sofortigen Vollziehung zu stellen (s. dazu Form. V. E. 7).

6. Nach § 80 Abs. 3 S. 1 VwGO ist bei einer AO der sofortigen Vollziehung das besondere Interesse an der sofortigen Vollziehung von der Behörde schriftlich zu begründen (s. dazu Form. V. D. 3; VGH München BayVBl. 2000, 692; *Kaltenborn* DVBl. 1999, 828/831). Entspr. Anforderungen sind dann auch an den Antrag auf AO der sofortigen Vollziehung zu stellen.

7. Auf diese Erfolgsaussichten des Rechtsbehelfs, hier der Klage, und nicht auf die offensichtliche Rechtmäßigkeit oder Rechtswidrigkeit der angegriffenen Genehmigung ist im Verfahren nach den §§ 80a Abs. 1 Nr. 1, 80 Abs. 2 Nr. 4 VwGO wesentlich abzustellen (OVG Münster NWVBl. 1994, 332; OVG Berlin NVwZ-RR 2001, 611).

8. Umstritten ist, ob im Falle des § 80a Abs. 1 Nr. 1 VwGO der Dritte, der den Rechtsbehelf eingelegt hat, vor AO der sofortigen Vollziehung nach § 28 VwVfG zu hören ist. Die Notwendigkeit einer Anhörung bejahen OVG Bremen DÖV 1980, 180/181; *Kopp/Schenke* § 80 Rdn. 82; *Redeker/von Oertzen* § 80 Rdn. 27; *Müller* NVwZ 1988, 702; *Kuhla/Hüttenbrink J* Rdn. 92. Keine Anhörung halten für erforderlich OVG Koblenz NVwZ 1988, 748; OVG Schleswig NVwZ-RR 1993, 587; VGH Mannheim DVBl. 1994, 354 Nr. 17 – Leitsatz; OVG Münster BauR 1995, 69; *Kaltenborn* DVBl. 1999, 828/830.

9. Es empfiehlt sich, den Antrag nicht allein damit zu begründen, dass die verletzte Norm nicht drittschützend sei, sondern daneben auch geltend zu machen, dass die erteilte Genehmigung auch rechtmäßig ist. Denn andernfalls könnte sich die Behörde veranlasst sehen, aus Anlass des Rechtsbehelfs des Dritten und unabhängig von der Zulässigkeit und Begründetheit dieses Rechtsbehelfs die Genehmigung wegen ihrer objektiven Rechtswidrigkeit nach § 48 VwVfG zurückzunehmen.

Kosten und Gebühren

Für den Antrag erhält der RA nach § 17 Nr. 1, 4c) RVG eine gesonderte Gebühr nach Nrn. 2300, 2301 VV.

6. Antrag an das Verwaltungsgericht auf Anordnung der sofortigen Vollziehung (Immissionsschutzrecht)[1]

An das
Verwaltungsgericht ......

In Sachen

der Firma ......

(Antragstellerin)

Verfahrensbevollmächtigter: RA ......

gegen

das Staatliche Umweltamt ......

(Antragsgegner)

beizuladen: die Eheleute ......[2]

beantrage ich namens der Antragstellerin,

die sofortige Vollziehung der der Antragstellerin von dem Antragsgegner erteilten immissionsschutzrechtlichen Genehmigung vom ...... anzuordnen.[3]

Zur Begründung führe ich aus:

I. Der Antragsgegner erteilte der Antragstellerin unter dem ...... die Genehmigung zur Errichtung und zum Betrieb eines Kompostierwerkes. Gegen diese Genehmigung haben die Eheleute ...... Klage erhoben, die bei dem erkennenden Gericht unter dem Az. ...... anhängig ist und über die noch nicht entschieden wurde.
Unter dem ...... beantragte die Antragstellerin bei dem Antragsgegner, die sofortige Vollziehung der Genehmigung anzuordnen.[4] Diesen Antrag lehnte der Antragsgegner mit Bescheid vom ...... ab.[5] Die erwähnten Schriftstücke sind in Ablichtung beigefügt.

II. Der Antrag ist begründet, da das Interesse der Antragstellerin, von der ihr erteilten Genehmigung Gebrauch machen zu können, das Interesse der Kläger an der Erhaltung der aufschiebenden Wirkung ihrer Klage überwiegt, § 80 Abs. 2 Nr. 4 VwGO. Dabei kommt es nicht in erster Linie darauf an, ob die der Antragstellerin erteilte Genehmigung objektiv rechtmäßig ist, sondern ob die Klage voraussichtlich Erfolg haben wird (OVG Münster NWVBl. 1994, 332; DVBl. 2009, 671 – Leitsatz). Dies ist nicht der Fall. Die Kläger machen geltend, die der Antragstellerin erteilte Genehmigung sei rechtswidrig, weil durch den Betrieb des Kompostierwerkes erhebliche Geruchsbelästigungen aufträten. Mit dieser Einwendung sind die Kläger jedoch nach § 10 Abs. 3 S. 5 BImSchG ausgeschlossen ......[6]

Anmerkungen

1. Legt ein Dritter einen Rechtsbehelf gegen den an einen anderen gerichteten, diesen begünstigenden Verwaltungsakt ein und hat dieser Rechtsbehelf aufschiebende Wirkung, so kann das VG auf entspr. Antrag hin die sofortige Vollziehung des Verwaltungsaktes anordnen, § 80a Abs. 3 S. 1 mit Abs. 1 Nr. 1 und § 80 Abs. 2 Nr. 4 VwGO.

2. Zur Beiladung s. Form. V. E. 2 Anm. 3.

3. Nach § 80a Abs. 3 VwGO ist das Gericht zur AO der sofortigen Vollziehung befugt und nicht darauf beschränkt, lediglich die Verpflichtung des Antragsgegners zur AO der sofortigen Vollziehung auszusprechen.

4. S. dazu Form. V. E. 5.

5. Es ist umstritten, ob der Antrag auf AO der sofortigen Vollziehung bei Gericht erst gestellt werden kann, wenn die Behörde zuvor einen solchen Antrag abgelehnt hat. Die Notwendigkeit eines behördlichen Vorverfahrens bejahen VGH München DÖV 1982, 162; BayVBl. 1991, 723; OVG Lüneburg NVwZ 1993, 592; OVG Koblenz BauR 1993, 718; VGH Kassel DÖV 1995, 519; *Schoch* in Schoch/Schmidt-Aßmann/Pietzner § 80 a Rdn. 78. Den Antrag an die Behörde nicht für erforderlich halten VGH Kassel NVwZ 1993, 491/492; VGH Mannheim NVwZ 1995, 1004; *Kopp* § 80 a Rdn. 21. Da die Rechtslage also ungeklärt ist, sollte vorsorglich zunächst bei der Behörde die AO der sofortigen Vollziehung beantragt werden.

6. S. dazu Form. V. E. 5.

Kosten und Gebühren

Im Verfahren nach § 80 a Abs. 3 VwGO entsteht nach Nr. 5210 KV eine 1,5 Gerichtsgebühr.

Der RA erhält Gebühren nach Nrn. 3100 ff. VV.

7. Antrag auf Abänderung einer Stilllegungsverfügung (§ 80 Abs. 7 VwGO – Baurecht)[1]

An das
Verwaltungsgericht ......[2]
Az.: ......

In der Verwaltungsstreitsache

der Eheleute ...... (Antragsteller)
gegen
den Bürgermeister der Stadt ...... (Antragsgegner)[3]
Beigeladene: Firma ......
Verfahrensbevollmächtigter: RA ......
wegen: Baunachbarstreit
beantrage ich namens der Beigeladenen,

1. **den Beschluss der Kammer vom ...... abzuändern und den Antrag der Antragsteller auf Anordnung der aufschiebenden Wirkung ihrer Klage[4] gegen die Baugenehmigung des Antragsgegners vom ...... sowie auf Stilllegung der Baustelle abzulehnen,[5]**
2. **dem Antragsgegner aufzugeben, die Bauarbeiten zur Errichtung eines Wohnhauses auf dem Grundstück der Beigeladenen freizugeben und das angebrachte Siegel zu entfernen,**
3. **die Kosten des Abänderungsverfahrens den Antragsgegnern aufzuerlegen.[6]**

Zur Begründung führe ich aus:

Das Verwaltungsgericht hat mit Beschluss vom ...... die aufschiebende Wirkung der Klage der Antragsteller Az. ...... gegen die der Beigeladenen erteilte Baugenehmigung vom ...... angeordnet und den Antragsgegner zur Stilllegung der Baustelle verpflichtet, da das genehmigte Vorhaben gegen die Abstandvorschrift des § 6 BauO NRW verstoße.

Dieser Verstoß ist inzwischen durch die von dem Antragsgegner der Beigeladenen erteilte, in Kopie beigefügte geänderte Baugenehmigung beseitigt worden. Die Dachaufbauten sind nunmehr als Dachgauben iSd. § 6 Abs. 4 S. 6 Nr. 2 BauO NRW zu bewerten und fließen nicht in die Berechnung der Wandhöhe ein. Die zum Gegenstand der Baugenehmigung gemachte Abstandflächenberechnung ist daher korrekt.
Sollte die Kammer der Auffassung sein, dass es zur Fortsetzung der Bauarbeiten nach Erteilung der geänderten Baugenehmigung keines Abänderungsantrags nach § 80 Abs. 7 VwGO bedarf, wird um einen entspr. Hinweis gebeten.[7]

Anmerkungen

1. Zu dem Antrag nach § 80 Abs. 7 VwGO allg. s. Form. V. D. 5.

2. Zuständig für eine Abänderungsentscheidung nach § 80 Abs. 7 VwGO ist das Gericht der Hauptsache, also das Gericht, bei dem die Klage anhängig ist oder anhängig zu machen wäre. Das ist also nicht notwendig das Gericht, das den aufzuhebenden oder abzuändernden Beschluss erlassen hat (VGH Kassel NJW 1997, 211). Ist zB. die Klage beim VG anhängig und hat das OVG als Beschwerdegericht den Beschluss nach § 80 Abs. 5 VwGO erlassen, so ist für die Abänderung des Beschlusses nach § 80 Abs. 7 VwGO das VG zuständig (OVG Koblenz DVBl. 1991, 1324).

3. Zur Bezeichnung der Beteiligten s. Form. V. D. 5 Anm. 2.

4. In NRW, wo dieser Fall spielen soll, ist der Widerspruch eines Dritten gegen Entscheidungen der Bauaufsichts- und Baugenehmigungsbehörden ausgeschlossen, also sogleich der Klageweg eröffnet, § 6 Abs. 3 S. 2 Nr. 7 AG VwGO NRW. Zum Ausschluss des Widerspruchsverfahrens im Allg. s. Form. V. A. 4 Anm. 1.

5. Zu diesem Antrag s. Form. V. D. 5 Anm. 3.

6. Zu diesem Antrag s. Form. V. D. 5 Anm. 4.

7. Es ist umstritten, ob es nach Erteilung einer neuen oder geänderten Baugenehmigung, mit der die in dem Ursprungsbeschluss des Gerichts festgestellten Verstöße beseitigt wurden, einer Abänderungsentscheidung nach § 80 Abs. 7 VwGO bedarf oder ob von der Genehmigung ohne eine solche Entscheidung Gebrauch gemacht werden kann. Überwiegend wird die Notwendigkeit einer Entscheidung nach § 80 Abs. 7 VwGO angenommen (OVG Münster 4. 11. 1999 – 7 B 1339/99 –; OVG Schleswig 16. 3. 1993 – 1 M 8/93 –; OVG Saarlouis 23. 8. 1995 – 2 W 33/95 – Juris; OVG Bautzen NVwZ-RR 2000, 582; aA. OVG Münster (11. Senat) NVwZ-RR 1997, 447; (10. Senat) NVwZ-RR 2001, 297).

Kosten und Gebühren

Das KV sieht in Vorbem. 5.2. (2) S. 2 für das Verfahren nach § 80 Abs. 7 VwGO keine Gerichtsgebühr vor.

Der RA erhält für die Vertretung im Verfahren nach § 80 Abs. 7 VwGO keine weitere Gebühr.

8. Klage gegen einen die Genehmigung aufhebenden Widerspruchsbescheid[1]

An das
Verwaltungsgericht

Klage[2]

des …… (Klägers)
Prozessbevollmächtigte: RAe ……

gegen

die Bezirksregierung ……[3] (Beklagten)
beizuladen: Die Eheleute ……[4]

wegen: Anfechtung einer Ausnahmegenehmigung nach der BaumschutzVO
Streitwert: EUR ……[5]

Namens des Klägers erheben wir Klage mit dem Antrag,

den Widerspruchsbescheid des Beklagten vom …… aufzuheben.[6]

Zur Begründung führen wir aus:

I. Der Kläger ist Eigentümer des in der Stadt X gelegenen Grundstücks Y-Straße Nr. 3. Eigentümer des Nachbargrundstücks Y-Straße Nr. 5 sind die beizuladenden Eheleute ……

Das Grundstück des Klägers ist mit einem Einfamilienwohnhaus bebaut. Der Kläger beabsichtigt, an der bisherigen Hinterfront des Gebäudes in einem Abstand von 12 m zu dem Grundstück der Eheleute …… einen sechs Meter tiefen Anbau mit einer sich daran anschließenden drei Meter tiefen Terrasse zu errichten. Zu diesem Zwecke müssen vier Bäume gefällt werden. Die Stadt X erteilte hierzu die nach § 3 Abs. 1b BaumschutzVO der Stadt X erforderliche Ausnahmeerlaubnis. Gegen diese Erlaubnis legten die Eheleute …… Widerspruch ein. Diesem Widerspruch gab der Beklagte mit dem in einer Ablichtung beigefügten Widerspruchsbescheid vom …… statt, weil die Voraussetzungen für die Erteilung der Ausnahmeerlaubnis nicht gegeben seien.

II. Der angefochtene Widerspruchsbescheid beschwert den Kläger erstmalig und kann von diesem deshalb nach den §§ 79 Abs. 1 Nr. 2, 68 Abs. 1 S. 2 Nr. 2, 78 Abs. 2 VwGO unmittelbar mit der Klage angefochten werden.

III. Entgegen der Ansicht des Beklagten ist die Ausnahmeerlaubnis rechtmäßig, weil das Verbot der Beseitigung der Bäume zu einer offenbar nicht beabsichtigten Härte führen würde und die Ausnahmeerlaubnis mit den öffentlichen Belangen iSd. BaumschutzVO vereinbar ist, § 3 Abs. 1b BaumschutzVO.

Dies braucht jedoch nicht vertieft dargestellt zu werden, weil der Beklagte dem Widerspruch der Eheleute …… schon deshalb nicht stattgeben durfte, weil die Ausnahmeerlaubnis die Eheleute …… nicht in eigenen Rechten verletzen konnte. Denn die auf der Grundlage von § …… des …… Naturschutzgesetzes erlassene BaumschutzVO dient als natur- und landschaftsschutzrechtliche Bestimmung ausschließlich öffentlichen Zwecken (VGH München BRS 36 Nr. 223; VGH Mannheim UPR 1991, 395; 1996, 238; OVG Lüneburg NJW 1996, 3225). War aber der Widerspruch der Eheleute …… unzulässig, so durfte der Beklagte die erteilte Ausnahmeerlaubnis selbst dann nicht aufheben, wenn sie objektivrechtlich rechtswidrig war (BVerwG BauR 1980, 451; DÖV 1984, 173).

Rechtsanwalt

Anmerkungen

1. Zur „isolierten“ Klage gegen einen Widerspruchsbescheid s. Form. V. B. 2. In diesem Fall soll der Widerspruch nach Landesrecht nicht ausgeschlossen sein. S. dazu Form. V. A. 4 Anm. 1.

2. Zum Inhalt der Klage im Allg. s. Form. V. B. 1.

3. Die Klage ist nach § 78 Abs. 2 VwGO gegen die Widerspruchsbehörde bzw. die Körperschaft, zu der die Widerspruchsbehörde gehört, zu richten.

4. Der Widerspruchsführer ist nach § 65 Abs. 2 VwGO notwendig beizuladen. Nicht beizuladen ist die Ausgangsbehörde, deren Verwaltungsakt aufgehoben wurde.

5. Der Streitwert richtet sich nach dem Rechtsschutzbegehren des Klägers, § 52 Abs. 1 GKG, also im Falle der Aufhebung eines drittbelastenden Verwaltungsaktes durch die Widerspruchsbehörde nicht nach dem Maß der Beeinträchtigung des Widerspruchsführers (s. dazu Form. V. E. 2 Anm. 4), sondern nach dem Interesse des begünstigten Adressaten an der Erhaltung des Verwaltungsaktes.

6. Angriffsziel der Klage ist nach § 79 Abs. 1 Nr. 2 VwGO nur der Widerspruchsbescheid, nicht der den Kläger begünstigende Ausgangsbescheid. Dieser wird deshalb in dem Klageantrag nicht erwähnt.

F. Anträge im Vollstreckungsverfahren

1. Antrag auf Vollstreckung[1] zugunsten der öffentlichen Hand (§ 169 VwGO)[2]

An den
Herrn Vorsitzenden[3] der ...... Kammer des Verwaltungsgerichts ......

In der Vollstreckungssache

der Gemeinde ...... (Gläubigerin)
Verfahrensbevollmächtigte: RAe ......[4]

gegen

den ...... (Schuldner)

beantragen wir,

die Vollstreckung aus dem Kostenfestsetzungsbeschluss[5] des Urkundsbeamten der Geschäftsstelle der Kammer vom ...... (Az.: ......) zu verfügen und die Gläubigerin als Vollstreckungsbehörde zu beauftragen, wegen eines Betrages von 330,– EUR und der nachfolgend berechneten Kosten des Vollstreckungsverfahrens die Vollstreckung in das bewegliche Vermögen des Schuldners zu betreiben.[6]

Durch den oa. Kostenfestsetzungsbeschluss sind die von dem Schuldner an die Gläubigerin zu erstattenden Kosten des Verfahrens ...... auf 330,– EUR festgesetzt worden. Der festgesetzte Betrag ist von dem Schuldner trotz Mahnung und Fristsetzung nicht gezahlt worden. Damit ist die Vollstreckung geboten. Sie wird hiermit nach § 3 Abs. 1 VwVG angeordnet.[7]

Die nach § 167 Abs. 1 S. 1 VwGO, § 788 Abs. 1 ZPO ohne besondere Titulierung mit beizutreibenden Kosten der Vollstreckung (VGH München NVwZ 1985, 342) betragen:

Streitwert: 330,– EUR

0,3-Vollstreckungsgebühr gem. Nr. 3309 VV	13,50 EUR
Auslagen gem. Nr. 7002 VV (pauschal)	2,70 EUR
	16,20 EUR
19% Umsatzsteuer gem. Nr. 7008 VV	3,08 EUR
	19,28 EUR

Die Gläubigerin ist zum Vorsteuerabzug nicht berechtigt.

Rechtsanwalt

Anmerkungen

1. Die Vollstreckung aus verwaltungsgerichtlichen Urteilen sowie aus den anderen in § 168 VwGO aufgeführten Vollstreckungstiteln ist in den §§ 167 bis 172 VwGO geregelt. Sie ist nicht zu verwechseln mit der Vollstreckung von Verwaltungstiteln, etwa Verwaltungsakten oder öffentlich-rechtlichen Verträgen (vgl. dazu VG Braunschweig NVwZ-RR 2001, 626), § 61 VwVfG. Wird also eine Klage gegen einen belastenden Verwaltungsakt rechtskräftig abgewiesen, so ist Vollstreckungstitel der bestandskräftige

Verwaltungsakt, nicht das klageabweisende Urteil. Der Verwaltungsakt wird nach den Vorschriften des VwVG des Bundes oder des jeweiligen Landes vollstreckt (VGH Mannheim NVwZ-RR 1997, 765; VGH München BayVBl. 2001, 474). Für die Vollstreckung des im Beispielsfalle ergangenen Kostenfestsetzungsbeschlusses gelten dagegen die §§ 167 ff. VwGO, ggf. iVm. dem VwVG (VG Bremen NJW 1998, 2378).

Nach § 167 Abs. 1 S. 1 VwGO gilt, sofern sich aus der VwGO nichts anderes ergibt, für die Vollstreckung das achte Buch der ZPO entspr. Vollstreckungsgericht ist das Gericht des ersten Rechtszuges, § 167 Abs. 1 S. 2 VwGO.

2. Die Vollstreckung zugunsten der öffentlichen Hand aus Vollstreckungstiteln nach § 168 VwGO richtet sich in Abweichung von § 167 VwGO nicht nach den Vorschriften der ZPO, sondern nach dem VwVG des Bundes, § 169 Abs. 1 S. 1 VwGO (VGH Mannheim NVwZ-RR 1997, 765). Da hier wegen einer Geldforderung vollstreckt werden soll, finden die §§ 1 ff. VwVG Anwendung. Für die Zwangsvollstreckung zur Erzwingung von Handlungen, Duldungen oder Unterlassungen gelten die §§ 6 ff. VwVG.

3. Vollstreckungsbehörde iSd. VwVG ist der Vorsitzende des Gerichts des ersten Rechtszuges, § 169 Abs. 1 S. 2, erster Halbs. VwGO (VG Bremen NVwZ-RR 1998, 789; VG Dessau NVwZ-RR 2002, 238). Seine Zuständigkeit kann nicht auf den Einzelrichter übertragen werden (OVG Münster NVwZ-RR 1994, 619; OVG Weimar NVwZ-RR 1995, 480). Er kann für die Ausführung der Vollstreckung eine andere Vollstreckungsbehörde, hier etwa die Gemeinde, die Gläubigerin selbst, oder einen Gerichtsvollzieher in Anspruch nehmen, § 169 Abs. 1 S. 2, 2. Halbs. VwGO.

4. Die Prozessvollmacht für das Verwaltungsstreitverfahren erstreckt sich auch auf das Vollstreckungsverfahren, § 173 VwGO, § 81 ZPO (VGH München NVwZ 1985, 352).

5. Der Kostenfestsetzungsbeschluss gehört nach § 168 Abs. 1 Nr. 4 VwGO zu denjenigen Vollstreckungstiteln, aus denen nach den §§ 167 ff. VwGO, also in einem relativ komplizierten Verfahren, vollstreckt wird. Dabei ist zwischen folgenden Konstellationen einer Vollstreckung aus einem Kostenfestsetzungsbeschluss zu unterscheiden:
- Vollstreckung eines öffentlichen Rechtsträgers gegen einen Privaten nach § 169 VwGO (VG Bremen NJW 1998, 2378),
- Vollstreckung eines Privaten oder eines öffentlichen Rechtsträgers gegen einen öffentlichen Rechtsträger nach § 170 VwGO,
- Vollstreckung eines Privaten gegen einen Privaten (zB. eines Beigeladenen gegen den Kläger oder umgekehrt) nach § 167 Abs. 1 S. 1 VwGO, §§ 704 ff. ZPO.

6. Die Vollstreckungsgläubigerin muss zur ausreichenden Bestimmtheit ihres Vollstreckungsantrages angeben, in welche Vollstreckungsobjekte (bewegliche Sachen, Forderungen, Grundstücke) vollstreckt werden soll (VGH Mannheim NVwZ 1993, 73).

Der Vorsitzende kann die Durchführung einzelner Vollstreckungshandlungen einer Vollstreckungsbehörde oder einem Gerichtsvollzieher übertragen, § 169 Abs. 1 S. 2, 2. Halbs. VwGO.

Werden Landesbehörden, zu denen auch die Kommunalbehörden gehören (OVG Lüneburg NVwZ-RR 1991, 387/388), in Anspruch genommen, richtet sich ihre Tätigkeit nach Landesvollstreckungsrecht, § 169 Abs. 2 VwGO.

7. Ob es bei einer Vollstreckung aus einem gerichtlichen Titel noch einer abstrakten Vollstreckungs-AO nach § 3 VwVG bedarf, ist umstritten (bejahend OVG Münster NVwZ 1984, 111; verneinend VGH München NVwZ 1985, 352; *Renck-Laufke* BayVBl. 1991, 44/45). Zuständig für den Erlass einer solchen AO ist jedenfalls nicht der Vorsitzende des Gerichtes, sondern die Behörde, die den zu vollstreckenden Anspruch geltend macht (OVG Münster NVwZ 1984, 111; VGH München NVwZ 1985, 352; OVG Koblenz NJW 1986, 1191; VGH Mannheim NVwZ 1993, 73). Die Vollstreckungs-AO der Behörde kann, falls sie erforderlich ist, jedenfalls in dem Antrag an das Gericht auf Zulassung der Vollstreckung gesehen werden (OVG Koblenz aaO.; VGH Mannheim NVwZ 1993, 73; OVG Weimar NVwZ-RR 1995, 480).

Eine Vollstreckungsklausel ist bei einer Vollstreckung zugunsten der öffentlichen Hand nicht erforderlich, §§ 171, 169 VwGO. Voraussetzung der Vollstreckung ist lediglich die von Amts wegen erfolgende (§ 56 Abs. 2 VwGO) Zustellung des Kostenfestsetzungsbeschlusses an den Schuldner, § 167 Abs. 1 S. 1 VwGO, §§ 795, 794 Abs. 1 Nr. 2, 750 ZPO.

Kosten und Gebühren

Die Kosten der Vollstreckung trägt der Schuldner. Für die Erhebung der Kosten verweist § 19 VwVG auf die Vorschriften der AO.

Nach Nr. 2111 KV, die auf die Zwangsvollstreckung nach §§ 169, 170 VwGO entspr. anzuwenden sein dürfte, fällt im Verfahren über Anträge auf gerichtliche Handlungen der Zwangsvollstreckung gem. §§ 169, 170 VwGO eine Gebühr in Höhe von 15,– EUR an.

Für den Antrag auf Erlass einer Vollstreckungs-AO erhält der RA eine 0,3-Gebühr, Nr. 3309 VV, mindestens 10,– EUR, § 13 Abs. 2 RVG.

2. Antrag auf Vollstreckung gegen die öffentliche Hand wegen einer Geldforderung (§ 170 VwGO)[1]

An das
Verwaltungsgericht ...... Kammer[2]

In der Vollstreckungssache

des Herrn ...... (Gläubigers)
Verfahrensbevollmächtigte: RAe ......
gegen
die Stadt ...... (Schuldnerin)
beantragen wir,

die Vollstreckung aus dem Urteil der Kammer vom ...... (Az.: ......) gegen die Schuldnerin zu verfügen[3].

Durch das vorstehend aufgeführte vorläufig vollstreckbare[4] Urteil ist die Schuldnerin verurteilt worden, an den Gläubiger 5.000,– EUR zu zahlen. Das Urteil wurde der Schuldnerin am ...... zugestellt[5]. Der Urteilsbetrag ist trotz Mahnung und Fristsetzung nicht gezahlt worden. Aus diesem Grunde ist die Vollstreckung aus dem Urteil nach den §§ 168 Abs. 1 Nr. 1, 170 VwGO durchzuführen. Die nach dem Urteil zu erbringende Sicherheit in Höhe von 6.000,– EUR ist durch eine Bankbürgschaft geleistet worden.[6]
Rechtsanwalt

Anmerkungen

1. Zur Vollstreckung im Allg. s. Form. V. F. 1.

§ 170 VwGO regelt die Vollstreckung gegen die öffentliche Hand aus Titeln gem. § 168 VwGO wegen einer Geldforderung. In Betracht kommen vor allem Urteile auf Grund von allg. Leistungsklagen, einstw. AOen nach § 123 VwGO, die Geldleistungen anordnen (s. dazu Form. V. D. 6 und 7) und Kostenfestsetzungsbeschlüsse (s. dazu

Form. V. F. 1). Für Verpflichtungsurteile gilt die Sondervorschrift des § 172 VwGO (s. dazu Form. V. F. 3).

§ 170 Abs. 1 bis 3 VwGO gilt entspr., wenn sich ein öffentlicher Rechtsträger in einem öffentlich-rechtlichen Vertrag gem. § 61 VwVfG wegen einer Geldforderung der sofortigen Vollstreckung unterworfen hat, § 61 Abs. 2 S. 2 VwVfG.

2. Zuständig ist, anders als bei § 169 VwGO, nicht der Vorsitzende, sondern das Gericht des ersten Rechtszuges als Spruchkörper.

3. Der Antrag ist in dieser Form ausreichend, da das Gericht Art und Weise der Vollstreckung nach seinem Ermessen bestimmt, § 170 Abs. 1 S. 2 VwGO (*Kopp/Schenke* § 170 Rdn. 3).

4. Zur vorläufigen Vollsteckbarkeit eines Leistungsurteils s. Form. V. B. 9 Anm. 3.

5. Einer Vollstreckungsklausel bedarf es nicht, § 171 VwGO. Voraussetzung der Vollstreckung ist lediglich die von Amts wegen erfolgende (§ 116 Abs. 1 S. 2 VwGO) Zustellung einer einfachen Ausfertigung des Urteils an den Schuldner, § 167 Abs. 1 S. 1 VwGO, § 750 ZPO.

6. § 167 Abs. 1 VwGO, §§ 108, 751 Abs. 2 ZPO.

3. Antrag auf Vollstreckung gegen eine Behörde aus einem Verpflichtungsurteil (§ 172 VwGO)[1,2]

An das
Verwaltungsgericht ...... Kammer[3]

In der Vollstreckungssache

des ...... (Gläubigers)
Verfahrensbevollmächtigte: Rechtsanwälte ......

gegen

den Landrat des Kreises ...... (Schuldner)

beantragen wir namens des Gläubigers,

> **dem Schuldner zur Erteilung einer Bebauungsgenehmigung gem. dem Urteil des OVG[4]...... vom ...... (Az.: ......) eine Frist von zwei Wochen zu setzen und für den Fall, dass die Genehmigung innerhalb der Frist nicht erteilt wird, die Festsetzung eines Zwangsgeldes[5] in Höhe von 1.000,– EUR anzudrohen.**

Durch das oa. rechtskräftige[6] Urteil ist der Schuldner verpflichtet worden, dem Gläubiger im Wege eines Vorbescheides die Genehmigung zur Bebauung des Grundstücks ...... mit einem zweigeschossigen Wohnhaus zu erteilen. Der Schuldner hat, obwohl seit Rechtskraft des Urteils mehr als ein Monat verstrichen ist und er von dem Gläubiger unter Fristsetzung gemahnt wurde, die Bebauungsgenehmigung nicht erteilt.[7] Aus diesem Grunde ist die Einleitung des Vollstreckungsverfahrens nach den §§ 168 Abs. 1 Nr. 1, 172 VwGO erforderlich. Eine Ausfertigung des Urteils mit Vollstreckungsklausel[8] ist dem Schuldner am ...... zugestellt worden.[9]

Rechtsanwalt

Anmerkungen

1. Zur Vollstreckung im Allg. s. Form. V. F. 1.

§ 172 VwGO regelt die Vollstreckung gegen die öffentliche Hand aus Urteilen oder AOen nach § 123 VwGO, die nicht unmittelbar auf Geldleistungen (in diesem Falle gilt

§ 170 VwGO) gerichtet sind. Die Vorschrift gilt unmittelbar oder entspr. für die Vollstreckung aus

a) einem Urteil, das die Behörde
- zum Erlass eines Verwaltungsaktes,
- zur Vornahme einer schlicht hoheitlichen Handlung (VG Münster DÖV 2004, 758),
- zu Folgenbeseitigung (dazu VGH München NVwZ 2001, 822) oder
- zur Neubescheidung (dazu BVerwG NVwZ-RR 2002, 314; VGH Kassel NVwZ-RR 1999, 805; VGH München NVwZ-RR 1999, 410) verpflichtet,

b) einer einstw. AO nach § 123 VwGO,

c) einer gerichtlichen AO nach § 80 a Abs. 1 Nr. 2, Abs. 3 VwGO (VGH Kassel NVwZ-RR 1999, 158; OVG Lüneburg NVwZ-RR 2000, 63; VGH Mannheim NVwZ-RR 2003, 319); Voraussetzung ist aber, dass ein nicht nur rechtsgestaltender, sondern (auch) vollstreckbare Sicherungsmaßnahmen anordnender Beschluss vorliegt.

Die Vollstreckung aus einem allg. Leistungsurteil erfolgt nicht nach § 172 VwGO (VGH Mannheim NVwZ-RR 2004, 459), sondern nach § 167 VwGO iVm. den Vorschriften des Achten Buches der ZPO mit den weiteren dort vorgesehenen Zwangsmitteln. Zur Vollstreckung aus einem verwaltungsgerichtlichen Vergleich s. Form V. F. 4.

2. Bei einer Vollstreckung aus einer einstw. AO nach § 123 VwGO ist die Vollziehungsfrist von einem Monat nach § 123 Abs. 3 VwGO iVm. § 929 Abs. 2 ZPO zu beachten. Der Lauf der Monatsfrist, die eine gesetzlich, von Amts wegen zu beachtende Frist ist, beginnt nach § 929 Abs. 2 ZPO mit der Zustellung der einstw. AO. Sie kann weder verkürzt noch verlängert werden. Die Frist ist nur gewahrt, wenn mit der Vollstreckung binnen eines Monates begonnen wird. Hierzu muss zumindest ein Antrag auf Erlass einer Vollstreckungs-AO nach § 170 Abs. 1 S. 1, 172 S. 1 VwGO gestellt werden, der die Vollstreckung einleitet (VG Aachen InfAuslR 2001, 517; zum Lauf der Frist ferner VGH München NVwZ-RR 2003, 699; VGH Kassel 7. 9. 2004 – 10 TG 1498/04 – Juris).

3. Zuständig ist, anders als im Falle der Vollstreckung nach § 169 VwGO zugunsten der öffentlichen Hand, nicht der Vorsitzende, sondern das Gericht des ersten Rechtszuges als Spruchkörper. Das kann auch das OVG (§§ 47, 48 VwGO) oder das BVerwG (§ 50 VwGO) als erstinstanzliches Gericht sein.

4. Das erstinstanzliche Gericht ist auch dann zuständig, wenn das zu vollstreckende Urteil, wie hier, von einer höheren Instanz erlassen wurde.

5. Die Möglichkeit der Androhung von Zwangshaft sieht das Gesetz nicht vor (VGH Mannheim NVwZ-RR 1995, 619).

6. Ein Verpflichtungsurteil kann nach § 167 Abs. 2 VwGO nur wegen der Kosten für vorläufig vollstreckbar erklärt werden. Eine Vollstreckung wegen der Hauptsache ist erst nach der Rechtskraft der Entscheidung möglich, § 168 Abs. 1 Nr. 1 VwGO.

§ 894 ZPO ist im Verwaltungsprozess bei der Verurteilung zum Erlass eines Verwaltungsaktes nicht anwendbar. Aus diesem Grunde gilt die Bebauungsgenehmigung, zu der die Behörde hier verurteilt wurde, nicht mit Rechtskraft als erteilt, vielmehr muss die Behörde zu ihrer Erteilung im Weigerungsfalle mit den Mitteln der Vollstreckung nach § 172 VwGO gezwungen werden.

7. Dieser Hinweis ist erforderlich, weil die Androhung des Zwangsgeldes erst zulässig ist, wenn seit Rechtskraft des Urteils eine angemessene Frist verstrichen ist, innerhalb deren es der Behörde billigerweise zugemutet werden konnte, ihre Verpflichtung aus dem Urteil zu erfüllen (BVerwG NJW 1969, 476; VGH Mannheim NVwZ-RR 1993, 447; VG Weimar VIZ 2002, 105).

8. Eine Vollstreckungsklausel ist nach § 167 Abs. 1 S. 1 VwGO, §§ 724, 725, 795 ZPO erforderlich; die Ausnahmevorschrift des § 171 VwGO gilt in den Fällen des § 172

VwGO nicht (VGH Mannheim NVwZ-RR 1995, 619; str.). Einstw. AOen bedürfen der Vollstreckungsklausel nur, wenn die Vollstreckung für oder gegen andere als die in dem Titel Genannten erfolgen soll, § 123 Abs. 3 VwGO mit § 929 Abs. 1 ZPO.

9. Weitere Voraussetzungen der Vollstreckung ist die Zustellung einer einfachen Ausfertigung des Urteils an den Schuldner, § 167 Abs. 1 S. 1 VwGO, § 750 ZPO. Diese Zustellung erfolgt von Amts wegen, § 116 Abs. 1 S. 2 VwGO.

4. Antrag auf Vollstreckung aus einem verwaltungsgerichtlichen Vergleich (§ 168 Abs. 1 Nr. 3 VwGO)[1]

An das
Verwaltungsgericht
...... Kammer[2]

In der Vollstreckungssache

der Eheleute

(Gläubiger)

Verfahrensbevollmächtigte: RAe ......

gegen

Herrn ......

(Schuldner)

beantragen wir namens der Gläubiger,

1. **die Gläubiger zu ermächtigen, auf Kosten des Schuldners das an der Grenze zum Grundstück der Gläubiger auf dem Grundstück des Schuldners Gemarkung ...... Flur ...... Flurstück ...... stehende Gartenhaus abreißen und den anfallenden Bauschutt zu einer geeigneten Deponie abfahren zu lassen,[3]**
2. **den Schuldner zu einer Vorauszahlung in Höhe von ...... EUR auf die voraussichtlich entstehenden Kosten zu verpflichten.**

Zur Begründung führen wir aus:

In dem vor der erkennenden Kammer unter dem Az. ...... geführten Verfahren der Gläubiger (als damaliger Kläger) gegen den Bürgermeister der Stadt...... (als damaligen Beklagten) hat sich der Schuldner (als damaliger Beigeladener) verpflichtet, das streitbefangene an der Nachbargrenze errichtete Gartenhaus bis zum ...... abzureißen. Dieser Verpflichtung ist der Schuldner trotz Mahnung und weiterer Fristsetzung nicht nachgekommen. Der gestellte Vollstreckungsantrag ist deshalb nach § 167 Abs. 1 S. 1 VwGO, § 887 ZPO geboten. Eine mit Vollstreckungsklausel versehene Ausfertigung des Vergleiches ist dem Schuldner am ...... zugestellt worden.[4]
Ausweislich des beigefügten Kostenvoranschlages der Firma ...... werden der Abbruch des Gartenhauses und die Entsorgung des anfallenden Bauschuttes voraussichtlich ...... EUR kosten. Darauf hat der Schuldner nach § 887 Abs. 2 ZPO eine Vorauszahlung in Höhe von ...... EUR zu leisten.

Rechtsanwalt

Anmerkungen

1. Zur Vollstreckung im Allg. s. Form. V. F. 1. – Nach § 168 Abs. 1 Nr. 3 VwGO ist eine Vollstreckung auch aus einem gerichtlichen Vergleich möglich. In Betracht kommen sowohl der protokollierte Vergleich als auch der Vergleich, der nach § 106 S. 2 VwGO

durch Annahme des vom Gericht durch Beschluss gemachten Vorschlages zustande gekommen ist. Hier hat sich in einem gerichtlichen Vergleich der Beigeladene gegenüber dem Kläger zu einer Leistung verpflichtet. Vollstreckungsgläubiger und -schuldner sind jeweils Privatpersonen, so dass hier die §§ 169, 170 und 172 nicht gelten (offen gelassen von OVG Münster NVwZ-RR 1994, 619). Die Vollstreckung findet deshalb nach § 167 Abs. 1 S. 1 VwGO iVm. den §§ 704ff. ZPO statt (BVerwG NJW 1992, 191/192; VGH München NVwZ 1982, 563; 1987, 308; *Kopp/Schenke* § 172 Rdn. 2).

Das Vollstreckungsverfahren richtet sich grundsätzlich nach der Herkunft des Titels und nicht nach dem materiell-rechtlichen Charakter der titulierten Forderung.

2. Zuständig ist nach § 887 ZPO das VG als Prozessgericht.

3. Die Gestaltung des Vollstreckungsverfahrens hängt davon ab, wer Vollstreckungsgläubiger bzw. -schuldner ist und auf welche Leistung sich die Vollstreckung richtet. Außer der hier vorliegenden Vollstreckung aus einem Vergleich zwischen Privatpersonen sind folgende Konstellationen denkbar:

a) *Vollstreckung zugunsten der öffentlichen Hand.* Zugunsten der öffentlichen Hand wird aus einem Vergleich nach § 169 VwGO nach dem VwVG vollstreckt. Vollstreckungsbehörde ist der Vorsitzende des Gerichts des ersten Rechtszuges auch, wenn der Vergleich vor einem Einzelrichter geschlossen wurde (OVG Münster NVwZ-RR 1994, 619; OVG Weimar NVwZ-RR 1995, 480; aA. VG Darmstadt NVwZ-RR 2000, 734).

b) *Vollstreckung gegen die öffentliche Hand.* Soll aus einem Vergleich gegen die öffentliche Hand vollstreckt werden, so ist zu unterscheiden:

aa) Die Vollstreckung wegen einer Geldforderung richtet sich nach § 170 VwGO und wird durch das Gericht des ersten Rechtszuges veranlasst.

bb) Hat sich die Behörde in einem gerichtlichen Vergleich zum Erlass eines Verwaltungsaktes verpflichtet, so ist umstritten, auf welcher rechtlichen Grundlage eine Vollstreckung gegen sie möglich ist. Nach einer Ansicht ist in diesem Falle § 172 VwGO entspr. anwendbar, so dass gegen die Behörde nur ein Zwangsgeld in Höhe bis zu 10.000,– EUR festgesetzt werden kann (OVG Münster DÖV 1997, 794; NVwZ 1998, 534; NVwZ-RR 2007, 140; *Pietzner* in Schoch/Schmidt-Aßmann/Pietzner § 172 Rdn. 21; *Kopp/Schenke* § 172 Rdn. 2; *Redeker/von Oertzen* § 172 Rdn. 3). Nach aA. richtet sich die Vollstreckung in diesen Fällen nicht nach § 172 VwGO, sondern nach den §§ 167, 168 Abs. 1 Nr. 3 VwGO mit § 888 ZPO, so dass das Zwangsgeld nicht auf 10.000,– EUR begrenzt ist und auch Zwangshaft angedroht und angeordnet werden kann (OVG Lüneburg NJW 1980, 414; OVG Münster NVwZ 1992, 987; OVG Saar 22. 2. 2001 – 2 Y 8/00 – Juris; *Budach/Johlen* JuS 2002, 371/375; offen gelassen von VGH Mannheim NJW 1998, 3291).

cc) Kommt die Behörde der vergleichsweise übernommenen Verpflichtung zu einem sonstigen Verwaltungshandeln, das nicht in einer Geldzahlung oder in dem Erlass eines Verwaltungsaktes besteht, nicht nach, so ist nach einer Auffassung (OVG Saar 22. 2. 2001 – 2 Y 8/00 – juris; VGH München 19. 10. 2005 – 22 C 05.2553 – juris; OVG Berlin-Brandenburg BauR 2007, 528) § 172 VwGO entspr. anzuwenden, nach aA. (OVG Koblenz MedR 2002, 425) richtet sich die Vollstreckung nach den §§ 167, 168 Abs. 1 Nr. 3 VwGO, und zwar bei vertretbaren Handlungen iVm. § 887 ZPO.

4. Nach § 167 VwGO mit den §§ 795 S. 1, 794, 724, 725 ZPO setzt die Zwangsvollstreckung die Erteilung einer mit einer Vollstreckungsklausel versehenen Ausfertigung des Titels, hier des Vergleichs, voraus. Die Ausnahmevorschrift des § 171 VwGO greift nicht ein. Ferner muss der Titel bereits zugestellt sein oder gleichzeitig zugestellt werden, § 750 ZPO (VGH Mannheim NVwZ-RR 1990, 447).

5. Vollstreckungsabwehrklage und Antrag auf einstweilige Einstellung (Baurecht)

An das Verwaltungsgericht[1]

Klage

des Bürgermeisters der Stadt …… (Klägers)[2]
Prozessbevollmächtigter: RA ……

gegen

die Eheleute …… (Beklagte)
Prozessbevollmächtigter: RA ……[3]

wegen: Unzulässigkeit der Vollstreckung

Streitwert: 20.000,– EUR[4]

Namens und mit Vollmacht[5] des Klägers erhebe ich Klage und werde beantragen,

I. die Vollstreckung aus dem Urteil des VG …… vom …… iVm. dem Urteil des OVG …… vom …… für unzulässig zu erklären,[6]

II. das Urteil für vorläufig vollstreckbar zu erklären,[7]

III. die Vollstreckung aus dem Urteil des VG …… vom …… iVm. dem Urteil des OVG …… vom …… bis zum Erlass eines vollstreckbaren Urteils in dieser Sache einstweilen einzustellen.

Begründung:

I. Die Beklagten sind Eigentümer des unbebauten Grundstücks X-Straße Nr. …… in …… Sie beantragten, ihnen im Wege eines Bauvorbescheides eine Bebauungsgenehmigung zur Errichtung eines Einfamilienwohnhauses auf dem Grundstück zu erteilen. Diesen Antrag lehnte der Kläger ab. Nach erfolglosem Widerspruchsverfahren erhoben die Beklagten Klage vor dem erkennenden Gericht (Az. ……). Diese Klage hatte Erfolg. Mit Urteil vom …… verpflichtete das VG den Kläger zur Erteilung der Bebauungsgenehmigung, da es den Bebauungsplan wegen eines Formfehlers als nichtig und damit das Bauvorhaben als nach § 34 BauGB planungsrechtlich zulässig ansah. Die gegen das Urteil eingelegte Berufung wies das OVG …… durch Urteil vom …… zurück. Das Urteil ist rechtskräftig.

Bereits während des Berufungsverfahrens beschloss der Rat der Stadt erneut die Aufstellung des Bebauungsplanes und führte das Planaufstellungsverfahren durch. Unmittelbar nach Zustellung des Urteils des OVG wurde der Bebauungsplan durch ortsübliche Bekanntmachung nach § 10 Abs. 3 S. 1 BauGB rechtsverbindlich. Der Bebauungsplan weist das Grundstück der Beklagten wiederum als öffentliche Grünfläche aus.

II. Die Vollstreckungsabwehrklage ist nach §§ 167 Abs. 1, 168 Abs. 1 Nr. 1 VwGO, § 767 ZPO zulässig. Nach § 167 Abs. 1 S. 1 VwGO gilt für die Vollstreckung das Achte Buch der ZPO entsprechend, soweit sich aus der VwGO nichts anderes ergibt. Der VwGO lässt sich nicht entnehmen, dass § 767 ZPO nicht anzuwenden wäre. Deshalb kann der Kläger Einwendungen, die den durch das Verpflichtungsurteil des VG iVm. dem Urteil des OVG festgestellten Anspruch der Beklagten betreffen, im Wege der Vollstreckungsabwehrklage geltend machen (BVerwGE 118, 174 = NVwZ 2004, 113; VG Hannover NVwZ-RR 2005, 294).[8]

III. Die Klage ist begründet, weil der Anspruch auf Erteilung der Bebauungsgenehmigung durch den nach Abschluss des Berufungsverfahrens in Kraft getretenen Bebauungsplan erloschen ist. Denn das Vorhaben der Beklagten widerspricht den Festsetzungen dieses Bebauungsplanes und ist deshalb nach § 30 BauGB nicht mehr

planungsrechtlich zulässig. Dieser Umstand kann dem gerichtlich festgestellten Anspruch als „Einwendung“ iSd. § 767 ZPO entgegengesetzt werden. Zwar kann sich ein Bauvorbescheid, der die planungsrechtliche Zulässigkeit eines Bauvorhabens feststellt, gegenüber nachträglichen Rechtsänderungen durch Inkrafttreten eines Bebauungsplanes durchsetzen (BVerwG BauR 1984, 384). Den Beklagten ist aber noch keine Bebauungsgenehmigung erteilt worden. Der rechtskräftig titulierte Anspruch auf Erteilung einer solchen Genehmigung steht der bereits erlassenen Genehmigung nicht gleich.[9] Er ist weniger als diese gegen nachträgliche Rechtsänderungen abgesichert (BVerwG NVwZ 1985, 563; OVG Münster NJW 1980, 2427; OVG Lüneburg NVwZ-RR 2000, 573).

IV. Da die Beklagten inzwischen einen Antrag auf Vollstreckung gegen den Kläger nach § 172 VwGO gestellt haben,[10] ist der Erlass einer einstweiligen Anordnung nach § 167 Abs. 1 VwGO, § 769 ZPO geboten.[11]

V. Die Bauakte sowie die Planaufstellungsakte betreffend den Bebauungsplan Nr. ...... sind beigefügt.[12]

Anmerkungen

1. Die Vollstreckungsabwehrklage ist nach § 167 Abs. 1 VwGO, § 767 Abs. 1 ZPO bei dem Prozessgericht des ersten Rechtszuges zu erheben, und zwar auch dann, wenn, wie hier, der Vorprozess in der Berufungsinstanz anhängig war.

2. Die Parteirollen sind gegenüber dem Vorprozess vertauscht.

3. Die dem Prozessbevollmächtigten im Vorprozess erteilte Prozessvollmacht ermächtigt auch zur Vertretung bei einer Vollstreckungsabwehrklage, § 173 VwGO, § 81 ZPO; denn es handelt sich um Prozesshandlungen, die durch die Vollstreckung veranlasst werden (*Baumbach/Lauterbach/Albers/Hartmann* § 81 Rdn. 25; *Redeker/von Oertzen* § 67 Rdn. 5).

Aus diesem Grunde ist an den Anwalt, der die Beklagten im Vorprozess vertreten hat, zuzustellen, § 67 Abs. 3 S. 3 VwGO.

4. Da die Vollstreckbarkeit insgesamt beseitigt werden soll, dürfte der Streitwert dem des Vorprozesses (s. Form. V. B. 3 Anm. 4) entspr. (VGH Mannheim NVwZ-RR 2001, 72 für Vollstreckungsverfahren nach § 172 VwGO); bei einer Zwangsgeldandrohung im selbstständigen Vollstreckungsverfahren ist Streitwert die Hälfte des angedrohten Betrages (VGH Mannheim NVwZ-RR 1998, 692).

5. S. dazu Anm. 3.

6. Diese Formulierung ergibt sich aus § 167 Abs. 1 VwGO, § 775 Nr. 1 ZPO.

7. Die Unzulässigkeit der Vollstreckung gilt erst vom Eintritt der Rechtskraft oder von der vorläufigen Vollstreckbarkeit des Urteils an, § 167 Abs. 1 VwGO, § 775 Nr. 1 ZPO. Nach § 167 Abs. 2 VwGO können Urteile auf Anfechtungs- und Verpflichtungsklagen nur wegen der Kosten für vorläufig vollstreckbar erklärt werden. Die Vollstreckungsabwehrklage ist eine prozessuale Gestaltungsklage, keine auf die Aufhebung bzw. den Erlass eines Verwaltungsaktes gerichtete Anfechtungs- bzw. Verpflichtungsklage. Deshalb dürfte es zulässig sein, ein ergehendes Urteil für vorläufig vollstreckbar zu erklären. Ein darauf gerichteter Antrag ist zweckmäßig (s. dazu Form. V. B. 1 Anm. 9).

8. Die Vollstreckungsabwehrklage ist auch gegen die anderen in § 168 Abs. 1 VwGO aufgeführten Vollstreckungstitel zulässig (BVerwG 1992, 191). Gegen den Vollzug unanfechtbarer Verwaltungsakte ist eine Vollstreckungsabwehrklage nicht zulässig (*Kopp/Schenke* § 167 Rdn. 18f.).

9. § 894 ZPO ist auf Urteile, die zum Erlass eines Verwaltungsaktes verpflichten, nicht anwendbar (s. dazu Form. V. F. 3 Anm. 6).

10. S. dazu Form. V. F. 3.

11. Eine solche einstw. AO ist bei einer Vollstreckungsabwehrklage gegen ein verwaltungsgerichtliches Urteil zulässig (VGH Kassel NJW 1995, 1107; OVG Lüneburg NVwZ-RR 2000, 573). Sie ist auch geboten, weil die Erhebung der Vollstreckungsgegenklage allein nicht zur Unzulässigkeit der Vollstreckung aus einem rechtskräftigen Urteil führt. Unzulässig wird die Vollstreckung vielmehr erst dann, wenn das Prozessgericht der Klage stattgegeben hat und die Entscheidung rechtskräftig oder vorläufig vollstreckbar ist (BVerwG NVwZ 2003, 214; VGH Mannheim NVwZ-RR 1993, 447).

12. § 99 VwGO.

G. Normenkontrollverfahren nach § 47 VwGO[1]

1. Antrag auf Normenkontrolle

An das
Oberverwaltungsgericht Nordrhein-Westfalen[2]

Antrag

der Eheleute ...... (Antragsteller)[3]

Verfahrensbevollmächtigter: RA ......[4]

gegen

die Stadt[5] ...... (Antragsgegnerin)

wegen: Gültigkeit eines Bebauungsplanes

beizuladen: Fa. ...... GmbH[6]

Streitwert: 10.000,– EUR[7]

Namens und in Vollmacht der Antragsteller beantrage ich, für Recht zu erkennen:

Der Bebauungsplan Nr. ......[8] der Antragsgegnerin vom ......[9] ist unwirksam[10].
Die Antragsgegnerin trägt die Kosten des Verfahrens.

Zur Begründung führe ich aus.[11]

I. Die Antragsteller sind Eigentümer eines mit einem Einfamilienwohnhaus bebauten Grundstücks im Stadtgebiet der Antragsgegnerin. Das Grundstück grenzt mit seiner Vorderseite an die in Ost-West-Richtung verlaufende A-Straße. Von dieser Straße zweigt in nördlicher Richtung ein ca. 5 m breiter Wirtschaftsweg ab, der entlang der östlichen Grenze des Grundstücks der Antragsteller verläuft. Dieser Weg dient dem Zugang zu den nördlich des Grundstücks der Antragsteller gelegenen Acker- und Weideflächen, die im Eigentum der beizuladenden ...... GmbH stehen.
Die Antragsgegnerin plant, die bisher unbebauten Flächen auf der Nordseite des Grundstücks der Antragsteller einer umfangreichen Wohnbebauung zuzuführen. Das neue Baugebiet soll an das bestehende öffentliche Verkehrsnetz über eine Straße angebunden werden, die in der Trasse des bisher bestehenden Wirtschaftsweges unmittelbar an der nördlichen Grenze des Grundstücks der Antragsteller vorbeiführt. Dieser Weg soll um 3 m unter Inanspruchnahme des Grundstücks der Antragsteller verbreitert werden. Gegen die geplante Straßentrasse haben die Antragsteller fristgerecht Anregungen erhoben und gefordert, das neue Baugebiet an einer anderen Stelle an die A-Straße anzubinden. Diesen Anregungen ist der Rat jedoch nicht gefolgt. Er hat den Bebauungsplan am ...... als Satzung beschlossen. Der Bebauungsplan ist mit der ortsüblichen Bekanntmachung nach § 10 Abs. 3 S. 1 BauGB in Kraft getreten.

II. Der Antrag ist zulässig. Die Antragsteller werden durch die Verwirklichung des Bebauungsplanes schon deshalb in ihren Rechten iSd. § 47 Abs. 2 S. 1 VwGO verletzt,[12] weil der Bebauungsplan eine Inanspruchnahme ihres Grundstücks, also einen Eingriff in ihr durch Art. 14 GG geschütztes Grundeigentum, vorsieht.

III. Der Antrag ist auch begründet; denn der Bebauungsplan ist aus formellen und materiellen Gründen unwirksam.

1. Der Plan leidet an mindestens zwei Verfahrensfehlern.

a) An der Sitzung des Rates vom ......, in der über die zu dem Bebauungsplan abgegebenen Stellungnahmen entschieden und der Bebauungsplan als Satzung beschlossen wurde, hat Herr A teilgenommen. Der Bruder von Herrn A ist Eigentümer desjenigen Grundstücks, über das nach den von den Antragstellern in ihrer Anregung zu dem Planentwurf geäußerten Vorstellung der Zufahrtsweg zu dem neuen Baugebiet hätte angelegt werden müssen. Da durch die Entscheidung des Rates, dieser Anregung nicht zu folgen, der Bruder von Herrn A einen unmittelbaren Vorteil erlangt hat, war A von der Beratung und Entscheidung über den Bebauungsplan ausgeschlossen, §§ 43 Abs. 2, 31 Abs. 1 S. 1 Nr. 2 GO NRW. Seine Mitwirkung war auch für das Zustandekommen des Satzungsbeschlusses ursächlich, §§ 43 Abs. 2, 31 Abs. 6 GO NRW, weil dieser Beschluss mit nur einer Stimme Mehrheit zustande gekommen ist.

b) Der Entwurf des Bebauungsplanes ist in der Zeit vom 3. 3.–2. 4. ...... öffentlich ausgelegt worden. Art und Dauer der Auslegung wurden am 27. 2. ...... in den beiden Tageszeitungen, die nach § ...... der Hauptsatzung Bekanntmachungsorgane der Antragsgegnerin sind, bekannt gemacht. Die Bekanntmachung erfolgte weniger als eine Woche vor Beginn der Auslegung. Damit wurde gegen § 3 Abs. 2 S. 2 BauGB verstoßen, wonach Ort und Dauer der Auslegung mindestens eine Woche vor ihrem Beginn ortsüblich bekannt zu machen sind. Dieser Verfahrensfehler ist nach § 214 Abs. 1 S. 1 Nr. 2 BauGB beachtlich und führt zur Nichtigkeit des Bebauungsplanes.

c) Beide Verfahrensfehler sind rechtzeitig, dh. innerhalb der Jahresfrist des § 7 Abs. 6 S. 1 GO NRW und des § 215 Abs. 1 iVm. § 214 Abs. 1 S. 1 Nr. 2 BauGB gegenüber der Antragsgegnerin geltend gemacht worden.[13]

2. Der Bebauungsplan verstößt darüber hinaus gegen das Abwägungsgebot des § 1 Abs. 6 und 7 BauGB.

a) Der Rat der Antragsgegnerin hat ausweislich der Begründung des Bebauungsplanes die Zufahrtsstraße zu dem neuen Baugebiet ausschließlich deshalb entlang der Nordgrenze des Grundstücks der Antragsteller festgesetzt, weil hier bereits ein Wirtschaftsweg verläuft. Aus diesem Grunde hat er andere, sich ohne weiteres anbietende und von der Antragstellerin auch aufgezeigte[14] Alternativen sachwidrig nicht geprüft. Er hat damit gegen das Abwägungsgebot verstoßen ...... Dieser Fehler war offensichtlich und auf das Abwägungsergebnis von Einfluss, also beachtlich, § 214 Abs. 3 S. 2 BauGB ......

b) Der Rat hat das Abwägungsgebot darüber hinaus auch aus einem anderen Grunde verletzt.

In der Nähe des Plangebietes wurde früher eine Zinkhütte betrieben, die ihre Produktion 1931 eingestellt hat. Aus diesem Grunde ist der Planbereich ausweislich des in der Planaufstellungsakte befindlichen Gutachtens ...... mit Schwermetallen belastet, die bei oraler Aufnahme zu Gesundheitsgefährdungen führen können, also insbesondere für Kinder. Der Rat hat dies auch erkannt und deshalb beschlossen, die im Planbereich festgesetzten öffentlichen Grünflächen, darunter einen Kinderspielplatz, zu sanieren. Die festgestellte Gesundheitsgefährdung besteht aber zumindest in gleicher Weise auch im Bereich der privaten Hausgärten, für die irgendwelche Sanierungs- oder Schutzmaßnahmen nicht vorgesehen sind. Der Bebauungsplan berücksichtigt damit nicht in ausreichendem Maße die allg. Anforderungen an gesunde Wohnverhältnisse und verstößt damit gegen § 1 Abs. 6 Nr. 1 BauGB (OVG Münster NVwZ 1994, 301).[15, 16]

Rechtsanwalt

Schrifttum: S. dazu die Komm. zur VwGO (s. Form. V. B. 1) und zum BauGB (s. Form. V. A. 1).

Anmerkungen

1. Nach § 47 Abs. 1 VwGO entscheidet das OVG (der VGH) iR. seiner Gerichtsbarkeit auf Antrag über die Gültigkeit von Satzungen, die nach den Vorschriften des BauGB erlassen worden sind, sowie von RechtsVOen auf Grund des § 246 Abs. 2 BauGB und von anderen im Rang unter dem LandesG stehenden Rechtsvorschriften, sofern das Landesrecht dies bestimmt.

a) Folgende Länder haben die Normenkontrolle für unter dem LandesG stehende Rechtsvorschriften eingeführt: Baden-Württemberg (§ 4 AG VwGO), Bayern (mit Einschränkungen, Art. 5 AG VwGO), Brandenburg (§ 4 Abs. 1 VwGG), Bremen (Art. 7 AG VwGO), Hessen (§ 15 Abs. 1 AG VwGO), Mecklenburg-Vorpommern (§ 13 AG-GerStrG), Niedersachsen (§ 7 AG VwGO), Saarland (§ 18 AG VwGO), Sachsen (§ 24 JustizG), Sachsen-Anhalt (§ 10 AG VwGO), Schleswig-Holstein (§ 5 AG VwGO), und Thüringen (§ 4 AG VwGO). Nach § 4 AG VwGO Rheinland-Pfalz entscheidet das OVG ebenfalls über die Gültigkeit einer im Range unter dem LandesG stehenden Rechtsvorschrift; dies gilt aber nicht für RechtsVOen, die Handlungen eines Verfassungsorgans iSd. Art. 130 Abs. 1 der Landesverfassung sind.

b) Kein Normenkontrollverfahren nach § 47 Abs. 1 Nr. 2 VwGO kennen Berlin, Hamburg und Nordrhein-Westfalen. Hier kann nur gegen die in § 47 Abs. 1 Nr. 1 VwGO aufgeführten Rechtsnormen ein Normenkontrollantrag gestellt werden.

2. Der Antrag ist an das OVG zu richten.

3. Da es sich um ein Antragsverfahren und nicht um ein Klageverfahren handelt, sind die Beteiligten als „Antragsteller“ und „Antragsgegner“ zu bezeichnen.

4. Zur Vertretung vor dem OVG s. Form. V. C. 1 Anm. 3. Zu den notwendigen Aufwendungen iSd. § 162 Abs. 1 VwGO können auch die Aufwendungen für Informationsreisen gehören, die der RA zu der von ihm im Normenkontrollverfahren vertretenen Gemeinde unternimmt. Voraussetzung dafür ist aber, dass die notwendigen Informationen nicht in Wort, Schrift und Bild oder durch Lagepläne übermittelt werden können (OVG Lüneburg NVwZ-RR 2001, 414).

5. Nach § 47 Abs. 2 S. 2 VwGO ist der Normenkontrollantrag gegen die Gemeinde zu richten, die den Bebauungsplan erlassen hat.

6. Nach § 47 Abs. 2 S. 4 mit § 65 Abs. 1 VwGO kann das Gericht von Amts wegen oder auf Antrag andere, deren rechtliche Interessen durch die Entscheidung berührt werden, beiladen. Hier werden die Interessen der Fa. ...... GmbH als Eigentümerin der durch den Bebauungsplan als Baugebiet festgesetzten Flächen berührt.

7. Auch im Normenkontrollverfahren richtet sich der Streitwert gem. § 52 Abs. 1 GKG nach dem Interesse des Klägers (Antragstellers) an der beantragten Entscheidung. Im Allg. setzen die Gerichte in Normenkontrollverfahren einen Streitwert von zwischen 10.000,– und 50.000,– EUR fest.

8. Der Bebauungsplan muss rechtsverbindlich sein. Gegen Entwürfe eines Bebauungsplanes ist die Normenkontrolle auch bei Erreichen der Planreife nach § 33 BauGB nicht gegeben (BVerwG NVwZ-RR 2002, 256; VGH München UPR 1999, 398; OVG Lüneburg BauR 2008, 1867). Etwas anderes kommt allenfalls in Betracht, wenn der Antragsteller durch Nachbarklagen gegen auf der Grundlage des § 33 BauGB erteilter Baugenehmigungen keinen hinreichenden Rechtsschutz erlangen kann (BVerwG aaO.).

9. Der Antrag auf Normenkontrolle ist innerhalb eines Jahres nach Bekanntmachung der Rechtsvorschrift zu stellen, § 47 Abs. 2 S. 1 VwGO. Es handelt sich um eine Ausschlussfrist, gegen deren Versäumung Wiedereinsetzung in den vorigen Stand nicht möglich ist (OVG Münster NVwZ-RR 2005, 290). Mit Ablauf dieser Frist ist aber nur die

Normenkontrolle ausgeschlossen, nicht die Überprüfung der Gültigkeit der Norm iR. einer sog. Inzidentkontrolle. Der Fristablauf führt also nicht zu einer Heilung der Norm.

10. Die Feststellung der Unwirksamkeit der Norm ist allgemeinverbindlich; die Entscheidung ist von dem Antragsgegner ebenso zu veröffentlichen wie die Rechtsvorschrift bekannt zu machen wäre, § 47 Abs. 5 S. 2, 2. Halbs. VwGO. Für die Wirkung der Entscheidung gilt iÜ. § 183 VwGO entspr., § 47 Abs. 5 S. 3 VwGO.

Wird der Normenkontrollantrag abgelehnt, so wirkt diese Entscheidung nur zwischen den Beteiligten, § 121 Nr. 1 VwGO (BVerwGE 68, 306). Es ist also nicht mit Allgemeinverbindlichkeit die Rechtswirksamkeit der Norm festgestellt. Ein Dritter ist nicht gehindert, gegen dieselbe Norm erneut einen Normenkontrollantrag zu stellen.

11. Der Normenkontrollantrag kann zunächst auch ohne Begründung eingereicht werden. Diese Verfahrensweise empfiehlt sich, wenn zur Vorbereitung der Antragsbegründung zunächst die Planaufstellungsakte vom Gericht beigezogen, § 99 VwGO, und in sie Einsicht genommen werden soll, § 100 VwGO. Außerhalb eines Normenkontrollverfahrens wird die Einsichtnahme von den Gemeinden häufig mit der Begründung verweigert, bei dem Planaufstellungsverfahren handele es sich um ein Rechtssetzungsverfahren, nicht um ein Verwaltungsverfahren, so dass ein Akteneinsichtsrecht nach § 29 VwVfG nicht bestehe (s. dazu Form. V. A. 3 Anm. 3).

12. Nach § 47 Abs. 2 S. 1 VwGO ist der Normenkontrollantrag nur zulässig, wenn der Antragsteller geltend macht, durch die Rechtsvorschrift oder deren Anwendung in seinen Rechten verletzt zu sein oder in absehbarer Zeit verletzt zu werden. Die Geltendmachung bloßer Nachteile genügt nicht. Antragsbefugt ist in jedem Falle derjenige, für dessen Grundstück der Bebauungsplan Festsetzungen trifft (BVerwG NVwZ 1998, 732). Darüber hinaus hat das in § 1 Abs. 6 u. 7 BauGB enthaltene Abwägungsgebot drittschützenden Charakter hinsichtlich solcher privater Belange, die für die Abwägung erheblich sind (BVerwG E 107, 215 = NJW 1999, 592; NVwZ 1999, 987). Aus diesem Grunde kann antragsbefugt auch der Eigentümer eines außerhalb des Planbereiches gelegenen Grundstücks sein, der eine Verletzung abwägungsbeachtlicher privater Belange geltend macht (BVerwG NVwZ 2001, 431).

Ist die Hürde des § 47 Abs. 2 S. 1 VwGO überwunden, kann der Antragsteller also geltend machen, durch die Rechtsvorschrift oder ihre Anwendung in seinen Rechten betroffen zu sein, ist die gesamte Norm zulässiger Gegenstand des Normenkontrollverfahrens mit Ausnahme der Bestimmungen, die unter Heranziehung des Rechtsgedankens aus § 139 BGB wegen ihres eigenständigen Regelungsgehalts vom Normgefüge abtrennbar sind (BVerwG DVBl. 2005, 719 – Leitsatz). Die Rechtsnorm, im Beispielsfalle der Bebauungsplan, kann also auch wegen eines Fehlers für unwirksam erklärt werden, durch den Interessen des Antragstellers nicht berührt werden (s. Anm. 14).

Daneben muss das allg. Rechtsschutzbedürfnis für den Antrag gegeben sein. Dies ist nicht der Fall, wenn die Feststellung der Nichtigkeit der Norm nicht geeignet ist, die Rechtsposition des Antragstellers zu verbessern (BVerwG BauR 2008, 2031), etwa weil auf der Grundlage der Norm bereits bestandskräftige Verwaltungsakte erlassen worden sind (BVerwGE 78, 85; DVBl. 1989, 660; VGH Kassel BauR 1980, 536; OVG Berlin BauR 1980, 539; ZfBR 1986, 152; OVG Münster NWVBl. 2004, 98).

13. Vgl. dazu Form. V. A. 2.

14. Nach § 47 Abs. 2a VwGO ist der Normenkontrollantrag unzulässig, wenn der Antragsteller zur Begründung des Normenkontrollantrages nur Mängel des Bebauungsplanes geltend macht, die er im Verfahren der Öffentlichkeitsbeteiligung nach § 3 Abs. 2, § 13 Abs. 2 Nr. 2 oder § 13a Abs. 2 Nr. 1 BauBG nicht oder nicht fristgerecht geltend gemacht hat, aber hätte geltend machen können (s. dazu Form. V. A. 1 Anm. 1). Hat er solche Mängel fristgerecht geltend gemacht, ist also der Normenkontrollantrag zulässig, kann sich der Antragsteller auch auf solche Einwendungen berufen, die er bisher nicht geltend gemacht hat (OVG Münster BauR 2008, 2032).

15. Ein Bebauungsplan ist eine Satzung, § 10 Abs. 1 BauGB, also eine Rechtsnorm. Als solcher ist der Bebauungsplan entweder gültig oder unwirksam. Dies bedeutet, dass Abwägungsfehler, die beachtlich sind, zur Unwirksamkeit des Planes im Verhältnis zu jedermann führen, und zwar unabhängig davon, ob das Abwägungsgebot gerade gegenüber demjenigen, der die Unwirksamkeit des Planes rügt, verletzt wurde. Aus diesem Grunde kann hier mit Aussicht auf Erfolg ein Abwägungsfehler gerügt werden, der an sich die Interessen der Antragsteller nicht berührt. Damit besteht eine andere Situation als zB. bei der Anfechtung eines Planfeststellungsbeschlusses, der ein Verwaltungsakt ist. Hier kann nur die Verletzung des Abwägungsgebotes gegenüber dem Kläger gerügt werden (BVerwGE 48, 56/66 = DÖV 1975, 605; 1984, 426 f.; NJW 1988, 1288; NVwZ 1988, 534 f.).

16. Gegen die Entscheidung des OVG kann Revision oder Revisionsnichtzulassungsbeschwerde eingelegt werden, §§ 132, 133 VwGO.

Kosten und Gebühren

Nach Nr. 5112 KV fällt für das Verfahren im Allg. eine 4,0-Gerichtsgebühr an. Diese ermäßigt sich in den unter Nr. 5113 aufgeführten Fällen der Beendigung des gesamten Verfahrens auf eine 2,00-Gebühr.

Der RA erhält für die Vertretung im erstinstanzlichen Verfahren vor dem OVG eine 1,6-Verfahrensgebühr nach Nr. 3302 Nr. 2 VV und eine 1,2-Terminsgebühr nach Nr. 3104 VV, Vorb. 3.3.1 VV.

2. Antrag auf Erlass einer einstweiligen Anordnung (§ 47 Abs. 6 VwGO)[1]

An das
Oberverwaltungsgericht[2]
...... Senat

In Sachen

der Eheleute ...... **(Antragsteller)**

Verfahrensbevollmächtigter: ......

gegen die Gemeinde ...... **(Antragsgegnerin)[3]**

beantrage ich unter Hinweis auf meine in dem Normenkontrollverfahren Az. ...... überreichte Vollmacht[4],

durch den Erlass einer einstweiligen Anordnung nach § 47 Abs. 6 VwGO für Recht zu erkennen:

I. Der am ...... in Kraft getretene Bebauungsplan[5] ...... wird bis zur Entscheidung über den Normenkontrollantrag der Antragsteller vom ...... (Az.: ......)[6] außer Vollzug gesetzt.

II. Die Antragsgegnerin trägt die Kosten des Verfahrens.

Zur Begründung führe ich aus:

I. Die Antragsteller sind Eigentümer des an der A-Straße in ...... gelegenen, mit einem mehrgeschossigen Wohnhaus bebauten Grundstücks. Zur Beseitigung der höhengleichen Kreuzung der A-Straße mit der Bahnlinie S-P, die als Hochgeschwindigkeitsstrecke ausgebaut werden soll, plant die Antragsgegnerin eine Neutrassierung der A-Straße mit einer Bahnüberführung. Eine entpr. Festsetzung enthält der am ...... in

Kraft getretene Bebauungsplan ...... Dieser setzt ferner beidseitig der A-Straße ein Allgemeines Wohngebiet fest. Für die vorhandene und für die geplante Wohnbebauung werden in dem Bebauungsplan teilweise Lärmschutzmaßnahmen vorgesehen. Gegen den Bebauungsplan haben die Antragsteller bei dem erkennenden Senat unter dem Az. ...... einen Normenkontrollantrag gestellt.

II. Der Antrag auf Erlass einer einstweiligen Anordnung nach § 47 Abs. 6 VwGO ist zulässig. Die Antragsteller sind nämlich für den bereits gestellten Normenkontrollantrag nach § 47 Abs. 2 S. 1 VwGO antragsbefugt,[7] weil sie durch die Verwirklichung des Bebauungsplanes in ihren Rechten verletzt werden. Der Bebauungsplan sieht nämlich die Inanspruchnahme einer ca. 1.650 qm großen Teilfläche des Grundstücks der Antragsteller für die Neuführung der A-Straße vor. Die Antragsgegnerin beabsichtigt, diese Teilfläche auf der Grundlage des Bebauungsplanes zu enteignen.

III. Der Antrag ist auch begründet; denn die begehrte einstweilige Anordnung ist zur Abwehr schwerer Nachteile für die Antragsteller dringend geboten.[8]

1. Der Vollzug des Bebauungsplanes, insbes. die Inanspruchnahme einer ca. 1.650 qm großen Teilfläche des Grundstücks der Antragsteller für die Zwecke des Straßenbaus, wird zu einem schwerwiegenden Eingriff in das Grundeigentum der Antragsteller führen.[9] Dieser Eingriff ist im Falle eines Erfolges des Normenkontrollantrages nicht oder nur mit unverhältnismäßigem Aufwand rückgängig zu machen, da die Grundstücksinanspruchnahme Teil eines größeren, die Neutrassierung der Straße und den Bau der Bahnüberführung umfassenden Projektes ist, das praktisch nicht rückabgewickelt werden kann ......[10]

2. Der Vollzug des Bebauungsplanes vor der Entscheidung im Normenkontrollverfahren ist für die Antragsteller auch deshalb nicht hinzunehmen, weil der Bebauungsplan sich schon aus folgendem Grunde als offensichtlich rechtsfehlerhaft erweist:

   Die Festsetzung „Lärmschutz (vegetativ) Höhe = 3 m über Gradiente" an der Neubautrasse der A-Straße zum Schutze des angrenzenden Wohngebietes ist nicht hinreichend konkret und wegen mangelnder inhaltlicher Bestimmtheit unwirksam; sie wird damit den Anforderungen des § 9 Abs. 1 Nr. 24 BauGB nicht gerecht. Was unter einem 3 m hohen vegetativen = pflanzlichen Lärmschutz zu verstehen ist, lässt sich auch durch Auslegung nicht ermitteln (OVG Münster NWVBl. 1994, 224/225) ...... Die Unwirksamkeit der Festsetzung der Lärmschutzeinrichtung erfasst den gesamten Plan, da mit dieser Maßnahme der Konflikt zwischen Wohnbebauung und Verkehrslärm gelöst werden sollte. Es kann nicht davon ausgegangen werden, dass der Rat den Plan auch ohne eine Lärmschutzmaßnahme beschlossen, insbes. angrenzend an die A-Straße ein Allgemeines Wohngebiet festgesetzt hätte (OVG Münster aaO.).[11, 12]

Rechtsanwalt

Schrifttum: *Finkelnburg/Dombert/Külpmann* Rdn. 549 ff.

Anmerkungen

1. Nach § 47 Abs. 6 VwGO kann das Gericht auf Antrag eine einstw. AO erlassen, „wenn dies zur Abwehr schwerer Nachteile oder aus anderen wichtigen Gründen dringend geboten ist."

2. S. Form. V. G. 1 Anm. 1. Zuständig ist das Gericht der Hauptsache.

3. Antragsgegner im Verfahren nach § 47 Abs. 6 VwGO ist stets die Körperschaft, Anstalt oder Stiftung des öffentlichen Rechts, die die Rechtsvorschrift erlassen hat, § 47

Abs. 2 S. 2 VwGO. Ein Hoheitsträger, der die Norm anzuwenden hat, kann nicht daneben in das Verfahren einbezogen werden (VGH Kassel BRS 50 Nr. 54; str.).

4. S. Form. V. D. 2 Anm. 2.

5. Gegen einen beschlossenen, aber noch nicht bekannt gegebenen Bebauungsplan kann eine einstweilige AO nach § 47 Abs. 6 VwGO nicht beantragt werden (OVG Greifswald NordÖR 2000, 37; VGH München NVwZ-RR 2000, 469). Ein späteres Inkrafttreten des Bebauungsplanes heilt den Mangel der Unzulässigkeit nicht (OVG Bautzen NVwZ 1998, 527).

6. Ein Antrag nach § 47 Abs. 6 VwGO kann auch schon vor Anhängigkeit des Normenkontrollverfahrens gestellt werden (OVG Münster BRS 50 Nr. 55). Eine erlassene einstw. AO ist aber entspr. ihrer Funktion, die Entscheidung in der Hauptsache effektiv offen zu halten, vom Fortbestand des Hauptsacheverfahrens abhängig. Sie verliert also mit der Beendigung dieses Verfahrens ihre Wirkung (VGH München BRS 52 Nr. 41).

7. Zu den Voraussetzungen s. Form. V. G. 1.

8. Die Anforderungen decken sich weitgehend mit denen des § 32 BVerfGG. Es ist ein strenger Maßstab anzulegen, weil mit der begehrten Außervollzugsetzung die Entscheidung in der Hauptsache zeitweise im Ergebnis vorweggenommen wird (BVerfG NJW 1977, 430; OVG Münster BRS 35 Nr. 31; 36 Nr. 40; NWVBl. 1993, 29 ff.; 1994, 224; BauR 1996, 826; VGH Kassel BRS 50 Nr. 54; VGH Mannheim DÖV 1997, 1056; OVG Münster BauR 2004, 452). Deshalb müssen die Gründe, die für den Erlass einer einstw. AO sprechen, so schwer wiegen, dass die einstw. AO unabweisbar erscheint (OVG Schleswig NordÖR 2001, 161). Dabei sind die Folgen, die eintreten werden, wenn eine einstw. AO nicht erginge, der Normenkontrollantrag aber Erfolg hätte, gegenüber den Nachteilen abzuwägen, die entstünden, wenn die begehrte einstw. AO erlassen wird, der Normenkontrollantrag aber erfolglos bleibt (OVG Münster NWVBl. 1994, 171; VGH Mannheim NVwZ 2001, 827). IRd. somit vorzunehmenden Interessenabwägung spielen die Erfolgsaussichten des Normenkontrollantrages nur dann eine Rolle, wenn sich dieser Antrag von vornherein als offensichtlich erfolgreich (VGH München BauR 1999, 1275; OVG Lüneburg NVwZ 2002, 109) oder nicht erfolgreich (OVG Greifswald LKV 1998, 508) erweist. Dass der Normenkontrollantrag offensichtlich Erfolg haben wird, reicht aber zum Erlass der einstw. AO allein nicht aus (VGH Kassel NVwZ-RR 2000, 655).

Ein Bebauungsplan kann auch dann vorläufig außer Vollzug gesetzt werden, wenn er an einem Verfahrensmangel leidet, der in einem ergänzenden Verfahren behoben werden kann (OVG Münster BauR 2000, 851).

9. Die einstw. AO verbietet lediglich die künftige Anwendung der Norm (OVG Münster UPR 1997, 379 – Leitsatz). Für den Antrag auf Erlass einer einstw. AO fehlt also das allg. Rechtsschutzinteresse, wenn der Bebauungsplan durch die Erteilung von Baugenehmigungen und Vorbescheiden im Wesentlichen bereits umgesetzt ist (OVG Münster ZfBR 1994, 195; UPR 1997, 379 – Leitsatz), die AO also für den Antragsteller nichts Positives mehr bewirkt. Den Bestand und Vollzug bereits erteilter Genehmigungen berührt eine einstw. AO nach § 47 Abs. 6 VwGO nicht, § 47 Abs. 5 S. 3 mit § 183 VwGO (VGH München BRS 52 Nr. 41; VGH Kassel BRS 50 Nr. 54; OVG Münster NVwZ 2001, 1060). Die Baugenehmigungsbehörde kann auch nicht zur Stilllegung von bereits begonnenen Bauvorhaben verpflichtet werden (OVG Münster UPR 2001, 394).

10. Die Antragsteller können die Unwirksamkeit des Bebauungsplanes auch im Enteignungsverfahren geltend machen. In diesem Falle hat die Enteignungsbehörde oder das mit der Überprüfung eines Enteignungsbeschlusses und/oder einer vorläufigen Besitzeinweisung befasste Gericht die Gültigkeit des Bebauungsplanes „inzidenter" zu überprüfen. Diese Inzidentprüfung ist aber erfahrungsgemäß nicht so gründlich wie die Überprüfung in einem Normenkontrollverfahren. Auf sie sollte sich deshalb der Betroffene nicht verlassen.

11. Ein Haftungsrisiko besteht für den Antragsteller in dem Falle, dass der Antrag auf Erlass einer einstw. AO Erfolg hat, der Normenkontrollantrag jedoch abgelehnt wird, nicht. § 945 ZPO findet keine Anwendung; es fehlt eine dem § 123 Abs. 3 VwGO entspr. Regelung.

12. Entscheidungen nach § 47 Abs. 6 VwGO können in entspr. Anwendung des § 80 Abs. 7 VwGO mit Wirkung für die Zukunft geändert werden (OVG Münster NVwZ-RR 1999, 473; OVG Lüneburg NVwZ-RR 2002, 700).

Kosten und Gebühren

Nach Nr. 5220 KV fällt eine 2,0-Gerichtsgebühr an.

Nach § 17 Nr. 4 b RVG sind das Verfahren in der Hauptsache und das Verfahren über einen Antrag auf Erlass einer einstw. AO verschiedene Angelegenheiten. Ungeklärt ist, ob der RA für den Antrag auf Erlass einer einstw. AO eine 1,6-Verfahrensgebühr nach Nr. 3300 VV oder eine 1,3-Verfahrensgebühr nach Nr. 3100 VV erhält. Richtiger dürfte der Ansatz einer 1,6-Verfahrensgebühr sein, weil das OVG als erstinstanzliches Gericht und nicht als Berufungsgericht tätig wird (so schon zum alten Recht OVG Münster NVwZ-RR 1990, 667; VGH München NVwZ-RR 1997, 672; jetzt *Beutling* Rdn. 459; aA. zum alten Recht VGH Mannheim AnwBl. 1997, 668; OVG Hamburg NVwZ-RR 1996, 546).

VI. Verfassungsrecht

1. Verfassungsbeschwerde gegen Zivilgerichtsurteil (Art. 5 Abs. 1 GG)

An das
Bundesverfassungsgericht

Verfassungsbeschwerde

des Herrn ......

– Beschwerdeführer –

Verfahrensbevollmächtigter[1]: Rechtsanwalt ......

wegen[2]: Urteil des Landgerichts H. vom ...... Az. ...... (Fotokopie Anlage 1)[3].

Ich zeige an, dass mir der Beschwerdeführer Vollmacht erteilt (Anlage 2)[4] und mich mit der Wahrnehmung seiner Interessen beauftragt hat.

Namens und im Auftrag des Beschwerdeführers erhebe ich

Verfassungsbeschwerde

gegen die Entscheidung[5]

des Landgerichts H. vom ...... Az. ......

Gerügt wird die Verletzung des Art. 5 Abs. 1 GG[6].

Begründung[7]

I. Sachverhalt[8]

Der Beschwerdeführer, Leiter der Pressestelle der Stadt H., hatte zum Boykott des Veit-Harlan-Films „Jud Süß" aufgerufen. Das Landgericht H. untersagte ihm entsprechende Äußerungen.

II. Rechtsausführungen

§ 1 Zulässigkeit

(1) Fristberechnung[9]

a) Die Frist zur Erhebung einer Verfassungsbeschwerde beginnt bei Urteilen im Zivilprozess mit der Zustellung der vollständigen Entscheidung (§ 93 Abs. 1 S. 2 BVerfGG).

b) Die Verfassungsbeschwerde ist deshalb fristgerecht eingelegt worden. ......

(2) Erschöpfung des Rechtswegs

a) Grundsätzlich ist die Verfassungsbeschwerde subsidiär: der Rechtsweg muss erschöpft sein, § 90 Abs. 2 BVerfGG.

b) Im vorliegenden Fall liegen die beiden Ausnahmefälle des § 90 Abs. 2 S. 2 BVerfGG vor: die Verfassungsbeschwerde ist von allgemeiner Bedeutung, weil sie grundsätzliche verfassungsrechtliche Fragen aufwirft. Außerdem entstünde dem Beschwerdeführer ein schwerer und unabwendbarer Nachteil, wenn er zunächst auf den Rechtsweg verwiesen würde[10].

(3) Zum Prüfungsumfang bei Gerichtsentscheidungen

a) „Das Bundesverfassungsgericht ist nicht befugt, seine eigene Wertung des Einzelfalls nach Art eines Rechtsmittelgerichts an die Stelle derjenigen des zuständigen Richters

zu setzen. Es kann vielmehr in derartigen Fällen eine Verletzung des Grundrechts der unterlegenen Partei (abgesehen vom Willkürverbot, vgl. BVerfGE 85, 248 [257 f.]) nur feststellen, wenn der zuständige Richter entweder nicht erkannt hat, dass es sich um eine Abwägung widerstreitender Grundrechtsbereiche handelt, oder wenn seine Entscheidung auf einer grundsätzlich unrichtigen Anschauung von der Bedeutung des einen oder anderen der Grundrechte, insbesondere vom Umfang ihrer Schutzbereiche (zum „Schutzbereich" vgl. BVerfG, NJW 2002, 663 und dazu Spranger, NJW 2002, 2074), beruht", BVerfGE 30, 173/197. Das ist der Fall, wenn die von den Fachgerichten vorgenommene Auslegung der Norm die Tragweite des Grundrechts nicht hinreichend berücksichtigt oder ein Ergebnis zu einer unverhältnismäßigen Beschränkung der grundrechtlichen Freiheit führt, BVerfG (K), NJW 2002, 2090.

b) „Wie die richtige Lösung einer bürgerlich-rechtlichen Streitigkeit konkret auszusehen hat, ist im Grundgesetz nicht vorgeschrieben. ...... Die Grenzen der Eingriffsmöglichkeiten des Gerichts hängen von der Intensität der Grundrechtsbeeinträchtigung ab. Je nachhaltiger ...... ein zivilgerichtliches Urteil im Ergebnis die Grundrechtssphäre des Unterlegenen betrifft, desto strengere Anforderungen sind an die Begründung dieses Eingriffs zu stellen und desto weiterreichend sind folglich die Nachprüfungsmöglichkeiten des Bundesverfassungsgerichts; in Fällen höchster Eingriffsintensität ...... ist es durchaus befugt, die von den Zivilgerichten vorgenommene Wertung durch seine eigene zu ersetzen", BVerfGE 42, 147 ff.

c) Diese Voraussetzungen sind im vorliegenden Fall gegeben. ......

§ 2 Begründetheit

(1) a) Grundsatz

„Das Grundrecht auf freie Meinungsäußerung ist als unmittelbarster Ausdruck der menschlichen Persönlichkeit in der Gesellschaft eines der vornehmsten Menschenrechte überhaupt. ...... Für eine freiheitlich-demokratische Staatsordnung ist es schlechthin konstituierend, denn es ermöglicht erst die ständige geistige Auseinandersetzung, den Kampf der Meinungen, der ihr Lebenselement ist", BVerfGE 7, 198/208; s. dazu auch BVerfGE 76, 196 (208 f.).

b) „Schaukeltheorie"

„Die gegenseitige Beziehung zwischen Grundrecht und ‚allgemeinem Gesetz' ist also nicht als einseitige Beschränkung der Geltungskraft des Grundrechts durch die ‚allgemeinen Gesetze' aufzufassen; es findet vielmehr eine Wechselwirkung in dem Sinne statt, dass die ‚allgemeinen Gesetze' zwar dem Wortlaut nach dem Grundrecht Schranken setzen, ihrerseits aber aus der Erkenntnis der wertsetzenden Bedeutung dieses Grundrechts im freiheitlichen-demokratischen Staat ausgelegt und so in ihrer das Grundrecht begrenzenden Wirkung selbst wieder eingeschränkt werden müssen", BVerfGE 7, 198/208 f.

c) Begriff des „allgemeinen Gesetzes"

„Allgemeine Gesetze" sind solche, „die nicht eine Meinung als solche verbieten ......, die vielmehr dem Schutze eines schlechthin, ohne Rücksicht auf eine bestimmte Meinung, zu schützenden Rechtsgutes dienen", BVerfGE 7, 198/209.

d) Güterabwägung

„Es wird deshalb eine ‚Güterabwägung' erforderlich: das Recht zur Meinungsäußerung muss zurücktreten, wenn schutzwürdige Interessen eines anderen von höherem Rang durch die Betätigung der Meinungsfreiheit verletzt würden", BVerfGE 7, 198/210.

(2) Eine Meinungsäußerung, die eine Aufforderung zum Boykott enthält, verstößt nicht notwendig gegen die guten Sitten im Sinne des § 826 BGB; sie kann bei Abwägung aller Umstände des Falls durch die Freiheit der Meinungsäußerung verfassungsrechtlich gerechtfertigt sein. So liegt es hier. ......

§ 3 Annahmevoraussetzungen[11]

Die Voraussetzungen für die Annahme der Verfassungsbeschwerde zur Entscheidung sind gegeben (§ 93 a BVerfGG)[12].

(1) Der Verfassungsbeschwerde kommt grundsätzliche Bedeutung zu (§ 93 a Abs. 2 a BVerfGG). Diese ist nur gegeben, wenn die Verfassungsbeschwerde eine verfassungsrechtliche Frage aufwirft, die sich nicht ohne weiteres aus dem Grundgesetz beantworten lässt und noch nicht durch die verfassungsgerichtliche Rechtsprechung gelöst oder die durch die veränderten Verhältnisse erneut klärungsbedürftig geworden ist (BVerfG NJW 1994, 993)[13].

So liegt es hier ......[14]

(2) Unabhängig davon[15] ist aber die Annahme der Verfassungsbeschwerde zur Durchsetzung des hier als verletzten Grundrechts angezeigt (§ 93 a Abs. 2 b BVerfGG). Das ist der Fall, wenn die geltend gemachte Verletzung von Grundrechten oder grundrechtsgleichen Rechten besonderes Gewicht hat oder den Beschwerdeführer in existentieller Weise betrifft. Besonders gewichtig ist eine Grundrechtsverletzung, die auf eine generelle Vernachlässigung von Grundrechten hindeutet oder wegen ihrer Wirkung geeignet ist, von der Ausübung von Grundrechten abzuhalten. Eine geltend gemachte Verletzung hat ferner dann besonderes Gewicht, wenn sie auf einer groben Verkennung des durch ein Grundrecht gewährten Schutzes oder einem geradezu leichtfertigen Umgang mit grundrechtlich geschützten Positionen beruht oder rechtsstaatliche Grundsätze krass verletzt. Eine existenzielle Betroffenheit des Beschwerdeführers kann sich vor allem aus dem Gegenstand der angegriffenen Entscheidung oder seiner aus ihr folgenden Belastung ergeben, BVerfG NJW 1994, 993[16].

So liegt es hier ......

Schrifttum: Hillgruber/Goos, Verfassungsprozessrecht, 2. Aufl. 2006; *Kleine-Cosack,* Verfassungsbeschwerden und Menschenrechtsbeschwerden, 2. Aufl. 2007; *Lechner/Zuck,* BVerfGG, 5. Aufl. 2006, Anm. zu §§ 90 ff.; *Maunz/Schmidt-Bleibtreu/Klein/Bethge,* BVerfGG, Anm. zu §§ 90 ff.; *Schlaich/Korioth,* Das Bundesverfassungsgericht, 7. Aufl. 2007; *Pieroth/Silberkuhl,* Die Verfassungsbeschwerde, 2008; *Umbach/Clemens/Dollinger,* BVerfGG, 2. Aufl. 2005, Anm. zu §§ 90 ff.; *Zuck,* in: Beck'sches Rechtsanwalts-Handbuch, 9. Aufl. 2007, S. 1489 ff.; *Zuck,* Das Recht der Verfassungsbeschwerde, 3. Aufl. 2009.

Anmerkungen

1. Es herrscht kein Anwaltszwang, § 22 BVerfGG.

2. Es gibt im Verfassungsbeschwerdeverfahren keine Gegner, sondern nur Beteiligte.

3. Es ist unbedingt erforderlich, die angegriffenen Entscheidungen sowie die sonstigen entscheidungserheblichen Unterlagen (in Fotokopie) beizufügen. Geschieht das nicht innerhalb der Begründungsfrist, ist die Verfassungsbeschwerde unzulässig. Das BVerfG zieht in der Regel selbst keine Akten bei! Der Verfassungsbeschwerdeschriftsatz sollte dem Gericht 3fach vorgelegt werden (je eine Fertigung für jedes Mitglied der Kammer nach § 93 b BVerfGG). Der Vorsitzende oder der Berichterstatter entscheiden zu gegebener Zeit, wieviele weitere Abschriften vorzulegen sind, § 23 Abs. 3 BVerfGG.

4. Zur (Spezial-)Vollmacht nach § 22 Abs. 2 BVerfGG vgl. Form. VI. 15.

5. Die Verfassungsbeschwerde richtet sich gegen alle die Entscheidungen, die den Beschwerdeführer belasten. Es genügt deshalb häufig nicht, nur die Endentscheidung anzugreifen, s. § 92 BVerfGG.

6. § 92 BVerfGG schreibt die förmliche Grundrechtsrüge vor. Das Bundesverfassungsgericht kann auch nicht gerügte Grundrechte in seine Überlegungen miteinbeziehen, ist dazu aber nicht verpflichtet. Dagegen ist es im Regelfall überflüssig (aber auch unschädlich), einen Antrag auszuformulieren. Das gilt auch für die Anordnung der Auslagenerstattung nach § 34 a Abs. 2 BVerfGG.

7. §§ 23, 92 BVerfGG schreiben eine Begründung vor. Wichtig ist, dass diese Begründung innerhalb der Fristen des § 93 BVerfGG vorzulegen ist. Das schließt nicht aus, „die Begründung der Verfassungsbeschwerde nachträglich in tatsächlicher und rechtlicher Hinsicht zu ergänzen. Dies darf jedoch nicht dazu führen, dass nach Fristablauf ein neuer Sachverhalt ...... zum Gegenstand der Verfassungsbeschwerde gemacht wird", BVerfGE 18, 85/89.

8. Vgl. dazu BVerfGE 7, 198 ff.

9. Wiedereinsetzung in den vorigen Stand gibt es nunmehr auch im Verfassungsbeschwerdeverfahren, vgl. § 93 Abs. 2 BVerfGG. Dies betrifft aber nur den Sachverhalt des Abs. 1, nicht den des Abs. 3.

10. BVerfGE 9, 120/121. Aber Achtung: Das Bundesverfassungsgericht hat bislang nur in wenigen Fällen das Vorliegen der Ausnahmen des § 90 Abs. 2 S. 2 BVerfGG bejaht. Verfassungsbeschwerden gegen Zwischenentscheidungen sind in der Regel unzulässig: vgl. *Zuck*, AnwBl. 2009, 332 ff.

11. Über die Annahme der Verfassungsbeschwerde zur Entscheidung entscheidet die zuständige Kammer, vgl. §§ 15 a, 93 b BVerfGG. Zu diesem Zweck muss sich die Kammer mit der Zulässigkeit und Begründetheit der Verfassungsbeschwerde schon beschäftigt haben. Die Klärung der Annahmevoraussetzungen ist deshalb gegenüber der Erörterung der Zulässigkeit (§ 1) und der Begründetheit (§ 2) nachrangig.

12. Die Annahmevoraussetzungen des § 93 a Abs. 2 BVerfGG sind alternativ.

13. Über die Beantwortung der verfassungsrechtlichen Frage müssen also ernsthafte Zweifel bestehen. Anhaltspunkt für eine grundsätzliche Bedeutung in diesem Sinne kann sein, dass die Frage in der Fachliteratur kontrovers diskutiert oder in der Rechtsprechung der Fachgerichte unterschiedlich beantwortet wird. An ihrer Klärung muss zudem ein über den Einzelfall hinausgehendes Interesse bestehen. Das kann etwa dann der Fall sein, wenn sie für eine nicht unerhebliche Anzahl von Streitigkeiten bedeutsam ist oder ein Problem von einigem Gewicht betrifft, das in künftigen Fällen erneut Bedeutung erlangen kann. Bei der Prüfung der Annahme muss bereits absehbar sein, dass sich das BVerfG bei seiner Entscheidung über die Verfassungsbeschwerde mit der Grundsatzfrage befassen muss. Kommt es auf sie hingegen nicht entscheidungserheblich an, so ist eine Annahme nach § 93 a Abs. 2 a BVerfGG nicht geboten, vgl. BVerfG NJW 1994, 993. Die damit verbundenen Fragen sind bis heute noch nicht abschließend geklärt, vgl. *Klein,* NJW 1993, 2073; *Zuck* NJW 1993, 2641. Die grundsätzliche Bedeutung fehlt, wenn es sich um ausgelaufenes Recht handelt, BVerfG (K) NJW 2002, 2091.

14. Die Behauptung trifft nur auf den Zeitpunkt der Entscheidung BVerfGE 7, 198, der der Fall nachgebildet ist, zu. Heute ist die verfassungsrechtliche Frage durch BVerfGE 7, 198 geklärt. Für einen vergleichbaren Fall fehlte es an der grundsätzlichen Bedeutung. Angesichts einer mehr als 40-jährigen Rechtsprechung wird deshalb eine Verfassungsbeschwerde von grundsätzlicher Bedeutung selten sein. Das wird – beispielhaft – deutlich in BVerfG NJW 1994, 2347 f.

15. Vgl. Anm. 12.

16. Ein besonders schwerer Nachteil ist jedoch dann nicht anzunehmen, wenn die Verfassungsbeschwerde keine hinreichende Aussicht auf Erfolg hat oder wenn deutlich abzusehen ist, dass der Beschwerdeführer auch im Falle einer Zurückverweisung an das Ausgangsgericht im Ergebnis keinen Erfolg haben würde, vgl. BVerfG NJW 1994, 993. S. a. Anm. 13.

Kosten und Gebühren

Das Verfahren ist grundsätzlich kostenfrei, § 34 Abs. 1 BVerfGG; vgl. im Übrigen die Form. VI. 17, 18. Das Risiko der Missbrauchsgebühr ist zu beachten (§ 34 Abs. 2 BVerfGG). Achtung: Die Missbrauchsgebühr (bis zu EUR 2.600,–) fällt nicht nur an, wenn die Formalien der Verfassungsbeschwerde grob missachtet werden und bei sinnlosem Rechtsvortrag, sondern auch bei leichtfertig unrichtigem Tatsachenvortrag, BVerfG (K) NJW 2002, 955.

Fristen und Rechtsmittel

Die Verfassungsbeschwerde ist binnen eines Monats zu erheben, wenn sie sich gegen ein Gesetz richtet, binnen eines Jahres, § 93 BVerfGG. Die Verfassungsbeschwerde hat keine aufschiebende Wirkung. Rechtsmittel gibt es gegen die Endentscheidungen des Bundesverfassungsgerichts im Verfassungsbeschwerdeverfahren nicht. Gegen die Entscheidung des Bundesverfassungsgerichts über den Erlass einer einstweiligen Anordnung im Verfassungsbeschwerdeverfahren gibt es ebenfalls keinen Rechtsbehelf (§ 32 Abs. 3 S. 2 BVerfGG).

2. Verfassungsbeschwerde gegen Strafgerichtsurteil (Art. 19 Abs. 4, 101 Abs. 1, 103 Abs. 1 GG)

An das
Bundesverfassungsgericht

Verfassungsbeschwerde[1]

des Herrn ……

– Beschwerdeführer –

Verfahrensbevollmächtigter: Rechtsanwalt ……

wegen:

1. Urteil des Amtsgerichts S. vom …… Az. ……
(Fotokopie Anlage 1)

2. Urteil des Landgerichts S. vom …… Az. ……
(Fotokopie Anlage 2)

Ich zeige an, dass mir der Beschwerdeführer Vollmacht erteilt (Anlage 3) und mich mit der Wahrnehmung seiner Interessen beauftragt hat.

Namens und im Auftrag des Beschwerdeführers erhebe ich

Verfassungsbeschwerde

gegen

1. Urteil des Amtsgerichts S. vom …… Az. ……

2. Urteil des Landgerichts S. vom …… Az. ……

Gerügt wird die Verletzung der Grundrechte des Beschwerdeführers aus Art. 19 Abs. 4, 101 Abs. 1, 103 Abs. 1 GG.

Begründung

I. Sachverhalt

L. war vom Amtsgericht wegen eines Verkehrsverstoßes durch Strafbefehl zu einer Geldstrafe verurteilt worden. Das Landgericht gab der Berufung nicht statt. Der Einspruch gegen den Strafbefehl sei verspätet eingegangen. Die 4-tägige Post-Laufzeit müsse sich L. zurechnen lassen. L. hat Anhörungsrüge erhoben, über die noch nicht entschieden ist[2]. Der Vorsitzende der Berufungskammer war von Gesetzes wegen vom Verfahren ausgeschlossen. Er nahm aber intensiv Einfluss auf die Terminsanberaumung durch den nunmehr zuständigen Richter.

II. Rechtsausführungen

§ 1 Zulässigkeit[3]

(1) ……

(2) ……

(3) Die Anhörungsrüge gemäß § 33a StPO wurde am …… eingelegt. Die Verfassungsbeschwerde ist damit auch im Hinblick auf die Rüge der Verletzung von Art. 103 Abs. 1 GG zulässig[2].

(4) Zum Prüfungsumfang bei Gerichtsentscheidungen

a) Strafgerichtliche Urteile können nur darauf überprüft werden, ob bei der Anwendung einfachen Gesetzesrechts Grundrechte des Verurteilten verletzt worden sind, BVerfGE 12, 113/124.
Dabei ist die Intensität der Grundrechtsbeeinträchtigung von Bedeutung, BVerfGE 43, 130/135 f.

b) Die Auslegung der StPO ist grundsätzlich Sache der ordentlichen Gerichte, BVerfGE 9, 89/102. Allerdings fordert der Grundsatz der Verhältnismäßigkeit, dass die Maßnahme unerlässlich ist, dass sie in angemessenem Verhältnis zur Schwere der Tat steht und dass die Stärke des bestehenden Tatverdachts sie rechtfertigt. Insofern steht die Verfahrensgestaltung unter dem Gebot des Grundrechtsschutzes, BVerfGE 17, 108/117 f.

§ 2 Begründetheit

(1) Art. 19 Abs. 4 und Art. 103 Abs. 1 GG gebieten, § 44 StPO dahin auszulegen, dass dem Bürger bei der schriftlichen Einlegung des Einspruchs gegen einen Strafbefehl Verzögerungen der Briefbeförderung oder der Briefzustellung durch die Deutsche Bundespost, die er nicht zu vertreten hat, nicht zugerechnet werden, BVerfGE 41, 23/25.

Mit einer 4-tägigen Post-Laufzeit musste der Beschwerdeführer nicht rechnen.

(2) Art. 101 Abs. 1 S. 2 GG ist auch dann verletzt, wenn ein ausgeschlossener Kammervorsitzender durch seine Autorität die Terminsanberaumung eines anderen Richters maßgeblich beeinflusst, BVerfGE 4, 412/422[4].

……

§ 3 Annahmevoraussetzungen[5]

……

Schrifttum: S. Form. VI. 1; außerdem *Zuck,* in: Beck'sches Handbuch für den Strafverteidiger, 5. Aufl. 2009.

Anmerkungen

1. Zum Rubrum s. die Anm. 1–7 zu Form. VI. 1. **Achtung:** Die Monatsfrist zur Einlegung einer Verfassungsbeschwerde gegen ein Strafgerichtsurteil beginnt (schon) mit der formlosen Zusendung der Entscheidung an den Verteidiger, BVerfG NJW 1991, 2623. Ist der Revisionsführer bei der Verkündung der Entscheidung selbst anwesend und unterbleibt ein Antrag nach § 35 Abs. 1 StPO, dann beginnt die Frist mit der Verkündung des Revisionsurteils. Es ist dann geboten, nach § 93 Abs. 1 S. 3 2. Halbsatz BVerfGG zu verfahren.

2. S. dazu §§ 33 a, 311 a, 356 a StPO und generell zum AnhörungsrügenG (BGBl. I 2004, 3220) *Zuck* NJW 2005, 1226 ff. **Achtung:** Für die **Anhörungsrüge** nach § 356 a StPO ist eine Wochenfrist zu wahren. Der Beschwerdeführer ist in seiner Rüge zu Art. 103 Abs. 1 GG auf die Angriffe beschränkt, die Gegenstand seiner Anhörungsrüge sind. Wegen anderer Grundrechtsrügen sollte binnen Monatsfrist isoliert Verfassungsbeschwerde eingelegt werden. Diese kann bis zur Entscheidung über die Anhörungsrüge ins Allgemeine Register gestellt werden. Gegen den Ablehnungsbeschluss sollte eine gesonderte Verfassungsbeschwerde eingelegt werden. Diese kann dann mit der ersten, in das Allgemeine Register gestellten Verfassungsbeschwerde verbunden werden.

Auch im Bereich des Strafprozessrechts dürfte gelten, dass eine Sekundärrüge (die Verletzung des rechtlichen Gehörs wurde bereits im Instanzenzug vor den Fachgerichten geltend gemacht) vor dem BVerfG unzulässig ist. Ob die Anhörungsrüge statthaft und zulässig war, entscheidet – ohne Bindung an die nachfolgende Fachgerichtsentscheidung – das BVerfG in eigener Zuständigkeit (BVerfG, Beschl. v. 14. 5. 2007 – 1 BvR 730/07 – NJW-RR 2008, 75 f.). In Bezug auf die fristgerechte Einlegung der Verfassungsbeschwerde besteht somit ein in jederlei Hinsicht *hohes Risiko!*

§ 33 a StPO ist auch im **berufsgerichtlichen Verfahren vor dem AnwG** zu beachten (BVerfG, Beschl. v. 25. 11. 2008 – 1 BvR 848/07 – BrakMitt. 2009, 73 ff.).

3. S. Form. VI. 1 und dort Text II. § 1.

4. Art. 101 Abs. 1 S. 2 GG schützt nur vor Willkür, nicht vor Irrtum; s. BVerfGE 3, 359/364 f., vgl. etwa BVerfGE 86, 133 (143); BVerfG (K) NJW 2002, 814. Zu überbesetzten gerichtlichen Spruchkörpern vgl. Plenumsbeschluss des BVerfG v. 8. 4. 1997 – BVerfGE 95, 320.

5. Vgl. Form VI. 1 und dort Text II. § 3.

Kosten und Gebühren

Das Verfahren ist grundsätzlich kostenfrei, § 34 Abs. 1 BVerfGG; vgl. im Übrigen Form. VI. 1 aE. Das Risiko der Missbrauchsgebühr ist zu beachten (§ 34 Abs. 2 BVerfGG).

3. Verfassungsbeschwerde gegen Verwaltungsgerichtsurteil (Wesentlichkeitstheorie/Art. 14 Abs. 1 GG)

An das
Bundesverfassungsgericht

Verfassungsbeschwerde[1]

des Herrn ......

– Beschwerdeführer –

Verfahrensbevollmächtigter: Rechtsanwalt ......
wegen: Urteil des Bundesverwaltungsgerichts vom ......
Az. ...... (Fotokopie Anlage 1).

Ich zeige an, dass mir der Beschwerdeführer Vollmacht erteilt (Anlage 2) und mich mit der Wahrnehmung seiner Interessen beauftragt hat.

Namens und im Auftrag des Beschwerdeführers erhebe ich

Verfassungsbeschwerde

gegen die Entscheidung

des Bundesverwaltungsgerichts vom ...... Az. ......[2].

Gerügt wird die Verletzung der Grundrechte des Beschwerdeführers aus Art. 2 Abs. 1 GG (Art. 20 Abs. 1 GG), Art. 14 Abs. 1 GG.

Begründung

I. Sachverhalt

Der Beschwerdeführer wird vom geplanten Ausbau des Verkehrsflughafens F. betroffen. Er wehrt sich gegen die Entscheidung des Bundesverwaltungsgerichts, weil das Gericht nach seiner Meinung in individuelle Rechtspositionen eingegriffen und materielle Planungsgrundsätze durch Richterrecht geschaffen hat.

II. Rechtsausführungen

§ 1 Zulässigkeit[3]

(1) ......

(2) ......

(3) a) „Das Bundesverfassungsgericht ist ...... nicht die letzte verwaltungsgerichtliche Instanz, die etwaige Ermessensfehler ebenso umfassend zu prüfen hätte wie die Verwaltungsgerichte vor ihm. Ist eine gerichtliche Nachprüfung behördlichen Ermessensgebrauchs voraufgegangen, so beschränkt sich die Zuständigkeit des Bundesverfassungsgerichts ...... auf die Prüfung, ob die Gerichtsentscheidung selbst“ Verfassungsrechtsnormen verkennt, BVerfGE 9, 338/354.

b) ......

§ 2 Begründetheit

(1) Vorbehalt des Gesetzes – Wesentlichkeitstheorie

a) Aus Rechtsstaats- und Demokratieprinzip folgt grundsätzlich, dass der Gesetzgeber verpflichtet ist, „alle wesentlichen Entscheidungen selbst zu treffen. ...... In welchen Bereichen danach staatliches Handeln einer Rechtsgrundlage im förmlichen Gesetz bedarf, lässt sich nur im Blick auf den jeweiligen Sachbereich und die Intensität der

geplanten oder getroffenen Regelung ermitteln. Die verfassungsrechtlichen Wertungskriterien sind deshalb in erster Linie den tragenden Prinzipien des Grundgesetzes, insbesondere den vom Grundgesetz anerkannten und verbürgten Grundrechten zu entnehmen", BVerfGE 49, 89/126f.

b) Im vorliegenden Fall handelt es sich um eine solche wesentliche Entscheidung. Von einer Flughafenerweiterung werden ganze Landstriche, letzten Endes hunderttausende von Menschen betroffen. Welche Präferenzen zwischen Verkehr/Umweltschutz/Individualrechten zu setzen sind, darf nicht von einem Gericht, sondern muss vom parlamentarischen Gesetzgeber entschieden werden. Der Verstoß gegen den Grundsatz des Vorbehalts des Gesetzes kann im Übrigen über Art. 2 Abs. 1 GG gerügt werden, BVerfGE 46, 202/203.

(2) Verstoß gegen Art. 14 Abs. 1 GG

Das Bundesverwaltungsgericht hat in seiner Entscheidung ausgeführt, dass die Anordnung von Lärmschutzmaßnahmen im Rahmen des § 9 Abs. 2 LuftVG nachgeholt werden kann. Konsequenzen für die Planung als solche ergäben sich daraus nicht. Gegebenenfalls müsse durch eine Enteignungsmaßnahme nach § 28 LuftVG die Voraussetzung für eine Entschädigung geschaffen werden.

Darin liegt ein Verstoß gegen Art. 14 Abs. 1 GG.

a) Grundsatz

Das verfassungsrechtlich geschützte Eigentum ist ...... gekennzeichnet durch Privatnützigkeit ...... und ...... grundsätzliche Verfügungsbefugnis über den Eigentumsgegenstand", BVerfGE 50, 290/339. Der Eigentumsgarantie kommt die Aufgabe zu, dem Grundrechtsträger einen Freiheitsraum im vermögensrechtlichen Bereich zu sichern und ihm dadurch eine eigenverantwortliche Gestaltung seines Lebens zu ermöglichen, BVerfGE 102, 1 (15).

b) Inhalt und Schranken

„Die konkrete Reichweite des Schutzes durch die Eigentumsgarantie ergibt sich erst aus der Bestimmung von Inhalt und Schranken des Eigentums", BVerfGE 50, 290/339f. ...... Das maßstabsbildende Wohl der Allgemeinheit ist sowohl Grund als auch Grenze für die Beschränkung des Eigentümers, BVerfGE 100, 226 (241); 102, 1 (17). „Soweit es um die Funktion des Eigentums als Element der Sicherung der persönlichen Freiheit des einzelnen geht, genießt dieses einen besonders ausgeprägten Schutz. ...... Dagegen ist die Befugnis des Gesetzgebers ...... umso weiter, je mehr das Eigentumsobjekt in einem sozialen Bezug und einer sozialen Funktion steht. ...... Immer muss der Gesetzgeber die schutzwürdigen Interessen der Beteiligten in einen gerechten Ausgleich und ein ausgewogenes Verhältnis bringen, BVerfGE 102, 1 (17). Insbesondere ist der Gesetzgeber an den verfassungsrechtlichen Grundsatz der Verhältnismäßigkeit und an den Gleichheitssatz des Art. 3 Abs. 1 GG gebunden, BVerfGE 102, 1 (17).

c) Das ist hier verkannt worden. ......

§ 3 Annahmevoraussetzungen[4]

Schrifttum: S. Form. VI. 1.

Anmerkungen

1. Zum Rubrum s. die Anm. 1–7 zu Form. VI. 1.

2. Zum Problem Verfassungsbeschwerde gegen die Entscheidung eines OVG (VGH)/Nichtzulassungsbeschwerde vgl. BVerfGE 16, 1 (2); 55, 154 (157). Zur Problematik bei der arbeitsgerichtlichen Nichtzulassungsbeschwerde s. BVerfGE 92, 140/149; (K) NJW 1996, 45.

3. S. Form. VI. 1 und dort Text II. § 1.

4. Vgl. Form. VI. 1 und dort Text II. § 3.

Kosten und Gebühren

Das Verfahren ist grundsätzlich kostenfrei, § 34 Abs. 1 BVerfGG; vgl. im Übrigen Form. VI. 1 aE. Das Risiko der Missbrauchsgebühr ist zu beachten (§ 34 Abs. 2 BVerfGG).

4. Verfassungsbeschwerde gegen Sozialgerichtsurteil (Sozialstaatsprinzip/Art. 3 Abs. 1 GG)

An das
Bundesverfassungsgericht

Verfassungsbeschwerde[1]

des Herrn ......

– Beschwerdeführer –

Verfahrensbevollmächtigter: Rechtsanwalt ......

wegen:

Urteil des Landessozialgerichts Nordrhein-Westfalen vom ...... Az. ......
(Fotokopie Anlage 1)

Ich zeige an, dass mir der Beschwerdeführer Vollmacht erteilt (Anlage 2) und mich mit der Wahrnehmung seiner Interessen beauftragt hat.

Namens und in seinem Auftrag erhebe ich

Verfassungsbeschwerde

gegen das

Urteil des Landessozialgerichts Nordrhein-Westfalen vom ...... Az. ......[2]

Gerügt wird eine Verletzung des Sozialstaatsprinzips in Verbindung mit Art. 3 Abs. 1 GG.

Begründung[3]

I. Sachverhalt

In der knappschaftlichen Rentenversicherung erhält der Versicherte ebenso wie in den Rentenversicherungen der Arbeiter und Angestellten für jedes Kind einen Kinderzuschuss zur Rente. Als Kinder gelten auch Enkel, die der Versicherte vor Eintritt des Versicherungsfalls überwiegend unterhält. Die Verfassungsbeschwerde wehrt sich gegen die Versagung eines Kinderzuschusses für ein nach Eintritt des Versicherungsfalls geborenes Enkelkind.

II. Rechtsausführungen

§ 1 Zulässigkeit[4]

......

§ 2 Begründetheit

(1) a) Grundsatz

Das Sozialstaatsprinzip[5] verpflichtet den Staat, für eine gerechte Sozialordnung zu sorgen. Die Ausgestaltung des Prinzips obliegt aber dem Gesetzgeber, BVerfGE 36, 73 (84); BVerfGE 102, 294 (298). Infolgedessen gibt es auch keine Garantie des bestehenden Systems der Sozialversicherung, BVerfGE 39, 302/314 f.

b) Grundsätze der Sozialversicherung

Die deutsche Sozialversicherung beruht seit alters her nicht allein auf dem Versicherungsprinzip, sondern auch auf den „versicherungsfremden" Prinzipien der Fürsorge und des sozialen Ausgleichs, BVerfGE 39, 316/330. Das Sozialstaatsprinzip verlangt auch, dass die staatliche Gemeinschaft Lasten mitträgt, die aus einem von der Gesamtheit zu tragenden Schicksal entstanden sind, BVerfGE 102, 254 (298).

c) Sozialstaatsprinzip und Gleichheitssatz

„Eine gesetzliche Regelung kann zwar typisieren, sie darf aber nicht einen atypischen Fall als Leitbild wählen", BVerfGE 27, 142/150. Insgesamt begrenzt der Gleichheitssatz die Gestaltungsfreiheit des Gesetzgebers, BVerfGE 103, 271 (288).

(2) So liegt es hier. ……

§ 3 Annahmevoraussetzungen[6]

Schrifttum: S. Form. VI. 1.

Anmerkungen

1. Zum Rubrum s. die Anm. 1–7 zu Form. VI. 1.

2. Zum Problem Verfassungsbeschwerde gegen eine Entscheidung des Landessozialgerichts/Nichtzulassungsbeschwerde, vgl. BVerfGE 16, 1 (2); 55, 154 (157); s. a. Form. VI. 3 Anm. 2.

3. Zum Fall s. BVerfGE 39, 316 ff.

4. Vgl. Form. VI. 1 und dort Text II. § 1 (1).

5. Vgl. Form. VI. 6 und dort Text II. § 2 (2).

6. Vgl. Form. VI. 1 und dort Text II. § 3.

Kosten und Gebühren

Das Verfahren ist grundsätzlich kostenfrei, § 34 Abs. 1 BVerfGG; vgl. im Übrigen Form. VI. 1 aE. Das Risiko der Missbrauchsgebühr ist zu beachten (§ 34 Abs. 2 BVerfGG).

5. Verfassungsbeschwerde gegen Finanzgerichtsurteil (Art. 6 Abs. 1 GG)

An das
Bundesverfassungsgericht

Verfassungsbeschwerde[1]

des Herrn ……

– Beschwerdeführer –

Verfahrensbevollmächtigter: Rechtsanwalt ……

wegen:

Urteil des Bundesfinanzhofs vom …… Az. ……
(Fotokopie Anlage 1)

Ich zeige an, dass mir der Beschwerdeführer Vollmacht erteilt (Anlage 2) und mich mit der Wahrnehmung seiner Interessen beauftragt hat. Namens und in seinem Auftrag erhebe ich

Verfassungsbeschwerde

gegen das

Urteil des Bundesfinanzhofs vom …… Az. ……[2]

Gerügt wird die Verletzung des Art. 6 Abs. 1 GG.
Begründung[3]

I. Sachverhalt

Der Beschwerdeführer wehrt sich gegen die Nichtanerkennung eines Arbeitsvertrages zwischen einer Personengesellschaft und den Ehefrauen der Gesellschafter bei der einheitlichen und gesonderten Gewinnfeststellung.

II. Rechtsausführungen

§ 1 Zulässigkeit[4]

(1) ……

(2) ……

(3) Umfang der gerichtlichen Nachprüfung

Die Kontrolle der Instanzgerichte auf die Berücksichtigung des Einflusses der Grundrechte ist gerade für die Finanzgerichtsbarkeit …… von besonderer Bedeutung, da sie nicht über Rechtsstreitigkeiten der Bürger untereinander oder über Maßnahmen der gewährenden Verwaltung, sondern über Akte aus der wichtigsten staatlichen Eingriffsverwaltung entscheidet, also zur Wahrung der Grundrechte, die in erster Linie Abwehrrechte des Bürgers gegen den Staat sind, im besonderen Maße berufen ist, BVerfGE 13, 318/325 f.

§ 2 Begründetheit

(1) a) Grundsatz

„Art. 6 Abs. 1 GG ist nicht nur ein klassisches Grundrecht zum Schutze der spezifischen Privatsphäre von Ehe und Familie sowie Institutsgarantie, sondern darüber hinaus zugleich eine Grundsatznorm, dh. eine verbindliche Wertentscheidung für den gesamten Bereich des Ehe und Familie betreffenden privaten und öffentlichen Rechts“, BVerfGE 6, 55.

b) Bedeutung

Als Institutsgarantie gewährleistet Art. 6 Abs. 1 GG einen Normkern des Ehe- und Familienrechts verfassungsrechtlich, BVerfGE 6, 55/72.

Als wertentscheidende Grundsatznorm liefert Art. 6 Abs. 1 GG die rechtlichen Grenzen für die Freiheit des gesetzgeberischen Ermessens, BVerfGE 6, 55/78.
Als Grundrecht gibt Art. 6 Abs. 1 GG dem Einzelnen ein Abwehrrecht gegen störende und schädigende Eingriffe des Staates in seine Familie und seine Ehe, BVerfGE 6, 386/388. Insoweit wird die Ehe als eine Lebensgemeinschaft gleichberechtigter Partner geschützt, in der die Ehegatten ihre persönliche und wirtschaftliche Lebensführung in gemeinsamer Verantwortung bestimmen, BVerfG NJW 2002, 1185.

c) Art. 6 Abs. 1, 3 Abs. 1 GG
Meist sind bei der Kontrolle von Vorschriften des Steuerrechts durch Ehepartner sowohl Art. 6 Abs. 1 GG als auch Art. 3 Abs. 1 GG im Spiel. Es ist dann zu prüfen, welches Grundrecht die stärkere sachliche Beziehung zu dem zu prüfenden Sachverhalt hat und sich so als der adäquatere Maßstab erweist. Bei Objektsteuern ist das in der Regel Art. 3 Abs. 1 GG, vgl. BVerfGE 13, 290/298, bei der personalen Einkommensteuer dagegen Art. 6 Abs. 1 GG.

(2) Im vorliegenden Fall gibt es keinen rechtfertigenden Grund für die steuerliche Benachteiligung der Ehegatten. ……

§ 3 Annahmevoraussetzungen[5]

Schrifttum: S. Form. VI. 1.

Anmerkungen

1. Zum Rubrum s. die Anm. 1–7 zu Form. VI. 1.

2. Zum Problem Verfassungsbeschwerde gegen eine Entscheidung des Finanzgerichts/ Nichtzulassungsbeschwerde vgl. BVerfGE 16, 1 (2); 55, 154 (157); s. a. Form. VI. 3 Anm. 2.

3. Zum Fall vgl. BVerfGE 13, 318 ff.

4. Vgl. Form. IV. 1 und dort Text II. § 1 (1).

5. Vgl. Form. VI. 1 und dort Text II. § 3.

Kosten und Gebühren

Das Verfahren ist grundsätzlich kostenfrei, § 34 Abs. 1 BVerfGG; vgl. im Übrigen Form. VI. 1 aE. Das Risiko der Missbrauchsgebühr ist zu beachten (§ 34 Abs. 2 BVerfGG).

6. Verfassungsbeschwerde gegen Arbeitsgerichtsurteil (Art. 2 Abs. 1, 20 Abs. 3 GG – richterliche Rechtsfortbildung)

An das
Bundesverfassungsgericht

Verfassungsbeschwerde[1]
des Herrn ……
als Konkursverwalter über das Vermögen des ……[2]
– Beschwerdeführer –
Verfahrensbevollmächtigter: RA ……
wegen:
1. Urteil des ArbG …… vom …… Az. …… (Fotokopie Anlage 1)
2. Urteil des LArbG …… vom …… Az. …… (Fotokopie Anlage 2)

3. Urteil des BAG ...... vom ...... Az. ...... (Fotokopie Anlage 3)
4. Beschluss des Großen Senats des BAG vom ...... Az. ......

Ich zeige an, dass mir der Beschwerdeführer Vollmacht erteilt (Anlage 4) und mich mit der Wahrnehmung seiner Interessen beauftragt hat.

Namens und im Auftrag des Beschwerdeführers erhebe ich

Verfassungsbeschwerde

gegen die Entscheidungen
1. Urteil des ArbG ...... vom ...... Az. ......
2. Urteil des LArbG ...... vom ...... Az. ......
3. Urteil des BAG ...... vom ...... Az. ......
mittelbar gegen den Beschluss des Großen Senats des BAG vom ...... Az. ......

Gerügt wird die Verletzung der Rechte des Beschwerdeführers aus Art. 2 Abs. 1 GG in Verbindung mit Art. 20 Abs. 3 GG.

Begründung

I. Sachverhalt[3]

Der Beschwerdeführer ist Konkursverwalter. Der Betrieb des Gemeinschuldners wurde stillgelegt. Verhandlungen über einen Sozialplan blieben erfolglos. Die betriebliche Einigungsstelle beschloss einen Sozialplan, der für die Arbeitnehmer Abfindungen für den Verlust ihrer Arbeitsplätze vorsah.
Die Kläger des Ausgangsverfahrens waren Arbeitnehmer des Gemeinschuldners. Sie vertraten die Ansicht, ihre Abfindungsansprüche seien Masseschulden gemäß § 59 Abs. 1 Nr. 1 KO. Da der Beschwerdeführer den geltend gemachten Ansprüchen nur den Rang einfacher Konkursforderungen nach § 61 Abs. 1 Nr. 6 KO einräumen wollte, klagten die Arbeitnehmer vor dem Arbeitsgericht und dem Landesarbeitsgericht mit Erfolg. Im Revisionsverfahren rief das Bundesarbeitsgericht den Großen Senat mit der Frage an, ob überhaupt im Konkurs ein Sozialplan aufzustellen sei und bejahendenfalls, ob Abfindungsansprüche aus dem Sozialplan Masseschulden oder bevorrechtigte Konkursforderungen nach § 61 Abs. 1 Nr. 1 KO seien. Der Große Senat bejahte das Erfordernis des Sozialplans auch für den Konkurs und räumte den Abfindungsansprüchen einen Rang vor Nr. 1 des § 61 Abs. 1 KO ein (Nr. 0). Das Bundesarbeitsgericht stellte daraufhin die Abfindungsansprüche der Kläger als Konkursforderungen mit dem Vorrecht Nr. 0 fest.

II. Rechtsausführungen

§ 1 Zulässigkeit

(1) Fristberechnung
Die Entscheidung des Bundesarbeitsgerichts ist dem Beschwerdeführer am ...... zugestellt worden. Von diesem Tag an läuft deshalb die Monatsfrist des § 93 BVerfGG, vgl. § 72 Abs. 6, § 50 ArbGG.

(2) Erschöpfung des Rechtswegs
Gegen die Entscheidung des Bundesarbeitsgerichts ist kein Rechtsmittel mehr gegeben. Der Rechtsweg ist deshalb erschöpft. Der Beschwerdeführer war auch nicht gehalten, die Entscheidung des Großen Senats mit der Verfassungsbeschwerde anzugreifen[4].

(3) ......[5]

§ 2 Begründetheit

(1) Der Beschwerdeführer stützt sich darauf, dass das Bundesarbeitsgericht die Grenzen zulässiger richterlicher Rechtsfortbildung überschritten hat. Darin liegt ein Verstoß gegen Art. 20 Abs. 3 GG. Ein solcher Verstoß kann über Art. 2 Abs. 1 GG gerügt werden[6].

(2) Zwar ist die Aufgabe und Befugnis der Gerichte zu richterlicher Rechtsfortbildung stets anerkannt gewesen[7]. Im vorliegenden Fall hat das Bundesarbeitsgericht aber die ihm durch den Grundsatz der Rechts- und Gesetzesbindung (Art. 20 Abs. 3 GG) gezogenen Grenzen eindeutig überschritten. Die gesetzliche Ordnung des Konkursrechts bietet keinen Anhaltspunkt, zu dem vom Bundesarbeitsgericht gefundenen Ergebnis zu gelangen, weil es sich um eine abschließende Regelung zwingenden Charakters handelt, und sich auch aus dem Betriebsverfassungsrecht nichts anderes ergibt. Auch aus höherrangigem Recht folgt nichts anderes. Das Sozialstaatsprinzip enthält infolge seiner Weite und Unbestimmtheit keine Handlungsanweisungen, die durch die Gerichte ohne gesetzliche Grundlage in einfaches Recht umgesetzt werden könnten. Insoweit ist es richterlicher Inhaltsbestimmung weniger zugänglich als die Grundrechte ......[8]. Im Übrigen geht es weder um den Schutz von Rechten, die im Mittelpunkt des Wertsystems der Grundrechte stehen, noch wird die rechtsfortbildende Entscheidung des Bundesarbeitsgerichts von einer allgemeinen Rechtsüberzeugung gestützt[9].

§ 3 Annahmevoraussetzungen[10]

Schrifttum: S. Form. VI. 1.

Anmerkungen

1. Zum Rubrum s. die Anm. zu Form. VI. 1.

2. Hinsichtlich des „Konkursverwalters/KO" handelt es sich um einen historischen Fall, vgl. Anm. 3. Jetzt müsste vom Insolvenzverwalter und der InsO die Rede sein. An der verfassungsrechtlichen Beurteilung ändert sich nichts. Der Konkursverwalter handelt im Ausgangsverfahren als Partei kraft Amtes aus eigenem Recht. Er ist infolgedessen befugt, Verstöße gegen Grundrechte in diesem Verfahren eigenständig geltend zu machen, BVerfGE 21, 139/143; 27, 326/333; 51, 405/409; 65, 182/190. Ein Gemeinschuldner kann dagegen nicht Verfassungsbeschwerde erheben, BVerfG EuGRZ 1979, 479.

3. Zum Fall vgl. BVerfGE 65, 182 und dazu *Picker* JZ 1984, 153; *Bauer/Moench* NJW 1984, 468; *Müller* BB 1984, 1073.

4. BVerfGE 31, 55.

5. S. dazu Form. VI. 1 und dort Text II. § 1 (3).

6. BVerfGE 38, 386/396; 46, 202/203; 65, 182/190.

7. BVerfGE 34, 269/286 ff.; 49, 304. S. dazu *J. Ipsen,* Richterrecht und Verfassung, 1975; *Krey* JZ 1978, 361; *Weitnauer,* Festschrift Fünfundzwanzig Jahre BAG, 1979, S. 617; *Zeuner,* Festschrift Fünfundzwanzig Jahre BAG, 1979, S. 727. Prägnant formuliert das BVerfG die dafür maßgeblichen Grundsätze: 1. Der Richter darf das Recht fortentwickeln. 2. Er darf sich dabei nicht von Sinn und Zweck des Gesetzes entfernen. 3. Die Aufgabe des Richters beschränkt sich infolgedessen darauf, Sinn und Zweck des Gesetzes „unter gewandelten Bedingungen möglichst zuverlässig zur Geltung zu bringen", BVerfGE 96, 375 (394).

8. BVerfGE 65, 182/193; s. a. Form. VI. 4 und dort Text § 2 (1) A.

9. BVerfGE 34, 269/290; 65, 182/195.

10. Vgl. Form. VI. 1 und dort Text II. § 3.

Kosten und Gebühren

Das Verfahren ist grundsätzlich kostenfrei, § 34 Abs. 1 BVerfGG; vgl. im Übrigen Form. VI. 1 aE. Das Risiko der Missbrauchsgebühr ist zu beachten (§ 34 Abs. 2 BVerfGG).

7. Verfassungsbeschwerde wegen Verstoß gegen den Grundsatz rechtlichen Gehörs (Art. 103 Abs. 1 GG)

An das
Bundesverfassungsgericht

Verfassungsbeschwerde[1]

des Herrn ......

– Beschwerdeführer –
Verfahrensbevollmächtigter: RA ......

wegen: Urteil des Amtsgerichts ...... vom ...... Az. ......
(Fotokopie Anlage 1)

Ich zeige an, dass mir der Beschwerdeführer Vollmacht erteilt (Anlage) und mich mit der Wahrnehmung seiner Interessen beauftragt hat.

Namens und im Auftrag des Beschwerdeführers erhebe ich

Verfassungsbeschwerde

gegen das

Urteil des Amtsgerichts ...... vom ...... Az. ......

Gerügt wird eine Verletzung der Rechte des Beschwerdeführers aus Art. 103 Abs. 1 GG.
Begründung

1. Sachverhalt[2]

Der Kläger des Ausgangsverfahrens macht gegen den Beklagten aus einem Kfz-Unfall einen Anspruch in Höhe von EUR 500,– geltend. Das Amtsgericht bestimmte frühen ersten Termin. In der Ladung setzte es dem Beklagten eine Frist zur Klageerwiderung von drei Wochen. Am Ende des Formulars heißt es weiter: „Einlassungsfrist zwei Wochen". Der Beklagte erwiderte nach vier Wochen, die Prozessparteien hätten sich noch am Unfallort durch eine Zahlung von EUR 500,– geeinigt. Im Verhandlungstermin bot der Beklagte für Zahlung und Einigung Zeugenbeweis an mit dem Versprechen, ladungsfähige Anschrift nachzubringen. Das Amtsgericht bestimmte Verkündungstermin. Es gab der Klage statt. Die Berufung hat es nicht zugelassen (§ 511 Abs. 2 Nr. 2 ZPO). Der Vortrag des Beklagten sei verspätet, der angebotene Zeugenbeweis ohnehin, mangels Anschrift, nicht zu berücksichtigen gewesen. Gegen das Urteil erhob der Beklagte Anhörungsrüge[3], über die noch nicht entschieden ist, und Verfassungsbeschwerde.

2. Rechtsausführungen

§ 1 Zulässigkeit

(1) Erschöpfung des Rechtswegs
Der Rechtsweg ist erschöpft, weil ein Rechtsmittel gegen die Entscheidung des Amtsgerichts nicht gegeben ist (§ 511 Abs. 2 Nr. 1 ZPO).

(2) Erhebung der Anhörungsrüge
Der Beschwerdeführer hat am ...... und damit innerhalb der 2-Wochen-Frist nach § 321 a Abs. 2 ZPO Anhörungsrüge nach § 321 a Abs. 1 Satz 1 ZPO erhoben[3].

§ 2 Begründetheit

(1) Art. 103 Abs. 1 GG gibt den Prozessbeteiligten ein Recht darauf, sich zu dem der gerichtlichen Entscheidung zugrunde liegenden Sachverhalt vor Erlass der Entscheidung zu äußern. Dem entspricht die Pflicht des Gerichts, Anträge und Ausführungen der Pro-

zessbeteiligten zur Kenntnis zu nehmen und in Erwägung zu ziehen[4]. Die Ausgestaltung des Grundsatzes des rechtlichen Gehörs im Einzelnen ist jedoch der jeweils maßgeblichen Verfahrensordnung überlassen[5]. Art. 103 Abs. 1 GG schützt deshalb nicht dagegen, dass das Gericht das Vorbringen der Prozessbeteiligten aus Gründen des formellen oder materiellen Rechts ganz oder teilweise unberücksichtigt lässt[6].

(2) Im vorliegenden Fall ist das Amtsgericht diesen Grundsätzen nicht gerecht geworden.

a) Es hat zunächst das rechtliche Gehör des Beschwerdeführers durch falsche Anwendung der Präklusionsvorschriften des Prozessrechts unzulässig eingeschränkt[7]. Die Vorschriften der §§ 275, 277, 296 ZPO schränken zwar das rechtliche Gehör in verfassungsrechtlich zulässiger Weise ein. Präklusionsvorschriften haben jedoch strengen Ausnahmecharakter, weil sie zu einschneidenden Folgen für die säumige Partei führen. Die Anwendung dieser Vorschriften bedarf deshalb in besonderem Maße der Rechtsklarheit[8]. Deshalb können den Parteien und ihren Prozessbevollmächtigten die schweren Folgen der Versäumung richterlicher Erklärungsfristen nur dann zugemutet werden, wenn über Beginn und Ende der jeweiligen Frist schon zu Beginn der Frist Gewissheit besteht[9]. Hier war die Fristsetzung widersprüchlich. § 296 Abs. 1 ZPO hätte deshalb nicht angewendet werden dürfen[10].

b) Auch die zweite Erwägung des Amtsgerichts trägt verfassungsrechtlich nicht. Art. 103 Abs. 1 GG in Verbindung mit den Grundsätzen der ZPO gebietet nämlich die Berücksichtigung erheblicher Beweisanträge[11]. Der Beweisantritt des Beschwerdeführers wurde nämlich nicht dadurch unbeachtlich, dass es an einer ladungsfähigen Anschrift fehlte. Das Gericht hätte dem Beschwerdeführer zunächst eine Frist zur Beibringung der Anschrift setzen müssen[12]. Erst nach derem fruchtlosem Ablauf hätte es, wenn es im Übrigen nach seiner freien Überzeugung zu einer Verzögerung des Prozesses gekommen wäre, die Beweiserhebung ablehnen können (§ 356 ZPO).

(3) Wäre der Beschwerdeführer richtig belehrt worden, und wäre ihm eine Frist zur Beibringung der Zeugenanschrift gesetzt worden, dann hätte er fristgerecht vorgetragen[13].

(4) Das angefochtene Urteil beruht auf dem Verstoß gegen Art. 103 Abs. 1 GG. Es ist nicht ausgeschlossen, dass nach Vernehmung des Zeugen[14] die Klage abgewiesen worden wäre[15].

§ 3 Annahmevoraussetzungen[16]

Schrifttum: S. Form. VI. 1.

Anmerkungen

1. Zum Rubrum s. Anm. zu Form. VI. 1.

2. Zu ähnlichen Fällen vgl. BVerfGE 60, 1; 65, 305.

3. S. dazu §§ 321 a ZPO nF. und generell zum Anhörungsrügengesetz (BGBl. I 2004, 3220) im Zivilprozess *Zuck* NJW 2005, 1226 ff.; *Zuck*, Die Anhörungsrüge im Zivilprozess, 2008; *Zöller/Vollkommer,* ZPO, 27. Aufl. 2009, § 321 a ZPO. Für die Anhörungsrüge nach § 321 a ZPO ist eine Notfrist von zwei Wochen zu wahren (§ 321 a Abs. 2 ZPO).

Achtung: Der Beschwerdeführer ist in seiner Rüge zu Art. 103 Abs. 1 GG auf die Angriffe beschränkt, die Gegenstand seiner Anhörungsrüge sind. Wegen anderer Grundrechtsrügen sollte binnen Monatsfrist isoliert Verfassungsbeschwerde eingelegt werden. Diese kann bis zur Entscheidung über die Anhörungsrüge ins Allgemeine Register gestellt werden. Gegen den Zurückweisungsbeschluss nach § 321 a Abs. 4 Satz 3 ZPO muss dann eine gesonderte Verfassungsbeschwerde eingelegt werden (Grundsatz des sichersten Wegs) Diese kann dann mit der ersten, in das Allgemeine Register gestellte Verfassungsbeschwerde verbunden werden.

Eine Sekundärrüge (die Verletzung des rechtlichen Gehörs wurde bereits im Instanzenzug vor den Fachgerichten geltend gemacht) vor dem BVerfG ist unzulässig. Ob die Anhörungsrüge statthaft und zulässig war, entscheidet – ohne Bindung an die nachfolgende Fachgerichtsentscheidung – das BVerfG in eigener Zuständigkeit (BVerfG, Beschl. v. 14. 5. 2007 – 1 BvR 730/07 – NJW-RR 2008, 75 f.). In Bezug auf die fristgerechte Einlegung der Verfassungsbeschwerde besteht somit ein in jederlei Hinsicht *hohes Risiko!*

4. BVerfGE 11, 218/220; 14, 320/323; 22, 267/273; 58, 353/356; 60, 1/5; 65, 305/307, st. Rspr.

5. BVerfGE 9, 89/95 f.; 60, 1/5.

6. BVerfGE 21, 191/194; 22, 267/273; 51, 188/191; 55, 72/93 ff.; 60, 1/5.

7. Der Beschwerdeführer muss die Rüge, ihm sei nicht in genügendem Maße rechtliches Gehör gewährt worden, substanziiert erheben. Er muss also dartun, um welches Vorbringen und um welche gerichtlichen Maßnahmen es geht (Substanziierungspflicht), vgl. etwa BVerfGE 24, 203/213; 28, 17/19, 20; 29, 183/197; s. a. Anm. 14.

8. BVerfGE 59, 330/334 f.; 60, 1/6

9. BGHZ 76, 236/239 f.; BVerfGE 60, 1/6.

10. BVerfGE 60, 1/7; s. a. OLG Oldenburg NJW 1980, 295; OLG Düsseldorf NJW 1978, 2203.

11. BVerfGE 60, 247/249; 60, 250/252; 65, 305/307.

12. BGH NJW 1974, 188; BVerfGE 65, 305/307.

13. Der Beschwerdeführer muss im Zusammenhang mit der Substanziierungspflicht auch vortragen, was er, wenn er rechtliches Gehör gehabt hätte, vorgetragen hätte, vgl. die Nachweise in Anm. 9.

14. Sind mehrere Zeugen benannt, so steht es dem Gericht nicht zu, unter ihnen ohne Gründe des formellen oder materiellen Rechts eine Auswahl zu treffen, BVerfGE 50, 32/35; 60, 250/252.

15. Sogenannte Kausalitätsprüfung. Nach dem Vorbringen des Beschwerdeführers darf es nicht ausgeschlossen sein, dass eine ihm günstigere Entscheidung ergeht, wenn der bislang übergangene Vortrag beachtet wird, BVerfGE 13, 132/145; 53, 219/233; 60, 247/20, st. Rspr.

16. Vgl. Form. VI. 1 und dort Text II. § 3.

Kosten und Gebühren

Das Verfahren ist grundsätzlich kostenfrei, § 34 Abs. 1 BVerfGG; vgl. im Übrigen Form. VI. 1 aE. Das Risiko der Missbrauchsgebühr ist zu beachten (§ 34 Abs. 2 BVerfGG).

8. Verfassungsbeschwerde gegen Zwischenentscheidung (Art. 103 Abs. 3 GG)

An das
Bundesverfassungsgericht

Verfassungsbeschwerde[1]
des Herrn ......
– Beschwerdeführer –
Verfahrensbevollmächtigter: Rechtsanwalt ......

wegen: Beschluss des OLG Sch. vom ...... Az. ......
(Fotokopie Anlage 1).

Ich zeige an, dass mir der Beschwerdeführer Vollmacht erteilt (Anlage 2) und mich mit der Wahrnehmung seiner Interessen beauftragt hat.

Namens und im Auftrag des Beschwerdeführers erhebe ich

Verfassungsbeschwerde

gegen die Entscheidung

des OLG Sch. vom ...... Az. ......

Gerügt wird die Verletzung des Art. 103 Abs. 3 GG.

Begründung

I. Sachverhalt

Der Beschwerdeführer ist wegen Judendeportationen in Belgien von einem belgischen Gericht zu 20 Jahren Zwangsarbeit verurteilt worden. Von einer Schuld am Tod der Juden wurde er freigesprochen. Die belgische Strafe hat er verbüßt. In der Bundesrepublik Deutschland wird er wegen derselben Tat wegen Beihilfe zur grausamen und heimtückischen Tötung verfolgt. Das Landgericht F. hat die Eröffnung des Hauptverfahrens abgelehnt. Auf die sofortige Beschwerde der Staatsanwaltschaft hat das OLG Sch. das Hauptverfahren gegen den Beschwerdeführer eröffnet.

II. Rechtsausführungen

§ 1 Zulässigkeit

(1) Fristberechnung

§ 35 Abs. 2 StPO gilt auch für Beschlüsse. Also läuft die Monatsfrist des § 93 BVerfGG erst ab Zustellung des Beschlusses in vollständiger Form. ......

(2) Erschöpfung des Rechtswegs

Der Rechtsweg ist erschöpft, da § 210 Abs. 1 StPO ausdrücklich bestimmt: „Der Beschluss, durch den das Hauptverfahren eröffnet worden ist, kann von dem Angeklagten nicht angefochten werden."

(3) Zwischenentscheidung

Die Entscheidung über die Eröffnung des Hauptverfahrens ist eine Zwischenentscheidung. Solche Zwischenentscheidungen sind dann mit der Verfassungsbeschwerde nicht selbstständig anfechtbar, wenn Verfassungsverstöße noch mit der Anfechtung der Endentscheidung gerügt werden können, BVerfGE 21, 139/143. Verfassungsbeschwerden gegen erstinstanzliche Eröffnungsbeschlüsse sind deshalb grundsätzlich unzulässig, BVerfGE 25, 336/343. Dagegen hat das Bundesverfassungsgericht die Verfassungs-

beschwerde stets gegen Eröffnungsbeschlüsse zugelassen, die im Beschwerdeverfahren ergangen sind, BVerfGE 17, 262/264.

(4) Zum Prüfungsumfang bei Gerichtsentscheidungen[2]
……

§ 2 Begründetheit

Die erneute Strafverfolgung verstößt gegen das Verbot der Doppelbestrafung (Art. 103 Abs. 3 GG). Zwar hat der BGH angenommen, der Grundsatz "ne bis in idem" gelte nur bei inländischen Verurteilungen[3]. Dem kann nicht gefolgt werden. Art. 103 Abs. 3 GG folgt aus der grundgesetzlich anerkannten Freiheit und Würde des Menschen. Dieser Grundsatz wird verletzt, wenn nach Aburteilung in einem rechtsstaatlichen Verfahren – wie in Belgien – die erneute Verwicklung in ein Strafverfahren möglich ist.

§ 3 Annahmevoraussetzungen[4]

Schrifttum: S. Form. VI. 1.

Anmerkungen

1. Zum Rubrum s. die Anm. 1–7 zu Form. VI. 1.

2. S. Form. VI. 2 und dort Text II. § 1.

3. BGHSt 24, 54/57; NJW 1969, 1542; GA 1977, 111; JZ 1979, 650.

4. Vgl. Form. VI. 1 und dort Text II. § 3.

Kosten und Gebühren

Das Verfahren ist grundsätzlich kostenfrei, § 34 Abs. 1 BVerfGG; vgl. im Übrigen Form. VI. 1 aE. Das Risiko der Missbrauchsgebühr ist zu beachten (§ 34 Abs. 2 BVerfGG).

9. Verfassungsbeschwerde gegen Gesetz (Unterlassen des Gesetzgebers/Art. 33 Abs. 5 GG)

An das
Bundesverfassungsgericht

Verfassungsbeschwerde[1]

des Herrn ……

– Beschwerdeführer –

Verfahrensbevollmächtigter: ……

wegen: Siebentes Gesetz zur Änderung beamtenrechtlicher und besoldungsrechtlicher Vorschriften vom 20. Dezember 1974 (BGBl. I S. 3716).

Ich zeige an, dass mir der Beschwerdeführer Vollmacht (Anlage) und mich mit der Wahrnehmung seiner Interessen beauftragt hat. Namens und in seinem Auftrag erhebe ich

Verfassungsbeschwerde

gegen

Art. 1 Nr. 2, Nr. 5, Nr. 11 und Nr. 12 des 7. BBÄndG, § 12 Abs. 1 S. 1 und Anlage II BBesG in der Fassung durch Art. I Nr. 5 und Nr. 13 (Anlage) des 7. BBÄndG.

Ich stelle folgenden Antrag[2]:

1. **Der Gesetzgeber hat dadurch den Beschwerdeführer in seinem Recht auf amtsangemessene Alimentierung verletzt, dass er es unterlassen hat, bei der Besoldungsneuregelung der Zahl der Kinder ausreichend Rechnung zu tragen[3].**
2. **Die Bundesrepublik Deutschland hat dem Beschwerdeführer die notwendigen Auslagen zu erstatten[4].**

Gerügt wird die Verletzung des Art. 33 Abs. 5 GG.

Begründung

I. Sachverhalt

Der Beschwerdeführer ist Professor. Er wehrt sich gegen die Streichung des Kinderzuschlags und eine unzureichende Änderung des kinderbezogenen Teils des Ortszuschlags als Folge des Übergangs von der Steuerermäßigung auf eine Kinderentlastung durch Kindergeld. Nach seiner Ansicht wird ihm dadurch der amtsangemessene Kinderunterhalt vorenthalten.

II. Rechtsausführungen

§ 1 Zulässigkeit

(1) Voraussetzungen für die Gesetzesverfassungsbeschwerde

a) Der Beschwerdeführer muss selbst betroffen sein.
„Dass der Beschwerdeführer selbst in einem seiner Grundrechte ...... verletzt sein muss, unterscheidet die Verfassungsbeschwerde des Grundgesetzes von der Popularklage, BVerfGE 1, 97/101.
......

b) Der Beschwerdeführer muss gegenwärtig betroffen sein.
„Ob eine gegenwärtige (‚aktuelle') Verletzung des Beschwerdeführers vorliegt, kann nur von Fall zu Fall entschieden werden. Jedenfalls ...... ist die ...... Praxis des schweizerischen Bundesgerichts ...... nicht übertragbar. Nach dieser ...... Praxis braucht der Beschwerdeführer nur zu behaupten, dass er irgendwann einmal in der Zukunft (‚virtuell') von der gerügten Gesetzesbestimmung betroffen werden könnte. Da ein ‚virtuelles' Betroffenwerden des Staatsbürgers stets zu bejahen wäre, würde die Übernahme dieser Praxis die Verfassungsbeschwerde ...... im Ergebnis doch zu einer Popularklage ausweiten", BVerfGE 1, 97/102.
......

c) Der Beschwerdeführer muss unmittelbar betroffen sein. „Setzt das Gesetz ...... zu seiner Durchführung rechtsnotwendig oder auch nur nach der tatsächlichen Verwaltungspraxis einen besonderen, vom Willen der vollziehenden Gewalt beeinflussten Vollzugsakt voraus (zB. in Gestalt einer Steuerveranlagung oder aus sonstigem Verwaltungsakt), so kann sich die Verfassungsbeschwerde nur gegen diesen Vollziehungsakt als dem unmittelbaren Eingriff in die Rechte des Einzelnen richten, und der Beschwerdeführer hat einen gegen den Vollziehungsakt etwa gegebenen Rechtsweg zu erschöpfen, bevor er die Verfassungsbeschwerde erhebt", BVerfGE 1, 97/ 102f.

(2) Unterlassen des Gesetzgebers

a) Grundsätze
Ein im Sinne des § 90 BVerfGG relevantes Unterlassen des Gesetzgebers liegt nur vor, wenn das Grundgesetz den Gesetzgeber zum Erlass einer bestimmten Regelung verpflichtet hat, aus der der Einzelne einen Anspruch auf ein Handeln des Gesetzgebers herleiten kann, BVerfGE 12, 139/142.

b) Ein solcher Auftrag – hier: bezogen auf Besoldungs- und Versorgungsansprüche – folgt aus Art. 33 Abs. 5 GG, BVerfGE 44, 249/281.

§ 2 Begründetheit

(1) a) Grundsatz

Der Anspruch des Beamten auf Dienstbezüge und Versorgung ist in seinem Kernbestand durch Art. 33 Abs. 5 GG geschützt. Die Ausgestaltung im Einzelnen obliegt dem Gesetzgeber.

b) Grenzen

Die Grenzen der dem Gesetzgeber dadurch aufgetragenen Gestaltung sind jedoch überschritten, wenn die Dienstbezüge von Beamten mit mehr als 2 Kindern ihnen nicht mehr ein auch nur annähernd gleiches Lebensniveau wie ihren nicht durch die Kosten des Unterhalts und der Schul- und Berufsausbildung der Kinder belasteten Kollegen in vergleichbaren Ämtern gewährleisten.

(2) ……

§ 3 Annahmevoraussetzungen[5]

Schrifttum: S. Form. VI. 1.

Anmerkungen

1. Zum Rubrum s. die Anm. 1–7 zu Form. VI. 1.

2. Anders als im Regelfall (vgl. Form. VI. 1 Anm. 6) ist es bei Unterlassen des Gesetzgebers zweckmäßig, durch den Antrag klarzustellen, wo und in welchem Umfang das Unterlassen vorliegt.

3. Zum Fall vgl. BVerfGE 44, 249 ff. Der jetzt erreichte Stand der Rechtsprechung findet sich bei BVerfG (K), NJW 2002 (357) unter Hinweis auf die Substanziierungspflicht des Beschwerdeführers (s. dazu auch BVerfGE 79, 1 [15]).

4. Wenn schon – ausnahmsweise – überhaupt ein Antrag gestellt wird (s. Anm. 2), kann auch ein Kostenantrag gestellt werden. Erforderlich ist er nicht.

5. Vgl. Form. VI. 1 und dort Text II. § 3.

Kosten und Gebühren

Das Verfahren ist grundsätzlich kostenfrei, § 34 Abs. 1 BVerfGG; vgl. im Übrigen Form. VI. 1 aE. Das Risiko der Missbrauchsgebühr ist zu beachten (§ 34 Abs. 2 BVerfGG).

10. Verfassungsbeschwerde gegen Gesetz (Art. 12 Abs. 1 GG)

An das
Bundesverfassungsgericht

Verfassungsbeschwerde[1]
der Firma ……
– Beschwerdeführerin –
Verfahrensbevollmächtigter: Rechtsanwalt ……
wegen Gesetz über Mindestvorräte an Erdölerzeugnissen vom 9. September 1965 (BGBl. I S. 1217)

Ich zeige an, dass mir der Beschwerdeführer Vollmacht erteilt (Anlage) und mich mit der Wahrnehmung seiner Interessen beauftragt hat. Namens und im Auftrag des Beschwerdeführers erhebe ich hiermit

Verfassungsbeschwerde

gegen:

Gesetz über Mindestvorräte an Erdölerzeugnissen vom 9. September 1965 (BGBl. I S. 1217).

Ich stelle folgenden Antrag[2]:

1. **Das Gesetz über Mindestvorräte an Erdölerzeugnissen vom 9. September 1965 (BGBl. I S. 1217) ist mit Art. 12 Abs. 1 GG unvereinbar, soweit es keine Möglichkeit vorsieht, bei Unternehmen, deren Vorratspflicht ausschließlich auf der Einfuhr von Erdölerzeugnissen beruht, und die weder unter dem beherrschenden Einfluss anderer vorratspflichtiger Unternehmen stehen noch auf sie einen solchen Einfluss auszuüben vermögen, eine sich aus der wirtschaftlichen Struktur des Unternehmens ergebende, seine Wettbewerbsfähigkeit wesentlich verschlechternde Belastung durch die Vorratspflicht angemessen zu berücksichtigen[3].**
2. **Die Bundesrepublik Deutschland hat der Beschwerdeführerin die notwendigen Auslagen zu erstatten.**

Begründung

I. Sachverhalt

Die Beschwerdeführerin wehrt sich gegen die durch das Gesetz eingeführte Bevorratungspflicht für die einstufig tätigen, konzernunabhängigen mittelständischen Mineralölimporteure, die sich ausschließlich oder überwiegend mit der Einfuhr von Erdölerzeugnissen befassen. Diese Unternehmen werden zur ständigen Vorratshaltung verpflichtet, ohne Entlastung von den damit verbundenen Kosten. Dadurch wird ihre wirtschaftliche Existenz in Frage gestellt.

II. Rechtsausführungen

§ 1 Zulässigkeit[4]

……

§ 2 Begründetheit

(1) a) Grundsatz
„Die Freiheit der Berufswahl darf nur eingeschränkt werden, soweit der Schutz besonders wichtiger Gemeinschaftsgüter es zwingend erfordert. …… Die Freiheit der Berufsausübung kann beschränkt werden, soweit vernünftige Erwägungen des Gemeinwohls es zweckmäßig erscheinen lassen", BVerfGE 7, 377/405 ff.
Hier liegt ein Eingriff in die Freiheit der Berufsausübung vor. ……

b) Voraussetzungen
„Der Gesetzgeber darf die freie Berufsausübung nur im Interesse des Gemeinwohls und nur zur Lösung solcher Sachaufgaben beschränken, die ein Tätigwerden des Gesetzgebers überhaupt zu rechtfertigen vermögen und der Wertordnung des Grundgesetzes nicht widersprechen. Er muss den Eingriff in das Grundrecht mit sachgerechten und vernünftigen Erwägungen des Gemeinwohls begründen können und darf seine Rechtsetzungsmacht nicht zu sachfremden Zwecken missbrauchen", BVerfGE 30, 292/316 f.

c) Prinzip der Verhältnismäßigkeit
„Das vom Gesetzgeber eingesetzte Mittel muss geeignet und erforderlich sein. …… Die Grenze der Zumutbarkeit (muss) gewahrt sein", BVerfGE 30, 292/316 f.

(2) Im vorliegenden Fall tritt die verfassungswidrige Wirkung des Gesetzes dadurch ein, dass die Beschwerdeführerin als unabhängiger Importeur ohne sachlichen Grund wesentlich stärker belastet wird als andere Gruppen ......

§ 3 Annahmevoraussetzungen[5]

Schrifttum: S. Form. VI. 1.

Anmerkungen

1. Zum Rubrum s. die Anm. 1–7 zu Form. VI. 1.

2. Anders als im Regelfall (vgl. Form. VI. 1 Anm. 6) ist ein Antrag dann zweckmäßig, wenn der Beschwerdeführer klarstellen will, in welchem Umfang er eine gesetzliche Regelung für verfassungswidrig hält. Wenn schon ein solcher Antrag gestellt wird, kann er auch durch einen Kostenantrag ergänzt werden.

3. Zum Fall s. BVerfGE 30, 292 ff. Zum jetzt erreichten Stand der Rechtsprechung zu Art. 12 Abs. 1 GG vgl. BVerfG, NJW 2002, 666 (667).

4. Vgl. Form. VI. 9 und dort Text II. § 1 (1).

5. Vgl. Form. VI. 1 und dort Text II. § 3.

Kosten und Gebühren

Das Verfahren ist grundsätzlich kostenfrei, § 34 Abs. 1 BVerfGG; vgl. im Übrigen Form. VI. 1 aE. Das Risiko der Missbrauchsgebühr ist zu beachten (§ 34 Abs. 2 BVerfGG).

11. Verfassungsbeschwerde gegen Gesetz (Art. 3 Abs. 1 GG)

An das
Bundesverfassungsgericht

Verfassungsbeschwerde[1]

der Firma ...... GmbH

– Beschwerdeführerin –

Verfahrensbevollmächtigter: Professor ......[2]

wegen: § 4 Nr. 14 S. 2 des Umsatzsteuergesetzes (UStG 1973) in der Fassung vom 16. November 1973 (BGBl. I S. 1682)

Ich zeige an, dass mir der Beschwerdeführer Vollmacht erteilt (Anlage) und mich mit der Wahrnehmung seiner Interessen beauftragt hat.

Namens und im Auftrag des Beschwerdeführers erhebe ich

Verfassungsbeschwerde

gegen

§ 4 Nr. 14 S. 2 UStG 1973.

Ich stelle folgenden Antrag[3]:

1. § 4 Nr. 14 S. 2 UStG 1973 ...... ist insofern mit Art. 3 Abs. 1 GG unvereinbar, als einerseits allen dort bezeichneten Gemeinschaften Steuerfreiheit für Leistungen an ihre

ärztlichen Mitglieder gewährt wird, andererseits entsprechende Leistungen gewerblicher Analyseunternehmen an Ärzte der Steuerpflicht unterliegen.

2. Die Bundesrepublik Deutschland hat der Beschwerdeführerin die notwendigen Auslagen zu erstatten[4].

Gerügt wird ein Verstoß gegen Art. 3 Abs. 1 GG[5].

Begründung:

I. Sachverhalt

Die Beschwerdeführerin ist ein umsatzsteuerpflichtiges gewerbliches Analyseunternehmen. Sie wehrt sich gegen die Bevorzugung ärztlicher Laborgemeinschaften; für deren Leistungen sieht das angegriffene Gesetz Umsatzsteuerfreiheit vor.

II. Rechtsausführungen

§ 1 Zulässigkeit[6]

……

§ 2 Begründetheit[7]

(1) a) Grundsatz

„Der Gleichheitssatz ist verletzt, wenn sich ein vernünftiger, sich aus der Natur der Sache ergebender oder sonstwie sachlicher einleuchtender Grund für die gesetzliche Differenzierung oder Gleichbehandlung nicht finden lässt, kurzum, wenn die Bestimmung als willkürlich bezeichnet werden muss", BVerfGE 1, 14/52[8] (klassische Formel, heute noch 2. Senat). Der 1. Senat wendet den Gleichheitssatz in st. Rspr. seit BVerfGE 55, 72/88 wie folgt an: „Der allgemeine Gleichheitssatz ist verletzt, wenn der Staat eine Gruppe von Normadressaten im Vergleich zu anderen Normadressaten anders behandelt, obwohl zwischen beiden Gruppen keine Unterschiede von solcher Art und solchem Gewicht bestehen, dass sie die ungleiche Behandlung rechtfertigen könnten", BVerfGE 82, 60/86.

b) Gestaltungsfreiheit

Dem Gesetzgeber ist weitgehende Gestaltungsfreiheit zuzuerkennen. Nur die Einhaltung der äußersten Grenzen der gesetzgeberischen Freiheit ist vom Gericht nachzuprüfen. Die Unsachlichkeit der getroffenen Regelung muss evident sein, BVerfGE 18, 121/124. Ist die Regelung noch mit Art. 3 Abs. 1 GG vereinbar, so kommt es nicht darauf an, ob eine andere gerechter oder vernünftiger gewesen wäre oder dem Gleichheitssatz noch besser entsprochen hätte, BVerfGE 13, 162/182.

c) Prüfvorgang

„Wenn fraglich ist, ob eine gesetzliche Vorschrift den Gleichheitssatz verletzt, muss Klarheit darüber bestehen, welche Aufgabe dem Gesetz gestellt war und welcher rechtlichen Mittel es sich bei ihrer Lösung bedient hat; nur so lässt sich beurteilen, ob die Merkmale erkannt und ‚richtig', d. h. unter Beachtung der Forderungen der Gerechtigkeit bewertet sind, die bestimmte Sachverhalte als ‚gleich' oder ‚ungleich' im Sinne dieser konkreten rechtlichen Regelung erscheinen lassen, und ob danach diese Sachverhalte zu Recht oder zu Unrecht in die gesetzlichen Tatbestände einbezogen oder aus ihnen ausgeschieden sind", BVerfGE 9, 291/294.

(2) Im vorliegenden Fall lässt sich ein rechtfertigender Grund für die Differenzierung nicht finden. ……

§ 3 Annahmevoraussetzungen[9]

Schrifttum: S. Form. VI. 1.

Anmerkungen

1. Zum Rubrum s. die Anm. 1–7 zu Form. VI. 1.

2. Vgl. § 22 Abs. 1 BVerfGG.

3. Vgl. Form. VI. 9 Anm. 3.

4. Vgl. Form. VI. 9 Anm. 5.

5. Eine auf Art. 3 GG gestützte Verfassungsbeschwerde, mit der die Ausdehnung einer begünstigenden Regelung verlangt wird, kann ihrer Natur nach im Regelfall nur zur Feststellung der Verletzung des Art. 3 GG führen, BVerfGE 6, 257/265. Auf eine Ausdehnung auf die ausgeschlossene Personengruppe kann nur erkannt werden, wenn es entweder verfassungsrechtlich geboten ist, den Verstoß gegen den allgemeinen Gleichheitssatz gerade auf diese Weise zu beseitigen, BVerfGE 15, 46/76 oder mit Sicherheit angenommen werden kann, dass der Gesetzgeber, hätte er den Verstoß gegen den Gleichheitssatz erkannt, ihm dadurch begegnet wäre, dass er die ausgeschlossene Gruppe in die begünstigende Regelung einbezogen hätte, BVerfGE 18, 288/301 f.

6. Vgl. Form. VI. 9 und dort Text II. § 1 (1).

7. Zum Fall s. BVerfGE 43, 58 ff. Aus der jüngsten Rechtsprechung vgl. BVerfGE 103, 225 (235); 103, 242 (258); 103, 392 (397).

8. Zum Wandel im Verständnis des Gleichheitssatzes vgl. *Wendt,* Der Gleichheitssatz, NVwZ 1988, 778.

9. Vgl. Form VI. 1 und dort Text II. § 3.

Kosten und Gebühren

Das Verfahren ist grundsätzlich kostenfrei, § 34 Abs. 1 BVerfGG; vgl. im Übrigen Form. VI. 1 aE. Das Risiko der Missbrauchsgebühr ist zu beachten (§ 34 Abs. 2 BVerfGG).

12. Verfassungsbeschwerde gegen Gesetz (Art. 2 Abs. 1, 20 GG – Rückwirkungsverbot)

An das
Bundesverfassungsgericht

Verfassungsbeschwerde[1]

des Herrn ……

– Beschwerdeführer –

Verfahrensbevollmächtigter: ……

wegen: Wohnungsbau-Prämiengesetz 1975 vom 28. August 1974 (BGBl. I S. 2105)

Ich zeige an, dass mir der Beschwerdeführer Vollmacht erteilt (Anlage) und mich mit der Wahrnehmung seiner Interessen beauftragt hat.

Namens und seinem Auftrag erhebe ich

Verfassungsbeschwerde

gegen

§ 2 a und § 3 in Verbindung mit § 10 Abs. 1 des Wohnungsbau-Prämiengesetzes 1975 (WoPG) ……

Gerügt wird ein Verstoß gegen Art. 2 Abs. 1, 20 GG.

Begründung[2]

I. Sachverhalt

Der Beschwerdeführer wehrt sich dagegen, dass das WoPG 1975 rückwirkend in seinen unter der Geltung des WoPG 1969 abgeschlossenen Bausparvertrag eingreift. Nach altem Recht konnte er DM 1.600,– jährlich prämienbegünstigt anlegen, jetzt nur noch DM 800,–. Außerdem entfällt die Prämie, weil er jetzt die Einkommensgrenze überschreitet.

II. Rechtsausführungen

§ 1 Zulässigkeit[3]

……

§ 2 Begründetheit

(1) a) Grundsatz
Es ist zwischen echter und unechter Rückwirkung zu unterscheiden.
Echte Rückwirkung eines Gesetzes liegt nur vor, wenn das Gesetz nachträglich in abgewickelte, der Vergangenheit angehörende Tatbestände eingreift, BVerfGE 11, 139/145 f.
Unechte Rückwirkung entfaltet eine Norm dann, wenn sie zwar nicht auf vergangene, aber auch nicht nur auf zukünftige, sondern auf gegenwärtige, noch nicht abgeschlossene Sachverhalte und Rechtsbeziehungen für die Zukunft einwirkt und damit zugleich die betroffene Rechtsposition nachträglich im Ganzen entwertet, BVerfGE 30, 392/402 f.
Hier liegt ein Fall der unechten Rückwirkung vor. ……

b) Zulässigkeit der unechten Rückwirkung
Grenze der unechten Rückwirkung ist das geschützte Vertrauen des einzelnen. Es ist nicht schutzwürdig, wenn der Bürger mit der Regelung rechnen musste, wenn das geltende Recht unklar und verworren war. Unabhängig davon kann sich der Bürger nicht auf den von einer ungültigen Norm erzeugten Rechtsschein verlassen. Außerdem gehen zwingende Gründe des Gemeinwohls vor, BVerfGE 13, 261/272.

(2) Im vorliegenden Fall hat das Vertrauen des betroffenen Bürgers am Fortbestand der ihm günstigen Regelung Vorrang[4]**.**

§ 3 Annahmevoraussetzungen[5]

Schrifttum: S. Form. VI. 1.

Anmerkungen

1. Zum Rubrum s. die Anm. 1–7 zu Form. VI. 1.

2. Zum Fall s. BVerfGE 48, 403. Es handelt sich um die Wiedergabe eines Altfalls. Deshalb ist weiterhin von DM die Rede. Aus der jüngeren Rechtsprechung vgl. BVerfGE 97, 378 (389), 101, 239 (263); 103, 392 (403 f.).

3. Vgl. Form. VI. 9 und dort Text II. § 1 (1).

4. AA. BVerfGE 48, 403/416. Zur jüngsten Entwicklung in der Rechtsprechung vgl. BVerfGE 62/117; 63/152; 63/312; 63/343; 67/1; 68/193; 68/287 und dazu *Pieroth,* Die neuere Rechtsprechung des Bundesverfassungsgerichts zum Grundsatz des Vertrauensschutzes, JZ 1984, 971; *H. Bauer,* Neue Tendenzen in der bundesverfassungsgerichtlichen Rechtsprechung zum Rückwirkungsverbot, NVwZ 1984, 220; *ders.*, Bundesverfassungsgericht und Rückwirkungsverbot, JuS 1984, 241. Zum strafrechtlichen Rückwirkungsverbot des Art. 103 Abs. 2 GG s. BVerfGE 95, 96.

5. Vgl. Form VI. 1 und dort Text II. § 3.

Kosten und Gebühren

Das Verfahren ist grundsätzlich kostenfrei, § 34 Abs. 1 BVerfGG; vgl. im Übrigen Form. VI. 1 aE. Das Risiko der Missbrauchsgebühr ist zu beachten (§ 34 Abs. 2 BVerfGG).

13. Antrag auf Erlass einer einstweiligen Anordnung

An das
Bundesverfassungsgericht

Antrag auf Erlass einer einstweiligen Anordnung des Herrn ......

– Antragsteller[1] –

Verfahrensbevollmächtigter: Rechtsanwalt ......[2]

Ich zeige an, dass mir der Antragsteller Vollmacht erteilt (Anlage[3]) und mich mit der Wahrnehmung seiner Interessen beauftragt hat. Namens und in seinem Auftrag beantrage[4] ich, folgende einstweilige Anordnung[5] zu erlassen:

1. Die Vollziehung der Beschlüsse des Sozialgerichts K. vom ...... Az. ...... und des Landessozialgerichts Baden-Württemberg vom ...... Az. ...... wird bis zur Entscheidung[6] über die Verfassungsbeschwerde[7] des Antragstellers ausgesetzt.

2. Das Land Baden-Württemberg[8] hat die notwendigen Auslagen des Antragstellers ganz zu erstatten.

Begründung

I. Sachverhalt

Der Antragsteller ist Arzt. Er betrieb eine Kassenpraxis. Der Zulassungsausschuss hatte ihm die GKV-Kassenzulassung entzogen. Außerdem war der Beteiligungswiderruf am Arzt/Ersatzkassenvertrag angeordnet worden. Die sofortige Vollziehung dieser Entscheidungen war angeordnet worden. Die Gerichte haben das gebilligt. In der Hauptsache liegt noch keine Entscheidung vor.

II. Rechtsausführungen

§ 1 Strenger Maßstab

Nach ständiger Rechtsprechung des Bundesverfassungsgerichts ist bei Prüfung der Voraussetzungen des § 32 BVerfGG ein strenger Maßstab anzulegen, BVerfGE 46, 1/11.

§ 2 Unbeachtlichkeit der Hauptsache

Würdigt das Bundesverfassungsgericht die Umstände, die für oder gegen den Erlass einer einstweiligen Anordnung sprechen, so haben die Gründe, die für die Verfassungswidrigkeit des beanstandeten Hoheitsaktes angeführt werden, grundsätzlich außer Betracht zu bleiben, es sei denn, die Verfassungsbeschwerde erweise sich von vornherein als unzulässig oder offensichtlich unbegründet, BVerfGE 46, 1/11.
Im vorliegenden Fall liegt nach Ansicht des Antragstellers keiner der beiden Ausnahmefälle vor.

§ 3 Folgenabwägung

(1) Dann sind nach ständiger Rechtsprechung des Gerichts „grundsätzlich allein die Folgen abzuwägen, die eintreten würden, wenn eine einstweilige Anordnung nicht erginge, der Antrag in der Hauptsache aber Erfolg hätte, gegenüber den Nachteilen, die entstünden, wenn die begehrte einstweilige Anordnung erlassen würde, dem Antrag in der Hauptsache aber der Erfolg zu versagen würde", BVerfGE 46, 1/11.

(2) Eine Abwägung nach den genannten Grundsätzen ergibt hier Folgendes[9]:

a) Ergeht die einstweilige Anordnung nicht, so wird der Praxis des Antragstellers die wirtschaftliche Grundlage entzogen. Dies erwiese sich auch als irreparabel: eine Rückgewinnung der Patienten wäre nach der Lebenserfahrung schon deshalb nicht möglich, weil der Antragsteller die dafür erforderliche Zeit wirtschaftlich nicht überbrücken kann. Außerdem würden Unbeteiligte betroffen (Entlassung von 12 Arzthelferinnen).

b) Ergeht die einstweilige Anordnung, bleibt aber später der Verfassungsbeschwerde der Erfolg versagt, so ist der Antragsteller in der Zwischenzeit an der kassenärztlichen Versorgung weiterhin beteiligt und kann seine Leistungen abrechnen. Da die Tätigkeit des Antragstellers nicht mehr zu beanstanden ist, die Fortführung der Praxis also keine Patienten gefährdet, kann in diesem Fall lediglich die kassenärztliche Vereinigung N. dadurch besonders belastet werden, dass sie den Abrechnungen des Antragstellers erhöhte Aufmerksamkeit widmen muss. Das erscheint vertretbar.
Auch unter Anlegung strenger Maßstäbe ist die beantragte einstweilige Anordnung deshalb zu erlassen.

Schrifttum: S. Form. VI. 1 (Anm. zu §§ 32ff. BVerfGG); *Zuck,* Die einstweilige Anordnung bei der Verfassungsbeschwerde gegen strafrechtliche Entscheidungen, NStZ 1985, 241.

Anmerkungen

1. Im Verfahren über den Erlass einer einstweiligen Anordnung gibt es keinen Antragsgegner, nur Verfahrensbeteiligte, in der Regel die Bundesrepublik Deutschland oder eines ihrer Länder.

2. Es besteht kein Anwaltszwang, § 22 BVerfGG.

3. Vgl. dazu Form. VI. 15.

4. Die einstweilige Anordnung kann ohne Antrag erlassen werden. Im Rahmen eines Verfassungsbeschwerdeverfahrens ist es aber üblich und angebracht, einen solchen Antrag zu stellen.

5. Da der Erlass einer einstweiligen Anordnung nicht von einem Antrag abhängt, ist das Bundesverfassungsgericht auch nicht an den Inhalt des Antrags gebunden. Maßgebend ist vielmehr § 32 Abs. 1 BVerfGG.

6. Die Entscheidung in der Hauptsache darf nicht vorweggenommen werden, BVerfGE 3, 41/43.

7. Zwar muss die Verfassungsbeschwerde noch nicht erhoben sein; sie muss aber (noch) erhoben werden können. Ohne anhängiges Verfassungsbeschwerdeverfahren gibt es keine Entscheidung über den Erlass einer einstweiligen Anordnung. Üblich und angebracht ist es, beide Anträge (Verfassungsbeschwerde/einstweilige Anordnung) gleichzeitig zu stellen und zu begründen. Mit der negativen Entscheidung über die Hauptsache erledigt sich der Antrag auf Erlass einer einstweiligen Anordnung. Die Entscheidung kann auch die Kammer im Rahmen des § 93d BVerfGG treffen, es sei denn, die einstweilige

Anordnung betreffe die Aussetzung der Anwendung eines Gesetzes, § 93d Abs. 2 S. 2 BVerfGG. Gegen die ablehnende Entscheidung gibt es kein Rechtsmittel.

8. Erstattungspflichtig ist derjenige Träger der öffentlichen Gewalt, dem die vom Antragsteller erfolgreich gerügte Grundrechtsverletzung zuzurechnen ist. Der Erstattungsanspruch richtet sich nach § 34a Abs. 3 BVerfGG.

9. Zu einem ähnlichen Fall vgl. BVerfGE 40, 179. Ausnahmsweise kommt es auf die Erfolgsaussichten der Hauptsache an, BVerfGE 63/254; 67/152. Aus der neueren Rechtsprechung vgl. etwa BVerfG (K) NJW 2002, 53; NJW 2002, 1863.

Kosten und Gebühren

Das Verfahren ist grundsätzlich kostenfrei, § 34 Abs. 1 BVerfGG. Für die Auslagenerstattung, die § 34a Abs. 3 BVerfGG folgt, ist das Verfahren über den Erlass einer einstweiligen Anordnung gebührenrechtlich selbstständig, BVerfGE 41, 228/230. Auch hier gilt § 37 Abs. 2 RVG, s. Form. VI. 1 aE. Wird in der Entscheidung über eine Verfassungsbeschwerde die Erstattung notwendiger Auslagen angeordnet, so erfasst dieser Anspruch regelmäßig nicht die Auslagen, die durch einen Antrag auf Erlass einer einstweiligen Anordnung entstanden sind, BVerfGE 89, 91.

14. Antrag auf Durchführung eines konkreten Normenkontrollverfahrens nach Art. 100 GG

An das
Amtsgericht

Im Ordnungswidrigkeitenverfahren

gegen Dr. A.

stelle ich den Antrag[1],

das Verfahren auszusetzen[2] und eine Entscheidung des Bundesverfassungsgerichts darüber einzuholen, ob § 8 Abs. 2 S. 1 Tierschutzgesetz vom 24. Juli 1972 insoweit mit dem Grundgesetz vereinbar ist, als nur Personen mit abgeschlossener Hochschulbildung der Biologie und den erforderlichen Fachkenntnissen an Hochschulen oder staatlichen wissenschaftlichen Einrichtungen, nicht aber an anderen wissenschaftlichen Einrichtungen Tierversuche mit operativen Eingriffen durchführen dürfen.

Begründung[3]

I. Sachverhalt

Dr. A. ist als Pharmakologe bei einem Arzneimittelhersteller der Privatindustrie tätig. Er muss Tierversuche mit operativen Eingriffen durchführen, um die therapeutische Wirkung von Substanzen zu prüfen. Nach § 8 Abs. 2 S. 1 TierSchG ist eine solche Tätigkeit nur an staatlichen wissenschaftlichen Einrichtungen erlaubt. Die Stadtverwaltung L. hat Dr. A. deshalb mit einem Bußgeldbescheid von EUR 50,– belegt. Dr. A. hat Einspruch eingelegt[4].

II. Rechtsausführungen

§ 1 Entscheidungserheblichkeit

(1) Eine Vorlage an das Bundesverfassungsgericht ist nur zulässig, wenn die Endentscheidung des vorliegenden Gerichts von der Gültigkeit des für verfassungswidrig gehal-

tenen Gesetzes abhängt, BVerfGE 50, 108/113. Das setzt voraus, dass das Gericht sich klar darüber ausspricht, dass und wann es bei Gültigkeit der Norm anders entscheiden würde als bei ihrer Ungültigkeit; denn nur dann kommt es bei der Entscheidung auf die Gültigkeit der Norm an, BVerfGE 11, 330/334 f. Das Bundesverfassungsgericht wird dabei grundsätzlich von der Rechtsansicht des vorlegenden Gerichts ausgehen, sofern dessen Auffassung nicht offensichtlich unvertretbar ist, BVerfGE 50, 108/112.

(2) Im vorliegenden Fall liegt auf der Hand, dass das Amtsgericht bei Bejahung der Vorlagefrage eine Geldbuße gegen Dr. A. festsetzen (§ 72 Abs. 2 OWiG), ihn bei Verneinung aber freisprechen muss. Also ist die Vorlagefrage entscheidungserheblich.

§ 2 Prüfungsmaßstab

Die beanstandete Regelung verstößt gegen Art. 12 Abs. 1 GG in Verbindung mit Art. 3 Abs. 1 GG. Dass Biologen an nicht staatlichen wissenschaftlichen Einrichtungen die Befugnis zur selbstständigen Durchführung von operativen Eingriffen bei Tierversuchen versagt ist, bedeutet für diesen Personenkreis eine erhebliche Einschränkung seiner Berufsausübung, die durch keinen sachlichen Grund gerechtfertigt ist[5].

Schrifttum: S. Form. VI. 1 (Anm. zu Art. 100 GG und §§ 80 ff. BVerfGG).

Anmerkungen

1. Da das Bundesverfassungsgericht das Monopol für die Verwerfungskompetenz für formelle, nachkonstitutionelle Gesetze hat, ist die Instanzgerichtsbarkeit verpflichtet, wenn sie die Verfassungsmäßigkeit eines formellen, nachkonstitutionellen Gesetzes verneint, die Entscheidung des Bundesverfassungsgerichts einzuholen, BVerfGE 1, 184. Streng genommen handelt es sich bei dem „Antrag" des Betroffenen nur um eine Anregung an das Gericht; s. § 80 Abs. 3 BVerfGG.

2. Art. 100 Abs. 1 S. 1 GG. Der Aussetzungsbeschluss ist je nach den prozessualen Vorschriften des Ausgangsverfahrens zu verkünden, den Beteiligten zuzustellen oder formlos mitzuteilen.

3. Die Begründung des vorlegenden Gerichts muss angeben, inwiefern von der Gültigkeit der Rechtsvorschrift die Entscheidung des Gerichts abhängig ist und mit welchen übergeordneten Rechtsnormen sie unvereinbar ist (§ 80 Abs. 2 BVerfGG). Infolgedessen empfiehlt sich auch für den Antragsteller im Ausgangsverfahren, auf diese Fragen einzugehen.

4. Zu den Einzelheiten des Sachverhalts vgl. BVerfGE 48, 376; aus der neueren Rechtsprechung vgl. BVerfGE 102, 99 (112 f.); 102, 147 (161).

5. Zu den Einzelheiten der rechtlichen Begründung vgl. BVerfGE 48, 376/389 ff.

Kosten und Gebühren

Ergeht ein Vorlagebeschluss, so gibt § 82 Abs. 3 BVerfGG ua. den Beteiligten des Ausgangsverfahrens das Recht, sich im Verfahren vor dem Bundesverfassungsgericht zu äußern (Äußerungsbeteiligte). Sie werden nicht Beteiligte des Normenkontrollverfahrens. Dennoch setzt das Bundesverfassungsgericht den Gegenstandswert für das Normenkontrollverfahren fest (aA. früher BVerfGE 7, 87/88).

Die Höhe der Gebühren richtet sich nach § 37 Abs. 2 RVG. Eine Kostenerstattung findet nur im Rahmen der Vorschriften des einfachen Rechts, nicht nach § 34 a BVerfGG statt, BVerfGE 36, 101.

15. Vollmacht

Hiermit erteile ich Herrn ......

Vollmacht[1], mich vor dem Bundesverfassungsgericht zur Durchführung eines Verfassungsbeschwerdeverfahrens[2], [3] wegen
1. Urteil des Amtsgerichts – Familiengericht –, K. vom ......, Az. ......
2. Urteil des Oberlandesgerichts K. vom ......, Az. ...... [4]

zu vertreten und alle zur Durchführung dieses Verfahrens erforderlichen Handlungen vorzunehmen.

K., den ...... **......**
(Unterschrift)

Schrifttum: Wie Form. VI. 1 (Anm. zu § 22 BVerfGG).

Anmerkungen

1. Die Vollmacht ist schriftlich zu erteilen, § 22 Abs. 2 S. 1 BVerfGG. Sie ist Wirksamkeitsvoraussetzung für alle Prozesshandlungen. Die Vollmacht darf nicht nur außerhalb der Ausschlussfrist des § 93 BVerfGG nachgereicht werden (BVerfGE 1, 433). Es ist auch zulässig, sie erst nach Ablauf dieser Frist auszustellen (BVerfGE 50, 381/383. Es ist aber zu beachten, dass das Bundesverfassungsgericht neuerdings eine Frist zur Vorlage der Vollmacht setzt. Diese Frist ist strikt einzuhalten.

2. Die Vollmacht muss sich ausdrücklich auf das Verfahren beziehen, § 22 Abs. 2 S. 2 BVerfGG. Die allgemeine Anwaltsvollmacht genügt deshalb nicht.

3. Oder: Antrag auf Erlass einer einstweiligen Anordnung wegen ......

4. Oder: Verfassungswidrigkeit des § ...... Abs. ...... S. ...... des Gesetzes ...... vom ...... (BGBl. I S. ......).

16. Ablehnungsgesuch

An das
Bundesverfassungsgericht

Im Verfahren über die Verfassungsbeschwerde des Herrn G.

wird Bundesverfassungsrichter X.[1]

wegen Besorgnis der Befangenheit abgelehnt[2].

Begründung[3]

Der Beschwerdeführer hat soeben erfahren, dass Bundesverfassungsrichter X. für den Beklagten des Ausgangsverfahrens ein Privatgutachten erstattet hat. In diesem Gutachten hat er sich auch – für den Beschwerdeführer negativ – zu den im Verfassungsbeschwerdeverfahren zu behandelnden verfassungsrechtlichen Fragen geäußert.
Zwar ist in verfassungsgerichtlichen Verfahren in die „vernünftige Würdigung aller Umstände" die besondere Eigenart miteinzubeziehen, dass kein neuer Richter an die Stelle des (erfolgreich) Abgelehnten tritt und schon wenige erfolgreiche Ablehnungen zur Be-

schlussunfähigkeit des zuständigen Senats führen können (BVerfGE 32, 288, 290; 35, 171, 173; 43, 126, 128). Es ist deshalb auch ein strenger Maßstab anzulegen (BVerfGE 47, 105, 108)[4]. Auch unter diesen einschränkenden Bedingungen[5] ist die Besorgnis der Befangenheit jedoch berechtigt. Bundesverfassungsrichter X. hat nicht allgemein seine wissenschaftliche Meinung zu einer verfahrensrelevanten Rechtsfrage geäußert. Er war vielmehr für einen Beteiligten jenes Verfahrens tätig, dessen Endentscheidung mit der Verfassungsbeschwerde angegriffen worden ist.

Schrifttum: Wie Form. VI. 1 (Anm. zu § 19 BVerfGG).

Anmerkungen

1. Eine pauschale Ablehnung namentlich nicht genannter Richter, insbesondere eines ganzen Senats oder des Bundesverfassungsgerichts überhaupt, ist unzulässig, BVerfGE 11, 1; 46, 200.

2. Abgesehen vom Fall der Selbstablehnung, § 19 Abs. 3 BVerfGG – Beispiel: BVerfGE 95, 189 – setzt die Ablehnung einen Antrag voraus. Die Prüfung der Frage von Amts wegen, ob ein Richter Anlass zur Besorgnis der Befangenheit gegeben hat, ist unstatthaft, BVerfGE 46, 34/35.

3. Die Ablehnung ist zu begründen, § 19 Abs. 2 S. 1 BVerfGG.

4. Weder die Abstammung, die Zugehörigkeit zu einer politischen Partei oder ein ähnlicher allgemeiner Gesichtspunkt (vgl. § 18 Abs. 2 BVerfGG) noch die frühere Mitwirkung im Gesetzgebungsverfahren oder die Äußerung einer wissenschaftlichen Meinung zu einer für das Verfahren bedeutsamen Rechtsfrage rechtfertigen deshalb die Ablehnung, BVerfGE 43, 126/128.

5. Es gibt nur wenig erfolgreiche Ablehnungsgesuche, vgl. BVerfGE 20, 1 ff.; 20, 9 ff.; 35, 246 f. Zum ausgeschlossenen Richter vgl. BVerfGE 79, 127/140 f.

17. Antrag auf Festsetzung des Gegenstandswerts

An das
Bundesverfassungsgericht

Im Verfahren über die Verfassungsbeschwerde des Herrn G. beantrage ich,
den Gegenstandswert auf 500.000,– EUR festzusetzen[1].

Begründung[2]

I. Sachverhalt

Es handelt sich um eine Verfassungsbeschwerde, mit der das gesetzliche System des sogenannten Familienlastenausgleichs angegriffen worden war[3].

II. Rechtsausführungen

§ 1 Bedeutung der Angelegenheit

Die subjektive Beschwer hat im vorliegenden Fall nur EUR 100,– betragen. Das ist die Höhe der jährlichen Steuerersparnis. Es ist jedoch anerkannt, dass auch die objektive Bedeutung des Verfahrens zu berücksichtigen ist[4]. Vom Familienlastenausgleich sind rund 1 Mio. Personen betroffen. Unterstellt man auch hier eine persönliche Belastung von EUR 100,– je Person, so ist von objektiven Auswirkungen des Verfahrens in Höhe von EUR 1,2 Mrd. auszugehen.

§ 2 Umfang und Schwierigkeit anwaltlicher Tätigkeit

Im Übrigen ist darauf hinzuweisen, dass der Sachverhalt außerordentlich komplex ist; dasselbe gilt für die – umfangreiche – Darstellung des einfachen Rechts. Dies zeigt auch der Umfang der Verfassungsbeschwerde mit 250 Seiten; außerdem waren zeitraubende Ermittlungen erforderlich.

§ 3 Vermögens- und Einkommensverhältnisse

Der Beschwerdeführer ist ein wohlhabender Geschäftsmann mit gesichertem, überdurchschnittlichem Einkommen.

§ 4 Nach billigem Ermessen

ist es deshalb angebracht, den Gegenstandswert auf EUR 500.000,– festzusetzen.

Schrifttum: Wie Form. VI. 1 (Anm. zu § 34a BVerfGG).

Anmerkungen

1. Das Gericht wird nur auf Antrag tätig. Der Antrag ist schriftlich einzureichen. Im Allgemeinen setzt das Bundesverfassungsgericht den Gegenstandswert restriktiv an. Gemäß § 37 Abs. 2 Satz 2 Halbsatz 2 RVG beträgt er mindestens EUR 4.000,–.

2. Maßgebend sind § 34a Abs. 2, 3 BVerfGG, § 37 Abs. 2 S. 2 RVG. Die Begründungspflicht ergibt sich aus § 23 BVerfGG.

3. Zum Sachverhalt im Einzelnen vgl. BVerfGE 45, 104. Das Bundesverfassungsgericht hatte in dieser Sache bei einem Antrag auf 1 Mio DM den Gegenstandswert auf DM 800 000,– festgesetzt.

4. Zum Verhältnis der subjektiven und objektiven Funktionen der Verfassungsbeschwerde bei der Festsetzung des Gegenstandswerts sowie der praktischen Bewertung der einzelnen Faktoren vgl. die beiden Grundsatzentscheidungen BVerfG, NJW 1989, 2047; 2048.

18. Antrag auf Kostenfestsetzung

An das
Bundesverfassungsgericht

Im Verfahren über die Verfassungsbeschwerde des Herrn G.

stelle ich den Antrag[1], die Kosten des Beschwerdeführers wie folgt festzusetzen:

Gegenstandswert: EUR 100.000,–

1,6 Verfahrensgebühr gemäß §§ 2, 37 Abs. 2 RVG, VV Nr. 3206[2]	**EUR**	**2.166,40**
Pauschale für Entgelte für Post- und Telekommunikationsdienstleistungen gemäß § 2 RVG. VV Nr. 7002	**EUR**	**20,—**
Pauschale für die Herstellung und Überlassung von Dokumenten (50 Fotokopien à EUR 0,50, 100 Fotokopien à EUR 0,15, vgl. Anlagen 1 bis 14 zur Verfassungsbeschwerdeschrift) gemäß § 2 RVG, VV Nr. 7000 1. a)[3]	**EUR**	**40,—**
Fahrtkosten für eine Geschäftsreise bei Benutzung eines eigenen Kraftfahrzeugs (Informationsreise Stuttgart/München hin und zurück; 395 km à EUR 0,30 am 2. 3. 2005)		

gemäß § 2 RVG, VV Nr. 7003	**EUR**	**118,50**
Tage- und Abwesenheitsgeld bei einer Geschäftsreise von mehr als 8 Stunden (Informationsreise am 2. 3. 2005) gemäß § 2 RVG, VV Nr. 7005 Nr. 3	**EUR**	**60,—**
16% Umsatzsteuer auf die Vergütung (EUR 2.404,90) gemäß § 2 RVG, VV Nr. 7008	**EUR**	**384,78**
	EUR	**2.789,68**

Der Beschwerdeführer kann den Umsatzsteuerbetrag *nicht* als Vorsteuer abziehen. Ich beantrage, die festgesetzten Kosten vom Eingang des Festsetzungsantrags ab mit 5 Prozentpunkten über dem Basiszinssatz nach § 247 BGB zu verzinsen[4].

Schrifttum: Wie Form. VI. 1 (Anm. zu § 34 a BVerfGG).

Anmerkungen

1. Hat das Bundesverfassungsgericht im Verfassungsbeschwerdeverfahren eine Entscheidung nach § 34 a Abs. 2, 3 BVerfGG getroffen, so setzt der Rechtspfleger beim Bundesverfassungsgericht (§ 21 Abs. 1 RPflG) auf Antrag (§ 23 BVerfGG) in entsprechender Anwendung der §§ 103, 104 ZPO die Kosten fest. Erstattungsfähig sind auch die Kosten des Rechtsanwalts, der sich selbst vertritt, BVerfGE 81, 387/389.

2. Im Allgemeinen fällt nur die Verfahrensgebühr gemäß VV Nr. 3206 an. Bei einem Regelgegenstandswert von EUR 4.000,– (vgl. § 37 Abs. 2 Satz 2 Halbsatz 2 RVG) beträgt die 1,6 Verfahrensgebühr EUR 392,00. Der Abschluss einer Vergütungsvereinbarung nach § 4 RVG ist deshalb zu empfehlen. Ob auch vereinbarte Gebühren erstattungsfähig sind, ist umstritten.

3. Zu beachten ist, dass wegen § 23 Abs. 3 BVerfGG Fotokopien in erheblichem Umfang anfallen können. Insoweit, also für die sogenannten Überstücke der Verfassungsbeschwerde und weitere Schriftsätze, ist die Erstattung zweifelsfrei, vgl. BVerfGE 65, 72. Kosten für Anlagen zu Schriftsätzen gehören zu den Auslagen, die durch die Prozessgebühr abgegolten sind, vgl. BVerfGE 61, 208/209, 65, 72/74. Sind die Auslagen aber sehr zahl- oder umfangreich, was im Verfassungsbeschwerdeverfahren nicht selten ist, so sind auch die insoweit anfallenden Fotokopiekosten erstattungsfähig. Pauschale Angaben genügen nicht. Erstattungsfähige Auslagen können nur auf Grund genauer Angaben des Antragstellers festgesetzt werden, BVerfGE 65, 72/74.

4. § 104 Abs. 1 ZPO. Gegen die Entscheidung des Rechtspflegers ist gemäß § 11 Abs. 1 RPflG, § 104 Abs. 3 ZPO die sofortige Beschwerde zulässig, wenn der Wert des Beschwerdegegenstands EUR 200,– übersteigt (§ 567 Abs. 2 ZPO). Sie ist innerhalb einer Notfrist von 2 Wochen einzulegen (§ 569 Abs. 1 ZPO). Über diese entscheidet in der Regel ein Mitglied des Senats, bei dem die Hauptsache anhängig war (§ 568 Satz 1 ZPO). Das Beschwerdeverfahren ist ebenfalls kostenfrei.

VII. Der Finanzgerichtsprozess einschließlich des außergerichtlichen Vorverfahrens

Einspruch

1. Einspruch gegen einen Einkommensteuerbescheid mit Festsetzung von Vorauszahlungen, verbunden mit einem Antrag auf Aussetzung der Vollziehung und einstweiliger Stundung

An das Finanzamt ...... **...... (Ort), ... (Datum)**
in ......

Betrifft: Steuernummer und Identifikationsnummer[4] ...... (und Name des Steuerpflichtigen)

Bezug: Einkommensteuerbescheid für 20 ...... vom ...... (Datum des Steuerbescheides); zugegangen[1] am ...... (Datum des Eingangs des Bescheides)

Sehr geehrte Damen, sehr geehrte Herren!

I. Namens und in Vollmacht[2] des ...... lege ich gegen den oben bezeichneten Einkommensteuerbescheid Einspruch[3, 4, 5] ein. Ich beantrage, die Einkommensteuer auf ...... EUR herabzusetzen.

Begründung:[6, 7]

Der Steuerpflichtige ist Eigentümer eines Mehrfamilienhausgrundstücks, das er (vollständig) an fremde Mieter vermietet hat. Er vereinnahmt die Mieten auf einem Bankkonto bei der A-Bank und verwendet die eingehenden Beträge für seinen privaten Bedarf. Die Aufwendungen für das vermietete Haus bestreitet er über ein Konto bei der B-Bank. Bei der B-Bank hat er einen Kredit zur Finanzierung einer größeren Reparatur des Hauses aufgenommen und zahlt dafür Zinsen an die B-Bank. Die Mieteeinnahmen decken die Schuldzinsen betragsmäßig zur Hälfte ab. Das FA hat ausgehend von der Erwägung, dass in Fällen, in denen die Einnahmen und die Ausgaben nicht über getrennte Konten, sondern über ein einheitliches Konto laufen, eine Saldierung stattfindet, die Schuldzinsen für den Kredit nur zur Hälfte zum Abzug zugelassen. Das FA hält darüber hinaus § 4 Abs. 4 a EStG für entsprechend anwendbar. Dem ist nicht zu folgen, da § 9 Abs. 5 EStG nicht auf § 4 Abs. 4 a EStG verweist (vgl. auch *Schmidt/Drenseck* EStG, 28. Aufl. 2009, § 9 Rz 8).

II. Es wird beantragt[8], die Vollziehung des angefochtenen Einkommensteuerbescheids auszusetzen,[9] soweit die Einkommensteuer höher als ...... EUR festgesetzt ist. Bis zur Entscheidung über den Aussetzungsantrag wird um stillschweigende Stundung gebeten[10].

Begründung:

In Höhe der sich durch den Abzug der Zinsen als Werbungskosten ergebenden Minderung der Einkommensteuer bestehen an der Rechtmäßigkeit des angefochtenen

Bescheids ernstliche Zweifel; denn das der Einkünfteerzielung dienende Grundstück muss wirtschaftlich als mit der Ausgleichsverpflichtung belastet angesehen werden. Die gegenteilige Auffassung des FA, es fehle am Veranlassungszusammenhang zwischen Schuldentstehung und Einkünfteerzielung, ist deshalb zumindest ernstlich zweifelhaft.

III. Es wird ferner beantragt[8], die Vorauszahlungen zur Einkommensteuer rückwirkend ab 2005 um ...... EUR niedriger festzusetzen[11].

Begründung:

Da die Zinsen, die als Werbungskosten abzugsfähig sind, bis zur Tilgung des Darlehens in voraussichtlich ...... Jahren die Einkünfte aus VuV mindern werden, ergibt sich auf diese Zeit eine entsprechende Minderung der voraussichtlich geschuldeten Einkommensteuer.

Mit freundlichen Grüßen
Unterschrift

Schrifttum: Enders, RVG für Anfänger, 14. Aufl. 2006; *Gräber,* Finanzgerichtsordnung, Kommentar, 6. Aufl. 2006; *Hartung/Römermann,* RVG, Kommentar, 2004; *Hübschmann/Hepp/Spitaler,* Kommentar zur Abgabenordnung und Finanzgerichtsordnung; 185. Lfg Juli 2005; *Klein,* Abgabenordnung, Kommentar, 9. Aufl. 2006; *König,* AO, Kommentar, 2. Aufl. 2009; AO-Handbuch 2009; *Kühn/v. Wedelstädt,* Abgabenordnung, Finanzgerichtsordnung, Kommentar, 19. Aufl. 2008; *Meyer/Goerz,* Die Gebühren der steuerberatenden Berufe, Stand April 2005; *Pahlke/König,* AO, Kommentar, 2. Aufl. 2009; AO-Handbuch 2009, *Tipke/Kruse,* Abgabenordnung, Finanzgerichtsordnung, Kommentar; 106. Lfg, März 2005;

Anmerkungen

1. Vgl. § 122 Abs. 1 und 2 AO 1977; im Besteuerungsverfahren ergehende Bescheide können auf Anordnung des FA zugestellt werden (§ 122 Abs. 5 AO). Zur Bekanntgabe von Steuerbescheiden s. im Einzelnen *BMF* BStBl. I 91, 398 sowie AEAO zu § 122 (s. AO-Handbuch 2009); zur Bekanntgabe zB. an Liquidationsgesellschaften s. *OFD Nürnberg* v. 10. 7. 1987 DStR 1987, 769 und 18. 7. 1987 DStR 1987, 770 und an eine vollbeendete KG s. BFH BStBl. II 1993, 82. Die **Bekanntgabe von Steuerbescheiden** und Einspruchsentscheidungen kann auch im Ausland durch einfachen Brief durch die Post erfolgen, sofern der ausländische Staat dies zulässt. Dazu gehören alle EU-Staaten, nicht aber die Schweiz.

2. Wegen der Befugnis, sich gegenüber den Finanzverwaltungsbehörden vertreten zu lassen, s. § 80 AO 1977. Eine **Vollmacht** ermächtigt den Bevollmächtigten nicht zur Unterzeichnung von Steuererklärungen; Ausnahme: § 150 Abs. 3 AO. Uneingeschränkt zur Hilfeleistung – und damit zur Vertretung im Besteuerungsverfahren – sind die in § 3 Steuerberatungsgesetz aufgeführten Personen befugt (Rechtsanwälte, Steuerberater, Wirtschaftsprüfer, auch in Form von Gesellschaften). Bei Vertretung des Steuerpflichtigen kann der Steuerbescheid dem Steuerpflichtigen selbst nur in Ausnahmefällen bekannt gegeben werden (§ 122 Abs. 1 S. 3 AO; BFH BStBl. II 1986, 569; BFH/NV 1986, 320; 1988, 274; BFH BStBl II 2001, 86). Eine Verpflichtung zur Bekanntgabe an den Bevollmächtigten besteht, wenn dieser vom Vertretenen ausdrücklich als Empfangsbevollmächtigter benannt worden ist oder eine schrifliche Vollmacht vorliegt; AO-Handbuch 2009, § 122 Tz 3.3 AEAO.

3. Die in der Regel schriftlich zu erteilenden Steuerbescheide (§§ 155, 157 AO) können, sofern ihnen die vorgeschriebene (§ 157 Abs. 1 S. 3 AO) Rechtsbehelfsbelehrung nicht fehlt (§ 356 Abs. 1 AO), nur binnen einer **Frist von einem Monat** nach Bekanntgabe mit dem Einspruch (§§ 355, 347 AO) – oder mit Zustimmung des FA mit der Sprungklage (§ 45 Abs. 1 und 2 FGO) – angefochten werden. Eine Anleitung zur Berechnung der Rechtsbehelfsfrist braucht die Rechtsbehelfsbelehrung nicht zu enthalten (BFH BFH/NV 2002, 794). Wird eine schriftliche Rechtsbehelfsbelehrung nicht zusammen mit dem Steuerbescheid erteilt, kann der Bescheid grundsätzlich binnen eines Jahres nach der Bekanntgabe angefochten werden (§ 356 Abs. 2 AO).

Die Frist, binnen der ein Steuerbescheid angefochten werden kann, beginnt im Fall der **Bekanntgabe** nach § 122 Abs. 2 Nr. 1 AO (vgl. Anm. 1) am Tag nach dem Zugang des Steuerbescheids (§ 187 Abs. 1 BGB, § 108 Abs. 1 AO), frühestens jedoch am vierten Tag nach Aufgabe des Bescheids zur Post (§ 122 Abs. 2 Nr. 1 AO); bei Bekanntgabe im Ausland gilt eine Monatsfrist (§ 122 Abs. 2 Nr. 2 AO). Auch für die Zugangsvermutung des § 122 Abs. 2 AO gilt § 108 Abs. 3 AO, dh. der Bescheid gilt zB. in den Fällen des § 122 Abs. 2 Nr. 1 AO, wenn dieser Tag ein Sonnabend, Sonntag oder Feiertag ist, erst an dem folgenden Werktag als zugegangen. Die abweichende langjährige Rechtsprechung ist durch BFH BStBl II 2003, 2; BStBl II 2003, 875; s. auch BFH BFH/NV 2008, 738 aufgegeben (*Tipke/Kruse* AO/FGO § 122 AO Rz 56). Wird der Steuerbescheid nach § 122 Abs. 5 AO durch **Zustellung** bekannt gegeben, beginnt die Frist für seine Anfechtung an dem auf die Zustellung folgenden Tag (§ 187 Abs. 1 BGB). Sie endet grundsätzlich mit Ablauf desjenigen Tages des folgenden Monats, der durch seine Zahl dem Tag des vorangegangenen Monats entspricht, an dem der Bescheid zugegangen ist oder nach § 122 Abs. 2 AO 1977 als bekannt gegeben gilt (§ 188 Abs. 2 1. Alt. BGB, § 108 Abs. 1 AO). Läuft die Jahresfrist (§ 356 Abs. 2 AO), so gilt entsprechendes. Fehlt der für den Ablauf der Frist maßgebende Tag (zB. der „31."), so endet die Frist mit dem Ablauf des letzten Tags dieses Monats (§ 188 Abs. 3 BGB). Fällt das Ende der Frist auf einen Sonnabend, Sonntag oder einen gesetzlichen Feiertag, so endet die Frist mit dem Ablauf des nächstfolgenden Werktags (§ 108 Abs. 3 AO).

Wird die Frist zur Einlegung des Einspruchs versäumt, kann unter den Voraussetzungen des § 110 AO **Wiedereinsetzung** in den vorigen Stand gewährt werden.

4. Bei Anträgen und Rechtsbehelfen ist neben der bisherigen **Steuernummer** (§ 8 Buchungsordnung, BStBl I 1996, 386) auch die (Wirtschafts-)**Identifikationsnummer** (§§ 139a–139c AO) anzugeben. Der Einspruch ist **schriftlich, telegrafisch** (§ 357 Abs. 1 S. 3 AO), **mit Telefax** (BGH HFR 1990, 584) oder zur Niederschrift beim FA einzulegen (§ 357 AO). Dem Schriftlichkeitserfordernis genügt mE. auch Einlegung durch Telekopie; vgl. § 174 Abs. 2 ZPO nF.; ebenso per E-Mail, wenn dafür der Zugang eröffnet ist (§ 87a Abs. 1 und 3 AO; *Tipke/Kruse* AO/FGO § 357 AO Rdn. 7). Unterzeichnung ist nicht vorgeschrieben (vgl. § 357 Abs. 1 S. 2 AO; *Tipke/Kruse* aaO. § 357 AO Rdn. 12), aber ratsam; denn es muss erkennbar sein, wer Einspruch erhebt. Telefonische Einlegung ist unwirksam, auch wenn der zuständige Beamte beim FA darüber eine „Niederschrift" fertigt (zweifelhaft: *Tipke/Kruse* AO/FGO § 357 AO Rdn. 7a).

5. Seit dem Inkrafttreten der AO 1977 ist der Einspruch kostenfrei; s. unten Kosten und Gebühren. Einem Beteiligten im außergerichtlichen Vorverfahren entstandene Kosten (zB. für einen Bevollmächtigten) können aber weiterhin nach § 139 FGO erstattet werden, wenn dem Einspruchsverfahren ein Rechtsstreit vor dem Finanzgericht gefolgt ist.

Bei der Entscheidung über den Einspruch kann der angefochtene Verwaltungsakt auch zu Lasten des Rechtsbehelfsführers geändert („verbösert") werden (§ 367 Abs. 2 S. 2 AO). Auf eine beabsichtigte „**Verböserung**" muss das FA den Betroffenen hinweisen und ihm Gelegenheit zur Stellungnahme, und also auch zur Zurücknahme des Einspruchs (§ 362 AO 1977) geben werden. Nimmt er den Einspruch zurück, kann der Verwaltungsakt nur dann noch (zu Lasten des Betroffenen) geändert werden, wenn die allgemeinen Voraussetzungen dafür (zB. § 173 Abs. 1 Nr. 1 AO) erfüllt sind.

6. Der Einspruch muss nicht begründet werden (§ 357 Abs. 3 AO). Eine Begründung ist aber ratsam, da die Verpflichtung des FA zur Aufklärung des Sachverhalts nicht grenzenlos ist (§ 88 AO) und in erheblichem Umfang vom Vorbringen des Steuerpflichtigen beeinflusst wird (*Pahlke/Koenig* AO § 88 Rdn. 31; *Kühn/v. Wedelstädt/Wagner,* Kommentar zur AO, § 88 Rdn. 3). Werden für die Beurteilung eines Streitfalles erhebliche Tatsachen erst im anschließenden gerichtlichen Verfahren vorgetragen, obwohl der Steuerpflichtige sie bereits im Besteuerungsverfahren – zu dem das Einspruchsverfahren gehört – hätte vortragen können, so können ihm insoweit – auch bei Erfolg in der Sache selbst – die Kosten des gerichtlichen Verfahrens auferlegt werden (§§ 137, 138 Abs. 2 S. 2 FGO).

7. Zur materiell-rechtlichen Beurteilung des Streitfalles vgl. *Schmidt/Drenseck,* Kommentar zum EStG, 28. Aufl. 2009, § 9 Rz 8 mwN.

8. Es empfiehlt sich, dem FA so viele Ausfertigungen des Schriftsatzes zu übersenden wie Anträge gestellt werden, weil häufig verschiedene Stellen innerhalb des FA oder Zentralfinanzämter mit der Bearbeitung bestimmter Aufgaben (zB. Veranlagung, Rechtsbehelfe, Vollstreckung, Erlass) betraut sind.

9 a. Die Einlegung des **Einspruchs** beseitigt nicht die **Vollziehbarkeit** des angefochtenen Steuerbescheids (§ 361 Abs. 1 S. 1 AO). Hält der Steuerpflichtige den Bescheid für (ganz oder teilweise) unrichtig (rechtswidrig), und will er die Steuer, soweit sie zu hoch festgesetzt ist, bei Fälligkeit nicht entrichten, so muss er, um die Verwirkung von Säumniszuschlägen zu vermeiden (§ 240 AO), einen Antrag auf Aussetzung der Vollziehung stellen und bis zur Entscheidung darüber Stundung beantragen.

b. Steuerzahlungs- und Steuererstattungsansprüche sind nach Maßgabe des § 233 a AO zu verzinsen (s. dazu unter Kosten und Gebühren). Für Stundung und Aussetzung der Vollziehung sind Zinsen in gleicher Höhe (0,5% je Monat) zu entrichten.

c. **Aussetzung der Vollziehung** (AdV.) kann als vorläufiger Rechtsschutz gegenüber Steuerbescheiden (§§ 155, 157 AO) beantragt werden (§ 361 AO). Der Antrag ist regelmäßig an die Behörde zu richten, die den Bescheid erlassen hat (vgl. § 69 Abs. 4 FGO). Erst wenn dies keinen Erfolg hat, kann statthafterweise Aussetzung der Vollziehung beim Finanzgericht beantragt werden. Das Erfordernis vorheriger Antragstellung bei der Behörde, also regelmäßig beim FA, gilt für jeden Verfahrensabschnitt, dh. für Einspruchs- und Klageverfahren gesondert (*Gräber/ Koch* FGO § 69 Rdn. 70, 72 mwN). Wird der an die erlassende Behörde gerichtete Antrag nicht binnen angemessener Frist beschieden, wird er abgelehnt oder droht eine Vollstreckung (dazu: BFH BStBl. II 1986, 236; BFH/NV 2002, 940), so kann AdV. unmittelbar beim FG beantragt werden (§ 69 Abs. 4 FGO). Das gilt auch, wenn die Finanzbehörde schon vor der Antragstellung zu erkennen gegeben hat (siehe *Beermann* DStR 1986, 252/257 f.), dass sie die Vollziehung nicht aussetzen werde oder wenn es im Einzelfall dem Betroffenen nicht zumutbar ist, zunächst einen Antrag bei der Behörde zu stellen.

Hat das FA einen Antrag auf AdV. abgelehnt, so kann das Gericht nur nach § 69 Abs. 3 und 5 S. 3 FGO angerufen werden (§ 69 Abs. 7 FGO). Eine auf AdV. gerichtete Beschwerde an die OFD sowie eine an das Beschwerdeverfahren anschließende Klage ist nicht (mehr) statthaft (§ 361 Abs. 5 AO).

Ein Antrag auf AdV. ist nur zulässig, wenn der auszusetzende Bescheid noch nicht bestandskräftig geworden ist (vgl. § 361 Abs. 2 S. 1 AO; BFH BStBl. II 1982, 133). Er muss daher grundsätzlich spätestens bei Stellung des Aussetzungsantrags angefochten werden, wenn nicht wegen des Laufs der Einspruchsfrist eine frühere Anfechtung erforderlich ist.

AdV. soll auf Antrag gewährt werden, wenn **ernstliche Zweifel an der Rechtmäßigkeit** des angefochtenen Verwaltungsaktes (Steuerbescheides) bestehen (§ 361 Abs. 2 AO). AdV. kann nicht in weiterem Umfang gewährt werden, als das Anfechtungsbegehren reicht. Ist der Einspruch gegen einen Steuerbescheid bei Stellung des Aussetzungsantrags noch nicht begründet, so müssen die ernstlichen Zweifel an der Rechtmäßigkeit zur Begründung des Aussetzungsbegehrens dargelegt werden. Abweichend vom Beispielsfall ist dann der Aussetzungsantrag in einem selbstständigen Schriftsatz zu stellen. Das schließt eine spätere abweichende, auch weitergehende Begründung des Einspruchs nicht aus. Wird der Einspruch sogleich bei seiner Einlegung begründet, empfiehlt es sich, den Aussetzungsantrag damit (wie vorgeschlagen) zu verbinden. Einer besonderen Darlegung der die ernstlichen Zweifel an der Rechtmäßigkeit des angefochtenen Bescheides begründenden Umstände bedarf es dann nicht (vgl. BFH BStBl. III 1967, 531).

10. Werden durch Steuerbescheid festgesetzte Steuerbeträge bei Fälligkeit, die im Bescheid angegeben wird, nicht entrichtet, so sind für jeden angefangenen Monat der Säumnis 1 vH. des rückständigen (abgerundeten) Steuerbetrages als **Säumniszuschläge** zu entrichten (§ 240 AO). Wird einem Aussetzungsantrag entsprochen, so entstehen Säumniszuschläge nicht mehr. Bis zu der Entscheidung über den Antrag fallen aber noch Säumniszuschläge an (BFH BFH/NV 1994, 4, 6). Um dem zu entgehen, ist es angezeigt, (stillschweigende) Stundung bis zur Entscheidung über den Aussetzungsantrag zu beantragen, da auch Stundung die Verwirkung von Säumniszuschlägen ausschließt. Daneben kommt auch „rückwirkende" **Aufhebung der Vollziehung** in Betracht (BFH BStBl. II 1977, 645; *Gräber/Koch* FGO § 69 Rdn. 30, 39ff., 55 *Säumniszuschläge* mwN).

Für die Dauer einer gewährten Stundung werden grundsätzlich Zinsen von 0,5 vH. je vollem Monat erhoben (§§ 234, 238 AO). Bleibt die Anfechtung eines Steuerbescheides (durch Einspruch oder Anfechtungsklage) endgültig erfolglos, so sind durch den angefochtenen Bescheid festgesetzte Steuerbeträge, hinsichtlich derer AdV. gewährt worden war, ebenfalls zu verzinsen (§§ 237, 238 AO; sa. Anm. 9b).

11. Der Antrag auf **Herabsetzung der Vorauszahlungen** ist verfahrensrechtlich völlig selbstständig gegenüber den Verfahren zur Gewährung vorläufigen Rechtsschutzes (hier: AdV.) oder endgültigen Rechtsschutzes (Einspruch, Klage). Aus praktischen Gründen kann er aber gleichzeitig gestellt werden, wenn die Gründe, die gegen die Rechtmäßigkeit des angefochtenen Steuerbescheids sprechen, zugleich die Herabsetzung der festgesetzten Vorauszahlungen rechtfertigen.

Statt eines Antrags auf Herabsetzung kann die Festsetzung von Vorauszahlungen (§ 37 Abs. 3 EStG) auch selbstständig angefochten werden, und zwar mit dem Einspruch (§ 347 Abs. 1 Nr. 1, § 348 Abs. 1 AO). Anfechtung statt eines Herabsetzungsantrags kann angezeigt sein, wenn etwa der Erfolg eines gegen die Einkommensteuerfestsetzung (den Einkommensteuerbescheid) erhobenen Rechtsbehelfs von langwierigen Ermittlungen abhängt (zB. Auskünften anderer Stellen) oder wenn Einwendungen erhoben werden, die nur für künftige Veranlagungszeiträume zu einer niedrigeren Steuer (und entsprechend niedrigeren Vorauszahlungen) führen können.

Kosten und Gebühren

Für das **Rechtsbehelfsverfahren** werden nach der Abgabenordnung (1977) keine Kosten erhoben. Eine Erstattung der Kosten, die dem Rechtsbehelfsführer entstanden sind, insbesondere für die Vertretung durch einen Rechtsanwalt, Steuerberater oder Wirtschaftsprüfer, findet nicht statt, auch wenn das Verfahren mit einer dem Rechtsbehelfsführer günstigen Entscheidung abgeschlossen wird (s. aber Anm. 2). Hat sich der Rechtsbehelfsführer im außergerichtlichen Rechtsbehelfsverfahren durch eine zur geschäftsmäßigen Hilfeleistung in Steuersachen befugte Person vertreten lassen, ist er dieser aber zur Entrichtung des vereinbarten oder üblichen Honorars verpflichtet. Er kann aber nach einer in Vordringen befindlichen Rechtsprechung (LG Hannover, Nieders. Rpfl. 1991, 225; LG Duisburg Stbg 1993, Nr. 1; LG Oldenburg Urteil v. 19. 1. 1993 – 7 O 2998/92; OLG Koblenz 1 U 1588/01, Stbg 2004, 41: Haftung wegen Unkenntnis neuer Rechtsprechung des BFH; OLG Düsseldorf 18 U 160/92, NJW 1993, 1210: Haftung wegen mangelnder Aktenkenntnis; deshalb Schätzungsbefugnis fehlerhaft ausgeübt) einen auf Ersatz der Kosten gerichteten **Schadenersatzanspruch** (Amtshaftungsanspruch) haben, wenn das FA die Steuer zunächst unter Verletzung seiner Amtsermittlungspflicht unrichtig festgesetzt hat; anders LG Verden DB 1987, 2292; LG Bochum Urteil v. 3. 3. 1993, 6 O 615/92. Bei Vertretung durch einen Rechtsanwalt gilt für die Höhe der Gebühren ab 1. 7. 2004 das **Rechtsanwaltsvergütungsgesetz** (RVG; Art. 3 Kostenrechtsmodernisierungsgesetz, BGBl I 2004, 718 ff., zuletzt geändert vom 30. 10. 2008 BGBl I 2122, 2128 ab 12. 12. 2008 und durch Gesetz vom 31. 7. 2008, BGBl I 1629, 1638 ab 1. 1. 2009), das die Bundesgebührenordnung für Rechtsanwälte abgelöst hat. Eine Übergangsregelung enthält § 61 RVG; danach sind vor dem 1. 7. 2004 erteilte Aufträge nach altem Recht abzurechnen. Bei Vertretung durch Steuerberater ergeben sich die Gebühren aus §§ 40–44 StGebV; § 45 StGebV verweist für die Gebühren bei gerichtlichen Verfahren, an denen der Steuerberater mitwirkt, auf das RVG. Für Wirtschaftsprüfer gibt es eine vergleichbare Gebührenordnung nicht. Wirtschaftsprüfer, die zugleich Steuerberater sind, können ohne ausdrückliche schriftliche Vereinbarung keine höheren Gebühren als nach der Steuerberatergebührenverordnung zulässig verlangen.

Schließt sich an ein (außergerichtliches) Rechtsbehelfsverfahren ein gerichtliches Verfahren an, so können auf Antrag nach dessen erfolgreichem Abschluss stets auch die Kosten des außergerichtlichen Rechtsbehlfsverfahrens, soweit es Vorverfahren war, also soweit das urprüngliche Begehren im gerichtlichen Verfahren weiter verfolgt wurde, als Kosten des Vorverfahrens erstattet werden. Bei Vertretung durch eine zur geschäftsmäßigen Hilfeleistung in Steuersachen befugte Person können Aufwendungen bis zur Höhe der gesetzlichen Gebühren und Auslagen der Rechtsanwälte erstattet werden, wenn das Gericht die Zuziehung eines Bevollmächtigten oder Beistandes (auf Antrag) für notwendig erklärt hat (§ 139 Abs. 3 S. 3 FGO). Die Höhe der Gebühren bei Vertretung durch einen Steuerberater (oder Wirtschaftsprüfer) richtet sich ab 1. 7. 2004 nach dem RVG (§§ 45, 46 StGebV). Vgl. ferner Form. VII. 9 Anm. 9 und Kosten und Gebühren.

Gemäß §§ 233 a, 238 AO sind nach dem 31. 12. 1988 entstandene (Art. 97 § 15 Abs. 4 EGAO) Erstattungsansprüche des Steuerpflichtigen und Nachzahlungsforderungen des Fiskus betreffend die Einkommen-, Körperschaft-, Umsatz- oder Gewerbesteuer mit 0,5% je Monat zu verzinsen (sog. **Vollverzinsung**). Der Zinslauf beginnt grundsätzlich 15 Monate (bei Überwiegen der Einkünfte aus Land- und Forstwirtschaft (§ 2 Abs. 1 Nr. 1 EStG: 21 Monate) nach Ablauf des Jahres, in dem der Steueranspruch entstanden ist (vgl. § 36 Abs. 1 EStG; § 48 KStG; § 18 GewStG; § 13 UStG). Diese sog. Karenzzeit soll gewährleisten, dass keine Zinsen entstehen, bevor – bei normalem Ablauf (fristgerechte Steuererklärung, alsbaldige Veranlagung) – die Steuer fällig ist. Der Zinslauf endet mit der Fälligkeit der Steuerforderung, spätestens aber vier Jahre nach seinem Beginn. Wird **Stundung** oder **AdV** gewährt, ist eine Nachzahlungsforderung in gleicher Höhe zu verzinsen (§§ 234, 237, 238 AO). Wird eine Steuerforderung nicht bei Fälligkeit beglichen, entstehen für jeden Monat der Säumnis (§ 240 AO) **Säumniszuschläge** in Höhe von 1% des offenen Steuerbetrages. Bei **Prozesszinsen** auf Erstattungsforderungen beginnt der Zinslauf mit der Rechtshängigkeit (vgl. § 236 AO). Zinsen nach § 233 a AO werden auf Prozesszinsen angerechnet (§ 236 Abs. 4 AO). Die Berechnung der Zinsen kann, namentlich wenn Bescheide wiederholt geändert werden, komplizierte Berechnungen erfordern. Zu Berechnungsbeispielen vgl. *Krabbe* NWB Fach 2, S. 5119 (1988).

Zinsen, die gezahlt oder erstattet werden sollen, werden durch Bescheid, der grundsätzlich mit dem Bescheid über die Steuerfestsetzung verbunden wird, festgesetzt (§ 239 AO). Gegen den Zinsbescheid ist der Einspruch gegeben (§ 347 Abs. 1 Nr. 1 AO 1); ist der Zinsbescheid von einer Gemeindebehörde erlassen worden, ist der Widerspruch gegeben (§ 69 VwGO) und der weitere Rechtsweg zu den Verwaltungsgerichten eröffnet.

Zinsen auf Umsatzsteuerforderungen sind Betriebsausgaben bzw. Betriebseinnahmen. Für die Gewerbesteuer gilt ab 2008 das Abzugsverbot des § 4 Abs. 5 b EStG, das auch die Zinsen umfasst (§ 3 Abs. 4 AO); vgl. *Schmidt/Heinicke* Kommentar zum EStG,

28. Aufl. 2008, § 4 Rz 614, 520 *Schuldzinsen, Steuern*) Hinterziehungszinsen dürfen nicht abgezogen werden (§ 4 Abs. 5 S. 1 Nr. 8a EStG). Entsprechendes gilt für Zinsen auf Körperschaftsteuer (§ 10 Nr. 2 KStG). Zinsen auf Personensteuern nach § 233a AO sowie Stundungs- oder Aussetzungszinsen (§§ 234, 237 AO) können ebenfalls nicht mehr als Sonderausgaben abgezogen werden, da § 10 Abs. 1 Nr. 5 EStG ab 1999 gestrichen ist.

Fristen und Rechtsmittel

Vgl. Anm. 3–6, 9. Bleibt der Einspruch ganz oder teilweise erfolglos, kann gegen die Einspruchsentscheidung binnen eines Monats seit ihrer Bekanntgabe Klage zu dem örtlich zuständigen Finanzgericht erhoben werden (§ 47 Abs. 1 FGO); vgl. Form. VII. 9ff.

2. Einspruch gegen einen Bescheid über gesonderte und einheitliche Feststellung von Einkünften einer (gewerblich tätigen) Mitunternehmerschaft verbunden mit einem Antrag auf Aussetzung der Vollziehung unter Ausschluss von Sicherheitsleistung

An das Finanzamt .... (Ort), ... (Datum)
in .....

Betrifft: Steuernummer und Identifikationsnummer[1] ..... (und Firma bzw. die Namen der Mitunternehmer)

Bezug: Feststellungsbescheid für 20 ..... vom (Datum des Bescheids); zugegangen[2] am ..... (Datum des Eingangs des Bescheids)

Sehr geehrte Damen, sehr geehrte Herren!

I. Namens und in Vollmacht[3] der A-KG, vertreten durch ihren persönlich haftenden Gesellschafter A[4], lege ich gegen den oben bezeichneten Feststellungsbescheid[5] Einspruch[6,7] ein. Ich beantrage, den Gewinn um ..... EUR niedriger festzustellen.

Begründung[8]:

Die A-KG ist Eigentümerin eines Grundstücks in ..... Sie beabsichtigte auf dem Grundstück ein Lagerhaus nach den Plänen des Architekten M zu errichten. Als die Planung nahezu abgeschlossen war, ergab sich die Notwendigkeit, die ursprüngliche Planung aufzugeben. Es wurde nach gänzlich anderen Plänen des Architekten N ein Kühlhaus errichtet. Die Kosten der ursprünglichen Planung sind demzufolge als sofort abzugsfähige Aufwendungen zu behandeln. Das FA hat diese Besonderheit verkannt und die Kosten der Planung des Lagerhauses als Teil der Herstellungskosten des Kühlhauses angesehen. Der Gewinn ist infolgedessen zu hoch festgestellt worden. Die Gewinnminderung ergibt sich nach Ausgleich mit der AfA-Ermäßigung von ..... EUR mit ..... EUR.

II. Es wird ferner beantragt, die Vollziehung des angefochtenen Feststellungsbescheids 20..... insoweit auszusetzen[9], als der Gewinn höher als ..... EUR festgestellt worden ist, und die Aussetzung der Folgebescheide nicht von Sicherheitsleistungen abhängig zu machen[10].

Begründung:

Ernstliche Zweifel an der Rechtmäßigkeit des angefochtenen Feststellungsbescheids 20 ..... bestehen insoweit, als der Gewinn wegen der Behandlung der Kosten der

Fehlplanung des Lagerhauses als Teil der Herstellungskosten des Kühlhauses zu hoch angesetzt worden ist.

Mit freundlichen Grüßen
Unterschrift

Anmerkungen

1. Vgl. Form. VII. 1 Anm. 4.

2. Vgl. Form. VII. 1 Anm. 1. Wegen der Bekanntgabe von Feststellungsbescheiden, die die Mitglieder einer Personengesellschaft betreffen, s. insbesondere *BMF* BStBl. I 1991, 398 unter 2.5; vgl. auch AO-Handbuch 2009, § 122 Rdn. 20.

3. Vgl. Form. VII. 1 Anm. 2.

4. Nach § 352 Abs. 1 AO (§ 48 Abs. 1 FGO) darf einen einheitlichen (§ 179 Abs. 2 AO 1977) **Feststellungsbescheid** über Einkünfte aus Gewerbebetrieb (grundsätzlich) nur der (die) zur Geschäftsführung befugte(n) Mitunternehmer (mit Einspruch und/oder Klage) anfechten, sofern nicht darum gestritten wird, wer an den festgestellten Einkünften beteiligt ist und wie diese sich auf die einzelnen Mitunternehmer verteilen, oder der Streit über Fragen geführt wird, die einen Mitunternehmer persönlich angehen (zB. Sondervergütungen für im Interesse der Mitunternehmerschaft ausgeführte Tätigkeiten nach § 15 Abs. 1 Nr. 2 EStG). Einzelheiten sind streitig (vgl. *Kühn/v. Wedelstädt/Bartone* AO/FGO § 48 FGO Rdn. 2; *Gräber/von Groll* FGO § 48 Rdn. 15–26). Ausgeschiedene Gesellschafter sind für den Zeitraum, in dem sie beteiligt waren, daneben persönlich klagebefugt (BFH BStBl. II 1981, 33); das gilt auch, wenn die Gesellschaft wegen Vermögenslosigkeit im Handelsregister gelöscht worden ist (vgl. BFH BStBl. II 1989, 359, 1018).

5. Bescheide über gesonderte Feststellung von Einkünften (§ 2 EStG) sind **Grundlagenbescheide** (§ 171 Abs. 10 AO). Die – eine Ausnahme vom Grundsatz des § 157 Abs. 2 AO bildende – gesonderte Feststellung ist in den §§ 179 ff. AO geregelt. Ihre wesentliche Bedeutung besteht darin, als bindende Grundlage für Folgebescheide (zB. über Einkommensteuer) zu dienen (§ 182 AO). Bei der gesonderten und einheitlichen Feststellung wird über die Art der Einkünfte entschieden, ihre Abgrenzung (zB. Sonderbetriebsausgaben, laufender und Veräußerungsgewinn), die Höhe der Einkünfte und darüber, wer an den Einkünften beteiligt ist und wie sie auf die Beteiligten zu verteilen sind. Auch die Verluste, an denen mehrere Personen beteiligt sind oder solche, die nicht im Entstehungsjahr ausgeglichen werden können, sind gesondert festzustellen (§ 10 d Abs. 4 S. 1 EStG; § 180 Abs. 1 Nr. 2 a und 2 b AO; vgl. *Pahlke/Koenig* AO § 180 Rdn. 13, 37).

6. Nach § 181 Abs. 1 S. 1 AO sind auf die gesonderte Feststellung von Besteuerungsgrundlagen die Vorschriften über die Steuerfestsetzung entsprechend anwendbar. **Feststellungsbescheide** ergehen daher ebenfalls grundsätzlich schriftlich (§ 157 Abs. 1 AO). Auch die sonstigen für das Besteuerungsverfahren geltenden **Verfahrensvorschriften** der AO 1977, insbesondere bezüglich der Anfechtung, sind im Feststellungsverfahren anwendbar (vgl. Form. VII. 1 Anm. 3–6). Nach § 357 Abs. 2 S. 2 AO kann der Einspruch gegen einen Bescheid, mit dem Besteuerungsgrundlagen festgestellt oder ein Messbetrag festgesetzt wird auch bei dem für den Erlass des Steuerbescheids (Folgebescheids) zuständigen Finanzamt eingelegt werden.

7. Werden Einkünfte gesondert festgestellt, so kann die darauf beruhende Steuerfestsetzung, dh. der Folgebescheid, nicht mit der Begründung angefochten werden, die gesonderte Feststellung sei unrichtig. Will der an den gesondert festgestellten Einkünften Beteiligte das geltend machen, kann dies nur durch Anfechtung des Feststellungsbescheids (Grundlagenbescheids) geschehen (§ 351 Abs. 2 AO; vgl. § 42 FGO); *Pahlke/*

Koenig AO § 351 Rdn. 3; *Kühn/v. Wedelstädt/Hardtke* AO/FGO § 351 AO Rdn. 2, 12 ff.).

Der Einspruch gegen einen Einkünftefeststellungsbescheid bewirkt nicht, dass Folgebescheide nicht erlassen werden dürften (§ 361 Abs. 1 S. 2 AO). Ergangene Folgebescheide sind auch vollziehbar (s. aber Anm. 8).

8. Wegen der materiell-rechtlichen Beurteilung des Beispielsfalles vgl. BFH BStBl. I 1976, 614; s. ferner Beschluss des Großen Senats des BFH BStBl. II 1978, 620 sowie BFH BStBl. II 1984, 303/306 und *Schmidt/Drenseck,* Kommentar zum EStG, 24. Aufl. 2005, § 9 Rdn. 46–49.

9. Wird die **AdV. eines Grundlagenbescheides** (zB. eines „Gewinnfeststellungsbescheides") ausgesprochen, so sind auf diesem beruhende Folgebescheide (zB. Einkommensteuerbescheid eines Mitunternehmers) auszusetzen, ohne dass dazu ein weiterer Antrag des Steuerpflichtigen erforderlich wäre (§ 361 Abs. 3 S. 1 AO). Ein Antrag auf AdV. des Folgebescheids trägt aber uU. zur Beschleunigung bei; zur Begründung genügt der Hinweis auf § 361 Abs. 3 S. 1 AO und auf die AdV. des Grundlagenbescheids. Soweit also Einkünfte gesondert festgestellt werden, kann AdV. der darauf zu entrichtenden Steuern grundsätzlich nur durch AdV. der jeweiligen Grundlagenbescheide erreicht werden. Nach § 357 Abs. 2 S. 2 AO kann AdV. hinsichtlich des Grundlagenbescheids auch bei dem für den Erlass des Steuerbescheids zuständigen Finanzamt gestellt werden kann (s. Anm. 5). Wegen der Rechtsbehelfe bei Ablehnung eines Aussetzungsantrags vgl. Form. VII. 1 Anm. 9.

Ein Antrag auf Stundung (vgl. Form. VII. 1 Anm. 10) der durch einen Folgebescheid festgesetzten Steuer ist nicht an das FA zu richten, das den Feststellungsbescheid erlassen hat, sondern an das Veranlagungsfinanzamt. Der Stundungsantrag kann daher nicht wie in Form. VII. 1 mit dem Einspruch und dem Aussetzungsantrag verbunden werden.

10. Beruht ein Steuerbescheid auf einem Grundlagenbescheid (Anm. 4), so ist die AdV. des Grundlagenbescheides die Voraussetzung dafür, dass auch die Vollziehung des Folgebescheids ausgesetzt werden muss (Anm. 8). Die Entscheidung über Sicherheitsleistung trifft allein die für den Erlass der Folgebescheide zuständige Behörde, wenn nicht bei der Entscheidung über die Aussetzung der Vollziehung des Grundlagenbescheids Sicherheitsleistung im Rahmen der Aussetzung der Vollziehung des Folgebescheids ausgeschlossen worden ist (vgl. § 361 Abs. 3 S. 3 AO; BFH BStBl. II 1979, 666; BStBl II 1998, 186; *Pahlke/Koenig* AO § 361 Rdn. 142). Wird Aussetzung der Vollziehung gegen Sicherheitsleistung gewährt, liegt darin eine aufschiebende Bedingung, so dass die Aussetzung der Vollziehung erst wirksam wird, wenn die Sicherheit geleistet worden ist. Die Entscheidung über die Erforderlichkeit einer Sicherheitsleistung kann zusammen mit der Entscheidung über die Aussetzung der Vollziehung angefochten werden (*Klein* AO § 361 Anm. 6); vgl. insoweit VII. Form. 10 Anm. 4.

Kosten und Gebühren

Vgl. Form. VII. 1. Anm. 14. Zinsfolgen löst die Feststellung von Einkünften nicht aus. Diese ergeben sich für den/die Steuerpflichtigen allein nach Maßgabe der von ihnen nachzuzahlenden bzw. ihnen zu erstattenden Steuer gemäß § 233 a AO. Entsprechendes gilt auch bei AdV. des Grundlagenbescheids.

Fristen und Rechtsmittel

Bescheide über die gesonderte Feststellung von Einkünften sind Grundlagenbescheide (§ 171 Abs. 10 AO). Auf sie finden die Vorschriften über Steuerbescheide entsprechende

Anwendung (§ 181 Abs. 1 AO; vgl. auch Anm. 4). Wegen Voraussetzungen, unter denen Feststellungsbescheide angefochten werden können, gelten daher die Ausführungen zu Form VII. 1 Anm. 3–6, 9 entsprechend. Wegen der subjektiven Anfechtungsberechtigung und zum Verhältnis zu Folgebescheiden vgl. Anm. 3–6.

Bleibt der Einspruch ganz oder teilweise erfolglos, kann gegen die Einspruchsentscheidung binnen eines Monats seit ihrer Bekanntgabe (§ 47 Abs. 1 FGO) Klage zu dem örtlich zuständigen Finanzgericht erhoben werden; vgl. Form. VII. 9 ff.

3. Einspruch gegen einen Bescheid über gesonderte und einheitliche Feststellung von Einkünften einer freiberuflichen Mitunternehmerschaft

An das Finanzamt .... (Ort), ... (Datum)
in ......

Betrifft: Steuernummer und Identifikationsnummer[1] ...... (und Namen der freiberuflichen Mitunternehmer)

Bezug: Feststellungsbescheid für 20 ...... vom ...... (Datum des Bescheids); zugegangen[2] am ...... (Datum des Eingangs des Bescheids)

Sehr geehrte Damen, sehr geehrte Herren!

I. Namens und in Vollmacht[3] des Prüfingenieurs für Baustatik P lege ich gegen den oben bezeichneten Feststellungsbescheid[4] Einspruch[5,6] ein. Ich beantrage, den Gesamtgewinn der Sozietät und den Gewinnanteil des Herrn P um ...... EUR niedriger festzustellen.

Begründung[7]:

P ist im Verlaufe des Jahres, für den der Feststellungsbescheid ergangen ist, in die Sozietät der Prüfingenieure eingetreten. Aus diesem Grund musste er seinen Wohnsitz von A-stadt nach B-stadt, dem Niederlassungsort der Sozietät verlegen. Die ihm dadurch entstandenen Umzugskosten von ...... EUR sind in der Buchführung des Betriebes nicht erfasst und dadurch versehentlich nicht als Betriebsausgaben geltend gemacht worden.

II. Es wird ferner beantragt, die Vollziehung des angefochtenen Bescheides auszusetzen[8], soweit darin ein zu hoher Gesamtgewinn und ein zu hoher Gewinnanteil des Herrn P festgestellt ist.

Begründung:

Gegen die Rechtmäßigkeit des angefochtenen Bescheides bestehen insoweit ernstliche Zweifel, als unter Feststellung eines zu hohen Gesamtgewinns ein zu hoher Gewinnanteil für Herrn P festgestellt worden ist.

Mit freundlichen Grüßen
Unterschrift

Anmerkungen

1. Vgl. Form. VII 1 Anm. 4 Satz 1.

2. Vgl. Form. VII. 1 Anm. 1.

3. Vgl. Form. VII. 1 Anm. 2.

4. Vgl. Form. VII. 2 Anm. 5.

5. § 352 AO bzw. § 48 FGO sehen grundsätzlich eine Beschränkung der Einspruchs- bzw. Klagebefugnis auf vertretungsbefugte zur Geschäftsführung berufene Personen vor. Erheben sie als solche Einspruch oder Klage geschieht dies für die Gesellschaft oder Gemeinschaft (vgl. *Pahlke/Koenig* AO § 352 Rdn. 4 ff.). Im Beispielsfall ergibt sich die Anfechtungsbefugnis aus § 352 Abs. 1 Nr. 5 AO bzw. § 48 Abs. 1 Nr. 5 FGO.

Nach § 357 Abs. 2 S. 2 AO kann der Einspruch gegen einen Bescheid, mit dem Besteuerungsgrundlagen festgestellt oder ein Messbetrag festgesetzt wird, auch bei dem für den Erlass des Steuerbescheids (Folgebescheids) zuständigen (Veranlagungs-)Finanzamt eingelegt werden (vgl. Form. VII. 2 Anm. 6).

6. Vgl. Form. VII. 2 Anm. 6,7.

7. Zur materiell-rechtlichen Beurteilung des Beispielsfalles vgl. die BFH-Urteile BStBl. II 1975, 327; BStBl. II 1992, 494.

8. Vgl. Form. VII. 2 Anm. 9.

Kosten und Gebühren

Vgl. Form. VII. 1; Form. VII. 2.

Fristen und Rechtsmittel

Bescheide zur gesonderten Feststellung freiberuflicher Einkünfte sind nach dem für die Anfechtung von Steuerbescheiden geltenden Vorschriften anfechtbar (vgl. Form. VII. 2 Anm. 4–7). Jedoch ist jeder an den Einkünften Beteiligte anfechtungsberechtigt (vgl. oben Anm. 5).

Bleibt der Einspruch ganz oder teilweise erfolglos, kann gegen die Einspruchsentscheidung binnen eines Monats seit ihrer Bekanntgabe (§ 47 Abs. 1 FGO) Klage zu dem örtlich zuständigen Finanzgericht erhoben werden; vgl. dazu Form. VII. 9 ff.

4. Einspruch gegen einen Grunderwerbsteuerbescheid

An das Finanzamt ...... **...... (Ort), ... (Datum)**
in ......

Betrifft: Grunderwerbsteuerliste Nr. ......

Bezug: Grunderwerbsteuerbescheid vom ...... (Datum des Bescheids); zugegangen[1] am ...... (Datum des Eingangs des Bescheids)

Sehr geehrte Damen, sehr geehrte Herren!

Namens und in Vollmacht[2] des ...... lege ich gegen den oben bezeichneten Bescheid Einspruch[3] ein. Ich beantrage, die Grunderwerbsteuerfestsetzung aufzuheben[4].

Begründung[5]:

Der Kläger blieb im Versteigerungstermin vom ...... mit einem Bargebot von 1 185.000 EUR Meistbietender bei der Zwangsversteigerung des Grundstücks in ...... Grundbuch von ...... Band ...... Blatt .... Ihm wurde durch Beschluss des Versteigerungsgerichts vom ...... der Zuschlag erteilt; Rechte blieben nicht bestehen. Das Finanzamt setzte mit dem angefochtenen Bescheid gegen den Kläger aus seinem Meistgebot 3,5%[6] Grunderwerbsteuer zum Betrag von 41.475 EUR fest. Dagegen richtet sich der Einspruch.

Das Zwangsversteigerungsverfahren war auf Antrag der in Abteilung III Nr. 1 des Grundbuchs eingetragenen Grundpfandgläubigerin, für die eine Grundschuld von 1 Million EUR eingetragen war, durch Beschluss vom ...... angeordnet worden. Der Verkehrswert des Grundstücks war auf 1 780.000 EUR festgestellt. Der Kläger war nicht in der Lage, das Bargebot nebst Zinsen zu erbringen (vgl. § 49 Zwangsversteigerungsgesetz), da ihm gegebene Kreditzusagen nicht eingehalten wurden. Deshalb hat die betreibende Gläubigerin nach zwei Monaten die Wiederversteigerung beantragt (§ 118 Abs. 2 Zwangsversteigerungsgesetz). Das Versteigerungsgericht ist dem Antrag gefolgt. Ein Dritter hat das Grundstück inzwischen ersteigert und ist nunmehr dessen Eigentümer.

Im Hinblick auf die Wiederversteigerung hat zwar der frühere Eigentümer das Eigentum an dem Grundstück nicht wiedererlangt, aber durch die Abgabe des Meistgebotes bei der rechtzeitig beantragten Wiederversteigerung ist der Erwerb des Klägers rückgängig gemacht worden. Nur diese Auslegung entspricht dem Sinn und Zweck des § 16 Abs. 2 Nr. 3 GrEStG.

Mit freundlichen Grüßen
Unterschrift

Anmerkungen

1. Vgl. Form. VII. 1 Anm. 1.

2. Wegen der Möglichkeiten zur Vertretung im Einspruchsverfahren vgl. Form. VII. 1 Anm. 2.

3. Wegen der bei der Einlegung des Einspruchs zu beachtenden Besonderheiten vgl. Form. VII. 1 Anm. 3 bis 6, 8 und 9.

4. Daneben kann AdV. beantragt werden. Dies kann, wie in Form. VII. 1 unter II. (vgl. Anm. 9 zu Form. VII. 1) vorgeschlagen, zusammen mit dem Einspruch geschehen. Zur Begründung kann auf die Ausführungen zur Begründung des Einspruchs Bezug genommen werden.

5. Zur materiell-rechtlichen Beurteilung des Beispielfalles vgl. BFH BStBl. II 1989, 150; *Boruttau/Sack*, Grunderwerbsteuer, Kommentar, 16. Aufl. 2007, § 16 Rz 178.

6. Die Bundesländer haben ab 1. 9. 2006 die Befugnis zur Bestimmung des Steuesatzes (Art. 105 Abs. 2 a GG; Gesetz vom 28. 6. 2006, BGBl. I, 2034).

Kosten und Gebühren

Vgl. Form. VII. 1.

Fristen und Rechtsmittel

Vgl. Anm. 3. Bleibt der Einspruch ganz oder teilweise erfolglos, kann gegen die Einspruchsentscheidung binnen eines Monats seit ihrer Bekanntgabe (§ 47 Abs. 1 FGO) Klage zu dem örtlich zuständigen Finanzgericht erhoben werden (vgl. Form. VII. 9 ff.).

5. Einspruch gegen einen Erbschaftsteuerbescheid

An das Finanzamt .... (Ort), ... (Datum)
in ......

Betrifft: Steuernummer ......; ...... (Name, Todestag und letzter Wohnsitz des Erblassers); Frau A (Name und Anschrift des Erben bzw. sonstigen Zuwendungsempfängers)

Bezug: Erbschaftsteuerbescheid vom ...... (Datum des Bescheids); zugegangen[1] am ...... (Datum des Eingangs des Bescheids)

Sehr geehrte Damen, sehr geehrte Herren!

Namens und in Vollmacht[2] der Frau A lege ich gegen den oben bezeichneten Erbschaftsteuerbescheid Einspruch[3] ein. Ich beantrage, die Erbschaftsteuer auf ...... EUR herabzusetzen[4].

Begründung[5]:

Die Einspruchsführerin, Frau A, ist Nacherbin ihres Vaters; Vorerbin ist ihre Mutter. In einem notariell beurkundeten Vertrag vom ...... vereinbarten Frau A und ihre Mutter, dass Frau A ihr Nacherbenanwartschaftsrecht auf ihre Mutter überträgt. Dafür hatte die Mutter an Frau A ...... EUR aus dem Nachlass zu zahlen.
Das FA hat Frau A wegen des in der Zahlung liegenden Erwerbs gemäß § 1 Abs. 1 Nr. 1, § 3 Abs. 2 Nr. 6 ErbStG zur Erbschaftsteuer herangezogen. Dagegen werden dem Grunde nach Einwendungen nicht erhoben. Das FA hat aber nicht berücksichtigt, dass die Steuer sich nach § 27 Abs. 1 ErbStG ermäßigte. Nach § 3 Abs. 2 Nr. 6 ErbStG gilt als vom Erblasser zugewendet auch, was als Entgelt für die Übertragung des Nacherbenanwartschaftsrechts gewährt wird. Diese gesetzliche Fiktion ist auch bei der Anwendung des § 27 Abs. 1 ErbStG zu beachten. Die gegen Frau A festgesetzte Erbschaftsteuer ist daher herabzusetzen. Die weiteren Voraussetzungen des § 27 ErbStG liegen vor[6].

Mit vorzüglicher Hochachtung
Unterschrift

Anmerkungen

1. Vgl. Form. VII. 1 Anm. 1.

2. Wegen der Möglichkeit zur Vertretung im Einspruchsverfahren vgl. Form. VII. 1 Anm. 2.

3. Wegen der bei der Einlegung des Einspruchs zu beachtenden Besonderheiten s. Form. VII. 1 Anm. 3 bis 6, 8 und 9.

4. Daneben kann AdV. beantragt werden. Dies kann, wie in Form. VII. 1 unter II. vorgeschlagen, zusammen mit dem Einspruch geschehen, so dass es wegen der Möglichkeit, auf die Begründung des Einspruchs Bezug zu nehmen, keiner selbstständigen Begründung des Aussetzungsantrags bedarf.

5. Zur materiell-rechtlichen Beurteilung des Beispielsfalles vgl. BFH BStBl. II 1980, 46. Der Beispielsfall ist durch die Änderungen des Erbschaftsteuergesetzes durch das Gesetz vom 24. 12. 2008 BGBl. I, 3018, nicht betroffen.

Kosten und Gebühren

Vgl. Form. VII. 1.
Die Regelung über die Vollverzinsungverzinsung entstandener Steuerforderungen nach § 233a AO gilt nicht für die Erbschaftsteuer (§ 233a Abs. 1 Satz 1 AO).

Fristen und Rechtsmittel

Bleibt der Einspruch ganz oder teilweise erfolglos, kann gegen die Einspruchsentscheidung binnen eines Monats seit ihrer Bekanntgabe (§ 47 Abs. 1 FGO) Klage zu dem örtlich zuständigen Finanzgericht erhoben werden (vgl. Form. VII. 9ff.).

6. Einspruch gegen Abhilfebescheid

An das Finanzamt .... (Ort), ... (Datum)
in ......

Betrifft: Steuernummer und Identifikationsnummer[1] ......; ...... (Name des Steuerpflichtigen)

Bezug: Änderungsbescheid vom ...... (Datum des Bescheids); zugegangen[2] am ...... (Datum des Eingangs des Bescheids)

Sehr geehrte Damen, sehr geehrte Herren!

Namens und in Vollmacht[3] des ...... lege ich gegen den oben bezeichneten Einkommensteuerbescheid in Gestalt des o. a. Änderungsbescheides[4] Einspruch[5] ein. Ich beantrage, die Einkommensteuer auf ...... Eur herabzusetzen.

Begründung[6]:

Der Einspruch richtet sich gegen den Änderungsbescheid, mit dem dem ursprünglichen Einspruch in vollem Umfang stattgegeben worden ist. Dies steht dem neuerlichen Einspruch gegen den Änderungsbescheid nicht entgegen, weil das ursprüngliche Einspruchsverfahren nicht mit einer Einspruchsentscheidung beendet worden ist (§ 367 Abs. 2 S. 3, § 348 Nr. 1 AO).
Bei einem Beratungsgespräch mit dem Steuerpflichtigen hat sich nachträglich herausgestellt, dass dieser im Jahre 2009 seinem Garten von einem selbstständigen Gärtner hat pflegen lassen. Für diese Arbeiten hat der Steuerpflichtige 10.000 € bezahlt; die Quittungen des Empfängers sind beigefügt. Es wird beantragt, die festgesetzte Einkommensteuer um 2000 € herabzusetzen.
Um diese Herabsetzung verfahrensrechtlich zu ermöglichen, war der neuerliche Einspruch erforderlich und ist nicht mutwillig; eine unmittelbare Klage wäre insoweit unzulässig, weil es dann an dem erforderlichen Vorverfahren fehlen würde (§ 44 Abs. 1 FGO).

Mit freundlichen Grüßen

Unterschrift

Anmerkungen

1. Vgl. Form. VII. 1 Anm. 4 Satz 1.

2. Vgl. Form. VII. 1 Anm. 1.

3. Vgl. Form. VII. 1 Anm. 2.

4. Vgl. Form. VII. 1 Anm. 5.

5. Vgl. Form. VII. 1 Anm. 3–6, 8–10.

6. Die Begründung für den Einspruch entspricht dem Urteil des BFH BStBl. I, 2007, 736. Der neuerliche Einspruch wäre nur dann nicht zulässig gewesen, wenn der ursprüngliche Einspruch ausdrücklich auf bestimmte Streitpunkte beschränkt worden wäre.

Nicht neuerlicher Einspruch, sondern Klage wäre geboten, wenn das Finanzamt dem Einspruchsbegehren durch eine Einspruchsentscheidung entsprochen hätte, wie es nach § 367 Abs. 2 S. 3 AO ebenfalls hätte verfahren können.

Kosten und Gebühren

Vgl. Form. VII. 1.

Fristen und Rechtsmittel

Vgl. Form VII. 1 Anm. 3–6, 9. Bleibt der Einspruch ganz oder teilweise erfolglos, kann gegen die Einspruchsentscheidung binnen eines Monats seit ihrer Bekanntgabe (§ 47 Abs. 1 FGO) Klage zu dem örtlich zuständigen Finanzgericht erhoben werden (vgl. Form. VII. 9 ff.).

7. Einspruch gegen Haftungsbescheid („Betriebsübernahme")

An das Finanzamt ...... **...... (Ort), ... (Datum)**
in ......

Betrifft: Steuernummer und Identifikationsnummer[1] ......; ...... (Name des Inanspruchgenommenen)
Bezug: Haftungsbescheid vom ...... (Datum des Bescheids); zugegangen[2] am ...... (Datum des Eingangs des Bescheids)

Sehr geehrte Damen, sehr geehrte Herren!

Namens und in Vollmacht[3] des ...... lege ich gegen den oben bezeichneten Haftungsbescheid[4] Einspruch[5] ein. Ich beantrage, den Haftungsbescheid aufzuheben.

Begründung[6]:

Die Gesellschafter der A GmbH & Co KG haben ihre Anteile auf Grund Vertrages vom ...... 20 ...... gegen Entgelt übertragen, und zwar die GmbH an B und die Kommanditisten an C und D. Die neuen Gesellschafter führen das Unternehmen unter der bisherigen Firma fort. Zu Unrecht hat das FA in der entgeltlichen Übertragung aller Anteile an der Gesellschaft eine Übereignung des Unternehmens im Ganzen im Sinne des § 75

Abs. 1 S. 1 AO erblickt und die Anteilserwerber wegen rückständiger Betriebssteuern aus der Zeit vor der Anteilsübertragung in Haftung genommen. Die Übertragung aller Anteile an einer Personenhandelsgesellschaft lässt die Identität des Unternehmensinhabers, der Gesellschaft, unberührt; deshalb liegt kein Erwerb des Unternehmens im Ganzen vor.

Mit vorzüglicher Hochachtung
Unterschrift

Anmerkungen

1. Vgl. Form. VII. 1 Anm. 4 Satz 1.

2. Vgl. Form. VII. 1 Anm. 1.

3. Wegen der Möglichkeiten zur Vertretung im Einspruchsverfahren vgl. Form. VII. 1 Anm. 2.

4. Die steuerrechtlichen Haftungstatbestände sind in den §§ 69 bis 77 AO nicht abschließend geregelt; sie sind zum Teil auch in den Einzelsteuergesetzen enthalten (vgl. *Tipke/Kruse/Loose* AO/FGO Vor § 69 AO Rdn. 3; *Kühn/v. Wedelstädt/Blesinger* AO/FGO Vor §§ 69–77 AO, Rdn. 3, 4). Das zuständige FA erlässt, wenn es die Voraussetzungen einer Haftung für fremde Steuerschuld für gegeben erachtet, einen Haftungsbescheid (§ 191 Abs. 1, 3 AO). Das gilt auch, wenn die Haftung auf außersteuerrechtlichen Normen beruht (§ 191 Abs. 4 AO), zB. auf § 25 HGB (vgl. *Tipke/Kruse* AO/FGO Vor § 69 AO Rdn. 13, 22; § 191 AO Rdn. 77). Wenn die Haftung vertraglich übernommen wurde, darf das FA keinen Haftungsbescheid erlassen (§ 192 AO); in solchen Fällen ist, wenn der Haftende die Leistung verweigert, das FA darauf verwiesen, Klage vor einem Zivilgericht zu erheben.

Für Erlass und Änderung von Haftungsbescheiden gelten nicht die für den Erlass und die Abänderung von Steuerbescheiden geltenden Vorschriften, sondern die des Dritten Teils der Abgabenordnung, insbesondere §§ 130, 131 ff. AO (*Kühn/v. Wedelstädt/Blesinger* AO/FGO § 191 AO Anm. 15; vgl. auch *Tipke/Kruse* AO/FGO § 191 AO Rdn. 112, 113).

5. Die schriftlich zu erteilenden Haftungsbescheide (§ 191 Abs. 1 S. 2 AO) werden mit dem Einspruch angefochten (§ 348 Abs. 1 Nr. 4 AO), so dass wegen der bei ihrer Anfechtung zu beachtenden Besonderheiten auf Form. VII. 1 Anm. 3 bis 6, 8 und 9 Bezug genommen werden kann.

6. Zur materiell-rechtlichen Beurteilung des Beispielsfalles vgl. BGHZ 44, 229; Urteil des Niedersächsischen FG EFG 1977, 452; BFH BStBl. II 1977, 654; BFH BStBl. II 1980, 329; BFH VIII R 16/91, DStR 1993, 93, 317 unter 3 d. Nach *Heymann/Kötter* HGB § 130 Anm. 1 vollzieht sich der Gesellschafterwechsel durch Aufnahmevertrag mit der Folge der Haftung nach § 130 HGB. Diese Vorschrift hat das Niedersächsische FG unerörtert gelassen.

Kosten und Gebühren

Vgl. Form. VII. 1.

Die Regelung über die Vorfälligkeitsverzinsung gemäß § 233 a AO gilt nicht für Haftungsansprüche (§ 233 a Abs. 1 Satz 1 AO). Auch entstehen keine Prozesszinsen gemäß § 236 AO (*Tipke/Kruse/ Loose* AO/FGO § 236 AO Rdn. 4) und keine Aussetzungszinsen gemäß § 237 AO (*Tipke/Kruse/Loose* aaO. § 237 AO Rdn. 3), wohl aber Säumniszuschläge gemäß § 240 AO (*Tipke/Kruse/Loose* aaO. § 240 AO Rdn. 10).

Fristen und Rechtsmittel

Vgl. Anm 5. Bleibt der Einspruch ganz oder teilweise erfolglos, kann gegen die Einspruchsentscheidung binnen eines Monats seit ihrer Bekanntgabe (§ 47 Abs. 1 FGO) Klage zu dem örtlich zuständigen Finanzgericht erhoben werden (vgl. Form. VII. 9 ff.).

8. Einspruch gegen die Ablehnung eines Erlassantrags

An das Finanzamt[1] .... (Ort), ... (Datum)
in ......

Betrifft: Steuernummer und Identifikationsnummer[2] ......; A (Name des Steuerpflichtigen)

Bezug: Bescheid vom ...... (Datum des Bescheids) über die Ablehnung des Erlassantrags vom ......; zugegangen[3] am ...... (Datum des Eingangs des Bescheids)

Sehr geehrte Damen, sehr geehrte Herren!

Namens und in Vollmacht[4] des A lege ich gegen die Ablehnung des Erlassantrags vom ...... durch den oben bezeichneten Bescheid Einspruch[5] ein. Ich beantrage, dem Erlassantrag zu entsprechen.

Begründung[6]:

A hatte gegen den Einkommensteuerbescheid für 20...... Einspruch eingelegt und beim FA Aussetzung der Vollziehung in Höhe der erstrebten Steuerherabsetzung beantragt. Das FA lehnte den Aussetzungsantrag ab; der sodann an das FG gerichtete Antrag hatte (ab Antragstellung) Erfolg. Der BFH hat auf die vom Finanzgericht wegen grundsätzlicher Bedeutung zugelassene Beschwerde des FA die Aussetzungsentscheidung des FG aufgehoben. Das FA verlangt die Entrichtung von Säumniszuschlägen ab Fälligkeit. Den oben bezeichneten Antrag auf Erlass der Säumniszuschläge hat es abgelehnt. Dagegen richtet sich der Einspruch.
Die Ablehnung des Erlasses der Säumniszuschläge war ermessensfehlerhaft, da A, solange der Aussetzungsbeschluss des FG bestand (und noch nicht aufgehoben worden war), nicht verpflichtet war, die festgesetzte Steuer auch insoweit zu entrichten, als er die Aussetzung der Vollziehung des angefochtenen Einkommensteuerbescheides beantragt hatte. Zwar wurde der Aussetzungsbeschluss des FG mit Wirkung für die Vergangenheit aufgehoben. Das beseitigte aber nicht die Wirkungen, die er während der Dauer seines Bestehens erzeugt hat.

Mit vorzüglicher Hochachtung
Unterschrift

Anmerkungen

1. Der Einspruch ist an die Finanzbehörde zu richten, deren Entscheidung (Verwaltungsakt, § 118 AO) angefochten werden soll. Der Rechtsbehelf der Beschwerde ist seit 1996 weggefallen (*Tipke/Kruse* AO/FGO Vor § 347 AO Rdn. 2; zur Übergangsregelung s. Art. 97 § 18 Abs. 2 S. 2 EGAO).

2. Vgl. Form VII. 1 Anm. 4 Satz 1.

3. Schriftlich ergehende Verwaltungsakte werden nach § 122 AO bekannt gegeben (vgl. Form. VII. 1 Anm. 1).

4. Wegen der Möglichkeit zur Vertretung im Einspruchsverfahren vgl. § 80 AO, §§ 3 ff. Steuerberatungsgesetz (s. auch Form. VII. 1 Anm. 2).

5. Gegen die Ablehnung des Erlassantrags ist der Einspruch gegeben (§ 347 Abs. 1 Nr. 1 AO). Einspruch ist auch gegeben, wenn über einen Antrag, einen Verwaltungsakt zu erlassen, binnen angemessener Frist nicht entschieden worden ist (§ 347 Abs. 1 S. 2 AO). Wird über einen Einspruch binnen angemessener Frist nicht sachlich entschieden, kann Klage erhoben werden (§ 46 Abs. 1 FGO); erneuter Einspruch ist nicht statthaft (§ 348 Nr. 2 AO).

Für die Einlegung des Einspruchs und das Einspruchsverfahren gelten die allgemeinen Vorschriften (vgl. §§ 347 ff., 355 ff. AO; s. auch Form. VII. 1 Anm. 3–6 und 8).

6. Zur materiell-rechtlichen Beurteilung des Beispielfalles vgl. BFH BStBl. II 1979, 58.

Kosten und Gebühren

Vgl. Form. VII. 1.

Fristen und Rechtsmittel

Vgl. Anm. 5. Bleibt der Einspruch ganz oder teilweise erfolglos, kann gegen die Einspruchsentscheidung binnen eines Monats seit ihrer Bekanntgabe (§ 47 Abs. 1 FGO) Klage zu dem örtlich zuständigen Finanzgericht erhoben werden (vgl. Form. VII. 9 ff.). Die Klage ist eine **Verpflichtungsklage**, auch wenn das Finanzgericht die angefochtene Ablehnung des Erlassantrags nur unter Beachtung der sich aus § 102 FGO ergebenden Einschränkungen überprüfen darf. Kommt eine Verpflichtung des FA zum Erlass mangels der dafür erforderlichen Ermessensreduzierung nicht in Betracht, stellt es aber einen Ermessensfehler fest, ergeht ein sog. **Bescheidungsurteil** (§ 101 S. 2 FGO). Eines ausdrücklichen (Hilfs-)Antrags auf Erlass eines Bescheidungsurteils bedarf es nicht, da das Bescheidungsurteil eine teilweise Abweisung der Verpflichtungsklage ist und deshalb eine dahingehende Entscheidung von dem Klagantrag auf Erlass umfasst wird (vgl. § 96 Abs. 1 S. 2 FGO).

9. Untätigkeitseinspruch

An das Finanzamt[1] .... (Ort), ... (Datum)
in ......

Betrifft: Steuernummer und Identifikationsnummer[2]......; A (Name des Steuerpflichtigen)

Bezug: Erlassantrag vom ...... (Datum des Erlassantrags)

Sehr geehrte Damen, sehr geehrte Herren!

Namens und in Vollmacht[3] des Herrn A erhebe ich Einspruch[4] dagegen, dass der oben bezeichnete Antrag noch nicht beschieden worden ist. Ich beantrage, unverzüglich eine rechtsbehelfsfähige Entscheidung zu erlassen.

Begründung:

Herr A hat gegen die nach einer Außenprüfung ergangenen Änderungsbescheide über Einkommen- und Gewerbesteuer für die Veranlagungszeiträume 2003 bis 2005 Einspruch erhoben und zugleich mit dem oben bezeichneten Schreiben den Antrag auf Erlass der festgesetzten Mehrsteuern gestellt. Die Einsprüche hatten keinen Erfolg. Herr A hat gegen die Änderungsbescheide daher Klagen erhoben, über die noch nicht entschieden ist. Über den Erlassantrag hat das FA noch nicht befunden. Vielmehr hat der zuständige Sachgebietsleiter telefonisch erklärt, eine Entscheidung in der Erlasssache könne erst nach rechtskräftigem Abschluss des Klageverfahrens ergehen. Dagegen richtet sich der Einspruch. Das Erlassverfahren und das gerichtliche Verfahren, in dem auf die Anfechtungsklage des Herrn A die Rechtmäßigkeit der Steuerfestsetzungen überprüft wird, sind voneinander unabhängig[5]. Es liegt deshalb kein zureichender Grund i. S. des § 347 Abs. 1 S. 2 AO dafür vor, dass über den Erlassantrag noch nicht entschieden worden ist.

Mit freundlichen Grüßen

Unterschrift

Anmerkungen

1. Vgl. Form. VII. 7 Anm. 1.

2. Vgl. Form. VII. 1 Anm. 4 Satz 1.

3. Vgl. Form. VII. 1 Anm. 2.

4. Der sog. **Untätigkeitseinspruch** nach § 347 Abs. 1 S. 2 AO richtet sich nicht gegen eine dem Antragsteller ungünstige Entscheidung über einen von ihm gestellten Antrag (vgl. dazu Form. VII. 8), sondern dagegen, dass über einen gestellten Antrag nicht binnen angemessener Frist ohne Mitteilung eines zureichenden Grundes für das Ausbleiben der Entscheidung befunden worden ist. Wann die angemessene Entscheidungsfrist überschritten ist, lässt sich nur nach den Umständen des Einzelfalles bestimmen. Einen Anhaltspunkt bietet die in § 46 Abs. 1 FGO genannte Frist von sechs Monaten. Die angemessene Frist wird häufig kürzer anzunehmen sein (vgl. *Tipke/Kruse* AO/FGO § 347 AO Rdn. 27).

Die frühere Möglichkeit, Untätigkeitsbeschwerde zu erheben, ist seit 1996 entfallen; zur Übergangsregelung s. Art. 97 § 18 Abs. 2 S. 2 EGAO.

Kein Untätigkeitseinspruch (§ 347 Abs. 1 S. 2 AO), sondern **Untätigkeitsklage** nach § 46 Abs. 1 FGO ist gegeben, wenn über einen außergerichtlichen Rechtsbehelf (Einspruch) – also nicht lediglich über einen Antrag – nicht binnen angemessener Frist ohne Mitteilung eines zureichenden Grundes für die Verzögerung nicht entschieden worden ist; Einspruch wegen Nichtentscheidung über einen bereits eingelegten Einspruch ist nicht statthaft (§ 348 Nr. 2 AO). Die Untätigkeitsklage ist aber nicht auf die Herbeiführung einer Einspruchs- bzw. Beschwerdeentscheidung (§ 367 AO), sondern auf eine Sachentscheidung über das Rechtsbehelfsbegehren des Rechtsbehelfsführers – wegen der Verzögerung – unter Verzicht auf einen förmlichen Abschluss des außergerichtlichen Rechtsbehelfsverfahrens gerichtet (vgl. (*Tipke/Kruse* AO/FGO § 46 FGO Rdn. 1).

Demgegenüber ersetzt die Untätigkeitsklage nach § 46 Abs. 2 FGO den in den Fällen des § 348 Nr. 3 bis 5 AO unzulässigen Untätigkeitseinspruch; „Untätigkeitsverpflichtungsklage" s. *Kühn/v. Wedelstädt/Bartone* AO/FGO § 46 FGO Rdn. 10.

5. Zur Frage der Verknüpfung von Rechtmäßigkeitskontrolle und Erlassverfahren vgl. *Kühn/v. Wedelstädt/Bartone* AO/FGO § § 227 AO Rdn. 9, 10; *Tipke/Kruse* AO/FGO § 227 AO Rdn. 45, 46, 143.

Kosten und Gebühren

Vgl. Form. VII. 1.

Fristen und Rechtsmittel

Vgl. Anm. 4. Ergeht auf den Untätigkeitseinspruch eine dem gestellten Antrag nicht stattgebende Entscheidung des Finanzamtes, kann diese mit Einspruch und – bei Erfolglosigkeit des außergerichtlichen Rechtsbehelfs – mit der Klage (vgl. Form. VII. 9 ff.) angefochten werden. Die Hauptsache des Verfahrens über den Untätigkeitseinspruch ist dann erledigt. Ergeht auch auf den Untätigkeitseinspruch ohne Mitteilung eines zureichenden Grundes in angemessener Frist keine Sachentscheidung über den Untätigkeitseinspruch oder über den Sachantrag, ist zur Durchsetzung des Letzteren die Untätigkeitsklage an das örtlich zuständige Finanzgericht gegeben (§ 46 Abs. 2 FGO; s. Anm. 4).

Klage[1]

10. Klage gegen einen Einkommensteuerbescheid

An das Finanzgericht[2] ...... **...... (Ort), ... (Datum)**
in ......

Klage des ......

Klägers,

Prozessbevollmächtigter[3]: ......
gegen
Finanzamt[4] ......
in ......

Beklagten,

wegen Einkommensteuer 20 ......

Steuernummer und Identifikationsnummer[5]: ......

Namens und in Vollmacht des Klägers erhebe ich Klage[6]. Ich beantrage,

I. die mit Bescheid vom ...... festgesetzte Einkommensteuer 20 .. unter Aufhebung der Einspruchsentscheidung vom ...... auf ...... EUR herabzusetzen,[7]

II. das Urteil hinsichtlich der Kostenentscheidung für vorläufig vollstreckbar zu erklären[8,9],

III. die Zuziehung eines Bevollmächtigten im Vorverfahren für notwendig zu erklären[10].

Begründung[11]:

Der Kläger hat von seinem Vater ein bebaubares Grundstück in der Größe von 20.000 m^2 mit einem Verkehrswert von 2 Millionen EUR geerbt. Er beschloss dieses Grundstück mit drei Gewerbehallen und einem Bürogebäude zu bebauen. Die Baukosten veranschlagte er auf 10 Millionen EUR. Er beauftragte den Architekten A. mit der Erstellung entsprechender Pläne und vereinbarte mit seiner Bank die Finanzierung der zu

errichtenden Bauten – einschließlich der Außenanlagen – mit kurzfristigen Krediten, die täglich kündbar waren. Als Sicherheiten dienten die ererbten Grundflächen und das Wertpapierdepot des Klägers mit einem damaligen Kurswert von 5 Millionen EUR. Noch vor Baubeginn vermietete er die zu errichtenden Gebäude an drei Unternehmen auf 10 Jahre. Insbesondere bei der Errichtung des Bürogebäudes wurde den Wünschen der künftigen Mieter nach Gestaltung des Eingangsbereichs und der Besprechungsräume Rechnung getragen. Noch vor Abschluss der Bauarbeiten trat die H.-Versicherung an den Kläger mit der Frage heran, ob und ggf. zu welchem Preis sie das Grundstück nebst den im Bau befindlichen Gebäuden erwerben könnte. Zur gleichen Zeit befand sich der Kläger in Verhandlungen mit seiner Bank über eine langfristige Finanzierung des Vorhabens. Er hatte ursprünglich mit der Errichtung der Gebäude die Einschätzung verbunden, durch deren langfristige Vermietung seine Altersversorgung weiter zu verbessern. Da die Versicherung ihm im Verlaufe der Verhandlungen ein Angebot machte, bei dessen Annahme er einen den Grundstückswert und die Baukosten um 20% übersteigenden Erlös erzielen konnt, entschloss er sich zum Verkauf.

Das FA ging demgegenüber wegen des Beginns der Verkaufsverhandlungen vor Bauabschluss und wegen der kurzfristigen Finanzierung von einer nachahltigen, auf Gewinnerzielung am Grundstücksmarkt gerichteten Tätigkeit aus. Die bekundete ursprüngliche Absicht der Verbesserung der Altersversorgung sah das FA als nicht glaubhaft an, weil sie zuvor nicht dokumentiert worden sei und weil der Kläger erst 55 Jahre alt sei. Das FA hat hiervon ausgehend eine gewerbliche Tätigkeit des Klägers angenommen und demgemäß auf den Veräußerungsgewinn Einkommensteuer und Gewerbesteuer erhoben. Dagegen richtet sich die Klage.

Der Kläger ist der Auffassung, dass ihm keine Gewinnerzielungsabsicht unter Teilnahme am wirtschaftlichen Verkehr in Gestalt der Erzielung eines Veräußerungsgewinns nachgewiesen werden kann; denn er war dabei die Finanzierung als langfristig umzugestalten und das Angebot zum Verkauf von Grundstück und Gebäuden ist an ihn erst während der Bauphase herangetragen worden. Auch hat hat sich um Verkaufsangebote nicht bemüht. Schließlich müsse von einem Objekt ausgegangen werden; denn dafür sei die sachenrechtliche Lage maßgebend.

Unterschrift

Anmerkungen

1. Die Finanzgerichtsordnung erklärt in verschiedenen Bestimmungen Vorschriften der Zivilprozessordnung (zB. betreffend die Ablehnung wegen Befangenheit in § 51 FGO, für das Beweisverfahren in § 82 FGO und – ab 1. 7. 2002 – für Zustellungen in § 53 Abs. 2 FGO) und des Gerichtsverfassungsgesetzes für entsprechend anwendbar. § 155 FGO bestimmt ergänzend, dass, soweit die Finanzgerichtsordnung keine Vorschriften über das Verfahren enthält, das Gerichtsverfassungsgesetz und, soweit die grundsätzlichen Unterschiede der beiden Verfahrensarten es nicht ausschließen, die Zivilprozessordnung sinngemäß anzuwenden ist. Vgl. wegen der auf Grund ausdrücklicher Bezugnahme und nach § 155 FGO entsprechend anwendbaren Vorschriften s. *Tipke/ Kruse/Brandis* AO/FGO § 155 FGO Rdn. 2; *Gräber/Stapperfend* FGO § 155 Rdn. 3 bis 9.

2. Die Klage ist bei dem FG **schriftlich** zu erheben; sie kann auch zur Niederschrift des Urkundsbeamten der Geschäftsstelle erklärt werden (§ 64 Abs. 1 FGO). Erhebung der Klage beim FA ist möglich und hat fristwahrende Wirkung (§ 47 Abs. 2 FGO), aber wegen häufigerAuslegungsprobleme nicht zu empfehlen. Dem Schriftlichkeitserfordernis genügen auch **Telegramm, Telefax** und mE. auch **Telekopie**, die E-Mail (vgl. § 174 Abs. 2 S. 1 ZPO, § 53 Abs. 2 FGO; Form. VII. 1 Anm. 4; *Tipke/Kruse* AO/FGO § 64 FGO Rdn. 6, 7 mwN.).

3. Vor dem Finanzgericht kann sich der Kläger durch einen Rechtsanwalt, Steuerberater oder Wirtschaftsprüfer oder eine von solchen Berufsträgern gebildete Gesellschaft vertreten lassen (§§ 3, 4 StBerG), sofern diese im Rahmen ihrer Befugnis zur Hilfeleistung in Steuersachen tätig werden. Von anderen Personen (zB. Angehörigen oder Freunden) nur dann, wenn diese bei der Vertretung nicht geschäftsmäßig tätig werden. Vor dem **BFH** muss sich jeder Beteiligte, wenn er Anträge stellen will, durch einen Rechtsanwalt, Steuerberater oder Wirtschaftsprüfer oder eine aus solchen Personen bestehende Gesellschaft vertreten lassen (§ 62 Abs. 4 FGO; *Tipke/Kruse//Loose,* AO/FGO, § 62 Rz 44); andere Personen sind zur Vertretung vor dem BFH nicht zugelassen. Im Falle der Prozessvertretung hat der Vertreter die Bevollmächtigung – auf Verlangen des Gerichts – durch schriftliche, im Original (BFH BFH/NV 1999, 211) vorzulegende **Prozessvollmacht** nachzuweisen (§ 62 Abs. 3 FGO; §§ 81–84 ZPO). Die Bevollmächtigung ist im finanzgerichtlichen Verfahren – auch bei Vertretung durch Anwälte oder Steuerberater – grundsätzlich von Amts wegen zu prüfen (§ 62 Abs. 3 S. 2 FGO; BFH BStBl. II 1981, 678). Tritt als Bevollmächtigter eine zur Beratung in Steuersachen befugte Person (§ 3 Nr. 1 bis 3 StBerG), also zB. ein Rechtsanwalt oder Steuerberater auf, braucht das Finanzgericht den Mangel der Vollmacht nicht von Amts wegen zu berücksichtigen (§ 62 Abs. 6 S. 4 FGO); Der Mangel der Vollmacht kann aber in jeder Lage des Verfahrens vom Finanzamt gerügt werden (§ 155 FGO, § 88 Abs. 1 ZPO). Der Vorsitzende oder der Berichterstatter kann für die Vorlage der Vollmacht eine – angemessene (BFH BStBl. II 1980, 457; BFH/NV 1999, 1502) – Frist mit ausschließender Wirkung setzen (§ 62 Abs. 3 S. 3 FGO; BFH BStBl. II 1988, 836; BFH GrS BStBl II 2001, 802). Wird die Vollmacht nicht innerhalb der **Frist** beigebracht, ist die Klage (bzw. das Rechtsmittel) unzulässig. Es kann aber Wiedereinsetzung in den vorigen Stand gewährt werden (§ 62 Abs. 3 S. 4 FGO, § 56 FGO). Wird die Vollmacht nach Ablauf der mit ausschließender Wirkung gesetzten Frist beigebracht (ohne dass die Voraussetzungen einer Wiedereinsetzung gegeben sind), treten die Wirkungen der Vollmacht im Übrigen jedoch ein. Die ergehende gerichtliche Entscheidung wirkt gegenüber dem Vertretenen (§ 89 Abs. 2 ZPO, § 155 FGO). Der Vertretene braucht daher nicht zu einem Termin zur mündlichen Verhandlung geladen zu werden. Das **Recht auf Gehör** wird durch seinen Bevollmächtigten wahrgenommen. Dem Vertretenen sind daher auch die Kosten des Verfahrens aufzuerlegen (BFH BStBl. II 1980, 229). Wird die Vollmacht nicht beigebracht, ist die Entscheidung auch dem vollmachtslos Vertretenen zuzustellen (BFH BStBl. II 1982, 128). Die Kostenlast trifft bei Nichtvorlage der Vollmacht den vollmachtlosen Vertreter.

4. Die Klage ist gegen die Behörde zu richten, die den ursprünglichen Verwaltungsakt (§ 118 AO) erlassen hat (Anfechtungsklage) oder die es abgelehnt hat, den beantragten Verwaltungsakt zu erlassen (Verpflichtungsklage); vgl. § 63 Abs. 1 Nr. 1 und 2 FGO. Wegen der Besonderheiten bei Wechsel der Zuständigkeit s. § 63 Abs. 2 und 3 FGO.

5. Vgl. Form. VII. 1 Anm. 4 Satz 1

6. Die Klage auf Herabsetzung einer Steuerschuld ist eine **Anfechtungsklage.** Sie ist nur zulässig, wenn der Kläger zuvor erfolglos Einspruch eingelegt hat (§ 44 Abs. 1 FGO), also regelmäßig dann, wenn der Einspruch vom Finanzamt durch Einspruchsentscheidung zurückgewiesen worden ist (Ausnahme: § 46 Abs. 1 FGO; s. unten). Die Klage ist binnen eines Monats seit Zustellung der schriftlich zu erteilenden Einspruchsentscheidung, die mit einer Rechtsbehelfsbelehrung versehen sein muss (§ 366 AO), zu erheben (§ 47 Abs. 1 FGO). Die Monatsfrist läuft nur, wenn die Rechtsbehelfsbelehrung ordnungsgemäß erteilt worden ist (§ 55 Abs. 1 FGO); eine Anleitung zur Berechnung der Klagefrist braucht die Rechtsbehelfsbelehrung allerdings nicht zu enthalten (BFH BStBl. II 1981, 70; BFH/NV 2002, 794). Fehlt die ordnungsmäßige Rechtsbehelfsbelehrung, kann die Klage grundsätzlich noch binnen einer Frist von einem Jahr seit dem Wirksamwerden der Einspruchsentscheidung (§ 124, § 366 S. 1 AO, § 55 Abs. 2 FGO) erhoben werden. Wird die Frist zur Erhebung der Klage versäumt, kann unter den Voraussetzungen des § 56 FGO Wiedereinsetzung in den vorigen Stand erreicht werden.

Die **Frist,** innerhalb der die Klage nur wirksam erhoben werden kann, fängt mit dem Beginn des auf den Tag der Zustellung der Einspruchsentscheidung (wegen des Beginns des Fristablaufs im Fall der Sprungklage vgl. Form. VII. 1 Anm. 3 Abs. 2 und 3) folgenden Tags an zu laufen (§ 54 Abs. 2 FGO, § 222 Abs. 1 ZPO, § 187 Abs. 1 BGB). Die Frist endet mit Ablauf des Tages, der dem Tag der Zustellung seiner Zahl nach im folgenden Monat entspricht (§ 188 Abs. 2 BGB). Fehlt in dem Monat, in dem die Frist endet, ein Tag, der seiner Zahl nach dem Tag der Zustellung im Vormonat entspricht (zB. der „31."), so endet die Frist mit dem Ablauf des letzten Tags des Monats (§ 188 Abs. 3 BGB). Ist der Tag, mit dessen Ablauf die Frist danach enden würde, ein Sonnabend, ein Sonntag oder ein allgemeiner gesetzlicher Feiertag, so endet die Frist mit dem Ablauf des nächsten Werktages (§ 222 Abs. 2 ZPO). Da eine Verlängerung der in § 47 Abs. 1, § 55 Abs. 2 FGO bestimmten Fristen gesetzlich nicht vorgesehen ist, sind § 224 Abs. 3, § 225, § 226 ZPO für die Berechnung der Klagefrist ohne Bedeutung (§ 224 Abs. 2 ZPO).

Der Grundsatz, dass die Anfechtungsklage nur nach erfolglosem Abschluss des außergerichtlichen Vorverfahrens zulässigerweise erhoben werden kann, ist durch zwei Ausnahmen eingeschränkt. Hat das FA über den Einspruch nicht binnen angemessener Frist, die grundsätzlich wenigstens sechs Monate beträgt (§ 46 Abs. 1 S. 2 FGO), nicht entschieden, so kann auch ohne Abschluss des Vorverfahrens Klage (sog. **Untätigkeitsklage**) erhoben werden (§ 46 Abs. 1 S. 1 FGO). Mit Zustimmung des FA kann ferner unmittelbar (dh. ohne außergerichtliches Vorverfahren) Klage (sog. **Sprungklage**) erhoben werden, wenn ein Verwaltungsakt der in § 348 AO bezeichneten Art angefochten werden soll (§ 45 Abs. 1 FGO). Das FG kann jedoch in einem solchen Fall die Sache an das FA unter den Voraussetzungen des § 45 Abs. 2 FGO abgeben; die unmittelbar erhobene Klage gilt dann als Einspruch.

7. Der Kläger muss geltend machen, durch den angefochtenen Verwaltungsakt in seinen Rechten verletzt worden zu sein (§ 40 Abs. 2 FGO), dh. er muss, soll die Klage zulässig sein, eigene Interessen verfolgen; eine Klageerhebung zugunsten Dritter oder der Allgemeinheit (sog. **Popularklage**) ist nicht zulässig. Die Klage muss den Kläger (Name und Anschrift), den Beklagten (beklagtes Finanzamt), bei Anfechtungsklagen den angefochtenen Verwaltungsakt (Datum, Steuernummer, Identifikationsnummer (vgl. Form. VII. 1. Anm. 4 Satz 1), Steuerart) und die Einspruchsentscheidung bezeichnen, ferner insbesondere auch den Gegenstand des **Klagebegehrens** (§ 65 Abs. 1 FGO). Das erfordert eine Darlegung darüber, in welchem Punkt und mit welcher betragsmäßigen Auswirkung (zB. hinsichtlich welcher **Abzugsbeträge**) der angefochtene Verwaltungsakt rechtsfehlerhaft ist (vgl. BFH vom 26. 11. 1979 GrS 1/78, BStBl. II 1980, 99); der Umfang des Klagebegehrens muss erkennbar sein (§ 96 Abs. 1 S. 2 FGO; *Tipke/Kruse* FGO § 65 Rdn. 15, 18; *Kühn/v. Wedelstädt/Bartone* AO/FGO § 65 FGO Rdn. 4, 5). Der Kläger braucht dazu den Betrag der erstrebten Steuerermäßigung nicht zu berechnen. Seine Ausführungen müssen aber so konkret sein, dass das Gericht diese Berechnung vornehmen und damit zugleich den Wert des Streitgegenstandes bestimmen kann. Entspricht die Klage nicht den in § 65 Abs. 1 S. 1 FGO genannten Voraussetzungen hat der Vorsitzende oder der Berichterstatter den Kläger bzw. seinen Prozessbevollmächtigten zu der erforderlichen Ergänzung aufzufordern. Dafür kann dem Kläger bzw. seinem Prozessbevollmächtigten eine Frist mit ausschließender Wirkung gesetzt werden (§ 65 Abs. 2 S. 2 FGO). Verstreicht diese Frist, ohne dass die geforderte Ergänzung bei dem Finanzgericht eingegangen ist, wird die Klage unzulässig und ist abzuweisen. Allerdings kann dem Kläger wegen Versäumung dieser Frist unter den Voraussetzungen des § 56 FGO Wiedereinsetzung in den vorigen Stand gewährt werden (§ 65 Abs. 2 S. 3 FGO).

Klageerweiterung einer zulässigen Klage, deren Klagebegehren also bezeichnet ist, ist auch noch nach Ablauf der Klagefrist (§ 47 Abs. 1 FGO) und der nach § 65 Abs. 2 S. 2

FGO gesetzten Ausschlussfrist möglich (BFH BStBl. II 1996, 19; BFH GrS BStBl. II 1990, 327; a. A. eingehend *Gräber/von Groll* FGO § 65 Rdn. 3). Verspätetes Vorbringen kann das FG, wenn es dafür eine bestimmte angemessene Frist gesetzt hatte, übergehen („zurückweisen"), wenn es den Beteiligten (§ 57 FGO) bei Setzung der Frist auf diese Möglichkeit hingewiesen hatte (§ 79b FGO). Eine wirksame Fristsetzung zur Bezeichnung von Beweismitteln erfordert die Bezugnahme auf bestimmte aufklärungsbedürftige Tatsachen (vgl. BFH BStBl. II 1981, 443).

Um der Gefahr nicht ausreichender Bezeichnung des Streitgegenstandes bzw. des Gegenstands des Klagebegehrens und mangelnder Begründung des Klagebegehrens zu begegnen, ist es angezeigt, einen bestimmten Antrag – unter Berechnung der begehrten Steuerherabsetzung oder der Bemessungsgrundlage für die Steuerfestsetzung – zu stellen (s. § 65 Abs. 1 S. 1 FGO) und die den Antrag rechtfertigenden Umstände und Tatsachen unter Angabe der Beweismittel (Zeugen, Buchführungsunterlagen, Rechnungen) genau darzulegen.

8. Ein Kostenantrag ist überflüssig, da über die Kostenlast stets von Amts wegen zu befinden ist (§ 143 Abs. 1 FGO); enthält das Urteil keine Entscheidung in diesem Punkt, kann gemäß § 109 FGO innerhalb von zwei Wochen nach Zustellung des Urteils dessen Ergänzung beantragt werden (s. Form. VII. 23).

9. Urteile des Finanzgerichts auf Anfechtungs- und Verpflichtungsklagen sind wegen der Kostenentscheidung von Amts wegen ohne Sicherheitsleistung für vorläufig vollstreckbar zu erklären; dabei ist gleichzeitig gemäß § 711 ZPO, § 151 FGO auszusprechen, dass der Kostenschuldner die Vollstreckung durch Hinterlegung oder Sicherheitsleistung abwenden darf, wenn nicht der Gläubiger vor der Vollstreckung Sicherheit leistet (BFH-Beschluss BStBl. II 1981, 402).

10. Vgl. § 139 Abs. 3 S. 3 FGO. Diese Vorschrift hat auch nach der Beseitigung der Kostenpflicht im außergerichtlichen Vorverfahren ihre Bedeutung nicht verloren. Der Antrag betrifft das Kostenfestsetzungsverfahren nach § 149 FGO. Da über die Notwendigkeit der Zuziehung jedoch das Gericht entscheidet, ist es zweckmäßig, den Antrag schon bei Klageerhebung zu stellen. Die Finanzgerichte befinden darüber häufig im Rahmen der Kostenentscheidung. Dadurch ergibt sich eine Verfahrensvereinfachung. Wird der Antrag nach § 139 Abs. 3 S. 3 FGO abgelehnt, ist keine Beschwerde gegeben (§ 128 Abs. 4 S. 1 FGO; BFH-Beschluss BStBl. II 1977, 628).

Kosten, die für die Zuziehung eines Bevollmächtigten im außergerichtlichen Vorverfahren entstanden sind, sind nur dann erstattungsfähig, wenn das FG die Zuziehung für notwendig erklärt hat. Das wird auf Antrag regelmäßig geschehen, da das Steuerrecht wegen seiner Kompliziertheit stets die Zuziehung eines sachkundigen Vertreters rechtfertigt. Wird im Einspruchsverfahren einem Begehren bereits teilweise abgeholfen und betrifft die Klage mithin diesen Teil des Einspruchsverfahrens nicht, so ist das Einspruchsverfahren insoweit nicht außergerichtliches Vorverfahren. Es kann dafür insoweit keine Kostenerstattung verlangt werden.

11. Vgl. zur materiell-rechtlichen Beurteilung BFH IV R 77/06; *Schmidt/Wacker*, Kommentar zum EStG, 28. Aufl. 2009, § 15 Rz 48, 52 mwN; *Schmidt/Weber-Grellet*, EStG, a. a. O. § 23 Rz 40 .

Kosten und Gebühren

a) Das Kostenrecht ist durch das **Kostenrechtsmodernisierungsgesetz** (KostRMoG; BGBl 2004, 718) ab dem 1. 7. 2004 grundlegend geändert worden; vgl. ferner Änderungsgesetze vom 31. 7. 2008, BGBl. I 1629, 1638 und vom 30. 10. 2008, BGBl. I, 2122, 2128. Sowohl bei der Ermittlung der Gerichtsgebühren nach dem GKG wie auch der Vergütung des Prozessbevollmächtigten nach dem RVG ergibt sich die konkrete Gebühr aus der Multiplikation des Gebührenwertes (§ 13 RVG bzw. § 34 GKG) mit dem gesetzlichen Gebührensatz des Kostenverzeichnisses (KV) des GKG (§ 3 Abs. 2 GKG bzw. Anlage 1 zum GKG) bzw. des Vergütungsverzeichnisses (VV) des RVG (§ 2 Abs. 2 RVG bzw. Anlage 1 zum RVG).

b) Art. 1 KostRMoG enthält die Änderungen des **Gerichtskostengesetzes** (GKG). Für die Höhe der Gerichtsgebühren ist weiterhin der Streitwert maßgebend (§ 3 Abs. 1, § 34 GKG). Nach § 52 Abs. 2 GKG ist Auffangstreitwert von 4.000 EUR auf 5.000 EUR erhöht worden. Nach § 52 Abs. 4 GKG gilt ein Mindeststreitwert von 1.000 EUR. Abweichend von der in der bis zum 30. 6. 2004 geltenden Fassung des GKG wird für das Verfahren vor den Finanzgerichten nach Teil 6 Nr. 6110 des Kostenverzeichnisses (§ 3 Abs. 2 GKG nF.) ferner eine pauschale Gebühr von 4,0 und vor dem BFH von 5,0 erhoben; diese entsteht unabhängig davon, ob es zu einer mündlichen Verhandlung oder zu einer Beweisaufnahme kommt. Eingeführt wurde auch für die Finanzgerichtsbarkeit die **Vorschusspflicht** bei Erhebung von Klagen und Einlegung von anderen Rechtsbehelfen (§ 6 Abs. 1 Nr. 4 GKG nF.); dabei wird regelmäßig der **Mindeststreitwert** (§ 52 Abs. 4 GKG) der Vorschussbemessung bei Klageerhebung bis zur Streitwertfestsetzung zugrunde gelegt. Wird die Klage (vor Schluss der mündlichen Verhandlung oder im schriftlichen Verfahren – nach § 90 Abs. 2 FGO – vor Übermittlung der Entscheidung an die Senatsgeschäftsstelle) zurückgenommen oder ergeht nach Erledigung der Hauptsache eine Kostenentscheidung gemäß § 138 FGO, ermäßigt sich die Gebühr auf 2,0 für die erste Instanz und für das Verfahren vor dem BFH auf 3,0 (vgl. Nr. 6111, 6122 KV GKG). Wird die Klage oder die Revision, bevor die Revisionsbegründungsschrift beim BFH eingegangen ist, zurückgenommen, ermäßigt sich die Gebühr auf 1,0 (Nr. 6121 KV GKG).

Klageerhebung vor dem Finanzgericht ist also nach GKG nF. mit einem höheren Kostenrisiko verbunden, weil die Rücknahme der Klage in keinem Falle zu einem vollständigen Wegfall der Gerichtsgebühren führt. Für Verfahren, die vor dem 1. 7. 2004 anhängig geworden sind, gilt das bisherige Kostenverzeichnis weiter.

c) Als Art. 3 des KostRMoG ist das **Rechtsanwaltsvergütungsgesetz** (RVG) geschaffen worden. Auch hier bemessen sich die Vergütungen nach dem Streitwert (§ 2 RVG). Die Gebühren für die jeweiligen Streitwerte ergeben sich aus § 13 RVG bzw. der Anlage 2 zum RVG; bei Gewährung von Prozesskostenhilfe ermäßigen sich die gegenüber der Staatskasse festzusetzenden Gebühren gemäß § 49 RVG. Für das **Vorverfahren** entstehen Gebühren gemäß Nr. 2300/2301 VV RVG. Im Klageverfahren entstehen die Verfahrensgebühr und Terminsgebühr (Einzelheiten s. unten). Für das Nichtzulassungsbeschwerdeverfahren ist eine Verfahrensgebühr vorgesehen. Im Revisionsverfahren entstehen wiederum Verfahrens- und Terminsgebühr. Die Gebühr des Nichtzulassungsbeschwerdeverfahrens wird ggf. auf die spätere Verfahrensgebühr im Revisionsverfahren angerechnet. Daneben kommen Erledigungs- bzw. Einigungsgebühren in Betracht.

Der **Streitwert** bemisst sich im finanzgerichtlichen Verfahren gemäß §§ 1, 3 GKG nach der beantragten Steuerherabsetzung, dh. der Differenz zwischen Steuerfestsetzung laut Steuerbescheid bzw. Einspruchentscheidung und beantragter Steuerfestsetzung. Die für den Betrag des Streitwertes maßgeblichen Gebührenwerte ergeben sich aus der Tabelle zu § 34 GKG (Anlage 2 zum GKG). Die Gebührenwerte werden mit dem Gebührenfaktor, der sich aus dem Kostenverzeichnis des § 3 Abs. 2 GKG (Anlage 1 zum GKG) ergibt, mulitipliziert, um den Gebührenbetrag zu errechnen (s. oben). Entsprechend sind die Gebühren, die sich nach dem RVG ergeben, zu ermitteln.

Es entstehen Gebühren (= Gebührenfaktoren):

I. Klageverfahren

a) Gerichtsgebühren:
4,0 nach Nr. 6110 KV GKG (erstinstanzliches Klageverfahren vor dem Finanzgericht).

b) Prozessbevollmächtigter
aa) Vorverfahren:
0,5–2,5 Geschäftsgebühr nach Nr. 2300 VV RVG; ggf. Kürzung gemäß Nr. 2301 VV RVG (vgl. Form. VII. 1 Anm. 13).

bb) Erstinstanzliches Verfahren vor dem FG:
Verfahrensgebühr: 1,6 gemäß Nr. 3200 VV RVG;
Terminsgebühr: 1,2 gemäß Nr. 3202 VV RVG, und zwar auch, wenn ohne mündliche Verhandlung entschieden wird (Anmerkung 2 zu Nr. 3202 VV RVG);
War der Rechtsanwalt oder Steuerberater bereits im Verwaltungsverfahren und im Vorverfahren tätig, wird nur die zuletzt entstandene Geschäftsgebühr (teilweise) auf die im finanzgerichtlichen Verfahren entstehende Verfahrensgebühr angerechnet (Vorbemerkung 3.1 Abs. 4 des VV RVG).

II. Revisionsverfahren

a) Gerichtsgebühren: 5,0 nach Nr. 6120 KV GKG (Revision vor dem BFH).
b) Prozessbevollmächtigter
Verfahrensgebühr 1, 6 gemäß Nr. 3206 VV RVG;
Terminsgebühr 1, 5 gemäß Nr. 3210 VV RVG;

III. Einigungsgebühr oder **Erledigungsgebühr** (1,5 oder 1,0) nach Nr. 1000, 1002 bzw. 1003 VV RVG kann neben den Verfahrensgebühren entstehen (Vorbemerkung 1 zu Nr. 1000 VV RVG).
Die Einigungsgebühr im Revisionsverfahren folgt aus Nr. 1004 VV RVG mit 1.3.
Auslagenersatz kann nach Teil 7 VV RVG verlangt werden.

IV. Festsetzung der Vergütung findet gemäß § 11 RVG für vom Mandanten zu zahlende Gebühren und den Auslagenersatz durch das Finanzgericht statt. Festsetzung der zu erstattenden Kosten gegenüber dem Prozessgegner erfolgt nach § 149 FGO auf Antrag.
Umsatzsteuer wird gemäß Nr. 7008 VV RVG ggf. mit festgesetzt.

Obsiegt der Kläger, hat er Anspruch auf Erstattung der ihm entstandenen zur zweckentsprechenden Rechtsverfolgung notwendigen Kosten, einschließlich derjenigen des außergerichtlichen Vorverfahrens, dh. soweit sich an das Einspruchs- oder Beschwerdeverfahren ein gerichtliches Verfahren angeschlossen hat (s. Anm. 10). Erstattungsfähig sind nicht nur die eigenen Aufwendungen des Klägers, sondern auch die dem von ihm beauftragten Prozessbevollmächtigten geschuldete Vergütung, jedoch nur bis zur Höhe der gesetzlichen Gebühren und Auslagen der Rechtsanwälte (so.). Wurde auch für das Vorverfahren ein Bevollmächtigter bestellt (Form. VII. 1 Anm. 2), hängt die Erstattungsfähigkeit von der Entscheidung des Gerichts nach § 139 Abs. 3 S. 3 FGO ab (vgl. Form. VII. 10 Anm. 10).

Unterliegt der Kläger, hat er die Gerichtskosten und die Kosten für die Beauftragung eines Prozessbevollmächtigten selbst zu tragen. Wird die Kostenlast verhältnismäßig geteilt, so sind Kläger und Beklagter gleichzeitig Kostenschuldner und Kostengläubiger. Aufrechnung ist möglich.

Auch im finanzgerichtlichen Verfahren kann auf Antrag Prozesskostenhilfe bewilligt werden (§ 142 FGO); vgl. Form. VII. 32.

Wegen Verzinsung der Nachzahlungs- bzw. Erstattungsforderungen s. Form. VII. 1 – Kosten und Gebühren.

Fristen und Rechtsmittel

Die Klage zum Finanzgericht kann zulässigerweise nur binnen eines Monats nach Zustellung der Entscheidung über den Einspruch erhoben werden (§ 47 Abs. 1 FGO); Näheres, auch zur Berechnung der Frist, vgl. Anm. 6.

Bleibt die Klage ganz oder teilweise erfolglos, ist dagegen die Revision nur gegeben, wenn sie ausdrücklich zugelassen worden ist (§ 115 Abs. 1 FGO). Wird die Revision in dem Urteil des FG nicht ausdrücklich zugelassen, gilt sie als nicht zugelassen. Gegen die Nichtzulassung der Revision kann binnen eines Monats nach Zustellung des Urteils des Finanzgerichts Beschwerde beim Bundesfinanzhof eingelegt werden (§ 116 Abs. 1 FGO).

Die **Nichtzulassungsbeschwerde** ist innerhalb von zwei Monaten seit der Zustellung des Urteils des Finanzgerichts gegenüber dem Bundesfinanzhof zu begründen (§ 116 Abs. 3 Sätze 1 und 2 FGO). Die Begründungsfrist kann auf einen vor ihrem Ablauf gestellten Antrag um einen weiteren Monat verlängert werden (§ 116 Abs. 3 S. 4 FGO; s. auch Form. VII. 24). Hat die Nichtzulassungsbeschwerde Erfolg, wird das Verfahren beim Bundesfinanzhof als Revisionsverfahren fortgesetzt; einer Einlegung der Revision bedarf es dann nicht (§ 116 Abs. 7 FGO). Die Frist zur Begründung der Revision ist dann ein Monat ab Zustellung der Zulassungsentscheidung des BFH (§ 120 Abs. 2 S. 1, 2. Halbsatz FGO); sie kann auf einen vor ihrem Ablauf gestellten Antrag verlängert werden (§ 120 Abs. 2 S. 3 FGO).

11. Antrag auf Aussetzung der Vollziehung neben einer Klage gegen einen Einkommensteuerbescheid (zu Form. VII. 10)

An das Finanzgericht[1] ...... **...... (Ort), ... (Datum)**
in ......

Antrag des ......

Antragstellers und Klägers,

Prozessbevollmächtigter[2]: ......
gegen
Finanzamt[3] ......
in ......

Antragsgegner und Beklagten,

wegen Aussetzung der Vollziehung (Einkommensteuer 20 ..).
Steuernummer und Identifikationsnummer[4]: ......

Namens und in Vollmacht des Antragstellers beantrage ich,

I. die Vollziehung[5] des Einkommensteuerbescheids für 20 ...... vom ...... (Steuernummer ......) auszusetzen, soweit die Steuer höher als ...... EUR festgesetzt ist,

II. soweit Aussetzung der Vollziehung gewährt wird, die Verwirkung von Säumniszuschlägen bis zum Ergehen der gerichtlichen Entscheidung über den Aussetzungsantrag aufzuheben[6, 7].

Begründung:

Der Antragsteller beantragte beim FA AdV. des oben bezeichneten Einkommensteuerbescheids. Das FA lehnte den Antrag ab. Zugleich wies es den Einspruch des Klägers als unbegründet zurück. Der Kläger hat mit Schriftsatz vom ...... Klage erhoben, mit der er Herabsetzung der festgesetzten Einkommensteuer um ...... EUR begehrt. In demselben Umfang wird auch AdV. begehrt. Zur Begründung der ernstlichen Zweifel an der Rechtmäßigkeit des angefochtenen Steuerbescheids wird auf die vorliegende Klagebegründung verwiesen[8].

Da die Entscheidung über die Aussetzung der Vollziehung keine rückwirkende Kraft entfaltet, wird auch die Aufhebung der Säumniszuschläge begehrt, die seit dem Aussetzungsantrag an das FA entstanden sind; denn die die AdV. rechtfertigenden ernstlichen Zweifel an der Rechtmäßigkeit des angefochtenen Bescheids haben von Anfang an bestanden.

Unterschrift

Anmerkungen

1. Der Antrag auf AdV. ist schriftlich bei dem Gericht der Hauptsache zu stellen; zum Schriftlichkeitserfordernis s. Form. VII. 1 Anm. 4. Beim FG kann er auch zur Niederschrift des Urkundsbeamten der Geschäftsstelle erklärt werden. § 64 FGO ist entsprechend anwendbar. Bis zur Erhebung der Revision oder Einlegung einer Nichtzulassungsbeschwerde ist das FG für die Entscheidung zuständig (§ 69 Abs. 3 S. 1 FGO; BFH BStBl. II 1970, 786; *Gräber/Koch,* FGO, § 69 Rdn. 131, 132). Wird Revision eingelegt, so wird der BFH Gericht der Hauptsache. Das gilt auch bei Erhebung der Nichtzulassungsbeschwerde; da die Beschwerde direkt beim BFH eingelegt wird, entfällt die Abhilfeentscheidung des FG (*Gräber/Ruban,* FGO, § 116 Rz 53).

2. Vgl. Form. VII. 10 Anm. 3.

3. Antragsgegner ist grundsätzlich die Behörde (Finanzamt), die den angefochtenen Verwaltungsakt erlassen hat (vgl. § 63 FGO).

4. Vgl. Form. VII. 1 Anm. 4 Satz 1.

5. Durch die Erhebung der Klage wird die Vollziehung des angefochtenen (vollziehbaren) Verwaltungsakts nicht gehemmt (§ 69 Abs. 1 FGO). AdV. eines angefochtenen Verwaltungsakts setzt voraus, dass entweder ernstliche Zweifel an dessen Rechtmäßigkeit bestehen oder dass die sofortige Vollziehung eine unbillige und durch überwiegende öffentliche Interessen nicht gebotene Härte zur Folge haben würde (vgl. § 69 Abs. 2 S. 2, Abs. 3 S. 1 FGO). Insoweit decken sich die Voraussetzungen, unter denen sowohl die zuständige Finanzbehörde als auch das Gericht die Vollziehung aussetzen können (§ 361 Abs. 1 und 2 AO 1977, vgl. Form. VII. 1 Anm. 9). AdV. kann nicht in weiterem Umfang begehrt werden, als das Klagebegehren reicht. Der Antrag auf AdV. ist regelmäßig zunächst an die Behörde zu richten, die den (angefochtenen) Bescheid erlassen hat (§ 69 Abs. 4 FGO). Hat die Behörde den Antrag abgelehnt oder anderweitig zu erkennen gegeben, dass sie zu einer AdV. nicht bereit ist (s. dazu *Beermann* DStR 1986, 252/257 f.; eine besondere Form ist nicht vorgeschrieben: BFH/NV 2003, 187), wird dadurch der Antrag an das Gericht der Hauptsache statthaft. Gibt das FA auf einen unmittelbar bei dem Gericht gestellten Aussetzungsantrag zu erkennen, dass seiner Ansicht nach der Antrag unbegründet sei, wird der unmittelbare Antrag dadurch nicht zulässig (BFH BStBl. II 1980, 49; BFH/NV 2004, 650).

Der an das Gericht gerichtete Antrag ist kein Rechtsbehelf gegen die Ablehnung der AdV. durch die Behörde. Es beginnt vielmehr mit dem Antrag ein selbstständiges gerichtliches Verfahren. Dieses ist auch unabhängig vom Hauptverfahren, wenn ein solches schon bei dem Gericht schwebt. Wird allerdings das Hauptverfahren beendet (durch rechtskräftige Entscheidung oder durch Klagerücknahme), ist eine Entscheidung über das Aussetzungsbegehren nicht mehr möglich; das folgt aus dem Erfordernis, dass (lediglich) die Vollziehung „angefochtener" Verwaltungsakte ausgesetzt werden kann. Vgl. auch Form. VII. 1 Anm. 9 und oben Anm. 1.

6. Entscheidungen über die AdV. wird nach hM. keine rückwirkende Kraft beigelegt (BFH-Beschluss BStBl. II 1977, 645); s. aber Form. VII. 1 Anm. 10. Da somit bis zur Entscheidung über einen Aussetzungsantrag (ab Fälligkeit) Säumniszuschläge verwirkt werden, kann das Gericht (mit Wirkung für die Vergangenheit) diese Folge aus der Vollziehbarkeit des angefochtenen Verwaltungsakts gemäß § 69 Abs. 3 S. 4 FGO beseitigen (BFH BStBl. II 1987, 389; BFH BFH/NV 2005, 625). Dazu bedarf es eines gesonderten Antrags.

Bleibt der Steuerpflichtige mit seiner Anfechtungsklage gegen den Steuerbescheid im Hauptverfahren ohne Erfolg, leben die Säumniszuschläge nicht wieder auf. Vielmehr sind Aussetzungszinsen auch für die Zeit zu entrichten, für die die Verwirkung von Säumniszuschlägen nach § 69 Abs. 3 S. 4 FGO beseitigt worden ist, da auch insoweit eine Aussetzung der Vollziehung iSd. § 237 Abs. 2 S. 2 AO vorliegt.

7. Eine solche Bezugnahme wird für zulässig erachtet (BFH BStBl. III 1967, 531), obwohl die Rechtsschutzziele von Klage und AdV. verschieden sind.

Kosten und Gebühren

Vgl. Form. VII. 10. Der Streitwert beträgt in der Regel 10% der im Hauptverfahren streitigen Steuer (*Gräber/Ruban* FGO Vor § 135 Rdn. 35 *Aussetzung der Vollziehung*).

a) Gerichtsgebühren: § 34 Abs. 1 GKG; § 3 Abs. 2 GKG, Anlage 1: 2,0 für das Verfahren nach Nr. 6210 KV GKG; bei Rücknahme oder Hauptsacheerledigung: Ermäßigung auf 0,75 nach Nr. 6211 KV GKG.

b) Prozessbevollmächtigter: §§ 45 StBGebV; § 13, § 17 Nr. 1 RVG; Nr. 3200, Nr. 3202 VV RVG: Verfahrensgebühr 1,6; Terminsgebühr 1,2.

c) Ein beim FA gestellter Antrag auf AdV., der nach Maßgabe von § 69 Abs. 4 S. 1 FGO Zulässigkeitsvoraussetzung für einen an das FG gerichteten Aussetzungsantrag ist, ist nach § 17 Nr. 1 RVG eine selbständige Angelegenheit, so dass für ihn Kostenerstattung in Betracht kommt.

Wird Aussetzung der Vollziehung gewährt, entstehen Aussetzungszinsen. Ab Fälligkeit der Steuerforderung bis zur AdV. entstehen Säumniszuschläge. Vgl. oben Anm. 6 und Form. VII. 1 Anm. 14.

Fristen und Rechtsmittel

Gegen einen Beschluss, durch den das Finanzgericht einen Antrag auf Aussetzung der Vollziehung ganz oder teilweise ablehnt, ist die Beschwerde an den Bundesfinanzhof nur gegeben, wenn die Beschwerde vom FG zugelassen worden ist (§ 128 Abs. 3 FGO). Für die Zulassung der Beschwerde gilt § 115 Abs. 2 FGO entsprechend (§ 128 Abs. 3 S. 2 FGO). Eine Beschwerde gegen die Nichtzulassung der Beschwerde sieht das Gesetz nicht vor.

12. Klage gegen einen Umsatzsteuerbescheid

An das Finanzgericht[1] **...... (Ort), ... (Datum)**
in ......

Klage des ......

Klägers,

Prozessbevollmächtigter[2]: ......

gegen

Finanzamt[3] ......
in ......

Beklagten,

wegen Umsatzsteuer 20..

Steuernummer und Identifikationsnummer[4]: ......
Namens und in Vollmacht des Klägers erhebe ich Klage[5,6]. Ich beantrage,

I. den mit Bescheid vom ...... festgesetzten Auszahlungsbetrag von ...... EUR unter Aufhebung der Einspruchsentscheidung vom ...... auf ...... EUR zu erhöhen[7],

II. das Urteil hinsichtlich der Kostenentscheidung für vorläufig vollstreckbar zu erklären[8],

III. die Zuziehung eines Bevollmächtigten im Vorverfahren für notwendig zu erklären[9].

Begründung:

Der Kläger ist Unternehmer. Er hat im Jahre 20 ...... mit der Errichtung eines Geschäftshauses begonnen, das Büros, Läden und andere gewerblich zu nutzende Räumlichkeiten enthalten sollte. Bei Baubeginn erklärte der Kläger dem FA gegenüber, dass er auf die Steuerfreiheit in vollem Umfang verzichte, um die Vorsteuerabzugsberechtigung zu erlangen. Der Kläger, der zunächst beabsichtigte, das zu errichtende Gebäude durch Vermietung an andere Unternehmer zu nutzen, hat das Gebäude im Rohbau wegen eingetretener finanzieller Schwierigkeiten veräußert.

Zu Unrecht hat das FA die Weiterveräußerung als steuerfreien Vorgang behandelt und dem Kläger den Vorsteuerabzug für die bezogenen Bauleistungen versagt; denn im Gegensatz zu dem vom BFH mit Urteil vom 25. 1. 1979 V R 53/72, BStBl. II 1979, 394, entschiedenen Fall hat der Kläger nicht nur auf die Steuerfreiheit nach § 4 Nr. 12 UStG, sondern auch auf die Steuerfreiheit nach § 4 Nr. 9 a UStG verzichtet.

Unterschrift

Anmerkungen

1. Vgl. Form. VII. 10 Anm. 2.

2. Vgl. Form. VII. 10 Anm. 3.

3. Vgl. Form. VII. 10 Anm. 4.

4. Vgl. Form. VII. 1 Anm. 4 Satz 1.

5. Der BFH hat mit Urteil vom 30. 9. 1976 V R 109/73, BStBl. II 1977, 227, entschieden, dass die Klage auf Festsetzung oder Erhöhung der Festsetzung eines „Rotbetrages" auf die Festsetzung einer negativen Steuerschuld (vgl. § 18 Abs. 1 UStG) gerichtet und, da Steuerschuld (§ 16 Abs. 1 UStG) und Vorsteuerabzugsansprüche (§ 16 Abs. 2 UStG) unselbstständige Besteuerungsgrundlagen (§ 157 Abs. 2 AO) sind, als Anfechtungsklage zu qualifizieren ist (s. *Weiß*, Umsatzsteuerrundschau 1977, 38); so auch BFH BStBl. II 2005, 415 unter 2.a; BFH BStBl. II 1982, 515. Die Frage der Art des vorläufigen Rechtschutzes ist immer noch umstritten. Für negative Steuerbeträge, insbesondere bei Vorsteuerüberhängen, soll einstweilige Anordnung in Betracht kommen (vgl. *Tipke/Kruse/Seer*, Kommentar zur AO/FGO, § 69 FGO Rdn. 20, 33 mit Darstellung des Streitstandes; hier ferner Form. VII. 13.

6. Wegen des Erfordernisses eines erfolglos gebliebenen Vorverfahrens, der Klagefrist und ihrer Berechnung, sowie der Möglichkeiten zur unmittelbaren Klageerhebung vgl. Form. VII. 10 Anm. 6.

7. Vgl. Form. VII. 10 Anm. 7.

8. Vgl. Form. VII. 10 Anm. 8 und 9.

9. Vgl. Form. VII. 10 Anm. 10.

Kosten und Gebühren

Vgl. Form. VII. 10.

Fristen und Rechtsmittel

Vgl. Form. VII. 10.

13. Antrag auf Aussetzung der Vollziehung eines Umsatzsteuerbescheids (mit Abweichung von Form. VII. 12)

An das Finanzgericht[1] ...... **...... (Ort), ... (Datum)**
in ......

Antrag des ......

Antragstellers und Klägers,

Prozessbevollmächtigter[2]: ......

gegen

Finanzamt[3] ......
in ......

Antragsgegner und Beklagten,

wegen Aussetzung der Vollziehung (Umsatzsteuer 20..)

Steuernummer und Identifikationsnummer[4]: ......

Namens und in Vollmacht des Antragstellers beantrage ich,

die Vollziehung[5] des Umsatzsteuerbescheids für 20 ...... vom ...... auszusetzen, soweit der Auszahlungsbetrag niedriger[6] als ...... EUR festgesetzt worden ist[7].

Begründung:

Der Antragsteller hat beim FA AdV. des oben bezeichneten Umsatzsteuerbescheids beantragt. Das FA lehnte den Antrag ab. Zugleich wies es den Einspruch des Antragstellers als unbegründet zurück. Der Antragsteller hat mit Schriftsatz vom ...... Klage erhoben, mit der er eine Erhöhung der an ihn auszuzahlenden negativen Umsatzsteuer um ...... EUR begehrt, da die abziehbaren Vorsteuerbeträge iS. des § 16 Abs. 2 UStG vom FA zu niedrig angesetzt worden sind. In demselben Umfang wird auch AdV. begehrt. Ernstliche Zweifel an der Rechtmäßigkeit des angefochtenen Umsatzsteuerbescheids bestehen, weil das Umsatzsteuergesetz gestattet, sowohl auf die Steuerfreiheit für Umsätze, die unter das Grunderwerbsteuergesetz und solche, die sich aus der Nutzungsüberlassung von Grundstücken ergeben, zu verzichten und weil ein solcher Verzicht auch tatsächlich erklärt worden ist, so dass der Kläger trotz der Nichterzielung von Vermietungsumsätzen einen steuerpflichtigen Umsatz durch die Grundstücksveräußerung bewirkt hat. Deshalb hätte der Vorsteuerabzug nicht versagt werden dürfen.[7]

Ergänzend zu der im Hauptverfahren[8, 9] vorgetragenen Klagebegründung ist darauf hinzuweisen, dass das FA im Voranmeldungsverfahren die geltend gemachten Vorsteuerabzugsansprüche angesetzt und entsprechende Beträge ausgezahlt hatte, so dass der nunmehrige Ansatz niedrigerer Vorsteuerabzugsbeträge zu einer Nachentrichtungspflicht in Höhe der streitigen negativen Steuerzahlungsschuld geführt hat. Da sich somit das Leistungsgebot des FA auf Nachentrichtung, also Zahlung, des mit der Klage begehrten zusätzlichen negativen Steuerbetrages bezieht, ist AdV. des angefochtenen Steuerbescheids statthaft.

Unterschrift

Anmerkungen

1. Vgl. Form. VII. 11 Anm. 1.

2. Vgl. Form. VII. 10 Anm. 3.

3. Vgl. Form. VII. 10 Anm. 4.

4. Vgl. Form. VII. 1 Anm. 4 Satz 1.

5. S. § 18 Abs. 4 S. 3 UStG; vgl. Form. VII. 1 Anm. 9 und Form. VII. 11 Anm. 5.

6. Für sich betrachtet begründet der angefochtene Umsatzsteuerbescheid im Beispielsfall Form. VII. 12 keine Leistungspflicht. Da dem Steuerpflichtigen aber im Rahmen des Voranmeldungsverfahrens bereits „Rotbeträge" ausgezahlt worden waren, hat er nunmehr eine Zahlungsverpflichtung (§ 18 Abs. 4 S. 3 UStG). Deshalb ist AdV. statthaft (BFH-Beschluss BStBl. II 1975, 239). Wird die „erstmalige" Festsetzung einer (höheren) negativen Steuer begehrt, so ist mangels Zahlungsverpflichtung auf Grund des angefochtenen Steuerbescheids AdV. nicht möglich (statthaft), (BFH BStBl. II 1975, 240). Vgl. ferner Form. VII. 12 Anm. 4 sowie *Weiß*, Umsatzsteuerrundschau 1976, 96. Vorläufiger Rechtsschutz wird dann durch einstweilige Anordnung gewährt (BFH/NV 1987, 42); vgl *Tipke/Kruse/Seer*, Kommentar zur AO/FGO, § 69 FGO Rdn. 33. Es kann aber mit der einstweiligen Anordnung nicht Auszahlung erreicht werden, weil dadurch der Entscheidung in der Hauptsache vorgegriffen würde; es kann aber Stundung anderer Steuern erreicht werden (FG München EFG 1981, 610). Sofern AdV. für statthaft erachtet wird, ist Erstattung wegen § 361 Abs. 2 Satz 4 AO bzw. § 69 Abs. 2 Satz 8 FGO (seit 1998) nicht möglich (*Tipke/Kruse/Seer*, Kommentar zur AO/FGO, § 69 FGO Rdn. 33).

Die Rechtslage bei der AdV. von Umsatzsteuerbescheiden, die mit dem Begehren auf Festsetzung höherer Negativbeträge angefochten werden, ist deshalb nicht mit derjenigen bei AdV. von sog. Verlustfeststellungsbescheiden mit dem Ziel höherer Verlustberücksichtigung zu vergleichen (s. dazu BFH-Beschluss BStBl. II 1979, 567, GrS BStBl. II 1987, 637, sowie Form. VII. 14), da die AdV. der Folgebescheide (Einkommensteuerbescheide) allenfalls zu einer Herabsetzung der Steuer auf 0,– EUR, aber nicht zu einer (vorläufigen) Auszahlung festgesetzter Einkommensteuer führen kann.

7. Vgl. Form. VII. 11 Anm. 8.

8. Vgl. Form. VII. 11 Anm. 7 und Form. VII. 10 Anm. 7.

9. Vgl. Form. VII. 12.

Kosten und Gebühren

Vgl. Form. VII. 11.

Fristen und Rechtsmittel

Vgl. Form. VII. 11.

14. Klage gegen einen Bescheid über einheitliche und gesonderte Feststellung von Einkünften aus Gewerbebetrieb („Verlustfeststellungsbescheid“)

An das Finanzgericht[1] .... (Ort), ... (Datum)
in ......

Klage der ......

Klägerin,

Prozessbevollmächtigter[2]: ......
gegen
Finanzamt[3] ......
in ......

Beklagten,

wegen einheitlicher und gesonderter Gewinnfeststellung 19 ......

Steuernummer und Identifikationsnummer[4]: ......

Namens und in Vollmacht der Klägerin erhebe ich Klage[5]. Ich beantrage,

I. den mit Bescheid vom ...... festgesetzten Verlust unter Aufhebung der Einspruchsentscheidung vom ...... auf ...... EUR zu erhöhen[6],
II. das Urteil hinsichtlich der Kostenentscheidung für vorläufig vollstreckbar zu erklären[7],
III. die Zuziehung eines Bevollmächtigten im Vorverfahren für notwendig zu erklären[8].

Begründung:

Die Klägerin ist eine Personenhandelsgesellschaft in Gestalt einer GmbH & Co KG. Sie hat ihren Sitz in Potsdam. Dort erwarb sie 1994 ein Gebäude für die Produktion von chemischen Erzeugnissen, das teilweise auch Wohnzwecken dient. Das FA hat angenommen, die nach § 3 Nr. 2 Buchst b FördergebietsG geforderte eigenbetriebliche Verwendung sei nicht in ausreichendem Umfang gegeben. Richtig ist zwar, dass das Gebäude nur zu 70% für die Produktion genutzt wird. Das FA hat aber nicht berücksichtigt, dass der Rest des Gebäudes von Arbeitnehmern der Klägerin, die in dieser Betriebsstätte eingesetzt sind, bewohnt wird.
Damit dient das Gebäude insgesamt zu 100% den durch § 3 Nr. 2 Buchst b FördergebietsG begünstigten Zwecken; denn die entgeltliche Überlassung eines Teils des Gebäudes an eigene Arbeitnehmer der Klägerin bedeutet Verwendung zu eigenbetrieblichen Zwecken; das folgt zB. aus Abschnitt R 13 (4) S. 3 EStR 1993. Da die Klägerin die nach § 4 FördergebietsG zulässigen Sonderabschreibungen im Streitjahr ausschöpfen möchte, ergibt sich der mit dem Antrag begehrte Verlust.

Unterschrift

Anmerkungen

1. Vgl. Form. VII. 10 Anm. 2.
2. Vgl. Form. VII. 10 Anm. 3.

3. Die Klage ist gemäß § 63 Abs. 1 FGO gegen das FA zu richten. Es kommt nicht darauf an, ob die Klage auf Feststellung eines höheren Verlustes eine Anfechtungs- oder eine Verpflichtungsklage ist.

4. Vgl. Form. VII. 1 Anm. 4 Satz 1.

5. Der BFH hat ausgesprochen, dass die Klage auf Feststellung eines höheren Verlustes eine Anfechtungsklage sei (BFH-Beschluss BStBl. II 1979, 567); die frühere gegenteilige Rechtsprechung (vgl. BFH-Beschluss BStBl. II 1978, 584) ist damit überholt (vgl. *Beermann,* DStR 1986, 252/253 f.; *Tipke/Kruse/Seer,* Kommentar zur AO/FGO, § 69 FGO Rdn. 37, 40 mwN).

Bedeutung hat die Änderung der Rechtsprechung im Klageverfahren vor allem für den vorläufigen Rechtsschutz. Nachdem der Große Senat des BFH (BStBl. II 1987, 637) entschieden hat, dass vorläufiger Rechtsschutz gegen sog. negative Gewinnfeststellungsbescheide, dh. solche, mit denen das Vorliegen einer Mitunternehmerschaft überhaupt verneint und deshalb eine vertragsgemäße Verlustzurechnung abgelehnt wird, ebenfalls durch AdV. zu gewähren ist, ist AdV. stets statthaft, wenn vorläufiger Rechtsschutz gegen Steuer- oder Feststellungsbescheide (zur Feststellung von Besteuerungsgrundlagen) begehrt wird. Damit hat der BFH die aus der Trennung des Besteuerungsverfahrens in ein Feststellungsverfahren und ein Steuerfestsetzungsverfahren (§§ 179 ff. AO) sich beim vorläufigen Rechtsschutz ergebenden Schwierigkeiten, für die AO (vgl. § 361 Abs. 3 S. 1 und 2 AO) und FGO (§ 69 Abs. 2 S. 4 und 5 FGO) keine Regelungen vorsehen, im Wege der Rechtsfortbildung behoben (vgl. auch *Tipke/Kruse/Seer* FGO § 69 Rdn. 17–19; 37 ff.).

6. Wegen des Erfordernisses eines erfolglos gebliebenen Vorverfahrens, der Klagefrist und ihrer Berechnung sowie der Möglichkeit zur unmittelbaren Klageerhebung vgl. Form. VII. 10 Anm. 6.

Wegen der Notwendigkeit eine (eigene) Beschwer durch den angefochtenen Verwaltungsakt (Feststellungsbescheid) geltend machen zu müssen und das Klagebegehren in ausreichendem Umfang zu konkretisieren vgl. Form. VII. 10 Anm. 7.

7. Vgl. Form. VII. 10 Anm. 8 und 9.

8. Vgl. Form. VII. 10 Anm. 10.

Kosten und Gebühren

Vgl. Form. VII. 10. Der nach dem finanziellen Interesse des Klägers am Ausgang des Rechtsstreits zu bemessende Streitwert wird bei der gesonderten Gewinnfeststellung, wenn um die Höhe des Gewinns oder Verlustes gestritten wird, auf 25% des streitigen Betrages uU. – bei höheren streitigen Beträgen – auf bis zu 50% bemessen (vgl. *Tipke/Kruse/Brandis* FGO vor § 135 Rdn. 202, 203, 268 unter *Verlustfeststellung*). Auf die finanzielle Auswirkung im Einzelfall kommt es nicht an.

Fristen und Rechtsmittel

Vgl. oben Anm. 6 und Form. VII. 10.

15. Antrag auf Aussetzung der Vollziehung neben einer Klage gegen einen Verlustfeststellungsbescheid (zu Form. VII. 14)

An das Finanzgericht[1] .... (Ort), ... (Datum)
in ......

Antrag der ......

Antragstellerin und Klägerin,

Prozessbevollmächtigter[2]: ......

gegen

Finanzamt[3] ......
in ......

Antragsgegner und Beklagten,

wegen Aussetzung der Vollziehung (gesonderte und einheitliche Gewinnfeststellung 19..).

Steuernummer und Identifikationsnummer[4] : ......

Namens und in Vollmacht der Antragstellerin beantrage ich, die Vollziehung[5] des Gewinnfeststellungsbescheids für ...... 19 ...... vom ...... auszusetzen, soweit der Verlust niedriger[6] als ...... DM festgestellt worden ist[7].

Begründung:

Die Antragstellerin hat beim FA AdV. des oben bezeichneten Gewinnfeststellungsbescheids beantragt. Das FA hat den Antrag abgelehnt. Zugleich wies es den Einspruch der Antragstellerin als unbegründet zurück. Die Antragstellerin hat mit Schriftsatz vom ...... Klage erhoben, mit der sie eine Erhöhung des festgestellten Verlustes begehrt. In demselben Umfang wird auch AdV. begehrt.
Da die Klage auf Feststellung eines höheren Verlustes eine Anfechtungsklage ist, ist vorläufiger Rechtsschutz im Wege der AdV. zu gewähren (BFH-Beschluss vom 10. 7. 1979 VIII B 84/78, BStBl. II 1979, 567)[8].
Ernstliche Zweifel an der Rechtmäßigkeit des angefochtenen Gewinnfeststellungsbescheids bestehen, weil die der Auffassung des FA zugrunde liegende Auslegung des § 14 Abs. 2 FGO dem Zweck des § 3 Nr. 2 Buchst. b FördergebietsG offenkundig widerspricht[9].
Unterschrift

Anmerkungen

1. Vgl. Form. VII. 11 Anm. 1.
2. Vgl. Form. VII. 10 Anm. 3.
3. Vgl. Form. VII. 11 Anm. 3.
4. Vgl. Form. VII. 1 Anm. 4 Satz 1.
5. Vgl. Form. VII. 1 Anm. 9 und Form. VII. 11 Anm. 5, Form. VII. 14 Anm. 5.
6. Vgl. Form. VII. 13 Anm. 6, Form. VII. 12 Anm. 5 und Form. VII. 14 Anm. 5.
7. Vgl. Form. VII. 11 Anm. 7.
8. Vgl. *Beermann* DStR 1986, 252; sa. Form. VII. 14 Anm. 5.

9. Auch eine Bezugnahme auf eine (vorliegende oder gleichzeitig eingereichte) Klagebegründung wird für zulässig erachtet; vgl. Form. VII. 1 Anm. 9 und Form. VII. 11 Anm. 8.

Kosten und Gebühren

Vgl. Form. VII. 11. Der Streitwert bemisst sich auf 10% des Streitwertes des Hauptverfahrens, also auf 10% von 25% des streitigen Gewinns bzw. Verlustes (s. Form. VII. 14).

Fristen und Rechtsmittel

Vgl. Form. VII. 11 und oben Anm. 5.

16. Klage auf Erlass eines „Verlustfeststellungsbescheids" (Verpflichtungsklage)

An das Finanzgericht[1] .... (Ort), ... (Datum)
in ......

Klage des A ......

Klägers zu 1,

und des B ......

Klägers zu 2,

Prozessbevollmächtigter[2]: ......

gegen

Finanzamt[3] ......
in ......

Beklagten,

wegen gesonderter Feststellung der Einkünfte aus Gewerbebetrieb für 20..
Steuernummer und Identifikationsnummer[4]: ......

Namens und in Vollmacht der Kläger erhebe ich Klage[5]. Ich beantrage,

I. den Bescheid[6] vom ......, mit dem das FA die Durchführung einer gesonderten Feststellung der Einkünfte aus dem gemeinschaftlichen Gewerbebetrieb der Kläger abgelehnt hat, sowie die Einspruchsentscheidung vom ...... aufzuheben und das FA zum Erlass eines Bescheids zu verpflichten, durch den für 20 ...... ein Verlust von ...... EUR, der den Klägern je zur Hälfte zuzurechnen ist, gesondert und einheitlich festgestellt wird[7],
II. das Urteil hinsichtlich der Kosten für vorläufig vollstreckbar zu erklären[8],
III. die Zuziehung eines Bevollmächtigten im Vorverfahren für notwendig zu erklären[9].

Begründung[10]:

Die Kläger haben im Streitjahr auf einem gepachteten landwirtschaftlichen Anwesen, zu dem größere Weideflächen gehören, den Betrieb eines Reiterhofes eröffnet. Es sollen eigene Pferde gehalten und fremde Pferde in Pension genommen werden. Ferner soll durch

angestellte Reitlehrer Reitunterricht erteilt werden. Das FA hat die im Streitjahr entstandenen Verluste nicht als Anlaufverluste eines Gewerbebetriebes, sondern vor allem wegen der eigenen Pferdehaltung als Liebhabereibetrieb beurteilt. Deshalb hat es die Durchführung einer gesonderten Gewinnfeststellung abgelehnt. Nach den inzwischen vorliegenden Pensionsverträgen und den Voranmeldungen für Reitkurse ist aber nachhaltig mit einem Gewinn aus dem Betrieb zu rechnen, der insgesamt die Anlaufverluste übersteigt[11], so dass auch die Verluste des Jahres der Betriebseröffnung als Verluste aus Gewerbebetrieb aufzufassen und ihre gesonderte Feststellung nach Maßgabe der abgegebenen Feststellungserklärungen geboten ist.
Unterschrift

Anmerkungen

1. Vgl. Form. VII. 10 Anm. 1, 2.

2. Vgl. Form. VII. 10 Anm. 3.

3. Vgl. Form. VII. 10 Anm. 5.

4. Vgl. Form. VII. 1 Anm. 4 Satz 1.

5. Die Klage auf Vornahme einer gesonderten und einheitlichen Feststellung von Einkünften (§§ 179, 180 AO 1977) ist eine **Verpflichtungsklage** (BFH-Urteil BStBl. II 1977, 510; BFH BStBl. II 1978, 15, BStBl. II 1979, 567); daran hat auch BFH GrS BStBl. II 1987, 637 (s. C. I. 1., 2. c.) nichts geändert (vgl. auch *Tipke/Kruse* FGO § 69 Rdn. 17–19).

Die Verfügung, mit der der Erlass des beantragten Feststellungsbescheids abgelehnt wird, ist ein Verwaltungsakt iSd. § 118 AO. Die Verpflichtungsklage schließt die Anfechtung dieses Verwaltungsakts mit ein. Die somit auch vorliegende Anfechtungsklage wird aber, da das Rechtsschutzbegehren über die bloße Kassation der Ablehnung des erstrebten Verwaltungsakts hinausgeht und der sachliche Schwerpunkt der Klage in dem Verpflichtungsantrag liegt, von der Verpflichtungsklage absorbiert.

Die Verpflichtungsklage auf Erlass eines abgelehnten Verwaltungsakts (Ablehnungsklage) kann auch als Sprungklage nach § 45 FGO erhoben werden (GrS BFH BStBl. II 1985, 303).

Wird Einspruch eingelegt (§ 347 Abs. 1 Nr. 1 AO) und das Vorverfahren (§ 44 Abs. 1 FGO) abgeschlossen, so ist die Klage binnen eines **Monats** seit Zustellung der schriftlich zu erteilenden Einspruchsentscheidung, die mit einer Rechtsbehelfsbelehrung versehen sein muss (§ 366 AO), zu erheben (§ 47 Abs. 1 S. 2 FGO). Die Monatsfrist läuft nur, wenn die Rechtsbehelfsbelehrung ordnungsgemäß erteilt worden ist (§ 55 Abs. 1 FGO; vgl. *Tipke/Kruse* FGO § 55 Rdn. 2). Ist das nicht geschehen, kann die Klage grundsätzlich noch binnen einer Frist von einem Jahr seit dem Wirksamwerden der Einspruchsentscheidung (§ 124, § 366 S. 1 AO, § 55 Abs. 2 FGO) erhoben werden. Wird die Frist zur Erhebung der Klage versäumt, kann unter den Voraussetzungen des § 56 FGO Wiedereinsetzung in den vorigen Stand erreicht werden.

Wegen der Berechnung der Frist, innerhalb der die Klage nur zulässigerweise erhoben werden kann, vgl. Form. VII. 10 Anm. 6 Abs. 2. Die Rechtsbehelfsbelehrung braucht keine Anleitung zur Berechnung der Klagefrist zu enthalten (BFH BStBl. II 1981, 70).

6. Der Kläger muss geltend machen, durch die Ablehnung des beantragten Verwaltungsakts in seinen Rechten verletzt zu sein (§ 40 Abs. 2 FGO). Dies muss er zur Bezeichnung des Streitgegenstandes bzw. des Gegenstandes des Klagebegehrens (§ 65 Abs. 1 FGO) in ausreichendem Umfang darlegen. Insoweit gelten für die Verpflichtungsklage und die Anfechtungsklage übereinstimmende Grundsätze (vgl. Form. VII. 10 Anm. 7).

7. Vgl. § 101 FGO. Steht die Höhe der festzustellenden Verluste noch nicht fest, kann auch ein bloßer Bescheidungsantrag gestellt werden (vgl. *Tipke/Kruse* AO/FGO § 101 Rdn. 6).

8. Vgl. Form. VII. 10 Anm. 8, 9.

9. Vgl. Form. VII. 10 Anm. 10.

10. Zur materiell-rechtlichen Beurteilung des Beispielfalles vgl. BFH BStBl. II 1979, 246; BFH IV R 34/06 DStRE 2009, 564.

11. Zum Erfordernis der Erzielung eines sog. Totalgewinns s. BFH GrS BStBl. II 1984, 751, *Seeger* Festschrift für *L. Schmidt,* München 1993, S. 38 ff.; *Schmidt/Seeger,* Kommentar zum EStG, 24. Aufl. 2005, § 2 Rdn. 18, 22 ff.; *Schmidt/Weber-Grellet*, Kommentar zum EStG, 28. Aufl. 2009, § 2 Rz 22, 23; *Schmidt/Kulosa*, Kommentar zum EStG, 28. Aufl., § 13 Rz 61 ff, 65.

Kosten und Gebühren

Vgl. Form. VII. 10. Der Streitwert bestimmt sich wie bei Form. VII. 14; jedoch ist bei sogenannten Abschreibungsgesellschaften der Streitwert stets auf 50% des streitigen Verlustbetrages zu bemessen (vgl. BFH-Beschluss BStBl. II 1980, 520).

Fristen und Rechtsmittel

Vgl. oben Anm. 5 und Form. VII. 10.

17. Antrag auf vorläufige Verlustfeststellung im Wege der Aussetzung der Vollziehung (zu Form. VII. 16)

An das Finanzgericht[1] ...... **...... (Ort), ... (Datum)**
in ......

Antrag des A und B ......

Antragsteller,

Prozessbevollmächtigter[2]: ......

gegen

Finanzamt[3] ......
in ......

Antragsgegner,

wegen Aussetzung der Vollziehung (gesonderte Feststellung von Verlust aus Gewerbebetrieb für 20..)
Steuernummer und Identifikationsnummer[4]: ......

Namens und in Vollmacht der Antragsteller beantrage ich,

die Vollziehung des die Verlustfeststellung ablehnenden Bescheids mit der Maßgabe auszusetzen[5], dass vorläufig bis zur rechtskräftigen Entscheidung im Hauptverfahren von einem Verlust gemäß der dem FA eingereichten Feststellungserklärung für ...... ausgegangen wird[6], der sich auf A und B nach Maßgabe der Feststellungserklärung verteilt[7].

Begründung:

Die Antragsteller haben im Jahre 20 ...... einen gemeinschaftlich betriebenen Reiterhof eröffnet. Das FA hat die Durchführung eines Verfahrens zur Feststellung der Anlaufverluste abgelehnt, da es sich um einen Liebhabereibetrieb handele. Demgegenüber haben die Antragsteller geltend gemacht, dass sich auf Grund der nunmehr vorliegenden Voranmeldungen für Reitkurse und aus den seit der Betriebseröffnung bereits abgeschlossenen Pensionsverträgen in den folgenden Jahren Gewinne ergeben werden. Dazu werden Aufstellungen der zu erwartenden jährlichen Aufwendungen und Erträge vorgelegt. Daraus ergibt sich – wie in der Klagebegründung näher dargelegt –, dass kein Liebhabereibetrieb, sondern ein Gewerbebetrieb vorliegt. Deshalb bestehen ernstliche Zweifel an der Rechtmäßigkeit der Ablehnung der Feststellung und Vertretung der erklärten Verluste[8].

Unterschrift

Anmerkungen

1. Vgl. Form. VII. 11 Anm. 1.

2. Vgl. Vorm. VII. 10 Anm. 3.

3. Vgl. Form. VII. 11 Anm. 3.

4. Vgl. Form. VII. 1 Anm. 4 Satz 1.

5. Vgl. Form. VII. 11 Anm. 5.

6. Bis zur Entscheidung des Großen Senats (BFH BStBl. II 1987, 637) konnte vorläufiger Rechtsschutz gegen sog. negative Verlustfeststellungsbescheide, also zB. bei Ablehnung der Verlustfeststellung wegen Verneinung einer Mitunternehmerschaft oder Verneinung eines auf Gewinnerzielung gerichteten Betriebs („Liebhaberei"), nur im Wege einstweiliger Anordnung erlangt werden. Dies war wegen des Erfordernisses eines Anordnungsgrundes nur – im Verhältnis zur AdV., für die ein solches Erfordernis nicht gilt – unter erschwerten Voraussetzungen möglich. Durch die Entscheidung des Großen Senats ist die Rechtslage vereinfacht und für die Steuerpflichtigen auch verbessert worden. Vgl. im übrigen Form. VII. 14 Anm. 5, Form. VII. 16 Anm. 5.

7. Wegen der Fassung des Antrags, der dem Tenor der begehrten Entscheidung entsprechen muss s. BFH BStBl. II 1987, 637, Leitsatz 2.

8. Es empfiehlt sich, die ernstlichen Zweifel an der Rechtmäßigkeit des angefochtenen Ablehnungsbescheids darzulegen, da das Rechtsschutzziel von AdV. und Klage (s. Form. VII. 16) verschieden ist. Gleichwohl wird von der hM. Verweisung auf die Klagebegründung, falls diese bereits vorliegt, für zulässig erachtet (vgl. BFH BStBl. III 1967, 531; *Gräber/Koch* FGO § 69 Rdn. 62).

Kosten und Gebühren

Vgl. Form. VII. 11. und Form. VII. 15.

Fristen und Rechtsmittel

Vgl. Form. VII. 11.

18. Klage auf Zusammenveranlagung (Verpflichtungsklage)

An das Finanzgericht[1] .... (Ort), ... (Datum)
in ......

Klage des ......

Klägers,

Prozessbevollmächtigter[2]: ......

gegen

Finanzamt[3] ......
in ......

Beklagten,

wegen Einkommensteuer 20 ......

Steuernummer und Identifikationsnummer[4]: ......

Namens und in Vollmacht des Klägers erhebe ich Klage[5]. Ich beantrage,

I. die mit Bescheid vom ...... festgesetzte Einkommensteuer 20 ...... unter Aufhebung der Einspruchsentscheidung vom ...... auf ...... EUR herabzusetzen,[6]

II. das Urteil hinsichtlich der Kostenentscheidung für vorläufig vollstreckbar zu erklären[7, 8],

III. die Zuziehung eines Bevollmächtigten im Vorverfahren für notwendig zu erklären[9].

Begründung[10]:

Der Kläger ist Arbeitnehmer und erhielt im Jahre 2008 eine Gehaltsnachzahlung für die die Jahre 2005 bis 2008 von 8.000 EUR. Er beantragt, die Nachzahlung mit einem ermäßigten Steuersatz gemäß § 34 Abs. 1 und Abs. 2 Nr. 4 EStG zu besteuern.

Der Kläger hat am 31. 12. Jahr 2006 geheiratet und wurde 8. 12. 2008 schon wieder geschieden. Anfang des Jahres 2008 lagen die Voraussetzungen der Zusammenveranlagung noch vor. Seine Ehefrau hat für 2008 ursprünglich getrennte Veranlagung beantragt; ihre Veranlagung ist bestandskräftig. Im Rahmen der Scheidungsfolgevereinbarungen über nachehelichen Unterhalt und Versorgungsausgleich hat die Ehefrau sich verpflichtet, der Zusammenveranlagung für 2008 zuzustimmen. Die entsprechende, von ihr unterschriebene Erklärung ist beigefügt.

Das Finanzamt hat den Antrag auf Zusammenveranlagung mit Bescheid vom ...... abgelehnt auch der Einspruch ist erfolglos geblieben. Die Ablehnung durch das Finanzamt beruht darauf, dass die Ehefrau seinerzeit die Zustimmung zur Zusammenveranlagung lediglich mündlich dem Kläger gegenüber erklärt hatte. Das Finanzamt schenkte seiner diesbezüglichen Erläuterung aber keinen Glauben, sondern verlangte vielmehr eine schriftliche Erklärung der Ehefrau. Weil der Kläger diese nicht sofort beibringen konnte, wies es den Einspruch zurück.

Darüber hinaus hat das Finanzamt Bedenken gegen die Einbeziehung der Gehaltsnachzahlungen führt 2005 und 2006 in die Verabanlagung für 2008 einzubeziehen, weil die Nachzahlungsbeträge für diese Jahre in Zeiten erwirtschaftet worden sind, in denen der Kläger noch nicht verheiratet war.

Nach Auffassung des Klägers kommt es aber allein auf den Zeitpunkt des Zuflusses an. Dieser lag im Jahre 2008. Die (materiell-rechtlichen) Voraussetzungen für die Zusammenveranlagung lagen vor, weil die Ehegatten Anfang des Jahres 2008 noch nicht dauernd getrennt lebten.

Unterschrift

Anmerkungen

1. Vgl. Form. VII. 10 Anm. 1, 2.

2. Vgl. Form. VII. 10 Anm. 3.

3. Vgl. Form. VII. 10 Anm. 4.

4. Vgl. Form. VII. 1 Anm. 4 Satz 1.

5. Vgl. Form. VII. 16 Anm. 5 zur Verpflichtungsklage; zur Anfechtungsklage s Form. VII. 10 Anm. 6. Auch die Klage auf Zusammenveranlagung ist eine Verpflichtungsklage (*Blümich/Heuermann* Kommentar zum EStG, ErgLief. 95, März 2007, § 26 Rz 88; *Schmidt/Seeger,* Kommentar zum EStG, 28. Aufl. 2009, § 26 Rz 32; BFH BStBl. II 1978, 215; BFH II 2004, 980), die nur zulässig ist, wenn ein Vorverfahren durchgeführt worden ist. Zur Wahlrechtsausübung Verstorbener s. *Schmidt/Seeger,* Kommentar zum EStG, 28. Aufl. 2009, § 26 Rz 23.

6. Der Kläger muss die Verletzung eigener Rechte durch den angefochtenen Bescheid (hier: durch die Ablehnung der Zusammenveranlagung und die dazu gehörende Einspruchsentscheidung) dartun. Vgl. Form. VII. 10 Anm. 7 und Form. VII. 16 Anm.6.

7. Ein Kostenantrag ist nicht erforderlich; vgl. Form. VII. Anm. 8.

8. Zur Vollstreckbarkeitserklärung vgl. Form. VII. 10 Anm. 9.

9. Vgl. Form. VII. 10 Anm. 10.

10. Zur Anwendbarkeit des § 34 Abs. 1 in Verbindung mit § 34 Abs. 2 Nr. 4 EStG vgl. *Schmidt/Dreneck,* Kommentar zum EStG, 28. Aufl. 2009, § 34 Rz 37, 42, 44 und § 11 Rz 12. Zur Zusammenveranlagung vgl. *Schmidt/Seeger*, Kommentar zum EStG, 28. Aufl. 2009, § 26 Rz 17, 25, 23, 32.

Kosten und Gebühren

Vgl. Form. VII. 10.

Fristen und Rechtsmittel

Vgl. Form. VII. 16 Anm. 5 und Form. VII. 10.

19. Klage auf Gewährung von Kindergeld[1]

An das Finanzgericht[2] .... (Ort), ... (Datum)
in ......

Klage des ......

Klägers,

Prozessbevollmächtigter[3]: ......

gegen

Agentur für Arbeit – Familienkasse-[4] ......,
in ......

Beklagten,

wegen Kindergeld.

Namens und in Vollmacht des Klägers erhebe ich Klage[5]. Ich beantrage,

I. den Ablehnungsbescheid vom ...... sowie den Einspruchsbescheid ...... aufzuheben und den Beklagten zu verpflichten, ihm Kindergeld ab ...... bis zur rechtskräftigen Entscheidung über seine Rechtsmittel gegen den Widerruf seiner Aufenthaltsgenehmigung zu gewähren[6],

II. das Urteil hinsichtlich der Kosten für vorläufig vollstreckbar zu erklären[7],

III. die Zuziehung eines Bevollmächtigten für das Vorverfahren für notwendig zu erklären[8].

Begründung[9]:

Der Kläger ist norwegischer Staatsangehöriger. Er ist allein erziehender Vater eines minderjährigen Kindes. Er hat seinen Wohnsitz im Inland und arbeitet hier. Dazu ist er auf Grund einer Aufenthaltsberechtigung befugt. Diese Aufenthaltsberechtigung hat die zuständige Behörde zwar widerrufen; jedoch hat der Kläger den Widerruf mit Widerspruch angefochten. Jedenfalls bis zu Ende des Widerspruchsverfahrens ist der Kläger, da die übrigen Voraussetzungen für die Gewährung von Kindergeld fraglos vorliegen und auch vom Beklagten nicht bezweifelt werden, wegen des Suspensiveffektes seines Rechtsmittels berechtigt, Kindergeld zu beziehen.

Unterschrift

Anmerkungen

1. Das Kindergeld wird zwar nicht von Finanzämtern gezahlt, sondern von den Familienkassen oder den Arbeitgebern. Da aber § 31 S. 3 EStG das Kindergeld als Steuervergütung fingiert und da es durch das Bundeszentralamt für Steuern verwaltet wird und die Familienkassen (= die früheren Kindergeldkassen der Bundesanstalt für Arbeit/Bundesagentur für Arbeit) als Bundesfinanzbehörden gelten (§ 5 Abs. 1 Nr. 11. Finanzverwaltungsgesetz – FVG –), ist für Klagen auf Gewährung von Kindergeld gem. § 33 Abs. 1 Nr. 1 FGO der Finanzrechtsweg eröffnet (*Tipke/Kruse/Seer*, Kommentar zur AO/FGO, § 33 FGO Rz 46). Vgl. zu den das Kindergeld betreffenden Regelungen *Schmidt/Weber-Grellet,* Kommentar zum EStG, 28. Aufl. 2009, § 31, §§ 62 ff.

2. Vgl. Form. VII. 10 Anm. 1, 2.

3. Vgl. Form. VII. 10 Anm. 3.

4. Die Bundesagentur für Arbeit, vertreten durch die örtliche Familienkasse hat den Familienleistungsausgleich durchzuführen (§ 5 Abs. 1 Nr. 11 FVG) und ist deshalb die

Beklagte. Dies geschieht im Wege der Organleihe für das Bundeszentralamt für Steuern (§ 5 Abs. 1 Nr. 11 FVG; *Schmidt/Weber-Grellet,* Kommentar zum EStG, 28. Aufl. 2009, § 62 Rz 4). Insoweit gelten diese Dienststellen als Bundesfinanzbehörden (§ 5 Abs. 1 Nr. 11 S. 4 FVG). Die Bundesagentur für Arbeit hat ihren Gerichtsstand im Sinne von § 17 Abs. 3 ZPO am Ort der Regionaldiensstellen; deren Anschrift ergibt sich aus den Rechtsmittelbelehrungen der Bescheide, die angefochten werden sollen (s. unten Anm. 5).

5. Die Klage ist auf die Gewährung einer staatlichen Leistung gerichtet. Sie ist aber keine Zahlungsklage, also keine Leistungsklage, sondern eine Verpflichtungsklage (§ 40 Abs. 1 FGO; vgl. Form VII. 16 und 18), mit der die Verpflichtung der beklagten Behörde zur Erbringung der begehrten Leistung verbindlich gerichtlich festgestellt werden soll (vgl. § 70 Abs. 1 EStG).

Die Klage ist als Verpflichtungsklage nur zulässig, wenn der Kläger gegen die Ablehnung seines Antrags auf Gewährung von Kindergeld Einspruch (§§ 347 ff. AO) eingelegt hat, und dieses Vorverfahren erfolglos geblieben ist und folglich ein Einspruchsbescheid ergangen ist(§ 44 Abs. 1 FGO). Die Frist beginnt mit der Bekanntgabe bzw. der Zustellung Einspruchsentscheidung. Wegen der Fristberechnung s. Form. VII. 10 Anm. 6, 2. Absatz; Form. VII. 18 Anm. 5.

6. Der Kläger muss mit der Verpflichtungsklage (nicht anders als bei der Anfechtungsklage) geltend machen, in seinen Rechten verletzt zu sein, und zwar durch die Ablehnung des beantragten Verwaltungsaktes (§ 40 Abs. 2 FGO). Die Klage muss den Kläger (Name und Anschrift), den Beklagten (das Arbeitsamt bzw. eine der in § 72 Abs. 1 EStG genannten juristischen Personen) sowie den Verwaltungsakt mit dem der Antrag auf Gewährung von Kindergeld abgelehnt worden ist sowie Einspruchsentscheidung jeweils mit Datum und Aktenzeichen angeben (§ 65 Abs. 1 FGO). Zu bezeichnen ist ferner der Gegenstand des Klagebegehrens (§ 65 Abs. 1 FGO). Das erfordert eine Darlegung darüber, in welchem Punkt die Ablehnung der begehrten Kindergeldfestsetzung rechtswidrig ist. Entspricht die Klage nicht diesen sich aus § 65 Abs. 1 S. 1 FGO ergebenden Anforderungen, hat der Vorsitzende oder der Berichterstatter den Kläger bzw. seinen Prozessbevollmächtigten zu den erforderlichen Ergänzungen aufzufordern. Für diese Ergänzung kann dem Kläger/dem Prozessbevollmächtigten eine Frist mit ausschließender Wirkung gesetzt werden (§ 65 Abs. 2 S. 2 FGO). Verstreicht diese Frist, ohne dass die geforderte Ergänzung der Klage bei dem Finanzgericht eingegangen ist, wird die Klage unzulässig und ist abzuweisen. Allerdings kann dem Kläger wegen Versäumung der Frist unter den Voraussetzungen des § 56 FGO Wiedereinsetzung in den vorigen Stand gewährt werden (§ 65 Abs. 2 S. 3 FGO).

Der Vorsitzende bzw. der Berichterstatter kann den Kläger darüber hinaus auch nach § 79 b FGO zur Ergänzung seines Klagevorbringens auffordern und dafür eine sog. Präklusionsfrist setzen. Erforderlich ist, dass das Gericht dabei die seiner Meinung nach aufklärungsbedürftigen Tatsachen oder Vorgänge bezeichnet, damit der Kläger erkennen kann, wozu er sich äußern soll (BFH BStBl. II 1981, 443; *Gräber/von Groll* FGO § 79 b Rdn. 2, 10 ff.).

7. Vgl. Form. VII. 10 Anm. 8 und 9.

8. Vgl. Form. VII. 10 Anm. 10.

9. Vgl. zur materiell-rechtlichen Beurteilung des Beispielsfalles *Bergkämper* in *Herrmann/Heuer/Raupach* EStG § 62 Rdn. 12.

Kosten und Gebühren

Vgl. Form. VII. 10.

Fristen und Rechtsmittel

Vgl. Form. VII. 10.

20. Klageänderung gemäß § 68 FGO nach Änderung des angefochtenen Verwaltungsaktes

An das Finanzgericht[1] ...... **...... (Ort), ... (Datum)**
in ......
– Aktenzeichen: ...... (des FG) –
In dem Rechtsstreit[2]
...... (Name und Anschrift des Klägers)

Klägers,

Prozessbevollmächtigter[3]: ......
gegen
Finanzamt[4] ......
in ......

Beklagten,

wegen ...... (Steuerart und Streitjahr)[5]
Steuernummer: ......

Nachdem der ursprünglich angefochtene Steuerbescheid durch den Änderungsbescheid[6] vom ...... geändert worden ist, stelle ich nunmehr folgenden Antrag[7] ......

Unterschrift

Anmerkungen

1. Auch wenn die Änderung des angefochtenen Verwaltungsaktes während des Revisionsverfahrens erfolgt, tritt die Klageänderung (*Tipke/Kruse* Kommentar zur AO/FGO, § 68 FGO Rdn. 5) durch Auswechslung des Verfahrensgegenstandes kraft Gesetzes gemäß § 68 FGO ein; diese Regelung gilt seit dem 1. 1. 2001 (Art. Nr. 6 des 2. FGO-ÄnderungG v. 19. 12. 2000, BGBl I 1757/8). Der BFH ist befugt, eine Endentscheidung zu erlassen oder die Sache an das FG zurückzuverweisen (§ 127 FGO). Dies hängt idR. davon, ob die Sachurteilsvoraussetzungen weiterhin gegeben sind, und zwar auch bezüglich eines etwa geänderten Antrags, und ferner davon, ob infolge der Änderung Tatsachenfeststellungen zu treffen bzw. nachzuholen sind (vgl. *Gräber/von Groll* Kommentar zur FGO, § 68 Rdn. 20, letzter Abs.).

2. § 68 FGO betrifft den praktisch wichtigsten Fall der Klageänderung (*Tipke/Kruse* Kommentar zur AO/FGO, § 68 FGO Rdn. 5). Der Erlass des Änderungsbescheids führt nur dann zur Auswechslung des Verfahrensgegenstandes gemäß § 68 FGO, wenn die ursprünglich erhobene Klage zulässig war (*Gräber/von Groll* Kommentar zur FGO, § 68 Rdn. 40). Sind die Wirkungen des § 68 FGO eingetreten, bleibt der Prozess dennoch mit dem ursprünglichen Verfahren identisch; es entstehen keine „doppelten" Gebühren (vgl. § 68 Ab.s 1 Satz 2 FGO; *Gräber/v.Groll*, FGO, 6. Aufl. 2006, § 68 Rz 90). Es können sich aber höhere Gebühren ergeben, wenn der Kläger seinen Antrag nach der Änderung erweitert (vgl. *Tipke/Kruse* AO/FGO § 68 FGO Rdn. 26). Die kraft Gesetzes eintretende Klagänderung gemäß § 68 FGO schließt es aus, statt dessen – wie dies nach den früheren Fassungen des § 68 FGO möglich war – Einspruch gegen den Änderungsbescheid einzulegen (§ 68 Abs. 1 Satz 2 FGO).

3. Die Änderung nach § 68 FGO vollzieht sich (seit dem 1. 1. 2001, siehe Anm. 1) ohne Antragstellung des Klägers.

4. Erlässt infolge Wechsels der örtlichen Zuständigkeit ein anderes als das beklagte FA den Änderungsbescheid, so wird dieses durch den Erlass des Änderungsbescheids Beklagter.

5. Der ursprünglich angefochtene Verwaltungsakt und der Änderungsbescheid müssen (mit der in Anm. 4 erwähnten Ausnahme) dieselben Beteiligten und denselben Regelungsgegenstand (Besteuerungsgegenstand, zB. dieselbe Steuerart und dasselbe Jahr) betreffen. Ist das nicht der Fall, treten die Änderungswirkungen des § 68 FGO nicht in Kraft, weil der „Änderungsbescheid" nicht den bisherigen Verfahrensgegenstand betrifft.

6. Der Änderungsbescheid kann die Steuer höher oder niedriger festsetzen als der ursprüngliche Bescheid. Wird dem Klagebegehren durch niedrigere Steuerfestsetzung teilweise entsprochen, so muss der Kläger zur Vermeidung der Kostenlast (insoweit) seinen **Klageantrag einschränken** (vgl. aber § 137 FGO, der auch dann zur Auferlegung der anteiligen Kosten führen kann). Wird die Steuer höher festgesetzt, kann der Kläger sein Rechtsschutzbegehren auch darauf erstrecken, indem er den Klageantrag entsprechend erweitert. Die erfolglose Durchführung des Vorverfahrens (§ 44 Abs. 1 FGO) ist dafür nicht Voraussetzung. Ergibt sich die Änderung nach § 68 FGO im Revisionsverfahren, kann dies zur Zurückverweisung der Sache an das FG (§ 127 FGO; Anm. 1) führen; das ist regelmäßig der Fall, wenn sich der Kläger gegen den die Steuer höher als der ursprüngliche Steuerbescheid festsetzenden Änderungsbescheid auch hinsichtlich des Erhöhungsbetrags wendet; zur Antragstellung siehe Anm. 7.

7. Ist der Kläger der Auffassung, der Änderungsbescheid hätte aus verfahrensrechtlichen Gründen nicht ergehen dürfen, so kann er auch dies im gerichtlichen Verfahren geltend machen. Hat er damit Erfolg, ist über sein ursprüngliches Klagebegehren zu befinden, dh. er kann die Aufhebung des Änderungsbescheids und die Abänderung des ursprünglichen Bescheids in demselben gerichtlichen Verfahren beantragen und erreichen.

Hat der Änderungsbescheid dem Klagebegehren in vollem Umfang abgeholfen, muss der Kläger, wenn er einen zwecks anderweitiger Anfechtung des Änderungsbescheids einen Antrag nicht stellen will, die Hauptsache für erledigt erklären; andernfalls wird die Klage mit der Kostenfolge des § 135 Abs. 1 FGO als unzulässig abgewiesen.

Will der Kläger, was bei verbösernden Änderungsbescheiden erforderlich erscheinen kann, sein Klag- bzw. Revisionsbegehren (siehe Anm. 1) erweitern, bedarf es dazu eines an das Gericht gerichteten Antrags. Dieser kann vor dem BFH (Anm. 1) nur durch einen postulationsfähigen Prozessbevollmächtigten gestellt werden (§ 62 a FGO; vgl. Form. VII. 10 Anm. 3).

Kosten und Gebühren

Es fallen keine besonderen Kosten an. Ist die Hauptsache durch den geänderten Bescheid erledigt (s. Anm. 7), ergeht eine Kostenentscheidung gemäß § 138 FGO durch das Gericht. Ist dem Klagebegehren nur teilweise abgeholfen oder ist sogar eine verbösernde Änderung eingetreten, und stellt der Kläger durch seinen Prozessbevollmächtigten einen entsprechenden Antrag (s. Anm. 7), ergeht eine abschließende Entscheidung des Gerichts. Jeweils ergeben sich die für ein gerichtliches Verfahren üblichen Kosten. Vgl. dazu Form. VII. 10.

Fristen und Rechtsmittel

Da die Rechtswirkung des § 68 FGO sowohl im Verfahren vor Finanzgericht wie vor dem Bundesfinanzhof ohne weiteres kraft Gesetzes eintritt, sind Fristen für die Beteiligten nicht zu beachten. Rechtsmittel sind nicht gegeben. Es kann lediglich (im Verfahren) geltend gemacht werden, dass der Änderungsbescheid den (ursprünglich) angefochtenen Bescheid nicht geändert hat, zB. weil er unwirksam ist oder weil der Änderungsbescheid einen anderen Regelungsgegenstand (zB. einen anderen Veranlagungszeitraum) betrifft; vgl. Anm. 7.

21. Erklärung zur Erledigung der Hauptsache und Kostenantrag

An das Finanzgericht[1] .... (Ort), ... (Datum)
in ......
– Aktenzeichen: ...... (des FG) –
In dem Rechtsstreit

...... (Name und Anschrift des Klägers)

Klägers,

Prozessbevollmächtigter: ......

gegen

Finanzamt ......
in ......

Beklagten,

wegen ...... (Steuerart und Streitjahr)

Steuernummer: ......

Das FA hat dem Klagebegehren durch den Änderungsbescheid vom ...... abgeholfen[1]. Daher erkläre ich den Rechtsstreit in der Hauptsache für erledigt[2]. Ich beantrage, dem FA die Kosten aufzuerlegen[3].

Unterschrift

Anmerkungen

1. Hat das FA dem Klagebegehren in einem Änderungsbescheid nur teilweise abgeholfen und erklärt der Kläger gleichwohl den Rechtsstreit in vollem Umfang für in der Hauptsache erledigt, so liegt darin eine Einschränkung des Klagebegehrens (soweit dem Begehren nicht entsprochen worden ist). Die Kostenentscheidung ergeht auch in diesem Fall nach § 138 FGO.

2. Eine wirksame Erledigungserklärung setzt nach hM. die **Zulässigkeit der Klage** voraus (BFH BStBl. II 80, 588 vgl. *Gräber* FGO § 138 Rdn. 2 B III; *Gräber/Ruban* FGO § 138 Rdn. 18).

Geben Kläger und Beklagter übereinstimmend Erledigungserklärungen ab, prüft das Gericht nicht, ob die Hauptsache tatsächlich erledigt ist, sondern trifft nur noch die Kostenentscheidung nach § 138 FGO (*Gräber/Ruban* FGO § 138 Rdn. 11). Bei nur einseitiger Erledigterklärung entscheidet das Gericht, ob ein erledigendes Ereignis eingetreten ist. Schweigt das Finanzamt, kann gemäß § 138 Abs. 3 FGO von Erledigung ausgegangen werden (Erledigungsfiktion). Ergibt die Prüfung des Gerichts, dass Hauptsacherledigung eingetreten ist, weist das Gericht, wenn der Kläger (ohne die Hauptsache für erledigt zu erklären) an seinem Klagebegehren festgehalten hat, die Klage als unzulässig ab (BStBl. II 1979, 378; BStBl. II 1979, 375; BStBl. II 1979, 709; BStBl. II 1979, 779; *Gräber/Ruban*, Kommentar zur FGO, 6. Aufl. 2006, § 138 Rz 21.). Ist die Hauptsache entgegen der Erklärung des Klägers nicht erledigt, so trifft ihn nach herrschender Meinung die Kostenlast, wenn er nicht hilfsweise seinen Antrag auf Erlass einer Entscheidung in der Hauptsache aufrechterhält (streitig; s. *Tipke/Kruse/Brandis* AO/FGO § 138 FGO Rdn. 45). Folgt das Gericht der einseitigen Erledigungserklärung des FA nicht, so ergeht dann eine Sachentscheidung über den Klageantrag des Klägers.

Mit dem Kostenantrag bei Abgabe der Erledigungserklärung kann auch der Antrag verbunden werden, die Zuziehung eines Bevollmächtigten im Vorverfahren für notwendig zu erklären (§ 139 Abs. 3 S. 3 FGO; vgl. Form. VII. 10 Anm. 10).

3. Der an sich nicht notwendige Kostenantrag (§ 143 Abs. 1 FGO) wird in der Regel begründet. Dabei ist insbesondere darzulegen, warum bis zum erledigenden Ereignis die Klage zulässig und begründet war. Das Gericht trifft seine Entscheidung allerdings nach summarischer Prüfung; Beweise werden nicht mehr erhoben (*Gräber/Ruban* FGO § 138 Rdn. 26).

Kosten und Gebühren

Der Streitwert bestimmt sich nach den bis zur Erledigung der Hauptsache entstandenen Gebührenansprüchen. Wegen der Gerichtskosten und der Vergütungsansprüche des Prozessbevollmächtigten s. Form. VII. 10. Die Gerichtsgebühren ermäßigen sich in der ersten Instanz gemäß Nr. 6111 KV GKG auf 2,0 und im Revisionsverfahren gemäß Nr. 6121 KV GKG auf 3,0, wenn kein Urteil oder Gerichtsbescheid in Hauptsache ergangen ist.

Fristen und Rechtsmittel

Die Erklärung zur Erledigung der Hauptsache ist nicht fristgebunden. Ergeht auf die Erledigungserklärung ein Beschluss gem. § 138 FGO, kann dieser nicht mit der Beschwerde angefochten werden (§ 128 Abs. 4 FGO).

22. Antrag auf Berichtigung eines Urteils wegen offenbarer Unrichtigkeit

An das Finanzgericht[1] .... (Ort), ... (Datum)
in ......
– Aktenzeichen: ...... (des FG) –

In dem Rechtsstreit[2]
...... (Name und Anschrift des Klägers)

Klägers,

Prozessbevollmächtigter[3]: ......

gegen

Finanzamt ......
in ......

Beklagten,

wegen ...... (Steuerart und Jahr)

Steuernummer und Identifikationsnummer[4]: ......

Namens und in Vollmacht des Klägers beantrage[5] ich, die Entscheidungsformel des Urteils vom ...... (Datum und Aktenzeichen) ...... wie folgt zu berichtigen:
Unter Abänderung des Steuerbescheids vom ...... und der Einspruchsentscheidung vom ...... wird die ......steuer für 20 ...... auf ...... EUR herabgesetzt. Im Übrigen wird die Klage abgewiesen. Die Kosten des Verfahrens hat der Kläger zu ...... vH., der Beklagte zu ...... vH. zu tragen.

Begründung[6]:

Der Kläger hatte im Streitjahr außergewöhnliche Belastungen von ...... EUR zu tragen. Das war schon vom FA bei der Einkommensteuerveranlagung berücksichtigt worden und auch im finanzgerichtlichen Verfahren nicht streitig. In der Berechnung der Steuer in dem finanzgerichtlichen Urteil ist der Betrag der abzugsfähigen außergewöhnlichen Belastung jedoch nicht vom dem zu versteuernden Einkommensbetrag mindernd abgesetzt. Das kann nur auf einer einem Schreib- oder Rechenfehler ähnlichen offenbaren Unrichtigkeit beruhen. Der festgesetzte Steuerbetrag ist daher antragsgemäß herabzusetzen.

Unterschrift

Anmerkungen

1. Anträge auf Urteilsberichtigung sind bei dem Gericht zu stellen, das das Urteil erlassen hat, gegebenenfalls also auch beim BFH.

2. Der Antrag ist unter demselben Rubrum (Streitsachenbezeichnung) zu stellen, unter dem das Urteil ergangen ist.

3. War für den Rechtsstreit ein Prozessbevollmächtigter bestellt, so kann dieser den Antrag noch kraft der Prozessvollmacht stellen (§§ 81, 83 ZPO).

4. Vgl. Form. VII. 1 Anm. 4 Satz 1.

5. Eine Urteilsberichtigung nach § 107 FGO ist nicht von der Stellung eines Antrags abhängig. Die Berichtigung ist auch nicht an eine Frist gebunden.

Eine offenbare Unrichtigkeit liegt vor, wenn eine (richtige oder falsche) Überlegung falsch ausgedrückt worden ist und diese Unrichtigkeit des Ausdrucks auf der Hand liegt. Naheliegende Fehler der Überlegung sind keine offenbaren Unrichtigkeiten iS. des § 107 FGO (vgl. auch § 129 AO). Eine offenbare Unrichtigkeit liegt auch vor, wenn etwas offenbar Gewolltes übersehen wird, so dass auch Auslassungen offenbare Unrichtigkeiten sein können. Maßstab ist jeweils der im Gesetz genannte Schreib- oder Rechenfehler.

Im Beispielsfall ist auch die Kostenentscheidung zu berichtigen, wenn infolge der mangelnden Berücksichtigung der abzugsfähigen außergewöhnlichen Belastung die Kostenverteilung in dem zu berichtigenden Urteil unrichtig war.

Die Berichtigung einer offenbaren Unrichtigkeit hat grundsätzlich keinen Einfluss auf den Lauf der Rechtsmittelfrist; zu Einzelheiten s. *Gräber/Ruban* FGO § 120 Rdn. 24.

6. Zur Beurteilung des Beispielsfalles vgl. BFH-Beschluss BStBl. II 1972, 954.

Kosten und Gebühren

Die Entscheidung ergeht gerichtskostenfrei. Zusätzliche Gebühren für den Prozessbevollmächtigten entstehen nicht (§ 19 Abs. 1 S. 1 RVG).

Fristen und Rechtsmittel

Die Berichtigung ist nicht antrags- oder fristgebunden; sie kann auch noch im Revisionsverfahren und nach Eintritt der Rechtskraft durchgeführt werden. Gegen den Beschluss, mit dem einem Berichtigungsantrag entsprochen oder dieser abgelehnt wird, ist die binnen zwei Wochen (§ 129 Abs. 1 FGO) einzulegende Beschwerde nach § 128 Abs. 1 FGO gegeben.

Die Frist zur Erhebung der Nichtzulassungsbeschwerde oder der Revision (s. Form. VII. 9 – Rechtsmittel und Fristen –) wird durch einen Berichtigungsantrag grundsätzlich weder gehemmt noch unterbrochen; vgl. Einzelheiten bei *Gräber/Ruban* FGO § 120 Rdn. 24.

23. Antrag auf Berichtigung eines Urteilstatbestands

An das Finanzgericht[1] …… …… (Ort), …… (Datum)
in ……
– Aktenzeichen: …… (des FG) –

In dem Rechtsstreit[2]
…… (Name und Anschrift des Klägers)
Klägers,
Prozessbevollmächtigter[3]: ……
gegen
Finanzamt ……
in ……
Beklagten,
wegen …… (Steuerart und Jahr)
Steuernummer und Identifikationsnummer[4] : ……
Namens und in Vollmacht des Klägers beantrage[5] ich, den Tatbestand des Urteils vom …… …… (Datum und Aktenzeichen) in der Weise zu berichtigen, dass am Ende der Darstellung des Vorbringens des Klägers eingefügt wird:
Der Kläger hat sich für die Richtigkeit der Behauptung, die Mehleinkäufe seien vollständig aus den vorliegenden Einkaufsrechnungen ersichtlich, auf das Zeugnis seines Gesellen A bezogen.

Begründung:

Der Kläger ist Bäcker. Das FA hat seine Buchführung als nicht ordnungsmäßig angesehen und den Gewinn geschätzt. Dabei ist es davon ausgegangen, die in dem Betrieb verbackenen Mengen an Mehl seien wegen starker Schwankungen im Mehlverbrauch größer als vom Kläger angegeben, da er die Mehleinkäufe nicht fortlaufend aufgezeichnet, sondern nur die Einkaufsrechnungen, und zwar unvollständig, aufbewahrt habe. In dem Termin zur Beweisaufnahme, in dem auch der Kläger gehört worden ist, hat er nicht nur seine Behauptung wiederholt, die Einkaufsrechnungen und die Belege über den sonstigen Zugang von Mehl lägen vollständig vor, sondern er hat sich für die Richtigkeit seines Vorbringens auch auf das Zeugnis seines Gesellen A bezogen. Das hatte der Kläger bis dahin nicht getan, um A aus dem Prozess herauszuhalten. Die Erklärung des Klägers ist infolge der erregten Diskussion in dem Termin nicht protokolliert worden. Da das Gericht sein Urteil noch am selben Tag verkündet hat, konnte der Beweisantritt nicht mehr schriftsätzlich wiederholt werden.
Der Kläger kann, da sein Beweisantrag weder in dem Urteilstatbestand noch im Protokoll enthalten ist, nur im Wege der Tatbestandsberichtigung nachweisen, dass das FG einen Beweisantrag übergangen und somit den Sachverhalt nicht im erforderlichen Maße aufgeklärt hat.

Unterschrift

Anmerkungen

1. Anträge auf Tatbestandsberichtigung kommen nur beim FG in Betracht, da die Revisionsurteile in tatsächlicher Hinsicht auf dem Urteil der Tatsacheninstanz, also des FG beruhen (§ 118 Abs. 2 FGO).

2. Vgl. Form. VII. 22 Anm. 2.

3. Vgl. Form. VII. 22 Anm. 3.

4. Vgl. Form. VII. 1 Anm. 4 Satz 1.

5. Eine Tatbestandsberichtigung ist nach § 108 FGO nur auf Antrag möglich, der binnen **zwei Wochen** nach Zustellung des Urteils gestellt sein muss. Allerdings kann bei unverschuldeter Fristversäumnis Wiedereinsetzung in den vorigen Stand nach § 56 FGO gewährt werden.

Die Tatbestandsberichtigung kann dazu benutzt werden, die Anfechtung eines finanzgerichtlichen Urteils mit der Nichtzulassungsbeschwerde bzw. der Revision (s. Form. VII. 10 Rechtsmittel und Fristen –) vorzubereiten (vgl. dazu die insoweit anders liegenden Beispielsfälle VII. 27, 31). Gleichwohl hemmt weder der Berichtigungsantrag noch die (positive oder negative) Entscheidung über den Antrag den Lauf der Revisionsfrist (BFH-Beschluss BStBl. II 1977, 291; *Gräber/Ruban* FGO § 120 Rdn. 24). Anders ist die Lage, wenn es (zugleich) zu einer Urteilsergänzung nach § 109 FGO kommt (vgl. Form. VII. 24). Ein Rechtsmittel (Nichtzulassungsbeschwerde oder ggf. Revision, s. Form. VII. 10 *Rechtsmittel und Fristen*) ist also, wenn das finanzgerichtliche Urteil angegriffen werden soll, stets innerhalb der dafür vorgeschriebenen Frist (§ 116 Abs. 2, § 120 Abs. 1 FGO; vgl. Form. VII. 26, 29) einzulegen. Steht die Entscheidung über den Antrag bei Ablauf der Frist zur Begründung der Nichtzulassungsbeschwerde (§ 116 Abs. 3 FGO) oder der Revision (§ 120 Abs. 2 FGO) noch aus, so ist *vor* deren Ablauf eine Verlängerung herbeizuführen (§ 116 Abs. 3 S. 4, § 120 Abs. 2 S. 3 FGO).

Tatbestandsberichtigung setzt ein rechtliches Interesse des Antragstellers an der Berichtigung voraus. Ein solches Rechtschutzinteresse an der Tatbestandsberichtigung ist dann gegeben, wenn andernfalls im Verfahren nach § 116 FGO und im Revisionsverfahren wegen der Beweiskraft von Urteilstatbestand (§ 105 FGO, § 314 S. 1 ZPO iVm. § 155 FGO) und Sitzungsprotokoll (§ 94 FGO, § 314 S. 2, § 165, § 160 Abs. 3 ZPO) von einem unrichtigen (unvollständigen) Sachverhalt auszugehen wäre (vgl. § 118 Abs. 2 FGO), dh. im Beispielsfall der Kläger nicht mit Aussicht auf Erfolg mangelnde Sachaufklärung rügen könnte (vgl. dazu Form. VII. 27, 31).

Kosten und Gebühren

Der Beschluss ergeht gerichtskostenfrei. Zusätzliche Gebühren für den Prozessbevollmächtigten entstehen nicht (§ 19 Abs. 1 S. 1 RVG).

Fristen und Rechtsmittel

Der Beschluss über die Tatbestandsberichtigung ist unanfechtbar (§ 108 Abs. 2 S. 2 FGO).

24. Antrag auf Ergänzung eines Urteils

An das Finanzgericht[1] .... (Ort), ... (Datum)
in ......
– Aktenzeichen: ...... (des FG) –

In dem Rechtsstreit[2]
...... (Name und Anschrift des Klägers)

Klägers,

Prozessbevollmächtigter[3]: ......

gegen

Finanzamt ......
in ......

Beklagten,

wegen ...... (Steuerart und Jahr)
Steuernummer und Identifikationsnummer[4]: ......
Namens und in Vollmacht des Klägers beantrage[5] ich, das Urteil vom ...... (Datum und Aktenzeichen) durch eine Entscheidung über den unter dem 20 ...... gestellten Klageantrag zu ergänzen.

Begründung:

Der Kläger hat die ...... steuerfestsetzungen für die Jahre 2002 bis 2004 angefochten. Streitig war für 2003 bis 2004 die Höhe der Gewinne aus Gewerbebetrieb. Im Rahmen der Veranlagung für 2001 hat der Kläger geltend gemacht, vorbereitende Betriebsausgaben für seinen 2002 eröffneten Betrieb gehabt zu haben. Darüber hat das FG dem Tenor seiner Entscheidung nach nicht entschieden. Das ist in dem Ergänzungsurteil nachzuholen.

Unterschrift

Anmerkungen

1. Anträge auf Urteilsergänzung (dh. auf Erlass eines Ergänzungsurteils) sind bei dem Gericht zu stellen, das das ergänzungsbedürftige Urteil erlassen hat; gegebenenfalls also beim BFH.

2. Vgl. Form. VII. 22 Anm. 2.

3. Vgl. Form. VII. 22 Anm. 3.

4. Vgl. Form. VII. 1 Anm. 4 Satz 1.

5. Der Erlass eines Ergänzungsurteils ist nach § 109 Abs. 1 FGO nur auf Antrag möglich, der binnen **zwei Wochen** nach Zustellung des Urteils gestellt sein muss. Allerdings kann bei unverschuldeter Fristversäumnis Wiedereinsetzung in den vorigen Stand nach § 56 FGO gewährt werden.

Die praktisch häufigsten Fälle der Urteilsergänzung ergeben sich bei der objektiven Klagehäufung, wenn (wie im Beispielsfall) über ein Streitjahr versehentlich keine Entscheidung ergeht. Ist die Klage (ohne Einschränkung) abgewiesen worden, so ist zweifelhaft, ob über einen vom Kläger gestellten Hilfsantrag, mit dem der Ansatz niedrigerer Einkünfte begehrt wurde, durch Ergänzungsurteil entschieden werden kann (vgl. *Kühn/v. Wedelstädt/Wagner* AO/FGO § 109 FGO Rdn. 1, 2).

Da Urteilsergänzung nur dann in Betracht kommt, wenn Anträge „nach dem Tatbestand" gestellt worden sind (§ 109 Abs. 1 FGO), kann es erforderlich sein, falls ein gestellter Antrag nicht aus dem Urteil hervorgeht, zugleich Tatbestandsberichtigung nach § 108 FGO zu beantragen (vgl. Form. VII. 23).

Ergeht antragsgemäß das Ergänzungsurteil, kann es selbstständig angefochten werden, soweit dies nicht, wenn die Ergänzung nur im Kostenpunkt erfolgt, nach § 145 Abs. 1 FGO ausgeschlossen ist. Die Unrichtigkeit der in einem Ergänzungsurteil getroffenen Kostenentscheidung kann nur im Rahmen einer gegen das „ursprüngliche" Urteil erhobenen Revision geltend gemacht werden. Ergeht das Ergänzungsurteil noch innerhalb der Revisionsfrist (§ 120 Abs. 1 S. 1 FGO), so ist nach hM. § 517 S. 1 ZPO iVm. § 155 FGO entsprechend anwendbar, dh. es beginnt mit der Zustellung der nachträglichen Entscheidung der Lauf der Revisionsfrist gegen das zuerst ergangene Urteil von Neuem (*Gräber/von Groll* FGO § 109 Rdn. 4; *Gräber/Ruban* FGO § 120 Rdn. 24).

Das Ergänzungsurteil enthält, sofern es nicht zur Nachholung der Kostenentscheidung ergeht, eine Kostenentscheidung.

Kosten und Gebühren

Vgl. oben Anm. 5 Abs. 5. Zusätzliche Gebühren für den Prozessbevollmächtigten entstehen nicht (§ 19 Abs. 1 S. 1 RVG).

Fristen und Rechtsmittel

Vgl. oben Anm. 5.

Beschwerde im finanzgerichtlichen Verfahren

25. Beschwerde gegen die Feststellung der Zulässigkeit des Finanzrechtswegs

An das Finanzgericht[1] .... (Ort), ... (Datum)
in ......
– Aktenzeichen: ...... (des FG) –

In dem Rechtsstreit[2]

...... (Name und Anschrift des Klägers)

Klägers und Beschwerdeführers,

Prozessbevollmächtigter[3]: ......
gegen
Finanzamt ......
in ......

Beklagten und Beschwerdegegner,

wegen ...... (Benennung eines Denunzianten)

Steuernummer und Identifikationsnummer[4]: ......

Namens und in Vollmacht des Klägers erhebe ich Beschwerde[5] gegen den Beschluss des Finanzgerichts vom ...... (Datum und Aktenzeichen) und beantrage[6],

> **unter Abänderung des Beschlusses des FG ... den Finanzrechtsweg nicht für eröffnet zu erachten und die Sache an das örtlich zuständige Amtsgericht zu verweisen.[7]**

Begründung:

Der Kläger ist von einer ihm unbekannten Person dem FA gegenüber bezichtigt worden, Steuerhinterziehung durch überhöhte bzw. vorgetäuschte Betriebsausgaben begangen zu haben. Dem Kläger sind zur Abwehr der daraufhin vom FA eingeleiteten Prüfungsmaßnahmen und der anschließenden Rechtsmittelverfahren erhebliche Beratungskosten entstanden. Zwar hat er die Verdächtigungen entkräften können und die Rechtsmittelverfahren gewonnen. Die Gebührenforderungen seines Rechtsanwalts gehen aber über die erstattungsfähigen Kosten erheblich hinaus. Ferner hat er wegen der Inanspruchnahme mit den gegen ihn erhobenen Vorwürfen erhebliche Anstrengungen unternehmen müssen. Dies hat ihn von seiner beruflichen Erwerbstätigkeit abgehalten. Den ihm durch die Beratungskosten und den eigenen Gewinnausfall entstandenen Schaden möchte er von dem Denunzianten einklagen.

Der Kläger hat deshalb das FA aufgefordert, ihm den Namen des sog. Informanten zu benennen. Das FA hat dies durch schriftlichen Bescheid abgelehnt. Nach der beigefügten Rechtsmittelbelehrung soll der Finanzrechtsweg eröffnet sein. Der Kläger hat deshalb zur Wahrung seiner Rechte, dh. um den Bescheid nicht bestandskräftig werden zu lassen, Klage zum Finanzgericht erhoben. Der Kläger hält allerdings den Zivilrechtsweg für gegeben und hat den Verweisungsantrag gestellt, die Sache an das örtlich und sachlich zuständige Zivilgericht zu verweisen. Dies ist nach Auffassung des Klägers das Amtsgericht in ...... Das Finanzgericht hat – unter Zulassung der Beschwerde gem. § 17 a Abs. 4 S. 4 GVG – nach § 17 a Abs. 3 GVG ausgesprochen, dass der zu ihm beschrittene Rechtsweg zulässig sei. Hiergegen richtet sich gem. § 17 a Abs. 4 GVG, § 155 FGO die Beschwerde.

Unterschrift

Anmerkungen

1. Die Beschwerde, über die der BFH zu entscheiden hat (§ 132 FGO), ist binnen zweier Wochen beim FG einzulegen (§ 129 Abs. 1 FGO), das ihr abhelfen kann (§ 130 Abs. 1 FGO). Die unmittelbare Einlegung beim BFH hat fristwahrende Wirkung (§ 129 Abs. 2 FGO; vgl. Anm. 5).

2. Die Beschwerde ist unter demselben Rubrum (Streitsachenbezeichnung) einzulegen, unter dem der Rechtsstreit geführt wird. **3.** Vgl. Form. VII. 22 Anm. 3. Für die Einlegung der Beschwerde besteht Vertretungszwang, dh. nur ein Rechtsanwalt, Steuerberater oder Wirtschaftsprüfer kann die Beschwerde wirksam einlegen (§ 62 Abs. 4 FGO; Form. VII. 10 Anm. 3; sa. Form. VII. 29 Anm. 2). Die Zurücknahme des Rechtsmittels ist auch durch den Beteiligten selbst (ohne oder gegen den Willen eines etwaigen Prozessbevollmächtigten) möglich (BFH BStBl. II 1981, 395; s. aber *Tipke/Kruse/Loose*, AO/FGO, § 62 Rz 44).

3. Vgl. Form. VII. 10 Anm. 3.

4. Vgl. Form. VII. 1 Anm. 4 Satz 1.

5. Andere Entscheidungen des FG als Urteile oder Gerichtsbescheide können, soweit das Gesetz dies nicht wie in § 128 Abs. 2 FGO für prozessleitende Maßnahmen ausschließt oder von der Zulassung der Beschwerde durch das FG – wie zB. in Fällen der AdV. – abhängig macht (§ 128 Abs. 3 FGO), mit der Beschwerde angefochten werden (§ 128 Abs. 1 FGO). Die Beschwerde in Kostensachen ist ausgeschlossen (§ 128 Abs. 4 FGO).

Soweit eine Beschwerde statthaft („gegeben") ist, kann sie zulässigerweise nur binnen zwei Wochen seit Bekanntgabe der Entscheidung erhoben werden (§ 129 Abs. 1 FGO). Das gilt nicht für die Nichtzulassungsbeschwerde (§ 116 Abs. 2 S. 1 FGO: Frist ein Monat). Die Beschwerdefrist ist gemäß § 54 FGO zu berechnen (vgl. Form. VII. 10 Anm. 6 Abs. 2).

6. Das Finanzgericht ist befugt, der Beschwerde abzuhelfen (§ 130 FGO). Hilft es nicht ab, hat es die Sache dem BFH vorzulegen, der durch Beschluss entscheidet (§ 132 FGO).

7. Nach § 70 FGO sind Beschlüsse nach § 17a Abs. 2 und 3 GVG bindend. Das gilt freilich nur, soweit darin über die Zuständigkeit des Gerichts entschieden wird. Soweit die Entscheidung den Rechtsweg betrifft, ist § 70 FGO restriktiv auszulegen, weil andernfalls dem BFH in Zweifelfällen des § 33 FGO die Entscheidungskompetenz verloren ginge; ähnlich *Tipke/Kruse/Seer* AO/FGO § 128 Rdn. 39f.

Kosten und Gebühren

Der Streitwert beträgt 10% des Streitwertes der Hauptsache (BFH-Beschluss v. 3. 8. 1976 VII B 17–23, 37/76, BStBl. II 1976, 691). In Betracht kommt auch der Wert nach § 52 Abs. 2 GKG.

Gerichtsgebühren: Gemäß Nr. 6220 KV GKG: 2,0.

Zusätzliche Gebühren für den Prozessbevollmächtigten entstehen nicht (§ 19 RVG).

Fristen und Rechtsmittel

Vgl. oben Anm. 1, 5, 6.

26. Beschwerde gegen die Nichtzulassung der Revision (Zulassung wegen grundsätzlicher Bedeutung)

An den Bundesfinanzhof[1] **...... (Ort), ... (Datum)**
in München
– Aktenzeichen, ... (des FG) –

In dem Rechtsstreit[2]

...... (Name und Anschrift des Klägers)

Klägers und Beschwerdeführers,

Prozessbevollmächtigter[3]: ......

gegen

Finanzamt ......
in ......

Beklagten und Beschwerdegegner,

wegen ...... (Steuerart und Jahr)

Steuernummer und Identifikationsnummer[4]: ......

Namens und in Vollmacht des Klägers erhebe ich Beschwerde[5] gegen die Nichtzulassung[6] der Revision gegen das Urteil des Finanzgerichts ...... vom ...... Aktenzeichen ......

Begründung:

Das FG hat die Klage als unzulässig, weil verspätet erhoben, abgewiesen. Die Klagefrist lief bis zum 24. 2. 20 ...... Am Abend des 24. 2. 20 ...... hat der Prozessbevollmächtigte des Klägers die Klageschrift in einem an das FA adressierten Briefumschlag in den

Hausbriefkasten des FA eingeworfen. Die Klageschrift ist mit dem Eingangsstempel des FA vom 25. 2. 19 ...... versehen worden, obwohl sie noch vor 24 Uhr am 24. 2. 20...... in den Briefkasten gelangt ist. Das FG hat den Eingangsstempel des FA als öffentliche Urkunde angesehen, die vollen Beweis für die darin bezeugten Tatsachen erbringe (§ 418 Abs. 1 ZPO). Es hat den nach § 418 Abs. 2 ZPO möglichen Gegenbeweis durch die die Sachdarstellung des Klägers bestätigende eidesstattliche Versicherung des Prozessbevollmächtigten des Klägers als nicht geführt angesehen.
Hätte das FG über den Zeitpunkt der Einlegung der Klageschrift in den Hausbriefkasten des FA Beweis erhoben und die Beweise ohne Bindung an die Beweisregel des § 418 Abs. 1 und Abs. 2 ZPO gewürdigt, wäre es zu der Überzeugung gelangt, dass die Klageschrift noch rechtzeitig beim FA angebracht worden ist.
Der Kläger ist der Auffassung, dass § 418 ZPO im finanzgerichtlichen Verfahren nicht (entsprechend) anwendbar ist, da die Vorschrift in § 82 FGO nicht ausdrücklich für anwendbar erklärt ist und da sich die Bindung an Beweisregeln, wie sie § 418 ZPO enthält, nicht mit dem den Finanzprozess beherrschenden Untersuchungsgrundsatz vereinbaren lässt, so dass die entsprechende Anwendung auch nicht über § 155 FGO zu rechtfertigen ist. Diese Frage ist höchstrichterlich noch nicht abschließend geklärt; sie hat grundsätzliche Bedeutung, da Finanzämter und Gerichte durchweg Eingangsstempel verwenden; die Frage nach dem Umfang der Beweiskraft dieser Stempel ist daher für eine Vielzahl von Fällen bedeutsam.
Im BFH-Urteil vom 17. 10. 1972 VIII 36–37/69, BStBl. II 1973, 271, ist die Anwendbarkeit des § 418 ZPO bejaht worden. In den Urteilen vom 7. 5. 1969 I R 68/67, BStBl. II 1969, 444, vom 7. 7. 1976 I R 66/75, BStBl. II 1976, 680, vom 8. 12. 1976 I R 240/74, BStBl. II 1977, 321, ist teils ausdrücklich, teils in der Sache der gegenteilige Standpunkt eingenommen worden. Unterschiedlich werden auch die Anforderungen an den Gegenbeweis nach § 418 Abs. 2 ZPO beurteilt; vgl. dazu die einander widersprechenden Entscheidungen: Bundesverwaltungsgericht – Urteil vom 27. 1. 1978 – 7 C 44/76, HFR 1979, 161, und BFH-Beschluss vom 14. 11. 1977 VIII B 52/77, BStBl. II 1978, 156.
Sollte trotz der uneinheitlichen höchstrichterlichen Rechtsprechung die grundsätzliche Bedeutung der Rechtssache verneint werden, so wird hilfsweise Abweichung des finanzgerichtlichen Urteils von dem BFH-Urteil vom 7. 5. 1969 I R 68/67, BStBl. II 1969, 444 geltend gemacht. BFH BStBl. II 1969, 444 beruht auf dem Rechtssatz, dass §§ 415 bis 444 ZPO im finanzgerichtlichem Verfahren nicht gelten. Die angefochtene Entscheidung beruht auf der gegenteiligen Rechtsauffassung und weicht deshalb von BFH BStBl. II 1969, 444 ab.

Unterschrift

Anmerkungen

1. Das Revisionsrecht der FGO ist mit Wirkung ab 1. 1. 2001 umgestaltet worden (Gesetz vom 19. 12. 2000, BGBl I, 1757). Die **Nichtzulassungsbeschwerde** (NZB) ist beim Bundesfinanzhof (BFH) einzulegen (§ 116 Abs. 2 FGO).

2. Die Beschwerde ist unter demselben Rubrum (Streitsachenbezeichnung) einzulegen, unter dem der Rechtsstreit geführt wird.

3. Für die Einlegung der Beschwerde besteht Vertretungszwang, dh. nur ein Rechtsanwalt, Steuerberater oder Wirtschaftsprüfer kann die Beschwerde wirksam einlegen (§ 62 Abs. 4 FGO; Form. VII. 10 Anm. 3; sa. Form. VII. 29 Anm. 2), obwohl die Beschwerde beim FG einzulegen ist. Die Zurücknahme des Rechtsmittels ist auch durch den Beteiligten selbst (ohne oder gegen den Willen eines etwaigen Prozessbevollmächtigten) möglich (BFH BStBl. II 1981, 395; s. aber *Tipke/Kruse/Loose,* AO/FGO, § 62 Rz 44).

4. Vgl. Form. VII. 1 Anm. 4 Satz 1.

5. a) Die zulassungsfreie Revision ist abgeschafft (§ 116 FGO aF.). Die Verfahrensmängel, die früher die Revision zulassungsfrei eröffneten, müssen jetzt mit NZB nach § 116 FGO gerügt werden. Nach § 116 Abs. 6 FGO. kann der BFH das angefochtene Urteil auf die NZB hin aufheben, wenn Verfahrensfehler geltend gemacht werden und vorliegen (vgl. § 120 Abs. 3 Nr. 2 Buchst. b FGO).

b) Die Frist zur Erhebung der NZB beträgt einen Monat (§ 116 Abs. 2 S. 1 FGO), bei Fehlen der Rechtsmittelbelehrung ein Jahr (§ 105 Abs. 2 Nr. 6, § 55 Abs. 2, § 121 FGO) seit Zustellung des vollständigen Urteils an den Beschwerdeführer (§ 116 Abs. 2 S. 1 FGO). Bei Versäumung der Frist ist Wiedereinsetzung in den vorigen Stand nach § 56 FGO möglich. Die Frist ist nach § 54 FGO zu berechnen (vgl. Form. VII. 10 Anm. 6 Abs. 2, Form. VII. 29 Anm. 3 Abs. 1). Die NZB ist nach § 116 Abs. 3 S. 1 FGO innerhalb von zwei Monaten nach der Zustellung des vollständigen Urteils auch zu begründen, dh. die Begründungsfrist schließt sich nicht an die Einlegungsfrist an, sondern beginnt wie diese mit der Zustellung des anzufechtenden Finanzgerichtsurteils (*Gräber/Ruban* FGO § 120 Rdn. 20). Die Frist zur Begründung der **NZB** kann **um einen** Monat vom Vorsitzenden des zuständigen BFH-Senats verlängert werden (§ 116 Abs. 3 Satz 4 FGO), wenn der Antrag vor Ablauf der ursprünglichen Begründungsfrist beim BFH eingegangen ist. Wird die Revision nicht vom FG, sondern auf NZB vom BFH zugelassen, beträgt die **Revisionsbegründungfrist** einen Monat ab Zustellung der Zulassungsentscheidung (§ 120 Abs. 2 S. 1, 2. Halbsatz FGO). Diese Frist kann vom Vorsitzenden des zuständigen BFHJ-Senats auf einen **vor ihrem Ablauf gestellten Antrag** (= eingegangenen Antrag) um (auch mehr als einen Monat) verlängert werden (§ 120 Abs. 2 Satz 3 FGO). Eine nicht fristgerecht begründete NZB ist, wenn sie nicht zurückgenommen wird, als unzulässig zu verwerfen.

c) Erachtet der BFH die Beschwerde für begründet, so wird das Beschwerdeverfahren als Revisionsverfahren fortgesetzt (§ 116 Abs. 7 FGO), sofern der BFH das angefochtene Urteil nicht wegen Verfahrensmangels nach § 116 Abs. 6 FGO aufhebt.

d) Hat die NZB Erfolg, so enthält der die Revision zulassende Beschluss keine Kostenentscheidung, da das Zulassungsverfahren ein Zwischenverfahren ist, über dessen Kosten mit der das Revisionsverfahren abschließenden Entscheidung zu befinden ist (BFH-Beschluss BStBl. II 1976, 684). Hat die NZB keinen Erfolg, ergeht eine Kostenentscheidung zu Lasten des Beschwerdeführers. Mit dem erfolglosen Abschluss des Zulassungsverfahrens wird das zunächst infolge der Erhebung der NZB noch nicht rechtskräftige Urteil des FG (§ 116 Abs. 4 FGO) rechtskräftig (§ 116 Abs. 5 S. 3 FGO).

6. a) Zur Begründung der NZB muss die **grundsätzliche Bedeutung** der Rechtssache (§ 115 Abs. 2 Nr. 1 FGO), dh. der Rechtsfrage, von deren Beantwortung die Entscheidung des Rechtsstreits (mit-)abhängt, dargelegt oder, soweit **Verfahrensfehler** (§ 115 Abs. 2 Nr. 3 FGO) gerügt werden, müssen die Tatsachen angegeben werden, die den Verfahrensmangel ergeben (vgl. auch § 120 Abs. 3 Nr. 2 Buchst. b FGO). Die Änderung des § 115 Abs. 2 Nr. 2 FGO umfasst die bisherige sog. Divergenzrevision (*Gräber/Ruban* FGO § 116 Rdn. 40), gestattet dem BFH aber auch, die Revision zuzulassen, wenn dies die **Rechtsfortbildung** oder die **Einheitlichkeit der Rechtsprechung** erfordert; m. E. kann die Zulassung der Revision insoweit bei sog. **Musterprozessen** (*Tipke/Kruse* AO/FGO § 115 Rdn. 65) oder auch wegen **uneinheitlicher Rechtsprechung der Finanzgerichte,** ferner bei **unrichtiger Rechtsanwendung** durch ein finanzgerichtliches Urteil zugelassen werden (vgl. *Tipke/Kruse* AO/FGO § 115 FGO Rdn. 68, 69). Zur Darlegung der Divergenz BFH BStBl. II 1983, 479, zur Bezeichnung von Verfahrensmängeln BFH BStBl. II 1969, 84), s. im Einzelnen *Gräber/Ruban* FGO § 116 Rdn. 25 ff.; *Tipke/Kruse* AO/FGO § 116 AO Rdn. 30–61.

b) **Grundsätzliche Bedeutung** hat eine Rechtssache, wenn die oder eine für die Entscheidung des Rechtsstreits maßgebliche Rechtsfrage noch nicht höchstrichterlich entschieden ist, wenn unterschiedliche höchstrichterliche Entscheidungen dazu vorliegen (auch anderer oberster Bundesgerichte), wenn die Praxis nicht (einheitlich) nach der Rechtsprechung des BFH verfährt oder wenn neue gewichtige Gesichtspunkte vorgetragen werden, die gegen die Aufrechterhaltung der bisherigen Rechtsprechung oder Verwaltungspraxis sprechen (vgl. zum Ganzen *Gräber/Ruban* FGO § 115 Rdn. 23–40). Die Rechtsfrage muss von allgemeinem Interesse sein, dh. ihre Beantwortung in dem (künftigen) Revisionsverfahren muss geeignet sein, die einheitliche Entwicklung und Handhabung des Rechts zu fördern (BFH-Beschluss BStBl. II 1969, 663; zur Entwicklung der Grundsatzrevision zu einem erweiterten Individualrechtsschutz s. *Tipke/Kruse/Seer* AO/FGO § 115 FGO Rdn. 43 mwN.).

c) Das Urteil des FG **beruht** auf einer Abweichung von einer Entscheidung des BFH, wenn es eine Rechtsfrage, die der BFH in einem anderen Streitfall entschieden hat, anders als der BFH beantwortet und die Rechtsfrage sowohl für die frühere Entscheidung des BFH als für die Entscheidung des FG wesentlich war, dh. wenn die jeweilige Entscheidung anders ausgefallen wäre, wenn die Rechtsfrage anders (als geschehen) beantwortet worden wäre. Es muss sich also um eine Rechtsfrage handeln, auf deren Beantwortung die Entscheidung des jeweiligen Streitfalles beruhte. Weicht das Urteil des FG von einer Entscheidung eines anderen obersten Bundesgerichts ab, so konnte deshalb früher die Zulassung der Revision nicht wegen Divergenz, sondern allein wegen grundsätzlicher Bedeutung begehrt werden. Nunmehr (siehe Anm. 1) kommt auch Zulassung nach § 115 Abs. Nr. 2 FGO in Betracht (siehe oben unter a). Liegt eine Abweichung von einer Entscheidung des Gemeinsamen Senats der obersten Gerichtshöfe des Bundes vor, kann die Zulassung wegen Divergenz mit der NZB herbeigeführt werden (§ 115 Abs. 2 Nr. 2 FGO).

d) Ein **Verfahrensmangel,** auf dem das Urteil des FG „beruhen kann" (§ 115 Abs. 2 Nr. 3 FGO), ist ein Fehler, den das FG (nicht die Verwaltungsbehörde im Vorverfahren) bei der Anwendung von Verfahrensvorschriften (insbesondere der FGO) auf dem Weg zum Urteil begeht (vgl. *Tipke/Kruse* § 115 FGO Rdn. 87–104). Die praktisch bedeutsamsten Verfahrensfehler sind die Verletzung des **rechtlichen Gehörs** und **mangelnde Sachaufklärung.** Zu den Verfahrensfehlern, derentwegen die Zulassung der Revision mit der NZB erstrebt werden kann, gehören die früher in § 116 Abs. 1 FGO aF. aufgezählten „wesentlichen Mängel des Verfahrens". Liegt ein solcher Verfahrensfehler vor, kann der BFH kann mit der Entscheidung über eine auf Verfahrensmängel gestützte NZB das angefochtene Urteil sogleich aufheben und den Rechtsstreit an das FG zurückverweisen (§ 116 Abs. 6 FGO).

e) Die Zulassungsgründe des § 115 Abs. 2 FGO müssen vom Beschwerdeführer, der berechtigt sein muss, im Falle der Zulassung die Revision zu erheben, aufgezeigt werden. Wird die Zulassung wegen **grundsätzlicher Bedeutung** begehrt, so ist darzulegen, auf Grund welcher rechtlicher oder tatsächlicher Zusammenhänge sich eine (und welche) Rechtsfrage stellt, inwiefern diese für den Ausgang des Rechtsstreits von Bedeutung ist und warum diese entscheidungserhebliche Rechtsfrage von allgemeiner, über den vorliegenden Streitfall hinausgehender Bedeutung ist (*Gräber/Ruban*, FGO, § 115 Rz 23 ff.). Die NZB kann insoweit mE. auch auf § 115 Abs. 2 Nr. 2 (**Rechtsfortbildungsrevision**) gestützt werden (vgl. *Tipke/Kruse* AO/FGO § 116 FGO Rdn. 49; *Gräber/Ruban,* FGO, § 115 Rz 41 ff.). Wird Zulassung der Revision wegen **Divergenz** (§ 115 Abs. 2 Nr. 2 FGO; vgl. oben unter a) erstrebt, so ist nicht nur die Entscheidung des BFH, von der das finanzgerichtliche Urteil abweicht, nach Datum, Aktenzeichen und Fundstelle genau zu bezeichnen, sondern es ist auch darzulegen, in Bezug auf welche **konkrete Rechtsfrage** die Abweichung vorliegt. Dazu ist es erforderlich, die voneinander abweichenden (abstrakten) Rechtssätze der BFH-Entscheidung und des angefochtenen Urteils gegenüberzustellen (BFH BStBl. II 1983, 479; *Gräber/Ruban,* FGO, § 115 Rz 48 ff.). Wird die NZB auf den Gesichtspunkt der **Rechtsfortbildung** oder der **Einheitlichkeit der Rechtsprechung** gestützt, sind die Anforderungen an die Darlegung der Zulassungsvoraussetzungen weniger klar umrissen und erscheinen deshalb einfacher (*Tipke/Kruse* AO/FGO § 116 FGO Rdn. 50–57). Soll die Revision wegen Verfahrensmangels zugelassen werden, so sind die Tatsachen zu bezeichnen, aus denen sich der Verfahrensfehler ergeben soll. Die Beschwerde ist nur dann begründet, wenn der Verfahrensverstoß tatsächlich vorliegt (*Gräber/Ruban* FGO § 115 Rdn. 73 ff.).

Kosten und Gebühren

Der Streitwert deckt sich mit dem des (angestrebten) Revisionsverfahrens (s. Form. VII. 29).

Gerichtsgebühren: Bei Stattgabe, dh. Zulassung der Revision: keine Kostenentscheidung. Wird die Beschwerde verworfen oder zurückgewiesen: 2,0 gemäß Nr. 6500 KV GKG; ermäßigt bei Rücknahme vor Entscheidung gemäß Nr. 6501 KV GKG auf 1,0. **Prozessbevollmächtigter:** Verfahrensgebühr von 1,6 gemäß Nr. 3506 VV RVG. Die Gebühr wird bei Zulassung der Revision auf die Gebühr für das Revisionsverfahren angerechnet (s. Nr. 3504 VV RVG).

Fristen und Rechtsmittel

Vgl. oben Anm. 1, 5.

27. Beschwerde gegen die Nichtzulassung der Revision (Zulassung wegen mangelnder Sachaufklärung)

An den Bundesfinanzhof[1] **...... (Ort), ... (Datum)**
in München
– Aktenzeichen: ...... (des FG) –

In dem Rechtsstreit[2]
...... (Name und Anschrift des Klägers)

Klägers und Beschwerdeführers,

Prozessbevollmächtigter[3]: ......

gegen

Finanzamt ......
in ......

Beklagten und Beschwerdegegner,

wegen ...... (Steuerart und Jahr)

Steuernummer und Identifikationsnummer[4]: ......

Namens und in Vollmacht des Klägers erhebe ich Beschwerde[5] gegen die Nichtzulassung[6] der Revision gegen das Urteil des Finanzgerichts ...... vom ...... Aktenzeichen ......

Begründung:

Der Kläger ist selbstständiger Bäckermeister. Das FA hat seine Buchführung nach einer Außenprüfung als nicht ordnungsmäßig angesehen und den Gewinn geschätzt. Dabei ist es davon ausgegangen, die in dem Betrieb verbackenen Mengen Mehl seien wegen starker Schwankungen im Mehlverbrauch größer, als vom Kläger angegeben, da er die Mehleinkäufe nicht fortlaufend aufgezeichnet, sondern nur die Einkaufsrechnungen, und

zwar (angeblich) unvollständig, aufbewahrt habe. Daraus hat das FA auf einen Umsatz und Gewinn geschlossen, der höher ist als erklärt. Der Kläger hat die Annahme des FA bestritten, die vorgelegten Einkaufsrechnungen seien unvollständig; er hat ferner behauptet, auch nicht anderweitig – ohne Rechnung – von Kunden gegen Lieferung von Backwaren Mehl bezogen zu haben. Dafür hat er im Schriftsatz vom ...... Seite ...... Beweis angetreten, indem er seinen ehemaligen Gesellen G als Zeugen benannt hat. Wie im Schriftsatz vom ...... dargelegt ist, war G mit dem Mehleinkauf betraut und hätte daher bei einer Vernehmung als Zeuge die Sachdarstellung des Klägers bestätigt. Das FG hat G aber trotz des Beweisantritts G nicht als Zeugen vernommen und dadurch den entscheidungserheblichen Sachverhalt entgegen der aus § 76 Abs. 2 FGO sich ergebenden Aufklärungspflicht nicht vollständig festgestellt. Hätte das FG G als Zeugen vernommen, hätte es bei seiner Entscheidung nicht von höheren als den vom Kläger erklärten Einkaufsmengen ausgehen können. Somit beruht das Urteil des FG auf dem Verfahrensfehler mangelnder Sachaufklärung.

Unterschrift

Anmerkungen

1. Vgl. Form. VII. 26 Anm. 1.

2. Vgl. Form. VII. 25 Anm. 2.

3. Vgl. Form. VII. 25 Anm. 3; Form. VII. 29 Anm. 2.

4. Vgl. Form VII. 1 Anm. 4 Satz 1.

5. Vgl. Form. VII. 26 Anm. 5.

6. Vgl. Form. VII. 26 Anm. 6. Zur Begründung der NZB ist nicht nur darzutun, dass ein Verfahrensfehler des FG vorliegt, sondern es muss ferner konkret ausgeführt werden, inwiefern das FG-Urteil voraussichtlich anders ausgefallen wäre, wenn es zu dem Verfahrensfehler nicht gekommen wäre. Dazu ist bei der Rüge **mangelnder Sachaufklärung** erforderlich, dass dargetan wird, warum (auf Grund welcher Tatsachen) das FG Anlass zu weiterer Sachaufklärung gehabt hätte (vgl. BFH-Urteil BStBl. II 1974, 219; BStBl. II 1989, 291, 293; *Gräber/Ruban* FGO § 120 Rdn. 66, 67, § 115 Rdn. 76–80). Im Beispielsfall war dies der Beweisantritt und die schriftsätzliche Mitteilung darüber, welche Tatsachen der Zeuge bekunden werde.

Es genügt auch zur Bezeichnung des Verfahrensfehlers, wenn dieser anhand des Protokolls über eine Beweisaufnahme oder die mündliche Verhandlung dargelegt werden kann. Ist ein mündlicher Beweisantritt nicht protokolliert worden, so muss mit der NZB zugleich auch Tatbestandsberichtigung (§ 108 FGO; Frist: 2 Wochen ab Urteilszustellung; vgl. Form. VII. 23) beantragt werden, da andernfalls weder die Darlegung noch der Nachweis des Verfahrensfehlers möglich ist. Der Antrag auf Tatbestandsberichtigung und die Entscheidung über diesen Antrag hemmt **nicht** die Frist für die Einlegung der NZB oder Revision (vgl. Form. VII. 23 Anm. 5).

Kosten und Gebühren

Vgl. Form. VII. 26.

Fristen und Rechtsmittel

Vgl. Form. VII. 26 Anm. 1, 5.

28. Beschwerde gegen die Nichtzulassung der Revision (Zulassung wegen Verletzung des rechtlichen Gehörs)

An den Bundesfinanzhof[1] ...... (Ort), ... (Datum)
in München
– Aktenzeichen: ...... (des FG) –

In dem Rechtsstreit[2]

...... (Name und Anschrift des Klägers)

Klägers und Beschwerdeführers,

Prozessbevollmächtigter[3]: ......

gegen

Finanzamt ......
in ......

Beklagten und Beschwerdegegner,

wegen ...... (Steuerart und Jahr)

Steuernummer und Identifikationsnummer[4]: ......

Namens und in Vollmacht des Klägers erhebe ich Beschwerde[5, 6] gegen die Nichtzulassung[7] der Revision gegen das Urteil des Finanzgerichts ...... vom ...... Aktenzeichen ......

Begründung[8]:

Der Kläger begehrt Herabsetzung der ......steuer wegen ...... Das FA beharrt auf seinem gegenteiligen, schon bei der Steuerfestsetzung vertretenen Standpunkt. Beide Seiten haben ihre Auffassungen im finanzgerichtlichen Verfahren mehrfach schriftsätzlich vorgetragen. Das FG hat Termin zur mündlichen Verhandlung auf den 25. 3. 20 ...... anberaumt. Am 20. 3. 20 ...... ließ der frühere Eigentümer eines Grundstücks, das jetzt dem Kläger gehört, die Türen des Hauses aushängen und mit anderen Schlössern versehen. Dadurch wurde der Besitz des Klägers gestört. Der Kläger hat bei dem zuständigen Amtsgericht eine einstweilige Verfügung zur Beseitigung der Besitzstörung beantragt. Das Amtsgericht hat kurzfristig Termin zur mündlichen Verhandlung ebenfalls auf den 25. 3. 20 ...... anberaumt. Es war dem Kläger nicht zuzumuten, den Termin vor dem Amtsgericht verlegen zu lassen, da dadurch die Besitzstörung verlängert und der Erfolg seines Verfügungsbegehrens gefährdet worden wäre. Er hat deshalb und unter Darlegung dieser Umstände mit Schriftsatz vom 24. 3. 20 ......, der am 25. 3. noch vor Beginn der mündlichen Verhandlung dem Vorsitzenden vorgelegt worden ist, Verlegung des Termins beim FG beantragt. Das FG hat indes die mündliche Verhandlung in Abwesenheit des Klägers durchgeführt und ein klagabweisendes Urteil erlassen. Es hat ua. ausgeführt, dem Verlegungsantrag sei nicht zu entsprechen gewesen, da der Kläger sich in der mündlichen Verhandlung vor dem FG durch seinen Prozessbevollmächtigten oder dessen Partner hätte vertreten lassen können.

Der Kläger ist der Ansicht, dass das FG durch seine Entscheidung auf Grund der mündlichen Verhandlung vom 25. 3. 20 ...... den Anspruch des Klägers auf Gewährung rechtlichen Gehörs verletzt hat (§ 96 Abs. 2 FGO, Art. 103 Abs. 1 GG). Es hätte ihm Gelegenheit geben müssen, seinen Rechtsstandpunkt in der mündlichen Verhandlung darzulegen. Der Kläger konnte sich nicht durch seinen Prozessbevollmächtigten dabei vertreten lassen, da dieser als Rechtsanwalt ihn auch in der einstweiligen Verfügungssache vertrat und deshalb ebenso wie der Kläger den Termin vor dem Amtsgericht wahrneh-

men musste. Keiner der Partner seines Prozessbevollmächtigten war mit dem Fall vertraut, so dass eine Vertretung insoweit nicht sachgerecht gewesen wäre. Auch dies war dem FG im Schriftsatz vom 24. 3. 20 ...... mitgeteilt worden.

Unterschrift

Anmerkungen

1. Vgl. Form. VII. 26 Anm. 1.

2. Vgl. Form. VII. 25 Anm. 2.

3. Vgl. Form. VII. 22 Anm. 3; Form. VII. 10 Anm. 3.

4. Vgl. Form. VII. 1 Anm. 4 Satz 1.

5. Vgl. Form. VII. 26 Anm. 5.

6. Vgl. Form. VII. 26 Anm. 6.

7. Vgl. Form. VII. 26 Anm. 6 und Form. VII. 30 Anm. 4 sowie Form. VII. 31 Anm. 4. Grundsätzlich muss dargelegt werden, wodurch die Verletzung eingetreten ist, was bei Gewährung des **Gehörs** vorgetragen worden wäre und dass dann eine andere Entscheidung hätte ergehen *können*. Der Anspruch auf Gewährung rechtlichen Gehörs umfasst auch die Möglichkeit, in der mündlichen Verhandlung Rechtsausführungen machen zu dürfen und auf Rechtsausführungen anderer Prozessbeteiligter zu erwidern (BFH BStBl. II 1976, 431; *Gräber/Ruban* FGO § 119 Rdn. 10 a). Wird das rechtliche Gehör in Bezug auf einzelne Tatsachen nicht gewährt, so ist zur Begründung der NZB darzulegen, dass die Entscheidung des FG auf der Verwertung dieser Tatsachen beruht (§ 96 FGO; BFH BStBl. II 1968, 208). Es ist erforderlich darzulegen, inwiefern bei Gewährung rechtlichen Gehörs die angefochtene Entscheidung hätte anders ausfallen können (BFH BStBl. II 1989, 741); insoweit wird § 119 Nr. 3 FGO von der höchstrichterlichen Rechtsprechung restriktiv ausgelegt. Wird das gesamte Vorbringen eines Beteiligten übergangen, bedarf es nicht der Darlegung, was bei Gewährung des Gehörs vorgetragen worden wäre (BFH BStBl. II 1988, 836).

8. Wegen der Beurteilung des Beispielsfalles vgl. BFH BStBl. III 1967, 25 und BStBl. II 1980, 208.

Kosten und Gebühren

Vgl. Form. VII. 26.

Fristen und Rechtsmittel

Vgl. Form. VII. 26 Anm. 1, 5, 6.

Revision

29. Einlegung der Revision – Antrag auf Verlängerung der Revisionsbegründungsfrist

An den Bundesfinanzhof[1]
in München
– Aktenzeichen: ...... (des FG) –

...... (Ort), ... (Datum)

In dem Rechtsstreit

...... (Name und Anschrift des Klägers)

Klägers und Revisionsklägers,

Prozessbevollmächtigter:[2] ......

gegen

Finanzamt ......
in ......

Beklagten und Revisionsbeklagten,

wegen ...... (Steuerart und Jahr)

Steuernummer und Identifikationsnummer[3]: ......

Namens und in Vollmacht des Klägers lege[4] ich gegen das am ...... verkündete Urteil des FG ...... Aktenzeichen ......, das mir am ...... zugestellt worden ist, Revision ein. Die Frist zur Begründung[5] der Revision bitte ich bis zum ...... zu verlängern, da ich wegen meines bevorstehenden Jahresurlaubs nicht in der Lage sein werde, die Revision bis zu einem früheren Zeitpunkt zu begründen.

Unterschrift

Anmerkungen

1. Nach § 120 Abs. 1 S. 1 FGO ist die **Revision** beim BFH einzulegen. Die Einlegung *beim FG* hat *keine* fristwahrende Wirkung (*Gräber/Ruban* FGO § 120 Rdn. 2). Auch § 47 Abs. 2 FGO ist nicht anwendbar. Wird die Revision bereits in dem angefochtenen Urteil zugelassen, ist – form- und fristgerechte – Einlegung der Revision erforderlich (vgl. § 120 Abs. 1 FGO). Wird die Revision vom BFH auf NZB zugelassen, ist die Einlegung der Revision entbehrlich, weil das **Nichtzulassungsverfahren** als Revisionsverfahren fortgesetzt wird (§ 116 Abs. 7 FGO).

Wird die Revision in einem gesonderten Schriftsatz nach Einlegung der Revision begründet, so ist auch dieser beim BFH einzureichen (§ 120 Abs. 2 S. 2 FGO).

2. Wer ein Verfahren beim BFH anhängig machen will, muss sich dazu eines postulationsfähigen Prozessbevollmächtigten bedienen (§ 62 Abs. 4 FGO), also eines Rechtsanwalts, Steuerberaters oder Wirtschaftsprüfers oder einer Gesellschaft, die von solchen Berufsträgern gebildet wird. Behörden kann ein Bediensteter mit Befähigung zum Richteramt auftreten, also die Behörde „vertreten" lassen. Der Sprachgebrauch des Gesetzes in § 62 Abs. 4 Satz 3 FGO („vertreten") ist ungenau, weil die gesetzliche Vertretung der Behörden nach Bundes- bzw. Landesrecht aus Satzungen (zB. Bundesagentur für Arbeit) oder Gesetzen (zB. § 5 Abs. 1 Nr. 11 FVG) iVm. Organisationsakten (zB. Bestellung zum

Vorsteher eine FA) ergibt und nicht aus vom Behördenleiter ausgestellten Prozessvollmachten.

War im Verfahren vor dem FG ein Prozessbevollmächtigter iSd. § 62 Abs. 4 FGO bestellt, so bedarf es für die Einlegung der Revision durch ihn grundsätzlich keiner erneuten Bevollmächtigung (§ 155 FGO, §§ 81, 83 ZPO).

Die Zurücknahme der Revision ist auch ohne oder gegen den Willen des Prozessbevollmächtigten durch den Beteiligten persönlich möglich (BFH BStBl. II 1981, 395). Insoweit besteht also kein Vertretungszwang.

3. Vgl. Form. VII. 1 Anm. 4 Satz 1.

4. a) Die **Frist zur Erhebung der Revision** beträgt, wenn in dem Urteil des FG die Zulassung der Revision ausgesprochen ist und das Urteil des FG eine ordnungsmäßige Rechtsmittelbelehrung enthält (§ 55 Abs. 1 S. 2 FGO; vgl. Form. VII. 24 Anm. 4 Abs. 10 a.E.), einen Monat ab Zustellung des vollständigen, mit Gründen versehenen (§ 105 FGO) Urteils (§ 120 Abs. 1 S. 1 FGO). Fehlt die Belehrung oder ist sie unrichtig, beträgt die Revisionsfrist ein Jahr; geht die Belehrung dahin, dass kein Rechtsbehelf gegeben sei oder ist die Einlegung des Rechtsmittels infolge höherer Gewalt unmöglich, so kann auch noch nach Ablauf eines Jahres Revision eingelegt werden (§ 55 Abs. 2 FGO). Wird die Revision auf NZB durch den BFH zugelassen, bedarf es der Einlegung der Revision nicht, da das Zulassungsverfahren als Revisionsverfahren fortgeführt wird (§ 116 Abs. 7 FGO).

b) Läuft die Frist, so beginnt sie mit dem auf den Tag der Zustellung des anzufechtenden Urteils bzw. des Zulassungsbeschlusses folgenden Tag (§ 54 Abs. 2 FGO, § 222 Abs. 1 ZPO, § 187 Abs. 1 BGB). Die Frist endet mit Ablauf des Tages, der dem Tag der Zustellung seiner Zahl nach im folgenden Monat entspricht (§ 188 Abs. 2 BGB). Fehlt in dem Monat, in dem die Frist endet, ein Tag, der seiner Zahl nach dem Tag der Zustellung im Vormonat entspricht (zB. der „31."), so endet die Frist mit dem Ablauf des letzten Tages des Monats (§ 188 Abs. 3 BGB). Ist der Tag, mit dessen Ablauf die Frist danach enden würde, ein Sonnabend, ein Sonntag oder ein allgemeiner Feiertag, so endet die Frist mit dem Ablauf des nächsten Werktages (§ 222 Abs. 2 ZPO). Wird die Frist zur Einlegung der Revision versäumt, kann unter den Voraussetzungen des § 56 FGO Wiedereinsetzung in den vorigen Stand gewährt werden.

c) Ergeht ein Gerichtsbescheid (§ 90 a FGO), in dem die Revision zugelassen worden ist, kann sowohl mündliche Verhandlung beantragt als auch die Revision eingelegt werden (§ 90 a Abs. 2 Nr. 1 FGO). Wird von beiden Rechtsbehelfen Gebrauch gemacht, findet mündliche Verhandlung statt (§ 90 a Abs. 2 S. 3 FGO). Die Revision ist schriftlich zu erheben. Die Revisionsschrift muss von dem postulationsfähigen Prozessbevollmächtigten (s. oben) „eigenhändig" unterschrieben werden; allerdings ist auch Revisionseinlegung mit Fax oder Telegramm durch den Prozessbevollmächtigten möglich (Form. VII. 9 Anm. 2).

d) In der Revisionsschrift ist das Urteil, das angefochten wird, genau durch Angabe des FG, das das Urteil erlassen hat, sowie des Datums und des Aktenzeichens zu bezeichnen; ferner sind die Prozessbeteiligten aufzuführen (§ 120 Abs. 1 S. 2 FGO).

e) Prozesshandlungen, die ein gerichtliches Verfahren oder eine Instanz eröffnen (Klage, Beschwerde, Revision), können wirksam nicht unter einer Bedingung (vgl. § 158 BGB) vorgenommen werden. Ist ein Verfahren bei einem Gericht bereits anhängig, können innerhalb der jeweiligen Instanz Prozesshandlungen auch von Bedingungen (dh. künftigen ungewissen Ereignissen) abhängig gemacht werden, die *innerhalb* des Verfahrens eintreten (zB. Hilfsanträge können für den Fall der Erfolglosigkeit des Hauptantrags gestellt werden; hilfsweise kann, für den Fall, dass das Rechtsmittel des Prozessgegners Erfolg hat, ein Anschlussrechtsmittel – das gilt jedoch nicht für die NZB – eingelegt werden, zB. die (unselbständige) Anschlussrevision (vgl. *Tipke/Kruse/Seer* AO/FGO § 115 FGO Rdn. 133 ff.).

5. Die Frist zur Begründung der Revision beträgt zwei Monate ab Zustellung des vollständigen Urteils bzw. einen Monat ab Zustellung der Zulassungsentscheidung des BFH (§ 120 Abs. 2 S. 1 FGO; siehe Anm. 3a–c). Die Revisionsbegründungsfrist kann (mehrfach) auf einen *vor* ihrem Ablauf gestellten (dh. beim BFH eingegangenen) Antrag durch den Vorsitzenden des zuständigen Senats verlängert werden (§ 120 Abs. 2 S. 3 FGO; *Gräber/Ruban* FGO § 120 Rdn. 52). Der Antrag bedarf der Begründung. Erstmaligen Verlängerungsanträgen wird im Allgemeinen entsprochen. Da jedenfalls bei Anträgen auf wiederholte Verlängerung auch mit deren Ablehnung gerechnet werden muss, ist der Verlängerungsantrag so rechtzeitig zu stellen, dass auch im Fall seiner Ablehnung noch die Möglichkeit besteht, die Revision zu begründen; denn wird eine Begründung nicht oder nach Ablauf der gesetzlichen oder richterlichen Begründungsfrist eingereicht, ist die Revision unzulässig und wird verworfen (§ 126 Abs. 1 FGO). Unter den Voraussetzungen des § 56 FGO kann zwar Wiedereinsetzung in den vorigen Stand gewährt werden (§ 56 FGO); jedoch ist Vertrauen darauf, die Frist werde verlängert werden, kein Wiedereinsetzungsgrund.

Kosten und Gebühren

Der Streitwert bestimmt sich im Revisionsverfahren nach den Anträgen des Revisionsklägers (§ 47 GKG). Die Gerichtsgebühren ergeben sich aus der Anlage 2 zum GKG (§ 3 GKG), die für den Prozessbevollmächtigten aus § 13 RVG iVm. der Gebührentabelle in Anlage 2 zum RVG. Der Vervielfacher zur Ermittlung der Gebührenhöhe im Einzelfall ergibt für die Gerichtsgebühren aus dem Kostenverzeichnis (KV GKG) und für die Gebühren des Prozessbevollmächtigten aus dem Vergütungsverzeichnis in Anlage 1 zum RVG (§ 2 Abs. 2 RVG); zur Berechnung s. auch Form. VII. 10 Anm. 13.

a) **Gerichtsgebühren:** Vgl. Form. VII. 10. Verfahrensgebühr: 5,0 gemäß Nr. 6120 KV GKG. Ermäßigung bei Rücknahme der Revision vor Eingang der Revisionsbegründung auf 1,0 gemäß Nr. 6121 KV GKG; Ermäßigung bei Rücknahme vor Schluss der mündlichen Verhandlung oder bei Hauptsacheerledigung vor Ergehen eines Urteils oder Gerichtsbescheids auf 3,0 gemäß Nr. 6122 KV GKG. Ist der Revision ein Zulassungsverfahren vorausgegangen, werden dessen Kosten durch die Gebühren für das Revisionsverfahren abgegolten.

Kommt es zu einer Zurückverweisung, entstehen vor dem Finanzgericht nicht erneut Gerichtsgebühren (§ 37 GKG). Kommt die Sache im zweiten Rechtsgang erneut an den BFH, entstehen aber die Gerichtsgebühren in vollem Umfang erneut.

b) **Prozessbevollmächtigter:** Verfahrensgebühr: 1,6 gemäß Nr. 3206 VV RVG; Terminsgebühr: 1,5 gemäß Nr. 3210 VV RVG. Ist ein Zulassungsverfahren vorangegangen, werden die Gebühren dafür gemäß Nr. 3506 VV RVG auf die im Revisionsverfahren entstehenden Gebühren angerechnet. Vgl. auch Form. VII. 10. Die Gebühren für den Prozessbevollmächtigten entstehen im Falle einer Zurückverweisung erneut.

c) Zur Höhe der Gebühren im Einzelnen s. Form. VII. 10 *Kosten und Gebühren* und Form. VII. 34.

Fristen und Rechtsmittel

Wegen der bei Einlegung und Begründung der Revision zu beachtenden Fristen sowie Form- und Vertretungsvorschriften vgl. oben Anm. 4 und 5.

Gegen die Entscheidung über die Revision ist kein ordentliches Rechtsmittel mehr gegeben. Unter den gesetzlichen Voraussetzungen kann die Restitutions- oder die Nichtigkeitsklage (§ 134 FGO, §§ 578 ff. ZPO) oder Verfassungsbeschwerde (vgl. Form. VI. 1–11) erhoben werden.

30. Begründung der Revision – Rüge der Verletzung materiellen Rechts

An den **...... (Ort), ... (Datum)**
Bundesfinanzhof[1]
– Aktenzeichen: ...... –

In dem Rechtsstreit

...... (Name und Anschrift des Revisionsklägers)

Klägers und Revisionsklägers,

Prozessbevollmächtigter[2]: ......

gegen

Finanzamt ......
in ......

Beklagten und Revisionsbeklagten,

wegen ...... (Steuerart und Jahr)
Steuernummer und Identifikationsnummer[3]: ......

Namens und in Vollmacht des Klägers beantrage[4] ich, das Urteil des FG ...... vom ...... Aktenzeichen ...... und die Einspruchsentscheidung vom ...... aufzuheben und die ......-steuer unter Abänderung des Bescheids vom ...... auf ...... EUR herabzusetzen.

Begründung[5]:

Der Kläger und seine Ehefrau sind Schauspieler. Sie haben im Jahre 20 ...... geheiratet. Im Jahr der Eheschließung war der Kläger am Theater in A, seine Ehefrau am Theater in B engagiert. Der Ehefrau gehört in B ein Einfamilienhaus, in dem sie auch schon vor der Eheschließung wohnte. Der Kläger meldete sich nach der Eheschließung in B als seinem ersten Wohnsitz an, er zog in das Haus seiner Ehefrau ein, indem er ihm gehörende Möbel, Bilder und Bücher dorthin brachte. Seither hat der Kläger die Kosten der Unterhaltung des Einfamilienhauses in B und des gemeinsamen Hausstandes mitgetragen. In A bewohnte der Kläger weiterhin ein möbliertes Zimmer, das er gemietet hatte. An spielfreien Tagen begab er sich nach B zu seiner Ehefrau. Erst nach zwei Jahren gelang es dem Kläger, am Theater in B ein Engagement zu erhalten. Der Kläger ist der Auffassung, die ihm entstandenen Kosten der doppelten Haushaltsführung seien beruflich veranlasst. Das FA hat lediglich die Kosten für Familienheimfahrten als Werbungskosten zum Abzug zugelassen.

Die Klage hatte keinen Erfolg. Das FG hat in seiner Entscheidung ausgeführt, da die Ehegatten – wie vor ihrer Eheschließung – weiter getrennt gelebt hätten, seien ihnen über die Kosten der Familienheimfahrten hinaus keine beruflich veranlassten Mehraufwendungen nach der Eheschließung entstanden.

Dieser Auffassung des FG liegt eine Auslegung des § 9 Abs. 1 Nr. 5 EStG zugrunde, der der Kläger nicht zu folgen vermag. Die Vorschrift setzt nämlich nicht voraus, dass der Arbeitnehmer, der einen doppelten Haushalt führt, zunächst einen gemeinsamen Hausstand mit seinem Ehegatten hat und erst infolge Verlegung seiner beruflichen Tätigkeit an einen anderen Ort gezwungen ist, auch am Beschäftigungsort zu wohnen. Vielmehr kann ein doppelter Haushalt auch dadurch entstehen, dass an verschiedenen Orten wohnende und arbeitende Personen heiraten. Die dem Gesetz für diesen Fall zu entnehmende Voraussetzung, dass eine der Wohnungen Familienwohnung wird, ist im Streitfall erfüllt. Mithin liegen als Werbungskosten abzugsfähige Aufwendungen doppelter Haushaltsführung auch in Gestalt der Unterbringungskosten in A und der Verpflegungsmehraufwendungen vor.

Unterschrift

Anmerkungen

1. Die Revisionsbegründungsschrift ist beim BFH einzureichen (§ 120 Abs. 2 S. 1 FGO).

2. Da für beim BFH anhängige Verfahren Vertretungszwang besteht (§ 62 Abs. 4 FGO), muss auch die Revisionsbegründungsschrift von einem postulationsfähigen Prozessbevollmächtigten unterschrieben sein.

3. Vgl. Form. VII. 1 Anm. 4 Satz 1.

4. a) Die **Revision** ist schriftlich binnen zweier Monate nach Zustellung des vollständigen Urteils des FG bzw. binnen eines Monats nach Zustellung der Zulassungsentscheidung des BFH (§ 120 Abs. 2 S. 1 FGO), gegebenenfalls innerhalb einer vom Vorsitzenden des zuständigen Senats des BFH gewährten Fristverlängerung (§ 120 Abs. 2 S. 3 FGO), zu begründen (§ 120 Abs. 1 FGO; vgl. Form. VII. 29 Anm. 4, 5). Die Revisionsbegründungsfrist fängt mit dem Beginn des Tages zu laufen an, der auf den Tag des Ablaufs der Revisionsfrist folgt (§ 54 Abs. 2 FGO, § 222 ZPO, § 187 Abs. 2 BGB). Wegen des Zeitpunkts des Ablaufs der Revisions- und der Revisionsbegründungsfrist s. Form. VII. 29 Anm. 4 a und b.

b) In der **Revisionsschrift** oder der **Revisionsbegründungsschrift** ist ein bestimmter Antrag zu stellen (§ 120 Abs. 3 Nr. 1 FGO). Ein mit der Revision (nach – teilweiser – Klageabweisung) weiter verfolgtes Klagebegehren kann nur Erfolg haben, wenn die Sachurteilsvoraussetzungen erfüllt sind, die für das Klageverfahren vor dem FG gelten, insbesondere – sachlich – erfolgloses außergerichtliches Vorverfahren, fristgerechte Klageerhebung und Klagebegründung mit ausreichender Bezeichnung des Streitgegenstandes bzw. des Gegenstands des Klagebegehrens (vgl. § 65 Abs. 1 FGO) und Geltendmachung einer Verletzung der subjektiven Rechte des Klägers; vgl. Form. VII. 10 Anm. 6, 7). Darüber hinaus muss der Revisionskläger sich in der Revisionsbegründung mit dem angefochtenen Urteil auseinandersetzen und darlegen, warum er diesem nicht zuzustimmen vermag. Dabei muss er die seiner Meinung nach verletzte, dh. unrichtig angewendete Rechtsnorm bezeichnen. Auf Tatsachen, die das FG in seinem Urteil nicht festgestellt hat, kann er sich dabei nicht stützen, da der BFH an die tatsächlichen Feststellungen des FG gebunden und zu eigenen tatsächlichen Feststellungen insoweit nicht befugt ist (§ 118 Abs. 2 FGO; BFH BStBl. II 1980, 449), als es sich nicht um Prozessvoraussetzungen handelt. Will der Revisionskläger über die falsche Anwendung materiellen Rechts hinaus geltend machen, das FG habe seiner Entscheidung einen unrichtigen oder unvollständig ermittelten Sachverhalt zugrunde gelegt, so kann dies nur mit einer Verfahrensrüge mangelnder Sachaufklärung geschehen, deren Geltendmachung aber nur Erfolg versprechend ist, wenn das FG auf Grund von Anträgen der Prozessbeteiligten oder nach Lage des Streitfalles gehalten war, weitere Ermittlungen anzustellen (vgl. Form. VII. 31).

5. Wegen der materiell-rechtlichen Beurteilung des Beispielsfalles vgl. BFH BStBl. II 1976, 654.

Kosten und Gebühren

Keine Gerichtsgebühren. Keine zusätzlichen Gebühren für den Prozessbevollmächtigten (§ 15 RVG). Vgl. Form. VII. 29 *Kosten und Gebühren* unter b.

Fristen und Rechtsmittel

Vgl. Form. VII. 29 Anm. 4, 5.

31. Begründung der Revision – Rüge mangelnder Sachaufklärung

An den ...... (Ort), ... (Datum)
Bundesfinanzhof[1]
– Aktenzeichen: ...... –

In dem Rechtsstreit
...... (Name und Anschrift des Revisionsklägers)
Klägers und Revisionsklägers,

Prozessbevollmächtigter[2]: ......

gegen

Finanzamt ......
in ......
Beklagten und Revisionsbeklagten,

wegen ...... (Steuerart und Jahr)
Steuernummer und Identifikationsnummer[3]: ......

Namens und in Vollmacht des Klägers beantrage ich, das Urteil des FG ...... vom ...... Aktenzeichen ...... aufzuheben und die Sache zur anderweitigen Verhandlung und Entscheidung zurückzuverweisen[4].

Begründung[5]:

Der Kläger ist selbstständiger Bäckermeister. Das FA hat seine Buchführung bei einer Außenprüfung als nicht ordnungsgemäß angesehen und den Gewinn geschätzt. Dabei ist es davon ausgegangen, dass die Backausbeute bei der Mischbrotherstellung 144 kg je 100 kg Mehleinsatz betrage. Das FA hat dazu im finanzgerichtlichen Verfahren vorgetragen, dieser Wert habe sich als Erfahrungssatz auf Grund zahlreicher Prüfungen von Bäckereien ergeben. Der Kläger hält demgegenüber einen Ausbeutewert von 132 kg für zutreffend. Er hat dem FG eine Bescheinigung der Bundesforschungsanstalt für Getreideverarbeitung vorgelegt, die seine Auffassung bestätigt. Das FG ist in seiner Entscheidung dem vom FA genannten Ausbeutesatz ohne weitere Erhebungen gefolgt. Das bedeutet, dass das FG den für die Entscheidung des Streitfalles erheblichen Erfahrungssatz über die Backausbeute bei der Mischbrotherstellung unter Verletzung der ihm nach § 76 Abs. 1 S. 1 FGO obliegenden Verpflichtung zur Ermittlung des Sachverhalts nicht festgestellt hat. Es hätte weitere Angaben vom FA darüber anfordern müssen, worauf die angebliche Backausbeute von 144 kg beruht, insbesondere auf welche Getreide- bzw. Mehlsorten sich die vom FA getroffenen Feststellungen beziehen und ob diese auch im Betrieb des Klägers verwendet worden sind. Angesichts des von der Bundesforschungsanstalt für Getreideverarbeitung genannten abweichenden Ausbeutewerts musste sich dem FG die Notwendigkeit weiterer Sachaufklärung aufdrängen. Die Entscheidung beruht auch auf dem Verfahrensfehler; denn bei Ansatz des vom Kläger für zutreffend erachteten Ausbeutesatzes von 132 kg würde sich keine Gewinnerhöhung gegenüber der Bilanz des Klägers ergeben.

Unterschrift

Anmerkungen

1. Vgl. Form. VII. 30 Anm. 1.
2. Vgl. Form. VII. 30 Anm. 2.

3. Vgl. Form. VII. 1 Anm. 4 Satz 1.

4. Vgl. Form. VII. 30 Anm. 4. An die in dem angefochtenen Urteil getroffenen tatsächlichen Feststellungen ist der BFH dann nicht gebunden, wenn dagegen begründete Revisionsrügen erhoben werden (§ 118 Abs. 2 FGO). Die Pflicht zur Sachverhaltsermittlung durch das FG erstreckt sich auch auf die Feststellung von (allgemeinen oder speziellen) Erfahrungssätzen. Wird wie im Beispielsfall substantiiert geltend gemacht, ein Erfahrungssatz habe einen anderen Inhalt als vom FA angenommen, müssen darüber weitere Feststellungen von Amts wegen getroffen werden (*Tipke/Kruse* AO/FGO § 96 FGO Rdn. 24; vgl. auch *Thomas/Putzo* ZPO 26. Aufl. 2004, Vorbem. § 284 Rdn. 15; § 546 Rdn. 12). Eines Beweisantrags bedarf es dazu im finanzgerichtlichen Verfahren nicht (§ 76 Abs. 1 S. 4 FGO). Lag nach dem Vortrag der Beteiligten die Notwendigkeit weiterer Sachaufklärung auf der Hand, dh. musste sie sich dem FG aufdrängen, kann mangelnde Sachaufklärung als Verfahrensrüge ohne weiteres geltend gemacht werden. Andernfalls, dh. wenn das FG den Sachverhalt für hinreichend geklärt ansehen durfte, aber ein Beteiligter aus seiner genaueren Kenntnis der tatsächlichen Umstände die Notwendigkeit weiterer Ermittlungen kannte, muss er im Rahmen seiner Mitwirkungspflicht (vgl. § 76 Abs. 1 S. 2 FGO) darauf hinweisen; zweckmäßigerweise durch einen entsprechenden Beweisantrag. Unterlässt er den gebotenen Hinweis (vgl. die ähnlichen, aber in der Aufklärungsfrage abweichenden Beispielsfälle Form. VII. 23 und Form. VII. 27), kann er die Rüge mangelnder Sachaufklärung im Revisionsverfahren nicht mehr erheben (*Gräber/Ruban* FGO § 76 Rdn. 2). Dasselbe gilt, wenn man einer Mitwirkungspflicht bei der Sachaufklärung nicht nachkommt (BFH BStBl. II 1989, 462 auch zum Verhältnis der Mitwirkungspflicht zur Schätzungsbefugnis).

5. Wegen möglicher anderer Verfahrenslagen, auf Grund deren mangelnde Sachaufklärung gerügt werden kann, vgl. Form. VII. 23 und VII. 27.

Zur Erfassung des Sachverhalts bei Schätzung anhand von Vergleichsfällen s. BFH BStBl. II 1986, 226.

Kosten und Gebühren

Vgl. Form. VII. 29und VII. 30.

Fristen und Rechtsmittel

Vgl. Form. VII. 29 Anm. 4, 5 und Form. VII. 30 Anm. 4.

32. Begründung der Revision – Rüge der Verletzung des Rechts auf Gehör

An den ...... (Ort), ... (Datum)
Bundesfinanzhof[1]
– Aktenzeichen: ...... –

In dem Rechtsstreit
...... (Name und Anschrift des Revisionsklägers)

Klägers und Revisionsklägers,

Prozessbevollmächtigter[2]: ......
gegen
Finanzamt ......
in ......

Beklagten und Revisionsbeklagten,

wegen ...... (Steuerart und Jahr)

Steuernummer und Identifikationsnummer[3]: ......

Namens und in Vollmacht des Klägers beantrage ich, das Urteil des FG ...... vom ...... Aktenzeichen ...... aufzuheben und die Sache zur anderweitigen Verhandlung und Entscheidung zurückzuverweisen[4].

Begründung:

Bei einer morgendlichen Fahrt von seiner Wohnung zur Arbeitsstätte erlitt der Kläger, der als Arbeitnehmer in ...... tätig ist, mit seinem PKW einen Unfall. Er hatte beim Überholen eines anderen PKW die an der Unfallstrecke zulässige Höchstgeschwindigkeit von 80 km/h (bewusst) überschritten, weil sich nach der Eigentümlichkeit der Strecke sonst keine Gelegenheit mehr zur Überholung des vor dem Kläger verhältnismäßig langsam herfahrenden anderen PKW ergeben hätte. Das FA hat die Abzugsfähigkeit der geltend gemachten Unfallkosten mit der Begründung verneint, der Kläger habe sich mit dem überholten Fahrzeug ein Wettrennen geliefert. Erst dem mit Einverständnis der Beteiligten ohne mündliche Verhandlung ergangenen Urteil des FG hat der Kläger entnommen, dass das FG die Akten über das – eingestellte – staatsanwaltschaftliche Ermittlungsverfahren, das gegen den Kläger geschwebt hat, beigezogen und die darin enthaltenen Feststellungen der Verkehrspolizei bei seiner klagabweisenden Entscheidung verwertet hat. Hätte das FG dem Kläger die Beiziehung der Akten mitgeteilt, hätte er diese vor Ergehen des angefochtenen Urteils einsehen und zu ihrem Inhalt Stellung nehmen können. Er hätte dann darauf hingewiesen, dass in dem nach Abschluss des Ermittlungsverfahrens durchgeführten Zivilprozess zwischen ihm und dem Fahrer des anderen Fahrzeugs bzw. zwischen beider Haftpflichtversicherer auf Grund von Zeugenaussagen letztlich die Sachdarstellung des Klägers Bestätigung gefunden hat.
Somit beruht die angefochtene Entscheidung auf einer Verletzung des Rechts auf Gehör (§ 96 Abs. 2 FGO, Art. 103 Abs. 1 GG).

Unterschrift

Anmerkungen

1. Vgl. Form. VII. 30 Anm. 1.
2. Vgl. Form. VII. 30 Anm. 2.

3. Vgl. Form. VII. 1 Anm. 4 Satz 1.

4. Vgl. Form. VII. 28 Anm. 7 und Form. VII. 30 Anm. 4. Das Recht auf Gehör im (finanz-)gerichtlichen Verfahren soll jedem Verfahrensbeteiligten (§ 57 FGO) ermöglichen, durch Sachvortrag, Beweisantritt (§ 96 Abs. 2, § 76 Abs. 1 S. 2 und 3 FGO) und rechtliche Argumentation (§ 93 Abs. 1 FGO) die Bildung der rechtlichen Überzeugung des Gerichts in Bezug auf den Streitfall zu beeinflussen (vgl. BFH BStBl. II 1976, 431), um einen ihm günstigen Ausgang des Rechtsstreits zu erreichen. Das Recht auf Gehör ist nicht verletzt, wenn der Beteiligte eine ihm gebotene Gelegenheit sich zu äußern nicht wahrnimmt.

Wird rechtliches Gehör nicht in ausreichendem Umfang gewährt, liegt ein Verfahrensfehler vor, der – nach Zulassung der Revision (vgl. Form. VII. 26 Anm. 5 Abs. 1 und 2; Form. VII. 28) – gerügt werden muss, damit das Revisionsgericht deswegen die erstinstanzliche Entscheidung aufheben kann. Nach § 119 FGO wird, wenn einer der in der Vorschrift aufgeführten Verfahrensfehler tatsächlich vorliegt, bereits die Kausalität des Fehlers für den dem Revisionskläger ungünstigen Inhalt des angefochtenen Urteils vermutet, dh. er braucht nicht darzutun, dass das FG anders entschieden hätte, wenn der Verfahrensfehler nicht begangen worden wäre. Das gilt uneingeschränkt nur dann, wenn das FG die gesamte Urteilsgrundlage unter Verletzung des rechtlichen Gehörs des Revisionsklägers gewonnen hat, zB. bei Erlass eines Urteils ohne mündliche Verhandlung, wenn die Beteiligten auf diese nicht nach § 90 Abs. 2 FGO verzichtet haben, oder bei Ablehnung eines begründeten Antrags auf Verlegung des Verhandlungstermins (vgl. Form. VII. 26 Anm. 6 und Form. VII. 30 Anm. 4). Hat das FG dem Beteiligten (lediglich) nicht Gelegenheit gegeben, sich zu einzelnen Tatsachen zu äußern, so ist die Rüge der Versagung des rechtlichen Gehörs nur dann begründet, wenn das FG diese Tatsachen seiner Entscheidung zugrunde gelegt hat und wenn sich bei Außerachtlassung der fraglichen Tatsachen eine andere rechtliche Beurteilung und ein anderer Ausgang des Rechtsstreits ergibt; denn Tatsachen, auf die es für die Entscheidung (nach Auffassung des Revisionsgerichts) unter keinem denkbaren rechtlichen Gesichtspunkt ankommt, sind kein Teil der Urteilsgrundlage (§ 96 Abs. 1 S. 1 FGO), in Bezug auf die nach § 96 Abs. 2 FGO rechtliches Gehör zu gewähren ist (BVerwGE 15, 24; BFH BStBl. III 1967, 25; BStBl. II 1968, 208).

Zur ordnungsmäßigen Rüge der Verletzung des Rechts auf Gehör ist sonach erforderlich, dass der Revisionskläger darlegt, auf Grund welchen Vorgehens des FG er – auch bei Ausschöpfung der ihm offen stehenden prozessualen Möglichkeiten, sich Gehör zu verschaffen (zB. Nachreichen eines Schriftsatzes mit neuem tatsächlichen Vorbringen nach Schluss der mündlichen Verhandlung, aber vor Ergehen des finanzgerichtlichen Urteils; vgl. aber die Möglichkeiten mit Vorbringen ausgeschlossen zu werden, § 79 b FGO) –, gehindert war, sich zu entscheidungserheblichen Fragen zu äußern und was er vorgetragen hätte (BVerfGE 28, 17; BVerwG HFR 1977, 202). Dabei empfiehlt sich auch darzulegen, inwiefern – nach Auffassung des Revisionsklägers – sich bei Berücksichtigung seiner durch den Verfahrensfehler unterbundenen Ausführungen eine andere rechtliche Beurteilung hätte ergeben können; vgl. dazu BFH BStBl. II 1989, 741 und BStBl. II 1988, 836.

Kosten und Gebühren

Vgl. Form. VII. 29 und VII. 30.

Fristen und Rechtsmittel

Vgl. Form. VII. 29 Anm. 4, 5 und Form. VII. 30 Anm. 4.

33. Begründung der Revision – Rüge, dass die Entscheidung nicht mit Gründen versehen ist

An den ...... (Ort), ... (Datum)
Bundesfinanzhof[1]
– Aktenzeichen: ...... –

In dem Rechtsstreit
...... (Name und Anschrift des Revisionsklägers)
Klägers und Revisionsklägers,
Prozessbevollmächtigter[2]: ......
gegen
Finanzamt ......
in ......
Beklagten und Revisionsbeklagten,
wegen ...... (Steuerart und Jahr)
Steuernummer und Identifikationsnummer[3]: ......

Namens und in Vollmacht des Klägers beantrage ich, das Urteil des FG ...... vom ...... Aktenzeichen ...... aufzuheben und die Sache zur anderweitigen Verhandlung und Entscheidung zurückzuverweisen[4].

Begründung:

Das FA hat den Gewinn, den der Kläger bei der Veräußerung einer Reihe von Eigentumswohnungen, die sich in einem von ihm errichteten Gebäude befinden, als im Rahmen eines Gewerbebetriebes erzielt und daher steuerpflichtig angesehen. Ursprünglich beabsichtigte der Kläger, der als Architekt freiberuflich tätig ist, das Gebäude durch Vermietung zu nutzen. Erst auf Grund von Kostensteigerungen und dadurch eingetretener Finanzierungsschwierigkeiten sah sich der Kläger genötigt, Wohnungseigentum zu bilden und den überwiegenden Teil der Wohnungen zu verkaufen. Der Kläger hat deshalb geltend gemacht, dass ein Teil der durch die Baumaßnahmen geschaffenen Wertsteigerung noch in seine Privatsphäre gefallen sei und nicht als Teil des gewerblichen Gewinns behandelt werden dürfe. Er hat ferner gerügt, dass das FA die Herstellungskosten zu niedrig angesetzt habe. In seinem klagabweisenden Urteil hat das FG nur zu der Frage Ausführungen gemacht, ob der Gewinn aus der Veräußerung der Eigentumswohnungen steuerpflichtig sei. Zur Höhe des Gewinns hat es sich nicht geäußert. Das Urteil ist deshalb im Sinne des § 119 Nr. 6 FGO nicht mit Gründen versehen.

Unterschrift

Anmerkungen

1. Vgl. Form. VII. 28 Anm. 1.

2. Vgl. Form. VII. 28 Anm. 2.

3. Vgl. Form. VII. 1 Anm. 4 Satz 1.

4. Vgl. Form. VII. 30 Anm. 4. Ein Urteil ist (auch) nicht mit Gründen versehen, wenn es zu wesentlichen Streitpunkten keine Begründung für die getroffene Entscheidung enthält. Das ist insbesondere der Fall, wenn es nur zum Grund, nicht aber (wie im Beispielsfall) zur Höhe des Steueranspruchs eine rechtliche Begründung gibt (BFH BStBl. II 1969, 492). Allerdings ist das FG nicht gehalten, in den Entscheidungsgründen auf jegliches Vorbringen der Beteiligten einzugehen. Der Entscheidung muss sich nur entnehmen lassen, von welcher rechtlichen Erwägung das FG ausgegangen ist und inwiefern es diese für die Streitentscheidung des konkreten Falles für erheblich erachtet hat. Soweit das FG gemäß § 105 Abs. 5 FGO befugt war, auf die Rechtsausführungen in der Entscheidung über den außergerichtlichen Rechtsbehelf Bezug zu nehmen und von dieser Möglichkeit Gebrauch gemacht hat, liegt kein Verstoß gegen § 119 Nr. 6 FGO vor.

Enthält der Tatbestand des finanzgerichtlichen Urteils keine Wiedergabe des bei der rechtlichen Würdigung übergangenen Sachverhalts, muss zunächst Tatbestandsberichtigung innerhalb der Zweiwochenfrist des § 108 Abs. 1 FGO beantragt werden (vgl. Form. VII. 23), gegebenenfalls kommt auch Protokollberichtigung nach § 94 FGO iVm. § 164 ZPO in Betracht (vgl. § 314 S. 2 ZPO). Da weder der Berichtigungsantrag noch ein diesem stattgebender Beschluss des FG nach dem BFH-Beschluss BStBl. II 1977, 291, Einfluss auf den Lauf der Nichtzulassungsbeschwerdefrist bzw. der Revisionsfrist hat (aA. *Gräber* FGO 1. Aufl., § 119 Rdn. 6 A, der auf § 120 Abs. 1 S. 1 FGO hinweist), muss der Kläger binnen der Frist des § 116 Abs. 2 S. 1 (vgl. Form. VII. 26) bzw. des § 120 Abs. 1 S. 1 FGO (vgl. Form. VII. 29) NZB oder Revision einlegen und Verlängerung der Begründungsfrist gemäß § 116 Abs. 3 S. 4 FGO bzw. § 120 Abs. 2 S. 3 FGO beantragen (vgl. Form. VII. 29 Anm. 6; Form. VII. 23 Anm. 5).

Ist nach dem Tenor des finanzgerichtlichen Urteils über einen Teil des Streitgegenstandes (zB. über den Antrag auf Herabsetzung der Steuer für eines von mehreren Streitjahren) nicht entschieden worden, liegt kein Fall des § 119 Nr. 6 FGO vor; vielmehr ist nach § 109 FGO Urteilsergänzung, dh. Nachholung der (teilweise) unterlassenen Entscheidung, zu beantragen (vgl. Form. VII. 24). Auch ein Antrag auf Urteilsergänzung hat grundsätzlich keinen Einfluss auf den Lauf der Revisionsfrist (vgl. Form. VII. 24 Anm. 5).

Erlässt das FG ein Urteil, in dem es die Berechnung der Steuer dem FA gemäß § 100 Abs. 2 S. 2 FGO überträgt, liegt keine Verletzung des § 119 Nr. 6 FGO vor. Führt das FG die Steuerberechnung vor Eintritt der Bindung an das Urteil (§ 110 Abs. 1 FGO) durch, ergeben sich gleichwohl keine durchgreifenden Bedenken gegen die Zulässigkeit einer vom FA gegen das Urteil des FG erhobenen Revision (vgl. *Wassermeyer* DStR 85, 76 gegen BFH BStBl. II 1983, 776; s. dazu auch § 100 Abs. 2 S. 3, 2. Halbsatz FGO). § 100 Abs. 2 S. 3, 2. Halbsatz FGO beruht auf der Auffassung, dass die „formlos" mitzuteilende Nachberechnung kein Verwaltungsakt sei, so dass danach § 68 FGO nicht eingreift. Da der (geänderte) Verwaltungsakt zufolge § 100 Abs. 2 S. 3, 2. Halbsatz FGO erneut bekannt zu geben ist, kann dagegen dann ggf. Einspruch eingelegt werden, mit dem geltend gemacht werden kann, die Berechnung entspreche nicht dem Urteil.

Kosten und Gebühren

Vgl. Form. VII. 29 und VII. 30.

Fristen und Rechtsmittel

Vgl. Form. VII. 29 und Form. VII. 30.

Kostenfestsetzung und Prozesskostenhilfe

34. Antrag auf Kostenfestsetzung für Klage- und Revisionsverfahren

An den ..... (Ort), ... (Datum)
Urkundsbeamten des Finanzgerichts[1] .....
Aktenzeichen: .....

In dem Rechtsstreit
..... (Name und Anschrift des Klägers)

Klägers,

Prozessbevollmächtigter[2]: .....

gegen

Finanzamt .....
in .....

Beklagten,

wegen ..... (Steuerart und Jahr).

Namens und in Vollmacht[3] des Klägers beantrage ich die Festsetzung[4] der dem Kläger[5] nach dem Urteil[6] des BFH vom ..... zu erstattenden Aufwendungen[7]. Ferner beantrage ich, die Verzinsung der festgesetzten Kosten mit 5%-Punkten über dem jeweiligen Basiszinssatz nach § 247 BGB seit dem Eingang des Gesuchs auszusprechen[8]. Hinsichtlich der Kosten des außergerichtlichen Vorverfahrens wird die Entscheidung des Gerichts[9] beantragt, dass die Zuziehung eines Bevollmächtigten zum Vorverfahren notwendig war[10].

Dem Kläger sind folgende Kosten entstanden[11]:

Vorverfahren[12]:	
Gegenstandeswert[13]:	**..... EUR**
Geschäftsgebühr Nr. 2400 VV RVG: 1,3	**..... EUR**
Postgebühr Nr. 7001/2 VV RVG:.	**20,00 EUR**
Reisekosten Nr. 7003/4 VV RVG:	**..... EUR**
Tage- und Abwesenheitsgeld gem. Nr. 7005 VV RVG:	**..... EUR**
Klageverfahren[13]:	
Verfahrensgebühr Nr. 3200 VV RVG: 1,6	**..... EUR**
Terminsgebühr Nr. 3202 VV RVG: 1,2	**..... EUR**
Postgebühr Nr. 7001/2 VV RVG:	**20,00 EUR**
Reisekosten Nr. 7003/4 VV RVG:	**..... EUR**
Tage- und Abwesenheitsgeld gem. Nr. 7005 VV RVG:	**..... EUR**
Revisionsverfahren[13]:	**..... EUR**
Verfahrensgebühr Nr. 3206 VV RVG: 1,6	**..... EUR**
Terminsgebühr Nr. 3210 VV RVG: 1,5	**..... EUR**
Postgebühr Nr. 7001/2 VV RVG:	**20,00 EUR**
Reisekosten Nr. 7003/4 VV RVG:	**..... EUR**
Tage- und Abwesenheitsgeld gem. Nr. 7005 VV RVG:	**..... EUR**
Umsatzsteuer gem. Nr. 7008 VV RVG	**..... EUR**

Davon gemäß Kostenentscheidung ..... v. H.

Die seitens des Klägers vorgelegten Gerichtskosten bitte ich hinzuzusetzen.
Die zu erstattenden Kosten bitte ich auf das ..... Konto des Klägers zu überweisen.

Unterschrift

Anmerkungen

1. Der Antrag auf Kostenfestsetzung ist an den Urkundsbeamten des Gerichts des ersten Rechtszugs zu richten (§ 149 Abs. 1 FGO), also in der Regel an den Urkundsbeamten des FG. Der Urkundsbeamte des BFH ist in folgenden Fällen zuständig (*Tipke/Kruse/Brandis* AO/FGO 3149 FGO Rdn. 6):

a) bei Anträgen auf Aussetzung der Vollziehung, die gemäß § 69 Abs. 3 S. 1 FGO beim BFH gestellt werden

b) bei Anträgen auf Erlass einer einstweiligen Anordnung gemäß § 114 FGO, sofern diese beim BFH gestellt werden.

Der Urkundsbeamte ist bei seiner Entscheidung unabhängig. Er kann gemäß § 51 FGO abgelehnt werden oder ausgeschlossen sein. Die Entscheidung des Urkundsbeamten ist nach der FGO grundsätzlich nur mit Erinnerung an das Gericht anfechtbar (§ 145 FGO).

2. Der Kläger (oder ein anderer Beteiligter) kann den Antrag auch selbst ohne Einschaltung seines Prozessbevollmächtigten stellen. Das gilt auch, wenn der Antrag an den Urkundsbeamten des BFH gerichtet ist, da § 62 a FGO nur für das gerichtliche Verfahren gilt.

3. Die Prozessvollmacht erstreckt sich auch auf das Kostenfestsetzungsverfahren

4. Zu erstattende Aufwendungen werden nur festgesetzt, wenn ein (vorläufig) vollstreckbarer Titel vorliegt (zB. Kostenentscheidung in einem Urteil, Kostenbeschluss nach § 138 FGO). Der Kostenfestsetzungsbeschluss legt die Höhe der zu erstattenden Aufwendungen fest. Er kann binnen einer Frist von zwei Wochen mit der Erinnerung angefochten werden (§ 149 Abs. 2 FGO). Über die Erinnerung entscheidet das Gericht (§ 149 Abs. 4 FGO). Gemäß § 128 Abs. 4 S. 1 FGO ist die Beschwerde nicht gegeben.

5. Umstritten ist, ob die Abtretung des Erstattungsanspruchs an den Prozessbevollmächtigten diesen berechtigt, den Antrag im eigenen Namen zu stellen. Dies ist m. E. zu bejahen.

6. Maßgeblich für den Umfang der zu erstattenden Kosten ist die Kostenentscheidung der letzten gerichtlichen Entscheidung. Wird die Revision auf Nichtzulassungsbeschwerde zugelassen, sind Kosten des Zulassungsverfahrens nach dem Ergebnis des Revisionsverfahrens (ggf. der Kostenquote) zu erstatten (BFH BStBl. II 1991, 367).

7. Zu erstatten sind nur die zur zweckentsprechenden Rechtsverfolgung oder Rechtsverteidigung notwendigen Aufwendungen eines Beteiligten einschließlich der Kosten des Vorverfahrens (§ 139 Abs. 1 FGO). Die Aufwendungen der Finanzbehörden sind nicht zu erstatten (§ 139 Abs. 2 FGO). Wird ein Beteiligter durch einen Prozessbevollmächtigten im gerichtlichen Verfahren vertreten, sind die Kostenansprüche des Prozessbevollmächtigten gegen seinen Mandanten bereits entstanden. In Höhe der gesetzlich vorgesehenen Gebühren und Auslagen eines Bevollmächtigten sind diese Kosten stets erstattungsfähig (§ 139 Abs. 3 S. 1 FGO), auch wenn der Beteiligte sie noch nicht an seinen Prozessbevollmächtigten entrichtet hat. Zum Umfang der erstattungsfähigen Aufwendungen vgl. Anm. 10.

Der Prozessbevollmächtigte kann die ihm gegen seinen Mandanten zustehende gesetzliche Vergütung durch den Urkundsbeamten der Geschäftsstelle des Gerichts des ersten Rechtszugs festsetzen lassen (§ 11 RVG, ggf. iVm. § 45 StBGebV). Diese Kostenfestsetzung betrifft aber nicht den Erstattungsanspruch des Beteiligten gegen den Prozessgegner, sondern nur das Rechtsverhältnis zwischen dem Prozessbevollmächtigten und seinem Auftraggeber.

8. § 155 FGO, § 104 Abs. 1 S. 2 ZPO.

9. Die Kosten des außergerichtlichen Vorverfahrens sind nur dann erstattungsfähig, wenn das Gericht ausspricht, dass die Zuziehung eines Bevollmächtigten zum Vorverfahren notwendig war. Die Entscheidung ist nach § 139 Abs. 3 S. 3 FGO zu treffen. Sie ist kein Teil der Kostenentscheidung, und zwar auch dann nicht, wenn sie zusammen mit dem Urteil ergeht; die Entscheidung über die Erstattungsfähigkeit der Kosten des Vorverfahrens ist vielmehr Teil des Kostenfestsetzungsverfahrens (BFH BStBl. II 1968, 56).

10. Angesichts der Schwierigkeiten des Steuerrechts wird die Zuziehung eines Bevollmächtigten zum Vorverfahren regelmäßig für notwendig erklärt. Wird ein Angehöriger eines steuerberatenden Berufs in eigener Sache im Vorverfahren tätig, ergibt sich keine Erstattungspflicht (BFH BStBl. II 1973, 535).

11. Stets erstattungsfähig sind die zur zweckentsprechenden Rechtsverfolgung oder Rechtsverteidigung notwendigen Aufwendungen eines Beteiligten in Höhe der gesetzlich vorgesehenen Gebühren und Auslagen eines Bevollmächtigten oder Beistandes (§ 139 Abs. 1, Abs. 3 S. 1 FGO). Zur Höhe der erstattungsfähigen Kosten s. Anm. 14. Anders als bei der Wahrnehmung einer eigenen Sache im Vorverfahren sind auch die Gebühren und Auslagen zu erstatten, die ein zur Rechtsberatung in Steuersachen Befugter (zB. Steuerberater, Wirtschaftsprüfer, Rechtsanwalt) als Gebühren und Auslagen eines bevollmächtigten Rechtsanwalts erstattet verlangen könnte. Dies ergibt sich aus der entsprechenden Anwendung des § 91 Abs. 2 S. 4 ZPO iVm. § 155 FGO (BFH BStBl. II 1972, 94). Wegen der Höhe der Gebühren vgl. Anm. 13, 14.

12. Für das außergerichtliche Vorverfahren bestimmt sich der Gegenstandswert danach, in welchem Umfang der außergerichtliche Rechtsbehelf erfolglos geblieben ist und inwieweit das Begehren aus dem außergerichtlichen Vorverfahren im Klageverfahren weiterverfolgt worden ist. Diese Einschränkung ergibt sich aus § 139 Abs. 3 S. 3 FGO.

13. Der **Streitwert** bemisst sich im finanzgerichtlichen Verfahren gemäß §§ 1, 3 GKG nach der beantragten Steuerherabsetzung, dh. der Differenz zwischen Steuerfestsetzung laut Steuerbescheid bzw. Einspruchentscheidung und beantragter Steuerfestsetzung.

Sowohl bei der Ermittlung der Gerichtsgebühren nach dem GKG wie auch der Vergütung des Prozessbevollmächtigten nach dem RVG ergibt sich die konkrete Gebühr aus der Multiplikation des Gebührenwertes (§ 13 RVG bzw. § 34 GKG) mit dem gesetzlichen Gebührensatz des Kostenverzeichnisses (KV) des GKG (§ 3 Abs. 2 GKG bzw. Anlage 1 zum GKG) bzw. des Vergütungsverzeichnisses (VV) des RVG (§ 2 Abs. 2 RVG bzw. Anlage 1 zum RVG). Es entstehen folgende Gebühren:

a) **Klageverfahren**

aa) **Gerichtsgebühren:** 4,0 gemäß Nr. 6110 KV GKG für das **erstinstanzliche Verfahren** vor dem Finanzgericht; 5, 0 gemäß Nr. 6120 KV GKG für das **Revisionsverfahren** vor dem BFH. Vgl. § 3 GKG; Anlage 1 zum GKG; die einzelnen Gebührenwerte für den jeweiligen Streitwertbetrag sind aus der Gebührentabelle (Anlage 2 GKG) ersichtlich.

bb) **Prozessbevollmächtigter**

Vorverfahren: Geschäftsgebühr Nr. 2400 VV RVG; ggf. Kürzung gemäß Nr. 2401 VV
RVG (vgl. Form. VII. 1 Anm. 13)

Erstinstanzliches Verfahren (vor dem Finanzgericht):
Verfahrensgebühr: 1,6 gemäß Nr. 3200 VV RVG;
Terminsgebühr: 1,2 gemäß Nr. 3202 VV RVG, und zwar auch, wenn **ohne mündliche** Verhandlung entschieden wird (Anmerkung 2 zu Nr. 3202 VV RVG);
War der Rechtsanwalt oder Steuerberater bereits im Verwaltungsverfahren und im Vorverfahren tätig, wird nur die zuletzt entstandene Geschäftsgebühr (teilweise) auf die im finanzgerichtlichen Verfahren entstehende Verfahrensgebühr angerechnet (Vorbemerkung 3.1 Abs. 4 des VV RVG).

Revisionsverfahren
Verfahrensgebühr 1,6 gemäß Nr. 3206 VV RVG;
Terminsgebühr 1,5 gemäß Nr. 3210 VV RVG;

b) **Einigungsgebühr** oder **Erledigungsgebühr** (1,5 oder 1,0) nach Nr. 1002 VV RVG oder nach Nr. 1000 VV RVG kann neben den Verfahrensgebühren entstehen (Absatz 4 der Vorbemerkung zu Nr. 1000 VV RVG. Auslagenersatz kann nach Teil 7 VV verlangt werden.

c) **Festsetzung der Vergütung** findet gemäß § 11 RVG für vom Mandanten zu zahlende Gebühren und den Auslagenersatz durch das Finanzgericht statt. Festsetzung der zu erstattenden Kosten gegenüber dem Prozessgegner erfolgt nach § 149 FGO auf Antrag. Umsatzsteuer wird gemäß Nr. 7008 VV mit festgesetzt.

Kosten und Gebühren

Für das Verfahren über die Kostenfestsetzung und eine etwaige Erinnerung werden Gerichtskosten nicht erhoben (*Tipke/Kruse/Brandis* AO/FGO § 149 FGO Rdn. 8). Die außergerichtlichen Kosten des obsiegenden Erinnerungsführers sind erstattungsfähig (*Tipke/Kruse/Brandis* AO/FGO § 149 FGO Rdn. 23).

Fristen und Rechtsmittel

Vgl. oben Anm. 4. Eine Beschwerde ist nicht gegeben (§ 128 Abs. 4 S. 1 FGO).

35. Antrag auf Prozesskostenhilfe

An das **...... (Ort), ... (Datum)**
Finanzgericht/den Bundesfinanzhof[1] ......

Antrag auf Bewilligung von Prozesskostenhilfe in der Sache ...... (Name und Anschrift des Antragstellers)

Antragsteller,

Prozessbevollmächtigter:[2] ......

gegen Finanzamt ......
in ......

wegen ...... (Steuerart und Streitjahr).

Namens und in Vollmacht[3] des Antragstellers beantrage ich

1. **dem Antragsteller für das Verfahren vor dem Finanzgericht/Bundesfinanzhof Prozesskostenhilfe zu bewilligen[4],**
2. **dem Antragsteller den Unterzeichnenden als Prozessbevollmächtigten beizuordnen[5].**

Wegen der persönlichen Einkommens- und Vermögensverhältnisse ist der amtlich vorgeschriebene Vordruck beigefügt[6].
Wegen der Darlegung der hinreichenden Erfolgsaussicht ist ein Entwurf der Rechtsmittelschrift beigefügt[7]. Das Verfahren soll nur durchgeführt werden, wenn die Prozesskostenhilfe bewilligt wird.

Unterschrift
Rechtsanwalt/Steuerberater[8]

Anmerkungen

1. Die Vorschriften der ZPO über die Prozesskostenhilfe gelten in den Verfahren nach der FGO sinngemäß (§ 142 Abs. 1 FGO). Der Antrag ist demgemäß für jedes selbstständige Verfahren und jede Instanz getrennt zu stellen (§§ 119, 127 ZPO), also für Anträge und Klagen beim FG, an den BFH für Beschwerden, Revisionen und bei Anträgen auf Aussetzung der Vollziehung, die an den BFH gerichtet werden.

2. Prozesskostenhilfe können erhalten natürliche Personen, Parteien kraft Amtes – insbesondere Insolvenzverwalter (§§ 56, 80 InsO), Zwangsverwalter (§ 152 ZVG), Nachlassverwalter (§ 1985 BGB), Testamentsvollstrecker (§§ 2212 f. BGB) –, inländische juristische Personen und parteifähige Personenvereinigungen, sofern sie nach § 57 FGO in der Lage sind, Beteiligter eines finanzgerichtlichen Verfahrens zu sein (zB. OHG, KG).

3. Den Antrag kann der Antragsteller auch selbst stellen. Auch vor dem BFH besteht insoweit kein Vertretungszwang (*Gräber/Koch* FGO, § 62 a Rdn. 15). Bedient sich der Antragsteller eines Bevollmächtigten, muss dieser eine schriftliche Vollmacht für dieses Verfahren vorlegen (§ 62 Abs. 1, Abs. 3 S. 1 FGO).

4. Das Prozesskostenhilfeverfahren soll dem Beteiligten die Durchführung des Rechtsschutzverfahrens ermöglichen oder erleichtern. Ist das Rechtsschutzverfahren noch nicht in Gang gesetzt worden, hat die Bewilligung der Prozesskostenhilfe die sich aus § 122 ZPO ergebenden Wirkungen. Insbesondere können Gerichtskosten und die auf die Staatskasse übergegangenen Ansprüche des beigeordneten Prozessbevollmächtigten gegen den Beteiligten nur nach Maßgabe des Gesetzes geltend gemacht werden. Wird Prozesskostenhilfe dagegen erst nach Ingangsetzung des Rechtsschutzverfahrens beantragt, hat die Bewilligung der Prozesskostenhilfe keinen Einfluss mehr auf die bis zur Antragstellung bereits entstandenen Gerichts- und Bevollmächtigtenkosten. Da Rechtsbehelfs- und Rechtsmittelfristen (zB. Klage-, Revisions- oder Beschwerdefristen) laufen und diese durch den Antrag auf Prozesskostenhilfe weder gehemmt noch unterbrochen werden, kann dem Antragsteller wegen Versäumung dieser gesetzlichen Fristen infolge der Dauer des Prozesskostenhilfeverfahrens grundsätzlich Wiedereinsetzung in den vorigen Stand gewährt werden (§ 56 FGO). Voraussetzung ist allerdings, dass der Antrag auf Prozesskostenhilfe innerhalb der Klage-, Revisions- oder Beschwerdefrist schriftlich oder zur Niederschrift der Geschäftsstelle (§ 117 Abs. 1 ZPO) und unter Darstellung der persönlichen und wirtschaftlichen Verhältnisse des Antragstellers auf dem amtlichen Vordruck (§ 117 Abs. 2 bis 4 ZPO) gestellt ist und dass zugleich die hinreichende Aussicht auf Erfolg für das Hauptverfahren (§ 114 S. 1 ZPO) – durch Beifügung des Entwurfs einer Klage- bzw. Rechtsmittelschrift oder in anderer Weise – dargelegt wird. Nur wenn die formellen und sachlichen Voraussetzungen für die Gewährung der Prozesskostenhilfe vor dem Ende der Klage- bzw. Rechtsmittelfrist dem Prozessgericht gegenüber dargetan sind, ist die Versäumung dieser Frist durch die Verzögerung der Entscheidung über die Prozesskostenhilfe durch den Antragsteller nicht verschuldet und ihm daher Wiedereinsetzung in den vorigen Stand zu gewähren (vgl. BFH BStBl. II 1982, 737).

5. Beigeordnet werden kann ein Rechtsanwalt (§ 121 ZPO) oder Steuerberater (§ 142 Abs. 2 FGO). Lohnsteuerhilfevereine oder Steuerberatungsgesellschaften können nicht beigeordnet werden (*Tipke/Kruse/Brandis*, AO/FGO, § 142 FGO Rdn. 60). In Verfahren vor dem BFH besteht gemäß § 62 a FGO Vertretungszwang. Es ist deshalb stets gemäß § 121 Abs. 1 ZPO ein Rechtsanwalt oder Steuerberater beizuordnen. In Verfahren vor dem FG werden die Voraussetzungen für eine Beiordnung nach § 121 Abs. 2 bis 4 ZPO ebenfalls regelmäßig erfüllt sein.

6. § 117 Abs. 2, Abs. 4 ZPO. Der Vordruck für die Erklärung des Beteiligten über seine persönlichen und wirtschaftlichen Verhältnisse ist durch die Verordnung vom 24. 11. 1980 (BGBl I, 2163) eingeführt worden und muss deshalb verwendet werden. Wegen der dazu erforderlichen Erklärungen über die Einkommens- und Vermögensverhältnisse die Erläuterungswerke zu § 142 FGO und §§ 115, 117 ZPO.

7. Die Gewährung von Prozesskostenhilfe ist davon abhängig, dass die beabsichtigte Rechtsverfolgung oder Rechtsverteidigung hinreichende Aussicht auf Erfolg bietet und nicht mutwillig erscheint (§ 114 S. 1 ZPO). Zur Darlegung der hinreichenden Erfolgsaussicht dient die Beifügung des Entwurfs einer Klage- bzw. Rechtsmittelschrift. Die Durchführung von Klagen bzw. Rechtsmitteln mit hinreichender Erfolgsaussicht ist im finanzgerichtlichen Verfahren im Allgemeinen nicht mutwillig; anders nur, wenn die Finanzbehörde bereits die Erteilung eines Abhilfe- oder Erlassbescheides zugesagt hat. Die Erklärung, dass das Verfahren nur durchgeführt werden soll, wenn die Prozesskostenhilfe bewilligt wird, dient der Klarstellung, dass die Einreichung der Klagebzw. Rechtsmittelschrift nicht bereits die Erhebung der Klage bzw. des Rechtsmittels darstellt.

8. Über den Antrag auf Prozesskostenhilfe entscheidet das Prozessgericht durch Beschluss, der zu begründen ist, wenn der Antrag abgelehnt wird und deshalb mit der Beschwerde anfechtbar ist (§ 127 Abs. 2 ZPO, § 113 Abs. 2 FGO). Die Entscheidung über den Antrag auf Prozesskostenhilfe ist keine Entscheidung über Streitigkeiten betreffend Kosten, Gebühren und Auslagen i. S. von § 128 Abs. 3 FGO. Die Beschwerde an den BFH ist aber nur statthaft, wenn das zugehörige Hauptverfahren an den BFH gelangen könnte (BFH BStBl. II 1982, 600).

Kosten und Gebühren

Für das Verfahren wegen Gewährung von Prozesskostenhilfe entstehen keine Gerichtsgebühren und Kostenerstattung findet nicht statt. Auslagen des Gerichts sind den Gerichtskosten des Hauptsacheverfahrens hinzuzurechnen und teilen das Schicksal der Kosten in der Hauptsache. Die Gebühr des Bevollmächtigten im Verfahren über die Prozesskostenhilfe ergeben sich aus Nr. 3335 VV RVG, § 45 StBGebV. Der Wert bestimmt sich nach dem Streitwert der Hauptsache.

Fristen und Rechtsmittel

Vgl. oben Anm. 8 und 4.

36. Antrag auf Festsetzung der Vergütung des beigeordneten Rechtsanwalts/Steuerberaters für das Klageverfahren

An den ...... (Ort), ... (Datum)
Urkundsbeamten der Geschäftsstelle
des Finanzgerichts/Bundesfinanzhofs[1]
Aktenzeichen: ......

In dem Rechtsstreit
...... (Name und Anschrift des Klägers)

Klägers,

Prozessbevollmächtigter: ......
gegen
Finanzamt ......
in ......

Beklagten,

wegen ...... (Steuerart und Jahr).
Ich beantrage die Festsetzung meiner Vergütung[2] als im Verfahren der Prozesskostenhilfe beigeordneter Rechtsanwalt/Steuerberater[3]. Soweit die Zahlungen des von mir vertretenen Beteiligten die Ansprüche der Staatskasse übersteigen, beantrage ich die Festsetzung einer weiteren Vergütung nach § 50 RVG.

I. Vergütung aus der Staatskasse (§ 45 Abs. 1 RVG) unter Berücksichtigung der Gebührenbeschränkung nach § 49 RVG.

Streitwert des Klageverfahrens:	**...... EUR**
Verfahrensgebühr Nr. 3200 VV RVG: 1,6	**...... EUR**
Terminsgebühr Nr. 3202 VV RVG: 1,2	**...... EUR**
Postgebühr Nr. 7001/2 VV RVG:	**20,00 EUR**
Reisekosten Nr. 7003/4 VV RVG:	**...... EUR**
Tage- und Abwesenheitsgeld gem. Nr. 7005 VV RVG:	**...... EUR**
Umsatzsteuer gem. Nr. 7008 VV RVG:	**...... EUR**
Festzusetzende Vergütung:	**...... EUR**

II. Weitere Vergütung ohne Beschränkung nach § 49 RVG.

Streitwert des Klageverfahrens:	**...... EUR**
Verfahrensgebühr Nr. 3200 VV RVG: 1,6	**...... EUR**
Terminsgebühr Nr. 3202 VV RVG: 1,2	**...... EUR**
Postgebühr Nr. 7001/2 VV RVG:	**20,00 EUR**
Reisekosten Nr. 7003/4 VV RVG:	**...... EUR**
Tage- und Abwesenheitsgeld gem. Nr. 7005 VV RVG:	**...... EUR**
Umsatzsteuer gem. Nr. 7008 VV RVG:	**...... EUR**
Vergütung:	**...... EUR**
davon ab Vergütung aus der Staatskasse:	**...... EUR**
weitere Vergütung (höchstens):	**...... EUR**

Der festzusetzende Betrag soll auf Konto ...... bei ...... überwiesen werden.

Unterschrift

Anmerkungen

1. Der Antrag auf Festsetzung der Vergütung ist an den Urkundsbeamten der Geschäftsstelle des Gerichts der jeweiligen Instanz (FG bzw. BFH) zu richten. Die Vergütung wird nicht von Amts wegen festgesetzt. Eine Verzinsung der Vergütung entsprechend § 104 Abs. 1 S. 2 ZPO findet nicht statt.

Gegen die Festsetzungen des Urkundsbeamten ist gemäß § 56 RVG die Erinnerung gegeben. Über die Erinnerung entscheidet das jeweilige Prozessgericht, soweit der Urkundsbeamte nicht abgeholfen hat. Gegen die Entscheidung des Gerichts findet die Beschwerde an den BFH nicht statt (§ 128 Abs. 4 S. 2 iVm. §§ 56, 33 Abs. 4 S. 3 RVG).

2. § 45 RVG. Der beigeordnete Rechtsanwalt/Steuerberater kann keine Vergütungsansprüche gegen den von ihm vertretenen Beteiligten geltend machen. Er erhält seine Vergütung aus der Staatskasse bzw. unmittelbar von dem in die Kosten verurteilten Gegner. Macht er den Anspruch auf seine Vergütung an die Staatskasse geltend, ergibt sich von einem Gegenstandswert von mehr als 3.500 EUR bis 30.000 EUR ein niedrigerer Gebührensatz als nach § 13 RVG; bei Gegenstandswerten von mehr als 30.000 EUR ist eine Festgebühr von 391 EUR anzusetzen (§ 49 RVG). Lässt der beigeordnete Bevollmächtigte die ihm zustehenden Gebühren nach § 126 Abs. 1 ZPO im eigenen Namen zwecks Beitreibung vom Prozessgegner festsetzen (s. dazu Form. VII. 35), ergibt sich die Gebührenbeschränkung aus § 49 RVG nicht. Eine Erhöhung der Gebührensätze nach § 49 RVG kann auch eintreten, wenn der vertretene Beteiligte die durch das Gericht festgesetzten Zahlungen geleistet hat und deren Summe die Gerichtskosten und die für den Steuerberater bereits geleisteten niedrigeren Zahlungen aus der Staatskasse übersteigt (§ 50 RVG).

3. § 121 ZPO, § 142 Abs. 2 FGO.

4. Vgl. Anm. 2.

Fristen und Rechtsmittel

Vgl. oben Anm. 1.

37. Antrag auf Festsetzung der Vergütung des beigeordneten Rechtsanwalts/Steuerberaters für das Klageverfahren gegenüber dem unterlegenen Gegner

An den **...... (Ort), ... (Datum)**
Urkundsbeamten des Finanzgerichts[1]
Aktenzeichen: ......

In dem Rechtsstreit
...... (Name und Anschrift des Klägers)

Klägers

Prozessbevollmächtigter: ......
gegen
Finanzamt ......
in ......

Beklagten

wegen ...... (Steuerart und Jahr).

Ich beantrage im eigenen Namen[2] die Festsetzung der mir als Vergütung zustehenden[3] gesetzlichen Gebühren[4].

Streitwert des Klageverfahrens:	**...... EUR**
Verfahrensgebühr Nr. 3200 VV RVG: 1,6	**...... EUR**
Terminsgebühr Nr. 3202 VV RVG: 1,2	**...... EUR**
Postgebühr Nr. 7001/2 VV RVG:	**20,00 EUR**
Reisekosten Nr. 7003/4 VV RVG:	**...... EUR**
Tage- und Abwesenheitsgeld gem. Nr. 7005 VV RVG:	**...... EUR**
Umsatzsteuer gem. Nr. 7008 VV RVG:	**...... EUR**
Festzusetzende Vergütung:	**...... EUR**

Anmerkungen

1. Wegen der Zuständigkeit s. Form. VII. 32 Anm. 1.

2. Das Beitreibungsrecht gegenüber dem unterlegenen Gegner (in der Regel = Finanzamt) ist ein dem beigeordneten Prozessbevollmächtigten zustehendes Recht (§§ 125, 126 ZPO; § 155 FGO).

3. Wegen des Umfangs der erstattungsfähigen Gebühren und Auslagen s. Form. VII. 36.

4. Nach Beendigung des Rechtsstreits entfällt das sich aus § 122 Abs. 1 Nr. 3 ZPO ergebende Verbot der Geltendmachung, so dass auch die sog. Differenzkosten festzusetzen sind (vgl. § 125 ZPO).

Fristen und Rechtsmittel

Wird der Antrag abgelehnt oder wird ihm nur teilweise entsprochen, steht dem Prozessbevollmächtigten die im eigenen Namen zu erhebende Erinnerung zu; Frist: zwei Wochen (§ 149 FGO; s. auch Form. VII. 34 Anm. 4). Über die Erinnerung entscheidet das Gericht.

VIII. Der Sozialgerichtsprozess

Vorverfahren (§§ 77ff. SGG)

1. Widerspruch[1] (gegen Feststellung einer Sperrzeit)

An die
Agentur für Arbeit[2]

Widerspruch[3]

des technischen Zeichners ......,
Verfahrensbevollmächtigter: RA ......
gegen den Bescheid der Agentur für Arbeit ...... vom ...... – Az.: ...... – wegen Verhängung einer Sperrzeit.
Gegen den oben genannten Bescheid – zugestellt am ......[4] – erhebe ich namens und in Vollmacht des Widerspruchsführers Widerspruch und beantrage[5],

1. **den Bescheid vom ...... aufzuheben,**
2. **dem Widerspruchsführer auch für die Zeit vom ...... bis ...... Arbeitslosengeld zu zahlen.**

Begründung[6]:

Die Arbeitsagentur A. hat gegenüber dem Widerspruchsführer eine Sperrzeit[7] von zwölf Wochen mit der Begründung festgestellt, dieser habe sein Arbeitsverhältnis ohne wichtigen Grund gelöst. Es trifft zu, dass der Widerspruchsführer freiwillig und ohne Aussicht auf ein Anschlussarbeitsverhältnis gekündigt hat. Er hatte dafür aber einen wichtigen Grund iSd. § 144 Abs. 1 S. 1 SGB III. Nachdem seine Lebenspartnerin ......, mit der er seit mehreren Jahren zusammen lebt, in A. ein Beschäftigungsverhältnis begründet hatte, bezogen beide in A. eine neue gemeinsame Wohnung. Wegen der erheblichen Entfernung der bisherigen Wohnung zum neuen Arbeitsplatz der Lebenspartnerin hätte der Widerspruchsführer diese nur am Wochenende aufsuchen können. Außerdem können der Widerspruchsführer und seine Lebenspartnerin aus finanziellen Gründen nicht zwei Wohnungen unterhalten. Schließlich hat sich der Widerspruchsführer schon vor der Kündigung des Beschäftigungsverhältnisses bei der Arbeitsagentur A. arbeitsuchend gemeldet und sich intensiv um eine andere Arbeit in der Nähe des neuen Wohnorts bemüht.

Rechtsanwalt

Schrifttum: Niesel Teil B: Das Widerspruchsverfahren.

Anmerkungen

1. Vor Erhebung einer Anfechtungs- o. Verpflichtungsklage ist grundsätzlich ein Vorverfahren durchzuführen, in dem Recht- u. Zweckmäßigkeit des Verwaltungsakts (zum Begriff des Verwaltungsakts § 31 SGB X) nachzuprüfen sind (§ 78 SGG). Das gilt auch,

wenn die Anfechtungsklage mit anderen Klagearten (s. Form. VIII. 6–9) verbunden ist. Das Widerspruchsverfahren ist *obligatorisch.* § 78 Abs. 1 S. 2 Nr. 1–3 SGG regelt *Ausnahmen von der Vorverfahrenspflicht,* zB. für bestimmte Konstellationen des Vertragsarztrechts (§ 78 Abs. 1 S. 2 Nr. 1 SGG). Weitere Ausnahmen hat die Rspr. anerkannt; praktisch besonders bedeutsam: für ersetzende o. abändernde Folgebescheide, die nach § 96 SGG Gegenstand des Klage- u. Berufungsverfahrens werden (BSG 47, 28/30).

Fehlt das vorgeschriebene Vorverfahren, muss das Gericht das Verfahren analog § 114 Abs. 2 SGG aussetzen u. der Behörde Gelegenheit geben, das Vorverfahren nachzuholen. In der Klageerwiderung im anhängigen Rechtsstreit liegt kein Widerspruchsbescheid (*Meyer-Ladewig* SGG § 78 Rdn. 3c mwN.). Wird die Möglichkeit, das Vorverfahren nachzuholen, nicht eröffnet, so liegt darin ein Verfahrensmangel (zB. BSG 20, 199; BSG SozR 1500 § 78 Nr. 8; näher dazu *Meyer-Ladewig* SGG § 78 Rdn. 3a). Im Revisionsverfahren ist die Nachholung des Vorverfahrens nicht mehr möglich.

Nach § 86a Abs. 1 SGG haben *Widerspruch* u. *Anfechtungsklage* (Form. VIII. 2) grundsätzlich *aufschiebende Wirkung* (zur Systematik des einstweiligen Rechtsschutzes Form. VIII. 27 Anm. 1 u. 2). Dieser Grundsatz wird durch die in § 86a Abs. 2 Nr. 1–5 u. Abs. 4 SGG normierten Ausnahmen weitgehend *durchbrochen,* u. zwar:

- Bei der Entscheidung über Versicherungs-, Beitrags- u. Umlagepflichten und der Anforderung von Beiträgen, Umlagen o. sonstigen öffentlichen Abgaben, um die Funktionsfähigkeit der Leistungsträger zu sichern (Nr. 1).
- Bei Verwaltungsakten, die eine laufende Leistung entziehen o. herabsetzen (Nr. 2 u. 3) ist zu unterscheiden: In Angelegenheiten der Sozialversicherung behält der *Widerspruch* seine aufschiebende Wirkung, nicht aber in Angelegenheiten des sozialen Entschädigungsrechts und der Bundesagentur für Arbeit; für die *Anfechtungsklage* entfällt die aufschiebende Wirkung schlechthin.
- In anderen durch Bundesges. vorgeschriebenen Fällen (Nr. 4), so insbes. im Bereich der Arbeitsförderung (§ 336a SGB III, näher hierzu *Vor* in: *Spellbrink/Eicher* § 31 C) sowie der Grundsicherung für Arbeitsuchende (§ 39 SGB II, näher hierzu *Spellbrink* in: *Kreikebohm/Spellbrink/Waltermann,* Komm. zum Sozialrecht, 2009, §§ 36–45 SGB II Rdn. 12ff. u. im Vertragsarztrecht (ausführlich jeweils *Steinhilper* MedR 2003, 433 u. *Meyer-Ladewig* SGG § 86a Rdn. 16ff.).
- Wenn die Stelle, die den Verwaltungsakt erlassen o. über den Widerspruch zu entscheiden hat, im Einzelfall die sofortige Wirkung im öffentlichen Interesse o. im überwiegenden Interesse eines Beteiligten anordnet (Nr. 5).
- Bei Änderung, Aufhebung o. Ablehnung der Verlängerung einer Erlaubnis nach Art. 1 § 1 AÜG (Abs. 4).

§ 86a Abs. 3 SGG regelt die *Wiederherstellung der aufschiebenden Wirkung. Praktisch wichtig:* Wenn es um Versicherungs-, Beitrags- u. Umlagepflichten geht (§ 86a Abs. 2 Nr. 1 SGG), *soll* die Vollziehung ausgesetzt werden, wenn ernstliche Zweifel an der Rechtmäßigkeit des angegriffenen Verwaltungsakts bestehen *oder* wenn die Vollziehung für den Betroffenen eine unbillige, nicht durch überwiegende öffentliche Interessen gebotene Härte zur Folge hätte.

Wird der Widerspruch für begründet erachtet, so ist ihm *abzuhelfen* (§ 85 Abs. 1 SGG).

2. Der Widerspruch ist bei der Stelle einzureichen, die den Verwaltungsakt erlassen hat (§ 84 Abs. 1 SGG). Zur Fristwahrung (s. Anm. 4) genügt jedoch auch der Eingang des Widerspruchs bei anderen Behörden (vgl. im Einzelnen § 84 Abs. 2 SGG).

3. *Schriftlich* (Unterschrift nicht unbedingt erforderlich, BSG 19, 191; BVerwGE 30, 274; näher dazu *Meyer-Ladewig* SGG § 84 Rdn. 3 und § 90 Rdn. 5) oder zur Niederschrift der Stelle, die den Widerspruch erlassen hat (§ 84 Abs. 1 SGG), im letzteren Falle muss der Widerspruchsführer persönlich anwesend sein.

4. Die *Widerspruchsfrist* beträgt nach § 84 Abs. 1 SGG einen Monat und bei Bekanntgabe im Ausland drei Monate nach der Bekanntgabe (§ 37 Abs. 1 SGB X) des

Verwaltungsakts. Bei unterbliebener o. unrichtiger Rechtsbehelfsbelehrung beträgt die Widerspruchsfrist ein Jahr (§ 66 Abs. 2 SGG).

Wiedereinsetzung in den vorigen Stand ist möglich (§ 84 Abs. 2 S. 3 SGG iVm. § 67 SGG), ggf. im sozialgerichtlichen Verfahren (vgl. BSG 43, 19). Wird trotz Fristversäumnis sachlich entschieden, wird Fristverletzung geheilt (BSG 49, 85; str.).

5. Der Widerspruch braucht nicht begründet zu werden u. auch keinen Antrag zu enthalten. Beides ist allerdings zweckmäßig, um der Behörde die Grundlage für eine Überprüfung u. eventuelle Abhilfe zu verschaffen. Wird nicht abgeholfen, ist der Widerspruch der für die Entscheidung zuständigen Stelle vorzulegen (vgl. § 85 Abs. 2 SGG).

6. Nachdem das BSG seine frühere Rspr. aufgegeben hat, kann allein der Zuzug zum nichtehelichen Lebenspartner zur Fortsetzung einer bereits bestehenden *nichtehelichen Lebensgemeinschaft* einen wichtigen Grund iSd. Sperrzeittatbestandes (s. Anm. 7) darstellen (BSG 90, 90 = SozR 3–4100 § 119 Nr. 26; s. auch BSG SozR 3–4100 § 119 Nr. 15 u. 16; zur nichtehelichen Lebensgemeinschaft als wichtiger Grund iSd. § 121 Abs. 4 S. 7 SGB III, der einem Umzug zur Aufnahme einer Beschäftigung entgegensteht, *Urmersbach* NZS 2004, 414). Ein Ortswechsel zur Begründung einer (zuvor nicht bestehenden) nichtehelichen Lebensgemeinschaft stellt demgegenüber keinen wichtigen Grund dar. Zu den Begriffsmerkmalen einer nichtehelichen Lebensgemeinschaft s. im Einzelnen BSG 90, 90. Kennzeichnend ist der wechselseitige Wille, Verantwortung füreinander zu tragen u. füreinander einzustehen. Im Bereich der Grundsicherung für Arbeitsuchende hat der Gesetzgeber Sachverhalte normiert, bei deren Vorliegen dieser Wille vermutet wird (§ 7 Abs. 3 a SGB II).

7. Die Feststellung von *Sperrzeiten* ist in § 144 SGB III geregelt (zu den Sperrzeitbeständen *Hümmerich* NJW 2007, 1025; *Schulz* SGb 2005, 89; *Voelzke* NZS 2005, 281; *Klöcker* SGb 2003, 442). Sie ist insbesondere vorgesehen, wenn der Arbeitslose a) ohne wichtigen Grund sein Arbeitsverhältnis gelöst (hierzu ausführlich *Kühl*, Die Sperrzeit bei Arbeitsaufgabe, Berlin 2007) o. durch sein vertragswidriges Verhalten Anlass für die Kündigung des Arbeitgebers gegeben und er dadurch vorsätzlich o. grob fahrlässig die Arbeitslosigkeit herbeigeführt hat *oder* b) wenn er trotz Belehrung über die Rechtsfolgen eine ihm von der Arbeitsagentur angebotene Arbeit nicht angenommen o. nicht angetreten hat, ohne für sein Verhalten einen wichtigen Grund zu haben. Für die Auslegung des Begriffs „wichtiger Grund" iSd. § 144 Abs. 1 SGB III sind die Grundrechte von Bedeutung (s. dazu BSG SozR 4100 § 119 Nr. 13, 17, 30 u. 34; BVerfG SozR 4100 § 119 Nr. 22; zur Sperrzeit und Gewissensfreiheit *Deiseroth* info also 2008, 195); mit dem Gesetz zur Überarbeitung des Lebenspartnerschaftsgesetzes vom 15. 12. 2004 – BGBl. I S. 3396 – ist die eingetragene Lebenspartnerschaft mit der Ehe weitgehend gleichgestellt worden (s. auch *Vogel/Pötter* DAngVers 2005, 156 insbesondere zu den Neuregelungen im SGB VI). Überdies sind – wie im Beispielsfall – die Interessen der Versichertengemeinschaft mit den Interessen des Arbeitslosen abzuwägen (BSG SozR 3–4100 § 119 Nr. 15 u. 16; zur Lebenspartnerschaft als Verantwortungs- u. Einstehensgemeinschaft BVerfGE 87, 237).

Die *Beweislast* dafür, dass der Arbeitslose eine Sperrzeit verwirkt hat, trifft die Arbeitsagentur grundsätzlich auch hinsichtlich der Frage, ob das versicherungswidrige Verhalten ohne wichtigen Grund erfolgt ist, es sei denn, dass die für die Beurteilung eines wichtigen Grundes maßgebenden Tatsachen in der Sphäre oder dem Verantwortungsbereich des Arbeitslosen lagen (§ 144 Abs. 1 S. 4 SGB III; s. auch BSG 71, 256 = SozR 3–4100 § 119 Nr. 7).

Kosten und Gebühren

a) Das Widerspruchsverfahren ist *kostenfrei*, dh. die Behörden erheben keine Gebühren. Für das Widerspruchsverfahren, dem kein Klageverfahren folgt, das sog. *isolierte*

Widerspruchsverfahren, ist die Kostenerstattung in § 63 SGB X geregelt (für das Widerspruchsverfahren, dem ein Klageverfahren folgt, gelten die gleichen Grundsätze, vgl. Form. VIII. 31 Anm. 7). Soweit der Widerspruch erfolgreich ist, hat der Rechtsträger, dessen Behörde den angefochtenen Verwaltungsakt erlassen hat, dem Widerspruchsführer die zur zweckentsprechenden Rechtsverfolgung oder Rechtsverteidigung notwendigen Aufwendungen zu erstatten (vgl. § 63 Abs. 1 SGB X). Die *Kostenentscheidung* der Behörde bestimmt auch, ob die *Zuziehung eines RA* o. eines sonstigen Bevollmächtigten notwendig war (vgl. § 63 Abs. 3 S. 2 und Abs. 2 SGB X). Die Heranziehung eines RA ist idR. notwendig (vgl. dazu BVerwGE 17, 245 = NJW 1964, 686; einschränkend BVerwG NVwZ 1987, 883; für Schwerbehindertensachen BSG Urt. v. 8. 10. 1987 – 9 a RVs 10/87 –; *Niesel* Rdn. 71; *Meyer-Ladewig* SGG § 193 Rdn. 5 b). Die Kostenentscheidung ist ein Verwaltungsakt, der mit der Klage angefochten werden kann (vgl. BSG SozR 1500 § 144 Nr. 27).

Die Behörde, die die Kostenentscheidung getroffen hat, setzt auf Antrag den Betrag der zu erstattenden Aufwendungen fest (§ 63 Abs. 3 S. 1 SGB X).

Sofern *im Widerspruchsbescheid eine Kostenentscheidung fehlt*, kann diese nachträglich beantragt u. mit dem *Antrag auf Kostenfestsetzung* verbunden werden (s. das Schriftsatzmuster Nr. 3 bei *Niesel* S. 235 u. Form. V. A. 5).

Der Kostenerstattungsanspruch ist bei einem isolierten Vorverfahren nicht zu verzinsen (BSG Urt. v. 24. 7. 1986 – 7 RAr 86/84 –).

b) Der RA erhält im Widerspruchsverfahren eine *Geschäftsgebühr*, die die gesamte außergerichtliche Tätigkeit abgilt, u. zwar sowohl in den Verfahren, in denen Betragsrahmengebühren entstehen, als auch in den Verfahren, in denen die Gebühren nach dem Gegenstandswert berechnet werden (§ 3 Abs. 2 iVm. Abs. 1 RVG – dazu näher Form. VIII. 2 Buchst. c) zu „Kosten u. Gebühren"):

- In Angelegenheiten, für die der RA im sozialgerichtlichen Verfahren nach § 3 Abs. 1 S. 1 RVG Anspruch auf *Betragsrahmengebühren* hat, erhält er im Widerspruchsverfahren ebenfalls eine Rahmengebühr. Der Gebührenrahmen beträgt 40 bis 520 EUR (Nr. 2400 VV) und ermäßigt sich auf 40 bis 260 EUR, wenn eine Tätigkeit im Verwaltungsverfahren vorausgegangen ist (Nr. 2401 VV). Die für Duchschnittsfälle maßgebende Mittelgebühr (s. dazu Form. VIII. 31 Anm. 8) wird nach der amtl. Anm. zu Nr. 2400 u. 2401 auf 240 bzw. 120 EUR gekappt. Nach LSG Baden-Württemberg Beschl. v. 22. 10. 2008 – L 3 AS 2648/08 – erhöht sich die Kappungsgrenze auch bei der Vertretung mehrerer Auftraggeber (Nr. 1008 VV) – wie es insbesondere bei einer Bedarfsgemeinschaft des SGB II der Fall sein kann – nur dann, wenn die anwaltliche Tätigkeit dadurch umfangreich o. schwierig (näher zu diesen Begriffen *Gerold/Schmidt* RVG § 14 Rdn. 15 f.) wird. Neben der Gebühr nach den Nrn. 2400 u. 2401 entsteht bei Einigung o. Erledigung eine Gebühr nach Nr. 1005 (Rahmen: 40 bis 520 EUR, Mittelgebühr 280 EUR); zu den Anforderungen an die Entstehung dieser Gebühr BSG NZS 2007, 612 u. Urt. v. 2. 10. 2008 – B 9/9 a SB 5/07 R –; s. auch *Köhler*, Die Kostenentscheidung nach Erledigung der Hauptsache im sozialrechtlichen Widerspruchsverfahren, ZFSH/SGB 2009, 67.
- Sind Gebühren des RA gemäß § 3 Abs. 1 S. 2 RVG nach dem *Gegenstandswert* zu berechnen, gilt für das Widerspruchsverfahren ein Rahmen von 0,5 bis 2,5 der *Wertgebühr* nach § 13 RVG (Nr. 2300 VV). Ist eine Tätigkeit im Verwaltungsverfahren vorausgegangen, ermäßigt er sich auf 0,5 bis 1,3 (Nr. 2301 VV). Für Durchschnittsfälle liegt die Gebühr bei 1,3 bzw. 0,7. Neben der Gebühr nach der Nr. 2300 o. 2301 kann eine Einigungsgebühr (Nr. 1000) o. eine Erledigungsgebühr (Nr. 1002) entstehen, die jeweils einem Wert von 1,5 der Gebühr nach § 13 RVG entspricht.

c) Das dem *Widerspruchsverfahren vorangegangene Verwaltungsverfahren* ist – im Gegensatz zu der früheren Regelung in § 119 Abs. 1 BRAGO – gebührenrechtlich nunmehr eine eigene Angelegenheit (§ 17 Nr. 1 RVG). Kosten des dem Widerspruchsverfahren vorangegangenen Verwaltungsverfahrens sind nicht erstattungsfähig (vgl. dazu BSG

SozR 3–1300 § 63 Nr. 1; BSG 55, 92; *Roos* in: *von Wulffen* SGB X, § 63 Rdn. 6 mwN.). Die Geschäftsgebühr (Nr. 2300 bzw. 2400 VV) hat in jedem Fall der Mandant zu tragen.

Fristen und Rechtsmittel

Vgl. Anm. 4 (Fristen). Gegen den Widerspruchsbescheid: Klage gemäß §§ 87 ff. SGG. Die Klagefrist beginnt mit Zustellung des Widerspruchsbescheides (§ 87 Abs. 2 SGG) und beträgt einen Monat bzw. bei Zustellung außerhalb des Geltungsbereichs des SGG drei Monate (§ 87 Abs. 1 S. 2 SGG). Sind im sog. Massenwiderspruchsverfahren (§ 85 Abs. 4 SGG) die Widerspruchsbescheide öffentlich bekannt gemacht worden (näher hierzu *Tabbara* SGb 2009, 211), so beträgt die Klagefrist ein Jahr (§ 87 Abs. 1 S. 3 u. 4 SGG).

Klage (Klagearten)

2. Isolierte Anfechtungsklage – § 54 Abs. 1 SGG – (Klage gegen Entziehung einer Verletztenrente)[1]

– mit Übersicht zu Grundsätzen und Besonderheiten des sozialgerichtlichen Verfahrens in Stichworten –

An das
Sozialgericht[2]

Klage[3, 3 a, 3 b]

des Auszubildenden ......, **Klägers,**
Prozessbevollmächtigter: RA ......[4]

gegen

den Gemeinde-Unfallversicherungsverband ......, **Beklagten,**
vertreten durch den Geschäftsführer,
wegen Rentenentziehung.

Namens und in Vollmacht des Klägers erhebe ich Klage und beantrage[5],

den Bescheid des Beklagten vom ...... in der Gestalt des Widerspruchsbescheides vom ......[6] aufzuheben.

Begründung[7]:

Der Beklagte hatte dem Kläger mit Bescheid vom ...... wegen des Unfalls, den dieser am ...... beim Schulsport erlitten hat (§ 2 Abs. 1 Nr. 8 Buchst. b SGB VII), Verletztenrente auf unbestimmte Zeit in Höhe von 25 vH. der Vollrente bewilligt und war davon ausgegangen, dass die Minderung der Erwerbsfähigkeit – MdE – neurologischerseits 15 vH. und chirurgischerseits 15 vH. betrage. Er hat diese Rente durch den angefochtenen Bescheid nach § 48 SGB X mit der Begründung entzogen, die Drehbeweglichkeit des linken Unterarms habe sich weitestgehend normalisiert.

Der Beklagte hat dem Kläger vor der Rentenentziehung zwar Gelegenheit zur Äußerung gegeben und ihm eine Kopie des Gutachtens des Prof. Dr. P. übersandt[8]. Er hat aber das Vorbringen des Klägers nicht hinreichend berücksichtigt. Danach fehlen die materiell-

rechtlichen Voraussetzungen für eine Rentenentziehung. Denn die Unfallfolgen haben sich, wie der Vergleich des Bewilligungszeitpunkts mit dem Zeitpunkt der Entziehung ergibt, nicht wesentlich gebessert. Auch der Beklagte geht davon aus, dass die Restfolgen des Schädel-Hirntraumas unverändert geblieben sind. Entgegen seiner Auffassung haben sich aber auch die unfallbedingten Gesundheitsstörungen auf chirurgischem Gebiet nicht wesentlich geändert. Denn aus dem Gutachten des Prof. Dr. P. und den darin mitgeteilten Bewegungsmaßen geht hervor, dass sich die unfallbedingte Bewegungseinschränkung des linken Unterarmes nur geringfügig gebessert hat. Außerdem schwillt der linke Arm bei Belastung an der Frakturstelle an. Eine zur Rentenentziehung berechtigende Senkung der unfallbedingten MdE ist demgemäß nicht eingetreten[9].

Rechtsanwalt

Schrifttum: Niesel Teil C: Das Klageverfahren; *Krasney/Udsching* Kap. IV.

Anmerkungen

Vorbemerkung zu den *Grundsätzen und Besonderheiten des sozialgerichtlichen Verfahrens* (Übersicht in Stichworten):
- *Akteneinsicht* (§ 120 SGG, § 84a SGG für Widerspruchsverfahren)
- *Amtsbetrieb,* insbesondere: Zustellungen sind Aufgabe des Gerichts, § 63 SGG
- *Amtsermittlungsgrundsatz,* §§ 103, 106 Abs. 3 SGG; Anm. 7 u. Form. VIII. 21 Anm. 1
- *Arzt des Vertrauens,* Gutachten nach § 109 SGG, Form. VIII. 22
- *Aufschiebende Wirkung,* von Widerspruch u. Klage, Form. VIII. 1 Anm. 1
- *Betragsrahmengebühren,* sind im sozialgerichtlichen Verfahren die Regel, s. unter Kosten und Gebühren
- *Bindungswirkung* (Bestandskraft, § 77 SGG) u. *Rechtskraft* (§ 141 SGG) durch § 44 SGB X weitgehend durchbrochen; Form. VIII. 7 und VIII. 18
- *Dispositionsmaxime,* vgl. dazu §§ 101, 102 SGG
- *Einstweiliger Rechtsschutz,* §§ 86a u. 86b SGG, in Anlehnung an das verwaltungsgerichtliche Verfahren, Form. VIII. 27–29
- *Folgebescheid,* s. unter neuer Bescheid
- *Gerichtskostenfreiheit,* s. unter Kosten u. Gebühren
- *Grundurteil* (Regelfall), erledigt den Rechtsstreit bei der Anfechtungs- u. Leistungsklage, Form. VIII. 6 Anm. 3
- *Hinweispflicht des Vorsitzenden,* § 106 Abs. 1 SGG; insbesondere: Hinwirken auf sachdienliche Anträge, vgl. Anm. 5
- *Klagerücknahme* (§ 102 SGG) mit der Besonderheit der Rücknahmefiktion aufgrund dreimonatigen Nichtbetreibens (näher dazu § 102 Abs. 2 SGG, s. Anm. 3b)
- *Konzentrationsmaxime,* möglichst nur eine mündliche Verhandlung, § 106 Abs. 2 SGG
- *Mahnverfahren* hinsichtlich der Beitragsansprüche von Unternehmen der privaten Pflegeversicherung (§ 182a SGG) als Alternative zur Klage beim SG
- *Mündlichkeit,* § 124 SGG; s. auch Form. VIII. 26
- *Mutwillenskosten,* § 192 SGG, s. unter Kosten u. Gebühren
- *Neuer Bescheid,* ändernder oder ersetzender Folgebescheid wird Gegenstand des Verfahrens, § 96 SGG; s. für das Widerspruchsverfahren § 86 Abs. 1 SGG
- *Obergutachten,* nicht im sozialgerichtlichen Verfahren
- *Parteivernehmung,* nicht im sozialgerichtlichen Verfahren, aber *Anordnung* des *persönlichen Erscheinens* zur Aufklärung des Sachverhalts zulässig, § 111 SGG
- *Präklusion,* grundsätzlich keine im sozialgerichtlichen Verfahren; Ausnahmen: § 106a SGG, s. Anm. 7 u. Form. VIII. 10 Anm. 6; § 157a SGG, s. Form. VIII. 10 Anm. 6; Fristsetzung für Gutachten nach § 109 SGG, Form. VIII. 22 Anm. 1

- *Protokoll,* Geltung der ZPO-Vorschriften (§ 122 SGG)
- *Prozessvollmacht,* muss schriftlich bis zur Verkündung der Entscheidung vorliegen, § 73 Abs. 2 SGG; s. Anm. 4
- *Rechtliches Gehör,* § 62 SGG; s. auch Form. VIII. 15 Anm. 5
- *Versäumnisurteil,* nicht im sozialgerichtlichen Verfahren
- *Verschuldenskosten,* s. unter Mutwillenskosten
- *Vertretungszwang,* nur vor dem BSG, § 166 SGG, Form. VIII. 12 Anm. 5
- *Verzicht auf mündliche Verhandlung* möglich, §§ 124, 126 SGG, Form. VIII. 26
- *Vollstreckungstitel,* § 199 SGG
- *Vorverfahrenspflicht,* § 78 SGG, Form. VIII. 1
- *Zurückverweisung an die Verwaltung,* § 131 Abs. 5 SGG, Form. VIII. 21 Anm. 1
- *Zustellung,* § 63 SGG, s. auch §§ 133 u. 135 SGG.

1. Die *isolierte* (reine) *Anfechtungsklage* hat im sozialgerichtlichen Verfahren eine nicht unerhebliche, jedoch eine geringere Bedeutung als im verwaltungsgerichtlichen Verfahren, da idR. Klageziel nicht nur die Aufhebung eines belastenden Verwaltungsakts, sondern auch die Verurteilung zur Erbringung einer bestimmten Sozialleistung ist. In den Fällen der reinen Anfechtungsklage erreicht der Kläger sein Klageziel – die Aufrechterhaltung der für ihn günstigen Rechtslage – schon durch die Aufhebung des belastenden Bescheides. Folglich ist nur die Aufhebung des belastenden Verwaltungsakts zu beantragen. Der gelegentlich zusätzlich gestellte Antrag, eine entzogene oder herabgesetzte Leistung über den Entziehungs- oder Herabsetzungszeitpunkt hinaus weiter zu erbringen, ist überflüssig und unzulässig.

Gegenstände der reinen Anfechtungsklage:

- Aufhebung eines Verwaltungsaktes mit Dauerwirkung bei wesentlicher Änderung der tatsächlichen oder rechtlichen Verhältnisse (§ 48 SGB X, im Wesentlichen: Entziehung, Umwandlung und Herabsetzung von Renten)
- Rücknahme eines rechtswidrigen begünstigenden Verwaltungsakts (§ 45 SGB X) und Erstattung (Rückforderung) zu Unrecht erbrachter Leistungen (§ 50 SGB X)
- Aufrechnung (§ 51 SGB I)
- Verrechnung (§ 52 SGB I)
- Auszahlung bei Verletzung der Unterhaltspflicht (§ 48 SGB I)
- Versagung von Leistungen wegen fehlender Mitwirkung (§ 66 SGB I)
- Entziehung der vertragsärztlichen Zulassung (§ 95 Abs. 6 SGB V)
- Feststellung des Ruhens des Leistungsanspruchs (s. dazu BSG 61, 62).

Neben der Aufhebung von Verwaltungsakten mit Dauerwirkung bei wesentlicher Änderung der Verhältnisse (§ 48 SGB X, Textbsp.) ist insbesondere die *Rücknahme rechtswidriger begünstigender Verwaltungsakte* einschließlich der *Rückforderung* zu Unrecht erbrachter Leistungen (§§ 45, 50 SGB X) Gegenstand der Anfechtungsklage. Da es um die Feststellung der ursprünglichen Rechtswidrigkeit geht, ist der tatsächliche u. rechtliche Zustand im Zeitpunkt des Erlasses des Verwaltungsakts maßgeblich (BSG SozR 3–2600 § 93 Nr. 3 = NZS 1998, 79). Insoweit ist für die medizinische Beurteilung nach der Rspr. des BSG der ursprünglich vorhandene Kenntnisstand entscheidend; neue Erkenntnisse zB. über Kausalzusammenhänge dürfen nicht herangezogen werden (BSG SozR 3–1300 § 48 Nr. 67 = NZS 2000, 199).

IdR. steht der *Vertrauensschutz* einer Rücknahme für die Vergangenheit entgegen (§ 45 Abs. 2 S. 1 u. 2 SGB X). Er entfällt, wenn die Voraussetzungen des § 45 Abs. 2 S. 3 und Abs. 3 S. 2 SGB X vorliegen (§ 45 Abs. 4 S. 1 SGB X). Allerdings kann von den Regelungen des SGB X in den anderen Büchern des SGB abgewichen werden (s. den Vorbehalt abweichender Regelungen in § 37 SGB X). Von erheblicher praktischer Bedeutung sind insoweit die Regelungen über die erleichterte Aufhebung von Bewilligungsbescheiden im Arbeitsförderungsrecht sowie der Grundsicherung für Arbeitsuchende (§ 330 SGB III, § 40 Abs. 1 S. 2 Nr. 1 SGB II; näher hierzu *Vor* in: *Spellbrink/Eicher* § 31 B). Zu beachten sind ferner die *Fristen* für die Rücknahme (§ 45 Abs. 3 u. 4 S. 2 SGB X). Sind diese verstrichen, kann die Leistung nur noch „eingefroren" werden (§ 48 Abs. 3 SGB X). S. dazu im Einzelnen *von Wulffen,* Kommentierung der §§ 45 u. 48 SGB X.

Die Anfechtungsklage ist zulässig, wenn der Kläger behauptet, durch einen Verwaltungsakt beschwert zu sein, weil dieser objektiv rechtswidrig sei und subjektiv in seine rechtlich geschützten Interessen eingreife (vgl. § 54 Abs. 1 u. 2 SGG).

Maßgebend ist bei der Anfechtungsklage grundsätzlich die *Sach- u. Rechtslage zum Zeitpunkt, in dem der angefochtene Verwaltungsakt erlassen* worden ist (BSG 68, 228/231 mwN.; BSG SozR 4100 § 119 Nr. 32 – S. 154 –; BSG SozR 3–3870 § 3 Nr. 7 – S. 14 –; eine Änderung der Sach- und Rechtslage erst im Rechtsbehelfsverfahren heilt nicht, s. BSG SozR 3–1500 § 54 Nr. 18 für den eine Verletztenrente entziehenden Bescheid); zu Ausnahmen von diesem Grundsatz insbesondere im Vertragsarztrecht (Kassenarztrecht) *Meyer-Ladewig* SGG § 54 Rdn. 33a u. b.

2. Die Klage ist bei dem zuständigen SG *schriftlich* oder zur Niederschrift des Urkundsbeamten der Geschäftsstelle zu erheben (§ 90 SGG); s. auch Anm. 3. Anfechtungs- und Verpflichtungsklagen sind *binnen eines Monats* (außerhalb des Geltungsbereichs des SGG dreier Monate) nach Zustellung des Widerspruchsbescheides oder, wenn ein Vorverfahren (ausnahmsweise) nicht erforderlich war (§ 78 Abs. 1 SGG), nach Bekanntgabe oder Zustellung des Verwaltungsakts zu erheben (§ 87 SGG). Zur Fristwahrung genügt auch der Eingang bei einer anderen Behörde (s. § 91 SGG). Bei fehlender oder unrichtiger Rechtsmittelbelehrung gilt die Jahresfrist (§ 66 Abs. 2 SGG). Ist die Klagefrist ohne Verschulden versäumt, ist auf Antrag *Wiedereinsetzung in den vorigen Stand* zu gewähren (§ 67 SGG; ausführlich dazu *Niesel* Rdn. 165ff.; *Krasney/Udsching* Kap. VII Rdn. 15ff.), zB. nach einem ordnungsgemäß gestellten isolierten PKH-Antrag (näher dazu Sächsisches LSG *Breithaupt* 1997, 913 sowie Form. VIII. 12 Anm. 3 und Form. VIII. 25 Anm. 1). Die Gewährung der Wiedereinsetzung in den vorigen Stand bedarf einer eindeutigen gerichtlichen Entscheidung; sie kann nicht stillschweigend erfolgen (BSG SozR 4–1500 § 67 Nr. 4).

Wird die Feststellung der Nichtigkeit eines Verwaltungsakts oder die Feststellung des zuständigen Versicherungsträgers oder die Vornahme eines unterlassenen Verwaltungsakts (Form. VIII. 5) begehrt, läuft keine Klagefrist (§ 89 SGG), ebensowenig bei einer echten (isolierten) Leistungsklage (Form. VIII. 3). S. dazu aber auch Form. VIII. 8 Anm. 4.

3. § 92 SGG ist m. Wirkung v. 1. 4. 2008 an § 82 VwGO u. § 65 FGG angeglichen worden: Abs. 1 normiert hinsichtlich der Beteiligten u. des Klagegegenstandes Mussvorschriften u. – wie bisher – zusätzliche Sollvorschriften. Danach *muss* die Klage den Kläger (mit vollständigem Namen und ladungsfähiger Anschrift), den Beklagten (Behördenangabe genügt) u. den Gegenstand des Klagebegehrens bezeichnen (Abs. 1 S. 1).

Die Klage *soll* einen bestimmten Antrag enthalten (s. Anm. 5) u. von dem Kläger o. einer zu seiner Vertretung bestimmten Person mit Orts- u. Zeitangabe unterzeichnet sein (Abs. 1 S. 3). Trotz fehlender Unterschrift ist die Klage also wirksam, sofern sie deutlich macht, von wem sie stammt. Insofern sind die Anforderungen an die Klageschrift geringer als an die Berufungs- u. Revisionsschrift; s. dazu Form. VIII. 10 Anm. 2.

Außerdem *sollen* die zur Begr. dienenden Tatsachen u. Beweismittel angegeben (Anm. 7) u. die angefochtene Verfügung sowie der Widerspruchsbescheid in Ur- u. Abschrift beigefügt werden (Abs. 1 S. 4).

Entspricht die Klage nicht den Anforderungen des § 92 Abs. 1 SGG, *muss* der Vorsitzende zu der erforderlichen Ergänzung innerhalb einer bestimmten Frist auffordern (näher dazu § 92 Abs. 2 SGG). *Achtung:* Für die nach § 92 Abs. 1 S. 1 SGG zwingend erforderlichen Angaben *kann* der Vorsitzende für die Ergänzung eine *Ausschlussfrist* setzen (Abs. 2 S. 2). Nach ergebnislosem Fristablauf ist die Klage als unzulässig abzuweisen (anders *Meyer-Ladewig* SGG § 92 Rdn. 17: „kann").

3a. Der Klageschrift, den sonstigen Schriftsätzen und nach Möglichkeit den Unterlagen sind *Abschriften* für die Beteiligten beizufügen (näher dazu die Sollvorschrift des § 93 SGG). Das gilt naturgemäß nicht bei elektronischer Kommunikation (§ 65a Abs. 2 S. 2 SGG).

3b. Die Klage gilt als zurückgenommen, wenn der Kläger das Verfahren trotz Aufforderung des Gerichts länger als drei Monate nicht betreibt. Die Rücknahmefiktion tritt nur dann ein, wenn zum Zeitpunkt der Betreibensaufforderung Anhaltspunkte für einen Wegfall des Rechtsschutzinteresses vorliegen (s. dazu die ausführliche Ges.begr., BT-Drucks. 16/7716 zu Art. 1 Nr. 17; *Meyer-Ladewig* SGG § 102 Rdn. 8a; *Leopold* SGb 2009, 458).

4. Vor dem *SG* und dem *LSG* besteht *kein Vertretungszwang,* jeder Beteiligte kann seinen Prozess selbst führen. Die Beteiligten können sich jedoch in jeder Lage des Verfahrens durch prozessfähige Bevollmächtigte vertreten lassen (s. im Einzelnen § 73 SGG u. *Köhler,* Die Neuregelung der Vertretungsbefugnis im sozialgerichtlichen Verfahren, SGb 2009, 131 sowie *Steinbach/Tabbara,* Die Neuregelung des Rechtsberatungsrechts und seine Auswirkungen auf sozialgerichtliche Verfahren, NZS 2008, 575). Die *Vollmacht* ist schriftlich zu den Gerichtsakten zu reichen (§ 73 Abs. 6 S. 1 SGG); die Einreichung per Telefax reicht aus. Die Vollmacht kann nachgereicht werden; hierfür kann das Gericht eine Frist bestimmen (§ 73 Abs. 6 S. 2 SGG). Das Gericht hat den Mangel der Vollmacht *von Amts wegen* zu berücksichtigen, wenn nicht als Bevollmächtigter ein RA auftritt (so der § 88 Abs. 2 ZPO entsprechende § 73 Abs. 6 S. 4 SGG). Macht der Gegner den Mangel geltend (§ 73 Abs. 6 S. 3 SGG), muss das Gericht den Prozessbevollmächtigten unter Fristsetzung zur Nachreichung auffordern (*Meyer-Ladewig* SGG § 73 Rdn. 67). Liegt die Vollmacht – trotz Fristsetzung – bis zur Entscheidung nicht vor, so ist die Klage als unzulässig abzuweisen bzw. das Rechtsmittel als unzulässig zu verwerfen (vgl. dazu GemSOGB SozR 1500 § 73 Nr. 4; BSG SozR 1500 § 73 Nr. 5; *Meyer-Ladewig* aaO. Rdn. 66).

Eine Vollmacht, die für das Verwaltungsverfahren erteilt worden ist (vgl. § 13 SGB X), reicht für das Klageverfahren nicht aus (BSG SozR 3–1500 § 73 Nr. 2).

5. An die Fassung der Anträge ist das Gericht nicht gebunden (§ 123 SGG). Der Vorsitzende hat im Rahmen seiner Aufklärungspflicht darauf hinzuwirken, dass unklare Anträge erläutert und sachdienliche Anträge gestellt werden (§§ 106 Abs. 1 u. 112 Abs. 2 S. 2 SGG; instruktiv BSG 83, 254/264). Der Umfang der Hinweispflicht richtet sich nach dem Einzelfall u. ist bei einer Vertretung durch rechtskundige Personen weniger ausgeprägt (vgl. BSG SozR Nr. 16 zu § 106 SGG). Zum Umfang der Hinweispflicht *Krasney/Udsching* Kap. VI Rdn. 137ff. Durch die Hinweispflicht (gerichtliche Fürsorgepflicht) u. den Amtsermittlungsgrundsatz (Anm. 7) wird die Tätigkeit des RA im Sozialgerichtsprozess nachhaltig unterstützt. In jedem Fall obliegt es jedoch dem Kläger, das Prozessziel deutlich zu machen (vgl. BSG SozR 1500 § 54 Nr. 12).

6. Hat ein Vorverfahren stattgefunden (Regelfall), so ist nach § 95 SGG *Gegenstand der Klage* der ursprüngliche Verwaltungsakt in der Gestalt, die er durch den Widerspruchsbescheid gefunden hat (Klagegegenstand im Unterschied zum Streitgegenstand, vgl. *Meyer-Ladewig* SGG § 95 Rdn. 1, 4ff.). Ausnahme: Im Bereich der vertragsärztlichen (kassenärztlichen) Zulassung und Wirtschaftlichkeitsprüfung ist Gegenstand der Klage allein der Bescheid des Beschwerdeausschusses (BSG SozR 3–2500 § 116 Nr. 6 – S. 39 –; BSG 74, 59).

Nach der für das sozialgerichtliche Verfahren geltenden *Sondervorschrift* des § 96 SGG wird ein neuer Verwaltungsakt (Folgebescheid) im Wege der gesetzlichen Klageänderung (Prozessökonomie) Gegenstand des Klageverfahrens, wenn er *nach* Erlass des Widerspruchsbescheides ergangen ist u. den angefochtenen Verwaltungsakt abändert o. ersetzt. Die Möglichkeit, Folgebescheide durch Klageänderung (§ 99 SGG) in den Rechtsstreit einzubeziehen, bleibt unberührt.

7. Nach § 92 Abs. 1 S. 4 SGG *sollen* die zur Begr. dienenden Tatsachen u. Beweismittel angegeben werden (keine „Darlegungs- u. Beweisführungspflicht", BSG SozR 1500 § 103 Nr. 27 – S. 22 – mwN.; s. auch Form. VIII. 15). Eine *Begr. der Klage* ist also *nicht* zwingend *vorgeschrieben.* Sie liegt aber im Interesse des Klägers. In diesem Zusammenhang ist von Bedeutung, dass das Gericht bei der *Erforschung des Sachverhalts,* die *von Amts wegen* erfolgt (Untersuchungsmaxime, Amtsermittlungsgrundsatz), die Beteiligten heranzuziehen hat; es ist an das Vorbringen und die Beweisanträge der Beteiligten nicht gebunden (§ 103 SGG). Wichtige *Ausnahme:* Der Beweisantrag iSd. § 160 Abs. 2 Nr. 3 SGG; s. dazu Form. VIII. 15 u. Form. VIII. 21 Anm. 1 u. 4. Die Beteiligten haben die Folgen fehlender oder unzureichender Mitwirkung zu tragen, vgl. dazu *Haueisen* NJW 1966, 764; *Meyer-Ladewig* SGG § 103 Rdn. 13 ff.

In diesem Zusammenhang ist die seit dem 1. 4. 2008 geltende fakultative *Präklusionsregelung* des § 106 a SGG – sie entspricht im Wesentlichen § 87 b VwGO, § 79 b FGO – von Bedeutung (dazu näher *Leopold* ZFSH/SGB 2008, 332 u. *Roller* SGb 2008, 394). Sie dient im Wesentlichen der Verfahrensbeschleunigung. Danach *kann* der Vorsitzende dem Kläger eine Frist für die in § 106 a Abs. 1 u. 2 SGG normierten Mitwirkungshandlungen setzen und das Gericht kann Erklärungen u. Beweismittel, die erst nach der gesetzten Frist vorgebracht werden, zurückweisen. Die danach ausgeschlossenen Tatsachen sind jedoch im Rahmen des § 44 SGB X (Rücknahme eines unanfechtbar gewordenen Ablehnungsbescheides, Form. VIII. 7) zu berücksichtigen.

8. Bevor ein Verwaltungsakt erlassen wird, der – wie im Textbsp. der Entziehungsbescheid – in Rechte eines Beteiligten eingreift, ist diesem Gelegenheit zu geben, sich zu den für die Entscheidung erheblichen Tatsachen (s. dazu BSG 69, 247) zu äußern (Grundsatz der Gewährung rechtlichen Gehörs, der auch für das Vorverfahren gilt, § 24 SGB X; BSG SozR 3–1300 § 24 Nr. 13). Das setzt eine hinreichende Information durch die Verwaltung, jedenfalls die Mitteilung der Ermittlungsergebnisse voraus (BSG SozR 3–1300 § 24 Nr. 15). Begehren Beteiligte zur Information Einsicht in Befundberichte u. Gutachten, so sind diese zu übermitteln (BSG SozR 1200 § 34 Nr. 2 u. 4 – S. 7 –; BSG SozR 1300 § 24 Nr. 2). Ein unter Verletzung der Anhörungspflicht ergangener Verwaltungsakt ist rechtswidrig (§ 42 S. 2 SGB X). Ausführlich zur Anhörung m. umfangreichen Nachw. d. Rspr. des BSG KassKomm. – *Krasney,* Kommentierung des § 24 SGB X.

Die Anhörung kann nach dem die „Heilungsmöglichkeiten" der Verwaltung erweiternden § 41 Abs. 2 SGB X bis zur letzten Tatsacheninstanz eines sozialgerichtlichen Verfahrens, dh. bis zum Abschluss des LSG-Verfahrens nachgeholt werden; und zwar nach BSG Urt. v. 5. 2. 2008 – B 2 U 6/07 R – (= SGb 2009, 156 m. Anm. v. *Dörr*) auch dann, wenn die Anhörung bewusst unterblieb. Zur Heilung von Verfahrens- u. Formfehlern kann das Gericht auf Antrag die Verhandlung aussetzen (§ 114 Abs. 2 S. 2 SGG).

9. Zu begründen ist, weshalb keine *wesentliche Änderung* (Besserung) iSd. § 48 SGB X eingetreten ist. Insbesondere in der gesetzlichen Unfallversicherung sind Bescheide, mit denen Verletztenrente wegen einer wesentlichen Besserung der Unfallfolgen entzogen o. herabgesetzt wird (§ 73 SGB VII), häufig Gegenstand sozialgerichtlicher Verfahren (vgl. *Jung* SGb 2002, 1). Eine wesentliche Änderung der Verhältnisse („Verschlimmerung") mit dem Ziel der Leistungserhöhung ist hingegen durch Anfechtungs- u. Leistungsklage geltend zu machen (Form. VIII. 6). Nach der speziellen unfallversicherungsrechtlichen Vorschrift des § 73 Abs. 3 SGB VII ist wesentlich nur eine Änderung der MdE um mehr als 5 vH.; bei Renten auf unbestimmte Zeit muss sie länger als drei Monate andauern (näher dazu KassKomm. – *Ricke* § 73 SGB VII Rdn. 11 ff.). Zu vergleichen ist der Zustand, auf dem die letzte verbindliche Leistungsfeststellung beruhte, mit dem Zustand im Zeitpunkt der Neufeststellung (*Schütze* in: *von Wulffen* SGB X § 48 Rdn. 4).

Kosten und Gebühren

a) Mit dem 6. SGG-ÄndG (s. dazu *Kummer* SGb 2001, 705) hat der Gesetzgeber die umfassende Kostenfreiheit des sozialgerichtlichen Verfahren eingeschränkt. Grundsätzlich *gerichtskostenfrei* ist es für Versicherte, Leistungsempfänger, Behinderte o. deren Sonderrechtsnachfolger (§ 56 SGB I) geblieben (§ 183 SGG). Die rechtspolitische Diskussion über die Einführung allg. Verfahrensgebühren dürfte aufgrund des Ergebnisses eines vom Bundesministerium für Arbeit und Sozialordnung – BMA – in Auftrag gegebenen Gutachtens jedenfalls vorerst beendet sein (hierzu näher *Höland* ua. SGb 2008, 689). Die nicht zu dem genannten privilegierten Personenkreis gehörenden Kläger u. Beklagten (im Wesentlichen: Körperschaften u. Anstalten des öffentlichen Rechts) haben eine Gebühr (Pauschgebühr) zu entrichten (§§ 184 ff. SGG), dh.: im „Normalfall" ist das sozialgerichtliche Verfahren für den Kläger gerichtskostenfrei und für den beklagten Leistungsträger entsteht die Pauschgebühr.

Gehören weder Kläger noch Beklagter zu den in § 183 SGG genannten Personen (im Wesentlichen: Streitigkeiten von Sozialleistungsträgern untereinander, Streitigkeiten zwischen Sozialleistungsträgern u. Arbeitgebern, Vertragsarztverfahren), werden Kosten nach den Vorschriften des GKG erhoben (§ 197 a Abs. 1 S. 1 SGG). Die Verfahrensgebühr wird sofort fällig (§ 6 Abs. 1 Nr. 4 GKG). Ihre Höhe ergibt sich aus § 34 GKG iVm. Teil 7 Nrn. 7100 ff. KV. Zur Bestimmung des Streitwerts s. § 52 GKG und die Hinweise zu Form. VIII. 27. Bei „unstreitiger" Erledigung eines Verfahrens ermäßigt sich die Gebühr deutlich. War der Rechtsstreit vor Inkrafttreten des 6. SGG-ÄndG (2. Januar 2002) rechtshängig, bleibt es bei der Gerichtskostenfreiheit in allen Rechtszügen (BSG SozR 4–1500 § 183 Nr. 1 = NZS 2004, 500).

Weitere Ausnahmen vom Grundsatz der Gerichtskostenfreiheit: (1) Kosten wegen schuldhafter Verzögerung des Verfahrens oder wegen Missbräuchlichkeit der Rechtsverfolgung/-verteidigung eines Beteiligten, dem dessen Vertreter oder Bevollmächtigter gleichsteht (Verschuldens- o. Mutwillenskosten, § 192 SGG; dazu kritisch *Plagemann* NZS 2005, 290). (2) Kosten für die Anfertigung von nicht beigefügten Abschriften (§ 93 S. 3 SGG) und im Zusammenhang mit Akteneinsicht (§ 120 Abs. 2 S. 1 SGG). (3) Kosten der Anhörung eines Arztes nach § 109 SGG (Form. VIII. 22).

b) Die Erstattung der *außergerichtlichen Kosten* der Beteiligten untereinander ist in § 193 SGG geregelt (s. auch Form. VIII. 30). Gehören weder Kläger noch Beklagter zu den in § 183 SGG genannten Personen (so.), richtet sich die Kostenerstattung für Verfahren, die ab dem 2. Januar 2002 anhängig geworden sind (so.), nach §§ 154 bis 162 VwGO (§ 197 a Abs. 1 S. 1 SGG). In bereits zuvor rechtshängigen Verfahren ist die Kostengrundentscheidung noch nach § 193 SGG zu treffen (BSG SozR 3–2500 § 116 Nr. 24). Kosten sind die zur zweckentsprechenden Rechtsverfolgung o. Rechtsverteidigung notwendigen Aufwendungen der Beteiligten, insbesondere die gesetzlichen Gebühren u. notwendigen Auslagen eines RA (§ 193 Abs. 2 u. 3 SGG). Dazu gehören auch die Kosten eines Widerspruchsverfahrens, wenn es dem gerichtlichen Verfahren vorangegangen ist (*Niesel* Rdn. 622 a; *Meyer-Ladewig* SGG § 193 Rdn. 3 a). Zu den Kosten des *isolierten Vorverfahrens* s. Form. VIII. 1.

Aufwendungen der nach § 184 Abs. 1 SGG Gebührenpflichtigen (so.) sind bei Kostengrundentscheidungen nach dem SGG nicht erstattungsfähig (§ 193 Abs. 4 SGG).

Ein *Kostenantrag* ist grundsätzlich *nicht erforderlich,* da das Gericht von Amts wegen im Urt. zu entscheiden hat, ob u. in welchem Umfang die Beteiligten einander Kosten zu erstatten haben (*Kostengrundentscheidung*; § 193 Abs. 1 S. 1 SGG, § 197 a Abs. 1 S. 1 SGG iVm. § 161 Abs. 1 VwGO). Wird der Rechtsstreit jedoch auf andere Weise beendet als durch eine gerichtliche Entscheidung mit der Folge, dass eine Kostenentscheidung nicht getroffen wird (zB. bei Klage- u. Rechtsmittelrücknahme o. angenommenem Anerkenntnis), ist nach § 193 Abs. 1 S. 3 SGG ein besonderer *Antrag* erforderlich, über den durch Beschl. zu entscheiden ist; vgl. dazu Form. VIII. 30. Gehören weder Kläger noch Beklagte zu dem oa. privilegierten Personenkreis, erfolgt grundsätzlich die Kostenentscheidung von Amts wegen (§ 197a Abs. 1 S. 1 SGG iVm. § 161 Abs. 1 VwVO); Ausnahme: Abschluss des Verfahrens durch Vergleich (s. § 197a Abs. 1 S. 1 SGG iVm. § 160 VwGO). Von der Kostengrundentscheidung zu unterscheiden ist die *Kostenfestsetzung*, die die Kostengrundentscheidung hinsichtlich der Höhe ausfüllt; vgl. dazu Form. VIII. 31.

c) *Rechtsanwaltsgebühren:* Als ein Teil (Art. 3) des KostRMoG hat das RVG die BRAGO abgelöst, die in den fast 50 Jahren ihres Bestehens nur wenig verändert wurde. Die BRAGO findet noch Anwendung, wenn der Auftrag vor dem Inkrafttreten dieses Gesetzes am 1. Juli 2004 erteilt oder der RA vor diesem Zeitpunkt gerichtlich bestellt oder beigeordnet worden ist. Die Übergangsvorschriften der §§ 60f. RVG sind wegen der nicht selten langen Dauer eines Sozialgerichtsprozesses (insbesondere aufgrund erforderlicher medizinischer Ermittlungen) von Bedeutung. Insoweit kann auf die Darstellung des Kosten- u. Gebührenrechts in der 9. Aufl. des Handbuchs verwiesen werden. In Verfahren über ein Rechtsmittel, das nach Inkrafttreten des RVG eingelegt worden ist, ist die Vergütung für dieses Verfahren nach neuem Recht zu berechnen (s. auch BSG SozR 4–1935 § 33 Nr. 1 = NZS 2005, 557).

Mit dem RVG ist das Gebührenrecht vereinheitlicht u. vereinfacht worden. Allerdings kann in den sozialgerichtlichen Verfahren, in denen nach Betragsrahmengebühren abgerechnet wird (Regelfall), die Höhe der Gebühr auch zukünftig umstritten sein; dazu näher Form. VIII. 31 Anm. 8. Die für anwaltliche Tätigkeiten in bürgerlichen Rechtsstreitigkeiten geltenden Vorschriften finden unter Berücksichtigung der Besonderheiten des sozialgerichtlichen Verfahrens Anwendung:

– Die bekannten Regelgebühren *Verfahrens- u. Terminsgebühr* entstehen auch in sozialgerichtlichen Verfahren, und zwar auch dann, wenn – wie im Regelfall – Betragsrahmengebühren (su.) gelten. Demgegenüber sah die BRAGO eine einheitliche Pauschgebühr vor, die die gesamte Tätigkeit des RA in einem Rechtszug vom Auftrag bis zur Erledigung der Angelegenheit abgalt. Die Terminsgebühr wird nach den amtl. Anm. zu der Nr. 3104 u. 3106 VV auch dann fällig, wenn in einem Verfahren, für das mündliche Verhandlung vorgeschrieben ist, im Einverständnis mit den Beteiligten ohne mündliche Verhandlung entschieden wird (Form. VIII. 26), wenn nach § 105 Abs. 1 SGG ohne mündliche Verhandlung durch Gerichtsbescheid entschieden wird o. wenn das Verfahren nach angenommenem Anerkenntnis ohne mündliche Verhandlung endet.
– Es entstehen grundsätzlich *Betragsrahmengebühren* nach § 3 RVG. Die Verfahrensgebühr beträgt vor dem SG 40 bis 460 EUR (Nr. 3102 VV – Mittelgebühr: 250 EUR) und ermäßigt sich auf 20 bis 320 EUR (Mittelgebühr: 170 EUR), sofern ein Widerspruchsverfahren vorausgegangen ist (Nr. 3103 VV), vor dem LSG 50 bis 570 EUR (Nr. 3204 VV – Mittelgebühr: 310 EUR) u. vor dem BSG 80 bis 800 EUR (Nr. 3212 VV – Mittelgebühr: 440 EUR). Die Terminsgebühr beträgt vor dem SG sowie dem LSG jeweils 20 bis 380 EUR (Nr. 3106 und 3205 VV – Mittelgebühr: 200 EUR) u. vor dem BSG 40 bis 700 EUR (Nr. 3213 – Mittelgebühr: 370 EUR). Neben Verfahrens- u. Terminsgebühr entsteht bei Einigung o. Erledigung eine Gebühr vor dem SG nach Nr. 1006 VV (Rahmen: 30 bis 350 EUR, Mittelgebühr: 190 EUR) u. vor dem LSG sowie dem BSG nach Nr. 1007 VV (Rahmen: 40 bis 460 EUR, Mittelgebühr: 250 EUR).

Auch für die Prüfung der Erfolgsaussicht eines Rechtsmittels sind Gebühren vorgesehen: Die Gebühr für die Prüfung der Erfolgsaussicht eines Rechtsmittels (Nr. 2102 VV – Rahmen: 10 bis 260 EUR, Mittelgebühr: 135 EUR) wirkt sich bei Einlegung des Rechtsmittels praktisch nicht aus, da sie nach der amtl. Anm. auf jede im Rechtsmittelverfahren entstehende Gebühr anzurechnen ist. Das gilt nicht für die Gebühr Nr. 2103 VV (Rahmen: 40 bis 400 EUR, Mittelgebühr: 220 EUR). Sie entsteht, wenn die Prüfung der Erfolgsaussicht eines Rechtsmittels mit der Ausarbeitung eines schriftlichen Gutachtens verbunden ist (vgl. *Hartmann* VV 2101 Rdn. 7).

- Ist nach § 197a SGG das GKG anwendbar und gehört der Auftraggeber nicht zu den in § 183 SGG genannten Personen, werden die Gebühren nach dem *Gegenstandswert* berechnet (§ 3 Abs. 1 S. 2 RVG). Es handelt sich um Angelegenheiten, in denen soziale Aspekte kostenrechtlich unerheblich sind, und zwar im Wesentlichen um Angelegenheiten aus dem Bereich des Vertragsarztrechts (Bsp.: Entziehung der vertragsärztlichen Zulassung, vgl. dazu BSG SozR 1930 § 8 Nr. 2; zum Gegenstandswert der anwaltlichen Tätigkeit in vertragsärztlichen Streitigkeiten *Wenner/Bernard* NZS 2006, 1), Streitigkeiten zwischen juristischen Personen des öffentlichen Rechts sowie zwischen Arbeitgebern u. juristischen Personen des öffentlichen Rechts (näher dazu *Meyer-Ladewig* SGG § 197 Rdn. 7d; *Niesel* Rdn. 616ff.). Neben Verfahrens- u. Terminsgebühr kann eine Einigungsgebühr (Nr. 1000 VV) o. eine Erledigungsgebühr (Nr. 1002 VV) entstehen, die jeweils vor dem SG 1,0 (Nr. 1003 VV) u. vor dem LSG sowie dem BSG 1,3 (Nr. 1004 VV) der Gebühr nach § 13 RVG beträgt. Die Rspr. der Gerichte der SGb wird fortlaufend zusammengestellt vom LSG Rheinland-Pfalz im Streitwertkatalog, NZS 2009 Heft 8 u. 9; *Hartmann* GKG § 52 Anh. III.; s. auch *Straßfeld* SGb 2008, 80ff., 119ff., 191ff.
- Eine *Vergütungsvereinbarung* ist auch im sozialgerichtlichen Verfahren zulässig (§ 4 RVG).

Weiterführende Literatur zum Kosten- u. Gebührenrecht im sozialgerichtlichen Verfahren: *Niesel* Teil I; *Krasney/Udsching* Kap. XII; *Gerold/Schmidt* RVG u. *Hartmann; Guhl,* Die Rahmengebühren des RVG für sozialrechtliche Angelegenheiten, NZS 2005, 193; *Hartung,* Das neue RVG, NJW 2004, 1409; *Klier,* Höhe der gesetzlichen Gebühren im Sozialrecht nach § 3 RVG, NZS 2004, 469; *Mayer,* Die Neuregelung der Gebühren in sozialrechtlichen Angelegenheiten im neuen RVG, RVG-Letter 2004, 51; *Meyer,* Schwerpunktheft RVG – Der Gegenstandswert und die Abrechnung in besonderen Gerichtsbarkeiten und Sondergerichtsbarkeiten, Das Juristische Büro 2004, 263; *Otto,* Die angemessene Rahmengebühr nach dem RVG, NJW 2006, 1472; *Schneider/Hansens,* Kostenrechtsmodernisierungsges., AnwBl. 2004, 129; *Straßfeld,* Vergütung von Rechtsanwälten im sozialgerichtlichen Verfahren, SGb 2008, 635ff., 705ff.; *dies.,* Auswirkungen des Kostenmodernisierungsges. auf das sozialgerichtliche Verfahren, SGb 2005, 154; *Berendes,* „Mutwillenskosten" nach neuem Recht, SGb 2002, 315; s. auch *Wenner* SozSich 2001, 422/427f.

Fristen und Rechtsmittel

Vgl. Anm. 2 (Klagefrist). Gegen das Urt. bzw. den Gerichtsbescheid des SG idR. Berufung – § 143 SGG – (Form. VIII. 10), ausnahmsweise NZB – § 145 SGG – (Form. VIII. 11). Die Berufung ist ausgeschlossen, wenn es sich um die Kosten des Verfahrens handelt (§ 144 Abs. 4 SGG).

3. Isolierte Leistungsklage – § 54 Abs. 5 SGG – (Erstattungsstreit zwischen Leistungsträgern)[1]

An das
Sozialgericht

Klage

der Allgemeinen Ortskrankenkasse ......, Klägerin,
vertreten durch den Vorstand,
gegen
den Gemeindeunfallversicherungsverband ......, Beklagten,
vertreten durch den Geschäftsführer,

wegen Erstattung von Leistungen[2]

Beigeladen[3]: Frau ......
Prozessbevollmächtigter: RA ......

Namens und in Vollmacht der Beigeladenen schließe ich mich dem Antrag der Klägerin an, den Beklagten zu verurteilen, der Klägerin die ihr durch den Unfall der Beigeladenen entstandenen Heilbehandlungskosten in Höhe von ...... EUR zu erstatten[4].

Begründung[5]:

Die Beigeladene, die bei der Klägerin krankenversichert ist, unterstützte seit ...... unentgeltlich eine in ihrer Nachbarschaft wohnende Bekannte B. Sie führte dreimal täglich deren Hund aus, erledigte dreimal wöchentlich Einkäufe, verrichtete einmal wöchentlich Gartenarbeit und kehrte die Straße. Am ...... stürzte sie beim Ausführen des Hundes und zog sich einen komplizierten Bruch des rechten Oberschenkels zu. Die Klägerin hat durch diesen Unfall verursachte Kosten der Heilbehandlung in Höhe von ...... EUR geltend gemacht. Sie hat, wie sie bereits zutreffend begründet hat, einen Erstattungsanspruch (§ 105 SGB X) gegen den Beklagten, weil die Heilbehandlungskosten durch einen vom Beklagten zu entschädigenden Arbeitsunfall (§ 8 SGB VII) verursacht worden sind. Die Beigeladene stand nach § 2 Abs. 2 S. 1 SGB VII wie eine nach § 2 Abs. 1 Nr. 1 SGB VII Versicherte (Beschäftigte) unter dem Schutz der gesetzlichen Unfallversicherung. Denn das Gesamtbild ihrer für B. verrichteten Tätigkeit entsprach dem einer abhängigen Arbeit und nicht, wie der Beklagte meint, einer unternehmerähnlichen Tätigkeit.

Rechtsanwalt

Schrifttum: Wie bei Form. VIII. 2.

Anmerkungen

1. Die „echte" (isolierte) Leistungsklage (§ 54 Abs. 5 SGG) ist im Verhältnis „Bürger – Sozialleistungsträger" *selten.* Sie setzt voraus, dass auf die begehrte Leistung ihrer Art nach ein Rechtsanspruch besteht (Gegensatz: Ermessensleistungen, vgl. Form. VIII. 4) u. dass ein Verwaltungsakt nicht ergangen ist u. nicht zu ergehen hat. Mit ihr können Geld- u. Sachleistungen erzwungen werden, aber auch Amtshandlungen, die keine Verwaltungsakte sind. Beispiele: Unterlassungsklage wegen Verletzung des Sozialgeheimnisses (BSG SozR 1200 § 35 Nr. 1); Ansprüche aus der privaten Pflegeversicherung (§ 51 Abs. 1 Nr. 2 SGG; s. zur Zuständigkeit der SGe auch BSG SozR 3–1500 § 51 Nr. 19); Vergütungsansprüche der nichtärztlichen Leistungserbringer (BSG 66, 159). Die Leistungsklage ist auch zulässig, um einen Vollstreckungstitel (§ 199 Abs. 1 SGG) zu erlangen, wenn der Sozialleistungs-

träger die (weitere) Erbringung von bewilligten Leistungen einstellt, ohne einen entsprechenden Verwaltungsakt zu erlassen (BSG 50, 82/83); weitere Beispiele für isolierte Leistungsklagen bei *Krasney/Udsching* Kap. IV Rdn. 62 ff., s. auch Anm. 2.

2. *Hauptanwendungsgebiet* der isolierten (echten) Leistungsklage sind *Erstattungsstreitigkeiten zwischen Leistungsträgern* (s. auch das Textbsp.). Die Erstattungsansprüche sind in §§ 102 ff. SGB X geregelt. Im Bsp.fall ist § 105 SGB X Rechtsgrundlage des Erstattungsanspruchs. Soweit ein Leistungsanspruch besteht, gilt der Anspruch des Berechtigten gegen den zur Leistung verpflichteten Leistungsträger als erfüllt (sog. Erfüllungsfiktion, § 107 Abs. 1 SGB X).

Erstattungsansprüche wegen zu Unrecht erbrachter Sozialleistungen werden *gegenüber dem Leistungsempfänger* hingegen nicht durch die Leistungsklage verfolgt, sondern es wird die zu erstattende Leistung durch Verwaltungsakt festgesetzt (vgl. § 50 SGB X iVm. §§ 45, 48 SGB X sowie die in SozR 1300 zu § 45 SGB X u. zu § 50 SGB X veröffentlichte Rspr. des BSG). Gegen den Erstattungsbescheid bzw. den damit verbundenen Aufhebungsbescheid (vgl. § 50 Abs. 3 SGB X) ist die Anfechtungsklage gegeben (vgl. Form. VIII. 2).

3. Da im Erstattungsstreit der Leistungsträger das Vorliegen eines Arbeitsunfalls als Vorfrage geprüft wird, kann der Verletzte wegen eventueller eigener Ansprüche aus der Unfallversicherung ein Interesse an der Beiladung haben. Nach BSG 46, 232/233 (s. auch Urt. des BSG v. 26. 3. 1986 – 2 RU 77/84 – u. 30. 4. 1991 – 2 RU 78/90 –) ist der Verletzte im Erstattungsstreit zwischen Kranken- u. Unfallversicherungsträger mangels Identität des Streitgegenstandes nicht nach § 75 Abs. 2 SGG notwendig beizuladen (anders BSG SozR 1500 § 75 Nr. 60 unter Hinweis auf die Erfüllungsfiktion des § 107 SGB X – s. Anm. 2 – hinsichtlich der notwendigen Beiladung des Versicherten zum Erstattungsstreit zwischen Sozialhilfe- u. Krankenversicherungsträger).

4. Regelmäßig wird ein bezifferter Antrag gestellt, weil der geltend gemachte Anspruch der Höhe nach feststeht. Ein Grundurteil (§ 130 SGG) ist jedoch möglich. Anders als bei der Anfechtungs- u. Leistungsklage (Form. VIII. 6) ist dieses ein Zwischenurt., so dass der Rechtsstreit bis zur Durchführung des Nachverfahrens über die Höhe der Leistung anhängig bleibt (BSG 29, 69; 61, 217/228).

5. S. zum Bsp.fall Urt. des BSG v. 26. 4. 1990 – 2 RU 39/89 –; zum Versicherungsschutz nach § 2 Abs. 2 S. 1 SGB VII *Krasney* NZS 1999, 577.

Kosten und Gebühren

Das Textbsp. betrifft den nicht seltenen Erstattungsstreit zwischen Sozialleistungsträgern. Demgemäß findet das GKG Anwendung (§ 197 a Abs. 1 SGG, s. dazu Form. VIII. 2 Buchst. a zu „Kosten und Gebühren"). Die Erstattung der außergerichtlichen Kosten richtet sich nach den Vorschriften der VwGO zur Kostengrundentscheidung (ebd.). Das Form. weist die Besonderheit auf, dass eine natürliche Person – kostenrechtlich privilegiert nach § 183 SGG (s. dazu Form. VIII. 2 Buchst. a zu „Kosten u. Gebühren") – beigeladen ist. Ihr können Kosten nur unter den Voraussetzungen des § 192 SGG auferlegt werden. Aufwendungen dieser Beigeladenen werden unter den Voraussetzungen des § 191 SGG (Vergütung bei Anordnung des persönlichen Erscheinens) aus der Staatskasse vergütet (§ 197 a Abs. 2 S. 3 SGG); eine darüber hinausgehende Kostenerstattung ist fraglich (näher dazu *Knittel* in: *Hennig* SGG, Komm., § 197 a Rdn. 24 ff.). Die Frage, ob im Erstattungsstreit der Sozialleistungsträger auch die Gebühren des RA des Beigeladenen (natürliche Person) nach dem Gegenstandswert (s. dazu Form. VIII. 2 Buchst. c zu „Kosten u. Gebühren") berechnet werden, war str. Nach § 3 Abs. 1 S. 2 RVG entstehen nunmehr Betragsrahmengebühren, wenn der Auftraggeber zu den in § 183 SGG genannten Personen gehört.

Beigeladenen, die nicht zum privilegierten Personenkreis des § 183 SGG gehören, können Kosten nur auferlegt werden, wenn sie Anträge gestellt o. Rechtsmittel eingelegt haben (§ 197a Abs. 1 SGG iVm. § 154 Abs. 3 VwGO); Ausnahme: Verurteilung eines nach § 75 Abs. 5 SGG Beigeladenen (§ 197a Abs. 2 S. 1 SGG). Die außergerichtlichen Kosten dieser Beigeladenen sind erstattungsfähig, wenn sie das Gericht aus Billigkeit dem Unterlegenen o. der Staatskasse auferlegt (§ 197a Abs. 1 SGG iVm. § 162 Abs. 3 VwGO). Das hängt idR. von einer erfolgreichen Antragstellung und/oder von einer wesentlichen Förderung des Verfahrens ab (*Meyer-Ladewig* SGG § 197a Rdn. 29). Ob für den Beigeladenen ein niedrigerer Gegenstandswert festgesetzt werden kann, wenn der Rechtsstreit für ihn eine erheblich geringere Bedeutung als für den Hauptbeteiligten hat (BSG SozR 3-1930 § 116 Nr. 8 = NZS 1996, 400), ist seit der unmittelbaren Anwendung des GKG zweifelhaft (näher hierzu *Engelhard* NZS 2004, 299, 302; *Wenner* NZS 2006, 1, 2; *ders./Bernard* NZS 2003, 568, 570).

Fristen und Rechtsmittel

Keine Klagefrist. Vgl. Hinweis bei Form. VIII. 2.

4. Verpflichtungsklage – § 54 Abs. 1 SGG – (Klage auf Rehabilitationsleistungen des Rentenversicherungsträgers)[1]

**An das
Sozialgericht**

Klage

**der Fotosetzerin ......, Klägerin,
Prozessbevollmächtigter: RA ......**

gegen

**die Deutsche Rentenversicherung ......, Beklagte,
vertreten durch die Geschäftsführung,**

wegen Bewilligung eines Heilverfahrens[2].

Namens und in Vollmacht der Klägerin erhebe ich Klage und beantrage,

1. den Bescheid der Beklagten vom ...... in der Gestalt des Widerspruchsbescheides vom ...... aufzuheben[3],
2. die Beklagte zu verurteilen, der Klägerin einen neuen Bescheid unter Beachtung der Rechtsauffassung des Gerichts zu erteilen[4].

Begründung:

Die Klägerin ist als Hilfskraft in der Fotosetzerei ihres Ehemannes beschäftigt. Sie leidet an einer degenerativen Wirbelsäulenerkrankung mit häufigen Ischialgien. Am ...... beantragte sie als medizinische Leistung zur Rehabilitation (§§ 9ff. SGB VI) ein Heilverfahren, möglichst für die Dauer von sechs Wochen in der für die Therapie ihrer Erkrankung besonders geeigneten ......-Klinik in Bad B. Die Beklagte lehnte diesen Antrag mit der Begründung ab, die Erwerbsfähigkeit der Klägerin sei weder erheblich gefährdet noch gemindert und eine medizinische Begründung für eine ausschließlich durch ein stationäres Heilverfahren erzielbare Besserung des Leistungsvermögens liege nicht vor. Diese Auffassung trifft nicht zu. Denn aus der beigefügten ausführlichen Stellungnahme des behandelnden Arztes für Orthopädie Dr. B. ergibt sich, dass eine wesentliche Besserung der Beschwerden und der Leistungsfähigkeit nur durch ein stationäres Heilverfahren zu erzielen ist.

Rechtsanwalt

Schrifttum: Wie bei Form. VIII. 2.

Anmerkungen

1. Die Verpflichtungsklage (§ 54 Abs. 1 SGG) ist eine Leistungsklage besonderer Art. Die begehrte Leistung besteht – wie im Beispielsfall – im Erlass eines abgelehnten Verwaltungsakts (Vornahmeklage) o. im Erlass eines unterlassenen Verwaltungsakts (Untätigkeitsklage, s. Form. VIII. 5). Ziel der Verpflichtungsklage ist ein Verpflichtungsurteil (§ 131 Abs. 2 und 3 SGG). Da auf Sozialleistungen idR. ein Rechtsanspruch besteht (§ 38 SGB I) und insoweit die Anfechtungs- u. Leistungsklage nach § 54 Abs. 4 SGG gegeben ist (Form. VIII. 6), ist die Verpflichtungsklage in der sozialgerichtlichen Praxis verhältnismäßig selten.

Verpflichtungsklage ist insbesondere zu erheben, wenn Leistungen abgelehnt worden sind, auf die kein Rechtsanspruch besteht – *Ermessensleistungen* (§ 39 SGB I, s. Anm. 2; vgl. zB. BSG SozR 2200 § 1236 Nr. 50 mwN.; s. auch Form. VIII. 3 Anm. 1). Solche Leistungen sind im Sozialrecht die Ausnahme. Weitere Beispiele für die Verpflichtungsklage: Zulassung der Nachentrichtung von Pflichtbeiträgen (BSG 41, 38), Vormerkung rentenrechtlicher Zeiten (BSG 65, 8/13; 68, 171/172; BSG SozR 2200 § 1251 Nr. 24 und SozR 3–2600 § 58 Nr. 2) u. Vormerkung, dass ein Nachversicherungsverhältnis entstanden ist (sog. Zulassung zur Nachentrichtung; BSG SozR 3–2940 § 9 Nr. 1 mwN.); die Rückgängigmachung des Austritts aus der freiwilligen Krankenversicherung auf Grund des sozialrechtlichen Herstellungsanspruchs (BSG 50, 12).

Praktisch besonders bedeutsam sind die im Wege der Anfechtungs- u. Verpflichtungsklage zu verfolgenden *Feststellungen nach dem Schwerbehindertenrecht* (§ 69 SGB IX, s. dazu Form. VIII. 8 Anm. 3) und Änderungen von Entscheidungen der Prüfungsgremien über die Unwirtschaftlichkeit der vertragsärztlichen Behandlungsweise (vgl. § 106 SGB V und BSG SozR 3–2500 § 106 Nr. 11).

2. Zu den *Ermessensleistungen* gehören insbesondere die Leistungen der gesetzlichen Rentenversicherung zur medizinischen u. beruflichen Rehabilitation (§§ 9 ff. SGB VI; Textbsp.). Das Ermessen ist hier auf das „Wie" der Leistung beschränkt (§§ 9 Abs. 2, 13 Abs. 1 SGB VI, s. dazu zB. BSG 66, 84 u. 87; BSG 85, 298; KassKomm. – *Niesel* § 9 SGB VI Rdn. 9 u. § 13 SGB VI Rdn. 4 ff., 14 jeweils mwN.).

3. Der Aufhebungsantrag ist in der Praxis üblich. Er dient der Klarstellung, wenngleich ihm nach hM. keine selbstständige Bedeutung zukommt (*Meyer-Ladewig* SGG § 54 Rdn. 43).

4. Der Antrag ist auf Bescheidung unter Beachtung der Rechtsauffassung des Gerichts gerichtet. Hält das Gericht die Verurteilung zum Erlass eines abgelehnten Verwaltungsakts für begründet u. diese Frage in jeder Beziehung für spruchreif, so spricht es im Urt. die Verpflichtung aus, den beantragten Verwaltungsakt zu erlassen (§ 131 Abs. 2 SGG, näher dazu *Meyer-Ladewig* SGG § 131 Rdn. 12a ff.). Bei Ermessensentscheidungen ist das ausnahmsweise der Fall, wenn das Ermessen nur noch in einem bestimmten Sinn ausgeübt werden kann, sog. „Ermessensreduzierung auf Null" (vgl. BSG 9, 232/239; BSG SozR 1200 § 48 Nr. 12 – S. 63 –: Anfechtungs- u. Leistungsklage, anders BSG SozR 3–1200 § 39 Nr. 1 – S. 2 – u. SozR 3–5765 § 10 Nr. 3 – S. 14 –: Verpflichtungsklage). Auch wenn das Ermessen nach Auffassung des Klägers „auf Null reduziert" ist, sollte der Antrag auf Bescheidung unter Beachtung der Rechtsauffassung des Gerichts unbedingt zumindest hilfsweise gestellt werden (vgl. in diesem Zusammenhang BSG SozR 2200 § 1236 Nr. 50 – S. 109 u. 111 –).

Kosten und Gebühren

Vgl. Hinweis zu Form. VIII. 2.

Fristen und Rechtsmittel

Vgl. Hinweis zu Form. VIII. 2.

5. Untätigkeitsklage – § 88 SGG –[1]

An das
Sozialgericht

Klage

des Industriemechanikers ......, Klägers,
Prozessbevollmächtigter: RA ......
gegen
die Deutsche Rentenversicherung ......, Beklagte,
vertreten durch die Geschäftsführung,

wegen Erteilung eines Rentenbescheides.

Namens und in Vollmacht des Klägers erhebe ich Klage und beantrage,

die Beklagte zu verurteilen, den Rentenantrag des Klägers vom ...... unter Beachtung der Rechtsauffassung des Gerichts zu bescheiden[2, 3].

Begründung:

Über den im September 2008 gestellten Antrag des Klägers auf vorzeitiges Altersruhegeld, dem alle erforderlichen Unterlagen beigefügt waren, hat die Beklagte bis jetzt – im Mai 2009 – noch nicht entschieden. Die beiden Sachstandsanfragen des Klägers vom ...... und vom ...... sind unbeantwortet geblieben.

Rechtsanwalt

Schrifttum: Niesel Rdn. 116ff.; *Dahm,* Die Untätigkeitsklage gemäß § 88 SGG, Die Berufsgenossenschaft – BG – 1994, 459; *Jaschinski,* Die Kostenentscheidung nach der Erledigung einer Untätigkeitsklage, SGb 1993, 406.

Anmerkungen

1. Die Untätigkeitsklage (§ 88 SGG) soll gewährleisten, dass die Verwaltung den Betroffenen nicht durch Untätigkeit in seinen Rechten beeinträchtigt. Sie ist nach allgM. im sozialgerichtlichen Verfahren nicht auf einen Bescheid bestimmten Inhalts gerichtet, sondern auf Bescheidung schlechthin (vgl. BSG 19, 164; 72, 118/120; 73, 244/247; *Meyer-Ladewig* SGG § 88 Rdn. 9ff.). Hat die Behörde über einen Widerspruch, mit dem eine bindende Leistungsbewilligung aufgehoben worden ist, nicht in angemessener Frist durch Widerspruchsbescheid entschieden, ist der Kläger nach BSG 75, 262/268 nicht auf die „formelle Bescheidungsklage" beschränkt, sondern kann Anfechtungsklage erheben.

Die Untätigkeitsklage ist oft ein ungeeignetes Mittel, um das Verfahren zu beschleunigen, zumal die Verwaltungsakten dem Gericht vorgelegt werden u. für die Sachbearbeitung nicht zur Verfügung stehen (*Niesel* Rdn. 116 mit dem Hinweis auf die Möglichkeit der Dienstaufsichtsbeschwerde u. der Vorschusszahlung nach § 42 SGB I; s. auch *Krasney/Udsching* Kap. IV Rdn. 60).

Die Untätigkeitsklage nach § 88 SGG ist in *zwei Fällen* zulässig: a) Es ist ein Antrag auf Vornahme eines Verwaltungsakts innerhalb einer Frist von *sechs Monaten* sachlich nicht beschieden worden (§ 88 Abs. 1 SGG). b) Es ist über einen Widerspruch innerhalb einer Frist von *drei Monaten* nicht entschieden worden (§ 88 Abs. 2 SGG). – Abgesehen von diesen Fristen keine Klagefrist (§ 89 SGG). Es reicht aus, dass die Wartefristen nach Klageerhebung verstrichen sind (BSG SozR 3–1500 § 88 Nr. 2).

Bei Vorliegen eines *zureichenden Grundes* dafür, dass der beantragte Verwaltungsakt oder der Widerspruch noch nicht erlassen ist, setzt das Gericht das Verfahren bis zum Ablauf einer bestimmten Frist aus. Diese Frist kann verlängert werden (§ 88 Abs. 1 S. 2 SGG). Die Verwaltung hat den zureichenden Grund darzulegen (BSG SozR 3–1500 § 88 Nr. 1 – S. 10 –). Die fehlende Begr. des Widerspruchs allein stellt keinen zureichenden Grund für die Nichtbescheidung dar, es sei denn, dass der Widerspruchsführer eine Begr. angekündigt hat (LSG Rheinland-Pfalz *Breithaupt* 1995, 975). Auch die Verletzung von Mitwirkungspflichten (§§ 60 ff. SGB I) ist kein zureichender Grund, einen Antrag nicht zu bescheiden (BSG SozR 3–1500 § 88 Nr. 2 = SGb 1995, 263 m. Anm. v. *Dörr*).

Wird dem Antrag bzw. dem Widerspruch stattgegeben, ist die Hauptsache für erledigt zu erklären (§ 88 Abs. 1 S. 3 SGG), da kein Rechtsschutzbedürfnis mehr besteht. Im Übrigen ist das Klageziel der Untätigkeitsklage auch mit dem Erlass eines ablehnenden Bescheides o. zurückweisenden Widerspruchsbescheides grundsätzlich erreicht und der Rechtsstreit für erledigt zu erklären o. die Klage zurückzunehmen. Es kommt jedoch eine Klageänderung (Umstellung auf die kombinierte Anfechtungs- u. Leistungsklage) in Betracht (näher dazu *Meyer-Ladewig* SGG § 88 Rdn. 12 a; *Niesel* Rdn. 123) und ausnahmsweise auch eine Fortsetzungsfeststellungsklage mit dem Ziel festzustellen, dass ohne zureichenden Grund in angemessener Zeit kein Bescheid bzw. Widerspruchsbescheid erteilt worden ist (BSG SozR 3–1500 § 88 Nr. 1).

2. Der Antrag ist darauf gerichtet, den Kläger unter Beachtung der Rechtsauffassung des Gerichts zu bescheiden (§ 131 Abs. 3 SGG).

3. Einen Rechtsbehelf, insbesondere eine Untätigkeitsbeschw. gegen überlange *gerichtliche* Verfahrensdauer gibt es nicht (BSG SozR 4–1500 § 160 a Nr. 17 = NZS 2008, 278). Allerdings ist eine nicht förmliche Feststellung einer Verletzung des Rechts auf Entscheidung innerhalb angemessener Frist nach Art. 6 Abs. 1 Europäische Menschenrechtskonvention – EMRK – möglich (BSG SozR 4–3100 § 60 Nr. 4). Die Verletzung des Anspruchs auf effektiven Rechtsschutz (Art. 2 Abs. 1 iVm. Art. 20 Abs. 3 GG) kann mit der Verfassungsbeschw. geltend gemacht werden (BVerfG Kammerbeschl. v. 30. 7. 2009 – 1 BvR 2662/06 –).

Kosten und Gebühren

Hat sich die Untätigkeitsklage ohne Urt. erledigt, Entscheidung über die außergerichtlichen Kosten auf Antrag durch Beschl. gemäß § 193 Abs. 1 S. 3 SGG (vgl. Form. VIII. 30). Hat die Verwaltung den Kläger vor Klageerhebung über den zureichenden Grund für die Bescheidverzögerung informiert o. war dem Kläger der zureichende Grund anderweitig bekannt, wird angenommen, dass sie nicht zur Kostenerstattung verpflichtet ist (s. dazu LSG Bremen *Breithaupt* 1987, 523; LSG Hessen *Breithaupt* 1993, 606; LSG Rheinland-Pfalz *Breithaupt* 1993, 439; weiter einschränkend LSG Niedersachsen *Breithaupt* 1992, 432: Sachstandsanfrage zumutbar, vgl. auch *Niesel* Rdn. 124; *Jaschinski* SGb 1993, 406/412). Für die nicht nach § 183 SGG kostenrechtlich privilegierten Personen (s. dazu Form. VIII. 2 Buchst. a zu „Kosten u. Gebühren“) folgt das aus § 197 a Abs. 1 S. 1 SGG iVm. § 161 Abs. 3 VwGO. Um eine negative Kostenentscheidung zu vermeiden, sollte ohne vorherige Sachstandsanfrage Untätigkeitsklage nicht erhoben werden.

Bei einer Untätigkeitsklage kommt idR. nur eine Gebühr unterhalb der Mittelgebühr in Betracht (näher dazu LSG Nordrhein-Westfalen *Breithaupt* 2008, 919). Sofern die Gebühren nach dem Gegenstandswert (§ 3 Abs. 1 S. 2 RVG) berechnet werden, ist dieser mit einem Bruchteil der im Verwaltungsverfahren geltend gemachten Beschwer anzusetzen (LSG Rheinland-Pfalz *Breithaupt* 2001, 395 u. *Breithaupt* 1995, 561: idR. 10 bis 25 vH. des Schätzwertes).

Vgl. im Übrigen Hinweis zu Form. VIII. 2.

Fristen und Rechtsmittel

Vgl. Anm. 1 u. Hinweis zu Form. VIII. 2.

6. Anfechtungs- und Leistungsklage – § 54 Abs. 4 SGG – mit Übersicht über die Sozialleistungsansprüche[1]

(Beispiel 1: Klage auf Rente wegen Erwerbsminderung)

An das
Sozialgericht

Klage

des Maurers ......, Klägers,
Prozessbevollmächtigter: RA ......

gegen

die Deutsche Rentenversicherung ......,[1a] Beklagte,
vertreten durch die Geschäftsführung,

wegen Zahlung einer Rente wegen Erwerbsminderung. Namens und in Vollmacht des Klägers erhebe ich Klage und beantrage,

1. den Bescheid der Beklagten vom ...... in der Gestalt des Widerspruchsbescheides vom ...... aufzuheben,
2. die Beklagte zu verurteilen, dem Kläger vom ...... an[2] Rente wegen Erwerbsminderung zu zahlen.[3,4]

Begründung:

Der 51 Jahre alte arbeitslose Kläger beantragte Rente wegen Erwerbsminderung[5]. Die Beklagte stützte die Ablehnung des Rentenantrags auf das Gutachten des ihrem Sozialmedizinischen Dienst angehörenden Arztes für innere Krankheiten Dr. I. vom ...... Dr. I. vertrat die Ansicht, dem Kläger seien zumindest noch leichte körperliche Arbeiten mindestens sechs Stunden täglich (§ 43 Abs. 3 SGB VI) zuzumuten. Die ärztliche Leistungsbeurteilung im Rentenverfahren ist unrichtig. Der Kläger hat Anspruch auf Rente wegen voller Erwerbsminderung. Er erfüllt die versicherungsrechtlichen Voraussetzungen (§ 43 Abs. 2 S. 1 Nr. 2 und 3 SGB VI) und ist voll erwerbsgemindert (§ 43 Abs. 2 S. 1 Nr. 1 SGB VI). Seit der Operation, der er sich nach Klageerhebung unterziehen musste[6], leidet er an einem „Dumping Syndrom" mit Abgeschlagenheit, Kopfschmerzen und Müdigkeit. Der behandelnde Arzt bezweifelt, ob der Kläger einem täglichen Arbeitseinsatz von mindestens drei Stunden gewachsen ist. Außerdem macht er darauf aufmerksam, dass der Kläger Gelegenheit haben müsse, während der Arbeit mehrere kleine Mahlzeiten einzunehmen. Eine Bescheinigung dieses Arztes vom ...... ist beigefügt.

Damit ist der Kläger voll erwerbsgemindert, weil er auf nicht absehbare Zeit nicht mehr in der Lage ist, unter den üblichen Bedingungen des Arbeitsmarktes mindestens drei Stunden täglich erwerbstätig zu sein (§ 43 Abs. 2 S. 2 SGB VI). Sollte eine weitere Beweisaufnahme jedoch wider Erwarten ergeben, dass ihm körperlich leichte Arbeiten sogar noch mindestens sechs Stunden täglich zumutbar sind, ist er gleichwohl voll erwerbsgemindert. Denn er kann wegen der Notwendigkeit, während der Arbeitszeit zusätzliche Pausen einzulegen, nicht mehr unter betriebsüblichen Bedingungen arbeiten.[7]

Rechtsanwalt

Schrifttum: Wie bei Form. VIII. 2.

Anmerkungen

1. Häufigste Klage in der Sozialgerichtsbarkeit. Die kombinierte Anfechtungs- und Leistungsklage setzt voraus, dass eine Leistung durch Verwaltungsakt abgelehnt worden ist. Es muss sich im Unterschied zu Ermessenleistungen (s. Form. VIII. 4 Anm. 1) um Leistungen handeln, auf die ihrer Art nach ein Rechtsanspruch besteht (§ 38 SGB I). *Sozialleistungen, auf die ein Anspruch besteht* (Pflichtleistungen), sind die Regel, *Ermessensleistungen* die Ausnahme. Es werden Dienst-, Sach- u. Geldleistungen unterschieden („Dreiteilung" der Leistungsarten, § 11 SGB I). Die einzelnen Sozialleistungen der zuständigen Leistungsträger sind in §§ 18ff. SGB I genannt und in den Besonderen Teilen des SGB geregelt (§§ 2, 68 SGB I). Die meisten Sozialleistungen setzen einen *Antrag* (§ 16 SGB I) voraus (näher dazu *Mrozynski,* SGB I, Komm., 3. Aufl. 2003).

Aus § 51 SGG (Rechtsweg, Form. VIII. 24 Anm. 3) ergibt sich, über welche Angelegenheiten und damit auch, über welche Sozialleistungsansprüche die Gerichte der Sozialgerichtsbarkeit entscheiden (zur Zuständigkeit der SGe für Angelegenheiten nach dem SGB s. auch *Waibel* SGb 2005, 215).

Mit dem 7. SGG-ÄndG v. 9. 12. 2004 (BGBl. I S. 3302) sind die SGe für die mit dem Vierten Ges. für moderne Dienstleistungen am Arbeitsmarkt v. 24. 12. 2003 (BGBl. I S. 2954, „Hartz IV") aus Arbeitslosenhilfe u. Sozialhilfe zusammengeführte Leistung *Arbeitslosengeld II* zuständig geworden (§ 51 Abs. 1 Nr. 4a SGG). Diese stellt eine Grundsicherung für erwerbsfähige Hilfebedürftige zwischen 15 u. 64 Jahren dar, die mindestens 3 Stunden täglich erwerbstätig sein können. Des Weiteren ist die Zuständigkeit für das in das SGB als Zwölftes Buch (XII) eingeordnete *Sozialhilferecht* (BGBl. 2003 I S. 3022) u. *das Asylbewerberleistungs*gesetz von der Verwaltungs- auf die Sozialgerichtsbarkeit übertragen worden (§ 51 Abs. 1 Nr. 6a SGG).

Die folgende Übersicht mit Literaturauswahl (übergreifend: *Kreikebohm/Spellbrink/Waltermann*, Komm. zum Sozialrecht, 2009) ist als Orientierungshilfe über die Zuständigkeit der SGe für Sozialleistungen u. als „Einstieg" in die materiellrechtlichen Fragen gedacht:

– *Gesetzliche Rentenversicherung* (SGB VI) einschließlich der *Alterssicherung der Landwirte* (ALG); praktisch besonders bedeutsam: Renten wegen verminderter Erwerbsfähigkeit, §§ 33ff. SGB VI; Form. VIII. 6 u. 10
  Literatur: KassKomm., SGB VI (Loseblattausgabe); *Kreikebohm,* SGB VI, Komm., 3. Aufl. 2008; *Reinhardt,* SGB VI, Lehr- u. Praxiskomm., 2006; Alterssicherung der Landwirte, Komm., hrsg. vom Spitzenverband der landwirtschaftlichen Sozialversicherung (Loseblattausgabe)
– *Gesetzliche Krankenversicherung* (SGB V, praktisch besonders bedeutsam: Krankenbehandlung u. Versorgung mit Arznei-, Heil- u. Hilfsmitteln, §§ 27ff. SGB V; Form. VIII. 11)
  Literatur: *KassKomm.,* SGB V (Loseblattausgabe); *Krauskopf,* Soziale Krankenversicherung, Pflegeversicherung (Loseblattausgabe); *Becker/Kingreen,* SGB V, Komm., 2008
– *Soziale Pflegeversicherung u. private Pflegeversicherung* (SGB XI, praktisch besonders bedeutsam: Pflegegeld, § 37 SGB XI iVm. §§ 14, 15 SGB XI; zum *Mahnverfahren* hinsichtlich der Beitragsansprüche von Unternehmen der privaten Pflegeversicherung s. § 182a SGG)
  Literatur: *KassKomm.,* SGB XI (Loseblattausgabe); *Udsching,* SGB XI, Soziale Pflegeversicherung, Komm., 3. Aufl. 2009; *Klie/Krahmer,* Soziale Pflegeversicherung, Lehr- u. Praxiskomm., 3. Aufl. 2009
– *Gesetzliche Unfallversicherung* (SGB VII, praktisch besonders bedeutsam: Verletztenrente, §§ 56ff. SGB VII; Form. VIII. 2 u. 9)
  Literatur: *KassKomm.,* SGB VII (Loseblattausgabe); *Bereiter-Hahn/Mehrtens,* Gesetzliche Unfallversicherung, Komm. (Loseblattausgabe); *Franke/Molkentin,* SGB VII,

Lehr- u. Praxiskomm., 2. Aufl. 2007; *Schmitt,* SGB VII, Komm., 4. Aufl. 2009; *Plagemann/Radtke-Schwenzer,* Gesetzliche Unfallversicherung, 2. Aufl. 2007; *Schönberger/Mehrtens/Valentin,* Arbeitsunfall und Berufskrankheit, 8. Aufl. 2009 (Standardwerk zu den unfallmedizinischen Grundlagen); *Mehrtens/Brandenburg,* Die Berufskrankheitenverordnung (BKV), Komm. (Loseblattausgabe)

- *Arbeitsförderung* (SGB III; praktisch besonders bedeutsam: Arbeitslosengeld, §§ 117 ff. SGB III; Form. VIII. 1)
  Literatur: *Gagel,* SGB III mit SGB II, Komm. (Loseblattausgabe); *Kruse/Lüdtke/Reinhard/Winkler/Zamponi,* SGB III, Lehr- u. Praxiskomm., 2008; *Mutschler/Bartz/Schmidt-De Caluwe,* SGB III, Komm., 3. Aufl. 2008; *Niesel,* SGB III Arbeitsförderung, Komm., 4. Aufl. 2007; *Spellbrink/Eicher,* Kasseler Handbuch des Arbeitsförderungsrechts, 2003
- *Grundsicherung für Arbeitsuchende* (SGB II; praktisch besonders bedeutsam: Arbeitslosengeld II u. Sozialgeld, §§ 19 ff. SGB II)
  Literatur: *Eicher/Spellbrink,* SGB II, Komm., 2. Aufl. 2008; *Kruse/Reinhard/Winkler,* SGB II Grundsicherung für Arbeitsuchende, Komm., 2005; *Löns/Herold-Tews,* SGB II Grundsicherung für Arbeitsuchende, Komm., 2. Aufl. 2009; *Münder,* SGB II Grundsicherung für Arbeitsuchende, Lehr- u. Praxiskomm. 3. Aufl. 2009; *Steck/Kossens* Arbeitslsosengeld II, 2. Aufl. 2008; informativ die Internetseite www.tacheles-sozialhilfe.de
- *Soziales Entschädigungsrecht* (BVG und andere Ges.e, soweit sie die entsprechende Anwendung der Leistungsvorschriften des BVG vorsehen, s. insbesondere § 80 SVG, § 47 Abs. 1 Zivildienstges., § 1 Abs. 1 OEG, § 60 Abs. 1 Infektionsschutzges., § 4 Abs. 1 Häftlingshilfeges.; Form. VIII. 13)
  Literatur: *Wilke,* Soziales Entschädigungsrecht, Komm., 7. Aufl. 1992; *Gelhausen,* Soziales Entschädigungsrecht, 2. Aufl. 1998; *Kunz/Zellner,* OEG, Komm., 1999
- *Sozialhilfe* (SGB XII) u. *Leistungen für Asylbewerber* (Asylbewerberleistungsges.)
  Literatur: *Grube/Wahrendorf,* SGB XII, Komm., 2. Aufl. 2008; *Kruse/Reinhard/Winkler/Höfer/Schwengers,* SGB XII – Sozialhilfe, Komm., 2. Aufl. 2009; *Oestreicher,* SGB XII/II Sozialhilfe, Grundsicherung mit Asylbewerberleistungsges. u. Erstattungsrecht des SGB X, Komm. (Loseblattausgabe), *Fichtner/Wenzel,* SGB XII Sozialhilfe, Komm., 4. Aufl., 2009; informativ die Internetseite www.tacheles-sozialhilfe.de
- *Elterngeld* (§ 2 Bundeselterngeld- u. Elternzeitges.)
  Literatur: *Buchner/Becker,* Mutterschutzgesetz, und Bundeselterngeld- u. Elternzeitges., 8. Aufl. 2008; *Rancke,* Mutterschutz, Elterngeld, Elternzeit, Komm., 2007; *Fuchsloch/Scheiwe,* Leitfaden Elterngeld, 2007
- *Feststellungen im Schwerbehindertenrecht* (§ 69 SGB IX, s. auch § 51 Abs. 1 Nr. 7 SGG) sind keine Sozialleistungen iSd. § 11 SGB I; sie sind Gegenstand der Verpflichtungsklage, s. dazu Form. VIII. 8 Anm. 3

Unabhängig von dem vorstehenden Katalog kann der gesetzlich nicht geregelte, von Rspr. u. Schrifttum entwickelte sog. *sozialrechtliche Herstellungsanspruch* im Rahmen einer Anfechtungs- u. Leistungsklage von Bedeutung sein (vgl. zB. BSG 32, 60/70: Fiktion der Einhaltung einer gesetzlichen Frist für einen Rentenantrag), aber auch im Rahmen einer Verpflichtungsklage (s. zB. BSG 50, 12). Er wird durch ein rechtswidriges Verhalten des Sozialleistungsträgers (Verletzung von Betreuungs- u. Beratungspflichten, s. auch §§ 14, 15 SGB I) ausgelöst (zu den dogmatischen Grundlagen des sozialrechtlichen Herstellungsanspruchs KassKomm. – *Seewald* vor §§ 38–47 SGB I, Rdn. 30 ff.; *Bieback* SGb 1990, 517; *Jung* Die Berufsgenossenschaft – BG – 1994, 503; *Gagel* SGb 2000, 517). Der sozialrechtliche Herstellungsanspruch ist neben der gesetzlichen Wiedereinsetzungsregelung in § 27 SGB X anwendbar (BSG 96, 44). Kann aufgrund dieses Anspruchs eine Leistung rückwirkend verlangt werden, gilt in entsprechender Anwendung des § 44 Abs. 4 SGB X eine Ausschlussfrist von 4 Jahren (BSG 98, 162 = SGb 2007, 679 m. Anm. v. *Mrozynski*).

Im Krankenversicherungsrecht sind die dort geregelten Kostenerstattungsansprüche (§ 13 Abs. 3 SGB V, § 15 Abs. 1 SGB IX) abschließend; für einen sozialrechtlichen Herstellungsanspruch ist daneben kein Raum (BSG 99, 180). Zur Anwendbarkeit des sozialrechtlichen Anspruchs im Sozialhilferecht – SGB XII – s. *Heinz* Zeitschrift für das Fürsorgewesen – ZfF – 2009, 12 u. *Schütz* ZFSH/SGB 2006, 393.

1 a. Mit dem Ges. zur Organisationsreform in der gesetzlichen Rentenversicherung v. 9. 12. 2004 (BGBl. I S. 3242) ist die Unterscheidung zwischen Arbeiter- u. Angestelltenversicherung aufgegeben worden; beide sind ab 1. 1. 2005 zur allg. Rentenversicherung zusammengefasst. Ab 1. 10. 2005 gilt einheitlich die Bezeichnung Deutsche Rentenversicherung, ergänzt um den Zusatz für die jeweilige regionale Zuständigkeit. Des Weiteren sind zu diesem Zeitpunkt die Bundesversicherungsanstalt für Angestellte u. der Verband Deutscher Rentenversicherungsträger – VDR – zur Deutschen Rentenversicherung Bund zusammengefasst. Diese ist zuständig für Grundsatz- u. Querschnittsaufgaben mit verbindlicher Entscheidungskompetenz gegenüber den übrigen Rentenversicherungsträgern. Daneben gibt es durch die Fusion von Bundesknappschaft, Bahnversicherungsanstalt u. Seekasse nur noch einen weiteren Bundesträger. Im Bereich der Regionalträger (früher: Landesversicherungsanstalten) sind ebenfalls Fusionen vorgesehen. Einen Überblick über die Reform geben *Ruland/Dünn* NZS 2005, 113 u. *Göbel* DAngVers 2005, 61; näher zur Organisationsreform Heft 1/2005 der Deutschen Rentenversicherung – DRV –, hrsg. v. VDR, und zu Zuständigkeiten *Schmidt* DAngVers 2005, 113. Auswirkungen auf das Leistungsrecht (zB. auf die Höhe der Rentenzahlungen) hat die Organisationsreform nicht.

2. Rente aus der gesetzlichen Rentenversicherung wird auf *Antrag* gezahlt (§ 115 SGB VI). Der Antrag ist grundsätzlich auch für den *Rentenbeginn* maßgebend (§ 99 SGB VI). Für Renten aus eigener Versicherung gilt danach: Bei rechtzeitiger Antragstellung – dh. innerhalb von drei Kalendermonaten nach Ablauf des Monats, in dem die Anspruchsvoraussetzungen erfüllt sind – beginnt die Rente mit dem Kalendermonat, zu dessen Beginn die Anspruchsvoraussetzungen erfüllt sind; bei späterer Antragstellung wird die Rente erst vom Antragsmonat an geleistet. Dieser Grundsatz wird für befristete Renten wegen verminderter Erwerbsfähigkeit durch § 101 Abs. 1 SGB VI modifiziert (Rentenbeginn nicht vor Beginn des siebten Kalendermonats nach dem Eintritt der Minderung der Erwerbsfähigkeit, s. Anm. 5). Zum Leistungsbeginn für die wesentlichen Sozialleistungen *Krasney/Udsching* Kap. IV Rdn. 74.

3. Eine Bezifferung des Klageantrags ist nicht erforderlich und nicht üblich, da bei einer *auf Geld gerichteten* Leistungsklage zur Leistung nur dem Grunde nach verurteilt werden kann (§ 130 SGG) und von dieser Möglichkeit regelmäßig Gebrauch gemacht wird (vgl. im Einzelnen die Kommentierung des § 130 SGG bei *Meyer-Ladewig* SGG). Da ein *Grundurteil* nur ergehen kann, wenn die Voraussetzungen des geltend gemachten Anspruchs vorliegen, empfiehlt es sich – unabhängig von einer entsprechenden Anregung des Vorsitzenden (§ 106 Abs. 1 SGG) –, den (die) geltend gemachten Anspruch (Ansprüche) nach Beginn, Leistungsart und Dauer im Klageantrag zu bezeichnen (BSG SozR 1500 § 130 Nr. 2; s. auch BSG SozR 1500 § 54 Nr. 12: Substantiierung der einzelnen Ansprüche aus dem Sozialversicherungsverhältnis erforderlich, s. auch Form. VIII. 2 Anm. 5). Das Grundurteil erledigt den Rechtsstreit in vollem Umfang. Nach der Verurteilung zur Leistung dem Grunde nach ist der Sozialleistungsträger verpflichtet, einen *Ausführungsbescheid* zu erteilen, mit dem die Höhe der Leistung festgesetzt wird (zur aufschiebenden Wirkung der Berufung eines verurteilten Versicherungsträgers oder in der Kriegsopferversorgung eines Landes s. § 154 Abs. 2 SGG); wird das Urt. später aufgehoben, besteht idR. die Verpflichtung zur Rückzahlung der sog. Urteilsrente (näher dazu *Meyer-Ladewig* SGG § 154 Rdn. 4).

Nach BSG SozR 3–1500 § 201 Nr. 1 ist ein Grundurteil mit vollstreckbarem Inhalt, das auf eine kombinierte Anfechtungs- u. Leistungsklage ergeht, nach § 201 SGG zu vollstrecken (Zwangsgeld, mit dem die Verpflichtung des verurteilten Leistungsträgers durchgesetzt wird, einen Ausführungsbescheid zu erteilen; s. auch BSG SozR 3–1300 § 45 Nr. 24 – S. 76 –: keine Vollstreckung nach § 198 Abs. 1 SGG iVm. § 882a ZPO). Die Vorschriften des SGG über die *Vollstreckung* (§§ 198–201) haben kaum praktische Bedeutung, weil rechtskräftig verurteilte Sozialleistungsträger idR. von sich aus ihrer Verpflichtung nachkommen. Ausführlich zur Vollstreckung *Krasney/Udsching* Kap. XIII.

4. Ansprüche auf Geldleistungen sind nach Ablauf eines Kalendermonats nach dem Eintritt der Fälligkeit bis zum Ablauf des Kalendermonats vor der Zahlung mit vier vH. zu *verzinsen.* Die Verzinsung beginnt frühestens nach Ablauf von sechs Monaten nach Eingang des vollständigen Leistungsantrags, beim Fehlen eines Antrags nach Ablauf eines Kalendermonats nach der Bekanntgabe der Entscheidung über die Leistung (§ 44 SGB I). Auch bei Leistungen der gesetzlichen Unfallversicherung, in der die Leistungen von Amts wegen festzustellen sind, ist der ggf. gestellte vollständige Leistungsantrag für den Beginn der Verzinsung maßgebend (BSG SozR 1200 § 44 Nr. 3 u. SozR 3–1200 § 44 Nr. 4).

In der Praxis ist der *Antrag auf Verurteilung zur Zinszahlung nicht erforderlich* und nicht üblich. Denn die Leistungsträger, die zur Leistung auch für zurückliegende Zeit verurteilt sind, haben auf Grund ihrer gesetzlichen Pflicht (§ 44 SGB I) die Zinsen von Amts wegen zu ermitteln.

5. In der sozialgerichtlichen Praxis haben die auf *Renten wegen verminderter Erwerbsfähigkeit* gerichteten Klagen große Bedeutung. Mit dem am 1. 1. 2001 in Kraft getretenen Ges. zur Reform der Renten wegen verminderter Erwerbsfähigkeit v. 20. 12. 2000 (BGBl. I S. 1827) ist dieser Kernbereich der gesetzlichen Rentenversicherung – als Teil einer Gesamtreform des Rentenversicherungsrechts (s. *Ruland* NZS 2001, 393) – neu geordnet worden mit dem Ziel, das Arbeitsmarktrisiko zwischen Renten- und Arbeitslosenversicherung sachgerecht zu verteilen. An die Stelle der bisherigen Rente wegen Erwerbsunfähigkeit ist die *zweistufige Erwerbsminderungsrente* getreten (s. unter a). Renten wegen verminderter Erwerbsfähigkeit werden grundsätzlich als *Zeitrenten* (befristet längstens für drei Jahre nach Rentenbeginn mit Wiederholungsmöglichkeit) und nicht vor Beginn des 7. Kalendermonats nach dem Eintritt der Minderung der Erwerbsfähigkeit geleistet (§§ 101 Abs. 1, 102 Abs. 2 SGB VI). *Ausnahme:* Renten, auf die ein Anspruch unabhängig von der jeweiligen Arbeitsmarktlage besteht, werden unbefristet geleistet, wenn unwahrscheinlich ist, dass die Minderung der Erwerbsfähigkeit behoben werden kann; hiervon ist nach einer Gesamtdauer der Befristung von neun Jahren auszugehen (ausführlich zur Befristung DRV Heft 2–3, 2000, 172 ff.).

Der die Rente wegen Berufsunfähigkeit regelnde § 43 SGB VI wurde gestrichen; der Berufsschutz ist jedoch für eine lange Übergangszeit von bis zu 25 Jahren beibehalten worden und damit die *Rente wegen Berufsunfähigkeit* weiterhin von Bedeutung (s. unter b).

Zur Reform der Erwerbsminderungsrenten: *Stichnoth/Wiechmann* DAngVers 2001, 53; *Rademacker* SozSich 2001, 74; *Wollschläger* DRV 2001, 276; *Joussen* NZS 2002, 294. Ausführlich, praxisnah u. umfassend mit Darstellung der BSG-Rspr. informiert Heft 2–3/2002 der DRV; außerdem *Marschang,* Verminderte Erwerbsfähigkeit – Ein Ratgeber zu den renten- u. sozialrechlichen Fragen –, 2002. S. auch *Lambert,* Die Systematik der Renten wegen Erwerbsminderung u. die Folgen für die sachgerechte Antragstellung im sozialgerichtlichen Verfahren, SGb 2007, 394. – Schematisch dargestellt ergibt sich im Wesentlichen folgende differenzierte Rechtslage:

a) Die Rente wegen Erwerbsminderung wird als *Rente wegen teilweiser Erwerbsminderung* oder als *Rente wegen voller Erwerbsminderung* geleistet. Teilweise erwerbsgemindert sind Versicherte, die wegen Krankheit oder Behinderung auf nicht absehbare Zeit außerstande sind, unter den üblichen Bedingungen des Arbeitsmarktes mindestens sechs Stunden täglich erwerbstätig zu sein (§ 43 Abs. 1 S. 2 SGB VI). Der Rentenartfaktor beträgt 0,5. Erst wenn das Leistungsvermögen auf unter drei Stunden täglich sinkt, liegt volle Erwerbsminderung vor (§ 43 Abs. 2 S. 2 SGB VI). Der Rentenartfaktor beträgt 1,0.

Wegen der die üblichen Bedingungen des Arbeitsmarktes berücksichtigenden sog. *konkreten Betrachtungsweise* (richterliche Rechtsfortbildung) sind im Hinblick auf die Rspr. des BSG folgende Besonderheiten zu beachten: Versicherte mit einem Leistungsvermögen von drei bis unter sechs Stunden, die keinen entsprechenden Teilzeitarbeitsplatz finden, haben Anspruch auf Rente wegen voller Erwerbsminderung (s. zur Verschlossenheit des Teilzeitarbeitsmarktes BSG 30, 167; 43, 75; BSG SozR 3–4750 Art. 2 § 6 Nr. 6 = SGb 1994, 185 m. Anm. v. *Dörr)*. Somit führen bei arbeitslosen Versicherten bereits Einschränkungen des zeitlichen Leistungsvermögens auf weniger als sechs Stunden zur vollen Erwerbsminderungsrente. Ein noch mindestens sechs Stunden täglich einsatzfähiger Versicherter ist dagegen grundsätzlich unabhängig von seinen Vermittlungschancen (Risiko der Arbeitslosenversicherung) nicht erwerbsunfähig. Insoweit brauchen die Rentenversicherungsträger und die SGe bei der Prüfung, ob Erwerbsunfähigkeit vorliegt, keine konkrete Verweisungstätigkeiten zu benennen. Das gilt jedoch ausnahmsweise dann nicht, wenn die erhebliche Gefahr einer Verschlossenheit des Arbeitsmarktes besteht, nämlich bei einer Summierung ungewöhnlicher Leistungseinschränkungen oder einer schweren spezifischen Leistungsbehinderung (sog. atypische Leistungseinschränkungen, zB. Einschränkung der Arm- und Handbeweglichkeit, zusätzliche Arbeitspausen). S. zu diesen sog. „Katalogfällen" BSG Beschl. des GS v. 19. 12. 1996 – 1 GS 2/95 = SozR 3–2600 § 44 Nr. 8 und SozR 2200 § 1246 Nr. 137 – S. 440 –.

Zur Erwerbsfähigkeit gehört darüber hinaus die Fähigkeit, eine Arbeitsstelle zu erreichen, die sog. *Wegefähigkeit,* dh. vier Mal am Tag Wegstrecken von mehr als 500 m mit zumutbarem Zeitaufwand (in jeweils weniger als 20 Minuten) zu Fuß bewältigen und zwei Mal täglich während der Hauptverkehrszeit mit öffentlichen Verkehrsmitteln fahren zu können (BSG Urt. v. 28. 8. 2002 – B 5 RJ 8/02 R –, s. auch SozR 3–2200 § 1247 Nr. 10 u. SozR 3–2600 § 44 Nr. 10, jew. mwN.). Fehlt diese Fähigkeit, ist der Arbeitsmarkt als verschlossen anzusehen. Etwas anderes gilt ausnahmsweise dann, wenn der Versicherte einen Arbeitsplatz innehat, der in zumutbarer Entfernung liegt o. mit einem vorhandenen Kfz erreichbar ist, o. wenn dem Versicherten ein entsprechender Arbeitsplatz angeboten wird. Die zum Rentenanspruch führende Wegeunfähigkeit wird indes nicht dadurch behoben, dass der Rentenversicherungsträger für den Fall der Arbeitsaufnahme einen Zuschuss nach der Kfzhilfe-VO für den Erwerb einer Fahrerlaubnis o. eines Kfz o. mögliche Beförderungsdienste in Aussicht stellt (BSG SozR 4–2600 § 43 Nr. 8).

Dementsprechend haben die Tatsachengerichte in medizinischer und berufskundlicher Hinsicht von Amts wegen die „Standardfragen" zu klären, ob und inwieweit das Leistungsvermögen des Klägers aus gesundheitlichen Gründen qualitativ und/oder quantitativ (zeitlich) eingeschränkt ist und ob dieser noch Zugang zum allgemeinen Arbeitsmarkt hat (zur Verpflichtung des Gerichts, die Beteiligten über die für die Entscheidung maßgebenden berufskundlichen Tatsachen zu unterrichten BSG SozR 3–1500 § 62 Nr. 12; s. auch Form. VIII. 15 Anm. 5; zur fachübergreifenden zusammenfassenden Einschätzung der Leistungsfähigkeit bei gesundheitlichen Einschränkungen auf verschiedenen medizinischen Fachgebieten s. BSG SozR 4–1500 § 128 Nr. 3 = SGb 2004, 780 m. kritischer Anm. v. *Wilde*).

Konkret geht es um folgende Merkmale:
- Körperliche und geistige Belastbarkeit
- Zusätzliche Leistungseinschränkungen
- Wegefähigkeit
- Tägliche Arbeitszeit

S. dazu umfassend die vorerwähnte Darstellung in DRV Heft 2–3/2001 u. *Marschang* aaO sowie *Apidopoulos* SGb 2006, 720 u. *Mey* SGb 2007, 217.

b) *Rente wegen teilweiser Erwerbsminderung bei Berufsunfähigkeit* (Vertrauensschutzregelung für Versicherte, die vor dem 2. 1. 1961 geboren sind). Versicherte, die am 1. 1. 2001 bereits das 40. Lebensjahr vollendet haben, erhalten eine Rente wegen teilweiser Erwerbsminderung auch dann, wenn sie zwar auf dem allgemeinen Arbeitsmarkt vollschichtig, aber in ihrem *bisherigen Beruf* nicht mehr sechs Stunden täglich arbeiten können (§ 240 SGB VI). Der *Berufsschutz* wird damit für eine lange Übergangszeit in das neue System der zweistufigen Erwerbsminderungsrenten integriert. Damit ist weiterhin die Konkretisierung des Begriffs der Berufsunfähigkeit durch die Rspr. des BSG maßgebend; näher dazu Form. VIII. 10. Der Rentenfaktor für diese Rente beträgt nur 0,5 gegenüber 0,6667 bei der alten Berufsunfähigkeitsrente; die Rente ist also 25% niedriger, sodass diese Rentenart an Attraktivität verloren hat.

c) Von der vorstehend skizzierten Neuregelung sind Versicherte, die am 31. 12. 2000 bereits einen Anspruch auf Rente wegen Berufsunfähigkeit o. Erwerbsunfähigkeit hatten, nicht betroffen; der jeweilige Anspruch besteht bis zur Vollendung des 65. Lebensjahres weiter (vgl. § 302 b Abs. 1 SGB VI).

6. Bei der Anfechtungs- und Leistungsklage ist die *Sach- und Rechtslage zum Zeitpunkt der letzten mündlichen Verhandlung* zu Grunde zu legen (allgM.: *Meyer-Ladewig* SGG § 54 Rdn. 34; *Krasney/Udsching* Kap. VII. Rdn. 99; ausführlich u. kritisch dazu *Hasenpusch* SGb 1994, 319). Deshalb ist im Beispielsfall das Vorbringen, der Gesundheitszustand des Klägers habe sich nach Klageerhebung verschlechtert, erheblich und kann Ermittlungen von Amts wegen erforderlich machen.

7. Die Notwendigkeit zusätzlicher Arbeitspausen verpflichtet zur Benennung konkreter Verweisungstätigkeiten (vgl. BSG SozR 2200 § 1247 Nr. 42 u. SozR 2200 § 1246 Nr. 136; ausführlich DRV Heft 2–3/2002, 134 f.). Gelingt der Nachweis nicht oder sind entsprechende Arbeitsplätze so selten, dass faktisch keine (auch keine schlechte) Chance mehr besteht, einen solchen Arbeitsplatz zu erhalten, ist der Versicherte auch bei einem mindestens sechsstündigen Leistungsvermögen voll erwerbsgemindert. Denkbar ist auch eine Rente wegen teilweiser Erwerbsminderung für den Fall, dass der Kläger trotz seiner atypischen Leistungseinschränkung (zusätzliche Arbeitspausen) auf dem allgemeinen Arbeitsmarkt zwar noch mindestens sechs Stunden einsatzfähig ist, er aber vor dem 2. 1. 1961 geboren und berufsunfähig ist (Anm. 5 u. Form. VIII. 10).

Kosten und Gebühren

Vgl. Hinweis zu Form. VIII. 2.

Fristen und Rechtsmittel

Vgl. Hinweis zu Form. VIII. 2.

7. Anfechtungs- und Leistungsklage – § 54 Abs. 4 SGG –

(Beispiel 2: Klage auf Verletztenrente nach bindendem Ablehnungsbescheid)

An das
Sozialgericht

Klage

des Monteurs ......, Klägers,
Prozessbevollmächtigter: RA ......
gegen
die Berufsgenossenschaft Metall Nord Süd ......, Beklagte,
vertreten durch den Geschäftsführer,

wegen Rücknahme eines unanfechtbaren rechtswidrigen Bescheides[1] und Zahlung einer Verletztenrente.
Namens und in Vollmacht des Klägers erhebe ich Klage und beantrage,

1. den Bescheid der Beklagten vom ...... in der Gestalt des Widerspruchsbescheides vom ...... (Daten des nach § 44 SGB X erlassenen, eine Rücknahme ablehnenden Bescheides und des Widerspruchsbescheides) sowie den Bescheid vom ...... in der Gestalt des Widerspruchsbescheides vom ...... (Daten des ursprünglichen, unanfechtbaren Bescheides und des Widerspruchsbescheides) aufzuheben,
2. die Beklagte zu verurteilen, dem Kläger vom ...... an Verletztenrente in Höhe von mindestens 20 vH. der Vollrente zu zahlen[2].

Begründung:

Der Kläger war als Monteur beschäftigt und befand sich auf einer Dienstreise, um auf einer auswärtigen Baustelle zu arbeiten. Nach der Arbeit fuhr er von der Baustelle zum Hotel und parkte seinen PKW einige Meter davor. Auf dem Fußweg zum Hotel bemerkte er, dass er seine Herrenhandtasche mit Personalausweis, Reisepass, Kraftfahrzeug- und Führerschein im Wagen vergessen hatte. Er kehrte deshalb um und wollte die Tasche holen. Auf dem Wege dorthin erlitt er einen Unfall. Er wurde von einem PKW angefahren und zog sich eine Verletzung zu, die zum fast völligen Verlust des Sehvermögens des rechten Auges führte. Die Beklagte holte zwar das augenärztliche Gutachten des Prof. Dr. G. ein – dieser schätzte die unfallbedingte MdE auf 20 vH. –, lehnte aber eine Entschädigung ab, weil der Kläger bei einer „eigenwirtschaftlichen" Tätigkeit verunglückt sei (Bescheid vom ...... und Widerspruchsbescheid vom ......). Die dagegen gerichtete Klage war wegen Versäumung der Klagefrist erfolglos (rechtskräftiges Urteil des SG ...... vom ......).
Am ...... beantragte der Kläger die Rücknahme des unanfechtbaren ablehnenden Bescheides. Die Beklagte lehnte diesen Antrag unter Hinweis auf ihre schon zuvor vertretene Auffassung ab (Bescheid vom ...... und Widerspruchsbescheid vom ......).
Die Auffassung der Beklagten ist unzutreffend. Die Voraussetzungen des § 44 Abs. 1 S. 1 SGB X liegen vor. Die Beklagte hat bei der Ablehnung der Verletztenrente das Recht unrichtig angewandt. Denn der Kläger hat einen Arbeitsunfall (§ 8 SGB VII) erlitten. Die Tätigkeit, bei der sich der Unfall ereignete, stand nach den von der Rspr. des BSG für Dienstreisen entwickelten Wertungsmaßstäben im inneren Zusammenhang mit dem Beschäftigungsverhältnis. Danach handelt derjenige, der – wie der Kläger – während einer Dienstreise auf einem mit der beruflichen Tätigkeit zusammenhängenden Weg Ausweis, Kraftfahrzeugschein und Führerschein im abgestellten PKW vergisst und noch vor Beendigung des Weges dorthin zurückkehrt, um diese Papiere zu holen, rechtlich wesentlich

auch im betrieblichen Interesse. Zur weiteren Begründung wird auf das einen gleichliegenden Sachverhalt betreffende Urt. des BSG v. 12. 6. 1990 – 2 RU 57/89 – (SozR 3–2200 § 548 Nr. 3) Bezug genommen.

Rechtsanwalt

Schrifttum: Wie bei Form. VIII. 2.

Anmerkungen

1. Das Form. betrifft den praktisch wichtigen Fall, dass bereits durch einen bindenden Verwaltungsakt ablehnend entschieden ist u. geltend gemacht wird, dass diese Entscheidung anfänglich unrichtig ist. Die *Bindungswirkung* u. damit auch die Rechtskraft sozialgerichtlicher Urteile (§ 141 SGG) kann unter erleichterten Voraussetzungen beseitigt werden: Nach § 44 Abs. 1 SGB X ist ein Verwaltungsakt, auch nachdem er unanfechtbar geworden ist, mit Wirkung für die Vergangenheit zurückzunehmen, wenn sich im Einzelfall ergibt, dass bei Erlass des Verwaltungsakts das Recht unrichtig angewandt worden o. von einem Sachverhalt ausgegangen worden ist, der sich als unrichtig erweist, u. soweit deshalb *Sozialleistungen* (s. zum Begriff der Sozialleistungen § 11 SGB I, zu den einzelnen Sozialleistungen §§ 18 ff. SGB I und Form. VIII. 6) zu Unrecht nicht erbracht o. *Beiträge* zu Unrecht erhoben worden sind. § 44 Abs. 1 SGB X findet auf Bescheide über die *Rückforderung* von Sozialleistungen (§ 50 SGB X) entsprechende Anwendung (BSG SozR 3–1300 § 44 Nr. 19). Die Vorschrift durchbricht die materielle Bestandskraft (Bindungswirkung, vgl. § 77 SGG u. die Kommentierung dieser Vorschrift durch *Meyer-Ladewig* SGG). Voraussetzung für die Aufhebung des ursprünglichen Bescheides ist „einfache Rechtswidrigkeit" (BSG SozR 2200 § 1251 Nr. 102). Wenn der Antragsteller keine neuen tatsächlichen o. rechtlichen Argumente vorbringt, wird sich die Verwaltung allerdings idR. ohne nähere Prüfung des Anspruchs auf die Bindungswirkung des ursprünglichen Bescheides berufen (näher dazu BSG 63, 33 = SozR 1300 § 44 Nr. 33; BSG 79, 297/299; s. auch *Jung* SGb 2002, 1/2 ff.). Lehnt die Verwaltung einen Antrag nach § 44 SGB X nach erneuter Prüfung ab, ist die Klage gegen den neuen Bescheid indessen nicht schon deshalb unbegründet, weil keine neuen Gesichtspunkte geltend gemacht worden sind u. die Verwaltung die ablehnende Begründung des früheren bindenden Bescheides wiederholt hat; fehlende neue tatsächliche Argumente des Klägers spielen keine Rolle, wenn das Gericht die Rechtswidrigkeit des bindenden Bescheides erkennt (BSG 97, 54/57 f.; BSG SozR 3–2600 § 243 Nr. 8; BSG Urt. v. 11. 11. 2003 – B 2 U 32/02 R – = NZS 2004, 660 m. Anm. v. *Friedrich*).

Eine unrichtige Rechtsanwendung iSd. § 44 Abs. 1 SGB X liegt auch vor, wenn sich die höchstrichterliche Rspr. geändert hat u. die Änderung auf der Erkenntnis der Unrichtigkeit der bisherigen Rspr. beruht (s. aber auch § 48 Abs. 2 SGB X; vgl. zur Abgrenzung der Normbereiche des § 44 SGB X und des § 48 Abs. 2 SGB X BSG 55, 87/89; 57, 209; 58, 27; *Schütze* in: *von Wulffen* § 48 Rdn. 13 ff.). Zum Verhältnis von § 44 Abs. 1 SGB X zu § 79 Abs. 2 BVerfGG, dh. zur Bestandskraft von Verwaltungsakten, die auf einer vom BVerfG für nichtig bzw. für mit dem GG unvereinbar erklärten Norm beruhen *Spellbrink/Hellmich* SGb 2001, 605.

Auch die Erledigung eines Anspruchs durch *Vergleich* schließt nach BSG SozR 2200 § 1251 Nr. 115 einen Anspruch auf Neufeststellung nach § 44 SGB X nicht aus, soweit der Vergleich keinen Verzicht auf das materielle Recht iSd. § 46 SGB I enthält (str., s. *Heilemann* SGb 1995, 240/242 f.).

Für Bescheide, die weder über eine Leistungsberechtigung noch über eine Beitragsverpflichtung befinden („Nichtleistungsbescheide"), enthält § 44 Abs. 2 SGB X eine besondere Regelung (Rücknahmepflicht für die Zukunft, Ermessen für die Vergangenheit).

Zu beachten ist, dass nach Aufhebung des rechtswidrigen Verwaltungsakts Sozialleistungen längstens für einen Zeitraum bis zu vier Jahren vor der Rücknahme erbracht werden (näher dazu § 44 Abs. 4 SGB X), und zwar auch dann, wenn den Sozialleistungsträger an der Rechtswidrigkeit des zurückgenommenen Bescheides ein Verschulden getroffen hat (BSG SozR 1300 § 44 Nr. 17).

2. Es handelt sich bei der auf § 44 Abs. 1 SGB X gestützten Klage nicht um eine Verpflichtungs-, sondern um eine *kombinierte Anfechtungs- u. Leistungsklage* iSd. § 54 Abs. 4 SGG, wenn eine Leistung begehrt wird, auf die – wie idR. – ein Rechtsanspruch besteht („Durchverurteilung" zur Leistung, vgl. BSG 55, 87/89 u. 97, 54/56; BSG SozR 4–2700 § 8 Nr. 19; *Krasney/Udsching* Kap. IV Rdn. 76; aber str., vgl. *Meyer-Ladewig* SGG § 54 Rdn. 20c mwN.; *Niesel* Rdn. 100: kombinierte Anfechtungs- u. Verpflichtungsklage, die mit einer Leistungsklage verbunden ist).

Kosten und Gebühren

Vgl. Hinweis zu Form. VIII. 2.

Fristen und Rechtsmittel

Vgl. Hinweis zu Form. VIII. 2.

8. Feststellungsklage – § 55 SGG – (Klage auf Feststellung der Versicherungspflicht)[1, 2, 3, 4]

An das
Sozialgericht

Klage

der Volkshochschuldozentin ......, Klägerin,
Prozessbevollmächtigter: RA ......

gegen

die Allgemeinen Ortskrankenkasse ......, Beklagte,
vertreten durch den Vorstand,
wegen Feststellung der Versicherungspflicht.

Namens und in Vollmacht der Klägerin erhebe ich Klage und beantrage,

1. den Bescheid der Beklagten vom ...... in der Gestalt des Widerspruchsbescheides vom ...... aufzuheben,

2. festzustellen, dass die Klägerin der Versicherungspflicht in der Kranken-, Pflege-, Renten- und Arbeitslosenversicherung unterliegt[5].

Begründung[6]:

Die Klägerin ist ausgebildete Berufsschullehrerin und seit ...... als Dozentin in der Volkhochschule (VHS) der Stadt ...... beschäftigt. Sie unterrichtet idR. wenigstens 14 Unterrichtsstunden Deutsch u. Mathematik in Kursen des zweiten Bildungsweges, die auf die Realschulprüfung vorbereiten. Die Klägerin wird auch als Prüferin eingesetzt.

Die Klägerin war zuletzt freiwilliges Mitglied der beklagten Krankenkasse und zahlte Beiträge aus ihrem „Arbeitseinkommen als selbstständig tätige Lehrerin". Am ...... wandte sie sich an die Beklagte, schilderte ihre Tätigkeit bei der VHS und bat um Überprüfung ihres versicherungsrechtlichen Status. Nach Anhörung von Klägerin u. VHS stellte die Beklagte mit Bescheid vom ...... fest, dass die Klägerin in der Kranken-, Pflege-, Renten- u. Arbeitslosenversicherung nicht als Beschäftigte versicherungspflichtig ist.[7, 8] Zur Begründung führte sie aus: Zwischen der Klägerin und der VHS bestehe kein „klassischer" Arbeitsvertrag. Die Beschäftigung erfolge auf der Grundlage von Lehraufträgen, in denen bestimmt sei, dass ein Arbeitsverhältnis nicht begründet werden solle, sondern ein Dienstleistungsverhältnis nach dem BGB bestehe. Im Rahmen des Lehrauftrages sei die Klägerin in der Gestaltung des Unterrichts frei und werde außerhalb der vertraglich geschuldeten Unterrichtszeiten nicht beansprucht. Der Widerspruch wurde mit Widerspruchsbescheid vom ...... zurückgewiesen.

Die Auffassung der Beklagten ist unrichtig. Maßgeblich dafür, ob eine abhängige Beschäftigung oder eine selbstständige Tätigkeit vorliegt, sind die tatsächlichen Umstände insbesondere der Arbeitsleistung. Demgegenüber ist die vertragliche Vereinbarung von VHS u. Klägerin nicht entscheidend. Tatsächlich ist die Klägerin wie eine Lehrkraft an öffentlichen Schulen in den Kursbetrieb der VHS eingebunden, die nach der Rspr. von BAG u. BSG Arbeitnehmer sind: Die Klägerin bietet nicht im Rahmen des Programms der VHS einzelne Kurse an, die sie nach eigenem Interessenschwerpunkt und Neigung thematisch und inhaltlich bestimmt. Vielmehr sind Inhalte und Anforderungsniveau der auf die Realschulprüfung vorbereitenden Kurse durch Rahmenrichtlinien und Prüfungsordnungen festgelegt. Die Klägerin kann auch nicht frei über ihre Arbeitszeit bestimmen und diese frei einteilen, zumal sie Vertretungsstunden übernehmen muss. Schließlich ist ihre Tätigkeit mit Nebenarbeiten verbunden, die für Lehrkräfte an öffentlichen Schulen typisch sind. Sie hat Klassenbücher zu führen, Klassenarbeiten schreiben zu lassen, zu korrigieren und Zensuren zu geben. Auch die Prüfungstätigkeit ist Bestandteil der Unterrichtstätigkeit.[9]

Rechtsanwalt

Schrifttum: Wie bei Form. VIII. 2.

Anmerkungen

1. Mit der *Feststellungsklage* (§ 55 SGG) kann begehrt werden: 1. die Feststellung des Bestehens o. Nichtbestehens eines Rechtsverhältnisses, 2. die Feststellung, welcher Versicherungsträger der Sozialversicherung zuständig ist, 3. die Feststellung, ob eine Gesundheitsstörung o. der Tod die Folge eines Arbeitsunfalls, einer Berufskrankheit o. einer Schädigung iSd. BVG ist, 4. die Feststellung der Nichtigkeit eines Verwaltungsakts, wenn der Kläger ein berechtigtes Interesse an der baldigen Feststellung hat. – Von erheblicher praktischer Bedeutung ist für die gesetzliche Unfallversicherung u. das soziale Entschädigungsrecht die Feststellung des ursächlichen Zusammenhanges (Kausalität) nach § 55 Abs. 1 Nr. 3 SGG; s. dazu Form. VIII. 9.

Die sog. *„Elementenfeststellungsklage"* ist ausnahmsweise zulässig, wenn durch sie der Rechtsstreit im Ganzen bereinigt wird (BSG 31, 235; 48, 238/240). Auch kann ein Rechtsschutzinteresse daran bestehen, zunächst nur eine einzelne Voraussetzung eines Leistungsanspruchs zu klären. Bsp.: Die Erwerbsunfähigkeit als Voraussetzung der Rente wegen Erwerbsminderung bereits vor der Abgabe des landwirtschaftlichen Unternehmens, die ebenfalls Anspruchsvoraussetzung ist (vgl. § 13 Abs. 1 Gesetz über die Alterssicherung der Landwirte). In einem solchen Fall ist eine auf Erteilung der Zusicherung, nach Erfüllung der Voraussetzungen die begehrte Leistung zu gewähren (§ 34 SGB X), gerichtete Anfechtungs- u. Verpflichtungsklage (§ 54 Abs. 1 SGG – Form. VIII. 4 Anm. 1) die richtige Klageart (BSG Urt. v. 5. 10. 2006 – B 10 LW 4/05 R). Die Frage der Erwerbsminderung wäre vor der Abgabe der Zusicherung zu klären, so dass auf diesem Weg die angestrebte Gewissheit über diese Voraussetzung für weitere Dispositionen erlangt werden kann.

Zur *Fortsetzungsfeststellungsklage* s. Anm. 2.

2. Hat sich der angefochtene Verwaltungsakt während des Rechtsstreites erledigt, wird die Klage idR. zurückgenommen o. der Rechtsstreit in der Hauptsache für erledigt erklärt. Der Klageantrag kann jedoch ausnahmsweise in einen Feststellungsantrag umgewandelt werden, wenn der Kläger ein berechtigtes Interesse an der Feststellung der Rechtswidrigkeit des Verwaltungsakts hat – sog. *Fortsetzungsfeststellungsklage* – (§ 131 Abs. 1 S. 3 SGG).

Das Feststellungsinteresse kann rechtlicher, wirtschaftlicher o. ideeller Natur sein u. kommt in drei Richtungen in Betracht: als Schadensinteresse, Rehabilitationsinteresse u. wegen der Gefahr der Wiederholung (BSG SozR 4100 § 19 Nr. 5 – S. 22 – mwN.; BSG SozR 3–1500 § 88 Nr. 1 – S. 3 –). Hat sich der Verwaltungsakt bei einer *Anfechtungsklage* erledigt, so ist der Antrag darauf zu richten, dass der Verwaltungsakt (Bescheid in der Gestalt des Widerspruchsbescheides) rechtswidrig war. Die Fortsetzungsfeststellungsklage kommt auch in Betracht, wenn sich das *Verpflichtungsbegehren* erledigt hat (BSG aaO. u. BSG 42, 212/216). In diesem Fall ist – entsprechend der anfänglichen Verpflichtungsklage – zu beantragen, dass die Behörde verpflichtet war, den abgelehnten Verwaltungsakt zu erlassen. Auch eine *Untätigkeitsklage* kann unter den Voraussetzungen des § 131 Abs. 1 S. 3 SGG auf die Fortsetzungsfeststellungsklage umgestellt werden (vgl. Form. VIII. 5 Anm. 1).

3. *Feststellungen nach dem Schwerbehindertenrecht* gemäß § 69 SGB IX sind nicht mit der Feststellungs-, sondern mit der *Verpflichtungsklage* (Form. VIII. 4) zu verfolgen (*Krasney/Udsching* Kap. IV Rdn. 91 ff., aber str.). Die Verpflichtung der Versorgungsbehörde besteht darin, durch feststellenden Verwaltungsakt eine Statusfeststellung zu treffen, die die Grundlage für die Ausstellung des Schwerbehindertenausweises bildet (vgl. § 69 Abs. 5 SGB IX) und Voraussetzung für bestimmte öffentlich-rechtliche Leistungen und arbeitsrechtliche Vorteile ist (vgl. BSG SozR 3–1300 § 44 Nr. 3 mwN.; s. aber auch BSG SozR 1500 § 78 Nr. 7 = SGb 1978, 68 m. Anm. v. *Freitag*: Statusfeststellung als Leistung iSd. § 54 Abs. 4 SGG). Die Versorgungsverwaltung hat (entgegen früherer Übung) im Verfügungssatz des Bescheides nur das Vorliegen einer (unbenannten) Behinderung mit einem bestimmten GdB (§ 69 Abs. 1 SGB IX) und ggf. weitere gesundheitliche Merkmale als Voraussetzung für die Inanspruchnahme von Nachteilsausgleichen (§ 69 Abs. 4 SGB IX) festzustellen. Die isolierte Feststellung von Gesundheitsstörungen und Funktionsbeeinträchtigungen als (weitere) Behinderungen ist wegen fehlenden Rechtschutzinteresses unzulässig (BSG SozR 3–3870 § 4 Nr. 24). Eine Feststellung ist nur zu treffen, wenn ein GdB von wenigstens 20 vorliegt (§ 69 Abs. 1 S. 6 SGB IX); der Anspruch auf Feststellung des maßgeblichen, nach Zehnergraden gestuften GdB (§ 69 Abs. 1 S. 4 SGB IX) besteht unabhängig davon, ob die rechtliche und/oder wirtschaftliche Situation dadurch unmittelbar verbessert wird (BSG SozR 4–3250 § 69 Nr. 8).

Ein Klageantrag nach § 69 Abs. 1 u. 4 SGB IX könnte demgemäß zB. lauten: 1. den Bescheid des Versorgungsamtes L vom ...... in der Gestalt des Widerspruchsbescheides des Landesversorgungsamtes N. vom ...... zu ändern, 2. den Beklagten zu verurteilen, a) eine Behinderung mit einem GdB von 70 und b) die gesundheitlichen Merkmale des Nachteilsausgleichs „G" festzustellen.

Das BSG sieht die GdB-Feststellung überdies als Verwaltungsakt mit Dauerwirkung iSd. § 48 SGB X (Form. VIII. 2 Anm. 1) an (BSG 79, 223/224; BSG SozR 1300 § 48 Nr. 29; offengelassen in BSG SozR 3–3870 § 4 Nr. 5 – S. 26 –).

Für die Verwaltungs- u. Gerichtspraxis sind bedeutsam die vom Bundesministerium für Arbeit und Soziales hrsg. „Anhaltspunkte für die ärztliche Gutachtertätigkeit im sozialen Entschädigungsrecht und nach dem Schwerbehindertenrecht" idF. von 2008 – AHP – (Internet: www.bmas.de). Das BSG hat den AHP – im Gegensatz zu den MdE-Erfahrungssätzen in der gesetzlichen Unfallversicherung (Form. VIII. 9 Anm. 6) – eine rechtsnormähnliche Qualität beigemessen (BSG 91, 205 Rdn. 14 mwN.). Allerdings hat die Rspr. die fehlende Rechtsgrundlage beanstandet, die daraufhin in den Jahren 2007 und 2008 geschaffen worden ist (vgl. § 30 Abs. 17 BVG, § 69 Abs. 1 Satz 5 SGB IX). Die zum 1. 1. 2009 in Kraft getretene Versorgungsmedizin-VO (BGBl. I 2008 S. 2412), der als Anlage „Versorgungsmedizinische Grundsätze" als zugrundezulegende Bewertungsmaßstäbe angefügt sind, setzt diese Rspr. um, ohne dass die in den AHP niedergelegten Grundsätze u. Kriterien inhaltlich geändert worden sind. Somit kann zunächst auch noch auf diese zurückgegriffen werden. Weiterführende Hinweise bei *Goedelt,* Die Festsetzung des Grades der MdE/des GdB nach dem Schwerbehindertengesetz, Zentralblatt für Sozialversicherung, Sozialhilfe u. Versorgung – ZfS – 1994, 97 u. *Knickrehm,* Die Feststellungen nach § 69 SGB IX im Lichte des „modernen" Behinderungsbegriffs, SGb 2008, 220. Zum Streitgegenstand u. zu den Beweisfragen im Schwerbehindertenrecht *Krasney/Udsching* Kap. III Rdn. 150 ff. Allg. Literaturhinweise zum Schwerbehindertenrecht: *Cramer/Fuchs/Hirsch/Ritz,* Schwerbehindertenrecht – SGB IX, Komm. 6. Aufl. 2010, *Dau/Düwell/Haines,* SGB IX, Lehr- u. Praxiskomm., 2. Aufl. 2009; *Kossens/von der Heide/Maaß,* SGB IX, Komm., 3. Aufl. 2009, *Mrozynski,* SGB IX Teil 1 – Regelungen für behinderte u. von Behinderungen bedrohte Menschen, Komm., 2002; *Müller-Wenner/Schorn,* SGB IX Teil 2 – Besondere Regelungen zur Teilhabe schwerbehinderter Menschen (Schwerbehindertenrecht), Komm., 2003; *Neumann/Pahlen/Majerski-Pahlen,* SGB IX, Komm., 11. Aufl. 2005.

4. Nach § 89 SGG ist die Klage an keine Frist gebunden, wenn die Feststellung der Nichtigkeit eines Verwaltungsakts oder die Feststellung des zuständigen Versicherungsträgers begehrt wird. Darüber hinaus gilt allgemein, dass die isolierte Feststellungsklage an keine Frist gebunden ist. Ist dagegen – wie im Regelfall – der Feststellungsklage ein Verwaltungsakt vorausgegangen, der den Gegenstand der Feststellungsklage betrifft (vgl. Anm. 5), so gilt die Klagefrist des § 87 SGG (vgl. *Meyer-Ladewig* SGG § 87 Rdn. 2 und § 89 Rdn. 4).

In den Verfahren über die Frage des Bestehens von Versicherungspflicht – Textbsp. – sind der Arbeitgeber und die anderen Sozialversicherungsträger (Rentenversicherungsträger und Bundesagentur für Arbeit) notwendig beizuladen (§ 75 Abs. 2 SGG – Form. VIII. 23; BSG 84, 136).

5. Im Form. ist die Feststellungs- mit der Anfechtungsklage verbunden. Nach BSG 57, 184 u. 58, 150/152 ist die Feststellungsklage idR. ohne vorangegangenes Verwaltungsverfahren unzulässig, weil ein streitig gewordenes öffentlich-rechtliches Verhältnis zunächst in einem Verwaltungsverfahren durch Verwaltungsakt zu regeln ist. Der Anwendungsbereich der „reinen" Feststellungsklage ist somit im Sozialrecht gering.

6. Das Textbsp. betrifft die Feststellung eines Beschäftigungsverhältnisses (Anm. 7) und damit die Feststellung des Bestehens eines Rechtsverhältnisses (§ 55 Abs. 1 Nr. 1 SGG).

7. Das *Beschäftigungsverhältnis* ist die Grundlage der Sozialversicherungspflicht. Essenzielles Merkmal (Hauptmerkmal) der Beschäftigung ist die Arbeit in persönlicher Abhängigkeit von einem Dritten. § 7 Abs. 1 S. 2 SGB IV charakterisiert dieses Merkmal näher wie folgt: „Anhaltspunkte für eine Beschäftigung sind eine Tätigkeit nach Weisungen und eine Eingliederung in die Arbeitsorganisation des Weisungsgebers". Maßgebend ist insoweit stets das Gesamtbild der jeweiligen Arbeitsleistung unter Berücksichtigung der Verkehrsanschauung. Entsprechend der Legaldefinition des § 7 Abs. 1 SGB IV sieht das BSG als maßgebendes Kriterium des abhängigen Beschäftigungsverhältnisses die betriebliche Eingliederung und Unterordnung unter ein Zeit, Dauer, Ort u. Art der Arbeitsausführung umfassendes Weisungsrecht des Arbeitgebers an (BSG 38, 53/57; 45, 199 u. 83, 246).

Abgrenzungsprobleme betreffen insbesondere die sog. *freien Mitarbeiter* (s. dazu die Berufsgruppenkataloge der Spitzenorganisationen der Sozialversicherung NZS 1999, 384 u. NZS 2000, 184; s. auch *Schmidt* NZS 2000, 57, *Sommer* NZS 2003, 169 u. *Wilde* Neue Wirtschaftsbriefe – NWB – 2003, 525).

Weitere „Problemgruppen" sind *Angehörige des Arbeitgebers* (dazu *Matern* DAngVers 2005, 16) und *geschäftsführende Gesellschafter einer GmbH.* Bei einem Geschäftsführer einer GmbH fehlt die persönliche Abhängigkeit, wenn er Einzelweisungen jederzeit verhindern kann. Eine derartige Rechtsmacht liegt idR. dann vor, wenn er mindestens die Hälfte des Stammkapitals innehat oder über eine sog. Sperrminorität verfügt, mit der alle ihm nicht genehmen Entscheidungen verhindert werden können (BSG SozR 3–2400 § 7 Nr. 4). Deshalb wird bei Fremdgeschäftsführern, dh. nicht am Gesellschaftskapital beteiligten Geschäftsführern, eine abhängige Beschäftigung angenommen (BSG SozR 3–2400 § 7 Nr. 20), sofern im Einzelfall nicht besondere Umstände (zB. „Kopf u. Seele" der Gesellschaft – BSG SozR 2100 § 7 Nr. 7) eine Weisungsgebundenheit gegenüber den Gesellschaftern aufheben. Aber auch bei Geschäftsführern, die zwar Gesellschafter sind, jedoch weder über die Mehrheit der Gesellschaftsanteile noch über eine sog. Sperrminorität verfügen, liegt idR. eine abhängige Beschäftigung vor (BSG SozR 4–2400 § 7 Nr. 1). Das gilt auch für mitarbeitende Gesellschafter, da sie idR. dem Weisungsrecht der Geschäftsführer unterliegen. Allerdings kann eine rechtlich bestehende Abhängigkeit durch die tatsächlichen Verhältnisse so überlagert sein, dass eine abhängige Beschäftigung ausscheidet (näher hierzu BSG SozR 3–2400 § 7 Nr. 7). Zur sozialversicherungsrechtlichen Beurteilung von Gesellschafter-Geschäftsführern einer GmbH s. weiter *Hölzl* ZFSH/SGB 2007, 657 u. *Menthe* DangVers 2005, 125.

Eine „Fundgrube" zur Abgrenzungsproblematik ist die mit vielen Rechtsprechungshinweisen versehene Übersicht bei *Seewald* in: KassKomm § 7 SGB IV Rdn. 84 ff., insbesondere Rdn. 125.

Trotz Selbstständigkeit ist der von § 2 SGB VI erfasste Personenkreis wegen seiner vom Gesetzgeber typisierend angenommenen Schutzbedürftigkeit rentenversicherungspflichtig (zur Rentenversicherungspflicht von Alleingesellschafter/-geschäftsführern in einer „Ein-Mann-GmbH" BSG 95, 275 = NJW 2006, 1162 = NZA 2006, 369 m. Anm. v. *Gach/Kock* NJW 2006, 189 u. *Schrader/Straube* NZA 2006, 358; zur Rentenversicherungspflicht selbstständiger Lehrer BSG SozR 4–2600 § 2 Nr. 9; s. ferner *Plagemann/Plagemann* zum Sozialschutz des Unternehmers in der Unternehmergesellschaft – haftungsbeschränkt – nach § 5 a GmbHG Deutsches Steuerrecht – DStR – 2009, 1809), zur Befreiung von der Versicherungspflicht s. § 6 SGB VI.

8. Die *Einzugsstelle* (Krankenkasse) entscheidet grundsätzlich über Versicherungspflicht und Beitragshöhe in Kranken-, Pflege u. Rentenversicherung sowie über Beitragspflicht u. -höhe nach dem Recht der Arbeitsförderung; sie erlässt auch den Widerspruchsbescheid (§ 28 h Abs. 2 S. 1 SGB IV). Nach Auffassung des BSG entfaltet eine Entscheidung der Einzugsstelle keine Bindung für das Leistungsrecht der Arbeitslosenversicherung, da dieses nicht an eine Beitragsentrichtung gekoppelt sei (BSG 70, 81, 84 ff. – dazu kritisch *Rolfs,* Das Versicherungsprinzip im Sozialversicherungsrecht, 2000, 321 ff.; *ders.* in: *Spellbrink/Eicher* § 29 Rdn. 16 mwN.). Dadurch ist es insbesondere bei mitarbeitenden Familienangehörigen und Gesellschafter-Geschäftsführern einer GmbH immer wieder vorgekommen, dass trotz Zahlung des Gesamtsozialversicherungsbeitrages (§ 28 d ff. SGB IV) kein Anspruch auf Arbeitslosengeld besteht, weil tatsächlich keine abhängige Beschäftigung ausgeübt wurde. Um diese unbefriedigende Rechtslage zu verbessern, hat der Ges.geber für diese Personengruppen mit § 7 a Abs. 1 S. 2 SGB IV ein *obligatorisches,* dh. von Amts wegen durchzuführendes Statusfeststellungsverfahren bei der Deutschen Rentenversicherung (DRV) Bund („Clearingstelle") eingeführt; s. näher zur Neuregelung des § 7 a SGB IV zum 1. 1. 2005 durch das Vierte Ges. für moderne Dienstleistungen am Arbeitsmarkt („Hartz IV") vom 24. 12. 2003 (BGBl. I S. 2954)

Geisler DAngVers 2004, 553 u. *Menthe* aaO. An die Feststellung der DRV Bund ist die Bundesagentur für Arbeit gebunden (§ 336 SGB III). Die Beteiligten, dh. die Vertragspartner der zu bewertenden Tätigkeit, *können* das Statusfeststellungsverfahren – idR. mit Aufnahme der Tätigkeit – beantragen, um Klarheit über eine abhängige Beschäftigung o. eine selbstständige Tätigkeit zu erlangen, sofern nicht die Einigungsstelle o. ein anderer Versicherungsträger im Zeitpunkt der Antragstellung bereits ein Verfahren zur Feststellung einer Beschäftigung eingeleitet hatte (§ 7a Abs. 1 S. 1 SGB IV). S. im Übrigen zu den Rechtsauslegungsunsicherheiten des § 7a SGB IV die Kommentierung v. *Marschner* in: *Kreikebohm,* SGB IV, Komm., 2008.

9. Zum Textbsp. der abhängigen Beschäftigung von Dozenten der VHS s. BSG Urt. v. 12. 2. 2004 – B 12 KR 26/02 R –; BAG AP Nr. 152 zu § 611 BGB u. LAG Niedersachsen MDR 2003, 1239 jew. mwN.

Kosten und Gebühren

Vgl. Hinweis zu Form. VIII. 2.

Fristen und Rechtsmittel

Vgl. Anm. 4 u. Hinweis zu Form. VIII. 2.

9. Anfechtungs-, Feststellungs- und Leistungsklage – §§ 54 Abs. 4, 55 Abs. 1 Nr. 3 SGG –

(Klage auf Feststellung von Unfallfolgen und Verletztenrente)[1]

An das
Sozialgericht

Klage

des Kraftfahrers ......, Klägers,
Prozessbevollmächtigter: RA ......
gegen
die Verwaltungs-Berufsgenossenschaft ......, Beklagte,
vertreten durch den Geschäftsführer,

wegen Feststellung von Unfallfolgen und Zahlung von Verletztenrente

Namens und in Vollmacht des Klägers erhebe ich Klage und beantrage,

1. **den Bescheid der Beklagten vom ...... in der Gestalt des Widerspruchsbescheides vom ...... aufzuheben,**
2. **festzustellen, dass die Gesundheitsstörung „Gonarthrose rechts mit Einschränkung der Beweglichkeit des rechten Kniegelenks" Folge des Arbeitsunfalls[2] vom ...... ist[3, 4],**
3. **die Beklagte zu verurteilen, dem Kläger vom ...... an Verletztenrente in Höhe von mindestens 20 vH. der Vollrente zu zahlen[5, 6, 7].**

Begründung:

Der Kläger hatte sich am ...... 2000 auf dem Weg zur Arbeit das rechte Kniegelenk verrenkt und den inneren Meniskus verletzt. Die Beklagte hatte den „Zustand nach Knieverletzung rechts und anschließender Meniskusoperation" als Folge dieses Arbeitsunfalls anerkannt und ihm für die Zeit vom ...... bis ...... 2001 Verletztenrente in Höhe von 20 vH. der Vollrente gezahlt (Bescheide vom ......). Wegen einer schmerzhaften Gonarthrose rechts, die ihm seit 2007 Beschwerden bereitete, unterzog sich der Kläger am ...... 2008 einer erneuten Knieoperation. Gestützt auf das Gutachten des Dr. K. vom ...... lehnte die Beklagte den nach dieser Operation gestellten Antrag des Klägers auf Verletztenrente vom ...... ab, weil wegen des langen Zeitraums bis zum Auftreten der ersten Beschwerden und des auch am linken, vom Unfall nicht betroffenen Knie festgestellten Gelenkverschleißes der ursächliche Zusammenhang der Gonarthrose rechts mit dem Arbeitsunfall nicht wahrscheinlich sei (Bescheid vom ...... und Widerspruchsbescheid vom ......). Mit dieser Entscheidung ist der Kläger nicht einverstanden. Wie sich aus dem beigefügten Bericht des ihn behandelnden Arztes für Orthopädie Prof. Dr. P. vom ...... ergibt, spricht mehr für als gegen einen solchen ursächlichen Zusammenhang. Danach ist nicht nur zu berücksichtigen, dass die Arthrose des Kniegelenks rechts weit stärker als links ausgeprägt ist, sondern auch, dass eine Meniskektomie, wie sie hier erstmals 2000 erfolgt ist, die Entstehung und den Verlauf einer Arthrose begünstigt.
Die Arthrose bedingt auf Grund der schmerzhaften Bewegungseinschränkung des rechten Kniegelenks auch eine MdE zumindest in rentenberechtigendem Grad von 20 vH. (vgl. im Einzelnen den oa. Bericht des Prof. Dr. P.).

Rechtsanwalt

Schrifttum: Wie bei Form. VIII. 2.

Anmerkungen

1. Diese Klagekombination – dh. die um die Feststellungsklage erweiterte Anfechtungs- u. Leistungsklage – hat insbesondere für die gesetzliche Unfallversicherung praktische Bedeutung.

2. Versicherungsfälle der gesetzlichen Unfallversicherung sind Arbeitsunfälle u. Berufskrankheiten (§ 7 Abs. 1 SGB VII). *Arbeitsunfall* ist ein körperlich schädigendes, zeitlich (auf eine Arbeitsschicht) begrenztes Ereignis, das in einem *rechtlich wesentlichen ursächlichen Zusammenhang* mit einer versicherten Tätigkeit steht (vgl. auch die Legaldefinition des § 8 Abs. 1 SGB VII; einen Überblick über Auslegung u. Anwendung dieses Begriffs in der Rspr. des BSG gibt *Becker* SGb 2007, 721). Ein Arbeitsunfall ist hiernach zB. zu verneinen, wenn eine *innere Ursache* (epileptischer Anfall oä.) u. nach der Rspr. des BSG auch, wenn *Trunkenheit,* insbesondere alkoholbedingte Verkehrsuntüchtigkeit, o. *nicht betriebsbedingte Übermüdung* die allein wesentliche Unfallursache ist. In der Praxis der Unfallversicherung wird außerdem häufig darüber gestritten, ob der Unfall nach der im Sozialrecht maßgebenden Theorie der wesentlichen Bedingung im Hinblick auf eine unfallfremde Vorschädigung nur die Bedeutung einer rechtlich unwesentlichen Teilursache (sog. *Gelegenheitsursache*) hat, zB. bei Verletzung vorgeschädigter Menisken, Bandscheiben oder bei Herzinfarkten.

Arbeitsunfall ist auch ein sog. *Wegeunfall* (§ 8 Abs. 2 iVm. § 8 Abs. 1 SGB VII).

Berufskrankheiten sind nur diejenigen durch eine versicherte Tätigkeit verursachten Erkrankungen, die die Bundesregierung auf Grund der in § 9 Abs. 1 SGB VII enthaltenen gesetzlichen Ermächtigung in der Berufskrankheitenverordnung – BKVO – bezeichnet (Enumerations- oder Listenprinzip; vgl. aber auch § 9 Abs. 2 SGB VII: Entschädigung „wie" eine Berufskrankheit).

Näher zu Arbeitsunfall u. Berufskrankheit: KassKomm. – *Ricke,* Kommentierung der §§ 8 und 9 SGB VII sowie *Schönberger/Mehrtens/Valentin,* Arbeitsunfall u. Berufskrankheit, Rechtliche u. Medizinische Grundlagen für Gutachter, Sozialverwaltung, Berater u. Gerichte, 8. Aufl. 2009. Einen Überblick über aktuelle Entwicklungen im Recht der gesetzlichen Unfallversicherung geben *Plagemann/Radtke-Schwenzer* NJW 2008, 2150.

3. Nach § 55 Abs. 1 Nr. 3 SGG kann die Feststellung begehrt werden, ob eine Gesundheitsstörung o. der Tod Folge eines Arbeitsunfalls, einer Berufskrankheit o. einer Schädigung iSd. BVG (s. auch § 1 Abs. 3 BVG: „Anerkennung einer Gesundheitsstörung als Folge einer Schädigung“) ist. Diese Formulierung beruht auf der herkömmlichen, dem zivilen Schadensersatzrecht entlehnten Unterscheidung von *haftungsbegründender* u. *haftungsausfüllender* Kausalität (vgl. zB. BSG 6, 120 u. 7, 180). Unter haftungsbegründender Kausalität wird der ursächliche Zusammenhang zwischen versicherter Tätigkeit bzw. Wehrdienst und schädigendem Ereignis (Unfall) sowie – nach verbreiteter Auffassung u. neuerer Rspr. (BSG 96, 196/198) – Gesundheitserstschaden – im Textbsp. die Meniskusverletzung – o. Tod des Versicherten verstanden. Der in der neueren Rspr. als „Unfallkausalität“ bezeichnete Zusammenhang zwischen versicherter Tätigkeit u. schädigendem Ereignis (dazu kritisch KassKomm. – *Ricke* § 8 SGB VII Rdn. 7) ändert sachlich nichts. Gegenstand der haftungsausfüllenden Kausalität ist der ursächliche Zusammenhang zwischen dem Erst- o. Primärschaden einerseits u. dem Folge- o. Sekundärschaden andererseits. Diese Unterscheidung wird als verwirrend u. für das Sozialrecht überflüssig kritisiert (instruktiv *Ricke,* Die Berufsgenossenschaft – BG – 1996, 770). Feststellungsfähig sind demnach nicht nur „Erstschäden“, sondern auch „Folgeschäden“, die sich – wie die Arthrose im Textbsp. – aus dem Erstschaden entwickeln o. mittelbar infolge neuer Schädigungsvorgänge aufgrund des Erstschadens verursacht werden, wie das beispielsweise bei einem durch die Folgen eines Arbeitsunfalls verursachten weiteren Unfall der Fall ist. In § 11 SGB VII ist für bestimmte Fallgruppen ihre Geltung als mittelbare Folge eines Versicherungsfalls gesetzlich klargestellt.

Die Feststellungsklage nach § 55 Abs. 1 Nr. 3 SGG umfasst den gesamten Kausalzusammenhang zwischen versicherter Tätigkeit bzw. militärischem Dienst u. einer Gesundheitsstörung. Sie kann auch dann sinnvoll u. prozessökonomisch sein, wenn lediglich darüber gestritten wird, ob die zum Unfall führende Tätigkeit unter Versicherungsschutz stand (vgl. dazu BSG SozR 3–3200 § 81 Nr. 1.; BSG SozR 2200 § 548 Nr. 53 u. 72; BSG SozR 3–2200 § 550 Nr. 5; *Krasney/Udsching* Kap. IV Rdn. 87 ff.); dh. es sind die zweifelsfrei gegebenen Gesundheits(erst)störungen als Folgen des Arbeitsunfalls zu bezeichnen (vgl. dazu zB. den dem Urt. des BSG v. 24. 1. 1992 – 2 RU 32/91 = SozR 3–2200 § 550 Nr. 5 entnommenen Klageantrag in Form. VIII. 17). Auch ein allein auf die Feststellung eines Arbeitsunfalls gerichteter Klageantrag („...... festzustellen, dass es sich bei dem Unfall des Klägers am ...... um einen Arbeitsunfall gehandelt hat“) ist bei einem Streit um Versicherungsschutz zulässig (BSG Urt. v. 2. 12. 2008 – B 2 U 17/07 R – mwN.).

Bei *Berufskrankheiten* ist die Feststellung nach dem Wortlaut des § 55 Abs. 1 Nr. 3 SGG darauf zu richten, dass eine bestimmte Gesundheitsstörung Folge einer Berufskrankheit ist (zB. Feststellung einer Arthrose als Folge einer Berufskrankheit nach Nr. 2102 der Anlage zur BKVO: „Meniskusschäden nach mehrjährigen andauernden o. häufig wiederkehrenden, die Kniegelenke überdurchschnittlich belastenden Tätigkeiten“). Stimmt die geltend gemachte Gesundheitsstörung mit der Definition der Listenerkrankung überein, sollte die Feststellung beantragt werden, dass diese Gesundheitsstörung eine Berufskrankheit ist (vgl. für die Lärmschwerhörigkeit – Berufskrankheit Nr. 2301 der Anlage zur BKVO – BSG SozR 2200 § 551 Nr. 35, das insoweit auf § 55 Abs. 1 Nr. 1 SGG zurückgreift).

4. Das erforderliche *Rechtsschutzbedürfnis* für eine isolierte Feststellung von Unfallfolgen ist im Hinblick darauf, dass die Feststellung der unfallbedingten Schädigung

Grundlage jeder späteren Regelung ist, regelmäßig gegeben (BSG Urt. v. 22. 3. 1983 – 2 RU 64/81 = SozSich 1983, 297; *Dahm,* Die Zulässigkeit von Feststellungsklagen in Angelegenheiten der gesetzlichen Unfallversicherung, Kompass 1994, 536; für *Wehrdienstbeschädigungen* s. BSG 21, 167, 168 f. u. BSG SozR 3–1500 § 55 Nr. 18). Dass die unfallbedingten Gesundheitsstörungen abgeklungen sind, steht dem nicht entgegen; denn gerade in Fällen, in denen geringfügige Schädigungen im Zeitpunkt der Entscheidung nicht geeignet sind, Leistungsansprüche auszulösen, gesundheitliche *Spätfolgen* des Unfalls jedoch *nicht auszuschließen* sind (BSG Urt. v. 3. 4. 1990 – 8 RKnU 3/88 –), ist die in § 55 Abs. 1 Nr. 3 SGG vorgesehene Feststellungsklage geboten (BSG Urt. v. 22. 3. 1983 – 2 RU 64/81 – aaO.; für *Wehrdienstbeschädigungen* s. BSG SozR 3–3200 § 81 Nr. 1 u. SozR 3–1500 § 55 Nr. 18).

Dementsprechend kann auch eine Berufskrankheit bereits vor Eintritt des Leistungsfalles festgestellt werden (BSG SozR 2200 § 551 Nr. 35 für eine Lärmschwerhörigkeit).

5. Zu unterscheiden sind in der gesetzlichen Unfallversicherung *Rente als vorläufige Entschädigung* und *Rente auf unbestimmte Zeit* (§ 62 SGB VII). Spätestens nach Ablauf von drei Jahren nach dem Unfall ist die Rente auf unbestimmte Zeit (Dauerrente) festzustellen. Diese Feststellung setzt eine Änderung der Verhältnisse nicht voraus; der Versicherungsträger ist an die zuvor getroffene Feststellung der MdE nicht gebunden, wohl aber an die übrigen Feststellungen, insbesondere von Unfallfolgen (BSG 18, 84/87) u. Jahresarbeitsverdienst (BT-Drucks. 13/2204 S. 91). – Zum Anspruch auf *Verletztengeld* s. §§ 45 ff. SGB VII.

6. Eine MdE in rentenberechtigendem Grad liegt in der Unfallversicherung erst bei einer MdE um 20 vH. vor (§ 56 Abs. 1 SGB VII). Wichtige Ausnahme: die sog. „Stützrente", § 56 Abs. 1 S. 2 SGB VII (10 vH.). In der gesetzlichen Unfallversicherung gilt – anders als im zivilrechtlichen Schadensersatzrecht – der *Grundsatz der abstrakten Schadensbemessung.* Maßgebend ist danach nicht der unfallbedingte tatsächliche Minderverdienst, sondern der im Einzelfall (individuell) auf Grund der *allgemein anerkannten unfallmedizinischen Erfahrenswerte* („MdE-Tabellen"; „MdE-Empfehlungen") festzustellende *Grad der MdE* (detaillierte Übersicht über die MdE-Erfahrungswerte: KassKomm. – *Ricke* § 56 SGB VII Rdn. 40 ff.; *Bereiter-Hahn/Mehrtens,* Komm. zur gesetzlichen Unfallversicherung, Anh. 12). Die unfallmedizinischen Erfahrungswerte haben keine Normqualität u. sind nach der Rspr. des BSG antizipierte Sachverständigengutachten. Ihre Änderungen stellen keine Änderungen der rechtlichen Verhältnisse iSd. § 48 SGB X (Form. VIII. 2 Anm. 9) dar (BSG 82, 212 = SozR 3–2200 § 581 Nr. 5). Demgegenüber hat das BSG den „Anhaltspunkten für die ärztliche Gutachtertätigkeit im sozialen Entschädigungsrecht u. nach dem Schwerbehindertenrecht" trotz fehlender gesetzlicher Ermächtigung eine rechtsnormähnliche Qualität beigemessen (Form. VIII. 8 Anm. 3).

Die *abstrakte Schadensbemessung* berücksichtigt im Allgemeinen die unfallbedingten beruflichen Nachteile hinreichend. Eine höhere Bewertung der MdE kann ausnahmsweise auf Grund des § 56 Abs. 2 S. 3 SGB VII (besondere berufliche Betroffenheit) im Einzelfall zur Vermeidung unbilliger Härten gerechtfertigt sein (vgl. zB. BSG 70, 47 mwN.). Maßgebend für die Berechnung und damit die Höhe der Verletztenrente ist außerdem der *Jahresarbeitsverdienst* (vgl. im Einzelnen §§ 81 ff. SGB VII u. § 56 Abs. 3 SGB VII).

Ein bestimmter Grad der MdE braucht im Klageantrag nicht angegeben zu werden. Beantragt der Kläger – wie im Textbsp. – den „Mindestwert" der MdE (dh. MdE in rentenberechtigendem Grad), so vermeidet er ein Kostenrisiko, das sich sonst verwirklichen würde, wenn nämlich das Gericht einen geringeren als den beantragten MdE-Wert annimmt und die weitergehende Klage abweist. Sofern das Gericht den beantragten „Mindestwert" der MdE festsetzt, ist der Kläger allerdings ebenso wenig beschwert wie im Zivilrecht ein Kläger, dem die in seinem Antrag geforderte Mindestsumme an Schmerzensgeld zugesprochen wird (vgl. BSG SozR 3–1930 § 116 Nr. 7 – S. 24 – mit Hinweis auf BGH VersR 1970, 83 u. VersR 1977, 861).

Es kann auch beantragt werden, die Beklagte *dem Grunde nach* zu verurteilen, Verletztenrente zu zahlen. Dieser Antrag ist sinnvoll, wenn zwar der rentenberechtigende Grad der MdE erreicht ist, eine weitergehende Schätzung der MdE wegen insoweit fehlender Ermittlungen jedoch noch nicht möglich ist.

7. Der Verletzte erhält eine Rente, wenn die zu entschädigende MdE über die 26. Woche nach dem Arbeitsunfall hinaus andauert (§ 56 Abs. 1 S. 1 SGB VII). Die Rente beginnt idR. mit dem Tag nach dem Wegfall des Anspruchs auf Verletztengeld oder mit dem Tag nach Eintritt des Versicherungsfalles, wenn kein Anspruch auf Verletztengeld entstanden ist (§ 72 Abs. 1 SGB VII; Ausnahmen: § 72 Abs. 2 u. 3 SGB VII).

Kosten und Gebühren

Vgl. Hinweis zu Form. VIII. 2.

Fristen und Rechtsmittel

Vgl. Hinweis zu Form. VIII. 2.

Berufung (§§ 143 ff. SGG)

10. Berufung (Klage auf Rente wegen teilweiser Erwerbsminderung bei Berufsunfähigkeit)[1]

An das
Landessozialgericht[2, 3]

In dem Rechtsstreit

des Maurers ......, Klägers und Berufungsklägers,
Prozessbevollmächtigter: RA ......[4]

gegen

die Deutsche Rentenversicherung ......, Beklagte und Berufungsbeklagte,
vertreten durch die Geschäftsführung,

wird gegen das Urteil des Sozialgerichts ...... vom ...... – Az.: ...... – zugestellt am ...... – Berufung eingelegt.

Namens und in Vollmacht des Klägers beantrage ich,

1. **das Urteil des Sozialgerichts ...... vom ...... und den Bescheid der Beklagten vom ...... in der Gestalt des Widerspruchsbescheides vom ...... aufzuheben,**
2. **die Beklagte zu verurteilen, dem Kläger vom ...... an Rente wegen teilweiser Erwerbsminderung bei Berufsunfähigkeit zu zahlen[5].**

Begründung[6, 7]:

Das SG hat die auf Rente wegen Erwerbsminderung gerichtete Klage abgewiesen. Der Kläger räumt zwar nunmehr ein, dass er nicht voll erwerbsgemindert ist, da er trotz erheblicher Verschleißerscheinungen der Wirbelsäule noch in der Lage ist, vollschichtig

leichte und gelegentlich mittelschwere Arbeiten in wechselnder Körperhaltung zu verrichten. Im Berufungsverfahren wird daher nur noch Rente wegen teilweiser Erwerbsminderung bei Berufsunfähigkeit (§ 240 SGB VI) begehrt. Die Voraussetzungen des Anspruchs sind erfüllt. Denn der Kläger kann aus gesundheitlichen Gründen weder seinen bisherigen Facharbeiterberuf noch eine iSd. § 240 Abs. 2 S. 2 SGB VI sozial zumutbare Verweisungstätigkeit verrichten. Das SG hat ihn zu Unrecht nicht als Facharbeiter angesehen und ihn nur der Stufe der Angelernten zugeordnet. Es hat deshalb unzutreffend angenommen, er könne noch gesundheitlich und sozial zumutbar auf die ungelernten Tätigkeiten als Montierer und „Pförtner an der Nebenpforte" verwiesen werden. Es trifft zwar zu, dass der Kläger keinen auf Grund einer deutschen Berufsordnung erworbenen Ausbildungsabschluss als Facharbeiter besitzt. Er hat aber von ...... bis ......, also etwa sechs Jahre, den Beruf des Maurers voll wettbewerbsfähig ausgeübt. Nach der Rspr. des BSG gehört der Kläger somit zur Gruppe der Facharbeiter mit der Folge, dass ihm nur solche Tätigkeiten sozial zuzumuten sind, die angelernten Tätigkeiten zumindest gleichstehen. Solche Tätigkeiten gibt es für den Kläger nicht[8].

Rechtsanwalt

Schrifttum: Niesel Teil D: Das Berufungsverfahren; *Krasney/Udsching* Kap. VIII.

Anmerkungen

1. Das Ges. zur Entlastung der Rechtspflege v. 11. 1. 1993 (BGBl. I S. 50) hat mit Wirkung v. 1. 3. 1993 die komplizierten Vorschriften des SGG über die Berufungsbeschränkungen aufgehoben. Seitdem ist gegen die *Urteile der SGe* die *Berufung generell gegeben* (§ 143 SGG; näher dazu *Meyer-Ladewig* NZS 1993, 137). § 144 Abs. 1 S. 1 SGG normiert die Ausnahmen, bei denen die Berufung beschränkt ist. Mit Wirkung vom 1. 4. 2008 ist der Anwendungsbereich dieser Norm durch die Anhebung der Wertgrenzen u. die Einbeziehung der Dienstleistungen erweitert worden. Die alte Fassung der Vorschrift (s. dazu die Vorauflage) ist anzuwenden, wenn die Berufung noch vor Inkrafttreten der Änderung eingelegt worden ist. Nunmehr bedarf die Berufung der Zulassung, wenn der Wert des Beschwerdegegenstandes 1. bei einer Klage, die eine Geld-, Dienst- o. Sachleistung (zu diesen Begriffen § 11 SGB I; *Meyer-Ladewig* SGG § 144 Rdn. 9 ff.) oder einen hierauf gerichteten Verwaltungsakt betrifft, 750 EUR oder 2. bei einer Erstattungsstreitigkeit zwischen juristischen Personen des öffentlichen Rechts o. Behörden 10.000 EUR nicht übersteigt. Das gilt nicht, wenn die Berufung wiederkehrende oder laufende Leistungen für mehr als ein Jahr betrifft (§ 144 Abs. 1 S. 2 SGG; von dieser Beschränkung werden indes Erstattungsstreitigkeiten nicht erfasst (s. *Meyer-Ladewig* SGG § 144 Rdn. 21). Der Beschwerdewert richtet sich ausschließlich nach dem Geldbetrag, um den gestritten wird; sonstige denkbare Folgewirkungen bleiben außer Ansatz (BSG SozR 4–1500 § 144 Nr. 3 u. SozR 3–1500 § 144 Nr. 11; zur Bestimmung des Beschwerdewertes bei Grundurteilen BSG SozR 3–1500 § 158 Nr. 1 u. 3; *Roos* NZS 1999, 182). Der Wert mehrerer selbstständiger Ansprüche ist zusammenzurechnen (BSG SozR 3–4100 § 65 Nr. 3 = NZS 1998, 580).

Die Berufung ist auch gegen *Gerichtsbescheide* (§ 105 SGG) gegeben (vgl. Form. VIII. 20).

Gegen die Nichtzulassung der Berufung ist gem. § 145 SGG die NZB gegeben (Form. VIII. 11).

Nach § 154 Abs. 1 SGG haben Berufung u. NZB *aufschiebende Wirkung,* soweit die Klage nach § 86 a SGG Aufschub bewirkt (vgl. Form. VIII. 27 Anm. 1). Die Berufung o. NZB eines Versicherungsträgers o. in der Kriegsopferversorgung eines Landes bewirken nur Aufschub, soweit es sich um Beträge handelt, die für die Zeit vor Erlass des angefochtenen Urt. nachgezahlt werden sollen (§ 154 Abs. 2 SGG). Somit hat der zur Leistung verurteilte Sozialleistungsträger für die Zeit ab Erlass des angefochtenen Urt. zu leisten (sog. *Urteilsrente,* vgl. Form. VIII. 6 Anm. 3). Der Vorsitzende des Rechtsmittelgerichts kann gemäß § 199 Abs. 2 SGG die *Vollstreckung* durch – jederzeit aufhebbare – einstweilige Anordnung *aussetzen* (Alleinentscheidungsbefugnis des Vorsitzenden). Nach BSG SozR 3–1500 § 199 Nr. 1 darf danach die Vollstreckung nur ausgesetzt werden, wenn sie dem Verwaltungsträger einen nicht zu ersetzenden Nachteil bringen würde u. kein überwiegendes Interesse des Vollstreckungsgläubigers an ihr besteht (§ 198 SGG iVm. § 719 Abs. 2 ZPO; anders BSG 12, 138 u. 33, 118/121: Aussetzung ausnahmsweise dann, wenn das Rechtsmittel offensichtlich Aussicht auf Erfolg hat).

Die Berufung eröffnet eine *zweite Tatsacheninstanz* (s. §§ 153, 157 SGG). In der Praxis bedeutsam ist die Möglichkeit des LSG, die Berufung nach § 153 Abs. 4 SGG *durch Beschl.* (ohne ehrenamtliche Richter) *zurückzuweisen,* wenn es die Berufung einstimmig für unbegründet und eine mündliche Verhandlung nicht für erforderlich hält; das ist nicht möglich, wenn das SG durch Gerichtsbescheid (§ 105 SGG) entschieden hat (§ 153 Abs. 4 S. 1 SGG). Bei seiner Ermessensentscheidung hat das LSG die Schwierigkeit des Falles und die Bedeutung der Tatsachenfragen zu berücksichtigen (BSG SozR 3–1500 § 153 Nr. 1 u. 13). Die nach § 153 Abs. 4 S. 2 SGG erforderliche *Anhörung* kann durch den Berichterstatter erfolgen (BSG SozR 3–1500 § 153 Nrn. 8 u. 14). Eine unzureichende Anhörung verletzt den Grundsatz des rechtlichen Gehörs (§ 62 SGG, Art. 103 Abs. 1 GG), eröffnet die Revisionsinstanz aber nur, wenn die Entscheidung darauf beruhen kann (BSG Urt. v. 12. 2. 2009 – B 5 R 386/07 B –, Form. VIII. 15 Anm. 5). Die Anhörungsmitteilung muss rechtzeitig zugegangen sein (BSG Beschl. v. 7. 11. 2000 – B 2 U 14/00 R –; s. auch BSG SozR 4–1500 § 154 Nr. 1: Anhörungsfrist von regelmäßig zwei Wochen und von regelmäßig vier Wochen, wenn keine Frist gesetzt worden ist). Wird nach der Anhörung noch ein Beweisantrag (Form. VIII. 21) gestellt, so ist idR. eine erneute Anhörung erforderlich (BSG SozR 4–1500 § 153 Nr. 1 = SGb 2004, 445 m. Anm. v. *Littmann;* BSG SozR 3–1500 § 153 Nr. 8 u. Urt. v. 24. 2. 2000 – B 2 U 32/99 R – = SGb 2000, 257; zu neuem Sachvortrag BSG SozR 4–1500 § 153 Nr. 1). Das Gericht muss Vorbringen der Beteiligten auch dann beachten, wenn es nach Ablauf einer gesetzten Erklärungsfrist o. nach Fertigung, aber vor Herausgabe der Entscheidung eingeht (BSG SozR 4–1500 § 153 Nr. 5 = SGb 2007, 508 m. Anm. v. *Frehse*). Erhebt das Gericht nach der Anhörung Beweis, so kann es ohne erneute Anhörung nach § 153 Abs. 4 SGG entscheiden, wenn das Ergebnis der Beweisaufnahme für den Kläger eindeutig negativ ist (BSG SozR 4–1500 § 153 Nr. 2).

Sofern das SG durch Gerichtsbescheid entschieden hat (§ 105 SGG), *kann* der Senat ferner die Berufung durch Beschl. dem Berichterstatter übertragen, der mit den ehrenamtlichen Richtern aufgrund mündlicher Verhandlung entscheidet (§ 153 Abs. 5 SGG). Mit dieser ab 1. 4. 2008 geltenden Neuregelung wird vermieden, dass der Senat auch in einfachen Fällen in voller Besetzung aufgrund mündlicher Verhandlung entscheiden muss. Damit ist das Recht der Beteiligten auf eine mündliche Verhandlung gewahrt.

2. Die Berufung ist beim LSG *innerhalb eines Monats* nach Zustellung des Urt. einzulegen (§ 151 Abs. 1 SGG). Die Berufungsfrist beträgt bei Zustellung im Ausland analog § 87 Abs. 1 S. 2 SGG drei Monate, es sei denn, dass das Urt. einem Prozessbevollmächtigten o. Zustellungsbevollmächtigten im Inland zugestellt worden ist (BSG SozR 1500 § 151 Nr. 4). Die Frist wird durch Berufungseinlegung beim SG gewahrt (§ 151 Abs. 2 SGG). Einlegung bei anderen Behörden wahrt die Frist nicht, da § 91 SGG für das Berufungsverfahren nicht gilt (§ 153 Abs. 1 SGG). In diesem Zusammenhang ist von Bedeutung, dass ein ordnungsgemäß gestellter *isolierter PKH-Antrag* nach Ablauf der Berufungsfrist zur Wiedereinsetzung in den vorigen Stand führt (näher dazu Form. VIII. 25 Anm. 1 u. Form. VIII. 12 Anm. 3).

Die Berufung ist *schriftlich* o. zur Niederschrift des Urkundsbeamten einzulegen (§ 151 Abs. 1 SGG). Anders als die Klageschrift (Form. VIII. 2 Anm. 3) muss die Berufungsschrift vom Berufungsführer o. dessen Prozessbevollmächtigten grundsätzlich eigenhändig unterschrieben sein (vgl. BSG SozR 1500 § 151 Nr. 3: abgekürztes Namenszeichen reicht nicht aus). Einlegung durch Telegramm o. Telefax ist zulässig. Die Übermittlung durch Telefax macht die Unterschrift grundsätzlich nicht entbehrlich (BSG SozR 1500 § 160a Nr. 3 u. SozR 3–4100 § 91 Nr. 1 – S. 3 –; s. aber auch unten). Die Rspr. erkennt Ausnahmen vom Erfordernis der Unterschrift an, wenn sich aus der Berufungsschrift allein o. in Verbindung mit den Begleitumständen die Urheberschaft u. der Wille ergeben, das Schreiben in den Verkehr zu bringen (vgl. *Meyer-Ladewig* SGG § 151 Rdn. 5 und 5b). So hat das BSG zB. bei einer mittels PC-Modem als Datei an das Telefax-Empfangsgerät des LSG übermittelten Berufung auf das Erfordernis der eigenhändigen Unterschrift verzichtet (BSG SozR 3–1500 § 1500 § 151 Nr. 2, bestätigt durch GemSOGB NJW 2000, 1039; s. dazu auch *Krasney/Udsching* Kap. VIII Rdn. 61).

Bereits durch Art. 7 des Ges. zur Anpassung der Formvorschriften des Privatrechts und anderer. Vorschriften an den modernen Rechtsgeschäftsverkehr (BGBl. I 2001, 1542) hatte der Gesetzgeber in § 108a SGG die elektronische Form als Option zur Schriftform eingeführt. Mit dem Ges. über die Verwendung elektronischer Kommunikationsformen in der Justiz (Justizkommunikationsges.) v. 22. 3. 2005 (BGBl. I 2005, 837; s. zur Änderung des SGG Art. 4, BGBl. I 2005, 837/846 ff.) können künftig elektronische Kommunikationsformen rechtswirksam verwendet werden. Von Bedeutung sind insbesondere die neuen §§ 65a u. b SGG, die die Übermittlung elektronischer Dokumente u. die elektronische Aktenführung regeln (zur „elektronischen Akte" in der Sozialversicherung s. *Semperowitsch* SGb 2004, 611 u. *Vossen* SGb 2005, 210). Dazu bedarf es jeweils einer Rechtsverordnung. Vorhandene VOen können im Internet recherchiert werden (www.klagenperemail.de), einen Überblick gibt *Meyer-Ladewig* SGG § 65a Rdn. 7.

Eine unzulässige Berufung ist zu verwerfen (§ 158 Satz 1 SGG). Diese Entscheidung kann nach Anhörung der Beteiligten (BSG SozR 4–1500 § 158 Nr. 3) durch Beschluss ergehen (§ 158 Satz 2 SGG). Eine Entscheidung ohne mündliche Verhandlung durch Beschluss scheidet nach BSG SozR 4–1500 § 158 Nr. 2 aus, wenn sich die Berufung gegen einen Gerichtsbescheid richtet.

3. Eine (unselbstständige) *Anschlussberufung* ist zulässig (§ 202 SGG iVm. § 524 ZPO). Die sich auf die Begr. der Anschlussberufung beziehenden Regelungen u. die daran anknüpfende Monatsfrist in § 524 Abs. 2 S. 2, Abs. 3 ZPO sind jedoch nicht anwendbar (näher dazu *Meyer-Ladewig* SGG § 143 Rdn. 5 ff.).

4. Vor dem LSG besteht kein Vertretungszwang.

5. Die Berufungsschrift soll das angefochtene Urt. bezeichnen u. einen bestimmten Antrag enthalten (§ 151 Abs. 3 SGG). Es handelt sich um eine Sollvorschrift, deren Verletzung keine Folgen hat. Die Berufung muss aber erkennen lassen, wer Berufungskläger ist (BSG SozR 1500 § 151 Nr. 11).

6. Die Berufung soll auch die zur Begr. dienenden Tatsachen u. Beweismittel angeben (§ 151 Abs. 3 SGG). Die Verletzung der Sollvorschrift hat keine Folgen. Insbesondere braucht die Berufung nicht begründet zu werden (BSG SozR Nr. 2 zu § 151 SGG). Eine sorgfältige Begr. liegt jedoch im Interesse des Berufungsklägers.

Zu beachten ist die ab 1. 4. 2008 geltende *Präklusionsregelung* des § 157a SGG: 1. Das LSG kann Erklärungen u. Beweismittel, die im ersten Rechtszug entgegen der hierfür gesetzten Frist nicht vorgebracht worden sind, unter den Voraussetzungen des § 106a Abs. 3 SGG zurückweisen (§ 157a Abs. 1 SGG, s. auch Form. VIII. 2 Anm. 7). 2. Erklärungen u. Beweismittel, die das SG zu Recht zurückgewiesen hat, bleiben im Berufungsverfahren ausgeschlossen (§ 157a Abs. 2 SGG). Ein Neuantrag gemäß § 44 SGB X ist jedoch möglich (s. Form. VIII. 7). Darüber hinaus gilt die Präklusionsregelung des § 106a SGG auch im Berufungsverfahren (§ 153 Abs. 1 SGG).

7. In der sozialgerichtlichen Praxis haben die *Renten wegen Erwerbsminderung* erhebliche Bedeutung. Mit dem zum 1. 1. 2001 in Kraft getretenen Ges. zur Reform der Renten wegen verminderter Erwerbsfähigkeit v. 20. 12. 2000 (BGBl. I S. 1827) ist dieser Kernbereich der gesetzlichen Rentenversicherung neu geordnet worden (Form. VIII. 6. Anm. 5). Das Form. betrifft *Rente wegen teilweiser Erwerbsminderung bei Berufsunfähigkeit,* die im Rahmen der noch lange geltenden Übergangsregelung an die Stelle der bisherigen Rente wegen Berufsunfähigkeit getreten ist (§ 240 SGB VI). Damit ist die Konkretisierung der ins neue Recht übernommenen Legaldefinition der Berufsunfähigkeit einschließlich der Umschreibung der sozial zumutbaren Verweisungstätigkeiten (§ 240 Abs. 2 SGB VI) durch die Rspr. des BSG weiterhin maßgebend (zur Verpflichtung des Gerichts, die Beteiligten über die entscheidungserheblichen berufskundlichen Tatsachen zu unterrichten BSG SozR 3–1500 § 62 Nr. 12).

Ausgangspunkt ist danach der *bisherige Beruf* des Versicherten. Kann der Versicherte ihn nicht mehr verrichten, ist zu prüfen, ob es gesundheitlich u. sozial zumutbare Verweisungstätigkeiten gibt. Die Zumutbarkeit einer Verweisungstätigkeit beurteilt sich nach der Wertigkeit des bisherigen Berufs. „Zur Erleichterung dieser Beurteilung" hat das BSG ein *Mehrstufenschema* entwickelt und die *Arbeiterberufe* in vier Gruppen eingeteilt (s. BSG SozR 4–2600 § 43 Nr. 1 = NZS 2005, 103): 1. Vorarbeiter mit Vorgesetztenfunktion o. besonders hoch qualifizierter Facharbeiter, 2. Facharbeiter (anerkannter Ausbildungsberuf mit einer Ausbildungszeit von mehr als zwei Jahren), 3. angelernter Arbeiter (sonstiger Ausbildungsberuf mit einer Regelausbildungszeit von drei Monaten bis zu zwei Jahren) mit der „Untergruppe" des angelernten Arbeiters des „oberen Bereichs" (Ausbildungszeit von mehr als einem Jahr, vgl. BSG SozR 3–2200 § 1246 Nr. 45 mwN.; BSG Urt. v. 5. 4. 2001 – B 13 RJ 61/00 R –) u. 4. ungelernter Arbeiter. Die Einordnung eines bestimmten Berufs in das Mehrstufenschema erfolgt nicht ausschließlich nach der Dauer der absolvierten förmlichen Berufsausbildung. Ausschlaggebend ist vielmehr die Qualität der verrichteten Arbeit, dh. der aus einer Mehrzahl von Faktoren zu ermittelnde Wert der Arbeit für den Betrieb. In diesem Zusammenhang kommt insbesondere der *tarifvertraglichen Einstufung* des Versicherten eine wesentliche Bedeutung zu. Grundsätzlich darf der Versicherte im Vergleich zu seinem bisherigen Beruf sozial zumutbar auf die nächstniedrigere Gruppe verwiesen werden. Bei ungelernten u. angelernten Arbeitern des unteren Bereichs hat das BSG eine *konkrete Benennung von Verweisungstätigkeiten* nicht für erforderlich gehalten, weil eine Verweisung auf den allgemeinen Arbeitsmarkt zumutbar sei (BSG Beschl. des GS v. 19. 12. 1996 – 1 GS 2/95 = SozR 3–2600 § 44 Nr. 8; Form. VIII. 6 Anm. 5).

Das BSG hat auch für die *Angestelltenberufe* ein *Mehrstufenschema* entwickelt.

S. zur Berufsunfähigkeit im Einzelnen die in SozR zu § 1246 RVO u. § 43 SGB VI veröffentlichte Rspr. des BSG; KassKomm. – *Niesel* § 240 SGB VI Rdn. 9 ff. mwN.; Deutsche Rentenversicherung – DRV – 1993, 493 (Heft 8/9).

Die „Standardfrage" nach der Berufsunfähigkeit kann dementsprechend umfangreiche Ermittlungen von Amts wegen erforderlich machen, da der bisherige Beruf u. dessen Qualität festzustellen sind und das noch vorhandene fachliche u. gesundheitliche Leistungsvermögen einschließlich der erforderlichen Anpassungsfähigkeit mit dem Anforderungs- u. Belastungsprofil einer Verweisungstätigkeit in medizinischer u. berufskundlicher Hinsicht abzugleichen ist (vgl. zB. BSG SozR 3–2200 § 1246 Nr. 29 sowie SozR 3–2600 § 43 Nr. 1 u. 25 mwN.).

8. Zum Textbsp. s. BSG Urt. v. 17. 6. 1993 – 13 RJ 37/92 –.

Kosten und Gebühren

Vgl. Hinweis zu Form. VIII. 2.

Fristen und Rechtsmittel

Vgl. Anm. 1. Gegen das Urt. des LSG ist NZB (Form. VIII. 12) oder – bei zugelassener Revision – Revision (Form. VIII. 16) gegeben.

11. Nichtzulassungsbeschwerde (Erstattung der Kosten für ein Hilfsmittel der gesetzlichen Krankenversicherung)[1]

**An das
Landessozialgericht[2]**

In dem Rechtsstreit

**des Buchhalters ……, Klägers und Beschwerdeführers,
Prozessbevollmächtigter: RA ……**

gegen

**die Betriebskrankenkasse ……, Beklagte und Beschwerdegegnerin,
vertreten durch den Vorstand,**

lege ich namens und in Vollmacht des Klägers gegen das Urteil des Sozialgerichts vom …… – Az.: …… – zugestellt am …… –[3] Nichtzulassungsbeschwerde ein und beantrage, die Berufung zuzulassen.

Begründung[4, 5]:

Der Kläger begehrt die Verurteilung der Beklagten zur Kostenerstattung. Der bei der Beklagten familienversicherte Kläger leidet an einer schweren Hauterkrankung und einem Bronchialasthma. Gestützt auf eine ärztliche Verordnung des Prof. Dr. P. beantragte er, die Kosten für antiallergene Matratzen- und Kissenbezüge zu übernehmen. Die Beklagte lehnte dies mit der Begründung ab, es handle sich um Gebrauchsgegenstände des täglichen Lebens und damit nicht um Hilfsmittel iS. des § 33 SGB V. Daraufhin beschaffte sich der Kläger die antiallergenen Matratzen- und Kissenbezüge selbst und wandte hierfür 450 EUR auf. Das SG hat die auf Kostenerstattung gerichtete Klage durch Urteil vom …… abgewiesen und die Berufung nicht zugelassen.

Die Berufung bedarf der Zulassung, weil der Beschwerdewert 750 EUR nicht übersteigt (§ 144 Abs. 1 Nr. 1 SGG). Die Nichtzulassungsbeschwerde ist begründet, da ein Verfahrensmangel (Verletzung der Amtsermittlungspflicht)[6] und damit ein Zulassungsgrund iSd. § 144 Abs. 2 Nr. 3 SGG vorliegt: Das SG hat im Anschluss an die Rspr. des BSG (vgl. SozR 3–2500 § 33 Nr. 15) zwar zutreffend angenommen, dass die gesetzlichen Krankenkassen einen Kostenanteil zu übernehmen haben, wenn die durch die Beifügung der therapeutischen Wirkung bedingten Herstellungskosten überwiegen, weil dann die Bedeutung als Gebrauchsgegenstand zurücktritt. Es ist auf Grund der Mitteilung des Sanitätshauses K. aber fälschlich davon ausgegangen, dass weniger als die Hälfte der Herstellungskosten auf die therapeutische Wirkung der Matratzen- und Kissenbezüge entfällt. Aufgrund der im Schriftsatz des Klägers vom …… substantiiert dargelegten Zweifel an der Richtigkeit der erwähnten Mitteilung hätte sich das SG nach seiner materiell-rechtlichen Auffassung gedrängt fühlen müssen, noch eine Auskunft des Herstellers der antiallergenen Matratzen- und Kissenbezüge einzuholen. Es hat somit gegen seine Pflicht verstoßen, den Sachverhalt von Amts wegen zu erforschen (§ 103 SGG). Die Herstellerauskunft hätte ergeben, dass die Erzeugung der antiallergenen Wirkung der Matratzen- und Kissenbezüge mehr als die Hälfte der Herstellungskosten verursacht. Dem-

gemäß hätte das SG die Beklagte verurteilen müssen, dem Kläger den auf die Beigabe der therapeutischen Wirkung entfallenden Anteil des Ladenpreises von 450 EUR zu erstatten.

Rechtsanwalt

Schrifttum: Niesel Teil E: Die Nichzulassungsbeschwerde zum LSG, Rdn. 432 ff.; *Krasney,* Die Beschwerde gegen die Nichtzulassung der Berufung und der Revision im sozialgerichtlichen Verfahren in: Brennpunkte des Sozialrechts 1998, 187 (Schriftenreihe des Deutschen Anwaltsinstituts); *Kummer,* Der Zugang zur Berufungsinstanz nach neuem Recht – Berufungsbeschränkung und Nichtzulassungsbeschwerde – NZS 1993, 285 u. 337; *May,* Die Zulassung der Berufung, SGb 1993, 249; *ders.,* Die Entscheidung über die Zulassung der Berufung, SGb 1994, 53.

Anmerkungen

1. Die NZB (§ 145 SGG) ist gegeben (statthaft), wenn die Berufung nach § 144 SGG der Zulassung bedarf (s. dazu Form. VIII. 10) u. das SG die Berufung nicht zugelassen hat. Nach einem Gerichtsbescheid kann in diesem Fall wahlweise auch mündliche Verhandlung beantragt werden (§ 105 Abs. 2 S. 2 SGG, s. Form. VIII. 20).

Zur *aufschiebenden Wirkung* der NZB Form. VIII. 10 Anm. 1.

2. Die NZB ist innerhalb eines Monats nach Zustellung des vollständigen Urt. beim LSG schriftlich (s. zur Schriftform Form. VIII. 10 Anm. 2) o. zur Niederschrift des Urkundsbeamten der Geschäftsstelle einzulegen (§ 145 Abs. 1 S. 2 SGG).

Das SG kann der Beschw. nicht abhelfen.

Bei einer zulässigen NZB lässt das LSG die Berufung zu, wenn ein Zulassungsgrund nach § 144 Abs. 2 SGG vorliegt (ausführlich zu den Zulassungsgründen – grundsätzliche Bedeutung, Divergenz u. Verfahrensmangel – *Meyer-Ladewig* SGG § 144 Rdn. 26–37). Bei Zulassung wird das Beschwerdeverfahren als Berufungsverfahren fortgesetzt; der Einlegung einer Berufung bedarf es nicht (§ 145 Abs. 5 S. 1 SGG). Eine unzulässige NZB wird verworfen; eine unbegründete NZB wird zurückgewiesen („abgelehnt" als Oberbegriff, vgl. § 145 Abs. 4 S. 3 SGG). Außerhalb des Verfahrens über die NZB ist das LSG nicht befugt, über die Zulassung der Berufung zu befinden; die Umdeutung der Berufung eines rechtskundig vertretenen Beteiligten in eine NZB ist unzulässig (BSG SozR 3–1500 § 158 Nr. 1 u. 3; s. auch *Roos* NZS 1999, 182).

3. Die NZB soll das angefochtene Urt. bzw. den angefochtenen Gerichtsbescheid bezeichnen (§ 145 Abs. 2 SGG). Die Verletzung der Sollvorschrift hat keine Folgen.

4. Die NZB soll außerdem die zur Begr. dienenden Tatsachen u. Beweismittel angeben (§ 145 Abs. 2 SGG). Die Begr. ist hiernach hinsichtlich der Zulassungsgründe der grundsätzlichen Bedeutung u. der Divergenz nicht zwingend vorgeschrieben (keine Mindesterfordernisse an den Inhalt der Beschwerdeschrift). Damit trägt das Ges. dem Umstand Rechnung, dass auch in der Berufungsinstanz kein Vertretungszwang besteht. Eine Begr. der NZB liegt jedoch selbstverständlich im Interesse des Beschwerdeführers. Darüber hinaus ist aus § 144 Abs. 2 Nr. 3 SGG herzuleiten, dass der Zulassungsgrund *Verfahrensmangel* ausdrücklich geltend gemacht werden muss (*May* SGb 1994, 53/56, s. Anm. 6). An die Rüge des Verfahrensmangels sind weniger strenge Anforderungen als an die Verfahrensrüge im Revisionsverfahren zu stellen (Anm. 6). Der gerügte Verfahrensmangel, auf dem die angefochtene Entscheidung beruhen kann, muss tatsächlich vorliegen (§ 144 Abs. 2 Nr. 3 SGG).

5. Das Textbsp. betrifft die Ablehnung einer Geldleistung, deren Wert 750 EUR nicht übersteigt (§ 144 Abs. 1 Nr. 1 SGG). Hat eine Krankenkasse eine Leistung zu Unrecht abgelehnt (hier: ein Hilfsmittel, vgl. §§ 27 Abs. 1 Nr. 3, 33 SGB V) u. sind dadurch dem

Versicherten für die selbstbeschaffte Leistung Kosten entstanden, so sind diese von der Krankenkasse in der entstandenen Höhe zu erstatten, soweit die Leistung notwendig war (§ 13 Abs. 3 SGB V). Der Sachleistungsanspruch verwandelt sich dann in einen Kostenerstattungsanspruch u. damit in einen Anspruch auf eine Geldleistung iSd. § 144 Abs. 1 S. 1 Nr. 1 SGG. Nach BSG 83, 254/263 ist dieser Kostenerstattungsanspruch zu beziffern u. in der Klageschrift darzulegen, wie sich der Betrag im Einzelnen zusammensetzt.

Die Leistungspflicht der Krankenkassen im Hilfsmittelbereich ist nicht selten Gegenstand sozialgerichtlicher Verfahren (Übersicht über die von den Spitzenverbänden u. der Rspr. anerkannten Hilfsmittel bei *Krauskopf*, Soziale Krankenversicherung, Pflegeversicherung Komm., § 33 SGB V Rdn. 26 ff.; s. außerdem die Hilfsmittel-Richtlinien des Bundesausschusses der Ärzte u. Krankenkassen, abgedr. in *Engelmann,* Gesetzliche Krankenversicherung – Soziale Pflegeversicherung, Textsammlung, Ergänzungsband zum *Aichberger* – SGB, Nr. 455). Nach BSG 88, 204 fallen unter den Begriff des Hilfsmittels alle Sachleistungen, während Heilmittel (§ 32 SGB V) persönliche (nicht-ärztliche) medizinische Dienstleistungen (zB. Bäder u. Massagen) erfassen (s. dazu die Heilmittel-Richtlinien des Bundesausschusses der Ärzte u. Krankenkassen, abgedr. in *Engelmann,* aaO., Nr. 456).

Ein Anspruch auf Versorgung mit Hilfsmitteln ist ausgeschlossen, wenn es sich um allgemeine Gebrauchsgegenstände des täglichen Lebens handelt (§ 33 Abs. 1 S. 1 SGB V). Nach BSG 84, 266 ergibt sich die Eigenschaft als allgemeiner Gebrauchsgegenstand des täglichen Lebens ohne Rücksicht auf die Verbreitung aus der Zweckbestimmung. Bei Gegenständen mit „Doppelfunktion“, also solchen, die Gebrauchsgegenstände und Hilfsmittel sind, ist nach der Rspr. der zuständigen Senate des BSG eine Aufschlüsselung der auf die beiden Funktionen entfallenden Kosten erforderlich. Das Textbsp. orientiert sich an BSG SozR 3–2500 § 33 Nr. 15; s. aber auch BSG SozR 3–2500 § 33 Nr. 28 – Therapie-Tandemfahrrad –: Der Versicherte hat einen Eigenanteil zu tragen, der dem Anschaffungspreis des allgemeinen Gegenstandes entspricht, der durch das Hilfsmittel ersetzt wird. Das letztgenannte Urt. enthält eine instruktive Darstellung der Prüfung der Anspruchsvoraussetzungen.

6. Da vor dem LSG kein Vertretungszwang besteht, sind an die Rüge des Verfahrensmangels zwecks Zulassung der Berufung weniger strenge Anforderungen zu stellen als an die Verfahrensrüge zwecks Zulassung der Revision (s. dazu Form. VIII. 15 Anm. 4–6). Es muss sich aus dem Vorbringen jedoch schlüssig ergeben, welcher Verfahrensmangel gemeint ist u. worin er besteht; die unsubstantiierte Behauptung, es liege ein Verfahrensmangel vor, reicht ebenso wenig aus wie der Vortrag, das Urt. des SG sei materiellrechtlich unrichtig (*Niesel* Rdn. 468 ff.).

Kosten und Gebühren

Lässt das LSG die Berufung zu, bleibt die Kostenentscheidung der Hauptsache vorbehalten. Diese Entscheidung umfasst dann die Kosten des Beschwerdeverfahrens (vgl. BSG SozR 1500 § 193 Nr. 7). Der RA erhält für das Verfahren über die NZB eine Verfahrensgebühr, die auf die Verfahrensgebühr für ein nachfolgendes Berufungsverfahren angerechnet wird. Wenn Betragsrahmengebühren enstehen (§ 3 Abs. 1 S. 1 RVG), beträgt die Gebühr 50 bis 570 EUR (Nr. 3511 VV – Mittelgebühr: 310 EUR). Der Rahmen bei einer anfallenden Terminsgebühr (Nr. 3517 VV) liegt bei 12,50 bis 215 EUR (Mittelgebühr: 113,75 EUR).

Fristen und Rechtsmittel

S. Anm. 2. Sofern die NZB verworfen o. zurückgewiesen wird, kein Rechtsmittel; das Urt. des SG wird rechtskräftig (§ 145 Abs. 4 S. 4 SGG).

Revision (§§ 160ff. SGG)

12. Nichtzulassungsbeschwerde[1,2] – Einlegung zur Fristwahrung[3] –

An das
Bundessozialgericht[4]

In dem Rechtsstreit

des Elektromeisters ......,
Prozessbevollmächtigter: RA ......[5] Klägers und Beschwerdeführers,
gegen
die Deutsche Rentenversicherung ......, Beklagte und Beschwerdegegnerin,
vertreten durch die Geschäftsführung,

lege ich namens und in Vollmacht des Klägers gegen das Urteil des Landessozialgerichts ...... vom ...... – Az.: ...... – zugestellt am ......[6] – Nichtzulassungsbeschwerde ein und beantrage, die Revision gegen das oben bezeichnete Urteil zuzulassen. Eine beglaubigte Abschrift des Urteils ist beigefügt.
Vorsorglich stelle ich den Antrag, die Begründungsfrist[7] nach § 160a Abs. 2 S. 2 SGG um einen Monat zu verlängern, da mir der Kläger erst gestern das Mandat erteilt hat und eine Einsichtnahme in die umfangreichen Akten erforderlich ist. Außerdem ist der Prozessstoff rechtlich außergewöhnlich schwierig[8].

Rechtsanwalt

Schrifttum: Niesel Teil G: Die Nichtzulassungsbeschwerde beim BSG, Rdn. 508ff.; *Krasney/Udsching* Kap. IX Rdn. 45ff. (m. Begr.bsp.); *Becker,* Die Nichtzulassungsbeschwerde zum BSG, SGb 2007, 261ff., 328ff.; *Behn,* Unzulässigkeit oder Unbegründetheit der Nichtzulassungsbeschwerde, SozSich 1994, 382; *Fichte,* Die Verlängerung der Frist zur Begründung der Nichtzulassungsbeschwerde nach § 160a Abs. 2 S. 2 SGG, SGb 1999, 653; *Krasney,* Die Beschwerde gegen die Nichtzulassung der Berufung und der Revision im sozialgerichtlichen Verfahren in: Brennpunkte des Sozialrechts 1998, 187 (Schriftenreihe des Deutschen Anwaltsvereins); *Kummer,* Die Nichtzulassungsbeschwerde, 1990; *ders.,* Die Nichtzulassungsbeschwerde, DAngVers 1989, 115 u. 173.

Anmerkungen

1. Die Nichtzulassung der Revision kann selbstständig mit der Beschw. angefochten werden (§ 160a Abs. 1 S. 1 SGG). Hat also das LSG die Revision in einem Urt. o. einem Beschl. nach §§ 153 Abs. 4, 158 SGG nicht zugelassen (Regelfall), so haben die Beteiligten die Möglichkeit, durch NZB die Zulassung der Revision durch das BSG zu erreichen. Ein Zwischenurt. nach § 130 Abs. 2 SGG kann nicht selbstständig, sondern nur mit dem Endurt. angefochten werden (BSG SozR 4–1500 § 130 Nr. 2). Das Rechtsmittel muss eindeutig *als NZB gekennzeichnet* sein.

Im Verfahren über die NZB geht es *ausschließlich* um die Frage, ob zumindest einer der drei Gründe für die Zulassung der Revision (§ 160 Abs. 2 Nr. 1–3 SGG) vorliegt.

2. Die NZB kann nur *schriftlich* (grundsätzlich eigenhändige Unterschrift) eingelegt werden. Einlegung durch Telegramm o. Telefax o. durch Einreichung eines elektronischen Dokuments zulässig. Näher zur Schriftform Form. VIII. 10 Anm. 2.

3. Die Beschw. ist innerhalb eines Monats nach Zustellung des Urt. einzulegen (§ 160a Abs. 1 S. 2 SGG), bei Zustellung außerhalb des SGG innerhalb von drei Monaten (analog § 87 Abs. 1 S. 2 SGG; BSG 40, 40 = SozR 1500 § 160a Nr. 4). Die Beschwerdefrist kann *nicht verlängert* werden.

– Gegen die Versäumung der Frist ist unter den Voraussetzungen des § 67 SGG Wiedereinsetzung in den vorigen Stand zu gewähren. Praktisch bedeutsam – auch aus Kostengründen – ist in diesem Zusammenhang, dass *innerhalb der Beschwerdefrist* ein *isolierter Antrag auf PKH* (kein Vertretungszwang) unter Beifügung der vorschriftsmäßig ausgefüllten Erklärung über die persönlichen u. wirtschaftlichen Verhältnisse gestellt werden kann. Der isolierte PKH-Antrag erfordert keine Begr. (s. auch Form. VIII. 25 Anm. 6). Das BSG prüft die Erfolgsaussicht von Amts wegen. Ist die Frist für die NZB versäumt worden, weil zunächst nur der isolierte PKH-Antrag gestellt wurde, ist Wiedereinsetzung in den vorigen Stand zu gewähren, und zwar auch bei fehlender Erfolgsaussicht, wenn der Beschwerdeführer sich als „arm" iSd. § 114 ZPO ansehen durfte (BSG SozR 1500 § 67 Nr. 15; s. auch BSG SozR 3–1500 § 67 Nr. 11).
– Der beim BSG zugelassene Prozessbevollmächtigte kann seine Tätigkeit auch auf die Einlegung der NZB *und* den Antrag auf PKH beschränken. Die dahingehende Beschränkung seiner Tätigkeit muss jedoch in der Beschwerdeschrift o. in einem innerhalb der Begründungsfrist nachgereichten Schriftsatz o. durch Niederlegung des Mandats *eindeutig* zum Ausdruck kommen; andernfalls muss die NZB auch fristgerecht begründet werden (BSG 40, 111 = SozR 1500 § 160a Nr. 8).
– Wird nach Ablauf der Begr.frist über den PKH-Antrag entschieden, so beginnt mit der Zustellung der Entscheidung über die Wiedereinsetzung in den vorigen Stand der Lauf der Monatsfrist für die Beschw.begr. (BSG SozR 1500 § 164 Nr. 9).

Näher hierzu *Niesel* Rdn. 575ff.; *Krasney/Udsching* Kap IX Rdn. 148ff.; *Meyer-Ladewig* SGG § 160a Rdn. 7f.

4. Die NZB ist *beim BSG* einzulegen (§ 160a Abs. 1 S. 2 SGG). Keine Fristwahrung durch Einlegung beim LSG. Geht jedoch die NZB infolge pflichtwidrigen Verhaltens der unzuständigen Stelle erst nach Fristablauf ein, kommt Wiedereinsetzung in den vorherigen Stand in Betracht (vgl. dazu BSG 38, 248 = SozR 1500 § 67 Nr. 1).

5. Vor dem BSG müssen sich die Beteiligten, soweit es sich nicht um Behörden sowie Körperschaften oder Anstalten des öffentlichen Rechts handelt, durch Prozessbevollmächtigte vertreten lassen – *Vertretungszwang* – (§ 73 Abs. 4 SGG). Von dem Vertretungszwang ausgenommen sind auch Krankenversicherungsunternehmen in Angelegenheiten der privaten Pflegeversicherung (BSG SozR 4–1500 § 166 Nr. 1). Der Vertretungszwang gilt grundsätzlich für alle verfahrensrechtlich erheblichen Prozesshandlungen. Hiervon gibt es jedoch Ausnahmen (Antrag auf PKH – Anm. 3 –, Einverständnis mit einer Entscheidung ohne mündliche Verhandlung – Form. VIII. 26 – ua., näher dazu *Krasney/Udsching* Kap. IX Rdn. 237). Als Prozessbevollmächtigte sind außer den bei einem deutschen Gericht zugelassenen RAen die in § 73 Abs. 2 S. 2 Nr. 5–9 bezeichneten Organisationen zugelassen (s. im Einzelnen § 73 Abs. 4 SGG).

6. Der NZB soll eine Ausfertigung oder beglaubigte Abschrift des Urt. beigefügt werden, gegen das Revision eingelegt werden soll (§ 160a Abs. 1 S. 3 SGG). Verstoß hiergegen macht NZB nicht unzulässig; die NZB muss jedoch durch Angabe des Gerichts, des Urt.datums u. des Aktenzeichens klar erkennen lassen, gegen welches Urt. sie sich richtet (BSG SozR 1500 § 160a Nr. 16). Empfehlung: Deckblatt des Urteils beifügen (*Becker* aaO., 262).

Außerdem müssen Beschw.führer u. Beschw.gegner bezeichnet sein (vgl. BSG SozR 1500 § 164 Nr. 16 u. 29).

7. Die NZB ist, sofern die Begr. nicht in der Beschw.schrift enthalten ist, innerhalb von zwei Monaten nach Zustellung des Urt., bei Zustellung außerhalb des Geltungsbereichs des SGG innerhalb von vier Monaten nach Zustellung des Urt. (BSG 40, 40 = SozR 1500 § 160a Nr. 4), zu *begründen* (§ 160a Abs. 2 S. 1 SGG). Ist die Begr.frist wegen eines isoliert gestellten PKH-Antrags versäumt worden, ist zu beachten, dass die NZB einen Monat nach Zustellung des Beschl. über den PKH-Antrag auch begründet werden muss (s. Anm. 3). Ebenso wie die Einlegung (Anm. 2) muss die Begr. *schriftlich* erfolgen (zur Schriftform Form. VIII. 10 Anm. 2).

8. Die Begründungsfrist *kann* auf einen vor ihrem Ablauf gestellten *Antrag* von dem Vorsitzenden *einmal bis zu einem Monat verlängert* werden (§ 160a Abs. 2 S. 2 SGG). Der Antrag ist schon deshalb *substantiiert* und nicht nur mit floskelhaften u. stereotypen Formulierungen zu begründen, weil der Vorsitzende bei seiner Entscheidung nach seinem freien Ermessen die beiderseitigen Belange abzuwägen hat (ausführlich *Fichte* aaO. mit Hinweisen auf die unterschiedliche Praxis beim BSG; s. aber auch *Krasney/Udsching* Kap. IX Rdn. 167ff.). Die Entscheidung des Vorsitzenden ist unanfechtbar (§ 172 Abs. 2 SGG).

Kosten und Gebühren

Der Beschl. über die NZB enthält eine Kostenentscheidung, wenn die Revision nicht zugelassen wird. Bei einer auf eine NZB zugelassenen Revision enthält die Entscheidung über die Kosten des Revisionsverfahrens auch die Kostenentscheidung für das Beschw.-verfahren (BSG SozR 1500 § 193 Nr. 7). Die Verfahrensgebühr ist auf die Verfahrensgebühr für ein nachfolgendes Revisionsverfahren anzurechnen. Wenn Betragsrahmengebühren entstehen (§ 3 Abs. 1 S. 1 RVG), beträgt die Gebühr 80 bis 800 EUR (Nr. 3512 VV – Mittelgebühr: 440 EUR). Der Rahmen bei einer anfallenden Terminsgebühr (Nr. 3518 VV) liegt bei 20 bis 350 EUR (Mittelgebühr: 185 EUR).

Fristen und Rechtsmittel

S. Anm. 3 und 7.

13. Begründung der Nichtzulassungsbeschwerde (allgemeine Hinweise)[1, 2] – grundsätzliche Bedeutung –[3]

An das
Bundessozialgericht

In dem Rechtsstreit

des Geldboten ......, Klägers und Beschwerdeführers,
Prozessbevollmächtigter: RA ......
gegen
das Land ......, Beklagten und Beschwerdegegner,
vertreten durch das Landesversorgungsamt ......,

begründe ich die mit Schriftsatz vom ...... gegen das Urteil des Landessozialgerichts ...... vom ...... – Az.: ...... – eingelegte Nichtzulassungsbeschwerde wie folgt[4]:
Das LSG hat zu Unrecht die Revision nicht zugelassen. Die Rechtssache hat grundsätzliche Bedeutung iS. von § 160 Abs. 2 Nr. 1 SGG.

Der angefochtenen Entscheidung liegt folgender Sachverhalt zu Grunde: Der Kläger war Geldbote eines gewerblichen Geldbewachungs- und Transportunternehmens. Bei seiner Tätigkeit wurde er am ...... in einem Kaufhaus überfallen und durch Schüsse aus der Maschinenpistole eines Geldräubers schwer verletzt, als er diesem die Geldbeute sogleich wieder entreißen wollte. Der Kläger beantragte daraufhin beim Versorgungsamt H Versorgung nach § 1 OEG. Der Antrag wurde mit Bescheid vom ...... in der Gestalt des Widerspruchsbescheides vom ...... mit folgender Begründung abgelehnt: Die Schädigung iS. des § 1 Opferentschädigungsgesetzes – OEG – sei zwar durch einen vorsätzlichen rechtswidrigen Angriff verursacht worden. Eine Entschädigung sei aber „unbillig" iS. des § 2 Abs. 1 OEG, weil der Kläger einem durch eine private Versicherung zu deckenden erhöhten und spezifischen Berufsrisiko erlegen sei. Nach erfolglosem Klageverfahren hat das LSG die angefochtene Entscheidung mit derselben Begründung bestätigt.

a) Die Entscheidung des LSG beruht somit auf der *Rechtsfrage,* ob Zivilpersonen, die – wie Geldboten eines gewerblichen Geldbewachungs- und Transportunternehmens – einem erhöhten berufsspezifischen Risiko gegenüber Gewalttaten ausgesetzt sind, nach § 2 Abs. 1 OEG von einer Entschädigung nach § 1 OEG ausgeschlossen sind.

b) Die Rechtsfrage ist *klärungsbedürftig.* Sie ist weder vom BSG noch von den Tatsachengerichten der Sozialgerichtsbarkeit entschieden. Die Antwort auf die Rechtsfrage ergibt sich auch nicht zweifelsfrei aus dem Gesetz. Vielmehr wirft der unbestimmte Rechtsbegriff der Unbilligkeit hinsichtlich der Angehörigen besonders gefährdeter Berufe Auslegungszweifel auf. Denn es fragt sich, ob eine Entschädigung für eine Personengruppe unbillig und deshalb ausgeschlossen ist, weil die Gefahr, die sich verwirklicht hat, einem erhöhten spezifischen Berufsrisiko zuzurechnen ist. Die Auslegungszweifel werden auch nicht durch die nur programmatischen Äußerungen in den Gesetzesmaterialien ausgeräumt ...... Das Gleiche gilt im Hinblick auf das Schrifttum zu § 2 OEG, das sich unterschiedlich äußert ......

c) Die Rechtsfrage hat eine über den Einzelfall hinausgehende *grundsätzliche Bedeutung,* da sie einen größeren Personenkreis betrifft, der dem Risiko tätlicher Angriffe in besonderem Maße ausgesetzt ist, und damit einen Personenkreis, der durch ein allgemeines typisierendes Merkmal gekennzeichnet ist. Von einer Entscheidung des BSG hierzu kann erwartet werden, sie werde in einer die Interessen der Allgemeinheit berührenden Weise das Recht oder die Rechtsanwendung fortentwickeln.

d) Die Rechtsfrage ist in einem anschließenden Revisionsverfahren auch *klärungsfähig.* Denn das BSG ist in der Lage, über die Rechtsfrage sachlich zu entscheiden, da diese im konkreten Rechtsstreit *entscheidungserheblich* ist. Verneint man nämlich entgegen der Auffassung des LSG eine Unbilligkeit und damit einen Versagungsgrund nach § 2 Abs. 1 OEG, so hat der Kläger Anspruch auf Versorgung nach § 1 OEG. Wer – wie er – infolge eines vorsätzlichen, rechtswidrigen tätlichen Angriff eine gesundheitliche Schädigung erlitten hat, erhält nach § 1 OEG Versorgung in entsprechender Anwendung der Vorschriften des BVG.[5]

Rechtsanwalt

Schrifttum: Wie bei Form. VIII. 12.

Anmerkungen

1. Zu Form u. Frist der Begr. s. Form. VIII. 12 Anm. 7.

2. Die Begr. der NZB kann nach § 160 Abs. 2 Nr. 1–3 SGG nur darauf gestützt werden, dass die Rechtssache grundsätzliche Bedeutung hat – *Grundsatzrevision* – (Textbsp.) oder das Urt. von einer Entscheidung des BSG, des GemSOGB o. des BVerfG abweicht und auf dieser Abweichung beruht – *Divergenzrevision* – (Form. VIII. 14) oder ein Verfahrensmangel geltend gemacht wird, auf dem die angefochtene Entscheidung beruhen kann; der geltend gemachte Verfahrensmangel kann nicht auf eine Verletzung der §§ 109 u. 128 Abs. 1 S. 1 SGG und auf die Verletzung des § 103 SGG nur gestützt werden, wenn er sich auf einen Beweisantrag bezieht, dem das LSG ohne hinreichende Begr. nicht gefolgt ist – *Verfahrensrevison* – (Form. VIII. 15). In der Begr. muss die grundsätzliche Bedeutung der Rechtssache dargelegt oder die Entscheidung, von der das Urt. des LSG abweicht, oder der Verfahrensmangel bezeichnet werden (§ 160a Abs. 2 S. 3 SGG).

Kommen mehrere Zulassungsgründe in Betracht, sollte die NZB nicht auf nur einen Zulassungsgrund beschränkt werden (*Becker* aaO, 264).

Auf die Begr. der NZB ist große Sorgfalt zu verwenden, da das BSG insoweit hohe Anforderungen stellt. Das BSG sieht diese als Zulässigkeitsvoraussetzung der NZB an (näher dazu *Krasney/Udsching* Kap. IX Rdn. 177; s. auch BVerfG SozR 3–1500 § 160 Nr. 7). Die damit verbundene Formstrenge, die der Entlastung des Revisionsgerichts („Filterfunktion") dient, ist nicht verfassungswidrig (BVerfG SozR 1500 § 160a Nr. 44, 45 u. 48). Die meisten NZBn scheitern an der „Begründungslast". Danach muss zumindest ein Zulassungsgrund *substantiiert* u. *schlüssig* dargetan werden. Davon ist die Auseinandersetzung mit der Sachentscheidung streng zu unterscheiden. Sie ist Gegenstand der Revisionsbegr. (vgl. BSG SozR 1500 § 160a Nr. 7). In der Praxis fällt allerdings auf, dass das BSG die Zulässigkeitsvoraussetzungen dann nicht näher problematisiert, wenn es eine Rechtsfrage entscheiden will.

Allg. ist danach *zu beachten:*

- Die Begr. der NZB muss aus sich heraus verständlich sein. Sie muss insbesondere *übersichtlich u. gegliedert* sein; Textbausteine sind gefährlich (vgl. BSG Beschl. v. 12. 5. 1999 – B 4 RA 181/98 B = *Breithaupt* 1999, 1095). Der Prozessbevollmächtigte muss – ebenso wie bei der Revisionsbegr. (Form. VIII. 17) – mit seiner Unterschrift die Verantwortung aufgrund eigener rechtlicher Durcharbeitung übernehmen. Übernimmt er Entwürfe Dritter, so muss er deshalb die Beschwerdebegründung selbst durcharbeiten u. dafür ersichtlich die Verantwortung übernehmen (BSG SozR 3–1500 § 160a Nr. 12). Allg. gilt: Bezugnahmen auf Schriftsätze im Verfahren vor dem SG oder dem LSG genügen nicht.
- *Wichtig:* Die Senate des BSG verlangen (mit unterschiedlicher Strenge) eine *Schilderung des Sachverhalts,* der der angefochtenen Entscheidung zugrunde liegt, um dem BSG zu ermöglichen, sich ohne Studium der Gerichts- u. Verwaltungsakten allein aufgrund des Vortrags des Klägers ein Bild vom Streitgegenstand zu machen. Mit anderen Worten: Es müssen Klagebegehren u. wesentliche Streitpunkte allein aus der Begründung deutlich werden (Anhaltspunkt: Die „Tatbestände" in BSG u. SozR).
- Ist das angefochtene Urt. *auf mehrere selbstständige Begr.en* gestützt worden, so ist für jede Begr. ein Zulassungsgrund geltend zu machen (BSG SozR 3–1500 § 164 Nr. 12 = NZS 2003, 111 mwN.). Bei *mehreren Streitgegenständen* oder *teilbarem Streitgegenstand* ist die NZB für jeden Streitgegenstand bzw. jeden selbstständigen Teil des Streitgegenstandes zu begründen; insoweit kann die NZB auch beschränkt werden (*Krasney/Udsching* Kap. IX Rdn. 10 u. 145 mwN.). Bei *naheliegender rechtlicher Gestaltung* ist schlüssig darzulegen, dass eine angefochtene Entscheidung nicht mit einer anderen als der vom LSG angeführten Begründung bestätigt werden kann (BSG SozR 1500 § 160a Nr. 54; kritisch dazu *Krasney/Udsching* Kap. IX Rdn. 188 u. 199).
- In Zweifelsfällen empfiehlt sich der Rückgriff auf die oben genannte weiterführende Literatur zur NZB. Auch sollte überlegt werden, ob angesichts der äußerst geringen Erfolgsquote der NZBn ein Antrag auf Erteilung eines Bescheides nach § 44 SGB X (vgl. Form. VIII. 7) eine größere Erfolgschance bietet (vgl. *Niesel* Rdn. 508).

3. Die Begr. der NZB wegen *grundsätzlicher Bedeutung* (§ 160a Abs. 2 S. 3 SGG) erfordert, dass der Beschwerdeführer eine Rechtsfrage, ihre (abstrakte) Klärungsbedürftigkeit, ihre (konkrete) Klärungsfähigkeit, dh. im Wesentlichen: ihre Entscheidungserheb-

lichkeit, sowie die über den Einzelfall hinausgehende Bedeutung der von ihm angestrebten Entscheidung (sog. „Breitenwirkung") darlegt, letzteres jedoch nur, soweit sich nicht bereits aus der Darlegung der Klärungsbedürftigkeit die behauptete Breitenwirkung ergibt (BSG SozR 3–1500 § 160a Nr. 34).

Im Einzelnen:

- *Bezeichnung der Rechtsfrage* (s. zB. BSG SozR 1500 § 160a Nr. 11). Erforderlich ist die klare Formulierung einer sich auf eine revisible Rechtsnorm beziehende Rechtsfrage, gleichgültig, welchem Rechtsgebiet (materielles Recht oder Verfahrensrecht) sie entstammt. Demgegenüber können Fragen tatsächlicher Art auch dann nicht zur Zulassung der Revision wegen grundsätzlicher Bedeutung führen, wenn die Klärungsbedürftigkeit sog. allg. (genereller) Tatsachen von nicht normativer Qualität geltend gemacht wird (BSG SozR 4–1500 § 160a Nr. 9: Frage nach Therapiemöglichkeiten für ein einzelnes Leiden u. dem darauf bezogenen krankenversicherungsrechtlichen Behandlungsanspruch ist regelmäßig keine Rechtsfrage von „grundsätzlicher Bedeutung"; s. aber auch BSG SozR 4–3250 § 69 Nr. 9 zur Beurteilung des GdB bei Diabetes mellitus nach den AHP, die rechtsnormähnliche Qualität haben – Form. VIII. 8 Anm. 3 – und BSG 96, 291/296f. zur Bewertung wissenschaftlicher Erkenntnisse über Möglickeiten der Krankheitsverursachung durch schädliche Einwirkungen am Arbeitsplatz; zur Unterscheidung zwischen Tatfrage u. Rechtsfrage s. *Dreher* in: *von Wulffen/Krasney* Festschrift 50 Jahre BSG 2004, 791).
  Auch die Frage der Verfassungswidrigkeit einer Rechtsnorm kann die Zulassung wegen grundsätzlicher Bedeutung rechtfertigen. Allerdings genügt die bloße Behauptung nicht (vgl. dazu BSG 40, 158 u. BSG SozR 1500 § 160a Nr. 17; BVerfG SozR 1500 § 160a Nr. 45).
- *Über den Einzelfall hinausgehende Bedeutung* („Breitenwirkung"). Es muss von der Entscheidung des BSG erwartet werden, sie werde im Allgemeininteresse in einer bisher nicht geschehenen Weise das Recht fortentwickeln o. vereinheitlichen (s. zB. BSG SozR 1500 § 160a Nr. 11, 39 und 65). Der Hinweis darauf, dass der Inhalt einer abstrakt-generellen Norm zu klären u. eine Vielzahl problematischer Fälle betroffen ist („statistische Häufigkeit"), reicht nicht immer aus (vgl. BSG SozR 160a Nr. 39). So ist bei unbestimmten Rechtsbegriffen, die auf die Umstände des Einzelfalles verweisen (zB. grobe Fahrlässigkeit, Zumutbarkeit, unbillige Härte), darzulegen, dass die Rechtsfrage über den zu entscheidenden Einzelfall hinaus für eine durch typisierende Merkmale gekennzeichnete Fallgruppe bedeutsam ist (s. das Textbsp.).
- *Klärungsbedürftigkeit* (s. zB. BSG SozR 1500 § 160 Nr. 17; BSG SozR 1500 § 160a Nrn. 4, 13, 19, 59 u. 65; BSG SozR 3–1500 § 160a Nr. 34). Die Klärungsbedürftigkeit setzt ernste Zweifel an der Rechtslage voraus. Sie ist zu verneinen, wenn die Rechtsfrage bereits höchstrichterlich beantwortet oder die Antwort unmittelbar aus dem Ges. zu ersehen ist, wenn sie so gut wie unbestritten ist, wenn sie praktisch außer Zweifel steht oder wenn sich für die Antwort in anderen Entscheidungen des BSG schon ausreichende Anhaltspunkte ergeben (BSG Beschl. v. 19. 8. 1999 – B 2 U 57/99 B – S. 3 – mwN.). Hingegen ist die Klärungsbedürftigkeit zu bejahen, wenn der Rspr. des BSG in nicht geringfügigem Umfang widersprochen wird und gegen sie nicht von vornherein abwegige Einwendungen vorgebracht werden (BSG SozR 1500 § 160a Nr. 13). Demgemäß ist darzustellen, inwiefern nach dem Stand von Rspr. u. Schrifttum Klärungsbedürftigkeit besteht.
- *Klärungsfähigkeit.* Klärungsfähig ist eine klärungsbedürftige Rechtsfrage, wenn das BSG in der Lage ist, diese Rechtsfrage *sachlich zu entscheiden* (BSG SozR 4–2600 § 118 Nr. 3 = NZS 2008, 223). Danach schließt die Klärungsfähigkeit die *Entscheidungserheblichkeit ein* (BSG SozR 4–1500 § 160a Nr. 5 = NZS 2005, 222). Im Schrifttum werden „Klärungsfähigkeit" u. „Entscheidungserheblichkeit" indessen überwiegend als eigenständige Punkte angesehen (s. zB. *Becker* aaO., 264 – Schaubild – u. 267). Die Darlegung der Entscheidungserheblichkeit einer Rechtsfrage erfordert

Ausführungen zu allen Voraussetzungen des geltend gemachten Anspruchs (BSG SozR 4–1500 § 160 a Nr. 5 = NZS 2005, 222). Hinsichtlich kumulativer Begr. der angefochtenen Entscheidung, mehrerer Streitgegenstände u. „naheliegender rechtlicher Gestaltung" s. Anm. 2. Ferner fehlt die Klärungsfähigkeit, wenn das BSG aus prozessualen Gründen gehindert ist, über die klärungsbedürftige Rechtsfrage zu entscheiden, oder wenn die Rechtsfrage auf nicht revisiblen Rechtsnormen beruht (BSG SozR § 160 Nr. 10, s. Form. VIII. 17 Anm. 2). Insoweit sind Ausführungen nur erforderlich, wenn diese Punkte zweifelhaft sind (*Lüdtke*, SGG, Handkomm, 3. Aufl. 2009, § 160 a Rdn. 14).

4. S. zum Textbsp. BSG 52, 281 („Geldbotenfall").

5. Der Anspruch nach dem OEG wird nicht dadurch ausgeschlossen, dass auch ein Anspruch auf Leistungen der gesetzlichen Unfallversicherung (SGB VII) gegeben ist. Er ruht jedoch gemäß § 65 BVG, in Höhe der Bezüge aus der gesetzlichen Unfallversicherung.

Kosten und Gebühren

Vgl. Hinweis zu Form. VIII. 12.

14. Begründung der Nichtzulassungsbeschwerde[1, 2] – Divergenz –[3]

An das
Bundessozialgericht

In dem Rechtsstreit

des Heizungsingenieurs ......, Klägers und Beschwerdeführers,
Prozessbevollmächtigter: RA ......

gegen

die Berufsgenossenschaft der Bauwirtschaft ......, Beklagte und Beschwerdegegnerin,
vertreten durch die Geschäftsführung,

begründe ich die mit Schriftsatz vom ...... gegen das Urteil des Landessozialgerichts ...... vom ...... – Az.: ...... – eingelegte Nichtzulassungsbeschwerde wie folgt:

Das LSG hat zu Unrecht die Revision nicht zugelassen. Es hätte sie nach § 160 Abs. 2 Nr. 2 SGG zulassen müssen, weil es von einer Entscheidung des BSG abweicht.
Dem Rechtsstreit liegt folgender Sachverhalt zu Grunde: Der Kläger erlitt bei seiner Tätigkeit als Heizungsmonteur 2003 eine Radiusköpfchenfraktur des rechten Handgelenks. Die Unfallfolgen bedingten zunächst keine MdE in rentenberechtigendem Grad (vgl. den ablehnenden Bescheid vom ......). Seit 2005 ist der Kläger infolge unfallfremder Erkrankungen – cerebraler Durchblutungsstörungen mit massiven psychischen Anfällen – völlig erwerbsunfähig. Zugleich steht fest, dass die unfallbedingten Beschwerden und Funktionsstörungen aufgrund einer Ellenbogengelenksarthrose (Unfallfolge) zugenommen haben, so dass – ungeachtet der völligen Erwerbsunfähigkeit – seit August 2006 eine MdE in rentenberechtigendem Grad (20 vH.) erreicht wird. Der Kläger beantragte deshalb erneut Verletztenrente. Die Beklagte lehnte auch diesen Antrag mit Bescheid vom ...... in der Gestalt des Widerspruchsbescheides vom ...... ab. Nach erfolglosem Klageverfahren hat das LSG diese Entscheidung mit grundsätzlichen Erwägungen bestätigt: Rechtserheblich sei, dass bei Eintritt der rentenberechtigenden MdE bereits völlige Erwerbsunfähigkeit vorgelegen habe. Die Auffassung, dass es auf die Verhältnisse zum

Zeitpunkt des Arbeitsunfalls ankomme, widerspreche den Kausalitätsgrundsätzen der gesetzlichen Unfallversicherung. Denn die Verschlimmerung der Unfallfolgen habe keinen Schaden in Gestalt einer anspruchsbegründenden Einschränkung der Erwerbsfähigkeit (§ 56 Abs. 1 SGB VII) verursachen können. Für den Kläger habe es bei Eintritt der unfallversicherungsrechtlich relevanten MdE wegen völliger Erwerbsunfähigkeit und nicht wegen der Unfallfolgen keine beruflichen Einsatzmöglichkeiten mehr gegeben.
Die *Entscheidung des LSG beruht* somit auf folgendem *Rechtssatz:* Erreicht die unfallbedingte MdE erst zu einem nach dem Unfall liegenden Zeitpunkt einen rentenberechtigenden Grad, so besteht kein Anspruch auf Verletztenrente, wenn der Verletzte zu diesem Zeitpunkt aus unfallunabhängigen Gründen völlig erwerbsunfähig ist.
Diese Rechtsauffassung ist mit dem das Urteil des BSG vom 17. 3. 1992 – 2 RU 20/91 – (SozR 3–2200 § 581 Nr. 2) *tragenden Rechtssatz* unvereinbar, dass der Eintritt völliger Erwerbsunfähigkeit aus unfallfremden Gründen nach dem Arbeitsunfall dem Anspruch auf Verletztenrente nicht entgegensteht, wenn der rentenberechtigende Grad der unfallbedingten MdE erst nach dem Arbeitsunfall erreicht wird.
Auf dieser Abweichung beruht das angefochtene Urteil des LSG. Denn unter Zugrundelegung der Rechtsauffassung des BSG hat der Kläger entgegen dem angefochtenen Urteil des LSG seit August 2006 Anspruch auf Verletztenrente in Höhe von 20 vH. der Vollrente.

Rechtsanwalt

Schrifttum: Wie bei Form. VIII. 12.

Anmerkungen

1. Zu Form u. Frist der Begr. s. Form. VIII. 12 Anm. 7.

2. Allg. zur Begr. der NZB s. Form. VIII. 13 Anm. 2.

3. Grundsätzlich ist zu bedenken, dass die Abweichung (Divergenz) iSd. § 160 Abs. 2 Nr. 2 SGG einen Sonderfall der grundsätzlichen Bedeutung darstellt. Deshalb ist nicht jeder Rechtsirrtum, der auf Oberflächlichkeit o. Missverständnis beruht, als Abweichung zu werten, insbesondere nicht das Übersehen der Rechtsfrage. Abweichung bedeutet demgemäß *Widerspruch im abstrakten Rechtssatz* (BSG SozR 1500 § 160a Nr. 67). Das LSG muss also einen abstrakten Rechtssatz aufgestellt haben, der von einem abstrakten Rechtssatz einer Entscheidung des BSG, des GemSOGB o. des BVerfG abweicht. Eine Abweichung liegt danach nicht schon dann vor, wenn das LSG die vom BSG aufgestellten rechtlichen Kriterien im konkreten Fall unrichtig anwendet, sondern erst, wenn es diesen Kriterien widersprochen, also einen anderen Maßstab entwickelt hat („Nichtübereinstimmung im Grundsätzlichen"). Eine bewusste Abweichung ist nicht erforderlich, es genügt eine *objektive* Abweichung; das LSG braucht also die maßgebliche Entscheidung des BSG nicht gekannt zu haben (*Krasney/Udsching* Kap. IX Rdn. 81; s. auch *Schoch/Schmidt-Aßmann/Pietzner* § 132 Rdn. 74 mwN.).

Die Begr. der NZB wegen Divergenz erfordert im Einzelnen die Darlegung folgender Punkte (vgl. dazu zB. BSG SozR 1500 § 160a Nr. 14, 21 und 29):
- *Rechtssatz des angefochtenen Urteils.*
- *Rechtssatz der Entscheidung des BSG oder des GemSOGB oder des BVerfG, von der das LSG angeblich abgewichen ist.* Es muss sich um einen entscheidungserheblichen abstrakten Rechtssatz (kein „obiter dictum") einer solchen Entscheidung handeln.
- *Genaue Bezeichnung der anderen Entscheidung des BSG oder des GemSOGB oder des BVerfG nach Aktenzeichen und Datum* (zumindest nach Aktenzeichen, Datum genügt nicht) *oder der Fundstelle* (*Meyer-Ladewig* SGG § 160a Rdn. 15a).
- *Unvereinbarkeit der in den gegenübergestellten Entscheidungen enthaltenen Rechtssätze.* Es kommt für die Unvereinbarkeit auf dieselbe rechtliche Aussage an. Die maß-

gebende (abweichend beantwortete) Rechtsfrage kann deshalb in einer inhaltsgleichen Vorschrift eines anderen Ges. geregelt sein (*Krasney/Udsching* Kap. IX Rdn. 79; *Meyer-Ladewig* SGG § 160 Rdn. 13a). Es darf sich jedoch nicht um eine überholte höchstrichterliche Entscheidung handeln. Sofern eine frühere Rspr. auch für die Rechtslage nach der Rechtsänderung Bedeutung hat, ist dies schlüssig darzulegen (BSG SozR 1500 § 160 Nr. 58). Unerheblich ist, ob die Abweichung das materielle Recht einschließlich des Verfassungsrechts oder das Verfahrensrecht betrifft. Die Abweichung kann auch geltend gemacht werden, wenn die Entscheidung des BSG erst nach der Entscheidung des LSG ergangen ist, wenn sie dem LSG bei seinem Urteil also unbekannt war.

– *Beruhen der angefochtenen Entscheidung auf der Abweichung.* Damit wird die Entscheidungserheblichkeit der Divergenz gekennzeichnet (s. auch Form. VIII. 13 Anm. 3). Hinsichtlich kumulativer Begründung der angefochtenen Entscheidung, mehrerer Streitgegenstände u. „naheliegender rechtlicher Gestaltung" s. Form. VIII. 13 Anm. 2. Zusätzliche Ausführungen zur *Klärungsfähigkeit* können erforderlich sein, wenn aus anderen Gründen zweifelhaft ist, ob das BSG in der Lage ist, über die grundsätzliche Rechtsfrage zu entscheiden (s. Form. VIII. 13 Anm. 3 zur Klärungsfähigkeit).

Kosten und Gebühren

Vgl. Hinweis zu Form. VIII. 12.

15. Begründung der Nichtzulassungsbeschwerde[1, 2] – Verfahrensmangel – (Rüge der Verletzung des rechtlichen Gehörs und der Amtsermittlungspflicht)[3, 4]

An das
Bundessozialgericht

In dem Rechtsstreit

des Maurerpoliers ......, Klägers und Beschwerdeführers,
Prozessbevollmächtigter: RA ......

gegen

die Deutsche Rentenversicherung ......, Beklagte und Beschwerdegegnerin,
vertreten durch die Geschäftsführung,

begründe ich die mit Schriftsatz vom ...... gegen das Urteil des Landessozialgerichts ...... vom ...... – Az.: ...... – eingelegte Nichtzulassungsbeschwerde wie folgt: Es werden zwei Verfahrensmängel iSd. § 160 Abs. 2 Nr. 3 SGG geltend gemacht (s. unter 1. u. 2.). Dem Rechtsstreit liegt folgender Sachverhalt zu Grunde: Der jetzt 51 Jahre alte arbeitslose Kläger, der unter Herz-Kreislaufbeschwerden und einer bandscheibenbedingten Erkrankung der Lendenwirbelsäule leidet, beantragte am ...... Rente wegen Erwerbsminderung. Gestützt auf ein orthopädisches und ein internistisches Gutachten ihres Sozialmedizinischen Dienstes lehnte die Beklagte den Rentenantrag mit Bescheid vom ...... in der Gestalt des Widerspruchsbescheides vom ...... ab. Nach erfolglosem Klageverfahren hat das LSG diese Entscheidung mit der Begründung bestätigt, der Kläger sei nicht erwerbsgemindert iSd. § 43 SGB VI, da er noch mindestens sechs Stunden täglich leichte Berufstätigkeiten verrichten könne.

1. Gerügt wird die *Verletzung des rechtlichen Gehörs* (§ 62 SGG)[5]. Der Kläger, dessen persönliches Erscheinen zur mündlichen Verhandlung angeordnet war, musste dem Termin wegen eines Krankenhausaufenthalts fernbleiben. Das hatte seine Ehefrau,

wie sich aus dem Vermerk des Senatsvorsitzenden vom ...... (Gerichtsakten Bl. ......) ergibt, am Tag vor der mündlichen Verhandlung mitgeteilt und das Fernbleiben entschuldigen lassen. Das LSG hat daraufhin auf Grund einseitiger mündlicher Verhandlung entschieden. Unbeachtlich ist, dass der Kläger keinen ausdrücklichen Antrag auf Terminsaufhebung gestellt hat. Nach der Rspr. des BSG kommt es auf einen solchen Antrag nicht an, wenn der Beteiligte, dessen persönliches Erscheinen angeordnet war, sich zum Termin begründet entschuldigt hat. Er darf dann darauf vertrauen, dass er noch Gelegenheit zur persönlichen Äußerung erhält (BSG 47, 35/37; BSG Urteile v. 27. 1. 1993 – 6 RKa 19/92 – und v. 16. 12. 1993 – 13 RJ 37/93 –). Der Kläger hatte bei diesem Verfahrensablauf keine Möglichkeit, die Verletzung des rechtlichen Gehörs bereits vor dem LSG geltend zu machen.

Das angefochtene Urteil *beruht* auch auf dieser Verletzung des rechtlichen Gehörs: Der Kläger hätte in der mündlichen Verhandlung die wesentliche Verschlimmerung seiner Herz-Kreislauferkrankung geschildert und diese durch einen aktuellen Bericht der Kardiologischen Abteilung des Krankenhauses H. ...... belegt. Wäre das LSG danach von einer wesentlichen Verschlimmerung der Herz-Kreislauferkrankung ausgegangen, so bestand die Möglichkeit, dass es zu einem für den Kläger günstigeren sachlichen Ergebnis gekommen wäre. Denn der geltend gemachte Anspruch auf Rente wegen Erwerbsminderung hängt – davon geht das LSG in materiellrechtlicher Hinsicht zutreffend aus – davon ab, in welchem Ausmaß die Erwerbsfähigkeit des Klägers aus gesundheitlichen Gründen herabgesunken ist. Hätte also das LSG den Kläger angehört, so hätte sich – ggf. auf Grund weiterer Ermittlungen – ergeben, dass dieser wegen der Gesundheitsstörungen auf internistischem und orthopädischem Gebiet auf nicht absehbare Zeit außerstande ist, unter den üblichen Bedingungen des allgemeinen Arbeitsmarktes mindestens drei Stunden täglich erwerbstätig zu sein. Damit ist er voll erwerbsgemindert (§ 43 Abs. 3 SGB VI) und hat, da die versicherungsrechtlichen Voraussetzungen erfüllt sind, Anspruch auf Rente wegen Erwerbsminderung.

2. **Außerdem wird die *Verletzung der Amtsermittlungspflicht* (§ 160 Abs. 2 Nr. 3 SGG iVm. § 103 SGG) gerügt[6]. Denn das LSG ist einem Beweisantrag des Klägers ohne hinreichende Begründung nicht gefolgt. Der Kläger hat in seinem Schriftsatz vom ...... (Gerichtsakten Bl. ....) beantragt, im Hinblick auf die von ihm geltend gemachte Verschlimmerung seiner Herz-Kreislauferkrankung von Amts wegen ein internistisches Gutachten zur Frage einzuholen, in welchem Ausmaß sein gesundheitliches Leistungsvermögen quantitativ (zeitlich) und qualitativ eingeschränkt ist. Zu diesem Beweisantrag hat das LSG ausgeführt, der Kläger habe keine die behauptete Verschlimmerung bestätigenden Befundunterlagen vorgelegt. Diese Begründung ist nicht stichhaltig. Denn das LSG hat damit in unzulässiger Weise eine „Beweisführungspflicht" des Klägers angenommen (vgl. BSG SozR 1500 § 103 Nr. 27 – S. 22 –). Auch auf diesem Mangel *beruht* das angefochtene Urteil: Das LSG ist, wie schon ausgeführt, materiellrechtlich zutreffend davon ausgegangen, dass der geltend gemachte Anspruch vom Umfang des gesundheitlichen Leistungsvermögens abhängt. Es hätte sich daher gedrängt fühlen müssen, ein internistisches Gutachten einzuholen. Dieses hätte ein – entscheidungserhebliches – weiteres Herabsinken der Leistungsfähigkeit des Klägers ergeben. Es gelten insoweit die Ausführungen zu 1. (aE.) sinngemäß.**

Rechtsanwalt

Schrifttum: Wie bei Form. VIII. 12.

Anmerkungen

1. Zu Form u. Frist der Begr. s. Form. VIII. 12 Anm. 7.
2. Allg. zur Begr. der NZB Form. VIII. 13 Anm. 2.

3. Die *Rüge von Verfahrensfehlern* ist *für die NZB* durch § 160 Abs. 2 Nr. 3 Halbs. 2 SGG *erheblich eingeschränkt:* Sie kann auf eine Verletzung des § 109 SGG (Form. VIII. 22) nicht gestützt werden (vgl. BVerfG SozR 1500 § 160 Nr. 69); ebenso wenig auf eine Verletzung des § 128 Abs. 1 S. 1 SGG, so dass nicht mit Erfolg geltend gemacht werden kann, die Beweiswürdigung des LSG verstoße gegen Denkgesetze o. Erfahrungssätze (BSG SozR 1500 § 160 Nr. 26, 35 u. 41). Zur praktisch bedeutsamen, jedoch erheblich eingeschränkten Rüge der Verletzung des § 103 SGG (Amtsermittlungspflicht) s. Anm. 6.

Übersicht über Verfahrensmängel bei *Krasney/Udsching* Kap. IX Rdn. 91 ff. und *Becker* aaO., 333 ff.

4. Die Rüge eines Verfahrensmangels erfordert:

- Die *Bezeichnung eines Verfahrensmangels* des LSG unter *substantiierter* Angabe der Tatsachen, die den Verfahrensmangel ergeben. Es sollte auch die verletzte Rechtsnorm genannt werden (BSG SozR 4–1500 § 160 a Nr. 4).
- Die *schlüssige Darlegung,* dass die *angefochtene Entscheidung* auf dem *tatsächlich vorliegenden Verfahrensmangel beruhen kann.* Dies ist der Fall, wenn das LSG unter Zugrundelegung seiner Rechtsauffassung ohne den Verfahrensmangel zu einem sachlich günstigeren Ergebnis hätte kommen können (vgl. BSG SozR 1500 § 160 a Nr. 14). Bei absoluten Revisionsgründen (§ 202 SGG iVm. § 551 ZPO) wird unwiderlegbar vermutet, dass das angefochtene Urt. auf der Gesetzesverletzung beruht (vgl. *Krasney/Udsching* Kap. IX Rdn. 137). Bei verzichtbaren Verfahrensmängeln (§ 202 SGG iVm. § 295 ZPO) ist darzulegen, dass kein Verlust des Rügerechts eingetreten ist (s. dazu Anm. 5).

5. Die Rüge der *Verletzung des rechtlichen Gehörs* (durch Art. 103 Abs. 1 GG garantiert u. in § 62 SGG konkretisiert) ist in der Praxis nicht selten. Sie ist nur dann ein zur Zulassung der Revision führender Verfahrensmangel, wenn die angefochtene Entscheidung darauf beruhen kann (BSG SozR 1500 § 160 Nr. 31). Demgemäß ist substantiiert anzugeben, welches Vorbringen verhindert worden ist u. weshalb die angefochtene Entscheidung darauf beruhen kann. Außerdem ist darzulegen, dass *kein Rügeverzicht* (§ 295 ZPO) eingetreten ist, dass also der Verstoß gegen das Recht auf Gehör vor dem LSG erfolglos gerügt worden ist o. dass u. weshalb eine solche Rüge nicht möglich war. Bei verzichtbaren Verfahrens- u. Formvorschriften tritt ein Verlust des Rügerechts ein, wenn die zuvor schriftsätzlich erhobene Rüge eines rechtskundig vertretenen Beteiligten nicht in der nächsten mündlichen Verhandlung wiederholt wird (BSG SozR 4–1750 § 295 Nr. 1 = NZS 2006, 549). S. zur Verletzung des rechtlichen Gehörs u. damit des Grundsatzes des fairen Verfahrens im Zusammenhang mit Vertagungs- u. Verlegungsanträgen sowie mit Äußerungsfristen BSG SozR 3–1750 § 227 Nr. 1 u. SozR 3–1500 § 158 Nr. 2 sowie Urt. v. 11. 12. 2002 – B 6 KA 8/02 R –; besonders ausführlich BSG SozR 3–1500 § 160 Nr. 33 (s. auch das Textbsp.). Zur angemessenen Wartefrist bei angekündigtem Erscheinen eines Beteiligten BSG SozR 4–1500 § 112 Nr. 2 = NZS 2005, 109 (nicht unter 30 Minuten).

Außerdem von praktischer Bedeutung: Das LSG ist verpflichtet, die Beteiligten über die für seine Entscheidung erheblichen Tatsachen zu unterrichten u. ihnen dazu Gelegenheit zur Äußerung zu geben, sofern es sich nicht um allgemeinkundige Tatsachen handelt (BSG SozR 3–1500 § 62 Nr. 12 = NZS 1997, 33: berufskundliches Sammelwerk; BSG Urt. v. 1. 2. 1996 – 2 RU 11/95 – S. 6 f. –: medizinische Erkenntnisse; BSG SozR 4–1500 § 118 Nr. 1 = NZS 2005, 221: Verwertung einer nicht in den Prozess eingeführten Urkunde).

6. Die Rüge der *Verletzung der Amtsermittlungspflicht* (§ 103 SGG) ist nur eingeschränkt möglich: Es muss geltend gemacht werden, dass das LSG einem *Beweisantrag* – s. dazu Form. VIII. 21 – ohne hinreichende Begründung nicht gefolgt ist. *Wichtig:* Ein Antrag nach § 109 SGG (Form. VIII. 22) reicht nicht (Form. VIII. 21 Anm. 4). Die Zulassung der Revision kann auch nicht mit dem Argument beansprucht werden, die Nichtbefolgung eines Beweisantrags nach § 109 SGG werfe Rechtsfragen von grundsätzlicher Bedeutung auf (BSG SozR 4–1500 § 160 Nr. 9 = NZS 2006, 611).

Das BSG stellt an einen ordnungsgemäßen Beweisantrag iSd. § 160 Abs. 2 Nr. 3 SGG erhebliche Anforderungen. Es muss sich um einen Beweisantrag iSd. ZPO handeln (BSG SozR 1500 § 160 Nr. 56 u. SozR 3–1500 § 160 Nr. 9). Außerdem ist unbedingt darauf zu achten, dass er in der mündlichen Verhandlung aufrechterhalten wird (ausführlich dazu Form. VIII. 21 Anm. 4).

Die in Anm. 2 allgemein gekennzeichneten Rügevoraussetzungen erfordern hier die Darlegung folgender Punkte:

- *Genaue Bezeichnung des Beweisantrags* (Schriftsatz u. Datum). Hat eine mündliche Verhandlung stattgefunden, so ist die Sitzungsniederschrift als Fundstelle anzuführen (BVerfG SozR 3–1500 § 160 Nr. 6: verfassungsmäßiges Erfordernis). Ein in der mündlichen Verhandlung gestellter Beweisantrag muss protokolliert oder im Urteilstatbestand aufgeführt sein (BSG SozR 1500 § 160 Nr. 64); ist ohne mündliche Verhandlung entschieden worden, muss ein im Urteilstatbestand enthaltener Beweisantrag bezeichnet werden (s. dazu BSG SozR 3–1500 § 160 Nr. 9).
- *Darstellung, dass das LSG nach seiner materiell-rechtlichen Auffassung die beantragte Beweiserhebung hätte vornehmen müssen* (s. zB. BSG SozR 1500 § 160 Nr. 5 u. SozR 1500 § 160 a Nr. 34). Insoweit prüft das BSG ungeachtet des Grundsatzes der freien Beweiswürdigung selbst, ob das LSG nach seiner rechtlichen Beurteilung dem Beweisantrag hätte nachkommen müssen (BSG SozR 1500 § 160 Nr. 49, *Becker* aaO., 332).
- *Darstellung des möglichen Ergebnisses der unterbliebenen Beweiserhebung* (s. zB. BSG SozR 1500 § 160 a Nr. 24: Angabe dessen, was ein entgegen dem Beweisantrag nicht vernommener Zeuge hätte bekunden können).
- *Darlegung, zu welchem möglicherweise günstigeren Ergebnis das LSG bei Durchführung der beantragten Beweiserhebung gekommen wäre.*

Kosten und Gebühren

Vgl. Hinweis zu Form. VIII. 12.

16. Revisionsschrift[1, 2]

An das
Bundessozialgericht[3]

In dem Rechtsstreit

des Industriemechanikers ......, Klägers und Revisionsklägers,
Prozessbevollmächtigter: RA ......[4]

gegen

die Berufsgenossenschaft Metall Nord Süd ......, Beklagte und Revisionsbeklagte,

vertreten durch den Geschäftsführer,

lege ich namens und in Vollmacht des Klägers gegen das Urteil des Landessozialgerichts ...... vom ...... – Az.: ...... – zugestellt am ......[5, 6] – Revision ein[7].
Zugleich beantrage ich, die Frist für die Revisionsbegründung um einen Monat zu verlängern, da noch eine Rücksprache mit dem Kläger erforderlich ist, der sich zurzeit auf einer längeren Dienstreise befindet[8].

Rechtsanwalt

Schrifttum: Niesel, Teil F: Das Revisionsverfahren; *Krasney/Udsching* Kap. IX Rdn. 231 ff.; *May,* Die Revision in den zivil- und verwaltungsgerichtlichen Verfahren (ZPO, ArbGG, VwGO, SGG, FGO) – Eine systematische Darstellung unter besonderer Berücksichtigung der höchstrichterlichen Rechtsprechung –, 1995; *Plagemann,* Stichworte zur Revisionsbegründung, Deutsche Rentenversicherung – DRV– 1988, 120.

Anmerkungen

1. Die Revision ist nur statthaft, wenn sie im Urt. des LSG o. auf NZB (vgl. Form. VIII. 12) durch Beschl. des BSG zugelassen ist (§ 160 Abs. 1 SGG); eine vom LSG nicht in dem Urteil, sondern nachträglich in einem Beschl. zugelassene Revision ist unzulässig (BSG SozR 4–1500 § 160 Nr. 17). Die Zulassungsgründe ergeben sich abschließend aus § 160 Abs. 2 SGG, vgl. Form. VIII. 12–15.

Zur Möglichkeit der sog. *Sprungrevision* s. Anm. 2.

2. Die *Sprungrevision* ermöglicht den Beteiligten die Revision unter Übergehung der Berufungsinstanz. Danach ist ein Urt. des SG unter den Voraussetzungen des § 161 Abs. 1 SGG mit der Revision anfechtbar: a) *Schriftliche Zustimmung des Gegners* zur Einlegung der Revision und b) *Zulassung* im Urt. des SG oder auf den innerhalb eines Monats nach Zustellung des Urt. schriftlich zu stellenden Antrag durch Beschl. des SG.

Die Zustimmung muss dem Antrag auf Zulassung der Revision oder, wenn die Revision im Urt. des SG zugelassen war, der Revisionsschrift beigefügt werden (§ 161 Abs. 1 S. 3 SGG). Die fristgerechte Zuleitung der Zustimmungserklärung des Gegners an das SG oder, wenn die Revision im Urt. des SG zugelassen war, an das BSG per *Telefax* genügt der Schriftform (BSG SozR 3–1500 § 161 Nrn. 10, 12 u. 13). Nach der Rspr. des BSG reicht jedoch eine (nicht öffentlich beglaubigte) Fotokopie der Zustimmungserklärung nicht aus (BSG SozR 3–1500 § 161 Nr. 2 u. 3; s. auch BVerfG SozR 3–1500 § 161 Nr. 5); näher zur Schriftform *Meyer-Ladewig* SGG § 161 Rdn. 4 a.

Wird die Sprungrevision zugelassen, steht den Beteiligten ein *Wahlrecht* zu, ob sie Berufung o. Revision einlegen wollen. Die Einlegung der Revision u. die Zustimmung des Gegners gelten als Verzicht auf die Berufung, wenn das SG die Revision zugelassen hat (§ 161 Abs. 5 SGG). Das BSG ist an die Zulassung gebunden (§ 161 Abs. 2 S. 2 SGG). Die Ablehnung der Zulassung ist unanfechtbar (§ 161 Abs. 2 S. 3 SGG).

Die Sprungrevision ermöglicht es den Beteiligten, auf die zweite Tatsacheninstanz zu verzichten und sofort das Revisionsgericht anzurufen, um möglichst schnell die Entscheidung einer Rechtsfrage zu erreichen. Da sie auf Mängel des Verfahrens nicht gestützt werden kann (§ 161 Abs. 4 SGG), sollte sie *im Zweifel nicht eingelegt* werden.

Ausführlich zur Sprungrevision: *Krasney/Udsching* Kap. IX Rdn. 23 ff. mwN.; *Meyer-Ladewig* SGG, Kommentierung des § 161 SGG; s. auch *Meyer,* Die Zustimmungserklärung zur Einlegung der Sprungrevision, NZS 1995, 356.

3. Die Revision ist beim BSG einzulegen (§ 164 Abs. 1 S. 1 SGG). Keine Fristwahrung durch Einlegung beim LSG oder bei Behörden. S. auch Form. VIII. 12.

4. Wegen des Vertretungszwangs vor dem BSG vgl. Form. VIII. 12 Anm. 5.

5. Die Revision ist innerhalb eines Monats nach Zustellung des Urt. o. des Beschl. über die Zulassung der Revision *schriftlich* (zur Schriftform s. Form. VIII. 10 Anm. 2) einzulegen (§ 164 Abs. 1 S. 1 SGG). Bei Zustellung außerhalb des Geltungsbereichs des SGG beträgt die Frist in entsprechender Anwendung des § 87 Abs. 1 S. 2 SGG drei Monate (vgl. BSG 40, 40 = SozR 1500 § 160 a Nr. 4 – zur NZB –). Die Revisionsfrist kann – anders als die Begründungsfrist – nicht verlängert werden.

6. Das *angefochtene Urt.* muss genau – nach Gericht, Datum u. Aktenzeichen – *angegeben* werden (vgl. § 164 Abs. 1 S. 2 Halbs. 1 SGG). Außerdem muss aus der Revisionsschrift hervorgehen, wer *Revisionskläger u.* wer *Revisionsbeklagter* (BSG 50, 59/60; BSG

SozR 1500 § 164 Nr. 29) ist (*Krasney/Udsching* Kap. IX Rdn. 264). Eine Ausfertigung o. beglaubigte Abschrift des angefochtenen Urt. soll beigefügt werden, sofern das nicht schon bei Einlegung der NZB geschehen ist (§ 164 Abs. 1 S. 2 Halbs. 2 SGG).

7. Die Revisionsschrift hat lediglich deutlich zu machen, dass Revision eingelegt werden soll. Der *Antrag* gehört bereits zur Begr. (Form. VIII. 17 Anm. 2), kann jedoch schon in der Revisionsschrift gestellt werden (vgl. auch BSG SozR 1500 § 164 Nr. 2).

8. Der Antrag auf Verlängerung der Begründungsfrist (Form. VIII. 17 Anm. 1) kann bereits vorsorglich in der Revisionsschrift gestellt werden.

Kosten und Gebühren

Vgl. Hinweis bei Form. VIII. 2.

Fristen und Rechtsmittel

Vgl. Anm. 3 und 5.

17. Revisionsbegründung[1, 2, 3, 4, 5]

An das
Bundessozialgericht

des Industriemechanikers ......, **Klägers und Revisionsklägers,**
Prozessbevollmächtigter: RA ......

gegen

die Berufsgenossenschaft Metall Nord Süd ......, **Beklagte und Revisionsbeklagte,**
vertreten durch den Geschäftsführer,

begründe ich die mit Schriftsatz vom ...... gegen das Urteil des Landessozialgerichts ...... vom ...... – Az.: ...... – eingelegte Revision wie folgt:
Der Kläger rügt die Verletzung des § 8 Abs. 2 Nr. 1 SGB VII. Denn der Unfall am ......, bei dem der Kläger erhebliche Verletzungen erlitt, stellt nach dieser Vorschrift einen Arbeitsunfall (Wegeunfall) dar. Nach den tatsächlichen Feststellungen des LSG sind nur zwei Alternativen möglich: Entweder sollte der Zeuge E. den Kläger unmittelbar nach dem Ende der Arbeitsschicht zu dessen Wohnsitz in H. oder zu einer mehrstündigen Preisskatveranstaltung in B. bringen. Das LSG hat für diese Konstellation den Unfallversicherungsschutz verneint: Dieser sei nicht für die mögliche Alternative gegeben, dass der Kläger sich zu einer mehrstündigen Freizeitaktivität habe begeben wollen. In einem solchen Fall werde die Wahl des anderen Zielpunktes als der Wohnung allein durch persönliche (eigenwirtschaftliche) Gründe bestimmt. Die Rechtsauffassung des LSG ist unrichtig. In jedem Fall hätte die zum Unfall führende Fahrt unter Versicherungsschutz gestanden, so dass der Klageanspruch im Wege der Wahlfeststellung (dazu BSG SozR 2200 § 548 Nr. 80) begründet ist. Für die erste Alternative (Weg zur eigenen Wohnung) ist dies zweifelsfrei und unter den Beteiligten unumstritten. Aber auch wenn man von der zweiten Alternative eines Weges zu einer mehrstündigen Preisskatveranstaltung ausgeht, gilt nichts anderes. Der Unfallversicherungsschutz bei einer Fahrt zum so genannten „dritten Ort" setzt entgegen der Auffassung des LSG zweierlei voraus: Die Dauer des Aufenthalts muss so erheblich sein, dass dort der Versicherte in den privaten Bereich überwechselt. Außerdem muss die Entfernung zum „dritten Ort" in einem angemessenen Verhältnis zur Wegstrecke zur eigenen Wohnung stehen. Beide Voraussetzungen sind nach den tatsächlichen Feststellungen des LSG im vorliegenden Fall erfüllt ......[6]

Ich beantrage[7],

1. **das Urteil des Landessozialgerichts vom ...... und das Urteil des Sozialgerichts vom ...... sowie den Bescheid der Beklagten vom ...... in der Gestalt des Widerspruchsbescheides vom ...... aufzuheben,**
2. **festzustellen, dass eine Fraktur des rechten Oberschenkels und eine Fraktur der linken Kniescheibe Folgen des Arbeitsunfalls vom ...... sind,**
   hilfsweise, das Urteil des Landessozialgerichts vom ...... aufzuheben und die Sache zur erneuten Verhandlung und Entscheidung an das Berufungsgericht zurückzuverweisen.

Rechtsanwalt

Schrifttum: Wie bei Form. VIII. 16.

Anmerkungen

1. Die Revisionsbegr. (§ 164 Abs. 2 SGG) ist eine Zulässigkeitsvoraussetzung der Revision. Sie muss, sofern sie nicht schon in der Revisionsschrift enthalten ist, innerhalb von zwei Monaten nach Zustellung des Urt. o. des Zulassungsbeschlusses, bei Zustellung außerhalb des Geltungsbereichs des SGG innerhalb von vier Monaten (BSG SozR 40, 40 = 1500 § 160a Nr. 4) erfolgen (§ 164 Abs. 2 S. 1 SGG). Es ist *Schriftform* erforderlich (BSG SozR 1500 § 164 Nr. 14); s. zur Schriftform Form. VIII. 10 Anm. 2. Verlängerung der Begründungsfrist ist auf rechtzeitigen Antrag – auch mehrfach – möglich (§ 164 Abs. 2 S. 2 SGG); sie ist – anders als die Fristverlängerung bei der NZB (Form. VIII. 12 Anm. 8) – nicht auf einen Monat beschränkt. Der Antrag auf Fristverlängerung kann bereits vorsorglich in der Revisionsschrift gestellt werden. Die Entscheidung über die Fristverlängerung liegt im Ermessen des Vorsitzenden (näher dazu *Krasney/Udsching* Kap. IX Rdn. 282).

2. Die *Revisionsbegr.* muss gemäß § 164 Abs. 2 S. 3 SGG enthalten: a) Einen *bestimmten Antrag.* Auch wenn das BSG an dessen Bestimmtheit keine strengen Anforderungen stellt, sollte der Antrag möglichst eindeutig und als solcher erkennbar formuliert werden (ausführlich dazu *Krasney/Udsching* Kap. IX Rdn. 311 ff.; *Niesel* Rdn. 503). b) *Bezeichnung der verletzten Rechtsnorm.* Die verletzte Rechtsnorm braucht nicht unbedingt genau nach Ges. und Paragraphennummer bezeichnet zu werden, sie muss sich jedoch deutlich aus dem Inhalt der Revisionsbegr. ergeben (s. zB. BSG SozR 1500 § 164 Nr. 12; näher dazu *Krasney/Udsching* Kap. IX Rdn. 319). Dabei ist zu beachten, dass die Revision nur auf eine Verletzung einer nach § 162 SGG *revisiblen Rechtsnorm* (Vorschrift des Bundesrechts o. einer sonstigen im Bezirk des Berufungsgerichts geltenden Vorschrift, deren Geltungsbereich sich über den Bezirk des Berufungsgerichts hinaus erstreckt) gestützt werden kann (ausführlich *Krasney/Udsching* Kap. IX Rdn. 285 ff.). Das Revisionsgericht darf prüfen, ob das Berufungsgericht bei der Anwendung irrevisibler Normen höherrangiges Bundesrecht verletzt hat (BSG 62, 131/135; BVerwGE 51, 104/110).

3. § 164 Abs. 2 S. 3 SGG umschreibt den Inhalt der formgerechten Revisionsbegr. nicht erschöpfend, sondern stellt nur bestimmte Erfordernisse auf, zu denen weitere kommen, die sich aus Sinn und Zweck der nur durch einen Prozessbevollmächtigten vornehmbaren Revisionsbegr. ergeben (BSG SozR 1500 § 164 Nr. 20 u. 25). Diese Erfordernisse sind sorgfältig zu beachten, da nach der Rspr. des BSG eine Revision durchaus an einer unzulänglichen Begr. scheitern kann (instruktiv BSG SozR 3–1500 § 164 Nr. 11). Danach ist *zusätzlich* im Wesentlichen zu beachten:
- Die Revisionsbegr. muss bei *materiellrechtlichen Rügen* darlegen, dass u. warum eine revisible Rechtsvorschrift auf den vom Tatsachengericht festgestellten Sachverhalt nicht o. nicht richtig angewandt worden ist (BSG SozR 1500 § 164 Nr. 5, 12, 20 und 28). Es ist daher unter *Bezeichnung der verletzten Rechtsnorm* zumindest eine

kurze Auseinandersetzung mit den das angefochtene Urt. tragenden Gründen erforderlich, aus der deutlich wird, dass u. warum die als verletzt gerügte Vorschrift des materiellen Rechts nicht o. nicht richtig angewandt worden ist (BSG SozR 3–1500 § 164 Nr. 11; ausführlich *Krasney/Udsching* Kap. IX Rdn. 320 ff.).

- Soweit *Verfahrensmängel* gerügt werden, sind die *verletzte Rechtsnorm* u. die *Tatsachen zu bezeichnen, die den Mangel ergeben* u. zwar so, dass das BSG sich ein Urteil darüber bilden kann, ob die angegriffene Entscheidung auf einem Verfahrensmangel beruht (BSG SozR 1500 § 164 Nr. 31; BSG Beschl. v. 29. 9. 1994 – 4 RA 52/93 –). Es ist demgemäß – außer bei absoluten Revisionsgründen – auch darzulegen, dass die angefochtene Entscheidung auf dem gerügten Verfahrensfehler beruhen kann (s. zB. für die Rüge mangelnder Sachaufklärung BSG SozR Nr. 24 zu § 167 SGG u. SozR Nr. 28 zu § 164 SGG). Des Weiteren sind §§ 556, 295 ZPO zu beachten. Danach sind bei verzichtbaren Verfahrensmängeln Ausführungen darüber erforderlich, dass das Rügerecht nicht verlorengegangen ist (BSG SozR 1500 § 160 a Nr. 61). Anders als bei der NZB kann die Begr. der zugelassenen Revision auf alle wesentlichen Verfahrensmängel gestützt werden (*Krasney/Udsching* Kap. IX Rdn. 327 ff. mit Beispielen von Verfahrensmängeln). Insbesondere kann die Verletzung der Grenzen der freien Beweiswürdigung (§ 128 Abs. 1 S. 1 SGG) und des § 109 SGG gerügt werden.
- Ist das angefochtene Urt. nebeneinander auf *mehrere selbstständige Begründungen* gestützt worden, so müssen für jede Begr. die erforderlichen Rechtsausführungen gemacht werden (BSG SozR 3–1500 § 164 Nr. 12 = NZS 2003, 111; *Meyer-Ladewig* SGG § 164 Rdn. 9 e). Hat das angefochtene Urt. über *mehrere Streitgegenstände* entschieden, muss die Begründung für jeden Streitgegenstand gegeben werden, für den Abänderung begehrt wird (vgl. BSG SozR 4–3100 § 1 Nr. 3 u. SozR 1500 § 164 Nr. 22; BSG 65, 8/11; 73, 56/57; *Meyer-Ladewig* aaO. Rdn. 9 d).
- Der Prozessbevollmächtigte muss – ebenso wie bei der NZB – durch seine Unterschrift die Verantwortung für die Revisionsbegr. übernehmen, dh. es muss deutlich erkennbar sein, dass er die Revision *eigenverantwortlich* auf Grund seiner Prüfung, Sichtung u. Durchdringung des Prozessstoffs begründet hat (BSG SozR Nr. 3 zu § 166 SGG u. Nr. 49 zu § 164 SGG; BSG SozR 1500 § 164 Nr. 22; s. auch BVerfG SozR 3–1500 § 160 a Nr. 12). So reicht es insbesondere nicht aus, dass er nur einen vom Vertretenen gefertigten und unterschriebenen Schriftsatz einreicht oder den Schriftsatz nur schlicht unterzeichnet, ohne den Streitstoff selbst geprüft, gesichtet u. durchgearbeitet zu haben (BSG Urt. v. 20. 1. 2005 – B 3 KR 22/03 R; BSG SozR 3–1500 § 166 Nr. 4).

4. Für *Bezugnahmen* in der Revisionsbegr. gilt nach der Rspr. des BSG im Wesentlichen: Soweit die *Verletzung sachlichen Rechts* gerügt wird, kann zwar grundsätzlich auf die Begr. der NZB Bezug genommen werden (BSG SozR 1500 § 164 Nrn. 3, 4 u. 27). Das setzt aber voraus, dass sich der Revisionskläger schon dort mit den materiellrechtlichen Fragen auseinandergesetzt hat, sich diese Fragen auch im Revisionsverfahren stellen und eine erneute Begr. auf eine Wiederholung des Vorgetragenen hinauslaufen würde (BSG SozR 3–1500 § 164 Nr. 9 u. Urt. v. 9. 8. 1995 – 9 RVS 3/95 – mwN.). Nach BSG SozR 1500 § 164 Nr. 3 soll hingegen bei der Rüge eines *Verfahrensmangels* eine Bezugnahme auf die Begr. der NZB nicht ausreichen; dagegen ist eine Bezugnahme auf die Begr. des Beschl. zulässig, mit dem das BSG die Revision wegen des gerügten Verfahrensmangels zugelassen hat (BSG SozR 1500 § 164 Nr. 18 u. SozR 3–5428 § 4 Nr. 5 – S. 20 –; kritisch zu dieser Rspr. *Krasney/Udsching* Kap. IX Rdn. 340 f.). Die bloße Bezugnahme auf einen Revisionsbegründungsschriftsatz in einem anderen Revisionsverfahren genügt nicht den Anforderungen an eine ordnungsgemäße Begr. der Revision, wenn dieses Verfahren einen anderen Leistungsberechtigten u. eine andere Rechtsgrundlage betrifft (BSG SozR 4–1500 § 164 Nr. 3 = NZS 2008, 389).

Die Vorlage eines Schriftsatzes mit unveränderter Wiederholung der sowohl auf grundsätzliche Bedeutung und Divergenz als auch auf einen Verfahrensmangel gestützten

Begr. der NZB genügt demgemäß nicht den Anforderungen einer Revisionsbegr., zumal die grundsätzliche Bedeutung der Rechtssache und die Divergenz zwar Zulassungsgründe iSd. § 160 Abs. 2 SGG, aber keine Revisionsgründe sind (BSG SozR 3–1500 § 164 Nr. 9). Auch eine Bezugnahme auf das Vorbringen in den Vorinstanzen reicht nicht aus (BSG SozR 1500 § 164 Nr. 28).

Empfehlung: Im Hinblick auf die vorstehende Rspr. des BSG sollte von Bezugnahmen im Zweifel abgesehen werden, und es sollten entsprechende Ausführungen nach erneuter Prüfung wiederholt werden (s. auch *Krasney/Udsching* Kap. IX Rdn. 322 ff. u. 340 f.; *Meyer-Ladewig* SGG § 164 Rdn. 9 g–9 i).

5. Das BSG überprüft bei zugelassener u. zulässiger Revision das angefochtene Urt. in materiellrechtlicher Hinsicht umfassend. Es ist dabei *an die tatsächlichen Feststellungen im angefochtenen Urt. gebunden,* außer wenn in Bezug auf diese zulässige u. begründete Revisionsgründe vorgebracht sind (§ 163 SGG; näher dazu die Kommentierung durch *Meyer-Ladewig* SGG). Das BSG überprüft das angefochtene Urt. auf Verfahrensmängel nur, wenn zulässige Verfahrensrügen erhoben sind oder (ausnahmsweise) Verfahrensmängel von Amts wegen zu prüfen sind. *Wichtig:* Der Revisionsbeklagte kann Verfahrensmängel bis zum Schluss der mündlichen Verhandlung im Wege der sog. *Gegenrüge* geltend machen (*Meyer-Ladewig* SGG § 170 Rdn. 4 a mwN.; *Krasney/Udsching* Kap. IX Rdn. 342). Das ist von praktischer Bedeutung, wenn er durch das Urt. des LSG nicht beschwert ist, aber trotzdem für ihn ungünstige tatsächliche Feststellungen getroffen sind, die sich erst im Revisionsverfahren nachteilig auswirken.

Ist die Revision begründet, so hat das BSG in der Sache selbst zu entscheiden (§ 170 Abs. 2 S. 1 SGG). Ist eine abschließende Entscheidung nicht möglich, so hebt es bei begründeter Revision das angefochtene Urt. auf und verweist die Sache zur erneuten Verhandlung u. Entscheidung zurück (§ 170 Abs. 2 S. 2 SGG; zu dieser sprachlich nicht geglückten Vorschrift näher *Krasney/Udsching* Kap. IX Rdn. 387 f.). Das BSG ist nicht befugt, die Sache durch eigene Ermittlungen u. Feststellungen spruchreif zu machen. Für generelle Tatsachen nimmt die Rspr. allerdings eine Befugnis zu eigenen Ermittlungen u. Feststellungen an (BSG 37, 282/283 u. 84, 90/97; *Lüdtke,* SGG – Handkomm., 3. Aufl. 2009, § 163 Rdn. 8 – s. auch Form. VIII. 13 Anm. 3). Das Gericht, an das die Sache zur erneuten Verhandlung u. Entscheidung zurückverwiesen ist, hat die rechtliche Beurteilung des BSG zugrunde zu legen (§ 170 Abs. 5 SGG).

6. Zum Beispielsfall s. BSG Urt. v. 24. 1. 1992 – 2 RU 32/91 = SozR 3–2200 § 550 Nr. 5. Zum Versicherungsschutz bei Wegeunfällen, insbesondere auf u. von Wegen zum sog. „dritten Ort“ BSG SozR 3–2200 § 550 Nr. 13; BSG Urt. v. 2. 5. 2001 – B 2 U 33/00 R = SGb 2002, 181 m. Anm. v. *Jung* u. Urt. v. 2. 5. 2001 – B 2 U 34/00 R = SGb 2002, 345 m. Anm. v. *Wilde.*

7. Zum Antrag s. Anm. 2. Es empfiehlt sich ein äußerlich abgehobener Antrag, aus dem sich der Umfang u. das Ziel der Anfechtung ergeben.

Kosten und Gebühren

Vgl. Hinweis bei Form. VIII. 2. Bei Zurückverweisung bleibt die Kostenentscheidung dem Gericht vorbehalten, an das verwiesen wird. Das weitere Verfahren vor diesem Gericht ist ein neuer Rechtszug (§ 21 Abs. 1 RVG), in dem der RA die Gebühren erneut fordern kann (§ 15 Abs. 2 S. 2 RVG).

Fristen und Rechtsmittel

Vgl. Anm. 1.

Wiederaufnahme des Verfahrens (§§ 179 ff. SGG)

18. Wiederaufnahmeklage[1]

An das
Landessozialgericht[2]

Wiederaufnahmeklage

der Schneiderin ......,
Prozessbevollmächtigter: RA ......

gegen das Urteil des Landessozialgerichts vom ......

Ich beantrage namens und in Vollmacht der Klägerin, das durch Urteil des Landessozialgerichts vom ...... – Az.: ...... – rechtskräftig abgeschlossene Verfahren wieder aufzunehmen und die Beklagte zu verurteilen, die Zeit vom ...... bis ...... als nachgewiesene Versicherungszeit bei der Rentenberechnung zusätzlich zu berücksichtigen.

Begründung:

Durch das oa. rechtskräftige Urteil des Landessozialgerichts ist zu Unrecht entschieden worden, dass die Zeit vom ...... bis ...... nicht als Beitragszeit rentensteigernd berücksichtigt werden kann. Der frühere Ehemann der Klägerin hat jetzt in seinen Unterlagen zufällig ein Zeugnis[3] der ehemaligen – inzwischen verstorbenen – Arbeitgeberin vom ...... gefunden. Eine Fotokopie dieses Zeugnisses ist beigefügt. Daraus ergibt sich, dass die Klägerin während der streitigen Zeit als Hausgehilfin gearbeitet hat und dass für sie Sozialversicherungsbeiträge entrichtet worden sind. Diese Urkunde konnte nur deshalb im Vorprozess nicht benutzt werden, weil sie verborgen geblieben war.

Rechtsanwalt

Schrifttum: Krasney/Udsching Kap. XI: Wiederaufnahme des Verfahrens.

Anmerkungen

1. Ein rechtskräftiges Verfahren kann entsprechend den Vorschriften des 4. Buches der ZPO (§§ 578 ff.) wieder aufgenommen werden (§ 179 Abs. 1 SGG), so dass auf die Form. I. P. 1 u. 2 (Nichtigkeits- u. Restitutionsklage) verwiesen wird. Es gelten folgende Besonderheiten:

a) Der sich mit § 580 Nr. 4 ZPO überschneidende zusätzliche Wiederaufnahmegrund des § 179 Abs. 2 SGG (strafgerichtliche Verurteilung eines Beteiligten, weil er entscheidungserhebliche Tatsachen wissentlich falsch behauptet o. vorsätzlich verschwiegen hat);

b) Wiederaufnahme auch dann, wenn einander widersprechende rechtskräftige Entscheidungen verschiedener Leistungsträger ergangen sind (s. im Einzelnen § 180 SGG u. ferner §§ 181 u. 182 SGG, die diesen Konfliktfall verhindern sollen);

c) gerichtliche Anordnung der Rückerstattung der gewährten Leistungen auf Antrag (§ 179 Abs. 3 SGG).

Die Wiederaufnahmeklage hat in der Praxis kaum Bedeutung, vgl. auch Anm. 3.

2. Grundsätzlich ist das Gericht zuständig, das im 1. Rechtszug entschieden hat, das Berufungsgericht (LSG), wenn dieses sachlich entschieden hat (vgl. § 584 ZPO; näher dazu *Krasney/Udsching* Kap. XI Rdn. 38 ff.).

3. Praktisch wichtigster Wiederaufnahmegrund dürfte das Auffinden einer Urkunde iSd. § 580 Nr. 7 Buchst. b ZPO sein. Existenz u. Verbleib der Urkunde müssen bislang unbekannt gewesen sein (BSG 38, 207/209). Allgemein ist *wichtig*, dass § 44 Abs. 1 SGB X die Leistungsträger (auch bei Vorliegen eines rechtskräftigen Urt., vgl. BSG 51, 139/141) verpflichtet, einen rechtswidrigen Verwaltungsakt zurückzunehmen, soweit Sozialleistungen zu Unrecht nicht erbracht oder Beiträge zu Unrecht erhoben worden sind. Es wird – anstelle einer Wiederaufnahme des Verfahrens – das Wiederaufgreifen des Verwaltungsverfahrens nach dieser Vorschrift regelmäßig der zweckmäßige Weg sein, um die Überprüfung eines unanfechtbaren Verwaltungsakts zu erreichen, vgl. dazu das Form. VIII. 7.

Für den Sozialleistungsträger kommt die Wiederaufnahme des Verfahrens in Betracht, wenn er auf Grund rechtskräftiger Verurteilung einen begünstigenden Verwaltungsakt erlassen hat, da in diesem Fall § 45 SGB X (Rücknahme begünstigender Verwaltungsakte) nicht anwendbar ist (BSG 60, 251/253 f.). Auch braucht der Sozialleistungsträger die sittenwidrig herbeigeführte oder ausgenutzte Rechtskraft eines Urt. nicht zu beachten (BSG 60, 251).

Kosten und Gebühren

Vgl. Hinweis zu Form. VIII. 2.

Beschwerde (§§ 172 ff. SGG)

19. Beschwerde (Beschwerde gegen Verhängung eines Ordnungsgeldes)[1]

– mit Hinweisen zur Anhörungsrüge[5] –

An das
Sozialgericht[2]

In dem Rechtsstreit

des Industriemechanikers ......, Klägers und Beschwerdeführers,
Prozessbevollmächtigter: RA ......

gegen

die Deutsche Rentenversicherung ......, Beklagte und Beschwerdegegnerin,
vertreten durch die Geschäftsführung,

wird gegen die Anordnung des Sozialgerichts vom .... – Az.: ...... – Beschwerde eingelegt.

Begründung[3]:

Das SG hat gegen den Kläger durch die oa. Anordnung ein Ordnungsgeld von 100 EUR festgesetzt, weil er der mündlichen Verhandlung ferngeblieben ist, obwohl sein persönliches Erscheinen angeordnet war[4]. Diese Anordnung ist aufzuheben, da der Kläger der mündlichen Verhandlung vom ...... ohne Verschulden ferngeblieben ist. Aus der beigefügten Bescheinigung des Arztes für Allgemeinmedizin Dr. A. vom ...... ergibt sich, dass er kurz vor der mündlichen Verhandlung einen schweren Asthmaanfall erlitt und deshalb seine Wohnung nicht verlassen konnte. Der Kläger lebt allein und hat kein Telefon. Er konnte dem Gericht daher auch den Grund seiner Verhinderung nicht rechtzeitig vorher mitteilen.

Rechtsanwalt

Schrifttum: Niesel, Teil H: Die Beschwerde; *Krasney/Udsching* Kap. X: Beschwerde, Erinnerung.

Anmerkungen

1. Beschwerdefähig sind mit Ausnahme der Urt.e u. Gerichtsbescheide die Entscheidungen der SGe u. die Entscheidungen der Vorsitzenden dieser Gerichte, soweit im SGG nichts anderes bestimmt ist (vgl. § 172 Abs. 1 SGG). Nicht beschwerdefähig sind die in § 172 Abs. 2 SGG genannten Maßnahmen (prozessleitende Verfügungen usw.), näher dazu *Meyer-Ladewig* SGG § 172 Rdn. 6ff. Darüber hinaus normiert der durch das SGGArbGGÄndG v. 26. 3. 2008 (BGBl. I S. 444) angefügte Abs. 3 des § 172 SGG vier weitere *Beschwerdeausschlüsse*:
– in Verfahren des einstweiligen Rechtsschutzes, wenn in der Hauptsache die Berufung nicht zulässig wäre,
– gegen die Ablehnung von PKH, wenn das Gericht ausschließlich die persönlichen o. wirtschaftlichen Voraussetzungen für die PKH verneint,
– gegen Kostengrundentscheidungen nach § 193 SGG,
– gegen Entscheidungen nach § 192 Abs. 4 SGG, wenn in der Hauptsache kein Rechtsmittel gegeben ist u. der Wert des Beschw.gegenstandes 200 EUR nicht übersteigt.

Eine *Untätigkeitsbeschw.* bei Untätigkeit des Gerichts ist *nicht statthaft*, da eine gesetzliche Regelung bislang fehlt (*Meyer-Ladewig* SGG § 172 Rdn. 2c, näher Form. VIII. 5 Anm. 3). Zur *Anhörungsrüge* gegen unanfechtbare Endentscheidungen *bei Verletzung des Anspruchs auf rechtliches Gehör* s. Anm. 5.

In der Praxis betrifft die Beschw. meist die *Ablehnung der Übernahme von Kosten eines Gutachtens nach § 109 SGG auf die Staatskasse* (Form. VIII. 22), die *Ablehnung von PKH* wegen mangelnder Erfolgsaussicht (vgl. auch Form. VIII. 25) u. einstweiligen Rechtsschutz (Form. VIII. 27–29).

2. Die Beschw. ist binnen eines Monats nach Bekanntgabe der Entscheidung beim SG schriftlich o. zur Niederschrift des Urkundsbeamten der Geschäftsstelle einzulegen (§ 173 S. 1 SGG). Die Frage, ob die Monatsfrist auch bei Bekanntgabe außerhalb des Geltungsbereichs des SGG gilt, ist umstr. (verneinend: LSG Niedersachsen *Breithaupt* 1992, 159: analog § 87 Abs. 1 S. 2 SGG drei Monate). Die Beschwerdefrist ist auch gewahrt, wenn die Beschw. innerhalb der Frist beim LSG eingelegt wird (§ 173 S. 2 SGG). Das SG hat kein Abhilferecht. Die Beschw. hat in den in § 175 S. 1 u. 2 SGG genannten Fällen aufschiebende Wirkung, so auch im Textbsp. (Ordnungsgeld). Außerdem kann das Gericht, dessen Entscheidung angefochten wird, den Vollzug der angefochtenen Entscheidung aussetzen (vgl. § 175 S. 3 SGG). Ferner kann der Vorsitzende des Berufungsgerichts die Vollstreckung nach § 199 Abs. 2 SGG aussetzen. Das LSG entscheidet über die Beschw. durch unanfechtbaren Beschl. (§§ 176, 177 SGG).

3. Begr. ist nicht vorgeschrieben, aber zweckmäßig.

4. Von der *Anordnung des persönlichen Erscheinens* eines Beteiligten (§ 111 Abs. 1 S. 1 SGG) wird im sozialgerichtlichen Verfahren häufig Gebrauch gemacht, um den Sachverhalt aufzuklären. Die Anhörung des Beteiligten ist jedoch, da dem SGG die Parteivernehmung unbekannt ist (BSG SozR 3–1500 § 160a Nr. 2), keine Beweisaufnahme im eigentlichen Sinne (Form. VIII. 21; dazu kritisch *Gutzler,* Die persönliche Parteianhörung – verkanntes Beweismittel im sozialgerichtlichen Prozess? SGb 2009, 73). Auf die Folgen des Ausbleibens ist hinzuweisen (§ 111 Abs. 1 S. 2 SGG). Nichterscheinen kann mit Ordnungsgeld belegt werden (§ 202 SGG iVm. §§ 141 Abs. 3, 380f. ZPO).

5. Mit dem Ges. über die Rechtsbehelfe bei Verletzung des Anspruchs auf *rechtliches Gehör* v. 9. 12. 2004 (BGBl. I S. 3220) ist die Forderung des BVerfG, bei entscheidungserheblicher Verletzung des Anspruchs auf rechtliches Gehör eine fachgerichtliche Abhilfemöglichkeit zu schaffen (BVerfGE 107, 395), umgesetzt worden. Regelungsbedarf bestand, soweit Rechtsmittel ausgeschlossen sind, u. für letztinstanzliche Entscheidungen. Die *Anhörungsrüge* ist nunmehr ein außerordentlicher Rechtsbehelf gegen unanfechtbare Endentscheidungen (Urt. u. Beschl., § 178a Abs. 1 SGG). Sie ist innerhalb von zwei Wochen nach Kenntnis von der Verletzung des rechtlichen Gehörs bei dem Gericht zu erheben, das die gerügte Entscheidung erlassen hat; der Zeitpunkt der Kenntniserlangung ist glaubhaft zu machen. Innerhalb der Zweiwochenfrist muss die Rüge auch begründet werden; eine eigene Begründungsfrist sieht § 178a SGG nicht vor (BSG Beschluss v. 18. 5. 2009 – B 3 KR 1/09 C –). Nach Ablauf eines Jahres seit Bekanntgabe der angegriffenen Entscheidung kann die Rüge nicht mehr erhoben werden (zu weiteren Einzelheiten s. § 178a Abs. 2 SGG). Der Rügeführer hat die entscheidungserhebliche Verletzung des Anspruchs auf rechtliches Gehör schlüssig darzulegen. Dazu gehört insbesondere das Aufzeigen der Umstände, aus denen sich die Verletzung des rechtlichen Gehörs ergibt (vgl. BSG SozR 4–1500 § 178a Nr. 2). Die Anhörungsrüge hindert den Eintritt der Rechtskraft nicht; der Vollzug der angefochtenen Entscheidung kann jedoch einstweilen ausgesetzt werden (§ 178a Abs. 6 iVm. § 175 S. 3 SGG). Bei erfolgreicher Rüge ist das Verfahren in der Lage fortzusetzen, in der es sich vor der mit der Gehörsrüge angefochtenen Entscheidung befand (§ 178a Abs. 5 SGG). Gegen eine ablehnende Entscheidung ist kein Rechtsbehelf gegeben (näher zur Anhörungsrüge *Meyer-Ladewig* SGG Komm. des § 178a SGG; *Berchtold* NZS 2006, 9; *Frehse* SGb 2005, 265; *Treber* NJW 2005, 97), auch eine Anhörungsrüge gegen diese Entscheidung ist unzulässig (BSG SozR 4–1500 § 178a Nr. 7). Das Rügeverfahren ist vor Erhebung einer Verfassungsbeschwerde durchzuführen (BVerfG NJW 2005, 3059); es gehört zu dem im SGG vorgesehenen Rechtsweg, der vor Einlegung einer Verfassungsbeschwerde auszuschöpfen ist (§ 90 Abs. 2. S. 1 BVerfGG).

Nach Einführung der Anhörungsrüge ist die Rspr. zur Statthaftigkeit der *Gegenvorstellung* (Form. I. O. 7) als außerordentlicher Rechtsbehelf wegen anderer Verfahrensgrundrechte oder Verfahrensmängeln uneinheitlich (s. *Meyer-Ladewig* SGG § 178a Rdn. 12 mN.). Nach BSG SozR 4–1500 § 178a Nr. 3 (= NJW 2006, 860) ist sie zulässig vor allem, wenn die getroffene Entscheidung in offensichtlichem Widerspruch zum Gesetz steht und insbesondere unter Verletzung von Grundrechten ergangen ist, so dass sie sonst nur im Wege der Verfassungsbeschwerde angegriffen werden könnte. Eine Gegenvorstellung ist innerhalb der für eine Verfassungsbeschwerde maßgebenden Frist von einem Monat seit Zustellung der getroffenen Entscheidung (§ 93 Abs. 1 BVerfGG) zu erheben (BSG Beschl. 18. 2. 1992 – 10 Bar 8/91 –). Sie ist indes nicht Voraussetzung einer Verfassungsbeschwerde u. setzt die Monatsfrist zur Einlegung und Begründung einer Verfassungsbeschwerde nicht neu in Gang (BVerfG NJW 2009, 829).

Kosten und Gebühren

Jedes *Beschwerdeverfahren* ist eine besondere Angelegenheit (§ 18 Nr. 5 RVG). Nach der Vereinheitlichung des Gebührenrechts durch das RVG (Form. VIII. 2) fällt auch in Verfahren, in denen Betragsrahmengebühren entstehen (§ 3 Abs. 1 S. 1 RVG), eine Verfahrensgebühr (Nr. 3501 VV) u. ggf. eine Terminsgebühr (Nr. 3515 VV) in Höhe von jew. 15 bis 160 EUR (Mittelgebühr: 87,50 EUR) an. Eine Kostenentscheidung ist demgemäß regelmäßig erforderlich, und zwar a) bei Beschw., die selbstständige Antragsverfahren (zB. des vorläufigen Rechtsschutzes, Form. VIII. 27–29) abschließen, b) wenn Beschw.entscheidungen nach der Kostenentscheidung in der Hauptsache ergehen, c) wenn Beschw.gegner – wie im Textbsp. – die Staatskasse ist und d) in den Fällen, in denen die Beschw. von einer Person eingelegt worden ist, die nicht Beteiligter ist (Zeuge, Sachverständiger). Der RA erhält für die Tätigkeit als Beistand für diese Personen die gleichen Gebühren wie ein Verfahrensbevollmächtigter in diesem Verfahren (Vorbem. 3 Abs. 1 VV).

Für die *Anhörungsrüge* (Anm. 5) gilt Folgendes: In gerichtskostenpflichtigen Verfahren (s. Form. VIII. 2) entsteht eine Gebühr von 50 EUR, wenn die Rüge in vollem Umfang verworfen o. zurückgewiesen wird (Nr. 7400 KV). Der RA erhält grundsätzlich keine gesonderte Gebühr; die Anhörungsrüge gehört zum Rechtszug u. ist mit den Gebühren nach Nrn. 3100ff. VV abgegolten (§ 19 Abs. 1 S. 2 Nr. 5 RVG). Wird der RA ausschließlich im Verfahren der Anhörungsrüge tätig, entstehen die in Form. VIII. 2 dargestellten Gebühren. Sofern die Gebühren nach dem Gegenstand der anwaltlichen Tätigkeit berechnet werden, betragen Verfahrens- u. Terminsgebühr jew. 0,5 der Gebühr nach § 13 RVG (Nrn. 3330 u. 3332 VV).

Fristen und Rechtsmittel

Der Beschl. des LSG ist unanfechtbar (vgl. § 177 SGG).

Sonstige Anträge

20. Antrag auf mündliche Verhandlung nach Gerichtsbescheid – § 105 Abs. 2 S. 2 SGG –

In dem Rechtsstreit
der Frau ......, Klägerin,
Prozessbevollmächtigter: RA ......
gegen
der Allgemeinen Ortskrankenkasse ......, Beklagte,
vertreten durch den Vorstand,
hat das Sozialgericht die auf Erstattung der Kosten für das Medikament „Th ......“ in Höhe von 450 EUR gerichtete Klage durch Gerichtsbescheid[1] vom ...... abgewiesen.
Ich beantrage namens und in Vollmacht der Klägerin gemäß § 105 Abs. 2 SGG, eine mündliche Verhandlung anzuberaumen[2, 3].
Rechtsanwalt

Anmerkungen

1. Die mit Wirkung vom 1. 3. 1993 für das Verfahren vor dem SG eingeführte Regelung über den *Gerichtsbescheid* (§ 105 SGG) bezweckt die Beschleunigung des Verfahrens und hat große praktische Bedeutung. Sie war zunächst bis zum 28. 2. 1998 befristet und gilt nunmehr auf Grund des 5. SGG – ÄndG v. 30. 3. 1998 (BGBl. I S. 638) unbefristet. Im Berufungsverfahren gibt es keinen Gerichtsbescheid, jedoch die Möglichkeit, durch *Beschl.* zu entscheiden, wenn das LSG die Berufung einstimmig für unbegründet und eine mündliche Verhandlung nicht für erforderlich hält; die Berufung darf dann jedoch nicht gegen einen Gerichtsbescheid gerichtet sein (§ 153 Abs. 4 SGG; s. dazu Form. VIII. 10 Anm. 1); eine *unzulässige Berufung* kann das LSG durch *Beschl.* verwerfen (vgl. § 158 SGG).

Das SG kann ohne mündliche Verhandlung durch Gerichtsbescheid entscheiden, wenn die Sache keine besonderen Schwierigkeiten tatsächlicher oder rechtlicher Art aufweist (s. dazu BSG SozR 4–1500 § 105 Nr. 1 = NZS 2007, 51: Unzulässigkeit des Gerichtsbescheides bei grundsätzlicher Bedeutung der Rechtssache) und der Sachverhalt geklärt ist; die Beteiligten sind *vorher zu hören* (§ 105 Abs. 1 SGG). Sofern sie mit der Entscheidung durch Gerichtsbescheid nicht einverstanden sind, sollten sie die Gründe für die Anberaumung einer mündlichen Verhandlung nennen und ggf. Beweisanträge stellen.

2. Der Antrag auf mündliche Verhandlung *nach* Gerichtsbescheid kann *nur ausnahmsweise* gestellt werden, nämlich dann, wenn die Berufung nicht gegeben ist (§ 105 Abs. 2 S. 2 SGG; s. auch Anm. 3). Der Antrag ist innerhalb eines Monats seit Zustellung des Gerichtsbescheides zu stellen (ergibt sich aus dem Regelungszusammenhang, vgl. *Meyer-Ladewig* SGG § 105 Rdn. 20). Wird rechtzeitig mündliche Verhandlung beantragt, gilt der Gerichtsbescheid als nicht ergangen (§ 105 Abs. 3 SGG).

Wird sowohl ein Rechtsmittel gegen den Gerichtsbescheid eingelegt als auch mündliche Verhandlung beantragt, findet eine mündliche Verhandlung statt (§ 105 Abs. 2 S. 3 SGG).

3. Im Textbsp. ist die Berufung nach § 144 Abs. 1 S. 1 Nr. 1 SGG nicht gegeben, weil der Wert des Beschwerdegegenstandes 750 EUR nicht übersteigt.

Kosten und Gebühren

Wird (bei einer nicht statthaften Berufung, vgl. Anm. 2) rechtzeitig Antrag auf mündliche Verhandlung gestellt, wird auch die Kostenentscheidung des Gerichtsbescheides hinfällig. Kein gesonderter Gebührenanspruch für den Antrag auf mündliche Verhandlung.

Fristen und Rechtsmittel

Vgl. Anm. 2.

21. Beweisantrag – §§ 103, 160 Abs. 2 Nr. 3 SGG –[1, 2, 3]

– Grundsätzliche Hinweise zum Beweisrecht im sozialgerichtlichen Verfahren –

An das
Landessozialgericht

In dem Rechtsstreit

des Gastwirts ……,
Prozessbevollmächtigter: RA …… Klägers und Berufungsklägers,
gegen
die Berufungsgenossenschaft Nahrungsmittel und Gaststätten ……, Berufungsbeklagte, vertreten durch den Geschäftsführer,

– Az.: …… –

beantrage ich[4],

1. **den Maler (Name, Anschrift) als Zeugen zu vernehmen, ob der PKW des Klägers in der Nacht vom …… zum …… gegen 3.00 Uhr auf dem Parkplatz vor der Gaststätte des Klägers („L'Auberge") gestanden hat und**
2. **den Buchdrucker (Name, Anschrift) als Zeugen zu der Frage zu vernehmen, ob der Kläger kurz vorher gesagt hat, er müsse noch einmal seine Gaststätte aufsuchen, um den Kühlschrank einzuschalten.**

Begründung:[5]

Nach dem bisherigen Ergebnis des Verfahrens steht fest, dass der Kläger, der als Unternehmer bei der Beklagten gegen Arbeitsunfall versichert ist (§ 3 SGB VII RVO iVm. der Satzung der Beklagten), seine Gaststätte kurz vor Mitternacht geschlossen, anschließend in der 3 km entfernten Gaststätte „Tenne" mit den vorgenannten Zeugen bis gegen 3.00 Uhr Karten gespielt hat und gegen 3.30 Uhr auf dem Weg zu seiner Wohnung mit dem Pkw verunglückt ist. Obwohl sein Heimweg auf Grund des Kartenspiels somit längere Zeit unterbrochen war, stand er bei seinem Unfall gemäß § 8 Abs. 2 Nr. 1 SGB VII (Wegeunfall) unter dem Schutz der gesetzlichen Unfallversicherung. Denn der Kläger suchte unmittelbar nach Beendigung des Kartenspiels noch einmal seine Gaststätte auf, schaltete den – zuvor abgetauten – Kühlschrank wieder ein und füllte ihn mit Getränken. Er trat also seine Heimfahrt unmittelbar im Anschluss an eine versicherte Tätigkeit an. Durch die Aussagen der Zeugen wird bewiesen[6, 7] werden, dass die von der Beklagten bezweifelten Angaben des Klägers zutreffen.

Rechtsanwalt

Schrifttum: Fichte, Der Beweisantrag im Rentenrechtsstreit wegen Erwerbsminderung, SGb 2000, 653; *Kühl,* Die Ablehnung von Sachverständigen wegen Besorgnis der Befangenheit im Sozialgerichtsprozess, NZS 2003, 579.

Anmerkungen

1. Im sozialgerichtlichen Verfahren muss das Gericht unter Heranziehung der Beteiligten den Sachverhalt *von Amts wegen* erforschen. Unter den Voraussetzungen des § 131 Abs. 5 SGG kann das Gericht die Sache ausnahmsweise zur Durchführung der erforderlichen Ermittlungen an die Verwaltung zurückverweisen.

An das Vorbringen u. die Beweisanträge der Beteiligten ist das Gericht grundsätzlich nicht gebunden (§ 103 SGG; Ausnahme: Antrag nach § 109 SGG, Form. VIII. 22). Trotz dieses Grundsatzes kommt im Berufungsverfahren dem *Beweisantrag* eine eigenständige Bedeutung zu, da eine NZB auf die Verletzung des § 103 SGG nur gestützt werden kann, wenn das LSG einem Beweisantrag ohne hinreichende Begr. nicht gefolgt ist, vgl. Form. VIII. 15. Vor allem den Beweisanträgen, den Sachverhalt *in medizinischer Hinsicht* von Amts wegen durch Einholung von – idR. schriftlichen – *ärztlichen Gutachten* weiter aufzuklären (§§ 103, 106 Abs. 3 Nr. 3 SGG), kommt erhebliche praktische Bedeutung zu.

Grundsätzlich sind auch im Verwaltungsverfahren eingeholte ärztliche Gutachten (vgl. § 21 Abs. 1 Nr. 2 u. Abs. 3 SGB X) im gerichtlichen Verfahren – im Wege des Urkundenbeweises – zu verwerten (BSG SozR Nr. 66 zu § 128 SGG; BSG Urt. v. 8. 12. 1988 – 2/9 b RU 66/87; s. auch BSG SozR 3–3300 § 15 Nr. 11 – S. 34 f. –). Werden sie erst im Verlaufe des Rechtsstreits in das Verfahren eingeführt, sind sie als qualifiziertes (von Sachkunde getragenes) Beteiligtenvorbringen zu würdigen (BSG Urt. v. 8. 12. 1988 – 2/9 b RU 66/87 –). Auch die Tatsache, dass ein vom Gericht beauftragter Sachverständiger für Sozialversicherungsträger tätig ist, lässt nicht an seiner Objektivität zweifeln (BSG Beschl. v. 8. 12. 1998 – B 2 U 222/98 B –). Dabei haben die Unfallversicherungsträger zu beachten, dass ihre Verpflichtung nach § 200 Abs. 2 SGB VII, vor Erteilung eines Gutachtenauftrages dem Versicherten mehrere Gutachter zur Auswahl zu benennen u. auf das Widerspruchsrecht gegen die Übermittlung von Sozialdaten nach § 76 Abs. 2 Nr. 1 SGB X hinzuweisen, auch im sozialgerichtlichen Verfahren gilt (BSG SozR 4–2700 § 200 Nr. 1 = NZS 2009, 99 = SGb 2009, 40 m. Anm. v. *Bieresborn*). Ein unter Verstoß gegen diese Hinweispflicht eingeholtes Gutachten unterliegt nach Rüge einem Beweisverwertungsverbot (zum Verlust des Rügerechts Form. VIII. 15 Anm. 5), das sich auf diesem Gutachten aufbauende Gutachten erstrecken kann (dazu kritisch *Behrens/Froede* NZS 2009, 128). Allerdings können sich Unfallversicherungsträger zur Abgabe einer Stellungnahme zulässig sog. Beratungsärzte bedienen, soweit die vom BSG (aaO.) aufgezeigte Abgrenzung zu einem Gutachten eingehalten wird.

Hilfreich mit vielen weiterführenden Hinweisen: *Plagemann/Hontschik,* Medizinische Begutachtung im Sozialrecht, Schriftenreihe der Arbeitsgemeinschaften des Deutschen Anwaltsvereins/Arbeitsgemeinschaft Sozialrecht 3. Aufl. 1996; s. auch aus der Vielzahl der Veröffentlichungen *Udsching,* Besonderheiten des Sachverständigenbeweises im sozialgerichtlichen Verfahren, NZS 1992, 50. Die *typischen beweisbedürftigen Tatsachen* und die zugehörigen *sozialrechtlichen Fragestellungen* sind bei *Krasney/Udsching* Kap. III Rdn. 314 ff. anschaulich u. praxisnah zusammengestellt.

2. Das SGG verweist wegen der *Beweisaufnahme* weitgehend auf die ZPO (vgl. § 118 Abs. 1 SGG).

Danach kann das Gericht auch das *Erscheinen des Sachverständigen zum Verhandlungstermin* anordnen, damit er sein (schriftliches) Gutachten erläutere (§ 118 Abs. 1 S. 1 SGG iVm. § 411 Abs. 3 ZPO). Die Beteiligten haben ein *Fragerecht,* dh. sie können dem Sachverständigen (o. Zeugen) im Verhandlungstermin sachdienliche Fragen vorlegen lassen o. unmittelbar stellen (§ 116 S. 2 SGG, § 118 Abs. 1 S. 1 SGG iVm. § 397 ZPO; *Meyer-Ladewig* SGG § 116 Rdn. 4). Darüber hinaus leitet das BSG ebenso wie die anderen obersten Bundesgerichte u. die hM. aus dem Anspruch auf rechtliches Gehör (Art. 103 Abs. 2 GG, § 62 SGG) die Pflicht des Gerichts ab, *auf Antrag* eines Beteiligten das Erscheinen des Sachverständigen zur Erläuterung seines (schriftlichen) Gutachtens u. zur mündlichen Befragung im Verhandlungstermin anzuordnen (s. zB. BSG SozR 3–1750 § 411 Nr. 1 u. SozR 1750 § 411 Nr. 2; zusammenfassend BVerfG NJW 1998, 2273 mwN.). Es sind dann dem Gericht innerhalb eines angemessenen Zeitraums bzw. der vom Gericht gesetzten Frist die rechtserheblichen Einwendungen gegen das Gutachten und (oder) objektiv sachdienliche Fragen mitzuteilen (§ 411 Abs. 4 ZPO, s. dazu BSG SozR Nr. 160 zu § 162 SGG u. SozR 1750 § 411 Nr. 2; *Schur* SGb 1985, 529). Unerheblich ist in diesem Zusammenhang, ob es sich um ein von Amts wegen o. um ein gemäß § 109 SGG (Form. VIII. 22) eingeholtes Gutachten handelt (BSG Urt. v. 30. 4. 1985 – 2 RU 81/84 –). Allein mit dem Hinweis, dass einander widersprechende Gutachten vorliegen, ist der Antrag nicht zu begründen (vgl. in diesem Zusammenhang BSG Beschl. v. 30. 8. 2001 – B 2 U 168/01 B –). Die mündliche Anhörung ist – auch im Hinblick auf den Amtsermittlungsgrundsatz (Anm. 1) – nicht die einzig mögliche Behandlung des Antrags auf mündliche Erläuterung von Sachverständigengutachten (BVerfG aaO., 2274 und FamRZ 2001, 1285/1286). IdR. wird das Gericht den Sachverständigen auffordern, zu sachdienlichen Fragen ergänzend schriftlich Stellung zu nehmen (s. dazu BSG SozR Nr. 160 zu § 162 SGG u. SozR 3–1750 § 411 Nr. 1 – S. 6 –; *Udsching* NZS 1992, 50/53).

Der Antrag auf Ladung eines Sachverständigen ist rechtzeitig nach Vorlage des Gutachtens zu stellen. Ein erst vor dem LSG gestellter Antrag auf Anhörung eines in der ersten Instanz beauftragten Sachverständigen ist verspätet (BSG SozR 1750 § 411 Nr. 2). Sofern der Antrag schriftsätzlich vor dem SG erfolglos gestellt wurde, ist er im Berufungsverfahren nicht deshalb unzulässig, weil er in der mündlichen Verhandlung vor dem SG nicht wiederholt worden war. Die vom BSG zur Rüge eines Aufklärungsmangels nach § 160 Abs. 2 Nr. 3 SGG im Verfahren zur NZB entwickelten Grundsätze (s. Anm. 4) sind nach BSG SozR 4–1500 § 62 Nr. 4 (= NZS 2005, 670) nicht auf das Verfahren vor dem SG zu übertragen, weil die Berufung eine volle zweite Tatsacheninstanz eröffnet (§ 157 SGG).

Der Umfang, in dem ein vom Gericht bestellter Sachverständiger sich der Mitarbeiter anderer Personen bedienen darf (§ 407 a Abs. 2 S. 2 ZPO), wird unterschiedlich beurteilt (s. hierzu näher BSG SozR 4–1750 § 407 a Nr. 1 ff.).

Im Übrigen gilt der Grundsatz der *Unmittelbarkeit der Beweisaufnahme* (§ 117 SGG; s. dazu BSG SozR 1500 § 117 Nr. 3 u. SozR 3–1500 § 117 Nr. 1). Das LSG hat einen bereits vom SG vernommenen Zeugen nochmals zu hören (s. § 118 Abs. 1 SGG iVm. § 398 Abs. 1 ZPO), wenn es eine vom SG abweichende Würdigung der Zeugenaussage in Betracht zieht (Reduzierung des richterlichen Ermessens „auf Null", BSG SozR 3–1500 § 128 Nr. 12 mwN.). Das gilt entsprechend, wenn das LSG von der auf dem persönlichen Eindruck (§§ 106 Abs. 3 Nr. 7, 111 Abs. 1 S. 1 SGG) beruhenden Glaubwürdigkeitsbeurteilung eines Klägers durch das SG abweichen will (BSG SozR 4–1500 § 128 Nr. 7 = SGb 2008, 744 m. Anm. v. *Kunze*). Die Beurteilung der Glaubwürdigkeit setzt grundsätzlich voraus, dass sich alle die Entscheidung treffenden Richter einen persönlichen Eindruck von der zu beurteilenden Person machen (BSG SozR 4–1500 § 117 Nr. 1). Hat ein Gericht Akten beigezogen u. will es darin enthaltene Unterlagen zur Feststellung von Tatsachen verwerten, muss es die Beteiligten zuvor darauf hinweisen (BSG SozR 4–1500 § 118 Nr. 1 = NZS 2005, 221).

3. Überdies ist auch im sozialgerichtlichen Verfahren das *Beweissicherungsverfahren* (mögliche Beweismittel: Augenschein, Zeugen, Sachverständige) zulässig (§ 76 SGG). Es ist zB. zur Ermittlung der Schadstoffexposition am Arbeitsplatz, die für die Verursachung einer Berufskrankheit in Betracht kommt, zu erwägen, da eine spätere Rekonstruktion der Arbeitsbedingungen oft unmöglich ist (vgl. BSG SozR 3–1500 § 103 Nr. 9). S. zum Beweissicherungsverfahren mit Beispielen *Niesel* Rdn. 293 f. und *Krasney/Udsching* Kap. III Rdn. 169 ff. Es ist das Gesuch eines Beteiligten erforderlich. Für das Verfahren gelten die Vorschriften der ZPO über das Beweissicherungsverfahren entsprechend (§ 76 Abs. 3 SGG), vgl. insoweit Form. I. H. 10. Die Kosten des Beweissicherungsverfahrens gehören zu den Kosten des Rechtsstreits. Außergerichtliche Kosten trägt jeder Beteiligte zunächst selbst; über ihre Erstattung wird im Hauptsacheverfahren entschieden (*Meyer-Ladewig* SGG § 76 Rdn. 5).

4. Der *Beweisantrag* hat, da das Gericht den Sachverhalt von Amts wegen erforscht (§ 103 SGG), grundsätzlich nur die Bedeutung einer Beweisanregung. Eine *wichtige Ausnahme* gilt im Hinblick auf die Zulassung der Revision wegen eines Verfahrensmangels (Form. VIII. 15). Hier hat der Beweisantrag eine eigenständige Bedeutung, weil die Verletzung des § 103 SGG nur gerügt werden kann, wenn der Verfahrensmangel sich auf einen Beweisantrag bezieht, dem das LSG ohne hinreichende Begründung nicht gefolgt ist (§ 160 Abs. 2 Nr. 3 SGG).

In einem Antrag nach § 109 SGG (Form. VIII. 22) ist nicht zugleich ein Beweisantrag nach § 103 SGG enthalten. Deshalb muss ggf. klargetellt werden, dass die Begutachtung nach § 109 SGG nur hilfsweise für den Fall beantragt wird, dass das Gericht eine weitere Sachaufklärung von Amts wegen nicht für erforderlich hält (BSG SozR 4–1500 § 160 Nr. 4 u. SozR 1500 § 160 Nr. 67).

Ein Beweisantrag iSd. § 160 Abs. 2 Nr. 3 SGG kann in der mündlichen Verhandlung, in einem vorbereitenden Schriftsatz (BSG SozR 1500 § 160 Nr. 12) oder zur Niederschrift der Geschäftsstelle gestellt werden. *Wichtig:* Er liegt jedoch dann nicht (mehr) vor, wenn sich aus den näheren Umständen ergibt, dass er in der letzten mündlichen Verhandlung nicht mehr aufrechterhalten wurde. Das wird nach der Rspr. des BSG bei rechtskundig vertretenen Beteiligten regelmäßig angenommen, wenn in der letzten mündlichen Verhandlung nur noch ein Sachantrag gestellt wird (vgl. zB. BSG Beschl. v. 3. 3. 1997 – B 2 U 19/97 B – und v. 23. 9. 1997 – B 2 U 31/97 B –; s. auch BVerfG SozR 3–1500 § 160 Nr. 6; näher dazu *Krasney/Udsching* Kap. IX Rdn. 130 ff.). Der Beweisantrag muss deshalb in der letzten mündlichen Verhandlung vor dem LSG unbedingt zu Protokoll gegeben werden; eine protokollierte Kritik an einem gerichtlich eingeholten Sachverständigengutachten reicht insoweit nicht aus (BSG SozR 4–1500 § 160 Nr. 13). Die ausdrückliche (genau bezeichnete) zu protokollierende Bezugnahme auf einen vorher schriftsätzlich gestellten Antrag ist zulässig. Außerdem ist zu beachten: Nach der Rspr. des BSG hält ein Beteiligter einen zuvor schriftsätzlich gestellten Beweisantrag nicht mehr aufrecht, wenn er sich, ohne diesen zu wiederholen, gemäß § 124 Abs. 2 SGG mit einer Entscheidung ohne mündliche Verhandlung durch Urt. einverstanden erklärt – Form. VIII. 26 – (BSG SozR 3–1500 § 124 Nr. 3, wobei das BSG offen lässt, ob man wirksam auf eine mündliche Verhandlung verzichten u. gleichzeitig den Beweisantrag aufrechterhalten kann). Soll dieses Ergebnis vermieden werden, muss der Beteiligte die Zustimmung zu einer Entscheidung ohne mündliche Verhandlung verweigern u. auf der beantragten Beweisaufnahme beharren. Nach einer Anhörungsmitteilung des LSG gemäß § 153 Abs. 4 S. 2 SGG ist gleichermaßen der Beweisantrag zu wiederholen, sonst wird er als erledigt angesehen (BSG SozR 3–1500 § 160 Nr. 31).

Eine Beweisanregung reicht nicht. Der Beweisantrag muss erkennen lassen, dass eine weitere Sachaufklärung von Amts wegen für erforderlich gehalten wird (BSG SozR 1500 § 160 Nr. 67 u. SozR 3–1500 § 160 Nr. 9). Es muss außer dem *Beweismittel* das *Beweisthema* bezeichnet sein, u. zwar nach BSG SozR 1500 § 160 Nr. 45 iSd. einschlägigen Vorschriften der ZPO über den Beweisantritt (s. zur Unterscheidung von Beweisantrag u. Beweisantritt aber auch BSG SozR 3–1500 § 160 Nr. 9). Das gilt auch u. gerade für Rechtsstreitigkeiten, in denen bereits ein o. mehrere Gutachten mit uU. abweichenden Beurteilungen eingeholt wurden. Eine Konkretisierung des Beweisthemas ist unabdingbar, um deutlich zu machen, ob u. inwiefern noch Aufklärungsbedsarf gesehen wird. Es genügt nicht, lediglich die bisher gestellten Beweisfragen zu wiederholen o. zu beantragen, ein „Obergutachten" einzuholen, zumal das sozialgerichtliche Verfahren kein „Obergutachten" kennt (BSG Beschl. v. 23. 5. 2006 – B 13 RJ 272/05 B –). Es müssen die Tatsachen, über welche die Vernehmung der Zeugen (§ 373 ZPO) stattfinden soll, u. beim Sachverständigen die von diesem zu begutachtenden Punkte (§ 403 ZPO) bezeichnet sein (*Krasney/Udsching* Kap. IX. Rdn. 128).

So könnte ein Beweisantrag für den Sachverständigenbeweis im Rechtsstreit um Rente wegen Erwerbsminderung (Form. VIII. 6) zB. lauten: „Es wird beantragt, von Amts wegen ein ärztliches Gutachten des internistischen Fachgebiets zur Frage einzuholen, ob das in dem Bericht des behandelnden Arztes Dr. A. beschriebene „Dumping-Syndrom" noch einen dauerhaften Arbeitseinsatz des Klägers zulässt u. – falls dies bejaht wird – welche körperlichen Arbeiten der Kläger noch leisten u. in welchem zeitlichen Ausmaß u. mit welchen Einschränkungen (wie zusätzlichen Arbeitspausen) er noch tätig sein kann." Zu beachten ist, dass neue entscheidungserhebliche Tatsachen unter Beweis gestellt werden müssen. Zielt der Beweisantrag im Rechtsstreit wegen Erwerbsminderungsrente nur auf eine andere Diagnosestellung o. eine andere Beurteilung der Auswirkungen von bereits festgestellten gesundheitlichen Einschränkungen, genügt das den Anforderungen nach BSG SozR 4–1500 § 160 a Nr. 3 nicht. Ausführlich zum Beweisantrag im Rechtsstreit um Rente wegen Erwerbsminderung *Fichte* SGb 2000, 653.

Das LSG braucht auf Beweisanträge nicht hinzuwirken (BSG SozR 1500 § 160 Nr. 13).

5. Im Textbsp. ist der Beweisantrag in einem vorbereitenden Schriftsatz gestellt. Auf ihn kann in der mündlichen Verhandlung Bezug genommen werden (s. dazu Anm. 4). Eine Begr. des Beweisantrags ist zwar nicht vorgeschrieben, aber sachdienlich. Denn aus ihr ergibt sich die Rechtserheblichkeit der Beweisfragen, u. es wird deutlich, weshalb die Zeugen etwas bekunden können u. kein unzulässiger sog. *Ausforschungsbeweis* (s. dazu BSG 78, 207/213 = SozR 3–2600 § 43 Nr. 13) vorliegt.

6. Auch im sozialgerichtlichen Verfahren gilt grundsätzlich der die volle Überzeugung des Gerichts begründende Beweismaßstab des *Vollbeweises,* dh. es ist ein so hoher Grad an Wahrscheinlichkeit erforderlich, dass kein vernünftiger, die Lebensverhältnisse klar überschauender Mensch noch zweifelt (vgl. BSG 6, 142/144; 7, 103/106; 19, 52/53; 32, 203/207; vgl. auch BGHZ 53, 245/256). Dabei kann, obwohl das sozialgerichtliche Verfahren keine Parteivernehmung kennt (BSG SozR 3–1500 § 160 a Nr. 2), die richterliche Überzeugung auch auf den Sachvortrag des Klägers gestützt werden (BSG SozR Nr. 56 zu § 128 SGG).

Für die *Feststellung des ursächlichen Zusammenhanges* in der gesetzlichen Unfallversicherung u. im sozialen Entschädigungsrecht reicht *hinreichende Wahrscheinlichkeit* aus (BSG 45, 285/286; 58, 80/82; 60, 58; BSG SozR 3850 § 52 Nr. 1; BSG SozR 3–3200 § 81 Nr. 16; BSG SozR 3–3900 § 15 Nr. 4 zu den im sozialen Entschädigungsrecht geltenden Beweismaßstäben). Wahrscheinlichkeit liegt vor, wenn bei vernünftiger Abwägung aller Umstände die für den ursächlichen Zusammenhang sprechenden Umstände so stark überwiegen, dass darauf die richterliche Überzeugung gegründet werden kann, während die bloße Möglichkeit nicht genügt. In einigen gesetzlich besonders geregelten Fällen (vgl. zB. §§ 286 a, 286 b SGB VI, § 4 Abs. 1 Fremdrentengesetz – FRG –) genügt die *Glaubhaftmachung* – § 23 Abs. 1 S. 2 SGB X – (*Krasney/Udsching* Kap. III Rdn. 157 f.).

Im Fall des sog. *Beweisnotstandes* verringert sich zwar der Beweismaßstab nicht. An den Beweis der Tatsachen, auf die sich der Beweisnotstand bezieht, können bei der Beweiswürdigung aber geringere Anforderungen gestellt werden, dh. dass sich das Gericht schon auf Grund weniger Anhaltspunkte die Überzeugung von einem bestimmten Geschehensablauf bilden kann (s. zB.: BSG SozR 3–1500 § 128 Nr. 11 im Hinblick auf eine vom Unfallversicherungsträger nicht veranlasste, aber ersichtlich erforderliche Obduktion; BSG Urt. v. 12. 6. 1990 – 2 RU 57/89 – S. 9 –: unfallbedingte Erinnerungslücke).

Nach dem im sozialgerichtlichen Verfahren geltenden *Grundsatz der objektiven Beweislast* hat derjenige die Folgen der Beweislosigkeit zu tragen, der aus der nicht bewiesenen Tatsache eine ihm günstige Rechtsfolge herleiten will; es gibt also keinen Beweisgrundsatz „Im Zweifel für den Sozialleistungsberechtigten" (vgl. dazu zB. BSG 30, 121/123; BSG SozR 1500 § 128 Nr. 35 u. SozR 3–4100 § 119 Nr. 7 – S. 32 –; näher dazu *Meyer-Ladewig* SGG § 103 Rdn. 19 a ff. und *Krasney/Udsching* Kap. III Rdn. 27, 29 u. 159 ff.).

7. Die tatsächlichen Grundlagen der versicherten Tätigkeit (Textbsp.) müssen voll bewiesen sein (vgl. BSG 58, 80/82 f.; 61, 121/182).

Weiterführende Literatur zu Beweismaßstab u. Beweislast: *Anders/Anders* SGb 2000, 454; *Keller* SGb 1995, 474; *Köhler* VSSR 2002, 1.

Kosten und Gebühren

Keine zusätzliche Gebühr für den RA.

22. Antrag auf Anhörung eines bestimmten Arztes – § 109 SGG –[1]

An das
Landessozialgericht

In dem Rechtsstreit

der Buchhalterin ......, Klägerin,
Prozessbevollmächtigter: RA ......

gegen

die Deutsche Rentenversicherung ......, Beklagte,
vertreten durch die Geschäftsführung,
– Az.: ...... –

wird beantragt,

den Arzt für Neurologie und Psychiatrie Prof. Dr. F., Direktor der Psychiatrischen Klinik der Medizinischen Hochschule H., G-Straße ......[2], nach § 109 SGG gutachtlich zu hören[3] und die Kosten der Anhörung auf die Staatskasse zu übernehmen[4].

Begründung[5]:

Der prozessleitenden Verfügung des Vorsitzenden vom ...... ist zu entnehmen, dass das Landessozialgericht den Sachverhalt in medizinischer Hinsicht für geklärt hält und dem Beweisantrag der Klägerin, von Amts wegen ein psychiatrisches Gutachten einzuholen, nicht folgen will. Die vorliegenden, andere Fachgebiete betreffenden Gutachten enthalten indessen deutliche Hinweise darauf, dass die Klägerin auf Grund einer Neurose gehindert sein könnte, ihre einer Arbeitsaufnahme entgegenstehenden Hemmungen zu überwinden. Es sollte in das Ermessen des ärztlichen Sachverständigen gestellt werden, ob das Gutachten zu dieser Frage nach ambulanter oder einer bis zu 3tägigen stationären Untersuchung zu erstatten ist.

Rechtsanwalt

Schrifttum: Niesel Rdn. 254 ff.; *Krasney/Udsching* Kap. III Rdn. 74 ff.; *Behn,* Der Verbrauch des Antragsrechts nach § 109 SGG, Die Sozialversicherung – SozVers – 1990, 1 ff., 29 ff.; *Kolmetz,* § 109 SGG in der sozialgerichtlichen Praxis, SGb 2004, 83; *Stoll,* Das Recht auf Anhörung eines bestimmten Arztes nach § 109 SGG, NZA 1988, 272; *Udsching,* Besonderheiten des Sachverständigenbeweises im sozialgerichtlichen Verfahren, NZS 1992, 50.

Anmerkungen

1. Der Antrag des Versicherten, des Versorgungsberechtigten o. Hinterbliebenen, nach § 109 SGG einen bestimmten Arzt zu hören, ist ein Beweisantrag. Er stellt eine wichtige Besonderheit des sozialgerichtlichen Verfahrens dar. Ihm muss das Gericht grundsätzlich entsprechen, wenn die in das Fachwissen des Arztes gestellte Beweisfrage *entscheidungserheblich* ist (BSG SozR 1500 § 109 Nr. 1). Angehörige anderer Heilberufe sind von § 109 SGG nicht erfasst (s. aber BSG SozR Nr. 41 zu § 109 SGG: Bakteriologe). Der Antrag nach § 109 SGG, der auch im Berufungs-, nicht aber im Revisionsverfahren gestellt werden darf, ist immer dann zu erwägen, wenn das Gericht von Amts wegen nicht weiter ermitteln will, dem Antragsberechtigten der Sachverhalt aber in medizinischer Hinsicht noch klärungsbedürftig erscheint. Er ist auch als Hilfsantrag zulässig (BSG SozR Nr. 17 zu § 109 SGG).

Eine Pflicht des Gerichts, auf § 109 SGG hinzuweisen, besteht nach hM. grundsätzlich nicht (*Meyer-Ladewig* SGG § 109 Rdn. 9 f. mwN.).

Der Kläger sollte vorab klären, ob der Arzt zur Übernahme des Gutachtenauftrags bereit ist. Vor allem empfiehlt es sich, im Hinblick auf den Beweiswert des Gutachtens einen Arzt zu benennen, der spezielle Sachkunde auf dem entscheidungserheblichen medizinischen Fachgebiet hat u. mit der Abfassung von Gutachten vertraut ist.

Das Ges. sieht für den Antrag keine Frist vor. Das Gericht kann den Antrag aber gemäß § 109 Abs. 2 SGG ablehnen, wenn durch die Zulassung des Antrags die Erledigung des Rechtsstreits verzögert würde u. der Antrag in der Absicht, das Verfahren zu verschleppen, o. aus grober Nachlässigkeit nicht früher gestellt worden ist (vgl. BSG SozR Nrn. 24 u. 40 zu § 109 SGG). Deshalb sind die vom Gericht für den Antrag nach § 109 SGG ggf. gesetzten Fristen unbedingt zu beachten. Insoweit handelt es sich um eine Ausnahme von dem Grundsatz, dass im sozialgerichtlichen Verfahren verspätetes Vorbringen nicht zurückgewiesen werden kann. Im Berufungsverfahren darf ein Antrag nach § 109 SGG jedoch nicht deshalb als verspätet zurückgewiesen werden, weil er vom SG mit dieser Begr. hätte zurückgewiesen werden können (BSG SozR 3–1500 § 109 Nr. 1).

Das Antragsrecht ist nach Erstattung des Gutachtens grundsätzlich „verbraucht". Das gilt nicht, wenn mehrere medizinische Fachrichtungen betroffen sind, u. nicht bei veränderter Sach-, Rechts- o. Beweislage, insbesondere wenn das Gericht noch ein weiteres

Gutachten von Amts wegen eingeholt hat u. sich daraus wesentlich neue Gesichtspunkte ergeben.

2. Da der Antrag auf Anhörung eines *bestimmten* Arztes gerichtet ist, empfiehlt es sich, den Arzt nach Namen u. Anschrift zu bezeichnen; Bestimmbarkeit genügt jedoch. Auch auf § 109 SGG sollte ausdrücklich Bezug genommen werden. Ein im Ausland wohnhafter Arzt ist nur anzuhören, wenn besondere Gründe das Verlangen rechtfertigen (BSG SozR Nr. 38 zu § 109 SGG).

3. Das Gericht formuliert den Beweisbeschluss selbstständig in seinen Einzelheiten. Antragsteller kann daher die Art der Gutachtenerstattung (mündlich o. schriftlich; nach Untersuchung o. nach Aktenlage) nur anregen, hat aber keine Gestaltungsrechte (str.). Das Beweisthema ergibt sich regelmäßig aus den Umständen u. der Sachlage des Verfahrens. Es ist deshalb nicht erforderlich, allerdings zweckmäßig, das Beweisthema – wie im Beispielsfall in der Begr. – zu umreißen.

4. Es entspricht der sozialgerichtlichen Praxis, die Anhörung nach § 109 Abs. 1 S. 2 SGG davon abhängig zu machen, dass der Antragsteller die Kosten vorschießt u. vorbehaltlich einer anderen Entscheidung des Gerichts endgültig trägt (Ermessensentscheidung). Das Gericht kann auch für die Einzahlung des Kostenvorschusses eine Frist setzen u. die Einholung des Gutachtens nach Fristablauf in gleicher Weise nach § 109 Abs. 2 SGG ablehnen wie bei einer verspäteten Antragstellung (BSG SozR Nr. 32 zu § 109 SGG). Auch bei finanziellem Unvermögen kann das Gericht die Anhörung eines bestimmten Arztes von einem Kostenvorschuss abhängig machen (BSG SozR Nr. 21 zu § 109 SGG). Die Kosten eines Gutachtens nach § 109 SGG können nicht im Rahmen der PKH übernommen werden (§ 73a Abs. 3 SGG iVm. § 109 Abs. 1 S. 2 SGG) u. auch nicht aus Mitteln der Sozialhilfe (BSG Beschl. v. 26. 8. 1998 – B 9 VS 7/98 B –). Die Vergütung des Sachverständigen regelt das JVEG. Hat das Gutachten nach § 109 SGG zur *Sachaufklärung beigetragen* (maßgebliches Kriterium), so wird das Gericht *auf Antrag* o. von Amts wegen durch Beschl. entscheiden, dass die Kosten ganz o. teilweise auf die Staatskasse übernommen werden. Üblicherweise wird der – nicht befristete – Antrag auf Kostenübernahme erst nach Erstattung des Gutachtens gestellt; es sollte begründet werden, weshalb das Gutachten nach Auffassung des Klägers zur Sachaufklärung beigetragen hat. Kosten, die der Beteiligte nach § 109 SGG endgültig tragen muss, sind nicht nach § 193 Abs. 2 SGG erstattungsfähig.

Der Anspruch auf Kostenübernahme nach § 109 SGG kann verwirkt werden (SG Frankfurt *Breithaupt* 1996, 263).

5. Eine Begr. ist nicht erforderlich, aber zweckmäßig, s. auch Anm. 3.

Kosten und Gebühren

Kein zusätzlicher Gebührenanspruch für den RA.

Fristen und Rechtsmittel

Die Ablehnung des Antrags nach § 109 SGG kann nur mit dem Rechtsmittel gegen die Entscheidung in der Hauptsache angefochten werden; dabei kann eine NZB im Revisionsverfahren auf eine Verletzung des § 109 SGG nicht gestützt werden (Form. VIII. 15 Anm. 3).

Gegen den Beschl. des SG über die endgültige Kostentragung kann der Antragsteller Beschw. (Form. VIII. 19) einlegen. Eine für den Kläger positive Entscheidung des SG über die Kostentragung kann nach hM. von der Staatskasse nicht angefochten werden (*Meyer-Ladewig* SGG § 109 Rdn. 22 mwN.).

23. Beiladungsantrag – § 75 SGG –[1]

An das
Sozialgericht

In dem Rechtsstreit[2]

des Lokführers ......, Klägers,
Prozessbevollmächtigter: RA ......

gegen

den Gemeinde-Unfallversicherungsverband H ......, Klägerin,
vertreten durch die Geschäftsführung,
– Az.: ...... –
wird beantragt[3],

die Gartenbau-Berufsgenossenschaft ......, beizuladen[4].

Begründung[5]:

Der Kläger stürzte beim Entästen eines Obstbaumes auf dem Grundstück seines Nachbarn N. und zog sich eine Querschnittslähmung zu. Der Beklagte lehnte eine Entschädigung ab, weil der Kläger nicht wie ein Beschäftigter (§ 2 Abs. 2 SGB VII iVm. § 2 Abs. 1 Nr. 1 SGB VII) unter dem Schutz der gesetzlichen Unfallversicherung gestanden habe, sondern unternehmerähnlich tätig geworden sei. Dieser Auffassung ist der Kläger bereits mit Schriftsatz vom ...... entgegengetreten. Nach § 75 Abs. 2 SGG ist indessen die Gartenbau-Berufsgenossenschaft beizuladen, weil sie als leistungspflichtig in Betracht kommt. Arbeitsunfälle der nach § 2 Abs. 2 SGB VII Versicherten hat der für das Unternehmen, dem die Tätigkeit diente, zuständige Versicherungsträger zu entschädigen. Im vorliegenden Fall ist zweifelhaft, ob es sich bei dem Garten des N. noch um einen Hausgarten oder sonstigen Kleingarten iS. des § 123 Abs. 2 Nr. 1 und 2 SGB VII handelt, der nicht als Unternehmen der Gartenpflege gilt und daher dem Haushalt des N. zuzurechnen ist. Es spricht nach den von der Rspr. des BSG entwickelten Kriterien viel dafür, dass der ca. 2.000 m² große Garten im Hinblick auf den Arbeitsaufwand, der mit der Bewirtschaftung von 40 tragenden Obstbäumen verbunden ist, bereits ein Unternehmen des Gartenbaus iS. des § 123 Abs. 1 Nr. 1 SGB VII darstellt.

Rechtsanwalt

Schrifttum: Niesel Rdn. 126 ff.; *Krasney/Udsching* Kap. VI Rdn. 5 ff.; *Benkel,* Gedanken zu den rechtsdogmatischen Grundlagen der Beiladung, NZS 1997, 254; *Dahm,* Die notwendige Beiladung gemäß § 75 Abs. 2 SGG zu Streitsachen aus dem Bereich der gesetzlichen Unfallversicherung, Die Berufsgenossenschaft – BG – 1995, 262; *May,* Die Beiladung im Revisionsverfahren, SGb 1991, 426; *Schäfer,* Die Beiladung im sozialgerichtlichen Verfahren, Mittel des Rechtsschutzes u. der Prozessökonomie (Sozialpolitik u. Recht, Band 5), 1983; *Spellbrink,* Beiladung im Kassenarztrecht, Die Ortskrankenkasse – DOK – 1992, 571.

Anmerkungen

1. Die Beiladung hat für das sozialgerichtliche Verfahren erhebliche Bedeutung. Sie dient dem Interesse des Beigeladenen u. der Prozessökonomie, weil das rechtskräftige Urt. den Beigeladenen als Beteiligten (§ 69 Nr. 3 SGG) bindet, soweit über den Streitgegenstand entschieden worden ist (§ 141 Abs. 1 SGG) u. die Beiladung auch zur umfassenden Aufklärung des Sachverhalts beitragen kann (zur Vernehmung des Beigeladenen als Zeuge BSG SozR 1500 § 117 Nr. 3). Außerdem können ein Versicherungsträger, ein Träger der Grundsicherung für Arbeitsuchende sowie der Sozialhilfe u. in Angelegenheiten des sozialen Entschädigungsrechts ein Land nach Beiladung verurteilt werden (§ 75 Abs. 5 SGG; vgl. dazu BSG 57, 1 = SozR 2200 § 1237a Nr. 25), es sei denn, dass der Beigeladene bereits einen – den Streitgegenstand betreffenden – bindend gewordenen ablehnenden Bescheid erteilt hat (vgl. dazu BSG 50, 111/114; BSG SozR 1500 § 75 Nr. 38; BSG Urt. v. 31. 5. 1988 – 2 RU 67/87 –).

2. Die Beiladung setzt einen anhängigen Rechtsstreit voraus. Sie ist in den Tatsacheninstanzen bis zur Erledigung des Rechtsstreits – durch rechtskräftige Entscheidung o. auf sonstige Weise – möglich. Im Revisionsverfahren ist eine Beiladung nur in den in § 168 S. 2 SGG geregelten Ausnahmefällen zulässig: Beiladung der Bundesrepublik Deutschland in Angelegenheiten des sozialen Entschädigungsrechts – § 75 Abs. 1 S. 2 SGG – u. Beiladung nach § 75 Abs. 2 SGG, wenn der Beizuladende zustimmt.

3. Der Antrag hat nur die Bedeutung einer Anregung. *Ausnahme:* Nach § 75 Abs. 1 S. 2 SGG muss die Bundesrepublik Deutschland in Angelegenheiten des sozialen Entschädigungsrechts auf Antrag beigeladen werden.

4. Es sind zu unterscheiden die *einfache Beiladung* u. die *notwendige Beiladung.* Die einfache Beiladung setzt voraus, dass die berechtigten Interessen anderer durch die gerichtliche Entscheidung berührt werden (§ 75 Abs. 1 S. 1 SGG). Darunter fallen nicht nur rechtliche, sondern auch wirtschaftliche, soziale u. ideelle Interessen. Die einfache Beiladung steht im Ermessen des Gerichts.

Notwendig ist die Beiladung: 1. Wenn *die Entscheidung* auch *Dritten gegenüber nur einheitlich* ergehen kann (§ 75 Abs. 2, 1. Alt. SGG), sie sich also unmittelbar auf die Rechtssphäre eines Dritten auswirkt wie bei Verwaltungsakten mit Doppelwirkung (zB. Streit um Hinterbliebenenrente bei mehreren Berechtigten). Hier ist die Rechtskrafterstreckung zur Vermeidung divergierender Entscheidungen (neben der Gewährung rechtlichen Gehörs für Drittbetroffene) der prozessuale Grund für eine Beiladung (s. dazu BSG 83, 246: Keine notwendige Beiladung der einzelnen Sozialversicherungsträger zur Feststellung der Künstlersozialversicherungspflicht nach dem Künstlersozialversicherungsges.; s. auch Form. VIII. 3 Anm. 3). Zahlreiche Nachw. der Rspr. bei *Meyer-Ladewig* SGG § 75 Rdn. 10a. 2. Wenn bei Ablehnung des Anspruchs ein *anderer Leistungspflichtiger* als der beklagte Versicherungsträger oder – in Angelegenheiten des sozialen Entschädigungsrechts – das beklagte Land in Betracht kommt (§ 75 Abs. 2, 2. Alt. SGG). Das ist ausnahmsweise dann nicht der Fall, wenn von vornherein feststeht, dass die Klage in jedem Fall abgewiesen werden muss (BSG Urt. v. 18. 3. 1987 – 9b RU 56/85 – S. 8 –; BSG SozR 1500 § 75 Nr. 7; BVerwGE 80, 228/230; in diesen Ausnahmefällen erfolgt bei unterbliebener Beiladung keine Aufhebung u. Zurückverweisung durch das Revisionsgericht wegen Verfahrensfehlers, vgl. BSG 66, 144/146 u. 67, 251/253).

Die Beiladung erfolgt durch Beschl., der allen Beteiligten zuzustellen ist u. Sachstand sowie Grund der Beiladung angeben soll (§ 75 Abs. 3 S. 1 u. 2 SGG).

Der Beigeladene kann als Beteiligter selbstständig Angriffs- u. Verteidigungsmittel geltend machen und alle Verfahrenshandlungen wirksam vornehmen; abweichende Sachanträge kann jedoch nur der nach § 75 Abs. 2 SGG Beigeladene stellen (§ 75 Abs. 4 S. 2 SGG). Er kann auch Rechtsmittel einlegen, falls er durch das Urt. beschwert ist (BSG SozR 3–1500 § 75 Nr. 31). Der Beigeladene kann aber nicht verhindern, dass die Hauptbeteiligten den Rechtsstreit ohne seine Zustimmung durch Klagerücknahme, Vergleich, Anerkenntnis o. Erledigungserklärung beenden.

Das Fehlen einer notwendigen Beiladung nach § 75 Abs. 2, 1. Alt. SGG ist ein Verfahrensmangel, der im Revisionsverfahren (bei zugelassener Revision) von Amts wegen zu beachten ist (BSG 43, 256; BSG SozR 1500 § 75 Nrn. 60 u. 82).

5. S. zum Textbsp. BSG 64, 252 = SozR 2200 § 778 Nr. 2 u. BSG SozR 2200 § 778 Nr. 1.

Kosten und Gebühren

Keine zusätzliche Gebühr für den RA.

Fristen und Rechtsmittel

Der Beiladungsbeschluss ist unanfechtbar (§ 75 Abs. 3 S. 3 SGG). Ein ablehnender o. die Beiladung aufhebender Beschl. des SG kann mit der Beschw. (Form. VIII. 19) angefochten werden.

24. „Antrag" auf Verweisung – § 98 SGG –

An das
Sozialgericht

In dem Rechtsstreit

des Industriemechanikers ......, Klägers,
Prozessbevollmächtigter: RA ......

gegen

die Deutsche Rentenversicherung ......, Beklagte,
vertreten durch die Geschäftsführung,
– Az.: ...... –
wird beantragt,

den Rechtsstreit an das zuständige Sozialgericht zu verweisen[1].

Begründung:

In der Rechtsmittelbelehrung des Widerspruchsbescheides vom ...... wird das befasste Sozialgericht ...... als örtlich zuständiges Gericht bezeichnet. Dieser Hinweis der Beklagten ist unzutreffend. Der Kläger hatte zurzeit der Klageerhebung seinen Wohnsitz[2] in E. Dieser Ort gehört nicht zum Sozialgerichtsbezirk ...... Da der Beschäftigungsort des Klägers ebenfalls nicht zum Zuständigkeitsbereich des angerufenen Sozialgerichts gehört, ist der Rechtsstreit an das örtlich zuständige Sozialgericht zu verweisen[3, 4].

Rechtsanwalt

Anmerkungen

1. § 98 SGG regelt die Verweisung bei örtlicher u. sachlicher Unzuständigkeit. Danach gelten für die sachliche u. örtliche Zuständigkeit §§ 17, 17 a u. 17 b Abs. 1, Abs. 2 S. 1 GVG, also die Vorschriften über die Zulässigkeit des beschrittenen Rechtsweges (zum Rechtsweg zu den Gerichten der Sozialgerichtsbarkeit s. Anm. 3), entsprechend. Die Verweisung an das zuständige Gericht setzt keinen Antrag voraus, sondern erfolgt *von Amts wegen* (*Kopp* NJW 1991, 521/524 u. 527). Der „Antrag" auf Verweisung hat daher nur den Charakter einer Anregung. Er ist außerdem als Rüge iS. des § 17 a Abs. 3 S. 2 GVG aufzufassen (näher dazu *Meyer-Ladewig* SGG § 98 Rdn. 4). Rügt ein Beteiligter die örtliche o. sachliche Unzuständigkeit, muss das Gericht darüber vorab durch Beschl. entscheiden.

Sind mehrere Gerichte zuständig (zB. Wohnsitz u. Beschäftigungsort liegen in verschiedenen Gerichtsbezirken), wird an das vom Kläger auszuwählende Gericht verwiesen oder, wenn die Wahl unterbleibt, an das vom Gericht bestimmte (§ 98 SGG iVm. § 17a Abs. 2 S. 2 GVG).

Der Verweisungsbeschl. ist für das andere Gericht bindend (§ 17a Abs. 1 GVG).

Nur in extremen Ausnahmefällen (Willkür o. Missachtung elementarer Verfahrensgrundsätze, insbesondere des Anspruchs auf rechtliches Gehör) ist die Bindungswirkung zu verneinen (BSG SozR 3–1720 § 17a Nr. 11 – S. 21f. – mwN. u. SozR 3–1500 § 57 Nr. 1). § 58 SGG regelt abschließend für die gesetzlich aufgeführten Fälle die Bestimmung des zuständigen Gerichts innerhalb der SGb durch das gemeinsame nächsthöhere Gericht; bei einem sog. negativen Kompetenzkonflikt ist ein Antrag auf Bestimmung des zuständigen Gerichts unabhängig davon zulässig, ob die Sache an eines der über die Zuständigkeit streitenden Gerichts bindend verwiesen ist (BSG SozR 3–1750 § 17a Nr. 11). Zuständigkeitsvereinbarungen sind nicht zulässig (§ 59 SGG).

2. § 57 SGG regelt die *örtliche Zuständigkeit.* Diese richtet sich danach, wo der Kläger zurzeit der Klageerhebung seinen Sitz o. Wohnsitz o. in Ermangelung dessen seinen Aufenthaltsort hat (§ 57 Abs. 1 S. 1 Halbs. 1 SGG). Unabhängig von Wohnsitz u. Aufenthaltsort kann der Kläger, der in einem Beschäftigungsverhältnis steht, auch vor dem SG klagen, in dessen Bezirk sein Beschäftigungsort liegt (§ 57 Abs. 1 S. 1 Halbs. 2 SGG). Hat der Kläger seinen Sitz o. Wohnsitz o. Aufenthaltsort außerhalb des Geltungsbereichs des SGG, so ist das SG zuständig, in dessen Bezirk der Beklagte seinen Sitz, Wohnsitz o. in Ermangelung dessen seinen Aufenthaltsort hat (§ 57 Abs. 3 SGG). Eine Sonderregelung der örtlichen Zuständigkeit bei erstmaliger Bewilligung der Hinterbliebenenrente enthält § 57 Abs. 2 SGG. Eine Sondervorschrift der örtlichen Zuständigkeit enthält § 57a SGG für Vertragsarztangelegenheiten; durch das SGGArbGGÄndG v. 26. 3. 2008 (BGBl. I S. 444) ist klargestellt, dass dessen Abs. 3 u. 4 auch nicht-vertragsärztliche Angelegenheiten betreffen (s. *Becker* SGb 2008, 267/270f.). S. ferner § 57 Abs. 4 SGG (Festsetzung von Festbeträgen nach dem SGB V).

In § 8 SGG ist die grundsätzlich umfassende *sachliche Zuständigkeit* der SGe geregelt (s. auch § 39 Abs. 2 SGG). Sie entscheiden, soweit durch Ges. nichts anderes bestimmt ist, im ersten Rechtszug über alle Streitigkeiten, für die der Rechtsweg vor den Gerichten der SGb (§ 51 SGG, s. Anm. 3) offen steht. Die LSGe entscheiden grundsätzlich als zweite u. letzte Tatsacheninstanz über die Berufung gegen Urteile u. Beschwerden gegen andere Entscheidungen der SGe (§ 29 Abs. 1 SGG). In den abschließend in § 29 Abs. 2 SGG genannten Ausnahmefällen ist die erstinstanzliche Zuständigkeit der LSGe gegeben, nach § 29 Abs. 3 u. 4 SGG in weiteren Ausnahmefällen die erstinstanzliche Zuständigkeit des LSG Nordrhein-Westfalen sowie des LSG Berlin-Brandenburg.

3. Der *Rechtsweg zu den Gerichten der SGb* ist in § 51 SGG geregelt (ausführlich: *Krasney/Udsching* Kap. II. Rdn. 9ff; *Meyer-Ladewig* SGG, Kommentierung des § 51 SGG). Die Vorschrift ist durch das 6. Ges. zur Änd. des SGG v. 17. 8. 2001 (BGBl. I S. 2144) neu u. übersichtlicher gefasst und, soweit erforderlich, ergänzt worden; s. zur Zuständigkeit der SGb für das Sozialleistungsrecht Form. VIII. 6 Anm. 1 u. *Meyer-Ladewig* SGG § 51 Rdn. 39 *(Kasnistik).*

Hält das Gericht der SGb den zu ihm beschrittenen Rechtsweg nicht für gegeben, so verweist es den Rechtsstreit *von Amts wegen* an das zuständige Gericht des zulässigen Rechtsweges (näher dazu §§ 17a u. 17b GVG). Die mit der Entscheidung in der Hauptsache – ausdrücklich o. stillschweigend – bejahte Zulässigkeit des Rechtswegs ist von den höheren Instanzen nicht zu überprüfen (§ 17a Abs. 5 GVG, s. auch BSG SozR 4–1720 § 17a Nr. 1).

4. Der Verweisungsbeschluss ist für das im Beschl. bezeichnete Gericht bindend (§ 98 S. 1 SGG iVm. § 17a Abs. 2 S. 3 GVG). Der Rechtsstreit wird mit Eingang der Akten bei dem im Beschl. bezeichneten Gericht anhängig (§ 98 S. 1 SGG iVm. § 17b Abs. 1 S. 1 GVG).

Kosten und Gebühren

Das Gericht, an das verwiesen worden ist, entscheidet insgesamt über die Kosten (§ 98 S. 1 SGG iVm. § 17b Abs. 2 S. 1 GVG). Kein zusätzlicher Gebührenanspruch, da Verweisung „auf derselben Ebene" (vgl. § 20 S. 1 RVG).

Fristen und Rechtsmittel

Kein Rechtsmittel gegen Beschl. über Zuständigkeit u.Verweisung (§ 98 S. 2 SGG; *Meyer-Ladewig* SGG § 98 Rdn. 7ff.). Gegen Beschl. über Zulässigkeit o. Unzulässigkeit des Rechtsweges ist hingegen Beschw. gegeben (vgl. § 17a Abs. 4 S. 3–5 GVG; *Meyer-Ladewig* SGG § 51 Rdn. 55ff.).

25. Antrag auf Prozesskostenhilfe – § 73a SGG –[1]

An das
Sozialgericht[2]

In dem Rechtsstreit

des Auszubildenden ......, Klägers,
Prozessbevollmächtigter: RA ......

gegen

die Berufsgenossenschaft Metall Nord Süd ......, Beklagte,
vertreten durch den Geschäftsführer,

– Az.: ...... –

überreiche ich eine Erklärung des Klägers über seine persönlichen und wirtschaftlichen Verhältnisse vom ......
und beantrage namens und in Vollmacht des Klägers,

1. **dem Kläger für das Verfahren vor dem Sozialgericht Prozesskostenhilfe zu bewilligen[3],**
2. **ihm den Unterzeichnenden als Prozessbevollmächtigten beizuordnen[4].**

Die beabsichtigte Rechtsverfolgung hat hinreichende Aussicht auf Erfolg und ist auch nicht mutwillig[5]. Hierzu wird auf die Klagebegründung Bezug genommen[6]. Aus der Klagebegründung ergibt sich auch, dass die Sach- und Rechtslage schwierig und die Beiordnung eines RA daher geboten ist[7].
Rechtsanwalt

Schrifttum: Wie bei Form. I. C. 1; *Becker,* Bewilligung von PKH im sozialgerichtlichen Verfahren: Prüfung der wirtschaftlichen Verhältnisse, SGb 2002, 428; *Behn,* Probleme der Prozesskostenhilfe mit Besonderheiten im sozialgerichtlichen Verfahren, 1985; *Bley,* Prozesskostenhilfe – auch in der Sozialgerichtsbarkeit, DAngVers 1980, 403; *Keller,* Das Mehrkostenverbot und die Beiordnung des auswärtigen Anwalts im sozialgerichtlichen

Verfahren, NZS 2003, 521; *v. Maydell,* Die Auswirkung der Gesetze über die Prozesskostenhilfe auf die Sozialgerichtsbarkeit, SGb 1981, 1; *ders.*, Sozialrecht und Anwaltschaft – nach Inkrafttreten des Prozesskosten- und Beratungshilfegesetzes, NJW 1981, 1181; *Plagemann,* Die Bedeutung des Prozesskostenhilfegesetzes für den Anwalt in der Sozialgerichtsbarkeit, SGb 1982, 188; *Scherer/Wiesner,* Die Prozesskostenhilfe in der sozialgerichtlichen Praxis, NZA 1985, 47.

Anmerkungen

1. Die Vorschriften der ZPO über die PKH (§§ 114ff. ZPO) gelten entsprechend (§ 73a Abs. 1 S. 1 SGG), vgl. daher auch Form. I. C. 1. Im sozialgerichtlichen Verfahren erschöpft sich die PKH wegen der weitgehenden Kostenfreiheit des sozialgerichtlichen Verfahrens in der Beiordnung eines RA (*Behn* SozVers 1981, 305/306 u. SGb 1982, 383; vgl. aber auch LSG Hamburg *Breithaupt* 1983, 369). Sie erstreckt sich nicht auf die Kosten eines Gutachtens nach § 109 SGG (§ 73a Abs. 3 SGG; s. Form. VIII. 22 Anm. 4).

Der Antrag auf PKH wahrt die Rechtsmittelfrist nicht, jedoch ist bei vorschriftsmäßigem *isolierten* PKH-Antrag Wiedereinsetzung in den vorigen Stand zu gewähren (BSG SozR 3–1500 § 67 Nr. 5 u. 11). Von praktischer Bedeutung ist dies vor allem für den Antrag auf PKH im NZB-Verfahren vor dem BSG, für den kein Vertretungszwang (§ 166 SGG) besteht (s. Form. VIII. 12 Anm. 3). Der Antrag auf PKH kann aber auch sonst aus Kostengründen sinnvoll sein, weil die Verfahrensgebühren für das PKH-Verfahren (Nrn. 3335f. VV) niedriger sind als für die Einlegung des Rechtsmittels selbst.

2. Der Antrag auf PKH ist für jede Instanz gesondert zu stellen (§ 119 Abs. 1 S. 1 ZPO). Er sollte möglichst früh – mit Klageerhebung bzw. Berufungseinlegung – gestellt werden, weil die Erfolgsaussicht nach Durchführung der Ermittlungen von Amts wegen gemindert o. ausgeschlossen sein kann.

3. Über den Antrag entscheidet das Gericht unverzüglich auf Grund einer summarischen Prüfung (BSG SozR 3–1750 § 115 Nr. 1 – S. 4 –) durch Beschl. Eine verzögerte Entscheidung darf sich bei rechtzeitig gestelltem Antrag für den Kläger nicht nachteilig auswirken (näher dazu *Krasney/Udsching* Kap. VI Rdn. 71; *Niesel* Rdn. 153; s. auch LSG Hessen SGb 1986, 562).

4. Es kann nur ein RA beigeordnet werden. Macht der Beteiligte, dem PKH bewilligt ist, von seinem Recht, einen RA zu wählen, nicht Gebrauch, wird auf seinen Antrag der beizuordnende RA vom Gericht ausgewählt (Sonderregelung für das sozialgerichtliche Verfahren, § 73a Abs. 1 S. 2 SGG). Zwar ist § 121 Abs. 2 S. 2 ZPO im sozialgerichtlichen Verfahren nicht anwendbar, weil Anwälte nicht zu bestimmten SGen zugelassen sind. Es ist aber der das gesamte Kostenrecht bestimmende Grundsatz zu beachten, dass die Kosten eines RA so gering wie möglich zu halten sind. Etwaige Mehrkosten durch die Beiordnung eines nicht ortsansässigen RA bedürfen deshalb im Einzelfall einer Rechtfertigung (Thüringer LSG NZS 2004, 56, s. auch *Keller* aaO.). Ist ein RA zum *besonderen Vertreter* (§ 72 SGG) bestellt worden, kann PKH bewilligt werden (vgl. BSG SozR 1500 § 72 SGG Nr. 2). PKH kann nicht bewilligt werden, wenn der Kläger durch einen Bevollmächtigten iSd. § 73 Abs. 2 S. 2 Nr. 5–9 SGG (Gewerkschafts- u. Verbandsvertreter) vertreten ist (§ 73a Abs. 2 SGG). Es reicht aus, dass er sich als Mitglied einer Gewerkschaft o. eines Verbandes durch einen Angestellten seiner Organisation vertreten lassen kann (BSG SozR 3–1500 § 73a Nr. 4). Die Kündigung der Mitgliedschaft zur Erlangung von PKH ist unbeachtlich (LSG Niedersachsen-Bremen NdsRpfl. 2005, 262). Besteht eine Rechtsschutzversicherung mit Selbstbeteiligung u. kann der Kläger diese aus eigenen Mitteln nicht aufbringen, kommt nach BSG SozR 4–1500 § 73a Nr. 4 (= NZS 2006, 612) PKH bis zur Höhe der Selbstbeteiligung in Betracht.

5. Die Bewilligung von PKH setzt neben Bedürftigkeit hinreichende Erfolgsaussicht u. fehlende Mutwilligkeit der Rechtsverfolgung voraus. *Hinreichende Erfolgsaussicht* besteht schon dann, wenn das bisherige Verfahren einen Teilerfolg des Klägers als „durchaus möglich" erscheinen lässt. Das ist anzunehmen, wenn der Rechtsstandpunkt des Antragstellers vertretbar ist u. die rechtserheblichen Tatsachen als beweisbar erscheinen. Erfolgsaussicht ist idR. anzunehmen, wenn noch eine Beweisaufnahme durchzuführen ist, vor allem, wenn noch ein medizinisches Gutachten von Amts wegen eingeholt werden muss (näher dazu *Meyer-Ladewig* SGG § 73a Rdn. 7a–e). Die Erfolgsaussicht wird in einem höheren Rechtszug nicht geprüft, wenn der Gegner das Rechtsmittel eingelegt hat (§ 119 Abs. 1 S. 2 ZPO).

6. Nach § 117 Abs. 1 S. 2 ZPO ist das Streitverhältnis darzustellen. Im erstinstanzlichen Verfahren ergibt sich der Streitstand regelmäßig aus der Klagebegründung, aber auch schon aus dem in der Klageschrift bezeichneten angefochtenen Verwaltungsakt in der Gestalt des Widerspruchsbescheides. Im Verfahren der Rechtsmittelinstanzen ist eine Darstellung des Streitverhältnisses nicht mehr erforderlich, da dieses bereits im erstinstanzlichen Verfahren klargestellt ist (BSG SozR Nr. 4 zu § 167 SGG; vgl. auch *Meyer-Ladewig* SGG § 73a Rdn. 5a).

7. Anspruch auf Beiordnung besteht, wenn es sich um ein Verfahren vor dem BSG handelt (§ 121 Abs. 1 ZPO iVm. § 166 SGG), in Verfahren der Tatsacheninstanzen (SG, LSG), wenn Vertretung durch einen RA *erforderlich* ist (§ 121 Abs. 2 ZPO). Dem Antragsteller darf nicht entgegengehalten werden, der Amtsermittlungsgrundsatz (Form. VIII. 2 Anm. 6 u. 7) gleiche seine ungünstigere prozessuale Position aus; es ist vielmehr zu fragen, ob ein Bemittelter in der Lage des Unbemittelten vernünftigerweise einen RA mit der Wahrung seiner Interessen beauftragt hätte (BVerfG Beschl. v. 17. 2. 1997 – 1 BvR 1440/96 = NJW 1997, 2103). Jedenfalls bei schwieriger Rechts- o. Sachlage ist danach die Vertretung durch einen RA erforderlich, aber auch, wenn der Kläger mangels hinreichender geistiger Gewandtheit nicht in der Lage ist, den Prozess sachgerecht zu führen. Eine anwaltliche Vertretung ist danach auch u. gerade in medizinisch schwierigen Fällen erforderlich (LSG Hamburg *Breithaupt* 1983, 369; str.). Sie ist dagegen nicht erforderlich, wenn die Sach- u. Rechtslage einfach u. für den Kläger klar überschaubar ist (vgl. dazu LSG Hamburg aaO; LSG Rheinland-Pfalz *Breithaupt* 1982, 74 u. 79/81; LSG Nordrhein-Westfalen AnwBl 1986, 456; *Niesel* Rdn. 151). Nach § 121 Abs. 2 ZPO ist entsprechend dem Gedanken der „Waffengleichheit" die Erforderlichkeit nicht zu prüfen, wenn auch der Prozessgegner durch einen RA vertreten ist; rechts- u. sachkundige Vertreter der Sozialleistungsträger stehen RAen jedoch insoweit nicht gleich. – Näher zur „Erforderlichkeit" *Krasney/Udsching* Kap. VI Rdn. 63 ff.; *Meyer-Ladewig* SGG § 73a Rdn. 9b mwN.

Kosten und Gebühren

Das PKH-Verfahren und das Verfahren, für das PKH beantragt wird, sind eine Angelegenheit (§ 16 Nr. 2 RVG). Die Verfahrensgebühr für das PKH-Verfahren (Nrn. 3335 f. VV) entsteht deshalb nur, wenn die Hauptsache nicht durchgeführt wird. In Verfahren, in denen Betragsrahmengebühren entstehen (s. Hinweis zu Form. VIII. 2), liegt die Höhe der Verfahrensgebühr, die mit der Einreichung des Antrags auf PKH anfällt, bei 30 bis 320 EUR (Nr. 3336 VV – Mittelgebühr: 175 EUR).

Der im Wege der PKH beigeordnete RA erhält in Verfahren, in denen Betragsrahmengebühren entstehen (s. Hinweis zu Form. VIII. 2), dieselbe Vergütung wie ein Wahlanwalt (§ 45 Abs. 1 RVG). Bei der Ausfüllung des Rahmens ist § 14 Abs. 1 RVG (Bestimmung nach billigem Ermessen) zu beachten (*Meyer-Ladewig* SGG § 73a Rdn. 13 f.). Die geringere Vergütung bei der Berechnung nach Wertgebühren (§ 49 RVG) ist in sozialrechtlichen Streitigkeiten nicht von praktischer Relevanz, da der insoweit kostenpflichtige Personenkreis (Form. VIII. 2) idR. nicht mittellos ist. Auch der im sozialgerichtlichen Verfahren nach den Vorschriften der PKH beigeordnete RA hat Anspruch auf einen angemessenen Vorschuss (§ 47 Abs. 1 S. 1 RVG). Die Festsetzung der Gebühren erfolgt auf Antrag des RA durch den Urkundsbeamten des Gerichts des jeweiligen Rechtszugs, nach Beendigung des Verfahrens durch den Urkundsbeamten des Gerichts des ersten Rechtszugs (vgl. § 55 Abs. 2 RVG). Gegen seine Entscheidung ist Erinnerung möglich. Hilft er nicht ab, entscheidet das Gericht (§ 56 Abs. 1 S. 1 RVG). Ob gegen den Beschl. des SG unter den Voraussetzungen des § 56 Abs. 2 S. 1 iVm. § 33 Abs. 3 RVG die Beschw. möglich ist oder ob der Beschw.ausschluss der §§ 178, 197 SGG (s. Form. VIII. 31 Fristen u. Rechtsmittel) greift, ist umstritten (s. zum Meinungsstand Thüringer LSG SGb 2008, 620 m. Anm. v. *Löffler*). Das Verfahren über Erinnerung u. Beschw. ist gebührenfrei. Kosten werden nicht erstattet (§ 56 Abs. 2 S. 2 RVG).

Fristen und Rechtsmittel

Die Bewilligung der PKH ist unanfechtbar (§ 127 Abs. 2 S. 1 ZPO). Ab 1. 4. 2008 ist die Beschw. gegen die Ablehnung ausgeschlossen, wenn das Gericht ausschließlich die persönlichen o. wirtschaftlichen Voraussetzungen für die PKH verneint (§ 172 Abs. 3 Nr. 2 SGG). Der Beschw.ausschluss umfasst auch die Fälle, in denen der PKH-Antrag abgelehnt worden ist, weil der erforderliche Vordruck nach § 117 Abs. 4 ZPO (s. auch Form. I. C. 1 Anm. 10) nicht vorgelegt worden ist (Sächsisches LSG Beschl. v. 22. 7. 2008 – L 3 B 407/08 AS-PKH – u. 2. 1. 2009 – L 2 B 641/08 AS-PKH –). Zulässig bleibt die Vorlage des Vordrucks im Rahmen eines neuen PKH-Antrags (*Zöller/Philippi* ZPO § 117 Rdn. 6 mwN.). Auch die Beschw. gegen die Festsetzung von Monatsraten im Rahmen der Bewilligung von PKH (§ 120 Abs. 1 S. 1 ZPO) ist nicht statthaft (LSG Berlin-Brandenburg Beschl. v. 22. 12. 2008 – L 8 B 365/08 AL PKH – mwN; *Meyer-Ladewig* SGG § 172 Rdn. 6 h). Dagegen ist die Beschw. zulässig, wenn das Gericht PKH mangels Erfolgsaussicht o. wegen Mutwilligkeit abgelehnt hat, u. zwar nach überwiegender Auffassung auch dann, wenn in der Hauptsache die Berufung nicht zulässig wäre (§§ 143 ff. SGG). Eine entsprechende Anwendung des § 127 Abs. 2 S. 2 zweiter Halbs. ZPO iVm. § 511 ZPO wird jedenfalls nach der Änderung des SGG zum 1. 4. 2008 überwiegend abgelehnt (LSG Baden-Württemberg Beschl. v. 23. 2. 2009 – L 13 AS 3835/08 PKH-B – u. LSG Berlin-Brandenburg v. 16. 7. 2008 – L 29 B 1004/08 AS PKH – jew. mwN; gegen Beschw.begrenzung auch *Meyer-Ladewig* SGG § 73 a Rdn. 12 b, *Krasney/Udsching* Kap. VI Rdn. 72). Die Staatskasse (Bezirksrevisor) hat ein Beschw.recht gegen die Bewilligung von PKH ohne Festsetzung von Monatsraten o. Zahlungen aus dem Vermögen gem. § 127 Abs. 3 ZPO (*Meyer-Ladewig* SGG § 73 a Rdn. 12 b).

Eine Kostenerstattung im Beschw.verfahren findet nach der ausdrücklichen Regelung in § 127 Abs. 4 ZPO nicht statt (LSG Rheinland-Pfalz Beschl. v. 10. 6. 2008 – L 5 B 107/08 AS – mwN; s. auch Form. I. C. 8 Kosten u. Gebühren; aA. LSG Rheinland-Pfalz NZS 2007, 672).

26. Zustimmung zur Entscheidung ohne mündliche Verhandlung – § 124 Abs. 2 SGG –[1, 2]

An das
Sozialgericht

In dem Rechtsstreit

des Kraftfahrers ......, Klägers,
Prozessbevollmächtigter: RA ......

gegen

die Deutsche Rentenversicherung ......, Beklagte,
vertreten durch die Geschäftsführung,

– Az.: ...... –

erkläre ich namens und in Vollmacht des Klägers das Einverständnis mit einer Entscheidung ohne mündliche Verhandlung durch Urteil.

Rechtsanwalt

Anmerkungen

1. Mit Einverständnis der Beteiligten *kann* das Gericht *ohne mündliche Verhandlung* durch Urt. entscheiden (§ 124 Abs. 2 SGG). Von dieser Möglichkeit wird in der Praxis nicht selten Gebrauch gemacht. Widerruf der Einverständniserklärung nach hM. bis zum Eingang der Verzichtserklärung der übrigen Beteiligten möglich. Die Erklärung steht unter dem Vorbehalt der im Wesentlichen unveränderten Sach-, Beweis- u. Rechtslage; ändert sich die Prozesslage wesentlich, so ist sie verbraucht u. muss neu eingeholt werden, wenn das Gericht weiterhin ohne mündliche Verhandlung entscheiden will. Eine wesentliche Änderung in dem vorgenannten Sinne hat die Rspr. insbesondere bejaht, wenn durch spätere Maßnahmen des Gerichts die Tatsachengrundlage der Entscheidung verändert wurde, so etwa durch die Vernehmung von Zeugen, die Einholung von Behördenauskünften o. die Beiziehung von Akten (zusammenfassend BSG NZS 2004, 660 mwN.). Zu den für den Verzicht auf mündliche Verhandlung bedeutsamen Umständen kann auch das Vertrauen in die Maßgeblichkeit einer vom Gericht den Beteiligten gegenüber vorgenommenen rechtlichen Bewertung des Prozessstoffs gehören (BSG SozR 4–1500 § 124 Nr. 1 = NZS 2006, 223).

Zur Wiederholung eines zuvor schriftlich gestellten Beweisantrags s. Form. VIII. 21 Anm. 4.

2. Ferner kann das Gericht gemäß § 126 SGG *nach Aktenlage* entscheiden, wenn in einem Termin keiner der Beteiligten erscheint o. beim Ausbleiben von Beteiligten die erschienen Beteiligten es beantragen. Ein *Versäumnisurteil* kennt das sozialgerichtliche Verfahren nicht.

Kosten und Gebühren

Auch bei einer Entscheidung ohne mündliche Verhandlung entsteht eine Terminsgebühr (s. Hinweise zu Form. VIII. 2).

Vorläufiger Rechtsschutz

27. Vorläufiger Rechtsschutz[1, 2, 3]

(Beispiel 1: Antrag auf Aussetzung der Vollziehung nach § 86b Abs. 1 SGG – Anfechtungssache –)

An das
Sozialgericht[4]

In dem Rechtsstreit

des Arztes für Allgemeinmedizin Dr. ......, Klägers,
Prozessbevollmächtigter: RA ......

gegen

den Berufungsausschuss ......, Beklagten,
vertreten durch seinen Vorsitzenden,
wegen Entziehung der vertragsärztlichen Zulassung

– Az. .... –

beantrage ich namens und in Vollmacht des Klägers, die mit Entscheidung des Berufungsausschusses vom ...... angeordnete sofortige Vollziehung der Entziehung der vertragsärztlichen Zulassung auszusetzen.

Begründung:

Der Kläger räumt ein, dass es bei der Abrechnung in seiner Praxis über einen langen Zeitraum hinweg zu Unregelmäßigkeiten gekommen ist. Trotzdem liegt die sofortige Vollziehung der Entziehung der vertragsärztlichen Zulassung nicht im öffentlichen Interesse. Wegen des betroffenen Grundrechts (Art. 12 Abs. 1 GG, Berufsfreiheit) muss der Sofortvollzug die Ausnahme bleiben (s. zB. BVerfGE 35, 382/402). Das öffentliche Interesse iSd. § 97 Abs. 4 SGB V muss gerade auch darin bestehen, dass der Betroffene nicht bis zum Abschluss des Hauptsacheverfahrens weiterhin von seiner Rechtsposition Gebrauch macht. Hierfür sind konkret Gefahren für wichtige Gemeinschaftsgüter in der Vollzugsanordnung darzulegen.
Nach diesem Beurteilungsmaßstab fehlt im vorliegenden Fall ein öffentliches Vollzugsinteresse: Die finanziellen Belange der Krankenkassen können auch durch verstärkte Abrechnungskontrollen hinreichend geschützt werden (vgl. KassKomm. – *Hess* § 97 SGB V Rdn. 5). Auch hatte der Kläger schon vor der Zulassungsentziehung eine mit der Abrechnung besonders vertraute Arzthelferin eingestellt, um künftige Abrechnungsfehler zu vermeiden. Außerdem ist ihm durch das Entziehungsverfahren die Bedeutung einer gewissenhaften Abrechnung nachdrücklich klargeworden, so dass an einer korrekten Abrechnung für die Zukunft kein Zweifel besteht. Schließlich wären mit der Vollziehung der angefochtenen Entscheidung nicht wiedergutzumachende wirtschaftliche Folgen verbunden ....[5]

Rechtsanwalt

Schrifttum: Niesel Teil J: Vorläufiger Rechtsschutz; *Krasney/Udsching* Kap. V (mit Schriftsatzmustern); *Bernsdorff,* Vorläufiger Rechtsschutz im Sozialgerichtsprozess – Eine Bewertung der Entwürfe eines 6. SGG-ÄndG, SGb 2001, 465; *Diekmann,* Europarecht als vorrangiger Prüfungsmaßstab im einstweiligen Rechtsschutzverfahren, NZS

2003, 518; *Krodel,* Die sozialgerichtliche Eilentscheidung zwischen Subsumtion und Abwägung, NZS 2009, 18; *ders.*, Der sozialgerichtliche einstweilige Rechtsschutz in Anfechtungssachen, NZS 2001, 450; *Kummer,* Das Sechste Ges. zur Änderung des SGG, SGb 2001, 714; *Schlarmann/Buchner,* Auswirkungen des 6. SGG-ÄndG auf vertragsärztliche, krankenhausrechtliche und sonstige Streitigkeiten nach dem SGB V, NJW 2002, 644; *Wenner,* Neues zum Kostenrecht und beim einstweiligen Rechtsschutz, SozSich 2001, 422; allg. umfassende Darstellung durch *Finkelnburg/Dombert/Külpmann,* Vorläufiger Rechtsschutz im Verwaltungsstreitverfahren, 5. Aufl. 2007; *Krodel,* Das sozialgerichtliche Eilverfahren, 2. Aufl. 2008.

Anmerkungen

1. Nachdem das BVerfG im Jahr 1977 im Hinblick auf Vornahmesachen (Form. VIII. 28 Anm. 1) die Lückenhaftigkeit der bisherigen Regelung des einstweiligen Rechtsschutzes im sozialgerichtlichen Verfahren herausgestellt u. eine verfassungskonforme Auslegung für geboten erachtet hatte (BVerfGE 46, 166), ist der *einstweilige Rechtsschutz* zum 2. 1. 2002 auf Grund des 6. SGG-ÄndG v. 17. 8. 2001 (BGBl. I S. 2144) durch §§ 86a u. 86b *umfassend neu geregelt* worden. Die Neuregelung beseitigt die unübersichtlichen u. lückenhaften früheren Vorschriften und orientiert sich im Wesentlichen an den Grundsätzen der VwGO. §§ 86a u. 86b SGG betreffen den einstweiligen Rechtsschutz *außerhalb gerichtlicher Entscheidungen u.* durch *die Gerichte.* Zu unterscheiden ist dabei der einstweilige Rechtsschutz in *Anfechtungssachen* (Textbsp., s. Anm. 2) u. in *Vornahmesachen* (Form. VIII. 28).

Zur *aufschiebenden Wirkung von Berufung* u. *Revision* s. §§ 154 Abs. 1, 165 SGG.

2. In sog. *Anfechtungssachen* (Klagetyp: Anfechtungsklage, Form. VIII. 2) bietet grundsätzlich die aufschiebende Wirkung von Widerspruch u. Klage (§ 86a Abs. 1 SGG) vorläufigen Rechtsschutz. Zu beachten ist jedoch, dass die aufschiebende Wirkung durch Ausnahmen weitgehend durchbrochen ist (Form. VIII. 1 Anm. 1), darunter auch für die in der sozialgerichtlichen Praxis bedeutsamen Verwaltungsakte, die eine laufende Leistung entziehen oder herabsetzen (§ 86a Abs. 2 Nr. 3 SGG). Im Einzelnen:

- *§ 86a Abs. 3 SGG* regelt die Wiederherstellung der aufschiebenden Wirkung *außerhalb gerichtlicher Entscheidungen* durch die Verwaltungsbehörden. Danach *kann* die Stelle, die den Verwaltungsakt erlassen o. über den Widerspruch entschieden hat, die sofortige Vollziehung ganz o. teilweise aussetzen (Abs. 3 S. 1). In Streitigkeiten über Versicherungs-, Beitrags- u. Umlagepflichten (§ 86a Abs. 2 Nr. 1) *soll* die Aussetzung der Vollziehung erfolgen, wenn ernstliche Zweifel an der Rechtmäßigkeit des angegriffenen Verwaltungsakts bestehen o. wenn die Vollziehung eine unbillige, nicht durch überwiegende öffentliche Interessen gebotene Härte zur Folge hätte (Abs. 3 S. 2). Die Entscheidung kann mit Auflagen versehen o. befristet sowie jederzeit geändert o. aufgehoben werden (Abs. 3 S. 4 u. 5).
- Nach *§ 86b Abs. 1 SGG* kann das *Gericht* in den Fällen, in denen Widerspruch o. Anfechtungsklage keine aufschiebende Wirkung haben (§ 86a Abs. 2 SGG), *auf Antrag* die aufschiebende Wirkung ganz o. teilweise anordnen (Abs. 1 S. 1 Nr. 2 – Textbsp., s. Anm. 5 sowie Form. VIII. 29) u. in den Fällen des § 86a Abs. 3 SGG die sofortige Vollziehung ganz o. teilweise wiederherstellen (Abs. 1 S. 1 Nr. 3). Ist der Verwaltungsakt im Zeitpunkt der Entscheidung schon vollzogen o. befolgt worden, kann die Aufhebung der Vollziehung angeordnet werden (Abs. 1 S. 2).

Umgekehrt kann das Gericht nach Abs. 1 S. 1 Nr. 1 in den Fällen, in denen Widerspruch o. Anfechtungsklage aufschiebende Wirkung haben, auf Antrag die sofortige Vollziehung ganz o. teilweise anordnen.

Die vorgenannten Maßnahmen können mit *Auflagen* (zB. Bankbürgschaft) versehen o. befristet sowie jederzeit geändert o. aufgehoben werden (Abs. 1 S. 3 u. 4). Die Auflagen sind ein Mittel, einen Ausgleich zwischen den Interessen des Antragstellers an einem effektiven Rechtsschutz u. dem staatlichen Vollzugsinteresse herbeizuführen (näher dazu *Finkelnburg/Dombert/Külpmann* Rdn. 1002 ff.; *Krodel* Rdn. 230 ff.).

Werden aufgrund der Anordnung der aufschiebenden Wirkung eines Widerspruchs o. einer Klage Leistungen (weiter) erbracht, sind diese bei einem Unterliegen in der Hauptsache zu erstatten (Form. VIII. 29 Anm. 2).

3. Allgemein gilt: Wegen der Eilbedürftigkeit entscheiden die Gerichte grundsätzlich aufgrund einer *summarischen Prüfung* der Sach- u. Rechtslage. § 86 b SGG normiert – ebenso wie § 80 Abs. 5 VwGO – *nicht* die materiell-rechtlichen Voraussetzungen, unter denen die Gerichte einstweiligen Rechtsschutz in Anfechtungssachen gewähren. Eine Ausnahme gilt jedoch für den Bereich der Versicherungs-, Beitrags- u. Umlagepflichten (§ 86 a Abs. 2 Nr. 1 iVm. Abs. 3 S. 2 SGG). Die Kriterien des § 86 a Abs. 3 S. 2 SGG (Anm. 2), nach denen hier die Verwaltung die Vollziehung aussetzen soll, sind auch im gerichtlichen Verfahren maßgebend. Darüber hinaus kann diese Regelung allgemein der Orientierung dienen; sie lässt jedenfalls den Schluss zu, dass die *Erfolgsaussichten* der Klage der wesentliche Anknüpfungspunkt für die Aussetzungsentscheidung sind (im Einzelnen str. – s. zB. *Krodel* NZS 2001, 450/453; *Kopp/Schenke* § 80 Rdn. 116).

Bei einem offensichtlich rechtswidrigen Verwaltungsakt ist die Anordnung der aufschiebenden Wirkung gem. Art. 19 Abs. 4 GG geboten, bei offensichtlich rechtmäßigem Verwaltungsakt wird der Antrag idR. abzulehnen sein (*Finkelnburg/Dombert/Külpmann,* Rdn. 967 ff., auch zu Fallgestaltungen, bei denen trotz prognostizierter Rechtmäßigkeit des Verwaltungsakts die Anordnung der aufschiebenden Wirkung geboten sein kann). Bei offenem Ausgang des Hauptsacheverfahrens sind das individuelle *Interesse des Antragstellers* u. das *öffentliche Interesse* an der Vollziehung des Verwaltungsakts zu beurteilen, u. es ist eine *Interessenabwägung* erforderlich (aaO., Rdn. 983 ff.). Im Hinblick auf Art. 19 Abs. 4 GG gilt: Der Rechtsschutzanspruch des Betroffenen ist umso stärker, je gewichtiger die ihm auferlegte Belastung ist u. je mehr der Vollzug des Verwaltungsakts Unabänderliches bewirkt (s. auch BVerfGE 35, 382, 402; 69, 220/228; BVerfG NVwZ 1987, 403). Dabei ist, wenn im Einzelfall schwere u. unzumutbare Nachteile drohen, eine *vertiefende* Prüfung der Sach- u. Rechtslage unter Einbeziehung des Grundrechtsschutzes geboten (BVerfGE 79, 69/74 f.; BVerfG NVwZ 1997, 479 im Zusammenhang mit einer einstweiligen Anordnung nach § 123 VwGO, s. auch Form. VIII. 28 Anm. 2).

Ausführlich zu den von Rspr. u. Lit. entwickelten (nicht einheitlich beurteilten) Entscheidungsgrundsätzen *Schoch/Schmidt-Aßmann/Pietzner* § 80 Rdn. 250 ff.; *Finkelnburg/Dombert/Külpmann* Rdn. 961 ff.; speziell zum sozialgerichtlichen Eilverfahren *Krodel* aaO. Rdn. 186 ff., jew. mwN.

4. Das Gericht der Hauptsache (§ 86 b Abs. 1 SGG) entscheidet durch Beschluss (§ 86 b Abs. 4 SGG), dh. im Regelfall ohne Beteiligung der ehrenamtlichen Richter.

5. Das Formular betrifft den speziellen im Vertragsarztrecht geregelten Fall, dass der Berufungsausschuss gemäß § 97 Abs. 4 SGB V die sofortige Vollziehung seiner Entscheidung in Zulassungssachen im *öffentlichen Interesse* angeordnet hat (§ 86 a Abs. 2 Nr. 4 SGG) u. die gerichtliche Anordnung der Wiederherstellung der aufschiebenden Wirkung beantragt wird (§ 86 b Abs. 1 Nr. 2 SGG). Hier wird sich der Antragsteller darauf konzentrieren, das öffentliche Vollzugsinteresse zu widerlegen – vgl. dazu *Spellbrink,* Einstweiliger Rechtsschutz vor den Sozialgerichten in Zulassungssachen gem. § 96 Abs. 4 SGB V, MedR 1999, 304/305 mwN.; *Schlarmann/Buchner,* Auswirkungen des 6. SGG-Änderungsgesetzes auf vertragsärztliche, krankenhausrechtliche u. sonstige Streitigkeiten aus dem SGB V, NJW 2002, 644; s. aber auch LSG Baden-Württemberg *Breithaupt* 1994, 996.

Weiterführend zum Vertragsarztrecht: *Schnapp/Wigge,* Handbuch des Vertragsarztrechts, 2. Aufl. 2006; *Wenner,* Vertragsarztrecht nach der Gesundheitsreform, 2008.

Kosten und Gebühren

a) *Gerichtskosten:* Da im Textbsp. die Beteiligten nicht zu dem kostenrechtlich privilegierten Personenkreis des § 183 SGG gehören, findet das GKG Anwendung (s. dazu Form. VIII. 2 Kosten u. Gebühren a). Mit Einreichung der Antragsschrift wird die Verfahrensgebühr fällig (§ 6 Abs. 1 GKG). Sie richtet sich nach dem Wert des Streitgegenstandes (Streitwert – § 3 Abs. 1 GKG). In Verfahren vor den Gerichten der Sozialgerichtsbarkeit ist der Streitwert nach der sich aus dem Antrag des Klägers für ihn ergebenden Bedeutung der Sache nach Ermessen zu bestimmen (§ 53 Abs. 3 Nr. 4 iVm. § 52 Abs. 1 GKG); er darf nicht über 2,5 Mio. EUR angenommen werden (§ 52 Abs. 4 GKG; kritisch hierzu *Wolff* NZS 2003, 633/634). Bietet der Sach- u. Streitstand für die Bestimmung des Streitwerts keine genügenden Anhaltspunkte, ist ein Streitwert von 5.000 EUR anzunehmen (§ 53 Abs. 3 Nr. 4 iVm. § 52 Abs. 2 GKG). Wenn Gegenstand des Verfahrens – wie im Textbsp. – nicht eine bestimmte Geldsumme in EUR ist o. gesetzlich kein fester Wert bestimmt ist, setzt das Gericht sogleich ohne Anhörung der Beteiligten den Streitwert durch Beschl. vorläufig fest (§ 63 Abs. 1 S. 1 GKG). Einwendungen hiergegen können nicht erhoben werden. Anfechtbar ist erst die endgültige Wertfestsetzung, die von Amts wegen durch das Prozessgericht erfolgt, sobald eine Entscheidung über den gesamten Streitgegenstand ergeht o. sich das Verfahren anderweitig erledigt (§ 63 Abs. 2 S. 1 GKG). Der endgültige Streitwert kann auch im Urteil festgesetzt werden (*Hartmann* § 63 GKG Rdn. 26). Zur Änderung der Festsetzung durch Instanz- u. Rechtsmittelgericht s. § 63 Abs. 3 GKG.

Gegen den Beschl., durch den der Streitwert endgültig festgesetzt wird, ist die Beschw. gegeben, wenn der Wert des Beschwerdegegenstandes 200 EUR übersteigt o. die Beschw. wegen grundsätzlicher Bedeutung im Beschl. zugelassen worden ist (§ 68 Abs. 1 S. 1 u. 2 GKG). Die Beschw. ist nur innerhalb von 6 Monaten, nachdem die Entscheidung in der Hauptsache Rechtskraft erlangt hat o. sich das Verfahren anderweitig erledigt hat, zulässig. Ist der Streitwert später als einen Monat vor Ablauf dieser Frist festgesetzt worden, kann sie noch innerhalb eines Monats nach Zustellung o. formloser Mitteilung des Festsetzungsbeschlusses eingelegt werden (§ 68 Abs. 1. S. 3 GKG).

Kommt dem vorläufigen Verfahren nicht die Bedeutung des Hauptsacheverfahrens zu, ist der Streitwert mit einem Anteil des Werts der Hauptsache zu bemessen (*Hartmann* § 53 GKG Rdn. 24). Ausführlich zur Wertberechnung in vertragsärztlichen Zulassungssachen (Textbsp.) BSG SozR 4–1920 § 52 Nr. 1 f.; s. auch *Wenner/Bernard* NZS 2006, 1/4: maßgeblich Höhe der Einnahmen während einer Verfahrensdauer im einstweiligen Rechtsschutz von generell einem Jahr.

b) *Rechtsanwaltsgebühren:* Die Verfahren nach § 86b Abs. 1 (Anfechtungssachen – Textbsp.) u. Abs. 2 (Vornahmesachsen – Form. VIII. 28) SGG sind gebührenrechtlich selbstständig (§ 17 Nr. 4 RVG) mit der Folge, dass im Textbsp. Gebühren nach dem Gegenstandswert anfallen. Besondere Gebührenbestimmungen gibt es insoweit nicht; der RA verdient die in Form. VIII. 2 dargestellten Gebühren. Maßgeblich ist die gerichtliche Streitwertfestsetzung (§ 32 Abs. 1 RVG). Der RA hat ein eigenes Antrags- u. Beschw.recht (§ 32 Abs. 2 RVG).

Zum Gegenstandswert der anwaltlichen Tätigkeit in vertragsärztlichen Streitigkeiten *Wenner/Bernard* NZS 2006, 1; *Knittel:* in *Hennig* SGG, Komm., § 197a Rdn. 33ff.; zum Kostenrisiko klagender Vertragsärzte *Engelhard* NZS 2004, 299.

Fristen und Rechtsmittel

Gibt die Behörde einem Aussetzungsantrag (§ 86a Abs. 3 SGG) nicht statt, kann ein entsprechender Antrag beim SG gestellt werden. Er ist jedoch (anders als nach § 80

Abs. 6 VwGO) nicht von einer vorherigen negativen Entscheidung der Behörde abhängig u. bereits vor Klageerhebung zulässig (§ 86 b Abs. 3 SGG). Es sollte aber das Kostenrisiko minimiert werden, so dass es zweckmäßig ist, zunächst eine Verwaltungsentscheidung herbeizuführen (s. auch *Meyer-Ladewig* SGG § 86 b Rdn. 7a).

Gegen die Entscheidung des SG ist grundsätzlich die Beschw. (§ 172 Abs. 1 SGG, Form. VIII. 19) gegeben, u. zwar (abweichend vom früheren Recht) auch gegen zusprechende Entscheidungen. Ab 1. 4. 2008 ist die Beschw. jedoch ausgeschlossen, wenn in der Hauptsache die Berufung nicht zulässig wäre (§ 172 Abs. 3 Nr. 1 SGG). Weit überwiegend wird entscheidend auf den Wert des Beschw.gegenstandes von mehr als 750 EUR, ab dem eine Berufung ohne Zulassung statthaft ist (§§ 143, 144 Abs. 1 Satz 1 Nr. 1 SGG – Form. VIII. 10 Anm. 1), abgestellt (s. zB. Sächsisches LSG Beschl. v. 3. 12. 2008 – L 7 B 683/08 AS-ER – mwN.). Demgegenüber hält das LSG Niedersachsen-Bremen info also 2009, 31 mit eingehender Begr. die Beschw. auch bei einem geringeren Wert nicht schlechthin für ausgeschlossen u. zieht bei der Prüfung des Beschw.ausschlusses auch die Zulassungsgründe des § 144 Abs. 2 SGG (Form. VIII. 11 Anm. 2) heran. Die Beschwer ergibt sich allein aus der angefochtenen Entscheidung im Eilverfahren; ein – ggf. anhängiges – Hauptsacheverfahren ist insoweit rechtlich unbeachtlich.

Die Beschw. hat keine aufschiebende Wirkung (vgl. § 175 SGG).

28. Vorläufiger Rechtsschutz

(Beispiel 2: Antrag auf Gewährung einer medikamentösen Therapie im Wege der einstweiligen Anordnung gemäß § 86b Abs. 2 SGG – Vornahmesache –)[1, 2, 3]

An das
Sozialgericht[4]

In Sachen

des ......, Antragstellers,
Verfahrensbevollmächtigter: RA ......

gegen

die Betriebskrankenkasse ......, Antragsgegnerin,
vertreten durch den Vorstand,

beantrage[5] ich namens und in Vollmacht des Antragstellers, die Beklagte im Wege der einstweiligen Anordnung zu verpflichten, dem Antragsteller das Arzneimittel ...... für die weitere Durchführung einer Inhalationstherapie zu finanzieren, soweit die behandelnden Ärzte des Antragstellers diese Behandlung verordnen.

Begründung:

Der Antragsteller leidet an Nierenkrebs; der Tumor streut Metastasen in die Lunge. Seit Januar 2009 wird der Antragsteller im Universitätsklinikum ...... ambulant behandelt. Ihm wurde eine Inhalationstherapie mit ...... verordnet, die er gut verträgt und die seinen Gesundheitszustand stabilisert hat. Ein anderes Arzneimittel steht nicht zur Verfügung. Zur Vermeidung weiterer Metastasierung und der damit verbundenen Verschlechterung des Gesundheitszustandes ist er deshalb auf diese Therapie angewiesen. Daraus ergibt sich ohne weiteres die Eilbedürftigkeit der begehrten einstweiligen Anordnung, mithin der *Anordnungsgrund.* Die Antragsgegnerin lehnte die Übernahme der Therapiekosten mit Bescheid vom ...... ab, weil das Arzneimittel nicht für die inhalative Anwendung zugelassen sei.

Entgegen der Auffassung der Beklagten ist auch der erforderliche *Anordnungsanspruch* gegeben, da die Antragsgegnerin verpflichtet ist, die vorgenannte Therapie zu finanzieren.[6] Das Arzneimittel ...... ist zur Behandlung des metastasierenden Nierenzellkarzinoms zugelassen.[7] Die Beschränkung der Zulassung auf die intravenöse und subkutane Anwendung steht der Verordnung zu Lasten der gesetzlichen Krankenversicherung nicht entgegen: Da nämlich die Voraussetzungen für einen sog. Off-Label-Gebrauch[8, 9] erfüllt sind, darf das Arzneimittel auch in der Applikation der Inhalationstherapie zu Lasten der gesetzlichen Krankenversicherung verordnet werden. Ausweislich der anliegenden Stellungnahme des Oberarztes ...... gibt es für die schwere Erkrankung des Antragstellers keine andere Therapie, und es besteht die begründete Aussicht auf einen Behandlungserfolg ......[10]

Rechtsanwalt

Schrifttum: wie Form. VIII. 27; *Krodel,* Die neue Regelung des sozialgerichtlichen einstweiligen Rechtsschutzes in Vornahmesachen, NZS 2002, 180; *ders.*, Die Begründetheit des Antrags auf Erlass einer einstweiligen Anordnung, NZS 2002, 234; *Zuck,* Einstweiliger Rechtsschutz bei lebensbedrohlichen seltenen Leiden, SGb 2009, 212.

Anmerkungen

1. Das Form. betrifft eine *Vornahmesache* (Klagetyp: Verpflichtungs- sowie kombinierte Anfechtungs- u. Leistungsklage, Form. VIII. Nr. 4, 6 u. 7). Für diesen Bereich fehlte früher eine gesetzliche Regelung des vorläufigen Rechtsschutzes völlig (vgl. BVerfGE 46, 166; Form. VIII. 27 Anm. 1). Mit der Einführung des § 86 b Abs. 2 SGG durch das 6. SGG-ÄndG v. 17. 8. 2001 (BGBl. I S. 2144) hat der Ges.geber diese Lücke geschlossen. Die Regelung orientiert sich an § 123 VwGO. Danach kann das Gericht der Hauptsache auf Antrag eine einstweilige Anordnung treffen

- in Bezug auf den Streitgegenstand, wenn die Gefahr besteht, dass durch eine Veränderung des bestehenden Zustandes die Verwirklichung eines Rechts des Antragstellers vereitelt o. wesentlich erschwert werden könnte (*Sicherungsanordnung* nach § 86 b Abs. 2 S. 1 SGG) und
- zur Regelung eines vorläufigen Zustandes in Bezug auf ein streitiges Rechtsverhältnis, wenn eine solche Regelung zur Anwendung wesentlicher Nachteile nötig erscheint (*Regelungsanordnung* nach § 86 b Abs. 2 S. 2 SGG).

Die Sicherungsanordnung ist auf die Abwehr belastender Eingriffe, dh. auf *zustandserhaltende* Maßnahmen gerichtet. Ihre Bedeutung tritt im sozialgerichtlichen Verfahren zurück, weil dieser Zweck weitgehend durch die Wiederherstellung der aufschiebenden Wirkung eines Rechtsbehelfs (Form. VIII. 27) erreicht wird (zu ihrem Anwendungsbereich *Krodel* NZS 2002, 180/184 f.). Praktische Bedeutung hat hingegen die auf *zustandsverbessernde* Maßnahmen gerichtete Regelungsanordnung, die der Durchsetzung von Verpflichtungs- u. Leistungsbegehren dient.

Bei einem Unterliegen in der Hauptsache sind die im vorläufigen Rechtsschutz erhaltenen Leistungen zu erstatten (Form. VIII. 29 Anm. 2).

2. *Anordnungsgrund,* dh. die Eilbedürftigkeit der begehrten vorläufigen Regelung, u. *Anordnungsanspruch,* dh. die Rechtsposition, deren Durchsetzung im Hauptsacheverfahren begehrt wird, sind geltend u. die zur Begründung erforderlichen Tatsachen sind glaubhaft zu machen (§§ 86 b Abs. 2 S. 4 SGG iVm. § 920 Abs. 2 ZPO; ausführlich *Finkelnburg/Dombert/Külpmann,* Rdn. 116 ff.). Das Gericht entscheidet grundsätzlich aufgrund einer *summarischen Prüfung* (vgl. Form. VIII. 27 Anm. 3).

Nach überwiegender Auffassung sind die Anforderungen an Anordnungsgrund u. Anordnungsanspruch unabhängig voneinander zu prüfen, eine bloße Interessenabwägung genügt für den Erlass einer einstweiligen Anordnung nicht. Grundsätzlich ist für eine Interessenabwägung nur im Rahmen des Anordnungsgrundes Raum (kritisch zu einer allgemeinen Interessenabwägung *Schoch/Schmidt-Aßmann/Pietzner* § 123 Rdn. 65f., 83; *Finkelnburg/Dombert/Külpmann* Rdn. 136). Bei grundrechtsrelevantem Anordnungsanspruch wird idR. ohne weitere Prüfung auch ein Anordnungsgrund zu bejahen sein, so dass er in diesen Fällen faktisch seine eigenständige Bedeutung verliert (aaO. Rdn. 135 mwN.). Allerdings wird bei einem Streit um existenzsichernde Leistungen (Form. VIII. 29) in geringer Höhe (weniger als 10 vH. der Regelsätze) teilweise (zB. LSG Hamburg Beschl. v. 11. 1. 2007 – L 5 B 531/06 ER AS –) ein Anordnungsgrund nicht gesehen. Des Weiteren kann eine Interessenabwägung bei zeitaufwändiger Prüfung des Anordnungsanspruchs aus Gründen des effektiven Rechtsschutzes insbesondere unter verfassungsrechtlichen Gesichtspunkten (*Krodel* NZS 2002, 234/237f.) geboten sein (dazu näher *Finkelnburg/Dombert/Külpmann* Rdn. 137ff.).

In diesem Zusammenhang ist die Rspr. des BVerfG zu Art. 19 Abs. 4 GG zu beachten. Sie läuft im Ergebnis darauf hinaus, dass der Anordnungsgrund nicht stets losgelöst vom Anordnungsanspruch zu beurteilen ist (BVerfGE 79, 69/74; BVerfG NVwZ 1997, 479, 480 mwN.; s. auch BVerfGE 93, 1/15). Danach darf das Interesse an einer vorläufigen Regelung umso weniger zurückgestellt werden, je schwerer die sich daraus ergebenden Belastungen sind u. je geringer die Wahrscheinlichkeit ist, dass sie im Fall des Obsiegens in der Hauptsache wieder rückgängig gemacht werden können. Der Rspr. des BVerfG ist auch der Hinweis an die Fachgerichte zu entnehmen, vorläufigen Rechtsschutz jedenfalls dann aufgrund einer *vertiefenden Prüfung* der Sach- u. Rechtslage zu gewähren, wenn schwere u. unzumutbare Nachteile drohen und es um Fragen des Grundrechtsschutzes geht. Dabei ist zu berücksichtigen, dass auch im einstweiligen Rechtsschutzverfahren der Amtsermittlungsgrundsatz (§§ 103, 106 Abs. 3 SGG), der die Möglichkeit einer Beweiserhebung einschließt (BVerfG Beschl. v. 25. 2. 2009 – 1 BvR 120/09 –), gilt. Drohen jedoch ohne die Gewährung vorläufigen Rechtsschutzes schwere u. unzumutbare Nachteile, die durch das Hauptsacheverfahren nicht mehr zu beseitigen wären, und ist eine abschließende Prüfung der Sach- u. Rechtslage im Eilverfahren nicht möglich, so ist aufgrund einer Folgenabwägung zu entscheiden (BVerfG Beschl. v. 12. 5. 2005 – 1 BvR 569/05 – = NVwZ 2005, 927; s. auch BVerfG NJW 2004, 3100 = NZS 2004, 527; NJW 2003, 1236 = NZS 2003, 253; NVwZ 1997, 479/480; *Zuck* SGb 2009, 121/124).

Zur Frage der Zulässigkeit der Verweisung auf Leistungen zur Existenzsicherung s. Form. VIII. 29 Anm. 1.

3. Die hM. hält eine *Vorwegnahme der Hauptsache* in allen ihren Formen (s. dazu *Finkelnburg/Dombert/Külpmann* Rdn. 175ff.) durch die vorläufige Regelung grundsätzlich für unzulässig, lässt aber zahlreiche Ausnahmen von diesem Grundsatz zu (ablehnend zum „Vorwegnahmeverbot" mit plausibler Argumentation *Schoch/Schmidt-Aßmann/Pietzner* § 123 Rdn. 146ff.; *Krodel* Rdn. 306ff.; ihnen folgend LSG Niedersachsen-Bremen NZS 2007, 557: Herbeiführung für die Zukunft irreversibler Zustände als Grenze richterlicher Gestaltungsbefugnis im vorläufigen Rechtsschutz, die nur überschritten werden darf u. dann zu überschreiten ist, wenn es verfassungsrechtlich geboten ist). In der SGb ist eine endgültige Vorwegnahme selten; von ihr kann nur gesprochen werden, wenn die Maßnahme rechtlich nachträglich nicht mehr für die Vergangenheit korrigierbar ist (BVerfG Beschl. v. 25. 2. 2009 – 1 BvR 120/09 –). Das ist bei der Verpflichtung zur vorläufigen Finanzierung des Arzneimittels im Textbsp. nicht der Fall, da eine Rückforderung grundsätzlich möglich ist. Zulässig u. erforderlich ist eine Vorwegnahme, wenn dem drohenden Rechtsverlust durch das Hauptsacheverfahren nicht mehr begegnet werden könnte (ebd., s. auch *Meyer-Ladewig* SGG § 86b Rdn. 31). Allerdings ist es verfassungsrechtlich zulässig, Leistungen mit einem Abschlag zuzusprechen (BVerfG NVwZ 2005, 927/928), davon wird indes überwiegend abgesehen (*Meyer-Lade-*

wig SGG § 86b Rdn. 35d). Ausführlich zur Vorwegnahme der Hauptsache *Finkelnburg/Dombert/Külpmann* Rdn. 174ff.

4. Zuständig ist das Gericht der Hauptsache (§ 86b Abs. 2 S. 3 SGG), dh. das Gericht, bei dem das Hauptsacheverfahren bereits anhängig ist o. das, wenn ein solches noch nicht anhängig ist, dafür zuständig wäre. Der Antrag ist schriftlich o. zur Niederschrift des Urkundsbeamten der Geschäftsstelle zu stellen. Er wahrt nicht die Widerspruchs- u. Klagefrist.

5. Das Gericht entscheidet auf Antrag durch Beschl. (§ 86b Abs. 4 SGG), dh. im Regelfall ohne Beteiligung ehrenamtlicher Richter.

6. Versicherte haben Anspruch auf Versorgung mit apothekenpflichtigen Arzneimitteln (grundsätzlich als Sachleistungsanspruch, ausnahmesweise als Kostenerstattungsanspruch, s. Form. VIII. 11 Anm. 5), soweit die Arzneimittel nicht nach § 34 SGB V o. durch die Richtlinien des Gemeinsamen Bundesausschusses (§ 91 SGB V) nach § 92 Abs. 1 S. 2 Nr. 6 SGB V ausgeschlossen sind. Danach ergibt sich folgendes nicht besonders übersichtliches Bild:
- Die gesetzlichen Ausschlüsse nach § 34 Abs. 1 SGB V betreffen a) nicht verschreibungspflichtige Arzneimittel (mit Ausnahmen), b) verschreibungspflichtige Bagatellarzneimittel sowie c) Arzneimittel, bei deren Anwendung die Erhöhung der Lebensqualität im Vordergrund steht („Lifestyle-Präparate").
- Die aufgrund des § 34 Abs. 3 SGB V erlassene VO über unwirtschaftliche Arzneimittel v. 21. 2. 1990 (BGBl. I S. 301) idF. v. 29. 11. 2000 (BGBl. I S. 1593) – die sog. Negativliste – schließt weitere Arzneimittel, die bestimmte Wirkstoffe enthalten, von der Verordnung zu Lasten der gesetzlichen Krankenversicherung aus. Diese Arzneimittel sind zur Erleichterung der Praxis in einer Präparateliste (vgl. § 93 SGB V) zusammengestellt (BAnZ Nr. 170 v. 11. 9. 2002; s. dazu *Knispel* NJW 2002, 871).
- Darüber hinaus hat der *Gemeinsame Bundesausschuss Arzneimittelrichtlinien* (§ 92 Abs. 1 S. 2 Nr. 6 SGB V) erlassen, die die Verordnungsfähigkeit von Arzneimitteln zu Lasten der gesetzlichen Krankenversicherung einschränken o. ausschließen, wenn nach dem allgemeinen Stand der medizinischen Erkenntnisse der diagnostische o. therapeutische Nutzen, die medizinische Notwendigkeit o. die Wirtschaftlichkeit nicht nachgewiesen sind. Allg. zur weitreichenden Richtlinienkompetenz des Gemeinsamen Bundesausschusses instruktiv *Schimmelpfeng-Schütte* Zeitschrift für Rechtspolitik – ZRP – 2004, 253 u. NZS 2006, 567; *Merten* NZS 2006, 336. Außerdem wird der Versorgungsanspruch durch die *Zuzahlungen* (§§ 61f. SGB V) eingeschränkt.

7. Ein Arzneimittel ist grundsätzlich nur dann verordnungsfähig, wenn eine gültige deutsche o. europaweit geltende Arzeinmittelzulassung vorliegt (zB. BSG 72, 252 = NZS 1993, 398; BSG 82, 233 = NZS 1999, 245; BSG 93, 1 = NZS 2005, 308).

8. Ein zugelassenes Arzneimittel darf zu Lasten der gesetzlichen Krankenversicherung nur in einem Anwendungsgebiet (Indikation) verordnet werden, auf das sich die Zulassung erstreckt. Das BSG lässt eine Ausnahme von diesem Grundsatz unter engen Voraussetzungen zu (Off-Label-Use): a) Behandlung einer lebensbedrohlichen o. die Lebensqualität auf Dauer nachhaltig beeinträchtigenden Erkrankung, b) keine andere verfügbare Therapie, c) begründete Aussicht, dass mit dem betreffenden Präparat ein Behandlungserfolg (kurativ o. palliativ) erzielt werden kann (näher dazu BSG 89, 184 = NZS 2002, 646; BSG 97, 112 = NZS 2007, 489; *Goecke* NZS 2006, 291).

9. BVerfG u. ihm folgend das BSG erkennen über den Off-Label-Use hinausgehende Lockerungen der durch das Wirtschaftlichkeitsprinzip geprägten leistungsrechtlichen Grundsätze (s. §§ 2 Abs. 1, 12 Abs. 1 SGB V) bei „lebensbedrohlichen o. regelmäßig tödlich verlaufenden Krankheiten" ohne konventionelle Behandlungsmöglichkeit an. Bei diesen Krankheiten reicht für die Leistungspflicht der Krankenkassen ein Behandlungser-

folg mit unkonventionellen Methoden aus, wenn im konkreten Fall „ernsthafte Hinweise auf einen nicht ganz entfernt liegenden Erfolg der Heilung o. auch nur auf eine spürbare positive Einwirkung auf den Krankheitsverlauf" vorliegen (BVerfGE 115, 25 = NZS 2006, 84: Duchenne'sche Muskeldystrophie; BSG 96, 170 = NZS 2007, 144; BSG 97, 190 = NZS 2007, 534 = SGb 2008, 43 m. Anm. v. *Knispel*; BSG SozR 4–2500 § 27 Nr. 10). Das BSG hat in diesem Zusammenhang dem Tod den kurz bevorstehenden Verlust eines wichtigen Sinnesorgans o. einer herausragenden Körperfunktion gleichgestellt (zB. BSG SozR 4–2500 § 31 Nr. 8). Ferner hat es erweiterte Leistungspflichten der Krankenkassen bei singulären, praktisch nicht systematisch erforschbaren Krankheiten angenommen (BSG 93, 236 = NZS 2005, 589).

Ausführlich zu Leistungsansprüchen bei Behandlung schwerster u. seltener Erkrankungen *Kretschmer* Der medizinische Sachverständige – MedSach – 2009, 54; *Langhals* NZS 2007, 76; *Padé* NZS 2007, 352; *von Wulffen* Gesundheitsrecht 2006, 385; *Wenner* SozSich 2007, 75.

10. S. zum Textbsp. LSG Niedersachsen-Bremen NZS 2003, 262 u. weitere Bsp. gerichtlicher Entscheidungen über Anträge auf einstweilige Anordnung in den einzelnen Rechtsgebieten bei *Meyer-Ladewig* SGG § 86 b Rdn. 33 ff.

Kosten und Gebühren

Anders als in Form. VIII. 27 fallen hier keine Gerichtskosten an (s. Form. VIII. 2 Kosten u. Gebühren a).

Das Verfahren auf Erlass einer einstweiligen Anordnung ist gebührenrechtlich selbstständig (§ 17 Nr. 4 RVG). Besondere Gebührenbestimmungen gibt es insoweit nicht; der RA verdient die in Form. VIII. 2 dargestellten Gebühren. Für eine Reduzierung entsprechend der Minderung des Streitwerts in gerichtskostenpflichtigen Verfahren (Form. VIII. 27 zu Kosten u. Gebühren) gibt es keine gesetzliche Grundlage (Thüringer LSG Beschl. v. 6. 3. 2008 – L 6 B 198/07 SF –). Die Gebühren bestimmen sich nach den in Form. VIII. 31 Anm. 8 dargestellten allg. Kriterien.

Fristen und Rechtsmittel

Der Antrag auf einstweilige Anordnung ist an keine Frist gebunden; es ist jedoch Verwirkung möglich (Hessischer VGH NVwZ 1994, 398).

Gegen Beschl. des SG über eine einstweilige Anordnung – sowohl ablehnende wie stattgebende – ist grundsätzlich die Beschw. (§ 172 Abs. 1 SGG) gegeben (dazu u. zum Beschw.ausschluss nach § 172 Abs. 3 Nr. 1 SGG näher Form. VIII. 27 unter Fristen u. Rechtsmittel).

Die Beschw. hat keine aufschiebende Wirkung (vgl. § 175 SGG). Anwendung u. Auslegung des § 920 Abs. 2 ZPO, nach dem eine Vollstreckung innerhalb eines Monats zu erfolgen hat u. auf den § 86 b Abs. 2 S. 4 SGG verweist, sind im sozialgerichtlichen Verfahren umstritten (vgl. Sächsisches LSG NZS 2009, 458 mwN.). Der Kammervorsitzende kann bestimmen, dass der Vollzug der angefochtenen Entscheidung einstweilen auszusetzen ist (§ 175 S. 3 SGG). Der Vorsitzende des Rechtsmittelgerichts kann die Vollstreckung durch einstweilige Anordnung aussetzen (§ 199 Abs. 2 SGG, s. Form. VIII. 10 Anm. 1).

29. Vorläufiger Rechtsschutz

(Beispiel 3: Einstweiliger Rechtsschutz gegen eine Absenkung des Arbeitslosengeldes II – Anfechtungs- u. Vornahmesache –)[1, 2]

An das
Sozialgericht

In Sachen

des ......, Antragstellers,
Verfahrensbevollmächtigter: RA ......

gegen

die Arbeitsgemeinschaft[3] ......, Antragsgegnerin,
vertreten durch den Geschäftsführer,

beantrage ich namens und in Vollmacht des Antragstellers,

1. die aufschiebende Wirkung des Widerspruchs des Antragstellers vom ...... gegen den Bescheid der Antragsgegnerin vom ...... anzuordnen sowie dieser aufzugeben, den einbehaltenen Betrag in Höhe von ...... EUR auszuzahlen,
2. die Antragsgegnerin im Wege der einstweiligen Anordnung zu verpflichten, dem Antragsteller für die Monate ...... weitere ...... EUR Arbeitslosengeld II zu zahlen.

Begründung:

Der 1951 geborene Antragsteller bezieht seit 1. Januar 2007 von der Antragsgegnerin Leistungen zur Sicherung des Lebensunterhalts nach dem SGB II. Er leidet unter einer Herzkranzgefäßverengung mit Durchblutungsstörungen des Herzens. Im März 2008 erfolgten eine Gefäßausdehnung und die Einbringung einer Gefäßbrücke. Im September 2008 erstellte der Vertragsarzt der Agentur für Arbeit Dr. ...... ein Gutachten. Er bezeichnete den Antragsteller als leistungsfähig für bis zu mittelschwere körperliche Arbeiten, überwiegend stehend oder gehend oder sitzend oder auch in wechselnder Arbeitshaltung unter Vermeidung von vermehrtem Zeitdruck, Nässe, Kälte, Zugluft, Temperaturschwankungen und häufigem Heben und Tragen von Lasten ohne mechanische Hilfsmittel. Im Oktober 2008 unterbreitete die Antragsgegnerin einen Vermittlungsvorschlag für eine Arbeitsgelegenheit mit Mehraufwandsentschädigung als Hausmeister. In dem Vermittlungsvorschlag vom ...... wird die Tätigkeit, die in einem zeitlichen Umfang von 20 Stunden wöchentlich bei flexibler Verteilung ausgeübt werden solle, wie folgt beschrieben: „Hausmeistergehilfe in einer Kita bzw. sozialen Einrichtung, handwerkliche Arbeiten, Kleinstreparaturen, Reinigungsarbeiten, ggf. Winterdienst". Der Antragsteller lehnte das Angebot wegen seines Gesundheitszustandes ab. Auf die Anhörung der Antragsgegnerin ergänzte er im Schreiben vom ......, dass der Arbeitseinsatz in den Wintermonaten sehr unregelmäßig sei. Wegen seiner Herzerkrankung sei er indes auf feste Ernährungszeiten und feste Zeiten für Medikamenteneinnahme angewiesen.
Mit Bescheid vom 18. November 2008 hat die Antragsgegnerin den dem Antragsteller zustehenden Anteil des Arbeitslosengeldes II für die Zeit vom 1. Dezember 2008 bis 28. Februar 2009 monatlich um 30 vH. der maßgebenden Regelleistung abgesenkt, weil sich der Antragsteller trotz Belehrung über die Rechtsfolgen ohne wichtigen Grund geweigert habe, die angebotene Arbeitsgelegenheit aufzunehmen.[4] Die Auszahlung der noch für den Monat Dezember 2008 mit Bescheid vom 19. Juni 2008 bewilligten Leistungen hat sie infolgedessen um ...... EUR gekürzt. Mit weiterem Bescheid vom 9. Dezember 2008 hat die Antragsgegnerin Leistungen für die Monate Januar und Feb-

ruar 2009 nur um den abgesenkten Betrag bewilligt. Gegen die Bescheide vom 18. November und 9. Dezember 2008 hat der Antragsteller am 16. Dezember 2008 Widerspruch eingelegt. Die Antragsgegnerin hat es abgelehnt, den sofortigen Vollzug der Absenkung auszusetzen.
Entgegen ihrer Auffassung ist der Absenkungsbescheid vom 18. November 2008 rechtswidrig. Denn das Arbeitsangebot muss, um eine Sanktion nach sich ziehen zu können, hinreichend bestimmt sein, damit der Hilfebedürftige prüfen kann, ob die angebotene Tätigkeit zumutbar ist. Daran fehlt es hier. Denn Ort, Art und zeitliche Ausgestaltung der Tätigkeit sind nicht eindeutig, sondern nur ungefähr bestimmt. Des Weiteren muss die Arbeitsgelegenheit zumutbar sein. Mit dem von Dr. ...... festgestellten Leistungsvermögen ist die beschriebene Tätigkeit jedoch nicht zu bewältigen. Deshalb ist die aufschiebende Wirkung des Widerspruchs vom 16. Dezember 2008 gegen den Absenkungsbescheid vom 18. November 2008 anzuordnen. Da die Antragsgegnerin die bereits bewilligten Leistungen für den Monat Dezember 2008 nur um den geminderten Betrag ausgezahlt hat, ist sie auch zu verpflichten, die einbehaltenen ...... EUR auszuzahlen. Darüber hinaus ist die mit Bescheid vom 9. Dezember 2008 bewilligte Leistung demgemäß ungekürzt zu zahlen. Der insoweit für die vorläufige Leistungsverpflichtung für die Monate Januar und Februar 2009 erforderliche Anordnungsgrund liegt bei existenzsichernden Leistungen regelmäßig vor. [5]
Rechtsanwalt

Schrifttum: wie Form. VIII. 27 u. 28; *Berlit,* Vorläufiger gerichtlicher Rechtsschutz im Leistungsrecht der Grundsicherung für Arbeitsuchende – ein Überblick, info also 2005, 3; *Groth,* Einstweiliger Rechtsschutz in Streitigkeiten der Grundsicherung für Arbeitsuchende, NJW 2007, 2294; *Krodel,* Sozialgerichtliche Eilverfahren u. Existenzsicherung – Bsp. aus der Rechtsprechung, NZS 2007, 20; *ders.,* Maßstab der Eilentscheidung u. Existenzsicherung, NZS 2006, 637; *Spellbrink,* Die Regelungsanordnung nach § 86 b SGG in Grundsicherungsangelegenheiten nach dem SGB II, Sozialrecht aktuell 2007, 1; *Wenner,* Bedürftigkeit ist schon im einstweiligen Rechtsschutz sorgfältig zu prüfen, SozSich 2005, 216; *Wündrich,* Vorläufiger Rechtsschutz im sozialgerichtlichen Verfahren im Bereich des SGB II, SGb 2009, 206 ff., 267 ff.

Anmerkungen

1. Mit der Neuregelung des Sozialhilferechts durch das 4. Ges. für moderne Dienstleistungen am Arbeitsmarkt („Hartz IV", s. Form. VIII. 6 Anm. 1), insbesondere mit der Zusammenlegung von Arbeitslosen- u. Sozialhilfe zum Arbeitslosengeld II hat der vorläufige Rechtsschutz im sozialgerichtlichen Verfahren erheblich an Bedeutung gewonnen. Zuvor wurde im Rechtsstreit um Sozialleistungen wegen des subsidiär eingreifenden Anspruchs auf Sozialhilfe nach dem BSHG ein Bedürfnis für den Erlass einstweiliger Anordnungen „oftmals nicht oder nicht in dem Maße wie bei der allgemeinen Verwaltungsgerichtsbarkeit" (BVerfGE 46, 166/179) gesehen. Auch für die Arbeitslosenhilfe war der einstweilige Rechtsschutz deshalb von geringer Bedeutung. Diese Situation hat sich mit dem 1. 1. 2005 grundlegend geändert.

Die Vorschriften des SGB II bilden eine abschließende Regelung der Grundsicherung für Erwerbsfähige u. schließen einen Anspruch auf Hilfe zum Lebensunterhalt nach dem SGB XII – Sozialhilfe – aus (§ 5 Abs. 2 S. 1 SGB II). Von diesem Leistungsausschluss unberührt bleiben die im Neunten Kap. des SGB XII geregelten Hilfen in besonderen Lebenslagen (§§ 70 ff. – BSG 97, 242/249 = NZS 2007, 383/386: Kosten des Umgangsrechts; LSG Rheinland-Pfalz ZFSH/SGB 2009, 157: Aufwendungen für Schulbücher). Bei ungeklärter Erwerbsfähigkeit hat sich der Hilfebedürftige zunächst an den Träger der

Grundsicherung für Arbeitsuchende (dazu Anm. 3) zu wenden, dem die Feststellung der Erwerbsfähigkeit obliegt. Bis zu ihrer Klärung erhält er vorläufige Leistungen nach dem SGB II (§§ 44a, 45 SGB II).

Im einstweiligen Rechtsschutz um Leistungen aus der Sozialversicherung ist nach den Neuregelungen der Existenzsicherung u. der Normierung des einstweiligen Rechtsschutzes im SGG eine Verweisung auf die subsidiären (vgl. §§ 5 Abs. 1, 9 Abs. 1 SGB II; § 2 Abs. 2 SGB XII) Leistungen der Existenzsicherung ohne nähere Prüfung des sozialversicherungsrechtlichen Anspruchs nicht mehr möglich (vgl. *Meyer-Ladewig* SGG § 86b Rdn. 29e u. f; *Niesel* Rdn. 655). Der einstweilige Rechtsschutz im SGG geht seit der Normierung zum 2. 1. 2002 über eine verfassungsrechtlich garantierte Mindestsicherung zur Vermeidung „schwerer u. unzumutbarer" Nachteile (BVerfGE 46, 166) hinaus (LSG Nordrhein-Westfalen NZS 2002, 498; *Meyer-Ladewig* SGG § 86b Rdn. 28; *Krodel* NZS 2002, 180/182), so dass die vorherige Rspr. zur Verweisbarkeit auf das Auffangnetz der Sozialhilfe nicht mehr herangezogen werden kann (so aber *Krasney/Udsching* Kap. V Rdn. 39). Aufgrund der Abschottung der Systeme des SGB II u. XII (*Berlit* info also 2005, 3) ist diese auch nicht praktikabel, da inzident die Klärung der Erwerbsfähigkeit iSd. § 8 SGB II erfolgen müsste (*Adolf* in: *Hennig* SGG § 86b Rdn. 91).

Davon unberührt bleibt im Rahmen einer erforderlichen Interessenabwägung bei fehlender Klärungsmöglichkeit des Anordnungsanspruchs im Eilverfahren (s. dazu Form. VIII. 28 Anm. 2) die Berücksichtigung eines tatsächlichen Bezugs dieser Leistungen (vgl. *Meyer-Ladewig* SGG § 86b Rdn. 29f).

2. Im Textbsp. ist der Antrag auf aufschiebende Wirkung des Widerspruchs (Anfechtungssache, s. Form. VIII. 27) verbunden mit dem Antrag auf Erlass einer einstweiligen Anordnung (Vornahmesache, s. Form. VIII. 28). Diese Fallgestaltung kommt im vorläufigen Rechtsschutz der Grundsicherung für Arbeit nicht selten vor.

Gegen einen Sanktionsbescheid nach § 31 SGB II, mit dem eine bewilligte Leistung abgesenkt o. entzogen wird, wird vorläufiger Rechtsschutz mit dem Antrag auf Anordnung der aufschiebenden Wirkung des Widerspruchs o. der Klage (§ 86b Abs. 1. S. 1 Nr. 2 SGG) gewährleistet. Schon mit der Anordnung der aufschiebenden Wirkung lebt die ursprüngliche Leistungsbewilligung wieder auf, des Erlasses einer einstweiligen Anordnung bedarf es insoweit nicht (s. zB. Sächsisches LSG Beschl. v. 28. 4. 2008 – L 3 AS 110/08 AS-ER –). Sofern im Zeitpunkt der gerichtlichen Entscheidung der Verwaltungsakt – wie im Textbsp. – schon vollzogen ist, kann das Gericht die Aufhebung der Vollziehung, dh. hier: die Verpflichtung, den einbehaltenen Betrag auszuzahlen, anordnen (§ 86b Abs. 1 S. 2 SGG; LSG Baden-Württemberg *Breithaupt* 2008, 1004 mwN.); eines Anordnungsgrundes iSd. § 86b Abs. 2 S. 4 SGG iVm. § 920 Abs. 2 ZPO (s. dazu Form. VIII. 28 Anm. 2) bedarf es dazu nicht (LSG Hamburg *Breithaupt* 2009, 251). Dieser Antrag sollte grundsätzlich gestellt werden, es sei denn, es ist sicher, dass der Träger der Grundsicherung von sich aus seiner gesetzlichen Verpflichtung nachkommt. Der Antrag kann auch noch nach Anordnung der aufschiebenden Wirkung vorgebracht werden (*Finkelnburg/Dombert/Külpmann* Rdn. 1020).

Neben dem Antrag auf Anordnung der aufschiebenden Wirkung ist der Antrag auf Erlass einer einstweiligen Anordnung (§ 86b Abs. 2 SGG) erforderlich, wenn die Sanktion – wie im Textbsp. – in einen Zeitraum hineinragt, für den zuvor noch keine Leistungen bewilligt worden waren u. für den die begehrte Leistung aufgrund der Sanktion nun nicht o. nicht im beantragten Umfang bewilligt worden ist (s. zB. LSG Hamburg *Breithaupt* 2009, 251 u. LSG Niedersachsen-Bremen Beschl. v. 1. 9. 2006 – L 8 AS 315/06 ER –).

Ein Leistungszuspruch erfolgt grundsätzlich ab gerichtlicher Antragstellung. Denn erst zu diesem Zeitpunkt ist ein Anordnungsgrund regelmäßig nachgewiesen. Eine Gewährung von Leistungen für die Zeit vor der Antragstellung kann bei einem Nachholbedarf in Betracht kommen (näher *Meyer-Ladewig* SGG § 86b Rdn. 35a). Ein Zuspruch erfolgt idR. nicht für die Zeit bis zum Abschluss des Hauptsacheverfahrens. Aufgrund seines vorläufigen Charakters wird orientierend an der Leistungsfrist des § 41 Abs. 1 S. 4 u. 6 SGB II von 6 bzw. 12 Monaten ein kürzerer Zeitraum gewählt (*Meyer-Ladewig* SGG § 86 b Rdn. 35 b).

Zu den Anforderungen an den Antrag auf Anordnung der aufschiebenden Wirkung u. an den Antrag auf Erlass einer einstweiligen Anordnung im Einzelnen s. Form. VIII. 27 u. 28 jew. Anm. 1–5.

Bei einem Unterliegen in der Hauptsache sind die im vorläufigen Rechtsschutz erhaltenen Leistungen zu erstatten. Die Rechtsnatur des Erstattungsanspruchs ist umstritten. Von der Erstattung sozialversicherungsrechtlicher Leistungen ist wohl ein Betrag in Höhe eines ansonsten gegebenen Anspruchs auf existenzsichernde Leistungen ausgenommen. Näher zur Erstattungsproblematik: *Krasney/Udsching* Kap. V Rdn. 51; *Krodel* aaO. Rdn. 238 ff.; *Meyer-Ladewig* SGG § 86 b Rdn. 22; *Schütze* in: *von Wulffen* SGB X § 50 Rdn. 21.

3. Träger der Grundsicherung für Arbeitsuchende sind die Bundesagentur für Arbeit einerseits u. die kreisfreien Städte sowie Kreise andererseits (§ 6 SGB II). Sie errichten zur einheitlichen Wahrnehmung ihrer Aufgaben Arbeitsgemeinschaften (§ 44 b SGB II). Dem kommen in der Praxis nicht alle Träger nach. Nach BVerfGE 119, 331 = NZS 2008, 198 verletzt die einheitliche Aufgabenwahrnehmung die kommunalen Träger in ihrem Anspruch auf eigenverantwortliche Aufgabenwahrnehmung. Bis zu einer anderen gesetzlichen Regelung, längstens bis zum 31. 12. 2010, ist die Norm weiter anwendbar.

Über die Experimentierklausel des § 6 a SGB II können durch Rechtsverordnung kommunale Träger zur einheitlichen Aufgabenwahrnehmung zugelassen werden. Die Kommunalträger-ZulassungsVO (v. 24. 9. 2004, BGBl. I S. 2349) ist bis zum 31. 12. 2010 befristet.

4. § 31 SGB II ist zentraler Bestandteil des Konzepts des Forderns (§ 2 SGB II) u. setzt dieses mit Sanktionen durch:

- Nach *Abs. 1* wird das Arbeitslosengeld II unter Wegfall des Zuschlags nach § 24 SGB II in einer ersten Stufe um 30 vH. der für den erwerbsfähigen Hilfebedürftigen maßgebenden Regelleistung (§ 20 SGB II) abgesenkt, insbesondere, wenn sich dieser trotz Belehrung über die Rechtsfolgen weigert, eine zumutbare Arbeit, Ausbildung, Arbeitsgelegenheit aufzunehmen o. fortzuführen oder – wie im Textbsp. – eine (gemeinnützige) Arbeitsgelegenheit mit Mehraufwandsentschädigung (sog. Ein-Euro-Job), die seit 1. 1. 2009 in § 16 d S. 2 SGB II geregelt ist, aufzunehmen, ohne eine wichtigen Grund für sein Verhalten nachzuweisen (zu den Anforderungen an eine solche Arbeitsgelegenheit, an die Bestimmtheit des Arbeitsangebots u. an die Rechtsfolgenbelehrung s. BSG Urt. v. 16. 12. 2008 – B 4 AS 60/07 R –).
- Nach *Abs. 2* zieht der Verstoß gegen Melde- u. Mitwirkungspflichten in einer ersten Stufe eine Absenkung um 10 vH. nach sich.
- Über das mehrstufige Sanktionssystem des *Abs. 3* führen wiederholte Pflichtverletzungen in letzter Konsequenz zum Wegfall der Leistung (Absenkung „auf Null").
- *Abs. 4* erstreckt die Sanktionen auf absichtliches Herbeiführen der Hilfebedürftigkeit, auf unwirtschaftliches Verhalten u. auf Sperrzeiten des SGB III (s. hierzu Form. VIII. 1 Anm. 7).
- *Abs. 5* verschärft bei erwerbsfähigen Hilfebedürftigen unter 25 Jahren die Sanktionen. Das Arbeitslosengeld II wird in der ersten Stufe auf die Leistungen für Unterkunft u. Heizung (§ 22 SGB II) beschränkt u. entfällt bereits bei der ersten wiederholten Pflichtverletzung vollständig (zur verfassungsrechtlichen Problematik s. *Rixen* in: *Eicher/Spellbrink* SGB II Komm. 2. Aufl. 2008 § 31 Rdn. 53 sowie *Berlit* in: *Münder* SGB II Lehr- u. Praxiskomm. 2. Aufl. 2007 § 31 Rdn. 17 u. Rdn. 12 ff. zu allg. verfassungsrechtlichen Erwägungen).

Absenkung u. Wegfall des Arbeitslosengeldes II treten – anders als Sperrzeiten nach dem SGB III (§ 144 Abs. 2 SGB III – BSG 84, 225/232) – nicht kraft Gesetzes, sondern mit Feststellung durch Verwaltungsakt ein (Ausnahme: Eintritt einer Sperrzeit, § 31 Abs. 6 S. 1 Halbs. 2 SGB II), u. zwar mit Wirkung des Kalendermonats, der auf das Wirksamwerden des Verwaltungsakts (§§ 39, 37 SGB X), der die Absenkung o. den Wegfall der Leistung feststellt, folgt (§ 31 Abs. 6 S. 1 SGB II); sie dauern drei Monate (S. 2), bei erwerbsfähigen Hilfebedürftigen unter 25 Jahren kann der Leistungsträger sie auf sechs Wochen verkürzen (S. 3). Umstritten ist, ob die Feststellung einer wiederholten Pflichtverletzung mit der Folge einer verschärften Sanktion die Feststellung einer ersten Pflichtverletzung gegenüber dem Hilfebedürftigen voraussetzt o. ob der gleichzeitige Erlass mehrerer Sanktionsbescheide zulässig ist (dazu LSG Mecklenburg-Vorpommern Urt. v. 8. 1. 2009 – L 8 AS 59/06 – mwN.).

Während der Absenkung o. des Wegfalls der Leistung besteht kein Anspruch auf ergänzende Hilfe zum Lebensunterhalt nach dem SGB XII (§ 31 Abs. 6 S. 4 SGB II).

Zum Sanktionssystem des § 31 SGB II im Einzelnen s. *Berlit* ZFSH/SGB 2008, 3 sowie die Kommentierungen in *Eicher/Spellbrink* u. *Münder.*

5. Das Textbsp. ist angelehnt an LSG Berlin-Brandenburg info also 2008, 217 m. Anm. v. *Spindler*.

Kosten und Gebühren

Vgl. Hinweis zu Form. VIII. 28.

Fristen und Rechtsmittel

Vgl. Hinweis zu Form. VIII. 27 u. 28.

Kostenanträge

30. Antrag auf Kostenentscheidung durch Beschluss – § 193 Abs. 1 S. 3 SGG –[1]

An das
Sozialgericht

In dem Rechtsstreit

der Witwe ......, **Klägerin,**
Prozessbevollmächtigter: RA ......
gegen
das Land ......, **Beklagten,**
vertreten durch das Landesversorgungsamt ......,
– Az.: ...... –

ist der Rechtsstreit durch das Anerkenntnis des Beklagten vom ......, das die Klägerin mit Schriftsatz vom ...... angenommen hat[2], in der Hauptsache erledigt.
Ich beantrage[3],

dem Beklagten die der Klägerin entstandenen außergerichtlichen Kosten aufzuerlegen[4].

Rechtsanwalt

Schrifttum: Niesel Rdn. 602ff.; *Krasney/Udsching* Kap. XII: Kosten, hier: Rdn. 55ff.; *Legde,* Die Kostenentscheidung im sozialgerichtlichen Verfahren, SGb 1996, 468.

Anmerkungen

1. Das Gericht hat im Urt. *von Amts wegen* dem Grunde nach zu entscheiden, ob u. in welchem Umfang die Beteiligten einander Kosten zu erstatten haben (§ 193 Abs. 1 S. 1 u. 2 SGG), wobei die Aufwendungen der in § 184 SGG genannten Gebührenpflichtigen (im Wesentlichen: Körperschaften u. Anstalten des öffentlichen Rechts, aber auch private Pflegeversicherungsunternehmen, s. BSG SozR 3–1500 § 164 Nr. 13) nicht erstattungsfähig sind (§ 193 Abs. 4 SGG; allg. zu Kosten u. Gebühren Form. VIII. 2). Ein *Antrag* ist also bei Prozessbeendigung durch Urt. *nicht erforderlich.* Dem Urt. stehen insoweit gleich: Gerichtsbescheid (§ 105 SGG), Beschl., der anstelle eines Urt. ergeht (vgl. §§ 153 Abs. 4, 158, 160a Abs. 4, 169 SGG) sowie Beschl.e im Verfahren des einstweiligen Rechtsschutzes (vgl. Form. VIII. 27–29). Fehlt die Kostenentscheidung, ist Urteilsergänzung möglich (§ 140 SGG).

Nur wenn das Verfahren *anders beendet* wird (zB. durch *Rücknahme der Klage* – § 102 SGG –, angenommenes *Anerkenntnis* – § 101 Abs. 2 SGG –, *Erledigung der Hauptsache;* zur Kostenfolge bei übereinstimmender Erledigungserklärung s. auch *Roller* NZS 2003, 357), wird über die Kosten *auf Antrag durch Beschl.* entschieden (§ 193 Abs. 1 S. 3 SGG), sofern kein Kostenanerkenntnis abgegeben wird. In dem Sonderfall, dass die Klage zurückgenommen wird u. weder Kläger noch Beklagter zu den in § 183 SGG genannten kostenrechtlich privilegierten Personen gehören (s. Form. VIII. 2 Buchst. a zu „Kosten und Gebühren") hat nach § 197a Abs. 1 S. 1 SGG iVm. § 155 Abs. 2 VwGO derjenige, der die Klage zurücknimmt, die Kosten zu tragen.

Wichtig: Wird der Rechtsstreit durch *gerichtlichen Vergleich* (§ 101 Abs. 1 SGG) erledigt u. haben die Beteiligten keine Bestimmung über die Kosten getroffen, so trägt jeder Beteiligte seine Kosten (§ 195 SGG). Nach hM. ist eine vergleichsweise Kostenregelung auch in der Weise möglich ist, dass die Beteiligten eine Kostenentscheidung des Gerichts nach § 193 Abs. 1 S. 3 SGG beantragen (vgl. *Meyer-Ladewig* SGG § 195 Rdn. 3a). Die Sonderregelung des § 195 SGG findet auf den außergerichtlichen Vergleich keine Anwendung, so dass das Gericht auf Antrag nach § 193 Abs. 1 S. 3 SGG über die Kosten zu entscheiden hat, wenn der Vergleich keine Kostenregelung enthält (str.; *Meyer-Ladewig* SGG § 195 Rdn. 4).

War das *persönliche Erscheinen* eines Beteiligten angeordnet (§ 111 SGG), gilt für die *Auslagenvergütung* die Sonderregelung des § 191 SGG.

2. Nur das angenommene *Anerkenntnis* (Textbsp.) erledigt den Rechtsstreit in der Hauptsache (§ 101 Abs. 2 SGG). Die Annahme kann bei schriftlichem Anerkenntnis – das ist der Regelfall – schriftsätzlich erklärt werden (BSG SozR 1500 § 101 Nr. 6). Bei Nichtannahme des Anerkenntnisses ergeht ein Urt. unter Beachtung der materiellrechtlichen Bindung des Beklagten an das Anerkenntnis (BSG SozR 1750 § 307 Nr. 1 u. 2; BSG SozR 6580 Art. 5 Nr. 4).

3. Der Antrag ist nicht fristgebunden, sollte aber alsbald gestellt werden.

4. Das Gericht hat die Kostenentscheidung nach sachgemäßem Ermessen zu treffen. Die Kostenentscheidung ist im Sozialgerichtsprozess nicht streng an den Ausgang des Verfahrens gebunden, vielmehr erlaubt § 193 SGG eine Billigkeitsentscheidung (BSG 3, 95/105f.; 65, 198/203; BSG SozR 3–4100 § 117 Nr. 10; BSG 17, 124/128: die obsiegende Behörde hat durch unrichtige Begründung Anlass zur Klage gegeben; zusammenfassend s. LSG Hessen *Breithaupt* 2003, 470; zur Kostenentscheidung bei der Untätigkeitsklage Form. VIII. 5). Diese Besonderheit ist in der Praxis allerdings von geringer Bedeutung. Danach richtet sich die Kostenentscheidung auch im sozialgerichtlichen Verfahren regelmäßig nach dem Ergebnis des Verfahrens (näher dazu *Meyer-Ladewig* § 193 Rdn. 12 ff.). Die Vorschriften der VwGO zur Kostengrundentscheidung, die anzuwenden sind, wenn weder Kläger noch Beklagte zu den in § 183 SGG genannten kostenrechtlich privilegierten Personen gehören (s. Form. VIII. 2 Buchst. a zu „Kosten u. Gebühren"), knüpfen überwiegend an den Ausgang der Hauptsache an.

Endet das Verfahren anders als durch Urt. u. entscheidet das Gericht durch Kostenbeschl. (§ 193 Abs. 1 S. 3 SGG, s. Anm. 1), so ist der summarisch zu beurteilende vermeintliche Verfahrensausgang auf Grund des Sach- u. Streitstandes zum Zeitpunkt der Erledigung des Verfahrens maßgebend (vgl. auch § 91 a ZPO; BSG SozR Nr. 4 zu § 193 SGG u. SozR 1500 § 193 Nr. 8; *Meyer-Ladewig* § 193 Rdn. 13; *Krasney/Udsching* Kap. XII Rdn. 74; *Niesel* Rdn. 610). Nicht selten ist der Fall, dass sich nach Erlass des angefochtenen Bescheides die *Sachlage* ändert, dies zB. auf Grund einer Beweisaufnahme im sozialgerichtlichen Verfahren deutlich wird u. der beklagte Sozialleistungsträger dem unverzüglich durch ein Anerkenntnis (Teilanerkenntnis) Rechnung trägt; nach hM. soll er dann nach dem Veranlassungsprinzip (vgl. § 93 ZPO) keine Kosten tragen (vgl. zB. LSG Hamburg *Breithaupt* 1979, 936; LSG Nordrhein-Westfalen *Breithaupt* 1991, 173 u. *Breithaupt* 1996, 674; *Meyer-Ladewig* SGG § 193 Rdn. 12 c u. d; *Roos* SGb 1995, 333; aA. mit beachtlichen Gründen LSG Niedersachsen *Breithaupt* 1984, 634; s. auch *Knickrehm* SGb 1996, 650 und *Krasney/Udsching* Kap. VI Rdn. 180, anders Kap. XII Rdn. 61). Erledigt sich die Hauptsache infolge einer *Rechtsänderung* zu Gunsten des Klägers, ist bei der Kostenentscheidung zu berücksichtigen, ob die Klage ohne die Rechtsänderung ohne Erfolg geblieben wäre (BSG SozR 3–1500 § 193 Nr. 2).

Kosten und Gebühren

Kein zusätzlicher Gebührenanspruch des RA.

Fristen und Rechtsmittel

Die Kostenentscheidung *im Urt. des SG* ist nicht gesondert anfechtbar, weder durch Berufung noch durch Beschw. (§ 144 Abs. 4 SGG). Auf Rechtsmittel in der Hauptsache wird aber auch die Kostenentscheidung überprüft.

Gegen die *isolierte* Kostengrundentscheidung *durch Beschl. des SG* (Anm. 1) ist seit dem 1. 4. 2008 die Beschw. nicht mehr gegeben (Form. VIII. 19 Anm. 1). Hat das SG einem Beteiligten durch Beschl. nach § 192 Abs. 1 o. 2 („Praxisgebühr") SGG Verschuldenskosten (Mutwillenskosten) auferlegt, so ist die Beschw. ohne Rücksicht darauf zulässig, ob in der Hauptsache die Berufung zulässig wäre. Verschuldenskosten, die das SG gem. § 192 Abs. 4 SGG der Behörde auferlegt hat, sind eingeschränkt beschwerdefähig (s. Form. VIII. 19 Anm. 1).

31. Antrag auf Kostenfestsetzung – § 197 SGG –[1,2]

An den
Urkundsbeamten der Geschäftsstelle des
Sozialgerichts ......[3]

In dem Rechtsstreit

der Witwe ......, Klägerin,
Prozessbevollmächtigter: RA ......
gegen
die Berufsgenossenschaft der Bauwirtschaft ......, Beklagte,
vertreten durch die Geschäftsführung,
– Az.: ...... –

beantrage ich[4],

die zu erstattenden Kosten auf ...... EUR festzusetzen[5] und den Betrag ab Antragstellung mit 5 vH. über dem Basiszinssatz zu verzinsen[6].

Begründung:

Der Rechtsstreit ist durch rechtskräftiges Urteil des Landessozialgerichts vom ...... beendet, und die Beklagte ist verurteilt worden, der Klägerin die ihr entstandenen außergerichtlichen Kosten zu erstatten. Folgende Gebühren und Auslagen waren zu einer zweckentsprechenden Rechtsverfolgung notwendig:

Vorverfahren[7]:	
1. Geschäftgebühr, Nr. 2400 VV	**...... EUR**
2. Dokumentenpauschale, Nr. 7000 VV	**...... EUR**
3. Pauschale für Post u. Telekommunikationsdienstleistungen, Nr. 7002 VV	**...... EUR**
4. Umsatzsteuer, Nr. 7008 VV	**...... EUR**
	...... EUR
I. Instanz:	
1. Verfahrensgebühr, Nr. 3103 VV	**...... EUR**
2. Terminsgebühr, Nr. 3106 VV	**...... EUR**
3. Dokumentenpauschale, Nr. 7000 VV	**...... EUR**
4. Pauschale für Post u. Telekommunikationsdienstleistungen, Nr. 7002 VV	**...... EUR**
5. Fahrtkosten, Nr. 7003 VV	**...... EUR**
6. Tage- u. Abwesenheitsgeld, Nr. 7005 VV	**...... EUR**
7. Umsatzsteuer, Nr. 7008 VV	**...... EUR**
	...... EUR
II. Instanz:	
1. Verfahrensgebühr, Nr. 3204 VV	**...... EUR**
2. Terminsgebühr, Nr. 3205 VV	**...... EUR**
3. Dokumentenpauschale, Nr. 7000 VV	**...... EUR**
4. Pauschale für Post u. Telekommunikationsdienstleistungen, Nr. 7002 VV	**...... EUR**
5. Fahrtkosten, Nr. 7003 VV	**...... EUR**
6. Tage- u. Abwesenheitsgeld, Nr. 7005 VV	**...... EUR**
7. Umsatzsteuer, Nr. 7008 VV	**...... EUR**
	...... EUR
Insgesamt	**...... EUR**

Die Überschreitung der Mittelgebühr ist wegen des Umfangs und der Schwierigkeit der Sache gerechtfertigt[8] ...... Es handelt sich zudem um einen Rechtsstreit von überdurch-

schnittlicher Bedeutung für die Klägerin, da die Gewährung einer Hinterbliebenenrente erhebliche Auswirkungen auf ihre wirtschaftlichen Verhältnisse hat. Damit ist auch ein besonderes Haftungsrisiko verbunden gewesen.
Rechtsanwalt

Anmerkungen

1. Die *Kostenfestsetzung* (§ 197 SGG) füllt die Kostengrundentscheidung des Gerichts hinsichtlich der *Höhe* aus. Sie betrifft lediglich das Verhältnis zwischen Kostengläubiger u. Kostenschuldner. Haben sich die Beteiligten über die Höhe der Kosten (insbesondere im Vergleich) geeinigt, bedarf es keiner Kostenfestsetzung. Zur Höhe der Gebühren s. Form. VIII. 2.

Der *Kostenfestsetzungsbeschl.* ist ein *Vollstreckungstitel* (§ 199 Abs. 1 Nr. 4 SGG).

2. Von der Kostenfestsetzung zu unterscheiden ist die *gerichtliche Wertfestsetzung für die Gerichtsgebühren* (§ 63 Abs. 2 S. 1 GKG). Sie ist von Bedeutung, wenn nicht – wie im Regelfall – Betragsrahmengebühren gelten (Anm. 8), sondern sich die Gebühren ausnahmsweise nach dem Gegenstandswert richten (vgl. Form. VIII. 2). Dieser ergibt sich im sozialgerichtlichen Verfahren regelmäßig aus der Streitwertfestsetzung für die Gerichtsgebühren (§ 32 Abs. 1 RVG, s. Form. VIII. 27 zu „Kosten u. Gebühren"). Fehlt es ausnahmsweise an einem solchen Wert, erfolgt die Wertfestsetzung nach § 33 RVG (BSG SozR 4–1935 § 33 Nr. 1 = NZS 2005, 557). Der Urkundsbeamte ist an den vom Gericht festgestellten Gegenstandswert gebunden u. berechnet auf dieser Grundlage die zu erstattenden Kosten.

3. Zuständig ist der Urkundsbeamte des Gerichts des *ersten* Rechtszuges, dh. des SG, unabhängig davon, welche Instanz (LSG, BSG) die Kostenentscheidung getroffen hat (§ 197 Abs. 1 SGG). Zur Kostenfestsetzung im Prozesskostenhilfeverfahren s. Form. VIII. 25.

4. Der Urkundsbeamte wird nur *auf Antrag* der Beteiligten o. ihrer Bevollmächtigten tätig. Der Antrag kann schriftlich o. zur Niederschrift von jedem Beteiligten gestellt werden, der an der Festsetzung ein Interesse hat. Er ist an keine Frist gebunden, es ist aber Verwirkung möglich.

5. Die Festsetzung erfolgt durch Beschl. Erstattungsfähig sind die zur zweckentsprechenden Rechtsverfolgung o. Rechtsverteidigung notwendigen Aufwendungen der Beteiligten (dazu näher *Meyer-Ladewig* SGG § 193 Rdn. 7 ff.), wobei die gesetzlichen Gebühren u. die notwendigen Auslagen eines RA stets erstattungsfähig sind (§ 193 Abs. 2 u. 3 SGG, s. auch Form. VIII. 2). In gerichtskostenpflichtigen Verfahren (s. Form. VIII. 2 zu „Kosten u. Gebühren") kommen die Gerichtskosten (Gebühren u. Auslagen) hinzu (§ 197 a Abs. 1. S. 1 SGG iVm. § 162 Abs. 1 VwGO).

6. Der festgesetzte Betrag ist gemäß § 197 Abs. 1 S. 2 SGG iVm. § 104 Abs. 1 S. 2 ZPO ab Antragstellung mit 5 vH. über dem Basiszinssatz (§ 247 BGB) zu verzinsen.

7. Die Kosten des *Widerspruchsverfahrens* (Vorverfahrens), das dem gerichtlichen Verfahren vorangegangen ist, gehören zu den Kosten nach § 193 Abs. 2 SGG. Zur Höhe der Gebühren des RA Form. VIII. 1 zu „Kosten u. Gebühren". Fehlt – wie idR. – eine Entscheidung des Gerichts über die Notwendigkeit der Zuziehung eines Bevollmächtigten iSd. § 63 Abs. 2 SGB X, nimmt sie der Urkundsbeamte im Rahmen der Kostenfestsetzung vor. Richtet sich die Kostengrundentscheidung nach der VwGO (s. Form. VIII. 2 zu „Kosten u. Gebühren"), sind Gebühren u. Auslagen eines RA erstattungsfähig, wenn das Gericht die Zuziehung eines Bevollmächtigten für das Vorverfahren für notwendig erklärt hat (§ 197 a Abs. 1 S. 1 SGG iVm. § 162 Abs. 2 S. 2 VwGO).

8. Bei *Rahmengebühren* bestimmt der RA die Gebühr gemäß § 14 Abs. 1 S. 1 RVG im Einzelfall unter Berücksichtigung aller Umstände, insbesondere der Bedeutung der Angelegenheit, des Umfangs u. der Schwierigkeit der anwaltlichen Tätigkeit sowie der Vermögens- u. Einkommensverhältnisse des Auftraggebers, nach billigem Ermessen. Ein im Einzelfall *besonderes* Haftungsrisiko kann bei der Bemessung herangezogen werden (§ 14 Abs. 1 S. 2 RVG); bei Betragsrahmengebühren (s. Form. VIII. 2 zu „Kosten u. Gebühren") ist es zu berücksichtigen (§ 14 Abs. 1 S. 3 RVG). Da ein besonderes Haftungsrisiko im Einzelfall vorausgesetzt wird (Begr. zum KostRMoG BT-Drucks. 15/1971, 189), kommt eine schematische Erhöhung der Betragsrahmengebühren nicht in Betracht (so aber *Klier* NZS 2004, 469/470). Unklar sind die Kriterien zur Bestimmung eines besonderen Haftungsrisikos, da es regelmäßig eng mit den vorgenannten Burteilungskriterien, die schon bei der Bestimmung der Rahmengebühr zu berücksichtigen sind, verbunden sein wird. Außerdem ist im Hinblick auf das Haftungsrisiko die Möglichkeit der Korrektur unanfechtbarer rechtswidriger Verwaltungsakte unter den erleichterten Voraussetzungen des § 44 SGB X (s. Form. VIII. 7) zu bedenken.

Der Urkundsbeamte prüft, ob die Gebühr *unbillig* ist. Nach dem Beschl. des BSG v. 26. 2. 1992 – 9 a RVs 3/90 – ist für Durchschnittsfälle die *Mittelgebühr* (Hälfte der Summe aus Mindest- u. Höchstgebühr) maßgebend und der Gedanke des „Toleranzrahmens" (Überschreitung der Mittelgebühr bis zu 20%) nur hilfreich, wenn Gesichtspunkte dafür sprechen, dass das Verfahren „etwas über dem Durchschnitt" liegt. Sofern eine höhere Gebühr als die Mittelgebühr gefordert wird, empfiehlt es sich demnach, auf die besonderen Gesichtspunkte (s. zB. BSG SozR 3–1930 § 116 Nr. 4: schwierige ausländer- u. verfassungsrechtliche Probleme, große wirtschaftliche Bedeutung) hinzuweisen, die eine Überschreitung der Mittelgebühr rechtfertigen.

S. näher zu § 14 RVG die Kommentierungen bei *Hartmann* u. *Gerold/Schmidt.*

Kosten und Gebühren

Kein zusätzlicher Gebührenanspruch des RA; die Kostenfestsetzung gehört zu dem Rechtszug u. ist mit der Gebühr der Hauptsache abgegolten (§ 19 Abs. 1 S. 2 Nr. 13 RVG). Das Erinnerungsverfahren gegen eine Kostenfestsetzung des Urkundsbeamten des SG (s. unter „Fristen u. Rechtsmittel") stellt eine besondere Angelegenheit, die eine zusätzliche Gebühr auslöst, dar (§ 18 Nr. 5 RVG), auch wenn es Rechtspfleger iSd. RPflG an den SGen nicht gibt (vgl. BVerwG Beschl. v. 21. 6. 2007 – 4 KSt 1001/07 –).

Fristen und Rechtsmittel

Rechtsbehelf gegen die Entscheidung des Urkundsbeamten der Geschäftsstelle ist die Erinnerung, die binnen eines Monats nach Bekanntgabe eingelegt werden muss (*Meyer-Ladewig* SGG § 197 Rdn. 10). Es entscheidet das SG, dem der Urkundsbeamte angehört, durch Beschl. endgültig (§ 197 Abs. 2 SGG).

IX. Rechtsschutz vor den Gerichten der Europäischen Union

1. Anregung an das Gericht, einen Rechtsstreit auszusetzen[1] und dem Europäischen Gerichtshof gemäß Art. 234 EG (Art. 267 AEUV) zur Vorabentscheidung[2] vorzulegen

Landgericht

……

In dem Rechtsstreit

A gegen Bundesrepublik Deutschland

rege ich an, das Verfahren auszusetzen[3] und dem Europäischen Gerichtshof gemäß Art. 234 Abs. 2 EG[4] folgende Fragen zur Vorabentscheidung vorzulegen:[5]

1. **Gilt der Grundsatz des Gemeinschaftsrechts, dass die Mitgliedstaaten zum Ersatz der Schäden verpflichtet sind, die dem Einzelnen durch Verstöße gegen das Gemeinschaftsrecht entstehen, die diesen Staaten zuzurechnen sind, auch dann, wenn ein solcher Verstoß darin besteht, dass ein formelles innerstaatliches Parlamentsgesetz nicht an die höherrangigen Normen des Gemeinschaftsrechts angepasst wird?**
2. **Kann durch die nationale Rechtsordnung bestimmt werden, dass ein etwaiger Entschädigungsanspruch den gleichen Beschränkungen unterliegt wie bei einem Verstoß eines innerstaatlichen Gesetzes gegen höherrangiges innerstaatliches Recht, beispielsweise einem Verstoß eines einfachen deutschen Bundesgesetzes gegen das Grundgesetz für die Bundesrepublik Deutschland?**
3. **Kann die nationale Rechtsordnung einen Entschädigungsanspruch davon abhängig machen, dass die für die Nichtanpassung verantwortlichen staatlichen Amtsträger ein Verschulden trifft?[6, 7]**

Begründung:

Mit der anhängig gemachten Klage begehrt die Klägerin, eine französische Brauerei mit Sitz im Elsass, Ersatz des Schadens, der ihr durch ein gemeinschaftsrechtswidriges Importverbot der Beklagten in den Jahren 1981 bis 1987 entstanden ist. Die Klägerin, die in der Vergangenheit Bier in die Bundesrepublik Deutschland ausgeführt hatte, musste diese Ausfuhren 1981 unterbrechen, weil ihr Bier von den deutschen Behörden mit der Begründung beanstandet wurde, es entspreche nicht dem Reinheitsgebot der §§ 9 und 10 des Biersteuergesetzes[8]. In einem von der Kommission gemäß Art. 226 EG gegen die Beklagte angestrengten Vertragsverletzungsverfahren entschied der EuGH am 12. März 1987 (Rs. 178/84, Slg. 1987, 1227), dass das Verbot des Inverkehrbringens von aus anderen Mitgliedstaaten eingeführtem Bier, das nicht den Anforderungen der §§ 9 und 10 BierStG genügt, gegen Art. 28 EG verstößt.

Obwohl der EuGH in seiner grundlegenden Entscheidung in der Rechtssache *Francovich* (EuGH, verb. Rs. C-6/90 u. C-9/90, Slg. 1991, I-5357)[9] den Grundsatz aufgestellt hat, dass der Mitgliedstaat für diejenigen Schäden haftet, die Einzelnen durch Verstöße gegen das Gemeinschaftsrecht entstehen, die diesem Staat zuzurechnen sind, lehnte die Beklagte den Ersatz des der Klägerin in den Jahren 1981 bis 1987 aufgrund des gemeinschaftsrechtswidrigen Importverbots entstandenen Schadens ab. Die Beklagte argumentierte zum einen, dass der im Urteil *Francovich* statuierte Schadensersatzanspruch nur bei einem Verstoß gegen nicht unmittelbar anwendbare Vorschriften bestehe, da der EuGH

nur die in diesem Fall bestehende Lücke im System des gemeinschaftlichen Rechtsschutzes für den Einzelnen habe schließen wollen. Soweit dem Einzelnen im nationalen Recht ein Klagerecht für die Geltendmachung der Ansprüche zuerkannt sei, die er aus einer unmittelbar anwendbaren gemeinschaftsrechtlichen Vorschrift wie der des Art. 28 EG herleite, bestehe keinerlei Notwendigkeit eines Entschädigungsanspruchs. Zum anderen sei ein Entschädigungsanspruch, selbst wenn er dem Grundsatz nach auch in diesem Fall angenommen werden müsse, nach den Ausführungen im *Francovich*-Urteil von den formellen und materiellen Voraussetzungen des jeweiligen mitgliedstaatlichen Rechts abhängig. Da das deutsche Staatshaftungsrecht Ersatzansprüche wegen legislativen Unrechts aber nicht gewähre (BGHZ 100, 136, 145 f.), sei auch ein Ausgleich von Nachteilen, die ihre Ursache in der Anwendung einer gemeinschaftsrechtswidrigen Norm haben, nicht möglich. Darüber hinaus setze ein Ersatzanspruch nach den Grundsätzen des deutschen Staatshaftungsrechts stets ein schuldhaftes Verhalten (Vorsatz oder Fahrlässigkeit) des jeweiligen Amtsträgers voraus, für das keinerlei Anhaltspunkte vorlägen.

Da der Rechtsstreit wesentlich von der Auslegung der im *Francovich*-Urteil niedergelegten Grundsätze zur mitgliedstaatlichen Haftung für die Verletzung von Gemeinschaftsrecht abhängt, sollten dem EuGH die entscheidungserheblichen Fragen zur Vorabentscheidung vorgelegt werden. Dabei bedarf vor allem der Klärung, ob ein Schadensersatzanspruch kraft Gemeinschaftsrechts auch im Fall der Nichtanpassung gemeinschaftsrechtswidrigen mitgliedstaatlichen Rechts gegeben ist. Darüber hinaus ist entscheidungserheblich, ob die Schadensersatzpflicht auch in den Fällen legislativen Unrechts besteht, obwohl das deutsche Recht eine derartige Ersatzpflicht nicht kennt, und ob das im deutschen Recht erforderliche Verschulden unabdingbare Voraussetzung für den gemeinschaftsrechtlichen Ersatzanspruch ist.

Die Klägerin verkennt nicht, dass keine Verpflichtung zur Aussetzung und zur Vorlage der eingangs formulierten Fragen an den Europäischen Gerichtshof besteht, da das Landgericht nicht letztinstanzlich entscheidet. Aus prozessökonomischen Gründen sollte jedoch jetzt eine Vorlage erfolgen, damit so bald wie möglich verbindlich Klarheit über die Rechtsfragen besteht, von denen der Ausgang dieses Rechtsstreits abhängt.

Unterschrift

Schrifttum: Anderson/Demetriou, References to the European Court, 2. Aufl. 2002, *Barnard/Sharpston,* The changing face of Article 177 references, CMLR 1997, 1113; *de Búrca/Weiler,* The European Court of Justice, 2001; *Clausnitzer,* Die Vorlagepflicht an den EuGH zum (mangelnden) Rechtsschutz gegen Verstöße letztinstanzlicher Gerichte, NJW 1989, 641; *Dauses,* Das Vorabentscheidungsverfahren nach Artikel 177 EG-Vertrag, 2. Aufl. 1995; *ders.,* Vorabentscheidungsverfahren, in: *Dauses* (Hrsg.), Handbuch des EG-Wirtschaftsrechts (Loseblattsammlung), *Düsterhaus,* Es geht auch ohne Karlsruhe: Für eine rechtsschutzorientierte Bestimmung der zeitlichen Wirkungen von Urteilen im Verfahren nach Art. 234 EG, EuZW 2006, 393; *Everling,* Das Vorabentscheidungsverfahren vor dem Gerichtshof der Europäischen Gemeinschaften, 1986; *Fastenrath,* BVerfG verweigert willkürlich die Kooperation mit dem EuGH, NJW 2009, 272; *Gaitanides,* Art. 234 EG, in: *von der Groeben/Schwarze,* Vertrag über die Europäische Union und Vertrag zur Gründung der Europäischen Gemeinschaft – Kommentar, Bd. 4, 6. Aufl. 2004; *Glaesner,* Die Vorlagepflicht unterinstanzlicher Gerichte im Vorabentscheidungsverfahren, EuR 1990, 143; *Groh,* Auslegung des Gemeinschaftsrechts und Vorlagepflicht nach Art. 234 EG – Plädoyer für eine zielorientierte Konzeption, EuZW 2002, 460; *Hepting,* Artikel 177 EWG-Vertrag und die private Schiedsgerichtsbarkeit, EuR 1982, 315; *Hofstötter,* Neues zu vorlageberechtigten und -verpflichteten Gerichten, E.L. Rev. 2002, 249; *Holoubek,* Vorlageberechtigung und Vorlageverpflichtung, in: *Holoubek/Lang,* Das EuGH-Verfahren in Steuersachen, 2000; *Jann,* Das Vorabentscheidungsverfahren: Grundfragen, Verfahrensablauf und aktuelle Entwicklungen, in: *Holoubek/Lang,* Das EuGH-Verfahren in Steuersachen, 2000; *Kadelbach,* Die Wirkung vom im Vorabentscheidungsverfahren ergangenen Urteilen, in: *Holoubek/Lang,* Das EuGH-Verfahren in Steuersachen, 2000; *Koenig/Engelmann,* Vorwirkungen des EG-Rechtsschutzes durch ein anhängiges Vorabentscheidungsverfahren, EWS 2002, 353; *Komninos,* Article 234 EC and National Competition Authorities in the Era of Decentralisation, E.L.Rev. 2004, 106; *Lenz,* Firnis oder Rechtsgemeinschaft – Einschränkung der Vorlagepflicht nach Art. 177 EWGV auf letztinstanzliche Gerichte, NJW 1993, 2664; *ders.,* Zum Vorlageverfahren beim EuGH, AnwBl. 1993, 477; *Müller-Eiselt,* Trendwende beim Vorabentscheidungsverfahren (Art. 234 EG), ZfZ 1997, 414; *Pache,* Keine Vorlage ohne Anfechtung? EuZW 1994, 615; *Pache/Knauf,* Wider die Beschränkung der Vorlagebefugnis unterinstanzlicher Gerichte im Vorabentscheidungsverfahren – zugleich ein Beitrag zu Art. 68 I EG, NVwZ 2004, 16; *Ress,* Die Entscheidungserheblichkeit im Vorlageverfahren nach Art. 177 EWG-Vertrag im Vergleich zu Vorlageverfahren nach Art. 100 Abs. 1 GG, FS Jahr, 1993, S. 339; *Schiller,* Unterlassene Vorlagepflicht nach Artikel 177 Abs. 3 EWGV an den EuGH als Verletzung des Anspruchs auf den gesetzlichen Richter, NJW 1983, 2736; *Schlemmer-Schulte,* Gemeinschaftsrechtlicher vorläufiger Rechtsschutz und Vorlagepflicht, EuZW 1991, 307; *Sedemund/Heinemann,* Rechtsschutzdefizite in der EG, DB 1995, 1161; *Steindorff,* Vorlagepflicht nach Art. 177 Abs. 3 EWGV und Europäisches Gesellschaftsrecht, ZHR 1992, 1; *Snell,* European courts and intellectual property: a tale of Hercules, Zeus, and Cyclops, E.L.Rev. 2004, 178; *Streil,* Das Vorabentscheidungsverfahren als Bindeglied zwischen europäischer und nationaler Rechtsprechung, in: *Schwarze* (Hrsg.), Der Europäische Gerichtshof als Verfassungsgericht und Rechtsschutzinstanz, 1983, S. 69; *Streinz/Herrmann,* Vorabentscheidungsverfahren und Vorlagepflicht im europäischen Markenrecht, GRURInt 2004, 459; *Vosskuhle,* Zur Verletzung des Rechts auf den gesetzlichen Richter bei Nichtvorlage an den EuGH, JZ 2001, 924; *Wägenbaur,* EuGH VerfO, 2008; *Wagner,* Funktion und praktische Auswirkungen der richterlichen Vorlagen an den Gerichtshof der Europäischen Gemeinschaften, 2001; *Wiedmann,* Zeitlos wie ungeklärt: Die Beschränkung der zeitlichen Wirkung von Urteilen des EuGH im Vorabentscheidungsverfahren nach Art. 234 EG, EuZW 2007, 692; *Zimmermann,* Durchsetzung der Vorlagepflicht nach Artikel 177 Absatz 3 EWG-Vertrag mittels deutschen Verfassungsrechts, FS Doehring, 1989, S. 1033.

Anmerkungen

1. Ein weiteres Beispiel für den Vorlageantrag findet sich in Form. IV. G. Rechtsgrundlage des sog. Vorabentscheidungsverfahrens ist Art. 234 EG. Eine entsprechende Bestimmung findet sich daneben in Art. 150 EA. Ein Vorabentscheidungsverfahren ist ferner vorgesehen in:

– Art. 1–3 Erstes Protokoll betreffend die Auslegung des am 19. Juni 1980 in Rom zur Unterzeichnung aufgelegten Übereinkommens über das auf vertragliche Schuldverhältnisse anzuwendende Recht durch den Gerichtshof der Europäischen Gemeinschaften, ABl. 1989 Nr. L 48/1 = BGBl. 1995 II, 916 (am 1. August 2004 in Kraft getreten, BGBl. 2005 II, 147);
– Art. 1 Zweites Protokoll zur Übertragung bestimmter Zuständigkeiten für die Auslegung des am 19. Juni 1980 in Rom zur Unterzeichnung aufgelegten Übereinkommens über das auf vertragliche Schuldverhältnisse anzuwendende Recht durch den Gerichtshof der Europäischen Gemeinschaften, ABl. 1989 Nr. L 48/17 = BGBl. 1995 II, 923 (am 1. August 2004 in Kraft getreten, BGBl. 2005 II, 148);
– Art. 2 und 3 Vereinbarung Nr. 89/695/EWG über Gemeinschaftspatente, ABl. 1989 Nr. L 401/1, zuletzt geändert durch die Berichtigung der Vereinbarung, ABl. 1989 Nr. L 401/48;

- Art. 65 und 118 Verordnung (EG) 207/2009 über die Gemeinschaftsmarke, Abl. 2009, Nr. L 78/1;
- Art. 1 Protokoll Nr. 34 zum EWR-Vertrag, ABl. 1994 Nr. L 1/204;
- Art. 35 Abs. 1 EU (eingefügt durch den Amsterdamer Vertrag);
- Art. 68 Abs. 3 EG (eingefügt durch den Amsterdamer Vertrag).

Im Gegensatz zu den direkten Klagen ist das Vorabentscheidungsverfahren kein selbstständiges Streitverfahren, sondern ein Zwischenverfahren in dem vor einem einzelstaatlichen Gericht anhängigen Rechtsstreit. Es dient in erster Linie der Wahrung der Rechtseinheit in der EG und ergänzt die Kontrolle, die durch die Kommission und die Mitgliedstaaten gemäß den Art. 226 und 227 EG ausgeübt wird (EuGH Rs. 26/62, Van Gend & Loos gegen niederländische Finanzverwaltung, Slg. 1963, 1, 26). Durch die Rechtsprechung des EuGH soll gewährleistet werden, dass das Gemeinschaftsrecht in allen Mitgliedstaaten einheitlich ausgelegt und angewandt wird (EuGH verb. Rs. C-297/88 u. C-179/89, Dzodzi gegen Belgien, Slg. 1990, I-3763, 3793 Rdn. 37).

Das Vorabentscheidungsverfahren liegt grundsätzlich in der Zuständigkeit des EuGH. Gemäß Art. 225 Abs. 3 EG kann es in besonderen in der Verfahrenssatzung festgelegten Sachgebieten neben der Zuständigkeit des EuGH auch eine Zuständigkeit des Gerichtshofs erster Instanz geben. Bislang sieht die EuGH-Verfahrenssatzung eine solche Zuständigkeit jedoch nicht vor.

2. Der EuGH entscheidet nach Art. 234 EG im Wege der Vorabentscheidung (a) über die Auslegung des EG, (b) über die Gültigkeit und Auslegung von Handlungen der Gemeinschaftsorgane sowie (c) über die Auslegung der Satzungen der durch den Rat geschaffenen Einrichtungen, soweit diese Satzungen dies vorsehen. Die Auslegung des Vertrages umfasst sämtliche Vertragsbestimmungen einschließlich der Anhänge sowie der beigefügten Protokolle, die nach Art. 311 EG Bestandteil des Vertrages sind, sowie alle Änderungs- und Ergänzungsverträge. Gegenstand des Vorabentscheidungsverfahrens ist mithin vorrangig das gesamte primäre Gemeinschaftsrecht. Dazu zählen nach ständiger Rechtsprechung auch die ungeschriebenen allgemeinen Rechtsgrundsätze des Gemeinschaftsrechts (EuGH Rs. 29/69, Stauder gegen Stadt Ulm, Slg. 1969, 419, 425 Rdn. 7; EuGH Rs. 11/70, Internationale Handelsgesellschaft gegen Einfuhr- & Vorratsstelle für Getreide & Futtermittel, Slg. 1970, 1125, 1138 Rdn. 20; EuGH Rs. 4/79, Hauer gegen Land Rheinland-Pfalz, Slg. 1979, 3727, 3744 f. Rdn. 14–16). Im Vorabentscheidungsersuchen über die Gültigkeit und Auslegung von Handlungen der Gemeinschaftsorgane kann auch das gesamte sekundäre Gemeinschaftsrecht Verfahrensgegenstand sein. Dazu gehören nicht nur die in Art. 249 EG genannten Rechtsakte (Verordnungen, Richtlinien, Entscheidungen und Empfehlungen), sondern alle weiteren Akte, die einem Gemeinschaftsorgan zuzurechnen und geeignet sind, Rechtswirkungen zu erzeugen (zB. Entschließungen des Rates; vgl. EuGH Rs. 9/73, Schlüter gegen Hauptzollamt Lörrach, Slg. 1973, 1135, 1160 Rdn. 38 ff.), selbst wenn es um gemeinschaftsrechtliche Handlungen geht, die nicht bindenden Charakter haben (EuGH Rs. 113/75, Frecassetti gegen Staatliche Finanzverwaltung, Slg. 1976, 983, 993 Rdn. 8/9; EuGH Rs. C-188/91, Deutsche Shell gegen Hauptzollamt Hamburg-Harburg, Slg. 1993, I-363, 388 Rdn. 18). Erfasst werden auch die völkerrechtlichen Verträge, die von der Gemeinschaft mit Drittstaaten oder internationalen Organisationen abgeschlossen wurden (EuGH Rs. 12/86, Demirel gegen Stadt Schwäbisch Gmünd, Slg. 1987, 3719, 3751 Rdn. 12; EuGH Rs. C-188/91, Deutsche Shell gegen Hauptzollamt Hamburg-Harburg, Slg. 1993, I-363, 388 Rdn. 19). Die nach Art. 234 Abs. 1 Buchstabe c) EG vorgesehene Auslegung von Satzungen der vom Rat geschaffenen Einrichtungen ist bislang ohne Bedeutung geblieben. Nur bei Maßnahmen und Beschlüssen nach Art. 62 Nr. 1 EG, die die Aufrechterhaltung der öffentlichen Ordnung und den Schutz der inneren Sicherheit betreffen, kann der Gerichtshof gem. Art. 68 Abs. 2 EG nicht angerufen werden.

Art. 234 EG beschränkt den Anwendungsbereich des Vorabentscheidungsverfahrens strikt auf Normen des Gemeinschaftsrechts. Nationales Recht kann vom EuGH weder ausgelegt noch auf seine Gültigkeit bzw. Anwendbarkeit überprüft werden (EuGH Rs. 54/72, Fonderie Officine Riunite gegen Vereinigte Kammgarn-Spinnereien, Slg. 1973, 193, 204 Rdn. 8; EuGH Rs. 77/72, Capolongo gegen Azienda Agricola Maya, Slg. 1973, 611, 622 Rdn. 8). Ebenso wenig kann die Vereinbarkeit nationalen Rechts mit dem vorrangigen Gemeinschaftsrecht zum Gegenstand eines Vorabentscheidungsverfahrens gemacht werden (EuGH Rs. 228/87, Strafverfahren gegen X, Slg. 1988, 5099, 5119 Rdn. 6). Geht es um derartige Rechtsfragen, so ist die Vorlagefrage deshalb gegebenenfalls so zu formulieren, dass nach der Auslegung der gemeinschaftsrechtlichen Norm und ihrer Reichweite gefragt wird. Aus der Antwort auf diese Frage lässt sich dann schließen, ob die in Rede stehende Vorschrift des nationalen Rechts mit der vom EuGH ausgelegten Norm kollidiert (vgl. EuGH Rs. 228/87, Strafverfahren gegen X, Slg. 1988, 5099, 5119 Rdn. 9: „Er [der EuGH] kann aber aus der Fassung der Fragen des vorlegenden Gerichts unter Berücksichtigung des von diesem mitgeteilten Sachverhalts das herausschälen, was die Auslegung des Gemeinschaftsrechts betrifft, um diesem Gericht die Lösung der ihm vorliegenden Rechtsfrage zu ermöglichen" (vgl. auch Anm. 8). Die Zuständigkeit des Gerichtshofs zur Auslegung des Gemeinschaftsrechts ist nicht auf die Situationen beschränkt, für die das Gemeinschaftsrecht unmittelbar oder – etwa im Falle von Richtlinien – mittelbar Geltung beansprucht. Sie besteht auch in den Fällen, in denen der nationale Gesetzgeber anlässlich der Umsetzung einer Richtlinie entschieden hat, rein nationale Sachverhalte ebenso zu behandeln wie Sachverhalte, die von der Richtlinie geregelt werden, und seine nationale Gesetzgebung auf das Gemeinschaftsrecht hin ausgerichtet hat (EuGH Rs. C-28/95, Leur-Bloem gegen Inspecteur der Belastingdienst/Ondernemingen Amsterdam 2, Slg. 1997, I-4161, Leitsatz 1).

3. Die Aussetzung erfolgt in entsprechender Anwendung von § 148 ZPO im Zivilprozess (vgl. OLG Düsseldorf, NJW 1993, 1661), § 94 VwGO im verwaltungsgerichtlichen Verfahren und § 74 FGO im finanzgerichtlichen Verfahren.

4. Art. 234 Abs. 2 EG statuiert ein Vorlagerecht, dessen Ausübung im Ermessen des jeweiligen Gerichts steht. Danach kann jedes mitgliedstaatliche Gericht den EuGH ersuchen, eine Norm des primären oder sekundären Gemeinschaftsrechts auszulegen, wenn es dies zur Entscheidung eines bei ihm anhängigen Rechtsstreits für erforderlich hält. Eine Einschränkung der Vorlageberechtigung gilt für Vorschriften des Titels IV des dritten Teils des EG (Visa, Asyl, Einwanderung und andere Politiken betreffend den freien Personenverkehr) und auf diesen Titel gestützte Rechtsakte: Vorlageberechtigt sind hier nur letztinstanzliche Gerichte, also Gerichte, deren Entscheidungen selbst nicht mehr mit innerstaatlichen Rechtsmitteln angefochten werden können (Art. 68 Abs. 1 EG).

Was unter einem Gericht iSv. Art. 234 EG zu verstehen ist, hat der EuGH in seinem Urteil in der Rs. 61/65, Vaassen-Göbbels gegen Beamtenfonds (Slg. 1966, 584, 602; bestätigt in EuGH Rs. C-54/96, Dorsch Consult Ingenieurgesellschaft gegen Bundesbaugesellschaft Berlin, Slg. 1997, I-4961, 4972 Rdn. 23, in Bezug auf den Vergabeüberwachungsausschuss des Bundes) näher umschrieben. Erforderlich ist danach:
- eine gesetzliche Grundlage für die gerichtliche Tätigkeit;
- ein rechtlich festgelegtes Verfahren;
- eine Entscheidung nach Rechtsnormen;
- eine Bindungswirkung der Entscheidung, die auch durchsetzbar sein muss, sowie
- eine Verpflichtung der Parteien, sich im Fall von Rechtsstreitigkeiten an das Gericht zu wenden (obligatorische Gerichtsbarkeit).

Stellen, die nur Stellungnahmen in Verwaltungsverfahren abgeben oder schiedsrichterlich tätig werden und *ex aequo et bono* entscheiden, sind deshalb nicht als Gerichte iSv. Art. 234 EG anzusehen (EuGH Rs. 318/85, Strafverfahren gegen Greis Unterweger, Slg. 1986, 955, 957 Rdn. 4; EuGH Rs. 102/81, Nordsee Deutsche Hochseefischerei, Slg. 1982, 1095, 1110 f. Rdn. 10–13; aber siehe EuGH Rs. 109/88, Danfoss, Slg. 1989, 3199, 3224 f. Rdn. 7–9 zum Gerichtscharakter von tarifvertraglichen Schiedsgerichten).

Die dem Gerichtshof vorgelegten Fragen müssen nach Auffassung des vorlegenden Gerichts entscheidungserheblich sein und dürfen nicht lediglich allgemeine oder hypothetische Fragen sein (EuGH Rs. 244/80, Foglia gegen Novello, Slg. 1981, 3045, 3062 Rdn. 15). Jedoch sieht der EuGH die Entscheidungserheblichkeit weit und hält auch eine Einigkeit der Parteien des Ausgangsrechtsstreit über die vorgelegte Rechtsfrage für unerheblich (EuGH Rs. C-144/04, Werner Mangold gegen Rüdiger Helm, Slg. 2005, I-9981, Rdn. 38).

Eine Pflicht zur Vorlage besteht im Fall des Art. 234 Abs. 3 EG: Kann die Entscheidung des Gerichts nicht mehr mit Rechtsmitteln des innerstaatlichen Rechts angefochten werden, muss das betreffende Gericht die entscheidungserheblichen Fragen dem EuGH vorlegen. Nach Auffassung des EuGH ist ein Gericht zur Vorlage verpflichtet, wenn es bei konkreter Betrachtung als letztinstanzliches Gericht anzusehen ist (EuGH Rs. C-99/00, Strafverfahren gegen Kenny Roland Lyckeskog, Slg. 2002, I-4839 Rdn. 14ff.). Demnach sind nicht nur die hierarchisch obersten Gerichtshöfe des jeweiligen Mitgliedstaates (einer abstrakten Betrachtungsweise folgend) vorlagepflichtig. Der „konkreten Betrachtungsweise" folgt auch das Bundesverwaltungsgericht. Es hat ebenfalls entschieden, dass die Beschwerde gegen die Nichtzulassung der Revision ein Rechtsmittel im Sinne des Art. 234 Abs. 3 EG ist, dem stattgegeben werden muss, wenn das Instanzgericht es unterlassen hat, dem EuGH eine entscheidungserhebliche Frage des Gemeinschaftsrechts zur Vorabentscheidung vorzulegen (vgl. BVerwG NJW 1988, 664; EuZW 1993, 263).

Über den Wortlaut des Art. 234 Abs. 3 EG hinaus besteht auch für nationale Gerichte, deren Entscheidungen noch mit Rechtsmitteln angefochten werden können, eine Vorlagepflicht, wenn sie einen EG-Rechtsakt für ungültig halten. Die Befugnis zur Feststellung der Ungültigkeit sekundären Gemeinschaftsrechts ist dem Europäischen Gerichtshof vorbehalten (EuGH Rs. 314/85, Foto-Frost gegen HZA Lübeck-Ost, Slg. 1987, 4199, 4232 Rdn. 20). Unklar ist, ob diese Vorlagepflicht unterinstanzlicher Gerichte im Rahmen von Art. 68 Abs. 1 EG gilt. Denn nach dessen Wortlaut sind Vorlagen nationaler Gerichte zu Fragen der Auslegung des Titels IV (Visa, Asyl, Einwanderung und andere Politiken) sowie die Gültigkeit oder Auslegung von Rechtsakten, die auf diesen Titel gestützt werden, nur zulässig, wenn sie von einem letztinstanzlichen Gericht ausgehen (die Vorlagepflicht unterinstanzlicher Gerichte bejahend *Brechmann* 2. Aufl., in: *Calliess/ Ruffert,* Art. 68 Rdn. 2; aA. *Geiger,* EUV/EGV, 4. Aufl. 2004, Art. 68 Rdn. 1; *Rossi* in: *Calliess/ Ruffert,* 3. Aufl., Art. 68 Rdn. 10).

Von der Vorlageverpflichtung nach Art. 234 Abs. 3 EG hat der EuGH nur in wenigen Fällen Ausnahmen zugelassen: Die Vorlagepflicht entfällt zum einen, wenn die Fragen sich auf einen sog. „acte clair" beziehen, die betreffende Frage also schon geklärt ist. Das ist etwa der Fall, wenn sich der EuGH bereits in einem früheren Verfahren zu der gleichen Frage geäußert hat, und neue Umstände, die Veranlassung zu einer neuen Auslegung geben könnten, nicht ersichtlich sind (ständige Rechtsprechung, vgl. EuGH verb. Rs. 28–30/62, Da Costa & Schaake gegen niederländische Finanzverwaltung, Slg. 1963, 60, 81). Zum anderen braucht von einem grundsätzlich vorlagepflichtigen Gericht dann nicht vorgelegt zu werden, wenn die richtige Anwendung des Gemeinschaftsrechts offenkundig ist und keinerlei Raum für einen vernünftigen Zweifel an der gestellten Frage bleibt (EuGH Rs. 283/81, C.I.L.F.I.T. gegen Ministero della Sanità, Slg. 1982, 3415, 3430 Rdn. 16). Einen Ausschluss des Vorlageverfahrens bei Versäumung der Klagefrist des Art. 230 Abs. 5 EG hat der EuGH zunächst in ständiger Rechtsprechung in Beihilfesachen angenommen (EuGH Rs. 156/77, Kommission gegen Belgien, Slg. 1978, 1881, 1897f. Rdn. 25; Rs. C-188/92, Textilwerke Deggendorf gegen Bundesrepublik Deutschland, Slg. 1994, I-833, 852 Rdn. 15; siehe dazu *Sedemund/Heinemann,* DB 1995, 1161, 1164; *Pache,* EuZW 1994, 615). Das gilt nunmehr allgemein in allen Fällen, in denen eine Entscheidung der Kommission nicht nach Art. 230 EG angefochten wird (EuGH Rs. C-178/95, Wiljo gegen Belgien, EuZW 1997, 316, 317f. Rdn. 22–24), soweit es offenkundig ist, dass eine Klage nach Art. 230 EG zulässig gewesen wäre (EuGH Rs. C-241/95, The Queen gegen Interventionboard for Agricultural Produce, ex parte: Accrington Beef Co. Ltd., Slg. 1996, I-6699, 6727 Rdn. 15; Rs. C-408/95, Eurotunnel und SeaFrance, Slg. 1997, I-6315, 6352 Rdn. 29). Diese Ausnahmen gelten nicht, wenn die Vorlagepflicht besteht, weil das entscheidende Gericht eine Gemeinschaftshandlung für ungültig erklären will (EuGH, Rs. C-461/03, Gaston Schul Douane-expediteur BV gegen Minister van Landbouw, Natuur en Voedselkwaliteit, Slg. 2005, I-10513, Rdn. 15 ff.)

Im einstweiligen Rechtsschutzverfahren muss ein Gericht entgegen dem Wortlaut des Art. 234 Abs. 2 EG selbst in den Fällen, in denen seine Entscheidungen noch mit einem Rechtsmittel angefochten werden können, immer dann den EuGH anrufen, wenn es die Gültigkeit abgeleiteten Gemeinschaftsrechts oder die Vereinbarkeit nationalen Rechts mit dem Gemeinschaftsrecht in Frage stellen will; EuGH verb. Rs. C-143/88 und C-92/89, Zuckerfabrik Süderdithmarschen gegen Hauptzollamt Itzehoe und Zuckerfabrik Soest gegen Hauptzollamt Paderborn, Slg. 1991, I-415, Rdn. 18–20 unter Berufung auf bzw. unter Ableitung aus EuGH Rs. 314/85, Foto-Frost gegen Hauptzollamt Lübeck-Ost, Slg. 1987, 4199, 4231 Rdn. 15 ff.; EuGH Rs. C-213/89, The Queen gegen Secretary of State for Transport, ex parte: Factortame Ltd. ua., Slg. 1990, I-2433, 2474 Rdn. 22. Zwar kann das Gericht die innerstaatliche Maßnahme, die auf dem fraglichen Gemeinschaftsakt beruht, vorläufig aussetzen oder insoweit sonstige einstweilige Maßnahmen treffen. Im sog. „Bananenstreit" hat der EuGH jedoch im Zusammenhang mit der Gewährung zusätzlicher Einfuhrlizenzen für Bananenimporteure unter Durchbrechung einer EG-Verordnung entschieden, dass ein nationales Gericht eine einstweilige Anordnung in Bezug auf einen zur Durchführung einer Gemeinschaftsverordnung erlassenen nationalen Verwaltungsakt nur erlassen darf,

- wenn es erhebliche Zweifel an der Gültigkeit der Handlung der Gemeinschaft hat und diese Gültigkeitsfrage, sofern der Gerichtshof noch nicht mit ihr befasst ist, diesem selbst vorlegt;
- wenn die Entscheidung dringlich in dem Sinne ist, dass die einstweiligen Anordnungen erforderlich sind, um zu vermeiden, dass die sie beantragende Partei einen schweren und nicht wieder gutzumachenden Schaden erleidet;
- wenn es das Interesse der Gemeinschaft angemessen berücksichtigt und
- wenn es bei der Prüfung aller dieser Voraussetzungen die Entscheidungen des Gerichtshofes oder des Gerichts erster Instanz über die Rechtmäßigkeit der Gemeinschaftsmaßnahme oder einen Beschluss im Verfahren des einstweiligen Rechtsschutzes betreffend gleichartige einstweilige Anordnungen auf Gemeinschaftsebene beachtet

(vgl. EuGH Rs. C-465/93, Atlanta Fruchthandelsgesellschaft gegen Bundesamt für Ernährung und Forstwirtschaft, Slg. 1995, I-3761, 3795 f. Rdn. 51; bestätigt durch EuGH Rs. C-334/95, Krüger gegen HZA Hamburg-Jonas, Slg. 1997, I-4538, 4553 Rdn. 47).

Wird die Verpflichtung zur Vorlage nach Art. 234 EG verletzt, stellt dies eine Vertragsverletzung dar, die – wenngleich die Kommission aus Zweckmäßigkeitsgründen davon bisher abgesehen hat – im Wege des Vertragsverletzungsverfahrens (Art. 226, 227 EG) gegen den Mitgliedstaat des vorlagepflichtigen Gerichtes sanktioniert werden kann.

Darüber hinaus hat das Bundesverfassungsgericht in seinem „Solange-II"-Beschluss den EuGH ausdrücklich als gesetzlichen Richter im Sinne des Art. 101 Abs. 1 S. 2 GG anerkannt (BVerfGE 73, 339, 366), so dass das Unterlassen der Vorlage von den Parteien mit der Verfassungsbeschwerde angegriffen werden kann. Voraussetzung ist jedoch, dass die Nichtvorlage willkürlich erfolgt. Das nimmt das Bundesverfassungsgericht im Hinblick auf Art. 234 Abs. 3 EG nur dann an, „wenn mögliche Gegenauffassungen zu der entscheidungserheblichen Frage des Gemeinschaftsrechts gegenüber der vom Gericht vertretenen Meinung eindeutig vorzuziehen sind" (BVerfG NJW 1988, 1456). Im Falle eines im Rahmen der Auslegung oder Sachverhalts- und Beweiswürdigung begangenen, im Sinne der Rechtsprechung des EuGH zur Haftung offenkundigen Verstoßes eines letztinstanzlichen Gerichts gegen Gemeinschaftsrechts darf das nationale Recht die Haftung nicht ausschließen (EuGH, Rs. C-173/03, Traghetti del Mediterraneo SpA gegen Italienische Republik, Slg. 2006, I-5177).

5. Die Vorlagefragen und der dem Formular zugrunde liegende Sachverhalt sind in inhaltlich verkürzter Fassung der Entscheidung des Europäischen Gerichtshofs in den Rechtssachen Brasserie du pêcheur und Factortame nachgebildet (EuGH verb. Rs. C-46/93 u. C-48/93, Brasserie du pêcheur gegen Bundesrepublik Deutschland und The Queen gegen Secretary of State for Transport, ex parte: Factortame Ltd. ua., Slg. 1996, I-1029).

6. Die Formulierung der Vorlagefragen durch die Partei ist nur eine Anregung ohne Bindungswirkung. Letztlich entscheidet das Gericht über die Fassung der dem EuGH vorzulegenden Fragen. Gleichwohl sollte auf die Formulierung einige Mühe verwandt werden, da das Gericht die Fragen häufig aufgreift, wenn es sie für zutreffend erachtet.

7. Die Vorlagefragen sind abstrakt zu formulieren. Der EuGH vermeidet jedoch, fehlerhafte Auslegungsfragen als unzulässig abzuweisen. Statt dessen legt er sie aus und deutet sie dergestalt um, dass die darauf zu gebende Antwort dem vorlegenden Gericht eindeutige Folgerungen für die Anwendbarkeit des nationalen Rechts erlaubt (EuGH Rs. 10/71, Staatsanwaltschaft Luxemburg gegen Muller, Slg. 1971, 723, 729 Rdn. 7; EuGH Rs. 135/85, Procureur de la République gegen Tissier, Slg. 1986, 1207, 1212 Rdn. 9).

8. BierStG; Gesetz v. 14. 3. 1952, BGBl. I, S. 149, idF. v. 14. 12. 1976, BGBl. I, S. 3341, 3357.

9. Vgl. dazu *Prieß*, NVwZ 1993, 118. Der EuGH hat im Jahre 2003 entschieden, dass der Betroffene von dem betreffenden Mitgliedstaat nach den Grundsätzen der Staatshaftung Schadensersatz auch dann verlangen kann, wenn der fragliche Verstoß in einer Entscheidung eines letztinstanzlichen nationalen Gerichts besteht,
- sofern die verletzte Gemeinschaftsnorm bezweckt, dem Einzelnen Rechte zu verleihen,
- der Verstoß hinreichend qualifiziert, dh. offenkundig ist und
- zwischen diesem Verstoß und dem dem Einzelnen entstandenen Schaden ein unmittelbarer Kausalzusammenhang besteht (EuGH Rs. C-224/01, Gerhard Köbler gegen Republik Österreich, Slg. 2003, I-10239, Rdn. 59).

Kosten und Gebühren

Das Vorabentscheidungsverfahren vor dem EuGH ist gerichtskostenfrei. Ausgenommen sind gemäß Art. 72 EuGH-Verfahrensordnung die Kosten, die vermeidbar gewesen wären, sowie die Kosten für gewisse Schreib- und Übersetzungsarbeiten, die vom EuGH auf Antrag der Parteien durchgeführt werden. Von dieser Ausnahmebestimmung ist in Vorabentscheidungsverfahren jedoch bisher noch kein Gebrauch gemacht worden. Hinsichtlich der Auslagen der Verfahrensbeteiligten ergeht im Vorabentscheidungsverfahren – im Gegensatz zu den streitigen Verfahren – keine gesonderte Entscheidung. Gemäß Art. 104 § 6 Abs. 1 EuGH-Verfahrensordnung befindet darüber das vorlegende nationale Gericht. Üblicherweise erfolgt die Entscheidung über die im Zwischenurteil entstandenen Kosten im Endurteil. Art. 104 § 6 Abs. 2 EuGH-Verfahrensordnung eröffnet dem EuGH in besonderen Fällen die Möglichkeit, im Rahmen der Prozesskostenhilfe eine Beihilfe zu bewilligen, um es einer Partei zu erleichtern, sich vertreten zu lassen oder persönlich zu erscheinen.

Gebührenrechtlich ist das Verfahren nach Art. 234 EG in § 38 RVG geregelt. Gemäß § 38 Abs. 1 RVG gelten die Vorschriften des Teil 3 Abschnitt 2 des Vergütungsverzeichnisses, die insbesondere Bürgerliche Rechtstreitigkeiten betreffen, entsprechend. Wenn in einem Verfahren, in dem sich die Gebühren nach Teil 4 (Strafsachen), 5 (Bußgeldsachen) oder 6 des Vergütungsverzeichnisses (Sonstige Verfahren) richten, vorgelegt wird, sind gemäß § 38 Abs. 2 RVG in dem Vorabentscheidungsverfahren die Nummern 4130 (Verfahrensgebühr für das Revisionsverfahren) und 4132 des Vergütungsverzeichnisses (Terminsgebühr je Hauptverhandlungstag im Revisionsverfahren) entsprechend anzuwenden. Wird keine im Verfahrensrecht vorgesehene schriftliche Stellungnahme abgegeben, wird die Verfahrensgebühr des Verfahrens, in dem vorgelegt wurde, gemäß § 38 Abs. 3 RVG auf die Verfahrensgebühr vor dem EuGH angerechnet.

Fristen und Rechtsmittel

Die Anfechtbarkeit der Entscheidung des vorlegenden Gerichts über die Vorlage an den EuGH richtet sich nach der für den Ausgangsrechtsstreit maßgeblichen Prozess- oder Verfahrensordnung. Nach der Rechtsprechung des Gerichtshofes bestehen keine Bedenken dagegen, dass die Vorlageentscheidung eines Instanzgerichts vom zuständigen Rechtsmittelgericht aufgehoben wird (EuGH Rs. 146/73, Rheinmühlen gegen Einfuhr- und Vorratsstelle für Getreide und Futtermittel, Slg. 1974, 139, 147f. Rdn. 3; vgl. auch die Schlussanträge des Generalanwalts Roemer in der Rs. 31/68, Chanel gegen Cepeha, Slg. 1970, 403, 408). Das gilt auch für die Vorlageentscheidungen im Rahmen der Gewährung vorläufigen Rechtsschutzes gegen Gemeinschaftsrechtsakte (EuGH Rs. C-334/95, Krüger gegen HZA Hamburg-Jonas, Slg. 1997, I-4517, Rdn. 52).

2. Nichtigkeitsklage gegen einen Rechtsakt der Europäischen Gemeinschaft gemäß Art. 230 Abs. 4 EG (Art. 263 Abs. 4 AEUV)[1]

……stadt, den ……[2]

An das
Gericht erster Instanz der Europäischen Gemeinschaften[3]
– Kanzlei –
Rue du Fort Niedergrünewald
L-2925 Luxemburg
LUXEMBURG

Klage[4]

der ……, handelnd unter der Firma ……[5], ……str. ……, ……stadt[6], vertreten durch ……

– Klägerin –

Prozessbevollmächtigter[7]: Rechtsanwalt ……

gegen

……[8]

– Beklagte –

wegen: Anfechtung einer …… (Art. 230 Abs. 4 EG)[9].

Namens und im Auftrag der Klägerin erheben wir hiermit gemäß Art. 230 Abs. 4 EG Klage und beantragen[10],

1. die Verordnung …… vom …… für nichtig zu erklären[11];
2. die Kosten des Verfahrens der Beklagten aufzuerlegen[12].

Die Vollmacht[13] ist als

Anlage K1,

und die Zulassungsbescheinigung[14] als

Anlage K2

beigefügt[15].

Gemäß Art. 44 § 2 Abs. 2 der Verfahrensordnung erklären wir uns als Prozessbevollmächtigte damit einverstanden, dass Zustellungen an uns mittels Fernkopierer oder sonstiger technischer Kommunikationsmittel erfolgen. Zustellungen können bewirkt werden an Herrn Rechtsanwalt ......, Telefax-Nr.: ......, bzw. an die E-Mail-Anschrift: ......[16]

Begründung[17]:

Abschnitt A: Klageziel und Sachverhalt

I. Klageziel[18]

Die Klägerin wendet sich gegen die Verordnung (EG) Nr. ...... des Rates vom ...... zur Einführung eines endgültigen Antidumpingzolls auf die Einfuhren von „XY" mit Ursprung in der Volksrepublik China und zur endgültigen Vereinnahmung der vorläufigen Antidumpingzölle auf diese Einfuhren (ABl. ......) mit dem Antrag, diese für nichtig zu erklären. Die Voraussetzungen der Einführung eines Antidumpingzolls gemäß der Verordnung (EG) Nr. 384/96 über den Schutz gegen gedumpte oder subventionierte Einfuhren (ABl. 1996 Nr. L 56/1) sind nicht gegeben.

II. Sachverhalt[19]

Die Klägerin ist der größte Importeur der Europäischen Gemeinschaft für den Rohstoff „XY", der im Wesentlichen aus der Volksrepublik China stammt. Die Einfuhr dieser Waren stellt die Hauptbezugsquelle der Klägerin dar, die als ihre maßgebliche Unternehmenstätigkeit aus dem Erzeugnis in einem von ihr entwickelten ......-Verfahren, für das sie ein Patent besitzt, „Z" herstellt, das vor allem in der ...... Industrie Verwendung findet. Aufgrund eines Antrags der Firma ......, die der einzige Hersteller von „XY" in der Gemeinschaft ist und dieses Produkt nach einem eigenen Verfahren ebenfalls zu „Z" verarbeitet und als hauptsächlicher Wettbewerber der Klägerin in der Gemeinschaft vertreibt, erließ die Kommission die Verordnung (EG) Nr. ...... zur Einführung eines vorläufigen Antidumpingzolls auf die Einfuhren von „XY" mit Ursprung in der Volksrepublik China (ABl. ......). Nach einer Verlängerung der Geltungsdauer des vorläufigen Zolls führte der Rat mit der streitigen Verordnung mit Wirkung vom ...... einen endgültigen Antidumpingzoll in Höhe von ......% auf die Einfuhren von „XY" mit Ursprung in der Volksrepublik China ein.

Abschnitt B: Rechtliche Würdigung

Die Klage ist zulässig und begründet.

I. Zulässigkeit der Klage[20]

1. Klagebefugnis

Die Klage ist zulässig. Die Klägerin wird durch die Verordnung (EG) Nr. ...... vom ...... zur Einführung eines vorläufigen Antidumpingzolls auf die Einfuhren von „XY" mit Ursprung in der Volksrepublik China (ABl. ......) unmittelbar und individuell betroffen. Verordnungen, durch die Antidumpingzölle eingeführt werden, können zwar aufgrund ihrer Rechtsnatur und Tragweite tatsächlich normativen Charakter haben und damit die Klagebefugnis natürlicher und juristischer Personen gemäß Art. 230 Abs. 4 EG ausschließen. Das bedeutet jedoch nicht, dass ihre Bestimmungen nicht bestimmte Wirtschaftsteilnehmer unmittelbar und individuell betreffen können (vgl. EuGH verb. Rs. 239 und 275/82, Allied Corporation I gegen Kommission, Slg. 1984, 1005, 1029 Rdn. 11; Rs. 53/83, Allied Corporation II gegen Rat, Slg. 1985, 1621, 1656 Rdn. 4; Rs. C-358/89, Extramet Industrie gegen Rat, Slg. 1991, I-2501, 2531 Rdn. 13).

Nach der Rechtsprechung des Gerichtshofs ist eine unmittelbare und individuelle Betroffenheit durch Antidumping-Verordnungen allgemein für produzierende und exportierende Unternehmen gegeben, die nachweisen können, dass sie durch Handlungen der Kommission oder des Rates namentlich genannt oder von vorbereitenden Handlungen

betroffen waren (EuGH verb. Rs. 239 und 275/82, Allied Corporation I gegen Kommission, Slg. 1984, 1005, 1029 Rdn. 11; Rs. 53/83, Allied Corporation II gegen Rat, Slg. 1985, 1621, 1656 Rdn. 4; Rs. C-358/89, Extramet Industrie gegen Rat, Slg. 1991, I-2501, 2532 Rdn. 15). Darüber hinaus können weitere persönliche Eigenschaften Unternehmen aus dem Kreis aller übrigen Unternehmen hervorheben, so dass sie von einer Verordnung individuell betroffen sein können (EuGH Rs. 25/62, Plaumann gegen Kommission, Slg. 1963, 211, 238 f.). Die Klägerin befindet sich in einer gegenüber allen anderen Wirtschaftsteilnehmern herausgehobenen Situation, denn sie ist der größte Importeur des Erzeugnisses „XY", das Gegenstand der Antidumpingmaßnahme ist, und zugleich Endverbraucher des Produkts. Außerdem hängt ihre wirtschaftliche Betätigung weitgehend von dem Produkt ab und ist von der streitigen Verordnung schwer betroffen, da nur wenige Produzenten das fragliche Erzeugnis herstellen und die Klägerin Schwierigkeiten hat, das Erzeugnis von dem einzigen Hersteller in der Gemeinschaft zu beschaffen, der zudem noch ihr stärkster Wettbewerber für das Verarbeitungserzeugnis „Z" ist.

2. Klagefrist[21]
Die Klagefrist gemäß Art. 230 Abs. 5 EG ist gewahrt, denn die Klage ist innerhalb von zwei Monaten nach Bekanntgabe der streitigen Verordnung erhoben worden.

II. Begründetheit[22, 23]
Die Klage ist auch begründet, denn die angefochtene Verordnung Nr. ...... vom ...... verstößt gegen höherrangiges Gemeinschaftsrecht, insbesondere die Voraussetzungen der Verordnung (EG) Nr. 384/96 über den Schutz gegen gedumpte oder subventionierte Einfuhren aus nicht zur Europäischen Wirtschaftsgemeinschaft gehörenden Ländern (ABl. 1996 Nr. L 56/1), da .....

Unterschrift[24]
Verzeichnis der Anlagen[25]

Schrifttum: Annacker, Die Inexistenz als Angriffs- und Verteidigungsmittel vor dem EuGH, EuZW 1995, 755; *Baumeister,* Effektiver Individualrechtsschutz im Gemeinschaftsrecht, EuR 2005, 1; *Booß,* Art. 230, in: *Grabitz/Hilf,* Das Recht der Europäischen Union (Loseblattsammlung); *Borowski,* Die Nichtigkeitsklage gem. Art. 230 Abs. 4 EGV, EuR 2004, 879; *Burgi,* § 7 in: *Rengeling/Middeke/Gellermann,* Handbuch des Rechtsschutzes in der Europäischen Union, 2. Aufl. 2003; *Cremer,* Nichtigkeitsklagen einzelner gegen Rechtsakte der Gemeinschaft: Klagegegenstand und Klagebefugnis nach Art. 173 EGV, EWS 1999, 48; *Everling,* Zur richterlichen Kontrolle der Tatsachenfeststellungen und der Beweiswürdigung durch die Kommission in Wettbewerbssachen, WuW 1989, 877; *Friedrich/Inghelram,* Die Klagemöglichkeiten des Europäischen Rechnungshofs vor dem Europäischen Gerichtshof, DÖV 1999, 669; *Gaitanides,* Art. 230 EG, in: *von der Groeben/Schwarze,* Vertrag über die Europäische Union und Vertrag zur Gründung der Europäischen Gemeinschaft – Kommentar, Bd. 4, 6. Aufl. 2004; *Happe,* Lauf und Berechnung der Fristen bei Anfechtungen vor dem EuGH, EuZW 1992, 297; *Kirschner/Klüpfel,* Das Gericht erster Instanz der Europäischen Gemeinschaften, 2. Aufl. 1998; *Klüpfel,* Zur Anfechtbarkeit von Richtlinien durch nicht-privilegierte Kläger, EuZW 1996, 393; *Köngeter,* Erweiterte Klageberechtigung bei Individualnichtigkeitsklagen gegen EG-Verordnungen, NJW 2002, 2216; *Koenig,* Institutionelle Überlegungen zum Aufgabenzuwachs beim Europäischen Gerichtshof in der Währungsunion, EuZW 1993, 661; *Körber,* Konkurrentenklagen in der europäischen Fusionskontrolle, EuZW 1996, 267; *Lenaerts/Vanhamme,* Procedural Rights of Private Parties in the Community Administrative Process, CMLR 1997, 531; *Lenz,* Kein Rechtschutz gegen EG-Verordnungen? – Europäische Rechtsschutzdefizite und ihr Ausgleich durch die Feststellungsklage nach § 43 I VwGO, NVwZ 2004, 1421; *Lindner,* Zur Klagebefugnis natürlicher und juristischer Personen für Nichtigkeitsklagen gem. Art. 230 IV gegen EG-Verordnungen, NVwZ 2003, 569; *Lindner,* Individualrechtsschutz im europäischen Gemeinschaftsrecht – Ein systematischer Überblick, JuS 2008, 1; *Neuwahl,* Article 173 Paragraph 4 EC: Past, Present and Possible Future, E.L.Rev. 1996, 17; *Pechstein,* Die Justitiabilität des Unionsrechts, EuR 1999, 1; *Plender,* European Courts Practice and Precedents, 1997; *Polley,* Die Konkurrentenklage im Europäischen Beihilferecht, EuZW 1996, 300; *Ragolle,* Access to justice for private applicants in the Community legal order: recent (r)evolutions, E.L.Rev. 2003, 90; *Reiling,* Streitgegenstand und Einrede der *„res iudicata"* in Direktklageverfahren vor den Gemeinschaftsgerichten, EuZW 2002, 136; *Sachs,* Die Ex-officio-Prüfung durch die Gemeinschaftsgesrichte, 2008; *Sauer,* Rechtsschutz gegen völkerrechtsdeterminiertes Gemeinschaftsrecht? – Die Terroristenliste vor dem EuGH, NJW 2008, 3685; *Schermers/Waelbroeck,* Judicial Protection in the European Communities, 6. Aufl., 2001; *Sinnaeve,* Der Konkurrent im Beihilfeverfahren nach der neuesten EuGH-Rechtsprechung, EuZW 1995, 172; *Stotz/Tonne,* in: *Dauses* (Hrsg.), Handbuch des EU-Wirtschaftsrechts, P. 2; *Usher,* Direct and individual concern – an effective remedy or a conventional solution? E.L.Rev. 2003, 575.

Anmerkungen

1. Die praktisch wichtigste Klageart für natürliche und juristische Personen im Rahmen des Gemeinschaftsrechts ist die Nichtigkeitsklage gemäß Art. 230 EG, die die Anfechtung von Rechtsakten der Organe der Gemeinschaft zum Gegenstand hat. Gemäß Art. 225 Abs. 1 EG ist das Gericht erster Instanz im ersten Rechtszug unter Berücksichtigung der dort und in Art 51 EuGH-Satzung genannten Einschränkungen für Entscheidungen nach Art. 230 EG zuständig. Die Nichtigkeitsklage für Rechtsakte aufgrund des Vertrages zur Gründung der Europäischen Atomgemeinschaft ist in Art. 146 EA geregelt.

2. Gemäß Art. 43 § 3 S. 1 EuG-Verfahrensordnung bzw. Art. 37 § 3 S. 1 EuGH-Verfahrensordnung ist jeder Schriftsatz mit Datum zu versehen. Für die Berechnung von Fristen ist in jedem Fall der Eingang bei dem Gericht maßgeblich (Art. 43 § 3 S. 2 EuG-Verfahrensordnung bzw. Art. 37 § 3 S. 2 EuGH-Verfahrensordnung).

3. Das Gericht erster Instanz ist gemäß Art. 230 Abs. 4 iVm. Art. 225 Abs. 1 EG im ersten Rechtszug zuständig für alle Nichtigkeitsklagen von natürlichen und juristischen Personen (Art. 3 Buchstabe c) Beschluss Nr. 88/591/EGKS, EWG, Euratom zur Errichtung eines Gerichts erster Instanz der Europäischen Gemeinschaften, ABl. 1988 Nr. L 319/1, im Hinblick auf die EGKS durch den Vertrag von Nizza aufgehoben, ABl. 2001 Nr. C 80/1, Art. 10). Der Gerichtshof ist dagegen für alle anderen Nichtigkeitsklagen zuständig, insbesondere solche, die durch die Mitgliedstaaten oder Organe der Gemeinschaft gemäß Art. 230 Abs. 2 EG erhoben werden, Einzelheiten und Rückausnahmen Art. 51 EuGH-Satzung (zuletzt geändert durch Beschluss v. 26. April 2004, ABl. 2004 Nr. L 132/5 bzw. die Berichtigung in ABl. 2004 Nr. L 194/3).

4. Die Anforderungen an die Klageschrift, deren Begründung und an die weiteren Schriftsätze ergeben sich aus Art. 21 Abs. 1 (ggf. iVm. Art. 53 Abs. 1) EuGH-Satzung, aus Art. 43 § 1, § 3 bis § 5, Art. 44 § 1 bis § 5 EuG-Verfahrensordnung sowie aus Art. 37 § 1, § 3 bis § 5 und Art. 38 § 1 bis § 5 EuGH-Verfahrensordnung. Die Klageschrift, alle weiteren Schriftsätze und alle darin erwähnten Anlagen sind urschriftlich mit fünf Abschriften für das Gericht und je einer Abschrift für jede andere am Rechtsstreit beteiligte Partei einzureichen, Art. 43 § 1 Abs. 2 S. 1 EuG-Verfahrensordnung und Art. 37 § 1 Abs. 2 EuGH-Verfahrensordnung. Die Abschriften sind zu beglaubigen.

Nähere Ausführungen zu der Form, der Struktur und dem Inhalt der Klageschrift und den weiteren Schriftsätzen finden sich in den „Praktischen Anweisungen für die Parteien" des EuG (ABl. 2007 Nr. L 232/7) bzw. in den „Praktischen Anweisungen für Klagen und Rechtsmittel" des EuGH (ABl. 2004 Nr. L 361/15 mit Änderungen in ABl. 2009 Nr. L 29/51) sowie in den „Hinweisen für die Prozessvertreter" des EuGH (abrufbar auf der Internetseite www.curia.eu.int). Die praktischen Anweisungen des EUG beinhalten insbesondere auch eine Seitenzahlbegrenzung.

Der Klagebegründung sollte demgemäß eine Gliederung vorangestellt werden. Neben der Einhaltung einer klaren Gliederung mit Zwischenüberschriften ist es insbesondere erforderlich, die Absätze fortlaufend zu nummerieren. Aufgrund der in der Regel notwendigen Übersetzung der Schriftsätze in mehrere Sprachen wird dadurch die Bearbeitung der Stellungnahmen durch das Gericht und die Parteien erleichtert. Bei umfangreichen Schriftsätzen empfiehlt es sich, jedem Kapitel eine kurze Zusammenfassung seines Inhalts voranzustellen und dem Schriftsatz ein Inhaltsverzeichnis beizufügen.

Entspricht die Klageschrift in formeller Hinsicht nicht den Anforderungen des Art. 44 § 3 bis § 5 EuG-Verfahrensordnung bzw. Art. 38 § 3 bis § 5 EuGH-Verfahrensordnung (Vorlage einer Zulassungsbescheinigung, Vorlage des angefochtenen Rechtsakts gemäß Art. 21 Abs. 2 EuGH-Satzung, Vorlage der Satzung und eine Bescheinigung über die Rechtspersönlichkeit bei juristischen Personen des Privatrechts nebst Nachweis über die ordnungsgemäße Ausstellung der Vollmacht), so setzt der Kanzler dem Kläger eine angemessene Frist zur Behebung des Mangels bzw. zur Beibringung der vorgeschriebenen Unterlagen. Nach Fristablauf entscheidet das Gericht darüber, ob die Nichtbeachtung der Formvorschriften die Unzulässigkeit der Klage zur Folge hat, Art. 44 § 6 EuG-Verfahrensordnung und Art. 38 § 7 EuGH-Verfahrensordnung.

Im Hinblick auf die Form und die Abfassung der Klageschrift sowie sämtlicher Schriftsätze im schriftlichen Verfahren hat der EuGH die oben erwähnten und nachfolgend auszugsweise wiedergegebenen „Hinweise für die Prozessvertreter" im Juli 2004, aktueller Stand Januar 2007, herausgegeben. Zum Zweck des schriftlichen Verfahrens betont der Gerichtshof hier: „Das schriftliche Verfahren dient unabhängig von der Verfahrensart (Klageverfahren, Vorabentscheidungsverfahren, Rechtsmittel) stets dem Zweck, dem Gerichtshof, dh. den Richtern und dem Generalanwalt, umfassend den Sachverhalt, die Angriffs- und Verteidigungsmittel, die Argumente und die Anträge der Beteiligten darzulegen."

Das schriftliche Verfahren ist grundsätzlich beschränkt auf Klageschrift, Klageerwiderung sowie Erwiderung des Klägers und Gegenerwiderung (Art. 47 § 1 EuG-Verfahrensordnung bzw. Art. 41 § 1 EuGH-Verfahrensordnung).

Die Fristen werden durch den Präsidenten des Gerichts festgesetzt (Art. 47 § 2 EuG-Verfahrensordnung und Art. 41 § 2 EuGH-Verfahrensordnung).

5. Klagebefugt sind grundsätzlich der Rat oder die Kommission, die Mitgliedstaaten sowie natürliche und juristische Personen. Insoweit ist zwischen privilegierten und nicht-privilegierten Klägern zu unterscheiden:

Privilegierte Kläger sind die Mitgliedstaaten, das Europäische Parlament, der Rat und die Kommission. Ihre Klagebefugnis ist gemäß Art. 230 Abs. 2 EG ohne weiteres gegeben, denn das Interesse an der Wahrung des Rechts im Hinblick auf den Erlass von Rechtsakten der Gemeinschaftsorgane wird unwiderleglich vermutet. Der Rechnungshof und die EZB sind nur dann klagebefugt, wenn sie die Verletzung eigener vertraglicher Kompetenzen geltend machen (Art. 230 Abs. 3 EG; vgl. auch EuGH Rs. C-70/88, Europäisches Parlament gegen Rat, Slg. 1990, I-2067, 2073 Rdn. 27).

Nicht-privilegierte Kläger sind natürliche oder juristische Personen nach den Maßgaben des auf diese Personen anwendbaren nationalen Rechts. Auch juristische Personen des öffentlichen Rechts sind klagebefugt, wobei auch rechtsfähige Untergliederungen eines Mitgliedstaates (zB. Länder, Regionen, Gemeinden, vgl. EuGH Rs. 222/83, Gemeinde Differdange ua. gegen Kommission, Slg. 1984, 2889, 2896 Rdn. 9; verb. Rs. 62 und 72/87, Exécutif régional wallon ua. gegen Kommission, Slg. 1988, 1589, 1592 Rdn. 8; EuG Rs. T-132 und 143/96 Freistaat Sachsen und Volkswagen AG gegen Kommission, Slg. 1999, II-3663, Rdn. 81 ff.), jede andere Körperschaft öffentlichen Rechts sowie Drittstaaten erfasst werden. Nicht-privilegierte Kläger sind nur unter den in Art. 230 Abs. 4 EG genannten Voraussetzungen klagebefugt, dh. wenn sie durch einen Rechtsakt „unmittelbar und individuell" betroffen sind. Das ist bei an den Kläger gerichteten Entscheidungen grundsätzlich unproblematisch. Zweifelhaft können diese Voraussetzungen bei Individualklagen gegen an Staaten gerichtete Entscheidungen oder gegen eine Verordnung (Art. 249 Abs. 2 EG) sein. Die individuelle Betroffenheit ist nach bisheriger Rechtsprechung zu bejahen, wenn die angegriffene Verordnung dem Einzelnen „wegen bestimmter persönlicher Eigenschaften oder besonderer, ihn aus dem Kreis alle übrigen Personen heraushebender Umstände berührt und ihn daher in ähnlicher Weise individualisiert wie den Adressaten" einer Entscheidung (EuGH Rs. 25/62, Firma Plaumann & Co. gegen Kommission, Slg. 1963, 217, 238 bis 239). Dazu genügt jedoch nicht, dass die Verordnung nach ihren objektiven Tatbestandsmerkmalen nur auf eine bestimmte Zahl von Personen anzuwenden ist (vgl. EuGH Rs. 307/81, Alusuisse Italia S. p. A. gegen Rat und Kommission, Slg. 1982, 3463, 3472 Rdn. 11; Rs. 26/86, Deutz und Geldermann gegen Rat, Slg. 1987, 949, 951 Rdn. 8). Eine individuelle Betroffenheit durch eine Verordnung ist demnach wohl anzunehmen, wenn die von der Verordnung betroffenen Personen bereits bei Erlass der Verordnung abschließend bestimmbar sind, weil der in der Verordnung geregelte Tatbestand zum Zeitpunkt des Erlasses bereits abgeschlossen ist. Kann der in der Verordnung geregelte Tatbestand dagegen auch nach dem Erlass der Verordnung durch andere Personen erfüllt werden und beansprucht die Regelung allgemeine Geltung, so liegt keine individuelle Betroffenheit durch die Verordnung vor (vgl. EuGH Rs. 87/95, CNPAAP gegen Rat, Slg. 1996, I-2003, 2015 f. Rdn. 33–36). Die individuelle Betroffenheit wird dagegen dann bejaht, wenn der Kläger auf irgendeine Weise am vorangegangenen Verwaltungsverfahren beteiligt war und durch die angefochtenen Maßnahmen in seiner wirtschaftlichen Tätigkeit erheblich beeinträchtigt wird (vgl. zur Handelspolitik EuGH, Rs. C-451/98, Antillean Rice Mills gegen Rat, Slg. 2001, I-8949, Rdn. 46–67; zum Europäischen Kartellrecht: EuGH Rs. 26/76, Metro gegen Kommission, Slg. 1977, 1877, 1902 Rdn. 13; Rs. 210/81, Oswald Schmidt gegen Kommission, Slg. 1983, 3045, 3063–3064 Rdn. 14–15; verb. Rs. C-68/94 u. C-30/95, Frankreich ua. gegen Kommission, Slg. 1998, I-1375, 1471 f. Rdn. 53–58; zur Anfechtung von Fusionskontrollentscheidungen nach der Verordnung (EWG) Nr. 4064/89: EuG Rs. T-12/93, CCE de Vittel ua. gegen Kommission, Slg. 1993, II-450, 458 Rdn. 22–25; Rs. T-96/92, CEE de la Société Générale des Grandes Sources ua. gegen Kommission, Slg. 1995, II-1213, 1228 Rdn. 25–37; Rs. T-12/93, Comité Central d'Entreprise de la Société anonyme Vittel ua. gegen Kommission, Slg. 1995, II-1247, 1266 Rdn. 35–42; zum Antisubventionsrecht: EuGH Rs. 191/82, FEDIOL gegen Kommission, Slg. 1983, 2913, 2935 Rdn. 27–30; zum Beihilferecht: EuGH Rs. 169/84, Cofaz ua. gegen Kommission, Slg. 1986, 408, 416 Rdn. 28–30; Rs. C-198/91, Cook gegen Kommission, Slg. 1993, I-2487, 2527 Rdn. 20–26; Rs. C-225/91, Matra gegen Kommission, Slg. 1993, I-3203, 3254 Rdn. 14–19; Rs. C-367/95 P, Kommission gegen Sytraval u. Brink's France, Slg. 1998, I-1719, 1766 Rdn. 47–48; zum Antidumpingrecht: EuGH verb. Rs. 239 und 275/82, Allied Corporation gegen Kommission, Slg. 1984, 1005, 1029–1031 Rdn. 10–15; Rs. 53/83, Allied Corporation ua. gegen Rat, Slg. 1985, 1640, 1656 Rdn. 4; Rs. C-358/89, Extramet gegen Rat, Slg. 1991, I-2501, 2531 Rdn. 13; EuG Rs. T-161/94, Sinochem Heilongjiang gegen Rat, Slg. 1996, II-695, 714 Rdn. 49; EuGH Rs. C-76/01, Comité des industries du coton et de fibres connexes de l'Union européenne (Eurocoton) gegen Rat der Europäischen Union, Slg. 2003, I-10.091 Rdn. 67; zum Agrarrecht: EuGH Rs. C-309/89, Codorniu SA gegen Rat, Slg. 1994, I-1879, 1886 Rdn. 19–22). Zwischenzeitlich war das EuG in einem Urteil v. 3. 5. 2002 (EuG Rs. T-177/01, Jégo-Quéré et Cie Sa gegen Kommission, EuZW 2002, 412 ff. m. Anm. *Lübbig*) von der bisherigen restriktiven Rechtsprechung des EuGH abgewichen und hatte den Begriff der individuellen Betroffenheit erweiternd ausgelegt. Der EuGH hat sich dem jedoch nicht angeschlossen, sondern seine bisherige Rechtsprechung in der Entscheidung Unión de Pequeños Agricultores (EuGH Rs. C-50/00 P, Slg. 2002, I-6677) unter Hinweis darauf bestätigt, dass es allein Sache der Mitgliedstaaten sei, das System der Rechtmäßigkeitskontrolle zu reformieren. Im Jahre

2004 hat der EuGH sodann als Instanzgericht das EuG-Urteil idS. Jégo-Quéré er Cie Sa gegen Kommission auf Antrag der Kommission aufgehoben und die Klage der Jégo-Quére et Cie Sa für unzulässig erklärt (EuGH Rs. C-263/02 P, Kommission gegen Jégo-Quéré et Cie Sa, Urt. v. 1. 4. 2004, Slg. 2004, I-3425, Rdn. 46, Tenor).

Der Kläger muss auch unmittelbar von der fraglichen Maßnahme betroffen sein, dh. die Entscheidung muss die Interessen des Klägers beeinträchtigen. Dazu reicht es nicht aus, dass die Maßnahme zB. in Wettbewerbssachen allgemein geeignet ist, die Wettbewerbsverhältnisse für den Kläger allgemein nachteilig zu beeinflussen (EuGH verb. Rs. 10 und 18/68, Società „Eridania“ Zuccherifici Nazionali ua. gegen Kommission, Slg. 1969, 459, 482 Rdn. 7/8. Im Falle der Klage eines Wettbewerbers eines Beihilfeempfängers muss ersterer in stichhaltiger Weise darlegen, aus welchen Gründen die Entscheidung der Kommission durch eine erhebliche Beeinträchtigung ihrer Stellung auf dem betreffenden Markt ihre berechtigten Interessen verletzen kann (EuG Rs. T-36/99, Urt. v. 21. 10. 2004, Lenzing AG gegen Kommission, Slg. 2004, II-3597, Rdn. 80). Bei der Geltendmachung der Verletzung von Verfahrensrechten muss sich der Kläger insbesondere darauf berufen, dass ein verfahrensrechtlich korrektes Verwaltungshandeln zu einem anderen Ergebnis geführt hätte (vgl. zu der Geltendmachung der Verletzung von Verteidigungsrechten im Kartellbußgeldverfahren nach der Verordnung (EWG) Nr. 17/62 EuG Rs. T-30/91, Solvay SA gegen Kommission, Slg. 1995, II-1779, 1798–1799 Rdn. 52–53). Die individuelle Betroffenheit kann auch bei Entscheidungen gegeben sein, die an eine andere Person gerichtet sind. Der Kläger ist im Regelfall allerdings nicht unmittelbar betroffen, wenn die Entscheidung an einen Mitgliedstaat gerichtet ist, es sei denn, den Behörden des Mitgliedstaats steht bei der Ausführung der Entscheidung des Gemeinschaftsorgans gegenüber dem Kläger kein Ermessen zu (vgl. EuGH, Rs. 222/83, Gemeinde Differdange ua. gegen Kommission, Slg. 1984, 2889, 2896 Rdn. 12; Rs. 11/82, SA Piraiki – Patraiki ua. gegen Kommission, Slg. 1985, 227, 242 Rdn. 10 ff.).

Rechtsschutzbedürfnis: Privilegierte Kläger brauchen aufgrund ihrer institutionellen Verantwortung für das Gemeinschaftsrecht kein besonderes Rechtsschutzbedürfnis darzulegen. Bei nicht-privilegierten Klägern ergibt sich das allgemeine Rechtsschutzbedürfnis in der Regel aus der individuellen und unmittelbaren Betroffenheit. Problematisch ist das Rechtsschutzinteresse allenfalls dann, wenn der geltend gemachte Rechtsmangel durch das beklagte Organ bereits behoben ist. Ein Rechtsschutzinteresse kann in einem solchen Fall gegeben sein, wenn Wiederholungsgefahr besteht (vgl. EuGH Rs. 92/78, Simmenthal S. p. A. gegen Kommission, Slg. 1979, 777, 779 Rdn. 31–34) oder sich Haftungsansprüche an die Nichtigkeitsklage anschließen (vgl. EuGH, Rs. 76/79, Karl Könecke Fleischwarenfabrik & Co. KG gegen Kommission, Slg. 1980, 665, 678 Rdn. 9).

6. Die Klageschrift muss gemäß Art. 44 § 1 Buchstabe a) EuG-Verfahrensordnung und Art. 38 § 1 Buchstabe a) EuGH-Verfahrensordnung den Namen und Wohnsitz des Klägers enthalten.

7. Andere Parteien als die Mitgliedstaaten, die Gemeinschaftsorgane oder die Vertragsstaaten des EWR-Abkommens müssen gemäß Art. 19 Abs. 3 (für die Verfahren vor dem EuG iVm. Art. 53 Abs. 1) EuGH-Satzung vor den Gemeinschaftsgerichten durch einen Anwalt vertreten sein, während die Mitgliedstaaten, die Gemeinschaftsorgane sowie die Vertragsstaaten des EWR-Abkommens durch einen Bevollmächtigten vertreten werden; sie können sich der Hilfe eines Beistands oder eines Anwaltes bedienen.

Nur ein Anwalt, der berechtigt ist, vor einem Gericht eines Mitgliedstaates oder eines anderen Vertragsstaates des EWR-Abkommens aufzutreten, kann gemäß Art. 19 Abs. 4 (ggf. iVm. Art. 53 Abs. 1) EuGH-Satzung vor dem EuGH bzw. dem EuG als Vertreter oder Beistand einer Partei auftreten.

8. Die Nichtigkeitsklage kann sich gemäß Art. 230 Abs. 1 EG gegen gemeinsame Handlungen des Europäischen Parlaments und des Rates (Art. 251 EG) sowie Handlungen des Rates oder der Kommission richten. Auch gegen die EZB (Art. 8, 105 ff. EG) kann nach Art. 230 Abs. 1 EG Nichtigkeitsklage erhoben werden. Die Nichtigkeitsklage gegen Rechtsakte der EZB kann zum einen „Entscheidungen" und „Verordnungen" (Art. 34.1. und 34.2. ESZB/EZB-Satzung, ABl. 1992, Nr. C 191/68, zuletzt geändert durch ABl. 2003, Nr. L 236/33) der EZB gegenüber den nationalen Zentralbanken betreffen, die diese „unmittelbar und individuell betreffen". Zum anderen können Maßnahmen der EZB auch von Privaten angefochten werden, wobei in der Praxis die Gewährung subjektiven Rechtsschutzes auf Klagen der Geschäftsbanken gegen die Festlegung der Mindestreserven durch die EZB nach Art. 19.1. ESZB/EZB-Satzung beschränkt bleiben wird. Soweit Handlungen des Europäischen Parlaments Rechtswirkung gegenüber Dritten entfalten, können auch diese Gegenstand einer Nichtigkeitsklage sein, wenn die angefochtene Handlung Rechtswirkungen entfaltet, die über den Rahmen der rein internen Organisation der Arbeit des Parlaments hinausgehen (EuG, Rs. T-17/00, Willi Rothley ua. gegen Europäisches Parlament, Slg. 2002, II-579, Rdn. 54, bestätigt durch: EuGH Rs. C-167/02, Willi Rothley ua. gegen Europäisches Parlament, Slg. 2004, I-3149, Rdn. 24–25). Klagegegner ist damit das Organ der Gemeinschaft, dem die jeweilige Handlung zuzurechnen ist. Zurechenbar sind Handlungen einzelner Mitglieder des Organs oder von Dienststellen (Beamten) der Gemeinschaft, wenn diesen Vertretungsmacht, Ermächtigung oder Delegation der Handlungsbefugnis nicht offensichtlich fehlt.

Das beklagte Organ muss nach Art. 44 § 1 Buchstabe b) EuG-Verfahrensordnung und Art. 38 § 1 Buchstabe b) EuGH-Verfahrensordnung in der Klageschrift ausdrücklich benannt sein.

9. Gegenstand der Nichtigkeitsklage können alle Rechtsakte mit bindender Außenwirkung sein. Das sind insbesondere die in Art. 249 EG vorgesehenen Verordnungen, Richtlinien und Entscheidungen. Empfehlungen und Stellungnahmen sind mangels bindender Wirkung ausdrücklich ausgeschlossen. Es kommt jedoch nicht auf die Bezeichnung des Rechtsakts, sondern auf die tatsächlichen Rechtswirkungen der Handlung eines Organs an. Zwischenentscheidungen im Rahmen eines Verwaltungsverfahrens der Kommission sind nur dann selbständig anfechtbar, wenn sich ihre Bedeutung nicht in der Vorbereitung eines bindenden Rechtsakts gegenüber den Betroffenen erschöpft (vgl. EuGH Rs. 60/81, International Business Machines Corporation gegen Kommission, Slg. 1981, 2639, 2652 Rdn. 10; Rs. C-312/90, Spanien gegen Kommission, Slg. 1992, I-4136, 4142 Rdn. 21 ff.). Zulässig ist deshalb zB. auch die Anfechtung der Verweigerung der Akteneinsicht durch die Kommission (EuGH Rs. 53/85, AKZO Chemie BV ua. gegen Kommission, Slg. 1986, 1985, 1989 f. Rdn. 16–21; EuG Rs. T-30/91, Solvay SA gegen Kommission, Slg. 1995, II-1779, 1799 Rdn. 54). Bloße Ankündigungen von Rechtsakten, wenn das handelnde Organ sich nicht bereits hierdurch bindet, sowie nachfolgende, einen bereits ergangenen Rechtsakt lediglich bestätigende Handlungen (wiederholende Verfügung), entfalten keine eigene Rechtswirkung (EuGH verb. Rs. 166/86 und 220/86, Irish Cement Limited gegen Kommission, Slg. 1988, 6498, 6502 Rdn. 13; EuG Rs. T-331/94, IPK München gegen Kommission, Slg. 1997, II-1665, Rdn. 24) – anders als eine erneute Sachbescheidung durch sog. Zweitbescheid (EuGH Rs. 54/77, Herpels gegen Kommission, Slg. 1978, 585, 496 Rdn. 11/15; vgl. dazu auch EuGH verb. Rs. 41, 50/59, Hamborner Bergbau gegen Hohe Behörde, Slg. 1960, 1027, 1050; Rs. 43/64, Müller gegen Räte der EWG, EAG und EGKS, Slg. 1965, 519, 536). Dagegen liegt in der Ablehnung eines Antrags auf Tätigwerden eine bindende Entscheidung, wenn das handelnde Organ zu einem Tätigwerden befugt wäre (EuGH Rs. 246/81, Nicholas William, Lord Bethell gegen Kommission, Slg. 1982, 2277, 2291 Rdn. 15 f.). Bloßes Schweigen kann grundsätzlich nicht mit einer stillschweigenden Ablehnung gleichgesetzt werden, außer wenn diese Folge im Gemeinschaftsrecht ausdrücklich vorgesehen ist (EuGH Rs. C-123/03 P, Kommission gegen Greencore Group plc, Slg. 2004, I-11.647, Rdn. 45). Schließlich ist auch der Abschluss eines völkerrechtlichen Vertrages durch ein Gemeinschaftsorgan ein anfechtbarer Rechtsakt, wobei sich die Klage nur gegen die innergemeinschaftlichen Wirkungen des Vertrages richten kann (*Geiger,* EUV/EGV, 4. Aufl. 2004, Art. 230 EG, Rdn. 11).

10. Die Anträge sind nach Art. 44 § 1 Buchstabe d) EuG-Verfahrensordnung bzw. Art. 38 § 1 Buchstabe d) EuGH-Verfahrensordnung in der Klageschrift ausdrücklich aufzuführen. Die Anträge sind so abzufassen, wie der Tenor des Urteils, dessen Erlass beantragt wird, lauten würde.

11. Der Hauptantrag der Nichtigkeitsklage muss sich auf die Nichtigerklärung einer anfechtbaren Handlung im Sinne des Art. 230 EG richten (s. Anm. 9). Das Gemeinschaftsrecht kennt keine Verpflichtungsklage auf Erlass eines Rechtsakts. Entfaltet jedoch die Ablehnung eines beantragten Rechtsakts durch Gemeinschaftsorgane bindende Wirkung (s. Anm. 9), so kann diese Entscheidung mit der Nichtigkeitsklage angegriffen werden. Insoweit kann durch eine erfolgreiche Nichtigkeitsklage aufgrund der in Art. 233 EG statuierten Pflicht, die sich aus dem Nichtigkeitsurteil ergebenden Maßnahmen zu ergreifen, auch eine Verpflichtungswirkung für Gemeinschaftsorgane entstehen.

12. Gemäß Art. 87 § 2 Abs. 1 EuG-Verfahrensordnung bzw. Art. 69 § 2 Abs. 1 EuGH-Verfahrensordnung ist die unterliegende Partei auf einen entsprechenden Antrag hin zur Kostentragung zu verurteilen. Dabei legt der Gerichtshof Wert auf den Wortlaut des Antrags. Es muss ausdrücklich beantragt werden, der Beklagten die Kosten des Verfahrens aufzuerlegen (in diesem Sinne zum Rechtsmittelverfahren: EuGH Rs. C-255/90 P, Burban gegen Europäisches Parlament, Slg. 1992, I-2253, 2267 Rdn. 26; vgl. „Kosten und Gebühren“).

13. Vgl. Anm. 7. Für die Vollmacht gelten keine besonderen Vorschriften. Juristische Personen des Privatrechts haben allerdings den Nachweis vorzulegen, dass die Prozessvollmacht ihres Anwalts von einem hierzu Berechtigten ordnungsgemäß ausgestellt ist, Art. 44 § 5 Buchstabe b) EuG-Verfahrensordnung bzw. Art. 38 § 5 Buchstabe b) EuGH-Verfahrensordnung.

14. Vgl. Anm. 7. Der Anwalt hat eine Bescheinigung zu hinterlegen, aus der hervorgeht, dass er berechtigt ist, vor einem Gericht eines Mitgliedstaates oder eines anderen Vertragsstaates des EWR-Abkommens aufzutreten, Art. 44 § 3 EuG-Verfahrensordnung bzw. Art. 38 § 3 EuGH-Verfahrensordnung. Die Bescheinigung wird in Deutschland von dem Gericht ausgestellt, bei dem der Bevollmächtigte zugelassen ist.

15. Juristische Personen des Privatrechts haben zudem gemäß Art. 44 § 5 Buchstabe a) EuG-Verfahrensordnung bzw. Art. 38 § 5 Buchstabe a) EuGH-Verfahrensordnung mit der Klageschrift ihre Satzung, einen neueren Auszug aus dem Handelsregister oder einen anderen Nachweis ihrer Rechtspersönlichkeit einzureichen.

16. Gemäß Art. 44 § 2 Abs. 1 EuG-Verfahrensordnung bzw. Art. 38 § 2 Abs. 1 EuGH-Verfahrensordnung ist in der Klageschrift eine Zustellungsanschrift am Ort des Gerichtssitzes anzugeben, dh. es ist eine Person zu benennen, die ermächtigt ist und sich bereit erklärt hat, die Zustellungen entgegenzunehmen. Üblicherweise wird diese Aufgabe von in Luxemburg niedergelassenen Anwälten wahrgenommen. Die Zustellung erfolgt grundsätzlich auf dem Postweg per Einschreiben mit Rückschein oder durch Übergabe gegen Quittung auf Veranlassung des Kanzlers (Art. 100 EuG-Verfahrensordnung und Art. 79 EuGH-Verfahrensordnung). Anstelle oder zusätzlich zu der Zustellungsanschrift am Ort des Gerichtssitzes kann sich der Prozessbevollmächtigte in der Klageanschrift auch damit einverstanden erklären, dass Zustellungen an ihn mittels Fernkopierer oder sonstiger technischer Kommunikationsmittel erfolgen (Art. 44 § 2 Abs. 1 EuG-Verfahrensordnung bzw. Art. 38 § 2 Abs. 2 EuGH-Verfahrensordnung). Wird weder eine Zustellungsanschrift angegeben noch das Einverständnis mit der Zustellung mittels moderner Kommunikationsmittel erklärt, so erfolgen die Zustellungen an die betreffende Partei auf dem Postweg durch Einschreiben an den Bevollmächtigten oder Anwalt der

Partei, wobei in diesem Falle die Zustellung mit der Aufgabe des Einschreibens zur Post am Ort des Gerichtssitzes (also Luxemburg) als bewirkt gilt, Art. 44 § 2 Abs. 3 EuG-Verfahrensordnung bzw. Art. 38 § 2 Abs. 3 EuGH-Verfahrensordnung. Das Risiko der Postlaufzeit trägt in diesem Fall der Kläger.

17. Die Anforderungen an die Begründung der Klage ergeben sich aus Art. 21 Abs. 1 (ggf. iVm. Art. 53 Abs. 1) EuGH-Satzung iVm. Art. 44 § 1 Buchstabe c) EuG-Verfahrensordnung bzw. Art. 38 § 1 Buchstabe c) EuGH-Verfahrensordnung. Nach diesen Bestimmungen muss die Klageschrift ua. den Streitgegenstand angeben und eine kurze Darstellung der Klagegründe enthalten. Voraussetzung für die Zulässigkeit einer Nichtigkeitsklage ist deshalb, dass in der Klage zumindest einer der in Art. 230 EG genannten Klagegründe, nämlich Unzuständigkeit, Formfehler, Vertragsverletzung oder Ermessensmissbrauch, geltend gemacht wird. Es reicht aus, wenn sich diese Klagegründe dem Vorbringen hinreichend deutlich entnehmen lassen. Eine ausdrückliche Benennung ist nicht erforderlich (EuGH verb. Rs. 19/60, 21/60, 2/61 und 3/61, Société Fives Lille Cail ua. gegen Hohe Behörde der Europäischen Gemeinschaft für Kohle und Stahl, Slg. 1961, 617, 644; Rs. 42/84, Remia B. V. ua. gegen Kommission, Slg. 1985, 2566, 2570 Rdn. 16).

18. Das Klageziel sollte eine kurze Zusammenfassung der Klagegründe und der wesentlichen Argumente der Klage enthalten. Insbesondere ist auf die in Art. 230 Abs. 2 EG genannten Klagegründe (Unzuständigkeit, Formfehler, Vertragsverletzung oder Ermessensmissbrauch, siehe Anm. 22) einzugehen. Gliederung und Zusammenfassung der Klagegründe dienen neben der besseren Übersicht auch der Abfassung der in Artikel 24 § 6 EuG-Verfahrensordnung bzw. Art. 16 § 6 EuGH-Verfahrensordnung vorgesehenen Mitteilung und sollen gewährleisten, dass der Streitgegenstand sowie die Klagegründe und wesentlichen Argumente genau bezeichnet werden.

19. Der Sachverhalt soll die Darstellung der erheblichen Tatsachen mit den sie tragenden Schriftstücken und Beweisangeboten enthalten. Das Vorbringen neuer Angriffs- und Verteidigungsmittel im Laufe des Verfahrens ist nur unter bestimmten engen Voraussetzungen zulässig (vgl. Artikel 48 § 2 EuG-Verfahrensordnung bzw. Art. 42 § 2 EuGH-Verfahrensordnung). Schon in der Klageschrift ist deshalb die gesamte tatsächliche und rechtliche Argumentation möglichst vollständig darzulegen (hierzu *Sachs,* 2008, 8 ff.).

Zum Beweis behaupteter strittiger Tatsachen nennt Art. 65 EuG-Verfahrensordnung bzw. Art. 45 § 2 EuGH-Verfahrensordnung die Parteivernehmung, die Einholung von Auskünften, die Vorlage von Urkunden, die Vernehmung von Zeugen und Sachverständigen sowie die Einnahme des Augenscheins. Die Möglichkeit der Anwendung weiterer, nicht genannter Beweismittel (zB. Filme, Fotografien, Tonbänder, Datenträger, Beibringung von Gutachten) wird in der Literatur zum Teil bejaht (vgl. *Everling,* WuW 1989, 877). Neben der Anforderung von Urkunden sind die übrigen Beweismittel allerdings von äußerst geringer praktischer Relevanz (vgl. dazu EuG Rs. T-4/89, BASF AG gegen Kommission, Slg. 1991, II-1527, 1544 ff.).

20. Die Nichtigkeitsklage ist zulässig, wenn die allgemeinen Verfahrensvoraussetzungen erfüllt sind. Im Rahmen der Zulässigkeit ist deshalb – soweit problematisch und erforderlich – auf die sachliche Zuständigkeit des Gerichts bzw. des Gerichtshofs (siehe Anm. 3), die Klageberechtigung (siehe Anm. 5), den Klagegegner (siehe Anm. 8), den Klagegegenstand (siehe Anm. 9), die Klagebefugnis (siehe Anm. 5), die Klagefrist (siehe „Fristen und Rechtsmittel") sowie das Rechtsschutzbedürfnis (siehe Anm. 5) einzugehen. Weitere allgemeine Voraussetzung ist, dass die Streitsache nicht bereits entschieden (vgl. EuGH Rs. 57/70, August Josef van Eick gegen Kommission, Slg. 1971, 613, 619 Rdn. 6) oder rechtshängig sein darf (vgl. EuGH, verb. Rs. 358/85 und 51/86, Frankreich gegen Europäisches Parlament, Slg. 1988, 4846, 4849 f. Rdn. 7–12).

21. Zur Klagefrist siehe „Fristen und Rechtsmittel"; zur Fristberechnung siehe Art. 101 bis Art. 103 der EuG-Verfahrensordnung bzw. Art. 80 bis Art. 82 der EuGH-Verfahrensordnung und Anm. 2.

22. Die Klage ist begründet, wenn einer der in Art. 230 Abs. 2 EG genannten Gründe vorliegt. Die Klagebegründung hat deshalb auf mindestens eine der Verfahrens- oder Sachrügen einzugehen: Verfahrensfehler (Unzuständigkeit, Verletzung von Formvorschriften) oder materiellrechtliche Fehler des angegriffenen Rechtsakts (Verletzung des Gemeinschaftsrechts, Ermessensmissbrauch).

Verfahrensfehler: Die Rüge der Unzuständigkeit kann sich gegen die Verbandskompetenz der Gemeinschaft, die Organ- oder Handlungskompetenz (Art. 7 Abs. 1 Abs. 1 EG) wenden. Die Verletzung wesentlicher Formvorschriften betrifft alle Verfahrensvorschriften, die bei dem Zustandekommen des Rechtsaktes maßgeblich waren. Entscheidend ist in jedem Einzelfall, dass die Verfahrensvorschrift geeignet war, den Inhalt der angefochtenen Handlung zu beeinflussen („wesentliche Formverletzung", vgl. EuGH Rs. 117/81, Jean-Jacques Geist gegen Kommission, Slg. 1983, 2191, 2207 Rdn. 7; EuG Rs. T-30/91, Solvay SA gegen Kommission, Slg. 1995, II-1779, 1817 Rdn. 98). Wesentliche Formvorschriften sind insbesondere Anhörungsrechte (EuGH Rs. 138/79, Roquette Frères, Slg. 1980, 3333, 3360 Rdn. 33; Rs. 84/82, Deutschland gegen Kommission, Slg. 1984, 1451, 1490 Rdn. 19; Rs. 165/87, Kommission gegen Rat, Slg. 1988, 5545, 5562 Rdn. 20), Bestimmungen über die Beschlussfassung (EuGH Rs. 68/86, Vereinigtes Königreich gegen Rat, Slg. 1988, 855, 902 Rdn. 47–49; EuG verb. Rs. T-79/89, T-84/89, T-85/89, T-86/89, T-89/89, T-91/89, T-92/89, T-94/89, T-96/89, T-98/89, T-102/89 und T-104/89, BASF ua. gegen Kommission, Slg. 1992, II-315, 345f. Rdn. 49f.; EuG Rs. T-141/94 Thyssen Stahl AG gegen Kommission, Slg 1999, II-347, Leitsatz 5) und insbesondere die Begründung eines Rechtsakts (Art. 253 EG, Art. 162 EA; s. dazu EuGH verb. Rs. 36, 37 und 218/81, Seton gegen Kommission, Slg. 1983, 1789, 1812f. Rdn. 46–49; Rs. 338/82, Albertini und Montagnani gegen Kommission, Slg. 1984, 2123, 2145 Rdn. 46; Rs. 158/80, Rewe gegen HZA Kiel, Slg. 1981, 1805, 1833 Rdn. 25–27; Rs. 45/86, Kommission gegen Rat, Slg. 1987, 1493, 1519f. Rdn. 5–9; Rs. 131/86, Vereinigtes Königreich gegen Rat, Slg. 1988, 905, 934f. Rdn. 36–39). Die Verletzung wesentlicher Formvorschriften ist im Übrigen von Amts wegen zu prüfen (EuGH Rs. C-367/95 P, Kommission gegen Sytraval, Slg. 1998, I-1752).

Materielle Rügen: Die Sachrüge der Vertragsverletzung erfasst sämtliche Verstöße gegen geschriebenes, ungeschriebenes, primäres oder sekundäres Gemeinschaftsrecht sowie allgemeine Rechtsgrundsätze. Von praktischer Bedeutung sind insbesondere die Versagung des rechtlichen Gehörs (EuGH Rs. C-269/90, HZA München-Mitte gegen Technische Universität München, Slg. 1991, I-5469, 5501 Rdn. 25; Rs. C-48/90 und C-66/90, Niederlande ua. gegen Kommission, Slg. 1992, I-565, 640 Rdn. 50ff.) und Verstöße gegen Verteidigungsrechte, wie zB. die Pflicht, den von einer Untersuchung Betroffenen alle Informationen zur Verfügung zu stellen, die ihnen eine sachgerechte Wahrung ihrer Interessen ermöglichen (EuGH Rs. C-49/88, Al-Jubail Fertilizer gegen Rat, Slg. 1991, I-3187, 3241 Rdn. 17). Sekundäres Gemeinschaftsrecht ist jedoch nur dann Prüfungsmaßstab, wenn es dem angegriffenen Rechtsakt vorgeht. Der Klagegrund der Verletzung des Gemeinschaftsrechts ist ein Auffangtatbestand, da auch die Verletzung von Verfahrensrechten Vertragsverletzung in diesem Sinne ist. Prüfungsmaßstab können auch völkerrechtliche Verträge der Gemeinschaft mit Drittstaaten sein (vgl. *Kirschner/Klüpfel,* Rdn. 52). Sachrügen darf der Gemeinschaftsrichter nur prüfen, wenn sich Kläger darauf beruft (EuGH Rs. C-367/95 P, Kommission gegen Sytraval, Slg. 1998, I-1752, vgl. hierzu grundlegend *Sachs,* 2008). Jüngst haben die Gemeinschaftsgerichte die Überprüfung der Entscheidungen der Kommission in den im jeweiligen Verfahren maßgeblichen Wirtschaftsfragen intensiviert, obgleich die Gemeinschaftsgerichte einen der Kommission zustehenden Beurteilungsspielraum anerkannten (EuG Rs. T-342/99, Airtours plc. gegen Kommission, Slg. 2002, II-2585, Rdn. 44; EuG Rs. T-310/01, Schneider Electric SA gegen Kommission, Slg. 2002, II-4071, Rdn. 239–243, 255–257, 262; EuGH Rs. C-12/03 P, Kommission gegen Tetra Laval, Slg. 2005, I-987, Rdn. 39). Hierbei sind insbesondere die wirtschaftlichen Bewertungen der Kommission in den dortigen Fusionsverfahren in Frage gestellt worden. Ein Ermessensmissbrauch liegt dann vor, wenn für den angegriffenen Rechtsakt ein Ermessensspielraum besteht und die streitige Handlung zu einem anderen als dem im Rechtsakt angegebenen Zweck oder zur Umgehung eines bindenden Verfahrens vorgenommen wurde (vgl. EuGH verb. Rs. 18 und 35/65, Max Gutmann gegen Kommission der EAG, Slg. 1966, 154, 176; Rs. C-48/96 P, Windpark Groothusen gegen Kommission, Slg. 1998, I-2873 Rdn. 52; EuG Rs. T-141/94, Thyssen Stahl AG gegen Kommission, Slg. 1999, II-347 Rdn. 569).

23. Gemäß Art. 42 § 2 EuGH-Verfahrensordnung bzw. Art. 48 § 2 EuG-Verfahrensordnung sind alle Angriffs- und Verteidigungsmittel im ersten Schriftsatz (Klageschrift/Klagebeantwortung) vorzutragen. Es gilt also eine strenge Präklusion, von der nur die Angriffs- und Verteidigungsmittel ausgeschlossen sind, die auf Gründe gestützt werden, die erst im Laufe des Verfahrens zutage getreten sind.

24. Die Urschrift jedes Schriftsatzes ist durch den Anwalt der Partei zu unterzeichnen (Art. 43 § 1 Abs. 1 EuG-Verfahrensordnung bzw. Art. 37 § 1 Abs. 1 EuGH-Verfahrensordnung). Die Abschriften (fünffach für das Gericht) sind zu beglaubigen (Art. 43 § 1 Abs. 2 EuG-Verfahrensordnung und Art. 37 § 1 Abs. 2 EuGH-Verfahrensordnung). Jeweils eine beglaubigte Abschrift ist für die weiteren Beteiligten beizufügen, vgl. Anm. 4.

25. Gemäß Art. 43 § 4 EuG-Verfahrensordnung bzw. Art. 37 § 4 EuGH-Verfahrensordnung sind die Anlagen zur Klage und zu weiteren Schriftsätzen in einem Anlagenverzeichnis aufzuführen. In den „Praktischen Anweisungen für Klagen und Rechtsmittel" des EuGH (ABl. 2004, Nr. L 361/15, mit Änderungen in ABl. 2009 Nr. L 29/51) heißt es dazu: „Anlagen werden nur entgegengenommen, wenn sie mit einem Anlagenverzeichnis eingereicht werden" (Artikel 37 § 4 der Verfahrensordnung). Dieses Verzeichnis muss für jede Anlage folgende Angaben enthalten: 1. Nummer der Anlage; 2. kurze Beschreibung der Anlage mit Angabe ihrer Art (zB. „Schreiben" mit Angabe des Datums, des Verfassers, des Adressaten und der Seitenzahl); 3. Angabe der Seite des Schriftsatzes und der Nummer des Absatzes, in dem das Schriftstück erwähnt ist und der dessen Einreichung rechtfertigt. Inhaltsgleiche Ausführungen finden sich in den „Praktischen Anweisungen für die Parteien" des EuG (ABl. 2007 Nr. L 232/7). Die Schriftsätze sollen die Schriftstücke, auf die in ihnen Bezug genommen wird, eindeutig bezeichnen. Die bloße Bezugnahme auf eine Anlage reicht nicht aus, um die Darstellung des Sachverhalts, der Angriffs- und Verteidigungsmittel und der Argumente im Schriftsatz oder sonstigen Verfahrensvorgang selbst zu ersetzen. Gemäß Art. 43 § 5 EuG-Verfahrensordnung bzw. Art. 37 § 5 EuGH-Verfahrensordnung muss die Urkunde der Kanzlei vollständig zur Verfügung gestellt werden, wenn nur Auszüge einer Urkunde eingereicht werden.

Kosten und Gebühren

Gemäß Art. 72 EuGH-Verfahrensordnung bzw. Art. 90 EuG-Verfahrensordnung sind die Verfahren vor dem Gerichtshof und dem Gericht erster Instanz grundsätzlich gebührenfrei, jedoch gelten Ausnahmen für vermeidbare Kosten und außergewöhnliche Schreib- und Übersetzungsarbeiten (Art. 72 Buchstaben a), b) EuGH-Verfahrensordnung und Art. 90 Buchstaben a), b) EuG-Verfahrensordnung) sowie für Leistungen an Zeugen und Sachverständige (Art. 73 Buchstabe a) EuGH-Verfahrensordnung bzw. Art. 91 Buchstabe a) EuG-Verfahrensordnung).

Die außergerichtlichen Kosten der Parteien und Streithelfer sind gemäß Art. 73 Buchstabe b) EuGH-Verfahrensordnung bzw. Art. 91 Buchstabe b) EuG-Verfahrensordnung erstattungsfähig. Die unterliegende Partei wird auf Antrag zur Tragung der Kosten verurteilt (Art. 69 § 2 EuGH-Verfahrensordnung bzw. Art. 87 § 2 EuG-Verfahrensordnung). Bei Klagen gegen Entscheidungen der Beschwerdekammern des Harmonisierungsamtes für den Binnenmarkt kann das Gericht jedoch beschließen, dass das Amt nur seine eigenen Kosten trägt (Art. 136 § 1 EuG-Verfahrensordnung). Fehlt es an einem Kostenantrag (vgl. Anm. 12), so trägt jede Partei ihre Kosten selbst. Bei teilweisem Obsiegen oder außergewöhnlichen Gründen können die Kosten geteilt werden (Art. 69 § 3 Abs. 1 EuGH-Verfahrensordnung bzw. Art. 87 § 3 Abs. 1 EuG-Verfahrensordnung). Ein außergewöhnlicher Grund liegt zum Beispiel vor, wenn das beklagte Organ zur Entstehung des Rechtsstreits beigetragen hat (EuG Rs. T-64/89, Automec Srl gegen Kommission, Slg. 1990, II-367, 392 Rdn. 80; Rs. T-1/92, Santo Tallarico gegen Europäisches Parlament, Slg. 1993, II-107, 129 f. Rdn. 76). Treten Mitgliedstaaten oder Gemeinschaftsorgane als Streithelfer dem Rechtsstreit bei, tragen sie ihre eigenen Kosten (Art. 69 § 4 Abs. 1 EuGH-Verfahrensordnung bzw. Art. 87 § 4 Abs. 1 EuG-Verfahrensordnung). Anderen Streithelfern können deren eigene Kosten auferlegt werden (Art. 69 § 4 Abs. 2 EuGH-Verfahrensordnung bzw. Art. 87 § 4 Abs. 2 EuG-Verfahrensordnung). Wird die Klage zurückgenommen, trägt grundsätzlich der Kläger die Kosten (Art. 69 § 5 EuGH-Verfahrensordnung bzw. Art. 87 § 5 EuG-Verfahrensordnung). Wenn der EuGH oder das EuG die Hauptsache für erledigt erklären, liegt die Kostenentscheidung im Ermessen des Gerichts (Art. 69 § 6 EuGH-Verfahrensordnung bzw. Art. 87 § 6 EuG-Verfahrensordnung; vgl. *Kirschner/Klüpfel*, Das Gericht erster Instanz der Europäischen Gemeinschaften, 2. Aufl. 1998 Rdn. 138).

Streiten die Parteien über die Höhe der erstattungsfähigen Kosten, entscheiden auf Antrag der Gerichtshof oder das Gericht erster Instanz nach Anhörung der Gegenpartei durch unanfechtbaren Beschluss (Art. 74 § 1 EuGH-Verfahrensordnung und Art. 92 § 1 EuG-Verfahrensordnung). Die Richter wenden dabei kein nationales Kostenrecht an, sondern setzen die Kostenhöhe in Ermangelung einer gemeinschaftsrechtlichen Gebührenordnung unter Gesamtwürdigung des Einzelfalls fest.

Für ein Muster eines Antrags auf Kostenfestsetzung vgl. Form. IX. 18.

Fristen und Rechtsmittel

Nach Art. 230 Abs. 5 EG bzw. Art. 146 Abs. 5 EA ist die Nichtigkeitsklage binnen zwei Monaten zu erheben. Mit Rücksicht auf die räumliche Entfernung verlängern sich die Fristen unabhängig vom Wohnsitz der jeweiligen Partei gemäß Art. 81 § 2 EuGH-Verfahrensordnung bzw. Art. 102 § 2 EuG-Verfahrensordnung zusätzlich um eine einheitliche pauschale Entfernungsfrist von 10 Tagen. Der Fristlauf beginnt entweder mit der Bekanntgabe der angefochtenen Handlung, ihrer Mitteilung an den Kläger oder in Ermangelung dessen zu dem Zeitpunkt, in dem der Kläger Kenntnis erlangt (Art. 81 § 1 EuGH-Verfahrensordnung, Art. 102 § 1 EuG-Verfahrensordnung). Der EuGH hat inzwischen für den Fall der Bekanntgabe klargestellt, dass die Frist ab dem vierzehnten Tag nach Veröffentlichung im Amtsblatt der EG zu berechnen ist (EuGH Rs. C-406/01, Bundesrepublik Deutschland gegen Europäisches Parlament und Rat, EuZW 2002, 404, 405 Rdn. 15 m. Anm. *Wägenbaur;* zur Frage der Fristberechnung und des Fristlaufs unter Einschluss der zusätzlichen Frist vgl. auch EuG Rs. T-85/97, Horeca-Wallonie gegen Kommission, Slg. 1997, II-2113, Rdn. 25 f.).

Innerhalb der Klagefrist muss die Klage bei der Kanzlei des EuG bzw. EuGH eingehen (vgl. EuGH verb. Rs. 220 und 221/78, ALA Spa und ALFER Spa gegen Kommission, Slg. 1979, 1693, 1697 Rdn. 7–10). Fristen, deren Ende auf ein Wochenende oder auf einen gesetzlichen Feiertag in Luxemburg fällt, enden erst an dem darauffolgenden Werktag (Art. 80 § 2 EuGH-Verfahrensordnung bzw. Art. 101 § 1 EuG-Verfahrensordnung). Die Klageerhebung per Telefax zur Fristwahrung ist nicht möglich (Begründung: Widerspruch zu den Entfernungsfristen, vgl. EuGH Rs. C-122/90, Emsland-Stärke GmbH gegen Kommission, Beschluss v. 15. 5. 1991, nicht veröffentlicht, Rdn. 11; vgl. *Happe,* EuZW 1992, 297, 300).

Bei Versäumung der Klagefrist kann der Kläger Wiedereinsetzung beantragen, wenn er nachweist, dass Zufall oder höhere Gewalt die Einhaltung der Frist verhindert haben (vgl. Art. 42 EuGH-Satzung).

Gemäß Art. 225 EG, Art. 140 a EA iVm. Art. 56 bis 62 EuGH-Satzung und Art. 110 ff. EuGH-Verfahrensordnung kann gegen Entscheidungen des EuG durch die unterlegene Partei oder einen Streithelfer der unterlegenen Partei (vgl. Art. 56 Abs. 2 EuGH-Satzung) Rechtsmittel beim EuGH eingelegt werden (siehe Form. IX. 12).

3. Klage wegen Untätigkeit gemäß Art. 232 EG (Art. 265 AEUV)[1]

. . . . . .stadt, den . . . . . .[2]

An das
Gericht erster Instanz der Europäischen Gemeinschaften[3]
– Kanzlei –
Rue du Fort Niedergrünewald
L-2925 Luxemburg
LUXEMBURG

Klage[4]

der . . . . . . GmbH[5], ...str. . . . . . ., ...stadt, vertreten durch den Geschäftsführer, Herrn . . . . . ., ebenda

– Klägerin –

Prozessbevollmächtigter[6]: Rechtsanwalt . . . . . .

gegen

die Europäische Kommission[7], Rue de la Loi 200, B-1049 Brüssel, BELGIEN

– Beklagte –

wegen Untätigkeit[8]

Namens und im Auftrag der Klägerin erheben wir hiermit Klage und beantragen,

1. **festzustellen[9], dass die Beklagte gegen Art. 6 Verordnung Nr. 99/63/EWG verstoßen hat, indem sie es unterlassen hat, auf ihr Schreiben vom . . . . . . hin die in der genannten Vorschrift vorgesehene vorläufige Mitteilung an die Klägerin zu richten;**
2. **der Beklagten die Kosten des Verfahrens aufzuerlegen[10].**

Die Vollmacht[11] ist als

Anlage 1,

die Zulassungsbescheinigung des Prozessbevollmächtigten[12] ist als

Anlage 2

und ein Handelsregisterauszug[13] als

Anlage 3

beigefügt.

Gemäß Art. 44 § 2 Abs. 2 der Verfahrensordnung erklären wir uns als Prozessbevollmächtigte damit einverstanden, dass Zustellungen an uns mittels Fernkopierer oder sonstiger technischer Kommunikationsmittel erfolgen. Zustellungen können bewirkt werden an Herrn Rechtsanwalt . . . . . ., Telefax-Nr.: . . . . . ., bzw. an die E-Mail-Anschrift: . . . . . .[14]

Begründung[15]:

A. Sachverhalt[16]

Die Klägerin betreibt einen Importhandel mit Pkw japanischer Marken, die in anderen Mitgliedstaaten der Gemeinschaft zum Verkehr zugelassen worden sind. Unter dem …… sandte sie an die Kommission eine Beschwerde

Anlage 4,

mit der sie sich gegen bestimmte Praktiken der Importeure japanischer Autos wandte und die Verletzung von Art. 81 EG rügte. Da die Kommission auf diese Beschwerde hin schwieg, hat die Klägerin am …… ein weiteres Schreiben an die Kommission gesandt

Anlage 5[17],

in dem sie die Kommission unter Hinweis auf Art. 232 EG aufforderte, zu der Beschwerde Stellung zu nehmen. Die Kommission hat innerhalb der zweimonatigen Frist des Art. 232 Abs. 2 EG keine Stellung genommen, so dass Klage geboten ist.

B. Rechtliche Würdigung

Die Klage ist zulässig und begründet.

I. Zulässigkeit

Die Klage ist zulässig, denn die Kommission hat trotz entsprechender ausdrücklicher Aufforderung bislang keine Mitteilung nach Art. 6 Verordnung Nr. 99/63/EWG[18] an die Klägerin gesandt[19]. Die Aufforderung zum Tätigwerden[20], die die Klägerin der Kommission übersandt hat, enthielt eine ausdrückliche Bezugnahme auf Art. 232 EG und das Begehren, die Kommission möge die von der Klägerin gerügten Verstöße gegen Art. 81 EG abstellen. Die ausstehende Mitteilung nach Art. 6 hat einen anderen Charakter als den einer Stellungnahme oder Empfehlung[21], und die Klägerin hat angesichts der zwischen der Einreichung der Beschwerde und ihrem Aufforderungsschreiben vergangenen Zeit nach den Vorschriften des Gemeinschaftsrechts einen Anspruch auf ihren Erlass.
Die Klagefrist[22] ist gewahrt, denn das Aufforderungsschreiben ist vor drei Monaten an die Kommission gesandt worden.

II. Begründetheit

Die Klage ist auch begründet ……

Unterschrift[23]

Verzeichnis der Anlagen[24]

Schrifttum: Booß, Art. 232 EGV in: *Grabitz/Hilf,* Das Recht der Europäischen Union (Loseblattsammlung); *Borchardt,* Art. 232, in: *Borchardt,* Der Europäische Gerichtshof, 1. Aufl. 2000; *Burgi,* § 8 in: *Rengeling/Middeke/Gellermann,* Handbuch des Rechtsschutzes in der Europäischen Union, 2. Aufl. 2003; *Cremer,* Art. 232 EG-Vertrag, in: *Calliess/Ruffert,* Kommentar zu EU-Vertrag und EG-Vertrag, 3. Aufl. 2007; *Daig,* Nichtigkeits- und Untätigkeitsklagen im Recht der Europäischen Gemeinschaften, 1985; *Gaitanides,* Art. 232 EG, in: *von der Groeben/Schwarze,* Vertrag über die Europäische Union und Vertrag zur Gründung der Europäischen Gemeinschaft – Kommentar, Bd. 4, 6. Aufl. 2004; *Giesberts,* Rechtliche Grundlage einer Verletzung subjektiv-öffentlicher Rechte beim EG-Staatshaftungsanspruch im Bereich des harmonisierten Sekundärrechts, EuZW 2005, 231; *Krämer,* Individualrechtsschutz gegen die Versagung der Vornahme nicht-klägergerichteter Hoheitsakte im System des Gemeinschaftsprozessrechts, EuR 2008, 104.

Anmerkungen

1. Die Untätigkeitsklage gem. Art. 232 EG bzw. Art. 148 EA kommt in Betracht, wenn einem Gemeinschaftsorgan ein pflichtwidriges Unterlassen vorzuwerfen ist. Im Verhältnis zur Nichtigkeitsklage ist die Untätigkeitsklage subsidiär (vgl. *Gaitanides,* in: *von der Groeben/Schwarze,* Art. 232 Rdn. 2).

2. Gemäß Art. 43 § 3 S. 1 EuG-Verfahrensordnung ist jeder Schriftsatz mit Datum zu versehen, vgl. Form. IX. 2 Anm. 2.

3. Gemäß Art. 3 Buchstabe c) Beschluss Nr. 88/591/EGKS, EWG, Euratom (ABl. 1989 Nr. L 241/4, soweit dieser Beschluss nicht durch den Vertrag von Nizza im Hinblick auf die EGKS aufgehoben wurde, ABl. 2001 Nr. C 80/1, Art. 10) ist für die Erhebung von Klagen nach Art. 232 Abs. 3 EG das Gericht erster Instanz zuständig. Für Klagen, die von den Mitgliedstaaten, den Gemeinschaftsorganen oder der EZB erhoben werden, ist gem. Art. 51 EuGH-Satzung der EuGH zuständig.

4. Vgl. zu den allgemeinen Anforderungen an die Klageschrift, deren Begründung und an die weiteren Schriftsätze Art. 21 Abs. 1 iVm. 53 Abs. 1 EuGH-Satzung, Art. 43 § 1, § 3 bis 5, Art. 44 § 1 bis § 5 EuG-Verfahrensordnung, die „Praktischen Anweisungen für die Parteien" des EuG (ABl. 2007 Nr. L 232/7) sowie Form. IX. 2 Anm. 4 und 17.

5. Aktiv legitimiert sind neben den Mitgliedstaaten und den anderen Organen der Gemeinschaft (Art. 232 Abs. 1 EG) gemäß Art. 232 Abs. 3 EG auch natürliche und juristische Personen. Diese können Beschwerde darüber führen, dass ein Organ der Gemeinschaft es unterlassen hat, einen anderen Akt als eine Empfehlung oder Stellungnahme an sie zu richten, vgl. zur Klagebefugnis Anm. 19.

6. Natürliche und juristische Personen, mit Ausnahme der EU-Mitgliedstaaten, müssen gem. Art. 19 Abs. 3 (ggf. iVm. Art. 53 Abs. 1) EuGH Satzung vor den Gemeinschaftsgerichten durch einen Anwalt vertreten sein. Als Vertreter oder Beistand kann nur ein Anwalt bestellt werden, der in einem Mitgliedstaat oder in einem anderen Vertragsstaat des EWR-Abkommens zugelassen ist, vgl. Art. 19 Abs. 4 iVm. Art. 53 Abs. 1 EuGH-Satzung, § 44 Abs. 3 EuG-Verfahrensordnung und Form. IX. 2 Anm. 7, 13, 14.

7. Passiv legitimiert in einem Rechtsstreit gemäß Art. 232 EG sind nach dem Wortlaut des Abs. 1 der Vorschrift der Rat, die Kommission und das Europäische Parlament sowie nach Abs. 4 auch die EZB.

8. Die Untätigkeitsklage gemäß Art. 232 EG vervollständigt die gemeinschaftsrechtlichen Rechtsschutzmöglichkeiten bei einem pflichtwidrigen Unterlassen eines der in Art. 232 EG genannten Organe. Sie ist auch in Art. 148 Abs. 1 EA vorgesehen. Bislang ist die Untätigkeitsklage in der Praxis des Gerichtshofes und des Gerichts erster Instanz ohne große Bedeutung geblieben, wie sich an der geringen Zahl veröffentlichter Entscheidungen ablesen lässt, die auf die genannten Vorschriften gestützt worden sind. Allerdings mag das nicht zuletzt darauf zurückzuführen sein, dass die Kommission nach der Erhebung der Klage oft dem Begehren des Klägers Rechnung trägt und die gewünschte Entscheidung erlässt (vgl. zB. EuG Rs. T-212/99, Intervet International BV gegen Kommission, Slg. 2002, II-1445, Rdn. 59; EuG Rs. T-103/99, Associazione delle cantine sociali venete gegen den Europäischen Bürgerbeauftragten, Slg. 2000, II-4165, 4180, Rdn. 41; EuGH verb. Rs. C-15/91 und C-108/91, Buckl & Söhne ua. gegen Kommission, Slg. 1992, I-6061, 6097 Rdn. 15), was dann zur Erledigung der Hauptsache führt (aaO., Rdn. 18). Die Untätigkeitsklage ist jedoch unzulässig, wenn das beklagte Organ nur einen anderen als den gewünschten Akt erlassen hat. Denn Untätigkeit im Sinne des Art. 232 EG ist allein als Untätigkeit durch Nichtbescheidung oder Nichtstellungnahme zu verstehen (aaO., Rdn. 17; EuG Rs. T-107/96, Pantochim SA gegen Kommission, Slg. 1998, II-311, 312, Rdn. 30).

9. Nach der Rechtsprechung des Gerichtshofes ermöglicht die Untätigkeitsklage dem Kläger nur, die Feststellung zu erwirken, dass die gerügte Unterlassung – soweit das Organ sie nicht abgestellt hat – gegen den EG-Vertrag verstößt (EuGH Rs. 383/87, Kommission gegen Rat, Slg. 1988, 4051, 4064 Rdn. 9; Rs. 377/87, Parlament gegen Rat,

Slg. 1988, 4017, 4048 Rdn. 9; verb. Rs. C-15/91 und C-108/91, Buckl & Söhne gegen Kommission, Slg. 1992, I-6061, 6097 Rdn. 14). Diese Feststellung hat nach Art. 233 EG zur Folge, dass das beklagte Organ die sich aus dem Urteil des Gerichtshofes ergebenden Maßnahmen zu treffen hat; daneben kann sie zu Klagen aus außervertraglicher Haftung Anlass geben.

10. Es ist ein ausdrücklicher Kostenantrag erforderlich, Art. 87 § 2 EuG-Verfahrensordnung und Form. IX. 2 Anm. 12.

11. Siehe für die Anforderungen an die Vollmacht Art. 44 § 5 EuG-Verfahrensordnung und Form. IX. 2 Anm. 13.

12. Der Anwalt hat gemäß Art. 44 § 3 EuG-Verfahrensordnung eine Bescheinigung zu hinterlegen, aus der hervorgeht, dass er berechtigt ist, vor dem Gericht eines Mitgliedstaates oder eines Vertragsstaates des EWR-Abkommens aufzutreten, vgl. Form. IX. 2 Anm. 14.

13. Eine juristische Person des Privatrechts hat gemäß Art. 44 § 5 Buchstabe a) EuG-Verfahrensordnung einen Nachweis ihrer Rechtspersönlichkeit vorzulegen, vgl. Form. IX. 2 Anm. 15.

14. Gemäß Art. 44 § 2 Abs. 1 EuG-Verfahrensordnung ist in der Klageschrift grundsätzlich eine Zustellungsanschrift am Ort des Gerichtssitzes anzugeben; anstelle oder zusätzlich zu der Zustellungsanschrift am Ort des Gerichtssitzes kann sich der Prozessbevollmächtigte in der Klageanschrift auch damit einverstanden erklären, dass Zustellungen an ihn mittels Fernkopierer oder sonstiger technischer Kommunikationsmittel erfolgen, vgl. Form. IX. 2 Anm. 16.

15. Zu den Anforderungen an die Klagebegründung vgl. Art. 44 § 1 Buchstabe c) der EuG-Verfahrensordnung bzw. Anm. 3 und Form. IX. 2 Anm. 4 und 17.

16. Das Formular lehnt sich an den Sachverhalt an, der dem Urteil des Gerichts erster Instanz in der Rs. T-28/90, Asia Motors France ua. gegen Kommission, Slg. 1992, II-2288 zugrunde liegt; vgl. auch das Urteil des Gerichtshofes in der Rs. 125/78, GEMA gegen Kommission, Slg. 1979, 3173.

17. Diese Aufforderung ist der Klageschrift gemäß Art. 21 Abs. 2 iVm. Art. 53 Abs. 1 der EuGH-Satzung beizufügen.

18. ABl. 1963 Nr. 127/2268.

19. Die Untätigkeitsklage setzt für die Klagebefugnis des Klägers voraus, dass das beklagte Organ es unterlassen hat, einen verbindlichen Akt zu erlassen, der an den Kläger zu richten gewesen wäre. Die Frage, ob eine Klage gemäß Art. 232 EG auch dann erhoben werden kann, wenn es sich um einen Akt handelt, der an einen Dritten zu richten wäre, wird von dem EuGH parallel zu Art. 230 Abs. 4 EG in dem Fall bejaht, in dem die Untätigkeit den Dritten individuell und unmittelbar betrifft (EuGH Rs. C-68/95, T. Port gegen Bundesanstalt für Landwirtschaft und Ernährung, Slg. 1996, I-6065 Rdn. 59), vgl. Form. IX. 2 Anm. 5. Im Hinblick auf Rechtsakte der Kommission, die im Rahmen eines Verfahrens nach Art. 226 EG an einen Mitgliedstaat zu richten wären, wird die Klagebefugnis von den Gemeinschaftsgerichten regelmäßig verneint (EuGH Rs. C-371/89, Emrich gegen Kommission, Slg. 1990, I-1555, 1557f. Rdn. 5, 6; EuGH Rs. C-72/90, Asia Motor France gegen Kommission, Slg. 1990, I-2181, 2184f. Rdn. 10, 11; EuG Rs. T-13/94, Century Oils Hellas gegen Kommission, Slg. 1994, II-431, 438 Rdn. 13; EuG Rs. T-191/00, Edlinger gegen Kommission, Slg. 2001, II-1961, 1963, Rdn. 20). Zum einen wird angeführt, dass die Einleitung eines Vertragsverletzungsverfahrens nach Art. 226 EG im Ermessen der Kommission stehe (EuGH Rs. 247/87, Star Fruit gegen Kommission, Slg. 1989, 291, 301 Rdn. 11; EuG Rs. T-126/95, Dumez gegen Kommission, Slg. 1995, II-2863, 2878 Rdn. 44). Zum anderen stellen die Gemeinschaftsgerichte darauf ab, dass die Untätigkeitsklage hier auf den Erlass einer Maßnahme abzielt, die den Kläger nicht unmittelbar und individuell iSd. Art. 230 Abs. 4 EG betreffen würde (vgl. EuGH Rs. 247/87, Star Fruit gegen Kommission, Slg. 1989, 291, 301 Rdn. 13; EuG Rs. T-13/94, Century Oils Hellas gegen Kommission, Slg. 1994, II-431, 438 Rdn. 14; EuG verb. Rs. T-479/93 u. T-559/93, Bernardi gegen Kommission, Slg. 1994, II-1115, 1127f. Rdn. 31; EuG Rs. T-201/96, Smanor ua. gegen Kommission, Beschluss v. 3. 7. 1997, Slg. 1997, II-1083).

20. Die vorprozessuale Aufforderung zum Tätigwerden ist in Art. 232 Abs. 2 S. 1 EG ausdrücklich als Zulässigkeitserfordernis der Untätigkeitsklage genannt. Sie muss so klar und deutlich formuliert sein, dass das betroffene Organ konkret vom Inhalt der beantragten Entscheidung Kenntnis erlangen kann (vgl. EuG, Rs. C-249/99 P Pescados Congelados Jogamar S L gegen Kommission, Slg, 1999, I-8333). Aus dem Vorlageerfordernis nach Art. 21 Abs. 2 iVm. Art. 53 EuGH-Satzung (siehe Anm. 17) ergibt sich, dass die Aufforderung aus Beweisgründen schriftlich zu erfolgen hat. Die Klageschrift reicht nicht als Aufforderung zum Tätigwerden aus (EuGH, Rs. C-396/03 P, Magnus Killinger gegen Bundesrepublik Deutschland u. a., Slg. 2005, I-4967, Rdn. 16).

21. Der Gerichtshof und das Gericht haben in ständiger Rechtsprechung entschieden, dass die Untätigkeitsklage unzulässig ist, wenn der vom Kläger erstrebte Akt nur eine Empfehlung oder Stellungnahme ist (vgl. EuG Rs. T-28/90, Asia Motor France ua. gegen Kommission, Slg. 1992, II-2285, 2298 Rdn. 30 aE.; EuGH Rs. C-257/90, Italsolar gegen Kommission, Slg. 1993, I-9, 42 Rdn. 30).

22. Art. 232 Abs. 2 EG sieht vor, dass die Klage zulässig ist, wenn das in Rede stehende Organ der Gemeinschaft nicht binnen zwei Monaten nach der Aufforderung Stellung genommen hat und danach die Klage innerhalb einer weiteren Frist von zwei Monaten erhoben wird. Die Fristberechnung erfolgt gemäß Art. 101–103 EuG-Verfahrensordnung.

23. Gemäß Art. 43 § 1 Abs. 1 EuG-Verfahrensordnung ist die Urschrift jedes Schriftsatzes vom Bevollmächtigten oder vom Anwalt der Partei zu unterzeichnen, vgl. Form. IX. 2 Anm. 24.

24. Der Klageschrift ist ein Anlagenverzeichnis beizufügen. Vgl. zu dem Erfordernis eines Anlagenverzeichnisses Art. 43 § 4 EuG-Verfahrensordnung und die „Praktischen Anweisungen für die Parteien“ des EuG (ABl. 2007 Nr. L 232/7) sowie Form. IX. 2 Anm. 25.

Kosten und Gebühren

Vgl. Form. IX. 2 „Kosten und Gebühren“ sowie Form. IX. 18.

Fristen und Rechtsmittel

Vgl. zu den Fristen Anm. 21. Siehe zu den Rechtsmitteln Form. IX. 2 „Fristen und Rechtsmittel“ sowie Form. IX. 12.

4. Anspruchsschreiben an die Europäische Kommission[1] (Haftung für legislatives Unrecht)[2]

……stadt, den……

Einschreiben gegen Rückschein

An die
Europäische Kommission
Rue de la Loi 200
B – 1049 Brüssel
BELGIEN

Schadensersatzforderung

Sehr geehrte Damen und Herren,

namens und im Auftrag unseres Mandanten, Herrn……, nehmen wir Sie hiermit auf Schadensersatz gemäß Art. 288 Abs. 2 EG (Art. 340 AEUV)[3] in Anspruch und fordern den Ersatz der Schäden, die unserem Mandanten durch die rechtswidrige Anwendung der Verordnung (EG) Nr.…… (ABl.……, entstanden sind. Die Schadenssumme beläuft sich auf insgesamt

EUR……

Begründung:

A. Sachverhalt[4]

Herr……(Antragsteller) ist Landwirt und hatte aufgrund einer Nichtvermarktungsverpflichtung gegen Zahlung einer Prämie für einen Zeitraum von fünf Jahren in seinem Betrieb weder Milch noch Milcherzeugnisse erzeugt. In diesen Zeitraum fiel das für die zusätzliche Abgabe auf Milch gewählte Referenzjahr für die Zuteilung einer Milchreferenzmenge. Nach Ablauf des Nichtvermarktungszeitraums beantragte der Antragsteller die Zuteilung einer Referenzmenge. Dieser Antrag wurde unter Berufung auf die Verordnung (EG) Nr.…… abgelehnt, weil der Antragsteller während des Referenzjahres keine Milch und Milcherzeugnisse abgeliefert hatte. Die entsprechenden Regelungen der Verordnung (EG) Nr.…… hat der Europäische Gerichtshof wegen Verletzung des Grundsatzes des Vertrauensschutzes insoweit für ungültig erklärt, als sie keine Zuteilung einer Referenzmenge an Nichtvermarkter vorsah.

B. Rechtliche Würdigung

Die Voraussetzungen der Haftung der EG nach Art. 288 Abs. 2 EG sind erfüllt, denn ein rechtswidriges Handeln der Gemeinschaftsorgane hat adäquat kausal zu den mit diesem Schreiben geltend gemachten Schäden unseres Mandanten geführt.

1. **Handelnde Gemeinschaftsorgane[5] beim Erlass der Verordnung (EG) Nr.…… waren sowohl der Rat als auch die Kommission, denn es geht um rechtswidriges Legislativhandeln, an dem die Kommission durch ihren Verordnungsvorschlag und der Rat durch die Übernahme dieses Vorschlags und den Erlass der Verordnung beteiligt waren.**

   Der Anspruch richtet sich gegen die Europäische Gemeinschaft, deren Passivlegitimation sich aus dem Wortlaut des Art. 288 Abs. 2 EG ergibt. Ein gleichlautendes Anspruchsschreiben richten wir mit getrennter Post an den Rat[6].
2. **Die Rechtswidrigkeit des den Schaden verursachenden Organhandelns steht außer Frage, nachdem der Europäische Gerichtshof durch Urteil vom…… in der Rs. C-…… in einem Vorabentscheidungsverfahren gemäß Art. 234 EG[7] die Verordnung**

(EG) Nr. …… insoweit für ungültig erklärt hat, als sie die Zuteilung einer Referenzmenge an Nichtvermarkter ausschloss. Sie beruht auf der hinreichend qualifizierten Verletzung einer höherrangigen, den einzelnen schützenden Rechtsnorm[8], nämlich des Grundsatzes des Vertrauensschutzes[9].

Darüber hinaus handelt es sich auch um eine offenkundige und erhebliche Überschreitung der Befugnisse der Gemeinschaftsorgane[10]. Denn die Gemeinschaftsorgane haben, ohne sich auf ein höheres öffentliches Interesse zu berufen, die besondere Lage einer klar abgegrenzten Gruppe von Wirtschaftsteilnehmern[11] völlig unberücksichtigt gelassen, der Nichtvermarkter nämlich, die während des Referenzjahres keine Milch und Milcherzeugnisse geliefert hatten. Für diese Gruppe war es nicht vorhersehbar, dass sie auf Grund der Nichtvermarktung im Referenzjahr dauernd und über den Nichtvermarktungszeitraum hinaus daran gehindert sein würde, die Milcherzeugung wieder aufzunehmen. Ein derartiger vollständiger Ausschluss übersteigt damit die Grenzen des normalen wirtschaftlichen Risikos[12], das mit der Tätigkeit als Milcherzeuger verbunden ist.

3. **Der Schaden, berechnet auf der Grundlage des Vergleichs des tatsächlich bestehenden Zustands mit dem Zustand der bestünde, wenn das schadenstiftende Ereignis nicht eingetreten wäre[13], beläuft sich auf EUR ……[14]. Dieser Schaden ist adäquat kausal[15] durch die Verordnung (EG) Nr. …… verursacht worden, denn sie verbot den nationalen Stellen die Gewährung von Referenzmengen für die Milcherzeuger, die während des Referenzjahres Nichtvermarkter waren.**
4. **Angesichts der Sach- und Rechtslage gehen wir davon aus, dass der Schadensersatzanspruch unseres Mandanten dem Grunde und der Höhe nach vollständig anerkannt werden wird. Wir bitten Sie daher, den geforderten Betrag in Höhe von EUR …… is zum …… auf unser Konto Nr. …… bei der ……-Bank zu überweisen. Eine entsprechende Vollmacht liegt bei. Für den Fall einer nicht oder nicht vollständig erfolgenden Zahlung sind wir angewiesen, Klage vor dem Europäischen Gerichtshof zu erheben.[16]**

Mit freundlichen Grüßen
Unterschrift

Schrifttum: Beljin, Staatshaftung im Europarecht, 2000; *Borchardt,* Schadensersatzklage, in: *Dauses* (Hrsg.), Handbuch des EU-Wirtschaftsrechts, Kap. P. I. 4; *Berg,* Art. 288, in: *Schwarze* (Hrsg.), EU-Kommentar, 2000; *von Bogdandy,* Europa 1992 – Die außervertragliche Haftung der Europäischen Gemeinschaften, JuS 1990, 872; *Capelli/Nehls,* Die außervertragliche Haftung der Europäischen Gemeinschaft und Rechtsbehelfe zur Erlangung von Schadensersatz gemäß Art. 215 EGV – Wertung, Kritik und Reformvorschlag, EuR 1997, 132; *Endler,* Kap. L., in: *Kuhla/Hüttenbrink,* Verwaltungsprozess, 3. Aufl. 2002; *Gilsdorf,* Die Haftung der Gemeinschaft aus normativem Handeln, Europarecht 1975, 73; *Gilsdorf/Niejahr,* Art. 288 EG, in: *von der Groeben/Schwarze,* Vertrag über die Europäische Union und Vertrag zur Gründung der Europäischen Gemeinschaft – Kommentar, Bd. 46. Aufl. 2004; *Haak,* Grundsätzliche Anerkennung der Außervertraglichen haftung der EG für rechtmäßiges Verhalten nach Art. 288 Abs. 2 EGV, EuR 2006, 696; *Heukels/McDonnell* (Hrsg.), The Action for Damages in a Community Law Perspective, 1997; *Koenig,* Haftung der Europäischen Gemeinschaft gem. Art. 288 II EG wegen rechtswidriger Kommissionsentscheidungen in Beihilfesachen, EuZW 2005, 202; *Mankowski,* § 37 in: *Rengeling/Middeke/Gellermann,* Handbuch des Rechtsschutzes in der Europäischen Union, 2. Aufl. 2003; *Ruffert,* Art. 288 EG-Vertrag in: *Calliess/Ruffert,* Kommentar zu EU-Vertrag und EG-Vertrag, 3. Aufl. 2007; *Sack,* Die Folgenbeseitigung im Gemeinschaftsrecht, Europarecht 1986, 241; *Seitz,* Ökonomische Analyse und Risikoverteilung – Konkretisierung der Voraussetzungen von Schadensersatzansprüchen bei rechtswiedriger Zusammenschlussuntersagung, EuZW 2008, 719; *Steinle/Schwarz,* Schadensersatz wegen Fehlern im Funsionskontrollverfahren: das Urteil Schneider III, BB

2007, 1741; *Winkler/Trölitzsch,* Wende in der EuGH-Rechtsprechung zur Haftung der EG für fehlerhafte Rechtsetzungsakte und prozessuale Bewältigung der Prozessflut, EuZW 1992, 663.

Anmerkungen

1. Für die Erhebung einer Schadensersatzklage nach Art. 288 Abs. 2 EG ist die vorherige Geltendmachung des Schadensersatzanspruchs keine Prozessvoraussetzung. Vernünftigerweise sollte den Gemeinschaftsorganen aber Gelegenheit gegeben werden, den Anspruch ohne Prozess zu erfüllen. Aus diesem Grunde ist es sinnvoll, vor der Erhebung der Klage zunächst ein Anspruchsschreiben an das Organ zu richten, dem das haftungsbegründende Verhalten zuzurechnen ist (EuGH verb. Rs. 63–69/72, Werhahn ua. gegen Rat, Slg. 1973, 1229, 1247 Rdn. 7). Da es im Rahmen der außervertraglichen Haftung regelmäßig um legislatives Unrecht geht und am Rechtsetzungsprozess in der Gemeinschaft häufig sowohl der Rat als auch die Kommission beteiligt sind, ist es angezeigt, den Schadensersatzanspruch wegen außervertraglicher Haftung gegenüber der Europäischen Kommission und dem Rat geltend zu machen, sofern der Vorwurf ein legislatives Unrecht betrifft. Ist der in Rede stehende Rechtsakt dagegen allein von einem Organ erlassen worden – wie häufig im Falle der der Kommission übertragenen Durchführungsbefugnisse (Art. 202 3. Spiegelstrich EG) – ist das Schreiben nur an dieses Organ zu richten. Gemäß Art. 46 EuGH-Satzung unterbricht die Geltendmachung des Anspruchs die fünfjährige Verjährungsfrist. Wird auf das Anspruchsschreiben hin die Ersatzleistung abgelehnt, so ist nur zum Zwecke der Unterbrechung der Verjährung die Klageerhebung innerhalb der Frist des Art. 230 EG bzw. bei Nichtbescheidung innerhalb der Frist des Art. 232 Abs. 2 EG zu erheben. Eine spätere Klageerhebung ist in jedem Falle zulässig, solange die Verjährungsfrist des Art. 46 EuGH-Satzung noch nicht abgelaufen ist (EuGH Rs. 11/72, Giordano gegen Kommission, Slg. 1973, 417, 425 Rdn. 6; EuG Rs. T-167/94, Nölle gegen Rat und Kommission, Slg. 1995, II-2589, 2603 Rdn. 30). Ein von den Gemeinschaftsorganen ausgesprochener zeitlich begrenzter Verzicht auf die Einrede der Verjährung führt bei Fehlen konkreter Anhaltspunkte nicht dazu, dass nach Ablauf dieser Zeitspanne eine neue Verjährungsfrist zu laufen beginnt (EuGH Rs. C-164/01 P, G. van den Berg gegen Rat und Kommission, Slg. 2004, I-10.225, Rdn. 99, 100).

2. Die vom EuGH geforderten Voraussetzungen für eine außervertragliche Haftung der Gemeinschaft unterscheiden sich danach, ob der geltend gemachte Schaden auf administrative oder normative Handlungen zurückzuführen ist. Bei Einzelakten wird entsprechend dem Wortlaut des Art. 288 Abs. 2 EG nur verlangt, dass eine Handlung vorliegt, die rechtswidrig eine Schutznorm verletzt, die nicht lediglich im allgemeinen Interesse bestehen darf. Auf ein etwaiges Verschulden kommt es nicht an. Demgegenüber wird bei der Haftung für normatives Verhalten (sog. legislatives Unrecht) in einem Bereich, in dem der Erlass der Rechtsvorschriften wirtschaftspolitische Entscheidungen voraussetzt – wie etwa beim Erlass von Antidumpingmaßnahmen (EuG, Rs. T-167/94, Nölle gegen Rat und Kommission, Slg. 1995, II-2589, 2611 Rdn. 51) – eine „hinreichend qualifizierte Verletzung einer höherrangigen, dem Schutz des Einzelnen dienenden Rechtsnorm“ gefordert (EuGH Rs. 5/71, Schöppenstedt gegen Rat, Slg. 1971, 975, 985 Rdn. 11; Rs. C-119/88, AERPO gegen Kommission, Slg. 1990, I-2189, 2211 Rdn. 19; verb. Rs. C-104/89 und C-37/90, Mulder ua. gegen Rat und Kommission, Slg. 1992, I-3061, 3131 Rdn. 12; Rs. T-472/93, Campo Ebro Industrial ua. gegen Rat, Slg. 1995, II-421, 438 Rdn. 42). Ist das Rechtsetzungsgebiet darüber hinaus dadurch gekennzeichnet, dass die Gemeinschaftsorgane ein weites Ermessen haben – wie im Bereich der gemeinsamen Agrarpolitik –, so ist weiter erforderlich, dass das handelnde Organ seine Befugnisse offenkundig und erheblich überschreitet (EuGH verb. Rs. 83/76 und 94/76, 4/77, 15/77 und 40/77, Bayerische HNL ua. gegen Rat und Kommission, Slg. 1978, 1209, 1225 Rdn. 6; verb. Rs. C-104/89 und

37/90, Mulder ua. gegen Rat und Kommission, Slg. 1992, I-3061, 3131 Rdn. 12; EuG Rs. T-167/94, Nölle gegen Rat und Kommission, Slg. 1995, II-2589, 2622 Rdn. 85; Rs. T-155/99, Dieckmann & Hansen GmbH gegen Kommission, Slg. 2001, II-3143, Rdn. 56). Was den Schaden betrifft, so muss er über die Grenzen der normalen wirtschaftlichen Risiken hinausgehen, die eine Betätigung in dem betreffenden Wirtschaftszweig normalerweise mit sich bringt (EuGH Rs. 238/78, Ireks-Arkady gegen Rat und Kommission, Slg. 1979, 2955, 2973 Rdn. 11; verb. Rs. C-104/89 und C-37/90, Mulder ua. gegen Rat und Kommission, Slg. 1992, I-3061, 3132 Rdn. 13). Schließlich muss zwischen dem Verhalten der Gemeinschaftsorgane und dem Schaden ein ursächlicher Zusammenhang bestehen (EuG Rs. T-184/95, Dorsch Consult Ingenieurgesellschaft mbH gegen Rat und Kommission, Slg. 1998, II-667, 688, Rdn. 59; Rs. T-220/96, Elliniki Viomichania Oplon AE (EVO) gegen Rat und Kommission, Slg. 2002, II-2265, Rdn. 39).

3. Vorschriften über die außervertragliche Haftung gibt es nicht nur im EG, sondern auch in Art. 151, 188 EA. Den Grundsätzen, die für die außervertragliche Haftung der Gemeinschaft gelten, entsprechen im Wesentlichen die Regeln, die für die Haftung der Mitgliedstaaten bei Verstoß gegen das Gemeinschaftsrecht Anwendung finden (vgl. dazu *Prieß*, NVwZ 1993, 118 sowie die EuGH-Rechtsprechung in den verb. Rs. C-46/93 und C-48/93, Brasserie du pêcheur gegen Bundesrepublik Deutschland und The Queen gegen Secretary of State for Transport, ex parte: Factortame Ltd. ua., Slg. 1996, I-1029 und verb. Rs. C-178/94, C-179/94, C-188/94, C-189/94 und C-190/94, Dillenkofer ua. gegen Bundesrepublik Deutschland, NJW 1996, 3141).

4. Der Sachverhalt lehnt sich an die Entscheidung des EuGH in den verb. Rs. C-104/89 und 37/90, Mulder ua. gegen Rat und Kommission, Slg. 1992, I-3061 an; siehe dazu *Winkler/Trölitzsch*, EuZW 1992, 663.

5. Die Gemeinschaftsorgane, für deren Handlungen die Gemeinschaft haftet, sind in Art. 7 EG genannt. Nach Art. 288 Abs. 3 EG haftet die Gemeinschaft außerdem für Schäden, die durch die Amtstätigkeit der EZB verursacht werden. In der Rechtsprechung ist auch eine Haftung für die Europäische Investitionsbank anerkannt worden (EuGH Rs. C-370/89, Société Générale d'Entreprises Electromécaniques gegen Europäische Investitionsbank, Slg. 1992, I-6211, 6237 Rdn. 13–16).

6. Siehe Anm. 1.

7. Schadensersatzforderungen auf der Grundlage des Art. 288 Abs. 2 EG beruhen vielfach auf Entscheidungen des Gerichtshofes in Vorabentscheidungsverfahren, in denen sich die Kläger gegen die Inanspruchnahme durch nationale Behörden (Abwehrfall) oder die Ablehnung von Anträgen (Vornahmefall) wenden. Beruht das Handeln der nationalen Behörden auf gemeinschaftsrechtlichen Regelungen oder auf nationalem Recht, durch das gemeinschaftsrechtliche Vorschriften umgesetzt werden, dann stellt sich häufig die Frage, ob die letztlich maßgebende Regelung des Gemeinschaftsrechts mit höherrangigem Gemeinschaftsrecht oder Rechtsgrundsätzen vereinbar ist. Diese Frage ist im Vorabentscheidungsverfahren zu klären. Kommt der Gerichtshof zu dem Ergebnis, dass die im Einzelfall angewendete Regelung ungültig ist, so stellt sich im Anschluss stets die Frage nach einem Schadensersatzanspruch gemäß Art. 288 Abs. 2 EG.

8. Das Erfordernis der „hinreichend qualifizierten Verletzung einer höherrangigen, den Einzelnen schützenden Rechtsnorm" ist in ständiger Rechtsprechung vom EuGH entwickelt und bestätigt worden (s. o. Anm. 2). Diese Voraussetzung wurde bislang nur in seltenen Einzelfällen als gegeben angesehen.

9. Zur Haftung der Gemeinschaft bei Verletzung des Grundsatzes des Vertrauensschutzes vgl. EuGH Rs. 74/74, CNTA gegen Kommission, Slg. 1975, 533, 549 Rdn. 44; verb. Rs. C-104/89 und 37/90, Mulder ua. gegen Rat und Kommission, Slg. 1992, I-3061, 3132 Rdn. 15, Rs. C-164/01 P, G. van den Berg gegen Rat und Kommission, Slg. 2004, I-10.225, Rdn. 66, 69. Zu den Schutznormen, deren Verletzung nach Art. 288 Abs. 2 EG sanktioniert

wird, gehören zunächst primärrechtliche Regelungen wie die Freiheit des Warenverkehrs (EuGH verb. Rs. 5, 7, 13–24/66, Kampffmeyer ua. gegen Kommission, Slg. 1967, 331, 354 f.) sowie sekundärrechtliche Regelungen. Darüber hinaus sind auch die Individualgrundrechte des Gemeinschaftsrechts (zB. der Grundsatz der Wahrung der Verteidigungsrechte sowie das Diskriminierungsverbot, vgl. EuGH Rs. 241/78, Ireks-Arkady ua. gegen Rat und Kommission, Slg. 1979, 2955, 2973 Rdn. 11) und neben dem Grundsatz des Vertrauensschutzes weitere allgemeine Rechtsgrundsätze wie der Verhältnismäßigkeitsgrundsatz und das Sorgfaltsprinzip als höherrangige Regeln anerkannt, die dem Schutz des Einzelnen zu dienen bestimmt sind (zur Schutzwirkung des Verhältnismäßigkeitsprinzips siehe EuGH Rs. 281/84, Zuckerfabrik Bedburg gegen Europäische Wirtschaftsgemeinschaft, Slg. 1987, 49, 94 f. Rdn. 35 f.; zum Sorgfaltsprinzip vgl. EuG Rs. T-167/94, Nölle gegen Rat und Kommission, Slg. 1995, II-2589, 2619 Rdn. 76). Problematisch ist die Schutzwirkung von Form- und Verfahrensvorschriften bei Form- und Verfahrensfehlern. Die Verletzung der Begründungspflicht des Art. 253 EG etwa ist nach der Rechtsprechung des EuGH nicht ausreichend, um eine außervertragliche Haftung zu begründen (EuGH Rs. 106/81, Kind gegen Europäische Wirtschaftsgemeinschaft, Slg. 1982, 2885, 2918 Rdn. 14; EuG Rs. T-167/94, Nölle gegen Rat und Kommission, Slg. 1995, II-2589, 2613 Rdn. 57).

10. Nach der Rechtsprechung des Gerichtshofes bedarf es für die Haftung wegen normativen Unrechts einer offenkundigen und erheblichen Verletzung der Befugnisse, die den Gemeinschaftsorganen zustehen (siehe Anm. 2).

11. Nach der Rechtsprechung des EuGH wird Schadensersatz wegen normativen Unrechts nur geleistet, wenn die betroffene Gruppe von Wirtschaftsteilnehmern begrenzt und klar umrissen ist. Dabei kommt es nicht so sehr auf die Zahl der in Rede stehenden Wirtschaftsteilnehmer an, sondern vielmehr auf die im Zeitpunkt des Schadensereignisses abstrakte Bestimmbarkeit derjenigen, die von dem rechtswidrigen normativen Handeln der Gemeinschaftsorgane betroffen sind.

12. Siehe dazu Anm. 2. In der Sache geht es bei diesem Erfordernis um die Vorhersehbarkeit des Schadens bzw. des rechtswidrigen Verhaltens der Gemeinschaftsorgane und seiner Berücksichtigung bei der Unternehmensplanung des geschädigten Wirtschaftsteilnehmers (vgl. EuGH Rs. C-220/91, Stahlwerke Peine-Salzgitter gegen Kommission, Slg. 1993, I-2393, 2404 Rdn. 58).

13. Die Schadensberechnung richtet sich wie im nationalen Recht nach der Differenzhypothese. Es wird also abgestellt auf einen Vergleich des tatsächlich bestehenden Zustands mit dem Zustand, der bestehen würde, wenn das schadenstiftende Ereignis nicht eingetreten wäre (EuGH Rs. C-220/91 P, Stahlwerke Peine-Salzgitter gegen Kommission, Slg. 1993, I-2393, 2452 Rdn. 57). Dabei ist davon auszugehen, dass die Höhe der von der Gemeinschaft geschuldeten Entschädigung dem von der Gemeinschaft verursachten Schaden zu entsprechen hat (EuGH verb. Rs. C-104/89 und C-37/90, Mulder ua. gegen Rat und Kommission, Slg. 1992, I-3061, 3137 Rdn. 34). Zu den Schadenspositionen die nach diesen Grundsätzen zu ersetzen sind, gehören ua. der entgangene Gewinn, aber auch Kosten und in Ausnahmefällen auch immaterielle Schäden. Nicht ersetzt werden jedoch Prozesskosten, die über die nach nationalem Prozessrecht zu erstattenden Kosten hinausgehen (so unter Berufung auf Art. 104 § 5 EuGH-Verfahrensordnung EuG Rs. T-167/94, Nölle gegen Rat und Kommission, Slg. 1995, II-2589, 2642 Rdn. 35 ff.).

14. Der Schadensersatzanspruch umfasst regelmäßig auch einen Zinsanspruch (*Gilsdorf/Niejahr,* in: *von der Groeben/Schwarze,* Art. 288 Rdn. 79). Der Gerichtshof hat in der Vergangenheit Zinsen erst ab Urteilsverkündung zugesprochen (EuGH verb. Rs. C-104/89 und C-37/90, Mulder ua. gegen Rat und Kommission, Slg. 1992, I-3161, 3137 Rdn. 35), so dass sich die Geltendmachung eines Zinsanspruchs in dem Anspruchsschreiben erübrigte. Die jüngere Rechtsprechung des EuG lässt jedoch erkennen, dass das Gericht einen Zinsanspruch ab dem Zeitpunkt des Zugangs Aufforderungsschreibens anerkennen will (EuG verb. Rs. T-215/01, T-220/01 und T-221/01, Calberson GE gegen Kommission, Slg. 2004, II-587, Rdn. 163. Diese Rechtsentwicklung sollte bei einer Geltendmachung Berücksichtigung finden.

15. In seinem Urteil Rs. C-164/01 P, G. van den Berg gegen Rat und Kommission, Slg. 2004, I-10225, hat der EuGH in der Rdn. 57 klargestellt, dass eine Handlung der Gemeinschaftsorgane nur dann kausal für einen Schaden sei, wenn der erlittene Schaden unmittelbar auf diese Handlung zurückgeführt werden könne. Der erforderliche Kausalzusammenhang sei hingegen nicht gegeben, wenn der Schaden auch ohne die fragliche Handlung der Gemeinschaftsorgane eingetreten wäre.

16. Die eindeutige Kundgabe der Klageabsicht für den Fall, dass die Gemeinschaftsorgane der Zahlungsaufforderung keine Folge leisten, ist für die Unterbrechung der Verjährung gemäß Art. 46 EuGH-Satzung erforderlich.

Fristen und Rechtsmittel

Der Anspruch aus außervertraglicher Haftung ist innerhalb der fünfjährigen Verjährungsfrist des Art. 45 EuGH-Satzung geltend zu machen. Für die Berechnung der fünfjährigen Verjährungsfrist gilt, dass einem Antragsteller die Verjährung nicht entgegengehalten werden kann, wenn er von dem schadenstiftenden Ereignis erst zu einem späteren Zeitpunkt Kenntnis erlangt und deshalb nicht über einen angemessenen Zeitraum verfügt, um vor Ablauf der Verjährungsfrist Klage zu erheben oder den Anspruch geltend zu machen (EuGH Rs. 145/83, Adams gegen Kommission, Slg. 1985, 3539, 3591 Rdn. 50).

Eine vorprozessuale Geltendmachung gegenüber dem betreffenden Gemeinschaftsorganen ist nicht zwingend erforderlich, aber sinnvoll (s. Anm. 1). Entscheidend ist für den Verjährungsbeginn auf die Kenntnis des Geschädigten abzustellen (*Ruffert* in: *Calliess/Ruffert,* 3. Aufl., Art. 288, Rdn. 33).

Nach Art. 46 EuGH-Satzung ist die Klage innerhalb von zwei Monaten nach Zugang der Ablehnung durch den Rat und die Kommission zu erheben, wenn die Unterbrechung der Verjährung nach dieser Vorschrift herbeigeführt werden soll. Eine spätere Klageerhebung vor Ablauf der Verjährungsfrist ist jedoch in jedem Fall zulässig (siehe Anm. 1).

5. Anspruchsschreiben an die Europäische Kommission (Haftung für administratives Unrecht)[1]

……stadt, den ……

Einschreiben gegen Rückschein

An die
Europäische Kommission
Rue de la Loi 200
B – 1049 Brüssel
BELGIEN

Schadensersatzforderung

Sehr geehrte Damen und Herren,

namens und im Auftrag unserer Mandantin, der ……, handelnd unter der Firma ……, nehmen wir Sie hiermit auf Schadensersatz gemäß Art. 288 Abs. 2 EG (Art. 340 AEUV) in Anspruch und fordern den Ersatz der Schäden, die unserer Mandantin dadurch entstanden sind, dass die Europäische Kommission unter Verletzung des Art. 287 EG (Art. 339 AEUV) vertrauliche Informationen weitergegeben hat. Die Schadenssumme beläuft sich auf insgesamt

EUR ……

Begründung:

A. Sachverhalt[2]

Die ......, handelnd unter der Firma ......, (Antragstellerin) stellt in ihrem Betrieb in ...... X-Produkte her, deren Zusammensetzung und Herstellungsverfahren Geschäftsgeheimnisse im Sinne des Art. 287 EG darstellen. Aus Anlass eines Streits mit den deutschen Zollbehörden über die zolltarifliche Einreihung der X-Produkte sind diese Unterlagen im Rahmen einer Besprechung auch der Generaldirektion XXI der Kommission zugänglich gemacht worden. Dabei ist ausdrücklich auf den geheimen Charakter der Dokumente hingewiesen und um vertrauliche Behandlung gebeten worden. Durch ein Versehen des zuständigen Beamten sind die Unterlagen sodann zusammen mit anderen Unterlagen zur Stellungnahme an den Europäischen Dachverband der Hersteller von X-Produkten gesandt worden und dadurch den Konkurrenzunternehmen der Antragstellerin bekannt geworden. Inzwischen werden die X-Produkte auch von diesen Konkurrenzunternehmen hergestellt, wodurch der Absatz der Produkte der Antragstellerin erheblich zurückgegangen ist.

B. Rechtliche Würdigung

Die Voraussetzungen der Haftung der EG nach Art. 288 Abs. 2 EG sind erfüllt, denn ein rechtswidriges Handeln der Kommission hat adäquat kausal zu den mit diesem Schreiben geltend gemachten Schäden der Antragstellerin geführt.

1. **Handelndes Gemeinschaftsorgan[3] war die Kommission. Der Anspruch richtet sich nach dem Wortlaut des Art. 288 Abs. 2 EG daher gegen die Europäische Gemeinschaft, die insoweit durch die Kommission vertreten wird[4].**
2. **Die Rechtswidrigkeit des Verhaltens der Kommission, die sich die Amtstätigkeit (das Versehen) des betreffenden Beamten zurechnen lassen muss, ergibt sich aus dem Verstoß gegen Art. 287 EG[5]. Nach dieser Vorschrift sind die Gemeinschaftsorgane verpflichtet, Auskünfte, die ihrem Wesen nach unter das Berufsgeheimnis fallen, nicht preiszugeben. Das gilt insbesondere für Auskünfte über Unternehmen sowie deren Geschäftsbeziehungen oder Kostenelemente. Dass unter den Schutz des Art. 287 EG damit auch Angaben über Produktionsverfahren und die Zusammensetzung von Produkten fallen, liegt auf der Hand. Art. 287 EG ist auch eine Norm, die dem Schutz des einzelnen Unternehmens zu dienen bestimmt ist und nicht lediglich im allgemeinen Interesse besteht.**
   Unerheblich ist in diesem Zusammenhang, dass die betreffenden Unterlagen nicht ausdrücklich als „vertraulich" bzw. als „Geschäftsgeheimnisse" gekennzeichnet waren. Denn in der Besprechung vom ......, in der sie der Kommission übergeben worden sind, hatte der Vertreter der Antragstellerin ausdrücklich auf den streng vertraulichen Charakter der Schriftstücke hingewiesen und gebeten, die Unterlagen keinesfalls an Dritte zu geben. Der Charakter der Unterlagen und die Notwendigkeit einer streng vertraulichen Behandlung ergab sich im Übrigen ohne weiteres aus ihrem Inhalt.
3. **Die Höhe des der Antragstellerin entstandenen Schadens[6] ergibt sich aus folgender Berechnung: ...... Dieser Schaden ist adäquat kausal durch die Weitergabe der vertraulichen Unterlagen der Antragstellerin verursacht worden. Denn ohne diese Weitergabe wären die Konkurrenzunternehmen nicht in der Lage gewesen, X-Produkte herzustellen, die denen der Antragstellerin entsprechen. Das Auftauchen der Konkurrenzprodukte auf dem Markt führte zu einem gravierenden Umsatzrückgang bei der Antragstellerin, der bis heute nicht ausgeglichen werden konnte.**
   Ein Mitverschulden der Antragstellerin[7] an dem entstandenen Schaden besteht nicht. Insbesondere kann nicht darauf verwiesen werden, dass die Unterlagen nicht ausdrücklich als „vertraulich" gekennzeichnet waren, da in der Besprechung vom ...... ausdrücklich gebeten worden war, die Schriftstücke nicht an Dritte gelangen zu lassen.

4. Angesichts der Sach- und Rechtslage gehen wir davon aus, dass der Schadensersatzanspruch unserer Mandantin dem Grunde und der Höhe nach vollständig erfüllt werden wird. Wir bitten Sie daher, den geforderten Betrag in Höhe von EUR ..... bis zum ...... auf unser Konto Nr. ...... bei der ......-Bank zu überweisen. Eine entsprechende Vollmacht liegt bei. Für den Fall einer nicht oder nicht vollständig erfolgten Zahlung sind wir angewiesen, Klage vor dem Europäischen Gerichtshof zu erheben[8].

Mit freundlichen Grüßen
Unterschrift

Schrifttum: vgl. die Nachweise zu Form. IX. 4.

Anmerkungen

1. Zur Abgrenzung der Anforderungen für einen außervertraglichen Schadensersatzanspruch wegen administrativen und legislativen Unrechts vgl. Form. IX. 4 Anm. 2.

2. Der Sachverhalt lehnt sich an die Entscheidung des EuGH in der Rs. 145/83, Adams gegen Kommission, Slg. 1985, 3539 an.

3. Vgl. Art. 7 EG und Art. 288 Abs. 3 EG sowie Form. IX. 4 Anm. 5.

4. Der Wortlaut des Art. 288 Abs. 2 EG spricht zwar davon, dass „die Gemeinschaft" den von ihren Organen verursachten Schaden zu ersetzen hat. Wer die Gemeinschaft insoweit vertritt, ist hier aber nicht gesagt. Der Gerichtshof hat entschieden, dass die Gemeinschaft durch dasjenige Organ vertreten werden solle, dem das die Haftung begründende Verhalten zuzurechnen sei (EuGH verb. Rs. 63–69/72, Werhahn ua. gegen Rat, Slg. 1973, 1229, 1247 Rdn. 8). Aus diesem Grunde bedarf es hier – anders als bei dem Form. IX. 4 – keiner Aufforderung an den Rat. Denn der geltend gemachte Schaden kann nur durch das der Kommission zuzurechnende Verhalten ihres Beamten verursacht worden sein.

5. Zu Art. 287 EG gibt es eine Vielzahl von Spezialregelungen für Einzelgebiete des Gemeinschaftsrechts, so für das Kartellrecht den Art. 28 Verordnung (EG) Nr. 1/2003 (ABl. 2003 Nr. L 1/1, zuletzt geändert durch die Verordnung (EG) 1419/2006, ABl. 2006 Nr. L 269/1) und für das Antidumpingrecht Art. 19 Verordnung (EG) Nr. 384/96, ABl. 1996 Nr. L 56/1, zuletzt geändert durch Verordnung (EG) Nr. 2117/2005, ABl. 2005 Nr. L 340/17.

6. Zur Schadensberechnung vgl. Form. IX. 4 Anm. 13.

7. Zur Frage eines Mitverschuldens vgl. EuGH Rs. 145/83, Adams gegen Kommission, Slg. 1985, 3539, 3592 Rdn. 53–55.

8. Vgl. Form. IX. 4 Anm. 16.

6. Klageschrift (Haftung für legislatives Unrecht) gemäß Art. 235 iVm. Art. 288 Abs. 2 EG (Art. 208 iVm. Art. 340 AEUV)[1]

......stadt, den ......[2]

An das
Gericht erster Instanz der Europäischen Gemeinschaften[3]
– Kanzlei –
Rue du Fort Niedergrünewald
L-2925 Luxemburg
LUXEMBURG

Klage[4]

des Herrn ......[5], ...str., ...stadt

– Klägers –

Prozessbevollmächtigter[6]: Rechtsanwalt ......
gegen
die Europäische Gemeinschaft[7], vertreten
1. durch den Rat der Europäischen Gemeinschaft, Rue de la Loi 170, 1048 Brüssel
2. durch die Europäische Kommission, Rue de la Loi 200, 1049 Brüssel

– Beklagte –

wegen: Schadensersatz gemäß Art. 288 Abs. 2 EG
Namens und im Auftrag des Klägers erheben wir hiermit Klage und beantragen[8],

1. **Die Beklagte zu verurteilen, an den Kläger EUR ...... zuzüglich Zinsen in Höhe von 2 Prozentpunkten über dem jeweiligen Zinssatz, der von der Europäischen Zentralbank für die wesentlichen Hautrefinanzierungsgeschäfte festgesetzt worden ist, ab dem ......[9] zu zahlen,**
2. **der Beklagten die Kosten des Verfahrens aufzuerlegen[10].**

Die Vollmacht[11] ist als

Anlage 1,

die Zulassungsbescheinigung des Prozessbevollmächtigten[12] ist als

Anlage 2

beigefügt.

Gemäß Art. 44 § 2 Abs. 2 der Verfahrensordnung erklären wir uns als Prozessbevollmächtigte damit einverstanden, dass Zustellungen an uns mittels Fernkopierer oder sonstiger technischer Kommunikationsmittel erfolgen. Zustellungen können bewirkt werden an Herrn Rechtsanwalt ......, Telefax-Nr.: ......, bzw. an die E-Mail-Anschrift: ......[13]

Begründung:[14],

A. Sachverhalt[15]

......

B. Rechtliche Würdigung[16]

......

Unterschrift[17]
Verzeichnis der Anlagen[18]

Schrifttum: vgl. Form. IX. 4.

Anmerkungen

1. Nach der Rechtsprechung des Gerichtshofes handelt es sich bei der Schadensersatzklage gemäß Art. 235 iVm. Art. 288 Abs. 2 EG bzw. Art. 151 iVm. Art. 188 EA um einen selbständigen Rechtsbehelf mit eigener Funktion (EuGH Rs. 5/71, Zuckerfabrik Schöppenstedt gegen Rat, Slg. 1971, 975, 983f. Rdn. 3; verb. Rs. 261, 262/78, Interquell gegen Rat und Kommission, Slg. 1979, 3045, 3062 Rdn. 7; Rs. 175/84, Krohn gegen Kommission, Slg. 1986, 753, 770 Rdn. 32; Rs. C-87/89, Sonito gegen Kommission, Slg. 1990, I-1981, 2010 Rdn. 14; EuG Rs. T-514/93, Cobrecaf SA ua. gegen Kommission, Slg. 1995, II-621, 640f. Rdn. 58). Aus diesem Grund setzt die Zulässigkeit der Schadensersatzklage nicht voraus, dass der den Schaden verursachende (Rechts-)Akt zunächst mit der Nichtigkeitsklage gemäß Art. 230 EG angefochten worden ist. Allerdings ist zu beachten, dass die Schadensersatzklage wegen Verfahrensmissbrauchs als unzulässig abgewiesen wird, wenn mit ihr in Wirklichkeit die Aufhebung einer Einzelfallentscheidung begehrt wird (EuGH Rs. 175/84, Krohn gegen Kommission, Slg. 1986, 753, 770 Rdn. 30; Rs. 543/79, Anton Birke gegen Kommission und Rat, Slg. 1981, 2669, 2695 Rdn. 28; verb. Rs. 114–117/79, Suzanne Mazière ua. gegen Kommission, Slg. 1980, 1529, 1531). Zu berücksichtigen ist im Übrigen, dass der Gerichtshof bei einem Mitverschulden bei der Schadensentstehung den von der Gemeinschaft zu leistenden Ersatz zu kürzen pflegt (EuGH Rs. 145/83, Adams gegen Kommission, Slg. 1985, 3539, 3592 Rdn. 54; vgl. dazu Form. IX. 6 Anm. 7). Aus diesem Grunde wird es sich stets empfehlen, gegen den (Rechts-)Akt gesondert vorzugehen, durch den der Schaden verursacht worden ist. Dazu ist entweder die Nichtigkeitsklage gemäß Art. 230 EG (vgl. Form. IX. 2) oder bei der Anwendung des Gemeinschaftsrechts oder des in nationales Recht umgesetzten Gemeinschaftsrechts durch nationale Behörden Anfechtungs- oder Verpflichtungsklage vor den Verwaltungs- oder Finanzgerichten zu erheben. Mit einer Nichtigkeitsklage gemäß Art. 230 EG kann die Schadensersatzklage nach Art. 235 iVm. Art. 288 Abs. 2 EG auch verbunden werden.

Im Verhältnis zu nationalen Rechtsbehelfen betrachtet der Gerichtshof die Schadensersatzklage als einen subsidiären Rechtsbehelf (EuGH Rs. C-72/90, Asia Motor France gegen Kommission, Slg. 1990, I-2181, 2185 Rdn. 14; Rs. C-118/88, AERPO gegen Kommission, Slg. 1990, I-2189, 2210 Rdn. 12).

2. Gemäß Art. 43 § 3 S. 1 EuG-Verfahrensordnung ist jeder Schriftsatz mit Datum zu versehen, vgl. Form. IX. 2 Anm. 2.

3. Zuständig für Schadensersatzklagen gemäß Art. 235 iVm. Art. 288 Abs. 2 EG ist gemäß Art. 3 Buchstabe c) Beschluss Nr. 88/591/EGKS, EWG, Euratom zur Errichtung eines Gerichts erster Instanz der Europäischen Gemeinschaften (ABl. 1988 Nr. L 319/1, im Hinblick auf die EGKS durch den Vertrag von Nizza aufgehoben, ABl. 2001 Nr. C 80/1, Art. 10) das Gericht erster Instanz der Europäischen Gemeinschaften.

4. Vgl. zu den allgemeinen Anforderungen an die Klageschrift, deren Begründung sowie an die weiteren Schriftsätze Art. 21 Abs. 1 iVm. 53 Abs. 1 EuGH-Satzung, Art. 43 § 1, § 3 bis 5, Art. 44 § 1 bis § 5 EuG-Verfahrensordnung, die „Praktischen Anweisungen für die Parteien" des EuG (ABl. 2007 Nr. L 232/7) sowie Form. IX. 2 Anm. 4 und 17.

5. Juristische Personen des Privatrechts haben mit der Klageschrift einen Nachweis ihrer Rechtspersönlichkeit einzureichen, Art. 44 § 5 Buchstabe a) EuG-Verfahrensordnung, vgl. Form. IX. 2 Anm. 15.

6. Als Vertreter oder Beistand kann nur ein Anwalt bestellt werden, der in einem Mitgliedstaat oder in einem Vertragsstaat des EWR-Abkommens zugelassen ist, vgl. Art. 19 Abs. 4 iVm. Art. 53 Abs. 1 EuGH-Satzung, § 44 Abs. 3 EuG-Verfahrensordnung und Form. IX. 2 Anm. 7.

7. Zur Passivlegitimation bei der Schadensersatzklage nach Art. 288 Abs. 2 EG und zur Vertretung vgl. Form. IX. 4 Anm. 1. Die Bezeichnung des Beklagten fordert Art. 44 § 1 Buchstabe b) EuG-Verfahrensordnung.

8. Nach Art. 44 § 1 Buchstabe d) EuG-Verfahrensordnung sind die Anträge aufzuführen, vgl. Form. IX. 2 Anm. 10.

9. Das EuG hat im Jahre 2004 Verzugszinsen in Höhe von 2 Prozentpunkten über dem von der Europäischen Zentralbank für die wesentlichen Hauptrefinanzierungsgeschäfte festgesetzten Zinssatz ab dem Zeitpunkt, zu dem die Klägerin von der Beklagten die Zahlung des geschuldeten Betrages verlangt hat, zugesprochen (EuG verb. Rs. T-215/01, T-220/01 und T-221/01, Calberson GE gegen Kommission, Slg. 2004, II-587, Rdn. 163,). Die Rechtsprechung des EuGH zur Zinshöhe ist bislang uneinheitlich. Der EuGH hat jedoch wiederholt Zinsen in Höhe von 8% bei entsprechendem Antrag zugesprochen. Wird ein niedrigerer Zinssatz beantragt, so entspricht der EuGH regelmäßig dem Antrag (EuGH verb. Rs. C-104/89 und C-37/90, Mulder ua. gegen Rat und Kommission, Slg. 1992, I-3061, 3137 Rdn. 35–36); vgl. im Übrigen Form. IX. 4 Anm. 14.

10. Es bedarf eines ausdrücklichen Kostenantrages, vgl. Art. 87 § 2 Abs. 1 EuG-Verfahrensordnung und IX. 2 Anm. 12.

11. Siehe für die Anforderungen an die Vollmacht Art. 44 § 5 EuG-Verfahrensordnung und Form. IX. 2 Anm. 13.

12. Der Anwalt hat gemäß Art. 44 § 3 EuG-Verfahrensordnung eine Bescheinigung zu hinterlegen, aus der hervorgeht, dass er berechtigt ist, vor einem Gericht eines Mitgliedstaates oder eines Vertragsstaates des EWR-Abkommens aufzutreten, vgl. Form. IX. 2 Anm. 14.

13. Gemäß Art. 44 § 2 Abs. 1 EuG-Verfahrensordnung ist in der Klageschrift grundsätzlich eine Zustellungsanschrift am Ort des Gerichtssitzes anzugeben; anstelle oder zusätzlich zu der Zustellungsanschrift am Ort des Gerichtssitzes kann sich der Prozessbevollmächtigte in der Klageschrift auch damit einverstanden erklären, dass Zustellungen an ihn mittels Fernkopierer oder sonstiger technischer Kommunikationsmittel erfolgen, vgl. Form. IX. 2 Anm. 16.

14. Zu den Anforderungen an die Klagebegründung vgl. Anm. 4 und Form. IX. 2 Anm. 4 und 17.

15. Vgl. Form. IX. 4.

16. Vgl. Form. IX. 4 Anm. 1, 5, 7–15.

17. Gemäß Art. 43 § 1 Abs. 1 EuG-Verfahrensordnung ist die Urschrift jedes Schriftsatzes vom Anwalt der Partei zu unterzeichnen, vgl. IX. 2 Anm. 24.

18. Der Klageschrift ist ein Anlagenverzeichnis beizufügen, Art. 43 § 4 EuG-Verfahrensordnung. Vgl. zu den Anforderungen an das Anlagenverzeichnis die „Praktischen Anweisungen für die Parteien" des EuG (ABl. 2007 Nr. L 232/7) sowie Form. IX. 2 Anm. 25.

Kosten und Gebühren

Zu Kosten und Gebühren siehe Form. IX. 2 „Kosten und Gebühren" und Form. IX. 18.

Fristen und Rechtsmittel

Zu den prozessualen Fristen und zur Verjährungsfrist siehe Form. IX. 4 Anm. 1 und „Fristen und Rechtsmittel". Zum Rechtsmittel gegen Urteile des Gerichts erster Instanz siehe Form. IX. 2 „Fristen und Rechtsmittel" sowie Form. IX. 12.

7. Beschwerde gemäß Art. 90 Abs. 2 Beamtenstatut (BSt)[1]

……stadt, den ……

Einschreiben gegen Rückschein

An[2]

……

……

……/……

Sehr geehrter Herr ……,

hiermit zeigen wir an, dass wir die rechtliche Vertretung von Frau ……, wohnhaft in ……, übernommen haben[3]. Eine entsprechende Vollmacht ist als

Anlage 1

beigefügt. Namens und im Auftrag von Frau …… legen wir gemäß Art. 90 Abs. 2 Beamtenstatut

Beschwerde[4]

gegen Ihre Entscheidung vom …… ein, mit der Sie den Antrag von Frau …… auf Überprüfung ihres Dienstalters gem. Art. 32 Abs. 3 BSt zurückgewiesen haben[5].

Die Entscheidung vom …… (Az. ……) wurde unserer Mandantin am …… zugestellt[6].

Wir beantragen[7], dass Sie

1. die Entscheidung vom …… (Az. ……) aufheben und
2. das Dienstalter von Frau …… zum 1. 9. 1981 festsetzen.

Begründung:[8]

A. Sachverhalt

Frau …… trat am 1. 9. 1981 als Bedienstete auf Zeit in den Dienst des Rechnungshofs (Besoldungsgruppe A4, Dienstaltersstufe 1). Sie wurde auf der Grundlage eines neuen Vertrags als Bedienstete auf Zeit mit einem Besoldungsdienstalter mit Wirkung ab 18. 10. 1983 eingestellt. Nach erfolgreicher Teilnahme an einem Auswahlverfahren für Verwaltungsräte wurde sie zur Beamtin ernannt, wobei das Besoldungsdienstalter mit Wirkung ab 18. 10. 1984 festgesetzt wurde. Auf der Grundlage von Art. 32 Abs. 2 BSt wurde sie in die Dienstalterstufe 3 eingestuft.

Mit Wirkung ab 1. 1. 1993 wurde durch Artikel 8 der Verordnung Nr. 3947/92 des Rates vom 21. 12. 1992 in Art. 32 des BSt als Abs. 3 eine Regelung aufgenommen, wonach ein Beamter sein als Bediensteter auf Zeit erworbenes Dienstalter dann beibehält, wenn er unmittelbar nach seiner Beschäftigung auf Zeit zum Beamten ernannt wird. Den Antrag von Frau…… vom…… auf Berichtigung ihres Dienstalters mit Wirkung ab 1. 1. 1993 entsprechend der neuen Regelung lehnten Sie am …… ohne weitere Begründung ab.

B. Rechtliche Würdigung

Die Entscheidung vom …… ist formell und materiell rechtswidrig.

I. Formelle Rechtswidrigkeit

Die Entscheidung verletzt wesentliche Formvorschriften, weil sie keine ausreichende Begründung dafür enthält, dass eine Neufestsetzung des Dienstalters von Frau …… unterbleibt. Gemäß Art. 25 Abs. 1 S. 2 BSt ist jede beschwerende Verfügung mit Gründen zu versehen, die aufgrund des Statuts ergeht. Die Entscheidung vom …… stellt eine beschwerende Maßnahme für Frau …… dar, da sie Nachteile bei späteren Beförderungen bewirkt ……

II. Materielle Rechtswidrigkeit

Ihre Entscheidung ist zunächst rechtswidrig, weil sie gegen den Grundsatz der Gleichbehandlung verstößt. Nach ständiger Rechtsprechung stellt der Grundsatz der Gleichbehandlung einen höherrangigen Rechtsgrundsatz dar (vgl. Rs. 147/79, Hochstrass gegen Gerichtshof, Slg. 1980, 3005, 3019 Rdn. 7). Die von Ihnen vertretene Auslegung von Art. 32 Abs. 3 BSt und die entsprechende Anwendung der Vorschrift führten dazu, dass die nach Inkrafttreten der Verordnung ernannten Beamten besser eingestuft werden als die vorher ernannten. Art. 32 Abs. 3 BSt ist deshalb so auszulegen, dass die Regelung auch auf am 1. 1. 1993 bereits ernannte Beamten Anwendung findet.

Darüber hinaus verstößt Ihre Entscheidung gegen das Prinzip der allgemeinen Fürsorgepflicht. Es gebietet der Verwaltung bei der Entscheidung über die Stellung eines Beamten, nicht nur das dienstliche, sondern auch das Interesse des Beamten zu berücksichtigen (verb. Rs. 33 und 75/79, Kuhner gegen Kommission, Slg. 1980, 1677, 1697, Rdn. 22). Ihre Weigerung, Art. 32 Abs. 3 BSt nach seinem Sinn und Zweck auszulegen, zeigt, dass eine Interessenabwägung nicht stattgefunden hat.

III. Ergebnis

Die Entscheidung vom …… ist deshalb sowohl aus formellen als auch aus materiellen Gründen rechtswidrig und muss aufgehoben werden. Sie haben die rechtlichen Verpflichtungen der Anstellungsbehörde verkannt und rechtswidrig in die Rechte von Frau …… eingegriffen. Frau …… hat deshalb gem. Art. 32 Abs. 3 BSt einen Anspruch auf Neufestsetzung des Dienstalters.

[Nachdem Sie auf die Bemühungen von Frau …… um eine einverständliche Regelung des Falles nicht eingegangen sind, sehen wir uns gezwungen, im Anschluss an die Einreichung dieser Beschwerde Klage einzureichen und um einstweiligen Rechtsschutz nachzusuchen, um die Rechte unserer Mandantin zu wahren.][9]

Mit vorzüglicher Hochachtung

(Rechtsanwalt)

Schrifttum: Gaitanides, Art. 236 EG, in: *von der Groeben/Schwarze,* Vertrag über die Europäische Union und Vertrag zur Gründung der Europäischen Gemeinschaft – Kommentar, Bd. 4, 6. Aufl. 2004; *Karpenstein,* Art. 236 EGV in: *Grabitz/Hilf,* Das Recht der Europäischen Union (Loseblattsammlung); *Schermers/Waelbroeck,* Judicial Protection in the European Communities, 6. Aufl. 2001, §§ 244–246; *Wegener,* Art. 236 EG-Vertrag in: *Calliess/Ruffert,* Kommentar zu EU-Vertrag und EG-Vertrag, 3. Aufl. 2007.

Anmerkungen

1. Die Verwaltungsbeschwerde unterliegt nach ständiger Rechtsprechung keinen Formerfordernissen (Rs. T-139/89, Virgili-Schettini gegen Parlament, Slg. 1990, II-535, Leitsätze 1 und 2), etwa im Hinblick auf die Hinzuziehung eines Anwalts, Unterschrift oder Vollmacht. Es ist jedoch in jedem Fall ratsam, die Beschwerde schriftlich einzulegen. Maßgeblich für die Einstufung eines Schreibens als Beschwerde ist, dass es klar den Willen des Beamten zum Ausdruck bringt, die Entscheidung der Anstellungsbehörde anzugreifen (EuGH, Rs. 23 und 24/87, Aldinger u. Virgili gegen Parlament, Slg. 1988, 4395, 4412 Rdn. 12).

2. Die Beschwerde ist gegen die Anstellungsbehörde als Beschwerdegegner zu richten, Art. 90 Abs. 2 S. 1 BSt (Statut der Beamten der Europäischen Gemeinschaften v. 18. 12. 1961, ABl. 1962 Nr. 45, 1385, idF. der Verordnung Nr. 259/68 des Rates v. 29. 2. 1968, ABl. 1968 L 56, 1, zuletzt geändert durch die Verordnung (EG/Euratom) Nr. 420/ 2008 des Rates vom 14. 5. 2008, ABl. 2008 Nr. L 127/1). Sie ist auf dem Dienstweg einzureichen. Nur wenn sie sich gegen den unmittelbaren Vorgesetzten richtet, kann sie unmittelbar bei dem nächsthöheren Vorgesetzten erhoben werden, Art. 90 Abs. 3 BSt.

3. Vgl. Anm. 1.

4. Gemäß Art. 91 Abs. 2 BSt können Beamte der EG (bzw. sonstige Bedienstete, Art. 46, 73 BSB (Beschäftigungsbedingungen für die sonstigen Bediensteten der Gemeinschaft v. 18. 12. 1961, ABl. 1962 Nr. 45, 1385, idF. der Verordnung Nr. 259/68 des Rates v. 29. 2. 1968, ABl. 1968 L 56, 1 zuletzt geändert durch die Verordnung (EG/Euratom) Nr. 420/2008 des Rates vom 14. 5. 2008, ABl. 2008 Nr. L1247/01) eine dienstrechtliche Klage nach Art. 236 EG erst nach Durchführung eines Beschwerdeverfahrens erheben, dessen Durchführung sich nach Art. 90 Abs. 2 BSt richtet. Das Vorverfahren soll eine einverständliche Beilegung des entstandenen Streits vergleichbar dem deutschen Widerspruchsverfahren ermöglichen. Die Beschwerde dient daher der verwaltungsinternen Überprüfung beschwerender Maßnahmen, die die Anstellungsbehörde gegen den Beamten oder sonstigen Bediensteten erlassen hat. Als beschwerende Maßnahme gilt auch das Unterlassen einer Maßnahme, auf deren Erlass ein Anspruch besteht.

Sofern ein Beamter oder sonstiger Bediensteter den Erlass einer ihn betreffenden Maßnahme begehrt, hat er nach Art. 90 Abs. 1 BSt einen entsprechenden Antrag an die Anstellungsbehörde zu richten, über den diese innerhalb von vier Monaten zu entscheiden hat. Entscheidet die Behörde nicht innerhalb dieser Frist, gilt das als stillschweigende Ablehnung des Antrags. Gegen eine Ablehnung des Antrags ist dann Beschwerde gemäß Art. 90 Abs. 2 BSt zu erheben.

5. Der Sachverhalt lehnt sich an die Entscheidung des EuG in der Rs. T-93/94, Becker gegen Rechnungshof, Slg. 1996 ÖD, II-301, an.

6. Die Beschwerde muss nach Art. 90 Abs. 2 S. 2 BSt innerhalb einer Frist von drei Monaten eingelegt werden. Die Frist beginnt im Falle allgemeiner Maßnahmen mit dem Tag der Bekanntmachung der Maßnahme, im Falle einer Einzelmaßnahme mit dem Tag der Mitteilung der Entscheidung an den Empfänger, spätestens jedoch mit dem Tag der Kenntnisnahme, Art. 90 Abs. 2 S. 3 BSt.

7. Der Antrag ist immer auf die Aufhebung einer den Beamten oder sonstigen Bediensteten beschwerenden Maßnahme der Anstellungsbehörde zu richten, die auch im Nichttreffen einer nach dem Statut vorgeschriebenen Maßnahme bestehen kann, Art. 90 Abs. 2 S. 1 BSt. Begehrt der Beamte oder sonstige Bedienstete den Erlass ihn betreffender Maßnahmen, ist zunächst ein Antrag gemäß Art. 90 Abs. 1 BSt zu stellen, siehe oben Anm. 1.

8. Die Beschwerde ist so zu begründen, dass die Behörde die Möglichkeit hat, sich mit allen ihr zum Vorwurf gemachten Rügen auseinanderzusetzen (Rs. T-7/90, Kobor gegen Kommission, Slg. 1990, II-721, 731 Rdn. 34). Doch ist es ausreichend, dass die Behörde mit der ihren Bediensteten geschuldeten Sorgfalt den Inhalt der Beschwerde im Wege der Auslegung ermitteln kann (Rs. T-139/89, Virgili gegen Parlament, Slg. 1990, II-535, Leitsatz 1). Es ist jedoch erforderlich, bereits in der Beschwerde die wesentlichen Gründe darzulegen und Anträge zu stellen, da sie den Rahmen einer späteren dienstrechtlichen Klage abstecken. Nach ständiger Rechtsprechung müssen spätere Klageanträge denselben Gegenstand haben wie die in der Beschwerde enthaltenen Anträge, und es können in der Klage nur Rügen erhoben werden, die auf demselben Grund beruhen wie die in der Beschwerde genannten Rügen; diese Rügen können im Stadium der Klage ausnahmsweise durch neue Gründe und Argumente weiterentwickelt werden, die nicht notwendigerweise in der Beschwerde enthalten sind, sich aber eng an diese anlehnen (Rs. 23 und 24/87, Aldinger u. Virgili gegen Parlament, Slg. 1988, 4395, 4413 Rdn. 15; Rs. T-19/90, von Hoessle gegen Rechnungshof, Slg. 1991, II-615, 627 Rdn. 33).

9. Das Beschwerdeverfahren ist abgeschlossen, sobald die Anstellungsbehörde dem Betreffenden eine begründete Beschwerdeentscheidung mitgeteilt hat. Für den Erlass der Entscheidung steht der Behörde eine Frist von vier Monaten ab dem Tag der Einreichung der Beschwerde zur Verfügung, Art. 90 Abs. 2 S. 4 BSt. Ergeht innerhalb dieser Frist

keine Entscheidung, so gilt die Beschwerde als stillschweigend abgelehnt. Gegen diese stillschweigende Entscheidung ist die Klage nach Art. 91 BSt, 236 EG zulässig, Art. 90 Abs. 2 S. 5 BSt.

Ein Abwarten der Entscheidung der Behörde ist in Eilfällen nicht erforderlich. Gemäß Art. 91 Abs. 4 BSt kann nach Einreichung der Beschwerde unverzüglich Klage erhoben werden, wenn zugleich ein Antrag auf einstweiligen Rechtsschutz gestellt wird (dazu Form. IX. 12).

Kosten und Gebühren

Das Beschwerdeverfahren ist gebührenfrei.

Fristen und Rechtsmittel

Zu Fristen vgl. Anm. 5; zu Rechtsmitteln gegen die Beschwerdeentscheidung vgl. Form. IX. 8.

8. Dienstrechtliche Klage gemäß Art. 236 EG (Art. 270 AEUV)[1]

. . . . . stadt, den . . . . .[2]

An das
Gericht für den öffentlichen Dienst der Europäischen Union [3]
– Kanzlei –
Rue du Fort Niedergrünewald
L-2925 Luxemburg
LUXEMBURG

Klage[4, 5]

des Herrn . . . . ., ... str., ... staat[6]

– Kläger –

Prozessbevollmächtigter[7]: Rechtsanwalt . . . . .

gegen

den Europäischen Rechnungshof, Rue Alcide de Garpen 12, L-1615 Luxemburg[8]

– Beklagte –

wegen: Nichtigerklärung der Entscheidung des Rechnungshofs vom . . . . . (Az. . . . . .)

Namens und im Auftrag des Klägers erheben wir hiermit gemäß Art. 236 EG, Art. 91 Abs. 1 BSt

Klage

und beantragen,[9]

1. den Bescheid des Rechnungshofs vom . . . . . (Az. . . . . .) aufzuheben;[10]

2. der Beklagten die Kosten des Verfahrens aufzuerlegen.[11]

Die Vollmacht[12] ist als

Anlage 1,

die Zulassungsbescheinigung[13] als

Anlage 2

beigefügt.

Gemäß Art. 44 § 2 Abs. 2 der Verfahrensordnung erklären wir uns als Prozessbevollmächtigte damit einverstanden, dass Zustellungen an uns mittels Fernkopierer oder sonstiger technischer Kommunikationsmittel erfolgen. Zustellungen können bewirkt werden an Herrn Rechtsanwalt ......, Telefax-Nr.: ......, bzw. an die E-Mail-Anschrift: ......[14]

Begründung:

A. Klageziel

Der Kläger erstrebt mit der Klage die Aufhebung der Entscheidung der Beklagten, mit der dieser seinen Antrag auf Neubewertung seines Besoldungsdienstalters ablehnte. Der Kläger macht zum einen einen Verstoß der Entscheidung der Beklagten gegen den Grundsatz der Gleichbehandlung und zum anderen einen Verstoß gegen das Prinzip der allgemeinen Fürsorgepflicht geltend.

B. Sachverhalt

Der Kläger trat am 1. 9. 1981 als Bediensteter auf Zeit in den Dienst des Rechnungshofs (Besoldungsgruppe A4, Dienstaltersstufe 1). Er wurde auf der Grundlage eines neuen Vertrags als Bediensteter auf Zeit mit einem Besoldungsdienstalter mit Wirkung ab 18. 10. 1983 eingestellt. Nach erfolgreicher Teilnahme an einem Auswahlverfahren für Verwaltungsräte wurde er zum Beamten ernannt, wobei das Besoldungsdienstalter mit Wirkung ab 18. 10. 1984 festgesetzt wurde. Auf der Grundlage von Art. 32 Abs. 2 BSt wurde er in die Dienstalterstufe 3 eingestuft.
Mit Wirkung ab 1. 1. 1993 wurde durch Artikel 8 der Verordnung Nr. 3947/92 des Rates vom 21. 12. 1992 in Art. 32 des BSt als Abs. 3 eine Regelung aufgenommen, wonach ein Beamter sein als Bediensteter auf Zeit erworbenes Dienstalter dann beibehält, wenn er unmittelbar nach seiner Beschäftigung auf Zeit zum Beamten ernannt wird. Den Antrag des Klägers vom ...... auf Berichtigung seines Dienstalters mit Wirkung ab 1. 1. 1993 entsprechend der neuen Regelung lehnte der Beklagte am ...... ab. Hiergegen legte der Kläger am ...... Beschwerde gemäß Art. 90 Abs. 2 BSt ein,

Anlage 3,

die der Beklagte am ...... mit der Begründung ablehnte, Art. 32 Abs. 3 BSt finde keine Anwendung auf Einstellungen vor dem 1. 1. 1993

Anlage 4.

C. Rechtliche Würdigung

I. Zulässigkeit[15]
Der Kläger hat das gem. Art. 91 Abs. 2 BSt erforderliche Beschwerdeverfahren ordnungsgemäß durchgeführt. Er hat am ...... einen Antrag auf Neufestsetzung seines Dienstalters gestellt, den der Beklagte mit Schreiben vom ...... ablehnte. Die Beschwerde des Klägers vom ...... wies der Beklagte mit Schreiben vom ...... zurück.
Die Entscheidung beschwert den Kläger unmittelbar, da er bei einer Neufestsetzung seines Dienstalters bessere Aussichten haben würde, befördert zu werden ......
[ggf.[16]: Die Zulässigkeit der sofortigen Klageerhebung ergibt sich im vorliegenden Fall aus Art. 91 Abs. 4 BSt. Danach kann in Abweichung von Art. 91 Abs. 2 BSt nach Einreichung einer Beschwerde gemäß Art. 90 Abs. 2 BSt unverzüglich Klage bei dem Gerichtshof erhoben werden, wenn zeitgleich mit der Klage ein Antrag auf Aussetzung des angefochtenen Verwaltungsakts oder auf Erlass vorläufiger Maßnahmen gestellt wird. Mit Antrag vom ...... hat der Kläger die Aussetzung der Entscheidung vom ...... beantragt.]

II. Begründetheit[17]
Die Entscheidung des Beklagten ist rechtswidrig, weil sie gegen den Grundsatz der Gleichbehandlung verstößt. Nach ständiger Rechtsprechung stellt der Grundsatz der

Gleichbehandlung einen höherrangigen Rechtsgrundsatz dar (Rs. 147/79, Hochstrass gegen Gerichtshof, Slg. 1980, 3005, 3019 Rdn. 7). Die von der Beklagten vertretene Auslegung von Art. 32 Abs. 3 BSt führt dazu, dass die nach Inkrafttreten der Verordnung ernannten Beamten besser eingestuft werden als die vorher ernannten. Art. 32 Abs. 3 BSt ist deshalb so auszulegen, dass die Regelung auch auf am 1. 1. 1993 bereits ernannte Beamten Anwendung findet.

Darüber hinaus verstößt die Entscheidung gegen das Prinzip der allgemeinen Fürsorgepflicht. Diese gebietet es, dass die Verwaltung, wenn sie über die Stellung eines Beamten entscheidet, nicht nur das dienstliche Interesse, sondern auch das Interesse des Beamten berücksichtigt (verb. Rs. 33 und 75/79, Kuhner gegen Kommission, Slg. 1980, 1677, 1697, Rdn. 22). Die Weigerung der Beklagten, Art. 32 Abs. 3 BSt nach seinem Sinn und Zweck auszulegen, zeigte, dass eine Interessenabwägung nicht stattgefunden hat.

……

Unterschrift[18]
Verzeichnis der Anlagen[19]

Schrifttum: Gaitanides, Art. 236 EG, in: *von der Groeben/Schwarze,* Vertrag über die Europäische Union und Vertrag zur Gründung der Europäischen Gemeinschaft – Kommentar, Bd. 4, 6. Aufl. 2004; *Hakenberg,* Das Gericht für den öffentlichen Dienst der EU- eine neue Ära in der Gemeinschaftsgerichtsbarkeit, EuZW 2006, 391; *Hatje,* Der Rechtsschutz der Stellenbewerber im Europäischen Beamtenrecht, 1988; *Henrich,* Die Rechtsprechung des Europäischen Gerichtshofs in Personalsachen, EuR 1980, 134; 1982, 231; 1985, 171; 1988, 302; *Karpenstein,* Art. 236 EGV, in: *Grabitz/Hilf,* Das Recht der Europäischen Union (Loseblattsammlung); *Lindemann,* Allgemeine Rechtsgrundsätze und europäischer öffentlicher Dienst, 1986; *Reitmann,* die Rechtsprechung des Gerichts für den öffentlichen Dienst der Europäischen Union 2006 und in der ersten Jahreshälfte 2007, EuR 2008, 270; *Rogalla,* Dienstrecht der Europäischen Gemeinschaften, 1992.

Anmerkungen

1. Es handelt sich bei Art. 236 EG um keine eigene Klageart. Vielmehr wird nur eine Entscheidungskompetenz für dienstrechtliche Streitigkeiten getroffen, die auf die bestehenden Rechtsbehelfe zurückgreift. Entsprechend dem Klagebegehren können im dienstrechtlichen Streitverfahren sowohl Gestaltungs- als auch Feststellungsklagen in Betracht kommen. Im Einzelfall kann es sich dabei um eine Nichtigkeits-, Leistungs-, Schadensersatz- oder Untätigkeitsklage handeln, ggf. verbunden im Wege der objektiven Klagehäufung.

Der dienstrechtlichen Klage ist ein Beschwerdeverfahren zwingend vorgeschaltet, Art. 91 Abs. 2 BSt (Statut der Beamten der Europäischen Gemeinschaften v. 18. 12. 1961, ABl. 1962 Nr. 45, 1385, idF. der Verordnung Nr. 259/68 des Rates v. 29. 2. 1968, ABl. 1968 L 56, 1, zuletzt geändert durch die Verordnung (EG/Euratom) Nr. 420/2008 des Rates vom 14. 5. 2008, ABl. 2008 Nr. L 1247/01), siehe oben Form. IX. 7.

2. Gemäß Art. 34 Abs. 3 S. 1 EuGöD-Verfahrensordnung ist jeder Schriftsatz mit Datum zu versehen.

3. Zuständig für die Entscheidung über dienstrechtliche Streitigkeiten ist gem. Art. 236 EG bzw. Art. 152 Euratom Art. 225 EG iVm. Anhang I Art. 1 EuGH-Satzungderzeit das Gericht für den öffentlichen Dienst der europäischen Union. Dieses wurde gemäß dem „Beschluss des Rates zur Errichtung des Gerichts für den öffentlichen Dienst der Europäischen Union“ vom 2. 11. 2004, ABl. 2004 Nr. L 333/7 als gerichtliche Kammer dem Gericht erster Instanz beigeordnet. Anders als beim Gerichtshof und Gericht erster Instanz spiegelt die Anzahl der Richter (7) nicht die Anzahl der Mitgliedsstaaten wieder (Anhang I Art. 2 EuGH-Satzung) Zudem werden die Richter nicht von den Mitgliedsstaaten vorgeschlagen sondern von einem Ausschuss ausgewählt (Anhang I Art. 3 EuGH-Satzung). Im Dezember 2005 wurden dem Gericht für den öffentlichen Dienst nach Feststellung seiner ordnungsgemäßen Errichtung die 117 beim Gericht erster Instanz anhängigen, seine Zuständigkeit betreffenden Rechtsachen, bei denen das schriftliche Verfahren noch nicht beendet war, zugewiesen. 2006 wurden die erste mündliche Verhandlung durchgeführt und das erste Urteil verkündet.

4. Gemäß Art. 236 EG bzw. Art. 152 EA iVm. Art. 91 Abs. 1 BSt (Art. 46, 73 BSB – Beschäftigungsbedingungen für die sonstigen Bediensteten der Gemeinschaft v. 18. 12. 1961, ABl. 1962 Nr. 45/1385, idF. der Verordnung Nr. 259/68 des Rates v. 29. 2. 1968, ABl. 1968 L 56/1 Statut der Beamten der Europäischen Gemeinschaften v. 18. 12. 1961, ABl. 1962 Nr. 45, 1385, idF. der Verordnung Nr. 259/68 des Rates v. 29. 2. 1968, ABl. 1968 L 56, 1, zuletzt geändert durch die Verordnung (EG/ Euratom) Nr. 420/2008 des Rates vom 14. 5. 2008, ABl. 2008 Nr. L1247/01) iVm. Art. 225 EG, Anhang I Art. 1 EuGH-Satzung) entscheidet das Gericht für den öffentlichen Dienst über alle Streitsachen zwischen der Gemeinschaft und ihren Bediensteten (Beamte und sonstige Bedienstete) innerhalb der Grenzen und nach Maßgabe der Bedingungen, die im Statut der Beamten (BSt) festgelegt sind oder die sich aus den Beschäftigungsbedingungen der Bediensteten (BSB) ergeben. Die Rechtsschutzmöglichkeiten der Art. 90, 91 BSt gelten nicht nur für die aktiven Beamten, sondern auch für die Bewerber um ein Amt oder ein allgemeines Auswahlverfahren (EuG, Rs. T-107/99, Retortillo gegen Rat, Slg. 1999, II-1939).

5. Vgl. zu den allgemeinen Anforderungen an die Klageschrift, die Klagebegründung und an die weiteren Schriftsätze Art. 21 Abs. 1 iVm. Anhang I Art. 7 Abs 1 EuGH-Satzung, Art. 35 EuGöD-Verfahrensordnung und die „Praktischen Anweisungen für die Parteien" des EuGöD (ABl. 2008 Nr. L 69/13) 7.

6. Die Klageschrift muss gemäß Art. 35 Abs. 1 Buchstabe a) EuGöD-Verfahrensordnung den Namen und den Wohnsitz des Klägers enthalten.

7. Nur ein Anwalt, der berechtigt ist, vor einem Gericht eines Mitgliedstaates oder eines anderen Vertragsstaates des EWR-Abkommens aufzutreten, kann gem. Art. 19 Abs. 4 iVm. Anhang I Art. 7 Abs. 1 EuGH-Satzung vor dem EuGöD als Vertreter oder Beistand einer Partei auftreten.

8. Dienstrechtliche Klagen sind nicht gegen die Gemeinschaft zu richten, sondern gegen das Gemeinschaftsorgan, in dessen Dienst der Kläger im Zeitpunkt der beanstandeten Maßnahme bzw. seines Ausscheidens stand (Rs. T-162/89, Mommer gegen Parlament, Slg. 1990, II-679, 685, Rdn. 18). Das sind nicht nur die in Art. 7 EG, Art. 5 EA aufgeführten Gemeinschaftsorgane, sondern auch andere Gemeinschaftseinrichtungen, die mit Rechtspersönlichkeit ausgestattet sind (zB. der Wirtschafts- und Sozialausschuss (WSA), das Zentrum für die Förderung der Berufsbildung (CEDEFOP), das Europäische Währungsinstitut (EWI), die Europäische Investitionsbank (EIB), die Europäische Zentralbank (EZB), etc.).

9. Die Anträge sind nach Art. 35 Abs. 1 1 Buchstabe d) EuGöD-Verfahrensordnung in der Klageschrift aufzuführen.. Sie richten sich in dem Verfahren nach Art. 236 EG nach dem jeweiligen Klagebegehren in der dienstrechtlichen Streitigkeit, vgl. Anm. 1.

Nach ständiger Rechtsprechung müssen die Klageanträge im Rahmen von Art. 236 EG denselben Gegenstand haben wie die in der vorgeschalteten Beschwerde (vgl. oben Form. IX. 7) enthaltenen Anträge und können in der Klage nur solche Rügen erhoben werden, die auf demselben Grund beruhen wie die in der Beschwerde genannten Rügen; diese Rügen können im Stadium der Klage jedoch durch neue Gründe und Argumente weiterentwickelt werden, die nicht notwendigerweise in der Beschwerde enthalten sind, sich aber eng an diese anlehnen (Rs. 23 und 24/87, Aldinger u. Virgili gegen Parlament,

Slg. 1988, 4395, 4413 Rdn. 15; Rs. T-19/90, von Hoessle gegen Rechnungshof, Slg. 1991, II-615, 627 Rdn. 33).

10. Der Sachverhalt lehnt sich an die Entscheidung des EuG v. 6. 3. 1997 in der Rs. T-93/94, Becker gegen Rechnungshof, Slg. 1996 ÖD, II-301 an.

11. Gemäß Art. 87 Abs. 1 EuGöD-Verfahrensordnung ist die unterliegende Partei auf Antrag zur Tragung der Kosten zu verurteilen.

12. Vgl. zu den Anforderungen an die Vollmacht Form. IX. 2 Anm. 13.

13. Der Anwalt hat gemäß Art. 35 Abs. 5 EuGöD-Verfahrensordnung eine Bescheinigung zu hinterlegen, aus der hervorgeht, dass er berechtigt ist, vor einem Gericht eines Mitgliedstaates oder eines Vertragsstaates des EWR-Abkommens aufzutreten.

14. Gemäß Art. 35 Abs. 3 EuGöD-Verfahrensordnung ist in der Klageschrift grundsätzlich eine Zustellungsanschrift am Ort des Gerichtssitzes anzugeben; anstelle oder zusätzlich zu der Zustellungsanschrift am Ort des Gerichtssitzes kann sich der Prozessbevollmächtigte in der Klageanschrift auch damit einverstanden erklären, dass Zustellungen an ihn mittels Fernkopierer oder sonstiger technischer Kommunikationsmittel erfolgen.

15. Neben den allgemeinen Zulässigkeitsvoraussetzungen der jeweiligen Klageart sind bei jeder dienstrechtlichen Klage folgende besondere Zulässigkeitsvoraussetzungen zu beachten, die sich aus dem Beamtenstatut ergeben:

Gemäß Art. 91 Abs. 2 BSt ist die Erhebung einer dienstrechtlichen Klage nur zulässig, wenn zuvor bei der Anstellungsbehörde eine Beschwerde (Art. 90 Abs. 2 BSt) fristgerecht eingereicht und die Beschwerde ausdrücklich oder stillschweigend zurückgewiesen worden ist (dazu Form. IX. 7). Es handelt sich bei dem Vorverfahren um eine zwingende Klagevoraussetzung. Das Gericht prüft insbesondere die Einhaltung der Fristen für das vorprozessuale Verfahren von Amts wegen, weil sie zur Gewährleistung der Rechtssicherheit zwingenden Charakter haben (Rs. 232/85, Becker gegen Kommission, Slg. 1986, 3401, 3413 Rdn. 8; Rs. T-552/93, Grassi gegen Kommission, Slg. 1995 ÖD, II-125, 131 Rdn. 23). Entbehrlich ist das Vorverfahren nur dann, wenn es seinen Zweck von vornherein nicht erfüllen kann, weil die Anstellungsbehörde nicht die Befugnis hat, die angegriffene Entscheidung zu ändern. Dies ist etwa der Fall bei Entscheidungen von unabhängigen Prüfungsausschüssen in Auswahlverfahren (Rs. T-133/89, Burban gegen Parlament, Slg. 1990, II-245, 253 Rdn. 17) oder bei Beurteilungen der Bediensteten gem. Art. 43 BSt (verb. Rs. 6 und 97/79, Grassi gegen Rat, Slg. 1980, 2141, 2157 Rdn. 15; Rs. T-29/89, Moritz gegen Kommission, Slg. 1990, II-787, 791 Rdn. 15).

In besonders dringenden Fällen eröffnet Art. 91 Abs. 4 BSt dem Betroffenen jedoch die Möglichkeit, schon vor Beendigung des Vorverfahrens eine dienstrechtliche Klage zu erheben, wenn diese mit einem Antrag auf einstweiligen Rechtsschutz (Aussetzung des Vollzugs der beschwerenden Maßnahme, sonstige vorläufige Maßnahmen) verbunden ist, dazu unten Form. IX. 11. In diesem Fall wird über den Antrag auf einstweiligen Rechtsschutz sofort entschieden, während das Hauptsacheverfahren bis zur Ablehnung der Beschwerde ausgesetzt wird. Diese Konstruktion ist deshalb erforderlich, weil der Antrag auf einstweiligen Rechtsschutz nur gestellt werden kann, wenn spätestens gleichzeitig eine Hauptsache anhängig gemacht wird.

Art. 91 Abs. 3 BSt sieht für dienstrechtliche Klage eine Klagefrist von drei Monaten vor. Die Frist beginnt am Tag der Mitteilung der auf die Beschwerde hin ergangenen Entscheidung, bzw., im Falle der stillschweigenden Ablehnung der Beschwerde, mit dem Tag, an dem die Beantwortungsfrist der Beschwerde abläuft.

16. Gegenstand einer dienstrechtlichen Klage kann gem. Art. 91 Abs. 1 BSt jede den Beamten beschwerende Maßnahme sein. Der Begriff der „Maßnahme" umfasst dabei auch unterlassene Maßnahmen der Anstellungsbehörde, vgl. Art. 90 Abs. 2 BSt. Die angegriffene Maßnahme muss den Beamten beschweren und individuell und unmittelbar betreffen (verb. Rs. 87 und 130/77, Salerno ua. gegen Kommission, Slg. 1985, 2523, 2534, Rdn. 30;

vgl. dazu Art. 230 EG, oben Form. IX. 2 Anm. 5). Ausreichend dafür ist, dass die Maßnahme unmittelbar auf eine dem Beschäftigten nach dem Statut eingeräumte Rechtsposition schädigend einwirkt (vgl. Rs. 124/78, List gegen Kommission, Slg. 1979, 2499, 2510 Rdn. 5; verb. Rs. 66–68, 136–140/83, Hattet ua. gegen Kommission, Slg. 1985, 2459, 2468 Rdn. 22). Diese Voraussetzungen liegen auch bei Maßnahmen vor, die die materiellen Interessen und den Rang des Beschäftigten nicht berühren, aber seine immateriellen Interessen oder Zukunftsaussichten beeinträchtigen (Rs. 35/72, Kley gegen Kommission, Slg. 1973, 679, 688 Rdn. 4/6; Rs. T-36/93, Ojha gegen Kommission, Slg. 1995 ÖD, II-497, 510 Rdn. 42). Umfasst werden davon zB. Disziplinarmaßnahmen (zB. verb. Rs. 18 u. 35/65, Gutmann gegen Kommission, Slg. 1966, 153, 177; Rs. T-549/93, D. gegen Kommission, Slg. 1995 ÖD, II-43), Versetzungen (Rs. 61/76, Geist gegen Kommission, Slg. 1977, 1419, 1432 Rdn. 21/22; Rs. 23 und 24/87, Aldinger u. Virgili gegen Parlament, Slg. 1988, 4395, 4412 Rdn. 17), neue Aufgabenzuweisungen (Rs. 161 und 162/70, Carbognani u. Zabetta gegen Kommission, Slg. 1981, 543, 560 Rdn. 14), dienstliche Beurteilungen (Rs. 29/70, Marcato gegen Kommission, Slg. 1971, 243, 247 Rdn. 1; Rs. 122/75, Küster gegen Parlament, Slg. 1976, 1685, 1693 Rdn. 15) und Stellenausschreibungen (Rs. 25/77, de Roubaix gegen Kommission, Slg. 1978, 1081, 1088 Rdn. 7/8).

Rein interne Organisationsmaßnahmen, die von den Anstellungsbehörden im Rahmen ihrer Organisationsgewalt entsprechend den dienstlichen Erfordernissen zur Regelung des internen Dienstbetriebs erlassen werden, können dagegen nicht angegriffen werden, weil sie die dienstrechtliche Stellung des Beschäftigten nicht berühren (Rs. 124/78, List gegen Kommission, Slg. 1979, 2499, 2510 Rdn. 4; Rs. 23/68, Grasselli gegen Kommission, Slg. 1969, 505, 510 Rdn. 3/5; Rs. T-36/93, Ojha gegen Kommission, Slg. 1995 ÖD, II-497, 510 Rdn. 41). Ebenso sind vorbereitende Maßnahmen mangels Rechtswirkung nicht selbständig angreifbar (Rs. 123/80, B. gegen Parlament, Slg. 1980, 1789, 1791 Rdn. 2).

17. Die Gerichte üben im Rahmen der dienstrechtlichen Streitigkeiten grundsätzlich eine Kontrolle der Rechtmäßigkeit der beschwerenden Maßnahme aus. Sie beschränken sich auf die Feststellung von Verfahrensfehlern und sonstigen Rechtsverletzungen sowie eines offensichtlichen Ermessensmissbrauchs. Nur in vermögensrechtlichen Streitigkeiten eröffnet Art. 91 Abs. 2 BSt die Möglichkeit einer unbeschränkten Ermessensnachprüfung.

Materiell erfolgt die Prüfung der Rechtswidrigkeit anhand des Beamtenstatuts und der Beschäftigungsbedingungen sowie ggf. ergänzender Rechtsvorschriften. Darüber hinaus wendet die Rechtsprechung allgemeine Rechtsgrundsätze wie den Gleichbehandlungsgrundsatz, das Vertrauensschutzprinzip bzw. das Prinzip der Wahrung wohlerworbener Rechte und die allgemeine Fürsorgepflicht an (dazu im Einzelnen: *Lindemann,* Allgemeine Rechtsgrundsätze und europäischer öffentlicher Dienst, 1986; *Karpenstein,* in: *Grabitz/Hilf,* Art. 236).

Der allgemeine Grundsatz der Gleichbehandlung gehört zu den Grundprinzipien des europäischen Dienstrechts (vgl. Art. 6 EG, Art. 27 Abs. 2 BSt). Der Rechtsprechung zufolge beinhaltet der Grundsatz, dass gleiche und vergleichbare Sachverhalte nicht unterschiedlich behandelt werden dürfen, soweit eine Differenzierung nicht objektiv gerechtfertigt ist (Rs. T-48/89, Beltrantena gegen Rat, Slg. 1990, II-493, 506 Rdn. 34; Rs. 147/79, Hochstrass gegen Gerichtshof, Slg. 1980, 3005, 3019 Rdn. 7). Für die Frage der Begründetheit ist es folglich von maßgeblicher Bedeutung, ob Umstände vorliegen, die eine Ungleichbehandlung von Beschäftigten objektiv rechtfertigen.

Aus dem Rechtssicherheitsprinzip leitet die Rechtsprechung den allgemeinen Rechtsgrundsatz des Vertrauensschutzes ab (Rs. 289/81, Mavridis gegen Parlament, Slg. 1983, 1731, 1744 Rdn. 21). Seine besondere Ausprägung erhält dieser Grundsatz in dem Prinzip der Wahrung wohlerworbener Rechte. Solche wohlerworbene Rechte stehen einem Beschäftigten zu, wenn die anspruchsbegründende Tatsache unter der Geltung eines bestimmten Statuts eingetreten ist und zeitlich vor der von dem Gemeinschaftsorgan beschlossenen Änderung liegt (Rs. 28/74, Gillet gegen Kommission, Slg. 1975, 463, 473 Rdn. 4/5).

Bei dem Rechtsgrundsatz der Fürsorgepflicht handelt es sich um einen spezifischdienstrechtlichen Grundsatz (Rs. 33 und 75/79, Kuhner gegen Kommission, Slg. 1980, 1677, 1696 Rdn. 18), der aus der in Art. 24 BSt geregelten Beistandpflicht der Gemeinschaft abgeleitet wird. Danach sind die Anstellungsbehörden verpflichtet, sich schützend vor ihre Beamten und Bediensteten bei von außerhalb oder innerhalb der Gemeinschaft herrührenden Angriffen zu stellen (Rs. 18/78, Frau V. gegen Kommission, Slg. 1979, 2093, 2102 Rdn. 15).

18. Gemäß Art. 34 Abs. 1 EuGöD-Verfahrensordnung ist die Urschrift jedes Schriftsatzes vom Anwalt der Partei zu unterzeichnen.

19. Vgl. zu dem Erfordernis eines Anlagenverzeichnisses Art. 34 Abs. 4 EuGöD-Verfahrensordnung, die „Praktischen Anweisungen für die Parteien" des EuGöD (ABl. 2008 Nr. L 69/13).

Kosten und Gebühren

Im Hinblick auf die Kostentragungspflicht vgl. Anm. 10. Das Verfahren ist unter den Voraussetzungen des Art. 94 EuGöD-Verfahrensordnung gebührenfrei.

Fristen und Rechtsmittel

Gegen die Entscheidung des Gerichts für den öffentlichen Dienst kann innerhalb von zwei Monaten ab Zustellung der angefochtenen Entscheidung ein Rechtmittel beim Gericht erster Instanz eingelegt werden, Anhang I Art. 9 EuGH-Satzung. Siehe zu den Rechtsmitteln gegen Urteile des Gerichts erster Instanz Form. IX. 2 „Fristen und Rechtsmittel" und Form. IX. 12.

9. Klage auf Grund einer Schiedsklausel gemäß Art. 238 EG (Art. 272 AEUV)[1]

......stadt, den ......[2]

An das
Gericht erster Instanz der Europäischen Gemeinschaften[3]
– Kanzlei –
Rue du Fort Niedergrünewald
L-2925 Luxemburg
LUXEMBURG

Klage[4]

der ...... GmbH, ...str, ...tadt, vertreten durch den Geschäftsführer, Herrn ......, ebenda

– Klägerin –

Prozessbevollmächtigter[5]: Rechtsanwalt ......

gegen

die Europäische Kommission[6], Rue de la Loi 200, B-1049 Brüssel, BELGIEN

– Beklagte –

wegen: Werklohn

Namens und im Auftrag der Klägerin erheben wir hiermit Klage und beantragen[7],

1. **die Beklagte zu verurteilen, die Software ...... als vertragsgemäß abzunehmen und an die Klägerin EUR ...... nebst Zinsen in Höhe von 8 Prozentpunkten über dem Basiszinssatz der Europäischen Zentralbank seit dem ...... zu zahlen[8];**
2. **der Beklagten die Kosten des Verfahrens aufzuerlegen[9].**

Die Vollmacht[10] ist als

Anlage 1,

die Zulassungsbescheinigung[11] des Prozessbevollmächtigten ist als

Anlage 2

und ein Handelsregisterauszug[12] ist als

Anlage 3

beigefügt.

Gemäß Art. 44 § 2 Abs. 2 der Verfahrensordnung erklären wir uns als Prozessbevollmächtigte damit einverstanden, dass Zustellungen an uns mittels Fernkopierer oder sonstiger technischer Kommunikationsmittel erfolgen. Zustellungen können bewirkt werden an Herrn Rechtsanwalt ……, Telefax-Nr.: ……, bzw. an die E-Mail-Anschrift: ……[13]

Begründung:

A. Sachverhalt[14]

Die Klägerin und die Beklagte schlossen am …… einen Werkvertrag über die Erstellung einer im Anhang zu dem Vertrag spezifizierten, speziellen Software (Independent Intelligent Information and Services Network Interface, im Folgenden: „die Software")

Anlage 4[15].

Gemäß Art. 2 des Vertrages war die Software innerhalb von 30 Monaten zu erstellen, gemäß Art. 3 sollten alle sechs Monate Berichte[16] über den Fortgang der Arbeiten vorgelegt werden ……

In Art. 16 des Vertrages (Anlage 4) heißt es:

„Für die Entscheidung von Streitigkeiten aus diesem Vertrag ist ausschließlich der Gerichtshof der Europäischen Gemeinschaften zuständig. Es ist deutsches Recht anzuwenden."[17]

……

Am …… und damit innerhalb der Frist des Art. 2 des Vertrages hat die Klägerin die Software fertiggestellt und der Beklagten übermittelt. Auch die vorgeschriebenen Berichte hat die Klägerin stets fristgemäß vorgelegt. Zu diesen Berichten hat die Beklagte niemals Stellung genommen oder in anderer Weise ihrer Unzufriedenheit mit dem Vorgehen der Klägerin Ausdruck gegeben. Zu ihrer Überraschung wurde der Klägerin jedoch bei einer Besprechung nach Abschluss der Arbeiten an dem Projekt von der Beklagten mitgeteilt, dass die Software nicht den vertraglichen Spezifikationen entspreche ……

Da die unterschiedlichen Auffassungen nicht zu überbrücken waren, hat die Klägerin der Beklagten durch Schreiben vom ……

Anlage ……

eine Frist zur Abnahme der Software und zur Zahlung gesetzt, die fruchtlos verstrichen ist.

B. Rechtliche Würdigung

I. Die Klage ist aufgrund der Schiedsklausel in Art. 16 des Vertrages vom …… in Verbindung mit Art. 238 EG zulässig.

II. Die Klage ist auch begründet. Denn ……[18]

Unterschrift[19]

Verzeichnis der Anlagen[20]

Schrifttum: Bleckmann, Die öffentlich-rechtlichen Verträge der EWG, NJW 1978, 464; *Grunwald,* Die nicht-völkerrechtlichen Verträge der Europäischen Gemeinschaften, Europarecht 1984, 277; *Gaitanides,* Art. 238 EG, in: *von der Groeben/Schwarze,* Vertrag über die Europäische Union und Vertrag zur Gründung der Europäischen Gemeinschaft – Kommentar, Bd. 4, 6. Aufl. 2004; *Priess,* Contracting with the European Communities – Legal aspects of E. C. procurement and subsidies, Public Procurement Law Review 1996, 7; *Schwarz,* § 14 in: *Rengeling/Middeke/Gellermann,* Handbuch des Rechtsschutzes in der Europäischen Union, 2. Aufl. 2003.

Anmerkungen

1. Eine sog. Schiedsklausel begründet in den Sonderfällen die Zuständigkeit der Gemeinschaftsgerichte, in denen die Organe der Gemeinschaft in privatrechtlichen (oder völkerrechtlichen) Verträgen eine entsprechende Klausel aufnehmen. Sie hat in Verbindung mit Art. 238 EG (bzw. Art. 153 EA) die Unzuständigkeit der nationalen Gerichte zur Folge, die normalerweise zur Entscheidung von Streitigkeiten zuständig wären, die aufgrund des Vertrages entstehen. Da die Zuständigkeit der Gemeinschaftsgerichte aufgrund einer Schiedsklausel eine Abweichung vom allgemeinen Recht darstellt, ist sie eng auszulegen (EuGH Rs. 426/85, Kommission gegen Zoubek, Slg. 1986, 4057, 4069 Rdn. 11). Die Wirksamkeit der Schiedsklausel beurteilt sich allein nach Gemeinschaftsrecht und nicht nach nationalem Recht. Deshalb kann etwa einer von einem Gemeinschaftsorgan erhobenen Klage aufgrund einer Schiedsklausel nicht entgegengehalten werden, dass der Beklagte nicht Kaufmann sei und deshalb vor Entstehung des Streits keine wirksame Gerichtsstandsvereinbarung treffen könne (vgl. Schlussanträge des Generalanwalts Lenz in der EuGH Rs. C-209/90, Kommission gegen Feilhauer, Slg. 1992, I-2613, 2625 Rdn. 17 und 18) oder dass die Schiedsklausel wegen Verstoßes gegen inner staatliche Rechtsvorschriften nichtig sei, vgl. EuGH Rs. C-299/93, Bauer gegen Kommission, Slg. 1995, I-839, 858 Rdn. 11). Im Übrigen beurteilen sich die Streitigkeiten aufgrund einer Schiedsklausel auf der Grundlage der vertraglichen Vereinbarung, wobei die materiell-rechtliche Prüfung der Rechtsordnung, die nach dem Willen der Parteien auf den geschlossenen Vertrag anwendbar sein soll, maßgeblich ist (EuGH Rs. 318/81, Kommission gegen CO. DE. MI, Slg. 1985, 3693, Rdn. 21). Ist ein Wille der Parteien nicht erkennbar, sind die Grundsätze des Internationalen Privatrechts anwendbar (*Karpenstein* in: *Grabitz/Hilf,* Art. 238 Rdn. 24).

Es bestehen keine besonderen Formerfordernisse, doch da Art. 44 § 5 a EuG-Verfahrensordnung bzw. Art. 38 § 6 EuGH-Verfahrensordnung eine Ausfertigung der Schiedsklausel verlangt, wird sie jedenfalls schriftlich vereinbart werden müssen. Ausgeschlossen ist die Vereinbarung einer Schiedsklausel, wenn die Zuständigkeit des Gerichts erster Instanz oder des Gerichtshofes bereits aufgrund anderer Vorschriften begründet ist. Denn sonst könnte die Schiedsklausel zur Umgehung der speziellen Voraussetzungen dieser anderen Vorschriften führen.

Die Praxis der Gemeinschaftsorgane bei der Vertragsgestaltung ist uneinheitlich. Während zum Teil Schiedsklauseln iSv. Art. 238 EG vereinbart werden, bleibt es häufig auch bei der Zuständigkeit der belgischen Gerichte. Selbst in diesen Fällen wird in Vertragsverhältnissen zum Teil einseitig hoheitlich entschieden, so zB. über die Auszahlung oder die Verweigerung der Auszahlung vertraglich geschuldeter Beträge. In diesen Fällen besteht dann auch die Möglichkeit, den entsprechenden Rechtsakt mit der Nichtigkeitsklage gemäß Art. 230 EG (vgl. Form. IX. 2) anzufechten (vgl. EuG Rs. T-331/94, IPK-München GmbH gegen Kommission, Slg. 1997, II-1665). Wird der angegriffene Akt vom Gerichtshof für nichtig erklärt, so hat das Organ, dem das entsprechende Handeln zur Last fällt, die sich aus dem Urteil ergebenden Maßnahmen zu ergreifen (Art. 233 EG), dh. etwa Zahlung zu leisten.

2. Gemäß Art. 43 § 3 S. 1 EuG-Verfahrensordnung ist jeder Schriftsatz mit Datum zu versehen, vgl. Form. IX. 2 Anm. 2.

3. Die Zuständigkeit des Gerichts erster Instanz ergibt sich für die Klagen natürlicher und juristischer Personen aus Art. 238, 225 EG iVm. Art. 3 Buchstabe c) des Beschlusses zur Errichtung des Gerichts erster Instanz (ABl. 1988 Nr. L 319/1, soweit nicht durch den Vertrag von Nizza im Hinblick auf die EGKS aufgehoben, ABl. 2001 Nr. C 80/1, Art. 10). Für die Klagen der Mitgliedstaaten, der Gemeinschaftsorgane und der EZB ist der EuGH zuständig, Art. 51 Abs. 2 EuGH-Satzung.

4. Vgl. zu den Anforderungen an die Klageschrift, die Begründung der Klage und an die weiteren Schriftsätze Art. 21 Abs. 1 iVm. 53 Abs. 1 EuGH-Satzung, Art. 43 § 1, § 3 bis 5, Art. 44 § 1 bis § 5 EuG-Verfahrensordnung, die „Praktischen Anweisungen für die Parteien" des EuG (ABl. 2007 Nr. L 232/7) sowie Form. IX. 2 Anm. 4 und 17.

5. Als Vertreter oder Beistand kann nur ein Anwalt bestellt werden, der in einem Mitgliedstaat oder in einem Vertragsstaats des EWR-Abkommens zugelassen ist, vgl. Art. 19 Abs. 4 iVm. Art. 53 Abs. 1 EuGH-Satzung, § 44 Abs. 3 EuG-Verfahrensordnung und Form. IX. 2 Anm. 7.

6. Die Klage aufgrund von Art. 238 EG ist gegen die Gemeinschaft oder gegen das Organ der Gemeinschaft zu richten, das Vertragspartner ist. Die Organe der Gemeinschaft sind in Art. 7 EG aufgeführt (Rat, Kommission, Gerichtshof und Rechnungshof). Aufgrund der Rechtsprechung des Gerichtshofs (EuGH Rs. 85/86, Kommission gegen Europäische Investitionsbank, Slg. 1988, 1281, 1320 Rdn. 11) ist jedoch anzunehmen, dass auch die Europäische Investitionsbank Verträge schließen kann, die eine Schiedsklausel gemäß Art. 238 EG enthalten und damit zur Zuständigkeit des EuGH für die Entscheidung von Vertragsstreitigkeiten führen (vgl. *Gaitanides,* in: *von der Groeben/Schwarze,* Art. 238 Rdn. 8).

7. Zu den Erfordernissen an den Antrag in EuG-Verfahren vgl. Form. IX. 2 Anm. 10.

8. Der Zinsanspruch und dessen Höhe richten sich nach dem jeweils anwendbaren Recht des Vertrages (EuG Rs. T-68/99, Toditec gegen Kommission, Slg. 2001 II-1443, Rdn. 12 und 103). Sofern die Anwendbarkeit des deutschen Zivilrechts vereinbart wurde, ist daher grundsätzlich § 288 Abs. 2 BGB anzuwenden, da ein Verbraucher an dem Rechtsgeschäft nicht beteiligt ist. Häufiger wird jedoch die Anwendbarkeit des belgischen Rechts vereinbart sein.

9. Es ist ein ausdrücklicher Kostenantrag erforderlich, vgl. Art. 87 § 2 EuG-Verfahrensordnung und Form. IX. 2 Anm. 12.

10. Siehe für die Anforderungen an die Vollmacht Art. 44 § 5 und Form. IX. 2 Anm. 13.

11. Der Anwalt hat gemäß Art. 44 § 3 EuG-Verfahrensordnung eine Bescheinigung zu hinterlegen, aus der hervorgeht, dass er berechtigt ist, vor einem Gericht eines Mitgliedstaates oder eines Vertragsstaates des EWR-Abkommens aufzutreten, vgl. Form. IX. 2 Anm. 14.

12. Eine juristische Person des Privatrechts hat gemäß Art. 44 § 5 Buchstabe a) EuG-Verfahrensordnung einen Nachweis ihrer Rechtspersönlichkeit vorzulegen, vgl. Form. IX. 2 Anm. 15.

13. Gemäß Art. 44 § 2 Abs. 1 EuG-Verfahrensordnung ist in der Klageschrift grundsätzlich eine Zustellungsanschrift am Ort des Gerichtssitzes anzugeben; anstelle oder zusätzlich zu der Zustellungsanschrift am Ort des Gerichtssitzes kann sich der Prozessbevollmächtigte in der Klageanschrift auch damit einverstanden erklären, dass Zustellungen an ihn mittels Fernkopierer oder sonstiger technischer Kommunikationsmittel erfolgen, vgl. Form. IX. 2 Anm. 16.

14. Der Sachverhalt lehnt sich an die Entscheidung des EuGH in der Rs. C-114/94, Intelligente Systemen, Database toepassingen, Elektronische diensten BV gegen Kommission, Slg. 1997, I-847 an.

15. Gemäß Art. 44 § 5a EuG-Verfahrensordnung ist der Klageschrift eine Ausfertigung der Schiedsklausel beizufügen.

16. Es ist gängige Praxis der Kommission, von ihren Vertragspartnern die regelmäßige Vorlage von Berichten zu verlangen. Für die betroffene Vertragspartei ist es außerordentlich wichtig, dieser Berichtspflicht sorgfältig nachzukommen. Denn werden ordnungsgemäße Berichte vorgelegt, die die Kommission (oder ein anderes Organ) nicht beanstandet, so ist die Kommission später unter Umständen unter dem Gesichtspunkt des „estoppel" (Verwirkung) gehindert, geltend zu machen, dass der Vertrag nicht ordnungsgemäß abgewickelt und erfüllt worden sei (vgl. EuGH verb. Rs. 43, 45 und 48/59, Lachmüller ua. gegen Kommission, Slg. 1960, 965, 989; siehe auch die Schlussanträge von Generalanwalt Warner in den verb. Rs. 63 und 64/79, Boizard ua. gegen Kommission, Slg. 1980, 2992, 3002; siehe dazu auch *Priess*, Contracting with the European Communities – Legal Aspects of E. C. Procurement and Subsidies, Public Procurement Law Review 1996, 7, 18).

17. Der EuGH wendet im Rahmen der Begründetheit das auf den die Schiedsklausel enthaltenden Vertrag anwendbare Recht an, so dass auch eine Entscheidung nach Maßgabe deutschen Rechts denkbar ist, vgl. Anm. 1 und 8.

18. Vgl. Anm. 14.

19. Gemäß § 43 Abs. 1 EuG-Verfahrensordnung ist die Urschrift jedes Schriftsatzes vom Bevollmächtigten oder vom Anwalt der Partei zu unterzeichnen, vgl. Form. IX. 2 Anm. 24.

20. Der Klageschrift ist ein Anlagenverzeichnis beizufügen, vgl. Art. 43 § 4 EuG-Verfahrensordnung, die „Praktischen Anweisungen für die Parteien" des EuG (ABl. 2007 Nr. L 232/7) sowie Form. IX. 2 Anm. 25.

10. Klagebeantwortung auf eine Schiedsklage der Europäischen Kommission[1]

......stadt, den ......[2]

An den
Gerichtshof der Europäischen Gemeinschaften[3]
– Kanzlei –
Rue du Fort Niedergrünewald
L-2925 Luxemburg
LUXEMBURG

Klagebeantwortung[4]

In der Rechtssache C-......
Europäische Kommission
gegen
...... GmbH, ...str., ...stadt, vertreten durch den Geschäftsführer, ebenda

wegen: vertraglicher Haftung (Rückzahlung eines Vorschusses)

zeigen wir an, dass wir die Beklagte vertreten und überreichen als

Anlage B 1

die Vollmacht[5], als

Anlage B 2

die Zulassungsbescheinigung[6], und als

Anlage B 3

einen Handelsregisterauszug[7].

Wir beantragen

1. **Die Klage abzuweisen;**
2. **die Klägerin im Wege der Widerklage[8] zu verurteilen, die Software ...... als vertragsgemäß abzunehmen und an die Beklagte EUR ...... nebst Zinsen in Höhe von 8 Prozentpunkten über dem Basiszinssatz der Europäischen Zentralbank seit dem ...... zu zahlen[9];**
3. **der Klägerin die Kosten des Verfahrens aufzuerlegen[10].**

Begründung:

A. Sachverhalt

......

B. Rechtliche Würdigung

I. Die Klage ist zwar aufgrund der Schiedsklausel des Artikel ...... des Vertrages vom ...... zulässig, aber unbegründet und deshalb abzuweisen ......

II. Die Widerklage ist zulässig und begründet. Die Zulässigkeit folgt daraus, dass die von der Beklagten geltend gemachten Ansprüche sich aus dem Vertrag ergeben, aus dem die Klägerin den mit der Klage vom ...... geltend gemachten Anspruch auf Rückzahlung der von ihr geleisteten Anzahlung herleitet und der die Schiedsklausel enthält, auf die sich die Klägerin zur Begründung der Zuständigkeit des Gerichts beruft. Nach der Rechtsprechung des Gerichtshofes ist eine Widerklage dann zulässig, wenn sie sich auf denselben Vertrag oder Sachverhalt stützt wie die Klage selbst[11]. Diese Voraussetzung ist hier ohne weiteres erfüllt.

Die Widerklage ist auch begründet, denn die Beklagte hat den Vertrag vom ...... ordnungsgemäß erfüllt ......

Unterschrift[12]
Verzeichnis der Anlagen[13]

Schrifttum: Vgl. die Nachweise zu Form. IX. 9.

Anmerkungen

1. Zur Möglichkeit der gerichtlichen Überprüfung einer Schiedsklausel vor den Gemeinschaftsgerichten vgl. Form. IX. 9 Anm. 1.

2. Gemäß Art. 37 § 3 S. 1 EuGH-Verfahrensordnung bzw. Art. 43 § 3 EuG-Verfahrensordnung ist jeder Schriftsatz mit Datum zu versehen, vgl. Form. IX. 2 Anm. 2.

3. Gemäß Art. 238 EG ist der EuGH für die Entscheidung über Klagen, die aufgrund einer Schiedsklausel von einem Organ erhoben werden, ausschließlich zuständig (EuGH Rs. C-29/03, Kommission gegen ITEC, Slg. 2003, I-12.205, Rdn. 17). Für Klagen natürlicher und juristischer Personen des Privatrechts ist das EuG gemäß Art. 238, 225 iVm. dem Beschluss 88/591/EGKS, EWG, Euratom des Rates vom 24. 10. 1988 zur Errichtung eines Gerichts erster Instanz der Europäischen Gemeinschaften (ABl. 1988 Nr. L 319/1; im Hinblick auf die EGKS durch den Vertrag von Nizza aufgehoben, ABl. 2001 Nr. C 80/1, Art. 10) zuständig, vgl. Form. IX. 9 Anm. 3.

4. Nach Art. 40 § 1 EuGH-Verfahrensordnung (bzw. Art. 46 § 1 EuG-Verfahrensordnung) hat die Klagebeantwortung zu enthalten:
- Namen und Wohnsitz des Beklagten,
- die tatsächliche und rechtliche Begründung,
- die Anträge des Beklagten und
- gegebenenfalls die Bezeichnung der Beweismittel.

Die Frist für die Einreichung beträgt einen Monat, sie kann jedoch auf Antrag, der zu begründen ist, verlängert werden (Art. 40 § 2 EuGH-Verfahrensordnung (bzw. Art. 46 § 3 EuG-Verfahrensordnung).

5. Eine Vollmacht ist auch im Falle einer Klagebeantwortung vorzulegen, vgl. Art. 40 § 1 Abs. 2 iVm. Art. 38 § 5 EuGH-Verfahrensordnung (bzw. Art. 46 § 1 Abs. 2 iVm. Art. 44 § 5 EuG-Verfahrensordnung). Vgl. auch: Form. IX. 2 Anm. 13.

6. Der Anwalt hat eine Bescheinigung zu hinterlegen, aus der hervorgeht, dass er berechtigt ist, vor einem Gericht eines Mitgliedstaates oder eines Vertragsstaates des EWR-Abkommens aufzutreten, Art. 40 § 1 Abs. 2 iVm. Art. 38 § 3 EuGH-Verfahrensordnung (bzw. Art. Art. 46 Abs. 2 iVm. Art. 44 § 3 EuG-Verfahrensordnung); vgl. auch Form. IX. 2 Anm. 14.

7. Gemäß Art. Art. 40 Abs. 2 iVm. Art. 38 § 5 Buchstabe a) EuGH-Verfahrensordnung (bzw. Art. 46 § 1 Abs. 2 iVm. Art. 44 § 3 Buchstabe a) EuG-Verfahrensordnung) hat eine juristische Person des Privatrechts hat einen Nachweis ihrer Rechtspersönlichkeit vorzulegen, vgl. Form. IX. 2 Anm. 15.

8. Widerklagen können in den Rechtsstreitigkeiten vor den Gemeinschaftsgerichten nur ausnahmsweise erhoben werden, insbesondere kommen sie jedoch in vertraglichen Streitigkeiten in Betracht (EuG Rs. T-68/99. Toditec NV gegen Kommission, Slg. 2001 II-1443, Rdn. 103. Vgl. auch: *Hackspiel,* in: *Rengeling/Middeke/Gellermann,* § 23 Rdn. 30). Problematisch ist in diesen Fällen jedoch die Zuständigkeit des jeweiligen Gerichts (vgl. Anm. 3), insbesondere wenn die Klage abgewiesen wird. Vgl. zu den Voraussetzungen der Zulässigkeit der Widerklage EuGH Rs. 426/85, Kommission gegen Zoubek, Slg. 1986, 4057, 4069 Rdn. 11–12; EuGH Rs. C-114/94, Intelligente systemen, Database toepassingen, Elektronische diensten BV gegen Kommission, Slg. 1997, I-847, 866 Rdn. 82.

9. Auch der Zinsanspruch und dessen Höhe richten sich nach dem für den Vertrag anwendbaren Recht. Für den Fall, dass die Anwendbarkeit des deutschen Rechts vereinbart ist, richtet sich auch die Zinshöhe nach den nationalen Vorschriften. Häufiger wird jedoch belgisches Recht vereinbart sein. Vgl. auch Form. IX. 9 Anm. 9.

10. Es ist ein ausdrücklicher Kostenantrag erforderlich, vgl. Art. 87 § 2 EuG-Verfahrensordnung und Form. IX. 2 Anm. 12.

11. Vgl. EuGH Rs. 426/85, Kommission gegen Jan Zoubek, Slg. 1986, 4057, Rdn. 11 sowie Art. 6 der Verordnung (EG) 44/2001 des Rates über die gerichtliche Zuständigkeit und die Anerkennung und Vollstreckung von Entscheidungen in Zivil- und Handelssachen vom 22. Dezember 2000 (ABl. 2001 Nr. L 12/1, zuletzt geändert durch Verordnung (EG) 280/2009 der Kommission vom 6. April 2009, ABl. 2009 Nr. L 93/13).

12. Die Urschrift jedes Schriftsatzes ist vom Bevollmächtigten der Partei zu unterzeichnen, Art. 37 § 1 Abs. 1 EuGH-Verfahrensordnung bzw. Art. 43 § 1 EuG-Verfahrensordnung, vgl. Form. IX. 2 Anm. 24.

13. Vgl. zu dem Erfordernis eines Anlagenverzeichnisses Art. 37 § 4 EuGH-Verfahrensordnung bzw. Art. 43 § 4 EuG-Verfahrensordnung sowie die „Praktischen Anweisungen für Klagen und Rechtsmittel" des EuGH (ABl. 2004 Nr. L 361/15 mit Änderungen in ABl. 2009 Nr. L 29/51) bzw. die „Praktischen Anweisungen für die Parteien" des EuG (ABl. 2007 Nr. L 232/7) sowie Form. IX. 2 Anm. 25.

11. Antragsschrift (Aussetzung des Vollzugs/Erlass einstweiliger Anordnung) gemäß Art. 242, 243 EG (Art. 278, 279 AEUV)[1]

……stadt, den ……[2]

An das
Gericht erster Instanz der Europäischen Gemeinschaften
[bzw. An den Gerichtshof der Europäischen Gemeinschaften][3]
– Kanzlei –
Rue du Fort Niedergrünewald
L-2925 Luxemburg
LUXEMBURG

Antrag[4] auf Aussetzung des Vollzugs

der ……

– Antragstellerin (ASt.) –

Prozessbevollmächtigter: Rechtsanwalt ……[5]

gegen

Kommission der Europäischen Gemeinschaften

– Antragsgegnerin (Ag.) –

wegen: Aussetzung des Vollzugs/Erlass einstweiliger Anordnung

Namens und im Auftrag der Antragstellerin beantragen[6] wir hiermit gemäß Art. 242 S. 2 [bzw. 243 EG],

1. den Vollzug des Art. 2 der Entscheidung der Kommission vom …… (Az. ……) auszusetzen,
2. sonstige zum Schutz des Status quo erforderliche einstweilige Anordnungen zu treffen,

[3. dem Antrag ohne Stellungnahme des Antragsgegners gemäß Art. 84 § 2 EuGH-Verfahrensordnung bzw. 105 § 2 EuG-Verfahrensordnung stattzugeben[7],]

4. die Entscheidung über die Verfahrenskosten der Hauptsache vorzubehalten.

Gemäß Art. 38 § 2 Abs. 2 EuGH-Verfahrensordnung [bzw. Art. 44 § 2 Abs. 2 EuG-Verfahrensordnung] erklären wir uns als Prozessbevollmächtigte damit einverstanden, dass Zustellungen an uns mittels Fernkopierer oder sonstiger technischer Kommunikationsmittel erfolgen. Zustellungen können bewirkt werden an Herrn Rechtsanwalt ……, Telefax-Nr.: ……, bzw. an die E-Mail-Anschrift: ……[8]

Begründung:

A. Antragsziel

Mit ihrem Antrag verfolgt die Ast. das Ziel, eine Aussetzung der Entscheidung der Ag. vom …… zu erreichen, mit der diese einen Verstoß der Ast. gegen Art. 81 Abs. 1 EG feststellte und ihr eine sofortige Änderung ihrer Vertriebspolitik auferlegte. Die Ast. macht geltend, dass die von ihr betriebene Anfechtung dieser Entscheidung in der Hauptsache jedenfalls nicht offensichtlich unbegründet ist und dass die von ihr verlangte sofortige Änderung der Vertriebspolitik ihr einen schweren und nicht wiedergutzumachenden Schaden verursachen könnte. Das Interesse der Ast. überwiegt zudem das Interesse der Ag. an einer sofortigen Vollziehung der Entscheidung.

B. Sachverhalt[9]

Die Ast. ist ein internationaler Chemiekonzern, der ua. das Arzneimittel „XYZ“ herstellt und vertreibt. Wegen der erheblichen Unterschiede zwischen den Abgabepreisen für

XYZ in Großbritannien einerseits sowie Frankreich und Spanien andererseits begannen in den letztgenannten Ländern ansässige Großhändler, XYZ nach Großbritannien auszuführen. Die spanische und französische Vertriebsgesellschaft der ASt. erfüllte daraufhin die Bestellungen von Großhändlern in diesen Ländern nicht mehr in vollem Umfang, um die Parallelexporte nach Großbritannien einzudämmen. Die Tochtergesellschaften begründeten dies gegenüber den Großhändlern mit zu geringen Lagervorräten ......
Die Ag. erließ am ...... eine Entscheidung, mit der sie in Artikel 1 einen der ASt. zuzurechnenden Verstoß ihrer französischen und spanischen Tochtergesellschaften gegen Art. 81 Abs. 1 EG feststellte, weil diese mit ihren Großhändlern im Rahmen fortlaufender Geschäftsbeziehungen ein Verbot der Ausfuhr von XYZ in andere Mitgliedstaaten vereinbart hätten. In Artikel 2 der Entscheidung wird der Ast. auferlegt, den Verstoß abzustellen und binnen zweier Monate an ihre Großhändler in Spanien und Frankreich ein Rundschreiben des Inhalts zu schicken, dass Ausfuhren nach anderen Mitgliedstaaten gestattet seien und keinerlei Sanktionen nach sich zögen und diese Klarstellung in die allgemeinen Verkaufsbedingungen zu übernehmen ......
Die Ast. hat mit Klageschrift vom ......, bei Gericht eingegangen am ......, Nichtigkeitsklage gegen die Entscheidung gemäß Art. 230 EG erhoben. Die Rechtssachennummer der Klage ist T-84/09.

C. Rechtliche Würdigung

I. Zulässigkeit des Antrags
1. Anhängigkeit einer Hauptsache[10]
Der Antrag auf Aussetzung des Vollzugs ist zulässig, weil zuvor eine Nichtigkeitsklage gegen die Entscheidung anhängig gemacht wurde ......
2. Zulässigkeit der Klage in der Hauptsache[11]
......

II. Begründetheit des Antrags auf einstweiligen Rechtsschutz[12]
1. Notwendigkeit der beantragten Anordnungen[13]
Hinsichtlich des *fumus boni juris*[14] wird auf die Klagegründe in der Hauptsache Bezug genommen ...... [Es folgt eine zusammenfassungsartige, aber aus sich heraus verständliche Darstellung der Klagegründe. Es ist ein Mittelweg zu finden zwischen dem prozessual unzulässigen pauschalen Verweis auf die Klageschrift oder auf andere Anlagen und einer ebenfalls nicht vorschriftsmäßigen bloßen Wiederholung der Ausführungen der Klageschrift zur Begründetheit.] Im Wesentlichen macht die Ast. einen Verstoß der Entscheidung gegen Art. 81 Abs. 1 EG geltend, weil es sich bei dem Verhalten der spanischen und französischen Tochtergesellschaften um einseitige Lieferverweigerungen handelte, die nicht als Vereinbarungen qualifiziert werden können ...... Dieser Einwand wirft schwierige Rechtsfragen auf und bedarf einer eingehenden Prüfung im Rahmen des Hauptsacheverfahrens. Im Einzelnen betrifft dieser Einwand folgende Gesichtspunkte: [auszuführen] Das Vorbringen der Ast. ist damit jedenfalls auf den ersten Blick nicht offensichtlich unbegründet ......
2. Dringlichkeit der beantragten Anordnungen[15]
a) Schwerer und nicht wiedergutzumachender Schaden
Der Ast. droht bei sofortiger Anwendung der Bestimmung ein schwerer und nicht wiedergutzumachender Schaden. Wird der Ast. die Möglichkeit eines einseitigen Lieferverbots genommen, könnte die unter Umständen bestehende Notwendigkeit, die Preise von XYZ in Großbritannien zu senken, um eine spürbare Zunahme der Parallelimporte zu verhindern, zu erheblichen, unersetzlichen Gewinneinbußen ihrer dortigen Tochtergesellschaft führen ...... Darüber hinaus könnte eine sofortige Vollziehung der Entscheidung auch den Pharmabereich der englischen Tochtergesellschaft seiner wirtschaftlichen Grundlage be-

rauben und die Entlassung zahlreicher Mitarbeiter zur Folge haben, denn mit XYZ werden über 50% des Gesamtumsatzes dieser Tochtergesellschaft erzielt ...... [Zur Glaubhaftmachung beigefügt sind eidesstattliche Versicherungen, Schriftwechsel mit der Niederlassung in Großbritannien etc.]

b) Interessenabwägung
Die der Ast. drohende Gefahr überwiegt das Interesse der Großhändler in Spanien und Frankreich, den Umfang ihrer Ausfuhren in das Vereinigte Königreich zu steigern, und das der englischen Verbraucher an einer Verringerung der Preise von XYZ ...... Der der Ast. drohende Schaden steht außer Verhältnis zu dem Interesse der Großhändler, die bereits jetzt in erheblichem Umfang auf dem englischen Markt aktiv sind ...... Folglich kann die vorläufige Beibehaltung der jetzigen Sachlage bis zur Entscheidung in der Hauptsache nicht als untragbare Beeinträchtigung der Integration des Marktes und des freien Wettbewerbs angesehen werden.

c) Vorläufigkeit der beantragten Anordnungen[16]
......

[3. Antrag gemäß Art. 105 § 2 EuG-Verfahrensordnung[17]]

D. Ergebnis

Die Voraussetzungen für eine Aussetzung des Vollzugs von Artikel 2 der Entscheidung sind erfüllt ...... Dem Antrag der Ast. ist folglich stattzugeben.

Unterschrift[18]
Verzeichnis der Anlagen[19]

Schrifttum: Borchardt, Art. 242, 243, in: *Borchardt,* Der Europäische Gerichtshof, 1. Aufl. 2000; *Gaitanides,* Art. 242, 243 EG, in: *von der Groeben/Schwarze,* Vertrag über die Europäische Union und Vertrag zur Gründung der Europäischen Gemeinschaft – Kommentar, Bd. 4, 6. Aufl. 2004; *Kaessner,* Der einstweilige Rechtsschutz im Europarecht, 1996; *Pechstein,* EU-/EG-Prozessrecht, 3. Aufl., Zehntes Kapitel; *Potacs,* Vorläufiger Rechtsschutz, in: *Holoubek/Lang,* Das EuGH-Verfahren in Steuersachen, 2000; *Wägenbaur,* Die jüngere Rechtsprechung der Gemeinschaftsgerichte im Bereich des vorläufigen Rechtsschutzes, EuZW 1996, 327; *ders.*, EuGH, VerfO, Satzung und Verfahrensordnungen EuGH/EuG-Kommentar, 2008, Kommentierung zu Art. 83 ff. VerfO EuGH und Art. 104 ff. VerfO EuG; *Wegener,* in: *Rengeling/Middeke/Gellermann,* Handbuch des Rechtsschutzes in der Europäischen Union, 2. Aufl. 2003, §§ 19, 20; Kommentierung zu Art. 242–243 EG-Vertrag, in: *Calliess/Ruffert,* Kommentar zu EU-Vertrag und EG-Vertrag, 3. Aufl. 2007; *Sladic,* Anmerkungen zum beschleunigten Verfahren im EG-Prozessrecht, EuZW 2005, 712; *Wiehe,* Effektiver vorläufiger Rechtsschutz beim Vollzug von Gemeinschaftsrecht, Dissertation, Osnabrück, 2000.

Anmerkungen

1. Gemäß Art. 242 S. 1 EG haben Klagen beim Gerichtshof und dem Gericht erster Instanz (vgl. Art. 4 des Beschlusses des Rates (88/591/EGKS, EWG, Euratom) zur Errichtung eines Gerichts erster Instanz der Europäischen Gemeinschaften, ABl. EG 1988 Nr. L 319/1, soweit nicht durch den Vertrag von Nizza im Hinblick auf die EGKS aufgehoben, ABl. 2001 Nr. C 80/1, Art. 10) keine aufschiebende Wirkung. Praktische Bedeutung hat dieser Grundsatz für Klagen gegen belastende und vollziehbare Maßnahmen der Gemeinschaft, denn nur in diesem Fall besteht ein Bedürfnis nach einer aufschiebenden Wirkung. Das betrifft vor allem Nichtigkeitsklagen gegen Rechtsakte von Gemeinschaftsorganen (gemäß Art. 230 EG), insbesondere Kommissionsentscheidungen, und

Beamtennichtigkeitsklagen (gemäß Art. 236 EG, Art. 91 Abs. 2 BSt i.V.m. Art. 102ff. der VerfO des Gerichts für den öffentlichen Dienst der Europäischen Union). Um den fehlenden Suspensiveffekt auszugleichen, ermöglicht Art. 242 S. 2 EG (iVm. Art. 83ff. EuGH-Verfahrensordnung bzw. Art. 104ff. EuG-Verfahrensordnung) die Aussetzung des Vollzugs der angegriffenen Maßnahme durch den Gerichtshof.

Für andere Klagen fehlt es regelmäßig an einer „angefochtenen Handlung" im Sinne von Art. 242 S. 2 EG, so dass lediglich der Erlass einstweiliger Maßnahmen gemäß Art. 243 EG in Betracht kommt. Der Anwendungsbereich der einstweiligen Anordnungen gemäß Art. 243 EG erfasst alle Fälle einstweiligen Rechtsschutzes, in denen die bloße Aussetzung des Vollzugs einer Maßnahme der Gemeinschaftsorgane keinen ausreichenden Schutz für den Antragsteller bietet. Ein Antrag gemäß Art. 243 EG kommt auch zugleich mit einem Vollzugsaussetzungsantrag gemäß Art. 242 S. 2 EG in Betracht.

Obgleich die Zahl der Verfahren des einstweiligen Rechtsschutzes in jüngerer Zeit wächst, sind die Erfolgsaussichten nach wie vor sehr gering (vgl. beispielsweise EuG Rs. T-550/08 R, Tudapetrol gegen Kommission, Beschluss v. 30. 6. 2009, noch nicht in der Slg. veröffentlicht, Rs. T-410/08 R, GEME gegen Kommission, Beschluss v. 14. 11. 2008, noch nicht in der Slg. veröffentlicht, Rs. T-326/07 R, Cheminova gegen Kommission, Beschluss v. 4. 12. 2007, noch nicht in der Slg. veröffentlicht). Der einstweilige Rechtsschutz spielt daher auf Gemeinschaftsebene nach wie vor eine nur untergeordnete Rolle.

2. Gemäß Art. 43 Abs. 3 EuG-Verfahrensordnung bzw. Art. 37 § 3 EuGH-Verfahrensordnung ist jeder Schriftsatz mit Datum zu versehen, vgl. Form. IX. 2 Anm. 2.

3. Die Zuständigkeit für ein Verfahren im einstweiligen Rechtsschutz richtet sich nach dem Hauptsacheverfahren. Folglich entscheidet der Präsident des EuG, wenn es auch über die in der Hauptsache erhobene Klage entscheidet (vgl. Art. 104ff. EuG-Verfahrensordnung); der Präsident des EuGH ist für den Aussetzungsantrag zuständig, wenn er auch in der Hauptsache zuständig ist (vgl. Art. 83ff. EuGH-Verfahrensordnung). Bei beiden Gerichten ist es im Regelfall allein der Präsident, der über den Antrag auf einstweiligen Rechtsschutz entscheidet; nur im Ausnahmefall entscheidet eine Kammer oder das Plenum, Art. 106 EuG-Verfahrensordnung bzw. Art. 85 EuGH-Verfahrensordnung.

4. Die formalen Anforderungen an den Schriftsatz im einstweiligen Rechtsschutz bestimmen sich nach den Grundsätzen für Klageschriftsätze, Art. 104 § 3 iVm. Art. 43, 44 EuG-Verfahrensordnung bzw. Art. 83 § 3 iVm. Art. 37, 38 EuGH-Verfahrensordnung. Weitere Vorschriften finden sich für das Gericht erster Instanz in den praktischen Anweisungen des Gerichts für die Parteien (ABl. Nr. L 232/7 vom 4. 9. 2007, Rdn. 68ff.).

Obwohl ein Antrag auf Aussetzung des Vollzugs nur gestellt werden kann, wenn der Antragsteller die auszusetzende Maßnahme zuvor oder gleichzeitig durch Klage angefochten hat, muss der Antrag in einem gesonderten Schriftsatz gestellt werden, Art. 83 § 3 EuGH-Verfahrensordnung bzw. Art. 104 § 3 EuG-Verfahrensordnung. Dieser ist ebenso wie ein Klageschriftsatz mit fünf Abschriften für das Gericht und je einer Abschrift für jede andere am Rechtsstreit beteiligte Partei einzureichen, Art. 83 § 3 iVm. Art. 37 § 1 EuGH-Verfahrensordnung bzw. Art. 104 § 3 iVm. Art. 43 § 1 EuG-Verfahrensordnung. Die Abschriften sind zu beglaubigen, vgl auch Form. IX 2 Anm. 4.

5. Als Prozessbevollmächtigter ist ein Anwalt zu benennen, der in einem Mitgliedstaat oder in einem Vertragsstaat des EWR-Abkommens zugelassen ist, Art. 104 § 3 iVm. Art. 44 § 3 EuG-Verfahrensordnung bzw. Art. 83 § 3 iVm. Art. 38 § 3 EuGH-Verfahrensordnung, vgl. Form. IX. 2 Anm. 7.

6. Antragsziel im Rahmen von Art. 242 S. 2 EG ist in der Regel die Aussetzung des Vollzugs der in der Hauptsache angegriffenen Maßnahme eines Gemeinschaftsorgans. Bei diesen Maßnahmen muss es sich um belastende Maßnahmen der Gemeinschaftsorgane handeln, die geeignet sind, Rechtswirkungen zu erzeugen und die vollziehbar sind.

Darüber hinaus ist es möglich, gleichzeitig die Anordnung sonstiger einstweiliger Maßnahmen gemäß Art. 243 EG zu beantragen. Der Antrag im Bereich sonstiger einstweiliger Anordnungen kann auf alle Anordnungen gerichtet sein, die zu einer vorläufigen Regelung streitiger Rechtsverhältnisse geeignet und erforderlich sind. Der Antrag muss sich allerdings auf eine anhängige Hauptsache beziehen (Art. 104 § 1 EuG-Verfahrensordnung bzw. Art. 83 § 1 Abs. 2 EuGH-Verfahrensordnung) und darf nicht über das Klagebegehren in der Hauptsache hinausgehen (EuGH Rs. C-313/90 R, CIRFS gegen Kommission, Slg. 1991, I-2557, 2564 Rdn. 24). Der Antragsgegenstand wird weiter eingeschränkt durch die grundsätzliche Weigerung der europäischen Gerichte, einstweilige Anordnungen zu erlassen, die einer Entscheidung gleichkommen, die von der Verwaltung zu treffen wäre (EuG Rs. T-216/01 R, Reisebank/Kommission, Slg. 2001, II-3481, Rdn. 52; EuG Rs. T-543/93 R, Telecinco gegen Kommission, Slg. 1993, II-1409, 1419 f. Rdn. 24; EuGH Rs. 792/79 R, Camera Care gegen Kommission, Slg. 1980, 119, 132 Rdn. 24). Unzulässig ist auch ein Antrag, der auf eine auslegende Feststellung gerichtet ist (EuG Rs. T-228/95 R, S. Lehrfreund gegen Rat und Kommission, Slg. 1996, II-111, 112 Leitsatz 1). Auch ein Antrag auf Gewährung von Akteneinsicht durch die Kommission liegt außerhalb des Rahmens möglicher einstweiliger Anordnungen, da es sich hierbei um eine prozessleitende Maßnahme handelt (EuG Rs. T-18/96 R, Kraanverhuurbedrijf gegen Kommission, Slg. 1996, II-407, 424 Rdn. 41).

Über die Kosten wird regelmäßig erst in der Hauptsacheentscheidung entschieden (vgl. unten „Kosten und Gebühren").

7. In besonders eiligen Fällen besteht die Möglichkeit, eine vorläufige Entscheidung des Gerichts ohne Anhörung der Gegenseite zu erhalten. Wenn es das für erforderlich hält, entscheidet das Gericht schon, bevor die Stellungnahme des Antragsgegners eingeht, Art. 105 § 2 EuG-Verfahrensordnung bzw. Art. 84 § 2 EuGH-Verfahrensordnung. Diese Entscheidung wird dann durch die endgültige Entscheidung des Gerichts im einstweiligen Rechtsschutz ersetzt. Hält das Gericht eine vorläufige Regelung nicht für erforderlich, wird der Antrag auf Erlass einer vorläufigen Entscheidung regelmäßig erst in der endgültigen Entscheidung über die Gewährung oder Versagung einstweiligen Rechtsschutzes abgelehnt.

8. Gemäß Art. 104 § 3 iVm. Art. 44 § 2 EuG-Verfahrensordnung bzw. Art. 83 § 3 iVm. 38 § 2 EuGH-Verfahrensordnung ist eine Zustellungsadresse am Ort des Gerichtsitzes anzugeben; anstelle oder zusätzlich zu der Zustellungsanschrift am Ort des Gerichtssitzes kann sich der Prozessbevollmächtigte in der Klageanschrift auch damit einverstanden erklären, dass Zustellungen an ihn mittels Fernkopierer oder sonstiger technischer Kommunikationsmittel erfolgen, vgl. Form. IX. 2 Anm. 16.

9. Der Sachverhalt ist angelehnt an den Beschluss des Präsidenten des Gerichts erster Instanz v. 3. 6. 1996 in der Rs. T-41/96 R, Bayer gegen Kommission, Slg. 1996, II-381.

10. Ein Antrag auf Aussetzung des Vollzugs einer Maßnahme der Gemeinschaftsorgane ist nur zulässig, wenn die Hauptsacheklage anhängig ist, Art. 104 § 1 EuG-Verfahrensordnung bzw. Art. 83 § 1 EuGH-Verfahrensordnung. Es ist ausreichend, wenn der Antrag auf einstweiligen Rechtsschutz zeitgleich mit der Hauptsacheklage anhängig gemacht wird. Im Regelfall wird es sich bei der Klage in der Hauptsache um eine Nichtigkeitsklage gemäß Art. 230 Abs. 4 EG (Form. IX. 2) – (oder eine dienstrechtliche Klage gemäß Art. 236 EG (Form. IX. 8) handeln, mit der die auszusetzende Maßnahme angefochten wurde.

Auch ein Antrag auf Erlass einstweiliger Anordnungen gemäß Art. 243 EG ist nur zulässig, wenn zumindest gleichzeitig eine Hauptsache anhängig gemacht worden ist (Art. 104 § 1 Abs. 2 EuG-Verfahrensordnung bzw. Art. 83 § 1 Abs. 2 EuGH-Verfahrensordnung).

Die Antragsbefugnis im einstweiligen Rechtsschutz richtet sich nach der Klagebefugnis im Hauptsacheverfahren.

Für die Zulässigkeit eines Antrags im einstweiligen Rechtsschutz ist es erforderlich, dass sich die wesentlichen tatsächlichen und rechtlichen Zusammenhänge, auf die sich der Antrag stützt, bereits verständlich unmittelbar aus der Antragsschrift ergeben (vgl. EuG Rs. T-236/00 R, Gabriele Stauner ua. gegen Europäisches Parlament und Kommission, Slg. 2001, II-15, 28 Rdn. 34). Ein bloßer Verweis auf die Anlagen ist daher nicht ausreichend (*Wägenbaur,* Art. 104 VerfO EuG, Rdn. 47).

Nach den praktischen Anweisungen des Gerichts für die Parteien (Rdn. 71) darf der Antrag, um eine beschleunigte Bearbeitung zu ermöglichen, eine Obergrenze von 25 Seiten grundsätzlich nicht überschreiten.

11. Die Zulässigkeit eines Antrags im einstweiligen Rechtsschutz setzt voraus, dass die in der Hauptsache erhobene Klage nicht offensichtlich unzulässig ist. Die Rechtsprechung betont zwar, dass Fragen der Zulässigkeit der Hauptsache grundsätzlich nicht im Verfahren des einstweiligen Rechtsschutzes zu prüfen seien, damit der Entscheidung in der Hauptsache nicht vorgegriffen wird. Wird jedoch die offensichtliche Unzulässigkeit der Klage geltend gemacht, prüfen die Gerichte, ob die Klage auf den ersten Blick Merkmale aufweist, die mit einer gewissen Wahrscheinlichkeit den Schluss zulassen, dass sie zulässig ist (EuG Rs. T-326/07 R, Cheminova gegen Kommission, Beschluss vom 4. 12. 2007, noch nicht in der amtl. Slg., Rdn. 43; EuG Rs. T-236/00 R, Gabriele Stauner ua. gegen Europäisches Parlament und Kommission, Slg. 2001, II-1532, Rdn. 42, Rs. T-353/00 R, Jean Marie Le Pen gegen Kommission, Slg. 2001, II-125.148, Rdn. 58; EuGH Rs. C-117/91 R, Bosman gegen Kommission, Slg. 1991, I-3353, 3357 Rdn. 7, Rs. 160/88 R, Fedesa gegen Rat, Slg. 1988, 4121, 4128 Rdn. 22).

12. Der Antrag auf Aussetzung der angegriffenen Maßnahme ist begründet, wenn er notwendig und dringlich iSv. Art. 104 § 2 EuG-Verfahrensordnung bzw. Art. 83 § 2 EuGH-Verfahrensordnung ist und die Entscheidung in der Hauptsache nicht vorwegnimmt (EuG Rs. T-350/00 R, Free Trade Foods gegen Kommission, Slg. 2001, II-493, 505 Rdn. 32, Rs. T-41/96 R, Bayer gegen Kommission, Slg. 1996, II-381, 387 Rdn. 13). Inhaltlich bestehen keine Unterschiede hinsichtlich der Voraussetzungen eines Antrags auf Vollzugsaussetzung und auf Erlass sonstiger einstweiliger Anordnungen soweit Fragen der Zulässigkeit der Hauptsache und der Begründetheit des Antrags (Notwendigkeit, Dringlichkeit, Vorläufigkeit) betroffen sind.

13. Die Notwendigkeit der einstweiligen Anordnung in tatsächlicher und rechtlicher Hinsicht (Art. 104 § 2 2. Halbsatz EuG-Verfahrensordnung bzw. Art. 83 § 2 2. Halbsatz EuGH-Verfahrensordnung) richtet sich nach den Erfolgsaussichten der Hauptsache (EuG Rs. T-41/96 R, Bayer gegen Kommission, Slg. 1996, II-381, 396 ff., Rs. T-395/94 R, Atlantic Container Line gegen Kommission, Slg. 1995, II-595, 614 ff. Rdn. 49 ff.). Die Gerichte verwenden dafür den Begriff des *fumus boni juris* (EuG Rs. T-411/07 R, Airlingus/Kommission, Beschluss vom 18. 3. 2008, noch nicht in der amtl. Slg., Rdn. 56). Die Notwendigkeit ist bereits gegeben, wenn das Vorbringen des Antragstellers in der Hauptsache auf den ersten Blick nicht für völlig unbegründet gehalten werden kann (EuG Rs. T-45/90 R, Speybrouck gegen Parlament, Slg. 1990, II-705, 711 Rdn. 20), etwa, weil es ernsthafte Rechtsfragen aufwirft, die einer eingehenden Prüfung bedürfen (EuG Rs. T-41/96 R, Bayer gegen Kommission, Slg. 1996, II-381, 396 ff. Rdn. 37 ff., Rs. T-88/94 R, SCPA ua. gegen Kommission, Slg. 1994, II-401, 414 Rdn. 28 f.).

Die materiellrechtlichen Ausführungen zur Rechtswidrigkeit der angegriffenen Maßnahme müssen in der Antragsschrift selbstständig, wenn auch in einer im Vergleich zur Klageschrift verkürzten Form, so dargestellt werden, dass sie aus sich heraus verständlich sind; der Wortlaut der Klageschrift soll nicht vollständig wiederholt werden (Rdn. 70 der praktischen Anweisungen des EuG für die Parteien).

14. Siehe Anm. 13.

15. Die Dringlichkeit der beantragten einstweiligen Anordnungen gemäß Art. 104 § 2 1. Halbsatz EuG-Verfahrensordnung bzw. Art. 83 § 2 1. Halbsatz EuGH-Verfahrensordnung ergibt sich aus deren Erforderlichkeit, um einen schweren und nicht wieder gutzumachenden Schaden des Antragstellers (im Falle des Nichterlasses der Maßnahmen) zu verhindern (EuG Rs. T-550/08 R, Tudapetrol gegen Kommission, Beschluss vom 30. 6. 2009, noch nicht in der amtl. Slg., Rdn. 35–36; EuG Rs. T-241/00 R, Azienda Agricola Le Canne Srl gegen Kommission, Slg. 2001, II-37, 48 Rdn. 32–34; EuGH Rs. C-278/00 R, Griechenland gegen Kommission, Slg. 2000, I-8787, 8793 Rdn. 14; EuG Rs. T-395/94 R, Atlantic Container Line gegen Kommission, Slg. 1995, II-595, 615 Rdn. 50; EuG Rs. T-41/96 R, Bayer gegen Kommission, Slg. 1996, II-381, 401 Rdn. 53). Ein rein finanzieller Schaden genügt in der Regel nicht, da er Gegenstand eines späteren Ausgleiches sein kann (vgl. EuG Rs. T-342/00 R, Petrolessence ua. gegen Kommission, Slg. 2001, II-67, 82 Rdn. 46). Das setzt voraus, dass nur die Aussetzung des Vollzugs der Maßnahme den Eintritt irreparabler Schäden beim Antragsteller verhindern kann. Wartet der Antragsteller die Hauptsacheentscheidung ab, so müssen ihm folglich nicht wieder gutzumachende Schäden drohen, die durch die Nichtigerklärung der Maßnahme im Hauptsacheverfahren nicht mehr abgewendet werden können. Die Anforderung an den „irreparablen Schaden" sind hoch (vgl. zuletzt EuG Rs. T-201/04 R, Microsoft gegen Kommission, Beschluss v. 22. 12. 2004, Slg. 2004, II-4463, Rdn. 119).

Droht dem Antragsteller ein irreparabler Schaden im Falle der Nichtaussetzung der angegriffenen Maßnahmen, so ist in einem zweiten Schritt das Interesse des Antragsgegners an der sofortigen Durchführung der angegriffenen Maßnahme zu prüfen, um festzustellen, ob ihm andernfalls ein schwerer und irreparabler Schaden droht (EuG Rs. T-7 u. 9/93 R, Langnese u. Schöller gegen Kommission, Slg, 1993, II-131, 143 ff. Rdn. 40 f.; EuGH Rs. C-195/90 R, Kommission gegen Deutschland, Slg. 1990, I-3351, 3362 Rdn. 41 ff.). In diesem Fall kann die Interessenabwägung zur Versagung der einstweiligen Maßnahme führen.

16. Die beantragte einstweilige Anordnung muss vorläufig im Sinne von Art. 107 § 4 EuG-Verfahrensordnung bzw. Art. 86 § 4 EuGH-Verfahrensordnung sein, dh. sie darf die Hauptsacheentscheidung nicht vorwegnehmen (EuG Rs. T-302/00 R, Anthony Goldstein gegen Kommission, Slg. 2001, II-1127, 1135 Rdn. 24, 25; EuG Rs. T-395/94 R, Atlantic Container Line gegen Kommission, Slg. 1995, II-595, 607 Rdn. 27). Das ist der Fall, wenn mit der beantragten Maßnahme weder über im Hauptsacheverfahren umstrittene Rechts- oder Sachfragen entschieden wird noch der zu treffenden Hauptsacheentscheidung von vornherein jede Wirkung durch Schaffung unwiderruflicher Tatsachen genommen wird. Gegebenenfalls kommt eine befristete Anordnung in Betracht, die unter dem Vorbehalt einer weiteren Entscheidung im Eilverfahren steht (EuGH, Rs. C-320/03 R, Kommission/Österreich, Slg. 2003, I-11.665, Rdn. 104).

17. Gegebenenfalls ist eine vorläufige Entscheidung zu beantragen (vgl. oben Anm. 7), wenn ein Abwarten der Stellungnahme des Antragsgegners nicht möglich ist, weil die Sache besonders eilbedürftig ist. Das ist der Fall, wenn dem Antragsteller bereits bei Abwarten der Stellungnahme des Antragsgegners ein schwerer und nicht wieder gutzumachender Schaden droht, so dass es angezeigt ist, den Status quo durch eine vorläufige Aussetzung bis zur endgültigen Entscheidung des Gerichts im einstweiligen Rechtsschutz zu sichern.

18. Gemäß Art. 104 § 3 iVm. Art. 43 § 1 Abs. 1 EuG-Verfahrensordnung bzw. Art. 83 § 3 iVm. Art. 37 § 1 Abs. 1 EuGH-Verfahrensordnung ist die Urschrift jedes Schriftsatzes vom Anwalt der Partei zu unterzeichnen. Gemäß Abs. 2 sind die Abschriften zu beglaubigen, vgl. Form. IX. 2 Anm. 24.

19. Art. 104 § 3 iVm. 43 § 4 EuG-Verfahrensordnung bzw. Art. 83 § 3 iVm. Art. 37 § 4 EuGH-Verfahrensordnung fordert die Vorlage eines Anlagenverzeichnisses, vgl. zu den Anforderungen an das Anlagenverzeichnis Form. IX. 2 Anm. 25.

Kosten und Gebühren

Die Kostentragung im einstweiligen Rechtsschutzverfahren richtet sich mangels spezieller Regelungen nach den allgemeinen Vorschriften, Art. 69 EuGH-Verfahrensordnung bzw. Art. 87 EuG-Verfahrensordnung. Regelmäßig bleibt die Kostenentscheidung dem Endurteil vorbehalten, so dass dies – da grundsätzlich ein ausdrücklicher Kostenantrag erforderlich ist, vgl. Form. IX. 2 Anm. 12 – ausdrücklich beantragt werden sollte. In dem Endurteil wird gemäß dem Verhältnis des Obliegens oder Unterliegens der Parteien über die Kosten entschieden, so dass grundsätzlich die in der Hauptsache unterlegene Partei die Kosten des Verfahren im einstweiligen Rechtsschutz trägt, und zwar unabhängig vom Ausgang dieses Verfahrens. Vgl. auch Form. IX. 2 „Kosten und Gebühren" und Form. IX. 18.

Fristen und Rechtsmittel

Gemäß Art. 86 § 1 EuGH-Verfahrensordnung sind gegen Beschlüsse des EuGH im einstweiligen Rechtsschutz keine Rechtsmittel gegeben. Wegen veränderter Umstände kann der Beschluss aber jederzeit abgeändert werden (Art. 87 EuGH-Verfahrensordnung); ein auf neue Tatsachen gestützter Antrag ist möglich (Art. 88 EuGH-Verfahrensordnung).

Gegen Beschlüsse des EuG eröffnet Art. 56 Abs. 1 der EuGH-Satzung ein Rechtsmittel zum Gerichtshof. Die Rechtsmittelfrist beträgt zwei Monate. Ein rechtspraktischer Fall ist das Verfahren Technische Glaswerke Ilmenau (EuGH Rs. C-232/02 P (R), Kommission gegen Technische Glaswerke Ilmenau, Slg. 2002, I-8977). Inhaltlich ist das Rechtsmittel unter Ausschluss jeder Tatsachenbewertung auf Rechtsfragen beschränkt, Art. 225 EG, Art. 58 der EuGH-Satzung (vgl. Form. IX. 12). Wegen veränderter Umstände kann überdies auch ein EuG-Beschluss abgeändert werden (Art. 108 EuG-Verfahrensordnung); auch ein auf neue Tatsachen gestützter Antrag ist möglich (Art. 109 EuG-Verfahrensordnung).

12. Rechtsmittel gegen Entscheidungen des Gerichts erster Instanz gemäß Art. 225 EG (Art. 256 AEUV) zum EuGH[1]

...... stadt, den ......[2]

An den
Gerichtshof der Europäischen Gemeinschaften[3]
– Kanzlei –
Rue du Fort Niedergrünewald
L-2925 Luxemburg
LUXEMBURG

Rechtsmittelschrift[4]

der ...... GmbH[5], ...str., ...stadt, Bundesrepublik Deutschland, vertreten durch den Geschäftsführer, Herrn ......, ebenda

– Rechtsmittelführerin –

Verfahrensbevollmächtigter[6]: Rechtsanwalt ......

gegen

die Europäische Kommission, vor dem Gericht erster Instanz der Europäischen Gemeinschaften vertreten durch ...... als Bevollmächtigte(n), Rue de la Loi 200, B-1049 Brüssel, Belgien,[7]

– Rechtsmittelgegnerin –

Zustellungsbevollmächtigter erster Instanz: ......

Namens und im Auftrag der Rechtsmittelführerin legen wir hiermit Rechtsmittel gegen das Urteil des Gerichts erster Instanz der Europäischen Gemeinschaften (...... Kammer) vom ...... in der Rechtssache T-....../...... ein und beantragen,[8]

1. das Urteil des Gerichts erster Instanz der Europäischen Gemeinschaften vom …… in der Rechtssache T-…… / …… aufzuheben und die der Rechtsmittelführerin am …… zugestellte Entscheidung der Rechtsmittelgegnerin vom …… (Az. ……), veröffentlicht im Amtsblatt der Europäischen Gemeinschaften Nr. L …… vom …… (S. …… ff.) für nichtig zu erklären;
2. hilfsweise,
   das in Ziffer 1 bezeichnete Urteil des Gerichts erster Instanz insoweit aufzuheben und die in Ziffer 1 bezeichnete Entscheidung der Rechtsmittelgegnerin insoweit für nichtig zu erklären, als
   a) die Entscheidung der Rechtsmittelgegnerin aufrechterhalten worden ist,
   b) die Geldbuße auf EUR …… festgesetzt worden ist,
   c) die Rechtsmittelführerin zur Kostentragung verurteilt worden ist.
   und nach den in erster Instanz gestellten Anträgen der Klägerin zu erkennen;
3. äußerst hilfsweise,
   das in Ziffer 1 bezeichnete Urteil des Gerichts erster Instanz aufzuheben und die Sache an das Gericht erster Instanz zurückzuverweisen,
4. die Kosten des Verfahrens der Rechtsmittelgegnerin aufzuerlegen.
   Eine Vollmacht und ein Handelsregisterauszug sind der Klageschrift vom …… als Anlagen …… bis …… beigefügt[9, 10],

eine Zulassungsbescheinigung wird als

Anlage 1 ……

überreicht[11].

Gemäß Art. 38 § 2 Abs. 2 der Verfahrensordnung erklären wir uns als Prozessbevollmächtigte damit einverstanden, dass Zustellungen an uns mittels Fernkopierer oder sonstiger technischer Kommunikationsmittel erfolgen. Zustellungen können bewirkt werden an Herrn Rechtsanwalt ……, Telefax-Nr.: ……, bzw. an die E-Mail-Anschrift: ……[12]

Begründung[13]:

A. Zulässigkeit des Rechtsmittels

Das Rechtsmittel richtet sich gegen das als

Anlage 2

beigefügte Urteil des Gerichts erster Instanz der Europäischen Gemeinschaften (nachfolgend: Gericht) vom …… in der Rechtssache T-…… / ……, das dem Zustellungsbevollmächtigten der Rechtsmittelführerin (nachfolgend: Klägerin) am …… zugestellt worden ist.[14]

B. Rügen der Klägerin[15]

Mit dem Rechtsmittel erhebt die Klägerin folgende Rügen, die Verstöße des angefochtenen Urteils gegen verfahrens- und materiellrechtliche Bestimmungen des Gemeinschaftsrechts zum Inhalt haben:

I. Unzuständigkeit[16]

……

II. Verfahrensrügen[17]

Die Art und Weise, in der das Gericht die im Schriftsatz der Klägerin vom …… erhobenen Rügen verfahrensrechtlich behandelt hat und insbesondere den dort gestellten Antrag auf Wiedereröffnung der mündlichen Verhandlung zum Zwecke der Beweisaufnahme abgewiesen hat, verstößt gegen Art. 62 der Verfahrensordnung des Gerichts (nachfolgend: EuG-Verfahrensordnung) sowie Art. 21 Abs. 4 der Satzung des Gerichtshofs i. V. m. Art. 64 § 3 d) EuG-Verfahrensordnung.

1. Verstoß gegen Art. 62 EuG-Verfahrensordnung
   Nach Art. 62 EuG-Verfahrensordnung kann das Gericht nach Anhörung des Generalanwalts die Wiedereröffnung der mündlichen Verhandlung anordnen. Dies bedeutet jedoch nicht, dass dem Gericht ein (unbeschränktes) Ermessen in der Weise zusteht, dass es den Beschluss über die Wiedereröffnung ohne Bindung an rechtliche oder tatsächliche Schranken treffen dürfte. Aus der Rechtsprechung des Gerichtshofs zur mit Art. 62 EuG-Verfahrensordnung wortgleichen Vorschrift des Art. 61 EuGH-Verfahrensordnung ergibt sich, dass eine Verpflichtung zur Wiedereröffnung der mündlichen Verhandlung besteht, wenn
   - der Antrag auf bislang unbekannten neuen Tatsachen beruht, die die betroffene Partei nicht vor dem Ende der mündlichen Verhandlung hat vortragen können (EuGH verb. Rs. 2 und 3/62, Kommission gegen Luxemburg und Belgien, Slg. 1962, 914; Rs. 195/80, Michel gegen Europäisches Parlament, Slg. 1981, 2861, 2871),
     und
   - die Partei darlegt, dass die neu vorzutragenden Tatsachen für den Ausgang des Rechtsstreits in der Weise rechtliche Bedeutung haben, dass sie geeignet sind, ihn zu Gunsten der Partei zu beeinflussen (EuGH Rs. 45/75, Rewe gegen Hauptzollamt Landau, Slg. 1976, 181, 198; Rs. 26/77, Balkan gegen Hauptzollamt Berlin-Packhof, Slg. 1977, 2031, 2046; Rs. 195/80, Michel gegen Europäisches Parlament, Slg. 1981, 2961, 2971).

   Beide Voraussetzungen waren in dem zur Entscheidung durch das Gericht stehenden Fall erfüllt.
   ……
2. Verstoß gegen Art. 64 § 3 Buchstabe d) EuG-Verfahrensordnung
   Das Gericht und der Gerichtshof sind nicht darauf beschränkt, die Aufklärung des Sachverhalts in den bei ihnen rechtshängigen Verfahren allein nach den (Beweis-)Anträgen der Parteien zu führen und allein aufgrund der von ihnen angebotenen Beweismittel zu entscheiden. Art. 21 EuGH-Satzung (EG), der gem. Art. 46 Abs. 1 der EuGH-Satzung (EG) auch für das Gericht erster Instanz gilt, macht vielmehr deutlich, dass die Gerichte der Europäischen Gemeinschaften und damit auch das Gericht erster Instanz eine Pflicht zur Aufklärung des Sachverhalts haben und aus eigener Initiative nicht nur tätig werden können, sondern auch müssen, wenn dies erforderlich ist. Eine Pflicht zum Tätigwerden ist nach der Rechtsprechung des Gerichtshofes dann anzunehmen, wenn
   ……
   Im vorliegenden Fall waren alle genannten Voraussetzungen erfüllt ……
   Somit wäre das Gericht verpflichtet gewesen, die dem Schriftsatz der Klägerin vom …… zugrundeliegenden Tatsachen aufzuklären und die Beklagte durch Erlass einer Verfügung zur Vorlage der maßgeblichen Dokumente und Unterlagen aufzufordern. Da dies nicht geschehen ist, hat das Gericht gegen Art. 21 EuGH-Satzung (EG) und gegen Art. 64 § 3 Buchstabe d) EuG-Verfahrensordnung verstoßen.
3. Schützende Wirkung von Art. 62 EuG-Verfahrensordnung, Art. 21 EuGH-Satzung (EG) und Art. 64 § 3 Buchstabe d) EuG-Verfahrensordnung
   Nach Art. 51 Abs. 1 EuGH-Satzung muss die verletzte Verfahrensvorschrift zumindest auch die Interessen der Rechtsmittelführerin zu schützen geeignet sein, also den Charakter einer Schutznorm haben. Das ist ua. dann anzunehmen, wenn die entsprechende Vorschrift sich unmittelbar auf den Entscheidungsfindungsprozess bezieht ……
4. Erheblichkeit der verletzten Vorschriften
   Die Verfahrensfehler müssen sich schließlich auf das Urteil des Gerichts ausgewirkt haben. Dies ist hier anzunehmen, weil ……

III. Verstöße gegen materielles Gemeinschaftsrecht[18]
Das Urteil des Gerichts vom …… ist auch deshalb aufzuheben, weil es das materielle Gemeinschaftsrecht verletzt, indem das Gericht die Grundsätze über den inexistenten Rechtsakt (1.) und über die Reichweite der „Vermutung der Rechtmäßigkeit eines Rechtsakts" sowie der „Anscheinstheorie" (2.) verkennt.

1. Verkennung der Grundsätze über den inexistenten Rechtsakt im Gemeinschaftsrecht
Das Gemeinschaftsrecht kennt als Folge besonders schwerer und offenkundiger Fehler von Rechtsakten der Verwaltung das Institut des absolut nichtigen, d.h. inexistenten Rechtsakts (EuGH verb. Rs. 7/56 und 3 bis 7/57, Algera ua. gegen Gemeinsame Versammlung, Slg. 1957, 83, 126). Voraussetzung für die Qualifizierung als inexistent ist, dass …… Das Gericht hat diese Grundsätze in seinem Urteil vom …… verkannt ……

2. ……

IV. Keine Zurückverweisung
Nach Auffassung der Klägerin ist es weder aus verfahrensrechtlichen noch aus prozessökonomischen Gründen erforderlich, das Verfahren an das Gericht zurückzuverweisen. Der Gerichtshof kann durch die erbetenen und beantragten Auflagen selbst feststellen, ob es auch im vorliegenden Verfahren zu Verfahrensfehlern der Beklagten gekommen ist, und er kann daraus die mit diesem Rechtsmittel beantragten rechtlichen Konsequenzen ziehen.

Unterschrift[19]
Verzeichnis der Anlagen[20]

Schrifttum: Bender, Ein neues Rechtsmittel: Die Anschlussbeschwerde im Gemeinschaftsmarkenverfahren; *Bölhoff,* Das Rechtsmittelverfahren vor dem Gerichtshof der Europäischen Gemeinschaften, 2001; *Borchardt,* Der Europäische Gerichtshof, 2000; *Hackspiel,* § 28 in: *Rengeling/Middeke/Gellermann,* Handbuch des Rechtsschutzes in der Europäischen Union, 2. Aufl. 2003; *Hakenberg,* Das Gericht für den öffentlichen Dienst der EU – Eine neue Ära in der Gemeinschaftsgerichtsbarkeit, EuZW 2006, 391; *Jung,* in: *von der Groeben/Schwarze,* Vertrag über die Europäische Union und Vertrag zur Gründung der Europäischen Gemeinschaft – Kommentar, Bd. 4, 6. Aufl. 2004, Art. 224–225 a EG; *Kirschner/Klüpfel,* Das Gericht erster Instanz der Europäischen Gemeinschaften, 2. Aufl. 1998, Rdn. 146–162; *Lasok,* The European Court of Justice Practice and Procedure, 2nd ed. 1994, 472–488; *Strivens,* Appeals to the Court of Justice, in: *Plender* (ed.), European Courts Practice and Precedents, 1997, 35–01 bis 35–59; *Schwarze,* Art. 225, in: *ders.* (Hrsg.), EU-Kommentar, 2000; *Wägenbaur,* Die Prüfungskompetenz des EuGH im Rechtsmittelverfahren, EuZW 1995, 199; *ders.,* Neuere Entwicklungen im Bereich des Rechtsmittelverfahrens, EuZW 2003, 517; *ders.,* EuGH VerfO, Art. 110 ff.

Anmerkungen

1. Das Rechtsmittel gem. Art. 225 EG ermöglicht eine auf Rechtsfragen beschränkte Überprüfung der Urteile des Gerichts erster Instanz. Seine Einzelheiten regeln Art. 56 bis 61 der EuGH-Satzung und Art. 110 bis 123 EuGH-Verfahrensordnung. Das Rechtsmittel hängt nicht von der Erreichung eines bestimmten Streitwertes oder einer Zulassung ab. Es ist gegen Entscheidungen des Gerichts unabhängig davon statthaft, ob das Gericht in Form eines Urteils oder eines Beschlusses entschieden hat. Das Rechtsmittel hat, seiner Bezeichnung zum Trotz, auch keine aufschiebende Wirkung (Art. 60 Abs. 1 EuGH-Satzung).

Gegenstand des Rechtsmittels können gem. Art. 56 EuGH-Satzung Urteile des Gerichts, Entscheidungen des Gerichts über einen Teil des Streitgegenstandes oder Entscheidungen sein, die einen Zwischenstreit beenden, der eine Einrede der Unzuständigkeit oder Unzulässigkeit zum Gegenstand hat. Bei Rechtsmitteln gegen Teilentscheidungen oder Zwischenurteile bleibt der Rechtsstreit im Übrigen beim Gericht anhängig. Im Bereich des Beamtenrechtes der Gemeinschaft gilt, dass gegen die Urteile des EuGöD ein auf Rechtsfragen begrenztes Rechtsmittel zum EuG statthaft ist, eine Art Revision zum EuGH ist in Ausnahmefällen unter den Voraussetzungen von Art. 225 Abs. 2 EG möglich (*Hakenberg*, EuZW 2006, 391, 393).

Nach Art. 57 Abs. 2 EuGH-Satzung kann das Rechtsmittel außerdem gegen Entscheidungen über Aussetzungsanträge nach Art. 242 EG, gegen Entscheidungen im einstweiligen Rechtsschutzverfahren nach Art. 243 EG, gegen Entscheidungen über Anträge auf Aussetzung der Zwangsvollstreckung nach Art. 256 EG sowie gegen die Ablehnung eines Antrags auf Zulassung als Streithelfer vom Antragsteller eingelegt werden. Über diese Rechtsmittel wird gem. Art. 57 Abs. 3 EuGH-Satzung im summarischen Verfahren gem. Art. 39 EuGH-Satzung entschieden. In diesen Rechtsmittelverfahren befasst sich der Gerichtshof nur mit den Rechtsfragen, die die Gewährung oder Versagung einstweiligen Rechtsschutzes, die Aussetzung der Zwangsvollstreckung oder die Ablehnung der Zulassung als Streithelfer betreffen. Rechtsfragen, die das beim Gericht anhängige Hauptsacheverfahren betreffen, können nicht Gegenstand des Rechtsmittels sein (vgl. Rs. C-370/90 P, C-372/90 P-R und C-22/91 P, SEP gegen Kommission, Slg. 1991, I-2043 Rdn. 11).

Kostenentscheidungen und Kostenfestsetzungen sind nach Art. 58 Abs. 2 EuGH-Satzung nicht isoliert rechtsmittelfähig.

Verfahrenssprache ist gem. Art. 110 EuGH-Verfahrensordnung grundsätzlich diejenige Sprache, in der die angefochtene Entscheidung des Gerichts erster Instanz ergangen ist. Allerdings ist es nach Art. 56 Abs. 3 der EuGH-Satzung möglich, dass ein Mitgliedstaat, der an dem erstinstanzlichen Verfahren nicht beteiligt war, selbständig ein Rechtsmittel gegen das Urteil des EuG einlegt. Dies ändert nichts an der Verfahrenssprache, der Mitgliedstaat kann jedoch seinen Schriftsatz dann in einer anderen Sprache einreichen, den anderen Parteien würde dieser jedoch dann nebst einer Übersetzung in die Verfahrenssprache zugestellt.

Das Verfahren gliedert sich in einen schriftlichen und einen mündlichen Teil. Der Gerichtshof kann jedoch gem. Art. 120 EuGH-Verfahrensordnung nach Anhörung des Generalanwalts und der Parteien beschließen, ohne mündliche Verhandlung zu entscheiden, es sei denn, eine Partei widerspricht mit der Begründung, dass sie im schriftlichen Verfahren nicht ausreichend Gelegenheit hatte, ihren Standpunkt zu Gehör zu bringen.

2. Gemäß Art. 37 § 3 EuGH-Verfahrensordnung ist jeder Schriftsatz mit Datum zu versehen, vgl. Form. IX. 2 Anm. 2.

3. Zuständig für Rechtsmittel gegen Entscheidungen des Gerichts erster Instanz ist gem. Art. 225 EG Abs. 1 iVm. 56 ff. EuGH-Satzung der Gerichtshof (siehe Anm. 1). Nach Art. 111 § 1 EuGH-Verfahrensordnung kann das Rechtsmittel fristwahrend beim Gerichtshof *(judex ad quem)* oder beim Gericht erster Instanz *(judex a quo)* durch Einreichung eines Schriftsatzes eingelegt werden.

4. Gemäß Art. 112 § 1 EuGH-Verfahrensordnung findet Art. 37 § 1 EuGH-Verfahrensordnung auf die Rechtsmittelschrift entsprechende Anwendung. Danach sind die Rechtsmittelschrift und alle weiteren Schriftsätze samt Anlagen urschriftlich mit 5 Abschriften für den Gerichtshof und je einer weiteren Abschrift für jede andere Partei einzureichen. Die Abschriften sind zu beglaubigen; vgl. Form. IX. 2 Anm. 4. Weitere Anforderungen an die Förmlichkeit des Rechtsmittels enthalten die vom Gerichtshof veröffentlichten „Praktischen Anweisungen für Klagen und Rechtsmittel“. Mit den Rechtsmitteln beschäftigt sich Abschnitt B (Rdn. 23 ff.).

Die Parteien können gem. Art. 115 § 1 EuGH-Verfahrensordnung binnen zwei Monaten nach Zustellung der Rechtsmittelschrift eine Rechtsmittelbeantwortung ggf. mit Anschlussrechtsmittel einreichen. Art. 116 der Verfahrensverordnung regelt in § 1 die Anträge der Rechtsmittelbeantwortung; diese können nicht nur auf die Zurückweisung des Rechtsmittels oder die Aufhebung der Entscheidung des Gerichtes lauten, sondern auch auf die vollständige oder teilweise Aufrechterhaltung der im ersten Rechtszug gestellten Anträge. Eine Verlängerung der Frist ist nicht möglich. Erwiderung und Gegenerwiderung oder sonstige ergänzende Schriftsätze sind nur nach Genehmigung eines entsprechenden Antrags durch den Präsidenten des Gerichtshofs, der binnen eines Monats nach Zustellung der Rechtsmittelbeantwortung oder der Erwiderung zu stellen ist, zulässig, Art. 117 § 1 EuGH-Verfahrensordnung. Der Gerichtshof bestimmt gegebenenfalls die Fristen für die Einreichung dieser Schriftsätze, Art. 117 § 1 EuGH-Verfahrensordnung. Eine Erwiderung ohne vorhergehenden Antrag ist gem. Art. 117 § 2 EuGH-Verfahrensordnung ausnahmsweise gestattet, wenn die Rechtsmittelbeantwortung die vollständige oder teilweise Aufhebung der Entscheidung des Gerichts unter einem in der Rechtsmittelschrift nicht genannten Gesichtspunkt zum Gegenstand hat.

5. Die Rechtsmittelschrift muss nach Art. 112 EuGH-Verfahrensordnung den Namen und Wohnsitz des Rechtsmittelführers enthalten. Rechtsmittelführer kann nach Art. 56 Abs. 2 EuGH-Satzung nur eine Partei sein, die mit ihren Anträgen ganz oder teilweise im erstinstanzlichen Verfahren unterlegen ist (formelle Beschwer; vgl. EuGH Rs. C-35/92 P, Parlament gegen Frederiksen, Slg. 1993, I-991, 1032 Rdn. 31; Rs. C-244/91 P, Pincherle gegen Kommission, Slg. 1993, I-6965, 7003 Rdn. 25; Rs. C-326/91 P, de Compte gegen Parlament, Slg. 1994, I-2091, 2167 Rdn. 94). Andere Streithelfer als Mitgliedstaaten und Gemeinschaftsorgane können Rechtsmittel nur einlegen, wenn die Entscheidung des Gerichts sie unmittelbar berührt (materielle Beschwer). Sie müssen also betroffene eigene Rechte wahrnehmen. Ein berechtigtes Interesse am Ausgang des Rechtsstreits genügt nicht. Mitgliedstaaten und Gemeinschaftsorgane können jedoch, es sei denn, es handelt sich um Streitigkeiten zwischen der Gemeinschaft und ihren Bediensteten, Rechtsmittel selbst dann einlegen, wenn sie dem Rechtsstreit in erster Instanz nicht beigetreten sind, sie also weder formell noch materiell beschwert sind (autonome Rechtsmittelbefugnis), Art. 49 Abs. 3 EuGH-Satzung. Im Ergebnis sind also auch im Rechtsmittelverfahren, wie bei Nichtigkeitsklagen (vgl. Form. IX. 2 Anm. 5), privilegierte und nicht privilegierte Rechtsmittelführer zu unterscheiden.

6. Auch im Rechtsmittelverfahren müssen sich natürliche und juristische Personen, mit Ausnahme der EU-Mitgliedstaaten, des Privatrechts gemäß Art. 19 Abs. 3 EuGH-Satzung von einem Anwalt vertreten lassen. Als Vertreter oder Beistand kann nur ein Anwalt bestellt werden, der in einem Mitgliedstaat eines anderen Vertragstaates des EWR-Abkommens zugelassen ist, vgl. Art. 19 Abs. 4 EuGH Satzung und Form. IX. 2 Anm. 7.

7. Nach Art. 112 § 1 Buchstabe b) EuGH-Verfahrensordnung hat die Rechtsmittelschrift auch die anderen Parteien des Verfahrens vor dem Gericht erster Instanz zu bezeichnen.

8. In der Rechtsmittelschrift müssen nach Art. 112 § 1 Buchstabe d) EuGH-Verfahrensordnung Anträge gestellt werden. Der Gerichtshof hat gem. Art. 61 EuGH-Satzung zwei Möglichkeiten der Entscheidung, wenn das Rechtsmittel zulässig und begründet ist. Ist die Sache spruchreif, kann er die erstinstanzliche Entscheidung aufheben und selbst letztinstanzlich entscheiden (vgl. Rs. C-137/92 P, Kommission gegen BASF ua., Slg. 1994, I-2555; Rs. C-395/95 P, Geotronics gegen Kommission, Slg. 1997, I-2271). Im Übrigen verweist er die Sache zur weiteren Aufklärung oder Erörterung zurück (vgl. EuGH, Rs. C-334/07 P, Urteil vom 11. Dezember 2008, Kommission/Freistaat Sachsen, noch nicht in der amtl. Slg.). Hinsichtlich der zu stellenden Anträge bestimmt Art. 113 EuGH-Verfahrensordnung daher, dass sie die vollständige oder teilweise Aufhebung der Ent-

scheidung des Gerichts oder die vollständige oder teilweise Aufrechterhaltung der im ersten Rechtszug gestellten Anträge zum Gegenstand haben. Neue Anträge dürfen nicht gestellt werden. Dies entspricht dem begrenzten Umfang des Rechtsmittels, das auf die Überprüfung des Urteils des Gerichts auf Rechtsfehler beschränkt ist. Entsprechendes gilt gem. Art. 116 EuGH-Verfahrensordnung für die Rechtsmittelbeantwortung.

9. Da dem Gerichtshof die erstinstanzlichen Akten nach Art. 111 § 2 EuGH-Verfahrensordnung vom Gericht vorgelegt werden, ist eine erneute Vorlage Vollmacht entbehrlich. Art. 112 EuGH-Verfahrensordnung verweist insoweit auch nicht auf Art. 38 § 5 EuGH-Verfahrensordnung. Vgl. für das erstinstanzliche Verfahren vor dem EuG Art. 38 § 5 Buchstabe b) der EuGH-Verfahrensordnung sowie Form. IX. 2 Anm. 13.

10. Auch die Vorlage des Nachweises der Rechtspersönlichkeit juristischer Personen ist im Rechtsmittelverfahren entbehrlich (vgl. Anm. 9). Vgl. für das erstinstanzliche Verfahren vor dem EuG Art. 44 § 5 Buchstabe a) der EuG-Verfahrensordnung sowie Form. IX. Anm. 15.

11. Gemäß Art. 112 § 1 EuGH-Verfahrensordnung findet Art. 38 § 3 EuGH-Verfahrensordnung auf die Rechtsmittelschrift entsprechende Anwendung (gem. Art. 115 § 2 EuGH-Verfahrensordnung auch auf die Rechtsmittelbeantwortung). Danach hat der Anwalt der Partei bei der Kanzlei des Gerichtshofs regelmäßig eine Bescheinigung zu hinterlegen, aus der hervorgeht, dass er berechtigt ist, vor einem Gericht eines Mitgliedstaates oder eines Vertragsstaates des EWR-Abkommens aufzutreten vgl. auch Form. IX. 2 Anm. 14.

12. Gemäß Art. 112 § 1 Abs. 1 iVm. Art. 38 § 2 Abs. 1 EuGH-Verfahrensordnung ist auch in der Rechtsmittelschrift grundsätzlich eine Zustellungsanschrift am Ort des Gerichtssitzes anzugeben; anstelle oder zusätzlich zu der Zustellungsanschrift am Ort des Gerichtssitzes kann sich der Prozessbevollmächtigte in der Klageanschrift auch damit einverstanden erklären, dass Zustellungen an ihn mittels Fernkopierer oder sonstiger technischer Kommunikationsmittel erfolgen, vgl. Form. IX. 2 Anm. 16.

13. Die Anforderungen an eine Rechtsmittelschrift ergeben sich aus Art. 21 Abs. 1 EuGH-Satzung und Art. 112 EuGH-Verfahrensordnung (Art. 115 für die Rechtsmittelbeantwortung). Danach muss die Rechtsmittelschrift (wie auch die Rechtsmittelbeantwortung) neben den Anträgen insbesondere den Streitgegenstand bezeichnen und eine Darstellung der Rechtmittelgründe (der rechtlichen Gründe) enthalten.

Neben der Beschränkung der Rechtsmittelgründe nach Art. 58 EuGH-Satzung ist die Beschränkung des Sachvortrags gem. Art. 113 § 2 EuGH-Verfahrensordnung zu beachten (Entsprechendes gilt für die Rechtsmittelbeantwortung gem. Art. 116 § 2 EuGH-Verfahrensordnung). Der Streitgegenstand darf im Rechtsmittelverfahren nicht verändert werden, dh. Argumente, die im erstinstanzlichen Verfahren nicht gemacht worden sind oder ein zurückgenommener erstinstanzlicher Vortrag sind genauso unzulässig, wie ein Vortrag, der als unzulässig verworfen wurde (EuGH Rs. C-321/99 P, Associação dos Refinadores de Açúcar Portugueses ua. gegen Kommission, Urt. v. 16. 5. 2002 Rdn. 48; Slg. 2002, I-4287). Etwas anderes gilt, wenn die Entscheidung über die Nichtzulassung des Vortrags als Verfahrensrüge angegriffen wird (vgl. EuGH Rs. C-18/91 P, V gegen Parlament, Slg. 1992, I-3997, 4014 Rdn. 21; Rs. C-136/92 P, Kommission gegen Lualdi ua., Slg. 1994, I-1981, 2031 f. Rdn. 59, Rs. C-354/92 P, Eppe gegen Kommission, Slg. 1993, I-7027, 7049 Rdn. 13).

Bei der Darstellung der Rechtsmittelgründe ist es nicht ausreichend, den erstinstanzlichen Vortrag lediglich zu wiederholen (vgl. EuGH Rs. C-202/07 P, France Télécom/ Kommission, Urteil vom 2. 4. 2009, noch nicht in der amtl. Slg., Rdn. 69). Genauso wenig ausreichend ist der bloße Vortrag, das Gericht habe die bisherige Rechtsprechung anders interpretieren müssen (vgl. EuGH Rs. C. 338/93 P, de Hoe gegen Kommission, Slg. 1994, I-819, 829 Rdn. 26).

Vielmehr muss die Rechtsmittelschrift die rechtlichen Argumente, auf die sich das Rechtsmittel stützt, klar und deutlich in der gebotenen Ausführlichkeit darstellen. Dies ist erforderlich, da der Vortrag in der Rechtsmittelschrift den Prüfungsumfang des Gerichtshofs im Rechtsmittelverfahren sachlich begrenzt. Der Gerichtshof prüft ausschließlich die gerügten Rechtsverletzungen, auch wenn er selbst darüber hinaus mögliche Rechtsverletzungen erkennt (vgl. EuGH Rs. C-136/92 P, Kommission gegen Lualdi ua., Slg. 1994, I-1981, 2030 Rdn. 52).

Entspricht die Rechtsmittelschrift in formeller Hinsicht den Anforderungen der Art. 38 § 3 oder 112 § 2 EuGH-Verfahrensordnung nicht (Vorlage der angefochtenen Entscheidung, Angabe des Zustellungsdatums, Vorlage einer Zulassungsbescheinigung), setzt der Kanzler der Rechtsmittelführerin eine angemessene Frist zur Behebung des Mangels. Nach Fristablauf entscheidet der Gerichtshof nach Anhörung des Generalanwalts darüber, ob die Nichtbeachtung der Formvorschriften die Unzulässigkeit des Rechtsmittels zur Folge hat, Art. 38 § 7 EuGH-Verfahrensordnung, der gem. Art. 112 § 3 EuGH-Verfahrensordnung entsprechende Anwendung findet.

14. Gemäß Art. 112 § 2 EuGH-Verfahrensordnung ist die mit dem Rechtsmittel angefochtene Entscheidung beizufügen und anzugeben, an welchem Tag sie dem Rechtsmittelführer zugestellt worden ist.

15. Wie sich schon aus Art. 225 EG ergibt, sind die Rechtsmittelgründe auf Rechtsfragen beschränkt (EuGH Rs. C-362/95 P, Blackspur DIY ua./Rat und Kommission, Slg. 1997, I-4775 Rdn. 28 und 29; Rs. C-62/01 P, Campogrande gegen Kommission, Urt. v. 12. 3. 2002 Rdn. 24; Slg. 2002, I-3793) Art. 58 EuGH-Satzung konkretisiert den Begriff der Rechtsfragen im Sinne des Art. 225 EG in der Weise, dass das Rechtsmittel nur auf die Unzuständigkeit des Gerichts, auf einen Verfahrensfehler, durch den die Interessen des Rechtsmittelführers beeinträchtigt werden, sowie auf eine Verletzung des Gemeinschaftsrechts durch das Gericht gestützt werden kann.

16. Die Rüge der Unzuständigkeit kann sich neben der Unzuständigkeit des Gerichts erster Instanz auch auf die Unzuständigkeit der gemeinschaftsrechtlichen Gerichtsbarkeit insgesamt beziehen. Dieser Rechtsmittelgrund hat jedoch kaum noch Bedeutung, da das EuG heute für alle Nichtigkeitsklagen von natürlichen und juristischen Personen zuständig ist (Art. 3 Buchstabe c) Beschluss Nr. 88/591/EGKS, EWG, Euratom zur Errichtung eines Gerichts erster Instanz der Europäischen Gemeinschaften, ABl. 1988 Nr. L 319/1, soweit nicht durch den Vertrag von Nizza im Hinblick auf die EGKS aufgehoben, ABl. 2001 Nr. C 80/1, Art. 10). Der Gerichtshof ist dagegen für alle anderen Nichtigkeitsklagen zuständig, insbesondere solche, die durch die Mitgliedstaaten oder Organe der Gemeinschaft gem. Art. 230 Abs. 2 EG erhoben werden. Auch werden in der Praxis Klagen, die unter offensichtlicher Verkennung der Zuständigkeit beim Gerichtshof eingereicht wurden, ohne formelles Verfahren an das EuG weitergeleitet und umgekehrt.

17. Verfahrensrügen sind nur unter zwei Voraussetzungen erfolgreich. Erstens muss es sich bei der Verfahrensvorschrift, deren Verletzung gerügt wird, um eine rechtsmittelfähige Vorschrift handeln. Das ist der Fall, wenn die Vorschrift gerade dem Schutz des Rechtsmittelführers dient und nicht ausgeschlossen ist, dass ihre Verletzung sich nachteilig auf die Rechtsposition des Rechtsmittelführers ausgewirkt hat. Diese Voraussetzung ist beispielsweise bei Vorschriften erfüllt, die das rechtliche Gehör, die Beweisaufnahme und die Begründungspflicht betreffen (vgl. Rs. C-68/91 P, Moritz gegen Kommission, Slg. 1992, I-6849, 6889 Rdn. 21 ff.; Rs. C-62/01 P, Campogrande gegen Kommission, Urt. v. 12. 3. 2002 Rdn. 24; Slg. 2002, I-3793). Zweitens muss die gerügte Verletzung der Verfahrensvorschrift rechtsmittelwirksam sein. Rechtsmittelwirksam ist eine Verletzung rechtsmittelfähiger Verfahrensvorschriften nur, wenn sie sich auch tatsächlich auf den Inhalt der angefochtenen Entscheidung ausgewirkt hat.

18. Zur Rüge der Verletzung von Gemeinschaftsrecht vgl. Form. IX. 2 Anm. 22. Zu beachten ist im Rechtsmittelverfahren, dass nur die unrichtige Rechtsanwendung rechtsmittelrelevant ist.

Tatsachenrügen sind unzulässig. Da die Sachverhaltsfeststellung dem Gericht erster Instanz als Tatsacheninstanz vorbehalten ist, kann auch die fehlerhafte Rechtsanwendung aufgrund fehlerhafter Tatsachenfeststellung durch das Gericht grundsätzlich nicht gerügt werden. Etwas anderes gilt dann, wenn sich aus den Prozessakten ergibt, dass die Feststellungen des EuG falsch sind (EuGH Rs. C-136/92 P, Kommission gegen Lualdi ua., Slg. 1994, I-1981, 2029 Rdn. 49; zu einer solchen Konstellation vgl. auch die Schlussanträge der Generalanwältin Trstenjak, verb. Rs. C-501/06 P ua., GlaxoSmithKline/Kommission, noch nicht in der amtl. Slg., Rdn. 229 ff.) Zu beachten ist dabei, dass der EuGH nicht die Rolle des erstinstanzlichen Gerichts einnimmt. Er ermittelt keine neuen Tatsachen und lässt keinen neuen Tatsachenvortrag zu. Die Beweiswürdigung in der ersten Instanz wird nur daraufhin überprüft, ob ein bestimmtes Beweismittel „verfälscht" wurde (EuGH Rs. C-53/92 P, Hilti gegen Kommission, Slg. 1994, I-667, 707 f. Rdn. 42, 43; Rs. C-234/92, Shell/Kommission, Slg. 1999, I-4501, 4534 Rdn. 60), dh. ob das EuG ein Beweismittel offensichtlich verkannt hat. Weiter kann der Gerichtshof untersuchen, ob das EuG die Prüfung bestimmter Beweismittel „unterlassen" hat (EuGH Rs. C-244/91 P, Pincherle gegen Kommission, Slg. 1993, I-6965, 7004 f. Rdn. 32, 33; Rs. C-497/99 P, Irish Sugar gegen Kommission, Slg. 2001, I-5333 Rdn. 39, 59; Rs. C-500/99 P, Conserve Italia gegen Kommission, Rdn. 59, Slg 2002, I-867). Schließlich prüft der EuGH, ob die Beweise in der ersten Instanz „ordnungsgemäß erbracht und die allgemeinen Regeln und Rechtsgrundsätze zur Beweislast und die Vorschriften über das Beweisverfahren eingehalten worden sind" (EuGH Rs. C-294/91 P, Sebastiani gegen Parlament, Slg. 1992, I-4997, 5001 f. Rdn. 13; Rs. C-136/92 P, Kommission gegen Lualdi ua., Slg. 1994, I-1981, 2033 Rdn. 66; Rs. C-53/92 P, Hilti gegen Kommission, Slg. 1994, I-667, 707 f. Rdn. 40 ff.). Eine erstinstanzliche Tatsachenbeurteilung des EuG wird durch den EuGH nicht überprüft, da es sich um eine Tatfrage handele (EuGH Rs. C-326/91 P, de Compte gegen Parlament, Slg. 1994, I-2091, 2152 Rdn. 41; Rs. C-53/92 P, Hilti gegen Kommission, Slg. 1994, I-667, 701 Rdn. 11). Tatsachenvortrag ist in der zweiten Instanz grundsätzlich unzulässig (EuGH Rs. C-18/91 P, V. gegen Parlament, Slg. 1992, I-3997, 4019 Rdn. 44). Die Unterscheidung von Rechts- und Tatsachenrügen ist auch im Gemeinschaftsrecht nicht immer einfach. Die verhältnismäßig umfangreiche Rechtsprechung zu dieser Frage zeigt, dass der Gerichtshof den Begriff der Rechtsrüge bisher eher restriktiv auslegt hat (vgl. dazu nur EuGH Rs. C-283/90 P, Vidrányi gegen Kommission, Slg. 1991, I-4339, 4364 Rdn. 11 ff.; Rs. C-136/92 P, Kommission gegen Lualdi ua., Slg. 1994, I-1981, 2029 Rdn. 49; Rs. C-220/91 P, Kommission gegen Stahlwerke Peine-Salzgitter, Slg. 1993, I-2393, 2448 Rdn. 39; Rs. C-53/92 P, Hilti gegen Kommission, Slg. 1994, I-667, 703, 707 f. Rdn. 19 und 40 ff.; exemplarisch zu diesem Fragenkomplex sind die Schlussanträge des GA Tesauro in der Rs. C-362/95 P, Blackspur gegen Rat und Kommission, v. 5. 6. 1997, Slg. 1997, I-4777; vgl. auch *Wägenbaur,* Die Prüfungskompetenz des EuGH im Rechtsmittelverfahren, EuZW 1995, 199, 200 ff.).

Verletzungen materiellen Gemeinschaftsrechts sind nur dann rechtsmittelwirksam in dem Sinne, dass sie das Rechtsmittel begründen, wenn keine anderen rechtlichen Erwägungen den Tenor des Urteils zu tragen vermögen (EuGH Rs. C-320/92 P, Finsider gegen Kommission, Slg. 1994, I-5697, 5723 Rdn. 37, vgl. Rs. 36/92 P, SEP gegen Kommission, Slg. 1994, I-1911, 1941 Rdn. 32 f.). Nicht rechtsmittelwirksam ist eine festgestellte Rechtsverletzung also, wenn eine andere, rechtsfehlerfreie Argumentationen des Gerichts den Tenor der Entscheidung trägt; nicht ausreichend dafür ist allerdings, dass dem Gericht eine solche Argumentation möglich gewesen wäre (Rs. C-35/92 P, Parlament gegen Frederiksen, Slg. 1993, I-991, 1032 Rdn. 31; Rs.C. 326/91 P, de Compte gegen Parlament, Slg. 1994, I-2091, 2167 Rdn. 94).

19. Gemäß Art. 112 § 1 Abs. 2 iVm. Art. 37 § 1 Abs. 1 EuGH-Verfahrensordnung ist die Urschrift jedes Schriftsatzes vom Anwalt der Partei zu unterzeichnen. Gemäß Art. 37 § 1 Abs. 2 EuGH-Verfahrensordnung sind die Abschriften zu beglaubigen.

20. Vgl. zu dem Erfordernis eines Anlagenverzeichnisses Art. 112 § 1 Abs. 2 iVm. Art. 37 § 4 EuGH-Verfahrensordnung sowie die „Praktischen Anweisungen für Klagen und Rechtsmittel" des EuGH (ABl. 2004 Nr. L 361/15 mit Änderungen in ABl. 2009 Nr. L 29/51, in konsolidierter Fassung auf der Internetseite des EuGH verfügbar) und Form. IX. 2 Anm. 25.

Kosten und Gebühren

Wird das Rechtsmittel vom EuGH zugelassen, die Rechtssache aber an das EuG zur erneuten Entscheidung zurück verwiesen, bleibt die Kostenentscheidung der Endentscheidung vorbehalten (EuGH Rs. C-319/07 P, 3F/Kommission, Urteil vom 9. 7. 2009, noch nicht in der amtl. Slg.). Das Gericht erster Instanz entscheidet dann gemäß Art. 121 EuG-Verfahrensordnung über die Kosten des Rechtsstreits insgesamt, also auch über die Kosten des Rechtsmittelverfahrens vor dem EuGH. Entscheidet der EuGH hingegen selbst über das Rechtsmittel, urteilt er gleichzeitig über die Kosten, Art. 122 Abs. 1 EuGH-Verfahrensordnung. Verwirft der Gerichtshof ein Rechtsmittel als unzulässig oder weist er es als unbegründet ab, bleibt die Kostenentscheidung des Gerichts erster Instanz bestehen. Der Gerichtshof entscheidet in diesem Fall nur über die Kosten des Rechtsmittelverfahrens (EuGH Rs. C-195/91 P, Bayer gegen Kommission, Slg. 1994, I-5619, 5640 Rdn. 36). Hat das Rechtsmittel Erfolg und ändert der Gerichtshof selbst das erstinstanzliche Urteil, entscheidet er sowohl über die Kosten in der ersten und in der zweiten Instanz (EuGH Rs. 137/92 P, Kommission gegen BASF, Slg. 1994, I-2555, 2653 Rdn. 80).

Den rechtlichen Maßstab für die Kostenentscheidung bilden – durch die Verweisung in Art. 118 EuGH-Verfahrensordnung – die allgemeinen Vorschriften der Art. 69 bis 75 EuGH-Verfahrensordnung sowie Art. 122 EuGH-Verfahrensordnung als *lex specialis*. Vgl. zu den allgemeinen Vorschriften Form. IX. 2 „Kosten und Gebühren". Art. 122 EuGH-Verfahrensordnung enthält in seinem Abs. 2 einige Besonderheiten für Rechtsstreitigkeiten zwischen den Gemeinschaften und ihren Bediensteten. Nach Art. 122 Abs. 2 Spiegelstrich 1 EuGH-Verfahrensordnung kommt das in Art. 70 EuGH-Verfahrensordnung niedergelegte Kostenprivileg der Beamten nur dann zum Tragen, wenn das Rechtsmittel von dem beklagten Organ und nicht von dem Beamten erhoben wurde (vgl. zur Kostentragung durch den Beamten EuGH Rs. C-452/93 P, Fernàndez gegen Kommission, Slg. 1994, I-4295, 4309 f. Rdn. 26 f.; Rs. C-171/00 P, Libéros gegen Kommission, Urt. v. 15. 1. 2002, Rdn. 59, 2002, I-451; weiter zur Kombination von Art. 70 und 122 Abs. 2 Spiegelstrich 1 EuGH-Verfahrensordnung EuGH Rs. C-298/93 P, Klinke gegen Gerichtshof, Slg. 1994, I-3009, 3035 Rdn. 42 f.; zur Kostenteilung wegen Billigkeit gemäß Art. 122 Abs. 2 Spiegelstrich 2 EuGH-Verfahrensordnung EuGH Rs. C-244/91 P, Pincherle gegen Kommission, Slg. 1993, I-6965, 7005 f. Rdn. 37 f.). Gemäß Art. 122 Abs. 3 EuGH-Verfahrensordnung kann der Gerichtshof die Kosten teilen, wenn ein Gemeinschaftsorgan oder ein Mitgliedstaat eine Entscheidung des EuG angefochten hat, ohne dem Rechtsstreit beizutreten.

Zum Kostenfestsetzungsverfahren siehe Form. IX. 17.

Fristen

Die Rechtsmittelfristen sind Ausschlussfristen. Eine zweigeteilte Einlegungs- und Begründungsfrist existiert nicht.

Die Rechtsmittelfrist beträgt grundsätzlich zwei Monate nach Zustellung der erstinstanzlichen Entscheidung, Art. 56 Abs. 1 und Art. 57 Abs. 2 EuGH-Satzung. Bei Nichtangabe eines zustellungsbevollmächtigten in erstinstanzlichen Verfahren gilt die Entscheidung des Gerichts erster Instanz nach Art. 44 § 2 EuG-Verfahrensordnung schon mit der Aufgabe zur Post als zugestellt, dh. die Rechtsmittelfrist beginnt nicht erst mit Eingang des Urteils beim Prozessbevollmächtigten zu laufen. Eine Sonderregelung gilt für das Rechtsmittel gegen die Ablehnung eines Antrags auf Zulassung als Streithelfer. Es ist gem. Art. 57 Abs. 1 EuGH-Satzung bereits innerhalb von zwei Wochen nach der Zustellung der ablehnenden Entscheidung einzulegen.

Gemäß Art. 81 § 2 EuGH-Verfahrensordnung verlängern sich die Verfahrensfristen um eine pauschale Entfernungsfrist von 10 Tagen.

13. Antragsschrift Streithilfe nach Art. 115, 116 EuG-Verfahrensordnung bzw. Art. 93 EuGH-Verfahrensordnung[1]

......stadt, den ......[2]

An das
Gericht erster Instanz der Europäischen Gemeinschaften
[bzw. An den Gerichtshof der Europäischen Gemeinschaften][3]
– Kanzlei –
Rue du Fort Niedergrünewald
L-2925 Luxemburg
LUXEMBURG

Antrag auf Zulassung als Streithelfer[4]

In der Rechtssache T-...... [bzw. C-......]

der ......

– Klägerin –

gegen

die Kommission der Europäischen Gemeinschaften

– Beklagte –

beantragt das

Land Berlin, vertreten durch den Regierenden Bürgermeister, ..., Anschrift,

Prozessbevollmächtigter[5]: Rechtsanwalt ......

die Zulassung als Streithelfer zur Unterstützung der Klägerin.
Gemäß Artikel 24 § 6 der Verfahrensordnung des Gerichts ist im ABl. Nr. C ...... vom ...... eine Mitteilung über die Erhebung der Klage in der Rechtssache ...... veröffentlicht worden. In diesem Verfahren hat die Klägerin beantragt:

1. **die Entscheidung der Kommission vom ...... über Beihilfen Deutschlands zugunsten der ......, Berlin, für nichtig zu erklären;**
2. **der Kommission die Kosten des Verfahrens aufzuerlegen.**

Das Land Berlin beabsichtigt, die vorgenannten Anträge der Klägerin im Wege der Streithilfe vor dem Gericht Erster Instanz zu unterstützen. Aus diesem Grunde beantragen wir namens und in Vollmacht des Landes Berlin die Zulassung als Streithelfer zur Unterstützung der Klägerin nach Art. 40 Abs. 2 Satzung des Gerichtshofes (EG und EAG). Eine auf unseren Namen lautende Vollmacht der Berliner Landesregierung fügen wir als Anlage ...... diesem Schriftsatz bei.

Gemäß Art. 44 § 2 Abs. 2 der Verfahrensordnung erklären wir uns als Prozessbevollmächtigte damit einverstanden, dass Zustellungen an uns mittels Fernkopierer oder sonstiger technischer Kommunikationsmittel erfolgen. Zustellungen können bewirkt werden an Herrn Rechtsanwalt ......, Telefax-Nr.: ......, bzw. an die E-Mail-Anschrift: ......[6]

Begründung:

I. Verfahrensgegenstand[7]
Die von der Klägerin angefochtene Entscheidung der Kommission erklärt von der Berliner Wirtschaftsverwaltung gewährte Investitionszuschüsse in Höhe von ...... für unvereinbar mit Art. 87 EG. Aufgrund der Rückforderungsanordnung in Art. 2 der von der Klägerin angefochtenen Entscheidung sind die Behörden des Landes Berlin verpflichtet, die von der Kommission mit dem Gemeinsamen Markt für unvereinbar erklärten Beihilfen von der Klägerin zurückzufordern. Nach Auffassung der Klägerin beruht die Kommissionsentscheidung auf einer fehlerhaften Auslegung des EG. Das Land Berlin teilt diese Auffassung und unterstützt daher die von der Klägerin eingebrachte Nichtigkeitsklage.

II. Zulässigkeit des Streithilfeantrags[8]
1. Rechtlicher Status des Landes Berlin[9]
Das Land Berlin ist gemäß Art. 40 Abs. 2 der Satzung des Gerichtshofes (EG und EAG) als „andere Person, die ein berechtigtes Interesse am Ausgang" des bei dem Gericht Erster Instanz anhängigen Rechtssache T –...... hat, befugt, dem Rechtsstreit auf Seiten der Klägerin beizutreten. Nach Art. 1 Abs. 2 der Verfassung des Landes Berlin ist das Land Berlin ein Land der Bundesrepublik Deutschland. In der Rechtsordnung der Bundesrepublik Deutschland kommt den Ländern Staatsqualität zu. Nach der Rechtsprechung des Bundesverfassungsgerichts sind

> „die Länder als Glieder des Bundes Staaten mit eigener – wenn auch gegenständlich beschränkter – nicht vom Bund abgeleiteter, sondern von ihm anerkannter staatlicher Hoheitsmacht" (Beschluss vom 23. Oktober 1951, BVerfGE, 1, 14, 34)

Als Land der Bundesrepublik Deutschland genießt das Land Berlin dieselbe staatsrechtliche Qualität wie die deutschen Länder Nordrhein-Westfalen, Baden-Württemberg, Niedersachsen, Hessen, Rheinland-Pfalz und Bayern, die von dem Gerichtshof in den verb. Rs. 3/58 ua. (Barbara Erzbergbau AG ua. gegen Hohe Behörde, Slg. 1960, 373) als Streithelfer zugelassen worden sind.
2. Sachverhalt
Die Klägerin unterhält ihren Sitz im Hoheitsgebiet des Landes Berlin. Die von der Kommission beanstandete Förderung der Klägerin beruht auf folgenden Vorgängen: Die streitgegenständliche Investitionszulage erhielt die Klägerin aufgrund des Zuwendungsbescheides der Berliner Senatsverwaltung für Wirtschaft, einer staatlichen Einrichtung des Landes Berlin, vom ...... Die Fördermaßnahme beruht auf unabhängigen Entscheidungen von Verwaltungseinrichtungen Berlins. Nach dem Gesetz ...... sind für die Gewährung von Investitionszuschüssen ausschließlich die Behörden der Länder zuständig.
3. Berechtigtes Interesse[10]
Aus den vorstehenden Ausführungen ergibt sich, das die von der Kommission beanstandete wirtschaftliche Förderung der Klägerin ausschließlich auf unabhängigen Entscheidungen des Landes Berlin und dessen Verwaltungseinrichtungen beruht. Art. 2 der von der Klägerin angefochtenen Entscheidung verpflichtet diese Verwaltungseinrichtungen des Landes Berlin, die in Art. 1 der angefochtenen Entscheidung benannte Beihilfe von der Klägerin zurückzufordern (direkte rechtliche Betroffenheit des Landes Berlin). Das Land Berlin ist von der angefochtenen Entscheidung überdies auch wirtschaftlich betroffen, denn die von der Kommission angeordnete Rückforderung dieser Beihilfe führt

zu einer schweren Gefährdung des betrieblichen Fortbestands der Klägerin am Standort Berlin und damit zu einem schweren Eingriff in die Wirtschaftspolitik des Landes Berlin.

III. Antrag[11]

Das Land Berlin ersucht den Präsidenten des Gerichts daher, es zur Unterstützung der Klägerin als Streithelfer in dieser Rechtssache zuzulassen.

Unterschrift[12]

Verzeichnis der Anlagen[13]

Schrifttum: Allkemper, Grenzen der Streithilfe vor dem Europäischen Gerichtshof, EWS 1995, 336; *Dauses/Henkel,* Streithilfe durch natürliche oder juristische Personen in Verfahren vor dem EuGH und EuG, EuZW 2000, 581; *Ehle/Schiller,* Das Streithilfeverfahren vor dem Europäischen Gerichtshof, EuR 1982, 48; *Hackspiel,* in: *Rengeling/Middeke/Gellermann,* Handbuch des Rechtsschutzes in der Europäischen Union, 2. Aufl. 2003, § 22 VI; *Hasselbach,* Der Schutz von Verbandsinteressen vor dem EuGH, ZZP 109 (1996), 195; *Pechstein,* EU-/EG-Prozessrecht, 3. Aufl., Rdn. 201 ff.

Anmerkungen

1. Im Hinblick auf die Verfahren vor den Gemeinschaftsgerichten ist der Beitritt zu einem anhängigen Rechtsstreit in Art. 40 EuGH-Satzung vorgesehen. Demzufolge ist der Beitritt nur in Form der sog. freiwilligen Nebenintervention in Art. 40 EuGH-Satzung vorgesehen; beitreten können danach die Mitgliedstaaten und die Gemeinschaftsorgane sowie grundsätzlich alle anderen Personen, die ein berechtigtes Interesse am Ausgang des anhängigen Rechtsstreits geltend machen. Die nähere Ausgestaltung der Möglichkeiten der Streithilfe finden sich in Art. 115 und Art. 116 EuG-Verfahrensordnung bzw. in Art. 93 EuGH-Verfahrensordnung.

2. Die formalen Anforderungen an den Streithilfeantrag bestimmen sich nach den Grundsätzen für Klageschriftsätze, Art. 115 § 2 iVm. Art. 43, 44 EuG-Verfahrensordnung bzw. Art. 89 § 1 iVm. Art. 37, 38 EuGH-Verfahrensordnung. Gemäß Art. 43 § 3 EuG-Verfahrensordnung bzw. Art. 37 § 3 muss der Schriftsatz datiert sein, vgl. bereits Form. IX. 2 Anm. 2. Die praktischen Anweisungen des EuG enthalten keine speziellen Vorschriften für die Streithilfe, lediglich in Rdn. 5 den Hinweis, dass der Antragsschriftsatz als „Antrag auf Zulassung als Streithelfer" zu bezeichnen ist, der eigentlich materiell-rechtliche Schriftsatz sodann als „Streithilfeschriftsatz". Für den Streithilfeschriftsatz selbst ist eine Seitenzahlbegrenzung von 20 Seiten vorgegeben (Rdn. 10). Wichtig ist die Beachtung der Sprachenregelung. Nach Art. 35 VerfO EuG wird die Verfahrenssprache durch den Kläger bestimmt. Vorbehaltlich eines anderweitigen Antrages muss der Streithelfer seinen Antrag auf Zulassung daher in der Verfahrenssprache einreichen. Wenn also etwa eine schwedische Gesellschaft eine Klage in schwedischer Sprache gegen eine Kommissionsentscheidung eingebracht hat, die ein deutsches Unternehmen betrifft, so ist der Streithilfeantrag in Schwedisch einzureichen. Zum Teil wird ein Antrag auf Zulassung einer anderen Sprache als der Verfahrenssprache so beschieden, dass die Verfahrenssprache im schriftlichen Verfahren beachtet werden muss, in der mündlichen Verhandlung jedoch eine andere Sprache zugelassen wird (EuG, Rs. T-290/94, Kaysersberg/Kommission, Slg. 1995, II-2249).

3. Das zuständige Gericht ist bei dem Antrag auf Streithilfe naturgemäß durch das Gericht der beigetretenen Rechtssache vorbestimmt. Nach Art. 116 § 1 letzter Absatz EuG-Verfahrensordnung bzw. Art. 93 § 2 letzter Absatz EuGH-Verfahrensordnung entscheidet in der Regel der Präsident über den Antrag. In der Praxis wird ein Antrag auf Streithilfe eher bei Verfahren vor dem Gericht erster Instanz eine Rolle spielen.

4. In Art. 115 § 2 EuG-Verfahrensordnung bzw. Art. 93 § 1 EuGH-Verfahrensordnung ist niedergelegt, welche Mindestanforderungen der Antrag auf Streithilfe erfüllen muss. Erforderlich sind danach:
- die Bezeichnung der Rechtssache
- die Bezeichnung der Parteien
- Namen und Wohnsitz des Antragstellers
- die Benennung eines Zustellungsbevollmächtigten am Ort des Gerichtssitzes
- die Anträge, die der Antragsteller unterstützen will
- gegebenenfalls die Bezeichnung der Beweismittel.

5. Natürliche und juristische Personen, mit Ausnahme der EU-Mitgliedstaaten, müssen gemäß Art. 19 Abs. 3 (ggf. iVm. Art. 53 Abs. 1) EuGH-Satzung in den Verfahren vor den Gemeinschaftsgerichten durch einen Anwalt vertreten sein, der in einem Mitgliedstaat oder in einem anderen Vertragsstaat des EWG-Abkommens zugelassen ist, vgl. Form. IX. 2 Anm. 7 und 13. Die Mitgliedstaaten sowie die Gemeinschaftsorgane können sich eines Beistands oder Rechtsanwalts bedienen.

6. Gemäß Art. 115 § 2 Abs. 2 iVm. Art. 44 § 2 Abs. 1 EuG-Verfahrensordnung bzw. Art. 93 § 1 Abs. 4 iVm. 38 § 2 Abs. 1 EuGH-Verfahrensordnung ist in dem Schriftsatz grundsätzlich eine Zustellungsanschrift am Ort des Gerichtsitzes anzugeben; anstelle oder zusätzlich zu der Zustellungsanschrift am Ort des Gerichtssitzes kann sich der Prozessbevollmächtigte in der Klageanschrift auch damit einverstanden erklären, dass Zustellungen an ihn mittels Fernkopierer oder sonstiger technischer Kommunikationsmittel erfolgen vgl. Form. IX. 2 Anm. 16.

7. Der Sachverhalt ist angelehnt an die Rechtssache T-6/99 zwischen der ESF Elbe-Stahlwerke Feralpi GmbH und der Kommission, Slg. 2001, II-1523, in dem der Freistaat Sachsen als Streithelfer der Klägerin zugelassen worden ist.

8. Bei Prüfung der Zulässigkeit eines Streithilfeantrags wird ausschließlich das berechtigte Interesse des Antragstellers am Ausgang des Rechtsstreits geprüft. Siehe dazu unter Anm. 10. Im Rahmen des Beschlusses, mit dem über die Zulässigkeit des Streithilfeantrags entschieden wird, äußert sich das Gericht hingegen nicht zur Zulässigkeit der Klage selbst (vgl. EuG Rs. T-191/96 R, CAS Succhi di Frutta gegen Kommission, Slg. 1997, II-211).

9. Auch Gebietskörperschaften können als Streithelfer zugelassen werden (vgl. EuG, Rs. T-20/03, Kahla/Thüringen gegen Kommission, Urteil vom 24. September 2008, noch nicht in der amtl. Slg.; EuG Rs. T-138/98, ACAV ua. gegen Rat, Slg. 1999, II-1797, 1805 Rdn. 15; EuG Rs. T-54/00 R, Federacion de Pescadores gegen Rat, Slg. 2000, II-2875, 2883 Rdn. 16f.).

10. Die Mitgliedsstaaten und die Organe der Gemeinschaft können einem Rechtsstreit nach Art. 40 Abs. 1 EuGH-Satzung stets beitreten. Andere Personen müssen hierfür ein unmittelbares gegenwärtiges Interesse am Ausgang des Rechtsstreits glaubhaft machen (vgl. EuG Rs. T-18/97, Atlantic Container Line AB ua. gegen Kommission, Slg. 1998, II-589, 595 Rdn. 10; EuG Rs. T-54/00 R, Federacion de Pescadores ua. gegen Rat, Slg. 2000, II-2875, 2882 Rdn. 15). Bei der Prüfung des berechtigten Interesses eines Streithelfers, ist auf den Gegenstand des betreffenden Rechtsstreites selbst abzustellen (vgl. EuG Rs. T-138/98, AVAC ua. gegen Rat, Slg. 1999, II-1797, 1805 Rdn. 14; EuG Rs. T-5/00 R, Nederlandse Federatieve Vereinigung gegen Kommission, Slg. 2000, II-4121, 4131 Rdn. 25). Insbesondere muss der Streithelfer ein unmittelbares und gegenwärtiges Interesse an den Anträgen selbst und nicht bloß an den geltend gemachten Angriffs- und Verteidigungsmitteln nachweisen (vgl. EuGH verb. Rs. C-151/97 P(I) und C-157/97 P(I), National Power plc und PowerGen plc, Slg. 1997, I-3491, 3510 Rdn. 53; EuG Rs. T-191/96, CAS Succhi di Frutta SpA gegen Kommission, Slg. 1998, II-573, 583 Rdn. 28; EuG Rs. T-18/97, Atlantic Container Line AB ua. gegen Kommission, Slg. 1998, II-589, 595

Rdn. 10). Der Antragsteller hat in seinem Antrag auf Zulassung zur Streithilfe die tatsächlichen Umstände glaubhaft zu machen, die auf ein berechtigtes Interesse am Ausgang des Rechtsstreits schließen lassen (vgl. EuG, Rs. T-89/96, British Steel plc gegen Kommission, Slg. 1997, II-835, 842 Rdn. 20; EuG, Rs. T-135/96, UEAPME gegen Kommission, Slg. 1997, II-373, 378 Rdn. 9). Das Interesse des Streithelfers am Ausgang des Rechtsstreites ist nach dem Gegenstand des Rechtsstreits selbst zu bestimmen und als ein unmittelbarer und gegenwärtiges Interesse daran zu verstehen, wie die Klageanträge selbst beschieden werden, nicht dagegen als ein generelles Interesse an den geltend gemachten Angriffs- und Verteidigungsmitteln oder Argumenten (EuGH, Rs. C-130/06 P (I), AnPost gegen Kommission, Beschluss vom 6. April 2006, noch nicht in der amtl. Slg., Rdn. 8).

11. Nach Art. 115 § 2 Buchstabe e) EuG-Verfahrensordnung bzw. Art. 93 § 1 Buchstabe e) EuGH-Verfahrensordnung muss der Antrag auf Zulassung zur Streithilfe die Anträge enthalten, die unterstützt werden sollen. Wird dem Antrag auf Zulassung zur Streithilfe stattgegeben, setzt der Präsident dem Streithelfer nach Art. 116 § 4 EuG-Verfahrensordnung bzw. Art. 93 § 5 EuGH-Verfahrensordnung eine Frist, innerhalb derer ein Streithilfeschriftsatz eingereicht werden kann. Dieser Streithilfeschriftsatz muss enthalten:
- die Anträge des Streithelfers, die der vollständigen oder teilweisen Unterstützung oder Bekämpfung der Anträge einer Partei zu dienen bestimmt sind;
- die Angriffs- und Verteidigungsmittel sowie die Argumente des Streithelfers; gegebenenfalls die Bezeichnung der Beweismittel.

Nach Art. 116 § 5 EuG-Verfahrensordnung bzw. Art. 93 § 6 EuGH-Verfahrensordnung setzt der Präsident den Parteien nach Einreichung eines Streithilfeschriftsatzes ggf. eine Frist, innerhalb derer sie sich zu diesem Schriftsatz äußern können. Wichtig ist, dass im Streithilfeschriftsatz explizit beantragt wird, dass die Gegenpartei auch zur Tragung der Kosten des Streithelfers verurteilt wird. Schließt sich der Streithelfer nur allgemein den Anträgen der von ihm unterstützten Partei an, so wird dies im Kostentenor nicht automatisch ausgesprochen (vgl. EuG, Rs. T-48/04, Qualcomm gegen Kommission, Beschluss vom 19. 6. 2009, noch nicht in der amtl. Slg., Rdn. 184).

12. Gemäß Art. 115 § 2 iVm. Art. 43 § 1 Abs. 1 EuG-Verfahrensordnung bzw. Art. 89 § 1 iVm. Art. 37 § 1 Abs. 1 EuGH-Verfahrensordnung ist die Urschrift jedes Schriftsatzes vom Anwalt der Partei zu unterzeichnen. Gemäß Art. 115 § 2 Abs. 2 iVm. Art. 43 § 1 Abs. 2 EuG-Verfahrensordnung bzw. Art. 93 § 1 Abs. 4 iVm. Art. 37 § 1 Abs. 2 EuGH-Verfahrensordnung sind die Schriftsätze mit fünf Abschriften für das Gericht und je einer weiteren Abschrift für jede weitere am Rechtsstreit beteiligte Partei einzureichen. Die Abschriften sind zu beglaubigen, vgl. Form. IX. 2 Anm. 24.

13. Art. 115 § 2 iVm. 43 § 4 EuG-Verfahrensordnung bzw. Art. 89 § 1 iVm. Art. 37 § 4 EuGH-Verfahrensordnung fordert die Vorlage eines Anlageverzeichnisses. Vgl. auch die „Praktischen Anweisungen für die Parteien" des EuG (ABl. 2007 Nr. L 232/7), die „Praktischen Anweisungen für Klagen und Rechtsmittel" des EuGH (ABl. 2004 Nr. 361/15, geändert in ABl. 2009 Nr. L 29/51) sowie Form. IX. 2 Anm. 25.

Kosten und Gebühren

Vgl. Form. IX. 2 „Kosten und Gebühren" und Form. IX. 18.

Fristen und Rechtsmittel

Der Antrag auf Zulassung als Streithelfer kann gemäß Art. 93 § 1 EuGH-Verfahrensordnung bzw. Art. 115 § 1 EuG-Verfahrensordnung nur innerhalb von sechs Wochen nach der in Art. 16 § 6 EuGH-Verfahrensordnung bzw. Art. 24 § 6 EuG-Verfahrensordnung bezeichneten Veröffentlichung gestellt werden. Zu beachten ist die vom Kläger gewählte Verfahrenssprache, die auch für den Streithelfer verbindlich ist (vorbehaltlich eines Antrages auf Zulassung einer anderen Sprache). Vor dem EuG kann der Streithelfer nach Art. 116 § 6 EuG-Verfahrensordnung auch nach Ablauf der Frist auf Grundlage des ihm übermittelten Sitzungsberichtes Stellung nehmen.

Anträge auf Zulassung als Streithelfer in einem Rechtsmittelverfahren sind nach Art. 123 EuGH-Verfahrensordnung binnen eines Monats nach der in Art. 16 § 6 bezeichneten Veröffentlichung zu stellen.

Lehnt das EuG den Antrag auf Zulassung als Streithelfer ab, kann hiergegen innerhalb von zwei Wochen bei dem EuGH gemäß Art. 57 Abs. 1 EuGH-Satzung ein Rechtsmittel eingelegt werden. Die Entscheidung über dieses Rechtsmittel ergeht gemäß Art. 57 Abs. 3 EuGH-Satzung nach Art. 39 der EuGH-Satzung (abgekürztes Verfahren).

14. Drittwiderspruchsklage gemäß Art. 42 EuGH-Satzung iVm. Art. 123 EuG-Verfahrensordnung bzw. Art. 97 EuGH-Verfahrensordnung [1]

……stadt, den ……[2]

An das
Gericht erster Instanz der Europäischen Gemeinschaften
[bzw. An den Gerichtshof der Europäischen Gemeinschaften][3]
– Kanzlei –
Rue du Fort Niedergrünewald
L-2925 Luxemburg
LUXEMBURG

Klage[4] im Wege des Drittwiderspruchs

der ……[5]

– Drittwiderspruchskläger –

Prozessbevollmächtigter[6]: Rechtsanwalt ……

gegen

……,[7]

– Drittwiderspruchsbeklagte –

wegen Abänderung des vom …… am …… in der Rechtssache …… gefällten Urteils[8].

Namens und im Auftrag der Klägerin erheben wir hiermit gemäß Art. 42 EuGH-Satzung i. V. m. Art. 123 EuG-Verfahrensordnung [bzw. Art. 97 EuGH-Verfahrensordnung]

Drittwiderspruchsklage

und beantragen[9],

1. **Ziffer …… des Tenors und Randnummer …… der Entscheidungsgründe des Urteils des …… vom …… in der Rechtssache …… dahingehend abzuändern, dass ……**
2. **der Gegenpartei die Kosten des Verfahrens aufzuerlegen,**
3. **die Urschrift des auf den Drittwiderspruch ergehenden Urteils mit der Urschrift des angefochtenen Urteils zu verbinden und einen Hinweis am Rand der Urschrift des angefochtenen Urteils auf das im Drittwiderspruchsverfahren ergangene Urteil anzubringen.**

Die Vollmacht[10] ist beigefügt als

Anlage K1,

die Zulassungsbescheinigung[11] ist beigefügt als

Anlage K2[12].

Gemäß Art. 44 § 2 Abs. 2 EuG-Verfahrensordnung [bzw. Art. 38 § 2 Abs. 2 EuGH-Verfahrensordnung] erklären wir uns als Prozessbevollmächtigte damit einverstanden, dass Zustellungen an uns mittels Fernkopierer oder sonstiger technischer Kommunikationsmittel erfolgen. Zustellungen können bewirkt werden an Herrn Rechtsanwalt ……, Telefax-Nr.: ……, bzw. an die E-Mail-Anschrift: ……[13]

Begründung:

Gliederung

Abschnitt A: Klageziel und Sachverhalt

I. Klageziel

Mit ihrer Klage verfolgt die Klägerin das Ziel, eine Abänderung des Urteils des …… vom …… in der Rechtssache …… zu erreichen. Darin hatte der Gerichtshof/das Gericht erster Instanz entschieden, dass …… Die Klägerin macht geltend, dass ……

II. Sachverhalt und Verfahren

Der dem Rechtsstreit zugrundeliegende Sachverhalt lässt sich wie folgt zusammenfassen: ……

In seinem Urteil vom …… in der Rechtssache ……, …… gegen …… hat der Gerichtshof/das Gericht erster Instanz entschieden, dass …… Der Gerichtshof/das Gericht erster Instanz ist in dem Urteil von folgendem Sachverhalt ausgegangen: ……

Abschnitt B: Rechtliche Würdigung

I. Zulässigkeit der Klage[14]

Die in Art. 36 EuGH-Satzung und Art. 97 EuGH-Verfahrensordnung vorgesehenen Zulässigkeitsvoraussetzungen sind erfüllt. Die Klägerin wäre zwar berechtigt gewesen, dem Rechtsstreit in der Rechtssache …… als Streithelferin beizutreten …… Sie hat dem Hauptprozess jedoch nicht beitreten können, weil …… Die Frist für die Erhebung der Drittwiderspruchsklage wurde eingehalten ……

II. Begründetheit der Klage[15]

Das Urteil des …… vom …… in der Rechtssache …… ist fehlerhaft und verletzt die Drittwiderspruchsklägerin in ihren Rechten. Der Gerichtshof/das Gericht erster Instanz ist in seiner Entscheidung bereits von einem unzutreffenden Sachverhalt ausgegangen. Bei Zugrundelegung des oben dargelegten Sachverhaltes, hätte der Gerichtshof/das Gericht erster Instanz richtigerweise entscheiden müssen, dass ……

Das Urteil ist also dahingehend abzuändern, dass ……

Unterschrift[16]

Verzeichnis der Anlagen[17]

Schrifttum: Kirschner/Klüpfel, Das Gericht erster Instanz der Europäischen Gemeinschaften, 2. Aufl. 1998 Rdn. 179 ff.; *Lasok,* The European Court of Justice Practice and Procedure, S. 507 ff.; *Hackspiel,* in: *Rengeling/Middeke/Gellermann,* Handbuch des Rechtsschutzes in der Europäischen Union, 2. Aufl. 2003, §§ 22 u. 28; *Pechstein,* EU-/EG-Prozessrecht, 3. Aufl., Rdn. 977 ff.

Anmerkungen

1. Die Drittwiderspruchsklage ist in Art. 42 EuGH-Satzung vorgesehen, der gemäß Art. 53 Abs. 1 EuGH-Satzung auch für das EuG gilt. Ergänzende Vorschriften finden sich in Art. 123 EuG-Verfahrensordnung bzw. Art. 97 EuGH-Verfahrensordnung. Bei der Drittwiderspruchsklage handelt es sich um einen sog. außerordentlichen Rechtsbehelf, der die Durchbrechung der Rechtskraft von Entscheidungen des EuGH oder des EuG möglich macht.

2. Gemäß Art. 123 § 1 Abs. 1 iVm. Art. 43 § 3 EuG-Verfahrensordnung bzw. Art. 97 § 1 Abs. 1 iVm. Art. 37 § 3 EuGH-Verfahrensordnung ist jeder Schriftsatz mit Datum zu versehen, vgl. Form. IX. 2 Anm. 2.

3. Zuständig für die Drittwiderspruchsklage ist das Gericht, das die anzufechtende Entscheidung erlassen hat, somit das EuG oder der EuGH.

4. Die formalen und inhaltlichen Anforderungen an die Klagschrift bestimmen sich nach Art. 123 Abs. 1 iVm. Art. 43, 44 EuG-Verfahrensordnung bzw. Art. 97 Abs. 1 iVm. 37, 38 EuGH-Verfahrensordnung. Vgl. auch die „Praktischen Anweisungen für die Parteien" des EuG (ABl. 2007 Nr. L 232/7), die „Praktischen Anweisungen für Klagen und Rechtsmittel" des EuGH (ABl. 2004 Nr. L 361/15, geändert durch ABl. 2009 Nr. L 29/51) sowie Form. IX. 2 Anm. 4 und 17.

5. Antragsbefugt sind gemäß Art. 42 EuGH-Satzung die Mitgliedstaaten, die Organe der Gemeinschaft und natürliche oder juristische Personen.

Antragsbefugt ist jedoch nur, wer geltend machen kann, von dem Urteil in seinen Rechten beeinträchtigt zu werden und wer weder als Partei noch als Streithelfer an dem Ausgangsverfahren beteiligt war, das zu dem streitgegenständlichen Urteil geführt hat, (Art. 42 EuGH Satzung iVm. Art. 123 § 1 Buchstaben b) und c) EuG-Verfahrensordnung bzw. Art. 97 § 1 Buchstaben b) und c) EuGH-Verfahrensordnung). Die Antragsbefugnis hat damit sowohl eine formelle als auch eine materielle Komponente: Die Drittwiderspruchsklage soll eine Verletzung des rechtlichen Gehörs ausgleichen und eine Verletzung eines Dritten durch ein materiell unrichtiges Urteil beseitigen. Die Klage kann daher nur von Personen eingelegt werden, die an dem Prozess beteiligt gewesen sein könnten (aber aus rechtlichen oder tatsächlichen Gründen keine Möglichkeit hatten, am Hauptverfahren teilzunehmen). Der Begriff der Beteiligung wird dabei materiell mit der Streithilfe gleichgesetzt. Zur Erhebung der Drittwiderspruchsklage ist deshalb nur berufen, wer dem Ausgangsrechtsstreit als Streithelfer hätte beitreten können. Damit ist eine Drittwiderspruchsklage juristischer oder natürlicher Personen ausgeschlossen, die sich gegen ein Urteil des Gerichtshofes richten würde, das über eine Klage auf Feststellung einer Vertragsverletzung entscheidet, da lediglich Mitgliedstaaten und Organe der Gemeinschaft, nicht jedoch andere Personen gemäß Art. 226, 227 EG ein Vertragsverletzungsverfahren einleiten können und anderen Personen auch eine Beteiligung an diesen Verfahren versagt ist (EuGH Rs. C-147/86 TO 1, POIFXG gegen Griechenland und Kommission, Slg. 1989, 4103, 4107f. Rdn. 12ff.; Rs. C-147/86 TO 2 PALSO gegen Griechenland und Kommission, Slg. 1989, 4111, 4115 Rdn. 12ff.; Rs. 147/86 TO 3 PSIITENSM gegen Griechenland und Kommission, Slg. 1989, 4119, 4123 Rdn. 11ff.).

Da die Drittwiderspruchsklage die Möglichkeit der Durchbrechung der Rechtskraft eines Urteils eröffnet, ist der Maßstab für die Beurteilung, ob die Möglichkeit bestand, dem Ausgangsrechtsstreit als Streithelfer beizutreten, streng. Maßgebend ist, ob der Drittwiderspruchsführer aufgrund der Veröffentlichung von Klagegegenstand und -anträgen des Ausgangsrechtsstreits im Amtsblatt die Möglichkeit zur Kenntnisnahme von den vor den Gemeinschaftsgerichten anhängigen Prozessen hat. Wenn sich aus der Veröffentlichung klar ergibt, dass Klagegegenstand und -anträge das Interesse des Drittwiderspruchsführers an einem Beitritt erkennen ließen, muss dieser beweisen, dass er aus stichhaltigen Gründen daran gehindert war, seine Zulassung als Streithelfer zu beantragen. Eine subjektive Beurteilung des Ausgangs des Rechtsstreits reicht dazu nicht aus (vgl. EuG Rs. T-35/89 TO I, Zubizarreta ua. gegen Albani ua. und Kommission, Slg. 1992, II-1599, Leitsatz).

6. Gemäß Art. 19 Abs. 3 (ggf. iVm. Art. 53 Abs. 1) EuGH-Satzung müssen natürliche und juristische Personen, mit Ausnahme der EU-Mitgliedstaaten, vor den Gemeinschaftsgerichten durch einen Anwalt vertreten sein, vgl. Form. IX. 2 Anm. 7 und 13.

7. Nach Art. 123 § 1 Abs. 2 EuG-Verfahrensordnung bzw. Art. 97 § 1 Abs. 2 EuGH-Verfahrensordnung ist der Antrag gegen sämtliche Parteien des Hauptverfahrens zu richten.

8. Die Drittwiderspruchsklage muss sich gegen ein Urteil des EuGH oder EuG richten, Art. 42 EuGH-Satzung. Ihrem Zweck nach, eine Verletzung des rechtlichen Gehörs und die Verletzung in einem eigenen Recht zu korrigieren, ist die Drittwiderspruchsklage jedoch auf Sachurteile begrenzt, die ein echtes Parteiverfahren abgeschlossen haben. Ausgeschlossen von der Drittwiderspruchsklage sind daher Prozessurteile, Urteile im Wiederaufnahmeverfahren oder Urteile aus Vorabentscheidungsverfahren. Ebenso wenig können Urteile angegriffen werden, die auf eine Nichtigkeitsklage hin die Rechtmäßigkeit des angegriffenen Gemeinschaftsrechtsaktes bestätigen oder eine begünstigende Verordnung aufheben. Andernfalls würde Individualklägern eine unmittelbare Rechtsschutzmöglichkeit eröffnet werden, die ihnen über die Art. 230 EG, Art. 146 EA verwehrt ist. Auf andere Arten gerichtlicher Entscheidungen kann eine Anwendung der Drittwiderspruchsklage im Wege der Analogie erwogen werden.

9. Ihrer Art nach handelt es sich bei der Drittwiderspruchsklage um eine Gestaltungsklage. Der Klageantrag muss auf die Änderung des mit der Drittwiderspruchsklage angegriffenen Urteils gerichtet sein (Art. 123 § 3 Abs. 1 EuG-Verfahrensordnung bzw. Art. 97 § 3 Abs. 1 EuGH-Verfahrensordnung). Wird dem Drittwiderspruch stattgegeben, so wird die Urschrift des auf den Drittwiderspruch ergangenen Urteils mit der Urschrift des angefochtenen Urteils verbunden. Ein Hinweis auf das Urteil ist am Rande der Urschrift des angefochtenen Urteils anzubringen (Art. 123 § 3 Abs. 2 EuG-Verfahrensordnung bzw. Art. 97 § 3 Abs. 2 EuGH-Verfahrensordnung).

10. Siehe für die Anforderungen an die Vollmacht Art. 123 § 1 Abs. 1 iVm. Art. 44 § 5 EuG-Verfahrensordnung bzw. 97 § 1 Abs. 1 iVm. Art. 38 § 5 EuGH-Verfahrensordnung und Form. IX. 2 Anm. 13.

11. Der Anwalt hat gemäß Art. 123 § 1 Abs. 1 iVm. Art. 44 § 2 Abs. 1 EuG-Verfahrensordnung bzw. Art. 97 § 1 Abs. 1 iVm. Art. 38 § 3 EuGH-Verfahrensordnung eine Bescheinigung seiner Zulassung zu hinterlegen, vgl. Form. IX. 2 Anm. 14.

12. Eine juristische Person des Privatrechts hat gemäß Art. 123 § 1 Abs. 1 iVm. Art. 44 § 5 EuG-Verfahrensordnung bzw. Art. 97 § 1 Abs. 1 iVm. Art. 38 § 5 EuGH-Verfahrensordnung zudem einen Nachweis ihrer Rechtspersönlichkeit einzureichen, vgl. Form. IX. 2 Anm. 15.

13. Gemäß Art. 123 § 1 Abs. 1 iVm. Art. 44 § 2 Abs. 1 EuG-Verfahrensordnung bzw. Art. 97 § 1 Abs. 1 iVm. Art. 38 § 2 Abs. 1 ist in dem Schriftsatz grundsätzlich eine Zustellungsanschrift am Ort des Gerichtssitzes anzugeben; anstelle oder zusätzlich zu der Zustellungsanschrift am Ort des Gerichtssitzes kann sich der Prozessbevollmächtigte in der Klageanschrift auch damit einverstanden erklären, dass Zustellungen an ihn mittels Fernkopierer oder sonstiger technischer Kommunikationsmittel erfolgen vgl. Form. IX. 2 Anm. 16.

14. Für die Zulässigkeit gelten die allgemeinen Verfahrensvoraussetzungen. Darlegungen sind – soweit problematisch – erforderlich in Bezug auf die sachliche Zuständigkeit des Gerichts erster Instanz bzw. des Gerichtshofes und die Klagebefugnis. Ferner ist das angefochtene Urteil zu bezeichnen und anzugeben, in welchen Punkten dieses Urteil die Rechte des Dritten beeinträchtigt und aus welchen Gründen der Dritte nicht in der Lage war, sich am Hauptverfahren zu beteiligen (Art. 123 § 1 Buchstaben a), b) und c) EuG-

Verfahrensordnung bzw. Art. 97 § 1 Buchstaben a), b) und c) EuGH-Verfahrensordnung).

15. Zur Begründetheit ist darzulegen, dass das Urteil mit einem Fehler behaftet ist, der den Kläger in seinen Rechten oder in seinen rechtlich geschützten Interessen verletzt.

16. Gemäß Art. 123 § 1 Abs. 1 iVm. Art. 43 § 1 Abs. 1 EuG-Verfahrensordnung bzw. Art. 97 § 1 Abs. 1 iVm. Art. 37 § 1 Abs. 1 EuGH-Verfahrensordnung ist die Urschrift jedes Schriftsatzes vom Bevollmächtigten oder Anwalt der Partei zu unterzeichnen, vgl. Form. IX. 2 Anm. 24. Gemäß Art. 123 § 1 Abs. 1 iVm. Art. 43 § 1 Abs. 2 EuG-Verfahrensordnung bzw. Art. 123 § 1 Abs. 1 iVm. Art. 37 § 1 Abs. 2 EuGH-Verfahrensordnung sind die Schriftsätze mit fünf Abschriften für das Gericht und je einer weiteren Abschrift für jede weitere am Rechtsstreit beteiligte Partei einzureichen. Die Abschriften sind zu beglaubigen, vgl. Form. IX. 2 Anm. 4.

17. Vgl. zu dem Erfordernis eines Anlagenverzeichnisses Art. 123 § 1 Abs. 1 iVm. Art. 43 § 4 EuG-Verfahrensordnung bzw. Art. 97 § 1 Abs. 1 iVm. 37 § 4 EuGH-Verfahrensordnung sowie Form. IX. 2 Anm. 25.

Kosten und Gebühren

Siehe Form. IX. 2 „Kosten und Gebühren" und Form. IX. 18.

Fristen

Die Drittwiderspruchsklage ist innerhalb von zwei Monaten ab dem Zeitpunkt zu erheben, an dem das streitgegenständliche Urteil im Amtsblatt der EG veröffentlicht wurde, Art. 123 § 1 Abs. 3 EuG-Verfahrensordnung bzw. Art. 97 § 1 Abs. 3 EuGH-Verfahrensordnung. Wird der Erlass des Urteils im Amtsblatt der EG nicht publik gemacht, so beginnt der Lauf der Klagefrist erst mit der tatsächlichen Kenntniserlangung von dem Urteil. Da auch Urteile, die noch nicht rechtskräftig sind, die Rechte Dritter beeinträchtigen können, und zwar auch nach Einlegung des Rechtsmittels, ist die Drittwiderspruchsklage bereits vor Eintritt der Rechtskraft zulässig.

15. Antrag auf Urteilsberichtigung gemäß Art. 84 EuG-Verfahrensordnung bzw. Art. 66 EuGH-Verfahrensordnung[1]

......stadt, den ......[2]

An das
Gerichts erster Instanz der Europäischen Gemeinschaften
[bzw. An den Gerichtshof der Europäischen Gemeinschaften][3]
– Kanzlei –
Rue du Fort Niedergrünewald
L-2925 Luxemburg
LUXEMBURG

Antrag[4] auf Urteilsberichtigung

der ......GmbH[5], ...str., ...stadt, vertreten durch ......, ebenda – Antragstellerin –
Prozessbevollmächtigter[6]: Rechtsanwalt ......

gegen

...... – Antragsgegnerin –

wegen Berichtigung des Urteils des ......vom ...... in der Rechtssache T-...... [bzw. C-......]

Namens und im Auftrag der Antragstellerin beantragen wir hiermit gemäß Art. 84 EuG-Verfahrensordnung [bzw. Art. 66 EuGH-Verfahrensordnung]:

1. **Randnummer 204 der Entscheidungsgründe und Nummer 10 des Tenors des Urteils[7] vom ...... in der Rechtssache ...... werden durch folgenden Text ersetzt:**
   ......
2. **Die Urschrift dieses Beschlusses wird mit der Urschrift des berichtigten Urteils verbunden; es wird ein Hinweis darauf am Rand der Urschrift des Urteils angebracht[8].**

Gemäß Art. 44 § 2 Abs. 2 EuG-Verfahrensordnung [bzw. Art. 38 § 2 Abs. 2 EuGH-Verfahrensordnung] erklären wir uns als Prozessbevollmächtigte damit einverstanden, dass Zustellungen an uns mittels Fernkopierer oder sonstiger technischer Kommunikationsmittel erfolgen. Zustellungen können bewirkt werden an Herrn Rechtsanwalt ......, Telefax-Nr.: ......, bzw. an die E-Mail-Anschrift: ......[9]

Begründung:

Am ...... hat der Gerichtshof/das Gericht erster Instanz [bzw. der Gerichtshof] ein Urteil in der Rechtssache ...... (A-GmbH/......, Slg. ......, ...) erlassen.
Randnummer 204 der Gründe lautet:
„......“
Nummer 10 des Tenors lautet:
„......“
Darin ist eine offensichtliche Unrichtigkeit[10] enthalten. Denn in Randnummer 205 der Gründe führt der Gerichtshof/das Gericht erster Instanz wörtlich aus, ... Daraus geht eindeutig hervor, dass ...... Deshalb ist ohne jeden Zweifel erkennbar, dass die in Randnummer 204 der Gründe und Nummer 10 des Tenors gewählten Formulierungen nicht das zum Ausdruck bringen, was der Gerichtshof/das Gericht erster Instanz tatsächlich hat ausdrücken wollen und dass dies auf einem Versehen beruht. Es ist daher angezeigt, dass der Gerichtshof/das Gericht erster Instanz von seiner Befugnis nach Artikel 66 § 1 der EuGH-Verfahrensordnung Artikel 84 § 1 der EuGH-Verfahrensordnung Gebrauch macht und die offensichtlich unrichtigen Ausführungen in ...... dahingehend berichtigt, dass ......

Unterschrift[11]
Verzeichnis der Anlagen[12]

Schrifttum: Hackspiel, in: *Rengeling/Middeke/Gellermann,* Handbuch des Rechtsschutzes in der Europäischen Union, 2. Aufl. 2003, § 27; *Klinke,* Der Gerichtshof der Europäischen Gemeinschaften, 1989 Rdn. 203ff.; *Kirschner/Klüpfel,* Das Gericht erster Instanz der Europäischen Gemeinschaften, 2. Aufl. 1998 Rdn. 131; *Pechstein,* EU-/EG-Prozessrecht, 3. Aufl., Rdn. 990.

Anmerkungen

1. Art. 84 § 1 EuG-Verfahrensordnung bzw. Art. 66 § 1 EuGH-Verfahrensordnung ermächtigt das EuG bzw. den EuGH unbeschadet der Bestimmungen über die Auslegung von Urteilen, Schreib- und Rechenfehler sowie offenbare Unrichtigkeiten von Amts wegen oder auf Antrag einer Partei zu berichtigen. Der Sache nach geht es häufig um Darstellungsfehler im Zusammenhang mit der Schilderung des Sachverhaltes (vgl. EuG, verb. Rs. T-259/02 u.a., Raiffeisenzentralbank gegen Kommission, Beschluss vom 20. 6. 2007, noch nicht in der amtl. Slg.).

2. Gemäß Art. 43 § 3 EuG-Verfahrensordnung bzw. Art. 37 § 3 EuGH-Verfahrensordnung ist jeder Schriftsatz mit Datum zu versehen.

3. Der Antrag ist bei dem Gericht zu stellen, das die zu berichtigende Entscheidung erlassen hat.

4. Für die formalen Voraussetzungen des Antrags gilt Art. 43 EuG-Verfahrensordnung bzw. Art. 37 EuGH-Verfahrensordnung. Siehe dazu Form. IX. 2 Anm. 2, 4, 6, 13, 17. Nur für Urteile weisen die Verfahrensordnungen des EuG bzw. des EuGH in Art. 84 bzw. Art. 66 die Befugnis zur Berichtigung zu. Da jedoch auch bei Beschlüssen die Notwendigkeit zur Berichtigung bestehen kann, werden die Vorschriften auf Beschlüsse analog angewandt (so ausdrücklich EuGH Rs. 27/76, United Brands Company ua. gegen Kommission, Slg. 1978, 207 Fn. 2; ähnlich bereits für die Auslegung von Beschlüssen EuGH Rs. 17/68, Reinarz gegen Kommission, Slg. 1970, 1).

5. Antragsberechtigt sind die Parteien sowie die Streithelfer, die sie unterstützen. Kein Antragsrecht haben die Beteiligten eines Vorlageverfahrens. In diesem Fall kann durch den Antrag jedoch eine Berichtigung von Amts wegen angeregt werden (so in EuGH Rs. C-234/94, Tomberger gegen Gebrüder von der Wettern GmbH, Slg. 1996, I-3133).

6. Natürliche und juristische Personen, mit Ausnahme der EU-Mitgliedstaaten, müssen gemäß Art. 19 Abs. 3 (ggf. iVm. Art. 53 Abs. 1) EuGH-Satzung vor den Gemeinschaftsgerichten durch einen Anwalt vertreten sein, vgl. Form. IX. 2 Anm. 7, 13, 14.

7. Berichtigt werden nur Fehler in der Urschrift der Urteilsfassung.

8. Nach Art. 66 § 4 EuGH-Verfahrensordnung bzw. Art. 84 § 4 EuG-Verfahrensordnung wird die Urschrift des Beschlusses, der die Berichtigung ausspricht, mit der Urschrift des berichtigten Urteils verbunden. Ein Hinweis auf den Beschluss ist am Rand der Urschrift des berichtigten Urteils anzubringen. Eine gesonderte Veröffentlichung des Berichtigungsbeschlusses erfolgt nicht.

9. Gemäß Art. 44 § 2 Abs. 1 EuG-Verfahrensordnung bzw. Art. 38 § 2 Abs. 1 EuGH-Verfahrensordnung ist in dem Schriftsatz grundsätzlich eine Zustellungsanschrift am Ort des Gerichtssitzes anzugeben; anstelle oder zusätzlich zu der Zustellungsanschrift am Ort des Gerichtssitzes kann sich der Prozessbevollmächtigte in der Klageanschrift auch damit einverstanden erklären, dass Zustellungen an ihn mittels Fernkopierer oder sonstiger technischer Kommunikationsmittel erfolgen, vgl. Form. IX. 2 Anm. 16.

10. Als berichtigungsfähige Fehler werden von den Verfahrensordnungen Schreib- und Rechenfehler sowie offenbare Unrichtigkeiten genannt (Art. 84 § 1 EuG-Verfahrensordnung bzw. Art. 66 § 1 EuGH-Verfahrensordnung). Schreibfehler sind orthographische Unrichtigkeiten wie die unkorrekte Schreibweise einzelner Namen oder sog. Abschreibfehler bei der Fertigung von Reinschriften und beglaubigten Urteilsausfertigungen. Unrichtigkeiten liegen dagegen vor, wenn das schriftlich Dargestellte von dem tatsächlich Gewollten abweicht, sei es, dass einzelne Bezeichnungen gewählt werden, die das Gewollte nicht treffend wiedergeben (EuGH verb. Rs. 4–13/59, Mannesmann ua. gegen Hohe Behörde, Slg. 1960, 249, 345, 349 f.), oder dass Ausführungen einen Sinn ergeben, der von dem tatsächlich gewollten Sinn abweicht (EuGH Rs. C-19/93 P, Rendo ua. gegen Kommission, Slg. 1995, I-3319, 3353 f. Rdn. 15, berichtigt durch Beschluss, Slg. 1996, I-1997, 2000; verb. Rs. C-89/85, C-104/85, C-114/85, C-116 u. 117/85, C-125–129/85, Ahlström Osakeyhtiö ua. gegen Kommission, Slg. 1994, I-99, 113 Rdn. 6–8). Offenkundig sind die Fehler, wenn das wirklich Gewollte eindeutig aus dem Gesamtzusammenhang erkennbar ist und für jeden Leser ohne alle Zweifel ersichtlich ist, dass die gewählte Formulierung auf einem Versehen beruht (vgl. dazu EuGH verb. Rs. 4–13/59, Mannesmann ua. gegen Hohe Behörde, Slg. 1960, 249, 345, 349 f.; Rs. C-19/93 P, Rendo ua. gegen Kommission, Slg. 1995, I-3319, 3353 f. Rdn. 15, berichtigt durch Beschluss, Slg. 1996, I-1997, 2000; verb. Rs. C-89/85, C-104/85, C-114/85, C-116 u. 117/85, C-125–129/85, Ahlström Osakeyhtiö ua. gegen Kommission, Slg. 1994, I-99, 113 Rdn. 6–8). Fehler bei der Übersetzung aus der Verfahrenssprache in die verschiedenen Amtssprachen werden – sofern offensichtlich – formlos im Zuge der Veröffentlichung des Urteils korrigiert. Für die Berichtigung ist gleichgültig, ob sie den Tenor oder die ihn tragenden Entscheidungsgründe betrifft. Zu beachten ist jedoch, dass der Antrag auf Urteilsberichtigung kein Rechtsmittel ist und nicht dazu dienen kann, die frühere Entscheidung in einzelnen Punkten oder insgesamt abzuändern (EuGH verb. Rs. 19, 21/60; 2, 3/61, Société Fives Lille Cail ua. gegen Hohe Behörde, Slg. 1961, 687, 691). Ebenso darf mit einem Berichtigungsantrag nicht in Wirklichkeit eine Auslegung der Entscheidungsgründe bezweckt werden (EuGH verb. Rs. 4–13/59, Mannesmann ua. gegen Hohe Behörde, Slg. 1960, 249, 345, 349). Beides führt zur Unzulässigkeit des Antrags. Die Klarstellung einer mehrdeutigen Entscheidung durch Interpretation unklarer Textstellen durch den EuGH kann indes mit einem Antrag auf Urteilsauslegung erreicht werden, Art. 102 § 1 EuGH-Verfahrensordnung bzw. Art. 129 § 1 EuG-Verfahrensordnung (siehe dazu Form. IX. 16).

11. Gemäß Art. 123 § 1 Abs. 1 iVm. Art. 43 § 1 Abs. 1 EuG-Verfahrensordnung bzw. Art. 97 § 1 Abs. 1 iVm. Art. 37 § 1 Abs. 1 EuGH-Verfahrensordnung ist die Urschrift jedes Schriftsatzes vom Bevollmächtigten oder Anwalt der Partei zu unterzeichnen, vgl. Form. IX. 2 Anm. 24. Gemäß Art. 43 § 1 Abs. 2 EuG-Verfahrensordnung bzw. Art. 37 § 1 Abs. 2 EuGH-Verfahrensordnung sind die Schriftsätze mit fünf Abschriften für das Gericht und je einer weiteren Abschrift für jede weitere am Rechtsstreit beteiligte Partei einzureichen. Die Abschriften sind zu beglaubigen, vgl. Form. IX. 2 Anm. 4.

12. Vgl. zu dem Erfordernis eines Anlagenverzeichnisses Art. 123 § 1 Abs. 1 iVm. Art. 43 § 4 EuG-Verfahrensordnung bzw. Art. 97 § 1 Abs. 1 iVm. 37 § 4 EuGH-Verfahrensordnung sowie Form. IX. 2 Anm. 25.

Kosten und Gebühren

Eine gesonderte Kostenentscheidung erfolgt bei einem erfolgreichen Antrag nicht, da es keinen Unterlegenen gibt. Anders ist dies, wenn ein Berichtigungsantrag in vollem Umfang abgewiesen wird. Dann werden dem Antragsteller die Kosten des Verfahrens auferlegt (EuGH verb. Rs. 19, 21/60; 2, 3/61, Société Fives Lille Cail, Slg. 1961, 687, 691). Hat ein Antrag nur teilweise Erfolg, werden die Kosten entsprechend geteilt.

Fristen und Rechtsmittel

Der Antrag ist fristgebunden und muss innerhalb von zwei Wochen nach dem Tag der Urteilsverkündung beim *judex a quo* eingehen, Art. 84 § 1 EuG-Verfahrensordnung bzw. Art. 66 § 1 EuGH-Verfahrensordnung. Für die Berechnung der Fristen und die Wahrung der Form vgl. Form. IX. 2 Anm. 2. Demgegenüber ist die Berichtigung von Amts wegen unbefristet möglich (EuGH Rs. C-19/93 P, Rendo NV ua. gegen Kommission, Slg. 1996, I-1997 ff.). Jedoch werden nur Fehler in der Urschrift der verfahrenssprachlichen Fassung des Urteils förmlich von Amts wegen berichtigt.

16. Antrag auf Auslegung eines Urteils gemäß Art. 43 EuGH-Satzung iVm. Art. 129 EuG-Verfahrensordnung bzw. Art. 102 EuGH-Verfahrensordnung[1]

……stadt, den ……[2]

An das
Gericht erster Instanz der Europäischen Gemeinschaften
[bzw. An den Gerichtshof der Europäischen Gemeinschaften][3]
– Kanzlei –
Rue du Fort Niedergrünewald
L-2925 Luxemburg
LUXEMBURG

Antrag[4] auf Auslegung eines Urteils

der ……[5]

– Antragstellerin (Ast.) –

Prozessbevollmächtigter[6]: Rechtsanwalt ……

gegen

……[7],

– Antragsgegnerin (Ag.) –

wegen Auslegung des Urteils des …… vom …… in der Rechtssache T-…… [bzw. C-……]

Namens und im Auftrag der Klägerin beantragen[8] wir gemäß Art. 129 EuG-Verfahrensordnung [bzw. Art. 102 EuGH-Verfahrensordnung],

1. **Randnummer 22 der Entscheidungsgründe und Ziffer …… des Tenors des Urteils des …… vom …… in der Rechtssache ……/…… dahin auszulegen, dass ……;**
2. **die Urschrift des auslegenden Urteils mit der Urschrift des ausgelegten Urteils zu verbinden[9] sowie einen Hinweis auf das auslegende Urteil am Rand der Urschrift des ausgelegten Urteils anzubringen;**
3. **der Antragsgegnerin die Kosten des Verfahrens aufzuerlegen.**

Gemäß Art. 44 § 2 Abs. 2 EuG-Verfahrensordnung [bzw. Art. 38 § 2 Abs. 2 EuGH-Verfahrensordnung] erklären wir uns als Prozessbevollmächtigte damit einverstanden, dass Zustellungen an uns mittels Fernkopierer oder sonstiger technischer Kommunikationsmittel erfolgen. Zustellungen können bewirkt werden an Herrn Rechtsanwalt ……, Telefax-Nr.: ……, bzw. an die E-Mail-Anschrift: ……[10]

Begründung:

A. Zulässigkeit

Das vom ...... am ...... erlassene Urteil in der Rechtssache ...... bestimmt, dass ......
In Randnummer ...... der Entscheidungsgründe und Ziffer ...... des Tenors wird erkannt, ...[11]
Nach Erlass dieses Urteils verhandelten die Parteien über die sich aus dem Tenor ergebenden Rechtsfolgen. Die Ag. hat aufgrund ihrer Deutung des Urteils gegenüber der Ast. eine Entscheidung mit Datum vom ...... erlassen, in der der Ast. auferlegt wird, ...
Zur Begründung verweist die Ag. auf Ziffer ...... des Tenors und Randnummer ...... der Entscheidungsgründe des Urteils des ...... vom ...... in der Rechtssache ...... Die betreffenden Stellen des Urteils seien dahingehend auszulegen, dass ......
Die Ast. ist dagegen der Auffassung, dass die Deutung des Urteils in diesem Sinne unzutreffend ist. Es bestehen damit zwischen den Parteien Meinungsverschiedenheiten über die Auslegung des Urteils[12]. Da die Entscheidung der Ag. auf der fehlerhaften Auslegung des Urteils beruht und die Ast. beschwert, hat die Ast. ein berechtigtes Interesse an der Auslegung des Urteils[13].

B. Begründetheit

Die Ast. ist der Auffassung, dass die genannten Urteilspassagen dahingehend auszulegen sind, dass ...... Diese Auslegung hält sie für zutreffend, weil ......
Unterschrift[14]
Verzeichnis der Anlagen[15]

Schrifttum: Hackspiel, in: *von der Groeben/Schwarze,* Vertrag über die Europäische Union und Vertrag zur Gründung der Europäischen Gemeinschaft – Kommentar, Bd. 4, 6. Aufl. 2004, Art. 43 Satzung des Gerichtshofs; *Kirschner/Klüpfel,* Das Gericht erster Instanz der Europäischen Gemeinschaften, 2. Aufl. 1998; *Lasok,* The European Court of Justice Practice an Procedure, S. 526–534; *Middeke,* in: *Rengeling/Middeke/Gellermann,* Handbuch des Rechtsschutzes in der Europäischen Union, 2. Aufl. 2003, §§ 4 u. 10; *Pechstein,* EU-/EG-Prozessrecht, 3. Aufl., Rdn. 990 ff.

Anmerkungen

1. Gemäß Art. 43 EuGH-Satzung, der gemäß Art. 53 Abs. 1 EuGH-Satzung auch für das EuG gilt, kann eine Partei oder ein Gemeinschaftsorgan bei Zweifeln über Sinn und Tragweite eines Urteils beantragen, dass das Gemeinschaftsgericht dieses Urteil auslegt. Hierzu muss der Antragsteller ein besonderes Interesse geltend machen. Es handelt sich um einen außerordentlichen Rechtsbehelf. Art. 129 EuG-Verfahrensordnung und Art. 102 EuGH-Verfahrensordnung ergänzen diese Vorschrift im Hinblick auf die verfahrensrechtlichen Vorgaben.

2. Gemäß Art. 129 Abs. 1 iVm. Art. 43 § 3 S. 1 EuG-Verfahrensordnung bzw. Art. 102 § 1 Abs. 1 iVm. Art. 37 § 3 Abs. 1 EuGH-Verfahrensordnung ist jeder Schriftsatz mit Datum zu versehen, vgl. Form. IX. 2 Anm. 2.

3. Aus Art. 129 EuG-Verfahrensordnung und Art. 102 EuGH-Verfahrensordnung folgt, dass für die Auslegung eines Urteils das Gericht zuständig ist, das das Urteil erlassen hat.

4. Der EuGH und das EuG werden nur auf Antrag tätig. Für die formalen Voraussetzungen verweist Art. 129 § 1 auf Art. 43, 44 EuG-Verfahrensordnung bzw. Art. 102 § 1 auf Art. 37, 38 EuGH-Verfahrensordnung. Siehe dazu Form. IX. 2 Anm. 2, 4, 6, 13, 17.

5. Berechtigt, einen Antrag auf Urteilsauslegung zu stellen, sind nach der EuGH-Satzung die Parteien und die Organe der Gemeinschaft. Auch der Rechtsnachfolger (EuGH Rs. 41, 43 und 44/73, Société anonyme Générale sucrière ua. gegen Kommission ua., Slg. 1977, 445, 460 Rdn. 1 ff.) und der Streithelfer einer Partei, selbst wenn die unterstützte Partei keinen Antrag gestellt hat (EuGH verb. Rs. 146 und 431/85, Maindiaux/WSA und Dietzler, Slg. 1988, 2003, 2005 Rdn. 1–4; Rs. C-245/95, NSK Ltd gegen Kommission ua., Slg. 1999, I-1, Rdn. 15), sind antragsberechtigt. Partei idS. kann jedoch nur sein, auf wen sich das interpretationsbedürftige Urteil bezieht. Das Verfahren der Urteilsauslegung hat keinen Vorrang gegenüber der Klage nach Art. 228 Abs. 2 UAbs. 2 EG. Nach Art. 102 der VerfO EuGH (Art. 129 VerfO EuG) setzt die Zulässigkeit eines Antrags auf Auslegung eines Urteils voraus, dass er den Tenor des betreffenden Urteils in Verbindung mit den wesentlichen Entscheidungsgründen zum Gegenstand hat und die Beseitigung einer Unklarheit oder Mehrdeutigkeit bezweckt, die möglicherweise Sinn und Tragweite des Urteils selbst berührt, soweit mit diesem über den dem Gerichtshof vorgelegten Fall entschieden werden sollte. Nach der Rechtsprechung ist ein Antrag auf Auslegung eines Urteils daher unzulässig, wenn er Fragen betrifft, die in dem Urteil nicht entschieden worden sind, oder wenn durch ihn eine Stellungnahme des angerufenen Gerichts zur Anwendung und Durchführung oder zu den Folgen des von diesem Gericht erlassenen Urteils erlangt werden soll (Schlussanträge der Generalanwältin Trstenjak vom 18. 3. 2007, Rs. C-503/04, Kommission gegen Deutschland, noch nicht in der amtl. Slg., Rdn. 37, 38).

Ausreichend ist ein einseitiger Parteiantrag. Die Auslegung muss somit nicht von allen an dem Rechtsstreit beteiligten Parteien beantragt werden. Kein Antragsrecht – da ohne Parteistellung – haben die von einer Vorabentscheidung des Gerichtshofs nach Art. 234 EG, Art. 150 EA betroffenen Parteien des Ausgangsverfahrens (EuGH Rs. 40/70, Sirena gegen Eda, Slg. 1979, 3169, 3171). Hier kommt ein Auslegungsantrag durch das streitentscheidende nationale Gericht (EuGH Rs. 40/70, Sirena gegen Eda, a. a. O.) oder die Einleitung eines erneuten Vorabentscheidungsverfahrens in Betracht (EuGH Rs. 13/67, Becher, Slg. 1968, 281, 297). Ein Urteil des Gerichtshofs kann dabei jedoch nicht Gegenstand des erneuten Vorabentscheidungsverfahrens sein (EuGH Rs. 69/85, Wünsche gegen Bundesrepublik Deutschland, Slg. 1986, 947, 953 Rdn. 16).

6. Natürliche und juristische Personen, mit Ausnahme der EU-Mitgliedstaaten, müssen gemäß Art. 19 Abs. 3 (ggf. iVm. Art. 53 Abs. 1) EuGH-Satzung vor den Gemeinschaftsgerichten durch einen Anwalt vertreten sein, vgl. IX. 2 Anm. 7, 13, 14.

7. Der Antrag ist gegen sämtliche an dem ursprünglichen Rechtsstreit beteiligten Parteien zu richten (Art. 129 § 1 Abs. 2 EuG-Verfahrensordnung bzw. Art. 102 § 1 Abs. 2 EuGH-Verfahrensordnung).

8. Antragsziel ist im Rahmen von Art. 129 EuG-Verfahrensordnung bzw. Art. 102 EuGH-Verfahrensordnung die Auslegung eines Urteils des EuG oder des EuGH (zur Abgrenzung Antrag auf Urteilsauslegung gem. Art. 42 EuGH-Satzung und Anfechtungsklage vgl. EuGH Rs. 135/87, Vlachou gegen Rechnungshof, Slg. 1988, I-2901 Rdn. 13 f.). Gegenstand des Auslegungsverfahrens sind nach dem Wortlaut zunächst nur Urteile. Das können End-, Zwischen- oder Versäumnisurteile sein. Des Weiteren können – wie bei der Berichtigung – auch Beschlüsse Auslegungsgegenstand sein, jedoch nur dann, wenn sie unanfechtbar sind und damit ebenso unabänderlich wirken wie Urteile. Hierzu zählen Beschlüsse in Kostenstreitsachen, Prozesskostenhilfebeschlüsse sowie Beschlüsse im einstweiligen Rechtsschutz- oder Vollstreckungsverfahren. Die Auslegung kann sich sowohl auf den Urteilstenor als auch auf die die Entscheidungsformel tragenden Gründe beziehen (EuGH Rs. 5/55, ASSIDER, Slg. 1954/55, 275, 291; Rs. 70/63 a, Kommission gegen Collotti, Slg. 1965, 373, 379 f.).

9. Vgl. Art. 129 § 3 Abs. 2 EuG-Verfahrensordnung bzw. Art. 102 § 2 Abs. 2 EuGH-Verfahrensordnung.

10. Gemäß Art. 129 § 1 Abs. 1 iVm. Art. 44 § 2 Abs. 1 EuG-Verfahrensordnung bzw. Art. 102 § 1 Abs. 1 iVm. Vgl. Art. 38 § 2 Abs. 1 EuGH-Verfahrensordnung ist in dem Schriftsatz grundsätzlich eine Zustellungsanschrift am Ort des Gerichts anzugeben; anstelle oder zusätzlich zu der Zustellungsanschrift am Ort des Gerichtssitzes kann sich der Prozessbevollmächtigte in der Klageanschrift auch damit einverstanden erklären, dass Zustellungen an ihn mittels Fernkopierer oder sonstiger technischer Kommunikationsmittel erfolgen, vgl. IX. 2 Anm. 16.

11. Gemäß Art. 129 § 1 Buchstabe b) EuG-Verfahrensordnung bzw. Art. 102 § 1 Buchstabe b) EuGH-Verfahrensordnung muss der Antrag die auszulegenden Passagen des Urteils mit den dazugehörigen Zweifeln genau umschreiben, also etwa auf Klarstellung des Sinns eines bestimmten Punktes des Tenors abzielen (Rs. C-245/95 P, NSK Ltd gegen Kommission ua., Slg. 1999, I-1 Rdn. 15). Weiter muss er angeben, welcher Sinn dem Urteil nach Auffassung des Antragstellers beizulegen ist. Der Antrag darf nur auf Auslegung gerichtet sein, nicht auf Ergänzung oder Berichtigung.

12. Der Antrag ist nur dann zulässig, wenn zwischen den Parteien Verständnisschwierigkeiten hinsichtlich des Inhalts der auszulegenden Entscheidung bestehen (EuGH Rs. 110/63 a, Willame, Slg. 1966, 619, 626 Rdn. 2). Dabei kommt es allein auf die Sicht der Parteien an. Entscheidend ist, ob sie das streitentscheidende Urteil verschieden interpretieren. Unerheblich ist, ob der Text, dessen Auslegung beantragt wird, bei objektiver Betrachtung keine Unklarheiten enthält und daher grundsätzlich keiner Auslegung bedarf (EuGH Rs. 5/55, ASSIDER, Slg. 1954/55, 275, 290 f. Rdn. 3). Daraus folgt auch, dass bestimmte Meinungsäußerungen im Schrifttum für sich allein noch nicht ausreichen, den Gerichtshof mit einer Urteilsauslegung zu befassen. Meinungsverschiedenheiten in der Literatur können aber Anlass für den berechtigten Antragsteller sein, von dem Gerichtshof eine authentische Urteilsauslegung zu verlangen.

Das Auslegungsverfahren ist nicht notwendig kontradiktorisch. Sofern die betreffende Entscheidung Anlass für Missverständnisse bietet, genügt es, wenn eine Partei den Antrag stellt und der betreffende Punkt zwischen den Verfahrensbeteiligten nicht außerhalb einer unterschiedlichen Bewertung steht.

13. Der Antragsteller muss glaubhaft machen, dass er durch die verschiedenen Auslegungsmöglichkeiten in seinem rechtlich geschützten Interesse betroffen wird (Auslegungsinteresse). Ein solches Interesse besteht jedenfalls dann, wenn die durch das Urteil verpflichtete Partei dem geltend gemachten Anspruch der anderen Partei aufgrund von Zweifeln über Sinn und Tragweite des Urteils nicht nachkommt.

14. Gemäß Art. 129 § 1 Abs. 1 iVm. Art. 43 § 1 Abs. 1 EuG-Verfahrensordnung bzw. Art. 102 § 1 Abs. 1 iVm. Art. 37 § 1 Abs. 1 EuGH-Verfahrensordnung ist die Urschrift jedes Schriftsatzes vom Bevollmächtigten oder Anwalt der Partei zu unterzeichnen, vgl. Form. IX. 2 Anm. 24. Gemäß Art. 129 § 1 Abs. 1 iVm. Art. 43 § 1 Abs. 2 EuG-Verfahrensordnung bzw. Art. 102 § 1 Abs. 1 iVm. Art. 37 § 1 Abs. 2 EuGH-Verfahrensordnung sind die Schriftsätze mit fünf Abschriften für das Gericht und je einer weiteren Abschrift für jede weitere am Rechtsstreit beteiligte Partei einzureichen. Die Abschriften sind zu beglaubigen, vgl. Form. IX. 2 Anm. 4.

15. Vgl. zu dem Erfordernis eines Anlagenverzeichnisses Art. 129 § 1 Abs. 1 iVm. Art. 43 § 4 EuG-Verfahrensordnung bzw. Art. 102 § 1 Abs. 1 iVm. 37 § 4 EuGH-Verfahrensordnung sowie Form. IX. 2 Anm. 25.

Kosten und Gebühren

Die Kostenbestimmungen finden auf das Auslegungsverfahren nur entsprechende Anwendung, da es sich nicht um ein kontradiktorisches Verfahren handelt. Danach hat diejenige Partei die Kosten des Verfahrens zu tragen, die mit ihrer unrichtigen Auffassung Anlass für die richterliche Auslegung gegeben hat (EuGH Rs. 5/55, ASSIDER, Slg. 1954/55, 275, 293; Rs. 70/63a, Kommission gegen Collotti, Slg. 1965, 373, 380f.; Rs. 110/63a, Willame, Slg. 1966, 619, 628). Entspricht keine der Parteiauffassungen dem wirklichen Sinn des Urteils, so wie er vom Gerichtshof letztlich gedeutet wurde, werden die Kosten gegeneinander aufgehoben.

Fristen

Der Antrag ist nicht fristgebunden. Er ist auch vor Eintritt der Rechtskraft zulässig.

17. Antrag auf Wiederaufnahme des Verfahrens gemäß Art. 44 EuGH-Satzung iVm. Art. 125 ff. EuG-Verfahrensordnung bzw. Art. 98 ff. EuGH-Verfahrensordnung[1]

.....stadt, den .....[2]

An das
Gericht erster Instanz der Europäischen Gemeinschaften
[bzw. An den Gerichtshof der Europäischen Gemeinschaften][3]
– Kanzlei –
Rue du Fort Niedergrünewald
L-2925 Luxemburg
LUXEMBURG

Antrag[4] auf Wiederaufnahme des Verfahrens

der .....[5], vertreten durch .....

– Antragstellerin (Ast.) –

Verfahrensbevollmächtigter[6]: Rechtsanwalt .....

gegen

.....[7]

– Antragsgegnerin (Ag.) –

wegen: Wiederaufnahme des Verfahrens in der Rechtssache T-..... [bzw. C-.....][8]

Namens und im Auftrag der Antragstellerin beantragen wir hiermit,

1. das Verfahren in der Rechtssache ..... gemäß Art. 125 EuG-Verfahrensordnung [bzw. Art. 98 EuGH-Verfahrensordnung] wieder aufzunehmen[9],
2. das am ..... ergangene Urteil des ..... in der Rechtssache ..... dahingehend abzuändern, dass[10] .....[9]
a) .....,
b) die Kosten des Verfahrens der Beklagten auferlegt werden;
3. der Antragsgegnerin die Kosten des Wiederaufnahmeverfahrens aufzuerlegen[11].

Die Vollmacht, die Zustellungsbescheinigung sowie ein Handelsregisterauszug waren der Klageschrift [bzw. der Klagebeantwortung] vom ..... als Anlagen 1 bis 3 beigefügt[12].

Gemäß Art. 44 § 2 Abs. 2 EuG-Verfahrensordnung [bzw. Art. 38 § 2 Abs. 2 EuGH-Verfahrensordnung] erklären wir uns als Prozessbevollmächtigte damit einverstanden, dass Zustellungen an uns mittels Fernkopierer oder sonstiger technischer Kommunikationsmittel erfolgen. Zustellungen können bewirkt werden an Herrn Rechtsanwalt ....., Telefax-Nr.: ....., bzw. an die E-Mail-Anschrift: .....[13]

Begründung:[14]

Gliederung

Abschnitt A: Antragsziel und Sachverhalt

I. Antragsziel
Mit dem Antrag begehrt die Ast. die Wiederaufnahme des Verfahrens in der Rechtssache ……, in der der Gerichtshof/das Gericht erster Instanz am …… ein Urteil erlassen hat. Nach Ergehen des Urteils hat die Ast. davon Kenntnis erlangt, dass …… Diese Tatsachen rechtfertigen eine Abänderung des Urteils zugunsten der Ast.

II. Sachverhalt
Die Antragstellerin ist Klägerin in der Rechtssache ……, in der der Gerichtshof/das Gericht erster Instanz am …… durch Urteil entschieden hat, dass …… Dabei legte der Gerichtshof/das Gericht erster Instanz folgenden Sachverhalt zugrunde: ……

Abschnitt B: Rechtliche Würdigung

I. Zulässigkeit des Antrags[15]
Der Antrag ist zulässig. Die Antragstellerin ist Klägerin in der Rechtssache …… Nach Erlass des Urteils am …… hat sie davon Kenntnis erlangt, dass …… Diese Tatsache und die Kenntniserlangung am …… werden unter Beweis gestellt durch …… Die Tatsache ist geeignet, das genannte Urteil zugunsten der Ast. zu beeinflussen, denn …… Die Geltendmachung dieser Tatsache unterblieb schuldlos, weil ……

II. Begründetheit[16]
Unter Zugrundelegung der neuen Tatsache, ist eine Abänderung des genannten Urteils dahingehend vorzunehmen, dass ……, denn ……

Unterschrift[17]
Verzeichnis der Anlagen[18]

Schrifttum: Dannecker, in: *Rengeling/Middeke/Gellermann,* Handbuch des Rechtsschutzes in der Europäischen Union, 2. Aufl. 2003, § 38; *Hackspiel,* in: *von der Groeben/Schwarze,* Vertrag über die Europäische Union und Vertrag zur Gründung der Europäischen Gemeinschaft – Kommentar, Bd. 4, 6. Aufl. 2004, Art. 44 Satzung des Gerichtshofs; *Kirschner/Klüpfel,* Das Gericht erster Instanz der Europäischen Gemeinschaften, 2. Aufl. 1998 Rdn. 182 ff.; *Pechstein,* EU-/EG-Prozessrecht, 3. Aufl., Rdn. 984 ff.

Anmerkungen

1. Art. 44 EuGH-Satzung, der gemäß Art. 53 Abs. 1 EuGH-Satzung auch für die Verfahren vor dem EuG gilt, sieht das Wiederaufnahmeverfahren für den Fall vor, dass eine Tatsache von entscheidender Bedeutung bekannt wird, die vor Verkündung des Urteils dem Gerichtshof und der die Wiederaufnahme beantragenden Partei unbekannt war.

Ergänzende Vorschriften finden sich in den Art. 125 ff. EuG-Verfahrensordnung sowie Art. 97 ff. EuGH-Verfahrensordnung. Bei der Wiederaufnahme des Verfahrens handelt es sich um einen außerordentlichen Rechtsbehelf, der die Durchbrechung der Rechtskraft von Entscheidungen des EuGH oder des EuG möglich macht (*Hackspiel,* in: *Rengeling/Middeke/Gellermann,* § 28 Rdn. 60).

2. Gemäß Art. 126 Abs. 1 iVm. Art. 43 § 3 S. 1 EuG-Verfahrensordnung bzw. Art. 99 § 1 Abs. 1 iVm. Art. 37 § 3 Abs. 1 EuGH-Verfahrensordnung ist jeder Schriftsatz mit Datum zu versehen, vgl. Form. IX. 2 Anm. 2.

3. Für das Wiederaufnahmeverfahren sind EuGH oder EuG zuständig, je nachdem, welches Gericht das betreffende Urteil erlassen hat. Der Antrag wird in den EuG-Verfahren dem Spruchkörper zugewiesen, der das angefochtene Urteil erlassen hat, Art. 127 § 1 EuG-Verfahrensordnung.

4. Die formalen und inhaltlichen Anforderungen an die Antragsschrift bestimmen sich nach Art. 126 Abs. 1 iVm. Art. 43, 44 EuG-Verfahrensordnung bzw. Art. 99 Abs. 1 iVm. 37, 38 EuGH-Verfahrensordnung. Vgl. auch die „Praktischen Anweisungen für die Parteien" des EuG (ABl. 2007 Nr. L 232/7), die „Praktischen Anweisungen für Klagen und Rechtsmittel" des EuGH (ABl. 2004 Nr. L 361/15, geändert durch ABl. 2009 Nr. L 29/51) sowie Form. IX. 2 Anm. 4 und 17.

5. Der Antrag steht nach Art. 44 Abs. 1 EuGH-Satzung jeder Partei des abgeschlossenen Verfahrens offen, der nach Erlass des Urteils eine Tatsache bekannt wird, die eine Abänderung des Urteils zu ihren Gunsten rechtfertigt. Eine Antragsberechtigung des Streithelfers wird in den Art. 44 nicht erwähnt. Da Streithelfern in Art. 56 Abs. 2 S. 2 EuGH-Satzung ausdrücklich die Berechtigung zur Einlegung eines Rechtsmittels eingeräumt wird, kann aus dem Schweigen des Gesetzes geschlossen werden, dass dem Streithelfer erst recht die Befugnis zur Beantragung der Wiederaufnahme eingeräumt ist.

6. Gemäß Art. 19 Abs. 3 (ggf. iVm. Art. 53 Abs. 1) EuGH-Satzung müssen natürliche und juristische Personen, mit Ausnahme der EU-Mitgliedstaaten, vor den Gemeinschaftsgerichten durch einen Anwalt vertreten sein. Der Anwalt hat, sollte dies in dem wieder aufzunehmenden Rechtsstreit noch nicht geschehen sein, eine Vollmacht sowie gemäß Art. 126 § 1 Abs. 1 iVm. Art. 44 § 2 Abs. 1 EuG-Verfahrensordnung bzw. Art. 99 § 1 Abs. 1 iVm. Art. 38 § 3 EuGH-Verfahrensordnung eine Bescheinigung seiner Zulassung zu hinterlegen, vgl. Form. IX. 2 Anm. 7, 13 und 14.

7. Der Antrag ist gegen sämtliche Parteien des Rechtsstreits zu richten, in dem das angefochtene Urteil ergangen ist, Art. 126 § 2 EuG-Verfahrensordnung bzw. Art. 99 § 2 EuGH-Verfahrensordnung.

8. Nach der Rechtsprechung ist die Wiederaufnahme des Verfahrens kein Rechtsmittel im technischen Sinne, sondern ein außerordentlicher Rechtsbehelf, der es erlaubt, die Rechtskraft eines verfahrensabschließenden Urteils aufgrund der tatsächlichen Feststellungen, auf die sie das Gericht gestützt hat, in Frage zu stellen. Die Wiederaufnahme setzt voraus, dass vor dem Erlass des Urteils liegende Umstände tatsächlicher Art entdeckt werden, die dem Gericht, das dieses Urteil erlassen hat, und der die Wiederaufnahme beantragenden Partei bis dahin unbekannt waren und die das Gericht, wenn es sie hätte berücksichtigen können, zu einer anderen Entscheidung des Rechtsstreits, als sie ergangen ist, hätten veranlassen können (EuG, Rs. T-393/04 Rev., Klaas gegen Europäisches Parlament, Beschluss vom 18. 4. 2007, noch nicht in der amtl. Slg., Rdn. 11). Die Wiederaufnahme des Verfahrens betrifft Rechtsstreitigkeiten, die bereits durch ein rechtskräftiges Urteil abgeschlossen sind. Aus Art. 128 EuG-Verfahrensordnung ergibt sich jedoch, dass ein Antrag auf Wiederaufnahme auch gegen ein noch nicht rechtskräftiges Urteil des EuG zulässig ist. Ebenso kann für ein durch einen Beschluss abgeschlossenes Verfahren ein Wiederaufnahmeantrag gestellt werden, wenn der Beschluss ähnliche Wirkungen wie ein Urteil hat (verb. Rs. C-199/94 P und C-200/94 P REV, Compañía Internacional de Pesca y Derivados SA (Inpesca) gegen Kommission, Slg. 1998, I-831, 839 Rdn. 16). Wird ein Urteil des EuG durch Rechtsmittel vor dem Gerichtshof und durch einen Antrag auf Wiederaufnahme des Verfahrens vor dem EuG angefochten, so kann das Gericht nach Art. 128 EuG-Verfahrensordnung das Verfahren bis zum Erlass des EuGH-Urteils aussetzen. Grundsätzlich kann die Wiederaufnahme bei allen Direktklagen in Betracht kommen. Dagegen kommt eine Wiederaufnahme in Rechtssachen, die Gutachten oder Vorabentscheidungen des Gerichtshofs betreffen, nicht in Betracht.

9. Die Anträge sind nach Art. 126 § 1 Abs. 1 iVm. Art. 44 § 1 Buchstabe d) EuG-Verfahrensordnung bzw. Art. 99 § 1 Abs. 1 iVm. Art. 38 § 1 Buchstabe d) EuGH-Verfahrensordnung in der Antragsschrift ausdrücklich aufzuführen. Sie sind so abzufassen, wie der Tenor des Urteils, dessen Erlass beantragt wird, lauten würde. Hierbei ist zu beachten, dass das Wiederaufnahmeverfahren zweistufig angelegt ist. Zunächst entscheidet der Gerichtshof in nichtöffentlicher Sitzung durch Urteil über die Zulässigkeit des Antrags, ohne der Entscheidung in der Hauptsache vorzugreifen. Ein offensichtlich unzulässiger Antrag kann bereits gemäß Art. 111 EuG-Verfahrensordnung bzw. Art. 92 § 1 EuGH-Verfahrensordnung durch Beschluss zurückgewiesen werden (EuG Rs. T-4/89 REV, BASF gegen Kommission, Slg. 1992, II-1591, 1598 Rdn. 17). Durch die Entscheidung, mit der das Gemeinschaftsgericht das Vorliegen der neuen Tatsache ausdrücklich feststellt, ihr die für die Eröffnung des Wiederaufnahmeverfahrens erforderlichen Merkmale zuerkennt und deshalb den Antrag für zulässig erklärt, wird das Wiederaufnahmeverfahren eröffnet, vgl. Art. 44 Abs. 2 (ggf. iVm. Art. 53 Abs. 1) EuGH-Satzung iVm. Art. 127 § 2, 3 EuG-Verfahrensordnung bzw. Art. 100 § 1, 2 EuGH-Verfahrensordnung. Der erste Antrag ist also auf die Wiederaufnahme des Verfahrens gerichtet.

10. Gibt das Gericht dem Antrag auf Wiederaufnahme statt, so tritt es gemäß Art. 127 § 3 EuG-Verfahrensordnung bzw. Art. 100 § 2 EuGH-Verfahrensordnung erneut in die Prüfung der Hauptsache ein und entscheidet durch Urteil gemäß den Bestimmungen der Verfahrensordnung. Der zweite Antrag betrifft also die Änderung des angegriffenen Urteils einschließlich der Kostenentscheidung.

11. Es sollte ein ausdrücklicher Kostenantrag gestellt werden, vgl. Art. 87 § 2 EuG-Verfahrensordnung bzw. Art. 69 § 2 EuGH-Verfahrensordnung.

12. Gemäß Art. 126 § 1 Abs. 1 iVm. Art. 44 § 3 und § 5 EuG-Verfahrensordnung bzw. Art. 99 § 1 Abs. 1 iVm. Art. 38 § 3 und § 5 EuGH-Verfahrensordnung ist grundsätzlich eine Vollmacht, eine Zulassungsbescheinigung (vgl. Anm. 6) sowie bei juristischen Personen des Privatrechts eine Bescheinigung der Rechtspersönlichkeit einzureichen, vgl. Form. IX. 2 Anm. 7, 13, 14, 15. Da die Akten des Ausgangsverfahrens dem Gericht in dem Wiederaufnahmeverfahren vorgelegt werden, ist sofern eine Vorlage bereits geschehen ist, eine erneute Vorlage der Unterlagen entbehrlich.

13. Gemäß Art. 126 § 1 Abs. 1 iVm. Art. 44 § 2 Abs. 1 EuG-Verfahrensordnung bzw. Art. 99 § 1 Abs. 1 iVm. Art. 38 § 2 Abs. 1 EuGH-Verfahrensordnung ist in dem Schriftsatz grundsätzlich eine Zustellungsanschrift am Ort des Gerichtssitzes anzugeben; anstelle oder zusätzlich zu der Zustellungsanschrift am Ort des Gerichtssitzes kann sich der Prozessbevollmächtigte in der Klageanschrift auch damit einverstanden erklären, dass Zustellungen an ihn mittels Fernkopierer oder sonstiger technischer Kommunikationsmittel erfolgen, vgl. Form. IX. 2 Anm. 16.

14. Für den Wiederaufnahmeantrag bestimmt Art. 126 § 1 EuG-Verfahrensordnung bzw. Art. 99 § 1 EuGH-Verfahrensordnung, dass der Antrag das angefochtene Urteil bezeichnen und die Punkte angeben muss, in denen das Urteil angefochten wird. Weiter müssen die Tatsachen bezeichnet werden, die dem Antrag zugrunde liegen. Auch sind die Beweismittel für das Vorliegen von Tatsachen zu benennen, die die Wiederaufnahme rechtfertigen. Schließlich müssen die Tatsachen vorgetragen werden, aus denen folgt, dass die in Art. 125 EuG-Verfahrensordnung bzw. Artikel 98 EuGH-Verfahrensordnung genannte Frist gewahrt wurde.

15. Im Rahmen der Zulässigkeit ist auf die sachliche Zuständigkeit des EuG bzw. EuGH (siehe Anm. 3), den Antragsgegenstand (siehe Anm. 8), die Antragsberechtigung (siehe Anm. 5), den Wiederaufnahmegrund, das Rechtsschutzbedürfnis sowie die Fristen (siehe „Fristen“) einzugehen. Der Antrag ist begründet, wenn ein Wiederaufnahmegrund vorliegt: Es müssen nach Verkündung des Urteils Tatsachen bekannt werden, die schon vor Urteilsverkündung existiert haben. Die Gemeinschaftsgerichte haben mehrfach betont, dass die Wiederaufnahme des Verfahrens kein Rechtsmittel, sondern ein außerordentlicher Rechtsbehelf ist, der es erlaubt, die Wirkungen eines verfahrensabschließenden Urteils aufgrund der tatsächlichen Feststellungen, auf die sich das Gericht gestützt hat, in Frage zu stellen. Die Wiederaufnahme setze voraus, dass vor dem Erlass des Urteils liegende tatsächliche Elemente entdeckt würden, die dem Gericht, das dieses Urteil erlassen hat, und der die Wiederaufnahme beantragenden Partei bisher unbekannt waren und die das Gericht, wenn es sie hätte berücksichtigen können, zu einer anderen Entscheidung des Rechtsstreits als der getroffenen hätten veranlassen können (EuGH Rs. 107/79 REV, Schuerer gegen Kommission, Slg. 1983, 3805, 3807 Rdn. 1 ff.; Rs. C-185/90 P-REV, Gill gegen Kommission, Slg. 1992, I-993, 999 Rdn. 11; EuG Rs. T-4/89 REV, BASF gegen Kommission, Slg. 1992, II-1591, 1596 Rdn. 9; verb. Rs. C-199/94 P und C-200/94 P REV, Compañía Internacional de Pesca y Derivados SA (Inpesca) gegen Kommission, Slg. 1998, I-831, 839 Rdn. 16; Rs. C-5/93 P, DSM NV gegen Kommission, Slg. 1999, I-4695 (4729 f.) Rdn. 42, 43). Der Begriff der Tatsache wird in einem weiten Sinn verstanden. Er erfasst nicht nur vergangene Verhältnisse, Zustände oder Geschehnisse, die dem Beweis zugänglich sind, sondern auch rechtliche Vorgänge wie unerkannt gebliebene Rechtsverhältnisse oder Rechtsakte (*Hackspiel,* in: *von der Groeben/Schwarze,* Art. 44 EuGH-Satzung Rdn. 4). Nicht als neue Tatsache sind dagegen Entscheidungen des Gerichtshofes einzustufen.

Die neuen Tatsachen müssen „von entscheidender Bedeutung“ sein, dh. sie müssen sich so auf das Urteil auswirken, dass sich die Entscheidung in der Sache zugunsten des Antragstellers ändert. Bloße Auswirkungen für die Zukunft sind nicht ausreichend (EuGH Rs. 28/64 REV, Müller gegen Rat der EWG und Rat der EA, Slg. 1967, 187, 192 f.).

Ein Rechtsschutzbedürfnis für den Antrag besteht nur, wenn die Einführung der neu bekannt gewordenen Tatsache von den Parteien in dem seinerzeitigen Prozess schuldlos unterblieben ist (Umkehrschluss aus Art. 48 § 2 EuG-Verfahrensordnung und Art. 42 § 2 EuGH-Verfahrensordnung, die bestimmen, dass die Beteiligten nach Abschluss des schriftlichen Verfahrens mit neuen Angriffs- und Verteidigungsmitteln präkludiert sind). Der antragstellenden Partei obliegt die Beweispflicht für die schuldlose Unkenntnis der relevanten Tatsache im Zeitpunkt der Urteilsverkündung.

16. Der Antrag ist begründet, wenn die nach Ergehen des Urteils bekannt gewordene Tatsache die Abänderung des ergangenen Urteils erforderlich macht. Die Klagebegründung hat deshalb darzulegen, in welcher Hinsicht die neue Tatsache eine Abänderung des Urteils erfordert.

17. Gemäß Art. 126 § 1 Abs. 1 iVm. Art. 43 § 1 Abs. 1 EuG-Verfahrensordnung bzw. Art. 99 § 1 Abs. 1 iVm. Art. 37 § 1 Abs. 1 EuGH-Verfahrensordnung ist die Urschrift jedes Schriftsatzes vom Bevollmächtigten oder Anwalt der Partei zu unterzeichnen, vgl. Form. IX. 2 Anm. 24.

18. Vgl. zu dem Erfordernis eines Anlagenverzeichnisses Art. 126 § 1 Abs. 1 iVm. Art. 43 § 4 EuG-Verfahrensordnung bzw. Art. 99 § 1 Abs. 1 iVm. 37 § 4 EuGH-Verfahrensordnung sowie Form. IX. 2 Anm. 25.

Kosten und Gebühren

Zu Kosten und Gebühren siehe Form. IX. 2 „Kosten und Gebühren“ und Form. IX. 18.

Fristen

Für den Wiederaufnahmeantrag sind zwei Fristen zu beachten: Der Antrag muss binnen drei Monaten nach dem Tag gestellt werden, an dem der Antragsteller Kenntnis von der entscheidungserheblichen Tatsache erhalten hat, Art. 125 EuG-Verfahrensordnung bzw. Art. 98 EuGH-Verfahrensordnung. Diese Frist kann nicht verlängert werden. Ein verspätet eingehender Antrag wird als unzulässig zurückgewiesen, selbst wenn neue Tatsachen geltend gemacht werden (EuGH Rs. C-403/85 REV, Ferrandi gegen Kommission, Slg. 1991, I-1215, 1220 Rdn. 12). Eine Ausschlussfrist von zehn Jahren seit Erlass des Urteils ist in Art. 44 Abs. 3 EuGH-Satzung, festgelegt, die in Art. 125 EuG-Verfahrensordnung ausdrücklich erwähnt wird. Eine Wiederaufnahme in der Sache ist dann selbst bei Bekanntwerden entsprechender Tatsachen nicht mehr möglich. In diesen Fällen werden Anträge auf Wiederaufnahme von vornherein als unzulässig abgewiesen. Zur Fristberechnung vgl. Form. IX. 2 Anm. 2.

18. Antrag auf Kostenfestsetzung gemäß Art. 92 EuG-Verfahrensordnung bzw. Art. 74 EuGH-Verfahrensordnung[1]

……stadt, den ……[2]

An das
Gericht erster Instanz der Europäischen Gemeinschaften
[bzw. An den Gerichtshof der Europäischen Gemeinschaften][3]
– Kanzlei –
Rue du Fort Niedergrünewald
L-2925 Luxemburg
LUXEMBURG

Antrag[4] auf Kostenfestsetzung

in der Rechtssache T-…… [bzw. C-……]

……[5]
– Antragstellerin (Ast.) –

Verfahrensbevollmächtigter[6]: Rechtsanwalt ……

gegen

……[7]
– Antragsgegnerin (Ag.) –

Namens und in Vollmacht der Antragstellerin beantragen wir gemäß Art. 92 § 1 EuG-Verfahrensordnung [bzw. Art. 74 § 1 EuGH-Verfahrensordnung],

1. **die der Klägerin zu erstattenden Kosten auf …… EUR zuzüglich …… EUR für die Kosten des Kostenfestsetzungsverfahrens festzusetzen[8],**
2. **der Klägerin eine Ausfertigung des Beschlusses zu erteilen[9].**

Gemäß Art. 44 § 2 Abs. 2 EuG-Verfahrensordnung [bzw. Art. 38 § 2 Abs. 2 EuGH-Verfahrensordnung] erklären wir uns als Prozessbevollmächtigte damit einverstanden, dass Zustellungen an uns mittels Fernkopierer oder sonstiger technischer Kommunikationsmittel erfolgen. Zustellungen können bewirkt werden an Herrn Rechtsanwalt ……, Telefax-Nr.: ……, bzw. an die E-Mail-Anschrift: ……[10]

A. Sachverhalt und Verfahren

Mit Urteil vom …… hat der Gerichtshof/das Gericht erster Instanz entschieden, dass ……

Ferner verurteilte der Gerichtshof/das Gericht erster Instanz die Antragsgegnerin zur Tragung ihrer eigenen Kosten sowie
„der gesamten den Rechtsmittelgegnerinnen im Verfahren vor dem Gerichtshof/dem Gericht erster Instanz entstandenen Kosten."

Die Ast. machte daraufhin die ihr entstandenen Kosten in einer Gesamthöhe von ...... EUR mit Schreiben vom ...... gegenüber der Ag. geltend (Anlage 1). Die Ag. antwortete mit Schreiben vom ...... (Anlage 2). Darin bot sie insgesamt einen Betrag von EUR ...... an, der nur etwa die Hälfte des von der Ast. geltend gemachten Betrages abdeckt. Da sich die Parteien in der Folgezeit nicht über die Höhe der der Ast. zu erstattenden Kosten einigen konnten, ist die Einleitung eines Kostenfestsetzungsantrages geboten[11].

B. Zu den der Ast. zu erstattenden Kosten

Die Ast. macht mit diesem Antrag Kosten in Höhe von insgesamt ...... EUR[12] geltend. Die der Klägerin entstandenen Kosten setzen sich zusammen aus ......[13] Sie ergeben sich im Einzelnen aus den nachstehend aufgeführten Rechnungen, die diesem Antrag in der Anlage 1 in Kopie beigefügt sind[1]. Uneinigkeit besteht über die Kostenpunkte x, y und z. Ferner anerkennt die Ag. nicht die Höhe der zu erstattenden Anwaltskosten.

I. Erstattungsfähigkeit dem Grunde nach

Sämtliche von der Klägerin geltend gemachten Kosten sind dem Grunde nach erstattungsfähig im Sinne des Art. 73 EuGH-Verfahrensordnung ......

II. Erstattungsfähigkeit der Höhe nach

......

Unterschrift[14]

Anlagenverzeichnis[15]

Schrifttum: Bischof, Rechtsanwaltsgebühren und Kostenerstattung im Verfahren vor dem EuGH und EuG (Vorabentscheidungsverfahren und Direktklagen), AGS 1998, 49; *Fiebig,* The Indemnification of Costs in Proceedings before the European Courts, CMLR 1997, 89; *Hackspiel,* in: *Rengeling/Middeke/Gellermann,* Handbuch des Rechtsschutzes in der Europäischen Union, 2. Aufl. 2003, § 29; *Kirschner/Klüpfel,* Das Gericht erster Instanz der Europäischen Gemeinschaften, 2. Aufl. 1998 Rdn. 139; *Klinke,* Der Gerichtshof der Europäischen Gemeinschaften, 1989 Rdn. 353; *Lasok,* The European Court of Justice Practice and Procedure, 2. Aufl. 1994, S. 439; *Wägenbaur,* Das Kostenfestsetzungsverfahren vor den Gemeinschaftsgerichten – Wer klagt gewinnt?, EuZW 1997, 197; *Wolf,* Kostenrecht und Kostenpraxis des Gerichtshofs der Europäischen Gemeinschaften, EuR 1976, 7.

Anmerkungen

1. Die Kostenentscheidungen des EuGH bestimmen regelmäßig nur die grundsätzliche Kostentragungspflicht im Verhältnis der Parteien zueinander und setzen die auszugleichenden Beträge nicht der Höhe nach fest. Da eine europäische Gebührenordnung mit Gebührentabellen nicht existiert, müssen sich die Parteien also über die Höhe der Kosten einigen. Entstehen über die Höhe der erstattungsfähigen Kosten Streitigkeiten, kann eine Partei die Entscheidung des EuG nach Art. 92 EuG-Verfahrensordnung bzw. des EuGH nach Art. 74 EuGH-Verfahrensordnung einholen.

2. Gemäß Art. 43 § 3 S. 1 EuG-Verfahrensordnung bzw. Art. 37 § 3 S. 1 EuGH-Verfahrensordnung ist jeder Schriftsatz mit Datum zu versehen, vgl. Form. IX. 2 Anm. 2.

3. Zuständig für die Kostenfestsetzungsentscheidung ist gemäß Art. 87 § 1 EuG-Verfahrensordnung bzw. Art. 69 § 1 EuGH-Verfahrensordnung der mit dem ursprünglichen Rechtsstreit befasste Spruchkörper. Ein Kostenerstattungsanspruch aus einem Prozess vor einem nationalen Gericht, der ua. die Rechtmäßigkeit einer Verordnung zum Gegenstand hatte, die danach im Verfahren gemäß Art. 234 EG vor dem EuGH für nichtig erklärt wurde, ist ausschließlich vor den nationalen Gerichten nach nationalem Recht geltend zu machen. Eine Schadensersatzklage vor dem EuG, mit der von der Gemeinschaft Prozesskosten eingefordert werden, die dem Kläger im Rahmen des nationalen Verfahrens nicht erstattet wurden, ist unzulässig (vgl. EuG Rs. T-167/94, Nölle gegen Rat und Kommission, Slg. 1995, II-2589, 2605 Rdn. 35ff.).

4. Die formalen und inhaltlichen Anforderungen an den Kostenfestsetzungsantrag bestimmen sich nach den allgemeinen Verfahrensvorschriften der Art. 43f. EuG-Verfahrensordnung bzw. Art. 37f. EuGH-Verfahrensordnung analog. Vgl. auch die „Praktischen Anweisungen für die Parteien" des EuG (ABl. 2007 Nr. L 232/7), die „Praktischen Anweisungen für Klagen und Rechtsmittel" des EuGH (ABl. 2004 Nr. L 361/15, geändert durch ABl. 2009 Nr. L 29/51) sowie Form. IX. 2 Anm. 4 und 17.

5. Die Verfahrensordnungen regeln nicht die Frage, ob der Antragsteller auf die Stellungnahme des Antragsgegners erwidern oder der Antragsgegner eine Gegenerwiderung einreichen darf. Für die Zulässigkeit dieses Vorgehens spricht, dass Art. 92 EuG-Verfahrensordnung bzw. Art. 74 § 1 EuGH-Verfahrensordnung als offene Vorschrift formuliert ist und keine ausdrückliche Begrenzung der Stellungnahmen der Partei vorsieht wie Art. 117 § 1 EuGH-Verfahrensordnung. Zudem erscheint die Zulässigkeit weiterer Schriftsätze durch den Grundsatz rechtlichen Gehörs (so auch *Wägenbaur,* EuZW 1997, 197, 204) und das Erfordernis einer flexiblen Gestaltung des Kostenfestsetzungsverfahrens geboten.

6. Antragsberechtigt ist jeder Verfahrensbeteiligte, dh. auch der Streithelfer.

7. Soweit in der ursprünglichen Rechtssache Anwaltszwang besteht, gilt er auch für das Kostenfestsetzungsverfahren.

8. Im Kostenfestsetzungsbeschluss wird der erstattungsfähige Betrag pauschal in der Währung des Mitgliedstaats des Kostenschuldners festgesetzt, Art. 93 § 1 Abs. 2 EuG-Verfahrensordnung bzw. Art. 75 § 1 Abs. 2 EuGH-Verfahrensordnung. Es wird eine Gesamtsumme gebildet, die nicht notwendig die gesamte Forderung abdeckt, die dem Anwalt seiner eigenen Partei gegenüber nach nationalem Recht zusteht; es wird vielmehr als angemessen erachtet, dass der Rechtssuchende einen Teil der durch das Verfahren hervorgerufenen Kosten selbst trägt.

Die Verfahrensvorschriften unterscheiden zwischen außergerichtlichen Kosten bzw. Leistungen an Zeugen und Sachverständige sowie Gerichtskosten. Da die Inanspruchnahme der Gemeinschaftsgerichte grundsätzlich kostenfrei ist, sind Gerichtskosten für das Kostenfestsetzungsverfahren ohne Bedeutung. Das Interesse der Parteien gilt den Aufwendungen, „die für das Verfahren notwendig waren", Art. 91 Buchstabe b) EuG-Verfahrensordnung bzw. Art. 73 Buchstabe b) EuGH-Verfahrensordnung. Dazu zählen insbesondere Reise- und Aufenthaltskosten sowie die Vergütung der Bevollmächtigten, Beistände und Anwälte, Art. 91 Buchstabe b) EuG-Verfahrensordnung bzw. Art. 73 Buchstabe b) EuGH-Verfahrensordnung. Die Gemeinschaftsgerichte setzen nicht die von den Parteien ihren Anwälten geschuldeten Vergütungen fest, sondern bestimmen den Betrag, bis zu dem die Erstattung dieser Vergütungen von der zur Tragung der Kosten verurteilten Partei verlangt werden kann (EuGH Rs. C-294/90 DEP, British Aerospace gegen Kommission, Slg. 1994, I-5423, 5427 Rdn. 10). Der Antrag muss auf die Bestimmung der erstattungsfähigen Kosten gerichtet sein. Die Gemeinschaftsgerichte berücksichtigen bei der Festsetzung der erstattungsfähigen Kosten alle Umstände der Rechtssache bis zum Zeitpunkt dieser Festsetzung. Dazu gehören auch die durch das Kostenfestsetzungsverfahren entstehenden Kosten (EuGH Rs. 318/82, Leeuwarder Papierwarenfabriek gegen Kommission, Slg. 1985, 3727, 3730 Rdn. 5; Rs. C-294/90 DEP, British Aerospace gegen Kommission, Slg. 1994, I-5423, 5428 Rdn. 14). Wegen der Berücksichtigung aller Umstände bis zum Kostenfestsetzungsbeschluss billigen die Gemeinschaftsgerichte nicht gesondert Zinsen vom Zeitpunkt der Stellung des Kostenfestsetzungsantrags zu (EuGH Rs. 238/78, Ireks-Arkady GmbH gegen EWG, Slg. 1981, 1723, 1726 Rdn. 6; verb. Rs. 241, 242, 246–249/78, DVG gegen EWG, Slg. 1981, 1731, 1734 Rdn. 6).

9. Von dem Kostenfestsetzungsbeschluss kann die interessierte Partei zum Zwecke der Vollstreckung eine Ausfertigung beantragen, Art. 92 § 2 EuG-Verfahrensordnung bzw. Art. 74 § 2 EuGH-Verfahrensordnung.

10. Vgl. Art. 44 § 2 Abs. 1 EuG-Verfahrensordnung bzw. Art. 38 § 2 Abs. 1 EuGH-Verfahrensordnung sowie IX. 2 Anm. 16.

11. Art. 92 § 1 EuG-Verfahrensordnung bzw. Art. 74 § 1 EuGH-Verfahrensordnung setzt voraus, dass zwischen den Parteien eine „Streitigkeit über die erstattungsfähigen Kosten“ besteht. Ein Kostenfestsetzungsantrag, der in Wirklichkeit gegen die grundsätzliche Entscheidung der Gemeinschaftsgerichte in einem vorhergehenden Urteil über die Kostenpflicht gerichtet ist (EuGH Rs. 14/84 REV, Hansen-Meyer gegen WSA, Slg. 1985, 1381, 1384 Rdn. 11) oder auf eine Anfechtung des Kostentenors hinausläuft, dh. auf eine Änderung der Kostenverteilung statt auf eine Kostenfestsetzung (EuG verb. Rs. T-33/89 und T-74/89 DEP, Blackman gegen Europäisches Parlament, Slg. 1993, II-837, 840 Rdn. 5), ist daher nicht statthaft. Eine „Streitigkeit“ über die Kosten liegt noch nicht vor, wenn es sich eine Institution zur Praxis gemacht hat, die Kosten erst bei Vorliegen eines Kostenfestsetzungsbeschlusses zu begleichen (vgl. EuGH Rs. 25/65, SIMET gegen Hohe Behörde, Slg. 1967, 149, 151; vgl. zum Begriff der Streitigkeit auch EuGH verb. Rs. 9 und 58/65, Acciaierie San Michele gegen Hohe Behörde, Slg. 1968, 387, 389).

12. Die Kostenarten (Honorare, Reisekosten usw.) müssen im Einzelnen aufgeführt werden, denn die Aufwendungen werden nicht von Amts wegen erstattet (EuGH verb. Rs. 64 und 113/76, 167 und 239/78, 27, 28 und 45/79, Dumortier Frères ua. gegen Rat, Slg. 1982, 1748, 1751 Rdn. 4).

Eine Gebührenordnung mit einer Gebührentabelle für Rechtsstreitigkeiten vor den Gemeinschaftsgerichten gibt es nicht. Die Gemeinschaftsgerichte sind auch nicht an die nationalen Gebührenordnungen oder Gebührenvereinbarungen gebunden (EuG, Rs. T-324/00 DEP, CDA Datenträger Albrechts gegen Kommission, Beschluss vom 8. 10. 2008, noch nicht in der amtl. Slg., Rdn. 71; EuG Rs. T-78/89 DEP, PPG Industries Glass gegen Kommission, Slg. 1993, II-573, 583 Rdn. 36). Die Gemeinschaftsgerichte bestimmen die „notwendigen Ausgaben“ und deren Höhe daher in freier Würdigung. Als Kriterien werden hierbei „der Gegenstand des Rechtsstreits, seine Bedeutung aus gemeinschaftsrechtlicher Sicht sowie sein Schwierigkeitsgrad, der Zeitaufwand der tätig gewordenen Bevollmächtigten oder Beistände im Zusammenhang mit dem Verfahren und das wirtschaftliche Interesse herangezogen, das die Parteien am Ausgang des Rechtsstreits haben“ (EuGH Rs. 294/90 DEP, British Aerospace gegen Kommission, Slg. 1994, I-5425, 5428 Rdn. 13; verb. Rs. 241, 242 und 246 bis 249/78, DVG gegen EWG, Slg. 1981, 1731, 1734 Rdn. 3; Rs. 318/82, Leeuwarder Papierwarenfabriek gegen Kommission, Slg. 1985, 3727, 3730 Rdn. 3). In der Praxis ist zu beobachten, dass das Gericht bei der Prüfung von Stundenhonoraren selbst eine Angemessenheitskontrolle in der Weise vornimmt, dass es als zu hoch empfundenen Zeitaufwand selbständig korrigiert. Auch über die Angemessenheit der Stundensätze selbst macht sich das Gericht ein eigenes Bild und legt unter Umständen einen eigenen Stundensatz fest, so in einem kürzlichen Beschluss einen durchschnittlichen Stundensatz für Partner und angestellte Anwälte einer deutschen Großsozietät in Höhe von 300 € pro Stunde (EuG, Rs. T-324/00 DEP, CDA Datenträger Albrechts gegen Kommission, Beschluss vom 8. 10. 2008, noch nicht in der amtl. Slg., Rdn. 100).

Die Reise, Übernachtung und Bewirtung (EuGH Rs. 126/76, Dietz gegen Kommission, Slg. 1979, 2131, 2135 Rdn. 8) der Bevollmächtigten, Beistände bzw. Rechtsanwälte zwecks Teilnahme an einer mündlichen Verhandlung sind in der Regel erstattungsfähig. Pro Rechtssache ist jedoch nur *eine* Reise erstattungsfähig. Grundsätzlich sind nur die Reise- und Aufenthaltskosten *eines* Prozessbevollmächtigten, Beistands bzw. Rechtsanwalts erstattungsfähig (EuG Rs. T-78/89 Dépens, PPG Industries Glass gegen Kommission, Slg. 1993, II-573, 584 Rdn. 39). Anderes gilt, wenn es um mehrere verbundene Rechtssachen von besonderer Bedeutung geht, mit einer entsprechenden Anzahl an Klägern (EuGH verb. Rs. 241, 242 und 246 bis 249/78, DVG gegen EWG, Slg. 1981, 1731 Rdn. 5). Auch im Falle eines „besonderen Schwierigkeitsgrades" können ausnahmsweise mehrere Rechtsanwälte notwendig sein (EuGH Rs. 318/82, Leeuwarder Papierwarenfabrik, Slg. 1985, 3727, 3730 Rdn. 4).

Die Gemeinschaftsorgane und Mitgliedstaaten können die Prozessvertretung neben ihrem Prozessbevollmächtigten auch einem Beistand, dh. einem Rechtsanwalt, übertragen (Art. 19 Abs. 1 EuGH-Satzung (EG und EAG); sowie EuGH Rs. 126/76, Dietz gegen Kommission, Slg. 1979, 2131, 2134 Rdn. 5). Dessen Honorare sind nach denselben Regeln erstattungsfähig, soweit sie für das Verfahren notwendig waren.

Die für das Verfahren notwendigen Porto-, Fernsprech-, Fernschreib-, und Vervielfältigungskosten eines Rechtsanwaltes sind ebenfalls erstattungsfähig (EuGH verb. Rs. 241, 242 und 246 bis 249/78, DVG gegen EWG, Slg. 1981, 1727, 1734 Rdn. 5; EuGH Rs. 238/78, Ireks-Arkady gegen EWG, Slg. 1981, 1723, 1726 Rdn. 5) ebenso wie die auf die Rechtsanwaltshonorare bzw. Unkosten gegebenenfalls entfallende Mehrwertsteuer (EuGH Rs. 318/82, Leeuwarder Papierwarenfabriek gegen Kommission, Slg. 1985, 3727, 3730 Rdn. 4). Die Reise- und Aufenthaltskosten einer Partei zur mündlichen Verhandlung sind nur dann erstattungsfähig, wenn das Gericht die persönliche Anwesenheit anordnet, Zeugen zu Vorgängen hört, an denen die Partei beteiligt war oder die Ereignisse, in die die Partei verwickelt war, sehr kompliziert sind und den Kern der mündlichen Verhandlung darstellen (EuGH Rs. 24/79, Oberthür gegen Kommission, Slg. 1981, 2229, 2230 Rdn. 2f.).

13. Der Antragsteller muss eine Kostenaufstellung sowie Kopien der Honorarrechnungen seiner Anwälte unter Angabe der Kriterien für die Berechnung und den Betrag der Kosten vorlegen (EuG Rs. T-78/89, PPG Industries Glass gegen Kommission, Slg. 1993, II-573, 580 Rdn. 22). Dabei werden offenbar vertrauliche Unterlagen von den Gemeinschaftsgerichten unberücksichtigt gelassen (EuGH Rs. C-222/92, SFEI ua. gegen Kommission, Slg. 1994, I-5431, 5436 Rdn. 9).

14. Gemäß Art. 43 § 1 Abs. 1 EuG-Verfahrensordnung bzw. Art. 37 § 1 Abs. 1 EuGH-Verfahrensordnung ist die Urschrift jedes Schriftsatzes vom Bevollmächtigten oder Anwalt der Partei zu unterzeichnen, vgl. Form. IX. 2 Anm. 24.

15. Vgl. zu dem Erfordernis eines Anlagenverzeichnisses Art. 43 § 4 EuG-Verfahrensordnung bzw. Art. 37 § 4 EuGH-Verfahrensordnung sowie Form. IX. 2 Anm. 25.

Kosten und Gebühren

Die Gemeinschaftsgerichte berücksichtigen bei der Festsetzung der erstattungsfähigen Kosten alle Umstände der Rechtssache bis zum Zeitpunkt dieser Festsetzung. Dazu gehören auch die durch das Kostenfestsetzungsverfahren entstehenden Kosten (EuGH Rs. 318/82, Leeuwarder Papierwarenfabriek gegen Kommission, Slg. 1985, 3727, 3730 Rdn. 5; Rs. C-294/90 DEP, British Aerospace gegen Kommission, Slg. 1994, I-5423, 5428 Rdn. 14). Eine eigene Kostenentscheidung enthält der Kostenfestsetzungsbeschluss selbst dann nicht, wenn der Antrag zurückgewiesen wird.

Fristen

Der Antrag ist nicht fristgebunden (EuGH Rs. 126/76 Kosten, Dietz gegen Kommission, Slg. 1979, 2131, 2133ff.), muss jedoch innerhalb eines „angemessenen" Zeitraums gestellt werden, der keinerlei Anlass zu der Annahme bietet, dass der Kostengläubiger auf seine Rechte verzichtet (EuGH Rs. 126/76 Kosten, Dietz gegen Kommission, Slg. 1979, 2131, 2133 Rdn. 1).

Die Entscheidung ergeht durch unanfechtbaren Beschluss, Art. 92 § 1 EuG-Verfahrensordnung bzw. Art. 74 § 1 EuGH-Verfahrensordnung. Rechtsmittelfristen gibt es deshalb nicht.

19. Hinweise für die Prozessvertreter

Die „Hinweise an die Prozessvertreter für die mündliche Verhandlung" (EuG), die „Hinweise für die Prozessvertreter" (EuGH) sowie „Praktische Anweisungen für die Parteien" (EuG) und „Praktische Anweisungen für Klagen und Rechtsmittel" (EuGH) sind unter folgender Internet-Adresse abrufbar: http:/www.curia.eu.int/de/txts/index.htm.

Sachverzeichnis

Die fett gesetzten römischen Zahlen, Großbuchstaben und arabischen Zahlen beziehen sich auf die Systematik des Formularbuchs; die nachfolgenden mageren Zahlen kennzeichnen die betreffende Anmerkung.